BASLER KOMMENTAR

Obligationenrecht I

BASLER KOMMENTAR

Obligationenrecht I

Art. 1–529 OR

6. Auflage

Herausgeber

Heinrich Honsell
em. Professor der Universität Zürich

Nedim Peter Vogt
Rechtsanwalt London/Zürich

Wolfgang Wiegand
Rechtsanwalt
em. Professor der Universität Bern

Helbing Lichtenhahn Verlag

BASLER KOMMENTAR

begründet von
Heinrich Honsell und Nedim Peter Vogt

Bibliographische Information der Deutschen Nationalbibliothek

Die Deutsche Nationalbibliothek verzeichnet diese Publikation
in der Deutschen Nationalbibliographie; detaillierte bibliographische Daten
sind im Internet abrufbar: http://dnb.d-nb.de

Zitiervorschlag: BSK OR I-Bearbeiter/in, Art. 29 N 4

ISBN 978-3-7190-3171-8
www.helbing.ch

Vorwort zur sechsten Auflage

Wie schon die Vorauflagen wurde auch die fünfte Auflage des Kommentars von Praxis und Lehre wohlwollend aufgenommen und in Judikatur und Literatur häufig verwendet und zitiert. Dies bestätigt erneut die grosse Beliebtheit und praktische Bedeutung auch dieses Bandes des Basler Kommentars. Die vorliegende Neuauflage gewährleistet erneut Aktualität und praktische Verwendbarkeit des Kommentars in einem sich immer rascher wandelnden Umfeld, dem sich auch das Obligationenrecht anzupassen hat. Änderungen im Gesetz wurden berücksichtigt (namentlich die Revision der Verjährung bei der Sachmängelgewährleistung). Rechtsprechung und Literatur sind auf den neusten Stand gebracht.

Auch im Lichte der stets wachsenden juristischen Literatur haben wir das bewährte und erfolgreiche Konzept beibehalten: Die Kommentierung soll die dogmatischen Grundlinien des Obligationenrechts sichtbar, aber auch die Fülle der Kasuistik verfügbar machen.

Wir hoffen, dass sich auch die sechste Auflage weiterhin als nützliches Hilfsmittel für die Praxis erweist. Für Anregungen und Kritik sind wir dankbar.

Wir danken allen Autorinnen und Autoren für ihre Mitarbeit. Unser Dank gilt auch dem Helbing Lichtenhahn Verlag, namentlich Frau lic. iur. Joëlle Monney und Herrn Dr. Men Haupt, für die sorgfältige und kompetente Betreuung auch dieses Kommentarbandes.

Zürich und Bern, Sommer 2015

Die Herausgeber
Heinrich Honsell
Nedim Peter Vogt
Wolfgang Wiegand

Verzeichnis der Autorinnen und Autoren

Caterina Ammann, M.B.L.-HSG
Rechtsanwältin, Zürich
Art. 412–418

Marc Amstutz, Prof. Dr. iur., LL.M.
Rechtsanwalt, Professor an der Universität Freiburg i.Ue.
Einl. vor Art. 184 ff.

Thomas Bauer, Dr. iur.
Advokat, Basel und Zürich, Abteilungspräsident am Kantonsgericht Basel-Landschaft
Art. 513–529

Martin Bernet, Dr. iur.
Rechtsanwalt in Zürich
Art. 91–96

Robert K. Däppen, Dr. iur., LL.M.
Rechtsanwalt in Chur, Lehrbeauftragter an der Universität Zürich
Art. 60, 127–142

Felix R. Ehrat, Dr. iur., LL.M.
Rechtsanwalt, Basel
Art. 151–163

Urs Fasel, Dr. iur.
Fürsprecher und Notar in Bern
Art. 216–216e

Walter Fellmann, Prof. Dr. iur.
Rechtsanwalt in Luzern, Professor an der Universität Luzern
Art. 1–14 PrHG

Debora Gabriel, Dr. iur.
Rechtsanwältin in Zürich
Art. 114–118

Hans Giger, Prof. Dr. iur. et Dr. phil. I, ECL
Rechtsanwalt in Zürich, em. Professor der Universität Zürich
Art. 222–225, 237–238

Daniel Girsberger, Prof. Dr. iur., LL.M.
Professor an der Universität Luzern, Rechtsanwalt in Zürich
Art. 164–174

Pascale Gola, lic. iur., LL.M
Rechtsanwältin in Zürich
Art. 229–236

Christoph K. Graber, Dr. iur.
Rechtsanwalt in Zürich
Art. 50–51, 143–150

Johannes Lukas Hermann, lic. iur.
Advokat, Gerichtsschreiber am Appellationsgericht Basel-Stadt
Art. 164–174

Reto M. Hilty, Prof. Dr. iur.
Direktor am Max-Planck-Institut für Innovation und Wettbewerb, München, Ordinarius an der Universität Zürich, Honorarprofessor an der Ludwig-Maximilians-Universität München
Art. 380–393

Heinrich Honsell, Prof. Dr. iur.
em. Professor der Universität Zürich
Art. 192–210, 217, 219

Claire Huguenin, Prof. Dr. iur., LL.M.
Professorin an der Universität Zürich, Rechtsanwältin
Art. 19–21

Bruno Huwiler, Prof. Dr. iur.
Rechtsanwalt, em. Professor der Universitäten Bern und Basel
Art. 67

Martin A. Kessler, Dr. iur., LL.M.
Rechtsanwalt in Meilen
Art. 41–49, 52–59a, 61

Alfred Koller, Prof. Dr. iur.
Rechtsanwalt, Professor an der Universität St. Gallen
Art. 184–191, 211–215, 220–221

Marlis Koller-Tumler, Dr. iur.
Fürsprecherin, Vorsitzende und stv. Geschäftsleiterin der Schlichtungsbehörde Bern-Mittelland
Art. 40a–40f

Pius Koller, lic. iur., dipl. Ing. Agr. FH
Rechtsanwalt in Möhlin
Art. 218, 275–304

Thomas Koller, Prof. Dr. iur.
Rechtsanwalt, Professor an der Universität Bern
Art. 466–491

Christian Lenz, Dr. iur., LL.M.
Rechtsanwalt in Genf
Art. 425–438

Urs Leu, Dr. iur.
Rechtsanwalt in Bern
Art. 68–90

Verzeichnis der Autorinnen und Autoren

Benedikt Maurenbrecher, Dr. iur., MBA
Rechtsanwalt in Zürich
Art. 305–318

Barbara Meise, lic. iur.
Rechtsanwältin, Zürich
Art. 19–21

Ariane Morin, Prof. Dr. iur.
Professorin an der Universität Lausanne
Einl. vor Art. 184 ff.

Christoph M. Pestalozzi, Dr. iur., M.C.J.
Rechtsanwalt in Zürich
Art. 111, 492–512

Wolfgang Peter, Dr. iur. et oec.
Rechtsanwalt in Genf
Art. 120–126

Thomas Pietruszak Brunhart, lic. iur.
Rechtsanwalt in Zürich, Fachanwalt SAV Arbeitsrecht
Art. 406a–406h

Andreas von Planta, Dr. iur., LL.M.
Rechtsanwalt in Genf
Art. 425–438

Wolfgang Portmann, Prof. Dr. iur.
Rechtsanwalt, Professor an der Universität Zürich
Art. 319–362

Vito Roberto, Prof. Dr. iur., LL.M.
Professor an der Universität St. Gallen, Rechtsanwalt in Zürich
Art. 1–20 PRG

Roger Rudolph, Dr. iur.
Rechtsanwalt in Wetzikon
Art. 319–362

Reto Thomas Ruoss, Dr. iur.
Rechtsanwalt in Zürich
Art. 229–236

Heinz Schärer, Dr. iur., M.C.L.
Rechtsanwalt in Zürich
Art. 305–318

Bertrand G. Schott, Dr. iur., LL.M.
Rechtsanwalt in Zürich
Art. 363–379

Hermann Schulin, Dr. iur.
Assessor, Lehrbeauftragter an den Universitäten Bern und Zürich
Art. 62–66

Ingeborg Schwenzer, Prof. Dr. iur., LL.M.
Professorin an der Universität Basel
Art. 11–17, 23–31

Ernst Staehelin, Dr. iur., LL.M.
Advokat und Notar in Basel
Art. 439–457

Benno Studer, Dr. iur.
Fachanwalt SAV Erbrecht, Fürsprecher und Notar in Laufenburg
Art. 218, 275–304

Rudolf Tschäni, Dr. iur., LL.M.
Rechtsanwalt in Zürich
Art. 175–183

Annaïg L. Vogt, lic. iur.
Rechtsanwältin in Zürich
Art. 239–252

Nedim Peter Vogt, Dr. iur., LL.M.
Rechtsanwalt, London/Zürich
Art. 239–252

Rolf Watter, Prof. Dr. iur., LL.M.
Rechtsanwalt in Zürich, Titularprofessor an der Universität Zürich
Art. 32–40, 458–465

Roger Weber, Dr. iur.
Rechtsanwalt, Richter am Bezirksgericht Zürich, Lehrbeauftragter an der Universität Zürich
Art. 253–274g

Rolf H. Weber, Prof. Dr. iur.
Professor an der Universität Zürich, Rechtsanwalt in Zürich
Art. 394–406, 407–411, 419–424

Suzanne Wettenschwiler, Dr. iur.
Rechtsanwältin in Zug
Art. 418a–418v

Markus Widmer, lic. iur., LL.M.
Rechtsanwalt, Basel
Art. 151–163

Wolfgang Wiegand, Prof. Dr. iur.
Rechtsanwalt, em. Professor der Universität Bern
Art. 18, 97–109, 119

Corinne Zellweger-Gutknecht, Prof. Dr. iur.
Professorin an der Universität Genf, Rechtsanwältin
Einl. vor Art. 1, Art. 1–10, 22, 110, 112–113

Gaudenz G. Zindel, Dr. iur., LL.M.
Rechtsanwalt in Zürich
Art. 363–379

Inhaltsverzeichnis

Abkürzungsverzeichnis

a.A.	anderer Ansicht, am Anfang
a.a.O.	am angeführten Ort
a.E.	am Ende
a.F.	alte Folge, alte Fassung
a.M.	anderer Meinung; am Main
AB	Amtsbericht
ABGB	Allgemeines Bürgerliches Gesetzbuch für Österreich vom 1. Juni 1811
abl.	ablehnend
ABl.	Amtsblatt der Europäischen Gemeinschaften
ABl. Nr. C	Amtsblatt der Europäischen Gemeinschaften. Reihe C (Communications): Bekanntmachungen und Mitteilungen der EU-Institutionen
ABl. Nr. L	Amtsblatt der Europäischen Gemeinschaften. Reihe L (Législations): Rechtsakte der EG
ABl. Nr. S	Amtsblatt der Europäischen Gemeinschaften. Reihe S (Supplément): Ausschreibungen öffentlicher Aufträge
ABOW	Amtsbericht über die Rechtspflege des Kantons Obwalden (Sarnen)
ABRG	Bundesgesetz vom 20. Dezember 1985 über die Bildung steuerbegünstigter Arbeitsbeschaffungsreserven (SR 823.33)
Abs.	Absatz, Absätze
ABSH	Amtsbericht des Obergerichts an den Grossen Rat des Kantons Schaffhausen (Schaffhausen)
AB SSV	Allgemeine Bedingungen des Schweizerischen Spediteur-Verbandes
aBV	alte Bundesverfassung der Schweizerischen Eidgenossenschaft vom 29. Mai 1874 (s. BV)
abw.	abweichend
AcP	Archiv für die civilistische Praxis (Tübingen)
ADHGB	Allgemeines Deutsches Handelsgesetzbuch von 1861
AEUV	Vertrag über die Arbeitsweise der Europäischen Union (Fassung aufgrund des am 1. Dezember 2009 in Kraft getretenen Vertrages von Lissabon)
AFG	Bundesgesetz vom 18. März 1994 über die Anlagefonds (*Anlagefondsgesetz*; aufgehoben, neu: KAG)
AG	Aktiengesellschaft
AGB	Allgemeine Geschäftsbedingungen
AGBG	(deutsches) Gesetz zur Regelung des Rechts der Allgemeinen Geschäftsbedingungen vom 9. Dezember 1976

Abkürzungsverzeichnis

AGE	Appellationsgerichtsentscheide (Basel-Stadt)
AGer	Arbeitsgericht
AGG	(deutsches) Allgemeines Gleichbehandlungsgesetz vom 14. August 2006
AGVE	Aargauische Gerichts- und Verwaltungsentscheide (Aarau)
AHV	Alters- und Hinterlassenenversicherung
AHVG	Bundesgesetz vom 20. Dezember 1946 über die Alters- und Hinterlassenenversicherung (SR 831.10)
AJP	Aktuelle Juristische Praxis (St. Gallen)
aKKG	Bundesgesetz vom 8. Oktober 1993 über den Konsumkredit (s. KKG)
al.	alinea
allg.	allgemein
allg.M.	allgemeine Meinung
ALR	Allgemeines Landrecht für die Preussischen Staaten vom 5. Februar 1794
alt	(vor Gesetz oder Artikel) alt, d.h. früheres/r
AlV	Arbeitslosenversicherung
AmtlBull	Amtliches stenographisches Bulletin der Bundesversammlung (vor 1967: StenBull)
AmtsGer	Amtsgericht
ANAG	Bundesgesetz vom 26. März 1931 über Aufenthalt und Niederlassung der Ausländer, aufgehoben
Anh.	Anhang
Anm.	Anmerkung(en)
AO EPÜ 2000	Ausführungsordnung vom 7. Dezember 2006 zum Übereinkommen über die Erteilung europäischer Patente (SR 0.232.142.21)
aOR	Bundesgesetz über das Obligationenrecht vom 14. Juni 1881 (altes OR)
AppGer	Appellationsgericht
AppHof	Appellationshof
ArbInt	Arbitration International (London)
ArbR	Mitteilungen des Instituts für Schweizerisches Arbeitsrecht (Zürich)
arg.	argumentum
ArG	Bundesgesetz vom 13. März 1964 über die Arbeit in Industrie, Gewerbe und Handel (*Arbeitsgesetz*; SR 822.11)
ArGV 1	Verordnung 1 vom 10. Mai 2000 zum Arbeitsgesetz (SR 822.111)

ArGV 2	Verordnung 2 vom 10. Mai 2000 zum Arbeitsgesetz (Sonderbestimmungen für bestimmte Gruppen von Betrieben oder Arbeitnehmern und Arbeitnehmerinnen; SR 822.112)
ArGV 3	Verordnung 3 vom 18. August 1993 zum Arbeitsgesetz (Gesundheitsvorsorge; SR 822.113)
ArGV 4	Verordnung 4 vom 18. August 1993 zum Arbeitsgesetz (Industrielle Betriebe, Plangenehmigung und Betriebsbewilligung; SR 822.114)
ArGV 5	Verordnung 5 vom 28. September 2007 zum Arbeitsgesetz (*Jugendarbeitsschutzverordnung*; SR 822.115)
AR GVP	Ausserrhodische Gerichts- und Verwaltungspraxis (Herisau)
Art.	Artikel (im Singular oder Plural)
ARV	Zeitschrift für Arbeitsrecht und Arbeitslosenversicherung (Zürich)
AS	Eidgenössische Gesetzessammlung. Amtliche Sammlung der Bundesgesetze und Verordnungen. Titel seit 1948: Sammlung der eidgenössischen Gesetze. Amtliche Sammlung der Bundesgesetze und Verordnungen. Seit 1969: Sammlung der Eidgenössischen Gesetze
ASA	Archiv für schweizerisches Abgaberecht (Bern)
ASR	Abhandlungen zum schweizerischen Recht (Bern)
ATSG	Bundesgesetz vom 6. Oktober 2000 über den allgemeinen Teil des Sozialversicherungsrechts (SR 830.1)
AT	Allgemeiner Teil
Aufl.	Auflage
AuG	Bundesgesetz vom 16. Dezember 2005 über die Ausländerinnen und Ausländer (*Ausländergesetz*; SR 142.20)
AV	Verordnung vom 14. Dezember 1987 über Ausverkäufe und ähnliche Veranstaltungen (aufgehoben)
AVB	Allgemeine Versicherungsbedingungen
AVE	Allgemeinverbindlicherklärung
AVEG	Bundesgesetz vom 28. September 1956 über die Allgemeinverbindlicherklärung von Gesamtarbeitsverträgen (SR 221.215.311)
AVG	Bundesgesetz vom 6. Oktober 1989 über die Arbeitsvermittlung und den Personalverleih (*Arbeitsvermittlungsgesetz*; SR 823.11)
AVIG	Bundesgesetz vom 25. Juni 1982 über die obligatorische Arbeitslosenversicherung und die Insolvenzentschädigung (*Arbeitslosenversicherungsgesetz*; SR 837.0)
AVV	Verordnung vom 16. Januar 1991 über die Arbeitsvermittlung und den Personalverleih (*Arbeitsvermittlungsverordnung*; SR 823.111)
AWD	Aussenwirtschaftsdienst des Betriebsberaters (Heidelberg; seit 1975: RIW)

AZG	Bundesgesetz vom 8. Oktober 1971 über die Arbeit in Unternehmen des öffentlichen Verkehrs (*Arbeitszeitgesetz*; SR 822.21)
BankG	Bundesgesetz vom 8. November 1934 über die Banken und die Sparkassen (*Bankengesetz*; SR 952.0)
BankV	Verordnung vom 30. April 2014 über die Banken und Sparkassen (*Bankenverordnung*; SR 952.02)
BauAV	Verordnung vom 29. Juni 2005 über die Sicherheit und den Gesundheitsschutz der Arbeitnehmerinnen und Arbeitnehmer bei Bauarbeiten (*Bauarbeitenverordnung*; SR 832.311.141)
BB	Bundesbeschluss; in Zusammenhang mit Zitaten: Der Betriebsberater (Heidelberg)
BBG	Bundesgesetz vom 13. Dezember 2002 über die Berufsbildung (*Berufsbildungsgesetz*; SR 412.10)
BBl	Bundesblatt
BBPG	BB vom 6. Oktober 1989 über eine Pfandbelastungsgrenze für nichtlandwirtschaftliche Grundstücke (aufgehoben)
BBSG	BB vom 6. Oktober 1989 über eine Sperrfrist für die Veräusserung nichtlandwirtschaftlicher Grundstücke und die Veröffentlichung von Eigentumsübertragungen von Grundstücken (aufgehoben)
BBT	Berner Bankrechtstag (Bern)
BBV	Verordnung vom 19. November 2003 über die Berufsbildung (*Berufsbildungsverordnung*; SR 412.101)
Bd.	Band
Bde.	Bände
BEG	Bundesgesetz vom 3. Oktober 2008 über Bucheffekten (*Bucheffektengesetz*; SR 957.1)
BEHG	Bundesgesetz vom 24. März 1995 über die Börsen und den Effektenhandel (*Börsengesetz*; SR 954.1)
BEHV	Verordnung vom 2. Dezember 1996 über die Börsen und den Effektenhandel (*Börsenverordnung*; SR 954.11)
BEHV-EBK	Verordnung vom 25. Juni 1997 der EBK über die Börsen und den Effektenhandel (*Börsenverordnung-EBK*; neu: BEHV-FINMA)
BEHV-FINMA	Verordnung vom 25. Oktober 2008 der Eidgenössischen Finanzmarktaufsicht über die Börsen und den Effektenhandel (*Börsenverordnung-FINMA*; SR 954.193)
Bekl.	Beklagter
Bem.	Bemerkung(en)
Best.	Bestimmung
betr.	betreffend
BewG	Bundesgesetz vom 16. Dezember 1983 über den Erwerb von Grundstücken durch Personen im Ausland (SR 211.412.41)

bez.	bezüglich
BezGer	Bezirksgericht
BG	Bundesgesetz
BGBl	Bundesgesetzblatt (Österreich, Deutschland)
BGB	Bürgerliches Gesetzbuch für das Deutsche Reich vom 18. August 1896
BGBB	Entwurf des Bundesrates zum Bundesgesetz über das bäuerliche Bodenrecht vom 19. Oktober 1988 und entsprechendes Bundesgesetz vom 4. Oktober 1991 (SR 211.412.11)
BGBM	Bundesgesetz vom 6. Oktober 1995 über den Binnenmarkt (*Binnenmarktgesetz*; SR 943.02)
BGE	Entscheidungen des Schweizerischen Bundesgerichtes. Amtliche Sammlung (Lausanne)
BGer	Schweizerisches Bundesgericht in Lausanne
BGFA	Bundesgesetz vom 23. Juni 2000 über die Freizügigkeit der Anwältinnen und Anwälte (*Anwaltsgesetz*; SR 935.61)
BGG	Bundesgesetz vom 17. Juni 2005 über das Bundesgericht (*Bundesgerichtsgesetz*; SR 173.110)
BGH	(deutscher) Bundesgerichtshof
BGHZ	Entscheidungen des deutschen Bundesgerichtshofes in Zivilsachen
BGSA	Bundesgesetz vom 17. Juni 2005 über Massnahmen zur Bekämpfung der Schwarzarbeit (*Bundesgesetz gegen die Schwarzarbeit*; SR 822.41)
BIGA	ehem. Bundesamt für Industrie, Gewerbe und Arbeit; heute Staatssekretariat für Wirtschaft (SECO)
BJM	Basler Juristische Mitteilungen (Basel)
BK	Berner Kommentar (Bern), s. Literaturverzeichnis
BlHE	Schweizer Blätter für handelsrechtliche Entscheidungen (Zürich bis 1901; ab 1902: ZR, s. dort)
BlSchK	Blätter für Schuldbetreibung und Konkurs (Wädenswil)
BMM	BB über Massnahmen gegen Missbräuche im Mietwesen vom 30. Juni 1972; aufgehoben
BN	Der Bernische Notar (Bern)
Botschaft	Botschaft des Bundesrates an die Bundesversammlung
BoeB	Bundesgesetz vom 16. Dezember 1994 über das öffentliche Beschaffungswesen (SR 172.056.1)
BPG	Bundespersonalgesetz vom 24. März 2000 (SR 172.220.1)
BPV	Bundespersonalverordnung vom 3. Juli 2001 (SR 172.220.111.3)
BR	Bundesrat/Bundesrätin; in Zusammenhang mit Zitaten: Baurecht, Mitteilungen des Seminars für schweizerisches Baurecht (Freiburg i.Ue.)

BRB	Bundesratsbeschluss
BSK	Basler Kommentar, s. Literaturverzeichnis
Bst.	Buchstabe
BStP	Bundesgesetz vom 15. Juni 1934 über die Bundesstrafrechtspflege; aufgehoben
Bsp.	Beispiel(e)
BT	Besonderer Teil
BTJP	Berner Tage für die juristische Praxis (Bern)
Bull EBK	Bulletin der Eidgenössischen Bankenkommission (Bern)
BV	Bundesverfassung der Schweizerischen Eidgenossenschaft vom 18. April 1999 (SR 101)
BVG	Bundesgesetz vom 25. Juni 1982 über die berufliche Alters-, Hinterlassenen- und Invalidenvorsorge (SR 831.40)
BVGer	Schweizerisches Bundesverwaltungsgericht
BVO	Verordnung vom 6. Oktober 1986 über die Begrenzung der Zahl der Ausländer (aufgehoben)
BVV2	Verordnung vom 18. April 1984 über die berufliche Alters-, Hinterlassenen- und Invalidenvorsorge (SR 831.441.1)
BVR	Bernische Verwaltungsrechtsprechung
BZG	Bundesgesetz vom 4. Oktober 2002 über den Bevölkerungsschutz und den Zivilschutz (*Bevölkerungs- und Zivilschutzgesetz*; SR 520.1)
BZPO	Bundesgesetz vom 4. Dezember 1947 über den Bundeszivilprozess (SR 273)
bzw.	beziehungsweise
ca.	circa
CACI	Cour d'appel civile
CAPH	Chambre d'Appel des Prud'hommes
CaS	Causa Sport, Die Sport-Zeitschrift für nationales und internationales Recht sowie für Wirtschaft (Zürich)
CdB	Cahiers du Bail (Lausanne)
CCA	Camera civile d'appello
c.i.c.	culpa in contrahendo
CC	Cour civile
CC fr.	Code civil français vom 21. März 1804
CC it.	Codice civile italiano vom 16. März 1942
ChauffVO	Verordnung vom 19. Juni 1995 über die Arbeits- und Ruhezeit der berufsmässigen Motorfahrzeugführer und -führerinnen (*Chauffeurverordnung, ARV 1*; SR 822.221)
Ch. rec.	Chambre de recours
CHSS	Soziale Sicherheit, Zeitschrift vom Bundesamt für Sozialversicherungen (BSV, Bern)

CIM	Einheitliche Rechtsvorschriften vom 9. Mai 1980 über die internationale Eisenbahnbeförderung von Gütern; in Anhang B zu COTIF (s. dort)
CISG	Convention on Contracts for the International Sale of Goods (= WKR, s. dort)
CIV	Einheitliche Rechtsvorschriften vom 9. Mai 1980 für den Vertrag über die internationale Eisenbahnbeförderung von Personen und Gepäck; in Anhang A zu COTIF (s. dort)
CJ	Cour de Justice
CMNI	Übereinkommen vom 22. Juni 2001 über den Vertrag über die Güterbeförderung in der Binnenschifffahrt (SR 0.221.222.32)
CMR	Übereinkommen vom 19. Mai 1956 über den Beförderungsvertrag im internationalen Strassengüterverkehr (SR 0.741.611)
CO	Code des obligations suisse = OR
Cod.	Codex Justinianus, Teil des Corpus Iuris Civilis (534 n. Chr.)
COTIF	Übereinkommen vom 9. Mai 1980 über den internationalen Eisenbahnverkehr in der Fassung des Änderungsprotokolls vom 3. Juni 1999 (SR 0.742.403.1)
CR	Commentaire Romand; Computer und Recht (Köln)
CREC	Chambre de recours civile
CRCT	Chambre des relations collectives de travail
d.h.	das heisst
dass.	dasselbe
DB	Der Betrieb, deutsche Zeitschrift über Wirtschaftsrecht (Düsseldorf)
DBK	Deutschschweizerische Berufsbildungskonferenz
DdB	Droit du Bail (Basel)
ders.	derselbe (Autor)
DesG	Bundesgesetz vom 5. Oktober 2001 über den Schutz von Design (*Designgesetz*; SR 232.12)
DCFR	Draft Common Frame of Reference
dgl.	dergleichen
dies.	dieselbe (Autorin), dieselben (Autoren)
diff.	differenzierend
Dig.	Digesten des Corpus Iuris Civilis, zu Dig. 1–20 Ausgabe Text und Übersetzung von BEHRENS/KNÜTEL/KUPISCH/SEILER; Heidelberg 1995/99
DIGMA	Zeitschrift für Datenrecht und Informationssicherheit (Zürich)
Diss.	Dissertation
DJZ	Deutsche Juristenzeitung (Tübingen)
Dresd.E.	Entwurf eines allgemeinen deutschen Gesetzes über Schuldverhältnisse (hrsg. von B. FRANKE), Dresden 1866

DSG	Bundesgesetz vom 19. Juni 1992 über den Datenschutz (*Datenschutzgesetz*; SR 235.1)
E	Entwurf
E.	Erwägung
EAG	Einheitliches Gesetz über den Abschluss von internationalen Kaufverträgen über bewegliche Sachen vom 17. Juli 1973
EAV	Einzelarbeitsvertrag
ebd.	ebenda
EBG	Eisenbahngesetz vom 20. Dezember 1957 (SR 742.101)
EBK	Eidgenössische Bankenkommission
Ec.	Eurocheque
EDÖB	Eidgenössischer Datenschutz- und Öffentlichkeitsbeauftragter
EDV	Elektronische Datenverarbeitung
EES	Bundesgesetz vom 12. Februar 1949 über die eidgenössische Einigungsstelle zur Beilegung von kollektiven Arbeitsstreitigkeiten (SR 821.42)
EFTA	Europäische Freihandelsassoziation
EG	Europäische Gemeinschaften
EGBGB	Einführungsgesetz zum Bürgerlichen Gesetzbuch vom 18. August 1896
EGG	Bundesgesetz vom 12. Juni 1951 über die Erhaltung des bäuerlichen Grundbesitzes (aufgehoben mit Inkrafttreten des BGBB)
EGV	Entscheidungen der Gerichts- und Verwaltungsbehörden des Kantons Schwyz (Einsiedeln; seit 1972 Schwyz)
EGZGB	Kantonale(s) Einführungsgesetz(e) zum Schweizerischen Zivilgesetzbuch
EHG	Bundesgesetz vom 28. März 1905 über die Haftpflicht der Eisenbahn- und Dampfschiffahrtsunternehmungen und der Schweizerischen Post (aufgehoben)
eidg.	eidgenössisch
EigVV	Verordnung vom 19. Dezember 1910 betreffend die Eintragung der Eigentumsvorbehalte (*Elektrizitätsgesetz*; SR 211.413.1)
Einl.	Einleitung
EIZ	Europa Institut (Zürich)
EleG	Bundesgesetz vom 24. Juni 1902 betreffend die elektronischen Stark- und Schwachstromanlagen (SR 734.0)
el. ERA	Anhang zu den ERA 600 für die Vorlage elektronischer Dokumente (hrsg. von der Internationalen Handelskammer [IHK]; Version 1.1, IHK-Publikation Nr. 600 [Anhang])
eUCP	Supplement to the Uniform Customs and Practice for Documentary Credits for Electronic Presentation (vgl. el. ERA)

EMRK	Konvention vom 4. November 1950 zum Schutze der Menschenrechte und Grundfreiheiten (SR 0.101)
endg.	endgültig
EntsG	Bundesgesetz vom 8. Oktober 1999 über die flankierenden Massnahmen bei entsandten Arbeitnehmerinnen und Arbeitnehmern und über die Kontrolle der in Normalarbeitsverträgen vorgesehenen Mindestlöhne (*Entsendegesetz*; SR 823.20)
EntsV	Verordnung vom 21. Mai 2003 über die in die Schweiz entsandten Arbeitnehmerinnen und Arbeitnehmer (SR 823.201)
EOG	Bundesgesetz vom 25. September 1952 über die Erwerbsersatzordnung für Dienstleistende in Armee und Zivilschutz (SR 834.1)
EPÜ	Europäisches Patentübereinkommen vom 29. November 2000 (*Erwerbsersatzgesetz*; SR 0.232.142.2)
ERA	Einheitliche Richtlinien und Gebräuche für Dokumenten-Akkreditive ERA 600 (hrsg. von der Internationalen Handelskammer [IHK], Revision 2006, IHK-Publikation Nr. 600)
et al.	et alii = und andere
etc.	et cetera = usw.
ETrG	Bundesgesetz vom 11. März 1948 über den Transport auf Eisenbahnen und Schiffen (aufgehoben mit Inkrafttreten des TG)
EU	Europäische Union
EuGH	Europäischer Gerichtshof in Brüssel
EuGVVO	Verordnung (EG) Nr. 44/2001 des Rates vom 22. Dezember 2000 über die gerichtliche Zuständigkeit und die Anerkennung und Vollstreckung von Entscheidungen in Zivil- und Handelssachen
EuZA	Europäische Zeitschrift für Arbeitsrecht (München)
EuZW	Europäische Zeitschrift für Wirtschaftsrecht (München/Frankfurt)
EV	Eigentumsvorbehalt
EVD	Eidgenössisches Volkswirtschaftsdepartement
EVG	Eidgenössisches Versicherungsgericht in Luzern
evtl.	eventuell
EWG	Europäische Wirtschaftsgemeinschaft
EWGV	Vertrag vom 25. März 1957 zur Gründung der Europäischen Wirtschaftsgemeinschaft
EWR	Europäischer Wirtschaftsraum
Extraits	Extraits des principaux arrêts rendus par les diverses sections du tribunal cantonal de l'état de Fribourg (Freiburg i.Ue.)
f.	und folgende (Seite, Note usw.)
ff.	und folgende (Seiten, Noten usw.)

FabG	Bundesgesetz vom 18. Juni 1914 betreffend die Arbeit in den Fabriken (SR 821.41)
FJS	Fiches Juridiques Suisses (Genf)
FMedG	Bundesgesetz vom 18. Dezember 1998 über die medizinisch unterstützte Fortpflanzung (*Fortpflanzungsmedizingesetz*; SR 810.11)
FN	Fussnote
Fr.	Franken
frz.	französisch
FS	Festschrift, Festgabe
FusG	Bundesgesetz vom 3. Oktober 2003 über Fusion, Spaltung, Umwandlung und Vermögensübertragung (*Fusionsgesetz*; SR 221.301)
F-URG	frz. loi sur la propriété littéraire et artistique vom 11. März 1957
FVV	Faktische Vertragsverhältnisse
FZA	Abkommen vom 21. Juni 1999 zwischen der Schweizerischen Eidgenossenschaft einerseits und der Europäischen Gemeinschaft und ihren Mitgliedstaaten andererseits über die Freizügigkeit (SR 0.142.112.681)
FZG	Bundesgesetz vom 17. Dezember 1993 über die Freizügigkeit in der beruflichen Alters-, Hinterlassenen- und Invalidenvorsorge (*Freizügigkeitsgesetz*; SR 831.42)
G	Gesetz
GAV	Gesamtarbeitsvertrag
GBV	Grundbuchverordnung vom 23. September 2011 (SR 211.432.1)
GD	Generaldirektion der Europäischen Kommission
GE	Genf
gem.	gemäss
Ger	Gericht
GestG	Bundesgesetz vom 24. März 2000 über den Gerichtsstand in Zivilsachen (aufgehoben)
GewGer	Gewerbegericht
ggf.	gegebenenfalls
gl.A.	gleicher Ansicht
gl.M.	gleicher Meinung
GesKR	Schweizerische Zeitschrift für Gesellschafts- und Kapitalmarktrecht sowie Umstrukturierungen (Zürich)
GlG	Bundesgesetz vom 24. März 1995 über die Gleichstellung von Frau und Mann (*Gleichstellungsgesetz*; SR 151.1)
GmbH	Gesellschaft mit beschränkter Haftung

GOG	(zürcherisches) Gesetz über die Gerichts- und Behördenorganisation im Zivil- und Strafprozess vom 10. Mai 2010 (LS 211.1)
GRUR	Gewerblicher Rechtsschutz und Urheberrecht (D-Weinheim)
GRUR Int.	Gewerblicher Rechtsschutz und Urheberrecht, Internationaler Teil (D-Weinheim)
GSchG	Bundesgesetz vom 24. Januar 1991 über den Schutz der Gewässer (*Gewässerschutzgesetz*; SR 814.20)
GSG	Bundesgesetz vom 22. Juni 2007 über die von der Schweiz als Gaststaat gewährten Vorrechte, Immunitäten und Erleichterungen sowie finanziellen Beiträge (*Gaststaatgesetz*; SR 192.12)
GSGer	Gewerbliches Schiedsgericht Basel-Stadt
GTG	Bundesgesetz vom 21. März 2003 über die Gentechnik im Ausserhumanbereich (*Gentechnikgesetz*; SR 814.91)
GUMG	Bundesgesetz vom 8. Oktober 2004 über genetische Untersuchungen beim Menschen (SR 810.12)
GUMV	Verordnung vom 14. Februar 2007 über genetische Untersuchungen beim Menschen (SR 810.122.1)
GüTG	Bundesgesetz über den Gütertransport von Bahn- und Schifffahrtsunternehmen vom 19. 12. 2008 (*Gütertransportgesetz*; SR 742.41)
GüTV	Verordnung über den Gütertransport von Bahn- und Schifffahrtsunternehmen vom 4. 11. 2009 (*Gütertransportverordnung*; SR 742.411)
GV	Generalversammlung
GVG	(zürcherisches) Gerichtsverfassungsgesetz vom 13. Juni 1976, aufgehoben
GVP	Gerichts- und Verwaltungspraxis (mit der amtlichen Abkürzung des Kantons vorweg [Bsp.: AR GVP])
GwG	Bundesgesetz vom 10. Oktober 1997 über die Bekämpfung der Geldwäscherei und der Terrorismusfinanzierung im Finanzsektor (*Geldwäschereigesetz*; SR 955.0)
h.A.	herrschende Ansicht/Auffassung
h.L.	herrschende Lehre
h.M.	herrschende Meinung
Habil.	Habilitation
Halbs.	Halbsatz
HArG	Bundesgesetz vom 20. März 1981 über die Heimarbeit (SR 822.31)
HArGV	Heimarbeitsverordnung vom 20. Dezember 1982 (SR 822.311)
Harv.L.Rev.	Harvard Law Review (Cambridge/Mass.)

HausTWG	(deutsches) Gesetz über den Widerruf von Haustürgeschäften und ähnlichen Geschäften vom 16. Januar 1986
HAVE	Haftung und Versicherung (Zürich)
Hb.	Halbband
H.v.Verf.	Hervorhebung vom Verfasser
HGB	Handelsgesetzbuch für das Deutsche Reich vom 10. Mai 1897
HGer	Handelsgericht
hill	Zeitschrift für Recht und Gesundheit (Zürich)
HRG	Bundesgesetz vom 4. Oktober 1930 über die Handelsreisenden (aufgehoben)
Hrsg./hrsg.	Herausgeber(in)/herausgegeben (von) (durch)
HRegV	Handelsregisterverordnung vom 17. Oktober 2007 (SR 221.411)
Hs.	Halbsatz
i.A.	im Allgemeinen
i.c.	in casu = im Falle
i.d.R.	in der Regel
i.E.	im Ergebnis
i.e.	id est = das heisst
i.e.S.	im engeren Sinne
i.f.	in fine = am Ende
i.S.	im Sinne; in Sachen
i.S.v.	im Sinne von
i.V.m.	in Verbindung mit
i.w.S.	im weiteren Sinne
i.Z.m.	im/in Zusammenhang mit
ibid.	ibidem = daselbst, am gleichen Ort, an gleicher Stelle
IHK	Internationale Handelskammer
ILO	International Labor Organisation (= IAO, Internationale Arbeitsorganisation), Genf
inkl.	inklusive
insb.	insbesondere
Inst.	Institutionen des Corpus Iuris Civilis von Justinian (533 n.Chr.); Ausgabe Text und Übersetzung von BEHRENS/KNÜTEL/KUPISCH/SEILER; Heidelberg 1997; Institutionen des Gaius
IPR	Internationales Privatrecht
IPRax	Praxis des Internationalen Privat- und Verfahrensrechts
IPRG	Bundesgesetz vom 18. Dezember 1987 über das internationale Privatrecht (SR 291)

ISP	Rules of International Standby Practices (hrsg. von der IHK, ISP 98, IHK-Publikation Nr. 590)
it.	Italienisch
ius.full	Forum für juristische Bildung (Zürich)
IV	Invalidenversicherung
IVG	Bundesgesetz vom 19. Juni 1959 über die Invalidenversicherung (SR 831.20)
IWIR	Insolvenz- und Wirtschaftsrecht (Zug)
JA	Juristische Arbeitsblätter (Frankfurt a.M.)
JAR	Jahrbuch des Schweizerischen Arbeitsrechts (Bern)
JBl.	Juristische Blätter (Wien)
JDBF	Journée du droit bancaire et financier (Genf)
JdT	Journal des Tribunaux (Lausanne)
Jh.	Jahrhundert
Jher.Jb.	Jherings Jahrbücher für Dogmatik des Bürgerlichen Rechts (Jena)
JKR	Jahrbuch des Schweizerischen Konsumentenrechts (Bern)
JSG	Bundesgesetz vom 20. Juni 1986 über die Jagd und den Schutz wildlebender Säugetiere und Vögel (*Jagdgesetz*; SR 922.0)
Jura	Juristische Ausbildung (Berlin, etc.)
JuS	Juristische Schulung (München)
JZ	Juristenzeitung (Tübingen)
KAG	Bundesgesetz vom 23. Juni 2006 über die kollektiven Kapitalanlagen (*Kollektivanlagengesetz*; SR 951.31)
Kap.	Kapitel
KAPOVAZ	Kapazitätsorientierte variable Arbeitszeit
KassGer	Kassationsgericht
KG	Bundesgesetz vom 6. Oktober 1995 über Kartelle und andere Wettbewerbsbeschränkungen (*Kartellgesetz*; SR 251)
KGE	Kantonsgerichtsentscheid (gefolgt von der amtlichen Abkürzung des Kantons [Bsp.: KGE GR])
KGer	Kantonsgericht (gefolgt von der amtlichen Abkürzung des Kantons [Bsp.: KGer GR])
KGTG	Bundesgesetz vom 20. Juni 2003 über den internationalen Kulturgütertransfer (*Kulturgütertransfergesetz*; SR 444.1)
KHG	Kernenergiehaftpflichtgesetz vom 18. März 1983 (SR 732.44)
KJFG	Bundesgesetz vom 30. September 2011 über die Förderung der ausserschulischen Arbeit mit Kindern und Jugendlichen (*Kinder- und Jugendförderungsgesetz*; SR 446.1)
KKG	Bundesgesetz vom 23. März 2001 über den Konsumkredit (SR 221.214.1)

KKV	Verordnung vom 6. November 2002 zum Konsumkreditgesetz (SR 221.214.11)
KOM	Dokumente der Kommission der Europäischen Gemeinschaften
Kom.	Europäische Kommission
Komm.	Kommentar
krit.	kritisch
KritV	Kritische Vierteljahresschrift für Gesetzgebung und Rechtswissenschaft (München)
KSG	Konkordat über die Schiedsgerichtsbarkeit vom 27. März 1969; aufgehoben
Kt.	Kanton
KUKO	Kurzkommentar (Basel), s. Literaturverzeichnis
KUVG	Bundesgesetz vom 13. Juni 1911 über die Kranken- und Unfallversicherung, aufgehoben durch das KVG und das UVG
KVG	Bundesgesetz vom 18. März 1994 über die Krankenversicherung (SR 832.10)
l.c.	loco citato = am angeführten Ort
LBG	Bundesgesetz über das Luftfahrzeugbuch vom 7. Oktober 1959 (SR 748.217.1)
LDIP	Loi fédérale du 18 décembre 1987 sur le droit international privé (= IPRG)
LEG	Bundesgesetz vom 12. Dezember 1940 über die Entschuldung landwirtschaftlicher Heimwesen; aufgehoben mit Inkrafttreten des BGBB
LFG	Bundesgesetz vom 21. Dezember 1948 über die Luftfahrt (*Luftfahrtgesetz*; SR 748.0)
LG	Bundesgesetz betreffend die Lotterien und die gewerbsmässigen Wetten vom 8. Juni 1923 (*Lotteriegesetz*; SR 935.51)
LGVE	Luzerner Gerichts- und Verwaltungsentscheide (Luzern)
lit.	litera = Buchstabe
LJZ	Liechtensteinische Juristen-Zeitung (Vaduz)
LMV	Landesmantelvertrag
LPG	Bundesgesetz vom 4. Oktober 1985 über die landwirtschaftliche Pacht (SR 221.213.2)
LSE	Loi fédérale du 6 octobre 1989 sur le service de l'emploi et la location de services (SR 823.11)
LSE	Schweizerische Lohnstrukturerhebung
LTrV	Verordnung vom 17. August 2005 über den Lufttransport (SR 748.411)
LFG	Bundesgesetz vom 21. Dezember 1948 über die Luftfahrt (*Luftfahrtgesetz*; SR 748.0)

LTrV	Verordnung vom 17. August 2005 über den Lufttransport (SR 748.411)
LugÜ	Übereinkommen vom 30. Oktober 2007 über die gerichtliche Zuständigkeit und die Anerkennung und Vollstreckung von Entscheidungen in Zivil- und Handelssachen (*Lugano-Übereinkommen*; SR 0.275.12)
LWG	Bundesgesetz vom 29. April 1998 über die Landwirtschaft (*Landwirtschaftsgesetz*; SR 910.1)
m.a.W.	mit anderen Worten
m.Bsp.	mit Beispiel(en)
m.E.	meines Erachtens
m.Hw.	mit Hinweis(en)
m.Nw.	mit Nachweis(en)
m.V.	mit Verweis(en)
m.w.Bsp.	mit weiteren Beispielen
m.w.H.	mit weiteren Hinweisen
m.w.Nw.	mit weiteren Nachweisen
m.w.V.	mit weiteren Verweisungen
Max	Entscheidungen des Obergerichtes des Kantons Luzern (Maximen); ab 1974: Luzerner Gerichts- und Verwaltungsentscheide, I. Teil, Obergericht (Maximen)
medialex	Zeitschrift für Medienrecht (Bern)
MepV	Medizinprodukteverordnung vom 17. Oktober 2001 (SR 812.213)
MG	Bundesgesetz vom 3. Februar 1995 über die Armee und die Militärverwaltung (*Militärgesetz*; SR 510.10)
mind.	mindestens
Mitt.	Schweizerische Mitteilungen über gewerblichen Rechtsschutz und Urheberrecht (Zürich, bis 1984; seit 1985: SMI, s. dort; seit 1997: sic!, s. dort)
Mitteilungen	Mitteilungen des Bundesamtes für Wohnungswesen zum Mietrecht (Auszüge aus Gerichtsentscheiden; Bern)
MitwG	Bundesgesetz vom 17. Dezember 1993 über die Information und Mitsprache der Arbeitnehmerinnen und Arbeitnehmer in den Betrieben (*Mitwirkungsgesetz*; SR 822.14)
MK	Münchener Kommentar zum Bürgerlichen Gesetzbuch, s. Literaturverzeichnis
MMG	Bundesgesetz vom 30. März 1900 betreffend die gewerblichen Muster und Modelle (aufgehoben durch das DesG)
MMR	MultiMedia und Recht (München)
mp	Mietrechtspraxis, Zeitschrift für schweizerisches Mietrecht (Basel)
MRA	Mietrecht aktuell (Basel)

MSchG	Bundesgesetz vom 28. August 1992 über den Schutz von Marken und Herkunftsangaben (*Markenschutzgesetz*; SR 232.11)
MStG	Militärstrafgesetz vom 13. Juni 1927 (SR 321.0)
MÜ	Übereinkommen vom 28. Mai 1999 zur Vereinheitlichung bestimmter Vorschriften über die Beförderung im internationalen Luftverkehr (*«Montrealer Übereinkommen»*; SR 0.748.411)
MVG	Bundesgesetz vom 19. Juni 1992 über die Militärversicherung (SR 833.1)
MWST	Mehrwertsteuer
N	Note(n), Randnote(n)
NAV	Normalarbeitsvertrag
NF	Neue Folge
NGVP	Gerichts- und Verwaltungspraxis des Kantons Nidwalden (Stans)
NJW	Neue Juristische Wochenschrift (München)
NJW-RR	NJW-Rechtsprechungs-Report, Zivilrecht (München/Frankfurt a.M.)
NOGA	Allgemeine Systematik der Wirtschaftszweige
NR	Nationalrat
Nr.	Nummer
Nw.	Nachweis(e)
NZG	Neue Zeitschrift für Gesellschaftsrecht (Frankfurt a.M.)
NZZ	Neue Zürcher Zeitung (Zürich)
o.Ä.	oder Ähnliches
op.cit.	opus citatum = das angegebene Werk
OF	Orell Füssli (Zürich), s. Literaturverzeichnis
OG	Bundesgesetz vom 16. Dezember 1943 über die Organisation der Bundesrechtspflege; aufgehoben
OGE	Obergerichtsentscheid (gefolgt von der amtlichen Abkürzung des Kantons [Bsp.: OGE ZH])
OGer	Obergericht (gefolgt von der amtlichen Abkürzung des Kantons [Bsp.: OGer ZH])
ÖJZ	Österreichische Juristen-Zeitung (Wien)
OR	Bundesgesetz vom 30. März 1911 betreffend die Ergänzung des Schweizerischen Zivilgesetzbuches (Fünfter Teil: Obligationenrecht; SR 220)
OR 2020	Entwurf für einen neuen allgemeinen Teil des schweizerischen Obligationenrechts (Zürich 2013)
östJBl	(österreichische) Juristische Blätter (Wien)
p.a.	per annum = jährlich, pro Jahr

PaRG	Bundesgesetz vom 3. Oktober 2008 zum Schutz vor Passivrauchen (SR 818.31)
PartG	Bundesgesetz vom 18. Juni 2004 über die eingetragene Partnerschaft gleichgeschlechtlicher Paare (*Partnerschaftsgesetz*; SR 211.231)
PaRV	Verordnung vom 28. Oktober 2009 zum Schutz vor Passivrauchen (*Passivrauchschutzverordnung*; SR 818.311)
PatG	Bundesgesetz vom 25. Juni 1954 über die Erfindungspatente (*Patentgesetz*; SR 232.14)
PatV	Verordnung vom 19. Oktober 1977 über die Erfindungspatente (*Patentverordnung*; SR 232.141)
PAVO	Verordnung vom 19. Oktober 1977 über die Aufnahme von Kindern zur Pflege und zur Adoption (*Pflegekinderverordnung*; SR 211.222.338)
PBG	Bundesgesetz vom 20. März 2009 über die Personenbeförderung (*Personenbeförderungsgesetz*; SR 745.1)
PECL	Principles of European Contract Law
PG	Postgesetz vom 17. Dezember 2010 (SR 783.0)
PGB	Zürcherisches Privatrechtliches Gesetzbuch von 1854/56
PHi	Produkt- und Umwelthaftpflicht international, Zeitschrift (Köln)
PHV	Verordnung vom 6. Juni 2011 über die Einreise-, Aufenthalts- und Arbeitsbedingungen der privaten Hausangestellten von Personen, die Vorrechte, Immunitäten und Erleichterungen geniessen (*Verordnung über die privaten Hausangestellten*; SR 192.126)
PKG	Die Praxis des Kantonsgerichtes von Graubünden (Chur)
pl./plädoyer	plädoyer, Das Magazin für Recht und Politik (Zürich)
POG	Bundesgesetz vom 17.12.2010 über die Organisation der Schweizerischen Post (*Postorganisationsgesetz*; SR 783.1)
Pra	Die Praxis des Bundesgerichts (Basel)
PRG	Bundesgesetz vom 18. Juni 1993 über Pauschalreisen (SR 944.3)
PrHG	Bundesgesetz vom 18. Juni 1993 über die Produktehaftpflicht (*Produktehaftpflichtgesetz*; SR 221.112.944)
PüG	Preisüberwachungsgesetz vom 20. Dezember 1985 (SR 942.20)
PVG	Bundesgesetz vom 2. Oktober 1924 betreffend den Postverkehr (aufgehoben)
PVV 1	Verordnung (1) vom 1. September 1967 zum Postverkehrsgesetz (aufgehoben)
qm	Quadratmeter
RA	Rechtsanwalt

RabelsZ	Zeitschrift für ausländisches und internationales Privatrecht, begründet von Ernst Rabel (Berlin/Tübingen)
RB	Rechenschaftsbericht (gefolgt von der amtlichen Abkürzung des Kantons [Bsp.: RB ZH])
RBAR	Rechenschaftsbericht des Obergerichts des Kantons Appenzell A.Rh.
RBOG	Rechenschaftsbericht des Obergerichts des Kantons Thurgau (Frauenfeld)
RBUR	Rechenschaftsbericht über die Rechtspflege des Kantons Uri (Altdorf)
RBÜ	Berner Übereinkunft zum Schutze von Werken der Literatur und Kunst, revidiert in Paris am 24. Juli 1971 (mit Anhang) (SR 0.231.15)
RdA	Recht der Arbeit, Zeitschrift für die Wissenschaft und Praxis des gesamten Arbeitsrechts (München)
RDC	Rivista di diritto civile (Padova)
RDPC	Rivista trimestriale di diritto e procedura civile (Milano)
RdW	(österreichisches) Recht der Wirtschaft, Zeitschrift (Wien)
Rechber.	Rechenschaftsbericht
recht	recht, Zeitschrift für juristische Weiterbildung und Praxis (Bern)
Red.	Redaktion
Rep	Repertorio di Giurisprudenza Patria (Bellinzona)
rev.	revidiert
RFJ	Freiburger Zeitschrift für Rechtsprechung (Freiburg i.Ue.)
RG	Reichsgericht (D)
RGBl	Reichsgesetzblatt (D)
RGG	Bundesgesetz vom 23. März 2001 über das Gewerbe der Reisenden (SR 943.1)
RGV	Verordnung vom 4. September 2002 über das Gewerbe der Reisenden (SR 943.11)
RGZ	Entscheidungen des Deutschen Reichsgerichts in Zivilsachen (Leipzig)
RIW	Recht der Internationalen Wirtschaft (Heidelberg; von 1958–1974: Aussenwirtschaftsdienst des Betriebsberaters, AWD)
RJJ	Revue Jurassienne de Jurisprudence (Pruntrut)
RJN	Recueil de jurisprudence neuchâteloise (Neuenburg)
RL	Richtlinie
RLG	Bundesgesetz vom 4. Oktober 1963 über Rohrleitungsanlagen zur Beförderung flüssiger oder gasförmiger Brenn- oder Treibstoffe (*Rohrleitungsgesetz*; SR 746.1)
Rs	Rechtssache
Rsp.	Rechtsprechung

RTDC	Revue trimestrielle de droit civil (Paris)
RVJ	Revue Valaisanne de Jurisprudence (Sitten)
Rz	Randziffer(n)
S.	Seite(n)
s.	siehe
s.a.	siehe auch
SAE	Sammlung Arbeitsrechtlicher Entscheidungen
SAG	Schweizerische Aktiengesellschaft (Zürich; seit 1990 SZW)
SAV	Schweizerischer Anwaltsverband
SBBG	Bundesgesetz vom 20. März 1998 über die Schweizerischen Bundesbahnen (SR 742.31)
SBG	Bundesgesetz über Glücksspiele und Spielbanken vom 18. Dezember 1998 (*Spielbankengesetz*; SR 935.52)
SBVg	Schweizerische Bankiervereinigung
sc.	scilicet = das heisst, nämlich
SchKG	Bundesgesetz vom 11. April 1889 über Schuldbetreibung und Konkurs (SR 281.1)
SchKK	Schuldbetreibungs- und Konkurskommission des Kantons Aargau
SchKonk	Konkordat vom 27. März 1969 über die Schiedsgerichtsbarkeit (aufgehoben)
SchlB	Schlussbestimmung(en)
SchRG	Bundesgesetz vom 28. September 1923 über das Schiffsregister (SR 747.11)
SchlT	Schlusstitel
SECO	Staatssekretariat für Wirtschaft
SG	Sammelstelle Gerichtsentscheide: Haftpflicht- und Versicherungsrecht
SGHVR	Schweizerische Gesellschaft für Haftpflicht- und Versicherungsrecht
SHAB	Schweizerisches Handelsamtsblatt (Bern)
SHK	Stämpflis Handkommentar (Bern), s. Literaturverzeichnis
SIA	Schweizerischer Ingenieur- und Architektenverein
sic!	Zeitschrift für Immaterialgüter-, Informations- und Wettbewerbsrecht (Zürich; bis 1984: Mitt., s. dort; seit 1997: sic!)
SIWR	Schweizerisches Immaterialgüter- und Wettbewerbsrecht (Basel)
SIX	SIX Swiss Exchange, ehemals SWX (ehemals Schweizer Börse)
SJ	La Semaine Judiciaire (Genf)
SJK	Schweizerische Juristische Kartothek (Genf)
SJZ	Schweizerische Juristen-Zeitung (Zürich)

SK	Schiedskommission
SKUS	Schweizerische Kommission für Unfallverhütung auf Schneesportabfahrten
SKV	Schweizerischer Kaufmännischer Verein
SMS	Short Message Service (engl. für «Kurznachrichtendienst»)
Slg.	Amtliche Sammlung der Entscheidungen des Europäischen Gerichtshofes (Luxemburg)
SMI	Schweizerische Mitteilungen über Immaterialgüterrecht (Zürich, bis 1984: Mitt., s. dort; seit 1997: sic!, s. dort)
SOG	Solothurnische Gerichtspraxis (Solothurn)
sog.	so genannt(e/s)
SoSchG	Bundesgesetz vom 20. März 1975 über den Schutz von Pflanzenzüchtungen (*Sortenschutzgesetz*; SR 232.16)
SPEDLOGSWISS	Verband schweizerischer Speditions- und Logistikunternehmen
spez.	speziell
SPR	Schweizerisches Privatrecht (Basel)
SprstG	Bundesgesetz vom 25. März 1977 über explosionsgefährliche Stoffe (*Sprengstoffgesetz*; SR 941.41)
SR	Systematische Sammlung des Bundesrechts (Systematische Rechtssammlung)
S&R	Sicherheit & Recht, Fachzeitschrift für Sicherheitsfragen in den Bereichen Polizei, Militär, Umwelt und Technik (Zürich/ St. Gallen)
SSA	Schriften zum schweizerischen Arbeitsrecht (Bern)
SSG	Bundesgesetz vom 23. September 1953 über die Seeschifffahrt unter der Schweizer Flagge (*Seeschifffahrtsgesetz*; SR 747.30)
SSHW	Schweizer Schriften zum Handels- und Wirtschaftsrecht (Zürich)
ST	Der Schweizer Treuhänder (Zürich)
st.Rspr.	ständige Rechtsprechung
Std.	Stunden
StenBull	Amtliches stenographisches Bulletin der Bundesversammlung (seit 1967: AmtlBull)
StGB	Schweizerisches Strafgesetzbuch vom 21. Dezember 1937 (SR 311.0)
StPO	Schweizerische Strafprozessordnung vom 5. Oktober 2007 (SR 312.0)
StR	Ständerat; in Zusammenhang mit Zitaten: Steuer Revue (Muri bei Bern)
str.	streitig
StSG	Strahlenschutzgesetz vom 22. März 1991 (SR 814.50)

SUVA	Schweizerische Unfallversicherungsanstalt
SVG	Bundesgesetz vom 19. Dezember 1958 über den Strassenverkehr (*Strassenverkehrsgesetz*; SR 741.01)
SVIT-K	Schweizerisches Mietrecht, Kommentar, herausgegeben vom Schweizerischen Verband der Immobilientreuhänder (SVIT), Zürich 1991
SVZ	Schweizerische Versicherungs-Zeitschrift (Bern, etc.)
syst. Teil	systematischer Teil
SZGR	Schweizerische Zeitschrift für Gesundheitsrecht (Neuenburg)
SZIER	Schweizerische Zeitschrift für internationales und europäisches Recht (Zürich)
SZS	Schweizerische Zeitschrift für Sozialversicherung und berufliche Vorsorge (Bern; bis 1981: Schweizerische Zeitschrift für Sozialversicherung)
SZW	Schweizerische Zeitschrift für Wirtschaftsrecht (Zürich; bis 1989: SAG)
SZZP	Schweizerische Zeitschrift für Zivilprozessrecht (Basel)
TA	Tribunal administratif
TAPP	Tribunale d'appello
TC	Tribunal cantonal
TG	Bundesgesetz vom 4. Oktober 1985 über den Transport im öffentlichen Verkehr (aufgehoben)
TPH	Tribunal des Prud'hommes du Canton de Genève
TREX	Der Treuhandexperte, Zeitschrift (Zürich)
TSchG	Tierschutzgesetz vom 16. Dezember 2005 (SR 455)
TV	Verordnung vom 5. November 1986 über den Transport im öffentlichen Verkehr (aufgehoben)
u.Ä./u.ä.	und Ähnliche(s)/und ähnliche
u.a.	und andere(s); unter anderem/n
u.a.m.	und andere(s) mehr
u.E.	unseres Erachtens
u.U.	unter Umständen
UCP	Uniform Customs and Practice for Documentary Credits (vgl. ERA)
ÜBest	Übergangsbestimmung
UFITA	Archiv für Urheber-, Film-, Funk- und Theaterrecht (Bern)
umstr.	Umstritten
unpubl.	unveröffentlicht
unv./unveröff.	unveröffentlicht
UNCITRAL	United Nations Commission on International Trade Law
UN CUECIC	United Nations Convention on the Use of Electronic Communications in International Contracts (Übereinkommen der Ver-

	einten Nationen über die Verwendung elektronischer Mitteilungen bei internationalen Verträgen)
UNIDROIT	Institut international pour l'unification du droit
UNO	United Nations Organization
URG	Bundesgesetz vom 9. Oktober 1992 über das Urheberrecht und verwandte Schutzrechte (*Urheberrechtsgesetz*; SR 231.1)
UrhG	(deutsches) Gesetz über Urheberrecht und verwandte Schutzrechte vom 9. September 1965
USG	Bundesgesetz vom 7. Oktober 1983 über den Umweltschutz (*Umweltschutzgesetz*; SR 814.01)
usw.	und so weiter
UVG	Bundesgesetz vom 20. März 1981 über die Unfallversicherung (SR 832.20)
UVV	Verordnung vom 20. Dezember 1982 über die Unfallversicherung (SR 832.202)
UWG	Bundesgesetz vom 19. Dezember 1986 gegen den unlauteren Wettbewerb (SR 241)
v.	vom
v.a.	vor allem
V-AVAM	Verordnung vom 1. November 2006 über das Informationssystem für die Arbeitsvermittlung und Arbeitsmarktstatistik (*AVAM-Verordnung*; SR 823.114)
VDSG	Verordnung vom 14. Juni 1993 zum Bundesgesetz über den Datenschutz (SR 235.11)
VE	Vorentwurf
VEB	Verwaltungsentscheide der Bundesbehörden (Bern, bis 1964/65; nachher: VPB, s. dort)
VEES	Vollzugsverordnung vom 2. September 1949 zum Bundesgesetz über die eidgenössische Einigungsstelle zur Beilegung von kollektiven Arbeitsstreitigkeiten (SR 821.421)
VegüV	Verordnung des Bundesrates vom 20. November 2013 gegen übermässige Vergütungen bei börsenkotierten Aktiengesellschaften (SR 221.331)
VE HPG	Vorentwurf eines Bundesgesetzes zur Revision und Vereinheitlichung des Haftpflichtrechts von 1999
VerbrKrG	(deutsches) Verbraucherkreditgesetz vom 17. Dezember 1990
VerbrKr-RL	Verbraucherkreditrichtlinie (RL Nr. 87/102 vom 22. Dezember 1986 zur Angleichung der Rechts- und Verwaltungsvorschriften der Mitgliedstaaten über den Verbraucherkredit [ABl. Nr. L vom 12. Februar 1987, 48], rev. durch die RL Nr. 90/88 vom 22. Februar 1990 [ABl. Nr. L 61 vom 10. März 1990, 14]), abgedruckt u.a. in BBT 1, 143 ff.
VerlG	(deutsches) Gesetz über das Verlagsrecht vom 19. Juni 1901, rev. durch Gesetz vom 9. September 1965
VersGer	Versicherungsgericht

VerwGer	Verwaltungsgericht
VG	Bundesgesetz vom 14. März 1958 über die Verantwortlichkeit des Bundes sowie seiner Behördenmitglieder und Beamten (*Verantwortlichkeitsgesetz*; SR 170.32)
vgl.	vergleiche
V-GSG	Verordnung vom 7. Dezember 2007 zum Bundesgesetz über die von der Schweiz als Gaststaat gewährten Vorrechte, Immunitäten und Erleichterungen sowie finanziellen Beiträge (*Gaststaatverordnung*; SR 192.121)
VKKG	Verordnung vom 6. November 2002 zum Konsumkreditgesetz (SR 221.214.11)
VMM	Verordnung vom 10. Juli 1972 über Massnahmen gegen Missbräuche im Mietwesen (aufgehoben)
VMWG	Verordnung vom 9. Mai 1990 über die Miete und Pacht von Wohn- und Geschäftsräumen (SR 221.213.11)
VO	Verordnung
Vor	Vorbemerkung(en)
Vorafl.	Vorauflage
Vorbem.	Vorbemerkung(en)
VPB	Verwaltungspraxis der Bundesbehörden (Bern, ab 1964/65; früher: VEB, s. dort)
VPG	Postverordnung vom 29. August 2012 (SR 783.01)
VR	Verwaltungsrat
VSAM	Verband Schweiz. Angestellten-Vereine der Maschinen- und Elektroindustrie und verwandter Industrien
VSB	Vereinbarung über die Standesregeln zur Sorgfaltspflicht der Banken (aktuelle Fassung: VSB 08 vom 7. April 2008)
VSBG	Verordnung über Glücksspiele und Spielbanken vom 24. September 2004 (*Spielbankenverordnung*; SR 935.521)
VUV	Verordnung vom 19. Dezember 1983 über die Verhütung von Unfällen und Berufskrankheiten (*Verordnung über die Unfallverhütung*; SR 832.30)
VV	Vollziehungsverordnung; Vollzugsverordnung
VVAG	Verordnung des Bundesgerichts vom 17. Januar 1923 über die Pfändung und Verwertung von Anteilen an Gemeinschaftsvermögen (SR 281.41)
VVG	Bundesgesetz vom 2. April 1908 über den Versicherungsvertrag (*Versicherungsvertragsgesetz*; SR 221.229.1)
VVV	Verkehrsversicherungsverordnung vom 20. November 1959 (SR 741.31)
VZG	Verordnung des Bundesgerichts vom 23. April 1920 über die Zwangsverwertung von Grundstücken (SR 281.42)
w.Bsp.	weitere Beispiele
w.H.	weitere Hinweise

w.Nw.	weitere Nachweise
WAK	Kommission für Wirtschaft und Abgaben
WEG	Wohnbau- und Eigentumsförderungsgesetz vom 4. Oktober 1974 (SR 843)
WFG	Bundesgesetz vom 21. März 2003 über die Förderung von preisgünstigem Wohnraum (*Wohnraumförderungsgesetz*; SR 842)
Wis.L.Rev.	Wisconsin Law Review
WKR	Übereinkommen vom 11. April 1980 der Vereinten Nationen über Verträge über den internationalen Warenkauf (Wiener Kaufrecht; United Nations Convention on Contracts for the International Sale of Goods [CISG]; SR 0.221.211.1)
WM	Wertpapier-Mitteilungen (Frankfurt a.M.)
WRP	Wettbewerb in Recht und Praxis (Frankfurt a.M.)
WuB	Entscheidsammlung zum Wirtschafts- und Bankrecht, Hrsg. Wertpapier-Mitteilungen, Frankfurt a.M.
WuR	Wirtschaft und Recht (Zürich)
z.B.	zum Beispiel
z.T.	zum Teil
z.z.t.	zurzeit
ZBGR	Schweizerische Zeitschrift für Beurkundungs- und Grundbuchrecht (Wädenswil)
ZBJV	Zeitschrift des Bernischen Juristenvereins (Bern)
ZBl	Schweizerisches Zentralblatt für Staats- und Gemeindeverwaltung (Zürich)
ZertES	Bundesgesetz vom 19. Dezember 2003 über Zertifizierungsdienste im Bereich der elektronischen Signatur (*Bundesgesetz über die elektronische Signatur*; SR 943.03)
ZEuP	Zeitschrift für Europäisches Privatrecht (ab 1993)
ZDG	Bundesgesetz vom 6. Oktober 1995 über den zivilen Ersatzdienst (*Zivildienstgesetz*; SR 824.0)
ZDV	Verordnung vom 11. September 1996 über den zivilen Ersatzdienst (*Zivildienstverordnung*; SR 824.01)
ZEuP	Zeitschrift für Europäisches Privatrecht (München)
ZF	Fundhefte für Zivilrecht (Systematischer Nachweis der deutschen Rechtsprechung und Zeitschriftenaufsätze; München)
ZFW	Zeitschrift zur Förderung der Wirtschaftsbeziehungen
ZGB	Schweizerisches Zivilgesetzbuch vom 10. Dezember 1907 (SR 210)
ZGR	Zeitschrift für Unternehmungs- und Gesellschaftsrecht (Frankfurt a.M.)
ZGRG	Zeitschrift für Gesetzgebung und Rechtsprechung in Graubünden (Chur)

ZHR	Zeitschrift für das gesamte Handelsrecht (Heidelberg; seit 1962: Zeitschrift für das gesamte Handels- und Wirtschaftsrecht)
Ziff.	Ziffer(n)
ZIP	Zeitschrift für Wirtschaftsrecht und Insolvenzpraxis (Köln)
zit.	zitiert
ZivGer	Zivilgericht
ZK	Zürcher Kommentar (Zürich), s. Literaturverzeichnis
ZMP	Zürcher Mietrechtspraxis (Zürich)
ZPO	Schweizerische Zivilprozessordnung vom 19. Dezember 2008 (*Zivilprozessordnung*; SR 272)
ZR	Blätter für Zürcherische Rechtsprechung (Zürich)
ZSR	Zeitschrift für Schweizerisches Recht (Basel)
ZUR	Zeitschrift für Umweltrecht (Baden-Baden)
zust.	zustimmend
ZVglRWiss	Zeitschrift für vergleichende Rechtswissenschaft (Heidelberg)
ZWR	Zeitschrift für Walliser Rechtsprechung (Sitten)
ZZZ	Schweizerische Zeitschrift für Zivilprozess- und Zwangsvollstreckungsrecht (Zürich)

Literaturverzeichnis

Schweizerische Literatur

Bericht VE-ZPO	Thomas Sutter-Somm et al., Schweizerische Zivilprozessordnung – Bericht zum Vorentwurf der Expertenkommission, Juni 2003
BERGER	Bernhard Berger, Allgemeines Schuldrecht, 2. Aufl., Bern 2012
BK-BEARBEITER/IN	Berner Kommentar zum Schweizerischen Privatrecht, Hrsg.: Heinz Hausheer/Hans Peter Walter, unterschiedliche Auflagen, die Nachweise beziehen sich auf die laufende Auflage, Bern ab 1910
BK ZPO-BEARBEITER/IN	Berner Kommentar zur Schweizerischen Zivilprozessordnung (ZPO), Bd. I: Art. 1–149 ZPO; Bd. II: Art. 150–352 und Art. 400–406 ZPO, Bern 2013; Bd. III: Art. 353–399 und Art. 407 ZPO, Bern 2014
BSK BankG-BEARBEITER/IN	Rolf Watter/Nedim Peter Vogt/Thomas Bauer/Christoph Winzeler (Hrsg.), Basler Kommentar zum Bankengesetz (BankG), 2. Aufl., Basel 2013
BSK BEHG/FINMAG-BEARBEITER/IN	Rolf Watter/Nedim Peter Vogt (Hrsg.), Basler Kommentar zum Börsengesetz (BEHG)/Finanzmarktaufsichtsrecht (FINMAG), 2. Aufl., Basel 2010
BSK BGG-BEARBEITER/IN	Marcel Alexander Niggli/Peter Uebersax/Hans Wiprächtiger (Hrsg.), Basler Kommentar zum Bundesgerichtsgesetz (BGG), 2. Aufl., Basel 2011
BSK DSG/BGÖ-BEARBEITER/IN	Urs Maurer-Lambrou/Gabor P. Blechta (Hrsg.), Basler Kommentar zum Datenschutzgesetz (DSG) und Öffentlichkeitsgesetz (BGÖ), 3. Aufl., Basel 2014
BSK FusG-BEARBEITER/IN	Rolf Watter/Nedim Peter Vogt/Rudolf Tschäni/Daniel Daeniker (Hrsg.), Basler Kommentar zum Fusionsgesetz, 2. Aufl., Basel 2014
BSK IPRG-BEARBEITER/IN	Heinrich Honsell/Nedim Peter Vogt/Anton K. Schnyder/Stephen V. Berti (Hrsg.), Basler Kommentar zum Internationalen Privatrecht (IPRG), 3. Aufl., Basel 2013
BSK KAG-BEARBEITER/IN	Rolf Watter/Nedim Peter Vogt/René Bösch/François Rayroux/Christoph Winzeler, Basler Kommentar zum Kollektivanlagengesetz, Basel 2009
BSK LugÜ-BEARBEITER/IN	Christian Oetiker/Thomas Weibel (Hrsg.), Basler Kommentar zum Lugano Übereinkommen (LugÜ), Basel 2011
BSK OR II-BEARBEITER/IN	Heinrich Honsell/Nedim Peter Vogt/Rolf Watter (Hrsg.), Basler Kommentar zum Obligationenrecht II (Art. 530–964 OR; Art. 1–6 SchlT AG; Art. 1–11 ÜBest GmbH), 4. Aufl., Basel 2012
BSK SchKG I-BEARBEITER/IN	Adrian Staehelin/Thomas Bauer/Daniel Staehelin (Hrsg.), Basler Kommentar zum Bundesgesetz über Schuldbetreibung und Konkurs, SchKG I (Art. 1–158), 2. Aufl., Basel 2010

BSK SchKG II-Bearbeiter/in	Adrian Staehelin/Thomas Bauer/Daniel Staehelin (Hrsg.), Basler Kommentar zum Bundesgesetz über Schuldbetreibung und Konkurs, SchKG II (Art. 159–352), 2. Aufl., Basel 2010
BSK StPO/JStPO-Bearbeiter/in	Marcel Alexander Niggli/Marianne Heer/Hans Wiprächtiger (Hrsg.), Basler Kommentar zur Schweizerischen Strafprozessordnung (StPO)/Jugendstrafprozessordnung (JStPO), 2. Aufl., Basel 2014
BSK SVG-Bearbeiter/in	Marcel Alexander Niggli/Thomas Probst/Bernhard Waldmann (Hrsg.), Basler Kommentar zum Strassenverkehrsgesetz (SVG), Basel 2014
BSK UWG-Bearbeiter/in	Reto M. Hilty/Reto Arpagaus (Hrsg.), Basler Kommentar zum Bundesgesetz gegen den unlauteren Wettbewerb (UWG), Basel 2013
BSK VVG-Bearbeiter/in	Heinrich Honsell/Nedim Peter Vogt/Anton K. Schnyder (Hrsg.), Basler Kommentar zum Bundesgesetz über den Versicherungsvertrag (VVG), Basel 2001
BSK VVG Nachf.Bd.-Bearbeiter/in	Heinrich Honsell/Nedim Peter Vogt/Anton K. Schnyder (Hrsg.), Nachführungsband zum Basler Kommentar zum Bundesgesetz über den Versicherungsvertrag (VVG), Basel 2012
BSK Wertpapierrecht-Bearbeiter/in	Heinrich Honsell/Nedim Peter Vogt/Rolf Watter (Hrsg.), Basler Kommentar zum Wertpapierrecht (Art. 965–1186 OR, BEG, HWpÜ), Basel 2012
BSK ZGB I-Bearbeiter/in	Heinrich Honsell/Nedim Peter Vogt/Thomas Geiser (Hrsg.), Basler Kommentar zum Schweizerischen Zivilgesetzbuch, ZGB I (Art. 1–456 ZGB), 5. Aufl., Basel 2014
BSK ZGB II-Bearbeiter/in	Heinrich Honsell/Nedim Peter Vogt/Thomas Geiser (Hrsg.), Basler Kommentar zum Schweizerischen Zivilgesetzbuch, ZGB II (Art. 457–977 ZGB; Art. 1–61 SchlT ZGB), 4. Aufl., Basel 2010
BSK ZPO-Bearbeiter/in	Karl Spühler/Luca Tenchio/Dominik Infanger (Hrsg.), Basler Kommentar zur Schweizerischen Zivilprozessordnung (ZPO), 2. Aufl., Basel 2013
Bucher, AT	Eugen Bucher, Schweizerisches Obligationenrecht, Allgemeiner Teil ohne Deliktsrecht, 2. Aufl., Zürich 1988, ‹www.eugenbucher.ch›
Bucher, BT	Eugen Bucher, Schweizerisches Obligationenrecht, Besonderer Teil, 3. Aufl., Zürich 1988, <www.eugenbucher.ch>
Bucher/Wiegand	Eugen Bucher/Wolfgang Wiegand, Übungen im Obligationenrecht – Fallsammlung mit Lösungsvorschlägen, 3. Aufl., Zürich 2001
von Büren, AT	Bruno von Büren, Schweizerisches Obligationenrecht, Allgemeiner Teil, Zürich 1965
von Büren, BT	Bruno von Büren, Schweizerisches Obligationenrecht, Besonderer Teil, Zürich 1972
BVK-Bearbeiter/in	Jean-François Aubert/Kurt Eichenberger/Jörg Paul Müller/René A. Rhinow/Dietrich Schindler (Hrsg.), Kommentar zur

	Bundesverfassung der Schweizerischen Eidgenossenschaft vom 29.5.1874, Zürich/Bern/Basel 1987 ff.
BV-SGK-BEARBEITER/IN	Bernhard Ehrenzeller/Philippe Mastronardi/Rainer J. Schweizer/Klaus A. Vallender (Hrsg.), Die schweizerische Bundesverfassung, St. Galler Kommentar, 2. Aufl., Zürich u.a. 2008
CHK-BEARBEITER/IN	Marc Amstutz/Peter Breitschmid/Andreas Furrer/Daniel Girsberger/Claire Huguenin/Markus Müller-Chen/Vito Roberto/Alexandra Rumo-Jungo/Anton K. Schnyder/Hans Rudolf Trüeb (Hrsg.), Handkommentar zum Schweizer Privatrecht, 2. Aufl., Zürich 2012
CR CO I-BEARBEITER/IN	Luc Thévenoz/Franz Werro (Hrsg.), Commentaire Romand, Code des obligations I (Art. 1–529), 2. Aufl., Basel 2012
CR CO II-BEARBEITER/IN	Pierre Tercier/Marc Amstutz (Hrsg.), Commentaire Romand, Code des obligations II (Art. 530–1186), Basel/Genf/München 2008
DESCHENAUX/TERCIER	Henri Deschenaux/Pierre Tercier, La responsabilité civile, 2. Aufl., Bern 1982
ENGEL, contrats	Pierre Engel, Contrats de droit suisse, 2. Aufl., Bern 2000
ENGEL, traité	Pierre Engel, Traité des obligations en droit suisse, 2. Aufl., Bern 1997
FamKomm-Scheidung-BEARBEITER/IN	Ingeborg Schwenzer (Hrsg.), Familienrechts-Kommentar Scheidung, 2. Aufl., Bern 2010
FASEL	Urs Fasel, Handels- und obligationenrechtliche Materialien, Bern/Stuttgart/Wien 2000
FUNK	Fritz Funk, Kommentar des Obligationenrechts, Bd. II, Aarau 1951
GASSER/RICKLI	Dominik Gasser/Brigitte Rickli, Schweizerische Zivilprozessordnung (ZPO) – Kurzkommentar, 2. Aufl., Zürich/St. Gallen 2014
GAUCH	Peter Gauch, Der Werkvertrag, 5. Aufl., Zürich 2011
GAUCH/AEPLI/STÖCKLI	Peter Gauch/Viktor Aepli/Hubert Stöckli, Präjudizienbuch zum OR, die Rechtsprechung des Bundesgerichts, 8. Aufl., Zürich 2012
GAUCH/SCHLUEP/SCHMID/EMMENEGGER	Peter Gauch/Walter R. Schluep/Jörg Schmid/Susan Emmenegger, Schweizerisches Obligationenrecht, Allgemeiner Teil, 2 Bde., 10. Aufl., Zürich 2014
GAUCH/SCHLUEP/TERCIER	Peter Gauch/Walter R. Schluep/Pierre Tercier, La partie générale du droit des obligations, 2 Bde., 2. Aufl., Zürich 1982
GIGER	Hans Giger, Obligationenrecht. Handbuch für Studium, Wissenschaft und Praxis von A–Z, Zürich 1998
GROSS	Christophe Gross, Grundzüge des Haftpflichtrechts, Zürich 1991
GUGGENHEIM	Daniel Guggenheim, Le droit suisse des contrats, Bd. I, La conclusion des contrats, Genf 1991

Literaturverzeichnis

GUHL/KOLLER/SCHNYDER/DRUEY	Theo Guhl, Das Schweizerische Obligationenrecht, 9. Aufl., bearbeitet von Alfred Koller, Anton K. Schnyder und Jean Nicolas Druey, Zürich 2000
GULDENER	Max Guldener, Schweizerisches Zivilprozessrecht, 3. Aufl., Zürich 1979
HÄFELIN/MÜLLER/UHLMANN	Ulrich Häfelin/Georg Müller/Felix Uhlmann, Allgemeines Verwaltungsrecht, 6. Aufl., Zürich 2010
Handkomm-OR-BEARBEITER/IN	Jolanta Kren Kostkiewicz/Peter Nobel/Ivo Schwander/Stephan Wolf (Hrsg.), OR Handkommentar zum Schweizerischen Obligationenrecht, 2. Aufl., Zürich 2009
Handkomm-ZGB-BEARBEITER/IN	Jolanta Kren Kostkiewicz/Ivo Schwander/Stephan Wolf (Hrsg.), ZGB Handkommentar zum Schweizerischen Zivilgesetzbuch, Zürich 2006
Handkomm-ZPO-BEARBEITER/IN	Baker & McKenzie (Hrsg.), Schweizerische Zivilprozessordnung (ZPO), Handkommentar, Bern 2010
HONSELL/ISENRING/KESSLER	Heinrich Honsell/Bernhard Isenring/Martin A. Kessler, Schweizerisches Haftpflichtrecht, 5. Aufl., Zürich 2013
HONSELL, OR BT	Heinrich Honsell, Schweizerisches Obligationenrecht, Besonderer Teil, 9. Aufl., Bern 2010
HUGUENIN, OR AT/BT	Claire Huguenin, Obligationenrecht, Allgemeiner Teil und Besonderer Teil, 2. Aufl., Zürich 2014
HUGUENIN/HILTY	Claire Huguenin/Reto M. Hilty, OR 2020, Schweizer Obligationenrecht 2020 – Entwurf für einen neuen allgemeinen Teil, Zürich 2013
IPRG-Kommentar-BEARBEITER/IN	Daniel Girsberger/Anton Heini/Max Keller/Jolanta Kren Kostkiewicz/Kurt Siehr/Frank Vischer/Paul Volken (Hrsg.), Zürcher Kommentar zum IPRG: Kommentar zum Bundesgesetz über das Internationale Privatrecht (IPRG) vom 18. Dezember 1987, 2. Aufl., Zürich 2004
KELLER, I	Alfred Keller, Haftpflicht im Privatrecht, Bd. I, 6. Aufl., Bern 2002
KELLER, II	Alfred Keller, Haftpflicht im Privatrecht, Bd. II, 2. Aufl., Bern 1998
KELLER/GABI	Max Keller/Sonja Gabi, Das schweizerische Schuldrecht, Bd. II, Haftpflichtrecht, 2. Aufl., Basel/Frankfurt a.M. 1988
KELLER/SCHAUFELBERGER	Max Keller/Peter Schaufelberger, Das schweizerische Schuldrecht, Bd. III, Ungerechtfertigte Bereicherung, 3. Aufl., Basel/Frankfurt a.M. 1990
KELLER/SCHMIED-SYZ	Max Keller/Carole Schmied-Syz, Haftpflichtrecht: ein Grundriss in Schemen und Tabellen, 5. Aufl., Zürich 2001
KELLER/SCHÖBI, I	Max Keller/Christian Schöbi, Das schweizerische Schuldrecht, Bd. I, Allgemeine Lehren des Vertragsrechts, 3. Aufl., Basel/Frankfurt a.M. 1988
KELLER/SCHÖBI, IV	Max Keller/Christian Schöbi, Das schweizerische Schuldrecht, Bd. IV, Gemeinsame Rechtsinstitute für Schuldverhält-

	nisse aus Vertrag, unerlaubter Handlung und ungerechtfertigter Bereicherung, 2. Aufl., Basel/Frankfurt a.M. 1984
KOLLER A., OR AT	Alfred Koller, Schweizerisches Obligationenrecht, Allgemeiner Teil, 3. Aufl., Bern 2009
KOLLER A., OR BT	Alfred Koller, Schweizerisches Obligationenrecht Besonderer Teil, Bd. 1, Bern 2012
KOLLER A., Grundstückkauf	Alfred Koller (Hrsg.), Grundstückkauf, 2. Aufl., Bern 2001
KUKO OR-BEARBEITER/IN	Heinrich Honsell (Hrsg.), Kurzkommentar zum Obligationenrecht (Art. 1–1186), Basel 2014
KUKO ZPO-BEARBEITER/IN	Paul Oberhammer (Hrsg.), Kurzkommentar Schweizerische Zivilprozessordnung (ZPO), 2. Aufl., Basel 2014
MEIER-HAYOZ/FORSTMOSER	Arthur Meier-Hayoz/Peter Forstmoser, Schweizerisches Gesellschaftsrecht, 11. Aufl., Bern 2012
MERZ, traité	Hans Merz, Droit des Obligations, Partie Générale, Bd. I, Traité de droit privé suisse Vol. VI, Freiburg i.Ue. 1993
MERZ, SPR VI/1	Hans Merz, Obligationenrecht, Allgemeiner Teil: Einleitung (Entstehung und allgemeine Charakterisierung); Die Obligation, Schweizerisches Privatrecht (SPR), Bd. VI/1, Basel/Frankfurt a.M. 1984
MERZ, Vertrag	Hans Merz, Vertrag und Vertragsschluss, 2. Aufl., Freiburg i.Ue. 1992
OFTINGER/STARK, I	Karl Oftinger/Emil W. Stark, Schweizerisches Haftpflichtrecht, Bd. I, Allgemeiner Teil, 5. Aufl., Zürich 1995
OFTINGER/STARK, II/1	Karl Oftinger/Emil W. Stark, Schweizerisches Haftpflichtrecht, Bd. II/1, Besonderer Teil, 4. Aufl., Zürich 1987
OFTINGER/STARK, II/2	Karl Oftinger/Emil W. Stark, Schweizerisches Haftpflichtrecht, Bd. II/2, Besonderer Teil, 4. Aufl., Zürich 1989
OFTINGER/STARK, II/3	Karl Oftinger/Emil W. Stark, Schweizerisches Haftpflichtrecht, Bd. II/3, Besonderer Teil, 4. Aufl., Zürich 1991
REY	Heinz Rey, Ausservertragliches Haftpflichtrecht, 4. Aufl., Zürich 2008
ROBERTO, Haftpflichtrecht	Vito Roberto, Schweizerisches Haftpflichtrecht, Zürich 2002
SCHMID/STÖCKLI	Jörg Schmid/Hubert Stöckli, Schweizerisches Obligationenrecht, Besonderer Teil, Zürich 2010
SCHNYDER/LIATOWITSCH	Anton K. Schnyder/Manuel Liatowitsch, Internationales Privat- und Zivilverfahrensrecht, 3. Aufl., Zürich 2011
SCHULIN/VOGT, AT	Hermann Schulin/Nedim P. Vogt, Tafeln zum Schweizerischen Obligationenrecht I, Allgemeiner Teil ohne Deliktsrecht, 5. Aufl., Zürich 2012
SCHULIN/VOGT, BT	Hermann Schulin/Nedim P. Vogt, Tafeln zum Schweizerischen Obligationenrecht II, Besonderer Teil ohne Arbeitsrecht, Zürich 2002
SCHWENZER	Ingeborg Schwenzer, Schweizerisches Obligationenrecht, Allgemeiner Teil, 6. Aufl., Bern 2012

SVIT — Das Schweizerische Mietrecht, Kommentar, 3. Aufl., Zürich 2008

Tercier/Pichonnaz, obligations — Pierre Tercier/Pascal Pichonnaz, Le droit des obligations, 5. Aufl., Zürich 2012

Tercier/Favre — Pierre Tercier/Pascal G. Favre, Les contrats spéciaux, 4. Aufl., Zürich 2009

Tuor/Schnyder/Schmid/Rumo-Jungo — Peter Tuor/Bernhard Schnyder/Jörg Schmid/Alexandra Rumo-Jungo, Das Schweizerische Zivilgesetzbuch, 13. Aufl., Zürich 2009

von Tuhr/Peter — Andreas von Tuhr/Hans Peter/Hermann Schulin, Allgemeiner Teil des Schweizerischen Obligationenrechts, Bd. 1, 3. Aufl., Zürich 1979

von Tuhr/Escher — Andreas von Tuhr/Arnold Escher, Allgemeiner Teil des Schweizerischen Obligationenrechts, Bd. 2, 3. Aufl., Zürich 1974

von Tuhr/Peter/Escher — Andreas von Tuhr/Hans Peter/Arnold Escher, Allgemeiner Teil des Schweizerischen Obligationenrechts, Supplement, Zürich 1984

Vogel/Spühler — Oskar Vogel/Karl Spühler, Grundriss des Zivilprozessrechts und des internationalen Zivilprozessrechts der Schweiz, 8. Aufl., Bern 2006

ZPO Komm-Bearbeiter/in — Thomas Sutter-Somm/Franz Hasenböhler/Christoph Leuenberger (Hrsg.), Kommentar zur Schweizerischen Zivilprozessordnung (ZPO), 2. Aufl., Zürich 2013

ZK-Bearbeiter/in — Zürcher Kommentar zum Schweizerischen Zivilgesetzbuch, Zürich ab 1909, unterschiedliche Auflagen, die Nachweise beziehen sich auf die laufende Auflage, Zürich ab 1909

Ausländische Literatur

von Bar/Clive — Christian von Bar/Eric Clive (Hrsg.), Draft Common Frame of Reference (DCFR), Full Edition, München 2009

Erman-Bearbeiter/in — Erman Bürgerliches Gesetzbuch: Handkommentar, 2 Bde., Hrsg.: Harm Peter Westermann, 13. Aufl., Münster/Köln 2011

Esser/Schmidt — Josef Esser/Eike Schmidt, Schuldrecht, Allgemeiner Teil, Bd. I/1, 8. Aufl., Heidelberg 1995; Bd. I/2, 8. Aufl., Heidelberg 2000

Esser/Weyers — Josef Esser/Hans-Leo Weyers, Schuldrecht, Besonderer Teil, Bd. II/1, 7. Aufl., Heidelberg 1998; Bd. II/2, 8. Aufl., Heidelberg 2000

Fikentscher — Wolfgang Fikentscher, Schuldrecht, 10. Aufl., Berlin 2006

Flume — Werner Flume, Allgemeiner Teil des Bürgerlichen Rechts, Bd. II, Das Rechtsgeschäft, 4. Aufl., Berlin 1992

HK-BGB/Bearbeiter — Heinrich Dörner et al. (Hrsg.), Handkommentar zum Bürgerlichen Gesetzbuch, 3. Aufl., Baden-Baden 2003

HKK-BGB/Bearbeiter — Mathias Schmoeckel/Joachim Rückert/Reinhard Zimmermann (Hrsg.), Historisch-kritischer Kommentar zum BGB, Bd. I, Allgemeiner Teil, §§ 1–240, Tübingen 2003

HONSELL, UN-Kaufrecht	Heinrich Honsell, Kommentar zum UN-Kaufrecht, 2. Aufl., Berlin 2009
HÜBNER	Heinz Hübner, Allgemeiner Teil des Bürgerlichen Gesetzbuches, 2. Aufl., Berlin 1996
KASER/KNÜTEL	Max Kaser/Rolf Knütel, Römisches Privatrecht, Studienbuch, 20. Aufl., München 2013
LANDO/CLIVE/PRÜM/ZIMMERMANN	Ole Lando/Eric Clive/André Prüm/Reinhard Zimmermann (Hrsg.), Principles of European Contract Law III, The Hague 2003
LARENZ, I	Karl Larenz, Lehrbuch des Schuldrechts, Bd. I: Allgemeiner Teil, 15. Aufl., München 2009
LARENZ, II/1	Karl Larenz, Lehrbuch des Schuldrechts, Bd. II/1: Besonderer Teil, 13. Aufl., München 1986
LARENZ/CANARIS, II/2	Karl Larenz/Claus-Wilhelm Canaris, Lehrbuch des Schuldrechts, Bd. II/2: Besonderer Teil, 13. Aufl., München 1994
LARENZ/WOLF	Karl Larenz/Manfred Wolf, Allgemeiner Teil des deutschen Bürgerlichen Rechts, 9. Aufl., München 2004
MEDICUS/LORENZ, AT	Dieter Medicus/Stephan Lorenz, Schuldrecht I, Allgemeiner Teil, 19. Aufl., München 2010
MEDICUS/LORENZ, BT	Dieter Medicus/Stephan Lorenz, Schuldrecht II, Besonderer Teil, 16. Aufl., München 2012
MK-BEARBEITER/IN	Kurt Rebmann/Franz J. Säcker/Roland Rixecker (Hrsg.), Münchener Kommentar zum Bürgerlichen Gesetzbuch, 6. Aufl., München ab 2012
Palandt-BEARBEITER/IN	Bürgerliches Gesetzbuch, 73. Aufl., München 2014
PAWLOWSKI	Hans-Martin Pawlowski, Allgemeiner Teil des BGB, 7. Aufl., Heidelberg 2003
Rummel-BEARBEITER/IN	Kommentar zum Allgemeinen Bürgerlichen Gesetzbuch, 2 Bde., Hrsg.: Peter Rummel, 3. Aufl., Wien 2000–2007
Rummel/Lukas-BEARBEITER/IN	Kommentar zum Allgemeinen Bürgerlichen Gesetzbuch, Hrsg.: Peter Rummel, Meinhard Lukas, 4. Aufl., Wien 2014
SCHLECHTRIEM, AT	Peter Schlechtriem, Schuldrecht, Allgemeiner Teil, 6. Aufl., Tübingen 2005
SCHLECHTRIEM, BT	Peter Schlechtriem/Martin Schmidt-Kessel, Schuldrecht, Besonderer Teil, 7. Aufl., Tübingen 2014
Schlechtriem/Schwenzer-BEARBEITER/IN	Peter Schlechtriem/Ingeborg Schwenzer (Hrsg.), Kommentar zum Einheitlichen UN-Kaufrecht-CISG, 6. Aufl., München 2013
Schwimann-BEARBEITER/IN	Michael Schwimann (Hrsg.), Praxiskommentar zum ABGB: samt Nebengesetzen, 8 Bde., 2. Aufl., Wien 1997–2001
Soergel-BEARBEITER/IN	Bürgerliches Gesetzbuch mit Einführungsgesetz und Nebengesetzen, Hrsg.: Wolfgang Siebert, 13. Aufl., Stuttgart ab 2000
von Staudinger-BEARBEITER/IN	Julius von Staudinger, Kommentar zum Bürgerlichen Gesetzbuch mit Einführungsgesetz und Nebengesetzen, 13. Aufl., Berlin ab 1993

Obligationenrecht

vom 30. März 1911

Einleitung vor Art. 1 ff.

Literatur

BUCHER, Der Gegensatz von Zivilrecht und Handelsrecht, FS für Arthur Meier-Hayoz, Zürich 1972, 1–14 (‹www.eugenbucher.ch› Nr. 15) (zit. FS Meier-Hayoz); DERS., 100 Jahre Obligationenrecht, ZSR 1983, 275 ff. (zit. ZSR 1983); DERS., Der Einfluss des französischen Code Civil auf das OR, in: Das Obligationenrecht 1883–1983, Bern 1984, 139 ff. [‹www.eugenbucher.ch› Nr. 33] (zit. Einfluss); DERS., «Schuldverhältnis» des BGB: ein Terminus – drei Begriffe, in: Bucher/Canaris et al. (Hrsg.), FS für Wolfgang Wiegand, Bern 2005, 93–139 (‹www.eugenbucher.ch› Nr. 94) (zit. FS Wiegand); CANARIS, Ansprüche wegen positiver Forderungsverletzung und Schutzwirkung für Dritte bei nichtigen Verträgen. Zugleich ein Beitrag zur Vereinheitlichung der Regeln über die Schutzpflichtverletzungen, JZ 1965, 475–482; CHAPUIS O., Die Haftung wegen Ausbleibens der Erfüllung im Sinne von Art. 97. Abs. 1 OR: ein Begriff im Wandel?, AJP 2005, 653 ff.; ERNST, Einleitung, in: Säcker (Hrsg.), Münchener Kommentar zum Bürgerlichen Gesetzbuch, BGB, Bd. 2, 7. Aufl., München 2015, 3–20; FLUME, Allgemeiner Teil des Bürgerlichen Rechts, Bd. II: Das Rechtsgeschäft, 4. Aufl., Berlin etc. 1992, 477–482; HONSELL, 100 Jahre Schweizerisches Obligationenrecht, ZSR 2011 II, 5 ff.; IMMENHAUSER, Das Dogma von Vertrag und Delikt, Köln 2006; KRAMER, Grundfragen der vertraglichen Einigung, München/Salzburg 1972; LOSER, Die Vertrauenshaftung im schweizerischen Schuldrecht: Grundlagen, Erscheinungsformen und Ausgestaltung im geltenden Recht vor dem Hintergrund europäischer Rechtsentwicklung, Bern 2006; MEIER-HAYOZ, Vertrauensprinzip beim Vertragsabschluss: ein Beitrag zur Lehre von der Auslegung und den Mängeln des Vertragsabschlusses beim Schuldvertrag, Diss. Zürich 1948; PICHONNAZ, Le centenaire du Code des obligations, ZSR 2011, 117 ff.; PIOTET, La culpa in contrahendo aujourd'hui, in: SJZ 1981, 225–233; RUSCH, Rechtsscheinlehre in der Schweiz, Zürich/St. Gallen 2010; SPIRO, Die Haftung für Abschluss- und Verhandlungsgehilfen, ZSR 1986, 634 ff.; TERCIER, Abus de confiance?, in: La responsabilité fondée sur la confiance/Vertrauenshaftung, Zürich 2001; VON TUHR, Über die Mängel des Vertragsabschlusses nach schweizerischem Obligationenrecht, ZSR 1897, 25 f.; WALTER, Vertrauenshaftung: Unkraut oder Blume im Garten des Rechts, ZSR 2001 I, 79 ff. (zit. ZSR 2001 I); DERS, Von der positiven Vertragsverletzung zur materiellen Forderungsverletzung, in: FS für Eugen Bucher, Bern 2009, 761–780 (zit. FS Bucher); WIEGAND, Von der Obligation zum Schuldverhältnis, recht 1997, 85 ff. (zit. recht 1997); DERS., Die Canaris-Rezeption in der Schweiz, FS für Claus-Wilhelm Canaris, Bd. II, München 2007, 881 ff. (zit. FS Canaris II); DERS, Die Verhaltenspflichten – Ein Beitrag zur juristischen Zeitgeschichte, in: FS für Sten Gagnér, München 1991, 547 ff. (zit. FS Gagnér); ZELLWEGER-GUTKNECHT, Die Gewähr, Bern 2007.

A. Entstehung des schweizerischen Obligationenrechts

I. Entstehungsgeschichte

1. Das alte Obligationenrecht von 1881/1883

WALTHER MUNZINGER (1830–1873) gebührt die Erwähnung an erster Stelle, wenn Geschichte und Wurzeln (N 13) des hier kommentierten Gesetzbuchs zur Sprache kommen (zur Biographie s. FASEL, Bahnbrecher Munzinger, Bern 2003; zu den Gesetzgebungsmaterialien s. N 10 ff.): Der Berner Rechtsprofessor entwarf bereits 1863 ein «Konkordat über Handels- und Verkehrsrecht» für die Kantone (samt Vertrags- und Kaufrechtselementen, die auch für Nichtkaufleute gelten sollten) und arbeitete 1864–1865 einen Entwurf für das damals *geplante Handelsgesetzbuch* aus. 1

Ursprünglich angestossen durch eine Petition des Schweizer Juristenvereins, weitete der Bundesrat 1868 das Kodifikationsvorhaben aus und übertrug MUNZINGER die Aufgabe, ein *einheitliches Schweizer Obligationenrecht* auszuarbeiten. Schon 1869 veröffentlichte dieser einen Entwurf zu einem allgemeinen Teil des OR und 1871 schliesslich den ersten Entwurf zum gesamten OR. Viel zu früh verstarb MUNZINGER im Frühjahr 1873 (noch bevor am 29.5.1874 die totalrevidierte Bundesverfassung in Kraft trat, die mit Art. 64 Abs. 1 dem Bund immerhin die Gesetzgebungskompetenz für das Obligationenrecht und das Sachenrecht übertrug; s. heute umfassend Art. 122 Abs. 1 BV). Trotz seines plötzlichen Todes entstammt auch der Entwurf von 1875 noch weitgehend seiner Feder. 2

3 Unter der Leitung des Zürcher Professors FICK erschien sodann 1877 ein dritter und 1879 ein letzter Entwurf, den der Bundesrat im selben Jahr zusammen mit einer Botschaft den Räten unterbreitete. Diese verabschiedeten das Gesetz am 14. Brachmonat (Juni) 1881, das am 1.1.1883 als «Bundesgesetz über das Obligationenrecht» **(aOR)** in Kraft trat. Es war das erste gesamteidgenössische Gesetzgebungswerk und «stellte seinerzeit eine kodifikatorische Leistung ersten Ranges dar; es hat Habitus und Stil nachfolgender Gesetzgebung (einschliesslich des ZGB) bestimmt» (zit. BSK OR I-BUCHER, 5. Aufl. 2011, N 1; s.a. WIEACKER, Privatrechtsgeschichte der Neuzeit, 2. Aufl., Göttingen 1967, 491, der es als «die reifste Frucht der deutschsprachigen Rechtswissenschaft des 19. Jahrhunderts» bezeichnet).

2. Das Obligationenrecht von 1911/1912

4 Erst 1898 gelang es, dem Bund die umfassende **Kompetenz** für die Zivilrechtsgesetzgebung in der Verfassung einzuräumen und damit die *Schaffung des ZGB* zu ermöglichen. In deren Zuge sollte auch das *aOR überarbeitet* werden. Beides wurde seit Beginn des Jahrhunderts durch eine Kommission unter der Leitung von EUGEN HUBER (1849–1923) vorangetrieben (zu den Gesetzgebungsmaterialien s. N 10 ff.).

5 Sie **transferierte** die Vorschriften über die Handlungsfähigkeit (Art. 29–35 aOR, Art. 12–19 ZGB), das Mobiliarsachenrecht (Art. 199–228 aOR, Art. 713 ff. und 884 ff. OR) und die Vereine (Art. 716–719 aOR, Art. 63–79 ZGB) ins ZGB und **verzichtete** aus Zeitgründen auf Änderungen im Gesellschaftsrecht und im sonstigen Handelsrecht.

6 **Revidiert** hat sie lediglich den im vorliegenden Band kommentierten Teil der Bestimmungen (s. etwa PICHONNAZ, 133 m.Nw.) sowie die Art. 530–551 (einfache Gesellschaft). Grundlegend waren etwa die Änderungen des Deliktsrechts (Art. 41 ff.) und des Arbeitsvertrags (Art. 319 ff.). Davon abgesehen kranken die redaktionellen Modifikationen teils daran, dass ihnen nicht hinreichend zu entnehmen ist, ob sie sachlicher Natur sein oder bloss kosmetische Zwecke verfolgen sollten (s. schon BUCHER, ZSR 1983, § 3 Die Pannen des Jahres 1911).

7 **Neu geregelt** wurden mehreren *Vertragstypen* – namentlich Grundstückkauf (Art. 216 ff.), Versteigerung (Art. 229–236), Schenkung (Art. 239–252) und Mäkelei (Art. 412–418), Lagervertrag (Art. 482 ff.), Leibrente und Verpfründung (Art. 516–529) – sowie zahlreiche *Einzelbestimmungen*, etwa über Auslobung (Art. 8), Vorvertrag (Art. 22), Inhaltsfreiheit und -schranken (Art. 19), Übervorteilung (Art. 21), zusätzliche Willensmängelaspekte (Art. 24 Abs. 1 Ziff. 4, 25 und 27), unlauterer Wettbewerb (Art. 48), Kontokorrent und Schuldübernahme (Art. 175–183), Gewährsrecht beim Viehkauf (Art. 198 und 202).

8 Einige weitere Neuerungen wie auch das Niveau ihrer Präsentation (BSK OR I-BUCHER, 5. Aufl. 2011, N 2) haben in der Lehre teils *Kritik* erfahren (s. jüngst etwa HONSELL, ZSR 2011 II, 9 ff., 11 ff. m.w.H.), so namentlich die (zu kurze) Verjährungsfrist bei Kondiktion (Art. 67) und die Regresskaskade bei der Solidarhaftung (Art. 51 Abs. 2).

9 Das heutige Obligationenrecht wurde schliesslich am 30.3.1911 von den Räten verabschiedet und auf den 1.1.1912 (zusammen mit dem ZGB) in Kraft gesetzt. Doch in den wesentlichen Elementen beruht diese Kodifikation weiterhin auf dem aOR. Dessen Text kann und sollte daher zum richtigen Verständnis der heute geltenden Regelung herangezogen werden (s. etwa unten N 10 zur Materialienedition von FASEL).

3. Materialien

10 Alle vorstehend genannten (und weitere) **Texte** sind glücklicherweise veröffentlicht und leicht zugänglich (s. FASEL, Handels- und Obligationenrechtliche Materialien, Bern etc. 2000; BUCHER, Die Entwicklung des deutschen Schuldrechts im 19. Jahrhundert und die Schweiz – Zugleich Besprechung der Materialien-Edition zum schweiz. Handels- und Obligationenrecht von Urs Fasel, ZEuP 2003; DERS, Das Schweizerische Obligationenrecht – ein Markstein und

ein Vorbild, NZZ 10.7.2006, 13 [‹www.eugenbucher.ch› Nr. 84 und 96]). Wie in den Vorauflagen zu Recht postuliert, wird «jede vertiefte Untersuchung einzelner Institutionen der Kodifikation [. . .] künftig, wenn sie ernst genommen werden will, die genannten Gesetzgebungsmaterialien in die Betrachtung einbeziehen» (BSK OR I-BUCHER, 5. Aufl. 2011, N 31).

Wertvolle weitere, oft handschriftlich verfasste Quellen zum **aOR** finden sich zudem im Bundesarchiv (s. etwa Erweiterte Kommission, Beratungen zum zweiten Entwurf eines Schweizerischen Obligationenrechts von 1875, Sitzungen gehalten in Bern vom 16.–21.5.1876 und 18.9.–7.10.1877, Bundesarchiv E 22 2067; Redaktionskommission, Protokoll der Sitzungen vom 3.–12.1.1879 in Basel der, Bundesarchiv E 22 2083–2085; Nationalratskommission, Protokoll vom 21.8.1880, Bundesarchiv E 22 2092; s.a. die Quellen bei BK-KRAMER, Allg. Einl. N 22). 11

Zum **heutigen** Obligationenrecht s. namentlich OSER, Begutachtung der Frage der Anpassung des Obligationenrechtes an das Zivilgesetzbuch, Freiburg 3.8.1900, Bundesarchiv E 22 2105–2106; Bericht als Manuskript gedruckt für die Expertenkommission über die Anpassung und Revision des Obligationenrechts und über die Einführungsbestimmungen zum Schweizerischen Zivilgesetzbuche, Bern im August 1904; Expertenkommission für die Anpassung und Revision des Obligationenrechts und über die Einführungsbestimmungen zum Schweizerischen Zivilgesetzbuch, Protokoll der 22 Sitzungen, gehalten in Langenthal, 19.9.–7.10.1904; Botschaft des Bundesrates an die Bundesversammlung zu einem Gesetzesentwurf betreffend die Ergänzung des Entwurfes eines schweizerischen Zivilgesetzbuches durch Anfügung des Obligationenrechtes und der Einführungsbestimmungen vom 3.3.1905; Sekretariat der Expertenkommission für die Revision des Obligationenrechts, Schweizerisches Zivilgesetzbuch, Zusammenstellungen der Anträge und Anregungen zum Entwurf des Bundesrates betreffend Anfügung des Obligationenrechts, Bern 1908; Protokolle der Expertenkommissionen, Revision des schweizerischen Obligationenrechts, 27 Sitzungen, gehalten in Bern, 4.–9.5.1908 und 12.–23.10.1908 und 1.–10.3.1909; Bericht des Bundesrates an die Bundesversammlung betreffend die Revision des Obligationenrechts (Nachtrag) vom 1.6.1909, BBl vom 9.6.1909, 725–756 und Entwurf 757–924; Nationalratskommission, Protokolle zur Revision des schweizerischen Obligationenrechts, 14 Sitzungen, gehalten in Bern, 15.6.–24.11.1909. 12

II. Vorbilder und Einflüsse

1. Gesetzliche Vorbilder

Als direkte **legislatorische Vorbilder** dienen MUNZINGER (s. N 1) vorab das von JOHANN CASPAR BLUNTSCHLI (1808–1881) verfasste **zürcherische Privatrechtliche Gesetzbuch** (PGB) von 1854/56 und der sog. **Dresdener Entwurf** des Jahres 1866 (B. FRANCKE [Hrsg.], Entwurf eines allgemeinen deutschen Gesetzes über Schuldverhältnisse, 1866). 13

Darüber hinaus sind auch Einflüsse des 1804 vollständig in Kraft getretenen **französischen Code Civil** (zeitweise offiziell als Code Napoléon bezeichnet) festzustellen (vgl. BUCHER, Einfluss, 139 ff.; MERZ, SPR VI/1, 11 ff.) und es finden sich auch Stellen, die inspiriert wurden durch das von SAMUEL LUDWIG SCHNELL (1775–1849) verfasste (und seinerseits durch das AGBG inspirierte) **Berner Civil-Gesetzbuch** von 1830 (so die kaufrechtlichen Gewährsnormen, vgl. ZELLWEGER-GUTKNECHT, N 81, 221, 562). 14

In rechtshistorische Betrachtungen unseres Gesetzes muss aber neben den genannten Kodifikationen auch das preussische **Allgemeine Landrecht** von 1794 (ALR) einbezogen werden. Denn BLUNTSCHLI wiederum erhielt seine entscheidende Formung als Jurist in Paris sowie von 1827–1828 auch in Berlin. Dort gewann ihn SAVIGNY (s. N 17) nicht nur für die Historische Rechtsschule, sondern machte ihn im Rahmen seiner Landrechtsvorlesungen auch mit dem ALR vertraut. So fanden auch Teile dessen Inhalts ihren Weg über das PGB und – teils 15 direkt, teils über den Dresdener Entwurf – ins aOR (etwa zu Kauf- und Gewährs-Elementen ZELLWEGER-GUTKNECHT, N 82).

16 Das **aOR beeinflusste seinerseits** insb. das Schuldrecht des BGB (und über dieses zahlreiche weitere Kodifikationen): vgl. etwa die *Willensmängel* verstanden als *Anfechtungstatbestand* und nicht wie bisher immer als Dissens- bzw. Nichtigkeitstatbestand, die *Nichterfüllungs-Sanktion* der *Vertragsterminierung* von BGB § 326 folgend Art. 122 aOR/Art. 107 rev. OR (BSK OR I-BUCHER, 5. Aufl. 2011, N 28).

2. Wissenschaftlich-doktrinelle Grundlagen

17 Das aOR kann als die älteste der Schuldrechtskodifikationen bezeichnet werden, die bereits von der historischen Rechtsschule des deutschen Sprachbereiches des **19. Jahrhunderts** bestimmt sind (BSK OR I-BUCHER, 5. Aufl. 2011, N 28 und die reiche Literaturzusammenstellung zu deren wichtigsten Vertretern N 29 ff.). Die schuldrechtlichen Teile des aOR/OR beruhen im Wesentlichen auf deren **gemeinrechtlichen Tradition**. Bedeutende Vertreter waren etwa LUDWIG JULIUS FRIEDRICH HÖPFNER (1743–1797), CHRISTIAN FRIEDRICH MÜHLENBRUCH (1785–1843), ANTON FRIEDRICH JUSTUS THIBAUT (1772–1840), FRIEDRICH CARL VON SAVIGNY (1779–1861), GEORG FRIEDRICH PUCHTA (1798–1846), FRIEDRICH LUDWIG VON KELLER (1799–1860), KARL PHILIPP ADOLPH VON VANGEROW (1808–1870), CARL LUDWIG ARNDTS VON ARNESBERG (1803–1878), JULIUS BARON (1834–1898), HEINRICH DERNBURG (1829–1907) sowie BERNHARD WINDSCHEID (1817–1892), der als Mitglied der ersten Kommission wesentlichen Einfluss auf das BGB nahm.

18 Allerdings ist für die heutige Doktrin durchaus angezeigt, auch **weiter in die Vergangenheit zurückzublicken**, wenn es darum geht, unsere heutigen Gesetzestexte zu erfassen und potentiell aufkommende Probleme einer fundierten Lösung zuzuführen. Denn verglichen mit der Lehre vorangegangener Jahrhunderte präsentierte bereits die Pandektistik des 19. Jahrhunderts eine vereinfachte Sicht und neigte Verallgemeinerungen zu (BSK OR I-BUCHER, 5. Aufl. 2011, N 30). Unsere Gesetzgebung hat deren Ergebnisse nochmals simplifiziert. Die dadurch gewonnene Flexibilität und Klarheit ist indes zuweilen trügerisch und bedarf dann der Auslegung auch im Lichte ihrer Ursprünge.

19 Zu diesen zählen besonders die **Autoren der Periode 1500–1800** (Vertreter der französischen «eleganten Jurisprudenz», der niederländischen und der sächsischen Schule u.a.; vgl. im Einzelnen BSK OR I-BUCHER, 5. Aufl. 2011, N 30). Unter ihnen seien hervorgehoben DIONYSIUS GOTHOFREDUS (Denis Godefroy, 1549–1622), dessen 1583 erscheinenden Anmerkungen zum Corpus Iuris im Buchtitel weltweit erstmals der Terminus «Corpus Iuris Civilis» führen, sowie SAMUEL STRYK (1640–1710), der seinen Digesten-Kommentar mit «Usus modernus pandectarum» betitelt und damit einer ganzen wissenschaftlichen Epoche den Namen geben wird.

Schliesslich seien einige Autoren genannt, die den **französische Code Civil** (N 14) entscheidend beeinflusst haben (s.a. die Literaturnachweise bei BSK OR I-BUCHER, 5. Aufl. 2011, N 30a): ANTOINE LOYSEL (1536–1617), EUSÈBE DE LAURIÈRE (1659–1728), JEAN DOMAT (1625–1696), ROBERT-JOSEPH POTHIER (1699–1772). Ihre Ausstrahlungskraft erfasste (vermittelt durch das Vorbild des CC fr.) nicht nur alle Kodifikationen des romanischen Sprachbereichs und insb. ganz Lateinamerikas, sondern entfaltete auch im deutschen Sprachbereich Wirkung.

III. Änderungen seit 1912 im Bereich der Art. 1–529

20 Zu gesetzgeberischen **Meilensteinen** für die Zeit bis 2011 vgl. namentlich HONSELL, ZSR 2011 II, 5 ff. sowie PICHONNAZ, ZSR 2011, 117 ff. Für die **Übersicht** der vor dem 1.10.2012 in Kraft getretenen Änderungen s. BSK OR I-BUCHER, 5. Aufl. 2011, N 4 ff.

1. Allgemeiner Teil

Art. 34 Abs. 1: Fassung gem. Anhang Ziff. 10 des BG vom 19.12.2008 (Erwachsenenschutz, Personenrecht und Kindesrecht), in Kraft seit 1.1.2013; **Art. 134 Abs. 1 Ziff. 2**: Fassung gem. Anhang Ziff. 10 des BG vom 19.12.2008 (Erwachsenenschutz, Personenrecht und Kindesrecht), in Kraft seit 1.1.2013. **20a**

2. Kauf, Tausch, Schenkung

Art. 210: Fassung gem. Ziff. I des BG vom 16.3.2012 (Verjährungsfristen der Gewährleistungsansprüche; Verlängerung und Koordination), in Kraft seit 1.1.2013; **Art. 227a–227i**: Aufgehoben durch Ziff. I des BG vom 13.12.2013 (Aufhebung der Bestimmungen zum Vorauszahlungsvertrag), mit Wirkung seit 1.7.2014; **Art. 228**: Aufgehoben durch Ziff. I des BG vom 13.12.2013 (Aufhebung der Bestimmungen zum Vorauszahlungsvertrag), mit Wirkung seit 1.7.2014; **Art. 240 Abs. 2**: Fassung gem. Anhang Ziff. 10 des BG vom 19.12.2008 (Erwachsenenschutz, Personenrecht und Kindesrecht), in Kraft seit 1.1.2013; **Abs. 3**: aufgehoben durch Anhang Ziff. 10 des BG vom 19.12.2008 (Erwachsenenschutz, Personenrecht und Kindesrecht), mit Wirkung seit 1.1.2013. **20b**

3. Miete, Pacht, Leihe

Keine Änderungen seit 2011. **20c**

4. Arbeitsvertrag

Art. 322a: Fassung gem. Ziff. I 3 des BG vom 23.12.2011 (Rechnungslegungsrecht), in Kraft seit 1.1.2013; **Art. 333b**: Eingefügt durch Anhang des BG vom 21.6.2013, in Kraft seit 1.1.2014; **Art. 335e**: Fassung gem. Anhang des BG vom 21.6.2013, in Kraft seit 1.1.2014; **Art. 335h–335k**: Eingefügt durch Anhang des BG vom 21.6.2013, in Kraft seit 1.1.2014; **Art. 361**: Art. 335*k* eingefügt durch Anhang des BG vom 21.6.2013, in Kraft seit 1.1.2014; **Art. 362**: Art. 335*i* und 335*j* eingefügt durch Anhang des BG vom 21.6.2013, in Kraft seit 1.1.2014. **20d**

5. Werkvertrag, Verlagsvertrag

Art. 371: Fassung gem. Ziff. I des BG vom 16.3.2012 (Verjährungsfristen der Gewährleistungsansprüche; Verlängerung und Koordination), in Kraft seit 1.1.2013; **Art. 397a**: Eingefügt durch Anhang Ziff. 10 des BG vom 19.12.2008 (Erwachsenenschutz, Personenrecht und Kindesrecht), in Kraft seit 1.1.2013; **Art. 405 Abs. 1**: Fassung gem. Anhang Ziff. 10 des BG vom 19.12.2008 (Erwachsenenschutz, Personenrecht und Kindesrecht), in Kraft seit 1.1.2013. **20e**

6. Auftrag, Kreditbrief und -auftrag, Mäkelei, Agenturvertrag, Geschäftsführung ohne Auftrag, Kommission, Frachtvertrag

Keine Änderung seit 2011. **20f**

7. Prokura und Anweisung

Keine Änderung seit 2011. **20g**

8. Agenturvertrag und Frachtvertrag

Art. 455 Abs. 3: Fassung gem. Anhang Ziff. II 2 des Postgesetzes vom 17.12.2010, in Kraft seit 1.10.2012. **20h**

9. Hinterlegung, Bürgschaft, Spiel und Wette, Leibrente, Verpfründung

20i Keine Änderung seit 2011.

B. Struktur und Anwendungsbereich der obligationenrechtlichen Gesetzgebung

I. OR als Bestandteil des schweizerischen Zivilgesetzbuches (ZGB)

21 Das **OR** ist **Bestandteil** der **schweizerischen Zivilrechtsgesetzgebung**. Ursprünglich bestand die Absicht, das aOR von 1881/83 in die zu erlassende umfassende Kodifizierung des Privatrechts zu integrieren. Da eine Neubearbeitung des gesamten OR unter Einbezug seiner handelsrechtlichen Bestimmungen sich als untunlich erwies, wurde das OR als formal unabhängiges Gesetz mit eigener Artikel- und Titelzählung neben dem im Jahre 1907 neu geschaffenen Zivilgesetzbuch (ZGB) stehen gelassen. Das OR wurde diesem jedoch, zur Erhaltung der Vorstellung eines gesamthaften privatrechtlichen Gesetzbuches, dem ZGB als fünfter Teil angefügt (daher der offizielle Name: *«Bundesgesetz betr. die Ergänzung des Schweizerischen Zivilgesetzbuches»*).

22 *Begrifflich* sind daher zu unterscheiden das **ZGB i.e.S.** als Gegensatz zum OR (umfassend die vier Teile Personen-, Familien-, Erb- und Sachenrecht) und das **ZGB i.w.S.**, das neben dem ZGB i.e.S. zusätzlich das OR mit erfasst.

23 Die **Einheitlichkeit der Privatrechtsgesetzgebung** bedeutet vorab, dass die Bestimmungen des ZGB (insb. Einleitungsartikel Art. 1–10, Handlungsfähigkeit Art. 12–19, einschlägige sachenrechtliche Vorschriften) ohne weiteres im Sachbereich des OR Anwendung finden; umgekehrt sind die obligationenrechtlichen Grundsätze auch im Bereich des ZGB anwendbar (Art. 7 ZGB; dazu N 32–35).

Für ZGB wie OR gilt der *Grundsatz der abschliessenden bundesrechtlichen Kodifizierung des Privatrechts* (die Kantone haben im Bereich des Privatrechts fortan keinerlei Gesetzgebungskompetenz, während diese im öffentlichen Recht bestehen bleibt, weshalb die begriffliche Abgrenzung der beiden Bereiche den Bereich kantonaler Zuständigkeit bestimmt (Art. 5 Abs. 1 und 6 Abs. 1 ZGB).

II. Aufbau der Kodifikation

24 Das OR als fünfter Teil des ZGB gliedert sich seinerseits in fünf Abteilungen:

1. Abteilung: Allgemeine Bestimmungen (Art. 1–183);
2. Abteilung: Die einzelnen Vertragsverhältnisse (Art. 184–551);
3. Abteilung: Die Handelsgesellschaften und die Genossenschaft (Art. 552–926);
4. Abteilung: Handelsregister, Geschäftsfirmen und kaufmännische Buchführung (Art. 927–964);
5. Abteilung: Die Wertpapiere (Art. 965–1186).

25 Während die Abteilungen 1 und 2 dem **Zivilrecht** zuzuordnen sind, sind die Abteilungen 3 bis 5 dem **Handelsrecht** zuzurechnen (zum System des Code unique N 36).

III. Vorbehaltene obligationenrechtliche Spezialgesetzgebung

26 Für die Auflistung bis 2011 vgl. BSK OR I-Bucher, 5. Aufl. 2011, N 14 ff. Für aktualisierte Listen vgl. namentlich ‹http://www.admin.ch/opc/de/classified-compilation/22.html#221›.

IV. Sachlicher Anwendungsbereich des Allgemeinen Teils

1. Anwendung im Privatrecht

Eugen Huber hat bei der Schaffung der **schweizerischen Privatrechtskodifikation** bewusst darauf verzichtet, ihr einen **«Allgemeiner Teil»** voranzustellen, den zwar etwa das BGB kennt, der aber gerade für die Kantone mit französischer Rechtstradition fremd gewesen wäre. Funktional ersetzte er ihn einerseits durch das *Personenrecht* des ZGB (Regelung von Rechts- und Handlungsfähigkeit, Wohnsitz, allgemeine Bestimmungen über juristische Personen etc.) und andererseits durch die **Verweisungsnorm des Art. 7 ZGB**, der «die allgemeinen Bestimmungen des Obligationenrechtes über die Entstehung, Erfüllung und Aufhebung der Verträge» auf andere zivilrechtliche Verhältnisse anwendbar erklärt. 27

Der Wortlaut ist freilich **zu eng** geraten: zu berücksichtigen sind durchwegs auch das nicht vertragsbezogene OR (so auch zum Folgenden schon BSK OR I-Bucher, 5. Aufl. 2011, N 32 f.). Es besteht kein Anlass, die **schuldrechtlichen Grundsätze** nicht anzuwenden, so etwa Vorschriften über die besonderen Verhältnisse bei Obligationen (Art. 143 ff.), Forderungsabtretung oder Schuldübernahme. Gleiches gilt für die Regeln über unerlaubte Handlungen (z.B. die Möglichkeit der Schadenersatzreduktion bei Mitverschulden des Geschädigten gem. Art. 44 Abs. 1) und die ungerechtfertigte Bereicherung (Art. 62–67). Der *Verjährung* i.S.v. Art. 127–142 unterliegen alle privatrechtlichen Forderungen. Auch Bestimmungen des «Besonderen Teiles» des OR fallen in Betracht, soweit diese von allgemeiner Bedeutung sind (z.B. Geschäftsführung ohne Auftrag). 28

Ausgeschlossen ist die Anwendung allgemeiner Bestimmungen des OR auf andere zivilrechtliche Verhältnisse jedoch dann, wenn letztere eine eigene Regelung besitzen, die abschliessend sein will. Im Übrigen erfolgt die Anwendung immer *«sinngemäss»* (analog, entsprechend), d.h. unter Vorbehalt und allfälliger Anpassung an das neue Umfeld (dazu etwa BGE 101 II 208; 102 Ib 21). 29

2. Anwendung im öffentlichen Recht

Innerhalb des Privatrechts findet sich keine Art. 7 ZGB entsprechende Grundlage für die Anwendung der *obligationenrechtliche Grundsätze und Bestimmungen* (z.B. über Willensmängel, Kondiktion, Solidarität, Regress, Verzugszinse, Verjährung) auch **im öffentlichen Recht** des Bundes oder der Kantone. Vorausgesetzt ist daher im fraglichen Bereich eine **öffentlichrechtliche Verweisungsnorm**. Fehlt eine solche, kommt nur eine übertragene Anwendung in Frage, und dies nur dann, wenn nicht das öffentliche Recht (z.B. durch explizite Regeln in verwandten Gesetzgebungsbereichen) näherliegende Anhaltspunkte bietet (BSK OR I-Bucher, 5. Aufl. 2011, N 34 ff.). Privatrechtliche Regeln, die kraft expliziter Verweisung oder analogieweise im öffentlichen Recht angewendet werden, haben in diesem ihren Geltungsgrund und werden damit zu öffentlich-rechtlichen Regeln, was vorab im Verfahren zu berücksichtigen ist (s. zum deutschen Recht MK-Ernst, Einleitung, N 7). 30

Kasuistik: BGE 112 Ia 260; 105 Ib 11 = Pra 1979, 333 ff.; BGE 97 V 153. So ist etwa im öffentlichen Recht eine **Verzugszinspflicht** analog zu Art. 104 Abs. 1 OR die Regel, sofern dies durch besondere gesetzliche Regelung nicht ausgeschlossen ist (BGE 101 IB 252 E. 4.b; 95 I 263). Ein solcher Ausschluss besteht mit Art. 26 ATSG im Sozialversicherungsrecht, da sonst dessen Bedeutung « im Wesentlichen nur noch darin bestände, gewisse Forderungen ausdrücklich von der allgemeinen Verzugszinspflicht auszunehmen oder diese abzuschwächen» (zit. BGE 139 V 82 E. 3.3.1). 31

Unmittelbarer auf Privatrecht zurückgreifend sagt BGE 95 I 263; 105 Ia 207 E. 2.c: «Ob ein öffentlich-rechtlicher Vertrag an einem **Willensmangel** leide, ist unter Heranziehung der Bestimmungen des Obligationenrechts zu beurteilen. Diese finden ausserhalb des Privatrechts zwar keine direkte Anwendung, doch ist auf sie als Ausdruck allgemeiner Rechtsgrundsätze 32 insoweit abzustellen, als sich die Regelung auch auf dem Gebiet des öffentlichen Rechts als sachgerecht erweist.»

33 Weiter gilt der in Art. 62 OR verankerte Grundsatz, wonach ohne gültigen Grund oder aus einem nicht verwirklichten oder nachträglich weggefallenen Grund erhaltene Leistungen zu **kondizieren** sind, analog auch im öffentlichen Recht (BGE 105 Ia 207 E. 5; 124 II 570 E. 4b; HÄFELIN/MÜLLER/UHLMANN, N 187 f.).

34 Zu bedenken ist sodann, dass gelegentlich eine berechtigte Erwartung der beteiligten Kreise auf Übertragung privatrechtlicher Grundsätze bestehen mag. Nach einhelliger Auffassung finden die privatrechtlichen *Haftungsbestimmung von Art. 58* (Werkeigentümerhaftung) direkte Anwendung auch auf im Gemeingebrauch stehende Sachen öffentlich-rechtlicher Körperschaften (dazu Komm. zu Art. 58).

35 Zum vornherein wird **öffentliches Recht ausgeschaltet** und **Privatrecht** (Vertragsrecht) **angewendet**, wenn öffentlich-rechtliche Körperschaften nicht *iure imperii* (d.h. hoheitlich), sondern *iure gestionis* auftreten, d.h. wenn sie im Rahmen geschäftsmässigen Tätigwerdens Verträge schliessen, sei es mit Privaten oder aber anderen öffentlich-rechtlichen Körperschaften. Auf der Ebene des *Völkerrechts* wird heute weitestgehend die sonst herrschende *Staatenimmunität* beiseite gesetzt und Vollstreckung gegen fremde Staaten zugelassen, soweit die dem Anspruch zugrunde liegenden Verträge nicht im Rahmen der Erfüllung hoheitlicher Staatsaufgaben geschlossen wurden. Leider qualifiziert das BGer die ärztliche Behandlung Kranker in öffentlichen Krankenhäusern immer noch als hoheitliche, *iure imperii* erfolgende Tätigkeit (während überall im Ausland, abgesehen von Versicherungsfragen, allein Privatrecht massgeblich ist); dazu krit. BUCHER, Das Horror-Konstrukt der «Zwangsmedikation»: zweimal (ohne Zuständigkeit) ein Ausflug ins juristische Nirwana. Zu BGE 126 I 112–121 und 127 I 6–30, ZBJV 137 (2001), 764–807, insb. 771 ff. (‹www.eugenbucher.ch› Nr. 77).

3. Keine Aussonderung des Handelsrechts («Code unique»)

36 Nach dem Vorbild der französischen Gesetzgebung verwirklichten die modernen Kodifikationen durchwegs die Zweiteilung in **Code Civil** (Bürgerliches Gesetzbuch) einerseits und **Code de Commerce** (Handelsgesetzbuch) andererseits. Das OR des Jahres 1883 hat (allerdings mit dem Vorläufer des alle Rechtsgebiete umfassenden preussischen ALR) als erste europäische Kodifikation diesen Dualismus überwunden; ihm folgten insb. der *italienische Codice Civile* von 1942. Zunehmend wird heute dem *«unitarischen System»* der Vorzug gegeben; in diese Richtung weisend die Gesetzgebung von *Senegal* (1963), *Paraguay* (1986), *Cuba* (1988), der *Russischen Föderation* (1994) und ebenso die neue Gesetzgebung der *Niederlande*. Der Code Civil der Provinz *Quebec* hatte bereits 1865 in seinem 4. Buch formell handelsrechtliche Materien integriert (BSK OR I-BUCHER, 5. Aufl. 2011, 26).

37 Die Unterscheidung der beiden Rechtsgebiete ist historisch bedingt. Das **Zivilrecht** (*ius civile* als Synonym von *römischem Recht*) ist in romanistischer Tradition stehendes *universitäres Wissenschaftsrecht*; es ist bestimmt durch die Rezeption und das Gedankengut der Aufklärungszeit. Dem gegenüber hat sich das **Handelsrecht** vorerst im Wildwuchs der kaufmännischen Praxis entwickelt und wurde erst im 19. Jahrhundert zum Gegenstand universitärer Wissenschaft, dabei vermehrt auf germanische Tradition zurückgreifend (so weitgehend das Gesellschaftsrecht als Hauptbestandteil des Handelsrechts). Die Verschiedenheit der Tradition der beiden Rechtsbereiche rechtfertigt noch heute deren dogmatische und methodische Sonderung; vgl. dazu BUCHER, FS Meier-Hayoz, 1 ff.; BSK OR I-BUCHER, 5. Aufl. 2011, 27.

C. Regelungskern: Obligation und Schuldverhältnis

I. Begriff und Inhalt

1. Obligation: Einzelforderungsverhältnis

Konzeptuell ist das schweizerische Obligationenrecht primär auf die **Forderungsebene** ausgerichtet: Geprägt durch die naturrechtlichen Ansätze und das französische Vorbild, regelt es hauptsächlich das *relative Verhältnis zweier Parteien im Hinblick auf eine einzelne Leistung*, die der Schuldner zu erbringen verpflichtet und der Gläubiger zu vereinnahmen berechtigt ist (WIEGAND, recht 1997, 85). Die so verstandene **Obligation i.e.S. oder Forderung** besteht mithin aus zwei Rechtssubjekten (Gläubiger und Schuldner), einem Rechtsobjekt (Leistung) und den Zuordnungsregeln (eingehend MK-ERNST, Einleitung, N 11 ff.). 38

Der Forderungsinhalt, d.h. die **Leistung**, hat entweder einen positiv-aktiven Inhalt, soweit sie auf eine Handlung gerichtet ist (geben/dare, tun/facere und, als Eventualform, gewähren/praestare; s. Vor Art. 1–40f N 31 ff.), oder sie zielt darauf ab, eine Handlung (allenfalls duldend) zu unterlassen, weist also einen negativ-passiven Inhalt aus. 39

Die **Zuordnungsregeln** erscheinen je nach Standpunkt als Rechte oder – spiegelbildlich – als Pflichten. Eine Ausnahme bilden insofern nur die sog. unvollkommenen Obligationen, bei denen eine rechtliche Pflicht mitunter gänzlich fehlt oder (wenigstens temporär) nicht durchsetzbar ist (eingehend BK-ZELLWEGER-GUTKNECHT, Art. 120 OR N 43–137; **a.M.** noch BSK OR I-BUCHER, 5. Aufl. 2011, N 38 m.w.H., der alleine das Forderungs*recht* zum massgeblichen Ansatzpunkt juristischer Betrachtung erklärte, während er die korrespondierende Pflicht generell «erst durch entsprechende Anspruchserhebung seitens des Berechtigten ausgelöst» sehen wollte. Eine solche *in praxi* unfruchtbare Unterscheidung von Forderung und Anspruch wird von **Rsp.** und **h.L.** zu Recht abgelehnt: s. nur GAUCH/SCHLUEP/SCHMID N 80 m.Nw.; BGE 87 II 162). 40

Die kodifikatorische **Terminologie** ist freilich ganz disparat: Statt (aus Gläubigerperspektive) von *Recht* wird auch von Anspruch (Art. 35 Abs. 3) oder Forderung (Art. 120 Abs. 1 i.f.) gesprochen. Als Synonyme für die *Pflicht* (aus Schuldnersicht) finden sich etwa Begriffe wie Verbindlichkeit (Art. 97 Abs. 1), Verpflichtung (Art. 22), Schuldpflicht (Art. 72) oder Schuld (Art. 63 Abs. 2, die freilich nicht mit dem Verschulden verwechselt werden darf: durch Letzteres wird die Verletzung einer Pflicht dem Schuldner erst vorwerf- und damit zurechenbar). 41

2. Schuldverhältnis: Gesamtleistungsverhältnis

Von der Obligation i.e.S. bzw. der synonymen Forderung zu trennen ist der Begriff des Schuldverhältnisses, der im **deutschen BGB** zum Zentralbegriff des Schuldrechts erhoben wurde (WIEGAND, recht 1997, 87; MK-ERNST, Einleitung, N 9 f.). Dort wird damit allerdings bald die (oben beschriebene) *isolierte Recht-Pflicht-Beziehung* (z.B. Kaufpreisforderung) bezeichnet, bald ebenso die *Gesamtheit* der zwischen den Parteien aus einem gegebenen Entstehungsgrund resultierenden *Recht-Pflicht-Beziehungen* (d.h. beim Kauf der Vertrag bzw. die Gesamtheit der aus dem Vertrag sich für die Parteien ergebenden aktuellen wie auch bloss potentiellen künftigen subjektiven Rechte), was etwas polemisch aber treffend als «Begriffskontamination» kritisiert wurde (zit. BSK OR I-BUCHER, 5. Aufl. N 37; s.a. BUCHER, FS Wiegand, 93 ff.). 42

Gleiches ist für **unser Obligationenrecht** glücklicherweise nicht festzustellen. Sowieso findet sich hier kaum eine Vorschrift, die das Schuldverhältnis – verstanden als die Gesamtheit der Leistungsbeziehungen zweier Parteien bzw. als *Gesamtleistungsverhältnis* – überhaupt ausdrücklich adressiert (so einzig Art. 101 Abs. 1, Art. 176 Abs. 1 und Art. 179 Abs. 1; s. WIEGAND, recht 1997, 85). 43

a) Einheitliches konventionelles Schuldverhältnis

44 Dennoch ist heute in Rspr. und Lehre unbestritten, dass namentlich die Vertragsbeziehung ganz prinzipiell als ein einheitliches (*implicite*: konventionelles) Schuldverhältnis aufzufassen ist. In ihm wurzeln nicht nur die **Hauptleistungspflichten**, um derentwillen die Parteien überhaupt kontrahieren, sondern ebenso sämtliche auf die Wahrung und Förderung des Vertragszwecks ausgerichteten **Nebenleistungs**- und (*realiter* nicht erzwingbaren, nur ersatzbewehrten) **Nebenpflichten**. Zeitlich reichen Letztere zuweilen weit über die Erfüllung der Hauptpflichten hinaus (detailliert WIEGAND, recht 1997, 91 f.; s.a. Einl. zu Art. 97–109 N 5 f., Art. 97 N 32 ff.). Inhaltlich leiten sie sich aus dem Loyalitätsgebot des Art. 2 ZGB ab, werden also unabhängig vom Parteiwillen geformt, gelten nach hiesiger Auffassung aber dennoch als vertraglicher Natur (BGE 120 II 336; Einl. zu Art. 97–109 N 13; anders in Deutschland, wo sie als gesetzlichen Ursprungs angesehen werden: WIEGAND, FS Gagnér, München 1991, 547 ff. m.Nw.). Ihre Verletzung bedeutet eine nichtgehörige Erfüllung i.S.v. Art. 97 (positive Vertragsverletzung) und bildet inzwischen gar deren bedeutendsten Anwendungsfall (Einl. zu Art. 97–109 N 7 m.Nw.).

45 Der Unterschied zwischen Einzelforderungs- und Gesamtleistungsverhältnis tritt namentlich bei den vertraglichen **Leistungsstörungen** zu Tage (eingehend: ZELLWEGER-GUTKNECHT, N 426 ff.). So können etwa Pflichtverletzungen im Zuge der Vertragserfüllung zwar generell Ersatzpflichten nach sich ziehen, mithin *Einzelforderungen begründen*.

46 Doch nur soweit eine Pflichtverletzung wesentlich ist, schlägt sie auch auf das Gesamtleistungsverhältnis durch (dazu ZELLWEGER-GUTKNECHT, N 428 f., 450 ff.), indem der Gläubiger in die (Gestaltungs-)Lage versetzt wird, auf die Realerfüllung zu verzichten (paradigmatisch: Art. 107 Abs. 2 Variante 2; ZELLWEGER-GUTKNECHT, N 445 ff.) und so das *Schuldverhältnis ex nunc umzuwandeln*: Ist die (störungsbelastete) Hauptleistungspflicht nicht länger geschuldet, verliert der Vertrag einen Teil seiner identitätsstiftenden Charakteristika. Für den betroffenen Bereich bleibt damit nur die äussere Hülle, das auf rechtsgeschäftlichem Kontakt beruhende Schuldverhältnis ohne primäre Leistungspflicht bestehen.

47 Mit einer weiteren Gestaltungserklärung hat der Gläubiger sodann zu bestimmen, ob er zurücktritt (Liquidationswandelung, s. Art 107 Abs. 2 Variante 2 Untervariante 2 i.V.m. Art. 109 Abs. 1; für Analogie bei Art. 97 vgl. etwa Art. 97 58 m.Nw.; BK-WEBER, Art. 97 OR N 269 ff.), was das bisherige Schuldverhältnis in ein vertragliches Abwicklungs- oder Liquidationsverhältnis überführt (BGE 114 II 152 E. 2c/d m.w.H. und bestätigt in BGE 126 III 126), oder ob er statt der abgelehnten Primärleistung Ersatz des Nichterfüllungsschadens fordert (Erfüllungswandelung, s. insb. Art. 107 Abs. 2 Variante 2 Untervariante 1; Art. 97).

b) Einheitliches gesetzliches Schuldverhältnis

48 Selbst dort, wo ein Vertragsverhältnis gar nicht oder noch nicht besteht oder weggefallen ist, bejahen Rsp. und h.L. inzwischen bei gegebenen Voraussetzungen eine **rechtliche Sonderverbindung**, die als sog. einheitliches gesetzliches Schuldverhältnis qualifiziert. Dieses massgeblich von CANARIS entwickelte Konzept (bezeichnet von ihm als einheitliches gesetzliches *Schutzverhältnis*) wurde vom Bundesgericht in der namentlich von KRAMER vermittelten Form erstmals im Swissair-Entscheid (BGE 120 II 336) übernommen und seither laufend weiter konturiert (BGE 121 III 350; s. N 88 ff.; CANARIS, JZ 1965, 475 ff.; BK-KRAMER, Einl. vor Art. 1 ff. OR N 132–151; WIEGAND, recht 1997, 85 ff.; eingehend DERS., FS Canaris II, 881 ff.; s.a. BK-WEBER, Art. 97 OR N 47; WALTER, 2009, 773 f.; **a.M.** CR CO I-THÉVENOZ, Intro aux art. 97–109 N 7; CHAPPUIS,, AJP 2005, 653; abwägend MK- ERNST, Einleitung, N 38).

49 Der Vorgang ist dabei **zweistufig**: Vorausgesetzt wird in einer **ersten Phase** das *Verhalten* einer Partei, das geeignet ist, hinreichend konkrete Erwartungen (kurz: Vertrauen) bei einer Gegenpartei zu wecken. Weiter muss ihr dieses Verhalten *zurechenbar* sein, von ihr also bei umstandsangemessener Aufmerksamkeit (s. Art. 3 Abs. 2 ZGB) auch als vertrauenserwe-

ckend erkannt werden können. Schöpft daraufhin eine Gegenpartei gestützt auf dieses Verhalten tatsächlich Vertrauen, das sie *adäquat-kausal* zu einer (positiven oder negativen) *Handlung* veranlasst, so ist dadurch zunächst auf der Schuldverhältnisebene die rechtliche Sonderverbindung entstanden. Sie findet ihre *Anknüpfung* unmittelbar im Gesetz in Art. 2 ZGB bzw. dem dort verankerten Prinzip von Treu und Glauben (WIEGAND, recht 1997, 89).

Auf ihr gründen auf Forderungsebene jedenfalls die sog. **Verhaltenspflichten**. Es handelt sich dabei, obwohl *realiter* nicht erzwingbar, um *Primärpflichten*, die ihrem Gläubiger *Integritätsschutz* gewähren: Der Schuldner hat sich so zu verhalten, dass dem Gläubiger kein Schaden aus dem Faktum erwächst, dass er im Rahmen der Sonderverbindung in guten Treuen aktiv geworden oder passiv geblieben ist (etwa: einen Laden betrat, eine Vermögensdisposition unterliess etc.). Der konkrete *Inhalt und Umfang* der Verhaltenspflichten ergibt sich damit aus der jeweiligen Sonderverbindung. Sie können namentlich die Gestalt von Schutz-, Sorgfalts-, Obhuts-, Aufklärungs-, Informations- und Beratungspflichten annehmen (s.a. Einl. zu Art. 97–109 N 6). In jedem Fall aber ist die Verhaltensanforderung höher als «die aus dem Massstab der Widerrechtlichkeit oder des Verstosses gegen die guten Sitten abzuleitende Forderung des ethischen Minimums, das von jedermann und in jeder Lage zu respektieren ist» (zit. BGer, 26.9.2001, 4C.193/2000, E. 4.a m.Nw., mit dem die Überleitung der Haftung für Rat und Auskunft von einem Delikts- zu einem Vertrauenstatbestand eingeläutet wurde). **50**

Mitunter erwachsen aus der Vertrauensverbindung freilich gar vollwertige **Leistungspflichten**. Auch sie qualifizieren als *Primärpflichten* und sind i.d.R. der Gegenpartei geschuldet (so exemplarisch bei der Auslobung nach heutiger Lesart, s. Art. 8 N 1 und 3 ff.), können aber auch zugunsten Dritter begründet werden (s. etwa im Swissair-BGE 120 II 336 E. 5.a: «Aufgrund der konkreten Vertrauenslage kann die Muttergesellschaft namentlich die Pflicht treffen, das Tochterunternehmen wirtschaftlich genügend abzusichern, ihm [...] diejenigen Mittel zur Verfügung zu stellen, die aus dem Blickwinkel redlicher Geschäftsleute erforderlich sind, um die realistischerweise zu erwartenden Risiken abzudecken», was als Analogon zu den Forderungen aus unechtem Vertrag zugunsten Dritter erscheint). Gemein ist diesen Sachverhalten, dass sie dem Gläubiger *Erfüllungsschutz* gewähren und nach vertraglichen Massstäben zu beurteilen sind – obwohl sie konsensunabhängig entstehen. **51**

Das gilt namentlich für **Fälle**, in denen ein Akzept umständehalber bzw. der Natur der Sache nach nicht einzuholen ist (s. etwa Art. 8 und Vor Art. 419–424 N 2), oder in denen eine Leistung zwar als vertragliche angeboten, vom Gegner aber eigenmächtig usurpiert wird (womit die sog. *faktischen Vertragsverhältnisse* angesprochen sind, s. N 120). **52**

In weiteren Konstellationen wird im Ergebnis gleich ein konventionelles Schuldverhältnis bejaht; so etwa, wenn das Vertrauen der einen Partei in den Verpflichtungswillen der Gegenpartei geschützt wird, obwohl letztere nur eine *Gefälligkeit* erbringen will (s. BGer, 25.6.2004, 4C.40/2004, E. 1.3: «Für einen Bindungswillen spricht ein eigenes, rechtliches oder wirtschaftliches Interesse des Leistenden an der gewährten Hilfe oder ein erkennbares Interesse des Begünstigten, fachmännisch beraten oder unterstützt zu werden.»; dito BGer, 29.3.2006, 4C.394/2005, E. 2.2). Gleiches gilt für die (im Gesetz bereits angelegten) Fälle des sog. normativen Konsens (N 79) oder die kraft Vertrauensprinzips fingierten Annahme (Art. 6). **53**

Erst in einer **zweiten Phase** können sodann **Ersatzpflichten** entstehen, wenn eine der skizzierten Pflichten (s. N 50–52) verletzt wird, (s. schon WIEGAND, FS Canaris II, 888 m.H. auf die Zweistufigkeit). Diese *Sekundärleistungspflichten* umfassen bei der Verletzung von Verhaltenspflichten regelmässig das *Integritätsinteresse* (Vertrauensinteresse, negatives Interesse); zwingend ist dies indes nicht, wie nur schon die Gesetz gewordenen Einzelfälle in Art. 26 Abs. 2 und Art. 39 Abs. 2 erkennen lassen. Ist sodann die Verletzung von Leistungspflichten zu sanktionieren, steht regelmässig das *Erfüllungsinteresse* (positive Interesse) im Fokus. **54**

Dabei unterfällt die Haftung zumeist dem **Verschuldensprinzip** (eingehend LOSER, N 1204 ff. m.Nw.), wobei die vertragsrechtliche Vermutung mit *Exkulpationsmöglichkeit* auch hier zu **55** greifen hat (BK-Kramer, Allg. Einl. OR N 141 i.f. m.Nw.; Schwenzer, N 48.06; Gauch/Schluep/Schmid/Emmenegger, N 967; Loser, N 1123; **a.M.** CR CO I-Thévenoz, Intro aux art. 97–109 N 22c; Kuonen, La responsabilité précontractuelle, Zürich 2007, 514f).

56 Eher selten besteht demgegenüber eine **risikoabhängige Verantwortlichkeit**. Wichtigster Fall ist hier neben dem historisch bedingten Art. 39 (detailliert Loser, N 577 ff.), die praktisch relevante *Gehilfenverantwortlichkeit*, die sich nach Art. 101 und nicht nach Art. 55 beurteilt (BGer, 22.5.2007, 4A.70/2007, E. 5.1; BGE 108 II 422 E. 5; Einl. zu Art. 97–109 N 10; Bucher, AT, 288 m.Nw.; ders., 5. Aufl. 2011, Art. 1 N 94 ff.; Gauch/Schluep/Schmid/Emmenegger, N 973; Engel, traité, 506; ZK-Jäggi, N 494 m.Nw.; von Tuhr, Über die Mängel des Vertragsabschlusses nach schweizerischem Obligationenrecht, ZSR 1897, 25 f.; Spiro, ZSR 1986, 634 ff.; ders., Die Haftung für Erfüllungsgehilfen, Bern 1984, § 101, 382 ff. und Anm. 5; **a.M.** Merz, Vertrag, 84 ff. m.Nw.).

57 Was die **Verjährung** betrifft, hat sich das Bundesgericht mit Blick auf Schadenersatz *wegen Verhaltenspflichtverletzung* wiederholt für eine Anwendung des Art. 60 bzw. gegen die Regelverjährung des Art. 127 ausgesprochen (allgemein: BGE 134 III 390 E. 4.3; zur c.i.c.: BGer, 9.11.2005, 4C.354/2004, E. 2; BGE 108 II 122; 104 II 94 = Pra 1978, 532; BGE 101 II 269 = Pra 1975, 594f; **a.M.** noch BGE 90 II 458 = Pra 1965, 133; BGE 77 II 137 = Pra 1951, 333; BGE 68 II 303). Dies mit der Begründung, es verlange namentlich die Tatsache, dass sich «Verhaltenspflichten nach den gesamten Umständen des Einzelfalls beurteilen [...] – angesichts der damit verbundenen Beweisschwierigkeiten infolge Zeitablaufs – nach einer zeitlichen Nähe der Klärung derartiger Ansprüche» (zit. BGE 134 III 390 E. 4.3.3).

58 Dieses gegen die **h.L.** angeführte Argument vermag indes nicht zu überzeugen. Beweisschwierigkeiten sind grundsätzlich ein Problem der Parteien und es ist nicht Sache der Gerichte, entsprechend streitbeladene Fälle von den Foren fernzuhalten. Fehlt eine *lex specialis*, hat sich ein Rechtsverlust wegen Untätigkeit einzig nach den Generalfristen der Art. 127 ff. zu richten, so dass in Abwesenheit expliziter Sondervorschriften die ordentliche zehnjährige Frist gilt. Der Verlust ausgewiesener Rechtspositionen durch Zeitablauf darf nur aufgrund klarer, eindeutiger und dem Rechtssuchenden zweifelsfrei erkennbarer Gesetzesgrundlagen eintreten. Denn eine derartige Einschränkung ist rein *rechtspolitisch motiviert* und folglich gemäss dem *Prinzip der Gewaltenteilung* den gesetzgebenden Behörden vorbehalten (s. nur BGE 133 III 257 E. 2.5.4).

59 Dies umso mehr, als der Gesetzgeber in den *kodifizierten Einzelfällen nichts Gegenteiliges auch nur angedeutet* hat: «Schon allein die Tatsache, dass die c.i.c.-Haftung sich nicht eindeutig als Deliktshaftung i.S.v. Art. 41 zuordnen lässt, schliesst jede andere Antwort aus. Dies gilt zuallererst für die gesetzlich geregelten c.i.c.-Haftungstatbestände [...]: Wenn die Haftungen des fahrlässig Irrenden (Art. 26), des vollmachtlosen Stellvertreters (Art. 39) und des die Vollmachtsurkunde nicht zurückfordernden Vollmachtgebers (Art. 36 Abs. 2) im Vertragsrecht geregelt werden und eine verjährungsrechtliche Norm oder Verweisung nicht statuiert wird, ist die Anwendung einer anderen als der ordentlichen Verjährungsfrist von Art. 127 gesetzwidrig.» (zit. BSK OR I-Bucher, 5. Aufl. 2011, Art. 1 N 94; im Ergebnis wie hier Einl. zu Art. 97–109 N 10; Art. 60 N 4 und 4a; Art. 127 N 5c; Bucher, AT, 287; BK-Kramer, Allg. Einl. OR N 141; Gauch/Schluep/Schmid/Emmenegger, N 971 f. m.Nw.; CR CO I-Pichonnaz, Art. 127 N 22b; Loser, N 1124 f. m.Nw. und 1263; ZK-Berti, Art. 127 OR N 38 ff.; Schmid, FS für Hans Peter Walter, Bern 2005, 423; Lüchinger, Die Verjährung von Ansprüchen aus culpa in contrahendo, SJZ 2006, 197 ff., 200 f.; Walter, ZSR 2001 I, 99; Spiro, ZSR 1986 I, 645 f.; **a.M.** Merz, Vertrag, 84 ff. m.Nw.; ZK-Jäggi Art. 1 OR N 595; Tercier, 75; Piotet, SJZ 1981, 241 f.; ZK-Baumann Art. 2 ZGB N 131, 191; Roberto, Schweizerisches Haftpflichtrecht, Zürich 2002, N 289 f.).

II. Entstehungsgründe

1. Kodifizierte Obligations-Entstehungsgründe

Das Obligationenrecht nennt im ersten Titel als Entstehungsgründe für Forderungen prominent die **Trias** von *Vertrag* (Art. 1 ff.), *Delikt* (Art. 41 ff.) und ungerechtfertigter *Bereicherung* (Art. 62 ff.). Die Systematik könnte zur Annahme verleiten, es handle sich dabei um die ordentlichen – oder gar einzigen – Obligationsentstehungsgründe. Wie nur schon die nachstehende Aufzählung zeigen wird, verhält es sich ganz anders. 60

Zwar wirken in unserem Gesetz tatsächlich noch Grundzüge der (ihrerseits vom Begriffs- und Systemdenken der Aufklärung beeinflussten) Pandektenlehre des 19. Jahrhunderts nach. Die von ihr gewählte Dichotomie war noch simplifizierter: Sie beschränkte sich grundsätzlich auf die Obligations-Entstehungsgründe *ex contractu* und *ex delicto* und berücksichtigte darüber hinaus meist nur gerade noch die *negotiorum gestio* (Geschäftsführung ohne Auftrag, Art. 419–424) und die *condictio* (Art. 62–67; §§ 1431–1437, 1174 ABGB; §§ 812–822 BGB; Art. 1371–1381 CC fr., unter diesem Titel auch Geschäftsführung ohne Auftrag miterfasst). Die weiteren in der romanistischen Überlieferung bis dahin fest etablierten Entstehungsgründe von Verpflichtungen wurden dagegen beiseitegeschoben (BSK OR I-Bucher, 5. Aufl. 2011, Art. 1 N 69d; noch heute diesen «unverlierbaren Sachgegensatz» betonend MK-Ernst, Einleitung, N 36, nach dem die Parteien einzig vertragliche Pflichten *autonom* eingehen; s. hiergegen im Folgenden und insb. N 84 mit dem Hinweis, dass Privatautonomie unter dem Vertrauensprinzip über das gewollt Versprochene hinausreicht). 61

Dennoch bestand immer, und besteht heute mehr als je ein Bedürfnis für die Anerkennung **weiterer Obligations-Entstehungsgründe** (*obligationes ex variis causarum figuris*; so die Bezeichnung von Gaius, Dig. 44.7.1 pr.; eingehend dazu Immenhauser, 120 ff.). Als Antwort darauf positivierte unser Gesetzgeber an verschiedensten Stellen weitere, freilich je auf **Einzelfälle** zugeschnittene Anspruchsnormen. Im Grunde aber finden sie ihre Rechtfertigung sämtliche in der oben (N 42 ff.) dargestellten rechtlichen Sonderverbindung: im einheitlichen gesetzlichen Schuldverhältnis, das seine Entstehung dem im folgenden (N 73 ff.) skizzierten Vertrauensprinzip verdankt. 62

Dabei ist nicht zu vergessen, dass selbst dort, wo das Gesetz scheinbar nur eine (sekundäre) Haftungsfolge anordnet, es implizit stets auch eine vorgelagerte Primärpflicht voraussetzt, deren Verletzung die Ersatzforderung erst begründet (s. N 49 ff.). 63

Zu nennen sind insb. die im BT geregelte *Geschäftsführung ohne Auftrag* (Art. 419–424) und die noch im AT verorteten Ersatzansprüche gegen den Irrenden (Art. 26), den Täuschenden oder Drohenden (Art. 31 Abs. 3), den Vollmachtgeber (Art. 36 Abs. 2), den *falsus procurator* (Art. 39), den von der Auslobung Zurücktretenden (Art. 8 Abs. 2), den Urteilsunfähigen (Art. 54, mit Billigkeitsvorbehalt; s. BGE 102 II 226) und den – allerdings im ZGB sanktionierten – Handlungsfähigkeit Vortäuschenden (Art. 452 Abs. 3 ZGB; aArt. 411 Abs. 2 ZGB). Eine Ersatzpflicht trifft ausserdem, wer Unverbindlichkeit wegen Drittdrohung geltend macht (Art. 29 Abs. 2, wenn auch nur mit Billigkeitsvorbehalt). 64

Schliesslich können Forderungen laut Gesetz auch durch (die letztlich den Verfügungsgeschäften zuzurechnenden) sog. **Statusgeschäfte** entstehen (Gauch/Schluep/Schmid/Emmenegger, N 140 f.; s. schon ZK-Schönenberger/Jäggi, Art. 1 OR N 51; Hadding, FS für Robert Fischer, Berlin/New York 1979, 165 ff.); zu denken ist etwa an die Gründung einer juristischen Person (die u.a. Liberierungs- oder Beitragspflichten entstehen lässt, s. z.B. Art. 632 ff. OR oder auch Art. 60 ff. ZGB), an die Errichtung einer Stiftung (Art. 80 ZGB), an den Eheschluss (Art. 102 Abs. 3 etwa i.V.m. Art. 164 Abs. 1 ZGB) oder an letztwillige Verfügungen (s. etwa Art. 560 i.V.m. Art. 484 Abs. 2 ZGB). 65

2. Judizielle Obligations-Entstehungsgründe

a) Wirkungsprinzipien

66 Darüber hinaus haben Lehre und Rsp. neben den positivierten Formen weitere Entstehungsgründe geschaffen und anerkannt. Namentlich drei Konstellationen haben sich unter je eigener Etikettierung im Laufe der Zeit immer weiter konturiert: das von JHERING 1861 vorgestellte Konzept der Haftung für **Verschulden bei Vertragsverhandlungen** *(culpa in contrahendo oder c.i.c.)*, die 1941 durch HAUPT lancierte Formel der **«faktischen Vertragsverhältnisse»** und schliesslich die massgeblich von CANARIS ab 1965 geprägte **Haftung aus erwecktem Vertrauen** (kurz zumeist Vertrauenshaftung).

67 Mit Rücksicht auf ihre je eigene Entwicklungsgeschichte wird am Ende die dazu ergangene Kasuistik noch gesondert dargestellt. Darob soll aber nicht vergessen gehen, dass ihnen nach hier vertretener Auffassung ausnahmslos ein **gemeinsames Wirkungsprinzip** zugrunde liegt, das unser **Obligationenrecht zunehmend prägt**, ja vereinnahmt. Dessen Tragweite war freilich lange nicht in vollem Mass erkenntlich, was durch die isolierte Behandlung der oben genannten Figuren unvermeidlich war. Immerhin wird in der Schweiz inzwischen die c.i.c. der Vertrauenshaftung als Unterform angegliedert (jüngst exemplarisch BGE 140 II 200 E. 5.2 = Pra 103 Nr. 102, 814). Umgekehrt werden in Deutschland Sachverhalte, die hier als Vertrauenshaftung qualifiziert würden, mit ähnlichem Ergebnis ebenso der c.i.c. zugeschlagen wie die faktischen Vertragsverhältnisse (BSK OR I-BUCHER, 5. Aufl. 2011, N 69a m.Nw.). Dadurch wird der angesprochene unterliegende Wirkungsmechanismus je länger je deutlicher.

68 Die Rede ist vom Vertrauensprinzip, unter dessen Ägide die bislang jüngste einer Reihe von **verpflichtungstheoretischen Phasen** angebrochen ist, die die Rechtsordnungsgeschichte bereits durchlaufen hat. Ein äusserst vereinfachter *tour d'horizon* soll das sogleich verdeutlichen.

69 Vorab ist indes auf eine entscheidende **Differenzierung** hinzuweisen: Die nachstehenden Ausführungen betreffen ausschliesslich Fälle, in denen das Vertrauen auf der **Verpflichtungsebene** wirkt – mithin letztlich Rechtsgrund für die *Entstehung von Forderungen* bildet (nur teilweise der hier vertretenen Systemaktiv folgen üblicherweise thematisch nahe Darstellungen, so etwa bei LOSER, passim; RUSCH, passim).

70 Davon ausdrücklich zu unterscheiden sind (die hier nicht weiter interessierenden) Konstellationen, in denen das Vertrauen stattdessen auf der **Verfügungs- bzw. Statusebene** zur *Begründung anderer subjektiver Rechte* herangezogen wird, indem es namentlich ersetzend an die Stelle fehlender *Verfügungsmacht* tritt (so z.B. in Art. 933 ZGB). Gleiches gilt in den relativ zahlreichen Situationen, in denen die aus der originären Verfügungsmacht abgeleitete *Vertretungsmacht* erst kraft Vertrauens in einen scheinbaren Status erwächst (s. etwa Art. 33 Abs. 3 und Art. 34 Abs. 3; Rsp. zu Anscheinsorganen etwa BGer, 10.2.2009, 4A_544/2008, E. 2.3; Blankettmissbrauch BGer, 15.12.2003, 4C.28/2003, E. 3.2.2): Zwar mag fallweise auch hier letztlich die Entstehung einer Forderung streitig sein – allerdings nicht weil der Entstehungs*grund* als solcher unsicher wäre, sondern weil die Zurechenbarkeit gegenüber dem angeblichen Schuldner geklärt werden muss.

b) Aktion als Verpflichtungsgrund

71 Eine **urtümliche** verpflichtungstheoretische **Phase** beginnt in Rechtsordnungen (soweit sie ab Beginn der Emanzipation von reinen Sakralordnungen als solche bezeichnet werden können), die den «Eintritt gewillkürter Rechtsfolgen davon abhängig […] machen, ob bestimmte äusserlich wahrnehmbare Formen gewahrt oder bestimmte Worte gesprochen sind» (zit. BUCHER, AT, 121 f.). Entscheidend für die Verpflichtungswirkung unter diesem *archaischen Erklärungsprinzip* sind mithin alleine **Tatsache und Form einer Aktion**, nicht jedoch ihr Sinn und Gehalt, wie ihn der Erklärende wollte oder der Empfänger verstehen sollte (BK-KRAMER Art. 1 OR N 39 und MEIER-HAYOZ, 113 sprechen hier von der Erklärungstheorie – sie ist nicht zu verwechseln mit der namensgleichen Theorie HONSELL und BUCHER, s. N 75).

c) Wille als Verpflichtungsgrund

In einer **nächsten Phase**, die zeitlich in jeder Rechtsordnung individuell aufkommt (und sich selbst dort gestaffelt, zunächst bei Einzelfragen und schliesslich systematisch Bahn bricht), wird dem **Willen** immer mehr Bedeutung zugemessen bzw. gewinnt das *Willensprinzip* an Gewicht. Das lässt sich für das spätklassische Römische Recht unter hellenistischem Einfluss ebenso beobachten (s. CR CO I-WINIGER Art. 18 N 2 m.H. auf Paulus D.50.17.172.1 und Papinian D. 50.16.219), wie bei einzelnen Vertretern im grotianischen Naturrecht (MEIER-HAYOZ, 43 ff.) und später in der *ad absurdum* geführten Form des Voluntarismus bei den Pandektisten des 19. Jahrhunderts (MEIER-HAYOZ, 49 ff.; krit. auch HONSELL, ZSR 2011 II, 57). 72

In unserer Kodifikation ist ihm **beispielsweise** der Art. 20 noch zutiefst verpflichtet, demgemäss Verträge mit anfänglich objektiv unmöglichem Inhalt nichtig sind. «Denn wo letztlich alleine das Gewollte massgebend für Zustandekommen und Inhalt des Vertrages ist, erweist sich die freie Willensherrschaft als zwingende Voraussetzung jeder vertraglichen Bindung: Bestimmen bereits äussere Umstände (wie eine unabwendbare objektive oder subjektive Unmöglichkeit) den Lauf der Dinge, bleibt für freie Willensherrschaft kein Raum bzw. verkommt diese zum wirkungslosen Wunschdenken» (zit. ZELLWEGER-GUTKNECHT, N 265, s.a. N 608). Abgeschwächt gilt Gleiches für die Art. 23 ff. zu sagen, die bei wesentlichen Willensmängeln erlauben, sich der Verpflichtungswirkung zu entziehen (s. BSK OR I-BUCHER, 5. Aufl. 2011, Art. 1 N 7).

d) Vertrauen als Verpflichtungsgrund

aa) Grundsatz und Ausnahme

Freilich ist zu MUNZINGERS Zeit bereits eine **weitere Phase** angebrochen: das Willensprinzip befindet sich im Rückzug begriffen, während das **Vertrauen** kontinuierlich an Einfluss gewinnt. Geradezu paradigmatisch bestimmt später EUGEN HUBER in Art. 2 Abs. 1 ZGB, dass Rechtsausübung wie Pflichterfüllung nach Treu und Glauben, mithin im Sinne des Vertrauensprinzips zu erfolgen haben. Im Lichte dieses Grundsatzes ist es nur konsequent, wenn wenigstens im Streit- oder Zweifelsfall weder dem (psychologischen inneren) Willen, noch seiner Erklärung Verpflichtungswirkung beigemessen wird, sondern vielmehr dem «*Sinn* seiner Erklärung [...], die diese bei einem (als redlich und vernünftig vorausgesetzten) Empfänger erwecken muss» (zit. BUCHER, AT, 122 [H.v.Verf.]). 73

Pflichtkonstitutiv wirkt nur mehr das berechtigterweise in einen objektiven und zurechenbaren Willensanschein investierte Vertrauen. Somit ist «der Erklärende [...] nicht gebunden weil er einen bestimmt gearteten inneren Willen hatte, sondern weil er ein Verhalten an der Tag gelegt hat, aus dem die Gegenseite in guten Treuen auf das Vorhandensein eines bestimmten Willens schliessen durfte» (zit. BGE 69 II 319, 322; zum Vertrauensprinzip s. schon KRAMER, 57, 97, 176; BK-KRAMER, N 100 ff.; MEIER-HAYOZ, *passim*). 74

Darin liegt freilich nicht etwa Rückkehr zu einer Art Erklärungstheorie (so aber HONSELL, Willenstheorie oder Erklärungstheorie?, FS für Hans Peter Walter, Bern 2005, 335 ff. und DERS., ZSR 2011 II, 59; BSK OR I-BUCHER, 5. Aufl. 2011, Art. 1 N 6) modernen Zuschnitts, bei der die Verpflichtungswirkung aus der (übereinstimmenden) Äusserung der Parteiwillen fliessen würde (so HONSELL, ZSR 2011 II, 57 ff.). Der Hinweis auf die deutsche Fassung von Art. 1 taugt als Beleg für jene Sicht nur bedingt; die italienische Fassung *(«la loro reciproca volontà»)* liesse ohne die Marginalie sogar noch an einen voluntaristischen Rückfall denken. 75

Zudem folgert die **h.L.** aus der Ausnahmeregelung des Art. 18, dass der dort statuierte Willensvorrang verallgemeinernd die Auslegung des Art. 1 zu bestimmen habe: zunächst sei im- 76 mer nach dem «übereinstimmenden Willen» zu forschen, aus dem sich der sog. natürliche oder tatsächliche Konsens ergebe (zit. in Art. 18 N 8; s. dort auch N 1 ff.; BK-KRAMER Art. 18 OR N 8 ff. m.Nw. und Art. 1 OR N 122 ff.; CR CO I-WINIGER Art. 18 N 18; dezidiert **a.M.** HONSELL, ZSR 2011 II, 57 ff.; tendenziell auch BSK OR I-BUCHER, 5. Aufl. 2011, Art. 1 N 6 und 6a).

77 Beide Ansichten bleiben nach **hier vertretener Auffassung** auf halbem Wege stehen (Willenstheorie) bzw. kehren dorthin zurück (moderne Erklärungstheorie). Indessen entscheidet unter dem heute das Obligationenrecht beherrschenden Vertrauensprinzip (von den voluntarreliktischen Ausnahmen in Art. 20 und 23 ff. abgesehen) durchwegs und alleine der Empfängerhorizont über die Entstehung von Verpflichtungswirkungen i.S.v. Art. 1 i.V.m. Art. 2 Abs. 1 ZGB – m.E. selbst wenn beide Erklärungen deckungsgleich und klar sind und keine der Parteien einen davon abweichenden Willen behauptet: Übereinzustimmen haben weder die Willen, noch die puren Erklärungen, sondern stets je der Sinn, denn die Kontrahenten der jeweils anderen Erklärung in guten Treuen beimessen.

78 Relevant wird die Frage nach dem bestimmenden Wirkungsprinzip freilich jeweils erst, wenn es überhaupt zum **Streit** darüber kommt, was von den Parteien denn nun rechtlich bindend vereinbart worden ist. Der praktisch relevanteste Fall dürfte hier (neben den in Art. 18 genannten Ausnahmen, s. N 80) der versteckte oder **latente Dissens** darstellen: Hier glauben die Parteien (wenigstens während der Vertragsverhandlungen), zu einer Einigung und einem gültigen Vertrag gelangt zu sein. In Wahrheit aber weicht ihr Verständnis über einen *objektiv vertragsnotwendigen Punkt* (ein *essentiale negotii*, s. Art. 1 N 20) oder über einen *subjektiv wesentlichen* (und der Gegenpartei als solchen erkennbaren) Punkt voneinander ab, oder sie haben einen solchen Punkt gar nicht erst geregelt, ohne dessen Regelungsbedürftigkeit zu erkennen (BSK OR I-BUCHER, 5. Aufl. 2011, Art. 1 N 41–43). Die Feststellung des von jeder Partei tatsächlich Verstandenen ist dabei **Tatfrage**, jene ihres objektiven Sinnes hingegen **Rechtsfrage**.

79 Zu den vom Bundesgericht in dieser Frage verwendeten Satzbausteinen s. exemplarisch BGer, 26.8.2002, 5C.17/2002, E. 1.1: «Ist der Konsens streitig, prüft der Richter vorab, ob sich die Parteien tatsächlich übereinstimmend geäussert, *verstanden und in diesem Verständnis geeinigt* haben. Falls dies zu bejahen ist, besteht ein **tatsächlicher Konsens**. Haben sich die Parteien wohl übereinstimmend geäussert, aber abweichend verstanden, liegt ein versteckter Dissens vor, der (nur) zum Vertragsschluss führt, falls eine der Parteien nach dem Vertrauensgrundsatz in ihrem Verständnis der gegnerischen Willensäusserung zu schützen und damit die andere auf ihrer Äusserung in deren objektiven Sinn zu behaften ist. Unter diesen Umständen ist von einem **normativen Konsens** auszugehen.» (H.v.Verf.; ebenso jüngst BGer, 15.5.2014, 4A_574/2013, E. 3.1 und schon BGE 123 III 35 E. 2.b; BGer, 8.3.2012, 4A_627/2011, E. 3.3, der davor freilich noch den «Grundsatz des Primats des subjektiv übereinstimmend Gewollten vor dem objektiv Erklärten» in Erinnerung ruft; alleine auf das **Willensprimat** berufen sich etwa noch BGE 133 III 406 E. 2; 126 III 375 E. 2e; 125 III 305 E. 2b; 125 III 435 E. 2a; 124 III 363 E. 5a; 123 III 165 E. 3a; 123 III 99 E. 2b).

80 Unter einem konsequent angewandten Vertrauensprinzip erweist sich freilich die Regelung der *falsa demonstratio* in Art. 18 Abs. 1 entgegen der h.L. nicht als verallgemeinerungsfähiger Beleg für das Willensprinzip, sondern vielmehr als **Konkretisierung des Rechtsmissbrauchsverbots** von Art. 2 Abs. 2 ZGB: Wie der Irrende beim (einseitigen) Erklärungsirrtum nach Art. 25 Abs. 2 den Vertrag so gegen sich gelten lassen muss wie er ihn verstanden hat (wenn sich der Gegner *nachträglich* mit dieser Lesart einverstanden erklärt; s. etwa BGer, 29.9.2006, 4C.202/2006 E. 3.1 m.Nw.), so bleibt auch derjenige bei der abirrenden Erklärung (so wie er sie verstanden hat) behaftet, wenn sein Gegner *von Beginn an* dasselbe darunter verstand. Welchen Sinn der Erklärung nach Treu und Glauben hätte beigemessen werden *müssen*, bleibt (nur) in diesen Ausnahmefällen unbeachtlich.

bb) Legitimation

Konsequenterweise ist das **Rechtsgeschäft** *(acte juridique)* – mithin das wichtigste Instrument privater Rechtsgestaltung – nicht länger als blosse *Willenserklärung* zu erfassen (*déclaration de volonté*; s. nur GAUCH/SCHLUEP/SCHMID/EMMENEGGER, N 119; VON TUHR/PETER, OR AT, 143; ZK-SCHÖNENBERGER/JÄGGI, Art. 1 OR N 18), sondern vielmehr als Akt der *Vertrauensbegründung (acte fondateur de la confiance)*. Sie ist es, die Rechtsfolgen eintreten lässt. 81

Das steht nur vordergründig im Widerspruch zur **traditionellen Rechtsgeschäftslehre**, welche die Privatautonomie als das «Prinzip der Selbstgestaltung der Rechtsverhältnisse durch den Einzelnen nach seinem Willen» versteht (zit. FLUME, 1; s.a. die Literaturhinweise zu Art. 1). 82

Denn zum einen erweist sich auch die genannte Lehre (deren Ursprung bezeichnenderweise eng mit dem willenszentrierten Pandektismus verbunden ist, s. nur FLUME, 28) als «Ergebnis der geschichtlichen Entwicklung», die nicht unabänderlich gesetzt ist, sondern auch «in Fortsetzung derselben [...] behandelt» werden kann und soll (treffend FLUME, vii). Wird zugegeben, dass «privatautonome Gestaltung [...] nur in Akten möglich [ist], welche die Rechtsordnung als Aktstypen anerkennt» (zit. FLUME, 23), so ist auch nicht zu übersehen, dass unsere Rechtsordnung, geprägt durch die **Rechtsfortbildung** der vergangenen über 100 Jahre, dem oben genannten Akt der Vertrauensbegründung eine wachsende – und inzwischen überwiegende – rechtliche Gestaltungskraft beimisst. 83

Zum andern stehen sich Willens- und Vertrauensprinzip keineswegs unversöhnlich gegenüber, wie es zunächst scheinen könnte. Ein voluntaristischer Kern lebt vielmehr im Vertrauensprinzip fort: «Weiterhin wird nach einem – wenn auch stets nur mutmasslichen – Willen der Kontrahenten gefahndet. Denn ihn ungerechtfertigt ignorieren hiesse Art 27 ZGB verletzen. Nur die Perspektive, aus welcher diese Suche fortgesetzt wird, hat in entscheidender Weise gewechselt. Es ist nicht länger der eigene (von Aussenstehenden naturgemäss nicht nachvollziehbare) Blick nach innen, sondern jener des loyalen, individuellen Gegenübers, welcher nun den Willensgehalt anhand der abgegebenen Erklärung determiniert.» So gesehen bleibt die *Privatautonomie auch unter dem Vertrauensprinzip gewährleistet*: «Weiterhin kann der Einzelne seine Handlungen innerhalb gewisser Grenzen frei bestimmen. Zu den bisherigen Schranken von Gesetz und Moral tritt allerdings eine weitere Schranke hinzu: jene der sozialen Wirkung. Um ihrem Willen die gewünschte Geltung zu verschaffen, müssen die Kontrahenten berücksichtigen, wie sie zu handeln haben, damit die Gegenseite sie in jener Art und Weise verstehen muss wie sie es wollen.» So erscheint die Vertrauenslehre letztlich als ein erweitertes, ein **sozialisiertes Willensprinzip** – ein Prinzip, das Privatautonomie, Selbstverantwortung und Vertrauensschutz in sich vereint. «Nicht mehr die übereinstimmende Willensäusserung, sondern die schutzwürdige Erwartung wird damit zum Obligationsentstehungsgrund.» (sämtl. zit. ZELLWEGER-GUTKNECHT, N 271). 84

Neben dem Individualschutz, der so für die Rechtsverkehrsteilnehmer erreicht wird, dient das Vertrauensprinzip auch einem **überindividuellen Institutionsschutz**: Sie trägt dem Umstand Rechnung, dass mit qualifizierter sozialer Nähe rechtsgeschäftlicher Kontakte zwangsläufig Unsicherheiten bzw. erhöhte Risiken einhergehen. Statt dass die Beteiligten sie in jedem Einzelfall beseitigen müssen (etwa durch Informationsbeschaffung und Absicherung), können sie alternativ annehmen, dass die Beeinträchtigung von Rechtsgütern von jener Partei zu tragen ist, die dafür durch Vertrauensbegründung die rechtliche Verantwortung übernommen hat. Dadurch reduziert sich die Komplexität der Rechtsgeschäftskontakte und gestaltet diese effizienter und funktionsfähiger (vgl. LOSER, N 1340, dort indes begrenzt auf Tatbestände der Vertrauenshaftung). 85

Abschliessend ist daran zu erinnern, dass das **Vertrauensprinzip stets beide Parteien** gleichermassen zur Verantwortung zieht: So ist auch der **Erklärungsempfänger** verpflichtet, 86 alle ihm *aus den Umständen erkennbaren Tatsachen zu berücksichtigen* (Art. 3 Abs. 2 ZGB), um einen möglichen Erklärungsfehler der Gegenpartei zu erkennen und die Erklärung des Gegners entsprechend dessen tatsächlichem Willen zu verstehen, andernfalls sein Vertrauen als *nicht schutzwürdig* erscheint (so schon deutlich BGE 36 II 193 E. 4; s.a. BGE 95 II 320 E. 4.3, Décharge-Erteilung darf vom Erklärungsempfänger – Verwaltungsrat – nur entsprechend dem Wissensstand der Aktionäre geltend gemacht werden; ZR 1962, 93 ff., fehlende Sprachkenntnisse beim Vertragspartner müssen in Rechnung gestellt werden; SJZ 1964, 344, Aufklärungspflicht eines Arztes über nicht versicherungsgedeckten Anteil der Behandlungskosten).

87 Damit verbunden ist gleichfalls die Pflicht, der «*gegenseitigen richtigen Aufklärung mit Bezug auf erhebliche Tatsachen*, welche die Gegenpartei nicht kennt und nicht zu kennen verpflichtet ist, die aber ihren Entscheid über den Vertragsschluss oder dessen Bedingungen beeinflussen können» (zit. BGE 125 III 89 E. 3.c m.Nw., H.v.Verf.; so schon BK-Brehm, Art. 41 OR N 45; weiterhin BGer, SJ 2002, 164). Darin liegt keineswegs eine erneute Annäherung an das moderne Erklärungsprinzip oder gar an die Willenstheorie (so aber BSK OR I-Bucher, 5. Aufl. 2011, N 6a und 8). Es ist vielmehr Ausdruck des inzwischen nicht mehr nur punktuell sondern generell herrschenden Vertrauensprinzips, dem jeweils alle in rechtsgeschäftlichem Kontakt stehenden Parteien gleichermassen unterstehen.

D. Anhang: Meilensteine und Kasuistik zu Vertrauensschuldverhältnissen

I. Vorbemerkung

88 Die nachstehend dargestellten Verhältnisse folgen einem gemeinsamen Wirkungsprinzip, ihre gesonderte Darstellung erfolgt hier mit Rücksicht auf die je eigene Entwicklungsgeschichte; s. dazu N 48 ff. und 66 ff.

II. Culpa in contrahendo

Literatur

Schweiz: Bucher, Vertrauenshaftung: Was? Woher? Wohin? in: FS für Hans Peter Walter, Bern 2005, 231 ff. (zit. FS Walter); Frick, Culpa in contrahendo: eine rechtsvergleichende und kollisionsrechtliche Studie, Diss. Zürich 1992; Gonzenbach, Culpa in contrahendo im schweizerischen Vertragsrecht, Diss. Bern 1987; Hahn, Vergütungsansprüche für Dienstleistungen bei fehlender vertraglicher Grundlage: ein Streifzug durch vier europäische Rechtsordnungen, Diss. Fribourg 2004; Hehli, Die alternativen Rechtsbehelfe des Käufers: unter besonderer Berücksichtigung der Haftung aus culpa in contrahendo, Diss. Zürich 2008; Kuonen, La responsabilité précontractuelle: analyse historique: étude de la phrase précontractuelle et des instruments précontractuels: théorie générale en droit suisse, Diss. Fribourg 2007; Piotet, Culpa in contrahendo et responsabilité précontractuelle en droit privé suisse, Bern 1963 (zit. Culpa in contrahendo); ders., Nature et modalités de la responsabilité précontractuelle, ZSR 1975, 253 ff. (zit. ZSR 1975); ders., La culpa in contrahendo aujourd'hui, SJZ 1981, 225 ff. (zit. SJZ 1981); ders., Développements récents de la théorie de la culpa in contrahendo, in: Mélanges Guy Flattet, Lausanne 1985, 363 ff. (zit. Mélanges Flattet); Rabel, Der sogenannte Vertrauensschaden im schweizerischen Recht, ZSR 1908, 291 ff. oder in: Leser, Gesammelte Aufsätze, Bd. I, 1965, 147 ff.; Simonius, Über den Ersatz des «aus dem Dahinfallen des Vertrages» erwachsenen Schadens, ZSR 1918, 225 ff.; Spiro, Die Haftung für Abschluss- und Verhandlungsgehilfen, zugleich ein Beitrag zur Lehre von der culpa in contrahendo, ZSR 1986, 619 ff.; Tercier, La culpa in contrahendo en droit suisse, Publications de l'Institut suisse de droit comparé, Premières journées juridiques yougoslavo-suisses, Zürich 1984, 225 ff. (zit. culpa in contrahendo); Widmer, Umfang des Schadenersatzes bei nicht zur Perfektion gelangten Verträgen: dargestellt anhand der Willensmängel und des Abbruchs der Vertragsverhandlungen, Diss. Basel 2002.

Ausländische und rechtsvergleichende Literatur: Ballerstedt, Zur Haftung für culpa in contrahendo bei Geschäftsabschluss durch Stellvertreter, AcP 151 (1950/1951), 501 ff.; Canaris, Täterschaft und Teilnahme bei culpa in contrahendo, in: Habscheid et al., FS für Hans Giger, Bern 1989, 91 ff.; Cartwright et al. (Hrsg.), Precontractual liability in European private law, Cambridge 2008; Diederichsen, Das Zusammentreffen von Ansprüchen aus Verschulden beim Vertragsabschlusse und Sachmängelgewährleistung, BB 1965, 401 ff.; FARNSWORTH, Negotiations of Contracts and Precontractual Liability, in: Mélanges von Alfred E. von Overbeck, Fribourg 1990, 657 ff.; FROTZ, Die rechtsdogmatische Einordnung der Haftung für culpa in contrahendo, in: Gedenkschrift für Franz Gschnitzer, Innsbruck 1969, 163 ff.; GILIKER, Pre-contractual liability in English and French law, Diss. Cambrige 1993; HENK, Die Haftung für culpa in contrahendo im IPR und IZVR, Diss. Münster 2006; VON JHERING, Culpa in contrahendo oder Schadensersatz bei nichtigen oder nicht zur Perfection gelangten Verträgen, in: Jahrbücher für die Dogmatik des heutigen römischen und deutschen Rechts, Bd. 4, 1861, 1 ff.; KESSLER, Der Schutz des Vertrauens bei Vertragsverhandlungen in der neueren amerikanischen Rechtsprechung, in: FS für Ernst von Caemmerer, Tübingen 1978, 873 ff.; LEONHARD, Verschulden beim Vertragsschlusse, Berlin 1910; LÜSING, Die Pflichten aus culpa in contrahendo und positiver Vertragsverletzung: über die Rechtsnatur von Schutzpflichten und die Begründung von Leistungspflichten vor Vetrag, Diss. Frankfurt a.M. 2009; MEDICUS, Grenzen der Haftung für culpa in contrahendo, JuS 1965, 209 ff.; DERS., Die culpa in contrahendo zwischen Vertrag und Delikt, in: FS für Max Keller, Zürich 1989, 205 ff.; NICKEL, Die Rechtsfolgen der culpa in contrahendo, Diss. Mainz 2001; PICKER, Positive Forderungsverletzung und culpa in contrahendo – Zur Problematik der Haftung «zwischen» Vertrag und Delikt, AcP 183 (1983), 369 ff.; SCHANZE, Culpa in contrahendo bei Jhering, in: Ius Commune, Veröffentlichungen des Max-Planck-Instituts für Europäische Rechtsgeschichte, Bd. 7, 1978, 326 ff.; STOLL H., Tatbestände und Funktionen der Haftung für culpa in contrahendo, in: FS für Ernst von Caemmerer, Tübingen 1978, 435 ff. (zit. FS von Caemmerer); DERS., Haftungsfolgen fehlerhafter Erklärungen beim Vertragsschluss, in: FS für Stefan Riesenfeld, Heidelberg 1983, 275 ff.; DERS., Haftung für das Verhalten während der Vertragsverhandlungen, Leipziger Zeitschrift für Deutsches Recht 1923, 532 ff.; WELSER, Das Verschulden beim Vertragsschluss im österreichischen bürgerlichen Recht, ÖJZ 1973, 281 ff.; DERS., Die culpa in contrahendo im österreichischen Recht, LJZ 1984, 101 ff.

1. Meilensteine

RUDOLF VON JHERING (1818–1892) prägte 1861 den Rechtsbegriff der *culpa in contrahendo* 89
(c.i.c.; dazu auch Art. 97 N 10) ursprünglich für Fälle, in denen ein Vertrag wegen Irrtums nichtig war, der Vertragspartner aber mit der Ausführung schon begonnen und Aufwendungen gemacht hatte (zum Folgenden BSK OR I-BUCHER, 5. Aufl. 2011, Art. 1 N 78 ff., denen die Darstellung hier folgt). JHERING (a.a.O., 7) sah die Obligation begründet durch «culpa, begangen bei Gelegenheit eines intendierten Contractsverhältnisses; der eine Theil ist dadurch in Schaden geraten, dass er einen ihm von andern proponierten und dem äussern Hergang nach zu Stande gekommenen Vertrag ausführte». Sein **Ziel** war es, die Beschränkung der Obligations-Entstehungsgründe aus Vertrag und Delikt (N 61) zu überwinden und erstmals über das pandektistische Verständnis hinausgehend generalklauselartig einen neuartigen Obligations-Entstehungsgrund zu etablieren.

Freilich bestanden schon in der romanistischen und in der französischen **Tradition** Ansätze 90
einer Schadenersatzpflicht bei fahrlässigem Irrtum (POTHIER, Traité des obligations, Brüssel 1835, N 19 mit Fallbsp.; die c.i.c. ablehnend jedoch die heutige frz. Doktrin: BUCHER, AT, 278 m.Nw.).

JHERINGS Lehre fand Eingang in die modernen schuldrechtlichen **Kodifikationen** aOR und 91
BGB, so insb. hinsichtlich der Statuierung einer Haftung des den Vertrag wegen Irrtums anfechtenden fahrlässig Irrenden und des Stellvertreters ohne Vollmacht (Art. 23 aOR bzw. Art. 26 OR, § 122 BGB; Art. 48 aOR bzw. Art. 39 OR, § 179 BGB). Während sich das Konzept in der Schweiz schon sehr früh durchsetzte, folgte die Entwicklung in Deutschland mit 50-jähriger Verspätung nach (einsetzend 1911 mit dem **«Linoleumteppich-Entscheid»** RGZ 78, 239 ff.; s. N 98). Dort findet es jedoch heute nicht bloss vorbehaltlose Akzeptanz, sondern wird ausweitend verstanden, sodass insb. die hier als Fälle von Vertrauenshaftung und faktischem Vertragsverhältnis qualifizierten Sachverhalte unter diesem Titel erfasst werden (vgl. insb. die Literatur zu § 276 BGB). Im heutigen OR und ZGB ist für eine Reihe konkreter Lebenssachverhalte eine Haftung statuiert, die durch die c.i.c.-Lehre beeinflusst wurden (s. N 64 und detaillierter BSK OR I-BUCHER, 5. Aufl. 2011, N 80 m.Nw.; zum *Haftungsumfang* s. N 54).

92 Lebendig blieb der Begriff der c.i.c. dank **Doktrin und Rsp.**, die seither Tatbestände herausgearbeitet haben, welche nicht positiviert wurden. In seiner heutigen Handhabung weicht der Topos freilich erheblich von der Theorie JHERINGS ab. Sie schuf eine Eigendynamik und wurde zum Kristallisationskern weiterer, ebenso berechtigter Obligations-Entstehungsgründe (BSK OR I-BUCHER, 5. Aufl. 2011, N 79a), in denen freilich das Element der *culpa* des Haftenden nicht im Vordergrund steht, so insb. bei Verpflichtungen aus faktischem Vertragsverhältnis oder aus Vertrauenshaftung. Gelegentlich wird selbst dort auf c.i.c. verwiesen, wo Resultate begründet werden sollen, die den Auffassungen JHERINGS gerade zuwiderlaufen (vertragliche Grundsätze vs. Deliktsverjährung: BGE 101 II 266; 104 II 94) oder von ihm nicht direkt adressiert waren (z.B. RGZ 78, 239 ff.: Linoleumteppich-Fall, N 98, in dem die *culpa* höchstens konstruiert werden kann und ein Bezug zu *contrahere* nicht zwingend war). **Jüngst** wird auch hierzulande die Tendenz immer deutlicher, die klassischen Tatbestände der c.i.c. als Unterform der Vertrauenshaftung zu verstehen. **Kontrovers** geblieben ist namentlich die Frage, nach welchen Grundsätzen (vertraglich vs. deliktisch) die Rechtsfolgen zu bemessen sind. Die Rsp. hat hierzu kein einheitliche Antwort gegeben (BSK OR I-BUCHER, 5. Aufl. 2011, N 89 ff. m.Nw. und insb. o. N 54 ff.).

2. Kasuistik

93 **Vorbemerkung**: Stets geht es im Folgenden um die Haftung einer Person, die *wissentlich oder fahrlässig* handelt (oder nicht handelt) und dadurch beim Gegner etwa Zeitverlust und *Kosten verursacht*, ihn etwa davon abhält, ein Geschäft nicht weiter zu verfolgen (nutzlose Bereitstellen der eigenen Leistung, Aufwendungen zur Entgegennahme, Lagerung oder Gebrauch der Gegenleistung) oder alternative Geschäftsgelegenheiten wahrzunehmen.

94 Wer wissentlich oder fahrlässig eine **anfänglich unmögliche Leistung verspricht**, haftet trotz Nichtigkeit des Vertrages (Art. 20): BGE 36 II 193 und 40 II 370 (hingegen leitet BGE 45 II 548 E. 5 die Haftung dogmatisch fragwürdig aus Art. 41 ab).

Wer seinem Gegner das **Fehlen einer Gültigkeitsvoraussetzung nicht anzeigt**, haftet wenn die Voraussetzung sich auch später nicht erfüllt: BGE 105 II 75 E. 2 fahrlässige Verletzung der Aufklärungspflicht einer Bankfiliale, die es versäumt, über die *Genehmigungsbedürftigkeit* der Vereinbarung durch den Hauptsitz zu unterrichten, obwohl diese Information die Gegenpartei in ihrer Entscheidung über den Vertragsschluss beeinflussen kann.

95 Wer seinem Gläubiger einen **nachträglichen Ungültigkeitsgrund nicht sofort anzeigt**, haftet für Schaden, der diesem aus der Unkenntnis erwächst (s. in diesem Sinne Art. 1338 CC it.), so etwa bei einer nachträglich unverschuldet eintretender Unmöglichkeit (Art. 119) oder bei Entdeckung eines wesentlichen Irrtums und Anfechtung innert Jahresfrist (Art. 23 ff.).

96 Wer **Vertragsverhandlungen ohne Abschlusswillen** führt, haftet für die so in Kauf genommene Schädigung des Gegners (BGE 77 II 135, Haftung nach dem Grundsatz der c.i.c. bejaht; *in casu* Voraussetzungen nicht erfüllt; BGE 80 II 26 E. 4, *obiter dictum*; Voraussetzungen *in casu* nicht erfüllt; BGE 105 II 75). **Hingegen** entfällt eine Haftung, wenn den Parteien bei ihrem Vorgehen der Verpflichtungswille *erkennbarerweise* fehlt, dieses mithin auf Gefälligkeit beruht (BGE 116 II 695 E. 2 f.). Vgl. indes die **Gegenausnahmen** N 53.

97 Wer sich **nachträglich weigert, einen Vertrag formgerecht** zu schliessen, haftet auf das negative Vertragsinteresse (exemplarisch jüngst BGE 140 II 200 E. 5.2 = Pra 103 Nr. 102 814: Verweigerung der öffentlichen Beurkundung, indes nun – wie bei BSK OR I-BUCHER, 5. Aufl. 2011, Art. 1 N 83 i.f. postuliert – *als Unterform der Vertrauenshaftung* qualifiziert, Zulässigkeit einer das Haftungsinteresse sichernden Konventionalstrafe bejaht; in früheren Fällen bejahte das BGer c.i.c. im Grundsatz, verweigerte aber im konkreten Fall den Ersatzanspruch jeweils: BGE 39 II 227 E. 4, «Arglist» des Partners nicht substantiiert; BGE 41 II 95 E. 2, ähnlich wie 39 II 227; 49 II 54 E. 4, Schaden nicht substantiiert; BGE 68 II 229 E. 3, Berufung auf Formmangel nicht rechtsmissbräuchlich; BGE 90 II 21 E. 3, Schaden nicht substantiiert; BGE 98 II 23 E. 3, Vertragsungültigkeit war in Kauf genommen worden; BGE 106 II 36 E. 5, gleiches Verschulden beider Parteien).

Wer im **Rahmen von Vertragsverhandlungen eine Partei verletzt**, haftet für den zurechen- **98**
baren Schaden. Als *leading case* dieser c.i.c. Tatbestände in ursprünglichem Sinne gilt in Deutschland RGZ 78, 239 ff. *Linoleumteppich*: Kundin, die sich im Warenhaus für Linoleumteppich interessiert, wird durch eine vom Angestellten unvorsichtig beiseitegesetzte und dabei umstürzende Linoleumrolle verletzt und der Geschäftsinhaber zum Ersatz des Schadens verpflichtet (s. indes N 92). Zu weiteren Fällen VON CAEMMERER, Wandlungen des Deliktsrechts, FS zum hundertjährigen Bestehen des Deutschen Juristentages 1860–1960, Bd. 2, 1960, 56–58 oder in: Leser, Gesammelte Schriften, Bd. I, 1968, 461–463; STOLL, FS von Caemmerer, 437, m.Nw. zur Behandlung ähnlicher Sachverhalte im englischen Recht.

Weitere Fälle bei schuldhaftem Nichtbeachten der Lage der Gegenpartei (d.h. trotz gebo- **99**
tener Rücksichtnahme) mit Schadensfolge: BGE 92 II 328 E. 4, Haftung aus c.i.c, wenn ein Unternehmer im Werkvertrag bei der Renovation eines alten Autos *übermässige Aufwendungen* macht (Haftung *in casu* verneint); BGE 102 II 81 E. 2, interner Kalkulationsirrtum, Bestätigung des Grundsatzes, aber Haftung *in casu* verneint, da man sich auch bei Erhalt einer erstaunlich günstigen Offerte nicht darum zu kümmern braucht, *ob der Partner einen Berechnungsfehler gemacht* habe; BGE 90 II 449 E. 4 ff., Haftung aus c.i.c. für den Fall, dass ein Vertragspartner fahrlässig verkennt, dass der Gegner im Grunde nicht den tatsächlich geschlossenen, sondern einen *anderen Vertrag zu schliessen beabsichtigte* (Abschluss einer Kaskoversicherung für einen aus dem Verkehr gezogenen, statt für den benutzten Wagen). Damit (und noch deutlicher bereits BGE 40 II 370) wird eine Richtung gewiesen, die, zu Ende gedacht, eine Haftung annimmt für die Tatsache, dass ein Vertrag nicht mit anderem Inhalt, wie eigentlich «gesollt», geschlossen worden ist.

III. Vertrauenshaftung

Literatur

Allgemein: BERGER, Verhaltenspflichten und Vertrauenshaftung: dargestellt anhand der Informationspflicht des Effektenhändlers, Diss. Bern 2000; BRECHBÜHL, Haftung aus erwecktem Konzernvertrauen, Diss. Bern 1998; BUCHER, Was man aus einem Fall von «Putativ-Vertrauenshaftung» lernen kann – BGE vom 7.1.1999 («Monte Rosa-Fall») ist Anlass weder zu Begeisterung noch Empörung ob der sog. Vertrauenshaftung, recht 2001, 65–81 (‹www.eugenbucher.ch› Nr. 76) (zit. recht 2001); DERS., Vertrauenshaftung: Was? Woher? Wohin?, in: FS für Hans Peter Walter, Bern 2005, 231 ff. (‹www.eugenbucher.ch› Nr. 89) (zit. FS Walter); CHAPPUIS/WINIGER (Hrsg.), Journée de la Responsabilité Civile – La Responsabilité fondée sur la Confiance (Vertrauenshaftung), Zürich/Genf 2001; FEHLMANN, Vertrauenshaftung – Vertrauen als alleinige Haftungsgrundlage, Diss. St. Gallen 2002; KARAMPATZOS, Vom Vertrag mit Schutzwirkung für Dritte zur deliktischen berufsbezogenen Vertrauenshaftung: zugleich ein Beitrag zum Ersatz fahrlässig verursachter reiner Vermögensschäden, Diss. Tübingen 2002; KELLER, Ist eine Treu und Glauben verletzende Schädigung widerrechtlich?, recht 1987, 136 f.; KUZMIC, Haftung aus «Konzernvertrauen»: die Aussenhaftung des Konzerns im Schweizerischen Privatrecht, Diss. Zürich 1998; LOSER, Vertrauenshaftung im schweizerischen Schuldrecht: Grundlagen, Erscheinungsformen und Ausgestaltung im geltenden Recht vor dem Hintergrund europäischer Rechtsentwicklung, Bern 2006; MORIN, La responsabilité fondée sur la confiance: étude critique des fondements d'une innovation controversée, Diss. Genf 2002; MOSER, Die Haftung gegenüber vertragsfremden Dritten: ein Beitrag zur Lehre von der Vertrauenshaftung, gezeigt am Beispiel des Wirtschaftsprüfers, Diss. Bern 1998; MÜLLHAUPT, Rechtsnatur und Verbindlichkeit der Patronatserklärung, SAG 50 (1978), 109 ff.; PETERS, Zur Geltungsgrundlage der Anscheinsvollmacht, AcP 179 (1979), 214 ff.; RISCH, Die Haftung aus Konzernvertrauen: die Haftung des herrschenden Unternehmens aus Konzernvertrauen für konzernspezifische Handlungen und Erklärungen, Diss. Bern 2009; SCHNYDER, Patronatserklärungen – Haftungsgrundlage für Konzernobergesellschaften?, SJZ 86 (1990), 57 ff.; VON STAUDINGER-SINGER, Vor §§ 116–144 BGB N 19 ff.; VON DER CRONE/WYSS, Haftung für Auskunft, SZW 2002, 112 ff.; WALTER, Vertrauenshaftung im Umfeld des Vertrages, ZBJV 1996, 273 ff.; DERS. Die Vertrauenshaftung: Unkraut oder Blume im Garten des Rechts?, ZSR 2001, 79–100; WICK, Die Vertrauenshaftung im schweizerischen Recht, Versuch einer kurzen Orientierung nach dem Swissair-Entscheid, AJP 1995, 1270–1282; WOLF, Das Statut der harten Patronatserklärung, IPRax 2000, 477–482.

Geschichtlicher Hintergrund: STOLL HEINRICH, Haftung aus Bescheinigung, AcP 135 (1932), 89–116; OERTMANN, Grundsätzliches zur Lehre vom Rechtsschein, ZHR 95 (1930), 443–485; MEYER, Das Publizitätsprinzip im Deutschen Bürgerlichen Recht, München 1909; RABEL, Der sogenannte Vertrauensschaden im schweizerischen Recht, ZSR 1908, 291–328, oder in: Leser, Gesammelte Aufsätze, Bd. I, 1965, 147–177; CANARIS, Die Vertrauenshaftung im deutschen Privatrecht, München 1971.

1. Meilensteine und Essenz

100 Der Gedanke der sog. **Vertrauenshaftung** ging in der deutschsprachigen Literatur seit Langem um. In der Schweiz hat seit einigen Jahren das BGer in einer Reihe überzeugender Entscheidungen diesen Topos zur Entscheidgrundlage erhoben und damit eine Grundlage für dessen weitere Entwicklung geschaffen. In der Doktrin wurde die Vertrauenshaftung von CANARIS in ihren vielfältigen Erscheinungsformen dargestellt ohne diesem Konzept in der Praxis Deutschlands oder Österreichs zur Durchsetzung zu verhelfen (vgl. die oben aufgeführten Literaturhinweise). Allerdings werden dort viele der vom BGer und hier als Vertrauenshaftung gedeuteten Sachverhalte im Ergebnis ähnlich entschieden, jedoch (wie auch die «faktischen Vertragsverhältnisse»; N 70 ff.) traditionell als Tatbestände der c.i.c. etikettiert (so BSK OR I-BUCHER, 5. Aufl. 2011, Art. 1 N 69a ff., denen die Darstellung hier teilweise folgt).

101 **Rechtsgrund** ist wiederum das einheitliche gesetzliche Schuldverhältnis (N 48 ff., 88). Es entsteht wie gesehen dann, wenn sich eine Partei in zurechenbarer Weise so verhält, dass sie bei der Gegenpartei **Vertrauen** i.S. hinreichend konkreter und schützenswerter Erwartungen weckt (N 49). Diese Erwartungen zielen hauptsächlich in **zwei Richtungen**: auf die *Wahrung der eigenen Integrität* und auf die *Wahrung allfälliger Sonderverbindungsziele*. Zu letzteren zählt vorab das Vertrauen in die inhaltliche *Korrektheit der gegnerischen Äusserungen* (N 105).

102 So fliessen – beiden Grundkonstellationen entsprechend – aus der Sonderverbindung zweierlei Arten von **Pflichten** des Schuldners: (1) **Erstens** hat er zu unterlassen, was den persönlichkeits- und vermögensrechtlichen Status quo der Gegenpartei gefährden könnte (körperliche Unversehrtheit, affektive und ökonomische Geheimhaltungsinteressen, Eigentum etc.). Es handelt sich hierbei um die oben angesprochenen **Verhaltenspflichten** (N 50), die auch im einheitlichen konventionellen Schuldverhältnis in Form von Nebenpflichten anzutreffen sind (N 44). Sie zielen auf den **Bestandesschutz** (Integritätsschutz) des Gläubigers und gründen im Umstand, dass der Schuldner zur Förderung eigener wirtschaftlicher Interessen ein *Umfeld* schafft (durch Äusserungen oder auf anderem Wege), das den Gläubiger dazu bewegt, seine Rechtsgüter (etwa durch Tathandlungen) zu exponieren (LOSER, N 879). Ein solches Umfeld ergibt sich vornehmlich im Zuge einer Vertragsanbahnung, was erklärt, dass die mögliche **Haftung** bei Verletzung (s. im Einzelnen N 54 ff.) v.a. unter dem Titel der c.i.c. diskutiert wird (N 98 f.; *i.c.* zumeist abgelehnt).

103 **Ältere Urteile**, die insb. vor dem Swissair-Entscheid datieren, ziehen stattdessen **Deliktsrecht** heran; insb. Art. 58 (exemplarisch BGE 118 II 36, der Ladenbesucher rutscht beim Verlassen des Geschäfts «beim ersten Schritt ins Freie» auf dem vereisten Trottoir aus, das so noch zum Werk mitgezählt wurde; nicht mit dem Linoleumteppich-Entscheid in N 98 zu vergleichen, da dort der Gefahrenherd auch bei weiterer Auslegung nicht mehr unter den Werkbegriff fiel, **a.M.** BSK OR I-BUCHER, 5. Aufl. 2011, N 69h) oder den ungeschriebenen Gefahrensatz, wonach denjenigen eine allgemeine Schutzpflicht (sog. *Verkehrssicherungspflicht*) trifft, der eine Gefahrenlage schafft (exemplarisch BGE 121 III 358 E. 4.a = Pra 85 616). Auf das Vertrauen des Gegners kommt es hier nicht an.

104 (2) **Zweitens** können den Schuldner auch eigentliche **Leistungspflichten** treffen, in dem Sinne, dass er ein Ziel, auf dessen Erreichung die Sonderverbindung allenfalls ausgerichtet ist, fördert und nicht gefährdet (**Zielschutz**; s. N 51; LOSER, N 875 spricht von Abwicklungsinteresse im Allgemeinen und Bindungs- sowie Entscheidungsinteressen im Besonderen). So hat er v.a. irreführende Äusserungen zu unterlassen und nachträglich als solche erkannte Äusserungen anzuzeigen und gegebenenfalls zu korrigieren. Denn er muss angesichts der Sonderverbindung und deren Zielausrichtung damit rechnen, dass gerade sein (aktives oder passives) Verhalten den Gegner zu einer rechtsgeschäftlichen Vermögensdisposition (i.S.v. Handeln oder Unterlassen) veranlasst. Verletzt der Schuldner solche zielsichernden Leistungspflichten und erwächst dem Gläubiger daraus Schaden, richtet sich die **Haftung** nach den N 54 ff. skizzierten Grundsätzen und kann ggf. selbst das Erfüllungsinteresse umfassen.

Das weite Feld der **Äusserungen**, die das Ziel der Sonderverbindung fördern (etwa: Rat zu erhalten), kann **in zwei Gruppen** geteilt werden: Die erste bezieht sich auf gegebene Fakten bzw. *objektive Sachverhalte* (Arbeitszeugnisse, Gutachten, Bankauskünfte) und lässt die Haftung dann eintreten, wenn die Äusserung objektiv unzutreffend ist. Die zweite betrifft das *künftige Verhalten der sich äussernden Person*, mithin deren Interna und Intentionen. Hier resultiert die Haftung bei Nichtkonformität des eigenen künftigen Verhaltens mit der gegebenen Zusicherung (so schon BSK OR I-Bucher, 5. Aufl. 2011, N 69 l). **105**

Auch hier ist zu beobachten, dass **ältere Urteile** die Haftung lange auf Delikt stützen und später vereinzelt auf die c.i.c. (N 115 f.). **106**

2. Kasuistik

a) Generelles

Im Verhältnis zur Vertragshaftung ist die Vertrauenshaftung **subsidiär** (BGE 131 III 380 E. 3 = Pra 2006 219). – Die Vertrauenshaftung umfasst als **Oberbegriff** jene aus culpa in contrahendo und die weiteren interessenmässig gleich gelagerten Tatbestandsgruppen (zit. BGE 130 III 345 E. 2.1; s.a. 140 III 200 E. 5.2 = Pra 103 Nr. 102 814; BGer, 26.9.2001, 4C.193/2000, E. 5). – Entsteht die Sonderverbindung im Umfeld eines (nicht zustande gekommenen) Vertrages, richtet sich die **Festsetzung des Schadens** sich nach den Grundsätzen von Art. 99 i.V.m. Art. 43 f. (BGE 128 III 324 E. 2.5). – Die Verantwortlichkeit für **Gehilfen** richtet sich nach Art. 101 und nicht nach Art. 55 (s. N 56; BGer, 22.5.2007, 4A.70/2007, E. 5.1; BGE 108 II 422 E. 5). – Ersatzforderungen aus Vertrauenshaftung **verjähren** nach Art. 60, nicht Art. 127 (s. N 57; BGE 134 III 390 E. 4.3; zur c.i.c. BGer, 9.11.2005, 4C.354/2004, E. 2; BGE 108 II 122; 104 II 94 = Pra 1978, 532; BGE 101 II 269 = Pra 1975, 594 f.; **a.M.** noch BGE 90 II 458 = Pra 1965, 133; BGE 77 II 137 = Pra 1951, 333; BGE 68 II 303; 140 II 200 E. 5.2 = Pra 103 Nr. 102, 814). **107**

b) Äusserungen zu künftigem eigenem Verhalten

Wer beim Gegner den Anschein aufkommen lässt, **für das Geschäftsgebaren und die Solvenz eines Dritten Gewähr** zu bieten, hat den Schaden zu ersetzen, der dem Gegner erwächst, weil er vertrauend mit dem Dritten kontrahiert, der seinerseits Pflichten verletzt und schliesslich zahlungsunfähig wird: BGE 120 II 331, Swissair-Entscheid, dort Äusserung bzgl. einer Tochtergesellschaft, daher die – sonst zu enge – Formel der «Haftung aus erwecktem Konzernvertrauen»; BGE 124 III 207, *i.c.* verneint, da Mutter die technisch korrekte Vertragsausführung seitens ihrer Tochtergesellschaft nicht zugesichert hatte; BGE 124 III 363 E. 5.b (soweit die Bank eine eigene Überwachungstätigkeit in Aussicht stellte, s. N 116). **108**

Richtigerweise sind auch **Patronatserklärungen** unter diesen Titel zu subsumieren (so schon BSK OR I-Bucher, 5. Aufl. 2011, N 69n). Traditionell werden sie unter der Optik der c.i.c. betrachtet (dazu auch Müllhaupt, SAG 1978, 111), was aber nicht überzeugt, da regelmässig nur die Tochter einen Vertrag mit dem Gegner anbahnt, nicht aber die sich äussernde Mutter. – Die Literatur unterscheidet z.T. zwischen *harten* und *sonstigen* Patronatserklärungen. Nur bei ersteren besteht zwischen den Parteien Klarheit, dass eine *bürgschaftsähnliche Kreditsicherung* gewollt ist, bei der in weitem Umfang für die Solvenz einer Tochter eingestanden wird (mit dem Risiko, dass die Formerfordernisse der Bürgschaft anwendbar werden; s. Wolf, 477 ff.). **109**

110 Ähnlichen Gehalts ist auch der **letter of intent** (Vor Art. 1–41f N 17; s.a. Lutter, Der Letter of Intent, Köln 1982, § 10, 59 ff.). Er wird allerdings regelmässig mit Blick auf einen angestrebten Vertragsabschluss verfasst, so dass sich hier die Einordnung unter die speziellere c.i.c. rechtfertigt (**a.M.** BSK OR I-Bucher, 5. Aufl. 2011, N 69n, der m.E. ohne Grund davon ausgeht, dass nur via Vertrauenshaftung «das Ausmass der Haftung nach dem Umfang berechtigten Vertrauens des Adressaten fallweise bestimmt» werden könne).

111 Bei einem **memorandum of understanding (MoU)** geht die Äusserung (insb. von Staatsfunktionären) dahin, gegenüber einem Vorhaben (etwa einer grossen grenzüberschreitenden wirtschaftlichen Unternehmung) eine bestimmte Haltung einnehmen zu wollen. Je nachdem ob der Erklärende später Partei des angestrebten Abkommens werden soll oder nicht, ist eine Haftung aus der spezifischen c.i.c. oder aus der allgemeineren Vertrauenshaftung angezeigt.

112 Wer sich **eigene Handlungsgrundsätze oder Richtlinien auferlegt** und diese dem Gegner kommuniziert, haftet für den Schaden, der diesem entsteht, weil er vertrauend Vermögensdispositionen vornimmt, die sich später als nutzlos erweisen, wenn der Erklärende die betreffenden Regeln abändert: BGE 121 III 305, Ringer Grossen-Entscheid, Sportverbands-Verein vermittelt einem Nichtmitglied die Teilnahmemöglichkeit an einem Wettkampf, ändert aber nachträglich drei Wochen vor dem Anlass ohne hinreichenden Grund die Selektionsbedingungen, worauf der nominierte Ringer ausgeschlossen wird und Ersatz für seine Vorbereitungskosten verlangen kann.

113 Wer in Aussicht stellt, **trotz Formnichtigkeit einen Vertrag einhalten oder diesen noch formgültig abschliessen** zu wollen oder über den **Formmangel nicht aufklärt**, haftet auf das negative Vertragsinteresse – aufgrund der Vertragsnähe *richtigerweise aus culpa in contrahendo* (s. N 97). Die Berufung in BGer, 7.1.1999, 4C.299/1998, E. 4.a (= ZBGR 80/1999 387 = SJ 2000 I, 533–539, Monte Rosa-Entscheid) alleine auf die Vertrauenshaftung war daher doppelt verfehlt, da generell c.i.c. einschlägig wäre und *in casu* ein formfrei gültiger Kreditvertrag im Streite stand (die Formnichtigkeit eines Grundstückkaufs schlägt nicht auf kollaterale Verträge durch) die Aberkennungsklage des Darlehensschuldners also schon deshalb abzuweisen war: Verurkundet wurde ein geringerer als der vereinbarte Preis, für den Mehrbetrag gewährte der Grundstückverkäufer ein schriftliches Darlehen, das er durch Stundung des Kaufpreises *brevi manu* ausrichtete (s.a. BSK OR I-Bucher, 5. Aufl. 2011, N 69i und zu der durch das Urteil veranlassten Literatur Chappuis/Winiger, passim; Bucher, recht 2001, 68–70).

c) Äusserungen zu objektiven Sachverhalten

114 Die **unentgeltliche Erteilung von Rat und Auskunft** wird traditionell als *ausservertraglicher* Vorgang gewertet. Das ist jedenfalls dort *verfehlt*, wo der Adressat – wie etwa bei der retrozessionsfinanzierten Bankberatung in BGE 137 III 393 u. 132 III 460 – ein erkennbares Interesse daran hat, fachkundige Hilfe zu erhalten oder der Leistende an der gewährten Hilfe ein eigenes Interesse hat, namentlich weil er von dritter Seite eine Vergütung erhält, wenn der Adressat seinem Rat folgt (s. N 53).

115 In **älteren Urteilen** bejahte das BGer mangels Vertrag daher im Grundsatz eine Haftung **gestützt auf Art. 41**: BGE 30 II 258 E. 2 (*i.c.* Haftung verneint); BGE 41 II 77 E. 4 ff. (Haftung bejaht im Falle einer Bankauskunft, welche *Aufnahme einer Geschäftsverbindung empfiehlt*); BGE 57 II 81 E. 2 f. (*i.c.* bejaht im Falle einer Auskunft des Verwaltungsratspräsidenten einer AG gegenüber einem Aktionär, in der zu Unrecht beruhigende *Erklärungen über die Situation der Gesellschaft* abgegeben und damit der Aktionär vom Verkauf der Aktien abgehalten wurde); BGer, SJZ 31 (1934/1935), 186 f. (Bestätigung der bisherigen Praxis; i.c. Haftung verneint); BGE 68 II 295 E. 4 ff. (Haftung einer Bank wegen *falscher Auskunftserteilung betr. Sparguthaben-Privileg*); BGE 124 III 364 E. 5 (Anwalt bezeichnet ein Vermögensverzeichnis wahrheitswidrig als korrekt). – In einer **vereinzelt** gebliebenen Entscheidung wurde

die Haftung **auf c.i.c. gestützt**: BGE 80 III 41 E. 4 ff. (Ersatzpflicht eines Konkursbeamten i. c. bejaht, Art. 5 aSchKG, nach den Grundsätzen des OR).

In **jüngeren Urteilen** wurde zunächst die **alternative** Anwendung der Vertrauenshaftung bejaht: BGE 124 III 363 E. 5.b; BGer, 26.9.2001, 4C.193/2000 E. 5 (am Geschäft nicht beteiligtes Bankorgan lässt den falschen Eindruck entstehen, die Bank nehme eine *Überwachungsfunktion* wahr und *kenne die fraglichen Geschäfte inhaltlich*). – Später ergangene Urteile bringen **einzig** noch die **Vertrauenshaftung** zur Anwendung: BGE 128 III 324 E. 2.2–2.5 (Vor der Diskontierung will ein Wechselinhaber vom Bezogenen wissen, ob eine Unterschrift auf dem Wechsel echt sei, der Bezogene antwortet, obwohl er die Fälschung sofort erkennt, vage, was der Gegner als Echtheitsbestätigung werten darf, i.c. Haftung bejaht. Nota: aufgrund der wechselrechtlichen Formstrenge vermochte hier das Vertrauen in die Bestätigung den Statusmangel des Unterschreibenden nicht zu heilen, weshalb die Wechselverbindlichkeit abgelehnt wurde.); BGE 134 III 390 E. 4.3.2 (falsche Auskünfte über die Finanzlage eines Vereins). 116

Kreditauskünfte *von Banken über ihre Kunden* werfen heikle Probleme auf, die fallweise unter dem Vertrauensgesichtspunkt zu beurteilen sind. Die Bank muss in jedem Fall damit rechnen, dass eine vorteilhafte Auskunft für den Anfragenden Anlass einer Kreditgewährung i.w.S. sein wird; unzutreffend vorteilhafte Auskünfte sind daher im Schadensfall haftungsbegründend (die angefragte Bank erteilt ihre Auskünfte aus freien Stücken und kann auf Abgabe einer Erklärung überhaupt verzichten. Das häufig bestehende Interesse der Bank an Kreditgewährung seitens des Anfragenden an ihren Kunden gibt niemals die Rechtfertigung einer zu günstigen Auskunft ab, BSK OR I-Bucher, 5. Aufl. 2011, N 69p). – Vgl. für die *englischen Praxis: Hedley Byrne & Co. Ltd. v Heller & Partners, Ltd. [1963]* 2 All E.R. 575 m.Nw., insb. auf *Candler v Crane, Christmas & Co.* [1951], *Donoghue (McAlister) v Stevenson* [1932], *Derry v Peek* [1889]. – Aus der *deutschen Rechtsprechung*: BGHZ 77, 172 ff. (Prospekthaftung von Rechtsanwälten/Wirtschaftsprüfern, die «Garantenstellung» einnehmen und «Vertrauenstatbestand» schaffen); BGHZ 87, 27 ff. (falsche Auskunft über wirtschaftliche Lage eines Unternehmens gegenüber Warenkreditgeber, Haftung bejaht). 117

Bei der Erstattung von **Gutachten** sind hinsichtlich des Vertrauensschutzes vorab die Umstände der Auftragserteilung entscheidend: Die von Interessierten veranlasste Stellungnahme schafft wenig Vertrauen, mehr jedoch das von einem uninteressierten Dritten oder von allen Beteiligten gemeinsam oder gar vom Gericht bestellte Gutachten. Der Praktiker (der freiberufliche Ingenieur oder Anwalt) riskiert etwas weniger das Schaffen von Vertrauen als der der Wissenschaft Verpflichtete. Der Gutachter hat es in der Hand, die vertrauensschaffende Wirkung seiner Stellungnahme zu dosieren, indem er diese als im Interesse des Auftraggebers erstellt oder umgekehrt explizit als «nach bestem Wissen und Gewissen» erstattet deklariert, den Umfang der eigenen Abklärungen nennt und herausstellt, welche seiner Prämissen er von Dritten übernommen oder aber selber überprüft hat. Ist das Gutachten als *vertraulich* (d.h. als nur für den Besteller bestimmt) deklariert, wird damit gegenüber Dritten eine Vertrauenshaftung ausgeschlossen (Weitergabe an Dritte unter Unterdrückung der Vertraulicherklärung wäre vom Mittelsmann zu vertreten); s. BSK OR I-Bucher, 5. Aufl. 2011, N 69o. Gleich verhält es sich, wenn der Autor mit einer bestimmten Verwendung seines Gutachtens nicht rechnen muss: BGE 130 III 345 E. 3.2 (Liegenschaftenschätzung erstellt zum Zwecke einer Hypothekarerhöhung, verwendet zwei Jahre später in einer Verkaufsdokumentation, *i.c.* keine Haftung). 118

Arbeitszeugnisse können bei potentiellen künftigen Arbeitgebern Vertrauen erwecken und, wenn irreführend und schadenstiftend, Vertrauen auslösen; so BGE 101 II 69 E. 2 u. 3 (trotz vorgekommener Vermögensverfehlungen und ungeachtet verbleibender Ersatzansprüche bescheinigte ein Zeugnis dem Entlassenen, er gehe *libre de tous engagements* ab, der Anspruch des ebenfalls betrogenen neuen Arbeitgebers, der durch dies Zeugnis veranlasst eine Vertrauensstellung eingeräumt hatte, wurde allein mit Berufung auf Art. 41 begründet, nach heutiger Praxis liegt Vertrauenshaftung vor. *In casu* Herabsetzung der Ersatzpflicht, da die falsche Auskunft nicht alleinige Schadenursache. 119

3. Faktische Vertragsverhältnisse

Literatur

BETTI, Über sogenannte faktische Vertragsverhältnisse, in: FS für Heinrich Lehmann, Bd. I, Berlin 1956, 253 ff.; BUCHER, Zum Thema «faktische Vertragsverhältnisse» – Besprechung über Peter Lambrecht: «Die Lehre von faktischen Vertragsverhältnis», 1994, ZEuP 1996, 715 ff. (‹www.eugenbucher.ch› Nr. 65); CANNATA, Das faktische Vertragsverhältnis oder die ewige Wiederkunft des Gleichen, in: Studia et Documenta Historiae et Iuris, Bd. LIII, Rom 1987, 297–312; DERS, Rechtsüberlieferung und heutiges Recht, ZEuP 2000, 394 ff. (‹www.eugenbucher.ch› Nr. 75); ERMAN, Faktische Vertragsverhältnisse oder Geschäftsführung ohne Auftrag, NJW 1965, 421 ff.; ESSER, Gedanken zur Dogmatik der «faktischen Schuldverhältnisse», AcP 157 (1958/1959), 86 ff.; FLUME, Allgemeiner Teil des Bürgerlichen Rechts, Bd. I/1, Die Personengesellschaft, Tübingen 1977, 13–29; HAUPT, Über faktische Vertragsverhältnisse, in: FS für Heinrich Siber, Bd. II, Leipzig 1943, 5 ff.; HEDINGER, Leasingvertrag und Abzahlungsgeschäft, recht 1986, 26 ff.; HEMMELER, Die faktische Gesellschaft im schweizerischen Recht, Diss. Zürich 1962; LAMBRECHT, Die Lehre vom faktischen Vertragsverhältnis: Entstehung, Rezeption und Niedergang, Tübingen 1994; LEHMANN, Das «faktische» Vertragsverhältnis, Jher.Jb. 90 (1942), 131 ff.; DERS., Faktische Vertragsverhältnisse, NJW 1958, 1 ff.; NIKISCH, Über «faktische Vertragsverhältnisse», in: FS für Hans Dölle, Bd. I, Tübingen 1963, 78 ff.; POLYDOR-WERNER, L'indemnité pour l'usage d'une chose due par un locataire ou un acheteur de bonne foi en cas de nullité du contrat de bail ou de vente, SJZ 1986, 194 ff.; SCHMIED-SYZ, Faktisches Vertragsverhältnis, Diss. Zürich 1991; SIEBERT, Faktische Vertragsverhältnisse, Abwandlungen des Vertragsrechts in den Bereichen der Daseinsvorsorge, des Gesellschaftsrechts und des Arbeitsrechts: Vortrag gehalten vor der Juristischen Studiengesellschaft in Karlsruhe am 21.6.1957, Karlsruhe 1958; SIMITIS, Die faktischen Vertragsverhältnisse als Ausdruck der gewandelten sozialen Funktion der Rechtsinstitute des Privatrechts, Frankfurt a.M. 1957; UHLIG, Eingriffsbereicherung und faktischer Vertrag, Diss. Frankfurt a.M. 1963; ULMER, Die Lehre von der fehlerhaften Gesellschaft – gesicherter Bestand des Gesellschaftsrechts oder methodischer Irrweg?, in: FS für Werner Flume, Bd. II, Köln 1978, 301 ff.; WEBER, Zur Lehre von der fehlerhaften Gesellschaft, Berlin 1978; WIEACKER, Willenserklärung und sozialtypisches Verhalten, in: FS für das Oberlandesgericht Celle, Göttingen 1961, 263 ff.; WIESNER, Die Lehre von der fehlerhaften Gesellschaft, Heidelberg 1980; WÜRSCH/DALLAFIOR, Können Fakten Verträge begründen? – Zum sog. faktischen Vertragsverhältnis, SJZ 1989, 273–277.

1. Meilensteine und Essenz

120 Auf HAUPT geht die Formel **«faktische Vertragsverhältnisse»** (hier auch FVV) zurück (1941; vgl. o. die Literaturhinweise). Die durch ihn mitgeprägte Lehre will Vertragswirkungen nicht bloss aus eigentlichen Verträgen, sondern in Ausnahmefällen auch aus faktischen Verhältnissen (aus «sozialem Kontakt» usw.) abzuleiten. Das soll namentlich gelten in Fällen, in denen eine als vertragliche **angebotene Leistung eigenmächtig beansprucht** wird.

121 Als **Paradebeispiel** gilt der Flugplatz-Entscheid (Archiv für Luftrecht, Bd. 4/1934, 106 bzw. Flughafenrecht, 1934, 61 ff.): Ein Pilot hat die Landegebühr auch dann zu leisten, wenn sich weder für die Zeit vor noch nach der Landung ein Vertragsschluss nachweisen lässt. – Auf gleicher Linie liegt der spätere Parkplatz-Entscheid des BGH (BGHZ 21, 319 ff.): Ein Automobilist hat die ordentliche Gebühr zu entrichten, obwohl er sich gegen einen Vertragsschluss trotz Einparkens ausdrücklich verwahrt. – Ähnlich auch der Schwarzfahrer-Entscheid (BGHZ 55, 128): Der 17-jährige blinde Flugpassagier muss die Fahrkarte bezahlen.

122 Längst ist die Figur des faktischen Vertragsverhältnisses (contrat de fait oder rapport contractuel de fait) auch in der **schweizerischen** Gerichtspraxis explizit anerkannt und hat heute dort ihren festen Platz. BGE 110 II 244 E. 2 = Pra 74 1985 Nr. 7, 23 *offizialisierte die Rechtsprechung* dazu (erweist sich ein von den Parteien jahrelang erfüllter Leasing-Vertrag als nichtig, steht dem Vemieter-Verkäufer bei Rückabwicklung der Leistungen ein Anspruch auf angemessene Entschädigung für die Fahrzeugnutzung aufgrund eines faktischen Vertragsverhältnisses zu). – Bereits BGE 63 II 368 exemplifizierte den Topos in klassischer Weise (vertraglicher Mietzinsanspruch bei vertragslosem «Überdauern» des Mieters in der Mietsache). Seither wurde die Figur *mehrfach bestätigt*: BGE 119 II 437 E. 3b/bb; BGer, 8.10.1997, 4C.25/1992, E. 2.c = SJ 1998, 109 ff.; BGE 108 II 112 E. 4.

Allerdings ist die **Lesart** hier eine etwas **andere** als die von HAUPT intendierte: Stets betrafen die hiesigen Urteile bislang Sachverhalte aus der Gruppe der **Dauerschuldverhältnisse im Rahmen unwirksamer Verträge**. Hingegen ist gerade im Falle der eigenmächtigen Inanspruchnahme einer entgeltlichen Leistung in der helvetischen Doktrin umstritten, ob auch hier ein faktisches Vertragsverhältnis anzunehmen sei (s. BGer, 23.1.2002, 4C.284/2000, E. 2.c.aa m.Nw.). Mit gleichem Ergebnis wird dem Usurpator aber mit Hinweis auf das Vertrauensprinzip und das sog. sozialtypische Verhaltens «eine Gegenleistung gemäss den für Verträge anwendbaren Grundsätzen» auferlegt (BGer, a.a.O., s. im Einzelnen N 80). 123

CANNATA zeigt (297 ff.), dass die meisten Anwendungsfälle der faktischen Vertragsverhältnisse sich bereits im **römischen Recht** finden (die dort sog. *obligationes quasi ex contractu*): die vom römischen Prätor aus *«negotiorum gestio»* bzw. von den modernen Kodifikationen aus Geschäftsführung ohne Auftrag gewährten Rechtsbehelfe können als solche aus faktischem Vertragsverhältnis bezeichnet werden. Sogar der Terminus selbst hat bei Romanisten früherer Jahrhunderte seine Vorläufer (so bei JOHANNES VOET [1647–1713], Pandektenkommentar zu Dig. 44,7,5 zu Beginn: *Quasi contractus sunt praesumptae conventiones, ex quibus mediante facto valida nascitur obligatio* (etwa: [...] fingierte Vereinbarungen, aus welchen kraft eines Faktums eine durchsetzbare Verpflichtung resultiert). Dazu auch BUCHER, ZEuP 1996, 715 ff. 124

Anerkanntermassen unglücklich gewählt ist der **Begriff** des faktischen Vertragsverhältnisses. Denn die ihm zuerkannten Rechtswirkungen weisen es gerade eindeutig als normatives Institut aus. Einzig der diese *Wirkung auslösende Akt*, die Annexion ohne Bereitschaft zum Vertragsschluss, muss wenigstens unter dem Willensprinzip noch als faktischer Natur bzw. als Realakt erscheinen. Wird er indessen unter dem Vertrauensprinzip ausgelegt, also nach seinem Sinn entsprechend den gegebenen gesellschaftlichen Anschauungen gefragt, so darf auch darin ein Rechtsgeschäft erblickt werden (s. N 81 ff.). 125

Die **Gemeinsamkeit** zur Vertrauenshaftung besteht darin, dass auch bei den faktischen Vertragsverhältnissen dem Verpflichteten die Bereitschaft zur Erbringung der eigenen Leistung fehlt, sei diese Gegenleistung für die eigenmächtig beanspruchte Leistung oder aber Honorierung des geweckten Vertrauens. Im **Unterschied** zur Vertrauenshaftung, bei der der Schuldner durch erwecktes Vertrauen eine eigene Leistung «verspricht», nimmt er sich im Rahmen des faktischen Vertragsverhältnisses die Leistung des Gegners. 126

2. *Kasuistik*

a) Vertragslose Inanspruchnahme einer entgeltlichen fremden Leistung

Die gleiche Situation wie im Flugplatz- und Parkplatzentscheid (N 121) zeigt sich bei allen Dienstleistungsbetrieben, deren Leistungen ohne weiteres zugänglich sind (Transportanstalten, Wasser- oder Elektrizitätslieferanten usw.). Der Anbieter der Leistung kann deren Erbringung oft nicht davon abhängig machen, dass ihr ein, wenn auch rudimentärer, Vertragsschluss vorangestellt wird. In derartigen Fällen muss der Empfänger, der in Kenntnis der vom Leistenden geforderten Bedingungen eine Leistung in Anspruch nimmt, als zur tarifmässigen Preiszahlung verpflichtet gehalten sein. Vorauszusetzen ist allein, dass die Leistungsbeanspruchung auf die Initiative des Leistungsempfängers zurückgeht. Bei Leistungsbezug durch Handlungs(-Delikts)unfähige sind diese als verpflichtet zu betrachten, soweit die Leistung für sie notwendig und nützlich war (sog. *«necessaries»* des engl. Sprachbereichs) (BK-BUCHER, Art. 17/18 ZGB N 176–182; DERS., 5. Aufl. 2011, N 73; krit. dazu BK-KRAMER, N 22). 127

b) Vertragslosigkeit bei Dauerbeziehungen

aa) Korrektur des Grundsatzes der «Auflösung ex nunc» bei Dauerschuldverhältnissen in Anfechtungs- oder Nichtigkeitsfällen im Allgemeinen

128 Die Lehre von den «faktischen Vertragsverhältnissen» stellt ein Mittel dar, um die Auswirkungen der schematischen Anwendung der Nichtigkeitsregel bzw. der Auflösung *ex tunc*, wie sie sich bei Dissens, fehlender Handlungsfähigkeit eines Partners, Anfechtung wegen Willensmängeln und dgl. bei Dauerschuldverhältnissen ergeben, abzuschwächen. Sind solche nach Vertragsschluss während einer gewissen Zeit faktisch eingehalten worden, ist regelmässig ohne Annahme von Vertragswirkungen für die Dauer der faktischen Verhältnisse nicht auszukommen: Die Auseinandersetzung der Parteien muss *ex nunc*, d.h. aus der Situation bei Beendigung der faktischen Beziehung erfolgen.

129 In der Schweiz ist *Leading case* BGE 110 II 244, 249, der als erster FVV explizit anerkennt: Annahme eines *contrat de fait*; im Falle eines nichtigen Auto-Leasing-Vertrages ist der Benützer des Wagens trotz Vertragsnichtigkeit zur Leistung einer «quasi-vertraglichen» Leistung verpflichtet; Bereicherungsrecht könnte nicht ein angemessenes Ergebnis gewährleisten. Dagegen erhobene kritische Einwände (Polydor-Werner, SJZ 1986, 194 ff.; Hedinger, recht 1986, 26 ff.) können nicht durchschlagen. Insbesondere ist der Besitz des Wagenbenützers, der durch eigene Entscheidung die Feststellung der Vertragsnichtigkeit samt der daraus zwangsläufig folgenden Rückgabepflicht auslöst, so bösgläubig wie ein Besitzer nur sein kann, Art. 938 ZGB daher nicht anwendbar. Zu erwägen ist einzig eine Schadenersatzpflicht bzw. Ersatz für gezogene Früchte i.S.v. Art. 940 ZGB, womit, bei wohl gleichem Ergebnis, in diesem Sonderfall das Argument des FVV entbehrlich würde (BSK OR I-Bucher, 5. Aufl. 2011, N 74).

bb) «Faktische Gesellschaften»

130 Die in der Doktrin der Personengesellschaften diskutierte Figur der **«faktischen Gesellschaft»** (einfache Gesellschaft, Art. 530–555; Kollektiv- und Kommanditgesellschaft, Art. 552–619) muss in den Kontext der FVV gestellt werden. Auch hier muss bei Ungültigkeit des Gesellschaftsvertrages die Auseinandersetzung der Parteien (Gewinn- und Verlusttragung, Verwendungsersatz usw.) weitgehend nach gesellschaftsrechtlichen Grundsätzen erfolgen. Vgl. von Steiger, SPR VIII/1, Basel 1976, 310 ff.; Flume, 13 ff.; Hemmeler, *passim*; Ulmer, 301 ff.; Weber, *passim*; Wiesner, *passim*; BSK OR I-Bucher, 5. Aufl. 2011, N 75.

cc) Arbeitsvertrag

131 Art. 320 Abs. 2 des Arbeitsvertragsrechts sieht die Regel vor, dass ein Arbeitsvertrag «auch dann als abgeschlossen» gilt, «wenn der Arbeitgeber Arbeit [...] entgegennimmt, deren Leistung nach den Umständen nur gegen Lohn zu erwarten ist» (vgl. auch BGE 66 II 227; 67 II 200; 79 II 168; 113 II 414).

132 Die in der Revision des Arbeitsvertragsrechts (1971) eingefügte Bestimmung von Art. 320 Abs. 3 ist nichts anderes als eine Anwendung des Prinzips vom faktischen Vertragsverhältnis: Aufgrund dieser Bestimmung haben beide Vertragsparteien bei einem sich als ungültig erweisenden Arbeitsvertrag für die Dauer tatsächlicher Arbeitsleistung die gleichen Rechte und Pflichten wie aus einem gültigen Vertrag, womit auf der Linie der Doktrin der FVV die Fälle der Vertragsungültigkeit erfasst werden.

133 Sachlich in keiner Weise zu rechtfertigen ist in Art. 320 Abs. 3 die Einschränkung auf den Fall der Arbeitsleistung «in gutem Glauben». Auch der «bösgläubige» Arbeitnehmer, d.h. derjenige, der die Ungültigkeit des Arbeitsvertrages (z.B. infolge eigener Unmündigkeit) kennt, soll aufgrund dieses Wissens weder seinen Lohnanspruch verlieren noch von den arbeitsrechtlichen Sorgfaltspflichten und der daraus resultierenden Haftung (Art. 321e) dispensiert werden: Notwendige Gesetzeskorrektur durch Annahme eines FVV (BSK OR I-Bucher, 5. Aufl. 2011, N 76).

Auch der traditionelle **Lidlohn** (Art. 334 ZGB) kann in diesen Zusammenhang gestellt werden. **134**

dd) Mietverträge

Die Benutzung einer Mietsache aufgrund eines sich als ungültig erweisenden Mietvertrages und insb. bei Überdauern des Mieters im Mietobjekt nach wirksamer Vertragsbeendigung treten gestützt auf die Annahme eines FVV für die Benutzungsdauer Vertragswirkungen (Zinszahlungspflicht, Sorgfaltspflicht) ein. Ohne explizite Norm wurde bereits in BGE 63 II 368 ein nach Ablauf des Mietverhältnisses in der Mietsache verbleibender Mieter zur Zinszahlung verpflichtet. Da bisherige Revisionen des Mietrechts keine Sondernorm statuiert haben, verbleibt weiterhin Anlass zur Berufung auf FVV. – Ist ein Mietvertrag mangels Einigung über den Mietzins nicht zustande gekommen, kann im Falle trotzdem erfolgender faktischer Nutzung mangels Vertrages dieser jederzeit ein Ende gesetzt werden, während für die zurückliegende Nutzungsperiode ein Nutzungs-Entgelt geschuldet ist, dessen Höhe das Gericht festzusetzen hat (BGE 108 II 112 und 100 II 330). In BGE 119 II 437 angesichts gegebener Vertragsbeziehungen kein Rückgriff auf FVV (BSK OR I-Bucher, 5. Aufl. 2011, N 77). **135**

Erste Abteilung: Allgemeine Bestimmungen

Erster Titel: Die Entstehung der Obligationen

Erster Abschnitt: Die Entstehung durch Vertrag

Vorbemerkungen zu Art. 1–40f

Literatur

BÄRTSCHI, Verabsolutierte Relativität – die Rechtsstellung des Dritten im Umfeld von Verträgen, Habil. Zürich 2009; BUCHER, Überblick über die Neuerungen des Wiener Kaufrechts; dessen Verhältnis zur Kaufrechtstradition und zum nationalen Recht, in: Bucher (Hrsg.), Wiener Kaufrecht: der schweizerische Aussenhandel unter dem UN-Übereinkommen über den internationalen Warenkauf: Berner Tage für die juristische Praxis, Bern 1991, 13 ff. (‹www.eugenbucher.ch› Nr. 55) (zit. Überblick); DERS., Hundert Jahre schweizerisches Obligationenrecht: Wo stehen wir heute im Vertragsrecht? Referat für den Schweizerischen Juristenverein [1983], ZSR 1983, 316 ff. (zit. ZSR 1983); DERS., «Drittwirkung der Grundrechte»? – Überlegungen zu «Streikrecht» und «Drittwirkung» i.S. von BGE 111 II 245–259, SJZ 1987, 37–47 (‹www.eugenbucher.ch› Nr. 41) (zit. SJZ 1987); DERS., Rechtsüberlieferung und heutiges Recht, ZEuP 2000, 508 ff. (‹www.eugenbucher.ch› Nr. 29 und Nr. 75) (zit. ZEuP 2000); DERS., Nicht «Kontrahierungspflicht» – Schon eher Schutz vor Boykott; zu BGE 129 III 35 ff. (7.5.2002; 4C.297/2001), recht 2003, 101–115 (‹www.eugenbucher.ch› Nr. 83) (zit. recht 2003); BYDLINSKI, Zu den dogmatischen Grundfragen des Kontrahierungszwanges, AcP 180 (1980), 1 ff.; ERNST, Der Beschluss als Organakt, Liber amicorum für Detlef Leenen, Berlin 2012, 1 ff.; EULAU, Verleitung zum Vertragsbruch und Ausnutzung fremden Vertragsbruchs, Diss. Zürich 1976; GROSSEN, La responsabilité du tiers complice de la violation d'un contrat, in: FS für Wilhelm Schönenberger, Freiburg 1968, 121 ff.; HONSELL, 100 Jahre Schweizerisches Obligationenrecht, ZSR 2011 II, 5 ff.; KOZIOL, Die Beeinträchtigung fremder Forderungsrechte, Wien 1967; ROGGWILLER, Der «wichtige Grund» und seine Anwendung in ZGB und OR, Diss. Zürich 1957; SCHLUEP, Von der Kontrahierungspflicht der kartellähnlichen Organisationen, WuR 1969, 193 ff.

I. Bedeutung der Privatautonomie

1 Das Privatrecht ordnet die Beziehungen zwischen Privaten, setzt dabei aber voraus, dass diese ihre gegenseitigen Beziehungen in **Selbstbestimmung** und **Selbstverantwortung** selber angemessen gestalten können. In den Privatrechtskodifikationen ist die **Privat-**(Vertrags-) **autonomie** von grundlegender Bedeutung und deren Gewährleistung in allen zivilisierten Gegenden selbstverständlich.

2 Allerdings kann der Gesetzgeber **Verträge mit verwerflichem** (widerrechtlichem oder sittenwidrigem) **Inhalt** oder mit **übermässiger Bindungswirkung** nicht anerkennen (Art. 20 OR, Art. 27 ZGB; s. N 10). Auch im Bereich der zulässigen Verträge bleibt es Aufgabe des Gesetzgebers, den schwächeren Vertragspartner zu schützen. Die Möglichkeiten des Privatrechts sind jedoch beschränkt; es muss darauf abstellen, dass der Bürger seine Angelegenheiten selber angemessen zu ordnen in der Lage ist (jedenfalls, soweit er die im ZGB geregelte Geschäftsfähigkeit aufweist).

3 Die Rechtsordnung als Ordnung menschlichen Verhaltens tritt in Normen entgegen; das Wesen der *Privatautonomie* wird dementsprechend als **«Selbst-Gesetzgebung»** der Privaten verstanden, deren reguläre Erscheinungsform der *Vertrag* ist (s. aber N 73 ff. und insb. N 84 zum heute auch das Vertragsrecht beherrschenden Wirkungsprinzip). Klassischen Ausdruck gibt dieser Auffassung der CC fr. (Art. 1134 Abs. 1): *«Les conventions légalement formées tiennent lieu de loi à ceux qui les ont faites.»*

4 **Schuldverträge** i.S.v. **Verpflichtungsgeschäften** begründen *Pflichten* und korrespondierende Rechte der Parteien, beschränken jedoch *nicht* deren *Können*. Die vertraglich begründete Pflicht, mit einem Dritten nicht zu kontrahieren, stellt die Möglichkeit, dies trotzdem zu tun, nicht in Frage, so wenig als der Verkauf einer Sache hindert, dieselbe ein weiteres Mal gültig zu verkaufen (vgl. Art. 27 Abs. 1 ZGB und BK-BUCHER, Art. 27 ZGB N 30–89).

II. Vertragsfreiheit

5 Die im OR in umfassendem Sinn verwirklichte **Vertragsfreiheit** heisst vorab Folgendes:

1. Abschlussfreiheit

6 Niemand ist verpflichtet, einen bestimmten Vertrag zu schliessen; dieser selbstverständliche, in den Gesetzen kaum je ausdrücklich statuierte Grundsatz ist Ausfluss der Regelung, dass ein Vertrag allein auf **Initiative** der Parteien hin zustande kommt (zum Vorbehalt gegenüber dem apodiktischen Primat der Willensfreiheit s. N 73 ff.).

7 **Kontrahierungspflichten** werden durch öffentlich-rechtliche Sondernormen begründet, so etwa für Transportunternehmen oder Energielieferanten im Rahmen der den Betrieb ermöglichenden *öffentlich-rechtlichen Konzession*, durch das Gesetz für Angehörige bestimmter zulassungspflichtiger Berufe. Aus dem kartellrechtlichen Verbot des Wettbewerbsausschlusses bzw. unzulässiger Wettbewerbsbehinderung gem. Art. 5 KG kann sich u.U. indirekt eine Kontrahierungspflicht ergeben. Dazu SCHLUEP, WuR 1969, 193 ff.

Aus privatrechtlichen Vorschriften kann sich gelegentlich indirekt ein *Kontrahierungszwang* ergeben; etwa Art. 650, 694, 710 ZGB, unter bestimmten Voraussetzungen Art. 28 ZGB. Vgl. weiterhin ENGEL, traité, 81; BYDLINSKI, AcP 1980, 1 ff. Kontrahierungspflicht schliesst regelmässig auch mehr oder weniger die Vertragsinhaltsfreiheit aus und verpflichtet zum Vertragsschluss zu Tarifpreisen, allgemein üblichen Konditionen und dgl., andernfalls die Abschlusspflicht durch Preisüberforderung unterlaufen werden könnte.

Eine *generelle Kontrahierungspflicht* kann **nicht** aus **privatrechtlichen Allgemeingrundsätzen**, etwa aus dem Persönlichkeitsschutz von Art. 28 ZGB, oder gar aus Verfassungsprinzipien abgeleitet werden; so zutreffend BGE 80 II 26 im Fall des Filmkritikers Selig; eine Kontrahierungspflicht lässt sich in **Ausnahmefällen** aus dem Verbot der Persönlichkeitsverletzung durch Boykott mittelbar begründen (BUCHER, SJZ 1987, insb. 42). Zu dieser Frage auch BGE 129 III 35 (dazu BUCHER, recht 2003, 101 ff.).

Durch gewöhnlichen Schuldvertrag kann der Abschluss eines oder mehrerer künftiger Verträge unter den gleichen oder anderen Partnern zur Pflicht erhoben werden; dies die sog. *Vorverträge (Art. 22)*.

2. Freiheit der Partnerwahl

8 Niemand ist gehalten, das günstigste Angebot zu berücksichtigen, den bestqualifizierten Bewerber anzustellen. Gelegentlich wird diese Freiheit vom **Gesetzgeber** eingeschränkt, so etwa durch das Vorkaufsrecht des Miteigentümers (Art. 682 Abs. 1 ZGB).

3. Freiheit, einen geschlossenen Vertrag aufzuheben oder zu ändern

9 Zur Vertragsfreiheit gehört die Möglichkeit der Parteien, einen einmal geschlossenen Vertrag durch gegenläufige Abmachung **(contrarius actus)** ganz oder teilweise aufzuheben oder durch einen anderen Vertrag zu ersetzen (s. insb. Art. 115).

4. Freiheit inhaltlicher Gestaltung der Verträge (Art. 19 Abs. 1)

Es gilt allgemein der Grundsatz, dass die Parteien ihre Verträge beliebig ausgestalten dürfen, aber auch, dass sie grundsätzlich alles und jedes, das sich für vertragliche Absprache eignet, vertraglich regeln können, «der **Inhalt des Vertrages** kann innerhalb der Schranken des Gesetzes **beliebig festgestellt** werden» (Art. 19 Abs. 1). Als «gesetzliche Schranken» fallen hier einerseits das zwingende Gesetzesrecht des OR, anderseits privatrechtliche Generalklauseln (Art. 27 ZGB; Art. 20 OR) in Betracht. In Sonderbereichen (*Arbeitsrecht, Mietrecht*, durch öffentlich-rechtliche Eingriffe *«gelenkte» Wirtschaft* usw.) wird diese allgemeine Regel durch (hier nicht zu untersuchende) gesetzliche Sondererlasse ausgeschaltet. **10**

Vertragsfreiheit bezieht sich nicht bloss auf den Vertrags*inhalt* (d.h. die gegenseitigen Pflichten der Parteien), sondern kann auch die Folgen der Pflichtverletzung erfassen (dazu u. N 19) und im Rahmen der verfahrensrechtlichen Möglichkeiten die Gerichtsbarkeit bestimmen (Begründung der Zuständigkeit eines an sich nicht zuständigen Gerichts durch Gerichtsstandsklauseln, die Vereinbarung der Zuständigkeit des Handelsgerichts, eines Schiedsgerichts usw.). Auch die *Vertragsentstehung* als solche können die Parteien für die Zukunft Regeln unterwerfen: Festschreiben der Gültigkeit mündlicher Abreden oder (häufiger) deren Unbeachtlichkeit, Fixierung (inhaltlich und personell) der Kompetenz zum Vertragsschluss, Notwendigkeit der Genehmigung seitens höherer Instanzen oder Dritter usw.

Der Grundsatz der Vertragsfreiheit begründet die *Vermutung*, dass *gesetzliche Vertrags-Inhaltsregeln*, wie sie v.a. im Besonderen Teil angetroffen werden, nicht zwingendes, sondern *dispositives Recht* darstellen, d.h. von den Parteien durch anderslautende Vereinbarung ausgeschaltet werden können. **11**

5. Typenfreiheit

Art. 19 Abs. 1 ist Ausdruck der Regel, dass die Parteien, um einen Vertrag zu schliessen, sich **nicht** eines der **gesetzlichen Typen** des Besonderen Teils bedienen müssen, sondern Verträge schliessen können, die sich *keinem bestimmten Typus zuordnen* lassen. Zur methodischen Handhabung derartiger Verträge s. N 41 ff. **12**

Als Folge der **Typenfreiheit** sind folgende Formen von Verträgen möglich;
- Verträge, die sich überhaupt keinem gesetzlichen Typus zuordnen lassen;
- Verträge, die zwar Verwandtschaft mit einem gesetzlichen Typus haben, ohne sich diesem ganz unterzuordnen, und die daher bloss in einem Teil der sich stellenden Fragen den Regeln des Typus unterstellt werden können;
- Verträge, die gleichzeitig Elemente zweier verschiedener Typen aufweisen (z.B. Sachleistung gegen Dienstleistung);
- Verträge, die Zwischenformen darstellen zwischen gesetzlichen Typen und die nicht ohne Gewalt sich dem einen oder anderen Typus zuordnen lassen, dies m.E. mit der Wirkung, dass je nach dem sich stellenden Problem die Regeln des einen oder anderen Typus heranzuziehen sind, um den Vorstellungen der Parteien bei Vertragsschluss gerecht zu werden;
- Verträge, die *Unikate* darstellen, d.h. sich weder in die Nähe eines gesetzlichen Vertragstyps rücken lassen noch in der Praxis durch regelmässiges Vorkommen eine extralegale Typizität entwickeln.

Zur Behandlung der sich der Typenzuordnung entziehenden Verträge s. N 41–47.

Die das OR beherrschende *Typenfreiheit* macht vermutungsweise die Regeln des «Besonderen Teils» **insgesamt** zu **nachgiebigem Recht**, zu einer *Summe dispositivrechtlicher Regeln*; diesen gegenüber treten zwingende Normen zurück und stellen sich als Ausnahmen dar: Zwingende Regeln sind wesensmässig auf bestimmte Vertragstypen bezogen, deren Geltung auf diese beschränkt, sodass es nur im Rahmen genau abzugrenzender Vertragsarten überhaupt möglich ist, (insgesamt nicht häufig) zwingendes Recht auszumachen. – Der Grundsatz **13** der **Formfreiheit** (Abwesenheit allgemein geltender zwingender Formvorschriften; Art. 11) ist seinerseits Ausfluss der Typenfreiheit.

14 Spiegelt das *Vertragsrecht des Allgemeinen Teils* in seinem Kern *naturrechtliches Gedankengut* der Aufklärungszeit, ist der Besondere Teil mit seinem **Vertragstypen-Katalog** eine Fortsetzung *romanistischer Tradition*. Zwischen der Statuierung einzelner Vertragstypen einerseits und dem Grundsatz der Typenfreiheit, welcher deren Benützung freistellt, besteht ein *Spannungsverhältnis*. Schwierigkeiten, wie sie sich bei der Zuordnung von Verträgen in Grenzbereichen stellen, gehen auf das Zusammentreffen zweier sich im Grundansatz widersprechender Prinzipien zurück. Zu Methodenfragen vgl. N 42–46.

6. Entbehrlichkeit der Angabe eines Verpflichtungsgrundes

15 Ausfluss der Vertragsfreiheit ist auch die Möglichkeit, vertragliche Forderungen bzw. Pflichten zu begründen, **ohne** einen dieselben rechtfertigenden **«Rechtsgrund»** zu vereinbaren (so explizit Art. 17).

7. Freiheit der Bestimmung der Bindungswirkung

a) Allgemeines

16 Verträge im eigentlichen Wortsinn sind rechtlich bindend, d.h. für den Fall nicht freiwilliger Erfüllung mit rechtlichen Sanktionen (Schadenersatzpflicht, evtl. Realexekution) bedroht. Nicht nur ist der erkennbare Bindungswillen (Verpflichtungswillen) ein selbständiges Erfordernis der Vertragsentstehung (dazu Art. 1 N 29), sondern es steht den Parteien frei, das **Ausmass** der **Bindungswirkung** ihrer vertraglichen Vereinbarung zu regeln (z.B. als *Abschwächung* eine Beschränkung der Klagbarkeit bis hin zu deren gänzlichem Ausschluss (N 18), zur *Verstärkung* Vereinbarung von Konventionalstrafen und dgl., N 19).

b) Hinweis: Vereinbarungen ohne Bindungswillen

17 Abmachungen, die nicht bindend sein sollen, obwohl sie auf einem Konsens beruhen und möglicherweise mühsam ausgehandelte Einzelregelungen enthalten, fallen **ausserhalb** des **Vertragsbegriffs**, können aber trotzdem praktische Bedeutung haben (*Gentlemen's Agreements*, viele *Kartellabsprachen* und dgl. werden von den Parteien ohne Rechtszwang, aber in Erwartung, die Gegenseite werde die Vereinbarung ebenfalls einhalten, beachtet). Grenzfälle, d.h. Vereinbarungen mit *begrenztem Bindungswillen*, sind denkbar: Ein *memorandum of understanding*, von einer Muttergesellschaft bez. eines Vertragsvorhabens einer Tochtergesellschaft, wenn nicht gar von einer Regierungsstelle im Zusammenhang eines in ihrem Bereich ansässigen Unternehmens, soll zusichern, dass der Erklärende Rahmenbedingungen schaffen bzw. erhalten will, welche die Vertragsabwicklung ermöglichen oder fördern, wobei die im Falle der Nichterfüllung verfallenden Sanktionen oft unklar sind. *«Patronatserklärungen»* (dazu Einl. vor Art. 1–40f N 109; Art. 111 N 35) mögen da noch einen Schritt weitergehen und – etwa im Hinblick auf eine Kreditgewährung durch den Erklärungsempfänger an eine Tochtergesellschaft des Erklärenden – das Bestehen deren Zahlungsfähigkeit oder dgl. zusichern. Ein *«letter of intent»* («Absichtserklärung») wird etwa im Hinblick auf den Abschluss eines angestrebten Vertrages abgegeben werden, wobei dieser nicht bloss für die Auslegung des nachträglich geschlossenen Hauptvertrages bedeutsam sein kann, sondern möglicherweise selbständige Pflichten zu dessen Vorbereitung (Kostentragung betr. Vorbereitungsarbeiten, Mitwirkungs- oder Aufklärungspflichten bei der Projekterarbeitung, Geheimhaltung usw.) statuiert und dann Vertragscharakter erlangt.

c) Vereinbarungen mit einseitiger Bindung

Die *Bindungswirkungen* eines Vertrages können unter verschiedenen Gesichtspunkten relativiert sein. So kann die Geltung des ganzen Vertrages oder einzelne der in ihm statuierten Pflichten unter eine Bedingung gestellt werden (Art. 151–157). Insbesondere ist es auch möglich, dass **bloss** die **eine Partei Vertragsbindung** übernimmt, während die andere in ihrer Entscheidung, ob sie den Vertrag abwickeln (bzw. in Geltung setzen) will, frei bleibt (so, wenn beim Verkauf einer Sache die Vertragsabwicklung ins Belieben des Verkäufers gestellt wird: Liefert dieser, so muss der Käufer abnehmen und bezahlen, ohne selber einen Lieferungsanspruch zu besitzen. Oder umgekehrt die Entscheidungsbefugnis des Käufers: Der Verkäufer muss liefern, wenn der Käufer abruft). **18**

8. Freiheit der Bestimmung der Pflichtverletzungsfolgen

Die Parteien können vertraglich die **Folgen der Pflichtverletzung** festsetzen und dabei von den gesetzlich vorgesehenen Sanktionen abweichen. Es kann die Vertragsbindung verstärkt werden, so etwa durch Vereinbarung von Konventionalstrafen (Art. 160–163), es können aber auch die Sanktionen der Nichterfüllung herabgesetzt werden: Zu denken vorab an den *Ausschluss der Realexekution*, womit die Verletzungsfolgen auf *Schadenersatz beschränkt* werden. Dies gilt regelmässig bei vertraglich begründeten Unterlassungspflichten (Konkurrenzverboten). Dies sollte m.E. auch bei *Vorverträgen* angenommen werden (dazu Art. 22, insb. N 33 ff.) und ist ebenso bei sämtlichen der Realexekution zugänglichen Verpflichtungen (insb. Sachleistungspflichten) möglich. Sodann ist es grundsätzlich möglich, die aus Sekundärpflichten zu begrenzen, d.h. den vertraglichen Schadenersatz zu limitieren. – Gänzlicher Ausschluss von Ersatzfolgen für einen oder beide Partner ist ebenfalls möglich; vgl. dazu N 16 ff. **19**

Nota: Die **Regel von Art. 100**, welche dem Wortlaut nach die Wegbedingung der Haftung für vorsätzliche Nichterfüllung ausschliessen würde, darf nur auf «positive Vertragsverletzung» (auf Schaden, der bei der Erfüllung zugefügt wird oder aus Schlechterfüllung folgt) bezogen werden, *nicht* dagegen auf Wegbedingung der Schadenersatzpflicht resultierend aus *Nichterfüllung*. Letzteres ist nichts anderes als die, wie gesehen, zulässige Wegbedingung der Erfüllungspflicht (wer sagen darf: «Ich will frei bleiben, zu liefern oder nicht», muss auch sagen können: «Verpflichte mich, zu liefern, will aber nicht ersatzpflichtig werden, wenn ich nicht liefere»).

III. Vertrag als dominierendes Instrument privatautonomer Rechtsgestaltung

Privatautonomie besteht praktisch nur als **Vertragsautonomie**. Die Möglichkeit freier Rechtsgestaltung bezieht sich auf das Instrument zweiseitiger (allenfalls mehrseitiger) Rechtsgeschäfte (Verträge), selten nur auf einseitige Verpflichtungserklärungen. Dies wird im Gesetz nicht ausdrücklich formuliert, sondern folgt aus dessen qualifiziertem Schweigen, das kaum Möglichkeit einseitiger Selbstbindung vorsieht. Rechtsgestaltung durch **einseitiges Rechtsgeschäft** ist nur ausnahmsweise und im Falle einer klaren rechtlichen (gesetzlichen oder vertraglichen) Grundlage möglich. Vertraglich begründet sind einseitige Rechtsgestaltungsmöglichkeiten wie Verrechnung, Wahlrechte, Kündigungsrechte und dgl.; auf Gesetz beruhen die testamentarische Verfügungsbefugnis, das Wandelungsrecht des Käufers (Art. 205 Abs. 1), durch wertpapierrechtliche Geschäfte oder, nach heutiger Auslegung, die Auslobung etc. i.S.v. Art. 8 (vgl. dort) begründete Obligationen usw.; im Sachenrecht mögen Dereliktion und Okkupation als einseitige Rechts-(Verfügungs-)geschäfte verstanden werden. Zum **Beschluss** vgl. grundlegend Ernst, 1 ff. **20**

Eine Partei kann nicht bei irgendwelchen (ausserhalb eines Prozesses abgegebenen) *einseitigen schuldanerkennenden Zugeständnissen* oder Zugaben behaftet werden, es sei denn, die **21**

Gegenpartei habe den in der Zugabe zum Ausdruck gelangenden Standpunkt ihrerseits akzeptiert und damit einen (den Parteien als solcher oft nicht ins Bewusstsein tretenden) Vertrag geschlossen (vgl. dazu auch etwa Art. 347 ff. ZPO). ***Schulderlass*** kann nicht durch einseitige Erklärung, sondern nur durch Schulderlass*vertrag* bewirkt werden (so explizit Art. 115). Bei einer ausserprozessualen Zugabe, aus einem streitigen Schuldverhältnis einen bestimmten Betrag zu schulden, kann man nur behaftet werden, wenn die Gegenpartei ihrerseits ihre Forderung auf den anerkannten Betrag reduziert und damit einen Vertrag (i.S. eines Vergleichs) entstehen lässt. Wer eine Forderung beziffert (z.B. eine Rechnung aussendet), ist an den Fakturabetrag nur gebunden, wenn die Gegenpartei diese anerkennt und damit zwischen den Parteien ein Erlassvertrag hinsichtlich einer allfälligen Mehrforderung zustande kommt; bei Bestreitung der Faktura ist dagegen Mehrforderung zulässig.

IV. Einteilung der Verträge

1. Verpflichtungs- und Verfügungsverträge

22 Im Vordergrund des Vertragsrechts stehen die pflichtenbegründenden **Schuldverträge**. Ihnen als sog. **Verpflichtungsgeschäfte** werden die **Verfügungsgeschäfte** gegenübergestellt. Diese beruhen ebenfalls auf Parteivereinbarung, begründen jedoch nicht neue Rechte und Pflichten, sondern greifen in den Bestand bereits bestehender Rechte (und Pflichten) ein, indem sie diese verändern, übertragen, beschränken oder untergehen lassen. Somit ist der Begriff des umstrittenen *dinglichen Vertrages* (der an den Bestand dinglicher Rechte rührt) sinnvoll und zwangsläufig gegeben (so wie hier LIVER, SPR V/1, Basel 1977, 318 f.; ZK-HAAB, Art. 714 ZGB N 13–35. Vgl. auch BK-BUCHER, Art. 12 ZGB N 46 m.w.Nw.; **a.M.** ZK-SIMONIUS, Art. 714 ZGB N 36 ff.; BK-GIGER, Art. 184 OR N 12). Zu den **Statusverträgen** vgl. N 65 u. 70.

Nota: Der **Begriff** des *contract* des englischsprachigen Rechtsbereichs erfasst wesensmässig nur Schuldverträge, während für die auch dort vorkommenden Verfügungsgeschäfte ein zusammenfassender Oberbegriff fehlt.

22a Die **Regeln des OR** sind primär auf die Schuldverträge ausgerichtet. Die Regeln über die Erfüllung der Obligationen (Art. 68 ff.) oder die Pflichtverletzungsfolgen (Art. 97 ff.) sind bei den Verfügungsgeschäften gegenstandslos, da der von den Parteien verfolgte Zweck der Rechtsveränderung durch den Akt des Vertragsschlusses selber bewirkt wird. Da Verfügungsgeschäfte zweiseitige Rechtsgeschäfte darstellen, ist deren Gültigkeit grundsätzlich nach den allgemeinen (auf Schuldverträge ausgerichteten) Vertragsregeln (vorab den Art. 1–40f) zu beurteilen. Immerhin sind (bisher nicht hinreichend untersuchte) einschränkende Voraussetzungen zu beachten, so vorab etwa *Bedingungsfeindlichkeit, fehlende Widerruflichkeit* usw., die indessen nicht allgemein behandelt werden können, sondern fallweise im Zusammenhang der Verfügungswirkung zu betrachten sind.

2. Einteilung nach der Verteilung der vertraglichen Leistungspflicht

a) Einseitig und zweiseitig verpflichtende Verträge

23 Im häufigsten Fall ist der **Vertrag** (d.h. Schuldvertrag) ***zweiseitig* verpflichtend**, d.h. jede der Parteien erhält Rechte eingeräumt und übernimmt Pflichten. Aufgrund der Vertragsfreiheit sind neben diesen *contractus bilaterales* indessen auch *einseitig* verpflichtende Verträge *(contractus unilaterales)* möglich. Als wichtigste Bsp. erscheinen Schenkung, Bürgschaft, wechselmässige Verpflichtung, d.h. Geschäfte, die durchwegs speziellen Formvorschriften unterliegen.

b) Synallagmatische Verträge als Sonderfall der beidseitig verpflichtenden Verträge

Innerhalb der **beidseitig verpflichtenden Verträge** werden traditionellerweise als **Sondergruppe** ausgesondert die *wesentlich* zweiseitigen oder *synallagmatischen* Verträge *(contractus bilaterales aequales)*. Deren Wesen wird darin erblickt, dass die beidseitig zu erbringenden Leistungen in einem Austauschverhältnis (Synallagma) stehen (so Kauf, Miete, Arbeits- und Werkvertrag). Bei den verbleibenden unvollkommen zweiseitigen Verträgen *(contractus bilaterales inaequales)* sind die zu erbringenden Leistungen nicht Entgelt der Leistung der anderen Partei (so die Rückleistungspflicht beim Darlehen, der Verwendungsersatz bei den verschiedenen Auftragstypen). 24

Die **Bedeutung der Unterscheidung** liegt darin, dass wichtigste vertragsrechtliche Behelfe auf synallagmatische Verträge beschränkt bleiben (bei welchen das Gesetz von «zweiseitigen Verträgen» spricht: Art. 82/83, Art. 107/109, Art. 119 Abs. 2). Der Erkenntniswert der Unterscheidung soll nicht überschätzt werden: Bei Art. 82 und 119 folgt die Beschränkung der Anwendung auf synallagmatische Verträge, soweit gerechtfertigt, aus der Sachlogik; bei Art. 107–109 ist umgekehrt die Beschränkung der zur Verfügung gestellten Behelfe auf die synallagmatischen Verträge nicht durchwegs gerechtfertigt. 25

3. Schuldverträge und «Handgeschäfte»; beidseitig erfüllte und erst abzuwickelnde Verträge

Im **Regelfall des Schuldvertrages** schuldet nach dessen Abschluss mindestens eine der Parteien noch eine Leistung. Als Gegensatz hiezu die Gruppe der *Handgeschäfte*, bei denen Vertragsschluss und beidseitige vollständige Erfüllung zeitlich zusammenfallen. Bedeutsamer als dieser Gegensatz ist die Unterscheidung von bereits erfüllten und den erst noch abzuwickelnden Verträgen (im englischen Sprachbereich *executed contracts* bzw. *executory contracts*). Diese Differenzierung der Vertragswirkungen wird auch im römischen Recht berücksichtigt (das *pactum* ist zwar nicht Klagegrund, wohl aber Einredetatbestand gegenüber einer Rückforderung, damit ein Grund des Behaltens). Die Voraussetzung einer Preisvereinbarung beim Kauf sollte z.B. auf *executory contracts* (d.h. den Streit um das Bestehen eines Vertrages vor dessen Abwicklung) beschränkt bleiben (vgl. Art. 1 N 25 f.). 26

Nach **vollständiger Abwicklung** sind gewöhnliche Verträge den Handgeschäften gleichzustellen. Sie bleiben rechtlich bedeutsam als Rechtfertigung der erbrachten Leistungen im Falle eines Bereicherungs- oder Vindikationsanspruchs des einen Partners; es sind aber auch rechtliche Nachwirkungen in Form von Gewährleistungs- oder Garantieansprüchen denkbar. 27

4. Nominat- und Innominatkontrakte

Von **Nominatkontrakten** spricht man vorab, um den Gegensatz zu den **Innominatkontrakten** zu bezeichnen. Sie machen den statistischen Normalfall jener Verträge aus, die sich einem Vertragstypus des Besonderen Teils des OR (Art. 184 ff.) zuordnen lassen und damit in der Tradition des römischen Kontraktsystems stehen. Bei den aufgrund der Vertragstypenfreiheit ebenfalls zulässigen *Innominatkontrakten* ist diese Zuordnung nicht möglich. Innerhalb letzterer sollen als Sondergruppe jene Verträge abgesondert werden, die keine Unikate (dazu N 41 ff.) darstellen, sondern sich einem in der Rechtstradition und Praxis herausgestellten Typus zuordnen lassen (*Trödelvertrag, Lizenzvertrag, Factoring, Franchising, Leasing, Optionsvertrag, Vergleich, Kontokorrent-Vertrag* und unzählige weitere; dazu Bucher, BT, 25 ff.). 28

5. Ziel- und Dauerschuldverhältnisse

Das Gesetz ist im Allgemeinen Teil vorab auf **Zielschuldverhältnisse** ausgerichtet, die durch Leistungsaustausch in begrenzter Zeit abgewickelt werden und in diesem Sinne *punktuellen* 29

Charakter haben. Demgegenüber schaffen ***Dauerschuldverhältnisse*** (Auftrag, Arbeitsvertrag, Miete und Leihe; evtl. Darlehen usw.) Rechtsbeziehungen auf lange, oft unbestimmte Dauer, ohne dass die vertraglichen Leistungen einem zeitlichen Schwerpunkt zugeordnet werden könnten.

30 **Gemeinschaftlich** ist den Dauerschuldverhältnissen, dass deren *Beendigung* geregelt sein muss: Einerseits die ordentliche Beendigung bei Ablauf der im *Voraus bestimmten Zeitperiode*, oder aber durch vertraglich oder von Gesetzes wegen vorgesehene *Kündigung*. Diesen ordentlichen Möglichkeiten der Auflösung tritt zur Seite die Generalklausel der Auflösung *«aus wichtigem Grund»* im Falle unzumutbarer aussergewöhnlicher Umstände; vgl. etwa Art. 266g, 297, 337, 337b, 346 Abs. 2, Art. 545 Ziff. 7, Art. 577; ROGGWILLER, *passim*; BGE 128 III 428 E. 3 und 4; 97 II 66 E. 7. Es besteht in der Schweiz (wie unter dem BGB) die Tendenz zur Verallgemeinerung, d.h. aus wichtigem Grund eine ausserordentliche Kündigung (sei dies mit sofortiger Wirkung oder nach Ablauf einer vom Gericht anzusetzenden Frist) bei allen Dauerschuldverhältnissen zuzulassen.

V. Typisierung der möglichen Vertragsobligationen

1. Allgemeines

31 Im Hinblick auf die von den Parteien vertraglich zu erbringenden Leistungen lassen sich **Kategorien** bilden. Ansatzpunkt ist die bereits in Rom angetroffene Unterscheidung zwischen *dare – facere – praestare* (Geben – Tun – Gewährleisten; so GAIUS IV.2), wobei die Gegenüberstellung von Sachleistungen (*dare*, Hauptbeispiel Kauf) und persönlichen Leistungen (*facere*, Bsp. Arbeitsvertrag, Auftrag usw.) vorerst im Mittelpunkt steht.

2. Pflicht zu Sachleistungen (dare)

32 Die **Sachverschaffungspflicht** wird oft als Sonderfall des Tuns (vgl. N 31, 36) verstanden, geht aber darüber hinaus, da nicht vorab Tätigwerden, sondern vielmehr dessen Erfolg (Übergang der Verfügungsmacht über eine bestimmte Sache auf den Gläubiger) geschuldet wird. **Dare** erfasst alle Rechtsverschaffung (d.h. auch Forderungsabtretung, Übertragung von Immaterialgüterrechten, und wohl auch Schulderlass). Es wird ein rechtlicher Erfolg geschuldet und die Leistungserbringung erfolgt durch Verfügungsgeschäft, setzt daher Geschäftsfähigkeit des Erfüllenden sowie dessen Verfügungsmacht über das betroffene Recht voraus.

33 **Sachleistungspflichten** zerfallen in *Stück-* und *Gattungsschulden*, die sich (wie oft verkannt) nicht durch die Natur der geschuldeten Sache als vielmehr durch die vertragliche *Umschreibung des Leistungsgegenstandes* unterscheiden: **Stückschuld** *(Speciesschuld)* bezieht sich auf einen individualisierten Gegenstand, den zu übereignen der Schuldner verpflichtet ist; das Objekt der Leistungspflicht wird durch eine Verweisung auf die Sache festgelegt, während bei **Gattungsschuld** *(Genusschuld)* das Leistungsobjekt durch eine Gattungsbeschreibung einerseits, Quantitätsangabe andererseits bestimmt ist. Die in der kontinentalen Tradition überlieferte Vorstellung des Gattungskaufs orientiert sich an naturgeschaffenen Gattungen; im englischen Sprachbereich verzichtet man auf diese Einschränkung; *sale by description* ist der Kauf unter Bestimmung des Kaufobjekts durch Beschrieb, womit neben den naturgeschaffenen Gattungen auch gleichermassen industrielle Massenprodukte wie auch nach technischem Beschrieb herzustellende Unikate erfasst werden. Diese zeitgemässere und künftig vorzuziehende Betrachtungsweise bestimmt insb. das WKR bzw. CISG.

Nota: Während bei der Gattungsschuld die Angabe der **Sacheigenschaft** begriffsnotwendig, d.h. eine Gattungsschuld ohne diese nicht denkbar ist, fehlt eine solche grundsätzlich bei der Stückschuld, die in einem blossen Fingerzeig bestehen kann («diese Sache», «der Inhalt» dieses oder jenes Behältnisses oder dgl.); so gehört denn beim Stückkauf im traditionellen Sinne die Qualität des zu liefernden Kaufobjekts nicht zum Vertragsinhalt und ist nicht Gegenstand der Verkäuferpflicht (wenn sie auch in vielen Zusammenhängen heutzutage aufgrund des Vertragsverständnisses der Parteien, unter dem WKR von Gesetzes wegen, eine neben diese hinzutretende Sekundärpflicht darstellt).

Geld wird traditionell als bewegliche Sache betrachtet, und die Eigentumsübertragung folgt den sachenrechtlichen Grundsätzen der Fahrnisübereignung (krit. HONSELL, ZSR 2011 II, 67 f.). Diese sind hingegen unanwendbar auf unkörperliche Zahlungsmittel wie namentlich Forderungsgeld (Konto-Guthaben bei Banken, Post usw.) und im bargeldlosen Zahlungsverkehr, der immer mehr an die Stelle der Geldwirtschaft im traditionellen Sinne tritt (vgl. SCHÖNLE, Ort und Zeit bargeldloser Zahlung, FS für Winfried Werner, 1984, 826 ff.; WEBER, Probleme der bargeldlosen Erfüllung von Geldschulden, SJZ 1982, 137–145; BK-WEBER, Art. 74 OR N 122–128). **34**

Die *Umlauffähigkeit* des **Noten- und Münzgeldes** ist durch die entsprechende Sondergesetzgebung bestimmt, die für Münzen Höchstgrenzen festsetzen kann. Derzeit müssen von den sog. Scheide- oder Umlaufmünzen (derzeit Stücke von 1, 2 und 5 Franken; 5, 10, 20 und 50 Rappen; Münzverordnung vom 12.4.2000 [MünzV; SR 941.101]) insgesamt bis 100 Stück an Zahlung genommen werden, während Noten unbeschränkt anzunehmen sind (Art. 3 des BG vom 22.12.1999 über die Währung und die Zahlungsmittel [WZG; SR 941.10]). Der Gläubiger ist nicht zur Leistung von Wechselgeld verpflichtet; aus Brauchtum kann fallweise das Gegenteil folgen. **35**

3. *Pflicht zu persönlicher Leistung (facere)*

Über das persönliche Verhalten **(facere)**, zu dem sich jemand durch einen Vertrag verpflichtet, lässt sich wenig Allgemeines aussagen. Zu unterscheiden ist vorab der mögliche positive oder negative Inhalt, je nachdem, ob man sich zu **Tun** oder **Unterlassen** verpflichtet. Die Pflicht zu einem Tun muss, andere Absprache vorbehalten, nicht persönlich erfüllt werden (Art. 68), Unterlassungspflichten treffen den Verpflichteten persönlich (und allein ihn; Verpflichtung eines Dritten würde dessen Ermächtigung zur Stellvertretung beim Abschluss des pflichbegründenden Vertrages erfordern). Die Verletzung der Unterlassungspflicht liegt in einem Tun. Die Annahme von Verzug *(mora)* im eigentlichen Wortsinn kommt hier nicht in Betracht; der Grundgedanke des Verzugs, wonach der Schuldner nur im Bewusstsein seiner Vertragspflicht und evtl. nach Abmahnung seitens des Gläubigers in Vertragssanktionen verfällt, müsste allerdings auch hier gewährleistet werden (d.h. Verletzungssanktionen evtl. erst nach erfolgter Abmahnung). – **Dulden** ist eine besondere Form des Nicht-Tuns, nämlich des Unterlassens von rechtlichem Widerstand, der an sich zu Gebote stünde. Duldungspflichten bedeuten Gestatten von fremdem Eingreifen in den eigenen geschützten Rechtsbereich; vertraglich werden sie z.B. begründet durch Lizenzverträge. Zur Pflicht zum Abschluss eines Schuldvertrages (Vorvertrag) vgl. Komm. zu Art. 22. **36**

4. *Pflicht zur Erfolgs-Gewährleistung (praestare)*

Während die Bedeutung des **praestare** in den Quellen umstritten ist und der entsprechende Begriff des Gewährleistens in der modernen Theorie der Obligationen keinen festen Platz hat, ist diese Kategorie als Gegensatz zur Pflicht des *facere* heute mehr denn je bedeutsam. Alle Verträge streben einen bestimmten Erfolg an, der regelmässig nur mit menschlichem Tätigwerden erreicht wird; Grundsatzfrage ist es daher, was Vertragsschuld darstellt: Das auf den fraglichen Erfolg gerichtete Tätigwerden oder aber der Erfolg selber. Erst die Kategorie der **Gewährleistung** ermöglicht die Beschreibung der **Erfolgsverschaffungspflicht** mit der für sie charakteristischen Tragung der Gefahr des Misserfolgs und allenfalls aus einer Organisationsverantwortung. Die Pflichten des Unternehmers beim Werkvertrag (Art. 363–379) lassen sich nicht auf eine Pflicht zum Tätigwerden zurückführen, sondern nur mit dem *erfolgs-* **37** *bezogenen Begriff des Gewährleistens* beschreiben, der erst eine Abgrenzung gegenüber den auf Tätigwerden gerichteten Verträgen (Arbeitsverträge, Auftrag, evtl. Gesellschaftsvertrag) usw. ermöglicht.

VI. Beschränkung der Vertragswirkungen auf die Parteien

38 Es ist eine Selbstverständlichkeit, dass der Vertrag nur für die an ihm beteiligten Parteien Recht macht und Dritte durch ihn weder verpflichtet werden noch aus ihm Ansprüche ableiten können (dazu jüngst BÄRTSCHI, *passim*). Während das anglo-amerikanische Recht bei dieser Feststellung grundsätzlich stehen bleibt (die dort alte Regel **privity of contract**, die auf der Ebene des englischen *common law* immer noch in Geltung steht und nur punktuell durch Sondererlasse durchbrochen wird), haben die kontinentalen Rechtsordnungen erkannt, dass das Prinzip bloss hinsichtlich vertraglicher *Pflichten* notwendig ist, dagegen nichts entgegensteht, vertragsfremden Dritten *Rechte zu geben*. Deshalb auf dem Kontinent seit langem die Zulassung von Verträgen *zugunsten Dritter* (Art. 112) wie auch die *Abtretung* vertraglicher Ansprüche (Art. 164–174).

39 Die Regel, dass Verträge nur die Parteien binden, bedeutet nicht nur, dass man durch Verträge Dritter nicht verpflichtet wird, sondern sich um deren Existenz nicht zu kümmern braucht. Die **Ausnützung des Vertragsbruchs** eines anderen ist daher im Regelfall nicht rechts- oder sittenwidrig (z.B. Kauf einer vom Verkäufer bereits einem Dritten verkauften, wenn auch nicht gelieferten Sache, Abschluss eines Arbeitsvertrages mit einem unter Konkurrenzverbot stehenden Arbeitnehmer). Zur Diskussion steht, unter welchen Voraussetzungen vom Dritten ausgehendes, eigentliches aktives Verleiten zum Vertragsbruch eine sittenwidrige Schädigung i.S.v. Art. 41 Abs. 2 darstellt (dazu GROSSEN, 121 ff.; KOZIOL, *passim*; EULAU, *passim*; CAVIN, SPR VII/1, Basel 1977, 22). Unerachtet dessen muss der Grundsatz, dass eine *res inter alios acta* unbeachtlich ist, d.h. dass man aus einem Vertrag Dritter für sich niemals etwas ableiten kann, sich aber um diesen auch nicht zu kümmern braucht, weiterhin hochgehalten werden; Verpflichtetwerden durch Abmachungen Dritter muss, wenn überhaupt, auf seltene, genau umrissene Ausnahmefälle beschränkt bleiben.

VII. Mehrstufige Verträge

40 Insbesondere bei komplizierten Transaktionen werden oft die vertraglichen Pflichten durch eine Reihe von Vereinbarungen geregelt, die ihrerseits je auf unabhängiger Konsensbildung beruhen, **insgesamt** sich jedoch zu einem **Vertragsgebäude** zusammenfügen. Parteien können «Rahmenverträge» («Grundverträge», «Basisverträge», «Kooperationsverträge» oder dgl.; englisch etwa «framework-contract») schliessen, mit denen sie die Grundlage ihrer künftigen Geschäftsverbindung schaffen wollen; vorbehalten bleibt der Abschluss zusätzlicher gesonderter Verträge bezüglich der einzelnen vorgesehenen Transaktionen («Einzelverträge», «Objektverträge» oder dgl.). Bei grossen Vertragsvorhaben mögen sodann verschiedene in einer hierarchischen Über- und Unterordnung stehende Verträge geschlossen werden (zuoberst eine «Grundsatzvereinbarung»/«Basic Agreement», die einem «Hauptvertrag»/«Main Contract» übergeordnet sein mag, dem wiederum – vielleicht ihrerseits in verschiedene Stufen zerfallende – technische Vereinbarungen, «Anhänge»/«Annexe» usw. untergeordnet sind). Die einzelnen Verträge sind als Bestandteil des gesamten Vertragswerkes zu interpretieren, wobei im Falle von Widersprüchen es nicht immer leicht sein mag festzustellen, welche Stufe als Schwerpunkt der Regelung zu betrachten ist und daher im Konfliktsfall Vorrang geniesst.

VIII. Behandlung der ausserhalb der gesetzlichen Vertragstypen stehenden Verträge

41 Das römische Kontraktsystem (grundsätzlich geschlossener Typenkatalog mit Einteilung der vollgültigen, d.h. klagbaren *contractus* je nach deren hervortretendstem Merkmal der Entstehung *re, verbis, litteris, consensu* in *Realkontrakte, Verbalkontrakte, Litteralkontrakte* und *Konsensualkontrakte*) hat noch das Vertragsrecht des 19. Jahrhunderts beherrscht und das Vorbild für die **Kontraktstypen** aller modernen Kodifikationen abgegeben. Die Klagbarkeit sämtlicher (sc. auch nicht typus-bezogener) vertraglicher Vereinbarungen, von der kanonistischen Rechtswissenschaft, Moraltheologie und dem Humanismus vorbereitet, in der Theorie der Aufklärung zu Herrschaft gelangt, ist in den modernen Kodifikationen ausnahmslos verwirklicht. In Deutschland wie in der deutschen Schweiz besteht im 19. Jahrhundert indessen der **Typenzwang** romanistischer Tradition in dem Umfange weiter, als «Gemeines Recht» als subsidiäre Rechtsquelle anwendbar bleibt; *eine umfassende gesetzliche Gewährleistung der Typenfreiheit und des Grundsatzes der vollen Klagbarkeit von Verträgen jeglicher Erscheinungsform bringen im deutschen Sprachbereich* nach PGB (1855), Sächsischem BGB (1863) und Dresd.E. erst das OR (1883) und BGB (1900).

42 Die durch den Allgemeinen Teil des OR wie in den anderen modernen Kodifikationen festgeschriebene Befreiung von jedem Typenzwang ist auch heute noch weder in der Methodenlehre noch in der Praxis vorbehaltlos akzeptiert: Allzu sehr herrscht noch die Auffassung, jeder Vertrag müsse «eigentlich» einem der gesetzlichen Typen zugeordnet werden. Das wird illustriert durch den Terminus **Vertrag sui generis** für die keinem gesetzlichen Typus entsprechenden Verträge, der sich in der Schweiz und beim BGer besonderer Beliebtheit erfreut (statt vieler BGE 130 III 417; 113 II 426; 104 II 111; zu den Innominatverträgen ausführlich Einl. vor Art. 184 ff. N 5 ff.): Noch wenn ein Vertrag sich keinem der traditionellen (romanistischen bzw. gesetzlichen) Typen zuordnen lässt, darf er nicht einfach für sich stehen; es muss noch für ihn als Unikat eine Gattung *(genus)* hinzugedacht werden. Auch hinter der (oft sinnlosen) Frage nach der «Rechtsnatur» eines Vertrages verbirgt sich das Bedürfnis nach dessen Zuordnung zu einem bestimmten Typus, wie wenn er nicht auch ohne solche Zuordnung Bestand haben könnte (s.a. N 28).

43 Wenn der zur Beurteilung stehende Vertrag in wesentlichen Elementen von allen in Frage kommenden Vertragsmodellen abweicht, soll die Zuordnung zum einen oder anderen Typus nicht mit Gewalt versucht werden. **Vertragsunikate** sind nach dem explizit Verabredeten und den rechtlichen Erwartungen der Parteien bei Vertragsschluss zu deuten, während die im Gesetz überlieferten römischen Vertragstypen nur *per analogiam* herbeigezogen werden können, und dies allein in jenen Aspekten, welche in der von den Parteien getroffenen Vereinbarung einen angemessenen Anwendungsbereich finden.

44 Demnach ist es möglich, einen Vertrag zwar grundsätzlich einem bestimmten Typus zuzuordnen, infolge der Abweichung jedoch auch Einzelregelungen die Anwendung zu versagen oder auf denselben Vertrag, infolge seiner Beziehung zu mehr als einem gesetzlichen Vertragstypus, gleichzeitig **Einzelanordnungen verschiedener Vertragstypen** anzuwenden, wenn dies sachgerecht ist, den Vorstellungen der Parteien entspricht und dem gesetzgeberischen Ordnungswillen folgt (dazu BUCHER, ZSR 1983, 316 ff.; DERS., ZEuP 2000, 508 f.; DERS., BT, 16–23).

45 Zusammenfassend ist zu fordern, dass der nicht zwangslos einem gesetzlichen Typus zuzuordnende Vertrag primär aus sich selbst heraus verstanden wird und als **oberste Richtschnur** der **Parteiwille** gilt. Gesetzliche Regelungen der Typen des Besonderen Teils sind nur anzuwenden, soweit die gegebene Streitlage der von der fraglichen gesetzlichen Lösung vorausgesetzten Situation entspricht; von vornherein ist die Möglichkeit zu akzeptieren, dass auf einen konkret vorliegenden Vertrag bei gegebener Streitlage eine Regelung des Vertragstypus A angewendet wird, während auf denselben Vertrag unter veränderter Problemstellung eine Regel des Typus B anwendbar wäre (vgl. dazu die Bsp. bei BUCHER, BT, 27 ff., 203).

46 Die **Regeln des Besonderen Teils** sollen als Hilfe bei der Lösung konkreter Sachfragen verstanden werden, die nicht von der gesamthaften Zuordnung des Vertrages zu einem der gesetzlichen Typen abhängig ist. In zunehmendem Mass entziehen sich viele der heute wirtschaftlich bedeutenden Transaktionen herkömmlicher Vertragstypologie. Aber auch in diesen Fällen kann es guten Sinn machen, punktuell einzelne Regeln der gesetzlichen Vertragstypen analog anzuwenden.

47 Bei **Verträgen**, welche **zwischen zwei gesetzlichen Vertragstypen** stehen, wie das etwa beim *Werkvertrag-Kaufvertrag* oder *Werkvertrag-Mandat* häufig vorkommt, ist es angemessen, je nach sich stellender Rechtsfrage wahlweise auf den einen oder den anderen der beiden Typen abzustellen. Die Entscheidung hat sich nach dem Erwartungsprofil der Parteien bei Vertragsschluss auszurichten (ein Beispiel findet sich bei BUCHER, ZEuP 2000, 508 ff.). – Das WKR hat, in klarer Erkenntnis, dass der moderne (auf das Modell des Gattungskaufs bzw. des *sale by description* ausgerichtete) Kauf in manchem dem Werkvertrag näher steht als dem traditionellen Kaufrechtsmodell, die Abgrenzung der beiden Typen fallen gelassen und den *Kauf zu einem werkvertragsähnlichen «Erfolgsvertrag»* gemacht, der dem Verkäufer die Pflicht überbindet, dem Käufer den Erfolg der Verfügbarkeit einer Sache der vereinbarten Qualität zu gewährleisten (BUCHER, Wiener Kaufrecht, BTJP 1991, 13 ff.).

Art. 1

A. Abschluss des Vertrages
I. Übereinstimmende Willensäusserung
1. Im Allgemeinen

[1] Zum Abschlusse eines Vertrages ist die übereinstimmende gegenseitige Willensäusserung der Parteien erforderlich.

[2] Sie kann eine ausdrückliche oder stillschweigende sein.

A. Conclusion du contrat
I. Accord des parties
1. Conditions générales

[1] Le contrat est parfait lorsque les parties ont, réciproquement et d'une manière concordante, manifesté leur volonté.

[2] Cette manifestation peut être expresse ou tacite.

A. Conclusione del contratto
I. Manifestazione concorde della volontà
1. In genere

[1] Il contratto non è perfetto se non quando i contraenti abbiano manifestato concordemente la loro reciproca volontà.

[2] Tale manifestazione può essere espressa o tacita.

Literatur

BICKEL, Die Methoden der Auslegung rechtsgeschäftlicher Erklärungen: kritische Analyse seit Inkrafttreten des BGB vertretener Lehrmeinungen und Versuch einer Neubegründung, Marburg 1976; BRUNNER, Neue Entwicklungen im Konsumrecht, SJZ 97 (2001), 241 ff.; BUCHER, Die verschiedenen Bedeutungsstufen des Vorvertrages, in: Bucher et al., Berner Festgabe zum Schweizerischen Juristentag, 1979, 169–195 (‹www.eugenbucher.ch› Nr. 21) (zit. FG Juristentag); DERS., Für mehr Aktionendenken, AcP 186 (1986), 1–73 (‹www.eugenbucher.ch› Nr. 39) (zit. AcP 1986); DERS., Preisvereinbarung als Voraussetzung der Vertragsgültigkeit beim Kauf. Zum angeblichen Widerspruch zwischen Art. 14 und Art. 55 des «Wiener Kaufrechts», in: FS für Paul Piotet, Bern 1990, 371–408 (‹www.eugenbucher.ch› N 51) (zit. FS Piotet); DERS., Überblick über die Neuerungen des Wiener Kaufrechts; dessen Verhältnis zur Kaufrechtstradition und zum nationalen Recht, in: Bucher, Wiener Kaufrecht: der schweizerische Aussenhandel unter dem UN-Übereinkommen über den internationalen Warenkauf: Berner Tage für die juristische Praxis, 1991, 53 ff. (‹www.eugenbucher.ch› Nr. 55) (zit. Überblick); BYDLINSKI, Privatautonomie und objektive Grundlage des verpflichtenden Rechtsgeschäft, Wien 1967; DERS., Erklärungsbewusstsein und Rechtsgeschäft, JZ 1975, 1 ff.; DERS., Die Grundlagen des Vertragsrechts im Meinungsstreit, BJM 1982, 1 ff.; CANARIS, Schweigen im Rechtsverkehr als Verpflichtungsgrund, in: FS für Walter Wilburg, Graz 1975, 77 ff.; DESSEMONTET, La dématérialisation des conventions, AJP 1997, 939 ff.; EGELER, Konsensprobleme im internationalen Schuldvertragsrecht, Diss. St. Gallen 1994; GAUCH/SCHLUEP, Zum «Reinen

Auslgungsstreit» – Eine Klarstellung, SJZ 1982, 230–232, 356–361; GUHL, Die Auslegung der rechtsgeschäftlichen Erklärungen während des verflossenen Jahrhunderts, ZSR 1952, 141 ff.; HAUSHEER, Zur Lehre des Vertragsschlusses, ZBJV 1974, 209 ff.; HONSELL, Willenstheorie und Erklärungstheorie?, in: FS für Hans Peter Walter, Bern 2005, 335 ff.; KRAMER, Grundfragen der vertraglichen Einigung: Konsens, Dissens und Erklärungsirrtum als dogmatische Probleme des österreichischen, schweizerischen und deutschen Vertragsrechts, München/Salzburg 1972 (zit. Grundfragen); DERS., Neues aus Gesetzgebung, Praxis und Lehre zum Vertragsschluss, BJM 1995, 1 ff. (zit. BJM 1995); MAYER-MALY, Der Konsens als Grundlage des Vertrages, in: Hübner et al., FS für Erwin Seidl, Köln 1975, 118 ff. (zit. FS Seidel); DERS., Die Bedeutung des Konsenses in privatrechtsgeschichtlicher Sicht, in: Rechtsgeltung und Konsens, Berlin 1976, 91 ff.; RUMMEL, Vertragsauslegung nach der Verkehrssitte, Manz 1972; SCHMIDLIN, Das Vertrauensprinzip und die Irrtumslehre im deutschen und schweizerischen Recht, ZSR 1970, 225 ff.; SONNENBERGER, Verkehrssitten im Schuldvertrag: rechtsvergleichender Beitrag zur Vertragsauslegung und zur Rechtsquellenlehre, München 1970; VON TUHR, Der allgemeine Teil des Deutschen Bürgerlichen Rechts, 1910–1918, Bd. 2, München/Leipzig 225; ZINDEL, Reiner Auslegungsstreit und Konsensfrage, SJZ 1982, 356–361.

Literatur zu Vertragsschluss unter Bezugnahme auf Allgemeine Geschäftsbedingungen (AGB) nicht hier, sondern am diese behandelnden Orte.

I. Normzweck

Art. 1 formuliert in einfacher Form die **für Verträge wesentlichen** und deren Zustandekommen konstituierenden **Elemente**, die heute freilich nach dem **Vertrauensprinzip** auszulegen sind (vgl. Einl. vor Art. 1–40f N 73 ff.). 1

Der Text ist übernommen aus den Entwürfen MUNZINGERS (E 1870 Art. 51; E 1874/75 Art. 49), die ihrerseits wohl von WINDSCHEID beeinflusst sind (vgl. WINDSCHEID, Pandekten, Bd. 2 § 305, durch alle neun Aufl., 1866–1906, unverändert: «Der obligatorische Vertrag besteht [...] in der Vereinigung zweier Willenserklärungen»; vgl. Einleitung vor Art. 1 ff. N 28 ff.); die Modifikation «Willensäusserung» statt «Willenserklärung» geht auf MUNZINGER zurück (E 1871 Art. 51; FASEL, 562; «Kontrahenten» statt wie heute «Parteien» bis und mit E 1879).

II. Das Scheinerfordernis der Willensübereinstimmung

Der Gesetzgeber stellt dem Wortlaut nach als **vertragskonstituierendes Element** die individuelle (nach dem Vertrauensprinzip beurteilte) *Willenserklärung* in den Mittelpunkt und knüpft von vornherein nicht an «Konsens» im Sinne einer «Willenseinigung» an, d.h. an Vorstellungen, die fiktiven Charakter haben (s.a. N 3): Identische psychische Zustände zweier Personen sind weder zur Vertragsgültigkeit gefordert noch kommen sie überhaupt vor. Erst recht hat die (in der Rechtstheorie zurückliegender Jahrhunderte eine bedeutende Rolle spielende) Vorstellung des Konsenses als einer gewissermassen von den Parteien sich lösenden, verselbständigten Erscheinung höherer Stufe keinen Realitätsbezug und wird vom Gesetzgeber nicht aufgenommen. Die gewählte Formel stellt zum vornherein klar, dass jedenfalls der interne Wille keine vertragskonstituierende Wirkung hat, sondern der geäusserte, und zwar gegenüber dem Partner geäusserte Wille beachtlich ist (was dahingehend verstanden wird, dass auch die inhaltliche Bestimmung des vertragswirksamen Willens sich danach bestimmt, in welchem Sinne der Wille geäussert ist). – Abs. 2 bringt demgegenüber die Präzisierung, dass die «Willensäusserung» auch eine «stillschweigende» sein kann: Einer expliziten Willensäusserung gleichgestellt sind die von einer bestimmten Person zu vertretenden äusseren Umstände, die es erlauben, in guten Treuen auf deren Willen zu schliessen. 2

«Wille» im Rechtssinn ist nicht eine Realität i.S. der Individualpsychologie (der menschliche Sinn ist gleichzeitig von vielen, konkurrierenden Willensrichtungen erfüllt; oft fühlt man zwei, wenn nicht mehr Seelen in seiner Brust): Wille ist das *Resultat der psychischen Leistung* des gegenseitigen Abwägens der verschiedenen Strebungen und der Gewinnung eines Standpunktes, bei dem behaftet zu werden man bereit ist, und nur diese als feste Grösse aufzufas- 3 sende Resultante fällt rechtlich in Betracht. *Wille im juristischen Sinne* ist *ein gesellschaftliches Phänomen* und kaum zu trennen von dessen Äusserung, da nur der nach aussen tretende Wille gesellschaftlich relevant ist.

Die dem Konsensbegriff ursprünglich anhaftende Vorstellung eines kollektiven Willens mehrerer (eines einheitlichen «Vertragswillens») stellt eine Fiktion oder «mystische Anschauung» dar (so schon VON TUHR, 225), und zu Recht hält sich das OR von diesem Konzept fern. – Die Einsicht, dass «Wille» im Rechtssinn nicht individualpsychologisch zu verstehen ist und nur mit gesellschaftlichem Bezug rechtlich relevant sein kann, ist der naturrechtlichen Rechtstheorie wie jener des 18. oder 19. Jahrhunderts noch fremd, was einen Teil der dort anzutreffenden Übersteigerungen des Voluntarismus erklärt.

4 **«Konsens»** («Zusammen-Sinn») ist die Resultante der von den Parteien abgegebenen und wechselseitig verstandenen Erklärungen. Diese Denkfigur ist sinnvoll und unentbehrlich, um entweder *den Grundsatz oder den Inhalt vertraglicher Einigung* zweier Partner an sich (als Gegensatz zu *Dissens*) zu bezeichnen (dazu im Einzelnen Einl. vor Art. 1–40f N 60–84).

5–10 *entfallen*; s. Einl. vor Art. 1–40f N 60–84.

11 Von **reservatio mentalis** («Mentalreservation») spricht man, wenn ein Erklärender, für den Erklärungsempfänger nicht erkennbar (wenn auch nachträglich beweisbar), seine Erklärung nur zum Schein abgibt und deren Inhalt nicht will. Nach dem Vertrauensprinzip wird eine **Mentalreservation** nicht berücksichtigt und der Erklärende durch seine Erklärung gebunden. Dieser Grundsatz ist im Gesetz nicht formuliert und ist, da selbstverständlich, auch nicht notwendig (anders das BGB in § 116 Satz 1, der die Mentalreservation ausdrücklich für unbeachtlich erklärt). – Bei der nicht ernst gemeinten, jedoch vom Empfänger ernst genommenen und nach dem Vertrauensprinzip ernst zu nehmenden **Scherzerklärung** ist eine Anfechtung wegen *Erklärungsirrtums* möglich.

Der **Unterschied** gegenüber der (nicht anfechtbaren) Erklärung unter Mentalreservation liegt darin, dass der Erklärende meinte (und meinen durfte), das Fehlen der Ernsthaftigkeit werde von der Gegenseite erkannt.

12 Auslegung unter *Abstellen auf das Erklärte* und die äussere Kundgebung: Dazu BGE 32 II 286 E. 6; 32 II 386 E. 4; 64 II 11 m.w.Nw.; 77 II 174 E. 4; 87 II 242.

13 Auslegung nach *objektiven Kriterien* wie *Wortlaut, Verkehrssitte oder Handelsbrauch*, allenfalls aber auch die Berücksichtigung des Vertragszwecks und des Verhaltens der Parteien ohne Berücksichtigung deren subjektiven Willens: BGE 50 II 18; 60 II 443 E. 4; 73 II 218; weiterhin auch BGE 95 II 328 E. 3; 95 II 439; 99 II 294 E. 6; 100 II 149 E. 3c/4; 101 II 279 E. 1a/b; 101 II 330 E. 2/3b).

14 Auslegung aufgrund der *Erkennbarkeit* des wirklich Gewollten im konkreten Tatbestand: vgl. BGE 41 II 458; 64 II 212; 94 II 104 E. 2 f.; 94 II 333; 100 II 330 m.w.Nw.; 100 II 347 E. 1 m.w.Nw. Aus der Literatur vgl. SCHMIDLIN, ZSR 1970, 225 ff.

III. Erfordernis der «Äusserung» des Willens

1. Erklärungswille

15 Zu der Feststellung, dass Wille nicht als internes individualpsychologisches Element, sondern als nach aussen getragener (nach dem Vertrauensprinzip beurteilter) Sachverhalt massgeblich ist (N 3 ff.), tritt als selbständiges Erfordernis hinzu, dass der Willensträger erkennbar die Absicht besitzt bzw. verwirklicht, seinen Willen nach aussen zu tragen: Erfordernis des (ebenso nach dem Vertrauensprinzip beurteilten) **Erklärungswillens**, der zu unterscheiden ist vom Inhalt der Erklärung selbst, wie auch vom Geschäfts- oder Bindungswillen (Verpflichtungswillen, dazu u. N 29).

Das blosse Bekanntwerden eines bestimmten Willens genügt nicht als «Äusserung» i.S. des Gesetzes. So kann die Beschlussfassung eines Kollektivorgans einer juristischen Person, solange dem Partner nicht mitgeteilt, weder als Stellung noch als Annahme einer Offerte gedeutet werden (so BGE 51 II 498 zum Beschluss einer Gemeindeversammlung). Die Mitteilung an Dritte, eine Offerte annehmen zu wollen, macht keine gültige Annahmeerklärung aus, dies auch dann nicht, wenn der Dritte, ohne dazu ermächtigt oder beauftragt zu sein, davon dem Partner Mitteilung macht. Freilich greift auch hier das Vertrauensprinzip, wenn der Erklärende mit einem entsprechenden Zugang von vornherein rechnen musste.

Erklärungswille setzt im Einzelnen voraus, dass die Erklärung an eine *bestimmte Person* (sc. den intendierten Vertragspartner) gerichtet ist. Selbst bei einer Offerte *ad incertas personas* muss zum Ausdruck gelangen, dass *jedermann* als Vertragspartner willkommen sei; nicht genügen würde eine lediglich die Absicht des Vertragsschlusses im Allgemeinen bekannt machende Erklärung (dazu auch u. Art. 8). **16**

2. Konkludente Willensäusserung

Mit dem Gesagten steht nicht in Widerspruch die seit je anerkannte und in Abs. 2 explizit formulierte Möglichkeit, dass die Äusserung des Vertragswillens «stillschweigend» erfolgen kann. Der noch in den Entwürfen MUNZINGERS verwendete Terminus «Willenserklärung» – vgl. Hinweis o. N 1 – wurde durch «Willensäusserung» ersetzt, was nicht bloss eine explizite Erklärung, sondern auch eine indirekte *Kundmachung* genügen lässt. Art. 6 hält Vertragsentstehung ohne (ausdrückliches) Akzept fest, wenn wegen besonderer Umstände ein solches nicht zu erwarten ist. Daraus folgt das Konzept der **«konkludenten»** (schlüssigen, d.h. aus allen Umständen eine Folgerung erlaubenden) **Willensäusserung**. Auch die «konkludente» Erklärung muss den geforderten Erklärungsinhalt (vgl. dazu insb. N 20 ff.) wie auch den *Erklärungswillen* im hier beschriebenen Sinne decken. **17**

Eine **abschliessend-umfassende Typologie** der Umstände, welche in guten Treuen den Schluss auf den massgeblichen Vertragswillen erlaubt, ist **nicht möglich**. Immerhin sind hier zu nennen *Rechtshandlungen oder -erklärungen*, welche die Einnahme eines bestimmten Rechtsstandpunktes implizieren, so bereits das in den römischen Quellen genannte Beispiel des Darlehensgläubigers, der durch Entgegennahme von künftigen Zinsen einer entsprechenden Darlehenserstreckung zustimmt (FLORENTINUS, in: Dig. 2.14.57 pr.). Wichtig sodann Handlungen, welche den intendierten Vertrag bereits in *Vollzug* setzen (Erbringung der eigenen Leistung mit Kennbarmachung der erwarteten Gegenleistung, Fordern oder Entgegennehmen der Gegenleistung des Vertragspartners usw.). Besondere Beachtung findet das Problem im Zusammenhang der konkludenten Annahme gestellter Offerten; dazu die Kasuistik zu Art. 6 (N 10–19); allerdings liegt nicht allen Fällen von i.S. des Art. 6 entbehrlichen Annahmeerklärungen ein konkludentes Akzept zugrunde. **18**

Auch im Falle **konkludenter Äusserungen** dürfen nur Fakten berücksichtigt werden, die vom *«Erklärenden» selber gesetzt* sind und daher ihm zugerechnet werden dürfen; von Dritten stammende, durch Zufall oder eigene Beobachtung gesammelte Informationen können höchstens ergänzende, niemals aber konstitutive Bedeutung haben. **19**

IV. Notwendiger Erklärungs-(Konsens-)inhalt

1. Die traditionelle Einteilung der Vertragsbestandteile

Grundsätzlich gilt ein Vertrag als geschlossen, wenn sich die Parteien über die objektiv wesentlichen («begriffsnotwendigen») Elemente des Geschäfts, die sog. **essentialia negotii**, geeinigt haben (über die Reichweite des Erfordernisses s. N 22 ff.). Bei (nicht zustande gekommenen) Dauerschuldverhältnissen kann zwar (in Verwirklichung der Konzeption der «faktischen Vertragsverhältnisse»; Einl. vor Art. 1–40f N 66 f., 91 f. u. insb. 120 ff.) für die **20**

Vergangenheit eine Entschädigung für bezogene Leistung gefordert werden, während umgekehrt das Nutzungsverhältnis ohne Kündigung terminiert werden kann (da kein eigentlicher Vertrag besteht); so BGE 119 II 347 für den Fall einer Miete ohne Einigung über den Mietzins (z.T. **a.M.** noch BGE 100 II 330; vgl. auch 108 II 112).

21 a) Das *dispositive Recht* regelt in Ergänzung der rechtsgeschäftlichen Ordnung Punkte, die zur Bestimmung des Vertragstyps nicht erforderlich sind, aber regelmässig oder wenigstens bei unvorhergesehenen Entwicklungen (Unfällen, Leistungsstörungen) einer Ordnung bedürfen, die von der Rechtstradition bzw. vom Gesetzgeber aus der «Natur der Sache» heraus geregelt werden und als **naturalia negotii** bezeichnet werden.

b) **Accidentalia negotii** schliesslich sind von den *Parteien zusätzlich getroffene Regelungen*, die nicht begriffswesentliche Elemente des Vertrages betreffen. Sie stellen entweder Abweichungen von den «naturalia» dar oder enthalten zum notwendigen Vertragsinhalt hinzutretende Nebenabreden.

2. Der objektiv notwendige Konsensbereich («essentialia»)

a) Grundsatz

22 *entfällt*; s. N 28a–c.

23 Das Gesetz bestimmt den **Mindestinhalt**, über den sich die Parteien einigen müssen, damit überhaupt ein Vertrag i.S.v. Art. 1 zustande kommt, nicht explizit, sondern verlangt lediglich, dass «sich die Parteien über *alle wesentlichen Punkte*» einigen (Art. 2 Abs. 1). Diese objektiv *«wesentlichen Punkte»* (Umschreibung der *essentialia negotii*) sind bei den gesetzlich geregelten Vertragstypen meist in der Legaldefinition (vgl. Art. 184 für Kauf, Art. 253 für Miete, Art. 275 für Pacht usw.) enthalten. Bei *Innominatkontrakten* muss wenigstens der Sinn des Vertrages (die von den Parteien je zu erbringenden Leistungen) erkennbar sein. Der Bereich notwendigen Konsenses ist nicht im Allgemeinen zu erörtern; da substantielle Aussagen nur bezogen auf die einzelnen Vertragstypen des OR BT möglich sind. Vorweg ist aber festzuhalten, dass *vor der Vereinbarung über den zu bezahlenden Preis* kaum je ein Vertragsschluss angenommen werden kann, während im Falle der einvernehmlich erbrachten und entgegengenommenen charakteristischen Leistung ein gültiger Vertrag angenommen werden muss; die *einvernehmlich zurückgestellte Preisvereinbarung* wird durch gerichtliche Preisbestimmung ersetzt (dazu das Beispiel der Weihnachtsgans; folgende N 26).

24 Mit der **negativen Feststellung**, dass ein bestimmter Punkt *nicht zu den wesentlichen Vertragsbestandteilen* gehöre, ist auch festgestellt, dass ein *Fehlen der Einigung* die *Vertragsgültigkeit nicht hindert*, gleichgültig, ob die Parteien nicht an die Frage gedacht haben oder aber bloss vermeintlich zu einer Einigung kamen, aber im Grunde dissentierten (in sog. latentem Dissens). Welche Regel diesfalls zwischen den Parteien Recht macht, hat bei Fehlen nachträglicher Einigung das Gericht zu entscheiden (dazu auch N 29 f.).

Nota: Das **Erfordernis des Konsenses** hinsichtlich der *essentialia* ist *streitlagebezogen* zu betrachten und wesensmässig auf den Gegenstand der *Auseinandersetzung* über den Vertrag beschränkt, dies *vor dessen* Abwicklung; Hinweise in N 25 ff.

b) Relativierung des Bereichs notwendigen Konsenses

25 Man muss sich hüten, dem Erfordernis des **Konsenses** im Bereich der *essentialia* ein ihm nicht zukommendes Gewicht beizumessen. Im Prozess darf man vom Ansprecher nicht mehr verlangen als den grundsätzlichen Nachweis eines vertraglichen Verpflichtungswillens der Parteien, hinsichtlich der konkreten Abmachungen der Parteien jedoch nur so viel, als im einzelnen Fall zur Begründung des erhobenen Anspruchs notwendig ist; die Frage des Konsenses in einem an sich wesentlichen Vertragspunkt muss beiseite bleiben, wenn dieser nicht Anspruchsgrundlage bildet und das Zustandekommen des Vertrages an sich nicht bestritten ist. Falls beim Kauf eine Preisvereinbarung in genauer Höhe nicht nachgewiesen werden kann, darf die Klage auf Kaufpreiszahlung nicht unter der Annahme fehlenden Vertragskonsenses gänzlich abgewiesen, sondern muss auf Verlangen des Klägers wenigstens im Umfang des geleisteten Nachweises (z.B. in der Höhe des Kaufpreises, den vereinbart zu haben der Beklagte zugibt) gutgeheissen werden; bei überhaupt fehlender Preisabsprache hat, im Falle erfolgter und entgegengenommener Lieferung, das Gericht den Preis festzusetzen.

Das **Vorliegen einer Preisvereinbarung** ist jedenfalls bei *Kaufvertrag, Werkvertrag*, wohl aber auch andern, richtig gesehen wohl nur Voraussetzung der Vertragsgültigkeit bezogen auf *executory contracts*, nicht im Zusammenhang von *executed contracts* (d.h. im Streit um den Bestand des Vertrages *vor dessen Erfüllung*, nicht jedoch in einem Streit nach Vertragsabwicklung): Wenn die beim Bauern bestellte Weihnachtsgans abgeholt und auch bereits verzehrt ist, kann der Vertrag nicht mangels Preisabsprache ungültig und der Lieferant auf Bereicherungsansprüche verwiesen sein; umgekehrt ist es vor Übergabe der Gans keinem der Partner zuzumuten, das Geschäft wider Willen abzuwickeln, so lange keine Preisvereinbarung besteht. Vgl. dazu BUCHER, BT, 55, 213; zum angeblichen Widerspruch von Art. 14 und Art. 55 WKR vgl. DERS., BT, 142; DERS., FS Piotet, 371 ff.; DERS., Überblick, 53 ff.; zum Grundsätzlichen DERS., AcP 1986, 1 ff. Für Mietvertrag BGE 100 II 331. Die Frage, ob der Preis beim Kauf notwendiger oder entbehrlicher Vertragsinhalt sei, ist ein traditionelles, noch heute die Diskussion beherrschendes Doktrinproblem zu einer seit je falsch gestellten Frage, und dies jeglicher Sacherwägung entbehrend (dazu auch Art. 3 N 12). 26

c) Im Prozess Nachweis des Konsenses nur soweit durch Klageantrag bzw. Einwendung gefordert

Streiten die Parteien (nach Lieferung), ob zu 100 oder zu 80 verkauft wurde, ist, im Falle der Beweislosigkeit, die Klage, falls auf 80 reduziert, gutzuheissen (**a.M.** KELLER, Die Theorie des sog. «Reinen Auslegungsstreites», SJZ 1982, 126 ff.; KELLER/SCHÖBI, I, 121 f.; dazu weiterhin GAUCH/SCHLUEP/SCHMID, 320 ff.; ZINDEL, SJZ 1982, 356 ff.). **Fehlende Einigung** in einem **Nebenpunkt** kann immer nur von der Partei geltend gemacht werden, die ein inhaltliches Interesse an der fraglichen Klausel hat (vgl. BGE 103 II 193, wo allerdings der zutreffende Entscheid nicht mit der genannten Regel, sondern durch den zufälligen Umstand des mangelnden Vorbehalts gem. Art. 2 Abs. 1 begründet wird). Ist eine **«Architektenklausel»** (oder eine «Baumeisterverpflichtung») als vorvertragliche Grundlage eines Vertrages auf Ausführung des Baues inhaltlich ungenügend bestimmt (vgl. dazu Sachverhalt nach BGE 98 II 307), so genügt dieselbe Klausel immer noch zur Umschreibung eines Verbots des Kontrahierens mit Dritten (sc. als Anspruchsgrundlage einer Schadenersatzforderung wegen nicht erlangten Auftrags der Bauausführung); vgl. dazu BUCHER, 1979, 169 ff.; sowie Komm. zu Art. 22. 27

Beim **Mäklervertrag** ist der Beweis, dass Nachweismäkelei vereinbart ist, nur erforderlich, wenn der Mäkler aufgrund blossen Nachweises seinen Lohn fordert, nicht dagegen, wenn er Vermittlung geleistet hat (anders, allerdings nur *obiter* und beiläufig, BGE 90 II 103 E. 6; dazu BUCHER, AT, 119 Anm. 34, 35; DERS., AT, 49 f.; [‹www.eugenbucher.ch› Nr. 39]). 28

d) Dissens

Fehlender Konsens in einem notwendigen Element (sei es, dass ein Punkt nicht erörtert wurde oder die erzielte Einigung auf Missverständnis beruht) wird als **Dissens** bezeichnet und bedeutet angesichts des geforderten, aber nicht erlangten Konsenses **Nichtzustandekommen des Vertrages** (s. zum Folgenden schon BSK OR I-BUCHER, 5. Aufl. 2011, N 38 ff.). Dies gilt ungeachtet vielleicht bestehender Einigung über den Wortlaut oder dessen schriftliche Fixierung (ZR 1960, 302 ff.). Das Fehlen einer Vertragsbeziehung bedeutet, dass bereits erbrachte Leistungen **zurückzuerstatten** sind. Wenn die Leistungen ins Vermögen des Emp- 28a fängers übergegangen sind, können sie nach den Regeln der *ungerechtfertigten Bereicherung kondiziert* werden (Art. 62 ff.); Sachleistungen, die noch als solche gesondert vorhanden sind und sich aufgrund der causa-Abhängigkeit der Sachübereignung noch im Vermögen des Leistenden befinden, sind zu *vindizieren* (Art. 641 Abs. 1 ZGB). Die im Hinblick auf die Vertragsabwicklung gemachten unnützen Aufwendungen sind grundsätzlich von jeder Partei selber zu tragen, was zu ungleicher Verteilung des gemeinsam verursachten Schadens führen kann. Vertrauensschuldverhältnisse bleiben vorbehalten (Einl. vor Art. 1–40f N 88 ff.).

28b Betrifft der fehlende Konsens hingegen einen nicht vertragsnotwendigen Punkt, liegt nur *Dissens im uneigentlichen Sinn* vor. Er kann die **Vertragsgültigkeit nicht hindern** (Art. 2). Kann nachträglich eine Einigung nicht erzielt werden, tritt unter den Voraussetzungen von Abs. 2 ein gerichtliches Urteil an deren Stelle (vgl. Art. 2 N 7 ff.).

28c In der **romanistischen Tradition** und im **Gemeinen Recht** wurden die von OR und BGB als Irrtumstatbestände qualifizierten Fälle als Unterarten des Dissenses aufgefasst, die nicht der heute für die Irrtumsfälle charakteristischen Irrtums-Anfechtung, sondern der Nichtigkeitsfolge des Dissenses unterlagen, was die Tendenz erklärt, Dissens als ein selbständiges Rechtsinstitut herauszustellen. MUNZINGER war der erste, welcher die Irrtumstatbestände aus dem Zusammenhang des Dissenses löste, das aOR daher die erste Kodifikation, die von der Nichtigkeitsfolge abgeht und eine eigenständige Rechtsfolge (Anfechtbarkeit) entwickelt. MUNZINGERS aOR folgt im Wesentlichen das BGB. *Im OR* (wie im BGB) *hat der Dissensbegriff seine traditionelle Funktion verloren* (s. BSK OR I-BUCHER, 5. Aufl. 2011, N 40).

3. Erfordernis der Erklärung des Verpflichtungswillens

29 Erfordernis eigener Art für die Gültigkeit eines Vertrags ist der Wille der Parteien, nicht bloss eine bestimmte Regelung ihrer tatsächlichen Beziehungen auszuhandeln, sondern dieser Beziehung den Charakter des **rechtlich Verbindlichen** beizulegen.

a) Im Rahmen der **Vertragsverhandlungen** ist zu unterscheiden zwischen dem *Aushandeln* des *Vertragsinhalts* einerseits und dem Bilden bzw. *Äussern des Verpflichtungswillens* anderseits. Die Einigung der Parteien in allen Sachpunkten muss noch nicht Vertragsschluss bedeuten; dieser hängt vielmehr davon ab, dass beide Partner den für das Gegenüber erkennbaren Willen haben, die ausgehandelte Lösung zur rechtlich verbindlichen Regelung zu erheben (von praktischer Bedeutung dies dann, wenn ein Unterhändler intern lediglich die Befugnis zur Aushandlung der Vertragsbedingungen besitzt, während die Geschäftsleitung oder dgl. sich die Entscheidung über den Vertragsschluss als solchen vorbehält). Dieses Erfordernis wird im Gesetz nicht ausdrücklich genannt, kann aber nicht zweifelhaft sein. Auch der Verpflichtungswille muss (ausdrücklich oder konkludent) erklärt werden und beweisbar sein; da auch das Element des Verpflichtungswillens dem Vertrauensprinzip unterliegt, ist im Bestreitungsfall abzuwägen, ob das gesamte Verhalten der Partei den Schluss zuliess, sie wolle eine rechtliche Bindung eingehen (dazu BGE 116 II 695 E. 2b).

b) Die gleiche Aufgabe der **Abwägung der Umstände** besteht auch dann, wenn der potentielle Vertragsinhalt bereits aufgrund der Erklärung der Gegenpartei vorgegeben ist, ohne dass im Verständnis der Parteien diese Erklärung eine Offerte darstellt und darauf eine explizite Annahme-Erklärung zu erwarten ist: Unwidersprochen gebliebene, Zusatzelemente enthaltende *Bestätigungsschreiben* (Art. 3 N 25; Art. 6 N 22 ff.) sowie weitere Fälle *«versteckter» Offerten* (vgl. die in Vor Art. 3–9 N 9 ff. genannten Fälle, z.B. die knapp verspätete Kündigung, Widerruf einer gültigen Kündigung) werfen regelmässig die Frage auf, ob aus dem Stillschweigen auf einen Bindungs-(Annahme)willen des Adressaten geschlossen werden dürfe (vgl. dort).

30 Überliefertes **Brauchtum** macht das Erfordernis der Erklärung des Verpflichtungswillens sichtbar: Das Erfordernis des *Handschlags* (lat. *promittere* i.S.v. «versprechen» meint ursprünglich «die Hand zum Handschlag *vorstrecken*»), oder die Notwendigkeit der formellen Erbringung einer vorläufigen teilweisen Vertragsleistung (dies wohl in der Tradition der Realkontrakte), wobei die Leistung auch symbolisch sein kann, im Besonderen beim *Weinkauf*, bei dem die Vorleistung von den Parteien sofort vertrunken wird. Nichtbeachtung eingebürgerter Vertragsschluss-Formen (besonders wichtig: Erfüllung der Schriftform, wo diese üblich; vgl. für Liegenschaftenmiete BGE 100 II 23) hindert nicht die Vertragsgültigkeit, bildet indessen im Bestreitungsfalle eine *Vermutung fehlenden Verpflichtungswillens* der Parteien und damit des Zustandekommens des Vertrages. Die Zustellung von *zwei nicht unterzeichneten Vertragsausfertigungen* zur Unterschrift kann eine Vermutung begründen, dass i.S. des Versenders die Vertragsbindung erst durch beidseitige Unterzeichnung eintreten soll. Eine ähnliche Vermutung kann auch aus der Kompliziertheit des Vertragsgegenstandes folgen, wenn die Parteien schriftliche Fixierung vorgesehen haben (vgl. auch BGer, SJ 1981, 177 ff.). Umgekehrt bedeutet die schriftliche Niederlegung des Vertragsinhalts bzw. die Unterzeichnung von Vertragsdokumenten nicht zwangsläufig Verpflichtungswillen; es können auch bloss sog. **Punktationen** (dazu Art. 22 N 18) vorliegen (s.a. BGE 84 II 418).

V. Weitere Gültigkeitsvoraussetzungen

1. Rechtsfähigkeit der Parteien des Vertrages

Verträge setzen grundsätzlich die **Rechtsfähigkeit** der durch sie betroffenen Vertragsparteien voraus; so Art. 11 ZGB (dazu BK-Bucher, Art. 11 ZGB). *Verträge zugunsten Dritter* i.S.v. Art. 111 können indessen auch zugunsten noch nicht bestehender Rechtssubjekte gültig geschlossen werden: Ausnahmen gelten für den *nasciturus* (Art. 31 Abs. 2 ZGB) und alle selber nicht handlungs- wohl aber rechtsfähigen Personen (Unmündige oder Entmündigte). Gleiches gilt für in *Gründung begriffene juristische Personen*. Die Letzteren werden bei nachträglicher Entstehung durch Genehmigung des Geschäftes verpflichtet, andernfalls die Handelnden gegenüber den Vertragspartnern selber in Pflicht bleiben (Art. 645; Art. 783 Abs. 2, 3; Art. 838 Abs. 2, 3). Der für eine *nichtexistierende Person* Kontrahierende haftet wie ein vollmachtloser Stellvertreter (Art. 39), so auch derjenige der im Namen von nicht-rechtsfähigen Gebilden (z.B. eines Organs einer juristischen Person, das als solches keine eigene Rechtsfähigkeit besitzt) kontrahiert. 31

2. Geschäftsfähigkeit der vertragsschliessenden Personen

Verträge sind bloss unter der Voraussetzung gültig, dass die Parteien, wenn diese selber handeln, oder allenfalls deren Stellvertreter, bei Abgabe der vertragsbegründenden Willenserklärung *handlungsfähig* waren, d.h. den für das fragliche Geschäft erforderlichen Grad der **Geschäftsfähigkeit** besassen. Die Geschäftsfähigkeit ist (anders als im aOR, zur «Vertragsfähigkeit» die Art. 29–35) nicht im Vertragsrecht des OR, sondern im Personenrecht des ZGB (Art. 12–19) geregelt; zu beachten etwa, dass urteilsfähige Minderjährige Geschäfte schliessen können, so insb. bloss ihnen zum Vorteil gereichende Verträge schliessen können (Art. 19 Abs. 2 ZGB). Das BGB normiert die Handlungs- und Geschäftsfähigkeit im Rahmen der Rechtsgeschäftslehre des Allgemeinen Teils (§§ 104–115). 32

3. Eventuell: Beachtung von Formvorschriften

Das heutige Vertragsrecht des OR ist vom ***Grundsatz der Formfreiheit*** beherrscht in dem Sinn, dass im Regelfall ein Vertrag gültig ist, wenn er bloss den vorstehend beschriebenen Anforderungen genügt, während die Beachtung bestimmter Förmlichkeiten bei Vertragsschluss nicht gefordert ist. Ausnahmen von diesem Grundsatz bestehen *nur im Rahmen expliziter Sondernormen* (dazu Art. 11–16). Ausnahmsweise kann das Gebot von Treu und Glauben die Geltendmachung von Formmängeln verbieten (im Zusammenhang einer Schiedsklausel 33 gem. Art. 178 IPRG), so BGE 121 II 33 E. 3. Ähnliches gilt im Grundsatz auch für das ABGB, das BGB und i.w.S. für alle modernen Kodifikationen.

Der Grundsatz vermuteter Formfreiheit wird allerdings im **englischen Sprachbereich**, aber auch bei den **Kodifikationen in der Nachfolge des CC fr.** in seiner Bedeutung relativiert durch das *Verbot des Zeugenbeweises*: Beweise können nur mit Urkunden geführt werden, was auf weiten Strecken praktisch einen Zwang zur Verurkundung von Verträgen und sonstigen Abmachungen konstituiert (in Frankreich Tradition der *Ordonnance de Moulins* von 1566, Art. 54, welche Nachfolge fand im englischen *Statute of Frauds* von 1677; vgl. dazu Rabel, The Statute of Frauds and Comparative Legal History, The Law Quarterly Review, 1947, 174–187; ders., Gesammelte Aufsätze, Bd. III, Tübingen 1967).

4. Hinweis: Beachtung der Schranken inhaltlicher Gestaltung

34 Es versteht sich von selbst, dass die Freiheit inhaltlicher Gestaltung von Verträgen nicht schrankenlos ist. Die Gesetzgeber fassen die inhaltliche Zulässigkeit eines Vertrages nicht als positive Gültigkeitsvoraussetzung auf, sondern erklären umgekehrt (entsprechend dem Grundsatz der Vertragsfreiheit) jeden Vertrag als gültig, der nicht gegen gewisse Schranken verstösst. Die inhaltlichen Schranken der Verträge sind als negative **Gültigkeitshindernisse** und nicht als positive **Gültigkeitsvoraussetzungen** zu behandeln. Umgekehrt werden aber im CC fr. [Art. 1131, 1133] und zahlreichen ihm nachfolgenden Kodifikationen Verträge mit einer *cause illicite* als ungültig bezeichnet, was dazu verleiten kann, ein *cause licite* als positives Gültigkeitserfordernis zu deuten. Diese Sicht ist abzulehnen und eine Ausrichtung auf *Gültigkeitshindernisses* vorzuziehen: Diese sind überblickbare und der Beschreibung zugängliche Ausnahmen, während *Zulässigkeit* von Vertragsinhalten nicht direkt, sondern nur negativ als *Abwesenheit von Unzulässigkeitsgründen* zu beschreiben ist.

35 Als **Generalklausel**, welche Verträge, die gewisse Inhaltsschranken nicht beachten, für nichtig erklärt, ist allein Art. 20 zu nennen. Anders Art. 27 ZGB, welche Regel nicht Vertragsinhalte unter Kontrolle setzt, vielmehr eine in ihrem Ausmass übermässige persönliche Bindung verhindern will, was allein durch Einräumung einer Einrede zugunsten des übermässig Gebundenen geschehen kann (so BK-Bucher, Art. 27 ZGB *passim*, insb. N 162–191). So jetzt auch BGE 129 III 209 E. 2.2. Dazu weiterhin auch Bucher, AcP 186 (1986), 24–38.

5. Wirkungen des Fehlens eines Erfordernisses

36 Die vorstehend genannten Elemente sind notwendige Bedingungen des Zustandekommens eines Vertrages. Fehlt eine Voraussetzung, besteht kein Vertrag; die Dinge sind so zu betrachten, als sei nichts geschehen *(nihil actum est)*. Dies gilt allerdings bei **Fehlen des Konsenses** über *essentialia* nur bedingt: Nach abgewickelter Vereinbarung können Vertragsfolgen (insb. Preiszahlungspflicht) nicht an fehlender Vereinbarung scheitern.

37 Nota: Beobachtung gesetzlich vorgeschriebener Form ist *materielle Gültigkeitsvoraussetzung* des Vertrages (Art. 11 Abs. 2), während im nicht-deutschsprachigen Raum Formvorschriften meist als prozessuale *Beweisvorschriften* (Verbot des Zeugenbeweises!) entgegentreten (oben N 33).

38–46 *entfallen*; s. N 28a–c.

Anhang I: Vertragsschluss unter Bezugnahme auf Allgemeine Geschäftsbedingungen (AGB)

Literatur

Schweiz: ABEGGLEN/COENDET/GROSS, Aspekte der AGB-Kontrolle im Bankbereich. Insbesondere zur Inhaltskontrolle nach dem neuen Art. 8 UWG, in: Emmenegger (Hrsg.), Das Bankkonto, Basel 2013, 83 ff.; BAHAR, Conditions générales: a time for change, in: Thévenoz et al. (Hrsg.), Journée 2011 de droit bancaire et financier, Genf/Zürich/Basel 2012, 99 ff.; BAUDENBACHER, Wirtschafts-, schuld- und verfahrensrechtliche Grundprobleme der Allgemeinen Geschäftsbedingungen, Zürich 1983 (zit. Grundprobleme); DERS., Braucht die Schweiz ein AGB-Gesetz?, ZBJV 1987, 505 ff. (zit. ZBJV 1987,); BAUER, Der Schutz vor unbilligen Allgemeinen Geschäftsbedingungen (AGB) im Schweizerischen Recht, 3. Aufl., Zürich 1981; BUCHER, Der Ausschluss dispositiven Gesetzesrechts durch vertragliche Absprachen – Bemerkungen zu den Erscheinungsformen dispositiver Rechtssätze, in: Mélanges Deschenaux, 1977 (‹www.eugenbucher.ch› Nr. 19) (zit. Ausschluss); BÜHLER, Standardverträge und Allgemeine Geschäftsbedingungen unter Kaufleuten, insb. im internationalen Handelsverkehr, SJZ 1976, 1 ff.; DESSEMONTET, Was soll noch Art. 8 UWG?, BSR 1987, 99 ff.; EUGSTER, Gegensätzliche Verweisung auf Allgemeine Geschäftsbedingungen durch Offerenten und Akzeptanten, SJZ 1978, 344 ff.; FORSTMOSER, Die rechtliche Behandlung von AGB im schweizerischen und im deutschen Recht, in: Merz et al., FS für Max Kummer, Bern 1980, 99 ff.; GAUCH, Die Verwendung «missbräuchlicher Geschäftsbedingungen»: Unlauterer Wettbewerb nach Art. 8 des revidierten UWG, BR 1987, 51 ff. (zit. BR 1987); DERS., Die Vertragshaftung der Banken und ihre AVB, in: Emmenegger (Hrsg.), Bankhaftungsrecht, Basel 2006, 195 ff. (zit. Vetrragshaftung); ISLER, Allgemeine Geschäftsbedingungen (AGB) und Verkehrssitte, ZSR 1982, 377 ff.; KLEINER, Die allgemeinen Geschäftsbedingungen der Banken: Giro- und Kontokorrentvertrag, 2. Aufl., Zürich 1964; KLETT/HURNI, Eckpunkte der bisherigen bundesgerichtlichen AGB-Geltungskontrolle, recht 2012, 80 ff.; KOLLER TH., Einmal mehr – das Bundesgericht und seine verdeckte AGB-Inhaltskontrolle, AJP 2008, 943 ff. (zit. AJP 2008); DERS., Art. 8 UWG: Eine Auslegeordnung, in: Emmenegger (Hrsg.), Das Bankkonto, Basel 2013, 17 ff. (zit. Art. 8 UWG); KRAMER, Allgemeine Geschäftsbedingungen: Status quo, Zukunftsperspektiven, SJZ 81 (1985), 17 ff., 33 ff.; MAURENBRECHER, Die Vereinbarung der allgemeinen Geschäftsbedingungen der Banken, ZSR 1990, 173 ff.; MERZ, Massenvertrag und allgemeine Geschäftsbedingungen, in: FS Schönenberger, Freiburg 1968, 137 ff., 140, Anm. 5 (auch abgedruckt in: Bär et al., Ausgewählte Abhandlungen zum Privat- und Kartellrecht, FS für Hans Merz, 1977, 313–342); DERS., Le contrôle judiciaire des conditions générales du contrat en droit suisse, SJ 1975, 193 ff.; NOBEL, Temi scelti di diritto privato bancario, Rep 1993, 23 ff.; PATRY, Les contrats d'adhésion comme source de droit, ZBJV 91bis (1955), 367 ff.; ROBERTO/STEHLE, Zeitlicher Geltungsbereich von Art. 8 UWG, recht 2014, 235 ff.; RÜETSCHI, Zur Anwendung von Artikel 8 UWG auf altrechtliche Verträge, recht 2013, 106; SCHMID, Gewährleistungsbeschränkungen bei Grundstückverkäufen und Art. 8 UWG, BR 1989, 157 ff. (zit. BR 1989); DERS., Die Inhaltskontrolle Allgemeiner Geschäftsbedingungen, ZBJV 2012, 1 ff. (ZIT. ZBJV 2012); SCHULER, Über Grund und Grenzen der Geltung der allgemeinen Geschäftsbedingungen, Diss. Zürich 1978; STÖCKLI, UWG 8 – neues Recht gegen unfaire Verträge, in: Schweizerische Baurechtstagung 2013, Freiburg 2013, 171 ff.; THOUVENIN, Art. 8 UWG: Zur Strukturierung eines strukturlosen Tatbestandes, in: Jusletter vom 29.10.2012; WEBER, Allgemeine Geschäftsbedingungen der Banken – zum Problem der Grenzziehung, SAG 1984, 150 ff.; WESSNER, Les contrats d'adhésion: quelle protection pour la partie réputée la plus faible?, ZSR 1986, 161 ff.; WIEGAND, Die Rechtsbeziehung Bank-Kunde in der Schweiz, unter besonderer Berücksichtigung der AGB-Problematik, BTJP 1993, 129 ff.

Ausländische und rechtsvergleichende Literatur: GONZENBACH, Konsumenten-AGB und kein Ende – oder doch?, recht 1993, 28 ff.; GORLA, Allgemeine Geschäftsbedingungen und Formularverträge im italienischen Recht, BJM 1964, 261 ff.; KAMM, Freizeichnungsklauseln im deutschen und im schweizerischen Recht – ein Vergleich, Köln 1985; KÖTZ, Welche gesetzgeberischen Massnahmen empfehlen sich zum Schutz des Endverbrauchers gegenüber AGB und Formularverträgen? (dargestellt an Beispielen aus dem Kauf- und Werkvertrags- sowie dem Maklerrecht), Verhandlungen des 50. Deutschen Juristentages, I, München 1974; HUGUENIN, Allgemeine Geschäftsbedingungen in der Schweiz im Lichte der neuen EU-Richtlinie über missbräuchliche Klauseln in Verbraucherverträgen, recht 1995, 85 ff.; MERZ et al., Richterliche Kontrolle von Allgemeinen Geschäftsbedingungen: Verhandlungen der Fachgruppe für Grundlagenforschung und Zivilrechtsvergleichung anlässlich der Tagung für Rechtsvergleichung in Berlin vom 27. bis 30.9.1967, in: Arbeiten zur Rechtsvergleichung, Bd. 41, Frankfurt a.M. 1968; NEUMAYER, Zu Art. 8 des neuen UWG, eine rechtsvergleichende Analyse, BSR 1989, 185 ff.

1. Problemstellung und Begriff

a) Zweck, Erscheinungsformen

47 Zunehmend stellen einzelne Unternehmer für sich wie auch alle Unternehmer einer Branche gemeinsam **«Allgemeine Geschäftsbedingungen» (AGB)** auf, die ein für allemal bei sämtlichen im vorgesehenen Anwendungsbereich vorkommenden Vertragsschlüssen Geltung haben sollen. AGB können im Einzelfall durch die Vollständigkeit der getroffenen Lösung das Handhaben des Vertrages erleichtern. Im Vordergrund stehen Rationalisierungs- und Standardisierungszwecke, die Absicht, in jedem (wirtschaftlich für sich genommen vielleicht wenig bedeutungsvollen) Vertrag eine möglichst alle Eventualitäten abdeckende Regelung zu treffen. Bei übereinstimmenden AGB mehrerer Unternehmen sind regelmässig auch kartellistische Absichten im Spiel.

b) Abgrenzung

48 Verträge, die unter Einbezug von **AGB** geschlossen werden, **sowie Formularverträge, Standardverträge** (gelegentlich Reihen-, Serien-, Massenverträge, französisch *contrats d'adhésion*, englisch *standard form contracts*; s. etwa der in BGer, 10.11.2006, 4C.158/2006, E. 2.3 verwendete Vermögensverwaltungsvertrag) sind von folgenden Erscheinungen zu unterscheiden, die nicht als AGB zu qualifizieren sind:

49 – Verwendung von eingebürgerten **Vertragsmustern**, wie sie seit je von der Kautelarjurisprudenz entwickelt wurden und wie sie sich v.a. in der Notariatspraxis und insb. bei den öffentlicher Beurkundung unterworfenen Verträgen erhalten haben. Es fehlt hier das Element, dass der Text einseitig von der einen Partei eingeführt wird.
Nota: Die Verwendung überlieferter Vertragsmuster oder einzelner Klauseln hat ihre Probleme und birgt vor allem die Gefahr, dass der ursprüngliche Gehalt von den Vertragspartnern nicht gewollt (oft nicht einmal verstanden) wird. Meist müssen beide Vertragspartner nach dem Vertrauensprinzip (dazu N 15 ff.) den Urkundeninhalt, auch wenn sie ihn nicht verstanden haben, trotzdem gegen sich gelten lassen; das Gegenteil fällt nur in Betracht, wenn nachweislich beide Partner bei Vertragsschluss etwas vom Urkundentext Abweichendes gemeint und gewollt haben. Dazu ZK-Jäggi, N 496 f.; BGE 91 II 348 (restriktive Auslegung einer die kaufrechtliche Gewährleistung ausschaltenden Garantieklausel), BGE 60 II 444 (Handhabung der angeblich kaum mehr verstandenen Floskel «Nachwährschaft wird wegbedungen» im zürcherischen Grundstücksverkehr; dazu auch BGE 72 II 268; 83 II 408).

50 – Bezugnahme auf **kaufmännische Lieferklauseln und andere vorgegebene Regeln**, die ebenfalls nicht von einer Partei, sondern von Dritten aufgestellt sind. Beispiele sind vorab die Klauseln EXW (Ex Works), FCA (Free Carrier), CPT (Carriage Paid To), CIP (Carriage and Insurance Paid), DAT (Delivered At Terminal), DAP (Delivered At Place) und DDP (Delivered Duty Paid). Diese beruhen im Ausgangspunkt auf kaufmännischer Praxis. Die Internationale Handelskammer (IHK, Hauptsitz in Paris) hat erstmals 1936 eine Umschreibung der Bedeutung derartiger Klauseln (INCOTERMS, INternational COmmerical TERMS) versucht; die jetzige Fassung steht in Kraft seit 1.1.2011 (Drucksache Nr. 715/1 D der IHK, zit. «Incoterms 2010»). Die IHK-Umschreibungen haben «Geltung» nur dann, wenn die Parteien sich explizit auf diese berufen. In zunehmendem Mass besteht allerdings die Vermutung i.S. eines Verständnisses der Klauseln im Publikum (und damit der Parteien) i.S. des IHK-Beschriebs (dazu Bucher, BT, 137 ff.).
Ähnliche Grundsätze gelten auch für die sog. **SIA-Klauseln** (vgl. SJZ 89 [1993], 12, Nr. 1), wobei immerhin zu berücksichtigen ist, dass der SIA-Verband der einen der Vertragsparteien nahesteht (im Arbeitsrecht vgl. ZR 1990, 2 ff.).

c) In Frage gestellte inhaltliche Ausgewogenheit

Bedenken können sich ergeben aus dem Umstand, dass der Inhalt der Vertragsabrede nicht das Ergebnis von Verhandlungen, sondern einseitiger Anordnung ist. Regelmässig hat der AGB akzeptierende Vertragspartner («Kunde») keine Möglichkeit, andere Bedingungen auszuhandeln. Das Vorgehen wird grundsätzlich gerechtfertigt durch den Umstand, dass **individuelles Aushandeln** von Einzelheiten in den betroffenen Geschäftsbereichen zum vornherein **ausgeschlossen** ist und selbst bei gegebener Möglichkeit der Einflussnahme meist zu wenig Interesse bestünde, Abweichungen durchzusetzen (die Vertragsregeln betreffen überwiegend Fälle, deren Eintritt nicht erwartet wird: Unglück, Sachmängel, Prozessführung usw.). Dem Vertragsrecht ist aber die Aufgabe gestellt, zu verhindern, dass die Anwendung von AGB, die der Kunde, wenn bei Vertragsschluss deren Verwirklichung voraussehend, nicht geschlossen hätte und deren Vereinbarung und Durchsetzung durch den Verwender der AGB als verwerflich erscheint, nicht zu stossenden Lösungen führt (Kasuistik in N 58 ff.). **51**

2. Geltungsgrund

AGB machen zwischen den Parteien nur dann Recht, wenn sie durch Vereinbarung zum **Vertragsbestandteil** erhoben worden sind. Aufseiten des Aufstellers der AGB ist der Wille, diese zu vereinbaren, immer zu vermuten, nicht so jedoch beim Kunden. AGB gelten im Falle ausdrücklicher Vereinbarung (Unterzeichnung der die AGB enthaltenden Urkunden oder eines auf diese hinweisenden Textes mit Kleingedrucktem auf der Rückseite), darüber hinaus nach dem Vertrauensprinzip dann (und nur dann), wenn der Unternehmer aufgrund des Verhaltens des Kunden auf dessen Bereitschaft schliessen darf, sich den AGB zu unterziehen (evtl. Anschlagen des Textes im Geschäftslokal, allgemeines Bekanntsein in den betroffenen Geschäftskreisen usw.). **52**

Fehlt eine **ausdrückliche Bezugnahme auf AGB** im Rahmen des Vertragsschlusses, können diese nur bei Vorliegen einer klaren Indikation für die Bereitschaft des Kunden zur Unterwerfung als Vertragsbestandteil gelten, so etwa, wenn frühere entsprechende Verträge zwischen den gleichen Parteien unter Einbezug der AGB geschlossen wurden (BGE 77 II 154 E. 4), darüber hinaus kann Geltung nur erwogen werden, wenn aufgrund entsprechender öffentlicher Hinweise des Unternehmers im Publikum als bekannt vorausgesetzt werden kann, dass dieser nur unter bestimmten (von Interessierten einsehbaren) AGB kontrahieren wolle. **53**

Selbstverständlich ist, dass eine den AGB **widersprechende Individualabrede** vorgeht, und zwar auch dann, wenn sie bloss mündlich vereinbart wurde (BGE 70 II 212; 73 II 218; 81 II 346 E. 2; 87 II 234). Es kann sich aber das Problem der Vertretungsmacht stellen; nicht immer wird der Kunde annehmen dürfen, die «Frau am Schalter» sei berechtigt, von den AGB abweichende Vereinbarungen zu treffen. **54**

3. Hinweis auf sondergesetzliche Regelungen

In der Schweiz war bis anhin die Einführung einer grundsätzlichen gesetzlichen Regelung über die **Kontrolle von AGB** politisch nicht machbar. Zwar enthielt schon das bisherige UWG in Art. 8 eine Bezugnahme; danach handelte insb. unlauter, wer «vorformulierte allgemeine Geschäftsbedingungen verwendet, die in irreführender Weise zum Nachteil einer Vertragspartei: a) von der unmittelbar oder sinngemäss anwendbaren gesetzlichen Ordnung erheblich abweichen oder b) eine der Vertragsnatur erheblich widersprechende Verteilung von Rechten und Pflichten vorsehen». **55**

Durch die Restriktion auf irreführende AGB-Verwendung blieb der Artikel freilich toter Buchstabe. Durch die **Revision** (BBl 2011, 4926) wurde der Zusatz «in irreführender Weise» beseitigt und der Tatbestand neu formuliert per 1.7.2012 in Kraft gesetzt: «Unlauter handelt insbesondere, wer allgemeine Geschäftsbedingungen verwendet, die in Treu und Glauben verletzender Weise zum Nachteil der Konsumentinnen und Konsumenten ein erhebliches und ungerechtfertigtes Missverhältnis zwischen den vertraglichen Rechten und den vertraglichen Pflichten vorsehen.». Bei gewissen **Klauselgruppen** kann sich die Frage nach dem erheblichen Missverhältnis besonders stellen, so etwa bei Freizeichnungsklauseln, Abreden über die Verjährung, über die automatische Verlängerung befristetet geschlossener Abonnementsverträge sowie Rechtswahl-, Gerichtsstands- und Schiedsgerichtsklauseln (SCHMID, ZBJV 2012, 12 f.). Generell unzulässig sind sie indes auch unter dem revidierten Art. 8 UWG nicht (*obiter* BGE 140 III 404 E. 4.5), sondern nur deren missbräuchliche Verwendung.

Die Beschränkung der Inhaltskontrolle auf Konsumentenverträge ist freilich ebenso verfehlt wie die Normierung im UWG, dessen Zielrichtung der lautere Wettbewerb ist und nicht der Konsumentenschutz.

Übergangsbestimmungen enthält auch das revidierte UWG keine, weshalb das BGer jüngst gestützt auf Art. 1–4 SchlT ZBG zum Schluss kam, dass der neue Art. 8 UWG nicht auf AGB-Klauseln zurückwirke, die vor dem 1.7.2012 eine automatische Vertragsverlängerung auslösten (BGE 140 III 404 E. 3, 4). Offen blieb hingegen, wie unter altem Recht geschlossene Klauseln zu behandeln sind, die ihre Wirkung auf das Vertragsverhältnis erst nach Inkrafttreten der Revision entfalten (etwa: eine automatische Verlängerung bewirken; gegen eine Beurteilung nach neuem Recht LEEMANN/SCHLAGINHAUFEN/VISCHER, Revidierter Art. 8 UWG, Digitaler Rechtsprechungskommentar [dRSK] vom 7.11.2014; **a.M.** ROBERTO/STEHLE, recht 2014, 235 ff.; s.a. RÜETSCHI, recht 2013, 106).

Für die Mitgliedstaaten der EU gelten seit 1.1.1995 die Vorschriften der Richtlinie 93/13/EWG des Rates vom 5.4.1993 über missbräuchliche Klauseln in Verbraucherverträgen (ABl. L 95, 21.4.1993, 29).

56 Ausführliche Sondergesetzgebung bestand in Deutschland. Nachdem die Praxis versucht hatte, durch eine gewisse Inhaltskontrolle Abweichungen vom dispositiven Recht nur zuzulassen, wenn dessen «Gerechtigkeitsgehalt» nicht ausgeschaltet wurde, brachte **AGBG** (Gesetz zur Regelung des Rechts der Allgemeinen Geschäftsbedingungen) eine einlässliche, den Schutz des Kunden anstrebende Regelung. Mit der Schuldrechtsmodernisierung, die am 1.1.2002 in Kraft trat, wurde das AGBG aufgehoben und die materiell-rechtlichen Vorschriften weitgehend inhaltsgleich in das BGB aufgenommen (vgl. §§ 305–310). Dem Gericht ist es hier möglich eine Inhaltskontrolle vorzunehmen; danach können Bestimmungen in AGB, welche in Abweichung von dispositivem Gesetzesrecht Kunden «entgegen den Geboten von Treu und Glauben unangemessen benachteiligen», als unwirksam erklärt werden (§ 307 BGB), welche Generalklausel durch eine einlässliche Kasuistik einzelner unzulässiger Klauseln ergänzt wird (§§ 308, 309 BGB); zum Ganzen MK-BASEDOW, §§ 305–310 BGB.

57 In Österreich finden sich Regeln zu AGB im Konsumentenschutzgesetz (KSchG) vom 8.3.1979, in Frankreich in der loi «sur la protection et l'information des consommateurs de produits et de services» vom 10.1.1978, in Israel besteht eine Sondergesetzgebung seit 1964.

4. Schutz vor unbilligen AGB in der Schweiz

58 Zusätzlich zu den allgemeinen Gültigkeitsvoraussetzungen von Rechtsgeschäften sind zur Beurteilung von AGB-Klauseln auch in der Schweiz **sachtypische Einschränkungen** entwickelt worden (wobei die Anwendungsbereiche der einzelnen Regeln sich zuweilen überschneiden):

59 *Unklarheiten* gehen zu Lasten des Aufstellers von AGB (**«Unklarheitenregel»**, *ambiguitas contra stipulatorem*; BGE 133 III 61 E. 2.2 f.; 124 III 155 E. 1; 115 II 264 E. 5a f.); der Anwendungsbereich allgemein gefasster Regeln (Floskeln, *clauses de style*) ist möglichst eng zu fassen.

Soll es zu einer **Globalübernahme** von AGB kommen, also vorformulierte Bedingungen Vertragsinhalt werden, «die eine schwache oder unerfahrene Partei nach allgemeiner Erfahrung nicht liest, nicht zur Kenntnis nimmt oder in ihrer Tragweite nicht versteht» (zit. BGer, 15.12.2003, 4C.282/2003, E. 3.1), was grundsätzlich *zulässig* ist (so schon BGE 64 II 355 E. 2), sofern die AGB vor Vertragsschluss gelesen und verstanden werden können (BGE 109 II 452 E. 4), so greift die **«Ungewöhnlichkeitsregel»**: Danach sind AGB *nicht bindend*, wenn sie Regelungen aufweisen, mit denen der Betroffene nach den Umständen nicht rechnen muss, da diesfalls auch der die AGB statuierende Partner nicht auf deren Akzeptierung vertrauen darf. BGE 49 II 167 E. 6: Ungültigkeit einer Bürgschaftsklausel, die in einem Nebensatz einer umfangreichen Urkunde versteckt ist, unter nicht sehr geschäftsgewandten Personen; vgl. auch ZK-Jäggi, N 498 f. – BGE 108 II 416 E. 1; 109 II 213 E. 2a; 109 II 452; Pra 1994, 752 ff. – Der Grundsatz gilt auch im anglo-amerikanischen Bereich; Annahme einer *implied condition*, dass AGB keine Überraschungsklauseln enthalten: ein Bruch dieser fiktiven *condition* macht die Klausel nichtig *(void)*. – Zur Ungewöhnlichkeitsregel vgl. BGE vom 5.8.1993, in Pra 1994, 752 ff. (im Zusammenhang Versicherung bei Autovermietung unter dem Gesichtspunkt der Lesbarkeit). 60

Die Praxis stellt strenge Anforderungen an **Gerichtsstandsvereinbarungen** (vgl. auch Art. 17 ZPO): der Verzicht auf das Gericht am Wohnsitz bedarf «einer ausdrücklichen, von andern Vertragsbestimmungen deutlich abgehobenen Erklärung, deren Inhalt unmissverständlich ist und den Willen, einen andern Gerichtsstand zu begründen, klar und deutlich zum Ausdruck bringt [...]» (BGE 91 I 11 E. 3); BGE 98 Ia 314 E. 5 unterscheidet zwischen Gerichtsstandsklauseln, die schon in der Offerte auf Abschluss des Rechtsgeschäfts enthalten sind, und selbständigen, namentlich nachträglichen Abreden über die Zuständigkeit. BJM 1974, 118 ff.; BGE 93 I 323 E. 5 m.w.Nw.; SJZ 1955, 313, Nr. 161; ZK-Jäggi, N 500 ff. Diese konstante Praxis betrifft nicht den verzichtenden Geschäftsmann, für welchen die in einem schriftlichen Vertrag oder in AGB enthaltene Gerichtsstandsvereinbarung selbst dann verbindlich ist, wenn er sie nicht gelesen oder nicht verstanden hat; dazu SJZ 1976, 310, Nr. 94 m.Hw. auf BGE 91 I 11 E. 3b; 76 I 338 E. 4. 61

Schlechthin ungültig infolge expliziter Regel ist der **Verzicht auf** den **ordentlichen Gerichtsstand** bei *Konsumentenverträgen* (zum Begriff des **Konsumentenvertrags** noch unter dem aGestG BGE 132 II 268 E. 2.2.4: entscheidend ist, ob ein Vertragsverhältnis sich noch im Rahmen des *üblichen Gebrauchs bzw. Bedarfs bzw. Geschäftsganges eines Privathaushaltes* hält oder ob es z.B. einer Investition oder der Geldanlage dient, welche diesen Rahmen sprengt), bei der *Miete und der Pacht* von Wohnräumen und von beweglichen Sachen, die dem privaten Gebrauch dienen und vom Vermieter im Rahmen seiner gewerblichen Tätigkeit vermietet werden sowie im Bereich des *Arbeitsrechts* (Art. 35 ZPO); weitergehend die deutsche ZPO (§ 38), wonach – wenige Ausnahmefälle ausgenommen – vor Streitentstehung abgeschlossene Gerichtsstandsvereinbarungen unter Nichtkaufleuten unwirksam sind.

Ausdehnung dieser Grundsätze auf andere einschneidende AGB-Klauseln: Bsp. (übermässige Freizeichnung, Abwälzung der Beweislast etc.) bei Schneeberger, Über den kommerziellen Individualvertrag, SJZ 1969, 219 f. 62

- In der deutschen Praxis werden Klauseln über Umkehr der Beweislast für Umstände aus dem eigenen Verantwortungsbereich als unzulässig erachtet, vgl. BGHZ 41, 151. Zur *Abwälzung von Risiken aus der eigenen Sphäre* nun BGE 135 III 1, ungewöhnlicher Ausschluss des Kündigungsrecht des Versicherungsnehmers nach Vertragsanpassung aufgrund behördlicher Anordnung. Im Anwendungsbereich der Art. 100 Abs. 1 u. 2 und Art. 101 Abs. 3 (u.a. Banken: BGer, 24.10.2006, 4C.223/2005, E. 2.2; BGE 132 III 449 E. 2 = Pra 2007 195; BGE 112 II 450 E. 3 = Pra 1987 505) greift analog die dort aufgestellte Schranke, unabhängig von der Qualifikation als AGB (BGer, 23.2.2010, 4A_398/2009, E. 5.1.2; s.a BGer, 29.1.2008, 4A_438/2007, E. 5).
- Im Übrigen sind AGB unter dem Gesichtspunkt der *Unzulässigkeit* gem. Art. 20 OR und 63
  Art. 27 ZGB zu überprüfen, was in extremen Fällen stossenden Inhalts zur Annahme der

Unwirksamkeit der fraglichen Klausel führt. Einschränkung einer in AGB enthaltenen Pfandklausel für «alle […] noch erlaufenden Verbindlichkeiten» (BGE 51 II 273 E. 3), Ungültigkeit einer zum Voraus erteilten Zustimmung des Bürgen zu jedem Schuldnerwechsel (BGE 67 II 128); zum Ganzen ZK-Jäggi, N 509 ff. Zur Frage der Teilnichtigkeit vgl. Merz, FS Schönenberger, 159; ZK-Jäggi, N 483, 510 und grundlegend Spiro, Können übermässige Verpflichtungen oder Verfügungen in reduziertem Umfang aufrechterhalten werden? ZBJV 1952, 449 ff. Wenn eine unzulässige AGB-Klausel als nicht bestehend aufgefasst wird, ist im Bereich der entstandenen Lücke gerichtlicher Vertragsergänzung denkbar.

64 – Nichtgeltung von AGB wegen *Widerspruchs zum dispositiven Recht*? – Anders als die deutsche Rechtsprechung und die Regelung des BGB lässt sich die schweizerische Praxis nicht darauf ein, Abweichung von Vertragsabreden vom dispositiven Gesetzesrecht einer Inhaltskontrolle zu unterwerfen und eine moralische Rechtfertigung zu fordern, was in der Tat mit dem Gesetzestext von Art. 19 Abs. 2 auch nicht zu vereinbaren wäre. Indessen *scheitert freilich schon die gültige Globalübernahme* an der Ungewöhnlichkeitsregel (N 60), wenn eine (ungelesene) Klausel «zu einer wesentlichen Änderung des Vertragscharakters führen oder in erheblichem Masse aus dem gesetzlichen Rahmen des Vertragstypus fallen» würde (BGE 135 III 1 E. 2.1).

– Von Interesse ist, was BGHZ 41, 154 festhält: «der Gerechtigkeitsgehalt der vom Gesetzgeber aufgestellten Dispositivnormen kann verschieden gross sein. Je stärker er ist, ein desto strengerer Massstab muss an die Vereinbarkeit von Abweichungen in AGB mit dem Grundsatz von Treu und Glauben gelegt werden» (dazu weiterhin BGHZ 60, 243 ff.). Derartige Formeln sind inhaltslos, können aber in der Anwendung dazu führen, dass dispositive Normen wenigstens gegenüber AGB sich zwingenden Normen nähern, was nur ausnahmsweise annehmbar ist.

Statt nach dem «Gerechtigkeitsgehalt» einer dispositiven Norm wird besser danach gefragt, ob diese einen *gesetzgeberischen Ordnungswillen* verkörpern oder nicht (dazu Bucher, Ausschluss, 256). Bei differenzierender Betrachtung des dispositiven Rechts ist es angezeigt, bei Rechtssätzen, die einen gesetzgeberischen Ordnungswillen zum Ausdruck bringen, Abweichungen durch Parteiabsprache dann als wirksam zu betrachten, wenn die Parteien eine Individualabrede getroffen haben, welche den tatsächlichen Willen beider Parteien verkörpert, während bei verwendeten AGB Wegbedingung fallweise auf ihre Annehmbarkeit zu überprüfen wäre.

65 Zu einer **Inhaltskontrolle nach Art. 19 und 20 Abs. 1** (öffentliche Ordnung, Sittenwidrigkeit) mit (gegenüber Individualvereinbarungen) verschärften Anforderungen an AGB hat sich das BGer nicht durchgerungen (s. Koller, AJP 2008, 943 ff.; vgl. immerhin die Andeutung in BGE 109 II 213, 217), sich dieser aber durch zunehmend strenge Anwendung der Ungewöhnlichkeitsregel im Ergebnis bzw. auf verdecktem Wege immer weiter angenähert (BGE 135 III 1 E. 2.2, s. N 62; BGer, 20.4.2009, 4A_54/2009, E. 1; s.a. die nur neutral konstatierte offene Inhaltskontrolle der Vorinstanz in BGer, 29.1.2008, 4A_438/2007, E. 5.1). Zur Inhaltskontrolle unter Art. 100 f. s. N 62.

Eine Inhaltskontrolle sah nach deutschem und europäischem Vorbild auch **Art. 20a VE-VVG** (v. 31.7.2006) vor, wonach vorformulierte allgemeine Vertragsbedingungen unwirksam waren, wenn sie den Vertragspartner unangemessen benachteiligten. Das sollte nach Art. 20a Abs. 2 namentlich dann anzunehmen sein, wenn eine Bestimmung mit wesentlichen Grundsätzen der gesetzlichen Regelung, von der zu Lasten des Vertragspartners abgewichen werde, nicht zu vereinbaren sei. Der Gesetzgeber hat diesen Ansatz allerdings nicht weiterverfolgt, sondern Art. 8 UWG revidiert und durch Beseitigung des subjektiven Merkmals der irreführenden Absicht die Norm erst anwendbar gemacht (s. N 55).

5. Beidseitige Verwendung von AGB

Versuchen beide Vertragsparteien, ihre eigenen AGB zur Geltung zu bringen: **«battle of forms»**, so ist umstritten, ob überhaupt AGB zur Anwendung gelangen. Drei Theorien werden angeboten: **66**

a) **Theorie des «letzten Wortes»**: Ihr zufolge gelangen die AGB desjenigen Vertragspartners zur Anwendung, welcher in seiner Auftragsbestätigung auf seine AGB verwiesen und der andere Vertragspartner auf dieses Angebot nicht rechtzeitig Widerspruch erhoben hat. Diese Theorie wird allerdings überwiegend abgelehnt (vgl. EUGSTER, SJZ 1978, 344 f.; KRAMER, SJZ 1985, 20; befürwortend jedoch ZK-JÄGGI/GAUCH, Art. 18 OR N 469; GAUCH/SCHLUEP/SCHMID/EMMENEGGER, N 1135; zur *last shot rule* s. etwa auch UCC 2-207). **67**

b) Verzichtet nicht eine der Parteien ausdrücklich auf die eigenen AGB, so sind weder die AGB des einen noch des anderen Vertragspartners verbindlich. Es liegt **Partialdissens** vor (zur knock out rule etwa auch UCC 2-207). Anstelle der sich widersprechenden AGB tritt dispositives Recht (Teilnichtigkeit). Diese Theorie wird sowohl in Deutschland wie auch in der Schweiz als die herrschende betrachtet (vgl. FORSTMOSER, 118; KRAMER, SJZ 1985, 20; EUGSTER, SJZ 1978, 345). – Diese Regel hat manches für sich, verlangt aber nach *Einschränkung*: Ausschaltung der Geltung bloss, soweit ein unvereinbarer Widerspruch innerhalb der streitentscheidenden Klauseln besteht (z.B. Stipulierung verschiedener Gerichtsstände), nicht aber, wenn sie trotz Widerspruchs zum gleichen Ergebnis führen oder falls in der streitigen Frage (z.B. betr. Zahlungsmodalitäten, Gefahrtragung oder dgl.) zwar die AGB der einen, nicht jedoch jene der anderen Partei eine Bestimmung enthalten. **68**

c) Nach einer dritten, vom Kollisionsrecht inspirierten Auffassung gelangen die AGB derjenigen Partei zur Anwendung, welche die **vertragstypische Leistung** erbringt (dazu FORSTMOSER, 118). Meist zum gleichen Resultat würde die Regel führen, dass die AGB jener Partei den Vorrang haben sollen, deren Recht nach den massgeblichen IPR-Regeln anwendbar wäre. **69**

Art. 2

2. Betreffend Nebenpunkte

[1] Haben sich die Parteien über alle wesentlichen Punkte geeinigt, so wird vermutet, dass der Vorbehalt von Nebenpunkten die Verbindlichkeit des Vertrages nicht hindern solle.

[2] Kommt über die vorbehaltenen Nebenpunkte eine Vereinbarung nicht zustande, so hat der Richter über diese nach der Natur des Geschäftes zu entscheiden.

[3] Vorbehalten bleiben die Bestimmungen über die Form der Verträge.

2. Points secondaires réservés

[1] Si les parties se sont mises d'accord sur tous les points essentiels, le contrat est réputé conclu, lors même que des points secondaires ont été réservés.

[2] A défaut d'accord sur les points secondaires, le juge les règle en tenant compte de la nature de l'affaire.

[3] Sont réservées les dispositions qui régissent la forme des contrats.

2. Punti secondari

[1] Se i contraenti si accordarono su tutti i punti essenziali, il contratto si presume obbligatorio nonostante le riserve circa alcuni punti secondari.

[2] Non intervenendo alcun accordo sui punti secondari riservati, il giudice decide sui medesimi secondo la natura del negozio.

[3] Restano ferme le disposizioni sulla forma dei contratti.

Literatur

Bucher, Der Ausschluss dispositiven Gesetzesrechts durch vertragliche Absprachen – Bemerkungen zu den Erscheinungsformen dispositiver Rechtssätze, in: FS für Henri Deschenaux, Freiburg 1977, 249–269 (‹www.eugenbucher.ch› Nr. 19); Ehrlich, Das zwingende und nichtzwingende Recht im Bürgerlichen Gesetzbuch für das Deutsche Reich, Jena 1899; Ernst, Nisi aliud actum est. Zur Frage nach einem ius dispositivum im römischen Recht bis Justinian, in: Giaro (Hrsg.), Roman Law and Legal Knowledge: studies in memory of Henryk Kupiszewski, Warschau 2011, 61–86 (zit. Nisi aliud actum est); Henckel, Die ergänzende Vertragsauslegung, AcP 159 (1960/1961), 106–126; Piotet, Le complètement judiciare du contrat, ZSR 1961, 367; Sandrock, Zur ergänzenden Vertragsauslegung im materiellen und internationalen Schuldvertragsrecht: methodologische Untersuchungen zur Rechtsquellenlehre im Schuldvertragsrecht, Köln 1966; Yung, L'interprétation supplétive des contrats, ZBJV 97 (1961), 41–64.

I. Normzweck

1 Art. 2 ergänzt (in *favorem contractus*, d.h. zugunsten von Vertragsentstehung) den Grundsatz des Vertragsschlusses durch Regeln für den Fall, dass der vertragskonstituierende **Konsens bloss partiell** ist, mithin ein Punkt offen bleibt, über den die Parteien gesprochen, nicht jedoch eine Vereinbarung getroffen haben. Dabei bleibt vorausgesetzt, dass hinsichtlich der unentbehrlichen Elemente (der sog. *essentialia* [singular das *essentiale*] dazu Art. 1 N 22 ff.) Konsens besteht und die ausstehende Einigung allein entbehrliche Vertragsbestandteile betrifft. Art. 2 statuiert die Vermutung, dass die ausstehende Einigung in nebengeordneten Bereichen (bei im Übrigen gegebenem Konsens in den Hauptpunkten) nach dem Willen der Parteien die Vertragsentstehung nicht hindern soll, und definiert damit einengend das Ausmass vertragsnotwendigen Konsenses (Abs. 1).

Die Vermutung eines vertraglichen Verpflichtungswillens trotz offen gebliebener Nebenpunkte ist eine **beweisrechtliche Regel** und stellt die Autonomie der Parteien nicht in Frage: Es steht nicht nur der Nachweis erkennbar fehlenden Vertragswillens offen, sondern selbstverständlich auch, dass *einer der Partner* eine *Einigung in einem Nebenpunkt gefordert* und damit dieselbe zur Bedingung seines vertraglichen Bindungswillens gemacht hat; die durch Konsens hinsichtlich der Essentialia begründete Vermutung der Vertragsentstehung wird dadurch beseitigt.

Die Frage, ob die Vermutung der Vertragsgeltung i.S.v. Art. 2 Abs. 1 Bestand habe oder nicht, stellt sich nur bei darüber dissentierenden Parteien, d.h. im Falle, dass entweder der eine oder andere Partner den Bestand des Vertrages bestreitet. Unter der Voraussetzung, dass überhaupt ein regelungsbedürftiger Nebenpunkt i.S. von Abs. 1 erwiesen ist, kann der eine wie der andere Partner entweder die Vertragsgeltung insgesamt bestreiten oder Geltung des Vertrags mit dem von ihm behaupteten Inhalt durchsetzen wollen. Vor diesem Hintergrund ist die Entscheidbefugnis des Gerichts von Abs. 2 zu sehen.

II. Vorbehalt von Nebenpunkten (Abs. 1)

1. Ausgangspunkt

2 **Vermutung der Vertragsgeltung** i.S.v. Abs. 1 kann nur Platz greifen, wenn die das Zustandekommen des Vertrages beanspruchende Partei die Abgabe einer (nach dem Vertrauensprinzip beurteilten) *Willensäusserung* i.S.v. Art. 1 bewiesen hat und ebenso der Nachweis erbracht ist, dass auch der Partner einen korrespondierenden Verpflichtungswillen zum Ausdruck brachte. Die gegenüber derartigem Beweis zu erhebende Gegenbehauptung kann dahin gehen, dass über einen vom gegebenen Vertragskonsens nicht erfassten Punkt Verhandlungen geführt wurden. Die in Abs. 1 enthaltene Vermutung stellt i.E. eine Erschwerung des Gegenbeweises gegen das Zustandekommen des Vertrages in dem Sinne dar, als das Führen von ergebnislosen Verhandlungen bzw. die Formulierung eines ausdrücklichen Vorbehaltes in einem Nebenpunkt noch keinen hinreichenden Beweis gegen das Zustandekommen des Vertrages darstellt, vielmehr die den Vertrag leugnende Partei zusätzlich den Beweis erbringen

muss, dass die Nicht-Einigung im fraglichen Punkt für sie (und zwar für den Gegner erkennbar; Vertrauensprinzip) Voraussetzung des Vertragsschlusses darstellte.

2. *«Nebenpunkte»*

Nebenpunkte sind jene Elemente, die einerseits nicht notwendiges Konsenselement (*essentiale*; vgl. Art. 1 N 22 ff.) darstellen, anderseits subjektiv für einen Partner derartige Bedeutung haben, dass er ohne diesbezügliche Einigung den Vertrag zu schliessen nicht bereit ist. Während es bei den Essentialien um den Minimalinhalt eines Vertrages geht, steht hier das Interesse des die Einigung im Nebenpunkt fordernden Partners auf dem Spiel. Es sind daher nicht massgeblich objektive Gesichtspunkte, sondern die **subjektive Bedeutung** des fraglichen Punktes für den interessierten Partner. Fallweise Bewertung ist unvermeidlich. Hinsichtlich des die Vermutung von Abs. 1 umstossenden Beweises sind umso höhere Anforderungen zu stellen, je nebensächlicher der fragliche Punkt scheint, um so geringere, je bedeutsamer die Einigung für den interessierten Partner ist. 3

3. *Vorbehalt*

Nach einigen Autoren soll *«Vorbehalt»* i.S.v. Abs. 1 nur vorliegen und dann ein Vertrag trotz nachträglich nicht erreichter Einigung über vorbehaltene Nebenpunkte zustande kommen, wenn die Parteien darüber Konsens erzielt haben, dass im fraglichen Nebenpunkt erst nachträglich eine Einigung erzielt werden soll (vgl. von Tuhr/Peter, § 24 vor Anm. 70; ZK-Jäggi, N 20; BK-Kramer, N 15). Was die Vorstellung des historischen Gesetzgebers war, mag offen bleiben; der Sache nach sollte indessen die gesetzliche Vermutung des wirksamen Vertragsschlusses ebenso (oder erst recht) gelten, wenn die Parteien nachweislich zwar über einen bestimmten Punkt ergebnislos verhandelt haben, jedoch beim späteren Abschluss des Vertrages den noch offenen Punkt zu erwähnen nicht als notwendig erachteten. Umgekehrt hindert das Fehlen einer Einigung umso eher den beidseitigen Verpflichtungswillen, je deutlicher die Notwendigkeit einer derzeit noch ausstehender Einigung formuliert wird. 4

Die Regel von Abs. 1 betrifft auch den (wohl nicht häufigen) Fall eines *in sich widersprüchlichen Verhandlungsergebnisses*: Zwar muss in einem Punkte noch eine Einigung gefunden werden, der Vertrag aber trotz fehlenden Konsenses doch gelten. Die gesetzliche Vermutung zugunsten des Zustandekommens des Vertrages trotz fehlenden Konsenses in einem für die eine Partei wichtigen Punkt ist deshalb mit Zurückhaltung anzuwenden; die dem Gericht in Abs. 2 zuerkannte Entscheidbefugnis darf nicht leichthin angenommen werden.

III. Rechtsfolgen von Abs. 1. Ausweitende Anwendung des Grundsatzes

1. *Vermutung des Zustandekommens des Vertrages*

Ist der Primärbeweis des Vertragsschlusses (s. N 2) erbracht und der Gegenbeweis (dass über einen Nebenpunkt einigungslos verhandelt wurde und diese Einigung Voraussetzung des vertraglichen Bindungswillens der die Vertragsgeltung bestreitenden Partei darstellte) gescheitert, ist der Vertrag zustande gekommen mit dem Inhalt des nachgewiesenen Konsensinhaltes. Als Zeitpunkt des Vertragsschlusses gilt das Zustandekommen des Konsenses in den von ihm erfassten Punkten; die allfällige Einigung im vorbehaltenen Nebenpunkt (bzw. die gerichtliche Entscheidung i.S.v. Abs. 2) fällt bei der Zeitbestimmung ausser Betracht. 5

Soweit in der Auseinandersetzung der Parteien die offen gebliebenen Punkte wesentlich sind, muss i.S.v. Abs. 2 das Gericht (auf Klage der an einer Klarstellung der Verhältnisse interessierten Partei bzw. vorfrageweise im Forderungsprozess) den Vertrag **inhaltlich ergänzen** (Abs. 2; zu Methodenfragen s. N 8 ff.).

2. Ausweitende Anwendung von Abs. 1 und Abs. 2

a) Konsensmangel hinsichtlich Nebenpunkte hindert Vertragsgültigkeit nicht

6 Aus Abs. 1 lässt sich *a fortiori* ableiten, dass **Konsensmängel** irgendwelcher Art, soweit sich diese nicht auf Essentialia beziehen, die Gültigkeit des Vertrages nicht hindern; die einzige, aber ernst zu nehmende Ausnahme hievon bilden jene Fälle, in denen der eine Partner, für den Vertragsgegner erkennbar, die Einigung in einer bestimmten (objektiv möglicherweise unbedeutenden) Sachfrage explizit zur Bedingung des Vertragsschlusses gemacht hat.

Neben ausgebliebener Einigung – sei es, dass über den fraglichen Punkt (mit oder ohne Formulierung eines expliziten «Vorbehaltes») verhandelt wurde, sei es, dass die Parteien die Frage nicht berührten – kommt v.a. bei Vertragsschluss nicht erkannter **Dissens** in Frage; so auch von Tuhr/Peter, § 24/V. Trifft dies zu, muss dasselbe auch für *Willensmängel bez. eines Nebenpunktes* gelten; die mangelbehaftete Einigung im Nebenpunkt unterliegt der **Willensmängelanfechtung**, wobei durch diese nicht der Vertrag insgesamt, sondern vielmehr bloss die Vertragsregelung im Nebenpunkt vernichtet wird (was der diesbezüglichen Vertragsergänzung durch das Gericht i.S.v. Abs. 2 den Weg öffnet).

b) Zuständigkeit des Gerichts zur Vertragsergänzung (Abs. 2)

aa) Ausgangspunkt

7 Abs. 2, der ausdrücklich die Zuständigkeit des Gerichts zur «Entscheidung» über die vorbehaltenen Nebenpunkte statuiert, formuliert vorerst nichts anderes als einen ohnehin geltenden Grundsatz: Sämtliche von den Parteien nicht vereinbarten, indessen objektiv regelungsbedürftigen Punkte können und müssen, aufgrund seiner allgemeinen Zuständigkeit zur Streitentscheidung, vom Gericht (meist vorfrageweise bei der Entscheidung über Klagebegehren oder Verteidigungspositionen) festgelegt werden. In Betracht fallen, abgesehen von «Nebenpunkten» in irgendeiner Sinngebung, insb. auch die Regelung aussergewöhnlicher Ereignisse und Entwicklungen im Rahmen der Vertragsabwicklung, die an sich antizipierender vertraglicher Eventualregelung zugänglich gewesen wären, von den Parteien jedoch mangels Vorausschau nicht normiert wurden (zu den vom Gericht im Rahmen seiner Vertragsergänzung zu beobachtenden methodischen Grundsätzen vgl. N 8 ff).

bb) Möglichkeit gerichtlicher Vertragsergänzung bei «Vorbehalt»

Haben die Parteien zwar über einen Punkt (z.B. Zahlungsmodalitäten) verhandelt, aber keine Einigung erzielt, würden grundsätzlich mangels Konsens auch keine Vertragsregeln gelten. Wurde aber schliesslich trotzdem kontrahiert und hat der eine Partner i.S. eines Vorbehalts i.S.v. Art. 2 nachweisbar zum Ausdruck gebracht, dass eine Einigung im noch offenen Punkt erreicht werden müsse, konstituiert dies einen Anspruch des betreffenden Partners auf gerichtliche Ergänzung des Vertrages hinsichtlich der nicht einvernehmlich geregelten Vertragsbestimmung.

IV. Methodisches zur gerichtlichen Vertragsergänzung

1. Abgrenzung (gegenüber Vertragsauslegung, objektiver Rechtsfindung)

8 Nota: Bei den hier folgenden Bemerkungen zur Gewinnung des Vertragsinhalts durch gerichtliche Ergänzung muss der **prozessrechtliche Hintergrund** mit bedacht werden. Regelmässig wird wohl gelten, dass auch hier kontradiktorisches Verfahren gilt, d.h. das Gericht an die Parteianträge gebunden ist und nicht *ex officio* (d.h. ohne dahingehenden Antrag einer Partei) die ihm als beste scheinende Lösung zum Vertragsinhalt erheben darf.

Unter **Vertragsergänzung** i.w.S. wird hier das Statuieren einer Regelung verstanden, die von den Vertragsparteien bei Vertragsschluss hätte getroffen werden können, jedoch nicht getroffen wurde, die aber bei gegebener Streitsituation notwendig ist zur Vertragshandhabung, heisst hier, zur Entscheidung über die zwischen den Vertragsparteien entstandenen Streitigkeiten. Derartige Vertragsergänzung muss nach zwei Seiten abgegrenzt werden:

a) Gegenüber Auslegung des Vertrages

Da auch die Ergänzung des Vertrages als ein «Weiterdenken» der von den Parteien getroffenen Vereinbarung zu verstehen ist (dazu N 12 ff., insb. 13, 16), gehen Auslegung und Ergänzung eines Vertrages ineinander über und unterliegen weitgehend den gleichen Grundsätzen. Immerhin können im Rahmen der Vertragsabwicklung Probleme auftauchen, die von den Parteien nicht vorausgesehen werden konnten, daher auch deren Lösung nicht in die ursprüngliche Vereinbarung projiziert werden kann. **9**

b) Gegenüber Findung objektiven Rechts (Gesetzesauslegung bzw. -ergänzung)

Da die Gesetzesregeln des BT in erster Linie die Aufgabe haben, ergänzendes Vertragsrecht zu statuieren, d.h. vorsorglich jene Lösungen zu geben, die auch von den Parteien hätte getroffen werden können, aber erfahrungsgemäss häufig nicht getroffen werden, besteht Neigung, die **Füllung von Vertragslücken** als eine Aufgabe des objektiven Rechts zu betrachten und als das zu Ergänzende das Gesetz und nicht den Vertrag zu betrachten. Dem muss entgegengetreten werden: Gibt weder der Vertrag noch das Gesetz eine Lösung, ist **allein Erweiterung des Vertragsinhaltes** gefordert: Das Gericht darf *nicht modo legislatoris* überlegen und gestützt auf Art. 1 Abs. 2 ZGB fragen, welche Lösung objektiv die angemessenste und als solche generalisierungsfähig sei. Er soll den Interessen der vor ihm stehenden Parteien gerecht werden und sich dementsprechend in deren **Lage bei Vertragsschluss** versetzen; auch Leute mit seltsamen Ansichten haben Anspruch, den ihren Anschauungen am ehesten entsprechenden Vertrag zu haben. **10**

Das Gesagte relativierend ist festzuhalten, dass subjektive (d.h. die Interessenlage und Mentalität der betroffenen Parteien berücksichtigende) und objektive (auf Zweckmässigkeit und Angemessenheit i.A. ausgerichtete) Gesichtspunkte sich kaum durchgehend trennen lassen und sich gegenseitig ergänzen. Objektivierende Gesichtspunkte erlangen Bedeutung, wenn der zu beurteilende Vertrag sich eindeutig einem bestimmten Vertragstypus zuordnen lässt und die auftretende Sachfrage möglicherweise über den gegebenen Fall hinaus Bedeutung haben kann. Auf die subjektiven Elemente ist umso mehr abzustellen, je weniger der Vertrag sich einem bestimmten Typus zuordnen lässt und die aufkommende Sachfrage Einmaligkeitscharakter hat (vgl. auch YUNG, ZBJV 1961, 52 ff.). **11**

2. Methode der Vertragsergänzung

Die allgemeine *Vertragslehre* zu der Frage ist *bescheiden* (vgl. immerhin YUNG, ZBJV 1961, 41 ff.; SANDROCK, passim; PIOTET, ZSR 1961, 367; EHRLICH, passim; HENCKEL, AcP 1960/1961, 106 ff.; BUCHER, FS Deschenaux, 249 ff.); im Folgenden sind die in Betracht fallenden Gesichtspunkte anzudeuten (die genannten *Elemente sind* **hierarchisch** zu verstehen; jedes schliesst die nachfolgend genannten von der Anwendung aus, soweit es selber voll durchgreift): **12**

a) Vertragsauslegung i.w.S.

Ergibt die Wortinterpretation keine Antwort, muss eine **erweiterte Vertragsauslegung** Platz greifen. Diese soll, als «Weiterdenken des Vertrages», insb. die «wirtschaftliche Logik» der von den Parteien getroffenen Regelung verstehen und aus dieser heraus die aufkommenden Probleme angehen. In diesem Zusammenhang muss es als zulässig gelten, die (jeweils für **13** den Gegner erkennbaren) Erwartungen der Parteien bei Vertragsschluss und die durch dessen Abwicklung zu verwirklichenden Interessen bzw. zu behebenden Probleme zu berücksichtigen.

b) Dispositives Gesetzesrecht

14 Soweit solches besteht, erfordert es grundsätzlich Anwendung, falls Vertragsauslegung im weiteren Verständnis (s. lit. a) zu keiner Lösung führt. Insoweit kann auch nicht von einer Vertragslücke gesprochen werden, da das dispositive Recht von den Parteien als gegeben vorausgesetzt werden darf und insofern mittelbar zum Vertragsinhalt i.w.S. wird. Immerhin sollen diese Grundsätze nicht angewendet werden, soweit sich aus den Verhandlungen der Parteien ergibt, dass mindestens die eine nicht bereit war, eine dispositiv-rechtliche Regelung als vertragliche zu akzeptieren; i.S.v. Art. 2 Abs. 1 und 2 hat diesfalls das Gericht zu entscheiden, ob die Parteien, wenn sie bis zu Ende verhandelt hätten, die gesetzliche Regel akzeptiert oder aber wegbedungen bzw. durch eine andere ersetzt hätten (s. zum dispositiven Recht ERNST, Nisi aliud actum est, 61 ff.).

Nicht zutreffend kann die Regel sein, wonach dispositives Recht so lange Geltung habe, als nicht eindeutig eine wegbedingende Parteivereinbarung vorliege. Dies kann nicht richtig sein: zu unterscheiden ist, ob der gesetzlichen Regel ein gewisser Selbstwert zukommt als einer vom Gesetzgeber für sachlich angemessen gehaltenen Lösung, oder ob sie bloss statuiert ist im Interesse der Klarstellung der Verhältnisse und gestützt auf die Annahme, damit am ehesten die Anschauungen des Verkehrs zu treffen. In letzterem Fall sollen an die Wegbedingung weniger weitgehende Anforderungen gestellt werden, bereits genügen muss vielmehr der Nachweis abweichender Rechtsauffassungen der Parteien bzw. der einschlägigen Kreise, um die fraglichen dispositiven Gesetzesregeln auszuschalten (BUCHER, FS Deschenaux, 249 ff.).

c) Verkehrsanschauungen, Sitte und Brauchtum

15 Falls in der spezifischen Frage im Bereich der Parteien solche eindeutig nachweisbar sind, müssen die entsprechenden Regeln in mittelbarer Anwendung des Vertrauensprinzips als quasi-vertragliche Absprache Geltung haben; der Belastete hat sich ihnen durch sein Stillschweigen unterworfen (bei fehlender Bereitschaft der Unterwerfung hätte er dies durch expliziten Vorbehalt zum Ausdruck bringen müssen).

d) Vertragsergänzung aus der subjektiven Lage der Parteien bei Vertragsschluss

16 Auch hier mag die Formel gelten, dass das Gericht den Vertrag «weiterzudenken» habe: Massgeblich müssen sein die Umstände und die Interessen der Parteien bei Vertragsschluss; ebenso sind zu berücksichtigen die **Interessen- und Machtverhältnisse der Parteien** (dringendes Bedürfnis nach Abschluss des fraglichen Vertrages und daraus resultierende Konzessionsbereitschaft der einen oder anderen Partei). Nach Vertragsschluss eingetretene Ereignisse sind nicht zu beachten, vielmehr sind die Verhältnisse bei Vertragsschluss zugrunde zu legen. Nach diesen ist auch zu beurteilen, welche praktischen Massnahmen die Parteien, wenn sie die sich heute stellende Frage vorausgesehen hätten, ins Auge gefasst haben würden. Damit wird nicht ausgeschlossen, bei der Wahl der praktischen Lösungen Zweckmässigkeitsüberlegungen aus der im Urteilszeitpunkt gegebenen Lage heraus anzustellen.

e) Eigene Lösung des Gerichts gestützt auf bewertende Würdigung der subjektiven Verhältnisse der Parteien

17 Lässt sich eine Beantwortung der gestellten Frage aus dem Gesamtzusammenhang des Vertrages nicht erreichen, hat das Gericht bei seiner Entscheidung nach sachlicher Richtigkeit und Billigkeit zu fragen. Dabei ist immer noch auf die persönlichen Verhältnisse der Parteien

Rücksicht zu nehmen und nicht «objektiv» überlegend allein allgemeine Zweckmässigkeitserwägung anzustellen. Das Gericht hat nicht nach der Lösung zu fragen, die er für sich selber treffen würde, als vielmehr nach der Vereinbarung, welche die vor ihm stehenden Parteien ihrerseits sachgerechterweise getroffen hätten.

f) Objektivierende und generalisierende Sachentscheidung

Erst wenn die Berücksichtigung der vorangehend genannten Gesichtspunkte, insb. das Zurückgehen auf die Interessenlage und persönlichen Verhältnisse der Parteien (o. lit. d, e) keine hinreichenden Anhaltspunkte für die gerichtliche Entscheidung bieten, ist nach der objektiv besten, sachlich angemessensten Regelung zu fragen. Wird von der persönlichen Lage der Parteien und den Besonderheiten ihres Vertrages abgesehen und gefragt, welche Lösung bei gegebener Problemlage die richtige sei, nähert sich die Fragestellung der gerichtlichen Statuierung objektivrechtlicher Grundsätze i.S. der Füllung von Lücken innerhalb des (dispositiven) Gesetzesrechts (vgl. dazu die Bemerkungen bei N 10); die Lösung hat diesfalls dem Generalisierungspostulat von Art. 1 Abs. 2 ZGB zu genügen und die Richtlinie von Art. 1 Abs. 3 ZGB (Befolgung bewährter Lehre und Überlieferung) zu beachten. 18

Bei der Entscheidfindung sind auch die «*Verkehrssitte*» (sc. die Bräuche, Übungen und Rechtsanschauungen der **beteiligten Kreise**) zu berücksichtigen. Diese erlangen vorab Bedeutung als Indikator der bei den Parteien vorauszusetzenden Anschauungen (sofern sie nicht so sehr verfestigt sind, dass sie nach dem Vertrauensprinzip als unausgesprochener Vertragsinhalt zu gelten haben. Denn der sich ihnen nicht unterziehende Partner muss den Gegner orientieren, um Fehlerwartungen vorzubeugen (dazu N 15). Die genannten Verkehrsanschauungen der Beteiligten können sekundär (d.h. wenn wie hier andere Gesichtspunkte versagen) als Ausdruck einer sachgerechten Lösung gelten (in § 157 BGB, der für die «*Auslegung*» von Verträgen «*Rücksicht auf die Verkehrssitte*» fordert, sind wohl beide Gesichtspunkte gleichermassen eingeflossen). In ähnlichem Sinne ist auch auf das *übrige Gesetzesrecht* abzustellen und zu fragen, wieweit in anderen Zusammenhängen getroffene gesetzgeberische Entscheidungen sich analogieweise auf das gestellte Problem anwenden lassen. 19

Art. 3

II. Antrag und Annahme
1. Antrag mit Annahmefrist

1 Wer einem andern den Antrag zum Abschlusse eines Vertrages stellt und für die Annahme eine Frist setzt, bleibt bis zu deren Ablauf an den Antrag gebunden.

2 Er wird wieder frei, wenn eine Annahmeerklärung nicht vor Ablauf dieser Frist bei ihm eingetroffen ist.

II. Offre et acceptation
1. Offre avec délai pour accepter

1 Toute personne qui propose à une autre la conclusion d'un contrat en lui fixant un délai pour accepter, est liée par son offre jusqu'à l'expiration de ce délai.

2 Elle est déliée, si l'acceptation ne lui parvient pas avant l'expiration du délai.

II. Proposta ed accettazione
1. Proposta con termine per l'accettazione

1 Chi ha fatto ad altri la proposta d'un contratto fissando per l'accettazione un termine, resta vincolato alla proposta fino allo spirare del medesimo.

2 Egli rimane liberato, se entro questo termine non gli è giunta la dichiarazione di accettazione.

I. Funktion und Begriff von «Angebot» («Offerte»)

Angebot (im Folgenden meist **«Offerte»** oder, wie im BGB, **«Antrag»**) ist die verbindliche Erklärung des Willens zum Abschluss eines bestimmten Vertrages. Darin mitenthalten ist der vertragliche Verpflichtungswille, der freilich noch unter der Suspensivbedingung steht, dass der Adressat seinerseits Annahme erklärt, indem er rechtzeitig seinen mit der Offerte de- 1 ckungsgleichen Vertragswillen erklärt (kein vertraglicher Verpflichtungswille liegt vor bei internen Beschlüssen. Vgl. hiezu BGE 51 II 495 E. 1: Gemeindebeschluss kann widerrufen werden).

2 Zu den Voraussetzungen, unter denen eine Parteierklärung als Offerte zu qualifizieren ist, s. N 9 ff. Zur Terminologie s. N 3 ff.

Da der Offertempfänger binnen offener **Frist** (kann konkludent gesetzt werden, BGE 12 646 E. 6; s.a. Art. 4 und 5 und dortige Bemerkungen) durch einseitige Erklärung und allenfalls auch gegen den dannzumaligen Willen des Offerenten den vorgeschlagenen Vertrag zustande bringen kann, konstituiert die Offerte eine befristete Ermächtigung des Oblaten zu einseitiger Rechtsgestaltung.

II. Terminologisches. Unterbegriffe nach dem Kriterium der «Bindungswirkungen»

3 Offerte ist die verbindliche Erklärung des Vertragswillens unter der Suspensivbedingung einer rechtzeitigen deckungsgleichen Erklärung des Vertragswillens seitens der Gegenpartei; Annahme die korrespondierende Gegenerklärung des Offertempfängers, die den Vertrag entstehen lässt.
- **Offerte**, Angebot, Antrag;
- Personen: *Offerent/Oblat* oder: Anbieter/Angebotsempfänger oder: Antragender (Antragsteller)/Antragsempfänger;
- **Akzept**, Akzeptation, Annahme (sc. der Offerte);
- Personen: Akzeptant/Akzeptempfänger, oder Annehmender/Annahmeempfänger.

4 Vertragsschluss durch Austausch von Offerte und Akzept setzt **zeitliches Auseinanderfallen** der beidseitigen Vertragserklärungen voraus. Nach schweizerischem Verständnis ist die Erklärung des Offerenten **bindend** (nicht anders § 145 BGB, § 862 ABGB). Er kann die während einer bestimmten Dauer «offene» Offerte nicht zurücknehmen (zur Dauer der Gebundenheit s. Art. 5 N 5 ff.) und wird daher mit Eintreffen des Akzepts auch gebunden, wenn er seinen Abschlusswillen inzwischen aufgegeben hat. Zu unterscheiden von diesem **Normalfall** sind folgende **angrenzende** Fälle:

5 – **Offerte unter Widerrufsvorbehalt**. Die Regel der *«Bindung»* an die Offerte stellt dispositives Recht dar; sie kann durch Bemerkungen wie «Widerruf vorbehalten», «bis zu anderer Erklärung» oder dgl. *wegbedungen* werden. Zwar bleibt der Offerent zunächst gebunden. Er kann sich der Bindung aber entziehen, indem er seine Offerte bis zur allfälligen Annahme zurücknimmt. Dabei muss der Widerruf (die Rücknahme) der Offerte beim Oblaten eingehen, bevor dieser seine Annahmeerklärung absendet (**a.M.** BK-Schmidlin, Art. 7 OR N 13: vor «Zugang»), andernfalls ist der Offerent vertraglich gebunden. Der Vorbehalt der Widerruflichkeit in diesem engeren Sinn ist vergleichsweise selten. – Die Rechtslage der «Bindung bis Widerruf» gilt auch *in England* (*Byrne vs. Van Tienhoven* [1880], 5 C.P.D. 344). Hingegen sind im *englischen Sprachbereich bindende* Offerten grundsätzlich ausgeschlossen (Argument: fehlende *consideration*); Widerruflichkeit bedarf keines Vorbehalts, und unwiderrufliche Offerten sind dort grundsätzlich nicht möglich, sie seien denn durch einen wenn auch geringfügigen «Gegenvorteil» gerechtfertigt. Nach *französischer Doktrin* sind Offerten vermutungsweise widerruflich, indessen kann die Widerruflichkeit ausgeschlossen, Bindungswirkung durch entsprechende Erklärung in der Offerte eingeführt werden. In Art. 16 Abs. 1 WKR wird die Widerruflichkeit ebenfalls als allgemeine Regel statuiert; indessen ist eine unwiderrufliche Ausgestaltung hier wie in Frankreich ohne weiteres möglich.

6 – **Offerte unter Vorbehalt «freibleibend»**. Es ist durch Auslegung zu ermitteln, ob ein Widerrufsvorbehalt vorliegt, eine Einladung zur Offertstellung (Art. 7 N 1 ff.) mit oder ohne Ausschluss von Art. 6, oder gar ein Rücktritts- bzw. Kündigungsrecht nach Vertragsschluss (Gauch/Schluep/Schmid/Emmenegger N 424 f.; BK-Schmidlin Art. 7 OR N 14 ff.;

a.M. BSK OR I-BUCHER, 5. Aufl.: nur invitatio ad offerendum mit Ablehnungsmöglichkeit auf eine allfällige Offerte hin).

– **«Einladung zur Offertstellung»**. Siehe Art. 7 N 1 ff. **7**

Wie ein Vorbehalt im Einzelfall zu verstehen ist, ist durch Auslegung zu ermitteln. **8**

III. Voraussetzungen des Eintritts der Wirkungen der Offertstellung

1. Formelle Erfordernisse

Da Offertstellung und Akzepterklärung nichts anderes als **besondere Modalitäten** der vertraglichen Konsensbildung sind, teilen sie die allgemeine *Form- und Verfahrensfreiheit der Konsensbildung* (zum Sonderfall der formbedürftigen Geschäfte vgl. Art. 1 N 33). Das bedeutet insb., dass die Erklärungen der Parteien **konkludent** erfolgen können, so z.B. bei sog. **Realofferten**, die den Vertragsgegenstand (vorab zum Kauf) dem Adressaten körperlich vorhalten. **9**

Offerten sind *empfangsbedürftig* (so auch Art. 15 Abs. 1 WKR). Der *Grundsatz* hat indes kaum normativen Gehalt, sondern beschreibt vielmehr den faktischen Umstand, demgemäss nur annehmen kann, wer überhaupt um eine Offerte weiss. Seinen Ursprung dürfte er in einer vorpositivistischen Ära haben, um die Möglichkeit des Widerrufs der Offerte bis zu deren Eintreffen zu gewährleisten; heute Art. 9). Immerhin kann ihm indirekt die Regel entnommen werden, dass eine «Annahmeerklärung» vom Adressaten der Offerte (dem Oblaten) ausgehen muss und nur in Kenntnis der Offerte und bezogen auf diese möglich ist (vgl. Art. 1 N 15; N 19). **10**

2. Inhaltliche Erfordernisse

Die **Offerte** muss den Vertragsinhalt bereits *hinreichend bestimmen* (BGE 31 II 640 E. 3), namentlich den Mindest-Konsensinhalt, die sog. *essentialia negotii*, enthalten (vgl. Art. 1 N 20 ff.). Denn das **Akzept** muss grundsätzlich in einem *nicht qualifizierten* (d.h. an keinerlei Bedingungen geknüpften) *«Ja»* bestehen, damit es die Vertragsentstehung auslöst. Es kann seinerseits keine neuen wesentlichen Vertragselemente nachschieben (vgl. N 19 ff.). Diese Regel erfährt folgende **Einschränkungen**: **11**

– Die Offerte kann bei im Übrigen hinreichend bestimmten Vertragsbedingungen die Bestimmung eines wesentlichen/notwendigen Vertragselementes **dem Oblaten** überlassen, ihm insb. die Bestimmung des Umfangs der Vertragswirkungen (Vermietung für 1–3 Wochen, Lieferung von 2 bis 7 Tonnen usw.) anheimgeben. Erst recht sind **alternative** Offerten denkbar; ebenso ist, wie für die Bildung des Vertrags-Konsenses überhaupt (Art. 2), der Vorbehalt von **Nebenpunkten** möglich. All dies setzt voraus, dass der Offerent sich bereit erklärt, zum fraglichen Aspekt jede Entscheidung des Oblaten zu akzeptieren (z.B. jedes denkbare Quantum offerierter Ware zu liefern). **12**
– Die inhaltlichen Erfordernisse, der Umfang der unentbehrlichen *essentialia negotii* wechseln mit Zeitablauf und sind insb. je nachdem verschieden, ob die Parteien sich vor oder nach Vertragsabwicklung auseinandersetzen müssen (sc. in Streit kommen). *Vor Abwicklung eines Vertrages* und insb. in der Phase der Vertragsverhandlungen (bzw. im Streit, ob ein Vertrag zustande gekommen sei oder nicht) ist Willenseinigung der Parteien in Bereichen zu fordern, in denen nach Vertragsabwicklung darauf verzichtet werden kann. Dies ist bedeutsam vorab in der Frage der *Preisvereinbarung beim Kauf*: Diese ist bei noch nicht abgewickeltem Geschäft nicht zu entbehren und daher Gültigkeitsvoraussetzung des Vertrags, nicht jedoch, wenn die Parteien ungeachtet fehlender Preisvereinbarung die Vertragsleistung erbrachten und entgegennahmen und erst nach Übergang der Kaufsache uneins werden (dazu Art. 1 N 26).

3. Bestimmung des potentiellen Vertragspartners

13 Ein gültiger Vertrag setzt die eindeutige **Bestimmung von dessen Parteien** voraus. Die Offerte muss nicht notwendig an den in Betracht gezogenen Partner gerichtet sein, sondern kann auch an einen Dritten gehen, sei es, dass dieser für den anvisierten Vertragspartner handeln kann (als dessen Organ, als Stellvertreter aufgrund einer Bevollmächtigung bzw. Genehmigung des Vertragspartners), sei es, dass der Empfänger ermächtigt wird, die Offerte als solche mit Wirkung für den Offerenten an **andere Personen weiterzugeben** (in welchem Fall der erste Offertempfänger stellvertretend für den Offerenten handelt). Offert-Wirkungen (d.h. allfällige Vertragsentstehung auch gegen den Willen des Offerenten) treten nur ein, wenn der Offerent in seiner Umschreibung des Kreises potentieller Vertragspartner den schliesslich Annahme Erklärenden (den Vertragsschluss Behauptenden, die Parteistellung Beanspruchenden) eingeschlossen hatte und sich die Erklärung der Bereitschaft, mit dem Akzeptanten zu kontrahieren, entgegenhalten lassen muss.

Unter den genannten Voraussetzungen ist auch eine Offerte **«ad incertas personas»** möglich: der Offerent ermächtigt nicht seine(n) Offert-Adressaten zum obgenannten Vorgehen, sondern richtet selber seine Offerte an einen unbestimmten Personenkreis. Wenn auch selten vorkommend, ist es doch möglich, eine Verkaufsofferte bez. eines Unikates an jedermann oder wenigstens einen begrenzten Personenkreis zu richten und zum vornherein jedermann als Vertragspartner zu akzeptieren (vgl. hierzu BGE 80 II 26 E. 6; 45 II 162).

Diese Betrachtungsweise deckt insb. BGE 47 II 208, wo ein «**Schadlosversprechen** zu Gunsten unbestimmter Personen» (*i.c.* das Versprechen der Angehörigen eines Geisteskranken, abgegeben gegenüber einem kantonalen Justizdepartement, für von diesem angerichteten Schaden aufkommen zu wollen) als wirksam betrachtet wird; der Kreis der als potentielle Vertragspartner in Frage kommenden ist hier durch das Erfordernis des Schadenseintritts bestimmt, wobei eine Offerte unter Ausschluss zeitlicher Limitierung gestellt werden konnte (dazu auch BGE 45 II 162).

14 Wenn bloss **ein** Vertrag erfüllbar ist (z.B. ein Unikat zum Verkauf steht) oder der Offerent erklärtermassen bloss einen einzelnen Vertrag schliessen will, ist durch Auslegung der an mehrere gerichteten Offerte zu bestimmen, welche von mehreren Annahme-Erklärungen den gültigen Vertrag konstituiert. Mangels anderer Regeln wird die *Zeitpriorität der Annahmemitteilung* über die Wirksamkeit zu entscheiden haben. Falls nicht nach eindeutigen Kriterien entschieden werden kann, wer von mehreren Akzeptanten gültig kontrahiert hat, ist *überhaupt kein Vertrag* zustande gekommen (sodass dem Offerenten die Möglichkeit verbleibt, mit dem ihm genehmsten Prätendenten neu und individuell zu kontrahieren). Bei Kenntnis der Offertempfänger von der Ausweitung des Adressatenkreises und der Beschränkung auf einen einzigen Vertragsschluss wird man *oft ein Wahlrecht des Offerenten* annehmen müssen; dessen «Offerte» nähert sich dann der «Einladung zur Offertstellung» (s. Art. 7 N 1 u. 7 ff.). – Falls die Offerte nicht an jedermann, wohl aber an eine Mehrzahl von Personen gerichtet ist, die, anders als oben, keine Kenntnis von den Parallelofferten haben, kommen im Falle mehrerer Akzepte auch mehrere Verträge zustande (was Ausfluss des «Vertrauensprinzips» darstellt und mit einer konsequent «voluntaristischen» Konzeption des Vertrags nicht zu begründen wäre); der Offerent, der nur einen Vertrag erfüllen kann bzw. will, steht in Vertragshaftung wegen Nichterfüllung gegenüber allen leer Ausgehenden.

4. Freiheit der Gestaltung des Inhalts der Offerte

15 Ungeachtet des Erfordernisses inhaltlicher Bestimmtheit (N 9 ff.) ist der Offerent in der inhaltlichen **Gestaltung** frei. Nicht nur kann er sein Angebot im Rahmen der allgemeinen Vertragsfreiheit nach Belieben ausgestalten (unter Vorbehalt der Unwirksamkeit aufgrund objektivrechtlicher Gesichtspunkte; etwa Art. 20); er kann auch die Tragweite («Bindungswirkung») der Offerte willkürlich bestimmen (N 11; vgl. Komm. zu Art. 5).

Die Offerte kann unter **beliebige Bedingungen** gestellt (d.h. die Vertragsentstehung an die Voraussetzung des Eintritts oder Nichteintritts bestimmter Bedingungen geknüpft) werden. Diese Bedingungen können objektive oder in der Macht Dritter stehende Ereignisse sein, diese eingeordnet in einen Zeitrahmen (Ausbruch oder Nichtausbruch eines Krieges, Ausgang einer Volksabstimmung, bestimmte Kursrelation zu einem gegebenen Zeitpunkt zweier Währungen, eine geschäftliche Disposition Dritter, [Nicht-]Eröffnung eines Konkurses, Zustimmung eines Dritten zum vorgeschlagenen Geschäft oder was auch immer); besonders wichtig ist die Statuierung der Bedingung bestimmter faktischer Verhaltensweisen des Offertempfängers (Bsp. s. N 21). **16**

IV. «Gebundenheit» des Offerenten

«Gebundenheit» bedeutet keine rechtliche Bindung i.e.S., also keine «Obligation», sondern umschreibt die Sachlage, dass infolge «offener» Offerte der Oblat selbst gegen den Willen des Offerenten einen Vertrag zustande bringen kann, der dann seinerseits Pflichten begründet. – Zur Dauer der Offert-Bindung s. Komm. zu Art. 5, insb. N 5–16 zur Verhinderung des Eintritts der Wirkung einer (bindenden) Offerte vor deren Kenntnisnahme durch den Oblaten vgl. Komm. zu Art. 9. **17**

Die Offerte «erlischt» (sc. kann nicht mehr angenommen werden) im Falle **der Zurückweisung** (Ablehnung) seitens des Adressaten (was u.U. auch durch die Unterbreitung einer Gegenofferte erfolgen kann, vgl. N 23 f.; bei Unklarheit ist das Vertrauensprinzip massgebend, BGer, 31.10.2007, 4C.409/2007, E. 4.1). **18**

Nach verbreiteter Auffassung kann die Bindung an die Offerte auch dann, wenn es nicht zum Vertragsschluss kommt, Schadenersatzansprüche gem. Art. 97 auslösen, wenn der Offerent während «offener» Offerte zum Nachteil des Oblaten die der Offerte zugrunde liegende Ausgangslage verändert, z.B. die angebotene Sache verbraucht, an Dritte übereignet oder sonstwie die angebotene Leistung beeinträchtigt oder unmöglich macht (vgl. BK-Schmidlin, N 26; ZK-Jäggi, N 43). In der Regel werden derartige Ansprüche wohl ein binnen noch offener Frist erklärtes Akzept des Oblaten voraussetzen, die im Falle noch möglicher (verschlechterter) Erfüllung einen **Vertrag** (im Falle der Unmöglichkeit immerhin einen «Quasi-Vertrag») **zustande kommen lässt**.

V. Annahmeerklärung

1. Form der Erklärung des Kontrahierungswillens. Stillschweigende Annahme

Die Erklärung der **Annahme** (Akzept) muss eindeutig und vorbehaltlos den Vertragswillen zum Ausdruck bringen, dies in Kenntnis und unter Bezugnahme auf die unterbreitete Offerte (vgl. Art. 1 N 15). **19**

Sie kann, wie die Offerte (vgl. N 9 f.) formfrei und konkludent (Art. 6, z.B. durch Entgegennahme einer Teillieferung) erfolgen (BGer, 18.5.2006, 4C.162/2005, E. 2.3). **20**

Der Offerent kann die Vertragsentstehung nicht bloss vom Akzept, sondern auch von bestimmten Leistungen oder **Verhaltensweisen des Oblaten abhängig** machen (N 16), wie Eröffnung eines Akkreditivs, Beibringung der Zustimmung eines Dritten, Abbruch von Vertragsverhandlungen mit Dritten. In diesen Fällen bleibt die Annahmeerklärung bei ausgebliebener Erfüllung der fraglichen Bedingung ohne Wirkung (vgl. hierzu auch ZR 1919, 99 ff., Nr. 53). Dies selbst im Falle der Sittenwidrigkeit des Inhalts (sc. der Bedingung bzw. deren Erfüllung). Nur im entgegengesetzten Fall (d.h. bei erfüllter sittenwidriger Bedingung) kann gefragt werden, ob der Vertrag, dessen Zustandekommen an eine sittenwidrige Bedingung oder Ereignis geknüpft ist, vor Art. 20 Bestand habe. **21**

2. «Qualifizierende» Annahmeerklärung (Beifügung von Bedingungen, Zusatzelementen zum Vertragsinhalt)

a) Grundsatz

22 Eine Annahmeerklärung muss «unqualifiziert» sein (N 11), d.h. **ohne Vorbehalt** erfolgen und den *Abschlusswillen eindeutig* zum Ausdruck bringen (§ 909 PGB: «Nur die reine, nicht auch eine bedingte oder beschränkte Annahme bringt den Vertrag zum Abschluss.»). Darüber hinausgehende Inhaltsbestimmungen sind nur soweit zulässig, als die Offerte eine *Entscheidermächtigung* einräumt (Bestimmung des Quantums oder dgl.; vgl. N 12).

Im Folgenden werden verschiedene Sachverhalte betrachtet, die **von diesem Grundsatz abweichen**. Ihnen ist gemeinsam, dass die *fraglichen Erklärungen keinen Vertragsschluss bewirken*, d.h. die Annahmeerklärung die charakteristische Rechtsfolge vorerst verfehlt. Da indessen der den Vertragseintritt hindernde Mangel durch Zustimmung der Gegenpartei (sc. des Offerenten) geheilt werden kann, ist derartigen Willenserklärungen i.d.R. die *Wirkung einer Offertstellung zuzuerkennen* (so explizit BGE 38 II 90 E. 2; Art. 19 Abs. 1 WKR und § 150 Abs. 2 BGB; dazu auch BGE 31 II 640 E. 4).

b) Beifügung von Elementen (Bedingungen) des Vertragsinhaltes

23 Falls der Oblat seinem «Akzept» *Änderungen* materieller Art beifügt («Kaufe das mir angebotene Objekt, will jedoch gerne annehmen, dass Sie mir auf den Preis einen Nachlass von 15% gewähren»), liegt darin nicht bloss keine vertragsauslösende Annahme der Offerte, vielmehr deren **Ablehnung** (mit Wirkung des Erlöschens der Offerte; N 18), denn es wird zum Ausdruck gebracht, dass die Offerte in gestellter Form nicht akzeptiert wird (so explizit Art. 19 Abs. 1 WKR). Dies gilt erst recht, wenn die Modifikationen in Gestalt einer *förmlichen Bedingung* (sc. jene der Zustimmung des Offerenten) formuliert sind («Kaufe unter der Voraussetzung eines Preisnachlasses von 15%» und dgl.); gleiche Bedeutung hat grundsätzlich die *Beifügung jeglichen inhaltlichen Elements* (z.B. betr. Zahlungsbedingungen, Rechtswahl, Farbe oder Verpackung des Vertragsgegenstandes, sodann insb. Verweisung auf die eigenen allgemeinen Geschäftsbedingungen; vgl. dazu Art. 1 N 47 ff.; zur Frage der Kollision sich inhaltlich widersprechender AGB vgl. Art. 1 N 66–69). – «Qualifizierung» des Akzepts i.S. der Beifügung von Bedingungen und inhaltlichen Zusatzelementen lässt die als Annahme deklarierte Willenserklärung ihrerseits zu einer **Gegenofferte** werden. Wenn diese Zusätze nicht den Preis oder sonstige Leistungsinhalte, sondern **Nebenelemente** betreffen, ist bei **Schweigen** des ersten Offerenten auf die «Pseudo-Annahmeerklärung» oft dessen Zustimmung (sc. **Annahme der Gegenofferte**) anzunehmen (vgl. Art. 6 insb. N 17, sowie Art. 19 Abs. 2 WKR; dazu auch Art. 2).

24 Die Offerte ist nur erloschen, wenn die Antwort des Offertempfängers zum Ausdruck bringt, dass die Offerte in gestellter Form nicht interessiere, und das unterbreitete Gegenangebot den Vertragswillen darstelle. Anders dagegen bei einer **blossen Rückfrage** *des Oblaten* (Anfrage, ob nicht ein Preisnachlass, andere Zahlungsbedingungen oder Lieferfristen möglich wären oder dgl.), in welchem Fall die Möglichkeit der Annahme der Offerte offen bleibt.

25 Die Offerte erlischt auch dann, wenn der Angebotsempfänger seine Stellungnahme als Akzept darstellt, also unterdrückt, dass er vertragshindernde Neuerungen beifügt, und so implizit das Zustandekommen eines Vertrages behauptet obwohl er **Inhalte von mehr als untergeordneter Bedeutung beigefügt** hat. In diesem Fall ist ein Widerspruch des Erstofferenten (und Zweit-Oblaten), wenn er nicht einverstanden ist, nicht vonnöten. Hingegen kommt es auch **ohne explizite Ablehnung** zur Annahme der Zweitofferte im Falle der Beifügung von untergeordneter Bedeutung, da hier stillschweigendes Akzept angenommen werden darf (vgl. Art. 6).

c) Bestätigungsschreiben

Die genannten Grundsätze sind sinngemäss auch auf **«Bestätigungsschreiben»** (s. Art. 6 N 22 ff.) anzuwenden, die einen bereits früher (mündlich) geschlossenen Vertrag schriftlich fixieren. Sofern darin enthaltene Präzisierungen, Ergänzungen und Zusätze nur unwesentlich vom mündlich vereinbarten abweichen, tritt bei unterbliebenem Widerspruch des Partners nicht bloss eine Vermutung für die Richtigkeit der Darstellung des Bestätigungsschreibens ein, sondern es kann auch eine materielle rechtsgestaltende Wirkung der stillschweigenden Annahme der vom Schreibenden eingebrachten Modifikationen angenommen werden (vgl. dazu BUCHER, AT, 142; teilweise abw. BGE 71 II 223 [dazu auch BGE 100 II 20]). Vgl. zu den Schranken dieses Grundsatzes (sc. dessen Nichtanwendung bei eingreifenden Modifikationen) Art. 19 Abs. 2 WKR; BGE 114 II 250. 26

d) Beifügung formaler (d.h. den Abschlusswillen betreffender) Bedingungen

Anders als in den Fällen vorstehend lit. b und c kann die der Annahme beigefügte Bedingung an Stelle des Vertragsinhalts den *Abschlusswillen* betreffen. Insgesamt ist dies grundsätzlich möglich und lässt im Falle eines für den Vertragsschluss entscheidenden Bedingungseintritts den Vertrag zustande kommen, dies allerdings unter der Voraussetzung, dass **der Offerent vor Verfall seiner Offerte sichere Kenntnis** vom Bedingungseintritt erhält. Denkbar sind etwa folgende Fälle: 27

- Das Akzept soll nur wirksam sein bei Zustimmung eines Dritten;
- Der Akzeptant behält sich für die Dauer der offenen Offerte den Widerruf seines Akzepts vor (was der für die Offerte geltenden Regelung des Art. 7 entspricht und der Einführung einer auflösenden Bedingung gleichkommt), was den Offerenten nicht schlechter stellt, als wenn er im Zeitpunkt unmittelbar vor Verfall der Offerte ein Akzept ohne beigefügte Bedingung erhielte;
- Das Akzept wird unter eine Potestativ-Bedingung gestellt, also abhängig gemacht vom Verhalten des Offerenten selber, des Akzeptanten oder Dritter (z.B. «Der Kran soll gekauft sein, wenn in der Bauvergabe X mir der Zuschlag erteilt wird»);
- Das Akzept wird an kasuelle Bedingungen geknüpft («Vertrag soll gelten, wenn der Dollar am Tage X über Franken Y steht»).

Erlangt der **Offerent erst nach Verfall seiner Offerte Kenntnis** von der Verwirklichung der gestellten Bedingung, wird die als Annahme unwirksame Erklärung zur Gegenofferte.

Art. 4

2. Antrag ohne Annahmefrist
a. Unter Anwesenden

[1] Wird der Antrag ohne Bestimmung einer Frist an einen Anwesenden gestellt und nicht sogleich angenommen, so ist der Antragsteller nicht weiter gebunden.

[2] Wenn die Vertragschliessenden oder ihre Bevollmächtigten sich persönlich des Telefons bedienen, so gilt der Vertrag als unter Anwesenden abgeschlossen.

2. Offre sans délai pour accepter
a. Entre présents

[1] Lorsque l'offre a été faite à une personne présente, sans fixation d'un délai pour l'accepter, l'auteur de l'offre est délié si l'acceptation n'a pas lieu immédiatement.

[2] Les contrats conclus par téléphone sont censés faits entre présents, si les parties ou leurs mandataires ont été personnellement en communication.

2. Proposta senza termine
a. Fra presenti

[1] La proposta fatta a persona presente senza fissare un termine cessa di essere obbligatoria se l'accettazione non segue incontanente.

[2] Se le parti od i loro mandatari si sono personalmente serviti del telefono, il contratto si intende concluso tra presenti.

Literatur

BERGER-STEINER, Das Beweismass im Privatrecht, Diss. Bern 2008.

I. Allgemeines

1. Normzweck

1 Art. 4 Abs. 1 begründet die **gesetzliche Vermutung** (N 7), dass bei **mündlichen Verhandlungen** der **Offertcharakter** des unterbreiteten Angebots bei nicht sofortiger Annahme **sogleich wieder endet**; der Erklärende mithin nicht bereit sei, das Angebot für weitere Zeit offen zu halten. Vor allem soll ausgeschlossen werden, dass die Vertragsschlussregeln von Art. 3 bzw. 5–9 auf Verhandlungen *inter praesentes* angewendet werden.

2 Anders als Art. 3 (Vertragsschluss durch zeitlich gestreckten Austausch von Angebot und Annahme) ist Art. 4 primär auf **Verhandeln unter Anwesenden** ausgerichtet und betrifft die dabei *mündlich* vorgetragene Standpunkte.

Schriftlich fixierte Angebote, auch wenn sie im Rahmen persönlicher Besprechungen übergeben werden, verlassen diesen Rahmen; es entfällt die Vermutung von Art. 4: Es ist erneut nach den allgemeinen Grundsätzen und nach den Umständen zu entscheiden, ob (falls ja, in welchem Zeitrahmen) der Offerent an sein schriftlich fixiertes Angebot gebunden bleibt. Ähnlich auch MK-KRAMER, § 147 BGB N 4.

2. Anwendungsbereich

3 Art. 4 stellt eine Regel für **Vertragsverhandlungen unter Anwesenden** auf. Der körperlichen Anwesenheit wird die Verbindung durch Telefon gleichgestellt (einschliesslich Varianten von elektronischer Direktkommunikation (derzeit etwa «Skype» oder dgl.). Nicht erfasst werden grundsätzlich Verbindungen durch Telex, Telefax, E-Mail und dgl. (obwohl i.E. Annäherung möglich; dazu auch Art. 5 N 8).

4 Vorausgesetzt ist sodann die beidseitige **Beteiligung kontrahierungsfähiger Partner**, d.h. der (geschäftsfähigen) Vertragspartner selber oder der Personen, die als Stellvertreter, Prokuristen oder Organe für die Vertragspartei abschliessen können (Nota: Massgeblich für die Vertretungsmacht ist bei Organen juristischer Personen und Prokuristen nicht der Bereich interner Ermächtigungen und Instruktionen, sondern die im Aussenverhältnis geltenden objektivrechtlichen, in den genannten Beispielen vom Gesetzgeber festgeschriebenen Grundsätze; vgl. Art. 458–465 OR für den Prokuristen; Art. 55 ZGB für juristische Personen i.A.; Art. 718–721 für AG, Art. 814 für GmbH, Art. 898–901 für Genossenschaft). Fehlt es an der Kontrahierungsbefugnis, wird der Verhandelnde zum **Boten**, während die Verhandlungen zwischen den präsumtiven Vertragspartnern als solche *unter Abwesenden* zu qualifizieren sind (dazu auch MK-KRAMER, § 147 BGB N 4).

II. Rückschlüsse auf Anforderungen an Vertragsschlüsse unter Anwesenden

5 Obwohl nur von negativem Gehalt (Limitierung der Offerte-Regeln für Verhandlungen *inter praesentes*; N 1) ergeben sich durch Umkehrschluss aus der Norm von Art. 4 die an einen Vertragsschluss unter Anwesenden gestellten Anforderungen. Es wird verlangt, dass ein Vertragsangebot **sogleich angenommen** wird. Das bedeutet, dass die Annahme im Rahmen *laufender, nicht unterbrochener* Verhandlungen ausgesprochen werden muss.

Ein **Unterbruch** unter Zugestehen einer «Bedenkzeit» würde Stellen einer (wenig länger) befristeten Offerte bedeuten (**a.M.** BSK OR I-BUCHER, 5. Aufl., der nur hierin überhaupt eine Befristung und damit eine echte Offerte sieht; dagegen etwa KOLLER A., OR AT, § 7 N 38, der zu Recht auch beim Vertragsschluss unter Anwesenden eine «minimale Bindungsfrist» annimmt: die Verhandlungsdauer ist durchaus als **bestimmbare Frist** zu werten).

Innerhalb der Verhandlungen selbst entscheidet primär die Art der Verhandlungsführung des Offerenten (bzw. der von ihm geschaffene Anschein, der nach dem **Vertrauensprinzip** massgeblich ist; vgl. Art. 1 N 5 ff.), in welchem Umfang Atempausen, thematische Abschweifungen oder Kaffeepausen möglich sind, ohne dass sein Im-Wort-Stehen beendigt bzw. die Annahme später ausgeschlossen wird.

Beim **Telefongespräch** hindern *technisch bedingte Unterbrechungen* des Gesprächs den Vertragsschluss unter Anwesenden nur dann nicht, falls die *Wiederaufnahme* der Verhandlungen (und mündliche Annahme) *unmittelbar* danach erfolgt; so BK-Schmidlin, N 9. Nach **a.A.** geht die Unterbrechung der Telefonverbindung nach Wirksamwerden des Antrags zu Lasten des Offerenten, der in Bindung bleibt, auch wenn das Gespräch nicht wieder aufgenommen wird (so Staudinger-Bork, § 147 BGB N 6; RGZ 104, 235). 6

III. Art. 4 als Beweislast-Regel

Hauptzweck der Bestimmung von Art. 4 ist es, die **gesetzliche Vermutung** (vgl. Berger-Steiner, N 02.10) aufzustellen, dass im Rahmen mündlicher Verhandlungen **inter praesentes** unterbreitete Vorschläge nur im Falle **sofortiger Annahme** eine rechtliche Wirkung (sc. Vertragsschluss) auslösen und andernfalls folgenlos bleiben. Hiergegen kann nur entweder **Gegenbeweis** gegen die *Vermutungsbasis* geführt werden, indem die gerichtliche Überzeugung erschüttert wird, dass die Verhandlung unter Anwesenden stattgefunden habe. Oder es gelingt der **Beweis des Gegenteils**, d.h. die Widerlegung der *Vermutungsfolge* selbst, indem das Gericht davon überzeugt wird, dass die Offerte über die Verhandlung hinaus Bindungswirkung behielt (Berger-Steiner, N 02.41 f. m.w.H.). Nur in diesem letzten Fall findet eine **Umkehr der Beweislast** i.S.v. Art. 8 ZGB statt. 7

Somit hat der Offertempfänger, der aufgrund seines angeblichen Akzepts Vertragsentstehung beansprucht, den behaupteten zeitlichen Umfang der Bindungswirkung zu beweisen bzw. die Folgen der Beweislosigkeit (kein Vertragsschluss) zu tragen. Er kann etwa den Nachweis erbringen, dass der Verhandlungspartner sein Angebot **für eine bestimmte Zeit über die laufende Verhandlung hinaus** bindend oder auch widerruflich ausgestaltet hat, was diesem selbstverständlich frei steht (vgl. Art. 3 N 4 ff.). Diesfalls wird oft die Offerte schriftlich fixiert sein, indessen ist auch andere Beweisführung möglich. 8

Die Formel von Abs. 1 (keine Bindungswirkung «ohne Bestimmung einer Frist», *sc. über die laufende Verhandlung hinaus*) führt zu der Schlussfolgerung, dass *eine Fristbestimmung nachzuweisen ist*, daher etwa eine Formel wie «wir bleiben im Gespräch» nicht genügt. Bei widerruflichen Offerten («halte Dir die Offerte offen bis zu anderem Bericht» oder dgl.) liegt an sich, auch ohne Fristnennung, wenigstens eine mittelbare Fristbestimmung vor. Formeln dieser Art sind daher tendenziell als bindend zu betrachten, dies allerdings nur so lange, als feststeht, dass ein Widerruf nicht erfolgte (etwa dann, wenn der angebliche Offerent seine Offertstellung bestreitet, aber nicht Widerruf behauptet). Sinn von Art. 4 ist es, die **Beweislage der** den Vertragsschluss **bestreitenden Partei** zu sichern; dem würde es zuwiderlaufen, wenn durch Nachweis einer «Offerte gültig bis Widerruf» eine Beweisobliegenheit des Offerenten für erfolgten Widerruf entstehen würde. 9

Art. 5

b. Unter Abwesenden [1] **Wird der Antrag ohne Bestimmung einer Frist an einen Abwesenden gestellt, so bleibt der Antragsteller bis zu dem Zeitpunkte gebunden, wo er den Eingang der Antwort bei ihrer ordnungsmässigen und rechtzeitigen Absendung erwarten darf.**

[2] Er darf dabei voraussetzen, dass sein Antrag rechtzeitig angekommen sei.

[3] Trifft die rechtzeitig abgesandte Annahmeerklärung erst nach jenem Zeitpunkte bei dem Antragsteller ein, so ist dieser, wenn er nicht gebunden sein will, verpflichtet, ohne Verzug hievon Anzeige zu machen.

b. Entre absents

[1] Lorsque l'offre a été faite sans fixation de délai à une personne non présente, l'auteur de l'offre reste lié jusqu'au moment où il peut s'attendre à l'arrivée d'une réponse expédiée à temps et régulièrement.

[2] Il a le droit d'admettre que l'offre a été reçue à temps.

[3] Si l'acceptation expédiée à temps parvient tardivement à l'auteur de l'offre, et que celui-ci entende ne pas être lié, il doit en informer immédiatement l'acceptant.

b. Fra assenti

[1] La proposta fatta a persona assente senza fissare un termine è obbligatoria pel proponente fino al momento in cui dovrebbe giungergli una risposta spedita regolarmente ed in tempo debito.

[2] Nel computo di questo momento il proponente può ritenere che la sua proposta sia giunta in tempo debito.

[3] Se la dichiarazione di accettazione, spedita in tempo, giunge al proponente dopo quel momento, ove egli non intenda rimanere vincolato, deve comunicare immediatamente la revoca della proposta.

I. Normzweck

1 Hintergrund ist die von Art. 3 Abs. 1 vorausgesetzte Regel, dass (anders als im englischsprachigen Rechtskreis, s. Art. 3 N 5) *Offerten «bindend» gestellt* und die *Annahmefristen vom Offerenten frei bestimmt werden können.* In Abs. 1 von Art. 5 wird die gesetzliche Vermutung des Gebundenseins des Offerenten beigefügt, und gleichzeitig kommt zum Ausdruck, dass die Bindungswirkung vermutungsweise für «ordnungsmässig und rechtzeitig» versandte Akzepte gilt, es dem Offerenten jedoch freisteht, die Bindung zeitlich beliebig zu **befristen** (also auch unsinnig kurz zu bemessen) oder überhaupt auszuschliessen. – Anders als etwa nach der Tradition Frankreichs (s. Art. 3 N 5) wird hier festgehalten, dass Stillschweigen des Offerenten keinen Widerrufsvorbehalt bedeutet, vielmehr *ex lege* Bindungswirkung vermutet wird.

2 Da die Art. 3 ff. insgesamt auf Verhandlungen unter Abwesenden ausgerichtet sind, ist die **Verteilung des Risikos** der **Übermittlungsverzögerung** zu normieren. Dieses liegt *grundsätzlich beim Akzeptanten.* Indes wird in Abs. 3 zu seinen Gunsten eine **Informationspflicht** des Offerenten (und Akzeptempfängers) betr. die eingetretene Verzögerung statuiert und im Verletzungsfall mit dem Eintritt von Vertragswirkungen gegen dessen Willen sanktioniert.

3 Zu Lasten des Offerenten besteht die gesetzliche *Vermutung der Bindung* der gestellten Offerte, dies jedoch nur für jene **Dauer**, für die er sich bei Versendung der Offerte gebunden betrachten muss, dies unter Voraussetzung normaler Übermittlung der beiden Erklärungen und einer angemessenen Bedenkfrist (Abs. 1). Diese Regel ist **unbedenklich**, soweit die Verzögerung in der *Übermittlung des Akzepts* erfolgt; die in Abs. 3 vorgesehene Informationspflicht (s. N 2) bietet dem Akzeptanten den gebotenen Schutz.

Fragwürdig ist die (dispositive: BGE 84 II 187 E. 4) Regelung von Abs. 2 der Verzögerung in der *Übermittlung der Offerte*. Danach kommt kein Vertrag zustande, wenn zwar nach kurzer Überlegung Annahme erklärt wird, diese aber infolge verzögerter Übermittelung der Offerte nicht rechtzeitig beim Offerenten eintrifft (so auch Art. 5 Abs. 1 aOR und i.E. BGB § 147 Abs. 2). Das Risiko sollte beim Offerenten, der das Übermittlungs-Medium wählt, immer dann liegen, wenn dem Oblaten die *Verspätung des Eintreffens nicht erkennbar war* (etwa wegen fehlender Datierung der Offerte). Bei Erkennen der Verspätung erleidet der Offertempfänger keinen Vertrauensverlust, sondern erkennt mit Erhalt des Angebots dessen fragwürdige Tragweite.

Bei **inhaltlicher Fehlübermittlung** von Offerte oder Akzept gelten nach Art. 27 die Regeln über den Irrtum; siehe dort (Art. 23–31). Die Notwendigkeit der Irrtumsanfechtung setzt indessen voraus, dass eine Vertragsbindung überhaupt zustande kam, was eine Konsensbildung auf falscher Grundlage voraussetzt. Bezieht sich das Akzept auf eine falsch übermittelte Offerte, ist ein Vertrag schon gar nicht zustande gekommen. 4

II. Dauer der vermuteten, *ex lege* gewährten Annahmefrist

1. Allgemeines

Da der Vertrag geschlossen (die Annahme wirksam) wird mit dem Eintreffen der Annahme-Erklärung beim Offerenten, setzt sich die diesem zuzugestehende **Frist** zusammen aus der Dauer der beiden Übermittlungen, diese vermehrt um die Bedenkfrist (BGer, 16.1.2009, E. 4A_515/2008), welche dem Offertempfänger billigerweise zuzugestehen ist. 5

Der Gesetzgeber gibt keine inhaltlichen Hinweise für die **Bemessung** der dem Akzeptanten insgesamt zuzugestehenden Annahmefrist. Sie kann als *«vernünftig»*, *«angemessen»* umschrieben werden. Der Offerent ist an sich frei, beliebige Fristen zu setzen; Ausgangspunkt der nach Art. 5 Abs. 1 zu bestimmenden Frist muss daher grundsätzlich die **Sicht und die Interessenlage des Offerenten** sein. Insgesamt ist auf allgemeine Anschauungen oder Verkehrssitten abzustellen. Ebenfalls zu berücksichtigen sind die *beidseitigen Verhältnisse der Kontrahenten*, soweit diese je dem Verhandlungspartner *bekannt* sind: *Verlängerung* der Frist bewirkt das Wissen des Offerenten um den Zeitbedarf der notwendigen Abklärungen des Oblaten, *Verkürzung* bewirkt das Wissen des Oblaten um die zeitliche Dringlichkeit der Sache für den Offerenten, wie auch dessen Mitteilung seiner Intentionen über die Schleunigkeit der Behandlung der Sache. Eine mittelbare Information gegebener oder fehlender Dringlichkeit liegt in der Wahl des Übermittlungsmediums (Zweitklasspost oder Eilbrief; elektrisch oder postalisch übermitteltes Angebot und dgl.). 6

2. Die einzelnen Sachgesichtspunkte

a) Dauer der Übermittlung von Offerte und Akzept

Die **Dauer** der Übermittlung der Offerte wird durch die vom Offerenten getroffene Wahl des Mediums bestimmt, ist daher berechenbar (das Risiko aussergewöhnlicher Verzögerung bleibt hier ausser Betracht und ist nur sekundär zu berücksichtigen; vgl. N 16). Nach einer nicht im Gesetz festgehaltenen, aber wohl allgemein akzeptierten Auffassung ist bei der Berechnung der dem Offerenten zugestandenen Frist vorauszusetzen, dass er ein **gleich schnelles Übermittlungs-Medium** wählt wie der Offerent; BGE 19 921 E. 5; vgl. MK-KRAMER, § 147 N 8. 7

Bei der **Berechnung** der insgesamt zugestandenen Zeit ist die Dauer der Übermittlung von Offerte bzw. Akzept grosszügig, d.h. abstellend auf längere Varianten, zu bemessen; der Offerent hat bez. des von ihm gewählten Mediums auch eine den Rahmen der Normalität nicht verlassende längere Dauer in Kauf zu nehmen. 8

Durch Wahl einer schnelleren Beförderungsart (Telefax statt Briefpost oder dgl.) vermag der Oblat die ihm zustehende Überlegungsdauer (dazu N 9 ff.) **kompensatorisch** zu verlängern, so gut wie das entgegengesetzte Vorgehen diese verringert (BGer, 16.1.2009, 4A_515/2008, E. 4.1).

b) Dauer der Bedenkzeit des Offert-Empfängers

9 Je nach den Umständen kann sich die zugestandene **Überlegungsdauer** auf Stunden oder gar Minuten verkürzen, während sie in anderen Fällen nicht bloss (wie statistisch wohl am häufigsten) **einige wenige Tage** (in kaufmännischen Verhältnissen nach den in der fraglichen Branche herrschenden Sitten 24 Stunden, BGE 50 II 13 E. 2 bzw. *«höchstens ein Tag»*, ZR 1948, 226 f.; wohl nicht verallgemeinerungsfähig), sondern Wochen, wenn nicht gar einen Monat betragen kann. Zu berücksichtigen sind die konkreten **Umstände** (BGE 134 II 297 E. 4.3.1), insb. jedoch die Folgenden:

aa) In der Person des Offert-Empfängers

10 – *Zeitbedarf* zur Ermittlung der entscheidrelevanten Fakten und Beibringung notwendiger *Informationen*, wozu nicht bloss die den Vertragsinhalt bzw. Leistungsgegenstand selber betreffenden Elemente, sondern auch dessen Verwendbarkeit für den Oblaten gehören.
– Bedeutung des Vertrages innerhalb der gesamten Geschäftstätigkeit des Oblaten und durch den Vertragsschluss implizierten Dispositionen (Betriebserweiterungen, Finanzierung, Einbezug von Zulieferern usw.).

bb) In der Person des Offerenten

11 – Interesse an Raschheit der Entscheidung, z.B. gleichzeitiges Laufen von Verhandlungen mit anderen Interessenten, Verzahnung mit anderen anstehenden geschäftlichen Entscheidungen usw. Entscheidend ist vorab das Interesse an der Schleunigkeit der faktischen Abwicklung des zu schliessenden Vertrages. Dies führt bei Verderblichkeit der angebotenen Ware oder bei Aufbewahrungsschwierigkeit beim Verkaufsinteressenten oder bei dringendem Bedarf seitens potentieller Käufer zu kürzesten Fristen.

12 Erklärt der Offerent, nicht auf rasche Entscheidung zu drängen, kann die Offerte eine gute Weile offen bleiben; oft wird bei unklar auf lange Dauer gestellten Offerten richtigerweise anzunehmen sein, diese seien unbefristet, aber (unter Einräumung einer kurzen Zusatzfrist) dafür widerruflich (s. Art. 3 N 5).

cc) Voraussetzung: Kenntnis der Parteien von der Interessenlage des Partners

13 Die in N 9 bzw. 11 f. genannten Faktoren sind nur in dem Umfang zu berücksichtigen, als sie *dem Partner bekannt oder wenigstens von ihm zu vermuten* sind. Die besondere Kompliziertheit der Entscheidfindung seitens des Oblaten bleibt unberücksichtigt, sofern diese dem Offerenten nicht bekannt oder erkennbar ist. Umgekehrt fallen die zugunsten des Offerenten zu berücksichtigenden Faktoren, falls dem Oblaten nicht bekannt, ausser Betracht, z.B. wenn dieser keine Kenntnis hat von der Dringlichkeit der Räumung der Lager des Offerenten. So auch BK-SCHMIDLIN, N 9, der die *«berechtigte Erwartungsdauer des Offerenten, die objektiv ermittelt werden muss»*, als massgeblich bezeichnet.

dd) Objektive Gesichtspunkte; Verkehrsanschauungen, bisherige Geschäftsbeziehungen

14 Durchwegs sind bei höheren Vertragswerten längere Fristen zuzugestehen als bei Bagatellgeschäften; Geringfügigkeit einer Sache fordert weniger Überlegungsdauer. Komplexe Vorhaben (solche mit verschiedenartigen Vorbedingungen und Folge-Implikationen) bedingen lange Fristen, bloss kürzere dagegen einfach strukturierte Transaktionen.

15 Zu berücksichtigen sind die **Verkehrsanschauungen** und insb. einschlägige Branchen-Übungen. Entscheidendes Gewicht kommt **bisherigen Geschäftsbeziehungen** der Parteien zu; insb. kann der Offertempfänger erwarten, dass ihm zur Prüfung des Angebots eine Bedenkfrist im Rahmen bisheriger Übung zugestanden wird.

III. Keine Erstreckung der Frist bei Verzögerung der Übermittlung von Offerte oder Akzept

16 Da die nach Art. 5 für den Gesamtablauf zuzugestehende Dauer (Übermittlung der Offerte – Bedenkzeit – Rücklauf der Annahme) vom Offerenten nach freiem Belieben und willkürlich hätte festgelegt werden können (dazu N 1), ist sie zu bestimmen nach dem für den Zeitpunkt der Versendung der Offerte zu vermutenden Willen des Offerenten. **Nachträgliche Ereignisse** sind daher nicht zu berücksichtigen: *Verzögerung* des Zugangs der Offerte kann die Frist nicht zu Lasten des Offerenten verlängern, etwa unter dem Gesichtspunkt, dass er das Risiko der gewählten Übermittlungsart zu tragen habe. Zwar wäre eine vom Offerenten voraussehbare Verzögerung in der Übermittlung von ihm vorab in Rechnung zu stellen (VON TUHR § 24 N 27), doch bei nachträglicher Kenntnis des Offerenten von einer eingetretenen Übermittlungsverzögerung wird die Frist nicht verlängert (allerdings eine Mitteilungspflicht i.S.v. Abs. 3 begründet; N 17 ff., 21 ff.). Selbst eine von ihm (z.B. durch Falsch-Adressierung) verschuldete Verzögerung bewirkt nicht eine Fristverlängerung.

IV. Mitteilungsobliegenheit des Offerenten gemäss Abs. 3 bei unverschuldeter Fristüberschreitung (sc. durch Übermittlungsverzögerungen)

1. Allgemeines. Verspätung des Eintreffens der Annahmeerklärung

17 Aus Abs. 3 folgt, dass im Falle einer *Verzögerung in der Übermittlung der Annahme* der Vertrag zustande kommt, wenn nicht der Offerent dem Partner von der Verspätung «Anzeige» macht. Diese Anzeige muss **inhaltlich** nicht nur über den objektiven Sachverhalt der *Verzögerung* des Eingangs des Akzepts orientieren, sondern klarstellen, dass *aus diesem Grunde der Vertragsschluss abgelehnt* wird. Dies ist keineswegs selbstverständlich, bedarf daher einer (als Rechtsgeschäft zu qualifizierenden) Willenserklärung (MK-KRAMER, vor § 149 BGB N 4: «Wissenserklärung»), die als **«Repudiation»** bzw. als **«Remonstration»** (Gegenvorstellung oder Widerspruch) bezeichnet werden darf. Die von einem nicht vertretungsberechtigten Angestellten vollmachtlos gemachte Mitteilung der Verspätung vermöchte den Vertragseintritt nicht zu hindern.

18 Die Erklärung soll «ohne Verzug» ergehen, wobei im Rahmen dieser **Billigkeitsregel** übertriebene Strenge nicht am Platze ist (**a.M.** ZK-JÄGGI, N 30). Im Falle des Unterlassens der Anzeige wird nicht etwa (in Anwendung des Gedankens einer c.i.c.) eine Ersatzpflicht des Offerenten, sondern vielmehr *Vertragsentstehung* statuiert (anders aber noch die Vorläufernorm des Art. 5 Abs. 2 aOR). Die Regel von Art. 5 Abs. 3 findet eine genaue Entsprechung in Art. 21 Abs. 2 WKR. – Die **Anwendung von Art. 5 unterbleibt**, wenn der Offerent nicht erkennen kann, dass die Annahmeerklärung «rechtzeitig abgesandt» wurde, d.h. er annehmen durfte, dass der Akzeptant die Verzögerung zu vertreten habe.

19 Die von Abs. 3 geforderte *«Anzeige»* sc. der *Zurückweisung* der verspätet eingetroffenen Annahmeerklärung (Zurückweisung, *Repudiation* des Vertrages oder dgl.) ist *empfangsbedürftig*. Sie reist wohl auf Gefahr des Erklärenden (anders hier jedoch Art. 27 WKR, das auf Versendung abstellt). Bei **erheblicher Verzögerung in der Übermittlung** gilt Gleiches, nur muss hier, in spiegelbildlicher Umkehrung der Regel von Art. 5 Abs. 3, gefordert werden, dass der Akzeptant und Empfänger der **verspäteten Repudiation**, falls er die Erklärung nicht gelten lassen will, seinerseits ebenfalls den Partner ohne Verzug orientiert.

20 *Vertragsentstehung trotz verspäteten Eintreffens des Akzepts* tritt nur ein, wenn erstens der Akzeptant rechtzeitig versandt hat (oder, wie in N 23 zu zeigen, wenigstens an die Rechtzeitigkeit glauben durfte) und zweitens der Offerent erkennen konnte, dass beim Akzeptanten (diesem nicht vorwerfbar) das falsche Vertrauen in das Zustandekommen des Vertrages besteht. Für beide Elemente trifft den Akzeptanten, der trotz verspäteten Eintreffens des Akzepts Vertragsentstehung behauptet, die **Beweislast**; Abs. 2 stützt diese Annahme wenigstens inso-

fern, als sie indirekt eine gesetzliche Vermutung der Gutgläubigkeit des Offerenten hinsichtlich der Rechtzeitigkeit des Eintreffens (und umgekehrt eine Beweispflicht des Akzeptanten, soweit dieser eine Mitteilungspflicht i.S.v. Abs. 3 des Offerenten behauptet) statuiert.

2. (Übertragene) Anwendung des Grundsatzes auf die Verspätung der Übermittlung der Offerte

21 Der Text von Abs. 2 und 3 beschränkt die Wirkung auf den Fall der *zufälligen Verzögerung der Übermittlung des Akzepts*. Allerdings würde dann, wenn man «rechtzeitige» Absendung nicht objektiv versteht, sondern subjektiv, d.h. auf den Wissensstand des Akzeptanten bezogen interpretiert, auch der Fall erfasst, dass die Offerte für den Oblaten nicht erkennbar verspätet eintraf und dieser **rechtzeitig anzunehmen glaubte**. Die Lage des Offerenten ist dieselbe wie im Falle verspäteten Akzept-Zugangs, und nicht zu rechtfertigen wäre dessen Befreiung von der Obliegenheit zur vertragsablehnenden Mitteilung bzw. des Eintritts der Vertragsbindung bei deren Unterlassen (dies immer unter der Voraussetzung, dass dem Oblaten die Verzögerung des Eingangs der Offerte *nicht erkennbar* war).

22 Im **Ergebnis** ist der Akzeptant, der im Zeitpunkt der Versendung der Annahme keine Kenntnis haben konnte, dass die Offerte verspätet war, in seinem Vertrauen auf das Zustandekommen des Vertrages zu schützen durch Annahme einer **Mitteilungsobliegenheit** des Offerenten, dass er den Vertrag ablehne. Dabei darf der **Grund der Verzögerung** keinen Unterschied machen, d.h. ob die Offerte, für ihn nicht erkennbar, ihm verspätet zuging oder aber, ob der Zugang des Akzepts sich verzögerte. In diesem Sinne wohl die heute einhellige Auffassung: vgl. BUCHER, AT, 133 f.; BK-SCHMIDLIN, N 26 f.; ZK-JÄGGI, N 38; GUHL/KOLLER/SCHNYDER/DRUEY, § 13 N 24, 41.

V. Rechtslage bei zweifelhafter Rechtzeitigkeit des Zugangs der Annahmeerklärung

23 Die von Abs. 3 aufgestellte Regel, dass bei **Stillschweigen** (sc. unterbleibendem Widerspruch) des Offerenten/Akzeptempfängers der Vertrag zustande kommt, falls infolge dessen Informationslage der Oblat/Akzeptant auf Vertragsschluss vertrauen darf, bleibt im Gesetz auf den Fall der dem Akzeptanten nicht erkennbaren Übermittlungs-Verzögerungen beschränkt. Vorab in der deutschen Lehre und Praxis soll der Grundsatz indessen auch auf die Fälle **zweifelhafter Rechtzeitigkeit des Eintreffens des Akzepts** und damit **Ungewissheit der Vertragsgeltung** ausgedehnt werden (*ablehnend* KOLLER A., OR AT, N 47 Anm. 17). Die Bestimmung des angemessenen Zeitrahmens für Übermittlung von Angebot und Annahme und der dem Oblaten zuzugestehenden Überlegungszeit ist mit Ungewissheiten belastet und ermessensabhängig; daraus folgt zwangsläufig eine *Zeitmarge unbestimmter Rechtslage*. Berechtigt ist daher die Forderung, *im genannten Bereich von Zweifel* den Offerenten, der wegen verspäteter Akzeptmitteilung die Vertragsentstehung ablehnt, zu **sofortiger dahingehender Erklärung** zu verhalten und bei Stillschweigen die Sanktion von Art. 5 Abs. 3 eintreten zu lassen. Angesichts des legitimen Interesses des Akzeptanten an sofortiger Klarstellung ist derartige Remonstration dem Offerenten zuzumuten, wobei mit dieser Regel nicht die Annahmefrist verlängert werden soll (Zweifelhaftigkeit der Rechtzeitigkeit begründet die genannte Remonstrationspflicht, schafft aber nicht den in Verhandlung stehenden Vertrag selber aus der Welt; über das Schicksal des Vertrages hätte der Richter zu entscheiden).

VI. Anhang: Zeitpunkt des Wirksamwerdens empfangsbedürftiger Willenserklärungen

24 Bei allen einseitigen (rechtsgeschäftlichen oder sonstwie rechtserheblichen) Willenserklärungen, die in aller Regel (mit der hauptsächlichen Ausnahme der Testamentserrichtung) empfangsbedürftig sind, wie auch bei sonstigen privatrechtlich geforderten Parteierklärungen

(z.B. Mängelrüge) oder Mitteilungen stellt sich neben der Frage der sachlichen Voraussetzungen v.a. jene des **Zeitpunktes des Wirksamwerdens**. Obwohl nicht bloss bei Offerten und Akzepten gestellt, ist die Frage hier von besonderer Bedeutung und wird daher an dieser Stelle allgemein abgehandelt.

Die sich an theoretischen Überlegungen, insb. an einem reinen Voluntarismus orientierenden Lehren mochten darüber streiten, ob ein rechtserheblicher Wille bereits im Zeitpunkt der Äusserung des Willens (wenn nicht gar schon bei interner Willensbildung), oder aber umgekehrt erst bei tatsächlicher Kenntnisnahme durch dessen Partner wirksam werde. Aus *naturrechtlichen Konsenstheorien* (die bis heute v.a. noch in der Doktrin des CC fr. weiterleben) erwuchs die gemeinrechtliche Kontroverse zwischen **Äusserungstheorie** und **Vernehmungstheorie** (vgl. dazu die pandektistische Literatur). **25**

Das OR entscheidet sich zugunsten einer *abgeschwächten Vernehmungstheorie*, der sog. **Empfangstheorie**: Die Willenserklärung wird wirksam, wenn sie *im Bereich des Empfängers eingetroffen* ist in dem Sinne, dass das Zurkenntnisnehmen nur noch von diesem abhängt: das Übergeben des Briefes in dessen Haushalt oder Geschäftsbetrieb, das Einwerfen in den entsprechenden Briefkasten oder Postfach (ausführlich zum Zugang empfangsbedürftiger Willenserklärungen BGE 137 III 208 E. 3.1.2 f. = Pra 2011, 760 ff.). Umgekehrt ist die Frage, ob der Adressat die ihm zugegangene Erklärung wirklich zur Kenntnis nimmt (bzw. das Postfach leert, den ihm avisierten eingeschriebenen Brief auf der Post abholt), für deren rechtliches Wirksamwerden ohne Bedeutung.

Dies **gilt nicht** in jenen Fällen, bei denen es nicht auf die Gültigkeit einer Erklärung, sondern auf den faktischen Wissensstand einer bestimmten Person ankommt, etwa wenn deren guter Glaube, ihre Kenntnisse von Rechts- oder Sachmängeln und dgl. in Frage stehen.

Das **Risiko**, infolge Abwesenheit vom Wohn- oder Geschäftsdomizil eine an ihn gerichtete Erklärung nicht zur Kenntnis nehmen zu können, liegt beim Empfänger. Er hat dafür zu sorgen, dass Zustellungen an ihn ordnungsgemäss erfolgen können (dazu etwa BGE 32 II 281 E. 6; SJZ 50 [1954], 163); dies wenigstens, soweit er aufgrund bestehender Rechtsbeziehungen mit der in Frage stehenden Zustellung rechnen muss.

Die genannte Regel, die im Gesetz nicht ausdrücklich formuliert ist, sondern nur indirekt zum Ausdruck kommt, stellt eine **Risikoverteilung** her (der Absender trägt das Risiko der Übermittlung, der Empfänger dasjenige der Kenntnisnahme) und berücksichtigt die gegebenen **Beweismöglichkeiten**, denen zufolge i.d.R. der beweisbelastete Erklärende wohl den Zugang, nicht aber die Kenntnisnahme nachzuweisen vermag. **26**

Das dargelegte Prinzip entscheidet nicht bloss die Frage des rechtswirksamen Zugangs, sondern bestimmt insb. auch den **Zeitpunkt des Wirksamwerdens**; fristgebundene empfangsbedürftige Erklärungen müssen binnen Frist im Bereich des Erklärungsempfängers eintreffen. Entscheidend für die Frage der Fristwahrung ist **grundsätzlich der erste Zustellungsversuch** (nicht das Abholen auf der Post) bzw. das Einlegen des Avis ins Postfach (nicht dessen Leerung); vgl. dazu BGE 107 II 189 E. 2; 118 II 42 E. 3. Offen ist, ob dann, wenn das Abholen auf der Post noch nicht (oder erst spät) am Tage des Zustellversuches möglich ist, erst der Zeitpunkt der Abholmöglichkeit bzw. der folgende Tag massgeblich sein soll. Angesichts der Tatsache, dass unter heutiger Post-Praxis im Privatbereich bei eingeschriebenen Sendungen ein effektiver Zustellungsversuch zur Ausnahme, das Einlegen einer Abhol-Einladung zur Regel geworden ist, liesse sich eine dahingehende Lösung rechtfertigen. Im Zusammenhang mit der **mietrechtlichen Sondergesetzgebung** wird die Mitteilung von Mietzinserhöhungen als erfolgt betrachtet im Zeitpunkt des Abholens der eingeschriebenen Sendung auf der Post – spätestens bei Ablauf der siebentägigen Abholfrist (BGE 137 III 208 E. 3.1.2 = Pra 2011, 760). Nach GUHL/KOLLER/SCHNYDER/DRUEY, § 13 Rz 44 besteht in der kantonalen Praxis die Tendenz zur Verallgemeinerung dieses Grundsatzes (Hinweis auf BJM 1988, 78 f.; SJZ 84 [1988], 327; GVP 1990, 135). Dabei ist jedoch der Unterschied zu beachten, ob – wie in den mietrechtlichen Fällen z.B. BGE 107 II 189 – i.E. eine Verlängerung der dem Adressaten für Rechtsbehelfe verfügbaren Frist angestrebt ist oder zu entscheiden steht, ob der Absender seinerseits eine ihm laufende Frist gewahrt hat; eine Praxis, den Versender empfangsbedürftiger fristgebundener Erklärungen wie Kündigungen (sei es des Mieters oder des Vermieters, des Arbeitnehmers oder des Arbeitgebers) zu zwingen, eine Übermittlungsdauer von bis zu zehn Tagen oder mehr in Rechnung zu stellen, wäre nicht annehmbar. Eine dem schweizerischen Recht bereits im Grundsatz entgegengesetzte (problematische) Position verwirklicht das WKR (der «Absendegrundsatz» des Art. 27).

27 Nota: Die hier aufgestellten Regeln gelten grundsätzlich **nicht** für durch das **öffentliche Recht** geregelte Mitteilungen (z.B. Mitteilung eines Prozess- oder Verwaltungsaktes). Die von der Prozesspartei vorzunehmenden Rechtshandlungen sind in aller Regel nicht empfangsbedürftig; der Verlust einer Prozesseingabe auf der Post löst für die betreffende Partei keine Rechtsnachteile aus, wie auch die Fristenwahrung sich nach der Versendung, nicht nach dem Eintreffen bestimmt. Umgekehrt wird der Fristenlauf i.d.R. nicht durch Zugang im Bereich des privaten Adressaten ausgelöst, sondern erst durch die tatsächliche Empfangnahme (vgl. Zusammenstellung der Praxis in BGE 100 III 3).

Art. 6

3. Stillschweigende Annahme	**Ist wegen der besonderen Natur des Geschäftes oder nach den Umständen eine ausdrückliche Annahme nicht zu erwarten, so gilt der Vertrag als abgeschlossen, wenn der Antrag nicht binnen angemessener Frist abgelehnt wird.**
3. Acceptation tacite	Lorsque l'auteur de l'offre ne devait pas, en raison soit de la nature spéciale de l'affaire, soit des circonstances, s'attendre à une acceptation expresse, le contrat est réputé conclu si l'offre n'a pas été refusée dans un délai convenable.
3. Accettazione tacita	Quando la natura particolare del negozio o le circostanze non importino un'accettazione espressa, il contratto si considera conchiuso se entro un congruo termine la proposta non è respinta.

Literatur

GAUCH, Von der konstitutiven Wirkung des kaufmännischen Bestätigungsschreibens, SZW 1991, 177 ff.; KOLLER, Vertragsschluss und Schweigen auf einen Antrag, recht 1996, 70 ff.; YUNG, L'acceptation par le silence d'une offre de contracter, in: Mélanges Roger Secrétan, Montreux 1964, 339 ff. (zit. FS Secrétan).

I. Normzweck

1 Art. 6 will bez. des Abschlusswillens das **Vertrauensprinzip** verwirklichen (wie auch den damit zusammenhängenden Grundsatz, dass Willenserklärungen **«konkludent»** erfolgen können; Art. 1 Abs. 1): Gebunden ist nicht bloss, wer eine explizite Erklärung seines Vertragswillens (hier: Akzept) abgibt, sondern auch, wer dem *Anschein zufolge diesen Vertragswillen* besitzt und daher mangels Gegenerklärung im Vertrag behaftet wird. Art. 6 setzt den Gedanken von Art. 5 Abs. 3 fort (die beiden Bestimmungen sind erst in der Revision von 1911 getrennt worden); insb. bez. des Verständnisses der Ablehnungserklärung (deren rechtsgeschäftliche Natur usw.) kann auf das für die Ablehnungserklärung i.S.v. Art. 5 Abs. 3 Gesagte (Art. 5 N 17) verwiesen werden. In beiden Fällen *führt das Unterlassen der Zurückweisung* des angebotenen Vertrages im Interesse des auf ihn vertrauenden Partners *zu dessen Zustandekommen.*

2 Art. 6 stellt sich *prima vista* als Konkretisierung des in Art. 1 Abs. 1 formulierten Grundsatzes dar, dass Willenserklärungen nicht bloss ausdrücklich, sondern auch **konkludent** erfolgen

können. Die meisten Anwendungsfälle treten aber insofern aus diesem Rahmen heraus, als nicht Schlüsse aus dem Verhalten des stillschweigend Erklärenden im Zeitpunkt des Wirksamwerdens der Erklärung gezogen werden, sondern in Anbetracht des von ihm früher und in anderen Zusammenhängen geäusserten Verhaltens ein Annahmewille **vermutet** wird (insb. dessen früheres und in anderen Zusammenhängen geäussertes Verhalten, wenn nicht gar – wie z.B. bei der Annahme einer Schenkung – von vornherein das Verhalten des Beschenkten ausser Betracht bleibt und allein aufgrund der rein bevorteilenden Struktur des Geschäfts ein Annahmewille vermutet wird).

Der **Normgehalt** lässt sich wie folgt umreissen: Ein Vertrag kommt trotz Stillschweigens des Oblaten zustande, falls *kumulativ zwei Voraussetzungen* erfüllt sind: a) dass der *Offerent* in guten Treuen und angesichts sämtlicher Umstände, die er kennt oder kennen muss, die Gewissheit haben darf, dass der Stillschweigen bewahrende Oblat das Angebot annehmen will bzw. andernfalls reagieren würde, b) dass der *Oblat* nach den Umständen, die er kennt oder kennen kann, sich Rechenschaft geben muss, dass der Offerent sein *Stillschweigen als Annahme* deuten wird bzw. deuten darf. 3

II. Die massgeblichen Gesichtspunkte der Anwendung von Art. 6

1. Voraussetzungen

Im **Regelfall** bedeutet *Stillschweigen* zu erhaltener Offerte deren *Ablehnung*. Die gegenteilige Vermutung (*qui tacet, consentire videtur*; wer schweigt, stimmt zu), welche umgekehrt die Notwendigkeit der Ablehnung seitens des vertragsunwilligen Oblaten begründet, stellt eine **Ausnahme** dar, die durch näher zu umschreibende Tatbestandsmerkmale eingegrenzt wird. Der Gesetzgeber stellt darauf ab, dass der Offerent *«eine ausdrückliche Annahme nicht zu erwarten»* habe, wobei diese Besonderheit *«wegen der besonderen Natur des Geschäftes oder nach den Umständen»* eintreten könne. 4

Massgeblicher Gesichtspunkt ist das auf das Vertrauen des *Offerenten* ausgerichtete **Vertrauensprinzip**. Das führt zur anderen Frage, wann der *Oblat* für den von ihm verursachten *Anschein* eines Vertragsabschlusses *einzustehen* hat: d.h. welche (der Offertstellung vorausgehenden) Verhaltensweisen des Offertempfängers (der im Schema «Offertstellung – Annahmeerklärung» als rein passiver Empfänger der Offerte figuriert) die der Offertstellung nachfolgende Annahmeerklärung zu ersetzen vermögen. Welche Umstände lassen trotz Stillschweigen/Ausbleiben eines Akzepts den Schluss auf den Annahme- und Vertragswillen des Offertempfängers zu? 5

Dem Vertrauensprinzip folgend sind auch hier nicht massgebend die subjektiven Vorstellungen der Parteien, sondern die äusseren Umstände, die nach objektivierenden Massstäben zu deuten sind. Das rechtfertigt auch hier, von einem Abstellen auf **Verkehrssitte** zu sprechen (so etwa BGE 100 II 18 E. 3 m.Hw. auf BGE 71 II 223 und § 151 BGB). 6

Im Prozess liegt die Behauptungs- bzw. **Beweislast** für das Vorliegen der die Anwendung der Ausnahmeregel von Art. 6 rechtfertigenden Tatbestandvoraussetzungen bei jenem Partner, der trotz Unterbleibens einer expliziten Annahmeerklärung das Zustandekommen eines Vertrages behauptet (YUNG, L'interprétation supplétive des contrats, ZBJV 1961, 52 ff., 18; BK-SCHMIDLIN, N 65). Ihm obliegt der Nachweis, dass der Gegner im massgeblichen Zeitpunkt Kenntnis von den von expliziter Erklärung dispensierenden Umständen hatte.

Das Vertrauensprinzip setzt voraus, dass der bei einem bestimmten **Rechtsschein** Behaftete diesen selber **zu vertreten** hat (da er diesen selber schuf oder dessen Zustandekommen wenigstens duldete); **nicht** berücksichtigt werden dürfen Vermutungen und Anscheinstatbestände, die durch Zufall, Verhalten Dritter oder dgl. zustande gekommen sind. – Lediglich im Rahmen einer Annahme-Vermutung *«wegen der besonderen Natur des Geschäfts»* (sc. in- 7 folge der besonderen Interessenlage bei Schenkungen oder dgl.) kann von diesem Erfordernis abgesehen werden.

Eine explizite Annahmeerklärung ist notwendig und die Anwendbarkeit der Regel von Art. 6 entfällt, *falls der Offerent eine explizite Annahmeerklärung gefordert hat* (so auch ZK-JÄGGI, N 10), so etwa wenn für die Mitteilung der Annahme eine bestimmte Frist gesetzt wird. Das Gleiche gilt, wenn die Erfüllung bestimmter Formvorschriften vom Offerenten gefordert bzw. nach der Verkehrssitte üblich ist (so die Schriftform für bedeutendere Mietverträge über Immobilien BGE 100 II 18 E. 3; ZR 1974, 80 E. 6a).

8 Während eine Anzeige i.S.v. Art. 5 Abs. 3 *«ohne Verzug»* erfolgen soll, muss die **Ablehnungserklärung** i.S.v. Art. 6 *«binnen angemessener Frist»* erfolgen, was eine grosszügigere Fristbemessung indiziert. Die Frist beginnt mit Eintreffen der Offerte zu laufen; deren Verspätung (oder gar Verlust) geht zu Lasten des Offerenten und schliesst im Umfang der Verspätung Vertragsentstehung aus (Schweigen kann man nur, wenn es etwas zu sagen gäbe).

Schuldhaftes Nicht-Zur-Kenntnis-Nehmen der Offerte seitens des Oblaten hindert die Vertragsentstehung nicht (dies gilt allerdings nur, soweit angenommen werden kann, dass der Oblat mit einer Zustellung rechnen musste). Eine Irrtumsanfechtung bezüglich des nicht gewollten, aber durch Schweigen entstandenen Vertrags ist ebenfalls denkbar; N 21). Fehlt ein **Verschulden des Oblaten**, darf m.E. auch keine Vertragsentstehung angenommen werden; der Schutz des Vertrauens in den Bestand eines Vertrages darf nicht zu Lasten eines Partners durchgesetzt werden, der keine Möglichkeit hatte, die Vertragsbindung abzuwenden. Dies steht zum vornherein fest, soweit der Oblat nicht wissen konnte und musste, dass der Offerent sein Stillschweigen als Annahme deuten durfte (übertragene Anwendung der Regel von Art. 3 ZGB ist angezeigt); Gleiches sollte gelten, wenn der Oblat durch objektive Hindernisse abgehalten wurde, von der Offerte Kenntnis zu nehmen bzw. Ablehnung auszusprechen.

9 Während die **Zurückweisung** einer verspätet eintreffenden Annahmeerklärung i.S.v. Art. 5 Abs. 3 auf Gefahr des zurückweisenden Offerenten reist (Art. 5 N 19), ist es fraglich, ob Gleiches auch im Rahmen von Art. 6 für die Zurückweisung seitens des Oblaten gelten darf; wenigstens in einem Teil der Tatbestände von Art. 6 (vgl. dazu N 10 ff.) kann bei diesem nicht Vertragsabschlusswille unterstellt werden. Es bleibt daher offen (sc. ist wertender Beurteilung des Einzelfalles anheimgegeben), ob bei unverschuldetem Untergang der ablehnenden Erklärung Vertragsentstehung eintritt; noch mehr Zurückhaltung gegenüber der Annahme von Vertragsentstehung ist bei Verspätung des Eintreffens der Erklärung angezeigt.

2. Anwendungsbereich

9a Stillschweigende Annahme kommt nicht bloss bei schuldrechtlichen Verträgen, sondern insb. auch bei *rechtsgestaltenden Geschäften* in Betracht: Ein **Schulderlass** kommt nicht durch einseitige Erklärung des verzichtenden Gläubigers zustande, sondern setzt einen Vertrag voraus (Art. 115), bei dem (wie bei der Schenkung) das Einverständnis des Begünstigten i.S.v. Art. 6 meist vorausgesetzt werden kann (z.B. Schulderlass, BGE 128 III 212 E. 3.b/cc). Keine Zustimmung zu einem potentiellen Schulderlass liegt vor bei **bestrittenen Fakturen**, weshalb der die Begründetheit einer Rechnung Bestreitende den Rechnungsteller nicht bei seiner Forderungsbezifferung in der Faktura behaften kann, sich vielmehr mit einer Mehrforderung auseinandersetzen muss. Umgekehrt ist bei *Rechnungsstellung* in aller Regel das *Stillschweigen* des Adressaten **nicht als Anerkennung der fakturierten Forderung** zu betrachten; allein die vorbehaltlose Zahlung derselben impliziert eine Anerkennung und damit eine vertragliche Vereinbarung über den Fakturabetrag. Dazu etwa BGE 112 II 500.

III. Tatbestandsgruppen

Im Folgenden ein Hinweis auf die *einzelnen Sachbereiche*, in denen sich die Anwendung der Ausnahmeregel von Art. 6 rechtfertigt. In der Fallgruppe gem. Ziff. 1 werden die Voraussetzungen objektiv durch die «Natur des beabsichtigten Geschäfts» konstituiert, demgegenüber sind die Fälle von Ziff. 2–5 ein Ausfluss des «Vertrauensprinzips» und durch die Voraussetzung gekennzeichnet, dass der **ohne Abgabe einer Annahmeerklärung** in **Vertragsbindung** gelangende *Offertempfänger* seinerseits durch sein Verhalten zur Entstehung der hier behandelten Sondersituation beigetragen hat. **10**

1. «Besondere Natur des Geschäfts»

a) Gesetzliche Sondernorm

Ausnahmsweise schreibt das Gesetz dem nicht gebunden sein wollenden Oblaten **ausdrückliche Ablehnung** vor, so in Art. 395 (Auftrag bei «kraft obrigkeitlicher Bestellung» – Anwälte! – oder «gewerbsmässig» betriebenen Berufen) und Art. 517 Abs. 2 ZGB für den Testamentsvollstrecker. **11**

b) Besondere Interessenlage

Bei **ausschliesslich begünstigenden Verträgen** (Schenkungsversprechen i.S.v. Art. 239, BGE 136 III 142 E. 3.3; Schulderlass, BGE 128 III 212 E. 3.b/cc; Schuldübernahme, BGE 110 II 360 E. 2.b; Bürgschaftsofferte, BGE 123 III 35 E. 2.c/aa, Zession), wenn der Schenkende, Zedent oder verzichtende Gläubiger als Offerent auftritt, kann eine **Vermutung** *der Zustimmung* angenommen und etwa im Prozess auf die Behauptung des zustimmenden Willens verzichtet werden. Bei Verträgen, für welche Schriftform vorgeschrieben ist, genügt gemäss expliziter Regel von Art. 13 Abs. 1 schon allein die Unterschrift seitens des Belasteten, während *e contrario* jene des Beschenkten, des Zessionars oder des befreiten Schuldners **entbehrlich** ist. **12**

2. Vertrauensverhältnis aufgrund bestehender Geschäftsverbindung oder angebahnter Vertragsverhandlungen

a) Altehrwürdiges Schulbuchbeispiel einer *bestehenden Geschäftsbeziehung*: Buchhändler lässt einem Stammkunden Ansichtssendungen zukommen, bei denen im Falle der Nichtrücksendung ein Vertrag angenommen wird. Oder bedeutsamer: Der Kaufmann, der längere Zeit die von einem bestimmten Kunden eingehenden Bestellungen ausgeführt hat, muss i.S.v. Art. 6 explizit erklären, wenn er eine neu eingehende Order nicht ausführen will (vergleichbar: neuer Mietvertrag wenn der «Vermieter» nach Mietauflösung den Mieter weiter in der Liegenschaft wohnen lässt und Mietzinszahlungen annimmt, BGE 119 II 147 E. 3.b). **13**

b) Akzept trotz Stillschweigen liegt vor, wenn der Offertempfänger den *angebotenen Vertrag in Vollzug* setzt, d.h. die ihm obliegende Leistung erbringt, die ihm vom Offerenten angebotene Leistung beansprucht oder vorbehaltlos annimmt (sog. **Realakzept**; dazu BGE 118 II 441). Gleiche Wirkungen haben vertragsbezogene Erklärungen (Abruf einer Lieferung, Ausübung eines Wahlrechts, Mahnung, Mängelrüge usw.). Im Bankverkehr bedeutet Stillschweigen auf Zustellung eines periodischen Kontoauszuges Anerkennung von dessen Saldo (zu den Wirkungen BUCHER, Grundprobleme des Kontokorrentrechts; Überlegungen aus Anlass zweier neuer Entscheidungen des Bundesgerichts, recht 1994, 171 ff. [‹www.eugenbucher.ch› Nr. 60]).

Eine **Geschäftsverbindung** kann aufgrund zwischen den Parteien geschlossener *Rahmenverträge* derart ausgestaltet sein, dass ein Partner verpflichtet ist, ihm angetragene Verträge entweder zu schliessen oder wenigstens eine ablehnende Erklärung abzugeben, allenfalls den be- **14** stehenden Rahmenvertrag zu kündigen, wenn er ein ihm angetragenes Geschäft nicht abwickeln will (zu diesem Typus gehören auch *Kontokorrentverträge, Depotverträge* und andere Bankverträge, «Serviceverträge» über den Unterhalt von Einrichtungen und dgl.).

3. Vertrauensverhältnis aufgrund angebahnter Verhandlungen

15 Die eine **Modifikation** enthaltende **«Annahmeerklärung»** stellt eine **Gegenofferte** dar, die jedoch mangels Ablehnung nicht selten als angenommen zu gelten hat (so BGE 19 I 921 E. 5).

Das einen mündlich geschlossenen Vertrag bestätigende, ihn jedoch inhaltlich **modifizierende Bestätigungsschreiben** kann als Offerte zu einer Vertragsänderung aufgefasst werden, die in vielen Fällen im Falle des Stillschweigens der Vermutung der Annahme unterliegt (vgl. dazu N 22).

Eine **unbegründete** (z.B. nicht fristgerechte) **Kündigung** stellt eine Offerte zur vertraglichen Auflösung des Schuldverhältnisses dar (vgl. Vor Art. 3–9 N 9), die durch entsprechende Erklärung angenommen werden kann (vgl. Art. 1 N 29b). Ist jedoch umgekehrt die *Gültigkeit* der erfolgten Kündigung *zweifelhaft* (dies z.B. bei Ungewissheit über die Fristenwahrung), erfordert deren Ablehnung eine *explizite Erklärung* bzw. wird die Kündigung mangels Zurückweisung wirksam (zur Begründung vgl. Art. 5 N 23; bei Unterlassung einer Rückweisung der zweifelhaften Kündigung muss sodann i.S.v. Art. 6 das Zustandekommen eines Auflösungsvertrages erwogen werden).

4. Im Voraus erteilte Annahmeerklärung

16 In einer sog. Einladung zur Offertstellung (vgl. Art. 3 N 7, Art. 7 N 1 u. 7 ff.) liegt oft die im Voraus erteilte Erklärung, dass man eingehende Offerten ausführen (z.B. auf eingehende Bestellungen liefern) werde, so regelmässig bei der in Art. 7 Abs. 2 genannten Versendung von Preislisten und dgl.

17 Die Zustellung einer als Annahmeerklärung deklarierten Äusserung, die (infolge unzulässiger Beifügung inhaltlicher Elemente, Verspätung oder dgl.; vgl. insgesamt die Bsp. in Vor Art. 3–9 N 22–26) den Vertrag selber nicht zustande bringt, kann oft im Falle des Schweigens des Adressaten (sc. des ersten Offerenten bzw. Adressaten des Pseudo-Akzepts) i.S.v. Art. 6 einen solchen entstehen lassen.

18 Nota: Die Parteien können eine Vereinbarung des Inhalts treffen, dass von der einen Partei ausgehende Bestellungen von der Gegenseite ausgeführt werden *müssen*, in welchem Fall Verträge im Umfang der Bestellungen zustande kommen und **Ablehnung** i.S.v. Art. 6 **nicht mehr möglich** ist.

5. Erbringung bzw. Entgegennehmen von Leistungen

19 Als **stillschweigende Annahme einer Offerte** kann i.d.R. gedeutet werden:
- vorbehaltlose **Erbringung** durch den Offertempfänger der ihm obliegenden **Leistung**;
- vorbehaltlose **Entgegennahme der Leistung** des Offerenten durch den Offertempfänger (BGer, 18.5.2006, 4C.162/2005, E. 2.3). Diese Regel erlangt insb. Bedeutung bei Offerten zur Vertragsänderung: Entgegennahme von Miete oder Darlehenszins für eine nach dem Ende der Vertragsdauer liegende Periode wird zu stillschweigendem Akzept einer Verlängerung der Miete oder des Darlehens (für Ersteres BGE 119 II 147 E. 3.b; für Letzteres bereits Dig. 2, 14, 57 pr.); beim Kauf kann das widerspruchslose Behalten eines gelieferten *aliud* als stillschweigende (Annahme der Offerte zur) Vertragsänderung gedeutet werden. Einschränkung dieser Regel beim Konsumentenkauf in Art. 6a.

IV. Konsenserfordernis. Willensmängelanfechtung

Art. 6 **dispensiert** von der Explizität der Annahmeerklärung, ohne im Übrigen an den allgemeinen, an Vertragskonsens zu stellenden Anforderungen etwas zu ändern: Der hypostasierte Annahmewille bezieht sich auf den Inhalt der Offerte, wie vom Offerenten verstanden (bzw. ihm nach dem Vertrauensprinzip zuzurechnen), und nicht auf etwas anderes; mangelnde Übereinstimmung der Vorstellungen der Partner über den Inhalt schliesst Vertragsentstehung aus. Die Umschreibung der an den Konsens zu stellenden inhaltlichen Anforderungen (sog. *essentialia*; vgl. Art. 1 N 22 ff.) wird durch Art. 6 nicht betroffen. Vertragliches Verpflichtetwerden des Oblaten setzt dessen *Geschäftsfähigkeit im Zeitpunkt des Unterlassens der Ablehnung* voraus. 20

Die Anfechtung wegen Willensmängeln ist im Rahmen der allgemeinen Regeln (Art. 23–31) auch im Falle von Art. 6 zulässig (vgl. Kramer, Schweigen als Annahme eines Antrags, Jura 1984, 249 f.; Yung, FS Secrétan, 339 ff.; BK-Schmidlin, N 15). Irrtumsanfechtung kommt in Betracht, wenn der Oblat nachweisbar die Offerte nicht als solche erkannt hat, sowie in den übrigen Fällen des error **in negotio, in persona, in corpore** bzw. **in substantia** oder **in quantitate** (Art. 24 Ziff. 1–3); auch *Grundlagenirrtum* (Art. 24 Ziff. 4) ist denkbar. **Erklärungsirrtum** fällt dann in Betracht, wenn der Oblat die Akzept-Wirkung seines Schweigens verkannte bzw. eine **Repudiation aus Nachlässigkeit unterliess** (z.B. von der Offerte nicht Kenntnis nahm; wobei hier Art. 26 und mitunter gar Art. 25 Abs. 1 zu prüfen sind: BK-Schmidlin, 2. Aufl., Art. 25 OR N 9 f.) oder wenn diese im Rahmen der Übermittlung verloren ging (hier allerdings der Vorbehalt N 9). 21

V. Anhang: Bestätigungsschreiben

Literatur

Ebenroth, Das kaufmännische Bestätigungsschreiben im internationalen Handelsverkehr, ZVglRWiss 1978, 161–206; Gauch, Von der konstitutiven Wirkung des kaufmännischen Bestätigungsschreibens, SZW 1991, 177 ff.; Kramer, Schweigen auf kaufmännische Bestätigungsschreiben und rechtsgeschäftlicher Vertrauensgrundsatz, recht 1990, 99 ff.; Mathys, Bestätigungsschreiben und Erklärungsfiktion, Diss. Zürich 1997.

1. Bestätigungsschreiben

Im geschäftlichen Verkehr werden mündliche Mitteilungen und insbes. mündlich geschlossene Verträge häufig schriftlich bestätigt. Vorauszuschicken ist die Feststellung, dass schriftliche Formulierung von mündlich Besprochenem **meist zwangsläufig grössere Präzision und auch Ausweitung des Aussagegehalts** bedingt, nicht zu sprechen von Vervollständigung, d.h. Aufnahme von Punkten, die festzuhalten nützlich ist, aber nicht diskutiert wurden. Das ist *common knowledge*, was sich darin zeigt, dass guter Ton in vielen Fällen fordert, vor schriftlicher Bestätigung das Einverständnis des Adressaten einzuholen. Bei schriftlicher Fixierung von mündlich Gesprochenem fällt es oft genug *nicht leicht*, auseinanderzuhalten, was dem Gewollten und Gemeinten der Gesprächspartner **entspricht** und was darüber **hinausgeht**. 22

Dennoch fungiert heute und unter den nachstehenden Umständen jedenfalls das **im Verkehr unter Kaufleuten** verwendete Bestätigungsschreiben als **Beweisurkunde** (BGE 56 II 38 E. 1): im Streitfall knüpft daran also die natürliche Vermutung, wonach sein Inhalt dem ursprünglich Vereinbarten entspreche oder aber eine davon nur in Nebenpunkten abweichende Gegenofferte enthalte, die stillschweigend akzeptiert worden sei, da im Falle der Unrichtigkeit der Darstellung der Empfänger widersprochen hätte (s. N 30 ff.). 23

Das zeigt die Schranken dieser Regel, die nur unter der **Voraussetzung** gilt, als zwischen den Parteien – nach den in Art. 6 genannten «Umständen» – eine *derartige Beziehung* bestand, 24 dass im Falle der Unrichtigkeit der Bestätigung vom Empfänger eine *Verwahrung zu erwarten und ihm zuzumuten* gewesen wäre. Massgeblich ist das *Vertrauensprinzip* (wenn auch mit BGE 114 II 250 E. 2 von Vertrauens*haftung* zu sprechen nicht angezeigt ist, da nicht Schadenersatz, sondern Vertragsentstehung in Frage steht).

25 Damit dem Bestätigungsschreiben **materiell rechtserzeugende Kraft zukommt**, wenn es mündlich zuvor Vereinbartes modifiziert (indem es Inhalte weglässt, ändert oder hinzufügt), ist daher namentlich gefordert, dass *unter Kaufleuten* überhaupt *ernsthafte Vertragsverhandlungen zur Sache* stattgefunden haben und das Bestätigungsschreiben *unmittelbar* danach bei der Gegenpartei eingetroffen ist (GAUCH/SCHLUEP/SCHMID/EMMENEGGER, N 1168 m.w.H.).

26 Je geringfügiger die (behaupteten) Ergänzungen und Abweichungen sind, umso eher besteht eine Pflicht zur Remonstration (s. schon N 15 und Art. 3 N 23 i.f.); bei **Abweichungen untergeordneter Art** von der mündlichen Abmachung und besonders, wenn die Abweichungen aus der Sicht des Schreibenden für den Partner keine Belastung darstellen, ist *Schweigen als Akzept* zu verstehen, daher Vertragsänderung gestützt auf Art. 6 anzunehmen und ein Gegenbeweis (s. N 31 m.Nw.) nicht zuzulassen.

27 Anders dagegen bei **grundlegenden Abweichungen** vom Vereinbarten, was dem Schreibenden verbietet, in guten Treuen anzunehmen, der Vertragsgegner werde mit den angebrachten Änderungen einverstanden sein (dazu etwa BGE 114 II 250 E. 2; BGer, 16.5.2007, 4C.174/2006, E. 5.1). – So wie hier die *deutsche Praxis*, wonach die Wirkungen des unwidersprochenen Bestätigungsschreibens nur dann nicht eintreten, «wenn dessen Inhalt von dem zuvor Vereinbarten so weit abweicht, dass der Absender vernünftigerweise mit dem Einverständnis des Empfängers nicht rechnen kann» (BGHZ 93, 343); welche Formel auch in der Schweiz als geltend betrachtet werden darf. Vgl. auch Art. 19 Abs. 2 WKR, wonach mangels unverzüglicher Beanstandung der Vertrag i.S. des Akzeptanten zustande kommt, wenn dessen «Ergänzungen oder Abweichungen [...] die Bedingungen des Angebots nicht wesentlich ändern». Weiterhin §§ 2–207 des *USA-Uniform Commercial Code*; aus der schweizerischen Judikatur BJM 1982, 30 f.; SJZ 51 (1955), 313; SJ 1956, 316; 1960, 267; 1965, 177; RVJ 1968, 292.

28 Die *Forderung*, dass Bestätigungsschreiben im genannten Sinne nur rechtsgestaltend seien, soweit der Absender in *«ehrlicher Überzeugung»* an die (vollständige) Übereinstimmung seines Schreibens mit dem mündlich Vereinbarten geglaubt habe, wurde in BGE 71 II 223 formuliert, aber später nie wieder aufgenommen. Derartiges ist **grundlos moralisierend** und verfehlt die Realitäten, da Bestätigungsschreiben nur dann Bedeutung erlangen, wenn der Inhalt des mündlich Vereinbarten anders nicht feststellbar ist; sie verkennt im Übrigen, dass in Bestätigungsschreiben Ergänzungen untergeordneter Art fast die Regel bilden und Präzisierungen oft auch sinnvoll sind (N 22). Noch weitergehend als hier BGE 30 II 298, wo sogar im Falle ganz fraglichen Vertragsschlusses vom Empfänger eine explizite Zurückweisung des einen Vertragsschluss behauptenden Bestätigungsschreibens verlangt und mangels Widerspruchs ein Vertragsschluss angenommen wurde. Zustimmung fand BGE 71 II 223 allein bei GUHL (5. Aufl., 97) und in allen Nachfolge-Auflagen; Differenzierungen versuchend KOLLER in GUHL/KOLLER/SCHNYDER/DRUEY, § 13 Rz 34 f.

29 GAUCH/SCHLUEP/SCHMID/EMMENEGGER (N 1173 ff.) wenden sich ausdrücklich gegen die oben und von der **h.L.** vertretene Auffassung, die sie als *«konsensverhaftete Doktrin»* bezeichnen. Dies obwohl die **Rsp.** sie erst jüngst mehrfach bestätigt hat (BGer, 4.3.2002, 4C.303/2001, E. 2.b; 12.3.2002, 4C.382/2001, E. 3.b). Als Grund führen sie an, dass das Bestätigungsschreiben mit den üblichen vertragsrechtlichen Prinzipien nicht erfasst werden könne, daher «der Richter (über den Rahmen der traditionellen Vertragslehre hinaus) **die dem Sachverhalt adäquaten Rechtssätze** zu entwickeln» habe. Derartiges ist mangels Lücke i.S.v. Art. 1 Abs. 2 ZGB weder mit dem Gesetz zu vereinbaren noch hilfreich und es ist nicht einzusehen, inwiefern es den angerufenen Bedürfnissen des kaufmännischen Verkehrs dienen würde, wenn etwa wie postuliert «ein überhaupt nicht abgeschlossener Vertrag» mit Konstitutivwirkung bestätigt werden könnte.

Sind die vorstehenden Voraussetzungen (N 24–28) erfüllt, **erleichtert** ein unwidersprochen gebliebenes Bestätigungsschreiben alsdann die **Beweisführung** in Bezug auf folgende **Gegenstände**: 30

- das *Zustandekommens* des Vertrages, wenn der Abschlusswille seitens der Gegenpartei bestritten wird;
- der *Inhalt* des Vertrages, dessen Zustandekommen nicht bestritten ist.

Denn es begründet die **natürliche Vermutung**, dass ein Vertrag geschlossen wurde und dessen Inhalt der Darstellung des Bestätigungsschreibens entspricht (s. BGer, 4.3.2002, 4C.303/2001, E. 2.b; 12.3.2002, 4C.382/2001, E. 3.b; BGE 114 II 250 E. 2 [wenn auch *i.c.* verneint]; BGE 100 II 18 E. 3a; aus der älteren Praxis BGE 30 II 298; 38 II 583; 40 II 133; SJZ 50 [1954], 229 Nr. 123.)

Derartige Vermutungen können grundsätzlich durch einen **Gegenbeweis** (vgl. dazu etwa BGer, 2.3.2012, 5A_769/2011, E. 3.3 m.w.H.) entkräftet werden, der die gerichtliche Überzeugung betreffend Vertragsschluss oder Vertragsinhalt erschüttert (BERGER-STEINER, N 02.41 f. m.w.H.). Dafür ist es bereits ausreichend, wenn *gerichtliche Zweifel* an der vermuteten Richtigkeit des Bestätigungsschreibens *wachgehalten* werden. **Nicht** erforderlich ist hingegen der **Beweis des Gegenteils**, d.h. der Nachweis, dass gar kein Vertrag geschlossen wurde oder aber dass dieser einen anderen Inhalt hatte (so noch BSK OR I-BUCHER, 5. Aufl., N 22a). 31

2. *Schriftliche Tatsachenfeststellungen*

Eine oft schwierig zu entscheidende Frage ist es, ob die von einer Partei getroffenen Tatsachenfeststellungen oder -behauptungen, falls unwidersprochen geblieben, Beweis erbringen. Auch hier ist darauf abzustellen, ob im Falle der Unrichtigkeit dem Empfänger des Schreibens aufgrund der Beziehungen der Parteien Widerspruch zuzumuten gewesen wäre. Beweisfunktion i.S. einer widerlegbaren Vermutung ist etwa dann anzunehmen, wenn der Schreibende für den Gegner erkennbar ein legitimes Interesse am Festhalten der im Schreiben behaupteten Fakten hatte, jedenfalls aber abzulehnen, wenn bei Kenntnisnahme des Gegners vom Schreiben die Parteien bereits im Streite stehen oder prozessieren oder umgekehrt die behaupteten Fakten zur Zeit der Mitteilung des Schreibens für den Empfänger keine erkennbare Bedeutung hatten. 32

Das Ausbleiben eines Widerspruchs gegenüber schriftlicher Fixierung von Tatsachenfeststellungen oder -behauptungen hat **materiellrechtliche Wirkung**, wenn das Stillschweigen als (vertraglicher) Verzicht auf Einwendungen zu deuten ist, d.h. als Erklärung des Einverständnisses des Empfängers, die Rechtsbeziehungen der Parteien i.S. der Behauptungen zu handhaben. Dies kann etwa dann angenommen werden, wenn zur Zeit des Schreibens die getroffenen Feststellungen hätten überprüft werden können, während später solches unmöglich wird (z.B. Behauptung eines bestimmten Gewichts oder Vorliegen bestimmter Sachmängel bei Ware, die zu rascher Weiterverwendung bestimmt ist). 33

Art. 6*a*

3a. Zusendung unbestellter Sachen

1 Die Zusendung einer unbestellten Sache ist kein Antrag.

2 Der Empfänger ist nicht verpflichtet, die Sache zurückzusenden oder aufzubewahren.

3 Ist eine unbestellte Sache offensichtlich irrtümlich zugesandt worden, so muss der Empfänger den Absender benachrichtigen.

3a. Envoi de choses non commandées

1 L'envoi d'une chose non commandée n'est pas considéré comme une offre.

2 Le destinataire n'est pas tenu de renvoyer la chose ni de la conserver.

[3] Si l'envoi d'une chose non commandée est manifestement dû à une erreur, le destinataire doit en informer l'expéditeur.

3a. Invio di cose non ordinate

[1] L'invio di una cosa non ordinata non è una proposta.

[2] Il destinatario non è obbligato a rinviare o a conservare la cosa.

[3] Se l'invio di una cosa non ordinata è manifestamente dovuto a un errore, il destinatario deve informarne il mittente.

Literatur

Foëx, La nouvelle réglement des droits de préemption, d'emption et de réméré dans le CC/CO, SJ 1994, 381 ff.; Honsell, OR – Novelle zum Konsumentenschutz, AJP 1992, 66 ff.; Laim, Die «vermutete Dereliktion» bei Zusendung unbestellter Sachen i.S.v. Art. 6a OR, recht, 1995, 188–199; Piotet, Le statut réel des marchandises envoyées sans commande, SJZ 89 (1993), 149–152.

I. Normzweck

1 Gemäss Art. 97 BV hat der Bund «Massnahmen zum Schutze der Konsumenten» zu ergreifen (ursprünglich eingeführt durch Art. 31^{sexies} aBV, angenommen in der Volksabstimmung vom 14.6.1981). Gestützt darauf wurden neben andern u.a. die Art. 6a und 40a–g erlassen (Botschaft, BBl 1986 II 354, in Kraft seit 1.7.1991).

2 **Eigenständige normative Bedeutung** kommt Art. 6a nicht zu (ob die Regel ein Informationsbedürfnis zu befriedigen hat, mag offen bleiben). Dass der Empfänger unbestellter Konsumgüter weder (durch Stillschweigen i.S.v. Art. 6) eine Vertragspflicht riskiert noch die Sache zurücksenden muss, war seit je geltendes Recht. Eine limitierte Pflicht zur Aufbewahrung mochte theoretisch bestanden haben; dieser (sachenrechtliche, nicht vertragsrechtliche) Grundsatz hatte niemals Durchsetzung erfahren. Die schliesslich (zu Lasten des Konsumenten) in Abs. 3 statuierte Benachrichtigungspflicht bei Fehlsendungen liess sich bereits bisher mit dem *culpa in contrahendo*-Argument begründen; auch ihr geht eine eigenständige Bedeutung ab.

II. Positiver Normgehalt: Freie Verfügbarkeit der zugestellten Ware

3 Wird der Zustellung Offertcharakter abgesprochen (Abs. 1), kann durch das anschliessende Verhalten des Empfängers (d.h. Konsum, Beseitigung oder sonstige Verfügung seitens des Letzteren) kein Vertrag, und damit auch keine Preiszahlungspflicht, entstehen. Die Regel, dass die Ware nicht zurückgesandt werden muss, war angesichts des Fehlens einer pflichtbegründenden Norm seit je rechtens. Umgekehrt ist die Norm, wonach die übersandte Ware nicht aufbewahrt werden muss (und daher beseitigt werden darf) nicht selbstverständlich. Sie ist sachenrechtlicher, nicht obligationenrechtlicher Natur und räumt ein Recht der Verfügung über fremde Sachen ein. *Der Empfänger unbestellt zugesandter Ware kann diese ohne Entgelt behalten, ohne weiteres frei über sie verfügen und sie insb. konsumieren.* Zum Streit über die rechtliche Begründung CHK-Kut, Art. 6a OR N 3 m.w.H.

III. Negativer Normgehalt: Keine Anwendbarkeit ausserhalb des Konsumentenbereiches

4 Wie dem Gesetzestext nicht zu entnehmen ist, jedoch aufgrund der Entstehungsgeschichte ausser Zweifel steht, darf Art. 6a ausschliesslich angewendet werden, soweit es sich bei den zugestellten Sachen um Konsumgüter handelt und die Empfänger **Nichtkaufleute** sind. Ausserhalb des von der Revision vom 14.6.1990 anvisierten Bereiches des Konsumentenschutzes fällt eine Anwendung nicht in Betracht; soweit unter Kaufleuten unbestellte Zustellung von

Waren vorkommt, gelten uneingeschränkt die allgemeinen Regeln, insb. die Qualifizierung des Vorgangs als Offertstellung und die Möglichkeit der Vertragsentstehung ohne explizite Annahmeerklärung nach Art. 6.

Art. 7

4. Antrag ohne Verbindlichkeit, Auskündung, Auslage

[1] Der Antragsteller wird nicht gebunden, wenn er dem Antrage eine die Behaftung ablehnende Erklärung beifügt, oder wenn ein solcher Vorbehalt sich aus der Natur des Geschäftes oder aus den Umständen ergibt.

[2] Die Versendung von Tarifen, Preislisten u. dgl. bedeutet an sich keinen Antrag.

[3] Dagegen gilt die Auslage von Waren mit Angabe des Preises in der Regel als Antrag.

4. Offre sans engagement et offres publiques

[1] L'auteur de l'offre n'est pas lié s'il a fait à cet égard des réserves expresses, ou si son intention de ne pas s'obliger résulte soit des circonstances, soit de la nature spéciale de l'affaire.

[2] L'envoi de tarifs, de prix courants, etc., ne constitue pas une offre de contracter.

[3] Le fait d'exposer des marchandises, avec indication du prix, est tenu dans la règle pour une offre.

4. Proposta senza impegno e proposta pubblica

[1] Il proponente non è vincolato dalla proposta se le clausole aggiuntevi, la natura o le circostanze particolari del negozio escludono un impegno da parte sua.

[2] L'invio di tariffe, prezzi correnti e simili non costituisce per sè stesso una proposta.

[3] Per contro vale di regola come proposta l'esposizione di merci con indicazione dei prezzi.

I. Normzweck

Abs. 1 entspricht im Wesentlichen Art. 6 des aOR. Die in der Sache nichts Neues bringenden Abs. 2 und 3 wurden in der Revision 1911 eingefügt. Vorbild war Art. 337 ADHGB. 1

Die Bestimmung **zielt auf** Versuche der Anbahnung von Geschäftsbeziehungen ohne rechtliche Folgen, insb. auf Erklärungen, die ein eigenes Vertragsinteresse zum Ausdruck bringen oder sonst zu Vertragsverhandlungen veranlassen. Diesen Tatbeständen fehlen Voraussetzungen der echten Offerte (deren hinreichende inhaltliche Bestimmtheit, Bindungswillen), weshalb Art. 7 sie von Offerten im technischen Sinne des Art. 3 **abgrenzen** will.

Zusammengefasst werden sie oft (um dem Denkschema Offerte-Akzept gerecht zu werden) unter dem Titel der **«Einladung zur Offertstellung»** (invitatio ad offerendum). Bei der Abgrenzung der Offerten gegenüber blosser «Einladung» zu solcher ist massgeblich, ob der Adressat der Erklärung auf einen (durch seine Annahme bedingten) **Verpflichtungswillen des Erklärenden** schliessen darf oder nicht.

II. Die in Abs. 1 genannten Fälle des Ausschlusses des Offertcharakters

1. Expliziter Ausschluss der Bindungswirkung

Wird bei der Unterbreitung eines Angebots der zulässige Vorbehalt beigefügt, selbst im Falle 2
einer Annahmeerklärung absagen zu können (um den vorgeschlagenen Vertragsschluss zu verhindern), liegt keine echte Offerte vor, sondern lediglich der von Art. 7 anvisierte Fall der sog. «Einladung» hiezu. Derartige Wirkung kann das Beifügen von Formeln wie *«freibleibend», «ohne Verbindlichkeit», «ohne obligo»* haben.

2. Fehlen von Elementen notwendigen Konsensinhalts

3 Wenn ein notwendiges Element der Offerte (Verpflichtungswille, inhaltliche Bestimmtheit) fehlt, stellt die Erklärung eine blosse Einladung zur Offertstellung dar, da, unabhängig von einem expliziten Vorbehalt, infolge des Fehlens eines notwendigen Konsenselementes (eines *essentiale*, Art. 1 N 22 ff.) selbst im Falle eines Akzepts kein Vertrag zustande kommt.

4 Wenn die notwendigen Vertragselemente im Angebot umschrieben sind, kann doch nach den Umständen – insb. bei Transaktionen grösserer Bedeutung oder Kompliziertheit – die Festlegung weiterer Elemente (Zahlungsbedingungen, Liefer- oder Abnahmetermine usw.) sachlich geboten bzw. geschäftsüblich sein, in welchem Fall eine **Vermutung gegen Verpflichtungswillen** vorliegt, dies wenigstens so lange, als nicht die Umstände dafür sprechen, dass der Erklärende die Bestimmung dieser Elemente dem Partner überlassen wollte. Nach diesem Schema sind auch Tarife usw. (Abs. 3, dazu N 9) zu beurteilen: Sie begründen keine Vermutung des Verpflichtungswillens, es sei denn, ausnahmsweise dürfte der Empfänger annehmen, der Erklärende überlasse ihm die beliebige Auswahl bzw. Bestimmung des Quantums der Bestellung und wolle sich zum vornherein verpflichten, jede beliebige Bestellung auszuführen.

Zur Abgrenzung zwischen Offerte und Einladung zu solcher vgl. ZR 1903, 307 ff.; 1905, 68 ff.; 1909, 125 f. und 1921, 40 ff. Bereits unter diesem Gesichtspunkt ergibt sich meist zwangsläufig ein Ausschluss des Offertcharakters in den in Abs. 2 explizit genannten Fällen, da das zu liefernde Quantum nicht bestimmt ist.

3. Ausschluss des Offertcharakters infolge der «Natur des Geschäfts» bzw. der «Umstände»

5 Im Falle von Zeitungsinseraten oder bei Ankündigungen auf Anschlagbrettern kann der Wille des Anzeigenden nicht dahin gehen, ein an jedermann gerichtetes verbindliches Angebot zu machen.

6 Die in Abs. 2 genannte Versendung von Tarifen, Preislisten, sodann heute die Angebote auf einer *Website*, Ankündigungen durch Zeitungsinserate, Anschläge und andere Mitteilungen an nicht individuell bestimmte Adressaten haben **vermutungsweise nicht-bindenden** Charakter. Ausnahmen fallen insoweit in Betracht, als die Person des Vertragspartners keinerlei Bedeutung hat (vgl. dazu Bsp. in ZR 1903, 307 ff.; 1905, 68 ff.; 1909, 125 ff.; 1921, 40 ff.).

III. Sonderbehandlung der als Antwort auf «Einladung zur Offertstellung» unterbreiteten Offerten

7 Ankündigungen mit dem Charakter einer **Einladung zur Offertstellung** sind zwar von vornherein unverbindlich (s. in Abgrenzung dazu die Offerte unter Widerrufsvorbehalt, Art. 3 N 5), haben aber dennoch rechtliche Bedeutung: – Sie begründen Treue- und Sorgfaltspflichten in contrahendo, die bei Verletzung zu einer Haftung aus **c.i.c.** führen können. – Zudem kommt unter den Voraussetzungen von **Art. 6 OR** ein Vertrag bereits zustande, wenn auf eine invitatio ad offerendum ein Akzept eintrifft, das unwidersprochen bleibt. – Selbst sofortiger Widerspruch verhindert die Vertragsentstehung zudem nicht, wenn in der Einladung zur Offertstellung eine **antizipierte Annahmeerklärung** enthalten ist. Das setzt allerdings voraus, dass die Ankündigung den Anschein weckte (Anlass zum Vertrauen gab), es werde jegliche Bestellung auch ausgeführt (d.h. jede der einladungsgemäss eingehenden Offerten sei *ex ante* angenommen). Dies ist bei **Preislisten**, die an die Allgemeinheit verbreitet werden, nicht leichthin anzunehmen (anders jedoch, wenn solche individualisiert bloss an Bestimmte ging). Beifügung einschränkender Zusätze («solange Vorrat», «aus Liquidationsbeständen» usw.) schliesst ebenfalls antizipiertes Akzept von Bestellungen aus (dazu N 9).

Um unter die genannte Sonderbehandlung zu fallen, muss eine Offerte (Bestellung) innerhalb angemessener Frist seit der Einladung ergehen und darf nicht von den Einladungsbedingungen abweichen; andernfalls bringt das auf die Offerte folgende Stillschweigen keinen Vertrag zustande (vgl. BK-SCHMIDLIN, N 7 f.; ZK-JÄGGI, N 9). 8

IV. Anwendungsbereich von Abs. 2

Was sich bereits aus Abs. 1 ergibt, wird in Abs. 2 für besonders verbreitete Phänomene explizit festgehalten: Das Versenden von **Tarifen** und **Preislisten** hat nicht Offertcharakter, kann demnach von einem Empfänger nicht durch Annahmeerklärung («Bestellung» eines angebotenen Produkts) zu einem Vertrag gemacht werden. Der Hauptgrund liegt in der wahllos an die Allgemeinheit gerichteten Verbreitung, welche legislatorische Motivation auch die Grenzen von deren Anwendbarkeit zeigt: Bloss an einzelne Adressaten und individualisiert versandte Tarife können durchaus als Offerten qualifiziert werden, sofern die im Angebot fehlende quantitative Limitierung nicht deren hinreichende Bestimmtheit ausschliesst (was nicht der Fall ist, wenn der Offerent jedes praktisch in Betracht fallende Quantum zu liefern bereit ist und dem Akzeptanten die Mengenbestimmung überlassen kann; dazu Art. 3 N 12). 9

V. Anwendungsbereich und Rechtsfolgen von Abs. 3

Die **Auslage von Waren** ist Angebot an jedermann zum Abschluss eines Handgeschäfts. Art. 7 Abs. 3 findet Anwendung auf Auslagen in Schaukästen und Schaufenstern, aber auch auf solche im Freien oder im Innern von Geschäftsräumen, sofern die Ware, falls gekauft, unmittelbar ausgehändigt und mitgenommen werden kann (vgl. BGE 105 II 23 E. 1). Abs. 3 findet **keine** entsprechende **Anwendung auf Dienstleistungen**, die in Auslagen angepriesen werden (dazu BGE 80 II 26 E. 4a). 10

Da die Regel auch wettbewerbspolitische Ziele erfolgt, sind die Abschlusspflicht wegbedingende Vorbehalte *(«Angebote freibleibend», «Verkauf freigestellt»)* nicht zulässig, d.h. unwirksam. Das Bundesprivatrecht schrieb Preisangaben bei Warenauslagen nicht vor, und dementsprechend wurde in Art. 7 Abs. 3 noch die Möglichkeit von Sachauslagen ohne Preisangabe vorausgesetzt. Zum Teil nach früherem kantonalen Gewerberecht und jetzt nach Art. 1 ff. der Verordnung über die Bekanntgabe von Preisen (Preisbekanntgabeverordnung, PBV vom 11. 12. 1978, SR 942.211, diese ergänzt durch Art. 16 des UWG von 1986; SR 241) besteht bei Warenauslagen zum Verkauf eine allgemeine **Preiskennzeichnungspflicht**, die ihrerseits wiederum ihren Zweck nur erfüllt, wenn die angegebenen Preise verbindlich sind.

Die *Preisangabe* muss sich erkenntlich auf die ausgestellten Gegenstände beziehen. Sind mehrere Stücke ausgelegt, so bezieht sich das Angebot nicht nur auf das bezifferte Stück, sondern auf alle bereitliegenden Waren der gleichen Art. Bei den in Schaufensterdekorationen einbezogenen Auslagestücken ist der Geschäftsinhaber berechtigt, ein gleiches Stück aus dem Vorrat zu übergeben (BK-SCHMIDLIN, N 18, 34).

Widerruf der Offerte, d.h. Wechsel der Preisanschrift oder Erklärung, überhaupt nicht verkaufen zu wollen (dies durch Entfernen des Objekts von der Auslage), ist möglich, wirkt indessen nur für die Zukunft. Sie kann dem Kunden, der seinen Kaufentschluss bereits dem Aussteller erklärt hat, nicht entgegengehalten werden; der Vertrag ist aufgrund der früheren Anschrift zustande gekommen. Art. 7 Abs. 3 stellt *kaufmännisches Unternehmensrecht* dar und ist auf den *Schutz des Vertrauens des Publikums* ausgerichtet (vergleichbare Verhältnisse wie bei der handelsrechtlichen Vertretungsmacht der Prokuristen und Handlungsbevollmächtigten, Art. 458–465, sowie der Organe juristischer Personen, die im Rahmen ihrer objektiv umschriebenen Handlungsbefugnis den Geschäftsherrn verpflichten, ohne dass dessen Geschäftswille massgeblich wäre). *Massgeblich ist allein das Faktum der Preisanschrift*: Der Geschäftsherr hat zu gewährleisten, dass zu angeschriebenen Preisen verkauft wird bzw. dass 11 die gemachten Preisanschriften sich im Rahmen seiner Intentionen halten; diesbezügliche Fehlerrisiken liegen allein bei ihm. Siehe aber BGE 105 II 23, der eine Irrtumsanfechtung eines aufgrund irrtümlicher Preisauszeichnung geschlossenen Verkaufs zulässt (einlässliche Kritik bei BUCHER/WIEGAND, Übungen im Obligationenrecht: Fallsammlung mit Lösungsvorschlägen, 3. Aufl., Zürich 2001, Fall 13, insb. 216 ff. [‹www.eugenbucher.ch› Nr. 78]).

12 Durch die zusätzlich eingeführte Pflicht der Preisanschrift wird die von Abs. 3 statuierte Vermutung des Verkaufswillens bekräftigt; wer Sachen mit Preisangabe auslegt, bringt damit schlüssig seinen Verkaufswillen zum Ausdruck. Zwar nicht durch Abs. 3, wohl aber durch die eine Preiskennzeichnungspflicht statuierende Norm soll ausgeschlossen werden, dass durch generelle Erklärungen (Aushang, Bekanntmachungen im Schaufenster oder dgl.) der Warenauslage der Offertcharakter genommen wird, d.h. der die Waren Auslegende nicht zum Verkauf zum angeschriebenen Preis verpflichtet ist.

VI. Rechtsvergleichung

13 Im Gegensatz zu Art. 7 qualifiziert die überwiegende deutsche Rechtsmeinung die Auslage von Waren nicht als Offerte (vgl. dazu BGH NJW 1980, 1388; von Staudinger-BORK, § 145 BGB N 7). – Im deutschen Recht fehlt eine dem Art. 7 entsprechende Vorschrift. Auf sie ist – weil als unnötig betrachtet – bewusst verzichtet worden (vgl. Motive zum BGB I 167).

Art. 8

5. Preisausschreiben und Auslobung

[1] **Wer durch Preisausschreiben oder Auslobung für eine Leistung eine Belohnung aussetzt, hat diese seiner Auskündung gemäss zu entrichten.**

[2] **Tritt er zurück, bevor die Leistung erfolgt ist, so hat er denjenigen, die auf Grund der Auskündung in guten Treuen Aufwendungen gemacht haben, hierfür bis höchstens zum Betrag der ausgesetzten Belohnung Ersatz zu leisten, sofern er nicht beweist, dass ihnen die Leistung doch nicht gelungen wäre.**

5. Promesses publiques

[1] Celui qui promet publiquement un prix en échange d'une prestation est tenu de le payer conformément à sa promesse.

[2] S'il retire sa promesse avant qu'une prestation lui soit parvenue, il est tenu de rembourser, au plus jusqu'à concurrence de ce qu'il avait promis, les impenses faites de bonne foi; à moins cependant qu'il ne prouve que le succès espéré n'aurait pas été obtenu.

5. Offerta pubblica e concorso

[1] Chi mediante concorso o manifesto offre pubblicamente per una data prestazione una ricompensa, deve corrispondere la stessa conformemente alla offerta.

[2] Se recede prima che la prestazione sia avvenuta, egli deve corrispondere, a coloro che furono in buona fede indotti dalla pubblicazione a fare delle spese, una indennità fino al massimo della ricompensa offerta, in quanto non provi che essi non avrebbero potuto effettuare la prestazione.

Literatur

BUCHER, Preisvereinbarung als Voraussetzung der Vertragsgültigkeit beim Kauf. Zum angeblichen Widerspruch zwischen Art. 14 und Art. 55 des «Wiener Kaufrechts», in: Sturm, FS für Paul Piotet, Bern 1990, 371 ff. [‹www.eugenbucher.ch› Nr. 51] (zit. FS Piotet); DERS., Überblick über die Neuerungen des Wiener Kaufrechts; dessen Verhältnis zur Kaufrechtstradition und zum nationalen Recht, in: Bucher, Wiener Kaufrecht: der schweizerische Aussenhandel unter dem UN-Übereinkommen über den internationalen Warenkauf: Berner Tage für die juristische Praxis, Bern 1991, 13 ff. [‹www.eugenbucher.ch› Nr. 55]) (zit. Überblick); GUGGENHEIM, Die Auslobung, Diss. Zürich 1911; HOFFMANN, Auslobung und Preisausschreiben nach schweizerischem Recht, Diss. Fribourg 1947; KLEINSCHMIDT, Abgrenzung von Schenkungsvertrag und erfolgsabhängigem Zuwendungsversprechen, JZ 2009, 1120 ff.; KOLLER, Gewinnversprechen – schuld- und lauterkeitsrechtliche Aspekte, in: Brunner et al. (Hrsg.), Jahrbuch des Schweizerischen Konsumentenrechts 2001, Bern 2002, 86 ff.; RASCHLE, Zur Struktur der Auslobung, SJZ 1911/1912, 249; SIEGEL, Das Versprechen als Verpflichtungsgrund im heutigen Recht, Berlin 1973.

I. Grundsatz

Heute wird die Auslobung gemeinhin als *bedingtes einseitiges Rechtsgeschäft* qualifiziert, durch das sich der Erklärende *öffentlich* verpflichtet, mindestens einem Adressaten eine Belohnung zu entrichten, falls dieser eine *vorausgesetzte Leistung* erbringt. Der Auslobende hat also jedenfalls ein *Interesse* an der Leistung, wobei indes nicht abschliessend geklärt ist, ob der Auslobungszweck auch ein eigennütziger sein müsse (in diesem Sinne BSK OR I-BUCHER, 5. Aufl., N 19 f.; s.a. BK-BECKER N 4; in Deutschland werden ebenso altruistische und gemeinnützige Ziele erfasst: KLEINSCHMIDT, JZ 2009, 1123 m.Nw.). 1

So oder so erscheint die Auslobung bei dieser Lesart als ein *Sondertatbestand der Obligationsentstehung* und damit als eigentlicher Fremdkörper innerhalb der Art. 1–40f, die auf die Entstehung der Obligation «durch Vertrag» ausgerichtet sind. 2

II. Geltungsgrund

Ihren Geltungsgrund findet die Auslobung damit nicht im üblichen Konsens, sondern im Grundsatz von *Treu und Glauben* (Art. 2 ZGB): Wird ein *Eigeninteresse* des Versprechenden vorausgesetzt (vgl. N 1), so mag bereits dieses zu einem gewissen Vertrauen Anlass geben, er werde im Gegenzug die ausgelobte Belohnung für die Leistung auch tatsächlich erbringen. Entscheidend ist aber sowieso der Umstand der *Öffentlichkeit*, vor der die Auslobung stattfindet. Sie erst rechtfertigt es, anders als etwa im Rahmen der Vertrauenshaftung (vgl. Einl. vor Art. 1–40f OR N 100 ff.), an dieses Institut nicht bloss sekundäre Ersatzfolgen zu knüpfen, sondern es als Basis von Primärleistungspflichten zuzulassen. 3

Geschützt wird indes nicht das Vertrauen einer konkreten Einzelperson, dass ihr letztlich die Belohnung zufallen soll. Im Fokus steht vielmehr das kollektive *Vertrauen der Öffentlichkeit* in die Tatsache, dass sich der Auslobende *der Publikumsmithilfe nicht unentgeltlich bedienen werde*. Denn die Schlagkraft der Auslobung steht und fällt mit der Bereitschaft ebendieses Publikums, im Interesse des Auslobenden tätig zu werden. Namentlich die *Vielzahl* (dazu N 17 ff.) von Leistungsversuchen *erhöht die Erfolgsaussichten* des Unterfangens beträchtlich, so dass es unbillig erschiene, wenn der Auslobende im Einzelfall jegliche Belohnung einsparen könnte, nur weil es unter Vertragsgesichtspunkten an der Annahme fehlt (z.B. wegen Unkenntnis der Auslobung, so BGE 39 II 591 E. 7, oder Urteilsunfähigkeit; vgl. etwa BK-BECKER N 1 i.f.). 4

Damit macht gerade die Essentialie der Auslobungsöffentlichkeit eine nachmalige Annahme und damit die Konstruktion eines Vertrages obsolet – so wie etwa der Konsens auch verzichtbar wird durch das Faktum der Eigenmacht, mit der im Rahmen der sog. «faktischen Vertragsverhältnisse» (vgl. Art. 1 N 120 ff.) eine vertraglich offerierte Leistung konsumiert wird. 5

Vor diesem Hintergrund geht es einerseits zu weit, in Art. 8 ein allgemeines Prinzip hineinzulesen, demgemäss «*[...] das Versprechen zu Gunsten unbestimmter Personen verbindlich ist [...] ohne dass es einer Annahme bedarf*» (zit. ZK-JÄGGI, N 3, ohne genaue Umschreibung der von ihm einbezogenen Sachverhalte). Andererseits ist es freilich ebenso unzulässig, aus Art. 8 den Umkehrschluss zu ziehen, dass ausserhalb des von ihm «*[...] umschriebenen Sachbereiches die Schuldbegründung durch einseitige Erklärung nicht möglich ist*» (zit. BSK OR I-BUCHER, 5. Aufl., N 2). Wie der historische Teil zeigt (N 11 ff.), war es nicht der Gesetzgeber, der bewusst einen (entsprechend analogiefeindlichen) Sondertatbestand geschaffen hat. Vielmehr hat ausdrücklich erst die heute **h.L.** (und im Ergebnis auch die **Rsp.**) ihm das Ge- 6 präge eines bedingt-bindenden einseitigen Versprechens gegeben, was angesichts des Geltungsgrundes gerechtfertigt erscheint.

III. Historisches

7 Bereits **römische Quellen** unterscheiden bei rechtsgeschäftlichen Entstehung der Obligation zwischen zweiseitigen, konsensualen und einseitigen Formen (ULPIAN in Dig. 50, 12, 3 pr.: «*Pactum est duorum consensus atque conventio, pollicitatio vero offerentis solius promissum*»). Die *pollicitatio* ist indes unserer Auslobung keinesfalls gleichzustellen: mit ihr wurde formlos und einseitig eine Werkerstellung (später auch andere Leistungen) versprochen. Geschah dies mit Rücksicht auf ein (angestrebtes oder erlangtes) Amt oder hatte die Ausführung eines uneigennützig zugesicherten Werkes schon begonnen, war das Versprechen bindend (KASER/KNÜTEL, Römisches Privatrecht, 20. Aufl., München 2014, N 47.12).

8 In Weiterführung moraltheologischer Postulate entstand in der Rechtstheorie zwar die Tendenz, neben Verträgen auch die einseitige Verpflichtungserklärung als Entstehungsgrund von Obligationen anzuerkennen. Dieses Konzept konnte sich indessen nicht durchsetzen. So verband zwar das **Naturrecht** schliesslich mit der Auslobung als dogmatisch einheitlicher Figur eine Reihe ähnlicher Sonderfälle (Wettkampfpreis, Finderlohn, Delatorenprämie für Denunzianten), verstand diese aber als Verträge *cum incerta persona* (BK-SCHMIDLIN N 1). Später lehnte etwa ALR I, 5 §§ 4, 5 die Verbindlichkeit einseitiger Versprechen («Gelübde») ausdrücklich ab (in diesem Sinne sind denn auch ALR I, 11 §§ 988–995 zur Auslobung zu lesen).

9 Gleiches gilt für die **Pandektenlehre** des 19. Jahrhunderts (weitere Hinweise bei BUCHER, Preisvereinbarung, 387; DERS., Überblick, 59). Gegenüber der *pollicitatio* (oder auch *promissio*) wurde von der Doktrin zur Ablehnung der einseitigen Erklärung als Verpflichtungsgrund der Gegenbegriff der *acceptatio* gebildet und als Verpflichtungs-Voraussetzung herausgestellt; beide Begriffe sind die *Vorläufer* der heutigen Begriffe *Offerte* und *Akzept*.

10 Relativ lange behalf man sich gestützt auf die sog. **Vertragstheorie** mit dem Umstand, dass eine Offerte an einen weiteren oder gar unbegrenzten Personenkreis möglich ist *(offerta ad incertas personas)* und mit der Vorstellung, dass ein Vertrag durch Realakzept zustande komme, wenn ein Adressat mit Kontrahierungswille die in der Offerte umschriebenen Bedingungen erfülle (vgl. etwa noch GUGGENHEIM, 29 ff.; ZK-OSER/SCHÖNENBERGER, N 18). Eine Positivierung der Auslobung schien vor diesem Hintergrund für die Gesetzgeber des aOR verzichtbar (Botschaft zum OR, BBl 1905 II 1, 13).

11 Erst ab der zweiten Hälfte des 19. Jahrhunderts verschaffte namentlich die Arbeit von Siegel der sog. **Versprechenstheorie** (zunächst noch: Pollizitationstheorie) zunehmenden Auftrieb, die von einem einseitigen Rechtsgeschäft ausgeht (so schon BK-BECKER N 1; RASCHLE, SJZ 1911/1912, passim; noch zum aOR bereits VOGT, Anleitung zur Anwendung des Schweizerischen Obligationenrechts, 1882, 85).

12 Dem **hiesigen Gesetzgeber** ging es indes mit Art. 8 OR offenbar nicht darum, die eine oder andere Theorie zu kodifizieren, bzw. scheint er *bloss implizit noch der Vertragstheorie* verbunden gewesen zu sein (so sprach HUBER, AS NR 1909, 473 etwa noch von einer «Offerte» des Auslobenden). Andernfalls hätte er die Besonderheit der Verpflichtung durch einseitiges Rechtsgeschäft wohl deutlich zum Ausdruck gebracht und nicht durch die systematische Einordnung unter der Marginalie «II. Antrag und Annahme» verschleiert. Treffender wäre dann allemal die Platzierung hinter Art. 10 und unter einer eigenen Marginalienziffer IV gewesen. Tatsächlich war dem Gesetzgeber primär daran gelegen, die *Haftungsfolgen* bei einem Rücktritt vor Leistungserbringung besonders zu regeln (Botschaft OR, BBl 1905 II 1, 13). Dies erschien gerade unter der Vertragstheorie dringlich, da eine Offerte nur in den engen Grenzen

des Art. 9 widerrufen werden kann bzw. nach den dort genannten Zeitpunkten ein Rücktritt nicht mehr zulässig ist, wenn ihn sich der Offerent nicht vorbehalten hat. Insofern trifft es auch nicht zu, dass Art. 8 unter der Vertragstheorie nur von deklaratorischer Bedeutung gewesen wäre (so aber BSK OR I-Bucher, 5. Aufl., N 6 m.Nw.).

Auch die zeitgenössische **Rechtsprechung** vermied es weitgehend, ausdrücklich Position zu beziehen. So sprach BGE 37 II 591 E. 7 dem Auslobungsadressaten, der die Leistung in Unkenntnis der Auslobung erbracht hatte, die Belohnung ungeachtet der juristischen «Konstruktion, die dem Gesetzgeber vorgeschwebt haben mag» nur deshalb zu, weil die Interpretation der Auslobungserklärung im konkreten Fall keine gegenteilige Einschränkung ergeben hatte. 13

Dessen ungeachtet hat sich in der schweizerischen **Lehre** die Versprechenstheorie inzwischen breitflächig durchgesetzt, nicht zuletzt weil mit der Offerte *«ad incertas personas»* nicht alle Anliegen befriedigt werden konnten (s. nur Koller A., OR AT, § 26 N 15; Gauch/Schluep/Schmid/Emmenegger, N 1047; BK-Schmidlin, N 12–16 m.Nw.; ZK-Jäggi, N 3; **a.M.** bzw. für eine Qualifikation als Vertrag hingegen nurmehr ZK-Jäggi, N 37 und diesem folgend Merz, Vertrag, N 267). Auch in Deutschland werden die einschlägigen §§ 567–661a BGB wohl überwiegend i.S. der Versprechenstheorie verstanden (so etwa BGH, 28.05.2009, Xa ZR 9/08, N 10). 14

Da eine rechtsgeschäftliche Erklärung des Leistenden nicht vorausgesetzt ist, vielmehr allein der Eintritt der geforderten faktischen Wirkungen genügt, ist somit die *Handlungsfähigkeit des Leistenden* nicht notwendig (d.h. gewiss nicht dessen Mündigkeit; bei dem gebotenen restriktiven Verständnis der Regel von Art. 18 ZGB nicht einmal Urteilsfähigkeit; vgl. BK-Bucher, Art. 17/18 ZGB N 46). Dieses Resultat ist nicht bestritten, sondern wird auch von Anhängern der **«Vertragstheorie»** vertreten (so Merz, Vertrag, N 263).

IV. Tatbestand

1. Auslobungserklärung samt Verpflichtungswillen

Die Auslobung hat in Form einer Willenserklärung zu erfolgen, die jedenfalls den (bedingten, vgl. N 26 ff.) *Verpflichtungswillen* des Erklärenden, gebunden zu sein, beinhaltet. Entscheidend ist dabei, nicht anders als in konsensualen Verhältnissen (vgl. Koller, 111), primär der wirkliche Wille. 15

Fehlt er, wird er *normativ* unterstellt, sofern die Adressaten nach Treu und Glauben und unter Berücksichtigung der Umstände die Auslobung als vom Verpflichtungswillen des Erklärenden getragen deuten durften. Da freilich die Auslobung an eine Vielzahl von Adressaten gerichtet ist, und gegenüber jenen Adressaten gültig ist, die von ihr keine Kenntnis haben (BGE 39 II 591; s.a. § 657 BGB), muss es genügen, wenn sie abgegebene Erklärung generell-abstrakte geeignet ist, beim durchschnittlichen Empfänger einen solchen Eindruck hervorzurufen (Koller, 114). 16

2. Öffentlichkeit

Weiter muss die Erklärung öffentlich sein (normalerweise durch Publikationsmittel wie Zeitungen und Zeitschriften, Radio, Fernsehen, Anschläge); sie ist also an eine *Vielzahl von Personen*, wenn auch nicht notwendig an die Allgemeinheit, zu richten und darf nicht bloss gegenüber einzelnen Interessenten erfolgen (Bucher, AT, 149). Oft ist die Erfüllung aus faktischen Gründen nur wenigen Personen möglich. Zum Fall einer unterbliebenen öffentlichen Ankündigung BGE 47 II 208. 17

Hingegen überzeugt es nicht, die Öffentlichkeit zu verneinen, wenn das Leistungsversprechen zwar an einen (mitunter äusserst) grossen Personenkreis ergeht, dieser indes z.B. durch persönliche Adressierung oder Vereinsmitgliedschaft *bestimmt* ist (vgl. Koller, 114 m.H.a. 18

einen Versand an 665 000 Personen; für das deutsche Recht etwa KLEINSCHMIDT, JZ 2009, 1121 m.Nw.).

19 Zwar mag gerade die Unbestimmtheit der Adressaten bei der Überwindung der Vertragstheorie (N 10) hilfreich gewesen sein: liess sich doch eine Kenntnisnahme der Auslobung durch beliebig viele Personen (zwecks Akzeptfiktion) nur schwer konstruieren. Im Grunde aber gibt nicht die Unbestimmtheit, sondern nur die Summe der Adressaten den Ausschlag: sie vervielfacht die Leistungsbemühungen und damit die Erfolgsaussichten und verleiht erst dadurch der Auslobung die ihr eigene Attraktivität (N 4).

20 Obsolet ist diese Frage hingegen im Common law dank der Figur des *unilateral contract*: für die Entstehung dieses einseitig verpflichtenden Austauschvertrages ist es unerheblich, ob das Versprechen an einen konkreten Vertragspartner oder an ein unbestimmtes Publikum ergeht (KLEINSCHMIDT, JZ 2009, 1122 m.Nw.).

3. Leistung

21 Zudem müssen die Adressaten die *in der Auslobung umschriebene* Leistung erbringen. Dabei ist «Leistung» weit zu verstehen und umfasst jegliches Verhalten (einschliesslich das *Unterlassen* einer genau umrissenen, nur wenigen Personen möglichen Verhaltensweise). Ob dieses Verhalten einen bestimmten Erfolg bewirken müsse, ist durch Auslegung der Auslobung zu entscheiden.

22 Die Leistung braucht keinen Vermögenswert zu haben, kann mithin *auch ideeller* Natur sein. Das Erleiden einer künftigen Schädigung kann «Leistung» sein; das Motiv der Auslobung ist hier allerdings nicht der Schadenseintritt, vielmehr das Ziel der Schaffung von Sicherheit beim Gefährdeten. Fehlt es völlig am Erfordernis einer Leistungserbringung, fällt die Ankündigung unter die Regeln des Schenkungsrechts. Für den Sonderfall der als «Sweepstake» bezeichneten Schenkungsversprechen bzw. «Gewinnmitteilungen» vgl. SJZ 88 (1992), 254, Nr. 38.

23 Hingegen muss ein Adressat überhaupt *Einfluss auf den Eintritt* des vom Auslobenden gewünschten Resultates haben. Keine Leistung i.S.v. Art. 8 sind daher etwa Kriterien wie die Körpergrösse oder andere von den Beteiligten nicht beeinflussbare Ereignisse (Ausgang eines sportlichen Wettkampfes: BGH, 28.05.2009, Xa ZR 9/08, N 9; Ergebnis politischer Wahlen oder Abstimmungen etc.). Sie gelten vielmehr als bedingte Schenkungsversprechen, die nur unter Beachtung der Schriftformerfordernisse der Art. 12–14 wirksam werden. Das Aussetzen einer Belohnung für den Fall des Eintretens oder Nichteintretens einer bestimmten Tatsache (z.B. Freibier beim Sieg des Fussballclubs) ist damit nicht Auslobung, sondern ein bedingtes Schenkungsversprechen.

Nur *freiwillig* erbrachte Leistungen erfüllen die Bedingung der Auslobung, die angesichts ihrer Zielsetzung der Erfolgsbewirkungen nach dem Vertrauensprinzip zum vornherein auf diesen Fall beschränkt bleiben (so insb. VON TUHR/PETER, 182; BK-SCHMIDLIN, N 29). Insbesondere sollen (schon aus Gründen der Generalprävention) *nicht Beamte* und andere durch öffentlich-rechtliche Norm zum Handeln Verpflichtete für die Erfüllung ihrer Pflicht eine nach Art. 8 ausgelobte Belohnung fordern können (**anders** aber noch BGE 39 II 591 E. 4; ZK-JÄGGI, N 44, der sich zu Unrecht auf § 657 BGB beruft, ebenso anscheinend MERZ, Vertrag, N 263). Im Falle des Versprechens der Schadloshaltung entfällt dieser Gesichtspunkt (BGE 47 II 208).

24 Die geforderte Leistung muss *zeitlich nach* der Auslobung erfolgen, ebenso der durch die Auslobung umschriebene Erfolg, denn die Auslobung beabsichtigt, für die Teilnehmer erkennbar, die zur Bedingung erhobene Leistung zu veranlassen und zu fördern, was in der Zukunft liegt (**a.M.** noch BK-BECKER N 34). Daher ist die öffentliche Erklärung, für bereits eingetretenen Schaden gegenüber allen Betroffenen aufkommen zu wollen i.S.v. Art. 8 nicht verbindlich; die Gegenauffassung hat das (von der Doktrin des 18. und 19. Jh. konsequent abgelehnte) und im OR und den modernen Kodifikationen bewusst ausgeschlossene Modell der *pollicitatio* als Entstehungsgrund von Obligationen zur Voraussetzung. Umgekehrt ist das Schadlos-Versprechen für den *Eintritt künftiger Schäden wirksam* (z.B. der beim Betrieb eines Schiessplatzes oder Durchführung einer Schiessübung künftig zu befürchtende Schaden, so das Bsp. in ZK-Jäggi, N 25).

Der Auslobende kann eine *Frist* zur Erbringung der Leistung setzen, so dass späteres Erbringen keine Rechtsfolgen nach sich zieht. Bei Fehlen einer Fristbestimmung ist durch Auslegung bzw. aufgrund der gegebenen (dem Leistenden erkennbaren) Umstände die Dauer der Erbringbarkeit zu ermitteln; diese endet dann, wenn der Auslobende (für den Dritten erkennbar) kein Interesse mehr an der Leistung hat. Nur wenn sich aus den Umständen keine Terminierung ergeben sollte, wäre analoge Anwendung der Verjährungsregeln (d.h. zehnjährige Frist gem. Art. 127) auf diesen Verwirkungstatbestand in Betracht zu ziehen (**a.M.** BK-Schmidlin, N 32). 25

4. Bedingtheit

Die Besonderheit der einseitigen Verpflichtung besteht schliesslich darin, dass sie *suspensiv bedingt* ist, also nur beim Erbringen der in der Auslobung umschriebenen Leistung wirksam wird. Versprechen *ohne* Bedingung der Leistungsvornahme scheiden damit aus. Die Bedingung des Anspruches auf Belohnung ist erst *eingetreten*, wenn die Leistung abgeschlossen und vollendet ist. Denkbar ist auch, dass die Bedingung (implizit) eine nach dem Grad der Erfüllung abgestufte Belohnung vorsieht: «Beim Auffinden der Geldbörse mit halbem Geldbetrag kann die Belohnung zwar nicht verweigert, aber dennoch entsprechend gemindert werden» (BK-Schmidlin, N 54). 26

5. Besonderheiten der Variante «Preisausschreiben»

«Das Preisausschreiben ist ein Preisversprechen im Rahmen eines Wettbewerbs» (ZK-Jäggi, N 19). Da **Preisausschreiben** die Anmeldung der Teilnehmer voraussetzen, sollten die Bedingungen, die Wettbewerbsziele, Zulassung zur Teilnahme, Teilnehmerkreis, Teilnahmefrist, Anmeldungsmodalitäten und die Bestimmungen zur Bewertung des Preises allen Interessenten bekannt gemacht werden (vgl. ZK-Jäggi, N 20; BK-Schmidlin, N); Informationsmängel können die Ausschreibung nicht unwirksam machen; Ungewissheit ist jedoch im Zweifel zu Lasten des Ausschreibenden zu beheben. 27

Es kann in Preisausschreiben auf vorbestehende, allgemein bekannte Bedingungen verwiesen werden; so bei der Ausschreibung von Wettbewerben unter *Architekten* (SIA-Ordnung 152/1972) und im Bauingenieurwesen (SIA-Ordnung 153/1972) (dazu BK-Schmidlin, N 40; ZK-Jäggi, N 20; Walder, Der Architekturwettbewerb nach SIA-Ordnung 182, Diss. Freiburg i.Ue. 1976; Reber, Rechtshandbuch für Bauunternehmer, Bauherr, Architekt und Bauingenieur: ihre gegenseitige Rechte und Pflichten und ihre Verantwortung gegenüber Dritten nach Gesetz, Rechtsprechung und SIA-Normen, 4. Aufl., Dietikon 1983, 249–253; Gauch/Schluep/Schmid/Emmenegger, N 1052 m.w.Nw.). 28

Die Teilnahme am Wettbewerb muss offen, d.h. *jedermann zugänglich* sein (was i.S.v. Art. 8 nicht hindert, sie von einer Voranmeldung abhängig zu machen). **Geschlossene Preisausschreiben**, bei denen die Einladung nur einem bestimmten Kreis von Personen zugeht, fallen nicht unter diese Bestimmung, sondern stellen eine Offerte dar; das resultierende Vertragsverhältnis zwischen Teilnehmern und Veranstalter ist fallweise zu qualifizieren. Die Annahme eines Mandats (Art. 394–406) ist verbreitet, das zwangsläufig unter dem Rücktrittsrecht von Art. 404 steht, dies eine Theorie, die nicht verallgemeinert werden kann. Dazu BK-Schmidlin, N 44; Dannegger, Einige Rechtsfragen des Skifahrers, ZBJV 73 (1937), 110. 29

30 Die *Preisentscheidung* wird entweder vom Auslobenden selber oder von einem von ihm berufenen Preisgericht getroffen; sie stellt fest, wer Preisgewinner ist. Der Entscheid ist nach den dafür vorgesehenen Regeln von der als zuständig erklärten Instanz zu fällen (die auch für einen *Widerruf* massgeblich wäre); spätestens mit der Mitteilung an den Berechtigten wird der Entscheid ihm gegenüber unwiderruflich. Richterliche Überprüfung, die auf das obligationenrechtliche Verhältnis zwischen den Parteien zu stützen wäre, ist grundsätzlich möglich; eine dies allfällig ausschliessende Vertragsklausel muss allerdings im Regelfall als zulässig gelten.

6. Abgrenzungen

31 Von der Auslobung zu unterscheiden ist die Offerte **ad incertas personas** (Art. 3 N 13). Fehlt es an einem von Art. 8 vorausgesetzten Essentialien, insb. an jenem der Öffentlichkeit, weil die Ankündigung lediglich an mehrere (nicht namentlich genannte) Personen ergeht, kann sie als Auffangtatbestand herangezogen werden. Allerdings entfallen dann auch die für Art. 8 spezifischen Elemente: der Leistende muss deshalb handlungsfähig sein und eine in Unkenntnis der Erklärung erbrachte Leistung entfaltet keine Wirkung und ein Rücktritt ist nach den in Art. 9 genannten Zeitpunkten nicht mehr zulässig.

31a Je nach Umständen ist der Antrag an unbestimmte Personen wie z.B. *«Solange Vorrat verkaufe ich zu Fr. 10.– […]»* sodann nicht als öffentliches Angebot, sondern als eine Einladung zur Offertstellung zu werten (vgl. Art. 3 N 4, 7 f.).

32 Die **öffentliche Submission** (Ausschreibung) ist kein Versprechen i.S.v. Art. 8. Sie ist *«lediglich eine Einladung zur Einreichung von Unternehmerofferten und daher für die Beklagte nicht verbindlich»* (BGE 46 II 369 E. 2 a.E.; vgl. GAUCH/SCHLUEP/SCHMID/EMMENEGGER, N 1056a ff.; BK-SCHMIDLIN, N 64; ZK-JÄGGI, N 29; BK-BECKER, Art. 1 OR N 42; VON TUHR/PETER, 183).

33 Ein (zumeist wohl formnichtiger) **Schenkungsvertrag** liegt wie gesehen vor, wenn für die Belohnung keine Leistung erbracht werden muss (N 23). Wo hingegen der Auslobende aus eigennützigen Interessen handelt, sollte dieser Aspekt bereits gegen einen Schenkungsvertrag und gegen die Anwendung der Formvorschriften sprechen. Hier macht schon der Eigennutz den Übereilungsschutz obsolet.

34 Fehlt es demgegenüber beim Auslobenden an jeglichem Interesse im Hinblick auf das Resultat bzw. zielt er mit seiner Erklärung alleine auf den Wettstreit ab, liegt eine Wette i.S.v. Art. 513 vor (s.a. KLEINSCHMIDT, JZ 2009, 1121).

V. Rechtsfolgen

1. Belohnung

35 Die Leistungserbringung löst auch dann den Belohnungsanspruch aus, wenn sie *ohne Kenntnis* von der Auslobung erfolgt (das Gegenteil würde nur gelten im Falle des Verständnisses der Auslobung als Offerte *ad incertas personas*); so wie hier § 657 BGB und BGE 39 II 591.

36 Begünstigt bzw. **forderungsberechtigt** ist diejenige Person, welche die Bedingung erfüllt, indem sie die Leistung erbringt, sofern sie die anderen nötigen Voraussetzungen erfüllt (s. N 11 ff.).

37 Grundlegende Frage ist es, ob bei *Erbringung der Leistung durch mehrere* die versprochene Erfolgsprämie insgesamt nur einmal, oder vielmehr an jeden ausgerichtet werden muss. Das ist durch Auslegung zu ermitteln und wird sich meist aus den Umständen ergeben; in echten Zweifelsfällen wäre zuungunsten des Versprechenden zu entscheiden. Bloss einmal ist die Prämie geschuldet für Unikats-Erfolg, d.h. der Eintritt eines einzigen und nur einmal möglichen Erfolges: Verbrechensaufdeckung, Fund einer Sache und dgl.; bei mehreren Beteiligten erfolgt Aufteilung der Prämie nach Bedeutung der Mitteilung, allenfalls nach gleichen Antei-

len; fallweise mag auch Verlosung angezeigt sein. Bei Mehrfacherbringung verschiedenartiger den Anforderungen genügender Leistungen kommt evtl. jedem Beteiligten ein Anspruch zu; dies gilt jedenfalls bei Schadlosversprechen, bei denen jeder von der Auslobung erfasste Geschädigte Anspruch auf die stipulierte Leistung hat.

2. Haftung bei Rücktritt (Abs. 2)

Im Gegensatz zur Offerte sind Auslobungen i.S.v. Art. 8 vermutungsweise *widerrufbar* (so explizit § 658 Abs. 1 BGB). Die Widerruflichkeit kann durch entsprechende Erklärung ausgeschlossen werden. Setzen eines Endtermins für die Leistungserbringung bedeutet auch hier Verzicht auf Widerruflichkeit (so § 658 Abs. 2 BGB). **38**

Die Erklärung des Rücktritts ist formfrei, muss aber mit den gleichen Mitteln erfolgen wie die Ankündigung, andernfalls sich Gutgläubige den Widerruf nicht entgegenhalten lassen müssen. Dritte haben Anspruch auf *Ersatz der Aufwendungen*, die sie in *Kenntnis der Ankündigung* in gutem Glauben und bis zum Widerruf (d.h. dem Zeitpunkt, in dem sie davon Kenntnis hätten haben können und müssen, Art. 3 ZGB) gemacht haben (*negatives Interesse*; analog zu Art. 404 Abs. 2). Dies gilt nicht, wenn die Bemühungen des Dritten zur Leistungserbringung offenkundig erfolglos geblieben wären. Die Beweislast für die Erfolglosigkeit der Bemühungen soll den Auslobenden treffen (so ZK-Jäggi, N 34; BK-Schmidlin, N 70 ff.; **anders** die Doktrin zu § 658 BGB; vgl. BK-Schmidlin, N 70; MK-Seiler, § 658 BGB N 7; von Staudinger-Bergmann, § 658 BGB N 22). **39**

Der Anspruch auf Ersatz kann nicht den Wert der versprochenen Belohnung übersteigen und entfällt ganz, wenn diese keinen materiellen Wert hat. **40**

Art. 9

6. Widerruf des Antrages und der Annahme

[1] Trifft der Widerruf bei dem anderen Teile vor oder mit dem Antrage ein, oder wird er bei späterem Eintreffen dem andern zur Kenntnis gebracht, bevor dieser vom Antrag Kenntnis genommen hat, so ist der Antrag als nicht geschehen zu betrachten.

[2] Dasselbe gilt für den Widerruf der Annahme.

6. Retrait de l'offre et de l'acceptation

[1] L'offre est considérée comme non avenue, si le retrait en parvient avant l'offre ou en même temps au destinataire, ou si, étant arrivé postérieurement, il est communiqué au destinataire avant que celui-ci ait pris connaissance de l'offre.

[2] La même règle s'applique au retrait de l'acceptation.

6. Revoca della proposta e dell'accettazione

[1] La proposta si considera non avvenuta quando la revoca giunga all'altro contraente prima della proposta stessa o contemporaneamente, o quando, essendo arrivata posteriormente, sia comunicata all'altro contraente prima che questi abbia avuto conoscenza della proposta.

[2] Lo stesso vale per la revoca dell'accettazione.

I. Normzweck

Der Wille einer Person ist für die Rechtsordnung nicht als internes, individualpsychologisches Phänomen, sondern nur als *geäusserter Wille* (damit als gesellschaftliche Erscheinung) von Bedeutung. Hinsichtlich Willenserklärungen unter abwesenden Personen hat sich denn auch (jedenfalls in OR und BGB, aber zunehmend in den meisten Rechtsordnungen) die Auffassung durchgesetzt, dass *nicht* die *Abgabe* der Willenserklärung (d.h. die Versendung der Mitteilung; so früher die «Erklärungstheorie», «Äusserungstheorie», «Versendungstheorie», oder **1** dgl.; Art. 10 ist noch eine verspätete Konzession an diese, vgl. dort N 1), sondern deren *Empfang* bei deren Adressaten massgeblich sein soll.

2 Vor diesem Hintergrund ist die in Art. 9 aufgestellte Regel zu sehen: Sie will den Grundsatz der Massgeblichkeit des Zugangs der Erklärung für den Fall des *Widerrufs* der vorerst abgesandten Erklärung durchführen und für die besonders bedeutsamen Anwendungsfälle der Offertstellung und des Akzepts explizit festschreiben. Solange mangels **Zugang** bzw. **Kenntnisnahme** die ursprüngliche Erklärung *(Primärerklärung)* noch keine Wirkung entfaltet hat, kann sie durch anderslautende Willenserklärung unwirksam gemacht werden. – Das Verständnis von Art. 9 ist erschwert durch die systematisch verfehlte Einordnung von Art. 8 (dazu Art. 8 N 12); nur das Marginale zu Art. 9 macht den Bezug des «Widerrufs» auf Offerte/Akzept bzw. Art. 3–7 erkennbar.

3 Festzuhalten bleibt, dass Art. 9 *deklaratorischer* Natur ist, die dortige Regel *vorpositive Geltung* hat, d.h. sich bereits aus dem Begriff der Willenserklärung ergibt (bzw. die zwangsläufige Folge der Ablehnung der **«Äusserungstheorie»** darstellt); daraus folgt, dass das hier Gesagte bei *sämtlichen empfangsbedürftigen Willenserklärungen* (Kündigungen, Rücktritts- oder Wahlerklärungen, Willensmängelanfechtung usw.) Geltung hat.

4 Der «Widerruf» macht nicht nachträglich die Primärerklärung unwirksam, sondern *verhindert deren Wirksamwerden*; einmal effektiv geworden, kann eine ergangene Erklärung nicht unwirksam gemacht werden. Damit stellt sich die Frage nach dem genauen Zeitpunkt des Wirksamwerdens der Willenserklärungen und hier insb. des unwirksam zu machenden Angebots bzw. der Annahme. Lange stand die **Vernehmungstheorie** im Vordergrund, welche tatsächliche Kenntnisnahme seitens des Adressaten als massgeblich betrachtet. Diese Konzeption ist folgerichtig, jedoch aus Praktikabilitätsgründen zugunsten der **Zugangstheorie** aufgegeben worden, so bereits Art. 48 Dresd.E., Art. 7 aOR (Abs. 1: «Trifft der Widerruf eines Antrages bei dem anderen Theile vor oder mit dem Antrage selbst ein, so ist dieser als nicht geschehen zu betrachten.»; in Abs. 2 selbe Regel für die Annahmeerklärung) und schliesslich § 130 Abs. 1 BGB («Eine Willenserklärung, die einem anderen gegenüber abzugeben ist, wird [...] in dem Zeitpunkte wirksam, in welchem sie ihm zugeht. Sie wird nicht wirksam, wenn dem anderen vorher oder gleichzeitig ein Widerruf zugeht.»); demnach ist für das Wirksamwerden der Widerrufserklärung entscheidend, dass diese vor oder spätestens gleichzeitig mit der widerrufenen Primärerklärung *in den Bereich des Empfängers* gelangt.

5 Das OR von 1911 hat einen die Zugangstheorie einschränkenden Vorbehalt aufgenommen. Während Art. 1024 im Wesentlichen den Text von Art. 7 aOR aufnimmt und in der Beratung vom 8.5.1908 auf diese Bestimmung nicht Bezug genommen wird, kommt im definitiven, heute geltenden Text die Ausweitung der Widerrufsmöglichkeit der Vorbehalt hinzu (deren Entstehung nicht geklärt ist): «oder wird der (sc. der Widerruf) bei späterem Eintreffen dem Andern zur Kenntnis gebracht, bevor dieser vom Antrag Kenntnis genommen hat».

Angesichts der beweisrechtlichen Situation (Beweispflicht des Revozierenden für den Zugang der Revokation, und im Falle der Berufung auf den neuen Zusatz für die spätere Kenntnisnahme; vgl. N 12) ist die Neuerung bloss von minimaler praktischer Bedeutung, wenn auch sachlich gerechtfertigt. Im Ergebnis wird ein Element der Vernehmungstheorie in die grundsätzlich geltende Zugangstheorie eingefügt und damit der Widerrufsmöglichkeit der grösstmögliche Bereich eingeräumt.

II. Widerruf der Willenserklärung (bzw. des Antrags oder der Annahme)

1. Sachbereich des Widerrufs i.S.v. Art. 9

6 Jede Erklärung, die zum Ausdruck bringt, eine vorangehende in Frage zu stellen, d.h. nicht in vollem Umfang aufrechterhalten zu wollen, fällt unter Art. 9: Neben gesamthafter Zurücknahme einer Offerte oder eines Akzepts (oder einer sonstigen Willenserklärung) fallen insb.

auch alle Modifikationen des Erklärungsinhalts (unter Einschluss von allen Zusätzen oder Weglassungen) darunter.

Da die Erklärung jeweils nur innert der äusserst kurzen Frist vor Eintreffen der Primärerklärung beim Empfänger möglich ist, rechtfertigt es sich zuweilen, den Widerruf auch formfrei zuzulassen, wenn für die Primärerklärung eine Form vorgeschrieben ist. Dabei trägt allerdings die widerrufende Person die Beweislast für den Zugang der Verzichtserklärung i.S.v. Art. 8 ZGB (BGE 140 V 82 E. 4.3 m.Nw.).

2. Notwendiger Inhalt der Widerrufserklärung

Die Widerrufserklärung kann sich darauf beschränken, bloss die in Übermittlung befindliche Offerte unwirksam zu machen, beabsichtigt aber häufig bloss eine Modifikation derselben (in welchem Falle die Erklärung den Charakter einer die erste ersetzenden neuen Offerte hat). In diesem Fall müssen der Widerruf der ergangenen Erklärung und die Unterbreitung eines neuen Angebots auseinandergehalten und säuberlich getrennt werden, insbes. hängt die Wirksamkeit des Widerrufs nicht von jener des neuen Angebots ab. Für den Widerruf muss jeglicher Erklärungsinhalt genügen, der einen dahingehenden Willen zum Ausdruck bringt und den Adressaten wissen lässt, dass der Offerent sein Angebot nicht aufrecht halten will (gefordert ist immerhin eine direkte Erklärung des revozierenden Offerenten, während Information durch Dritte nicht wirksam wäre). Wenn der Zugang der eine früher abgesandte Offerte modifizierenden Erklärung verzögert wird, der Adressat aber rechtzeitig, d.h. vor Zugang der ersten Offerte Kenntnis erhält, dass der Anbietende sich von seiner Offerte befreien oder diese abändern will, ist die erste Offerte unwirksam. Keineswegs ist vorausgesetzt Kenntnis der beabsichtigten neuen Offerte oder auch bloss ungefähre Richtung der zu erwartenden Modifikationen. 7

3. Person des Adressaten

Die **Widerrufserklärung** muss an den gleichen Adressaten gerichtet werden wie die zu widerrufende Erklärung. Es kann höchstens fraglich sein, ob bei Vertretungsverhältnissen nicht auch der Widerruf an eine andere Person Wirkung haben könnte: Wird das Akzept an einen Stellvertreter gesandt, muss wohl auch der gegenüber dem Vollmachtgeber erklärte Widerruf die Vertragsentstehung hindern. Der gegenüber einem vollmachtlosen Vertreter erklärte Widerruf schliesst nachfolgende Genehmigung des Geschäfts durch den Vertretenen i.S.v. Art. 38 Abs. 1 aus. 8

Bei Bestellung eines Stellvertreters wird der Vertrag von diesem geschlossen; **Widerruf** wird durch seine Kenntnisnahme (oder gar Akzept) ausgeschlossen; der Umstand, dass der Vollmachtgeber noch nicht orientiert ist, ändert daran nichts. Anders bei der blossen Vermittlung von Geschäften wie etwa durch einen Versicherungsagenten, wo bis zur Kenntnisnahme durch den Versicherer selber der Antragsteller (Offerent) Widerruf (direkt oder allenfalls über den Agenten) erklären kann (vgl. BGE 25 II 458 E. 10). 9

4. Rechtzeitigkeit des Widerrufs

Der **Widerruf** ist so lange möglich, als die widerrufene Erklärung noch nicht zur Kenntnis des Adressaten gelangte (der Telefonanruf erreicht den Partner, bevor dieser den widerrufenen Brief zur Kenntnis nahm, mag dieser bereits eingetroffen sein oder nicht). Dem **Widerrufenden** steht auch der Nachweis offen, dass sogar der später eingetroffene (und erst recht der gleichzeitig mit der zu widerrufenden Erklärung eingelangte) Widerruf vom Adressaten später als die Primärerklärung zur Kenntnis genommen wurde. 10

Dem gegenüber gilt: Für *Rechtzeitigkeit des Widerrufs* genügt nach Abs. 1 dessen *Zugang im Bereich des Adressaten*. Ist der Widerruf vor oder gleichzeitig mit der Primärerklärung einge- 11 troffen, bleibt dem **Adressaten** der Nachweis verwehrt, dass er den Widerruf erst nach der Primärerklärung zur Kenntnis genommen habe.

5. Beweislast

12 Die *Beweispflicht für den Widerruf* liegt beim *Widerrufenden*. Diese Beweislastverteilung rechtfertigt die Erweiterung des Widerrufsrechts durch den Nachweis späterer Kenntnisnahme gem. Art. 9: Der Widerrufende kann Zugang, kaum aber Zeitpunkt der Kenntnisnahme des Adressaten vom Widerruf beweisen; sollte ihm umgekehrt der Nachweis möglich sein, dass bei Zugang des Widerrufs die Primärerklärung (obwohl früher zugegangen) damals noch nicht zur Kenntnis gekommen war, gibt es kein Sachargument, um in diesem (gewiss seltenen) Ausnahmefall den Widerruf nicht als wirksam zu betrachten.

III. Rechtslage bei verspätetem Zugang des Widerrufs

13 Die Regel von Art. 5 (Obliegenheit der Zurückweisung rechtzeitig abgesandter, jedoch verspäteter Ankunft von Akzepten) und jene von Art. 6 über stillschweigende Annahme von Offerten sind auf den Widerruf von Offerte wie von Akzept anzuwenden. Bei Verzögerung in der Übermittlung des Widerrufs ist der die Verzögerung erkennende Empfänger gehalten, dem Partner Anzeige zu machen, wenn er den Widerruf nicht gelten lassen und ihn bei dessen Primärerklärung behaften will. Der Widerruf, wenn verspätet, stellt immer noch eine Offerte dar, bei welcher der Widerrufende behaftet werden kann und die unter besonderen Umständen i.S.v. Art. 6 als angenommen zu gelten hat. Dies würde im Falle der *verspätet widerrufenen Offerte* wie bei *verspätet widerrufener Annahmeerklärung* den ausgesprochenen Widerruf trotz dessen Verspätung wirksam machen und damit in beiden Fällen *Aufhebung* des an sich bereits zustande gekommenen Vertrages bedeuten. Diese Folge kann nur in Grenzfällen (sc. bei geringer Verspätung und damit bei Bestehen einer Ungewissheit) gelten. Anderseits können die in Art. 5 N 23 genannten Gründe einer Ablehnungspflicht unter der Sanktion der Wirksamkeit der verspäteten Erklärung auch hier Geltung beanspruchen. – Eine **Offerte** kann nach Kenntnisnahme durch den Oblaten für die Dauer von deren Bindungswirkung zwar nicht wirksam modifiziert werden, indessen ist jede nach Zugang der Modifikation vorbehaltlos erklärte Annahme nach dem Vertrauensprinzip auf die modifizierte Fassung zu beziehen; der Akzeptant, der den Offerenten bei dessen ursprünglichem Angebot behaften will, ist gehalten, dies im Akzept explizit zu erklären.

IV. Rechtsvergleichung

14 Der Grundsatz, dass eine Willensäusserung durch überholende schnellere Erklärung unwirksam gemacht werden kann, ist weit herum anerkannt und auch in anderen Zusammenhängen als bei Offerte und Akzept wirksam. Das in Art. 9 statuierte Prinzip hat allerdings nur Bedeutung in den (in der Minderzahl befindlichen) Rechtsordnungen, welche Offerten mit Bindungswirkungen ausstatten oder wenigstens die Unterbreitung bindender Offerten zulassen (dies zum vornherein nicht im englischen Sprachraum). – Vgl. zur Widerruflichkeit von Offerte und Akzept § 130 Abs. 1 Satz 2 BGB; § 862a ABGB; Art. 15, Abs. 2, 22 WKR; zur Frage, ob auch unter dem BGB (wie nach Art. 9 OR) selbst bei späterem Eintreffen der aufhebenden Erklärung der Nachweis offen bleibt, dass der Adressat den Widerruf vor der ursprünglichen Erklärung zur Kenntnis genommen hat, vgl. Palandt-Ellenberger, § 130 BGB N 3; Soergel-Hefermehl, § 130 BGB N 29; Erman-Palm § 130 BGB N 15: Geht der Widerruf später als die Willenserklärung zu, bleibt diese wirksam. Das soll auch gelten, wenn der Empfänger beim Zugang der Willenserklärung weiss, dass ein Widerruf an ihn unterwegs ist; Herber/Czerwenka, Internationales Kaufrecht, Kommentar, München 1991, Art. 15 N 4; **a.M.** für das ABGB Rummel-Rummel, § 862a N 7; Mertens/Rehbinder, Internationales Kaufrecht, Kommentar, Frankfurt a.M. 1975, Art. 5 EAG N 5.

Art. 10

III. Beginn der Wirkungen eines unter Abwesenden geschlossenen Vertrages

[1] Ist ein Vertrag unter Abwesenden zustande gekommen, so beginnen seine Wirkungen mit dem Zeitpunkte, wo die Erklärung der Annahme zur Absendung abgegeben wurde.

[2] Wenn eine ausdrückliche Annahme nicht erforderlich ist, so beginnen die Wirkungen des Vertrages mit dem Empfange des Antrages.

III. Temps auquel remontent les effets d'un contrat entre absents

[1] Le contrat conclu entre absents déploie ses effets dès le moment où l'acceptation a été expédiée.

[2] Si une acceptation expresse n'est pas nécessaire, les effets du contrat remontent au moment de la réception de l'offre.

III. Inizio degli effetti del contratto fra assenti

[1] Se il contratto è conchiuso fra assenti, i suoi effetti incominciano dal momento in cui fu spedita la dichiarazione di accettazione.

[2] Ove non occorra accettazione espressa, gli effetti del contratto cominciano dal ricevimento della proposta.

I. Normzweck

1 Art. 10 betrifft nicht, wie die vorangehenden Bestimmungen, den Vorgang des Vertragsschlusses, sondern statuiert eine zeitliche «Punktualisierung» dieses sich (in den Fällen der Art. 3–9) über einen Zeitraum erstreckenden Vorganges. Der Text (im Ganzen übereinstimmend mit Art. 8 aOR) knüpft an § 321 ADHGB bzw. § 50 Dresd.E. an, die lauten: «Ist ein unter Abwesenden verhandelter Vertrag zu Stande gekommen, so gilt der Zeitpunkt, zu welchem die Erklärung der Annahme behufs der Absendung abgegeben ist, als der Zeitpunkt der Schliessung des Vertrages.» Im Ergebnis so bereits ALR I, 5 §§ 79, 80. Diesen Regeln liegen kaum praktische Erwägungen zugrunde; vielmehr spiegelt sich in ihnen die naturrechtlich-philosophische Auffassung, dass der Konsens der Parteien, damit aber auch der Vertrag selber, «eigentlich» mit der Bildung des Annahmewillens des Oblaten (oder doch wenigstens mit dessen Äusserung) zustande gekommen sei; die Möglichkeit der Revokation des Akzepts durch überholende Erklärung (Art. 9 Abs. 2) wird unter diesem Gesichtspunkt ebenso zurückgestellt wie die Tatsache, dass der Offerent von der Vertragsentstehung noch keine Kenntnis hat.

2 Die diese Tradition weiterführende Konzeption von Art. 10 lässt sich so formulieren: «Unterbleibt ein Widerruf des Akzepts i.S.v. Art. 9 Abs. 2, gilt der Vertrag als im Zeitpunkt der Versendung des Akzepts geschlossen.» Die Auffassung, dass Art. 3–9 die Abschlusswirkungen regeln würden (und der Vertrag bei Eintreffen des Akzepts geschlossen sei), während Art. 10 «rückwirkenden» Eintritt der «Gestaltungswirkungen» statuiere (ZK-Jäggi, N 4; BK-Schmidlin, N 5), ist dem historischen Gesetzgeber fremd.

Der gemeinrechtlichen Tradition ist dieser Grundsatz nicht bekannt. Vgl. im Übrigen die Hinweise zur Kodifikationsgeschichte bei BK-Schmidlin, N 2. Sowohl das rev. HGB wie auch das BGB haben diese Regel fallen gelassen; Art. 1326 Abs. 1 CC it. statuiert explizit das Gegenteil (Vertrag gilt als geschlossen im Zeitpunkt der Kenntnis des Offerenten von der Annahme).

II. Bestimmung des massgeblichen Zeitpunktes

3 Massgeblich ist, im Rahmen von Abs. 1, die **Versendung** (Einwurf in Briefkasten, nicht Zeitpunkt des Poststempels), ebenso die Aufgabe einer Telegramm-Depesche, Absendung eines Telefax, während Weiterbeförderung, Eintreffen oder Kenntnisnahme keine Rolle spielen (geht die Annahmeerklärung verloren oder trifft sie verspätet ein, kommt es aber mit dem Ein-

verständnis des Offerenten trotzdem zu einem Vertragsschluss, ist die Vertragsentstehung auf die Abgabe zur Versendung zurückzubeziehen).

4 Im Falle der Vertragsentstehung ohne Erklärung der Annahme (Art. 6) ist der Empfang (Zugang im Bereich des Offertempfängers) der Offerte massgeblich, nicht gefordert dagegen Kenntnisnahme. Erklärt der Oblat explizit die Annahme, ist unter den Voraussetzungen von Art. 6 trotzdem auf das Eintreffen der Offerte abzustellen und nicht auf die Absendung der entbehrlichen Annahmeerklärung.

III. Praktische Bedeutung

5 Die Bedeutung von Art. 10 ist insgesamt gering. Immerhin kann der Zeitpunkt des nach den Regeln von Art. 10 bestimmten Eintritts der materiellen Vertragswirkungen etwa in folgenden Zusammenhängen Bedeutung erlangen:

6 – *Bestimmung des anwendbaren Vertragsrechts*: Soweit intertemporales Kollisionsrecht auf den Zeitpunkt des Vertragsschlusses abstellt (Art. 196 IPRG; anders Art. 100 WKR), ist die Zeitbestimmung nach Art. 10 massgeblich.

7 – *Bestimmung der materiellen Gültigkeitsvoraussetzungen*: So in der Frage, ob der Vertragsinhalt *rechtmässig* und *möglich* sei. Die *Unmöglichkeit* der Vertragserfüllung ist anfänglicher (Art. 20) oder nach Vertragsschluss eintretender Art (Art. 119), je nachdem, ob sie vor oder nach dem Zeitpunkt gem. Art. 10 eintritt.

8 – *Übergang der Preisgefahr* i.S.v. Art. 185 Abs. 1 auf den Käufer bestimmt sich nach Art. 10, sodass der Käufer vom Zeitpunkt der Versendung des Akzepts an bei Untergang der Sache preiszahlungspflichtig wird, jedoch diese Folge bis zum Eintreffen seiner Annahmeerklärung durch überholende Erklärung (Art. 9) abwenden kann. Hier grundsätzlich abw. THEVENOZ, La rétroactivité des effets du contrat entre absents et le transfert des risques, SJ 1983, 481–490 und ihm folgend BK-KRAMER, Art. 19/20 OR N 249 und BK-SCHMIDLIN, N 31, welche das *Eintreffen des Akzepts* als den für die Vertragsentstehung massgeblichen Zeitpunkt betrachten wollen. Dem möchte man i.E. gerne zustimmen (weil die verfehlte Regel von Art. 185 Abs. 1 in ihrer Tragweite gemildert wird); die Auffassung steht indessen im Widerspruch zum Gesetzeswortlaut wie zu den Vorstellungen des historischen Gesetzgebers, der den Vertrag als im Zeitpunkt der Akzept-Versendung geschlossen versteht (N 1 f.).

9 – *Verlust der Dispositionsfähigkeit* eines der Vertragspartner infolge Konkurses und damit Unwirksamkeit des Vertragsschlusses bestimmt sich m.E. nach Art. 10 (während die Geschäftsfähigkeit der beiden Kontrahenten bezogen auf den Zeitpunkt der Abgabe der Willenserklärung zu beurteilen ist).

10 – *Beginn der vertraglichen Pflichten der Parteien*: Der nach Art. 10 bestimmte Zeitpunkt löst vermutungsweise i.S.v. Art. 75 **Fälligkeit** der vertraglichen Forderungen und Pflichten (nicht jedoch Verzug) aus. Der akzeptierende Verkäufer wird mit der vertraglichen Verwahrungspflicht wie auch dem Verbot des Zweitverkaufs belastet, kann allerdings diesen Konsequenzen durch Widerruf des Akzepts entgehen (er, wie der Offerent, haftet unerachtet von Art. 10 allenfalls aus *culpa in contrahendo*, wenn berechtigte Erwartungen des Partners enttäuscht werden). Auslösung des Anfangstermins von *pro rata temporis* geschuldeten Leistungen wie Zinsen, Renten usw.

11 – *Bestimmung des Vertragsinhalts*, soweit dieser durch die Parteien von der Vertragsentstehung abhängig gemacht und kein anderer Zeitpunkt als massgeblich bezeichnet wird. Art. 10 ist entscheidend, falls die Bestimmung des Kaufpreises nach Markt- oder Börsenpreis erfolgen soll (Art. 212 Abs. 1 i.V.m. Art. 85). Jedenfalls bedeutet «Verkauf zu Tagespreis» vermutungsweise Preisbestimmung nach Art. 10 (so VON TUHR, § 24/VI).

12 – *Bestimmung des Wirksamwerdens von Verfügungsgeschäften*: Insbesondere bei der **Zession** bestimmt sich der Zeitpunkt des Übergangs der Forderung (wie die Zeitpriorität im Falle mehrfacher Abtretung) nach der Versendung (evtl. Übergabe) der Zessionsurkunde.

– *«objektive» (sc. ausserhalb des Vertrages wirksam werdende) Zeitbestimmung*, z.B. hinsichtlich der Bestimmung des Zeitpunktes des Abschlusses der Schenkung im Hinblick auf die paulianische Anfechtung (Art. 286 SchKG). Die Zeitbestimmung gem. Art. 10 ist auch massgeblich für Dritte, wenn diese ihrerseits vertragliche Wirkungen vom Abschluss eines Vertrages abhängig machen. 13

Art. 11

B. Form der Verträge
I. Erfordernis und Bedeutung im Allgemeinen

[1] Verträge bedürfen zu ihrer Gültigkeit nur dann einer besonderen Form, wenn das Gesetz eine solche vorschreibt.

[2] Ist über Bedeutung und Wirkung einer gesetzlich vorgeschriebenen Form nicht etwas anderes bestimmt, so hängt von deren Beobachtung die Gültigkeit des Vertrages ab.

B. Forme des contrats
I. Règle générale et portée des formes prescrites

[1] La validité des contrats n'est subordonnée à l'observation d'une forme particulière qu'en vertu d'une prescription spéciale de la loi.

[2] A défaut d'une disposition contraire sur la portée et les effets de la forme prescrite, le contrat n'est valable que si cette forme a été observée.

B. Forma dei contratti
I. Requisito ed importanza in genere

[1] Per la validità dei contratti non si richiede alcuna forma speciale, se questa non sia prescritta dalla legge.

[2] Ove non sia diversamente stabilito circa l'importanza e l'efficacia d'una forma legalmente prescritta, dalla osservanza di questa dipende la validità del contratto.

Literatur

Arnet, «Form folgt Funktion», Zur Bedeutung der öffentlichen Beurkundung im Immobiliarsachenrecht, ZBJV 2013, 391 ff.; Belser, Vertragsfreiheit und Vertragsgerechtigkeit. Ein Kommentar zum deutschen Bürgschaftsbeschluss und zum Stand der richterlichen Inhaltskontrolle in der Schweiz, AJP 1998, 433 ff. (zit. AJP 1998); dies., Freiheit und Gerechtigkeit im Vertragsrecht, Diss. Freiburg i.Üe. 2000 (zit. Vertragsrecht); Binder, Gesetzliche Form, Formnichtigkeit und Blankett im bürgerlichen Recht, AcP 2007, 156 ff.; Bourgon, La légalisation des signatures en droit suisse et international, ZBGR 1987, 73 ff.; Brückner, Schweizerisches Beurkundungsrecht, Zürich 1993 (zit. Beurkundungsrecht); ders., Der Umfang des Formzwangs beim Grundstückkauf, ZBGR 1994, 1 ff. (zit. ZBGR 1994); Bucher, Für mehr Aktionendenken, AcP 1986, 1 ff. (zit. AcP 1986); ders., Was man aus einem Fall von «Putativ-Vertrauenshaftung» lernen kann, recht 2001, 65 ff. (zit. recht 2001); Cavin, Kauf, Tausch und Schenkung, in: Schweizerisches Privatrecht (SPR), Bd. VII/1, Basel 1977; Cornut, Der Grundstückkauf im IPR, Diss. Basel 1987; Dépraz, La forme authentique en droit fédéral et en droit cantonal comparé, Diss. Lausanne 2002; Droin, Les effets de l'inobservation de la forme en matière de transfert de la propriété immobilière, Genf 1969; Deschenaux, Das Grundbuch, SPR V/3, II, Basel 1989; Furrer, Heilung des Formmangels im Vertrag, Diss. Zürich 1992; Gandolfi, Das Problem der Konversion des nichtigen Vertrags in den europäischen Rechtsordnungen, in: Schwenzer/Hager (Hrsg.), FS für Peter Schlechtriem, Tübingen 2003, 493 ff.; Gauch, Vom Formzwang des Grundstückkaufes und seinem Umfang, BR 1986, 80 ff. (zit. BR 1986); ders., Von den wesentlichen Vertragspunkten, recht 1991, 45 ff. (zit. recht 1991); Giger, Rechtsfolgen norm- und sittenwidriger Verträge, Zürich 1989 (zit. Rechtsfolgen); Grolimund, Geschäftsverkehr im Internet, Aspekte des internationalen Vertragsrechts, ZSR 2000, 339 ff.; Grüninger, Zum Formerfordernis für die Übertragung eines Kaufrechts, BJM 1985, 225 ff.; Guggenheim, L'invalidité des actes juridiques en droit suisse et comparé, Paris 1970 (zit. invalidité); Hess, Immobilien-Leasing und Formzwang, ZBGR 1991, 1 ff.; Hofstetter, Der Auftrag und die Geschäftsführung ohne Auftrag, in: Schweizerisches Privatrecht (SPR), Bd. VII/2, Obligationenrecht – Besondere Vertragsverhältnisse, Basel 1979, 1 ff.; Honegger, Ein Bundesgerichtsurteil zum Umfang des Beurkundungszwanges beim Grundstückkauf, ST 1988, 510 ff.; Holzhauer, Die eigenhändige Unterschrift: Geschichte und Dogmatik des Schriftformerfordernisses im deutschen Recht, Frankfurt a.M. 1973; Huber, Die öffentliche Beurkundung als Begriff des Bundesrechtes, ZBGR 1988, 228 ff.; Huguenin, Nichtigkeit und Unverbindlichkeit als Folgen anfänglicher Vertragsmängel, Diss. Bern 1984; Kellerhals, Simulation im Grundstückkauf, Diss. Bern 1950; Koller A., Grundstückkauf mit Schwarzzahlung, ZBJV 1990, 121 ff. (zit. ZBJV 1990); ders., Vom Formmangel und seinen Folgen, in: Koller A., Grundstückkauf, 77 ff. (zit. Formmangel); Kuster, Zum Schriftformerfordernis des Vermögensverwaltungsvertrages, AJP 2010, 895 ff.; Lenz, Die elektronische Signatur: eine Analogie zur eigenhändigen Unterschrift?, Stuttgart 2001; LEUENBERGER, Abschluss des Grundstückkaufvertrages, in: Koller A., Grundstückkauf, 27 ff. (zit. Grundstückkaufvertrag); DERS., Der formungültige Grundstückkauf, ZBJV 1999, 173 ff. (zit. ZBJV 1999); LIVER, Das Eigentum, Schweizerisches Privatrecht (SPR), Bd. V/1, 1. Aufl., Basel und Stuttgart 1977, 1 ff.; LOCHER, Plädoyer für eine ablauforientierte Vertragsgestaltung, AJP 2001, 1472 ff.; MAZEAUD/CHABAS, Leçons de droit civil, Tome II/Premier Volume, Obligations, Théorie générale, 9. Aufl., Paris 1998; MEIER-HAYOZ, Bemerkungen zur Form der Gesellschaftsgründung, in: Travaux de la 5ème Semaine Juridique Turco-Suisse: La forme dans les actes juridiques (Journées d'Istanbul, 13–20 avril 1975), Istanbul 1976, 347 ff.; OTT, «Teleologische Reduktion» mit Beispielen aus dem Schuld- und Sachenrecht, in: Honsell et al. (Hrsg.), FS für Heinz Rey, Zürich 2003, 563 ff.; PAOLETTO, Die Falschbeurkundung beim Grundstückkauf, Diss. Zürich 1973; REJMOND, Acte fiduciaire ou acte simulé? Réflexions sur quelques arrêts récents, SJ 1989, 649 ff.; RUF, Bemerkungen zum BGE 113 II 402 betreffend den Umfang des Formzwanges bei Grundstückkauf, BN 1992, 321 ff. (zit. BN 1992); DERS., Beurkundung von Vertragsverbindungen, in: Ruf/Pfäffli (Hrsg.), FS 100 Jahre Verband bernischer Notare, Langenthal 2003, 223 ff. (zit. FS 100 Jahre); SCHMID, Die öffentliche Beurkundung von Schuldverträgen, Diss. Freiburg 1988 (zit. Öffentliche Beurkundung); DERS., Der Umfang des Formzwanges, recht 1989, 113 ff. (zit. recht 1989); DERS., Thesen zur öffentlichen Beurkundung, ZBGR 1993, 1 ff. (zit. ZBGR 1993); DERS., Vertrauenshaftung bei Formungültigkeit, in: Forstmoser/Honsell/Wiegand (Hrsg.), FS für Hans Peter Walter, Bern 2005, 417 ff. (zit. FS Walter); DERS, Die privatrechtliche Rechtsprechung des Bundesgerichts im Jahr 2006 und 2007, ZBJV 2010, 554 ff. (zit. ZBJV 2010); SCHMIDLIN, Der Umfang des Formzwangs beim Grundstückkauf, ZBGR 1997, 361 ff. (zit. ZBGR 1997); DERS., Der formungültige Grundstückkauf: Bemerkungen zur neueren Lehre und Rechtsprechung, ZSR 1990, 223 ff. (zit. ZSR 1990); DERS., Les dessous de table, SJ 1989, 497 ff. (zit. SJ 1989); SCHMUTZ, Beurkundungsbedürftigkeit von Werkverträgen im Zusammenhang mit Grundstückkaufverträgen, in: swisNot.ch (Hrsg.), Festschrift: Eine zehnjährige notarielle Zusammenarbeit im interkantonalen Bereich, Zürich 2011, 47 ff.; SCHÖLL, Die Konversion des Rechtsgeschäfts, Diss. Basel, Bern 2004; SPAHR, Forme authentique et prix de vente immobilière, in: Rumo-Jungo et al. (Hrsg.), Une empreinte sur le Code civil. Mélanges en l'honneur de Paul-Henri Steinauer, Bern 2013, 813 ff.; SPIRO, Die unrichtige Beurkundung des Preises bei Grundstückskauf, Basel 1964 (zit. Unrichtige Beurkundung); DERS., Replik zu BGE 90 II 154 ff., BJM 1965, 213 ff. (zit. BJM 1965); SCHROETER, CISG-AC Opinion No. 15, Reservations under Articles 95 and 96 CISG, 21./22. 10. 2013; STAEHELIN A., Der Schutz der schwächeren Vertragspartei, BJM 1978, 1 ff. (zit. BJM 1978); DERS., Die neuen elektronischen Medien im Zivilprozess, in: FS für Oskar Vogel, Freiburg i.Ue. 1991, 95 ff. (zit. FS Vogel); STAEHELIN D., Bemerkungen zu BGE 125 III 131 ff., AJP 1999, 1165 ff.; TERCIER, La formation du contrat et les clauses d'architecte, in: Gauch/Tercier (Hrsg.), Das Architektenrecht, 3. Aufl., Freiburg i.Ue. 1995, 39 ff.; VOLKEN, Zum Problem des «formnichtigen» Rechtsgeschäftes, ZWR 1981, 461 ff.; WIEGAND, Formungültigkeit und Vertrauenshaftung – Bemerkungen zu einem bemerkenswerten Urteil des Bundesgerichts, recht 1999, 225 ff.; WIEGAND/BRUNNER, Vom Umfang des Formzwanges und damit zusammenhängende Fragen des Grundstückkaufvertrages, recht 1993, 1 ff.; WOLFER, Formfreiheit der Rückabwicklungsvereinbarung, AJP 2008, 1582 ff.; ZELLER, Zum Begriff der «Missbräuchlichkeit» im Schweizerischen Privatrecht, ZSR 1990, 261 ff.; ZELLWEGER, Die Form der schuldrechtlichen Verträge im internationalen Privatrecht, Diss. Basel 1990; ZIMMERMANN OERTLI, Die Unterschrift auf Formularen zur Mitteilung von Mietzinserhöhungen und anderen Vertragsänderungen, MP 1998, 55 ff.

I. Allgemeines

1. Formfreiheit

1 Entsprechend dem allgemeinen Prinzip der Vertragsfreiheit steht das OR auf dem Standpunkt der **Formfreiheit**. Gemäss Art. 11 Abs. 1 bedürfen Verträge deshalb nur dann einer besonderen Form, wenn eine solche ausdrücklich angeordnet ist. Als Abweichung vom generellen Prinzip der Formfreiheit sind Formvorschriften **eng auszulegen** (BGE 116 II 127; 113 II 404). Die Kantone dürfen nicht in öffentlich-rechtlichen Vorschriften Formerfordernisse für bestimmte Verträge einführen, wenn diese nach Bundesrecht formfrei sind (vgl. Art. 10 ZGB und BGE 85 I 24).

2. Zweck gesetzlicher Formvorschriften

2 Die gesetzlichen Formvorschriften verfolgen im Wesentlichen einerseits den Schutz der Parteien vor **Übereilung** (Warnfunktion; BK-SCHMIDLIN, N 13; LEUENBERGER, Grundstückkauf-

vertrag, N 20; vgl. dazu auch STAEHELIN A., BJM 1978, 12 ff.), andererseits die **Sicherheit** des Rechtsverkehrs und die Schaffung **klarer Verhältnisse** (BGE 118 II 34; BK-SCHMIDLIN, N 14 ff.; LEUENBERGER, Grundstückkaufvertrag, N 21 f.). Letzteres gilt vor allem dort, wo der förmliche Vertrag Grundlage für einen Registereintrag ist, wie vor allem bei Grundstücksgeschäften, aber auch im Gesellschaftsrecht (vgl. dazu MEIER-HAYOZ, 350 ff.).

Wo ein **Formzwang** angeordnet ist, gilt dieser generell für die entsprechenden Rechtsgeschäfte. Das Gericht hat nicht zu prüfen, ob die Gründe, die den Gesetzgeber zum Erlass einer Formvorschrift bewogen haben, deren Anwendung im Einzelfall erfordern oder entbehrlich machen (BGE 87 II 33). 3

3. Arten der Formvorschriften

Generell können drei Arten von Formvorschriften unterschieden werden: die **einfache Schriftlichkeit**, die **qualifizierte Schriftlichkeit** und die **öffentliche Beurkundung**. Der eigenhändigen Unterschrift gleichgestellt ist die **elektronische Signatur** (Art. 14 Abs. 2bis). 4

a) Einfache Schriftlichkeit

Die **einfache Schriftlichkeit** ist die schwächste der Formvorschriften. Sie findet sich vor allem dort, wo es um den Schutz der typischerweise schwächeren Vertragspartei geht sowie bei risikoreichen Geschäften und zur Beweissicherung, z.B. Zession, Abzahlungsgeschäft, Schenkung, Mietvertrag, Arbeitsvertrag, Agenturvertrag, Bürgschaft (vgl. die ausführliche Zusammenstellung bei BK-SCHMIDLIN, N 60 f.). Zu den Voraussetzungen der einfachen Schriftlichkeit vgl. die Erläuterungen zu Art. 13. 5

b) Qualifizierte Schriftlichkeit

Für bestimmte Fälle kennt das Gesetz eine **qualifizierte Schriftlichkeit**, indem zu den Voraussetzungen der einfachen Schriftlichkeit hinzu bspw. bestimmte Angaben in der Urkunde (Abzahlungsgeschäft, Konsumkreditvertrag), die Benutzung eines genehmigten Formulars (Kündigung und Mietzinserhöhung bei Wohn- und Geschäftsräumen, vgl. BGE 137 III 547 E. 2.3) oder die eigenhändige Niederschrift wie beim Testament verlangt werden (ausführliche Zusammenstellung bei BK-SCHMIDLIN, N 65 ff.). 6

c) Öffentliche Beurkundung

Die **öffentliche Beurkundung** stellt die strengste gesetzliche Form dar. Sie findet sich bei besonders wichtigen und risikoreichen Geschäften, und wo immer das Rechtsgeschäft Grundlage für die Eintragung in öffentliche Register ist, wie namentlich bei Grundstücksgeschäften (ausführliche Zusammenstellung bei BK-SCHMIDLIN, N 82 f.). 7

Der Begriff der öffentlichen Beurkundung gehört dem **Bundesrecht** an (BGE 124 I 299; 113 II 404; 106 II 146; 99 II 161; 90 II 277; BGer, ZBGR 1997, 286; HUBER, ZBGR 1988, 233, 235 ff.; LEUENBERGER, Grundstückkaufvertrag, N 16; KELLERHALS, 16; BK-MEIER-HAYOZ, Art. 657 ZGB N 92; RUF, BN 1992, 321 ff.; BK-SCHMIDLIN, N 69; ZK-OSER/SCHÖNENBERGER, N 19). Das BGer umschreibt die öffentliche Beurkundung als «die Aufzeichnung rechtserheblicher Tatsachen oder rechtsgeschäftlicher Erklärungen durch eine vom Staat mit dieser Aufgabe betraute Person, in der vom Staat geforderten Form und in dem dafür vorgesehenen Verfahren» (BGer, ZBGR 1997, 286; BGE 99 II 161). 8

Nach Art. 55 Abs. 1 SchlT ZGB bestimmen jedoch die Kantone, in welcher Weise auf ihrem Gebiet die öffentliche Beurkundung hergestellt wird. Das kantonale **Beurkundungsverfahren** muss einerseits den sich aus Begriff und Zweck der öffentlichen Beurkundung ergebenden Mindestanforderungen des Bundesrechts genügen, darf aber andererseits nicht die Wirksamkeit des Bundeszivilrechts beeinträchtigen oder verunmöglichen (BGE 106 II 150; 99 II 9

162). Wurde eine öffentliche Urkunde an einem beliebigen Ort in der Schweiz nach dem dortigen Recht errichtet, wird sie grundsätzlich nicht von jedem Kanton anerkannt (vgl. BGE 113 II 504; **a.A.** für den Vorvertrag über einen Grundstückkauf OGer BL, BJM 2001, 305 f.).

10 Zu den bundesrechtlichen **Mindestanforderungen** gehört, dass die Urkundsperson die Äusserungen der Parteien wahrheitsgetreu und vollständig in der öffentlichen Urkunde festhält. Sie hat den Text den Parteien persönlich zur Kenntnis zu bringen und dessen Genehmigung durch sie entgegenzunehmen. Nach h.M. gehört die Einheit des Beurkundungsakts nicht zu den bundesrechtlichen Mindestanforderungen, vielmehr können die jeweiligen Willenserklärungen unabhängig voneinander beurkundet werden (BK-Schmidlin, N 75 ff. m.w.Nw.; Leuenberger, Grundstückkaufvertrag, N 30; Koller A., OR AT, § 12 N 61 ff.; **a.A.** Huber, ZBGR 1988, 228, 251; Schmid, ZBGR 1993, 1, 3; Ruf, FS 100 Jahre, 223, 228 ff.). Die Beurkundung wird dadurch vollzogen, dass die Urkundsperson die Urkunde mit Angabe von Ort und Datum versieht, siegelt und unterschreibt.

11 Im Übrigen können die Kantone das Beurkundungsverfahren relativ frei ausgestalten. Insbesondere bestimmt das kantonale Recht, ob Pläne oder andere Dokumente, auf die sich die Beurkundung bezieht, selbständig zu beurkunden sind, oder ob ein Verweis darauf genügt (vgl. BGE 106 II 149; krit. insoweit Leuenberger, Grundstückkaufvertrag, N 31). Das kantonale Recht regelt auch die Folgen der Nichteinhaltung des jeweiligen Verfahrens, d.h. ob die Verfahrensregeln blosse **Ordnungs-** oder **Gültigkeitsvorschriften** sind (BGE 106 II 151). Zu den kantonalen Verfahren im Einzelnen vgl. Leuenberger, Grundstückkaufvertrag, N 33 ff.; BK-Meier-Hayoz, Art. 657 ZGB N 95 ff.

II. Anwendungsbereich

12 Entgegen seinem Wortlaut gilt Art. 11 nicht nur für Verträge, sondern für **alle Rechtsgeschäfte** (vgl. BGE 121 III 34; BK-Schmidlin, N 175). Jedoch ist die Erteilung der Vollmacht zur Vornahme eines formbedürftigen Rechtsgeschäfts ihrerseits nicht formbedürftig (BGE 112 II 332; 99 II 162; so auch § 167 Abs. 2 BGB; vgl. zur Kritik an dieser Rsp. N 14). Auch die Genehmigung eines Vertrags, der von einem Handlungsunfähigen unter Einhaltung der gesetzlichen Formvorschriften eingegangen wurde und zunächst unwirksam ist, ist nach Erlangung der Handlungsfähigkeit formfrei möglich (BGE 75 II 341; zust. Schmid, recht 1989, 113, 120). Auch der Vergleich ist in jedem Falle formfrei möglich, selbst wenn das ungewisse oder streitige Rechtsverhältnis formbedürftig war; Formbedürftigkeit besteht nur, wenn die im Vergleich getroffenen Abreden die Merkmale eines formbedürftigen Vertrags aufweisen (BGE 95 II 424). Ob und welche Formerfordernisse für die Vertragsübernahme gelten, wird kontrovers beurteilt (offen gelassen in BGer, 17.4.2007, B 138/06, E. 4.2.2; für Formfreiheit BGer, 28.5.2004, 5C.51/2004, E. 3.1; für die Einhaltung der Formerfordernisse des ursprünglichen Vertrages Bucher, AT, 593).

Für die Änderung **formbedürftiger Verträge** vgl. Art. 12 N 4, für deren Aufhebung vgl. Art. 12 N 6, Art. 115 N 8 f.

Art. 11 gilt nicht für die **vertraglich vorbehaltene Formbedürftigkeit**, vgl. insoweit Art. 16 N 2 ff.

III. Umfang des Formzwangs

13 Wo das Gesetz selbst die formbedürftigen Teile eines Rechtsgeschäfts aufzählt – wie z.B. bei der Bürgschaft (Art. 493, vgl. BGE 125 III 132; dazu Staehelin D., AJP 1999, 1166 ff.) oder beim Konsumkredit (Art. 9 ff. KKG) – bereitet der **Umfang des Formzwangs** keine Schwierigkeiten. Aber auch in den übrigen Fällen ergibt sich der Umfang des Formzwangs aus dem Bundesrecht. Nach ständiger Rsp. des BGer unterliegen sowohl die objektiv als auch die subjektiv wesentlichen Vertragspunkte dem Formzwang (vgl. BGE 125 III 133; 123 III 100; BGer, Pra 1997, 827; BGE 118 II 34; 113 II 404; 106 II 148; 95 II 310 je m.w.Nw.). Zur Verweisung auf externe Dokumente bei öffentlicher Beurkundung vgl. BGer, ZBGR 1997, 55 ff.; SCHMID, ZBGR 1993, 1, 5 ff.; zur Beurkundungspflicht von Zusicherungen und Freizeichnungen beim Grundstückkauf vgl. WIEGAND/BRUNNER, recht 1993, 1, 8 ff.; zum Umfang der Beurkundungspflicht bei Immobilien-Leasing-Verträgen vgl. HESS, ZBGR 1991, 1 ff.; BGE 132 III 549, dazu N 15.

Formbedürftig sind zunächst die **objektiv wesentlichen Punkte** des Vertrags, d.h. namentlich die **essentialia negotii** (BGE 68 II 233; vgl. auch BGE 78 II 224; SCHMID, recht 1989, 113, 116 ff.). Beim Grundstückskaufvertrag zählen hierzu die Parteien, einschliesslich allfälliger Stellvertreter (BGE 112 II 332), nicht jedoch Vollmacht und Auftrag zum Abschluss des Vertrages (vgl. BGE 112 II 332; 99 II 162; **a.A.** HONSELL, OR BT, 170; LEUENBERGER, Grundstückkaufvertrag, N 76, 80; HOFSTETTER, SPR VII/2, 41 ff.; KELLER/SCHÖBI, I, 81, die die Formfreiheit der Vollmacht ablehnen, da andernfalls der von der Formvorschrift bezweckte Schutz vor Übereilung nicht gewährleistet sei); die Kaufsache (BGE 127 III 254 = Pra 2002, 417; 106 II 148; 95 II 309); der (wahre) Kaufpreis einschliesslich evtl. erfolgter Anzahlungen (BGer, SJ 2000, 535 = ZBJV 1999, 174 = recht 2001, 68; BGE 103 II 110; 94 II 272; 78 II 224); sowie die Angabe des Rechtsgrundes (BGE 86 II 232; vgl. im Übrigen für den Grundstückskaufvertrag die Erläuterungen zu Art. 216). Bei einem Schenkungsvertrag muss insb. auch der Schenkungswille in der Urkunde zum Ausdruck kommen (BGE 105 II 107; Näheres bei Art. 243 N 4; zur gemischten Schenkung vgl. BGE 117 II 385), bei der Zession der Abtretungswille (BGE 105 II 83; Näheres bei Art. 165 N 2). Geschäftsbestandteile, die über die essentialia hinausgehen, sog. **accidentalia negotii**, fallen jedenfalls dann unter den Formzwang, wenn sie Leistung und Gegenleistung präzisieren, wie z.B. Zahlungsbedingungen, Konventionalstrafen, Reugeld, Übernahme von Hypotheken etc. (vgl. ZK-HAAB, Art. 657 ZGB N 16 ff.; BK-SCHMIDLIN, N 96). 14

Nach h.L. und Rsp. unterliegen grundsätzlich auch die **subjektiv wesentlichen Vertragspunkte** dem Formzwang (BGE 125 III 133; 113 II 404; zust. ZK-SCHÖNENBERGER/JÄGGI, N 28; ENGEL, traité, 256 f.; krit. BK-SCHMIDLIN, N 98; LEUENBERGER, Grundstückkaufvertrag, N 67 ff.; SCHMID, Öffentliche Beurkundung, 167; DERS., ZBGR 1993, 1, 5). Das BGer schränkt den Umfang des Formzwangs freilich insoweit ein, als nur solche subjektiv wesentlichen Vertragspunkte dem Formerfordernis unterliegen sollen, die ihrer Natur nach ein Element des betreffenden Vertragstypus bilden, d.h. das, was vom **«cadre naturel»** des konkreten Geschäftes erfasst wird (BGE 135 III 295, 299 E. 3.2; BGer, SJ 2000, 535 = ZBJV 1999, 174 = recht 2001, 68; BGE 119 II 138; 117 II 264; 113 II 404; 107 II 216 = Pra 1981, 635; 90 II 37 = Pra 1964, 194 f.; 86 II 37; zust. GAUCH/SCHLUEP/SCHMID/EMMENEGGER, N 538 f.; CAVIN, SPR VII/1, 131 f.; GAUCH, recht 1991, 45, 51 f.; WIEGAND/BRUNNER, recht 1993, 1, 3 ff.; TERCIER, in: GAUCH/TERCIER, N 965 f.). So brauchen beim Grundstückskaufvertrag Leistungen des Käufers, die nicht im Austausch gegen das Grundstück, sondern für andere Leistungen des Verkäufers zu erbringen sind, in der öffentlichen Urkunde nicht erwähnt zu werden, auch wenn sie für die Parteien conditio sine qua non für den Kaufabschluss sind (BGer, Pra 1997, 827; BGE 119 II 138 = Pra 1993, 791; 117 II 264; 113 II 404; 86 II 37; vgl. auch BRÜCKNER, ZBGR 1994, 1, 8 ff.; GAUCH, BR 1986, 80 ff.; BK-SCHMIDLIN, N 99). Die Beurkundung eines Pauschalpreises ist zulässig, wenn der Preis der dem Formzwang von Art. 216 unterstehenden Leistungen zumindest bestimmbar ist (BGE 135 III 300 E. 3.2 = Pra 2009, 833 f.; SPAHR, 822). Formbedürftigkeit wurde bejaht für die Überbauungsverpflichtung des Erwerbers eines Grundstückes (BGE 90 II 37 = Pra 1964, 194 f.), das Versprechen des Käufers, für den Verkäufer unter Anrechnung auf den Kaufpreis ein Haus zu errichten (BGE 94 II 273), ebenso für ein Darlehen, welches eine eigentliche Stundungsabrede bezüglich eines Teils des Kaufpreises darstellt (BGer, SJ 2000, 535 = ZBJV 1999, 174 = recht 2001, 68 ff.); verneint für ein in Zusammenhang mit einem Kaufrechtsvertrag vereinbartes Darlehen zu marktüblichen Bedingungen (BGE 113 II 405), eine Vereinbarung betr. Vermietung, Ver- 15 waltung und Verkauf von zu erstellenden Bauten ohne Einfluss auf den Kaufpreis (BGE 78 II 439), eine Gewinnbeteiligungsklausel bei Weiterverkauf des Grundstücks (BGE 75 II 147; krit. BK-SCHMIDLIN, N 100, 102), eine Verlustbeteiligungsklausel bei Weiterverkauf eines Grundstücks in einem Leasingvertrag, für den Fall, dass bei Ablauf der Vertragsdauer der Leasingnehmer das Grundstück nicht erwirbt sondern an den Leasinggeber zurückgibt (BGE 132 III 553 E. 2.2 ff.; krit. dazu SCHMID, ZBJV 2010, 629). Es ist in Praxis und Lehre umstritten, ob ein mit einem Grundstückskauf verbundener Werk- oder Architektenvertrag (sog. Unternehmer- und Architektenbindungsklausel) dem Formzwang der öffentlichen Beurkundung unterliegt (**abl.** BK-GAUTSCHI, Art. 365 N 21b, 22d gestützt auf BGE 86 II 40; 119 II 30 = Pra 1993, 719 ff. betr. einer mit einem Grundstückkauf zusammenhängenden, selbständigen werkvertraglichen Vereinbarung; BRÜCKNER, ZBGR 1994, 1, 12; diff. GAUCH, N 423; DERS., BR 1986, 80, 83 f.; ebenso WIEGAND/BRUNNER, recht 1993, 1, 7 ff.; SCHMID, Öffentliche Beurkundung, N 572 FN 393 m.w.Nw.; BGE 107 II 215; TERCIER, in: GAUCH/TERCIER, N 187, zust. GAUCH/SCHLUEP/SCHMID/EMMENEGGER, N 539 sowie 1091: sofern «die Klausel einen Teil der für das Grundstück versprochenen Gegenleistung ausmacht»; ähnlich SCHMUTZ, 53: falls im Werkvertrag das Verhältnis Leistung-Gegenleistung beeinflusst wird).

IV. Rechtsfolgen bei Formmangel

1. Formungültigkeit

16 Bei Nichteinhaltung gesetzlicher Formvorschriften ist das Rechtsgeschäft nach Art. 11 Abs. 2 **ungültig**, es sei denn, das Gesetz ordne im Einzelfall eine andere Rechtsfolge an, wie z.B. Art. 109 ZGB. Dies bedeutet, dass Formvorschriften im Zweifelsfall Gültigkeits- und nicht blosse Ordnungsvorschriften sind (vgl. z.B. Art. 15 Abs. 1 KKG), vgl. jedoch KGer SG, 24.9.2007, VZ. 2007.41, E. II.3b, wonach auch eine Formvorschrift statuierende Norm, die die Nichtigkeit nicht explizit anordnet, auszulegen ist und eine blosse Ordnungsvorschrift sein kann (vgl. z.B. Art. 19, 22 AVG).

a) Die Auffassung des Bundesgerichts

aa) Nichtigkeit

17 In ständiger Rsp. versteht das BGer unter Formungültigkeit absolute Nichtigkeit, die vom Gericht von Amtes wegen zu berücksichtigen ist, und auf die sich auch am Vertrag nicht beteiligte Dritte berufen können (vgl. z.B. BGE 116 II 702; 112 II 334; 106 II 151; 104 II 101; 98 II 316; 90 II 38 = Pra 1964, 195; weitere Vertreter der absoluten Nichtigkeitstheorie sind DROIN, 29, 69; ENGEL, contrats, 97 f.; PAOLETTO, 130 ff.). Teilweise hat das BGer freilich offengelassen, ob Formungültigkeit unabhängig von der Art des Formmangels zur absoluten Nichtigkeit führe und stets von Amtes wegen zu berücksichtigen sei (BGE 112 II 333). Sind nur einzelne Bestimmungen eines Vertrags formbedürftig, so ist in analoger Anwendung von Art. 20 Abs. 2 **Teilnichtigkeit** zu vermuten, wenn nicht anzunehmen ist, dass die Parteien den Vertrag ohne den nichtigen Teil überhaupt nicht geschlossen hätten (BGE 60 II 98; 58 II 365; ausführlich hierzu auch SCHMIDLIN, ZSR 1990, 223, 257; KOLLER A., Formmangel, N 119 ff.).

bb) Rechtsmissbrauch

18 Die Nichtigkeitsfolge wird vom BGer erheblich eingeschränkt durch Anwendung des Rechtsmissbrauchsverbots nach Art. 2 Abs. 2 ZGB (vgl. BGer, SJ 2000, 536 = ZBJV 1999, 174 f. = recht 2001, 69; BGE 112 II 336; 112 II 111; 104 II 101; 98 II 316; 93 II 104 = Pra 1967, 424; 92 II 325; 90 II 156; 86 II 232). Rechtsmissbrauch hat das Gericht von Amtes wegen zu berücksichtigen. Es hat dabei «nicht nach starren Regeln, sondern unter Würdigung aller Umstände des konkreten Falles zu entscheiden» (BGE 112 II 111; 112 II 333, je m.w.Nw.). Be-

sondere Bedeutung kommt insoweit der **beidseitigen, freiwilligen und irrtumsfreien Erfüllung** zu (vgl. Einzelheiten bei FURRER, 113 ff.). Wurde der formunwirksame Vertrag **vollständig** erfüllt, so ist die Berufung auf Formmangel rechtsmissbräuchlich, wenn nicht die Würdigung aller übrigen Umstände, wie namentlich das Verhalten der Parteien bei und nach Vertragsschluss eindeutig zum gegenteiligen Ergebnis führt (BGE 112 II 333; 98 II 316; 92 II 325; BUCHER, AT, 67). So kann die Berufung auf Formmangel in Zusammenhang mit der Formungültigkeit von Anfangsmietzinsen resp. Mietzinserhöhungen rechtsmissbräuchlich sein, wenn der Mietzins in Kenntnis der Formvorschrift der Anzeige während längerer Zeit unbeanstandet bezahlt wurde (vgl. BGer, 12.4.2013, 4A_38/2013, E. 2.1; BGE 123 III 70, 75; vgl. aber AppGer BS, BJM 2005, 311, 315). Auch schon die Erfüllung **zur Hauptsache** (vgl. BGE 116 II 702) kann den Einwand des Rechtsmissbrauchs begründen. Wann ein Vertrag zur Hauptsache erfüllt ist, lässt sich nur im Einzelfall unter Würdigung der besonderen Umstände beurteilen (BGE 112 II 112: Erfüllung einer Erschliessungsvereinbarung mit noch ausstehender Erfüllung des formunwirksamen Landabtretungsversprechens; BGE 104 II 101: beidseitige Erfüllung eines Grundstückskaufvertrags mit noch ausstehender Zahlung der Differenz zwischen verurkundetem und gewolltem Kaufpreis; krit. dazu GAUCH/SCHLUEP/SCHMID/EMMENEGGER, N 566 f.; KOLLER A., ZBJV 1990, 141 f.; HUGUENIN, 53 ff.; vgl. auch schon BGE 53 II 166). Ist der Vertrag noch **gänzlich unerfüllt**, so ist die Berufung auf Formmangel nicht rechtsmissbräuchlich, wenn nicht besondere Umstände das gegenteilige Ergebnis nahelegen.

Unsicherheit herrscht in der bundesgerichtlichen Rsp. in der Frage, ob der Rechtsmissbrauchseinwand auch dann eingreift, wenn der Vertrag in **Unkenntnis des Formmangels** erfüllt wurde. Grundsätzlich handelt nicht rechtsmissbräuchlich, wer sich auf Formmangel beruft, wenn er in Unkenntnis des Mangels erfüllt hat (BGer, 5.3.2012, 4A_462/2011, E. 2.3.3; BGE 112 II 334 m.w.Nw.; krit. dazu SCHMIDLIN, SJ 1989, 497, 508 ff.; KOLLER A., OR AT, § 12 N 119; GAUCH/SCHLUEP/SCHMID, N 568). **19**

Auch die Darlegung eines **schutzwürdigen Interesses** durch die den Mangel geltend machende Partei ist grundsätzlich nicht erforderlich (BGE 90 II 26); selbst spekulative Beweggründe machen ihr Vorgehen nicht missbräuchlich (BGE 90 II 28; 86 II 232); es ist auch zulässig, dass eine Partei sich vom Vertrag wegen Sachmängeln oder deshalb lossagen will, weil sie ihn sonst für unvorteilhaft hält (BGE 87 II 33). Andererseits wurde die Berufung auf Formmangel wiederholt als zweckwidrig und rechtsmissbräuchlich erklärt, weil eine Partei damit z.B. die Wertsteigerung ausnützen oder sich vertraglichen Gewährleistungspflichten entziehen wollte (BGE 92 II 327; 90 II 157 = Pra 1964, 345 f.; CAVIN, SPR VII/1, 135). In BGE 112 II 336 wurde Rechtsmissbrauch bejaht, weil die Formvorschrift i.c. (Beurkundung der Identität des Vertreters) nur die Gegenpartei, nicht aber diejenige, die sich darauf berief, schützen wollte. **20**

Rechtsmissbrauch kommt ausserdem in Betracht, wenn der Formmangel von der Partei, die sich auf ihn beruft, **arglistig** herbeigeführt wurde, sie ihn beim Abschluss des Vertrags bewusst in Kauf genommen oder zum eigenen Vorteil sogar gewollt hat (BGE 90 II 27; 86 II 404; 84 II 642; CAVIN, SPR VII/1, 134; SCHWENZER, N 31.34). **21**

Liegt Rechtsmissbrauch vor und ist der Vertrag vollständig erfüllt, so wird bei einem Grundstückskaufvertrag der Käufer nicht nur formell, sondern auch materiell **Eigentümer** (BGE 50 II 148; KOLLER A., Formmangel, N 64; vgl. auch BK-MEIER-HAYOZ, Art. 657 ZGB N 133; zu den stossenden Ergebnissen der absoluten Nichtigkeitstheorie BUCHER, AcP 1986, 61 f.; **a.A.** BGE 86 II 401). Soweit der Vertrag noch nicht vollständig erfüllt ist, muss aus dem Einwand des Rechtsmissbrauchs auch ein **Erfüllungsanspruch** abgeleitet werden (BGE 116 II 701; 112 II 112; BGer, 17.12.1985 und 13.10.1986 i.S. Stocker/Inalbon AG, auszugsweise abgedruckt in ZWR 1986, 314 ff.; SCHWENZER, N 31.34; vgl. auch KOLLER A., Formmangel, N 39 ff.). In einem neueren Entscheid nimmt das BGer (SJ 2000, 537 = ZBJV 1999, 175; krit. WIEGAND, recht 1999, 226 f.; BUCHER, recht 2001, 80 f.; HONSELL, OR BT, 173; **22**

SCHWENZER, N 52.03 f. m.w.Nw.) eine Schadenersatzpflicht nach den Grundsätzen der Vertrauenshaftung an. Bei noch teilweise ausstehender Geldleistung läuft dies wirtschaftlich auf dasselbe wie ein Erfüllungsanspruch hinaus. Bei noch teilweise ausstehender Sachleistung kann indes auf einen Erfüllungsanspruch nicht verzichtet werden. Ein Erfüllungsanspruch kann aus Art. 2 Abs. 2 ZGB freilich nicht abgeleitet werden, wenn der Vertrag noch gar nicht erfüllt ist (BGE 104 II 101 f. m.w.Nw.; vgl. RÜETSCHI, AJP 2002, 848; **a.A.** KOLLER A., OR AT, § 12 N 105).

b) Lösungen in der Literatur

23 Die neuere Literatur lehnt die Rsp. des BGer mehrheitlich ab. Einige Autoren fassen die Formungültigkeit als **Ungültigkeit sui generis** oder relative Nichtigkeit auf, die nur von den Parteien geltend gemacht werden kann und durch Erfüllung grundsätzlich heilbar ist (vgl. GAUCH/SCHLUEP/SCHMID/EMMENEGGER, N 558 ff.; MERZ, traité, N 341 ff.; BUCHER, AT, 169; BK-MEIER-HAYOZ, Art. 657 ZGB N 130 ff.; LIVER, SPR V/1, 137 f.; diff. GUHL/KOLLER/SCHNYDER/DRUEY, § 14 N 29; ZK-SCHÖNENBERGER/JÄGGI, N 73 ff.; SCHMID, Öffentliche Beurkundung, N 664 ff.; ZK-HAAB, Art. 657 ZGB N 34 f.; KELLERHALS, 74 ff., 131 ff.; VOLKEN, ZWR 1981, 461, 472 ff.; noch weitergehend GUGGENHEIM, invalidité, 164 ff., der Ungültigkeit i.S.v. Art. 11 Abs. 2 nur als Anfechtbarkeit verstehen will; **abl.** KELLER/SCHÖBI, I, 25 f. und FURRER, 71 ff., die dann freilich gleichwohl Heilung des Formmangels und nachträgliches Zustandekommen des Vertrags annehmen).

Einen anderen Weg geht SPIRO (Unrichtige Beurkundung, 13 ff., 16, 23 ff.; DERS., BJM 1965, 221 ff.), der beim Grundstückskauf nur dem Verkäufer als dem Schuldner der **vertragstypischen Leistung** die Berufung auf Formmangel gestatten will.

SCHMIDLIN (BK-SCHMIDLIN, N 41 ff.; DERS., ZSR 1990, 223, 233 ff.; ähnlich VON BÜREN, AT, 145 ff.; MERZ, traité, N 440) will das Problem durch die Annahme lösen, formungültige Verträge seien als unvollkommene Schuldverhältnisse, als **Naturalobligationen** zu behandeln.

GIGER, Rechtsfolgen, 104 ff., schliesslich rekurriert auf die Lehre vom **faktischen Vertragsverhältnis**.

c) Stellungnahme

24 In Lehre und Rsp. besteht im Grundsatz Einigkeit, dass die Nichtigkeitsfolgen bei formunwirksamen Verträgen einzuschränken sind. Der Sache nach handelt es sich dabei um eine **teleologische Reduktion** der Unwirksamkeitsnorm, mit dem Ziel grösstmöglicher Aufrechterhaltung des Vertrags (ZELLER, ZSR 1990, 267), wie sie moderner Auffassung entspricht und auch im Rahmen anderer Unwirksamkeitsnormen vertreten wird (vgl. auch die Erläuterungen bei Art. 20 N 61 sowie Vor Art. 23 N 7 f.). Dabei ist vom jeweiligen **Schutzzweck der Formvorschrift** auszugehen. Das fallweise Vorgehen der Rsp. verdient deshalb gegenüber allen pauschalisierenden Lösungsversuchen den Vorzug.

2. Konversion

25 Ein formungültiges Rechtsgeschäft kann im Einzelfall in ein anderes formfrei gültiges umgedeutet und dadurch aufrechterhalten werden. Im Gegensatz zu § 140 BGB kennt das OR zwar keine entsprechende Vorschrift, die Möglichkeit der **Konversion** ist jedoch in Rsp. und Lehre unumstritten (vgl. BGE 126 III 184; 124 III 119; 93 II 452; BK-KRAMER, Art. 18 N 267 ff.; BK-SCHMIDLIN, N 161 ff.; SCHMID, Öffentliche Beurkundung, 806 ff.). Sinn und Zweck der Konversion besteht darin, den von den Parteien erstrebten wirtschaftlichen Erfolg auch dann zu verwirklichen, wenn das rechtliche Mittel, das sie gewählt haben, unzulässig ist, jedoch ein

anderer rechtlicher Weg zur Verfügung steht, der zum annähernd gleichen wirtschaftlichen Ergebnis führt (vgl. SCHWENZER, N 31.39 f.).

Nach der Rsp. des BGer muss das Ersatzgeschäft inhaltlich im formungültigen Geschäft enthalten sein. Es darf aber nicht weiter reichen, als das von den Parteien beabsichtigte, und weder der einen noch der anderen Partei strengere Verpflichtungen auferlegen (BGE 126 III 185; 89 II 441; 80 II 86 = Pra 1954, 124). Es muss einen **ähnlichen Zweck und Erfolg** anstreben wie das nichtige. Möglich ist danach etwa die Umdeutung einer formunwirksamen Zession in eine formfrei mögliche Inkassovollmacht oder ein pactum de cedendo, einer nichtigen Familienstiftung in eine gewöhnliche Stiftung (BGE 93 II 452), eines nichtigen Erbvertrages in eine öffentliche letztwillige Verfügung (BGE 93 II 228), eines formungültigen Schecks in eine Anweisung (BGE 80 II 86 = Pra 1954, 124) oder eines formungültigen Ordrepapiers in eine abstrakte Schuldanerkennung (BGE 65 II 79). Abgelehnt wurde hingegen die Konversion einer nichtigen Personaldienstbarkeit in ein obligatorisches Wohnrecht oder Mietverhältnis von unbestimmter Dauer (BGE 103 II 185), einer Familienstiftung in eine Nacherbeneinsetzung (BGE 89 II 440), eines nach Schweizer Recht unwirksamen gemeinsamen Testaments in eine einseitige letztwillige Verfügung (BGE 89 II 285 = Pra 1964, 63 f.) oder einer formnichtigen Schenkung in ein Vermächtnis (BGE 76 II 278). Auch eine Umdeutung, wo die Parteien mit ihrem Rechtsgeschäft eine Verbotsnorm umgehen wollen, kommt nicht in Betracht; so wurde z.B. die Umdeutung eines nichtigen Kaufs auf Rückkauf in eine Faustpfandbestellung abgelehnt (BGE 126 III 185). 26

3. Rückabwicklung

Ist ein Vertrag formunwirksam, eine Konversion nicht möglich und liegt auch kein Fall von Rechtsmissbrauch vor, sind auf einen formunwirksamen Vertrag erbrachte Leistungen **zurückzugewähren**; im Vermögen des Empfängers noch vorhandene Sachleistungen mit der **rei vindicatio** (Art. 641 Abs. 2 ZGB), Grundstücke mit der **Grundbuchberichtigungsklage** nach Art. 975 ZGB, im Übrigen folgt die Rückabwicklung dem **Bereicherungsrecht** (BGE 115 II 29; 90 II 39; 71 II 106; 67 II 156). Ist die Leistung in Kenntnis der Formunwirksamkeit erbracht worden, steht Art. 63 Abs. 1 der Rückforderung nicht entgegen, da die Leistung nicht auf eine Nichtschuld, sondern im Zweifel zum Zwecke der Erlangung der Gegenleistung erfolgt (BK-SCHMIDLIN, N 145; GUHL/KOLLER/SCHNYDER/DRUEY, § 14 N 31, **a.A.** KOLLER A., Formmangel, N 66 ff.). Sieht das Gesetz besondere Regeln über die Folgen der Nichtigkeit vor (z.B. Art. 15 Abs. 2–4 KKG), kommen diese zur Anwendung. 27

4. Haftung bei Formungültigkeit

Bei Formungültigkeit kommt grundsätzlich eine **Haftung** aus **culpa in contrahendo** in Betracht. Dabei sind freilich einige Vorbehalte anzubringen. Haben sich beide Parteien **bewusst** über das Formerfordernis hinweggesetzt, so handelt jeder auf eigenes Risiko, Schadenersatzansprüche scheiden von vornherein aus (BK-SCHMIDLIN, N 185). Dasselbe gilt, wenn der Formmangel auf die **Nachlässigkeit beider Parteien** zurückzuführen ist (BGE 106 II 41 = Pra 1980, 594). 28

Ein Anspruch aus culpa in contrahendo kommt jedoch grundsätzlich in Betracht, wenn nur eine Partei das Formerfordernis **kannte oder** aufgrund ihrer beruflichen und geschäftlichen Stellung **hätte kennen müssen** und die andere Partei darüber nicht aufgeklärt hat (BK-SCHMIDLIN, N 189; vgl. auch SCHMIDLIN, ZSR 1990, 247 ff.). Jedoch ist Vorsicht auch hier insoweit geboten, als der Anspruch aus culpa in contrahendo den mit der Formvorschrift bezweckten Übereilungsschutz nicht unterlaufen darf. Blosser Abbruch von Vertragsverhandlungen vermag einen Anspruch aus culpa in contrahendo deshalb grundsätzlich nicht zu begründen.

Ein Schadenersatzanspruch ist jedenfalls gegeben, wenn ein Teil den anderen **arglistig** über die Formbedürftigkeit täuscht (BGE 106 II 42 = Pra 1980, 594; 68 II 237).

29 Die Haftung aus culpa in contrahendo geht grundsätzlich auf das **negative Interesse** (vgl. Art. 1 N 80; ZK-SCHÖNENBERGER/JÄGGI, N 94; SCHMID, FS Walter, 417, 427). Bei Arglist wird man – soweit ein Erfüllungsanspruch nicht in Betracht kommt (vgl. dazu N 22) – jedoch auf das **positive Interesse** erkennen müssen, wenn der Getäuschte nachweist, dass er den ungültigen Vertrag auch formgültig abgeschlossen hätte (so auch BK-SCHMIDLIN, N 195; DESCHENAUX, SPR V/3, II, 194; **a.A.** SCHMID, Öffentliche Beurkundung, N 851).

V. Abweichende Vereinbarungen

30 Formvorschriften sind **zwingendes Recht** und unterliegen nicht der Parteidisposition. Den Parteien ist es freilich unbenommen, durch Vertrag eine strengere Form zu vereinbaren als gesetzlich vorgesehen ist, z.B. öffentliche Beurkundung statt einfacher Schriftform.

VI. Beweislast

31 Wer aus einem formbedürftigen Rechtsgeschäft Rechte ableitet, muss im Streitfall die Einhaltung der Form **beweisen**. Für den Beweis ist die Vorlage der formgerechten Urkunde jedoch nicht erforderlich, da Art. 11 allein die Gültigkeitsform, nicht jedoch die Beweisform regelt (BGE 101 II 216).

VII. IPR. Rechtsvergleichung

1. IPR

32 Nach Art. 124 IPRG ist ein Vertrag dann formgültig, wenn er entweder dem **auf den Vertrag anwendbaren Recht** oder dem **Recht am Abschlussort** entspricht (BGE 117 II 493; vgl. auch 110 II 485; zum Ganzen vgl. ZELLWEGER, 71 ff.; IPRG-Kommentar-KELLER/GIRSBERGER, Art. 124 und 119 Abs. 3 N 10 ff.; SCHNYDER/LIATOWITSCH, N 770 ff.). Für Verträge über **Grundstücke in der Schweiz** richtet sich die Form gem. Art. 119 Abs. 3 Satz 2 IPRG zwingend nach schweizerischem Recht (vgl. auch schon BGE 106 II 39 = Pra 1980, 592 f.; ZELLWEGER, 115 ff.; CORNUT, 92 ff.). Für Verträge über **im Ausland gelegene Grundstücke** gilt nach Art. 119 Abs. 3 Satz 1 IPRG das Recht des Belegenheitsorts, es sei denn, dieses sehe die Anwendung eines anderen Rechts vor, wie es bspw. nach deutschem Recht der Fall ist (vgl. PALANDT-THON, Art. 11 EGBGB N 20).

2. WKR

33 Grenzüberschreitende Warenkaufverträge, die dem WKR unterliegen, sind nach Art. 11 WKR grundsätzlich **formfrei** gültig. Dies gilt jedoch nicht, wenn eine Partei ihre Niederlassung in einem Vertragsstaat hat, der gegen die Regelung der Formfreiheit einen **Vorbehalt nach Art. 96 WKR** eingelegt hat (ausführlich dazu SCHROETER, N 1 ff.). Von dieser Vorbehaltsmöglichkeit haben 8 von 83 Ländern (Argentinien, Armenien, Chile, Paraguay, Russische Föderation, die Ukraine, Ungarn und Weissrussland) Gebrauch gemacht. China hat den Formvorbehalt inzwischen zurückgezogen.

3. Ausländische Rechtsordnungen

34 Auch die ausländischen Rechtsordnungen gehen durchweg vom Prinzip der Formfreiheit aus. Im **deutschen Recht** entsprechen die § 125 ff. BGB (zur Form vgl. BGBl 2001 I 1542 ff.) der Sache nach weitgehend der Schweizer Regelung. Auch dort führt ein Formverstoss zur Nichtigkeit; jedoch sieht das deutsche Recht von Gesetzes wegen in bestimmten Fällen Heilung

bei Erfüllung vor (vgl. § 311b Abs. 1, § 518 Abs. 2, § 766 Satz 2, § 2301 Abs. 2 BGB). Nur in ganz ausserordentlichen Ausnahmefällen wird darüber hinaus die Berufung auf Formnichtigkeit als rechtsmissbräuchlich angesehen. Konversion ist in § 140 BGB ausdrücklich vorgesehen. Im **österreichischen Recht** führt die Nichteinhaltung der Form zu einer Naturalobligation; das auf eine formunwirksame Forderung hin Geleistete kann nicht zurückgefordert werden (§ 1432 ABGB). Im **französischen Recht** wird zwischen Solemnitätsform, Beweisform und Publizitätsform unterschieden. Nur der Verstoss gegen erstere führt zu Nichtigkeit, wobei eine Heilung durch Erfüllung ausgeschlossen ist. Wichtigster Fall einer Beweisform ist in der Sache Art. 1341 CC fr., der bei Verträgen über EUR 800 (vgl. Décret Nr. 2001-476 vom 30.5.2001) den Zeugenbeweis grundsätzlich ausschliesst. Nach **italienischem Recht** führt ein Formverstoss grundsätzlich zur Nichtigkeit (Art. 1350 CC it.); Konversion sieht Art. 1424 CC it. vor. **Konversion** ist hingegen dem **französischen Recht** und dem **englischen Recht** fremd (vgl. GANDOLFI, FS Schlechtriem, 493, 498 f.).

Art. 12

II. Schriftlichkeit
1. Gesetzlich vorgeschriebene Form
a. Bedeutung

Ist für einen Vertrag die schriftliche Form gesetzlich vorgeschrieben, so gilt diese Vorschrift auch für jede Abänderung, mit Ausnahme von ergänzenden Nebenbestimmungen, die mit der Urkunde nicht im Widerspruche stehen.

II. Forme écrite
1. Forme requise par la loi
a. Sa portée

Lorsque la loi exige qu'un contrat soit fait en la forme écrite, cette règle s'applique également à toutes les modifications du contrat, hormis les stipulations complémentaires et accessoires qui ne sont pas en contradiction avec l'acte.

II. Forma scritta
1. Richiesta dalla legge
a. Portata

Quando la legge prescrive per un contratto la forma scritta, questa s'intende richiesta per ogni modificazione del contratto medesimo, ad eccezione di quelle stipulazioni complementari accessorie, che non siano in contraddizione coll'atto.

Literatur

Vgl. die Literaturhinweise zu Art. 11.

I. Allgemeines

Art. 12 findet sich im Unterabschnitt «Schriftlichkeit». Seine **Stellung** ist jedoch systematisch verfehlt, denn sachlich gehört er zu Art. 11 (vgl. ZK-SCHÖNENBERGER/JÄGGI, N 1). 1

II. Anwendungsbereich

Entgegen der Marginalie gilt Art. 12 nicht nur für die Fälle der einfachen Schriftlichkeit, sondern auch für die anderen **gesetzlichen Formvorschriften**, insb. für die Fälle öffentlicher Beurkundung (BGE 123 III 99; 95 II 422; BK-SCHMIDLIN, N 1; GUHL/KOLLER/SCHNYDER/DRUEY, § 14 N 2). Spezielle gesetzliche Regelungen des BT des OR, wie z.B. Art. 493 Abs. 5 (Bürgschaft) oder Art. 334 Abs. 2 gehen jedoch vor (vgl. auch BGE 103 II 127: Anwendung des Art. 334 Abs. 2 auf einen nach Art. 344a Abs. 1 formbedürftigen Lehrvertrag). 2

Art. 12 gilt nicht für die **vertraglich vorbehaltene Form** (Näheres zur Abänderung in diesen Fällen bei Art. 16 N 10 f.). 3

III. Formbindung der Abänderung

1. Abänderungsvertrag

4 Ein Vertrag, für den das Gesetz eine Formvorschrift aufstellt, und der noch nicht gänzlich erfüllt ist (BGE 95 II 422), kann nur in der entsprechenden Form abgeändert werden. Unter **Abänderung** ist die **Modifizierung** bestehender Vertragsbestimmungen oder deren **Ergänzung** zu verstehen. Keine Vertragsänderung liegt vor, wenn in der Urkunde bereits enthaltene objektiv bestimmbare Verpflichtungen später konkretisiert werden (BGE 95 II 310). Zur Abgrenzung einer formbedürftigen Vertragsänderung zu einem formfrei möglichen Vergleich vgl. BGE 95 II 424.

2. Ergänzende Nebenbestimmungen

5 Ergänzende **Nebenbestimmungen** bedürfen keiner besonderen Form. Hierunter fällt einmal die Aufnahme von Nebenbestimmungen, die schon beim ursprünglichen Vertragsabschluss formfrei möglich gewesen wären (vgl. Art. 11 N 14 f.). Richtiger Ansicht nach gilt dies aber auch für Vertragsänderungen, die zwar mit der ursprünglichen Urkunde in Widerspruch stehen, aber nur objektiv und subjektiv unwesentliche Punkte betreffen (BGE 123 III 100; BK-Schmidlin, N 17).

3. Verhältnis zu Art. 115

6 Nach **Art. 115** kann eine Forderung auch dann formfrei **erlassen** werden, wenn zu ihrer Begründung die Einhaltung einer Form erforderlich war. Daraus folgt der allgemeine Grundsatz, dass jedes formbedürftige Rechtsgeschäft formfrei ganz oder teilweise aufgehoben werden kann (vgl. Art. 115 N 8 f.; von Tuhr/Peter, 242 f.; BK-Schmidlin, N 8 m.w.Nw.). Abgrenzungsprobleme zwischen Art. 12 (formbedürftige Abänderung) und Art. 115 stellen sich, wenn namentlich bei synallagmatischen Verträgen die Aufhebung oder Beschränkung einer Forderung auch das Verhältnis von Leistung und Gegenleistung beeinflusst. Will man den Zweck der Formvorschriften nicht unterlaufen, muss in diesen Fällen Art. 12 der Anwendung von Art. 115 vorgehen (so auch BK-Schmidlin, N 11 f.; diff. Gauch/Schluep/Schmid/Emmenegger, N 580 sowie ZK-Schönenberger/Jäggi, N 20 ff., wobei Letztere darauf abstellen, ob der Erlass der einen Forderung der Erfüllung der anderen vor- oder nachgeht; **a.A.** OGer LU, 4.12.2009, JK 09 20, E. 6.3; Art. 115 N 9). Werden jedoch die Verpflichtungen aus einem synallagmatischen Vertrag ganz ausser Kraft gesetzt, so handelt es sich um einen nach Art. 115 formlos möglichen Aufhebungsvertrag (BGE 95 II 425 E. 2d), selbst wenn dessen Rückabwicklungsmodalitäten den ursprünglichen Zustand nicht ganz wiederherstellen, sondern gewisse, bereits erbrachte Leistungen bei der Gegenpartei belassen (BGer, 9.4.2008, 4A_49/2008, E. 2.1; zust. Wolfer, AJP 2008, 1582 f.).

IV. Rechtsfolgen

7 Bei formunwirksamer Abänderung des Vertrages gilt das **ursprünglich formwirksam Vereinbarte** (ZK-Schönenberger/Jäggi, N 14; **a.A.** BK-Schmidlin, N 6, der Art. 20 Abs. 2 anwenden will).

V. Rechtsvergleichung

1. WKR

8 Ein **grenzüberschreitender Warenkaufvertrag**, der dem **WKR** unterliegt, kann nach Art. 29 WKR formfrei abgeändert werden, es sei denn, eine Vertragspartei hat ihren Sitz in einem Vorbehaltsstaat (vgl. Art. 11 N 33) nach Art. 96 (Art. 12 WKR).

2. Ausländische Rechtsordnungen

In den Nachbarrechtsordnungen finden sich keine ausdrücklichen Regelungen zur Formbedürftigkeit von **Vertragsänderungen**. Insoweit gelten die allgemeinen Grundsätze. Aufhebung und Erlass einer Forderung sind formfrei möglich (vgl. für **Deutschland**: MK-EINSELE, § 125 BGB N 16; **Österreich**: § 1444 ABGB; **Frankreich**: MAZEAUD/CHABAS, N 1199; **Italien**: Art. 1236 CC it.). 9

Art. 13

b. Erfordernisse

[1] Ein Vertrag, für den die schriftliche Form gesetzlich vorgeschrieben ist, muss die Unterschriften aller Personen tragen, die durch ihn verpflichtet werden sollen.

[2] ...

b. Ses éléments

[1] Le contrat pour lequel la loi exige la forme écrite doit être signé par toutes les personnes auxquelles il impose des obligations.

[2] ...

b. Requisiti

[1] Il contratto pel quale la legge prescrive la forma scritta deve essere firmato da tutti i contraenti, che mediante il medesimo rimangono obbligati.

[2] ...

Literatur

ARTER, Elektronische Bezahlvorgänge, in: Schlauri/Jörg/Arter (Hrsg.), Internet-Recht und digitale Signaturen, Bern 2005, 125 ff.; ARTER/JÖRG/GNOS, Zuständigkeit und anwendbares Recht bei internationalen Rechtsgeschäften mittels Internet unter Berücksichtigung unerlaubter Handlungen, AJP 2000, 277 ff.; BALSCHEIT, Konsumvertragsrecht und E-Commerce, Diss. Basel, Bern 2005; BAUM, Elektronische Signaturen – Risiken und deren Versicherbarkeit in Deutschland nach Umsetzung der Richtlinie des Europäischen Parlaments und des Rates über gemeinsame Rahmenbedingungen für elektronische Signaturen, Diss. Münster 2002; BERNATH, Rechtliche Aspekte neuer Informations- und Kommunikationstechnologien, in: Walder/Jaag/Zobl (Hrsg.), FS zum Schweizerischen Juristentag 1994, Zürich 1994, 3 ff.; BERTSCH, Digitale Signaturen, Berlin/Heidelberg 2002; BIEREKOVEN, Der Vertragsabschluss via Internet im internationalen Wirtschaftsverkehr, Köln 2001; BIRCHER, Zum sog. «Bundesgesetz über den elektronischen Geschäftsverkehr»: Die Revisionsbestrebungen des Bundesrates für OR und UWG, sic! 2001, 467 ff.; BITZER, Digitale Signatur, Berlin 1999; BLAUROCK/ADAM, Elektronische Signatur und europäisches Privatrecht, ZEuP 2001, 93 ff.; BRINER, Verträge und Haftung im Internet, Zürich 2002; BRÖHL, Das neue Recht der elektronischen Signaturen, Köln 2001; Bundesamt für Justiz, Digitale Signatur und Privatrecht (Vertragsrecht), VPB 1998, 63.46; BÜRGE, Sicherheit im Rechtsverkehr: Zur Bedeutung der elektronischen Signatur in der Praxis, in: Juchli/Würmli/Haunreiter (Hrsg.), Sicherheit als wirtschaftliches, rechtliches und kulturelles Phänomen, Bern 2008, 145 ff.; CHERPILLOD GIACOBINO, Internet dans la conclusion du contrat et les solutions du paiement, SJ 2003, 393 ff.; DAUMKE, Rechtsprobleme der Telefaxübermittlung, ZIP 1995, 722 ff.; DOLGE, Elektronischer Rechtsverkehr zwischen Bundesgericht und Parteien, AJP 2007, 299 ff.; DÖRR, Elektronische Signaturen und Haftung der Anbieter von Zertifizierungsdiensten, Diss. Zürich 2003; FAUSSE, La signature électronique: transactions et confiance sur Internet, Paris 2001; FAVRE-BULLE, Le contrat électronique, in: Bellanger et al. (Hrsg.), Le contrat dans tous ses états, Bern 2004, 175 ff.; FOUNTOULAKIS, Der Vorentwurf zu einem Bundesgesetz über den elektronischen Geschäftsverkehr, in: Cottier/Rüetschi/Sahlfeld (Hrsg.), Information und Recht, Basel 2002, 57 ff.; FOUNTOULAKIS/KÖBRICH, Die Verbindlichkeit des mittels *No-CPR*-Stempels erklärten Verzichts auf Reanimationsmassnahmen im neuen Erwachsenenschutzrecht, AJP 2013, 1437 ff.; GASSER, E-Commerce: Innovation im (Vertrags-)Recht, SJZ 2001, 386 ff. (zit. SJZ 2001); DERS., Rechtsöffnung im Cyberspace?, AJP 2001, 91 ff. (zit. AJP 2001); GEISER, Signature numérique: Les enjeux du projet de réglementation, medialex 1999, 205 ff.; GEMAR, Rechtliche Aspekte moderner Telekommunikation – dargestellt anhand der Rechtsprechung zum Fax in der Schweiz und in Deutschland, recht 1996, 94 ff.; GÖTTE, Mitteilungen. Zur Frage der Schriftform bei einem verschlüsselten Text, SJZ 1995, 280; GRABER, Digitale Zertifikate: Infrastruktur für ein sicheres Internet, in: Weber/Hilty/Auf der Maur (Hrsg.), Geschäftsplattform Internet, Zürich 2000, 9 ff.; GÜNTHER, Der praktische Umgang mit digitalen Signaturen und Verschlüsselung von

E-Mails im Unternehmen, in: Baudenbacher (Hrsg.), Aktuelle Entwicklungen des europäischen und internationalen Wirtschaftsrechts, Basel 2008, 55 ff.; HÄHNCHEN, Das Gesetz zur Anpassung der Formvorschriften des Privatrechts und anderer Vorschriften an den modernen Rechtsgeschäftsverkehr, NJW 2001, 2831 ff.; HOEREN, Der Vertragsschluss im Internet und die digitale Signatur – einige ungelöste Fragen, in: Schulze/Schulte-Nölke (Hrsg.), Die Schuldrechtsreform vor dem Hintergrund des Gemeinschaftsrechts, Tübingen 2001, 315 ff. (zit. Vertragsschluss); DERS., Beweiswert digitaler Dokumente – eine EU-Perspektive, in: Schlauri/Jörg/Arter (Hrsg.), Internet-Recht und digitale Signaturen, Bern 2005, 83 ff. (zit. Beweiswert); HOFFMANN, Willenserklärungen im Internet: Rechtssicherheit durch elektronische Signaturen sowie Anpassung der Formvorschriften und des Beweisrechts, Diss. Dresden, Hamburg 2003; HONSELL/PIETRUSZAK, Der Vernehmlassungsentwurf zu einem Bundesgesetz über den elektronischen Geschäftsverkehr, AJP 2001, 771 ff.; JACCARD, La conclusion de contrats par ordinateur: aspects juridiques de l'échange de données informatisées (EDI), Bern 1996 (zit. EDI); DERS., La distribution d'informations en ligne et le commerce électronique: le rôle, le statut et la responsabilité de l'autorité de certification dans la transmission de données signées numériquement, in: Mélanges Dessemontet, Lausanne 1998, 403 ff. (zit. distribution); DERS., La formation des contrats en ligne et la vente aux enchères sur Internet, in: Tissot (Hrsg.), Quelques facettes du droit de l'Internet, Neuchâtel 2001, 51 ff. (zit. Formation); JEANDIN, Mainlevée sommaire de l'opposition: Développements récents et perspectives, SJ 2009, 275 ff.; JÖHRI, Digitale Signatur, sic! 1999, 73 ff.; JÖRG/ARTER, Ein kritischer Blick auf den Entwurf zum Bundesgesetz über den elektronischen Geschäftsverkehr, AJP 2002, 165 ff. (zit. AJP 2002); DIES., Digitale Signaturen: Die Pulic-Key-Infrastruktur nach der neuen Zertifizierungsdiensteverordnung, ZBJV 2000, 449 ff. (zit. ZBJV 2000); KELLER, Achtung: Alle rechtsrelevanten Eingaben müssen schriftlich erfolgen – zur «Rechtswirklichkeit» von Gerichtseingaben per E-Mail, sic! 2006, 430 ff.; KRAUSKOPF FL., La mainlevée provisoire: quelques jurisprudences récents, JdT II 2008, 23 ff.; LEGLER, Electronic Commerce mit digitalen Signaturen in der Schweiz, Kurzkommentar zur Verordnung über Dienste im Zusammenhang mit der elektronischen Zertifizierung, Bern 2000 (zit. KUKO); DERS., Digitale Signaturen in der Schweiz: Vom realen zum virtuellen Notariat?, ZBGR 2001, 129 ff. (zit. ZBGR); MARIONI/SCHUHMACHER, La firma elettronica: aspetti tecnici, legali e opportunità di utilizzo, Bollettino 34/2007, 25 ff.; MIEDBRODT, Signaturregulierung im Rechtsvergleich, Baden-Baden 2000; MUSTER D., Digitale Unterschriften und PKI: Eine Einführung in die modernen Sicherheitsverfahren und deren Problemfelder, Zürich 2006; MUSTER E., Développements récents en matière de mainlevée de l'opposition, BlSchK 2008, 1 ff.; PESTALOZZI/VEIT, Elektronische Signaturen: schweizerische Regulierungsansätze im europäischen Umfeld, AJP 2000, 599 ff.; POLEDNA, Datenschutz und elektronische Registrierung sowie Überwachung – Spannungsfelder und rechtlicher Handlungsbedarf, in: Schlauri/Jörg/Arter (Hrsg.), Internet-Recht und digitale Signaturen, Bern 2005, 105 ff.; PORTMANN, Herausforderung digitale Signatur, DIGMA 2010, 38 ff.; RAMBERG C., CISG-AC Opinion No. 1, Electronic Communications under CISG, 15.8.2003; REHBINDER/SCHMAUS, Rechtsprobleme beim Vertragsschluss im Internet, UFITA 2000, 313 ff.; ROSSNAGEL, Das neue Recht elektronischer Signaturen, NJW 2001, 1817 ff.; SANNER, Die digitale Signatur, Diss. Regensburg 2001; SCHLAURI, Elektronische Signaturen, Zürich 2002 (zit. Signaturen); DERS., Die Digitale Signatur: Basistechnologie des elektronischen Geschäftsverkehrs, in: Arter/Jörg (Hrsg.), Internet-Recht und Electronic Commerce Law, Lachen 2001, 55 ff. (zit. Basistechnologie); DERS., Zum Beweis- und Vertragsrecht elektronischer Identifikationsmittel, in: Schlauri/Jörg/Arter (Hrsg.), Internet-Recht und digitale Signaturen, Bern 2005, 37 ff. (zit. Beweis- und Vertragsrecht); SCHLAURI/KOHLAS, Vorentwurf zu einem Bundesgesetz über elektronische Signaturen, sic! 2001, 253 ff.; SCHÖBI, Digitale Signatur: Stand der Gesetzgebung, DIGMA 2002, 32 ff. (zit. DIGMA 2002); DERS., E-Commerce – Herausforderung für den Gesetzgeber, BJM 2001, 105 ff. (zit. BJM 2001); DERS., Zivilrechtliche Aspekte des Internets – zu den neuen Artikeln 14 Abs. 2bis und 59a OR, Jusletter vom 1.3.2004 (zit. Jusletter); DERS., Das Bundesgesetz vom 19.12.2003 über Zertifizierungsdienste im Bereich der elektronischen Signatur, in: Schlauri/Jörg/Arter (Hrsg.), Internet-Recht und digitale Signaturen, Bern 2005, 17 ff. (zit. Elektronische Signatur); SIDLER, Beweislast liegt beim Schlüsselinhaber, Bemerkungen zum Entwurf des Bundesgesetzes über die elektronische Signatur, DIGMA 2001, 64 ff.; SIEBER/NÖDING, Die Reform der elektronischen Unterschrift, ZUM 2001, 199 ff.; STEJSKAL, Elektronische Signaturen: Einsatzmöglichkeiten im Bankenumfeld, Bern 2004; TAUPITZ/KRITTER, Electronic Commerce – Probleme bei Rechtsgeschäften im Internet, JuS 1999, 839 ff.; THOT, Elektronischer Vertragsschluss – Ablauf und Konsequenzen: Ein Rechtsvergleich zwischen dem amerikanischen und dem deutschen Recht, Diss. Frankfurt a.M. 1999; TRÜEB, Zunehmende Regulierung des E-Commerce, in: Arter/Jörg (Hrsg.), Internet-Recht und Electronic E-Commerce Law, Bern 2007, 253 ff.; WEBER, Rechtsfragen des elektronischen Vertragsabschlusses, in: Weber (Hrsg.), Informatikrecht im europäischen Umfeld, Zürich 1997, 237 ff. (zit. Rechtsfragen); DERS., E-Commerce und Recht, Zürich 2001 (zit. E-Commerce); WEBER/JÖHRI, Vertragsabschluss im Internet, in: Weber/Hilty/Auf der Maur (Hrsg.), Geschäftsplattform Internet, Zürich 2000, 39 ff.

I. Allgemeines

Art. 13 regelt lediglich **einen Teilaspekt** der einfachen Schriftlichkeit, nämlich wer die Vertragsurkunde zu unterzeichnen hat; die Sonderformen von Brief und Telegramm wurden durch das Bundesgesetz vom 19.12.2003 über die elektronische Signatur (ZertEs) aufgehoben. 1

II. Anwendungsbereich

Entgegen seinem zu eng gefassten Wortlaut gilt Art. 13 für **alle Rechtsgeschäfte**, die der Schriftform bedürfen. Er ist nach h.M. entsprechend auf die öffentliche Beurkundung (vgl. BK-Schmidlin, N 2 f. m.w.Nw.) und auch im öffentlichen Recht anwendbar (BGE 101 III 66 = Pra 1975, 780). 2

III. Einfache Schriftform

1. Schriftlichkeit

Der Begriff der **Schriftlichkeit** wird von Art. 13 nicht umschrieben, sondern vorausgesetzt. Schriftlichkeit bedeutet, dass ein Erklärungsinhalt in **Schriftzeichen** auf einem Erklärungsträger aufgezeichnet und **dauerhaft** festgehalten wird. Dabei ist der Erklärungsträger herkömmlicherweise ein Papierdokument. Möglich sind jedoch auch andere Erklärungsträger, vor allem elektronische Datenträger, sofern das Erfordernis der Beständigkeit erfüllt ist (Näheres bei N 14). 3

Gleichgültig sind die **Schriftart** und das verwendete **Schreibgerät**, sofern nur die dauerhafte Verkörperung gewährleistet ist. Insbesondere können auch Formulare und Vordrucke verwendet werden. 4

Die Angabe von **Ort, Zeit** und **Personalien** ist grundsätzlich nicht erforderlich (vgl. BGE 95 II 432 zur Datierung). 5

2. Unterzeichnung

a) Durch die **Unterschrift** anerkennt der Erklärende einerseits die Erklärung, andererseits wird dadurch die Identifikation des Erklärenden gewährleistet (vgl. BGE 119 III 6). Zu unterschreiben ist i.d.R. mit **Vor-** und **Familiennamen**, die blossen **Initialen** genügen grundsätzlich nicht (OGer ZH, ZR 1996, 167; ZK-Schönenberger/Jäggi, N 28; diff. Bucher, AT, 165). Soweit jedoch der Erklärende aus anderen Hinweisen der Urkunde hinreichend identifizierbar ist, kann auch der blosse Vorname, ein Spitzname oder die Angabe einer Verwandtschaftsbezeichnung («Deine Mutter») genügen (Gauch/Schluep/Schmid/Emmenegger, N 511; Bucher, AT, a.a.O.; **a.A.** Koller A., OR AT, § 12 N 55); die Bezeichnung sollte aber für Erklärungen der betreffenden Art verkehrsüblich sein (vgl. BK-Schmidlin, Allg. Erl. zu Art. 12–15 N 13; ZK-Schönenberger/Jäggi, N 29). Auch **Pseudonyme**, die in der Öffentlichkeit benützt werden, reichen aus. Die Unterzeichnung kann auch durch einen **Vertreter** erfolgen, wobei dann allerdings das Vertretungsverhältnis anzugeben ist, bzw. aus der Urkunde hinreichend deutlich werden muss (BGE 112 II 332; 102 II 201; 90 II 120, diff. BK-Schmidlin, Allg. Erl. zu Art. 12–15 N 17; **abl.** von Tuhr/Peter, 395). Soll die Unterschrift eines Organs einer Gesellschaft nicht nur die Gesellschaft sondern auch den Unterzeichnenden selbst verpflichten, so ist dies ebenfalls klarzustellen (BGer, 11.6.2008, 5A_271/2008, E. 2 f.). Eine Unterschrift des Vertreters mit dem Namen des Vertretenen entspricht wohl gelegentlich noch der Übung, kann aber grundsätzlich den Anforderungen der Schriftlichkeit nicht genügen (vgl. BK-Schmidlin, Allg. Erl. zu Art. 12–15 N 17 f.; ZK-Schönenberger/Jäggi, N 32). Für den **kaufmännischen Verkehr** gelten zahlreiche Sondervorschriften (vgl. 6

die ausführlichen Nw. bei BK-SCHMIDLIN, Allg. Erl. zu Art. 12–15 N 19; ZK-SCHÖNENBERGER/JÄGGI, N 33).

6a Die **Unterschrift** hat **eigenhändig** oder mittels **elektronischem Zertifikat** zu erfolgen, ausnahmsweise ist auch eine Nachbildung auf mechanischem Wege möglich (Art. 14; Einzelheiten vgl. dort; vgl. auch N 14 ff.).

7 b) Die Unterschrift muss nach ihrer **räumlichen Stellung** den Inhalt der Urkunde decken, d.h. i.d.R. in der Schriftrichtung **dem Text nachfolgen** (BGE 106 II 149; 103 II 147; 85 II 569; BK-SCHMIDLIN, Allg. Erl. zu Art. 12–15 N 20). Die Unterschrift kann auch auf einem gesonderten Schriftstück erfolgen, sofern der Bezug zur Urkunde sichergestellt ist (BGer, 7.11.2013, 4A_285/2013, E. 2.3: die vom Vermieter auf einem offiziellen, nicht unterzeichneten Formular ausgesprochene Kündigung ist gültig, wenn das Begleitschreiben selbst eine eigenhändige Originalunterschrift enthält); bei mehreren Urkunden kann die letzte unterzeichnet werden, vorausgesetzt, die Zusammengehörigkeit ist ersichtlich. **Ergänzungen, Änderungen und Streichungen** müssen zumindest mit den Initialen des Erklärenden versehen werden (vgl. BGE 25 II 465; BK-SCHMIDLIN, Allg. Erl. zu Art. 12–15 N 21 f.; ZK-SCHÖNENBERGER/JÄGGI, N 38 f.). Genügt die Unterzeichnung diesen Anforderungen nicht, sind die betreffenden Textteile als formungültig zu betrachten.

8 c) **Zeitlich** braucht die Unterschrift der Anfertigung des Textes nicht nachzugehen. Auch das nachträglich vervollständigte Blankett wahrt die Schriftform (BK-SCHMIDLIN, Allg. Erl. zu Art. 12–15 N 29; **a.A.** ZK-SCHÖNENBERGER/JÄGGI, N 40 ff.).

IV. Einzelheiten zu Art. 13

9 1. Bei einseitigen oder mehrseitigen Verträgen muss jede Person, die daraus **verpflichtet** wird, den Vertrag unterzeichnen. Wer durch den Vertrag nur berechtigt wird, muss nicht unterzeichnen (BGE 101 II 231). Dasselbe gilt für die Zustimmung, Genehmigung oder sonstige **Mitwirkung Dritter**, wenn sie dadurch selbst nicht verpflichtet werden (Einzelheiten bei BK-SCHMIDLIN, N 12 ff.). Bei reinen Verfügungsgeschäften, wie z.B. Art. 165 OR, hat allein der Verfügende zu unterzeichnen.

10 2. Art. 13 verlangt nicht, dass sich alle Unterschriften auf einer **einheitlichen Vertragsurkunde** finden, solange nur die Bezugnahme auf einen bestimmten Vertrag sichergestellt ist (vgl. BK-SCHMIDLIN, N 5; GAUCH/SCHLUEP/SCHMID/EMMENEGGER, N 507 f.; **a.A.** ZK-SCHÖNENBERGER/JÄGGI, N 64).

11–13 *entfallen*

V. Moderne Kommunikationsmittel

14 Ist der **Erklärungsträger** kein Original-Papierdokument im herkömmlichen Sinn, so stellt sich die Frage, ob der darauf wiedergegebene Inhalt dem Schriftlichkeitserfordernis von Art. 13 genügt.

14a a) **Per Post zugesandte Fotokopien** genügen nach überwiegender Auffassung dem Erfordernis der Schriftlichkeit nicht, da die original-unterschriebene Urkunde den Bereich des Absenders nicht verlässt (vgl. BGE 112 Ia 173 m.Hw. auf die damit verbundene Missbrauchsgefahr). Mangels Notwendigkeit besteht in diesem Fall kein Grund, von der Originalunterschrift zu dispensieren (GAUCH/SCHLUEP/SCHMID/EMMENEGGER, N 518). Aus gleichem Grund war auch das heute nicht mehr gebräuchliche **Telex** nicht ausreichend (BGE 112 II 328; HGer AG, AGVE 1995, 22 ff.; BK-SCHMIDLIN, N 31; ZK-SCHÖNENBERGER/JÄGGI, N 72; GAUCH/SCHLUEP/SCHMID/EMMENEGGER, N 517).

b) Eine **unterschriebene Originalurkunde** per **Telefax** zu übermitteln, genügt jedoch nach überwiegender Ansicht den Erfordernissen von Art. 13 (BK-Schmidlin, N 32; CHK-Kut, Art. 13 N 17; Gauch/Schluep/Schmid/Emmenegger, N 518; KUKO OR-Wiegand/Hurni, Art. 13 N 10; Handkomm-OR-Kren Kostkiewicz, Art. 14 N 8; **a.A.** jedenfalls für die gesetzlich vorgeschriebene Form Koller A., OR AT, § 12 N 132; offen gelassen in BGE 121 II 255; diff. die Rsp. und Lehre in Deutschland, vgl. Daumke, ZIP 1995, 722 ff.; **abl.** BGH, NJW 1997, 3169 ff.; BGH, NJW 1993, 1126 ff.). Dies rechtfertigt sich v.a. damit, dass eine Übermittlung der Originalunterschrift per Telefax ausgeschlossen ist (Gauch/Schluep/Schmid/Emmenegger, N 518). **14b**

c) Bis vor einiger Zeit genügte die Aufzeichnung auf einem **elektronischen Datenträger** nicht, da elektronisch aufgezeichnete Daten grundsätzlich leicht manipulierbar sind und sich der Nachweis der Identität des Ausstellers i.d.R. schwierig oder gar unmöglich gestaltete (vgl. Bucher, AT, 164; BK-Schmidlin, Allg. Erl. zu Art. 12–15 N 4). Diese Bedenken werden immer mehr zurückgedrängt. Mit den gleichen Überlegungen wie beim Telefax muss heute als zulässig erachtet werden, eine **unterschriebene Originalurkunde einzuscannen**, als Bilddatei abzuspeichern und diese per E-Mail zu verschicken (KUKO OR-Wiegand/Hurni, Art. 13 N 5, die dies jedoch nur zulassen wollen, wenn ein Anwendungsfall von Art. 14 Abs. 2 vorliegt, d.h. eine Faksimileunterschrift verkehrsüblich ist). Nicht ausreichend ist jedoch, lediglich eine bereits elektronisch gespeicherte Unterschrift in den Text eines Word-Dokuments einzufügen und dieses als word- oder pdf-Datei zu verschicken. **14c**

d) Da beim elektronischen Geschäftsverkehr via **E-Mail** keine Originalurkunde vorhanden ist, stellt sich das Problem der Unterschrift. Die Einführung der **elektronischen Signatur** (ZertES und Art. 14 Abs. 2bis) sollte diesem Problem Abhilfe verschaffen. Die dafür geschaffene Public-Key-Infrastruktur soll sicherstellen, dass die Schutzfunktionen der eigenhändigen Unterschrift (vgl. Art. 11 N 2) auch für die elektronische Signatur gelten. Ein E-Mail genügt deshalb den Anforderungen des Art. 13 nur, wenn es mit einer elektronischen Signatur versehen ist. Damit kann dessen Herkunft zweifelsfrei festgestellt (Authentizität) und diese derart mit dem elektronischen Dokument verknüpft werden, dass allfällige Veränderungen nach elektronischer Unterzeichnung festgestellt werden können (Integrität) (Näheres vgl. Gauch/Schluep/Schmid/Emmenegger, N 519a ff.; Handkomm-OR-Kren Kostkiewicz, Art. 14 N 9). Eine elektronische Signatur, mit der **SMS** oder **MMS** versehen werden könnten, existiert in der Schweiz noch nicht. **14d**

e) Im **Zivilprozess** und im **Betreibungs- und Konkursverfahren** können Eingaben der Parteien auch elektronisch erfolgen (Art. 130 Abs. 1 ZPO; Art. 33a Abs. 1, Art. 34 Abs. 2 SchKG; zur praktischen Handhabung vgl. Verordnung über die elektronische Übermittlung im Rahmen von Zivil- und Strafprozessen sowie von Schuldbetreibungs- und Konkursverfahren, SR 272.1). In diesem Fall muss das eingereichte Dokument mittels elektronischer Signatur unterzeichnet werden (Art. 130 Abs. 2 ZPO; Art. 33a Abs. 2 SchKG; vgl. zu einer Eingabe per E-Mail unter kantonalem Recht BGer, 30.8.2005, 1P.254/2005; dazu Keller, sic! 2006, 430 ff.). **Faxeingaben** im **Prozessrecht** hat das BGer allerdings für unzulässig erklärt (BGE 121 II 252; vgl. auch BGer, 11.4.2008, 4A_83/2008; 12.2.2007, 5A_1/2007; 24.9.2007, 9C_361/2007). Diese Strenge ist jedoch nicht gerechtfertigt, zumal sich beim Absender die unterschriebene Originalurkunde befindet, deren Echtheit nötigenfalls überprüft werden kann (ZPO Komm-Staehelin A., Art. 130 N 4; KUKO OR-Wiegand/Hurni, Art. 13 N 10; HGer AG, SJZ 1995, 280; BezGer Affoltern, AJP 1992, 1181 f. m.Anm.; Staehelin A., FS Vogel, 99; einhellige Lehre und Rsp. in Deutschland, vgl. BGH, NJW 1998, 3649 ff.; BGH, NJW 1998, 762 f.; BGH, ZIP 1995, 781; Daumke, ZIP 1995, 722 ff.; Rummel, Telefax und Schriftform, FS Ostheim, 1990, 211, 221; zum Computerfax GmS-OGB, NJW 2000, 2340; **a.A.** Jörg/Arter, AJP 2002, 172, welche ein beträchtliches Fälschungsrisiko als Hauptgrund anführen). **14e**

VI. Ersatz der Schriftform durch die öffentliche Beurkundung

15 Wählen die Parteien die **öffentliche Beurkundung**, so muss dies für die Einhaltung der Schriftform in jedem Fall genügen (BGE 81 II 505: jedenfalls soweit unterschrieben, im Übrigen offen gelassen; wie hier BK-SCHMIDLIN, Allg. Erl. zu Art. 12–15 N 33; VON BÜREN, AT, 137 f.; VON TUHR/PETER, 235; diff. ZK-SCHÖNENBERGER/JÄGGI, Art. 11 N 64 ff.).

VII. Amtliche Beglaubigung (Legalisation)

16 Durch die **amtliche Beglaubigung** wird bestätigt, dass eine Unterschrift von einer bestimmten Person herrührt. Über die Kenntnis des Unterzeichnenden vom Text der Urkunde und dessen Rekognition sagt die amtliche Beglaubigung nichts aus. (Zum Beglaubigungsverfahren, das kantonalem Recht untersteht, vgl. näher BK-SCHMIDLIN, N 34 ff.; ZK-SCHÖNENBERGER/JÄGGI, N 85 ff.; BOURGON, ZBGR 1987, 73 ff.).

VIII. IPR. Rechtsvergleichung

1. UN Convention 2005

16a Auf **internationaler Ebene** gilt Art. 9 Abs. 2 UN CUECIC, wonach eine elektronische Mitteilung den gesetzlichen Schriftanforderungen genügt, wenn sie zur nachfolgenden Einsichtnahme geeignet ist. Wo das Gesetz auch eine Unterschrift verlangt, vermag nach Art. 9 Abs. 3 UN CUECIC grundsätzlich jedes Verfahren zur Identifikation des Urhebers einer Kommunikation die herkömmliche Unterschrift zu ersetzten, solange es nur in Anbetracht aller Umstände als geeignet anzusehen ist. Gemäss Art. 9 Abs. 3 UN CUECIC genügt selbst eine an sich ungeeignete Authentifizierungsmethode, die im konkreten Fall ihren Zweck jedoch erfüllt hat (vgl. HETTENBACH, Das Übereinkommen der Vereinten Nationen über die Verwendung elektronischer Mitteilungen bei internationalen Verträgen, Diss. Würzburg 2007, 134 ff.).

2. IPR

17 Gemäss Art. 5 Abs. 1 IPRG kann die **Gerichtsstandsvereinbarung** und gem. Art. 178 Abs. 1 IPRG die **Schiedsvereinbarung** schriftlich, durch Telegramm, Telex, Telefax oder in einer anderen Form der Übermittlung, die den Nachweis der Vereinbarung durch Text ermöglicht, erfolgen (BGE 121 III 44; SCHNYDER/LIATOWITSCH, N 941 ff., 500; SCHWANDER, IPR AT, N 644 ff. zu Art. 5 IPRG; DERS., IPR BT, N 928 f. zu Art. 187 IPRG).

3. WKR

18 Für grenzüberschreitende Warenkaufverträge, die dem WKR unterliegen, bestimmt Art. 13 WKR ausdrücklich, dass Schriftlichkeit auch durch Mitteilungen mittels **Telegramm** oder **Telex** gewahrt wird. Diese Bestimmung gilt für vertraglich vorbehaltene Schriftlichkeit, aber auch bei Verträgen mit Parteien, die ihren Sitz in einem Vorbehaltsstaat nach Art. 96 WKR haben. Die h.M. geht darüber hinaus davon aus, dass auch bei elektronischer Kommunikation das Schriftformerfordernis gewahrt wird (vgl. Schlechtriem/Schwenzer-SCHLECHTRIEM/SCHMIDT-KESSEL, Art. 13 N 7; RAMBERG, N 13.1.).

4. Internationale Schiedsgerichtsbarkeit

18a Viele moderne Schiedsordnungen sehen heute ausdrücklich vor, dass die für die **Schiedsabrede** regelmässig geforderte Schriftlichkeit (vgl. Art. II Abs. 2 des Übereinkommens über die Anerkennung und Vollstreckung ausländischer Schiedssprüche [New Yorker Abkommen vom 10.6.1958]) auch mittels elektronischer Kommunikation gewahrt wird (vgl. nur Art. 7 Abs. 4

UNCITRAL Model Law on International Commercial Arbitration of 1985, with amendmends as adopted in 2006; vgl. zum Telefax OGer BL, 5.7.1994, BJM 1995, 254).

5. Ausländische Rechtsordnungen

Während in Deutschland die Anforderungen an die Schriftlichkeit der Schweizer Rechtsordnung entsprechen (§ 126, 126a BGB), kennt das Gesetz darüber hinaus (in § 126b BGB) auch die sog. **Textform**, bei der auf die eigenhändige Unterschrift verzichtet wird. 19

Art. 14

c. Unterschrift

[1] Die Unterschrift ist eigenhändig zu schreiben.

[2] Eine Nachbildung der eigenhändigen Schrift auf mechanischem Wege wird nur da als genügend anerkannt, wo deren Gebrauch im Verkehr üblich ist, insbesondere wo es sich um die Unterschrift auf Wertpapieren handelt, die in grosser Zahl ausgegeben werden.

[2bis] Der eigenhändigen Unterschrift gleichgestellt ist die qualifizierte elektronische Signatur, die auf einem qualifizierten Zertifikat einer anerkannten Anbieterin von Zertifizierungsdiensten im Sinne des Bundesgesetzes vom 19. Dezember 2003 über die elektronische Signatur beruht. Abweichende gesetzliche oder vertragliche Regelungen bleiben vorbehalten.

[3] Für den Blinden ist die Unterschrift nur dann verbindlich, wenn sie beglaubigt ist, oder wenn nachgewiesen wird, dass er zur Zeit der Unterzeichnung den Inhalt der Urkunde gekannt hat.

c. Signature

[1] La signature doit être écrite à la main par celui qui s'oblige.

[2] Celle qui procède de quelque moyen mécanique n'est tenue pour suffisante que dans les affaires où elle est admise par l'usage, notamment lorsqu'il s'agit de signer des papiers-valeurs émis en nombre considérable.

[2bis] La signature électronique qualifiée, basée sur un certificat qualifié émanant d'un fournisseur de services de certification reconnu au sens de la loi du 19 décembre 2003 sur la signature électronique est assimilée à la signature manuscrite. Les dispositions légales ou conventionnelles contraires sont réservées.

[3] La signature des aveugles ne les oblige que si elle a été dûment légalisée, ou s'il est établi qu'ils ont connu le texte de l'acte au moment de signer.

c. Firma

[1] La firma deve essere fatta di propria mano.

[2] La riproduzione meccanica della firma autografa è riconosciuta sufficiente solo laddove sia ammesso dall'uso e specialmente quando si tratti della firma di cartevalori emesse in gran numero.

[2bis] La firma elettronica qualificata fondata su un certificato qualificato di un prestatore riconosciuto di servizi di certificazione ai sensi della legge del 19 dicembre 2003 sulla firma elettronica è equiparata alla firma autografa. Sono fatte salve le disposizioni legali o contrattuali contrarie.

[3] La firma apposta da un cieco è valida solo quando sia autenticata, o sia provato che al momento della sottoscrizione egli conosceva il tenore del documento.

Art. 15

d. Ersatz der Unterschrift

Kann eine Person nicht unterschreiben, so ist es, mit Vorbehalt der Bestimmungen über den Wechsel, gestattet, die Unterschrift durch ein beglaubigtes Handzeichen zu ersetzen oder durch eine öffentliche Beurkundung ersetzen zu lassen.

d. Marques pouvant remplacer la signature

Il est permis à toute personne qui ne peut signer de remplacer sa signature par une marque à la main, dûment légalisée, ou par une attestation authentique; sont réservées les dispositions concernant la lettre de change.

d. Sostitutivo della firma

La firma di chi è incapace di sottoscrivere è supplita da un segno a mano autenticato o da una pubblica attestazione, riservate le disposizioni relative alle cambiali.

Literatur

Vgl. die Literaturhinweise zu Art. 11.

I. Allgemeines

1 Art. 14 und 15 gehören zusammen. Art. 14 Abs. 1 stellt das Erfordernis der **Eigenhändigkeit** der Unterschrift auf, Art. 14 Abs. 2, 2bis, 3 und Art. 15 sehen **Ausnahmen** von diesem Prinzip vor.

1a Art. 14 und 15 sagen nichts über den **Beweiswert** papierner oder digitaler Dokumente aus. Art. 177 ZPO stellt bezüglich Letzterer nunmehr klar, dass diese zum Urkundenbeweis zugelassen werden. Über die Beweiseignung im Einzelfall ist damit noch nicht entschieden (vgl. ZPO Komm-Weibel, Art. 177 N 12 ff.).

II. Anwendungsbereich

2 Art. 14 f. gelten auch für die **vertraglich vereinbarte Schriftform** sowie im öffentlichen Recht, namentlich im Verfahrensrecht (BGE 112 Ia 173; 108 Ia 291 = Pra 1983, 689 f.; 86 III 3; 81 IV 142).

III. Eigenhändigkeit der Unterschrift

3 1. **Eigenhändigkeit** schliesst eine Unterzeichnung durch Dritte aus. Zur Unterzeichnung durch Vertreter vgl. Art. 13 N 6. Zulässig ist jedoch die Unterstützung durch Dritte bei der Unterschriftsleistung, solange das individuelle Schriftbild des Urhebers noch gewahrt bleibt (vgl. BGE 98 II 79; BK-Schmidlin, N 6 m.w.Nw.).

4 2. Jede eigenhändige Schreibtechnik ist zulässig. Ausgeschlossen ist jedoch jede Art **mechanischer oder technischer Unterzeichnung**, auch wenn sie vom Namensträger persönlich ausgeführt wird (vgl. BGE 86 III 3). Zur elektronischen Signatur s. N 6a.

5 3. Auch eine **unleserliche Unterschrift** erfüllt die Anforderungen der einfachen Schriftlichkeit, da sie den Rekognitionswillen des Unterzeichnenden zum Ausdruck bringt (ZK-Schönenberger/Jäggi, N 9 f.; BK-Schmidlin, N 9 ff.).

IV. Ausnahmen vom Prinzip der Eigenhändigkeit

1. Faksimileunterschrift, Art. 14 Abs. 2

6 Eine **Nachbildung der eigenhändigen Unterschrift** auf mechanischem Wege, d.h. durch Stempel, Druck oder Fotokopie, wird dann als der einfachen Schriftform genügend betrachtet, wenn der Gebrauch verkehrsüblich ist. Dies ist neben den vom Gesetz genannten Wertpapieren namentlich bei Versicherungspolicen der Fall (vgl. Einzelheiten bei BK-Schmidlin, N 13), gilt jedoch grundsätzlich nicht für Mietvertragsänderungen (vgl. AppGer BS, BJM 2005, 311, 319 ff.).

2. Elektronische Signatur, Art. 14 Abs. 2bis

6a Nach dem **Bundesgesetz vom 19.12.2003 über die elektronische Signatur**, welches am 1.1.2005 in Kraft getreten ist, dürfen alle Verträge, für die das Gesetz Schriftform verlangt, auch elektronisch geschlossen werden (vgl. auch Art. 13 N 14d, 14e). Auch bei der **provisorischen Rechtsöffnung** gem. Art. 82 SchKG wird die elektronisch signierte Schuldanerkennung der normalen Unterschrift gleichgestellt (JEANDIN, SJ 2009, 289; KRAUSKOPF FL., JdT 2008 II, 25; MUSTER E., BlSchK 2008, 4 ff.). Die Kritik an der Gleichstellung der elektronischen Signatur mit der eigenhändigen Unterschrift (vgl. dazu SCHÖBI, Elektronische Signatur, 30 ff.) konnte sich nicht durchsetzen. Allerdings wird die digitale Signatur bislang erst in wenigen Anwendungsfällen eingesetzt (vgl. PORTMANN, DIGMA 2010, 38 ff.). Problematisch ist nun freilich, dass die im VE zu einem BG über den elektronischen Geschäftsverkehr vorgesehenen flankierenden Massnahmen im Bereich des Konsumentenschutzes fallen gelassen wurden.

3. Unterschrift des Blinden, Art. 14 Abs. 3

Die Sondervorschrift gilt nur für **Blinde**, die in der Lage sind, eigenhändig zu unterschreiben. 7
Die Unterschrift ist in diesem Fall nur wirksam, wenn sie entweder amtlich beglaubigt ist, oder wenn nachgewiesen wird, dass der Unterzeichnende den Inhalt der Urkunde gekannt hat. Zu den Rechtsfolgen bei Unverbindlichkeit vgl. BK-SCHMIDLIN, N 18 ff., der bei Nichtbeachtung der den Blinden schützenden formalen Elemente die Formungültigkeitsfolgen des Art. 11 eintreten lassen will; **a.A.** ZK-OSER/SCHÖNENBERGER, Art. 14 N 6; ENGEL, traité, 253 f.).

4. Ersatz der Unterschrift nach Art. 15

Nach Art. 15 steht das **beglaubigte Handzeichen** oder die **öffentliche Beurkundung** der ei- 8
genhändigen Unterschrift gleich, wenn jemand nicht unterschreiben kann, sei es aufgrund von Unkenntnis der Schrift oder körperlicher Unfähigkeit (Einzelheiten bei ZK-SCHÖNENBERGER/JÄGGI, N 25 ff.; BK-SCHMIDLIN, N 24 ff.). Die Beglaubigung des Handzeichens hat sich auf die Identität der unterzeichnenden Person sowie auf die Echtheit des Handzeichens zu erstrecken. Bei Ersatz der Unterschrift durch öffentliche Beurkundung ist wenigstens die Erklärung zu fordern, dass der Urkundeninhalt dem Willen des Schreibunfähigen entspricht, sowie die Feststellung, der Erklärende könne nicht unterschreiben.

Art. 15 findet keine Anwendung bei Wechsel und Check (Art. 1085, 1143). Für die Errichtung eines Testamentes geht Art. 502 ZGB Art. 15 OR vor (BGE 45 II 138; krit. hierzu BK-SCHMIDLIN, N 31).

V. Rechtsvergleichung

Im Rahmen der **Richtlinie** des Europäischen Parlaments und des Rates über gemeinsame 9
Rahmenbedingungen für elektronische Signaturen (EU-Richtlinie 99/93/EG über elektronische Signaturen vom 13.12.1999) wurde in den Mitgliedstaaten der Europäischen Union die **elektronische Signatur** eingeführt, welche für die Einhaltung der Schriftform genügt (vgl. GÜNTHER, 109 ff.). Vgl. auch das bei Art. 13 N 16a Gesagte.

Art. 16

2. Vertraglich vorbehaltene Form

1 Ist für einen Vertrag, der vom Gesetze an keine Form gebunden ist, die Anwendung einer solchen vorbehalten worden, so wird vermutet, dass die Parteien vor Erfüllung der Form nicht verpflichtet sein wollen.

2 Geht eine solche Abrede auf schriftliche Form ohne nähere Bezeichnung, so gelten für deren Erfüllung die Erfordernisse der gesetzlich vorgeschriebenen Schriftlichkeit.

2. Forme réservée dans le contrat

[1] Les parties qui ont convenu de donner une forme spéciale à un contrat pour lequel la loi n'en exige point, sont réputées n'avoir entendu se lier que dès l'accomplissement de cette forme.

[2] S'il s'agit de la forme écrite, sans indication plus précise, il y a lieu d'observer les dispositions relatives à cette forme lorsqu'elle est exigée par la loi.

2. Forma stabilita dal contratto

[1] Se per un contratto non vincolato per legge a forma alcuna i contraenti hanno convenuto una data forma, in difetto di essa si presumono non obbligati.

[2] Se fu convenuta la forma scritta, senz'altra più precisa indicazione, si applicano le norme per la forma scritta richiesta dalla legge.

Literatur

BREITLING, Bedeutung und Wirkung von Schriftformklauseln, Diss. Freiburg i.Br. 1993; GABRIEL, Formvorbehalt für Vertragsänderungen, SJZ 2010, 533 ff.; MERZ, Die vertraglich vorbehaltene Form (Art. 16 OR), in: Travaux de la 5ème Semaine Juridique Turco-Suisse: La forme dans les actes juridiques (Journées d'Istanbul, 13–20 avril 1975), Istanbul 1976, 169 ff. (zit. Art. 16 OR); MÜLLER A., Protecting the integrity of a written agreement, The Hague 2013.

I. Allgemeines

1 Wo das Gesetz keine besondere Form anordnet, können die Parteien gleichwohl eine solche vereinbaren. In der **Art der Form** sind sie nicht beschränkt. Lediglich wo das Gesetz bereits selbst eine Form vorsieht, darf die Parteiabrede diese nicht abschwächen, sondern nur ergänzen oder verstärken. Die gewillkürte Form wird zumeist ähnlichen **Zwecken** dienen, wie sie den gesetzlichen Formvorschriften zugrunde liegen, nämlich eindeutige Feststellung der Wirksamkeit eines Geschäftes und des Inhalts der Erklärung.

II. Vertraglich vorbehaltene Form

2 Der Formvorbehalt ist **Teil des Vertrags**. Soweit der Vertrag aus anderen materiellen Gründen unwirksam ist, wird auch die Formabrede hinfällig (vgl. BGE 100 II 21; 42 II 376). Ist zwar materiell eine Einigung wirksam zustande gekommen, über den Formvorbehalt jedoch noch nicht, ist im Zweifel Nichtigkeit der gesamten Vereinbarung anzunehmen (vgl. BK-SCHMIDLIN, N 8 m.w.Nw.).

3 Als Teil des Vertrags muss der Formvorbehalt spätestens mit **Abschluss des Vertrags** vereinbart werden. In der Regel wird er vom Offerenten, der Herr des Abschlussverfahrens ist, in die Vertragsverhandlungen eingeführt; Formvorbehalte finden sich jedoch häufig auch in AGB oder Rahmenverträgen.

4 Ein **nach Vertragsabschluss** vereinbarter Formvorbehalt hat auf die Wirksamkeit des bereits Vereinbarten keinen Einfluss mehr, er dient lediglich Beweiszwecken. Freilich kann in einem solchen Vorbehalt oft ein Indiz dafür gesehen werden, dass sich die Parteien vorher noch gar nicht binden wollten (vgl. BGE 105 II 78; 54 II 306; ZK-SCHÖNENBERGER/JÄGGI, N 12; BK-SCHMIDLIN, N 14).

5 Der Formvorbehalt bedarf seinerseits **keiner Form**, er kann sowohl **mündlich** als auch **konkludent** vereinbart werden. So kommt nach der Rsp. der Versendung von Vertragsdoppeln regelmässig die Bedeutung eines Schriftformvorbehalts zu (vgl. BGer, 12.7.2010, 4A_223/2010, E. 2.1.1; BGE 105 II 79; 50 II 283). Allerdings ist in diesem Fall die Schriftform auch eingehalten, wenn die Annahmeerklärung nicht auf dem Vertragsdoppel selbst, sondern auf einem separaten Dokument erfolgt (VerwGer GR, 12.4.2010, 2. Kammer, S-09-190, E. 7). Allein daraus, dass bei bedeutenderen und komplizierteren Geschäften die gewillkürte Form üblich ist, kann noch nicht auf einen stillschweigenden Formvorbehalt geschlossen werden

(vgl. BGE 54 II 307; BK-Schmidlin, N 17; ZK-Schönenberger/Jäggi, N 24; Gauch/Schluep/Schmid/Emmenegger, N 605).

III. Wirkungen des Formvorbehaltes

1. Vermutung des Art. 16 Abs. 1

Steht fest, dass die Parteien einen Formvorbehalt vereinbart haben, so ist, wenn keine anderen Anhaltspunkte vorhanden sind, im Zweifel davon auszugehen, dass die Einhaltung der Form von den Parteien als **Gültigkeitserfordernis** und nicht lediglich zu **Beweiszwecken** gewollt war (konstitutive und nicht lediglich deklaratorische Bedeutung des Formvorbehalts; BGE 100 II 21). Die Vermutung kann einerseits durch den Nachweis widerlegt werden, dass die Parteien eine blosse Beweisform (und keine Abschlussform) vereinbart haben (BGE 112 II 326; OGer ZH, 20.12.2011, NG110009, E. 5.6), und andererseits, wenn nachgewiesen werden kann, dass der Vertrag durch übereinstimmenden Abschlusswillen trotz Nichteinhaltung der vereinbarten Form zustande gekommen ist (Gauch/Schluep/Schmid/Emmenegger, N 592 ff. m.w.Nw.). 6

2. Vermutung des Art. 16 Abs. 2

Haben die Parteien Schriftform vereinbart, ohne deren Einzelheiten näher zu bestimmen, so sind im Zweifel die im Gesetz in den Art. 13–15 für die **einfache Schriftlichkeit** aufgestellten Regeln, namentlich im Hinblick auf die eigenhändige Unterschrift, einzuhalten (vgl. Gauch/Schluep/Schmid/Emmenegger, N 602 ff. m.w.Nw.). Abs. 2 gilt für alle Formabreden, gleichgültig, ob es sich um Gültigkeits- oder Beweiserfordernisse handelt (vgl. BK-Schmidlin, N 34). Auch diese Vermutung kann widerlegt werden (vgl. HGer AG, AGVE 1995, 22 ff. für verschlüsselten Telex im Bankenverkehr). 7

3. Formvorbehalt für einseitige Rechtsgeschäfte

Seinem Wortlaut nach gilt Art. 16 nur für die für den Vertrag vorbehaltene Form. Wird eine Form für **einseitige Rechtsgeschäfte** vorbehalten, die im Rahmen der Vertragsdurchführung und -abwicklung vorgenommen werden (wie z.B. die Ausübung von Gestaltungsrechten, [vgl. BGE 138 III 123, 128 E. 2.4.1: Verlängerung eines Mietvertrages] Erhebung der Mängelrüge; **a.A.** Gauch/Schluep/Schmid/Emmenegger, N 609 f.), ist Art. 16 analog anwendbar. Dies gilt jedenfalls dann, wenn die Form dem Schutz des Erklärenden und nicht lediglich dem Interesse des Empfängers oder der Beweiserleichterung dient. (Vgl. BGE 95 II 46; Einzelheiten bei BK-Schmidlin, N 52 ff.; ZK-Schönenberger/Jäggi, N 49 ff.; Merz, Art. 16 OR, 169–171). 8

IV. Rechtsfolgen bei Nichteinhaltung der vertraglich vorbehaltenen Form

Grundsätzlich treten bei **Nichteinhaltung** der vertraglich vorbehaltenen Form dieselben Rechtsfolgen ein wie bei Verstoss gegen eine gesetzliche Formvorschrift. Gleichwohl ergeben sich in der Praxis grosse Unterschiede, da die Parteien es jederzeit in der Hand haben, zum einen die Rechtsfolgen eines Formverstosses anders zu bestimmen, zum anderen die Formabrede abzuändern oder aufzuheben (Näheres vgl. N 10 f.). 9

V. Abänderung und Aufhebung des Formvorbehalts

Der vertragliche Formvorbehalt kann jederzeit **formfrei aufgehoben** werden. Auch **Abänderungen** sind formfrei möglich, da Art. 12 insoweit nicht gilt. 10

Aufhebung und Abänderung des Formvorbehalts sind auch **stillschweigend** oder durch **konkludentes** Handeln möglich, wie insb. dann, wenn sich die Parteien über die vereinbarte Form hinwegsetzen oder den Vertrag vorbehaltlos erfüllen (vgl. BGer, 1.4.2009, 4A_41/2009, E. 4.1; BGE 125 III 268; 105 II 78; 40 II 615; ZK-SCHÖNENBERGER/JÄGGI, N 43; BK-SCHMIDLIN, N 45 m.w.Nw.; vgl. auch MERZ, Art. 16 OR, 169, 177 f., der allerdings von Heilung des Formmangels spricht).

11 Die Parteien können freilich auch die Abänderung oder Aufhebung des Formvorbehalts einer **Form unterstellen**, was ebenfalls konkludent möglich ist (rechtsvergleichend zur sog. Schriftformklausel MÜLLER A.; BREITLING), oder dadurch, dass der Formvorbehalt in der Vertragsurkunde sich auf alle Vertragsänderungen bezieht und somit sich selbst einschliesst (GABRIEL, SJZ 2010). Dies sollte aber nicht schon aus der Tatsache geschlossen werden, dass der ursprüngliche Vertrag individuell gestaltet und für die Parteien von grosser Wichtigkeit war (vgl. BK-SCHMIDLIN, N 46; **a.A.** ZK-SCHÖNENBERGER/JÄGGI, N 46). Die Möglichkeit, auch diese Abrede wiederum formfrei aufzuheben, wird dadurch nicht generell ausgeschlossen; im Regelfall ist jedoch eine formfreie Aufhebung in einem solchen Fall nicht leichthin anzunehmen.

VI. Beweislast

12 Der **Beweis** eines vertraglichen Formvorbehalts obliegt jener Partei, die sich auf die Unwirksamkeit des nur mündlich Vereinbarten beruft. Steht der Formvorbehalt fest, so liegt die Beweislast bei demjenigen, der trotz Nichteinhaltung der Form die Gültigkeit des mündlich Vereinbarten behauptet (HGer ZH, 5.6.2012, HG100210, E. 4.1.3).

VII. Rechtsvergleichung

1. WKR

13 Für grenzüberschreitende Warenkaufverträge, die dem WKR unterliegen, gilt nach Art. 29 Abs. 2 WKR ausdrücklich, dass bei Schriftformvorbehalt für **Vertragsänderungen** solche nur **schriftlich** möglich sind. Eine Partei kann jedoch aufgrund ihres Verhaltens davon ausgeschlossen sein, sich darauf zu berufen, soweit die andere Partei sich auf dieses Verhalten verlassen hat (Satz 2).

2. Ausländische Rechtsordnungen

14 Ähnliche Regelungen wie im Schweizer Recht finden sich in **Deutschland** (vgl. §§ 127, 154 Abs. 2 BGB), in **Österreich** (vgl. § 884 ABGB) und in **Italien** (vgl. Art. 1352 CC it.). Demgegenüber wird in **Frankreich** die vereinbarte Form grundsätzlich nicht als Gültigkeitserfordernis, sondern als Beweisform angesehen.

Art. 17

C. Verpflichtungsgrund	**Ein Schuldbekenntnis ist gültig auch ohne die Angabe eines Verpflichtungsgrundes.**
C. Cause de l'obligation	La reconnaissance d'une dette est valable, même si elle n'énonce pas la cause de l'obligation.
C. Causa dell'obbligazione	Il riconoscimento di un debito è valido quantunque non sia espressa la causa dell'obbligazione.

Literatur

BÄTSCHI, Das Schuldbekenntnis nach Schweizerrecht, Diss. Zürich 1925; BAUMANN, Das Schuldanerkenntnis, Berlin 1992; VON BÜREN, Die Beschränkung der Einreden des Wechselschuldners, Zürich 1965; CREUTZIG, Das selbständige Schuldversprechen, Basel 1969; MUSTER E., La reconnaissance de dette abstraite, Diss. Lausanne, Zürich 2004; KOLLER TH., «Gewinnversprechen» und das Bundesgericht – eine Gewinn versprechende Rechtsprechung?, in: Forstmoser/Honsell/Wiegand (Hrsg.), FS für Hans Peter Walter, Bern 2005, 377 ff.; KRAUSKOPF FR., Die Schuldanerkennung im schweizerischen Obligationenrecht, Diss. Freiburg i.Ue. 2003 (zit. Schuldanerkennung); DERS., Der Begriff, die Erscheinungsformen und die Bedeutung der Schuldanerkennung im Obligationenrecht, recht 2005, 169 ff. (zit. recht 2005); KUMMER, Beiträge zur Lehre von der causa, insbesondere bei der Abtretung und beim Erlass von Forderungen, Diss. Bern 1942; LOSER-KROGH, Bemerkungen zu BGE 127 III 147 ff., AJP 2001, 1224 ff.; MAZEAUD/CHABAS, Leçons de droit civil, Tome II/Premier Volume, Obligations, Théorie générale, 9. Aufl., Paris 1998; RÜETSCHI, Bundesgericht, I. Zivilabteilung, Urteil vom 19.12.2001 4C.261/2001 in Sachen L. c. G. Versand AG (nicht publiziert), AJP 2002, 845 ff.; SIMONIUS, Über die Bedeutung des Vertrauensprinzips in der Vertragslehre, in: Ruck et al. (Hrsg.), FS der Basler Juristenfakultät zum Schweizerischen Juristentag 1942, Basel 1942, 233 ff.; TANDOGAN, Notions préliminaires à la théorie générale des obligations, Genf 1972; TONGSIR, Les actes juridiques concrets et les actes juridiques abstraits en droit privé suisse, Diss. Genf 1951; YUNG, La théorie de l'obligation abstraite et la reconnaissance de dette non causée en droit suisse, Diss. Genf 1930.

I. Normzweck

1 Art. 17 klärt die Ende des 19. Jahrhunderts im gemeinen Recht höchst umstrittene Frage, ob das abstrakte Schuldversprechen **klagbar** sei, im positiven Sinne (zu Einzelheiten des damaligen Theorienstreits und der Entstehungsgeschichte vgl. BK-SCHMIDLIN, N 3 ff.; CREUTZIG, 12 ff., 22 ff.; YUNG, 19 ff.; SIMONIUS, 253 ff.).

II. Voraussetzungen

1. Schuldbekenntnis

2 Das Schuldbekenntnis oder auch Schuldanerkenntnis ist die **Erklärung** des Schuldners gegenüber dem Gläubiger, dass eine bestimmte Schuld bestehe.

3 Das Schuldbekenntnis ist ein **einseitiger Vertrag** (vgl. BGE 65 II 84; BK-SCHMIDLIN, N 35; **a.A.** ZK-SCHÖNENBERGER/JÄGGI, N 8 sowie GAUCH/SCHLUEP/SCHMID/EMMENEGGER, N 1178: einseitige Erklärung). Es bedarf **keiner** besonderen **Form**; ist es schriftlich abgefasst, ist eine Unterschrift nicht erforderlich (SJ 1963, 133 f.). Auch ein **mündliches** (vgl. BGE 75 II 297; BÄRTSCHI, 69 ff.), selbst ein **konkludentes** Schuldbekenntnis ist möglich (BGE 127 III 151: Anerkennung des Saldos bei einem Kontokorrent; dazu LOSER-KROGH, AJP 2001, 1225 f.). Ein solches ist jedoch nicht bereits in der Unterlassung des Rechtsvorschlags zu sehen (BJM 1954, 105). Auch die Mitteilung einer Versandfirma in einem an zahlreiche Kunden verschickten Mailing, die vom Empfänger so verstanden werden durfte, er habe mit seiner Los-Nummer unwiderruflich CHF 50 000 gewonnen, kann genügen (BezGer Kreuzlingen, SJZ 2000, 592 ff. und BGer, 19.12.2001, 4C.261/2001; dazu ausführlich KOLLER TH., FS Walter, 377 ff.; krit. RÜETSCHI, AJP 2002, 847 ff.).

4 Kein Schuldbekenntnis i.e.S. sind i.d.R. **Erklärungen** der Beteiligten nach einem Verkehrsunfall, einem Ladendiebstahl oder einem sonstigen Schadensereignis (vgl. BK-SCHMIDLIN, N 45; der Sache nach gleich für das deutsche Recht, MK-HABERSACK, § 781 BGB N 30 ff.; vgl. auch BGE 96 II 25: offen gelassen, ob Vergleich oder Schuldbekenntnis vorliege, da wegen wesentlichen Irrtums über den Unfallhergang unverbindlich). Solche Erklärungen beschreiben i.d.R. nur einen faktischen Vorgang und wollen keine konkreten Leistungspflichten begründen. Im Prozess begründen sie eine für den Gläubiger wirkende Vermutung, führen aber nicht zu einer Beweislastumkehr. Eine Erklärung, einen Teil einer strittigen Forderung

zu begleichen, ohne diese an die Bedingung zu knüpfen, dass die Gegenseite ihrerseits auf den Rest der ursprünglichen Forderung verzichte, ist eine Schuldanerkennung i.S.v. Art. 17 und keine Offerte zum Vergleich (vgl. BGer, 10.7.2008, 4A_174/2008, E.6 = Pra 2009, 47 ff.).

2. Ohne Angabe des Verpflichtungsgrunds

5 Das Schuldbekenntnis kann kausal oder abstrakt sein. Von einem **kausalen Schuldbekenntnis** spricht man, wenn es den Verpflichtungsgrund selbst nennt oder dieser jedenfalls aus den Umständen ersichtlich ist (vgl. dazu ZR 1925 N 16, 37 ff.; vgl. auch BGE 96 II 391). Das **abstrakte Schuldbekenntnis** hingegen nennt den Verpflichtungsgrund bewusst nicht (vgl. BGE 105 II 187 = Pra 1980, 75; 75 II 296; BK-Schmidlin, N 17).

6 Die praktischen **Konsequenzen** der Unterscheidung sind freilich marginal. Beruft sich der Gläubiger auf ein kausales Schuldbekenntnis, muss der Schuldner das Nichtbestehen oder die fehlende Durchsetzbarkeit der Forderung beweisen. Bei einem abstrakten Schuldbekenntnis muss der Schuldner vorgängig dartun, auf welchen Verpflichtungsgrund es sich bezieht (vgl. Handkomm-OR-Kren Kostkiewicz, Art. 17 N 4 und 6).

III. Rechtsfolgen

1. Allgemeines

7 Art. 17 besagt lediglich, dass das abstrakte Schuldbekenntnis **gültig** sei. Welche konkreten Folgen ein abstraktes Schuldbekenntnis nach sich zieht, lässt sich aus der Vorschrift nicht entnehmen. Praxis und Lehre unterscheiden insoweit zwischen beweisabstraktem und einredeabstraktem Schuldbekenntnis.

2. Beweisabstraktes Schuldbekenntnis

8 Jedes abstrakte Schuldbekenntnis führt nach h.A. zu einer **Beweislastumkehr** (BGE 131 III 268, 273 = Pra 2006, 146; **a.A.** Krauskopf Fr., Schuldanerkennung, 28 ff., der von einer tatsächlichen Vermutung in Bezug auf die anerkannte Schuld ausgeht). Das Schuldbekenntnis reicht als selbständiger Klagegrund aus. Es ist Sache des Schuldners, das Schuldverhältnis aufzudecken, das dem Schuldbekenntnis zugrunde lag (vgl. BK-Schmidlin, N 50; ZK-Schönenberger/Jäggi, N 17 ff.; Bucher, AT, 60; Gauch/Schluep/Schmid/Emmenegger, N 1183; Tandogan, 93 f.; Kummer, 80 ff.; Tongsir, 177 ff.; krit. Krauskopf Fr., recht 2005, 169, 176 ff.). Es steht ihm jedoch frei, alle **Gegenrechte** aus dem Grundverhältnis zu erheben, wie Nichtigkeit wegen Rechts- oder Sittenwidrigkeit (BGE 29 II 474), Formnichtigkeit, Stundung (BGE 23 I 818), die Einrede des nicht oder nicht richtig erfüllten Vertrages (BGE 65 II 84), der Simulation (BGE 96 II 390) oder der bereits erfolgten Erfüllung (vgl. insgesamt BGE 131 III 268, 273 = Pra 2006, 146).

9 Ausserdem kann sich der Schuldner auch auf **Mängel** bei der Abgabe des **Schuldbekenntnisses** stützen, wie fehlende Urteils- oder Handlungsfähigkeit oder Willensmängel (vgl. BGE 96 II 25).

3. Einredeabstraktes Schuldbekenntnis

10 Über die Beweisabstraktheit hinausgehend kann dem Schuldbekenntnis auch die Wirkung eines **Verzichts** auf bestimmte oder auch auf sämtliche aus dem Grundverhältnis entspringenden **Einwendungen** und **Einreden** zukommen. Dem Schuldner ist dann die Berufung auf diese verwehrt (vgl. BK-Schmidlin, N 53 ff.; ZK-Schönenberger/Jäggi, N 15 ff., **a.A.** Koller A., OR AT, § 24 N 31; Krauskopf Fr., recht 2005, 169, 175 f.).

Ein solches einredeabstraktes Schuldbekenntnis ist nicht leichthin anzunehmen. Der **Einredeverzicht** muss vielmehr **ausdrücklich** erfolgen oder sich aus den Umständen unzweifelhaft ergeben (vgl. BGE 65 II 82; HGer ZH, ZR 2001, 170 f.; GVP 1957, 43 f.). So soll die Aufnahme einer Ordre-Klausel in ein einfaches Schuldbekenntnis nicht genügen, um einen generellen Einredeverzicht anzunehmen (vgl. BGE 65 II 82). **11**

Vom Einredeverzicht ist der in bestimmten Fällen gesetzlich angeordnete **Einredeausschluss** gegenüber gutgläubigen Dritterwerbern zu unterscheiden (vgl. Art. 18 Abs. 2, Art. 164 Abs. 2, Art. 979 Abs. 2, Art. 1146 Abs. 2; vgl. dazu ZK-Jäggi, Art. 965 N 159; zur Einredebeschränkung beim Wechsel vgl. von Büren, AT, 28 ff.). **12**

4. Selbständig abstraktes Schuldbekenntnis

Auch das abstrakte Schuldbekenntnis ist insoweit kausal, als es keine Rechtswirkungen zeitigt, wenn die ihm zugrunde liegende Forderung nicht besteht oder nicht durchsetzbar ist. Ein Teil der Lehre vertritt demgegenüber in Anlehnung an § 780, 781 BGB die Auffassung, das Schuldbekenntnis sei im **materiellen** Sinne völlig **abstrakt**, d.h. losgelöst vom Grundverhältnis, so dass es bei Mängeln des Grundverhältnisses kondiziert werden müsse (vgl. von Tuhr/Peter, 270 ff.; Creutzig, 49; vgl. auch AGVE 1981, 38, 40). Für das Schweizer Recht ist diese Lehre abzulehnen (BK-Schmidlin, N 33; ZK-Schönenberger/Jäggi, N 22 ff.); grössere Unterschiede in den praktischen Ergebnissen zeitigt diese andere dogmatische Konstruktion ohnehin nicht. **13**

IV. Beweislast

Das Vorliegen eines abstrakten Schuldbekenntnisses hat der Gläubiger zu **beweisen**. Beruft er sich auf Einredeverzicht, ist er auch insoweit beweispflichtig. **14**

V. IPR. Rechtsvergleichung

1. IPR

Ebenso wie die Bürgschaft ist auch das Schuldbekenntnis grundsätzlich **selbständig anzuknüpfen** und nicht automatisch dem Statut des Grundverhältnisses zu unterwerfen (vgl. für ein deklaratorisches Schuldanerkenntnis BGH, WM 1970, 1454 f.). **15**

2. Ausländische Rechtsordnungen

Während nach **österreichischem Recht** abstrakte Schuldanerkenntnisse grundsätzlich ungültig sind (vgl. Rummel/Lukas-Rummel, § 859 ABGB, N 31 f.), führt das Schuldbekenntnis nach **französischem Recht** (vgl. Art. 1132 CC fr., sowie Mazeaud/Chabas, N 290 f.) und **italienischem Recht** (vgl. Art. 1988 CC it.) wie im Schweizer Recht grundsätzlich zu einer Beweislastumkehr. Im **deutschen Recht** wird zwischen einfachem Anerkenntnis i.S.v. Beweisabstraktheit, deklaratorischem Anerkenntnis i.S.v. Einredeabstraktheit und dem gesetzlich geregelten (vgl. § 780 f. BGB), der Schriftform bedürftigen und vom Grundverhältnis völlig losgelösten abstrakten Schuldversprechen und Schuldanerkenntnis unterschieden (MK-Habersack, § 781 BGB N 1 ff.). **16**

Art. 18

D. Auslegung der Verträge, Simulation

[1] Bei der Beurteilung eines Vertrages sowohl nach Form als nach Inhalt ist der übereinstimmende wirkliche Wille und nicht die unrichtige Bezeichnung oder Ausdrucksweise zu beachten, die von den Parteien aus Irrtum oder in der Absicht gebraucht wird, die wahre Beschaffenheit des Vertrages zu verbergen.

[2] Dem Dritten, der die Forderung im Vertrauen auf ein schriftliches Schuldbekenntnis erworben hat, kann der Schuldner die Einrede der Simulation nicht entgegensetzen.

D. Interprétation des contrats, simulation

[1] Pour apprécier la forme et les clauses d'un contrat, il y a lieu de rechercher la réelle et commune intention des parties, sans s'arrêter aux expressions ou dénominations inexactes dont elles ont pu se servir, soit par erreur, soit pour déguiser la nature véritable de la convention.

[2] Le débiteur ne peut opposer l'exception de simulation au tiers qui est devenu créancier sur la foi d'une reconnaissance écrite de la dette.

D. Interpretazione dei contratti, simulazione

[1] Per giudicare di un contratto, sia per la forma che per il contenuto, si deve indagare quale sia stata la vera e concorde volontà dei contraenti, anziché stare alla denominazione od alle parole inesatte adoperate per errore, o allo scopo di nascondere la vera natura del contratto.

[2] Il debitore non può opporre la eccezione di simulazione al terzo che ha acquistato il credito sulla fede di un riconoscimento scritto.

Literatur

Bickel, Die Methoden der Auslegung rechtsgeschäftlicher Erklärungen, Marburg 1976; Biel, Grundsätze der Vertragsauslegung, JuS 2010, 195 ff.; Bucher, Der Ausschluss dispositiven Gesetzesrechts durch vertragliche Absprachen, in: FS für Henri Deschenaux, Freiburg 1977, 249 ff. (zit. FS Deschenaux); Burckhardt, Die Auslegung der Verträge, ZBJV 1935, 425 ff.; Caytas, Der unerfüllbare Vertrag: anfängliche und nachträgliche Leistungshindernisse und Entlastungsgründe im Recht der Schweiz, Deutschlands, Österreichs, Frankreichs, Italiens, Englands, der Vereinigten Staaten, im Völkerrecht und im internationalen Handelsrecht, Diss. St. Gallen 1984; Chappuis, Le texte clair du contrat, in: FS für Jean-François Perrin, Genf 2002, 3 ff.; Corboz, La réception du contrat par le juge: La qualification, l'interprétation et le complément, in: Bellanger/Chaix/Chappuis/Lachat (Hrsg.), Le contrat dans tous des états, Bern 2004, 269 ff.; Cziupka, Dispositives Vertragsrecht – Funktionsweise und Qualitätsmerkmale gesetzlicher Regelungsmuster, Tübingen 2010; Deschenaux, Der Einleitungstitel, in: Schweizerisches Privatrecht (SPR), Bd. II, Einleitung und Personenrecht, Basel 1967; Egger, Grundsätze der Vertragsauslegung, in: Ausgewählte Schriften und Abhandlungen II, Zürich 1957, 103 ff. (zit. Grundsätze); ders., Richterliche Aufhebung oder Änderung eines Werkvertrages, in: Ausgewählte Schriften und Abhandlungen II, Zürich 1957, 169 ff. (zit. Richterliche Aufhebung); Gauch, Auslegung, Ergänzung und Anpassung schuldrechtlicher Verträge, in: Gauch/Schmid (Hrsg.), Die Rechtsentwicklung an der Schwelle zum 21. Jahrhundert, Zürich 2001, 209 ff. (zit. Auslegung); Gauch/Schluep, Zum «Reinen Auslegungsstreit» – Eine Klarstellung, SJZ 1982, 230 ff.; Giger, Grundsätzliches zum richterlichen Eingriff in den Vertrag, ZBJV 1969, 309 ff.; Guhl/Merz/Koller, Das Schweizerische Obligationenrecht, 8. Aufl., Zürich 1991; Hadimanović, Auslegung und Ergänzung von Verträgen – Vertragliche Nebenpflichten im englischen und im schweizerischen Recht, Diss. Zürich 2006; Honsell, Willenstheorie oder Erklärungstheorie?, in: Forstmoser/Honsell/Wiegand (Hrsg.), FS für H.P. Walter, Bern 2005, 335 ff. (zit. FS Walter); Jäggi, Vertrauensprinzip und Gesetz, in: FS für August Simonius, Basel 1955, 145 ff.; Keller, Die Auslegung obligationenrechtlicher Verträge, SJZ 1961, 313 ff. (zit. SJZ 1961); ders., Die Theorie des sog. «Reinen Auslegungsstreites», SJZ 1982, 126 ff. (zit. SJZ 1982); Koller A., Der gute und der böse Glaube im allgemeinen Schuldrecht, 1985; Koller Th., AGB-Kontrolle und UN-Kaufrecht (CISG) – Probleme aus schweizerischer Sicht, in: Harrer/Portmann/Zäch (Hrsg.), FS für Heinrich Honsell, Zürich 2002, 223 ff.; Kramer, Grundfragen der vertraglichen Einigung, 1972 (zit. Grundfragen); ders., Juristische Methodenlehre, 4. Aufl., Bern 2013, 127 ff. (zit. Methodenlehre); Kötz, Dispositives Recht und ergänzende Vertragsauslegung, Jus 2013, 289 ff. (zit. Jus 2013); ders., Vorvertragliche Verhandlungen und ihre Bedeutung für die Vertragsauslegung, ZEuP 2013, 777 ff. (zit. ZEuP 2013); Kosche, Contra proferentem und das Transparenzgebot im Common Law und Civil Law, Tübingen 2011; Kuhn, Auslegung von Allgemeinen Versicherungsbedingungen (AVB) unter Mitberücksichtigung von Art. 33 VVG, in: Harrer/Portmann/Zäch (Hrsg.), FS für Heinrich Honsell, Zürich 2002, 567 ff.; Lanzi, Die Verkehrssitte und ihre zivilprozessuale Behandlung: ein Beitrag zur Abgrenzung von Rechts- und Tatfrage, Diss. Zürich 1982; MEIER-HAYOZ, Das Vertrauensprinzip beim Vertragsabschluss: ein Beitrag zur Lehre von der Auslegung und den Mängeln des Vertragabschlusses beim Schuldvertrag, Diss. Zürich 1948 (zit. Diss.); DERS., Zur Gesetzes- und Vertragsauslegung, SJZ 1956, 173 ff. (zit. SJZ 1956); MOECKE, Kausale Zession und gutgläubiger Forderungserwerb, Diss. Freiburg i.Ue. 1962; NEUNER, Vertragsauslegung – Vertragsergänzung – Vertragskorrektur, in: Heldrich/Prölss/Koller (Hrsg.), FS für Claus-Wilhelm Canaris, München 2007, 901 ff.; OFTINGER, Einige grundsätzliche Betrachtungen über die Auslegung und Ergänzung der Verkehrsgeschäfte, ZSR 1939, 178 ff. (zit. ZSR 1939); DERS., Überblick über die Problematik und einige Hauptpunkte der Interpretation, SJZ 1967, 353 ff., Wiederabdruck in: Ausgewählte Schriften, 1978, 63 ff. (zit. SJZ 1967); OTT, Die Interpretation von Verträgen und Statuten, 2000; RUSCH/HUGUENIN, Einseitige Änderungsrechte in Allgemeinen Geschäftsbedingungen – das trojanische Pferd im Vertrag, SWZ 2008, 37 ff.; SCHLUEP, Innominatverträge, in: Schweizerisches Privatrecht (SPR), Bd. VII/2, Obligationenrecht – Besondere Vertragsverhältnisse, Basel 1979; TERCIER, Le droit des obligations, 4. Aufl., Zürich 2009, N 939 ff.; VOLLMER, Auslegung und Auslegungsregeln, 1990; WIDMER, Der richterliche Eingriff in den Vertrag, Diss. Zürich 1971; WIEGAND, Die Auslegung von autonom nachvollzogenem Recht der Europäischen Gemeinschaft, Bern 1999 (zit. Auslegung); DERS. Die Auslegung Allgemeiner Geschäftsbedingungen (AGB), in: Honsell et al. (Hrsg.), FS für Ernst A. Kramer, Basel 2004, 331 ff. (zit. FS Kramer); WOLF/GENNA, in: Schweizerisches Privatrecht (SPR), Bd. IV/1, Erbrecht, Basel 2012; ZELLER, Treu und Glauben und Rechtsmissbrauchsverbot: Prinzipiengehalt und Konkretisierung von Art. 2 ZGB, Diss. Zürich 1981 (zit. Diss.); DERS., Auslegung von Gesetz und Vertrag, 1989 (zit. Auslegung); ZINDEL, Reiner Auslegungsstreit und Konsensfrage, SJZ 1982, 356 ff.; vgl. ausserdem die Literaturhinweise vor N 57 zu Vertragsergänzung und -anpassung sowie vor N 126 zu Simulation und Fiduzia.

I. Normzweck und Bedeutung

1. Prinzipielle Bedeutung

Art. 18 enthält eine für das schweizerische Privatrecht zentrale Regel. Das ist auf den ersten Blick nicht erkennbar, da sich die Regelung dem Wortlaut nach nur auf einen Spezialfall bezieht: Bei Nichtübereinstimmung von Vertragstext und Vertragswillen soll bei der Beurteilung des Vertrages auf den *wirklichen* Willen der Parteien abgestellt werden. Dieser Grundsatz soll nach der Marginalie für die Auslegung von Verträgen gelten. Seine wirkliche Bedeutung geht weit darüber hinaus. *Art. 18 enthält den primären und prinzipiellen Ansatz für die Auslegung von Willenserklärungen im schweizerischen Recht* (so auch CR CO I-WINIGER, N 3 und 12; CHK-KUT, N 1). Bei jeder rechtsgeschäftlichen Erklärung ist demnach zunächst und in erster Linie auf den *wirklichen* Willen des Erklärenden abzustellen. Diese Auffassung entspricht der **Willenstheorie** und basiert zugleich auf dem Prinzip der **Privatautonomie**, die (nach wie vor) die Grundlage des schweizerischen Privatrechts bilden. Erst wenn der wirkliche Wille sich als nicht feststellbar erweist, greift auf einer zweiten Stufe als Korrektiv die **Vertrauenstheorie** ein (zum Ganzen BK-KRAMER, N 8 ff. m.Nw.; grundsätzlich **a.M.** HONSELL, FS Walter, 335 ff., der die Willenstheorie ablehnt und die «Erklärungstheorie» [Vertrauenstheorie] befürwortet; der Kommentierung wird im Folgenden die Konzeption der h.M. und des BGer zugrunde gelegt). 1

2. Bedeutung für die Vertragsauslegung

a) Nach der erwähnten Marginalie und der Systematik des Gesetzes betrifft Art. 18 die *Auslegung von Verträgen*. Auch wenn wegen der prinzipiellen Bedeutung der in der Vorschrift enthaltenen Regelung die Wirkungen weit über das Vertragsrecht hinaus reichen, besteht doch der Hauptanwendungsbereich des Art. 18 in der **Feststellung des Vertragsinhalts** (dazu insb. BUCHER, AT, 179 ff.; N 7 ff.), wobei das Gesetz offenkundig davon ausgeht, dass zwischen den Parteien Einverständnis darüber besteht, dass zwischen ihnen ein Vertrag zustande gekommen ist (BGE 29 II 124; ZR 1989, 312 ff.). Mit Hilfe der Auslegung soll ermittelt werden, welchen Inhalt dieser Vertrag hat. Da dabei auf den *wirklichen* Willen der Parteien abzustellen ist, bezieht diese Auslegung notwendigerweise die Willenserklärung der Parteien mit ein (so auch in BGE 131 III 469). Infolgedessen betrifft Art. 18 ungeachtet des 2 vom Gesetzgeber vorausgesetzten Konsenses im Grunde die Frage, ob zwischen den Parteien Übereinstimmung des *wirklichen* Willens bestand und was sodann Inhalt dieses Konsenses war. *Art. 18 betrifft demnach die Auslegung eines von den Parteien geschlossenen und für wirksam gehaltenen Vertrages.*

3 b) Art. 18 regelt dagegen nicht, wie vorzugehen ist, wenn aufgrund der Auslegung feststeht, dass eine Übereinstimmung des wirklichen Willens nicht vorlag oder dass diese unvollkommen war. Hier kann entweder das Scheitern der Einigung festgestellt werden oder eine Korrektur mit Hilfe des **Vertrauensprinzips** stattfinden (N 41 ff.). Erweist sich die Einigung als lückenhaft oder der Vertrag sonst als unvollkommen, kommt dessen Ergänzung oder Anpassung (N 57 ff.) in Betracht (BGE 29 II 124; zum Ganzen ZK-JÄGGI/GAUCH, N 324 ff.; ZK-SCHÖNENBERGER/JÄGGI, Art. 1 OR N 430; GAUCH/SCHLUEP/SCHMID/EMMENEGGER, N 1195 ff.; BUCHER, AT, 186 ff.).

3. Inhalt der Norm und der Kommentierung

4 Aus der dargelegten Bedeutung und Funktion von Art. 18 ergibt sich, dass hier die Konzeption des Gesetzgebers bezüglich der Auslegung der Verträge und darüber hinausgehend der Auslegung von Willensäusserungen und Rechtsgeschäften überhaupt festgelegt wird. Rsp. und Literatur knüpfen deshalb generell an Art. 18 OR an, wenn sich Auslegungsfragen bei Rechtsgeschäften stellen (z.B. BGE 132 III 632; 130 III 557; 121 III 123; 120 II 237; BK-KRAMER, N 16 ff.; ZK-JÄGGI/GAUCH, N 295 ff.; GAUCH/SCHLUEP/SCHMID/EMMENEGGER, N 1195 ff.; CR CO I-WINIGER, N 12). Das Gleiche gilt für die Problematik der Vertragsergänzung und Vertragsanpassung, daher werden diese drei Bereiche in der Komm. zu Art. 18 dargestellt

5 Von vergleichsweise marginaler Bedeutung sind daneben die beiden im Gesetz ausdrücklich geregelten Fälle der irrtümlichen oder absichtlichen Falschbezeichnung (s. N 44 ff.). Letztere, die sog. *Simulation*, wird zwar nicht in Art. 18 geregelt, hier jedoch üblicherweise behandelt. Sie bildet zugleich den Anknüpfungspunkt für Abs. 2 des Artikels, der ansonsten keinen sachlichen Zusammenhang zur Regelung in Abs. 1 aufweist. Abs. 2 betrifft vielmehr einen Sondertatbestand, der einerseits der Rechtsscheinslehre angehört und andrerseits zusammen mit Art. 164 Abs. 2 rudimentäre Ansätze eines Wertpapierrechts enthält (dazu N 126 ff.).

4. Entstehungsgeschichte

6 Der Inhalt von Art. 18 Abs. 1 entspricht Art. 16 aOR. Diese Norm knüpft einerseits an § 934 des Zürcher PGB und andrerseits an Art. 63 des Dresdener Entwurfs an, die ihrerseits auf schon im römischen Recht entwickelten Grundsätzen beruhen (dazu HONSELL, FS Walter, 341 ff.). Art. 18 hängt inhaltlich eng mit Art. 1 OR zusammen, welcher Vertragsschlüsse durch ausdrückliche, aber auch konkludente Willenserklärungen vorsieht, während Art. 18 Abs. 1 OR präzisiert, dass der aus beliebigen Anhaltspunkten abgeleitete *gemeinsame wirkliche Wille* der Parteien ihren Worten vorgeht. Abs. 2 wurde vom Gesetzgeber 1881 neu gebildet und weicht von den übrigen europäischen Zivilrechtskodifikationen ab. Mit Abs. 1 verbindet ihn einzig der Begriff «Simulation», nicht aber sein Inhalt.

II. Ziel und Arten der Auslegung

1. Auslegungsziel

7 Art. 18 Abs. 1 enthält die Anweisung an den Rechtsanwender, den **wirklichen Parteiwillen zu ermitteln**. Er legt aber weder fest, wie dies zu geschehen habe, noch welches die Kriterien für dessen Vorliegen sind. Literatur und Rsp. haben aus diesem Grund die Vorgehensweise bei der Auslegung im Einzelnen präzisiert (dazu N 16 ff.). Wenn der Gesetzgeber dem Richter die

Ermittlung des *wirklichen* Willens zur Aufgabe macht, so setzt er voraus, dass dieser für den Vertragsinhalt massgebend ist. Diese Prämisse ist nicht nur, aber vor allem für das Vertragsrecht von Bedeutung; denn sie besagt nichts anderes, als dass die Frage des Konsenses zwischen den Parteien primär nach dem *wirklichen* Willen zu bestimmen ist. Die Aussage des Art. 18 hat also sowohl *für den Konsensbegriff wie für die Vertragsauslegung zentrale Bedeutung*.

2. *Übereinstimmung des wirklichen Willens*

Aus der in Art. 18 aufgestellten Regel, dass der *wirkliche* Wille der Parteien dem abweichenden erklärten Willen vorgeht, ergibt sich weiter, dass, sofern sich die Parteien bezüglich des zu vereinbarenden Vertragsinhalts tatsächlich einig waren, zwischen ihnen die von Art. 1 vorausgesetzte Übereinstimmung besteht, die den Vertrag zustande bringt. In der Literatur wird diese Art der Übereinstimmung im Anschluss an KRAMER als «natürlicher Konsens» bezeichnet (BK-KRAMER, Art. 1 OR N 122 ff.; DERS., Grundfragen, 1972, 52 ff.; BUCHER, AT, 122; gelegentlich wird auch von *tatsächlichem Konsens* gesprochen, z.B. BGer, 8.3.2012, 4A_627/2011; BGE 123 III 39; 120 II 334; 119 II 176; 116 II 696; GAUCH/SCHLUEP/SCHMID/EMMENEGGER, N 312; von «consensus de fait» spricht auch CR CO I-WINIGER, N 18). Daraus ergeben sich *zwei Konsequenzen*: Die Auslegung eines Vertrages muss immer auf diesen von den Parteien erzielten Konsens abstellen und deshalb nach deren natürlichem übereinstimmenden Willen forschen (vgl. BGE 131 III 469). Ergibt sich dabei, dass ein solcher natürlicher Konsens in Wahrheit nicht bestand, so ist es immer noch möglich, dass zwischen den Parteien ein sog. *normativer* (oder *rechtlicher*) Konsens zustande gekommen ist (BK-KRAMER, Art. 1 OR N 126 ff.; GAUCH/SCHLUEP/SCHMID/EMMENEGGER, N 317; BUCHER, AT, 122; CHK-KUT, N 2; z.B. BGE 123 III 39; 119 II 176; 116 II 696; geradezu exemplarische Formulierung in BGer, 26.8.2002, 5C.17/2002, E. 1: «Ist der Konsens streitig, prüft der Richter vorab, ob sich die Parteien tatsächlich übereinstimmend geäussert, verstanden und in diesem Verständnis geeinigt haben. Falls dies zu bejahen ist, besteht ein tatsächlicher Konsens. Haben sich die Parteien wohl übereinstimmend geäussert, aber abweichend verstanden, liegt ein versteckter Dissens vor, der (nur) zum Vertragsschluss führt, falls eine der Parteien nach dem Vertrauensgrundsatz in ihrem Verständnis der gegnerischen Willensäusserung zu schützen und damit die andere auf ihrer Äusserung in deren objektiven Sinn zu behaften ist. Unter diesen Umständen ist von einem normativen Konsens auszugehen»; nochmals verdeutlicht in BGer, 15.5.2014, 4A_574/2013). Das ist dann der Fall, wenn eine Partei die Erklärung der anderen zwar falsch verstanden hat, in diesem fehlerhaften Verständnis aber aufgrund des **Vertrauensprinzips** geschützt werden muss. Diese Konstellation regelt Art. 18 nicht (s.a. N 43 und Einl. vor Art. 1 ff. N 73 ff.). Er enthält aber insofern einen wichtigen Hinweis, als er klarstellt, dass die scheinbare Übereinstimmung, insb. die Übereinstimmung im Wortlaut der Erklärungen oder die gemeinsame Verständigung auf den Vertragstext, für die Vertragsentstehung allein nicht genügt. 8

3. *Die Ausgangslage*

Art. 18 geht davon aus, dass die Parteien einen Vertrag geschlossen haben und dessen Wirksamkeit grundsätzlich nicht in Zweifel ziehen. Streit besteht vielmehr über den Inhalt der erzielten Einigung. Man spricht deshalb vom **reinen Auslegungsstreit** (ZR 1989, 312; vgl. schon BGE 29 II 125 und ausdrücklich so BGer, 3.12.2003, 4C.240/2003, E. 3.1; v. 7.8.2001, 4C.163/2001, E. 2b; BK-KRAMER, N 250; ZK-SCHÖNENBERGER/JÄGGI, Art. 1 OR N 172; ZK-JÄGGI/GAUCH, N 318 ff.; GAUCH/SCHLUEP/SCHMID/EMMENEGGER, N 1199; vgl. auch BUCHER, AT, 180; CHK-KUT, N 1). Dabei ist freilich zu beachten, dass die Ermittlung des Parteiwillens immer auch die Entstehung des Vertrages mit einbezieht (s. N 10), sodass sie sich normalerweise auch auf die Frage des Zustandekommens des Vertrages bezieht. Ein gänzlich auf die Auslegung des Inhalts beschränkter Streit kommt häufig dann vor, wenn die Parteien auf jeden Fall am Vertrag festhalten wollen, sich aber über die Bedeutung einzelner 9

Punkte nicht einig sind (VON BÜREN, AT, 168 f.; Bsp.: BGE 89 II 130, Auslegung eines in seiner Geltung unbestrittenen Konkurrenzverbots; nach Vollzug einer Unternehmensübernahme streiten die Parteien über den im Vertrag verwendeten Begriff «erforderliche Rückstellungen»; BGer, 9.12.2004, 4C.301/2004, Auslegung des Begriffes «Altlast» im Rahmen eines gültigen Grundstückskaufvertrags, vgl. N 22). Strittig ist, inwieweit der Richter in diesem Falle an das begrenzte Begehren der Parteien gebunden ist (für diese Begrenzung GAUCH/SCHLUEP, SJZ 1982, 230 ff.; BUCHER, AT, 180; ZINDEL, SJZ 1982, 356 ff.; **abl.** KELLER, SJZ 1982, 126 ff.; vgl. zum Ganzen z.B. BGE 121 III 118; 118 II 342 = Pra 1993, 801 ff.; BGE 117 II 620; 113 II 49; 109 II 24).

Zu einer besonderen Konstellation kommt es dann, wenn ein **Dritter** sich gegenüber einer oder beiden Vertragsparteien auf den Vertrag beruft und dessen Inhalt streitig ist. GAUCH nennt dies einen *externen Auslegungsstreit* (ZK-JÄGGI/GAUCH, N 44 ff.). Die Besonderheit liegt darin, dass der Dritte zur Ermittlung des *wirklichen* Willens der Parteien nichts beitragen kann und sich deshalb in aller Regel ausschliesslich auf den Wortlaut berufen wird. Die im Folgenden beschriebene Methode der Auslegung ist bezüglich des Dritten weitgehend unanwendbar, da der Dritte nicht Adressat der abgegebenen Erklärungen war und auch selbst keine Erklärungen abgegeben hat (dazu jetzt präzisierend BGer, 2.10.2014, 5A_449/2014, E. 2.2.1). Zu dieser Situation kommt es etwa, wenn ein Dritter an Stelle der bisherigen Vertragspartei kraft Vereinbarung (z.B. Vertrags- oder Schuldübernahme) oder kraft Gesetzes in den Vertrag eintritt, aber auch bei Subrogation oder Zession.

4. Gegenstand der Auslegung

10 Streiten die Parteien um die Bedeutung vertraglicher Vereinbarungen, bildet der *Text dieser Vereinbarungen den Gegenstand der Auslegung* (HONSELL, FS Walter 348; zur sehr eingeschränkten Bedeutung des Wortlautes als Auslegungsmittel s. N 19 und CHK-KUT, N 10). In aller Regel handelt es sich dabei um schriftliche Verträge (z.B. BGE 128 III 212; 121 III 118; 118 II 342). Denkbar ist auch der Fall, dass sich die Parteien mündlich geeinigt haben und nunmehr Zweifel am Inhalt der getroffenen Einigung besteht (z.B. BGE 76 II 154 «Garagenmiete»). Bei genauerer Betrachtung zeigt sich, dass in allen Fällen letzten Endes auf die *Willenserklärung jedes einzelnen Vertragspartners* abzustellen ist. Da der Konsens zwischen den Vertragsparteien durch Austausch zweier Willenserklärungen zustande kommt, ist zunächst zu ermitteln, was der *wirkliche* Wille der jeweiligen Partei bei der Abgabe dieser Erklärung war (BGer, 4.8.2014, 4A_217/2014; BGE 132 III 632; 131 III 611 = Pra 2006, 568 f.). Liegt ein gemeinsamer Vertragstext vor, so ist die Situation nur scheinbar anders, denn in diesem Falle geht es darum herauszufinden, ob die Zustimmungserklärung der jeweiligen Partei mit dem niedergeschriebenen Text wirklich übereinstimmt (zum Ganzen BK-KRAMER, N 16 ff.).

5. Die Arten der Auslegung

11 a) Bei der Ermittlung des wirklichen Willens unterscheidet man zwischen der **empirischen** (oder *subjektiven*) Auslegung und der **normativen** (*objektivierten*, eigentlich genauer *objektivierenden*) **Auslegung** (statt vieler BGer, 21.6.2013, 4A_221/2013; v. 27.2.2009, 4A_528/2008, E. 1.2; BGE 132 III 28; 127 III 444; 126 III 120; 125 III 436; 123 III 39; 121 III 118; 119 II 372; 118 II 365; 117 II 278; 116 II 434; 115 II 487; BK-KRAMER, N 17, 67 ff.; ZK-JÄGGI/GAUCH, N 342; GAUCH/SCHLUEP/SCHMID/EMMENEGGER, N 1200 f.; CR CO I-WINIGER, N 20). Diese Unterscheidung beruht auf der Vorstellung, dass die Feststellung des tatsächlich vorhandenen Parteiwillens primäres Auslegungsziel sei, es jedoch Fälle gibt (s. N 1), in denen das nicht möglich ist (z.B. BGE 95 II 553; ZR 1986, 31; 1982, 121). Dann soll mit Hilfe einer Auslegung des Vertrages nach Treu und Glauben der *mutmassliche* Wille der Parteien festgestellt werden (so die in N 8, 10 angeführten Entscheide und eingehend BGE 126

III 379; sowie 125 III 308; 121 III 118; 118 II 365). Diese Betrachtungsweise bedarf der Relativierung und Präzisierung:

aa) Zunächst ist festzuhalten, dass es sich bei dem Willen um eine sog. **innere Tatsache** handelt, die direkt überhaupt nicht bewiesen werden kann. Vielmehr kann nur aus bestimmten Indizien auf das Vorhandensein eines solchen Willens geschlossen werden. Insofern geht es bei der Ermittlung des Parteiwillens immer um einen i.w.S. mutmasslichen Willen. Wenn also von empirischer Auslegung gesprochen werden kann, so in dem Sinne, dass hinreichende Anhaltspunkte dafür bestehen, um einen Schluss auf den Willen der Partei bei Abgabe der Erklärung zu ermöglichen (zur Kognitionsbefugnis des BGer s. N 15 und 42). **12**

bb) Bei der **objektivierenden Betrachtungsweise** wird darauf abgestellt, was vernünftige Parteien unter den gegebenen Umständen unter dem vorliegenden Wortlaut bzw. den abgegebenen Erklärungen wohl verstanden hätten. Das BGer verwendet regelmässig folgende Formel: Wenn der Parteiwille unbewiesen bleibt, «sind zur Ermittlung des mutmasslichen Parteiwillens die Erklärungen der Parteien aufgrund des Vertrauensprinzips so auszulegen, wie sie nach ihrem Wortlaut und Zusammenhang sowie den gesamten Umständen verstanden werden durften und mussten. Dabei hat der Richter zu berücksichtigen, was sachgerecht ist, weil nicht anzunehmen ist, dass die Parteien eine unangemessene Lösung gewollt haben.» (BGer, 4.6.2013, 4A_56/2013, E. 4.2; v. 20.9.2012, 4A_109/2012, E. 4.1; ausserdem BGer, 15.6.2004, 4C.107/2004, E. 2; v. 31.8.2006, 4C.157/2006, E. 2.1; BGE 129 III 118; 128 III 265; 127 III 444; 126 III 379; 118 II 344 = Pra 1993, 802; BGE 117 II 621; 111 II 279; 92 II 347 = Pra 1967, 337 ff.; ZR 1984, 32; 1982, 121; ZK-Jäggi/Gauch, N 332; Gauch, Auslegung, 211; dieses Konzept findet sich im Ansatz auch im WKR, das in Art. 8 Abs. 2 bestimmt: «Ist Absatz 1 nicht anwendbar, so sind Erklärungen und das sonstige Verhalten einer Partei so auszulegen, wie eine vernünftige Person in gleicher Stellung wie die andere Partei sie unter den gleichen Umständen aufgefasst hätte.» Dabei wird jedoch zu Unrecht auf das Verständnis der Gegenpartei abgestellt, das bei der Frage der (normativen) Konsensbildung entscheidend ist. Massgeblich für die Auslegung des (in aller Regel schriftlich vorliegenden) Vertrages ist das mutmassliche Verständnis beider Parteien, das nach den vom BGer angeführten Kriterien festzustellen ist. Daraus ergeben sich die im Folgenden behandelten Abgrenzungsprobleme. **13**

b) Betrachtet man die Dinge von einem rein theoretischen Standpunkt aus, so ist die **Abgrenzung** *zwischen empirischer Ermittlung des wirklichen Willens und der objektivierten Auslegung kaum möglich*. In Wahrheit sind die Übergänge fliessend, wie sich aus zahlreichen Entscheidungen ergibt. Konsequenterweise werden die unten (N 18 ff.) erläuterten Auslegungsmittel denn auch bei beiden Auslegungsmethoden, wenn auch nicht in vollkommen gleicher Funktion, herangezogen (exemplarisch BGer, 24.10.2002, 5C.87/2002, dazu N 18). Das ist deshalb besonders wichtig, weil das BGer praktisch ausschliesslich die *objektivierte Auslegungsmethode* anwendet, da es hinsichtlich der Ermittlung des tatsächlichen Willens an die Feststellungen der Vorinstanz gebunden ist (dazu N 15). Diese Bindung gilt aber auch «für die Feststellungen der kantonalen Vorinstanz über die äusseren Umstände sowie das Wissen und Wollen der Beteiligten» (BGer, 7.9.2014, 5A_452/2014, E. 2.1; v. 21.2.2013, 5A_527/2012, E. 2.3.3), was die Abgrenzungsschwierigkeiten verdeutlicht (s.a. N 42). **14**

Ebenso schwierig ist die Abgrenzung dieser objektivierten Auslegung des geschlossenen Vertrages von den Fällen des *normativen Konsenses*, der dann vorliegt, wenn zwar nicht der wirkliche Wille der Parteien übereinstimmt, der Konsens aber dadurch zustande kommt, dass die Erklärung der einen Partei von der anderen nach Treu und Glauben in einem bestimmten Sinne verstanden werden durfte, der jedoch nicht dem wirklichen Willen des Erklärenden entspricht. Diese Auslegung nach dem Vertrauensprinzip stellt zwar auf den Empfänger der Erklärung ab, während die objektivierte Auslegung des geschlossenen Vertrages auf die Auffassung vernünftiger Dritter Bezug nimmt, gleichwohl gibt es erhebliche Überschneidungen und Berührungspunkte (zum Verhältnis der Auslegung nach Art. 18 Abs. 1 zur Auslegung nach dem Vertrauensprinzip vgl. BK-KRAMER, N 67 ff.; ZK-JÄGGI/GAUCH, N 56; BUCHER, AT, 182; grundlegend zur Abgrenzung und Überschneidung der Auslegung von Willenserklärungen und Verträgen MEDICUS/LORENZ, AT, N 307 ff.).

15 c) Die Unterscheidung zwischen empirischer und normativer Auslegung des Vertrages wird im Folgenden aber dennoch (zumindest als möglich) zugrunde gelegt, weil sie in der Rechtsprechung fest verankert ist und deshalb erhebliche praktische Konsequenzen aufweist (das gilt in gleicher Weise für die Auffassung von HONSELL, FS Walter, s. N 1). Diese Konsequenzen liegen im Beweisrecht: Nach der Rsp. des BGer ist die Ermittlung des wirklichen Willens im Wege der empirischen Auslegung als Tatfrage zu betrachten. Das BGer ist insoweit nach Art. 97 Abs. 1 BGG (früher Art. 63 Abs. 2 OG) an die vorinstanzlichen Feststellungen gebunden (vgl. etwa BGer, 26.8.2014, 4A_157/2014, E. 3.2; v. 31.8.2006, 4C.157/2006, E. 2.1; v. 29.8.2005, 4C.108/2004, E. 2: «Während das Bundesgericht die objektivierte Vertragsauslegung als Rechtsfrage prüfen kann, beruht die subjektive Vertragsauslegung auf tatsächlicher Feststellung bzw. Beweiswürdigung der Vorinstanz, die der bundesgerichtlichen Überprüfung im Berufungsverfahren entzogen ist»; BGE 126 III 29, 68 und 379; 125 III 308; 118 II 366; 115 II 269; 110 II 292). Die objektivierende Auslegung nach Treu und Glauben gilt dagegen als Rechtsfrage und ist vom BGer überprüfbar (ausser den genannten Entscheiden BGE 133 III 681 = Pra 2008, 437; 129 III 707; 125 III 266; 121 III 123 m.Nw.; 117 II 278 f.; Handkomm-OR-KREN KOSTKIEWICZ, N 4 ff.; vgl. im Übrigen N 42).

III. Der Vorgang der Auslegung

1. Streitlage und Behauptungslast

16 a) Zu einem Auslegungsstreit im oben (N 9) dargelegten Sinne kommt es dann, wenn die Parteien unterschiedliche Vorstellungen über die Bedeutung des Vertragstextes haben. Dabei ist es i.d.R. so, dass eine Partei sich auf die «normale» Bedeutung des Vertragstextes stützt, während die Gegenpartei einen vom Wortlaut abweichenden Sinn des Vertrages behauptet. Dies ist die Konstellation, von der Art. 18 Abs. 1 im Falle der *falsa demonstratio* und der Simulation ausgeht (dazu N 44 ff.). Denjenigen, der sich auf den abweichenden Sinn beruft, trifft die Beweislast (BGE 97 II 208; 72 II 158; 41 II 75; BK-KRAMER, N 13, 102 und 196 ff.; ZK-JÄGGI/GAUCH, N 33, 42 und 46; BUCHER, AT, 190; CR CO I-WINIGER, N 24). Das gilt auch im Fall des sog. externen Auslegungsstreites zwischen einem Dritten und einer oder beiden Vertragsparteien (dazu N 9).

Denkbar ist jedoch auch, dass beide Parteien eine unterschiedliche Deutung des Vertrages vertreten, die gleich weit vom Wortlaut entfernt ist, oder dass schlicht Zweifel über die Bedeutung eines bestimmten Wortes bestehen, die nicht ausgeräumt werden können (z.B. BGE 115 II 344 = Pra 1990, 477 ff., «unentgeltlich»; BGer, 24.10.2002, 5C.87/2002, Bedeutung des Wortes «Fehlen»). In diesen Fällen kann über die Beweislast nur anhand der konkreten Streitlage entschieden werden (BGE 117 II 418).

17 b) Dem Richter, der im Streit über die Auslegung des Vertrages zu entscheiden hat, gibt das Gesetz keinerlei direkte Hilfsmittel an die Hand. Zwar geht das BGer in zahlreichen Urteilen von «allgemeinen Grundsätzen der Vertragsauslegung» (BGE 89 II 130; vgl. auch BGer, 2.10.2014, 5A_449/2014, E. 2.2.1) aus, hat diese jedoch nie präzisiert oder konkretisiert (ZK-JÄGGI/GAUCH, N 415). Gemeint ist damit die anerkannte Vorgehensweise bei der Auslegung von Verträgen, die zunächst auf den Wortlaut abstellt und von da ausgehend über weitere Indizien zur Ermittlung des wirklichen Willens schreitet. Die dabei einzusetzenden Erkenntnisquellen werden üblicherweise als *Mittel der Auslegung* bezeichnet. Die bei der Interpretation dieser Erkenntnisquellen anzuwendenden Grundsätze bezeichnet man als *Regeln der Auslegung*. Die Kommentierung folgt diesem Schema, wobei auch hier darauf hinzuweisen ist, dass es sich um eine Einteilung handelt, bei der die Übergänge fliessend sind.

2. Auslegungsmittel

18 Bei der Ermittlung des *wirklichen* Willens sind alle Tatsachen und Faktoren zu berücksichtigen, aus denen auf die Willenslage bei Abgabe der Vertragserklärung geschlossen werden kann. Infolgedessen gibt es *keine eigentliche Hierarchie der* **Auslegungsmittel**. Wenn in der Literatur gelegentlich von *primären* und *ergänzenden* Auslegungsmitteln gesprochen wird (ZK-Jäggi/Gauch, N 344; CR CO I-Winiger, N 25 ff.; CHK-Kut, N 9 ff.), so betrifft dies mehr die Reihenfolge der Prüfung als den Rang oder das Gewicht der Auslegungsmittel (so schliesslich auch ZK-Jäggi/Gauch, N 367 ff.). Mit diesem Vorbehalt kann man sagen, dass der Wortlaut der Vertragserklärungen das «primäre Willensindiz» (BK-Kramer, N 22; BGer, 20.7.2000, 4C.94/2000, E. 2c) darstellt und dass dem Wortlaut gegenüber den sonstigen Auslegungsmitteln dann ein Vorrang zukommt, wenn diese keinen sicheren Schluss auf einen anderen Sinn nahelegen (so zutreffend ZK-Jäggi/Gauch, N 369; Gauch, Auslegung, 215; typisch etwa BGer, 24.10.2002, 5C.87/2002, E. 2.4.1; sowie BGE 117 II 622; 104 II 283; 82 II 385; 72 II 377; ZR 1982, 121; vgl. auch BVGer, 17.2.2009, A-6178/2008).

a) Der Wortlaut

19 Grundlage der Auslegung ist der **Wortlaut**, der von den Parteien abgegebenen Erklärungen oder des aufgrund solcher Erklärungen zustande gekommenen Vertragstextes. Dabei ist vorab klarzustellen, dass dieser Text zunächst und in erster Linie der Gegenstand der Auslegung ist (so zu Recht Honsell, FS Walter, 348; vgl. N 10). Wenn der Wortlaut üblicherweise unter die Auslegungsmittel eingereiht wird, so kann damit nur gemeint sein, dass die Wortwahl Rückschlüsse auf den tatsächlichen (oder mutmasslichen s. N 13) Willen ermöglicht. Bei der Interpretation von Worten oder Texten ist zunächst auf den **allgemeinen Sprachgebrauch** (vgl. BGer, 4.4.2014, 5A_914, E. 2.1) abzustellen. Die Rechtsprechung verwendet Begriffe wie «Alltags- und Umgangssprache» oder etwa «populärer Sinn» (so etwa BGer, 24.10.2002, 5C.87/2002, E. 2.3, «Bei der Auslegung nach dem Wortlaut kommt dem Sinngehalt des Wortes, den ihm der allgemeine Sprachgebrauch zulegt, entscheidende Bedeutung zu»; vgl. z.B. BGer, 2.10.2014, 5A_449/2014, E. 4.3, «Fahrwegrecht»; BGE 138 III 415, «Merkblatt»; BGer, 21.11.2007, 4A_316/2007, E. 5.3, «Gutsprache»; BGer, 16.11.2006, 5C.179/2006, E. 2.4.2, «volle Erwerbstätigkeit»; BGE 118 II 345 = Pra 1993, 802, «Obhutsklausel»; BGE 116 II 347 = Pra 1991, 967; BGE 116 II 190; 104 II 283, «Schlägerei bzw. Raufhandel»; BGE 101 II 342, «Bronchitis, Lumbago»; BGE 97 II 74 f., «Taglohn»; BGE 85 II 348 f., «Operation»; BGE 82 II 453, «Einladen»; BGE 82 II 385, «Verkauf, Gewinn»; BGE 47 II 531, «nipoti»; vgl. auch BK-Kramer, N 22; ZK-Jäggi/Gauch, N 347 ff.; Gauch/Schluep/Schmid/Emmenegger, N 1207; CR CO I-Winiger, N 26; CHK-Kut, N 11). Prinzipiell ist also vom allgemeinen Sprachgebrauch zur Zeit des Vertragsschlusses auszugehen (BGer, 16.11.2006, 5C.179/2006, E. 2.4.2; BGE 99 II 304; 97 II 74). Zur Feststellung des Wortsinns können neben der allgemeinen Lebenserfahrung auch Hilfsmittel wie Lexika herangezogen werden (z.B. BGE 135 III 414 «l'activité de l'avocat»; BGE 116 II 190, «Drogen»; BGE 115 II 269, «bei»; BGE 82 II 453, «Einladen»; BGE 66 II 191, «rixes ou bagarres»).

20 – Ein **individueller Sprachgebrauch** kann jedoch u.U. *Vorrang* vor dem allgemeinen haben (BGE 87 II 239, «Mitte September»; vgl. auch BGE 82 II 385; ZR 1986, 82). Traditionelles Schulbeispiel dafür ist die Verwendung einer Privatsprache (Bibliothek als Scherzbezeichnung für den Weinkeller, zum Ganzen BK-Kramer, N 25; ZWR 1968, 298, «Skonto» anstatt Rabatt). Von besonderer Bedeutung ist dies deshalb, weil in internationalen Verträgen, aber auch in zunehmendem Masse in der Schweiz die amerikanische Vertragstechnik übernommen worden ist, bei der zu Beginn des Vertrages bestimmte Begriffe definiert werden (z.B. «Maschine» im Sinne dieses Vertrages bedeutet); diese Technik wird vermehrt auch in der schweizerischen Gesetzgebung – namentlich bei den autonom nachvollzogenem Richtlinienrecht – verwendet (vgl. etwa Produktehaftpflichtgesetz, Konsumkreditgesetz, Fusionsgesetz). Diese «definitions», die gerade der Vermeidung von

Auslegungsschwierigkeiten dienen, gehen selbstverständlich einem anderen allgemeinen Sprachgebrauch vor. Man kann sie mit KRAMER auch als «authentische Vertragsinterpretation» bezeichnen (BK-KRAMER, N 25).

21 – Ähnlich verhält es sich, wenn die Vertragsbeteiligten einem spezifischen **Berufs- oder Lebenskreis** angehören. Dieses Sprachverständnis hat dann Vorrang vor dem allgemeinen, das gilt z.B. bei der Verwendung von *technischen Ausdrücken* oder etwa im Bereich des Bankgeschäftes beim Gebrauch *bankspezifischer Fachausdrücke* (z.B. BGE 119 II 345; 94 II 159; SJZ 1995, 54 f., «unbezahlter Check»; BK-KRAMER, N 23; ZK-JÄGGI/GAUCH, N 349; ZK-SCHÖNENBERGER/JÄGGI, Art. 1 OR N 260; GAUCH/SCHLUEP/SCHMID/EMMENEGGER, N 1208; CR CO I-WINIGER, N 27).

22 – Das Gleiche gilt prinzipiell für die Verwendung **juristischer Fachausdrücke** (zurückhaltend indes CR CO I-WINIGER, N 29). Den objektiven juristischen Sinn der verwendeten Ausdrücke muss sich entgegenhalten lassen, wer über eine in der Schweiz erworbene juristische Ausbildung verfügt oder beim Vertragsabschluss von einer solchen Person beraten wurde, sofern feststeht, dass diese den Sinn der verwendeten Begriffe klar gemacht hat (BGer, 21.11.2007, 4A_316/2007, E. 3.2). Sind die verwendeten Begriffe von vornherein nicht eindeutig, so müssen sie wiederum mit Hilfe anderer Auslegungsmittel präzisiert werden (Schulbeispiel dafür ist der «Rücktritt vom Vertrag gemäss Art. 107 OR», vgl. dazu Art. 107 N 15 m.Nw.; ausserdem BGE 132 III 24; BGer, 9.12.2004, 4C.301/2004, «Altlast» [s. N 9] und BGE 126 III 120, «Akontozahlung», dazu WIEGAND, ZBJV 2002, 317, sowie BGE 119 II 372, «aussichtslos»; BGE 113 II 438, «Unlimited Guaranty»; BGE 110 II 146 f. = Pra 1984, 567, «réalisation [. . .] par l'acheteur»; BGE 94 II 99, «Miteigentum»; ZR 1986, 82 ff., «Vormietrecht»; BJM 1984, 72, «Mietvertrag»; BK-KRAMER, N 24; ZK-JÄGGI/GAUCH, N 350; GAUCH/SCHLUEP/SCHMID/EMMENEGGER, N 1209). Bei juristischen Begriffen ist das BGer jedoch grundsätzlich zurückhaltend. Es misst ihrer Verwendung keine allzu grosse Bedeutung bei (BGE 129 III 707; BGer, 10.12.2002, 4C.154/2002, E. 3); dies gilt erst recht, wenn Parteien schweizerische Rechtsbegriffe verwenden (BGE 125 III 308; dazu WIEGAND, ZBJV 2001, 110 ff.).

23 Bei der Verwendung einer *Fachsprache hat diese jedoch generell nur dann Vorrang*, wenn alle Vertragsbeteiligten diese Fachsprache kennen und man vom richtigen Verständnis ausgehen kann (BGE 122 III 429). Ist dies nicht der Fall, bleibt der allgemeine Sprachgebrauch massgebend, so dass sich sehr häufig ein übereinstimmender *wirklicher* Wille nicht ermitteln lässt (BGE 113 II 437; 104 II 283; 97 II 74; 82 II 445; BK-MERZ, Art. 2 ZGB N 151). In Betracht kommt dann allenfalls ein normativer Konsens (dazu N 43).

24 Wichtiger als diese einzelnen Interpretationsmaximen ist folgender Grundsatz: Massgeblich für die Bedeutung eines Wortes ist weniger dessen unmittelbarer Wortsinn als seine Stellung im Kontext und wiederum dessen Stellung im Gesamtkonzept des Vertrages. Man spricht in diesem Zusammenhang auch vom **systematischen Element** der Auslegung (dazu auch N 38; sowie BGer, 30.9.2013, 4A_220/2013, E. 4.4.5 – ausdrückliche Erwähnung der systematischen Auslegung; BGer, 27.11.2012, 4A_71/2012, E. 5.1; v. 12.12.2003, 4C.283/2003 und BGE 133 III 409; 132 III 28; 122 III 122; 117 II 622 und 278; 113 II 49; 101 II 325; 95 II 437; BK-KRAMER, N 26; ZK-JÄGGI/GAUCH, N 351 f., 430 ff.; GAUCH/SCHLUEP/SCHMID/EMMENEGGER, N 1210).

25 Der **Wortlaut bildet die Grundlage, aber nicht die Grenze der Auslegung**, d.h., dass selbst bei einem eindeutigen Auslegungsergebnis zu prüfen ist, ob der ermittelte Wortsinn nicht durch andere Indizien in Frage gestellt oder ausgeschlossen wird. In einer Reihe von neueren Entscheiden hat das BGer klargestellt, dass die sog. *Eindeutigkeitsregel*, wonach sich bei klarem Vertragswortlaut jede weitere Auslegung erübrige (vom französischen Recht geprägte *sens clair*-Doktrin, vgl. BGE 111 II 287 und 99 II 285), abzulehnen sei. Der klare Wortsinn allein sei für die Vertragsauslegung nicht massgebend, da eine reine Buchstabenauslegung (vgl. N 37) nicht statthaft sei, so das BGer (BGE 131 III 287 = Pra 2006, 62; BGE 127 III

444; ähnlich schon BGer in ZBJV 1995, 241 dazu WIEGAND, recht 2002, 200 und ZBJV 2003, 812; seither vielfach bestätigt: BGer, 14.12.2011, 5A_677/2011, E. 3.2; v. 31.5.2011, 4A_370/2010, E. 5.3; BGE 128 III 212; BGer, 24.10.2002, 5C.87/2002, E. 2.2; vgl. auch BK-KRAMER, N 47; ZK-JÄGGI/GAUCH, N 368; GAUCH, Auslegung, 216 f.; BUCHER, AT, 183; SCHWENZER, N 33.04; ZELLER, Auslegung, § 8 N 191 f. und § 11 N 130). Ein Abweichen vom wortlautbezogenen Sinn des vereinbarten Texts ist hingegen nicht angebracht, wenn es keine ernsthaften Gründe zur Annahme gibt, dass er nicht ihrem Willen entspricht (vgl. BGE 136 III 188 E. 3.2.1: «Il n'y a cependant pas lieu de s'écarter du sens littéral du texte adopté par les intéressés lorsqu'il n'existe aucune raison sérieuse de penser qu'il ne correspond pas à leur volonté»). In bestimmten Bereichen ist ausschliesslich auf den Wortlaut abzustellen (BGE 138 III 241 E. 3.4, Auslegung einer Garantieklausel). Umgekehrt kann das Ergebnis der Wortlautauslegung dazu führen, dass ein klares Resultat nicht ermittelt werden kann. In beiden Fällen ist deshalb auf weitere Auslegungsmittel zurückzugreifen.

b) Weitere (ergänzende) Auslegungsmittel

Als **weiteres** oder **ergänzendes Mittel zur Auslegung** von Verträgen gilt alles, was geeignet ist, zur Feststellung des wirklichen Willens der Parteien bei Vertragsabschluss beizutragen (ZK-JÄGGI/GAUCH, N 354 ff.; CHK-KUT, N 13; Handkomm-OR-KREN KOSTKIEWICZ, N 11). Auf exemplarische Weise hat das BGer dies so beschrieben: «Wie die im Vertrag niedergelegte Willensäusserung zu verstehen ist, muss daher durch Auslegung ermittelt werden. Welchen Sinn sie hat, beurteilt sich nicht bloss nach ihrem Wortlaut, sondern auch nach dem Zusammenhang, in dem die Äusserung steht, und nach den gesamten Umständen, unter denen sie abgegeben ist.» (BGE 101 II 325; vgl. auch BGer, 7.4.2009, 4A_39/2009; v. 6.6.2002, 5C.53/2002; BGE 126 III 120; 125 III 437; 115 II 268; 113 II 51; 95 II 437). Auch hier besteht eine weitgehende Übereinstimmung mit international anerkannten Prinzipien, so bestimmt etwa Art. 8 Abs. 3 WKR: «Um den Willen einer Partei oder die Auffassung festzustellen, die eine vernünftige Person gehabt hätte, sind alle erheblichen Umstände zu berücksichtigen, insb. die Verhandlungen zwischen den Parteien, die zwischen ihnen entstandenen Gepflogenheiten, die Gebräuche und das spätere Verhalten der Parteien.» (dazu BGer, 23.9.2013, 4A_264/2013, E. 3.3.2; vgl. auch PECL Art. 5: 102; s.a. N 147). Die im Folgenden angeführten weiteren Auslegungsmittel sind deshalb nur als eine *beispielhafte Aufzählung* zu betrachten (vgl. dazu auch BK-KRAMER, N 27 ff.; ZK-JÄGGI/GAUCH, N 355 ff.; GAUCH/SCHLUEP/SCHMID/EMMENEGGER, N 1212 ff.). 26

aa) Entstehungsgeschichte des Vertrages

Die dem Vertrag vorausgehenden Verhandlungen und dabei entstandene Materialien (Entwürfe etc.) bilden ein wichtiges Erkenntnismittel für die Deutung des später geschlossenen Vertrages. Dabei ist freilich zu berücksichtigen, dass die Parteien bis zur endgültigen Abfassung ihre Meinung geändert haben können. Gleichwohl bildet diese «historische Auslegung» eine der wichtigsten Erkenntnisquellen (BK-KRAMER, N 27; BGer, 7.9.2009, 4A_149/2009, E. 7.3; v. 12.7.2006, 4C.216/2005, E. 2.3; BGE 131 III 377; 126 III 67 und 379 f.; 114 II 267; 94 II 125 = Pra 1968, 518 f.; BGE 72 II 35; 40 II 155; ZR 1982, 121 f.). 27

bb) Begleitumstände

Als wesentliches Kriterium zur Ermittlung des Vertragswillens gelten die Umstände des Vertragsschlusses, insb. *Ort und Zeit* (z.B. BGer, 10.2.2011, 4A_517/2011, E. 1.3; BGE 133 III 409 [Erbvertragsklausel]; BGer, 7.6.2012, 5A_88/2012, E. 3.2.1; BGE 113 II 51; 107 II 476, 418; 106 II 230; 72 II 35). 28

cc) Verhalten der Parteien vor und nach Vertragsabschluss

29 Das Verhalten der Parteien *vor* Vertragsschluss deckt sich im Wesentlichen mit dem Kriterium der Entstehungsgeschichte (N 27). Neben Vertragsverhandlungen, Vertragsentwürfen und sonstigen Materialien ist aber auch das tatsächliche Verhalten der Parteien als Indiz für die Willenshaltung von Bedeutung (BGE 132 V 293 = Pra 2007, 821; 133 III 67; 132 III 272). Das Verhalten *nach* Vertragsschluss ist nur insofern zu berücksichtigen, als daraus Rückschlüsse auf die Willenslage bei Vertragsschluss zu ziehen sind; in diesem Zusammenhang werden insb. Erfüllungshandlungen der Parteien, Geltenlassen des Vertrages sowie die gesamte Art und Weise der Vertragsabwicklung genannt (BGer, 20.6.2003, 4C.100/2003, E. 2.2; v. 26.8.2013, 5A_878/2012, E. 5.1.1 «Les circonstances survenues postérieurement à la conclusion du contrat, notamment le comportement des parties, constituent un indice de la volonté réelle des parties»; ausserdem BGer, 27.7.2011, 5A_44/2011, E. 5.2.1; v. 12.2.2009, 5A_654/2008, E. 4.3; BGE 117 II 265; 112 II 333; 111 II 294 = Pra 1986, 115; BGE 109 II 224 = Pra 1984, 32; BGE 107 II 418; 101 II 326; 99 II 322; 99 II 307 = Pra 1974, 102; BGE 95 II 322; ZR 1982, 122). Dabei ist freilich zu beachten, dass dieses Verhalten auch auf einem seit Vertragsschluss andauernden Missverständnis beruhen kann. Das Resultat der Auslegung mit diesem Mittel führt nach der Rechtsprechung zur Feststellung des *wirklichen* Willens, bei der objektivierten Auslegung ist nachträgliches Parteiverhalten daher «nicht von Bedeutung; es kann allenfalls auf einen tatsächlichen Willen der Parteien schliessen lassen» (BGer, 17.9.2014, 5A_452/2014, E. 2.1; v. 2.10.2013, 4A_305/2013, E. 3.2; BGE 132 III 632).

dd) Vertragszweck

30 Bei der Ermittlung des Parteiwillens spielt der *Vertragszweck* eine entscheidende Rolle. Er entspricht der teleologischen Auslegung bei der Interpretation von Gesetzen. Wie dort muss vielfach der Zweck selbst erst durch Auslegung ermittelt werden. Dies geschieht v.a. durch Rückgriff auf die *Interessenlage der Parteien* und weitere erkennbare Motive, die für den Abschluss des Vertrages massgebend waren (eingehend ZK-Jäggi/Gauch, N 370 ff.; BK-Kramer, N 35 ff.; z.B. BGer, 14.4.2014 2014, 5A_599/2013, E. 4.3; v. 2.10.2014, 5A_449/2014, E. 2.2; v. 9.11.2011, 4A_356/2011, E. 6.5; BGE 119 II 373; 118 II 162; 115 II 488; 109 II 25; 101 II 280; 89 II 130; 72 II 36; s.a. N 36). Der Richter muss mit Hilfe dieser und aller vorerwähnten Auslegungsmittel versuchen, den von den Parteien verfolgten Zweck zu ermitteln (BGE 114 II 267; 111 II 293 = Pra 1986, 114 f.; BGE 106 II 317 f.; ZR 1986, 31; 1982, 122; BJM 1991, 90). Dabei ist zu berücksichtigen, dass in der Mehrzahl der Verträge die Parteien an sich widerstreitende Interessen durchzusetzen versuchen. Der Vertragszweck besteht deshalb i.d.R. in einem Ausgleich dieser Interessen. Lässt sich ein solches gemeinsames Verständnis ermitteln, so bildet der Vertragszweck eine wichtige Erkenntnisquelle für die Auslegung, die sogar dazu führen kann, dass der Vertrag entgegen seinem klaren Wortlaut auszulegen ist. Vielfach wird sich jedoch zeigen, dass wegen der unterschiedlichen Interessenlage eine solche Gemeinsamkeit gerade nicht bestand (zu den Konsequenzen s. N 41 ff.).

ee) Verkehrssitte und Usanzen

31 Sofern das Gesetz oder die Parteien selbst auf Usanzen, Handelsbräuche oder Verkehrssitten verweisen, werden diese Vertragsinhalt (Bucher, AT, 188 f.; Gauch/Schluep/Schmid/Emmenegger, N 1218 f.). Ist das nicht der Fall, so kommt ihnen nur die Funktion eines Auslegungsmittels zu (so ausdrücklich BGE 91 II 358; 86 II 257; vgl. auch BGE 115 II 64 zur Konkretisierung der vertraglich geschuldeten Sorgfalt: «Bestehen für eine Berufsart oder ein bestimmtes Gewerbe allgemein befolgte Verhaltensregeln und Usanzen, können sie bei der Bestimmung des Sorgfaltsmasses herangezogen werden.»; BGer, 5.3.2014, 4A_364/2013, E. 6.1). Immerhin haben Usanzen und Verkehrssitten in weiten Teilen des Rechtsverkehrs erhebliches Gewicht. Deshalb besteht eine gewisse Vermutung dafür, dass branchenkundige Parteien verwendete Begriffe oder gar Handelsklauseln im branchenüblichen Sinne verstanden haben (z.B. Incoterms; BGE 107 II 196 = SJ 1982, 1 ff.; BGE 43 II 174; ZR 1960, 302 ff.; SJZ 1948, 179 f.; 1921/22, 157 und 106; 1919/20, 271; weitere Bsp. bei BK-Kramer, N 31 ff.; vgl. auch CR CO I-Winiger, N 36 m.Hw. auf die Richtlinien der Schweizerischen Bankiervereinigung, die allerdings manchmal von einem recht einseitigen Blickwinkel geprägt sind und deshalb nicht ohne weiteres als Ausdruck der Verkehrssitte verstanden werden sollten).

3. Auslegungsregeln

Unter dem Schlagwort **Auslegungsregeln** werden Grundsätze zusammengefasst, die dem Richter bei der Ermittlung des Parteiwillens helfen sollen. Dabei sind zwei völlig unterschiedliche Arten von Regeln zu unterscheiden. Zum einen enthält das Gesetz selbst Regeln, die auf bestimmte Situationen zugeschnitten sind. Als Auslegungsregeln werden aber auch Grundsätze verstanden, die sich aufgrund historischer Tradition, Erfahrung und konstanter Rsp. entwickelt haben. Das ausländische Recht enthält z.T. auch ausdrückliche Bestimmungen, die diesen im Folgenden dargestellten Regeln entsprechen (so etwa §§ 133 und 157 BGB, §§ 914–916 ABGB, art. 1156 ff. CC fr. und art. 1362 ff. CC it.). Die meisten dieser Regeln basieren auf den grundlegenden Auslegungsprinzipien des römischen Rechts (s.a. N 147). **32**

a) Gesetzliche Auslegungsregeln

Für bestimmte Konstellationen stellt der *Gesetzgeber* Auslegungsregeln auf. Sie können sich auf den Sinn von Worten (Art. 76, 189 Abs. 1), vertragliche Bestimmungen (Art. 16 Abs. 1, Art. 77, 170 Abs. 3, Art. 220, 543 Abs. 3) oder generell ein bestimmtes Verhalten (Art. 481 Abs. 2) beziehen. Diese Regeln kommen zur Anwendung, wenn sich nicht ermitteln lässt, welche Vorstellungen die Parteien hatten. Die herrschende Auffassung betrachtet sie als Vermutungen (Nw. ZK-Jäggi/Gauch, N 412; CHK-Kut, N 16; dagegen zu Recht BK-Walter, Art. 8 ZGB N 403 und wohl auch BK-Kramer, N 49). **33**

b) Generelle Auslegungsregeln

Neben diesen gesetzlich vorgesehenen Auslegungsregeln haben *Rsp. und Doktrin* eine Reihe von Interpretationsregeln entwickelt, die historisch vorgeformt und durch den «grossen Schatz von Erfahrungen» (Oftinger, ZSR 1939, 182 f.) geprägt worden sind. Als solche Regeln werden üblicherweise genannt: **34**

aa) Auslegung nach Treu und Glauben

Als wichtigster Grundsatz der Vertragsauslegung wird die Interpretation des Vertrages nach dem *Prinzip von Treu und Glauben* genannt (BGE 116 II 347 = Pra 1991, 967; BGE 111 II 293 = Pra 1986, 113 ff.; BGE 107 II 163; 105 II 16; 99 II 294; 88 II 504; 87 II 95; ZR 1984, 32; ZK-Jäggi/Gauch, N 419 ff.; BK-Merz, Art. 2 ZGB N 119 ff.; Bucher, AT, 186; Gauch/Schluep/Schmid/Emmenegger, N 1224 ff.; vgl. auch § 157 BGB: «Verträge sind so auszulegen, wie Treu und Glauben mit Rücksicht auf die Verkehrssitte es erfordern.»). Diese Auslegung ist nicht identisch mit derjenigen der Willenserklärungen nach dem Vertrauensprinzip (s. N 14), überschneidet sich aber mit dieser (BGE 132 III 28; 127 III 444; 126 III 120; 118 II 366; 118 II 344 = Pra 1993, 802; BGE 117 II 492 und 278 f.; 116 II 431; 113 II 50; 108 II 542; 105 II 18; 87 II 95; s.a. N 14). **35**

bb) Massgebender Zeitpunkt

Die Auslegung erfolgt *ex tunc*, d.h., es ist auf den Zeitpunkt des Vertragsschlusses abzustellen. Der Richter darf nur solche Umstände zur Auslegung heranziehen, aus denen sich Schlüsse auf die seinerzeitige Willenslage ziehen lassen (BGE 57 II 452; 46 II 461). Mit dieser Massgabe gilt das natürlich auch für das Verhalten nach Vertragsschluss (dazu N 29; vgl. **36** auch BGer, 9.4.2013, 4A_627/2012 und 4A_629/2012, E. 8; BGE 113 II 51; 107 II 418; BK-Kramer, N 18; ZK-Jäggi/Gauch, N 299, 331; Bucher, AT, 184; Gauch/Schluep/Schmid/Emmenegger, N 1223).

cc) Verbot der Buchstabenauslegung

37 Bei der Ermittlung des wirklichen Parteiwillens darf der Richter nicht beim Wortlaut stehen bleiben. Insbesondere darf er die Worte *nicht formalistisch oder rein grammatikalisch* interpretieren. Man spricht in diesem Zusammenhang vom Verbot der Buchstabenauslegung (vgl. BGE 135 III 302; 127 III 445, «l'interpretation purement littérale est prohibée», BGer, 7.7.2014, 4A_124/2014, E. 3.4.1; v. 10.1.2014, 5A_59/2013, E. 5.3.1; v. 14.12.2011, 5A_677/2011, E. 3.2; v. 31.5.2011, 4A_370/2010, E. 5.3; v. 10.1.2005, 4P.235/2004, E. 3.4; sowie ZK-Jäggi/Gauch, N 427 ff.; BK-Merz, Art. 2 ZGB N 122; Gauch/Schluep/Schmid/Emmenegger, N 1228 m.Nw.).

dd) Systematische oder ganzheitliche Auslegung

38 Dieser schon bei den Auslegungsmitteln (s. N 24) erwähnte Grundsatz besagt, dass bei der Interpretation einzelner Worte oder Sätze immer die *Gesamtheit der vertraglichen Regelungen* berücksichtigt werden muss (z.B. BGer, 2.10.2014, 5A_449/2014, E. 2.2.3; v. 30.10.2012, 5A_530/2012, E. 3.1; BGE 128 III 267, «Den wahren Sinn einer Vertragsklausel erschliesst zudem erst der Gesamtzusammenhang, in dem sie steht»; 123 III 168, «Dabei ist stets der Gesamtzusammenhang im Auge zu behalten»; BGer, 10.1.2005, 4P.235/2004, E. 3.4, «ganzheitliche Auslegung»; BK-Kramer, N 35; ZK-Jäggi/Gauch, N 351, 430 ff.; Gauch/Schluep/Schmid/Emmenegger, N 1229). Das Vorgehen entspricht der systematischen Gesetzesauslegung. Führt die Auslegung zu einem Widerspruch zwischen einzelnen Vertragsbestimmungen (*Perplexität*, zu diesem in der deutschen Doktrin entwickelten Begriff BK-Kramer, N 42 sowie BGHZ 20, 109 f.), folgt daraus nicht notwendig die Unwirksamkeit der Klausel oder gar des Vertrages. Eine Unwirksamkeit der sich widersprechenden Willenserklärungen kommt nur, aber immerhin dann in Betracht, wenn die Widersprüche nicht durch eine harmonisierende Auslegung beseitigt werden können (ZK-Jäggi/Gauch, N 433). Dies wird etwa angenommen, wenn der Verkäufer eine Eigenschaft zusichert, zugleich aber die Gewährleistung ausschliesst (BGE 109 II 24; anders noch BGE 73 II 223; vgl. auch ZR 1986, 31 und BGer, 19.11.2014, 4A_353/2014, E. 1.3.1).

Das Postulat der ganzheitlichen Auslegung bezieht sich nicht nur auf Widersprüchlichkeit einzelner Bestimmungen, sondern auch auf Wertungswidersprüche. Daraus ergibt sich etwa die Annahme, dass ein vertraglicher Haftungsausschluss auch die deliktische Haftung umfasst (so im Anschluss an BGE 107 II 168; BK-Kramer, N 43; vgl. auch BGE 120 II 61).

ee) Gesetzeskonforme Auslegung

39 Hierunter versteht man den Grundsatz, dass vom *dispositiven Recht* abweichende Bestimmungen *restriktiv* auszulegen sind (BGE 115 II 268). Will eine Partei von dispositiven Normen abweichen, so hat sie dies mit hinreichender Deutlichkeit zum Ausdruck zu bringen (BGer, 24.5.2012, 5A_865/2011, E. 3.2; v. 7.6.2012, 5A_88/2012, E. 3.2.1; v. 7.4.2009, 4A_39/2009, E. 3.4; v. 24.10.2002, 5C.87/2002, E. 2.2; v. 29.10.2002, 5C.36/2001, E. 2.4; BGE 122 III 121; 119 II 372; 117 II 621; 115 II 268; 113 II 51; BK-Kramer, N 48; ZK-Jäggi/Gauch, N 447; Bucher, AT, 157 f.; Gauch/Schluep/Schmid/Emmenegger, N 1230).

ff) Regeln für Zweifelsfälle

40 Nur wenn die primären und ergänzenden Auslegungsmittel zu keinem eindeutigen Ergebnis führen, finden die folgenden Regeln Anwendung (subsidiärer Charakter; zum Ganzen ZK-Jäggi/Gauch, N 440 ff.):

- *favor negotii*: Bei mehreren vertretbaren Auslegungsvarianten ist diejenige massgebend, die den Vertrag nicht ungültig oder unvernünftig macht (BGer, 17.10.2014, 5A_140/2014, E. 2.1; v. 11.2.2010, 4A_575/2009, E. 2.2; v. 12.5.2009, 4A_551/2008, E. 5.2; BGE 120 II 40 = Pra 1995, 474 f.; BGE 117 II 621; 115 II 268; 113 II 51; 110 II 160 = Pra 1984, 663; BGE 99 II 274). Es gilt die Vermutung, dass die Parteien den Vertrag effektiv gewollt haben und zwar in einer vernünftigen Form. Haben die Parteien aber unzweifelhaft einen ungültigen oder unvernünftigen Vertrag geschlossen, so darf er nicht mittels Auslegung «korrigiert» werden.
- *in dubio contra stipulatorem (Unklarheitenregel)*: Hat eine Vertragspartei (bzw. ihre Hilfsperson oder ihr Vertreter) eine unklare Vertragsbestimmung verfasst, welche mindestens zwei vertretbare Deutungen zulässt, so hat sie als Konsequenz die für sie ungünstigere Auslegung hinzunehmen (z.B. BGer, 9.7.2014, 4A_90/2014, E. 3.2.2; v. 2.4.2014, 4A_517/2013, E. 4; BGE 132 III 267; 119 II 373; 118 II 344; 117 II 622; 115 II 479, 268 m.Nw.; vgl. auch BGE 99 II 290). Diese Regel findet hauptsächlich im Bereich der vorformulierten Vertragsbestimmungen (v.a. Allgemeine Geschäftsbedingungen) ihre Anwendung (ausführlich ZK-Jäggi/Gauch, N 459; s.a. N 55; ferner CR CO I-Winiger, N 50 ff.).
- *in dubio mitius; favor debitoris*: Die Regel, wonach im Zweifelsfall die für den Schuldner weniger belastende Auslegung gelten soll, ist umstritten (befürwortend ZK-Jäggi/Gauch, N 448 ff.; Gauch/Schluep/Schmid/Emmenegger, N 1235; **abl.** BK-Kramer, N 48 m.Nw.; Zeller, Auslegung, § 11 N 124; vgl. auch BGE 113 II 441).

IV. Ergebnis der Auslegung und prozessuale Behandlung

41 a) Die Auslegung kann zu dem Ergebnis führen, dass zwischen den Parteien ein *tatsächlicher Konsens* bestand oder dass eine *Willensübereinstimmung nicht zustande gekommen* ist. Bei beiden Möglichkeiten gibt es wiederum je zwei Varianten, auf die bereits mehrfach hingewiesen worden ist. Hier geht es v.a. darum, die prozessualen Konsequenzen aufzuzeigen, die sich aus dem Auslegungsresultat ergeben.

42 b) Die **Willensübereinstimmung** zwischen den Parteien kann auf zweierlei Weise ermittelt werden:

aa) Wird im Wege der **empirischen Auslegung** festgestellt, dass zwischen den Parteien eine *wirkliche Willensübereinstimmung* bestand, so liegt ein *natürlicher* bzw. *tatsächlicher Konsens* vor (s. N 11). Die Bezeichnung «tatsächlicher Konsens» ist insofern signifikanter, als sie bereits andeutet, dass es sich hier um die Feststellung von Tatsachen handelt. Nach konstanter Rsp. des BGer beruht die Ermittlung des wirklichen Willens durch empirische Auslegung auf Beweiswürdigung und enthält eine Tatsachenfeststellung der Vorinstanz, an die das BGer gebunden ist (zuletzt etwa BGer, 18.9.2014, 4A_270/2014, E. 4.2; v. 16.9.2014, 4A_166/2014, E. 2.2.1; BGE 138 III 659; 133 III 682 = Pra 2008, 637; BGE 132 III 28; BGer, 29.8.2005, 4C.108/2004, E. 2; v. 18.5.2004, 4C.103/2004, E. 2.2; sowie BGE 126 III 29, 59 und 379; s.a. N 15).

bb) Bei der **objektivierten Auslegung** ist der *tatsächliche Wille nicht feststellbar*. Die Auslegung führt jedoch auch hier zu einem *Konsens*, in dem darauf abgestellt wird, was vernünftige Parteien unter dem verwendeten Begriff verstanden hätten (vgl. N 11 ff. und insb. die Formulierung von Art. 8 Abs. 2 WKR [N 13]). Das BGer betrachtet diese Form der Auslegung von Verträgen als Rechtsfrage, die im Berufungsverfahren der freien Überprüfung unterliegt

(BGer, 18.6.2014, 4A_159/2014, E. 4.4; BGE 126 III 379 m.Nw.; 126 III 120; 125 III 436; 125 III 266; 123 III 39; 121 III 118; 118 II 365; 117 II 278; 116 II 263; 115 II 269; 113 II 50; 107 II 163 sowie die unter aa) genannten Entscheide).

cc) Im Hinblick auf den bereits erwähnten Umstand, dass eine wirklich überzeugende Abgrenzung zwischen empirischer und objektivierter Auslegung schwerlich möglich ist, ist die unterschiedliche Behandlung der beiden Auslegungsarten kaum zu rechtfertigen (N 14). Das BGer hält jedoch trotz der in der Literatur geäusserten Kritik (BK-Kramer, N 74 ff.) an dieser Unterscheidung fest (BGE 133 III 681 = Pra 2008, 437; BGE 118 II 366). Dabei ist freilich zu beachten, dass die Übergänge fliessend sind: So beruht auch die objektivierte Vertragsauslegung auf tatsächlichen Feststellungen, an die das BGer gebunden ist (BGer, 24.4.2007, 4C./2/2007, E. 2.2; v. 31.8.2006, 4C.157/2006, E. 2.1), andrerseits werden die Auslegungsmittel, die an sich für die Beweisebene (empirische Auslegung) entwickelt und auf diese zugeschnitten sind, auch bei der objektivierten Auslegung verwendet.

43 c) Führt die Auslegung zu dem Resultat, dass ein **übereinstimmender Wille nicht bestand**, so ergeben sich wiederum zwei Möglichkeiten:

aa) Die Auslegung der Willenserklärung nach dem Vertrauensprinzip kann dazu führen, dass zwischen den Parteien ein sog. *rechtlicher* oder *normativer Konsens* bestand (dazu N 8; Art. 18 bezieht sich nicht auf diesen Fall).

bb) Die Auslegung kann schliesslich auch zu dem Ergebnis führen, dass zwischen den Parteien überhaupt kein Konsens bestand. Dann liegt *Dissens* vor, und ein Vertrag ist nicht zustande gekommen. Der Dissens ist weder in Art. 18 noch sonst wo im schweizerischen Recht geregelt (vgl. dazu BK-Kramer, N 67 und Art. 1 N 137).

cc) Bezüglich der prozessualen Behandlung gilt hier das Gleiche: Dass die Ermittlung des normativen Konsenses nach dem Vertrauensprinzip eine Rechtsfrage ist und infolgedessen der uneingeschränkten Überprüfung durch das BGer unterliegt, ist unbestritten (BK-Kramer, N 80 m.Nw.) und praktisch in allen der zuvor zitierten Entscheide festgehalten worden. Die Feststellung des Dissenses wird wie diejenige der wirklichen Willensübereinstimmung als *Tatfrage* betrachtet. Auch hier sind bezüglich der Möglichkeit einer sachgerechten Abgrenzung und deren Berechtigung dieselben Zweifel angebracht wie bei der Abgrenzung zwischen empirischer und objektivierter Auslegung (N 42).

V. Fälle des Art. 18 Abs. 1

1. Gemeinsame Voraussetzungen

44 a) Abs. 1 behandelt zwei Fälle, bei denen eine *Diskrepanz zwischen dem Wortlaut der Erklärungen und dem wirklichen Willen der Vertragsparteien* vorliegt (vgl. schon N 1). Diese Nichtübereinstimmung von Willen und Erklärungen wird grundsätzlich für unbeachtlich gehalten, wenn und soweit der wirkliche Wille der Parteien übereinstimmt. Dieser im Rechtssprichwort «falsa demonstratio non nocet» (vgl. insb. zur geschichtlichen Entwicklung Wieling, AcP 1972, 298 ff. und JZ 1983, 760 ff.) zusammengefasste Grundsatz gilt an sich für alle Fälle, in denen es zu einer derartigen Diskrepanz von Wille und Erklärung kommt. Traditionellerweise wird aber zwischen zwei Fallgestaltungen unterschieden, wie dies auch in Art. 18 Abs. 1 geschieht: Beruht die Inkongruenz von Wille und Erklärung auf einem gemeinsamen Missverständnis der Parteien, so spricht man im engeren Sinne von einer *falsa demonstratio* (N 46 ff.). Haben die Parteien die falsche Bezeichnung bewusst gebraucht, um «die wahre Beschaffenheit des Vertrages zu verbergen», so ordnet man diese Fälle, obwohl es sich ebenfalls um eine falsa demonstratio handelt, unter den Begriff der *Simulation*. Dabei ist freilich darauf hinzuweisen, dass Art. 18 Abs. 1 nur einen Spezialfall der Simulation betrifft, nämlich jenen, in dem neben dem simulierten auch ein dissimuliertes Rechtsgeschäft vorliegt

(N 50 ff.). Bei dieser Konstellation kommen die gleichen Grundsätze zur Anwendung wie bei der gewöhnlichen, nicht absichtlichen Falschbezeichnung.

b) Die *Voraussetzungen* sind infolgedessen in beiden Fällen weitgehend identisch: **45**

aa) Selbstverständlich muss ein **wirklich übereinstimmender Wille** der Parteien vorgelegen haben; inwieweit dies der Fall ist, muss nach den oben dargelegten Grundsätzen der Auslegung festgestellt werden.

bb) Es muss zwischen dem in der Erklärung zum Ausdruck gekommenen und dem wirklichen Willen eine **Diskrepanz** bestehen. Diese Diskrepanz ergibt sich daraus, dass die Parteien eine «unrichtige Bezeichnung oder Ausdrucksweise» gewählt haben. Damit ist gemeint, dass sie Begriffe verwenden, die allgemein anders verstanden werden. Das Gesetz geht dabei davon aus, dass es einen «unmittelbaren Wortsinn» gibt (BGE 63 II 8). Es liegt auf der Hand, dass diese Annahme einer kritischen wissenschaftstheoretischen Überprüfung nicht standhält, und es ist ebenso klar, dass die Abgrenzung zwischen irrtümlich und absichtlich falsch gewählten Bezeichnungen nur schwer möglich ist. Da dies alles jedoch hinsichtlich der in Abs. 1 ausgesprochenen Rechtsfolge keinerlei Konsequenzen hat, wird im Folgenden an den traditionellen Kategorien festgehalten.

2. Gemeinsames Missverständnis der Parteien (falsa demonstratio)

a) Tatbestand

aa) Die Nichtübereinstimmung von Bezeichnung und Willen kann auf einem **gemeinsamen Missverständnis** der Parteien beruhen, das gelegentlich auch als «Irrtum» bezeichnet wird. Im Gegensatz zu dem in Art. 23 ff. geregelten Irrtum berührt die Falschbezeichnung nicht die Willensbildung. Die Parteien sind sich, was ja Voraussetzung für die Anwendung des Art. 18 Abs. 1 ist, über die angestrebten Rechtsfolgen einig. **46**

bb) In Betracht kommen etwa folgende Fälle: Die Parteien *versprechen oder verschreiben* sich in gleicher Weise, sie meinen z.B. übereinstimmend «VW Golf Jahrgang 1991», schreiben im Kaufvertrag aber versehentlich «1981». Ähnlich ist die Konstellation, in der sich die Parteien über die Art der Berechnung des Preises vollkommen einig sind, sich aber versehentlich *verrechnen*. In diesem Fall kommt die Sonderregel von Art. 24 Abs. 3 zur Geltung, wonach das falsche Resultat einfach zu berichtigen ist («Kalkulationsirrtum», BGE 116 II 687; BK-Kramer, N 85; vgl. auch BGE 119 II 341 = Pra 1994, 299 und BGer, 23.5.2014, 5A_99/2014, E. 4). Möglich ist auch, dass sich die Parteien gemeinsam bestimmter Worte oder Ausdrucksweisen bedienen, die *objektiv betrachtet einen ganz anderen Sinn* haben, als die Parteien meinen. Sie irren somit gemeinsam und übereinstimmend über den objektiven Sinngehalt ihrer Erklärungen. Dies kann bspw. der Fall sein, wenn sie ein *(Fremd-)Wort* übereinstimmend falsch verstehen (vgl. hier den in der Lehre viel zitierten Fall in RGZ 99, 147 ff.: beide Parteien sind sich einig über den Kauf einer Schiffsladung Walfischfleisch, nennen im Vertrag aber das Wort «Haakjöringsköd», was Haifischfleisch bedeutet), wenn sie einen *juristischen Sachverhalt* falsch qualifizieren (also z.B. einen Pachtvertrag schliessen wollen, statt dessen aber aus Unkenntnis «Mietvertrag» schreiben; vgl. z.B. BGE 115 II 355, «Zins»; BGE 76 II 157, «Garagenmiete») oder wenn sie ihren *Willen unvollständig äussern* (z.B. BGE 106 II 230). Der Richter hat die Rechtsnatur des Vereinbarten von Amtes wegen zu ermitteln und die Wirksamkeit des Vertrages nach den dann anwendbaren Regeln zu prüfen (so zu Recht BK-Kramer, N 84 m.Nw.; BGE 84 II 496). **47**

cc) Abs. 1 regelt auch den Fall, dass sich *nur eine Partei falscher Worte* bedient und der Vertragspartner diesen Irrtum zwar erkennt, den Vertrag aber, ohne den Kontrahenten darauf aufmerksam zu machen, in dessen Sinne abschliesst und so gelten lässt. Will er sich hingegen trotz erkanntem Irrtum auf den Wortlaut berufen, so verstösst er gegen Treu und Glauben, wobei hier Abs. 1 mangels natürlichen Konsenses gar nicht zur Anwendung gelangt, die Rechtsfolge aber identisch ist. **48**

b) Beweislast und Rechtsfolge

49 Wer den vom objektiven Verständnis – insb. vom Wortlaut – abweichenden («unrichtigen»), aber übereinstimmenden Willen der Parteien behauptet, hat ihn zu beweisen (BGer, 4.4.2014, 5A_914/2013, E. 2.1; v. 23.8.2013, 5A_323/2013, E. 2.1; BGE 121 III 123; 131 III 109; ZK-Jäggi/Gauch, N 33, 42, 46; BK-Kramer, N 102; CR CO I-Winiger, N 24).

Ist der tatsächliche übereinstimmende Wille bewiesen, so ist der Vertrag diesem subjektiven Willen entsprechend zustande gekommen. Der davon abweichende objektive Singgehalt bleibt unbeachtlich (falsa demonstratio non nocet; BGE 105 II 18; 83 II 280; vgl. auch BK-Kramer, N 83 ff.; ZK-Jäggi/Gauch, N 36 ff.).

3. Simulation

50 a) Entgegen dem Randtitel von Art. 18 ist dort die Simulation weder definiert noch geregelt. Das BGer hat den *«Begriff eines simulierten Rechtsgeschäftes im Sinne von Art. 18»* bei der Beurteilung eines Scheingebots bei einer Auktion folgendermassen definiert: «Ein solches Geschäft liegt vor, wenn beide Parteien darüber einig sind, dass die gegenseitigen Erklärungen nicht ihrem Willen entsprechende Rechtswirkungen haben sollen, weil sie entweder ein Vertragsverhältnis vortäuschen oder mit dem Scheingeschäft einen wirklich beabsichtigten Vertrag verdecken wollen.» (BGer, 6.11.2014, 4A_551/2014, E. 3.1; v. 31.10.2007, 5A_115/2007, E. 5.2; BGE 112 II 343; 123 IV 68; ausserdem 97 II 207).

Dabei unterscheidet man *drei Formen der Simulation*, die sog. **absolute** oder **reine Simulation**, bei der die Parteien sich darauf beschränken, ein Rechtsgeschäft vorzutäuschen; einen solchen Fall enthält Abs. 2 (s. N 126 ff.). Wollen die Parteien durch das vorgetäuschte ein anderes Rechtsgeschäft decken, so nennt man dieses das dissimulierte Rechtsgeschäft, und den Tatbestand bezeichnet man auch als **Dissimulation**. Diese kann in zwei Formen vorkommen, der sog. **Vollsimulation** (z.B. BGE 97 IV 212, vorgetäuschter Kaufvertrag) oder in der Form der **Teilsimulation** (so BGE 117 II 382), bei der nur eine oder einzelne Vertragsbestimmungen vorgetäuscht sind (Schulbeispiel: falsche Angaben über die vereinbarten Zinsen beim Darlehensvertrag zur Umgehung von Höchstzinsvorschriften).

51 b) Von diesen zuletzt genannten Fällen handelt Abs. 1 und bestimmt, dass auch in diesem Falle auf den wirklichen Willen der Parteien abzustellen ist. Dies besagt zweierlei: Das dissimulierte Rechtsgeschäft ist nicht deshalb ungültig, weil die Parteien ein anderes vorgetäuscht haben. Das heisst aber noch nicht, dass das dissimulierte Geschäft automatisch wirksam sei. Vielmehr ist jeweils im Einzelfall zu prüfen, ob bez. des wirklich Gewollten alle Voraussetzungen für den erforderlichen Konsens bestanden. Im Einzelnen gilt Folgendes:

Die Parteien müssen sich einig sein, dass die tatsächlich abgegebenen rechtsgeschäftlichen Erklärungen nur zum Schein abgegeben werden. Dadurch unterscheidet sich die Simulation von den im Gesetz nicht geregelten Fällen der *Mentalreservation*, dem sog. *geheimen Vorbehalt* und der *Scherzerklärung* (vgl. BGer, 16.2.2007, 5C.202/2006, E. 4.4.2; dazu Art. 1 N 11, sowie §§ 116 und 118 BGB). Dieses ausdrückliche oder stillschweigende Einverständnis über den Scheincharakter der abgegebenen Erklärung nennt man die **Simulationsabrede**. Mit ihr ist notwendigerweise eine Täuschungsabsicht verbunden (so zu Recht BK-Kramer, N 110; ZK-Jäggi/Gauch, N 106).

52 c) Die eigentlichen Probleme der in Art. 18 Abs. 1 geregelten Simulation betreffen nicht die Unwirksamkeit des simulierten, sondern die **Behandlung des dissimulierten Rechtsgeschäfts** sowie Abgrenzungsfragen. Dazu ist im Einzelnen folgendes zu bemerken:

– *Qualifizieren die Parteien einen Vertrag bewusst falsch*, um dessen wahre Rechtsnatur zu verbergen, z.B. als Auftrag statt als Arbeitsvertrag, als Miete statt als Pachtvertrag, so gilt das dissimulierte Rechtsgeschäft, sofern und soweit das Vereinbarte mit den Vorschriften des wirklich gewollten Vertragsverhältnisses vereinbar ist. Diese Frage sowie die rechtliche Qualifikation dessen, was wirklich vereinbart ist, prüft der Richter von Amtes wegen. Es kommen die gleichen Grundsätze zur Anwendung wie bei der irrtümlichen Falschbezeichnung eines Vertrages (dazu N 47 sowie BK-KRAMER, N 117; ZK-JÄGGI/GAUCH, N 213 ff.).

- Als besonders problematisch hat sich vielfach die Frage der *Gültigkeit des dissimulierten Geschäftes* erwiesen. Das gilt v.a. für die *Grundstückkaufverträge*, in denen ein falscher Preis angegeben wurde (Einzelheiten dazu Art. 11 N 16 ff. und Art. 216 N 11 ff.). Generell ist festzuhalten, dass bei Formbedürftigkeit des dissimulierten Rechtsgeschäfts die entsprechenden Vorschriften eingehalten sein müssen.
- Bei der sog. **Parteisimulation** wird das Geschäft zum Schein mit einer in Wahrheit nicht gewollten Partei abgeschlossen. Liegen bei der «verdeckten Partei» die sonstigen Vertragsvoraussetzungen vor, so ist das dissimulierte Geschäft mit dieser Partei wirksam (Einzelheiten dazu ZK-JÄGGI/GAUCH, N 160 ff.). Davon zu unterscheiden ist das Geschäft mit einem Strohmann, der wirklich Vertragspartei wird, aber fiduziarisch für einen anderen handelt.

Die Abgrenzung von simulierten und fiduziarischen Geschäften ist seit jeher umstritten und schwierig gewesen. Infolgedessen wird die Lehre vom fiduziarischen Rechtsgeschäft noch heute in den Kommentierungen zu Art. 18 behandelt, was auch hier geschieht (dazu N 140 ff.).

VI. Einzelfragen

1. Einseitige Willenserklärungen

a) Auf **einseitige empfangsbedürftige** (z.B. Gestaltungsrechte wie Kündigung und Rücktritt) und **nicht empfangsbedürftige Willenserklärungen** ist Art. 18 analog anwendbar (BGer, 9.4.2013, 4A_627/2012; 4A_629/2012; v. 28.1.2013, 4A_544/2012; BGE 115 II 329; 54 II 313; 49 II 35; BK-KRAMER, N 50, 92; CHK-KUT, N 2; teilweise abw. BK-HAUSHEER/AEBI, Art. 2 ZGB N 117 f.). 53

b) Für die Auslegung eines **Testaments** sahen das BGer und die ältere Lehre eine andere Auslegung vor: Ausserhalb der Testamentsurkunde liegende Beweismittel sollten nur zur Auslegung herangezogen werden, wenn der Wortlaut mehrdeutig war (z.B. BGE 117 II 142 ff. m.Nw.; BK-TUOR, Vor Art. 481 ZGB N 12 ff.; ZK-ESCHER, Einl. zum 14. Titel des ZGB N 13 f.). Für die *primär willenstheoretische Auslegung* (s. N 1) hat sich auch in diesem Fall die neuere Lehre ausgesprochen. Das BGer tendiert ebenfalls in diese Richtung, so zuletzt in BGer, 4.4.2014, 5A_914/2013, E. 2.1: «Das Testament stellt eine einseitige, nicht empfangsbedürftige Willenserklärung dar. Bei seiner Auslegung ist der wirkliche Wille des Erblassers zu ermitteln. Auszugehen ist vom Wortlaut. Ergibt dieser für sich selbst betrachtet eine klare Aussage, entfallen weitere Abklärungen. Sind dagegen die testamentarischen Anordnungen so formuliert, dass sie ebenso gut im einen wie im andern Sinne verstanden werden können, oder lassen sich mit guten Gründen mehrere Auslegungen vertreten, dürfen ausserhalb der Testamentsurkunde liegende Beweismittel zur Auslegung herangezogen werden. Stets hat es jedoch bei der willensorientierten Auslegung zu bleiben; eine Auslegung nach dem am Erklärungsempfänger orientierten Vertrauensprinzip fällt ausser Betracht.» (vgl. auch BGer, 26.5.2014, 5A_106/2014; v. 23.8.2013, 5A_323/2013; BGE 120 II 184; 124 III 412; erneut bestätigt in BGE 131 III 108; BK-KRAMER, N 53; PIOTET, Erbrecht, SPR IV/1, Basel 1978, 208; s.a. RASELLI, Erklärter oder wirklicher Wille des Erblassers?, AJP 1999, 1262 ff.; vgl. weiter BGE 118 II 288; 117 II 248, 145 ff.; 117 II 144; 116 II 126; 115 II 325 m.Nw.; 101 II 31; 83 II 427). Bemerkenswert ist dabei, dass das BGer jedenfalls für die Testamentsauslegung an der Eindeutigkeitsregel festzuhalten scheint. Wie sich diese testamentsrechtliche Rsp. zu den neueren Urteilen, in denen die Eindeutigkeitsregel aufgegeben wurde (s. N 25), verhält, bleibt einstweilen unklar.

c) Zur Auslegung einer **Auslobung** vgl. SJZ 1992, 254 ff.; BK-KRAMER, N 92; ZK-JÄGGI/GAUCH, N 82.

2. Formbedürftige Verträge

54 Bezüglich Auslegung besteht grundsätzlich kein Unterschied zwischen formfreien und **formbedürftigen Rechtsgeschäften**: «Die in Art. 18 Abs. 1 OR verankerte Auslegung nach dem Willensprinzip gilt uneingeschränkt auch für formbedürftige Verträge» (BGer, 12.8.2010, 4A_125/2010, E. 2.1). Auch bei ihnen ist der Wille der Parteien ohne Begrenzung durch den Vertragswortlaut zu erforschen und erst danach die Frage zu stellen, ob das Rechtsgeschäft den gesetzlichen Formvorschriften entspricht.» (So BGE 121 III 124; ausführlich bestätigt in BGer, 12.2.2002, 4C.298/2001: «Die Form bestimmt nicht die Auslegung, sondern die Gültigkeit des Rechtsgeschäfts. Eine Ungültigkeit ist erst dann gegeben, wenn der Geschäftswille nicht formgenüglich verurkundet ist.», bestätigt in BGer, 22.10.2007, 4A_309/2007; vgl. auch BGer, 6.7.2010, 4A_164/2010, E. 4.1; BK-KRAMER, N 59; BK-MERZ, Art. 2 ZGB N 163; ZK-JÄGGI/GAUCH, N 477 ff.; OFTINGER, ZSR 1939, 190; BUCHER, AT, 183). Die v.a. in Deutschland – und in der Schweiz teilweise bei der Testamentsauslegung – verbreitete *Andeutungstheorie* (WOLF/GENNA, SPR IV/1, 398 f.), wonach die Auslegung formbedürftiger Erklärungen eingeschränkt wird, ist für schweizerische Verhältnisse generell abzulehnen (ZK-JÄGGI/GAUCH, N 479 f.; BUCHER, AT, 183 f.; GAUCH/SCHLUEP/SCHMID/EMMENEGGER, N 1247; SCHWENZER, N 33.09; KRAMER, Methodenlehre, 84 f. mit FN 171; vgl. aber N 53 und die dort angeführten Entscheide sowie BGE 127 III 531 [dazu N 88], in dem die Frage ausdrücklich offen gelassen wird; jetzt aber endgültig abgelehnt in BGE 133 III 414).

3. Allgemeine Geschäftsbedingungen (AGB)

55 Auch die für eine unbestimmte Anzahl gleicher Verträge vorgeformten Bedingungen müssen individuell unter Berücksichtigung aller Umstände des Einzelfalls ausgelegt werden, wobei die allgemeinen Auslegungsregeln und -mittel massgebend sind (BGer, 15.7.2014, 4A_475/2013, E. 5.1; v. 1.3.2013, 4A_585/2012, E. 3; s. N 18 ff.), also insb. das Vertrauensprinzip, auf dem die Ungewöhnlichkeits- und die Unklarheitenregel beruhen (vgl. N 40 und Art. 1 N 58 ff. sowie KUKO OR-WIEGAND/HURNI, Art. 1 N 23 ff.). Dieselbe AGB-Bestimmung kann somit je nach konkretem Vertragsverhältnis einen unterschiedlichen Sinn haben. Der v.a. in Deutschland verbreitete Grundsatz *einheitlicher Auslegung*, wonach die AGB ohne Rücksicht auf den Einzelfall und die Vorstellungen der Parteien ausgelegt werden sollen (zuletzt in BGE 126 III 391; BGer, 12.1.2006, 5C.222/2005) knappe Zusammenfassung bei WIEGAND, AGB, 334), wird im schweizerischen Recht überwiegend abgelehnt (BK-KRAMER, Art. 1 N 218; BK-HAUSHEER/AEBI, Art. 2 ZGB N 113 ff.; ZK-JÄGGI/GAUCH, N 465 ff.; BUCHER, AT, 159; GAUCH/SCHLUEP/SCHMID/EMMENEGGER, N 1241; SCHWENZER, N 33.11; zur Problematik auch TH. KOLLER, Fragen zum Recht der Allgemeinen Geschäftsbedingungen – dargestellt anhand einer Deckungsausschlussklausel in der Betriebshaftpflichtversicherung, recht 1999, 43 ff.).

Das BGer folgt grundsätzlich diesem Ansatz, indem es die allgemeinen Auslegungsregeln auch auf AGB anwendet und dies ausdrücklich betont (zuletzt in BGer, 15.7.2014, 4A_475/2013, E. 5.1 [Fitnessvertrag]; BGer, 2.4.2014, 4A_517/2013, E. 4 [Versicherungsbedingungen]; BGer, 9.12.2011, 4A_316/2011 [Agenturvertrag]; BGer, 29.6.2012, 4A_84/2012, E. 4.1 [Krankenversicherung]; BGE 135 III 7 [Versicherungsbedingungen]; BGE 135 III 227 [Krankenversicherung]; BGE 133 III 681 = Pra 2008, 436 f. [Automobilversicherung]; BGE 133 V 610 [Vorsorgeverträge]; BGE 126 III 388, insb. 391 f. zur Auslegung der SIA Norm 102; vgl. auch BGE 117 II 282; 118 II 295 und BGer, 12.1.2006, 5C.222/2005). In der Sache behandelt das BGer jedoch zumindest die SIA Normen nicht wie echte Vertragsbestimmungen, sondern weitgehend wie Normen (so insb. in BGE 123 III 183 und in 126 III 388, vgl.

dazu die Anmerkungen von WIEGAND in ZBJV 1998, 698 f. und ZBJV 2002, 338 ff.; ferner BGer, 18.2.2013, 4A_580/2012, zur Auslegung des Begriffs «Bauherr» i.S.d. SIA-Norm 118). Im Ergebnis nähert sich das BGer damit der deutschen Konzeption der einheitlichen Auslegung von AGB an, die mit deren Qualifikation als Vertragsbestimmungen nicht vereinbar ist (zur Problematik dieses Konzepts WIEGAND, FS Kramer, 337 ff.).

Davon zu unterscheiden ist die Frage, ob die AGB überhaupt Vertragsinhalt geworden sind. Auch das ist durch Auslegung festzustellen (dazu Art. 1 N 52 ff.).

4. Geltung über das Vertragsrecht hinaus

Kraft Art. 7 ZGB gilt die willensorientierte Auslegung auch für andere zivilrechtliche Verhält- **56**
nisse (vgl. N 53). Ist der wirkliche übereinstimmende Parteiwille bekannt, so ist der Vertrauensgrundsatz auch bei *Erbverträgen* und *Erbteilungsverträgen* ausgeschlossen, soweit sie vertragsrechtliche Komponenten enthalten (BGer, 17.9.2014, 5A_452/2014, E. 2.1; BGE 97 II 207; 72 II 155; **anders** BGE 70 II 13). Zur Auslegung von *Stiftungsgeschäften, wechselrechtlichen Erklärungen, Personalvorsorgeverträgen, Gesamtarbeitsverträgen, verwaltungsrechtlichen* und *völkerrechtlichen Verträgen* vgl. BK-KRAMER, N 54 ff.; ZELLER, Auslegung, 340 ff., 393.

Ferner gelten die allgemeinen Regeln über die Auslegung der Verträge auch im Bereich der *Schiedsklauseln* (BGer, 28.8.2014, 4A_74/2014, E. 5.2.1), der *Privatversicherung* (BGer, 26.11.2013, 4A_335/2013, E. 5.3; v.12.6.2007, 4A_45/2007, E. 4.1; BGE 116 II 347 E. 2), des *aussergerichtlichen Vergleichs* (BGE 133 III 121). Die Auslegung von *Generalklauseln*, nach denen Strafe für jede vertragliche Pflichtverletzung geschuldet ist, richtet sich nach Art. 18. Das strafrechtliche Bestimmtheitsgebot findet dabei keine Anwendung (BGE 135 III 440 E. 4.2). *Kollektive Erklärungsakte*, insb. *Beschlüsse der GV*, von Kapitalgesellschaften oder *Beschlüsse von Vereinsversammlungen*, werden nach dem Vertrauensprinzip ausgelegt (BGer, 8.11.2007, 5C.254/2006, E. 3.1). Die allgemeinen Grundsätze der Vertragsauslegung gelten auch für *öffentlich-rechtliche Verträge* (vgl. BVGer, 17.2.2009, A-6178/2008, E. 6.1; BGE 139 V 82 E. 3.1.2). In Zweifelsfällen, gilt die (zusätzliche) Vermutung, dass die Behörden keine Vereinbarungen treffen wollten, die mit den von ihnen zu wahrenden öffentlichen Interessen in Widerspruch stehen.

VII. Vertragsergänzung und -anpassung

Literatur

Vgl. auch die Literaturhinweise vor N 1 und 126; ferner BAUR, Vertragliche Anpassungsregelungen, München 1983; BELSER, Die Auslegung des Vertrages, Richterliche Inhaltsgestaltung zwischen Freiheit und Gerechtigkeit, in: L'européanisation du droit privé: vers un code civil européen?, Freiburg 1998, 237 ff.; BESSON, La force obligatoire du contrat et le changement dans les circonstances, Diss. Lausanne 1955; BISCHOFF, Vertragsrisiko und clausula rebus sic stantibus: Risikozuordnung in Verträgen bei veränderten Verhältnissen, Diss. Zürich 1983; BUCHER, Preisvereinbarung als Voraussetzung der Vertragsgültigkeit beim Kauf, in: Sturm (Hrsg.), FS für Paul Piotet, Bern 1990, 371 ff. (zit. FS Piotet); BÜHLER, Die clausula rebus sic stantibus als Mittel der Zukunftsbewältigung, in: Habscheid et al. (Hrsg.), FS für Hans Giger, Bern 1989, 35 ff.; BURKHARDT, Vertragsanpassung bei veränderten Umständen in der Praxis des schweizerischen Privatrechts, Diss. St. Gallen 1996; CORBOZ, Le contrat et le juge: la qualification, l'interprétation et le complètement, in: Le contrat dans tous ces états, Bern 2004, 269 ff.; DESCHENAUX, La révision des contrats par le juge, ZSR 1942, 509a ff.; GAUCH, Der vernünftige Mensch – Ein Bild aus dem Obligationenrecht, in: Das Menschenbild im Recht, FG der Rechtswissenschaftlichen Fakultät zur Hundertjahrfeier der Universität Freiburg, Freiburg 1990, 177 ff.; DERS., Von den wesentlichen Vertragspunkten, recht 1991, 45 ff.; DERS., Auslegung, Ergänzung und Anpassung schuldrechtlicher Verträge in: Gauch/Schmid (Hrsg.), Die Rechtsentwicklung an der Schwelle zum 21. Jahrhundert, Zürich 2001, 209 ff.; GRÄTZER, Die clausula rebus sic stantibus beim öffentlich-rechtlichen Vertrag, Diss. Zürich 1953; IBERG, Formmangel beim Grundstückkauf, ZBJV 1974, 330 ff.; KÄLIN, Unmöglichkeit der Leistung nach Art. 119 OR und clausula rebus sic stantibus, recht 2004, 246 ff.; KOLLY, Grundlagenirrtum nach Art. 24 OR: Rsp. des Bundesgerichts, Diss. Freiburg i.Ue. 1978; Klett, Richterliche Eingriffe in Verträge in der Praxis des schweizerischen Bundesgerichts, in: Jung (Hrsg.), Europäisches Privatrecht in Vielfalt geeint – Richterliche Eingriffe in den Vertrag, München 2003, 13 ff.; Kramer, Neues zur clausula rebus sic stantibus, SJZ 2014, 73 ff. (zit. SJZ 2014); Larenz, Ergänzende Vertragsauslegung und dispositives Recht, NJW 1963, 737 ff.; Leu, Vertragstreue in Zeiten des Wandels, Die clausula rebus sic stantibus und das Kriterium der Voraussehbarkeit, in: Bärtschi et al. (Hrsg.), FS für Hans Caspar von der Crone, Zürich 2007, 107 ff.; Loyal, Ansprüche auf Vertragsanpassung – eine Dekonstruktion, AcP 2014, 796 ff.; Merz, Die Revision der Verträge durch den Richter, ZSR 1942, 393a ff.; Oftinger, Die krisenbedingte Veränderung der Grundlagen bestehender Verträge. Von der sog. clausula rebus sic stantibus, SJZ 1939/40, 229 ff., 245 ff. (zit. SJZ 1939/40); Pichonnaz, La modification des circonstances et l'adaption du contrat, in: Pichonnaz/Werro (Hrsg.), La pratique contractuelle 2, Genf 2011, 21 ff. (zit. modification); ders., Impossibilité et exorbitance, Étude analytique des obstacles à l'exécution des obligations en droit suisse, Diss. Freiburg i.Ue. 1997 (zit. Diss.); Piotet, Le complètement judiciaire du contrat, ZSR 1961, 367 ff.; Schöll, Die Konversion des Rechtsgeschäfts: Eine rechtsvergleichende Studie zur Hermeneutik der Privatautonomie angesichts teleologischer Inkohärenzen rechtsgeschäftlicher Unwirksamkeitstatbestände, Diss. Basel 2004; Schönle, L'imprévision des faits futurs lors de la conclusion d'un contrat générateur d'obligations, in: Hundert Jahre Schweizerisches Obligationenrecht, Freiburg 1982, 413 ff.; Schwenzer, Die clausula und das CISG, in: Wiegand/Koller/Walter (Hrsg.), FS für Eugen Bucher, Bern 2009, 723; Stöckli, Das Synallagma im Vertragsrecht: Begründung, Abwicklung, Störungen, Freiburg i.Ue. 2006; Sulzer, Zweckstörungen im schweizerischen Vertragsrecht, Zürich 2002; Tercier, La «clausula rebus sic stantibus» en droit suisse des obligations, JdT 1979, 194 ff.; Widmer, Der richterliche Eingriff in den Vertrag, Diss. Zürich 1971; Wiedemann, Ergänzende Vertragsauslegung – richterliche Vertragsergänzung, in: Heldrich/Prölss/Koller (Hrsg.), FS für Claus-Wilhelm Canaris, München 2007, 1281 ff.; Wiegand, Clausula rebus sic stantibus- Bemerkungen zu den Voraussetzungen ihrer Anwendung, in: FS für H.P. Walter, Bern 2004, 443 ff. (zit. FS Walter); ders., Die Finanzmarktkrise und die clausula rebus sic stantibus dargestellt am Beispiel der Bonuszahlungen, in: Jusletter vom 9.2.2009 (zit. Jusletter 2009); ders., Von der Obligation zum Schuldverhältnis, recht 1997, 85 ff. (zit. recht 1997); Wiegand/Berger, Die Einführung des Euro, Auswirkungen auf privatrechtliche Rechtsverhältnisse, 2. Aufl., Bern 2002; Wiegand/Brunner, Vom Umfang des Formzwangs und damit zusammenhängende Fragen des Grundstückkaufvertrages, recht 1993, 1 ff.; Yung, L'interprétation supplétive des contrats, ZBJV 1961, 41 ff.; Zeller, Auslegung von Gesetz und Vertrag, Zürich 1989.

1. Allgemeines

a) Ausgangslage

57 Auch wenn die Auslegung des Vertrages mit den zuvor dargelegten Methoden zu einer eindeutigen Feststellung des Vertragsinhalts führt, kann damit die zwischen den Parteien streitige Frage häufig nicht entschieden werden. Das kann aus zweierlei Gründen der Fall sein: Zum einen enthält der Vertrag für einen oder mehrere Punkte keine Regelung, obwohl diese regelungsbedürftig gewesen wären. In diesem Zusammenhang spricht man von «Lücken» im Vertrag, welche durch *Vertragsergänzung* zu schliessen sind (s. N 61 ff.). Es kann aber auch sein, dass der Vertrag zwar Regelungen enthält, diese sich jedoch als unangemessen erweisen. Das ist v.a. dann der Fall, wenn die vertraglichen Rahmenbedingungen sich so verändert haben, dass ursprünglich sinnvolle Regelungen nunmehr zu fragwürdigen Ergebnissen führen. Hier entsteht die Frage, ob unter diesen Voraussetzungen den veränderten Bedingungen durch *Vertragsanpassung* Rechnung getragen werden soll (s. N 95 ff.).

b) Abgrenzungen

58 Trotz des anderen Ausgangspunktes handelt es sich bei Vertragsergänzung und Vertragsanpassung nur um *unterschiedliche Erscheinungsformen desselben Phänomens*. Bei der **Vertragsergänzung** weist eine von den Parteien geschlossene vertragliche Regelung von Anfang an Lücken auf, die geschlossen werden müssen, damit der Vertrag anwendbar bleibt. Bei der **Vertragsanpassung** geht es ebenfalls darum, die Anwendbarkeit des Vertrages sicherzustellen. Hier besteht die «Lücke» darin, dass sich die ursprünglich getroffene Regelung als impraktikabel erweist. Die Verwandtschaft beider Rechtsinstitute zeigt sich auch daran, dass die Ergänzungsbedürftigkeit eines Vertrages ebenfalls auf veränderten Umständen beruhen kann,

so dass Fragen auftreten, die die Parteien anfangs nicht bedacht haben. Umgekehrt beruht der Bedarf nach Vertragsanpassung immer darauf, dass die Parteien keine oder nur eine unvollkommene Regelung für den Fall getroffen haben, dass die Rahmenbedingungen sich ändern.

In der Methodendiskussion ist deshalb seit langem anerkannt, dass Vertragsanpassung und Vertragsergänzung sich strukturell nicht unterscheiden, sondern dass es vielmehr «im Falle der richterlichen Vertragsanpassung eben um ein *Spezialproblem richterlicher Vertragsergänzung*» geht (BK-Kramer, N 275).

Ähnliches gilt für das *Verhältnis zur Vertragsauslegung*. Der Übergang von der Auslegung zur Vertragsergänzung ist ebenfalls nur graduell (BK-Kramer, N 220 ff.; ZK-Jäggi/Gauch, N 553 ff.; Gauch/Schluep/Schmid/Emmenegger, N 1263; Schwenzer, N 33.01; vgl. auch CHK-Kut, N 33 ff.). Die Vertragsauslegung knüpft an den im Text sichtbar gewordenen Willen an, während die Vertragsergänzung diesen darüber hinaus verlängert. Es ist ganz offenkundig, dass bei der Auslegung des Vertrages – zumal bei der objektivierten – der Vorgang ein und derselbe ist. **59**

c) Praktische Relevanz

In der schweizerischen Literatur und Judikatur wird traditionell trotz der aufgezeigten Überlagerungen im Grundsatz daran festgehalten, dass *Vertragsauslegung, -ergänzung* und *-anpassung* voneinander zu trennen sind. Da diese Unterscheidung v.a. in der Judikatur verankert ist, wird sie auch im Folgenden zugrunde gelegt. Praktische Konsequenzen ergeben sich kaum daraus, allein der Vorgang der Anpassung von Verträgen an veränderte Umstände wird teilweise unterschiedlich erklärt (dazu N 97). **60**

2. Vertragsergänzung

a) Die Vertragslücke

Die *Vertragsergänzung* soll dann stattfinden, wenn zwischen zwei Vertragsparteien ein Punkt, der vertraglicher Regelung bedurft hätte, in dem von ihnen geschlossenen Vertrag *nicht geregelt* ist. In Anlehnung an die vergleichbare Situation bei der Anwendung von Gesetzen spricht man hier von einer **Vertragslücke** (BGer, 5.3.2012, 4A_380/2011, E. 4.3; BGE 115 II 487; 107 II 414 und 149; 90 II 235; 83 II 308). Diese kann auf verschiedene Weise entstehen: Der weitaus häufigste Fall dürfte derjenige sein, dass die Parteien die nunmehr entscheidungserhebliche Frage *nicht gesehen* und sie deshalb nicht geregelt haben. Das wiederum beruht häufig darauf, dass die jetzt streitige Frage sich seinerzeit nicht gestellt hat, oder anders ausgedrückt, dass sie *erst durch Zeitablauf relevant* geworden ist. Eine weitere Konstellation besteht darin, dass eine oder mehrere Bestimmungen des Vertrages *nichtig* sind, ohne dass dadurch die Wirksamkeit des gesamten Vertragsverhältnisses berührt würde (Art. 20 Abs. 2). In all diesen Fällen ist der Richter genötigt und auch verpflichtet, die von ihm durch Auslegung ermittelte Lücke zu füllen. Diese Verpflichtung ergibt sich aus der generellen Verpflichtung des Richters zur Streitentscheidung, die im Privatrecht in Art. 1 ZGB ihren Ausdruck gefunden hat (vgl. Deschenaux, SPR II, 107; BK-Emmenegger/Tschentscher, Art. 1 ZGB N 115 «Lückenfüllungsgebot»). So verstanden ist «die Vertragsergänzung [...] notwendige Richterpflicht» (BK-Merz, Art. 2 ZGB N 134). Wie der Richter bei der Erfüllung dieser Pflicht vorzugehen hat, ist im Einzelnen umstritten. Dies hängt zusammen mit und widerspiegelt sich in der zum Teil abweichenden Verwendung der Begriffe unter den entsprechend unterschiedlichen Definitionen des Anwendungsbereichs der Vertragsergänzung. **61**

b) Anwendungsbereich und Terminologie

Der Begriff «Vertragslücke» geht wie derjenige der Gesetzeslücke von der verfehlten Vorstellung einer möglichen Vollständigkeit aus. Gesetze wie Verträge sind *notwendigerweise un-* **62** *vollkommen und unvollständig* (ZK-Jäggi/Gauch, N 490; BK-Kramer, N 209; CR CO I-Winiger, N 160). Die Parteien regeln in ihren Rechtsgeschäften diejenigen Punkte, die sie im Moment des Abschlusses für wesentlich halten. Diese Regelungen sind lückenhaft, «weil es nie gelingt, alle zukünftigen Entwicklungen vorauszusehen, und weil zudem auch praktische und psychologische Schwierigkeiten der lückenlosen Regelung aller denkbaren Tatbestände im Wege stehen» (BK-Merz, Art. 2 ZGB N 131).

63 Zum Teil aber regeln die Parteien auch Punkte deshalb nicht, weil sie bewusst oder unbewusst darauf vertrauen, dass das Gesetz diese Fragen regelt. In diesen Fällen ist es naheliegend, dass die Vertragsergänzung durch Heranziehen des dispositiven Gesetzesrechts erfolgt. In terminologischer Hinsicht stellt sich dann die Frage, ob bei Auffüllung des Vertrages mit dispositivem Gesetzesrecht überhaupt von einer Vertragslücke die Rede sein kann. In der schweizerischen Literatur und wohl auch in der Judikatur wird überwiegend auch in diesen Fällen von einer Vertragslücke gesprochen (so etwa ZK-Jäggi/Gauch, N 486 und BK-Kramer, N 215 m.Nw. zu abweichenden Auffassungen).

64 Geht man von einem derart weit verstandenen Begriff der Vertragslücke aus, so ergibt sich mit einer gewissen Selbstverständlichkeit, dass von einer *eigentlichen Vertragsergänzung* durch den Richter nur insoweit die Rede sein kann, als dieser nicht dispositives Gesetzesrecht heranzieht, sondern selbst eine den Vertrag ergänzende Regelung kreiert.

c) Ermittlung der Lücke

65 Von einer Vertragslücke in dem soeben dargelegten Sinne kann die Rede sein, wenn sich die *Lückenhaftigkeit des Vertrages* **durch Auslegung** nach den oben dargelegten Kriterien (N 16 ff.) ergeben hat (BGE 115 II 487; BGer, 9.11.2011, 4A_356/2011, E. 4.1 «Eine Vertragslücke liegt vor, wenn die Parteien eine Rechtsfrage, die den Vertragsinhalt betrifft, nicht oder nicht vollständig geregelt haben. Ob der Vertrag in diesem Sinn einer Ergänzung bedarf, ist vorerst durch subjektive [empirische], bei deren Ergebnislosigkeit durch objektive (normative) Auslegung zu ermitteln.»; BK-Kramer, N 213; Bischoff, 51). Auch wenn die Auslegung zur Feststellung einer Lücke führt, bedeutet dies noch nicht notwendigerweise, dass sie auch durch Ergänzung geschlossen werden muss. Eine Ergänzung ist vielmehr nur dort angebracht, wo die Lücke auf einer «planwidrigen Unvollständigkeit» (Larenz/Canaris, Methodenlehre der Rechtswissenschaft, 3. Aufl., Berlin 1995, 194 m.Nw.; BGE 131 III 351; 88 II 483, bez. Gesetzeslücke) beruht. Dies ist dann nicht der Fall, wenn die Parteien bewusst keine Regel getroffen haben (vgl. z.B. BGE 93 II 275 und 82 II 386). Ob ein solches *«qualifiziertes» Schweigen* vorliegt, ist ebenfalls durch Auslegung festzustellen (Deschenaux, SPR II, 171).

Eine Vertragslücke liegt auch dann nicht vor, wenn der strittige Punkt durch *zwingendes gesetzliches Recht* geregelt ist. Dabei spielt es keine Rolle, ob die Parteien überhaupt keine Regelung vorgesehen haben oder ob diese wegen eines Verstosses gegen das zwingende Recht nichtig ist. In jedem Falle liegt eine (vom Gesetz zwingend vorgeschriebene) Regelung vor, so dass eine Regelungslücke nicht besteht.

d) Das Vorgehen

66 Über das Vorgehen bei der Vertragsergänzung herrschen unterschiedliche Vorstellungen, die teils auf terminologischen Differenzen, zum Teil aber auch auf unterschiedlichen Konzeptionen beruhen. Da die darüber geführten Kontroversen für die Rechtsanwendung nicht ganz ohne Bedeutung sind, ist auf die verschiedenen Ansätze kurz einzugehen (vgl. dazu auch Einl. vor Art. 184 ff. N 36 ff. und jetzt Kramer, SIZ 2014, 275 ff.):

aa) Lückenfüllung und Vertragsergänzung

aaa) Ein Teil der Literatur unterscheidet zwischen einer *Lückenfüllung im weiteren Sinne* und der eigentlichen *richterlichen Vertragsergänzung*. Letztere soll nur dann vorliegen, wenn der Richter «unter Beachtung der spezifischen Interessenlage des einzelnen Vertrages eine Regel bildet, die nur für den betreffenden Streitfall gelten soll» (BK-Kramer, N 217, ebenso ZK-Jäggi/Gauch, N 256). Wird die Vertragslücke dagegen durch Anwendung von Gesetzesrecht gefüllt, so handelt es sich nur «um Lückenfüllung durch dispositives Recht» (BK-Kramer, a.a.O.). Diese Betrachtungsweise überschneidet sich zum Teil mit einer weiteren, die vom Anknüpfungspunkt der Vertragsergänzung ausgeht. **67**

bbb) Man differenziert zwischen *subjektiver und objektiver Vertragsergänzung* (vgl. dazu die zusammenfassende Darstellung in der Einl. vor Art. 184 ff. N 39 ff.): **68**
- **Subjektive Vertragsergänzung** liegt danach dann vor, wenn der Richter im Wege der Auslegung dem Vertrag eine sog. *Eigennorm* (zu dieser Terminologie ZK-Jäggi/Gauch, N 276 ff.) entnimmt. Kramer spricht anschaulich davon, dass der Richter den Vertrag «nach dessen besonderer Teleologie fortbildet» (BK-Kramer, N 217). Anknüpfungspunkt für diese Art der Vertragsergänzung bildet der im Vertrag zum Ausdruck gekommene Wille. Dieser wird gewissermassen fortgeschrieben, wobei er schrittweise zu einem hypothetischen Parteiwillen wird (Einzelheiten in N 76 ff.). Es liegt auf der Hand, dass die subjektive Vertragsergänzung sich praktisch kaum von der Vertragsauslegung unterscheiden lässt und auch die theoretische Abgrenzung schwerfällt. Die deutsche Theorie spricht deshalb in diesem Zusammenhang von «ergänzender Vertragsauslegung» (zur problematischen Abgrenzung und Terminologie insgesamt BK-Kramer, N 219 ff.).
- Von **objektiver** oder auch **eigentlicher richterlicher Vertragsergänzung** spricht man dann, wenn der Richter die Lücke durch *heteronome Regelbildung* (BK-Kramer, N 219) oder eine von ihm gesetzte *Fremdnorm* (ZK-Jäggi/Gauch, N 281 ff.) schliesst.

ccc) Auch diese Kategorienbildung ist nur bedingt verwendbar; denn die Bildung des hypothetischen Parteiwillens geschieht gerade durch dessen Objektivierung, und umgekehrt soll ja auch die vom Richter gebildete Regel den konkreten Verhältnissen des Vertrages Rechnung tragen, was aber nichts anderes heisst, als dass auch hier der Parteiwille gewissermassen fortgeschrieben wird. Insgesamt ist festzuhalten, dass die hier nur skizzenhaft beschriebenen Positionen bezüglich der richterlichen Vertragsergänzung nichts anderes als den Versuch darstellen, den Vorgang der Vertragsergänzung etwas zu strukturieren. Vor diesem Hintergrund muss auch eine letzte Kontroverse gesehen werden, die mit den zuvor besprochenen Einteilungen zusammenhängt. **69**

bb) Gesetzesrecht oder richterliche Vertragsergänzung

aaa) Ob bei der Schliessung von Vertragslücken primär auf *dispositives Gesetzesrecht* zurückzugreifen ist oder ob in erster Linie auf den (zumindest hypothetischen) *Parteiwillen* abzustellen ist, ist seit langer Zeit umstritten. In der **Literatur** sind die Auffassungen geteilt: Für den *Vorrang einer am Parteiwillen orientierten Vertragsergänzung* haben sich vor allem BK-Merz, Art. 2 N 138; Meier-Hayoz, SJK 1134, 7; Deschenaux, SPR II, 172 f.; Piotet, ZSR 1961, 386 f.; Zeller, 489 N 34 und Bischoff, 62 ff.; Kramer, SJZ 2014, 276 f. und 287) ausgesprochen. Gestützt wird diese Auffassung auf das Prinzip der privatautonomen Rechtsgestaltung, das auch und gerade bei der Vertragsergänzung berücksichtigt werden müsse. Dagegen wird eingewandt, dass der Richter im Hinblick auf seine Bindung an das Gesetz (Art. 1 Abs. 1 ZGB) *zunächst auf die gesetzlichen Regeln zurückgreifen* müsse. Diesen Standpunkt haben in der Literatur vor allem ZK-Jäggi/Gauch, N 503 ff., 529 und Tercier, JdT 1979, 204 vertreten (vgl. auch Oftinger, ZSR 1939, 199; von Tuhr/Peter, 52; ZK-Schönenberger/Jäggi, Art. 2 OR N 65; Gauch/Schluep/Schmid/Emmenegger, N 1254 f.; Keller/Schöbi, I, 137). Die **Rsp.** folgt überwiegend wohl der zweiten Auffassung und greift in erster Linie auf dispositives Gesetzesrecht zurück; sie ist indessen nicht einheitlich (zum primären **70**

Vorrang des *dispositiven Gesetzesrechts*, BGer, 5.3.2012, 4A_380/2011, E. 5.1.3; v. 29.11.2011, 4A_427/2011, E. 5.3; v. 9.11.2011, 4A_356/2011, E. 7.1; v. 6.1.2006, 4C.376/2005; BGE 115 II 488; 88 II 272; zum Vorrang des *hypothetischen Parteiwillens* BGer, 17.10.2014, 5A_62/2014, E. 2.2; v. 13.2 2012, 5A_872/2011, E. 4.1; BGE 107 II 149; 111 II 262; ZR 1988, 48 f.).

71 bbb) In letzter Zeit hat sich zunehmend eine **differenzierende Auffassung** durchgesetzt, die zu Recht auch hier darauf hinweist, dass die Frage der richterlichen Vertragsergänzung sich am konkret zu entscheidenden Fall orientieren muss. Dabei kann sich in einem Fall das Abstellen auf den hypothetischen Parteiwillen, im anderen aber der Rückgriff auf das dispositive Recht als sachgerecht erweisen (so vor allem BK-Kramer, N 232; ähnlich Einl. Art. 184 ff. N 39 ff.; Schwenzer, N 34.05 f.; ähnlich auch CHK-Kut, N 35). Trotz unterschiedlicher Gewichtung lassen sich diese differenzierenden Ansätze wie folgt zusammenfassen:

- Ausgangspunkt der richterlichen Vertragsergänzung ist und bleibt der *Parteiwille*. Deshalb ist zuerst und zunächst immer zu prüfen, ob der Vertrag selbst Ansatzpunkte oder – wenn man so will – «Eigennormen» enthält, die durch sinngemässes Fortdenken (Bucher, AT, 187) zu einer Schliessung der Lücke herangezogen werden können. Diese Methode soll dann uneingeschränkt Anwendung finden, wenn es sich um eine *sehr spezielle, atypische Vertragsgestaltung* handelt. Unter diesen Voraussetzungen kommt der Rückgriff auf dispositives Recht aus zwei Gründen nicht in Betracht: Die Parteien haben durch die individuelle Vertragsgestaltung ihren Willen kundgetan, sich vom gesetzlichen Ordnungsschema zu entfernen, und zum anderen enthält die als subsidiäre Ordnung gedachte gesetzliche Regelung gerade für diese Fälle keine geeignete Vorschrift.
- Das ist anders, wenn es sich bei dem zu ergänzenden Vertrag um einen *alltäglichen* oder methodologisch ausgedrückt *typischen Vertrag* handelt. Bei derartigen Konstellationen kann man davon ausgehen, dass die Ergänzung durch das *dispositive Gesetzesrecht*, das vom Gesetzgeber bewusst als eine subsidiäre Ordnung geschaffen wurde, zu sachgerechten Ergebnissen führt.

72 Man kann indessen noch einen Schritt weitergehen. Haben die Parteien einen *typischen Vertrag* geschlossen, so darf angenommen werden, dass eine Ergänzung durch das *dispositive Gesetzesrecht* ihrem Parteiwillen entspricht. Haben sie umgekehrt einen sehr *individuellen, atypischen Vertrag* geschlossen, so ist anzunehmen, dass die Parteien eine individuelle konkrete Ordnung schaffen wollten. In diesem Fall muss der *Richter* den Vertrag in der ihm sachgerecht erscheinenden Weise ergänzen. Letztendlich handelt es sich also bei der *Frage nach dem Vorrang von dispositivem Recht und Parteiwillen um ein Scheinproblem.* Ausgangspunkt ist und muss immer der Parteiwille sein. Vielfach besteht allerdings Anlass zu der Annahme, dass die Ergänzung durch das dispositive Gesetzesrecht diesem Parteiwillen entspricht (vgl. zum Ganzen ausführlich BK-Kramer, N 232–237).

73 ccc) Bei der Frage, wann das dispositive Gesetzesrecht als durch den Parteiwillen ausgeschlossen zu gelten hat, ist auf dessen Qualität abzustellen. Handelt es sich um eine *rein technische Ordnung*, so ist diese nur dann heranzuziehen, wenn absolut keine Gesichtspunkte für einen irgendwie gearteten Parteiwillen zu ermitteln sind. Handelt es sich beim dispositiven Recht um Normen mit *erheblichem Gerechtigkeitsgehalt* (dazu vor allem Bucher, Ausschluss, 260 ff. und Medicus/Lorenz, AT, N 341), dann spricht vieles dafür, dass diese zur Ergänzung des Vertrages heranzuziehen sind, sofern sich aus dem Vertrag nicht starke Anhaltspunkte dagegen ergeben.

74 ddd) Aus den skizzierten Positionen ergibt sich, dass die verschiedenen Konzeptionen einander überlagern und dass eine einheitliche Konzeption für das Vorgehen bei der Vertragsergänzung aus den dargelegten Gründen letzten Endes nicht existieren kann. Deshalb werden im Folgenden die verschiedenen Vertragsergänzungsmittel zusammengestellt und ihre Handhabung v.a. in Bezug auf die praktische Rechtsanwendung beschrieben.

e) Die Mittel der Vertragsergänzung

Geht es bei der Vertragsergänzung darum, den Willen der Parteien fortzuschreiben oder um eine «Ausformung dessen, was die Parteien mit dem Vertragsabschluss im Prinzip gewollt, aber damals nicht in jeder Hinsicht bedacht [...] oder [...] entschieden haben» (ZK-Jäggi/Gauch, N 497; BGE 39 II 554), so muss die Vertragsergänzung beim Parteiwillen ansetzen. Man kann – im Sinne der oben dargelegten Terminologie (N 68) – auch sagen, dass zunächst die *subjektive Vertragsergänzung im Vordergrund* steht, ehe auf die objektiven Ergänzungsmittel zurückzugreifen ist. 75

aa) Der hypothetische Parteiwille

aaa) Nach ganz allgemeiner Auffassung ist bei der Vertragsergänzung auf den **hypothetischen Parteiwillen** abzustellen (vgl. vor allem BK-Kramer, N 238; ZK-Jäggi/Gauch, N 498; Gauch/Schluep/Schmid/Emmenegger, N 1257 f. jeweils m.Nw.). Die Rsp. verwendet diesen Begriff permanent (z.B. BGE 116 II 687; 115 II 488; 111 II 260; ZR 1988, 48). Gerade bei der Anwendung in der Rsp. zeigt sich jedoch recht deutlich, dass es sich um einen problematischen Begriff handelt, der der Abgrenzung und Präzisierung bedarf. Zunächst ist festzuhalten, dass die gelegentlich zu beobachtende Gleichsetzung von *hypothetischem* mit *mutmasslichem Willen* verfehlt ist (so vor allem zu Recht Piotet, ZSR 1961, 373 f.; ZK-Jäggi/Gauch, N 498 ff. m.Nw.). Es geht eben gerade nicht um die Ermittlung des wirklichen Willens, den die Parteien möglicherweise gehabt haben, sondern um den Willen, den sie gehabt hätten, falls sie die regelungsbedürftige Frage gesehen hätten und diese hätten regeln wollen (ZK-Jäggi/Gauch, N 498; BK-Kramer, N 238). 76

bbb) Das eigentliche Problem bei der Ermittlung des hypothetischen Parteiwillens besteht in der Frage nach den **Kriterien**, welche für dessen Feststellung heranzuziehen sind. Nach einer Formulierung des BGer hat der Richter «zu ermitteln, was die Parteien nach dem Grundsatz von Treu und Glauben vereinbart hätten, wenn sie den nicht geregelten Punkt in Betracht gezogen hätten. Bei der Feststellung dieses hypothetischen Parteiwillens hat er sich am Denken und Handeln vernünftiger und redlicher Vertragspartner sowie an Wesen und Zweck des Vertrages zu orientieren.» (BGE 115 II 488; m.Hw. auf BGE 111 II 262; 108 II 114 und 107 II 149 zuletzt in BGer, 5.3.2012, 4A_380/2011, E. 5.1.3). Die Bezugnahme auf Treu und Glauben oder, wie es in anderen Formulierungen heisst, den Willen vernünftiger Vertragsparteien führt zu einer gewissen Objektivierung des Parteiwillens, bedeutet aber gleichzeitig eine Abstraktion. Deshalb ist wie folgt zu präzisieren: 77

- Sofern und soweit es möglich ist, aus anderen Regelungen des Vertrages einen hypothetischen Parteiwillen für die nicht geregelte Frage abzuleiten (wenn man also die Gedanken der Parteien fortschreibt oder die Teleologie des Vertrages fortbildet), darf nicht auf abstrakte «vernünftige» Parteien abgestellt werden. Hier hat der Parteiwille auch insofern Vorrang, als bei der Vertragsergänzung *auf die Eigenheit und die Individualität der Parteien Rücksicht zu nehmen* ist, so dass sich als hypothetischer Parteiwille auch eine objektiv betrachtet unvernünftige Lösung ergeben kann. 78
- Nur dann und dort, wo Anknüpfungspunkte für eine derartige Verlängerung des Parteiwillens fehlen, kann an seine Stelle der *Wille vernünftig handelnder Vertragsparteien* gesetzt werden; aber auch dieser hypothetische Parteiwille muss in grösstmöglichem Masse der «individuellen Teleologie» (BK-Kramer, N 241) des Vertrages Rechnung tragen. Dabei darf nicht verkannt werden, dass es sich trotz allem um eine vermeintliche Objektivität handelt; denn der Richter wird bewusst oder unbewusst «meistens nichts anderes anordnen [...] als was er als sinnvolle Lösung betrachtet, von der er annimmt, dass sie anständige und vernünftige Leute (nicht unbedingt die Parteien des Vertrages) auf billige Weise vereinbaren würden» (so treffend Bucher, AT, 188). 79

bb) Natur des Geschäftes

80 Dem hypothetischen Parteiwillen nahe steht die Ergänzung des Vertrages, die sich an der **Natur des Geschäftes** orientiert. Gemeint ist damit nichts anderes, als dass der lückenfüllende Richter die von den Parteien gesetzte Ordnung fortführen und den Vertrag dementsprechend ergänzen müsse (BGE 72 II 37; ZK-JÄGGI/GAUCH, N 499 m.Nw.). Ausdrücklich vorgeschrieben ist diese Art der Ergänzung in Art. 2 Abs. 2 für den dort geregelten Sonderfall. Den gleichen Stellenwert und die gleiche Funktion hat auch die Bezugnahme auf den **Vertragszweck** (so treffend ZK-JÄGGI/GAUCH, a.a.O.; ferner BGer, 29.11.2011, 4A_427/2011, E. 5.3: «Bei der Feststellung dieses hypothetischen Parteiwillens hat er [der Richter] sich am Denken und Handeln vernünftiger und redlicher Vertragspartner sowie an *Wesen und Zweck des Vertrages* zu orientieren.»). Wie überhaupt generell festzuhalten ist, dass all diejenigen *Kriterien, die zur Auslegung des Vertrages und zur Ermittlung des Vertragsinhalts herangezogen werden, auch bei der Vertragsergänzung zu berücksichtigen sind.* Dies gilt insb. für den massgebenden Zeitpunkt: Die Ergänzung hat darauf abzustellen, wie die Parteien zum Zeitpunkt des Vertragsschlusses unter Berücksichtigung der damaligen Umstände den strittigen Punkt geregelt hätten. Dadurch unterscheidet sich die Vertragsergänzung von der Vertragsanpassung, die erst durch Zeitablauf erforderlich wird (s. N 99 f.).

cc) Dispositives Gesetzesrecht

81 Der Richter kann zur Lückenfüllung auch auf **dispositives Gesetzesrecht** zurückgreifen. Nach der traditionellen Auffassung in der Literatur und einer konstanten Praxis ist dies der Weg, der zunächst einzuschlagen ist (s. N 70 ff.). So geht das *BGer* nahezu in allen Entscheiden davon aus, dass der Richter erst und nur dann auf den hypothetischen Parteiwillen und sonstige Ergänzungsmittel zurückgreifen darf, wenn das dispositive Gesetzesrecht keine geeignete Lösung enthält (so ausdrücklich zuletzt in BGer, 5.3.2012, 4A_380/2011, E. 5.1.3 «so hat der Richter – falls dispositive Gesetzesbestimmungen fehlen – zu ermitteln, was die Parteien nach dem Grundsatz von Treu und Glauben vereinbart hätten, wenn sie den nicht geregelten Punkt in Betracht gezogen hätten»). Nach der *hier vertretenen Auffassung* gilt dies nur dann, wenn davon ausgegangen werden kann, dass das dispositive Gesetzesrecht wirklich geeignet ist, die privatautonome Regelung der Parteien sinnvoll zu ergänzen, anders ausgedrückt: Der Rückgriff auf das dispositive Gesetzesrecht kommt nur dann in Betracht, wenn es der mehrfach erwähnten Teleologie des Vertrages oder wenigstens dem hypothetischen Parteiwillen im eben dargelegten Sinne entspricht. Dies hängt nach der oben dargelegten neueren Auffassung (N 71 f.) im Wesentlichen davon ab, ob es sich um einen atypischen, individuell geprägten oder eher um einen typischen, alltäglichen Vertrag handelt.

82 Diese Differenzierung ist in der Rsp. noch nicht aufgenommen worden, so dass davon auszugehen ist, dass die *Judikatur* prinzipiell bei Vorliegen einer Vertragslücke zu deren Füllung auf das *dispositive Gesetzesrecht* zurückgreifen wird. Das geschieht ungeachtet der Tatsache, dass dieses dispositive Recht manchmal sehr ausgeprägte legislatorische Gerechtigkeitsvorstellungen enthält, in vielen anderen Fällen aber rein subsidiäre Ordnungsfunktion hat.

dd) Verkehrsanschauung und Usanzen

83 Obwohl nicht Normen im technischen Sinne, haben **Verkehrsanschauungen, Sitte, Brauchtum** und **Usanzen** quasinormativen Charakter. Ähnlich wie das dispositive Gesetzesrecht sind sie deshalb zur Ergänzung des Vertrages heranzuziehen, wenn der Richter zur Überzeugung gelangt, dass sie einerseits geeignet sind, die vorhandene Lücke zu schliessen, und andrerseits eine Schliessung der Lücke in diesem Sinne sich mit dem Parteiwillen, soweit auf diesen geschlossen werden kann, vereinbaren lässt (zur Verkehrssitte BK-MERZ, Art. 2 ZGB N 139 ff.; DESCHENAUX, SPR II, 173; vgl. auch BK-KRAMER, N 242 ff.; ZK-JÄGGI/GAUCH, N 520 ff.; GAUCH/SCHLUEP/SCHMID/EMMENEGGER, N 1258; CR CO I-WINIGER, N 36; BGE 53 II 309; 50 II 17; 47 II 160; 34 II 640).

ee) Richterliche Ergänzung

Wenn keines der vorliegenden Ergänzungsmittel in Betracht kommt, hat der **Richter selbst** eine Regelung zu entwerfen (dazu und zum Folgenden BK-KRAMER N 227 ff.; ZK-JÄGGI/GAUCH, 526 ff.; Einl. vor Art. 184 ff. N 39 f. und Art. 2 N 17 f., alle m.w.Nw.). Bei dieser Regelungsbildung ist wiederum wie bei der Heranziehung dispositiven Rechts zu unterscheiden, ob es sich um einen eher typischen Vertrag handelt. Ist dies der Fall, so soll nach allgemeiner Auffassung der Richter *modo legislatoris handeln und eine generelle Regel aufstellen.* Weist der Vertrag dagegen starke individuelle und atypische Züge auf, so soll der Richter eine *individuelle fallbezogene Regelung* zur Ergänzung dieses konkreten Vertrages bilden. Man spricht in diesem Zusammenhang davon, dass im ersteren Falle der Richter nach den Maximen des Art. 1 Abs. 2 und 3 ZGB handeln solle, während er im zweiten Fall eine Ermessensentscheidung i.S.v. Art. 4 ZGB zu treffen habe. Meines Erachtens ist *diese Differenzierung künstlich und auch nicht haltbar,* denn Aufgabe des Richters bei der Vertragsergänzung ist es in allen Fällen, den konkreten Vertrag in einer für die Parteien sachgerechten Weise zu ergänzen. Dabei kann und darf die generelle Richtigkeit der getroffenen Regelung kein Massstab sein. 84

f) Einzelfragen und Abgrenzungen

aa) Vertragsergänzung und objektiv wesentliche Vertragspunkte

Ob eine Vertragsergänzung auch dann in Betracht kommt, wenn die Parteien sich über **objektiv wesentliche Vertragspunkte** nicht geeinigt haben, ist streitig. In der Literatur wird dies v.a. von ZK-JÄGGI/GAUCH, N 540 ff. befürwortet, wobei immerhin die Einschränkung gemacht wird, dass der zustande gekommene Vertrag in sich ein sinnvolles Ganzes bilden müsse (vehement ablehnend CR CO I-WINIGER, 180 ff., der diese Meinung zwar für «certes séduisante» hält, aber zu Recht fragt, wie man sich denn ein kohärentes Ganzes, dem ein wesentliches Element fehlt, vorzustellen habe). Gelegentlich wird auch angenommen, dass das BGer eine Ergänzung des Vertrages in wesentlichen Punkten bejahe. Die in diesem Zusammenhang zitierten Entscheide (BGer, 5.3.2012, 4A_380/2011, E. 5.1.2; v. 6.1.2006, 4C.376/2005, E. 2f; v. 31.1.2003, 4C.11/2003, E. 5; v. 1.10.2001, 4C.247/2001, E. 2a; BGE 108 II 112; 101 II 109 und 100 II 330) betreffen die Höhe von Mietzinsen oder Vergütungen. In diesen Fällen bestand über die grundsätzliche Einigkeit der Parteien kein Zweifel, so dass man methodisch auch davon ausgehen könnte, dass die Höhe der vereinbarten Vergütung gar kein wesentlicher Vertragspunkt mehr war (s. N 86). Das BGer hat nun klargestellt, dass der Richter das Entgelt nur für die Dauer der bereits erfolgten Benutzung festlegen kann, wenn ein Mietvertrag mangels hinreichend bestimmten Mietzinses noch nicht geschlossen ist, nicht aber eine Ergänzung für die Zukunft vornehmen darf (BGE 119 II 347 und unv. Urteil vom 17.6.1985 i.S. P.). Hinzu kommt der Umstand, dass das Gesetz eine Reihe von Vorschriften enthält, in denen ausdrücklich klargestellt wird, dass die Wirksamkeit eines Vertrages nicht von einer Vereinbarung über die Höhe des Entgelts abhängt (vgl. Art. 322, 374, 388 Abs. 2 und Art. 394 Abs. 3; zum Ganzen grundlegend BUCHER, Preisvereinbarung als Voraussetzung der Vertragsgültigkeit beim Kauf, Mélanges Piotet, Bern 1990, 371 ff.). 85

Handelt es sich tatsächlich um einen **objektiv wesentlichen Punkt**, so ist der Vertrag mangels Konsenses nicht zustande gekommen. Daran ändert sich auch nichts durch den Umstand, dass die Parteien ihn jetzt gelten lassen wollen und sich auf einen sog. Auslegungsstreit beschränken (s. N 9; zum Folgenden insgesamt BK-KRAMER, N 250). Handelt es sich allerdings nur um **subjektiv wesentliche Punkte**, so geben die Parteien dadurch, dass sie auf jeden Fall am Vertrag festhalten wollen, eben gerade zu erkennen, dass es sich zumindest jetzt nicht mehr um die für sie wirklich wesentlichen Punkte handelt (dazu insb. ZINDEL, Reiner Auslegungsstreit und Konsensfrage, SJZ 1982, 356 ff. und GAUCH/SCHLUEP/SCHMID/EMMENEGGER, N 1270 ff.; CHK-KUT, N 37). 86

bb) Vertragsergänzung und Innominatverträge

87 Die Vertragsergänzung bei **Innominatverträgen** erweist sich als besonders problematisch; sie wird im Zusammenhang mit der Theorie der Innominatverträge in der Einl. vor Art. 184 ff. N 31 ff. ausführlich dargestellt. Darauf wird hier generell verwiesen.

cc) Vertragsergänzung bei formbedürftigen Verträgen

88 Enthält ein **formbedürftiger Vertrag** eine Lücke, so sind zwei Varianten zu unterscheiden: Sind die formbedürftigen Vertragselemente *nicht in der erforderlichen Form erfasst* (dazu WIEGAND/BRUNNER, recht 1993, 1 ff., zur Beurkundung von Grundstückkäufen m.Nw.), so kommt eine Vertragsergänzung nicht in Betracht; die Lage ist hier nicht anders als bei den wesentlichen Vertragspunkten (s. N 85 f.). Führt die Vertragslücke nicht zur Formungültigkeit, so soll nach einem Teil der Literatur praktisch uneingeschränkte Ergänzung möglich sein (ZK-JÄGGI/GAUCH, N 546; DESCHENAUX, SPR II, 173; GAUCH/SCHLUEP/SCHMID/EMMENEGGER, N 1278). Richtiger erscheint es, eine Vertragsergänzung nur unter der Voraussetzung zuzulassen, «dass an eine von der Form erfasste Erklärung angeknüpft werde» (so treffend BK-MERZ, Art. 2 N 163; dem zustimmend BK-KRAMER, N 260; **a.A.** GAUCH/SCHLUEP/SCHMID/EMMENEGGER, N 1279; GAUCH, Auslegung, 226). Das BGer hat sich in BGE 127 III 531 ausdrücklich der Meinung von GAUCH/SCHLUEP/SCHMID/EMMENEGGER angeschlossen, welche sich darauf berufen, dass sich die gesetzlichen Formvorschriften auf die Regelung des Vertragsinhaltes durch die Vertragsparteien bezögen und nicht auf die vertragsergänzende Tätigkeit des Richters (s. ferner BGer, 30.7.2008, 5A_122/2008, E. 3.4). Die Rsp. ist widersprüchlich (vgl. N 54).

dd) Umdeutung eines Vertrages

89 Der Vertragsergänzung nahe steht der Vorgang der *Umdeutung eines nichtigen Rechtsgeschäfts in ein gültiges*. Dass eine derartige **Konversion** zulässig und möglich ist, ist auch für das schweizerische Recht unbestritten (BGE 135 III 441 [in casu abgelehnt]; 93 II 452; vgl. ausserdem BGE 126 III 184; 109 II 44; 103 II 184; 96 II 282; 93 II 299, 228; BK-KRAMER, N 267 m.Nw. auch zur deutschen Literatur). In der Tat hat der Vorgang der Umdeutung – den das deutsche BGB in § 140 folgendermassen umschreibt: «Entspricht ein nichtiges Rechtsgeschäft den Erfordernissen eines anderen Rechtsgeschäftes, so gilt das letztere, wenn anzunehmen ist, dass dessen Geltung bei Kenntnis der Nichtigkeit gewollt sein würde» – eine starke strukturelle Ähnlichkeit mit der Vertragsergänzung. Dennoch ist mit KRAMER daran festzuhalten, dass sowohl gegenüber der Auslegung von Verträgen wie gegenüber der Vertragsergänzung gravierende Unterschiede bestehen (ausführlich dazu BK-KRAMER, N 268 ff. zum Ganzen SCHÖLL).

ee) Teilnichtigkeit und salvatorische Klauseln

90 aaa) Ist der Vertrag **teilweise nichtig**, so liegt nach ganz überwiegender Auffassung eine Vertragslücke vor (abschwächend ZK-JÄGGI/GAUCH, N 488; vgl. z.B. BGE 138 III 29 E. 2.3.3; BGer, 6.1.2006, 4C.343/2005, E. 2; BGE 116 II 687; 114 II 163). In Art. 20 Abs. 2 hat das Gesetz selbst eine Regelung vorgesehen, die gewissermassen automatisch zur Lückenschliessung führt. Der Rumpfvertrag soll ohne die fehlende Bestimmung weiter gelten, «sobald nicht anzunehmen ist, dass er ohne den nichtigen Teil überhaupt nicht geschlossen worden wäre». Ob dies der Fall ist, wird nach allgemeiner Auffassung aufgrund des hypothetischen Parteiwillens ermittelt. Dies zeigt deutlich den Bezug zur Vertragsergänzung auf.

91 bbb) Vielfach wollen die Parteien jedoch die Frage der Fortsetzung des Vertrages nicht der immer problematischen Ermittlung des hypothetischen Parteiwillens überlassen und treffen deshalb für die Lückenhaftigkeit des Vertrages Vorsorge, indem sie eine sog. **salvatorische Klausel** vereinbaren.

Solche salvatorischen Klauseln haben in der schweizerischen Vertragspraxis zunehmend Verbreitung gefunden. Sie lauten etwa: «Sollten einzelne Bestimmungen dieses Vertrages teilweise oder ganz unzulässig oder unwirksam sein oder werden, bleibt der Vertrag im Übrigen gültig.» Insofern nur diese Formel vereinbart wird, bezieht sie sich ausschliesslich auf die Vermutung von Art. 20 Abs. 2. Meistens wird jedoch auch eine Regelung für die Schliessung der aufgetretenen Lücke hinzufügt, die ihrerseits in zwei Varianten auftritt: An die Stelle der ungültigen oder unwirksamen Bestimmung soll eine Regel treten, die ihr im Sinn entspricht und dem Zweck des Vertrages gerecht wird. Vielfach wird darüber hinausgehend noch vereinbart, dass die Parteien sich verpflichten, in loyalem Zusammenwirken eine Bestimmung zu vereinbaren, die der zu ersetzenden möglichst nahe kommt.

Die methodische Bedeutung derartiger Klauseln ist noch weitgehend unerforscht (vgl. zum Ganzen immerhin BISCHOFF, 91 ff.). In den hier paraphrasierten geläufigen Formulierungen stellen sie, was ohne weiteres erkennbar ist, Regeln zur Vertragsergänzung dar. An derartige Regeln ist der Richter bei der Vertragsergänzung gebunden, dies gilt zumal dann, wenn – wie in der Praxis häufig zu beobachten – das Vorgehen bei der Vertragsergänzung genau festgelegt ist. Enthält die Klausel zudem die Pflicht zur Aushandlung einer solchen Bestimmung, so kann man dies auch noch als Vertragsergänzung betrachten; der Übergang zur Vertragsanpassung, die hier von den Parteien zunächst selbst vorzunehmen wäre, ist jedoch fliessend. **92**

g) Übersicht über die Rechtsprechung zur Vertragsergänzung

Das BGer geht davon aus, dass die Vertragsergänzung unter Rückgriff auf den hypothetischen Parteiwillen als Rechtsfrage der bundesgerichtlichen Überprüfung unterliegt, schränkt diese aber ein: «Bei der Feststellung dieses hypothetischen Parteiwillens hat er [der Richter] sich am Denken und Handeln vernünftiger und redlicher Vertragspartner sowie an Wesen und Zweck des Vertrages zu orientieren» (BGE 111 II 262; 108 II 114; 107 II 149; ZK-JÄGGI/GAUCH, Art. 18 N OR 498 ff.; BK-KRAMER, Art. 18 OR N 238 ff.; MERZ, Vertrag, 102 ff. Rz 184 ff.). Das Ergebnis dieser normativen Tätigkeit überprüft das BGer zwar frei (BGE 108 II 114), aber mit einer gewissen Zurückhaltung, da die Vertragsergänzung regelmässig mit richterlichem Ermessen verbunden ist (vgl. BGE 48 II 258). Verbindlich sind dagegen Feststellungen der Vorinstanz über Tatsachen, die bei der Ermittlung des hypothetischen Willens in Betracht kommen (BGE 107 II 149 und 424 m.Hw.). **93**

BGE 138 III 29; BGer, 6.1.2006, 4C.376/2005; BGE 130 III 70 f.: lässt sich die Bestellung des Schiedsgerichts nach der von den Parteien getroffenen Regelung nicht realisieren, führt dies nicht zwingend zur Ungültigkeit der Schiedsklausel, wenn aus dieser der klare Wille der Parteien hervorgeht, ihre Streitigkeiten einer privaten Schiedsgerichtsbarkeit zu unterstellen; *BGE 119 II 347*: ist der Mietzins von den Parteien nicht hinreichend bestimmt worden und liegt erst eine grundsätzliche Einigung über die Entgeltlichkeit der Gebrauchsüberlassung vor, so ist der Mietvertrag noch nicht geschlossen; nur für die Dauer der bereits erfolgten Benutzung kann der Richter das Entgelt festlegen (vgl. auch N 85); *BGE 115 II 487*: ausgehend von einer zehnjährigen Mietvertragsdauer, welche sich um weitere fünf Jahre verlängern soll, sofern keine der Parteien die Kündigung ausspricht, und davon, dass die gesetzlichen Kündigungsbeschränkungen nicht bedacht wurden, drängt sich nach dem Vertrauensprinzip der Schluss geradezu auf, beim Eintritt einer Sperrfrist werde die vereinbarte Vertragsdauer nur um diese verlängert und der Kündigungstermin werde entsprechend hinausgeschoben, ohne dass die neue fünfjährige Vertragsdauer beginnt, welche die Parteien in die eigene Gestaltungsfreiheit gestellt haben; *BGE 114 II 163*: eine auf unbegrenzte Zeit eingegangene Bezugsverpflichtung ist unzulässig (gestützt auf Art. 27 ZGB) und führt zu Teilnichtigkeit des Vertrages, durch Vertragsergänzung wird sie aufgrund des hypothetischen Parteiwillens auf 20 Jahre bestimmt; *BGE 111 II 260*: die vertragliche Verpflichtung des Arbeitgebers zu Unterhalt und Pflege des Arbeitnehmers auf Lebenszeit wird ersetzt durch die Verpflichtung, eine kapitalisierte Leibrente zu zahlen; *BGE 107 II 414*: da anzunehmen ist, dass umsichtige Vertrags- **94** partner in einer vergleichbaren Lage eine Kündigungsfrist in ihren Vertrag aufgenommen hätten, die erlauben würde, sich auf das Ende des Vertrages beizeiten einzustellen, ist es Aufgabe des Richters zu bestimmen, welche Kündigungsfrist den konkreten Verhältnissen angemessen ist; *BGE 107 II 144* (= Pra 1981, 463 ff.): Ergänzung eines zusammengesetzten Vertrages (Verkauf von zwei Pferden gegen Unterhalt und Zureiten einer Stute zusätzlich zu einer Teilzahlung) bei Unmöglichkeit der Erfüllung einer bestimmten Verpflichtung (überraschender Tod der zuzureitenden Stute) dahingehend, dass der Käufer nun den vollen Kaufpreis zahlen muss; *BGE 90 II 244* und *83 II 311*: Auffüllung eines Kaufvertrages über vinkulierte Namenaktien durch den Richter dahingehend, dass das Veräusserungsgeschäft auch bei Nichterhältlichkeit der Genehmigung der Aktienübertragung durch die Gesellschaft wirksam bleiben soll; *BGE 88 II 507*: Ausfüllen der Lücke durch einen stillschweigenden Vorbehalt; *BGE 84 II 628*: wenn die Parteien hinsichtlich des allfälligen Kaufpreisrestes auf die Teilzahlungsbedingungen des Verkäufers verweisen, solche aber im Geschäft des Verkäufers fehlen, so setzt der Richter sie nach Recht und Billigkeit fest.

Das BGer hat Vertragsergänzung geprüft und **verneint** in *BGE 119 II 347* (vgl. N 93); *BGE 93 II 275*: wonach es nicht Sache des Richters ist festzustellen, wie die vertragliche Treuepflicht gelautet hätte, wenn die Parteien bei Vertragsschluss an ein Konkurrenzverbot gedacht hätten; ein solcher Vertrag ist nicht durch ein zufälliges Element zu ergänzen, das er nicht enthält; *BGE 82 II 386*: die Parteien haben in ihrem Kaufvertrag, der keine Beteiligung des Verkäufers am zukünftigen Erlös oder Ertrag der Kaufsache vorsieht, nicht einen Nebenpunkt offengelassen, der notwendigerweise einer Regelung bedürfte und somit ergänzt werden müsste, da normalerweise der Verkäufer mit dem Verkauf alle Rechte an der verkauften Sache aufgibt.

3. Vertragsanpassung (clausula rebus sic stantibus)

a) Zulässigkeit

95 aa) Eine Vertragsanpassung kommt dann in Betracht, wenn durch eine Veränderung der Verhältnisse die Erfüllung des Vertrages, so wie er geschlossen ist, zumindest für eine Partei **nicht mehr zumutbar** erscheint. Der Hauptfall besteht in einer gravierenden Störung des *Verhältnisses von Leistung und Gegenleistung* (Äquivalenzstörung), daneben kommen aber auch andere Aspekte wie etwa eine Erschütterung oder Zerstörung des Vertrauensverhältnisses oder ähnliche Umstände in Betracht. Die Zulässigkeit und die Notwendigkeit einer derartigen Vertragsanpassung werden im schweizerischen Recht seit langem anerkannt. Als typisch kann folgende Formulierung des BGer gelten: «Nach Art. 2 Abs. 2 ZGB hat der Richter einen Vertrag dann zu ändern oder aufzuheben, wenn durch nachträgliche, nicht voraussehbare Umstände ein derart offenbares Missverhältnis zwischen Leistung und Gegenleistung eingetreten ist, dass das Beharren einer Partei auf ihrem Anspruch als missbräuchlich erscheint.» (BGE 97 II 398; 101 II 17; grundlegend BK-Merz, Art. 2 ZGB N 188 ff.; zur Rsp. vgl. im Übrigen die Nachweise in den folgenden Randnoten sowie insb. N 123 ff.)

96 Aus dieser Formulierung ergibt sich zugleich, dass die Rechtsgrundlage für das Institut in *Art. 2 ZGB* gesehen wird (vgl. auch Sturm, Der Rechtsmissbrauch im Schweizer Recht, SJZ 1993, 373 ff.; BSK ZGB I-Honsell, Art. 2 N 19). Darüber hinaus findet sich der Gedanke der Vertragsanpassung an veränderte Umstände in verschiedenen *Einzelvorschriften*. Als geradezu exemplarisch kann die Formulierung in Art. 373 Abs. 2 gelten: «Falls jedoch ausserordentliche Umstände, die nicht vorausgesehen werden konnten oder die nach den von beiden Beteiligten angenommenen Voraussetzungen ausgeschlossen waren, die Fertigstellung hindern oder übermässig erschweren, so kann der Richter nach seinem Ermessen eine Erhöhung des Preises oder die Auflösung des Vertrages bewilligen.» Ehe auf die konkrete Ausgestaltung und die Voraussetzungen einzugehen ist, unter denen eine Anpassung des Vertrages in Frage kommt (N 99 ff.), ist der Grundgedanke des Rechtsinstituts zu skizzieren und seine

Abgrenzung von vergleichbaren Erscheinungen zu beschreiben. Diese Problematik ist europaweit im Zusammenhang mit der Einführung des Euro diskutiert worden (dazu aus Schweizer Sicht WIEGAND/BERGER, 67 ff.).

bb) Beim Vertragsschluss gehen die Parteien immer bewusst oder unbewusst von bestimmten Umständen und Annahmen aus. Erweisen sich diese später als nicht zutreffend, so stellt sich die Frage, ob der geschlossene Vertrag dessen ungeachtet in der vorgesehenen Weise abgewickelt werden soll und kann. Prinzipiell ist davon auszugehen, dass Verträge so zu halten sind, wie sie geschlossen wurden (**pacta sunt servanda**; z.B. BGE 138 III 322; 135 III 1; 120 II 166; 119 II 351; 116 II 636). Davon werden nur in beschränktem Umfang **Ausnahmen** zugelassen. Sie alle beruhen auf dem *gemeinsamen Grundgedanken*, dass die Parteien den Vertrag so nicht geschlossen hätten, wenn sie nicht Fehlvorstellungen über die Zustände bei Vertragsschluss oder über die Entwicklung der Verhältnisse gehabt hätten oder noch allgemeiner ausgedrückt: *Die Bindung der Parteien an den geschlossenen Vertrag findet ihre Grenze immer dann und überall dort, wo sie vom bei Vertragsschluss vorhandenen Willen nicht mehr gedeckt ist.* Ausdruck findet dieser Gedanke in einer Reihe von Rechtsinstituten: in der *Anfechtung wegen Grundlagenirrtums* gem. Art. 24 Abs. 2 Ziff. 4, der *Kündigung aus wichtigem Grund* und der hier zu behandelnden *Vertragsanpassung wegen veränderter Verhältnisse.* In all diesen Fällen handelt es sich in einem weiteren Sinne um *das Fehlen oder den Wegfall der Geschäftsgrundlage.* Dieses im deutschen Recht entwickelte Rechtsinstitut, jetzt kodifiziert im neuen § 313 BGB (s. N 147), ist in der Schweiz als solches nicht übernommen worden. Seine theoretische Konzeption ist aber weitgehend identisch mit den drei genannten schweizerischen Rechtsinstituten, die sich wegen des gemeinsamen Grundansatzes teilweise überlagern: Durch die neuere Rsp. des BGer haben sich die Rechtsfolgen der einzelnen Rechtsbehelfe weitgehend angenähert (BGE 129 III 320, «Klärschlammentscheid», dazu WIEGAND ZBJV 2004, 829 ff. und zu den Konsequenzen WIEGAND, FS Walter, 447 ff.). Dabei ist im Folgenden auf den Grundlagenirrtum nicht näher einzugehen (vgl. Komm. zu Art. 24) und nur am Rande auf die Kündigung aus wichtigem Grund, die allerdings nur einen Unterfall der clausula rebus sic stantibus darstellt. Die Behandlung der Vertragsanpassung ist hier vor allem deshalb geboten und gerechtfertigt, weil sie in engem Zusammenhang mit der Vertragsauslegung und der Vertragsergänzung steht. Genau genommen handelt es sich – wie bereits in N 58 bemerkt – um einen speziellen Fall der Vertragsergänzung. Dies ist im Folgenden näher darzulegen, wobei es nicht um eine umfassende Darstellung der Vertragsanpassung geht (vgl. dazu ausführlich BK-MERZ, Art. 2 N 188–259; teilweise weiterführend BK-HAUSHEER/AEBI, Art. 2 OR N 225 ff.). 97

b) Der Anpassungsvorgang

Bei der Vertragsanpassung geht es darum, das *Vertragsverhältnis so umzugestalten, dass es den veränderten Verhältnissen entspricht.* Dabei steht traditionellerweise die Äquivalenzstörung im Vordergrund, aber die Vertragsanpassung beschränkt sich keineswegs nur auf die Wiederherstellung vertraglicher Äquivalenz. Es können auch sonstige Vertragspflichten abgeändert werden, und es kann die einzige Lösung darin bestehen, den Vertrag vorzeitig zu beenden. Aus diesem weiten Anpassungsbegriff (dazu BK-KRAMER, N 274 und ZK-JÄGGI/GAUCH, N 572; CHK-KUT, N 40) ergibt sich ein breiter Anwendungsbereich für die Vertragsanpassung. 98

c) Anwendungsbereich und Voraussetzungen

aa) Veränderung der Verhältnisse

Grundvoraussetzung für die Vertragsanpassung insgesamt ist eine **Veränderung der Verhältnisse**, die seit Vertragsabschluss eingetreten sein muss. Damit ist zunächst einmal klargestellt, dass *Fehlvorstellungen der Parteien bei Vertragsschluss* über die zu jener Zeit bestehenden Voraussetzungen und Umstände unter dem Aspekt der Vertragsanpassung keine Rolle spielen 99 können. Bei derartigen Fehlvorstellungen kommt allenfalls ein Grundlagenirrtum gem. Art. 24 Abs. 2 Ziff. 4 in Betracht.

100 Daraus folgt weiter, dass eine Vertragsanpassung nur dort erfolgen kann, wo der **Vertrag Zeit für eine Veränderung der Verhältnisse lässt**. Die Anpassung kommt grundsätzlich nicht in Betracht bei sog. Einmalschuldverhältnissen (BSK ZGB I-Honsell, Art. 2 N 19). Typischerweise spielen deshalb die Umstände oder auch Rahmenbedingungen bei langfristigen Verträgen eine grosse Rolle. Das BGer hält aber gerade für derartige Fälle zu Recht fest: «Nach der Rsp. müssen die Parteien bei langfristigen Verträgen damit rechnen, dass sich die zur Zeit des Vertragsabschlusses bestehenden Verhältnisse später ändern [...]. Sehen die Parteien ausdrücklich oder sinngemäss davon ab, den Einfluss solcher Änderungen auf die gegenseitigen Leistungen auszuschliessen, so entspricht es grundsätzlich dem Wesen des Vertrages, dass er so erfüllt wird, wie er abgeschlossen worden ist.» (BGE 127 III 305). Entscheidend ist demnach das Kriterium der Vorhersehbarkeit (N 101). Die Anpassung kommt deshalb auch bei kurzfristig zu erfüllenden Verträgen in Betracht, sofern sie überhaupt für eine relevante Änderung der Verhältnisse Raum lassen. Die jetzt störende oder stossende vertragliche Regelung (z.B. das Missverhältnis von Leistung und Gegenleistung) muss als Folge der veränderten Umstände entstanden sein (ausführlich Wiegand, Clausula 453 f.). Damit scheiden alle diejenigen Fälle aus, in denen schon bei Vertragsschluss ein Missverhältnis bestand (so ausdrücklich und besonders prägnant BGE 97 II 398; in diesen Fällen kommt allenfalls, sofern die übrigen Voraussetzungen vorliegen, die Anwendung von Art. 21 in Betracht).

bb) Vorhersehbarkeit

101 Eine Berufung auf veränderte Umstände soll nach allgemeiner Auffassung nur dann in Betracht kommen, wenn die Entwicklung **unvorhersehbar** war. In der oben (N 96) zitierten Regel des Art. 373 Abs. 2 ist dieses Kriterium ausdrücklich enthalten, und auch Rsp. und Literatur sind sich über das Prinzip einig (BGer, 2.5.2011, 4A_73/2011, E. 4; v. 30.3.2004, 4C.49/2004, E. 2.2; BGE 100 II 349; 60 II 213; 59 II 380; BJM 1980, 78; BK-Merz, Art. 2 ZGB N 224 ff. m.Nw.; ZK-Baumann, Art. 2 ZGB N 455; CR CO I-Winiger, N 199 ff.; CHK-Kut, N 45). Die eigentliche Schwierigkeit besteht darin festzustellen, was von den Vertragsparteien hätte vorhergesehen werden können und wann eine Entwicklung vorliegt, mit der sie vernünftigerweise nicht rechnen konnten. Es liegt auf der Hand, dass hierfür keine generellen Kriterien entwickelt werden können. Es handelt sich vielmehr um eine Frage, die der Richter durch *wertende Beurteilung* entscheiden muss (BGer, 22.11.2010, 4A_375/2010, E. 3.1: «Eine voraussehbare Änderung der Verhältnisse liegt vor, wenn die betreffende Partei nach dem gewöhnlichen Lauf der Dinge mit der späteren Entwicklung vernünftigerweise rechnen musste. Entscheidend ist mithin, ob die Wahrscheinlichkeit der Verhältnisänderung so gross war, dass für eine vernünftige Person an Stelle der Vertragspartei Grund bestand, beim Entscheid über den Vertragsabschluss oder dessen Ausgestaltung darauf Rücksicht zu nehmen»). Die Problematik liegt hier ähnlich wie bei der Vorhersehbarkeit im Schadenersatzrecht, wo der Richter mit der sog. objektiv nachträglichen Prognose feststellen muss, ob die Parteien mit den Folgen ihres Verhaltens hätten rechnen können oder müssen. Der Richter wird infolgedessen einerseits Zurückhaltung üben müssen und nicht jede ungewöhnliche Entwicklung als unvorhersehbar betrachten, andrerseits aber auch an diese Unvorhersehbarkeit nicht allzu hohe Anforderungen stellen dürfen.

102 *Vorhersehbar* in diesem Sinne sind *normale Inflationsraten* (etwa BGE 101 II 21 und Konjunkturschwankungen aller Art; vgl. auch BJM 1980, 79 f.). Fraglich könnte aber z.B. bereits sein, ob der Preiseinbruch im Liegenschaftsgeschäft, der seit 1991 zur Immobilienkrise führte, den Rahmen des Vorhersehbaren gesprengt hat (vgl. dazu die Beiträge in: Wiegand [Hrsg.], Konsequenzen aus der Krise, Bern 1995, zur diesbezüglichen Problematik bei Einführung des Euro, Wiegand/Berger, 83 ff.). Als eindeutig *unvorhersehbar* wurden etwa die wirtschaftlichen Umwälzungen nach dem ersten Weltkrieg betrachtet (BGE 48 II 252; 47 II

457, 317). Dies gilt sicher auch für die Finanzkrise der Jahre 2007–2008, die weder in ihrer Form noch in ihrem Ausmass vorauszusehen war (dazu WIEGAND, Jusletter 2009). Ob und inwieweit sich daraus eine Grund für Vertragsanpassung oder -auflösung ergibt, hängt wie bei allen Fällen der Anwendung der clausula von den konkreten Umständen und den Eigenschaften der beteiligten Parteien ab (s. N 118; **abl.** für Kürzung einer Zusatzrente aufgrund der Finanzkrise BGer, 31.7.2012, 9C_88/2012). Ebenso die Folgen der Inflation in Deutschland in den 20er-Jahren, die das Reichsgericht zum Anlass genommen hat, im Wege der sog. Aufwertungsrechtsprechung gestützt auf die clausula rebus sic stantibus Vertragsanpassungen vorzunehmen (s. N 123; WEBER, Fremdwährungsschulden in der Praxis, BJM 1983, 117 f.).

Änderungen der Gesetzeslage gelten im Allgemeinen als Entwicklungen, mit denen man rechnen muss (BISCHOFF, 188; ausdrücklich jetzt BGE 127 III 300, 305, dazu WIEGAND ZBJV 2003, 806 f.). Ob und inwieweit dies auch für *Veränderungen der Rsp.* gilt, ist problematisch, zumal dann, wenn es sich um eine Praxisänderung handelt, mit der unter gar keinen Umständen gerechnet werden konnte. Beispiele aus der schweizerischen Judikatur dafür sind etwa der Entscheid BGE 98 II 310, mit dem der Architekturvertrag dem Auftragsrecht unterstellt und damit frei widerrufbar wurde, oder der Entscheid Nobel bez. der Vorschlagszuteilung (BGE 102 II 313). In beiden Fällen stellt sich die Frage, ob bei derartig gravierenden Veränderungen nicht ggf. eine Vertragsanpassung in Betracht zu ziehen wäre. Als generell vorhersehbar gelten dagegen *Naturereignisse* aller Art, weil mit ihnen immer gerechnet werden muss. Ebenfalls von vornherein ausgeschlossen ist eine Berufung auf veränderte Verhältnisse bei allen *spekulativen Geschäften* (BGE 59 II 380; BJM 1980, 80 f.; ZR 1936, 245 ff.; GUHL/MERZ/KOLLER, 8. Aufl., 287). Dies gilt sowohl für den Rohstoffhandel wie für den gesamten Wertpapierbereich. **103**

cc) Äquivalenzstörung

Voraussetzung ist schliesslich, dass durch die Veränderung der Verhältnisse eine schwerwiegende Störung des Vertragsverhältnisses ausgelöst wird. Soweit es dabei um den Austausch von vermögenswerten Leistungen geht, muss eine **gravierende Äquivalenzstörung**, d.h. ein grobes Missverhältnis zwischen Leistung und Gegenleistung, eingetreten sein (vgl. BGer, 22.11.2010, 4A_375/2010, E. 3.1; BGE 135 III 9; 104 II 317; 101 II 19; 97 II 398; 68 II 169, 173; 59 II 378; BJM 1995, 28; 1980, 77 f.; ZR 1987, 4; BK-KRAMER, N 346; ZK-JÄGGI/GAUCH, N 679 ff.; ZK-BAUMANN, Art. 2 ZGB N 455; sowie ausführlich BISCHOFF, 190 ff.). Nicht erforderlich ist dagegen, dass es sich um eine wucherische Ausbeutung handelt (ZK-JÄGGI/GAUCH, N 683; TERCIER, JdT 1979, 209 f.; vgl. aber GUHL/MERZ/KOLLER, 8. Aufl., 287), und ebenso wenig muss die Äquivalenzstörung zu einem wirtschaftlichen Ruin der dadurch betroffenen Partei führen (anders die ältere, heute überholte Rsp., in diesem Sinne aber schon BGE 59 II 377 f.). **104**

Handelt es sich um eine im **nicht-wirtschaftlichen Bereich** liegende Vertragsstörung, so muss sie ebenfalls gravierend sein und auf einer Änderung der Verhältnisse beruhen. Dies wird v.a. bei personenbezogenen Verträgen wie Gesellschafts- oder Dienstverträgen vorkommen. Besonders exemplarisch ist der vom BGer entschiedene Fall, in dem der Eigentümer eines Hauses seinen Schwiegereltern ein Wohnrecht eingeräumt hatte und nach der Scheidung die Aufhebung des Rechtsverhältnisses verlangte (vgl. dazu das dem Begehren stattgebende Urteil BGE 82 II 332 ff.). Das BGer hat im «Uriella» Entscheid (BGE 128 III 431) derartige Konstellationen Art. 27 ZGB (Kündigung aus wichtigem Grund s. N 124) zuordnen und von der Anwendung der clausula rebus sic stantibus ausschliessen wollen, die sich dann auf Äquivalenzstörungen beschränkt (kritisch zu diesem nicht überzeugenden Ansatz WIEGAND ZBJV 2003, 835 ff.). **105**

Aus diesen Beispielen ergibt sich schliesslich ein letzter Gesichtspunkt: Für die Anwendbarkeit der clausula rebus sic stantibus ist es **nicht erforderlich**, dass die *Vertragsstörung auf überindividuellen Gründen oder gar einer «Sozialkatastrophe»* beruht (in diesem Sinne aber **106**

BISCHOFF, 184 ff. m.Nw.; vgl. auch BGE 96 II 310). Das Gleiche gilt für Schlagworte wie «Ausserordentlichkeit der Ereignisse». Derartige Floskeln, wie auch die vom Reichsgericht verwendeten von einer «grundstürzenden Änderung der Verhältnisse», sind wohl nur blumige Ausdrucksweisen für die Unvorhersehbarkeit der Ereignisse. Als solche sind sie durchaus bei der Wertung zu berücksichtigen, diese selbst hat aber immer auf die Beziehung zwischen den Parteien und den individuellen Vertrag abzustellen, nicht aber auf eine irgendwie geartete gesamt(wirtschaftlich)e Betrachtung (zum Ganzen BK-KRAMER, N 335 ff.; ZK-JÄGGI/GAUCH, N 661 ff.).

d) Anpassungsregeln

107 Erweist sich ein Vertrag als anpassungsbedürftig, so hat die Anpassung nach bestimmten Regeln zu geschehen. Dabei sind *drei Gruppen* zu unterscheiden:

Vertragliche Anpassungsregeln sind solche, die *die Parteien* (in weiser Voraussicht) in den Vertrag eingefügt haben. Daneben enthält *das Gesetz* Regeln, mit denen die Anpassung des Vertrags ermöglicht werden soll; fehlen beide, so hat *der Richter* selber entsprechende Regeln zu kreieren. Im ersten Fall handelt es sich um sog. *Eigennormen* der Parteien, während die übrigen Anpassungsregeln als *Fremdnormen* bezeichnet werden (zu dieser Terminologie s. schon N 68 und grundlegend ZK-JÄGGI/GAUCH, N 276).

aa) Vertragliche Anpassungsregeln

108 Die **vertraglichen Anpassungsregeln** (BGE 135 III 1 E. 2.5: «Rechnen die Parteien bei Vertragsabschluss mit künftigen Ereignissen, können sie für diesen Fall eine Anpassung vertraglich vorsehen. Dadurch wird der einen Partei das (Gestaltungs-)Recht eingeräumt, vom Prinzip der Vertragstreue abzuweichen und einseitig die Vertragsbestimmungen zu ändern»), werden einem Vorschlag von JÄGGI/GAUCH folgend in *positive* und *negative* eingeteilt (ZK-JÄGGI/GAUCH, N 576; BK-KRAMER, N 276, BK-HAUSHEER/AEBI, Art. 2 ZGB N 225 ff. und BISCHOFF, 91 ff., dort auch ausführlich zum Folgenden).

109 aaa) **Positive Anpassungsregeln**: Darunter werden solche Vertragsklauseln verstanden, in denen die Parteien eine Anpassung des Vertrages an die veränderten Verhältnisse *anordnen* (BGE 99 II 290). Derartig positive Anpassungsklauseln formulieren die Voraussetzung i.d.R. in Form einer Bedingung und ordnen die entsprechende Anpassungsfolge an. Typische Beispiele sind etwa *Wertsicherungsklauseln*, bei denen die Erhöhung der Gegenleistung z.B. an die Steigerung des Indexes für Konsumentenpreise des BIGA um eine bestimmte Punktzahl geknüpft wird (z.B. BGE 117 II 40; 116 III 62; 113 II 303; 112 Ib 523; 110 II 494; 109 II 55; 108 II 471, 466 ff., 321 ff.; 103 II 267; 99 II 298; 94 III 10; 72 II 34).

110 bbb) **Negative Anpassungsklauseln** sind solche, in denen die Parteien eine Anpassung *ausschliessen* (Ausschluss der Abänderbarkeit der Unterhaltsrente in einer Scheidungskonvention, BGer, 25.3.2010, 5A_39/2010, E. 3.3). Als Schulbeispiele gelten Klauseln, in denen die Berufung auf einen Streik oder ähnliche Ereignisse ausdrücklich ausgeschlossen wird. Negative Anpassungsklauseln finden sich auch in der SIA-Norm 118.

111 ccc) Solche Klauseln können ausdrücklich, aber auch stillschweigend vereinbart werden. Als typische **ausdrückliche Klauseln** gelten sämtliche *Wertsicherungsklauseln*, insb. die *Indexklauseln*, aber auch die *Spannungsklauseln* und vergleichbare Bestimmungen (Einzelheiten dazu BK-WEBER, Art. 84 N 330 ff. und 250 ff. sowie BISCHOFF, 93 f.). Vielfach werden die ausdrücklich aufgenommenen Anpassungsregeln eher im Stil einer Generalklausel formuliert, so heisst es etwa in BGE 99 II 290: «Nach Ablauf dieses Vertrages [...] steht dem Mieter das Recht zu [...] zu verlängern, wobei der Mietzins den eventuell veränderten Verhältnissen neu angepasst wird.» (Vgl. weitere Bsp. bei ZK-JÄGGI/GAUCH, N 580; BK-KRAMER, N 281 und BISCHOFF, 97 f.) Derartige Klauseln führen häufig dazu, dass die Parteien sich nicht über die konkrete Vertragsanpassung einigen. In diesen Fällen hat letztendlich der Richter die Anpassung vorzunehmen (dazu N 116 f.). Diesen generalklauselartigen Anpassungsregeln stehen jene nahe, in denen die Parteien sich überhaupt nur wechselseitig zur Anpassung verpflichten (zu diesen sog. Loyalitäts- oder Neuverhandlungsklauseln s. N 120 ff.).

ddd) **Konkludente Anpassungsklauseln**: Beide Formen der Anpassungsregelung können auch als *stillschweigend vereinbart* angesehen werden. Dies ist dann der Fall, wenn der Richter durch Auslegung des Vertrages zu dem Resultat gelangt, dass es dem Willen der Parteien entsprach, eine Anpassung auszuschliessen oder vorzusehen. Dabei ist jedoch Zurückhaltung geboten, v.a. in Bezug auf die Annahme einer stillschweigenden Anpassungsklausel. Insbesondere kann nach heutigem Vertragsverständnis nicht mehr davon ausgegangen werden, dass jede Vereinbarung mit einer «clausula rebus sic stantibus» zustande komme, welche besagt, dass jegliche Obligation unter der stillschweigenden Bedingung stehe, dass die ihr zugrundeliegenden Rahmenbedingungen sich nicht in entscheidender Weise verändern (dazu MERZ, Die Revision der Verträge durch den Richter, ZSR 1942, 393a ff. m.Nw.). Die Rsp. ist zu Recht äusserst vorsichtig bei der Annahme stillschweigend vereinbarter Anpassungsklauseln (etwa BGE 88 II 203; LGVE 1987 I 28). **112**

Bei der Beurteilung der Frage, ob eine konkludente Anpassungsregel im Vertrag enthalten ist, sind die oben (N 16 ff.) dargelegten Auslegungsgrundsätze anzuwenden. Führen diese zu dem Resultat, dass weder eine positive noch eine negative, weder eine ausdrückliche noch eine stillschweigende Anpassungsregel vorhanden ist, enthält der Vertrag eine **Anpassungslücke**. Diese ist durch richterliche Vertragsanpassung zu schliessen (N 116 ff.), sofern nicht gesetzliche Anpassungsregeln (N 114 f.) eingreifen. **113**

bb) Gesetzliche Anpassungsregeln

Das OR und die gesamten Privatrechtsgesetze enthalten eine Fülle von Anpassungsregeln, auf die zum Teil bereits hingewiesen wurde. So sind etwa die Vorschriften über die *Übervorteilung (Art. 21)* oder den *Grundlagenirrtum (Art. 24 Abs. 1 Ziff. 4)* in diesem Zusammenhang zu nennen. Dabei ist freilich klarzustellen, dass es sich im Grunde nicht um Vorschriften handelt, die nachträglich eine Anpassung des Vertrages an veränderte Verhältnisse bewirken, sondern dessen Entstehung verhindern, weil die Parteien bewusst (Art. 21) oder unbewusst ein von Anfang an gestörtes Vertragsverhältnis begründet haben (bei der Übervorteilung nimmt das BGer vereinzelt auch eine Vertragsanpassung vor; BGE 123 III 292, zustimmend GAUCH, recht 1998, 55 und KRAMER, AJP 1997, 1556; krit. WIEGAND, ZBJV 1998, 683). Gerade um den umgekehrten Fall geht es bei dem in diesem Zusammenhang häufig erwähnten Art. 119, der die *nachträgliche Unmöglichkeit* betrifft. Insofern es sich um eine tatsächliche Leistungsunmöglichkeit handelt, geht es schlicht um die Liquidation des Vertrages. Die Verbindung zu der clausula rebus sic stantibus besteht allenfalls darin, dass gelegentlich die Unzumutbarkeit der Leistung oder auch die sog. Unerschwinglichkeit für den Schuldner der Unmöglichkeit gleichgestellt wird (dazu im Einzelnen Art. 97 N 14 m.Nw. und Art. 119 N 5). Neben den allgemeinen Rechtsbehelfen enthält der Besondere Teil des OR eine Reihe von Tatbeständen, die man als **gesetzliche Anpassungsregeln** bezeichnen kann. Die weitaus wichtigste ist die bereits erwähnte Regelung des Art. 373 Abs. 2. Hinzu kommen eine Reihe von Bestimmungen, die auf eine *nachträgliche Verschlechterung der Vermögensverhältnisse oder den Tod eines Vertragspartners* abstellen (z.B. Art. 250 Abs. 1 Ziff. 2, Art. 266g, 270, Art. 295 Abs. 1, Art. 297, 316 Abs. 1, Art. 337a, 418s Abs. 1; vgl. auch BK-KRAMER, N 315). **114**

Bei all diesen Vorschriften geht es vorwiegend um die ex tunc oder ex nunc wirkende Auflösung des Vertrages (Einzelheiten dazu bei BISCHOFF, 145 ff.). Fraglich kann allein sein, ob aufgrund dieser Vorschriften ein **allgemeines Prinzip** abgeleitet werden kann. Das ist zu bejahen, denn Art. 373 Abs. 2 formuliert auf exemplarische Weise die Voraussetzungen, unter denen jeder Vertrag angepasst werden könnte. Dies gilt zumindest für Äquivalenzstörungen. Für Störungen des vertraglichen Vertrauensverhältnisses findet sich ein ähnlicher Ansatz in den Vorschriften über die **Kündigung aus wichtigem Grund** (z.B. Art. 266g, 297, 337, 418r, **115**

527, 545 Abs. 2). Auf ihre Ableitung aus dem Grundgedanken der clausula rebus sic stantibus ist (N 97) schon hingewiesen worden. Für Art. 337 OR hat das BGer das jetzt ausdrücklich festgehalten («Die ausserordentliche Vertragsauflösung nach Art. 337 OR konkretisiert damit die clausula rebus sic stantibus.»; BGE 129 III 383). Auch dieser Ansatz ist verallgemeinerungsfähig und kann deshalb als Basis für eine Analogie bei all denjenigen Verträgen herangezogen werden, in denen die persönliche Beziehung zwischen den Parteien in grundlegender Weise erschüttert worden ist (in diesem Sinne wohl schon BK-Kramer, N 321; zustimmend wohl auch CR CO I-Winiger, N 209). Das BGer hat im erwähnten «Uriella» Entscheid eine solche Verallgemeinerung vorgenommen und diese zugleich mit Art. 27 Abs. 2 ZGB verknüpft (BGE 128 III 429, «Ausdruck eines allgemeinen Prinzips»; vgl. dazu N 105).

cc) Richterliche Anpassungsregeln

116 Soweit weder positive noch negative Anpassungsregeln als Eigennormen der Parteien oder als Fremdnormen aus dem Gesetz entnommen werden können, hat der **Richter** *die verbleibende Lücke im Vertrag zu schliessen*. Dies gilt auch dann, wenn die vertragliche Anpassungsregel oder die herangezogene gesetzliche Regel unvollständig ist. Schliesst der Richter eine sog. Anpassungslücke, so gleicht seine Tätigkeit derjenigen der richterlichen Vertragsergänzung (Einzelheiten dazu bei BK-Kramer, N 322 ff. und ZK-Jäggi/Gauch, N 639 ff.).

117 Akzeptiert man diesen Ausgangspunkt, so ist es klar, dass die Vertragsanpassung nicht auf den *Rechtsmissbrauchsgedanken* abgestützt werden muss. Dieser würde in jedem Falle nur der Ausübung des konkreten Rechts entgegenstehen, nicht aber zu einer wirklichen Lückenschliessung führen. Das kann heute als allgemeine Auffassung bezeichnet werden (dazu jetzt Kramer, SJZ 2014, 275 f.; ZK-Jäggi/Gauch, N 646; BK-Merz, Art. 2 ZGB N 220 und BK-Kramer, N 327 und 332). Ob man in diesem Zusammenhang von einer *korrigierenden Vertragsergänzung* sprechen sollte, ist mehr eine terminologische als eine sachliche Frage. Richtig ist dieser Ausdruck insofern, als bei der Vertragsanpassung anders als bei der reinen Vertragsergänzung in das bestehende Gefüge eingegriffen wird. Andrerseits ist zu beachten, dass auch hier primär der Versuch unternommen werden muss, den im Vertrag zum Ausdruck gekommenen Willen der Parteien fortzuschreiben.

Die *Rsp.* betrachtet dagegen die Vertragsanpassung ganz überwiegend unter dem *Aspekt des Rechtsmissbrauchs* (BGer, 30.3.2004, 4C.49/2004, E. 2.2; BGE 113 II 209 = Pra 1988, 389; BGE 101 II 19; 100 II 349; 97 II 398; 93 II 188 = Pra 1967, 482; jetzt eher offen gelassen in 138 III 746 m.Hw. auf BGE 127 III 300 auch N 103). Ein Rückgriff auf Art. 2 Abs. 2 ZGB ist jedoch nur dann erforderlich, wenn der Vertrag eine Anpassung nicht erlaubt, die Berufung auf die vertragliche Regelung sich aber dennoch als missbräuchlich erweist (zum Ganzen BK-Kramer, N 332 und ZK-Jäggi/Gauch, N 645 ff., beide m.Nw.).

e) Die Entscheidung des Richters und die Anpassungsfolgen

118 Der Richter sollte nur unter den oben dargelegten Kriterien und nur, wenn die Gesamtumstände dies wirklich erfordern, eine Anpassung des Vertrages vornehmen. Dies gilt jedenfalls dann, wenn der Vertrag selbst keine Anpassungsregel enthält. Aber auch dann, wenn eine solche Regel enthalten ist, sind deren Voraussetzungen nicht leichthin anzunehmen. Insbesondere ist zu beachten, dass die Anwendbarkeit der clausula entscheidend von subjektiven Elementen abhängt. Dies v.a. deshalb, weil die Beurteilung des zentralen Kriteriums der Vorhersehbarkeit nicht abstrakt erfolgen kann, es ist vielmehr auf die Vorhersehbarkeit für die Vertragsparteien abzustellen (Wiegand/Berger, 75 ff.).

Gelangt der Richter zu dem Schluss, dass eine Anpassung erforderlich ist, so ist selbstverständlich *zunächst auf die vertragliche Regelung und die gesetzlichen Anpassungsvorschriften zurückzugreifen*. Bei einer wirklichen Anpassungslücke kann auch hier der *hypothetische Parteiwille* herangezogen werden (ZK-Jäggi/Gauch, N 651 m.Nw.). Ziel der richterlichen

Ergänzung des Vertrages muss beim Vorliegen einer Anpassungslücke sein, den Vertrag wieder funktionsfähig zu machen oder ihn zu beenden: Konkret bedeutet das, dass die *Äquivalenzstörung beseitigt* werden muss. Als weitere Möglichkeit kommt eine *Verlängerung oder Verkürzung der Vertragsdauer* in Betracht oder aber, was bei weitem die häufigste Folge sein wird, eine *ex nunc wirkende Auflösung* des unter den geänderten Verhältnissen nicht mehr durchführbaren Vertrages (Einzelheiten BK-Kramer, N 353 ff.; ausserdem ZK-Jäggi/Gauch, N 573 f. und Bischoff, 229 ff.; ausführlich jetzt BGE 127 III 300, 307 f.). Das Verhältnis dieser Rechtsfolgen und die Gestaltungsfreiheit des Richters sind umstritten, dazu Kramer, SJZ 2014, 277 f. m.Nw.). Gemeinsam ist allen Varianten, dass sie keine Rückwirkung haben. Massgebender Zeitpunkt für die Gestaltungswirkung ist die Geltendmachung gegenüber der anderen Vertragspartei. Deshalb handelt es sich bei der Berufung auf die clausula um die Ausübung eines Gestaltungsrechts. Das Urteil hat rechtsgestaltende und feststellende Wirkung (Wiegand, Jusletter 2009; diese Fragen sind weitgehend ungeklärt).

f) Einzelfragen

aa) Nichteintritt einer Verhältnisänderung

Haben die Parteien mit einer Verhältnisänderung gerechnet und den Vertrag darauf angelegt **119**
und tritt diese Änderung dann nicht ein, so ist der Fall unter umgekehrten Vorzeichen so zu beurteilen, wie wenn eine unerwartete Verhältnisänderung eingetreten ist. Die Anpassung des Vertrages ist hier in gleicher Weise vorzunehmen (Gauch/Schluep/Schmid/Emmenegger, N 1302).

bb) Loyalitätsklauseln

In zahlreichen neueren Verträgen finden sich zunehmend auch in der Schweiz sog. **Loyali-** **120**
tätsklauseln (konkretes Bsp. in BGer, 25.7.2000, 4P.212/1999, E. 2b). Sie sind verwandt oder überschneiden sich mit den oben (N 91 f.) bereits erwähnten salvatorischen Klauseln. Die Parteien vereinbaren durch derartige Bestimmungen, dass ein Scheitern des Vertrages auf alle Fälle vermieden werden soll. Sie sehen deshalb i.d.R. vor, dass *eventuelle Vertragslücken zu schliessen sind und veränderten Verhältnissen durch neue Bestimmungen Rechnung zu tragen ist.* Solche Klauseln können in allgemeiner Form abgefasst werden, dann begründen sie die Befugnis des Richters, den Vertrag entsprechend zu ergänzen. Dabei handelt es sich dann überwiegend um Vertragsergänzungsklauseln, für die die salvatorische Klausel nur ein Beispiel bildet.

Sehr häufig finden sich jedoch *spezifische Vereinbarungen*, die den Zweck haben, veränderten **121**
Verhältnissen Rechnung zu tragen. Diese sind meistens mit einer **Verhandlungsklausel** verbunden. Derartige Verhandlungsklauseln, gelegentlich auch **Neuverhandlungsklauseln** (dazu ausführlich Horn, Neuverhandlungspflicht, AcP 1981, 257 ff. und diese strikt **abl.** Martinek, AcP 1998, 329 ff.), zielen darauf ab, die Verpflichtung der Parteien zur Aufnahme von Verhandlungen zu begründen. Scheitern diese Verhandlungen, so kann darin einerseits eine Pflichtverletzung einer Partei bestehen, zum anderen aber kann dann auch wiederum eine richterliche Änderungsbefugnis daraus abgeleitet werden (vgl. zum Ganzen auch BK-Kramer, N 286).

Derartige Klauseln sind in zunehmendem Masse perfektioniert worden. Dabei sind zwei **122**
Wege möglich:

- Es werden *generalklauselartig* alle denkbaren Möglichkeiten einer Unvollkommenheit des Vertrages erfasst, und es wird eine *generelle Pflicht zum loyalen Verhalten begründet.* Hier ist der Spielraum des Richters gering; fraglich ist indessen die Gültigkeit und Wirksamkeit solcher Klauseln. Sie umfassen i.d.R. alle Formen der Nichtigkeit einzelner Bestimmungen und schliessen häufig auch die Berufung auf Willensmängel aus. Letzteres ist zumindest unter dem Aspekt von Art. 27 ZGB kaum als zulässig zu betrachten (dazu eingehend

D. WIEGAND, Vertragliche Beschränkungen der Berufung auf Willensmängel, München 2000). Liegen derart umfassende Loyalitätsklauseln vor, so ist daraus im Sinne des hypothetischen Parteiwillens abzuleiten, dass der Richter die Befugnis hat, dem Willen der Parteien auf Fortführung des Vertrages in grösstmöglichem Masse Rechnung zu tragen.

- Auf der anderen Seite werden die Klauseln *immer detaillierter ausformuliert* und umfassen alle denkbaren Varianten von Nichtigkeit und Ungültigkeit. Darüber hinaus werden für die mögliche Vertragsergänzung und Anpassung präzise Anweisungen gegeben. Solche Klauseln dienen nicht nur primär der Vermeidung der Nichtigkeitsfolgen unter dem Aspekt von Art. 20 Abs. 2 (dazu N 90). Sie enthalten auch weitreichende Eigennormen, die dem Richter einen verhältnismässig engen Ermessensspielraum bei der Vertragsanpassung oder -ergänzung lassen.

g) Übersicht über die Rechtsprechung zur Vertragsanpassung

123 Das BGer hat Vertragsanpassung geprüft und **vorgenommen** in: *BGE 127 III 300*, Anwendung der clausula auf die obligatorischen Bestimmungen eines Baurechtsvertrags; Zuweisung des Baurechtsgrundstückes von der Bauzone in eine Reservezone; obwohl Änderungen der Gesetzeslage grundsätzlich als nicht unvorhersehbar gelten, hat das BGer die Anwendbarkeit der clausula bejaht, da in casu eine Änderung zwar vorhersehbar war, nicht aber deren Art, Umfang und Auswirkungen auf den Vertrag, der vom BGer infolgedessen aufgelöst wurde; *BGE 113 II 209 ff. = Pra 1988, 387 ff.*, ein 1919 zwischen zwei Gemeinden geschlossener privatrechtlicher Vertrag über die Lieferung von Trinkwasser auf «ewige Zeiten» gegen eine einmalige Bezahlung durfte im Jahre 1983 – nachdem die getätigten Investitionen seit 22 Jahren amortisiert waren – entschädigungslos gekündigt werden; *BGE 111 II 260 ff.* (nicht in Pra), Ersetzung der vertraglichen Verpflichtung des Arbeitgebers zu Unterhalt und Pflege des Arbeitnehmers auf Lebenszeit durch die Verpflichtung, eine kapitalisierte Leibrente zu zahlen; *BGE 107 II 144 ff. = Pra 1981, 463 ff.*, vgl. N 93; *BGE 93 II 188 f. = Pra 1967, 480 ff.*, Errichtung einer Baurechtsdienstbarkeit gegen Verpflichtung zur Zahlung einer jährlichen Abgabe; Uneinigkeit der Parteien über den Betrag, auf welchen die Abgabe gemäss Vertrag nach 50 Jahren neu festzusetzen ist, lässt die Dienstbarkeit nicht dahinfallen, der Richter hat diesen Betrag festzusetzen; *BGE 82 II 332 ff.*, vgl. N 105; *BGE 57 II 596 ff., 368 ff.; 53 II 76 ff.; 51 II 303 ff.* und *ZR 1925, 227 ff.*, Aufwertung von Schulden in Reichsmark, um den Entwertungsverlust auszugleichen (s. N 102 m.Nw.).

124 Das BGer hat Vertragsanpassung geprüft und **abgelehnt** in:

BGer, 22.11.2010, 4A_375/2010: Anpassungsklausel im Vertrag wertet das Bundesgericht als Hinweis darauf, dass die Parteien mit einer Änderung der allgemeinen Preisverhältnisse durchaus gerechnet haben; BGer, 30.3.2004, *4C.49/2004*: Wertänderung von Aktien ist ein vorhersehbarer Umstand; *BGE 131 II 324*; *128 III 432*: Abgrenzung zur Kündigung: Die clausula setzt Veränderungen der äusseren Umstände voraus, von denen alle Vertragsparteien gleichermassen betroffen sind und die zu einer gravierenden Äquivalenzstörung geführt haben. Im Gegensatz dazu hat die Kündigung aus wichtigem Grund keine Äquivalenzstörung zur Voraussetzung. Im Vordergrund steht vielmehr die Frage, ob das Gebundensein an den Vertrag für die Partei wegen veränderter Umstände ganz allgemein unzumutbar geworden ist, also nicht nur unter wirtschaftlichen, sondern auch unter anderen die Persönlichkeit berührenden Gesichtspunkten (dazu N 105 und 115); *BGE 122 III 97*: analoge Anwendung der clausula auf eine Unterhaltsverpflichtung, in casu abgelehnt; *BGE 116 II 512*: Schliessung eines zunehmend von Drogensüchtigen und -händlern frequentierten Mietlokals (Spielsalon), um polizeilichen Auflagen zu entgehen; BGE *115 II 50* (= Pra 1989, 893 f.): Umstände, die es dem Unternehmer erlauben würden, seine Leistung zu verweigern, wie z.B. die Nichterfüllung von Verpflichtungen, die dem Besteller obliegen, oder dessen Zurückweisung neuer Projekte, gestützt auf den Grundsatz der clausula rebus sic stantibus, liegen nicht vor; *BGE 107 II 347*: bei langfristigen Verträgen müssen die Parteien damit rechnen, dass die zur Zeit des Vertragsabschlusses bestehenden Verhältnisse sich später ändern können; sehen sie von vertraglichen Anpassungsregeln ab, so hat jede Partei grundsätzlich die Risiken zu tragen, die sich für sie aus Änderungen der Verhältnisse ergeben; ein richterlicher Eingriff ist nur zulässig, wenn das Missverhältnis geradezu wucherisch ausgebeutet wird und somit ein offenbarer Rechtsmissbrauch vorliegt (vgl. auch BGE 93 II 188 = Pra 1981, 480 ff.; BGE 68 II 173; 67 I 300; 62 II 45; 59 II 378); *BGE 104 II 314*: die Nachforderung aus einem Werkvertrag (Nationalstrassenbau) ist nicht gerechtfertigt, da nicht ausserordentliche Umstände vorliegen, welche die Ausführung des Werks übermässig erschwert haben, und dies nicht einem Verhalten des Unternehmers zuzuschreiben ist; *BGE 101 II 21*: ein Vertrag über den Unterhaltsbeitrag an ein aussereheliches Kind kann ohne entsprechenden Vorbehalt gerichtlich nicht abgeändert werden, da Geldentwertung und Verbesserung der finanziellen Lage des Vaters durchaus voraussehbar waren (vgl. auch BGE 69 II 144 und 59 II 374); *BGE 100 II 348*: die Verschlechterung der wirtschaftlichen Lage des Borgers stellt an sich noch keine zur Vertragsanpassung berechtigende Änderung der Verhältnisse im Darlehensvertrag dar; *BGE 97 II 398*: das Missverhältnis im vorliegenden Energielieferungsvertrag ist nicht auf veränderte Umstände zurückzuführen; vgl. auch *BJM 1995, 25 ff.*: mangels wesentlicher Veränderung der Umstände bez. Gültigkeit einer Indexklausel zur Sicherung eines Baurechtszinses wird der Vertrag nicht angepasst; *BJM 1980, 75 ff.*: bez. eines auf bestimmte Dauer abgeschlossenen Mietvertrages; *BJM 1978, 250 ff.*: wonach die clausula rebus sic stantibus nicht zur Einführung einer Indexklausel in einen Vaterschaftsvergleich berechtigt; *ZR 1987, 2 ff.*: wenn der Beklagte ein begründetes Interesse an der Aufrechterhaltung des Pachtvertrages hat und der Pachtvertrag «leicht spekulativ» ist, ist die Äquivalenz nicht hinreichend gestört; *LGVE 1987 I 28*: wenn in einem Kaufvertrag über Heizöl eine negative Auslegungsregel (Fixpreis) vorliegt, darf Preisschwankungen nicht mehr Rechnung getragen werden, auch wenn der Bundesrat in der Zwischenzeit eine überraschende Zollerhöhung beschlossen hat.

Das BGer hat die Vertragsanpassung **offengelassen** in: **125**

BGE 103 Ia 37: bez. Auswirkungen veränderter tatsächlicher Verhältnisse auf den Bestand öffentlich-rechtlicher Verträge, offengelassen wegen fehlender Sachverhaltsfeststellungen im Urteil des Verwaltungsgerichts; *BGE 97 II 50 ff.* (= Pra 1971, 384 ff.): Abweisung einer Klage auf unmittelbare Zusprechung des Eigentums an einer Liegenschaft gestützt auf einen Vorvertrag («promesse de vente»); *BGE 93 II 108 f.* (= Pra 1967, 426 ff.): Prüfung der clausula rebus sic stantibus nicht notwendig, da der teilweise Nachlass des Pachtzinses bei Zerstörung der Aprikosenbäume eines Baumgartens durch Frost, mit welchem beide Parteien in der betreffenden Gegend nicht gerechnet haben, bereits gestützt auf eine Vertragsklausel über Erdrutsche analog möglich ist; *BGE 88 I 189* (nicht in Pra): Vertragsanpassung nicht geprüft, da Wasserzinsen, die in einer Konzession der Gemeinde festgelegt sind, nach Walliser Gesetz zwingend alle 10 Jahre der Revision unterworfen sind.

Im OR 2020 wird der folgende Formulierungsvorschlag unterbreitet: «Haben sich die Um- **125a**
stände nach Vertragsabschluss zulasten einer Partei in unvorhersehbarer Weise derart verändert, dass ihr nach Treu und Glauben die Erfüllung der Verpflichtung nicht mehr zumutbar ist, kann das Gericht den Vertrag anpassen oder aufheben.»

Die Verfasser halten dazu fest: «Mit Art. 19 OR 2020 werden die grundlegenden Voraussetzungen, welche Lehre und Rechtsprechung aufgestellt haben, **kodifiziert**. An ihnen will Art. 19 OR 2020 nichts ändern.»

Der Vorschlag wird dem nicht gerecht. In dem an sich verständlichen Bemühen, eine umfangreiche Klausel wie die des BGB 2002 (abgedruckt in N 147) zu vermeiden, hat man eine Formulierung gewählt, die die in den vorangegangen Erläuterungen dargelegten Nuancierungen der bundesgerichtlichen Rsp. nicht reflektiert. Der generelle Hinweis auf Treu und Glauben macht den Tatbestand nicht «offener und flexibler», sondern unberechenbar. Darüber hinaus ist die Formulierung auch handwerklich missglückt. Die Umstände verändern sich nicht «zulasten einer Partei», sondern durch deren Veränderung wird das Austauschverhältnis so verändert, dass die Erfüllung der vertraglichen Verpflichtungen in der vorgesehenen Weise für eine oder auch für beide Parteien nicht mehr zumutbar ist. Verfehlt und wohl nicht beabsichtigt ist der in den Erläuterungen enthaltene Hinweis, die clasula gebe dem Verpflichteten eine «Einwendung gegenüber dem Erfüllungsanspruch». Einwendungen sind von Amts wegen zu beachten. Dem unzumutbar Belasteten steht vielmehr ein Gestaltungsrecht zu, das er einredeweise geltend machen kann. Die Lage entspricht derjenigen bei der Anfechtbarkeit des Vertrages, die sich in Bezug auf den Irrtum über zukünftige Sachverhalte mit dem Tatbestand der clausula überschneidet (dazu KRAMER, SJZ 2014, 277 f.; LOYAL, AcP 2014, 796 ff.).

VIII. Simulation und Rechtsschein

Literatur

Vgl. auch die Literaturverzeichnisse vor N 1 und 57; ferner BERGER, Zur Unterscheidung zwischen Rechtsscheinhaftung und Vertrauenshaftung zugleich eine Besprechung von BGE 128 III 324, recht 2002, 201 ff.; BERGMAIER, Die Sicherungszession im Schweizerischen Recht, Diss. Zürich 1945; BLASS, Die Sicherungsübereignung im schweizerischen Recht, Diss. Zürich 1953; CANARIS, Die Vertrauenshaftung im deutschen Privatrecht, München 1971; CHAPPUIS, Le faux intellectuel et la simulation, Diss. Lausanne 1950; EHRENZELLER, Die Simulation von Verträgen nach schweizerischem Recht: mit besonderer Berücksichtigung der bundesgerichtlichen Rechtsprechung, Diss. Bern 1951; FAVRE, Die Berechtigung von Depotkunden an auslandverwahrten Effekten, Verwahrungskonzepte und ihre Bedeutung im internationalen Privatrecht aus schweizerischer Sicht, Zürich 2003; GAUTSCHI, Eigentumsverhältnisse am Treuhandvermögen, SJZ 1967, 5 ff. (zit. SJZ 1967); DERS., Die Causa fiduziarischer Rechtsübertragungen, SJZ 1958, 245 ff. und 268 ff. (zit. SJZ 1958); GUBLER, Besteht in der Schweiz ein Bedürfnis nach Einführung des Instituts der angelsächsischen Treuhand (trust)?, ZSR 1954, 215a ff.; KELLERHALS, Simulation im Grundstückkauf, Diss. Bern 1952; KOLLER A., Der gute und der böse Glaube im allgemeinen Schuldrecht, Freiburg 1985 (zit. Schuldrecht); KRAUSKOPF, Der Begriff, die Erscheinungsformen und die Bedeutung der Schuldanerkennung im Obligationenrecht, recht 2005, 169 ff.; MERZ, Legalzession und Aussonderungsrecht gemäss Art. 401 OR, in: Erhaltung und Entfaltung des Rechts in der Rechtsprechung des Schweizerischen Bundesgerichts, FG der schweizerischen Rechtsfakultäten zur Hundertjahrfeier des Bundesgerichts, Basel 1975, 451 ff.; PAOLETTO, Die Falschbeurkundung beim Grundstückkauf, Diss. Zürich 1973; REYMOND, Le trust et le droit suisse, ZSR 1954, 119a ff. (zit. ZSR 1954); DERS., Acte fiduciaire ou acte simulé, SJ 1989, 649 ff. (zit. SJ 1989); REETZ, Die Sicherungszession von Forderungen unter besonderer Berücksichtigung vollstreckungsrechtlicher Probleme (Habil. Freiburg), Zürich 2006; RUSCH, Rechtscheinlehre in der Schweiz (Habil. Zürich), Zürich/St. Gallen 2010; SPIRO, Die unrichtige Beurkundung des Preises beim Grundstückskauf, Basler Studien zur Rechtswissenschaft, Heft 70, Basel 1964; THÉVENOZ, La fiducie, cendrillon du droit suisse, ZSR 1995 II 253 ff.; VOLLENWEIDER, Die Sicherungsübereignung von Schuldbriefen als Sicherungsmittel der Bank, Diss. Freiburg i.Ue. 1994; WALTER, Der Treuhandvertrag, in: Bernasconi/Stauder/Tercier/Walter, Temi scelti di diritto contrattuale, Lugano 1997, 43 ff. (zit. Treuhandvertrag); DERS., Der Treuhandvertrag im Schweizer Recht, ZSR 1995 II, 206 ff. (zit. ZSR 1995 II); WÄLLI, Das reine fiduziarische Rechtsgeschäft, Diss. Zürich 1969; WATTER, Die Treuhand im Schweizer Recht, ZSR 1995 II 179 ff.; WIEGAND, Fiduziarische Sicherungsgeschäfte, ZBJV 1980, 564 ff. (zit. ZBJV 1980); DERS., Trau, schau wem – Bemerkungen zur Entwicklung des Treuhandrechts in der Schweiz und in Deutschland, in: FS für Helmut Coing, München 1982, 565 ff. (zit. FS Coing); DERS., Eigentumsvorbehalt, Sicherungsübereignung und Fahrnispfand, in: Mobiliarsicherheiten, Berner Bankrechtstag, Bd. 5, 1998, 75 ff. (zit. Eigentumsvorbehalt); DERS., Die Canaris-Rezeption in der Schweiz – Vertrauenshaftung und «einheitliches gesetzliches Schuldverhältnis» im Schweizer Recht, in: Heldrich/Prölss/Koller (Hrsg.), FS für Claus-Wilhelm Canaris, München 2007, 881 ff. (zit. FS Canaris); DERS., Vertrauensentsprechung, in: Wiegand/Koller/Walter (Hrsg.), FS für Eugen Bucher, Bern 2009, 819 ff. (zit. FS Bucher); YUNG, Simulation, fiducie et fraude à la loi, in: Mélanges Sauser-Hall, Neuchâtel/Paris 1952, 139 ff.; ZOBL, Das schweizerische Bankprivatrecht 2003–2004, SZW 2004, 338 f.

126 Die Rechtsfolge der **Simulation** wird in Abs. 1 nicht eigentlich angeordnet, sondern nur vorausgesetzt: Sie besteht darin, dass das *Scheingeschäft nichtig* ist (und stattdessen das verdeckte Geschäft gilt). Damit ist aber nur die Rechtsfolge zwischen den Parteien festgelegt. Zwischen diesen ist die Nichtigkeit eine angemessene Sanktion, da beide die Erklärung einverständlich nur zum Schein abgegeben haben. Da solche Simulationen – wie oben N 50 f. bereits dargelegt – notwendigerweise zur Täuschung Dritter vorgenommen werden, bleibt die Frage zu beantworten, ob und in welchem Umfang die Dritten zu schützen sind, die dem von den Parteien bewusst geschaffenen Scheintatbestand vertraut haben. Das Gesetz bejaht dies mit der Regelung des Abs. 2 für einen speziellen Fall. In der Literatur wird darüber hinaus zu Recht erörtert, ob sich daran anknüpfend nicht eine weitergehende Haftung rechtfertigt, die als Erscheinungsform der allgemeinen Rechtsscheinhaftung oder des Vertrauensschutzes zu betrachten sei (vgl. dazu eingehend ZK-Jäggi/Gauch, N 252 ff.; BK-Kramer, N 156 ff. und Koller A., Schuldrecht, N 594 ff.; Wiegand, FS Canaris, 884, 895).

1. Art. 18 Abs. 2

a) Ausgangslage

Die durch die Simulation bewirkte **Nichtigkeit des Scheingeschäfts** wirkt prinzipiell für und gegen Dritte, d.h., dass Dritte sich ohne weiteres auf die Unwirksamkeit des zum Schein vorgenommenen Geschäftes berufen können (heute unbestritten, ZK-Jäggi/Gauch, N 131; BK-Kramer, N 164). 127

Umgekehrt können aber auch die am Scheingeschäft Beteiligten dessen Unwirksamkeit Dritten entgegenhalten (BGE 106 II 145). Da das schweizerische Recht anders als verschiedene ausländische Rechtsordnungen *keinen generellen Gutglaubensschutz* kennt, muss dieser nach der Konzeption des ZGB (vgl. Art. 3 ZGB) prinzipiell vom Gesetzgeber angeordnet werden. Eine solche ausdrückliche Anordnung enthält Art. 18 Abs. 2 OR.

b) Der Tatbestand

Die Einwendung (nicht Einrede), dass eine Forderung nicht entstanden sei, wird gem. Art. 2 demjenigen Schuldner verwehrt, der ein schriftliches Schuldbekenntnis zum Schein abgegeben und ein Dritter (Zessionar) im Vertrauen auf dieses Schuldbekenntnis die Forderung erworben hat. Die Anwendung setzt im Einzelnen voraus: 128

aa) Es muss ein **schriftliches Schuldbekenntnis** vorliegen. Dabei ist das Merkmal der *Schriftlichkeit* wesentlich. Es muss sich um eine Erklärung in Schriftform handeln, aus der sich die vermeintliche Verpflichtung des Schuldners ergibt. Infolgedessen genügt es auch, wenn eine solche Verpflichtung aus einer simulierten Vertragsurkunde hervorgeht. Entscheidend ist, dass durch die Erklärung der Anschein der Existenz einer Forderung erweckt wird. Deshalb kann «auch das gegenseitige Schuldversprechen eines synallagmatischen Vertrages ein schriftliches Schuldbekenntnis nach Abs. 2» sein (so zutreffend ZK-Jäggi/Gauch, N 241; BK-Kramer, N 171). Aus all dem ergibt sich, dass es für die Anwendung von Abs. 2 nicht auf die formelle Anerkennung einer Schuld im Sinne eines Rechtsöffnungstitels, sondern auf die *schriftliche Bestätigung einer in Wahrheit nicht existierenden Verpflichtung* ankommt. Dies gilt selbstverständlich auch dann, wenn die verurkundete Forderung nur teilweise simuliert, der Betrag also höher ist als die wirkliche Forderung. 129

bb) Die Anwendung von Abs. 2 setzt weiter voraus, dass der Dritte die Forderung **im Vertrauen auf das Schuldbekenntnis** erworben hat. Dies ergibt sich nicht nur aus dem Gesetzestext, sondern auch aus der dogmatischen Grundkonzeption der Rechtsscheinhaftung und des Vertrauensschutzes (s. N 137 ff.). 130

Ein solcher Schutz kommt nur bei *rechtsgeschäftlicher Übertragung* in Betracht, denn nur dort kann der Erwerber überhaupt Vertrauen entfalten. Abs. 2 findet deshalb bei gesetzlichem Forderungsübergang (etwa Erbgang) ebenso wenig Anwendung wie bei richterlicher Forderungszusprechung.

Der Zessionar muss die Forderung im Vertrauen auf die *ihm bekannte Urkunde* erworben haben. Der durch die Urkunde begründete Rechtsschein muss die Grundlage seines Vertrauens gewesen sein, d.h., der Erwerber muss vor der erfolgten Abtretung die Urkunde gesehen haben, und er muss des Weiteren bis zum Vollzug der Abtretung gutgläubig geblieben sein. Die Voraussetzung der Gutgläubigkeit, die im Gegensatz zu Art. 16 aOR heute im Gesetz nicht mehr ausdrücklich erwähnt wird, ergibt sich mit Selbstverständlichkeit aus der Konzeption der Vorschrift.

Ob der Erwerber gutgläubig war, ist nach den *allgemeinen Kriterien gem. Art. 3 ZGB* zu bestimmen. Insbesondere ist zu prüfen, ob der Erwerber Anlass zu begründeten Zweifeln an der Existenz der Forderung hatte (dazu eingehend KOLLER A., Schuldrecht, N 620 ff. und ZK-JÄGGI/GAUCH, N 246 ff.; BK/HOFER, Art. 3 ZGB N 104 ff.).

c) Rechtsfolge

131 aa) Der gem. Abs. 2 geschützte *Dritte erwirbt die nichtexistierende Forderung* kraft des vom simulierenden Schuldner veranlassten Rechtsscheins und aufgrund des dadurch ausgelösten Vertrauens. Es handelt sich also bei Abs. 2 um einen geradezu klassischen Fall der **Rechtsscheinhaftung** (vgl. auch BERGER, recht 2002, 209). Daraus ergibt sich zweierlei: Der gutgläubige Erwerb heilt nur diejenigen Mängel, auf die sich der gute Glaube bezieht. Im Falle des Abs. 2 ist dies die Simulation. Besteht deshalb die Forderung aus anderen Gründen nicht, so wird sie auch vom Zessionar nicht erworben. Auf der anderen Seite führt der gutgläubige Erwerb dazu, dass in der Hand des Zessionars die Forderung wirklich entsteht und zwar in dem Zustand und Umfang, wie sie sich in der Urkunde präsentiert, auf deren Rechtsschein er vertraut hat (KOLLER A., Schuldrecht, N 636 ff.; ZK-JÄGGI/GAUCH, N 252). Dies führt dazu, dass bei einer Weiterzession der Rechtsnachfolger die Forderung auch dann erwirbt, wenn ihm die Simulation des Schuldners bekannt ist.

132 bb) Die beschriebenen Rechtsfolgen sind heute nicht mehr bestritten und im Prinzip auch von der Rsp. anerkannt (vgl. BGE 96 II 390 i.c. abgelehnt; VON TUHR/PETER, 295; vgl. auch § 405 BGB und grundlegend CANARIS, 87, «Einstandspflicht für die wissentliche Schaffung eines Rechtsscheins»; dem weitgehend folgend ZK-JÄGGI/GAUCH, N 255 und BK-KRAMER, N 167 ff.).

d) Konsequenzen

133 Betrachtet man mit der allgemeinen Meinung Abs. 2 als einen Fall der Haftung für den veranlassten Rechtsschein, so ergibt sich die Frage, inwieweit dieser Tatbestand *analogiefähig* ist, wobei zwischen der Einzelfallanalogie und «grosszügiger Gesamtanalogie» (BK-KRAMER, N 176) zu unterscheiden ist.

2. Analoge Anwendung des Abs. 2

a) Die Zulässigkeit der Analogie

134 Zwar handelt es sich bei Abs. 2 um eine *Ausnahmevorschrift*, dies steht aber einer **analogen Anwendung** nach heute unbestrittener Auffassung nicht entgegen (ZK-JÄGGI/GAUCH, N 257). Eine analoge Anwendung von Abs. 2 wird in der Literatur in zahlreichen Fällen befürwortet und ist in einzelnen Fällen auch bereits von der Rsp. vorgenommen worden (zum Folgenden ZK-JÄGGI/GAUCH, N 258 ff.; BK-KRAMER, N 176 ff.; KOLLER A., Schuldrecht, N 639 ff.; CR CO I-WINIGER, N 127 ff.).

b) Einzelfälle

135 aa) Dass bei Begründung eines **dinglichen Rechtes** an einer vermeintlichen Forderung (Pfandrecht oder Nutzniessung) Abs. 2 analog angewendet werden muss, ist heute unbestritten. Dies rechtfertigt sich deshalb, weil die Interessenlage vollkommen gleichgelagert ist und der Rechtsvorgang strukturell mit demjenigen der Abtretung übereinstimmt.

bb) Analog soll Abs. 2 auch dann angewendet werden, wenn der Zedent einer existierenden Forderung diese durch simulierten Abtretungsvertrag auf den ersten Zessionar überträgt und dieser seinerseits durch einen ernstgemeinten Abtretungsvertrag die Forderung dem zweiten

Zessionar überträgt. Dies gilt freilich nur dann, wenn der **Erwerb des zweiten Zessionars** im Vertrauen auf die ihm vorgelegte simulierte Abtretungsurkunde erfolgt (so BGE 23 I 842, dem zustimmend ZK-JÄGGI/GAUCH, N 263 m.Nw.).

cc) Der gutgläubige Erwerber einer Forderung soll auch dann geschützt werden, wenn er nicht einer schriftlichen, sondern einer **mündlichen Erklärung** des Schuldners vertraut hat, durch die dieser bestätigt, dass die abgetretene Forderung besteht (so ZK-JÄGGI/GAUCH, N 261; gestützt auf CANARIS, 90 ff.; zustimmend BK-KRAMER, N 178). Damit wird die Rechtsscheinhaftung auf mündliche Erklärungen ausgedehnt und weitgehend vom Tatbestand des Abs. 2 abgelöst (zu dieser m.E. prinzipiell richtigen Tendenz N 137 ff.).

dd) Das BGer hat schliesslich unter Bezugnahme auf Art. 18, wenn auch nicht in ausdrücklicher Analogie zu Abs. 2, den Gutgläubigen geschützt, der einem Schuldbekenntnis vertraut hatte, das nicht simuliert, sondern vom Schuldner **blanko unterschrieben** und vom Gläubiger missbraucht worden war. Es hat dies damit begründet, dass der Schuldner durch die Ausstellung des Blanketts die Möglichkeit des Missbrauchs erst geschaffen und dadurch den Rechtsschein veranlasst habe. «Er muss sich daher nach den Grundsätzen von Treu und Glauben im Verkehr gegenüber einem gutgläubigen Dritten so behandeln lassen, als ob der so erweckte Rechtsschein der wahren Sachlage entspreche.» (BGE 88 II 422, 428; zustimmend BK-KRAMER, N 180; ZK-JÄGGI/GAUCH, N 264).

c) Verallgemeinerung

Anknüpfend an diesen Entscheid wird die Frage diskutiert, ob Abs. 2 analog auf all diejenigen Fälle anzuwenden ist, in denen *der Erwerber einer Verpflichtungserklärung vertraut*, die nicht simuliert, aber *auf andere Weise unrichtig oder unvollständig* ist. Dies wird von GAUCH prinzipiell bejaht: «Der Schuldner soll in jedem Fall vorwerfbarer Verurkundung einem gutgläubigen Dritten gegenüber gemäss der Urkunde verpflichtet sein.» (ZK-JÄGGI/GAUCH, N 264) Das ist m.E. unproblematisch, sofern es sich um eine absichtliche Falschbeurkundung handelt, die ohne weiteres der Simulation gleichgestellt werden kann. Die Ansicht ist aber auch für die übrigen Fälle zutreffend (**a.A.** KOLLER A., Schuldrecht, N 645), denn wer fahrlässig eine falsche oder – im Falle des Blankettmissbrauchs – leicht fälschbare Urkunde herstellt, schafft wissentlich einen Scheintatbestand, für den er einstehen muss (vgl. auch in diesem Sinne BK-KRAMER, N 180 unter Bezugnahme auf CANARIS, 58). 136

3. Abs. 2 als Grundlage allgemeiner Rechtsscheinhaftung

a) Die in der Literatur vertretene Auffassung, dass Abs. 2 im Wege schrittweiser Analogie auf vergleichbare Tatbestände übertragen werden könne und müsse, ist zutreffend (krit. zum Folgenden BK-HOFER, Art. 3 ZGB N 85 ff.). Zu Ende gedacht bedeutet sie freilich, dass man damit die **Haftung für veranlassten Rechtsschein als ein allgemeines Prinzip anerkennt**, das in jeder vergleichbaren Interessenlage angewandt werden kann. 137

b) Das ist m.E. trotz der restriktiven Formulierung in Art. 3 ZGB zulässig; denn das Prinzip der Rechtsscheinhaftung ist in vielen einzelnen Vorschriften verankert und durch die Rsp. etwa zum Blankettmissbrauch, zum Vollmachtsmissbrauch und bei der analogen Anwendung von Art. 18 Abs. 2 weiterentwickelt worden. Es lässt sich dahin zusammenfassen, dass *derjenige, der in zurechenbarer Weise einen Rechtsschein veranlasst, dem ein anderer zu Recht, d.h. gutgläubig im Sinne des Art. 3 ZGB, vertraut hat, dafür einstehen muss.* Diese **Einstandspflicht ist keine Schadenersatzpflicht**, sondern bedeutet, dass der *Vertrauende so zu stellen ist, wie wenn das vermeintliche Recht tatsächlich bestünde* (sog. *Vertrauensentsprechung*, dazu grundlegend CANARIS, 9 ff. sowie WIEGAND, FS Bucher, 819, 833 ff.). 138

c) Dies ist auch deshalb gerechtfertigt, weil das BGer in zunehmendem Masse die Vertrauenshaftung als Schadenersatzhaftung ausgebaut hat. Es ist anerkannt, dass derjenige, der 139 fahrlässigerweise einen Rechtsschein schafft und dadurch bei anderen Vertrauen auslöst, dem Vertrauenden schadenersatzpflichtig wird, wenn dieses Vertrauen enttäuscht wird. (Im Gegensatz zur Vertrauensentsprechung [soeben N 138] geht es in diesen Fällen um Haftung für enttäuschtes Vertrauen, die entgegen der noch von BK-KRAMER, N 181 und ZK-JÄGGI/GAUCH, N 266 vertretenen Auffassung heute nicht mehr auf Art. 41 gestützt wird, sondern nach neuerer bundesgerichtlicher Rsp. als eine den Regeln des Vertragsrechts folgende besondere Haftung zu qualifizieren ist, vgl. dazu Einl. zu Art. 97–109 N 4 ff.). Diesem Ausbau der Vertrauenshaftung müsste eine entsprechende Entwicklung bei der Rechtsscheinhaftung folgen, weil sonst Wertungswidersprüche entstehen.

IX. Fiduziarische Rechtsgeschäfte

1. Die Merkmale eines fiduziarischen Rechtsgeschäftes

140 a) Es gibt eine Vielzahl von Transaktionen und Rechtsverhältnissen, die fiduziarischen Charakter haben. Im Zusammenhang mit Art. 18 spielt von vornherein nur der fiduziarische Rechtserwerb eine Rolle. Bei diesem unterscheidet man zwei Konstellationen:

- den Rechtserwerb von Dritten, bei denen der Fiduziar mit Mitteln des Fiduzianten oder auf dessen Rechnung Gegenstände erwirbt (teilweise geregelt in Art. 401; man spricht deshalb auch vom fiduziarischen Auftrag, s.a. N 146);
- die fiduziarische Rechtübertragung, die aus historischen Gründen in engem Zusammenhang mit der Simulation und dadurch mit Art. 18 steht (s. N 142).

Von einer **fiduziarischen Rechtsübertragung** spricht man dann, wenn der bisherige Rechtsinhaber (Fiduziant oder Treugeber) sein Recht auf einen Treuhänder oder Fiduziar *überträgt* und dabei mit diesem *verabredet*, dass das übertragene Recht vom Fiduziar nach Massgabe vertraglicher Abmachungen ausgeübt werden soll. Die dadurch eingetretene Situation wird durch verschiedene Schlagworte gekennzeichnet: Man spricht etwa davon, dass dem Fiduziar eine *«überschiessende Rechtsmacht»* (BGer, 2.6.2005, 4C.85/2005, E. 2.2) eingeräumt wird. Damit soll zum Ausdruck gebracht werden, dass die Übertragung des vollen Rechts begrenzt und dessen Ausübung dadurch beschränkt wird. Das BGer hat diesen Tatbestand so formuliert: «Wie alle fiduziarischen Rechtsgeschäfte zeichnet sich auch die Sicherungsübereignung dadurch aus, dass der Fiduziar mehr kann, als er darf.» (BGE 119 II 328).

141 b) Der Vorgang der fiduziarischen Rechtsübertragung läuft folgendermassen ab:

- Es wird eine uneingeschränkte und unbedingte Rechtsübertragung vorgenommen.
- Es wird eine Abrede über die Verwendung des übertragenen Rechts getroffen (pactum fiduciae).
- Diese Treuhandabrede bildet zugleich den Rechtsgrund der Übertragung, sie kann aber auch Teil eines umfassenderen Kausalgeschäfts sein (z.B. Sicherungszessionsabrede im Darlehensvertrag).

142 c) Aus dieser Situation ist verschiedentlich der Schluss gezogen worden, die Rechtsübertragung sei eigentlich nicht gewollt, und deshalb seien alle fiduziarischen Rechtsgeschäfte letztendlich simuliert. Diese Auffassung hat vielfältige Gründe, die teils historischer Natur sind, teils mit dem Übereignungssystem und dem Eigentumsbegriff zusammenhängen (dazu ausführlich WIEGAND, FS Coing, 565 ff. m.Nw.). In der Schweiz wird diese *Simulationstheorie* von einer Minderheit vertreten (v.a. VON BÜREN, AT, 174 f.; JÄGGI, ZSR 1954, 537a ff. und SCHÖNLE, Die Einmann- und Strohmanngesellschaft, Diss. Freiburg i.Ue. 1957, 43 f.). In der Tat gibt es Fälle, in denen die Rechtsübertragung nicht gewollt ist, sondern vorgetäuscht wird. Einen solchen Fall stellte etwa Art. 691 aOR dar, wo es heisst, der Wille der Parteien richte sich nicht darauf, «dem Erwerber Eigentum an den Titeln zu verschaffen, sondern nur darauf, dass der Empfänger das an die Aktien gebundene Stimmrecht ausübe» (BGE 71 II 280; jetzt unzulässig). Die Simulationstheorie wird heute allgemein abgelehnt. Die h.M. vertritt den folgenden Standpunkt:

2. Die Theorie vom vollen Rechtserwerb

a) Seit BGE 31 II 109 folgt das BGer der von REGELBERGER entwickelten Auffassung vom **vollen Rechtserwerb** des Treuhänders (so zuletzt BGer, 21.10.2010, 9C_417/2010, E. 4.1.1; BGE 117 II 464; grundlegend BGE 78 II 451). Besonders deutlich hat es diesen Standpunkt in BGE 31 II 110 formuliert: «Danach kann von einem fiduziarischen, im Gegensatz zu einem simulierten Rechtsgeschäft jedenfalls nur die Rede sein, sofern die Parteien das abgeschlossene Geschäft tatsächlich dahin verstehen, dass es seinem Inhalt entsprechend nicht nur gegenüber Dritten, sondern auch im Verhältnis unter ihnen selbst gelten soll». Liegen diese Voraussetzungen vor, so wird nach Auffassung des BGer der Treuhänder oder Fiduziar voller Rechtsinhaber (Einzelheiten zur Entwicklung der bundesgerichtlichen Rsp. WIEGAND, FS Coing mit umfassenden Nw.; BK-KRAMER, N 128; VON TUHR/PETER, 204 ff.; GAUCH/SCHLUEP/SCHMID/EMMENEGGER, N 1031; FAVRE, 110 ff.; CR CO I-WINIGER, N 97 ff.). 143

b) Mit der Anerkennung der Theorie vom vollen Rechtserwerb sind, wenn man sie strikt befolgt, erhebliche Konsequenzen verbunden: 144

- Der Fiduziar hat als Rechtsinhaber die **Verfügungsmacht** über das ihm überlassene Recht und kann diese ungeachtet der ihm auferlegten schuldrechtlichen Beschränkungen beliebig ausüben. Verletzt er die Weisungen des Treugebers, so macht er sich schadenersatzpflichtig; seine Verfügungsmacht und damit die Wirksamkeit der Verfügung gegenüber Dritten werden dadurch nicht beeinträchtigt.
- Dasselbe gilt im Bereich der Insolvenz: Das treuhänderisch übertragene Recht fällt in die **Konkursmasse des Fiduziars** und kann nicht ausgesondert werden. Die Ausnahmevorschrift des Art. 401 kommt nur unter den dort umschriebenen engen Tatbestandsvoraussetzungen zur Anwendung (so zuletzt ausdrücklich BGE 117 II 429 und dazu HONSELL, Trust und Treuhand in Schuldbetreibung und Konkurs, recht 1993, 73; zum Ganzen auch GAUCH/SCHLUEP/SCHMID/EMMENEGGER, N 1030).

Gerade die letzte Konsequenz aus der Theorie der vollen Rechtsübertragung ist seit langer Zeit intensiv kritisiert worden (dazu etwa WIEGAND, FS Coing und ZK-JÄGGI/GAUCH, N 198 ff.). Dem ist in einzelnen Gesetzen partiell Rechnung getragen worden, so insb. im Anlagefondsgesetz und in den durch die Revision des SchKG neu formulierten Tatbeständen des Bankengesetzes (Art. 16 und 37b BankG; dazu FASEL, Wende im Treuhandrecht?, recht 1995, 111 ff.; BERTSCHINGER, Zum neuen bankengesetzlichen Aussonderungsrecht [Art. 16 und 37b BankG], Parallelen und Unterschiede zu Art. 401 OR, AJP 1995, 426 ff.).

3. Konsequenzen

a) Die juristische Literatur hat sich seit längerer Zeit darum bemüht, ein in sich konsistentes Konzept der Treuhand zu entwickeln; dazu bieten sich zwei Wege an: Zum einen kann eine umfassende Treuhandtheorie entwickelt werden, mit der versucht wird, sämtliche Erscheinungsformen des fiduziarischen Rechtsgeschäftes nach einheitlichen Regeln abzuwickeln; zum anderen ist bei jeder Fallkonstellation zu fragen, welche Rechtsfolge der konkreten Situation angemessen ist (vgl. die umfassenden Nw. bei GUBLER, REYMOND, WATTER und THÉVENOZ). 145

b) Solange und sofern eine solche übergreifende Theorie nicht besteht, ist auf die *einzelnen Fallgestaltungen* abzustellen. Dabei sind insb. zwei Konstellationen zu unterscheiden: 146

- Die **fiduziarischen Sicherungsgeschäfte**, d.h. die Sicherungsübereignung beweglicher Sachen, die Sicherungsübereignung von Wertpapieren, insb. Schuldbriefen, sowie die Sicherungszession sind von den übrigen fiduziarischen Rechtsgeschäften scharf zu trennen. Bei diesen Sicherungsgeschäften geht es darum, dass dem Fiduziar zur *Sicherung gewährter Kredite* Werte zur Verfügung gestellt werden. Wird der Sicherungsnehmer insolvent, so kann kein ernsthafter Zweifel daran bestehen, dass der Sicherungsgeber aussonderungsberechtigt ist, sofern er seinerseits bereit ist, den gewährten Kredit zurückzubezahlen. Ist er dazu nicht in der Lage, so besteht auch kein Grund, ihm ein Aussonderungsrecht zu gewähren (WIEGAND, ZBJV 1980, 565 f.; zustimmend BK-KRAMER, N 120).

– Weitaus differenzierter liegen die Verhältnisse bei den übrigen fiduziarischen Rechtsgeschäften, die sämtlich dadurch gekennzeichnet sind, dass der Fiduziar die **Rechte im Interesse des Fiduzianten** erwirbt und/oder ausübt. Nach heute ganz h.A. gehören diese Gegenstände zum Vermögen des Fiduziars. Meines Erachtens sollte man derart übertragene Rechte als eine Art *Sondervermögen* betrachten, Ansätze in dieser Richtung finden sich in BGE 78 II 451 f. Will man dieser Tendenz folgen, so müsste auch bei Verfügung über derartiges treuhänderisches Vermögen der schuldrechtlichen Bindung durch die fiduziarische Abrede Rechnung getragen werden. Ob und inwieweit dies sachdienlich ist, ist weitgehend ungeklärt (dazu eingehend von Staudinger-WIEGAND, Anhang zu §§ 929 ff. N 312 ff.).

X. Rechtsvergleichung und internationales Privatrecht

147 1. In fast allen europäischen Zivilrechtskodifikationen ist die Vertragsauslegung – der romanistischen Tradition folgend – ähnlich geregelt wie im OR. Diesem Konzept folgt grundsätzlich auch das WKR, das in Art. 8 Abs. 1 bestimmt: «Für die Zwecke dieses Übereinkommens sind Erklärungen und das sonstige Verhalten einer Partei nach deren Willen auszulegen, wenn die andere Partei diesen Willen kannte oder darüber nicht in Unkenntnis sein konnte.» Art. 8 Abs. 2 und 3 WKR, die objektivierte Auslegung (s. N 13 und N 26), sind von der anglo-amerikanischen Denkweise beeinflusst (vgl. SCHLECHTRIEM/SCHWENZER, Art. 8 CISG N 1 ff.). Vgl. auch §§ 117, 133, 157 und 405 BGB; art. 1156–1164 CC fr.; art. 1362–1371 sowie 1414–1417 CC it und § 914 ABGB (BK-KRAMER, N 4). Richtungsweisend für die zukünftige Entwicklung werden insb. die Definitionen in den PECL und den UNIDROIT PRINCIPLES (Chapter 4, das besonders gut gelungen ist) sein.

2. Die clausula rebus sic stantibus ist nunmehr im BGB durch das Schuldrechtsmodernisierungsgesetz kodifiziert, wobei die dort getroffene Regelung des sog. Wegfalls der Geschäftsgrundlage weitergreift und auch die in der Schweiz als Grundlagenirrtum zu qualifizierenden Fälle umfasst (vgl. N 97 und WIEGAND/BERGER, 67 ff.).

§ 313 BGB lautet: «Störung der Geschäftsgrundlage; (1) Haben sich Umstände, die zur Grundlage des Vertrags geworden sind, nach Vertragsschluss schwerwiegend verändert und hätten die Parteien den Vertrag nicht oder mit anderem Inhalt geschlossen, wenn sie diese Veränderung vorausgesehen hätten, so kann Anpassung des Vertrags verlangt werden, soweit einem Teil unter Berücksichtigung aller Umstände des Einzelfalls, insb. der vertraglichen oder gesetzlichen Risikoverteilung, das Festhalten am unveränderten Vertrag nicht zugemutet werden kann. (2) Einer Veränderung der Umstände steht es gleich, wenn wesentliche Vorstellungen, die zur Grundlage des Vertrags geworden sind, sich als falsch herausstellen. (3) Ist eine Anpassung des Vertrags nicht möglich oder einem Teil nicht zumutbar, so kann der benachteiligte Teil vom Vertrag zurücktreten. An die Stelle des Rücktrittsrechts tritt für Dauerschuldverhältnisse das Recht zur Kündigung.» Es zeichnet sich aber bereits jetzt ab, dass die Kodifizierung die Problematik nicht gelöst und auch nicht wirklich vereinfacht hat (dazu und zu den Vorschlägen in den PECL und den UNIDROIT PRINCIPLES vgl. Wiegand, Clausula, m.Nw., eingehend jetzt KRAMER, SJZ 2014, 282 ff.).

3. Gemäss Art. 116 ff. IPRG erfolgt die Auslegung und Ergänzung von Verträgen nach dem anwendbaren materiellen Recht. Nach Art. 149c IPRG gilt für das auf Trusts anzuwendende Recht das Haager Übereinkommen. Weil der Trustbegriff dieses Übereinkommens relativ weit gefasst ist, können auch ausländische Sondervermögen, die zwar fiduziarisch verwaltet, aber sonst üblicherweise nicht als Trusts aufgefasst werden, darunter fallen (so z.B. anlagefondsähnliche Sondervermögen etc.).

Art. 19

E. Inhalt des Vertrages
I. Bestimmung des Inhaltes

[1] Der Inhalt des Vertrages kann innerhalb der Schranken des Gesetzes beliebig festgestellt werden.

[2] Von den gesetzlichen Vorschriften abweichende Vereinbarungen sind nur zulässig, wo das Gesetz nicht eine unabänderliche Vorschrift aufstellt oder die Abweichung nicht einen Verstoss gegen die öffentliche Ordnung, gegen die guten Sitten oder gegen das Recht der Persönlichkeit in sich schliesst.

E. Objet du contrat
I. Eléments

[1] L'objet d'un contrat peut être librement déterminé, dans les limites de la loi.

[2] La loi n'exclut les conventions des parties que lorsqu'elle édicte une règle de droit strict, ou lorsqu'une dérogation à son texte serait contraire aux mœurs, à l'ordre public ou aux droits attachés à la personnalité.

E. Oggetto del contratto
I. Suoi limiti

[1] L'oggetto del contratto può essere liberamente stabilito entro i limiti della legge.

[2] Le stipulazioni che derogano alle disposizioni legali sono permesse solo quando la legge non stabilisca una norma coattiva, o quando la deroga non sia contraria all'ordine pubblico o ai buoni costumi od ai diritti inerenti alla personalità.

Art. 20

II. Nichtigkeit

[1] Ein Vertrag, der einen unmöglichen oder widerrechtlichen Inhalt hat oder gegen die guten Sitten verstösst, ist nichtig.

[2] Betrifft aber der Mangel bloss einzelne Teile des Vertrages, so sind nur diese nichtig, sobald nicht anzunehmen ist, dass er ohne den nichtigen Teil überhaupt nicht geschlossen worden wäre.

II. Nullité

[1] Le contrat est nul, s'il a pour objet une chose impossible, illicite ou contraire aux mœurs.

[2] Si le contrat n'est vicié que dans certaines de ses clauses, ces clauses sont seules frappées de nullité, à moins qu'il n'y ait lieu d'admettre que le contrat n'aurait pas été conclu sans elles.

II. Nullità

[1] Il contratto che ha per oggetto una cosa impossibile o contraria alle leggi od ai buoni costumi è nullo.

[2] Se il contratto è viziato solo in alcune parti, queste soltanto sono nulle, ove non si debba ammettere che senza la parte nulla esso non sarebbe stato conchiuso.

Literatur

ACOCELLA, Nichtigkeitsbegriff und Konzept einer einheitlichen vertragsrechtlichen Rückabwicklung gescheiterter Verträge, SJZ 2003, 494 ff.; AUER, Die richterliche Korrektur von Standardverträgen, Diss. Bern 1964; BAUDENBACHER, Wirtschafts-, schuld- und verfahrensrechtliche Grundprobleme der Allgemeinen Geschäftsbedingungen, Zürich 1983 (zit. AGB); DERS., Braucht die Schweiz ein AGB-Gesetz?, ZBJV 1987, 505 ff. (zit. ZBJV 1987); BAUER, Der Schutz vor unbilligen Allgemeinen Geschäftsbedingungen (AGB) im schweizerischen Recht, 3. Aufl., Zürich 1981; BEHNISCH, Die steuerrechtliche Rechtsprechung des Bundesgerichts in den Jahren 2006 und 2007, ZBJV 2008, 445 ff.; BLUM, Nachträgliche Nichtigkeit des Patents im Patentlizenzvertrag (nach Schweizer Recht), GRUR 1955, 201 ff. BREITSCHMID, «Scheidungsplanung»? Fragen um «Scheidungskonventionen auf Vorrat», AJP 1999, 1606 ff. (zit. AJP 1999); DERS., Bemerkung zu BGE 132 III 455, successio 2007, 186 f. (zit. successio 2007); BROGGINI, Ordine pubblico e norme imperative quali limiti alla libertà contrattuale in diritto svizzero, in: FS für W. Schönenberger, Freiburg i.Ue. 1968, 1 ff.; BUCHER, Für mehr Aktionendenken, AcP 1986, 1 ff.; DERS GOUTTES, Système des Nullités en Droit suisse, ZSR 1929, 348 ff.; ERNE, Vertragsgültigkeit und drittstaatliche Eingriffsnormen, Diss. Zürich 1985; FORSTMOSER, Die rechtliche Behandlung von Allgemeinen Geschäftsbedingungen im schweizerischen und im deutschen Recht, in: FS für Max Kummer,

Bern 1980; GAUCH, System der Beendigung von Dauerverträgen, Diss. Freiburg i.Ue. 1968 (zit. Dauerverträge); DERS., «Modifizierte Teilnichtigkeit», recht 1983, 95 ff. (zit. recht 1983); DERS., Die Verwendung «missbräuchlicher Geschäftsbedingungen» – Unlauterer Wettbewerb nach Art. 8 des revidierten UWG, BR 1987, 51 ff. (zit. BR 1987); DERS., Der Totalunternehmervertrag – Von seiner Rechtsnatur und dem Rücktritt des Bestellers, BR 1989, 39 ff. (zit. BR 1989); GIAMPAOLO/HUGUENIN, Der Entscheidungsspielraum des Gerichts bei der Bestimmung der Ungültigkeitsfolgen, in: Jung (Hrsg.), Europäisches Privatrecht in Vielfalt geeinigt, München 2013, 133 ff.; GIGER, Geltungs- und Inhaltskontrolle Allgemeiner Geschäftsbedingungen, Zürich 1983; DERS., Rechtsfolgen norm- und sittenwidriger Verträge, Zürich 1989; GUGGENHEIM, L'invalidité des actes juridiques en droit suisse et comparé, Paris 1970; HELLER, Das Recht der Illegalen, unter besonderer Berücksichtigung der Prostitution, Diss. Zürich 1998; HOFER, Art. 27 ZGB – die späte Entdeckung einer vermeintlichen Lücke, recht 2008, 58 ff.; HOLLIGER-HAGMANN, Artikel 8 – das Kuckucksei im UWG, Jusletter vom 20.2.2012; HUBER, Sind die durch Schmiergelder erschlichenen Verträge rechtsgültig?, SJZ 1921, 81 ff.; HUGUENIN, Nichtigkeit und Unverbindlichkeit als Folgen anfänglicher Vertragsmängel, Diss. Bern 1984 (zit. Diss.); DIES., Allgemeine Geschäftsbedingungen in der Schweiz im Lichte der neuen EU-Richtlinie über missbräuchliche Klauseln in Verbraucherverträgen, recht 1995, 85 ff. (zit. recht 1995); DIES., Konsumentenrecht im Spannungsfeld zwischen Regulierung und Deregulierung, SJZ 1995, 417 ff. (zit. SJZ 1995); HÜRLIMANN B., Prostitution – ihre Regelung im schweizerischen Recht und die Frage der Sittenwidrigkeit, Zürich 2004; HÜRLIMANN R., Teilnichtigkeit von Schuldverträgen nach Art. 20 Abs. 2 OR, Diss. Freiburg i.Ue. 1984; KELLER/SCHÖBI, Allgemeine Lehren des Vertragsrechts, 3. Aufl., Basel 1988; KOLLER TH., Art. 8 UWG: Eine Auslegeordnung unter besonderer Berücksichtigung von Banken-AGB, AJP 2014, 19 ff.; KRAMER, Vertragsnichtigkeit und hypothetischer Parteiwille im schweizerischen Obligationenrecht, in: Mélanges Tandogan, Ankara 1990, 155 ff. (zit. FS Tandogan); DERS., Allgemeine Geschäftsbedingungen: Status quo, Zukunftsperspektiven, SJZ 1985, 17 ff. (zit. SJZ 1985); KUT/STAUBER, Die UWG-Revision vom 17.6.2011 im Überblick, Jusletter vom 20.2.2012; MEIER-HAYOZ, Verträge (gesetzlich nicht geregelte) I, Schweizerische Juristische Kartothek Nr. 1134; MERZ, Massenvertrag und allgemeine Geschäftsbedingungen, in: FS für W. Schönenberger, Freiburg i.Ue. 1968, 137 ff.; POSTIZZI, Contratto e reato penale, ZStR 2009, 127 ff.; PURTSCHERT/HUGUENIN, Art. 66 OR und der Ausschluss bereicherungsrechtlicher Rückforderungen, ius.full 2009, 2 ff.; RÜETSCHI, Haftung für fehlgeschlagene Sterilisation, zugleich ein Beitrag zur Problematik «Kind als Schaden», AJP 1999, 1359 ff.; PEDRAZZINI, Werkvertrag, Verlagsvertrag, Lizenzvertrag, in: Schweizerisches Privatrecht (SPR), Obligationenrecht – Besondere Vertragsverhältnisse, Bd. VII/1, Basel und Stuttgart 1977, 495 ff.; PIOTET, De l'invalidité partielle des actes juridiques, ZSR 1957, 97 ff.; SCHILD, «Mit gestreckten Drogen betrogen» – Urteilsanmerkung Strafrecht, recht 1991, 134 ff.; SCHLUEP, Innominatverträge, in: Schweizerisches Privatrecht (SPR), Obligationenrecht – Besondere Vertragsverhältnisse, Bd. VII/2, Basel und Stuttgart 1979, 763 ff.; SCHMID, Die Einseitigkeit des gesetzlichen Verbotes und der Vertrag, Diss. Basel 1987; SCHMID/HÜRLIMANN-KAUP, Sachenrecht, 4. Aufl., Zürich/Basel/Genf 2012; SCHÜRMANN/SCHLUEP, Kartellgesetz und Preisüberwachungsgesetz, 1988; SCHWANDER, Internationales Privatrecht, Erster Band: Allgemeiner Teil, 2. Aufl., St. Gallen 1990; SPIRO, Können übermässige Verpflichtungen oder Verfügungen in reduziertem Umfang aufrechterhalten werden?, ZBJV 1952, 449 ff.; STOCKAR, Zur Frage der richterlichen Korrektur von Standardverträgen nach schweizerischem Recht, Diss. Basel 1971; STÖCKLI, Der neue Art. 8 UWG – offene Inhaltskontrolle, aber nicht für alle, BR 2011, 184 ff.; WENDRICH, Disharmonie zwischen den Nichtigkeiten des Vertrags nach Artikel 20 OR und Artikel 26 des Bundesgesetzes über den Erwerb von Grundstücken durch Personen im Ausland, Diss. Zürich 1990; WESSNER, Les contrats d'adhésion: Quelle protection pour la partie réputée la plus faible?, ZSR 1986, 161 ff.; ZIEGLER, Die anfängliche Unmöglichkeit der Leistung, Diss. St. Gallen 1992; ZUFFEREY-WERRO, Le contrat contraire aux bonnes mœurs, Diss. Freiburg i.Ue. 1988.

I. Überblick

1 Das Obligationenrecht wird vom Grundsatz der **Vertragsfreiheit** beherrscht. Danach steht es innerhalb bestimmter Schranken jedermann frei, mit einem beliebigen Partner einen Vertrag beliebigen Inhalts abzuschliessen (VON TUHR/PETER, 247). Der wichtigste Aspekt der Vertragsfreiheit ist die in Art. 19 Abs. 1 niedergelegte **Inhaltsfreiheit**. Die Art. 19 Abs. 2 und Art. 20 Abs. 1 enthalten eine Serie von Schranken, welche die Freiheit begrenzen, einen Vertrag beliebigen Inhalts einzugehen. Verstösst ein Vertrag gegen eine dieser **Inhaltsschranken**, so ist zu entscheiden, ob der mangelhafte Vertrag nach Art. 20 ganz oder zum Teil ungültig sein soll. Die innere Zusammengehörigkeit der beiden Artikel, die sich aus der «Streuung» der verschiedenen Inhaltsschranken auf beide Normen ergibt, lässt eine gemeinsame Kommentierung als sinnvoll erscheinen (BK-KRAMER, N 6; **anders** noch BK-BECKER und ZK-OSER/SCHÖNENBERGER).

II. Aspekte und Schranken der Vertragsfreiheit

Die **Vertragsfreiheit** gehört zum Ensemble der *privatrechtlichen «Grundfreiheiten»* (BK-KRAMER, N 20). Dazu zählen das Persönlichkeitsrecht, die Institution des Privateigentums und – neben der Vertragsfreiheit – die Testier- und die Assoziationsfreiheit. Die privatrechtlichen Grundfreiheiten bilden zusammen die **Privatautonomie**. Die Privatautonomie erlaubt es den Einzelnen, ihre Rechtsverhältnisse einvernehmlich und nach ihrem Willen auszugestalten. 2

Der **Grundsatz der einvernehmlichen Selbstbestimmung** wird de facto durch den Einsatz einseitiger **Verhandlungsmacht** gefährdet (zu den «faktischen» Schranken der Vertragsfreiheit MERZ, Vertrag, 51 ff.). Wo ein Ausweichen auf andere Vertragspartner nicht mehr möglich ist, verkehren verweigerte und vorformulierte Verträge die Selbst- in Fremdbestimmung. Die rechtlichen Schranken der Vertragsfreiheit haben daher nicht nur die Aufgabe, die Einhaltung der einzelnen Normen sicherzustellen, sondern sie müssen auch die Prämissen oder Ordnungsprinzipien des Vertragsrechts schützen. So werden etwa die Grundsätze des Persönlichkeitsrechts sowohl für die Begründung der Vertragsungültigkeit wie auch für die Vertragsmodifikation und für die Statuierung von Kontrahierungspflichten herangezogen. Der Sinn der Schranken der Vertragsfreiheit besteht nicht nur im Schutz jener Rechtsgüter, die der Vertragsfreiheit über- oder gleichgeordnet sind, sondern auch im Schutz der Institution Vertragsfreiheit selbst. 3

Die **Vertragsfreiheit** umfasst die folgenden Einzelfreiheiten: die Inhalts- oder Gestaltungsfreiheit (Art. 19 Abs. 1), die Abschlussfreiheit, die Partnerwahlfreiheit, die Aufhebungs- oder Änderungsfreiheit und die Formfreiheit (GAUCH/SCHLUEP/SCHMID/EMMENEGGER, N 613 ff.; BUCHER, AT, 89 ff.; KELLER/SCHÖBI, I, 92; BK-KRAMER, N 42 ff.). 4

1. Inhalts- oder Gestaltungsfreiheit

Der Grundsatz der **Inhalts- oder Gestaltungsfreiheit** als wichtigster Aspekt der Vertragsfreiheit garantiert, dass der Inhalt eines Vertrags innerhalb der Grenzen der Rechtsordnung beliebig festgelegt werden darf (BGE 129 III 42; 115 II 236; 114 II 264; 96 II 20). Die Gestaltungsfreiheit bezieht sich nicht nur auf den eigentlichen *Vertragsinhalt*, sondern erfasst auch die privatautonome Regelung der *Nichterfüllungsfolgen* (BUCHER, AT, 91). 5

Die in Art. 19 Abs. 1 statuierte Inhaltsfreiheit schliesst das Prinzip der **Typenfreiheit** ein: Dieses stellt die Entscheidung, ob ein gesetzlich geregelter oder aber ein ungeregelter, ein *Nominat- oder* ein *Innominatvertrag*, abgeschlossen werden soll, ins Belieben der Parteien (BK-KRAMER, N 49 ff.). Art. 19 kann sich daher nur auf **Schuldverträge** beziehen; die anderen Gebiete des Privatrechts werden vom Prinzip der Typengebundenheit beherrscht (SCHMID/HÜRLIMANN-KAUP, N 71 ff.; VON TUHR/PETER, 249; GAUCH/SCHLUEP/SCHMID/EMMENEGGER, N 626; SCHLUEP, SPR VII/2, 777 f.). Der Grundsatz der Typenfreiheit gilt auch für Verträge auf *Arbeitsleistungen*: Art. 394 Abs. 2 verlangt nicht, dass auf Innominatverträge über Arbeitsleistungen zwingend Auftragsrecht anzuwenden sei (so aber noch BGE 104 II 115; Praxisänderung in BGE 109 II 466; zur Kontroverse um Art. 394 Abs. 2: BK-KRAMER, N 55; GAUCH, BR 1989, 41 f.; GAUCH/SCHLUEP/SCHMID/EMMENEGGER, N 627 m.w.Bsp. für Verträge, die Elemente des Auftragsrechts enthalten; vgl. auch BGer, SJ 1989, 54 ff. und BGE 115 II 464 sowie die Argumentation des vorinstanzlich entscheidenden OGer LU, SJZ 1989, 215 ff.). 6

Der Grundsatz der Typenfreiheit gilt im **ZGB** nicht (vgl. für das Sachenrecht etwa BGE 116 II 277, 111 II 142 oder 103 II 183); diese Gebiete werden vom Prinzip der beschränkten Zahl wählbarer Typen geprägt (numerus clausus, sog. Typengebundenheit). Die Wahl eines ungenannten Typus gilt als Anwendungsfall der **Unmöglichkeit** i.S.v. Art. 20 Abs. 1 und führt zur Nichtigkeit der entsprechenden Vereinbarung (BGE 111 II 142; 103 II 186). Unter der genannten Einschränkung sind die Art. 19 und 20 jedoch nicht nur auf schuldrechtliche Verträge, sondern auch auf andere Rechtsgeschäfte (*Kündigungen, Beschlüsse, Statuten etc.*; OGer LU, LGVE 1988 Nr. I, 56) sowie auf die *Rechtsverhältnisse des ZGB* analog anwendbar (Art. 7 ZGB; BK-Kramer, N 9 ff.).

7 Verträge **juristischer Personen** unterstehen den Art. 19 und 20 ebenfalls. Das gilt mit Einschränkungen auch für *persönlichkeitsrechtswidrige* Verträge: Nach Art. 53 ZGB sind die juristischen Personen nur jener Rechte und Pflichten fähig, die nicht die natürlichen Eigenschaften des Menschen zur Voraussetzung haben. Juristische Personen können sich daher nach der Rsp. auf Art. 27 Abs. 2 ZGB berufen, wenn es um den Schutz ihrer wirtschaftlichen Dispositionsfähigkeit geht (BGE 123 III 345 = Pra 1998, 46; 114 II 162, 164; 106 II 369 E. 4; OGer LU, LGVE 1989 Nr. I, 1). Nach der hier vertretenen Auffassung enthält das Gesetz keinerlei Anhaltspunkte für diese Beschränkung (vgl. BSK ZGB I-Huguenin/Reitze, Art. 27 N 3).

2. Abschlussfreiheit

8 Die **Abschlussfreiheit** gewährt die Möglichkeit, einen Vertrag mit einem bestimmten Inhalt nach Belieben abzuschliessen (positive Abschlussfreiheit) oder nicht abzuschliessen (negative Abschlussfreiheit; BGE 102 Ia 542; 80 II 26 E. 5a; zum Ganzen BGE 129 III 42). Diese Freiheit wird durch **Abschlusskontrollen** wie etwa *Bewilligungs-* (vgl. BK-Kramer, N 268 ff.; Gauch/Schluep/Schmid/Emmenegger, N 721 ff.) oder *Kontrahierungspflichten* (Merz, Vertrag, 137 ff.; BK-Kramer, N 94 ff.; Gauch/Schluep/Schmid/Emmenegger, N 1102 ff.; CR CO I-Guillod/Steffen, N 37 ff.; vgl. auch Art. 13 lit. b KG) limitiert. Kontrahierungspflichten gehen oft mit Beschränkungen der anderen Freiheiten, insb. der Inhalts- und der Partnerwahlfreiheit, einher (BK-Kramer, N 94 ff.).

3. Partnerwahlfreiheit

9 Auch die **Freiheit**, mit einem **Partner eigener Wahl** zu kontrahieren, ist nicht schrankenlos (BGE 129 III 42; 102 Ia 542; 100 Ia 449; 80 II 39). Sie wird wiederum durch *Bewilligungs- und Kontrahierungspflichten*, sodann aber auch durch gesetzlich (z.B. Art. 682 ZGB) und privatautonom (z.B. vertragliches Vorkaufsrecht) eingeräumte *Vorrechte* zu einem bestimmten Vertragsschluss begrenzt (BK-Kramer, N 46).

4. Aufhebungs- und Änderungsfreiheit

10 Bei der **Aufhebungs-** oder **Endigungsfreiheit** und der **Änderungsfreiheit** ist zwischen beid- bzw. allseitiger und einseitiger Vertragsbeendigung oder -änderung zu unterscheiden.

Die Möglichkeit der **gemeinsamen** Aufhebung oder Modifikation des Vertrags entspricht dem Grundsatz der einvernehmlichen Selbstbestimmung. Von allem Anfang an kann im Vertrag festgelegt werden, dass bei Eintritt bestimmter Umstände neu verhandelt werden soll (BK-Kramer, Art. 18 N 283 ff. m.w.Nw.).

Bei *einfachen Schuldverhältnissen* ist die **einseitige Vertragsbeendigung** nur bei Nicht- oder Schlechterfüllung durch die Gegenseite möglich (z.B. Art. 107, 109, 205). *Dauerverträge* können dagegen **ordentlich** gekündigt werden (z.B. Art. 266a ff., 335 ff.; vgl. auch Art. 144 des Entwurfs für einen neuen Allgemeinen Teil des Obligationenrechts in Huguenin/Hilty); die **ausserordentliche Kündigung** setzt i.d.R. einen wichtigen Grund voraus (BK-Kramer, N 87 f.; vgl. auch Art. 145 des Entwurfs für einen neuen Allgemeinen Teil des Obligationenrechts in Huguenin/Hilty). Bei *Aufträgen* und auftragsähnlichen Verträgen besteht nach der bundesgerichtlichen Rsp. ein zwingendes Widerrufsrecht (Art. 404; BGE 115 II 466; vgl. auch BGer, 6.7.2011, 4A_141/2011, E. 2.2 und 2.3 m.w.H.; dagegen BGer, 11.10.2000, 4C.228/2000, E. 4). Eine erleichterte Auflösungs- oder Reduktionsmöglichkeit besteht nach der Rsp. bei allen Verträgen, welche gem. Art. 27 Abs. 2 ZGB die persönliche Handlungsfreiheit übermässig beeinträchtigen (vgl. zu den persönlichkeitsrechtswidrigen Verträgen u. N 43 ff. und 52 ff. sowie BSK ZGB I-Huguenin/Reitze, Art. 27 N 1 ff. und 18 ff.). Im *Arbeitsvertragsrecht* wird die Kündigungsfreiheit durch Art. 334 ff. beschränkt, im *Mietvertragsrecht* durch Art. 266 ff. Arbeitsvertragliche Beendigungsregeln dürfen den Grundsatz der Parität nicht verletzen (vgl. BGE 116 II 145; KGer SG, GVP 1989, 60).

5. Formfreiheit

Das **Formfreiheitsprinzip** ist eine Folge des **Konsensprinzips** (Art. 1). Es ist in Art. 11 Abs. 1 verankert. Danach ist für das Eintreten der Vertragswirkungen unerheblich, in welcher Form die übereinstimmenden Willenserklärungen ausgetauscht werden (vgl. etwa BGE 116 II 127; 113 II 402 E. 2a; 89 II 191; 85 I 24). Verträge bedürfen lediglich der *besonderen Form*, wo dies *vereinbart* (Art. 16) oder *vorgeschrieben* (Art. 11 Abs. 1) wird. Zur Statuierung gesetzlicher Formerfordernisse ist eine formelle Norm des Bundesrechts erforderlich (BK-Schmidlin, Art. 11 N 172 ff.). 11

III. Schranken der Inhaltsfreiheit

1. Allgemeines

Die in den Art. 19 und 20 geregelte **Inhaltsfreiheit** gilt nur innerhalb der **Schranken des Gesetzes**. Das Gericht kontrolliert den Inhalt des Vertrags insoweit von Amtes wegen (BGE 129 III 213; 123 III 62 = Pra 1997, 581; 110 II 368). Art. 19 Abs. 2 und Art. 20 Abs. 1 sowie Art. 27 ZGB konkretisieren diese allgemeinen Schranken durch die Aufzählung der massgeblichen, sich indessen teilweise überschneidenden **Kontrollkriterien** (BK-Kramer, N 123): die *unabänderlichen Vorschriften*, die *öffentliche Ordnung*, die *guten Sitten*, das *Recht der Persönlichkeit* (Art. 19 Abs. 2), die *Unmöglichkeit* der Leistung, der *widerrechtliche* Inhalt und – wiederum – die *guten Sitten* (Art. 20 Abs. 1) sowie die persönliche *Freiheit*, das *Recht* und die *Sittlichkeit* (Art. 27 Abs. 2 ZGB; vgl. ferner BGE 109 II 45; 80 II 132). 12

Die einzelnen Schranken sollen vorliegend gemäss der gesetzlichen Ordnung von Art. 19 und 20 in der Reihenfolge **Rechtswidrigkeit, öffentliche Ordnung, Sittenwidrigkeit, Persönlichkeitsrechtswidrigkeit** und **Unmöglichkeit** kommentiert werden (BK-Kramer, N 132–302; BK-Becker, Art. 19 N 22–69 und Art. 20 N 1–7; ZK-Oser/Schönenberger, Art. 19 N 7–18, Art. 20 N 1–50). Die fünf Kriterien lassen sich zu dreien zusammenfassen, wenn man das Kriterium der «öffentlichen Ordnung» der Widerrechtlichkeit und das Kriterium des «Rechts der Persönlichkeit» der Sittenwidrigkeit zuordnet (vgl. den Wortlaut von Art. 27 ZGB; **a.M.** Bucher, AT, 239). Nach dieser Systematisierung darf der Vertrag weder einen *widerrechtlichen* noch einen *sittenwidrigen* Inhalt haben und die vereinbarten Leistungen dürfen nicht objektiv *unmöglich* sein (statt vieler Gauch/Schluep/Schmid/Emmenegger, N 629 ff.). Die Zusammenfassung der drei Kontrollkriterien in eine Norm ist eine kodifikationsgeschichtliche Rarität, die auf § 955 des zürcherischen Privatgesetzbuchs (PBG) von 1855 zurückgeht und via Art. 17 aOR in das geltende OR Eingang gefunden hat. 13

Eine Vereinbarung verstösst gegen die **Schranken der Inhaltsfreiheit**, wenn sie eine Eigengesetzlichkeit der Kodifikation durchbricht (Unmöglichkeit) oder wenn sie rechtliche oder ausserrechtliche Werte gefährdet oder verletzt, welche gleich oder höher zu veranschlagen sind als Vertragsfreiheit und Vertragstreue (Rechts- und Sittenwidrigkeit). 14

2. Die Schranken im Einzelnen

a) Rechtswidrigkeit

Ein Vertrag ist **widerrechtlich** i.S.v. Art. 19 und 20, wenn sein Inhalt einer zwingenden objektiven, privat- oder öffentlich-rechtlichen Norm des – geschriebenen oder ungeschriebenen – 15 schweizerischen (eidgenössischen oder kantonalen) Rechts widerspricht (BGer, 22.6.2010, 4A_173/2010, E. 2.2; BGE 134 III 438; 134 III 54; 119 II 224; 117 II 287; 114 II 281 = Pra 1989, 149; 80 II 329; OGer und KassGer ZH, ZR 1994, 65 ff.; GAUCH/SCHLUEP/SCHMID/EMMENEGGER, N 638 ff.; GUHL/KOLLER/SCHNYDER/DRUEY, § 7 N 21 ff.; KELLER/SCHÖBI, I, 142; BK-KRAMER, N 132). Dieser Begriff der Widerrechtlichkeit unterscheidet sich von demjenigen in Art. 41 Abs. 1 (GAUCH/SCHLUEP/SCHMID/EMMENEGGER, N 655; CR CO I-GUILLOD/STEFFEN, N 60).

16 Für die Beurteilung der Widerrechtlichkeit wird auf den **Zeitpunkt des Vertragsschlusses** abgestellt. Ist der Vertrag im Zeitpunkt der Beurteilung nicht mehr rechtswidrig, weil das Verbot weggefallen ist, so bleibt es nach h.L. bei der infolge der Widerrechtlichkeit ausgesprochenen Sanktion (implizit BGE 102 II 401 E. 2; OGer ZH, ZR 1979, 171; ZK-OSER/SCHÖNENBERGER, Art. 20 N 58; VON TUHR/PETER, 229 f.; **a.M.** BK-KRAMER, N 144 f.; CHK-KUT, N 16). Dieser Auffassung ist entgegenzuhalten, dass ein Vertrag nur mit Nichtigkeit belegt werden sollte, wenn die Behebung des Mangels dies erfordert (HUGUENIN, Diss., 48). Bei der genannten Konstellation erübrigt sich die Nichtigkeitsfolge, weil der Mangel bereits durch die Aufhebung des Verbots beseitigt worden ist. Der Heilung des Vertrags stehen jene Fälle entgegen, in welchen die Parteien selber von der Nichtigkeit des Vertrags ausgehen und auf dieser Basis Dispositionen treffen (BK-KRAMER, N 145).

Wird der Vertrag nachträglich rechtswidrig, so ist wegen des *Rückwirkungsverbots* Gültigkeit anzunehmen (BGE 100 II 105 E. 1b). Verstösst der Vertrag allerdings gegen eine Norm, die «um der öffentlichen Ordnung und Sittlichkeit willen» aufgestellt wurde, so gilt das Rückwirkungsverbot nicht (Art. 2 Abs. 1 SchlT ZGB; BGE 100 II 105 E. 1c; BK-KRAMER, N 145).

17 Der Begriff **Vertragsinhalt** ist in einem weiten Sinn zu verstehen; zum Inhalt gehört nicht nur der Vertragsgegenstand, sondern dazu zählen auch Vertragsabschluss und Vertragszweck (BGE 134 III 54; 119 II 224; 117 II 287; GAUCH/SCHLUEP/SCHMID/EMMENEGGER, N 639 ff.; HÜRLIMANN R., 27 ff.; BK-KRAMER, N 136 ff.; CR CO I-GUILLOD/STEFFEN, N 61):

1. Mit dem **Gegenstand** des Vertrags ist die vereinbarte *Leistung* oder die *Modalität* ihrer Erbringung gemeint: Das verpönte Verhalten ist als solches rechtswidrig, gleichgültig, ob man sich dazu verpflichtet oder nicht (z.B. Begehung eines Delikts, BGer, 7.7.2011, 6B_994/2010, E. 5.3.3.2: «Der Vertrag über den Kauf von Betäubungsmitteln ist wegen seines Inhalts rechtswidrig und damit gemäss Art. 20 OR nichtig»; BGE 64 II 236; 117 IV 139 E. 3 und dazu ergänzend SCHILD, recht 1991, 143; CJ civile GE, SJ 1979, 26; HÜRLIMANN R., 27 ff.).
2. Sodann kann die Widerrechtlichkeit im **Abschluss** des Vertrags liegen. So ist die Vereinbarung des Verzichts auf den Widerruf der Vollmacht ungültig (Art. 34 Abs. 2). Das gleiche gilt für das Versprechen, einen Erbvertrag abzuschliessen (BGE 108 II 409).
3. Schliesslich ist von einem widerrechtlichen Vertrag die Rede, wenn diesem ein gemeinsamer, verbotener **Zweck** zugrunde liegt (BGE 109 IV 119; OGer LU, SJZ 1985, 60). Widerrechtlich ist etwa ein Darlehen, welches der Finanzierung eines Rauschgiftgeschäftes dient (BGE 112 IV 47). Der vereinbarte Zweck darf indessen nicht mit dem individuellen *Motiv* verwechselt werden, welches allein die Rechtswidrigkeit der Vereinbarung nicht bewirkt (BGE 61 II 287; 42 II 492; aber BGE 109 IV 117). So liegt keine Widerrechtlichkeit des Kaufvertrags vor, wenn der Käufer beabsichtigt, mit dem erworbenen Gegenstand ein Delikt zu begehen.

Ebenso wenig ist die verbotene *subjektive Beteiligung* eines oder beider Vertragspartner geeignet, die Widerrechtlichkeit des Vertragsinhalts i.S.v. Art. 20 herbeizuführen (BGE 134 III 54; 117 II 286; 117 II 47 = Pra 1991, 877; BGE 114 II 280; 102 II 404 je m.w.H.). Damit ist allerdings über die Rechtsfolge des Verstosses nichts ausgesagt; die Nichtigkeit der Vereinbarung kann sich sowohl aus der direkten Anwendung der einschlägigen Spezialnorm wie auch aus der analogen Anwendung von Art. 20 ergeben, sofern Sinn und Zweck der Verbotsnorm dies verlangen (BK-KRAMER, N 138). Ein bekanntes Beispiel für die spezialgesetzliche Anordnung der Nichtigkeit ist Art. 26 BewG (BGer, 22.4.2003, 4C.14/2003, E. 2.2; BGE 113 II 452; KGer VS, RVJ 1987, 261 ff. und RVJ 1986, 228 f.; vgl. dazu WENDRICH, 107 ff., der die spezialgesetzliche Nichtigkeit nach Art. 26 BewG allerdings strikt von der Nichtigkeit des Art. 20 unterschieden haben will).

Vom Verbot der subjektiven Beteiligung einer Partei ist das **einseitige Verbot** zu unterscheiden: Richtet sich das Verbot, einen Vertrag bestimmten Inhalts abzuschliessen, nur an einen Vertragspartner, ist Art. 20 direkt anwendbar. Art. 20 setzt nicht voraus, dass ein gesetzliches Verbot alle Vertragspartner nennt (SCHMID, 87 ff.; BK-KRAMER, N 140; BGE 102 II 404; 80 II 327 E. 3a; dagegen BGE 111 II 54 = Pra 1985, 437; 34 II 681).

Der Verstoss gegen *vertragliche Rechte Dritter* kann nach traditioneller Auffassung mangels **objektiver Widerrechtlichkeit** (VON TUHR/PETER, 252) allenfalls via *Sittenwidrigkeit* (s.u. N 36) zur Ungültigkeit des entsprechenden Vertrags führen (BGE 102 II 340). Diese Auffassung wird damit begründet, dass Verträge nur Vertragsparteien bzw. Statuten nur Verbandsmitglieder binden (BezGer ZH, SJZ 1990, 291; KGer SG, GVP 1988, 87 f.). **18**

Dieser Grundsatz unterliegt folgenden *Einschränkungen*:
1. Ergeben sich die Forderungsrechte des Dritten aus einem Rechtsgeschäft, an welches auch die «Vertragsbrecher» gebunden sind, so begründet das BGer die Ungültigkeit der widersprüchlichen Zweitvereinbarung mit dem Verstoss gegen das «autonome» Recht der Erstvereinbarung (BGE 114 II 334). Dieser Grundsatz ist auf statutenwidrige Rechtsgeschäfte zwischen Verbandsmitgliedern übertragbar (BK-KRAMER, N 143).
2. Die Beeinträchtigung fremder Forderungsrechte kann unter wettbewerbsrechtlichen Gesichtspunkten unzulässig sein. Nach Art. 4 lit. a UWG handelt unlauter, wer *«Abnehmer zum Vertragsbruch verleitet, um selber mit ihnen einen Vertrag abschliessen zu können»* (vgl. etwa BGE 129 II 541 = Pra 2005, 290; BezGer ZH, SJZ 1990, 291). Weitere Fälle der Beeinträchtigung vertraglicher Rechte Dritter fallen unter die Generalklausel von Art. 2 UWG, sofern besondere Umstände sie als Verstoss gegen Treu und Glauben erscheinen lassen (BGE 114 II 91 E. 4). Der Rechtsbegriff «Treu und Glauben» erfasst nach dem UWG nicht nur Verletzungen der *Geschäftsmoral*, sondern auch solche von *Funktionsregeln des Wettbewerbs* (Botschaft zu einem Bundesgesetz gegen den unlauteren Wettbewerb [UWG] vom 18.5.1983, BBl 1983 II 1009 ff., 1043). Die Unzulässigkeit der Beeinträchtigung fremder vertraglicher Rechte kann sich daher auch aus ihrer negativen Wirkung auf den Wettbewerb ergeben. Dies bedeutet, dass nicht nur die Interessen von Verletzer und Verletztem an der Einhaltung ihrer kollidierenden Verträge gegeneinander abzuwägen sind, sondern dass auch auf die Interessen von Wirtschaft, Konsumenten und Allgemeinheit abzustellen ist (vgl. dazu BezGer ZH, SJZ 1990, 291 f.).

Die objektive Widerrechtlichkeit eines Vertrags kann sich aus einer privat- oder einer öffentlich-rechtlichen Norm ergeben. Für die Beurteilung ist die gesamte **schweizerische Rechtsordnung** heranzuziehen (BGE 134 III 54; 119 II 224; 114 II 281 = Pra 1989, 149; BUCHER, AT, 250 ff.; GAUCH/SCHLUEP/SCHMID/EMMENEGGER, N 645). Das Bundesrecht umfasst auch die vom Bund abgeschlossenen internationalen Verträge (BGer, 16.7.2011, 4A_753/2011, E. 6.4). Der Verstoss gegen *ausländisches Recht* begründet dagegen keine Rechts-, sondern allenfalls *Sittenwidrigkeit* (s. N 42; BGer, 16.7.2011, 4A_753/2011, E. 6.5; BGE 80 II 49 E. 3; 76 II 41). Internationalprivatrechtlich kann zwingendes ausländisches Recht – neben der ordentlichen Verweisung – auch via Art. 19 IPRG zur Anwendung gelangen. **19**

Ob eine Norm gegen **zwingendes Privatrecht** verstösst, ist auf dem Weg der Auslegung zu ermitteln: Der zwingende Gehalt kann sich aus dem Wortlaut (z.B. Art. 34 Abs. 2, 100 Abs. 1, 129, 199, 361) oder aus dem Sinn und Zweck der verletzten Norm ergeben (BGE 134 III 54; 129 III 213; 117 II 287; s. z.B. BGE 115 II 464 zu Art. 404; BGE 111 II 370 zu Art. 417). Das Kündigungsrecht nach Art. 546 Abs. 1 etwa gilt seit BGE 106 II 226 als dispositiv (anders noch BGE 90 II 341). Von **einseitig** zwingenden Normen kann nur zugunsten der **20** einen, nicht aber der anderen Partei abgewichen werden (Art. 362, Art. 98 VVG, Art. 37 KKG, Art. 19 PRG; Art. 357 für den GAV). So sind bei einem Gesamtarbeitsvertrag (Art. 356 ff. OR), wenn er nichts anderes vorsieht, die Bestimmungen von Gesetzes wegen einseitig zwingend (BGE 122 III 112 = Pra 1997, 41; 116 II 69 = Pra 1990, 69).

21 **Öffentlich-rechtliche Normen** (einschliesslich *Verfassungs-*, *Straf-* und *Verwaltungsrecht* sowie *Prozessrecht*), welche die Vertragsfreiheit begrenzen, finden sich sowohl im Rahmen des **Bundesrechts** (BGE 134 III 54; 129 III 35; 114 II 279 = Pra 1989, 279; 111 II 52 = Pra 1985, 437; 110 II 360) wie auch des **kantonalen Rechts** (BGE 119 II 222; 117 II 286; 117 II 47 = Pra 1991, 877; 113 Ia 279; 110 Ia 111; 96 I 9; 80 II 329). Auch bei den öffentlich-rechtlichen Normen ist durch Auslegung zu bestimmen, ob sie zwingend sind (BGE 86 II 77; OGer und KassGer ZH, ZR 1994, 65 ff.).

Kasuistik: Verkauf von Kundenlisten im Bereich des Art. 197 StGB (zu Art. 204 aStGB BezGer ZH, SJZ 1990, 289); kantonales *Abtretungsverbot* einer streitigen Forderung an einen *Anwalt* (OGer und KassGer ZH, ZR 1994, 65 ff.); Vereinbarung über solidarische Haftung des Arbeitnehmers mit dem Arbeitgeber für Verbindlichkeiten aus der Geschäftskreditkarte (BGE 124 III 309 = Pra 1998, 823); Verstoss gegen Art. 261bis Abs. 4 StGB (vgl. dazu die Überlegungen des BGer im Zusammenhang mit einem allenfalls wegen rassendiskriminatorischen Inhalts ungültigen Testaments, BGer, 28. 1. 1999 = AJP 1999, 882 ff.); vertragliche Verpflichtung, Steuerbussen von Dritten zu bezahlen (BGE 134 III 59 E. 2.3.2; krit. hierzu BEHNISCH, ZBJV 2008, 460 ff.); i.S.v. Art. 5 KG unzulässige Wettbewerbsabrede (BGE 134 III 442); keine Nichtigkeit eines Vertrags mit einem Mäkler, welcher nicht über die erforderliche kantonale *Berufsausübungsbewilligung* verfügt, sofern die Nichtigkeit nicht im kantonalen Erlass ausdrücklich vorgesehen ist oder sich aus dessen Sinn und Zweck ergibt (BGE 117 II 286); das Fehlen der vom öffentlichen Recht vorgeschriebenen *Arbeitsbewilligung* hat ebenfalls keine Nichtigkeit des Arbeitsvertrags zur Folge (BGE 122 III 116 = Pra 1997, 41; 114 II 279 = Pra 1989, 279); vor Inkrafttreten des ZGB begründete Dienstbarkeiten, die zugunsten des Gemeinwesens ein bestimmtes Gewerbe auf einem Grundstück untersagen (sog. Gemeindeservituten), sind nicht widerrechtlich, obwohl sie heute Gegenstand des öffentlichen Bau- und Planungsrecht sind (BGE 134 III 341 E. 2).

22 Die in Art. 19 und 20 statuierten Grundsätze enthalten keine Regelung zur rechtsgeschäftlichen **Gesetzesumgehung**. Bei den *echten Umgehungsgeschäften* versuchen die Parteien dem Anwendungsbereich einer Norm zu entgehen, indem sie eine atypische Gestaltungsmöglichkeit ausnützen, welche wirtschaftlich zum verpönten Erfolg führt (BK-KRAMER, N 263 f.; GAUCH/SCHLUEP/SCHMID/EMMENEGGER, N 715). Ergibt die Auslegung der umgangenen Norm, dass das Umgehungsgeschäft miterfasst sein soll, so ist dieses auch nach Massgabe der umgangenen Norm sanktionierbar (BGE 132 III 212 E. 4 = Pra 2007, 47; BGE 125 III 262; 117 II 296 = Pra 1992, 480; BGE 116 II 570 = Pra 1991, 650; BGE 114 Ib 15; 107 II 440 E. 1; 104 II 206; VerwGer AG, SJZ 1991, 51; OGer AG, AGVE 1987, 60; GAUCH/SCHLUEP/SCHMID/EMMENEGGER, N 715 f.; BK-KRAMER, N 264). Zum Teil begründen die Gerichte das Umgehungs- auch mit dem Rechtsmissbrauchsverbot (z.B. VerwGer NE, ZBGR 1990, 341; vgl. auch BGE 140 II 244 m.w.H., wonach die Gesetzesumgehung Berührungspunkte zum Rechtsmissbrauchsverbot hat).

23 Schliesslich stellt sich auch die Frage nach dem Umgang mit widerrechtlichen Allgemeinen Geschäftsbedingungen. **Allgemeine Geschäftsbedingungen** sind *Vertragsbestimmungen*, die vom Verwender oder von dritter Seite *für eine Vielzahl gleichartiger Verträge vorformuliert* werden (BGer, 15. 12. 2003, 4C.282/2003, E. 3.1; 28. 11. 2002, 4P.135/2002, E. 3.1; GAUCH/SCHLUEP/SCHMID/EMMENEGGER, N 1117; CR CO I-MORIN, Art. 1 N 165; neueste Literaturübersicht bei BSK UWG-THOUVENIN, Art. 8).

Die *Schweiz* hat bisher kein umfassendes AGB-Gesetz erlassen (vgl. dagegen etwa für das deutsche Recht §§ 305 ff. BGB). Die einzige allgemeine, *gesetzlich* ausformulierte Regelung für die verschärfte Kontrolle von Allgemeinen Geschäftsbedingungen enthält **Art. 8 UWG** in seiner revidierten Fassung, die auf den 1.7.2012 in Kraft gesetzt wurde. Danach handelt **unlauter**, *«wer allgemeine Geschäftsbedingungen verwendet, die in Treu und Glauben verletzender Weise zum Nachteil der Konsumentinnen und Konsumenten ein erhebliches und ungerechtfertigtes Missverhältnis zwischen den vertraglichen Rechten und den vertraglichen Pflichten vorsehen.»*

Nach dem neuen Wortlaut von Art. 8 UWG sind Allgemeine Geschäftsbedingungen in Konsumverträgen nunmehr einer offenen Inhaltskontrolle zugänglich. Der Gesetzgeber hat das sachfremde Zusatzerfordernis der Irreführung, das eine offene Inhaltskontrolle bislang erschwerte (BAUDENBACHER, ZBJV 1987, 526), fallen gelassen. Indessen erstreckt sich der Anwendungsbereich von Art. 8 UWG lediglich auf Verträge mit Konsumenten (**a.M.** HOLLIGER-HAGMANN, N 25 und 30; s. KUT/STAUBER, Jusletter 2012, N 116, wonach der Wortlaut von Art. 8 UWG die Anwendung auf Verträge zwischen Konsumenten nicht ausschliesst; ausführlich zum Konsumentenbegriff BSK UWG-THOUVENIN, Art. 8 N 79 ff.), sodass es für Nichtkonsumverträge bei der verdeckten Inhaltskontrolle bleibt (für die Inhaltskontrolle von Allgemeinen Geschäftsbedingungen in Nichtkonsumverträgen s. N 26 ff.). Diese Zweiteilung zwischen Konsum- und Nichtkonsumverträgen findet lediglich auf der Stufe der Inhaltskontrolle statt. Auf den Stufen der Geltungs- und Auslegungskontrolle bleibt es sowohl für Konsum- als auch für Nichtkonsumverträge bei den bis anhin entwickelten Kontrollinstrumenten (HUGUENIN, OR AT/BT, N 612 f. und 635m).

Nach wie vor kontrovers bleibt indessen, welche Rechtsfolge ein Verstoss gegen Art. 8 UWG **24**
nach sich zieht. Das BGer hat diese Frage bislang offengelassen für das Regime von Art. 8 aUWG (BGE 119 II 443 = Pra 1994, 753; vgl. aber BGer, 18.12.2008, 4A_404/2008, E. 5.6.3.2.1, in welchem das BGer tendenziell Nichtigkeit anzunehmen scheint). Nach der hier vertretenen Ansicht ist Art. 8 UWG in Zusammenhang mit Art. 2 UWG zu lesen. Unlauteres Geschäftsgebaren ist gemäss Art. 2 UWG widerrechtlich, was gem. Art. 20 OR einen Inhaltsmangel darstellt und folglich nichtig ist (ebenso BSK UWG-THOUVENIN, Art. 8 N 144 m.w.H.). Somit ist bei einem Verstoss gegen Art. 8 UWG von Nichtigkeit bzw. Teilnichtigkeit im Sinne des flexiblen Nichtigkeitsbegriffs (N 52 und 55) auszugehen.

b) Verstoss gegen die öffentliche Ordnung

Das Kontrollkriterium der **öffentlichen Ordnung** wurde erst anlässlich der Revision von **25**
1911 in Art. 19 Abs. 2 eingefügt. Sowohl seine Bedeutung wie auch sein Inhalt sind in der Literatur umstritten: Der **Stellung** nach wird es bald als blosse *Interpretationshilfe* (KELLER/SCHÖBI, I, 143), bald als untergeordnetes (MEIER-HAYOZ, 4) oder aber als eigenständiges *Kontrollkriterium* (BROGGINI, 1; BK-KRAMER, N 156 m.w.Nw.) betrachtet; dem **Inhalt** nach soll es sich nach einem Teil der Lehre auf *öffentliches Recht* (GAUCH/SCHLUEP/SCHMID/EMMENEGGER, N 648 ff.; GUHL/KOLLER/SCHNYDER/DRUEY, § 7 N 224; ZK-OSER/SCHÖNENBERGER, Art. 19 N 11), nach einem anderen Teil auf *Privatrecht* beziehen (VON TUHR/PETER, 250); eine dritte Auffassung schliesslich sieht die öffentliche Ordnung als Sammelbegriff für die *der Gesamtrechtsordnung immanenten Wertungs- und Ordnungsprinzipien* (BROGGINI, 53 ff.; BK-KRAMER, N 155 ff.; STOCKAR, 62 ff.; vgl. auch WENDRICH, 15 f. im Anschluss an BK-BECKER, Art. 19 N 24 ff.).

Für die *letztgenannte* Konzeption spricht, dass mit ihrer Hilfe auch das Problem der **Inhalts- 26**
kontrolle Allgemeiner Geschäftsbedingungen befriedigend gelöst werden kann, ohne dass der angestammte Bereich der drei traditionellen Kontrollkriterien von Art. 20 preisgegeben werden müsste.

Wie oben erläutert (N 23) werden die bisherigen Kontrollmechanismen durch das Inkrafttreten des revidierten Art. 8 UWG nicht obsolet. Vielmehr bleibt Allgemeinen Geschäftsbedingungen in Nichtkonsumverträgen auch in Zukunft eine offene Inhaltskontrolle verwehrt, da diese vom Anwendungsbereich von Art. 8 UWG ausgeklammert sind. Bei Nichtkonsumverträgen bleibt die bis anhin praktizierte *verdeckte Inhaltskontrolle* bestehen.

27 Im Rahmen der *Rsp.* wird der Inhalt klarer Allgemeiner Geschäftsbedingungen nur nach den traditionellen Kriterien von Art. 20 überprüft (BGE 112 II 450 = Pra 1987, 505 ff.). Prinzipiell werden Allgemeine Geschäftsbedingungen nach denselben Regeln wie individuell verfasste Abreden ausgelegt (**Auslegungskontrolle**; BGE 135 III 6; 122 III 121; 119 II 448 = Pra 1994, 753 ff.). Die Aussonderung einseitiger AGB findet im Vorfeld der Inhaltskontrolle statt (BK-KRAMER, Art. 1 N 173 ff.): Ungewöhnliche Klauseln erlangen bei pauschaler Übernahme nicht ohne weiteres Geltung (**Geltungskontrolle**; BGer, 15.12.2003, 4C.282/2003, E. 3.1; BGE 119 II 446 = Pra 1994, 753) und unklare Klauseln werden zu Lasten des Verwenders ausgelegt (**Unklarheitenregel**; BGer, 12.7.2005, 5C.271/2004, E. 2; BGE 126 III 391; 124 III 158). Bei **Verträgen mit Konsumentinnen und Konsumenten** (HUGUENIN, SJZ 1995, 417 ff.) wird vereinzelt auch das sog. *«konsumentenschutzrechtliche Ungleichgewichtsprinzip»* herangezogen, welches aus Art. 97 Abs. 1 BV (Art. 31^{sexies} Abs. 1 aBV) abgeleitet wird (bez. eines *Reisevertrags*, BezGer ZH, SJZ 1990, 216; bez. eines *Spitalvertrags*, BezGer ZH, ZR 1989, 89 ff.). Vielfach orientiert sich die Strenge der Geltungs- und der Auslegungsprüfung am *Inhalt* des Vertrags: Je unbilliger die AGB sind, umso höher werden die Anforderungen an das Zustandekommen einer «Einigung» geschraubt (vgl. etwa BGE 109 II 452 ff.). Das Kontrollziel besteht nicht nur in der Feststellung des (hypothetischen) Parteiwillens, sondern auch in der *Nachteilsminderung* zugunsten der einseitig belasteten Partei. Aus diesem Grund wird die Prüfung der Geltung von AGB mit Blick auf ihren Inhalt auch als **verdeckte Inhaltskontrolle** bezeichnet (BAUDENBACHER, ZBJV 1987, 517; BK-KRAMER, N 279; KRAMER, SJZ 1985, 20 ff.).

28 *Praxis* und *Literatur* plädieren zum Teil für eine generelle (und somit nicht auf Konsumverträge beschränkte) **offene Inhaltskontrolle**. Den Massstab für die Trennung zwischen zulässigen und unzulässigen AGB sollten dabei nach einem Teil der Lehre die *der Gesamtrechtsordnung immanenten Wertungs- und Ordnungsprinzipien* bilden: Wird unter Verwendung von AGB zum Nachteil des Kunden von dieser Vorgabe abgewichen, so ist zu prüfen, ob der Verstoss gegen die **öffentliche Ordnung** nach Art. 19 Abs. 2 zur Unwirksamkeit der nachteiligen AGB führt (STOCKAR, 54 ff.; BK-KRAMER, N 158 ff.; BUCHER, AT, 158; BAUDENBACHER, ZBJV 1987, 515; HUGUENIN, recht 1995, 87 f.; zu alternativen Einordnungsvorschlägen, BAUDENBACHER, AGB, 269 ff.). Eine Abweichung von Rechtssätzen, die einen gesetzgeberischen Ordnungswillen zum Ausdruck bringen, ohne zwingend zu sein, bleibt nach den Befürwortern nach Massgabe der **öffentlichen Ordnung** immer dann zulässig, wenn die Parteien eine *Individualabsprache* getroffen haben, welche dem Willen beider Parteien entspricht (vgl. BUCHER, AT, 157 f.). Dabei ist einzuräumen, dass die **Inhaltskontrolle** mit Blick auf die Art und Weise, wie der Vertrag zustande gekommen ist, *abgestuft* wird. Eine solche *Differenzierung* sehen die Art. 19 und 20 nicht vor. Sie findet ihre Begründung indessen darin, dass bei der traditionellen Rechtswidrigkeitskontrolle (= Prüfung der Vereinbarkeit mit zwingendem Recht) stillschweigend vorausgesetzt wird, es sei die privatautonome Regelung auf dem Verhandlungsweg zustande gekommen.

29 Zum Teil wird indessen die *dogmatische Tragfähigkeit* dieses Ansatzes in Zweifel gezogen (MERZ, Vertrag, 53). Es sei nicht die Aufgabe der richterlichen Rechtsfortbildung, sondern des **Gesetzgebers**, eine tragfähige Grundlage für die generelle Inhaltskontrolle von AGB zu schaffen (für Art. 8 aUWG MERZ, Vertrag, 53; für Art. 8 UWG in seiner revidierten Fassung s.u.a. GAUCH/SCHLUEP/SCHMID/EMMENEGGER, N 1148a und 1152a; STÖCKLI, BR 2011, 187 f.).

30 Von der öffentlichen Ordnung nach Art. 19 Abs. 2 ist der internationalprivatrechtliche Vorbehalt des **ordre public** (Art. 17 IPRG) zu unterscheiden (BK-KRAMER, N 167; SCHWANDER, 220 ff.).

c) Sittenwidrigkeit

Das Kontrollkriterium der *guten Sitten* wird in Art. 19 Abs. 2 und in Art. 20 Abs. 1 aufgeführt. Für die persönlichkeitsrechtswidrigen Verträge stellt Art. 27 Abs. 2 ZGB klar, dass zur Beurteilung ihrer Gültigkeit auf Recht und *Sittlichkeit* abzustellen ist (N 43 ff.; Zusammenstellung weiterer Normen, welche das Kriterium der *Sittenwidrigkeit* enthalten, bei ZUFFEREY-WERRO, 39 ff.). 31

Als **sittenwidrig** i.S.v. Art. 19/20 gelten nach einer extensiven Auslegung Verträge, die «gegen die herrschende Moral, d.h. gegen das allgemeine Anstandsgefühl oder gegen die der Gesamtrechtsordnung immanenten ethischen Prinzipien und Wertmassstäbe verstossen» (BGE 136 III 474 E. 3; 132 III 458; 123 III 102; 115 II 235 unter Berufung auf GAUCH/SCHLUEP/SCHMID/EMMENEGGER, N 668 und BUCHER, AT, 255 f.). 32

Nach einer anderen Auslegung beschränkt sich die Reichweite des Sittenwidrigkeitskriteriums auf die *«konsensfähige Konventionalethik»* (BK-KRAMER, N 174; vgl. auch KELLER/SCHÖBI, I, 145; VON TUHR/PETER, 255 f.); die der Rechtsordnung immanenten Wertungen werden demgegenüber der in Art. 19 Abs. 2 genannten Schranke der öffentlichen Ordnung zugeordnet (BK-KRAMER, N 151 ff.).

Diese Kommentierung folgt der zweiten, *restriktiveren* Auffassung. Während die Kriterien «Widerrechtlichkeit» und «öffentliche Ordnung» das Verhältnis zwischen Rechtsgeschäft und Rechtsordnung anvisieren, verweist das Kriterium **«Sittenwidrigkeit»** auf jenes zwischen Rechtsgeschäft und *gesellschaftlichem Ordnungsgefüge*. Damit ist zum Ausdruck gebracht, dass die Normsetzungsbefugnis der Parteien nicht nur durch *Rechts-*, sondern auch durch *Sozialnormen* eingeschränkt wird. Die Ungültigkeitssanktion des Art. 20 soll nicht vom Kodifizierungs- bzw. Konkretisierungsgrad einer Norm, sondern von ihrem *allgemein anerkannten Schutzgehalt* abhängen (HUGUENIN, Diss., 85). 33

Rechtsmethodisch betrachtet handelt es sich beim Kriterium der guten Sitten um eine wertausfüllungsbedürftige **Generalklausel** (BUCHER, AT, 256; HÜRLIMANN B., 164 ff.; BK-KRAMER, N 169), durch welche via Referenz auf das allgemeine Anstandsgefühl die *Konsistenz* der *rechtlichen* mit der *sozialen* (moralisch-ethischen) *Werthierarchie* sicherzustellen ist. Danach ist ein Vertrag als sittenwidrig zu klassieren, wenn er Werte verletzt oder gefährdet, die *nach allgemeiner gesellschaftlicher Auffassung* den Prinzipien von Vertragsfreiheit und Vertragstreue überzuordnen sind. 34

Gleich wie die rechtliche unterliegt auch die gesellschaftliche Werthierarchie einem *Wandel.* Da sich der gesellschaftliche Wertewandel aber weder überall gleichzeitig noch unmittelbar vollzieht, muss es dem **Richter** überlassen bleiben, den konsensfähigen Gehalt jeweiliger sittlicher Anschauung für den rechtsgeschäftlichen Bereich zu rezipieren (vgl. z.B. zum *Konkubinat*, BGE 111 II 298; 109 II 230; 108 II 204 E. 3; HÜRLIMANN B., 181 ff.).

Zur Beurteilung der Sittenwidrigkeit ist auf den **Zeitpunkt des Vertragsschlusses** abzustellen (BGer, 28.3.2001, 4C.172/2000, E. 5e). Ist das Rechtsgeschäft aber infolge des Wertewandels im Zeitpunkt der Beurteilung nicht mehr sittenwidrig, so sollte die Gültigkeit der ehemals sittenwidrigen Vereinbarung angenommen werden. Das Ziel der Unwirksamkeitsfolge besteht in der Mangel-, nicht in der Vertragsbeseitigung. Haben sich die Parteien indessen bereits auf Nichtigkeit eingestellt, bleibt es bei der Ungültigkeit (BK-KRAMER, N 182). Bei nachträglicher Sittenwidrigkeit ist wegen des allgemeinen Rückwirkungsverbots Gültigkeit des Vertrags anzunehmen. Bringt eine Norm jedoch *grundlegende sozialpolitische und ethische Anschauungen* zum Ausdruck, darf sie nach Art. 2 SchlT ZGB auch rückwirkend angewendet werden (BGE 133 III 109 = Pra 2007, 767; BGE 100 II 112). 35

Ob ein Vertrag gegen die guten Sitten verstösst, ist nach seinem **Inhalt** zu beurteilen (BGE 119 II 380 E. 4 = Pra 1994, 757; 84 II 27; GAUCH/SCHLUEP/SCHMID/EMMENEGGER, N 656; KELLER/SCHÖBI, I, 144 f.; BK-KRAMER, N 175 ff.). Für eine weitergehende Kontrolle auch 36 der Vertragsumstände sprechen der deutsche Wortlaut von Art. 20 und die Materialien (BGE 47 II 89; 42 II 492; 26 II 143; ebenso ENGEL, traité, 283; VON TUHR/PETER, 257; ZUFFEREY-WERRO, 52, 220 ff.). Nach der herrschenden Auffassung wird der Sittenwidrigkeits- in Übereinstimmung mit der Rechtswidrigkeitskontrolle ein weiter Inhaltsbegriff zugrunde gelegt (vgl. N 17): Zum Vertragsinhalt gehören danach die vereinbarte **Leistung** als solche, der **Abschluss** eines Vertrags mit dem vereinbarten Inhalt sowie der gemeinsame **Vertragszweck** (im Einzelnen HÜRLIMANN R., 35 ff.). Selbst der mittelbar angestrebte Zweck oder Erfolg kann nach dieser Auffassung Sittenwidrigkeit begründen, sofern es sich um eine wesentliche Vertragsgrundlage handelt (BGE 129 III 617 = Pra 2004, 566; BGE 123 III 102; 115 II 235 = Pra 1990, 39). Dagegen kommt es auf die *subjektive Gesinnung* einer Partei und ihre *Motive* nicht an; die Sittenwidrigkeit nach Art. 20 bildet ein **objektives Kriterium** (BGE 42 II 492; VON TUHR/PETER, 255 f.; vgl. dagegen BGE 26 II 142; ferner § 138 BGB).

37 **Prozessuales**: Die Sittenwidrigkeit des Vertrags ist eine *Rechtsfrage* (BGE 40 II 233 E. 4; zuletzt BGer, 9.4.2014, 4A_3/2014, E. 3.1; 28.4.2014, 4A_69/2014, E. 6.3.1); das Vorliegen von Sittenwidrigkeit ist *von Amtes wegen zu beachten* (BGer, 9.4.2014, 4A_3/2014, E. 3.1; BGE 80 II 48; BK-KRAMER, N 183). Wer Sittenwidrigkeit behauptet, trägt die Beweislast für die tatsächlichen Grundlagen, aus denen sich die Sittenwidrigkeit ergeben soll (BGer, 28.4.2014, 4A_69/2014, E. 6.3.1; 9.4.2014, 4A_3/2014, E. 3.1). Die Einrede der Unsittlichkeit kann in jedem Prozessstadium erhoben werden (BGE 30 II 416).

38 (1) *Fallgruppe* zu Sittenwidrigkeit im **sexuellen** Bereich: Vertragliche *Verpflichtungen zu sexueller Hingabe gegen Entgelt* sind gem. BGer noch immer sittenwidrig (sog. Prostituiertenvertrag). Es kann daher weder die Ausführung noch ein Entgelt dafür (z.B. Prostituiertenlohn) gefordert werden. Ein Rückforderungsanspruch wegen Ungültigkeit ist in Anwendung von Art. 66 zu verneinen (BGE 111 II 301; 91 IV 69; AppGer BS, mp 1988, 153; vgl. auch BGer, 26.10.2011, 6B_188/2011, E. 2.3: «Es ist weiterhin davon auszugehen, dass die Unsittlichkeit des auf entgeltlichen Geschlechtsverkehr gerichteten Prostituiertenvertrags zu bejahen ist»; **anders** dagegen BezGer ZH, ZR 2013, 296 ff., wonach Prostitutionsverträge aufgrund der veränderten Moralvorstellungen der Gesellschaft nicht mehr als sittenwidrig zu qualifizieren und Forderungen aus solchen Verträgen demnach rechtlich durchsetzbar seien). Die Unsittlichkeit des Prostituiertenvertrags schliesst indessen haftpflicht-, steuer-, sozialversicherungs- und betreibungsrechtliche Folgeansprüche nicht aus (BGE 111 II 300, wo Prostitution als an sich zulässige, wenn auch möglicherweise sittenwidrige Tätigkeit bezeichnet wird; vgl. auch BGer, 26.10.2011, 6B_188/2011, E. 2.3 m.w.H.). Prostitution, die von Erwachsenen freiwillig und ohne kriminelle Begleiterscheinungen ausgeübt wird, kann nach den heute anerkannten sozialethischen Wertvorstellungen in unserer Gesellschaft und dem allgemeinen Anstandsgefühl *nicht mehr als sittenwidrig* angesehen werden (HÜRLIMANN B., 222). Als sittlich zulässig wurde etwa die Vermietung einer Wohnung an eine Prostituierte für «Massage, Sauna» erachtet (MietGer ZH, mp 2/1992, 2 ff.; OGer ZH, SJZ 1986 Nr. 41, 264 ff.). Nicht sittenwidrig angesehen wurde bspw. auch ein Darlehen zur baulichen Errichtung oder Anmietung eines Bordells (OGer ZH, 28.3.2014, LB130053, E. 4.6 und 4.7). Sog. Bordellverträge sind weder widerrechtlich noch unsittlich, sofern der Arbeitgeber nicht die Freierwahl vorschreibt (HELLER, 150 ff.) und die Prostituierte keiner sexuellen Leistungspflicht unterliegt (HÜRLIMANN B., 231 ff.). Neuerdings anerkennt das Anfang 2002 in Deutschland in Kraft getretene Prostitutionsgesetz Dienstleistungen Prostituierter als legale Tätigkeit. Sie können sich in Bordellen anstellen lassen und haben das Recht, ihren Lohn einzuklagen, wenn Freier oder Arbeitgeber nicht zahlen. Zulässig ist auch die Vereinbarung über den Betrieb einer Erotik-Telefonlinie, sofern keine unsittlichen Gespräche geführt werden müssen (OGer TG, RBOG 1997 Nr. 5, 81 ff.). Obgleich im Ergebnis richtig, so ist die Argumentation des BGer fragwürdig, wonach Telefonsex-Angebote nicht sittenwidrig seien, weil dabei niemand seinen Körper gegen Entgelt anbiete (BGE 129 III 617 = Pra 2004, 566). Nach neuster bundesgerichtlicher Rsp. sind auch Rechtsgeschäfte im Bereich der Herstellung und Verbreitung von (legaler) Pornografie nicht sittenwidrig. Ein Erotikdarsteller kann daher gül-

tig in die Veröffentlichung einschlägiger Bilder bzw. Filme einwilligen und insofern auf das Recht am eigenen Bild verzichten (BGE 136 III 401 E. 5.4).

Ob ein (nicht ehebrecherisches) *Konkubinat* gegen die guten Sitten verstosse, wurde vom BGer in BGE 111 II 298 offen gelassen und ist nach heute überwiegender sozialethischer Auffassung auch klar zu verneinen. Das ehebrecherische Konkubinat ist seit dem 1.1.1990 nicht mehr widerrechtlich im strafrechtlichen Sinn. Art. 214 StGB wurde ersatzlos gestrichen. Die Sittenwidrigkeit letztwilliger Zuwendungen unter Partnern, die in einem ehebrecherischen Konkubinat leben, ist nur zu bejahen, wenn es sich um ein *pretium stupri*, also um eine Leistung handelt, die zur Förderung ehebrecherischen Verhaltens bestimmt war (in concreto verneint in BGE 109 II 15 E. 1). Dagegen darf sich der Partner eines nicht ehebrecherischen Konkubinats nicht auf Sittenwidrigkeit berufen, wenn es um die Liquidation der Gemeinschaft geht (BGE 109 II 230; 108 II 204); die (früher bejahte) Frage nach der Sittenwidrigkeit von anderen vermögensrechtlichen Ansprüchen zwischen den Konkubinatspartnern wurde (noch) offen gelassen (BGE 111 II 298; 108 II 208; frühere Rsp.: KGer VD, SJZ 1971, 61; BGE 39 II 89). **38a**

(2) *Fallgruppe* zum **sozial- und berufsethischen** Bereich, wo sich die Sittenwidrigkeit häufig auch aus der **Kommerzialisierung** eines bestimmten Verhaltens ergibt (OGer ZH, ZR 1982, 135 f.): Die vorgängige Vereinbarung, bei einer Versteigerung (nicht) mitzubieten, ist sittenwidrig und wegen der damit verbundenen Wettbewerbsverfälschung zugleich auch unlauter (zum *pactum de licitando*, BGer, 26.4.2005, 7B.38/2005, E. 3.1; BGE 112 II 346; 109 II 126; zum *pactum de non licitando*, BGE 109 II 126; 82 II 21; 51 III 19; 39 II 33). Sittenwidrig sind auch *«wettbewerbsverfälschende» Abreden* im Zusammenhang mit sportlichen Wettkämpfen (KGer SG, SJZ 1989, 419). Verträge über *Schmiergelder* sind sittenwidrig (BGE 119 II 384 = Pra 1994, 757); Verträge, für deren Abschluss Schmiergelder bezahlt worden sind, dagegen nicht (BGE 129 III 320; 119 II 385 = Pra 1994, 757). *Schweigegeldverträge* sind nichtig, wenn sich jemand gegen Entgelt verpflichtet, eine strafbare Handlung nicht anzuzeigen; dagegen sind sie gültig, wenn das Entgelt als Schadensersatz dient (BGE 123 III 105; 76 II347 E. 4; OGer ZH, ZR 1982, 136; CJ GE, SJZ 1954, 363). Angesichts der vergleichbaren Interessenlage gilt beim *entgeltlichen Verzicht auf ein Rechtsmittel im Bauverfahren* eine ähnlich differenzierte Beurteilung nach dem Zweck und den Gründen des Verzichts (BGE 123 III 105). Die Kommerzialisierung des Verzichts ist sittenwidrig, soweit «sich der wirtschaftliche Wert des Verzichts bloss aus dem möglichen Schaden wegen der Verlängerung des Bewilligungsverfahrens, nicht aber aus schutzwürdigen Interessen des Nachbarn ergibt» (BGE 139 II 363 E. 2.5 m.w.H.; 123 III 101 E. 2c je m.w.H.). Gegen die guten Sitten verstösst die Vereinbarung, wenn die Beschwerde offensichtlich aussichtslos ist (BGer 4.7.2014, 6B_1049/2013, E. 1.5, 1.6 und 3.4; OGer LU, SJZ 1995, 16); dagegen ist die Verabredung einer Vergütung für den Rückzug eines *nicht* aussichtslosen Baurekurses nicht sittenwidrig (BGE 139 II 368 m.w.H.; 115 II 235). Das (versicherungs-)vertragliche Verbot der Schuldanerkennung ist sittenwidrig (BGE 57 II 593). Sittenwidrig und unlauter ist die *bezahlte Mithilfe bei Examensarbeiten* (AppGer BS, BJM 1969, 80). Auch die *bezahlte Beihilfe eines Anwalts zur Erbschleicherei* ist unsittlich (BGE 66 II 256 E. 1). Nicht generell sittenwidrig sind Schenkungen an Personen, die gegenüber dem Schenker eine ausgeprägte Vertrauensstellung innehaben (z.B. Zuwendungen an Ärzte, Anwälte, Treuhänder, usw.). Sittenwidrigkeit ist vielmehr erst dann anzunehmen, wenn der Beschenkte das Vertrauen in unlauterer, sozialethisch verpönter Weise ausnützt, beispielsweise indem er sich über elementare Standesregeln zur Vermeidung von Interessenkonflikten hinwegsetzt (BGer, 9.4.2014, 4A_3/2014, E. 3.1 und 3.3; BGE 132 III 455 E. 4; vgl. Breitschmid, successio 2007, 186 f.). **39**

(3) *Fallgruppe* zu Sittenwidrigkeit wegen **Leistungsinäquivalenz** (vgl. auch Art. 21 N 21; BK-Kramer, N 202 ff.): In der Regel wird das Vorliegen von Sittenwidrigkeit mit dem Hinweis darauf verneint, dass Art. 21 die Fälle eines *offenbaren Missverhältnisses zwischen Leistung und Gegenleistung* abschliessend regle (BGer, 24.1.2013, 4A_542/2012, E. 2.5; **40**

11.3.2009, 4A_21/2009, E. 5.2; 25.5.2000, 5C.91/2000, E. 3; BGE 115 II 236; 51 II 162 E. 4; 43 II 806; ebenso GAUCH/SCHLUEP/SCHMID/EMMENEGGER, N 676; **a.M.** SCHWENZER, N 32.32). Bezüglich der Vereinbarung *überhöhter Darlehenszinsen* liess die Rsp. indessen vereinzelt Ausnahmen von diesem Grundsatz zu (Zinssatz von 26 %, BGE 93 II 189; Zinssatz von 18,18 %, 42,88 % und 18,85 % je nach betroffenem Zeitraum, BGer, 28.4.2014, 4A_69/2014, E. 6.3.3; Zinssatz von mehr als 18 %, OGer BL, SJZ 1989, 379 f.).

41 (4) *Fallgruppe* zu Sittenwidrigkeit wegen Verstosses gegen **vertragliche Rechte Dritter** (vgl. auch o. N 18): Die Sitten- oder Rechtswidrigkeit von Vereinbarungen, welche mit fremden Forderungsrechten kollidieren, wird nur bei **Vorliegen qualifizierter Voraussetzungen** bejaht (BGer, 28.11.2002, 4C.273/2002, E. 3.2; BGE 114 II 329). Zum vertraglichen Verstoss gegen die relativen Rechte müssen noch *«weitere Umstände hinzukommen, welche die Pflichtverletzung als besonders anstössig erscheinen lassen»* (BGE 102 II 340; ferner 74 II 166; 34 II 686). Auch **wettbewerbsrechtlich** ist die Beeinträchtigung fremder Forderungsrechte nur dann als *unlauter* anzusehen, *«wenn besondere Umstände sie als Verstoss gegen Treu und Glauben erscheinen lassen»* (BGE 114 II 91 E. 4 mit Beispielen für *«besondere Umstände»*; BezGer ZH, SJZ 1990, 291 f.). Der Einbruch einer Aussenseiterin in ein Betriebsnetz durch Abschluss kollidierender Vereinbarungen mit den Vertragspartnern eines Produzenten ist weder unlauter noch rechts- oder sittenwidrig i.S.v. Art. 41 Abs. 1 oder Abs. 2 (BGE 114 II 91 E. 4b unter Berufung auf die gefestigte Praxis). Unlauter wäre dagegen die Verleitung zum Vertragsbruch oder zum Verrat von Fabrikations- und Geschäftsgeheimnissen (Art. 4 lit. a und c UWG). Dies gilt auch für *Schmiergeldversprechen*, welche den Empfänger zur Verletzung seiner vertraglichen Pflichten verleiten sollen (CJ civile GE, SAG 1981, 69 f.; BGE 129 III 320 E. 5.2; 99 Ia 421; 95 II 40; vgl. ferner Art. 4a Abs. 1 lit. a und b UWG). Der auf diese Weise erschlichene Vertrag dagegen ist gültig (BGE 129 III 324; 119 II 385 = Pra 1994, 757; 47 II 86).

42 (5) *Fallgruppe* zu Sittenwidrigkeit wegen Verstosses gegen **ausländisches zwingendes Recht** (BK-KRAMER, N 162; GAUCH/SCHLUEP/SCHMID/EMMENEGGER, N 675): Verletzt ein dem schweizerischen Recht unterstellter Vertrag eine Norm ausländischen Rechts, so prüft das BGer anhand des Sittenwidrigkeitskriteriums, ob ein Verstoss gegen den schweizerischen **ordre public** (N 30) vorliegt (BGer, 28.3.2001, 4C.172/2000, E. 5d; BGE 80 II 51; 76 II 33 E. 8; 62 II 108 E. 2a). Die ausländische Norm muss von *«derartiger Tragweite»* sein, *«dass die Duldung ihrer Verletzung auch im Inland geeignet wäre, eine dem Gemeinwohl gefährliche Verwirrung und Verwilderung der sittlichen Begriffe hervorzurufen und somit zugleich die öffentliche Ordnung des Inlandes zu verletzen»* (BGE 76 II 41) bzw. *«die verletzte ausländische Vorschrift»* muss *«Interessen des Individuums und der menschlichen Gemeinschaft von fundamentaler und lebenswichtiger Bedeutung»* schützen oder es müssen *«Rechtsgüter in Frage stehen, die nach allgemeiner ethischer Auffassung schwerer wiegen als die Vertragsfreiheit»* (BGer, 16.7.2012, 4A_753/2011, E. 6.5 m.w.H.). Nach der Rsp. können nur Rechtsgeschäfte mit schwerwiegenden Verstössen gegen die öffentliche Ordnung oder anerkannte und im Wandel der Zeit beständige Moralvorstellungen sittenwidrig sein (BGer, 28.3.2001, 4C.172/2000, E. 5e). Daher widerspricht etwa die Verwendung, die Herstellung und der Handel mit Kriegsmaterial für Spannungsgebiete nicht in jedem Fall dem allgemeinen Sittlichkeitsempfinden in der Schweiz (BGer, 28.3.2001, 4C.172/2000).

d) Persönlichkeitsrechtswidrigkeit

43 **Persönlichkeitsrechtswidrige** Verträge sind nach Art. 19 Abs. 2 unzulässig. Nach Art. 27 Abs. 2 ZGB kann sich niemand «seiner Freiheit entäussern oder sich in ihrem Gebrauch in einem das Recht oder die Sittlichkeit verletzenden Grade beschränken». Art. 20 ordnet an, dass rechts- und sittenwidrige Verträge nach Massgabe des Schutzzwecks der verletzten Norm (teil-)nichtig sein sollen (zur Frage der Einordnung persönlichkeitsrechtswidriger Verträge: BK-KRAMER, N 208 f.; **a.M.** BK-BUCHER, Art. 27 ZGB N 162 ff.).

Die Unzulässigkeit persönlichkeitsrechtswidriger Verträge gem. Art. 27 Abs. 2 ZGB beruht entweder auf der **Bindung** als solcher oder aber auf deren **Übermass** in zeitlicher oder sachlicher Hinsicht (BUCHER, AT, 260 ff.; BSK ZGB I-HUGUENIN/REITZE, Art. 27 N 8 ff.).

Persönlichkeitsverletzend sind zunächst Verträge, welche jemanden in einem **höchstpersönlichen Bereich**, der *jeder rechtlichen Verpflichtung entzogen bleiben soll*, binden (BGE 129 III 209 E. 2.2; BK-BUCHER, Art. 27 ZGB N 114 ff.). GAUCH/SCHLUEP/SCHMID/EMMENEGGER sprechen in diesem Fall vom **Gegenstand** der Bindung (N 660). 44

1. Verträge, welche die physische Freiheit, die körperliche Integrität oder die Intimsphäre, also den *Kernbereich der Persönlichkeit*, beeinträchtigen (BK-KRAMER, N 212 f.). So kann etwa die Haftung für körperliche Schäden nicht zum Voraus wegbedungen werden (OGer ZH, ZR 1957, 211 f.; TERCIER/PICHONNAZ, obligations, N 1267). Unverbindlich sind auch vertragliche Verpflichtungen, sich als Leihmutter zur Verfügung zu stellen (vgl. dazu das Verbot in Art. 119 Abs. 2 lit. d BV bzw. Art. 4 und 31 FMedG), Keimzellen abzugeben oder empfängnisverhütende Mittel einzunehmen (BK-KRAMER, N 213; GAUCH/SCHLUEP/SCHMID/EMMENEGGER, N 660a). Dagegen sind Verträge, welche die definitive Beendigung der Zeugungsfähigkeit zum Inhalt haben (sog. Sterilisation), heute als Möglichkeit der Familienplanung gesellschaftlich anerkannt und können daher nicht mehr als sittlich bedenklich eingestuft werden (RÜETSCHI, AJP 1999, 1361 f.).
2. Verträge, welche *gesellschaftliche* – zumeist auch verfassungsrechtlich geschützte – *Freiräume der Persönlichkeit* tangieren (BK-KRAMER, N 214 ff.). So dürfen die Gesellschafter jederzeit aus einer einfachen Gesellschaft austreten, deren Zweck es ist, Strafklage gegen einen bestimmten Dritten zu erheben (BGE 48 II 439). Die vertragliche Verpflichtung, jemanden durch Gebet und Meditation zu behandeln, ist persönlichkeitsrechtswidrig (OGer ZH, SJZ 1950, 362). Fraglich ist die Gültigkeit eines antizipierten Verzichts auf den Widerruf einer Schenkung (BGE 113 II 258 = Pra 1988, 157). Zu Unrecht erachtete das BGer eine statutarische Bestimmung, wonach ein Genossenschafter ausgeschlossen werden konnte, weil er eine geschiedene Frau heiratete, für zulässig (BGE 44 II 82). Unwirksam sind Verpflichtungen, keine Ehe einzugehen, eine Scheidungsklage zu erheben bzw. nicht zu erheben, die Konfession oder die Staatsangehörigkeit zu wechseln oder einer politischen Partei beizutreten (Beispiele nach GAUCH/SCHLUEP/SCHMID/EMMENEGGER, N 660 f.). Den Scheidungsfall einbeziehende Absprachen unter Ehegatten ausserhalb eines konkreten Scheidungsverfahrens sind von der Rechtsordnung nicht verpönt und damit weder widerrechtlich noch unsittlich (BREITSCHMID, AJP 1999, 1608).

Persönlichkeitsverletzend sind sodann Verträge, die einen Kontrahenten übermässig binden (s. Marginalie von Art. 27 ZGB; BGE 129 III 209 E. 2; 114 II 161 m.w.Nw.). Bei der Beurteilung des **Übermasses** ist auf die **Intensität (Knebelungsvertrag)** und die **Dauer** der Bindung sowie auf die Angemessenheit der **Gegenleistung** abzustellen (BGE 114 II 159 E. 2a; vgl. die Auflistung von erheblichen und unerheblichen Einzelgesichtspunkten in BK-BUCHER, Art. 27 ZGB N 274 ff.). 45

Die Angemessenheit der **Gegenleistung** (als Rechtfertigung für eine starke Beschränkung) ist indessen nur beachtlich, sofern und soweit überhaupt Entgeltlichkeit zu bejahen ist (vgl. z.B. zum *Konkurrenzverbot*, BUCHER, AT, 262).

Intensität und **Dauer** (als alternative Voraussetzungen der Bejahung eines Übermasses) können einander ergänzen und substituieren (vgl. BGE 104 II 110): *«Die zulässige Dauer der Bindung hängt vom Gegenstand der Beschränkung ab: Sie ist bei Verpflichtungen zu wiederkehrenden Leistungen oder Bezügen kürzer als beim Verzicht, während einer absehbaren Dauer über eine Sache zu verfügen»* (BGE 114 II 162 unter Berufung auf BGE 93 II 300). Bezüglich der *Intensität* ist zu beachten, dass das BGer eine *«vertragliche Einschränkung der wirtschaftlichen Bewegungsfreiheit»* nur mit Zurückhaltung annimmt (BGer, 13.6.2002, 5C.217/2001, E. 3c; BGE 114 II 159 E. 2a); eine Einschränkung der wirtschaftlichen Dispositionsfreiheit gilt als übermässig, *«wenn sie den Verpflichteten der Willkür eines anderen aus-*

liefert, seine wirtschaftliche Freiheit aufhebt oder in einem Masse einschränkt, dass die Grundlagen seiner wirtschaftlichen Existenz gefährdet sind» (BGE 138 III 329; 123 III 337 E. 5 = Pra 1998, 46; ferner BGer, 2.9.2003, 4C.137/2003, E. 1.4; 30.7.2002, 4C.130/2002, E. 7.1; 25.5.2000, 5C.91/2000, E. 3; BGE 114 II 162; 111 II 337; 104 II 6 E. 2; 102 II 218).

Kasuistik: «Ewige Verträge» (BGE 131 I 329; 127 II 77; BGer, 5.6.1996 = Pra 1997, 288; BGE 117 II 275; 114 II 161; 113 II 209 E. 4 = Pra 1988, 387; BGE 103 II 176 E. 4; 97 II 399; 93 II 300; 56 II 189; HGer ZH, ZR 2000, 52 ff.). *Überlange* Verträge (BGE 51 II 162 E. 3 und 4; 32 II 51 E. 3; 26 II 120). Zu *intensive* Bindung: Verpflichtung einer *Sängerin*, ihre Aktivitäten vom alleinigen Willen der «Managerin» abhängig zu machen (BGE 104 II 118); Vertrag zwischen Fussballclub und *Spieler*, welcher die wichtigsten Lebensgüter des Sportlers beeinträchtigt und ihn der Willkür des Clubs ausliefert (BGE 102 II 218 unter Berufung auf BGE 53 II 320, 51 II 168 und 50 II 485).

e) Unmöglichkeit

46 Ist eine versprochene Leistung von allem Anfang an, nämlich bereits *im Zeitpunkt des Vertragsschlusses, objektiv nicht erbringbar*, so gilt sie als **unmöglich** i.S.v. Art. 20 (BGE 96 II 21; 95 II 554). Unmöglichkeit kann nach h.L. auf *rechtlichen oder faktischen Gründen* beruhen (BK-Kramer, N 251 ff.; Gauch/Schluep/Schmid/Emmenegger, N 634; Guhl/Koller/Schnyder/Druey, § 7 N 18; Beispiele rechtlicher Unmöglichkeit: BGer Semjud 1998, 114; BGE 133 III 311 E. 3.4.1 = Pra 2007, 864; 111 II 134 E. 2–4; 103 II 176). Damit unterscheidet sich Unmöglichkeit gem. Art. 20 einerseits von der *nachträglichen* Unmöglichkeit (Art. 97 Abs. 1, 119) und andererseits vom *subjektiven* Unvermögen eines bestimmten Vertragspartners. Objektive Unmöglichkeit und subjektives Unvermögen fallen zusammen, wenn die Leistung vom Schuldner *höchstpersönlich* zu erbringen ist, aber von ihm nicht erbracht werden kann (vgl. dazu Hürlimann R., 22; BK-Kramer, N 254; Gauch/Schluep/Schmid/Emmenegger, N 636).

47 Die anfängliche Unmöglichkeit bezieht sich auf den **Zeitpunkt des Vertragsschlusses**. Kann die bei Vertragsschluss unmögliche Leistung indessen im Zeitpunkt der Erfüllung erbracht werden, so ist Gültigkeit anzunehmen. Etwas anderes sollte nur gelten, wenn die Parteien im Vertrauen auf die Ungültigkeit der anfänglichen Unmöglichkeit disponiert haben (BK-Kramer, N 247).

Ist umgekehrt schon bei Vertragsschluss klar, dass die noch mögliche Leistung im Erfüllungszeitpunkt nicht mehr erbracht werden kann, ist anfängliche Unmöglichkeit anzunehmen (KGer SG, GVP 1988, 89; Gauch/Schluep/Schmid/Emmenegger, N 633).

48 Die drei folgenden *Fallgruppen* zeigen, dass die Gerichte die anfänglich-objektive Unmöglichkeit einer Vereinbarung vor allem dann annehmen, wenn die Parteien gegen eine **kodifikatorische Eigengesetzlichkeit** (z.B. gegen den Grundsatz der *Typengebundenheit*) verstossen haben (vgl. N 6). Die Qualifikation *Unmöglichkeit* bezieht sich dann nicht auf den Vertragsinhalt, sondern auf die **Normsetzungsbefugnis der Parteien**. So ist es etwa im *Sachenrecht* nicht möglich, privatautonom eine vom Gesetz nicht vorgesehene, dinglich wirkende und eintragungsfähige Nutzungskonzeption zu vereinbaren (BGE 111 II 141). Ein entsprechend *restriktives* Verständnis der Unmöglichkeit als Schranke der Vertragsfreiheit könnte damit begründet werden, dass Art. 20 nur den Schutz von Gütern anvisiert, die der Vertragsfreiheit gleich- oder übergeordnet sind. Dagegen ist die Möglichkeit der Realexekution nicht Voraussetzung für die Wirksamkeit einer Verpflichtung. Die Unerbringbarkeit einer Leistung hindert die Vertragsgültigkeit nicht. Gleichviel ob das Leistungshindernis als anfängliches oder nachträgliches zu bezeichnen ist, kann die zwischenparteiliche Risikenverteilung aufgrund vertragsrechtlicher Kriterien erfolgen, wie das BGer es zum Teil in den *Grenzfällen* (N 50) getan hat (Huguenin, Diss., 14 f.; de lege lata **a.M.** BK-Kramer, N 239; Hürlimann R., 22 f.).

(1) *Fälle* zu Unmöglichkeit wegen Verstosses gegen das **Prinzip des numerus clausus**: Einräumung eines *Baurechts* an der einen *Hälfte* einer baulich und funktionell untrennbar miteinander verbundenen Doppelgarage (BGE 111 II 141); *Verkauf* einer Sache *an den Eigentümer* (vgl. dazu BGE 109 II 124); *Faustverpfändung* eines *Namensschuldbriefs* an den *Schuldbriefgläubiger* (HGer ZH, ZR 1982, 176 ff.); Einräumung eines *«Eigentums-Wohnrechts»* via *Dienstbarkeit* (BGE 103 II 176); Einräumung von *Mitgliedschaftsrechten* an *Nichtaktionär* (anders BGE 96 II 21, wonach eine solche Vereinbarung gültig sein soll); vertraglicher Ausschluss der BVG-Versicherung im Rahmen der obligatorischen beruflichen Vorsorge seit dem Inkrafttreten des BVG am 1.1.1985 (BGer, 17.2.1997 = Pra 1999, 346). **49**

(2) In den folgenden *Grenzfällen* ist bisweilen von Unmöglichkeit die Rede, häufig werden aber alternative Lösungswege beschritten (BGE 116 II 195): Erweist sich ein *Schutzrecht* als nichtig, so fällt nach herrschender Meinung auch der *Lizenzvertrag* dahin. Dieses Ergebnis wird indessen unterschiedlich begründet (BGE 116 II 195): mit objektiver Unmöglichkeit (BGE 75 II 169, allerdings mit der Rechtsfolge der Vertragsauflösung ex nunc; Pedrazzini, SPR VII/1, 620 f.), mit Grundlagenirrtum (Blum, GRUR 1955, 201) oder mit der Auflösung des Lizenzvertrags aus wichtigem Grund (zum Ganzen Gauch, Dauerverträge, 173 ff.). Anwendung der Rechtsgewährleistungsregeln beim *Kauf* eines nichtigen *Patents* (BGE 111 II 455, in welchem die Frage nach Nichtigkeit offen gelassen wurde; BGE 110 II 239 = Pra 1984, 656). Frage nach der Unmöglichkeit oder Widerrechtlichkeit bei *Einrichtung* eines *baupolizeilich* nicht gestatteten Mansardenzimmers offen gelassen (BGE 40 II 371). (Teil-) Unmöglichkeit (mit der Rechtsfolge einer Preisreduktion), wenn die Lieferung einer *Gattungssache*, die definitionsgemäss nicht unerbringbar sein kann, wegen *Ausfuhrverbots* aus dem Land des Exporteurs unmöglich, aus einem anderen Land aber in minderer Qualität möglich ist (BGE 69 II 97). Bei *begrenzter Gattung* tritt Unmöglichkeit bei Erschöpfung des Vorrats ein (BGE 57 II 508 E. 1). **50**

(3) In einer *letzten Fallgruppe* werden Entscheide zusammengefasst, in welchen die Unmöglichkeit des Vertrags in Erwägung gezogen und verworfen wurde: Bei einem *Lizenzspielvertrag mit einem Amateur* wurde anfängliche Unmöglichkeit verneint, weil die Unerbringbarkeit der Leistung bei Vertragsunterzeichnung noch nicht feststand (KGer SG, GVP 1988, 89). *Doppelverkauf* bei Finanzierungsleasing (HGer ZH, ZR 1977, 113 f.). Verkauf einer Sache, die nicht im *Eigentum* des Verkäufers steht (BGE 96 II 21; 82 IV 182). Wirksamkeit einer *Fortsetzungsklausel* auch beim Tod des zweiten Gesellschaftsgründers (BGE 95 II 554). *Gattungsschulden*, die definitionsgemäss immer erbringbar sind (BGE 57 II 510; 43 II 793). **51**

IV. Rechtsfolgen bei Verstössen gegen die Schranken der Inhaltsfreiheit

1. Nichtigkeit

Ein Vertrag, der einen widerrechtlichen oder unmöglichen Inhalt hat oder gegen die guten Sitten verstösst, ist nach Art. 20 Abs. 1 **nichtig**. Gemäss Art. 17 aOR durfte Gegenstand des Vertrags nur eine Leistung sein, welche möglich und nicht widerrechtlich oder unsittlich war. Diese offene Formulierung hatte den Vorteil, dass die Gerichte die Rechtsfolgen anfänglich mangelhafter Verträge *nach Massgabe des Schutzzwecks der verletzten Norm* bestimmen konnten: *Nichtigkeit, Anfechtbarkeit, Klaglosigkeit, Strafe* (BGE 34 II 686). Aus den Materialien geht nicht hervor, warum bei der Revision des Art. 17 aOR gerade Nichtigkeit als *zivilrechtliche Sanktion* unmöglicher, widerrechtlicher oder sittenwidriger Verträge angeordnet wurde. Der Gesetzgeber unterliess es auch festzulegen, was unter Nichtigkeit i.S.v. Art. 20 zu verstehen sei (vgl. des Gouttes, ZSR 1929, 370). Gleichwohl haben sich Judikatur und Literatur vor allem in der anfänglichen Rsp. und Kommentierung derselben mehrheitlich an einem geschlossenen und engen Nichtigkeitskonzept orientiert. **52**

Vorliegend soll zwischen traditioneller Nichtigkeit (Nichtigkeit i.e.S.) und flexibler Nichtigkeit (Nichtigkeit i.w.S.) unterschieden werden. Einer weit verstandenen Nichtigkeit, wie sie hier vertreten wird, entspricht im Übrigen auch Art. 15.102 Abs. 2 Principles of European Contract Law: «Where the mandatory rule does not expressely prescribe the effects of an infringement upon a contract, the contract may declared to have full effect, to have some effects, to have no effect, or to be subject to modification» (ähnlich auch Art. II. – 7:302 Abs. 2 DCFR; vgl. auch Art. 30 und 31 des Entwurfs für einen neuen Allgemeinen Teil des Obligationenrechts in HUGUENIN/HILTY).

53 *Traditioneller Auffassung* zufolge weist die Nichtigkeitsfolge nach Art. 20 Abs. 1 die folgenden **Charakteristika** auf (BK-KRAMER, N 308–320; GAUCH/SCHLUEP/SCHMID/EMMENEGGER, N 681; GUHL/KOLLER/SCHNYDER/DRUEY, § 7 N 38; BUCHER, AT, 241 f.; VON TUHR/PETER, 225 f.):

Ein nichtiger Vertrag vermag keine rechtsgeschäftlichen Wirkungen zu erzeugen (BGE 134 III 438 E. 2.3; BGer, 9.7.2003, 4C.163/2002, E. 1.3). Die Nichtigkeit wirkt **ex tunc**, also von allem Anfang an, sie ist **absolut** und **unheilbar** (BGE 97 II 115). Der Zweck der Nichtigkeit besteht darin, den Zustand, wie er vor Vertragsschluss herrschte, wieder herzustellen. *«Der nach Art. 20 nichtige Vertrag löst überhaupt keine rechtsgeschäftlichen Wirkungen aus [...]. Die Negierung ist eine [...] absolute und totale»* (BK-BECKER, Art. 20 N 9 f.). Die Leistungen aus einem nichtigen Vertrag erfolgen ohne Rechtsgrund und sind rückabzuwickeln (BGE 90 II 39). Die Nichtigkeit ist **von Amtes wegen** zu beachten (BGE 129 III 213; 123 III 62 = Pra 1997, 581; 114 II 333; 110 II 368 = Pra 1985, 217; 108 II 409 = Pra 1983, 234). **Jedermann** (also auch jeder Dritte) darf sich **jederzeit** auf sie berufen (BGer, 19.1.2001. 4C.305/1999, E. 4a; BGE 111 II 138; 95 II 537). Sofern ein rechtlich geschütztes Interesse nachweisbar ist, besteht ein *gerichtlicher Feststellungsanspruch* (BGE 110 II 368; 105 II 308; 96 II 131; 69 II 78; 55 II 138).

54 Nach der heute h.L. und Rsp. tritt Nichtigkeit im traditionellen Sinne nicht automatisch ein, wenn ein Vertrag gegen eine der Inhaltsschranken der Art. 19/20 verstösst, sondern nur dann, *«wenn diese Rechtsfolge vom Gesetz ausdrücklich vorgesehen wird oder sich aus dem Sinn und Zweck der verletzten Norm ergibt»* (BGE 102 II 404 unter Berufung u.a. auf BGE 96 II 20; ferner BGE 134 III 442; 134 III 54; 123 III 299; 121 IV 371; 119 II 224; 117 II 287; 117 II 48 = Pra 1991, 877; BGE 114 II 279 E. 2a = Pra 1989, 149; BGE 111 II 387 = Pra 1986, 192; BGE 110 II 368; 109 II 59; 107 II 189 E. 3; 102 II 404; GAUCH/SCHLUEP/SCHMID/EMMENEGGER, N 684; BK-KRAMER, N 321 ff. m.w.Nw.; vgl. auch Art. 30 Abs. 2 des Entwurfs für einen neuen Allgemeinen Teil des Obligationenrechts in HUGUENIN/HILTY; **a.M.** OFTINGER, ZSR 1938, 550a; KELLER/SCHÖBI, I, 146). Besteht z.B. der Sinn einer Verbotsnorm darin, den Vertragspartner des Normadressaten zu schützen, so ist es zweckwidrig, Nichtigkeit auszusprechen, wenn zwar der Normadressat gegen das Verbot verstossen hat, aber sein Vertragspartner durch die Anordnung der Nichtigkeit benachteiligt würde (BGE 111 II 54 = Pra 1985, 437). Besteht neben einer strafrechtlichen Verbotsnorm ein korrelierendes zivilrechtliches Ausgleichsinstrument, das als Rechtsfolge gerade keine Nichtigkeit vorsieht, so darf diese nicht über Art. 20 Abs. 1 angeordnet werden. Ein i.S.v. Art. 157 Ziff. 1 StGB wucherisches Rechtsgeschäft ist daher nicht nichtig, weil ansonsten das zivilrechtliche Institut der Übervorteilung gem. Art. 21 obsolet würde (vgl. Art. 21 N 19; **a.M.** GAUCH/SCHLUEP/SCHMID/EMMENEGGER, N 757). Gleiches gilt in Bezug auf den Tatbestand der Gläubigerschädigung durch Vermögensminderung nach Art. 164 Ziff. 1 StGB: Der zivilrechtliche Ausgleich hat hier nicht über die Rechtsfolge der Nichtigkeit, sondern über jene der allenfalls erfolgreichen paulianischen Anfechtung gem. Art. 285 ff. SchKG zu erfolgen (BGE 134 III 52; vgl. POSTIZZI, ZStR 2009, 133 ff.). Selbst wenn dem Wortlaut nach ausdrücklich Nichtigkeit des mangelhaften Vertrags vorgesehen ist, muss die Angemessenheit dieser Rechtsfolge nach Massgabe von **Sinn und Zweck der verletzten Norm** geprüft werden (BGE 102 II 408). Sinn und Zweck einer Verbotsnorm ergeben sich auch aus der Bedeutung des «effet combattu» (BGer, 22.6.2010, 4A_173/2010, E. 2.2; BGE 117 II 48 = Pra 1991, 877; BGE 115 II 364 = Pra 1990, 148; BGE 107 II 194). Überdies tritt Nichtigkeit nur ein, sofern und soweit sich der Vertrag nicht «gesetzes- oder sittenkonform» interpretieren lässt (BGE 117 II 275).

H.L. und Rsp. gehen mehrheitlich davon aus, dass Art. 20 nur die traditionelle Nichtigkeit beinhalte (so etwa BK-KRAMER, N 308–320 m.w.Nw.; WENDRICH, 35 ff.). Die Konsequenz dieser Auffassung besteht darin, dass abweichende Nichtigkeitsmodalitäten entweder aus dem Anwendungsbereich von Art. 20 ausgeklammert werden müssen oder aber dass sie als Einschränkungen des restriktiv verstandenen traditionellen Nichtigkeitsbegriffs gelten (GAUCH/SCHLUEP/SCHMID/EMMENEGGER, N 682). So unterscheidet das BGer in BGE 129 III 209 strikt zwischen traditioneller Nichtigkeit und einseitiger Unverbindlichkeit, und zwar je nachdem, ob ein Verstoss gegen die guten Sitten (Art. 19/20) oder ein Verstoss gegen das Recht der Persönlichkeit (Art. 27 ZGB) vorliegt. Auf diese Art gelangt es zu Unterteilungen, welche die Vielfalt der verschiedenen Fallkonstellationen nur ungenügend reflektieren: Die adäquate Rechtsfolge ergibt sich nämlich i.d.R. nicht bereits aus der Zuordnung des Mangels zu einer bestimmten Schranke (Rechts-, Sitten- oder Persönlichkeitsrechtswidrigkeit bzw. Unmöglichkeit). Die Qualifikation des Verstosses hat höchstens Indizcharakter. Dazu kommt, dass anfänglich mangelhafte Verträge häufig mehrere Schranken berühren, von denen einige überdies gleichzeitig in mehreren Gesetzesnormen genannt werden. Das Sittenwidrigkeitskriterium zum Beispiel erscheint in Art. 19 Abs. 2, Art. 20 Abs. 1 und Art. 27 Abs. 2 ZGB, das Persönlichkeitsrechtskriterium wird in Art. 19 Abs. 2 und in der Marginalie zu Art. 27 ZGB genannt. 55

Hier wird darum vertreten, dass Art. 20 ein **flexibler Nichtigkeitsbegriff** zugrunde gelegt werden sollte: Da das Ziel der in Art. 20 angeordneten zivilrechtlichen Sanktion nicht im Dahinfallen des Vertrags, sondern in der Beseitigung des ihm anhaftenden Mangels besteht, ist es weder erforderlich noch sinnvoll, generell festzulegen, wie Nichtigkeit wirken soll oder wer sich auf sie berufen darf. Die einzelnen **Begriffsmerkmale** der **Nichtigkeit** sollten vielmehr erst im **Kontext der verletzten Norm** bestimmt werden (vgl. auch Art. 30 Abs. 2 des Entwurfs für einen neuen Allgemeinen Teil des Obligationenrechts in HUGUENIN/HILTY: «Verträge, die gegen zwingendes Recht oder die öffentliche Ordnung verstossen, sind ungültig, wenn und soweit der Zweck der verletzten Bestimmung dies erfordert»). Auf diese Weise könnten für einen grösseren Anteil der in Art. 20 anvisierten Fälle inhaltlich mangelhafter Verträge befriedigendere Rechtsfolgen ausgesprochen werden als bei Zugrundelegung des engen traditionellen Begriffs. Bezüglich Art. 27 Abs. 2 ZGB ist der Schritt von einem starren zu einem flexiblen Nichtigkeitsbegriff teilweise bereits vollzogen worden (GAUCH/SCHLUEP/SCHMID/EMMENEGGER, N 686 f. m.w.Nw.; BK-KRAMER, N 370 f.; **a.M.** BK-BUCHER, Art. 27 ZGB N 162 ff. und 523 ff., wonach strikt zwischen den Rechtsfolgen von Art. 20 und Art. 27 Abs. 2 ZGB zu unterscheiden ist; BGE 129 III 209; 112 II 433 E. 3 und 4; aber OGer ZH, ZR 1982, 135 f.; OGer LU, SJZ 1988, 48).

Ein flexibler Nichtigkeitsbegriff beruht auf einem modularen System (Nichtigkeit i.w.S.) und weist daher je nach Fallkonstellation unterschiedliche Charakteristika auf. Flexible Nichtigkeit umfasst nebst weiteren Kombinationen sowohl die traditionelle Nichtigkeit wie auch die Unverbindlichkeit (BSK ZGB I-HUGUENIN/REITZE, Art. 27 N 22 ff.). Ziel dieses Konzepts ist es, dass die einzelnen Begriffsmerkmale dieser weit verstandenen Nichtigkeit erst in der Zusammenschau von Norm, Mangel und Vertrag bestimmt werden. Auf diese Weise können für einen grösseren Anteil von Verträgen, die mit anfänglichen Mängeln behaftet sind, angemessene Rechtsfolgen ausgesprochen werden.

Sowohl auf *gesetzlicher* wie auf *richterrechtlicher* Ebene zeichnet sich eine **Relativierung** der Elemente der traditionellen Nichtigkeit ab (HUGUENIN, Diss., 84 ff.):

1. Beschränkung des **Klägerkreises** nach Massgabe des Schutzzwecks der Norm: 56
   (a) Beschränkt sich die (negative) Auswirkung einer persönlichkeitsrechtswidrigen Bindung nach Art. 27 Abs. 2 ZGB auf eine der Vertragsparteien, so soll allein die *Trägerin des geschützten Rechts* über die Geltendmachung der Nichtigkeit entscheiden dürfen (BGE 129 III 209; aber OGer ZH, ZR 1982, 135; OGer LU, SJZ 1988, 48; BK-KRAMER, N 370 f.). Der *Gegenpartei* wird die Berufung auf den Mangel versagt; ihr Inte-

resse an einer allfälligen Nichtigkeit der Vereinbarung ist von vornherein schutznormfremd. Auch der Richter soll von Amtes wegen lediglich auf Veranlassung der geschützten Partei hin intervenieren dürfen (BGE 106 II 379; vgl. BUCHER, AT, 267; GAUCH/SCHLUEP/SCHMID/EMMENEGGER, N 687). Zu beachten ist, dass das BGer in BGE 129 III 209 nur noch von einem «Recht der übermässig gebundenen Partei, die Vertragserfüllung zu verweigern» spricht.

(b) Eine Beschränkung des Klägerkreises auf die *Vertragsparteien* nahm das BGer in einem Fall an, wo eine Liegenschaft entgegen der erbvertraglich eingegangenen Verfügungsbeschränkung an eine der Kontrahentinnen verkauft worden war (BGE 114 II 329). Das BGer hielt den Kaufvertrag für widerrechtlich und ungültig. Um am strikten Nichtigkeitsbegriff festhalten zu können, sah sich das Gericht allerdings gezwungen, eine weitere Ungültigkeitsform zu schaffen: An die Stelle einer absoluten Nichtigkeit trete diesfalls die parteiinterne Unwirksamkeit, die Ungültigkeit unter den Beteiligten (BGE 114 II 334).

(c) Art. 320 Abs. 3 ordnet an, dass die Berufung einer *Vertragspartei* auf die Ungültigkeit des Arbeitsvertrags zu dessen Aufhebung ex nunc führe, sofern der Arbeitnehmer in gutem Glauben geleistet hat.

(d) Vgl. auch die Rsp. zur missbräuchlichen Berufung auf Formnichtigkeit (u.a. BGE 138 III 404; 112 II 334; 112 II 111; 104 II 99).

57 2. Variabler **Zeitpunkt** des Einsetzens der **Nichtigkeit**: Die *Rückwirkung* der Nichtigkeit auf den Zeitpunkt des Vertragsschlusses *(ex tunc)* ist nur angemessen, wenn der Zweck der verletzten Norm eine Wiederherstellung der vorvertraglichen Lage gebietet und die Rückabwicklungsregeln (Vindikation bzw. Kondiktion nach traditioneller Auffassung, vertragliches Rückabwicklungsverhältnis nach einem neueren Teil der Lehre; s. N 68a f.) eine solche auch ermöglichen.

(a) Dagegen soll die Ungültigkeit eines *Arbeitsvertrags* bei gutgläubiger Erbringung der Arbeitsleistung gem. Art. 320 Abs. 3 nicht ex tunc, sondern *ex nunc* wirken.

(b) Auch im Bereich des *Persönlichkeitsschutzes*, wo das sittenwidrige Übermass zwar in der Bindung angelegt ist, sich aber aus der Sicht des Beschwerten oft erst in der Erfüllungsphase manifestiert, kann sich die *Verknüpfung der Ungültigkeitsfolge mit dem Zeitpunkt ihrer Geltendmachung* als angemessener erweisen (BGE 117 II 273 E. 3c; 114 II 159; 104 II 108). Das gilt auch für den Zeitpunkt der Beurteilung von Schwere und Tragweite des (anfänglichen) Mangels (BGE 120 II 276). In BGE 128 III 428 etwa wurde der übermässig gebundenen Partei die «unverzügliche Auflösung» eines Darlehens zugestanden, weil der Inhalt im Zusammenhang mit den Umständen der Vergabe nach Auffassung des BGer gegen Art. 27 ZGB verstiess.

(c) Ob bei einem *nichtigen, (teilweise) bereits erfüllten Dauerschuldverhältnis* wie bei einer durch Anfechtung bewirkten Unverbindlichkeit ebenfalls ein Dahinfallen ex nunc angenommen werden kann, liess das BGer in BGE 129 III 324 offen (vgl. auch BGE 134 III 438, E. 2.4). In einem solchen Fall ist es ebenfalls vielfach adäquater, die Ungültigkeit nicht ex tunc, sondern auf den Zeitpunkt ex nunc (also auf den Moment der Berufung auf die Ungültigkeit) greifen zu lassen (ebenso BK-KRAMER, N 313).

(d) Ist der *Zweck einer juristischen Person* von Anfang an *widerrechtlich oder unsittlich*, so soll sie nach Art. 52 Abs. 3 ZGB das Recht der Persönlichkeit nicht erlangen. Ist sie bereits eingetragen worden, so nimmt die Praxis für die juristischen Personen des OR *Heilung* an (u. N 60), während nach der Lehre *Ungültigkeit ex nunc* greifen sollte (MEIER-HAYOZ/FORSTMOSER, § 1 N 52 ff. und § 6 N 74).

58 3. **Status quo ante** (Wiederherstellung der vorvertraglichen Lage) oder **status quo** (Aufrechterhaltung des erfüllten Vertrags): Die **Rückabwicklung** des bereits (teilweise) erfüllten, aber nichtigen Vertrags sollte insoweit erfolgen, als der *Normzweck* die *Wiederherstellung der vorvertraglichen Güter- bzw. Vermögensverteilung* erfordert (vgl. auch Art. 80 des Entwurfs für einen neuen Allgemeinen Teil des Obligationenrechts in HUGUENIN/HILTY: «Der Zeitpunkt, ab dem das Rechtsverhältnis zu liquidieren ist, bestimmt sich nach der Natur des Vertrages, dem Grund der Liquidation oder dem Grad der Erfüllung»). Ohne auf den Normzweck Rücksicht zu nehmen, schützte das BGer den Rückabwicklungsanspruch in einigen Fällen nur, wenn aufgrund einer vermeintlich erlaubten Verpflichtung geleistet wurde (zu Art. 63 Abs. 1, BGE 93 II 97 E. 2c = Pra 1967, 425 f.; BGE 85 IV 101 E. 2a; zu Art. 66, BGE 102 II 409, 411). Diese Rechtsfolge ist besonders stossend, wenn die Vertragspartei, die in Kenntnis der Nichtschuld leistete, auf die Gegenleistung angewiesen ist (vgl. VON TUHR/PETER, 485 f.). Dagegen wurde dem Normzweck in anderen Fällen durch eine restriktive Auslegung der *Kondiktionssperren* Rechnung getragen (zu Art. 63 Abs. 1 BGE 115 II 28 E. 1; zu Art. 66 BGE 134 III 438 E. 3: Einschränkung auf den sog. Gaunerlohn, vgl. dazu PURTSCHERT/HUGUENIN, ius.full 2009, 2 ff.). Das Bereicherungsrecht sollte nicht als in sich geschlossener Regelungskomplex verstanden werden, sondern dazu dienen, die nach Massgabe der verletzten Norm erforderliche Güter- und Vermögenszuteilung durchzusetzen (zu den Kondiktionssperren, BUCHER, AT, 678 ff.; GAUCH/SCHLUEP/SCHMID/EMMENEGGER, N 1528 ff.; BK-KRAMER, N 400 ff. m.w.Nw.).

4. Schadenersatz-, steuer- und betreibungs- sowie andere rechtliche Konsequenzen relativieren den Grundsatz, wonach ein nichtiger Vertrag negiert werden soll (vgl. betr. Anspruch aus Art. 41, BGE 117 IV 139). Teils dienen die trotz Nichtigkeit erbrachten Leistungen als *Bemessungsgrundlage* für Ansprüche gegenüber oder von Dritten, teils wird argumentiert, dass den Kontrahenten eines nichtigen Vertrags nicht grundsätzlich der *Rechtsschutz* verweigert werden darf: **59**
   (a) Bisweilen werden aus einem nichtigen Vertrag parteiinterne oder auch -externe Folgewirkungen abgeleitet (BGE 111 II 295 E. 2d und 2e; 109 II 230; 108 II 206).
   (b) Ein Ersatzanspruch aus **culpa in contrahendo** entsteht, wenn eine Partei der anderen gegenüber für das *Ungültigkeitsrisiko* einzustehen hat. Verhindert etwa die eine Partei das *«Wirksamwerden»* des Vertrags in treuwidriger Weise, so hat sie dem Vertragspartner jenen Schaden zu ersetzen, der ihm aus dem Scheitern des Vertrags erwächst (KGer VS, RVJ 1986, 230; vgl. auch BGE 140 III 200 E. 5.2 = Pra 2014, 814; BGE 105 II 81; 102 II 84). Dies sollte auch für den Fall gelten, dass ein Kontrahent über die (potentielle) Nichtigkeit des Vertrags Bescheid weiss oder wissen sollte, ohne dies der Gegenseite, welche auf die Gültigkeit vertraut, anzuzeigen (BK-KRAMER, N 404 f.). Die Prüfung eines Anspruchs aus culpa in contrahendo wurde in BGE 107 II 105 zu Unrecht unterlassen.
   (c) Vertrauen darf nicht gebildet werden, wenn die Gegenseite sich verpflichtet, die Gültigkeit eines erst zu schliessenden Vertrags abzuklären. Vertrauensbildung darf nicht geltend gemacht werden, wenn die Gegenseite sich verpflichtet hat, die Gültigkeit eines noch abzuschliessenden Vertrags abzuklären (aber BGE 106 II 36).

5. Schliesslich ist zu beachten, dass in einigen Fällen die **Heilung** und damit Geltung eines nichtigen Vertrags als adäquate Rechtsfolge erscheint. Mit dem Terminus «Heilung» kann sowohl die Nichtbeachtung des Mangels infolge Behebung (s.a. N 16) wie auch die Unbeachtlichkeit eines Mangels trotz Nichtbehebung gemeint sein: **60**
   (a) Fällt der Mangel im Nachhinein weg, so ist es nicht erforderlich, Nichtigkeit anzuordnen. Dagegen sollte es bei der Nichtigkeitsfolge bleiben, wenn die Parteien bereits im Vertrauen auf ihr Eintreten Dispositionen getroffen haben (BK-KRAMER, N 145).
   (b) Wird eine *anfänglich mangelhafte juristische Person* eingetragen, so nimmt das BGer grundsätzlich Heilung an (bejahend für die Aktiengesellschaft, BGE 112 II 1 E. 4b; 110 Ib 109; 107 Ib 189; 107 Ib 15; verneinend dagegen für die Stiftung, BGE 120 II 374 E. 4a; 96 II 273 E. 2; 73 II 144 E. 1). Diese Auffassung (Heilung) des BGer ist abzulehnen (s. N 57 a.E.).

2. Teilnichtigkeit

61 Die **Teilnichtigkeitsregel** ist eine Ausprägung des allgemeinen Grundsatzes, wonach Nichtigkeit nur soweit reichen soll, als es der *Schutzzweck der verletzten Norm* verlangt (BGE 123 III 292 E. 2e/aa; bestätigt in BGer, 18.12.2008, 4A_404/2008, E. 5.6.1; 17.8.2006, 4C.156/2006, E. 3.1). Ziel der Sanktion ist nicht die Vertrags-, sondern die *Mangelbeseitigung* (vgl. BGE 120 II 40 = Pra 1995, 473). Dies ergibt sich bereits aus Art. 20 Abs. 1. Schon unter der Herrschaft des aOR, welches keine inhaltlich dem Art. 20 Abs. 2 entsprechende Norm enthielt, wurde mit Bezug auf die ratio legis von Art. 17 aOR Teilnichtigkeit angeordnet, wenn deren Voraussetzungen gegeben waren (BGE 36 II 193, 201).

62 Der zweite Absatz des Art. 20 enthält lediglich eine **Entscheidungsregel** für den Fall, dass das Gesetz bei einem Teilmangel des Vertrags gegenüber den Sanktionen Ganznichtigkeit oder Aufrechterhaltung des allenfalls ergänzten, gültigen Teils *indifferent* ist (Huguenin, Diss., 36, 45): Danach soll von mehreren Varianten jene gewählt werden, welche *«im Einzelfall die geringere Abweichung vom Parteiwillen enthält»* (Spiro, ZBJV 1952, 462).

Gebietet der Schutzzweck der Norm entweder Ganznichtigkeit (bezüglich der *Globalzession*, BGE 112 II 433, E. 4) oder aber Aufrechterhaltung des mängelbereinigten Vertrags (zu Art. 163 Abs. 3, Art. 340 Abs. 2, ZivGer BS, BJM 1991, 81 ff.; zu Art. 417, BGE 117 II 286 E. 5b; 111 II 370; zu Art. 357 Abs. 2, KassGer ZH, ZR 1986, 116 ff.; zu Art. 361, BGE 107 II 436), ohne dass es auf den **hypothetischen Parteiwillen** ankommen soll, ist Art. 20 Abs. 2 nicht anwendbar.

63 Sind die genannten Voraussetzungen für die Anwendbarkeit von Art. 20 Abs. 2 erfüllt, so gilt Folgendes: Die Bindung zwischen den Kontrahenten soll bestehen bleiben, wenn angenommen werden darf, dass der allenfalls ergänzte, mängelfreie Teil des Vertrags durch den **hypothetischen Parteiwillen** gestützt wird, sofern diesbezüglich ein tatsächlicher Wille der Parteien fehlt. Es ist zu fragen, was die Parteien vereinbart hätten, wenn ihnen der Teilmangel schon bei Vertragsschluss bewusst gewesen wäre (BGE 138 III 39; 124 III 60; 120 II 41 = Pra 1995, 472; 107 II 419 E. 3; 107 II 216 E. 3; 94 II 113; HGer ZH, ZR 1982, 183 f.).

Dagegen enthält das Gesetz keine Ermächtigung zur richterlichen Objektivierung dieses hypothetischen Willens: Die Hypothese bezieht sich auf den *fiktiven Willen der konkreten Parteien*; sie ist auf die *konkreten Umstände des Vertragsschlusses* abzustützen (BGE 114 II 159 E. 2c; 107 II 419 E. 3; 107 II 219; BK-Kramer, N 363 ff.). Nach der *Gegenmeinung* kommt es von vornherein darauf an, was die Parteien als vernünftig und korrekt (nach Treu und Glauben) handelnde Vertragspartner unter den gegebenen Umständen vereinbart hätten, d.h. keine individuell-konkrete, sondern eine normativ objektivierte Ermittlung (Gauch/Schluep/Schmid/Emmenegger, N 700; Hürlimann R., 56 ff.; BGE 123 III 297, 300; 120 II 41 = Pra 1995, 473; 110 Ia 63 = Pra 1984, 646; OGer ZH, ZR 1988, 48; vgl. zu den verschiedenen Lehrmeinungen auch BGer, 17.8.2006, 4C. 156/2006, E. 3.3 und 3.4).

64 Führt die Feststellung des **hypothetischen Parteiwillens** zum Schluss, dass die Parteien bei Kenntnis der Teilnichtigkeit keine Vereinbarung getroffen hätten, soll **Ganznichtigkeit** auch dann eintreten, wenn der Schutzzweck der verletzten rechtlichen oder sittlichen Norm die Vertragsbeseitigung nicht erfordern würde. Bestehen hinsichtlich des hypothetischen Parteiwillens zugunsten der Ganznichtigkeit *Zweifel*, ist nach dem Wortlaut von Art. 20 Abs. 2 **Teilnichtigkeit** vorzuziehen (BGE 138 III 39 unter Berufung auf BGer, 17.8.2006, 4C.156/2006, E. 3.2; anders § 139 BGB, der von der Ganznichtigkeit als Regel ausgeht; vgl. BK-Kramer, N 326 und 369). Nur in diesem Fall ist der *normative Wille der redlich handelnden Vertragspartner* zugrunde zu legen (s. N 63). Dagegen ist die Meinung abzulehnen, wonach Art. 20 Abs. 2 eine *Schutzvorschrift* zugunsten der durch die Teilnichtigkeit benachteiligten, aber dennoch am Vertrag festhaltenden Partei darstellen soll (so aber BGE 109 II 244; 107 II 423; KGer VS, RVJ 1979, 348). Art. 20 Abs. 2 schützt nicht die eine Partei vor der anderen, son-

dern den gemeinsamen (hypothetischen) Parteiwillen. Dem Teilnichtigkeitsgegner könnte die Berufung auf Ganznichtigkeit höchstens mit Hilfe des *allgemeinen Rechtsmissbrauchsverbots* versagt werden.

Ganznichtigkeit soll ferner angenommen werden, wenn sich nach Massgabe des hypothetischen Parteiwillens und der konkreten Umstände nicht eruieren lässt, mit welchem Inhalt der Vertrag ohne den nichtigen Teils geschlossen worden wäre (BGer, 17.8.2006, 4C.156/2006, E. 3.4 unter Berufung auf VON TUHR/PETER, 228). Steht jedoch fest, dass die Parteien nach dem tatsächlichen oder hypothetischen Parteiwillen bei Kenntnis der Teilnichtigkeit den Restvertrag auch ohne Ersatzregel bzw. Modifikation abgeschlossen hätten, bleibt es bei Teilnichtigkeit (vgl. auch KUKO OR-HERZOG, Art. 20 N 8). **64a**

Entsteht durch den Teilmangel eine **Lücke**, so ist *nach Massgabe des hypothetischen Parteiwillens* eine **Ergänzung des Vertrags** in Betracht zu ziehen (BGer, 6.1.2006, 4C.343/2005, E. 2.2; BGE 114 II 159 E. 2c; 107 II 218 unter Berufung auf BGE 93 II 192 und 80 II 336; OGer ZH, ZR 1988, 48; KGer VS RVJ 1986, 233 f.). Bei mehreren zulässigen – *gesetzlichen oder richterrechtlichen – Ersatzregeln* ist jene Variante zu wählen, welche *der unwirksamen Vertragsabrede am Nächsten kommt* (BK-KRAMER, N 355 ff.; **a.M.** HÜRLIMANN R., 79; KELLER/SCHÖBI, I, 151, welche jener Ersatzregel den Vorzug geben wollen, die am ehesten dem *Willen vernünftiger und redlicher Parteien* entspricht). **65**

Art. 20 Abs. 2 dient also – in *direkter* (HÜRLIMANN R., 75; BK-KRAMER, N 362) oder *analoger Anwendung* (GAUCH/SCHLUEP/SCHMID/EMMENEGGER, N 703 f.; GUHL/KOLLER/SCHNYDER/DRUEY, § 7 N 40) – nicht nur als Entscheidungs-, sondern auch als **Ergänzungsregel**. Die Figur des hypothetischen Parteiwillens wird sowohl für die Entscheidung zwischen den Alternativen Teil- oder Ganzunwirksamkeit als auch für die Ergänzung des infolge eines Mangels lückenhaften Vertrags herangezogen. Die auf Art. 20 Abs. 2 abgestützte Methode der Vertragsergänzung stellt sicher, dass der **richterlich moderierte Vertrag** seinerseits **konsensfähig** zu sein hat, um wirksam zu sein.

Die **analoge Anwendbarkeit** der Entscheidungsregel des Art. 20 Abs. 2 auf andere *Teilmängel eines Vertrags* hängt davon ab, ob es zulässig und sinnvoll ist, bei der Bestimmung des Bindungsausmasses den hypothetischen Parteiwillen zugrunde zu legen. Der Grundsatz eignet sich vor allem für die Übertragung auf die Teilanfechtung von *Willensmängeln* nach Art. 23 ff. (BGE 135 III 537 E. 2.1 = Pra 2010, 293; BGE 130 III 56 m.w.H.; 119 II 208 = Pra 1994, 395; BGE 107 II 419 E. 3a; 107 II 148 = Pra 1981, 463; BGE 96 II 106; Gewerbliches Schiedsgericht Basel, BJM 1986, 28 ff.; BK-SCHMIDLIN, Art. 23/24, N 409 ff.), auf die Teilunverbindlichkeit bei *Übervorteilung* nach Art. 21 (s. Art. 21 N 16) sowie auf die Fälle teilweiser *Formungültigkeit* (BGer, 11.6.2008, 5A_307/2008, E. 4; BGE 117 II 386; OGer ZH, ZR 1988, 47 ff.; BK-SCHMIDLIN, Art. 11 N 169). **66**

Statt von einem hypothetischen Parteiwillen könnte man im Zusammenhang mit der Aufrechterhaltung und der Ergänzung teilweise mangelhafter Verträge auch von einem Entscheid nach Massgabe des **hypothetischen Konsenses** sprechen (s. französische und italienische Version von Art. 20 Abs. 2). So wird etwa in BGE 107 II 218 gefragt, *welche Vereinbarung die Parteien getroffen hätten*, wenn sie sich bei Vertragsschluss über den Mangel Rechenschaft abgelegt hätten (vgl. auch BGE 114 II 164). **67**

Art. 20 Abs. 2 hat **dispositiven** Charakter (BK-KRAMER, N 330). Die **Parteien** können im Voraus oder im Nachhinein vereinbaren, wie sich der Teilmangel auf den übrigen Vertrag auswirken soll (GAUCH, recht 1983, 100; GAUCH/SCHLUEP/SCHMID/EMMENEGGER, N 695 ff.; BK-KRAMER, N 330 ff.; vgl. auch BGE 111 II 455; 110 II 241 = Pra 1984, 656): Sie können z.B. verabreden, dass in einem solchen Fall die gesamte Vereinbarung unwirksam sein soll oder dass der mängelfreie Teil weitergelten bzw. durch besondere Ersatzregeln ergänzt werden soll. Die Voraussetzung für die Gültigkeit einer solchen **Nichtigkeitsabrede** (HÜRLIMANN R., 48) ist die gleiche wie für die Anwendung der Entscheidungsregel von Art. 20 Abs. 2: die *Indiffe-* **68** *renz der verletzten Norm gegenüber den Sanktionen Teil- oder Ganznichtigkeit.* Die Privatautonomie der Parteien geht nur soweit, wie die Rechtsfolgen des Mangels disponibel sind (s.a. BGE 96 II 133). So darf etwa für den Fall, dass eine arbeitsvertragliche Regel nichtig sein sollte, nicht entgegen Art. 362 vereinbart werden, es solle eine arbeitgeberfreundlichere Regelung gelten. Ist die Abrede betr. der Mangelfolgen wirksam, so entfällt bei einer allfälligen Teilnichtigkeit das Vorgehen nach Massgabe des hypothetischen Parteiwillens. Die Parteien können ferner vereinbaren, dass der mängelfreie Restvertrag trotz Nichtigkeit einzelner Vereinbarungen (allenfalls modifiziert) weiter gelten soll (sog. **salvatorische Klausel**).

3. Rückabwicklung

68a Sind im Rahmen eines nichtigen Vertrags bereits Leistungen erfolgt, so sind diese nach h.L. und Rsp. mittels Vindikation (Art. 641 Abs. 2 ZGB) oder Kondiktion (Art. 62 ff.) rückzuabwickeln. Gegebenenfalls kann Grundbuchberichtigungsklage nach Art. 975 ZGB verlangt werden. Bei widerrechtlichen und sittenwidrigen Verträgen sind allerdings die Art. 63 und 66 zu beachten (BGer, 7.7.2011, 6B_994/2010, E. 5.3.3.2; BGE 134 III 438; CR CO I-Guillod/Steffen, N 95; BK-Kramer, N 312; CHK-Kut, N 38).

68b Nach der hier vertretenen Auffassung sollte auch ein mit einem Inhaltsmangel behafteter Vertrag in ein vertragliches Rückabwicklungsverhältnis überführt werden, sofern gestützt auf den ungültigen Vertrag bereits (mindestens teilweise) Leistungen ausgetauscht worden sind (ebenso Acocella, SJZ 2003, 495 f.). Eine Rückabwicklung nach einheitlichen vertragsrechtlichen Grundsätzen erlaubt dem Richter, auch in der Phase der Vertragsliquidation den Schutzzweck der verletzten (liquidationsbegründenden) Norm bzw. das von den Parteien angestrebte Leistungs-Gegenleistungs-Verhältnis zu berücksichtigen. Zur Begründung dieses Vorgehens: In erster Linie geht es um die Beseitigung des Mangels und nicht um die Aufhebung des Vertrags. Sodann kann dadurch auch die aus der unterschiedlichen Rechtsnatur der Vindikation und ungerechtfertigten Bereicherung resultierende Ungleichbehandlung der Vertragsparteien hinsichtlich Verjährbarkeit und Ausschluss ihrer Rückforderungsansprüche vermieden werden (Giampaolo/Huguenin, 138 f.). Oft liegt schliesslich im Zeitpunkt, in welchem der Vertrag dahinfällt, eine mehr oder weniger zufällige Güterverteilung vor: eine Partei hat z.B. geleistet, die andere nicht; es hat z.B. keine Vermischung der Kaufpreiszahlung mit eigenem Geld stattgefunden (vgl. auch BGer, 7.7.2011, 6B_994/2010, E. 5.3.3.1 und 5.3.3.2, in welchem der Käufer vindizieren und die Frage nach der analogen Anwendung von Art. 66 auf die Vindikation daher offen bleiben konnte).

V. Prozessuales

69 **Gerichtsstands-** und **Schiedsgerichtsklauseln** behalten ihre Geltung, soweit sie nach Massgabe des Parteiwillens auf den Streit um die Nichtigkeit des Vertrags anwendbar sein sollen (BGE 140 III 134 E. 3.3.2; 116 Ia 59; 71 II 116; 62 I 230 E. 2; Gauch/Schluep/Schmid/Emmenegger, N 701; BK-Kramer, N 336; vgl. auch Art. 357 Abs. 2 ZPO; s. dazu ZPO Komm-Müller-Chen/Egger, Art. 357 N 21). Nach Art. 178 Abs. 3 IPRG soll die Ungültigkeit des Hauptvertrags die Gültigkeit der Schiedsvereinbarung nicht hindern (vgl. BGE 119 II 384 = Pra 1994, 757).

70 Die **Nichtigkeit** ist **von Amtes wegen** zu beachten (BGE 129 III 213; 123 III 62 = Pra 1997, 581; 114 II 333; 110 II 368; 108 II 409 = Pra 1983, 234; differenzierend o. N 56); **jedermann** darf sich **jederzeit** auf sie berufen (BGer, 19.1.2001. 4C.305/1999, E. 4a; BGE 111 II 138; 95 II 537; 80 II 48). Sie ist gerichtlich festzustellen, sofern ein rechtlich geschütztes Interesse nachweisbar ist (BGE 110 II 368; 105 II 308; 96 II 131; 69 II 78; 55 II 138; 45 II 462).

71 Die Bestimmung des **hypothetischen Parteiwillens** ist eine **Rechtsfrage**. Dabei ist das BGer an die Feststellung von Tatsachen gebunden, welche bei der Ermittlung dieses Willens als Anhaltspunkte in Betracht kommen (BGer, 17.8.2006, 4C.156/2006, E. 3.1; BGE 120 II 41 = Pra 1995, 473; 107 II 424; 107 II 218). Wer Ganznichtigkeit behauptet, trägt die *Beweislast* für jene Tatsachen, welche auf einen entsprechenden hypothetischen Parteiwillen schliessen lassen. Das ergibt sich aus dem Regel-Ausnahme-Verhältnis von Art. 20 Abs. 2 (BGer, 17.8.2006, 4C.156/2006, E. 3.2; HÜRLIMANN R., 67; BK-KRAMER, N 329; s.a. BGE 93 II 189, E. b).

Art. 21

III. Übervorteilung

1 Wird ein offenbares Missverhältnis zwischen der Leistung und der Gegenleistung durch einen Vertrag begründet, dessen Abschluss von dem einen Teil durch Ausbeutung der Notlage, der Unerfahrenheit oder des Leichtsinns des andern herbeigeführt worden ist, so kann der Verletzte innerhalb Jahresfrist erklären, dass er den Vertrag nicht halte, und das schon Geleistete zurückverlangen.

2 Die Jahresfrist beginnt mit dem Abschluss des Vertrages.

III. Lésion

1 En cas de disproportion évidente entre la prestation promise par l'une des parties et la contre-prestation de l'autre, la partie lésée peut, dans le délai d'un an, déclarer qu'elle résilie le contrat et répéter ce qu'elle a payé, si la lésion a été déterminée par l'exploitation de sa gêne, de sa légèreté ou de son inexpérience.

2 Le délai d'un an court dès la conclusion du contrat.

III. Lesione

1 Verificandosi una sproporzione manifesta fra la prestazione e la controprestazione in un contratto, la cui conclusione fu da una delle parti conseguita abusando dei bisogni, della inesperienza o della leggerezza dell'altra, la parte lesa può, nel termine di un anno, dichiarare che non mantiene il contratto e chiedere la restituzione di quanto avesse già dato.

2 Il termine di un anno decorre dalla conclusione del contratto.

Literatur

GAUCH, Der Fussballclub und sein Mietvertrag: Ein markanter Entscheid zur Übervorteilung, recht 1998, 55 ff. (zit. recht 1998); DERS., Die Übervorteilung – Bemerkungen zu Art. 21 OR, recht 1989, 91 ff. (zit. recht 1989); GONZENBACH, Culpa in contrahendo im schweizerischen Vertragsrecht, Diss. Bern 1987; HUGUENIN, Nichtigkeit und Unverbindlichkeit als Folgen anfänglicher Vertragsmängel, Diss. Bern 1984 (zit. Diss.); HÜRLIMANN R., Teilnichtigkeit von Schuldverträgen nach Art. 20 Abs. 2 OR, Diss. Freiburg i.Ue. 1984; KNOEPFEL-KUNZ, Willensbildung, Beeinflussung und Vertragsschluss, Diss. Zürich 1989; MAZZOLA, Verhältnis und Abgrenzung von Art. 20 und 21 OR, Diss. Basel 1970; OFTINGER, Betrachtungen über die laesio im schweizerischen Recht, in: FS Zepos, Bd. II, Athen/Freiburg/Köln 1973, 535 ff.; OSSIPOW, De la lésion, Diss. Lausanne 1940; PIOTET, De l'invalidité partielle des actes juridiques, ZSR 1957, 97 ff. (zit. ZSR 1957); DERS., Notes sur les conséquences de la lésion, JdT 1958 I, 535 ff. (zit. JdT 1958 I); SPIRO, Können übermässige Verpflichtungen oder Verfügungen in reduziertem Umfang aufrechterhalten werden?, ZBJV 1952, 449 ff. (zit. ZBJV 1952); STARK, Die Übervorteilung (Art. 21) im Lichte der bundesgerichtlichen Rechtsprechung, in: FS der schweizerischen Rechtsfakultäten zur Hundertjahrfeier des Bundesgerichts, Basel 1975, 377 ff.; THILO, Note sur la lésion, JdT 1946 I, 354 ff.; ZUFFEREY-WERRO, Le contrat contraire aux bonnes mœurs, Diss. Freiburg i.Ue. 1988.

I. Allgemeines

Der Tatbestand der **Übervorteilung** wurde erst anlässlich der Revision von 1911 in das OR eingeführt (GAUCH, recht 1989, 91 f.). Man platzierte ihn zwischen die Regelung über die Inhalts- (Art. 19 f.) und jene über die Willensmängel (Art. 23 ff.); Art. 21 basiert auf einer *Kombination* zwischen einem *Inhalts- und einem Willensmangel* (vgl. BGE 84 II 113). Danach soll dem Übervorteilten die Anfechtung eines Wuchervertrags ermöglicht werden, sofern die folgenden *drei Voraussetzungen kumulativ* erfüllt sind: (1) zwischen den versprochenen Leis- 1 tungen liegt ein **offenbares Missverhältnis** vor, (2) die **Entscheidungsfreiheit** des Übervorteilten ist im Zeitpunkt des Vertragsschlusses durch eine Notlage, durch Unerfahrenheit oder Leichtsinn **beeinträchtigt** und (3) die daraus resultierende **Übervorteilungsmöglichkeit** wird von der Gegenseite **ausgebeutet** (BGE 92 II 168; 54 II 190; 53 II 483 E. 2; BUCHER, AT, 231 ff.; GAUCH, recht 1989, 91; GAUCH/SCHLUEP/SCHMID/EMMENEGGER, N 732 ff.; GUHL/KOLLER/SCHNYDER/DRUEY, § 7 N 53; BK-KRAMER, N 16 ff., 33 ff. m.w.Nw.; VON TUHR/PETER, 343 ff.). Keines der erforderlichen drei Elemente kann ein anderes substituieren. Dagegen vermag die Stärke des einen die Schwäche des anderen zu kompensieren (vgl. etwa BGE 61 II 34; BK-KRAMER, N 26).

1a Art. 21 bildet eine Ausnahme vom Grundsatz der Vertragsfreiheit und der Privatautonomie und soll daher nach der bundesgerichtlichen Rsp. nur ausnahmsweise Anwendung finden (BGer, 11.3.2009, 4A_21/2009, E. 3; 13.10.2005, 4C.238/2004, E. 2.1; 3.11.2004, 4C.254/2004, E. 3.3.2; **a.M.** GAUCH/SCHLUEP/SCHMID/EMMENEGGER, N 748; BK-KRAMER, N 7).

2 Der Übervorteilte kann den Vertrag während eines Jahres für unverbindlich erklären und seine Leistung zurückfordern (Art. 21 Abs. 1; GAUCH/SCHLUEP/SCHMID/EMMENEGGER, N 745). Er kann auch bloss teilweise Unverbindlichkeit des Vertrags verlangen und dessen Fortbestand mit geändertem Inhalt beanspruchen (BGE 123 III 292). Die Jahresfrist gilt als **Verwirkungsfrist** (zuletzt BGer, 24.1.2013, 4A_542/2012, E. 2.5). Im Unterschied zu Art. 31 beginnt sie bei Vertragsabschluss zu laufen (Art. 21 Abs. 2; BK-KRAMER, N 57).

Die Berufung auf Art. 21 wird auch als **Anfechtung** bezeichnet (BGE 95 II 112; BUCHER, AT, 209 f.; VON BÜREN, AT, 228). Sie steht im Belieben des Übervorteilten. Er kann jedoch nicht im vornherein gültig darauf verzichten (BK-KRAMER, N 15; OSSIPOW, 294 f.). Die Anfechtungserklärung kann *ausdrücklich* oder *konkludent* erfolgen (BK-KRAMER, N 55; vgl. auch Art. 31 Abs. 1).

3 Der Übervorteilungstatbestand ist nicht nur auf **synallagmatische** (vollkommen zweiseitige) **Verträge** anwendbar, sondern analog auch auf nicht-synallagmatische Verträge und auf ein- und mehrseitige **Rechtsgeschäfte** (BGer, 17.2.2010, 4A_479/2010, E. 3; GAUCH, recht 1989, 94; GAUCH/SCHLUEP/SCHMID/EMMENEGGER, N 735; BK-KRAMER, N 11 f.; KNOEPFEL-KUNZ, 325 f.; CR CO I-SCHMIDLIN, N 14).

Anwendungsfälle: *gerichtlicher Vergleich* (BGE 114 Ib 78 = Pra 1988, 664); *aussergerichtlicher Vergleich* (BGer, 3.11.2004, 4C.254/2004, E. 3.3.1; vgl. auch Sondervorschriften von Art. 87 Abs. 2 SVG und Art. 8 Abs. 2 KHG); *Verzicht* (BGE 44 II 187); *Erbvertrag* (BGer, 25.5.2000, 5C.91/2000, E. 3); *Erbteilungsvertrag* (BGE 84 II 355); *unentgeltliche Leistungsversprechen* (BGer, 17.2.2010, 4A_479/2010, E. 3; GAUCH/SCHLUEP/SCHMID/EMMENEGGER, N 735; **a.M.** BK-KRAMER, N 11); *aleatorische Geschäfte* (OFTINGER, 157; OSSIPOW, 278 f.; THILO, JdT 1946, 359 f.); *Gesellschaftsverträge* (ENGEL, traité, 211; STARK, 378).

4 Nicht nur **natürliche**, sondern auch **juristische Personen** können sich auf Übervorteilung berufen, sofern die Voraussetzungen von Art. 53 ZGB erfüllt sind (Ausbeutung einer wirtschaftlichen Notlage: BGer, 11.3.2009, 4A_21/2009, E. 3.3; BGE 123 III 301; 84 II 107; 43 II 803; BK-KRAMER, N 14; VON TUHR/PETER, 344).

II. Die einzelnen Voraussetzungen

1. Offenbares Missverhältnis

5 Die erste Voraussetzung bezieht sich auf den **Vertragsinhalt**: Zwischen den vereinbarten Leistungen besteht zuungunsten des Übervorteilten ein **offenbares Missverhältnis** (BGE 123 III 301; 92 II 170; 53 II 488; 46 II 60). Der Begriff «offenbar» verdeutlicht, dass die Ungleichwertigkeit der Austauschleistungen «jedermann in die Augen fallen» (BGE 53 II 488; 46 II 60; BGer, 3.11.2004, 4C.254/2004, E. 3.3.1: «La disproportion entre les prestations promises doit sauter aux yeux [...]») muss. Die Kontrolle der Leistungsäquivalenz ist nach freiem richterlichen Ermessen (Art. 4 ZGB) unter Würdigung aller Vertragsumstände vorzunehmen. Dazu ist der *Wert aller vereinbarten Leistungen* und sind die *Rechte und Pflichten* beider Vertragsparteien gegeneinander abzuwägen (GAUCH, recht 1989, 96; BK-KRAMER, N 18; OFTINGER, 167).

Dieser Beurteilung soll der **objektive Wert** bzw. **Gegenwert** im **Zeitpunkt des Vertragsschlusses** zugrunde gelegt werden (BGE 123 III 301; 61 II 35; KGer VS, RVJ 1985, 286). Als objektiver Wert gilt der **Markt-** oder **Börsenpreis**. *Dienstleistungen* sind anhand des für sie üblichen Entgelts zu bewerten; gegenüber *Tariflöhnen* ist Vorsicht angebracht, weil sie sich unter Umständen nicht aus Angebot und Nachfrage ergeben, sondern festgesetzt werden (BK-KRAMER, N 22). Besteht kein Marktpreis, so ist auf andere Kriterien auszuweichen: Der Richter kann eine Leistung aufgrund der *Kosten* (Leistungsaufwand) samt angemessenem *Profitzuschlag* bewerten; er kann den *Marktpreis für eine vergleichbare Leistung* heranziehen oder sich an den *Beurteilungskriterien von Art. 13 PüG* orientieren (GAUCH, recht 1989, 95; **a.M.** BUCHER, AT, 231). **6**

Ist die Preisstruktur infolge von Wettbewerbsstörungen generell überhöht, sollten die Anforderungen an das – zusätzlich vorliegende – individuelle Missverhältnis der Leistungen nicht zu hoch sein (BK-KRAMER, N 23). GAUCH tritt dafür ein, dass an das Vorliegen des erforderlichen Missverhältnisses generell keine allzu strengen Anforderungen gestellt werden sollten (GAUCH, recht 1989, 95; s.a. GAUCH/SCHLUEP/SCHMID/EMMENEGGER, N 734; **a.M.** BUCHER, AT, 228, 231). **7**

In folgenden *bundesgerichtlichen Entscheidungen* wurde ein offenbares Missverhältnis *bejaht*: Kaufpreis für eine Gaststätte, welcher den Marktwert um 80% überstieg (BGer, 13.10.2005, 4C.238/2004, E. 2.2, wobei das BGer anschliessend die Beeinträchtigung der Entscheidungsfreiheit wie auch die Ausbeutung der Entscheidungsschwäche verneinte); Jahresmietzins für einen Fussballplatz von mehr als 200% über dem Marktwert (BGE 123 III 303); übermässiger Zinssatz von 26% für ein Darlehen (BGE 93 II 191); übersetztes Honorar von CHF 100 pro Stunde (für Unternehmensberater im Jahre 1962: BGE 92 II 174); Kaufpreis für eine Liegenschaft für das Doppelte des Versicherungswertes (BGE 84 II 107). **8**

Kantonale Entscheidungen: Kauf eines Verlustscheins von CHF 10 000 im einen, über CHF 1000 im anderen Fall für je CHF 100 (OGer AR, SJZ 1968, 380 im ersten bzw. AR GVP 1988, Nr. 3032 im zweiten Fall); Kaufpreis von CHF 6000 für eine Liegenschaft mit dem Wert von mindestens CHF 22 000 (KGer VS, RVJ 1973, 320); Darlehensnebenleistungen von 29% (AppGer BS, SJZ 1956, 333); Kaufpreis von CHF 30 000 statt CHF 40 000 (Corte Cantonale Ticinese, Rep 1948, 175); Kaufpreis für Auto von 87,5%–350% über dem Schätzungswert (HGer ZH, ZR 1999, 147 f.); Kaufpreis für eine Liegenschaft, der rund 40% unter dem Marktpreis lag (OGer ZH, ZR 2012 Nr. 87, 253); Vereinbarung einer Konventionalstrafe von 20% des Kaufpreises eines Fahrzeugs bei Nichtübernahme (OGer SH, SJZ 2005, 460).

Verneinung eines offenbaren Missverhältnisses von Leistung und Gegenleistung in folgenden *bundesgerichtlichen Entscheidungen*: Verkauf einer Forderung zum amtlichen statt zum 6,5 mal höheren freien Wechselkurs (BGE 95 II 112); zu niedrige Zinsvergütung bei Vorauszahlungsvertrag (BGE 85 II 402 E. 3); Verkauf einer Buchhandlung im Wert von CHF 74 000 zu CHF 85 000 (BGE 53 II 488); Kauf eines Occasionsautos für CHF 7500 statt der vom Fachmann geschätzten CHF 5500 (BGE 46 II 55 E. 2). **9**

Kantonalrechtliche Entscheidungen: Computerservicevertrag für CHF 8000 p.a. (KGer SZ, SJZ 1990, 381); Quadratmeterpreis von CHF 45 statt der im Enteignungsverfahren für Teilfläche festgesetzten Summe von CHF 130 (KGer VS, RVJ 1985, 290 f.); Differenz von 17,5% für abgetretene Erbquote (Corte Cantonale Ticinese, Rep 1981, 356 ff.); Entschädigung im Wert von 15% des Kaufpreises für Aufhebung eines Abzahlungsvertrags (AppHof BE, ZBJV 1964, 205).

2. Beeinträchtigung der Entscheidungsfreiheit

10 Nach Art. 21 muss eine *«subjektive» Ausnahmesituation* vorliegen, die ein freies Aushandeln der Vertragsbedingungen ausschliesst und den Betreffenden zu aussergewöhnlichen Entschlüssen führt (BUCHER, AT, 232 f.). Die gesetzliche Aufzählung der drei (alternativen) Charakteristika **Notlage, Unerfahrenheit und Leichtsinn** ist nach h.L. **exemplarisch** zu verstehen (GAUCH, recht 1989, 97; GAUCH/SCHLUEP/SCHMID/EMMENEGGER, N 738; BK-KRAMER, N 35; CR CO I-SCHMIDLIN, N 6 m.w.Nw.; **a.M.** ZK-OSER/SCHÖNENBERGER, N 13). Die **Beeinträchtigung der Entscheidungsfreiheit** kann auch durch den Einfluss von Alkohol, Medikamenten oder Drogen, durch Erschöpfungszustände oder Überraschungsmomente, durch Abhängigkeiten (vgl. Art. 157 Abs. 1 StGB), eine erhebliche Willensschwäche (vgl. § 138 Abs. 2 BGB) oder mangelhaftes Urteilsvermögen ausgelöst werden (GAUCH, recht 1989, 97; BK-KRAMER, N 35, 45). Dagegen entfaltet ein Vertrag bei mangelnder Urteilsfähigkeit (Art. 16 ZGB) unter dem Vorbehalt gesetzlicher Ausnahmen keine Wirksamkeit (Art. 18 ZGB; dazu BK-BUCHER, Art. 17/18 ZGB N 3, 126 ff.). Auch die – teilweise lauterkeitsrechtlich erfassbaren – Fälle des psychologischen Kaufzwangs können unter Art. 21 subsumiert werden (Art. 3 Abs. 1 lit. h UWG bez. aggressiver Verkaufsmethoden; BK-KRAMER, N 45), sofern sich der Vertragspartner die Übervorteilungsmöglichkeit zunutze macht.

Unerheblich ist, ob die Schwächesituation *selbstverschuldet* ist oder nicht (CR CO I-SCHMIDLIN, N 7; VON TUHR/PETER, 344).

11 Eine **Notlage** i.S.v. Art. 21 liegt vor, wenn sich die eine Partei bei Vertragsabschluss in einer *Zwangslage* oder in *starker Bedrängnis* befindet (GAUCH, recht 1989, 96; BK-KRAMER, N 36 ff.; ZK-OSER/SCHÖNENBERGER, N 10; vgl. dazu auch § 138 Abs. 2 BGB). Entscheidend ist, dass der Übervorteilte den Abschluss des unvorteilhaften Vertrags im Vergleich zu den ihm aus der Notlage drohenden Nachteilen als das kleinere Übel empfindet (STARK, 384; GAUCH, recht 1989, 96). Das BGer verlangt zusätzlich, dass diese Güterabwägung auch objektiv (Art. 2 Abs. 1 ZGB) vertretbar sein muss (BGE 123 III 301). Nach GAUCH braucht die Notlage nicht wirklich zu bestehen. Es soll vielmehr genügen, wenn der Übervorteilte glaubt, sich in einer Notlage zu befinden (imaginäre Notlage; GAUCH, recht 1998, 62 f.; s.a. BK-KRAMER, N 37 m.w.Nw.). Unseres Erachtens sollte auf das Vertrauensprinzip abgestellt werden. Dies bedeutet, dass die subjektive Wahrnehmung des Übervorteilten auch objektiv als vertretbar erscheinen muss (HUGUENIN, OR AT/BT, N 459). Notlagen entstehen nicht nur aus *wirtschaftlichen* (BGE 84 II 107 E. 2), sondern auch aus *persönlichen, familiären oder politischen Gründen* (BK-KRAMER, N 36; BGE 123 III 301; 61 II 35; KGer VS, RVJ 1985, 289; vgl. auch Art. 270 Abs. 1 lit. a). Eine Notlage liegt auch dann vor, wenn der Übervorteilte die Mittel hat, das geforderte Übermass zu leisten (BGE 123 III 302). Die Notlage muss den Übervorteilten in seiner Entscheidungsfreiheit beeinträchtigen. Deshalb muss sie bereits im Zeitpunkt des Vertragsschlusses bestehen. Es genügt somit nicht, dass ein Vertragspartner erst infolge des Vertragsschlusses in eine Notlage geraten ist (BGer, 21.11.2001, 4C.226/2001, E. 4; BGE 123 III 302). Die Zwangslage muss *individuell* begründet sein; die Ausnützung der Preisverhältnisse auf gestörten Märkten fällt unter den Anwendungsbereich des Kartell- und des Preisüberwachungsgesetzes (Art. 7 Abs. 2 lit. b und c KG bzw. Art. 12 f. PüG; BUCHER, AT, 233, FN 20 f.; BK-KRAMER, N 39).

12 **Unerfahrenheit** ist nicht als allgemeine Unfähigkeit zu verstehen, ein Geschäft angemessen zu würdigen (so noch BGE 85 II 413; 44 II 183; 41 II 579; BK-BECKER, N 7); es genügt, wenn eine Partei Tragweite und Bedeutung des konkreten Vertrags nicht richtig einzuschätzen vermag (BGE 92 II 168 E. 5 sowie bereits BGE 61 II 36; zuletzt BGer, 13.10.2005, 4C.238/2004, E. 2.4; HGer ZH, ZR 1999, 153; BK-KRAMER, N 40 ff.). Die Unerfahrenheit äussert sich in einem *Mangel an Kenntnissen* (KNOEPFEL-KUNZ, 293 f.). Auf einen konkreten Mangel an Sachkenntnis sollte sich indessen nicht berufen dürfen, wer kraft seiner Berufsstellung nicht hätte unerfahren sein dürfen (BK-KRAMER, N 42; **a.M.** VON TUHR/PETER, 345).

Mit **Leichtsinn** ist ein konkreter *Mangel an gebotener Vorsicht und Überlegenheit* gemeint (KGer VS, RVJ 1985, 289). Es muss sich nicht um einen pathologischen Zustand oder um eine Veranlagung handeln (GAUCH, recht 1989, 97; GAUCH/SCHLUEP/SCHMID/EMMENEGGER, N 737; BK-KRAMER, N 44 f.; BGer, 13.10.2005, 4C.238/2004, E. 2.5; HGer ZH, ZR 1999, 154; zu streng BGE 61 II 31 E. 2b). 13

3. Ausbeutung

Die Gegenpartei muss die **Entscheidungsschwäche** des Übervorteilten **bewusst ausgenutzt** haben, um den Vertrag mit dem inäquivalenten Inhalt abzuschliessen (sog. finales Moment nach BUCHER, AT, 234 FN 25; GAUCH, recht 1989, 98; BGE 123 III 305; 92 II 177; 53 II 488; HGer ZH, ZR 1999, 154; Corte cantonale Ticinese, Rep 1986, 73). Die Initiative zum Vertragsabschluss muss dabei nicht von der übervorteilenden Partei ausgegangen sein (BGE 123 III 305; GAUCH, recht 1989, 98; BK-KRAMER, N 33; **a.M.** Bucher, AT, 233 f.). Unterschiedliche Auffassungen bestehen bezüglich des erforderlichen Aktivitätsgrads der übervorteilenden Partei: Nach der einen Meinung genügt die *Wahrnehmung* der günstigen Gelegenheit zum Vertragsabschluss (BK-KRAMER, N 33 m.w.Nw.), nach der anderen ist die *Herbeiführung* des Vertragsabschlusses erforderlich (BUCHER, AT, 233 f.; OGer BL, SJZ 1977, 82). 14

Nach h.L. ist Art. 21 bei *böswilliger* oder *grobfahrlässiger Nichtkenntnisnahme* der Entscheidungsschwäche analog anzuwenden (s.a. N 22; GAUCH/SCHLUEP/SCHMID/EMMENEGGER, N 744; CHK-KUT, N 19 m.w.Nw.).

III. Rechtsfolgen

Die Rechtsfolge der Übervorteilung besteht in der **einseitigen Unverbindlichkeit** des Vertrags (BK-KRAMER, N 46 ff.; GAUCH/SCHLUEP/SCHMID/EMMENEGGER, N 745; GUHL/KOLLER/SCHNYDER/DRUEY, § 7 N 55). Der Übervorteilte kann auch bloss teilweise Unverbindlichkeit des Vertrags verlangen und dessen Fortbestand mit geändertem Inhalt beanspruchen (BGE 123 III 292; GAUCH/SCHLUEP/SCHMID/EMMENEGGER, N 754; GUHL/KOLLER/SCHNYDER/DRUEY, § 7 N 55). Im Gegensatz zum deutschen (§ 138 Abs. 2 BGB) und zum österreichischen Recht (§ 879 Abs. 2 Ziff. 4 ABGB), welche die Nichtigkeitsfolge vorsehen, muss nach schweizerischem Recht der Übervorteilte *innert Jahresfrist* erklären, dass er den Vertrag nicht halten wolle (Art. 21 Abs. 1). Während nach der **Anfechtbarkeitstheorie** die *Unverbindlichkeitserklärung* die Ungültigkeit des schwebend wirksamen Vertrags ex tunc auslöst (BUCHER, AT, 234; vgl. auch BK-KRAMER, Art. 1 N 133 f.), liegt die Ungültigkeit nach der **Ungültigkeitstheorie** gleichsam schon vor, darf aber nur unter der Voraussetzung beachtet werden, dass der Übervorteilte sich fristgerecht auf sie beruft (BGE 114 II 131 E. 3; GAUCH, recht 1989, 99). Nach (unbenutztem) Ablauf der Verwirkungsfrist (BGer, 24.1.2013, 4A_542/2012, E. 2.5) von einem Jahr seit Vertragsschluss (Art. 21 Abs. 2) gilt der Vertrag als «geheilt» (KGer SZ, SJZ 1990, 381; GAUCH/SCHLUEP/SCHMID/EMMENEGGER, N 746; BK-KRAMER, N 47) respektive «genehmigt» (Art. 31 Abs. 1 analog; HGer ZH, ZR 1999, 145 ff.; GAUCH, recht 1989, 100). 15

Die Möglichkeit der **Korrektur des Leistungsmissverhältnisses** durch Reduktion der einen bzw. Anhebung der anderen Leistungsverpflichtung **(Teilunverbindlichkeit)** bleibt in Art. 21 unerwähnt. Die h.L. und ein Teil der Praxis leiten sie analog aus Art. 20 Abs. 2 ab (SPIRO, ZBJV 1952, 513 ff.; PIOTET, ZSR 1957, 123 ff., JdT 1958, 536 ff.; GAUCH, recht 1989, 100; BUCHER, AT, 235, 237; GAUCH/SCHLUEP/SCHMID/EMMENEGGER, N 754 f.; BK-KRAMER, N 49 m.w.Nw.; vgl. auch Art. 42 Abs. 2 und 3 i.V.m. Art. 34 des Entwurfs für einen neuen Allgemeinen Teil des Obligationenrechts in HUGUENIN/HILTY). Diese Ansicht wird damit begründet, dass der Übervorteilte in bestimmten (sozialrelevanten) Bereichen auf die Leistung des Wucherers angewiesen ist (BK-KRAMER, N 49; AppGer BS, BJM 1990, 95). 16

Unseres Erachtens ist die *allgemeine Teilnichtigkeitsregel* nach Art. 20 Abs. 1 *analog* anzuwenden (s. Art. 19/20 N 61). Art. 21 bezweckt den Schutz der übervorteilten Partei. Ob dieser Schutz via Ganz- oder via Teilunverbindlichkeit gewährt werden kann, hängt von der konkreten Situation ab. Kann der Normzweck nur durch Aufrechterhaltung des korrigierten Vertrags erreicht werden, so sollte die Entscheidung zwischen Ganz- oder Teilunverbindlichkeit nicht (zusätzlich) vom hypothetischen Willen der Parteien abhängig gemacht werden, wie Art. 20 Abs. 2 es verlangen würde (so aber HÜRLIMANN R., 79, 82 f.; KELLER/SCHÖBI, I, 151; **a.M.** BK-KRAMER, N 53). Ist der Übervorteilte auf die Leistung angewiesen, darf es keine Rolle spielen, ob der Wucherer auch der korrigierten Vertragsversion zugestimmt hätte. Ein Teil der Lehre verlangt denn auch, dass es auf den Willen des Wucherers nicht ankommen solle (HÜRLIMANN R., 102; GAUCH/SCHLUEP/SCHMID/EMMENEGGER, N 755; BK-KRAMER, N 50 f. und 53; SCHWENZER, N 32.55; vgl. auch Art. 43 Abs. 3 des Entwurfs für einen neuen Allgemeinen Teil des Obligationenrechts in HUGUENIN/HILTY: «Bei Täuschung, Furchterregung und Übervorteilung kann die betroffene Partei die Ungültigkeit des ganzen Vertrages geltend machen, selbst wenn der Mangel bloss einen Teil des Vertrages betrifft»; **a.M.** MAZZOLA, 103; PIOTET, JdT 1958, 539; BUCHER, AT, 237). Für die Anwendung der allgemeinen Teilnichtigkeitsregel nach Art. 20 Abs. 1 spricht überdies, dass die wucherische Leistungsverpflichtung auf das **marktübliche Durchschnittsentgelt** (BK-KRAMER, N 52) reduziert werden sollte. Dagegen verlangt Art. 20 Abs. 2, dass an die Stelle der mangelhaften Klausel jene Ersatzregel treten soll, die der unwirksamen Abrede am nächsten kommt (s. Art. 19/20 N 62). Der Richter müsste also anstelle des wucherischen den gerade noch zulässigen, allenfalls aber immer noch inäquivalenten Preis einsetzen. Diese Lösung würde indessen dem Schutzzweck von Art. 21 nicht genügend Rechnung tragen.

Das BGer hat die Frage, unter welchen Voraussetzungen und nach welchen Regeln ein wucherischer Vertrag korrigierbar sein soll, lange offen gelassen (BGE 92 II 179; 84 II 113; 78 II 218; 64 I 47), obwohl es für alle anderen *anfänglichen Teilmängel* die Möglichkeit der Teilungültigkeit bereits bejaht hatte (für Inhaltsmängel, s. Art. 19/20 N 61 ff.; für Willensmängel, BGE 107 II 148 = Pra 1981, 463; 107 II 419 E. 3). In BGE 123 III 292 hat es diese Lücke nun auch bezüglich des Wuchers geschlossen und entschieden, dass der Übervorteilte bloss «eine teilweise Unverbindlichkeit des wucherischen Vertrags» geltend machen und dessen «Fortbestand mit geändertem Inhalt» beanspruchen kann (294). Offen liess das BGer erneut, ob sich auch der Anfechtungsgegner auf teilweise Unverbindlichkeit berufen kann, wenn der Übervorteilte Ganzunverbindlichkeit geltend macht (300).

17 Ist der unverbindliche Vertrag erfüllt worden, so können die bereits erbrachten Leistungen vindiziert bzw. kondiziert werden (Art. 641 Abs. 2 ZGB bzw. Art. 62 ff.; BGE 92 II 168 E. 6; BK-KRAMER, N 58 ff.). Nach einer anderen Auffassung verdrängt das ausdrücklich statuierte Recht auf Rückgabe des «Geleisteten» als *Spezialregel* das allgemeine Bereicherungsrecht (BUCHER, AT, 235). Da Art. 21 nicht von den Rückgabepflichten des Wucherers spricht, kann sich die Spezialregel jedenfalls nur auf die *Rückabwicklungsansprüche des Übervorteilten* beziehen. Das allgemeine Bereicherungsrecht bleibt also mindestens teilweise anwendbar.

Eine *normzweckorientierte Auslegung der Rückabwicklungsregeln* (HUGUENIN, Diss., 93) führt zu den folgenden Ergänzungen der allgemeinen Bereicherungsregeln: (1) Auch der Übervorteilende darf zurückfordern, was er bereits geleistet hat (BGE 92 II 179; 84 II 112; speziell zu Art. 66: BK-KRAMER, N 60; GAUCH/SCHLUEP/SCHMID/EMMENEGGER, N 1548 ff.; VON TUHR/PETER, 347). (2) Der Entreicherungseinwand nach Art. 64 soll dagegen nur dem Übervorteilten offenstehen (vgl. § 819 Abs. 2 BGB; BK-KRAMER, N 59; BK-BECKER, N 14). (3) Die Kenntnis des Mangels darf dem Übervorteilten solange nicht schaden, als er nicht rechtsmissbräuchlich handelt (zu Art. 63 Abs. 1, HUGUENIN, Diss., 70 f.; zu Art. 64, BK-KRAMER, N 59 f.).

17a Eine neuere Lehrmeinung nimmt ein **vertragliches Rückabwicklungsverhältnis** an (CR CO I-SCHMIDLIN, N 16 m.V. auf Art. 31 N 27 ff. m.w.H.; s.a. die Art. 45 bzw. 79 ff. des Entwurfs für einen neuen Allgemeinen Teil des Obligationenrechts in HUGUENIN/HILTY, die ein einheitliches Rückabwicklungsregime für alle Arten von fallierten Verträgen vorsehen). D.h. die Rückerstattung der Leistungen erfolgt unabhängig von der Frage, ob es sich nun um einen Entstehungs- oder Erfüllungsmangel handelt: Mit erfolgreicher Ungültigerklärung wird der Vertrag in ein nach vertragsrechtlichen Grundsätzen gesteuertes «Liquidationsverhältnis» umgestaltet. Auch u.E. ist es sachgerechter, allfällig bereits erbrachte Leistungen nach Massgabe der in sich zusammenhängenden und aufeinander abgestimmten vertraglichen Grundsätzen zu liquidieren, statt den Zustand quo ante mittels den unterschiedlich konzipierten sowie ungleich wirkenden Vindikations- und Bereicherungsregeln wiederherstellen zu wollen (HUGUENIN, OR AT/BT, N 583). Eine solche Liquidationslösung schenkt der Vertragslage nach erfolgter Ungültigerklärung angemessener Beachtung als die ausservertraglichen Regeln. Das von den Parteien vereinbarte Leistungs-Gegenleistungs-Verhältnis sollte unserer Meinung nach bei der Herbeiführung des Zustands quo ante soweit wie möglich (s. dazu Art. 82 des Entwurfs für einen neuen Allgemeinen Teil des Obligationenrechts in HUGUENIN/HILTY) berücksichtigt werden (vgl. auch BK-SCHMIDLIN, Art. 31 N 20 f.). Auch wird dadurch eine durch eine inkonsistente Rückabwicklung verursachte, im Effekt mehr oder weniger zufällig erscheinende Güterverteilung vermieden. Oftmals ist es nämlich vom Zufall abhängig, wer im Anfechtungszeitpunkt bereits in welchem Umfang erfüllt hat (HUGUENIN, OR AT/BT, N 583 und 1821).

18 Die Ausbeutung der Entscheidungsschwäche des Übervorteilten verstösst gegen die Pflicht zur vorvertraglichen Rücksichtnahme (Art. 2 ZGB). Daraus folgt, dass der Übervorteilende nach Massgabe der Regeln über die **culpa in contrahendo** schadenersatzpflichtig wird (GONZENBACH, 53 ff.). Der Schadenersatzanspruch des Übervorteilten geht auf Ersatz des Vertrauensinteresses (KGer VS, RVJ 1973, 323 f.). Für die Bemessung des Schadenersatzes könnte auch der *Aktivitätsgrad* des Übervorteilenden herangezogen werden. Im Übrigen ist kontrovers, ob Schadenersatzansprüche in Analogie zu Art. 31 Abs. 3 auch bei «Genehmigung» des Vertrags gestellt werden dürfen (befürwortend GAUCH/SCHLUEP/SCHMID/EMMENEGGER, N 748; CR CO I-SCHMIDLIN, N 16 FN 34; **a.M.** KELLER/SCHÖBI, I, 200; ZK-OSER/SCHÖNENBERGER, N 18; VON TUHR/PETER, 347; offen gelassen in OGer LU, LGVE 2013 I Nr. 17, E. 4.4).

IV. Konkurrenzen und Abgrenzungen

19 Verstösst der Wuchervertrag zusätzlich gegen eines der in den *Art. 19 und 20* genannten *Kontrollkriterien*, so besteht **Anspruchskonkurrenz** in Form von Alternativität (BK-KRAMER, N 62 ff.; CR CO I-SCHMIDLIN, N 25 ff.). Zur Bestimmung der angemessenen Rechtsfolge sowie allfälliger bereicherungs- und schadenersatzrechtlicher Ansprüche ist unseres Erachtens auch Art. 21 heranzuziehen. Bei einem Verstoss gegen den *strafrechtlichen Wuchertatbestand* (Art. 157 StGB) ist die in Art. 20 (als zivilrechtliche Sanktion) angeordnete Nichtigkeit ausschliesslich nach Massgabe von Art. 21 zu konkretisieren. Die Sanktion besteht danach in der einseitigen Unverbindlichkeit (vgl. Art. 19/20 N 54; im Ergebnis gleich BK-KRAMER, N 64; **a.M.** GAUCH/SCHLUEP/SCHMID/EMMENEGGER, N 757; offen gelassen in BGE 134 III 52 E. 1.3.3) und in der Möglichkeit des Übervorteilten, teilweise Unverbindlichkeit des Vertrags geltend zu machen.

20 Liegt **kein offenbares Missverhältnis** zwischen Leistung und Gegenleistung vor, kommt allenfalls eine *Anfechtung wegen Willensmängeln* in Frage (Art. 23 ff.).

21 Sind umgekehrt die subjektiven Elemente nicht gegeben, sondern ist nur die objektive Voraussetzung der groben **Leistungsinäquivalenz** erfüllt, so ist zu prüfen, ob eine Spezialvorschrift anwendbar ist (Art. 163 Abs. 3; zu Art. 340, KGer GR, PKG 1986, 42 ff.; Art. 417; spezifische Wuchervorschriften des öffentlichen Rechts; BK-KRAMER, N 63 sowie Art. 19/20 N 207), oder ob ein in Art. 19 oder 20 genanntes Kontrollkriterium verletzt wurde und der

Vertrag daher nichtig oder teilnichtig sein soll. Bei marktbedingter Leistungsinäquivalenz ist allenfalls **Wettbewerbsrecht** anwendbar (Wettbewerbsbehinderung nach Art. 13 KG; Preismissbrauch nach Art. 12 und 13 PüG). Leistungsinäquivalente Verträge können auch infolge ihrer Dauer oder Intensität **persönlichkeitsrechtswidrig** sein (Art. 19/20 N 40; BK-KRAMER, N 65).

Dagegen ist strittig, ob **krasse Leistungsinäquivalenz** (laesio enormissima) als ein Inhaltsmangel betrachtet werden darf, der zu einer allgemeinen Vertragskontrolle nach Art. 19/20 berechtigt (befürwortend BK-KRAMER, Art. 19/20 N 205; VON BÜREN, AT, 229 f.; ZUFFEREY-WERRO, 231; OFTINGER, 168; **a.M.** KNOEPFEL-KUNZ, 329 f.; BUCHER, AT, 258 f.; GAUCH/SCHLUEP/SCHMID/EMMENEGGER, N 756). Nach BGE 115 II 232 E. 4c, regelt Art. 21 den Problemkreis der Wertdisparität der Vertragsleistungen abschliessend (so schon BGE 51 II 169 und 43 II 806; zuletzt BGer, 24.1.2013, 4A_542/2012, E. 2.5; 11.3.2009, 4A_21/2009, E. 5.2). Dagegen erklärte das BGer 1967 einen *Zinssatz* von 26% wegen Sittenwidrigkeit für teilnichtig und reduzierte ihn auf 18% (BGE 93 II 189). In BGE 95 II 112 schliesslich wurde offen gelassen, ob der Wuchervertrag nichtig sein könnte, wenn der Übervorteilte daran verhindert war, ihn fristgerecht anzufechten (ablehnend BGE 43 II 608). Nach BGE 47 II 160 genügt ein auffälliges Missverhältnis zwischen Leistung und Gegenleistung für sich allein nicht, «das Versprechen zu einem die guten Sitten verletzenden und daher der Rechtswirkung entkleideten Rechtsgeschäft zu stempeln; erforderlich ist vielmehr das Hinzutreten weiterer Momente, die in Verbindung hiermit den Vertrag nach Anlass, Inhalt und Zweck in seinem Gesamtcharakter als gegen die guten Sitten verstossend erscheinen lassen» (BGE 47 II 174 unter Berufung auf BGE 30 II 77; 29 II 126).

22 **Fehlen der Ausbeutung**: Hätte sich die eine Partei darüber Rechenschaft ablegen müssen, dass die andere Seite ihre Zustimmung zu dem für sie nachteiligen Vertrag nur aufgrund beeinträchtigter Entscheidungsfreiheit gibt, ist eine analoge Anwendung von Art. 21 in Betracht zu ziehen (in Anlehnung an die deutsche Praxis GAUCH/SCHLUEP/SCHMID/EMMENEGGER, N 744).

23 Stellt sich die **Inäquivalenz** zwischen Leistung und Gegenleistung erst **nach Vertragsschluss** ein, so liegt kein anfänglicher Mangel und also kein Anwendungsfall von Art. 21 vor; allenfalls ist der Vertrag wegen *Vorliegen eines wichtigen Grundes* auflösbar (BK-KRAMER, Art. 1–18, Allg. Einleitung N 162 ff.). Eine Vertragsanpassung an die veränderten Umstände kann allenfalls mit Hilfe der Regeln über die *clausula rebus sic stantibus* erreicht werden (BK-KRAMER, Art. 18 N 272 ff.; ZK-JÄGGI/GAUCH, Art. 18 N 678 ff.; GAUCH/SCHLUEP/SCHMID/EMMENEGGER, N 1280 ff.; vgl. auch BGer, 30.10.2002, 4C.246/2002, E. 3.5). Die Voraussetzungen von Art. 21 sind auch dann nicht erfüllt, wenn die **erbrachte Leistung** der getroffenen Vereinbarung nicht entspricht; diesfalls ist an die Rechtsbehelfe für *Nicht- und Schlechterfüllung* zu denken (BGE 92 II 168 E. 2; KGer VS, RVJ 1969, 334; RVJ 1973, 319; BUCHER, AT, 232; BK-KRAMER, N 17).

V. Prozessuales

24 Die **Beweislast** für das Vorliegen des offenbaren Missverhältnisses und der beiden subjektiven Voraussetzungen (Schwächesituation auf der einen, Ausbeutung derselben auf der anderen Seite) liegt nach *Art. 8 ZGB* beim *Übervorteilten*. Nach einem Teil der Lehre soll bei einem feststehenden offenbaren Leistungsmissverhältnis vermutungsweise von einer Schwächesituation und ihrer Ausbeutung ausgegangen werden (GAUCH/SCHLUEP/SCHMID/EMMENEGGER, N 744 m.w.Nw.). Die Beurteilung des Vorliegens eines offenbaren Missverhältnisses ist eine **Rechtsfrage** (BGer, 13.10.2005, 4C.238/2004, E. 2.2; BGE 61 II 34; 46 II 60), welche vom Richter nach freiem Ermessen (Art. 4 ZGB) zu entscheiden ist (BGE 123 III 304). Das BGer ist dabei an die tatsächlichen Feststellungen der Vorinstanz, aus denen sich das offenbare Missverhältnis ableiten lässt, gebunden (BGer, 13.10.2005, 4C.238/2004, E. 2.2; BGE 61 II 34; 46 II 60; BK-KRAMER, N 32).

Art. 22

IV. Vorvertrag

[1] Durch Vertrag kann die Verpflichtung zum Abschluss eines künftigen Vertrages begründet werden.

[2] Wo das Gesetz zum Schutze der Vertragschliessenden für die Gültigkeit des künftigen Vertrages eine Form vorschreibt, gilt diese auch für den Vorvertrag.

IV. Promesse de contracter

[1] L'obligation de passer une convention future peut être assumée contractuellement.

[2] Lorsque, dans l'intérêt des parties, la loi subordonne la validité du contrat à l'observation d'une certaine forme, celle-ci s'applique également à la promesse de contracter.

IV. Promessa di contrattare

[1] Mediante contratto si può assumere la obbligazione di stipulare un contratto futuro.

[2] Se nell'interesse delle parti contraenti la legge sottopone la validità del futuro contratto a una data forma, questa è richiesta anche per la promessa.

Literatur

Schweiz: Bucher, Hundert Jahre schweizerisches Obligationenrecht: Wo stehen wir heute im Vertragsrecht?, ZSR 1983, 257 ff. [‹www.eugenbucher.ch›, Nr. 29], (zit. ZSR 1983); ders., Die verschiedenen Bedeutungsstufen des Vorvertrags, in: Bucher et al., Berner Festgabe zum Schweizerischen Juristentag 1979, 169 ff. [‹www.eugenbucher.ch›, Nr. 21] (zit. Bedeutungsfragen); Brückner, § 10 – Verwandte Verträge (Vorvertrag, Vorkaufsvertrag, Vertrag auf Begründung eines Kaufsrechts bzw. Rückkaufsrechts), in: Koller (Hrsg.), Der Grundstückkauf, 2. Aufl., Bern 2001; Cottier, De l'inutilité de la promesse de vente?, SJZ 76 (1980), 273 ff.; Gabellon, Le précontrat – développements et perspectives, Diss. Genf 2014; Guhl, Das Schweizerische Obligationenrecht, 1. Aufl. 1933, 3. Aufl. 1944, 4. Aufl. 1948; Herzog, Der Vorvertrag im schweizerischen und deutschen Schuldrecht, Diss. Zürich 1999; Kummer, Die Rechtsprechung des Bundesgerichts im Jahre 1971, ZBJV 109 (1973), 137 ff. (zit. ZBJV 1973); ders., Die Klage auf Verurteilung zur Abgabe einer Willenserklärung, ZSR 1954, 163 ff. (zit. ZSR 1954); Messerli, Die Vollstreckung des Urteils auf Abgabe einer Willenserklärung nach Art. 407/408 der Bernischen Zivilprozessordnung, Diss. Bern 1983; Reber, Zum «Durchgriff» beim Vorvertrag, recht 1993, 92 ff.; Roth, Der Vorvertrag: eine zivilistische Studie unter besonderer Berücksichtigung von Art. 22 des schweizerischen Obligationenrechts, Diss. Fribourg 1928; Schlosser, Les lettres d'intention: portée et sanction des accords précontractuels, in: FS für Baptiste Rusconi, Lausanne 2000, 345 ff.; Stoffel, La promesse de contracter en droit suisse, in: Pouvoir exécutif et pouvoir législatif, publications de l'Institut suisse de droit comparé, no. 5, 1986, 131 ff.; Vogel, Grundriss des Zivilprozessrechts, Bern 1984; Walder, Zivilprozessrecht, 3. Aufl., Zürich 1983.

Ausland: Call, Zur Bestimmtheit der «wesentlichen Stücke des Vertrags», insbesondere beim Vorvertrag zum Kauf, in: Horak et al. (Hrsg.), FS für Arnold Herdlitczka, Salzburg 1972, 43 ff.; Castro, Das Pactum de contrahendo – der Vorvertrag, Möglichkeiten einer europäischen Rechtsvereinheitlichung auf der Basis eines Rechtsvergleichs der deutschen und französischen Rechtsordnungen, Diss. Konstanz 2013; Chitty, On Contracts, Bd. 1, 23. Aufl., London 1968; Corbin, On Contracts, Bd. 1, London 1963; ders., On Contracts, 1980, Supplement, Part 1, London 1980; Degenkolb, Zur Lehre vom Vorvertrag, AcP 1887, 1 ff.; Ferid, Das französische Zivilrecht, Bd. 1, 1. Aufl., Frankfurt a.M. und Berlin 1971; Ferid-Sonnenberger, Das französische Zivilrecht, Bd. 2, 2. Aufl., Heidelberg 1986; Ghestin, Traité de droit civil, les obligations, le contrat, 2. Aufl., Basel 1988; de Juglart, in: Mazeaud (éd.), Leçons de Droit civil, Bd. 2, 4. Aufl., Paris 1969; Schlossmann, Über den Vorvertrag und die rechtliche Natur der sogenannten Realkontrakte, Jher.Jb. 45 (1903), 1 ff.; Schmalzel, Vorverträge zugunsten Dritter, AcP 164 (1964), 446 ff.; Snell's Principles of Equity, (unzählige weitere, hier zit. 27. Aufl. 1973); Wabnitz, Der Vorvertrag in rechtsgeschichtlicher und rechtsvergleichender Betrachtung, Diss. Münster 1962 (grundlegend!).

I. Grundlagen

1 Mit dem **Vorvertrag** – genauer eigentlich mit der Vereinbarung zu Kontrahieren (pactum de contrahendo; le précontrat) – verspricht mindestens eine Partei, künftig mit der anderen Partei oder einem Dritten (s. N 7 ff.) ein Verpflichtungsgeschäft einzugehen, mithin *einen schuld-*

rechtlichen Vertrag zu schliessen. Dieser sog. **Hauptvertrag** (le contrat principal) bildet nicht nur das Ziel des Vorvertrags, sondern *gibt ihm auch inhaltliches und formales Profil*, indem er die notwendigen Inhaltselemente beeinflusst und ggf. Formbedürftigkeit des Vorvertrags auslöst (s. N 67 ff.).

2 Als Vertrag untersteht er den **allgemeinen obligationenrechtlichen Regeln**. Das gilt prinzipiell auch für die allgemeinen Voraussetzungen der **Entstehung** gem. Art. 1 ff. Allerdings muss der Vorvertrag regelmässig auch bereits die subjektiv (BGE 118 II 32 E. 3.d i.f.: sind als solche deutlich zu erkennen zu geben) und objektiv wesentlichen Elemente (sog. essentialia) des Hauptvertrages hinreichend bestimmen (vgl. BK-KRAMER, Art. 19/20 OR N 79, 97 m.V.; BGE 98 II 305; s. aber N 17).

3 Weiter kann der Vorvertrag wegen **Willensmängeln** angefochten werden (BGer, 4.9.2013, 4A_297/2013, E. 3.2.2; KOLLER A., OR AT, § 22 N 18; HERZOG N 318). Er kann **bedingt** geschlossen werden (BGE 117 II 273 E. 3.b). Weiter **verjähren** Ansprüche aus Vorverträgen, d.h. der Kontrahierungs- wie der Schadenersatzanspruch, in zehn Jahren ab Fälligkeit (Art. 127), mithin ab verabredetem *Kontrahierungszeitpunkt*.

4 Art. 22 *Abs. 1* kommt dabei bloss *deklaratorische Bedeutung* zu (Botschaft zum rev. E-OR vom 3.3.1905, BBl 1905 II 14). Denn die Möglichkeit, die Pflicht zum Abschluss künftiger Verträge zum Gegenstand eines Vertrags zu machen, ergibt sich bereits **aus der Vertragsfreiheit**. Zudem hatte namentlich DEGENKOLB mit seinem Aufsatz zum Vorvertrag von 1887 ein vorvertragsfreundliches Klima geschaffen (vgl. DEGENKOLB, passim). Entsprechend war – obwohl das aOR den Vorvertrag nicht eigens regelte – seine Zulässigkeit jedenfalls im ausgehenden 19. Jahrhundert nicht bestritten und durch eine umfangreiche Praxis des BGer bestätigt (BGE 31 II 640 E. 2; 25 II 450 E. 2; 21, 627 E. 4; 18, 897 E. 2; 15, 760 E. 3 f.). Aus gleichem Grunde wurde etwa auch im BGB auf eine ausdrückliche Regelung verzichtet.

5 Freilich äusserten noch in der älteren Pandektistik gewichtige Stimmen Vorbehalte (so z.B. SAVIGNY, Obligationenrecht, Bd. II, Berlin 1853, 245) und im englischsprachigen Rechtskreis galten Vorverträge ganz regelmässig als unzulässig (wie auch heute noch, vgl. N 83 ff.). Als dann SCHLOSSMANN im Jahre 1903 das Institut in grundsätzlicher Weise in Frage stellte, **motivierte** dies den hiesigen Gesetzgeber mutmasslich dazu, den geltenden Rechtszustand anlässlich der Revision des OR im Jahre 1911 festschreiben und gegen derartige Angriffe zu sichern (BK-KRAMER, Art. 19/20 OR N 71; BUCHER, Bedeutungsstufen, 172; WABNITZ, 111 f.).

6 So lässt sich auch die **systematische** Einordnung der Norm im Kapitel über den «Inhalt des Vertrages» (Art. 19 ff. OR) erklären (für BK-KRAMER, Art. 22 OR N 3 eine «kaum einsichtige Stelle»). Sachlich passender und zudem dienlicher wäre aber allemal eine Verortung im Anschluss an Art. 97 und 98 OR gewesen (was die **inhaltliche Zulässigkeit** nicht minder bekräftigt hätte). Denn die bis heute geführte Diskussion um den Vorvertrag wird schwergewichtig durch Fragen genährt, die sich im Hinblick auf seine **(Nicht-)Erfüllung** stellen (s. N 14 ff. u. 41 ff.).

II. Formen

1. Kriterien

7 **Unterscheiden** lassen sich zum einen *parteidifferente* und *parteiidentische* Konstellationen, die sich zum andern je noch weiter in *einseitig* und *zweiseitig verpflichtende* (oder ggf. multilateral verpflichtende) Formen gliedern lassen (s. schon BK-KRAMER, Art. 19/20 OR N 74 m.w.H.; BGer, 4.9.2013, 4A_297/2013, E. 3.2.1).

8 **Parteidifferenz** liegt vor, wenn der Vorvertrag nicht durch dieselben Parteien geschlossen wird wie der Hauptvertrag. Hier nimmt der Vorvertrag die Form eines echten oder unechten *Vertrages zugunsten Dritter* an (Art. 112 OR; s. etwa KOLLER A., OR AT § 22 N 6 ff. m.w.H.).

So kann *eine Partei* des künftigen Hauptvertrags einen Dritten mit dem Kontrahierungsanspruch ausstatten: **einseitig verpflichtend** verspricht sie der vorvertraglichen Gegenpartei, später mit dem Dritten den Hauptvertrag zu schliessen (*pactum de contrahendo cum tertio*; detailliert SCHMALZEL, 446 ff.). **9**

Ebenfalls hier einzuordnen ist der Fall, dass *zwei* Parteien des künftigen Hauptvertrags **zweiseitig verpflichtend** vereinbaren, später gemeinsam mit einem Dritten zu kontrahieren – ihm etwa solidarisch Bürgschaft i.S.v. Art. 493 Abs. 6 OR zu leisten (CR CO I-MORIN, Art. 22 N 6). Gleiches gilt, wenn die Vorvertragsparteien eine *Schiedsklausel* aufnehmen und sich darin versprechen, im Streitfall mit den zu ernennenden Schiedsrichtern einen entsprechenden Vertrag (das sog. receptum arbitri) zu schliessen (BUCHER, Bedeutungsstufen, 183 FN 36). **10**

Bereits früh hat das **BGer** parteidifferente Vereinbarungen ausdrücklich den Vorverträgen zugerechnet (vgl. BGE 57 II 502 E. 1; 58 II 362 E. 2). Gleiches gilt für die **h.L.**, die teils gar annimmt, sie seien die *einzig sinnvolle Form* des Vorvertrags (vgl. BK-KRAMER, Art. 19/20 OR N 98 ff.; VON TUHR/PETER, 274; so wohl auch MERZ, Vertrag, N 309, 155). Zum Ganzen: BUCHER, Bedeutungsstufen, 171; BK-KRAMER, Art. 19/20 OR N 74 und u. N 14 ff. **11**

Parteiidentität ist gegeben, wenn *dieselben Parteien* sowohl den Vor- als auch der Hauptvertrag schliessen, wobei sich entweder beide verpflichten können (**zweiseitig verpflichtender** Vorvertrag (s. zudem u. N 14 ff.), oder nur eine von beiden (**einseitig verpflichtender** Vorvertrag; s. dazu etwa GAUCH/SCHLUEP/EMMENEGGER N 1092; KOLLER A., OR AT, § 22 N 9). Heute dürfte unstreitig sein, dass auch diese letztgenannte Form des Vorvertrags unter Art. 22 zu subsumieren ist. Als Beispiel sei etwa die *promesse de vente* genannt, die in welschen Kantonen eine lange Tradition besitzt (vgl. COTTIER, SJZ 1980, 273 ff.). **12**

Eher unglücklich wurden z.T. unter der **Bezeichnung** des «Vorvertrags im weiteren Sinne» oder des «einseitigen Vorvertrags» der parteidifferente sowie der parteiidentische einseitig verpflichtende Vorvertrag zusammengefasst und in Opposition gesetzt zum – verkürzt – als «zweiseitigen Vorvertrag» betitelten parteiidentischen zweiseitig verpflichtenden Vorvertrag (offenbar in Anlehnung an SCHLOSSMANN, 89, WABNITZ, 2 Anm. 2 und ROTH, 159: BUCHER, Bedeutungsstufen, 171 und DERS., Voraufl. N 8 f.; krit. auch BK-KRAMER, Art. 19/20 OR N 74, der von missverständlichen Termini spricht). **13**

2. Folgen

Seit langem kritisiert ein Teil der **Lehre** die Rechtsfigur des Vorvertrages heftig. Bei näherer Betrachtung ergibt sich indes rasch, dass die geübte **Kritik höchstens** (s. aber N 16 f.) den oben (N 12) genannten **parteiidentisch-zweiseitig verpflichtenden Vorvertrag betrifft**. **14**

Wegweisend vertrat SCHLOSSMANN die Auffassung, dass der Vorvertrag, in dem der angestrebte Hauptvertrag «*bereits so vorgebildet enthalten* (sei), *wie das Kücklein im bebrüteten Ei*», keine eigenständige Bedeutung hätte. Vielmehr sei er **von vornherein als Hauptvertrag** zu betrachten und nach dessen Regeln zu behandeln (SCHLOSSMANN, a.a.O., 5, insb. 6 ff. und *passim* sowie schon die bei BUCHER, Bedeutungsstufen, 172 genannten Vorgänger von SCHLOSSMANN; so noch heute das englische Equity-Recht: N 83 ff.). Zum gleichen Ergebnis gelangen hiesige Autoren, die den *Vorvertrag als unnötigen Umweg oder Konstrukt ohne Sinn* ablehnen: Enthalte der Vorvertrag die wesentlichen Punkte des Hauptvertrages, dann sei letzterer kein Vertrag mehr, oder treffe dies nicht zu, dann sei der Vorvertrag noch kein Vertrag (so GUHL/MERZ/KOLLER, 8. Aufl., 101; s.a. KUMMER, ZBJV 109, 149; MERZ, Vertrag, N 301, 152; WIDMER, Rezension zu MERZ, in: ZSR 1990, 106; zweideutig VON TUHR/PETER, 274). **15**

Zu Recht wird dem **entgegengehalten**, dass **nur eine Auslegung im Einzelfall** zeigen kann, ob die Parteien tatsächlich direkt, vorbehaltlos und rechtlich voll bindend einen Hauptvertrag schliessen wollten. Nur dann stellt der von ihnen verwendete Terminus «Vorvertrag» eine **16** *falsa demonstratio* dar. Abgesehen davon ist aber zu respektieren, wenn die Parteien sich erst zum Abschluss eines fraglichen Hauptvertrages verpflichten wollten (in diesem Sinne GABELLON, N 148 ff.; GAUCH/SCHLUEP/SCHMID/EMMENEGGER, N 1080 f.; BK-KRAMER, Art. 22 OR, N 95, der feststellt: *stat pro ratione voluntas*; STOFFEL, 135 f.; BUCHER, Bedeutungsstufen, 178; WABNITZ, 83).

17 Denn ein **klar geäusserter** gegenteiliger **Parteiwille** ist durch die Privatautonomie geschützt und nicht aus utilitaristischen Überlegungen zu ignorieren. Er kann sich zudem insb. dort aus **Indizien** ableiten lassen (s. zum Folgenden insb. GAUCH/SCHLUEP/SCHMID/EMMENEGGER, N 1081),

- wo die Kontrahierungspflicht unter einer *Bedingung* steht (z.B. Baubewilligung, BGE 115 II 440; 117 II 273);
- wo nur der Vorvertrag *nicht formbedürftig* ist (N 67 ff.);
- wo die Parteien eine *Real-(ersatz-)vollstreckung ausschliessen* wollen, was etwa anzunehmen ist, wenn die *Essentialia erst soweit bestimmt* wurden (z.B. Mindestquantum), dass eine hauptvertragliche Realerfüllung nicht erzwungen, eine Nichterfüllung aber u.U. doch feststellbar wäre (dezidiert BUCHER, Voraufl., N 36–42, v.a. N 40).
- Gleiches gilt, wenn als Hauptvertrag ein *Realvertrag* (nach ausländischem Recht) zur Debatte steht (CALL, 54 und 56).

18 Parteien die den Weg über einen Vorvertrag oder eine vorvertragsnahe Abrede wählen, bringen mitunter gerade damit zum Ausdruck, dass sie sich im Hinblick auf das («hauptvertragliche») Endergebnis (noch) **nicht mit letzter Konsequenz binden wollen**. Hier per se ein aufgeschobenes Verpflichtungsgeschäft anzunehmen (worauf die Assimilation des Vorvertrags mit dem Hauptvertrag hinausläuft), wird dem Einzelfall nicht gerecht. Die Vertagung des Abschlusses kann mitunter sowohl i.S. eines blossen (hauptvertraglichen) Erfüllungsaufschubs als auch i.S. eines geminderten (Realersatz ausschliessenden) Verpflichtungswillens gedeutet werden.

19 Was die *parteiidentisch verpflichtenden* Verträge betrifft, stellte das **Bundesgericht** unter dem aOR die Dualität von Vorvertrag und Hauptvertrag soweit ersichtlich nie in Frage (BGE 25 II 454, sog. Zweistufentheorie). Zwischenzeitlich, d.h. ab 1916, wertete es den bereits hinreichend bestimmten Vorvertrag direkt als Hauptvertrag (BGE 42 II 494, sog. Einstufentheorie, s. N 15). Dann folgte ab 1930 eine einstweilige Rückkehr zur Zweistufentheorie (BGE 56 I 195; 97 II 48 = Pra 1972, 76), bevor es sich schliesslich ab 1977 dauerhaft zur **Einstufentheorie** bekannte (BGE 103 III 97 E. 2 = Pra 1978, 429 best. in BGE 105 III 11 E. 4; 118 II 32 E. 3a und b; 129 III 264 E. 3.2.1; BGer, 30.1.2004, 4C.246/2003, E. 5.1; 16.11.2006, 4C.280/2006, E. 3; 8.2.2010, 4A_601/2009, E. 3.2.4.1; s.a. BVGer, 30.10.2007, A-1390/2006, E. 4.3; statt aller GABELLON, N 139 m.w.H.).

20 Dabei hat das BGer freilich die Berechtigung des Vorvertrages nie grundsätzlich in Abrede gestellt und gerade den jüngeren Entscheiden deutlich gemacht, dass es Vor-und Hauptvertrag nicht automatisch gleichsetzt, sondern (wie von den in N 16 Genannten gefordert) die besonderen Umstände jedes Einzelfalles berücksichtigt (BGer, 4.9.2013, 4A_297/2013, E. 3.2.1; 21.3.2006, 4C.409/2005, E. 2.3.1).

21 Soweit *andere als parteiidentisch-einseitig verpflichtende* Verträge betroffen sind, ist das Bundesgericht in materieller Hinsicht zwar stets der **Zweistufentheorie** gefolgt (BGE 57 II 502 E. 1; 58 II 362 E. 2; 98 II 305).

22 Seit BGE 118 III 32 E. 3.c kann aber, wenn der Vorvertrag bereits alle wesentlichen Elemente des Hauptvertrages enthält, direkt auf Erfüllung des letzteren geklagt werden, was in *prozessualer* Hinsicht seither generell eine **einstufige Durchsetzung** ermöglicht (s.a. N 63).

III. Abgrenzungen

1. Vorvertragsnahe Typen

Zur **Eingrenzung** des Begriffs des Vorvertrags sollen nachfolgend Situationen und Abmachungen beschrieben werden, die zweckmässigerweise *nicht* unter den Tatbestand des Art. 22 zu subsumieren sind. Zu beachten ist immerhin deren sachliche Nähe zum Vorvertrag, ebenso, dass sie bei entsprechender Umgestaltung oder Erweiterung zu Vorverträgen im eigentlichen Sinn mutieren können. Dazu zählen die folgenden Erscheinungen, die hier entsprechend ihrer *abnehmenden Ferne zum angestrebten Endergebnis* aufgelistet sind: **23**

a) **Pactum de non contrahendo cum tertio**, das dazu verpflichtet, *mit Dritten keine* Verträge der in Frage stehenden Art zu schliessen (vgl. Bucher, Bedeutungsstufen, 181 f.). Da eine *rechtliche Pflicht zum Abschluss eines Hauptvertrags gerade fehlt*, liegt kein Vorvertrag vor (**a.M.** Bucher, Voraufl., N 10–4 zu den «verdeckten Vorverträgen» – freilich ohne sie Abs. 2 unterstellen zu wollen: a.a.O. N 47). Es ist indes ganz regelmässig (jedenfalls implizit) in einem allfälligen Vorvertrag mitenthalten. Umgekehrt darf aber nicht per se auf einen Vorvertrag geschlossen werden, wenn ein pactum de non contrahendo vereinbart ist (z.B. im Rahmen einer Konkurrenzverbotsklausel). Denn es kann auch alleine um seiner selbst willen geschlossen werden (etwa um Konkurrenten von einer Leistung abzuschneiden) oder mit dem Ziel, den Verbotsbelasteten bloss *faktisch* zum Abschluss mit dem Vertragsbegünstigten zu zwingen. Das ist namentlich dann von praktischer Bedeutung, wenn beim Belasteten ein Kontrahierungsbedürfnis besteht (zu dieser Variante Degenkolb, 33; Bucher, Voraufl., N 10). Daran ändert auch nichts, wenn sich der faktische Zwang noch erhöht, weil ein **Haft- und Reuegeld** (vgl. Bucher, BT, 48 f.) solche Abreden mit negativem Leistungsinhalt bekräftigt (**a.M.** Bucher, Voraufl., N 15). **24**

b) **Letter of intent**, als Absichtserklärung abgegeben im Hinblick auf Verhandlungen zu einem komplexen Vertrag, wodurch die erklärende Partei aber noch *nicht* zu dessen Abschluss verpflichtet wird. Fallweise kann er freilich die nachstehenden *Treuepflichten in contrahendo* auslösen (vgl. BGer, 21.3.2006, 4C.409/2005, E. 2.3.1; BK-Kramer, Art. 19/20 OR 56 ff.; Gauch/Schluep/Schmid/Emmenegger, N 1100). **25**

c) Das von einem Teil der Doktrin zur Begründung einer Haftung aus **culpa in contrahendo** (dazu Einl. vor Art. 1 ff. N 89 ff.) konstruierte Verhältnis, das jedenfalls vertragsähnliche Treuepflichten im Hinblick auf die Vertragsverhandlungen und möglicherweise im Falle der Verweigerung des Vertragsschlusses eine Ersatzpflicht begründet, *nicht* jedoch eine Kontrahierungspflicht impliziert. **26**

d) **«Vorfeldvereinbarungen»**, die für die Parteien den Ablauf der Vertragsverhandlungen festlegen und die Pflichten der Parteien in Hinblick auf dieselben verbindlich regeln, *ohne* das Verhandlungs*ergebnis* selber festzuschreiben. Es liegen voll bindende Verträge vor, deren Regelungsgegenstand das Vorgehen bei der Aushandlung des vorgesehenen weiteren Vertrags darstellt und deren Verletzung Schadenersatzfolgen auslösen kann (vgl. Bsp. bei BK-Kramer, Art. 19/20 OR N 60 ff.). **27**

e) Sog. **Punktuationen**, d.h. die Fixierung eines im Verlauf von Vertragsverhandlungen erreichten Zwischenergebnisses. Sie unterscheiden sich von einem Vorvertrag dadurch, dass die Parteien sich *nicht* zum Abschluss des endgültigen Vertrags verpflichten, sondern in der Grundsatzentscheidung, ob überhaupt ein Vertrag zu schliessen sei, frei bleiben. **28**

f) Als **Grundvertrag, Rahmenvertrag** oder ähnlich bezeichnete Verträge (vgl. dazu Vor Art. 1–40 N 40), die von den Parteien geschlossen werden im Hinblick auf künftige *Einzelverträge* («Objektverträge», «Lieferverträge» oder dgl.), die nur den rechtlichen Rahmen der Einzelverträge abstecken (Festlegung von Erfüllungsmodalitäten, Liefer- und Zahlungsbedingungen, Rechtswahl- und Schiedsklauseln und dgl.) und *nicht* zum Abschluss derartiger Ein- **29** zelverträge verpflichten. Im Gegensatz zum Vorvertrag fällt der Rahmenvertrag mit dem Abschluss der Einzelverträge nicht dahin.

30 g) **Optionsverträge**, deren Rechtsnatur zwar **str.** ist (s. eingehend zum Nachstehenden BÜRER, Contingent Capital, Zürich 2010 N 167–194 m.w.H.), inzwischen in der **Lehre** aber mehrheitlich i.S. der *Gestaltungsrechtstheorie* definiert wird: danach wird durch den Optionsbegründungsvertrag das Optionsrechts eingeräumt, **durch Gestaltungserklärung einen selbstständigen Folgevertrag zu erzeugen**, den sog. Optionsausübungsvertrag, der die Pflichten in Bezug auf die in Frage stehenden Basiswerte festlegt.

Da zum *Abschluss des Folgevertrages* (anders als beim Hauptvertrag im Anschluss an den Vorvertrag) *nicht beide Parteien mitwirken* müssen, wäre es unpassend Optionsverträge unter die Vorverträge zu subsumieren (vgl. zur überholten *Vorvertragstheorie* PULVER, Börsenmässige Optionsgeschäfte, Diss. Zürich 1988, 215 m.w.H.).

31 Nach der früher in der Lehre vorherrschenden und noch heute von der **Rspr.** angewandten *Bedingungstheorie* qualifizieren Optionsgeschäfte als **potestativ suspensiv bedingte** Verträge, die **durch Gestaltungserklärung zu unbedingten Verträgen** werden, ohne dass noch ein Folgevertrag abgeschlossen würde (so noch BUCHER, Vorauﬂ., N 22; s. etwa BGE 128 III 124 E. 2.b). Hier ist mithin der Hauptvertrag als solcher *bereits geschlossen* und sein Inkrafttreten hängt von keiner weiteren *rechtsgeschäftlichen Erklärung* mehr ab (insb. nicht von jener Partei, die durch die Option belastet wird). Dazu BGE 113 II 31 E. 2a; 122 III 10 E. 4a und b, der festhält, dass bei Festschreibung einer künftigen (evtl. bedingten) Pflicht im Primärvertrag dieser nicht Vorvertrag sei.

32 Zu den bekanntesten Anwendungsfällen zählen *die Kaufsrechts- und die Vorrechtsverträge*. Bei Ersteren entscheidet alleine der Berechtigte über die Ausübung des Gestaltungsrechts, während bei Letzteren zusätzlich ein Vorrechtsfall in dem Sinne eintreten muss, dass der Vorrechtsbelastete das fragliche Folgegeschäft zunächst mit einem Dritten abschliesst (z.B. ein Vorkaufsfall i.S.v. Art. 216 OR).

33 h) Klauseln, welche dem einen Partner ein **Wahlrecht** hinsichtlich der eigenen Leistung oder jener des Gegners einräumen: Es wird hier zwar dem Wahlberechtigten die Möglichkeit gegeben, den Vertrags*inhalt* in bestimmten Grenzen nach seinem Belieben zu *konkretisieren*, die vertragliche Verpflichtung als solche besteht jedoch von Anfang an und vor Ausübung des Wahlrechts.

34 i) Der schuldrechtliche Vertrag, der zu einer **Verfügung** (Eigentumsübertragung, Pfandbestellung, Zession, Schulderlass oder dgl.) **verpflichtet**, ist selber kein Vorvertrag, sondern stellt bereits einen «Hauptvertrag» (N 1) dar, d.h. einen gewöhnlichen, Rechte und Pflichten begründenden («obligatorischen») Vertrag. Mitunter ist nur durch Auslegung im Einzelfall zu ermitteln, ob die Parteien den späteren Abschluss eines (hauptvertraglichen) Verpflichtungsgeschäfts vereinbart haben, oder ob sie nicht vielmehr bloss den **verfügungsgeschäftlichen Vollzug auf später aufgeschoben** haben. Ist Verfügung geschuldet, bleibt Art. 22 Abs. 2 unanwendbar, der einen allfälligen Formzwang für den Hauptvertag auf den Vorvertrag ausdehnt: Der zur Gründung eines Vereins, oder zur Errichtung einer Stiftung verpflichtende Vertrag unterliegt nicht den Formalien von Art. 60 Abs. 1 ZGB oder Art. 80 und 81 ZGB usw.

35 j) Die bei Abschluss eines Vertrags vereinbarte Pflicht, einen bereits formlos geschlossenen **Vertrag** schriftlich (oder in anderer, qualifizierter Form) zu **fixieren**. Hier liegt der *Vertragsschluss bereits* vor; das Nachholen der Fixierung des Vertrags hat nur Ordnungsfunktion, soll aber an der materiellen Rechtslage nichts ändern.

2. Grenzfälle

Ausgesprochen häufig bestehen in der Praxis Abreden mit einem **positiv umschriebenen Leistungsprogramm**, die also wenigstens eine Partei (u.U. nur bedingt) zu einem Tun verpflichten (zu den Abreden mit negativem Inhalt s. N 24). Trotz ihrer schlagwortartigen Bezeichnungen kommen sie in verschiedensten Spielarten vor und können daher *nur einzelfallweise beurteilt* werden. Bisweilen nehmen sie *vorvertraglicher* Charakter an, ebenso können sie aber in die Gruppe der *von den Vorverträgen auszugrenzenden* Abmachungen (s. N 23 ff.) fallen. 36

Gemeint sind namentlich die Architektenklauseln, Baumeister-, Liefer- und Bezugsverpflichtungen sowie weitere **Vereinbarungen mit Exklusivcharakter**. Sie statuieren einen Rechtsrahmen, innerhalb dessen die belastete Partei *nur mit der vorgegebenen Gegenpartei* kontrahieren darf (z.B. die Sportlerin, die nur für ihren Sponsor werben darf), wobei der belasteten Partei mitunter *rechtlich* freigestellt bleibt, ob sie das fragliche Geschäft *überhaupt* schliessen oder vollziehen will. Zu den implizit oft mitenthaltenen negativen Leistungsklauseln s. N 24. 37

Im Falle von sog. **Architektenklauseln** und **Baumeisterverpflichtungen** verspricht der Käufer eines Grundstücks, es nur unter Beizug eines bestimmten Architekten, Baumeisters oder Handwerkers zu überbauen, *falls* der Bau denn überhaupt in Angriff genommen wird (vgl. MERZ, Vertrag, N 309 f., 155 f.; GAUCH, N 416 ff.; REBER, Die Baubindung beim Grundstückkauf, Diss. Bern 1999, passim; zu den Verletzungsfolgen s. N 41 ff.). BUCHER spricht ihnen sämtlich *vorvertraglichen* Charakter zu (BUCHER, Voraufl., N 14 i.f.) In BGE 117 II 273 E. 3. b liess das BGer indes die Qualifikation offen, deutete aber eher in Richtung eines direkt geschlossenen, *bedingten Hauptvertrags* (getreu der geltenden Einstufentheorie, s. N 12 ff.). Einen – ebenfalls *bedingten – Vorvertrag* zog es nur für den Fall in Erwägung, dass baupolizeiliche Vorschriften die Wahl eines Ersatzbaus erfordern würden. 38

Liefer- und Bezugsverpflichtungen (etwa einer Wirtin, nur von der Brauerei X Bier zu beziehen; BUCHER, Bedeutungsstufen, 181) fallen unter die *Vorverträge*, sofern sie künftige Bezugs- oder Lieferquanten vorsehen. Hingegen handelt es sich um blosse *Rahmenverträge oder dgl.* (N 29), wenn sie nur Konditionen für *allfällige* künftige Bezüge vorschreiben, ohne dass diese Bezüge rechtlich schon geschuldet wären. 39

3. Kasuistik

Vgl. im Übrigen neben den in N 4 erwähnten älteren Entscheiden die folgenden auf die Figur des Vorvertrags abstellenden BGE 39 II 224, 51 II 570 = Pra 1926, 30 (Vorverträge zu Liegenschaftskäufen, ungültig mangels Einhaltung der **Formvorschriften** nach Art. 216 Abs. 2); BGE 42 II 494 (Annahme eines Hauptvertrags entgegen der von den Parteien gewählten Bezeichnung); BGE 50 II 250 (Versprechen des Vertragsschlusses eines Dritten als Vorvertrag gewertet [!], um **Formerfordernis** nach Art. 216 Abs. 2 anwenden zu können); BGE 57 II 502, 65 II 161 = Pra 1938, 257 (Unterscheidung von **Auftrag zum Grundstückkauf und Vorvertrag**, unterschiedliche Formerfordernisse); BGE 58 II 362 (Vorvertrag betr. **Gesellschaftsgründung** und Versprechen, der Gesellschaft ein Grundstück zu übertragen, **Formbedürfnis**); BGE 71 II 262 = Pra 1946, 128 (zur **Form** des Vorvertrags betr. Errichtung von Schuldbriefen, in casu keinen Vorvertrag angenommen); BGE 84 II 13 (einseitiger Vorvertrag, **Abtretbarkeit von vorvertraglichen Ansprüchen** prinzipiell verneint); BGE 97 II 48 = Pra 1972, 78 (kein **Anspruch** auf Leistung aus Hauptvertrag gestützt auf Vorvertrag); BGE 98 II 305 (Architektenklausel als Vorvertrag zugunsten Dritter, zufolge freier **Widerrufsmöglichkeit des Auftrags** faktisch nicht durchsetzbar); BGE 102 II 420 (Vorvertrag über die **Gründung einer AG** formfrei möglich); BGE 103 II 52 (**Baumeisterverpflichtung** als Vorvertrag möglich, Bindung nach Regeln zum Hauptvertrag); BGE 103 III 97 = Pra 1978, 429 (Vorvertrag zu einem **Grundstückkauf** als Hauptvertrag aufgefasst, nicht ohne Hinweis auf die Möglichkeit, Vorverträge zu schliessen, 107); BGE 108 II 405 = Pra 1983, 234 (Verspre- 40 chen eines **Erbvertrags**, von der Vorinstanz mit vorvertraglicher Wirkung ausgestattet und ausgebliebene Willenserklärung durch Urteil ersetzt, nicht geschützt vom BGer); BGE 110 II 287 (Trennung von Vor- und Hauptvertrag; Vorvertrag löst kein **Vorkaufsrecht** aus); BGE 111 II 156 (Nichterfüllung eines Vorvertrags, **Schadenersatz**); BGE 113 II 31 (Abgrenzung **Option** gegenüber Vorvertrag; in BGE 56 I 195 vereinbarten die Parteien einen «acte d'achat définitif», den das Gericht als Vorvertrag qualifizierte, statt als blosse Ausübung eines Kaufsrechtes – obwohl die Parteien das Rechtsgeschäft unter dem Titel «droit d'emption» im Grundbuch nach Art. 959 ZGB vormerken lassen wollten); BGE 114 II 289, 115 II 440 (Vorverträge zu **Grundstückkäufen**, Entscheide oder rechtliche Erwägungen zu den Vorverträgen), BGE 115 II 28 (einfach schriftlich geschlossener **Kaufvorvertrag**, Rückleistung von gestützt darauf erfolgten Anzahlungen zufolge Ungültigkeit), BGE 118 II 32 (öffentlich beurkundeter **Kaufvorvertrag** über ein Auto-Parkfeld; Zulassung direkter Klage auf Erfüllung).

IV. Verletzungsfolgen

1. Ausgangslage

41 Bis heute besteht nicht restlos Klarheit über die Folgen der Verletzung eines Vorvertrags. Denn er wurde nur im Hinblick auf seine inhaltliche Zulässigkeit positivert, nicht aber was allfällige Leistungsstörungen betrifft (N 6). In **Ermangelung von Sondervorschriften** sind daher auf den Vorvertag prinzipiell die Art. 97 ff. OR zur Anwendung zu bringen (so jüngst GABELLON, N 145 f. und krit. zur Praxis des BGer, welches trotz fehlender echter Lücke z.T. nach Art. 1 Abs. 2 Var. 3 modo legislatoris neue Regeln gebildet habe, statt sich gem. Art. 1 Abs. 2 Var. 1 auf die leges generales zu stützen; eingehend N 54).

2. Historische Entwicklung

42 Inwiefern und -weit die Art. 97 ff. OR tatsächlich einschlägig sind, soll zunächst ein kurzer **historischer Rückblick** erhellen. Dabei ist zu beachten, dass die **Abgabe einer Willenserklärung**, wie sie laut Vorvertrag geschuldet ist, von der Rsp. bereits früh ausdrücklich als **Tun** unter Art. 111 aOR (heute 98 Abs. 1 OR) subsumiert wurde (BGE 25 II 454 E. 2; 15 770 E. 4).

43 Der **Verletzer** von Verbindlichkeiten zu einem Tun konnte schon unter Art. 111 aOR (wie auch heute unter Art. 98 Abs. 1 OR) entweder zu *Schadenersatz*, oder zur *Realersatzvornahme* auf Kosten des Schuldners verurteilt werden. (Die unmittelbare *Realvollstreckung* war hingegen – getreu dem Grundsatz der römischrechtlichen *condemnatio pecuniaria* sowie nach dem Vorbild von art. 1142 CC fr. – generell verwehrt, d.h. zunächst auch bzgl. Art. 110 aOR, dem Vorläufer von Art. 97 OR, und wurde mit der Revision von 1911 einzig für Sachleistungen eingeführt; s. etwa GAUCH/SCHLUEP/SCHMID/EMMENEGGER, N 2506 ff.).

44 Was den **Realersatz** betraf, fehlte indes in unseren Prozessrechten ursprünglich die Möglichkeit einer «Vornahme durch Urteil» (s. N 50). Daher erkannten die Gerichte bei Nichterfüllung vorvertraglicher Versprechen jeweils einzig auf **Ersatz in Geld** (BGE 25 II 453 E. 2).

45 Noch im Rahmen der Beratungen zu Art. 22 in der Expertenkommission wurde darauf hingewiesen, dass das Formerfordernis gem. Abs. 2 zu hoch angesetzt sei, da es *nur um eine Regel* gehe, *die bei Verstoss Schadenersatzfolgen nach sich ziehe*, und man sich doch mit einfacher Schriftlichkeit begnügen möge (Votum BERTONI, Protokoll der 2. Sitzung der Expertenkommission zur Revision OR, 5.5.1908, 8).

46 In der **Lehre** scheint die Frage hingegen bereits im Zeitpunkt der Revision von 1911 **str.** gewesen zu sein: So findet sich bei GUHL in den älteren Auflagen noch der Hinweis auf die *Unmöglichkeit, eine Willenserklärung zu vollstrecken*, und der Schluss, dass eine Weigerung, der

Verpflichtung aus Vorvertrag nachzukommen, zur Pflicht des sich Weigernden führe, *Schadenersatz* wegen Nichterfüllung zu leisten (GUHL, 1. Aufl., 58; 3. Aufl., 81 f.).

Hingegen teilt BECKER diese Sicht schon im Kommentar von 1917 nur dort, wo dem Schuldner die Konsenserklärung schuldhaft *unmöglich* geworden ist. In den übrigen Fällen überbrückt er das beschriebene prozessrechtliche Manko punkto Realersatz, indem er fordert, es sei der Schuldner *direkt zur Erfüllung des Hauptvertrags* zu verurteilen. Denn alles «andere wäre zwecklose Formalität» (zit. BK-BECKER 1. Aufl., N 7). **47**

Diese Auffassung lässt sich weit zurückverfolgen (vgl. BUCHER, Bedeutungsstufen, 175 f. m.w.H.; s.a. N 12). Teilen kann sie aber nur, wer als Verletzungsfolge nicht nur Schadenersatz in Erwägung zieht, sondern auch Realersatz (dies wenigstens implicite und trotz der evidenten prozessrechtlichen Lücke). **48**

Hier wird mutmasslich der **Einfluss aus dem deutschsprachigen Ausland** gewirkt haben, das bereits damals mit der Fiktion operierte, wonach eine geschuldete Willenserklärung als abgegeben gilt, sobald das zusprechende Urteil Rechtskraft erlangt hat (vgl. § 894 Abs. 1 der deutschen ZPO, der seinerseits § 367 der österreichischen Exekutionsordnung folgte. Vorläufer sind vielleicht in deutschen Partikularrechten zu finden; WABNITZ, 78 nimmt Einfluss von POTHIER, Traité de contrat de vente, 1768, no. 479, an; vgl. auch KUMMER, ZSR 1954, 163). **49**

Diesen Vorbildern folgte schliesslich auch der Bundesgesetzgeber: Mit der Einführung von Art. 78 der Bundeszivilprozessordung verallgemeinerte er 1947 das schon zuvor vereinzelt statuierte Prinzip, wonach dem **Richterspruch rechtsgestaltende Kraft** zukommt (Botschaft zum E-BZP vom 20.3.1947, BBl 1947 I 989 ff., 1021 m.H. auf Art. 166 OR sowie Art. 656 Abs. 2 und Art. 968 Abs. 2 ZGB). Damit war der Weg frei für die **Verurteilung auf Abgabe einer Willenserklärung**, die **durch ebendieses Urteil ersetzt wird**. **50**

Die kantonalen Prozess- und Vollstreckungsrechte folgten nach und nach dem Vorbild in der BZP (WALDER, 523 N 28 f.). Wo die Kantone nicht bundesrechtskonforme Ordnungen erstellten, wies ihnen das BGer den Weg (vgl. im Fall des Kantons GE BGE 97 II 48 E. 4a = Pra 1972, 76; jüngst BGer, 25.5.2005,5P.19/2005, E. 3.3). Heute findet sich der entsprechende Grundsatz in (Art. 84 ZPO i.V.m.) Art. 344 ZPO. **51**

Zusammenfassend ergibt sich, dass die Einführung des Art. 22 unter der **legislatorischen** Annahme erfolgte, ein Verstoss gegen die Abrede würde für den Verletzer nach den Art. 97 ff. beurteilt, könne aber alleine die Pflicht zur Leistung von **Schadenersatz in Geld** zur Folge haben. Eine Realersatzvollstreckung, mithin eine auf den Vorvertrag gestützte Herstellung des Hauptvertrags durch gerichtliches Urteil zog der Gesetzgeber trotz der Einfügung von Art. 97 Abs. 2 mangels entsprechender prozessualer Instrumentarien nicht in Betracht. **52**

Später wurde diese Lücke zwar durch Art. 78 BZP gefüllt. Die Bestimmung wurde indessen *keinesfalls mit Blick auf die Vorverträge erlassen* und überrumpelte die **Lehre** gewissermassen (vgl. GUHL, 3. Aufl., 81 f.; 4. Aufl., 88). Bis heute wird das rechtsgestaltende Urteil in der Lehre offenbar nicht generell als Sonderform der Realersatzvornahme i.S.v. Art. 98 Abs. 1 (an-)erkannt: nur ein Teil subsumiert die Pflicht zur Abgabe einer Willenserklärung unter Art. 98 Abs. 1 (s. heute BK-WEBER Art. 98 OR N 53; CR CO I-THÉVENOZ Art. 98 N 8 und FN 12; **a.M.** ohne Begründung GAUCH, Die Ersatzvornahme, recht 1987, 24 ff. FN 10; KOLLER A., OR AT, § 44 N 22, allerdings nur zur Ersatzvornahme durch *aussergerichtliche* Dritte). **53**

3. Schlussfolgerung

a) Katalog möglicher Verletzungsfolgen und Rechtsgrundlage

Längst ist in der Schweiz die *Realersatzexekution von Willenserklärungen zugelassen.* Damit verbunden ist allerdings die vom historischen Gesetzgeber *nicht* beabsichtigte theoretische **54**

Möglichkeit, fortan die Verletzungsfolge bei Vorverträgen *alleine auf ebendiese Realersatzexekution zu konzentrieren*. Freilich ginge dadurch ein bisher ganz selbstverständlich verfügbares **Vertragsmodell** verloren, nämlich die Vertragsbindung *ohne* Möglichkeit der Realersatzexekution (BUCHER, Voraufl., N 36; ähnlich schon DEGENKOLB, 89), was den parteiidentisch-zweiseitig verpflichtenden Vorverträgen (N 12) weitgehend Sinn und Rechtfertigung nähme (s. N 15 ff. zu Kritikern).

55 Es ist indessen nicht einzusehen, warum entweder dem Schadenersatz- oder aber dem Realersatzfolge *einseitig* der **Vorzug** gegeben werden sollte. Für eine entsprechende **rechtliche Vermutung oder Fiktion** (s. dafür noch BUCHER, Voraufl., N 37 f.) fehlt schon der von Art. 8 ZGB e contrario geforderte gesetzliche Hinweis. Namentlich geht es nicht an, den Vorverträgen alleine aufgrund der entstehungsgeschichtlichen Rahmenbedingungen des Art. 22 in jedem Fall die **Realersatzexekution zu versagen** und die Nichterfüllungsfolgen auf Schadenersatz zu beschränken. Dies umso mehr, als die von der Legislative vorgesehene Verletzungsfolge im **Gesetzeswortlaut** gerade keinen Niederschlag gefunden hat.

56 Vielmehr scheint es geboten, den *Katalog der möglichen Verletzungsfolgen* an die neuen, vom historischen Gesetzgeber nicht in Betracht gezogenen Umstände und seither veränderten Realien anzupassen. Wie beim Erlass von Art. 22 sind somit **auf die Vorvertragsverletzung noch heute die Leistungsstörungsregeln des OR AT anwendbar** (Art. 97 ff.; so schon GABELLON N 147, allerdings ohne nähere Ausführungen; s.a. BK-KRAMER, Art. 22 OR N 122). Der entscheidende *Unterschied zu früher* liegt darin, dass dem Gläubiger inzwischen kraft Art. 344 ZPO bzw. Art. 78 BZP prinzipiell die **Wahl zwischen Schaden- und Realersatz** offen steht, was die **Rsp.** für den Vorvertrag denn auch explizit bestätigt hat (BGE 97 II 48 E. 4 i.f. m.w.H.).

b) Schadenersatz

57 Nach dem Gesagten bleibt es den Parteien auch nach der Einführung von Art. 344 ZPO bzw. 78 BZP unbenommen, in den Schranken der Art. 102–109 und 119 OR im *Verzugsfalle* neben der Real*erfüllung* (Art. 22 OR) **zusätzlich Schadenersatz** zu fordern (Art. 102 ff. OR).

58 Wurde der Gegenpartei zudem eine *Nachfrist* eingeräumt, so hat der Gläubiger nach deren ungenutztem Ablauf (oder im Falle von Art. 108 OR direkt) die weitere Wahl, entweder Real*ersatz* (Art. 97 f. OR und Art. 344 ZPO; s. N 62 ff.) und **zusätzlich Schadenersatz** zu verlangen (Art. 107 Abs. 2 Variante 1 OR) oder aber «unverzüglich» auf Realerfüllung *und -ersatz* zu verzichten und **einzig Schadenersatz** zu fordern (Art. 107 Abs. 2 Variante 2 OR).

59 Was dessen Umfang betrifft, kann der Gläubiger wiederum wählen: Entweder tritt er vom Vertrag zurück (zu den Voraussetzungen auch beim Vorvertrag BGE 111 II 156 E. 2; Art. 107 Abs. 2 Variante 2 Untervariante 2 i.V.m. Art. 109; sog. **Liquidationswandelung**, ZELLWEGER-GUTKNECHT, Gewähr, Diss. Bern 2007, N 445 ff., 454 ff. und v.a. 482 ff.), so dass ihm das *negative Interesse* zusteht (sog. Vertrauensinteresse s. Art. 109 N 1 ff.). Diese Folge wird dort angezeigt sein, wo die Gewissheit fehlt, dass die Parteien überhaupt zu einem Hauptvertrag gefunden hätten.

60 Oder der Gläubiger optiert für die **Erfüllungswandelung** (Art. 107 Abs. 2 Variante 2 Untervariante 1; ZELLWEGER-GUTKNECHT, a.a.O., N 485 ff. und v.a. 511 ff.; BGE 123 III 22; 120 II 299 = Pra 1996, 228; 40 II 140; vgl. auch Art. 97 N 38a; Art. 107 N 17). Hier lautet der Schadenersatz auf das *positive Interesse* (sog. Erfüllungsinteresse) und soll ihn so stellen, als wäre der Vorvertrag korrekt erfüllt worden (wie z.B. in BGE 111 II 156 Sachverhalt B von der Klägerin angestrebt). Es fällt besonders dann in Betracht, wenn die den Vorvertrag verletzende Partei mit einem Dritten im Rahmen üblicher Bedingungen kontrahiert. Zu ersetzen ist hier der Umfang dessen, was der Vorvertragspartner verdient hätte, wenn statt des Dritten er Partei des geschlossenen Hauptvertrags geworden wäre (vgl. dazu MERZ, Vertrag, N 311, 156).

Schliesslich gelten hinsichtlich des Schadenersatzes bei Verletzung eines Vorvertrags auch im Übrigen die **allgemeinen Regeln**. So obliegt der *Exkulpationsweis* dem Schuldner (Art. 97), während die übrigen *Beweislastregeln* dem Deliktsrecht folgen (Art. 99 Abs. 3 und Art. 42) Namentlich hat daher der Gläubiger den behaupteten *Schaden* und damit auch den *Kausalzusammenhang* zwischen der *Vertragsverletzung* und dem angeblich entgangenen Gewinn zu beweisen (BGE 111 II 156 E. 3.b m.w.H. und E. 4.b zur Anwendung von Amtes wegen der Art. 43 f. i.V.m. Art. 99 Abs. 3). **61**

c) Realersatz

Soweit die Erfüllung noch möglich ist, kann der Gläubiger mithin **zum einen** ab Fälligkeit und verschuldensunabhängig den Abschluss des Hauptvertrags fordern und gestützt auf Art. 84 i.V.m. Art. 344 ZPO mindestens eine **Realersatzvollstreckung** (Hauptvertragsschluss durch Gerichtsurteil) verlangen. Der so begründete Hauptvertrag ist dann erst in einem zweiten Schritt durchzusetzen. Offenbar steht dem Gläubiger dieses zweistufige Vorgehen trotz der an sich herrschenden Einstufentheorie (N 15 ff.) prinzipiell weiterhin offen (BGer, 25.5.2005, 5P.19/2005, E. 2). **62**

In aller Regel verurteilt das angerufene Gericht indes zwecks Vermeidung einer Klagenverdoppelung **direkt auf Vollstreckung des Hauptvertrages in natura** (s. N 22; paradigmatisch BGE 118 II 32 E. 3.c: «Enthält der Vorvertrag bereits alle wesentlichen Elemente des Hauptvertrags, kann direkt auf Erfüllung geklagt werden»; REBER, recht 1993, 92 ff.; WIEGAND, Die privatrechtliche Rechtsprechung des Bundesgerichts im Jahre 1992, ZBJV 130 [1994], 261 ff.; für diese einstufige Lösung schon vgl. KUMMER, 149 f.; w.Nw. bei BK-KRAMER, Art. 19/20 OR N 119 f.; selber **a.M.** N 12). Freilich ist dies nur zulässig, wenn der Gläubiger nicht bloss *Schadenersatz verlangt oder verlangen darf*. **63**

Denn es bleibt den Parteien unbenommen, Realersatz für den Verletzungsfall **von vornherein auszuschliessen**. Ein solcher Rechtsverzicht ist aber nicht leichthin anzunehmen. Er kann u.U. im Einzelfall i.S. einer natürlichen Vermutung **präsumiert** werden, wenn die Parteien anstelle des Vorvertrags bereits den Hauptvertrag hätten schliessen können und für die Zweiteilung *keine andere vernünftige Motivation* ersichtlich ist, als eine auf die Schadenersatz-Sanktion geminderte Bindungswirkung herbeizuführen (kategorisch BUCHER, Vorauf1., N 38, 43). **64**

4. Schranken der Vollstreckbarkeit

Schranken der Vollstreckbarkeit können sich im Falle von Vorverträgen unter drei Aspekten ergeben. So muss in jedem Einzelfall geprüft werden, ob nicht die Parteien, indem sie explizit einen Vorvertrag und nicht einen Hauptvertrag eingegangen sind (exemplarisch BGE 56 I 195 E. 2: «le droit d'acquerir un jour la propriété»), JdT 1931 I 605), *i.c.* stillschweigend die Möglichkeit der **Realexekution vertraglich ausschliessen wollten** (dazu N 64). Umgekehrt ist eine Realexekution i.S. der Herstellung des Hauptvertrags durch gerichtliches Urteil dann ausgeschlossen, wenn die Parteien, obwohl den Terminus Vorvertrag oder dgl. verwendend, bereits einen **Verpflichtungswillen** i.S. des angeblich erst herzustellenden Hauptvertrags geäussert haben (der Ausdruck «Vorvertrag» also eine falsa demonstratio darstellt) und daher bereits entsprechend gebunden sind, in welchem Fall unmittelbare Exekution dieses Vertrags gefordert werden kann (vgl. BGE 103 II 97 E. 2 = Pra 1978, 429). **65**

Zielt der Vorvertrag sodann auf den Abschluss eines Vertrages, für den das Gesetz ein **Widerrufs- oder Kündigungsrecht** bereithält (namentlich Art. 404 Abs. 1), so steht die entsprechende Norm bereits offen, um sich von den vorvertraglichen Pflichten zu befreien, wobei die Gegenpartei u.U. schadlos zu halten ist (vgl. etwa BGE 117 II 273 E. 4.a zu Art. 377; Art. 404 Abs. 2). **66**

V. Die Formvorschrift des Art. 22 Abs. 2

67 Die **Ratio** der Bestimmung zielt darauf ab, der Umgehungsgefahr vorzubeugen: Vorverträge müssen dieselbe Form einhalten wie die zu schliessenden Hauptverträge (so explizit Art. 216 Abs. 2 und Art. 493 Abs. 6; jüngst BGE 140 III 200 E. 4 = Pra 2014 Nr. 102), damit sich die Parteien deren Formvorschriften nicht entziehen können. Da dies nicht zwingend bereits aus allgemeinen Grundsätzen abzuleiten ist (**a.M.** z.T. noch BUCHER, BT, 49), wirkt Abs. 2 insofern konstitutiv.

68 Folglich erlaubt erst die **Qualifikation des Hauptvertrags** eine Aussage über die Formbedürftigkeit des Vorvertrags. Wo der Inhalt des Vorvertrags zu *unbestimmt* ist, als dass der Hauptvertrag einem bestimmten Typ zugeordnet und seine Formbedürftigkeit festgestellt werden könnte, muss eine Bestimmung ex post, *d.h. von der Streitlage her, erfolgen.*

69 Entscheidend ist weiter der **Schutzradius** der hauptvertraglichen Formvorschrift: wo das Gesetz sie *nicht* im Interesse der Beteiligten aufstellt, kann der Vorvertrag formfrei geschlossen werden (BGE 120 II 420 E. 2b, formfreie Verpflichtung zur Gründung einer Holding; für den Vorvertrag zur Gründung einer AG: BÄR, Gründergesellschaft und Vorgesellschaft zur AG, in: Merz et al. [Hrsg.], FS für Max Kummer, Bern 1980, 86). Sollen aber gerade die Parteien etwa vor voreiligen Geschäften bewahrt werden, erfasst der Formzwang auch den Vorvertrag (BGE 58 II 362 E. 2 Grundeigentumserwerb nach Art. 657 ZGB; hingegen kann ein blosser Auftrag zum Grundstückkauf formlos erteilt werden, BGE 57 II 502).

70 Die *Lehre* tendiert seit längerem dahingehend, die Nichtigkeitsfolgen bei formunwirksamen Verträgen durch teleologische Reduktion getreu dem Schutzzweck der Formvorschrift einzuschränken (s. Art. 11 N 24). Entsprechend darf der Formzwang des Art. 22 Abs. 2 **nicht** als **Gültigkeitserfordernis** des Vorvertrags **schlechthin** verstanden werden. Vielmehr sollte es alleine der formgeschützten Partei – und auch ihr nur bis zur Erfüllung – offen stehen, bei Bedarf die Formungültigkeit des Vorvertrags geltend zu machen, während der Gegenpartei diese Möglichkeit verschlossen bleibt (zur Anwendung allein parteischützender Vorschriften auch BK-KRAMER, Art. 19/20 OR N 115). Der freiwillig Erfüllende kann demnach seine Gegenleistung trotz Formmangels fordern (dazu BUCHER, Bedeutungsstufen, 174; DERS., AT, 169). Dies insb. bei **einseitigen Vorverträgen**: Auch wer sich **formfrei** gegenüber Dritten (d.h. anderen als dem Partner des Hauptvertrags) entgeltlich zu Grundstückgeschäften oder zur Eingehung von Bürgschaften verpflichtet, muss im Falle der Erfüllung seiner Verpflichtung die vereinbarte Gegenleistung fordern können (zum Grundsätzlichen BUCHER, Für mehr Aktionendenken, AcP 186 [1986], 1–3 [‹www.eugenbucher.ch, Nr. 39›]). Zur Abweichenden Rsp. des *BGer* s. Art. 11 N 17 ff.

71 Vom Formzwang von vornherein **nicht erfasst** werden hingegen Verträge, die zwar in *sachlicher Nähe* zum Vorvertrag stehen, ihm aber doch nicht zugerechnet werden zu können (s. N 24 ff.). Das gilt gerade auch für Verträge mit Exklusivcharakter, soweit sie durch ihre Ausgestaltung bloss einen *faktischen* Kontrahierungszwang ausüben (N 36 ff.).

72 Vgl. zum Formerfordernis auch **Art. 216 Abs. 2** sowie die BGE 39 II 224; 50 II 250 und 51 II 570 = Pra 1926, 30).

VI. IPR-Fragen

73 Falls die Parteien des Vorvertrags nicht für dessen Handhabung eine **Rechtswahl** getroffen haben, ist – besondere Umstände vorbehalten – auf den Vorvertrag das **für den zu schliessenden Hauptvertrag massgebliche Recht** anzuwenden. Ein Vorvertrag über eine Liegenschaftsmiete ist in der Regel dem Recht des Orts der gelegenen Sache unterstellt (BGer, 28.9.2012, 4A_362/2012, E. 2).

VII. Rechtsvergleichung

1. Frankreich

Kristallisationspunkt der frz. Vorvertragslehre bildet der Art. 1589 CC fr. *(«la promesse de vente vaut vente, lorsqu'il y a consentement réciproque des deux parties sur la chose et le prix»)*, wonach das **Kaufversprechen den Kauf selber konstituiere** (vgl. FERID-SONNENBERGER, 321 ff., 66 ff.). Während einige die Regel auf den Kauf beschränken, spricht sich die h.L. für die **umfassende Anwendung** des in Art. 1589 CC fr. enthaltenen Gedankens aus. Es gilt nach überwiegender in der Rechtsprechung gestützter Auffassung die Verallgemeinerung: *toute promesse bilatérale de contrat équivaut au contrat même* (WABNITZ, 131; teilweise abw. FERID, 108, 275). Diese Umdeutung des Vorvertrags in den Hauptvertrag bedingt das Erfordernis inhaltlicher Bestimmtheit (vgl. auch GHESTIN, N 234 ff.). **74**

Ein Ausschluss der **Gültigkeit einseitiger Vorverträge** wird nur von einem kleineren Teil der Lehre gefordert. Allerdings gilt die einseitige verbindliche Erklärung, einen Vertrag zu schliessen, nicht als Vorvertrag i.S. der deutschsprachigen Rechtsordnungen, sondern als bindende **Offerte**. *La promesse de contrat s'analyse en une offre irrévocable* (zit. bei WABNITZ, 136). Das Angebot besteht immerhin, anders als die Offerte nach Art. 3 ff., *über lange Zeit*; es soll dem Begünstigten einen späteren Vertragsschluss sichern (vgl. zum einseitigen Kaufvorvertrag: FERID-SONNENBERGER, 323 ff., 67 ff.; allgemein: DE JUGLART, 112; FERID, 108, 275; GHESTIN, N 231). **75**

In der Formfrage gilt eine Regel analog der schweizerischen. Je nach Zweck der **Form** haben die Parteien einer *promesse de contrat* diese einzuhalten. Eine Besonderheit gilt für die **promesse de société**, wo trotz Schutzwirkung der Norm (Art. 39 Code de commerce) für die *promesse de société* keine Form verlangt wird (so WABNITZ, 143 f.). **76**

Polen, Italien und **Belgien** haben unter dem Einfluss des CC fr. und der französischen Ordnung ihre Vorverträge in ähnlicher Weise beschränkt. **Spanien** hat gestützt auf Art. 1451 CC eine eigene Ordnung des Vorvertrags entworfen. **77**

2. Österreich

Das österreichische Recht gibt in § 936 ABGB eine Beschreibung der Merkmale des Vorvertrags. Der wesentliche Gehalt der Norm liegt in den Anforderungen an die **Ausgestaltung der Vorverträge** und einer Beschränkung ihrer Wirkungen, was beides das Publikum vor allzu rascher, unabsehbar weiter Bindung schützen soll (vgl. WABNITZ, 102). Insbesondere wird gefordert, dass der Vorvertrag inhaltlich soweit bestimmt sei, dass er auch als Hauptvertrag verbindlich wäre (vgl. Rummel-REISCHAUER, § 936 ABGB Rz 2; WABNITZ, 107). Die **Realexekution** der vorvertraglichen Pflicht auf Herstellung des Hauptvertrags ist in der Exekutionsordnung vorgesehen (§ 367 ABGB), eine unmittelbare Durchsetzung des Anspruchs aus Hauptvertrag wird aber abgelehnt (mit differenzierter Betrachtung bei den Realkontrakten; vgl. CALL, 54; Rummel-REISCHAUER, § 936 ABGB Rz 1). Die **Geltendmachung** des Anspruches aus Vorvertrag ist nur möglich *innert Jahresfrist ab für den Hauptvertragsschluss vorgesehenem Zeitpunkt*. **78**

Zur **Form** enthält das ABGB keine Hinweise. Die h.L. nimmt an, dass die Form des Hauptvertrags einzuhalten sei, sofern sie *Gültigkeitserfordernis* für jenen ist (vgl. WABNITZ, 109; Rummel-REISCHAUER, § 936 ABGB Rz 3). **79**

3. Deutschland

Das BGB kennt keine Norm, die sich ausdrücklich mit dem Vorvertrag befasst. Seine **Zulässigkeit** wird aber aus der **Vertragsfreiheit** abgeleitet. Die deutsche Lehre «definiert» den Vor- **80** vertrag als Vertrag, «aus dem jede Partei oder nur eine Partei das Recht erwirbt, von der anderen den Abschluss des Hauptvertrags zu verlangen» (LARENZ, I, 85; zum *einseitigen* Vorvertrag vgl. eingehend SCHMALZEL, 446).

81 Die vertraglich begründete Abschlusspflicht kann klageweise **durchgesetzt** werden. § 894 der deutschen ZPO ermöglicht den Ersatz der Willenserklärung durch ein Urteil (vgl. WABNITZ, 78 mit historischen Hinweisen). *Fehlende Bestimmtheit oder Bestimmbarkeit von Hauptpunkten schliesst Vollstreckbarkeit aus*; eine Ergänzung offener Nebenpunkte durch den Richter ist möglich.

82 **Formerfordernisse** des Hauptgeschäfts schlagen (wie nach Art. 22 Abs. 2) auf den Vorvertrag durch, wenn sie dem **Schutz** der Parteien dienen (MK-KRAMER, Vor § 145 BGB N 38).

4. Common Law

83 Unter dem Common Law steht der Anerkennung des Instituts des Vorvertrags wohl der Grundsatz des Equity-Rechts im Wege: *equity looks as to be done what ought to be done.* Demnach ist ein *agreement to agree* (oder *contract to make a contract*) bei vollständiger inhaltlicher **Bestimmtheit** einem gültigen Vertrag gleichzusetzen (d.h. die eingegangene Verpflichtung nicht auf Vertragsschluss, sondern auf Ausfertigung einer Vertragsurkunde über den bereits geschlossenen Vertrag zu verstehen), während es bei Unvollständigkeit der Vertragsbestimmungen unverbindlich bleibt (so i.E. für die USA CORBIN, § 29; CALAMARI/PERILLO, Contracts, 2. Aufl., St. Paul/Minnesota 1977; RESTATEMENT [2nd], § 32; s.a. WABNITZ, 146 ff.). Das auf dem Kontinent selbst bei inhaltlicher Vollständigkeit ihrer Vereinbarung massgebliche Kriterium, ob die Parteien bereits einen vollen und vorbehaltlosen Verpflichtungswillen hatten (vgl. N 16), bleibt ausser Betracht.

84 Soweit auf der Grundlage der *equity* ein aktuell voll geltender Hauptvertrag nicht angenommen werden kann, liegt überhaupt keine vertragliche Bindung vor, denn aufgrund des *(common) law* werden Vorverträge erst recht nicht anerkannt; so CHITTY, a.a.O., Bd. l, N 78 und der von ihm zitierte Entscheid *Von Hatzfeldt-Wildenburg v Alexander* [1912] 1 Ch. 284, 288, wo PARKER J. sagt: *«It appears to be well settled by the authorities that if the documents or letters relied on as constituting a contract contemplate the execution of a further contract between the parties, it is a question of construction whether the execution of the further contract is a condition or term of the bargain or whether it is a mere expression of the desire of the parties as to the manner in which the transaction already agreed to will in fact go through. In the former case there is no enforceable contract either because the condition is unfulfilled or because* ***the law does not recognise a contract to enter into a contract****. In the latter case there is a binding contract and the reference to the more formal document may be ignored»* (H.v.Verf.).

85 Nach WABNITZ, 164 ff. kommen lediglich in drei **Ausnahmefällen** bindende Vorverträge in Betracht: Bei Abmachungen zu Verträgen, die erst in ferner Zukunft eingegangen werden sollen, bei grossen Aufwendungen im Vertrauen auf das fragliche *agreement to agree* sowie bei Vereinbarungen, die nur unwesentliche Punkte offengelassen haben. Schliesslich wird bei CORBIN, Supplement, ein Fall nachgewiesen, in welchem das Gericht einen **einseitigen Vorvertrag** *für verbindlich erklärte* (*Herbert v Boardman*, Hinweis bei: CORBIN, Supplement, § 29, 31).

Vorbemerkungen zu Art. 23–31

Literatur

Abegg, Irrtum über die Herkunft der Darlehenssumme und Verrechnung mit der Erbengemeinschaft, ius. focus 1/2010, 6 f.; Adams, Der Irrtum über «künftige Sachverhalte» – Anwendungsbeispiel und Einführung in die ökonomische Analyse des Rechts, recht 1986, 14 ff.; Aepli, Mehrsprachigkeit und Fremdsprachigkeit im Vertragsrecht, in: Tercier et al. (Hrsg.), FS für Peter Gauch, Zürich 2004, 337 ff.; Arnet, Bemerkungen zu BGE 126 III 59 ff., AJP 2000, 1162 ff.; Bacher, Irrtumsanfechtung, vertragswidrige Leistung und Sachmängelgewährleistung beim Kauf, Baden-Baden 1996; Baudenbacher/Spiegel, Die Rechtsprechung des schweizerischen Bundesgerichts zum Verhältnis von Sachmängelgewährleistung und allgemeinen Rechtsbehelfen des Käufers – ein Musterbeispiel angewandter Rechtsvergleichung?, in: Schwander et al. (Hrsg.), FS für Mario M. Pedrazzini, Bern 1990, 229 ff.; Baumann, Die Folgen von Willensmängeln in Versicherungsverträgen, HAVE 2002, 92 ff.; Bräm, Die Scheidung auf gemeinsames Begehren, die Wechsel der Verfahren (Art. 111–113, 116 ZGB) und die Anfechtung der Scheidung auf gemeinsames Begehren (Art. 149 ZGB), AJP 1999, 1511 ff.; Bühler, Zur sogenannten Alternative Gewährleistung – Irrtum im Kaufrecht, SJZ 1978, 1 ff.; Burkart, Bundesgericht, I. Zivilabteilung, 3.9.1999 i.S. Firma W AG c. M.D. (4C.338/1998), Berufung (Publikation vorgesehen), AJP 2000, 112 ff.; Cavin, Kauf, Tausch und Schenkung, in: Schweizerisches Privatrecht (SPR), Bd. VII/1, Basel 1977; von der Crone/Hoffmann-Nowotny, Wertungsparallelität und Interessenausgleich im Irrtumsrecht, SJZ 2008, 53 ff.; Dicke, Der Irrtum bei der Verwaltungsmassnahme, ZSR 1984 I, 525 ff.; Etter, Die Furchterregung nach schweizerischem Obligationenrecht, Diss. Freiburg 1954; Flesch, Mängelhaftung und Beschaffenheitsirrtum beim Kauf, Baden-Baden 1994; Fuhrer, Anmerkungen zu privatversicherungsrechtlichen Entscheiden des Bundesgerichts, HAVE 2010, 250 ff.; Gauch, Sachgewährleistung und Willensmängel beim Kauf einer mangelhaften Sache – Alternativität der Rechtsbehelfe und Genehmigung des Vertrages (BGE 127 III 83 ff.), recht 2001, 184 ff. (zit. recht 2001); ders., Urteilsanmerkung zu BGE 114 II 131 ff., SAG 1989, 152 ff. (zit. SAG 1989); ders., BGE 107 II 343: Grundlagenirrtum und clausula rebus sic stantibus, recht 1983, 6 ff. (zit. recht 1983); ders., Vertrag und Parteiwille, in: Peter/Stark/Tercier (Hrsg.), 100 Jahre Schweizerisches Obligationenrecht, Freiburg 1982, 343 ff. (zit. Vertrag und Parteiwille); Gauger, Die Dogmatik der konkludenten Täuschung, Frankfurt a.M. 2001; Gilliard, Vices du consentement et perpétuité de l'exception, in: Faculté de droit de Université de Lausanne (Hrsg.), Mélanges Roger Secrétan, Montreux 1964, 81 ff.; Gilomen, Absichtliche Täuschung beim Abschluss von Verträgen nach schweizerischem Obligationenrecht, Bern 1950; Girsberger/Hehli, Fahrlässiger Irrtum beim Unternehmenskauf, in: Bucher et al. (Hrsg.), FS für Wolfgang Wiegand, Bern/München 2005, 845 ff.; Glanzmann, Der Umstrukturierungsvertrag bzw. -plan im neuen Fusionsgesetz, AJP 2004, 815 ff.; Glaus, Irrtumsanfechtung und Auslegung beim Testament, Diss. Zürich 1982; Gmünder, Teilanfechtung aus Irrtum bei der Unternehmensübernahme, Diss. St. Gallen 1992; Goltz, Motivirrtum und Geschäftsgrundlage im Schuldvertrag, Köln 1973; Gonzenbach, Zum Beispiel «Einbruchsanlage» – Sirenen und Sirenengesänge für das schweizerische UWG?, SZW 1992, 20 ff.; Grundler, Willensmängel des Gegenkontrahenten beim entgeltlichen Erbvertrag, Bern 1998; Gutzwiller, Willensmängel, culpa in contrahendo und Verschweigen von Gefahrstatsachen im Privatversicherungsrecht in der neueren Praxis des Bundesgerichts, HAVE 2003, 43 ff.; Habscheid, Schweizerisches Zivilprozess- und Gerichtsorganisationsrecht. Ein Lehrbuch seiner Grundlagen, 2. Aufl., Basel 1990; Handschin, Die Anfechtung des Fusionvertrages wegen Willensmangels, in: Oertle et al. (Hrsg.), M&A Recht und Wirtschaft in der Praxis, Liber amicorum für Rudolf Tschäni, Zürich 2010, 304 ff.; Härri, Die nicht arglistige Täuschung, plädoyer Nr. 4/1998, 26 ff.; Hartmann, Die Rückabwicklung von Schuldverträgen, Zürich 2005; Heiz, Grundlagenirrtum, Diss. Zürich 1985; Honsell, Das Übereinkommen über den internationalen Warenkauf, plädoyer 2/1990, 38 ff. (zit. plädoyer 1990); ders., Arglistiges Verschweigen in Rechtsgeschichte und Rechtsvergleichung, in: Tercier et al. (Hrsg.), FS für Peter Gauch, Zürich 2004, 101 ff. (zit. FS Gauch); ders., Die Konkurrenz von Sachmängelhaftung und Irrtumsanfechtung – Irrungen und Wirrungen, SJZ 2007, 137 ff. (zit. SJZ 2007); ders., 100 Jahre Schweizerisches Obligationenrecht, ZSR 2011 II, 5 ff. (zit. ZSR 2011); Homburger/Moser, Willensmängel bei der Beschlussfassung der Generalversammlung, Mélanges Pierre Engel, Lausanne 1989, 145 ff.; Huber, Die Konkurrenz von Irrtumsanfechtung und Sachmängelhaftung im neuen Schuldrecht, in: Häuser (Hrsg.), FS für Walther Hadding, Berlin 2004, 105 ff.; Hürlimann, Teilnichtigkeit von Schuldverträgen nach Art. 20 Abs. 2 OR, Diss. Freiburg 1984; Hürlimann-Kaup, Art. 28 OR und kaufrechtliche Sachgewährleistung bei absichtlicher Täuschung des Käufers, ZBJV 2002, 137 ff.; Huguenin, Die absichtliche Täuschung durch Dritte: Art. 28 Abs. 2 OR, SJZ 1999, 261 ff.; Katz, Sachmängel beim Kauf von Kunstgegenständen und Antiquitäten, Diss. Zürich 1973; Keller/Schmid-Syz, Analyse der Willensmängel, Basel/Frankfurt a.M. 1995; Kiehnle, Die Falschübermittlung durch den Erklärungsboten: Zwischen Erklärungsirrtum und Stellvertretung ohne Vertretungsmacht, RabelsZ 2011, 317 ff.; Klausberger, Die Willensmängel im schweizerischen Vertragsrecht, Diss. Zürich 1989; Klein, Die Rechtsfolgen des fehlerhaften verwaltungsrechtlichen Vertrags, Zürich 2003; Knecht, Willensmängel bei Prozesshandlungen des Beschuldigten, Zürich 1980; Koller A., Der gute und der böse Glaube im allgemeinen Schuldrecht, Habil. Freiburg 1985 (zit. Habil.); ders., Die Irrtumsanfechtung von Scheidungskonventionen, AJP 1995, 412 ff. (zit. AJP 1995); ders., Irrtumsanfechtung familienrechtlicher Rechtsgeschäfte, insbesondere die Anfechtung der Vaterschaftsanerkennung durch den Anerkennenden, in: Tercier et al. (Hrsg.), Familie und Recht, FS für Bernhard Schnyder, Freiburg 1995, 455 ff. (zit. FS Schnyder); Koller Th., Wechselwirkungen zwischen privatrechtlichen Rechtsgeschäften und ihren Steuerfolgen – Ein Beispiel für die enge Verzahnung zweier rechtlicher Subsysteme, ZBJV 1998, 309 ff. (zit. ZBJV 1998); ders., Die arbeitsrechtliche Rechtsprechung des Bundesgerichts im Jahr 2006, ZBJV 2008, 318 ff. (zit. ZBJV 2008); Koller/Kissling, Der geplante Übergang zur Gegenwartsbemessung im Einkommenssteuerrecht und die gebundene Selbstvorsorge – Privatrechtliche Aspekte, ZBJV 1999, 113 ff.; Kolly, Der Grundlagenirrtum nach Art. 24 OR: Rechtsprechung des Bundesgerichts, Diss. Zürich 1978; Koziol, Zum Entfall der Schadenersatzpflicht des fahrlässig Irrenden, in: Dufour et al. (Hrsg.), Pacte, convention, contrat, Mélanges en l'honneur du Professeur Bruno Schmidlin, Basel 1998, 291 ff.; Kramer, Bemerkungen zu BGE 127 III 83 ff., AJP 2001, 1454 ff. (zit. AJP 2001); ders., Der Irrtum beim Vertragsschluss: eine weltweit rechtsvergleichende Bestandsaufnahme, Zürich 1998 (zit. Irrtum beim Vertragsschluss); ders., Bemerkungen zu BGE 123 III 165 ff., AJP 1997, 1285 ff. (zit. AJP 1997); ders., Neues aus Gesetzgebung, Praxis und Lehre zum Vertragsschluss, BJM 1995, 1 ff. (zit. BJM 1995); ders., Kalkulationsirrtum bezüglich Flächenmass eines Grundstückes?, AJP 1993, 1516 ff. (zit. AJP 1993); ders., Grundfragen der vertraglichen Einigung, München/Salzburg 1972 (zit. Grundfragen); ders., Eine Wendung der Rechtsprechung des Bundesgerichts zum Grundlagenirrtum?, SJZ 1970, 177 ff. (zit. SJZ 1970); ders., Ein Blick auf neue europäische und aussereuropäische Zivilgesetzbücher oder Entwürfe zu solchen am Beispiel des Rechts der Irrtumsanfechtung, in: Wiegand/Koller/Walter (Hrsg.), FS für Eugen Bucher, Bern 2009, 435 ff.; Lessiak, UNCITRAL-Kaufrechtsabkommen und Irrtumsanfechtung, JBl 1989, 487 ff.; Lichti, Der Rechtsirrtum, Diss. Zürich 1950; Loewe, Internationales Kaufrecht, Wien 1989; Löhnig, Irrtum über Eigenschaften des Vertragspartners, Bielefeld 2002; Loser-Krogh, Bemerkungen zu BGE 127 III 147 ff., AJP 2001, 1224 ff.; Maissen, Sachgewährleistungsprobleme beim Kauf von Auto-Occasionen, Zürich 1999; Marantelli, Steuerlich motivierter Grundlagenirrtum?, ASA 1998, 513 ff.; Max-Planck-Institut für ausländisches und internationales Privatrecht, Die materielle Gültigkeit von Kaufverträgen, Berlin/Tübingen 1968; Mayer-Maly, Bemerkungen zum Irrtum über den Wert, in: Schwander et al. (Hrsg.), FS für Mario M. Pedrazzini, Bern 1990, 343 ff.; Mazeaud/Chabas, Leçons de droit civil, Tome II/Premier Volume, Obligations, Théorie générale, 9. Aufl., Paris 1998; Meier-Hayoz, Das Vertrauensprinzip beim Vertragsabschluss, Diss. Zürich 1948 (zit. Diss.); ders., Berufung auf Irrtum beim Vergleich, SJZ 1953, 117 ff. (zit. SJZ 1953); Merz, Sachgewährleistung und Irrtumsanfechtung, in: Meylan (Hrsg.), FS für Theo Guhl, Zürich 1950, 87 ff. (zit. FS Guhl); Meyer, Das rechtsvergleichende Argument in der Rechtsprechung des Schweizerischen Bundesgerichts zu den Willensmängeln, in: Will (Hrsg.), Das Recht Deutschlands und der Schweiz im Dialog, Genf 1994, 1 ff.; Oftinger, Die ungelesen unterzeichnete Urkunde und verwandte Tatbestände, in: Juristische Fakultät der Universität Basel (Hrsg.), Aequitas und Bona Fide, FS für August Simonius, Basel 1955, 263 ff.; Oguzman, L'annulation d'un contrat à cause de dol est-elle limitée par un délai maximum?, SJZ 1963, 265 ff.; Pellegrini, Die Anfechtung des Arbeitsvertrages wegen Willensmängeln, Diss. Zürich 1983; Pichonnaz, Le malentendu productif, in: Gauch/Pichonnaz (Hrsg.), FS für Pierre Tercier, Zürich 2003, 167 ff.; Piotet, De l'adage «nul n'est censé ignorer la loi» et des conséquences de l'erreur de droit, in: Chaudet/Rodondi (Hrsg.), L'avocat moderne: mélanges publiés par l'Ordre des Avocats Vaudois à l'occasion de son Centenaire, Basel 1998, 3 ff. (zit. conséquences); ders., L'annulation pour erreur de droit, JdT 1993, 538 ff. (zit. JdT 1993); ders., A propos de l'arrêt «Picasso», JdT 1988, 519 ff. (zit. JdT 1988); ders., La théorie de la conclusion du contrat et son évolution en droit suisse, ZBJV 1985, 148 ff. (zit. ZBJV 1985); ders., De l'invalidité partielle des actes juridiques spécialement en cas de vice du consentement, ZSR 1957 I, 97 ff. (zit. ZSR 1957); ders., La responsabilité pour le passif et le droit successoral, JdT 2009, 3 ff.; Popp, Betrug im Schuld- und Strafrecht, in: Schmid (Hrsg.), Le droit pénal et ses liens avec les autres branches du droit, Mélanges en l'honneur du Professeur Jean Gauthier, Bern 1996, 111 ff.; Reiser, Fahrlässiger Irrtum nach Art. 26 OR, Diss. Zürich 2011; Rohner/Pozar, Der Widerruf im Scheidungsverfahren (Art. 111 f. ZGB) nach eingereichter Bestätigungserklärung, AJP 2002, 989 ff.; Rosenthal, Softwareagenten auf rechtlichen Abwegen?, DIGMA 2007, 6 ff.; Rusch, Grundlagenirrtum bei mangelhaften Gattungssachen und Werken, SJZ 2010, 553 ff.; Schenker, Die Fusion, AJP 2004, 772 ff.; Schmid, Bemerkungen zu BGE 123 III 200 ff., BR 1998, 55 f.; Schmidlin, Der Irrtum über zukünftige Sachverhalte nach Art. 24 Abs. 1 Ziff. 4 OR: Fehldiagnose oder Fehlprognose, AJP 1992, 1386 ff. (zit. AJP 1992); ders., Das Vertrauensprinzip und die Irrtumslehre im deutschen und schweizerischen Recht, ZSR 1970 I, 225 ff. (zit. ZSR 1970); ders., Saurer Wein, Trompetengold und falsches Silber im Substanz- oder Grundlagenirrtum, in: Gauch/Pichonnaz (Hrsg.), FS für Pierre Tercier, Zürich 2003, 69 ff. (zit. Substanz- oder Grundlagenirrtum); Schmidlin/Meyer-Pritzl, Interessenabwägung bei der Irrtumsanfechtung und Irrtum über künftige Sachverhalte, recht 1997, 256 ff.; SCHÖBI, Grundlagenirrtum neben Gewährleistung?, recht 1984, 134 ff.; SCHÖLL, Die Konversion des Rechtsgeschäfts, Diss. Basel, Bern 2005; SCHÖNLE, L'imprévision de faits futurs lors de la conclusion d'un contrat générateur d'obligations, in: Peter/Stark/Tercier (Hrsg.), Hundert Jahre Schweizerisches Obligationenrecht, Freiburg 1982, 413 ff.; SCHULTHEISS/ZUMSTEIN, Zur Alternative Gewährleistung/Irrtum im Kaufrecht, SJZ 1978, 124 f.; SCHWAAB, Zum Irrtum bei Vertragsschluss, Frankfurt a.M./Bern 2000; SCHWENZER, Das UN-Abkommen zum internationalen Warenkauf (CISG), recht 1991, 113 ff.; SIMONIUS, Wandlungen der Irrtumslehre in Theorie und Praxis, in: Juristische Fakultät der Universität Basel (Hrsg.), FS für Fritz Goetzinger, Basel 1935, 240 ff. (zit. Irrtumslehre); DERS., Über die Bedeutung des Vertrauensprinzips in der Vertragslehre, in: Ruck et al. (Hrsg.), FS der Basler Juristenfakultät zum schweizerischen Juristentag 1942, Basel 1942, 233 ff.; SOMMER, Absichtliche Täuschung oder Grundlagenirrtum: Informations- und Auskunftspflicht des Vermieters, MRA 2005, 140 ff.; SPIRO, Die Begrenzung privater Rechte durch Verjährungs-, Verwirkungs- und Fatalfristen, 2 Bde., Bern 1975; STECK, Gedanken zur Rechtsnatur der Scheidungskonvention im neuen Scheidungsrecht, in: Donatsch et al. (Hrsg.), FS 125 Jahre Kassationsgericht des Kantons Zürich, Zürich 2000, 553 ff.; STEINER, Die Anwendbarkeit von Bestimmungen des OR im Rahmen von Versicherungsverträgen, insbesondere bei Anzeigepflichtverletzung (BGE 126 III 82), HAVE 2002, 45 ff.; VIRET, L'erreur essentielle dans le contrat d'assurance, SVZ 1962, 325 ff.; M. VISCHER, Sachgewährleistung bei Unternehmenskäufen, SJZ 2001, 361 ff.; VOGEL, Prozessvergleich und Willensmängel, recht 1987, 99 ff.; WALTER, Parteiautonome Prozesserledigung und Willensmängel, Mitteilungen aus dem Institut für zivilgerichtliches Verfahren in Zürich, Nr. 22 (1997), 5 ff. (zit. Prozesserledigung und Willensmängel); WIEGAND D., Vertragliche Beschränkungen der Berufung auf Willensmängel, Diss. München 2000; WIEGAND W., Bemerkungen zum Picasso-Entscheid, recht 1989, 101 ff. (zit. recht 1989); DERS., Zur Rückabwicklung gescheiterter Verträge, in: Tercier et al. (Hrsg.), FS für Peter Gauch, Zürich 2004, 709 ff. (zit. FS Gauch); WOLF, Prüfung von Handlungsfähigkeit, Willensmängeln und Übervorteilung im Grundbucheintragungsverfahren (BGE 124 III 341 ff.), recht 1999, 62 ff. (zit. recht 1999); DIES., Rechtsirrtum im Privatrecht – Argument oder Anachronismus?, Diss. Basel 2003 (zit. Diss.); ZEHNDER, Begriffsmerkmale der Wesentlichkeit im Schweizerischen Irrtumsrecht, unter besonderer Berücksichtigung der Praxis des Bundesgerichts, Diss. Zürich 1993; ZEITER/FURRER, Überblick über den Grundlagenirrtum am Beispiel eines Vergleichsvertrages, ius.full 2004, 75 ff.

I. Allgemeines

Nach der das Schweizer Recht klar beherrschenden **Vertrauenstheorie** (vgl. dazu Art. 1 N 6) ist der Erklärende an eine Erklärung immer so gebunden, wie sie der Erklärungsempfänger nach den konkreten Umständen objektiv verstehen musste und durfte. Unter der Marginalie «Mängel des Vertragsschlusses» werden jedoch eine Reihe von Tatbeständen von **Divergenz von wirklichem Willen und Erklärung** erfasst, deren Vorliegen dem Erklärenden ermöglicht, sich durch Anfechtung von dem nicht Gewollten zu lösen. Die Frage der Beachtlichkeit etwaiger Willensmängel stellt sich freilich erst, wenn aufgrund der Auslegung nach dem Vertrauensprinzip feststeht, dass der Erklärende an einer Erklärung behaftet wird, die er nicht wollte (BGE 105 II 26). Die Auslegung muss also einer möglichen Berufung auf Willensmängel immer vorgehen. 1

II. Arten der Willensmängel

Die Willensmängel lassen sich in zwei grosse Gruppen einteilen: Die Fälle, in denen die Erklärung dem (fehlerfrei) gebildeten Willen nicht entspricht **(Erklärungsirrtum)**, und jene Fälle, in denen der Wille, eine bestimmte Erklärung abzugeben, fehlerhaft gebildet wurde, sei es infolge Irrtums **(Motivirrtum, Grundlagenirrtum)** oder veranlasst durch den Vertragspartner oder eine dritte Person **(Täuschung, Drohung)**. Im Interesse der Verkehrssicherheit kann die Anfechtung wegen Willensmängeln nicht unbeschränkt zulässig sein; beim Irrtum wird deshalb die **Wesentlichkeit** verlangt (Art. 23). 2

Kein Willensmangel liegt vor, wenn es an einem bewussten, willkürlichen, finalen menschlichen Verhalten fehlt, wie insb. im Fall der **vis absoluta** (gewaltsames Führen der Hand zur 3

Unterschrift) im Gegensatz zur blossen **vis compulsiva** (hierzu Art. 29 N 3). Eine derart zustande gekommene Erklärung ist von vornherein nichtig (BGE 72 II 157).

III. Anwendungsbereich

1. Im Allgemeinen

4 Die Art. 23–31 gelten nicht nur für Verträge, sondern grundsätzlich für **alle Rechtsgeschäfte und rechtsgeschäftsähnlichen Handlungen** des OR, insb. auch für **einseitige Rechtsgeschäfte** (vgl. BGE 102 Ib 118; 79 II 27; BK-Schmidlin, Art. 23/24 N 302 ff. m.w.Nw.; **a.A.** ZK-Schönenberger/Jäggi, Art. 1 N 381 ff. für den Erklärungsirrtum). Über Art. 7 ZGB sind die Irrtumsregeln auch auf andere zivilrechtliche Verhältnisse anwendbar, sofern Willensmängel im Einzelfall nicht einer Sonderregelung unterliegen oder die ratio der Anfechtung entgegensteht (Einzelheiten bei BK-Schmidlin, Art. 23/24 N 297 ff.; BK-Friedrich, Art. 7 ZGB N 58 ff., 73 ff.).

2. Sondervorschriften

5 **Sondervorschriften** über die Geltendmachung von Willensmängeln finden sich namentlich im **Familienrecht** zur Anfechtung der Ehe (Art. 104 ff. ZGB) oder der eingetragenen Partnerschaft (Art. 9 ff. PartG), der Vermutung der Vaterschaft des Ehemannes (Art. 256 ff. ZGB), der Anerkennung eines Kindes (Art. 260a ff. ZGB) und der Adoption (Art. 269a ff. ZGB). Im **Erbrecht** gilt für Willensmängel bei Verfügungen von Todes wegen Art. 469 ZGB; im Übrigen kommt jedoch auch dort eine Anwendung der Art. 23–31 in Betracht. Auf die Erbausschlagung sind Art. 23–31 analog anwendbar (BGer, 20.4.2010, 5A_594/2009, E. 2.1; Piotet, JdT 2009, 6; BJM 1983, 132, 134). Keine Anwendung finden die Irrtumsregeln auf Erbverträge, soweit sich die Anfechtung auf die Willenserklärung des Verfügenden bezieht (BK-Schmidlin, Art. 23/24 N 301 m.w.Nw.; zur Irrtumsanfechtung beim Testament vgl. BGer, 23.8.2013, 5A_323/2013, E. 6.1; BGE 124 III 416; 119 II 210; Glaus, 14 ff., 33 ff.). Für die Anfechtung einer Vereinbarung über die Festsetzung einer Entschädigung bei Strassenverkehrsunfällen gilt Art. 87 Abs. 2 SVG (BGE 109 II 347). Sondervorschriften für Willensmängel beim **Versicherungsvertrag** enthalten die Art. 4 ff. VVG (vgl. BGer, 14.11.2008, 9C_681/2007, E. 4.4.1.1; BGE 126 III 84 = Pra 2000, 602; dazu Steiner, HAVE 2002, 48; vgl. auch Baumann, HAVE 2002, 92 ff.; Viret, SVZ 1962, 325 ff.).

3. Sonderwertungen

6 a) Irrtum über die **eigene Leistungsfähigkeit** kann nie zur Anfechtung des Vertrags berechtigen, da sich sonst der Schuldner der Vertragshaftung nachträglich entziehen könnte.

7 b) Bei in Vollzug gesetzten **Dauerschuldverhältnissen** ist im Wege einer teleologischen Reduktion die Unverbindlichkeit in ihrer Wirkung auf eine solche ex nunc zu beschränken, da andernfalls u.U. jahrelang erbrachte gegenseitige Leistungen rückabgewickelt werden müssten (nunmehr ausdrücklich BGE 129 III 320, 328 f.; i.E. ebenso Gauch/Schluep/Schmid/Emmenegger, N 942 ff.; BK-Schmidlin, Art. 31 N 104 ff.; ZK-Schönenberger/Jäggi, Art. 1 N 565). Die für den Arbeitsvertrag in Art. 320 Abs. 3 vorgesehene Lösung kann insoweit verallgemeinert und auf andere Dauerschuldverhältnisse übertragen werden. Jedenfalls stünde einer Geltendmachung rückwirkender Unwirksamkeit bei in Vollzug gesetzten Dauerschuldverhältnissen Art. 25 entgegen (Näheres Art. 25 N 4).

8 c) Die Anfechtbarkeit wegen Willensmängel wird im Interesse der Rechtssicherheit beschränkt bei **Handelsgesellschaften** (vgl. von Tuhr/Peter, 301; Einzelheiten vgl. BK-Kramer, Art. 1 N 243 ff.). Bei einer AG würde eine Anfechtung der Aktienzeichnung zudem dem

Verbot der Rückgewähr von Einlagen zuwiderlaufen, Art. 680 Abs. 2 (BGE 102 Ib 24; BJM 1975, 79, 81 f.). Die Anfechtung eines Fusionsvertrages wegen Willensmängel wird von der h.L. nur bis zur Löschung der Gesellschaft in Betracht gezogen (GLANZMANN, AJP 2004, 831 f.; SCHENKER, AJP 2004, 781; **a.A.** offenbar HANDSCHIN, 304 ff.).

4. Konkurrenzen

a) In ständiger Rsp. lässt das BGer Anfechtung wegen Willensmängel neben **kaufrechtlicher Sachgewährleistung** zu (BGE 127 III 85; 114 II 134; 108 II 104; 107 II 421; 98 II 20; 88 II 412; 84 II 517 je m.w.Nw.). Die Anfechtung unterliegt dabei nicht den besonderen Voraussetzungen der Sachgewährleistung (Art. 201, 210), selbst wenn der Irrtum sich auf eine wesentliche Eigenschaft der Kaufsache bezieht, da es sich bei Anfechtung wegen Irrtums um einen Mangel in der Willensbildung und damit der Vertragsentstehung handle, der Anspruch auf Gewährleistung hingegen Mängel bei der Vertragserfüllung betreffe (BGE 114 II 136). In BGE 98 II 21 wurde diese Rsp. gar als Norm des Gewohnheitsrechts bezeichnet. Nur wenn die mangelhafte Sache eine Gattungsschuld betrifft, so sei die Irrtumsanfechtung ausgeschlossen, wenn nicht gerade die ganze Gattung mangelhaft ist (BGer, 19.2.2007, 4C.300/2006, E. 5.3, insoweit nicht abgedruckt in BGE 133 III 335; Näheres vgl. Vor Art. 197–210 N 9). Die Auffassung des BGer wird von Teilen der Literatur ausdrücklich gebilligt (BK-GIGER, Vor Art. 197–210 N 64; BUCHER, BT, 109; ZK-OSER/SCHÖNENBERGER, Art. 197 N 5; GUHL/KOLLER/SCHNYDER/DRUEY, § 42 N 63; BÜHLER, SJZ 1978, 1 ff.; KATZ, 114 ff.; RUSCH, SJZ 2010, 553 ff.). In der überwiegenden Literatur stösst sie jedoch auf Kritik (CAVIN, SPR VII/1, 117 ff.; KOLLY, N 493 ff.; MERZ, FS Guhl, 85 ff.; DERS., ZBJV 1974, 45 ff.; DERS., ZBJV 1982, 131 f.; VON BÜREN, AT, 203; ENGEL, traité, 334 f.; KOLLER A., OR AT, § 14 N 96 f.; HONSELL, ZSR 2011, 99; DERS., OR BT, 121; DERS., SJZ 2007, 137 ff.; DERS., plädoyer 1990, 38, 39; GAUCH, recht 2001, 185; DERS., SAG 1989, 152, 154; WIEGAND W., recht 1989, 101, 103 ff.; SCHÖBI, recht 1984, 134 ff.; ARNET, AJP 2000, 1165; diff. BK-SCHMIDLIN, Art. 23/24 N 324 ff.). Von diesen Autoren werden die Art. 197 ff. als abschliessend betrachtet, zudem entbehre die bundesgerichtliche Rsp. der Folgerichtigkeit, wenn sie Ansprüche nach Art. 97 nur unter den Voraussetzungen der Art. 197 ff., Irrtumsanfechtung jedoch unbeschränkt zulasse (MERZ, FS Guhl, 106 f.; BAUDENBACHER/SPIEGEL, FS Pedrazzini, 259 f.; KOLLY, N 528 f.; Näheres vgl. Vor Art. 197–210 N 9; rechtsvergleichend FLESCH, 40 ff.). 9

Stellungnahme: Die alternative Zulassung von Irrtumsanfechtung und Sachgewährleistung kann jedenfalls nach Lieferung der Sache dann nicht überzeugen, wenn sich der Irrtum gerade auf eine Eigenschaft der Kaufsache bezieht. Hier decken sich Irrtumsanfechtung und Sachgewährleistung; alternative Irrtumsanfechtung unterläuft die zum Zwecke rascher Abwicklung sinnvollen Art. 201, 210 (Näheres vgl. Vor Art. 197–210 N 9). Immerhin soll die Frage des Grundlagenirrtums im Lichte des Sachmängelrechts untersucht werden (vgl. BGer, 1.5.2007, 4C.321/2006, E. 4.3.1). 10

Beim **Viehkauf** soll jedoch auch nach der Rsp. des BGer (BGE 111 II 67; 70 II 48, 50 ff. = Pra 1944, 133–135; vgl. auch GAUCH, recht 2001, 185) Anfechtung wegen Willensmängel nach Art. 23 ff. ausgeschlossen sein (Näheres vgl. Art. 198 N 5). 11

b) Anfechtung wegen Grundlagenirrtums soll auch möglich sein neben der **Rechtsgewährleistung** nach Art. 192 ff. (BGE 109 II 322; so auch BK-GIGER, Art. 192 N 11; ZK-OSER/SCHÖNENBERGER, Art. 192 N 1; **a.A.** BUCHER, BT, 110 f.) Hiergegen ergeben sich im Wesentlichen dieselben Bedenken wie im Rahmen der Sachgewährleistung. Die Entscheidung des Gesetzgebers für das Eviktionsprinzip (Näheres vgl. Vor Art. 192–210 N 4) darf nicht dadurch umgangen werden, dass man bei abstrakter Eviktionsgefahr Irrtumsanfechtung zulässt (**a.A.** Vor Art. 192–210 N 7). 12

c) Anfechtung wegen Grundlagenirrtums nach nationalem Recht muss ausgeschlossen sein bei einem internationalen Warenkaufvertrag, der dem **WKR** unterliegt (vgl. HONSELL, plä- 13 doyer 1990, 38–40; SCHWENZER, N 39.43; DIES., recht 1991, 113, 115; Schlechtriem/Schwenzer-SCHWENZER, Art. 35 N 45 f.; FLESCH, 156 ff.; für das deutsche Recht: Schlechtriem/Schwenzer-FERRARI, Art. 4 N 22 ff.; für das österreichische Recht: LOEWE, 66; **a.A.** LESSIAK, JBl 1989, 487 ff.). Zwar betrifft das WKR gem. Art. 4 lit. a grundsätzlich nicht die Gültigkeit des Vertrags; Sach- und Rechtsgewährleistung wie auch die Rechtsfolgen bei schlechter Vermögenslage einer Partei und allfällige Befreiung wegen nicht vorhersehbarer Umstände werden im WKR jedoch einer eingehenden und abschliessenden Regelung zugeführt. Konkurrierende Anfechtung nach nationalem Recht würde die mit dem WKR angestrebte Rechtsvereinheitlichung im Kernbereich des Kaufrechts zunichtemachen. Anfechtung wegen Erklärungsirrtums, Täuschung und Drohung sind dagegen auch bei Anwendbarkeit des WKR nach über IPR anwendbarem nationalen Recht zu beurteilen (vgl. HGer SG, SJZ 2001, 406).

14 d) Im **Werkvertragsrecht** ist Anfechtung wegen Irrtums über ausserordentliche Umstände, die die Fertigstellung hindern oder übermässig erschweren, durch die Spezialregelung des Art. 373 Abs. 2 ausgeschlossen (BGE 109 II 335). Dasselbe gilt für einen Irrtum im Hinblick auf eine Überschreitung des Kostenansatzes wegen Vorrangs des Art. 375 (BGE 98 II 303 = Pra 1973, 192). Richtigerweise muss auch die Anfechtung wegen Grundlagenirrtums, der sich auf Eigenschaften des Werkes bezieht, ausgeschlossen sein, da sonst das dem Unternehmer im Rahmen der Gewährleistung für Werkmängel grundsätzlich zustehende Nachbesserungsrecht unterlaufen würde (GAUCH, N 2317 f.).

14a e) Auch die **Schenkungswiderrufsregel** von Art. 249 Abs. 3 kann nicht durch Berufung auf Irrtum umgangen werden, da gemäss BGer die Leistung der anderen Vertragspartei ein unsicheres, zukünftiges Ereignis darstellt und die Parteien mit einer Nichtleistung rechnen bzw. eine solche einkalkulieren (BGer, 30.5.2007, 4A_28/2007, E. 2.3, insoweit nicht abgedruckt in BGE 133 III 421 = Pra 2008, 104 ff.).

5. Anwendung der Art. 23 ff. im Prozessrecht

15 Auf **Prozesshandlungen** sind die Vorschriften über Willensmängel grundsätzlich nur eingeschränkt anwendbar. Erwirkungshandlungen können bis zum Urteil jederzeit widerrufen werden (vgl. VOGEL/SPÜHLER, N 40). Ist ein Urteil noch nicht rechtskräftig, muss eine entsprechende Korrektur im Zusammenhang mit der Einlegung eines Rechtsmittels erfolgen (HABSCHEID, Rz 308). Bewirkungshandlungen können nur im Wege allfälliger prozessualer Rechtsbehelfe korrigiert werden. So wurde die Anwendung der Art. 23 ff. verneint auf den Rückzug eines Rechtsmittels (BGE 83 II 61), auf betreibungsrechtliche Erklärungen wie z.B. Rechtsvorschlag (BGE 75 III 42), auf Erklärungen im Strafprozessrecht wie z.B. Rückzug eines Strafantrags (BGE 79 IV 101). Hat in einem strafrechtlichen Appellationsverfahren die Staatsanwaltschaft keine Appellation oder Anschlussappellation eingelegt, so sind bezüglich allfälliger neu aufgetauchter Beweise aufgrund des Verbots der reformatio in peius Art. 23 ff. (insb. Grundlagenirrtum) nicht anwendbar (OGer LU, 5.11.2007, 21_06_100_4, E. 5.1).

16 Eine Sonderstellung nimmt aufgrund seiner Doppelnatur der **Prozessvergleich** ein (näher hierzu VOGEL, recht 1987, 99 ff.). Als privatrechtlicher Vertrag ist er wegen Willensmängel anfechtbar. Der Irrtum muss sich auf die **Grundlage des Vergleichs** beziehen. Unerheblich ist die Berufung auf einen Irrtum über den Gegenstand des Vergleichs (BGE 117 II 226; BK-SCHMIDLIN, Art. 23/24 N 292; KOLLER A., OR AT, § 14 N 92). Die Anfechtung eines Vergleichs wegen Willensmangels kann nur mittels Revision (Art. 328 Abs. 1 lit. c ZPO) erfolgen und unterliegt nicht der einjährigen Frist von Art. 31, sondern der 90-tägigen Frist von Art. 329 Abs. 1 ZPO (ZPO Komm-LEUMANN LIEBSTER, Art. 241 N 24 ff.; dies galt bereits unter kant. Zivilprozessrecht: BGE 110 II 46 und **abl**. KUMMER, ZBJV 1981, 169 f.; vgl. auch VOGEL, recht 1987, 104; WALTER, Prozesserledigung und Willensmängel, 15). Bei der **gerichtlich genehmigten Scheidungskonvention** handelt es sich im Gegensatz zum gewöhn-

lichen gerichtlichen Vergleich nicht um eine privatrechtliche Vereinbarung, da der Inhalt der Scheidungskonvention zum vollwertigen Bestandteil des Scheidungsurteils wird und dessen rechtliches Schicksal teilt (Art. 279 Abs. 2 ZPO; BGE 127 III 361; 119 II 300; 60 II 82; vgl. OGer TG, RBOG 1999, 174 f.; FamKomm Scheidung-FANKHAUSER, Anh. ZPO, Art. 289 N 7; zur Rechtsnatur vgl. STECK, 553 ff.; zum alten Verfahrensrecht vgl. BRÄM, AJP 1999, 1514 f. sowie ROHNER/POZAR, AJP 2002, 993; OGer TG, RBOG 1999, 175; zum alten Scheidungsrecht einlässlich KOLLER A., AJP 1995, 412 ff.). Bezüglich Willensmängel gem. Art. 23 ff., die vorgebracht werden können, gilt es vier Phasen zu unterscheiden. Vor Abschluss der gerichtlichen Anhörung kann die Vereinbarung einseitig widerrufen werden (FamKomm Scheidung-STEIN-WIGGER, Anh. ZPO, Art. 279 N 37; FamKomm Scheidung-FANKHAUSER, Anh. ZPO, Art. 285 N 10). Nach Abschluss der Anhörung bis zur Genehmigung sind die Parteien gebunden, und es kann nur ein Antrag auf Nichtgenehmigung mangels entsprechender Voraussetzungen (Art. 279 Abs. 1 ZPO) gestellt werden (ZPO Komm-KOBEL, Art. 279 N 25). Nach Genehmigung aber vor Eintritt der Rechtskraft kann die Auflösung der Ehe wegen Willensmängel nach Art. 23 ff. mittels Berufung (Art. 308 ff. ZPO) angefochten werden (Art. 289 ZPO). Gleiches sollte auch bezüglich der anderen Punkte der Scheidungsvereinbarung gelten (FamKomm Scheidung-FANKHAUSER, Anh. ZPO, Art. 289 N 7). Nach Eintritt der Rechtskraft schliesslich, können sowohl der Statusentscheid wie auch die anderen Punkte der Scheidungsvereinbarung wegen Willensmängel nur noch mit dem Rechtsmittel der Revision (Art. 328 ZPO) angefochten werden (FamKomm Scheidung-FANKHAUSER, Anh. ZPO, Art. 289 N 10; ZPO Komm-KOBEL, Art. 279 N 26).

6. Anwendung im öffentlichen Recht

Im **öffentlichen Recht** finden die Art. 23 ff. zwar keine direkte Anwendung, sie können jedoch als Ausdruck allgemeiner Rechtsgrundsätze insoweit anwendbar sein, als sich die Regelung auf dem Gebiet des öffentlichen Rechts als sachgerecht erweist, was v.a. bei **öffentlichrechtlichen Verträgen** angenommen wird (BGE 105 Ia 211 E. 2c). Beim Rechts- oder Tatsachenirrtum **auf Seiten der Behörde** müssen die Interessen der richtigen Rechtsanwendung einerseits und der Vertragssicherheit andererseits gegeneinander abgewogen werden (BGE a.a.O. E. 2b). Verstösst der öffentlich-rechtliche Vertrag gegen zwingende Normen und überwiegt das entgegengesetzte Interesse an der Aufrechterhaltung des Vertrages nicht, so ist der Irrtum wesentlich (BGE, a.a.O.; VerwGer ZH, 21.2.2007, PK.2005.00004, E. 3.2.4; KLEIN, 190), da die Einhaltung der Rechtsordnung für die Verwaltung notwendige Vertragsgrundlage i.S.v. Art. 24 Abs. 1 Ziff. 4 ist (DICKE, ZSR 1984, 547). Dabei geht es jedoch nicht darum, jeden Motivirrtum nach Art. 24 Abs. 2 für wesentlich zu erklären (VerwGer ZH, 21.2.2007, PK.2005.00004, E. 3.2.4; so aber noch die 4. Aufl. und HÄFELIN/MÜLLER/UHLMANN, N 1119). Auch auf **Seiten des Privaten** kommt eine Anfechtung wegen Irrtums in Frage: beim Rückzug einer Einsprache gegen eine Steuerveranlagung (VerwGer LU, LGVE 2001, 332 f.), eines Patentgesuchs, sofern der Irrtum – in Abweichung vom Zivilrecht – unverschuldet ist (BGE 102 Ib 118 = Pra 1976, 606 ff.; **a.A.** VPB 1975, Nr. 110), einer Beschwerde gegen einen Ausweisungsentscheid, sofern schwerwiegende Nachteile auf dem Spiel stehen und die Rechtssicherheit nicht in unannehmbarer Weise beeinträchtigt wird (BVGer, 4.4.2008, D-2080/2008; 12.9.2007, E-4501/2007, F2). Im **öffentlich-rechtlichen** Arbeitsverhältnis kommt im Einzelfall auch eine Anfechtung wegen Täuschung, wegen unwahrer Angaben bei Stellenbewerbung oder Willensmängel bei Erteilung der Saldoquittung in Betracht (ZBl 1976, 392 ff.). Im **Vergaberecht** allerdings bleiben Kalkulationsfehler und Fehler in der Preiserklärung auf Seiten des Anbieters unberücksichtigt (Art. 24 Abs. 3 SubV; VerwGer GR, 12.10.2007, U 07 71, E. 1). 17

Art. 23

F. Mängel des Vertragsabschlusses I. Irrtum 1. Wirkung	**Der Vertrag ist für denjenigen unverbindlich, der sich beim Abschluss in einem wesentlichen Irrtum befunden hat.**
F. Vices du consentement I. Erreur 1. Effets de l'erreur	Le contrat n'oblige pas celle des parties qui, au moment de le conclure, était dans une erreur essentielle.
F. Vizi del contratto I. Errore 1. Effetti	Il contratto non obbliga colui che vi fu indotto da errore essenziale.

Literatur

Vgl. die Literaturhinweise bei den Vorbem. zu Art. 23–31.

I. Allgemeines

1 Aus Gründen des Verkehrs- und Vertrauensschutzes kann nicht jeder Irrtum zur Anfechtung berechtigen. Art. 23 beschränkt deshalb die Anfechtbarkeit auf Fälle, in denen der Irrtum **wesentlich** ist. Das Risiko eines unwesentlichen Irrtums muss hingegen beim Erklärenden verbleiben.

II. Voraussetzungen

1. Irrtum

2 Irrtum ist die **falsche Vorstellung** über einen Sachverhalt. Kein Irrtum i.e.S. liegt vor, wenn sich der Erklärende gar keine Vorstellungen über einen Sachverhalt macht (ignorantia). **Fehlende Vorstellung** ist jedoch i.d.R. dem Irrtum gleichzustellen (BGE 100 II 282 = Pra 1975, 344 ff.; diff. BK-Schmidlin, N 10 ff.); Einschränkungen gelten bei Unterzeichnung einer nicht gelesenen Urkunde (Näheres Art. 24 N 4). Ob ein Irrtum vorgelegen hat, ist **Tatfrage** (BGE 91 II 277; 87 II 137).

3 Der Irrtum ist immer **unbewusst**. Bei Zweifeln an der Richtigkeit der eigenen Vorstellung kommt ein Irrtum nicht in Betracht (BGer, FZR 1998, 321 f.; BGE 95 II 409; 56 II 104). Auch bewusstes Nichtwissen schliesst Irrtum aus (BGE 88 II 427; diff. 49 II 181).

2. Wesentlichkeit

4 **Wesentlich** ist der Irrtum, wenn nach den Umständen davon auszugehen ist, dass der Irrende bei Kenntnis des wahren Sachverhalts die Erklärung nicht oder nicht so abgegeben hätte. Dabei müssen sowohl eine **objektive** als auch eine **subjektive** Komponente zusammenkommen: Wesentlichkeit kann nur bejaht werden, wenn nach allgemeiner Verkehrsanschauung und kumulativ aus der Sicht des Erklärenden ein Gebundensein an die nicht gewollte Erklärung als unzumutbar erscheint. Für die Frage der Wesentlichkeit sind die gesamten Umstände zu berücksichtigen (BGE 40 II 57). Massgebend ist der Zeitpunkt des Vertragsschlusses (BGE 56 II 104). Ob der Irrtum wesentlich ist, ist **Rechtsfrage** (BGE 87 II 137).

3. Kausalität

5 Der Irrtum muss für die Abgabe der Erklärung **kausal** gewesen sein. Wo jemand einen Vertrag auch bei Kenntnis der wahren Umstände geschlossen hätte, kommt eine Anfechtung nicht in Betracht.

4. Anfechtungsberechtigung

6 **Anfechtungsberechtigt** ist immer nur der Irrende, nicht aber der Erklärungsempfänger (Näheres Art. 31 N 2). Wird der Vertrag durch einen **Vertreter** geschlossen, so kommt es allein auf dessen Vorstellungen an, ein Irrtum in der Person des Vertretenen wird nicht berücksichtigt (BGE 56 II 105; vgl. auch 105 II 22; Näheres Art. 32 N 24). Erst recht sind bei der indirekten Stellvertretung die Vorstellungen des Geschäftsherrn, etwa des Kommittenten, unbeachtlich (BGE 41 II 571, 574 = Pra 1915, 489 ff.).

5. Entschuldbarkeit

7 **Entschuldbarkeit** des Irrtums ist **nicht Voraussetzung** für die Anfechtung (BGE 117 II 224; 105 II 25; 34 II 530); anderes kann u.U. bei entsprechender Anwendung der Art. 23 ff. im öffentlichen Recht gelten (vgl. Vor Art. 23 N 17). Ein verschuldeter Irrtum führt jedoch grundsätzlich zum Schadenersatz nach Art. 26.

III. Rechtsfolgen

1. Unverbindlichkeit

8 Als Rechtsfolge ordnet Art. 23 (vgl. auch Art. 28 N 18, Art. 29 N 12) die Unverbindlichkeit des Vertrags an. In der Lehre werden hierzu verschiedene Auffassungen vertreten. Nach der **Ungültigkeitstheorie** ist der Vertrag von Anfang an ungültig, entfaltet folglich überhaupt keine Wirkungen; solche entstehen nur, wenn das Rechtsgeschäft nachträglich vom Irrenden genehmigt wird (GAUCH, Vertrag und Parteiwille, 343, 355 ff.; DERS., SAG 1989, 152, 157 f.; GAUCH/SCHLUEP/SCHMID/EMMENEGGER, N 890; HÜRLIMANN, 96; SCHNYDER, ZBJV 1983, 63, 82; ENGEL, traité, 340). Der Vertrag ist also suspensiv bedingt. Nach der **Anfechtungstheorie** ist der Vertrag hingegen zunächst gültig, kann aber durch den Irrenden unter Berufung auf den Willensmangel aufgelöst werden, ist also resolutiv bedingt (BUCHER, AT, 210; VON BÜREN, AT, 224; GUHL/KOLLER/SCHNYDER/DRUEY, § 16 N 21; KOLLER A., OR AT, § 14 N 274; PIOTET, ZBJV 1985, 148, 167; DERS., JdT 1988, 519 ff.; BK-KRAMER, Art. 1 N 133; BK-SCHMIDLIN, Art. 23/24 N 379; SCHWENZER, N 39.03; WIEGAND W., recht 1989, 101, 110; WOLF, recht 1999, 64 f.). Eine dritte Theorie geht schliesslich von **geteilter Ungültigkeit** aus (VON TUHR/PETER, 338). Für diese ist der Vertrag für die irrende Partei von Anfang an ungültig, für die andere dagegen von Anfang an gültig, d.h. für jene ist er suspensiv, für diese resolutiv bedingt. Das BGer hat sich in BGE 114 II 143 der Ungültigkeitstheorie angeschlossen, ohne sich dabei für volle oder geteilte Unverbindlichkeit zu entscheiden, nachdem es in verschiedenen früheren Entscheiden der Anfechtungstheorie zugeneigt hatte (BGE 109 II 327; 105 II 25).

9 Die **Konsequenzen** der unterschiedlichen Auffassungen zeigen sich namentlich in der Qualifikation des Bereicherungsanspruches, der sich ergibt, wenn der Irrende den Vertrag anficht. Nach der Ungültigkeitstheorie handelt es sich um Rückforderung einer **Leistung wegen Nichtschuld**, nach der Anfechtungstheorie als solche **wegen nachträglich weggefallenem Grund**; nach der geteilten Ungültigkeitstheorie liegt für den Irrenden Rückforderung wegen Nichtschuld und für den anderen solche wegen nachträglich weggefallenem Grund vor. Streitig ist, ob dies auch für den Beginn der zehnjährigen absoluten Verjährungsfrist des Art. 67 Abs. 1 von praktischer Bedeutung ist. Während das BGer (BGE 114 II 143) die Auffassung vertritt, auch im Rahmen der Anfechtungstheorie wirke die Anfechtung ex tunc, so dass der

Bereicherungsanspruch bereits mit Leistung entstehe und damit auch die Verjährung zu laufen beginne, stehen namhafte Vertreter der Anfechtungstheorie auf dem Standpunkt, dass die Verjährung trotz Rückwirkung der Anfechtung erst mit dem Zeitpunkt der Anfechtung zu laufen beginne (BUCHER, AT, 699 FN 181; PIOTET, JdT 1988, 519, 523; BK-SCHMIDLIN, Art. 23/24 N 405; i.E. auch WIEGAND W., recht 1989, 101, 111).

10 **Stellungnahme**: Die Anfechtungstheorie verdient eindeutig den Vorzug. Es erscheint als sachgerechter, bis zum Zeitpunkt der Anfechtung von einem wirksamen Vertrag auszugehen mit allen zugehörigen Haupt- und Nebenpflichten. Dies gilt vor allem auch im Hinblick auf die Kausalität der Eigentumsübertragung, da sonst bspw. der Käufer das Eigentum erst durch Ersitzung erwirbt. Sachlich akzeptabel erscheint der Entscheid des BGer allein deshalb, weil über die Annahme der Ungültigkeitstheorie wenigstens faktisch eine zeitliche Befristung der Anfechtung auf zehn Jahre ab Leistung erreicht wird und damit die vom BGer im Rahmen des Art. 31 Abs. 1 vertretene Auffassung der unbefristeten Anfechtungsmöglichkeit (vgl. Art. 31 N 13) korrigiert wird.

2. Teilnichtigkeit

11 Betrifft der Willensmangel nur einen **Teil des Vertrags**, so ist in analoger Anwendung von Art. 20 Abs. 2 nur dieser Teil nichtig, wenn nicht anzunehmen ist, dass der Vertrag ohne ihn nicht geschlossen worden wäre (BGE 125 III 356; 123 III 298; 116 II 687; 107 II 423; 96 II 106; vgl. BK-SCHMIDLIN, Art. 23/24 N 411 ff.; BUCHER, AT, 214; SPIRO, ZBJV 1952, 501 ff.; PIOTET, ZSR 1957, 97, 115 ff.; ENGEL, traité, 341; GMÜNDER, 89 ff.; diff. GAUCH/SCHLUEP/SCHMID/EMMENEGGER, N 852) und der Vertrag subjektiv und objektiv teilbar ist, so dass der verbleibende Teil noch immer ein sinnvolles Vertragsganzes bildet, das für sich selbst bestehen kann (BGE 130 III 56 E. 3.2). Auszugehen ist dabei vom mutmasslichen Parteiwillen, wobei das BGer freilich nicht auf den inneren Willen oder das Gutdünken der Parteien abstellt, sondern eine objektive Einschätzung vornimmt. Bei einem Grundlagenirrtum über Eigenschaften der Kaufsache kann so über **Teilanfechtung** eine Herabsetzung des Kaufpreises, d.h. faktisch eine Minderung erreicht werden (BGE 107 II 425; zur Kritik an der konkurrierenden Anwendung der Irrtumsanfechtung vgl. Vor Art. 23–31 N 10). Insoweit zeigt sich auch im Bereich der Willensmängel die Tendenz der Rsp. zu einer teleologischen Reduktion der Unwirksamkeitsgründe (Näheres bei Art. 20 N 61; Art. 11 N 24; vgl. auch HÜRLIMANN, 96 f.). Zur Teilnichtigkeit bei Anfechtung wegen Täuschung vgl. Art. 28 N 18, wegen Drohung vgl. Art. 29 N 12.

IV. Beweislast

12 Wer sich auf die Anfechtbarkeit beruft, muss den Irrtum, seine Wesentlichkeit sowie die Kausalität zwischen Irrtum und Erklärung **beweisen**.

V. IPR. WKR

1. IPR

13 Die Frage des Zustandekommens des Vertrags, d.h. auch allfälliger Willensmängel richtet sich nach dem allgemeinen **Vertragsstatut**, d.h. primär nach dem von den Parteien gewählten Recht, Art. 116 Abs. 1 IPRG, und sekundär nach dem durch objektive Anknüpfung nach Art. 117 ff. IPRG bestimmten Recht.

2. WKR

14 Auch bei einem dem **WKR** unterliegenden internationalen Warenkaufvertrag ist Irrtumsanfechtung nach über IPR zu ermittelndem nationalen Recht möglich, soweit nicht das WKR insoweit eine abschliessende Regelung bereithält (Art. 4 WKR; Näheres vgl. Vor Art. 23–31 N 13).

Art. 24

2. Fälle des Irrtums

[1] Der Irrtum ist namentlich in folgenden Fällen ein wesentlicher:
1. wenn der Irrende einen anderen Vertrag eingehen wollte als denjenigen, für den er seine Zustimmung erklärt hat;
2. wenn der Wille des Irrenden auf eine andere Sache oder, wo der Vertrag mit Rücksicht auf eine bestimmte Person abgeschlossen wurde, auf eine andere Person gerichtet war, als er erklärt hat;
3. wenn der Irrende eine Leistung von erheblich grösserem Umfange versprochen hat oder eine Gegenleistung von erheblich geringerem Umfange sich hat versprechen lassen, als es sein Wille war;
4. wenn der Irrtum einen bestimmten Sachverhalt betraf, der vom Irrenden nach Treu und Glauben im Geschäftsverkehr als eine notwendige Grundlage des Vertrages betrachtet wurde.

[2] Bezieht sich dagegen der Irrtum nur auf den Beweggrund zum Vertragsabschlusse, so ist er nicht wesentlich.

[3] Blosse Rechnungsfehler hindern die Verbindlichkeit des Vertrages nicht, sind aber zu berichtigen.

2. Cas d'erreur

[1] L'erreur est essentielle, notamment:
1. lorsque la partie qui se prévaut de son erreur entendait faire un contrat autre que celui auquel elle a déclaré consentir;
2. lorsqu'elle avait en vue une autre chose que celle qui a fait l'objet du contrat, ou une autre personne et qu'elle s'est engagée principalement en considération de cette personne;
3. lorsque la prestation promise par celui des contractants qui se prévaut de son erreur est notablement plus étendue, ou lorsque la contre-prestation l'est notablement moins qu'il ne le voulait en réalité;
4. lorsque l'erreur porte sur des faits que la loyauté commerciale permettait à celui qui se prévaut de son erreur de considérer comme des éléments nécessaires du contrat.

[2] L'erreur qui concerne uniquement les motifs du contrat n'est pas essentielle.

[3] De simples erreurs de calcul n'infirment pas la validité du contrat; elles doivent être corrigées.

2. Casi di errore

[1] L'errore è essenziale specialmente nei seguenti casi:
1. quando la parte in errore abbia avuto di mira un contratto diverso da quello al quale ha dichiarato di consentire;
2. quando la volontà della parte in errore fosse diretta ad un'altra cosa, o, trattandosi di contratto conchiuso in considerazione di una determinata persona, fosse diretta ad una persona diversa da quella da essa dichiarata;
3. quando la parte in errore abbia promesso o siasi fatta promettere una prestazione di un'estensione notevolmente maggiore o minore di quella cui era diretta la sua volontà;
4. quando l'errore concerne una determinata condizione di fatto, che la parte in errore considerava come un necessario elemento del contratto secondo la buona fede nei rapporti d'affari.

[2] Non è invece essenziale l'errore che concerne solo i motivi del contratto.

[3] Semplici errori di calcolo non infirmano la validità del contratto, ma devono essere rettificati.

Literatur

Vgl. die Literaturhinweise bei den Vorbem. zu Art. 23–31.

I. Allgemeines

1 In Ausfüllung von Art. 23 umschreibt Art. 24 Abs. 1 Fälle, in denen der Irrtum als wesentlicher beachtlich ist. Die **Aufzählung** ist, wie sich aus dem einleitenden «namentlich» ergibt, **nicht abschliessend**. Freilich ist aus der Praxis soweit ersichtlich kein Fall bekannt, in dem

ein Irrtum einerseits als wesentlich eingestuft worden, andererseits keiner der in Ziff. 1–4 genannten Kategorien unterzuordnen gewesen wäre.

II. Erklärungsirrtum im Allgemeinen

1. Begriff

2 Ziff. 1–3 behandeln Fälle des sog. **Erklärungsirrtums**. Ein solcher liegt vor, wenn jemand an einer Erklärung behaftet wird, die nicht seinem Willen entspricht. Der Irrtum betrifft hier nicht die Willensbildung, sondern die Äusserung des fehlerfrei gebildeten Willens (BGE 110 II 302). Dabei sind verschiedene Varianten denkbar.

2. Irrtum im Erklärungsakt

3 Der Erklärende gibt unbewusst eine Erklärung ab, die seinem Willen nicht entspricht, indem er – aufgrund Sich-Verschreibens, Sich-Versprechens oder Sich-Vergreifens – ein **falsches Erklärungszeichen** benutzt. Gleichzustellen ist der Fall der **Falschübermittlung** (Art. 27). Die praktisch wichtigsten Fälle des Irrtums im Erklärungsakt sind die Unterschrift unter eine nicht gelesene Urkunde und das Problem der Blankounterschrift.

4 a) **Unterschrift unter eine nichtgelesene oder nichtverstandene Urkunde**. Auf der Basis der Vertrauenstheorie kommt der Vertrag mit dem Inhalt der Urkunde zustande. Das BGer lässt jedoch grundsätzlich eine Anfechtung wegen Erklärungsirrtums zu, ausser wenn ersichtlich ist, «dass der Erklärende im Bewusstsein der Unkenntnis des Inhalts des Erklärten sich allem, was der Gegner will, unterwirft» (BGE 49 II 182; vgl. auch 64 II 357; 90 II 453 = Pra 1965, 129). Man kann in diesen Fällen schon das Vorliegen eines Erklärungsirrtums verneinen (BK-Schmidlin, Art. 23/24 N 53; von Tuhr/Peter, 302; ZK-Schönenberger/Jäggi, Art. 1 N 421) oder die Berufung auf den Irrtum jedenfalls an Art. 25 scheitern lassen (so Oftinger, FS Simonius, 263, 272). Eine Ausnahme hiervon ist insoweit zu machen, als die Urkunde Bestimmungen enthält, mit denen der Unterzeichnete nicht zu rechnen brauchte (Bucher, AT, 198; von Tuhr/Peter, 302); hier bleibt Anfechtung wegen Erklärungsirrtums möglich.

5 Diese Prinzipien gelten grundsätzlich auch für die Zustimmung zu **AGB**. Freilich stellt hier die Rsp. im Rahmen des Vertrauensprinzips erhöhte Anforderungen an die Konsensbildung, so dass ungewöhnliche oder überraschende Klauseln von vornherein gar nicht Vertragsinhalt werden, es einer Anfechtung mithin meist gar nicht bedarf (Näheres Art. 1 N 59 f.; BK-Kramer, Art. 1 N 201 ff.).

6 b) **Blankounterschrift**. Wer eine Blankounterschrift aus der Hand gibt, trägt damit das Risiko, dass die Urkunde entgegen seinen Intentionen ausgefüllt wird. Das BGer verneint deshalb in diesem Fall zu Recht eine Berufung auf Erklärungsirrtum (BGE 88 II 428). Dies steht in Einklang mit allgemeinen Rechtsscheingrundsätzen, wie sie in Art. 33 Abs. 3, namentlich aber in Art. 1000 (Blankowechsel) zum Ausdruck kommen. Erkennt der Dritte den Blankettmissbrauch oder bleibt ihm dieser aufgrund grober Fahrlässigkeit unbekannt, kommt ein Vertrag zu den in der blanko unterschriebenen Urkunde enthaltenen Bedingungen schon nach Vertrauensgrundsätzen nicht zustande, eine Anfechtung erübrigt sich daher (unklar insoweit Bucher, AT, 199).

7 c) Bei **automatisierten Erklärungen** liegt bei fehlerhafter Eingabe oder Bedienung ein Erklärungsirrtum vor, andere Fehler sind grundsätzlich allenfalls über Grundlagenirrtum zu behandeln (allgemein dazu Köhler, AcP 1982, 126 ff.).

3. Inhaltsirrtum

Ein Erklärungsirrtum liegt auch vor, wenn der Erklärende zwar das gesetzte Erklärungszeichen gewollt, ihm jedoch eine **andere Bedeutung** beigemessen hat, als ihm nach objektiver Auslegung zukommt, bspw. die Formulierung «sans engagement» mit «gratis» gleichsetzt (BGE 64 II 9). In der Praxis wird dies vor allem bei Erklärungen in fremder Sprache oder bei Verwendung von Abkürzungen vorkommen. **8**

III. Wesentlichkeit des Erklärungsirrtums

In den in Ziff. 1–3 genannten Fällen wird die **Wesentlichkeit** des Erklärungsirrtums **vermutet**. Dies schliesst jedoch nicht aus, dass im Einzelfall auch ein unter den Wortlaut der Ziff. 1–3 subsumierbarer Irrtum objektiv oder subjektiv als nicht wesentlich anzusehen ist (**a.A.** MEIER-HAYOZ, Diss., 187 f.; KLAUSBERGER, 154; vgl. ausführlich zur Wesentlichkeit des Erklärungsirrtums ZEHNDER, 176 ff.). **9**

1. Ziff. 1: Zustimmung zu einem anderen Vertrag als dem gewollten (error in negotio)

Irrtum liegt vor, wenn der gewollte Vertrag seinem gesamten Inhalt nach als ein **wesentlich anderer** zu qualifizieren ist als der geschlossene, so z.B. ein entgeltlicher Vertrag statt eines unentgeltlichen (BGE 64 II 13), ein Kaufvertrag statt eines Vertrages zur Lagerhaltung und zur Ausführung von Serviceleistungen (BGer, Pra 1996, 938), Kauf statt Miete, solidarische Schuldübernahme statt terminierter einfacher Bürgschaft (BGE 34 II 530), Solidarbürgschaft statt Grundpfandverschreibung (BGE 49 II 180), Handeln eines Stellvertreters in eigenem statt in fremdem Namen. Anfechtung kommt jedoch nicht in Betracht, wenn sich jemand über die rechtliche Qualifikation eines von ihm gewollten Vertrags oder dessen rechtliche Sekundärfolgen – z.B. Haftung – irrt (BGE 103 II 131 m.w.Nw.). Kein Erklärungsirrtum liegt auch vor, wenn ein Angestellter die Weisung des Mutterhauses falsch versteht und deshalb einen Vertrag als Verkäufer statt als Käufer abschliesst (BGE 105 II 22). **10**

Error in negotio liegt auch vor, wenn jemand **überhaupt keine rechtsgeschäftliche Erklärung** abgeben will, sein Verhalten jedoch nach dem Vertrauensprinzip als eine solche gewertet wird, z.B. Bürgschaftsübernahme statt blosser Tatsachenmitteilung (BGHZ 91, 324, 329 f.). Hierzu zählt auch die vom Erklärungsempfänger nicht als solche verstandene **Scherzerklärung** (GAUCH/SCHLUEP/SCHMID/EMMENEGGER, N 819; BK-KRAMER, Art. 18 N 109). Die genannten Grundsätze gelten jedoch nicht, wo das Gesetz an das **Schweigen** einer Person bestimmte Rechtsfolgen anknüpft (z.B. Art. 225 Abs. 1, Art. 395). Aus Gründen des Verkehrsschutzes kann sich der Schweigende nicht darauf berufen, er habe die rechtliche Bedeutung seines Schweigens nicht erkannt (GAUCH/SCHLUEP/SCHMID/EMMENEGGER, N 1172). **11**

2. Ziff. 2: Irrtum über die Identität der Sache oder der Person (error in obiecto vel in persona)

Der Irrtum über die **Sache** oder **Person** ist nur dann beachtlich, wenn er sich auf deren **Identität** bezieht. Kein Identitätsirrtum liegt vor, wenn sich der Erklärende lediglich über Eigenschaften der Sache oder der Person irrt (vgl. BGE 118 II 299), z.B. über bestimmte Eigenschaften eines individualisierten Kaufobjekts (BGE 126 III 66 = Pra 2000, 695; BGE 57 II 288) oder darüber, dass ein Teil der verkauften Liegenschaft mit einem Vorkaufsrecht des Pächters belastet ist (BGE 111 II 497). Ein solcher Irrtum ist allenfalls als Grundlagenirrtum nach Ziff. 4 beachtlich, im Übrigen ist er unbeachtlicher Motivirrtum (Abs. 2). **12**

Abgrenzungsschwierigkeiten zwischen **Identitätsirrtum** und **Eigenschaftsirrtum** können namentlich auftreten, wenn der Vertragsgegenstand nur der Gattung nach bestimmt ist. Identitätsirrtum ist zu bejahen, wenn die Sache zu dem vertraglich vereinbarten Zweck nach objek- **13** tiven Massstäben keinen vernünftigen Bezug hat (hundertmal teurer chemisch reiner Kalisalpeter zu pharmazeutischen Zwecken statt Kalisalpeter zu Düngezwecken, BGE 45 II 433), sonst liegt Eigenschaftsirrtum vor. Dies entspricht der Abgrenzung von aliud und peius im Bereich der Sachgewährleistung (Näheres Art. 206 N 2 f.).

14 Beim Irrtum über die **Identität einer Person** muss es sich zunächst um den Vertragspartner handeln (VON TUHR/PETER, 305 FN 18; **a.A.** ZK-OSER/SCHÖNENBERGER, N 26). Irrtum über andere Personen, z.B. den Drittschuldner bei Zession, kann allenfalls Grundlagenirrtum sein (**a.A.** VON TUHR/PETER, 305 FN 18, wonach es sich um einen error in negotio handeln soll). Um wesentlich zu sein, muss hinzukommen, dass der Vertrag mit Rücksicht auf eine bestimmte Person abgeschlossen wurde. Dies ist der Fall bei Verträgen mit persönlich zu erbringender Leistung (Art. 68) – wie bspw. beim Mandat – und Dauerschuldverhältnissen, bei denen die Persönlichkeit des Vertragspartners im Vordergrund steht (Gesellschaft, Miete, Pacht).

3. Ziff. 3: Irrtum über Umfang von Leistung und Gegenleistung (error in quantitate)

15 Der Irrtum muss sich auf den Umfang von Leistung oder Gegenleistung beziehen. Dabei muss die **Differenz** zwischen gewollter und tatsächlich vereinbarter Leistung bzw. Gegenleistung **erheblich** sein. Insoweit ist auf die Umstände des Einzelfalls abzustellen, wobei auch die Gewinnspannen der unterschiedlichen Branchen und Handelsstufen zu berücksichtigen sind. Als wesentlicher Irrtum wurde angesehen die irrtümliche Beschriftung eines Ringes mit CHF 1380 statt mit CHF 13 800 (BGE 105 II 24), Angabe des Kaufpreises in Höhe von CHF 77 000 statt CHF 117 000 bei Mitteilung der Vertragsbestimmungen an den Vorkaufsberechtigten (BGE 82 II 585), Verbürgung in dreifacher Höhe im Vergleich zum Gewollten (SJZ 1981, 44 f.). Wo das gepachtete Grundstück tatsächlich kleiner ist als im Vertrag angegeben, liegt jedoch entgegen BGE 39 II 241 kein Erklärungsirrtum sondern Grundlagenirrtum vor (ENGEL, traité, 326; **a.A.** VON TUHR/PETER, 305 f.; BUCHER, AT, 201). Kein Erklärungsirrtum liegt vor, wenn sich ein Vertragspartner lediglich über den **Wert der Leistung oder Gegenleistung** irrt, z.B. Irrtum einer AG über den wirklichen Wert der von ihr bei einem Erbgang übernommenen Aktien (BGE 110 II 302).

IV. Ziff. 4: Grundlagenirrtum

16 Wesentlich ist neben dem in Ziff. 1–3 behandelten Erklärungsirrtum auch der **Grundlagenirrtum**. Er ist ein **qualifizierter Motivirrtum** (BGE 79 II 274).

1. Sachlicher Bezugspunkt

17 Der Irrtum kann sich auf **innerhalb oder ausserhalb des Vertrags** liegende Umstände beziehen (BGE 53 II 153; 56 II 426; KRAMER, SJZ 1970, 177 ff.; MERZ, ZBJV 1971, 121, 126; **a.A.** BGE 48 II 239; 95 II 407). Als innerhalb des Vertrags liegende Umstände kommen namentlich körperliche oder rechtliche Eigenschaften des Vertragsgegenstandes wie auch Eigenschaften der Vertragsparteien in Betracht. Ausserhalb des Vertrags liegende Umstände sind vor allem die mit dem Vertrag verfolgten Zwecke und auch ausserhalb des Vertrags liegende Risiken (Finanzierung etc.; vgl. BGer, ZBGR 1999, 104: Wider Erwarten nicht gewährte Steuerprivilegierung; HGer ZH, ZR 2005, 4 ff.).

18 Der Irrtum kann sich zunächst auf bei Vertragsschluss **gegenwärtige oder vergangene Sachverhalte** beziehen. Die Frage, ob auch ein Irrtum über **künftige Sachverhalte** wesentlich sein kann, ist nach wie vor umstritten. Die ältere Rsp. des BGer hat mit vereinzelten Ausnahmen (BGer, SJ 1934, 288, insoweit nicht abgedruckt in BGE 59 II 372) eine Berufung auf Irrtum über künftige Sachverhalte dann zugelassen, wenn sich der Irrtum auf einen bestimmten, **voraussehbaren Sachverhalt** bezogen hat (BGE 48 II 238; 49 II 493, i.c. verneint; 55 II 188;

79 II 275; 95 II 409; 107 II 150; offen gelassen in 98 II 18). In BGE 109 II 110 wurde diese Rsp. dahingehend präzisiert, dass sich der Irrtum auf Tatsachen beziehen muss, deren Eintritt bei Abschluss des Vertrags von beiden Parteien als **sicher angenommen** wurde (ebenso schon BGE 95 II 409; 48 II 239; krit. zum Erfordernis des beidseitigen Irrtums GUHL/KOLLER/SCHNYDER/DRUEY, § 16 N 12; KLAUSBERGER, 61; diff. nunmehr BGE 117 II 224; 118 II 300; krit. dazu GAUCH/SCHLUEP/SCHMID/EMMENEGGER, N 798). Blosse Hoffnungen, übertriebene Erwartungen oder Spekulationen reichen hingegen nicht aus (BGer, 23.2.2011, 4A_641/2010, E. 3.5.2; BGE 118 II 300; 117 II 224; 109 II 111; BGer, FZR 1998, 322: événement aléatoire; KGer VS, ZWR 1999, 286 f.; OGer BL, BJM 2000, 193). Die Lehre unterstützt teilweise diese Rsp. zum Irrtum über künftige Sachverhalte (SCHMIDLIN, AJP 1992, 1386 ff.; BUCHER, AT, 204; BK-KRAMER, Art. 18 N 306 ff.; ADAMS, recht 1986, 14 ff.; VON TUHR/PETER, 313 FN 44; ENGEL, traité, 328 f.; GUHL/KOLLER/SCHNYDER/DRUEY, § 16 N 16 f.), teilweise klammert sie den Irrtum über künftige Sachverhalte vom Grundlagenirrtum aus (MERZ, ZBJV 1985, 190 ff.; GAUCH/SCHLUEP/SCHMID/EMMENEGGER, N 801 ff.; KOLLER A., OR AT, § 14 N 85; GAUCH, recht 1983, 6, 7 ff.; TERCIER, JdT 1979, 199 f.; SCHÖNLE, 413, 439 f.; KOLLY, N 314 ff., 97 f.). Siehe ausführlich zum Grundlagenirrtum über zukünftige Sachverhalte und zu dessen Abgrenzung zur Bedingung (Art. 151 ff.), zur objektiven Unmöglichkeit der Leistung (Art. 119), zur Gefahrtragung des Käufers (Art. 185) und insb. zur clausula rebus sic stantibus BK-SCHMIDLIN, Art. 23/24 N 312 ff.

Stellungnahme: Die Ablehnung der Beachtlichkeit eines Irrtums über zukünftige Sachverhalte mit der Begründung, dass es einen Irrtum über die naturgemäss unsichere Zukunft gar nicht geben könne (KOLLY, N 314 ff. m.w.Nw.), erscheint als rein begrifflich und nicht überzeugend. Zutreffend ist allerdings, dass durch die Berufung auf Irrtum nicht die vertragliche oder gesetzliche Risikoverteilung zwischen den Parteien unterlaufen werden darf. Insoweit können nur solche Umstände als relevant angesehen werden, die von beiden Parteien als notwendige Grundlage des Vertrags angesehen wurden oder redlicherweise angesehen werden mussten, und ohne deren Vorliegen der Vertrag nicht oder nicht in dieser Weise zustande gekommen wäre (BUCHER, AT, 204 FN 40; BK-KRAMER, Art. 18 N 307). 19

2. Wesentlichkeit

Um von einem Grundlagenirrtum sprechen zu können, ist **subjektive und objektive Wesentlichkeit** und deren **Erkennbarkeit** für den Erklärungsgegner erforderlich. 20

a) **Subjektive Wesentlichkeit**. Der Sachverhalt, auf den sich die irrige Vorstellung bezieht, muss für den Erklärenden eine **conditio sine qua non** für seine Willensbildung gewesen sein (BGE 53 II 153; 56 II 426; 91 II 278; 97 II 46: Notwendige Grundlage; BGE 95 II 409; BGer, ZBGR 1999, 104: unerlässliche Voraussetzung). In der Regel kann dabei bei Bejahung objektiver Wesentlichkeit auch auf subjektive Wesentlichkeit geschlossen werden (CJ GE, SJ 1998, 679; KOLLY, N 149). 21

b) Zur subjektiven Wesentlichkeit muss hinzukommen, dass auch vom Standpunkt oder nach den Anforderungen des loyalen Geschäftsverkehrs der zugrunde gelegte Sachverhalt sich als notwendige Grundlage des Vertrages darstellt (BGE 56 II 426; 57 II 289; 83 II 23). **Objektive Wesentlichkeit** liegt vor allem vor, wenn von dem irrtümlich vorgestellten Sachverhalt der Wert der Vertragsleistungen abhängt (HEIZ, 69; vgl. ausführlich mit Fallgruppenbildung BK-SCHMIDLIN, Art. 23/24 N 115 ff.). Auch ein in der Zukunft liegender Sachverhalt kann in diesem Sinne objektiv wesentlich sein (Näheres N 18). 22

c) Schliesslich muss die Bedeutung des irrtümlich vorgestellten Sachverhalts für den Vertragspartner des Irrenden **erkennbar** sein (BGE 55 II 189; 57 II 289; 97 II 47; 105 II 22; 110 II 303; BGer, 19.4.2004, 4C.37/2004, E. 3.2; offengelassen in BGE 114 II 139; eingehend dazu HEIZ, 70 ff.; KOLLY, N 335 ff.; diff. ZEHNDER, 114 ff., nach dem es sich bei der Erkennbarkeit um ein unselbständiges, d.h. für die Wesentlichkeit nicht stets erforderliches Beurtei- 23 lungskriterium handelt; **abl.** GAUCH/SCHLUEP/SCHMID/EMMENEGGER, N 781, 786; GUHL/KOLLER/SCHNYDER/DRUEY, § 16 N 11 f.; KOLLER A., OR AT, § 14 N 49; KLAUSBERGER, 62 ff.; VON DER CRONE/HOFFMANN-NOWOTNY, SJZ 2008, 55; zust. mit einlässlicher Begründung BK-SCHMIDLIN, Art. 23/24 N 180 ff.; SCHWENZER, N 37.27). Die Erkennbarkeit kann sich ergeben aus der zentralen Bedeutung, die einem bestimmten Sachverhalt für den Vertragsinhalt im Allgemeinen zukommt, den gemeinsamen Vorstellungen der Parteien oder den besonderen Vertragsumständen. Hat sich eine Partei beim Abschluss eines Vertrages nicht um eine besondere, sich offensichtlich stellende Frage gekümmert, kann die andere Partei daraus ableiten, diese Frage sei ihr unwichtig (BGE 129 III 363, 365 = Pra 2004, 53, 54: Irrtum über im Lastenverzeichnis eingetragene Dienstbarkeit bei Ersteigerung eines Grundstücks).

3. Einzelfälle

24 Ein Grundlagenirrtum wird regelmässig bejaht, wo es um zentrale **Eigenschaften des Vertragsgegenstandes** geht, z.B. die Echtheit eines Gemäldes (BGE 82 II 424; 114 II 139), die Echtheit eines Perserteppichs (BGE 52 II 146), die Tatsache, dass der gekaufte Wagen aus einem Diebstahl stammt (BGE 109 II 324), die Grösse der vermieteten Wohnung (BGE 113 II 28; 135 III 542 E. 2.2 = Pra 2010, 293 f.: Abweichung von 17 % von der angegebenen ungefähren Fläche), des verpachteten Bodens (BGE 64 II 135) oder des verkauften Grundstückes (BGE 42 II 620), die Qualität des Baugrundes (BGE 87 II 137), die Überbaubarkeit des Grundstückes im Zeitpunkt des Vertragsschlusses (BGE 98 II 18; 96 II 104; 95 III 21) und bei sicherer Annahme auch künftige Überbaubarkeit (BGE 109 II 109), nicht jedoch, wenn die Überbaubarkeit unsicher ist (BGE 95 II 410) oder die Parzelle erst mehrere Jahre nach Vertragsschluss von einem Baustopp erfasst wird (BGE 107 II 346).

25 Auch ein Irrtum über **Eigenschaften des Vertragspartners** kann – wo es auf die Person des Vertragspartners wesentlich ankommt – Grundlagenirrtum sein (BUCHER, AT, 207 f.).

26 Grundlagenirrtum bezüglich **ausserhalb des Vertrags liegender Umstände** wurde bejaht: beim Erbteilungsvertrag in Bezug auf die Gültigkeit des Testaments (BGE 73 II 19; 43 II 589), beim Schuldanerkenntnis in Bezug auf die Verantwortung bei einem Verkehrsunfall (BGE 96 II 27), beim Kauf einer Gesellschaft durch Erwerb aller Aktien in Bezug auf die Nutzbarkeit der Patente (BGE 79 II 160) oder den Umfang des Warenlagers und die finanzielle Lage des Unternehmens (BGE 107 II 425; 97 II 45), beim Kauf einer Liegenschaft mit Gastwirtschaft in Bezug auf die Erteilung eines Wirtschaftspatents (BGE 55 II 189; vgl. aber 53 II 152), bei Einräumung eines lebenslänglichen Nutzniessungsrechts an die Verlobte in Bezug auf die Eheschliessung (Rep 1966, 29), beim Kauf einer Reinigungsmaschine in Bezug auf die Anlernzeit und Verdienstmöglichkeiten (BGE 84 II 518), bei einer Kreditgewährung in Bezug auf die Verfügungsberechtigung des Kreditschuldners an einer Sache, deren Verkauf alleiniger Grund für die Kreditgewährung war (BGer, 8.10.2009, 4A_56/2008, E. 7.2), beim Kauf eines landwirtschaftlichen Betriebs in Bezug auf die tatsächliche Belastungssituation aufgrund der zugesicherten Belastungsgrenze (BGer, 26.10.2009, 4A_237/2009, E. 4.2). Bei einem Vergleich kommt ein Grundlagenirrtum nur insoweit in Betracht, als es sich nicht gerade um die zur Zeit seines Abschlusses bestrittenen und unsicheren Punkte handelt (BGer, 7.4.2014, 4A_25/2014, E. 5; BGE 130 III 49, 51 f.; 117 II 226; 54 II 190; 114 Ib 79 = Pra 1988, 665).

27 Verneint wurde Grundlagenirrtum regelmässig bei risikoreichen, **spekulativen Geschäften** (BGer, ZBGR 1999, 104; CJ GE, SJ 1974, 587 ff.; AppGer BS, BJM 1975, 21 f.) sowie bei Irrtum über den blossen Wert der gegenseitigen Leistungen (BGE 41 II 575: Kursfähige Wertpapiere; BGE 110 II 303: Irrtum der AG bei Übernahme von Aktien infolge Erbgangs).

V. Motivirrtum

Der einfache **Motivirrtum**, d.h. der Irrtum, der sich lediglich auf den Beweggrund zum Vertragsabschluss bezieht, ist im Gegensatz zum Grundlagenirrtum nach Abs. 2 als **unwesentlich** anzusehen. Dem Motivirrtum fehlt entweder die subjektive oder objektive Wesentlichkeit oder die Bedeutung des vorgestellten Sachverhalts ist für den Vertragspartner nicht erkennbar. 28

Einzelfälle: Angestellter hat die Weisung des Mutterhauses, das Ätznatron kaufen und nicht verkaufen wollte, falsch verstanden (BGE 105 II 22), Irrtum über die Länge eines Kajütenbetts bei Schiffsreise bei überdurchschnittlicher Körpergrösse des Reisenden (ZR 1987, 131, 135 f.), Irrtum des Grundpfandgläubigers über die Höhe der Grundpfandforderung und Versteigerungsgebot aufgrund dieser Höhe, anstatt, wie Dritte, aufgrund des obj. Wert des Grundstücks (BGer, 16.7.2007, 5A_219/2007, E. 2.4). Unbeachtlicher Motivirrtum ist grundsätzlich auch der **Rechtsirrtum**, der sich auf gesetzliche Nebenfolgen des Vertrags bezieht (BGE 103 II 131; 79 II 274; 56 II 105; 48 II 380). Als Motivirrtum wurde auch die Unkenntnis einer den Arbeitsvertrag kündigenden schwangeren Arbeitnehmerin über die Kündigungsschutzbestimmungen angesehen (BGE 118 II 62 = Pra 1993, 552 f.; **abl.** KRAMER, BJM 1995, 1, 21 ff.; PIOTET, JdT 1993, 541 ff.; diff. WIEGAND W., ZBJV 1994, 274 f.; KOLLER TH., ZBJV 1998, 320 f.). Auch ein von der Gegenpartei fahrlässig veranlasster Rechtsirrtum wurde als unbeachtlicher Motivirrtum qualifiziert (BGE 127 III 152; krit. LOSER-KROGH, AJP 2001, 1226 ff.; BGer, 19.5.2008, 4A_120/2008, E. 4.2, zust. FUHRER, HAVE 2008, 255 ff.). Bezieht sich der Rechtsirrtum hingegen auf den wirtschaftlichen Wert des Vertragsobjekts, so ist Grundlagenirrtum anzunehmen (BGE 96 II 103; ausführlich zum Rechtsirrtum BK-SCHMIDLIN, Art. 23/24 N 212 ff. m.w.Nw.; LICHTI, 123 ff.; zum Irrtum über Steuerfolgen ausführlich KOLLER TH., ZBJV 1998, 319 ff.; vgl. auch KOLLER/KISSLING, ZBJV 1999, 122 ff. Der Übervorteilende kann sich nicht mit der Begründung auf Irrtum berufen, die wucherische Geschäftsgrundlage sei für ihn wesentlich gewesen (BGE 123 III 300). 29

VI. Rechnungsfehler

Ein blosser **Rechnungsfehler** oder offener Kalkulationsirrtum, der nach Abs. 3 die Verbindlichkeit des Vertrags nicht hindert, liegt vor, wenn die Parteien die einzelnen Berechnungselemente zum Gegenstand ihrer Vereinbarung gemacht haben und das rechnungsmässige Resultat auf einem Fehler beruht (BGE 119 II 341, 343 = Pra 1994, 299 f.; vgl. hierzu KRAMER, AJP 1993, 1516 ff.; BGE 116 II 687; 102 II 81; 71 II 242 = Pra 1946, 1 f.; weitere Einzelheiten bei BK-SCHMIDLIN, Art. 23/24 N 435 ff.; GAUCH, N 1249 ff.; KOLLER A., OR AT, § 14 N 59 ff.; rechtsvergleichend KRAMER, Irrtum beim Vertragsschluss, 106 ff.). Die Vereinbarung ist aufgrund des Rechnungsfehlers in sich widersprüchlich. Solche Rechnungsfehler sind nach Abs. 3 zu berichtigen. 30

Wurde die Berechnungsgrundlage selbst nicht zum Gegenstand der Vereinbarung gemacht, scheidet eine Anwendung des Abs. 3 aus. Insoweit liegt ein interner versteckter **Kalkulationsirrtum** vor, der grundsätzlich unbeachtlicher Motivirrtum ist, im Einzelfall allerdings auch Grundlagenirrtum sein kann (BGE 102 II 81; BGer, 14.2.2008, 4A_417/2007, E. 2.3). 31

VII. Konkurrenzen

Vgl. Vor Art. 23–31 N 9 ff. 32

VIII. Abweichende Vereinbarungen

Die Irrtumsregeln sind **dispositives Recht**, es steht also einer Vereinbarung der Parteien, die eine Berufung auf Irrtum ausschliesst, nichts entgegen. Fraglich ist jedoch vor allem, inwieweit **Haftungsausschlussklauseln**, die die Verantwortlichkeit des Schuldners im Auge 33 haben, auch die Irrtumsanfechtung namentlich wegen Grundlagenirrtums beschlagen. Soweit ein Gewährleistungsausschluss eindeutig bestimmte Eigenschaften erwähnt oder der Vertragspartner insoweit eine Zusicherung ablehnt, muss dies auch auf die Irrtumsanfechtung durchschlagen (BGE 126 III 66 = Pra 2000, 694 f.; dazu ARNET, AJP 2000, 1165 f.; M. VISCHER, SJZ 2001, 366; vgl. auch BGE 123 III 170, zust. KRAMER, AJP 1997, 1287). Soweit jedoch die Haftung allgemein abbedungen wird, tendiert das BGer im Wege der Auslegung dazu, die Klausel einengend auszulegen (BGer, 22.11.2012, 4A_492/2012, E. 5: Freizeichnungsklausel schliesst Anfechtung wegen Grundlagenirrtums wegen fehlender Bewohnbarkeit aufgrund öffentlich-rechtlicher Bestimmungen grundsätzlich nicht aus; BGE 91 II 279: Haftungsausschlussklausel beschränkt auf körperliche Mängel soll Anfechtung wegen fehlender Überbaubarkeit nicht erfassen). Dies wird umso mehr gelten, wenn sich der Haftungsausschluss in AGB findet (zur Kritik, im Wege der Konkurrenz von Grundlagenirrtum und Gewährleistung eine indirekte AGB-Kontrolle zu verwirklichen, vgl. Vor Art. 23–31 N 10).

IX. Ausländische Rechtsordnungen

34 Für den **Erklärungsirrtum** ergeben sich der Sache nach keine wesentlichen Differenzen im **deutschen** (vgl. § 119 Abs. 1 BGB), **österreichischen** (vgl. Rummel/Lukas-RUMMEL, § 871 ABGB N 5 ff.) und **italienischen Recht** (vgl. Art. 1429 CC it.). Ein **Grundlagenirrtum** wird in diesen Rechtsordnungen jedoch nur anerkannt, soweit es sich um einen Irrtum über wesentliche Eigenschaften der Person oder des Vertragsgegenstandes handelt (vgl. **Deutschland**: § 119 Abs. 2 BGB; **Österreich**: § 871, 873 ABGB; **Italien**: Art. 1429 Ziff. 2 und 3 CC it.). Andere Fälle des Grundlagenirrtums werden teilweise über das Institut des Wegfalls der Geschäftsgrundlage erfasst (Deutschland: vgl. GOLTZ, 210 ff.; Österreich: vgl. Rummel/Lukas-RUMMEL, § 901 ABGB N 4 ff.). Eine spezielle Regelung des **Kalkulationsirrtums** enthält Art. 1430 CC it.; ein solcher Berechnungsirrtum gibt lediglich Anspruch auf Vertragsanpassung.

35 Im **französischen Recht** ist der Irrtum nur rudimentär geregelt (Art. 1109 f. CC fr.), die Rsp. gelangt jedoch zu ähnlichen Ergebnissen wie das schweizer Recht (vgl. MAZEAUD/CHABAS, N 157 ff.).

Art. 25

3. Geltendmachung gegen Treu und Glauben	[1] **Die Berufung auf Irrtum ist unstatthaft, wenn sie Treu und Glauben widerspricht.** [2] **Insbesondere muss der Irrende den Vertrag gelten lassen, wie er ihn verstanden hat, sobald der andere sich hierzu bereit erklärt.**
3. Action contraire aux règles de la bonne foi	[1] La partie qui est victime d'une erreur ne peut s'en prévaloir d'une façon contraire aux règles de la bonne foi. [2] Elle reste notamment obligée par le contrat qu'elle entendait faire, si l'autre partie se déclare prête à l'exécuter.
3. Errore invocato contro la buona fede	[1] L'errore non può essere invocato in urto colla buona fede. [2] La parte in errore deve in ispecie osservare il contratto nel senso da essa inteso, tostoché la controparte vi si dichiari pronta.

Literatur

Vgl. die Literaturhinweise bei den Vorbem. zu Art. 23–31.

I. Allgemeines

Art. 25 enthält eine **Ausprägung des Art. 2 Abs. 2 ZGB** speziell für das Irrtumsrecht (BGE 123 III 203). Die Berufung auf Irrtum ist unstatthaft, wenn es sich um unnütze Rechtsausübung handelt oder ein krasses Missverhältnis der Interessen besteht (BGE 123 III 203; SCHMID, BR 1998, 56). Die Wertungen, die eine Berufung auf Irrtum als treuwidrig erscheinen lassen, werden freilich zunehmend von der Rsp. bereits im Rahmen der Prüfung der Wesentlichkeit vor allem des Grundlagenirrtums berücksichtigt, so dass sich insoweit im Einzelfall Überschneidungen ergeben können. 1

II. Anwendungsbereich

Von seiner systematischen Stellung her gilt Art. 25 nur für die Geltendmachung des **Irrtums** nach Art. 23 und 24, nicht jedoch für die Unverbindlichkeit wegen **Täuschung** und **Drohung** nach Art. 28 ff. (KOLLER A., OR AT, § 14 N 180, 232; zur Anwendbarkeit im Rahmen von Art. 21 OR vgl. DERS., N 1286; **a.A.** offenbar BUCHER, AT, 215). In der Regel erscheint bei Täuschung und Drohung eine entsprechende Anwendung des Art. 25 auch nicht angebracht, da es hier an der Schutzwürdigkeit des Vertragspartners fehlt. Allenfalls bei treuwidriger Verzögerung der Anfechtung zum Zwecke der Spekulation kann im Einzelfall Art. 25 auch bei absichtlicher Täuschung anwendbar sein (BGE 108 II 105). 2

III. Voraussetzungen

1. Verschuldeter Irrtum

Die Tatsache, dass der Irrtum auf ein **Verschulden** des Irrenden zurückzuführen ist, lässt die Berufung auf Irrtum noch nicht allein als treuwidrig erscheinen (BGE 105 II 26; 91 II 280; ZivGer VS, ZWR 1997, 260). Dies gilt auch, wenn der Gegenpartei ein Verschulden nicht angelastet werden kann (BGE 97 II 47). Freilich kann das jeweilige Verschulden als ein Faktor in die Gesamtabwägung mit einzubeziehen sein (vgl. BK-SCHMIDLIN, Art. 25 N 9 f.). Dabei ist auch die jeweilige **Stellung der Parteien im Geschäftsverkehr** mit zu berücksichtigen. Bei einem Kaufmann wird die Berufung auf fahrlässigen Irrtum im Interesse der Sicherheit des Handelsverkehrs eher treuwidrig sein als bei einem Geschäftsunerfahrenen. So wurde die Berufung auf Irrtum nach Unterzeichnung eines in fremder Sprache abgefassten Vertrags als treuwidrig angesehen, da der Irrende Gelegenheit gehabt hätte, den Vertrag übersetzen zu lassen (SJ 1974, 405, 414), oder wenn sich bei einer Erbausschlagung die Erbin in einem Irrtum über die Höhe des Nachlasses befand, weil sie sich nicht die Mühe gemacht hatte, die Dokumente, welche sich in ihren Händen befunden hatten, zu studieren (BGer, 20.4.2010, 5A_594/2009, E. 4). Treuwidrig handelt auch der Aufsteller von **AGB**, wenn er den Vertrag anficht, weil diese selbst missverständlich sind (BGE 59 II 324). 3

2. Ungebührliche Verzögerung

Treuwidrig kann insb. auch die **ungebührliche Verzögerung** der Anfechtung sein (BGE 108 II 105), wenn bspw. der Irrende mit der Anfechtung innerhalb der Jahresfrist des Art. 31 Abs. 1 nur deshalb zuwartet, um auf Kosten des Gegners zu spekulieren (vgl. BGer, 4.9.2013, 4A_297/2013, E. 3.2.3 i.c. verneint). Hat jedoch der Irrende zunächst eine Abänderung des Vertrags verlangt, so ist die Anfechtung nicht treuwidrig, wenn die Gegenpartei diese zurückweist (BGE 96 II 105). 4

3. Untergang des Vertragsgegenstandes

Die Treuwidrigkeit kann sich auch aus dem zwischenzeitlich erlittenen Schicksal des Vertragsgegenstandes ergeben. Namentlich wenn man eine Anfechtung wegen Grundlagenirr- 5 tums neben der Sachgewährleistung zulässt, muss die in Art. 207 Abs. 3 enthaltene Wertung für den Fall des schuldhaften **Untergangs der Kaufsache** jedenfalls im Rahmen des Art. 25 Berücksichtigung finden. Es reicht allerdings noch nicht aus für einen Ausschluss der Anfechtung wegen Treuwidrigkeit, wenn die verkaufte Gesellschaft nach der Übernahme durch den Käufer Verluste erlitten hat (BGE 97 II 47).

4. Dauerschuldverhältnisse

6 Eine besondere Bedeutung kommt Art. 25 Abs. 1 bei **Dauerschuldverhältnissen** zu. Will man hier nicht bereits die Wirkungen der Anfechtung im Wege teleologischer Reduktion auf die Zukunft beschränken (Vor Art. 23–31 N 7), so kann dieses Ergebnis jedenfalls aus Art. 25 abgeleitet werden. Bei Dauerschuldverhältnissen müsste eine Anfechtung darüber hinaus auch in jenen Fällen als treuwidrig betrachtet werden, wo der Anfechtungsgrund zwar im Zeitpunkt des Vertragsschlusses vorgelegen hat, im Verlaufe der Vertragsdurchführung jedoch weggefallen ist, wie wenn bspw. bei Vertragsschluss ein Irrtum oder eine Täuschung über Eigenschaften des Vertragspartners vorgelegen, dieser sich jedoch über Jahre hinweg als zuverlässig erwiesen hat.

IV. Rechtsfolgen

7 Treuwidrigkeit i.S. des Art. 25 Abs. 1 schliesst die **Anfechtung** aus. Möglich ist jedoch, dass nur die Anfechtung des ganzen Vertrages als treuwidrig erscheint, eine **Teilanfechtung** hingegen nicht. Hier bleibt teilweise Anfechtung möglich (vgl. Art. 23 N 11).

V. Konversion, Art. 25 Abs. 2

8 Eine besondere Ausprägung des in Abs. 1 niedergelegten Prinzips enthält Abs. 2 für den Erklärungsirrtum: der Irrende muss den Vertrag so gelten lassen, wie er ihn verstanden hat, wenn der andere sich hierzu bereit erklärt. In diesem Fall tritt **Konversion** ein, so dass der Vertrag mit dem vom Irrenden gewollten Inhalt gilt. Die **Erklärung** des Vertragspartners muss **unmittelbar** auf die Anfechtungserklärung des Irrenden hin erfolgen (BGE 57 II 291). Hat der Vertragspartner die Anfechtung zurückgewiesen, so kann er nicht nachträglich darauf zurückkommen und den Vertrag i.S. des Irrenden konvertieren (BGE 40 II 385). Eine analoge Anwendung des Art. 25 Abs. 2 auf den Grundlagenirrtum ist abzulehnen (vgl. GAUCH/SCHLUEP/SCHMID/EMMENEGGER, N 849; BK-SCHMIDLIN, Art. 25 N 21 ff.; **a.A.** KOLLER A., OR AT, § 14 N 126); in Betracht kommt allenfalls eine Teilanfechtung in sinngemässer Anwendung von Art. 20 Abs. 2 (ebenso GAUCH/SCHLUEP/SCHMID/EMMENEGGER, N 852 m.w.Nw.).

VI. Ausländische Rechtsordnungen

9 Eine ausdrückliche gesetzliche Regelung wie Art. 25 Abs. 2 kennt nur das **italienische Recht** (Art. 1432 CC it.). Die dahinter stehenden Prinzipien sind jedoch auch in anderen Rechtsordnungen anerkannt (für **Deutschland**: vgl. MK-ARMBRÜSTER, § 119 BGB N 142 f.; für **Österreich**: Rummel/Lukas-RUMMEL, § 871 ABGB N 21).

Art. 26

4. Fahrlässiger Irrtum

1 Hat der Irrende, der den Vertrag nicht gegen sich gelten lässt, seinen Irrtum der eigenen Fahrlässigkeit zuzuschreiben, so ist er zum Ersatze des aus dem Dahinfallen des Vertrages erwachsenen Schadens verpflichtet, es sei denn, dass der andere den Irrtum gekannt habe oder hätte kennen sollen.

2 Wo es der Billigkeit entspricht, kann der Richter auf Ersatz weiteren Schadens erkennen.

4. Erreur commise par négligence

[1] La partie qui invoque son erreur pour se soustraire à l'effet du contrat est tenue de réparer le dommage résultant de l'invalidité de la convention si l'erreur provient de sa propre faute, à moins que l'autre partie n'ait connu ou dû connaître l'erreur.

[2] Le juge peut, si l'équité l'exige, allouer des dommages-intérêts plus considérables à la partie lésée.

4. Errore commesso per negligenza

[1] La parte, che prevalendosi del proprio errore si sottrae agli effetti del contratto, è tenuta al risarcimento dei danni pel mancato contratto, ove l'errore derivi da sua colpa, salvo che l'altra parte l'abbia conosciuto o dovuto conoscere.

[2] Il giudice può concedere un maggior risarcimento, quando l'equità lo richieda.

Literatur

Vgl. die Literaturhinweise bei den Vorbem. zu Art. 23–31.

I. Allgemeines

Nach Art. 26 ist der schuldhaft Irrende bei Anfechtung des Vertrags zum Ersatz des negativen Interesses verpflichtet. Fällt der Vertrag aufgrund eines fahrlässigen Irrtums einer Partei dahin, so ist die andere Vertragspartei in ihrem Vertrauen auf den Bestand des Vertrags zu schützen, wenn sie ihrerseits den Irrtum weder veranlasst noch sonst zu vertreten hat (vgl. ZivGer VS, ZWR 1997, 260). In ständiger Rsp. sieht das BGer hierin nicht einen Sonderfall der Schadenersatzpflicht aus unerlaubter Handlung, sondern eine **Haftung eigener Art**, deren Voraussetzungen in Art. 26 Abs. 1 selbständig umschrieben werden (BGE 113 II 31; 69 II 239 f.; Reiser, 45). In der Sache handelt es sich um einen gesetzlich geregelten Fall der Haftung für **culpa in contrahendo** (Bucher, AT, 217; Koller A., OR AT, N 1157, 1176; diff. BK-Schmidlin, Art. 26 N 8 ff.). 1

II. Voraussetzungen

1. Fahrlässigkeit

Die Schadenersatzpflicht greift nur ein, wenn dem Irrenden der Vorwurf der Fahrlässigkeit zu machen ist. Das Verhalten des Irrenden ist dabei mit einer gewissen Strenge zu behandeln, weil das schweizer Recht den Irrenden insoweit ohnehin günstiger behandelt als andere Rechtsordnungen, die die Schadenersatzpflicht ohne Verschulden eingreifen lassen wie z.B. § 122 BGB (BGE 113 II 29; 105 II 27; 69 II 239; BK-Schmidlin, Art. 26 N 13; Reiser, 59). Bei einem **Erklärungsirrtum** wird Fahrlässigkeit praktisch immer zu bejahen sein, ein **Grundlagenirrtum** kann hingegen auch unverschuldet sein. So darf sich insb. der Erklärende auf Angaben des Vertragsgegners über Eigenschaften des Vertragsgegenstandes verlassen und braucht diese nicht selbst nachzuprüfen (BGE 113 II 29). Der Mieter z.B. muss die Mietfläche bei der Besichtigung nicht nachmessen (BGer, 10.6.2009, 4A_99/2009, E. 2.1 = Pra 2010, 296; 16.3.2001, 4C.5/2001, E. 3a). Dasselbe gilt für eine vom Grundbuchamt und vom Anwalt der Gegenpartei geäusserte Rechtsauffassung (BGE 80 II 159). 2

2. Verhandlungsgehilfen

Der Erklärende haftet nicht nur für eigenes Verschulden, sondern auch für Verschulden seiner **Verhandlungsgehilfen**, seien sie nun rechtlich als Stellvertreter oder als blosse Übermittlungspersonen zu qualifizieren. Das BGer rechnet das Verschulden von Angestellten ohne nähere Begründung dem Geschäftsherrn zu (BGE 105 II 27). Ordnet man Art. 26 der Haftung aus culpa in contrahendo zu, so ergibt sich die Einstandspflicht für Verhandlungsgehilfen 3 ohne weiteres aus der entsprechenden Anwendung des Art. 101 (ebenso REISER, 60; Näheres Art. 1 N 96).

3. Kenntnis des Erklärungsgegners

4 Die Schadenersatzpflicht entfällt, wenn der Vertragspartner den Irrtum gekannt hat oder hätte kennen sollen. Bei **Kenntnis oder fahrlässiger Unkenntnis** des Gegners vom Irrtum ist freilich zunächst zu prüfen, ob nicht bereits nach dem Vertrauensprinzip der Vertrag mit dem vom Erklärenden gewollten Inhalt zustande kommt oder u.U. ein Dissens vorliegt. Bei erkennbarem **Erklärungsirrtum** wird dies regelmässig der Fall sein, so dass der Bestimmung insoweit keine Bedeutung zukommt.

5 Praktische Bedeutung hat der Ausschluss der Schadenersatzhaftung beim **Grundlagenirrtum** (vgl. GAUCH/SCHLUEP/SCHMID/EMMENEGGER, N 851; ENGEL, traité, 347; REISER, 62), wobei dem Kennenmüssen des Irrtums die Veranlassung des Irrtums durch den Erklärungsgegner gleichzustellen ist.

6 Umstritten ist, ob statt des Ausschlusses des Schadenersatzanspruches auch lediglich eine **Herabsetzung** entsprechend Art. 44 in Betracht kommt (verneinend: BGE 69 II 239; SJZ 1981, 44 f.; VON TUHR/PETER, 316 FN 52; bejahend: BUCHER, AT, 218; ENGEL, traité, 345; KOLLER A., OR AT, § 14 N 134; offengelassen in BGE 113 II 31). Jedenfalls bei grober Fahrlässigkeit des Irrenden und lediglich leichter Fahrlässigkeit des Gegners wird man diese Möglichkeit nicht ausschliessen dürfen.

III. Rechtsfolgen

7 1. Geschuldet ist grundsätzlich nur das **negative Vertragsinteresse**, d.h. der Erklärungsgegner ist so zu stellen, wie wenn er sich nie auf die Vertragsverhandlungen eingelassen hätte (Abs. 1). Übersteigt das negative Interesse ausnahmsweise das Erfüllungsinteresse, kommt eine Reduktion entsprechend Art. 43 durch das Gericht in Betracht (BK-SCHMIDLIN, Art. 26 N 23 f.; ZK-OSER/SCHÖNENBERGER, N 14; KOLLER A., Habil., N 453; VON TUHR/PETER, 316).

8 2. Nach Abs. 2 kann das Gericht, wo es der Billigkeit entspricht, Schadenersatz bis zum **Erfüllungsinteresse** zusprechen. Faktisch wird damit die Anfechtung für den Irrenden uninteressant. In Betracht zu ziehen ist diese Möglichkeit bei besonders schwerem Verschulden des Irrenden oder dort, wo die Beschränkung auf das negative Interesse im Hinblick auf die Situation des Erklärungsgegners als stossend erscheinen müsste (REISER, 69 f.; VON TUHR/PETER, 317). Aus der Rsp. ist freilich – soweit ersichtlich – kein Fall bekannt, in dem Abs. 2 angewandt worden wäre.

IV. Verjährung

9 Da die Schadenersatzpflicht einen Unterfall der Haftung aus culpa in contrahendo darstellt, ist auf die Verjährung entsprechend der Rsp. des BGer (Näheres Art. 1 N 94) **Art. 60** anzuwenden (**a.A.** BK-SCHMIDLIN, Art. 26 N 31 ff.; VON TUHR/PETER, 318; KOLLER A., OR AT, § 28 N 39; BUCHER, AT, 287; REISER, 70 f.). Die Frist beginnt mit der Geltendmachung des Irrtums zu laufen.

V. Beweislast

10 Dem Kläger obliegt der **Beweis**, dass der Vertrag wegen Anfechtung unwirksam und ihm ein Schaden entstanden ist, sowie dass der Irrtum verschuldet war. Beruft sich der Irrende auf den Haftungsausschluss, so muss er Kenntnis oder Erkennbarkeit des Irrtums auf Seiten des Erklärungsgegners beweisen.

VI. Ausländische Rechtsordnungen

Im Gegensatz zu Art. 26 kennt das **deutsche Recht** in § 122 BGB eine Kausalhaftung des Irrenden. Im **österreichischen Recht** kommt ein Schadenersatzanspruch nach den Grundsätzen der culpa in contrahendo, im **französischen Recht** nach der deliktischen Generalklausel des Art. 1382 CC fr. in Betracht. 11

Art. 27

5. Unrichtige Übermittlung	**Wird beim Vertragsabschluss Antrag oder Annahme durch einen Boten oder auf andere Weise unrichtig übermittelt, so finden die Vorschriften über den Irrtum entsprechende Anwendung.**
5. Erreur d'un intermédiaire	Les règles concernant l'erreur s'appliquent par analogie, lorsque la volonté d'une des parties a été inexactement transmise par un messager ou quelque autre intermédiaire.
5. Inesatta trasmissione	Le disposizioni relative all'errore sono applicabili per analogia, se nella conclusione del contratto l'offerta o la accettazione fu trasmessa inesattamente da un messo od in un'altra guisa.

Literatur

Vgl. die Literaturhinweise bei den Vorbem. zu Art. 23–31.

I. Allgemeines

Art. 27 stellt die **Falschübermittlung durch einen Boten** dem Erklärungsirrtum gleich. Die unrichtig übermittelte Erklärung wird dem Erklärenden also zunächst nach Vertrauensgrundsätzen zugerechnet, er kann sich jedoch durch Anfechtung auf Unwirksamkeit berufen. 1

II. Voraussetzungen

1. Übermittlungsperson

Erfasst ist die unrichtige Übermittlung durch eine **Übermittlungsperson** wie Bote, Dolmetscher, Mäkler, Agent oder Post- und Telegraphenanstalt. Nicht unter diese Bestimmung fällt der **Stellvertreter**, da dieser eine eigene Willenserklärung abgibt, nicht jedoch eine fremde übermittelt. Ebenso wenig gilt Art. 27 bei telefonischer Verhandlung zwischen den Parteien oder unmittelbarem Fernschreibkontakt, da es auch hier an einer Zwischenperson fehlt. Anders ist zu entscheiden, wenn eine EDV-Anlage die Funktion eines Erklärungs- oder Übermittlungsgehilfen übernimmt (vgl. ausführlich BK-Schmidlin, Art. 27 N 20 ff. mit zahlreichen Nachweisen). 2

Nur die zur Übermittlung der Erklärung vom Erklärenden eingesetzte Person (**Erklärungsbote**) fällt unter Art. 27, nicht jedoch die vom Erklärungsempfänger zur Entgegennahme der Erklärung eingesetzte. Versteht der **Empfangsbote** die Erklärung falsch oder gibt er sie falsch an den Erklärungsempfänger weiter, so kann der Empfänger die Willenserklärung des Erklärenden nicht anfechten (Bucher, AT, 202 FN 31; **a.A.** wohl BK-Schmidlin, Art. 27 N 8; ZK-Oser/Schönenberger, N 7). Gibt allerdings der Empfänger aufgrund des Missverständnisses eine eigene Erklärung ab, die nicht seinem Willen entspricht, so bedarf es keiner Anwendung des Art. 27, denn die Willenserklärung kann (direkt) gem. Art. 23 angefochten werden. 3

2. Wesentlichkeit des Irrtums

4 Unrichtige Übermittlung berechtigt zur Anfechtung nur, wenn der Fehler entsprechend Art. 24 Abs. 1 Ziff. 1–3 **wesentlich** ist, indem er sich auf den Inhalt der Erklärung, den Umfang von Leistung und Gegenleistung oder auf die Person des Adressaten auswirkt.

3. Absichtliche Falschübermittlung

5 Art. 27 muss auch bei **absichtlicher Falschübermittlung** durch den Boten gelten (BUCHER, AT, 202; vgl. KIENLE, 328; **a.A.** BGE 34 II 527; BK-SCHMIDLIN, Art. 27 N 12; ENGEL, traité, 336; sowie die h.M. im deutschen Recht, vgl. MK-ARMBRÜSTER, § 120 N 4 m.Nw.). Da der Erklärende die Mittelsperson auswählt und einsetzt, muss er sich deren Verhalten unter Risikogesichtspunkten zurechnen lassen (vgl. MARBURGER, AcP 1973, 137 ff.). Dies gilt freilich nicht, wenn der angebliche Bote gar nicht vom Erklärenden bestellt wurde. Hier kommt nur eine Haftung des **Scheinboten** gegenüber dem Erklärungsempfänger nach Art. 41 oder entsprechend Art. 39 in Betracht.

III. Rechtsfolgen

6 1. Der Erklärende kann sich auf die **Unwirksamkeit** der falsch übermittelten Erklärung wie bei eigenem Erklärungsirrtum berufen. Bei eigenem **Verschulden** – missverständliche Instruktion des Boten, Benutzung einer unzuverlässigen Mittelsperson – wie auch bei einem Verschulden des Übermittlers haftet der Erklärende nach Art. 26 (Näheres bei Art. 26 N 3).

7 2. Die Vorschrift regelt lediglich das Verhältnis zwischen Erklärendem und Erklärungsempfänger. Eine allfällige **Haftung des Boten** gegenüber dem Erklärenden bestimmt sich nach dem jeweiligen Innenverhältnis. Für die Post finden sich weitgehende Haftungsausschlussmöglichkeiten in Art. 11 Abs. 2 lit. a des Postgesetzes vom 30.4.1997 (SR 783.0).

IV. Ausländische Rechtsordnungen

8 Das **deutsche** (§ 120 BGB) und **italienische Recht** (Art. 1433 CC it.) enthalten dem schweizer Recht vergleichbare gesetzliche Regelungen.

Art. 28

II. Absichtliche Täuschung	**1 Ist ein Vertragschliessender durch absichtliche Täuschung seitens des andern zu dem Vertragsabschlusse verleitet worden, so ist der Vertrag für ihn auch dann nicht verbindlich, wenn der erregte Irrtum kein wesentlicher war.** **2 Die von einem Dritten verübte absichtliche Täuschung hindert die Verbindlichkeit für den Getäuschten nur, wenn der andere zur Zeit des Vertragsabschlusses die Täuschung gekannt hat oder hätte kennen sollen.**
II. Dol	1 La partie induite à contracter par le dol de l'autre n'est pas obligée, même si son erreur n'est pas essentielle. 2 La partie qui est victime du dol d'un tiers demeure obligée, à moins que l'autre partie n'ait connu ou dû connaître le dol lors de la conclusion du contrat.
II. Dolo	1 La parte, che fu indotta al contratto per dolo dell'altra, non è obbligata, quand'anche l'errore non fosse essenziale. 2 Se la parte fu indotta al contratto per dolo d'una terza persona, il contratto è obbligatorio, a meno che l'altra parte al momento del contratto abbia conosciuto o dovuto conoscere il dolo.

Literatur

GILOMEN, Absichtliche Täuschung beim Abschluss von Verträgen nach schweizerischem Obligationenrecht, Diss. Bern 1950; HÜRLIMANN-KAUP, Art. 28 OR und kaufrechtliche Sachgewährleistung bei absichtlicher Täuschung des Käufers, ZBJV 2002, 137 ff.; HUGUENIN, Die absichtliche Täuschung durch Dritte: Art. 28 Abs. 2 OR, SJZ 1999, 261 ff.; KOLLER TH., Die arbeitsrechtliche Rechtsprechung des Bundesgerichts im Jahr 2006, ZBJV 2008, 318 ff.; KRAMER, Bemerkungen zu BGE 123 III 165 ff., AJP 1997, 1285 ff.; PELLEGRINI, Die Anfechtung des Arbeitsvertrages wegen Willensmängeln, Diss. Zürich 1983; PIOTET, De l'invalidité partielle des actes juridiques spécialement en cas de vice du consentement, ZSR 1957 I, 97 ff.; POPP, Betrug im Schuld- und Strafrecht, in: Schmid (Hrsg.), Le droit pénal et ses liens avec les autres branches du droit. Mélanges en l'honneur du Professeur Jean Gauthier, Bern 1996, 111 ff.; REHBINDER, Rechtsfragen der Bewerbung (nach schweizerischem Recht), WuR 1983, 54 ff.; THANEI, Rechtsbehelfe für absichtlich getäuschte Mietparteien, plädoyer 4/2013, 32 ff.; YUNG, La vérité et le mensonge dans le droit privé, Etudes et Articles, Genf 1971, 71 ff.

I. Allgemeines

Art. 28 schützt – wie auch Art. 29 und 30 – die **Freiheit des Willens** im rechtsgeschäftlichen Bereich. Die Anfechtbarkeit beruht auf der Beeinträchtigung der Entschlussfreiheit, nicht auf der Arglist des Täuschenden oder darauf, dass der Getäuschte einen Vermögensnachteil erlitten hat. Auch die zum Wohle des anderen begangene Täuschung berechtigt zur Anfechtung (BK-SCHMIDLIN, Art. 28 N 67 f.; GILOMEN, 100). 1

II. Anwendungsbereich

Einzelheiten vgl. Vor Art. 23–31 N 4 ff. 2

III. Voraussetzungen

1. Täuschungshandlung

Ein täuschendes Verhalten besteht in der **Vorspiegelung falscher Tatsachen** oder im **Verschweigen vorhandener Tatsachen** (BGE 116 II 434). 3

a) Tatsachen

Die täuschende Handlung muss sich auf Tatsachen beziehen, d.h. auf objektiv feststellbare Zustände oder Ereignisse tatsächlicher oder rechtlicher Art. Blosse subjektive **Werturteile** und **Meinungsäusserungen** fallen nicht darunter, es sei denn, sie würden ihrerseits an Tatsachen anknüpfen. Bei Werbung kommt es darauf an, ob ein verständiger Betrachter dieser einen sachlichen Gehalt beimessen oder sie als marktschreierische Anpreisung ansehen würde (vgl. BGE 85 II 416; 53 II 138; ausführlich BK-SCHMIDLIN, Art. 28 N 81 ff.). 4

Tatsachen können sowohl **äussere** – z.B. Eigenschaften des Vertragsgegenstandes (vgl. nur BGE 123 III 169: Fehlende Fabrikneuheit einer versteigerten Swatch-Uhr), Zahlungsfähigkeit – als auch **innere Umstände** sein – z.B. Zahlungs- oder Leistungswilligkeit (vgl. ZR 1978, 267, 270: Fehlender Wille des Beschenkten, eine Auflage zu erfüllen). 5

b) Vorspiegelung falscher Tatsachen

Die Täuschung kann durch **positive Handlungen** erfolgen, z.B. durch Behauptungen in mündlichen oder schriftlichen Mitteilungen wie auch konkludent. Für die Würdigung der Behauptung ist dabei nach dem Vertrauensprinzip auf den Verkehrskreis des Getäuschten abzustellen (BGE 116 II 434). Auch in der Preisgestaltung als solcher kann eine Täuschung liegen (Forderung eines Preises, wie er für ein echtes Kunstwerk bezahlt wird, als Gegenleistung für Fälschung). 6

7 Der Vorspiegelung falscher Tatsachen ist gleichzustellen das **Unterdrücken wahrer Tatsachen**, sei es durch positive Behauptung des Gegenteils (BGE 60 II 264: Wahrheitswidriges In-Abrede-Stellen anderweitigen Geschlechtsverkehrs) oder bspw. durch Manipulationen am Vertragsgegenstand (Zurückdrehen des Tachometers, Übermalen von Bruch- oder Roststellen).

c) Verschweigen von Tatsachen

8 Tatsachenverschweigung stellt nur dann eine Täuschung dar, wenn eine **Aufklärungspflicht** besteht. Eine solche kann sich aus besonderer gesetzlicher Vorschrift und aus Vertrag ergeben, oder wenn eine Mitteilung nach Treu und Glauben und den herrschenden Anschauungen geboten ist. Wann dies zutrifft, ist im konkreten Einzelfall zu bestimmen (BGE 116 II 434; vgl. auch 117 II 228).

9 Dabei ist insb. die Natur des Vertrags und die jeweilige Stellung der Parteien zu berücksichtigen. Ein höheres Mass an Aufklärungspflichten ist anzunehmen bei Verträgen, die ein besonderes **Vertrauensverhältnis** voraussetzen (Auftrag, Personengesellschaft; vgl. zur Aufklärungspflicht bei Abschluss einer Scheidungskonvention BGE 117 II 228; bei Abschluss eines Ehevertrages KGer VS, ZWR 2013, 151 f., E. 2.4.3.2; hinsichtlich der steuerlichen Auswirkungen im Rahmen der gebundenen Selbstvorsorge KOLLER/KISSLING, ZBJV 1999, 120 ff.; zur Offenbarungspflicht des Arbeitnehmers vgl. BGE 132 II 161; krit. dazu KOLLER TH., ZBJV 2008, 327; Näheres vgl. Art. 320 N 7 f.), und bei **Dauerschuldverhältnissen**. Geringere Aufklärungspflichten bestehen hingegen bei reinen **Austauschverträgen**. Freilich hat auch hier jede Vertragspartei die andere über Umstände aufzuklären, die erkennbar für den Entschluss zum Vertragsabschluss von wesentlicher Bedeutung sind (zur Aufklärungspflicht des Verkäufers vgl. BGE 116 II 435: Bezeichnung eines Fahrzeugs als fabrikneu/neu, obwohl es bereits drei Jahre alt war; BGE 81 II 142: Verkäufer von Land weiss, dass das Grundbuch in Bezug auf Grössenangabe unrichtig ist; BGE 66 II 139: Nichtbekanntgabe des Umstandes, dass Feuchtigkeit des Hauses auf mangelnde Entwässerung zurückgeht; ZR 1973, 110, 113 f.: Aufklärungspflicht des Verkäufers über das Bestehen gewerblicher Schutzrechte; vgl. auch BGE 41 II 577; 53 II 151; zur Aufklärungspflicht des Gläubigers gegenüber dem Bürgen vgl. BGE 57 II 279; 59 II 242). Erhöhte Aufklärungspflichten bestehen, wo aufgrund unterschiedlicher wirtschaftlicher Stellung ein Macht- und Informationsgefälle zwischen den Parteien besteht (BGE 116 II 435). Auf ausdrückliche Fragen des Vertragspartners hin müssen auf jeden Fall wahrheitsgemässe Angaben gemacht werden, sofern die entsprechende Frage zulässig ist (vgl. N 12). Keine Aufklärungspflicht trifft den Übervorteilten, auch wenn er bereits im Zeitpunkt des Abschlusses des wucherischen Vertrages dessen spätere Anfechtung in Aussicht nimmt (vgl. BGE 123 III 301).

10 Eine Pflicht zur Aufklärung über die **eigenen Vermögensverhältnisse** kann grundsätzlich nur bei Vorliegen besonderer Umstände angenommen werden (BGE 86 IV 205; 72 IV 65).

2. Absicht

11 Die Täuschung muss **absichtlich** erfolgen, d.h. der Täuschende muss die Unrichtigkeit des Sachverhalts kennen. **Fahrlässige Falschangaben** führen nicht zur Anwendung des Art. 28, können aber Schadenersatzansprüche aus culpa in contrahendo auslösen. Überdies bleibt dem enttäuschten Vertragspartner die Irrtumsanfechtung offen. Für Täuschungsabsicht genügt freilich auch **dolus eventualis**, so dass eine Anfechtung in Frage kommt, wenn jemand aufs Geratewohl, ohne vom betreffenden Sachverhalt überhaupt Kenntnis zu besitzen, unrichtige Angaben macht (BGE 53 II 150). Kein Eventualvorsatz trifft jedoch den Auktionator, wenn er unwissentlich eine nicht fabrikneue Swatch-Uhr versteigert und in den Auktionsbedingungen darauf hinweist, dass die Beschreibungen im Katalog «bestem Wissen und Gewissen» entsprechen und die Haftung für die Zustandsbeschreibung abbedungen wird (BGE 123 III

169; zust. KRAMER, AJP 1997, 1287). Der Täuschende kann sich nicht darauf berufen, in seinen Verkehrskreisen werde einem Ausdruck eine andere Bedeutung beigemessen, wenn der branchenunkundige Vertragspartner den Ausdruck nach dem Vertrauensprinzip anders verstehen durfte (BGE 116 II 435).

3. Widerrechtlichkeit

Widerrechtlichkeit wird in Art. 28 im Gegensatz zu Art. 29 nicht explizit vorausgesetzt, weil der Gesetzgeber offenbar davon ausging, dass eine absichtliche Täuschung immer widerrechtlich sei (zum deutschen Recht vgl. MK-ARMBRÜSTER, § 123 N 10). Wo jedoch jemand auf unzulässige, das Persönlichkeitsrecht verletzende Fragen, namentlich bei Abschluss eines **Arbeitsvertrags** (Näheres vgl. Art. 320 N 7 ff.) wahrheitswidrige Angaben macht, muss Widerrechtlichkeit im Einzelfall verneint werden, so dass eine Anfechtung nicht in Betracht kommt (vgl. REHBINDER, WuR 1983, 64 f.; PELLEGRINI, 123 ff.). 12

4. Irrtum

Durch die Täuschung muss auf Seiten des Getäuschten ein Irrtum hervorgerufen oder aufrechterhalten werden. Dieser wird regelmässig ein **Motivirrtum** sein (vgl. VON TUHR/PETER, 320); im Unterschied zu Art. 23 wird Wesentlichkeit jedoch nicht vorausgesetzt. 13

5. Kausalität

Die Täuschung muss für die Abgabe der Willenserklärung **kausal** gewesen sein. Hieran fehlt es, wenn der Getäuschte den wahren Sachverhalt erkannt hat oder wenn er die Willenserklärung auch bei dessen Kenntnis abgegeben hätte. Kausalität ist zu bejahen, wenn der Getäuschte die Willenserklärung gar nicht (sog. **dolus causam dans**) oder jedenfalls nicht in dieser Weise (sog. **dolus incidens**) abgegeben hätte (vgl. dazu BGE 99 II 308; 64 II 144; vgl. zur praktischen Bedeutung der Unterscheidung BK-SCHMIDLIN, Art. 28 N 74 ff.). 14

6. Täuschung durch Dritte, Abs. 2

Die Täuschung macht den Vertrag nur dann unverbindlich, wenn sie vom Vertragspartner selbst ausgegangen ist oder – **bei Täuschung durch einen Dritten** – für den Vertragspartner jedenfalls erkennbar war. Bei der grundsätzlich weniger verpönenswerten fremdverursachten Täuschung genügt nach dem Gesetzeswortlaut demnach bereits Fahrlässigkeit des Vertragspartners (vgl. HUGUENIN, SJZ 1999, 264). Darin liegt ein Wertungswiderspruch. Deshalb sollte der Vertrag im Wege der teleologischen Auslegung nur dann angefochten werden können, wenn der Vertragspartner von der Täuschung gewusst hat (HUGUENIN, SJZ 1999, 264 ff.; SCHWENZER, N 38.11). 15

Dritte i.S. dieser Bestimmung sind nicht Personen, die an Vertragsverhandlungen und -abschluss im Lager des Vertragspartners beteiligt sind (GILOMEN, 113). Das Handeln von Vertretern und Abschlussgehilfen (Organe, Stellvertreter, Boten, Mäkler, Handelsreisende oder Agenten) ist dem (täuschenden) Vertragspartner wie eigenes Verhalten zuzurechnen (BGer, 22.5.2007, 4A_70/2007, E. 5.2.3; BGE 108 II 421; 81 II 217 = Pra 1955, 577 f.; 63 II 78; 40 II 541; **a.A.** offenbar noch BGE 41 III 147: Gesellschaftsorgane im Verhältnis zur AG bei Aktienzeichnung; in der Sache ging es jedoch in diesem Entscheid um den Schutz des Verkehrsinteresses; diff. HUGUENIN, SJZ 1999, 266 ff., wonach die Funktion des Dritten mit Bezug auf das konkrete Rechtsgeschäft ausschlaggebend ist; vgl. auch HÜRLIMANN-KAUP, ZBJV 2002, 148 f.; Näheres Vor Art. 23–31 N 8). 16

Dritte sind grundsätzlich die eigenen **Angestellten** und **Vertreter des Getäuschten**, es sei denn, sie wären wirtschaftlich identisch mit dem Vertragspartner (BGE 112 II 505); der 17

Hauptschuldner bei Abschluss des Bürgschaftsvertrags (SJZ 1971, 222 ff.; vgl. aber BGE 38 II 614, wo der Hauptschuldner als Vertreter des Gläubigers anzusehen war); der Mitgesellschafter bei Abschluss eines Gesellschaftsvertrags, wenn die anderen Gesellschafter von der Täuschung keine Kenntnis haben (BGE 31 II 71); der einzelne Aktionär bei Verträgen mit der AG, es sei denn, er wäre als Alleinaktionär mit dieser wirtschaftlich identisch.

IV. Rechtsfolgen

18 Der Vertrag ist für den Getäuschten wie bei wesentlichem Irrtum **unverbindlich** (vgl. Ausführungen bei Art. 23 N 8 ff.). Hätte der Getäuschte den Vertrag bei Kenntnis der wahren Sachlage zu anderen Bedingungen geschlossen (dolus incidens), kommt eine analoge Anwendung von **Art. 20 Abs. 2** in Betracht und zwar selbst dann, wenn die täuschende Partei den Vertrag zu veränderten Bedingungen nicht geschlossen hätte (**a.A.** Koller A., OR AT, § 14 N 182, der Art. 20 Abs. 2 nur anwenden möchte, wenn die täuschende Partei den Vertrag auch zu veränderten Bedingungen geschlossen hätte). Das Gericht kann die vollständige Aufhebung verweigern und stattdessen die Gegenleistung entsprechend mindern (BGE 81 II 219 = Pra 1955, 579 f.; 99 II 309, wobei sich das BGer auf den Grundsatz von Treu und Glauben beruft; vgl. auch Hürlimann, N 327 ff.; Piotet, ZSR 1957, 127 f.; vgl. auch Art. 23 N 11).

19 Zum **Ausschluss der Anfechtung** wegen Treuwidrigkeit, vgl. Art. 25 N 2.

20 Den Getäuschten trifft bei Geltendmachung der Unverbindlichkeit **keine Schadenersatzpflicht** nach Art. 26, auch wenn er die Täuschung fahrlässig nicht erkannt hat. Umgekehrt kann jedoch dem Getäuschten ein Anspruch auf Schadenersatz zustehen (Näheres Art. 31 N 22).

21 Bei Vorliegen einer absichtlichen Täuschung gilt nicht die einjährige Frist für Sachmängel nach Art. 210 Abs. 1, sondern eine zehnjährige **Verjährungsfrist** (Art. 210 Abs. 3, vgl. BGE 107 II 231; Näheres bei Art. 210 N 3).

V. Konkurrenzen

1. Irrtumsanfechtung

22 Hat die Täuschung zu einem **wesentlichen Irrtum** geführt, kann sich der Getäuschte wahlweise auf das eine oder andere berufen. Wird im Prozess beides geltend gemacht, so geht die Unverbindlichkeit wegen absichtlicher Täuschung vor, da Art. 28 einen weitergehenden Schutz gewährt (BGE 40 II 538).

2. Sachgewährleistung

23 Die Geltendmachung von absichtlicher Täuschung bleibt neben der **Sachgewährleistung** möglich (vgl. eingehend Hürlimann-Kaup, ZBJV 2002, 137 ff.; Näheres Vor Art. 23–31 N 9). Dies gilt auch bei Kaufverträgen, die unter das **WKR** fallen (Näheres Vor Art. 23–31 N 13).

VI. Abweichende Vereinbarungen

24 Die Folgen eigener absichtlicher Täuschung können **nicht abbedungen** werden (Art. 100 Abs. 1); dasselbe muss gelten, wenn das Verhalten eines Abschlussgehilfen dem Kontrahenten wie eigenes zugerechnet wird.

25 Eine **Wegbedingung der Gewährleistung** schliesst die Berufung auf absichtliche Täuschung nicht aus (vgl. BGE 123 III 170; zust. Kramer, AJP 1997, 1287).

VII. Beweislast

Der Getäuschte muss sämtliche Voraussetzungen des Art. 28 **beweisen**. Bei Täuschung durch Dritte muss er auch Kenntnis des Vertragspartners beweisen. 26

VIII. Ausländische Rechtsordnungen

Weitgehend ähnliche Regelungen wie Art. 28 kennen das **deutsche** (§ 123 BGB) und das **österreichische Recht** (§ 870, 875 ABGB). Im **französischen Recht** führt nur der dolus causam dans zur Anfechtung (Art. 1116 CC fr.). Ähnliches gilt für das **italienische Recht** (Art. 1439 CC it.), wobei bei dolus incidens jedenfalls Vertragsanpassung verlangt werden kann (Art. 1440 CC it.). 27

Art. 29

III. Furchterregung
1. Abschluss des Vertrages

[1] Ist ein Vertragschliessender von dem anderen oder von einem Dritten widerrechtlich durch Erregung gegründeter Furcht zur Eingehung eines Vertrages bestimmt worden, so ist der Vertrag für den Bedrohten unverbindlich.

[2] Ist die Drohung von einem Dritten ausgegangen, so hat, wo es der Billigkeit entspricht, der Bedrohte, der den Vertrag nicht halten will, dem anderen, wenn dieser die Drohung weder gekannt hat noch hätte kennen sollen, Entschädigung zu leisten.

III. Crainte fondée
1. Conclusion du contrat

[1] Si l'une des parties a contracté sous l'empire d'une crainte fondée que lui aurait inspirée sans droit l'autre partie ou un tiers, elle n'est point obligée.

[2] Lorsque les menaces sont le fait d'un tiers et que l'autre partie ne les a ni connues, ni dû connaître, celui des contractants qui en est victime et qui veut se départir du contrat est tenu d'indemniser l'autre si l'équité l'exige.

III. Timore
1. Conclusione del contratto

[1] Il contratto non obbliga colui che lo ha conchiuso per timore ragionevole causato dal fatto illecito dell'altra parte o di una terza persona.

[2] Se la minaccia è il fatto di un terzo, la parte minacciata che vuol liberarsi dal contratto deve, ove l'equità lo richieda, risarcire il danno all'altra parte, a meno che questi abbia conosciuto o dovuto conoscere la minaccia.

Literatur

ETTER, Die Furchterregung nach schweizerischem Obligationenrecht, Diss. Bern 1954; RUSCH, Drohung und arglistige Täuschung bei Verkehrsgeschäften, Diss. Zürich 1948.

I. Allgemeines

Art. 29 schützt wie auch Art. 28 die **Willensfreiheit** beim Vertragsschluss. Im Unterschied zu Art. 28 macht selbst die Drohung durch Dritte den Vertrag unverbindlich, woraus erhellt, dass die Drohung als eine noch grössere Beeinträchtigung der Willensfreiheit angesehen wird als die Täuschung. 1

II. Anwendungsbereich

Art. 29 f. können auch im Bereich **öffentlich-rechtlicher Verträge** entsprechende Anwendung finden (BGE 105 Ia 211). 2

III. Voraussetzungen

1. Drohung

3 Drohung ist die Beeinflussung der Entschlussfreiheit durch Inaussichtstellen eines künftigen Übels. Es kommt nur der psychische Zwang **(vis compulsiva)**, nicht aber die Überwältigung durch physischen Zwang **(vis absoluta)** in Betracht. In letzterem Fall fehlt es überhaupt an einer Willenserklärung (BK-SCHMIDLIN, Art. 29/30 N 4; BUCHER, AT, 224; VON TUHR/PETER, 325; KOLLER A., OR AT, § 14 N 212; RUSCH, 13).

4 Das **Übel** muss dem Bedrohten **ernsthaft in Aussicht** gestellt werden, so dass dieser nach den Umständen mit seiner Verwirklichung rechnen muss. Nicht entscheidend ist, dass der Drohende beabsichtigt, die Drohung wahr zu machen (BGE 79 IV 63). Ob eine Drohung vorliegt, ist nicht objektiv vom Standpunkt einer vernünftigen Person aus, sondern subjektiv aus der Sicht des Bedrohten zu beurteilen, wobei Lebensstellung, Alter, Geschlecht und Bildungsgrad zu berücksichtigen sind (ZBJV 1958, 394, 398).

5 Die Drohung kann **ausdrücklich** oder **konkludent**, durch Gebärden etc., erfolgen.

6 Keine Drohung liegt vor, wenn jemand lediglich eine bereits vorhandene **Zwangslage ausnutzt**; in Betracht kommt dann jedoch Übervorteilung nach Art. 21 (BK-SCHMIDLIN, Art. 29/30 N 13; BGer, 10.10.2008, 5A_468/2008, E. 2.1; ENGEL, traité, 365; ZK-OSER/SCHÖNENBERGER, N 6; KOLLER A., OR AT, § 14 N 217 ff.).

2. Widerrechtlichkeit

7 Die Drohung muss **widerrechtlich** sein (vgl. dazu ausführlich KOLLER A., OR AT, § 14 N 217 ff.). Widerrechtlichkeit liegt immer dann vor, wenn das in Aussicht gestellte Übel widerrechtlich ist, z.B. Bedrohen von Leben und Gesundheit oder das Androhen einer anderen unerlaubten Handlung oder eines Vertragsbruches. Das Zurückhalten der Leistung während schwebender Vergleichsverhandlungen ist jedoch jedenfalls dann nicht widerrechtlich, wenn dem Gegner nicht der Ruin oder Totalverlust droht (BGE 111 II 351 = Pra 1986, 373 f.).

8 Besteht das angedrohte Übel in einer **erlaubten** oder dem Drohenden **freigestellten Handlung**, kommt Widerrechtlichkeit nur unter den Voraussetzungen des Art. 30 Abs. 2 in Betracht (Näheres vgl. Art. 30 N 8). So ist eine Drohung mit Abbruch der Vertragsverhandlungen allein für Art. 29 nicht ausreichend (ZR 1967, 66 f.).

3. Begründete Furcht

9 Vgl. Art. 30 N 2 ff.

4. Kausalität

10 Durch die Drohung muss der Bedrohte dazu bestimmt worden sein, den Vertrag überhaupt **(metus causam dans)** oder in einer bestimmten Weise **(metus incidens)** zu schliessen (vgl. WIEGAND W., ZBJV 2001, 98 m.w.Nw.). Eine Abgabe der Willenserklärung aus Mitleid oder zur Vermeidung eines Prozesses und dessen entsprechenden Risiken machen den Vertrag nicht unverbindlich nach Art. 29 (BGE 110 II 135).

5. Drohung durch Dritte

11 Die Drohung kann vom **Vertragspartner** oder jedem beliebigen **Dritten** ausgehen. Wer Dritter ist, bestimmt sich anhand derselben Kriterien wie bei Art. 28 (Näheres Art. 28 N 16 f.). Auch anonyme Drohungen und politische Kollektivbedrohungen fallen unter Art. 29.

IV. Rechtsfolgen

1. Unverbindlichkeit

Die Drohung macht den Vertrag ebenso wie andere Willensmängel **unverbindlich** (Näheres Art. 23 N 8 ff.). Hätte der Bedrohte den Vertrag ohne die Drohung mit einem anderen Inhalt geschlossen, kommt auch hier teilweise Unwirksamkeit entsprechend **Art. 20 Abs. 2** in Betracht und zwar selbst dann, wenn die drohende Partei den Vertrag zu veränderten Bedingungen nicht geschlossen hätte (vgl. BGE 125 III 356; krit. dazu WIEGAND W., ZBJV 2001, 97 f. m.Nw.; **a.A.** KOLLER A., OR AT, § 14 N 234; vgl. auch Art. 23 N 11). Der drohenden Partei ist es jedoch verwehrt, teilweise Unverbindlichkeit geltend zu machen (BGE 125 III 356; GAUCH/SCHLUEP/SCHMID/EMMENEGGER, N 869, 884; **a.A.** BK-SCHMIDLIN, Art. 29/30 N 32). **12**

2. Entschädigung

Ging die Drohung von einem Dritten aus, so hat der Bedrohte dem Vertragsgegner nach gerichtlichem Billigkeitsermessen nach Art. 29 Abs. 2 Entschädigung zu leisten, wenn der Vertragspartner die Drohung nicht gekannt hat oder hätte kennen müssen. Die Ersatzpflicht beruht – im Gegensatz zu Art. 26 – nicht auf einem Verschulden des Anfechtenden, sondern stellt eine **Billigkeitshaftung** unter Vertrauensgesichtspunkten dar. Höchstgrenze der Entschädigung wird im Regelfall das **negative Interesse** sein (BUCHER, AT, 223); wo der Anfechtende allenfalls vom Drohenden im Wege des Rückgriffs vollen Schadenersatz erhält, kann eine entsprechende Anwendung des Art. 26 Abs. 2 in Erwägung gezogen werden (MERZ, traité, N 140; **a.A.** BUCHER, AT, 223). **13**

V. Konkurrenzen

1. Häufig wird neben der Drohung auch **Übervorteilung** i.S.v. Art. 21 vorliegen. Dem Bedrohten steht es dann frei, auf welchen der beiden Tatbestände er sich beruft. Wegen des unterschiedlichen Fristbeginns in Art. 21 Abs. 2 und Art. 31 Abs. 2 ist die Berufung auf Art. 29 jedoch u.U. günstiger. **14**

2. **Sach- und Rechtsgewährleistung** schliessen die Berufung auf Drohung nicht aus. Dies gilt auch für einen grenzüberschreitenden Kaufvertrag, der dem **WKR** unterliegt (Näheres Vor Art. 23–31 N 13). **15**

VI. Beweislast

Der Anfechtende hat die Drohung, deren Widerrechtlichkeit und die Kausalität zu beweisen. **16**

VII. Ausländische Rechtsordnungen

Vgl. Art. 30 N 11. **17**

Art. 30

2. Gegründete Furcht

[1] Die Furcht ist für denjenigen eine gegründete, der nach den Umständen annehmen muss, dass er oder eine ihm nahe verbundene Person an Leib und Leben, Ehre oder Vermögen mit einer nahen und erheblichen Gefahr bedroht sei.

[2] Die Furcht vor der Geltendmachung eines Rechtes wird nur dann berücksichtigt, wenn die Notlage des Bedrohten benutzt worden ist, um ihm die Einräumung übermässiger Vorteile abzunötigen.

2. Eléments de la crainte fondée

[1] La crainte est réputée fondée lorsque la partie menacée devait croire, d'après les circonstances, qu'un danger grave et imminent la menaçait elle-même, ou l'un de ses proches, dans sa vie, sa personne, son honneur ou ses biens.

[2] La crainte de voir invoquer un droit ne peut être prise en considération que si la gêne de la partie menacée a été exploitée pour extorquer à celle-ci des avantages excessifs.

2. Timore ragionevole

[1] Il timore è ragionevole per la parte che secondo le circostanze deve supporre che la vita, la persona, l'onore o le sostanze proprie o quelle di una persona a lei intimamente legata versino in pericolo grave ed imminente.

[2] Il timore incusso dalla minaccia di far valere un diritto sarà preso in considerazione soltanto ove siasi approfittato dei bisogni della parte minacciata per estorcerle vantaggi eccessivi.

Literatur

Vgl. die Literaturhinweise zu Art. 29.

I. Allgemeines

1 Art. 30 präzisiert die Fälle, in denen die Furcht als **begründet** anzusehen ist.

II. Begründete Furcht

2 1. Geschützte Rechtsgüter: Art. 30 Abs. 1 zählt die Rechtsgüter auf, deren Bedrohung die Anfechtbarkeit des Vertrags begründet – Leib, Leben, Ehre oder Vermögen. Diese Aufzählung ist jedoch **nicht abschliessend**; in Betracht kommen weiter Freiheit, Geheimsphäre oder andere persönliche Rechtsgüter.

3 2. Träger des bedrohten Rechtsguts muss der **Vertragspartner** oder eine ihm **nahestehende Person** sein.

4 Als **Vertragspartner** kann auch eine juristische Person bedroht werden, wenn deren handelndes Organ einem unzulässigen Druck ausgesetzt wird (BGE 76 II 367).

5 Der Kreis der **nahestehenden Personen** ist nicht auf Ehepartner, Verwandte oder dgl. beschränkt. Nach h.L. können jedoch nur **natürliche Personen** unter den Begriff der nahestehenden Person fallen (BK-Schmidlin, Art. 29/30 N 26 ff.; Etter, 49); so kann freilich auch der Präsident eines Verbandes – einer juristischen Person – im Verhältnis zu diesem nahestehende Person sein (BGE 76 II 369). Wird das Übel einer **juristischen Person** angedroht, kann diese zwar nicht als nahestehende Person angesehen werden, meist wird jedoch eine Drohung unmittelbar gegenüber dem an der juristischen Person interessierten Vertragspartner anzunehmen sein (Bucher, AT, 225).

6 3. Die Gefahr muss nahe, nicht notwendigerweise jedoch gegenwärtig sein. Dabei wird man an die **Nähe der Gefahr** umso geringere Anforderungen stellen, je erheblicher das in Aussicht gestellte Übel ist. So ist z.B. die Drohung, den Ehegatten zu verlassen, keine nahe und erhebliche Gefahr i.S.v. Art. 30 Abs. 1 (BGer, 20.3.2009, 4A_595/2008, E. 4 = Pra 2009, 835, insoweit nicht abgedruckt in BGE 135 III 295).

7 4. Die Furcht muss für den Erklärenden begründet sein. Ob auch eine verständige Person die Drohung ernst genommen hätte, ist nicht entscheidend; vielmehr kommt es insoweit auf den **subjektiven Standpunkt** des Bedrohten an (vgl. auch Art. 29 N 4).

III. Geltendmachung eines Rechts, Art. 30 Abs. 2

1. Die Drohung mit der Geltendmachung eines Rechts ist an sich **nicht widerrechtlich**. Dasselbe gilt für ein Verhalten, das im Belieben des Handelnden steht, z.B. Abschluss eines Vertrags im Rahmen der Vertragsfreiheit. Art. 30 Abs. 2 erklärt die Furcht in diesen Fällen nur dann für berücksichtigungsfähig, wenn die durch die Drohung geschaffene Notlage zur Erlangung **übermässiger Vorteile** ausgenutzt wird. Dies ist etwa der Fall, wenn durch die Drohung mit Betreibung dem Schuldner ein Schuldanerkenntnis über ein Darlehen abgenötigt wird, das er gar nicht empfangen hat (BGE 84 II 624), nicht jedoch, wenn die Drohung mit einem Prozess die Abgabe eines Schuldanerkenntnisses über eine bestehende Schuld (BGE 110 II 132) oder die Drohung mit Betreibung die Sicherstellung bestehender Forderungen zum Ziel hat (BGE 50 III 144). **8**

2. Die Drohung mit einer **Strafanzeige** muss immer dann als widerrechtlich angesehen werden, wenn kein innerer Zusammenhang zu dem angestrebten Zweck besteht, z.B. Drohung mit Anzeige wegen Steuerhinterziehung zum Zwecke des Abschlusses eines Kaufvertrags (vgl. BGE 125 III 355). Betrifft die Anzeige jedoch ein Delikt, durch das der Drohende oder eine ihm nahestehende Person geschädigt wurde, so ist die Drohung nur dann widerrechtlich, wenn der Drohende mehr erlangen will, als ihm als Schadenersatz zusteht (vgl. BGE 125 III 355: Unter Drohung erwirkte Schuldanerkennung überstieg «das Mass des noch Nachvollziehbaren»; dazu WIEGAND W., ZBJV 2001, 96 f. m.w.Nw.; vgl. auch VON TUHR/PETER, 328; weitergehend offenbar BUCHER, AT, 226), nicht aber, wenn er durch die erwirkte Schuldanerkennung nicht besser gestellt würde, als wenn der Bedrohte den Vertrag pflichtgemäss erfüllt hätte (BGer, 15.11.2007, 4C.4/2007, E. 3). Dieselben Überlegungen gelten für die Drohung mit einem **Strafantrag** (vgl. BGE 96 IV 58). **9**

3. Die Drohung mit **Boykott** beurteilt sich heute nach Art. 6 Abs. 2 und Art. 7 KG (aus der älteren Rsp. vgl. BGE 86 II 365; 62 II 104). **10**

IV. Ausländische Rechtsordnungen

Die Anfechtbarkeit wegen Drohung wird im **deutschen** (§ 123 BGB) und **österreichischen Recht** (§ 870, 875 ABGB) gemeinsam mit der Täuschung geregelt. Ausführliche Regelungen der Anfechtbarkeit wegen Drohung finden sich im **französischen** (Art. 1111–1115 CC fr.) und **italienischen Recht** (Art. 1434–1438 CC it.). **11**

Art. 31

IV. Aufhebung des Mangels durch Genehmigung des Vertrages

1 Wenn der durch Irrtum, Täuschung oder Furcht beeinflusste Teil binnen Jahresfrist weder dem anderen eröffnet, dass er den Vertrag nicht halte, noch eine schon erfolgte Leistung zurückfordert, so gilt der Vertrag als genehmigt.

2 Die Frist beginnt in den Fällen des Irrtums und der Täuschung mit der Entdeckung, in den Fällen der Furcht mit deren Beseitigung.

3 Die Genehmigung eines wegen Täuschung oder Furcht unverbindlichen Vertrages schliesst den Anspruch auf Schadenersatz nicht ohne weiteres aus.

IV. Vice du consentement couvert par la ratification du contrat

1 Le contrat entaché d'erreur ou de dol, ou conclu sous l'empire d'une crainte fondée, est tenu pour ratifié lorsque la partie qu'il n'oblige point a laissé s'écouler une année sans déclarer à l'autre sa résolution de ne pas le maintenir, ou sans répéter ce qu'elle a payé.

2 Le délai court dès que l'erreur ou le dol a été découvert, ou dès que la crainte s'est dissipée.

[3] La ratification d'un contrat entaché de dol ou conclu sous l'empire d'une crainte fondée n'implique pas nécessairement la renonciation au droit de demander des dommages-intérêts.

IV. Ratifica del contratto viziato

[1] Il contratto viziato da errore, dolo o timore si considera ratificato, se, nel termine di un anno, la parte per la quale non è obbligatorio non abbia notificato all'altra, che essa non intende mantenerlo o non abbia chiesto la restituzione della fatta prestazione.

[2] Il termine decorre nel caso di errore o di dolo dal momento in cui furono scoperti, e, nel caso di timore, dal momento in cui è cessato.

[3] La ratifica di un contratto viziato da dolo o timore non esclude per sé stessa l'azione pel risarcimento del danno.

Literatur

Vgl. die Literaturhinweise bei den Vorbem. zu Art. 23–31.

I. Allgemeines

1 Art. 31 regelt die **Geltendmachung der Unverbindlichkeit** des Vertrags grundsätzlich einheitlich für Irrtum, Täuschung und Drohung.

II. Geltendmachung der Unverbindlichkeit

1. Anfechtungsberechtigung

2 **Anfechtungsberechtigt** ist derjenige, der einem Willensmangel unterlegen ist, nicht jedoch der Vertragsgegner. Bei **Zession** der Forderung soll nach überwiegender Auffassung das Anfechtungsrecht beim Zedenten verbleiben, da die Anfechtung nicht nur die Forderung, sondern das ganze Schuldverhältnis erfasse (BGE 84 II 367; HGer ZH, ZR 1999, 147; BK-Schmidlin, Art. 31 N 78; von Tuhr/Escher, 342 f.; Guhl/Koller/Schnyder/Druey, § 34 N 33; Bucher, AT, 572). Diese Sicht erscheint jedoch als zu formal. Richtigerweise muss man auf den Zweck der Zession abstellen und derjenigen der Zessionsparteien das Anfechtungsrecht einräumen, die aus wirtschaftlicher Sicht Herr des Schuldverhältnisses ist (vgl. Schwenzer, AcP 1982, 214, 248 ff.); dies ist bei Inkasso- und Sicherungszession der Zedent (BGE, a.a.O., betraf wohl eine Inkassozession), bei Zession im Rahmen einer Geschäftsübernahme und wohl auch bei Zession aufgrund Forderungskaufs jedoch der Zessionar. Das BGer hat offengelassen, ob sich **Erben** auf einen Grundlagenirrtum des Erblassers berufen können, weil der Erblasser ein erhebliches Missverhältnis zwischen Leistung und Gegenleistung nicht erkannte (BGer, Pra 2000, 919 f., insoweit nicht abgedruckt in BGE 126 III 171).

2. Anfechtungserklärung

3 Die Geltendmachung der Unverbindlichkeit des Vertrags erfolgt durch **Erklärung**. Dies kann sowohl **ausdrücklich** durch die Erklärung erfolgen, den Vertrag nicht halten zu wollen, als auch **konkludent**. Eine konkludente Anfechtungserklärung kann insb. im Verlangen der Rückgewähr bereits erbrachter Leistungen oder der Rücksendung bereits empfangener oder der Annahmeverweigerung angebotener Leistungen gesehen werden. Auch das Begehren einer Vertragsänderung kann u.U. die Anfechtungserklärung einschliessen (vgl. Bucher, AT, 211). Keine konkludente Anfechtungserklärung darf jedoch in einer Betreibung erblickt werden, wenn als Rechtsgrund für die Forderung lediglich «Betrag nicht geschuldet» («Montant perçu indument») aufgeführt wird (BGer, 22.6.2010, 4A_173/2010, E. 3.3 f.).

4 Die Anfechtungserklärung ist **formfrei**, auch dann, wenn ein formbedürftiges Rechtsgeschäft angefochten wird (Bucher, AT, 211).

Die Geltendmachung der Unverbindlichkeit setzt nach Art. 31 **keine Anfechtungsklage** voraus (vgl. aber Anfechtung der Vaterschaft des Ehemannes, Art. 256 ZGB; Anfechtung der Anerkennung der Vaterschaft, Art. 260a ZGB; Anfechtung der Adoption, Art. 269 f. ZGB; Testamentsanfechtung, Art. 519 ZGB; Anfechtung von Vereinsbeschlüssen, Art. 75 ZGB; Anfechtung von Generalversammlungsbeschlüssen einer AG, Art. 706 Abs. 1 OR). Wird auf «Aufhebung» des Vertrags geklagt, ist dies als Feststellungsklage zu bewerten (BGE 84 II 690). **5**

Die Anfechtung eines **gerichtlichen Vergleichs** hat innert 90 Tagen mittels Revision zu erfolgen (Art. 328 Abs. 1 lit. c und Art. 329 Abs. 1 ZPO; Näheres vgl. Vor Art. 23–31 N 16). **6**

Die Anfechtungserklärung ist eine **Gestaltungserklärung**. Als solche ist sie **bedingungsfeindlich** (BGE 128 III 75; 108 II 104; 79 II 144). Dies schliesst jedoch eine **Eventualanfechtung** für den Fall, dass das Gericht den Vertrag nicht aus anderen Gründen für unwirksam erachtet oder ihm nicht den vom Anfechtungsberechtigten verstandenen Sinn beimisst, nicht aus (vgl. Bucher, AT, 212 FN 59). **7**

Als Gestaltungserklärung ist die Anfechtungserklärung auch grundsätzlich **unwiderruflich** (BGE 109 II 326; 108 II 104; 98 II 98). Bestreitet der Vertragsgegner jedoch die Wirksamkeit der Anfechtung und will am Vertrag festhalten, so ist eine Genehmigung des Vertrags durch den Anfechtenden auch noch nach bereits erfolgter Anfechtung möglich mit der Wirkung, dass eine erneute Geltendmachung des Willensmangels ausgeschlossen ist (BGE 128 III 75; 108 II 105; 88 II 412; OGer AR, AR GVP 1998, 114 f.). Eine Anfechtungserklärung kann auch analog der Regel von Art. 9 zurückgenommen werden oder wegen Verstosses gegen Treu und Glauben (Art. 25 Abs. 1, Art. 2 ZGB) ungültig sein; ferner ist denkbar, dass die Erklärung ihrerseits wegen eines Willensmangels unwirksam ist (BGE 128 III 75 m.w.Nw.). **8**

Die Anfechtungserklärung braucht den Willensmangel, der geltend gemacht wird, **nicht zu nennen** (BGE 106 II 349; Bucher, AT, 212; BK-Schmidlin, Art. 31 N 71; von Tuhr/Peter, Supplément 1984, 50). Auch eine anfängliche Berufung auf Irrtum schliesst die spätere Geltendmachung einer Täuschung nicht aus (BGE, a.a.O.). **9**

Die Anfechtungserklärung ist **empfangsbedürftig**, aber nicht annahmebedürftig (BGE 72 II 403). Wurde die Forderung abgetreten, so wird man zum Schutze des Schuldners, der i.d.R. von den Umständen und dem Zweck der Zession keine Kenntnis hat, die Anfechtung sowohl gegenüber dem Zedenten als auch gegenüber dem Zessionar als ausreichend erachten müssen (vgl. von Tuhr/Peter, 332; **a.A.** von Büren, AT, 224). Sind auf der Gegenseite mehrere am Vertrag beteiligt, so muss die Anfechtung gegenüber jedem einzelnen erklärt werden. **10**

3. Anfechtungsfrist

a) Jahresfrist

Die Anfechtung muss binnen Jahresfrist erfolgen. Diese Frist ist keine Verjährungs-, sondern eine **Verwirkungsfrist** (BGE 114 II 141). Das Gericht muss sie von Amtes wegen berücksichtigen und die Irrtumsgegnerin kann den verspätet geltend gemachten Irrtum nicht anerkennen, weil dies der Disposition der Parteien entzogen ist (BGer, 11.11.2007, 4C.37/2007, E. 3). Die Art. 134 ff. finden deshalb auf diese Frist grundsätzlich keine Anwendung. Wohl aber gilt für die Berechnung Art. 132, auch Art. 139 ist erforderlichenfalls anwendbar (BGE 61 II 154; Spiro, Bd. II, 1025 ff., 1042 ff.). **11**

Nach Abs. 2 **beginnt** die Jahresfrist in den Fällen des **Irrtums** und der **Täuschung** mit der Entdeckung zu laufen. Erforderlich ist insoweit sichere Kenntnis, blosse Zweifel genügen nicht (BGer, 16.4.2013, 4A_570/2012, E. 3.5; BGE 98 II 21; 82 II 425; anders dictum in BGE 109 II 434 = Pra 1984, 194: Fahrlässige Unkenntnis). Bei **Drohung** beginnt die Frist mit der Beseitigung der Furcht. Bei Zweifeln über den Beginn der Frist ist in diesem Fall zugunsten des Anfechtungsberechtigten zu entscheiden (BGE 84 II 627). **12**

b) Keine absolute Ausschlussfrist

13 Art. 31 enthält neben der relativen Jahresfrist im Gegensatz etwa zu Art. 60 Abs. 1, Art. 67 Abs. 1 **keine absolute Ausschlussfrist**. In der Literatur wird eine solche teilweise vor allem bei vollzogenen Verträgen befürwortet (vgl. WIEGAND W., recht 1989, 101, 107 f.; GAUCH, SAG 1989, 152, 155 f.; vgl. auch schon ENGEL, traité, 340 f.; MEIER-HAYOZ, Diss., 189 FN 3; **a.A.** BK-SCHMIDLIN, Art. 31 N 128; GUHL/KOLLER/SCHNYDER/DRUEY, § 16 N 27; VON TUHR/PETER, 333 N 22; OGUZMAN, SJZ 1963, 265 ff.). Das BGer hat die Frage zunächst offengelassen (BGE 101 II 210), im Picasso-Entscheid jedoch ausdrücklich verneint (BGE 114 II 140). Einzige Korrekturmöglichkeit bleibt insoweit ausnahmsweise Art. 25 Abs. 1 (vgl. BUCHER, AT, 213; BK-SCHMIDLIN, Art. 31 N 128).

14 **Stellungnahme**: Dieser Entscheid ist zu bedauern (vgl. auch Art. 23 N 10). In anderen Bereichen des Privatrechts gelten für die Berufung auf Unwirksamkeit wegen Willensmängeln durchweg absolute Ausschlussfristen (vgl. Art. 108 Abs. 1, Art. 256c Abs. 1, Art. 260c Abs. 1 ZGB [fünf Jahre]; Art. 269b ZGB [zwei Jahre]; Art. 521 Abs. 1 ZGB [zehn Jahre] und Abs. 2 [30 Jahre]; Art. 706a Abs. 1 OR [zwei Monate]). Eine Analogie zu diesen Vorschriften hätte sich angeboten (so auch WIEGAND W., recht 1989, 101, 108).

4. Rechtsfolgen

15 Die rechtzeitige Geltendmachung der Unwirksamkeit hat die Auflösung des Vertrages mit Wirkung ex tunc zur Folge. Bereits erbrachte Leistungen sind **zurückzuerstatten**. Beim Empfänger noch vorhandene Sachleistungen können **vindiziert** werden, soweit noch keine Ersitzung (Art. 728 bzw. 661 ZGB) eingetreten ist. Nicht mehr vorhandene Sachleistungen sowie alle anderen Leistungen sind nach **Bereicherungsrecht** auszugleichen, wobei nach der in BGE 114 II 141 vertretenen Ungültigkeitstheorie die zehnjährige absolute Verjährungsfrist des Art. 67 Abs. 1 im Zeitpunkt der Leistung zu laufen beginnt (krit. SCHWENZER, N 39.27). Bei beidseitig erbrachten Leistungen hat die Rückabwicklung in Fortwirkung des Synallagmas **Zug um Zug** zu erfolgen (BGer, SJ 1998, 227; BGE 83 II 25). Teilweise wird in der Lehre entsprechend der Rsp. zu Art. 109 (BGE 114 II 252) auch hier ein vertragliches Rückgewährschuldverhältnis postuliert (BK-SCHMIDLIN, Art. 31 N 93 ff.; WIEGAND W., FS Gauch, 709, 721 f.; vgl. auch BGE 126 III 122). Zur Anfechtung von Dauerschuldverhältnissen s. Vor Art. 23–31 N 7 und Art. 25 N 6.

5. Beweislast

16 Wer sich auf einen Willensmangel beruft, muss dessen rechtzeitige Geltendmachung **beweisen**.

III. Genehmigung

1. Voraussetzungen

17 Eine Genehmigung kann durch **ausdrückliche Erklärung** erfolgen, vor allem aber auch durch **konkludentes Verhalten** (BGE 108 II 105). Wer in Kenntnis der Anfechtbarkeit die empfangene Sache verbraucht oder veräussert, die gegnerische Leistung fordert oder vorbehaltlos annimmt, die eigene Leistung vorbehaltlos und freiwillig erbringt oder einen ihm bekannten Willensmangel in einem hängigen Prozess nicht geltend macht, genehmigt stillschweigend. Macht der Käufer einer mangelhaften Sache kaufrechtliche Gewährleistung (i.c. Wandelung) geltend, soll darin die Genehmigung des Vertrages liegen, da die Sachmängelregelung den Vertragsschluss voraussetze (BGE 127 III 86; krit. KRAMER, AJP 2001, 1455 f.; **abl.** GAUCH, recht 2001, 186 ff.; vgl. BGer, SJ 2002, 32). Auch der Mieter, der auf Mietzinsherabsetzung klagt, bringt damit eine konkludente Genehmigung zum Ausdruck (BGer, Pra

2003, 1152, 1154). Keine Genehmigung ist jedoch in der blossen Weiterbenutzung der empfangenen Sache zu sehen, namentlich wenn die Gegenpartei die Rücknahme ablehnt oder der Empfänger auf die Nutzung der Sache angewiesen ist und sich mangels Rückgewähr der von ihm selbst erbrachten Leistung kein Ersatzobjekt beschaffen kann (vgl. BGE 109 II 327). Die Genehmigung setzt die **sichere Kenntnis** des Willensmangels voraus; blosse Zweifel genügen nicht. Vor allem bei Täuschung und Drohung darf eine konkludente Genehmigung nicht leichthin angenommen werden (BGE 108 II 105).

Die Genehmigung ist auch möglich **nach** bereits erfolgter **Anfechtung**, jedenfalls wenn der Gegner damit einverstanden ist (BGE 108 II 105; HGer ZH, ZR 1999, 146; vgl. N 8). **18**

Die Genehmigung ist **formfrei** möglich, und zwar auch dann, wenn es sich um ein ursprünglich formbedürftiges Rechtsgeschäft handelt (ENGEL, traité, 343). **19**

Dem fruchtlosen **Verstreichen der Jahresfrist** misst Art. 31 Abs. 1 dieselben Wirkungen wie einer ausdrücklichen oder stillschweigenden Genehmigung bei. **20**

2. *Rechtsfolgen*

a) Mit der Genehmigung tritt **Konvaleszenz** ein. Eine spätere Berufung auf Willensmängel ist ausgeschlossen. Bereits erbrachte Leistungen können nicht mehr zurückgefordert werden. Eine vom Irrenden noch nicht erbrachte Leistung muss erbracht werden. Der Getäuschte oder Bedrohte, der den Vertrag nicht ausdrücklich oder konkludent genehmigt hat, kann jedoch dem Gegner die Täuschung oder Drohung auch nach Ablauf der in Art. 31 Abs. 1 normierten Jahresfrist **einredeweise** nach Art. 60 Abs. 3 entgegenhalten (BGE 127 III 85; 106 II 349; 84 II 625). Verweigert der Getäuschte oder Bedrohte unter Berufung hierauf die Leistung, muss er nach Treu und Glauben das seinerseits Empfangene herausgeben (vgl. VON TUHR/PETER, 342; vgl. auch SPIRO, Bd. I, 519 ff.). **21**

b) Nach Art. 31 Abs. 3 ist bei Täuschung oder Drohung auch bei Genehmigung des Vertrags – sei es ausdrücklich, konkludent oder durch Fristablauf – ein Anspruch auf **Schadenersatz** nicht grundsätzlich ausgeschlossen. Trotz einer Genehmigung kommt ein Anspruch auf Schadenersatz dann in Betracht, wenn die Anfechtung dem Getäuschten oder Bedrohten weiteren Schaden oder Nachteile gebracht hätte, die ihm nicht zumutbar sind (BGE 109 Ia 10; 89 II 249; 40 II 43). Hätte die Anfechtung den Schaden freilich vermeiden können, entfällt der Anspruch (BGE 109 Ia 10). **22**

Art. 31 Abs. 3 ist **keine selbständige Haftungsgrundlage**. Der Schadenersatzanspruch leitet sich grundsätzlich aus Delikt ab (so BGE 66 II 159). Ist die Täuschung oder Drohung vom **Vertragspartner** ausgegangen, kommt ausserdem ein Anspruch aus culpa in contrahendo in Betracht, wobei sich die Verjährung auch hier aus Art. 60 ergibt (BGE 101 II 266, 269 f. = Pra 1975, 593–595). Für Handlungen seiner **Hilfspersonen** hat der Vertragspartner nach culpa in contrahendo i.V.m. Art. 101 einzustehen, wahlweise kann sich der Geschädigte aber auch auf Art. 55 berufen (vgl. BGE 108 II 419). Der Schadenersatz umfasst grundsätzlich das **negative Interesse** (KOLLER A., OR AT, § 14 N 196), u.U. kommt jedoch auch eine entsprechende Anwendung des Art. 26 Abs. 2 in Betracht (GAUCH/SCHLUEP/SCHMID/EMMENEGGER, N 870; **a.A.** KOLLER A., OR AT, a.a.O.; offengelassen, aber eingehend zum Stand der Lehre KGer SG, 13.5.2008, BZ. 2007.55, E. III.3c). **23**

3. *Beweislast*

Die Genehmigung muss von der Gegenpartei des Anfechtungsberechtigten **bewiesen** werden. Dazu gehört auch der Nachweis, dass der Anfechtungsberechtigte den Willensmangel schon vor der als Genehmigung geltend gemachten Handlung gekannt hat (BGer, Pra 1996, 939; BGE 108 II 106). **24**

IV. Ausländische Rechtsordnungen

25 Nach **deutschem Recht** muss die Irrtumsanfechtung unverzüglich (§ 121 Abs. 1 BGB), die Anfechtung wegen Täuschung und Drohung innert Jahresfrist (§ 124 Abs. 1 BGB) erfolgen. Für alle Fälle gilt eine 10jährige Ausschlussfrist (§ 121 Abs. 2, § 124 Abs. 3 BGB). Das **österreichische Recht** sieht für die Anfechtung wegen Irrtums und wegen Furcht eine dreijährige Frist vor (§ 1487 ABGB); die Anfechtung wegen Täuschung verjährt binnen 30 Jahren (vgl. Rummel/Lukas-RUMMEL, § 1487 ABGB N 8).

Nach **französischem** und **italienischem Recht** sind Willensmängel mit der Nichtigkeitsklage geltend zu machen, wobei die Klagefrist grundsätzlich fünf Jahre beträgt (Frankreich: Art. 1304 CC fr.; Italien: Art. 1442 CC it.). Die französische Rsp. wendet freilich in bestimmten Fällen die 30jährige Verjährung nach Art. 2262 CC fr. an (vgl. MAZEAUD/CHABAS, N 316).

Art. 32

G. Stellvertretung
I. Mit Ermächtigung
1. Im Allgemeinen
a. Wirkung der Vertretung

1 Wenn jemand, der zur Vertretung eines andern ermächtigt ist, in dessen Namen einen Vertrag abschliesst, so wird der Vertretene und nicht der Vertreter berechtigt und verpflichtet.

2 Hat der Vertreter bei dem Vertragsabschlusse sich nicht als solcher zu erkennen gegeben, so wird der Vertretene nur dann unmittelbar berechtigt oder verpflichtet, wenn der andere aus den Umständen auf das Vertretungsverhältnis schliessen musste, oder wenn es ihm gleichgültig war, mit wem er den Vertrag schliesse.

3 Ist dies nicht der Fall, so bedarf es einer Abtretung der Forderung oder einer Schuldübernahme nach den hierfür geltenden Grundsätzen.

G. Représentation
I. En vertu de pouvoirs
1. En général
a. Effets de la représentation

1 Les droits et les obligations dérivant d'un contrat fait au nom d'une autre personne par un représentant autorisé passent au représenté.

2 Lorsque au moment de la conclusion du contrat le représentant ne s'est pas fait connaître comme tel, le représenté ne devient directement créancier ou débiteur que si celui avec lequel il contracte devait inférer des circonstances qu'il existait un rapport de représentation, ou s'il lui était indifférent de traiter avec l'un ou l'autre.

3 Dans les autres cas, une cession de la créance ou une reprise de la dette est nécessaire en conformité des principes qui régissent ces actes.

G. Rappresentanza
I. Con autorizzazione
1. In genere
a. Effetti della rappresentanza

1 Quando il contratto sia stipulato a nome di una terza persona che lo stipulante è autorizzato a rappresentare, non è il rappresentante, ma il rappresentato che diventa creditore o debitore.

2 Se al momento della conclusione del contratto il rappresentante non si è fatto conoscere come tale, il rappresentato diventa direttamente creditore o debitore nel solo caso in cui l'altro contraente dovesse inferire dalle circostanze la sussistenza di un rapporto di rappresentanza o gli fosse indifferente la persona con cui stipulava.

3 Diversamente occorre una cessione del credito od un'assunzione del debito secondo i principi che reggono questi atti.

Literatur

ABEGGLEN, Wissenszurechnung bei der juristischen Person und im Konzern, bei Banken und Versicherungen, Habil. Bern 2004; CHOU, Wissen und Vergessen bei juristischen Personen, Diss. Basel 2001; VON DER CRONE/PACHMANN, Unabhängige Vermögensverwaltung: Aufklärung, Sorgfalt und Schadenersatzberechnung, SZW 2005, 146 ff.; GAUCH, Artikel 404 OR: Sein Inhalt, seine Rechtfertigung und die Frage seines zwingenden Charakters, recht 1992, 9 ff.; HANISCH, Das Genfer Abkommen über die Stellvertretung beim internationalen Warenkauf von 1983 als Beispiel angewandter Rechtsvergleichung, in: W. J. Habscheid et al. (Hrsg.), FS für Hans Giger, Bern 1989, 251 ff.; KÜNZLE, Der direkte Anwendungsbereich des Stellvertretungsrechts, Diss. St. Gallen 1985; SCHWAGER, Die Vertretung des Gemeinwesens beim Abschluss privatrechtlicher Verträge, Diss. Freiburg i.Ue. 1974; WALTER, Die Wissenszurechnung im schweizerischen Privatrecht, Diss. Zürich 2003; WATTER, Die Verpflichtung der AG durch rechtsgeschäftliches Handeln ihrer Stellvertreter, Prokuristen und Organe speziell bei sog. «Missbrauch der Vertretungsmacht», Diss. Zürich 1985 (zit. Diss.); DERS., Über das Wissen und den Willen einer Bank, in: Gehrig/Schwander (Hrsg.), FS für Beat Kleiner, Zürich 1993, 125 ff. (zit. FS-Kleiner); DERS., Die Treuhand im Schweizer Recht, ZSR 1995 II, 179 ff. (zit. ZSR 1995 II); ZÄCH, Gleichgültigkeit des Dritten nach Art. 32 Abs. 2 OR, in: Brem/Druey/Kramer/Schwander, Bern 1990, 367–375; vgl. ferner die detaillierte Literaturübersicht per 2014 in BK-ZÄCH/KÜNZLER, XXV–XXXVI.

I. Allgemeines

1. Normzweck

Das in den Art. 32–40 geregelte Institut der Stellvertretung (kurz «Vertretung») erlaubt rechtserhebliches Handeln einer Person mit **Wirkung für eine andere**; wie alle anderen modernen Rechtsordnungen hat sich das OR damit vom römisch-rechtlichen Grundsatz des *alteri stipulari nemo potest* gelöst. 1

Eine Vertretungswirkung kann grundsätzlich auf zwei Arten erreicht werden: Bei der **mittelbaren** oder **indirekten Stellvertretung** (im Schrifttum teilweise auch als unechte oder verdeckte Stellvertretung bezeichnet; vgl. dazu etwa BK-ZÄCH/KÜNZLER, Vor Art. 32–40 N 5) treten die Rechtswirkungen zuerst beim Vertreter ein, der sie anschliessend durch weitere Rechtsakte auf den Vertretenen überträgt (Art. 32 Abs. 3). Demgegenüber erlaubt Art. 32 Abs. 1, dass die Rechtsfolgen unmittelbar beim Vertretenen eintreten, weshalb man dann von **direkter** oder **unmittelbarer Stellvertretung** spricht (teilweise auch als echte oder offene Stellvertretung bezeichnet; vgl. dazu etwa BK-ZÄCH/KÜNZLER, Vor Art. 32–40 N 5 oder HUGUENIN, OR AT/BT, N 1033; vgl. zur Abgrenzung zwischen direkter und indirekter Stellvertretung auch BGE 126 III 59). Eine Zwischenstellung nehmen die Bestimmungen von Art. 32 Abs. 2 und Art. 401 Abs. 1 und Abs. 2 ein, die trotz mittelbaren Auftretens materiell eine direkte Stellvertretung anordnen. 2

2. Anwendungsbereich

Vertretung ist grundsätzlich bei allen **Rechtsgeschäften** des Schuldrechts möglich, bei ein-, zwei- oder mehrseitigen, bei Verpflichtungs- wie Verfügungsgeschäften. Die Grundsätze gewillkürter Vertretung gelten gem. Art. 7 ZGB (zumindest analog) für das gesamte Zivilrecht; allerdings finden sich im ZGB eher Beispiele gesetzlicher Vertretung (vgl. N 11), ferner Rechtsgeschäfte, die – weil *höchstpersönlich* – vertretungsfeindlich sind (wie die Errichtung eines Testamentes, Art. 498 ff. ZGB, oder die Eingehung einer Ehe, Art. 102 Abs. 3 ZGB). Vgl. generell zum sachlichen Anwendungsbereich KÜNZLE, 135 ff. oder BK-ZÄCH/KÜNZLER, Vor Art. 32–40 OR N 76 ff.; zur Vertretung bei Gestaltungsrechten BGer, 3.5.2010, 4A_107/2010, E. 2). 3

Eine Vertretung ist auch bei **rechtsgeschäftsähnlichen Willenserklärungen** möglich (wie bei der Erhebung einer Mängelrüge nach Art. 201; vgl. auch BGer, 7.5.2013, 2C_1071/2012, E. 5.4, wonach die Art. 32 ff. OR auch auf Willensmitteilungen, z.B. über die Geltendmachung der Rückforderung bei der Verrechnungssteuer, analog anzuwenden sind), ferner bei **faktischem Verhalten** mit rechtsgeschäftlichen Wirkungen, etwa bei der konkludenten Annahme einer Offerte (vgl. BUCHER, AT, 600). 4

Vertretung gibt es auch im Wissen, indem Kenntnis des Vertreters dem Vertretenen zugerechnet wird (vgl. auch N 23 und 25; BGer, 30.4.2013, 4A_19/2013, E. 3.1.1; allgemein WATTER, FS-Kleiner, 126 ff.). Mit dieser **Wissensvertretung** ist in einem weiteren Sinn die **passive Stellvertretung** verwandt, bei welcher der Vertreter empfangsbedürftige Willenserklärungen mit Wirkung für den Vertretenen entgegennimmt (vgl. zur Wissensvertretung im Stellvertre- 5 tungsrecht i.A. CHOU, N 102 ff.; WALTER, 167 ff.; ABEGGLEN, 11 ff.). Oft sind aktive und passive Stellvertretung miteinander verbunden, so namentlich beim Vertragsschluss, wenn der Dritte eine Offerte des Vertreters diesem gegenüber annimmt. In Einzelfällen kann eine Ermächtigung jedoch auch auf die passive unter Ausschluss der aktiven Stellvertretung beschränkt sein (vgl. hierzu Art. 418e Abs. 1).

6 Keine Stellvertretung im technischen Sinn ist möglich bei **Tathandlungen**, obwohl auch diese für einen anderen vorgenommen werden können (VON TUHR/PETER, 351 f.); eine (beschränkte) Anwendung findet das Stellvertretungsrecht hingegen beim Besitzerwerb (vgl. BK-ZÄCH/KÜNZLER, Vor Art. 32–40 N 55 ff., 113 f.). Keine Stellvertretungswirkung gibt es bei **unerlaubten Handlungen** (so statt vieler ZK-OSER/SCHÖNENBERGER, Vor Art. 32–40 N 14). Hingegen sind bei der **ungerechtfertigten Bereicherung** Handlungen des Vertreters denkbar, die zur Bereicherung des Vertretenen führen und damit zu einem Anspruch des Dritten gegen diesen (vgl. dazu auch SCHWAGER, 10).

7 Eine ergänzende oder analoge Anwendung erfährt das Stellvertretungsrecht im **Verwaltungsverfahren** sowie im **Prozess- und Verfahrensrecht**, wenn sich dort auch teilweise Regelungen finden, die von den Art. 32–40 abweichen (vgl. ausführlich BK-ZÄCH/KÜNZLER, Vor Art. 32–40 N 81 ff.; vgl. auch Art. 33 N 7 ff. und BGE 132 V 176, wonach die Kündigung einer Krankenversicherung, verbunden mit der Wahl eines anderen Versicherers, kein vertretungsfeindliches, höchstpersönliches Recht darstellt, weshalb das Stellvertretungsrecht ergänzend und analog Anwendung findet).

3. Abgrenzungen

8 Der Vertreter muss von **Hilfspersonen** unterschieden werden, deren sich jemand beim Abschluss eines Rechtsgeschäftes bedient, wie der das Geschäft vermittelnde Makler oder der den Vertrag aufsetzende Rechtsanwalt (VON TUHR/PETER, 349). Massgeblich ist die Unterscheidung insofern, als subjektive Elemente bei diesen Hilfspersonen (z.B. Urteilsfähigkeit, Wissen) i.d.R. keinen Einfluss auf den Vertragsinhalt haben. Der Stellvertreter kann aber Hilfsperson i.S.v. Art. 55 und 101 sein, was namentlich im Bereich der *culpa in contrahendo* Bedeutung hat (Art. 39 N 12; BGE 108 II 421; vgl. auch WATTER, Diss., N 46). Als Hilfsperson verstanden werden kann auch der **Bote**, der im Gegensatz zum Vertreter lediglich eine Erklärung des Absenders weiterleitet, Art. 27 (vgl. zur Abgrenzung GAUCH/SCHLUEP/SCHMID/EMMENEGGER, N 1316). Ob eine Mittelsperson im Einzelfall als Stellvertreter oder als Bote zu qualifizieren ist, bestimmt sich – was in der Praxis nicht immer einfach ist – nach dem Vertrauensprinzip aus der Sicht des Erklärungsempfängers (BK-ZÄCH/KÜNZLER, Vor Art. 32–40 N 17; SCHWENZER, N 40.07). Der Bote braucht nicht einmal urteilsfähig zu sein (ENGEL, traité, 263). Im Bereich der *Entgegennahme von Erklärungen* gilt beim Einsatz eines Vertreters eine Erklärung dann als zugegangen, wenn sie bei diesem eintrifft (N 26); bei Verwendung eines Boten ist dies erst dann der Fall, wenn die Übermittlung an den Besteller des Boten nach dem gewöhnlichen Lauf der Dinge erwartet werden darf (BK-ZÄCH/KÜNZLER, Vor Art. 32–40 N 21; **a.M.** VON TUHR/PETER, 350 f.; unklar HUGUENIN, OR AT/BT, N 1036). Das Risiko, dass der Bote die entgegengenommene Erklärung überhaupt nicht oder später übermittelt, als nach dem gewöhnlichen Lauf der Dinge zu erwarten wäre, geht bei der Botenschaft somit zu Lasten desjenigen, der den Boten bestellt hat (KOLLER A., OR AT, N 1480). Wo der Bote seinen Auftrag absichtlich überschreitet, oder eine Botenmacht vollkommen fehlt, gelten Art. 38/39 analog, bei bloss falscher Übermittlung findet Art. 27 Anwendung.

9 Abzugrenzen ist das Vertreterhandeln auch vom **Vertrag zugunsten Dritter**: Der Dritte wird hier im Gegensatz zum Vertretenen nicht Vertragspartei, sondern «nur» Berechtigter (vgl. BUCHER, AT, 599; HUGUENIN, OR AT/BT, N 1039 f.). Kein Vertreterhandeln liegt ferner bei der **Anweisung** (VON TUHR/PETER, 353) und der **Abschlussvermittlung** vor (HUGUENIN, OR AT/BT, N 1038, 1083; SCHWENZER, N 40.09; detailliert BK-ZÄCH/KÜNZLER, Vor Art. 32–40 N 23 ff.).

Die handelsrechtlichen Vollmachten des **Prokuristen** und des **Handlungsbevollmächtigten** unterscheiden sich von jener des Stellvertreters dadurch, dass der Umfang der Vollmacht des Prokuristen gesetzlich typisiert ist, vom Prinzipal aber ggf. beschränkt werden kann (vgl. WATTER, Diss., N 72 f.; ferner Art. 459 N 7). Eine Sonderstellung hat der **Gesellschafter** der einfachen Gesellschaft, da er – als Mitglied der Gesellschaft – stets auch sich selber vertritt (vgl. BGer, 30.3.2005, 4C.243/2004, E. 1; RVJ 1989, 188). Ähnliches gilt für Gesellschafter von Kollektiv- und Kommanditgesellschaften. Beim Handeln ohne Ermächtigung muss der Gesellschafter daher die eingegangene Verpflichtung selber erfüllen (BGE 95 II 82; BK-ZÄCH/KÜNZLER, Vor Art. 32–40 N 30). 10

Wo die Vertretungsmacht nicht durch eine Willenserklärung des Vertretenen eingeräumt wird, spricht man nicht von gewillkürten, sondern von gesetzlichen Vertretern bzw. **gesetzlicher Vertretungsmacht** (VON TUHR/PETER, 377 ff.; BK-ZÄCH/KÜNZLER, Vor Art. 32–40 N 33 ff.; vgl. auch die Bestimmungen zum neuen Erwachsenenschutzrecht, Art. 360 ff. ZGB, z.B. Art. 374). Während die h.L. und die Rsp. die **Organe** als gesetzliche Vertreter behandeln (vgl. BGE 127 III 333; BGer, 30.7.2002, 4C.55/2002, E. 2.3: «[. . .] les organes des personnes morales doivent être considérés comme des représentants légaux»; VON TUHR/PETER, 378; BK-ZÄCH/KÜNZLER, Vor Art. 32–40 N 46; HUGUENIN, OR AT/BT, N 1045; SCHWENZER, N 41.08), besteht nach hier vertretener Ansicht eine enge Verwandtschaft zwischen Organ und gewillkürtem Stellvertreter (vgl. KÜNZLE, 279; WATTER, Diss., N 167 ff.; GAUCH/SCHLUEP/SCHMID/EMMENEGGER, N 1324; BSK OR II-WATTER, Art. 718a N 8 ff.). Die Rsp. hat auch das Recht einer juristischen Person anerkannt, einen Stellvertreter zu bestimmen, selbst wenn dieser bereits eines ihrer Organe ist (BGer, 3.8.2009, 4A_271/2009, E. 2.3). Entstehen und Erlöschen der gesetzlichen Vertretungsmacht sind in der jeweiligen gesetzlichen Grundlage angeordnet, die Bestellung erfolgt oft durch richterliches Urteil oder Verwaltungsentscheid (Art. 166 Abs. 2, Art. 374, 394 f., 554 f., 595 ZGB); teilweise ordnet das Gesetz auch den Umfang der Vertretungsmacht an (Art. 166 Abs. 1, Art. 304, 374, 394 f. ZGB). Wo besondere Vorschriften fehlen, kann im Einzelfall das Stellvertretungsrecht analog angewendet werden (vgl. detailliert BK-ZÄCH/KÜNZLER, Vor Art. 32–40 N 9 ff.; vgl. als explizite Regel Art. 375 ZGB). 11

II. Direkte Stellvertretung (Abs. 1 und 2)

1. Allgemeines

Die direkte Vertretungswirkung tritt ein, wenn der Vertreter **Vertretungsmacht** hat (N 13 ff.) und einem Dritten beim Abschluss des Rechtsgeschäftes ausdrücklich oder stillschweigend erklärt, dass die Wirkungen des Geschäftes beim Vertretenen entstehen sollen (= **Handeln in fremdem Namen**), N 16 ff. Ausnahmsweise kann nach Abs. 2 das Handeln in fremdem Namen entfallen, falls es dem Dritten gleichgültig ist, mit wem er den Vertrag abschliesst (N 20). 12

2. Vertretungsmacht

Rechtsgeschäftlich wird Vertretungsmacht (auch Vollmacht oder Ermächtigung genannt, vgl. Art. 33 N 4; die in der Lehre verwendete Terminologie ist freilich keine einheitliche, vgl. exemplarisch dazu BK-ZÄCH/KÜNZLER, N 2 ff.) durch **Bevollmächtigung** eingeräumt, vgl. Art. 33 N 8. Ebenfalls eine Bevollmächtigung liegt der Vertretungsmacht von Organen zugrunde (vgl. WATTER, Diss., N 154; BSK OR II-WATTER, Art. 718 N 17). Wie beim Prokuristen ist bei ihnen der Umfang aber gesetzlich typisiert, vgl. N 10 f. 13

Vertretungsmacht ist stets Voraussetzung für ein Handeln mit Wirkung für Dritte; fehlt sie, tritt diese Wirkung allenfalls dank Gutglaubensschutz (Art. 33 Abs. 3, Art. 34 Abs. 3) oder durch Genehmigung nach Art. 38 ein. Der **Umfang** der rechtsgeschäftlich eingeräumten Ver- 14 tretungsmacht richtet sich nach dem Verhältnis zwischen Vollmachtgeber (bzw. Vertretenem) und Vertreter (vgl. Art. 33 N 17).

15 Für den Vertreter ist die Vertretungsmacht ein **subjektives Recht** (GAUCH/SCHLUEP/SCHMID/EMMENEGGER, N 1320; ZK-SCHÖNENBERGER/JÄGGI, Vor Art. 1 N 83; **a.M.** BK-ZÄCH/KÜNZLER, Art. 33 N 29) (vgl. auch Art. 33 N 8 ff.).

3. Das Handeln in fremdem Namen

16 Eine Vertretungswirkung tritt nur dann ein, wenn der Vertreter zu erkennen gibt, dass ein **Vertretungsgeschäft** abgeschlossen werden soll und **kein Eigengeschäft** (dazu BGE 126 III 59 m.V. auf BGE 120 II 202). Im Allgemeinen wird der Vertreter dem Dritten gegenüber erklären, dass er nicht für sich, sondern für den Vertretenen handle (so Abs. 1).

17 Nach Abs. 2 kann eine Vertretungswirkung auch bei einer **stillschweigenden Erklärung** eintreten, nämlich dann, wenn der Dritte «aus den Umständen» auf das Vertretungsverhältnis schliessen konnte und musste (BGE 90 II 289; illustrativ BGer, 22.3.2006, 4C.396/2004, E. 2). Beim Architekten etwa besteht eine Vermutung, dass er für einen anderen handelt (SJ 1988, 27); nicht jedoch bei Werbeagenturen (BGer, 10.10.2002, 4C.181/2002, E. 1). Ebenso handelt eine Verkäuferin im Kaufhaus sowie eine Angestellte am Bankschalter aufgrund der Umstände für den Geschäftsherrn und nicht für sich selbst (HUGUENIN, OR AT/BT, N 1061) und eine Kündigung durch eine Hausverwaltungsfirma erfolgt vermutungsweise namens des Hauseigentümers. Allerdings kann hier der Mieter verlangen, dass der Vertreter innert Frist eine Vollmacht beibringt; gelingt ihm dies nicht, gilt die Kündigung als verspätet (LGVE 1988 I 23; BUCHER, AT, 619; vgl. aber auch den Sachverhalt in BGer, 3.5.2010, 4A_107/2010, E. 2).

18 Das BGer hat in seiner Rsp. früher verschiedentlich das Vorliegen eines **Vertretungswillens** als Voraussetzung für den Eintritt der Vertretungswirkung verlangt (bspw. in BGE 109 III 120 = Pra 73, 163), mittlerweile – wenn auch inkonsistent – diese Ansicht aber richtigerweise dahingehend präzisiert (BGE 120 II 200), dass es nur darauf ankommt, ob der Dritte nach Vertrauensprinzip schliessen musste/durfte, dass ein Handeln in fremdem Namen vorliegt (vgl. zu einem neueren, wiederum undeutlichen Entscheid ARNET, AJP 2000, 1164 ff. mit Bem. zu BGE 126 III 59; ebenfalls unklar BGer, 11.1.2005, 4C.199/2004, E. 7.1, wo festgehalten wird, dass «les effets de la représentation ne naissent que si le représentant dispose du pouvoir de représentation et s'il a la volonté d'agir comme tel», um nachfolgend wiederum zu relativieren, dass «ce qui est décisif, ce n'est pas la volonté interne du représentant d'agir pour une autre personne. Il suffit que le tiers puisse inférer du comportement du représentant, interprété selon le principe de la confiance, qu'il existe un rapport de représentation»; vgl. ferner BGer, 11.1.2005, 4P.109/2004, E. 5.2.2). Verwendet jemand z.B. (irrtümlicherweise) das Geschäftspapier eines anderen und darf der Dritte daraus schliessen, dass jener für den anderen handeln wollte, so ist der Tatbestand des Handelns in fremden Namen erfüllt, wenngleich der Vertretungswille des Vertreters gefehlt hat (BK-ZÄCH/KÜNZLER, N 40).

19 Beim ausdrücklichen wie beim stillschweigenden Handeln für einen Dritten genügt die **Bestimmbarkeit des Vertretenen**. Denkbar ist auch ein «Handeln für wen es angeht», sofern die Person des Vertretenen später noch offengelegt wird, falls dies für die Abwicklung des Vertrages nötig ist (BGE 60 II 497; 84 II 13, 21; BK-ZÄCH/KÜNZLER, N 56 f.; GAUCH/SCHLUEP/SCHMID/EMMENEGGER, N 1332; anders verstanden von SCHWENZER, N 41.05). Für den Dritten wird es in diesen Fällen aber jeweils sehr ungewiss sein, ob der Vertreter tatsächlich über Vertretungsmacht verfügt (vgl. für Formfragen Art. 33 N 14 f.; ferner BGE 45 II 565). Weigert sich der Vertreter, den Vertretenen zu bezeichnen, oder gelingt es ihm nicht, einen solchen nachträglich zu finden, so findet Art. 39 analog Anwendung (ENGEL, traité, 379; ausführlich dazu BK-ZÄCH/KÜNZLER, N 55 ff.). Handelt der Auftretende unter falschem Namen (BGE 120 II 200), so schliesst er i.d.R. selbst einen Vertrag ab (wenigstens unter An-

wesenden, vgl. BUCHER, AT, 640 f.). Vgl. schliesslich VON TUHR/PETER, 395 zur «Unsitte», Schriftstücke mit dem Namen des Vertretenen zu unterzeichnen.

4. Die Gleichgültigkeit des Dritten (Abs. 2)

Als Ausnahme vom Erfordernis des Handelns in fremdem Namen ordnet das Gesetz eine Vertretungswirkung auch dann an, wenn es dem Dritten – der nicht erkennt oder erkennen muss, dass der Vertreter in fremdem Namen handelt (dann liegt ein Fall von Abs. 1 vor) – gleichgültig ist, mit wem er ein Rechtsgeschäft abschliesst, was in praktischer Hinsicht vor allem (aber nicht nur, vgl. BGE 117 II 392) bei Bargeschäften des täglichen Lebens vorkommt (RVJ 1989, 187; ZR 1981, 5). Gleichgültigkeit muss im Hinblick auf den Vertreter und den Vertretenen bestehen (BGE 117 II 390) und nicht gegenüber beliebigen Vertragsparteien. Liegt ein solcher Fall vor, wird der Vertretene selbst dann unmittelbar berechtigt und verpflichtet, wenn der Dritte vom Vertretungsverhältnis keine Kenntnis hatte (BGE 117 II 387; 88 II 357; 60 II 498; vgl. aber auch BGE 45 II 565; krit. BUCHER, AT, 622 f.; für Formfragen ferner ZÄCH, 367 ff.). Vorausgesetzt ist nach bundesgerichtlicher Rsp. aber das Vorliegen des Vertretungswillens beim Vertreter (so bspw. BGE 88 II 357 und 109 III 120; vgl. aber N 18). Vgl. ferner zu Beweisfragen für das Vorliegen der Gleichgültigkeit BGE 117 II 390, 393. Keine Anwendung findet Art. 32 Abs. 2 hingegen im mehrgliedrigen Überweisungsverkehr der Banken, da es diesen «nicht gleichgültig sein kann, ob sie nur unter sich oder auch mit einer möglicherweise unbestimmten Anzahl fremder Bankkunden vertraglich verbunden sind» (BGE 121 III 313). **20**

5. Weitere Voraussetzungen

Der **Vertreter** muss **urteilsfähig** sein, hingegen schadet blosse Handlungsunfähigkeit nicht (so ausdrücklich § 165 BGB; BK-ZÄCH/KÜNZLER, N 129 f.; vgl. ferner BK-BUCHER, Art. 19 ZGB N 327 ff.; **a.M.** KELLER/SCHÖBI, I, 65 und Handkomm-OR-SCHÖBI, N 4; ebenso GUHL/KOLLER/SCHNYDER/DRUEY, § 18 N 13). *Handlungsfähigkeit* ist dagegen beim *Vertretenen* nötig, sowohl für die Vollmachtserteilung als auch als Voraussetzung für den Eintritt der Vertretungswirkung (**a.M.** SCHWENZER, N 41.10). Vorübergehende Urteilsunfähigkeit des Vertretenen schadet dagegen nicht (weitergehend BK-BUCHER, Art. 19 ZGB N 334). Ausnahmen bestehen auch im Bereich von Art. 19 Abs. 2 ZGB. Ferner kann der gesetzliche Vertreter den Einsatz eines Stellvertreters nach Art. 19 Abs. 1 ZGB autorisieren. Wo eine juristische Person bevollmächtigt wird, handelt diese durch ihre (zeichnungsberechtigten) Organe. **21**

Weitere Voraussetzung für den Eintritt einer Vertretungswirkung ist ein **rechtswirksames Handeln** des Vertreters; meist besteht dieses in der Abgabe (und der Annahme) einer Willenserklärung. Die Willensäusserung des Vertreters ist für den Inhalt des Vertrages entscheidend (vgl. auch N 23; ferner BK-ZÄCH/KÜNZLER, N 131). Bezüglich Willens- und Wissensmängeln s. N 24. Eine allfällige Widerrechtlichkeit des Geschäftes i.S.v. Art. 19/20 (z.B. Grundstückserwerb für einen Ausländer) beurteilt sich dagegen aus der Sicht des Vertretenen (BK-ZÄCH/KÜNZLER, N 141). **22**

6. Die Wirkung der direkten Stellvertretung

Sind die Voraussetzungen der Stellvertretung erfüllt, treten sämtliche **Rechtswirkungen** unmittelbar beim **Vertretenen** und beim Dritten ein; der Vertretene muss auch sämtliche mit dem Vertragsabschluss zusammenhängenden Handlungen des Vertreters gegen sich gelten lassen, so z.B. auch eine Täuschung, die dieser beim Dritten verursacht (BGE 108 II 421). Bei der Vertragsauslegung ist der **innere Wille** des Vertreters massgebend, welcher sich der Vertretene auch dann anrechnen lassen muss, wenn er von seinem eigenen tatsächlichen Willen abweicht (BGE 140 III 86, 91). **23**

24 **Willensmängel** sind vom Vertretenen geltend zu machen (der dazu natürlich wiederum den Vertreter einsetzen kann). Im Einzelnen gilt hier folgendes: Ein Willensmangel liegt vor, wenn sich der *Vertreter* in einem wesentlichen Irrtum befand bzw. bedroht oder getäuscht wurde (vgl. § 166 Abs. 1 BGB). Da der Vertreter die Willenserklärung i.d.R. vor dem Hintergrund seines eigenen Wissens abgibt, gilt es die Rechtsfolgen grundsätzlich unter Betrachtung des Wissens des *Vertreters* zu beurteilen, womit dessen Wissensstand ausschlaggebend ist (vgl. CHOU, N 103; ausführlich hierzu WALTER, 175 ff.). Anders ist hingegen dann zu entscheiden, wenn der Vertretene den wahren Sachverhalt kannte; seine Berufung auf einen Willensmangel des Vertreters wäre dann rechtsmissbräuchlich (BK-ZÄCH/KÜNZLER, N 132; SCHWENZER, N 41.13; vgl. aber die Präzisierung bei WATTER, Diss., N 263; ferner § 166 Abs. 2 BGB). *Umgekehrt* gilt für den Fall, wo der Vertreter den wahren Sachverhalt kannte, dass dem Vertretenen eine Berufung auf Willensmängel verschlossen ist, auch wenn er sich irrte (BGE 56 II 105). Für den Fall, dass bereits die Vollmachtserteilung mit einem Willensmangel behaftet ist, vgl. Art. 33 N 27.

25 Analoges gilt bez. des **Wissens** bzw. des Kennens oder Nichtkennens einer Tatsache, was namentlich im Bereich des Gutglaubensschutzes von praktischer Bedeutung ist (vgl. auch Nw. in N 5). Hier wird das (bösgläubig machende) Wissen des Vertretenen gleichsam zu jenem des Vertreters addiert (vgl. auch VON TUHR/PETER, 392 f.; BUCHER, AT, 631, allerdings beschränkt auf Spezialvollmachten; ferner 633 daselbst für Auswirkung der Addition auf Willensmängel; schliesslich den Spezialfall von BGE 112 II 505; differenzierend WALTER, 184 ff., nach welcher die Kenntnisse des Vertretenen nur dann rechtserheblich zu berücksichtigen sind, wenn der Vertretene sich für das Vertretergeschäft entschieden hat, obwohl er sich aufgrund seines Wissens dagegen hätte entscheiden können; übersichtlich zu den im Schrifttum vertretenen Ansichten ABEGGLEN, 11 ff.). Dies gilt namentlich für das Spezialwissen des Vertreters (vgl. RVJ 1990, 162: Zurechnung des Wissens einer Rechtsschutzversicherung; ferner zur Zurechnung des Wissens des stillschweigend bevollmächtigten wirtschaftlich Berechtigten zum Wissen des Auftraggebers im Rahmen eines Vermögensverwaltungsvertrags VON DER CRONE/PACHMANN, SZW 2005, 149 f.; zur Zurechnung des Wissens bzw. Wissenmüssens der Inhaber der elterlichen Gewalt beim Abschluss eines Versicherungsvertrags für das Kind BGer, 11.9.2013, 4A_134/2013, E. 5). Vgl. ausführlich zur Wissenszurechnung bei der direkten Stellvertretung CHOU, N 102 ff.; WALTER, 169 ff.

26 Im Bereich der **Passivvertretung** (bei der es ebenfalls um Wissenszurechnung geht, vgl. N 5; WATTER, Diss., N 253, 256 ff.) treffen die Rechtswirkungen den Vertretenen, sobald eine Erklärung beim Vertreter eingetroffen ist. Oft werden die relevanten Fragen aber nicht unter dem Stichwort «Passivvertretung», sondern unter demjenigen des «Zugangs von Willenserklärungen» erläutert (vgl. etwa VON TUHR/PETER, 169 f.; ferner N 8).

27 Den **bevollmächtigten Vertreter** treffen i.A. keine Rechtswirkungen. Ausnahmen bilden Ansprüche aus *culpa in contrahendo*, z.B. wegen falscher Beratung oder unterlassener Aufklärung bei fehlender Kreditwürdigkeit des Vertretenen (vgl. BK-ZÄCH/KÜNZLER, N 153 ff.).

28 Das **Verhältnis Vertretener-Vertreter** wird durch das *Grundverhältnis* geregelt. Falls sich der Vertreter darin zu einer Vertretung verpflichtet hat, erlischt die entsprechende Obligation mit dem Vertragsabschluss durch Erfüllung. Die Vollmacht selber erlischt durch Erledigung des Geschäftes, für das sie erteilt wurde (VON TUHR/PETER, 365).

III. Indirekte Stellvertretung (Abs. 3)

29 **Indirekte Stellvertretung** (krit. zum Begriff BUCHER, AT, 598) liegt vor, wenn der Vertreter – sei es ausdrücklich oder stillschweigend – im eigenen Namen, aber für Rechnung des Vertretenen handelt. Gegenüber dem Dritten scheint der Vertreter somit ein Eigengeschäft abzuschliessen (BGE 126 III 59, 64; 100 II 211; vgl. auch BGer, 13.9.2005, 4C.134/2005,

E. 2.2), er handelt als «Strohmann» bzw. «treuhänderisch». Praktische Bedeutung der indirekten Vertretung besteht etwa dort, wo die wünschbare Vertrauensbeziehung nur zwischen dem Vertreter und dem Dritten besteht, wo der Vertretene im Hintergrund bleiben will oder wo der Vertretene selbst keinen Zugang zu den in Frage stehenden Geschäften hat, was bspw. an Börsen der Fall ist (VON BÜREN, AT, 167; vgl. ferner die Ausführungen zur Kommission, Art. 425).

Ob ein **Handeln im eigenen Namen** vorliegt, beurteilt sich – mangels eines tatsächlichen Konsenses (illustrativ BGer, 15.12.2003, 4C.287/2002, E. 3.1) – aufgrund des nach dem Vertrauensprinzip ausgelegten Verhaltens des Vertreters. Das Wissen des Dritten um die Strohmanneigenschaft des Vertreters ändert an der so gefundenen Qualifikation nichts (BK-ZÄCH/KÜNZLER, N 168 mit krit. Verweis auf BGE 90 II 285, wo das BGer das Vorliegen einer indirekten Stellvertretung fälschlicherweise gar nicht in Erwägung gezogen hatte). Generell gilt eine Vermutung für Eigengeschäfte (N 34). 30

Handelt der Vertreter auf Rechnung des Vertretenen, ohne auf ein allfälliges Vertretungsverhältnis hinzuweisen, ohne dass ein solches aus den Umständen hervorgeht und ohne dass es dem Dritten gleichgültig ist, mit wem er einen Vertrag schliesst (Vorliegen einer indirekten Stellvertretung), so treten die **Rechtswirkungen** des indirekt handelnden Vertreters *unmittelbar* bei ihm selbst ein und bedürfen für ihre Übertragung an den Vertretenen entweder der Zession (Forderungen), der Schuldübernahme (Schulden) oder der dinglichen Übertragung nach den einschlägigen Bestimmungen des Sachenrechts (dingliche Rechte). Selbstverständlich ist, dass die **Schuldübernahme der Zustimmung des Dritten bedarf**. 31

Wenngleich das Obligationenrecht die indirekte Stellvertretung nicht regelt, enthält es im Auftragsrecht mit **Art. 401** eine *Sonderregelung* zum Schutze des Vertretenen, indem es mittels einer Legalzession unter bestimmten Umständen eine direkte Vertretungswirkung anordnet (zum Anwendungsbereich WATTER, ZSR 1995 II, 221 ff.). Anzumerken ist, dass Art. 32 Abs. 2 den Anwendungsbereich dieser Legalzession einschränkt, dürfte es für den Dritten doch in aller Regel gleichgültig sein, für wen sein Vertragspartner dingliche Rechte erwirbt. Damit wird der direkte Eigentumserwerb auch bei Einsatz eines indirekten Stellvertreters möglich (VON TUHR/PETER, 389). 32

Bei der indirekten Stellvertretung müssen – im Unterschied zur direkten Stellvertretung (N 21) – sämtliche involvierten Personen **handlungsfähig** sein. Willensmängel beurteilen sich nur bez. der am jeweiligen Geschäft direkt beteiligten Parteien. Rechtsmissbrauch wäre es hingegen, wenn der Vertretene einen Strohmann deshalb vorschiebt, um sein eigenes Wissen irrelevant zu machen (ebenso BK-ZÄCH/KÜNZLER, N 177); in diesem Fall könnte sich der Strohmann nicht auf seinen guten Glauben berufen. 33

IV. Beweislast

Bei einer Klage des Dritten gegen den **Vertreter** hat Letzterer zu beweisen, dass er ein bestimmtes Geschäft nicht für sich selber, sondern für einen Dritten abgeschlossen hat, ist doch «von der allgemeinen Vermutung auszugehen, dass ein Geschäft in eigenem Namen vorgenommen wurde» (ZR 2004, 271; so bereits schon ZR 1910, 143: «[...] denn es ist als Normalfall des Rechtsverkehrs anzusehen und deshalb im Sinne einer Rechtsvermutung davon auszugehen, dass beim Abschluss eines Vertrages jede Partei für sich selbst, im eigenen Namen handelt»; vgl. ferner RVJ 1989, 186; SJZ 1986, 231; ZR 1981, 7 und die differenzierende Ansicht bei BK-ZÄCH/KÜNZLER, N 185 f.). Eine solche Beweislastverteilung ist umso mehr gerechtfertigt, wenn der mutmassliche Vertreter bei Vertragsschluss nicht aufdeckt, dass er nicht in eigenem Namen sondern in jenem eines Vertretenen kontrahiert und angibt, dass sein Vertreterwille aus den Umständen erkennbar gewesen sein soll (vgl. BGer, 20.8.2004, 4C.154/2004, E. 2.2.2). 34

35 Bei der Klage des Dritten gegen den (angeblich) **Vertretenen** hat der Dritte die Beweislast für das Vorhandensein der Vertretungsmacht (oder des Vorliegens eines Ersatztatbestandes) und des Handelns in fremdem Namen, falls der «Vertretene» eine Vertretung bestreitet (BK-ZÄCH/KÜNZLER, N 184). Fraglich (aber nach hier vertretener Ansicht zu bejahen) ist, ob sich der Vertretene (bei an sich vorhandener Ermächtigung) in einem Prozess gegen den Dritten darauf berufen kann, der Vertreter habe in einem konkreten Fall ein Eigengeschäft abgeschlossen (gegen diese Einredemöglichkeit GAUCH/SCHLUEP/SCHMID/EMMENEGGER, N 1338; ferner BGE 120 II 198).

36 Klagt der Vertretene **gegen den Dritten**, so hat er nur nachzuweisen, dass der Vertreter in seinem Namen handelte (BGE 100 II 211 ff.) oder dass dem Dritten gleichgültig war, mit wem er das Rechtsgeschäft abschloss (BGE 117 II 387, 393); da nämlich die Behauptung eines Vertretungsgeschäftes eine nachträgliche Genehmigung auch im Falle einer tatsächlich fehlenden Ermächtigung einschliesst, ist der Beweis (oder auch nur die Behauptung) der Vertretungsmacht nicht notwendig (BUCHER, AT, 647). Ausnahmen gelten bei Geschäften, die innert Frist vorzunehmen sind. Hier genügt die Genehmigung nach Fristablauf nicht: Der Vertretene muss nachweisen, dass der Vertreter mit Vollmacht handelte und diese (ggf.) auch vorzeigte (N 17).

V. IPR

37 Nach **Art. 126 Abs. 2 IPRG wird die Vollmacht** im Verhältnis zum Dritten (d.h. im sog. Aussenverhältnis) selbständig angeknüpft (auch wenn der Hauptvertrag eine Rechtswahl enthält, SJ 1987, 653), und zwar nach dem Recht des Ortes, wo der Vertreter seine Niederlassung hat (vgl. Art. 126 Abs. 3 IPRG für den Fall des arbeitsrechtlich angestellten Vertreters). Falls eine solche Niederlassung fehlt oder für den Dritten nicht erkennbar ist, ist das Recht jenes Landes anwendbar, in dem der Vertreter hauptsächlich handelt (BGE 131 III 516). Das so bestimmte Recht regelt umfassend alle Fragen rund um die Vollmacht, auch das Verhältnis zwischen dem nicht ermächtigten Vertreter und dem Dritten (Art. 126 Abs. 4 IPRG).

38 Das **Grundverhältnis** zwischen Vertretenem und Vertreter (sog. Innenverhältnis) wird durch das Vorliegen einer Vollmacht nicht beeinflusst: Massgebend ist das auf die betreffende Vertragsart anwendbare Recht, vgl. Art. 126 Abs. 1 IPRG.

Art. 33

b. Umfang der Ermächtigung

[1] Soweit die Ermächtigung, im Namen eines andern Rechtshandlungen vorzunehmen, aus Verhältnissen des öffentlichen Rechtes hervorgeht, ist sie nach den Vorschriften des öffentlichen Rechtes des Bundes und der Kantone zu beurteilen.

[2] Ist die Ermächtigung durch Rechtsgeschäft eingeräumt, so beurteilt sich ihr Umfang nach dessen Inhalt.

[3] Wird die Ermächtigung vom Vollmachtgeber einem Dritten mitgeteilt, so beurteilt sich ihr Umfang diesem gegenüber nach Massgabe der erfolgten Kundgebung.

b. Etendue des pouvoirs

[1] Le pouvoir d'accomplir des actes juridiques pour autrui, en tant qu'il se fonde sur des rapports de droit public, est réglé par le droit public de la Confédération ou des cantons.

[2] Lorsque les pouvoirs découlent d'un acte juridique, l'étendue en est déterminée par cet acte même.

[3] Si les pouvoirs ont été portés par le représenté à la connaissance d'un tiers, leur étendue est déterminée envers ce dernier par les termes de la communication qui lui a été faite.

b. Estensione della facoltà

[1] La facoltà di compiere atti giuridici a nome di un terzo, in quanto dipenda da rapporti di diritto pubblico, è regolata dalle disposizioni del diritto pubblico della Confederazione e dei Cantoni.

[2] Ove la facoltà sia conferita da un negozio giuridico, la sua estensione è determinata dal contenuto dello stesso.

[3] Se il rappresentato comunica la facoltà ad un terzo, la sua estensione in confronto di quest'ultimo è giudicata a norma dell'avvenuta comunicazione.

Literatur

Chappuis/Dätwyler, Titre de Procuration: La Protection de la Bonne Foi selon les art. 33, 34 et 36 CO, SJ 1987, 241 ff.; Emch/Renz/Arpagaus, Das Schweizerische Bankgeschäft, 6. Aufl., Zürich 2004; Erb, Die Bankvollmacht, Diss. Freiburg i.Ue. 1974; Gutzwiller, Einzelhandlungen des Kollektivvertreters, SAG 1983, 19 ff.; Gilliard, La représentation directe dans le Code des Obligations: un chef-d'œuvre d'incohérence, in: Forstmoser et al. (Hrsg.), FS für Max Keller, Zürich 1989, 161 ff.; Isenring, Die Strafbarkeit des direkten bürgerlichen Stellvertreters nach Art. 158 Ziff. 2 StGB, Diss. Zürich 2007; Koller, Der gute und der böse Glaube im allgemeinen Schuldrecht, Habil. Freiburg i.Ue. 1985; Lehmann, Die Verpflichtung des Staates durch rechtsgeschäftliche Handlungen von Behördenmitgliedern – Überlegungen zum Verhältnis von Vertretungsrecht und Staatshaftung aus Anlass eines Urteils des Verwaltungsgerichts des Kantons Freiburg, FZR 2002, 267 ff.; Lemp, Vertragsabschluss durch Organe in Doppelstellung, in: FS Schönenberger, Freiburg i.Ue. 1968, 309 ff.; Merz, Vertretungsmacht und ihre Beschränkungen im Recht der juristischen Personen, der kaufmännischen und der allgemeinen Stellvertretung, in: Hefermehl et al. (Hrsg.), FS Westermann, Karlsruhe 1974, 399 ff.; Lobinger, Insichgeschäft und Erfüllung einer Verbindlichkeit, AcP 2013, 366 ff.; Schott, Insichgeschäft und Interessenkonflikt, Diss. Zürich 2002 (= ZSP Bd 178); Schwager, Die Vertretung des Gemeinwesens beim Abschluss privatrechtlicher Verträge, Diss. Freiburg i.Ue. 1974; Stierli, Die Architektenvollmacht, Diss. Freiburg i.Ue. 1988; Watter, Die Vertretung des Gemeinwesens im Privatrecht, in: Gauch/Schmid (Hrsg.), Die Rechtsentwicklung an der Schwelle zum 21. Jahrhundert, Zürich 2001, 245 ff. (zit. Vertretung); vgl. auch die Literaturhinweise bei Art. 32, ferner die ausführliche Zusammenstellung per 2014 bei BK-Zäch/Künzler, Art. 33.

I. Allgemeines, Normzweck

Art. 33 definiert den Umfang der Ermächtigung bzw. – wie die romanischen Gesetzestexte deutlicher sagen: «le pouvoir d'accomplir des actes juridiques pour autrui»; «la facoltà di compiere atti giuridici a nome di un terzo» – die **Vertretungsmacht**. Anders gesagt: Falls der Vertreter in dem durch Art. 33 abgesteckten Rahmen in fremdem Namen handelt, tritt die Vertretungswirkung ein (Art. 32 N 12 ff.). 1

Das Gesetz unterscheidet dabei **drei Sachverhalte**: Entweder wird die Vertretungsmacht nach Abs. 1 kraft öffentlichen Rechts (N 5 ff.) oder durch Rechtsgeschäft (Bevollmächtigung) nach Abs. 2 (N 8 ff.) eingeräumt. Eine Vertretungswirkung wird schliesslich auch ohne Bevollmächtigung bei Mitteilung der Vollmacht an einen (gutgläubigen) Dritten angeordnet, Abs. 3 (N 29 ff.). 2

Wo eine Ermächtigung fehlt und auch kein Fall von Gutglaubensschutz nach Abs. 3 vorliegt, kann eine Vertretungswirkung nur durch **Genehmigung** (Art. 38) eintreten. Eine Ausnahme bildet Art. 37, wo zum Schutze des Vertreters unter bestimmten Umständen eine Vertretungswirkung trotz fehlender (bzw. dahingefallener) Vertretungsmacht angeordnet wird. 3

Terminologisch ist nach dem vorhergehend Gesagten festzuhalten: *Vertretungsmacht* und *Ermächtigung* sind synonym; der Ausdruck *Vollmacht* hat den gleichen Bedeutungsumfang, ist aber für die Fälle rechtsgeschäftlich eingeräumter Vertretungsmacht reserviert, die durch *Bevollmächtigung* (verstanden als *Akt* des *Vollmachtgebers*, bzw. *Vertretenen*) eingeräumt wird. Der v.a. im Bereich des Handelsrechts verwendete Begriff der *Vertretungsbefugnis* umschreibt nach der h.L. die Befugnis (das Dürfen) des Vertreters, den Vertretenen zu verpflichten. Diesem Begriff gegenübergestellt wird derjenige der Vertretungsmacht, der das Können definieren soll. Wo Dürfen und Können auseinanderfallen und der Vertreter diese Diskrepanz 4 bewusst ausnutzt, findet die Lehre vom *Missbrauch der Vertretungsmacht* Anwendung (vgl. auch Art. 158 Ziff. 2 StGB und dazu ISENRING, 154 ff., insb. 172 ff. zur dogmatischen Einordnung). Vorliegend wird auf eine Unterscheidung zwischen Vertretungsbefugnis und Vertretungsmacht aber verzichtet (vgl. N 17); Fälle, in denen eine Diskrepanz besteht, werden als Vollmachtsüberschreitung behandelt, bei denen allenfalls ein Gutglaubenschutz besteht, vgl. auch ISENRING, 116 ff. und 172 ff. für strafrechtliche Aspekte.

II. Vertretungsmacht kraft öffentlichen Rechts (Abs. 1)

5 Soweit **öffentliche Körperschaften, Anstalten oder Stiftungen** öffentlich-rechtliche Verträge abschliessen, ist ohnehin öffentliches Recht anzuwenden. Aber auch wenn eine juristische Person des öffentlichen Rechts **Rechtsgeschäfte des Privatrechts** abschliesst, verweist das Zivilrecht in Art. 33 Abs. 1 auf die Organisationsnormen des öffentlichen Rechts (ZR 1978, 31; ferner Art. 59 ZGB; vgl. jedoch auch Art. 11 VG, wonach der Bund zivilrechtlich haftet, wenn er als Subjekt des Zivilrechts auftritt). Diese regeln (wenn auch meist nur sehr undeutlich, vgl. WATTER, Vertretung, 246 ff.) Entstehen, Umfang, Form und Erlöschen der Ermächtigung (SCHWAGER, 99 ff.; ZR 1978, 31; BGE 110 II 198 und den dort angefochtenen kantonalen Entscheid, publiziert in RJN 1984, 59 und BGE 124 III 418; generell auch WATTER, Vertretung, 245 ff.). Für Fragen wie etwa diejenigen nach dem Vorliegen des Handelns in fremden Namen, der Mitteilung der Ermächtigung an Dritte, der Kollektivvertretung, der Substitution, des Selbstkontrahierens, der in Art. 33 Abs. 3, Art. 34 Abs. 3, Art. 36 und 37 geregelten Materien sowie für die Rechtsfolgen des Handelns ohne Ermächtigung bestehen im öffentlichen Recht – wenn überhaupt – nur vereinzelt Normen (BK-ZÄCH/KÜNZLER, N 17). Demzufolge ist in diesen Bereichen das Stellvertretungsrecht gegebenenfalls analog oder ergänzend anwendbar.

6 Eine **stillschweigende Ermächtigung** ist möglich (ZR 1978, 32 f.), sofern das Gesetz keine Formvorschriften enthält. Der Umfang der Ermächtigung bestimmt sich nach dem jeweiligen Ermächtigungsakt (ZR 1978, 33). In diesem Zusammenhang gilt es zu beachten, dass eine juristische Person des öffentlichen Rechts auch durch eine auf Rechtsschein beruhende Vollmacht i.S.v. Art. 33 Abs. 3 verpflichtet werden kann, selbst wenn der Vertreter ihr gegenüber in einem öffentlich-rechtlichen Dienstverhältnis steht (BGE 124 III 418, 422; vgl. dazu auch das in der amtlichen Sammlung nicht publizierte Bundesgerichtsurteil vom 11.7.1995 in Pra 1996, 420 ff., wo sich das BGer argumentativ auf Art. 33 Abs. 3 stützte und im Ergebnis eine Verpflichtung des Kantons durch den vollmachtlosen Verwaltungsdirektor bejahte; vgl. ferner LEHMANN, FZR 2002, 272 ff.). In vereinzelten Fällen anerkennt die Gerichtspraxis auch einen anders gelagerten Verkehrsschutz, indem der gutgläubige Dritte einen Schadenersatzanspruch (ZR 1978, 34 ff.; SCHWAGER, 372 ff.) oder Ansprüche aus einem faktischen Vertretungsverhältnis erhält (so im Fall BGE 124 III 418, wobei dieser Aspekt aus den veröffentlichten Erwägungen nicht folgt; vgl. auch WATTER, Vertretung, 251).

7 Aus Art. 33 Abs. 1 folgt auch, dass Verhältnisse zwischen Privaten, die dem **öffentlichen Recht unterstehen**, nach diesem zu beurteilen sind. Dies gilt etwa für Prozessvollmachten (vgl. Art. 68 ZPO, PKG 1983, 10 und etwa Art. § 37 der ausser Kraft getretenen ZPO ZH, der aber wieder auf Art. 34 f. verwiesen hat).

III. Vertretungsmacht kraft Bevollmächtigung (Abs. 2)

1. Die Bevollmächtigung

8 **Rechtsgeschäftlich wird Vertretungsmacht** (bzw. eine Vollmacht, vgl. N 4) durch eine Bevollmächtigung eingeräumt. Es handelt sich dabei nach gängiger Formulierung um ein *einseitiges, empfangsbedürftiges, vom Grundverhältnis losgelöstes* (vgl. N 12) *Rechtsgeschäft*, das dem Bevollmächtigten – bzw. dem Vertreter – die Befugnis verschafft, den Vollmachtgeber

Dritten gegenüber zu vertreten (BGE 78 II 372; VON TUHR/PETER, 354; vgl. ferner Art. 32 N 15 und Art. 35 N 1).

Zweifelhaft an dieser Definition ist das Element der **Empfangsbedürftigkeit** (ebenso BUCHER, AT, 601 FN 20). Praktisch relevant ist dabei die Frage, ob auch eine Bevollmächtigung angenommen werden kann, wenn der Vertretene die Vollmacht einem Dritten kundgibt und der Vertreter davon erfährt (vgl. hierzu WATTER, Diss., N 28 ff., spez. N 31); nach hier vertretener Ansicht führt eine solche Kundgabe an den Dritten indirekt (i.S. einer *Reflexwirkung*) zu einer Bevollmächtigung des Vertreters (i.E. ähnlich, aber mit anderer Begründung Handkomm-OR-SCHÖBI, N 5; **a.M.** BGE 101 II 119; 99 II 42; BK-ZÄCH/KÜNZLER, N 31 f.; GAUCH/SCHLUEP/SCHMID/EMMENEGGER, N 1343), falls dieser davon erfährt und nach Treu und Glauben annehmen darf, der Vertretene habe ihn bevollmächtigen wollen. Ein ähnliches Resultat kann sich bei der Duldungsvollmacht ergeben (N 16). Praktisch relevant ist die Frage v.a. im Bereich der Bankvollmacht, wo Verwandten oft ohne deren Wissen eine Vollmacht eingeräumt wird. Wo die Bank dann den «Bevollmächtigten» von sich aus informiert und ihn zur Deponierung seiner Unterschrift anhält, liegt eine Bevollmächtigung des Vertreters vor. Angemerkt sei, dass man in diesen Fällen auch argumentieren kann, die Bank leite die Bevollmächtigung ihrerseits als Vertreterin weiter, denn es ist ohne weiteres möglich, eine Vollmacht zur Bevollmächtigung einzuräumen. 9

Unter Abwesenden erklärt, wirkt die Bevollmächtigung ab ihrem **Zugang** (BGE 101 II 119; 99 II 42). 10

Der Akt der Bevollmächtigung schafft **keine Handlungspflichten** (BUCHER, AT, 601), weder für den Vertreter noch für den Vertretenen (Vollmachtgeber). Rechte und Pflichten ergeben sich in aller Regel aber aus dem die Vollmacht begleitenden Vertragsverhältnis, dem Grundgeschäft. 11

2. Grundgeschäft, Bevollmächtigung und Vollmacht

Der in N 8 genannte Grundsatz der **Abstraktheit** der Vollmacht (d.h. ihrer Unabhängigkeit vom Grundgeschäft) bedeutet zunächst, dass die Vollmacht auch dann gültig ist, wenn das Grundgeschäft mit einem Mangel behaftet ist. Praktisch relevant dürfte dies namentlich dann sein, wenn ein handlungsunfähiger Vertreter bevollmächtigt wird: Trotz Ungültigkeit des Grundgeschäftes ist die Vollmacht gültig. Umgekehrt gilt auch, dass der Widerruf der Vollmacht nicht zwangsläufig zur Beendigung des Grundverhältnisses führt, Art. 34 Abs. 1. 12

Nach einer weitergehenden Ansicht wird Abstraktheit auch so verstanden, dass das **Können** des Vertreters (die Vertretungsmacht, vgl. N 4) vom **Dürfen** (der Vertretungsbefugnis) losgelöst ist (so namentlich KELLER/SCHÖBI, I, 71 ff.; vgl. auch BK-ZÄCH/KÜNZLER, N 121; HANISCH, 256 ff.; WATTER, Diss., N 9 ff. zur historischen Entwicklung). Für jene Fälle, in denen der Vertreter jenseits des Dürfens handelt – also sich etwa abrede- oder weisungswidrig verhält –, wurde die Lehre vom *Missbrauch der Vertretungsmacht* entwickelt (sog. Abstraktionsprinzip mit Unredlichkeitsvorbehalt, WATTER, Diss., N 12). Nach der hier vertretenen Ansicht kompliziert die so verstandene Abstraktion die Rechtslage nur unnötig: Angeblich um des Verkehrsschutzes willen wird eine äussere, formale Legitimation aufgebaut, dann aber unter dem Titel «Missbrauch der Vertretungsmacht» wieder relativiert. Viel einfacher und dem Gesetzestext besser entsprechend ist es, auf die Unterscheidung Vertretungsmacht-Vertretungsbefugnis zu verzichten, das Können auf das Dürfen zu beschränken, aber dem schützenswerten (d.h. gutgläubigen) Dritten u.U. einen Vertragsanspruch zu geben, wenn der Vertreter jenseits seines Dürfens handelt (vgl. WATTER, Diss., N 12 f., 28 ff.; ferner N 4 zu strafrechtlichen Fragen und zur Vollmachtsüberschreitung). Wie noch zu zeigen sein wird (N 19 f.), erlaubt dieser Ansatz auch, Spezialfälle wie das Selbstkontrahieren, Eigengeschäfte, die Substitution und das Handeln in Doppelstellung einheitlich zu behandeln. 13

3. Die Form der Bevollmächtigung

14 Die Vollmacht kann grundsätzlich **formfrei** erteilt werden (BGE 112 II 332; 99 II 41; 88 II 162 = Pra 1973, 479). Schriftlichkeit kann entweder von den Parteien rechtsgeschäftlich vorgeschrieben oder vom Gesetz in spezifischen Konstellationen verlangt werden (Art. 348b Abs. 1, Art. 689a Abs. 1 und Art. 689b Abs. 2 – vgl. nun aber auch Art. 9 Abs. 1 VegüV –, Art. 1168 Abs. 1). Wo das **abzuschliessende Geschäft einer bestimmten Form** unterliegt, wurde früher die Meinung vertreten, auch in diesem Fall sei die Vollmacht formfrei (BGE 99 II 162; 84 II 157; VON TUHR/PETER, 355 f.; vgl. auch § 167 Abs. 2 BGB). Diese Meinung verkennt aber, dass Formvorschriften oft nicht nur einen *Beweiszweck* haben, sondern auch eine *Schutzfunktion* für die verpflichtete Partei, was z.B. in Art. 493 Abs. 6 (Vollmacht für Eingehung einer Bürgschaft) klar zum Ausdruck kommt. Die neuere Lehre verlangt deshalb, dass dort, wo die Formvorschrift auch Schutzfunktion hat, die Vollmacht ebenfalls in dieser Form abzufassen ist (BK-ZÄCH/KÜNZLER, N 57; GUHL/KOLLER/SCHNYDER/DRUEY, § 19 N 3; Handkomm-OR-SCHÖBI, N 8). Nachteilig an dieser Ansicht ist allerdings die entstehende Rechtsunsicherheit. Man könnte sich deshalb fragen, ob nicht generell die Regel von Art. 1392 CC it. Anwendung finden sollte, die verlangt, dass für jede Vollmacht die beim Hauptvertrag geltende Form zu beachten ist (was aber gegenwärtig nicht der Schweizer Rechtslage entspricht). Nach Notariatspraxis gilt beim *Grundstückkauf*, dass eine schriftliche Vollmacht notwendig ist (vgl. auch BK-ZÄCH/KÜNZLER, N 57; **a.M.** BGE 99 II 162; vgl. ferner für die Grundbuchanmeldung Art. 16 Abs. 1 GBV). Je nach kantonalem Beurkundungsrecht muss die Unterschrift auf der Vollmacht auch beglaubigt sein (so etwa § 15 der Zürcher Notariatsverordnung, falls Willenserklärungen zu beurkunden sind).

15 Die Bevollmächtigung kann **ausdrücklich** oder **stillschweigend** erfolgen. Ausdrücklich erfolgt sie, wenn sie sprachlich (mündlich oder schriftlich) oder durch vereinbarte oder allgemein gültige Zeichen (z.B. Kopfnicken) erteilt wird (vgl. BK-ZÄCH/KÜNZLER, N 35). Eine ausdrückliche Bevollmächtigung ist notwendig, falls ein Prokurist Grundstücke veräussern oder belasten soll (Art. 459 Abs. 2; vgl. auch Art. 462 Abs. 2, was aber entgegen BK-ZÄCH/KÜNZLER, N 56 kein Formerfordernis, sondern eine Anforderung an den Inhalt der Vollmacht ist, bzw. die stillschweigende Erteilung ausschliesst). Für die vollstreckbare öffentliche Urkunde wird vorgebracht, dass sich die Vollmacht ausdrücklich auch auf die unmittelbare Vollstreckung beziehen müsse (BSK ZPO-VISINONI-MEYER, Art. 347 N 9). Die generelle Zulässigkeit einer stillschweigenden bzw. konkludenten Bevollmächtigung folgt aus der allgemeinen Lehre über Willenserklärungen (BGE 101 Ia 43; 99 II 41). Massgebend ist, ob der Vertreter nach Treu und Glauben auf einen Bevollmächtigungswillen schliessen durfte. Dies kann im Einzelfall dazu führen, dass eine Bevollmächtigung erfolgt, obwohl der Vertretene keine solche aussprechen wollte, sich aber so verhielt, dass der Vertreter nach Vertrauensprinzip einen Bevollmächtigungswillen annehmen durfte (vgl. BK-ZÄCH/KÜNZLER, N 39 ff.; BGer, 30.4.2013, 4A_19/2013, E. 3.1.1). Eine stillschweigende Bevollmächtigung kann auch aus dem Grundverhältnis folgen (Art. 396 Abs. 2, Art. 543 Abs. 3).

16 Ebenfalls in die Kategorie stillschweigender Bevollmächtigungen gehört die **Duldungsvollmacht**, die vorliegt, wenn dem Vertretenen der Wille zur Vollmachtserteilung fehlt, er aber vom Auftreten eines Anderen als sein Vertreter Kenntnis hat und dagegen nicht einschreitet (dazu BGer, 20.1.2003, 5C.244/2002, E. 3.2.2; 14.5.2002, 4C.12/2002, E. 3.2; 17.11.2006, 4C.293/2006, E. 2.1.2; 22.4.2010, 4A_58/2010, E. 4.2; BGE 120 II 201; 101 Ia 43; 96 II 442 f.; GAUCH/SCHLUEP/SCHMID/EMMENEGGER, N 1411; zur Duldungsvollmacht im Zivilprozess BGer, 12.10.2010, 5A_500/2010, E. 6.2). Erkennt der Vertreter aber, dass ein Bevollmächtigungswille nicht besteht, entsteht keine Vollmacht; Gleiches gilt, wenn er dies erkennen müsste. Immerhin ist es dann denkbar, dass eine Vertretungswirkung kraft Gutglaubensschutzes entsteht (dazu N 29 ff.). Zu betonen ist aber, dass der Begriff der Duldungsvollmacht primär das Verhältnis Vertretener/Vertreter betrifft und nicht das Aussenverhältnis (ebenso BK-ZÄCH/KÜNZLER, N 46, ff.; ISENRING, 51). Verwandt mit dem Tatbestand der Duldungsvollmacht ist jener der **Anscheinsvollmacht** (vgl. zur uneinheitlichen Terminologie und Typisierung GAUCH/SCHLUEP/SCHMID/EMMENEGGER, N 1409 ff.): Hier hat der Vertretene vom Vertreterhandeln keine Kenntnis, hätte es aber bei pflichtgemässer Sorgfalt erkennen müssen und verhindern können, so dass der Vertreter dieses Verhalten als Bevollmächtigung verstehen darf (vgl. dazu BGer, 20.1.2003, 5C.244/2002, E. 3.2.2; 14.5.2002, 4C.12/2002, E. 3.2; 15.12.2003, 4C.287/2002, E. 4; 17.11.2006, 4C.293/2006, E. 2.1.2; BGE 120 II 201; BK-ZÄCH/KÜNZLER, N 52; spezifisch zur Anscheinsvollmacht im Bankwesen EMCH/RENZ/ARPAGAUS, N 676). Wiederum ist möglich, dass das Verhalten des «Vollmachtgebers» als (Gutglaubensschutz begründende) Kundgabe an den Dritten gilt, falls keine Bevollmächtigung angenommen werden kann (**a.M.** GAUCH/SCHLUEP/SCHMID/EMMENEGGER, N 1412, nach deren Ansicht die Anscheinsvollmacht durchwegs ein Fall von Art. 33 Abs. 3 bildet; ähnlich ISENRING, 51, wie hier BK-ZÄCH/KÜNZLER, N 52). Duldungsvollmacht und Anscheinsvollmacht unterscheiden sich also nur insofern, als der Vertretene bei dieser um das Vertreterhandeln wusste, bei jener darum hätte wissen müssen. Ist ein Organmitglied einer juristischen Person zugleich als Stellvertreter bestellt (vgl. Art. 32 N 11), kann nur mit Zurückhaltung von einer Anscheinsvollmacht ausgegangen werden, welche über die im Handelsregister eingetragene Vollmacht hinausgeht (BGer, 3.8.2009, 4A_271/2009, E. 2.3; BGE 120 II 200).

4. Umfang der Vollmacht

Nicht nur die Frage, ob eine Bevollmächtigung erteilt wurde, entscheidet sich – falls ein tat- 17
sächliches Verständnis fehlt – nach dem **Vertrauensprinzip**, sondern auch ihr Umfang (BGE 93 II 482; GAUCH/SCHLUEP/SCHMID/EMMENEGGER, N 1345, 1355; spezifisch zur Bankvollmacht EMCH/RENZ/ARPAGAUS, N 671; vgl. auch BGE 135 III 464, 468). Aus diesem Grundsatz folgt namentlich auch, dass nicht nur abredewidriges Verhalten von einer Vollmacht nie gedeckt sein kann, sondern auch ein Handeln, das erkennbar den *Interessen des Vertretenen zuwiderläuft* (BGer, 19.06.2013, 9F_5/2013, E. 4.1; zur Massgeblichkeit des Interesses: BGE 82 II 393; vgl. ferner BGE 77 II 144). Zu betonen ist – ungeachtet der Abstraktheit der Vollmacht – demnach das enge Verhältnis zwischen der Vollmacht und dem Grundverhältnis: Die Vollmacht erstreckt sich auf jene Handlungen, die der Vertreter aus dem gesamten Vertragsverhältnis heraus tun darf, um die Interessen des Vertretenen zu fördern (vgl. BK-ZÄCH/KÜNZLER, N 114 m.w.Nw. für das deutsche Recht). Daraus folgt auch, dass *Weisungen* des Vertretenen an den Vertreter (etwa höchstens den Betrag X zu bezahlen) dessen Vollmacht beschränken (VON TUHR/PETER, 362, FN 43a; offen gelassen in BGE 95 II 43; **a.M.** die bei KOLLER A., OR AT, FN 600 f. zitierten Autoren, nach deren Ansicht Weisungen nur das Grundverhältnis betreffen und den Umfang der Vollmacht daher nicht beschränken), im Einzelfall aber auch erweitern können. Weisungswidriges Handeln stellt einen Fall der Überschreitung der Vollmacht dar (GAUCH/SCHLUEP/SCHMID/EMMENEGGER, N 1443). Kennt der Dritte die (beschränkende) Weisung nicht, wird er sich oft auf seinen guten Glauben berufen können (**a.M.** VON TUHR/PETER, 362, FN 44a; wie hier: BK-ZÄCH/KÜNZLER, N 108 f.).

Wo der Vertreter eine **Blankovollmachtsurkunde** (vgl. BGE 78 II 372; 45 II 79) bekommt, 18
erhält er ebenfalls nur eine Vollmacht in dem Umfang, von dem er nach Vertrauensprinzip ausgehen durfte. Er darf die Urkunde in diesem Rahmen komplettieren; theoretisch ist auch denkbar, dass er sie weiter zu fassen hat, als dies seiner eigentlichen Kompetenz entspricht, dies namentlich dann, wenn er Weisungen aus verhandlungstaktischen Gründen dem Dritten gegenüber nicht offen legen kann. Füllt der Vertreter die Blankovollmacht weisungswidrig aus, so kann diese Urkunde zur Kundgabe einer Vollmacht nach Art. 33 Abs. 3 führen, womit der gutgläubige Dritte in dieser Konstellation einen Vertragsanspruch erhält (vgl. BGE 88 II 428; **a.M.** BK-ZÄCH/KÜNZLER, Art. 36 N 9, die Art. 36 analog anwenden wollen, wenn dem Dritten die weisungswidrige Ergänzung der Blankovollmacht nicht aufgefallen ist oder nicht hätte auffallen müssen).

19 Aus dem Grundsatz, dass interessenwidriges Verhalten den Rahmen der Vollmacht überschreitet, folgt, dass sog. *Insichgeschäfte* wie die **Doppelvertretung** (der Vertreter handelt für beide Vertragspartner als Bevollmächtigter, vgl. BK-ZÄCH/KÜNZLER, N 89 f.) und das **Selbstkontrahieren** (Vertreter und Dritter sind identisch, vgl. BK-ZÄCH/KÜNZLER, N 78 ff.; vgl. zum grundsätzlichen Verbot des Selbstkontrahierens gem. § 181 BGB im deutschen Recht LOBINGER, 367 ff.) in aller Regel von der Vollmacht nicht gedeckt sind (vgl. auch BGE 93 II 482; aber auch Art. 436, welcher für den Kommissionär den Selbsteintritt unter gewissen Voraussetzungen ausdrücklich zulässt): Für den sorgfältigen Vertreter ist nach Treu und Glauben erkennbar, dass solche Geschäfte i.A. den Interessen des Vertretenen widersprechen (vgl. zur Gefahr der Interessenkollision beim Selbstkontrahieren und bei der Doppelvertretung BGer, 3.12.2012, 4A_360/2012, E. 4 und SCHOTT, 43 ff.; zur Rechtsfolge bei Interessenkollisionen im Erwachsenenschutzrecht vgl. Art. 365 Abs. 3 ZGB, wonach diesfalls die Befugnisse der beauftragten Person von Gesetzes wegen entfallen bzw. in diesem Bereich beschränkt werden). Analoges gilt für sog. **Eigengeschäfte** (materielles Selbstkontrahieren, vgl. SCHOTT, 86 ff.), bei denen der Vertreter zwar formell mit einem Dritten kontrahiert, das Geschäft aber nicht im Interesse des Vertretenen, sondern in seinem eigenen liegt (z.B. die Verbürgung einer Schuld des Vertreters im Namen des Vertretenen), ebenso beim *mittelbaren Handeln in Doppelstellung* (der Vertreter setzt für die eine Vertragsseite einen Unterbevollmächtigten ein, vgl. auch BK-ZÄCH/KÜNZLER, N 89; WATTER, Diss., N 59c). Bei der **Kollusion**, definiert als ungetreues Zusammenwirken von Vertreter und Drittem zum Schaden des Vertretenen, handelt der Vertreter definitionsgemäss ohne Vollmacht, da er die Interessenwidrigkeit ja ohne weiteres erkennt (vgl. zu allen Fällen auch WATTER, Diss., N 58 f. m.Nw.; weitergehend SCHOTT, 48, nach dessen Ansicht bei Kollusion gar Sittenwidrigkeit vorliegt). Im Bereich des *Selbstkontrahierens* und der *Doppelvertretung* kann allerdings im Einzelfall eine Vollmacht vorliegen bzw. vom Vertreter angenommen werden, so z.B. bei ausdrücklichem (BGE 127 III 332, 333 f.; 126 III 361, 363; vgl. auch BGer, 19.11.2002, 4C.212/2002, E. 3.2 und 30.7.2002, 4C.148/2002, E. 3.1) oder stillschweigendem Einverständnis des Vertretenen (vgl. § 181 BGB) – sei es in Form einer besonderen, vorgängigen Ermächtigung (wie sie in Bankvollmachten üblich ist, EMCH/RENZ/ARPAGAUS, N 690), sei es in Form einer nachträglichen Genehmigung i.S.v. Art. 38 (ZR 1994, 115 f.), ferner in den Fällen, wo eine Benachteiligung aufgrund der Natur des Geschäftes von vornherein ausgeschlossen ist (BGer, 3.12.2012, 4A_360/2012, E. 4.1.2 und 4.2), was namentlich beim *Kauf von Waren mit klar definierten Markt- oder Börsenkursen* der Fall ist (BGE 93 II 481 und generell auch BGE 127 III 332, 333; ferner BGE 126 III 361, 363 f.; generell geht das BGer von einem grundsätzlichen Verbot mit Ausnahmen aus; vgl. auch SCHOTT, 131 ff.). Anzufügen bleibt, dass weder beim Selbstkontrahieren noch bei der Doppelvertretung (wegen Wissenszurechnung, vgl. allerdings BGE 112 II 506) eine Vertretungswirkung kraft *Gutglaubensschutzes* möglich ist, dies im Gegensatz zum Eigengeschäft. Im Ergebnis ähnlich verhält es sich bei der Kollusion, wo der Dritte schon per definitionem nicht als gutgläubig gelten kann (vgl. SCHOTT, FN 292).

20 Ebenfalls nach Vertrauensprinzip richtet sich die Frage, ob – und wenn ja, in welchem Umfang – der Vertreter berechtigt ist, einem Dritten eine **Substitutionsvollmacht** (vgl. BGE 85 I 39) einzuräumen; dies wird, wo eine ausdrückliche Regelung (wie sie beispielsweise in Vollmachtsformularen von Rechtsanwälten anzutreffen ist) fehlt, dort regelmässig zu verneinen sein, wo der Vertretene ein (geäussertes) Interesse am persönlichen Handeln des Vertreters hat, vgl. auch Art. 398 Abs. 3. Im Einzelfall wird der Vertreter annehmen dürfen, er handle mit einer Substitution im Sinne des Vertretenen (m.a.W. darf er nach Vertrauensprinzip annehmen, der Vertretene hätte ihn dazu bevollmächtigt, wäre die Frage diskutiert worden), z.B. wenn er bei plötzlicher Krankheit oder Dringlichkeit eine Untervollmacht erteilt (vgl. Art. 398 Abs. 3; BK-ZÄCH/KÜNZLER, N 72). Substitution bedeutet keine Übertragung der Vollmacht, sondern ist wiederum eine eigene (Unter-) Vollmacht (VON TUHR/PETER, 374), deren Bestand von der (Ober-)Vollmacht unabhängig ist (VON TUHR/PETER, 374). Für die Ausübung der Untervollmacht gilt, dass der Unterbevollmächtigte im Namen des Vertretenen (und nicht des Vertreters) zu handeln hat; wohl nicht mit den Grundsätzen des geltenden Stellvertretungsrechts vereinbar ist die im Schrifttum vertretene Ansicht, wonach eine Untervollmacht auch in der Art und Weise erteilt werden kann, dass der Hauptvertreter den Untervertreter im eigenen Namen bevollmächtigt und die vom Untervertreter im Namen des Hauptvertreters vorgenommenen Handlungen durch diesen «hindurchwirken» und auf diese Weise mittelbar den Prinzipal treffen (vgl. zur sog. unechten Untervollmacht GAUCH/SCHLUEP/SCHMID/EMMENEGGER, N 1451). Die Tatsache, dass nur eine Untervollmacht vorliegt, braucht gegenüber dem Dritten nicht offen gelegt zu werden (BK-ZÄCH/KÜNZLER, N 74). Insofern die Untervollmacht zeitlich nicht auf die Dauer der Hauptvollmacht beschränkt wurde, kann sie das Erlöschen der Hauptvollmacht überdauern (VON TUHR/PETER, 374). Zu unterscheiden ist die Befugnis zur Einräumung einer Untervollmacht von der **Bevollmächtigung zur Erteilung einer Vollmacht** (vgl. auch N 9), bei welcher der Vertreter selbst für den Vertretenen nicht handeln kann. Praktisch kann ein solches Vorgehen Sinn machen, wenn der «Erstvertreter» die nötigen Eigenschaften nicht besitzt, was beispielsweise bei einer Aktiengesellschaft vorkommt, die in ihren Statuten vorschreibt, dass sich ein Aktionär nur durch einen anderen Aktionär vertreten lassen kann. Hier kann ein Erstvertreter eingesetzt werden, der nicht Aktionär zu sein braucht mit dem Auftrag, einem Aktionär Vollmacht zu erteilen.

In der Vollmacht **mit eingeschlossen** sind in aller Regel auch Geschäfte, die das Erreichen des «Hauptauftrages» unterstützen oder eine Voraussetzung für dessen Erfüllung bilden (BGE 99 II 44). Massgebend ist auch hier das nach Vertrauensprinzip ausgelegte Verständnis des Vertreters. So ist in der Abschlussvollmacht i.A. eine passive Vertretungsmacht enthalten, Willenserklärungen im Zusammenhang mit dem Vertragsschluss entgegenzunehmen (vgl. auch BK-ZÄCH/KÜNZLER, N 116 f.). Einer **besonderen Ermächtigung** bedürfen aber die Einleitung eines Prozesses, der Abschluss eines Vergleiches, die Annahme einer Schiedsvereinbarung, das Eingehen von Wechselverbindlichkeiten, die Belastung und Veräusserung von Grundstücken und Schenkungen, Art. 396 Abs. 3. **21**

5. Gewillkürte Schranken der Vollmacht

Aus dem Gesagten (N 17) folgt schon, dass der Vertretene die Vollmacht beliebig beschränken kann: sowohl örtlich, zeitlich, wie auch sachlich. In **sachlicher Hinsicht** sind neben der *Spezialvollmacht*, die nur den Abschluss eines bestimmten Geschäftes autorisiert, auch *Gattungsvollmachten* (BK-ZÄCH/KÜNZLER, N 94) oder gar *Generalvollmachten* (dazu ZR 1994, 121, 123) möglich. Bei diesen erhält der Vertreter Vollmacht für die Vornahme sämtlicher Geschäfte, die ein bestimmtes Vermögen betreffen (BGE 101 II 162; 99 II 43; 82 II 393; 81 II 61). Die Zulässigkeit solcher Vollmachten wird allerdings zum Teil in Zweifel gezogen, da der Vertretene die Konsequenzen einer Generalvollmacht kaum überblicken könne (vgl. BUCHER, AT, 605 f.; BK-ZÄCH/KÜNZLER, N 96 f., vgl. auch Art. 360 ff. ZGB). Aber auch der Generalbevollmächtigte hat natürlich keine Vollmacht für interessenwidrige Geschäfte. Oft wird ihn seine Sorgfaltspflicht aus dem Grundgeschäft verpflichten, für Geschäfte von grosser Tragweite eine ausdrückliche (Spezial-)Vollmacht bzw. eine Weisung einzuholen. Damit dürften Generalvollmachten nur dann eine Berechtigung zum Abschluss von Geschäften, welche die handelsrechtlichen Vertreter (vgl. Art. 348b Abs. 2, Art. 459 Abs. 2, Art. 462 Abs. 2 und N 21) nur mit besonderer Bevollmächtigung abschliessen dürfen, enthalten, wenn eine ausdrückliche Bevollmächtigung oder Weisung erfolgt ist (BGE 99 II 43). **22**

Zeitliche Schranken der Vollmacht können ausdrücklich angeordnet sein (und verhindern einen jederzeitigen Widerruf nicht) oder sich aus den Umständen ergeben (z.B. bei Verkaufsvollmacht für nur saisonal verfügbare Produkte): Auch hier ist das Vertrauensprinzip massgebend. Analoges gilt für **örtliche Begrenzungen** (vgl. Art. 460 Abs. 1 zur Filialprokura). **23**

Als **persönliche Beschränkung** ist v.a. die **Kollektivvollmacht** häufig, wo eine Mehrzahl von Vertretern (in der Praxis meist zwei) gemeinsam handeln muss, um eine Vertretungswir- **24** kung herbeizuführen (BK-ZÄCH/KÜNZLER, N 64 ff.). Gesetzlich geregelt ist die Kollektivvollmacht nur im Bereich des Handelsrechtes und teilweise der gesetzlichen Vertretung (vgl. etwa Art. 460 Abs. 2, Art. 717 Abs. 3, Art. 718 Abs. 2 OR; Art. 340 Abs. 1, Art. 378 Abs. 2 und Art. 402 Abs. 1 ZGB). Ihr Zweck ist namentlich das Verhindern von Interessenkollisionen, allenfalls auch der Schutz vor übereiltem Handeln. Im Bereich der rechtsgeschäftlichen Vollmachtserteilung besteht keine Vermutung für ein Kollektivzeichnungsrecht: Wo der Vertretene mehrere Bevollmächtigte einsetzt, ist demnach – ein erkennbarer anderer Wille vorbehalten (etwa bei Ausstellung nur einer Urkunde, vgl. VON TUHR/PETER, 375; **a.M.** BUCHER, AT, 636, FN 125) – eine Solidarvollmacht anzunehmen, bei der jeder Vertreter mit Vertretungswirkung handeln kann. Auffallend ist, dass verschiedene Banken diese Vermutung mittlerweile ausdrücklich in ihre standardisierten Vollmachtsformulare aufgenommen haben (EMCH/RENZ/ARPAGAUS, N 685). Bei mehreren Kollektivvertretern kommt es vor, dass der Vertretene anordnet, in welchen Kombinationen – oder gar in welcher Reihenfolge – die Vertreter (z.B. A nur mit B, B mit A oder C) handeln müssen. Zum Eintrag im Handelsregister vgl. Art. 460 N 8. Analog zur Rechtslage bei der Anscheins- und Duldungsvollmacht (N 16) ist es denkbar, dass eine Kollektivvertretungsmacht in eine Einzelvertretungsmacht umgewandelt wird; dies kann praktisch v.a. dort geschehen, wo der Vertretene Vertragsabschlüsse am Telefon duldet.

25 Für die **Ausübung der Kollektivvollmacht** gilt Folgendes: Die Kollektivvertreter brauchen weder gemeinschaftlich noch gleichzeitig tätig zu werden, jedoch müssen ihre Erklärungen inhaltlich übereinstimmen (BGE 58 II 160). Die Vertretungswirkung tritt erst dann ein, wenn die Erklärung des letzten zur Mitwirkung berufenen Vertreters (meist des zweiten Kollektivvertreters) vorliegt (BK-ZÄCH/KÜNZLER, N 70; GAUCH/SCHLUEP/SCHMID/EMMENEGGER, N 1431). Denkbar ist allerdings auch eine blosse Genehmigung des zweiten Kollektivvertreters (sogar an den anderen Vertreter, vgl. BUCHER, AT, 637), womit die Vertretungswirkung dann im Zeitpunkt des Handelns des ersten eintritt. Handeln die Kollektivvertreter nicht gleichzeitig, stellt sich die Frage, ob der zuerst agierende Vertreter vor Abgabe der noch ausstehenden Willensäusserung an seiner früheren Willensäusserung festhalten muss, damit eine Vertretungswirkung eintritt. Nach einer im Schrifttum vertretenen Auffassung muss dies nicht zwingend der Fall sein: Der zuerst handelnde Vertreter kann zwar seinen Willen in der Zwischenzeit ändern, jedoch bleibt es ihm verwehrt, seine Willensäusserung zurückzuziehen, weil der Vertreter den Schwebezustand, der durch das Handeln ohne genügende Vollmacht entstanden ist, nicht selbst beheben kann (BK-ZÄCH/KÜNZLER, N 70 m.w.Nw.). Dieser Ansicht wird wohl zu Recht entgegengehalten, dass eine Vertretungswirkung nur dann eintreten soll, wenn im Zeitpunkt, in welchem das Geschäft Wirksamkeit entfalten soll, die Willensübereinstimmung sämtlicher Kollektivvertreter noch vorhanden ist (GUTZWILLER, 24). Damit kann die Willensäusserung eines Kollektivvertreters bis zur Vornahme des Rechtsgeschäftes widerrufen werden. Des Weiteren stellt sich bezüglich der Ausübung der Kollektivvollmacht die Frage, ob der eine Kollektivvertreter seine Vollmacht auf den anderen übertragen kann. Die Antwort auf diese Frage richtet sich – ähnlich wie bei der Frage der Zulässigkeit des Selbstkontrahierens oder des Erteilens einer Untervollmacht – nach dem Willen des Vertretenen und dürfte damit i.A. negativ ausfallen (anders, wenn etwa Dringlichkeit eine solche Bevollmächtigung verlangt oder das Geschäft schon im Voraus im Detail bekannt ist, vgl. WATTER, Diss., N 89; wie hier BK-ZÄCH/KÜNZLER, N 70).

26 Im Bereich der **Passivvertretung** gilt, dass *ein* Kollektivvertreter Erklärungen rechtsgültig entgegennehmen kann bzw. passive Vertretungsmacht hat (WATTER, Diss., N 265 m.Nw.); entsprechend genügt bei der Wissensvertretung Kenntnis oder Kennenmüssen auch nur eines Kollektivvertreters, um den Vertretenen bösgläubig zu machen (WATTER, Diss., N 266 m.V.). Schliesslich ist der Vertretene zur Anfechtung von Rechtsgeschäften befugt, falls nur *ein* Kollektivvertreter sich in einem Willensmangel befand.

6. Willensmängel in der Bevollmächtigung

Die Bevollmächtigung unterliegt wie alle anderen Rechtsgeschäfte der **Anfechtung wegen Willensmängeln**. Bedeutung hat diese aber nur dann, wenn schon Vertretungshandlungen vorgenommen wurden, denn die Vollmacht kann ja jederzeit widerrufen werden. War der Vertreter bereits tätig, hat sich die Anfechtung an den Vertreter und den Dritten zu richten (VON TUHR/PETER, 360; nach BUCHER, AT, 633 genügt eine Erklärung gegenüber dem Dritten). Da die Vollmacht wegen der Geltendmachung des Willensmangels ex tunc dahinfällt und der Vertreter damit (wenn auch ohne sein Wissen) ohne Vollmacht gehandelt hat, tritt i.A. keine Vertretungswirkung ein bzw. entfällt sie. Ausgenommen ist der Fall der absichtlichen Täuschung durch den Vertreter, wo Art. 28 Abs. 2 Anwendung findet, der Vertrag also nur bei Bösgläubigkeit des Vertragspartners dahinfällt («Dritter» i.S. jener Bestimmung ist der Vertreter, vgl. WATTER, Diss., N 56c). Allerdings kann trotz des Dahinfallens der Vollmacht eine Vertretungswirkung kraft **Gutglaubensschutzes** eintreten, falls der Vertretene dem Dritten gegenüber die Vollmacht (wenn auch mit mangelhaftem Willen) kundgegeben hatte (BK-ZÄCH/KÜNZLER, N 118; Art. 34 N 37 ff.; WATTER, Diss., N 56). 27

Wo **keine Kundgabe** stattgefunden hat und der Dritte somit keinen Vertragsanspruch gegen den Vertretenen erhält (bzw. diesen wieder verliert), haftet der Vertretene nach Art. 26, bei Drohung gem. Art. 29 Abs. 2, und zwar dem Vertreter und dem Dritten gegenüber (WATTER, Diss., N 56b; BUCHER, AT, 634). 28

IV. Die Mitteilung der Ermächtigung an einen Dritten (Abs. 3)

Art. 33 Abs. 3 regelt die Rechtsfolge für den Fall, wo der Vertretene **nach aussen** eine **Vollmacht kundgibt**, die er intern nicht oder nicht im kundgegebenen Umfang erteilt hat (BGE 120 II 197, 199; anschaulich BGE 131 III 511, 517 ff.; vgl. auch BGer, 30.4.2013, 4A_19/2013, E. 3.1.1) und der angebliche «Vertreter» in fremdem Namen (dazu Art. 32 N 6 ff.) handelt, wobei der Dritte im Vertrauen auf die Kundgabe ein Rechtsgeschäft eingeht, für das zwar die kundgegebene, nicht aber die intern erteilte Vollmacht ausreicht. Hier gilt, dass der Vertretene dem gutgläubigen Dritten die mangelnde Vertretungsmacht des Vertreters nicht entgegenhalten kann. Nach BK-ZÄCH/KÜNZLER, N 124 müsste diese Norm zum einfacheren Verständnis folgendermassen formuliert sein: «Wird die Ermächtigung vom Vollmachtgeber einem Dritten mitgeteilt, so kann er nach Abschluss eines Vertretungsgeschäftes diesem Dritten nicht entgegenhalten, er habe tatsächlich keine Vollmacht bzw. keine Vollmacht im kundgegebenen Umfang erteilt, es sei denn, der Dritte habe oder müsste davon Kenntnis haben.» Ob Art. 33 Abs. 3 auch auf die gesetzliche Vertretung anwendbar ist, hat das BGer offengelassen (BGE 107 II 114; vgl. nun aber den Nachweis in N 6). 29

Die Auffassung, eine Vollmachtsmitteilung nach Art. 33 Abs. 3 lasse eine **externe Vollmacht** (auch Aussenvollmacht oder Rechtsscheinvollmacht) entstehen, wird hier somit abgelehnt (ebenso BK-ZÄCH/KÜNZLER, N 128; GAUCH/SCHLUEP/SCHMID/EMMENEGGER, N 1405 ff.; SCHWENZER, N 42.04; HUGUENIN, OR AT/BT, N 1098; wie hier nun offenbar auch BGE 135 III 464, 469 E. 3.3.4; **a.M.** aber BGE 107 II 115; offen gelassen in BGE 120 II 199; unklar BGE 131 III 511; vgl. ferner BGer, 17.11.2006, 4C.293/2006, E. 2.1.2; 14.5.2002, 4C.12/2002, E. 3.1; wie hier BGer, 22.8.2001, 4C.127/2001, E. 2; VON TUHR/PETER, 358; BUCHER, AT, 602, 606 f.; KELLER/SCHÖBI, I, 72 ff.). Begründet wird die Annahme einer externen Vollmacht i.A. mit Verkehrsschutzüberlegungen (vgl. N 17), was aber wenig überzeugt, gibt doch auch die hier vertretene Auffassung dem gutgläubigen (und damit schutzwürdigen) Dritten einen Vertragsanspruch (KOLLER, N 215 ff.; WATTER, Diss., N 12, 30, namentlich 30d; vgl. auch anschaulich BGE 77 II 138, 143), ohne eine Vollmacht «erfinden» zu müssen, die im Gesetzestext keine Stütze hat. Zur Anscheins- und Duldungsvollmacht s. N 16; vgl. ferner zu möglichen strafrechtlichen Komplikationen für den Vertreter Art. 33 N 4. 30

31 Die **Mitteilung der Vollmacht** kann **nur vom Vertretenen** ausgehen (BGE 120 II 200; BGer, 15.3.2006, B.24/2005, E. 4.2.1; 22.4.2010, 4A_58/2010, E. 4.2), allenfalls auch von einem durch ihn eingesetzten Boten (BK-ZÄCH/KÜNZLER, N 131, wobei auch der Vertreter Bote sein kann; CHAPPUIS/DÄTWYLER, SJ 1987, 248 f.; vgl. dazu BGE 131 III 511, 518). Die Vollmachtskundgabe ist eine blosse *Wissensmitteilung* (KOLLER A., OR AT, N 1403) und bedarf keiner bestimmten Form, kann somit auch stillschweigend erfolgen (KOLLER, N 240 ff.), ja sogar ohne Erklärungsbewusstsein (BGE 120 II 202; ferner BGer, 15.3.2006, B.24/2005, E. 4.2.1; vgl. auch BGer, 30.4.2013, 4A_19/2013, E. 3.1.1), falls dem Vertretenen die Bedeutung seiner Handlung hätte bewusst sein müssen. Massgebend für Bestand und Umfang der Kundgabe ist das Vertrauensprinzip (KOLLER, N 248; BGer, 22.8.2001, 4C.127/2001, E. 2b und 14.5.2002, 4C.12/2002, E. 3.2, wo präzisiert wird, dass die Kundgabe *vor* Vertragsschluss erfolgen muss; vgl. auch BGE 131 III 511, 518 ff.), wobei nötig ist, dass die Handlung des Vertretenen (oder sein Dulden oder Unterlassen) objektiv als drittgerichtete Mitteilung, als Vollmachtskundgabe zu werten ist (BGE 120 II 202) bzw. ihm normativ zugerechnet werden kann (und BGer, 10.10.2002, 4C.181/2002, E. 2). Der Dritte muss sich das Wissen aus anderen Vertragsbeziehungen anrechnen lassen (vgl. den Fall in SJZ 1985, 305 f.; ZR 2005, 113). Im Einzelfall kann nach Vertrauensprinzip auch die Einräumung einer Stellung, mit der nach der Verkehrsübung eine Ermächtigung verbunden zu sein pflegt, als Vollmachtskundgabe gelten (SJZ 1963, 188; BGE 120 II 204). Passives Verhalten (Dulden, Unterlassen) kann nur als Kundgabe gelten, wenn zusätzliche vom «Vertretenen» gesetzte Umstände vorliegen, die den Dritten berechtigen, auf eine Vollmacht zu schliessen (BGE 120 II 203; BGer, 4.7.2006, 4C.131/2006, E. 2.2; 3.9.2010, 4A_313/2010; die blosse Vater-Sohn-Beziehung gehört nicht dazu, vgl. BGer, 22.8.2001, 4C.127/2001, E. 2b); auch frühere vom «Vertretenen» selbst geführte Verhandlungen gehören nicht dazu (BGE 120 II 204).

32 Geht die Mitteilung **weniger weit als die tatsächlich erteilte Vollmacht**, liegt kein Fall von Abs. 3 vor; die Vertretungswirkung erfolgt kraft Vertretungsmacht (vgl. auch BGE 99 II 39, 41; ferner GAUCH/SCHLUEP/SCHMID/EMMENEGGER, N 1398; BK-ZÄCH/KÜNZLER, N 140 ff.; HUGUENIN, OR AT/BT, N 1098). Immerhin sind Fälle denkbar, wo der Dritte wegen der spezifischen Mitteilung keinen Vertragsanspruch erhält, etwa dann, wenn der Vertretene ihm gegenüber erklärt, mit ihm wolle er nicht kontrahieren, der Vertreter – der diesen Willen nicht kennt – aber dennoch einen Vertrag mit ihm schliessen will (GILLIARD, 173); die Begründung liegt aber m.E. diesfalls nicht in Art. 33 Abs. 3, sondern in Art. 1 und 18.

33 Praktisch erfolgt die Vollmachtsmitteilung häufig durch Ausstellung einer **Vollmachtsurkunde** (vgl. auch Art. 363 Abs. 3 ZGB). Nach h.L. gilt die Verwendung der Urkunde durch den Vertreter dann nicht als Mitteilung der Vollmacht, wenn er sie wider besseren Wissens einsetzt (BK-ZÄCH/KÜNZLER, N 145; KOLLER, N 253 ff.; anders vorliegend für das weisungswidrige Ausfüllen einer Blankovollmacht, N 18; vgl. ferner Art. 36 N 8; generell **a.M.** Handkomm-OR-SCHÖBI, N 15; i.E. wohl ebenso BGE 131 III 511). Denkbar ist auch eine Vollmachtserteilung in Verträgen und AGB (vgl. STIERLI, 204 ff. und BGE 109 II 452 für die Kundgabe der Architektenvollmacht durch die SIA-Norm 118); namentlich im Bankenbereich erstellt oft die Bank (als Dritte) den Vollmachtstext.

34 Ob **Willensmängel**, praktisch wohl v.a. der Erklärungsirrtum, bei der Vollmachtskundgabe geltend gemacht werden können, ist umstritten und wird vorliegend abgelehnt (bejahend KOLLER, N 233; verneinend WATTER, Diss., N 56a und – im Ergebnis – GILLIARD, 171 f.; vgl. auch N 27 f.).

35 Auf Seiten des **Dritten** ist zunächst die Kenntnisnahme der Vollmachtskundgabe *vor* Vertragsabschluss nötig (s. N 31). Weiter verlangt ist sein **guter Glaube** (zur Herleitung dieser im Gesetz nicht erwähnten Voraussetzung KOLLER, N 275 ff.; GILLIARD, 163; vgl. zur Rsp. statt vieler BGE 131 III 511, 517 ff. sowie BGer, 23.2.2006, 4C.72/2005, E. 3 und 22.4.2010, 4A_58/2010, E. 4.2), wobei dem Vertretenen der Nachweis offen steht, dass der Dritte nicht mit dem gehörigen Mass an Aufmerksamkeit gehandelt habe, Art. 3 Abs. 2 ZGB.

Zerstört wird der gute Glaube v.a. dann, wenn der Dritte erkannte oder hätte erkennen sollen, dass das abgeschlossene Geschäft den Interessen des Vertretenen widerspricht (vgl. zur diesbezüglichen Sorgfalt einer Bank bei Saldierung des Kontos durch den Bevollmächtigten, ZR 2005, 112 ff.; vgl. auch BGE 131 III 511, 521 f.). Eine generelle Erkundungspflicht besteht aber nicht (WATTER, Diss., N 41; vgl. auch ZR 2005, 112). Im Einzelfall kann diese aus besonderen Umständen folgen, etwa dann, wenn der Vertreter eine sehr alte Vollmachtsurkunde vorweist (GILLIARD, 172 f.; vgl. auch als anschaulichen Fall BGE 77 II 138).

Konsequenzen für den die Vollmacht überschreitenden Vertreter, der durch sein Handeln den Vertretenen in ein unerwünschtes Geschäft «hineinzieht», ergeben sich primär aus dem Grundverhältnis (vgl. auch N 4 zu möglichen strafrechtlichen Folgen), im Einzelfall auch aus Deliktsrecht, vgl. ISENRING, 110 ff. **35a**

V. Beweislast

Bestand und Umfang (inkl. allfälliger Beschränkung) der Vollmacht sind von jener Partei zu beweisen, die sich darauf beruft; Gleiches gilt für die Vollmachtskundgabe (BK-ZÄCH/KÜNZLER, N 164 f.). Der gute Glaube des Dritten wird vermutet, Art. 3 Abs. 1 ZGB. **36**

Art. 34

2. Auf Grund von Rechtsgeschäft
a. Beschränkung und Widerruf

1 Eine durch Rechtsgeschäft erteilte Ermächtigung kann vom Vollmachtgeber jederzeit beschränkt oder widerrufen werden, unbeschadet der Rechte, die sich aus einem unter den Beteiligten bestehenden anderen Rechtsverhältnis, wie Einzelarbeitsvertrag, Gesellschaftsvertrag, Auftrag, ergeben können.

2 Ein vom Vollmachtgeber zum voraus erklärter Verzicht auf dieses Recht ist ungültig.

3 Hat der Vertretene die Vollmacht ausdrücklich oder tatsächlich kundgegeben, so kann er deren gänzlichen oder teilweisen Widerruf gutgläubigen Dritten nur dann entgegensetzen, wenn er ihnen auch diesen Widerruf mitgeteilt hat.

2. Pouvoirs découlant d'un acte juridique
a. Restriction et révocation

1 Le représenté a en tout temps le droit de restreindre ou de révoquer les pouvoirs découlant d'un acte juridique, sans préjudice des réclamations que le représentant peut avoir à former contre lui en vertu d'une autre cause, telle qu'un contrat individuel de travail, un contrat de société ou un mandat.

2 Est nulle toute renonciation anticipée à ce droit par le représenté.

3 Lorsque le représenté a fait connaître, soit en termes exprès, soit par ses actes, les pouvoirs qu'il a conférés, il ne peut en opposer aux tiers de bonne foi la révocation totale ou partielle que s'il a fait connaître également cette révocation.

2. Per negozio giuridico
a. Limiti e revoca

1 La facoltà conferita per negozio giuridico può sempre essere limitata o revocata dal mandante, senza pregiudizio dei diritti derivanti da un altro rapporto giuridico esistente fra le parti, come contratto individuale di lavoro, contratto di società o mandato.

2 La rinuncia preventiva del mandante a questo diritto è nulla.

3 Il mandante che ha fatto conoscere in termini espressi o con fatti concludenti le facoltà da lui conferite, non può opporre ai terzi di buona fede la revoca totale o parziale, ove non l'abbia loro parimente fatta conoscere.

Literatur

Vgl. die Literaturhinweise bei Art. 32 und 33.

I. Allgemeines, Normzweck

1 Art. 34 regelt **einen Erlöschungsgrund der Vollmacht**, nämlich den Widerruf durch den Vollmachtgeber bzw. den Vertretenen; durch diesen Widerruf wird die rechtsgeschäftlich erteilte Vertretungsmacht zum Erlöschen gebracht. Das Gesetz regelt in Abs. 3 im Weiteren die Wirkungen dieses Erlöschens Dritten gegenüber.

2 Gesetzlich nicht geregelte Fälle des Erlöschens sind die **Niederlegung** der Vollmacht, bzw. der **Verzicht** (vgl. hierzu BVGer vom 7.10.2013, A-3474/2013, E. 3.3; BK-Zäch/Künzler, Vor Art. 34/35 N 4 ff.; ferner Huguenin, OR AT/BT, N 1083; vgl. auch BGE 135 III 464, 468, wonach eine Vollmacht erlöschen kann, wenn Anhaltspunkte vorliegen, welche die Weiterexistenz der Vollmacht in Frage stellen, wie wenn der Vertreter lange untätig bleibt oder sich die Verhältnisse wesentlich verändern; allerdings kann dann oft auch von einem stillschweigendem Widerruf ausgegangen werden, vgl. N 5) und die **Erledigung** (vergleichbar mit dem Untergang einer Obligation durch Erfüllung, vgl. Art. 32 N 8). Durch Zeitablauf erlischt eine Vollmacht nur, wenn sie befristet wurde; eine **Verjährung** der Vollmacht gibt es nicht. Eine unter einer resolutiven Bedingung – z.B. der Erreichung eines bestimmten Zweckes – erteilte Vollmacht erlischt selbstredend mit dem Eintritt der entsprechenden Bedingung.

II. Der Widerruf (Abs. 1)

3 Der Widerruf – als **aufhebendes Gestaltungsrecht** (BJM 1988, 302 f.) – ist eine *einseitige, empfangsbedürftige, an den Bevollmächtigten gerichtete Erklärung*; Eingang der Erklärung beim Vertreter genügt, Kenntnisnahme ist nicht nötig (BK-Zäch/Künzler, N 1; vgl. auch BGer, 4.4.2006, 1A.140/2005, E. 1.2). Immerhin kann die Vollmacht trotz Eintreffens des Widerrufs nach Art. 37 noch weiter wirken (vgl. Art. 37 N 2).

4 Durch Widerruf kann die Vertretungsmacht nicht nur aufgehoben, sondern auch **beschränkt** werden (vgl. Randtitel zu Art. 34). Ob der Widerruf an einen von zwei *Kollektivvertretern* bedeutet, dass die Rechte des verbleibenden Vertreters erlöschen oder in eine Einzelvollmacht umgewandelt werden, richtet sich nach dem berechtigten Verständnis des Letzteren: Nur falls er annehmen darf, der Vollmachtgeber habe seine Vollmacht ausdehnen wollen, führt der Widerruf an einen Kollektivvertreter zu einer Einzelvollmacht des zweiten Vertreters (präzisierend BK-Zäch/Künzler, N 30, nach deren Ansicht immer dann eine stillschweigende Umwandlung einer Kollektivvollmacht in eine Einzelvollmacht vorliegen dürfte, wenn der Vollmachtgeber bewusst sämtliche Kollektivvollmachten bis auf eine widerruft). Analoges gilt, wo mehrere Kollektivvertreter bestellt wurden.

5 Möglich ist neben dem ausdrücklichen auch der **stillschweigende Widerruf**, etwa dadurch, dass der Vollmachtgeber bei einer Vollmacht für ein Einzelgeschäft dieses selber abschliesst; ein stillschweigender Widerruf kann auch in der Bevollmächtigung eines Anderen (vgl. den Sachverhalt in BGE 112 II 451, 457) oder im Zurückverlangen der Vollmachtsurkunde liegen, im Einzelfall auch in stark veränderten Umständen begründet sein (vgl. N 2). In aller Regel wird auch das Aufheben des Grundverhältnisses (etwa des Auftrags oder des Arbeitsverhältnisses) als stillschweigender Widerruf aufzufassen sein (BK-Zäch/Künzler, N 4; ebenso Emch/Renz/Arpagaus, N 693 in Bezug auf die mit einem Vermögensverwaltungsvertrag verbundene Vollmacht).

6 Der Widerruf ist auch dann **formfrei**, wenn die Bevollmächtigung an eine Form gebunden war (N 8; BK-Zäch/Künzler, N 5). Die Form des Widerrufs muss somit nicht mit derjenigen der Bevollmächtigung identisch sein.

7 Der Widerruf hat nach Abs. 1 im Grundsatz keinen Einfluss auf das **Grundverhältnis**, dies wegen der Abstraktheit der Vollmacht (Art. 33 N 12); wird dem Arbeitnehmer eine Vollmacht

entzogen, gilt dies nicht als (fristlose) Kündigung. Umgekehrt kann je nach Sachlage ein Widerruf den Vertreter zur fristlosen Aufkündigung des Grundverhältnisses berechtigen (BK-Zäch/Künzler, N 12).

III. Unbeschränkbarkeit des Widerrufsrechts (Abs. 2)

Im Gegensatz zu ausländischen Rechtsordnungen (vgl. etwa § 168 BGB) ist im Schweizer Recht ein **Verzicht auf das Widerrufsrecht** nicht möglich – dies gemäss Emch/Renz/Arpagaus, N 693 auch bei Bankkonten, die – ausgestattet mit Vollmacht an den Treugeber – auf den Treuhänder lauten (vereinzelt wird jedoch entgegen der h.L. auch die Meinung vertreten, dass die Vorschrift von Art. 34 Abs. 2 nicht absolut, sondern nur nach Massgabe von Art. 27 ZGB gelte, weshalb der Vollmachtgeber auf das Widerrufsrecht insoweit verzichten könne, als dies mit Art. 27 ZGB vereinbar sei, vgl. dazu ZK-Oser/Schönenberger, N 8). Auch andere, indirekte Beschränkungen, etwa durch die Abrede einer Konventionalstrafe, sind nicht möglich (BGE 98 II 309 zur Architektenklausel in Grundstückkaufverträgen); nach h.L. darf der Widerruf nicht einmal an eine spezielle Form geknüpft werden (BK-Zäch/Künzler, N 26 ff.; vgl. aber auch von Tuhr/Peter, 368, wo eine Verpflichtung, den Widerruf nicht auszuüben, als zulässig erachtet wird). 8

Wo die Parteien eine «unwiderrufliche Vollmacht» erteilen möchten, müssen sie somit zu **anderen Konstruktionen** greifen: statt einer (unwiderruflichen) Inkassovollmacht ist die Forderung zu zedieren; soll eine «unwiderrufliche» Vollmacht zum Verkauf einer Sache erteilt werden, muss das Eigentum übertragen werden. Vgl. zu den Möglichkeiten der Treuhand Watter, ZSR 1995 II, 201 ff., 214 ff. 9

Der **Schutz des Bevollmächtigten** ergibt sich aus dem Grundverhältnis, namentlich aus Art. 404 Abs. 2 (vgl. Gauch, recht 1992, 9 ff., 19) und dem Kündigungsschutz im Arbeitsvertragsrecht. 10

IV. Mitteilung des Widerrufs an Dritte (Abs. 3)

Abs. 3 regelt die **Auswirkungen des Widerrufs auf den Dritten**, falls diesem die Vertretungsmacht (früher) kundgegeben worden war: Bestimmt wird, dass der gutgläubige Dritte bei Widerruf einen Vertragsanspruch gegen den Vertretenen erhält, wenn der Vertreter trotz Widerruf tätig wird. 11

Der gute Glaube des Dritten wird dabei nicht allein schon durch den Eingang der Widerrufserklärung zerstört; nötig ist **Kenntnis des Widerrufs oder zumindest ein Kennensollen** (ebenso BK-Zäch/Künzler, N 41 ff.; **a.M.** Koller, N 305; Huguenin, OR AT/BT, N 1106 f.; Handkomm-OR-Schöbi, N 7). Wo sich also der Dritte nicht um eingegangene Post kümmert, kann er sich nicht auf seinen guten Glauben berufen (Art. 3 Abs. 2 ZGB); umgekehrt schadet die fehlende Kenntnisnahme etwa bei Auslandaufenthalt nicht. Zu beachten ist, dass das Wissen von Hilfspersonen, welche die Widerrufserklärung kennen, dem Dritten zuzurechnen ist. Die den guten Glauben zerstörende Mitteilung an den Dritten ist an *keine Form* gebunden. Es genügt auch, wenn die Kenntnisnahme «zufällig» erfolgt; auch ist nicht nötig, dass die Mitteilung vom Vollmachtgeber ausgeht. Bei der Bezahlung von *Wertpapierschulden* ohne Vorweisung der Urkunde wirkt der Gutglaubensschutz nach Art. 34 Abs. 3 nicht (BGE 117 II 166, 169). 12

Nach der h.L. soll Art. 34 Abs. 3 nur dann Anwendung finden, wenn die kundgegebene Vollmacht infolge Widerrufs erlischt; **erlischt die Vollmacht aus einem der in Art. 35 erwähnten Gründe**, so soll Art. 34 Abs. 3 nicht anwendbar sein. Gegen diese Ansicht wendet Koller A., OR AT, N 1428 zu Recht ein, dass es in der Praxis gewisse Fallkonstellationen von Art. 35 gibt, bei welchen zumindest eine Analogie zu Art. 34 Abs. 3 in Betracht gezogen wer- 13 den muss (**anders** etwa Schwenzer, N 42.32, welche m.V. auf Art. 37 Abs. 1 davon ausgeht, dass der Dritte bei einem Erlöschen der Vollmacht aus den in Art. 35 erwähnten Gründen, nur bei Gutgläubigkeit des Vertreters einen Schutz findet). M.E. ist der Meinung von Koller beizupflichten, so etwa dann, wenn sich der Vertretene des Dahinfallens der Vollmacht aus einem in Art. 35 genannten Grunde bewusst ist (z.B. beim Konkurs des Bevollmächtigten, wo Art. 37 keine Anwendung finden kann, wenn der Bevollmächtigte dennoch handelt), womit ihm zuzumuten ist, dem Dritten vom Erlöschen der Vollmacht Mitteilung zu machen.

V. Beweislast

14 Im Verhältnis Vollmachtgeber-Vertreter ist der Widerruf vom Vollmachtgeber zu beweisen. Will sich der Dritte auf den Gutglaubensschutz nach Abs. 3 berufen, muss er die Vollmachtskundgabe nachweisen. Der Vollmachtgeber seinerseits kann dann die Mitteilung des Widerrufes an den Dritten beweisen oder die Gutglaubensvermutung nach Art. 3 ZGB umzustossen versuchen.

Art. 35

b. Einfluss von Tod, Handlungsunfähigkeit u.a.

[1] Die durch Rechtsgeschäft erteilte Ermächtigung erlischt, sofern nicht das Gegenteil bestimmt ist oder aus der Natur des Geschäfts hervorgeht, mit dem Verlust der entsprechenden Handlungsfähigkeit, dem Konkurs, dem Tod oder der Verschollenerklärung des Vollmachtgebers oder des Bevollmächtigten.

[2] Die nämliche Wirkung hat die Auflösung einer juristischen Person oder einer in das Handelsregister eingetragenen Gesellschaft.

[3] Die gegenseitigen persönlichen Ansprüche werden hievon nicht berührt.

b. Effets du décès, de l'incapacité, etc.

[1] Les pouvoirs découlant d'un acte juridique s'éteignent par la perte de l'exercice des droits civils, par la faillite, par la mort ou par la déclaration d'absence, soit du représenté, soit du représentant, à moins que le contraire n'ait été ordonné ou ne résulte de la nature de l'affaire.

[2] Il en est de même lorsqu'une personne morale cesse d'exister, ou lorsqu'une société inscrite au registre du commerce est dissoute.

[3] Les droits personnels des parties l'une envers l'autre demeurent réservés.

b. Effetti della morte, dell'incapacità ecc.

[1] Salvo che il contrario sia stato disposto o risulti dalla natura del negozio, il mandato conferito per negozio giuridico si estingue con la perdita della relativa capacità civile, il fallimento, la morte o la dichiarazione della scomparsa del mandante o del mandatario.

[2] Lo stesso effetto ha lo scioglimento di una persona giuridica o di una società iscritta nel registro di commercio.

[3] Restano salvi i reciproci diritti personali.

Literatur

Breitschmid, Meldepflicht des Beauftragten gemäss Art. 397a OR – in welchen Fällen zwingend?, SJZ 2013, 251 ff.; Guggenheim, Die Verträge der schweizerischen Bankpraxis, 3. Aufl., Zürich 1986; Zobl, Probleme im Spannungsfeld von Bank-, Erb- und Schuldrecht, AJP 2001, 1007 ff.; vgl. ferner die Literaturhinweise bei Art. 32 und 33.

I. Normzweck

1 Das Gesetz regelt in Art. 35 weitere **Erlöschungsgründe** (zum Widerruf Art. 34) der rechtsgeschäftlich erteilten Vertretungsmacht, dies parallel zur Bestimmung von Art. 405. Sie bewirken i.d.R., dass der Bevollmächtigte nicht mehr annehmen darf, er sei zu Vertretungshand-

lungen ermächtigt. Umgekehrt gilt dann, wenn der Vertreter selbst von einem Erlöschungsgrund betroffen ist, er entweder gar nicht mehr tätig sein oder seine Tätigkeit dem Vertretenen nicht mehr zugemutet werden kann. Dennoch wird das Erlöschen der Vollmacht nach Art. 35 in der Praxis oft wegbedungen. Im Zusammenhang mit dem per 1.1.2013 in Kraft getretenen Erwachsenenschutzrecht gab es in Abs. 1 zwei Änderungen: neu wird von einem «bestimmten» statt «vereinbarten» Gegenteil gesprochen, was die Unterscheidung zwischen Auftrag und Vollmacht als einseitiges Rechtsgeschäft zum Ausdruck bringen soll (vgl. AS 2011, 725, Anhang II Ziff. 10 und Botschaft zur Änderung des Schweizerischen Zivilgesetzbuches [Erwachsenenschutz, Personenrecht und Kindesrecht] vom 28.6.2006, BBl 2006, 7112; vgl. auch Art. 33 N 8), ferner von der «entsprechenden Handlungsfähigkeit».

II. Die Erlöschungsgründe nach Abs. 1 und 2

Tod (Art. 31 ff. ZGB) oder **Verschollenerklärung** (Art. 35 ff. ZGB) des *Vollmachtgebers* oder des *Vertreters* führen zum Erlöschen der Vollmacht. Massgeblicher Zeitpunkt ist der Todeszeitpunkt bzw. die Verschollenerklärung. Im Einzelfall kann sich – neben einer ausdrücklichen Anordnung des Vollmachtgebers – auch aus der Natur des Geschäftes oder aus dem stillschweigenden Willen des Vollmachtgebers (hierzu BK-Zäch/Künzler, N 42; vgl. ferner N 5) ergeben, dass die Vollmacht trotz Eintritt eines Erlöschungsgrundes weiter gilt. Das ist namentlich dann der Fall, wenn dringliche, im offenbaren Interesse des Vertretenen (bzw. seines Nachlasses) liegende Akte in Frage stehen (vgl. Art. 405), etwa die Fristwahrung in einem Verfahren (vgl. auch BGE 110 V 391 = Pra 1985, 486 f.) oder die Beendigung eines begonnenen Geschäftes (vgl. BGE 97 I 275). Massgeblich ist m.E., ob der Vertreter nach Treu und Glauben annehmen darf, es liege eine solche spezielle Sachlage vor. Der sorgfältige Vertreter wird dann aber auch möglichst umgehend versuchen, seine Stellung auf eine neue, «sichere» Basis zu stellen, also von den Erben oder den Liquidatoren eine Bestätigung bzw. Erneuerung seiner Vollmacht verlangen (BGE 110 V 391 = Pra 1985, 486 f.). Der Vertreter kann in dieser Konstellation entweder im Namen des Vollmachtgebers handeln oder im Namen der Rechtsnachfolger – auch wenn durch die Rechtshandlungen bloss die Rechtsnachfolger verpflichtet werden (vgl. ausführlich BK-Zäch/Künzler, N 45). 2

Die analogen Erlöschungsgründe bei der juristischen Person und den Personengesellschaften («die im Handelsregister eingetragene Gesellschaft») sind die **Auflösung** (Abs. 2) und die **Löschung** im Handelsregister, die ab dem entsprechenden Beschluss, Urteil oder dem festgelegten Zeitpunkt wirken (Art. 736), bzw. mit der Eintragung der Löschungsanmeldung im Tagebuch des Handelsregisters (Art. 19 HRegV). Soweit z.B. Liquidatoren nach dem Auflösungsbeschluss für eine AG tätig sind, können sie erteilte Vollmachten neu erteilen bzw. bestätigen (vgl. den Sachverhalt in BGer, 11.2.2014, 4A_150/2013 und insb. E. 3.2 daselbst). Ist *die aufgelöste AG Bevollmächtigte*, kann ihr gegenüber eine Vollmacht neu erteilt werden, soweit sie in ihrem Liquidationsstadium überhaupt noch als Bevollmächtigte auftreten kann (vgl. Art. 743). Auch bei Auflösung und Liquidation kann sich aus der Natur des Geschäftes eine Weitergeltung der Vollmacht trotz Eintritt eines Erlöschungsgrundes ergeben (N 2). 3

Der Verlust der **Handlungsfähigkeit** (nicht aber die vorübergehende Urteilsunfähigkeit, vgl. Art. 32 N 21; im neuen Erwachsenenschutzrecht nach Art. 360 ff., speziell Art. 394 Abs. 2 ZGB wird vom Verlust der «entsprechenden» Handlungsfähigkeit gesprochen; vgl. dazu Breitschmid, SJZ 2013, 251) auf Seiten des *Vollmachtgebers* führte nach einer älteren Lehre zwingend zum Erlöschen der Vollmacht, falls die Vollmacht den Bereich betrifft, in welchem die Handlungsfähigkeit beschränkt wird. Immerhin finden sich in der Praxis, namentlich in Bankformularverträgen – und etwa auch im Standardvollmachtsformular des Zürcher Anwaltsverbandes – Bestimmungen, wonach die Vollmacht trotz Verlust der Handlungsfähigkeit weitergelte (anzumerken ist immerhin, dass der Zürcher Anwaltsverband seit 2015 darauf 4 hinweist, dass in diesen Konstellationen allenfalls die Formvorschriften des Vorsorgeauftrags nach Art. 360 ZGB einzuhalten sind). Die Praxis hat den Gesetzeswortlaut auf ihrer Seite; auch ist nicht einzusehen, weshalb der (noch voll urteilsfähige) Vollmachtgeber den Zeitraum bis zur Errichtung einer Vertretungsbeistandschaft nach Art. 381 ZGB nicht im Voraus regeln könnte, dies für spezifische Geschäfte ausserhalb eines Vorsorgeauftrags nach Art. 360 Abs. 1 ZGB. Vorliegend wird deshalb die Ansicht vertreten, dass auch dieser Erlöschungsgrund dispositiver Natur ist (so wie hier BGE 132 III 222, 225), und zwar unabhängig davon, ob der Erlöschungsgrund in der Person des Vollmachtgebers oder des Vertreters liegt. Vgl. ferner N 2 zur allfälligen Weitergeltung der Vollmacht wegen der Natur des Geschäftes.

5 Analog ist die Rechtslage bei Verlust der **Handlungsfähigkeit der juristischen Personen** oder beim Ausscheiden der vertretungsberechtigten Gesellschafter aus der Personengesellschaft, wobei aber das nur kurzfristige Fehlen eines Organs nicht zum Erlöschen der Vollmachten führt (vgl. BGE 78 II 369, 371 f.; BGer, 21.11.2002, 4C.399/2001, E. 2.3). Hingegen dürfte ein längeres Fehlen eines Exekutivorganes auf Seiten des *Vertretenen* i.d.R. ein Erlöschungsgrund zu sein (**a.M.** BK-ZÄCH/KÜNZLER, N 22 m.V. auf Art. 731b OR). Vorbehalten sind auch hier Geschäfte, von denen der Vertreter in guten Treuen annehmen darf, sie lägen im wohlverstandenen Interesse der vertretenen, organlosen Gesellschaft (N 2). Ist *die Gesellschaft Bevollmächtigte*, stellt eine längere Organlosigkeit einen Erlöschungsgrund dar (**a.M.** BK-ZÄCH/KÜNZLER, N 24, wo vom Erlöschen erst im Auflösungszeitpunkt ausgegangen wird, davor von einem Ruhen der Vollmacht): Die neuen Organe können nur dann davon ausgehen, dass die Vollmacht weiterbesteht, wenn ein entsprechender Wille nach Treu und Glauben erkennbar ist.

6 Der **Konkurs** des Vollmachtgebers oder des Bevollmächtigten führt (ab Konkurseröffnung) ebenfalls zum Erlöschen der Vollmacht. Wiederum nimmt die Lehre an, dass der *Konkurs des Vollmachtgebers* zwingend zum Erlöschen führt (BK-ZÄCH/KÜNZLER, N 32), während sich in der Praxis immer wieder gegenteilige Anordnungen in Vollmachten finden (so etwa im Vollmachtsformular des Zürcher Anwaltsverbandes; vgl. auch BGer, 11.2.2014, 4A_150/2013, E. 3.2 u.a. auf Art. 740 Abs. 5 bezogen). Massgebend sind hier einerseits die obigen Überlegungen zum Verlust der Handlungsfähigkeit (vgl. N 4), andererseits die Bestimmungen des SchKG, namentlich Art. 197. Eine Vollmacht im «privaten» Bereich kann somit – bei entsprechender Anordnung – gültig bleiben. In diesem Bereich kann sich auch aus der Natur der in Frage stehenden Geschäfte eine Weitergeltung ergeben (N 2).

III. Die postmortalen Vollmachten insbesondere

7 In der Praxis finden sich häufig Vollmachten, bei denen die **Geltung über den Tod hinaus explizit angeordnet** wird; ferner existieren Vollmachten, die erst **ab Tod** des Vollmachtgebers wirken sollen, also mit einer suspensiven Bedingung versehen sind. Gemeinsam werden sie als *postmortale Vollmachten* bezeichnet. Während z.B. in der Bankpraxis die erste Art üblich ist, verweigern Banken i.A. die Entgegennahme von Vollmachten auf den Tod hin (GUGGENHEIM, 205; ZOBL, AJP 2001, 1008 ff.; ausführlich EMCH/RENZ/ARPAGAUS, N 697 ff.).

8 Die *Vollmacht auf den Tod* hin unterliegt nach h.L. bez. **Form** den Vorschriften über die Erstellung letztwilliger Verfügungen (BK-ZÄCH/KÜNZLER, N 70; vgl. auch GUGGENHEIM, 206). Wenn sich diese Forderung aus dem Gesetz auch nicht herleiten lässt, ist sie bei wirtschaftlicher Betrachtungsweise doch gerechtfertigt. Die *Vollmachten über den Tod hinaus* unterliegen bez. Form hingegen den allgemeinen Vorschriften (vgl. Art. 33 N 7).

9 Nicht möglich ist der Einsatz postmortaler Vollmachten im **Grundbuchverkehr** (BGE 111 II 41; SJZ 1983, 246).

10 Der Vertreter handelt nach dem Tod des Vollmachtgebers wirtschaftlich für den (und zulasten des) Nachlass(es) (BGE 99 II 163; 50 II 30; vgl. nun auch ZR 1998, 70, 73 f. zur Frage, in

wessen Namen der Vertreter prozessual handelt). Er hat eine primäre **Interessenbindung** gegenüber dem Verstorbenen, soweit keine anderen Interessen der Erbengemeinschaft (bzw. der Gesamtheit der Erben) erkennbar sind (**a.M.** BK-ZÄCH/KÜNZLER, N 60): So darf er z.B. keine Geschäfte mehr abschliessen, welche die Teilung des Nachlasses unnötig erschweren (was etwa bei sehr langfristigen Anlagen von Geldern der Fall sein kann); oder gar Nachlassaktiven veräussern, wenn er vermuten muss, dass ein Erbe an ihnen (anstatt am Erlös) interessiert ist (vgl. auch ZOBL, AJP 2001, 1008 f.).

Die Gefahr, dass der Vertreter gegen die Interessen der Erben handelt, wird dadurch gemildert, dass jeder Erbe (allein) die Vollmacht jederzeit widerrufen kann (ZR 59, 282; BK-ZÄCH/KÜNZLER, N 73), was die unterschiedliche Stellung von Willensvollstrecker und Vertreter aufzeigt. Eine Bank ist jedoch grundsätzlich – d.h. beim Ausbleiben von Verdachtsmomenten – weder verpflichtet noch berechtigt, den Widerruf durch verzögerte Abwicklung der angeordneten Geschäfte zu ermöglichen oder gar die Zustimmung der anderen Erben abzuwarten (GAUCH/SCHLUEP/SCHMID/EMMENEGGER, N 1370 m.w.H.; vgl. aber nachstehend N 12). Ein **Widerrufsrecht** haben auch der Willensvollstrecker und der Erbenvertreter. Praktisch kommt es aber häufig vor, dass die Erben über die Vollmacht gar nicht informiert sind. Hier ergibt sich in aller Regel eine Informationspflicht des Vertreters aus der im Grundverhältnis enthaltenen Treuepflicht, das ja auf die Erbengemeinschaft übergeht (**a.M.** BK-ZÄCH/KÜNZLER, N 62; wie hier ERB, SAG 1983, 278 f.). Praktisch ist diese Pflicht allerdings oft nur schwierig zu erfüllen, dies namentlich in internationalen Sachverhalten. Wenn die personelle Zusammensetzung der Erbengemeinschaft ungewiss ist, kann sich aus der Treuepflicht sogar ergeben, dass der Vertreter von einer Information vorerst absieht und weiterhin nach dem Interesse des Verstorbenen handelt. **11**

Für den **Dritten** gelten die allgemeinen Grundsätze: Eine Vertretungswirkung tritt entweder kraft Vollmacht oder dann wegen Gutglaubensschutzes ein; Letzteres setzt allerdings eine Kundgabe (welche die Weitergeltung nach dem Tod umfassen muss) nach Art. 33 Abs. 3 voraus. Wo das vom Vertreter eingegangene Geschäft gegen die vermuteten Interessen des Nachlasses gerichtet ist (z.B. der Vertreter sich Gelder des Erblassers selber auszahlen lassen will), kann sich eine Pflicht des Dritten (insb. der Bank) ergeben, sich zu vergewissern, ob Erben vorhanden sind und ggf. bei diesen Rückfrage zu nehmen (vgl. zu dieser Nachforschungspflicht bei Verdachtsmomenten BGer, 12.1.2000, 4C.234/1999 = Pra 2002, 420, 424 f.; ZR 1994, 184 und die auf S. 185 wiedergegebenen E. des BGer; i.E. ähnlich BK-ZÄCH/KÜNZLER, N 63; vgl. zu den Pflichten der Bank GUGGENHEIM, 208 f.), will er seinen guten Glauben nicht verlieren. Auch hier ergeben sich allerdings zahlreiche praktische Probleme, gerade im internationalen Kontext (vgl. auch BGE 67 II 88, 95; 58 II 423). Folgerichtig wird den Banken in der Praxis beim Umgang mit Vollmachten über den Tod hinaus empfohlen, «entsprechende Vorkehrungen zu treffen und gegebenenfalls die Zustimmung der Erben einzuholen» (Pra 2002, 424 m.w.H.; ebenso ZR 1994, 181 ff.). **12**

Für die postmortalen Vollmachten gelten die übrigen **Erlöschungsgründe** des Art. 35 ebenfalls. **13**

IV. Wirkung des Eintritts eines Erlöschungsgrundes

Der Eintritt eines Erlöschungsgrundes führt **ex nunc zum Erlöschen** der Vollmacht. Fällt der Erlöschungsgrund nachträglich dahin, so lebt die erloschene Vollmacht nicht wieder auf (BGE 46 II 412; BK-ZÄCH/KÜNZLER, N 92). Ein Gutglaubensschutz Dritter kann nur bei der postmortalen Vollmacht (vgl. N 12) eine Vertretungswirkung herbeiführen; eine solche kann sich in allen anderen Fällen aber ergeben, wenn auch der Bevollmächtigte vom Untergang der Vollmacht keine Kenntnis hatte (Art. 37; vgl. auch die in Art. 34 N 13 umschriebene Konstellation). **14**

Nach der ausdrücklichen Regelung in Abs. 3 bleiben die Ansprüche aus dem **Grundverhältnis** vorbehalten. Immerhin ist zu bemerken, dass die Erlöschungsgründe nach Art. 35 oft auch **15** zu einer Beendigung des Grundverhältnisses führen werden (Art. 405; vgl. aber BGE 101 II 120, wonach bei Bankgeschäften der Tod des Auftraggebers den Auftrag nicht beendet).

V. Beweis

16 Der Eintritt des Erlöschungsgrundes ist von demjenigen zu beweisen, der sich darauf beruft. Die Gegenpartei kann dann eine allfällige Weitergeltung trotz Eintritt des Erlöschungsgrundes beweisen (BK-ZÄCH/KÜNZLER, N 98 f.).

Art. 36

c. Rückgabe der Vollmachtsurkunde

1 Ist dem Bevollmächtigten eine Vollmachtsurkunde ausgestellt worden, so ist er nach dem Erlöschen der Vollmacht zur Rückgabe oder gerichtlichen Hinterlegung der Urkunde verpflichtet.

2 Wird er von dem Vollmachtgeber oder seinen Rechtsnachfolgern hierzu nicht angehalten, so sind diese den gutgläubigen Dritten für den Schaden verantwortlich.

c. Restitution du titre constatant les pouvoirs

1 Le représentant nanti d'un titre constatant ses pouvoirs est tenu, lorsqu'ils ont pris fin, de le restituer ou d'en effectuer le dépôt en justice.

2 Si le représenté ou ses ayants droit négligent d'y contraindre le représentant, ils répondent du dommage qui pourrait en résulter à l'égard des tiers de bonne foi.

c. Restituzione del titolo del mandato

1 Il mandatario cui fu rilasciato un titolo comprovante il mandato, è tenuto, dopo la cessazione del mandato, a restituire o a depositare in giudizio il titolo.

2 Il mandante o suoi aventi causa, che ciò non richiedessero, rispondono dei danni verso i terzi di buona fede.

Literatur

Vgl. die Literaturhinweise bei Art. 32 und 33.

I. Normzweck

1 Art. 36 will primär den Dritten (durch einen Schadenersatzanspruch) und sekundär den Vollmachtgeber (durch eine Herausgabepflicht) vor Schaden durch die Verwendung einer gegenstandslosen Vollmachtsurkunde schützen.

II. Die Herausgabepflicht (Abs. 1)

2 Abs. 1 statuiert zunächst eine **Herausgabepflicht** des Bevollmächtigten, falls dieser eine Vollmachtsurkunde (als Schriftstück i.S.v. Art. 13–15) erhalten hatte und die Vollmacht aus irgendeinem Grund (Art. 34, 35) erloschen ist.

3 Die Herausgabepflicht nach Abs. 1 besteht oft neben einer Herausgabepflicht aus dem **Grundverhältnis**. Denkbar ist, dass sich die Urkunde unterdessen bei einem Dritten befindet. Gegen diesen hat der Vollmachtgeber dann nur – mangels vertraglicher Beziehung – einen Rückgabeanspruch aus Art. 36 (vgl. BK-ZÄCH/KÜNZLER, N 15 mit dem Hinweis, dass der Dritte unabhängig vom Weg, auf welchem die Vollmachtsurkunde zu ihm gelangte, zur Herausgabe verpflichtet ist).

4 Der **Bevollmächtigte** kann die Urkunde wahlweise **herausgeben** oder gerichtlich **hinterlegen**; ein Retentionsrecht steht ihm nicht zu. Die gerichtliche Hinterlegung wird er dann wählen, wenn er aus der Urkunde beweisrelevante Tatsachen für sich ableiten will. Die Hinterle-

gungsstelle wird durch das kantonale Recht bezeichnet. In Zürich ist das Einzelgericht im summarischen Verfahren zuständig (Art. 250 lit. a Ziff. 1 ZPO i.V.m. § 24 lit. c und 141 GOG ZH). Die Parteien können allerdings praktisch dieselbe Wirkung wie bei der Hinterlegung erreichen, indem der Bevollmächtigte den Vollmachtgeber zur Annullierung der Urkunde anhält und Ersterer die so «entkräftete» Urkunde behält (vgl. dazu ausführlich BK-ZÄCH/KÜNZLER, N 25 ff.). Ein Kraftloserklärungsverfahren analog zu Art. 971 f. ist demgegenüber nicht vorgesehen.

Wo die (Blanko-)Urkunde **verloren** gegangen ist, können sich die Parteien vor Schaden nur dadurch schützen, dass sie potenzielle Dritte von der Ungültigkeit der Urkunde benachrichtigen, z.B. durch Publikation in einschlägigen Presseorganen (BK-ZÄCH/KÜNZLER, N 28). Die Kosten einer solchen Veröffentlichung hat diejenige Partei zu tragen, welche ihre Pflichten nicht ordnungsgemäss erfüllt und die notwendige Massnahme verursacht hat (BK-ZÄCH/KÜNZLER, N 28 mit dem Hinweis, dass dies in der Praxis i.d.R. der Bevollmächtigte sein dürfte). 5

In **sachlicher Hinsicht** statuiert Abs. 1, dass von der Herausgabepflicht die «Vollmachtsurkunde» erfasst ist, womit Schriftstücke (vgl. N 2), welche als Ausweis des Vertreters über die Vertretungsmacht dienen (zur Form der Bevollmächtigung vgl. Art. 33, N 14) gemeint sind; erfasst ist auch die im Zusammenhang mit Art. 363 Abs. 3 ZGB durch die Behörde ausgestellte Urkunde beim Vorsorgeauftrag (vgl. Art. 33 N 33). In **zeitlicher Hinsicht** hat der Bevollmächtigte die Urkunde sofort nach Kenntnis des Erlöschungsgrundes herauszugeben. Die Nicht- oder nicht zeitgerechte Erfüllung der Pflicht durch den Bevollmächtigten führt aber praktisch nur dann zu einer Schadenersatzpflicht, wenn unter Verwendung der Urkunde eine Vertretungswirkung herbeigeführt wird (dazu N 8). 6

III. Anhalten zur Herausgabe, Schadenersatzpflicht (Abs. 2)

Abs. 2 statuiert eine Pflicht des Vollmachtgebers bzw. seiner Rechtsnachfolger, die Vollmachtsurkunde **zurückzuverlangen** oder, falls diese Aufforderung – verstanden als einseitiges, empfangsbedürftiges Rechtsgeschäft – nicht genügt, gerichtlich (meist in einem Verfahren nach Art. 257 ZPO) vorzugehen. Die Pflicht, den Vertreter zur Herausgabe anzuhalten, entsteht für den Vollmachtgeber bzw. seine Rechtsnachfolger mit Kenntnis des Erlöschungsgrundes (N 6); eine allenfalls notwendige Klage muss innert angemessener Frist eingeleitet werden (BK-ZÄCH/KÜNZLER, N 44). Eine zielstrebige Handlungsweise garantiert dem Vollmachtgeber, dass ihn die Schadenersatzpflicht nach Abs. 2 nicht trifft. 7

Falls der Vollmachtgeber oder seine Rechtsnachfolger es schuldhaft unterlassen, sich beförderlich um die Rückgabe der Urkunde zu kümmern, stipuliert das Gesetz eine **Schadenersatzpflicht** gegenüber dem gutgläubigen Dritten, wenn dieser im berechtigten Vertrauen auf die vom Vertreter vorgelegte Vollmachtsurkunde kontrahiert. Nachdem ein Schaden für den Dritten aber nur dann eintritt, wenn dieser keinen Vertragsanspruch erhält, ist zunächst der Anwendungsbereich von Art. 36 Abs. 2 von jenem der Art. 33, 34 und 37 abzugrenzen: Die Präsentation einer Vollmachtsurkunde durch den (als Boten des Vertretenen agierenden) Vertreter gilt in aller Regel auch als Mitteilung bzw. Kundgabe der Vollmacht durch den Vollmachtgeber (vgl. Art. 33 N 18, 33). Im Bereich des rechtsgeschäftlichen Widerrufes gilt Folgendes (vgl. CHAPPUIS/DÄTWYLER, SJ 1987, 253): Erfolgt der Widerruf *nach* Präsentation der Urkunde oder wird ein Teilwiderruf nicht auf der Urkunde vermerkt, gelten die Art. 34 Abs. 3 bzw. Art. 33 Abs. 3; erfolgte jedoch der Widerruf *vor* Gebrauch der Urkunde, findet Art. 36 Abs. 2 Anwendung (**a.M.** BK-ZÄCH/KÜNZLER, N 66 m.V. auf KOLLER, N 329, nach dessen Ansicht es für die Anwendung von Art. 36 Abs. 2 irrelevant ist, ob die Vollmachtsurkunde dem Dritten vor oder nach dem Erlöschen der Vollmacht vorgelegt wird; wie hier Handkomm-OR-SCHÖBI, N 3). Erlischt die Vollmacht nach Art. 35, tritt eine Vertretungswirkung – unter Vorbehalt einer analogen Anwendung von Art. 34 Abs. 3 (vgl. dazu Art. 34 8

N 13) – nur in den Fällen von Art. 37 ein; ansonsten erhält der Dritte keinen Vertragsanspruch, allenfalls aber einen Schadenersatzanspruch nach Art. 36 Abs. 2.

9 Ein Schadenersatzanspruch kann vom Vollmachtgeber dadurch verhindert werden, dass er das vollmachtlose Handeln des Vertreters **genehmigt**. Wo der Vollmachtgeber kein Interesse an der Erfüllung des Geschäftes hat, ist Schadenersatz im Umfang des *negativen Vertragsinteresses* geschuldet, d.h. derjenige Betrag, der den Dritten in den Vermögensstand versetzt, den er hätte, wenn er vom Vertreter nicht kontaktiert worden wäre. Im Rahmen dieser Definition ist auch denkbar, dass ein entgangener Gewinn (bis hin zum positiven Vertragsinteresse) aus einem anderen Geschäft vom Richter beachtet wird (vgl. BK-ZÄCH/KÜNZLER, N 59, der die Billigkeitsregel von Art. 39 Abs. 2 und Art. 26 Abs. 2 als anwendbar erklärt; offen gelassen von SCHWENZER, N 42.28; vgl. auch Art. 39 N 6).

10 Neben dem Gebrauch der Vollmachtsurkunde (Details bei BK-ZÄCH/KÜNZLER, N 49), einem beweisbaren Schaden und der Nichtgenehmigung durch den Vollmachtgeber ist dessen **Verschulden** eine weitere Voraussetzung des Schadenersatzanspruchs (vgl. dazu den frz. Gesetzestext «négligent»); Kausalität ist nur zwischen dem Verhalten des Bevollmächtigten und dem Schaden nötig (BK-ZÄCH/KÜNZLER, N 53). Schadenersatzvoraussetzung ist schliesslich der gute Glaube des Dritten im Moment der Vorlegung der Vollmachtsurkunde.

IV. Beweis

11 Der Dritte hat den Nachweis für den Schaden und den Kausalzusammenhang (N 10) zu erbringen. M.E. wird das Verschulden des Vollmachtgebers ebenso vermutet wie der gute Glaube des Dritten. Der Vollmachtgeber kann die Haftung abwenden, indem er nachweist, dass er die Rückgabe der Urkunde mit gebührlicher Sorgfalt verlangt hat.

Art. 37

d. Zeitpunkt der Wirkung des Erlöschens der Vollmacht

1 Solange das Erlöschen der Vollmacht dem Bevollmächtigten nicht bekannt geworden ist, berechtigt und verpflichtet er den Vollmachtgeber oder dessen Rechtsnachfolger, wie wenn die Vollmacht noch bestehen würde.

2 Ausgenommen sind die Fälle, in denen der Dritte vom Erlöschen der Vollmacht Kenntnis hatte.

d. Moment à compter duquel l'extinction des pouvoirs produit ses effets

1 Aussi longtemps que le représentant n'a pas connaissance de l'extinction de ses pouvoirs, le représenté ou ses ayants cause deviennent par son fait créanciers ou débiteurs comme si les pouvoirs existaient encore.

2 Sont exceptés les cas dans lesquels des tiers ont su que les pouvoirs avaient pris fin.

d. Quando cominciano gli effetti della cessazione del mandato

1 Il mandatario, fino a tanto che ignora la cessazione del mandato, continua ad agire validamente pel mandante o suoi aventi causa, come se il mandato sussistesse ancora.

2 Sono eccettuati i casi in cui il terzo conoscesse la cessazione del mandato.

I. Normzweck

1 Art. 37 fingiert für den Fall, dass der Bevollmächtigte berechtigterweise vom Erlöschen der Vollmacht keine Kenntnis erlangt hat, eine Vollmacht von Gesetzes wegen (GAUCH/SCHLUEP/SCHMID/EMMENEGGER, N 1414).

II. Vertretungswirkung trotz Erlöschens der Vollmacht (Abs. 1)

Die Anwendung von Art. 37 setzt zunächst voraus, dass eine Vollmacht bestanden hatte und gem. **Art. 35 erloschen ist**. Weiter ist unter dieser Bestimmung der Fall zu subsumieren, wo ein **Widerruf** oder eine **Beschränkung** des Vollmachtgebers dem Bevollmächtigten zwar zugegangen ist, dieser davon aber (berechtigterweise) noch keine Kenntnis genommen hat (GAUCH/SCHLUEP/SCHMID/EMMENEGGER, N 1416; BK-ZÄCH/KÜNZLER, N 5; Art. 34 N 3; **a.M.** ZK-OSER/SCHÖNENBERGER, N 2). 2

Vorausgesetzt ist ferner, dass der **Bevollmächtigte** vom Erlöschen der Vollmacht, genauer gesagt vom *Erlöschungsgrund*, **keine Kenntnis** erhalten hat und er davon auch – bei Anwendung der gehörigen Sorgfalt – keine Kenntnis haben musste. In Fällen amtlicher Publikation, wie bei der Auflösung, Löschung und beim Konkurs von juristischen Personen wird Kenntnis i.A. fingiert (nach dem neuen Erwachsenenschutzrecht findet keine Publikation mehr statt, wenn z.B. die Handlungsfähigkeit beschränkt wird); eine Anwendbarkeit von Art. 37 ist in diesen Fällen somit ausgeschlossen. Ebenfalls keine Anwendung findet Art. 37 auf die Grundbucheintragung (BGE 111 II 41). 3

Falls auch der **Dritte** vom Erlöschen der Vollmacht keine Kenntnis hatte bzw. bei Anwendung der gehörigen Sorgfalt auch keine Kenntnis haben musste (andernfalls N 5), bestimmt das Gesetz, dass zum Schutz des Bevollmächtigten eine Vertretungswirkung eintritt. 4

III. Bei Bösgläubigkeit des Dritten

Keine Vollmacht wird fingiert, wenn der Dritte um das Erlöschen der Vollmacht weiss oder darum wissen müsste (N 2; GAUCH/SCHLUEP/SCHMID/EMMENEGGER, N 1414). In diesem Fall kann der Dritte wegen seines bösen Glaubens den Bevollmächtigten auch nicht nach Art. 39 belangen (vgl. aber zur leichten Fahrlässigkeit Art. 39 N 4). 5

IV. Beweis

Die Beweislast für die Tatsache, dass dem Bevollmächtigten das Erlöschen der Vollmacht nicht bekannt geworden ist, liegt – soweit ein Beweis bei negativen, inneren Tatsachen überhaupt möglich ist – beim auf Erfüllung klagenden Dritten (BK-ZÄCH/KÜNZLER, N 15 weisen in diesem Zusammenhang zu Recht darauf hin, dass der Bevollmächtigte in einer solchen Situation – um der Haftung nach Art. 39 zu entgehen – im Regelfall sämtliche Tatsachen namhaft machen wird, welche darauf hindeuten, dass ihm das Erlöschen der Vollmacht nicht bekannt geworden ist). Dagegen obliegt der Nachweis, dass der Dritte vom Erlöschen der Vollmacht Kenntnis hatte, dem Vollmachtgeber. 6

Art. 38

II. Ohne Ermächtigung
1. Genehmigung

[1] Hat jemand, ohne dazu ermächtigt zu sein, als Stellvertreter einen Vertrag abgeschlossen, so wird der Vertretene nur dann Gläubiger oder Schuldner, wenn er den Vertrag genehmigt.

[2] Der andere ist berechtigt, von dem Vertretenen innerhalb einer angemessenen Frist eine Erklärung über die Genehmigung zu verlangen und ist nicht mehr gebunden, wenn der Vertretene nicht binnen dieser Frist die Genehmigung erklärt.

II. En l'absence de pouvoirs
1. Ratification

[1] Lorsqu'une personne contracte sans pouvoirs au nom d'un tiers, celui-ci ne devient créancier ou débiteur que s'il ratifie le contrat.

[2] L'autre partie a le droit d'exiger que le représenté déclare, dans un délai convenable, s'il ratifie ou non le contrat; elle cesse d'être liée, faute de ratification dans ce délai.

II. Senza autorizzazione
1. Ratifica

[1] Ove il contratto sia stato conchiuso in qualità di rappresentante da chi non vi era autorizzato, il rappresentato diventa creditore o debitore solo quando ratifichi il contratto.

[2] L'altra parte può pretendere che il rappresentato si dichiari sulla ratifica entro un congruo termine, e non è più tenuta al contratto se entro questo termine non segua la ratifica.

Literatur

LISCHER, Die Geschäftsführung ohne Auftrag im schweizerischen Recht, Diss. Basel 1990; VIOLAND, Die Stellvertretung ohne Ermächtigung, Diss. St. Gallen 1987.

I. Normzweck

1 Art. 38 gibt dem Vertretenen die Möglichkeit, durch Genehmigung das durch einen vollmachtlosen Vertreter abgeschlossene Rechtsgeschäft zwischen ihm und dem Dritten verbindlich zu erklären. Eine Genehmigung führt unmittelbar eine Vertragswirkung herbei.

II. Genehmigung des Rechtsgeschäftes (Abs. 1)

2 **Voraussetzung** für die Anwendbarkeit von Art. 38 ist ein Handeln des «Vertreters» in **fremdem Namen** (vgl. auch BGE 51 II 219 für eine nicht existierende Person), aber **ohne Vertretungsmacht**, das bei deren Vorliegen zu einem Vertrag (bzw. zu irgendeinem Rechtsgeschäft, vgl. BGE 107 III 50 für eine Betreibungshandlung; ferner GAUCH/SCHLUEP/SCHMID/EMMENEGGER, N 1379 ff.) geführt hätte. Irrelevant ist, aus welchem Grund die Vollmacht im Zeitpunkt des Vertragsschlusses nicht besteht (BK-ZÄCH/KÜNZLER, N 1 mit dem Hinweis, dass jedoch dann kein Handeln ohne Vollmacht i.S.v. Art. 38 vorliegt, wenn der Vertretene rechtsmissbräuchlich geltend macht, dass eine Vollmacht fehle), und ob der Vertreter das Fehlen der Vollmacht kennt bzw. kennen muss. Ebenso ist gemäss Rsp. ein tatsächlicher Vertretungswille des Stellvertreters nicht erforderlich (BGer, 3.8.2009, 4A_271/2009, E. 2.5; BGE 120 II 200). Der Vertreter kann somit bspw. gar nie bevollmächtigt worden sein, eine ungültige Vollmacht haben, die Vollmacht kann erloschen oder vom Vertreter überschritten worden sein. Soweit man zwischen einer internen Berechtigung des Vertreters und einer nach aussen wirkenden Vertretungsmacht unterscheiden will (dazu Art. 33 N 13 f., 30), kann auch ein Fall eines Missbrauchs der Vertretungsmacht vorliegen (dazu BK-ZÄCH/KÜNZLER, N 14 ff.; WATTER, Diss., N 58 ff.). Bei blosser Überschreitung der Vollmacht kann der «abgedeckte Teil» des Geschäfts nach Art. 20 Abs. 2 teilweise gültig sein, soweit das Geschäft teilbar ist (BK-ZÄCH/KÜNZLER, N 13); Art. 38 bezieht sich dann auf den nicht abgedeckten Teil. Eine Gültigkeit kann sich auch aus Analogie zu Art. 397 Abs. 2 durch Einlenken des Vertreters ergeben (VON TUHR/PETER, 400).

3 Ob dem **Dritten** das Fehlen der Vollmacht bekannt war oder nicht, beeinflusst die Möglichkeit des Vertretenen zur Genehmigung nicht (vgl. aber N 9; Nicht-Wissen kann auch – eine Kundgabe des «Vertretenen» gegenüber dem Dritten vorausgesetzt – zu einer Vertretungswirkung führen, vgl. Art. 33 N 29 ff., womit sich die Frage der Genehmigung gar nicht stellt).

4 Bis zur allfälligen Genehmigung befindet sich das Rechtsgeschäft in einem **Schwebezustand**. Der Dritte bleibt – unabhängig davon, ob er vom Mangel der Vollmacht Kenntnis hatte oder nicht – vorläufig an seine Erklärung gebunden (**a.M.** BUCHER, AT, 604, der dem Dritten – allerdings nur bei Unkenntnis der fehlenden Vollmacht – ein unbedingtes Rücktrittsrecht gewähren will; vgl. auch BGer, 3.5.2010, 4A_107/2010, E. 2.3 zur «Rückweisung» bei Gestaltungsrechten). Eine Berufung auf Grundlagenirrtum wegen der mangelnden Vollmacht ist ihm in aller Regel verwehrt (BK-ZÄCH/KÜNZLER, N 34).

5 Die Genehmigung ist **durch den Vertretenen auszusprechen**, der dafür allenfalls wiederum den Vertreter (als solchen oder als Boten) einsetzen kann (bei Kollektivvertretung kann bei einer Einzelhandlung auch der zweite Vertreter genehmigen oder aber mit seiner Vollmacht direkt die erste Erklärung komplettieren, vgl. Art. 33 N 25). Für Ersteres dürfte es m.E. auch genügen, wenn diesem nachträglich Vollmacht eingeräumt wird (**a.M.** BK-ZÄCH/KÜNZLER, N 47; VIOLAND, 119 ff.). Die Genehmigung kann an den **Vertreter oder an den Dritten gerichtet sein** (BGE 93 II 307). Wenn der Dritte allerdings Frist gem. Abs. 2 ansetzt, ist die Genehmigung nur noch ihm gegenüber möglich (allenfalls unter Einsetzung des Vertreters als Boten). Auf Seiten des Vertretenen genügt Handlungsfähigkeit im Zeitpunkt der Genehmigung.

6 Die Genehmigung ist ein *einseitiges, empfangsbedürftiges Rechtsgeschäft*; an eine bestimmte **Form** ist sie nicht gebunden, und sie kann auch konkludent (z.B. durch Klage auf Leistung) erklärt werden (BGE 101 II 230; Art. 32 N 36; BGer, 25.8.2014, 4A_368/2014: Konkludente Genehmigung eines von einem nicht Bevollmächtigten abgeschlossenen Vergleichs durch Abweisung einer Forderung des Dritten durch den «Vertretenen»). Wo die Vollmacht aber formbedürftig ist, bedarf auch die Genehmigung dieser Form (BGE 75 II 342; zur Form der Vollmacht Art. 33 N 14). Stillschweigen bedeutet demgegenüber grundsätzlich Nicht-Genehmigung (Extraits 1988, 10; BGE 93 II 308; BK-ZÄCH/KÜNZLER, N 54 f.); vorbehalten ist der Fall, wo ein Widerspruch möglich und zumutbar war und der Dritte in guten Treuen davon ausgehen konnte, der Vertretene werde bei fehlendem Einverständnis widersprechen (BGer, 6.7.2001, 4C.115/2001, E. 3a; BGE 124 III 355, 361; ZR 2005, 119 f.; BGer, 1.10.2002, 4C.206/2002, E. 2.3; 3.8.2009, 4A_271/2009, E. 2.6; BGE 124 III 355). Dies kann namentlich beim Schweigen auf ein Bestätigungsschreiben im kaufmännischen Verkehr (BGE 114 II 250) oder bei einer vorbestehenden Geschäftsbeziehung zwischen dem Vertreter und dem Vertretenen (oder dem Dritten) der Fall sein (Handkomm-OR-SCHÖBI, N 5). Wie jedes *Gestaltungsrecht* ist die Genehmigung unwiderruflich (BGE 101 II 230) und bedingungsfeindlich (BGE 93 II 307). Eine mit Vorbehalten versehene Genehmigung oder eine Teilgenehmigung wird i.A. nur als Offerte zu einem anderen Geschäft verstanden werden dürfen (BGer, 23.8.2000, 4C.147/2000, E. 2a/aa; BGE 93 II 307).

7 In seltenen Fällen kann sich aus dem Grundverhältnis zwischen dem Vertretenen und dem Vertreter eine **Pflicht zur Genehmigung** ergeben. Aus blosser Geschäftsführung ohne Auftrag folgt diese Pflicht aber weder im Innen- noch im Aussenverhältnis (BK-ZÄCH/KÜNZLER, N 63 ff.; LISCHER, 115). Resultieren kann aus diesem Grundverhältnis auch, dass der Vertretene den Vertreter von der Schadenersatzpflicht nach Art. 39 freizustellen hat.

8 Die Genehmigung hat zur **Folge**, dass das Rechtsgeschäft zwischen dem Vertretenen und dem Dritten Rechtswirkung entfaltet, so wie es der Vertreter abgeschlossen hat. In diesem Sinn wirkt die Genehmigung – eine anderslautende Parteivereinbarung vorbehalten (BK-ZÄCH/KÜNZLER, N 73; HUGUENIN, OR AT/BT, N 1089) – rückwirkend auf den Zeitpunkt des Geschäftsabschlusses (BUCHER, AT, 603; vgl. BGer, 3.5.2010, 4A_107/2010, E. 2.3 und 2.5, wonach eine vom Vermieter direkt ausgesprochenen Kündigung eine Genehmigung einer früheren, mangels gültiger Zweitunterschrift ungültigen Zahlungsaufforderung sein kann, wenn keine Unsicherheit über die Wirksamkeit der Zahlungsaufforderung bestanden hat). Durch die Genehmigung wird der Vertreter von seiner Haftung befreit (VIOLAND, 139). In der Lehre wird gelegentlich diskutiert, ob der Vertreter für einen Verzögerungsschaden haftet, falls die Genehmigung relativ lange ausbleibt, wobei Rechtsgrundlage culpa in contrahendo wäre (vgl. BK-ZÄCH/KÜNZLER, N 77). M.E. dürfte eine solche Schadenersatzpflicht nur in Ausnahmefällen bestehen, hat der Dritte es doch in der Hand, die Genehmigungsfrist so kurz anzusetzen, dass er keinen Schaden erleidet.

III. Fristansetzung durch den Dritten (Abs. 2)

9 Der Dritte kann den Schwebezustand nur beenden, indem er dem Vertretenen eine **Genehmigungsfrist** ansetzt (vgl. hierzu GAUCH/SCHLUEP/SCHMID/EMMENEGGER, N 1385; **a.M.** BUCHER, AT, 604 f., der dem Vertretenen ein Rücktrittsrecht gibt, vgl. N 4); analog zu Art. 3 Abs. 2 wird er frei, wenn dieser nicht binnen Frist Genehmigung erklärt. Zu beachten ist, dass das Recht zur Fristansetzung dem Dritten unabhängig davon zusteht, ob er beim Vertragsschluss um das Fehlen der Vollmacht gewusst hat oder nicht.

10 Das Gesetz verlangt, dass die Frist «angemessen» sei. Die **Angemessenheit** richtet sich einerseits nach der Art des schwebend gültigen Geschäftes und andererseits nach den Interessen des Dritten. Namentlich soll der Dritte die Frist so kurz bemessen, dass ihm kein Schaden entsteht (vgl. N 8).

IV. Beweislast

11 Will der Dritte im Falle einer Stellvertretung ohne Vollmacht Rechte aus einem Vertrag ableiten, muss er die Genehmigung beweisen (hingegen nicht die fehlende Vollmacht). Will der Vertretene vertragliche Rechte geltend machen, hat er neben der Genehmigung auch deren Rechtzeitigkeit zu beweisen. Ist der Dritte nicht (mehr) am Geschäft interessiert, kann er zur Entkräftung des Beweises der Genehmigung den (Gegen-)Beweis erbringen, dass diese nicht oder nicht durch eine dazu berechtigte Person, nicht in genügender Form, nicht an den richtigen Adressaten oder nicht innert der angemessenen Frist ausgesprochen wurde (BK-ZÄCH/KÜNZLER, N 81).

Art. 39

2. Nichtgenehmigung

1 Wird die Genehmigung ausdrücklich oder stillschweigend abgelehnt, so kann derjenige, der als Stellvertreter gehandelt hat, auf Ersatz des aus dem Dahinfallen des Vertrages erwachsenen Schadens belangt werden, sofern er nicht nachweist, dass der andere den Mangel der Vollmacht kannte oder hätte kennen sollen.

2 Bei Verschulden des Vertreters kann der Richter, wo es der Billigkeit entspricht, auf Ersatz weitern Schadens erkennen.

3 In allen Fällen bleibt die Forderung aus ungerechtfertigter Bereicherung vorbehalten.

2. A défaut de ratification

1 Si la ratification est refusée expressément ou tacitement, celui qui a pris la qualité de représentant peut être actionné en réparation du préjudice résultant de l'invalidité du contrat, à moins qu'il ne prouve que l'autre partie a connu ou dû connaître l'absence de pouvoirs.

2 En cas de faute du représentant, le juge peut, si l'équité l'exige, le condamner à des dommages-intérêts plus considérables.

3 L'action fondée sur l'enrichissement illégitime subsiste dans tous les cas.

2. Ratifica negata

1 Chi ha contrattato quale rappresentante, ove la ratifica sia espressamente o tacitamente negata, sarà tenuto al risarcimento del danno derivante all'altra parte per il mancato contratto, in quanto non provi che questa conoscesse o dovesse conoscere tale difetto di facoltà.

2 Se il rappresentante è in colpa, il giudice può, ove l'equità lo richieda, condannarlo ad un maggiore risarcimento.

3 È salva in ogni caso l'azione per indebito arricchimento.

Literatur

LISCHER, Die Geschäftsführung ohne Auftrag im schweizerischen Recht, Diss. Basel 1990; vgl. ausserdem die Literaturhinweise bei Art. 32 und 33.

I. Normzweck

Art. 39 gibt dem Dritten einen Schadenersatzanspruch gegen den vollmachtlosen, jedoch in fremden Namen handelnden Vertreter, falls die Genehmigung nach Art. 38 ausbleibt. Ein Verschulden des Vertreters ist nicht vorausgesetzt (Abs. 1; BGE 58 II 429), es kann aber zu einem höheren Schadenersatz führen (Abs. 2). 1

II. Die Haftung des Vertreters nach Abs. 1

Der Vertreter haftet nach Abs. 1 auch dann, wenn er **gutgläubig** als (angeblicher) Vertreter ein Vertretungsgeschäft abschliesst; diese Konstellation ist etwa beim Substituten möglich, falls der (Haupt-)Vertreter zu einer Unterbevollmächtigung nicht berechtigt war (vgl. BUCHER, AT, 635); vgl. zum Willensmangel des Vertreters Art. 33 N 28. Die Haftung entfällt, wenn der Dritte rechtzeitig auf die fehlende Vollmacht hingewiesen wird (ZK-OSER/SCHÖNENBERGER, N 2). 2

Vorausgesetzt ist ferner, dass die Vertretungswirkung **wegen** dieser **fehlenden Vollmacht** nicht eintritt und der Vertretene eine Genehmigung des Geschäfts verweigert bzw. innert gesetzter Frist nicht abgibt. Eine Schadenersatzpflicht nach Art. 39 wird auch ausgelöst, wenn der Vollmachtgeber nicht existiert (SJ 1988, 28). 3

Vorausgesetzt ist schliesslich die **berechtigte Gutgläubigkeit des Dritten**. Kenntnis des Dritten schliesst einen Anspruch gegen den Vertreter aus. Zu einer Herabsetzung des Schadenersatzes nach Art. 44 führt leichtes Verschulden des Dritten, also leichtfahrlässige Nichtkenntnis des Mangels (BGE 116 II 694; ZR 1989, 270 f.; WATTER, Diss., N 44; ENGEL, traité, 276). 4

Die Schadenersatzforderung nach Art. 39 beruht auf einer **culpa in contrahendo** (BGE 104 II 94; krit. dazu BUCHER, AT, 645). Das BGer wendet auf diese Haftung teils die Modalitäten von Art. 41 ff. an (so etwa bez. der Verjährung: BGE 104 II 94), greift teils aber auch auf die Vorschriften von Art. 97 ff. zurück (so für die Hilfspersonenhaftung: BGE 108 II 422), ohne sich auf die deliktische oder vertragliche Theorie über die *culpa in contrahendo* festzulegen (Übersicht bei WATTER, Diss., N 45). Nicht entschieden bleibt damit die Frage, ob Handlungsfähigkeit des Haftenden vorausgesetzt ist oder Urteilsfähigkeit genügt (dazu BK-ZÄCH/KÜNZLER, N 37 ff.). 5

Geschuldet ist nach Abs. 1 das sog. **negative Vertragsinteresse**, also die Differenz zwischen dem Vermögensstand, wie er ohne Vertretungsgeschäft wäre, und dem tatsächlichen Vermögensstand nach nicht erfolgter Genehmigung. Schadensposten sind namentlich Kosten des Vertragsabschlusses (z.B. Anwaltskosten), bereits angefallene Kosten für die Erfüllung, Mehrkosten für den später notwendig gewordenen Ersatzkauf und Schaden, der durch das Versäumen eines anderen Geschäftes entstanden ist. Aus dieser Schadensdefinition folgt, dass das negative Interesse im Einzelfall auch grösser sein kann als das positive (ebenso BK-ZÄCH/KÜNZLER, N 59). Ausgeschlossen ist die Klage auf Realerfüllung (BJM 1989, 40). 6

Für die **Schadenersatzbemessung** sind die Art. 42–44 massgebend. 7

III. Haftung bei Verschulden

Neben den vorstehend aufgezählten Voraussetzungen (vgl. N 3 ff.) ist bei der Haftung nach Abs. 2 zusätzlich ein **Verschulden des Vertreters** nötig. Das BGer hat sich bislang nicht darüber geäussert, ob im Bereich der *culpa in contrahendo* für die Verschuldensfrage die Vertragslösung (vermutetes Verschulden) oder die deliktrechtliche Lösung gelten soll. M.E. sollte ein Beweis des Dritten verlangt werden (ebenso BK-ZÄCH/KÜNZLER, N 49 ff., 55). 8

Zu ersetzen ist bei Verschulden «nach Billigkeit» das **positive Vertragsinteresse**; damit wird der Dritte im günstigsten Fall so gestellt, wie wenn der Vertrag durch den Vertretenen erfüllt 9 worden wäre (BGE 106 II 132). Es handelt sich beim Entscheid «nach Billigkeit» nicht um einen Entscheid im Belieben des Richters. Der Entscheid muss vielmehr auf Tatsachen fussen (BGE 106 II 133). Als Schadensposten kommen namentlich und zusätzlich entgangener Gewinn aus dem nicht vollzogenen Vertrag in Betracht. Nach der Lehre stellt die Wahl zwischen negativem und positivem Vertragsinteresse ein Gestaltungsrecht dar, weshalb eine einmal getroffene Wahl verbindlich sei (BK-ZÄCH/KÜNZLER, N 60). Diese Ansicht ist insoweit nicht richtig, als es dem Dritten erlaubt sein muss, Ersatz des positiven Vertragsinteresses zu verlangen, subsidiär aber das negative Interesse, falls der Beweis des Verschuldens misslingt.

IV. Ungerechtfertigte Bereicherung (Abs. 3)

10 Der Anspruch aus **ungerechtfertigter Bereicherung** besteht unabhängig vom Haftungsanspruch und damit namentlich auch dann, wenn der Dritte wegen Kenntnis der fehlenden Vollmacht keinen Ersatzanspruch hat (BGE 90 II 414). Praktisch ebenso häufig wie der Bereicherungsanspruch wird die Vindikation sein, da es mangels eines gültigen Vertrages am Rechtsgrund der Übertragung fehlt.

11 Der Bereicherungsanspruch kann sowohl **gegenüber dem Vertretenen** als auch **gegenüber dem Vertreter** bestehen (BGE 97 II 71; vgl. auch BGE 116 II 691 für den Fall einer Anweisung durch den vollmachtlosen Vertreter). Er stützt sich in aller Regel auf Art. 62 und nicht auf Art. 63 (BGE 90 II 414). Hat der bösgläubige Vertreter die Zahlung weitergeleitet, gilt ferner Art. 64, wonach ein Ersatzanspruch auch bei Entäusserung der Gelder besteht. Bei Klagen gegen den Vertretenen kann es an dessen Bereicherung fehlen, wenn er Gelder an den Vertreter weiterzuleiten oder bei diesem zu belassen hat (vgl. auch den Sachverhalt in BGE 97 II 66).

V. Haftung des Vertretenen

12 Eine Haftung des Vertretenen gegenüber dem Dritten kann sich aus den allgemeinen Lehren über die *culpa in contrahendo* ergeben. Denkbar ist in diesem Zusammenhang v.a. eine Zurechnung, falls der Vertreter **Hilfsperson** des Vertretenen ist und in Ausübung seiner geschäftlichen Verrichtungen schuldhaft eine Vollmacht vortäuscht (WATTER, Diss., N 48 f.; **a.M.** BK-ZÄCH/KÜNZLER, N 68 und 73 und HUGUENIN, OR AT/BT, N 1110). Gegenüber dem Vertreter ist eine Haftung aus Geschäftsführung ohne Auftrag denkbar (LISCHER, 125).

VI. IPR

13 Auf **internationale Sachverhalte** ist Art. 126 Abs. 4 IPRG anwendbar, somit primär das Recht des Landes der Niederlassung des Vertreters und nicht mehr (bzw. nur noch sekundär) das Recht jenes Landes, in dem der falsus procurator aufgetreten ist (so noch BGE 112 II 453).

VII. Beweis

14 Der klagende Dritte muss beweisen, dass der Vertreter ein Vertretungsgeschäft abzuschliessen vorgegeben und dabei im Namen eines anderen gehandelt hat; ferner hat er seine Bemühungen um eine Genehmigung und den Schaden zu beweisen. Dem Vertreter obliegt der Gegenbeweis, dass eine Vollmacht oder Genehmigung vorlag bzw. dass der Dritte das Fehlen der Vollmacht kannte oder bei Anwendung der gehörigen Sorgfalt hätte kennen müssen. Bei einer solchen Behauptung wird er wohl meist dem Vertretenen den Streit verkünden.

Art. 40

III. Vorbehalt besonderer Vorschriften	**In Bezug auf die Vollmacht der Vertreter und Organe von Gesellschaften, der Prokuristen und anderer Handlungsbevollmächtigter bleiben die besonderen Vorschriften vorbehalten.**
III. Dispositions spéciales réservées	Sont réservées les dispositions spéciales sur les pouvoirs des représentants et organes de sociétés, ainsi que des fondés de procuration et autres mandataires commerciaux.
III. Riserva di speciali disposizioni	Rimangono ferme le disposizioni speciali per ciò che riguarda il mandato dei rappresentanti e degli organi di società, dei procuratori e degli altri agenti di negozio.

Die in Art. 40 enthaltene Regel wiederholt lediglich den sowieso geltenden Satz, wonach die spezielle Norm der allgemeinen vorgeht **(lex specialis derogat legi generali)**. Entgegen der Ansicht von BK-Zäch/Künzler, N 2 ist der Ausdruck «Vollmacht» im Gesetzestext nicht zu kritisieren, beruht doch auch die Vertretungsmacht von Gesellschaftsorganen auf einer Bevollmächtigung (Art. 32 N 13). 1

Art. 40 bedeutet umgekehrt auch, dass die Art. 32–39 dann (zumindest analog) anzuwenden sind, wenn die **Spezialvorschriften im Gesellschaftsrecht** und das Recht der Prokura keine spezielle Regelung enthalten. 2

Vorbemerkungen zu Art. 40a–40f

Literatur und Materialien

Botschaft zu einem BG über die Förderung der Konsumenteninformation und zu einem BG über die Änderung des Obligationenrechts, BBl 1986 II 354 ff. (zit. Botschaft 1986); Zusatzbotschaft I, BBl 1992, 388 ff. (zit. Zusatzbotschaft); Balscheit, Konsumvertragsrecht und E-Commerce, 2004; 06.441 Parlamentarische Initiative Bonhôte, Mehr Konsumentenschutz und weniger Missbräuche beim Telefonverkauf, Vernehmlassung (BBl 2014 921 [Bericht]; BBl 2014 2993 [Stellungnahme] – history – Vernehmlassungsunterlagen – Ausdehnung des Widerrufsrechts auf den Onlinehandel, Ergebnisse der Vernehmlassung, Bericht und Entwurf, abrufbar unter: ‹http://www.parlament.ch/d/dokumentation/berichte/vernehmlassungen/06-441/Seiten/default.aspx›; Curia Vista Zusammenfassung der parl. Beratungen, abrufbar unter: ‹http://www.parlament.ch/d/suche/seiten/legislaturrueckblick.aspx?rb_id=20060441›); Barnikol, Die Schutzinstrumente des schweizerischen Konsumentenrechts, Bern 2014; Brunner, Haustürgeschäfte, in: Kramer (Hrsg.), Konsumentenschutz im Privatrecht, Schweizerisches Privatrecht (SPR), Bd. X, Basel 2008, 199 ff.; Bühlmann-Eschmann, Der Konsumentenschutzartikel der Bundesverfassung im Rahmen der schweizerischen Wirtschaftsverfassung, Zürich 1991, 187 ff.; Dornier, Art. 40a–f OR – Haustürgeschäfte, Kommentar, Bd. V/1b/3, Zürich 2010 (zit. ZK); ders., Das Widerrufsrecht bei Haustürgeschäften und ähnlichen Verträgen (Art. 40a–g OR), Diss. Freiburg 1995 (zit. Diss.); Favre-Bulle, L'article 31^{sexies} de la Constitution fédérale, AJP 1993, 265 ff.; Friedrich, Aggressive Werbemethoden in der Schweiz und deren lauterkeitsrechtliche Beurteilung, Diss. Zürich 1993; Gilles, Das Gesetz über den Widerruf von Haustürgeschäften und ähnlichen Geschäften, NJW 1986, 1131 ff.; Gonzenbach, «Pacta sunt servanda» oder neues Licht auf einem alten Grundsatz – Notizen zu einem Konsumentenschutzproblem, ZSR 1987 I 435 ff., 459 ff. (zit. ZSR 1987 I); ders., Vertragsrechtlicher Flankenschutz für das schweizerische UWG im Direktwerbebereich, WRP 1992, 87 ff. (zit. WRP 1992); Hartmann, Die vorvertraglichen Informationspflichten und ihre Verletzung, Freiburg 2011 (zit. Informationspflichten); ders., Konsumentenschutzrechtliche Widerrufsrechte im schweizerischen Recht, ZSR 2008 I, 307 ff. (zit. ZSR 2008); Honsell, OR-Novelle zum Konsumentenschutz, AJP 1992, 66 ff.; Huguenin Jacobs, Direktvertrieb und Widerrufsrecht, AJP 1994, 691 ff.; Koller-Tumler, Konsumentenschutz im OR, recht 1992, 40 (zit. recht 1992); dies., Der Konsumentenvertrag im schweizerischen Recht, Bern 1995 (zit. Konsumentenvertrag); dies., Einführung in die Grundlagen des privatrechtlichen Konsumentenschutzes, in: Kramer (Hrsg.), Konsumentenschutz im Privatrecht, Schweizerisches Privatrecht (SPR), Bd. X, Basel 2008, 1 ff. (zit. SPR X); Kuhn, Konsumenteninformation und Vertragswiderrufsrecht – Neueste Entwicklungen, SVZ 1986, 333 ff.; Schmelzer, Der Konsumentenvertrag, 1995; Weber-Stecher, Internationales Konsumvertragsrecht, Zürich 1997; SCHÖBI, Ein Vertragsrecht für das digitale Zeitalter?, in: Aktuelle Rechtsfragen des E-Commerce, Zürich 2001; VIGNERON-MAGGIO-APRILE, L'information des consommateurs en droit européen et en droit suisse de la consommation, Zürich 2006.

I. Allgemeines

1 Kernstück der am 1.7.1991 in Kraft getretenen und per 1.1.1994 revidierten und an das damalige EU-Recht angeglichenen Novelle bildete die Einführung eines siebentägigen **Widerrufsrechts** des Kunden beim Abschluss von **Haustür- und ähnlichen Geschäften**. Der Gesetzgeber folgte damit dem Ruf nach verstärktem **Konsumentenschutz** und versuchte, der bei bestimmten Vertragsanbahnungssituationen angenommenen latenten Gefahr der *Überrumpelung* oder Überforderung des Kunden in seiner *rechtsgeschäftlichen Entscheidungsfreiheit* zu begegnen (Botschaft 1986, 386 ff.; BGH, NJW 1992, 1889). Ins Visier fasste die Novelle vorab missbilligte Formen des Direktvertriebes, namentlich Geschäfte an der Haustür, Passantenwerbung, Werbefahrten und ähnliche Vertragsanbahnungsmethoden, die den Kunden wegen des unvermittelten persönlichen Kontakts in Zwangslagen versetzen können. Die Novelle stützte sich ursprünglich verfassungsmässig – offenbar ausschliesslich – auf Art. 31^{sexies} aBV (Botschaft 1986, 397 f.; FAVRE-BULLE, AJP 1993, 272 ff.); sie findet ihre verfassungsmässige Grundlage nun in Art. 97 BV, wo – im Unterschied zur früheren Verfassungsnorm (vgl. dazu KOLLER-TUMLER, Konsumentenvertrag, 33 ff.; WEBER-STECHER, 13 ff.) – terminologisch nicht mehr vom (begrifflich verwirrend empfundenen) «Letztverbraucher» (Art. 31^{sexies} Abs. 3 aBV), sondern nur noch von «Konsumentinnen und Konsumenten» die Rede ist; damit rückt die Anknüpfung an die Konsumenteneigenschaft und nicht an das tatsächliche Schutzbedürfnis in den Vordergrund (BV-SGK-JACOBS, Art. 97 N 5).

2 Die Novelle fügte sich in eine **gesamteuropäische Entwicklung** ein. Das früher als Anknüpfungs- und Auslegungshilfe dienliche *deutsche Gesetz über den Widerruf von Haustürgeschäften und ähnlichen Geschäften* vom 16.1.1986 (HausTWG), das die entsprechende *«Richtlinie 85/577 EWG betreffend den Verbraucherschutz im Falle von ausserhalb von Geschäftsräumen geschlossenen Verträgen»* vom 20.12.1985 (HausTW-RL; ABl der EG L 372/31 vom 31.12.1985) umsetzte, wurde aufgehoben und im Zuge der Schuldrechtsreform 2002 mit einigen Anpassungen in das BGB eingebettet (§§ 312, 312a BGB). Seit dem 13.6.2014 gilt eine gänzlich neue Fassung, welche die Verbraucherrechterichtlinie (vgl. sogl. unten) umsetzt. Der schweizerische Gesetzgeber nahm keine Zuflucht zu einem Sondergesetz, sondern integrierte das Widerrufsrecht in den allgemeinen Teil des OR, was der Tragweite des Regelungsgegenstandes gerecht wird; das Widerrufsrecht führt einmal zu einer **Einschränkung** der Bindung des Antragstellers an den **Antrag** sowie der Regelung des Widerrufs von Antrag und Annahme (Art. 3, 5, 9; Botschaft 1986, 389), weiter aber auch zu einer **Relativierung des Grundsatzes «pacta sunt servanda»** nach bestimmten Anbahnungssituationen, womit der *Ausgleich unterschiedlicher* – situationstypisch angenommener – *Stärkepositionen der Vertragspartner* bezweckt wird (Botschaft 1986, 386 f.; BÜHLMANN-ESCHMANN, 19 ff., 192; krit. GONZENBACH, ZSR 1987 I, 461 f.; HUGUENIN JACOBS, AJP 1994, 691).

Zusätzliche Bedeutung kommt im ganzen Kontext nunmehr der EU-Gesetzgebung zu, die in verschiedenen Bereichen weitere Widerrufsrechte statuierte, nämlich in der Richtlinie 97/7/EG vom 20.5.1997 über den Verbraucherschutz bei Vertragsabschlüssen im Fernabsatz (ABl der EG L 144/19 vom 4.6.1997), in der Richtlinie 2002/65/EG vom 23.9.2002 über den Fernabsatz von Finanzdienstleistungen an Verbraucher (ABl der EG L 271/16 vom 9.10.2002), in der Richtlinie 2000/31/EG vom 8.6.2000 über bestimmte rechtliche Aspekte der Dienste der Informationsgesellschaft, insb. des elektronischen Geschäftsverkehrs, im Binnenmarkt («Richtlinie über den elektronischen Geschäftsverkehr», ABl L 178/1 vom 17.7.2000) und in der Richtlinie 2008/122/EG vom 14.1.2009 über den Schutz der Verbraucher im Hinblick auf bestimmte Aspekte von Teilzeitnutzungsverträgen, Verträgen über langfristige Urlaubsprodukte sowie Wiederverkaufs- und Tauschverträgen (*«Timesharing-RL-2008»*, ABl L 33/10 vom 3.2.2009).

Nunmehr unter dem Namen **Verbraucherrechterichtlinie** (Richtlinie 2011/83/EU des Europäischen Parlaments und des Rates vom 25.10.2011), wurden die Richtlinien 93/13/EWG des Rates und 1999/44/EG des Europäischen Parlaments und des Rates abgeändert sowie die Richtlinie 85/577/EWG des Rates und die Richtlinie 97/7/EG des Europäischen Parlaments und des Rates aufgehoben. Die Verbraucherrechterichtlinie ist am 12.12.2011 in Kraft getreten und war bis zum 13.12.2013 in nationales Recht umzusetzen, mit Anwendungen auf Vertragsschlüsse ab dem 13.6.2014. Die Verbraucherrechterichtlinie geht vom Grundsatz der Vollharmonisierung aus, ermöglicht den Mitgliedstaaten aber in gewissen Bereichen weiterhin ein höheres Verbraucherschutzniveau vorzusehen. **2a**

Die Verbraucherrechterichtlinie vereinigt u.a. die Vorschriften über das Widerrufsrecht bei den betroffenen Verbraucherverträgen und fasst diese gänzlich neu. Die Widerrufsfrist beträgt einheitlich 14 Tage. Die RL enthält im Anhang sowohl ein Muster-Widerrufsformular als auch ein Muster für die Widerrufsbelehrung. **2b**

In der **Schweiz** war gesetzgeberischen Bestrebungen, die in ähnliche Richtungen zielten, bis anhin kein Erfolg beschieden (Koller-Tumler, SPR X, 39 ff.). So wurde der *Entwurf zum Bundesgesetz über den elektronischen Geschäftsverkehr* nach dem Vernehmlassungsverfahren Ende 2005 wieder zurückgezogen. Die Erweiterung des OR durch die Art. 40g ff. betreffend Teilzeitnutzungsrechte an Immobilien scheiterte im Parlament. Einzig der 2006 eingereichten parlam. Initiative Bonhôte (06.441), welche den Telefonverkauf den Haustürgeschäften gleich stellen will, wurde 2009 Folge gegeben. Eine Gesetzesvorlage der Rechtskommission des Ständerates, welche darüber hinaus ging und ein allgemeines Widerrufsrecht auch für Fernabsatz- bzw. online-Geschäfte vorsah (BBL 2014 921), scheiterte Ende 2014 am nationalrätlichen Nein, dem sich schlussendlich aus der Ständerat anschloss. Der Bundesrat hatte im März 2014 die Einführung eines allgemeinen Widerrufsrechts von 14 Tagen bei Telefon- und Fernabsatzverträgen noch ausdrücklich begrüsst (BBL 2014 2993 ff.). Eine – je nach Optik – zurückgestutzte oder entschlackte Version, welche bloss das Widerrufsrecht auf **Telefonverkäufe** ausdehnt und die **Widerrufsfrist auf 14 Tage** erhöht, wurde nach einem regelrechten Abstimmungsmarathon am 19.6.2015 verabschiedet. **2c**

Dass das Widerrufsrechts auch bei der Ehe- und Partnerschaftsvermittlung auf 14 Tage erhöht wird, war unbestritten (vgl. dazu die Neufassung von Art. 406*d* Ziff. 5 und 5 und Art. 406*e* sowie die Aufhebung von Art. 406*f*). Anders sieht es im Konsumkreditvertrag aus. Der Nationalrat wollte Art. 16 Abs. 3 KKG dahingehend abändern, dass der Konsument im Falle eines widerrufenen Abzahlungskaufs oder Leasingvertrages den Wertverlust der Sache durch eine *angemessene Entschädigung* ausgleichen muss, wenn er den gekauften Gegenstand genutzt hat. Der Ständerat hielt am geltenden Recht fest, wonach für den Gebrauch nur ein *angemessener Mietzins* (gem. Art. 40*f*) geschuldet ist. Erst die Einigungskonferenz fand (mit Stichentscheid) einen Kompromiss (AB 2015 S 645, N 1229). Demnach wird dem geltenden Recht ein Missbrauchsvorbehalt angehängt, indem Art. 16 Abs. 3 KKG um folgenden Satz ergänzt wird: *«Bei missbräuchlichem Gebrauch oder Nutzung der Sache während der Widerrufsfrist schuldet die Konsumentin oder der Konsument eine angemessene Entschädigung, die sich am Wertverlust der Sache bemisst»*. **2d**

Dass über kurz oder lang auch ein Widerrufsrecht ins total zu revidierende VVG Einzug halten wird, scheint heute unbestritten. Weiter wird im Rahmen der Umsetzung der Motion LUC (11. 3909) betr. die Revision des Auftragsrechts auch dort über ein 14-tägiges Widerrufsrecht diskutiert. **2e**

II. Anwendungsbereich

1. Sachlich

3 a) **Anknüpfung an die Art der Vertragsanbahnung**. Art. 40a legt den sachlichen Anwendungsbereich fest und erfasst – vorbehältlich der Ausnahmen (vgl. N 4) – alle Arten von entgeltlichen Verträgen, sofern der Anbahnungssituation das typische *Überraschungsmoment* innewohnt. Das Widerrufsrecht knüpft also nicht primär am Leistungsinhalt, sondern vielmehr an der Art des Abschlusses an, der auf Initiative des Anbieters in überraschender Weise an den Vertragspartner herangetragen wird. Die Aufzählung der situativen Anbahnungsumstände in Art. 40b ist nicht **abschliessend** (gl.M. ZK-DORNIER, Art. 40 N 69; DORNIER, Diss., N 704; CHK-KUT/SCHNYDER, N 38; **a.A.** GONZENBACH in den Voraufl. dieses Komm.).

4 b) **Die Ausnahmen** vom Widerrufsrecht lassen sich grob nach zwei Fallgruppenbildungen kategorisieren:

aa) Fälle mit **fehlendem Schutzbedürfnis**: Sofern die *Initiative vom Kunden* ausdrücklich ausgeht, nimmt Art. 40c lit. a (weitere) Verträge vom Widerrufsrecht aus, selbst wenn sie auf die grundsätzlich missbilligte Art angebahnt werden. Aus dem Schutzbereich fallen ebenso *Vertragsschlüsse an Markt- und Messeständen*, da diese im Grunde nur eine Erweiterung der «Geschäftsräume» darstellen (Art. 40c lit. b). Nicht vom Widerrufsrecht erfasst werden weiter Verträge über *unbewegliche Sachen* (Art. 40a Abs. 1), wo insb. in Fällen, die für die Perfektion des Vertrages öffentlicher Beurkundung bedürfen, dem Postulat ausreichender Bedenkfrist genügend Rechnung getragen wird. Kaum Schutzbedürfnis misst der Gesetzgeber den häufig sofort erfüllten *Bagatellgeschäften* unter einem Maximalbetrag zu (Art. 40a Abs. 1 lit. b).

bb) **Versicherungsverträge**: Heute noch ausgeschlossen bleiben generell die Versicherungsverträge (Art. 40a Abs. 2), was rechtspolitisch bedenklich erscheint, da auch die Besonderheiten der Versicherungsbranche eine voraussetzungslose Ausnahme nicht rechtfertigen. In der Revisionsvorlage des VVG war zwar ein zweiwöchiges Widerrufrecht für Versicherungsverträge enthalten (vgl. zur Diskussion um dieses Widerrufsrecht BRUNNER, SPR X, 197, 213), doch ist die Vorlage für die Totalrevision des VVG von den eidg. Räten an den Bundesrat zurückgewiesen worden, so dass der neue Wortlaut noch völlig offen ist, da mit einer Inkraftsetzung frühestens 2017 zu rechnen ist.

2. Persönlich

5 Das Widerrufsrecht findet nur Anwendung auf bewegliche Sachen oder Dienstleistungen, die für den persönlichen oder familiären Gebrauch des Kunden bestimmt sind (Art. 40a Abs. 1); der Behelf zielt somit – ohne ihn beim Namen zu nennen – auf den *Konsumenten* als Vertragspartei (GONZENBACH, ZSR 1987 I, 459 f.; HUGUENIN JACOBS, AJP 1994, 695; SCHMELZER, 86 f.), was nunmehr auch eine terminologische Abstimmung auf Art. 97 BV sowie – beschränkt – auf Art. 32 f. ZPO (vormals Art. 21 f. GestG) erlaubt. Allerdings ist die Anwendung der Art. 40a ff. keineswegs auf Leistungen des üblichen Bedarfs beschränkt. Tritt jemand im Rahmen einer Erwerbstätigkeit als Kunde auf, bleibt er vom Schutzbereich ausgeschlossen. Umgekehrt wird vom **Anbieter** ein Handeln im Rahmen einer *beruflichen oder gewerblichen Tätigkeit* verlangt. Kein Gefährdungspotential misst der Gesetzgeber der Konstellation bei beidseitigen «Privatgeschäften» zu, was für die missbilligte Beeinträchtigung der Entscheidungsfreiheit nicht auf der Hand liegt, lassen sich doch auch unter Privaten Anbahnungssituationen denken, die den Kunden durchaus in eine dem Haustürgeschäft vergleichbare Lage bringen (GONZENBACH, ZSR 1987 I, 461 f.).

III. Verhältnis des Widerrufsrechts zu sonstigen zivilrechtlichen Rechtsbehelfen

Das Widerrufsrecht **schliesst** andere zivilrechtliche Rechtsbehelfe **nicht aus**. Soweit die entsprechenden Voraussetzungen vorliegen, steht dem Kunden ein **Wahlrecht** offen. Er kann somit den Vertrag etwa wegen *Willensmängeln* (Irrtum, Täuschung, Drohung; Art. 23 ff.) oder *Übervorteilung* (Art. 21) anfechten, ebenso verfügt er bei entsprechendem Vertragstypus über das *auftragsrechtliche Widerrufsrecht* (Art. 404; Botschaft 1986, 391; BK-FELLMANN, Art. 404 OR N 151; DORNIER, Diss., N 595 ff.) bzw. das *Rücktrittsrecht bei Ehe- und Partnerschaftsvermittlungen* (Art. 406e Abs. 1 OR). Zu nennen ist auch Art. 16 KKG, der auf Art. 40f verweist und das 14-tägige Widerrufsrecht ausdrücklich auch auf Abzahlungskäufe, für auf Kredit beanspruchte Dienstleistungen und Leasingverträge erstreckt. Vorbehalten bleibt ferner die Geltendmachung der *Nichtigkeit*, sofern ein Verstoss des Vertragsinhalts gegen Art. 20 vorliegt. Keine Loslösungsmöglichkeit verschafft aber die Rechtsfigur der *culpa in contrahendo*, denn selbst die fehlende Belehrung über das Widerrufsrecht (vgl. Art. 40d) und damit die Annahme einer Aufklärungspflichtverletzung wirkt sich für den Abschluss des Vertrags regelmässig nicht kausal aus; im Übrigen kommt dieser Rechtsfigur hier ohnehin nur die Sekundärfunktion der Risikoverteilung nach aufgelöstem Vertrag zu. 6

IV. Verhältnis zu angrenzenden Rechtsmaterien

Wegen der besonderen Vertragsanbahnungsart bestehen naturgemäss Berührungsflächen zum **BG über über das Gewerbe der Reisenden** (SR 943.1). Dieses auf den 1.1.2003 in Kraft getretene Gesetz löste das frühere «Handelsreisendengesetz» ab und vollzog nun auch eine terminologische Angleichung («[...], die Konsumentinnen und Konsumenten Waren oder Dienstleistungen anbieten», Art. 1). Es erhält insofern Bedeutung, als nach Art. 11 i.V.m. Art. 3 und Anhang 1 VV (SR 943.11) gewisse Waren aus Gründen des Publikumsschutzes von der Bestellungsaufnahme durch Reisende ausgeschlossen werden. Das frühere BG über die Handelsreisenden hatte mit Art. 11 über eine Sondernorm verfügt, welche die explizite zivilrechtliche Sanktion der *Nichtigkeit* für den Fall eines Verzichts auf den ordentlichen Gerichtsstand durch den Kunden enthalten hatte, jedoch mit dem Inkrafttreten des GestG auf den 1.1.2001 aufgehoben worden war. Im Übrigen verzichtet das Gesetz wie bisher auf ein zivilrechtliches Instrumentarium. 7

Das **UWG** nahm in **Art. 3 lit. h** eine Bestimmung auf, wonach unlauter handelt, wer «den Kunden durch *besonders aggressive Verkaufsmethoden in seiner Entscheidungsfreiheit beeinträchtigt*». Der Anwendungsbereich des UWG-Tatbestandes erstreckt sich zwar auf durchaus ähnliche Anbahnungsmethoden wie die OR-Novelle (vgl. BGE 124 IV 73, unter strafrechtlichem Blickwinkel), erweist sich jedoch nicht als gänzlich deckungsgleich (GONZENBACH, WRP 1992, 91 f.; vgl. STREULI-YOUSSEF, in: Schweizerisches Immaterialgüter- und Wettbewerbsrecht, Bd. V/1, Basel 1998, 100 ff., 105 ff.). Zudem gelten für die wettbewerbsrechtliche Beurteilung unterschiedliche Kriterien. Selbst wenn ein **lauterkeitsrechtlicher Verstoss** vorliegt, bleibt dies für das zivilrechtliche Schicksal des Folgevertrages nach herrschender Meinung **ohne Bedeutung**; die Lauterkeitswidrigkeit führt nur zu den Sanktionen des UWG, denen aber ein Vertragslösungsrecht fehlt (irreführend Botschaft 1986, 388 f.; vgl. GONZENBACH, Zum Beispiel «Einbruchsanlage» – Sirenen und Sirenengesänge für das schweizerische UWG?, SZW 1992, 20 ff.). Fruchtbarer erscheint eine Umkehr des Blickwinkels, denn aus der OR-Regelung lässt sich grundsätzlich auf die *wettbewerbsrechtliche Zulässigkeit* der erfassten Verkaufsformen schliessen, solange keine qualifizierenden lauterkeitsrechtlichen Umstände vorliegen (GONZENBACH, AJP 1992, 1382 f.; gleichsinnig BGer, 7.2.2002, 5C.248/2001, E. 2b «kein allgemeiner Missbrauchsvorwurf»). Im *Unterlassen der Widerrufsbelehrung* ist aber in Anlehnung an Art. 3 lit. m UWG (in der Fassung 2003 angepasst auf den Konsumkreditvertrag) häufig ein Lauterkeitsverstoss zu erblicken (vgl. NJW 1990, 181; DAVID/JACOBS, Schweizerisches Wettbewerbsrecht, 4. Aufl., Bern 2005, N 304). 8

9 Im Zuge der weiteren Übernahme von europäischen Richtlinien aus dem Konsumentenschutz- bzw. Konsumvertragsbereich führten das **Pauschalreisegesetz** (PRG) und das **Konsumkreditgesetz** (KKG) spezialgesetzliche Behelfe ein. Diese finden, bei Vorliegen entsprechender Voraussetzungen (Rücktrittsrecht, Art. 10 Abs. 1 PRG; Art. 16 KKG), *konkurrierend* bzw. aufgrund expliziten Verweises Anwendung (HUGUENIN JACOBS, AJP 1994, 698). Ausdrücklich referiert Art. 16 Abs. 3 KKG für den Fall eines Abzahlungskaufs, einer auf Kredit beanspruchten Dienstleistung oder eines Leasingvertrages auf die Rückabwicklungsregeln von Art. 40 f. Eine Harmonisierung der verschiedenen europarechtlichen Implantate und die Abstimmung auf gewachsene Regelungskontexte, etwa hinsichtlich der Fristen und der Konzeption mit aufgeschobener Vertragsgültigkeit, wird dabei erst schrittweise vollzogen.

V. Abweichende Vereinbarungen

10 Das Widerrufsrecht ist grundsätzlich **zwingend**. Das ergibt sich aus dem Schutzzweck vorab für das *Widerrufsrecht* selber (Art. 40b), die *Orientierungspflicht* des Anbieters (Art. 40d), die finanzielle *Erschwerung der Geltendmachung* (Art. 40f Abs. 4) und den *Gerichtsstand* (Art. 32 Abs. 1 lit. a ZPO). Daneben finden sich **einseitig zwingende Normen**, indem Erleichterungen zugunsten des Kunden, nicht aber des Anbieters denkbar sind (*Ausnahmesituationen*, Art. 40c).

VI. Prozessuales

11 **Beweislastverteilung**: Den allgemeinen Beweisgrundsätzen (Art. 8) entspricht, dass dem **Kunden** die Beweislast für die *Voraussetzungen* (situative, persönliche, sachliche Voraussetzungen) des Widerrufsrechts obliegt, ebenso die Art und *Rechtzeitigkeit* seiner Widerrufsausübung. Der prozessualen Situation folgend trifft den **Anbieter** der Nachweis über das Vorliegen eines *Ausnahmefalles* (Art. 40c). Er hat ferner nachzuweisen, dass und wann er seine *Orientierungspflicht* (Art. 40d) erfüllt hat; der Beweis für den Zeitpunkt – obliegt gem. Art. 40e Abs. 3 sogar ausdrücklich dem Anbieter (gl.M. ZK-DORNIER, N 28 ff.). Bei einer Berufung auf das ausgeübte Widerrufsrecht im Rahmen des *Rechtsöffnungsverfahrens* trifft den Rechtsöffnungsrichter die Pflicht, dem Kunden eine (kurze) Frist zur Beibringung entsprechender Urkunden anzusetzen (TC NE, JKR 1996, 386).

12 Zum Gerichtsstand enthielt das OR früher in Art. 40g eine materienspezifische Regelung, welche zunächst in das GestG und sodann per 1.1.2011 in die Schweizerische Zivilprozessordnung überführt wurde. Art. 35 Abs. 1 lit. a ZPO statuiert nun als generelle Norm den Ausschluss eines – zum Voraus oder mit Einlassung bekundeten – Verzichts durch den Konsumenten oder die Konsumentin auf den Wohnsitzgerichtsstand; vorbehalten bleiben aber Gerichtsstandvereinbarungen *nach* Entstehen der Streitigkeit (Art. 35 Abs. 2 ZPO; Schriftlichkeit bzw. Textnachweis Art. 17 ZPO). Art. 32 Abs. 1 ZPO legt im Binnenverhältnis von der Parteirolle abhängig die zusätzliche Zuständigkeit des **Wohnsitzforums des Konsumenten** fest. (BSK ZPO-KAISER JOB, Art. 32 N 14 ff.). Der Definition des Konsumentenvertrages – freilich in engerer Umschreibung nach Art. 32 Abs. 2 ZPO – entsprechend gilt der Klägergerichtsstand des Konsumenten nicht nur bei *Streitigkeiten über das Widerrufsrecht* an sich, sondern auch für gerichtliche Auseinandersetzungen über dessen *Folgen*, etwa die Klage auf Rückzahlung des Kaufpreises (Botschaft 1986, 396). Nicht unter den Konsumentengerichtsstand fällt die Relation zwischen einem Verein und seinen Mitgliedern (vgl. BGer, 11.3.2014, 4A_575/2013), da diese nicht vertragsrechtlicher Natur ist. Der *bundessrechtliche Anspruch auf ein Schlichtungs- oder ein einfaches und rasches* **Prozessverfahren** (Art. 97 Abs. 3 BV) wird heute durch das vereinfachte Verfahren (Art. 243 ff. ZPO) gewährleistet, welches für alle vermögensrechtlichen Streitigkeiten bis zu einem Streitwert von CHF 30 000 Anwendung findet (Näheres bei BSK ZPO-MAZAN, Vor Art. 243–247 N 1; Art. 243 N 2 ff.).

VII. IPRG/LugÜ/CISG

13 Obwohl nur von «*Leistungen des üblichen Verbrauchs*» sprechend, dürfte nach teleologischen und rechtssystematischen Gesichtspunkten **Art. 120 IPRG** («Verträge mit Konsumenten»; vgl. alle dem Widerrufsrecht unterliegenden Verträge einbeziehen (gl.M. IPRG-Kommentar-KELLER/KREN KOSTKIEWICZ, Art. 120 N 10 ff.; HUGUENIN JACOBS, AJP 1994, 697; BSK IPRG-BRUNNER, Art. 120 N 24 ff.). Die Anwendung beschränkt sich nicht auf abgeschlossene Verträge, sondern erfasst auch die vom Kunden abgegebene Offerte. Angeknüpft wird unter den – alternativen – Voraussetzungen von Art. 120 Abs. 1 lit. a–c IPRG an das **Recht am gewöhnlichen Aufenthalt des Konsumenten**, was bei Verträgen mit Auslandberührung (z.B. Kaffeefahrten ins Ausland) die Stellung des schweizerischen Kunden nicht unbedingt verbessert (gl.M. BSK IPRG-BRUNNER, Art. 120 N 39). Eine *Rechtswahl* ist ausgeschlossen (Art. 120 Abs. 2 IPRG), was zu starr erscheint (IPRG-Kommentar-KELLER/KREN KOSTKIEWICZ, Art. 120 N 32 ff.; WEBER-STECHER, 259 ff.). Für den internationalprivatrechtlichen **Gerichtsstand** gilt das Wahlrecht des Kunden nach **Art. 114 IPRG**. Klagen des *Anbieters* richten sich jedoch nach den allgemeinen Zuständigkeitsnormen von Art. 112 f. IPRG (STAEHELIN A., FS für Hans Ulrich Walder, Zürich 1994, 136 f.).

14 Soweit das LugÜ Anwendung findet, greifen insb. **Art. 15–17 des am 1.1.2011 in Kraft getretenen rev. LugÜ**. Für die Verbraucherklage (vgl. Definition Art. 15 LugÜ: Vertragszweck nicht der beruflichen oder gewerblichen Tätigkeit zurechenbar, was Streitigkeiten nach Art. 40a ff. OR miterfasst; DORNIER, Diss., N 541; BGE 121 III 336) eröffnet Art. 16 LugÜ ein *Wahlrecht* des **Gerichtsstandes** im eigenen Wohnsitzstaat oder demjenigen des Vertragspartners; Klagen gegen den Verbraucher können nur an seinem Wohnsitz erhoben werden (Art. 16 Abs. 2 LugÜ; vgl. zur Frage der Einlassung BGE 133 III 295). *Prorogationsmöglichkeiten* nach Art. 17 Abs. 2 LugÜ erlauben konsumentengünstige(re) Lösungen, wobei aber die Vorschriften von Art. 23 LugÜ zu beachten sind.

15 Zur Vermeidung von Kollisionen mit nationalem Konsumentenschutzrecht sind nach **Art. 2 lit. a CISG** (SR 0.221.211.1) Verträge über Waren für den persönlichen Gebrauch oder den Gebrauch in Familie und Haushalt, mithin also auch Haustür- und ähnliche Geschäfte in sachlicher und persönlicher Hinsicht, aus dem Einheitskaufrecht **ausgeschlossen**. Zu beachten bleibt jedoch Art. 4 Satz 2 lit. a CISG, wonach sich die rechtliche Beurteilung der *Gültigkeit des Vertrages* nach dem – durch IPR bestimmten – *nationalen* Recht richtet (SCHLECHTRIEM, Anwendungsvoraussetzungen und Anwendungsbereich des UN-Übereinkommens über Verträge über den internationalen Warenkauf [CISG], AJP 1992, 339 ff., 352).

Art. 40*a*

H. Widerruf bei Haustürgeschäften und ähnlichen Verträgen
I. Geltungsbereich

[1] Die nachfolgenden Bestimmungen sind auf Verträge über bewegliche Sachen und Dienstleistungen, die für den persönlichen oder familiären Gebrauch des Kunden bestimmt sind, anwendbar, wenn:
a. der Anbieter der Güter oder Dienstleistungen im Rahmen einer beruflichen oder gewerblichen Tätigkeit gehandelt hat und
b. die Leistung des Kunden 100 Franken übersteigt.

[2] Die Bestimmungen gelten nicht für Versicherungsverträge.

[3] Bei wesentlicher Veränderung der Kaufkraft des Geldes passt der Bundesrat den in Absatz 1 Buchstabe b genannten Betrag entsprechend an.

H. Droit de révocation en matière de démarchage à domicile ou de contrats semblables
I. Champ d'application

[1] Les dispositions ci-après sont applicables aux contrats portant sur des choses mobilières ou des services destinés à un usage personnel ou familial du client si:
a. le fournisseur de biens ou de services a agi dans le cadre d'une activité professionnelle ou commerciale et que
b. la prestation de l'acquéreur dépasse 100 francs.

[2] Ces dispositions ne sont pas applicables aux contrats d'assurance.

[3] En cas de modification importante du pouvoir d'achat de la monnaie, le Conseil fédéral adapte en conséquence le montant indiqué à l'al. 1 let. b.

H. Diritto di revoca nel caso di contratti a domicilio o contratti analoghi
I. Campo d'applicazione

[1] Le seguenti disposizioni sono applicabili ai contratti concernenti cose mobili o servizi destinati all'uso personale o familiare del cliente se:
a. l'offerente dei beni o dei servizi ha agito nell'ambito di un'attività professionale o commerciale e
b. la prestazione del cliente supera 100 franchi.

[2] Le disposizioni non si applicano ai contratti d'assicurazione.

[3] Nel caso di modificazione importante del potere d'acquisto della moneta, il Consiglio federale adegua in modo corrispondente l'importo indicato nel capoverso 1 lettera b.

Literatur

Vgl. die Literaturhinweise bei den Vorbem. zu Art. 40a–f.

I. Normzweck

1 Art. 40a regelt den **Geltungsbereich** der Art. 40a–f, wobei sowohl der *sachliche* als auch der *persönliche* Anwendungsbereich angeschnitten wird. Die Norm ist zusammen mit der Umschreibung der Anbahnungssituationen (Art. 40b) und der Ausnahmeregelung (Art. 40c) zu lesen, um ein vollständiges Bild über den Anwendungsbereich zu erhalten. Der Geltungsbereich enthält *Eingrenzungskriterien*, welche das Widerrufsrecht auf unterstellte Ungleichgewichtslagen und tatsächlichen Schutzbedarf beschränken sollen.

II. Geltungsbereich: Grundsatz (Art. 40a Abs. 1 lit. a)

2 Die Bestimmungen finden auf **Verträge über bewegliche Sachen und Dienstleistungen** Anwendung. Ausgeschlossen bleiben aber Verträge, deren Hauptgegenstand *unbewegliche Sachen* betrifft. Damit entziehen sich Verträge über Bau, Verkauf, aber auch Miete von Immobilien, ferner Geschäfte über andere Rechte an Immobilien dem Widerrufsrecht (kritisch dazu Honsell, AJP 1992, 67; Huguenin Jacobs, AJP 1994, 696). Sonst spielt der Vertragsinhalt keine Rolle, solange er ein Austauschverhältnis umfasst. Beispielhaft werden Kauf und Miete, im Bereich der Dienstleistungen *Reparatur-, Werkverträge, Fernkurse, Heiratsvermittlung* (NJW-RR 1990, 1136; NJW-RR 1992, 506) oder andere *Auftragsverhältnisse* genannt (Botschaft 1986, 391), darüber hinaus ferner *Heimarbeitsverträge, Kreditvermittlungs-, Geschäftsbesorgungsverträge* (NJW-RR 1989, 1339) sowie gesetzlich nicht geregelte Vertragstypen wie *Leasing-* oder *Franchisingverträge*, welche allesamt vorrangige praktische Bedeutung erlangen (vgl. den Katalog bei Gilles, NJW 1986, 1139; Beispiele bei CR CO I-Stauder/Favere-Bulle, Art. 40a N 6). Ebenso fallen Verträge über *Wertpapiere* unter den Anwendungsbereich (Zusatzbotschaft I, 390), wie wohl auch Time-sharing-Verträge nachdem es nicht zur geplanten Spezialregelung in Art. 40g ff. gekommen ist. Dem Schutzzweck entsprechend ist auch der **Vereinsbeitritt** dem Widerrufsrecht unterworfen, sofern sich die Mitgliedschaftsbeziehung im Wesentlichen auf ein reines Austauschverhältnis in Form von seitens des Vereins zu erbringender Leistungen gegen ein als Beitrag deklariertes Entgelt beschränkt (Buch-, Schallplattenclubs; vgl. Botschaft 1986, 391; Dornier, Diss., N 140). Ohne Belang für das Widerrufsrecht ist die **Vertragsstruktur** als einfaches oder Dauer-

schuldverhältnis, Sukzessivlieferungsvertrag usw. (BGE 121 III 342). Dem Widerrufsrecht unterstehen auch *Vertragsänderungen* (Botschaft 1986, 391). *Gemischte Vertragsverhältnisse* unterliegen in dem unter den Anwendungsbereich fallenden Vertragsteil dem Widerrufsrecht; das Schicksal des Restvertrags bestimmt sich nach den in Analogie zu Art. 20 erarbeiteten Grundsätzen (für umfassende Gewährung des Widerrufsrechts, wenn die geplante berufliche Nutzung nicht deutlich überwiegt: Handkomm-OR-KOLLER-TUMLER, N 8).

Die dem Kunden zu erbringende Leistung muss für dessen **persönlichen oder familiären Gebrauch** bestimmt sein. Dies impliziert – mit dem selbstverständlich vorausgesetzten Erfordernis der Entgeltlichkeit – ein **Austauschverhältnis** und scheidet Geschäfte ohne Gegenleistungsverpflichtung der anderen Partei, und zwar sowohl unvollkommen zweiseitige als auch einseitige Schuldverträge, aus (Schenkung, Bürgschaft; gl.M. DORNIER, Diss., N 170 ff.; **a.M.** HUGUENIN JACOBS, AJP 1994, 695 f.; CR CO I-STAUDER/FAVRE-BULLE, N 9; KUKO OR-KESSLER, N 5), was zumal für die Bürgschaft auch mit Blick auf die ausführlichen Formvorschriften gilt, die gegen einen Einbezug der Widerrufsregeln sprechen (WEBER-STECHER, 24). Allerdings nimmt die Rechtsprechung des EuGH nun die Anwendbarkeit auch auf Bürgschaftsverträge (EuGH vom 17.3.1998, C-45/96) und auf Beitritte zu Immobilienfonds (EuGH vom 15.3.2010, C-215/08) an, was mittelfristig wohl auch auf die Auslegung in der Schweiz abstrahlen dürfte. Das Kriterium des «persönlichen oder familiären Gebrauchs» reduziert den Anwendungsbereich – zusammen mit der gewerblichen Stellung des Anbieters nach lit. a–auf den Begriff des **Konsumentenvertrages**, der sich, anfänglich unter sichtlicher Definitionsnot leidend und aufgrund inkohärenter Rechtsquellen, erst allmählich festigt (vgl. SJZ 1989, 249; SJZ 1990, 214; rollenspezifisch orientierter Definitionsvorschlag bei SCHMELZER, 266). Die Leistung muss *unmittelbar* privaten Zwecken des Kunden dienen; der getätigte oder beabsichtigte Weiterverkauf schliesst das Widerrufsrecht aus. Dasselbe gilt für Verträge, die vom Kunden im Rahmen einer beruflichen oder gewerblichen Tätigkeit abgeschlossen werden (Selbständigerwerbende). Es bedarf somit des *Fehlens geschäftsmässigen Handelns* auf der Kundenseite. Die Schwierigkeit der Abgrenzung im Einzelfall illustriert der Entscheid 5A_545/2011 des BGer eindrücklich. Anders als die Botschaft, aber in Übereinstimmung mit dem UWG sowie dem Handelsreisenden- (Art. 347 ff.) und Agenturvertragsrecht (Art. 418a ff.), verwendet das Gesetz den Begriff des **Kunden**, der dort jedoch auch Nicht-Endverbraucher umfasst. Der Schutzzweck führt hier aber zu einer teleologischen Reduktion auf die *Marktposition des Endverbrauchers*. Der persönliche Anwendungsbereich beschränkt sich, dem im EG-Raum entwickelten Begriff des Verbrauchervertrages folgend, auf **natürliche Personen** (vgl. HausTW-RL Art. 1 Abs. 1, Art. 2; Verbraucherrechte-RL Art. 2 Ziff. 1, nunmehr auch in der Schweiz h.M.). Dass es sich bei den «typischen Kunden» der missbilligten Anbahnungsarten um geschäftlich besonders unerfahrene handelt, «da sie oft nicht im Erwerbsleben stehen und daher zu Hause anzutreffen sind» (Botschaft 1986, 387), damit also vorab einkommens- und sozial schwächere Kundenkreise vom Direktvertrieb erfasst werden, ist allerdings anzuzweifeln (vgl. GONZENBACH, ZSR 1987 I, 461 f.; HUGUENIN JACOBS, AJP 1994, 691). 3

Das Widerrufsrecht verlangt auf der Seite des anderen Vertragspartners ein **Handeln im Rahmen einer beruflichen oder gewerblichen Tätigkeit**. Darunter fallen alle planmässigen und auf Dauer angelegten Aktivitäten, die zur Gewinn- oder sonstigen Einkommenserzielung dienen, wobei auch ein erstmaliges Tätigwerden in diesem Rahmen genügt. Sie müssen den Bereich der auszutauschenden Leistungen beschlagen. Keine Rolle spielt die berufliche Stellung des Vertragspartners; er kann aus selbständiger oder unselbständiger, freiberuflicher, Haupt- oder Nebenerwerbstätigkeit, als Beauftragter oder Stellvertreter den Kunden angehen. Ausgeschlossen bleibt aber das *beidseitige Privatgeschäft*, was nicht ganz zielkonform erscheint (ähnlich HUGUENIN JACOBS, AJP 1994, 695; Handkomm-OR-KOLLER-TUMLER, N 11). 4

Das Gesetz erfordert nach dem Wortlaut ein Auftreten als **Anbieter** der Güter oder Dienstleistungen (d.h. jeder, der ein gleichartiges Handelsgut – Ware, Dienstleistung – feilhält; vgl.

BVK-RHINOW, Art. 31^{sexies} [a]BV N 93), womit die vertragliche Stellung festgelegt wird. Wohl ungewollt scheidet der Gesetzgeber so Geschäfte aus dem Anwendungsbereich aus, in denen der Kunde nicht Abnehmer, sondern selber «Anbieter» ist, indem er Waren abgibt oder Dienste erbringt (Antiquitäten- oder Nachlassaufkauf, Heimarbeits- oder Mitarbeiterverträge usw.; vgl. GILLES, NJW 1986, 1138). Trotz des Schutzzwecks der Novelle werden diese Fälle öfters nicht mehr dem Widerrufsrecht zu unterstellen sein, zumal der Kunde in strengem Sinn auch keine beweglichen Sachen oder Dienstleistungen «zum persönlichen oder familiären Gebrauch» erwirbt, sondern selber zur Verfügung stellt (gl.M. DORNIER, Diss., N 165 ff.). Die Anbieterstellung bemisst sich nach der *charakteristischen Vertragsleistung*; Ungereimtheiten sind bei der gesetzlichen Ausgangslage wohl notgedrungen hinzunehmen (ähnlich Handkomm-OR-KOLLER-TUMLER, N 12).

III. Ausnahmen (Abs. 1 lit. b und Abs. 2)

5 Kumulativ zu Abs. 1 lit. a erfordert das Gesetz eine **Leistung des Kunden über 100 Franken**, damit er sich auf das Widerrufsrecht berufen kann. Damit nimmt man **Bagatellgeschäfte** wegen des fehlenden Schutzbedarfs aus dem Anwendungsbereich aus. Mit Rücksicht auf den Schutzzweck bezieht sich der Betrag auf das *gesamte Entgelt*, zu dessen Bezahlung sich der Kunde aufgrund der Anbahnungssituation verpflichtet. Im Falle von Dauerschuldverhältnissen wie Miete, Sukzessivlieferung usw. zählt die Leistung, die der Kunde während der *Mindestdauer* des Vertrages zu erbringen hat (Botschaft 1986, 392), wobei auf vereinbarte Mindestlaufzeit oder dann auf erstmaligen Kündigungstermin abzustellen ist.

Zur Vermeidung einer kaufkraftmässigen Aufweichung des Betrages verfügt der Bundesrat bei *wesentlicher Veränderung* über eine **Anpassungskompetenz** für die Bagatellsumme (Art. 40a Abs. 3), von der er bis heute noch keinen Gebrauch gemacht hat. Das Parlament hat es bei der Umsetzung der Initiative Bonhôte jedenfalls unterlassen, den Bagatellbetrag wie ursprünglich geplant, im OR auf CHF 200 zu erhöhen.

6 Eine einschneidende Ausnahme enthält Art. 40a Abs. 2, nimmt doch das Gesetz den Vertragstypus der **Versicherungsverträge** aus dem Anwendungsbereich aus. Die generelle Formulierung differenziert nicht nach Versicherungsgegenstand oder Mindestdauer, sondern erfasst *sämtliche Versicherungsverträge*. Vorbehalten bleiben jedoch die Sondervorschriften des VVG (Art. 89, 89a VVG). Insbesondere statuiert Art. 89a VVG im grenzüberschreitenden Dienstleistungsverkehr für Einzel-Lebensversicherungsverträge mit über sechsmonatiger Laufzeit ein Rücktrittsrecht innert 14 Tagen seit Kenntnis des Vertragsschlusses durch den Versicherungsnehmer, womit – immerhin – für Modalitäten und Gefahrtragung der Rücktrittserklärung Kongruenz zu Art. 40e Abs. 4 hergestellt werden soll (KUHN, Swisslex und Versicherungen, AJP 1994, 713). Die Gesetzgebung scheint sich nunmehr auch in der Schweiz einem Einbezug von Versicherungsverträgen in den Schutzbereich des Widerrufsrechts zu öffnen (vgl. Art. 7 E-VVG, wo ein zweiwöchiges Widerrufsrecht vorgeschlagen wurde; vgl. zur ganzen Problematik nunmehr auch die Urteile des EUGH v. 19. 12. 2013 Az. C-20912 und des BGH v. 5. 5. 2014, Az. IV ZR 76/11 und v. 17. 12. 2014 Az. IV ZR 260/11, wonach Lebensversicherungen und Rentenversicherungen widerrufen werden können, wenn die Verbraucher nicht ordnungsgemäß über ihre Widerrufsmöglichkeiten belehrt wurden).

Art. 40*b*

II. Grundsatz

Der Kunde kann seinen Antrag zum Vertragsabschluss oder seine Annahmeerklärung widerrufen, wenn ihm das Angebot gemacht wurde:

a. an seinem Arbeitsplatz, in Wohnräumen oder in deren unmittelbaren Umgebung;

b. in öffentlichen Verkehrsmitteln oder auf öffentlichen Strassen und Plätzen;

c. an einer Werbeveranstaltung, die mit einer Ausflugsfahrt oder einem ähnlichen Anlass verbunden war.
d. am Telefon oder über vergleichbare Mittel der gleichzeitigen mündlichen Telekommunikation.*

II. Principe

L'acquéreur peut révoquer son offre ou son acceptation s'il a été invité à prendre un engagement:
a. à son lieu de travail, dans des locaux d'habitation ou dans leurs alentours immédiats;
b. dans les transports publics ou sur la voie publique;
c. lors d'une manifestation publicitaire liée à une excursion ou à une occasion de même genre.
d. par téléphone ou par un moyen semblable de télécommunication vocale instantanée.

II. Principio

Il cliente può revocare la sua proposta di conclusione del contratto o la sua dichiarazione di accettazione se l'offerta gli è stata fatta:
a. sul suo posto di lavoro, in locali d'abitazione o nelle immediate vicinanze;
b. in trasporti pubblici o su pubbliche vie e piazze;
c. nel corso di una manifestazione pubblicitaria collegata ad un'escursione o ad un'analoga occasione.
d. per telefono o con un mezzo analogo di telecomunicazione vocale istantanea.

Literatur

Vgl. die Literaturhinweise bei den Vorbem. zu Art. 40a–f.

I. Normzweck

Die mit den Revisionen 1994 und 2015 erweiterte Norm dient einmal der **situativen Begrenzung** des Widerrufsrechts, dann aber auch – als Kernstück der Novelle – der **Einräumung des Widerrufsrechts** an sich, wo befürchtet wird, der Kunde werde als Folge anbieterinitiierten Ansprechens ausserhalb eines ständigen Geschäftsbereichs in der Entscheidungsfreiheit beeinträchtigt. Der Katalog der verdächtigen Anbahnungssituationen ist – aufgrund der Gesetzgebungsgeschichte – *abschliessend*. 1

II. Voraussetzungen

1. Allgemeines

Für alle vier Tatbestände gelten übereinstimmende, nicht explizit aufgenommene **Gemeinsamkeiten**. Basis des Widerrufsrechts bildet nicht der Ort, an dem die Willenserklärung des Kunden schliesslich abgegeben wird, sondern der **Ort** bzw. die Umstände des (vorausgehenden) **werbemässigen Ansprechens** (deutlicher noch E-Art. 40a Abs. 1 lit. a; Botschaft 1986, 391); damit scheitert das Widerrufsrecht nicht etwa daran, dass die Vertragsurkunde in unverdächtiger Umgebung (Büroräumlichkeiten des Anbieters) unterzeichnet wird. Ohne Belang bleibt die **Art und Intensität des Ansprechens** durch den Anbieter. Nach dem Schutzzweck der Novelle genügt, dass die erste Kontaktaufnahme unter den Situationskatalog fällt und die Gefahr einer Beeinträchtigung der rechtsgeschäftlichen Entscheidungsfreiheit in sich birgt; beidseitiger und eingehender Verhandlungen bedarf es nicht. 2

Über den notwendigen **Kausalzusammenhang** zwischen Anbahnungssituation und Willenserklärung schweigt sich die Novelle gänzlich aus. steht nach dem Wortlaut von Art. 40b ein Widerrufsrecht selbst dann offen, wenn zwischen Anbahnungssituation und Willenserklärung 3

* Der kursive Wortlaut (lit. d) entspricht der Novelle 2015, welche am 19. 6. 2015 verabschiedet wurde (BBl 2015 4855); Inkrafttreten frühestens anfangs/Mitte 2016.

eine erhebliche Zeitspanne liegt und andere Elemente in den Vertragsschluss hineinspielten, solange nur die missbilligte Anbahnungssituation vorliegt. Die Willenserklärung muss sich demnach nicht als adäquat kausale Folge der relevanten Verhandlungssituation darstellen (**a.M.** Voraufl., wie hier ZK-Dornier, N 71; Handkomm-OR-Koller-Tumler, N 4). Eine generelle Zulassung des Widerrufsrechts bei bloss äusserlichem Zusammentreffen von Haustürsituation und Erklärung entspricht auch modernen europäischen Tendenzen (vgl. die Verbraucherrechte-RL 2011/83 EU E 21 und Art. 2 Ziff. 8).

2. Relevante Anbahnungssituationen im Einzelnen

4 a) **Angebot am Arbeitsplatz**. Diese erst mit der Revision 1994 eingeführte Erweiterung schliesst eine Lücke im früheren Gesetzestextes und wollte bezüglich ortsspezifischer Voraussetzungen Kongruenz zur HausTW-RL herstellen. Massgebend ist der Kontakt in der *beruflichen Sphäre des Kunden*, worunter auch ein erweitert gezogener Kreis von Örtlichkeiten wie Kantinen, Umkleideräume usw. fällt (vgl. Art. 40b lit. a letzte Alternative, welche auch für den Arbeitsplatz gelten muss; Dornier, Diss., N 208 ff.). Dasselbe trifft auch auf den Geschäftswagen zu (Autotelefon; vgl. N 7). *Nicht erfasst* wird jedoch das Ansprechen am Arbeitsplatz eines Dritten oder in den – auch – geschäftlich genützten Räumlichkeiten des Anbieters (Weinkeller des Weinhändlers; extensive Begriffsbestimmung des Mietrechts in BGE 118 II 40; Dornier, Diss., N 193 ff.; Verweigerung der Rechtsöffnung hingegen bei am Arbeitsort des Konsumenten getätigtem Weinkauf, TC VD, JKR 1996, 385). Irrelevant ist, ob sich das Ansprechen innerhalb oder ausserhalb der Arbeitszeiten ereignet (KUKO OR-Kessler, N 4).

5 **Angebot in Wohnräumen oder ihrer unmittelbaren Umgebung**. Das umfasst den prototypischen Tatbestand des «Haustürgeschäfts», zieht den örtlichen Bereich aber noch weiter. Zu denken ist vorab an Hausflur, Garten, Tiefgaragen in Wohnanlagen, daneben aber auch allgemein an Räume, in denen die *private Sphäre* dominiert (Altersresidenzen, Hotelzimmer usw.). Erfasst wird *jeder Wohnraum*, nicht nur derjenige des Kunden selber (Partyverkäufe!), selbst der – nicht dauernd als Geschäftsraum benützte – Wohnraum des Anbieters, falls der Kunde ihn dort nicht zu Zwecken des geschäftlichen Kontakts aufsuchte. Ausgeschlossen bleiben aber grundsätzlich *Geschäftsräume*, ferner Konferenzräume in Hotels, Restaurants, Tagungszentren (progressive Mitarbeiterwerbung!) usw.

6 b) **Angebot in öffentlichen Verkehrsmitteln oder auf öffentlichen Strassen und Plätzen**. Die Fallgruppe umfasst einmal Formen der «anreisserischen Passantenwerbung», die situativ dem Haustürgeschäft nahestehen. Nach dem Schutzzweck muss die Formulierung der **öffentlichen Strassen und Plätze weit verstanden** werden, was nicht nur öffentliche Verkehrsflächen, sondern generell dem *allgemeinen Publikumsverkehr zugängliche Örtlichkeiten* darunter fallen lässt: Theater- und Konzertsäle, öffentliche Freizeitanlagen, Flughäfen, daneben wohl auch Hotelhallen, Strassencafés u.ä., soweit man sich den Zugang leicht verschaffen kann und das Angebot sachfremd, für den Kunden nicht erkennbar mit dem Zutritt zu erwarten ist. Aus dem örtlichen Bereich fallen aber Festwiesen, Verkaufsstände oder das Ansprechen in der Kaufhaus-Vorhalle, weiter nur bestimmten Personenkreisen zugängliche Areale (private Sportanlagen, Park- und Campingplätze usw.).

Zu den **öffentlichen Verkehrsmitteln** zählen *alle Transportmittel des Personenverkehrs* zu Land, Wasser und Luft, die nicht dem individuellen Verkehr zuzurechnen sind. Sie müssen der Öffentlichkeit zugänglich sein, was etwa auf Reisecars privater Veranstalter nicht zutrifft (Bsp. Vereinsausflug). Nach der 4. Auflage unterliegen wegen des fehlenden – und das Widerrufsrecht erst rechtfertigenden – Überraschungsmoments alle **typischen Waren- und Leistungsangebote** in öffentlichen Transportmitteln, z.B. Verpflegung auf Schiffen, Duty-free-Waren in Flugzeugen, Reiseandenken usw. nicht dem Widerrufsrecht. Ein solcher Ausschluss rechtfertigt sich – abgesehen von den Verpflegungsangeboten zur sofortigen Konsumation –

jedoch nicht (gl.M. ZK-Dornier, N 82; CHK-Kut/Schnyder, Art. 40a–g OR N 41; CR CO I-Stauder/Favre-Bulle, N 14; Handkomm-OR-Koller-Tumler, N 8).

c) **Angebot an einer Werbeveranstaltung**, die mit einer Ausflugsfahrt oder einem ähnlichen Anlass verbunden war. Die situative Umschreibung orientiert sich an den **«Kaffeefahrten»**, wo der Anbieter an einer von ihm oder einem Dritten organisierten Reiseveranstaltung eine Werbevorführung einplant, die ein wesentliches Ziel der meist stark verbilligten Fahrt darstellt. Die weite Formulierung des **«ähnlichen Anlasses»** schliesst andere Erscheinungsformen mit ein: gesellige und kulturelle Veranstaltungen wie Filmvorführungen, Konzerte (Botschaft 1986, 391), also gewerblich motivierte Veranstaltungen, die ein Freizeiterlebnis vermitteln wollen und Freizeitangebot mit Verkaufsveranstaltung so verbinden, dass der Kunde in unbeschwerte Stimmung versetzt werden soll (BGH, NJW 1992, 1889); ferner auch Immobilienbesichtigungsflüge, Unterhaltungsshows mit Werbeeinlagen, wobei die Grenzen zu den in lit. a erfassten privaten «Heimvorführungen» (Werbeparties) fliessend sind. Das Widerrufsrecht greift auch dann, wenn der Charakter der Werbefahrt genügend angekündigt war und sich der Kunde damit *bewusst* in eine bestimmte Werbesituation begeben hat (Dornier, Diss., N 241 f.), was gemäss Vorauflage nicht unbedenklich scheint. *Keine Anwendung* findet lit. c jedoch bei völlig untergeordneter Bedeutung der Werbeaktivität im Rahmen der Reiseveranstaltung («Einkaufsbummel» innerhalb einer längeren Urlaubsreise usw.; **a.A.** NJW-RR 1991, 122). *Indizien* für eine relevante Freizeitveranstaltung bilden die zeitliche Abstimmung von Rahmen- und Werbeveranstaltung, Umsatzbeteiligung des Drittveranstalters an den Verkaufserlösen oder Kostenbeteiligung des Anbieters an den Reiseveranstalter. 7

d) Angebot am Telefon oder über vergleichbare Mittel der gleichzeitigen mündlichen Telekommunikation.

In der parlamentarischen Beratung der ursprünglichen Regelung des Widerrufsrechts wurde die – in E-Art. 40a Abs. 1 lit. a Ziff. 3 noch enthaltene – Anbahnungsart durch **Telefon** gestrichen (krit. dazu Koller-Tumler, recht 1992, 40). Nunmehr ist man auf diesen Entscheid zurückgekommen und formuliert im Rahmen der Umsetzung der Initiative Bonhôte (06.441) den neuen Willen des Gesetzgebers, das Telefongeschäft nunmehr ausdrücklich dem Widerrufsrecht zu unterstellen. Zuhanden der Materialien hielt der ständerätliche Kommissionsprecher fest: «Diese Definition knüpft einerseits an Artikel 4 OR an, ist aber durch die Nennung der wesentlichen Merkmale der Kommunikation per Telefon, nämlich Mündlichkeit, Gleichzeitigkeit ohne gleichzeitige physische Anwesenheit, bewusst technologieneutral und umfasst somit viele Formen der Telefonie.» 8

Der Verzicht des Parlamentes, die gesetzgeberische Umsetzung im Lichte der europäischen Entwicklung vorzunehmen und die Fernabsatzgeschäfte inkl. der Vertragsabschlüsse im Internet miteinzubeziehen, darf nicht darüber hinwegtäuschen, dass mit diesem Entscheid möglicherweise mehr Probleme geschaffen denn gelöst werden. Zu recht hat Justizministerin BR Sommaruga darauf hingewiesen, dass Telefonie und Informatik heutzutage nicht mehr zu trennen seien.

Nicht dem Widerrufsrecht sind – trotz der weit geratenen gesetzlichen Formulierung («Angebot») – Verträge unterworfen, die allein auf **schriftlichem Weg** (oder analog) an den Kunden herangetragen werden, da dort das Überraschungsmoment des unmittelbaren persönlichen Kontakts fehlt (Botschaft 1986, 388). Das gilt vorab für auf dem *Korrespondenzweg* oder per *Telefax* abgeschlossene Verträge, für den gesamten Bereich des rein *schriftlichen Versandhandels*, weiter für Mitteilungen durch *Radio* und *Fernsehen, Bildschirmtext* usw. Der Ausnahmebereich endet aber, soweit die situativen und persönlichen Voraussetzungen vorliegen, dort, wo von Versandhäusern *Sammelbesteller* eingeschaltet werden, die im Freundes- oder Bekanntenkreis Bestellungen einholen sollen. 9

III. Rechtsfolgen

10 Sind die persönlichen, sachlichen und situativen Voraussetzungen erfüllt, steht dem **Kunden** – und nur ihm – das **Widerrufsrecht** offen, vorbehältlich der Ausnahmen von Art. 40c. Dabei ist unerheblich, ob er das *Akzept* oder erst eine *Offerte* (Bestellformular!) abgegeben hat. Art. 40b schränkt insoweit den Anwendungsbereich der Art. 3, 5 und 9 ein und geht vor.

11 Der **Widerruf** ist ein einseitiges Gestaltungsrecht des Kunden, verschuldensunabhängig und bedingungsfeindlich. Er beraubt den Antrag seiner Bindungswirkung oder löst den Vertrag *ex tunc* auf und führt zu einem *Rückabwicklungsverhältnis* (Botschaft 1986, 394; gl.M. SCHWENZER, N 28.73; offen KOLLER-TUMLER, recht 1992, 40; zweifelnd HONSELL, AJP 1992, 67), wobei die Sekundärfolgeregelung in Art. 40f je nach Vertragsgegenstand und Stand des Leistungsaustauschs keine strengen dogmatischen Abgrenzungen zulässt (HUGUENIN JACOBS, AJP 1994, 696 f.; vgl. aber nunmehr BGE 137 II 243, der klarstellt, dass es sich um eine bereicherungsrechtliche Rückabwicklung handelt). Demzufolge bleibt nach Ansicht des BGer der Vertrag während der Widerrufsfrist in der Schwebe bzw. unter der Suspensivbedingung, dass das Widerrufsrechts nicht ausgeübt wird und es sei bei Ausübung des Widerrufsrechts nicht von einem gültig geschlossenen Vertrag auszugehen (E. 4.5). Die in der Voraufl. (und auch weiterhin) vertretene Meinung, wonach der Widerruf als *vertragsauflösender Behelf* konzipiert ist (Botschaft 1986, 389) und der widerrufsbelastete Vertrag auch während der Widerrufsfrist – anders als bei den Teilzahlungsverträgen (aufgeschobene Vertragsgültigkeit) – seine Vertragswirkung entfaltet und den Anbieter weiterhin an seine vertragliche Leistung bindet, voll wirksam ist, *ist nunmehr eine Mindermeinung*.

Art. 40c

III. Ausnahmen	**Der Kunde hat kein Widerrufsrecht, wenn er:** **a. die Vertragsverhandlungen ausdrücklich gewünscht hat;** **b. seine Erklärung an einem Markt- oder Messestand abgegeben hat.**
III. Exceptions	L'acquéreur ne peut invoquer son droit de révocation: a. s'il a demandé expressément les négociations; b. s'il a fait sa déclaration à un stand de marché ou de foire.
III. Eccezioni	Il cliente non ha diritto di revoca se: a. ha lui stesso promosso le trattative; b. ha fatto la sua dichiarazione a uno stand di mercato o di fiera.

I. Normzweck

1 Die Norm zielt auf eine **situative Ausklammerung** des Anwendungsbereichs (weitere Ausnahmen stellen [heute noch s. Art. 40a N 6] die Versicherungsverträge oder Verträge, welche die Bagatellgrenze nicht überschreiten, dar), wo ein **Schutzbedürfnis fehlt**, weil die Anbahnung kundeninitiiert ist (lit. a) oder aber umständeadäquat erscheint (lit. b). Massgebend bleibt eine *objektiv-generelle Betrachtungsweise*, ob die Verhandlungssituation eine Beeinträchtigungsgefahr des Kunden entfallen lässt.

II. Voraussetzungen

2 a) **Kundeninitiative**. Der Schutzbedarf entfällt, wenn der **Kunde** selber die Vertragsverhandlungen angeregt hat. Dafür bedarf es eines *zeitlich vorgelagerten* Aktivwerdens des Kunden. Er muss zudem inhaltlich *genügend konkret* (blosse Beschaffung von Informationen im Sinne des Angebotsvergleichs genügt nicht; DORNIER, Diss., N 332), und zwar dem Anbieter gegenüber, den Wunsch nach persönlicher Beratung zum Ausdruck bringen. Der Schutzzweck ver-

langt vom Kunden den *ersten Anstoss überhaupt*, andernfalls die «provozierte Bestellung» (unter Einschluss von erschlichenen und versteckten Bestellerklärungen auf Antwortkarten wie «Vertreterbesuch erwünscht», blosser Angabe der Telefonnummer auf Werbeantwortkarten u.ä.; vgl. BGHZ 109, 127; differenzierend HONSELL, AJP 1992, 67; nur aus wettbewerbsrechtlicher Sicht BGE 102 II 286) ebenfalls der Ausnahmeregelung unterworfen wäre. Wesentlich bleibt im Lichte der ratio legis, ob sich der Kunde unbeeinflusst und frei von zeitlichem oder psychischem Druck für die Aufnahme von Vertragsverhandlungen entscheiden konnte (BGer, 25.4.2000, 4C.120/1999). Der **Wunsch zu Vertragsverhandlungen** darf, um dem Antragsbegriff nicht zu nahezukommen, nicht zu eng verstanden werden, namentlich nicht im Sinne bereits spezifizierter Angaben, die auf Ort und Zeit des Verhandlungsgesprächs oder einen scharf umrissenen Waren- oder Dienstleistungskatalog rückschliessen lassen. Jedoch ergibt sich aus einer breit gefassten Kundenanregung kein *Ausschluss des Widerrufsrechts*, wenn überraschend ein völlig anderes Waren- oder Dienstleistungsangebot erfolgt (Wein statt Staubsauger) oder ein Vertragsinhalt, der sich mit der Kundenanfrage überhaupt nicht deckt (Beratervertrag statt Kauf). Die *Form* der Kundenanregung spielt keine Rolle.

Mit der Revision 1994 gestrichen wurde der frühere Passus «im Rahmen eines **bestehenden Vertragsverhältnisses**» (Art. 40c lit. a aOR). Damit unterwirft nun das Gesetz – in Anlehnung an europarechtliche Vorgaben – unterschiedslos Konstellationen mit vorbestehenden Vertragsverhältnissen und neue Geschäftskontakte dem Widerrufsrecht. Zur gleichwohl notwendigen Differenzierung bei wiederholten und erneuerten Angeboten vgl. N 3.

Das *Widerrufsrecht* erstreckt sich im Grundsatz auch auf bestehende Vertragsverhältnisse 3 (Waschmaschinenmonteur schlägt anlässlich Reparatur einen Servicevertrag vor) oder bestehende Geschäftsverbindungen (regelmässige und gleichartige Verträge; regelmässige Lieferungen von Lebensmitteln, Generalbestellungen bei Direktbelieferern). **Ausnahmen** gelten jedoch dann, wenn sich die Parteien – ausdrücklich! – auf regelmässige Kontakte einigen oder der Kunde nach erstem Angebot explizit zu späterer, erneuter Angebotsunterbreitung auffordert (DORNIER, Diss., N 370, 373).

b) **Erklärungen an Markt- und Messeständen.** Dabei handelt es sich im Grunde nur um 4 eine *Erweiterung* der *Geschäftsräumlichkeiten des Anbieters*, wobei sich die Ausstattung durchaus bescheiden präsentieren kann. Ob der Schutzbedarf dort geringer ist oder gar wegfällt (so Vorafl.), weil der Kunde diesen Bereich entweder in Erwartung eines geschäftlichen Kontakts aufsucht oder zum vornherein mit dem unmittelbaren persönlichen Ansprechen rechnen muss, mag mit Fug bezweifelt werden (krit. ZK-DORNIER, N 101). Wird der Kunde jedoch mit Blick auf einen Vertragsschluss situativ zum Besuch des Markt- oder Messestandes geködert (z.B. Abholung eines Geschenks oder Wettbewerbsgewinns), verliert er sein Widerrufsrecht nicht (Handkomm-OR-KOLLER-TUMLER, N 5; offen gelassen TC NE, JKR 1996, 388).

III. Rechtsfolgen

Das **Widerrufsrecht** des Kunden wird im Fall von Art. 40c – ohne weitere Bedingungen – 5 gänzlich **ausgeschlossen**.

Art. 40*d*

IV. Orientierungspflicht des Anbieters

[1] **Der Anbieter muss den Kunden schriftlich *oder in einer anderen Form, die den Nachweis durch Text ermöglicht*, über das Widerrufsrecht sowie über Form und Frist des Widerrufs unterrichten und ihm seine Adresse bekannt geben.**

2 Diese Angaben müssen datiert sein und die Identifizierung des Vertrags ermöglichen.

3 Sie sind dem Kunden so zu *übermitteln*, dass er sie kennt, wenn er den Vertrag beantragt oder annimmt.*

IV. Obligation d'informer

1 Le fournisseur doit, par écrit, *ou par tout autre moyen permettant d'en établir la preuve par un texte*, informer l'acquéreur de son droit de révocation, de la forme et du délai à observer pour le faire valoir, et lui communiquer son adresse.

2 Ces informations doivent être datées et permettre l'identification du contrat.

3 Elles doivent être fournies à l'acquéreur de sorte qu'il en ait connaissance au moment où il propose le contrat ou l'accepte.

IV. Obbligo d'informare dell'offerente

1 L'offerente deve, per scritto *o in un'altra forma che consenta la prova per testo*, informare il cliente sul diritto di revoca, come anche sulla forma e il termine per esercitarlo, nonché comunicargli il suo indirizzo.

2 Queste informazioni devono recare una data e permettere di individuare il contratto.

3 Le informazioni devono essere fornite al cliente in modo che questi ne abbia conoscenza al momento in cui propone il contratto o lo accetta.

1 Die Norm bezweckt die **Information des Kunden** über das ihm zustehende Widerrufsrecht und will ihn durch die weiteren Angaben in die Lage versetzen, dieses auch ausüben zu können. Dazu auferlegt sie dem Anbieter eine vorvertragliche Orientierungsobliegenheit (Handkomm-OR-Koller-Tumler, N 1; ZK-Dornier, N 103).

2 *Inhaltlich* erfordert die Belehrung einen Hinweis auf das **Widerrufsrecht** selber, dessen **Frist** und – nach wie vor (vgl. den neuen Art. 40e Abs. 1) – **Form** sowie die **Adresse des Anbieters**, an die der Widerruf zu richten ist, womit der Kunde befähigt werden soll, ohne weitere Nachforschungen sein Widerrufsrecht ausüben zu können («sans avoir à faire des recherches particulières», TC NE, JKR 1996, 387). Für die *Form der Orientierung* verlangt das Gesetz nunmehr nicht mehr ausdrücklich und ausschliesslich **Schriftlichkeit**, sondern lässt auch andere Formen zu, die den Nachweis durch Text ermöglichen. Zu denken ist wohl an E-Mails, Downloads etc. Ein bisschen modern wollte der Gesetzgeber dann doch sein (auch wenn dies bei Nichteinbezug des Onlinehandels kaum Sinn macht, und sich u.U. zulasten des Konsumenten auswirken mag). Kann der Kunde die Widerrufsbelehrung nicht ohne weiteres auf Papier ausdrucken oder unmittelbar dauerhaft abspeichern, so ist sie auf jeden Fall mangelhaft.

Zwar wünschenswert, aber nicht Pflicht ist ein Hinweis über Beginn und Ende der Widerrufsfrist im konkreten Fall (Klauselvorschlag bei Dornier, Diss., N 455 Anm. 476). Mit den ergänzenden Angaben von *Datum* und *Identifikationsgewähr* (Abs. 2) soll Unklarheiten betreffend Fristenlauf und betroffenem Vertragsverhältnis vorgebeugt werden.

3 Die Übergabevorschrift von Abs. 3 verschärft die Anforderungen an die Orientierungspflicht. Nach dem Gesetzestext nicht ausdrücklich, aber implizit verlangt wird die optisch deutliche und inhaltlich unmissverständliche **Gestaltung der Widerrufsbelehrung**. Eine *gesamte*, Vertragstext und Belehrung umfassende *Urkunde* reicht aus. Die zwingende Unterzeichnung durch den Kunden an *zwei Stellen*, also auch gesondert unter dem Belehrungspassus ist jedoch nicht nötig (**a.A.** 4. Aufl.. Eine blosse Einbindung in beigelegte allgemeine Vertragsbedingungen oder Produkteinformation genügt hingegen nicht (Dornier, Diss., N 461). Dem Schutzgedanken entsprechend fordert die Lehre typografische Übersichtlichkeit und unmissverständliche sprachliche Abfassung (Handkomm-OR-Koller-Tumler, N 9).

* Abs. 1: kursiver Wortlaut angepasst an telefonischen Vertragsschluss gemäss der Novelle 2015. Abs. 3 «übermitteln» im dt. Text bzw. «fornite» im ital. Text entspricht der Novelle 2015. Die Novelle wurde am 19. 6. 2015 verabschiedet (BBl 2015 4855); Inkrafttreten frühestens anfangs/Mitte 2016.

Zu weit geraten ist die Anknüpfung an **tatsächliche Kenntnis** des Kunden («dass er sie *kennt*»); Wissen-müssen reicht nach strengem Wortlaut nicht aus. Dem Anbieter obliegt es – im Zweifel unter Wahrnehmung erweiterter Erläuterungspflicht – sicherzustellen, dass der Kunde den Inhalt auch *verstanden* hat, wofür aus Praktikabilitätsgründen das *Unterzeichnenlassen der Widerrufsbelehrung* und die Abfassung in der *Verhandlungssprache* i.d.R. als Indiz genügen muss.

Eine **Verletzung der Belehrungspflicht** durch den Anbieter beeinträchtigt Gültigkeit oder Verbindlichkeit des Vertrages nicht, sondern setzt den *Fristenlauf für den Widerruf* aus (vgl. Art. 40e Abs. 2; GUHL/KOLLER/SCHNYDER/DRUEY, § 13 N 38). Auch eine vollzogene beidseitige *Erfüllung* beraubt den Kunden keineswegs der Widerrufsmöglichkeit, denn das durch die Überraschungssituation begründete Schutzbedürfnis entfällt nicht. Dem Anbieter steht es freilich offen, die versäumte oder unvollständige Widerrufsbelehrung später noch *nachzuholen*, womit er dann den nachträglichen Fristenlauf in Gang setzt. Auf wettbewerbsrechtlicher Ebene stellt die unterbliebene Orientierung in Analogie zu Art. 3 lit. m UWG häufig einen *Lauterkeitsverstoss* dar. Zur **Beweislast** vgl. Vor Art. 40a–f N 11 und Art. 40e N 4. 4

Art. 40*e*

V. Widerruf
1. Form und Frist

[1] ***Der Widerruf ist an keine Form gebunden. Der Nachweis des fristgemässen Widerrufs obliegt dem Kunden.***

[2] ***Die Widerrufsfrist beträgt 14 Tage und beginnt, sobald der Kunde:***
a. den Vertrag beantragt oder angenommen hat; und
b. von den Angaben nach Artikel 40d Kenntnis erhalten hat.

[3] **Der Beweis des Zeitpunkts, in dem der Kunde von den Angaben nach Artikel 40d Kenntnis erhalten hat, obliegt dem Anbieter.**

[4] ***Die Frist ist eingehalten, wenn der Kunde am letzten Tag der Widerrufsfrist dem Anbieter seinen Widerruf mitteilt oder seine Widerrufserklärung der Post übergibt.****

V. Révocation
1. Forme et délai

[1] *La révocation n'est soumise à aucune forme. La preuve qu'elle a eu lieu dans les délais incombe à l'acquéreur.*

[2] *Le délai de révocation est de quatorze jours et commence à courir dès que l'acquéreur:*
a. a proposé ou accepté le contrat et
b. a eu connaissance des informations prévues à l'art. 40d.

[3] La preuve du moment où l'acquéreur a eu connaissance des informations prévues à l'art. 40d incombe au fournisseur.

[4] *Le délai est respecté si l'acquéreur communique son avis de révocation au fournisseur ou le remet à la poste le dernier jour du délai.*

V. Revoca
1. Forma e termine

[1] *La revoca non è vincolata ad alcuna forma. La prova dell'osservanza del termine di revoca incombe al cliente.*

[2] *Il termine di revoca è di 14 giorni e decorre dal momento in cui il cliente:*
a. ha proposto o accettato il contratto e
b. ha ricevuto le informazioni di cui all'articolo 40d.

[3] La prova del momento in cui il cliente ha avuto conoscenza delle informazioni di cui all'articolo 40d incombe all'offerente.

[4] *Il termine è osservato se il cliente comunica la revoca all'offerente, o consegna la dichiarazione di revoca alla posta, entro l'ultimo giorno del termine.*

Literatur

Vgl. die Literaturhinweise bei den Vorbem. zu Art. 40a–f.

---

* Der kursive Wortlaut entspricht der Novelle 2015, welche am 19. 6. 2015 verabschiedet wurde (BBl 2015 4855); Inkrafttreten frühestens anfangs/Mitte 2016.

1 Die 1994 eingefügte Norm verfolgt Klarstellungs- und Beweiszwecke und regelte im Interesse der **Rechtssicherheit** Frist und Form der Widerrufserklärung sowie die Voraussetzungen des Fristenlaufs. Sie ist *bedingungsfeindlich* (CHK-KUT/SCHNYDER, Art. 40a–g N 55) *einseitig zwingend*, d.h. darf wohl zugunsten des Kunden, nicht aber zugunsten des Anbieters abgeändert werden (Verlängerung der Widerrufsfrist, Vereinfachung der Ausübung).

2 Der Widerruf hatte schriftlich zu erfolgen, um beweisrechtliche Klarheit zu schaffen, daneben wurde dadurch aber auch ein – zugunsten des Anbieters wirkender – Übereilungsschutz bewirkt. In der Literatur wurde das absolute Schrifterfordernis schon lange nicht mehr verlangt. Nun hat der Gesetzgeber nachgezogen und lässt den **Widerruf neu formfrei** zu, unter ausdrücklicher Auferlegung der Beweislast für den erfolgten Widerruf an den Kunden. **Inhaltlich** muss aus der Widerrufserklärung dem Anbieter erkennbar sein, dass und von welchem Vertrag der Kunde zurücktreten will; es bedarf keiner Begründung des Widerrufenden. Die schlichte Rücksendung der Ware genügt i.d.R. nicht; kann doch damit auch Mängelrüge oder Umtausch gemeint sein. Dies umso mehr als Abs. 4 nunmehr von «mitteilen des Widerrufs bzw. vom Übergeben der Widerrufserklärung an die Post» spricht. Letztendlich kommt es auch weiterhin darauf an, ob der Anbieter die Handlung des Konsumenten nach dem Vertrauensprinzip als eindeutigen Willen zur Vertragsauflösung verstehen musste und durfte (was gemäss einem unpubl. Urteil des KGer GR v. 16.8.2005 bei der kommentarlosen Rücksendung von Kosmetikartikeln der Fall war).

3 Die Widerrufsfrist beträgt **14 Tage** und hat den Charakter einer Verwirkungsfrist (keine Unterbrechung, kein Stillstand; Handkomm-OR-KOLLER-TUMLER, N 4). Der **Beginn** des Fristenlaufs knüpft *kumulativ* an zwei Voraussetzungen an: einmal muss der Kunde eine *bindende rechtsgeschäftliche Erklärung* abgegeben haben (Antrag oder Annahme, Art. 40e Abs. 2 lit. a). Zudem bedarf es der *Kenntnis von Widerrufsrecht und Anbieteradresse* (Art. 40e Abs. 2 lit. b; vgl. Orientierungspflicht des Anbieters, Art. 40d). Fehlt eine der Voraussetzungen, beginnt die Widerrufsfrist nicht zu laufen.

Die Widerrufsfrist knüpft an der Versendung an **(Absendeprinzip)** und ist gewahrt, wenn die Widerrufserklärung am letzten Tag der Frist (nicht etwa am 14. Tag) der Post – auch der ausländischen – übergeben worden oder gegenüber dem Anbieter erklärt worden ist (Abs. 4). Dem Kunden steht damit die volle Ausschöpfung der Bedenkzeit offen. Aus Beweisgründen empfiehlt sich eine Sendung per Einschreiben oder wenigstens per A-Post plus, wobei hier die Zustellung nicht mittels Unterschrift nachgewiesen werden kann.

4 Mit Abs. 3 auferlegt das Gesetz die **Beweislast** für die Kenntnis notwendiger Angaben (Art. 40d) dem Anbieter. Ihn trifft somit der Beweis des *Zeitpunkts*, mit welchem der *Lauf der Widerrufsfrist* beginnt. Sofern behauptet wird, der Anbieter sei seiner Orientierungsobliegenheit überhaupt nicht nachgekommen und diesem der gegenteilige Beweis nicht gelingt, gilt die Frist als nicht in Gang gesetzt.

Art. 40*f*

2. Folgen

[1] Hat der Kunde widerrufen, so müssen die Parteien bereits empfangene Leistungen zurückerstatten.

[2] Hat der Kunde eine Sache bereits gebraucht, so schuldet er dem Anbieter einen angemessenen Mietzins.

[3] Hat der Anbieter eine Dienstleistung erbracht, so muss ihm der Kunde Auslagen und Verwendungen nach den Bestimmungen über den Auftrag (Art. 402) ersetzen.

[4] Der Kunde schuldet dem Anbieter keine weitere Entschädigung.

2. Conséquences

[1] Si l'acquéreur a révoqué le contrat, les parties doivent rembourser les prestations reçues.

[2] Si l'acquéreur a fait usage de la chose, il doit un loyer approprié au fournisseur.

[3] L'acquéreur doit rembourser les avances et les frais faits par la personne qui lui a fourni une prestation de service, conformément aux dispositions régissant le mandat (art. 402).

[4] L'acquéreur ne doit aucun autre dédommagement au fournisseur.

2. Conseguenze

[1] Se il cliente revoca il contratto, le parti devono restituire le prestazioni già ricevute.

[2] Il cliente, se ha già usato la cosa, deve all'offerente un nolo adeguato.

[3] Il cliente deve rimborsare all'offerente che ha fornito un servizio le spese e le anticipazioni giusta le disposizioni sul mandato (art. 402).

[4] Il cliente non deve all'offerente nessun'altra indennità.

I. Normzweck

Das Haustürgeschäft steht unter der auflösenden Bedingung, dass der Kunde sein Widerrufsrecht nicht ausübt. Der Vertrag ist also grundsätzlich wirksam, das Ausüben des Widerrufrechts führt jedoch zum nachträglichen Dahinfallen. Art. 40f bezweckt im Interesse beidseitiger Rechtssicherheit die **Festlegung der Rückabwicklung** im Falle bereits erbrachter Vertragsleistungen, daneben aber auch die **Erhaltung der Entscheidungsfreiheit** des Kunden durch Begrenzung seiner Entschädigungspflicht (Abs. 4). 1

II. Rückabwicklungsverhältnis

Ziel des Widerrufs ist die **Wiederherstellung des vor-vertraglichen Zustandes** (HUGUENIN JACOBS, AJP 2014, 696 f.). Wo erst ein Antrag unterbreitet wurde, befreit die Widerrufserklärung von der Offertbindung. Im Grundsatz verpflichtet der Widerruf beide Parteien zur **Rückerstattung** der empfangenen Leistungen, und zwar Zug um Zug. Die Rechtsnatur der Rückabwicklung wart in der Lehre umstritten (Nachweise bei HARTMANN, Die Rückabwicklung von Schuldverträgen, Habil. Zürich 2005). Die herrschende Meinung geht von einem Wegfall der vertraglichen Bindung ex tunc aus (KUKO OR-KESSLER, N 2; KOLLER-TUMLER, recht 1992, 40; SCHWENZER, N 28.73; Botschaft 1986, 394), was dazu führt, dass Sachen vindiziert (Art. 641 Abs. 2 ZGB), Geldleistungen kondiziert (Art. 62 ff. OR) werden können (unklar Voraufl.). Zwar wäre nach den Grundsätzen von BGE 114 II 152 und 126 III 119 auch ein vertragliches Rückabwicklungsverhältnis mit ex-nunc Wirkung denkbar, doch hält das BGer zunehmend dafür, dass dann wenn ein Rechtsverhältnis auf eine neue Basis gestellt wird, Bereicherungsrecht – mit entsprechenden Auswirkungen auf die Verjährung (s. N 7) – Anwendung findet (BGE 133 III 356 m.w.N.). Eine besondere *Verzinsungspflicht* sieht das Gesetz *nicht* vor. Soweit beidseitig eine Geldleistung betroffen ist, steht die *Verrechnung* offen. 2

a) Ansprüche des Anbieters: 3

aa) Im Falle einer **Sachleistung** des Anbieters schuldet der Kunde einen angemessenen *Mietzins*, sofern er die Sache bereits gebraucht hat (Art. 40f Abs. 2). Der *Gebrauch* schliesst somit das Widerrufsrecht und die daraus folgende Rückabwicklung nicht aus; vielmehr zielt das Gesetz – soweit möglich – auf eine Rückgabe Zug um Zug in natura oder gegebenenfalls wertmässig (ZK-DORNIER, N 136 ff.). Das vom Kunden zu zahlende Entgelt richtet sich nach dem **üblichen**, allenfalls richterlich zu bestimmenden **Mietzins**, wobei dem Richter ein Reduktionsspielraum für versäumte Orientierung verbleibt (*«angemessen»*; Botschaft 1986, 394); die durch den blossen Gebrauch eingetretene *Wertverminderung* fällt für die Berechnung regelmässig ausser Betracht. Die erfolgte Orientierung des Anbieters zerstört jedoch den *guten Glauben* des Kunden (vgl. Art. 64). Eine Beschränkung der Rückerstattungspflicht auf die Bereicherung des Kunden entfällt damit, sobald er mit der Rückerstattung rechnen muss; von da an haftet er für Wertverminderung oder Untergang der Sache nach Art. 97 ff. (VON TUHR/PETER, 511 f.). Damit schiebt das Schweizer Recht dem übermässigen Gebrauch (Stichwort Zalando-Party oder gar Kleiderbestellung bloss für den Ausgang am Wochenende) von Anfang an einen Bremsriegel, während die Verbraucherrechte-RL hier erst Abhilfe schaffen musste.

bb) Bei **Dienstleistungen** besteht für den Anbieter ein Anspruch auf *Ersatz seiner Auslagen und Verwendungen* gem. Art. 402 (Art. 40f Abs. 3). Nach dem Sinn der Bestimmung dürfte allerdings eine *Verzinsung* ausgeschlossen sein, soweit dem Kunden durch die Dienstleistung nicht ein Zinsertrag im Sinne einer Bereicherung angefallen ist. Der Ersatz umfasst etwa Mitarbeitergehälter, Materialkosten usw., dagegen *keinen Honorar- oder Gewinnanspruch* (gl.M. BK-FELLMANN, Art. 404 OR N 169). Die ersatzfähigen Posten bemessen sich jedoch nach der *üblichen Vergütung*, was bei bereits vorgenommenen Dienstleistungen (gestrichene Hausfassade, renovierte Wohnung, durchgeführter Schulungskurs usw.) die Ausübung des Widerrufsrechts wirtschaftlich weitgehend unattraktiv machen kann. Der Anbieter hat keinen Anspruch auf die vereinbarte aber noch nicht geleistete Vergütung für schon erbrachte Dienstleistungen, denn durch den Widerruf erlöschen die noch nicht erfüllten Forderungen (ZK-DORNIER, N 143).

4 Darüber hinaus sind zum Schutz des Kunden **weitere Entschädigungen ausgeschlossen** (Art. 40f Abs. 4). Insbesondere bewirkt die Ausübung des Widerrufs selber keine Schadenersatzpflicht. Erschwerungen des Widerrufsrechts wie *Reugeldvereinbarungen* oder *Konventionalstrafen* sind nichtig (Botschaft 1986, 395; CR CO I-STAUDER/FAVRE-BULLE, N 10).

5 b) **Ansprüche des Kunden**: Der Kunde seinerseits erhält einen Anspruch auf *Rückerstattung* seiner Leistung, aber ebenfalls *ohne Verzinsung*. Für die vom Kunden vorgenommenen *Aufwendungen* (Reparatur der Kaufsache usw.) steht ihm ebenfalls ein Ersatzanspruch zu, allerdings nur soweit sie für Substanz und Unterhalt *notwendig* waren. Der Kunde verfügt zur Sicherung seines Anspruchs auf Kaufpreisrückerstattung über ein *Retentionsrecht* i.S.v. Art. 895 ZGB (Botschaft 1986, 394). Gegebenenfalls stehen dem Kunden gegenüber dem Anbieter überdies weitere Ansprüche zu, z.B. aus culpa in contrahendo (CHK-MÜLLER, Art. 40 f. N 64; ZK-DORNIER, 134).

III. Leistungsort und Verjährung

6 Der **Leistungsort** für die Rückgabeverpflichtung beider Parteien ist der *Wohnsitz des Konsumenten*, ungeachtet bereits erfolgter Leistungen, was insb. für auf der Strasse oder an einer Freizeitveranstaltung angebahnte Verträge eine zweckorientierte Vereinfachung darstellt (differenzierend ZK-DORNIER, N 135, der die Erfüllung am Wohnsitz beider Parteien zulässt, wobei der Kunde eine zu restituierende Sache immer rechtsgenüglich an seinem eigenen Wohnsitz zurückgeben kann).

7 Die **Verjährungsfrist** bemisst sich nach den auf Rückabwicklung bzw. auftragsrechtliche Ersatzansprüche anwendbaren schuldrechtlichen Regeln. Das BGer hält in BGE 137 III 243 im Gegensatz zur Vorinstanz dafür, dass hier die einjährige Verjährungsfrist nach den Regeln über die ungerechtfertigte Bereicherung anzuwenden ist. Dies in Anlehnung an die Praxis zur Rückabwicklung von mit Entstehungsmängeln behafteten Verträgen bzw. von suspensiv bedingten Verträgen nach Ausfall der Bedingung (krit. HUGUENIN, OR AT, N 7919).

Art. 40g

aufgehoben
abrogé
abrogato

Zweiter Abschnitt: Die Entstehung durch unerlaubte Handlungen*

Art. 41

A. Haftung im Allgemeinen
I. Voraussetzungen der Haftung

[1] Wer einem andern widerrechtlich Schaden zufügt, sei es mit Absicht, sei es aus Fahrlässigkeit, wird ihm zum Ersatze verpflichtet.

[2] Ebenso ist zum Ersatze verpflichtet, wer einem andern in einer gegen die guten Sitten verstossenden Weise absichtlich Schaden zufügt.

A. Principes généraux
I. Conditions de la responsabilité

[1] Celui qui cause, d'une manière illicite, un dommage à autrui, soit intentionnellement, soit par négligence ou imprudence, est tenu de le réparer.

[2] Celui qui cause intentionnellement un dommage à autrui par des faits contraires aux mœurs est également tenu de le réparer.

A. Responsabilità in generale
I. Requisiti della responsabilità

[1] Chiunque è tenuto a riparare il danno illecitamente cagionato ad altri sia con intenzione, sia per negligenza od imprudenza.

[2] Parimente chiunque è tenuto a riparare il danno che cagiona intenzionalmente ad altri con atti contrari ai buoni costumi.

Literatur

Ackermann Th., Kausalität, in: Schaffhauser/Kieser (Hrsg.), Unfall und Unfallversicherung, St. Gallen 2009, 29 ff.; Aebi-Müller/Pfaffinger, Haftung für Rat und Auskunft, in: Liber amicorum für Martin Vonplon, Zürich 2009, 21 ff.; Angelozzi, La dualité de la causalité adéquate en assurance accidents et en responsabilité civile sous l'angle des traumatismes de la colonne cervicale et des troubles psychiques, SJ 2009, 181 ff.; Beck, Massenkollision und Schadenerledigung, Einleitung, HAVE 2010, 159 ff.; Berger M., Der Geschädigte hat ein Recht auf Ersatz seiner Anwaltskosten, HAVE 2003, 131 ff. (zit. HAVE 2003); ders., Wo liegen die Grenzen ärztlicher Sorgfalt nach der Operation?, SZGR 2009, 21 ff. (zit. SZGR 2009); Berger-Steiner, Das Beweismass im Privatrecht, Diss. Bern 2008; dies., Der Kausalitätsbeweis, in: Weber St. (Hrsg.), HAVE Personen-Schaden-Forum 2009, Zürich 2009, 13 ff.; Berthoud, Le droit aux valeurs d'affectation, Diss. Freiburg 2008; Bieri, Sittenwidrige Schädigung nach Art. 41 Abs. 2 OR, AJP 2008, 549 ff.; Borle, Keine haftpflichtrechtliche Kausalität bei banalen Unfallereignissen, HAVE 2010, 135 ff.; Brehm, Motorfahrzeughaftpflicht, Bern 2008; Bucher A., Natürliche Personen und Persönlichkeitsschutz, 4. Aufl., Basel 2009; Bucher E., Verschuldensfähigkeit und Verschulden, in: FS für Mario M. Pedrazzini, Bern 1990, 287 ff.; Cartier, Begriff der Widerrechtlichkeit nach Art. 41 OR, Diss. St. Gallen 2007; Casanova, Ausgleichsanspruch und Ausgleichsordnung: Die Regressregelung von Art. 51 OR, Diss. Zürich 2010; Chappuis B., Quelques dommages dits irréparables: réflexions sur la théorie de la différence et la notion de patrimoine, SJ 2010, 165 ff.; Chappuis Ch., Responsabilité fondée sur la confiance – un tour d'horizon, in: Chappuis Ch./Winiger (Hrsg.), La responsabilité fondée sur la confiance, Zürich 2001, 21 ff. (zit. Responsabilité); dies., La distinction entre illicéité et la faute: n'est-il pas temps de reconcer?, in: Liber amicorum Roland Brehm, Bern 2012, 83 ff. (zit. FS Brehm); Deutsch, Der Begriff der Fahrlässigkeit im Obligationenrecht, in: FS für Max Keller, Zürich 1989, 105 ff.; Donatsch/Tag, Strafrecht I, 9. Aufl., Zürich 2013; Duc, Accident type «coup de lapin» et causalité en responsabilité civile, HAVE 2009, 87 ff.; Favre, La notion de force majeure et de cas fortuit, en relation avec les événements naturels, dans le régime de la responsabilité civile privée ou de droit public, S&R 2009, 193 ff.; Feller, Das Prinzip der Einmaligkeit des Rechtsschutzes in der Staatshaftung, Diss. Zürich 2007; Fellmann, Widerrechtlichkeit: drei Theorien für ein Problem – Versuch einer Zwischenbilanz, ZSR 2009, 473 ff. (zit. ZSR 2009); ders., Die Widerrechtlichkeit in der öffentlich-rechtlichen Arzthaftung, in: Liber amicorum für Moritz Kuhn, Bern 2009, 227 ff. (zit. FS Kuhn); Fischer, Ausservertragliche Haftung für Schockschäden Dritter, Diss. Zürich 1988; Frei, Der rechtlich relevante Kausalzusammenhang im Strafrecht im Vergleich mit dem Zivilrecht, Diss. Zürich 2010; Fuhrer, Ausgewählte Fragen im Zusammenhang mit der Liquidation von Sachschäden, in: Koller (Hrsg.), Haftpflicht- und Versicherungsrechtstagung 1993, 73 ff.; Gabriel, Die Widerrechtlichkeit in Art. 41 Abs. 1 OR, Diss. Freiburg 1987; Gauch, Der Werkvertrag, 5. Aufl., Zürich 2011 (zit. Werkvertrag); ders., Der Deliktsanspruch des Geschädigten auf Ersatz seiner Anwaltskosten, recht 1994, 189 ff. (zit. recht 1994); ders., Grundbegriffe des ausservertraglichen Haftpflichtrechts, recht 1996, 225 ff. (zit. recht 1996); Gauch/Sweet, Deliktshaf-

---

* Die nachfolgende Kommentierung der Art. 41–59a OR stellt eine Überarbeitung und Ergänzung des Textes der von Anton K. Schnyder und Christian Heierli bearbeiteten 5. Aufl. dar.

tung für reinen Vermögensschaden, in: FS für Max Keller, Zürich 1989, 117 ff.; GIGER, Analyse der Adäquanzproblematik im Haftpflichtrecht, in: FS für Max Keller, Zürich 1989, 141 ff.; GIOVANNONI, Le dommage indirect en droit suisse de la responsabilité civile, ZSR 1977 I, 31 ff.; GLAUS, Die Haftung des Experten, in: Schwander/Studer (Hrsg.), Neuigkeiten im Kunstrecht, St. Gallen 2008, 109 ff.; GROSS J., Schweizerisches Staatshaftungsrecht, 2. Aufl., Bern 2001; GUYAZ, La causalité en matière de lésions cervicales non objectivables, in: Ch. Chappuis/Winiger (Hrsg.), Les causes du dommage, Genf 2007, 81 ff.; HEDIGER, Die Haftungsbestimmungen des Gentechnikgesetzes (Art. 30–34 GTG), Diss. Luzern 2009; HEIERLI et al., Haftpflicht- und Privatversicherungsrecht, Entwicklungen 2008, Bern 2009 (zit. njus 2008); DIES., Haftpflicht- und Privatversicherungsrecht, Entwicklungen 2009, Bern 2010 (zit. njus 2009); DIES., Haftpflicht- und Privatversicherungsrecht, Entwicklungen 2010, Bern 2011 (zit. njus 2010); HERRMANN/SCHMID, Die «verlorene Heilungschance» als ersatzfähiges Rechtsgut im schweizerischen Arzthaftpflichtrecht, in: FS zum 50-jährigen Bestehen der Schweizerischen Gesellschaft für Haftpflicht- und Versicherungsrecht, Zürich 2010, 233 ff.; HERZOG-ZWITTER/HAAS/NEUHAUS-DESCUVES, Haftpflichtrecht: Wegfall einer einmal gegebenen natürlichen Kausalität, HAVE 2009, 32 ff.; HIRSCH A., Perte de chance et causalité, in: Chappuis Ch./Winiger (Hrsg.), Les causes du dommage, Genf 2007, 279 ff.; HIRSCHLE/VON DER CRONE, Zivilrechtliche Haftung für fahrlässig begangene Geldwäschereihandlungen, SZW 2007, 330 ff.; HONSELL, Das Kind als Schaden, in: FS für Eugen Bucher, Bern 2009, 275 ff. (zit. FS Bucher); DERS., Differenztheorie und normativer Schadensbegriff, in: FS zum 50-jährigen Bestehen der Schweizerischen Gesellschaft für Haftpflicht- und Versicherungsrecht, Zürich 2010, 255 ff. (zit. FS SGHVR); INDERKUM, Schadenersatz, Genugtuung und Gewinnherausgabe aus Persönlichkeitsverletzung, Diss. Freiburg 2008; JAUN, Haftung für Sorgfaltspflichtverletzung, Habil. Bern 2007; JUNG, Regressprobleme bei Privilegierung eines Solidarschuldners, in: FS für Pierre Tercier, Zürich 2008, 238 ff.; KADNER G., Ersatz für «Entgangene Chancen» im europäischen und im schweizerischen Recht, HAVE 2008, 61 ff.; KERNEN, Das Geldwäschereigesetz als Quelle von haftpflichtrechtlichen «Schutznormen», recht 2008, 133 ff.; KOLLER A., Haftung für hypothetische Kausalität, in: FS für Bruno Huwiler, Bern 2007, 359 ff.; KRAMER, «Reine Vermögensschäden» als Folge von Stromkabelbeschädigungen, recht 1984, 128 ff. (zit. recht 1984); DERS., Die Kausalität im Haftpflichtrecht: Neue Tendenzen in Theorie und Praxis, ZBJV 1987, 289 ff. (zit. ZBJV 1987); LANDOLT, Perte d'une chance – verlorene oder vertane Chance?, HAVE 2008, 68 ff. (zit. HAVE 2008); DERS., Der Nichtvermögensschaden: Ersatzpflicht für immaterielle, normative und fiktive Schäden, in: FS zum 50-jährigen Bestehen der Schweizerischen Gesellschaft für Haftpflicht- und Versicherungsrecht, Zürich 2010, 341 ff. (zit. FS SGHVR); DERS., Kausalität und Verkehrsunfall, in: Schaffhauser (Hrsg.), Jahrbuch zum Strassenverkehrsrecht 2010, 145 ff. (zit. Jahrbuch); DERS., Angehörigenschaden: Reflex- oder Direktschaden- oder sogar beides?, HAVE 2009, 3 ff. (zit. HAVE 2009); DERS., Der Unternehmerschaden, Zürich 2011 (zit. Unternehmensschaden); DERS., Perte dune chance- verlorene oder vertane Chance?, HAVE 2008, 68 ff. (zit. HAVE 2008); DERS., Aktuelles zum Pflege-, Betreuungs- und Besuchsschaden, HAVE 2011, 3 ff. (zit. HAVE 2011); LORANDI, Haftung für reinen Vermögensschaden, recht 1990, 19 ff.; LOSER, Kausalitätsprobleme bei der Haftung für Umweltschäden, Diss. St. Gallen 1994 (zit. Kausalitätsprobleme); DERS., Kritische Überlegungen zur Reform des privaten Haftpflichtrechts – Haftung aus Treu und Glauben, Verursachung und Verjährung, ZSR 2003 II, 127 ff. (zit. ZSR 2003); DERS., Die Vertrauenshaftung im schweizerischen Schuldrecht, Habil. Basel 2006 (zit. Vertrauenshaftung); DERS., Vertrauenshaftung: Schutz des Vertrauens auf Honoraransprüche bzw. Leistungserbringung ausserhalb von Verträgen?, AJP 2008, 1171 ff. (zit. AJP 2008); DERS., Vertrauenshaftung und Verjährung im Schuldrecht, recht 2009, 211 ff. (zit. recht 2009); MAURER, Drittverschulden und Drittverursachung im Haftpflichtrecht, Diss. Bern 1974; MEDICUS, Die culpa in contrahendo zwischen Vertrag und Delikt, in: FS für Max Keller, Zürich 1989, 205 ff.; MEIERHANS, Der immer noch nicht bewältigte Reflexschaden, recht 1994, 202 ff.; MEIER-SCHATZ, Über die privatrechtliche Haftung für Rat und Anlagerat, in: Sturm (Hrsg.), Mélanges Paul Piotet, Bern 1990, 151 ff.; MERZ, Die Widerrechtlichkeit gemäss Art. 41 OR als Rechtsquellenproblem, in: Bär/Bucher/Kummer (Hrsg.), Ausgewählte Abhandlungen zum Privat- und Kartellrecht. Festschrif Hans Merz, Bern 1977, 357 ff.; MISTELI, La responsabilité pour le dommage purement économique, Diss. Lausanne 1999; MÜLLER CH., La perte d'une chance, Diss. Neuenburg 2002 (zit. Diss.); DERS., Unterhaltskosten für ein ungeplantes Kind als Schaden, SZGR 2008, 51 ff. (zit. SZGR 2008); MÜLLER U., Der natürliche und der adäquate Kausalzusammenhang nicht objektivierbarer Gesundheitsschäden, in: Murer (Hrsg.), Freiburger Sozialrechtstage 2006, Bern 2006, 61 ff.; MÜLLER-CHEN, Probleme des dualistischen Haftungskonzepts, in: Fellmann/Weber St. (Hrsg.), Haftpflichtprozess 2008, Zürich 2008, 13 ff.; OFTINGER, Schweizerisches Haftpflichtrecht, Bd. I, Allgemeiner Teil, 4. Aufl., Zürich 1975 (s.a. OFTINGER/STARK, I); OVERNEY, Illicité de résultat et illicté de comportement, une distinction dépassée?, in: Liber amicorum Roland Brehm, Bern 2012, 281 ff.; PELLONI, Die Grobfahrlässigkeit – Bedeutung in der Schadenpraxis, HAVE 2002, 262 ff.; PROBST, La causalité aujourd'hui, in: Chappuis Ch./Winiger (Hrsg.), Les causes du dommage, Genf 2007, 15 ff.; DERS., Der Ersatz «immateriellen Schadens» im schweizerischen Haftpflicht- und Strassenverkehrsrecht, in: Werro/Probst (Hrsg.), Strassenverkehrsrechtstagung 10.–11.6.2010, Bern 2010, 1 ff.; QUENDOZ, Modell einer Haftung bei alternativer Kausalität, Diss. Zürich 1991; RASCHEIN, Die Widerrechtlichkeit im System des schweizerischen Haftpflichtrechts, Diss. Bern 1986; REY, Rechtliche Sonderverbindungen und Rechtsfortbildung, in: FS für Max Keller, Zürich 1989, 231 ff. (zit. Sonderverbindungen); ROBERTO, Schadensrecht, Basel 1997 (zit. Schadensrecht); DERS., Zur Ersatzfähigkeit verdorbener Ferien, recht 1997, 108 ff. (zit. recht 1997); DERS., Deliktsrechtlicher Schutz des Vermögens, AJP 1999, 511 ff. (zit. AJP 1999); DERS., Verschuldenshaftung und einfache Kausalhaftungen: eine überholte Unterscheidung?, AJP 2005, 1323 ff. (zit. AJP 2005); DERS., Schadenersatz-, Gewinnabschöpfung und Bereicherungsanspruch bei Immaterialgüterrechtsverletzungen, sic! 2008 Sonderheft, 23 ff. (zit. sic! 2008); ROBERTO/GRECHENIG, Zurechnungsprobleme im Haftpflicht- und Sozialversicherungsrecht, in: Weber St. (Hrsg.), HAVE Personen-Schaden-Forum 2009, Zürich 2009, 55 ff.; ROBERTO/REICHLE, Haftung für «Phantom-Beschwerden»?, HAVE 2013, 3 ff.; ROBERTO/RICKENBACH, Was ist eine Schutznorm?, ZSR 2012, 185 ff.; ROMERIO, Toxische Kausalität, Diss. Basel 1996; RÜETSCHI, Haftung für fehlgeschlagene Sterilisation, AJP 1999, 1359 ff. (zit. AJP 1999); DERS., Aurea mediocritas – Gedanken zum Begriff der mittleren Fahrlässigkeit, HAVE 2009, 137 ff. (zit. HAVE 2009); RUMO-JUNGO, Kindesunterhalt als Schaden: familienrechtliche Aspekte, HAVE 2006, 375 ff.; SCHAER, Grundzüge des Zusammenwirkens von Schadenausgleichsystemen, Basel 1984; SCHAFFHAUSER, Grundriss des schweizerischen Strassenverkehrsrechts, Bd. I, 2. Aufl., Bern 2002; SCHAETZLE, Was kostet ein (ungeplantes) Kind und wie wird der Ersatz für die Unterhaltskosten berechnet?, HAVE 2006, 373 f.; SCHLUEP W., Schuldrechtliche Aspekte der Verleitung zum Vertragsbruch, in: FS für Max Keller, Zürich 1989, 261 ff.; SCHNYDER A.K./PORTMANN/MÜLLER-CHEN, Ausservertragliches Haftpflichtrecht, 2. Aufl., Zürich 2013; SCHÖNENBERGER, Haftung für Rat und Auskunft gegenüber Dritten, Diss. Basel 1999 (zit. Haftung); DERS., Die dritte Widerrechtlichkeitstheorie, HAVE 2004, 3 ff. (zit. HAVE 2004); SCHWARZ, Zivilrechtliche Haftung für Geldwäscherei, HAVE 2009, 9 ff.; SCHWARZENBACH, Staatshaftung bei verfügungsfreiem Verwaltungshandeln, Bern 2006; SCHWENZER, Rechtsverfolgungskosten als Schaden, in: FS für Pierre Tercier, Zürich 2008, 417 ff.; SPITZ, Haftung für Wettbewerbshandlungen, in: Jung (Hrsg.), Aktuelle Entwicklungen im Haftungsrecht, Zürich 2007, 205 ff.; STÖCKLI, Schutzzwecklehre ante portas?, HAVE 2006, 371 f.; STEINEGGER, Zum Mysterium des «helvetischen Schleudertraumas» oder die Diskriminierung von organisch Geschädigten, in: FS für Erwin Murer, Bern 2010, 873 ff.; STUDHALTER, Die Berufung des präsumtiven Haftpflichtigen auf hypothetische Kausalverläufe, Diss. Zürich 1995 (zit. Diss.); DERS., Konstitutionelle Prädisposition, in: FS zum 50-jährigen Bestehen der Schweizerischen Gesellschaft für Haftpflicht- und Versicherungsrecht, Zürich 2010, 615 ff. (zit. FS SGHVR); TERCIER, De la distinction entre dommage corporel, dommage matériel et autres dommages, in: FS Assista 1968–1978, Genf 1979, 247 ff.; TOGNELLA, Erwerbsunfähigkeitsprobleme bei somatisch nicht nachweisbaren Beschwerdebildern im Haftpflicht- und Sozialversicherungsrecht, Diss. Zürich 2004; TORRIONE, Le préjudice d'être né, HAVE 2006, 388 ff.; TSCHANNEN/ZIMMERLI/M. MÜLLER, Allgemeines Verwaltungsrecht, 4. Aufl., Bern 2014; VASELLA/SCHNYDER A.K., Haftpflicht- und Privatversicherungsrecht, Entwicklungen 2006, Bern 2007 (zit. njus 2006); VASELLA/SCHNYDER A.K./WEBER ST., Haftpflicht- und Privatversicherungsrecht, Entwicklungen 2007, Bern 2008 (zit. njus 2007); VERDE, Haftung für Arbeitszeugnis, Empfehlungsschreiben, Referenzauskunft und Referenzschreiben, recht 2010, 144 ff.; R. WEBER, Schadenersatz kraft Schutznormen – Anwendung auch im Fernmelderecht?, sic! 2003, 477 ff.; WEBER ST., Drittschadensliquidation – eine Zwischenbilanz, in: Sturm (Hrsg.), FS für Paul Piotet, Bern 1990, 215 ff. (zit. FS Piotet); DERS., Kausalität und Solidarität: Schadenszurechnung bei einer Mehrheit von tatsächlichen oder potenziellen Schädigern, HAVE 2010, 115–127 (zit. HAVE 2010); WERRO, Die Sorgfaltspflichtverletzung als Haftungsgrund nach Art. 41 OR, ZSR 1997 I, 343 ff. (zit. ZSR 1997); DERS., Haftung für fehlerhafte Auskunft und Beratung – braucht es die Rechtsfigur der Vertrauenshaftung?, recht 2003, 12 ff. (zit. recht 2003); DERS., La responsabilité civile, Bern 2005; DERS., L'objection du comportement de substitution licite: de son utilité et de sa place, in: Chappuis Ch./Winiger (Hrsg.), Les causes du dommage, Genf 2007, 53 ff. (zit. Objection); WESSNER, La responsabilité fondée sur la confiance: une fausse bonne idée, in: Bohnet (Hrsg.), Quelques actions en responsabilité, Neuenburg 2009, 39 ff.; WIDMER/WESSNER, Revision und Vereinheitlichung des Haftpflichtrechts – Erläuternder Bericht, Bern 1999; WINIGER, Une définition ambivalente et 2000 ans de confusion: illicéité objective et subjective, in: Guillod O./Müller Ch. (Hrsg.), Pour un droit équitable, engagé et chaleureux, FS für Pierre Wessner, Basel 2011, 265 ff.; ZULLIGER, Eingriffe Dritter in Forderungsrechte, Diss. Zürich 1988.

I. Arten der ausservertraglichen Haftung für unerlaubte Handlungen

Im ausservertraglichen Haftpflichtrecht der Schweiz werden vorab zwei **Haftungsarten** unterschieden: Einerseits die *Verschuldenshaftung* nach Art. 41 und andererseits die *Kausalhaftungen*, die kein Verschulden voraussetzen. Die Kausalhaftungen werden weiter unterteilt in einfache (gewöhnliche, milde) Kausalhaftungen auf der einen und Gefährdungshaftungen 1 (strenge, scharfe Kausalhaftungen) auf der anderen Seite. *Einfache Kausalhaftungen* knüpfen an eine Ordnungswidrigkeit an, etwa den Werkmangel in Art. 58 (vgl. KUKO OR-SCHÖNENBERGER, Vor Art. 41–61 N 9), die spezialgesetzlich geregelten *Gefährdungshaftungen* (s. N 1a) dagegen an die besondere Beziehung zu einer Gefahrenquelle. Bei den meisten einfachen Kausalhaftungen kann sich der Schädiger durch den Nachweis, die erforderliche Sorgfalt angewendet zu haben, von seiner Haftung befreien (vgl. z.B. Art. 55 Abs. 1 zur Haftung des Geschäftsherrn; anders bei der Werkeigentümerhaftung). In Abweichung von der Voraufl. und der der herkömmlichen Unterscheidung handelt es sich, mit Ausnahme der Werkeigentümerhaftung nach Art. 58, bei der einfachen Kausalhaftung um eine Verschuldenshaftung mit umgekehrter Beweislast für das Verschulden (HONSELL/ISENRING/KESSLER, Haftpflichtrecht, § 1 N 23; ROBERTO, AJP 2005, 1327; KUKO OR-SCHÖNENBERGER, Vor Art. 41–61 N 9; SCHWENZER, N 49.09). Nach einem Teil der Lehre trifft dies zwar für die objektive Seite des Verschuldens (Vorsatz/Sorgfaltspflichtverletzung; s. N 45 ff.) grundsätzlich zu, nicht aber für das subjektive Verschuldenselement. Nach dieser Auffassung ist an der traditionellen Einteilung ist festzuhalten (CASANOVA, 143 f.; REY, N 881; offen gelassen in BGE 131 III 115, 116 f.), da die Urteilsfähigkeit – anders als bei der Verschuldenshaftung (s. N 51 f.) – bei einfachen Kausalhaftungen keine Haftungsvoraussetzung ist (CHK-CH. MÜLLER, Art. 55 N 2; vgl. Art. 58 N 3).

II. Anwendungsbereich von Art. 41

1a Als Grundnorm der ausservertraglichen Haftung findet die Verschuldenshaftung nach Art. 41 auf alle Sachverhalte Anwendung, soweit sie nicht im konkreten Fall durch eine speziellere Norm verdrängt wird (Grundsatz der Universalität: OFTINGER/STARK, I, 45). Eine spezielle Haftungsnorm geht nach h.L. Art. 41 als **lex specialis** i.d.R. vor, wenn nach ihr dieselbe Person schadenersatzpflichtig wird, die ohne die Sondernorm der Verschuldenshaftung unterliegen würde. Dieser Grundsatz soll demnach namentlich im Verhältnis der *einfachen Kausalhaftungen* (Art. 55 ff.) zur Verschuldenshaftung gelten (BGE 115 II 237, 242; OFTINGER, § 13; REY, N 45). Zwischen der Haftung nach *PrHG* und der Verschuldenshaftung besteht aufgrund der expliziten Vorschrift des Art. 11 Abs. 2 PrHG Anspruchskonkurrenz (s. Art. 55 N 3). Nach der h.L. gehen insb. die folgenden *Gefährdungshaftungstatbestände* der Haftung nach Art. 41 im erwähnten Sinne vor: Art. 60 ff. BZG; Art. 40b ff. EBG; Art. 27 ff. EleG; Art. 30 ff. GTG; Art. 15 Abs. 1 JSG; KHG; Art. 64 ff. LFG; Art. 135 ff. MG; Art. 33 RLG; Art. 27 SprstG; Art. 48 ff. SSG; Art. 39 f. StSG; Art. 58 ff. SVG; Art. 59a ff. USG. Die Art. 41 ff. OR finden aber selbst bei Vorliegen von Spezialbestimmungen insoweit Anwendung, als diese – wie auch einzelne Best. des allg. Vertragsrechts – auf die Verschuldenshaftung **verweisen** (vgl. z.B. Art. 40f EBG; Art. 59 Abs. 4, Art. 62 Abs. 1 SVG; Art. 31 Abs. 3 OR). Sodann unterliegen Personen, die nach einer Spezialnorm *nicht* haftpflichtig sind, i.d.R. der allg. Verschuldenshaftung (vgl. N 13). Abweichendes kann sich aus dem Spezialgesetz ergeben. – Für die Verantwortlichkeit öffentlicher Beamter und Angestellter s. Art. 61. Nach richtiger Ansicht ist jedoch auch innerhalb des Haftpflichtrechts grundsätzlich von Anspruchskonkurrenz auszugehen (HONSELL/ISENRING/KESSLER, Haftpflichtrecht, § 20 N 24; ROBERTO, Haftpflichtrecht, N 16.35 m.w.H.). Dies gilt zwischen der Verschuldenshaftung des Art. 41 und den Gefährdungshaftungen der Spezialgesetze wie aber auch den einfachen Kausalhaftungen.

2 Verletzt eine Person durch ihr Verhalten eine vertragliche Pflicht und begeht sie damit gleichzeitig eine unerlaubte Handlung, so kann sich der Geschädigte i.S. der **Anspruchskonkurrenz** «nebeneinander auf beide Haftungsgründe berufen» (BGE 120 II 58, 61; 113 II 246, 247). **Streitig** ist in diesem Zusammenhang die Frage, wie sich ein *vertraglicher Haftungsausschluss* auf die ausservertragliche Haftung auswirkt. Die h.L. und Rsp. ist der Auffassung, ein vertraglicher Haftungsausschluss vermöge auch deliktische Ansprüche auszuschliessen, da die Vereinbarung sonst unterlaufen würde (BGE 120 II 58, 60; BK-BREHM, N 230a ff.

m.w.H.; GUHL/KOLLER/SCHNYDER/DRUEY, § 31 N 26; KUKO OR-SCHÖNENBERGER, Vor Art. 41 N 12; SCHWENZER, N 5.05; VON TUHR/ESCHER, 108 f.; CR CO I-WERRO, Vor Art. 41–61 N 10; **a.A.** insb. BK-GAUTSCHI, Art. 398 OR N 25: zwingender Charakter der ausservertraglichen Haftung). Entscheidend für die Beantwortung der Frage muss mit der h.A. der Parteiwille sein. Aus diesem wird i.d.R. folgen, dass nebst den vertraglichen auch ausservertragliche Haftungsansprüche ausgeschlossen sein sollen. Ein solcher Ausschluss ist in den Grenzen des Vertragsrechts zulässig (vgl. Art. 20 OR; Art. 27 ZGB; Art. 100; 101 Abs. 3 OR; insb. kein Haftungsausschluss für Personenschäden; BK-BREHM, N 232b; SCHWENZER, N 24.14). Zu beachten sind auch weitergehende Beschränkungen des Haftungsausschlusses durch die AGB-Rsp. (vgl. SCHWENZER, N 45.07 ff.), durch das besondere Vertragsrecht sowie in Spezialgesetzen (vgl. z.B. Art. 40e EBG; Art. 87 Abs. 1 SVG).

Da bei wirksamem **Haftungsausschluss** schon gar keine Haftung *entsteht*, ist der Befreite bei Vorhandensein anderer Haftpflichtiger nicht in die Haftungsordnung nach Art. 50 f. aufzunehmen. Seine Befreiung wirkt entsprechend auch im «internen» Verhältnis zu den Haftpflichtigen; Art. 147 Abs. 2 greift nicht (vgl. CASANOVA, 64; **a.A.** A. KOLLER, OR AT, § 75 N 130 ff.; SCHWENZER, N 88.44). Bei Bejahung der Regressmöglichkeit auf den Befreiten könnte der vertragliche Haftungsausschluss durch den Geschädigten auf dem Umweg über Haftpflichtige vollständig umgangen werden. Die Vermeidung dieses Ergebnisses über eine Anwendung von Art. 175 (Befreiungsanspruch des Befreiten gegenüber dem Geschädigten; so A. KOLLER, OR AT, § 75 N 136) ist ein unnötiger Umweg. Da die gesetzliche Haftungsordnung der Art. 50 f. im Ergebnis nicht zu Lasten eines Dritten abgeändert werden kann, muss sich der vertragliche Haftungsausschluss vielmehr insoweit zugunsten Dritter auswirken, als diese in analoger Anwendung von Art. 149 Abs. 2 von ihrer Schuld gegenüber dem Geschädigten direkt abziehen können, was sie vom vertraglich Befreiten ohne den Haftungsausschluss regressweise hätten erhalten können (vgl. GAUCH, Werkvertrag, N 2754; JUNG, 290 f.; **a.A.** CASANOVA, 64 f.). **2a**

Insbesondere im Falle einer Persönlichkeitsverletzung (z.B. durch ein Presseerzeugnis) kann zum Schadenersatzanspruch nach Art. 41 kumulativ ein Anspruch auf **Gewinnherausgabe** nach den Regeln der Geschäftsführung ohne Auftrag hinzutreten. Die beiden Ansprüche schliessen sich gegenseitig (nur) insoweit aus, als bei der Geschäftsusurpation der entgangene Gewinn, der nach Art. 41 zu ersetzen ist, und der beim Usurpator abzuschöpfende Gewinn gegenseitig ineinander aufgehen (BGE 133 III 153, 157 ff.; vgl. Art. 28a Abs. 3 ZGB und analoge Verweise, z.B. in Art. 9 Abs. 3 UWG). **2b**

III. Voraussetzungen der Verschuldenshaftung

1. Überblick

Eine Haftung nach Art. 41 setzt **kumulativ** (1) einen *Schaden* (s. N 3 ff.), (2) einen natürlichen und adäquaten *Kausalzusammenhang* zwischen schädigendem Verhalten und Schaden (s. N 14 ff.), (3) *Widerrechtlichkeit* der Schädigung (s. N 30 ff.) und (4) ein *Verschulden* des Schädigers (s. N 45 ff.) voraus (BGE 132 III 122, 130 = Pra 2006, 743). **2c**

2. Schaden

a) Allgemeines

Erste Voraussetzung für die Entstehung eines Ersatzanspruchs ist das Vorhandensein eines Schadens. Schaden ist eine **ungewollte Vermögensverminderung**, d.h. eine Differenz zwischen dem aktuellen Vermögensstand des Geschädigten infolge des schädigenden Ereignisses und dem hypothetischen (gleichzeitigen) Vermögensstand bei Ausbleiben des Ereignisses (sog. *Differenztheorie*; BGE 132 III 321, 323; 132 III 564, 575; BGer, 15.12.2009, 4A_282/2009, E. 3 = njus 2009, 34). Zum Vermögen gehören die wirtschaftlich «messbaren Güter, an **3** denen eine Person berechtigt ist» (OFTINGER/STARK, I, 71). Die Beeinträchtigung von persönlich-ideellen Rechtsgütern (wie Ehre, Integrität) zieht nur dann einen Schaden i.S. des Gesetzes nach sich, wenn dadurch auch das Vermögen – die wirtschaftlich tätige Persönlichkeit – mitbetroffen wird. Die begriffliche Umschreibung des Schadens mittels *wirtschaftlicher Kriterien* schliesst es aus, bspw. eine Körperverletzung «als solche» bereits als Schaden zu erachten (BGE 127 III 403, 405); Gleiches gilt grundsätzlich für den Entzug persönlicher Möglichkeiten zum Genuss (BGer, a.a.O.; vgl. N 4).

3a Die ökonomische Betrachtungsweise gilt mittlerweile auch für die **str.** Thematik des **«unerwünschten Kindes»** als Schaden (vgl. m.w.H. ROBERTO, Haftpflichtrecht, N 29.64 ff.; RÜETSCHI, AJP 1999, 1359 ff.; HAVE 2006, 368 ff.). In einem grundlegenden Urteil hat das BGer entschieden, die *Unterhaltskosten* eines ungeplanten – gesunden oder behinderten – Kindes wegen fehlgeschlagener bzw. vereinbarungswidrig unterlassener Sterilisation seien als Schaden i.S. des Haftungsrechts zu qualifizieren (BGE 132 III 359 ff.). Dieser im Hinblick auf eine vertragliche Haftung aufgestellte Grundsatz hat generelle Bedeutung. – Vgl. zur *Schadensberechnung* SCHAETZLE. Eine Schadenminderung durch Abtreibung ist den betroffenen Eltern nicht zumutbar (CR CO I-WERRO, N 27).

4 Viel diskutiert ist die Frage, ob unter dem Titel **Kommerzialisierungsschaden** auch ein bloss *abstrakter* Nutzungsausfall, der ohne Auswirkungen auf das Vermögen bleibt, einen ersatzfähigen (normativen) Schaden darstellt (vgl. GAUCH/SCHLUEP/SCHMID/EMMENEGGER, N 2856 ff.; REY, N 371 ff.; w.Hw. bei BK-BREHM, N 83, 84a ff., 95). Als Bsp. sind etwa entgangene Ausritte auf einem verletzten Pferd, weiterlaufende Fixkosten für ein sich in Reparatur befindendes Fahrzeug, die entgangene Nutzung eines gemieteten Gegenstands infolge Verletzung des Mieters oder die Unmöglichkeit eines Ferienantrittes nach einem Unfall zu nennen. Das BGer hat die Ersatzfähigkeit solcher «Schäden» bisher abgelehnt (BGE 115 II 474, 481 f.; 126 III 388, 393; 132 III 379, 384; gl.M. HONSELL/ISENRING/KESSLER, Haftpflichtrecht, § 8 N 55; OFTINGER/STARK, I, 88; **a.A.** ZR 1980, 282 ff.; dazu ROBERTO, recht 1997). Im Interesse der Haftungsbegrenzung mittels der Differenztheorie (s. N 3) ist diese restriktive Rsp. zu begrüssen. Im Falle solcher frustrierter Aufwendungen (daher auch die Bezeichnung *Frustrations»schaden»*) erleidet der Betroffene im Grunde eine rein *immaterielle Unbill*, die nach schweizerischem Recht keinen Schaden im Rechtssinne darstellt (BGE 123 IV 145, 147). Sie kann lediglich unter den (strengen) Voraussetzungen der Art. 47 und 49 einen Anspruch auf Genugtuung begründen (s. Art. 49 N 12; m.Nw. ZK-LANDOLT, Art. 46 N 128 ff.). Abzulehnen sind auch Schadenersatzansprüche für freiwillige nachträgliche Massnahmen zur Neutralisierung des Frustrationsereignisses (d.h. der immateriellen Unbill), z.B. bei Verdienstausfall durch nachgeholte Ferien (vgl. GAUCH/SCHLUEP/SCHMID/EMMENEGGER, N 2862). Als Schaden geltend gemacht werden können dagegen durch den Nutzungsausfall *konkret* anfallende Kosten, z.B. für ein Ersatzfahrzeug oder eine Ersatzwohnung (vgl. BGer, 15.12.2009, 4A_282/2009, E. 3 = njus 2009, 34). Mit Bezug auf ein Ersatzfahrzeug muss dies unabhängig davon gelten, ob das ausfallende Fahrzeug gewerblich, beruflich oder privat genutzt worden wäre (**a.A.** mit Bezug auf privat genutzte Fahrzeuge KUKO OR-SCHÖNENBERGER, Art. 42 N 18; restriktiver auch BK-BREHM, N 80 ff.). Mit Blick auf die Schadenminderungsobliegenheit des Geschädigten sind aber nur die tieferen Kosten für den öffentlichen Verkehr zu ersetzen, wenn dessen Benutzung zumutbar ist (HONSELL/ISENRING/KESSLER, Haftpflichtrecht, § 8 N 54; SCHWENZER, N 18.10).

5 Ebenso wie die «Frustration» stellt die Beeinträchtigung eines reinen **Affektionswertes** grundsätzlich keinen Schaden dar (BGE 87 II 290, 291 f.). Eine i.S. des Haftpflichtrechts relevante Vermögensverminderung kann aber resultieren, wenn ein Affektionsinteresse von mehreren Personen geteilt wird und ein Gegenstand deshalb einen *besonderen Marktwert* aufweist (z.B. Briefmarken, Münzen: HONSELL/ISENRING/KESSLER, Haftpflichtrecht, § 8 N 46). Ausnahmsweise mag in besonderen Fällen sodann eine Genugtuungssumme nach Art. 49 zuzusprechen sein (vgl. BGE 87 II 290, 292; REY, N 323, m.w.Nw.). Positiv als Ausnahme statuiert worden ist die Ersatzfähigkeit des Affektionswerts für den Fall der *Verletzung oder Tötung eines Tieres* (s. Art. 43 N 23).

b) Schadensarten

Schaden kann – als **damnum emergens** – in einer direkten Abnahme des Vermögens des Geschädigten bestehen. So führt die Beschädigung einer Sache regelmässig zu einer Verminderung der Aktiven, und durch entstehende Kosten werden die Passiven erhöht. Das BGer betrachtet eine Vermehrung der Passiven jedoch nur dann als Schaden, wenn sicher ist, dass der Gläubiger seine Forderung geltend machen wird, und mit einer Anerkennung durch das Gericht zu rechnen ist (BGer, 31.3.2008, 4A_520/2008, E. 5.1 = njus 2009, 30). Keinen damnum emergens stellt nach der Rsp. des BGer die Bezahlung einer *Geldbusse* dar. Eine solche Strafe habe rein persönlichen Charakter und könne nicht i.S. eines Schadenersatzanspruchs auf Dritte überwälzt werden (BGE 115 II 72, 75 = Pra 1989, 206). Auch entgangener Gewinn **(lucrum cessans)** zählt zum Schaden. Die Schädigung besteht hier darin, dass ein Vermögen sich wegen des schädigenden Ereignisses nicht vermehrt hat. **6**

Das Erfordernis einer genügenden Wahrscheinlichkeit entgangenen Gewinns kann erhebliche Probleme bei der Schadensberechnung und der Beweisregelung mit sich bringen. Akzentuiert zu Tage tritt dieses Problem in den Fällen der sog. **«perte d'une chance»** (vgl. CHK-CH. MÜLLER, Art. 42 N 15 m.w.H.). Als *Chance* wird in dieser Diskussion eine Möglichkeit verstanden, die von aleatorischen Faktoren abhängt (vgl. BGer, 26.9.2007, 4A_227/2007, E. 3.5 = njus 2007, 35). Beispiel: Ein Arzt behandelt einen Kranken sorgfaltswidrig; die in der Folge eintretende Schädigung des Patienten hätte *möglicherweise* durch die Anordnung einer adäquaten Therapie vermieden werden können. Das BGer hat es bisher abgelehnt, den Verlust einer (Heilungs-) Chance als Vermögensschaden zu anerkennen. Die Differenztheorie (s. N 3) lasse es nicht zu, entgangene Chancen wirtschaftlich zu erfassen (BGE 133 III 462, 472 = Pra 2008, 2007 f.). Diese Rsp. ist grundsätzlich zu begrüssen (**a.A.** HERRMANN/SCHMID m.w.H.). Sie kann aber nicht übertragen werden auf Fälle, in denen Chancen einen Marktwert haben (z.B. Call-Optionen). Ist ein Verkehrswert selbst durch Schadensschätzung nach Art. 42 Abs. 2 nicht eruierbar, so verlagert sich die Problematik auf die Ebene der natürlichen Kausalität. Es fragt sich dann, als wie wahrscheinlich die Verwirklichung der Chance einzustufen sein muss, damit sie im Rahmen der Feststellung des hypothetischen Vermögensstandes ohne schädigendes Ereignis einzurechnen ist. Es ist auch im Zusammenhang mit entgangenen Chancen für den Nachweis der natürlichen Kausalität zu verlangen, dass eine hinreichende Wahrscheinlichkeit (vgl. N 15) dafür besteht, dass der hypothetische Vermögensstand ohne Verlust der Chance den tatsächlichen Vermögensstand (bei Verlust der Chance) übersteigen würde. – Zum Teil wird die Erschwerung des wirtschaftlichen Fortkommens i.S.v. Art. 46 Abs. 1 als Anwendungsfall der *perte d'une chance* angesehen (ZK-LANDOLT, Art. 46 N 1211; vgl. BGer, 1.7.2003, 4C.108/2003, E. 5.2). Dabei geht es jedoch um *künftigen* Schaden, dessen Abschätzung ohnehin stets mit grossen Unsicherheiten verbunden ist, unabhängig von der Thematik der entgangenen Chancen. Probleme mit der Differenztheorie stellen sich bei künftigen Schäden nicht. Die Rsp. zur Erschwerung des wirtschaftlichen Fortkommens kann deshalb nicht als Argument für die *retrospektive* Ersatzfähigkeit entgangener Chancen herangezogen werden. **6a**

Der Schaden wird im Weiteren unterschieden nach seiner Stellung in der für ein Schadensereignis relevanten *Kausalkette*. Von **unmittelbarem Schaden** spricht man, wenn sich der Schaden in der Kausalkette unmittelbar an das schädigende Ereignis anschliesst. **Mittelbarer Schaden** liegt dagegen vor, wenn das Schadensereignis seinerseits Schäden herbeiführt oder wenn es «Massnahmen verhindert, die Gewinn einbringen oder Schaden abwenden» (KELLER/SCHMIED-SYZ, 16). Mittelbarer Schaden ist etwa gegeben, wenn eine infolge Unfalls verletzte Person erwerbsunfähig wird oder im Rahmen therapeutischer Massnahmen eine weitere Verletzung erleidet. Entgangener Gewinn wird regelmässig mittelbarer Schaden sein. Mittel- **7** bare und unmittelbare Schäden werden im Haftpflichtrecht *gleich behandelt* (BGE 118 II 176, 180). Der Haftpflichtige muss einem Geschädigten auch mittelbare Schäden ersetzen, solange diese noch als *kausale Folge* des schädigenden Ereignisses zu betrachten sind (vgl. N 14 ff.; anders z.T. im Vertragsrecht, vgl. HONSELL/ISENRING/KESSLER, Haftpflichtrecht, § 8 1 N 47).

8 Zu unterscheiden sind sodann **Eigenschaden** auf der einen und **Dritt-** bzw. **Reflexschaden** auf der anderen Seite. Einen eigenen Schaden macht geltend, wer von der schädigenden Handlung direkt betroffen ist. Eine so geschädigte Person ist – wenn auch die übrigen Voraussetzungen einer Haftpflicht gegeben sind – grundsätzlich anspruchsberechtigt. Demgegenüber wird beim Drittschaden eine Person wirtschaftlich geschädigt, die nur *indirekt* betroffen ist und ausserhalb der Rechtsbeziehung steht, welche durch das schädigende Ereignis zwischen dem Haftpflichtigen und dem direkt Geschädigten begründet wird. Die Abgrenzung zwischen Eigen- und Reflexschaden hat heute keine eigenständige Bedeutung mehr, sondern geht auf in der Frage der Ersatzfähigkeit reiner Vermögensschäden und damit letzlich in der Bestimmung des Schutzbereiches von Vermögensschutznormen (vgl. BGE 112 II 118, 125; OFTINGER/STARK, I, 95; KUKO OR-SCHÖNENBERGER, N 11; s. zur Schutznormlehre N 31 ff.). Als Person, gegen deren Rechtsgüter kein widerrechtlicher Eingriff erfolgt, ist der *indirekt Geschädigte grundsätzlich nicht anspruchsberechtigt*. So können z.B. Gläubiger des Geschädigten (BGer, 26.2.2009, 4A_408/2008, E. 7 = njus 2009, 27 f.) oder die Partner eines Getöteten aus einem Gesellschaftsverhältnis i.d.R. gegen den Haftpflichtigen keine Ansprüche erheben (vgl. zur aktienrechtlichen Verantwortlichkeit BGE 132 III 564, 568). Eine Ausnahme dazu statuiert Art. 45 Abs. 3 hinsichtlich des Versorgerschadens (s. Art. 45 N 7 ff.). Zu beachten ist aber, dass dem Direktgeschädigten teilweise – mitunter mittels dogmatischer Kunstgriffe – ermöglicht wird, gegenüber dem Schädiger Reflexschäden Dritter geltend zu machen (s. Art. 46 N 15a; sog. *Drittschadensliquidation*; vgl. dazu GAUCH/SCHLUEP/SCHMID/EMMENEGGER, N 2882 ff.; WEBER ST., FS Piotet).

9 Keinen Reflexschaden, sondern einen *Eigenschaden* stellt nach dem Gesagten die Beeinträchtigung absolut geschützter Rechtsgüter eines Dritten dar, wenn sich in der Kausalkette zwischen dem schädigenden Ereignis und dem Drittgeschädigten eine weitere, mit diesem in enger Beziehung stehende Person befindet. Dies ist namentlich der Fall bei sog. **Schockschäden** (dazu FISCHER, 11 ff.), z.B. beim Nervenschock von Eltern, die durch einen Flugzeugabsturz ihre Kinder verlieren (BGE 112 II 118, 124 ff.; zu Schockschäden bei Verkehrsunfällen vgl. 138 III 276).

10 Unter dem Gesichtspunkt der Art des verletzten Rechtsgutes sind *Personen-, Sach- und sonstiger (Vermögens-) Schaden* zu unterscheiden (vgl. TERCIER). Diese Dreiteilung des Schadensbegriffs ist namentlich von Bedeutung für die Methoden, die bei der Schadensberechnung anzuwenden sind (OFTINGER/STARK, I, 90). Die Differenzierung spielt sodann im Versicherungsrecht und bei der Haftung des Motorfahrzeughalters (Art. 58 Abs. 1 SVG) eine wichtige Rolle (vgl. BREHM, Motorfahrzeughaftpflicht, N 15 ff., 291 ff.; HONSELL/ISENRING/KESSLER, Haftpflichtrecht, § 1 N 58 f.; BGE 118 II 176, 179).

11 **Personenschaden** ist Schaden infolge von Tötung oder Verletzung eines Menschen. Die Folgen einer solchen Schädigung sind näher geregelt durch die Art. 45–47. Ersatz ist beim Personenschaden für die *wirtschaftlichen Nachteile* zu leisten, welche die Tötung oder Verletzung eines Menschen nach sich zieht (BGE 95 II 255, 263 ff.). Personenschaden führt häufig sowohl zu *damnum emergens* (Heilungskosten, Kosten der Geschäftsführung im Interesse des Geschädigten u.a.) als auch zu *lucrum cessans* (Lohnausfall).

12 **Sachschaden** ist der Schaden, der durch Beschädigung, Zerstörung oder Verlust einer Sache entsteht. Eine Sache ist nur dann beschädigt, wenn sie in ihrer *Substanz* – entweder auf molekularer Ebene oder als Ganzes – beeinträchtigt ist. Dies kann z.B. auch der Fall sein bei einer radioaktiven Verstrahlung (BGE 116 II 480, 492), einer (reversiblen) Zerlegung in Einzelteile oder beim Ablassen von Luft aus einem Autoreifen. Wertminderungen ohne Substanzbeinträchtigung – z.B. eine Entwertung durch die Inverkehrbringung von Duplikaten – stellen dagegen einen reinen Vermögensschaden dar (vgl. BGE 118 II 342, 346 = Pra 1993, 803; **a.A.** Fuhrer, 85 f.). In Abweichung von der Voraufl. handelt es sich bei der Beschädigung von EDV-Dateien nicht um Sachschäden (vgl. dazu Honsell/Isenring/Kessler, Haftpflichtrecht, § 4 N 18; **a.A.** Fuhrer, 89 ff.). Bei Vorsatz hilft jedoch Art. 144bis StGB als Schutznorm. Zu ersetzen sind bei Sachschäden die Reparaturkosten und ein verbleibender Minderwert (BGE 84 II 158, 163). Wenn eine Reparatur nicht möglich ist oder teurer als die Ersatzanschaffung wäre (sog. *wirtschaftlicher Totalschaden*), so sind die Anschaffungskosten für einen gleichwertigen Ersatzgegenstand geschuldet (CHK-Ch. Müller, N 30; Ausnahme: Art. 42 Abs. 3). Entsteht dabei ein Mehrwert, so ist dieser nur dann vom geschuldeten Schadenersatz in Abzug zu bringen («neu für alt»; s. Art. 42 N 7 f. zur Vorteilsanrechnung), wenn der Geschädigte ansonsten *klar* bereichert würde (BGer, 26.9.2007, 4C.87/2007, E. 5 = njus 2007, 33). Bei Beschädigung oder Zerstörung einer Sache ist hinsichtlich der Schadensfrage vom *objektiven* Wert, d.h. vom Verkehrswert, auszugehen (vgl. BGE 127 III 73, 77: Zeitwert; s. betr. Affektionswert N 5). Ein Schaden entsteht nicht erst, wenn eine beschädigte oder zerstörte Sache verkauft wird und daraus eine Einbusse resultiert. Es steht dem Geschädigten frei, die minderwertige Sache zu behalten und den Schadenersatzanspruch geltend zu machen (BGE 64 II 137, 138). Ein Sachschaden liegt auch vor, wenn z.B. Klärschlamm so verunreinigt worden ist, dass seine landwirtschaftliche Verwendung nicht mehr möglich ist und er aufwändig vernichtet werden muss (BGE 118 II 176 ff.). Bei *vorübergehendem Ausfall* einer beschädigten Sache sind neben der Leistung von Schadenersatz für den Minderwert und für Gewinnausfall häufig auch die Kosten für die vorübergehende Benutzung eines Ersatzgegenstandes zu ersetzen (s. N 4; vgl. BK-Brehm, N 79 ff.).

Schaden, der weder Personen- noch Sachschaden ist, wird als **sonstiger (Vermögens-) Schaden** bezeichnet. Gemeint sind damit Schädigungen, welche das Vermögen einer Person treffen, ohne dass es zu einer Tötung oder Körperverletzung bzw. zu einer Beschädigung oder zum Verlust einer Sache kommt. Vermögensschäden im Zusammenhang mit einem Personen- oder Sachschaden sind dagegen diesen Schadenskategorien zuzuordnen; sie stellen keinen «sonstigen» Schaden dar. So bilden etwa auch Anwaltskosten im Zusammenhang mit einem Personen- oder Sachschaden grundsätzlich einen ersatzfähigen Schadensposten, wenn der Geschädigte nachweist, dass sie gerechtfertigt, nötig und angemessen sind (vgl. BGE 97 II 259, 267; 133 II 361, 363 f. = Pra 2008, 185 f.; BGer, 16.3.2010, 4A_630/2009, E. 3 = njus 2010, 34; Gauch, recht 1994, 193). Wenn das anwendbare Prozessrecht aber den Ersatz prozessualer bzw. vorprozessualer Anwaltskosten vorsieht, ist allein dieses Recht anwendbar und kommt eine zusätzliche ausservertragliche Schadenersatzforderung für diese Posten nicht in Betracht (BGer, 9.5.2006, 2P.165/2005, E. 6.1 = njus 2006, 25 f.; BGer, 3.12.2009, 6B_509/2009, E. 4; vgl. zum Erfordernis der Unterscheidung zwischen vorprozessualen und prozessualen Aufwänden in der Kostennote BGer, 12.5.2006, 4C.55/2006, E. 4). Zu nennen ist sodann der sog. *Haushaltsschaden*, welcher als Folge einer Tötung oder Verletzung der haushaltführenden Person entsteht (BGE 129 II 145, 150 ff.; 129 III 135, 151 ff. = Pra 2003, 356 ff.; vgl. Art. 42 N 3a). Sonstige Vermögensschäden, die zwar nicht im Zusammenhang mit Personen- oder Sachschaden, aber mit der Verletzung anderer absoluter Rechtsgüter stehen, resultieren namentlich als Folge unerlaubter Handlungen im Wirtschaftsleben. Zu denken ist an Patentverletzungen, unlauteren Wettbewerb (vgl. BGer, 20.9.2006, 4C.225/2006), Markenverletzungen oder Kreditschädigungen. Die Auffangkategorie des sonstigen Schadens als Schadensart ist für das allg. Haftpflichtrecht ohne besondere Bedeutung. Hingegen kommt sie dort zum Tragen, wo haftungsrechtliche *Spezialgesetze* die Haftpflicht eines Schädigers auf Personen- und/oder Sachschaden begrenzen. Es ist dabei **str.**, wie das Verhältnis zwischen dem allg. Haftungsregime und den Spezialgesetzen sein soll (vgl. BGE 106 II 75, 77 betr. Art. 58 Abs. 1 SVG: Spezialgesetz geht vor; für eine konkurrierende Anwendbarkeit von Art. 41 in solchen Fällen dagegen N 1 sowie Kramer, recht 1984, 129 ff.; Lorandi, 20 f.; KUKO OR-Schönenberger, Vor Art. 41–61 N 13; Schwenzer, N 49.12). 13

3. Adäquater Kausalzusammenhang zwischen haftpflichtbegründendem Verhalten und Schaden

a) Natürlicher und adäquater Kausalzusammenhang

14 Zwischen einem haftungsbegründenden Umstand und dem Schaden, dessen Ersatz verlangt wird, muss als weitere Haftungsvoraussetzung das *Verhältnis von Ursache und Wirkung* bestehen (Kausalzusammenhang). Der **natürliche Kausalzusammenhang** ist im Haftpflichtrecht gleich wie im Sozialversicherungsrecht (vgl. BGer, 17.11.2009, 4A_494/2009, E. 2.2; 17.2.2010, 4A_65/2009, E. 5.1 = njus 2010, 48) nach logischen und naturgesetzlichen Gesichtspunkten zu beurteilen (BGE 123 III 110, 112; 119 Ib 334, 343; vgl. zu den sich dabei ergebenden Problemen HONSELL/ISENRING/KESSLER, Haftpflichtrecht, § 3 N 1 ff.; LOSER, Kausalitätsprobleme, 133 ff.; ROBERTO, Haftpflichtrecht, N 06.04 ff.; ROMERIO, 14 ff., 25 ff.). Dabei ergibt sich, dass allein gestützt auf eine solche Betrachtungsweise jedes Ereignis «unzählige Ursachen» hat (OFTINGER/STARK, I, 107). Um im Haftungsrecht die als rechtserheblich empfundene(n) Ursache(n) herauszuschälen, sind normative Abgrenzungskriterien zu formulieren.

15 Der natürliche Kausalzusammenhang ist gegeben, wenn ein Verhalten (Umstand) unabdingbare Voraussetzung *(conditio sine qua non)* für ein Schadensereignis ist (BGE 128 III 174, 177). Dabei ist nicht erforderlich, dass es sich um die einzige oder unmittelbare Schadensursache handelt (*Äquivalenztheorie*; vgl. etwa BGer, 23.4.2010, 6B_183/2010, E. 3; 6.1.2014, 4A_307/2013). Für den Nachweis der natürlichen Kausalität gilt das Beweismass der **überwiegenden Wahrscheinlichkeit** (zum Ganzen BGE 133 III 462, 470 = Pra 2008, 206), zumindest «soweit sich ein direkter Beweis aufgrund der Natur der Sache nicht führen lässt» (BGE 133 III 153, 162). *Überwiegend* ist eine Wahrscheinlichkeit, «wenn für die Richtigkeit der Sachbehauptung nach objektiven Gesichtspunkten derart gewichtige Gründe sprechen, dass andere denkbare Möglichkeiten vernünftigerweise nicht massgeblich in Betracht fallen» (BGE 132 III 715, 720; vgl. auch 130 III 321, 325; 133 III 81, 89 = Pra 2007, 633). Eine gutachterlich auf 51 % geschätzte Wahrscheinlichkeit gilt *nicht* als überwiegend (BGer, 23.9.2008, 4A_397/2008, E. 4.3). Hat der Schädiger pflichtwidrig eine Beweisnot geschaffen, so rechtfertigt sich aber eine (zusätzliche) Herabsetzung des Beweismasses (vgl. BGer, 9.7.2010, 4A_48/2010, E. 7.5.1). Vgl. zum *Regelbeweismass* Art. 42 N 9. – Feststellungen betr. den natürlichen Kausalzusammenhang beschlagen die *tatsächlichen* Verhältnisse und binden das BGer unter Willkürvorbehalt (BGE 130 III 591, 601; 128 III 180, 185; Willkür bejaht z.B. in BGer, 15.3.2010, 4D_151/2009, E. 2 = njus 2010, 49 f.; verneint z.B. in BGer, 1.12.2010, 4A_536/2010, E. 2 = njus 2010, 109).

16 Zur Eingrenzung der sich aus der natürlichen Kausalität ergebenden «Ursachenpalette» dient die **Adäquanztheorie**. Danach wird nur eine Ursache als haftungsbegründend angesehen, die *«nach dem gewöhnlichen Lauf der Dinge und den Erfahrungen des Lebens geeignet ist, einen Erfolg wie den eingetretenen herbeizuführen oder mindestens zu begünstigen»* (BGer, 23.4.2010, 6B_183/2010, E. 3; vgl. auch BGE 135 IV 56, 64; 129 II 312, 318 = Pra 2004, 31). Dabei zählt die *objektive Voraussehbarkeit* des Schadensereignisses (BGE 131 IV 145, 147 = Pra 2006, 498: Perspektive einer unabhängigen Drittperson; krit. JAUN, 233 ff., 335 f.). Aus dieser Objektivierung und Normativierung folgt, dass der adäquate Kausalzusammenhang auf dem Weg der *nachträglichen oder retrospektiven) Prognose* zu beurteilen ist, d.h. «unter Auswertung aller ex post bekannten Umstände» (BGE 135 IV 56, 65). Über die Adäquanzfrage ist «in Kenntnis des nunmehr eingetretenen Erfolges und der gesamten tatbeständlichen Situation» zu entscheiden (OFTINGER/STARK, I, 115; vgl. auch REY, N 538 f.), wobei es in Kauf genommen wird, dass man hinterher immer klüger ist (vgl. zur Kritik zur ex-post-Betrachtung FREI, N 639 ff.; HONSELL/ISENRING/KESSLER, Haftpflichtrecht, § 3 N 12; ROBERTO, Haftpflichtrecht, N 06.56). Diese Betrachtungsweise bewirkt den Ausschluss *subjektiver* Momente auf Seiten des präsumtiv Haftpflichtigen (vgl. BGE 119 Ib 334, 345; anders beim Verschulden, vgl. N 48a; anders auch bei der strafrechtlichen Adäquanzbeurteilung, wo aus der subjektiveren Beurteilungsperspektive ein ex-ante-Massstab folgt, vgl. BGE 135 IV 56, 65). – Ob die Adäquanz des Kausalzusammenhangs zu bejahen ist, ist eine *Rechtsfrage* (BGer, 23.8.2010, 4A_169/2010, E. 3.2 = njus 2010, 41 f.; vgl. auch BGE 123 III 110, 111).

Auch wenn die Adäquanztheorie nicht immer zu befriedigen vermag, so hat sie sich in der schweizerischen Lehre und Rsp. zum Haftpflichtrecht durchgehend etabliert (vgl. GAUCH/SCHLUEP/SCHMID/EMMENEGGER, N 2948 ff.; KELLER, I, 80 ff.; zur Kritik vgl. HONSELL/ISENRING/KESSLER, Haftpflichtrecht, § 3 N 6 ff.; ROBERTO, Haftpflichtrecht, N 06.54 ff.). Im *Strafrecht*, wo diesbez. eine feiner gegliederte Dogmatik besteht, ist die Adäquanz nur eines der Kriterien im Rahmen der weiter gefassten **objektiven Zurechnung**, welche auch die Frage nach der Reichweite des *Schutzzwecks von Normen* umfasst (vgl. DONATSCH/TAG 88 ff.; BGer, 8.5.2005, 6B_200/2007, E. 4.2 = njus 2008, 96; BGer, 28.10.2009, 6B_965/2008, E. 4.4.1 = njus 2009, 81; BGer, 4.10.2010, 6B_188/2010, E. 3.3.2 = njus 2010, 72 f.). Eine Übernahme dieser ausgereifteren strafrechtlichen Lehren ins Haftpflichtrecht ist angezeigt (vgl. JAUN, 253 f.; krit. zur Schutzzwecklehre CHK-CH. MÜLLER, N 37) und in der neueren Rsp. auch zu beobachten (vgl. STÖCKLI, 371). So lieferte das BGer im haftpflichtrechtlichen Urteil v. 1.6.2005, 4C.103/2005, E. 5.1 – allerdings unter dem Stichwort Adäquanz – eine treffende Definition der objektiven Zurechnung: «Unter Berücksichtigung aller Umstände, aber auch des Zwecks der einschlägigen Haftungsnorm ist danach zu fragen, ob der Eintritt des Schadens bei wertender Betrachtung billigerweise noch dem Haftpflichtigen zugerechnet werden darf» (vgl. auch BGE 123 III 110, 112 f.). Diese Entwicklung ist zu begrüssen, doch sollten aus dogmatischen Gründen nicht alle Kriterien der objektiven Zurechnung unter dem Titel der Adäquanz behandelt werden. Letztere sollte vielmehr auf die in N 16 genannten Aspekte beschränkt und weitere Fragen der objektiven Zurechnung in einem nachgelagerten Schritt untersucht werden (ähnlich REY, N 548). 16a

Die Adäquanzfrage wird – wie mit Bezug auf das Strafrecht bereits angetönt (N 16) – abhängig vom Zweck des einschlägigen Normengefüges nicht in allen Rechtsgebieten gleich gehandhabt (BGE 123 III 110; BGer, 5.6.2007, 1A.230/2006, E. 3). Das **Sozialversicherungsrecht** (inkl. OHG) wird vom Gedanken der Solidarität getragen. Für die Beurteilung der Adäquanz psychischer Unfallfolgen wird dort in erster Linie auf die Schwere des Unfalls abgestellt (vgl. BGE 115 V 133, 139 f.). Im Haftpflichtrecht dagegen ist die Schwere des Unfalls grundsätzlich nur im Rahmen von Art. 44 von Bedeutung (BGer, 25.3.2009, 4A_45/2009, E. 3.3.2 = njus 2009, 47 f.). Insbesondere mit Bezug auf psychische «Fehlentwicklungen» nach einem Unfall werden dadurch im Sozialversicherungsrecht gegenwärtig höhere Anforderungen an die Adäquanz gestellt als im Haftpflichtecht (BGer, 7.3.2008, 8C_209/2007, E. 4; 25.3.2009, 4A_45/2009, E. 3.3.1 = njus 2009, 47). Folgenreich sind insb. die jüngeren Entscheide zur sozialversicherungsrechtlichen Schleudertrauma-Praxis: BGE 134 V 109 ff. («verfrühte Adäquanzprüfung»); 134 V 231 ff. (funktionelle Magnetresonanztomographie); 136 V 279 ff. (Invalidität ist grundsätzlich keine adäquat-kausale Folge eines unfallbedingten Schleudertraumas). 16b

Neuere Entscheidungen des BGer zur haftpflichtrechtlichen Adäquanz (vgl. auch die Übersichten bei BK-BREHM, N 120 ff., 133; GAUCH/AEPLI/STÖCKLI, N 21 ff.): BGer, 26.10.2010, 6B_733/2010, E. 1 = njus 2010, 54 f. (mit Kritik): Kein adäquater Kausalzusammenhang zwischen einer Augenoperation und singulären Behandlungsfolgen, die das Sehen beeinträchtigen; BGer, 21.10.2008, 6B_468/2008, E. 2–4 = njus 2008, 77 f.: Verantwortung für den von einem Jungschützen verursachten Unfall mit einem Sturmgewehr (vgl. auch BGE 112 II 138, 141); BGer, 18.6.2007, 4A_7/2007, E. 5: Schäden, die jemand beim Versuch erleidet, einem anderen zu helfen, können nicht generell dem Verursacher der Notsituation zugerechnet werden; BGE 119 Ib 334 ff.: Adäquater Kausalzusammenhang zwischen einer Sondierbohrung und den Bewegungen eines Staudammes (a.a.O., 345: Adäquanz von seltenen Folgen, die einem Laien aussergewöhnlich scheinen, einem Experten dagegen nicht); 116 II 480, 487: 17

Unverkäuflichkeit von Gemüse als adäquate Folge von dessen radioaktiver Verstrahlung; 113 III 94, 99: Schaden durch betreibungsrechtlichen Arrest; 112 II 439, 442: Adäquate Verursachung von Schäden, die in die Strasse hineinragende Äste an Fahrzeugen anrichten, durch Unterlassen eines Baumschnittes, nicht aber durch fehlende behördliche Aufforderung dazu; 112 II 118, 127: Adäquater Kausalzusammenhang zwischen Flugzeugabsturz und Nervenschock; 111 II 471, 479: Adäquanz zwischen Kreditauskunft und Debitorenverlust.

18 Der adäquate Kausalzusammenhang kann auch durch **Unterlassung** begründet werden (BGE 124 III 155, 165; 121 III 358 ff.). Rechtlich wird dabei dem Haftpflichtigen der Vorwurf gemacht, er unterlasse die Änderung des Kausalablaufs, zu der er verpflichtet wäre (OFTINGER/STARK, I, 126 f.). Der sog. *hypothetische Kausalzusammenhang* zwischen Unterlassung und Schadenseintritt wird bejaht, wenn rechtzeitiges Handeln die Schädigung mit überwiegender Wahrscheinlichkeit verhindert hätte (BGer, 19.10.2010, 2C_834/2009, E. 2.3; vgl. auch N 29a). Die hypothetische Kausalität wird im Rahmen des natürlichen Kausalzusammenhangs beurteilt. Die Abgrenzung zwischen Tun und Unterlassen ist oft heikel und trägt zuweilen willkürlich anmutende Züge (vgl. etwa BGer, 27.10.2009, 6B_547/2009, E. 4.1 f. = njus 2009, 95 f.; vgl. auch ROBERTO, Haftpflichtrecht, N 06.10 f.; HONSELL/ISENRING/KESSLER, Haftpflichtrecht, § 3 N 35).

19 Auch bei der Zurechnung von Schäden zu Unterlassungen ist zwischen natürlichem und adäquatem Kausalzusammenhang zu unterscheiden (BGE 115 II 440, 447; BGer, 22.12.2008, 4A_464/2008, E. 3 = njus 2008, 62; REY, N 593 ff.). Indessen beruht der natürliche Kausalzusammenhang bei einer Unterlassung wie gesehen (s. N 18) auf der *hypothetischen* Annahme, der Schaden wäre bei rechtmässigem Handeln nicht eingetreten (BGE 124 III 155, 165). Daraus ergibt sich – wie das BGer erkannt hat – «gegenüber dem Fall der Handlung die Besonderheit, dass der Sachrichter bereits bei der Feststellung dieses Zusammenhangs i.d.R. auch auf die allg. Lebenserfahrung abstellt und damit bestimmte, nach dieser Erfahrung unwahrscheinliche Geschehensabläufe von vornherein ausser Betracht lässt. Die wertenden Gesichtspunkte, welche sonst erst bei der Beurteilung der Adäquanz zum Tragen kommen, spielen deshalb schon bei der Feststellung der hypothetischen Kausalität eine Rolle» (BGE 115 II 440, 447 f.), weshalb sich eine zusätzliche Adäquanzprüfung i.d.R. erübrigt (BGE 132 III 715, 718 f.). Die Beachtung der konkreten Umstände und deren Würdigung führen somit zu einer **Vorverlegung der Adäquanzfrage** (vgl. KRAMER, ZBJV 1987, 301 ff.; STUDHALTER, 182 ff.). Die Prüfung der hypothetischen Kausalität bei einer Unterlassung stellt trotz der enthaltenen Adäquanzfragen i.d.R. eine **Tatfrage** dar und bindet das BGer entsprechend (BGE 132 III 715, 719; diff. BGer, 22.12.2008, 4A_464/2008, E. 3 = njus 2008, 62; krit. njus 2006, 47 ff.).

19a Die Haftung für eine Unterlassung setzt zusätzlich voraus, dass eine **Pflicht zum Handeln** bestanden hat. Dadurch ergibt sich eine Verknüpfung zwischen Adäquanz und Rechtswidrigkeit (vgl. N 37 f.). In diesem Zusammenhang ist der sog. *Gefahrensatz* von grosser Bedeutung: Wer einen gefährlichen Zustand schafft oder unterhält, aus dem angesichts der erkennbaren konkreten Umstände ein Schaden entstehen könnte, ist im Rahmen des Zumutbaren dafür verantwortlich, dass sich diese Gefahr nicht verwirklicht (sog. *Verkehrssicherungspflicht*; BGE 130 III 193, 195; BGer, 31.3.2008, 4A_520/2007, E. 2.1; OFTINGER/STARK, I, 127). Art und Umfang der zu ergreifenden Schutzmassnahmen richten sich nach den konkreten Umständen. Verkehrssicherungspflichten können sich aber auch explizit aus Rechtsnormen oder aus allg. anerkannten Regelungen privater oder halbstaatlicher Organisationen ergeben (BGE 126 III 113, 116 = Pra 2000, 1136; betr. SKUS-Richtlinien für Schneesportabfahrten BGer, 25.11.2008, 6B_659/2008, E. 2 und BezG Surselva, HAVE 2014, 55; betr. Tauchsport BGer, 28.10.2209, 6B_965/2008, E. 4.4.1 = njus 2009, 81). Auch behördliche Betriebsbewilligungen, Betriebsvorschriften des Produktherstellers oder interne Betriebsvorschriften können Quellen von Sicherungspflichten sein (vgl. BGer, 12.6.2009, 6B_175/2009, E. 3.1). – Nach aktueller Rsp. des BGer vermag der Gefahrensatz zwar Handlungspflichten, nicht aber die

Widerrechtlichkeit reiner Vermögensschäden zu begründen (s. N 38). Er ist sodann im Zusammenhang mit der Beurteilung des Verschuldens von Bedeutung (s. N 48b).

b) Wegfall der Adäquanz

Ein an sich gegebener adäquater Kausalzusammenhang kann nach Lehre und Rsp. – juristisch betrachtet – durch hinzutretende weitere Ursachen **unterbrochen** bzw. aufgehoben werden (vgl. OFTINGER/STARK, I, 154). Da indessen die Adäquanz einer «Primärursache» an sich bejaht wird, muss die neue Ursache eine gewisse *Intensität* aufweisen, um eine Unterbrechung des Kausalzusammenhangs zu bewirken und nicht lediglich als mitwirkende Teilursache betrachtet zu werden: Die Adäquanz natürlich kausaler Schadensursachen ist nur zu verneinen, wenn «ganz aussergewöhnliche Umstände als Mitursache hinzutreten, mit denen schlechterdings nicht gerechnet werden musste» (BGer, 3.3.2015, 4A_115/2015, E. 6.4; 23.4.2010, 6B_183/2010, E. 3; vgl. auch BGE 135 IV 56, 64; 129 II 312, 318 = Pra 2004, 31). Die andere Ursache muss einen «derart hohen Wirkungsgrad» aufweisen, «dass die vom Schädiger gesetzte Ursache nach wertender Betrachtungsweise als rechtlich nicht mehr beachtlich erscheint» (BGE 130 III 182, 188; BGer, 9.4.2010, 6B_86/2010, E. 2.3; 20.2.2014, 4A_385/2013, E. 5). Im Hinblick auf die Theorie von der Unterbrechung des Kausalzusammenhangs ist es allerdings widersprüchlich von der Unterbrechung eines bereits als adäquat gewerteten Kausalzusammenhangs zu sprechen, zumal die Adäquanz des Kausalzusammenhanges entweder vorliegt oder andernfalls von Beginn weg von Inadäquanz gesprochen werden muss. «Bei den echten Unterbrechungsgründen liegt entweder eine Unterbrechung des natürlichen Kausalzusammenhanges oder eine *hypothetische Kausalität* vor» (HONSELL/ISENRING/KESSLER, Haftpflichtrecht, § 3 N 37; vgl. auch KUKO OR-SCHÖNENBERGER, N 16; SCHWENZER, N 20.03 ff.). 20

Ungeachtet der Kritik, werden die **Unterbrechungsgründe** von Lehre und Praxis in *drei Gruppen* eingeteilt: Höhere Gewalt; grobes Selbstverschulden; grobes Drittverschulden. *Höhere Gewalt* ist ein unvorhersehbares, aussergewöhnliches Ereignis, das mit unwiderstehlicher Kraft von aussen hereinbricht (BGE 111 II 429, 433; BGer, 23.8.2010, 4A_169/2010, E. 3.2 = njus 2010, 41 f.). Die Vorhersehbarkeit eines Ereignisses ist im Licht der konkreten Umstände zu würdigen. Wird höhere Gewalt bejaht, so ist der Kausalzusammenhang unterbrochen. Als Bsp. sind ein Erdrutsch, i.d.R. ein Blitzschlag sowie gewisse kriegerische Ereignisse zu nennen. Vgl. BGE 111 II 429, 433 f.; 100 II 134, 142; 91 II 474, 487: Besonders heftige Unwetter als Fälle höherer Gewalt; BGE 90 II 9, 11 = Pra 1964, 154: Keine höhere Gewalt ist ein heftiger Windstoss, der einen nicht richtig befestigten Leitungsmast umwirft; BGer, 23.8.2010, 4A_169/2010, E. 3.2 = njus 2010, 41 f.: Höhere Gewalt verneint mit Bezug auf schlechte Konjunkturphasen. *Selbstverschulden* und *Drittverschulden* sind nur dann Gründe für eine Unterbrechung des adäquaten Kausalzusammenhangs, wenn das betr. Verschulden grob und sehr intensiv, d.h. «derart ausserhalb des normalen Geschehens liegt, derart unsinnig ist, dass damit nicht zu rechnen war» (BGer, 20.11.2014, 4A_115/2014, E. 6.4.1; BGE 116 II 519, 524; s.a. 124 III 182, 186; vgl. auch N 49). 21

Namentlich bei Gefährdungshaftungen und bei der höheren Gewalt sind besonders **strenge Anforderungen** an eine Unterbrechung des Kausalzusammenhangs zu stellen. Eine solche ist hier nur anzunehmen, wenn der Unterbrechungsgrund die einzige Schadensursache darstellt oder gegenüber anderen Faktoren, namentlich der Betriebsgefahr der Gefahrenquelle, an ursächlicher Bedeutung so sehr überwiegt, dass diese als adäquate Mitursache ausscheiden. Haben neben der normalen Betriebsgefahr weitere vom Gefährdungshaftpflichtigen zu vertretende Umstände den Schaden mitverursacht (z.B. eine erhöhte Betriebsgefahr), so reicht i.d.R. auch ein grobes Selbst- oder Drittverschulden zur Unterbrechung der Kausalität nicht aus (BGer, 22.12.2008, 4A_453/2008, E. 3 betr. Eisenbahnhaftpflicht; vgl. Art. 59 Abs. 1 SVG und dazu BGer, 23.12.2009, 4A_479/2009, E. 5; 11.1.2010, 4A_499/2009, E. 2 ff.). Die Kausalität wird nach der Rsp. des BGer aber auch bei einfachen Kausalhaftungen nicht 21a einmal dann unterbrochen, wenn eine andere Ursache als die wahrscheinlichste («la plus vraisemblable») anzusehen ist; vielmehr sei erforderlich, dass diese andere Ursache die primäre und entscheidende Schadensursache sei (BGer, 16.12.2008, 4A_326/2008, E. 5.2 = njus 2008, 104; BGer, 23.8.2010, 4A_169/2010, E. 3.2 = njus 2010, 41 f.). Diese Rsp. ist mindestens in ihrer Formulierung unglücklich, denn auf Beweisebene kann eine Kausalität nicht als mit überwiegender Wahrscheinlichkeit nachgewiesen gelten, wenn eine andere Ursache als die wahrscheinlichste für die Entstehung des Schadens zu betrachten ist (vgl. N 15, 18).

21b Ist eine **Unterbrechung zu verneinen**, so führt Selbstverschulden i.d.R. zu einer Reduktion der Schadenersatzforderung (s. Art. 44 N 7), während gewöhnliches Drittverschulden keine Auswirkung auf den Schadenersatzanspruch des Geschädigten gegenüber dem Erstschädiger hat (Art. 43 N 19 f.).

21c Eine Unterbrechung des adäquaten Kausalzusammenhangs durch **grobes Selbstverschulden** hat das BGer etwa in einem Eisenbahnhaftpflichtfall angenommen, weil die Geschädigte in hohem Tempo «blindlings» neben dem abfahrenden Zug herlief, Fahrkarten in den Zug reichen wollte und dabei «intensive Warnbemühungen» des Eisenbahnpersonals ignorierte (BGer, 13.1.2006, 5C.213/2004, E. 5.2 f.; vgl. auch BGer, 22.12.2008, 4A_453/2008 betr. Unfall auf unbewachtem Bahnübergang). Weitere Unterbrechungsfälle: Velofahrer, der ebenfalls «blindlings» unterwegs war und sich beim Aufprall auf ein den Radweg blockierendes Fahrzeug schwer verletzte (BGer, 23.4.2010, 6B_163/2010, E. 4); Polier, der mit einem Bagger von einem Flachdach aus Kies durch ein Loch im Dach stiess und dabei mitsamt dem Bagger abstürzte (BGer, 16.2.2009, 6B_969/2008, E. 5); Motorradfahrer, der einen festgefahrenen, dem Kiestransport dienenden Pfad auf einem Kieshügel befährt, welcher auf einem Werkgelände bzw. einer Baumaterialdeponie steht und erkennbar auf der Rückseite ein starkes Gefälle aufweist, und dabei rund fünf Meter in die Tiefe stürzt (BGer, 20.2.2014, 4A_385/2013, E. 6 ff.); Streckenposten, welcher sich bei einer Demonstrationsfahr von Oldtimer-Fahrzeugen entgegen den Instruktionen auf die abgesperrte Fahrbahn begab und dort von einem ausser Kontrolle geratenen Fahrzeug erfasst und getötet wurde (HGer ZH, HAVE 2014, 158 f.). Als *intakt* erachtete das BGer dagegen z.B. den Kausalzusammenhang zwischen der grobfahrlässigen Fahrweise einer Autofahrerin und der Verletzung eines Kindes, obwohl dieses den Fussgängerstreifen überraschend betreten hatte (BGer, 11.4.2008, 6B_16/2008, E. 3), sowie zwischen einer unbeleuchteten und ungesicherten Baugrube und dem Tod eines Radfahrers, der nachts unter Drogeneinfluss und ohne Velolicht in die Grube stürzte (BGer, 9.5.2007, 6B_15/2007, E. 6 = njus 2007, 47). Siehe zu den (hohen) Anforderungen an die Unterbrechung der Kausalität im Strassenverkehr die weitere Kasuistik in njus 2009, 50 f., 84 ff.; 2010, 52 ff.; betr. Baustellenunfälle njus 2010, 68 ff.

21d Eng verwandt mit dem groben Selbstverschulden ist die **eigenverantwortliche Selbstgefährdung**. Hier wird der Wegfall der objektiven Zurechnung aber nicht mit fehlender Adäquanz, sondern mit dem begrenzten Schutzzweck der einschlägigen Norm begründet, die Geschädigte vor Integritätseingriffen schützt (vgl. N 16a). Im Unterschied zur einverständlichen Fremdgefährdung hält der Geschädigte die Fäden des Geschehens bei der eigenverantwortlichen Selbstgefährdung selber in der Hand (Tatherrschaft). Die Zurechnung des Schadens zum Veranlasser oder Förderer der Selbstgefährdung entfällt, wenn sich das mit der Selbstgefährdung bewusst eingegangene Risiko realisiert (vgl. BGer, 25.11.2008, 6B_659/2008, E. 2 betr. Schneesportabfahrt). Zurechenbar ist die Schädigung dagegen, wenn der Veranlasser oder Förderer «das Risiko kraft überlegenen Sachwissens besser erfasst [...] oder erkennt, dass das Opfer die Tragweite seines Entschlusses nicht überblickt. In diesem Fall schafft er ein Risiko, das vom Willen des Opfers nicht mehr gedeckt und dessen Verwirklichung daher dem Mitwirkenden zuzurechnen ist» (zum Ganzen BGE 134 IV 149, 153 f. betr. ein «Feuerlaufseminar»; vgl. auch BGE 134 IV 193, 207 ff. zur Ansteckung mit dem HI-Virus).

21e **Grobes Drittverschulden** hat das BGer z.B. angenommen in einem Fall, in welchem eine Drittperson ein nicht korrekt errichtetes Baugerüst «in einer absolut unsachgemässen und vorschriftswidrigen Weise vervollständigt und dadurch die äusserst riskante Situation geschaffen» hatte (BGer, 12.4.2005, 4P.74/2005, E. 3). Den Kausalzusammenhang nicht zu unterbrechen vermochte dagegen das sorgfaltswidrige Handeln eines Kranführers, der vom Baustellenleiter ungenügend instruiert worden war: Die Verletzung eines Arbeiters durch den Kraneinsatz war dem Baustellenleiter zuzurechnen (BGer, 23.12.2010, 6B_748/2010, E. 4.3.3 = njus 2010, 74 ff.). Als intakt erachtete das BGer den Kausalzusammenhang auch im Falle eines Autofahrers, der ein von der Tagesmutter ungenügend beaufsichtigtes Kleinkind überfuhr (BGer, 14.4.2008, 6B_126/2008, E. 2.5.2). Ebenfalls nicht auf das Verhalten von Drittpersonen berufen konnte sich ein Arzt, dessen Fehlverhalten zu schwersten Schädigungen eines Neugeborenen geführt hatte, worauf nachbehandelnde Ärzte in vorhersehbarer Weise auf lebenserhaltende Massnahmen verzichteten: Der Tötungserfolg war dem erstbehandelnden Arzt zuzurechnen (BGer, 25.3.2009, 4A_45/2009, E. 8 = njus 2009, 49 f.).

c) Konkurrierende Kausalität

Ein Schaden kann auf **mehrere Ursachen** zurückzuführen sein. Sofern eine für den Schaden adäquate Ursache einen solchen Grad der Kausalität erreicht, dass sie den Kausalzusammenhang zwischen den übrigen Ursachen und dem Schaden *unterbricht*, verbleibt sie als *einzige* für den Schaden (juristisch) verantwortliche Ursache (vgl. N 20 ff.). In der Regel werden hinzutretende Ursachen aber nicht zu einer Unterbrechung des adäquaten Kausalzusammenhangs führen, so dass eine *Konkurrenz von adäquat kausalen Ursachen* entsteht. Konkurrenz liegt auch dann vor, wenn bei vorbestehender Schädigung später ein weiteres schädigendes Ereignis (z.B. ein erneuter Unfall) hinzutritt. In der Regel ist die Adäquanz mit Bezug auf das zweite Ereignis dann ebenfalls zu bejahen. Analoges gilt für die Mitverursachung des Schadens durch eine konstitutionelle Prädisposition (vgl. N 27 f.). 22

Echte Konkurrenz liegt vor, wenn **mehrere Gesamtursachen** zusammentreffen. Eine Gesamtursache zeichnet sich dadurch aus, dass sie «für sich allein – ohne die Beteiligung weiterer rechtlich relevanter Ursachen – schon ausreicht, um einen bestimmten Schaden herbeizuführen» (Keller/Schmied-Syz, 26). Grundsätzlich haftet im Aussenverhältnis derjenige, der für eine Gesamtursache einzustehen hat, wie wenn keine weitere Gesamtursache vorhanden und für den Schaden (ebenfalls) kausal wäre. Je nach Art der anderen Gesamtursachen kann sich aber eine Berücksichtigung der Tatsache, dass mehrere Gesamtursachen beteiligt sind, bei der *Schadenersatzbemessung* aufdrängen (vgl. dazu Art. 43). Dieser Grundsatz bedarf indessen der Differenzierung in die folgenden Einzelkonstellationen. 23

Kumulative Konkurrenz (oder Kausalität) von Gesamtursachen ist gegeben, wenn zu einem Schaden mehrere Gesamtursachen beitragen, wobei *jede der Ursachen für sich allein genügt hätte*, um den (ganzen) Schaden herbeizuführen. Beispiel: Zwei Fabriken verschmutzen unabhängig voneinander ein Gewässer und verursachen ein Fischsterben (Oftinger/Stark, I, 152 Anm. 150; BK-Brehm, N 146). Bei einem solchen Sachverhalt muss jeder Schädiger für den vollen Schaden einstehen. Es ist jedoch zu beachten, dass der Geschädigte nicht mehr Schadenersatz erhalten darf, als dem effektiven Schaden entspricht (s. Art. 43 N 6; zur Haftung mehrerer Art. 50 f.). Kumulation von Gesamtursachen kann auch eintreten, wenn zu einer schädigenden Handlung das Verhalten des Geschädigten oder Zufall als eine Gesamtursache hinzutreten. Hier ist der Schädiger unter dem Gesichtspunkt der Kausalität zunächst vollumfänglich haftpflichtig, wie wenn der Schaden nur durch die von ihm gesetzte Ursache entstanden wäre. Jedoch kann eine Reduktion des Schadenersatzes nach richterlichem Ermessen erfolgen (vgl. Art. 43 N 12), soweit es sich nicht um eine Kausalhaftung handelt, bei der gerade auch für Zufall als Schadensursache einzustehen ist (vgl. Keller/Schmied-Syz, 35; zum Problem auch Rey, N 618 ff.; Oftinger/Stark, I, 152). 24

Alternative Konkurrenz (oder Kausalität) von Gesamtursachen liegt vor, wenn mehrere Ursachen als *Gesamtursachen* eines Schadens in Betracht kommen, jedoch im konkreten Fall nur eine der Ursachen kausal sein kann. Beispiel: Eine Sache wird aus einem Zimmer entwen- 25 det, das nur von A und B betreten worden ist; keiner der beiden Personen kann die Entwendung nachgewiesen werden. Oder: Zwei Personenwagen überfahren auf einer Strasse hintereinander einen Fussgänger; der Zeitpunkt des Todeseintrittes ist unklar. In beiden Fällen liegt eine Konkurrenz *möglicher* Ursachen vor. Die blosse Möglichkeit der Verursachung eines Schadens reicht indessen für eine Haftung nicht aus. Der Kausalzusammenhang lässt sich für keinen der potentiellen Haftpflichtigen nachweisen (VON TUHR/PETER, 94; BK-BREHM, N 145). Anders verhält es sich, wenn die Handlungen zweier Personen als *einheitliche Veranstaltung* erscheinen, in deren Verlauf der Schaden durch eine der beteiligten Personen verursacht wird (VON TUHR/PETER, a.a.O.). Der Schaden gilt dann als gemeinsam verschuldet i.S.v. Art. 50 (vgl. BGE 57 II 417, 419 f. betr. Raufhandel; zum Raufhandel jüngst BGE 137 IV 1, 5 f.). – Im Schrifttum wird die Ansicht, wonach bei alternativer Konkurrenz potentieller Gesamtursachen eine Haftung entfalle, z.T. *kritisiert* (vgl. QUENDOZ, 43 ff. und passim; OFTINGER/STARK, I, 151). Aus Billigkeitsgründen müssten beide (oder mehrere) Gesamtverursacher einen Teil der Haftung übernehmen, und zwar entweder anhand der *wahrscheinlichen Verursachungsquoten* (bis hin zu einer «market-share-liability»; vgl. REY, N 624; ROMERIO, 189 ff. und passim; CR CO I-WERRO, N 50) oder i.S. der *Solidarität* (analog Art. 50 Abs. 1; HONSELL/ISENRING/KESSLER, Haftpflichtrecht, § 3 N 67).

26 Bei **überholender Kausalität** würde eine Ursache mit Bestimmtheit zu einem Schaden führen. Bevor diese Ursache aber ihre Wirkung entfaltet, wird der Schaden bereits durch eine zweite adäquate Ursache hervorgerufen. Beispiel: Ein Elektriker montiert eine Hängelampe so schlecht, dass sie eines Tages von selbst herunterfallen würde; bereits tags darauf wird sie von spielenden Kindern heruntergerissen (KELLER/SCHMIED-SYZ, 37). (Natürlich) kausal ist hier nur die Ursache, die den Schaden tatsächlich bewirkt hat, nicht auch diejenige, die «überholt» worden ist. Haftbar ist nur jene Person, die für die Ursache, die *tatsächlich* zum Schaden geführt hat, verantwortlich ist (BGE 135 III 397, 401 ff. = Pra 2010, 45 ff.; BK-BREHM, N 147a; VON TUHR/PETER, 90; s. für Nw.). Diff. REY, N 609b f.: Berücksichtigung der überholten Ursache im Rahmen der Schadensberechnung und bei der Schadenersatzbemessung (so auch das BGer bei der konstitutionellen Prädisposition, vgl. N 28).

27 Mit der überholenden Kausalität verwandt ist die **Doppelkausalität** (hypothetische Kausalität). Davon spricht man, «wenn der Schaden tatsächlich durch die primäre rechtswidrige Handlung entstanden ist, er jedoch auch durch eine spätere (sekundäre) [oder *andere*] sog. ‹Reserveursache› erwachsen wäre» (BK-BREHM, N 149). Grundsätzlich bleibt die Haftung des primär Haftpflichtigen bestehen, denn er hat tatsächlich einen Schaden verursacht (BGE 135 IV 56, 65 ff.; BREHM, a.a.O.; VON TUHR/PETER, 91). In gewissen Konstellationen signalisiert das BGer jedoch Bereitschaft, den Einwand hypothetischer Ereignisse – zumindest partiell – gelten zu lassen: BGer, 2.9.2009, 6B_221/2009, E. 4: Berücksichtigung auf der Ebene des Verschuldens, wenn eine Wechselwirkung zwischen zwei alternativen Ursachen dergestalt besteht, dass nur entweder die eine oder die andere eintreten kann – in casu entweder eine manuelle oder eine automatische Spülung eines Rückhaltebeckens – und durch die Verwirklichung der einen Ursache – vorliegend die Vornahme der manuellen Spülung – somit keine zusätzliche Gefahr geschaffen wird; BGE 113 II 86, 93 f.: Konstitutionelle Prädisposition ist schon im Rahmen der Kausalität zu beachten, wenn aufgrund der Prädisposition ein Schaden «in vollem oder geringerem Umfang auch ohne den Unfall eingetreten wäre»; sie beeinflusst in diesem Fall die Berechnung des Schadens nach Art. 42 (s. N 28); BGE 113 II 323, 339: Grundsätzlich keine volle Erstattung der Kosten für Trauerkleider, wenn diese ohnehin angeschafft worden wären. – Entfällt die Berücksichtigung einer konkurrierenden Ursache (z.B. einer Prädisposition) im Rahmen der Kausalität, so kann ihr immer noch bei Anwendung von Art. 44 Rechnung getragen werden (BGE 113 II 86, 94; BGer, 20.11.2014, 4A_115/2014, E. 6.4.3 f.; 14.10.2008, 4A_153/2008, E. 3.4). Vgl. aus dem Schrifttum HONSELL/ISENRING/KESSLER, Haftpflichtrecht, § 3 N 50 ff.; STUDHALTER, 7 ff. und passim; LOSER, Kausalitätsprobleme, 81 ff.

Eine Sonderform der Ursachenkonkurrenz stellt das **Zusammenwirken von Teil- oder Mitursachen** dar. Im Unterschied zur Gesamtursache ist eine Teilursache zwar ebenfalls adäquat-kausal für den Schadenseintritt, doch haben daneben noch eine oder mehrere andere Ursachen (ebenfalls adäquat-kausal) bei der Schadenrealisierung *mitgewirkt*. Einen wichtigen Fall einer konkurrierenden Ursache stellt die sog. *konstitutionelle Prädisposition* dar (vgl. BGer, 28.8.2007, 4C.49/2007, E. 5.1.1 = njus 2007, 32). Darunter versteht man «die einem menschlichen Organismus eigene Anfälligkeit für Schädigungen oder seine Neigung zu anormal schweren Reaktionen auf Schädigungen» (OFTINGER, 102 f., 280; vgl. auch REY, N 422 ff.; KELLER/GABI, 117; BK-BREHM, N 54 ff.) bzw. einen «krankhafte[n] Vorzustand [, der beim Geschädigten] den Eintritt des Schadens begünstigt oder dessen Ausmass vergrössert» (BGE 131 III 12, 14). Beispiel: Vorbestehende Veränderung der Wirbelsäule (BGE 113 II 86, 90). Im weiteren Sinne umfasst die konstitutionelle Prädisposition auch Krankheiten und krankheitsbedingte Veränderungen (REY, N 425 ff.; KELLER/SCHMIED-SYZ, 106). Die konstitutionelle Prädisposition kann sich als Mitursache schon auf die Herbeiführung einer Schädigung auswirken, oder aber sie führt zu deren Verschlimmerung. Das BGer unterscheidet – mit Blick auf das Quotenvorrecht des Geschädigten *zu Recht* (vgl. Art. 44 N 13a) – zwei Konstellationen: Eine vorbestehende Gesundheitsschädigung, die sich mit Sicherheit oder doch mit hoher Wahrscheinlichkeit auch ohne das schädigende Ereignis ausgewirkt hätte (z.B. in Form einer verkürzten Lebens- oder Aktivitätsdauer), ist bei der Schadensberechnung gem. Art. 42 OR zu berücksichtigen (s. Art. 42 N 2a). Dem Haftpflichtigen ist aus Kausalitätsüberlegungen nur der tatsächlich auf das Ereignis zurückzuführende Schaden zurechenbar. «Wäre der Schaden dagegen ohne den Unfall voraussichtlich überhaupt nicht eingetreten, so bleibt der Haftpflichtige dafür auch dann voll verantwortlich, wenn der krankhafte Vorzustand den Eintritt des Schadens begünstigt oder dessen Ausmass vergrössert hat» (BGE 131 III 12, 14). So bejaht das BGer die Adäquanz auch bei auf konstitutionelle Konstitution zurückzuführenden, singulären Unfallfolgen (BGer, 27.2.2007, 4C.402/2006, E. 4; 29.8.2008, 6B_229/2008, E. 3; 25.3.2008, 4A_45/2009, E. 3.3.3 ff. = njus 2009, 48). Der Prädisposition kann in diesem Fall im Rahmen von Art. 44 Rechnung getragen werden (BGE 113 II 86, 94; s. Art. 44 N 14). 28

Wie die konstitutionelle Prädisposition führen auch andere Teilursachen – Zusammenwirken mehrerer Schädiger; Konkurrenz zwischen dem Verhalten des Schädigers und jenem des Geschädigten; Mitwirken von Zufall – **nicht zu einem Ausschluss der Haftung** des Erstverantwortlichen (BGE 116 II 480, 489). Bei einem Zusammenwirken mehrerer (Teil-) Schädiger haftet im Aussenverhältnis grundsätzlich jeder für den vollen Schaden. Der Geschädigte kann jeden wie einen alleinigen Verursacher belangen. Wegen des Bereicherungsverbots (s. Art. 43 N 6) ist jedoch eine kumulative Inpflichtnahme ausgeschlossen. Über die endg. Schadenstragung im Verhältnis mehrerer Schädiger untereinander wird in einem zweiten Schritt entschieden (vgl. Art. 50 f.). Zur Reduktion des Schadenersatzes wegen Vorliegens anderer Teilursachen s. Art. 43 f. 29

d) Rechtmässiges Alternativverhalten

Mit dem Einwand rechtmässigen Alternativverhaltens wird geltend gemacht, dass der Schaden auch dann eingetreten wäre, wenn der Schädiger sich **rechtmässig verhalten** hätte (REY, N 644; vgl. WERRO, Objection). Damit wird die natürliche Kausalität zwischen dem pflichtwidrigen Verhalten und der Schädigung bestritten (BK-BREHM, N 149h; vgl. BGer, 26.3.2009, 4A_61/2009, E. 5.2). Der Einwand ist grundsätzlich zulässig, auch wenn das Gesetz ihn nicht wie in Art. 55 f. ausdrücklich erwähnt (vgl. aber BGer, 20.11.2009, 2C_860/2008, E. 5.2 f. = njus 2009, 57 f.: Frage offen gelassen). Allerdings muss der **Entlastungsbeweis** betr. rechtmässiges Alternativverhalten nach der Rsp. **strikt** erbracht werden. Er gilt als *gescheitert*, «wenn sich im konkreten Fall ergibt, dass der Schaden auch bei Anwendung der erforderlichen Sorgfalt [nur] *möglicherweise* eingetreten wäre. Die damit verbleibende Möglichkeit, dass der Schadenseintritt dennoch vermieden worden wäre, schliesst die Haftungsbe- 29a freiung aus» (BGE 131 III 115, 120). In Übereinstimmung mit dem allg. Beweismass für den Nachweis der haftpflichtrechtlichen Kausalität (vgl. N 15, 18) darf der Schaden dem Schädiger jedoch nur zugerechnet werden, wenn mindestens eine *überwiegende Wahrscheinlichkeit* dafür besteht, dass die Schädigung bei rechtmässigem Alternativverhalten ausgeblieben wäre.

4. Widerrechtlichkeit oder anderweitige Vorwerfbarkeit der Schädigung

a) Widerrechtlichkeit

aa) Objektive Widerrechtlichkeit

30 Aus Art. 41 Abs. 1 folgt, dass Widerrechtlichkeit im ausservertraglichen Schadenersatzrecht eine *allgemeine Haftungsvoraussetzung* ist (**a.A.** CR CO I-Werro, N 69; zur Sittenwidrigkeit s. N 40 ff.).

31 Nach bundesgerichtlicher Rsp. und traditioneller Lehre liegt der Generalnorm von Art. 41 Abs. 1 die sog. **objektive Widerrechtlichkeitstheorie** zugrunde (BGE 123 III 306, 312; 122 III 176, 192; 119 II 127 ff.). Danach ist eine Schadenszufügung widerrechtlich, wenn sie gegen eine allg. gesetzliche Pflicht verstösst (vgl. Gabriel, 49 ff.). Ein solcher Verstoss kann darin liegen, dass ein *absolutes* Recht des Geschädigten verletzt wird (Erfolgsunrecht; dazu Jaun, 394 ff.; die Lehre vom Erfolgsunrecht abl. etwa Schwenzer, N 50.28 ff.; CR CO I-Werro, N 68) oder der Schädiger eine reine Vermögensschädigung durch Verstoss gegen eine einschlägige *Schutznorm* bewirkt (Verhaltensunrecht) (BGE 123 III 306, 312; 132 III 122, 130; 133 III 323, 330 = Pra 2008, 55). Die Widerrechtlichkeit als objektiver Normverstoss entfällt bei Vorliegen eines Rechtfertigungsgrundes (s. N 39).

32 Demgegenüber knüpft die **subjektive Widerrechtlichkeitstheorie** an den Begriff der *Befugnis* an und erachtet grundsätzlich *jede Drittschädigung* als widerrechtlich, es sei denn, sie erfolge befugtermassen aufgrund einer subjektiven Rechtfertigung (vgl. Gabriel, 81 ff.; Gauch/Sweet, 118 ff.). Diese Theorie hat sich in der Schweiz nicht durchzusetzen vermocht (BGE 115 II 15, 18). Sie wird zu Recht als zu vage kritisiert (Rey, N 679), und es wird ihr vorgeworfen, sie höhle das Tatbestandsmerkmal der Widerrechtlichkeit aus und vermöge die Funktion der Haftungsbeschränkung nicht ausreichend wahrzunehmen (Widmer/Wessner, 96 f.). Die praktischen Unterschiede zur objektiven Widerrechtlichkeitstheorie sollten ohnehin nicht überschätzt werden: Auf der einen Seite werden bei der objektiven Widerrechtlichkeitstheorie Schutznormen grosszügig anerkannt (vgl. N 34 ff.); auf der anderen Seite wären die Vertreter der subjektiven Widerrechtlichkeitstheorie gezwungen, «nach immer neuen Rechtfertigungsgründen zu suchen, soll die allg. Deliktshaftung nicht uferlos auswuchern» (BGE 115 II 15, 18 f.).

32a An der objektiven Widerrechtlichkeitstheorie wird bemängelt, sie «diskriminiere» reine Vermögensschäden in abzulehnender Weise (Kramer, recht 1984, 132; vgl. auch Rey, N 712). Die Schutznormtheorie führe ausserdem zu «aleatorischen» Ergebnissen (Gauch, recht 1996, 232; vgl. auch Gauch/Sweet, 122; Misteli, 177; Werro, recht 2003, 13). Nach der als Alternative vorgeschlagenen **dritten Widerrechtlichkeitstheorie** ist Widerrechtlichkeit stets zu bejahen bei nicht gerechtfertigtem, objektiv unvernünftigem Verhalten, unabhängig davon, ob ein absolutes Rechtsgut verletzt worden ist oder nicht. Statt auf Schutznormen wird auf die Verletzung von – je nach Terminologie – Verkehrs-, Verhaltens- oder Schutzpflichten abgestellt (vgl. Roberto, Haftpflichtrecht, N 03.04; Schönenberger, HAVE 2004, 6 f.; Schwenzer, N 50.04; CR CO I-Werro, N 68). Letztere sollen sich aus Gesetz und aus richterlicher Regelbildung ergeben (Werro, recht 2003, 14). Lehre und Rsp. sollen – in Anlehnung an das angloamerikanische *case law* – Fallgruppen bilden, in denen primäre Vermögensschäden zu ersetzen sind. Dazu würden etwa falsche Auskünfte, die mangelhafte Erbringung einer ausservertraglichen Dienstleistung, fehlerhafte Produkte und reflektorische Vermögensschäden gehören (vgl. Roberto, AJP 1999, 516, 520 ff.). Für reine Vermögensschäden wäre nach diesem Ansatz also auch ohne Verletzung einer spezifischen Schutznorm nach Deliktsrecht Ersatz zu leisten, sofern nur eine Pflicht zu sorgfältigem Verhalten verletzt worden ist (vgl. REY, N 712a; SCHÖNENBERGER, HAVE 2004, 7).

Bei nährerer Betrachtung sind die **Unterschiede** zwischen der objektiven und der dritten Widerrechtlichkeitstheorie gering. Auch bei der objektiven Widerrechtlichkeitstheorie werden als Schutznormen auch ungeschriebenes Recht und allg. Rechtsgrundsätze – als Richterrecht – berücksichtigt (vgl. N 34a). Auch wenn man davon ausginge, dass die dritte Widerrechtlichkeitstheorie eher bereit sei, auf eine richterliche Festlegung von Verhaltenspflichten zurückzugreifen, spielte dieser Unterschied zumindest dann keine Rolle, wenn – wie in vielen Lebensbereichen zunehmend der Fall – die einschlägigen Verhaltenspflichten durch das objektive Recht detailliert festgelegt sind. Der Vermögensschutz geht bei der dritten Widerrechtlichkeitstheorie zwar auf den ersten Blick weiter, da für die Widerrechtlichkeit nur die Verletzung einer Sorgfaltspflicht, nicht aber einer Norm mit Vermögensschutzfunktion verlangt wird. Doch soll auch im Rahmen der dritten Widerrechtlichkeitstheorie die Widerrechtlichkeit «durch Auslegung der verletzten Schutznorm» anhand von deren Schutzzweck bestimmt werden (SCHWENZER, N 50.30 f.; vgl. auch REY, N 701, 712 f.). **32b**

Die dritte Theorie der Widerrechtlichkeit ist allerdings **keine taugliche Alternative** zur objektiven Widerrechtlichkeitstheorie. Dagegen spricht zunächst das *historische Auslegungselement*. Evtl. bereits beim Erlass von Art. 41 Abs. 1, sicher aber beim nachträglich eingefügten Art. 41 Abs. 2 ist der Gesetzgeber von der objektiven Widerrechtlichkeitstheorie ausgegangen (vgl. LOSER, ZSR 2003, 147). Art. 41 Abs. 2 würde durch die Definition der Widerrechtlichkeit als Verhaltenspflichtverletzung der Anwendungsbereich entzogen, da bei sittenwidriger Schädigungsabsicht stets auch eine Verhaltenspflicht verletzt ist. Sodann würde ein autonomer Rechtswidrigkeitsbegriff in Art. 41 Abs. 1 zu einer *Spaltung der Rechtswidrigkeit* führen. Eine nicht fahrlässige unwahre, ehrverletzende Äusserung z.B. könnte gem. Art. 28 Abs. 2 ZGB als rechtswidrig verboten werden, wäre aber mangels Sorgfaltspflichtverletzung gleichzeitig rechtmässig i.S.v. Art. 41 Abs. 1 OR (LOSER, ZSR 2003, 144). Ebenso könnte eine mittels eines Motorfahrzeugs zugefügte Körperverletzung strafrechtlich z.B. durch Notstand oder Notwehr gerechtfertigt sein, während haftpflichtrechtlich nach der dritten Theorie der Widerrechtlichkeit bei Gefährdungshaftungen keine die Haftung ausschliessende Rechtfertigung möglich sein soll (vgl. CR CO I-WERRO, N 71) – eine unhaltbare Konsequenz (vgl. das Bsp. bei JAUN, 397). Problematisch an der dritten Widerrechtlichkeitstheorie ist schliesslich auch die sich aus der *Beschränkung auf das Verhaltensunrecht* ergebende Konsequenz, dass bei Gefährdungshaftungen die Widerrechtlichkeit keine Haftungsvoraussetzung sein soll (so ROBERTO, Haftpflichtrecht, N 16.05). Die Tötung eines Kleinkindes durch einen Eisenbahnzug mangels Sorgfaltspflichtverletzung seitens der Eisenbahnbetreiber als *rechtmässig* einzustufen, wäre stossend (JAUN, 396 ff.). **32c**

Widerrechtlichkeit liegt nach dem Gesagten vorbehältlich einer Rechtfertigung stets vor, wenn die Schädigung in ein **absolut geschütztes Rechtsgut** eingreift (BGE 112 II 118, 128). Als solche gelten Leben, körperliche, geistige und seelische Integrität, Persönlichkeit (vgl. z.B. BGer, 26.11.2008, 5A_328/2008 = njus 2008, 87 ff.), Eigentum, Besitz (**a.A.** REY, N 692) und Immaterialgüterrechte (vgl. HONSELL/ISENRING/KESSLER, Haftpflichtrecht, § 2 N 5). *Keine* absolut geschützten Rechtsgüter sind dagegen das Vermögen als solches (BGE 118 Ib 163 f.; BGer, 30.11.2009, 4A_468/2009, E. 2.3), relative Rechte gegenüber Drittpersonen sowie Treu und Glauben nach Art. 2 ZGB (s. N 36). Der Schutz absoluter Rechtsgüter hat weitgehend Niederschlag in den Best. des positiven Rechts gefunden. Selbst ohne solche Positivierung bewirkt die Verletzung eines absolut geschützten Rechtsguts aber stets Widerrechtlichkeit (vgl. BGE 136 III 410, 412 f.). – Ohne Einwilligung des Patienten (s. Art. 52 N 20) erfolgende *Eingriffe in die physische Integrität* sind nach der Rsp. des BGer auch dann widerrechtlich, wenn sie zu Heilzwecken erfolgen und nach den Regeln der Kunst vorgenommen werden (BGE 133 III 121, 128 = Pra 2007, 719; vgl. auch BGer, 11.11.2009, 4A_485/2009, **33**

E. 1.3). Handelt ein Arzt ohne die Zustimmung des Patienten, welche er hätte einholen können und sollten, so geht das normalerweise vom Patienten getragenen Risiko eines medizinischen Eingriffes auf den Arzt über (Pra 1982, 299; **abl.** HONSELL/ISENRING/KESSLER, Haftpflichtrecht, § 5 Rn. 23 f.).

34 Schäden, die ohne Eingriff in ein absolut geschütztes Rechtsgut entstehen, werden als **reine Vermögensschäden** bezeichnet. Sie sind nur dann widerrechtlich (und damit gestützt auf Art. 41 Abs. 1 zu ersetzen), wenn sie unter Verletzung einer *besonderen Verhaltensnorm* bewirkt werden, die nach ihrem Zweck (auch) vor Schädigungen von der Art der (konkret) eingetretenen schützen soll (vgl. BGE 132 III 122, 130; 124 III 297, 301; 119 II 127, 128 f.; vgl. auch HONSELL/ISENRING/KESSLER, Haftpflichtrecht, § 4 Rn. 27; Schutz von Vermögensinteressen des Einzelnen als *Hauptzweck* der Norm verlangt dagegen SCHWARZ, 16). Solche Normen werden als **Vermögensschutznormen** bezeichnet. Sie müssen nach der Rsp. des BGer eine ausreichende Bestimmtheit aufweisen (BGE 133 III 323, 329 f. = Pra 2008, 55; SCHWANDER, 1178). Dient eine Norm anderen Zwecken, fällt also der eingetretene Vermögensschaden nicht in ihren *Schutzbereich*, so fehlt es an der Widerrechtlichkeit der Schädigung (OFTINGER/STARK, I, 181; GABRIEL, 71 ff.; BGE 117 II 259, 270; 117 II 315, 318; 115 II 15, 19 ff.).

34a Vermögensschutznormen können der **Gesamtheit der schweizerischen Rechtsordnung** entspringen (Privatrecht, öffentliches Recht, Strafrecht). Sie können geschrieben oder ungeschrieben sein (vgl. BGE 116 Ia 162, 169; BGer, 26.9.2001, 4C.193/2000, E. 4a; GAUCH/SWEET, 124; HONSELL/ISENRING/KESSLER, Haftpflichtrecht, § 4 N 31; MERZ, 363; REY, N 697; WERRO, ZSR 1997, 362). Auch das kantonale Recht kann Vermögensschutznormen enthalten (zum Ganzen BGE 133 III 323, 330). Das BGer leitet Widerrechtlichkeit auch aus der Verletzung allg. Rechtsgrundsätze ab (vgl. BGE 118 Ib 473, 476; 116 Ib 193, 195; 107 Ib 160, 164). Keine Widerrechtlichkeit folgt hingegen aus der Verletzung einer vertraglichen Pflicht (HONSELL/ISENRING/KESSLER, Haftpflichtrecht, § 4 N 4; MÜLLER-CHEN, 15; REY, N 713), sofern nicht gleichzeitig eine Schutznorm oder ein absolutes Recht verletzt wird (vgl. SCHWENZER, N 50.06).

35 **Haftpflichtrelevante Schutznormen** finden sich v.a. im (Vermögens-) *Strafrecht* (Art. 137 ff. StGB). Der Schutz gilt «nur gegen die genau umschriebenen Arten der Schädigung» (OFTINGER/STARK, I, 177; vgl. BGE 117 IV 139, 149). Eine Strafnorm kann nur dann als haftpflichtrechtliche Vermögensschutznorm herangezogen werden, wenn im konkreten Fall sowohl ihr objektiver als auch ihr subjektiver Tatbestand erfüllt ist (BGE 133 III 323, 331 ff. = Pra 2008, 56 ff.). Die Einstellung einer auf eine Schutznorm bezogenen Strafuntersuchung steht der Heranziehung dieser Norm im Rahmen von Art. 41 Abs. 1 mit Blick auf Art. 53 nicht zwingend entgegen, ist aber immerhin als Indiz zu würdigen (BGer, 7.9.2009, 4A_59/2009, E. 6.3 = njus 2009, 68). Schutznormqualität zugesprochen hat das BGer etwa Art. 239 Abs. 2 (Schutz auch der Stromverbraucher: BGE 101 Ib 252 ff.; 102 II 85 ff.; sog. Kabelbruchfälle), Art. 305bis StGB (Geldwäscherei; BGE 129 IV 322, 326 f.; 133 III 323, 330 = Pra 2008, 55 f.; BGer, 27.7.2010, 4A_594/2009, E. 3.4 = njus 2010, 59 f.) und Art. 159 StGB (Missbrauch von Lohnabzügen; BGer, 12.1.2015, 4A_428/2014, E. 6.2). Keine Vermögensschutznormen sind dagegen nach der Rsp. Art. 227 (Verursachen einer Überschwemmung oder eines Einsturzes), 229 (Verletzung der Regeln der Baukunde; BGE 119 II 127 ff.) und 305ter Abs. 1 (Mangelnde Sorgfalt bei Finanzgeschäften; BGer, 13.6.2008, 4A_21/2008, E. 5; 27.7.2010, 4A_594/2009, E. 3.4 = njus 2010, 59 f.) StGB. Weitere schutzrechtliche Grundlagen der hier erheblichen Art enthält das *Verwaltungsrecht*. Für das Haftpflichtrecht sind vor allem die zahlreichen polizeirechtlichen Erlasse wichtig, welche einzelnen Personen oder Personengruppen besondere Verhaltens- und Sorgfaltspflichten auferlegen (vgl. BGE 112 II 439, 441; 112 II 118, 128). Von Bedeutung sind insb. zahlreiche Best. des Strassenverkehrsrechts. Den Best. des GwG wird die Schutznormqualität von der Rsp. (BGE 134 III 529, 530 ff.; BGer, 27.7.2010, 4A_594/2009, E. 3.4 = njus 2010, 59 f.) dagegen ebenso abgesprochen wie gewissen Best. des BankG (BGer, 29.4.2008, 4A_54/2008, E. 5 = njus 2008, 84). Auch gesellschaftsrechtliche Vorschriften (BGE 117 II 315, 318; 111 II 471, 474; 106 II 232, 235) und Best. des *ZGB* (BGE 136 III 113, 119 f. betr. Art. 395 ZGB) können als Schutznormen wirken. Verneint wird die Schutznormqualität dagegen mit Bezug auf Pflichten rein vertraglicher Natur, wie etwa auftragsrechtliche Sorgfalts-, Treue- und Aufklärungspflichten, die nicht den Schutz des Vermögens vertragsfremder Dritter bezwecken (BGer, 30.11.2009, 4A_468/2009, E. 2.3). Auch private Regelwerke, die für Gerichte nicht verbindlich sind (z.B. Standesregeln), sind nach der Rsp. nicht geeignet, die Widerrechtlichkeit reiner Vermögensschäden zu bewirken (betr. die VSB BGE 125 IV 139, 144; BGer, 27.7.2010, 4A_594/2009, E. 3.4 = njus 2010, 59 f.). Zum (möglichen) Schutznormcharakter prozessualer Verhaltensnormen vgl. etwa BGE 117 II 396, 398; 113 Ia 107 ff. m.w.Nw.; Gauch/Aepli/Stöckli, N 2 ff.

Nicht als Schutznorm zu qualifizieren ist **Art. 2 ZGB** (Gebot des Handelns nach Treu und Glauben, Rechtsmissbrauchsverbot). Das BGer lehnt es zu Recht ab, Art. 2 ZGB als allg. Vermögensschutznorm zu betrachten (BGE 124 III 297, 301; 121 III 350, 354 = Pra 1996, 616; vgl. Rey, Sonderverbindungen, 231 ff.; ders., Haftpflichtrecht, N 717 ff.; **a.A.** Keller/Gabi, 43, 57). Im Rahmen rechtlicher Sonderverbindungen will es die Ersatzpflicht für erwecktes und enttäuschtes Vertrauen (sog. *Vertrauenshaftung*) jedoch z.T. auch heute noch auf Art. 41 Abs. 1 stützen, unter Heranziehung von Art. 2 Abs. 2 ZGB als Schutznorm (vgl. BGer, 26.5.2009, 4A_564/2008, E. 3.1 = njus 2009, 65; von einer ungeschriebenen Schutznorm spricht BGE 121 III 350, 354 ff. = Pra 1996, 616 ff.). Grundsätzlich stellt das BGer die Vertrauenshaftung aber nicht (mehr) auf eine deliktsrechtliche, sondern auf eine eigenständige Grundlage (vgl. N 44 ff.). 36

bb) Verletzung einer Garantenstellung im Besonderen

Widerrechtlichkeit durch Unterlassung kann sich nur bei Verletzung einer Handlungspflicht ergeben, denn auszugehen ist vom «Grundsatz der befugten Untätigkeit» (BGE 115 II 15, 19), so dass ohne eine geschriebene oder allenfalls ungeschriebene Norm niemand verpflichtet ist, zu Gunsten eines andern tätig zu werden (BK-Brehm, N 56 ff. m.w.Nw.; vgl. etwa BGer, 18.3.2010, 6B_924/2009, E. 2.6). *Konkrete Handlungspflichten* können sich aus positiven Verhaltensnormen des Privat-, Verwaltungs- oder Strafrechts ergeben (z.B. Orientierungspflichten, Mitteilungspflichten, Buchführungspflicht, Versicherungspflicht, Pflicht zur Hilfeleistung; vgl. BGer, 3.11.2009, 6B_516/2009, E. 3.3.1 betr. die Garantenstellung von General- und Subunternehmern aus Art. 229 StGB). Normen, die Handlungspflichten statuieren, haben bei reinen Vermögensschäden i.d.R. auch die Funktion von Schutznormen zur Begründung der Widerrechtlichkeit (vgl. BGE 136 III 113, 119). Schutznormen zugunsten eines Geschädigten, welche die Unterlassung als widerrechtlich erscheinen lassen, können sich auch aus dem ungeschriebenen Recht ergeben (BGE 111 II 471, 474: Pflicht zur wahrheitsgemässen Auskunftserteilung; 115 II 15, 21: Ausnahmsweise Pflicht des Vormundes zu besonderen Schutzvorkehren im Interesse Dritter). Insgesamt ist eine Handlungspflicht haftpflichtrechtlich nur dann von Bedeutung, wenn sie im Interesse des Geschädigten besteht. Widerrechtliche Unterlassung setzt damit eine **Garantenstellung** in Bezug auf den Geschädigten voraus (BGE 115 II 15, 19; 130 V 448 ff.: Mitteilungspflicht für des neuen Krankenpflegeversicherers bei Wechsel des Versicherers). Eine Garantenstellung kann auch einnehmen, wer Gefälligkeitsleistungen erbringt (BGE 116 II 695, 699). Siehe zur Einteilung der Garantenpflichten in Schutzpflichten (Beschützergarant) und Pflichten im Zusammenhang mit Gefahrenquellen (Überwachergarant) Jaun, 450 ff. 37

Handlungspflichten können sich auch aus dem **Gefahrensatz** (s. N 19a) ergeben. Dieser kommt jedoch nur zum Tragen, wenn die Vernachlässigung einer Verkehrssicherungspflicht zur Verletzung eines absoluten Rechtsgutes (s. N 33) führt (BGE 121 III 358, 360). Bei reinen Vermögensschäden kann sich nach der aktuellen Rsp. allein aus dem Gefahrensatz keine Widerrechtlichkeit ergeben (BGE 119 II 127, 129; 124 III 297, 300 f.; BGer, 31.3.2008, 4A_520/2007, E. 2.1; 27.7.2010, 4A_594/2009, E. 3.4 = njus 2010, 59 f.; anders noch BGE 38

116 Ia 162, 169). Aus diesem Grund wird in der Lehre z.T. die Auffassung vertreten, die Erfordernisse des Gefahrensatzes seien jeweils nicht unter dem Gesichtspunkt der Widerrechtlichkeit, sondern im Rahmen des Verschuldens zu prüfen (vgl. BK-BREHM, N 57; Handkomm-OR-FISCHER, N 37; KELLER/SCHMIED-SYZ, 48; OFTINGER/STARK, I, 182, 126 ff.). Indessen erscheint es angebracht, bei Unterlassungen das Bestehen einer (objektiven) Garantenstellung bzw. das Vorhandensein einer Verkehrssicherungspflicht schon bei der Widerrechtlichkeit zu prüfen. Kann nämlich in einem Schadensfall niemandem der Vorwurf einer rechtswidrigen Unterlassung gemacht werden, so hat ein Geschädigter selbst dann den Schaden selber zu tragen, wenn er in einem absoluten Recht verletzt worden ist. Der Gefahrensatz dient in solchen Fällen dazu, den normativen Zusammenhang zwischen Unterlassung und Erfolg herzustellen (vgl. HONSELL/ISENRING/KESSLER, Haftpflichtrecht, § 4 N 35; zur Kausalität bei Unterlassungen N 18 ff.).

cc) Ausschluss der Widerrechtlichkeit

39 Die Normen, deren Verletzung grundsätzlich zur Widerrechtlichkeit führt, gelten nicht absolut. **Rechtfertigungsgründe** können die an sich gegebene Widerrechtlichkeit eines Eingriffs entfallen lassen (s. Art. 52).

dd) Widerrechtlichkeit im Bereich der Staatshaftung

39a Steht die **Verantwortlichkeit öffentlicher Beamter und Angestellter** gestützt auf Art. 41 (als subsidiäres kantonales Recht; vgl. Art. 61 N 4) oder nach Art. 3 VG bzw. gleichlautenden Haftungsnormen in Frage, so ist die Widerrechtlichkeit ebenfalls nach der objektiven Theorie zu beurteilen (Einheit der Rechtsordnung; vgl. J. GROSS, 166; **a.A.** TSCHANNEN/ZIMMERLI/MÜLLER, § 62 N 34). Widerrechtlichkeit ist hier gegeben, wenn durch das Verhalten des Beamten entweder ein absolutes Recht oder eine Amtspflicht, die Private vor Vermögensschäden schützen will, verletzt wird (BGE 132 II 449, 457; BGer, 14.7.2009, 5A_229/2009, E. 5; zum Schutzzweck J. GROSS, 175 ff.). Die Rsp. bejaht die Widerrechtlichkeit bei *verfügungsfreiem Verwaltungshandeln* (Realakte, Unterlassungen) insb. dann, «wenn Beamte gegen einen allgemeinen Rechtsgrundsatz verstossen oder das ihnen gesetzlich eingeräumte Ermessen – im Sinne eines qualifizierten Ermessensfehlers – überschreiten oder missbrauchen» (BGE 132 II 449, 456 f.). Wird der Schaden durch einen *Rechtsakt* verursacht, der sich «später als unrichtig, gesetzeswidrig oder gar willkürlich erweist», so gilt grundsätzlich das Rechtskraftprinzip (bzw. das Prinzip der Einmaligkeit des Rechtsschutzes; vgl. Art. 12 VG; zum Erfordernis der Ausschöpfung von Rechtsmittelmöglichkeiten BGer, 18.6.2008, 2C_25/2008, E. 3 = njus 2008, 108). Schadenersatz ist – vorbehältlich abw. Regelung in Spezialgesetzen – nur geschuldet, wenn der fehlerhafte Rechtsakt in Verletzung einer *wesentlichen* bzw. *elementaren* Amtspflicht ergangen ist (BGE 132 II 449, 456 f.; BGer, 19.10.2010, 2C_834/2009, E. 2.2). Als *Rechtfertigungsgrund* kommt im Bereich der Staatshaftung insb. die rechtmässige Ausübung öffentlicher Gewalt in Frage (vgl. BGE 123 II 577, 581 ff.; s. Art. 52 N 23).

39b Häufig ist es schwierig, aus öffentlich-rechtlichen Erlassen des Bundes und der Kantone konkrete **«Schutzstellungen»** für einzelne Bürger herzuleiten. Vgl. BGE 118 Ib 473 ff.: Verneinung schutznormrelevanter Informationsansprüche der Öffentlichkeit im Zusammenhang mit einer durch Käsekonsum hervorgerufenen Listerioseepidemie; BGE 116 Ib 193 ff.: Keine Widerrechtlichkeit bei behauptetem zu spätem Eingreifen der Bankenkommission als Aufsichtsbehörde. In BGE 126 II 63, 67 ff. dagegen hat sich das BGer auf den Standpunkt gestellt, die Tierseuchengesetzgebung bezwecke auch den Schutz von Einzelpersonen vor wirtschaftlichen Schäden. Die Schutznormqualität wurde – bei einer Haftung nach Art. 5 SchKG – etwa auch bejaht mit Bezug auf Art. 112 SchKG (Pfändungsurkunde; BGer, 19.9.2007, 5A_306/2007, E. 4.2.2) sowie mit Bezug auf Art. 157 bzw. 262 SchKG (Verteilung des Verwertungserlöses; BGer, 14.7.2009, 5A_229/2009, E. 5).

b) Sittenwidrigkeit

Unerlaubte Handlungen i.S. des Haftpflichtrechts liegen nicht nur bei widerrechtlichem Verhalten vor. Sie können auch dadurch begangen werden, dass «einem andern in einer gegen die guten Sitten verstossenden Weise absichtlich Schaden» zugefügt wird (Art. 41 Abs. 2). Auch wenn der Sittenwidrigkeit als haftungsrechtlicher Voraussetzung verglichen mit der Widerrechtlichkeit weit geringere Bedeutung zukommt, kann sie zumal dort als Anspruchsgrundlage in Frage kommen, wo **reine Vermögensinteressen** einer Person geschädigt werden und keine Schutznorm die Widerrechtlichkeit i.S.v. Art. 41 Abs. 1 begründet. **40**

Sittenwidrigkeit (nach Art. 41 Abs. 2) kann auch in extremen Fällen von **Verstössen gegen Treu und Glauben** als Haftungsgrundlage zu berücksichtigen sein. Bei qualifizierten Vertrauensverletzungen greift nach neuerer Rsp. jedoch die auf eine eigenständige Haftungsgrundlage gestützte Vertrauenshaftung (s. N 44 ff.) Siehe zur Verletzung von Treu und Glauben als widerrechtliche Handlung N 36. **41**

Voraussetzung für haftungsbegründende **Sittenwidrigkeit nach Art. 41 Abs. 2** ist zunächst eine *absichtliche* Schadenzufügung. Absicht ist dabei gleichbedeutend mit (gewöhnlichem) Vorsatz und nicht im technischen Sinne (vgl. N 45) zu verstehen (ZULLIGER, 162; OFTINGER/STARK, II/1, 69 f.; KELLER/GABI, 60; REY, N 798; vgl. auch BGE 76 II 281, 297; **a.A.** BK-BREHM, N 243 ff.). Im Weiteren wird ein Verstoss gegen die «guten Sitten» verlangt. Die Konkretisierung der Sittenwidrigkeit bleibt dem pflichtgemässen Ermessen des Gerichts überlassen. Dabei ist dem Wandel der Zeit Rechnung zu tragen. Für die Rechtsfindung kann auf Lehre und Rsp. zu anderen Gesetzesvorschriften abgestellt werden, die ebenfalls dem Schutz der guten Sitten verpflichtet sind (einschränkend OFTINGER/STARK, II/1, 63). **42**

Von zentraler Bedeutung bei der Beurteilung der Sittenwidrigkeit i.S.v. Art. 41 Abs. 2 ist der Grundsatz der **schonenden Rechtsausübung** (ZULLIGER, 163 f.; vgl. betr. prozessuales Verhalten BGE 117 II 394 ff.). Sittenwidrig ist danach grundsätzlich ein Verhalten, für das *eigene Interessen* vollständig fehlen und das ausschliesslich auf die Schädigung eines anderen zielt (vgl. BGE 124 III 297, 303). Macht ein Schädiger hingegen eigene Interessen geltend, ist weiter zu fragen, ob diese schutzwürdig sind oder nicht. Selbst bei Bejahung der Schutzwürdigkeit der verfolgten Interessen kann ein Sittenverstoss bei Vorliegen nicht angebrachter *Mittel* zu bejahen sein. Nach diesen Kriterien sind im Einzelfall ebenfalls die Fälle der Verleitung und Beihilfe zum Vertragsbruch sowie der Ausnutzung fremden Vertragsbruchs zu beurteilen (ZULLIGER, 164; HONSELL/ISENRING/KESSLER, Haftpflichtrecht, § 7 N 9 ff.; REY, N 799 f.; vgl. BGE 114 II 91, 98; m.w.Nw. BK-BREHM, N 245 ff.; GAUCH/AEPLI/STÖCKLI, N 30; vgl. auch W. SCHLUEP; ALTENPOHL, AJP 1992, 189 ff., 192). Zu beachten ist in diesem Zusammenhang die Best. von Art. 4 lit. a UWG, welche bei Erfüllung ihres Tatbestandes mit Bezug auf eine Verleitung zum Vertragsbruch Widerrechtlichkeit i.S.v. Art. 41 Abs. 1 begründet (BGE 114 II 91, 97 ff.; REY, N 800). Als weitere Anwendungsfälle der Sittenwidrigkeit kommen Abreden im Zusammenhang mit einer Versteigerung (vgl. BGE 109 II 123, 124 ff.), die unaufgeforderte Erteilung eines falschen Rats, die Unterlassung der Warnung vor einer Gefahr (BGE 108 II 305, 312), die grundlose Verweigerung eines Vertragsschlusses über eine lebenswichtige Leistung (BGE 80 II 26, 37 f.; vgl. auch BGE 129 III 35, 45 f.: Kontrahierungszwang) und die Erstattung falscher Gutachten in Frage (REY, N 801 ff.; vgl. auch SCHWENZER, N 51.05 ff.). **43**

c) Vertrauenshaftung

Das BGer anerkennt in gefestigter Rsp. die Rechtsfigur der Vertrauenshaftung als **eigenständige dritte Haftungsgrundlage** zwischen Delikt und Vertrag (grundlegend BGE 120 II 331 ff.; krit. HONSELL/ISENRING/KESSLER, Haftpflichtrecht, § 4 N 22; SCHWENZER, 52.01 ff.; WESSNER). Sie umfasst als Oberbegriff die Haftung aus c.i.c. und interessenmässig gleich gelagerte Tatbestandsgruppen wie etwa die Haftung für falsche Auskunft bzw. Berufspflichten **44** zum Schutze fremden Vermögens (vgl. BGE 124 III 363, 369; 116 II 695, 699; 111 II 471, 474; vgl. LOSER, Vertrauenshaftung, 463 ff. m.w.H.). Die Vertrauenshaftung setzt nach der Rsp. des BGer voraus, dass die Beteiligten in eine sog. *rechtliche Sonderverbindung* zueinander getreten sind, die es rechtfertigt, die aus Treu und Glauben (Art. 2 ZGB) hergeleiteten Schutz- und Aufklärungspflichten greifen zu lassen (BGE 134 III 390, 395). Schadenersatzpflichtig wird, wer in einem ausservertraglichen, aber als Sonderverbindung zu qualifizierenden Verhältnis zunächst schutzwürdiges Vertrauen erweckt und dieses anschliessend treuwidrig enttäuscht. Dabei gelten strenge Voraussetzungen: «Schutz verdient nicht, wer bloss Opfer seiner eigenen Unvorsichtigkeit und Vertrauensseligkeit oder der Verwirklichung allgemeiner Geschäftsrisiken wird, sondern nur, wessen berechtigtes Vertrauen missbraucht wird» (BGE 133 III 449, 451). Die Vertrauenshaftung ist subsidiär zu einer allfälligen vertraglichen Haftung (BGer, 8.2.2010, 4A_306/2009, E. 5).

44a Als **Anwendungsfall** der Vertrauenshaftung ist zunächst die *Konzernhaftung* zu nennen, d.h. die Haftung für erwecktes und enttäuschtes Konzernvertrauen als Einstehenmüssen der Konzernmutter für von ihr instrumentalisierte Konzerngesellschaften (vgl. BGE 120 II 331 ff.). Aufgrund der strengen Voraussetzungen für diese Haftung gilt, dass die Geschäftspartner einer Tochtergesellschaft deren Kreditwürdigkeit selbst zu beurteilen haben und die blosse Konzernverbindung keine Grundlage für eine Konzernhaftung bildet (vgl. BGE 123 III 220, 231; 124 III 297, 303 ff.; BGer, 8.2.2010, 4A_306/2009, E. 5). Von Bedeutung ist auch die Haftung im Zusammenhang mit der Anbahnung vertraglicher Beziehungen *(c.i.c.)*: Die Erwartung, dass der Partner ohne vertragliche Verpflichtung eine Leistung erbringen werde, ist zwar grundsätzlich nicht schützenswert; eine Haftung kann jedoch ausnahmsweise gegeben sein, «wenn ein entsprechender Vertragsschluss auf Grund der bestehenden Machtverhältnisse oder der Abhängigkeit des Vertrauenden faktisch nicht möglich ist und dem Vertrauenden gleichzeitig der Verzicht auf das Geschäft bzw. auf die Geschäftsbeziehung nicht zugemutet werden kann» (BGE 133 III 449, 451 f.; vgl. auch BGer, 5.6.2009, 4A_80/2009, E. 2.3; 8.2.2010, 4A_306/2009, E. 5; 14.1.2011, 4A_615/2010, E. 4).

44b Zu den **dogmatischen Grundlagen** der Vertrauenshaftung werden in der Lehre deliktrechtliche und quasi-vertragliche Ansätze sowie eine Einordnung als Haftung sui generis vertreten (vgl. m.w.H. CHAPPUIS CH., Responsabilité, 28). Das BGer hat die Vertrauenshaftung in uneinheitlicher Rsp. mal als Haftung sui generis direkt auf Art. 2 Abs. 1 ZGB (BGE 120 II 331, 335 ff.), mal deliktrechtlich auf Art. 41 Abs. 1 gestützt (mit ungeschriebener Schutznorm in BGE 121 III 350, 354 ff. = Pra 1996, 616 ff.; mit Art. 2 Abs. 1 ZGB als Schutznorm in BGer, 26.5.2009, 4A_564/2008, E. 3.1 = njus 2009, 65), und im Zusammenhang mit einem gescheiterten Anweisungsverhältnis erklärte es die vertragsrechtlichen Regeln für anwendbar (BGE 128 III 324, 329). Ein neuerer Entscheid bezeichnet die Frage nach der Rechtsnatur als «nicht zielführend», weil es sich bei der Vertrauenshaftung um eine eigenständige Haftungsgrundlage handle. Damit geht das BGer wieder von einer *Haftung sui generis* aus, deren Rechtsfolgen nicht einheitlich nach Delikts- oder Vertragsrecht zu beurteilen sind (gl.M. JAUN, 486 f.). Auf die Verjährungsfrage wendet dieser Entscheid Art. 60 an (BGE 134 III 390, 395, 398; vgl. dazu LOSER, recht 2009). Ungeklärt ist nach der sui generis-Konzeption dagegen weiterhin, welche Best. gelten sollen mit Bezug auf die Haftung für Hilfspersonen (Art. 55 oder Art. 101; vgl. BGE 108 II 419, 422 zur c.i.c., wo Art. 101 angewendet wird) und betr. die Beweislast für das Verschulden (Art. 41 oder Art. 97). – In Abweichung von der Voraufl. ist ein solcher Haftungstatbestand abzulehnen. Die von h.L. und Rsp. vertretene Vertrauenshaftung verwischt die klare Dogmatik zwischen vertraglicher und deliktischer Haftung. Zudem wird die vom Gesetzgeber vorgesehenen Grenze der Deliktshaftung für Vermögensschäden, welche grundsätzlich nur über Art. 40 Abs. 2 möglich ist, ignoriert. Die Vertrauenshaftung stellt eine Abkehr von einer vernünftigen Haftungsbegrenzung dar, indem der soziale Kontakt zum konturlosen und unstrukturierten Haftpflichttatbestand gemacht wird, was selbst unter Berücksichtigung der einschränkenden Voraussetzungen des Bundesgerichts zu zahllosen neuen Haftungsfällen führt (vgl. auch HONSELL/ISENRING/KESSLER, Haftpflichtrecht, § 4 N 22).

5. Verschulden

a) Vorsatz

Die Verschuldenshaftung nach Art. 41 Abs. 1 setzt naturgemäss ein **Verschulden** des Haftpflichtigen voraus. In *objektiver* Hinsicht (zur subjektiven Seite s. N 51 f.) ist ein Verschulden zunächst gegeben, wenn jemand mit «Absicht» handelt. Im Unterschied zum Strafrecht wird im Zivilrecht nicht zwischen Absicht und Vorsatz unterschieden; die Begriffe sind hier gleichbedeutend. Vorsätzlich handelt, wer einen Schädigungserfolg herbeiführen will (direkter Vorsatz) oder diesen – i.S. eines Eventualvorsatzes – zumindest in Kauf nimmt (OFTINGER/STARK, II/1, 8 f.). Für die Haftungsbegründung spielt es keine Rolle, welche Art des Vorsatzes – Absicht, direkter Vorsatz oder Eventualvorsatz – vorliegt; hingegen kann die Unterscheidung für die Schadenersatzbemessung relevant werden (SCHNYDER/PORTMANN/MÜLLER-CHEN, N 209 ff.; vgl. Art. 43 N 8 ff.). 45

Ist das Verschulden einer **juristischen Person** zu beurteilen, so ist auf das Verschulden der **Organe** abzustellen (vgl. Art. 55 Abs. 2 ZGB; OFTINGER/STARK, I, 199; BGE 81 II 223, 225; s.a. Art. 55 N 5). 46

Verschulden liegt auch dann vor, wenn der Schädiger die **Rechtswidrigkeit** eines Erfolges oder eines Verhaltens aufgrund eines Rechtsirrtums nicht erkennt (**str.**; vgl. OFTINGER/STARK, I, 198 N 37, m.w.H.), nicht aber – Fahrlässigkeit vorbehalten – im Falle eines Tatbestandsirrtums (z.B. Zerstörung einer fremden Sache, die der Schädiger für seine eigene hält). 47

b) Fahrlässigkeit

Mit Bezug auf die Verschuldensform der **Fahrlässigkeit** wird zwischen *grober* und *leichter* Fahrlässigkeit unterschieden. Für eine Haftung nach Art. 41 Abs. 1 ist leichte Fahrlässigkeit ausreichend. Die Unterscheidung ist jedoch von Bedeutung für die Frage der Unterbrechung des adäquaten Kausalzusammenhangs durch grobes Dritt- oder Selbstverschulden (s. N 21 ff.), bei der Bemessung des Schadenersatzes (s. Art. 43 N 8 ff.), für die Frage der Ermässigung der Ersatzpflicht nach Art. 44 Abs. 2 (s. Art. 44 N 17 ff.) sowie mit Blick auf die Kürzung von Versicherungsleistungen nach Art. 14 Abs. 2 VVG. 48

Vorwerfbar ist bei der Fahrlässigkeit ein jeweils objektiv zu messender **Mangel an Sorgfalt**. Die Objektivierung des Fahrlässigkeitsbegriffs verlangt eine Würdigung des konkreten Verhaltens nach allgemeingültigen Massstäben und lässt die subjektive Entschuldbarkeit eines schädigenden Handelns (z.B. wegen Müdigkeit, fehlendem Wissen etc.) als unerheblich erscheinen (vgl. BGE 88 II 448, 453; 137 III 539, 544). Beispiel: Wer als Autolenker am Strassenverkehr teilnimmt, kann sich nicht darauf berufen, dass sein Beobachtungsvermögen altersbedingt eingeschränkt ist (BGer, 3.12.2009, 6B_867/2009, E. 5.4). Das bedeutet indessen nicht, dass der anzulegende Massstab ein absolut starrer und für jede Situation gleicher ist. Vielmehr ist als Regel zu formulieren, was unter den gegebenen Umständen und für die betr. Kategorie von Schädigern (Autofahrer, Ärzte, Polizisten, Taucher etc.) an Sorgfalt erwartet werden kann und muss, so dass je nach Zusammenhang das Alter des präsumtiv Haftpflichtigen, aber auch die für die Ausübung einer Tätigkeit erforderliche Mindestausbildung und -fitness zu berücksichtigen sein kann (vgl. BGE 111 Ib 192, 197; BGer, 10.4.2008, 4A_22/2008, E. 4; OFTINGER/STARK, I, 202 ff.; REY, N 843 ff.; für eine weitergehende Objektivierung JAUN, 196 ff. und CR CO I-WERRO, N 88 ff.). Der Grad der Abweichung von der so umschriebenen Sorgfalt bestimmt den Grad der rechtlich relevanten Fahrlässigkeit. Je gefährlicher und anspruchsvoller eine Tätigkeit ist, desto grösser sind die Anforderungen an die Sorgfaltspflicht. 48a

Sorgfaltspflichten ergeben sich in erster Linie aus gesetzlichen Regelungen, die der Unfallverhütung und der Sicherheit dienen (z.B. aus der BauAV; vgl. etwa BGer, 20.1.2009, 6B_691/2008, E. 3; 6.1.2010, 6B_646/2009, E. 5.4.3 = njus 2010, 69 f.; BGer, 20.6.2013, 6B_174/2013, E. 3.2), sowie aus anderen allg. anerkannten Verhaltensregeln, selbst wenn 48b diese von einem privaten oder halböffentlichen Verband erlassen werden und keine Rechtsnormen darstellen (BGE 130 IV 7, 11; vgl. auch BGer, 10.4.2008, 4A_22/2008, E. 10 betr. Luftfahrtrecht). Zusätzlich zu expliziten Regelungen kann zur Beurteilung der Fahrlässigkeit auf den allg. Gefahrensatz (s. N 19a) zurückgegriffen werden (BGE 134 IV 193, 204; 134 IV 255, 259 ff. = Pra 2009, 138 ff.; OFTINGER/STARK, II/1, 11 f.). Von grosser praktischer Bedeutung mit Bezug auf die Beurteilung von Sorgfaltspflichtverletzungen ist der aus Art. 26 Abs. 1 SVG abgeleitete *Vertrauensgrundsatz im Strassenverkehr* (vgl. z.B. BGer, 14.7.2009, 6B_821/2008, E. 2 m.w.Nw. = njus 2009, 87 f.; SCHAFFHAUSER, N 420; KG VS, HAVE 2014, 154). Im Strassenverkehr und darüber hinaus darf auf korrektes Verhalten anderer aber nicht vertraut werden, wenn erkennbare Anzeichen für ein unkorrektes (z.B. selbstgefährdendes) Verhalten bestehen; diesfalls ist eine erhöhte Sorgfalt zu wahren (BGE 129 IV 282, 285 ff.; BGer, 9.4.2010, 6B_86/2010, E. 1.4). Siehe für Judikatur zu Sorgfaltspflichten in verschiedensten Lebensbereichen njus 2010, 65 ff.; 2009, 74 ff.; 2008, 90 ff.; 2007, 56 ff.; speziell zu den *ärztlichen* Sorgfaltspflichten BGE 133 III 121, 123 ff. = Pra 2007 715 ff.; BGer, 20.6.2013, 6B_174/2013.

49 **Grobe Fahrlässigkeit** liegt vor, wenn die elementarsten Vorsichtsgebote ausser Acht gelassen werden und das Verhalten des Fehlbaren damit «schlechterdings unverständlich» erscheint (vgl. BGer, 31.7.2007, 4C.92/2007, E. 5.2). Grob fahrlässig handelt, wer Massnahmen nicht ergreift, die jedem verständigen Menschen in der gleichen Lage und unter den gleichen Umständen hätten einleuchten müssen (BGE 119 II 443, 448 = Pra 1994, 756; 111 II 89, 90 = Pra 1985, 450; 107 II 161, 167). Die Fahrlässigkeit wiegt umso schwerer, je gefährlicher die Umstände sind, die jemand schafft, und je weniger die konkret geforderten Sicherheitsmassnahmen ergriffen werden (BGE 112 II 138, 141; 93 II 345, 352; m.w.Nw. OFTINGER/STARK, I, 219; BK-BREHM, N 202). Grobe Fahrlässigkeit erfordert nicht zwingend ein besonders waghalsiges oder mutwilliges Verhalten (BGer, 18.2.2004, 4C.286/2003, E. 3.1). Bei *Inkaufnahme* von Schädigungen wird bereits die Schwelle zum Eventualvorsatz überschritten (vgl. die neuere strafrechtliche Rsp. zu Raserunfällen: BGE 130 IV 58, 60 ff.; 133 IV 9, 20; BGer, 4.6.2010, 6B_168/2010, E. 1).

50 **Leicht** ist nach herkömmlicher Lehre jede Fahrlässigkeit, die nicht grob ist (vgl. OFTINGER/STARK, I, 220). Vermehrt wird im Hinblick auf die Bemessung des Schadenersatzes jedoch auch von einer dritten Stufe, der *«mittleren»* Fahrlässigkeit, gesprochen (vgl. BK-BREHM, N 198; KELLER/GABI, 57; HONSELL/ISENRING/KESSLER, Haftpflichtrecht, § 6 N 28 f.; RÜETSCHI, HAVE 2009; vgl. Art. 43 N 9). Bei der leichten Fahrlässigkeit hat der Schädiger zwar nicht die elementarsten Vorsichtsgebote verletzt, aber dennoch das Mass an Sorgfalt ausser Acht gelassen, welches die Verkehrssitte von einer mit dem Handelnden in gleichen Verhältnissen stehenden Person unter den konkreten Umständen gebietet (vgl. BGE 96 II 172, 177). Leichte (bis mittelschwere) Fahrlässigkeit ist häufig festzustellen bei Unvorsichtigkeiten im Arbeitsprozess (vgl. z.B. BGE 104 II 259, 263 = Pra 1979, 191; BGer, 31.7.2007, 4A_106/2007, E. 4 = njus 2007, 57) und beim Verhalten von Kindern und Jugendlichen (BGE 90 II 9, 13 = Pra 1964, 156; 100 II 337, 338 = Pra 1975, 196).

c) Urteilsfähigkeit als subjektive Seite des Verschuldens

51 Urteilsfähigkeit ist – als subjektiver Aspekt des Verschuldens – ebenfalls **Voraussetzung der Verschuldenshaftung** (im Unterschied zu Kausalhaftungen, s. N 1). Fehlt einer Person die Urteilsfähigkeit, so vermag sie – unter Vorbehalt der gesetzlichen Ausnahmen – durch ihre Handlungen keine rechtliche Wirkung herbeizuführen (Art. 18 ZGB). Urteilsunfähige sind in zivilrechtlicher Hinsicht deliktsunfähig (vgl. aber die Billigkeitshaftung nach Art. 54). Dadurch wird ein Ausgleich zur Vernachlässigung subjektiver Aspekte bei der Beurteilung der erforderlichen Sorgfalt erreicht. Bei der Prüfung der Urteilsfähigkeit ist der Zivilrichter nicht an die Beurteilung der Zurechnungsfähigkeit durch den Strafrichter gebunden (Art. 53 Abs. 1; vgl. OFTINGER/STARK, I, 226 f.).

52 Urteilsfähig ist «ein jeder, dem nicht wegen seines Kindesalters oder infolge von Geisteskrankheit, Geistesschwäche, Trunkenheit oder ähnlichen Zuständen die Fähigkeit mangelt, vernunftgemäss zu handeln» (Art. 16 ZGB). Die Urteilsfähigkeit wird nach zwei Aspekten beurteilt: Einerseits muss der Schädiger verstandesmässig in der Lage sein, die Folgen seines Verhaltens zu erkennen (Einsicht in die Schädigungsmöglichkeit; *intellektuelle Komponente*); andererseits sind die Willensstärke und die Kraft erforderlich, sich der Einsicht entsprechend zu verhalten (*voluntative Komponente*; vgl. BGE 102 II 363, 367; SCHNYDER/PORTMANN/MÜLLER-CHEN, N 205). Die Beurteilung ist immer im Hinblick auf die **konkreten Umstände** vorzunehmen (vgl. OFTINGER, 154). Die Urteilsfähigkeit ist ein relativer Begriff. Sie kann bei einer Person für manche Sachverhalte gegeben sein, für andere dagegen nicht. Bei Erwachsenen wird die Urteilsfähigkeit vermutet (BGE 117 II 231, 234 = Pra 1992, 773; 124 III 5, 8; vgl. Art. 54 N 6). Bei Kindern wird grundsätzlich auf die durchschnittliche Entwicklung abgestellt und entsprechend nach Altersklassen aufgeteilt. Vierzehn- bis Sechzehnjährige werden in Bezug auf einfachere Sachverhalte Erwachsenen weitgehend gleichgestellt (BGer, 31.3.2008, 4A_520/2007, E. 5). Ausschlaggebend sind aber unabhängig vom Alter stets die *konkreten* Fähigkeiten des Einzelnen (vgl. BGE 123 III 306, 313 f.; m.w.Nw. HONSELL/ISENRING/KESSLER, Haftpflichtrecht, § 6 N 14 ff.). Bei der Beurteilung der Urteilsfähigkeit gilt das *«Alles-oder-Nichts-Prinzip»*, doch kann dem Grad der (verminderten) Urteilsfähigkeit bei der Ersatzbemessung Rechnung getragen werden (BGE 102 II 363 ff.).

d) Substitution des Verschuldens

53 Die meisten **Kausalhaftungen** setzen nicht ein persönliches Handeln oder gar ein Verschulden des Haftpflichtigen voraus (vgl. N 1), sondern eine *besondere Beziehung* des Haftpflichtigen zum haftungsbegründenden Tatbestand. Zu nennen sind z.B. das Halterverhältnis bei Motor- und Luftfahrzeugen, die Stellung als Inhaber eines Betriebs oder die Stellung als Werkeigentümer (vgl. KELLER/SCHMIED-SYZ, 65 f.; insb. OFTINGER/STARK, II/1, 125 ff.). Siehe zu den Kausalhaftungen des OR Art. 55 ff.

IV. Rechtsfolgen der Verschuldenshaftung

54 Sind die Voraussetzungen einer Verschuldenshaftung nach Art. 41 erfüllt – wofür der Geschädigte die Beweislast trägt (Art. 8 ZGB; vgl. BGer, 27.7.2010, 4A_594/2009, E. 3.2 = njus 2010, 59 f.) –, so hat die geschädigte Person – unter den konkretisierenden Bedingungen gem. Art. 42 ff. – Anspruch auf *Schadenersatz* und ggf. *Genugtuung*. Bei einer Mehrheit von Schädigern sind die besonderen Best. der Art. 50 und 51 betr. das Verhältnis zum Geschädigten sowie das Verhältnis der Schädiger untereinander zu beachten.

V. IPR

1. Internationalität des Sachverhalts

54a Voraussetzung für die Anwendbarkeit der Best. des IPR auf die Fragen der Zuständigkeit und des anwendbaren Rechts ist das Vorliegen eines **internationalen Sachverhalts**. Ein solcher ist zu bejahen, wenn ein relevanter Auslandsbezug vorliegt, den das IPRG in seinen Best. zum internationalen Deliktsrecht (Zuständigkeits- oder Verweisungsrecht) als Anknüpfungspunkt verwendet (z.B. ein ausländischer Erfolgsort; s. N 56 ff.; vgl. BSK IPRG-SCHNYDER/GROLIMUND, Art. 1 N 4). Wird mit Bezug auf die Schädigung die Internationalität des Sachverhalts (und damit die Anwendbarkeit des IPRG bzw. LugÜ) bejaht, so gilt dies auch für das an die Schadensabwicklung anschliessende Regressverhältnis zwischen Parteien, die alle Sitz bzw. Wohnsitz in der Schweiz haben (BGE 134 III 420, 422).

2. Internationale Zuständigkeit

55 In den Art. 129 ff. enthält das *IPRG* besondere Best. zu den unerlaubten Handlungen. Auch im Deliktsrecht wird zwischen den drei Fragestellungen *Zuständigkeit, anwendbares Recht* und *Anerkennung ausländischer Entscheidungen* unterschieden. Ausländische Entscheidungen werden für das Schuldrecht gesamthaft in Art. 149 IPRG behandelt. Neben dem IPRG ist sodann das *Lugano-Übereinkommen* (LugÜ) zu beachten (revidierte Fassung für die Schweiz in Kraft seit 1.1.2011).

56 In den Art. 129–131 regelt das IPRG die (direkte) **Zuständigkeit schweizerischer Gerichte** für Klagen aus unerlaubter Handlung. Das IPRG unterscheidet nicht zwischen der Verschuldenshaftung und anderen Haftungsarten. Eine Sondernorm enthält Art. 130 für den Bereich der *Kernenergiehaftung* und den *Datenschutz*. Art. 131 statuiert sodann eine spezielle Zuständigkeit für das *unmittelbare Forderungsrecht des Geschädigten* gegen den Versicherer des Schädigers. Diese «action directe» ist v.a. im Zusammenhang mit Ansprüchen aus Verkehrsunfällen von Bedeutung. Im Übrigen sieht Art. 129 Abs. 1 für Klagen aus unerlaubter Handlung die Zuständigkeit der schweizerischen Gerichte am Wohnsitz bzw. Sitz des Bekl. oder, wenn ein solcher fehlt, an seinem gewöhnlichen Aufenthaltsort vor. *Alternativ* sind die schweizerischen Gerichte am Handlungs- oder Erfolgsort sowie für Klagen aufgrund der Tätigkeit einer Niederlassung in der Schweiz die Gerichte am Ort der Niederlassung zuständig. Die Begriffe des Handlungs- und Erfolgsortes sind parallel zu Art. 5 Nr. 3 LugÜ auszulegen. Unter Vorbehalt blosser Vorbereitungshandlungen kann jeder Ort, an welchem ein für den Schaden kausales Ereignis eingetreten ist, als ein *Handlungsort* betrachtet werden (vgl. BGE 131 III 153, 160 f. = Pra 2005, 1019 f.). Bei reinen Vermögensschäden gilt als *Erfolgsort* grundsätzlich der (Wohn-) Sitz der geschädigten Person. Nur wenn sich die betroffenen Vermögenswerte hinreichend vom Gesamtvermögen des Geschädigten abgrenzen lassen (etwa Gelder auf ausländischen Bankkonten; BGer, 10.2.2009, 4A_544/2008, E. 2.1 = njus 2009, 135; BGer, 27.7.2010, 4A_594/2009, E. 2.3 = njus 2010, 59 f.), wird der Lageort dieser Vermögenswerte als Erfolgsort betrachtet (BGE 125 III 103, 106; 133 III 323, 328 = Pra 2008, 53 f.). Näheres zu den Begriffen des *Sitzes* und der *Niederlassung* von Gesellschaften und Trusts ist Art. 21 IPRG zu entnehmen. Im Fall einer *Mehrheit* von Bekl. kann in der Schweiz bei jedem zuständigen Gericht gegen alle geklagt werden, sofern sich die Ansprüche im Wesentlichen auf die gleichen Tatsachen und Rechtsgründe stützen; der zuerst angerufene Richter ist ausschliesslich zuständig (Art. 129 Abs. 2 IPRG).

57 Im *LugÜ* ist für den Deliktsort auf Art. 5 Nr. 3 zu verweisen (dazu mit Bezug auf negative Feststellungsklagen BGE 133 III 282, 289 ff.). Für Versicherungsstreitigkeiten sind in Art. 8 ff. LugÜ Sondergerichtsstände statuiert.

3. Deliktsstatut im Allgemeinen

a) Subjektive Anknüpfung

58 Art. 132 IPRG gibt den Parteien die Möglichkeit, das anwendbare Recht *nach Eintritt* des schädigenden Ereignisses selber zu bestimmen. Die **Parteiautonomie** ist allerdings auf die Wahl der (schweizerischen) *lex fori* beschränkt.

b) Objektive Anknüpfung

59 Das internationale Deliktsrecht der Schweiz charakterisiert sich durch Differenzierung und Konkretisierung des allg. Prinzips der *lex loci delicti*. Für das allg. Deliktsstatut sieht Art. 133 IPRG eine Anknüpfungsleiter vor. In erster Linie gilt gem. Abs. 3 die sog. **akzessorische Anknüpfung**, d.h. die Ausrichtung des Deliktsstatuts auf ein vorbestehendes Rechtsverhältnis (namentlich vertraglicher oder gesellschaftlicher Art). Wird durch eine unerlaubte Handlung zugleich ein zwischen Schädiger und Geschädigtem bestehendes Rechtsverhältnis verletzt, so ist das auf dieses Rechtsverhältnis anwendbare Recht auch Deliktsstatut. **Streitig**

und noch offen ist, ob und inwieweit die Grundsatzregelung der Akzessorietät auch dann im Rahmen der *Spezialregeln* von Art. 134 ff. gelten soll, wenn sie dort (wie namentlich bei Art. 135 IPRG) nicht ausdrücklich erwähnt wird (s. SCHNYDER/LIATOWITSCH, 203 f.; BSK IPRG-UMBRICHT/ZELLER, Art. 133 N 7).

Soweit ein vorbestehendes Rechtsverhältnis nicht gegeben ist, gelangt die **Regelanknüpfung** **60** gem. Art. 133 Abs. 1 IPRG zur Anwendung. Diese Best. enthält eine Verweisung auf das Recht des *gemeinsamen gewöhnlichen Aufenthalts* von Schädiger und Geschädigtem (gemeinsames Personalstatut). Sind von einer unerlaubten Handlung auch Drittpersonen betroffen, so müssen deren Ansprüche gesondert, nach dem Recht des Deliktsortes, beurteilt werden. Erst in dritter Linie schliesst Art. 133 IPRG an das traditionelle Anknüpfungsprinzip nach dem Deliktsort an. Das Recht des *Begehungsortes* (Abs. 2) ist anwendbar, wenn nicht einer der zwei anderen genannten Tatbestände vorliegt. Fallen bei einer Anknüpfung an den Deliktsort der Handlungs- und der Erfolgsort (s. N 56) auseinander, so ist in Abweichung von der früheren Bundesgerichtspraxis grundsätzlich auf den Erfolgsort abzustellen. Diese Anknüpfung gilt jedoch nur, «wenn der Schädiger mit dem Eintritt des Erfolges in diesem Staat rechnen musste» (Abs. 2). Ansonsten ist das Recht des Handlungsortes massgebend.

4. *Sonderkollisionsnormen im IPRG*

Unter Beachtung des **Differenzierungsgrundsatzes** hat der Schweizer Gesetzgeber das De- **61** liktsstatut für besondere Regelungsbereiche in *Spezialnormen* konkretisiert. Für das allg. Deliktsrecht ist hinzuweisen auf Art. 135 IPRG (Ansprüche aus Produktemängeln; Anknüpfung an das Umweltrecht des Geschädigten bzw. an das Recht des Staates, in dem das Produkt erworben wurde), Art. 138 IPRG (Ansprüche aus Immissionen; Wahl des Geschädigten zwischen dem Recht des Staates, in dem das Grundstück liegt, und dem Recht des Staates, in welchem der Erfolg eintritt) und Art. 139 IPRG (Ansprüche aus Persönlichkeitsverletzung; Wahlrechte des Geschädigten, insb. in Bezug auf den Ort des Erfolgseintrittes). Spezialnormen regeln auch Ansprüche aus Strassenverkehrsunfällen (Verweisung auf das einschlägige Haager Übereinkommen: Art. 134 IPRG; für Regress und Subrogation sind aber die Art. 144 f. IPRG massgebend: BGE 134 III 420, 423 ff.; 138 III 587) sowie die Anknüpfung wettbewerbsrechtlicher Ansprüche (Art. 136 f. IPRG). Schliesslich enthält Art. 141 IPRG eine alternative Anknüpfung für ein unmittelbares Forderungsrecht des Geschädigten, und Art. 142 IPRG regelt den Geltungsbereich des Deliktsstatuts. Betr. die Spezialnormen des IPRG zu einer Mehrheit von Haftpflichtigen s. Art. 51 N 26 ff.

5. *Anwendungsbereich des Deliktsstatuts*

Nach dem **Deliktsstatut** bestimmen sich die Deliktsfähigkeit, die Voraussetzungen und der Um- **61a** fang der Haftpflicht, die Person des Haftpflichtigen (Art. 142 IPRG), die Verantwortlichkeit des Arbeitgebers für Handlungen seiner Mitarbeiter bzw. der Gesellschaft für Handlungen ihrer Organe, das Mitverschulden des Geschädigten sowie eine sich daraus allenfalls ergebende Unterbrechung des Kausalzusammenhanges (BGE 110 II 188, 193; BGer, 27.7.2010, 4A_594/2009, E. 2.3 = njus 2010, 59 f.). Gemäss Art. 148 Abs. 1 IPRG unterstehen eine Forderung und ihre Verjährung demselben Recht. Art. 60 Abs. 2 OR schafft keine Ausnahme von dieser Regel; massgebend zur allfälligen Begründung einer längeren Verjährungsfrist nach dieser Best. ist daher stets das *schweizerische* Strafrecht (BGE 132 III 661, 665 f. = Pra 2007, 475 f.).

VI. Revisions- und sonstige Kodifikationsbestrebungen

1. *Schweiz*

Seit Ende der 1980er Jahre wurde das schweizerische Haftpflichtrecht in Expertengremien **62** einer *umfassenden Revisionssichtung* unterzogen (vgl. 3. Aufl., N 62–79). Die Arbeiten mündeten 1999 in den *Vorentwurf eines Bundesgesetzes* für die **Revision und Vereinheitlichung des Haftpflichtrechts**, vorgelegt von PIERRE WIDMER und PIERRE WESSNER (s. dazu CR CO I-WERRO, Vor Art. 41–61 N 11 ff.). Zum Vorentwurf ist ein Vernehmlassungsverfahren durchgeführt worden. Anfang 2009 hat der Bundesrat seinen *Verzicht* auf eine Revision und Vereinheitlichung des Haftpflichtrechts bekanntgegeben. Einzig die haftpflichtrechtlichen Verjährungsfristen sollen in Anlehnung an den Vorentwurf einheitlich verlängert und teilweise mit den vertraglichen Verjährungsfristen koordiniert werden. Die entsprechende Vernehmlassungsvorlage wurde samt erläuterndem Bericht am 31.8.2011 zur Vernehmlassung gegeben. Die Vernehmlassungsfrist ist am 30.11.2011 abgelaufen. Ungeachtet des Verzichts auf die Revision und Vereinheitlichung des Haftpflichtrechts und der entsprechenden Kritik wurden die vorgesehenen Änderungen und Anpassungen in der Publikation «Schweizer Obligationenrecht 2020», einem Entwurf eines mit Erläuterungen versehenen neuen Allgemeinen Teils des Schweizerischen Obligationenrechts, weitgehend nun wieder aufgenommen (vgl. FELLMANN/MÜLLER/WERRO in: Huguenin/Hilty (Hrsg.), Schweizer Obligationenrecht 2020, Zürich 2013, 154 ff.).

2. Pläne für ein Europäisches Zivilgesetzbuch

63 Im Rahmen der **Study Group on a European Civil Code** ist im Jahr 2006 ein Vorschlag für eine Kodifikation des europäischen Deliktsrechts veröffentlicht worden (Principles of European Law for Non-Contractual Liability Arising out of Damage Caused to Another; PEL Liab.Dam.; abrufbar auf ‹http://www.sgecc.net›).

Art. 42

II. Festsetzung des Schadens

[1] Wer Schadenersatz beansprucht, hat den Schaden zu beweisen.

[2] Der nicht ziffermässig nachweisbare Schaden ist nach Ermessen des Richters mit Rücksicht auf den gewöhnlichen Lauf der Dinge und auf die vom Geschädigten getroffenen Massnahmen abzuschätzen.

[3] Bei Tieren, die im häuslichen Bereich und nicht zu Vermögens- oder Erwerbszwecken gehalten werden, können die Heilungskosten auch dann angemessen als Schaden geltend gemacht werden, wenn sie den Wert des Tieres übersteigen.

II. Fixation du dommage

[1] La preuve du dommage incombe au demandeur.

[2] Lorsque le montant exact du dommage ne peut être établi, le juge le détermine équitablement en considération du cours ordinaire des choses et des mesures prises par la partie lésée.

[3] Les frais de traitement pour les animaux qui vivent en milieu domestique et ne sont pas gardés dans un but patrimonial ou de gain font l'objet d'un remboursement approprié, même s'ils sont supérieurs à la valeur de l'animal.

II. Determinazione del danno

[1] Chi pretende il risarcimento del danno ne deve fornire la prova.

[2] Il danno di cui non può essere provato il preciso importo, è stabilito dal prudente criterio del giudice avuto riguardo all'ordinario andamento delle cose ed alle misure prese dal danneggiato.

[3] Per gli animali domestici non tenuti a scopo patrimoniale o lucrativo, le spese di cura possono essere fatte valere adeguatamente come danno anche quando eccedono il valore dell'animale.

Literatur

BECK, Beweisführung im Haftpflichtrecht, in: Murer (Hrsg.), Freiburger Sozialrechtstage 2006, Bern 2006, 227 ff.; BREHM, L'étendue des dommages-intérêts, in: Die Verantwortlichkeit im Recht, Bd. 2, Zürich 1981, 499 ff. (zit. dommages); DERS., Les nouveaux droits du détenteur en cas de lésion subie par son animal (art. 42 al. 3 et 43 al. 1bis CO), HAVE 2003, 119 ff. (zit. HAVE 2003); CHAPPUIS B., Le moment de la fixation du dommage, in: Werro (Hrsg.), Le temps dans la responsabilité civile, Bern 2007, 1 ff.; CICORIA, Beweislastverteilung und Beweiserleichterung im Arzthaftungsprozess, Jusletter vom 12.4.2010; COUCHEPIN, La forfaitisation du dommage, SJ 2009, 1 ff.; FELLMANN, Genetische Untersuchungen und Haftpflichtrecht, HAVE 2006, 9 ff. (zit. HAVE 2006); DERS., Substanziierung und Beweis unter besonderer Berücksichtigung von Art. 42 Abs. 1 und 2 OR, in: Fellmann/Weber St. (Hrsg.), Haftpflichtprozess 2007, Zürich 2007, 35 ff.; GELZER, Verzugs-, Schadens- und Bereicherungszins, Diss. Basel 2010; HEIERLI et al., Haftpflicht- und Privatversicherungsrecht, Entwicklungen 2008, Bern 2009 (zit. njus 2008); DIES., Haftpflicht- und Privatversicherungsrecht, Entwicklungen 2009, Bern 2010 (zit. njus 2009); DIES., Haftpflicht- und Privatversicherungsrecht, Entwicklungen 2010, Bern 2011 (zit. njus 2010); J.-B. HUBER, Statistische Schadensberechnung und Schadenregulierung: Die Bestimmung des Erwerbsschadens mit Hilfe von Statistiken, in: Weber St. (Hrsg.), HAVE Personen-Schaden-Forum 2009, Zürich 2009, 121 ff.; HÜRZELER/TAMM/BIAGGI, Personenschadensrecht, 2010; KISSLING, Haushaltsschaden und Ausfall anderer unentgeltlicher Tätigkeiten – Begründungsansätze und Grundsätze der Schadensberechnung, in: Weber St. (Hrsg.), HAVE Personen-Schaden-Forum 2007, Zürich 2007, 15 ff.; DIES., Dogmatische Begründung des Haushaltschadens, Diss. Bern 2006; OFTINGER, Schweizerisches Haftpflichtrecht, Bd. I, Allgemeiner Teil, 4. Aufl., Zürich 1975; PERINI, Richterliches Ermessen bei der Schadensberechnung, unter besonderer Berücksichtigung von Art. 42 Abs. 2 OR, Diss. Zürich 1994; PRIBNOW, Schadenberechnung – Schollen ausser Sicht in:. Weber St. (Hrsg.), HAVE Personen-Schaden-Forum 2012, Zürich 2012, 229 ff.; SARBACH, Schadensbegriff und massgebender Zeitpunkt der Schadensberechnung, ZR 2009, 129 ff.; SCHAETZLE, Der Schaden und seine Berechnung, in: Münch/Geiser/Karlen (Hrsg.), Schaden – Haftung – Versicherung, Basel 1999, 401 ff. (zit. Schaden); DERS., Zur Anwendung der neuen SAKE-Tabellen, HAVE 2006, 175 ff. (zit. HAVE 2006); DERS., Was kostet ein (ungeplantes) Kind und wie wird der Ersatz für die Unterhaltskosten berechnet?, HAVE 2006, 373 f. (zit. HAVE 2006); DERS., SAKE-Interpretationen, in: Weber St. (Hrsg.), HAVE Personen-Schaden-Forum 2007, Zürich 2007, 93 ff. (zit. SAKE); SCHLÜCHTER, Schadenregulierung und Statistiken, in: Weber St. (Hrsg.), HAVE Personen-Schaden-Forum 2009, Zürich 2009, 91 ff.; SCHÖN-BÜHLMANN, Haushaltschaden – Erste Erfahrungen mit den neuen SAKE-Tabellen 2004, in: Weber St. (Hrsg.), HAVE Personen-Schaden-Forum 2007, Zürich 2007, 77 ff.; SIDLER M., Schadenschätzung und Gerechtigkeitsgebot, AJP 2005, 535 ff.; STOESSEL, Schadensberechnung nach der Differenztheorie sowie kritische Bemerkungen zum «normativen Schaden», in: FS zum 50-jährigen Bestehen der Schweizerischen Gesellschaft für Haftpflicht- und Versicherungsrecht, Zürich 2010, 601 ff. (zit. FS SGHVR); STUDHALTER, Konstitutionelle Prädisposition, in: FS zum 50-jährigen Bestehen der Schweizerischen Gesellschaft für Haftpflicht- und Versicherungsrecht, Zürich 2010, 615 ff. (zit. FS SGHVR); SCHNYDER A.K./VASELLA, Haftpflicht- und Privatversicherungsrecht, Entwicklungen 2006, Bern 2007 (zit. njus 2006); SCHNYDER A.K./VASELLA/WEBER ST., Haftpflicht- und Privatversicherungsrecht, Entwicklungen 2007, Bern 2008 (zit. njus 2007); H.P. WALTER, Tat- und Rechtsfragen, in: Fellmann/Weber St. (Hrsg.), Haftpflichtprozess 2006, Zürich 2006, 15 ff.; WALTER, Zur Rechtsnatur des Ermessensbegriffs in Art. 42 Abs. 2 OR, in: FS zum 50-jährigen Bestehen der Schweizerischen Gesellschaft für Haftpflicht- und Versicherungsrecht, Zürich 2010, 677 ff. (zit. FS SGHVR); WEBER ST./SCHAETZLE, Zeit ist Geld oder der unterschätzte Einfluss des Rechnungstages auf die Schadensberechnung, HAVE 2004, 97 ff.; WERRO, Les intérêts compensatoires et moratoires dans la responsabilité civile, in: Werro (Hrsg.), Le temps dans la responsabilité civile, Bern 2007, 27 ff. (zit. intérêts); DERS., Le dommage ménager: notion et calcul, in: Werro/Pichonnaz (Hrsg.), Le préjudice corporel, Bern 2009, 15 ff (zit. dommage).

I. Schadensbeweis

1. Konkreter Schadensnachweis

1 Wer Schadenersatz geltend macht, hat den Schaden zu beweisen. Dieser **Beweis** umfasst nicht nur eine substantiierte Schadensberechnung (BGE 111 II 295, 303; 127 III 365, 368; BGer, 17. 1. 2008, 4C.137/2006, E. 3), sondern auch den Nachweis der Legitimation des Geschädigten und den Beweis des adäquaten Kausalzusammenhangs zwischen schädigender Ursache und Schaden.

2 Nach h.A. ist der Schaden grundsätzlich **konkret** zu berechnen (BGE 120 II 296, 299; 113 II 345, 347). Bewiesen werden muss die wirtschaftliche (Erwerbs-) Einbusse, welche der Geschädigte durch ein Schadensereignis effektiv erleidet (BK-BREHM, N 14). Nach dieser subjektiven Methode genügt der Nachweis objektiver, schematischer Schadensposten nicht. In

der täglichen Schadenspraxis besteht jedoch oft kein relevanter Unterschied zu einer objektiven Methode der Schadensberechnung. Das gilt insb. bei der Beschädigung normaler Gebrauchsgegenstände: Der (objektive) Marktpreis entspricht häufig dem (subjektiven) wirtschaftlichen Interesse. Nicht nur der Neupreis, sondern auch Amortisationssätze können als Vermutung für die Höhe des konkreten Schadens dienen (BK-BREHM, N 16).

2a Die subjektive Methode bringt es mit sich, dass persönliche Anomalien sowie akut oder latent vorbestehende Leiden die Ansprüche des Geschädigten schmälern. Sie fallen unter den Begriff der **konstitutionellen Prädisposition** (s. Art. 41 N 28) und vermögen bereits die Berechnung des Schadens zu beeinflussen, wenn sie «sich mit Sicherheit oder doch mit hoher Wahrscheinlichkeit auch ohne das schädigende Ereignis [...] ausgewirkt hätten» (s. ansonsten Art. 44 N 14). Die vermögensrechtlichen Folgen solcher Schwächen sind «von der Schadensberechnung anteilsmässig auszuscheiden» (BGE 131 III 12, 14; BGer, 28.8.2007, 4C.49/2007, E. 5 = njus 2007, 32: Schadenersatzkürzung um 70%, wenn die dem Arzt zur Last gelegten Beschwerden auch ohne Eingriff mit einer Wahrscheinlichkeit von 60–80% eingetreten wären; **a.A.** BGer, 29.8.2008, 6B_229/2008, E. 3; 17.2.2010, 4A_65/2009, E. 5.5 = njus 2010, 48 f.: Berücksichtigung als Herabsetzungsgrund nach Art. 44). Siehe zum teilweisen Verbot genetischer Untersuchungen zum Zweck der Schadensberechnung oder der Schadenersatzbemessung Art. 29 f. GUMG und dazu FELLMANN, HAVE 2006.

3 *Konkret* ist eine Schadensberechnung nur, wenn bestimmte Schadensereignisse oder – bei Geltendmachung entgangenen Gewinns – bestimmte gewinnbringende Ereignisse, die durch das schädigende Verhalten verunmöglicht werden, nachgewiesen sind (BGE 89 II 214, 219; mit hohen Anforderungen an die Substantiierung BGer, 6.10.2009, 4A_144/2009, E. 3). Die Ermittlung **entgangenen Gewinns** stellt oft keine eigentliche Schadensschätzung i.S.v. Art. 42 Abs. 2 dar, obwohl es sich regelmässig um eine hypothetische Frage handelt, die nach dem gewöhnlichen Lauf der Dinge beantwortet werden muss (BGE 111 II 295, 303; 105 II 90 ff.). Wer Schadenersatz für entgangenen Gewinn verlangt, hat darzulegen, welchen Nettogewinn er aus den fraglichen Geschäften erzielt hätte (BGer, 20.9.2006, 4C.225/2006, E. 2.4 betr. unlauteren Wettbewerb).

3a *Kein Nachweis* eines tatsächlichen, konkreten Schadens ist im Fall des sog. **Haushaltsschadens** (vgl. auch Art. 45 N 13; Art. 46 N 9b) erforderlich. Hierbei genügt i.d.R. eine *abstrakte* Schadensberechnung (BGE 129 III 135, 152 = Pra 2003, 356 f.; vgl. auch 127 III 403, 408: Beeinträchtigung der Mitarbeit im Gewerbe des Ehegatten; s. zum Haushaltsschaden m.w.H. ZK-LANDOLT, Art. 46 N 889 ff.; krit. BK-BREHM, N 18c ff.). Grundlegend BGE 127 III 403 ff.; 131 III 360, 369 ff. = Pra 2006, 135 ff.; 132 III 321, 332: «Der Schaden aus eingeschränkter oder entfallener Arbeitsfähigkeit zur Führung des Haushalts (Art. 46 Abs. 1 OR) wird nach der Rsp. nicht bloss ersetzt, wenn konkret Kosten für Haushaltshilfen erwachsen, die wegen des Ausfalls der Haushalt führenden Person beigezogen werden; auszugleichen ist vielmehr der wirtschaftliche Wertverlust, der durch die Beeinträchtigung der Arbeitsfähigkeit im Haushalt entstanden ist, und zwar unabhängig davon, ob dieser Wertverlust zur Anstellung einer Ersatzkraft, zu vermehrtem Aufwand der Teilinvaliden, zu zusätzlicher Beanspruchung der Angehörigen oder zur Hinnahme von Qualitätsverlusten führt. Der ‹normativ›, gleichsam von Gesetzes wegen ohne Nachweis der daraus konkret entstandenen Vermögenseinbusse zu ersetzende Schaden ist am Aufwand zu messen, den eine entgeltlich eingesetzte Ersatzkraft verursachen würde». Offen gelassen hat das BGer, ob ein Haushaltsschaden sogar zu bejahen ist, wenn der Geschädigte zwar weiterhin alle Hausarbeiten selber erledigen kann, dafür aber mehr Zeit benötigt als vor dem Unfall (BGer, 1.4.2008, 4A_19/2008, E. 3.3.3 = njus 2008, 54). Kein Haushaltsschaden liegt vor, wenn sich die Verletzung nur auf kleine Hilfeleistungen unter Familienmitgliedern oder auf Aktivitäten bezieht, die nicht dem Unterhalt der Familie dienen (BGer, 22.2.2008, 4A_489/2007, E. 7.3 = njus 2008, 64). Auch kann «die Betreuung und Überwachung jüngerer Geschwister durch ältere Kinder [...] nicht als Haushaltstätigkeit mit objektivem Marktwert anerkannt werden, die wegen des Unfalls des älteren Geschwister[s] als solche zu entgelten wäre» (BGer, 25.5.2010, 4A_500/2009, E. 3.1).

Ein blosser Verweis auf Statistiken (vgl. insb. die Tabellen der Schweizerischen Arbeitskräfteerhebung SAKE) reicht zum Nachweis eines Haushaltsschadens trotz der Möglichkeit zu einer abstrakten Schadensberechnung nicht aus: «Zur **Substanziierung** des Haushaltsschadens sind [...] konkrete Vorbringen zum Haushalt, in dem der Geschädigte lebt, und zu den Aufgaben, die ihm darin ohne den Unfall zugefallen wären, unerlässlich. Erst wenn feststeht, inwiefern der Ansprecher durch den Unfall bei diesen Leistungen für den Haushalt tatsächlich beeinträchtigt ist, stellt sich die Frage der Quantifizierung, bei der auf statistische Werte zurückgegriffen werden kann» (BGer, 25.8.2006, 4C.166/2006, E. 5.1 [Hervorhebung hinzugefügt]; vgl. auch BGE 129 III 135, 152 ff. = Pra 2003, 357 ff.; BGer, 12.4.2010, 4A_23/2010, E. 2.3.1, 2.3.4; betr. Gartenarbeit BGer, 20.4.2010, 4A_463/2008, E. 4.8 = njus 2010, 46 ff.). Das bedeutet aber nicht, dass eine Liste mit allen vom Geschädigten im Haushalt ausgeübten Tätigkeiten aufgestellt werden muss und die Auswirkungen der Schädigung auf deren Ausübung einzeln untersucht werden (BGer, 8.5.2008, 4A_98/2008, E. 3 = njus 2008, 56). **3b**

Die Besonderheit, wonach Schadenersatz auch zu leisten ist, wenn keine (nachgewiesene) Vermögensverminderung eintritt, ist nach der Rsp. des BGer auf den Haushalts- sowie den Pflege- bzw. Betreuungsschaden (s. zu Letzteren Art. 46 N 3a, 15a) **beschränkt** (vgl. aber zur Schadensabwendung durch Dritte Art. 46 N 9d sowie die Rsp. zu Baumschäden, Art. 43 N 4). «Es besteht nach geltendem Recht kein Anlass, die Rsp. zum Haushalt- und Pflegeschaden auf das Immaterialgüterrecht auszudehnen» (BGE 132 III 379, 384). **3c**

Eine *besondere* Regelung enthält Abs. 3 für **Heilungskosten bei Tieren** (in Kraft seit 1.4.2003). Diese können als Schaden auch dann geltend gemacht werden, wenn sie den (ökonomischen) Wert des Tieres übersteigen. Voraussetzung dafür ist – wie bei Art. 43 Abs. 1bis –, dass die Tiere «im häuslichen Bereich und nicht zu Vermögens- oder Erwerbszwecken gehalten werden». Der *häusliche Bereich* ist nach dem Zweck der Norm (Schutz der Affektionsinteressen) weit auszulegen und kann z.B. auch ein Pferd erfassen, das in einem separaten Stall neben dem Wohnhaus gehalten wird (Brehm, HAVE 2003, 120). Da auch bei im häuslichen Bereich gehaltenen Wachhunden das Affektionsinteresse i.d.R. gegeben ist, fallen sie nicht unter den *Vermögens- oder Erwerbszweck* (Brehm, a.a.O.). Etwas anderes muss für Herdenschutzhunde gelten, die der beschützten Herde näherstehen als dem Hirten. Als *«angemessen»* dürften Heilungskosten gelten, soweit ein verständiger Eigentümer und Halter diese auch aufbringen würde, wenn er sie selber zu tragen hätte (Bericht RK Ständerat, BBl 2002, 4172). **3d**

Zu Besonderheiten bei **Baumschäden** s. Art. 43 N 4. **3e**

Massgebender Zeitpunkt für die Berechnung des Schadens ist grundsätzlich die *Fällung des Urteils* (BGE 125 III 14, 17). Dies ist für den Schaden infolge Körperverletzung in Art. 46 Abs. 2 sowie in verschiedenen Spezialgesetzen ausdrücklich vorgeschrieben. Der Grundsatz gilt nach Lehre und Rsp. für jede Schadensberechnung (BGE 123 III 115, 119; 81 II 38, 49; 77 II 152, 153). Massgebend ist der Zeitpunkt des Urteils derjenigen kantonalen Instanz, die nach dem anwendbaren Prozessrecht noch neue Tatsachen berücksichtigen kann (BGE 99 II 214, 216 = Pra 1974, 95; BGE 77 II 152, 153). Unter den Voraussetzungen von Art. 317 ZPO können (echte und unechte) Noven auch noch vor der kantonalen Berufungsinstanz geltend gemacht werden (vgl. ZPO Komm.-Reetz/Hilber, Art. 317 N 21). Entsprechend ist der Schaden im Falle einer kantonalen Berufung grundsätzlich auf den Zeitpunkt des Berufungsurteils zu berechnen. Der Geschädigte kann sich nach seiner Wahl auch auf den höheren Wert einer beschädigten, zerstörten oder abhanden gekommenen Sache (z.B. einer Aktie) zu einem *Zeitpunkt zwischen Schädigung und Urteilsfällung* berufen, wenn er nachweisen kann, dass er die Sache ohne Schädigung bereits vor Urteilsfällung veräussert hätte (Frage der hypothetischen Kausalität, vgl. BK-Brehm, N 8; BGE 109 II 474 ff.). Einen solchen vorzeitigen Verkauf kann im Falle einer Wert*steigerung* zwischen Schädigung und Urteil auch der Schädiger nachweisen (CHK-Ch. Müller, N 31). Eine Abweichung vom Zeitpunkt des Urteils gilt für den *Versorgerschaden*, der grundsätzlich auf den Todestag zu berechnen ist (**a.A.** ZK-Lan- **4**

DOLT, Art. 45 N 180 ff.). Unter Umständen können später eingetretene Tatsachen aber auch hier noch berücksichtigt werden (BGE 124 III 222, 228; 119 II 361 ff.; OFTINGER/STARK, I, 265), z.B. die Wiederverheiratung eines hinterbliebenen Ehegatten (BGer, 19.12.1995, NZZ v. 15.3.1996, 15).

5 Der Geschädigte ist möglichst so zu stellen, als wäre der Schaden nicht eingetreten (OFTINGER/STARK, I, 256). Neben dem eigentlichen Schadenersatz ist deshalb – als Teil der Schadenersatzforderung (BGE 118 II 363, 364) – **Schadenszins** geschuldet (BK-BREHM, Art. 41 N 97). Schadenszins ist zu zahlen vom Zeitpunkt an, in welchem das schädigende Ereignis sich finanziell ausgewirkt hat (BGE 131 II 217, 227). Er läuft bis zum Tag der Zahlung des Schadenersatzes (BGE 131 III 12, 22). Mit Bezug auf kapitalisierten Schadenersatz für künftige Schäden beginnt der Schadenszins im Zeitpunkt der Kapitalisierung zu laufen, also meist im Urteilszeitpunkt (BGE 123 III 115, 119). Im Unterschied zum Verzugszins wird weder eine Mahnung des Gläubigers noch ein Verzug des Schuldners vorausgesetzt. Das Verbot von Zinseszinsen gem. Art. 105 Abs. 3 gilt auch im ausservertraglichen Schadenersatz- und Zinsrecht (BGE 131 III 12, 23 ff.), d.h. Schadens- und Verzugszins können nicht kumulativ beansprucht werden (**a.A.** HÜRZELER/TAMM/BIAGGI, N 185 m.w.H.). Es ist deshalb nicht (mehr) zulässig, den Schadenszins auf den Zeitpunkt eines kantonalen Urteils aufzurechnen und kumulativ zu verzinsen (BGE 134 III 489, 496). Der Satz des Schadenszinses beträgt grundsätzlich 5% (vgl. Art. 73 Abs. 1); etwaige abw. Parteiabreden (BK-BREHM, Art. 41 N 101) oder der Nachweis eines höheren Schadens bleiben vorbehalten (BGE 131 III 12, 25). Bei einem linear verlaufenden periodischen Schaden wird aus praktischen Gründen auf den mittleren Verfalltag abgestellt (BGer, 20.4.2010, 4A_463/2008, E. 4.9 = njus 2010, 43 ff.).

6 Da der Schaden auf den Zeitpunkt des Urteils zu berechnen ist (s. N 4), ist nur jener Schaden zu berücksichtigen, der sich zu diesem Zeitpunkt mit der erforderlichen Genauigkeit berechnen lässt. **Zukünftiger Schaden** kann mitberücksichtigt werden, wenn er bereits genügend liquid ist. Er ist in die Gegenwart abzudiskontieren (*Kapitalisierung*; BGer, 11.9.2007, 4C.415/2006, E. 4.4 = njus 2007, 31; vgl. ZK-LANDOLT, Vor Art. 45/46 N 254 ff.). Ist eine genügend grosse Wahrscheinlichkeit nicht gegeben, so kann mit einer Teilklage zunächst der gegenwärtige Schaden eingeklagt werden (OFTINGER/STARK, I, 248 ff.; KELLER/SCHMIED-SYZ, 73; vgl. auch BGE 95 II 255, 262). Für die Fälle der Tötung und der Körperverletzung vgl. Art. 45 und 46, insb. Art. 46 N 17.

2. *Vorteilsanrechnung*

7 Ein Ereignis, das zu einem Schaden führt, kann dem Geschädigten gleichzeitig auch einen **finanziellen Vorteil** bringen. Beispielsweise erspart ein Spitalaufenthalt die Kosten für die sonst übliche Verpflegung (KELLER/SCHMIED-SYZ, 74). Aus der *Differenztheorie* (s. Art. 41 N 3) ergibt sich, dass Vermögensvorteile, die aufgrund eines schädigenden Ereignisses entstehen, grundsätzlich anzurechnen sind (HONSELL/ISENRING/KESSLER, Haftpflichtrecht, § 8 N 33 ff.; BK-BREHM, N 27 ff.; OFTINGER, 178 ff.). Die Vorteilsanrechnung ist bereits bei der Schadensberechnung und nicht erst im Rahmen der Schadenersatzbemessung nach Art. 43 f. vorzunehmen (vgl. BGE 136 III 113, 117 f.).

8 **Voraussetzungen** für eine Vorteilsanrechnung sind ein (konkreter) Vorteil im Vermögen der geschädigten Person sowie ein adäquater Kausalzusammenhang zwischen schädigendem Ereignis und Vorteil (*Konnexität*; BGE 136 III 113, 117 f.; BK-BREHM, N 30 ff.; OFTINGER/STARK, I, § 6 N 53; vgl. z.B. Art. 41 N 12). Im Weiteren ist zu beachten, dass es einzelne Fälle und Fallgruppen gibt, die von Gesetzes wegen oder aufgrund des besonderen Charakters des «Vorteils» (etwa unentgeltliche, freiwillige Zuwendungen von Drittpersonen; s. Art. 46 N 9d) von einer Vorteilsanrechnung bei der Schadensbestimmung *ausgenommen* sind. Keine Vorteilsanrechnung erfolgt mit Bezug auf die Leistung eines Versicherers (OFTINGER/STARK, I, 269): Bei Summenversicherungen ist eine Kumulation mit Schadenersatzansprüchen vorge-

schrieben (vgl. Art. 96 VVG; BGE 83 II 339, 443 ff.); bei der Schadenversicherung subrogiert der Versicherer in den Schadenersatzanspruch (Art. 72 VVG) und kann diesen gegenüber dem Schädiger auf dem Regressweg ohne Vorteilsanrechnung geltend machen (KUKO OR-SCHÖNENBERGER, N 11; s. zur Abgrenzung der Versicherungsarten ZK-LANDOLT, Vor Art. 45/46 N 233 ff.; vgl. auch Art. 46 N 9d). Auch mit Bezug auf *steuerliche Vorteile*, die sich aus einer Schädigung ergeben können, findet nach der Praxis keine Vorteilsanrechnung statt (Nw. bei ZK-LANDOLT, Vor Art. 45/46 N 376).

3. Prozessuale Fragen

Das **Beweisverfahren** richtet sich nach der ZPO (vgl. insb. Art. 157 ZPO zur freien Beweis- 9
würdigung). Grundsätzlich gilt das *Regelbeweismass* der vollen Überzeugung, d.h. ein Beweis gilt als erbracht, «wenn das Gericht nach objektiven Gesichtspunkten von der Richtigkeit einer Sachbehauptung überzeugt ist und ihm allfällige Zweifel als unerheblich erscheinen». Wo ein strikter Beweis der Natur der Sache nach nicht möglich oder nicht zumutbar ist und insofern eine sog. Beweisnot besteht, wird bereits eine *überwiegende Wahrscheinlichkeit* als ausreichend erachtet (BGE 133 III 153, 162; 130 III 321, 324; s. betr. den natürlichen bzw. hypothetischen Kausalzusammenhang Art. 41 N 15).

Namentlich beim Beweis des *Kausalzusammenhangs* können sich Probleme hinsichtlich der 9a
Abgrenzung zwischen Tat- und Rechtsfragen ergeben (vgl. H.P. WALTER). Diese Unterscheidung ist insofern von Bedeutung, als das BGer **Tatfragen** nur mit Willkürkognition überprüfen kann (vgl. Art. 97 Abs. 1, Art. 105 Abs. 2 BGG; BGE 135 III 397, 401 = Pra 2010, 44). Während die Frage, ob ein natürlicher Kausalzusammenhang besteht, Tatfrage ist, gehört die Beurteilung der Adäquanz zu den Rechtsfragen, die einer umfassenden Überprüfung durch das BGer zugänglich sind (vgl. zur mitunter heiklen Unterscheidung die Nw. bei BK-BREHM, Art. 41 N 110 ff.). Die Bindung des BGer an die Tatsachenfeststellung der Vorinstanz gilt grundsätzlich auch bei der sog. hypothetischen Kausalität (s. Art. 41 N 27). Das BGer kann höchstens dort Annahmen der Vorinstanz über hypothetische Geschehensabläufe in Frage stellen und von entsprechenden Vermutungen abweichen, wo schwerwiegende Gründe gegen diese sprechen, insb. wenn sie mit einer Erfahrungsregel unvereinbar sind (BGE 115 II 440, 448). Auch an die Feststellung des *Schadens* durch die kantonalen Gerichte ist das BGer gebunden (BGE 126 III 388, 389; 122 III 219, 222). Tatsächlicher Natur sind insb. die Wertbestimmung einer Sache (BGE 102 II 5, 10 f.) oder die Feststellung entgangenen Gewinns (BGE 115 II 1, 2). Gleiches gilt für den Erwerbsausfall (BGE 113 II 86, 89). Hingegen greift das BGer ein, wenn die Instanzgerichte den rechtlichen Begriff des Schadens verkannt oder die Schadensberechnung in rechtlich unzulässiger Weise vorgenommen haben (a.a.O.).

II. Ermessen des Gerichts (richterliche Schadensschätzung)

Gemäss der in der Praxis wichtigen Best. von Art. 42 Abs. 2 ist der **nicht ziffernmässig nach-** 10
weisbare Schaden «nach Ermessen des Richters mit Rücksicht auf den gewöhnlichen Lauf der Dinge und auf die vom Geschädigten getroffenen Massnahmen abzuschätzen». Da die Schadensbestimmung nach richterlichem Ermessen die Ausnahme gegenüber einer genauen Schadensberechnung sein soll, ist sie nur zulässig, sofern eine zahlenmässige, auf reale Daten gestützte Berechnung für den Geschädigten nicht möglich oder – was der Unmöglichkeit gleichzustellen ist (BGE 105 II 87, 89) – unzumutbar ist (BGE 132 III 379 ff.; 131 III 360 ff.; 128 III 271 ff.). Letzteres ist etwa der Fall, wenn die Kosten einer exakten Beweiserhebung in keinem vernünftigen Verhältnis zum Schaden stünden oder – u.U. – wenn die Beweisführung Persönlichkeitsrechte oder Geschäftsgeheimnisse verletzen würde. Gleiches gilt für den Fall des Beweisnotstandes. Art. 42 Abs. 2 kann – zusammen mit Art. 43 – ferner dort angerufen werden, wo aufgrund eines laufenden Schuldbetreibungs- oder Konkursverfahrens ein Schaden noch nicht endg. bestimmt werden kann (BGE 111 II 164, 166 f.). Die Best. von Art. 42

Abs. 2 ist nicht nur auf bereits eingetretenen Schaden zugeschnitten, sondern auch auf Nachteile, die der Geschädigte wegen der schädigenden Handlung voraussichtlich erst noch erfahren wird (BK-Brehm, N 49).

10a Die Auffassung des BGer, dass Art. 42 Abs. 2 auch auf die Festsetzung einer **Genugtuungsleistung** anzuwenden sei (BGer, 18.1.2006, 4C.283/2005, E. 2 = njus 2006, 36), macht keinen Sinn, da die Art. 47 und 49 bereits aus sich heraus einen entsprechenden Ermessensspielraum des Gerichts schaffen (**a.A.** CR CO I-Werro, N 1). Auf die Schätzung eines nach Art. 423 herauszugebenden Gewinnes wendet das BGer Art. 42 Abs. 2 analog an (BGE 134 III 306, 309).

10b Das BGer setzt die **Hürden** zur Anwendung der richterlichen Schadensschätzung **hoch** an. Art. 42 Abs. 2 entbindet den beweisbelasteten Geschädigten nach der Rsp. nicht davon, soweit möglich und zumutbar sämtliche Tatsachen darzulegen und zu beweisen, welche für die Existenz eines Schadens sprechen und eine Schadensschätzung ermöglichen oder erleichtern (BGE 128 III 271, 276 f.; BGer, 12.4.2010, 4A_23/2010, E. 2.3.3). Die richterliche Schadensschätzung kann nach bundesgerichtlicher Rsp. nur Platz greifen, wenn entweder die *grundsätzliche Existenz* eines Schadens bewiesen ist (BGer, 21.4.2008, 4A_38/2008, E. 4 = njus 2008, 120; BGer, 25.8.2009, 4A_294/2009, E. 3.2 = njus 2009, 128: «praktisch sicher»), oder aber wenn auch mit Bezug auf die Existenz eines Schadens ein strikter Beweis nicht möglich oder unzumutbar ist (vgl. BGer, 2.10.2008, 4A_242/2008, E. 3.2 = njus 2008, 121 f.; BGE 133 III 153, 162). Selbst dann muss sich die Existenz eines Schadens aber «mit einer gewissen Überzeugungskraft aufdrängen» (BGE 132 III 379, 381). Die Grössenordnung des Schadens muss «hinreichend fassbar» werden (BGE 122 III 219, 221 f.; BGer, 19.7.2010, 4A_232/2010, E. 10.1; vgl. BGer, 15.1.2008, 4A_351/2007, E. 3.3 = njus 2008, 90: Schadensschätzung gestützt auf ein gerichtliches Gutachten; grosszügiger BGE 133 III 153, 162 ff. betr. Schätzung des abzuschöpfenden, durch eine Persönlichkeitsverletzung mittels eines Presseerzeugnisses erzielten Gewinns). Das BGer *verweigert* die Berufung auf Art. 42 Abs. 2 zudem, wenn der konkrete Schadensnachweis zwar unmöglich ist, diese Unmöglichkeit aber in den Verantwortungsbereich des Beweispflichtigen fällt (vgl. BGE 134 III 306, 312: Mangelhaft geführte Buchhaltung; BGer, 29.10.2008, 4D_108/2008, E. 3 = njus 2008, 122: Irrtümliche Vernichtung eines Beweismittels). Begnügt sich die klagende Partei damit, eine richterliche Schadensschätzung zu verlangen, obwohl deren Voraussetzungen nicht gegeben sind, und verpasst sie es, taugliche Beweisanträge zur bestmöglichen Feststellung des Schadens zu stellen (vgl. BGer, 8.9.2009, 4A_154/2009, E. 6 = njus 2009, 129: Keine Schadensschätzung gestützt auf Privatgutachten), so wird die Klage wegen mangelnder Substantiierung der Forderung abgewiesen (vgl. BGer, 12.5.2006, 4C.55/2006, E. 2; 9.1.2007, 4C.350/2006, E. 2).

10c Bei der richterlichen Schadensschätzung hat der Richter auf den (hypothetischen) **gewöhnlichen Lauf der Dinge** abzustellen und die vom Geschädigten getroffenen Massnahmen mitzuberücksichtigen. Unter solchen *«Massnahmen»* sind Bemühungen des Geschädigten im Hinblick auf die Erzielung eines (möglicherweise ungewöhnlichen) Gewinns zu verstehen (Keller/Gabi, 82). «Der Passus besagt in diesem Falle jedoch nichts, das sich nicht ohnehin aus dem Begriff des Schadens ableiten liesse» (Oftinger/Stark, I, 258 Anm. 39 a.E.).

11 Die richterliche Schadensschätzung nach Art. 42 Abs. 2 betrifft die Sachverhaltsfeststellung *(Tatfrage)*, mit den entsprechenden Folgen für die Kognition von Beschwerdeinstanzen (vgl. BGer, 26.1.2010, 4A_481/2009, E. 4.2.1 = njus 2010, 29 ff.). Was die **Beweislast** betrifft, so hat der Kläger glaubhaft zu machen, dass die Voraussetzungen für eine Anwendung von Art. 42 Abs. 2 gegeben sind. Ein eigentlicher Beweis des Schadens ist dies jedoch nicht mehr, «da ein solcher Beweis der Versuch eines Beweises i.S. von OR 42 I wäre» (Oftinger, 177). Für den Beweis der *übrigen Voraussetzungen* von Art. 41 – Widerrechtlichkeit, Kausalzusammenhang und Verschulden – bleiben auch bei einer Anwendung von Art. 42 Abs. 2 die gewöhnlichen (strengeren) Beweisregeln anwendbar (BGE 122 III 219, 221; 131 III 360, 363 f.).

Art. 43

III. Bestimmung des Ersatzes

1 Art und Grösse des Ersatzes für den eingetretenen Schaden bestimmt der Richter, der hiebei sowohl die Umstände als die Grösse des Verschuldens zu würdigen hat.

1bis Im Falle der Verletzung oder Tötung eines Tieres, das im häuslichen Bereich und nicht zu Vermögens- oder Erwerbszwecken gehalten wird, kann er dem Affektionswert, den dieses für seinen Halter oder dessen Angehörige hatte, angemessen Rechnung tragen.

2 Wird Schadenersatz in Gestalt einer Rente zugesprochen, so ist der Schuldner gleichzeitig zur Sicherheitsleistung anzuhalten.

III. Fixation de l'indemnité

1 Le juge détermine le mode ainsi que l'étendue de la réparation, d'après les circonstances et la gravité de la faute.

1bis Lorsqu'un animal qui vit en milieu domestique et n'est pas gardé dans un but patrimonial ou de gain, est blessé ou tué, le juge peut tenir compte dans une mesure appropriée de la valeur affective de l'animal pour son détenteur ou les proches de celui-ci.

2 Des dommages-intérêts ne peuvent être alloués sous forme de rente que si le débiteur est en même temps astreint à fournir des sûretés.

III. Fissazione del risarcimento

1 Il modo e la misura del risarcimento per il danno prodotto sono determinati dal giudice con equo apprezzamento delle circostanze e della gravità della colpa.

1bis In caso di ferimento o uccisione di un animale domestico non tenuto a scopo patrimoniale o lucrativo, egli può tener conto adeguatamente del valore affettivo che esso aveva per il suo detentore o i suoi congiunti.

2 Se il risarcimento è pronunciato nella forma di una rendita, il debitore deve contemporaneamente essere condannato a fornire garanzia.

Literatur

ACHTARI, Le devoir du lésé de minimiser son dommage, Diss. Zürich 2008; BREHM., Les nouveaux droits du détenteur en cas de lésion subie par son animal (art. 42 al. 3 et 43 al. 1bis CO), HAVE 2003, 119 ff. (zit. HAVE 2003); BRULHART, L'influence de la prédisposition constitutionelle sur l'obligation de réparation du responsable, in; Werro (Hrsg.), La fixation de l'indemnité, Bern 2004, 89 ff.; G. CHAPPUIS, Les nouveaux droits du détenteur de l'animal: Nouveaux, vraiment?, AJP 2004, 92 ff.; GEISER, Schadenersatzrente: unbeliebte oder überlegene Entschädigung?, in: Weber St. (Hrsg.), HAVE Personen-Schaden-Forum 2011, Zürich 2011, 15 ff.; HEIERLI et al., Haftpflicht- und Privatversicherungsrecht, Entwicklungen 2008, Bern 2009 (zit. njus 2008); DIES., Haftpflicht- und Privatversicherungsrecht, Entwicklungen 2009, Bern 2010 (zit. njus 2009); DIES., Haftpflicht- und Privatversicherungsrecht, Entwicklungen 2010, Bern 2011 (zit. njus 2010); HÜRZELER, Schadenprävention und Schadensminderung im Sozialversicherungs- und Haftpflichtrecht, in: S. Wolf et al. (Hrsg.), Prävention im Recht, Basel 2008, 163 ff.; HÜRZLER/TAMM/BIAGGI, Personenschadensrecht, Basel 2010; JAUN, Haftung für Sorgfaltspflichtverletzung, Habil. Bern 2007; KLETT, Schadenersatzrente: Die Rahmenbedingungen aus dem Verfahrensrecht und aus dem Anwaltsrecht; in: Weber St. (Hrsg.), HAVE Personen-Schaden-Forum 2011, Zürich 2011, 65 ff.; KREPPER, Affektionswert-Ersatz bei Haustieren, AJP 2008, 704 ff.; LEEMANN, Die Rente als Art des Schadenersatzes im Haftpflichtrecht, Diss. Zürich 2002; LÖRTSCHER, Sicherstellung einer Haftpflichtversicherungsrente abgelehnt, HAVE 2007, 204 f.; SCHAETZLE, Neuer Kapitalisierungszinsfuss im Haftpflichtrecht?, ZBJV 1995, 520 ff. (zit. ZBJV 1995); DERS., Sicherstellung von Haftpflicht-Versicherungsrenten und ihre Berechnung, HAVE 2003, 166 ff. (zit. HAVE 2003); SCHAETZLE/WEBER ST., Kapitalisieren, Handbuch zur Anwendung der Barwerttafeln, Zürich 2001; K. SCHLUEP, Taggenaue Kapitalisierung von Leistungen, HAVE 2006, 68 ff.; F. SCHMID, Grobes und leichtes Verschulden, in: A. Koller (Hrsg.), Haftpflicht- und Versicherungsrechtstagung 1995, St. Gallen, 1995, 1 ff.; STAUFFER/SCHAETZLE, Barwerttafeln, 6. Aufl., Zürich 2013 (zit. Stauffer/Schaetzle); SCHNYDER A.K./VASELLA, Haftpflicht- und Privatversicherungsrecht, Entwicklungen 2006, 2007 (zit. njus 2006); SCHNYDER A.K./VASELLA/WEBER ST., Haftpflicht- und Privatversicherungsrecht, Entwicklungen 2007, Bern 2008 (zit. njus 2007); SCHNEIDER KAYASSEH, Haftung bei Verletzung oder Tötung eines Tieres, Diss. Zürich 2009; SCHWENZER, Rechtsverfolgungskosten als Schaden, in: Gauch et al. (Hrsg.), Mélanges en l'honneur de Pierre Tercier, Zürich 2008, 417 ff.; M. SIDLER, Kapitalisierungszinsfuss 3.5 %: Das endgültige Ende einer Illusion, HAVE 2009, 407 ff.; WENDELSPIESS, Schadenersatzrente: Sicht eines Haftpflichtversicherers, in: Weber St. (Hrsg.), HAVE Personen-Schaden-Forum 2011, Zürich 2011, 39 ff.

I. Art des Schadenersatzes

1 Nach Art. 43 Abs. 1 bestimmt das Gericht nicht nur die *Grösse (den Umfang)* des Schadenersatzes, sondern auch die *Art*, in der dieser zuzusprechen ist (BGer, 24.6.2005, 4C.471/2004, E. 3.3.1). Die Entscheidung erfolgt nach freiem Ermessen, wobei der Richter – von Amtes wegen (BGE 111 II 156, 161) – alle konkreten (objektiven und subjektiven) **Umstände des Einzelfalles** zu berücksichtigen hat. Er ist dabei nicht an die Anträge der Parteien gebunden (BGE 117 II 609, 625 f.).

1. Geldersatz

2 Geldzahlung ist im Haftpflichtrecht die hauptsächliche Entschädigungsart (BK-Brehm, N 5). Sie soll den entstandenen bzw. noch entstehenden Vermögensschaden ausgleichen. Bei Sachschäden wird primär ein wirtschaftlicher Ausgleich für die Kosten bezweckt, die aufgewendet worden oder noch aufzuwenden sind, um den physischen Schaden durch **Reparatur** oder Anschaffung eines **Ersatzgegenstandes** zu beseitigen. Wie der Geschädigte das erhaltene Geld dann tatsächlich verwendet, steht aber in seinem eigenen Ermessen (BGE 108 II 422, 428 = Pra 1983, 77). Geldersatz kann in Form von Kapital (einmalige Abfindungssumme) oder als Rente zugesprochen werden (vgl. zu Letzterer N 21 f.). Er ist in jener **Währung** geschuldet, in welcher die Vermögensmasse geführt wird, in welcher der Schaden eingetreten ist. Mit Blick auf Art. 84 muss das Schadenersatzbegehren auf diese Währung lauten. Die Angabe des entsprechenden Betrages in CHF (im Hinblick auf die Vollstreckung) darf bei Fremdwährungen lediglich als Zusatz erfolgen (zur Publikation vorgesehenes Urteil des BGer, 15.12.2010, 4A_206/2010, E. 3.2, 4.1 = njus 2010, 119 f.).

3 Namentlich bei **Dauerschäden** muss sich das Gericht fragen, ob ein Ersatz in Renten- oder Kapitalform erfolgen soll. Die Vor- und Nachteile sind im Einzelfall gegeneinander abzuwägen (vgl. BK-Brehm, N 8 ff.; Szöllösy, 31 ff.; Oftinger/Stark, I, 320 ff.). Das BGer gesteht dem Geschädigten ein *Wahlrecht* zwischen Rente und Kapitalleistung zu (BGE 125 III 312, 320 f.; anders noch 117 II 609, 625 f.). Im Falle einer Kapitalleistung sind künftige Schäden (z.B. Erwerbsausfälle) zu kapitalisieren; der *Kapitalisierungszinsfuss* beträgt 3.5 % (BGE 125 III 312, 321; BGer, 17.1.2007, 4C.263/2006, E. 5; krit. Läubli Ziegler; M. Sidler; vgl. auch HAVE 2009, 407 ff.).

2. Naturalersatz

4 Naturalrestitution erfolgt mittels **Ersatzbeschaffung oder Reparatur** durch den Haftpflichtigen (bzw. auf dessen Kosten). Beispielsweise kann der Haftpflichtige zur Wiederherstellung des ursprünglichen Zustandes eines Grundstücks verpflichtet werden (BGE 107 II 134, 139; 111 II 26 ff.), oder ein Bankinstitut wird zur Lieferung von nicht mehr erhältlichen Goldbarren verurteilt (BGE 110 II 183, 187 f. = Pra 1984, 492). Bei der *Zerstörung oder Beschädigung von Bäumen* hat der Geschädigte die Wahl, ob er als Schaden den objektiv entstandenen Wertverlust des Grundstücks oder die Kosten der Neuanpflanzung als subjektives Interesse an der Wiederherstellung des Zustandes vor der Schädigung geltend machen will (BGer, 19.11.2008, 6B_515/2008, E. 5.2.3 = njus 2008, 59; vgl. auch BGE 129 III 331, 334). Übersteigen die Kosten der Neuanpflanzung den Wertverlust des Grundstücks, so führt der Realersatz zum Ersatz eines normativen Schadens: Naturalersatz kann auch gefordert werden, wenn kein Vermögensschaden i.S. der Differenztheorie vorliegt (vgl. BGE 129 III 331, 333). Auf die Zusprechung von Naturalersatz ist zugunsten von Geldersatz zu verzichten, wenn bei der Naturalrestitution aus praktischen Gründen (z.B. wegen Unteilbarkeit) eine nach Art. 43 f. angezeigte Reduktion nicht vorgenommen werden könnte (unklar diesbezüglich die h.L.; vgl. BK-Brehm, N 19; Oftinger/Stark, I, 102; KUKO OR-Schönenberger, N 3).

3. Gemischter Ersatz

Es kann vorkommen, dass ein Schädiger zwar Realersatz leistet, aber dennoch ein *Folgeschaden* durch Geld ersetzt werden muss. Beispiel: Ein Arzt korrigiert seinen Fehler selber, aber die Arbeitsunfähigkeit des Patienten hält an oder wird zumindest verlängert (BK-BREHM, N 21). Zu einer Geldzahlung kann sodann die **Veröffentlichung eines Urteils** als besondere Form der Wiedergutmachung hinzutreten (BGE 92 II 257, 269). Eine andere Form von Naturalersatz ist der Widerruf oder die Richtigstellung einer Behauptung in der Presse. Die Urteilspublikation als Naturalersatz ist von der Urteilspublikation als *Genugtuung* zu unterscheiden (s. Art. 49 N 17). Die neuere Bundesgerichtspraxis hat den Anspruch auf Urteilspublikation gegenüber dem Schadenersatzanspruch und damit auch von der Voraussetzung eines Schadens als Vermögensverminderung verselbständigt (BGE 103 II 161, 166; 101 II 177, 187 f.). 5

II. Umfang des Schadenersatzes

Im ausservertraglichen Haftpflichtrecht gilt an sich der Grundsatz der **Totalreparation**, d.h. bei Bejahung der Haftung des Schädigers ist der ganze Vermögensschaden i.S. der Differenztheorie zu ersetzen. Vorbehalten sind im Gesetz ausdrücklich vorgesehene Haftungsbeschränkungen (ZK-LANDOLT, Vor Art. 45/46 N 44). Umgekehrt darf auch nicht mehr Schadenersatz zugesprochen werden, als dem effektiven Schaden entspricht (*Bereicherungsverbot*; s.a. Art. 46 N 9c). Ein Strafcharakter kommt Art. 43 selbst dort nicht zu, wo schweres Verschulden des Schädigers vorliegt (ZK-OSER/SCHÖNENBERGER, N 2). Aufgrund der in Art. 43 f. normierten Herabsetzungs- und Reduktionsgründe hat das Gericht auch bei der Festsetzung des *Umfangs* des zu leistenden Schadenersatzes einen *grossen Ermessensspielraum* (vgl. BGer, 30. 10. 2008, 1C_351/2007, E. 7), insb. mit Blick auf die Gewichtung des Verschuldens des Haftpflichtigen sowie auf die Mitberücksichtigung eines Selbstverschuldens des Geschädigten (vgl. zum Selbstverschulden BGer, 13. 11. 2013, 4A_327/2013, E. 3.4.3). Das BGer hat festgehalten, die Vorschriften der Art. 43 und 44 seien von Amtes wegen anzuwenden und eine allfällige Herabsetzung der Ersatzpflicht des Schädigers sei unabhängig von den Parteivorbringen zu prüfen (BGE 111 II 156, 161). Zu beachten ist, dass gem. Art. 43 nur – aber immerhin – den Umständen des konkreten Falles entsprechend Schadenersatz zuzusprechen ist; im Unterschied zu Art. 44 kann gestützt auf Art. 43 von einer Ersatzpflicht nicht *vollständig* entbunden werden (vgl. BK-BREHM, N 49). 6

Art. 43 ist grundsätzlich auch bei *vertraglicher Haftung* anwendbar (vgl. Art. 99 Abs. 3; BGE 127 III 453, 459). Indessen können sich aus der Art eines Vertrages oder aus Einzelabsprachen sowie aufgrund von Sonderbest. des allg. und namentlich des besonderen **Vertragsrechts** Umstände ergeben, die zumindest eine *direkte* Anwendbarkeit von Art. 43 ausschliessen. Das gilt etwa bei Lückenfüllung eines konkreten Vertrages (BGE 111 II 260, 262) oder bei einer Kürzung des Lohnanspruchs des Arbeitnehmers bei beidseitig verschuldeter Unmöglichkeit der Leistung (BGE 114 II 274, 277). Vor allem bei *schwerem Verschulden eines Vertragspartners* sind die Gerichte zurückhaltend, eine Reduktion des Schadenersatzanspruchs gestützt auf Art. 43 vorzunehmen (vgl. BK-BREHM, N 38 ff.; s.a. GUHL/KOLLER/SCHNYDER/DRUEY, 83 f.). 7

III. Grösse des Verschuldens

1. Bei der Verschuldenshaftung

Die Würdigung der Grösse des Verschuldens bei der Schadenersatzbemessung ist dem Gedanken des Gleichgewichts zwischen **Schuld und Schadenersatz** verpflichtet (krit. dazu JAUN, 213 ff.). Abgestellt wird praktisch ausschliesslich auf die *objektive* Seite des Verschuldens (Schwere der Sorgfaltspflichtverletzung), kaum auf die subjektive Seite; eine Haftungsreduktion wegen verminderter Zurechnungsfähigkeit ist – auch mit Blick auf Art. 54 (Billig- 8 keitshaftung Urteilsunfähiger) – zu Recht praktisch ausgeschlossen (vgl. JAUN, 213 f.). Noch nicht restlos geklärt ist die Frage, ob entsprechend dem (niedrigeren) Grad des Verschuldens in jedem Fall ein Zwang zur Reduktion des Schadenersatzanspruches besteht. Ein gewichtiger Teil der Lehre lehnt dies ab und hält dafür, dass ein Geschädigter i.d.R. *vollen Ersatz* beanspruchen könne (OFTINGER/STARK, I, 383; vgl. auch VON TUHR/PETER, 104; GUHL/KOLLER/SCHNYDER/DRUEY, § 10 N 72). Demgegenüber sprechen der Wortlaut von Art. 43 Abs. 1 und die Funktion des Verschuldens bei der Verschuldenshaftung (dazu auch VON TUHR/PETER, 105) dafür, die Grösse des Verschuldens sowie der übrigen, eine Reduktion indizierenden Umstände (s. N 13 ff.) stets zu berücksichtigen. Mit Blick auf besondere Umstände des Einzelfalls muss es möglich sein, trotz geringem Verschulden des Schädigers auf eine Reduktion des Schadenersatzes zu verzichten (vgl. BK-BREHM, N 76; REY, N 399; CR CO I-WERRO, N 21; vgl. auch BGE 104 II 184, 188).

9 Bei **schwerem Verschulden** kann eine Reduktion des zu leistenden Ersatzes nur ausnahmsweise (aufgrund anderer mildernder Umstände) in Frage kommen (vgl. BK-BREHM, N 73). Ganz ausgeschlossen ist eine Reduktion aber, wenn der Schaden *vorsätzlich* zugefügt worden ist (BGE 99 II 228, 237; 92 II 234, 240). Grundsätzlich möglich ist eine Reduktion dagegen, wenn sich das Verschulden des Haftpflichtigen in der *«Grauzone»* zwischen grober und mittlerer Fahrlässigkeit bewegt (vgl. BGE 99 II 176, 181; 96 II 172, 177 f.; offengelassen in BGer, 8.12.2009, 4A_231/2009, E. 15.3; zurückhaltend DESCHENAUX/TERCIER, 244 N 15 f.; vgl. Art. 41 N 48 ff.).

10 **Leichtes Verschulden** ermöglicht – unter Vorbehalt der erwähnten Ausnahmen (s. N 8) – *stets* eine Reduktion des Schadenersatzes. Dabei variiert die Ermässigung wiederum mit Rücksicht auf andere Reduktions- oder (ausnahmsweise) Verschärfungsgründe (vgl. z.B. BGer, 22.6.2009, 6B_861/2008, E. 5.4: Reduktion um 20 %). Eine eigentliche Skala der Ersatzbemessung je nach Verschuldensgrad lässt sich daher nicht erstellen (BGE 111 Ib 192, 199 f.). Siehe für weitere Kasuistik GAUCH/AEPLI/STÖCKLI, N 7; BK-BREHM, N 77 ff.

2. Bei einer Kausalhaftung

11 Bei einfachen Kausalhaftungen und Gefährdungshaftungen kann der Grad des Verschuldens bei der Schadenersatzbemessung grundsätzlich *nicht berücksichtigt* werden. Kausalhaftung bedeutet per definitionem Einstehenmüssen für einen Schaden **ohne Rücksicht auf das persönliche Verschulden** (**a.A.** KUKO OR-SCHÖNENBERGER, N 10). Dieser Konsequenz ist – von älteren Ausnahmen abgesehen (s. BK-BREHM, N 41) – auch das BGer gefolgt (BGE 97 II 221, 228; 81 II 512, 516 f.). Der Grundsatz der Nichtberücksichtigung des Verschuldens gilt auch für das Verschulden von Hilfspersonen und sonstigen Personen, für die der Haftpflichtige einstehen muss (OFTINGER/STARK, I, 384 N 12a; ZK-OSER/SCHÖNENBERGER, Art. 55 N 20).

12 Wenn sich eine Herabsetzung der Schadenersatzpflicht aus anderen Gründen rechtfertigt (z.B. bei einer Notlage des Haftpflichtigen) oder ein Selbstverschulden des Geschädigten an sich zu einer Reduktion des Schadenersatzes führen könnte, kann das Verschulden des Schädigers aber auch bei der Kausalhaftung eine Rolle spielen. Je nach Ansicht (s. Art. 44 N 10) kann das Verschulden des Kausalhaftpflichtigen eine an sich angezeigte Reduktion ganz oder teilweise **neutralisieren** (vgl. REY, N 808; BK-BREHM, N 43; BGE 111 II 429, 442 ff.). Ferner ist das Verschulden auch bei Kausalhaftungen im Rahmen der Rückgriffsordnung bei mehreren Schädigern von Bedeutung (s. Art. 51 N 14).

IV. Relevante weitere «Umstände»

13 Neben der Grösse des Verschuldens des Haftpflichtigen hat das Gericht bei der Schadenersatzbemessung nach Art. 43 Abs. 1 auch die **übrigen Umstände** eines Falles zu berücksich-

tigen. Was darunter zu verstehen ist, haben Lehre und Rsp. im Laufe der Zeit konkretisiert. Dabei ergeben sich mitunter *Überschneidungen* zu den Umständen, die in Art. 44 als Herabsetzungs- oder Reduktionsgründe genannt sind. Das gilt v.a. in Bezug auf die Berücksichtigung der sozialen und wirtschaftlichen Verhältnisse der Parteien (vgl. z.B. OFTINGER/STARK, I, 412: Reduktion der Haftung des Arbeitnehmers bei «gefahrengeneigter» Arbeit alternativ gestützt auf Art. 43 Abs. 1 oder Art. 44 Abs. 1).

1. Finanzielle Verhältnisse der Parteien

Als bedeutsame Umstände nach Art. 43 Abs. 1 fallen die **wirtschaftlichen (und sozialen) Verhältnisse** der Parteien in Betracht (BGE 104 II 184, 188 = Pra 1978, 613). Das gilt namentlich für den Fall, dass der Geschädigte sich in sehr guten finanziellen Verhältnissen befindet (vgl. BGE 136 III 113, 118 f.). Eine darauf gestützte Schadenersatzreduktion setzt voraus, dass der Geschädigte den Schaden sehr viel leichter als der Haftpflichtige tragen kann und die volle Belastung des Schädigers deshalb *unverhältnismässig* wäre. Dies ist i.d.R. nicht der Fall, wenn Schädiger und Geschädigter in gleich guten finanziellen Verhältnissen leben (KELLER/SCHMIED-SYZ, 103; zur Praxis DESCHENAUX/TERCIER, 249). Hat ein Schädiger den Schaden absichtlich oder grobfahrlässig (vgl. Art. 41 N 48 ff.) herbeigeführt, so kann (wie im Rahmen von Art. 44 Abs. 2) von einer Reduktion abgesehen werden (KELLER/SCHMIED-SYZ, a.a.O.). Wie weit die finanzielle Lage des Schädigers *ohne Rücksicht* auf diejenige des Geschädigten berücksichtigt werden kann, ist **str.**; das gilt namentlich im Hinblick auf eine Differenzierung danach, ob der Schädiger eine juristische oder eine natürliche Person ist (vgl. BK-BREHM, N 67). Das Bestehen von *Versicherungsschutz* auf Seiten des Schädigers kann nur in beschränktem Mass berücksichtigt werden (vgl. auch BK-BREHM, N 68 f.). Zwar ist es dem Belangten (und erst recht dem Versicherer) dann i.d.R. verwehrt, sich auf eine finanzielle Notlage zu berufen (BGE 113 II 323, 328; 111 II 297, 303). Andererseits kann der Versicherungsschutz nicht dazu führen, «dass die Haftung das allgemeine Mass übersteigt» (BGE 113 II 323, 328; **a.A.** BK-BREHM, N 68; SCHWENZER, N 16.02). Zur Berücksichtigung der finanziellen Lage der Parteien insgesamt BK-BREHM, N 62 ff.; ZK-OSER/SCHÖNENBERGER, N 7; DESCHENAUX/TERCIER, 248 f.; VON TUHR/PETER, 105; KELLER/GABI, 112 ff.; REY, N 433 ff. 14

2. Unentgeltlichkeit und Gefälligkeit

Der Reduktionsgrund der **Gefälligkeitshandlung** ist im Gesetz nicht ausdrücklich aufgeführt. Es ist aber im Rahmen der *konkreten Umstände* gem. Art. 43 Abs. 1 zu berücksichtigen, wenn der zu ersetzende Schaden im Zusammenhang mit einer Gefälligkeitshandlung entstanden ist (KELLER/SCHMIED-SYZ, 104; BK-BREHM, N 55; DESCHENAUX/TERCIER, 249; BGE 127 III 446, 448; 89 I 483, 497; s.a. 127 III 453, 457 ff.). Eine Gefälligkeit muss nicht zwingend unentgeltlich erfolgen; ein bescheidenes (symbolisches) Entgelt braucht eine Reduktion nicht auszuschliessen (vgl. BK-BREHM, N 58; von der Definition her anders KELLER/SCHMIED-SYZ, 104; vgl. BGE 116 II 695, 699). Trotz Unentgeltlichkeit liegt kein Reduktionsgrund vor, wenn jemand mit Gefälligkeitshandlungen in erster Linie eigennützige Ziele (vgl. BGE 136 III 113, 119) oder gar einen Schädigungsvorsatz verfolgt (HONSELL/ISENRING/KESSLER, Haftpflichtrecht, § 9 N 41). *Kein Reduktionsgrund* ergibt sich aus einer «Gefälligkeit gegenüber Verwandten oder nahestehenden Personen, die das Alltägliche, das unter Menschen übliche Mass an Grosszügigkeit, an Freundlichkeit nicht übersteigt» (BGE 117 II 609, 619: Z.B. das Überlassen eines Fahrzeugs an Familienmitglieder zum Besuch von Verwandten). Die ausservertragliche Haftung für Gefälligkeitshandlungen ist abzugrenzen von der *vertraglichen Haftung* sowie von der *Geschäftsführung ohne Auftrag* (vgl. BGer, 16.12.2008, 4A_326/2008, E. 3 = njus 2008, 102 f.). 15

3. Zufall als konkurrierende Ursache

16 Zufall führt grundsätzlich zu einer Reduktion des Schadenersatzes nach richterlichem Ermessen (vgl. DESCHENAUX/TERCIER, 247 f.). Bei **Kausalhaftungen** fällt jedoch eine Ermässigung *ausser Betracht*, wenn und soweit sie gerade den Zufall als haftungsbegründenden Tatbestand mit umfassen. Im Übrigen ist Voraussetzung, dass der Zufall eine adäquate Ursache der Entstehung oder Verschlimmerung des Schadens gewesen ist (vgl. BGE 111 II 429, 444; KELLER/SCHMIED-SYZ, 105; BK-BREHM, N 52; zum Zufall als Teilursache s. Art. 41 N 29).

4. Fehlende Voraussehbarkeit des Schadens bzw. der Schadensgrösse

17 Eine Reduktion des Schadenersatzes kann in Frage kommen, wenn der Schaden als solcher oder zumindest dessen **Ausmass** in der konkreten Form nicht voraussehbar waren. Gleiches gilt für den Fall, dass der Schaden zwar adäquat kausal verursacht wurde, die konkrete Schadensursache aber als entfernt zu betrachten ist (vgl. BGE 111 II 429, 443 f.; ZK-OSER/SCHÖNENBERGER, N 6; VON TUHR/PETER, 106; BK-BREHM, N 53 f., 61; KELLER/GABI, 116 f.). Damit verwandt ist die Verminderung des Schadenersatzanspruchs für weitreichende Unfallfolgen bei geringer Unfallintensität (vgl. BGer, 27.2.2007, 4C.402/2006, E. 5).

5. Weitere

18 Auch weitere, sich aus dem konkreten Fall ergebende Reduktionsgründe können einen für die Schadenersatzbemessung relevanten **«Umstand»** nach Art. 43 Abs. 1 bilden; vgl. BGE 111 Ib 192, 199 (militärische Führung, Art des Dienstes); 109 II 304, 312 (Elemente höherer Gewalt, die zur Unterbrechung des adäquaten Kausalzusammenhangs nicht ausreichen). Art. 43 Abs. 1 bildet insofern auch ein «Auffangbecken» für richterliche Ermessensausübung nach *Recht und Billigkeit* (vgl. BGer, 30.10.2008, 1C_351/2007, E. 7; BGE 136 III 113, 118 f.; s. zu weiteren Bsp. DESCHENAUX/TERCIER, 249 f.).

6. Grundsätzlich kein Reduktionsgrund: Drittverschulden

19 Die Beteiligung mehrerer Schädiger am Schadensereignis schliesst die Verantwortlichkeit des Einzelnen nicht aus (vgl. Art. 41 N 22 ff.). Die Schadenersatzbemessung erfolgt, wie wenn jeder der Schädiger den Schaden allein verursacht hätte (KELLER/GABI, 111). Eine Herabsetzung des Schadenersatzes wegen Drittverschuldens kommt bei solidarischer Mithaftung des Dritten nicht (mehr) in Betracht: «Die Verteilung des Schadenersatzes ist aufs Innenverhältnis, d.h. auf den Regressweg verschoben» (BGer, 22.6.2009, 6B_861/2008, E. 5.3). Dabei kann selbstverständlich von mehreren Schädigern nicht kumulativ Schadenersatz verlangt werden; dies würde zu einer *(ungerechtfertigten) Bereicherung* des Geschädigten führen (KELLER/SCHMIED-SYZ, 27 f.). **Drittverschulden** kann somit – abw. von der früheren Rsp. (s. OFTINGER/STARK, I, 242) – nur noch *ganz ausnahmsweise* als Reduktionsfaktor in Frage kommen (vgl. KELLER/GABI, 111; BK-BREHM, N 82 ff.). Mit Blick auf die Billigkeit im Einzelfall könnte eine Reduktion etwa dann geboten sein, wenn der mithaftende Dritte seinerseits (wenn auch nur indirekt) von einer Entschädigung profitiert, etwa bei Mitverschulden von Eltern anlässlich des Unfalls ihres Kindes (BK-BREHM, N 87).

20 Keine Rolle spielt es für die Festsetzung der Höhe der Ersatzpflicht eines Haftpflichtigen, ob diesem gegenüber weiteren (solidarisch) Haftpflichtigen ein **Rückgriffsrecht** zusteht und ob ein solches faktisch durchsetzbar ist (BGE 127 III 257, 265; 113 II 323, 331). Ebenfalls keine Reduktion rechtfertigt i.d.R. die Tatsache, dass der Schaden rein abstrakt möglicherweise ohnehin (sei es aufgrund eines Drittverschuldens oder aus anderen Gründen) eingetreten wäre (BGE 96 II 172, 178 f.; vgl. aber auch Art. 41 N 27 zur hypothetischen Kausalität).

V. Schadenersatz in Form einer Rente

Die Rente ist eine Form des Geldersatzes (vgl. N 3). Sie wird i.d.R. nur bei **periodischen zukünftigen Einbussen** zugesprochen (s. dazu das führende Werk von STAUFFER/SCHAETZLE; zur Berücksichtigung der Teuerung durch Indexierung ZK-LANDOLT, Vor Art. 45/46 N 251). Dabei ist für die zeitliche Begrenzung einer Rente auf die *Aktivitätsdauer* einer Person (Kapitalisierung des Erwerbsausfalls), auf die *Mortalität* (durchschnittliche Lebenserwartung) oder auf das arithmetische Mittel zwischen Aktivität und Mortalität (so beim Haushaltsschaden) abzustellen (vgl. BGE 113 II 345, 351 f.; 116 II 86, 89 f.). Bei einer Kapitalisierung des künftigen Schadens muss der Kapitalbetrag vom Zeitpunkt der Kapitalisierung aus abgezinst werden (*Diskontierung*; BGE 131 III 12, 25; BGer, 9.11.2005, 4C.170/2005, E. 5; vgl. ZK-LANDOLT, Vor Art. 45/46 N 254 ff.). Der Zeitpunkt der Kapitalisierung stimmt i.d.R. mit dem *Urteilsdatum* überein (BGer, 9.11.2005, 4C.170/2005, E. 5). **21**

Zur Sicherstellung künftiger Rentenzahlungen schreibt Art. 43 Abs. 2 zwingend vor, den Schuldner zur **Sicherheitsleistung** zu verpflichten. Die h.A. spricht sich jedoch für eine Befreiung von Versicherungsgesellschaften (als Rentenschuldner) von der Sicherstellungspflicht aus (BK-BREHM N 94 m.w.H.; CR CO I-WERRO, N 10; vgl. auch den Nw. bei LÖRTSCHER; **a.A.** SCHAETZLE, HAVE 2003, passim). Die Kaution bestimmt sich nach dem Kapitalwert der zugesprochenen Rente (BGE 42 II 389, 399; vgl. SCHAETZLE/WEBER, 326 ff.; BK-BREHM, N 90 ff.). **22**

VI. Im Besonderen: Affektionswert eines Tieres

Bei Verletzung oder Tötung eines Tieres kann dem **Affektionswert**, den das Tier «für seinen Halter oder dessen Angehörige hatte» (Art. 43 Abs. 1bis), Rechnung getragen werden. Die «Schaden»ersatzbemessung erfolgt insoweit ohne Rücksicht auf eine konkrete Vemögensverminderung. Der Halterbegriff deckt sich mit jenem in Art. 56 (BREHM, HAVE 2003, 122). Der genugtuungsähnliche Ausgleich hat «angemessen» zu sein; exorbitante Zahlungen haben zu unterbleiben (G. CHAPPUIS, 94; vgl. zum Ganzen BK-BREHM, N 88c ff.). Auch kann ein Anspruch nach dem Gesetzeswortlaut zum Vornherein nur entstehen, wenn ein Tier «im häuslichen Bereich» und *nicht* zu Vermögens- oder Erwerbszwecken gehalten wird (s. Art. 42 N 3d). **23**

Art. 44

IV. Herabsetzungsgründe

1 Hat der Geschädigte in die schädigende Handlung eingewilligt, oder haben Umstände, für die er einstehen muss, auf die Entstehung oder Verschlimmerung des Schadens eingewirkt oder die Stellung des Ersatzpflichtigen sonst erschwert, so kann der Richter die Ersatzpflicht ermässigen oder gänzlich von ihr entbinden.

2 Würde ein Ersatzpflichtiger, der den Schaden weder absichtlich noch grobfahrlässig verursacht hat, durch Leistung des Ersatzes in eine Notlage versetzt, so kann der Richter auch aus diesem Grunde die Ersatzpflicht ermässigen.

IV. Réduction de l'indemnité

1 Le juge peut réduire les dommages-intérêts, ou même n'en point allouer, lorsque la partie lésée a consenti à la lésion ou lorsque des faits dont elle est responsable ont contribué à créer le dommage, à l'augmenter, ou qu'ils ont aggravé la situation du débiteur.

2 Lorsque le préjudice n'a été causé ni intentionnellement ni par l'effet d'une grave négligence ou imprudence, et que sa réparation exposerait le débiteur à la gêne, le juge peut équitablement réduire les dommages-intérêts.

IV. Motivi di riduzione

[1] Il giudice può ridurre od anche negare il risarcimento, se il danneggiato ha consentito nell'atto dannoso o se delle circostanze, per le quali egli è responsabile, hanno contribuito a cagionare od aggravare il danno od a peggiorare altrimenti la posizione dell'obbligato.

[2] Il giudice può ridurre il risarcimento anche pel motivo che la prestazione dello stesso ridurrebbe al bisogno la persona responsabile, che non ha cagionato il danno intenzionalmente o con colpa grave.

Literatur

ACHTARI, Le devoir du lésé de minimiser son dommage, Diss. Zürich 2008; HÄFLIGER, Invaliditätsbemessung im Sozialversicherungsrecht und Haftpflichtrecht, HAVE 2005, 3 ff.; HÜRZELER, Schadenprävention und Schadensminderung im Sozialversicherungs- und Haftpflichtrecht, in: S. Wolf (Hrsg.), Prävention im Recht, Basel 2008, 163 ff.; HÜRZELER/TAMM/BIAGGI, Personenschadensrecht, Basel 2010; LUTERBACHER, Die Schadenminderungspflicht, Diss. Zürich 2005; OFTINGER, Schweizerisches Haftpflichtrecht, Bd. I, Allgemeiner Teil, 4. Aufl., Zürich 1975; OVERNAY, Responsabilité de l'Etat – Faute concomitante d'une commune, HAVE 2007, 177 ff.; WEBER ST., Keine Minderung von Zins und Schaden – Urteil des Bundesgerichts 4C.3/2004 vom 22.6.2004, HAVE 2004, 306 ff. (zit. HAVE 2004); DERS., Beeinflusst die IV-Revision die haftpflichtrechtliche Schadenminderungspflicht?, HAVE 2006, 264 ff. (zit. HAVE 2006); DERS., Umstände, für die der Geschädigte nicht einstehen muss, HAVE 2007, 108 ff. (zit. HAVE 2007).

I. Anwendungsbereich

1 Art. 44 ist (ebenso wie Art. 43) grundsätzlich auch auf die **vertragliche Haftung** anwendbar (Art. 99 Abs. 3; BGE 130 III 591, 600; 98 II 211, 220). Auch bei der Festsetzung von Schadenersatz, der gestützt auf besondere Haftungsnormen ausserhalb des OR geschuldet ist (z.B. solche des ZGB), wird auf Art. 44 zurückgegriffen (vgl. BGE 110 II 37, 40), ebenso wie in Haftpflichtprozessen gegen einen Kanton (hier als ergänzendes kantonales Recht; vgl. BGE 112 Ib 446, 454 = Pra 1988, 547); vgl. auch BGE 124 III 182, 184 f. (Beachtung im Rahmen von Art. 62 SVG); 122 V 185, 187 (Anwendbarkeit auf die Arbeitgeberhaftung nach AHVG). Im Verhältnis zur Vertragshaftung bleiben Sondernormen des Vertragsrechts (insb. des Arbeitsvertragsrechts) vorbehalten (vgl. auch Art. 43 N 7). In diesem Zusammenhang sind noch verschiedene Fragen ungeklärt (vgl. BGE 111 II 263, 265 f.: Offengelassen, ob bei Selbstverschulden des Auftraggebers Sonderbest. des Auftragsrechts oder die Art. 43 f. zur Anwendung gelangen; BGE 113 II 31: Offengelassen, ob Art. 26 Abs. 1 eine Anwendung von Art. 44 in Fällen eines Grundlagenirrtums stets ausschliesse; für weitere Bsp. s. GAUCH/AEPLI/STÖCKLI, N 2). Fest steht dagegen, dass sich Versicherer gegenüber Versicherten zur Begründung von Leistungskürzungen nicht auf Art. 44 Abs. 1 stützen können; einschlägig sind diesbez. Art. 14 Abs. 2 und 3 bzw. Art. 61 Abs. 2 VVG (BGer, 27.11.2008, 4A_311/2008, E. 2.5 = njus 2008, 60).

2 Umstände, für die der Geschädigte gem. Art. 44 Abs. 1 einzustehen hat, sind auch seinen **Rechtsnachfolgern** und aktivlegitimierten Drittgeschädigten (Versorgerschaden) entgegenzuhalten (BK-BREHM, N 5a).

3 Die **Beweislast** für *ersatzreduzierende Umstände* auf Seiten des Geschädigten liegt beim Haftpflichtigen (BGE 112 II 439, 443 = Pra 1987, 313; BGer, 23.4.2008, 6B_60/2008, E. 2.3).

II. Voraussetzungen einer Reduktion nach Art. 44 Abs. 1

1. Einwilligung des Geschädigten

4 Art. 44 Abs. 1 nennt als ersten Reduktionsgrund die **Einwilligung** des Geschädigten in eine schädigende Handlung. Hierbei geht es *nicht* um die gültige (oder echte) Einwilligung, welche die Widerrechtlichkeit eines Eingriffs ausschliesst (vgl. Art. 41 N 39; Art. 52 N 18 ff.).

Als Form des Selbstverschuldens und damit als Reduktionsgrund kommt nur eine Einwilligung in Frage, die aufgrund ihrer eigenen Widerrechtlichkeit oder Unsittlichkeit (v.a. gestützt auf Art. 20) die Rechtswidrigkeit der schädigenden Handlung *nicht aufzuheben* vermag. Offenbar als *gänzlich unbeachtlich* behandelte das BGer aber zu Recht die Einwilligung einer verbeirateten Person in vermögensrelevante Handlungen des Verwaltungsbeirates, da der Verbeirateten die Handlungsfähigkeit mit Bezug auf die Vermögenssubstanz zu ihrem eigenen Schutz ex lege entzogen war (BGE 136 III 113, 122).

Hat der Geschädigte in eine Handlung zwar eingewilligt (z.B. in eine Operation), entsteht aber ein **nicht vorauszusehender Schaden** (Kunstfehler), so ist dieser von der Einwilligung nicht umfasst. In einem solchen Fall kann der Richter jedoch allenfalls andere «Umstände» als Reduktionsgründe berücksichtigen (vgl. BK-Brehm, N 8). Auch ist eine Einwilligung nur wirksam, wenn der Patient zuvor *voll aufgeklärt* worden ist (s. Art. 52 N 20). 5

Bei Teilnahme an gefährlichen Veranstaltungen oder Verwicklung in gefährliche Situationen kann eine Ermässigung des Schadenersatzes aufgrund eines allg. Selbstverschuldens des Geschädigten (s. N 7 ff.) oder aufgrund eines mit der Einwilligung verwandten **Handelns auf eigene Gefahr** (s. Art. 52 N 21) in Frage kommen. 6

2. Einwirkung auf die Entstehung des Schadens

a) Selbstverschulden des Geschädigten

Selbstverschulden ist ein «Umstand» nach Art. 44 Abs. 1, der auf die Entstehung des Schadens einwirken kann. In einem solchen Fall stellt das Selbstverschulden einen **Reduktionsgrund** dar (Keller/Gabi, 110 f.; s. zum *Ausschluss der Zurechnung* bei grobem Selbstverschulden bzw. eigenverantwortlicher Selbstgefährdung Art. 41 N 21 ff.). Selbstverschulden ist gegeben bei einem für den Schaden ursächlichen Verhalten, dessen Gefährlichkeit der Geschädigte erkannt hat oder hätte erkennen müssen (vgl. BGE 97 II 229; 104 II 184, 188 = Pra 1978, 612 f.; BGer, 10.2.2009, 4A_544/2008, E. 2.6 = njus 2009, 136 f.), und «das bei anderer Rollenverteilung ein Verschulden darstellen würde» (Oftinger, 160). Entsprechend setzt Selbstverschulden wie Verschulden Urteilsfähigkeit (Art. 41 N 51 f.) voraus (vgl. BGer, 31.3.2008, 4A_520/2007, E. 5). Bei Urteilsunfähigkeit der geschädigten Person kann das Gericht ein Selbstverschulden jedoch nach Art. 54 Abs. 1 analog berücksichtigen (BGE 60 II 38, 44; BK-Brehm, N 33). Selbstverschulden liegt auch vor, wenn der Geschädigte es unterlässt, zumutbare Vorsichtsmassnahmen zu ergreifen, die geeignet wären, der Entstehung oder Verschlimmerung eines Schadens entgegenzuwirken (BGE 107 Ib 155, 158; 112 II 347, 355; BGer, 19.8.2010, 6B_43/2010, E. 1 = njus 2010, 76 f.; Oftinger/Stark, I, 385 ff.; Deschenaux/Tercier, 88 f.; zur Kausalitätfrage BGer, 23.4.2008, 6B_60/2008, E. 2). Eine gebotene Vorsichtsmassnahme kann auch im Hinweis auf bestimmte Umstände liegen (BGE 130 III 182, 189 ff.: Wertvoller Inhalt eines Reisekoffers). 7

Selbstverschulden kann einen Geschädigten auch **nachträglich** treffen, z.B. wenn er sich nach einer Verletzung nicht in ärztliche Behandlung begibt. 8

Was die **Anrechnung** des Selbstverschuldens betrifft, so werden bei der *Verschuldenshaftung* das Verschulden des Schädigers und das Selbstverschulden des Geschädigten miteinander verglichen; alsdann wird der Schaden nach der Grösse der beiden Verschulden auf die Beteiligten verteilt (Oftinger/Stark, I, 388 ff.; BK-Brehm, N 20 ff.; Deschenaux/Tercier, 246; sog. *sektorielle Schadensaufteilung*, vgl. N 10). Der Schadensposten der vorprozessualen Anwaltskosten ist jedoch nur dann nicht voll vom Schädiger zu tragen, wenn das Selbstverschulden des Geschädigten zu einer Erhöhung dieser Kosten geführt hat (BGer, 19.8.2008, 4C.303/2004, E. 6 = njus 2008, 57). Die Abwägung des beidseitigen Verschuldens durch die Instanzrichter kann vom BGer frei überprüft werden (BGE 113 II 323, 328; 111 II 89, 90 = Pra 1985, 450 ff.). Wie weit bei nur *leichtem* Selbstverschulden des Geschädigten eine He- 9 rabsetzung des Schadenersatzes generell (oder allenfalls nur im Rahmen von Kausal- und Gefährdungshaftungen) *ausgeschlossen* ist, ist nicht abschliessend geklärt (vgl. BGE 113 II 323, 331; 116 II 428 ff.; 128 III 390, 399). BGE 132 III 249, 256 hat immerhin festgehalten, dass zumindest ein «deutlich weniger als 10%» betragender Anteil des Selbstverschuldens an der Schadensverursachung bei der Schadenersatzbemessung «vernachlässigbar» sei. Für eine Abwägung aufgrund der gesamten Umstände des Einzelfalls zu Recht CR CO I-Werro, N 17.

10 **Streitig** ist, ob bei *Kausalhaftungen* Selbstverschulden des Geschädigten durch ein zusätzliches Verschulden des Schädigers *kompensiert* werden kann (vgl. m.w.H. BK-Brehm, N 38 ff.). Dabei stehen sich die Kompensationsmethode und die sektorielle Betrachtungsweise gegenüber. Nach der **Kompensationsmethode** kann ein zusätzliches Verschulden des Kausalhaftpflichtigen ein Selbstverschulden des Geschädigten aufwiegen oder unbeachtlich erscheinen lassen (h.L.; vgl. Deschenaux/Tercier, 246; Guhl/Koller/Schnyder/Druey, § 10 N 74; Honsell/Isenring/Kessler, Haftpflichtrecht, § 9 N 26; Keller/Gabi, 119; Oftinger, 269; Rey, N 400). Das BGer hat diesen Ansatz insb. in BGE 111 II 429, 443 vertreten. In der jüngeren Rsp. hat es die Verschuldenskompensation etwa bei der Bemessung der *Genugtuung* im Zusammenhang mit einer Kausalhaftung angewendet (BGer, 5.5.2006, 4C.435/2005, E. 7.4). Demgegenüber werden bei einer **sektoriellen Schadensaufteilung** die (wesentlichen) Teilursachen wie Stücke in einem Kuchendiagramm betrachtet, und die *Haftungsquoten* werden der Grösse der Kuchenstücke entsprechend festgelegt. Der Schädiger hat dabei zunächst seinen Kausalhaftungsgrund zu vertreten und dementsprechend vorweg einen Teil des Schadens zu tragen. Eine Betriebsgefahr ist dabei nicht abstrakt zu bestimmen, sondern in Abhängigkeit von ihren Auswirkungen in der konkreten Situation (BGer, 23.12.2009, 4A_479/2009, E. 7: Zwischen 30% und 60% für einen Personenwagen; **a.A.** Casanova, 195 ff., 206 ff.). In Bezug auf den verbleibenden Rest erfolgt die Verteilung nach der Grösse des (Selbst-) Verschuldens der Beteiligten. Das Selbstverschulden des Geschädigten verliert umso mehr an Gewicht, je schwerer ein zusätzliches Verschulden des Haftpflichtigen wiegt (BGE 102 II 256, 260 f.; 97 II 339, 345). Die sektorielle Ermittlung der Haftungsquoten ist mindestens im Bereich der Haftung des Motorfahrzeughalters (vgl. Art. 59 Abs. 2 SVG) heute *ständige Rsp.* (vgl. auch BGer, 30.8.2006, 6S.13/2006, E. 4.4.3; zum Aufeinandertreffen zweier Kausalhaftungen gem. Art. 61 f. SVG BGer, 25.2.2009, 6B_1009/2008, E. 7.5; 6.4.2009, 4A_76/2009, E. 2, 5.2 = njus 2009, 115 ff.; KG VS, HAVE 2014, 154). In der Lehre findet dieser Ansatz ebenfalls Anhänger (vgl. Roberto, Haftpflichtrecht, N 33.18; Oftinger/Stark, I, 390, 468 ff.). – Besondere Zurückhaltung ist im Hinblick auf eine Reduktion wegen Selbstverschuldens unabhängig von der angewandten Methode geboten, wenn eine *(qualifizierte) Gefährdungshaftung* eine besonders strenge Haftung des Schädigers statuiert (Oftinger, 269 f.; BK-Brehm, N 48 ff.).

10a Das **Verschulden von Hilfspersonen** des Geschädigten wird diesem wie eigenes Verschulden zugerechnet (BGE 130 III 591, 603; 116 II 519, 522; Hilfspersonenstellung von Angestellten aber verneint in BGer, 11.3.2010, 6B_1019/2009, E. 4).

11 **Entscheidbeispiele**: BGE 112 Ib 322, 331 (Selbstverschulden verneint bei einem suizidgefährdeten Patienten); 112 II 439, 443 (Selbstverschulden verneint bei einem Fahrzeuglenker, dessen Fahrzeug Baumäste streifte, die gefährlich in die Strasse hineinragten); 113 II 323, 328 (Selbstverschulden bei unangepasster Geschwindigkeit); 113 II 345, 346 (Selbstverschulden, wenn Sicherheitsgurte nicht getragen werden); 121 V 45 ff. (Grobfahrlässigkeit bei Nichttragen des Schutzhelms durch einen Mofafahrer); 123 III 306, 314 ff. (Selbstverschulden bei Kopfsprung in ein untiefes «Plauschbad»); SJ 1992, 327 f. (kein Selbstverschulden durch Karting); BGer, 26.3.2009, 4A_50/2009, E. 2.6 = njus 2009, 101 f. (Reduktion des Schadenersatzes um 30% wegen leichtsinnigen Vertrauens in überhöhte Renditeversprechungen); BGer, 19.8.2010, 6B_43/2010, E. 1 = njus 2010, 76 f. (kein Selbstverschulden durch Einwurf von später entwendeten und betrügerisch missbrauchten Zahlungsaufträgen in einen Briefkasten der Schweizerischen Post im Jahr 2004); BGer, 4.10.2010, 4A_319/2010, E. 3 = njus

2010, 88 f. betr. Produkthaftung (Reduktion des Schadenersatzes um 20% wegen Nichtbefolgen der Bedienungsanleitung); weitere Nw. bei BK-Brehm, N 21 ff.; Gauch/Aepli/Stöckli, N 5 ff.

b) Weitere «Umstände» im Verantwortungsbereich des Geschädigten

Als **weitere Umstände** für eine Reduktion nach Art. 44 Abs. 1 in Frage kommen eine *kausale Mithaftung* des Geschädigten (etwa als Tierhalter oder als Werkeigentümer; vgl. BK-Brehm, N 27 ff.) sowie eine *Betriebsgefahr*, für die der Geschädigte im Rahmen einer Gefährdungshaftung einzustehen hat (insb. der Motorfahrzeughalter; vgl. Keller/Schmied-Syz, 107; BK-Brehm, N 34 ff.; BGE 129 III 65, 69; s.a. N 10). **Streitig** ist die Frage, ob die Betriebsgefahr auch in jedem Fall zu Lasten des Lenkers, der *nicht* Halter ist, berücksichtigt werden muss (vgl. BK-Brehm, N 45; BGE 113 II 323, 329 f.). Siehe zu «schadensgeneigter» Arbeit Art. 43 N 13; zur konstitutionellen Prädisposition N 14. 12

3. «Verschlimmerung» des Schadens

Die Verschlimmerung eines Schadens kann auf schuldhaftes Verhalten des Geschädigten zurückzuführen sein. Ähnlich wie bei der Entstehung eines Schadens aufgrund von Selbst- oder Mitverschulden (vgl. N 7 ff.) kann sich z.B. in der Folge eines Unfalls die Situation für den Geschädigten verschlimmern, wenn er eine erforderliche Operation unterlässt oder sich der angeordneten Nachbehandlung entzieht (vgl. ZK-Landolt, Art. 46 N 229 ff.). Die den Geschädigten treffenden Obliegenheiten zur Eindämmung des Schadens sind als **Schadenminderungs*obliegenheiten*** zu bezeichnen (vgl. BK-Brehm, N 50). Solche Obliegenheiten können über den medizinischen Bereich hinaus etwa auch bestehen in Bezug auf einen Berufs- oder Stellenwechsel des Geschädigten (s. Art. 46 N 6). Ob eine Schadenminderungsobliegenheit im Einzelfall besteht, muss anhand der individuellen *Zumutbarkeit* und unter Berücksichtigung sämtlicher Umstände (z.B. berufliche Fähigkeiten, Bildung, Alter, Anpassungsfähigkeit, Intelligenz etc. des Geschädigten) geprüft werden (zum Berufswechsel BGer, 22.9.2006, 4C.177/2006, E. 2.2.3). Dabei kann auf die Überlegung abgestellt werden, wie sich der Geschädigte verhalten würde, wenn er den Schaden alleine tragen müsste (BGer, 26.6.2006, 4C.83/2006, E. 4 = njus 2006, 30 f.). Schadenminderungsobliegenheiten bestehen unabhängig von einer entsprechenden Aufforderung durch den Haftpflichtigen (BGer, 22.9.2006, 4C.177/2006, E. 2.3, 2.4). Überfordert sich der Geschädigte bei der Wahrnehmung seiner Obliegenheit und vergrössert sich dadurch der Schaden sogar noch, so ist dies nach der Rsp. kein Grund, den Schädiger diesbez. von seiner Haftpflicht zu befreien (BGer, 14.10.2008, 4A_153/2008, E. 3.5 betr. Ausnutzung der verbleibenden Arbeitskraft nach einem Unfall). Überhaupt hat finanzielle Nachteile, die dem Geschädigten aus der (im Einzelfall verhältnismässigen) Schadenminderung entstehen, der Schädiger zu tragen (vgl. CHK-Ch. Müller, Art. 42 N 29 m.w.H.). 13

Die **Beweislast** für eine Verletzung der Schadenminderungobliegenheit trägt der Schädiger (vgl. oben N 3; offengelassen in BGer, 2.11.2006, 4C.236/2006, E. 2 = njus 2007, 37 f.); ein Negativbeweis ist dem Geschädigten nicht zumutbar. Verletzungen der Schadenminderungsobliegenheit sind deshalb grundsätzlich im Rahmen von Art. 44 und nicht bei der Schadensberechnung zu berücksichtigen (Häfliger, 10 f.; vgl. auch BK-Brehm, N 48 f.; BGer, 26.6.2006, 4C.83/2006, E. 4 f.; 22.9.2006, 4C.177/2006, E. 2.4; **a.A.** BGer, 22.6.2004, 4C.3/2004, E. 1.2.2; 9.11.2005, 4C.170/2005, E. 2.2; Hürzeler/Tamm/Biaggi, N 169, 398; Roberto, Haftpflichtrecht, N 30.19; diff. Weber St., HAVE 2004, 307 ff. m.w.H.). Für diese Einordnung sprechen auch der Wortlaut von Art. 44 sowie die Nähe zum Herabsetzungsgrund des Selbstverschuldens. Zu beachten ist aber, dass der adäquate Kausalzusammenhang bei *grobem* Selbstverschulden mit Bezug auf Teile des Schadens unterbrochen werden kann (vgl. Art. 41 N 20 ff.). Der durch eine derart gravierende Verletzung der Schadenminderungsobliegenheit entstandene zusätzliche Schaden ist dem Schädiger nicht zurechenbar und fällt des- 13a halb bereits bei der Schadensberechnung ausser Betracht (vgl. BGer, 22.12.2008, 4A_464/2008, E. 3 = njus 2008, 62). Praktische Relevanz hat dies mit Bezug auf das Quotenvorrecht des Geschädigten (Art. 51 N 25a f.): Fällt ein Schadensteil bereits im Rahmen der Kausalitätsprüfung aus der Schadensberechnung, so kann der Geschädigte ihn auch bei mehreren Haftpflichtigen nicht ersetzt erhalten (zum Ganzen BGer, 2.11.2006, 4C.263/2006, E. 3.2).

14 Zur Verschlimmerung eines Schadens (wie auch zu seiner Entstehung) kann auch die **konstitutionelle Prädisposition** des Geschädigten beitragen (BGE 131 III 12 ff.; zum Begriff Art. 41 N 28), z.B. die psychische Neigung zu *neurotischen* Reaktionen (BK-Brehm, N 59 ff.; Keller/Gabi, 89 f.). Sofern eine Neurose als konstitutionell bzw. vorbestehend zu betrachten ist, kann gestützt darauf eine Reduktion nach Art. 44 Abs. 1 erfolgen (vgl. BGer, 27.2.2007, 4C.402/2006, E. 4 f.; **a.A.** CR CO I-Werro, N 33 f.). Wird indessen eine Neurose erst infolge eines Schadensereignisses (einschliesslich der Verhandlungen über die Schadenregulierung) *geschaffen*, so ist auf eine Reduktion zu verzichten. Eine Berücksichtigung darf ebenfalls nicht mehr erfolgen, soweit die Prädisposition bereits in die Schadensberechnung eingeflossen ist (s. Art. 42 N 2a; für eine generelle Verlagerung auf die Ebene der Schadensberechnung Oftinger/Stark, I, 401 f., 141 ff.). Einer Prädisposition ist im Rahmen von Art. 44 Rechnung zu tragen, wenn der Schaden «ohne den Unfall voraussichtlich überhaupt nicht eingetreten» wäre. Dann bleibt der Haftpflichtige dafür zwar mit Blick auf die Kausalität und die Schadensberechnung «auch dann voll verantwortlich, wenn der krankhafte Vorzustand den Eintritt des Schadens begünstigt oder dessen Ausmass vergrössert hat» (BGE 131 III 12, 14; BGer, 28.8.2007, 4C.49/2007, E. 5.1.2 = njus 2007, 32; BGer, 29.8.2008, 6B_229/2008, E. 3). Der Schadenersatz kann aber nach Art. 44 Abs. 1 herabgesetzt werden, wenn es nach den Umständen unbillig erschiene, den Haftpflichtigen den ganzen Schaden tragen zu lassen, z.B. bei einem offensichtlichen Missverhältnis zwischen der Schadensursache und dem Ausmass des eingetretenen Schadens (vgl. BGer, 27.11.2008, 4A_311/2008, E. 2 = njus 2008, 60; BGer, 25.3.2009, 4A_45/2009, E. 3 f. = njus 2009, 47 ff.; s.a. BGE 113 II 86, 92; BGer, 27.2.2007, 4C.402/2006, E. 5). Bei einer Herabsetzung ist die Grösse des Verschuldens des Schädigers in Relation zum Anteil der Prädisposition an der Kausalität zu setzen (BGer, 14.10.2008, 4A_153/2008, E. 3.4).

4. Erschwerte Stellung des Haftpflichtigen

15 Als letzten ausdrücklichen Grund für eine Reduktion nach Art. 44 Abs. 1 nennt das Gesetz die **Erschwerung der «Stellung des Ersatzpflichtigen»** durch Umstände, für die der Geschädigte einstehen muss. Dieser Ermässigungsgrund spielt neben den vorgenannten eine *untergeordnete Rolle*. Darunter fallen etwa Beweiserschwerungen zu Lasten des Schädigers (z.B. mit Bezug auf eine Vorteilsanrechnung) oder eine fehlende Versicherung, die der Geschädigte (obligatorisch) hätte abschliessen müssen (Bsp.: Nicht ausreichende Feuerversicherung; BGE 103 II 330, 336; BK-Brehm, N 64 f.).

III. Rechtsfolgen gemäss Art. 44 Abs. 1

16 Liegt ein Reduktionsgrund vor, so kann der Richter den zu leistenden Schadenersatz **herabsetzen** oder von einer Leistungspflicht **gänzlich entbinden**. Dabei kommt ihm erhebliches Ermessen zu (BGE 130 III 182, 191). Dessen Ausübung – namentlich bei der Abwägung und Gegenüberstellung des Verschuldens des Schädigers und des Selbstverschuldens des Geschädigten – ist vom BGer *frei überprüfbar* (BGE 111 II 89, 90 ff.; 113 II 323, 328). Führt ein als Reduktionsgrund in Frage kommender Umstand nicht zur Unterbrechung des Kausalzusammenhangs, dürfte i.d.R. nur eine *Ermässigung* der Schadenersatzpflicht (und keine gänzliche Entbindung davon) in Frage kommen.

IV. Notlage des Haftpflichtigen: Art. 44 Abs. 2

Würde ein Haftpflichtiger durch Leistung von Schadenersatz in eine **Notlage** versetzt, so kann das Gericht auch aus diesem Grund eine *Reduktion* des Schadenersatzes vornehmen. Voraussetzung ist nach dem Wortlaut des Gesetzes allerdings, dass der Schaden *«weder absichtlich noch grobfahrlässig verursacht»* worden ist. Sogenanntes mittleres Verschulden (s. Art. 41 N 48 ff.) schliesst eine Reduktion gestützt auf Art. 44 Abs. 2 noch nicht aus (BGE 100 II 332, 338 = Pra 1975, 196). Für eine Herabsetzung des Schadenersatzes bedarf es einer bevorstehenden *Notlage* des Schädigers. Diese ist von ihm zu beweisen. Was unter einer «Notlage» zu verstehen ist, liegt im Ermessen des Gerichts. Zwar ist nicht erforderlich, dass der Ersatzpflichtige bei Leistung des in Frage kommenden Schadenersatzes der Sozialhilfe anheimfallen würde (ZK-OSER/SCHÖNENBERGER, N 13; BK-BREHM, N 70 ff.; OFTINGER/STARK, I, 408: Grundsätzlich keine Notlage, solange noch pfändbares Vermögen vorhanden ist). Andererseits genügt es nicht, dass der Schädiger nur vorübergehend in Geldschwierigkeiten gerät (BGE 59 II 461, 467). Sodann ist im Hinblick auf eine Reduktion auch die (Not-) Lage des Geschädigten zu berücksichtigen (OFTINGER/STARK, I, 408: «Wenn entweder der Geschädigte oder der Haftpflichtige von einer Notlage bedroht ist, ist sie dem Haftpflichtigen zuzuschieben.»; KELLER/GABI, 112 f.; vgl. auch REY, N 433 ff.) Ist über den Schädiger bereits der Konkurs eröffnet worden oder steht dieser ohnehin bevor, so scheidet eine Reduktion der Ersatzpflicht nach Art. 44 Abs. 2 aus (CHK-CH. MÜLLER, N 10). 17

Soweit **Versicherungsschutz** besteht, ist es sowohl dem Schädiger als auch dem Versicherer verwehrt, sich auf eine Notlage gem. Art. 44 Abs. 2 zu berufen (BGE 113 II 323, 328). 18

Für den Fall, dass sich nach Leistung eines wegen drohender Notlage herabgesetzten Schadenersatzes die **Verhältnisse des Schuldners verbessern**, wird von einem Teil der Lehre ein *Nachklagerecht* oder die Möglichkeit eines *Rektifikationsvorbehalts* im Urteil postuliert (vgl. KELLER/GABI, 112 f.; VON TUHR/PETER, 105; vgl. Art. 46 N 16 ff. sowie ZK-LANDOLT, Vor Art. 45/46 N 331 ff.). Da eine gesetzliche Grundlage für eine solche Lösung fehlt, fallen Rektifikationsvorbehalt und Nachklagerecht ausser Betracht (ZK-OSER/SCHÖNENBERGER, N 14; BK-BREHM, N 77). Ist eine Vermögensverbesserung auf Seiten des Schädigers schon zur Zeit der Urteilsfällung absehbar, so wird man besser auf eine Reduktion des Schadenersatzes verzichten (OFTINGER, 272; ähnlich BK-BREHM, N 77). 19

Art. 45

V. Besondere Fälle
1. Tötung und Körperverletzung
a. Schadenersatz bei Tötung

1 Im Falle der Tötung eines Menschen sind die entstandenen Kosten, insbesondere diejenigen der Bestattung, zu ersetzen.

2 Ist der Tod nicht sofort eingetreten, so muss namentlich auch für die Kosten der versuchten Heilung und für die Nachteile der Arbeitsunfähigkeit Ersatz geleistet werden.

3 Haben andere Personen durch die Tötung ihren Versorger verloren, so ist auch für diesen Schaden Ersatz zu leisten.

V. Cas particuliers
1. Mort d'homme et lésions corporelles
a. Dommages-intérêts en cas de mort

1 En cas de mort d'homme, les dommages-intérêts comprennent les frais, notamment ceux d'inhumation.

2 Si la mort n'est pas survenue immédiatement, ils comprennent en particulier les frais de traitement, ainsi que le préjudice dérivant de l'incapacité de travail.

3 Lorsque, par suite de la mort, d'autres personnes ont été privées de leur soutien, il y a également lieu de les indemniser de cette perte.

V. Casi speciali
1. Morte e lesione corporale
a. Risarcimento in caso di morte

1 Nel caso di morte di un uomo, si dovranno rimborsare le spese cagionate, in ispecie quelle di sepoltura.

2 Ove la morte non segua immediatamente, dovranno risarcirsi specialmente anche le spese di cura e i danni per l'impedimento al lavoro.

3 Se a cagione della morte altre persone siano private del loro sostegno, dovrà essere risarcito anche questo danno.

Literatur

BEAUVERD, L'action des proches en réparation de la perte de soutien et du tort moral (art. 45 al. 3 et 47 CO), Diss. Freiburg 1987; DENGER/SCHLUEP, Berücksichtigung der aufgelaufenen Teuerung beim Ersatz von Versorgungsschäden, ZBJV 1995, 503 ff.; EICHENBERGER, Der Versorgerschaden und die besonderen haftungs- und versicherungsrechtlichen Bestimmungen des Strassenverkehrsgesetzes, Jusletter vom 26.7.2010; FISCHER, Berechnungsvorschläge zum Versorgungsschaden aus der Praxis, in: Weber St. (Hrsg.), HAVE Personen-Schaden-Forum 2012, Zürich 2012, 19 ff; FULLIN/WYSSMANN/ZIGERLI, Berechnung des Versorgungsschadens – Ist einfach auch richtig?, in: Weber St. (Hrsg.), HAVE Personen-Schaden-Forum 2012, Zürich 2012, 67 ff.; GUYAZ, La perte du soutien en pratique, in: Werro/Pichonnaz (Hrsg.), Le préjudice corporel, Bern 2009, 39 ff. (zit perte); DERS., Le remariage de la personne soutenue, HAVE 2010, 110 ff. (zit. HAVE 2010); HEIERLI et al., Haftpflicht- und Privatversicherungsrecht, Entwicklungen 2010, Bern 2011 (zit. njus 2010); HERRMANN, Haftpflichtrechtliche Überlegung zur Beeinträchtigung in der Haushaltsführung, in: Weber St. (Hrsg.), HAVE Personen-Schaden-Forum 2013, Zürich 2013, 133 ff.; HÜRZELER/TAMM/BIAGGI, Personenschadensrecht, Basel 2010; SCHAER, Der Versorgerschaden in einer sich wandelnden Wertordnung, in: Antoniazzi (Hrsg.), Mélanges Assista, Genf 1989, 69 ff.; SCHAETZLE, Wie künftig Lohn- und Kostenentwicklungen sowie Pensionskassenleistungen zu berücksichtigen sind, HAVE 2006, 136 ff.; SCHAETZLE/WEBER, Kapitalisieren, Handbuch zur Anwendung der Barwerttafeln, 5. Aufl., Zürich 2001; STAUFFER/SCHAETZLE, Barwerttafeln, 6. Aufl., Zürich 2013 (zit. Schaetzle/Weber); STEHLE, Der Versorgungsschaden, Diss. Freiburg 2010 (zit. Diss.); DERS., Kritisches zum Recht des Versorgungsschadens, HAVE 2010, 98 ff. (zit. HAVE 2010); DERS., Die Berechnung des Versorgungsschadens: Drei neue Faktoren, in: Weber St. (Hrsg.), HAVE Personen-Schaden-Forum 2012, Zürich 2012, 115 ff. (zit. Berechnung); WEIMAR, Der Begriff des Versorgers nach Art. 45 Abs. 3 OR, in: FS für Max Keller, Zürich 1989, 337 ff.; WERRO, Le dommage, l'indemnité et les frais funéraires, FZR 2010, 1 ff.; ZEN-RUFFINEN, La perte de soutien, Diss. Bern 1979.

I. Anwendungsbereich

1 Art. 45 ist aufgrund des Verweises in Art. 99 Abs. 3 auch auf **Vertragsverletzungen** anwendbar. Teile der Lehre und die aktuelle Rsp. unterstellen die Geltendmachung eines *Versorgerschadens* ausschliesslich den ausservertraglichen Regeln, wenn der Ansprecher nicht Vertragspartner des Schädigers ist (BGE 64 II 200, 202; BGer, 18.1.2000, 4C.194/1999, E. 5; BK-BREHM, N 29 f.; OFTINGER/STARK, I, 692; vgl. auch BGE 123 III 204, 206; **a.A.** GAUCH/SCHLUEP/SCHMID/EMMENEGGER, N 2894; A. KOLLER, OR AT, § 61 N 27 f.; BK-WEBER, Art. 99 N 192; BSK OR I-WIEGAND, Art. 100 N 20). Unter Vorbehalt allfälliger Verträge mit Schutzwirkung für Dritte (dazu abl. SCHWENZER, N 87.01 ff.) ist dem zuzustimmen. Der Anspruch auf Ersatz des Versorgerschadens entsteht den Versorgten aus *eigenem* Recht (s. N 7), mangels eigener Vertragsbeziehung zum Schädiger also ausservertraglich. Verletzt der Schädiger dagegen durch die Tötung des Versorgers einen Vertrag mit den Versorgten, so besteht Anspruchskonkurrenz zwischen vertraglicher und ausservertraglicher Haftung. Auf einen vertraglichen Anspruch auf Ersatz des Versorgerschadens sind die vertraglichen Regeln anwendbar, insb. hinsichtlich Verjährung (**a.A.** ZK-LANDOLT, Vor Art. 45/46 N 172).

II. Sofortige Tötung

1a Wird ein Mensch durch ein schädigendes Ereignis unmittelbar getötet, so haben dessen **Erben** zunächst lediglich Anspruch auf Ersatz der Bestattungskosten. Aus der Tatsache, dass das Opfer seines Lebens beraubt wird, erwächst diesem und demzufolge seinem Nachlass *kein Schadenersatzanspruch*. Ggf. können einzelne Personen aus *eigenem* Recht einen Versorgerschaden geltend machen (s. N 7 ff.), und den Angehörigen eines Getöteten kann im Rahmen von Art. 47 eine Geldsumme als Genugtuung zugesprochen werden. Art. 45 ist nicht eine Haftungs-, sondern eine *Schadenersatznorm*, welche die Haftung des Ersatzpflichtigen voraussetzt (BK-BREHM, N 6).

1. Bestattungskosten

2 Im Falle der Tötung eines Menschen hat der Haftpflichtige die Bestattungskosten zu ersetzen. Zwar muss jeder Mensch einmal sterben, doch liegt hier der Schaden darin, dass die **Kosten**

infolge Tötung **früher entstehen**, als dies ohne das Schadensereignis der Fall gewesen wäre («Verfrühungsschaden»). Nach Gesetzeswortlaut sind die für eine landes- und standesübliche Beisetzung notwendigen Aufwendungen vollumfänglich zu übernehmen. Wäre der Getötete *in naher Zukunft* eines natürlichen Todes verstorben, so kann dieser «Umstand» zu einer *Reduktion* im Rahmen der Schadenersatzbemessung nach Art. 44 führen (so auch BK-BREHM, N 7 ff.). Im Übrigen ist aber Zurückhaltung geboten, was eine Differenzierung der Schadenersatzbemessung im Lichte der unfallbedingt «vorbezogenen Beerdigungskosten» betrifft (BGE 135 III 397, 401 ff. = Pra 2010, 45 ff.: Keine Diskontierung anhand der statistischen Lebenserwartung; vgl. dazu WERRO; ZK-LANDOLT, N 22: Kein Einwand der überholenden Kausalität; REY, N 281 f.: Keine Vorteilsanrechnung). Möglich ist dagegen eine auf Art. 44 Abs. 1 gestützte Reduktion der zu ersetzenden Bestattungskosten wegen mitwirkenden Verschuldens des Getöteten (BGE 113 II 323, 338).

Zu ersetzen sind die **orts- und standesüblichen** Kosten der Bestattung. Sie fallen in den Nachlass (Art. 474 Abs. 2 ZGB). Die Erben können dafür *als Rechtsnachfolger* gegenüber dem Schädiger einen Ersatzanspruch geltend machen (BK-BREHM, N 21). Dazu gehören Kosten für Todesanzeigen, die Beerdigung, das Traueressen, das Grabmal und dgl. (BGE 113 II 323, 338; 95 II 306, 308). Nicht zu den Bestattungskosten gehören nach der Rsp. des BGer die Kosten für den *Grabunterhalt* (BGE 113 II 323, 338). Was die Trauerkleider betrifft, so sind diese nach der Rsp. voll zu ersetzen, wenn eine anderweitige Verwendbarkeit der Kleider eher unwahrscheinlich ist und die Angehörigen nicht ohnehin Trauerkleider angeschafft hätten (BGE 113 II 323, 339; **a.A.** BK-BREHM, N 22: Keine Entschädigungspflicht für Trauerkleider, aber evtl. Berücksichtigung bei der Festsetzung der Genugtuungssumme; vgl. auch ZK-LANDOLT, N 29). Eine Ausweitung des Ersatzanspruchs für Trauerkleider (oder gar Kosten für die Anreise zur Beerdigung) auf Nicht-Erben ist abzulehnen (**a.A.** KUKO OR-SCHÖNENBERGER, N 4). 3

2. Weitere Kosten

Weitere Kosten sind nach Art. 45 Abs. 1 ebenfalls zu ersetzen, sofern sie direkt **mit dem Todesfall zusammenhängen**. Zu denken ist z.B. an eine Leichenschau oder den Transport des Leichnams. Folgeschäden – wie namentlich das Ausbleiben eines weiteren Zuwachses des Vermögens des Getöteten – können gestützt auf Art. 45 Abs. 1 *nicht* ersetzt werden (vgl. BK-BREHM, N 36 ff.). Hingegen kann Schadenersatz für den Nervenschock einer Person geschuldet sein, wenn diese durch die Tötung (z.B. eines Kindes) *selber in einem absoluten Recht* – namentlich in der körperlichen Integrität – beeinträchtigt wird (Art. 46; BGE 112 II 118, 128 f.; s. Art. 41 N 9). Wird umgekehrt nur der Ersatz der Bestattungskosten (und kein Versorgerschaden) geltend gemacht, so ist ein allenfalls eingesparter Unterhalt *nicht* anzurechnen, den die Eltern eines Getöteten infolge von dessen Tod nicht mehr aufzubringen haben (BGE 112 Ib 322, 329 f.); insoweit findet also keine «Vorteilsanrechnung» statt. 4

3. Versorgerschaden

Verliert jemand durch die Tötung den Versorger, so ist gestützt auf Art. 45 Abs. 3 Schadenersatz zu leisten (s. N 7 ff.). 5

III. Körperverletzung mit späterer Todesfolge

Führt eine Körperverletzung später zum Tod der verletzten Person, so sind den Erben neben den Kosten gem. Art. 45 Abs. 1 die Kosten zu ersetzen, die **seit dem Schadensereignis** bis zum Tod ereignisbedingt entstanden sind, namentlich Kosten der versuchten Heilung, Nachteile aus Arbeitsunfähigkeit (s. im Einzelnen Art. 46) sowie ggf. ein Versorgerschaden. – Entgegen früherer Gerichtspraxis (vgl. z.B. BGE 54 II 138, 141) ist die Aufzählung in Art. 45 6

Abs. 2 *nicht abschliessend* (ebenso HONSELL/ISENRING/KESSLER, Haftpflichtrecht, § 8 N 87; ZK-LANDOLT, Vor Art. 45/46 N 45).

IV. Versorgerschaden

1. Besonderes Klagerecht

7 Das Gesetz durchbricht in Art. 45 Abs. 3 den Grundsatz, wonach nur direkt Geschädigte (oder deren Erben als Rechtsnachfolger) Schadenersatz beanspruchen können. Die Versorgten, die aufgrund der Tötung ihres Versorgers einen Schaden geltend machen, sind nur **indirekt Betroffene** oder sog. **Reflexgeschädigte** (KELLER/GABI, 100; **a.A.** ZK-LANDOLT, Vor Art. 45/46, N 106 ff.), denn ihre Vermögensinteressen sind vom Schutzzweck von Normen, welche das Leben schützen, nicht umfasst. Auch wenn sie gleichzeitig Erben des Toten sind, haben sie gestützt auf Art. 45 Abs. 3 einen Anspruch auf Ersatz von Versorgerschaden aus *eigenem* Recht und nicht als Rechtsnachfolger des Toten (vgl. BK-BREHM, N 31 f.; ZK-LANDOLT, Vor Art. 45/46, N 117; OFTINGER/STARK, I, 334 f.).

2. Voraussetzungen des Versorgerschadens

a) Versorgereigenschaft der getöteten Person

8 Ein Versorgerschaden kann nur geltend gemacht werden, wenn die getötete Person in bedeutendem Umfang **tatsächlicher Versorger** des Anspruchsberechtigten gewesen ist oder in Zukunft geworden wäre (**hypothetischer Versorger**; z.B. ein Kind im Verhältnis zu seinen Eltern, vgl. BGE 112 II 118, 122). Für die Qualifikation als Versorger kommt es nicht darauf an, ob eine gesetzliche oder vertragliche Unterstützungspflicht bestanden hat (BGE 114 II 144, 146). Es genügt, dass eine regelmässige (**a.A.** STEHLE, Diss., N 195 ff.), freiwillige Unterstützung erfolgt ist oder in Zukunft erfolgt wäre. Auch Verlobte oder Konkubinatspartner kommen deshalb als Versorger in Frage (vgl. BGE 114 II 144, 148; m.w.Nw. BK-BREHM, N 98a ff.; GAUCH/AEPLI/STÖCKLI, N 5 f.; REY, N 290). Die Frage, ob ein Konkubinatspartner dann *keinen* Anspruch auf Entschädigung für den Versorgerschaden erheben könnte, wenn das Verhältnis rechtswidrig war oder die Versorgungsleistungen aus «unmoralischen Gründen» erbracht worden sind (vgl. BGE 114 II 144, 147 m.w.Nw.), ist aufgrund der gewandelten Moralvorstellungen überholt (vgl. BK-BREHM, N 153; CR CO I-WERRO, N 18; ZEN-RUFFINEN, 48). Versorgereigenschaft kann auch einer Person zukommen, die **indirekt** Unterstützungsbeiträge geleistet hat, z.B. durch Mitwirkung im *Haushalt* (bzw. Führen desselben) oder im *Gewerbe* des Ehegatten (BGE 127 III 403 ff.; 129 II 145, 147; BGer, 12.3.2002, 4C.195/2001, E. 5; 9.2.2010, 4A_523/2009, E. 8 = njus 2010, 33 f.; vgl. ZK-LANDOLT, N 277 ff.; s.a. Art. 42 N 3a).

b) Unterstützungsbedürftigkeit des Versorgten

9 Die versorgte Person muss tatsächlich **unterstützungsbedürftig** sein oder dies – beim hypothetischen Versorger – voraussichtlich in Zukunft werden. Eine Bedürftigkeit wird dann angenommen, wenn nach dem Tod des Versorgers die *bisherige (standesgemässe) Lebensweise* nicht mehr beibehalten (BGE 113 II 323, 334), nicht aber, wenn bloss das Vermögen nicht weiter vergrössert werden kann (ZEN-RUFFINEN, 41).

10 Dabei ist dem Umstand Rechnung zu tragen, dass gewisse fixe Kosten unverändert weiterlaufen und deshalb die Kosten der überlebenden Person höher sind als ihr Anteil an bisherigen gemeinsamen Ausgaben (BGE 113 II 323, 334). **Übermässige Ausgaben**, selbst wenn sie bisher tatsächlich getätigt worden sind, fallen grundsätzlich nicht in den Rahmen einer standesgemässen Lebensweise (BGE 59 II 461, 463). In sehr begüterten Kreisen können aber auch hohe Ausgaben standesgemäss sein (vgl. BK-BREHM, N 49). Keine übermässigen Ausgaben liegen sodann dort vor, wo eine Person wegen des Todes des Ehegatten ein Haus mit

Umschwung nicht gegen eine Mietwohnung eintauscht (BGE 102 II 90, 93 ff.). Ob und in welchem Ausmass die Anstellung einer Haushälterin gerechtfertigt ist, hängt von den konkreten Umständen ab (BGE 102 II 90, 92 f.; vgl. BK-Brehm, N 51 f.; Keller/Gabi, 103; Rey, N 299; vgl. auch N 8).

Die Unterstützungsbedürftigkeit kann ausnahmsweise **abnehmen oder gar entfallen**, wenn der standesgemässe Lebensunterhalt durch *andere Einkünfte* gesichert oder gesteigert wird. Wenn Hinterlassene infolge des Todes ihres Versorgers ein Vermögen früher erben oder den güterrechtlichen Liquidationsanteil vorzeitig erwerben, so ist der zusätzliche *Vermögensertrag* vom Versorgerschaden in Abzug zu bringen (BGE 99 II 207, 210 = Pra 1973, 631; 95 II 411, 416 = Pra 1970, 146; BK-Brehm, N 55 ff.; ZK-Landolt, N 315 ff.; Oftinger/Stark, I, 270, 341; krit. Schaer, 70 ff.; abw. BGE 62 II 58 ff.). Durch vorzeitigen Antritt einer Erbschaft kann die Versorgungsbedürftigkeit i.S.v. Art. 45 Abs. 3 gänzlich entfallen, so dass kein Versorgerschaden mehr geltend gemacht werden kann (diff. Schaer, 70 ff.). Ist der Versorgte Begünstigter aus einer *Summenversicherung* (insb. Lebensversicherung), so kann die daraus erfolgende Leistung mit Blick auf Art. 96 VVG grundsätzlich nicht an den Versorgerschaden angerechnet werden (BGE 119 II 361 ff.; 128 III 34, 36; ZK-Landolt, N 375 ff.; KUKO OR-Schönenberger, N 9; s.a. Art. 46 N 9c). Ob ausnahmsweise bei einer hohen Versicherungssumme, die eine über den Rahmen der standesgemässen Lebensweise hinausgehende Bereicherung zur Folge hat, eine Anrechnung erfolgen darf, ist **str**. (vgl. m.w.H. BK-Brehm, N 63 ff.). 11

3. *Berechnung des Versorgerschadens*

Für die Berechnung des Versorgerschadens ist zu bestimmen, welchen Betrag der Versorger dem Versorgten während welcher Zeit netto, d.h. unter Abzug allfälliger Gegenleistungen (BGE 101 II 257, 260; vgl. Stehle, Diss., N 494 ff.), zugewendet hätte (Keller/Schmied-Syz, 92). Gegenstand der Ersatzpflicht ist der **konkrete Schaden**, der sich aus dem Verlust des Versorgers ergibt (BGE 95 II 411, 416 = Pra 1970, 146). Die Lage des Versorgten nach dem Tode des Versorgers ist mit der Situation zu vergleichen, in der Ersterer sich befände, wenn Letzterer nicht vorzeitig verstorben wäre (BGE 101 II 257, 260 = Pra 1975, 667). Als *Faktoren* für die Berechnung des Versorgerschadens kommen namentlich folgende Kriterien in Betracht (vgl. Schaetzle/Weber, 177 ff.; Oftinger/Stark, I, 342 ff.; Stehle, Diss., N 320 ff.): Mutmassliches Einkommen des Verstorbenen; mutmassliche Unterstützungsquote (s. N 14); Dauer der Unterstützung; «Reduktionsgründe» auf Seiten des Versorgten (z.B. später zur Auszahlung gelangende Erbschaftsanteile; Aussichten auf Wiederverheiratung; Wegfall des Erfordernisses einer Haushaltshilfe; s. im Einzelnen Stehle, Diss., N 636 ff.). Der Umstand, dass eine Frau nach dem Tod ihres Ehegatten eine Arbeit gegen Entgelt aufnimmt, vermag für sich allein eine Herabsetzung der Entschädigung für Versorgerschaden nicht zu rechtfertigen (BGE 119 II 361, 366 ff.; s. aber zur «Eigenversorgungsobliegenheit» Stehle, Diss., N 780 ff.). Siehe zur Berücksichtigung der Steuerlast ZK-Landolt, N 309 ff.; Stehle, Diss., N 399 ff., 835 ff. 12

Für die *Berechnung des mutmasslichen Einkommens* des Verstorbenen ist grundsätzlich auf den **Todestag** abzustellen (BGE 101 II 346, 351 = Pra 1975, 744; 84 II 292, 300 ff.; **a.A.** Keller/Gabi, 80; ZK-Landolt, N 180 ff.). Jedoch können auch Tatsachen berücksichtigt werden, die zwischen Todestag und Urteil der letzten Tatsacheninstanz eingetreten sind, etwa die Wiederverheiratung eines hinterbliebenen Ehegatten (BGer, 19.12.1995, NZZ v. 15.3.1996, Nr. 63, 15) oder die in dieser Periode eingetretene Teuerung (BGE 124 III 222, 228 f.). Hinzu können hypothetische Überlegungen kommen, namentlich was eine erwartete Reallohnsteigerung und mögliche Karriereentwicklung betrifft (vgl. dazu Schaetzle). Auch bei der Berechnung eines künftigen *Haushaltsschadens* (s. Art. 42 N 3a) ist die zu erwartende Reallohnentwicklung von Ersatzkräften in der Hauswirtschaft bis ins Jahr, in dem die getötete Person das Pensionsalter erreicht hätte (dazu Art. 46 N 9), zu berücksichtigen. Dabei kann von einer 13 generellen jährlichen Lohnsteigerung von 1% ausgegangen werden (BGE 132 III 321, 333 ff.). Eine Berücksichtigung der Reallohnsteigerung über die Teuerung hinaus kann jedoch allg. nur erfolgen, wenn konkrete Hinweise auf die Lohnentwicklung in der Branche der Versorgers vorliegen, aus denen sich folgern lässt, dass das Nettoeinkommen über die Teuerung hinaus Jahr für Jahr linear zugenommen hätte (BGer, 26.1.2010, 4A_481/2009, E. 4.2.2 = njus 2010, 29 ff.; vgl. auch BGE 129 III 135, 146 = Pra 2003 351; BGer, 13.6.2008, 4A_116/2008, E. 3; **a.A.** SCHAETZLE, 138; vgl. auch ZK-LANDOLT, Art. 46 N 633 ff.; STEHLE, Diss., N 383 ff.). Die Beweislast für künftige Reallohnsteigerungen liegt beim Ansprecher (BGer, 26.1.2010, 4A_481/2009, E. 4.2.1 = njus 2010, 29 ff.). Nach der Rsp. des BGer ist auch mit Blick auf erwartete Karriereentwicklungen Zurückhaltung geboten, da ungewiss ist, ob der Versorger am Urteilstag in der erwarteten Weise arbeitsfähig gewesen wäre (BGE 97 II 123, 131 = Pra 1971, 671; 119 II 361 ff.; vgl. auch 124 III 222, 228 f.; s. im Einzelnen STEHLE, Diss., N 377 ff.). Was die Teuerung betrifft, die zwischen dem Schadensereignis und dem Urteilstag eingetreten ist, ist beim Versorgerschaden auf das Einkommen zur Zeit des Todes abzustellen und die bisherige Teuerung gleich wie die zukünftige zu berücksichtigen (BGE 113 II 323, 333). Grundsätzlich hat der Geschädigte die Wahl, ob er den Versorgerschaden in Form der *Rente* oder – was die Regel darstellt – als *einmalige Kapitalleistung* ersetzt haben will (BGE 125 III 315, 321 f.; anders noch 117 II 609, 625 f.; vgl. zur Kapitalisierung 126 II 237 ff. und N 16). Wählt er eine Kapitalabfindung, ist die künftige Teuerung nicht zu berücksichtigen (BGE 113 II 323, 332; krit. DENGER/SCHLUEP, 506 ff.).

14 Bez. der **mutmasslichen Unterstützungsquote** ist abzuschätzen, welchen Teil des Einkommens der Verstorbene dem Ansprecher zugewendet hätte (vgl. BK-BREHM, N 141 ff.; STEHLE, Diss., N 411 ff.). Stirbt z.B. ein *Ehegatte*, so ergibt sich wegen der Berücksichtigung von Fixkosten nach der Rsp. i.d.R. ein Versorgerschaden von über 50% (BGE 113 II 323, 334; anders ohne Problematisierung BGer, 9.2.2010, 4A_523/2009, E. 8 = njus 2010, 33 f.: 50%). Pro Kind kann in normalen Verhältnissen mit einer Unterstützungsquote von 10–15% gerechnet werden (vgl. BK-BREHM, N 143 ff.; ZK-LANDOLT, N 263). Alle Unterstützungsquoten zusammen dürften selten mehr als 70% ausmachen (vgl. REY, N 298; ZK-LANDOLT, N 265). Diese von der Rsp. entwickelten Quoten sind im Einzelfall mit Blick auf die konkreten Umstände zu differenzieren (vgl. ZK-LANDOLT, N 195 ff., 249 ff.: Abstrakte Versorgungsquoten bloss als «Kontrollgrössen»). Wesentliche Anhaltspunkte können hierbei die bereits geleisteten Unterstützungsbeiträge bieten.

15 Schliesslich ist die **mutmassliche Dauer der Unterstützung** festzulegen. Beim tatsächlichen Versorger ist nur das Ende der Unterstützung, beim hypothetischen auch deren Beginn abzuschätzen. Je nach dem konkreten Fall sind zu berücksichtigen: Beginn der Erwerbstätigkeit des Versorgers, Chancen auf Wiederverheiratung (BGE 113 II 323, 335; m.w.Nw. ZK-LANDOLT, N 129 ff.; krit. CHK-CH. MÜLLER, N 15), Lebenserwartung des Ansprechers, Lebenserwartung und Aktivitätsdauer des Versorgers (vgl. Art. 46 N 9), andere Faktoren wie z.B. Krankheit der versorgten Person (vgl. im weiteren SCHAETZLE/WEBER, 423 ff.; STEHLE, Diss., N 428 ff.). Berücksichtigt werden kann auch, wenn die Unterstützung voraussichtlich aufgrund einer sich konkret anbahnenden Trennung oder Scheidung zeitlich begrenzt gewesen wäre (vgl. CR CO I-WERRO, N 36 m.w.H.).

16 Die voraussichtlichen jährlichen Versorgerleistungen werden meistens auf die statistisch zu erwartende Dauer der Versorgung **kapitalisiert** (BGE 126 II 237, 240; 124 III 222 ff.). Für den Beginn der Rentenlaufzeit ist der *Todestag* massgebend (OFTINGER/STARK, I, 362 N 350; BK-BREHM, N 94; REY, N 304; DESCHENAUX/TERCIER, 237). Wird für die Kapitalisierung stattdessen auf das hypothetische Alter des Verstorbenen im Urteilszeitpunkt abgestellt, so kommt ein Abzug vom Versorgerschaden wegen anderweitiger Todesrisiken in der Zeit zwischen der Tötung und der Kapitalisierung des Versorgerschadens in Frage (BGer, 5.7.2010, 4A_90/2010, E. 7.2 = njus 2010, 38 ff.). Als Richtschnur für die Kapitalisierung dienen das Standardwerk «Barwerttafeln» von STAUFFER/SCHAETZLE sowie das dazugehörige Hand-

buch von SCHAETZLE/WEBER (vgl. auch HÜRZELER/TAMM/BIAGGI, N 177 ff.; ZK-LANDOLT, Vor Art. 45/46 N 254 ff.; Art. 45 N 268 ff.). Für die Versorgerrente eines Ehepartners pflegt das BGer i.d.R. auf die Aktivitätsdauer abzustellen. Beim Tod des haushaltsführenden Ehegatten wird ein Mittel zwischen Aktivität und Mortalität angenommen (BGE 108 II 434, 441 = Pra 1983, 141) oder auf andere Weise eine Beschränkung der Kapitalisierung bis zum 65. Altersjahr vorgenommen (BGE 113 II 323, 337; vgl. dazu auch Art. 46 N 9). Für die Berechnung ist das Todesfallrisiko sowohl von Versorger als auch von versorgter Person zu berücksichtigen und entsprechend der Koeffizient auf verbundene Leben zu verwenden (vgl. BGE 77 II 40 ff.). Kinderrenten sind je nach den Verhältnissen und der voraussichtlichen Berufswahl des Kindes bis zu einem Zeitpunkt zwischen dem 18. und 25. Altersjahr des versorgten Kindes zu berechnen (SCHAETZLE/WEBER, 219).

Soweit die überlebende Person im Zusammenhang mit dem Tod des Versorgers pekuniäre Vorteile erfährt, wird bei der Schadensermittlung allg. eine **Vorteilsanrechnung** bejaht (vgl. ZK-LANDOLT, N 308 ff.; STEHLE, Diss., N 771 ff.). Hinfällig gewordene Gegenleistungen oder Aufwendungen sind in Abzug zu bringen (vgl. BGE 112 II 118, 122 zum künftigen Versorgerschaden von Eltern eines verstorbenen Kindes). Ebenfalls anzurechnen ist ein Ertrag aus *erbrechtlichem* Erwerb, nicht jedoch die Auszahlung einer *Summenversicherung* (s. N 11). Zur *Bemessung* des Ersatzes, insb. mit Blick auf ein Selbstverschulden des Versorgers, s. ZK-LANDOLT, N 388 ff.; STEHLE, Diss., N 820 ff. 17

Bez. einer **Mehrheit von Versorgern** s. BK-BREHM, N 69 ff., 83 ff.; SCHAETZLE/WEBER, 472 ff. 18

Art. 46

b. Schadenersatz bei Körperverletzung

[1] Körperverletzung gibt dem Verletzten Anspruch auf Ersatz der Kosten, sowie auf Entschädigung für die Nachteile gänzlicher oder teilweiser Arbeitsunfähigkeit, unter Berücksichtigung der Erschwerung des wirtschaftlichen Fortkommens.

[2] Sind im Zeitpunkte der Urteilsfällung die Folgen der Verletzung nicht mit hinreichender Sicherheit festzustellen, so kann der Richter bis auf zwei Jahre, vom Tage des Urteils an gerechnet, dessen Abänderung vorbehalten.

b. Dommages-intérêts en cas de lésions corporelles

[1] En cas de lésions corporelles, la partie qui en est victime a droit au remboursement des frais et aux dommages-intérêts qui résultent de son incapacité de travail totale ou partielle, ainsi que de l'atteinte portée à son avenir économique.

[2] S'il n'est pas possible, lors du jugement, de déterminer avec une certitude suffisante les suites des lésions corporelles, le juge a le droit de réserver une revision du jugement pendant un délai de deux ans au plus à compter du jour où il a prononcé.

b. Risarcimento in caso di lesione corporale

[1] Nel caso di lesione corporale, il danneggiato ha diritto al rimborso delle spese e al risarcimento del danno derivante dal totale o parziale impedimento al lavoro, avuto riguardo alla difficoltà creata al suo avvenire economico.

[2] Se al momento del giudizio le conseguenze della lesione non sono sufficientemente accertate, il giudice può riservare la modificazione della sentenza fino a due anni dalla sua data.

Literatur

M. BERGER, Der Geschädigte hat ein Recht auf Ersatz seiner Anwaltskosten, HAVE 2003, 131 ff.; BREHM, Die problematische Berechnung des Dauerschadens, in: Weber St. (Hrsg.), HAVE Personen-Schaden-Forum 2008, Zürich 2008, 223 ff. (zit. Dauerschaden); BRUSA, Seelische Gesundheitsbeeinträchtigung, SZS 1990, 35 ff.; CHAPPUIS G., Le dommage de rente, in: FS zum 50-jährigen Bestehen der Schweizerischen Gesellschaft für Haftpflicht- und Versicherungsrecht, Zürich 2010, 71 ff. (zit. FS SGHVR); DORN et al., Die Berechnung des Erwerbsschadens, Bern 2007; HEIERLI et al., Haftpflicht-

und Privatversicherungsrecht, Entwicklungen 2008, Bern 2009 (zit. njus 2008); DIES., Haftpflicht- und Privatversicherungsrecht, Entwicklungen 2010, Bern 2011 (zit. njus 2010); HUBER CH., Die Ersatzfähigkeit von Baueigenleistungen bei Verletzung und Tötung, in: Liber Amicorum für Moritz W. Kuhn, Bern 2009, 259 ff.; HUBER, Der Personenschaden- ein monolithischer Block oder Wechselwirkungen zwischen den einzelnen Schadensposten, in: Weber St. (Hrsg.), HAVE Personen-Schaden-Forum 2012, Zürich 2012, 241 ff.; HÜRZELER/TAMM/BIAGGI, Personenschadensrecht, Basel 2010; HÜTTE, Gedanken zur Ermittlung des haftpflichtrelevanten künftigen Schadens jugendlicher Schwerstinvalider wegen Minderung der Erwerbsfähigkeit, SVZ 1991, 157 ff., 287 ff.; KAUFMANN/ESCHMANN/HAFEN, Haushaltsassessment – das Ei des Kolumbus? HAVE 2010, 13 ff.; LANDOLT, Der Angehörigenschaden, in: Weber St./Fuhrer (Hrsg.), Haftpflichtrecht Versicherungsrecht 1, Zürich 2010, 1 ff. (zit. Angehörigenschaden); DERS., Der Unternehmerschaden, Zürich/St. Gallen 2010 (zit. Unternehmerschaden); DERS., Essenzielle Entwicklungen im neuen Jahrhundert: Der Betreuungs- und Pflegeschaden, in: Weber St. (Hrsg.), HAVE Personen-Schaden-Forum 2012, Zürich 2012, 251 ff. (zit. Entwicklungen); LANDOLT/RUGGLI, Der Bereitschafts-(Präsenz-) und Überwachungsschaden, in: Weber St./Fuhrer (Hrsg.), Haftpflichtrecht Versicherungsrecht 1, Zürich 2010, 99 ff.; I. MEIER/WIGET, Klage und Rechtskraft im Haftpflichtprozess, in: Fellmann/Weber St. (Hrsg.), Haftpflichtprozess 2006, Zürich 2006, 89 ff.; MURER, Die Zumutbarkeit als Schlüsselbegriff des Entschädigungsrechts, in: Murer/Baumgartner (Hrsg.), Was darf dem erkrankten oder verunfallten Menschen zugemutet werden?, Bern 2008, 1 ff.; OFTINGER, Schweizerisches Haftpflichtrecht, Bd. I, Allgemeiner Teil, 4. Aufl., Zürich 1975; PILTZ, Rechtsverfolgungskosten als ersatzfähiger Schaden, in: FS für Ingeborg Schwenzer, Bd. II, Bern 2011; PRIBNOW, Haushaltsschaden: ars abstracta iuridicalis, HAVE 2008, 241 ff.; PRIBNOW/GUYAZ, Schadensrecht: Personenschäden/Responsabilité civile: dommages corporels, in: Fellmann/Poledna (Hrsg.), Aktuelle Anwaltspraxis 2009, Bern 2010, 421 ff.; ROMERIO, Toxische Kausalität, Diss. Basel 1996; RÜEGG, Praxisleitfaden zur Koordination von Erwerbsausfall-Leistungen bei (mutmasslichen und tatsächlichen) Krankheitsfaktoren nach Unfall, AJP 2009, 23 ff.; SCHAETZLE, Der Rentenschaden im Haftpflichtrecht, SJZ 1993, 136 ff. (zit. SJZ 1993); DERS., Personenschaden im Rück- und Ausblick – eine kritische Standortbestimmung, in: Weber St. (Hrsg.), HAVE Personen-Schaden-Forum 2010, Zürich 2010, 281 ff. (zit. Personenschaden); SCHAETZLE/ST. WEBER, Kapitalisieren, Handbuch zur Anwendung der Barwerttafeln, 5. Aufl., Zürich 2001; SCHAFFHAUSER/KIESER (Hrsg.), Arbeitsunfähigkeit und Taggeld, St. Gallen 2010; SCHATZMANN, Das massgebliche Einkommen zur Berechnung der Erschwerung des wirtschaftlichen Fortkommens, HAVE 2006, 73 ff. (zit. HAVE 2006); DERS., Die Invaliditätsbemessung im Haftpflichtrecht am Beispiel des Erwerbsschadens, in: Weber St. (Hrsg.), HAVE Personen-Schaden-Forum 2008, Zürich 2008, 51 ff. (zit. Invalidität); M. SCHMID, Invaliditätsbemessung im Haftpflichtrecht, in: Weber St. (Hrsg.), HAVE Personen-Schaden-Forum 2008, Zürich 2008, 13 ff.; A. SIDLER, Personenschäden bei unbezahlter Arbeit, Diss. St. Gallen 2006 (zit. Diss.); DERS., Ehrenamtliche Tätigkeit im Haftpflichtrecht, in: Weber St. (Hrsg.), HAVE Personen-Schaden-Forum 2007, Zürich 2007, 61 ff. (zit. Haftpflichtrecht); STAUFFER/SCHAETZLE, Barwerttafeln, 6. Aufl., Zürich 2013 (zit. Stauffer/Schaetzle); STEHLE, Der Versorgungsschaden, Diss. Freiburg 2010; TOGNELLA, Erwerbsunfähigkeitsprobleme bei somatisch nicht nachweisbaren Beschwerdebildern im Haftpflicht- und Sozialversicherungsrecht, Diss. Zürich 2004; VASELLA/SCHNYDER A.K., Haftpflicht- und Privatversicherungsrecht, Entwicklungen 2006, Bern 2007 (zit. njus 2006); VASELLA/SCHNYDER A.K./WEBER ST., Haftpflicht- und Privatversicherungsrecht, Entwicklungen 2007, Bern 2008 (zit. njus 2007); WEBER ST./SCHAETZLE, Personenschaden im Rück- und Ausblick, in: Weber St. (Hrsg.), HAVE Personen-Schaden-Forum 2010, Zürich 2010, 281 ff.; WESSNER, L'indemnisation du dommage patrimonial résultant de l'invalidité chez les jeunes lésés, in: Werro (Hrsg.), Le temps dans la responsabilité civile, Bern 2007, 139 ff.

I. Körperschaden

1. Anwendungsbereich

1 Art. 46 enthält besondere, den allg. Grundsätzen vorgehende Best. für die **Schadensberechnung** im Fall einer Körperverletzung. Die Vorschrift ist auch auf spezialgesetzliche Haftungen anwendbar, selbst wenn das einschlägige Gesetz keinen Verweis auf das OR enthält. Art. 46 gilt grundsätzlich auch dann, wenn zwischen dem Geschädigten und dem Haftpflichtigen ein Vertrag besteht und die Körperverletzung auf eine Vertragsverletzung zurückzuführen ist (Art. 99 Abs. 3). Die Best. ist auch im Rahmen von Art. 45 zu beachten (vgl. dessen Abs. 2). Die in Art. 46 aufgezählten Schadensposten sind nicht als abschliessend zu betrachten; es gilt der Grundsatz der *Totalreparation* sämtlicher Schadensposten (Handkomm-OR-FISCHER, N 2; ZK-LANDOLT, Vor Art. 45/46 N 45; **a.A.** BK-BREHM, N 4).

Körperverletzung i.S. des Schadenersatzrechts ist jede Beeinträchtigung der körperlichen oder psychischen Integrität (vgl. BGE 127 III 403, 405; im Einzelnen ZK-LANDOLT, N 19 ff.). Dazu zählt auch eine ungewollte Schwangerschaft (SCHWENZER, N 50.08). Eine Körperverletzung kann auf mechanische, aber auch auf psychische Einwirkungen zurückzuführen sein. *Ersatzfähig* ist der durch eine Körperverletzung bewirkte (wirtschaftliche) Schaden, berechnet nach der *konkreten Methode* (BGE 131 III 360, 363; 129 III 135, 141 = Pra 2003, 346). Beispielsweise sind, ausgehend vom abstrakten Invaliditätsgrad einer Person, dessen Auswirkungen auf die Verminderung der Erwerbsfähigkeit oder Erschwerung des wirtschaftlichen Fortkommens zu bestimmen (BGE 129 III 135, 141 = Pra 2003, 346). Dabei kann sich ergeben, dass die prozentual errechnete Erwerbseinbusse erheblich vom prozentualen Invaliditätsgrad abweicht (BK-BREHM, N 35). Siehe zu den ersatzfähigen *Schadensposten* sogleich N 3 ff. 2

2. Kosten

Als Kosten sind **sämtliche Aufwendungen** erfasst, die infolge einer Körperverletzung entstehen, insb. – aber nicht nur – die Heilungskosten. Zu nennen sind im Einzelnen: Rettungs- und Bergungskosten, Transport ins Spital, Arzt- und Spitalbehandlung, Kosten einer kosmetischen Operation, Prothesen und andere Hilfsmittel, Therapien, Kuren, Bäder, Arzneien, Krankennahrung, Kosten für eine Haushaltshilfe, Reisen ins Spital u.a. (BK-BREHM, N 7 ff.; HÜRZELER/TAMM/BIAGGI, N 488 ff.; ZK-LANDOLT, N 142 ff.; OFTINGER/STARK, I, 281 ff.; REY, N 229). Es sind nicht nur die zur *Wiederherstellung* der körperlichen Integrität aufgewendeten Kosten zu ersetzen, sondern auch Auslagen, die aufgrund einer unheilbaren Schädigung erforderlich sind, um eine Verschlimmerung des Zustandes zu verhindern. Zu ersetzen sind alle Aufwendungen, die zu den genannten Zwecken aus medizinischer Sicht ex ante gesehen *notwendig und angemessen* sind (vgl. HÜRZELER/TAMM/BIAGGI, N 489; ZK-LANDOLT, N 133 ff.). Von einer Spital- oder einer Kurrechnung ist abzuziehen, was auch sonst für den Unterhalt ausgegeben worden wäre. Ebenfalls zu den Kosten gehören *Mehrauslagen*, die z.B. bei Lähmung oder Gehbehinderung für eine teurere Wohnung (dazu ZK-LANDOLT, N 175 ff.) und zusätzliche Hilfsmittel aufzubringen sind. Mehrkosten für ein behindertengerechtes Fahrzeug sind bei noch teilweise arbeitsfähigen Geschädigten ein Schadensposten; bei nicht mehr arbeitsfähigen Personen dagegen ist nach der Rsp. des BGer verlorene Mobilität ein blosser «Inkonvenienzschaden», der über die Leistung einer Genugtuung abzugelten ist (m.Nw. CHK-CH. MÜLLER, N 4; **a.A.** ZK-LANDOLT, N 193 ff.). Siehe zum Ersatz von Anwaltskosten Art. 41 N 13. Zu ersetzen sind dem Geschädigten auch wegen des Unfalls anfallende Wehrpflichtersatzabgaben, soweit diese die finanziellen Vorteile überwiegen, die sich aus der Beeinträchtigung der Wehrtauglichkeit ergeben (BK-BREHM, N 19 ff.). 3

Auf freundschaftlicher oder familiärer Basis freiwillig und unentgeltlich erbrachte Pflegeleistungen (sog. **Pflege- bzw. Betreuungsschaden**) sollen nicht dem Schädiger zu Gute kommen. Entsprechend wird für solche Leistungen – wie beim Haushaltsschaden (s. N 9b) – ein nach normativen Gesichtspunkten berechneter Schadenersatzanspruch des Verletzten gegen den Schädiger anerkannt (vgl. BGer, 26.3.2002, 4C.276/2001, E. 6b; 25.5.2010, 4A_500/2009, E. 2, 3.2: Marktwert der Pflegeleistung inkl. Zuschläge, z.B. für Sonntagsarbeit, selbst wenn an sich auch am Wochenende ein Heim die Betreuung übernehmen würde; vgl. HÜRZELER/TAMM/BIAGGI, N 543 f.; ZK-LANDOLT, N 361 ff.). Siehe zu aufgrund *gesetzlicher Verpflichtung* erbrachten Unterstützungsleistungen N 15a. 3a

Erleiden Angehörige des Geschädigten durch Besuche im Heim oder Spital einen Vermögensnachteil, so ist dieser **«Besuchsschaden»** nach der Rsp. des BGer grundsätzlich nicht zu ersetzen. Ausnahmen gelten bei schweren Unfällen, wenn Besuche erforderlich sind, um über die medizinische Behandlung zu bestimmen oder zum Erfolg der Behandlung beizutragen. Dabei entstehende Aufwände – Reise- oder Transportkosten sowie unvermeidbarer Lohnausfall – können dem Geschädigten gemäss Rsp. des BGer nach den Regeln des Auftrags bzw. 3b der Geschäftsführung ohne Auftrag überbunden werden und den Haftpflichtigen entsprechend zum Ersatz an den Geschädigten verpflichten (s.a. N 15a). Auch dieser Schaden ist grundsätzlich konkret und nicht normativ zu berechnen. An die Grundsätze des Haushaltsschadens (s. N 9b) kann aber angeknüpft werden, wenn eine den Haushalt führende Person durch die Besuche in der Haushaltführung konkret beeinträchtigt wird (zum Ganzen BGer, 25.5.2010, 4A_500/2009, E. 3.3, 3.5; ZK-Landolt, Vor Art. 45/46 N 139 ff.; vgl. auch BGE 97 II 259, 265 ff.).

4 Der Anspruch auf Ersatz der Heilungskosten ist ein **Unterhaltsanspruch** i.S.v. Art. 125 Ziff. 2 und unterliegt daher gegen den Willen des Gläubigers *nicht der Verrechnung* (BGE 88 II 299, 311 f. = Pra 1963, 15 f.).

3. Verdienstausfall infolge von Arbeitsunfähigkeit (Erwerbsschaden)

5 Arbeitsunfähigkeit ist das Fehlen der Fähigkeit zur nutzbringenden Entfaltung der Arbeitskraft (Oftinger, 192; vgl. ZK-Landolt, N 456 ff.). Der zu ersetzende **Erwerbsschaden** besteht in den *wirtschaftlichen Auswirkungen* der durch eine Körperverletzung bewirkten Arbeitsunfähigkeit (vgl. ZK-Landolt, N 514 ff.). Sowohl mit Bezug auf den bisherigen als auch in Bezug auf den künftigen Erwerbsausfall ist der Schaden *konkret zu berechnen* (vgl. ZK-Landolt, N 533 ff.). Ist im Zeitpunkt des Urteils bereits eine vollständige Heilung der Verletzung eingetreten, so lassen sich die Folgen der Arbeitsunfähigkeit als gegenwärtiger, abgeschlossener Schaden bestimmen (s. N 6 ff.; vgl. ZK-Landolt, N 522 ff.). Im Übrigen ist der Erwerbsschaden als zukünftiger, hypothetischer Schaden unter Berücksichtigung des gewöhnlichen Laufs der Dinge nach Art. 42 Abs. 2 zu schätzen (BGE 131 III 360, 363; vgl. ZK-Landolt, N 574 ff.). Insofern ist zwischen der Erwerbseinbusse bis zum Tag des (letztinstanzlichen) kantonalen Urteils auf der einen und dem künftigen Erwerbsausfall auf der anderen Seite zu unterscheiden. Die Berechnung dieser beiden Schadensposten folgt jedoch den gleichen Kriterien (BGer, 5.1.2006, 4C.324/2005, E. 3.2 = njus 2006, 17).

6 Zur Berechnung des Erwerbsschadens wird zunächst der medizinisch-theoretische Grad der **Arbeitsunfähigkeit** (bzw. Invalidität) der geschädigten Person festgestellt (Angabe in Prozenten). In diese Beurteilung sind – sofern möglich und zumutbar – Wiedereingliederungs- und Umschulungsmassnahmen sowie ein Stellenwechsel mit einzubeziehen (vgl. BK-Brehm, N 57 ff.; Oftinger/Stark, I, 291; BGE 111 II 295, 302; ZK-Landolt, N 833 ff.; s.a. Art. 44 N 13). Anhand des so ermittelten Grades der Arbeitsunfähigkeit wird sodann abgeschätzt, welches **Invalideneinkommen** der Geschädigte noch erzielen kann. Eine verbleibende Arbeitsfähigkeit ist dabei nach der Rsp. zu berücksichtigen, wenn sie mindestens 30% erreicht (BGer, 5.1.2006, 4C.324/2005, E. 3.2 = njus 2006, 17; BGer, 1.4.2008, 4A_99/2008, E. 4.3.1 = njus 2008, 55), und zwar auch dann, wenn sie nicht genutzt wird (BGer, 26.1.2010, 4A_481/2009, E. 3.2 = njus 2010, 29 ff.).

7 Das Invalideneinkommen wird schliesslich dem (hypothetischen) **Valideneinkommen** gegenübergestellt (BGE 131 III 360, 363 = Pra 2006, 130). Dies ist das Einkommen, das der Geschädigte ohne Schädigung *tatsächlich* erzielt hätte (und nicht etwa das bei vollständiger Ausschöpfung des wirtschaftlichen Potentials theoretisch erzielbare Einkommen; BGer, 12.12.2008, 9C_560/2008, E. 3.4; 8.9.2014, 4A_260/2014). Dabei werden *sittenwidrige* Einkünfte berücksichtigt (Dirnenlohn), *rechtswidrige* (Zuhälterlohn) dagegen nicht (vgl. BGE 111 II 295, 299 ff.). Massgebend ist das *Nettoeinkommen* (BGE 129 III 135, 141 ff. = Pra 2003, 345 ff.). Die Arbeitnehmerbeiträge an Sozialversicherungen (AHV, IV, EO, ALV) und an die zweite Säule der beruflichen Vorsorge sind vom Bruttolohn abzuziehen (BGE 136 III 222, 223 = Pra 2010, 842). In die Berechnung sind auch Kosten für die Fremdbetreuung von Kindern miteinzubeziehen (BGer, 26.6.2006, 4C.83/2006 = njus 2006, 31). Auch Lohnveränderungen (BGE 129 III 135, 141 = Pra 2003, 346; s. zur Teuerung N 8, zu Reallohnsteigerungen Art. 45 N 13), ein wahrscheinlicher Berufswechsel (BGer, 26.6.2006,

4C.83/2006, E. 3 = njus 2006, 29) sowie eine bevorstehende (Wieder-) Aufnahme der Erwerbstätigkeit (vgl. BGE 131 III 360, 363 = Pra 2006, 130) sind zu berücksichtigen. Umgekehrt kann der Schädiger dartun, dass das Einkommen am Unfalltag wegen aussergewöhnlicher Ereignisse überdurchschnittlich hoch war (BK-Brehm, N 38). Bei selbständig Erwerbenden ist das Nettoeinkommen anhand von Art. 9 Abs. 1 AHVG zu bestimmen (Bruttoeinnahmen abzüglich Gewinnungskosten, Abschreibungen etc.; BGer, 16.2.2007, 4C.234/2006, E. 3.2 = njus 2007, 18 f.; vgl. ZK-Landolt, N 659 ff.).

Die Differenz zwischen dem Invaliden- und dem Valideneinkommen stellt den Erwerbsschaden dar. **Massgebender Zeitpunkt** für die Schadensberechnung ist grundsätzlich der *Tag der Urteilsfällung* jener kantonalen Instanz, die noch neue Tatsachen berücksichtigen kann (BGE 125 III 14, 17; vgl. Art. 42 N 4). Der bis dahin bereits eingetretene Erwerbsschaden gilt als *«perte de gain actuelle»* (BGer, 1.4.2008, 4A_99/2008, E. 4.3.1 = njus 2008, 55; BGer, 26.1.2010, 4A_481/2009, E. 3.2 = njus 2010, 29 ff.). Beim aktuellen Erwerbsschaden ist die seit dem massgebenden Zeitpunkt konkret eingetretene Teuerung zu berücksichtigen (BGer, 14.10.2008, 4A_153/2008, E. 2). Die nominell ermittelten Werte zum Validen- und zum Invalideneinkommen müssen entsprechend anhand des Landesindexes der Konsumentenpreise vom Datum des Erhalts ausgehend auf den Wert zum massgebenden Zeitpunkt umgerechnet werden (BGer, 23.8.2010, 4A_169/2010, E. 4.3.1 = njus 2010, 41 f.; vgl. auch 4A_481/2009, E. 4.2.1 = njus 2010, 29 ff.). 8

Zur Ermittlung des **künftigen Erwerbsschadens** *(«perte de gain future»)* ist einerseits festzustellen, wie lange die Arbeits*un*fähigkeit voraussichtlich anhalten wird. Andererseits ist abzuschätzen, wie lange die Arbeits*fähigkeit* ohne Schädigung hypothetisch fortbestanden hätte (sog. *Aktivitätsdauer*; BGE 104 II 307, 309). In der Regel kann davon ausgegangen werden, dass der Rückzug aus dem Erwerbsleben mit dem Eintritt ins AHV-Alter erfolgt wäre (BGE 123 III 115, 118; vgl. auch BGer, 17.1.2007, 4C.263/2006, E. 6). Konkrete Anzeichen für eine frühere oder – bei Selbständigerwerbenden oder Quasi-Selbständigerwerbenden – spätere Aufgabe der Erwerbstätigkeit sind jedoch zu berücksichtigen (BGE 136 III 310 ff. = Pra 2010, 55 ff.; vgl. auch BGer, 28.8.2007, 4C.49/2007, E. 6.3 = njus 2007, 32 f.: Annahme der Erwerbstätigkeit bis zum 68. Altersjahr beim einzigen Mitglied eines Verwaltungsrates und Mehrheitsaktionär der Arbeitgeberin; BGer, 5.7.2010, 4A_90/2010, E. 7.1 = njus 2010, 38 ff.). Die Behauptungs- und Beweislast für Umstände, die für eine spätere Pensionierung sprechen, trägt der Geschädigte (BGer, 4.10.2010, 4A_319/2010, E. 4 = njus 2010, 88 f.). Allenfalls tritt eine Arbeitsunfähigkeit erst mit zeitlicher Verzögerung zum schädigenden Ereignis ein, weil der Verletzte zwar vorläufig noch arbeitsfähig ist, aber mit Spätfolgen zu rechnen ist, welche die Arbeitsfähigkeit mit der Zeit beeinträchtigen werden (BGE 99 II 214, 220 = Pra 1974, 97). Besondere Berechnungen sind üblicherweise anzustellen bei Hirnschädigungen (BK-Brehm, N 83 f.), bei der Beurteilung der Arbeitsunfähigkeit einer im Haushalt tätigen Person (vgl. N 9b) sowie hinsichtlich des hypothetischen künftigen Einkommens und der hypothetischen Aktivitätsdauer – unter Einschluss des zu wählenden Berufes – von Kindern (BGer, 8.9.2014, 4A_260/2014; BGE 102 II 232, 241 f. = Pra 1977, 66 f.; 100 II 298, 304 f.; 91 II 425, 428; Schaetzle/Weber, 86 ff.; Oftinger/Stark, I, 290). Wird kapitalisierter Schadenersatz für künftige Schäden geleistet, so müssen die Summen in die Gegenwart abgezinst werden (*Diskontierung*; BGer, 11.9.2007, 4C.415/2006, E. 4.4 = njus 2007, 31; s. für Einzelheiten ZK-Landolt, Vor Art. 45/46 N 254 ff.). Die Kapitalisierung hat im Regelfall nach den Aktivitätstafeln von Stauffer/Schaetzle zu erfolgen (s. Art. 45 N 16). 9

Der Haftpflichtige hat auch für eine *Beeinträchtigung künftiger Sozialversicherungsleistungen* einzustehen. Zur Bestimmung dieses sog. **Renten(ausfall)schadens** sind nach geltender Praxis die aus den Sozialversicherungen tatsächlich zu erwartenden Invaliden- und Altersrenten (AHV, UVG, BVG) mit den hypothetischen Altersleistungen zu vergleichen, die der Verletzte ohne den Unfall in Zukunft hätte beziehen können (BGer, 1.4.2008, 4A_99/2008, E. 4.3.1 = njus 2008, 55; vgl. ZK-Landolt, N 757 ff.). Das BGer schätzt die hypothetischen 9a

Altersleistungen bei unselbständig Erwerbenden abhängig von der Höhe des beitragspflichtigen Einkommens auf 50–80% des massgeblichen Bruttolohnes (65% in BGE 129 III 135, 142 f., 150 = Pra 2003, 346 f., 355; anders bei selbständig Erwerbenden, vgl. BGer, 16.2.2007, 4C.234/2006, E. 3.2.3 = njus 2007, 19). Bei bloss vorübergehender Erwerbsunfähigkeit will das BGer aus Praktikabilitätsgründen keinen Rentenschaden berücksichtigen (BGE 136 III 222, 222 ff. = Pra 2010, 841 ff.). Diese Rsp. ist mit Blick auf den Grundsatz der Totalreparation (dazu Art. 43 N 6) *abzulehnen*: Ein aus praktischen Gründen nicht errechenbarer Rentenschaden ist nach Art. 42 Abs. 2 zu schätzen.

9b In jüngerer Zeit hatte sich das BGer verschiedentlich mit der Berechnung des **Haushaltsschadens** (vgl. Art. 42 N 3a ff.) zu befassen (vgl. auch BK-Brehm, N 111 ff.; ZK-Landolt, N 982 ff.); vgl. namentlich BGE 131 III 360, 369 ff. = Pra 2006, 135 ff. (Einbeziehung von Kindern bei der Abschätzung von Haushaltsaufgaben; Berechnung der Entschädigung anhand bestimmter Stundenansätze); BGE 129 III 135, 152 ff. = Pra 2003, 356 ff. (Kapitalisierung des zukünftigen Haushaltsschadens mit Hilfe der Aktivitätstafeln); BGer, 1.4.2008, 4A_19/2008, E. 3.2.3 = njus 2008, 54 (Berücksichtigung der altersbedingten Abnahme der für den Haushalt aufgewendeten Arbeitsstunden in den Aktivitätstafeln); BGE 127 III 403 ff. (Mitberücksichtigung anderweitiger Tätigkeiten des Ehegatten). Siehe zur Berücksichtigung einer Reallohnerhöhung bei der Berechnung des künftigen Haushaltsschadens Art. 45 N 13. Der «Qualität der Arbeit einer Ehefrau und Mutter» ist zwar Rechnung zu tragen (BGE 129 II 145, 151 f.; ähnlich BGer, 5.1.2006, 4C.324/2005, E. 3.5 = njus 2006, 20), jedoch stets mit Blick auf den Einzelfall. Ein genereller «Qualitätszuschlag» von 25–50% auf den Kosten für eine Haushaltshilfe (so BGE 108 II 434, 439) ist abzulehnen (vgl. BK-Brehm, Art. 42 N 19f ff.).

9c Aus dem haftpflichtrechtlichen **Bereicherungsverbot** (s. Art. 43 N 6) folgt, dass Leistungen Dritter, welche ereignisbezogen, sachlich, zeitlich und personell kongruent sind und für die daher auch Subrogations- oder Regressansprüche in Frage kommen, vom Schaden abzuziehen sind (BGE 134 III 489, 491; BGer, 26.1.2010, 4A_481/2009, E. 4.2.1, 4.2.6 = njus 2010, 29 ff.; vgl. Hürzeler/Tamm/Biaggi, N 196 ff.; ZK-Landolt, N 849 ff.). Ersatzfähig ist nur der verbleibende sog. *Direktschaden.* Für die Frage der Anrechnung auf den Schaden ist nicht ausschlaggebend, ob Leistungen nach dem eingetretenen Erwerbsschaden *bemessen* werden; entscheidend ist vielmehr, ob sie «zur Deckung des Schadens bestimmt sind, den der Geschädigte durch das schadenbegründende Ereignis [...] bzw. die dadurch eingetretene Invalidität und den dadurch verursachten Erwerbsausfall während einer bestimmten Zeitperiode erlitten hat» (BGE 132 III 321, 324). Anrechenbar sind nach dem Gesagten insb. Leistungen aus *privaten Unfallversicherungen*, die den Geschädigten gegen Erwerbsausfall absichern; sie gelten als Schadenversicherungen. Dem Unfallversicherer steht ggf. ein Rückgriffsrecht gegen den Haftpflichtigen zu (vgl. BGE 104 II 44, 52 f.; Oftinger/Stark, I, 537; BK-Brehm, N 33, 49; vgl. auch Art. 51). Summenversicherungen können dagegen gem. Art. 96 VVG kumulativ beansprucht werden. BVG-Invalidenrenten und Leistungen aus anderen *Sozialversicherungen* sind grundsätzlich vom Schaden abzuziehen (BGE 131 III 360, 366; 132 III 321, 324 ff.; BGer, 23.8.2010, 4A_169/2010, E. 4.3.1 = njus 2010, 41 f.). Ersatzleistungen für einen Haushaltsschaden sind demgegenüber weder zu BVG- noch zu UVG-Renten sachlich kongruent, weshalb die Ausrichtung solcher Renten keinen Einfluss auf die Ersatzpflicht des Schädigers für den Haushaltsschaden hat. Möglich ist dagegen die Anrechnung von *IV*-Renten an den Haushaltsschaden, soweit die Rente einen solchen entschädigt (BGE 134 III 489, 494 ff.). **Streitig** ist schliesslich, ob auch eine *Lohnfortzahlung* des Arbeitgebers gestützt auf Art. 324a auf den Schadenersatz anzurechnen ist (vgl. die Nw. bei Rey, N 239 ff.; Oftinger/Stark, I, 535 ff.). Die *Beweislast* dafür, dass anrechenbare Leistungen erfolgt sind, trägt der Haftpflichtige bzw. der leistungspflichtige Privatversicherer (vgl. BGer, 27.11.2008, 4A_311/2008, E. 3 = njus 2008, 60). Zu beachten ist, dass aufgrund des Quotenvorrechts des Geschädigten (s. Art. 51 N 25a f.) die anrechenbaren Leistungen Dritter nicht vom – u.U. gestützt auf die Art. 43 f. reduzierten – Schadenersatzanspruch abzuziehen sind, sondern vom Gesamtschaden (BGer, 27.2.2007, 4C.402/2006, E. 6).

Freiwillige unentgeltliche Leistungen Dritter sind bei der Schadensberechnung ausser Acht zu lassen. Entspricht bspw. das Invalideneinkommen dem Valideneinkommen nur deshalb, weil die geschädigte Person von Drittpersonen (z.B. Familienangehörigen) in ihrem Gewerbe unentgeltlich unterstützt wird, so kann die anhand eines statistischen Vergleichslohns bewertete, freiwillige Unterstützung gegenüber dem Schädiger als Schaden geltend gemacht werden (BGer, 5.1.2006, 4C.324/2005, E. 3.3–3.5 = njus 2006, 19 f.), selbst wenn die geschädigte Person diese hypothetischen Kosten für Unterstützungsleistungen real nicht aufwerfen würde (vgl. BGer, 26.6.2006, 4C.83/2006, E. 3 = njus 2006, 30). **9d**

Das **BGer** ist an die Feststellungen der kantonalen Instanzen über das Ausmass und die Dauer der Arbeitsunfähigkeit (Tatfragen) gebunden (BGE 111 II 295, 301). Demgegenüber kann es vorinstanzliche Urteile im Hinblick auf die Verletzung bundesrechtlicher Rechtsbegriffe und namentlich eine Würdigung der Unfallfolgen nach unzutreffenden Gesichtspunkten überprüfen (a.a.O.; in casu Anspruch einer Dirne auf Schadenersatz wegen Verdienstausfalls). **9e**

4. Erschwerung des wirtschaftlichen Fortkommens

Art. 46 Abs. 1 schreibt vor, dass bei der Festsetzung des durch eine Körperverletzung verursachten Schadens die *«Erschwerung des wirtschaftlichen Fortkommens»* des Geschädigten zu berücksichtigen ist. Zu verstehen ist darunter die **Beeinträchtigung des Verletzten auf dem Arbeitsmarkt** oder in der wirtschaftlichen Konkurrenz über die Nachteile der Arbeitsunfähigkeit hinaus (KELLER/SCHMIED-SYZ, 86; REY, N 252 ff.). Gemeint sind Beeinträchtigungen der Arbeits-, Aufstiegs- und Verdienstchancen, die sich etwa aus Konzentrations-, Gedächtnis- oder Sprachstörungen sowie aus kosmetischen Beeinträchtigungen (z.B. einem entstellten Gesicht) ergeben können (CHK-CH. MÜLLER, N 22 m.Nw.). Die Benachteiligung kann sich z.B. folgendermassen konkretisieren: Grössere Schwierigkeiten als eine gesunde Person, eine Stelle mit gleichem Lohn zu finden und zu behalten; grösseres Risiko einer Stellenlosigkeit; geringere Aussichten auf eine Beförderung; frühere Aufgabe der Erwerbstätigkeit aufgrund grösserer Anstrengung, um das Lohnniveau halten zu können, oder wegen des Verlusts eines paarigen Organs und der damit einhergehenden Risiken; Beeinträchtigung der Heiratsmöglichkeit (BGer, 29.6.2004, 4C.101/2004, E. 3.2.1; 16.2.2007, 4C.234/2006, E. 4.3 = njus 2007, 19; vgl. auch BK-BREHM, N 89 ff.; ZK-LANDOLT, N 1210 ff.). **10**

Die Beeinträchtigung des wirtschaftlichen Fortkommens ist i.d.R. mit einer Arbeitsunfähigkeit verbunden, setzt sie aber nicht notwendigerweise voraus (BGer in SJ 1992, 4; vgl. auch BGer, 26.1.2010, 4A_481/2009, E. 5.2.1 = njus 2010, 29 ff.). Indessen ist die Erschwerung grundsätzlich nur zu entschädigen, soweit sie für den Verletzten einen **ökonomischen Nachteil** mit sich bringt. Das Gericht muss prospektiv denken und in Anwendung von Art. 42 Abs. 2 mit Schätzungen und Mutmassungen arbeiten. Allerdings bleibt die Schadensberechnung insofern *konkret*, als die Beeinträchtigung unter Berücksichtigung der persönlichen Verhältnisse des Geschädigten sowie seiner Eignung und Schwächen zu bestimmen ist (BK-BREHM, N 88). Die Erschwerung des wirtschaftlichen Fortkommens stellt *keinen eigenen Schadensposten* dar, sondern ist im Rahmen der Abschätzung des künftigen Erwerbsschadens zu berücksichtigen (BK-BREHM, N 87; HONSELL/ISENRING/KESSLER, Haftpflichtrecht, § 8 N 81; **a.A.** ZK-LANDOLT, N 1210 m.w.H.). Von der Genugtuung ist sie strikt abzugrenzen (OFTINGER/STARK, I, 316). **10a**

5. Art und Höhe der Entschädigung

Schadenersatz wegen Körperverletzung kann in Form einer **Rente** oder eines Kapitalbetrages zugesprochen werden. Als Grundlage für eine Rente wird die periodische Einbusse für einen bestimmten Zeitraum (Monat oder Jahr) errechnet. Die Rente ist nur so lange zu zahlen, als die Erwerbsunfähigkeit voraussichtlich dauern wird. Ist eine Besserung zu erwarten, lässt **11** sich die Rente entsprechend abstufen (SCHAETZLE/WEBER, 22 f.; zum Problem sog. *Rentenneurosen* u.a. HONSELL/ISENRING/KESSLER, Haftpflichtrecht, § 3 N 29 f.).

12 Die Leistung von **Kapital** wird regelmässig für den Ersatz von Kosten zugesprochen. Eine Kapitalisierung zukünftiger Rentenraten kann auch dort erfolgen, wo es um die Entschädigung für den Integritätsschaden und namentlich eine Arbeitsunfähigkeit geht. Hierbei ist zunächst eine Rente zu bestimmen, die dem periodisch erwachsenden Nachteil entspricht. Diese ist alsdann mit Hilfe der Barwerttafeln zu kapitalisieren. Die Kapitalisierung erfolgt gestützt auf das Tabellenwerk von STAUFFER/SCHAETZLE und grundsätzlich unter Berücksichtigung der Aktivitätsdauer (s. N 9; vgl. zu einer möglichen Abweichung von den Aktivitätstafeln BGE 113 II 345, 348 f.).

13 Siehe zum **Schadenszins** Art. 42 N 5.

14 Was die Berücksichtigung einer künftig zu erwartenden **Teuerung** betrifft, ist zu unterscheiden: Bei der Entschädigung in Kapitalform wird die Teuerung ausser Betracht gelassen; bei einer Rente dagegen wird die Teuerung i.d.R. durch Indexierung ausgeglichen (vgl. OFTINGER/STARK, I, 298).

15 Zur Privilegierung von Renten und Kapitalbeträgen in der *Zwangsvollstreckung* s. OFTINGER/STARK, I, 329.

6. Aktivlegitimation

15a **Aktivlegitimiert** zur Geltendmachung der durch einen Körperschaden verursachten Kosten und Erwerbsausfälle ist nach bundesgerichtlicher Rsp. nur die geschädigte Person selber. Werden die Kosten aufgrund gesetzlicher Vorschriften tatsächlich von anderen Personen getragen, insb. von den unterstützungspflichtigen Eltern eines Kindes oder von Ehepartnern, so erleiden diese nach dieser Auffassung einen nicht ersatzfähigen Reflexschaden, soweit dadurch das normale Mass an Beistand gesprengt wird (BGer, 27.3.2007, 4C.413/2006, E. 4; vgl. Art. 41 N 8). Der Schaden kann insb. auch darin bestehen, dass die Betreuenden einen Erwerbsausfall erleiden (sog. *Pflegeschaden*; vgl. N 3a). Dass diese Posten vom Schädiger zu ersetzen sind, ist unbestritten. Das BGer löst das Problem dahingehend, dass es einen auf Art. 402 (Auftrag; bei Urteilsfähigkeit des Verletzten) bzw. 422 (Geschäftsführung ohne Auftrag; bei Urteilsunfähigkeit des Verletzten) gestützten Ersatzanspruch der Betreuenden gegen die verletzte Person annimmt und Letzterer – i.S. einer Drittschadensliquidation (vgl. Art. 41 N 8) – einen entsprechenden Schadenersatzanspruch gegen den Schädiger zugesteht (vgl. BGE 97 II 259, 266; BGer, 27.3.2007, 4C.413/2006, E. 4; 25.5.2010, 4A_500/2009, E. 3.3). Diese dogmatische Begründung wirft angesichts der gesetzlichen Verpflichtung der Eltern und Ehepartner, die Aufwände zur Heilung und Pflege ihrer unterstützungsbedürftigen Kinder bzw. Ehepartner zu übernehmen (Art. 159 Abs. 3 bzw. Art. 276 ZGB), Fragen auf. Bei Erfüllung dieser Beistandspflichten entstehen keine durchsetzbaren Ersatzansprüche nach Art. 402 bzw. 422 gegen die verletzte Person (ähnlich ZK-LANDOLT, Vor Art. 45/46 N 111; krit. auch BK-BREHM, N 14a m.w.H.). Würde ein seit der Körperschädigung mündig gewordenes Kind die Geltendmachung des Betreuungsschadens seiner Eltern gegenüber dem Schädiger verweigern, stünden die Eltern somit ohne Ersatzanspruch da. Es wäre deshalb sachgerechter, anstelle der bundesgerichtlichen Konstruktion fiktiver Ansprüche des körperlich Verletzten die Ersatzfähigkeit von «Reflexschäden» in dieser Konstellation ausnahmsweise zu bejahen (so KUKO OR-SCHÖNENBERGER, N 5) bzw. – genauer – Unterstützungspflichtige als vom Schutzzweck der Norm erfasst zu betrachten und ihnen diesbez. die Aktivlegitimation *als Direktgeschädigte* zuzugestehen (so noch BGE 57 II 94, 101; ähnlich ZK-LANDOLT, Vor Art. 45/46 N 106 ff.; vgl. auch Art. 41 N 8). Anderes muss – hier in Übereinstimmung mit der Rsp. – für *freiwillige* Leistungen Dritter gelten (s. N 3a). Die (normative) Berechnungsweise des Pflegeschadens gilt für beide Fälle (a.a.O.).

II. Rektifikationsvorbehalt

Für die Schadensberechnung ist der Zeitpunkt des Urteils massgebend. Dabei besteht allerdings die Gefahr, dass später Tatsachen auftreten, welche die Grundlage des Urteils noch zu ändern vermögen. Für diesen Fall stellt Art. 46 Abs. 2 das Institut des sog. **Rektifikationsvorbehalts** zur Verfügung (vgl. REY, N 272 ff.; KELLER/SCHMIED-SYZ, 87 f.; BK-BREHM, N 140 ff.). Es ist dies eine in das Urteil aufzunehmende Klausel, welche die Einrede der abgeurteilten Sache (res iudicata) ausschliesst und eine spätere Änderung des Urteils ermöglicht. Der Vorbehalt der Rektifikation ist ein *Ausnahmebehelf* und dann am Platz, wenn es unmöglich ist, die Unfallfolgen schon zur Zeit der Urteilsfällung abzuschätzen (vgl. ZK-LANDOLT, Vor Art. 45/46 N 345 ff.). Auch bei Abschluss einer Entschädigungsvereinbarung ist ein entsprechender Vorbehalt anzubringen, wenn sich der Geschädigte (oder auch der Schädiger) eine Überprüfung der Entschädigung offenhalten will (BGE 109 II 347, 349). 16

Ist die Beurteilung eines Schadens wegen *völliger Illiquidität* noch nicht möglich oder unzumutbar, so will ein überwiegender Teil der Lehre darüber hinaus die Möglichkeit einer Abweisung «zur Zeit», mithin den Vorbehalt einer **späteren, selbständigen Klage** zulassen (OFTINGER, 222; HONSELL/ISENRING/KESSLER, Haftpflichtrecht, § 8 N 78; KELLER/SCHMIED-SYZ, 73, 87; CR CO I-WERRO, N 32 ff.). Eine Abweisung zurzeit ist vom BGer verworfen worden (BGE 95 II 255, 262 f.; 86 II 41, 45 ff.), was nicht in allen Fällen zu befriedigen vermag (vgl. BK-BREHM, N 153). Zulässig ist aber jedenfalls das Erheben einer *Teilklage*, verbunden mit dem ausdrücklichen Vorbehalt einer späteren selbständigen Nachklage (ZK-LANDOLT, Vor Art. 45/46 N 326 ff.; vgl. BGE 119 II 289, 290; REY, N 274a). Klagen auf *Feststellung* der Haftung oder von bestimmten Schadensposten sind dagegen aufgrund der Subsidiarität gegenüber Leistungsklagen und angesichts der Möglichkeit eines Rektifikationsvorbehaltes nur eingeschränkt zulässig (ZK-LANDOLT, Vor Art. 45/46 N 315; vgl. BGE 114 II 253 ff.). 17

Art. 46 Abs. 2 sieht generell den Abänderungsvorbehalt vor. Der Richter kann ihn zu Gunsten **der einen oder anderen Partei** anbringen, und er ist an Parteianträge nicht gebunden. Die Frist beträgt maximal zwei Jahre. Sie darf nicht verlängert werden, was allg. als stossend erachtet wird (vgl. BK-BREHM, N 168 f.). Die zweijährige Frist des Rektifikationsvorbehaltes ist eine Verwirkungsfrist (BGE 95 II 255, 270). Sie kann nicht unterbrochen werden, und die Abänderungsklage ist vor Ablauf der Frist anhängig zu machen (BK-BREHM, N 170; REY, N 274). 18

Der Rektifikationsvorbehalt bezieht sich nicht nur auf Schadenersatz-, sondern auch auf *Genugtuungsansprüche* (OFTINGER/STARK, I, 325). 19

Art. 47

c. Leistung von Genugtuung	**Bei Tötung eines Menschen oder Körperverletzung kann der Richter unter Würdigung der besonderen Umstände dem Verletzten oder den Angehörigen des Getöteten eine angemessene Geldsumme als Genugtuung zusprechen.**
c. Réparation morale	Le juge peut, en tenant compte de circonstances particulières, allouer à la victime de lésions corporelles ou, en cas de mort d'homme, à la famille une indemnité équitable à titre de réparation morale.
c. Riparazione	Nel caso di morte di un uomo o di lesione corporale, il giudice, tenuto conto delle particolari circostanze, potrà attribuire al danneggiato o ai congiunti dell'ucciso un'equa indennità pecuniaria a titolo di riparazione.

Literatur

FISCHER, Ausservertragliche Haftung für Schockschäden Dritter, Zürich 1988; HEIERLI et al., Haftpflicht- und Privatversicherungsrecht, Entwicklungen 2009, Bern 2010 (zit. njus 2009); DIES., Haftpflicht- und Privatversicherungsrecht, Entwicklungen 2010, Bern 2011 (zit. njus 2010); HIRSCH, Le tort moral dans la jurisprudence récente, in: Werro/Pichonnaz (Hrsg.), Le préjudice corporel, Bern 2009, 259 ff.; HÜTTE, Genugtuung: Kapital oder Rente?, AJP 2008, 475 ff. (zit. AJP 2008); DERS., Genugtuung an sexuell missbrauchte Kinder, HAVE 2008, 343 ff. (zit. HAVE 2008); HÜTTE/DUKSCH/GUERRERO, Die Genugtuung, 3. Nachlieferung 1990–2005, Zürich 2005; PRIBNOW/BENJAMIN, Regulierungsverhalten als Genugtuungsfaktor, in: FS zum 50-jährigen Bestehen der Schweizerischen Gesellschaft für Haftpflicht- und Versicherungsrecht, Zürich 2010, 467 ff. (zit. FS SGHVR); PROBST, Der Ersatz «immateriellen Schadens» im schweizerischen Haftpflicht- und Strassenverkehrsrecht, in: Probst/Werro (Hrsg.), Strassenverkehrsrechtstagung 10./11.6.2010, Bern 2010, 1 ff.; VASELLA/SCHNYDER A.K., Haftpflicht- und Privatversicherungsrecht, Entwicklungen 2006, Bern 2007 (zit. njus 2006); WERRO, Le tort moral et la circulation routière, in: Werro/Probst (Hrsg.), Journées du droit de la circulation routière 7–8 juin 2010, Bern 2010, 151 ff.

I. Anwendungsbereich

1 Art. 47 sieht die Leistung von Genugtuung bei **Tötung oder Körperverletzung** vor. Genugtuung kann beanspruchen, wer durch einen widerrechtlichen Eingriff *immaterielle Unbill* erlitten hat. Bei Körperverletzung kann diese Voraussetzung auch auf Angehörige des körperlich Verletzten zutreffen (BGE 118 II 404 ff.), wenn diese aufgrund eines sog. *Schockschadens* in ihren eigenen, absolut geschützten Rechtsgütern (s. Art. 41 N 33) beeinträchtigt werden (BGE 112 II 118, 121 ff., 130; 112 II 220, 222). Art. 47 schliesst als *Anwendungsfall* die ergänzende Anwendbarkeit von Art. 49 nicht aus (BGE 112 II 220, 223; 123 III 204, 210; 138 III 337, 345; BGer, 20.4.2010, 4A_463/2008, E. 5.1 = njus 2010, 43 ff.). Wird jemand als Reflexgeschädigter in seiner Persönlichkeit betroffen, so steht ihm deshalb möglicherweise, selbst wenn die Voraussetzungen von Art. 47 nicht erfüllt sind, ein Genugtuungsanspruch gestützt auf Art. 49 zu (BGE 112 II 220, 223). Art. 47 und 49 können auch kumulativ zur Anwendung kommen, wenn eine Persönlichkeitsverletzung vorliegt, die über den nach Art. 47 zu entgeltenden Integritätseingriff hinausgeht (ZK-LANDOLT, Vor Art. 47/49 N 55; vgl. BGE 118 II 404, 409).

2 Art. 47 ist gem. Art. 99 Abs. 3 auch auf **Vertragsverletzungen** anwendbar (BGE 110 II 163, 164 = Pra 1984, 485 f.; 116 II 519, 520), etwa wenn ein Arbeitgeber seinen Verpflichtungen nicht nachgekommen ist und ein Arbeitnehmer deshalb eine Verletzung erlitten hat (BGE 106 II 131, 134 ff.). Für den Genugtuungsanspruch von Vertragspartnern gilt die Verjährungsfrist von Art. 127; auf selbständige Genugtuungsansprüche von Angehörigen eines Vertragspartners ist dagegen die deliktische Verjährungsfrist von Art. 60 anwendbar (BGE 123 III 204, 206 f.).

3 Ein Genugtuungsanspruch kann auch dort bestehen, wo ein Gesetz (namentlich ein kantonales Staatshaftungsgesetz) nur von *Schadenersatz*, nicht aber von *Genugtuung* spricht (BGE 112 Ib 322, 331 f.).

4 Die Anwendung von Art. 47 und damit die Zusprechung einer Genugtuung ist *unabhängig* von den wirtschaftlichen Folgen eines Unfalles, denn die Genugtuung soll nicht finanziellen Schaden, sondern einen Eingriff in das **seelische** Wohlbefinden aufwiegen (BGE 102 II 16, 22 = Pra 1976, 196; 118 II 404, 409).

4a Eine erhaltene **Integritätsentschädigung** nach Art. 24 UVG (dazu BGE 133 V 224, 230 f.), **Opferhilfeleistungen** nach OHG und andere kongruente Leistungen Dritter, die dem Ausgleich der seelischen Unbill dienen, sind auf die geschuldete Genugtuungssumme anzurechnen (Handkomm-OR-FISCHER, N 21, Art. 49 N 23; vgl. BGE 126 II 237, 246 f.; 113 V 140, 146 f.). Dem leistenden Verwaltungsträger steht kraft Subrogation ein Rückgriffsrecht auf den Schädiger zu (vgl. Art. 74 Abs. 2 lit. e ATSG; Art. 7 OHG).

II. Voraussetzungen eines Genugtuungsanspruchs

1. Aktivlegitimation

Bei *Körperverletzung* ist in erster Linie jene Person anspruchsberechtigt, **welche die Verletzung unmittelbar erlitten** hat. **Angehörige** des Opfers sind nach Art. 47 aktivlegitimiert, wenn sie selber eine Beeinträchtigung ihrer physischen oder psychischen Integrität erlitten haben, die als Körperverletzung i.S.v. Art. 47 (s. N 12) zu qualifizieren ist, oder wenn sie durch die *Tötung* eines Angehörigen sonstwie in ihren persönlichen Verhältnissen betroffen sind (sog. *Schockschaden*; vgl. BGE 123 III 204, 210; 112 II 220, 222; vgl. auch N 1). 5

Die Ansprüche einer verletzten Person und ihrer Angehörigen sind **selbständig** und haben «nebeneinander Platz» (BGE 118 II 404, 407). Stirbt der Verletzte infolge der Körperverletzung, so ist sein Genugtuungsanspruch auf die begrenzte Zeit seines Leidens abzustimmen. Entgegen einem Teil des Schrifttums ist eine Anrechnung der geerbten Genugtuung (s. N 7) auf die Genugtuungsansprüche der Angehörigen selber *abzulehnen* (BGE 118 II 404, 407; **a.A.** REY, N 473; HAUSHEER, ZBJV 1994, 283 ff.). Hingegen sind Genugtuungsleistungen, die Angehörige wegen einer schweren Verletzung eines Geschädigten gestützt auf Art. 49 aus eigenem Recht erhalten haben (vgl. Art. 49 N 6), an ihre späteren Genugtuungsforderungen infolge Ablebens desselben Geschädigten anzurechnen, sofern Verletzung und Tod in derselben Kausalkette liegen (CHK-CH. MÜLLER, Art. 49 N 13). 6

Genugtuungsforderungen sind **abtretbar** (OFTINGER/STARK, I, 437) und **vererblich**. Bei der aktiven Vererblichkeit gilt dies jedenfalls dann, wenn der Berechtigte seinen Anspruch bereits irgendwie geltend gemacht hat (BGE 88 II 455, 462 = Pra 1963, 149 f.; 81 II 385, 389 f.). Da indessen der Genugtuungsanspruch nicht als höchstpersönlich betrachtet werden kann (vgl. die Abtretbarkeit), sollte von einer *unbeschränkten Vererblichkeit* ausgegangen werden. Ein Genugtuungsanspruch ist daher auch vererblich, wenn der Berechtigte seinen Willen zur Geltendmachung vor dem Tode noch nicht geäussert hat (HONSELL/ISENRING/KESSLER, Haftpflichtrecht, § 10 N 5; OFTINGER/STARK, a.a.O.; REY, N 446; **a.A.** CR CO I-WERRO, Vor Art. 47–49 N 8). 7

Nach der Praxis können **juristische Personen** einen Anspruch zwar gestützt auf Art. 49, nicht jedoch auf Art. 47 geltend machen (BGE 95 II 481, 501 ff.; s. aber Art. 49 N 7). 8

Bei der *Tötung* eines Menschen kann den **Angehörigen des Verstorbenen** Genugtuung zugesprochen werden (BGE 125 III 412, 417). Es kommen nur Personen in Frage, die vom Tod schwer getroffen werden, namentlich weil sie zum Getöteten enge – i.d.R. familiäre – Beziehungen unterhalten haben (BGE 118 II 404 ff.). Der Kreis der Aktivlegitimierten gem. Art. 47 ist nicht zwingend deckungsgleich mit dem Kreis der Personen, die ihren Versorger verloren haben (Art. 45 Abs. 3; vgl. ZK-LANDOLT, N 408 ff.). Die Anspruchsberechtigung nach Art. 47 ist nicht nach zu engen, kategorialen Kriterien zu bestimmen. Aufgrund der tatsächlichen Lebensbeziehungen anspruchsberechtigt sein können allen voran der überlebende Ehegatte sowie die Kinder (BGE 112 II 118, 122; 117 II 50, 56 ff.). Die Anspruchsberechtigung der Eltern kann selbst dann gegeben sein, wenn das getötete Kind verheiratet war und nicht mehr im elterlichen Haushalt lebte (BGE 103 V 183, 186 f. = Pra 1978, 598 f.). Wird der tödliche Unfall eines Kindes durch einen Elternteil verursacht, so sind Genugtuungsansprüche unter Ehegatten nicht schlechthin ausgeschlossen, doch verlangen Lehre und Rsp. äusserste Zurückhaltung: Was Ehegatten an gemeinsamem Schmerz erlitten haben, «soll nicht zu gegenseitigen Genugtuungsforderungen führen» (BGE 115 II 156, 159 m.w.Nw.). Beim Tod von Geschwistern ist die Zusprechung einer Genugtuungssumme ebenfalls zulässig (BGE 112 II 118, 122; 118 II 404, 409). Zurückhaltung wird jedoch dort geübt, wo die Geschwister zurzeit des Todes bereits getrennte Haushalte führten (BK-BREHM, N 154; vgl. auch BGer, 7.11.2002, 6S.700/2001, E. 4.3). Auch weitere Personen können als Angehörige i.S.v. Art. 47 in Frage kommen; etwa Schwiegereltern oder Verlobte (BGE 114 II 144, 149; BK-BREHM, N 155 ff.). 9

Nach der neueren bundesgerichtlichen Rsp. kann auch ein stabiles Konkubinatsverhältnis i.S.v. Art. 47 OR einen Anspruch auf Genugtuung zugunsten des überlebenden Konkubinatspartners begründen (BGE 138 III 157, 159 ff. = Pra 2012, 856).

10 Ob eine rechtliche Grundlage für einen Genugtuungsanspruch besteht, ist als **Rechtsfrage** jeweils von Amtes wegen zu prüfen (BGE 114 II 144, 149). Die Festsetzung der Höhe der Genugtuung ist eine Entscheidung nach Billigkeit (s. N 21a).

2. Passivlegitimation

11 Passivlegitimiert ist jene Person, die für die Tötung bzw. Körperverletzung **verantwortlich** ist (oder deren Rechtsnachfolger). Die in den Art. 50 f. für die Schadenersatzforderung vorgesehene Solidarität erfasst bei einer Mehrheit von Haftpflichtigen auch die Genugtuungsforderung. In allen Fällen der Solidarität müssen aber die Voraussetzungen einer Genugtuung bei *jedem der Haftpflichtigen* vorhanden sein. Eine Genugtuungsschuld ist passiv vererblich (BGE 74 II 202, 214). – Zum Regressrecht der Sozialversicherer s. OFTINGER/STARK, I, 441 und Art. 51 N 24 f.; zum Quotenvorrecht bei mehreren Haftpflichtigen ZK-LANDOLT, Vor Art. 47/49 N 232 ff. (m.Nw.).

3. Tötung oder Körperverletzung

12 Art. 47 ist nur anwendbar im Falle einer Tötung oder Körperverletzung. Auch eine körperliche Beeinträchtigung ohne wirtschaftlichen Schaden kann genügen. Der Begriff der *Körperverletzung* ist i.w.S. zu verstehen und umfasst sowohl physische als auch psychische (bzw. seelische) Beeinträchtigungen (BGer, 20.4.2010, 4A_463/2008, E. 5.1 = njus 2010, 43 ff.). Schmerzen werden in den meisten Fällen primär physischer Natur sein, doch auch seelische Schmerzen – z.B. als Folge einer misslungenen Operation – können einen Anspruch auf Genugtuung nach Art. 47 begründen (BK-BREHM, N 14).

4. Immaterielle Unbill

13 Die Körperverletzung muss zu immaterieller Unbill (Schmerz) beim Verletzten, die Tötung zu immaterieller Unbill bei den Angehörigen geführt haben. Ohne diese **(subjektive) Voraussetzung** der Beeinträchtigung des Wohlbefindens ist keine Genugtuung geschuldet (BGE 118 II 404, 409). Eine geringfügige Beeinträchtigung, die nicht zu einem eigentlichen Schmerz führt, stellt keine immaterielle Unbill dar. Darüber hinaus muss der erlittene körperliche bzw. seelische Schmerz von einer gewissen Schwere («certaine importance») sein (BGE 110 II 163, 166 = Pra 1984, 486; BGer, 20.4.2010, 4A_463/2008, E. 5.1 = njus 2010, 43 ff.). Bei *Körperverletzungen* ist dem Geschädigten i.d.R. eine Genugtuung geschuldet, wenn die Verletzung (alternativ) bleibende Folgen hat, schwer ist, das Leben bedroht, einen längeren Krankenhausaufenthalt nötig macht, eine längere Arbeitsunfähigkeit zur Folge hat oder mit besonders starken oder lang anhaltenden Schmerzen verbunden ist (BGer, 25.9.2000, 4C.49/2000, E. 3c; 20.4.2010, 4A_463/2008, E. 5.1 = njus 2010, 43 ff.). **Streitig** ist, ob Genugtuung auch dann zugesprochen werden kann, wenn eine Person nicht mehr im Stande zu sein scheint, den Schmerz zu fühlen (vgl. BK-BREHM, N 21 ff.; DESCHENAUX/TERCIER, 51 f.; OFTINGER/STARK, I, 423 f.), etwa wenn jemand dauernd im Koma liegt oder sonstwie einen schweren Hirnschaden erlitten hat. Die Rsp. hat in solchen Fällen gelegentlich auf das Erfordernis der subjektiv empfundenen immateriellen Unbill verzichtet (BGE 108 II 422, 431 = Pra 1983, 78 f.). Dies kann dort angebracht sein, wo nicht mit letzter Sicherheit gesagt werden kann, ob ein Verletzter tatsächlich seine Situation nicht mehr realisiert. Im Übrigen aber sollte aufgrund der Rsp. zu den Schockschäden nicht mehr (künstlich) ein Genugtuungsanspruch des Verletzten konstruiert werden (z.B. bei schwerer Hirnschädigung eines Kindes); hier steht vielmehr der Weg für die Zusprechung einer Genugtuung an die Angehörigen über Art. 49 offen (vgl. BGE 112 II 220, 223; **a.A.** ZK-LANDOLT, Vor Art. 47/49 N 88 ff.).

5. Haftung

Als Norm für die Bemessung der Leistungspflicht eines Haftpflichtigen kommt Art. 47 nur zum Tragen, wenn die **Haftungsvoraussetzungen** einer Haftpflichtnorm – mit Ausnahme des Schadens – gegeben sind (vgl. KELLER/SCHMIED-SYZ, 118; BK-BREHM, N 18). Stets vorausgesetzt für einen Genugtuungsanspruch sind somit die Widerrechtlichkeit der Tötung oder Körperverletzung (Abwesenheit von Rechtfertigungsgründen) sowie ein adäquater Kausalzusammenhang zwischen der Handlung des Haftpflichtigen, der Tötung oder Körperverletzung und der immateriellen Unbill. 14

Erforderlich ist im Weiteren das Vorliegen von **Verschulden** (im Rahmen der Verschuldenshaftung; BGE 126 III 161, 166 f. = Pra 2001, 473 f.) bzw. die besondere Beziehung zum **haftungsbegründenden Tatbestand** (bei der Kausalhaftung; vgl. BGE 97 II 339, 348; 123 III 204, 210). Seit der Überführung des EHG ins EBG per 1.1.2010 und aufgrund des Verweises von Art. 40f EBG auf die Best. des OR bestehen diesbezüglich im Bereich der Eisenbahnhaftpflicht keine Besonderheiten mehr (vgl. die Botschaft, BBl 2007 4377, 4474 ff.). 15

6. Besondere Umstände

Die Zusprache einer Genugtuung hat gem. Art. 47 *«unter Würdigung der besonderen Umstände»* zu erfolgen (vgl. BGer, 2.3.2005, 4C.433/2004, E. 4). Weil Art. 47 ein Anwendungsfall von Art. 49 ist, müssen diese besonderen Umstände in der Schwere der *Verletzung der Persönlichkeit* liegen (BK-BREHM, N 27; BGE 112 II 220, 223). Das Gericht entscheidet nach Recht und Billigkeit über die Zusprechung einer Genugtuung (vgl. Art. 4 ZGB; BGer, 20.4.2010, 4A_463/2008, E. 5.1 = njus 2010, 43 ff.). 16

Zu den besonderen Umständen eines Falles gehört zunächst das Erfordernis der *immateriellen Unbill* (s. N 13). Sodann kann auch das **Verschulden des Haftpflichtigen** eine bedeutende Rolle spielen (BGE 104 II 259, 264 = Pra 1979, 192; 95 II 306, 308). Es kann selbst bei Gefährdungshaftungen mitberücksichtigt werden (BGE 112 II 131, 133). Das Hauptgewicht ist beim Entscheid über die Zusprache von Genugtuung aber auf das Ausmass der vom Geschädigten erfahrenen und empfundenen immateriellen Unbill zu legen. 17

Zu berücksichtigen ist auch ein allfälliges **Mitverschulden des Verletzten** (vgl. KELLER, II, 135; ZK-LANDOLT, Vor Art. 47/49 N 242 ff.). Ausgeschlossen ist ein Genugtuungsanspruch aber höchstens bei Vorliegen eines groben Selbstverschuldens (vgl. BGer, 12.11.2008, 4A_423/2008, E. 3; OFTINGER/STARK, I, 436 m.w.H.). Trifft beide Seiten ein Verschulden, so ist bei der Bemessung eine Abwägung vorzunehmen (BGE 110 II 163, 166 = Pra 1984, 486; s. N 20b). 18

Als **weitere Gesichtspunkte** sind zu berücksichtigen: Das *Verhältnis* zwischen Schädiger und Geschädigtem (BGE 118 II 404, 409; etwa Verzeihung, Verwandtschaft oder Freundschaft); vom Schädiger selber erlittenes Leid; Gefälligkeitshandlung; (möglicherweise) zeitlich entferntes Zurückliegen des Schadenereignisses; schwere psychische Belastung des Geschädigten bei der Schadenerledigung; allenfalls auch die persönliche Veranlagung des Ansprechers (vgl. BK-BREHM, N 37 ff.; DESCHENAUX/TERCIER, 93 ff.; KELLER, II, 135 ff.). Bei einer Tötung sind auch das Alter der Getöteten und Hinterbliebenen sowie die Lebenserfüllung der verstorbenen Person zu würdigen (vgl. die Nw. bei GAUCH/AEPLI/STÖCKLI, N 10 ff.; BK-BREHM, N 131 ff.; OFTINGER/STARK, I, 450 ff.). 19

III. Bemessung der Genugtuung

Die hiervor als Voraussetzungen der Genugtuung genannten Kriterien wirken sich auch auf die **Höhe der Genugtuungssumme** aus. Je schwerwiegender die Umstände sind und je intensiver die Unbill auf den Anspruchsteller eingewirkt hat, desto höher ist grundsätzlich die Ge- 20 nugtuungssumme. Deren Bemessung ist mit Blick auf die Umstände des Einzelfalls vorzunehmen; die Anwendung schematischer Kriterien ist nicht zulässig. Daher kann die sozialversicherungsrechtliche Integritätsentschädigung (vgl. Art. 24 f. UVG; Art. 48 ff. MVG; ZK-Landolt, N 56 ff.) gemäss der Skala in Anhang 3 zur UVV (vgl. auch die Feinraster der SUVA, laufend publiziert in deren *Medizinischen Mitteilungen*) höchstens als Richtwert für die objektive Schwere der Beeinträchtigung dienen. Dieser ist anhand der Umstände des Einzelfalles noch mehr oder weniger stark anzupassen (BGE 132 II 117, 120: *Zwei-Phasen-Methode*; vgl. auch BGer, 12.5.2006, 4C.55/2006, E. 5: Doppelte Integritätsentschädigung als unverbindliche Faustregel). Dem Gericht kommt bei der Bemessung der Genugtuungsleistung ein erheblicher *Ermessensspielraum* zu. Die vom BGer postulierte Anwendung der richterlichen Schadensschätzung nach Art. 42 Abs. 2 auf die Festsetzung der Genugtuungsleistung (BGer, 18.1.2006, 4C.283/2005, E. 2 = njus 2006, 36) macht keinen Sinn, da bereits Art. 47 einen entsprechenden Ermessensspielraum einräumt (**a.A.** CR CO I-Werro, Art. 42 N 1).

20a Bei der Bemessung der **Basisgenugtuung** *(erste Phase)* ist vor allem (objektiv) auf die Art und Schwere der Verletzung, die Intensität und die Dauer der Auswirkungen auf die Persönlichkeit des Betroffenen (bei älteren Menschen ist die Leidenszeit kürzer, die Genugtuung insofern niedriger, vgl. BGer, 24.9.2008, 1C_106/2008, E. 5.3) sowie – auch bei Kausalhaftungen – auf den Grad des Verschuldens des Schädigers abzustellen (BGE 116 II 733 ff.; 112 II 131, 133; BGer, 20.5.2015, 4A_32/2015, E. 11.4; BK-Brehm, N 62 ff.; Keller, II, 138 ff.; Deschenaux/Tercier, 258 ff.; Gauch/Aepli/Stöckli, N 14 ff.). Nicht bei der Bemessung der Genugtuung nach Art. 47, sondern allenfalls im Rahmen von Art. 49 zu berücksichtigen, ist die ablehnende Haltung des Haftpflichtigen im Prozess und die Bezeichnung des Geschädigten als Simulanten (BGer, 20.5.2015, 4A_32/2015, E. 11.4).

20b Bei Vorliegen von **Reduktions- und Herabsetzungsgründen** ist die Basisgenugtuung in analoger Anwendung von Art. 43 Abs. 1 und 44 Abs. 1 zu kürzen *(zweite Phase)*; dies insb. bei bloss geringem Verschulden des Schädigers (BGer, 13.11.2009, 6B_795/2009, E. 5.2), bei (adäquat-kausalem) Mitverschulden des Opfers (BGer, 27.5.2010, 4A_66/2010, E. 2 = njus 2010, 45 f.) oder mit Blick auf den Vorzustand des Geschädigten (BGer, 26.1.2010, 4A_481/2009, E. 6 = njus 2010, 29 ff.). Vgl. z.B. BGer, 12.11.2008, 4A_423/2008, E. 3: Reduktion der Basisgenugtuung um 60 % bei überwiegendem Selbstverschulden des Getöteten. Bei Kausalhaftungen kann nach der Rsp. ein Selbstverschulden des Geschädigten durch ein zusätzliches Verschulden des Haftpflichtigen kompensiert werden (BGer, 5.5.2006, 4C.435/2005, E. 7.4). Kein Reduktionsgrund ist – wenigstens nicht bei lebensgefährlichen Körperverletzungen – eine vorbestehende Teilinvalidität des Geschädigten (BGer, 27.12.2008, 6B_579/2008, E. 5).

21 Seit 1981 (BGE 107 II 348) setzt das BGer im Rahmen seines Ermessens die Genugtuungssummen in schweren Fällen **erheblich höher** an als früher. Desgleichen werden erhöhte Summen, die von den Vorinstanzen zugesprochen werden, eher als angemessen bestätigt (vgl. BGE 112 II 131, 133; 121 III 252 ff.; BGer, 2.8.2004, 4C.150/2004). So hat das BGer bei schweren Körperverletzungen bereits mehrmals Genugtuungssummen von CHF 100 000 oder mehr zugesprochen (vgl. BGE 134 III 97, 100; BGer, 22.6.2009, 4A_157/2009, E. 4; ZK-Landolt, N 193 ff., 222 ff.). Nach wie vor deutlich tiefer liegen die Genugtuungssummen an Hinterbliebene beim Tod von Angehörigen. Die im Einzelfall anhand der individuellen Familienbande anzupassenden Basisbeträge liegen bei CHF 30 000 bis CHF 40 000 für den Verlust eines Ehegatten und CHF 25 000 für den Verlust eines Elternteils (BGer, 12.11.2008, 4A_423/2008, E. 2; vgl. auch BGer, 5.5.2006, 4C.435/2005, E. 6.2; ZK-Landolt, N 466 ff., 538 ff., 590 ff., 647 ff.). In ähnlichen Grössenordnungen fallen i.d.R. die Genugtuungssummen nach sexuellen Übergriffen aus (vgl. etwa BGer, 27.2.2009, 6B_830/2008, E. 5.4; 5.3.3009, 6B_929/2008, E. 5.2 = njus 2009, 37; BGer, 2.12.2010, 6B_705/2010, E. 6 = njus 2010, 47; ZK-Landolt, Art. 49 N 465 ff.). In schweren, lebensprägenden Missbrauchsfällen sind solche Summen *stossend tief* (vgl. allg. zur Kritik an der heutigen Bemessungspraxis ZK-Landolt, N 200 ff.). Siehe zur Genugtuung für Beeinträchtigungen des äusseren Erscheinungsbildes («kosmetischer Schaden») BGer, 4. 10. 2010, 4A_319/2010, E. 5 = njus 2010. – Weitere Kasuistik in njus 2006, 36 ff.; 2007, 20; 2008, 62 ff.; 2009, 36 ff.; 2010, 42 ff.

Die Bemessung der Genugtuung ist eine **Billigkeitsentscheidung** (BGE 132 II 117, 120 f.). Das BGer greift in solche Ermessensentscheide nur ein, wenn es sie «als offensichtlich unbillig bzw. als in stossender Weise ungerecht» erachtet oder wenn grundlos von den in Lehre und Rsp. anerkannten Bemessungsgrundsätzen abgewichen worden ist oder unerhebliche Tatsachen berücksichtigt bzw. erhebliche Tatsachen nicht berücksichtigt worden sind (BGE 128 IV 53, 71; BGer, 25.10.10, 6B_544/2010, E. 3.1). **21a**

Bei der Bemessung der Genugtuung ist grundsätzlich *nicht* auf die konkreten **Lebenshaltungskosten der berechtigten Person** abzustellen. Vielmehr ist die Geldsumme nach dem am *Gerichtsstand* geltenden Recht zu bemessen, grundsätzlich ohne Rücksicht darauf, ob die klagende Person im In- oder Ausland lebt (BGE 121 III 252, 255). Ausnahmen kommen in Betracht, wenn die wirtschaftlichen und sozialen Gegebenheiten von den hiesigen Verhältnissen markant abweichen und dies zu einer krassen und nach den Umständen i.E. unbilligen Besserstellung des Berechtigten führen würde (BGE 125 II 554, 556; vgl. BGer, 24. 9. 2008, 1C_106/2008, E. 4.2: 30 % Abweichung sind nicht zu berücksichtigen; BGE 123 III 10, 14 f.: Berücksichtigung der wirtschaftlichen und sozialen Verhältnisse in der Volksrepublik China). Entgegen einem Teil der Lehre (vgl. BK-Brehm, N 11 ff.; CHK-Ch. Müller, N 3) lehnt es das BGer sodann ab, bei der Bemessung der Genugtuung die *Einkommens- und Vermögensverhältnisse* der berechtigten Person zu berücksichtigen (BGE 123 III 10, 14; zust. ZK-Landolt, Vor Art. 47/49 N 132). **22**

IV. Art der Genugtuung

Die Leistung der Genugtuung hat in Form einer **Geldsumme** zu erfolgen (Art. 47). Die Gerichte sprechen in praxi meist runde *Kapitalbeträge* zu. Wenn die immaterielle Unbill andauert, ist aber auch die *Rentenform* möglich. Die Abgeltungsform hat keinen Einfluss auf die Bemessung der Genugtuung (BGE 134 III 97, 100; BGer, 22. 6. 2009, 4A_157/2009, E. 3). **23**

V. Bemessungszeitpunkt

Die Genugtuung ist nach neuer bundesgerichtlicher Rsp. im **Urteilszeitpunkt** zu bemessen (unter Berücksichtigung der seit dem Schadensereignis ergangenen Präjudizien). Zusätzlich ist ein ab dem Schadensereignis laufender *Genugtuungszins* zu 5 % als Ausgleich für die vorenthaltene Nutzung des Kapitals zwischen dem Verletzungs- und dem Urteilstag zu leisten (BGE 132 II 117, 126; 129 IV 149, 152 f.; unklar diesbezüglich BGer, 25.10.10, 6B_544/2010, E. 3.2 a.E.; für eine Bemessung im Zeitpunkt des schädigenden Ereignisses noch BGE 116 II 295, 299; vgl. auch BGE 131 III 12, 21 ff. und Art. 42 N 5: Verbot von Zinseszinsen). **24**

Art. 48

aufgehoben

abrogé

abrogato

Art. 49

3. Bei Verletzung der Persönlichkeit

1 Wer in seiner Persönlichkeit widerrechtlich verletzt wird, hat Anspruch auf Leistung einer Geldsumme als Genugtuung, sofern die Schwere der Verletzung es rechtfertigt und diese nicht anders wiedergutgemacht worden ist.

2 Anstatt oder neben dieser Leistung kann der Richter auch auf eine andere Art der Genugtuung erkennen.

3. Atteinte à la personnalité

1 Celui qui subit une atteinte illicite à sa personnalité a droit à une somme d'argent à titre de réparation morale, pour autant que la gravité de l'atteinte le justifie et que l'auteur ne lui ait pas donné satisfaction autrement.

2 Le juge peut substituer ou ajouter à l'allocation de cette indemnité un autre mode de réparation.

3. Lesione alla personalità

1 Chi è illecitamente leso nella sua personalità può chiedere, quando la gravità dell'offesa lo giustifichi e questa non sia stata riparata in altro modo, il pagamento di una somma a titolo di riparazione morale.

2 Il giudice può anche sostituire o aggiungere a questa indennità un altro modo di riparazione.

Literatur

A. Bucher, Natürliche Personen und Persönlichkeitsschutz, 4. Aufl., Basel 2009; Gurzeler, Beitrag zur Bemessung der Genugtuung, Diss. Bern 2005; Heierli et al., Haftpflicht- und Privatversicherungsrecht, Entwicklungen 2008, Bern 2009 (zit. njus 2008); dies., Haftpflicht- und Privatversicherungsrecht, Entwicklungen 2009, Bern 2010 (zit. njus 2009); Hirsch, Le tort moral dans la jurisprudence récente, in: F. Werro/P. Pichonnaz (Hrsg.), Le préjudice corporel, Bern 2009, 259 ff.; Hütte, Genugtuung bei Körperverletzung und nicht gerechtfertigtem Freiheitsentzug, HAVE 2008, 310 ff. (zit. HAVE 2008); ders., Genugtuung: Kapital oder Rente?, AJP 2008, 475 ff. (zit. AJP 2008); ders., Genugtuung an sexuell missbrauchten Kinder, HAVE 2008, 343 ff. (zit. HAVE 2008); Hütte/Landolt, Genugtuungsrecht, Bd. I/II, Zürich/St. Gallen 2013; Inderkum, Schadenersatz, Genugtuung und Gewinnherausgabe aus Persönlichkeitsverletzung, Diss. Freiburg 2008; Nobel, Gedanken zum Persönlichkeitsschutz juristischer Personen, in: FS für Mario M. Pedrazzini, Bern 1990, 411 ff.; Pedrazzini/Oberholzer, Grundriss des Personenrechts, 4. Aufl., Bern 1993; Portmann, Genugtuungsbegründende Persönlichkeitsverletzungen im Arbeitsverhältnis, recht 2010, 1 ff.; Stöckli, Ansprüche aus Wettbewerbsbehinderung, Diss. Freiburg 1999; Tercier, Contribution à l'étude du tort moral et de sa réparation en droit civil suisse, Diss. Freiburg 1971; Vasella/Schnyder A.K./Weber St., Haftpflicht- und Privatversicherungsrecht, Entwicklungen 2007, Bern 2008; vgl. auch die Literaturhinweise zu Art. 47.

I. Anwendungsbereich

1 Die heutige Fassung von Art. 49 ist seit dem 1.7.1985 in Kraft (AS 1984, 778). Art. 49 setzt eine **Verletzung von Persönlichkeitsrechten** voraus. Diese Verletzung muss im Unterschied zum alten Recht nicht mehr von «besonderer Schwere» sein. Damit hat eine Angleichung an die Voraussetzungen von Schadenersatzansprüchen und an die Genugtuung bei Körperverletzung (Art. 47) stattgefunden.

2 Art. 49 hat **subsidiären** Charakter. Eine Genugtuung kann nur zugesprochen werden, wenn die Schwere der Verletzung *«nicht anders wiedergutgemacht worden ist»* (Art. 49 Abs. 1). Eine Genugtuungsleistung ist z.B. hinfällig oder kann herabgesetzt werden, wenn der Geschädigte sich bereits erfolgreich hat zur Wehr setzen können (z.B. durch ein eigenes Pressecommuniqué) oder sich die verletzende Person nach einer Ehrverletzung in aller Form entschuldigt hat (vgl. BK-Brehm, N 8 ff.). Nach einer *Verzeihung* durch die geschädigte Person ist Zurückhaltung bei der Zusprechung einer Genugtuung angezeigt (BGE 115 II 156, 159).

3 Art. 49 ist als **Generalregel** anwendbar, sei es direkt, sei es infolge einer Verweisung durch Spezialgesetze (z.B. Art. 9 Abs. 3 UWG; Art. 62 Abs. 1 SVG). Sondernormen des ZGB (z.B.

Art. 429a) oder des OR (z.B. Art. 336a, 337c Abs. 3) gehen vor. Zum Verhältnis zu Art. 47 s. Art. 47 N 1 und 6.

Gestützt auf Art. 99 Abs. 3 ist Art. 49 auch auf **Vertragsverhältnisse** anwendbar, sofern eine Verletzung in den persönlichen Verhältnissen und damit die Beeinträchtigung eines absoluten Rechtsgutes geltend gemacht wird (BGE 116 II 519, 521; 130 III 699 ff.; s. zur anwendbaren Verjährungsfrist Art. 47 N 2). **4**

Im **Strafprozessrecht** ist die Ausrichtung (inkl. Bemessung) von Genugtuungsleistungen an freigesprochene Angeschuldigte sowie für rechtswidrig angewandte Zwangsmassnahmen in den Art. 429 ff. StPO detailliert geregelt worden. **5**

Zur **Koordination** mit kongruenten Leistungen s. Art. 47 N 4a. **5a**

II. Voraussetzungen eines Genugtuungsanspruches

1. Aktivlegitimation

Anspruchsberechtigt ist im Rahmen von Art. 49, wer in seinen Persönlichkeitsrechten verletzt worden ist und dadurch eine immaterielle Unbill erlitten hat. Auch durch eine Schadenshandlung indirekt Betroffene können eine Genugtuung beanspruchen, sofern sie in ihrer *eigenen* Persönlichkeit verletzt worden sind (BGE 116 II 519, 521), z.B. Angehörige einer körperlich schwer verletzten Person (vgl. ZK-Landolt, N 684 ff.). Dabei genügt die psychische Beeinträchtigung des Anspruchstellers (BGE 112 II 220, 223 ff.; 129 IV 22 ff.). Selbst ein «kosmetischer Schaden» kann nach Teilen der Lehre eine schwere Verletzung der Persönlichkeitsrechte der engeren Angehörigen nach sich ziehen (BK-Brehm, N 39). Das BGer setzt allerdings voraus, dass die Anspruchsteller durch die Schädigung des Angehörigen gleich oder schwerer betroffen sind, als sie dies bei dessen Tötung wären (BGE 125 III 412, 417). Bei einem Eingriff in die persönlichen Verhältnisse eines Verstorbenen können Angehörige ggf. wegen Verletzung ihrer Pietätsgefühle klagen (BGE 70 II 127, 130 f.). **6**

Auch **juristische Personen** können in ihrer Persönlichkeit verletzt sein, insb. im Bereich des Namensrechts, des Ehrenschutzes sowie mit Bezug auf die Geheim- und Privatsphäre (m.Nw. ZK-Landolt, N 16). Andere Rechtsgüter dagegen, z.B. physische und – hier relevant – *psychische* Integrität, stehen gem. Art. 53 ZGB nur natürlichen Personen zu (BSK ZGB I-Huguenin, Art. 53 N 8). Obwohl eine Genugtuungsforderung seelische Unbill und die Möglichkeit zu deren Linderung durch eine Geldzahlung voraussetzt (vgl. N 11 und Art. 47 N 13), gesteht das BGer mit Teilen der Lehre juristischen Personen – trotz mangelnder Empfindungsfähigkeit – im Falle von Persönlichkeitsverletzungen einen Anspruch auf Genugtuung nach Art. 49 zu (BGE 138 III 337, 338 ff. = Pra 2012, 937; 95 II 481, 502 f.; BK-Brehm, N 40 ff.; ZK-Landolt, Vor Art. 47/49 N 104; **a.A.** Merz, SPR VI/1, 241; Tercier, 153 ff.). Dies soll sogar für Kollektiv- und Kommanditgesellschaften möglich sein (Pedrazzini/Oberholzer, 151; ZK-Landolt, N 15; vgl. auch BGE 114 IV 14, 15), obwohl diese keine eigene Rechtspersönlichkeit besitzen, die verletzt werden könnte. Dies ist *abzulehnen*. Genugtuungsansprüche kommen nur zugunsten der *Organe* juristischer Personen oder von Gesellschaftern in Frage, wenn diese durch den Angriff auf die Persönlichkeit der juristischen Person bzw. auf Rechte der Gesellschaft in ihrer eigenen Persönlichkeit verletzt worden sind. Nur natürliche Personen vermögen eine Persönlichkeitsverletzung sowie Genugtuung zu empfinden. Dieses Empfinden kann mit Blick auf Art. 53 ZGB nicht der juristischen Person zugerechnet werden (Stöckli, N 1112 FN 782; **a.A.** BK-Brehm, N 42). Die seelische Unbill der Organe dürfte zudem i.d.R. durch eine Leistung direkt an sie effektiver gemildert werden können als durch eine Leistung an die juristische Person (vgl. auch Gurzeler, 79). **7**

8 Auch ein **urteilsunfähiger Geschädigter** hat u.U. Anspruch auf eine Genugtuung nach Art. 49. Dabei ist aber zu prüfen, ob und inwieweit er die erfahrene Unbill überhaupt zu empfinden vermag (vgl. BGE 108 II 422 ff. sowie Art. 47 N 13).

9 Genugtuungsansprüche sind **vererblich** und **abtretbar** (s. Art. 47 N 7).

2. Passivlegitimation

10 Gegenüber Art. 47 ergeben sich mit Bezug auf die Passivlegitimation **keine Besonderheiten** (vgl. Art. 47 N 11; KELLER/GABI, 131). Bei Pressedelikten ist neben dem Verfasser auch der Drucker passivlegitimiert (jedoch ist sein Verschulden gesondert zu prüfen; BGE 64 II 14, 18).

3. Widerrechtliche Verletzung von Persönlichkeitsrechten

11 Genugtuung nach Art. 49 ist nur geschuldet, *«sofern die Schwere der Verletzung es rechtfertigt»*, und zwar sowohl in objektiver als auch in subjektiver Hinsicht (Empfinden der betroffenen Person) (vgl. BGE 125 III 70, 75, 77; 131 III 26, 29 = Pra 2005, 748). Ob eine Persönlichkeitsverletzung hinreichend schwer wiegt, hängt weitgehend von den Umständen des Einzelfalles ab. Dem Gericht steht bei der Beurteilung ein weites Ermessen zu (BGE 129 III 715, 725; 135 III 145, 152 f.). Für die Beurteilung der Schwere können die «Grundgedanken» von Art. 47 herangezogen werden (BGE 112 II 228 ff.). Als Massstab hat zu gelten, wie der zu beurteilende Eingriff auf eine weder besonders sensible noch besonders widerstandsfähige Durchschnittsperson gewirkt hätte. Der Eingriff muss aussergewöhnlich schwer sein und in seinen Auswirkungen das Mass einer Aufregung oder einer alltäglichen Sorge klar übersteigen (vgl. BGer, 7.10.2008, 6B_400/2008, E. 6 = njus 2008, 66). Es reicht nicht aus, wenn jemand schockiert ist, Unannehmlichkeiten empfindet oder einige Schmerzen hat. Erforderlich sind vielmehr physische oder psychische Leiden, verursacht durch eine Verletzung der Persönlichkeit, die das Wohlbefinden beeinträchtigt (BGer, 9.7.2008, 6B_390/2008, E. 3.3 = njus 2008, 65). Leichte Ehrverletzungen oder die einfache Nichterfüllung eines Vertrages rechtfertigen die Zusprechung von Genugtuung deshalb i.d.R. nicht (vgl. BGE 129 III 715, 726; w.Nw. bei GAUCH/AEPLI/STÖCKLI, N 4, 8 f.; BK-BREHM, N 24 ff.; KELLER, II, 160 ff.).

12 Noch nicht endg. entschieden ist die Frage, ob ein sog. **Frustrationsschaden** (z.B. wegen entgangenem Feriengenuss) genugtuungsbegründend sein kann (vgl. für Nw. Art. 41 N 4 und BK-BREHM, N 29; für Pauschalreisen abl. ROBERTO, Haftpflichtrecht, N 34.15). Für die alte Fassung von Art. 49 hat das BGer ausgeführt, der entgangene Genuss stelle keine *besonders* schwere Verletzung in den persönlichen Verhältnissen dar (BGE 115 II 474, 482). Im Rahmen der geltenden Fassung reicht nun aber bereits eine «gewisse» Schwere aus.

13 Zu den durch Art. 49 **geschützten Persönlichkeitsrechten** gehören in erster Linie Leib und Leben (vgl. dazu Art. 47), persönliche Freiheit (vgl. ZK-LANDOLT, N 276 ff.), Ehre (ZK-LANDOLT, N 110 ff.), persönliche Sphäre (ZK-LANDOLT, N 452 ff.), geistiges Eigentum und das Recht am eigenen Bild (BGE 129 III 715, 723), nicht aber vertragliche Ansprüche als solche (BGE 87 II 143, 145; vgl. BK-BREHM, N 45 ff.; REY, N 467 ff.; ZK-LANDOLT, N 767 ff.). Vermehrte Bedeutung gewinnt Art. 49 bei sexueller Belästigung am Arbeitsplatz (vgl. BGE 125 III 269, 276; AGer ZH, 30.4.1992, ZR 1993, 160 ff.; ZK-LANDOLT, N 230 ff.). Mit der neueren Lehre ist der Anspruch auf Genugtuung wegen Ehestörung zu verneinen (vgl. ROBERTO, Haftpflichtrecht, N 128; KUKO OR-SCHÖNENBERGER, Art. 47–49 N 19; SCHWENZER, N 17.11; **a.A.** BGE 109 II 4, 5 f.; BK-BREHM, N 69 f.; ZK-LANDOLT, N 630 ff.).

14 Entgegen dem früheren Wortlaut von Art. 49 ist auf Seiten des Haftpflichtigen nicht mehr ein *schweres* **Verschulden** erforderlich (BGE 112 II 220, 225; 131 II 20, 29 = Pra 2005, 749). Trotz BGE 120 II 97, 99 ist ein Verschulden für die Genugtuung nach Art. 49 im Rahmen der Verschuldenshaftung vorausgesetzt; anders bei Kausalhaftungen (BGE 126 II 145, 160;

REY, N 478). Der revidierte Gesetzeswortlaut bringt es ferner mit sich, dass selbst bei überwiegendem Eigenverschulden des Verletzten ein Genugtuungsanspruch nicht mehr von vornherein ausgeschlossen ist (BGE 116 II 733, 735).

Im Weiteren muss eine Persönlichkeitsverletzung **widerrechtlich** (Abwesenheit von Rechtfertigungsgründen; vgl. BGE 136 III 410, 412 f., 416 ff.) und **adäquatkausal** auf die Handlung des Haftpflichtigen (bei der Verschuldenshaftung) bzw. auf den haftungsbegründenden Tatbestand (bei der Kausalhaftung) zurückzuführen sein. 15

III. Bemessung der Genugtuung

Die für die Schadenersatzbemessung geltenden Regeln (also namentlich die Reduktionsgründe nach Art. 43 f.) sind – wie bei Art. 47 – auch bei der Festsetzung der Genugtuungssumme nach Art. 49 zu beachten. Namentlich die **Schwere des Verschuldens** des Schädigers kann die Höhe der Genugtuungssumme beeinflussen (BGE 112 II 226 ff.; 118 II 410 ff.). Selbstverschulden des Verletzten spielt ebenfalls eine wichtige Rolle (vgl. BGE 135 IV 43, 47 = Pra 2009, 463). Im Übrigen kann auf die Ausführungen zu Art. 47 verwiesen werden (s. dort N 20 ff.). 16

Die Bemessung der Genugtuungssumme ist eine **Rechtsfrage**, wird aber vom BGer nur mit Zurückhaltung überprüft (vgl. BGE 129 III 715, 725; BGer, 13.10.2004, 4C.343/2003, E. 8.1). 16a

IV. Art der Genugtuung

Im Unterschied zu Art. 47 kann nach Art. 49 anstatt «oder neben» einer Geldsumme auch auf eine **andere Art der Genugtuung** erkannt werden (Abs. 2). Die verschiedenen Genugtuungsarten stehen gleichberechtigt nebeneinander. Das Gericht hat nach seinem Ermessen die im Einzelfall angemessene Auswahl zu treffen (vgl. BGE 131 III 26, 30 f. = Pra 2005, 750; Botschaft, BBl 1982 II 682; vgl. aber ZK-LANDOLT, Vor Art. 47/49 N 156: «Grundsatz der Geldgenugtuung»; **a.A.** BK-BREHM, N 7; KUKO OR-SCHÖNENBERGER, N 4, 17: Geldleistung bloss subsidiär). Wenn auch die Gerichte meistens eine Kombination der beiden Arten von Genugtuung aussprechen (z.B. eine Geldsumme zusammen mit einer Urteilspublikation), so gibt es auch Fälle, in denen keine Geldsumme, sondern *nur* eine andere Art von Genugtuung zugesprochen wird (m.Nw. BK-BREHM, N 101). In Frage kommen: Urteilspublikation, öffentliche Richtigstellung, Widerruf einer Beleidigung, richterliche Missbilligung, symbolische Leistung eines Betrages oder Zahlung an Dritte (vgl. BGE 117 IV 270 ff.; 131 III 26 ff.; KELLER/SCHMIED-SYZ, 120; GAUCH/AEPLI/STÖCKLI, N 10 ff.; BK-BREHM, N 102 ff.; TERCIER, 232 ff.; HONSELL/ISENRING/KESSLER, Haftpflichtrecht, § 11 N 19). 17

Art. 50

VI. Haftung mehrerer
1. Bei unerlaubter Handlung

[1] Haben mehrere den Schaden gemeinsam verschuldet, sei es als Anstifter, Urheber oder Gehilfen, so haften sie dem Geschädigten solidarisch.

[2] Ob und in welchem Umfange die Beteiligten Rückgriff gegeneinander haben, wird durch richterliches Ermessen bestimmt.

[3] Der Begünstiger haftet nur dann und nur soweit für Ersatz, als er einen Anteil an dem Gewinn empfangen oder durch seine Beteiligung Schaden verursacht hat.

VI. Responsabilité plurale
1. En cas d'acte illicite

[1] Lorsque plusieurs ont causé ensemble un dommage, ils sont tenus solidairement de le réparer, sans qu'il y ait lieu de distinguer entre l'instigateur, l'auteur principal et le complice.

[2] Le juge appréciera s'ils ont un droit de recours les uns contre les autres et déterminera, le cas échéant, l'étendue de ce recours.

[3] Le receleur n'est tenu du dommage qu'autant qu'il a reçu une part du gain ou causé un préjudice par le fait de sa coopération.

VI. Responsabilità di più persone
1. Per atto illecito

[1] Se il danno è cagionato da più persone insieme, tutte sono tenute in solido verso il danneggiato, senza distinguere se abbiano agito come istigatori, autori o complici.

[2] È lasciato al prudente criterio del giudice il determinare se e in quali limiti i partecipanti abbiano fra loro un diritto di regresso.

[3] Il favoreggiatore è responsabile solo del danno cagionato col suo personale concorso o degli utili ritrattine.

Literatur

Beck, Koordinationsprinzipien auf dem Prüfstand, in: St. Weber (Hrsg.), Personen-Schaden-Forum 2006, 237 ff. (zit. Personen-Schaden-Forum 2006); ders., Die Vorrechte der geschädigten Person, in: FS für die Schweizerische Gesellschaft für Haftpflicht- und Versicherungsrecht (SGHVR), Zürich 2010, 27 ff. (zit. FS SGHVR); Brulhart, La pluralité des responsables: quelques enjeux en droit des assurances, in: Brulhart/Werro (Hrsg.), La pluralité des responsables, Bern 2009, 89 ff.; Bugnon, L'action récursoire en matière de concours de responsabilités civiles, Diss. Freiburg i.Ue. 1982; Casanova, Ausgleichsanspruch und Ausgleichsordnung: Die Regressregelung von Art. 51 OR, Diss. Zürich 2010; Corboz, La distinction entre solidarité parfaite et solidarité imparfaite, Diss. Genf 1974; Duc, La coordination et le droit de recours des caisses de pension, in: Werro/Stöckli (Hrsg.), Journées du droit de la circulation routière, Bern 2006, 171 ff.; Ernst, Solidarschuld und Verjährung, in: FS zum Schweizerischen Juristentag 2006, Zürich 2006, 176 ff.; Fellmann, Schweizerisches Haftpflichtrecht – Bd. II: Haftung nach der gewöhnlichen Kausalhaftung des StSG und den Gefährdungshaftungen des SVG, des Transportrechts (TRG, EBG, BG Anschlussgleise, BSG und SebG) sowie des LFG, Bern 2014; Fellmann/Kottmann, Schweizerisches Haftpflichtrecht – Bd. I: Allgemeiner Teil sowie Haftung aus Verschulden und Persönlichkeitsverletzung, gewöhnliche Kausalhaftung des OR, ZGB und PrHG, Bern 2012; Frésard-Fellay, La coordination entre assurances sociales et responsabilité civile, in: Werro/Pichonnaz (Hrsg.), Le préjudice corporel, Bern 2009, 233 ff.; dies., Le droit préférentiel de la personne lésée, in: 300 ans d'enseignement du droit à Lausanne, Festschrift, Zürich 2010, 145; Graber/Casanova, In Erwartung der Revision ... – Zum Regress des Haftpflichtversicherers, in: FS für Roland Brehm, Bern 2012; Heierli, Zivilrechtliche Haftung für Geldwäscherei unter Berücksichtigung der Instrumente des Einziehungsrechts, Diss. Zürich 2012; Heierli/Vasella/St. Weber/A.K. Schnyder, Haftpflicht- und Privatversicherungsrecht, Entwicklungen 2010, Bern 2011 (zit. njus 2010); Heierli/Schnyder, Diskursive Rechtsprechung – dargestellt an BGE 133 III 6 zur Verjährung von Regressansprüchen, in: FS für die Schweizerische Gesellschaft für Haftpflicht- und Versicherungsrecht (SGHVR), Zürich 2010, 209 ff.; Hürzeler/Tamm/Biaggi, Personenschadensrecht, 2010; Jung, Regressprobleme bei Privilegierung eines Solidarschuldners, in: FS für Pierre Tercier, Zürich 2008, 285 ff.; Keller A., Das Verschulden im Haftpflichtrecht und beim Regress, in: Schaer/Duc/Keller (Hrsg.), Das Verschulden, 1992, 221 ff. (zit. Verschulden); Keller/Schmied-Syz, Haftpflichtrecht, 5. Aufl., Zürich 2001; Koller A., Regress des Unfallversicherers auf den Haftpflichtigen, in: Kolloquium Neuere Entwicklungen im Haftpflichtrecht, 1991, 399 ff.; ders., Regressausgleich zwischen einem privaten Schadensversicherer und einem Haftpflichtigen, in: FS für die Schweizerische Gesellschaft für Haftpflicht- und Versicherungsrecht (SGHVR), Zürich 2010, 331 ff.; Körner, Die Haftung der Solidarschuldner im Aussenverhältnis, Diss. Zürich 2011; Krauskopf, Der Haftflichtprozess gegen mehrere Schuldner – erörtert am Beispiel des Prozesses gegen mehrere Solidarschuldner HAVE 2011, 123 ff. (zit. HAVE 2011); ders., Der Regressprozess – der Regress der Sozialversicherung und der privaten Schadensversicherung, in: Fellmann/Weber, Haftpflichtprozess 2013, Heuristics and Biasis, Persönlichkeitsschutz, Regressprozess, Substanziierung, Parteibefragung und Gutachten, Zürich 2013 (zit. Regressprozess); Krauskopf/Müller, Die Verjährung von Regressrechten im Haftpflicht- und Privatversicherungsrecht, HAVE 2006, 321 ff.; Küttel, Begriff der Teilnahme nach Art. 50 OR, HAVE 2008, 320 ff.; Müller A., Regress im Schadensausgleichsrecht unter besonderer Berücksichtigung des Privatversicherers, Diss. St. Gallen 2006; Müller Ch., La solidarité parfaite, in: Brulhart/Werro (Hrsg.), La pluralité des responsables, Bern 2009, 31 ff.; Oftinger, Schweizerisches Haftpflichtrecht, Bd. I, Allgemeiner Teil, 4. Aufl., Zürich 1975; Pichonnaz, La prescription de l'action récursoire, in: Brulhart/Werro (Hrsg.), Brulhart/Werro (Hrsg.), La pluralité des responsables, Bern 2009, 155 ff. (zit. Prescription); ders., Le droit préférentiel du lésé, in: Werro/Pichonnaz (Hrsg.), Le préjudice corporel, Bern 2009, 151 ff. (zit. droit préférentiel); Probst, La solidarité imparfaite, in: Brulhart/Werro (Hrsg.), La pluralité des responsables, Bern 2009, 51 ff.; Schaer, Grundzüge des Zusammenwirkens von Schadenausgleichsystemen, Bern 1984 (zit. Zusammenwirken); ders., «Hard cases make bad law» oder OR 51/2 und die regressierende Personalvorsorgeeinrichtung, recht 1991, 12 ff. (zit. recht 1991); DERS., Der eingeschränkte Regress des Schadensversicherers auf den ermächtigten Benutzer, in: Koller A. (Hrsg.), Haftpflicht- und Versicherungsrechtstagung 1995, 99 ff. (zit. Regress); SCHMIDT, Das Aussenverhältnis der Haftung einer Mehrheit von Schädigern im Haftpflichtrecht, Diss. St. Gallen 2012; STADELMANN STÖCKLI, Eine kritische Auseinandersetzung mit der Gini/Durlemann-Rechtsprechung, in: FS für die Schweizerische Gesellschaft für Haftpflicht- und Versicherungsrecht (SGHVR), Zürich 2010, 551 ff.; STRUB, Der Regress des Schadensversicherers de lege lata – de lege ferenda, Diss. Zürich 2011; STUDHALTER, Gesamtschadenmethode, Saldoverrechnung und Kongruenzdivergenzen, HAVE 2006, 114 ff.; WEBER ST., Noch immer offene Fragen beim Regress der Pensionskassen, in: FS für die Schweizerische Gesellschaft für Haftpflicht- und Versicherungsrecht (SGHVR), Zürich 2010, 707 ff. (zit. FS SGHVR); DERS., Kausalität und Solidarität – Schadenszurechnung bei einer Mehrheit von tatsächlichen oder potenziellen Schädigern, HAVE 2010, 115 ff. (zit. HAVE 2010); WEISS, Solidarität nach Art. 143–149 des Schweizerischen Obligationenrechts unter besonderer Berücksichtigung der Verjährung, Diss. Zürich 2011; WENIGER, Responsabilité civile de l'employeur et du travailleur, subrogation des assureurs sociaux et recours, in: Wyler (Hrsg.), Panorama en droit du travail, Bern2009, 615 ff.; WERRO, La responsabilité civile, 2. Aufl., Bern 2011.

I. Prinzip der Solidarität

1 Ein Schaden kann mehrere Ursachen haben. Entsprechend kann er durch mehrere Personen verursacht worden sein, und mehrere Personen können dafür haftpflichtrechtlich verantwortlich sein. Das in Art. 50 Abs. 1 statuierte Prinzip der Solidarhaftung bestimmt, dass jeder Schadensverursacher vom Geschädigten zum Ersatz des gesamten Schadens in Anspruch genommen werden kann. Art. 50 Abs. 1 verweist auf die Definition der Solidarität in Art. 143. Danach bedeutet Solidarität unter mehreren Schuldnern, dass dem Gläubiger gegenüber *«jeder einzeln für die Erfüllung der ganzen Schuld hafte[t]»* (Art. 143 Abs. 1). Art. 50 Abs. 1 statuiert bei gemeinsamer Verursachung eines Schadens durch **gemeinsames Verschulden** eine solche Solidarität. Sie gilt sowohl für Schadenersatz- als auch für *Genugtuungsansprüche* (KELLER/SCHMIED-SYZ, 123; OFTINGER/STARK, I, 490). Der Geschädigte kann seine Ersatzforderungen gegen einen der Haftpflichtigen, gegen mehrere oder gegen alle richten, wobei aber insgesamt sein Anspruch nur einmal befriedigt wird (BGE 89 II 118, 122 E. 5a; OFTINGER/STARK, I, 501; BK-BREHM, N 31). Darüber hinaus ist es möglich, dass das Haftpflichtrecht mit anderen Schadensausgleichssystemen in Konkurrenz tritt, namentlich mit dem Privatversicherungsrecht. Auch diesbezüglich gilt nach Art. 51 Abs. 1 das Prinzip der Solidarität, wobei dem Grundsatz der Solidarhaftung im Aussenverhältnis die Regressordnung von Art. 51 Abs. 2 im Innenverhältnis gegenübersteht. (Für die Konkurrenz des Haftpflichtrechts mit dem Sozialversicherungsrecht gilt grundsätzlich Art. 72 ATSG mit einer integralen Subrogation des Sozialversicherers in die Rechte des Geschädigten.)

2 Das *BGer* unterscheidet in ständiger Rsp. zwischen **echter Solidarität** bei gemeinsamem Verschulden (Art. 50) einerseits und **unechter Solidarität** bei Haftpflicht mehrerer aus verschiedenen Rechtsgründen (Art. 51) andererseits (BGE 127 III 257, 264 E. 6; s. zahlreiche w.H. bei WEISS, FN 282). Die praktische Relevanz dieser Unterscheidung besteht darin, dass bei unechter Solidarität die Art. 136 Abs. 1 (Wirkung der Verjährungsunterbrechung gegenüber einem Mitschuldner für die übrigen Mitschuldner) und Art. 149 Abs. 1 (Übergang der Gläubigerrechte auf den rückgriffsberechtigten Solidarschuldner) nicht gelten (FELLMANN/KOTTMANN, N 2732; KÖRNER, N 76–80; WEISS, 65–69 m.w.H.). Im Weiteren lässt das BGer bei der unechten Solidarität die Geltendmachung von persönlichen Herabsetzungsgründen teilweise bereits im externen Verhältnis zu (BGE 97 II 339, 343 E. 3; w.H. bei WEISS, FN 347), während es persönliche Einreden im externen Verhältnis bei der echten Solidarität bisher immer abgelehnt hat (BGE 62 II 307, 310 E. 1; w.H. bei WEISS, FN 346; s. ausführlich zum Ganzen CASANOVA, 26 ff.).

3 Die **Lehre** ist hinsichtlich der Unterscheidung zwischen echter und unechter Solidarität gespalten. Befürworter finden sich vor allem in der älteren Lehre (BK-BECKER, Art. 51 OR N 1; ZK-OSER/SCHÖNENBERGER, Vor Art. 143–150 OR N 8; BK-BREHM, Art. 51 OR N 22 f.; w.H.

bei WEISS, 61; s.a. FELLMANN/KOTTMANN, N 2734). Der überwiegende Teil der Lehre spricht sich dagegen mit unterschiedlichen Begründungen gegen die Unterscheidung aus (vgl. DESCHENAUX/TERCIER, 279; CASANOVA, 45 ff.; KELLER/SCHMIED-SYZ, 123; KOLLER A., OR AT, § 75 N 40 f.; OFTINGER/STARK, I, 493 f.; w.H. bei WEISS, 62 ff.).

4 Das **BGer** hat sich verschiedentlich mit der von der Lehre geäusserten Kritik auseinandergesetzt (vgl. BGE 104 II 225, 230), an der Unterscheidung «einstweilen» (BGE 115 II 42, 47 E. 1c) aber festgehalten (BGE 130 III 591, 603 E. 5.5.1; 133 III 6, 11 E. 5.2 = Pra 2007, 684, 689). Zur Begründung führt es in erster Linie an, Art. 136 Abs. 1 dürfe als Ausnahmebestimmung nicht weit ausgelegt werden; es gehe folglich nicht an, die *Unterbrechung der Verjährung* gegen einen Schuldner auf Personen auszudehnen, die aus anderen Rechtsgründen mithaften (zust. SCHWENZER, N 88.46). Sodann soll auch Art. 149 Abs. 1 (*Subrogation* des zahlenden Regressberechtigten in die Rechtsstellung des Geschädigten) nicht auf Konstellationen mit unechter Solidarität angewendet werden. Analog anwendbar auf unechte Solidarschuldverhältnisse sind dagegen Art. 147 Abs. 1 (Befreiung aller Solidarschuldner von der Hauptforderung durch vollständige Tilgung derselben durch einen der Solidarschuldner; zum Ganzen BGE 133 III 6, 26 E. 5.3.4 = Pra 2007, 684, 703) und Abs. 2 (Befreiung aller Solidarschuldner ohne Befriedigung des Gläubigers nur so weit die Umstände oder die Natur der Verbindlichkeit es rechtfertigen (BGer, 21.1.2015, 4A_428/2014, E. 4.5; 26.5.2003, 4C.27/2003, E. 3.4).

5 Im Folgenden sind – der Unterscheidung des BGer folgend – die Voraussetzungen zu nennen, bei deren Vorliegen **echte Solidarität** gem. Art. 50 Abs. 1 besteht.

II. Solidarhaftung nach Art. 50 Abs. 1

1. Voraussetzungen

a) Gemeinsame Verursachung eines Schadens

6 Art. 50 Abs. 1 setzt zunächst voraus, dass mehrere Beteiligte einen Schaden adäquat kausal und *gemeinsam* verursachen (FELLMANN/KOTTMANN, N 2761; OFTINGER/STARK, II/1, 100; CHK-MAZAN, N 6 m.w.H.). Verlangt wird grundsätzlich ein **Zusammenwirken mehrerer**, wobei jeder Schädiger um das pflichtwidrige Verhalten des andern weiss oder jedenfalls wissen konnte (BGE 115 II 42, 45 E. 1b). Bewusstes Zusammenwirken setzt nicht voraus, dass sich die Beteiligten verabredet haben. Es genügt, wenn sie sich darüber Rechenschaft geben müssen, dass ihre Handlungen oder Unterlassungen geeignet sind, den später eingetretenen Schaden herbeizuführen (BGE 71 II 107, 114 E. 3; GAUCH/AEPLI/STÖCKLI, N 1 f.; KÖRNER, N 136 ff.; CHK-MAZAN, N 6 m.w.H.). Eine gemeinsame Verursachung liegt deshalb dann vor, wenn das Verhalten mehrerer Personen adäquate Teil- oder Gesamtursache des eingetretenen Schadens ist (FELLMANN/KOTTMANN, N 2764; KÖRNER, N 136). Unter Art. 50 fallen auch bloss *rechtlich* «gemeinsame» Handlungen des Organs und der juristischen Person, für welche das Organ handelt (BK-BREHM, N 21; vgl. Art. 55 Abs. 2 und 3 ZGB). Bei einer Mehrheit von Handlungen ist nicht der möglicherweise getrennte Ablauf dieser Handlungen entscheidend, sondern der gemeinsame Wille zum Zusammenwirken (ZK-OSER/SCHÖNENBERGER, N 3).

7 Zusammenwirken ist *nicht* gegeben, wenn mehrere Personen **unabhängig voneinander** einen Schaden herbeiführen und die Handlung eines Einzelnen den Erfolg bereits allein hervorgerufen hätte (ZK-OSER/SCHÖNENBERGER, N 3; CHK-MAZAN, N 7; CR CO I-WERRO, N 4; **abw.** FELLMANN/KOTTMANN, N 2764). Solidarität setzt einen *adäquaten Kausalzusammenhang* zwischen der gemeinsam verschuldeten Ursache und dem Schaden voraus. Wenn eine Gefahr gemeinsam geschaffen worden ist, ist es belanglos, welche der daran beteiligten Personen die eigentliche Schadensursache gesetzt hat (BGE 104 II 184, 187 E. 2 = Pra 1978, 610, 612: Spiel mehrerer Schüler mit Pfeilbogen; gemeinsames Bogenschiessen als adäquat

kausale Ursache der Körperverletzung – Haftung auch desjenigen Schülers, welcher selber nicht geschossen hat; **abl.** HONSELL/ISENRING/KESSLER, § 11 N 8).

Das Gesetz sieht die Solidarhaftung für *alle* Tatbeteiligten vor – ohne Rücksicht auf die Intensität der Mitwirkung und ohne Differenzierung des individuellen Verschuldens. Gegenüber dem Geschädigten spielt es keine Rolle, ob jemand als **Täter, Anstifter oder Gehilfe** gehandelt hat (vgl. BK-BREHM, N 23 ff.; DESCHENAUX/TERCIER, 278 ff.; KELLER, II, 175 ff., 183 ff.; BGer, 21.12.2009, 4A_513/2009, E. 3 = njus 2009, 127: Haftung eines Anstifters; BGer, 11.3.2010, 6B_1019/2009, E. 4: Haftung eines Gehilfen). Die Art der Beteiligung mehrerer Personen sowie die Schwere des Verschuldens sind lediglich für die interne Abrechnung unter den Mitverantwortlichen relevant (s. N 22 ff.). Immerhin ist darauf hinzuweisen, dass grundsätzlich keine Solidarität ohne (externe) Haftung besteht (BGE 130 III 362, 370 E. 5.2; 133 III 6, 16 E. 5.2.1 = Pra 2007, 684, 693; BK-BREHM, N 33). Die Haftungsvoraussetzungen müssen deshalb bei jedem Solidarschuldner erfüllt sein (vgl. BGer, 7.1.2015, 4A_455/2014, E. 5.2). 8

b) Gemeinsames Verschulden

Nach Lehre und Rsp. verlangt Art. 50 Abs. 1 neben der gemeinsamen Verursachung eines Schadens auch ein gemeinsames Verschulden (BGE 115 II 42, 45 E. 1b; BK-BREHM, N 7 ff.; CHK-MAZAN, N 8; FELLMANN/KOTTMANN, N 2759 ff.; KÖRNER, N 138; s.a. VerwGer BS, 10.5.2012, BJM 2014, 16, 21 E. 3.4.3). Im Vordergrund steht die **Absicht zur gemeinsamen Schädigung**. Es genügt aber auch, wenn die Beteiligten den eingetretenen Schaden i.S. eines Eventualvorsatzes zumindest in Kauf genommen haben. So haften alle Beteiligten einer Rauferei, bei der jemand durch Messerstiche verletzt wird (ZK-OSER/SCHÖNENBERGER, N 7; BK-BREHM, N 10a; REY, N 1430). Die Beteiligung eines Einzelnen äussert sich hier in der moralischen Unterstützung der andern und im Bewusstsein, gemeinsam ein Ergebnis anzustreben. 9

Als Verschuldensform kommt auch **Fahrlässigkeit** in Frage, wobei bereits fahrlässige Gehilfenschaft solidarische Haftung begründet (OFTINGER/STARK, II/1, 101 f.; BK-BREHM, N 27). 10

Wenn hingegen mehrere Personen durch verschiedene, voneinander unabhängige Handlungen, ohne Bewusstsein des Zusammenwirkens, einen Schaden herbeiführen, liegt kein gemeinsames Verschulden und damit keine (echte) Solidarität, sondern blosse **Anspruchskonkurrenz** vor (FELLMANN/KOTTMANN, N 2773 m.w.H.). An einem gemeinsamen Verschulden mangelt es auch dann, wenn der eingetretene Schaden keine adäquate Folge der gemeinsamen, vom bewussten Mitwirken aller getragenen Aktion ist, wenn mithin die Mitwirkenden mit dem konkreten Verhalten des unmittelbaren Schädigers nicht rechnen mussten (FELLMANN/KOTTMANN, N 2782 m.w.H.). Generell gilt, dass wenn einen Täter (z.B. ein Kind) *kein Verschulden* trifft, dieser von der Solidarhaftung ausgenommen ist (BK-BREHM, N 33). 11

c) Tätereigenschaft

Das Gesetz sieht Solidarhaftung **für alle Mitwirkenden** vor, für die Anstifter, die «Urheber», also die unmittelbaren Täter, und die Gehilfen, und zwar unabhängig davon, wie hoch der Anteil an der Schadensverursachung war und unabhängig von der Schwere des individuellen Verschuldens (s. N 8; CHK-MAZAN, N 14; FELLMANN/KOTTMANN, N 2783 und 2815; BK-BREHM, N 14). 12

Die Lehre hält ausserdem dafür, dass die Aufzählung der Teilnahmeformen im Gesetz **nicht abschliessend** ist; alle Beteiligten haften im Aussenverhältnis solidarisch, sofern die übrigen Voraussetzungen von Art. 50 Abs. 1 erfüllt sind (FELLMANN/KOTTMANN, N 2784 m.w.H.; CHK-MAZAN, N 12 ff.; eingehend zu den Formen der Teilnahme: FELLMANN/KOTTMANN, N 2783 ff. und KÜTTEL, HAVE 2008, 328 ff.; zum «Begünstiger» s. N 30 ff.). 13

2. Rechtsfolgen der Solidarität

a) Grundsatz

14 Solidarität bedeutet, dass die Haftenden den Geschädigten gegenüber **je einzeln für den ganzen Schaden** einzustehen haben. Der Geschädigte kann von allen Solidarschuldnern je einen Teilanspruch geltend machen oder auch Ersatz des gesamten Schadens verlangen. Entsprechend kann ein belangter Solidarschuldner nicht haftungsreduzierend einwenden, dass auch Dritte für den gleichen Schaden einzustehen haben (CHK-MAZAN, N 15; BGE 112 II 138, 143 E. 4).

15 Im Einzelnen bestimmen sich die Rechtsfolgen der (echten) Solidarität nach **Art. 144 ff.** Im Folgenden ist auf einige spezielle haftpflichtrechtliche Aspekte hinzuweisen.

b) Herabsetzungsgründe

16 Zunächst ist für die einzelnen Mithaftenden **unerheblich, ob sie persönlich direkt die Schädigung verursacht** haben. Selbst wenn diese Schadensursachen von anderen Mitschuldnern gesetzt worden sind, werden sie den Mithaftenden – gemeinsames Verschulden (s. N 9 ff.) vorausgesetzt – zugerechnet (vgl. BGer, 11.3.2010, 6B_1091/2009, E. 5.2.1 betr. Mittäterschaft).

17 Die Frage, ob ein solidarisch Haftender gegenüber dem Geschädigten **persönliche Haftungsreduktionsgründe** geltend machen kann, ist umstritten. Bejahendenfalls wäre jeder Ersatzpflichtige dem Geschädigten gegenüber nur zur Bezahlung des für ihn nach den Grundsätzen der Schadenersatzberechnung *individuell festgelegten* Schadenersatzbetrages verpflichtet (so KELLER, II, 179). Würden z.B. mehrere Personen zusammenwirken und einen Schaden gemeinsam verursachen, so hätte bei Anerkennung individueller Herabsetzungsgründe z.B. ein leichtfahrlässig Handelnder nur im Umfang *seines* Verschuldens, nicht auch für die Absicht der Mitbeteiligten einzustehen.

18 Ein Teil der **Lehre** will die Berufung auf persönliche Herabsetzungsgründe im Aussenverhältnis zulassen (u.a. OFTINGER/STARK, I, § 10 N 33; REY, N 1465; KÖRNER, N 464; SCHMIDT, 58 ff.; CASANOVA, 30 m.w.H. und 40 f.), dies vor allem mit der Begründung, dass die Nichtberücksichtigung persönlicher Herabsetzungsgründe dazu führen würde, dass der Solidarschuldner auch für den Teil des Schadens einzustehen hat, den er nicht verursacht hat, was zu einer Haftung trotz fehlender Kausalität führen würde, und dass die Solidarität in diesem Fall zu einer *haftungsbegründenden* Norm umfunktioniert würde. Die gegenteilige Auffassung in der Lehre argumentiert vornehmlich mit dem *Geschädigtenschutz*, welcher durch die Herabsetzung der Haftung des Einzelnen im Aussenverhältnis nicht beeinträchtigt werden dürfe. Deshalb sind nach dieser Auffassung persönliche Herabsetzungsgründe erst im internen Regressverhältnis zu berücksichtigen (u.a. BK-BREHM, 46; FELLMANN/KOTTMANN, N 2828; HUGUENIN, OR AT/BT, N 2025; CR CO I- WERRO, Vor Art. 50–51 N 15).

19 Das **BGer** lässt persönliche Herabsetzungsgründe im externen Verhältnis im Rahmen der echten Solidarität nicht zu, d.h. es wendet in seiner Praxis sowohl für die echte als auch für die unechte Solidarität eine *undifferenzierte Gesamthaftung* an (CASANOVA, 32). Das Recht des Geschädigten, jeden Schädiger auf Ersatz des ganzen Schadens zu belangen, hat Vorrang. Individuelle Herabsetzungsgründe sind nur im Innenverhältnis beachtlich (BGE 127 III 257, 265 E. 6b; 97 II 403, 415 E. 7d; w.H. bei CHK-MAZAN, N 19, und CASANOVA 32 f.). So verweigert das BGer eine Herabsetzung des einzelnen Schadenersatzanspruchs wegen mitwirkenden Drittverschuldens, und es überbindet einem solidarisch haftenden Schädiger auch das Risiko, sein Rückgriffsrecht auf Mithaftende (z.B. wegen deren Zahlungsunfähigkeit) zu verlieren (BGE 113 II 323, 331 E. 2b). Zum Schutz des Geschädigten unterstützt das BGer die Auffassung, wonach die vom Gesetzgeber gewollten Vorteile der Solidarhaftung nicht dadurch relativiert werden sollen, dass persönliche Einreden bereits im externen Verhältnis vor-

gebracht werden können. Sie sind grundsätzlich in der internen Regressauseinandersetzung anzubringen (vgl. BK-Brehm, N 43 ff.; diff. Keller, II, 178 f.). Aber auch im Bereich der *unechten Solidarität* übt das BGer grösste Zurückhaltung bei der Berücksichtigung solcher Einreden (BGE 127 III 257, 265 E. 6b; s. Art. 51 N 10).

Persönliche Einreden sind hingegen im externen Verhältnis zulässig, wenn sie nicht die Schadenersatzbemessung betreffen, sondern **haftungsbefreiend** wirken (BK-Brehm, N 48). Dies ist etwa der Fall, wenn der Geschädigte einem Schadensverursacher die Schuld *erlassen* oder *gestundet* hat oder wenn ein Solidarschuldner die *Verrechnung* mit einer persönlichen Forderung geltend machen kann (Fellmann/Kottmann, N 2827). Eine haftungsbefreiende persönliche Einrede kann jedoch nicht auch für die übrigen Haftpflichtigen gelten (BGE 113 II 323, 330 f. E. 2b; dazu auch BK-Brehm, N 46; Keller, II, 178; Oftinger/Stark, I, 524 ff.). 20

Bei einem (wirksamen) **vertraglichen Haftungsausschluss** entsteht gar nie eine Haftung des dieserart von der Haftung Befreiten. Dieser fällt deshalb von vornherein nicht unter die Haftungsordnung von Art. 50 f., und seine Befreiung muss konsequenterweise auch im «internen» Verhältnis zu den tatsächlich Haftpflichtigen gelten; Art. 147 Abs. 2 greift nicht (Casanova, 64; **a.M.** Koller A., OR AT, § 75 N 130 ff.; Schwenzer, N 88.44). Folglich ist i.d.R. auch eine analoge Anwendung von Art. 149 Abs. 2 abzulehnen (Casanova, 64 f.; **abw.** Art. 41 N 2a). 21

III. Rückgriff der Beteiligten

1. Rückgriff und Subrogation

Mit der Feststellung, dass der Geschädigte im Aussenverhältnis jeden der Ersatzpflichtigen in Anspruch nehmen kann, ist noch nicht entschieden, wer **im Verhältnis der Ersatzpflichtigen untereinander** den Schaden endgültig zu tragen hat (vgl. Keller/Schmied-Syz, 126). Das Prinzip der Solidarität kann dazu führen, dass ein Solidarschuldner gemessen an seinem Tatbeitrag und seinem Verschulden einen zu hohen Anteil am Schaden ersetzen musste. Der vom Gesetz vorgesehene Regressanspruch der Solidarschuldner untereinander dient dazu, dieses unerwünschte, weil unbillige Ergebnis zu korrigieren. Der in Anspruch genommene Ersatzpflichtige soll deshalb berechtigt sein, den Schaden mittels eines *Rückgriffs (Regress)* ganz oder teilweise auf einen oder mehrere andere Ersatzpflichtige abzuwälzen. 22

Die auf Art. 50 Abs. 2 gestützte **autonome Regressforderung** wird – da es sich um eine echte Solidarschuld handelt – durch die *Subrogation* gem. Art. 149 ergänzt (s. Art. 149 N 4). Somit hat der Schuldner, der dem Geschädigten mehr geleistet hat als es seiner (internen) Haftungsquote entspricht, einerseits einen eigenständigen Regressanspruch gestützt auf Art. 50 Abs. 2, und andererseits kann er sich qua Legalzession gem. Art. 149 Abs. 1 auf diejenigen Ansprüche berufen, welche dem Geschädigten gegenüber den übrigen (echten) Solidarschuldnern zustanden (BK-Brehm, N 56). 23

Mit der Subrogation gehen auch die **Nebenrechte** des Geschädigten auf den zahlenden Solidarschuldner über (s. Art. 149 N 1). Dazu gehört das im Bereich der ausservertraglichen Haftung bedeutsame *direkte Forderungsrecht* gegen einen Haftpflichtversicherer (BGE 119 II 289, 293 E. 4; s. insb. Art. 65 Abs. 1 SVG). 24

2. Richterliches Ermessen bezüglich der Regressquote

Gemäss Art. 50 Abs. 2 obliegt es dem *Richter*, den Rückgriff zu bestimmen. Dafür ist in erster Linie die **Schwere des Verschuldens** massgebend (BK-Brehm, N 58; ZK-Oser/Schönenberger, N 10; Keller, II, 186; von Tuhr/Peter, 467; Gauch/Aepli/Stöckli, N 4 m.Nw.). Deshalb sollten der Anstifter und der unmittelbare Täter i.d.R. einen grösseren Anteil am Schaden tragen müssen als der Gehilfe (Oftinger/Stark, II/1, 104; CHK-Mazan, N 22). 25

Wird eine juristische Person im Aussenverhältnis nach Art. 55 Abs. 2 für eine unerlaubte Handlung eines Organs in Anspruch genommen, so haftet sie nur für gesetzlich zugerechnetes Verschulden und kann vollumfänglich auf das fehlbare Organ Rückgriff nehmen (BK-Brehm, Art. 51 OR N 102; Oftinger/Stark II/1, § 20 N 18). Sodann kann eine Rolle spielen, *in wessen Interesse* die unerlaubte Handlung begangen worden ist (ZK-Oser/Schönenberger, N 10).

26 Im internen Regress sind alle **persönlichen Einreden und Einwendungen** zu hören, die den regressverpflichteten Solidarschuldnern gegenüber dem Geschädigten zustanden und im externen Verhältnis noch nicht gehört werden konnten (Keller/Schmied-Syz, 132; BK-Brehm, N 58).

3. Keine Solidarität unter den Regressverpflichteten

27 Eine **Mehrheit von Regressverpflichteten** haftet dem zahlenden Ersatzpflichtigen nicht solidarisch, sondern *anteilmässig*. Die Solidarität besteht nur im Aussenverhältnis (Rey, N 1506; Fellmann/Kottmann, N 2925; CHK-Mazan, N 24). Was indessen von einem Mitschuldner nicht erhältlich ist, haben die übrigen gleichmässig zu tragen (Art. 148 Abs. 3; s. Art. 148 N 8 f.), und zwar verteilt in dem Verhältnis, welches das Gericht für den Regress bestimmt hat (von Tuhr/Peter, 468).

4. Verjährung der Regressforderung

28 Es ist zwischen dem selbstständigen Regress gem. Art. 50 Abs. 2 und der Subrogation gem. Art. 149 Abs. 1 zu unterscheiden. Die Verjährung des Regressanspruchs gem. Art. 50 Abs. 2 dürfte *in analoger Anwendung der Rsp. des BGer zur unechten Solidarität* (BGE 133 III 6, 27 E. 5.3.4 = Pra 2007 684, 703) mit der Zahlung der Entschädigung durch den Regressgläubiger an den Geschädigten zu laufen beginnen (BK-Brehm, N 64; CHK-Mazan, N 24a). Hinsichtlich der *Dauer* der Verjährungsfrist wird von einem Teil der Lehre von einer einjährigen Frist ausgegangen (BK-Brehm, a.a.O., m.Hw. auf Art. 67; CHK-Mazan, a.a.O.), dies wohl ebenfalls in analoger Anwendung der Rsp. des BGer zur unechten Solidarität. Die Auffassungen in der Lehre sind jedoch geteilt (ausführlich dazu Weiss, 157 ff.). Bis auf weiteres besteht hinsichtlich der Frage der Dauer der Verjährungsfrist **keine Rechtssicherheit**. Der vorsichtige Regressgläubiger tut jedenfalls gut daran, von der bloss einjährigen Frist – gem. Art. 60 *oder* Art. 67 (vgl. BGE 133 III 6, 12 E. 5.2.1; 115 II 42, 49 E. 2) – auszugehen.

29 Im Bereich der **Subrogation** geht die Verjährung mit den übrigen Nebenrechten auf den Subrogierenden über. Dieser übernimmt also die Forderung *mit laufender Verjährung* (BGer, 27.2.2009, 4A_582/2008, E. 4.3; BGE 60 II 30, 34 E. 3; BK-Brehm, N 63; vgl. Art. 149 N 6).

IV. Haftung des «Begünstigers»

30 Der «Begünstiger» i.S.v. Art. 50 Abs. 3 ist der **Hehler**, der erst nach der eigentlichen Schadensverursachung mitwirkt und deshalb nur für den Folgeschaden haftet, den er seinerseits durch die Hehlerei, z.B. durch Weiterveräusserung einer gestohlenen Sache, verursacht hat (BGE 101 II 102, 107 E. 4a; BK-Brehm, N 66 und 70; CHK-Mazan, N 25 m.w.H.). Als Sachbegünstiger fällt auch der **Geldwäscher** in diese Kategorie (ausführlich dazu Heierli, N 1121 ff.).

31 Das Gesetz unterscheidet zwei Tatbestandsvarianten. Der Begünstiger haftet einerseits soweit er *«einen Anteil an dem Gewinn empfangen»* hat und andererseits soweit er *«durch seine Beteiligung Schaden verursacht»* hat. Bei der ersten Variante beschränkt sich die Haftung also auf den **Anteil am Gewinn**. Zu denken ist an den Fall, dass der Hehler als Lohn für das Verstecken von Diebesgut einen Anteil daran erhält (Fellmann/Kottmann, N 2830; s.a. BK-

BREHM, N 7; CHK-MAZAN, N 26: Mitfahrt in einem gestohlenen Auto). Hingegen liegt keine Bereicherung vor, wenn der Begünstiger für das Aufbewahren des Diebesgutes nicht entschädigt wird, mithin bei ihm keine Vermögensvermehrung eintritt (BGE 77 II 301, 304 E. 2 = Pra 1952, 61). Denkbar ist in diesem Fall eine Gehilfenschaft i.S.v. Art. 50 Abs. 1 (FELLMANN/KOTTMANN, a.a.O.).

Nach der zweiten Tatbestandsvariante haftet der Begünstiger für den **von ihm verursachten Schaden**. Wenn er bspw. die Auffindung des Diebesgutes und damit die Rückgabe an den rechtmässigen Eigentümer vereitelt, haftet er für den gesamten von ihm (mit-)verursachten Schaden (BK-BREHM, N 72; FELLMANN/KOTTMANN, 2832; CHK-MAZAN, N 26). 32

Ist eine der Haftungsvoraussetzungen nach Art. 50 Abs. 3 erfüllt, so haftet der Begünstiger **solidarisch** mit den Vortätern, jedoch «nur soweit», als ihn eine persönliche, durch Abs. 3 beschränkte Ersatzpflicht trifft (BK-BREHM, N 73; VON TUHR/PETER, 465; MAZAN, N 27). 33

Art. 51

2. Bei verschiedenen Rechtsgründen

[1] **Haften mehrere Personen aus verschiedenen Rechtsgründen, sei es aus unerlaubter Handlung, aus Vertrag oder aus Gesetzesvorschrift dem Verletzten für denselben Schaden, so wird die Bestimmung über den Rückgriff unter Personen, die einen Schaden gemeinsam verschuldet haben, entsprechend auf sie angewendet.**

[2] **Dabei trägt in der Regel derjenige in erster Linie den Schaden, der ihn durch unerlaubte Handlung verschuldet hat, und in letzter Linie derjenige, der ohne eigene Schuld und ohne vertragliche Verpflichtung nach Gesetzesvorschrift haftbar ist.**

2. Concours de diverses causes du dommage

[1] Lorsque plusieurs répondent du même dommage en vertu de causes différentes (acte illicite, contrat, loi), les dispositions légales concernant le recours de ceux qui ont causé ensemble un dommage s'appliquent par analogie.

[2] Le dommage est, dans la règle, supporté en première ligne par celle des personnes responsables dont l'acte illicite l'a déterminé et, en dernier lieu, par celle qui, sans qu'il y ait faute de sa part ni obligation contractuelle, en est tenue aux termes de la loi.

2. Per cause diverse

[1] Quando più persone siano responsabili per lo stesso danno, ma per diverse cause, atto illecito, contratto o disposizione di legge, si applica per analogia la disposizione relativa al regresso fra le persone che hanno cagionato insieme un danno.

[2] Di regola la responsabilità incombe in prima linea a colui che ha cagionato il danno con atto illecito, in ultima a colui che senza propria colpa nè obbligazione contrattuale ne risponde per legge.

Literatur

Vgl. die Literaturhinweise bei Art. 50.

I. Anwendungsbereich

Art. 51 hat den Regress im Verhältnis mehrerer Personen zum Gegenstand, die **aus verschiedenen Rechtsgründen** für einen Schaden einzustehen haben. Für die Durchführung des Regresses verweist Art. 51 auf die Regelung von Art. 50. Dieser Verweis wird jedoch durch die in Art. 51 Abs. 2 vorgesehene *Regressordnung* stark relativiert. 1

Art. 51 spricht nicht von einer *solidarischen Haftung* der Ersatzpflichtigen. Da aber Art. 51 den Regress behandelt, geht es zwingend um die Regelung des **Rückgriffsrechts unter Solidarschuldnern** (BGE 115 II 42, 45 E. 1b). Die solidarische Haftung ergibt sich im Übrigen 2 auch aus der Verweisung auf Art. 50. Das BGer grenzt Art. 51 als Fall der sog. *unechten Solidarität* gegenüber der in Art. 50 geregelten echten Solidarität ab (s. Art. 50 N 2 ff.).

3 Der **Anwendungsbereich** von Art. 51 ist ausgesprochen weit. Art. 51 regelt auch den Regress zwischen den Personen, die allein aus Vertrag haften (Art. 99 Abs. 3; BGE 115 II 42, 45 E. 1b). Ausserhalb des OR gilt Art. 51 für verschiedene Spezialgesetze, sei es, dass diese Art. 51 ausdrücklich übernehmen, sei es, dass sie allg. auf die haftpflichtrechtlichen Best. des OR verweisen (vgl. BK-Brehm, N 12; Keller, II, 199 f.). Art. 51 greift ganz erheblich in den Anwendungsbereich von Art. 72 VVG ein (Subrogation des Schadensversicherers; vgl. Keller, II, 201 ff.; Oftinger/Stark, I, 552 ff.; s. N 27 ff.). Überschneidungen oder Parallelitäten ergeben sich ferner gegenüber dem Sozialversicherungsrecht (s. N 30 ff.). Einige Spezialerlasse enthalten *besondere Regressregelungen*, insb. Art. 60 Abs. 2 SVG (Regress unter mehreren haftpflichtigen Schädigern), Art. 65 Abs. 3 SVG (Rückgriff des Versicherers) sowie Art. 77 LFG (Rückgriff des Geschädigten bzw. des Versicherers). Diese Best. gehen den Art. 50 f. vor.

4 Als zwingende bundesrechtliche Best. hat Art. 51 **Vorrang vor der kantonalen Gesetzgebung**. So darf namentlich das Rückgriffsrecht einer kantonalen Versicherungsanstalt gegen den Schädiger nicht weiter ausgedehnt werden als dies in Art. 51 vorgesehen ist (BGer, 8.7.2014, 4A_133/2014, E. 4.2; 31.7.2007, 4C.92/2007, E. 2.2; BGE 115 II 24, 26 E. 2b = Pra 1989, 585, 587; BGE 103 II 330, 337 E. 4b/dd = Pra 1967, 201, 204).

II. Anspruchskonkurrenz im Aussenverhältnis

1. Grundsatz

5 Haften für denselben Schaden mehrere Personen aus verschiedenen Rechtsgründen, so besteht aus Sicht des Gläubigers Anspruchskonkurrenz. Infolge der solidarischen Haftung mehrerer Ersatzpflichtiger besitzt der Geschädigte gegen diese **konkurrierende Ansprüche**.

6 Wie bei der echten Solidarität (vgl. Art. 50 N 14) muss jeder Haftpflichtige für den **vollen Schadenersatz** einstehen (BGE 130 III 591, 603 E. 5.5.1). Der Geschädigte hat die Wahl, gegen welche Person er vorgehen will. Für die Unterschiede zwischen echter und unechter Solidarität s. Art. 50 N 2 ff. Zu den Auswirkungen vertraglicher Haftungsausschlüsse auf die Haftungsordnung von Art. 51 s. Art. 50 N 21.

7 Bei der Anspruchskonkurrenz kommen die verschiedensten *Kombinationen* in Frage (vgl. Keller/Schmied-Syz, 122, 130 f.; Rey, N 1441 f.). Von Bedeutung sind v.a. jene Konkurrenzverhältnisse, bei denen sich Ersatzpflichtige gegenüberstehen, welche aus **unterschiedlichen Rechtsgründen** einstehen müssen. Konkurrenzverhältnisse können sich aber auch zwischen Personen ergeben, die alle aus dem gleichen Rechtsgrund haften (vgl. für den Sonderfall des gemeinsamen Verschuldens Art. 50). Schliesslich sind Kombinationen denkbar, bei denen mehrere Solidarschuldner einerseits aus gleichem Rechtsgrund haften, den einen oder sämtliche Schuldner aber darüber hinaus eine Haftung aus einem weiteren Rechtsgrund trifft (Bsp.: Konkurrenz von Kausalhaftpflichtigen, die überdies in unterschiedlichem Ausmass ein Verschulden trifft).

2. Haftung der Beteiligten

8 Grundsätzlich ergeben sich bei Anspruchskonkurrenz die *gleichen Wirkungen* wie bei der echten Solidarität (s. Art. 50 N 14 f.). Bereits im externen Verhältnis können **Einreden und Einwendungen** erhoben werden, die allen Schädigern gegenüber dem Geschädigten zustehen, bspw. die Einwilligung des Geschädigten oder in seiner Person liegende Reduktionsgründe (CHK-Mazan, N 10). Persönliche Einreden wie Stundung, Erlass oder Verjährung

können ebenfalls vorgebracht werden (CHK-MAZAN, N 10; vgl. Art. 50 N 20; s. aber N 9 f. zu Reduktionsgründen nach Art. 43 f.).

9 Umstritten ist die Behandlung **persönlicher Herabsetzungsgründe** wie z.B. nur leichtes eigenes Verschulden. Von der *Lehre* wird die Zulässigkeit ihrer Geltendmachung weit überwiegend bejaht (statt vieler: OFTINGER/STARK, I, 501; REY, N 1464 ff. m.w.H.; SCHWENZER, N 8819; FELLMANN/KOTTMANN, N 2894, 2907; CASANOVA, 33; SCHMIDT, 155). Demgegenüber gibt BREHM zu Recht zu bedenken, dass sich jede Abschwächung der Solidarität als Durchlöcherung des Grundgedankens des Gesetzgebers auswirkt; die Berücksichtigung persönlicher Herabsetzungsgründe sollte deshalb nur dann in Frage kommen, wenn andernfalls eine offensichtliche Unbilligkeit einträte (BK-BREHM, N 29, 30a). Tatsächlich ist es zweifelhaft, ob zugelassen werden soll, dass im Rahmen des *Aussenverhältnisses* durch den einzelnen in Anspruch genommenen Schuldner Reduktionsgründe nach Art. 43 und 44, welche nur seine Person oder einen Dritten betreffen, geltend gemacht werden können. Kürzungen sollten im Aussenverhältnis deshalb *nur in Ausnahmefällen* zugelassen werden (s. die Fallgruppen bei BK-BREHM, N 30a).

10 Das **BGer** hat sich in der Handhabung einer solchen Kürzungsmöglichkeit stets zurückhaltend gegeben (Nw. bei REY, N 1472 ff.). In der neueren Rsp. lehnt es eine Kürzung aus grundsätzlichen Erwägungen unter Vorbehalt von Ausnahmefällen ab bzw. bezeichnet die Herabsetzungsmöglichkeit selber als theoretisch (BGE 112 II 138, 143 f. E. 4). Diese Praxis legt den Schluss nahe, dass aus der Sicht des BGer hinsichtlich allfälliger Reduktionsgründe zwischen echter und unechter Solidarität keine Unterschiede mehr zu machen sind (vgl. CASANOVA, 32, der von einer «undifferenzierten Gesamthaftung» spricht; s.a. KÖRNER, N 486). Das BGer geht mithin von einer *Zweifelsfallregel* aus, wonach das Risiko einer möglichen Verkürzung der Anspruchsdurchsetzung – sei es faktisch wegen Zahlungsunfähigkeit einer Partei, sei es wegen Involvierung eines Haftungsprivilegs – i.d.R. *zu Gunsten des Geschädigten* und damit zu Lasten des in Anspruch genommenen Solidarschuldners zu verteilen ist (BGE 113 II 323, 330 f. E. 2b; 127 III 257, 265 f. E. bb; vgl. die Übersicht über die Rsp. des BGer bei KÖRNER N 481 ff.). Dies führt dazu, dass die Mitwirkung weiterer Täter die eigene Haftung des in Anspruch Genommenen nur noch in Ausnahmefällen zu begrenzen vermag. Zu denken ist z.B. an einen Fall, in welchem das Verschulden des in Anspruch Genommenen sehr leicht, Tatbeitrag und Verschulden eines Dritten aber sehr schwer wiegen, so dass es «manifestement injuste et choquant» wäre, «de faire supporter au défendeur l'entier du dommage en appliquant à la lettre les rigueurs propres à la solidarité» (BGE 112 II 138, 144 E. 4a). Eine Berücksichtigung mag auch dort in Frage kommen, wo besondere Verhältnisse zwischen dem Kläger und den mithaftenden Dritten vorliegen, etwa wenn Letztere ihrerseits von der Entschädigung profitieren könnten.

III. Regressordnung im Innenverhältnis gemäss Art. 51 Abs. 2

1. Allgemeines

11 Es handelt sich beim Regressanspruch gem. Art. 51 Abs. 2 um einen **Anspruch ex iure proprio**. Er entsteht mit der Leistung des Regressberechtigten an den Geschädigten, und zwar unabhängig davon, ob der Zahlung ein dazu verurteilendes Gerichtsurteil vorangegangen ist (BGer, 19.8.2010, 6B_49/2010, E. 4 = njus 2010, 106; s. zur Rechtsnatur des Regressanspruchs CASANOVA, 67 ff.). In diesem Zeitpunkt wird der Regressanspruch auch fällig (BGer, 12.3.2012, 4A_656/2011, E. 4.2), und ab diesem Zeitpunkt fallen zugunsten des Regressierenden *Schadenszinsen* an (BK-BREHM, N 48b).

12 Mit seiner grundsätzlichen **Regressordnung** steckt Art. 51 Abs. 2 den Rahmen für die Beantwortung der Frage ab, wer von mehreren Beteiligten «in der Regel» *intern* den Schaden definitiv zu tragen hat. Die durch den Gesetzgeber vorgenommene Entscheidungsanweisung er-

leichtert im Regelfall die endg. Verteilung der Schadenstragung. Nur dort, wo *besondere Gründe oder die Billigkeit* ein Abweichen von der vorgesehenen Regressordnung gebieten, soll das Gericht in Ausübung seines pflichtgemässen Ermessens eine andere Regelung treffen können.

13 In der *Lehre* wird Art. 51 Abs. 2 **unterschiedlich beurteilt** (vgl. BK-Brehm, N 144 ff.; A. Keller, Verschulden, 289 ff.). Während etwa Oftinger die vorgegebene Regressordnung als «eine ausgezeichnete gesetzgeberische Leistung» erachtete (Oftinger, 348), sind im neueren Schrifttum – insb. zu einer schematischen Anwendung von Art. 51 Abs. 2 – Bedenken vorgetragen worden (vgl. Casanova, 155 ff., 203 ff., 210 ff.; Fellmann/Kottmann, N 2932; Hürzeler/Tamm/Biaggi, N 422; Koller A., OR AT, § 75 N 164; Schaer, Zusammenwirken, 287 ff.; ders., recht 1991, 12 ff.). In der Tat kann nicht übersehen werden, dass die noch stark auf dem *Culpaprinzip* beruhende Regressordnung schlecht zu den Entwicklungen der letzten Jahrzehnte passt, welche das Verschulden – sei es als Haftungsvoraussetzung, sei es im Rahmen der Schadenersatzbemessung – in den Hintergrund haben rücken lassen (vgl. insb. die Gefährdungshaftungen). Damit im Zusammenhang steht die zunehmende Bedeutung von Privat- und Sozialversicherern für die Schadenabwälzung, welcher die gesetzliche Haftungsordnung nicht ausreichend Rechnung trägt. Dasselbe gilt mit Blick auf Koordinations- und Regressbest. anderer Gesetze, insb. Art. 60 Abs. 2 VVG. Das *BGer* scheint die Tür zu einer den Umständen Rechnung tragenden Festsetzung des Regresses zwar geöffnet zu haben (BGE 116 II 645, 649), weicht im Ergebnis aber kaum je von der als Regelfall vorgegebenen Haftungsordnung ab (BGE 137 III 352, 353 ff. E. 4; BGer, 7.6.2011, 4A_576/2010, E. 4.6; Casanova, 137; Körner, FN 134).

2. Regressordnung bei verschiedenen Haftungsarten (mehrtypische Solidarität)

14 Nach der in Art. 51 Abs. 2 vorgesehenen Ordnung haftet bei **unterschiedlichen Haftungsarten** (mehrtypische Solidarität) in erster Linie die Person, welche ein Verschulden trifft (vgl. BGer, 19.8.2010, 6B_49/2010, E. 4 = njus 2010, 106), in zweiter Linie eine aus Vertrag haftpflichtige Person und endlich wer allein aufgrund einer Gesetzesvorschrift haftet, also insb. gestützt auf eine Kausalhaftung.

a) Haftung aus Verschulden

15 Mit **Verschulden** i.S.v. Art. 51 Abs. 2 ist eigenes, persönliches Verschulden gemeint. In diese Kategorie fallen somit v.a. Haftpflichtige, die nach Art. 41 haften. Aber auch ein Kausalhaftpflichtiger, den *zusätzlich* ein Verschulden trifft, ist in diese Kategorie einzureihen und in dem Umfang regressverpflichtet, als er aufgrund seines Verschuldens als Verschuldenshaftpflichtiger einzustehen hat (BK-Brehm, N 56; Keller/Gabi, 145 f.; vgl. BGE 107 II 489, 496 E. 5b; 120 II 58, 60 f. E. 3a).

16 Zu den aus Verschulden Haftenden gehört auch die juristische Person, deren **Organ** schuldhaft gehandelt hat (BGE 96 II 172, 176 E. 3; BK-Brehm, N 53). Das Verschulden des Organs ist der juristischen Person zuzurechnen (Art. 55 Abs. 2 ZGB), nicht jedoch dasjenige der **Hilfsperson**. Bei schuldhaftem Handeln der Hilfsperson steht die juristische Person für fremdes Verschulden ein und haftet somit kausal (Art. 55) oder allenfalls aus Vertrag (Art. 101; BK-Brehm, a.a.O.).

b) Haftung aus Vertrag

17 Zu den **aus Vertrag** haftpflichtigen Personen zählt im Rahmen von Art. 51 Abs. 2 zunächst, wer aus einer (schuldhaften) *Vertragsverletzung gem. Art. 97 ff.* (Nicht- oder Schlechterfüllung) haftbar wird. Aus Vertrag Haftende, die konkurrierend auch nach Art. 41 haftpflichtig sind, gelten dagegen als Verschuldenshaftpflichtige (BGE 120 II 58, 61 E. 3a; BK-Brehm, N 54a).

Von besonderer Bedeutung für die Regressordnung ist die **vertragliche Verpflichtung zur Schadensübernahme** oder Schadensbehebung. Darunter fallen etwa der Garantievertrag, die Schadlosbürgschaft (CASANOVA, 145 m.w.H.) und v.a. der Versicherungsvertrag. Der Rückgriff des Versicherers ist spezialgesetzlich in Art. 72 VVG geregelt (s. N 27 ff.). **18**

c) Haftung aus Gesetzesvorschrift

An dritter Stelle hat im Innenverhältnis den Schaden zu tragen, wer ausschliesslich gestützt auf eine **gesetzliche Vorschrift** (also weder aus Verschulden, noch aus Vertrag) einzustehen hat. Im Vordergrund stehen die einfachen *Kausalhaftungen* (trotz Involvierung von Verschuldensaspekten im Rahmen des Entlastungsbeweises; vgl. HONSELL/ISENRING/KESSLER, § 11 N 39) sowie die *Gefährdungshaftungen*. Kausalhaftpflichtige, die zusätzlich ein Verschulden trifft, fallen in die erste Kategorie der Verschuldenshaftpflichtigen (BK-BREHM, N 56). **19**

Besondere Erwähnung verdient die **Lohnfortzahlungspflicht des Arbeitgebers** nach Art. 324a. Sie ist nicht als Haftung aus Vertrag, aber entgegen einem Teil der Lehre (CHK-MAZAN, N 16; CR CO I-WERRO, N 10; N 15 der Vorauf l.) auch nicht als Haftung aus Gesetz zu qualifizieren. Vielmehr fällt gem. BGE 126 III 521, 523 E. 2a eine unmittelbare Anwendung von Art. 51 Abs. 2 «ausser Betracht, da der Arbeitgeber nicht zum Kreis der gemäss Art. 51 OR Haftpflichtigen zählt, sondern mit der Lohnzahlung unabhängig vom schädigenden Ereignis seine gesetzliche oder vertragliche Leistungspflicht erfüllt» (gl.M. BK-BREHM, N 59). «Da der Arbeitgeber seinen Vertrag erfüllt und nicht aus Schlechterfüllung für den entstandenen Schaden haftet, kann die in Art. 51 Abs. 2 OR vorgesehene Abstufung nach der Haftung aus unerlaubter Handlung, Vertrag oder Gesetz nicht auf die Lohnfortzahlung des Arbeitgebers übertragen werden. Der Regress steht dem Arbeitgeber auch gegenüber einem kausal Haftenden zu, da sich die Lohnfortzahlungspflicht nicht zu dessen Gunsten auswirken soll [...]. Der Arbeitgeber ist diesbezüglich den subrogierenden Sozial- und Schadensversicherern gleichzustellen, auch wenn diese ihre Rechtsstellung bereits im Unfallzeitpunkt erlangt haben [...]. Abzustellen ist mithin auf den hypothetischen Schaden, den der Arbeitnehmer ohne die Zahlungen des Arbeitgebers erlitten hätte» (BGE 126 III 521, 523 E. 2a; zur vergleichbaren Situation des Versicherers s. N 28). **20**

d) Abwicklung des Regresses

Hinsichtlich der Regressabwicklung gilt wie bei der Solidarhaftung nach Art. 50, dass für die Haftpflichtigen untereinander **keine (interne) Solidarität** besteht (CHK-MAZAN, N 18; BK-BREHM, N 89 m.w.H.; BGE 103 II 137, 139 f. E. 4d = Pra 1977, 383, 384; KGer SG, 5.4.2011, GVP 2011, 169, 170). Mithin haftet im internen Regressverhältnis jeder nur für sich und nicht auch für die andern. Haben z.B. mehrere Täter schuldhaft eine unerlaubte Handlung begangen, so muss der Kausalhaftpflichtige oder der aus Vertrag Haftende diese alle *anteilsmässig* nach Massgabe aller Umstände, namentlich des jeweiligen persönlichen Verschuldens belangen. **21**

Art. 51 Abs. 2 stellt (nur) eine **Regel** auf. Dies impliziert, dass der Richter davon abweichen kann. Das BGer stellt jedoch die vom Gesetz vorgegebene Haftungsordnung nicht in Frage (CASANOVA, 138) und macht von dieser Möglichkeit nur mit grosser Zurückhaltung Gebrauch. Tatsächlich findet sich in der amtlichen Sammlung der BGE kein einziger von der Haftungskaskade von Art. 51 Abs. 2 abweichender Entscheid (BK-BREHM, N 80; s. immerhin die Kasuistik in N 80b ff.). **22**

Aus der fehlenden Solidarität im Innenverhältnis folgt, dass z.B. ein Kausalhaftpflichtiger keinen Rückgriff auf aus Vertrag Haftende nehmen kann, wenn auch Verschuldenshaftpflichtige vorhanden und solvent sind (MAZAN, N 19; BK-BREHM, N 89 f. m.w.H.; **a.M.** OFTINGER/STARK, I, 505 ff.). **23**

24 Der Grundsatz, wonach intern keine Solidarhaftung besteht, wird ergänzt durch die **analoge Anwendung von Art. 148 Abs. 3** für den Fall der Zahlungsunfähigkeit eines der Ersatzpflichtigen (s. Art. 50 N 27 und Art. 148 N 8 f.). Zur *Verjährung* der Regressforderung s. N 36.

3. Regressordnung bei Konkurrenz gleicher Haftungsarten (eintypische Solidarität)

25 Obwohl Art. 51 Abs. 2 verschiedenartige Haftungen voraussetzt, ist Art. 51 auch auf den Regress bei **gleichartigen Haftungen** (eintypische Solidarität) anzuwenden (BGE 80 II 247, 253 E. 5 = Pra 1955, 64, 66; BK-Brehm, N 59 f. m.w.H.). Die analoge Anwendung dient nicht nur dem Geschädigten. Für die Haftpflichtigen hat sie den Vorteil, dass durch die Annahme einer *Anspruchskonkurrenz* eine Anspruchskumulierung ausgeschlossen wird (BK-Brehm, N 96).

26 Stehen sich gleichartige Haftungsarten gegenüber, so hat auf dem Regressweg grundsätzlich eine *gleichmässige Verteilung* der Schadenersatzpflicht zu erfolgen. Besonderheiten gelten, wenn bei einer Mehrheit von Kausalhaftpflichtigen oder aus Vertrag Haftpflichtigen Personen vorhanden sind, die *auch* aus Verschulden haften (vgl. N 17 und 19; zu einzelnen Fallgruppen Rey, N 1531 ff.). Trifft dagegen keinen der Haftpflichtigen ein Verschulden, so wird von einem Teil der Lehre befürwortet, dass ein Gefährdungshaftpflichtiger für die von ihm gesetzte **Betriebsgefahr** im Verhältnis zu anderen Kausalhaftpflichtigen *vorweg* einen Teil des Schadens trägt (Oftinger, I, 358 f.; weitere Nw. bei BK-Brehm, N 133a; für eine Gleichstellung von einfacher und strenger Kausalhaftung dagegen BK-Brehm, N 134 f.; Casanova, 149 f.; vgl. betr. das Verhältnis zwischen mehreren Gefährdungshaftpflichtigen Art. 60 Abs. 2 Satz 2 SVG). Bei ungefähr gleichen Betriebsgefahren erfolgt die Verteilung nach Ermessen des Gerichts mit Blick auf die konkreten Umstände (Rey, N 1549; vgl. im Einzelnen Casanova, 195 ff., 206 f.).

4. Regress der Versicherer

a) Privatversicherung

27 Gemäss **Art. 72 VVG** geht bei der *Schadensversicherung* der Ersatzanspruch des Geschädigten gegenüber Dritten aus unerlaubter Handlung insoweit auf den Versicherer über, als dieser dem Versicherten gestützt auf den Versicherungsvertrag Entschädigung für den eingetretenen Schaden leistet: Der Versicherer *subrogiert* in die Ersatzansprüche des Geschädigten (BGE 120 II 58, 63 E. 4a; BSK VVG-Graber, Art. 72 N 4; Keller/Gabi, 155 ff.; Oftinger/Stark, I, 546 ff.). Im Regress des Versicherers gegen den Schädiger kann der Versicherer somit den Schadenersatzanspruch des Geschädigten geltend machen. Parallel dazu steht dem Versicherer auch das auf Art. 51 gestützte, autonome Regressrecht zu (Koller A., OR AT, § 75 N 193; s. Art. 50 N 23). Um eine Bereicherung des Versicherten auszuschliessen (vgl. BGE 131 III 12, 16 E. 7.1), wird auch dem *Haftpflichtversicherer* (als «Schadensversicherer») in analoger Anwendung von Art. 72 VVG die Subrogation (in den Regressanspruch des haftenden Versicherungsnehmers) zugestanden (BGE 116 II 645, 647 E. 2 = Pra 1991, 219; BSK VVG-Graber, Art. 72 N 12). Regressrechtlich abzuwickeln ist dabei aber nicht der von der geschädigten Person aus unerlaubter Handlung erlittene Schaden, sondern die daran anschliessende Vermögenseinbusse des zahlenden Ersatzpflichtigen (vgl. BK-Brehm, N 65; BSK VVG-Graber, Art. 72 N 6). Anderes gilt freilich, wenn spezialgesetzlich ein *direktes Forderungsrecht* des Geschädigten gegen den Haftpflichtversicherer des Schädigers vorgesehen ist. In diesen Fällen regelt der einschlägige Erlass i.d.R. auch den Regress des Versicherers auf den Versicherungsnehmer bzw. die versicherte Person (vgl. insb. Art. 65 SVG).

28 Um die versicherungsrechtliche Best. des Art. 72 VVG in Einklang mit Art. 51 Abs. 2 OR zu bringen, müssen die Worte «unerlaubte Handlung» (in Art. 72 Abs. 1 VVG) mit **Verschulden** gleichgesetzt werden (h.L., vgl. BK-Brehm, N 61 ff.; Fellmann/Kottmann, N 2957; CHK-Mazan, N 25; Oftinger/Stark, I, 546 ff.; Rey, N 1560 ff.; Keller/Schmied-Syz, 137 ff.; BSK VVG-Graber, Art. 72 N 7; **a.M.** Honsell/Isenring/Kessler, § 24 N 8; Koller A.,

OR AT, § 75 N 191). Entsprechend steht das Regressrecht dem Versicherer einerseits gegenüber Haftpflichtigen zu, die nach einem Verschuldenshaftungstatbestand (insb. Art. 41) haften, und andererseits gegenüber Kausalhaftpflichtigen, die zusätzlich ein Verschulden trifft. Hingegen findet Art. 72 Abs. 1 VVG keine Anwendung, wenn der Anspruchsberechtigte gegen den Dritten ausschliesslich einen *vertraglichen Schadenersatzanspruch* hat (BGE 80 II 247, 251 f. E. 5 = Pra 1955, 64, 66; REY, N 1576; OFTINGER/STARK, I, 553; BSK VVG-GRABER, Art. 72 N 8). *A fortiori* steht dem Versicherer auch kein Rückgriff auf einen (allein) aufgrund gesetzlicher Vorschrift Haftpflichtigen zu (OFTINGER/STARK, I, 553; BSK VVG-GRABER, Art. 72 N 9; HGer SG, 8.11.2012, HG.2010.440, E. 5c). In solchen Fällen richtet sich der Regress des Versicherers nach Art. 51 Abs. 1 i.V.m. Art. 50 Abs. 2, obwohl sowohl die Leistungspflicht des Versicherers als auch jene des Regresspflichtigen auf Vertrag beruhen. Der Regress des Versicherers auf den aus Vertrag Haftpflichtigen wird vom BGer zugelassen, wenn ihm bzw. seiner Hilfsperson mehr als nur ein leichtes Verschulden («une faute contractuelle légère») vorwerfbar ist (BGE 80 II 247, 255 f. = Pra 1955 64 69; seither mehrfach bestätigt: 114 II 342, 345 E. 3 = Pra 1990, 602; BGer, 31.7.2007, 4C. 92/2007, E. 3.1). Es ist dies die sog. *Gini-Durlemann-Praxis*, die von der überwiegenden Lehre mit unterschiedlichen Begründungen und Lösungsvorschlägen abgelehnt wird (u.a. OFTINGER/STARK, I, § 11 N 74; CASANOVA, 184 ff.; STRUB, 80, 86; GRABER/CASANOVA, 164 m.w.H.). Das BGer selber schien mit seiner Rsp. zur Lohnfortzahlungspflicht des Arbeitgebers eine Lösung aufzuzeigen (BGE 126 III 521, 523 E. 2a; s. N 20), hat aber seither eine Übertragung dieser Rsp. auf den Privatversicherer mit Hinweis auf die zu wahrende Rechtssicherheit ausdrücklich abgelehnt (BGE 137 III 352, 353 ff. E. 4; noch offen gelassen in BGE 132 III 321, 321 E. 2.3.2.4; s. dazu BSK VVG Nachf.Bd.-GRABER, Art. 72 ad N 8 ff. und ad N 12).

Abgelehnt wird eine Aufnahme des Schadensversicherers in die Regressordnung von Art. 51 **29** von HONSELL/ISENRING/KESSLER, § 11 N 40 ff., die an der h.L. insb. kritisieren, dass dem Versicherer dadurch «der Regress auf Kausal- und Gefährdungshaftpflichtige genommen wird». Stattdessen solle sich der Regress des Versicherers ausschliesslich nach Art. 72 VVG richten (gl.M. i.E. KOLLER A., OR AT, § 75 N 186).

b) Sozialversicherung

Nach Art. 72 ATSG gilt ein sog. **integrales Regressrecht**, d.h. die Sozialversicherungsträger **30** (IV, AHV, Unfallversicherer, Militärversicherung, KVG-Versicherer) treten gegenüber Dritten, die für den Versicherungsfall haften, im Zeitpunkt des Ereignisses bis zur Höhe der gesetzlichen Leistungen in die Ansprüche der versicherten Person und ihrer Hinterlassenen ein, unabhängig davon, ob die Haftpflichtigen aus Verschulden, aus Vertrag oder kausal haften (so schon BGE 119 II 289, 293 E. 5b). Die Regressordnung von Art. 51 Abs. 2 ist nicht anwendbar; die Sozialversicherung «steht […] ausserhalb der Solidarität» (BGer, 19.11.2002, 4C.208/2002, E. 2.1.2; BGE 119 II 289, a.a.O.; BVGer, 16.10.2014, A-7102/2013, E. 2.3.6.3; BK-BREHM, N 67 ff.; CHK-MAZAN, N 30). Die Subrogation setzt voraus, dass mit der Leistung des Sozialversicherers ein dem haftpflichtrechtlichen Anspruch entsprechender Schaden ausgeglichen wird (Erfordernis der *Kongruenz*; STUDHALTER, 114). Mehrere Haftpflichtige haften dabei für Rückgriffsansprüche der Versicherungsträger *solidarisch* (Art. 72 Abs. 2 ATSG; krit. BK-BREHM, N 91). Im Umfang der Subrogation hat die Leistung eines haftpflichtigen Dritten an den Geschädigten keine befreiende Wirkung gegenüber dem Sozialversicherungsträger (BGer, 25.5.2007, 4A_69/2007, E. 2.3).

Die freiwillige **Zusatzversicherung** zur obligatorischen Unfall- und Krankenversicherung ist **31** dem VVG unterstellt. Für den Rückgriff gelten Art. 51 Abs. 2 bzw. – für die Subrogation – Art. 72 VVG (BK-BREHM, N 68; CHK-MAZAN, N 32).

Im **BVG-Bereich** gilt die Regelung von Art. 34b BVG. Die Geltendmachung des subrogierten **32** (privatrechtlichen) Anspruchs erfolgt auf dem Weg des Zivilprozesses (BGE 93 II 407, 410 E. 1b = Pra 1968, 353, 354; HÜRZELER/TAMM/BIAGGI, N 431).

IV. Quotenvorrecht des Geschädigten

33 Deckt ein Privat- oder Sozialversicherer – z.B. wegen Überschreitens der maximalen Versicherungssumme – nicht den ganzen Schaden, so verbleibt dem Geschädigten gegen den Schädiger ein **Schadenersatzanspruch in Höhe des noch nicht gedeckten Schadens** (vgl. BSK VVG-GRABER, Art. 72 N 36 ff.). Nach konstanter bundesgerichtlicher Rsp. hat dieser Anspruch des Geschädigten gegenüber einer *subrogierten* Regressforderung Vorrang, wenn die Haftungsquote des in Anspruch genommenen Haftpflichtigen – insb. wegen Selbstverschuldens des Geschädigten – in einem Ausmass zu reduzieren ist, dass sie nicht ausreicht, um sowohl den noch ungedeckten Teil des Schadens, als auch die Regressforderung abzudecken. Dem Versicherer steht ein Regressanspruch in diesem Fall nur insoweit zu, als die Haftungsquote des Haftpflichtigen über den nicht gedeckten Teil des Schadens hinausgeht (BGE 134 III 636, 640 E. 1.3.1; 120 II 58, 62 E. 3b). Wirtschaftliche Vorteile, die dem Geschädigten durch das Schadenereignis entstehen, sind diesem unter der Voraussetzung anzurechnen, dass sie ohne das schädigende Ereignis nicht entstanden wären und ein innerer Zusammenhang mit dem schädigenden Ereignis besteht (BGer, 1.11.2005, 4C.62/2005, E. 5.1; s.a. BGE 131 III 12, 16 E. 7.1: «das Privileg des Quotenvorrechts soll die geschädigte Person vor ungedecktem Schaden bewahren; es dient nicht dazu, die Geschädigte zu bereichern»). Das Quotenvorrecht kann der Haftpflichtige dem Regressierenden zudem nicht entgegenhalten, wenn er gegen den verjährten Direktanspruch des Geschädigten die Verjährungseinrede erhebt (kein «fiktives Quotenvorrecht»; vgl. BGE 134 III 636, 642 E. 1.3.2).

34 Gewisse Spezialgesetze normieren das Quotenvorrecht des Geschädigten explizit (z.B. Art. 88 SVG; Art. 73 Abs. 1 ATSG; Art. 27a BVV2). Das BGer sieht darin einen **allg. Rechtsgrundsatz** («principe fondamental du droit») und wendet das Quotenvorrecht in vergleichbaren Konstellationen deshalb auch ohne explizite Grundlage an (vgl. BGE 104 II 307, 309 f.; 96 II 355, 364 E. 3d = Pra 1971, 137, 142). Zu Recht befürwortet die h.L. die Anwendung insb. auch in Konstellationen mit Regressansprüchen, die nicht auf Subrogation beruhen, sondern sich auf Art. 51 stützen (vgl. BK-BREHM, N 139 m.w.H.; BSK VVG-GRABER, Art. 72 N 37 m.w.H.). Auch der Haftpflichtige, der dem Geschädigten Schadenersatz geleistet hat, sieht sich bei seinem Regress gegen Mithaftpflichtige deshalb mit dem Quotenvorrecht des Geschädigten konfrontiert, soweit der Schaden noch nicht vollständig gedeckt ist (diff. CASANOVA, 41 f.: Quotenvorrecht nur bis zur Befriedigung des Geschädigten in Höhe des Betrages, der ihm unter Berücksichtigung seines allfälligen Mitverursachungsanteils als Schadenersatz insgesamt zusteht; **a.M.** KOLLER A., OR AT, § 75 N 169: kein Quotenvorrecht des Geschädigten gegenüber Haftpflichtigen).

35 Umstritten ist in der Lehre, ob das Quotenvorrecht auch auf eine **Genugtuungsleistung** Anwendung finden soll. Das BGer hat sich in BGE 123 III 306, 316 E. 9b (= Pra 1997, 910, 923) für die vermittelnde, von OFTINGER/STARK, I, 442, vorgeschlagene Lösung ausgesprochen: Der Betrag, in dessen Höhe Ersatzrechte auf den Versicherer übergegangen sind, soll für den Regress des Versicherers (nur) um den Prozentsatz des Selbstverschuldens des Geschädigten gekürzt werden. Letzterer erhält damit zwar nicht die ganze Genugtuungsleistung, die ihm ohne Selbstverschulden zugestanden wäre, doch kommt das Quotenvorrecht wenigstens teilweise zu seinen Gunsten zur Anwendung (*Quotenteilung*; vgl. STRUB, 120; HÜRZELER/TAMM/BIAGGI, N 451 ff.).

V. Verjährung der Regressforderung

36 Da Art. 136 Abs. 1 (Wirkung der Verjährungsunterbrechung gegenüber einem Solidarschuldner auch gegen die übrigen Mitschuldner) nur in Fällen *echter* Solidarität zum Tragen kommt (s. Art. 50 N 4), kann es sein, dass die Hauptforderung, also die Schadenersatzforderung des Geschädigten gegenüber einem in unechter Solidarität Mitverpflichteten, im Zeitpunkt, da ein Solidarschuldner die Hauptforderung begleicht und damit zum Regressgläubiger wird, bereits

verjährt oder verwirkt ist. Es fragt sich, ob der Regressberechtigte dann **trotz Verjährung der Hauptforderung** die Regressforderung noch durchsetzen kann, oder ob diese – obwohl gerade erst entstanden – bereits als verjährt zu gelten hat. Es gilt dabei abzuwägen zwischen dem Interesse der Solidarschuldner, nach Verjährung der gegen sie gerichteten Hauptforderung nicht mehr mit (unerwarteten) Regressforderungen konfrontiert zu werden, und dem Interesse des Regressgläubigers, der gesetzlichen Regressordnung zum Durchbruch zu verhelfen. Das *BGer* hat den Interessenkonflikt im Grundsatzentscheid BGE 133 III 6 (= Pra 2007, 684 ff.) unter umfassender Auseinandersetzung mit der bisherigen Lehre und Rsp. dahingehend gelöst, dass die Verjährung der Hauptforderung gegen einen Solidarschuldner der Durchsetzbarkeit von Regressforderungen gegen denselben *nicht* entgegensteht (vgl. BUGNON, 148 ff.): Der Regressanspruch verjährt (relativ) innerhalb eines Jahres, nachdem der Regressgläubiger die Leistung erbracht hat *und* Kenntnis vom Ausgleichsanspruch hat, in jedem Fall aber (absolut) innerhalb von zehn Jahren seit dem schädigenden Ereignis (BGE 133 III 6, 28 ff. E. 5.3.5 = Pra 2007, 684, 704 ff.; bestätigt in BGer, 12.3.2012, 4A_656/2011, E. 3.2). Da dies die unerwünschte Folge haben kann, dass die Regressforderung bei ihrer Entstehung bereits verjährt ist (vgl. ERNST, 178 ff.), ist in der Lehre zu Recht gefordert worden, dass die absolute Verjährungsfrist der Regressforderung erst mit der vollständigen Tilgung der Hauptforderung zu laufen beginnen solle (JUNG, 302 f. m.w.H.; so explizit Art. 83 Abs. 3 SVG). Im Sinne einer zusätzlichen (zeitlichen) Schranke verlangt das BGer vom Regressgläubiger, dem Regressschuldner, dessen Haftung gegenüber dem Geschädigten bereits verjährt ist, «dès qu'un peut l'exiger de lui en appliquant les règles de la bonne foi» (BGE 133 III 6, 29 E. 5.3.5) die Absicht mitzuteilen, gegen ihn vorgehen zu wollen. Die Unterlassung dieser Anzeige hat Verwirkung des Regressanspruchs zur Folge (E. 5.3.5, E. 6.2.2; krit. KRAUSKOPF/MÜLLER, 327; **abl.** CASANOVA, 129 ff.; w.H. in BSK VVG Nachf.Bd.-GRABER Art. 46 ad N 27; vgl. auch den Vorschlag von HEIERLI/SCHNYDER, 230 f., für den Fall der Unterlassung einer rechtzeitigen Anzeige statt der Bemühung des Rechtsmissbrauchsverbots eine Kürzung des Regressanspruchs nach richterlichem Ermessen gestützt auf Art. 50 Abs. 2 i.V.m. Art. 51 Abs. 1 vorzunehmen).

Was ist, wenn die Hauptforderung nicht nur verjährt, sondern **verwirkt** ist? Verwirkung be- **37**
deutet nicht nur Verlust des Klagerechts, sondern Untergang der Forderung. Konsequenterweise kann nach der Verwirkung der Hauptforderung auch kein Regressanspruch mehr bestehen. Wer nicht für einen Schaden haftet, muss auch nicht solidarisch dafür einstehen (BGE 133 III 6, 26 E. 5.3.4 = Pra 2007, 684, 702; 130 III 362, 370 E. 5.2 = Pra 2005, 57, 63; WEISS, 253 m.w.H.). Für den Regress nach *Art. 72 ATSG* ist nun allerdings das BVGer hiervon abgewichen und hat, obwohl «es sich wohl rechtfertigen [würde], im Rahmen von Art. 51 Abs. 2 OR die Regressforderung nur dann zuzulassen, wenn die Haftpflichtforderung nicht bereits verwirkt ist» (BVGer, 16.10.2014, A-7102/2013, E. 3.3.2.3 a.E.), die Interessen der regressierenden Sozialversicherung über diejenigen des durch Verwirkung befreiten Haftpflichtigen gestellt (E. 3.3.2.5).

VI. IPR

1. Aussenverhältnis

Gemäss **Art. 143 IPRG** unterstehen die Rechtsfolgen aus der Tatsache, dass dem Gläubiger **38**
mehrere Schuldner für eine Forderung haften, jenem Recht, welches das Rechtsverhältnis zwischen dem in Anspruch genommenen Schuldner und dem Gläubiger beherrscht. Dieses Recht bestimmt bspw., ob Solidarität, eine Quotenregelung oder Subsidiarität bei der Haftung besteht und in welcher Reihenfolge die einzelnen Schuldner in Anspruch zu nehmen sind.

2. Innenverhältnis

39 Das Innenverhältnis wird unter der Marginalie *«Rückgriff zwischen Schuldnern»* in Art. 144 IPRG geregelt. Für die *Zulässigkeit des Regresses* eines Schuldners auf den andern sieht das Gesetz in Übereinstimmung mit der Rsp. des BGer das sog. Kumulationsstatut vor **(Art. 144 Abs. 1 IPRG)**. Ein Rückgriff ist demnach insoweit zulässig, als er in den beiden Rechtsordnungen vorgesehen ist, die das Rechtsverhältnis zwischen Gläubiger und regressverpflichtetem Schuldner einerseits (Forderungs- oder Deliktsstatut) und jenes zwischen Gläubiger und regressberechtigtem Schuldner (Kausal- oder Versicherungsstatut) andererseits beherrschen (BGE 132 III 626, 639 E. 5.1). Sieht z.B. die eine Rechtsordnung einen Regress nur auf den aus Verschulden Haftpflichtigen vor, so ist ein Rückgriff lediglich in diesem Umfang zulässig.

40 Was die *Durchführung des Rückgriffs* betrifft, ist das Forderungsstatut relevant, also das Recht, dem die Schuld des Rückgriffs*verpflichteten* untersteht (**Art. 144 Abs. 2 IPRG**; BGE 138 III 587, 590 E. 2.5.3). Gemeint sind damit Fragen der Verjährung oder Abtretbarkeit einer Forderung sowie insb., ob der Rückgriff durch selbständigen Regress oder auf dem Weg der Subrogation (Eintritt in die Rechtsstellung des Gläubigers) erfolgen soll. Fragen, die nur das Verhältnis zwischen Gläubiger und Rückgriffsberechtigten betreffen, unterstehen dem eigenen Recht (Abs. 2 Satz 2).

Art. 52

VII. Haftung bei Notwehr, Notstand und Selbsthilfe

[1] Wer in berechtigter Notwehr einen Angriff abwehrt, hat den Schaden, den er dabei dem Angreifer in seiner Person oder in seinem Vermögen zufügt, nicht zu ersetzen.

[2] Wer in fremdes Vermögen eingreift, um drohenden Schaden oder Gefahr von sich oder einem andern abzuwenden, hat nach Ermessen des Richters Schadenersatz zu leisten.

[3] Wer zum Zwecke der Sicherung eines berechtigten Anspruches sich selbst Schutz verschafft, ist dann nicht ersatzpflichtig, wenn nach den gegebenen Umständen amtliche Hilfe nicht rechtzeitig erlangt und nur durch Selbsthilfe eine Vereitelung des Anspruches oder eine wesentliche Erschwerung seiner Geltendmachung verhindert werden konnte.

VII. Légitime défense, cas de nécessité, usage autorisé de la force

[1] En cas de légitime défense, il n'est pas dû de réparation pour le dommage causé à la personne ou aux biens de l'agresseur.

[2] Le juge détermine équitablement le montant de la réparation due par celui qui porte atteinte aux biens d'autrui pour se préserver ou pour préserver un tiers d'un dommage ou d'un danger imminent.

[3] Celui qui recourt à la force pour protéger ses droits ne doit aucune réparation, si, d'après les circonstances, l'intervention de l'autorité ne pouvait être obtenue en temps utile et s'il n'existait pas d'autre moyen d'empêcher que ces droits ne fussent perdus ou que l'exercice n'en fût rendu beaucoup plus difficile.

VII. Responsabilità per legittima difesa, stato di necessità e ragione fattasi

[1] Chi per legittima difesa respinge un attacco non è tenuto a risarcire il danno che cagiona all'aggressore od al suo patrimonio.

[2] Chi mette mano alla cosa altrui per sottrarre sè od altri ad un danno o pericolo imminente, è obbligato a risarcire il danno secondo il prudente criterio del giudice.

[3] Chi al fine di salvaguardare un suo legittimo diritto si fa ragione da sè, non è tenuto al risarcimento se per le circostanze non era possibile di ottenere in tempo debito l'intervento dell'autorità e se solo agendo direttamente poteva essere impedito che fosse tolto o reso essenzialmente difficile l'esercizio del diritto.

Literatur

Bertrand, Consentement à l'acte médical et refus de traitement, in: Bertrand/Harding (Hrsg.), Médecin et droit médical, Chêne-Bourg 2009, 89 ff.; Desax, Haftung für erlaubte Eingriffe, Diss. Freiburg 1977; Devaud, L'information en droit médical, Diss. Lausanne 2009; Fink, Aufklärungspflichten von Medizinalpersonen, Diss. St. Gallen 2008; Gross, Schweizerisches Staatshaftungsrecht, 2. Aufl., Bern 2001; Haeflinger, Der Notstand im schweizerischen Recht, Recueil des Travaux Suisses au VIIIe Congrès international de droit comparé, Basel 1970, 379 ff.; R. Haas, Die Einwilligung in eine Persönlichkeitsverletzung, Diss. Luzern 2007; Heierli et al., Haftpflicht- und Privatversicherungsrecht, Entwicklungen 2008, Bern 2009 (zit. njus 2008); dies., Haftpflicht- und Privatversicherungsrecht, Entwicklungen 2009, Bern 2010 (zit. njus 2009); Honsell, Die zivilrechtliche Haftung des Arztes, ZSR 1990 I, 135 ff. (zit. ZSR 1990); Jossen, Ausgewählte Fragen zum Selbstbestimmungsrecht des Patienten beim medizinischen Heileingriff, Diss. Bern 2009; Landmann, Notwehr, Notstand und Selbsthilfe im Privatrecht, Diss. Zürich 1975; Martenet/Devaud, La révocation du consentement aux soins médicaux, in: Philippin et al. (Hrsg.), Mélanges en l'honneur de François Dessemontet, Lausanne 2009, 265 ff.; M. Schmid, Dokumentationspflichten der Medizinalpersonen – Umfang und Folgen ihrer Verletzung, HAVE 2009, 250 ff.; Seelmann, Strafrecht Allgemeiner Teil, 5. Aufl., Basel 2012; Tschannen/Zimmerli/M. Müller, Allgemeines Verwaltungsrecht, 4. Aufl., Bern 2014; Schnyder A.K./Vasella/Weber St., Haftpflicht- und Privatversicherungsrecht, Entwicklungen 2007, Bern 2008; Vogel St., Zulässigkeit des Abschusses entführter Zivilflugzeuge zum Schutz von Drittpersonen, S&R 2009, 96 ff.; Widmer/Wessner, Revision und Vereinheitlichung des Haftpflichtrechts – Erläuternder Bericht, Bern 1999; Wiegand, Die Aufklärungspflicht und die Folgen ihrer Verletzung, in: Honsell (Hrsg.), Handbuch des Arztrechts, Zürich 1994, 119 ff.

I. Notwehr (Abs. 1)

1. Voraussetzungen

Notwehr ist die gegen die Rechtsgüter der angreifenden Person gerichtete *Verteidigung*, die erforderlich ist, um einen gegenwärtigen, **rechtswidrigen Angriff eines Menschen** von sich oder jemand anderem abzuwehren (BGE 44 II 149, 151). Für die Beurteilung, ob Notwehr im Einzelfall i.S. des Gesetzes «berechtigt» ist, kann grundsätzlich auf Lehre und Rsp. zur strafrechtlichen Notwehr nach Art. 15 StGB abgestellt werden (Grundsatz der Einheit der Rechtsordnung; **a.A.** BGE 25 II 25, 29 zu Art. 59 aOR: Eigenständiger privatrechtlicher Notwehrbegriff). Berechtigte Notwehr ist ein *Rechtfertigungsgrund* (vgl. N 8). Eine Sondernorm für das Notwehrrecht des Besitzers enthält Art. 926 Abs. 1 ZGB. Zwischen den beiden Best. besteht indessen praktisch kaum ein Unterschied (mit Ausnahme davon, dass Art. 926 ZGB auch die Abwehr gegen Tierangriffe umfasst; vgl. ZK-Oser/Schönenberger, N 12; Landmann, 31). 1

Berechtigte Notwehr setzt zunächst einen **gegenwärtigen Angriff durch eine Person** gegen den Willen des Abwehrenden voraus. Ein solcher Angriff kann sowohl gegen die abwehrende *Person* selbst als auch gegen eine ihr gehörende *Sache* (oder andere Rechtsgüter) gerichtet sein. Mitumfasst ist die Notwehrhilfe, d.h. die Abwehr zugunsten einer Drittperson (KUKO OR-Schönenberger, N 3). Aus dem Erfordernis der *Gegenwärtigkeit* folgt, dass es nicht genügt, wenn lediglich die Möglichkeit eines Angriffs gegeben ist. Immerhin kann bereits eine schwere Drohung, die über die Durchführung des Angriffs keinen Zweifel mehr lässt, für eine Notwehrberechtigung ausreichen. Dabei verlangt allerdings die *Unmittelbarkeit* der Bedrohung, dass Anzeichen vorhanden sind, die eine Verteidigung nahelegen. Ggf. kann eine bedrohte Person dem zu erwartenden Schlag vorgreifen und selber einen ersten Schlag ausführen (präventive Notwehr; BGer, 21.1.2010, 6B_780/2009, E. 2.3 m.w.Nw.). 2

Wenn jemand irrtümlich von einer Sachlage ausgeht, aus der ein Notwehrrecht folgen würde, und in vermeintlicher Notwehr **(Putativnotwehr)** einen Schaden verursacht, so ist diese Schädigung nicht gerechtfertigt. Putativnotwehr kann aber den Vorsatz zu widerrechtlicher Schädigung entfallen lassen. Der (vermeintlich) Abwehrende haftet in diesem Fall nur dann nach Art. 41, wenn er fahrlässig geirrt hat (vgl. BK-Brehm, N 35 ff.). Da das *objektive* Vorliegen einer Notwehrsituation entscheidend ist, kann sich umgekehrt der Abwehrende mit Bezug 3 auf einen von ihm herbeigeführten Schädigungserfolg auch auf die rechtfertigende Notwehrlage berufen, wenn er sich dieser gar nicht bewusst war, sondern den Angreifer ohne Abwehrwillen verletzt hat (**a.A.** BGE 104 IV 1 f.; Handkomm-OR-FISCHER, N 8).

4 Nur ein **rechtswidriger** Angriff bewirkt ein Notwehrrecht. Keine Notwehr ist z.B. erlaubt gegen Angriffe, die *zulässigerweise* in Ausübung eines Amtes vorgenommen werden (BK-BREHM, N 15). Ebenfalls kann sich ein Angreifer nicht auf Notwehr berufen, wenn ein rechtswidrig Angegriffener sich angemessen wehrt; Notwehr gegen Notwehr gibt es nicht (OSER/SCHÖNENBERGER, N 15; OFTINGER/STARK, II/1, 83). Auch gegen eine angemessene Notstandshandlung ist keine Notwehr zulässig (BK-BREHM, N 16). Hingegen ist Notwehr gegen einen Notwehrexzess (Überschreitung der zur Abwehr notwendigen Verteidigung) möglich, weil der Notwehrexzess rechtswidrig ist (s. N 7). Gleiches gilt in Bezug auf Putativnotwehr (OFTINGER/STARK, II/1, 83; vgl. N 3).

5 Notwehr ist auch zulässig gegen den Angriff eines **Urteilsunfähigen**, weil dessen Angriff trotz der fehlenden Urteilsfähigkeit rechtswidrig ist (OFTINGER/STARK, II/1, 85; BK-BREHM, N 17). Ist die Urteilsunfähigkeit für den Angegriffenen erkennbar, ist jedoch Zurückhaltung bei den Abwehrmitteln gefordert; der Angegriffene hat wenn möglich auszuweichen («Schutz- statt Trutzwehr»; vgl. BK-BREHM, N 22; SEELMANN, 78).

6 Demgegenüber kann sich nicht auf Notwehr berufen, wer den **Angriff eines Tieres** abwehrt (vgl. BK-BREHM, N 19). Wird ein Tier durch seinen Halter als Angriffswaffe verwendet, so gilt jedoch der Angriff als Handlung eines Menschen und berechtigt zur Notwehr. Handelt das Tier aus eigenem Antrieb, so wird z.T. dafür plädiert, Art. 52 Abs. 1 analog anzuwenden (OFTINGER/STARK, II/1, 86; REY, N 780; VON TUHR/PETER, 421). BK-BREHM, N 19 dagegen will einen gegen einen Tierangriff in *Notstand* Handelnden gestützt auf Art. 4 ZGB von einer Ersatzpflicht befreien. Diese Lösung ist aufgrund des Verweises auf das richterliche Ermessen in Art. 52 Abs. 2 (vgl. N 14) zu bevorzugen. Es ist keine Gesetzeslücke ersichtlich, die über eine Analogie geschlossen werden müsste.

7 Nicht rechtmässig ist der sog. *Notwehrexzess*. Werden durch einen Akt der Verteidigung die Schranken der **Verhältnismässigkeit** überschritten, so missbraucht der Angegriffene ein ihm an sich zustehendes Abwehrrecht und handelt demgemäss nicht mehr rechtmässig (vgl. BGE 109 IV 5, 7). Zur Beurteilung der Verhältnismässigkeit der Abwehr sind aus der Sicht des Angegriffenen die gesamten Umstände zum Zeitpunkt des Angriffs zu berücksichtigen, insb. die Schwere des Angriffs, die durch den Angriff und die Abwehr bedrohten Rechtsgüter, die Art des Abwehrmittels und dessen tatsächliche Verwendung (BGE 136 IV 49, 51 ff.). Im Unterschied zum Notstand (s. N 11, 13) kann bei der Notwehr auch eine Abwehr noch verhältnismässig sein, die *heftiger* ausfällt als der Angriff (BK-BREHM, N 24); auch braucht die Notwehr nicht *erforderlich*, d.h. das letzte Mittel zu sein: Eine Flucht wird vom Abwehrenden nicht verlangt («Recht braucht Unrecht nicht zu weichen»; vgl. BK-BREHM, N 21).

2. Rechtsfolge

8 Der gesetzliche Rechtfertigungsgrund der berechtigten Notwehr lässt die **Widerrechtlichkeit** einer Schädigung entfallen. Der Abwehrende wird von seiner Haftpflicht befreit (u.a. KELLER/GABI, 55). Werden bei der Abwehr Rechtsgüter von Drittpersonen verletzt, so kommt diesen gegenüber die Bestimmung über den Notstand zur Anwendung (Art. 52 Abs. 2, s. N 9 ff.; **a.A.** CHK-CH. MÜLLER, N 13).

II. Notstand (Abs. 2)

1. Voraussetzungen

Die **Notstandshandlung** ist ein «vorsätzlicher Eingriff in fremdes Vermögen zur Rettung aus eigener Gefahr» (VON TUHR/PETER, 424). Ohne die Rechtfertigungsregelung von Art. 52 Abs. 2 müsste eine bedrohte Person für ihr Handeln vollumfänglich haften. 9

Rechtfertigender Notstand setzt voraus, dass eine **Rechtsgutsverletzung unmittelbar droht**, sei es durch eine Person oder durch ein Ereignis. Eine Gefahr, die erst einzutreten droht («Gefahr einer Gefahr»), rechtfertigt nach überwiegender Auffassung noch keine Notstandshandlung (vgl. BK-BREHM, N 41). Hat der Gefährdete eine aktuelle Gefährdung vorsätzlich oder fahrlässig herbeigeführt, so steht ihm kein Notstandsrecht zu (Handkomm-OR-FISCHER, N 12). 10

Vorausgesetzt ist weiter *Proportionalität*, d.h. die Notstandshandlung muss einen **angemessenen Eingriff** in fremde Rechtsgüter darstellen. Das gefährdete Gut muss den Wert des durch die Notstandshandlung geopferten Guts übersteigen (vgl. Art. 17 StGB: «höherwertige Interessen»; gl.M. BK-BREHM, N 42; OFTINGER/STARK, II/1, 95; CR CO I-WERRO, N 11; **a.A.** CHK-CH. MÜLLER, N 20; REY, N 782: Gleichwertigkeit ausreichend). Dieser in Art. 701 ZGB enthaltene Gedanke («Gefahr oder Schaden ungleich grösser»; lex specialis zu Art. 52 für Eingriffe in Grundstücke) wird als allg. Prinzip auch im Rahmen von Art. 52 Abs. 2 OR herangezogen (BGE 100 II 120, 124 f.; vgl. VON TUHR/PETER, 423; KELLER/GABI, 55). Droht z.B. lediglich ein Sach- oder Vermögensschaden (nicht aber ein Personenschaden), so rechtfertigt dies höchstens einen (geringeren) Eingriff in fremdes Vermögen, nicht aber in Leib und Leben anderer Personen (vgl. OFTINGER/STARK, II/1, 92 ff.). 11

Der Notstand rechtfertigt u.U. – zur Wahrung höherer Interessen – auch eine **Persönlichkeitsverletzung** (BGE 101 II 177, 197), d.h. einen Eingriff in die physische (LANDMANN, 102; **a.A.** BK-BREHM, N 43) oder psychische Integrität. 12

Notstand ist ein *subsidiäres* Recht. Eine Notstandshandlung darf nur vorgenommen werden, wenn **kein anderer Ausweg** möglich ist. Deshalb muss eine bedrohte Person, die zwischen Notwehr gegen A und einer Notstandshandlung gegen B wählen kann, sich für die Notwehr entscheiden (vgl. LANDMANN, 105; BK-BREHM, N 47). Handelt jemand in Putativnotstand oder in Notstandsexzess, so steht dem dadurch Bedrohten das Notwehrrecht zu (OFTINGER/STARK, II/1, 95). 13

2. Rechtsfolge

Im Unterschied zu Notwehr und Selbsthilfe wird eine Person, die durch eine Notstandshandlung einen Schaden zufügt, gem. Art. 52 Abs. 2 **nach richterlichem Ermessen** schadenersatzpflichtig. Der Schadenersatzpflichtige kann nach den Grundsätzen der Geschäftsführung ohne Auftrag (Art. 422 Abs. 1) auf den Dritten Regress nehmen, wenn die Notstandshandlung zu dessen Schutz erfolgt ist (HONSELL/ISENRING/KESSLER, Haftpflichtrecht, § 5 N 14). Es wird daher diskutiert, ob der Notstand überhaupt zu den Rechtfertigungsgründen gehört (vgl. OFTINGER/STARK, II/1, 92 ff.; KELLER, I, 112, sieht im Notstand «so etwas wie eine milde Kausalhaftung»). Richtiger Ansicht nach trifft die Qualifikation als Rechtfertigungsgrund jedoch zu; bei Art. 52 Abs. 2 handelt es sich entsprechend um eine «Haftung für erlaubte Eingriffe» (vgl. DESAX, passim). Die konkreten Umstände des Einzelfalles sind in das richterliche Ermessen einzubeziehen. Das gilt namentlich für das Verhältnis zwischen dem Schaden und dem geretteten Gut sowie für die Art und Qualität eines Notstandes (vgl. OFTINGER/STARK, II/1, 93; DESCHENAUX/TERCIER, 75; BK-BREHM, N 53 ff.). Ein Putativnotstand (vgl. N 3) lässt die Widerrechtlichkeit der Notstandshandlung nicht entfallen; es greift Art. 41. Bei unverschuldetem Irrtum des Haftpflichtigen über die Notstandslage ist Art. 52 Abs. 2 analog anzuwenden (BK-BREHM, N 57 m.w.H.; vgl. BGE 100 II 120, 129). 14

III. Selbsthilfe (Abs. 3)

1. Voraussetzungen

15 Selbsthilfe ist **Sicherung** eines Rechts **durch Eigenmacht** (ZK-OSER/SCHÖNENBERGER, N 40; KELLER/GABI, 56). Der Rechtfertigungsgrund enthält eine *Ausnahme* vom Verbot der Eigenmacht. Art. 52 Abs. 3 setzt die *Gefährdung* eines berechtigten und klagbaren (vgl. BK-BREHM, N 65) Anspruchs voraus oder die Gefahr, dass die Geltendmachung eines solchen Anspruchs wesentlich erschwert wird. Im Weiteren ist Selbsthilfe nur rechtmässig, wenn amtliche Hilfe (durch betreibungsrechtlichen Arrest, polizeiliche Massnahmen oder einstweiligen Rechtsschutz; CHK-CH. MÜLLER, N 25) nicht rechtzeitig eintreffen kann (Subsidiarität). Selbsthilfe ist nur dann rechtmässig, wenn sie mit adäquaten Mitteln erfolgt (vgl. OFTINGER/STARK, II/1, 88 ff.). Körperverletzungen sind i.d.R. unverhältnismässig. Ein Überschreiten der angemessenen Selbsthilfe ist – wie bei Notwehr und Notstand – widerrechtlich (BGE 104 IV 90, 94).

16 **Sonderregelungen** enthalten Art. 926 Abs. 2 ZGB (sog. *Besitzkehr*; dazu REY, N 790 m.w.Nw.) und Art. 57 (Pfändung von Tieren).

2. Rechtsfolge

17 Ist die Zulässigkeit der Selbsthilfe zu bejahen, so **entfällt** (wie bei der Notwehr) für den Täter die Ersatzpflicht (Art. 52 Abs. 3).

IV. Weitere Rechtfertigungsgründe

1. Einwilligung, Handeln auf eigene Gefahr und erlaubtes Risiko

18 In der Praxis wichtiger als die durch das Gesetz in Art. 52 genannten Rechtfertigungsgründe ist die *Einwilligung des Verletzten*. Sie **schliesst die Widerrechtlichkeit aus** (VON TUHR/PETER, 419; KELLER/SCHMIED-SYZ, 52; REY, N 762; vgl. BGE 134 III 193, 201 = Pra 2008, 559 f.). Mit Bezug auf Persönlichkeitsverletzungen hat das BGer in BGE 136 III 401, 404 f. sowie 136 III 410, 412 f. offen gelassen, ob eine wirksame Einwilligung bereits die *Verletzung* entfallen lässt. Die Einwilligung ist ein einseitiges Rechtsgeschäft und grundsätzlich stets widerruflich. Ein Widerruf ist nicht mehr möglich, wenn der Eingriff, dem zugestimmt worden ist, bereits erfolgt ist, oder wenn wirksame vertragliche Abreden entgegenstehen (vgl. BGE 136 III 401, 404 ff.). Die nachträgliche Einwilligung des Verletzten hat keine rückwirkende Kraft; die Handlung bleibt rechtswidrig. Immerhin kann eine nachträgliche Einwilligung in einen Erlass der Schadenersatzforderung münden (VON TUHR/PETER, 419). Die Einwilligung setzt i.d.R. Handlungsfähigkeit voraus. Zur Verfügung über höchstpersönliche Rechte genügt dagegen nach Art. 19 Abs. 2 ZGB Urteilsfähigkeit (vgl. REY, N 766; OFTINGER/STARK, II/1, 76).

19 Die Einwilligung ist nach Art. 20 **nichtig**, soweit sie *gegen die guten Sitten verstösst*. Dies ist der Fall, wenn Rechtsgüter betroffen sind, auf die der Mensch nicht soll verzichten können. Daher bleiben trotz Einwilligung Tötungen sowie erhebliche Körperverletzungen, die nicht durch einen vernünftigen Zweck gerechtfertigt sind, rechtswidrig. In Frage kommt dann nur eine Schadenersatzreduktion wegen Selbstverschuldens (vgl. OFTINGER/STARK, II/1, 77; zur Reduktion gestützt auf Art. 44 Abs. 1 VON TUHR/PETER, 419; s. Art. 44 N 4 ff.). Nur noch zurückhaltend angenommen wird die Sittenwidrigkeit bei Einwilligungen in Eingriffe in die sexuelle Integrität (vgl. BGE 136 III 401, 404 ff.).

20 Der *wichtigste Anwendungsfall* für die Einwilligung als Rechtfertigungsgrund ist ein **ärztlicher Eingriff**, namentlich im Rahmen einer Operation (s. zur Widerrechtlichkeit von ohne Einwilligung erfolgenden Heileingriffen Art. 41 N 33). Die Einwilligung wird nicht vermutet, so dass den Eingreifenden die Beweislast für den Rechtfertigungsgrund trifft (BGE 133 III 121, 129 m.w.Nw. = Pra 2007, 720; BGer, 11.11.2009, 4A_485/2009, E. 1.3: Klare und konstante Rsp.). Die Einwilligung des Patienten kann sich nach der Rsp. nur auf Risiken beziehen, die bei ordnungsgemässer Durchführung des Eingriffs bestehen, nicht aber auf solche, die auf einen *Behandlungsfehler* zurückzuführen sind (BGE 113 Ib 420, 425). Ausserdem kann sich ein Arzt auf die Einwilligung nur dann berufen, wenn er seiner *Aufklärungspflicht* gegenüber dem Patienten nachgekommen ist. Im Streitfall ist die entsprechende Dokumentation von grosser Bedeutung. Aufgeklärt werden muss in klarer und verständlicher Sprache und grundsätzlich so umfassend wie möglich, d.h. sowohl über die Diagnose, die Therapie, die Prognose, Alternativen zur vorgeschlagenen Behandlung, Risiken der Operation, Heilungschancen und mögliche spontane Entwicklungen der Krankheit als auch über finanzielle Aspekte, namentlich Versicherungsfragen (mit Ausführungen auch zu Ausnahmen BGE 133 III 121, 129 m.w.Nw. = Pra 2007, 720; krit. Honsell, ZSR 1990, 145). Bei mangelhafter Aufklärung des Patienten greift das BGer auf die – ebenfalls vom Arzt zu beweisende – *hypothetische Einwilligung* zurück, wenn als wahrscheinlichere Annahme davon auszugehen ist, dass der konkrete Patient auch bei ausreichender Aufklärung über die Risikolage in den Eingriff eingewilligt hätte (BGE 133 III 121, 128 ff. m.w.Nw. = Pra 2007, 719 ff.; BGer, 9.1.2008, 4C.66/2007, E. 5 = njus 2008, 78 f.). Von Bedeutung ist die hypothetische (mutmassliche) Einwilligung auch bei Eingriffen an urteilsunfähigen Patienten (vgl. die medizinisch-ethischen Grundsätze der Schweizerischen Akademie der Medizinischen Wissenschaften SAMW vom 24.11.2005 zum Recht der Patientinnen und Patienten auf Selbstbest. sowie die kantonale Gesetzgebung). Ausgeschlossen ist die hypothetische Einwilligung grundsätzlich, wenn Art und Schwere eines Risikos gesteigerte Informationspflichten schaffen, nach deren Erfüllung der Patient Zeit zum Nachdenken benötigt hätte (BGer, 19.5.2009, 4A_604/2008, E. 2.3 = njus 2009, 70 f.).

Ein Spezialfall der Einwilligung ist das **Handeln auf eigene Gefahr** (*«acceptation du risque»*; vgl. Rey, N 771 ff. m.w.H.). Namentlich die Teilnahme an einer legalen *Sportveranstaltung* (oder an einem anderen Spiel) ist jedoch noch nicht als stillschweigende Einwilligung in das Risiko eines grobfahrlässigen oder vorsätzlichen Fehlverhaltens der übrigen Teilnehmer zu betrachten (BGE 109 IV 102, 105 f. = Pra 1983, 589 f.; 121 IV 249, 256 f.). Eine Einwilligung kann aber – unter Vorbehalt der Sittenwidrigkeit, s. N 19 – angenommen werden, wenn bei einem Sportunfall der Gegner keine Spielregeln verletzt hat, die zum Schutz der Spieler vor Körperschäden aufgestellt worden sind (z.B. beim Boxer, der durch einen Faustschlag des Gegners einen Nasenbeinbruch erleidet; vgl. BGE 117 II 547, 548 = Pra 1992, 900; 121 IV 249, 257; Keller, I, 113; Rey, N 771 f.; **a.A.** BK-Brehm, Art. 44 N 9 ff.: Keine echte Einwilligung). Handelt der Haftpflichtige *leichtfahrlässig*, so kommt eine Reduktion des Schadenersatzes gestützt auf Art. 44 Abs. 1 in Frage (vgl. Rey, N 410 ff.). 21

Bei *ungeschützten Sexualkontakten* geht das BGer zu Recht nur unter strengen Bedingungen von einem **erlaubten Risiko** aus. Auf ungeschützte Sexualkontakte muss insb. verzichten, wer konkrete Anhaltspunkte für die Möglichkeit der eigenen HIV-Infektion hat, solange eine solche nicht mit hinreichender Sicherheit ausgeschlossen ist. Als ausreichender Anhaltspunkt für eine Ansteckung müssen bereits ungeschützte Intimkontakte mit einer Person gelten, deren sexuelles Vorleben der haftenden Person nicht bekannt ist (BGE 134 IV 193, 205). Siehe zur eigenverantwortlichen Selbstgefährdung Art. 41 N 21d. 22

Einwilligung, Handeln auf eigene Gefahr und erlaubtes Risiko ziehen unter den genannten Voraussetzungen die Rechtsfolgen analog Art. 52 Abs. 1 nach sich (Wegfall der Widerrechtlichkeit und Haftungsbefreiung). Soweit die Einwilligung zur Beseitigung der Rechtswidrigkeit nicht ausreicht, kann sie zu einer Aufhebung oder Minderung des Schadenersatzes nach **Art. 44 Abs. 1** führen (vgl. BGer, 24.2.2004, 4C.225/2003, E. 3 ff.; von Tuhr/Peter, 419; ZK-Oser/Schönenberger, Art. 44 N 2; s. Art. 44 N 4 ff.). 22a

2. Befugnisse kraft öffentlichen oder privaten Rechts und Wahrung berechtigter Interessen

23 Soweit das öffentliche Recht Eingriffe durch **Amtshandlungen** in geschützte Rechtsgüter erlaubt, hat es Vorrang. Die rechtmässige Ausübung öffentlicher Gewalt rechtfertigt einen Eingriff, wenn dieser mit der Durchführung des Gesetzes zwangsläufig verbunden ist (vgl. BGer, 20.10.2010, 5A_561/2010, E. 3.2 betr. forensisch-psychiatrische Begutachtung). Nicht gerechtfertigt sind hingegen Schädigungen, die als unbeabsichtigte und nicht notwendige Nebenfolgen einer an sich rechtmässigen Tätigkeit eintreten (BGE 123 II 577, 585 f.). Es ist dahingehend festzuhalten, dass die Rechtfertigung nur für ordnungsgemässe Amtshandlungen gilt, die im Rahmen des pflichtgemässen Ermessens erfolgen (vgl. BGE 132 II 449, 456 f.) und den Grundsatz der Verhältnismässigkeit wahren (BK-Brehm, Art. 41 N 61; vgl. BGE 115 IV 162, 166; zur Schädigung durch Rechtsakte s. Art. 41 N 39a).

23a Mit Blick auf den Grundsatz der Einheit der Rechtsordnung muss – wie im Strafrecht – auch mit Bezug auf **gesetzlich erlaubte Handlungen Privater** die Widerrechtlichkeit entfallen, wenn jemand «handelt, wie es das Gesetz gebietet oder erlaubt» (Art. 14 StGB). Als Bsp. kann die Verpflichtung, an einem gerichtlichen Verfahren teilzunehmen, genannt werden: Sie vermag persönlichkeitsverletzende Aussagen vor Gericht zu rechtfertigen, die in einem sachlichen Zusammenhang mit dem Streitgegenstand stehen, notwendig sind, nicht wider besseres Wissen erfolgen und Vermutungen als solche kennzeichnen (BGE 118 IV 248, 252; BGer, 8.12.2009, 1B_194/2009, E. 4.1; 22.12.2009, 6B_906/2009, E. 2 = njus 2009, 63 f.). Siehe zum strafprozessualen Festhalterecht als Rechtfertigungsgrund BGer, 15.1.2009, 6B_930/2008, E. 3 = njus 2009, 70 (vgl. heute Art. 217 StPO).

23b Es existieren auch **privatrechtliche Erlaubnistatbestände**, welche die an sich gegebene Widerrechtlichkeit entfallen lassen. Zu denken ist insb. an das Erziehungsrecht der Eltern (Art. 301 f. ZGB), welches gewisse Eingriffe in die Persönlichkeit der Kinder rechtfertigen kann (**str.** hinsichtlich körperlicher Züchtigungen zu erzieherischen Zwecken in Form von Tätlichkeiten: Verneinend Schwenzer, N 50.35; CR CO I-Werro, N 28; bejahend zu Recht Seelmann, 88 f.). Weitere Bsp. sind Art. 57 (Selbsthilfepfändung eines Tieres) und Art. 434 (Retensionsrecht des Kommissionärs).

23c Persönlichkeitsverletzungen können gem. Art. 28 Abs. 2 ZGB zusätzlich zu den bereits dargelegten Rechtfertigungsgründen auch durch ein *überwiegendes privates oder öffentliches Interesse* gerechtfertigt sein (vgl. ZK-Landolt, Art. 49 N 52 ff.), z.B. durch das öffentliche Interesse an der Bekämpfung der Geldwäscherei (BGer, 27.11.2008, 4A_313/2008, E. 4 = njus 2008, 89). Vgl. auch BGE 136 III 410, 412 f.: Rechtfertigung der privaten Observation eines Versicherten durch das Interesse der Gemeinschaft der Versicherten an Missbrauchsbekämpfung. Die **Wahrung berechtigter Interessen** wird vom BGer nicht nur im Bereich der Persönlichkeitsverletzungen als *ungeschriebener, allg. Rechtfertigungsgrund* anerkannt (vgl. BGE 94 IV 68, 70; 101 II 177, 197). Im Interesse der Rechtssicherheit ist bei seiner Anrufung jedoch – mindestens ausserhalb des Persönlichkeitsbereiches – Zurückhaltung angebracht (vgl. Guhl/Koller/Schnyder/Druey, § 24 N 29).

23d Die **Rechtsfolgen** von Schädigungen, welche durch Befugnisse des öffentlichen oder privaten Rechts oder durch die Wahrung berechtigter Interessen gerechtfertigt sind, sollten sich nach Art. 52 Abs. 2 analog richten (Ersatzpflicht nach richterlichem Ermessen), sofern der Erlaubnistatbestand nichts Abweichendes bestimmt oder nahelegt. Vgl. zu den Rechtsfolgen gerechtfertigter Amtshandlungen die Lehre und Praxis zur Ersatzpflicht für Sonderopfer und Vertrauensschäden (BGE 117 Ib 497, 500 f.; Honsell/Isenring/Kessler, Haftpflichtrecht, § 5 N 26; Tschannen/Zimmerli/Müller, § 62 N 45 ff.; vgl. auch Widmer/Wessner, 269 f.).

V. Beweislast

Die Beweislast für das Vorliegen von Rechtfertigungsgründen trägt der **Haftpflichtige** (vgl. BGE 136 III 410, 414). 23e

Art. 53

VIII. Verhältnis zum Strafrecht

[1] Bei der Beurteilung der Schuld oder Nichtschuld, Urteilsfähigkeit oder Urteilsunfähigkeit ist der Richter an die Bestimmungen über strafrechtliche Zurechnungsfähigkeit oder an eine Freisprechung durch das Strafgericht nicht gebunden.

[2] Ebenso ist das strafgerichtliche Erkenntnis mit Bezug auf die Beurteilung der Schuld und die Bestimmung des Schadens für den Zivilrichter nicht verbindlich.

VIII. Relation entre droit civil et droit pénal

[1] Le juge n'est point lié par les dispositions du droit criminel en matière d'imputabilité, ni par l'acquittement prononcé au pénal, pour décider s'il y a eu faute commise ou si l'auteur de l'acte illicite était capable de discernement.

[2] Le jugement pénal ne lie pas davantage le juge civil en ce qui concerne l'appréciation de la faute et la fixation du dommage.

VIII. Rapporti col diritto penale

[1] Nel giudizio circa l'esistenza o la non esistenza della colpa e la capacità o l'incapacità di discernimento il giudice non è vincolato dalle disposizioni di diritto penale, che regolano l'imputabilità, né dalla sentenza di assoluzione in sede penale.

[2] Così pure il giudice civile non è vincolato dalla sentenza penale circa l'apprezzamento della colpa e la determinazione del danno.

Literatur

Cerf/Plattner, Strafurteil und zivilrechtliche Regelung im Strassenverkehrsrecht, in: FS Assista 1968–1978, Genf 1979, 295 ff.; Hauser, Zum Verhältnis zwischen zivil- und strafrechtlicher Verantwortlichkeit, in: Die Verantwortlichkeit im Recht, Zürich 1981, 601 ff.; Heierli et al., Haftpflicht- und Privatversicherungsrecht, Entwicklungen 2009, Bern 2010 (zit. njus 2009); Scyboz, L'effet de la chose jugée au pénal sur le sort de l'action civile, Diss. Freiburg 1976 (zit. Diss.); ders., Deux rapports de l'action en dommages-intérêts ou en réparation du tort moral avec l'action pénale: les art. 53 et 60 al. 2 CO, in: Die Verantwortlichkeit im Recht, Zürich 1981, 619 ff.

I. Anwendungsbereich und Abgrenzung

1 Art. 53 regelt in allg. und unsystematischer Art das Verhältnis der **zivilrichterlichen Kognition** gegenüber Erkenntnissen des Strafrichters. Zumal der Verschuldensbegriff im Zivilrecht nicht identisch ist mit jenem des Strafrechts, statuiert die Norm die Unabhängigkeit des Zivilgerichts namentlich in Bezug auf die subjektiven und die objektiven Voraussetzungen des Verschuldens. Art. 53 ist nicht nur im Bereich des OR, sondern im *gesamten Privatrecht* zu beachten (BGE 66 II 80, 83; 125 III 401, 410).

2 Art. 53 regelt punktuell ausgewählte wichtige Fragen (vgl. N 3). Lange ist **str.** gewesen, ob die in Art. 53 statuierte Nichtbindung des Zivilgerichts an ein vorausgegangenes Strafurteil als allg. Prinzip auch für andere Fragen gelten solle. Nach der neueren Rsp. des BGer stellt Art. 53 einen auf die **Schuldfrage** und die **Schadensbestimmung** *beschränkten* Eingriff in das Prozessrecht dar (BGE 126 I 43, 48; 125 III 401, 410; 107 II 151, 158).

2a Anderes gilt nach der Rsp. des BGer, wenn die geschädigte Person unter den Opferbegriff von Art. 1 OHG fällt und über den Zivilpunkt entweder **adhäsionsweise** in einem Strafverfahren entschieden wird oder ein Zivilgericht die Höhe des Zivilanspruchs zu bestimmen hat, nachdem ein Strafrichter bereits im Grundsatz über den Zivilpunkt geurteilt hat (vgl. Art. 38 Abs. 3

OHG). In diesen Fällen soll das Zivilgericht «von Bundesrechts wegen an das Urteil des Strafrichters im rechtlichen Sinn gebunden» sein (BGE 127 IV 215, 218; BGer, 21.1.2010, 6B_780/2009, E. 3.3). Dies kann zu Diskrepanzen führen, z.B. wenn das Gericht im Strafpunkt *in dubio pro reo* von der Urteilsunfähigkeit des Schädigers ausgegangen ist, diese aber im zivilrechtlichen Sinn nicht bewiesen ist und deshalb aufgrund der Beweislastverteilung im Zivilprozess (s. Art. 54 N 6) nicht die Haftung nach Art. 54, sondern jene nach Art. 41 greifen würde. Diese Rsp. ist insoweit *abzulehnen*, als es für die zivilrechtliche Haftung keine Rolle spielen darf, ob darüber in einem Zivilprozess oder adhäsionsweise in einem Strafverfahren entschieden wird (vgl. BGE 66 II 80, 81 ff.). Es ist nicht ersichtlich, wieso Art. 38 Abs. 3 OHG seinen «Sinn und Zweck» verlieren würde (vgl. BGer, 21.1.2010, 6B_780/2009, E. 3.3), wenn das Strafgericht bei der adhäsionsweisen Beurteilung des Zivilpunktes die erhobenen Beweise anders würdigen könnte als im Strafpunkt.

II. Geregelte Fragen

3 Art. 53 Abs. 1 regelt das Verhältnis zwischen der Kognitionsbefugnis der Zivilgerichte und dem Strafrecht, soweit es um die Beurteilung der **Schuld oder Nichtschuld** (einschliesslich der Urteilsfähigkeit) geht. Insbesondere gilt die durch Abs. 1 statuierte Nichtbindung für den Fall, dass das Strafgericht auf Freispruch erkannt hat; dies steht der Zusprechung von Schadenersatz durch das Zivilgericht nicht im Weg (BGE 123 III 306, 312 = Pra 1997, 917). Umso mehr gilt dies mit Bezug auf eine erfolgte Einstellung der Strafverfolgung. Sowohl eine Verfahrenseinstellung (BGer, 7.9.2009, 4A_59/2009, E. 6.3 = njus 2009, 68) als auch ein Freispruch können im Zivilprozess aber als Indiz berücksichtigt werden. Abs. 2 von Art. 53 hat eine strafrechtliche Verurteilung im Auge und statuiert die Unverbindlichkeit der strafgerichtlichen Erkenntnisse in Bezug auf das Verschulden und auf die **Bestimmung des Schadens** (BGE 123 III 306, 312 = Pra 1997, 917). Stützt sich das Zivilgericht für die Beurteilung dieser Fragen auf Beweiserkenntnisse des Strafurteils, so hat es sie selbst frei zu würdigen (Handkomm-OR-Fischer, N 2; vgl. BGE 107 II 151, 159 f.).

4 *Nicht geregelt* durch Art. 53 bleiben die Fragen der Bindung des Zivilrichters an ein Strafurteil in **Sachverhaltsfragen** sowie mit Bezug auf die Problembereiche der **Widerrechtlichkeit** und des adäquaten **Kausalzusammenhangs** (vgl. BK-Brehm, N 22 ff.). Vor Inkrafttreten der schweizerischen ZPO stand es den Kantonen deshalb von Bundesrechts wegen frei, in diesen Punkten die Verbindlichkeit eines Strafurteils für den Zivilweg vorzusehen (BGE 126 I 43, 48; BGer, 26.2.2009, 4A_408/2008, E. 6.1 = njus 2009, 27). Die schweizerische ZPO sieht eine solche Bindung *nicht* vor. Das kantonale Zivilgericht entscheidet deshalb in allen Punkten *unabhängig* und ist an die Erkenntnisse der Strafgerichte nicht gebunden (vgl. Deschenaux/Tercier, 212 N 40; Oftinger/Stark, I, 227; BK-Brehm, N 24 ff.). Dass es trotzdem nicht ohne Grund von der Auffassung des Strafgerichts abweichen wird, ist eine Frage der Zweckmässigkeit und nicht ein Satz des Bundesrechts (BGE 125 III 401, 411; BGer, 3.8.2009, 4A_65/2008, E. 8.2). Zur Bindung des Zivilrichters an Strafurteile im Rahmen von Art. 60 Abs. 2 s. Art. 60 N 13 sowie Handkomm-OR-Fischer, N 3.

Art. 54

B. Haftung urteilsunfähiger Personen

[1] Aus Billigkeit kann der Richter auch eine nicht urteilsfähige Person, die Schaden verursacht hat, zu teilweisem oder vollständigem Ersatze verurteilen.

[2] Hat jemand vorübergehend die Urteilsfähigkeit verloren und in diesem Zustand Schaden angerichtet, so ist er hierfür ersatzpflichtig, wenn er nicht nachweist, dass dieser Zustand ohne sein Verschulden eingetreten ist.

B. Responsabilité des personnes incapables de discernement

[1] Si l'équité l'exige, le juge peut condamner une personne même incapable de discernement à la réparation totale ou partielle du dommage qu'elle a causé.

[2] Celui qui a été frappé d'une incapacité passagère de discernement est tenu de réparer le dommage qu'il a causé dans cet état, s'il ne prouve qu'il y a été mis sans sa faute.

B. Responsabilità di persone incapaci di discernimento

[1] Per motivi di equità il giudice può condannare anche una persona incapace di discernimento al risarcimento parziale o totale del danno da essa cagionato.

[2] Chi momentaneamente ha perduto la capacità di discernimento ed in questo stato cagiona un danno, è tenuto a risarcirlo, in quanto non provi che tale stato si è verificato senza sua colpa.

Literatur

GUINAND, La responsabilité des personnes incapables de discernement, in: Peters/Stark/Tercier (Hrsg.), Schweizer. Obligationenrecht: Hundert Jahre Schweizerisches Obligationenrecht – Le centenaire du Code des obligations, Freiburg 1982, 397 ff.; SEELMANN, Strafrecht Allgemeiner Teil, 5. Aufl., Basel 2012; WERRO, La capacité de discernement et la faute dans le droit suisse de la responsabilité, 2. Aufl., Freiburg 1986 (zit. Capacité).

I. Anwendungsbereich

Art. 54 enthält eine Haftungsgrundlage gegenüber Personen, die im Zeitpunkt der deliktischen 1
Handlung urteilsunfähig sind. Nach allg. Verschuldenshaftung könnte in solchen Fällen eine Haftpflicht nicht bejaht werden, weil das Verschulden als subjektive Komponente die Urteilsfähigkeit voraussetzt (Art. 16, 18 ZGB; WERRO, Capacité, 5 ff.; s. Art. 41 N 51 f.). Indem Art. 54 Abs. 1 **kein Verschulden**, sondern nur eine Verursachung des Schadens verlangt, wird eine *Kausalhaftung aus Billigkeit* statuiert (BGE 122 III 262, 266). Diese ist einerseits strenger als die übrigen Kausalhaftungen des OR und des ZGB, weil der präsumtiv Haftpflichtige nicht die Möglichkeit hat, sich der Verantwortlichkeit durch Befreiungsbeweis zu entziehen (vgl. OFTINGER/STARK, II/1, 132). Andererseits wird die Haftung dadurch eingeschränkt, dass eine nicht urteilsfähige Person nur dann haften soll, wenn dies der Billigkeit entspricht. Abs. 1 stellt eine «gesetzliche Ausnahme» i.S.v. Art. 18 ZGB dar (CHK-CH. MÜLLER, N 8). Keine Kausalhaftung ist Art. 54 Abs. 2; Anknüpfungspunkt ist hier vielmehr das *vermutete Verschulden* in Bezug auf die eingetretene Urteilsunfähigkeit.

Art. 54 beschränkt sich nicht auf die Haftung für Vermögensschäden, sondern gilt auch in Be- 2
zug auf Genugtuungsansprüche (BGE 74 II 202, 212 f.; s.a. 126 III 161, 166 f. = Pra 2001, 473 f.). Art. 54 ist nach der bundegerichtlichen Rsp. nicht nur auf unerlaubte Handlungen, sondern auch auf **Vertragsverletzungen** eines Urteilsunfähigen anwendbar (BGE 102 II 226, 229 f.; krit. HONSELL/ISENRING/KESSLER, Haftpflichtrecht, § 16 N 7; vgl. aber auch OGer LU, LGVE 1980, 616 f.). So hat es das BGer z.B. als billig bezeichnet, eine Vertragspartei – insb. mit Rücksicht auf ihre finanziellen Verhältnisse – als schadenersatzpflichtig zu erklären, weil sie einen gültig abgeschlossenen Vertrag nachträglich wegen angeblicher Urteilsunfähigkeit nicht erfüllen wollte (BGE 55 II 35, 38). Gleich behandelt das BGer eine Vertragspartei, *die schon bei Vertragsabschluss, nicht erst nachträglich, urteilsunfähig gewesen ist.* Damit wird Art. 54 Abs. 1 auch in Fällen angewendet, in denen einer Gegenpartei infolge Vertrauens auf die Gültigkeit eines (nichtigen) Rechtsgeschäfts Schaden entstanden ist. Soweit es der Billigkeit entspricht, muss der Urteilsunfähige demnach – gestützt auf eine «c.i.c.» ohne culpa – im Rahmen des *negativen Vertragsinteresses* für die Folgen eines (nichtigen) Vertrages einstehen (BGE 102 II 226, 230; vgl. auch BGer, 7.9.2004, 4C.195/2004, E. 3.2). Eine geschädigte Person ist nach dieser Rsp. also nicht lediglich auf die Behelfe von Art. 411 Abs. 2 aZGB bzw. Art. 19*b* Abs. 2 ZGB angewiesen (BK-BREHM, N 50; WERRO, Capacité, 144). Dies ist abzulehnen, da der Schutz urteilsunfähiger Personen vor rechtsgeschäftlichen Bindungen dadurch ausgehöhlt wird, zumal das Risiko mit einem Urteilsunfähigen zu

kontrahieren grundsätzlich vom Vertragspartner zu tragen ist (vgl. HONSELL/ISENRING/KESSLER, Haftpflichtrecht, § 16 N 7).

3 Eine Spezialbestimmung enthält **Art. 419 StPO**. Danach können einer beschuldigten Person, deren Verfahren wegen Schuldunfähigkeit eingestellt oder die aus diesem Grund freigesprochen worden ist, Kosten (vgl. Art. 422 StPO) auferlegt werden, «wenn dies nach den gesamten Umständen billig erscheint». Ob urteilsunfähigen Beschuldigten gestützt auf diese Best. auch eine Entschädigung zugunsten der Privatklägerschaft (vgl. Art. 433 Abs. 1 StPO) auferlegt werden kann, ist **str.** (vgl. BSK StPO-DOMEISEN, Art. 419 N 9 m.w.H.).

3a Zur Art. 54 OR vorgehenden Spezialbestimmung von **Art. 61 Abs. 2 SVG**, die eine Kausalhaftung für Schadenszufügungen vorübergehend urteilsunfähiger Personen statuiert, vgl. OFTINGER/STARK, II/1, 157.

II. Haftung des Urteilsunfähigen als Kausalhaftung (Abs. 1)

1. Allgemeine Voraussetzungen der Haftpflicht

4 Ein Urteilsunfähiger kann nur dann zur Leistung von Schadenersatz oder Genugtuung verurteilt werden, wenn – abgesehen von der Sonderfrage des Verschuldens – die **allg. Haftungsvoraussetzungen** erfüllt sind (vgl. BGE 122 III 262, 266). Das gilt namentlich für das Vorliegen eines Schadens (bzw. einer immateriellen Unbill), des adäquaten Kausalzusammenhangs sowie der Widerrechtlichkeit (ggf. Vertragswidrigkeit) eines Verhaltens (OFTINGER/STARK, II/1, 144 ff.). Auch die *objektive* Seite des Verschuldens (Vorsatz oder Fahrlässigkeit; s. Art. 41 N 45 ff.) muss gegeben sein (BGE 55 II 35, 38; BK-BREHM, N 17; CR CO I-WERRO, N 11). Eine Haftung nach Art. 54 kommt m.a.W. nur in Frage, wenn eine Verschuldenshaftung nach Art. 41 bzw. 97 ausschliesslich am Erfordernis des subjektiven Verschuldens scheitert, weil es an der *Urteils-* und damit *Verschuldensfähigkeit* fehlt.

5 **Urteilsunfähigkeit** liegt vor, wenn jemand nach den Kriterien von Art. 16 ZGB nicht fähig ist, vernunftgemäss zu handeln (s. Art. 41 N 51 f.). In *objektiver* Hinsicht muss das Verhalten dagegen die Voraussetzungen des Verschuldensbegriffs erfüllen, d.h. vorsätzlich oder – nach objektivem Massstab – fahrlässig erfolgen (vgl. OFTINGER/STARK, II/1, 145). Ein Urteilsunfähiger kann demzufolge für einen bestimmten Sachverhalt gestützt auf Art. 54 Abs. 2 nur dann haftbar gemacht werden, wenn ein Urteilsfähiger gestützt auf eine Verschuldenshaftung zur Verantwortung gezogen werden könnte.

6 Aufgrund der Vermutung der Urteilsfähigkeit (s. Art. 41 N 52) trägt der *Schädiger* die **Behauptungs- und Beweislast** für seine Urteilsunfähigkeit, wenn er die Haftpflicht gestützt auf Art. 41 verneint. Dringt er mit seinem Beweis durch, so ist Art. 54 anwendbar (OFTINGER/STARK, II/1, 144).

2. Billigkeit als besondere Haftungsvoraussetzung

7 Art. 54 Abs. 1 begründet eine **Kausalhaftung aus Billigkeit**. Der Urteilsunfähige «soll für die Gefahren einstehen, die sein Zustand für die Umwelt darstellt» (BGE 102 II 226, 230). Das Gericht hat nach Billigkeit zu entscheiden, *ob* und in *welchem Umfange* ein Urteilsunfähiger den durch deliktisches (oder rechtsgeschäftliches) Verhalten schuldlos zugefügten Schaden zu ersetzen hat (BGer, a.a.O.). Ein Billigkeitsentscheid muss objektiv und sachlich begründet sein; massgebend für die Entscheidung sind die Umstände des *Einzelfalles*.

8 In Lehre und Rsp. haben sich Kriterien herauskristallisiert, welche die **Ermessenshandhabung** im Rahmen von Art. 54 Abs. 1 erleichtern (vgl. BK-BREHM, N 16 ff.; OFTINGER/STARK, II/1, 148 ff.; WERRO, Capacité, 131 ff., insb. 145 ff.; KELLER, I, 155 f.). Im Vordergrund stehen die *finanziellen Verhältnisse* der beteiligten Parteien. Eine Verpflichtung des Urteilsunfähigen soll nicht dessen wirtschaftlichen Ruin herbeiführen. Aus Billigkeit zu verneinen ist die Haftpflicht umso eher, je mehr der Geschädigte selber imstande ist, einen Schaden zu verkraften. Nach heute gesicherter Lehre und Rsp. ist in die Billigkeitserwägungen deshalb auch das Bestehen einer Haftpflichtversicherung zugunsten des Urteilsunfähigen mit einzubeziehen (vgl. BK-Brehm, N 26 ff.; Oftinger/Stark, II/1, 149; Honsell/Isenring/Kessler, Haftpflichtrecht, § 16 N 4). Von Bedeutung kann ferner sein, ob der Geschädigte seinerseits durch eine Versicherung gedeckt ist. Jedoch sollte eine Berücksichtigung der Privathaftpflichtversicherung etwa bei Schadenfällen von Kleinkindern nicht dazu führen, dass urteilsunfähige Kinder (bzw. deren Versicherer) mehr Schadensersatz leisten müssen als Kinder, die nach Art. 41 i.V.m. 43 haftpflichtig werden (BK-Brehm, N 30; vgl. auch CR CO I-Werro, N 13; ohne solche Einschränkung KUKO OR-Schönenberger, N 7). Als weitere Anhaltspunkte für das richterliche Ermessen im Rahmen der Billigkeit können sodann *mutatis mutandis* die zu Art. 43 f. angeführten Gesichtspunkte herangezogen werden (BGE 122 III 262, 267). Ausser Betracht fallen dagegen Aspekte, die eng mit subjektiven Momenten des Verschuldens verknüpft sind (z.B. böse Absicht). Die Beurteilung der Billigkeit ist auf die Verhältnisse im *Zeitpunkt des Urteils* auszurichten (Oftinger/Stark, II/1, 150).

Das Kriterium der Billigkeit ist auch dann entscheidend, wenn neben dem Urteilsunfähigen **ein anderer Haftpflichtiger** belangt werden kann oder wenn ein *Geschädigter* Umstände, die zur Schädigung geführt haben, zu vertreten hat. In Abweichung von der Voraufl. setzt die Billigkeitshaftung voraus, dass keine weiteren Ersatzpflichtigen belangt werden können (Honsell/Isenring/Kessler, Haftpflichtrecht, § 16 N 6). In Fällen, in welchen der Geschädigte Umstände zu vertreten hat, die zur Schädigung geführt haben, wird die Haftpflicht des Urteilsunfähigen nur zurückhaltend zu bejahen sein (vgl. Oftinger/Stark, II/1, 151 f.; BK-Brehm, N 38; CR CO I-Werro, N 14). Eine Haftung nach Art. 54 scheidet grundsätzlich aus, wenn (irgend) eine andere Haftung greift; Art. 51 ist nicht anwendbar (CR CO I-Werro, N 14). Ausnahmen sind denkbar, wenn die anderen Haftpflichtigen nicht zahlungsfähig sind (BK-Brehm, N 38; CHK-Ch. Müller, N 11). 9

III. Verschuldete vorübergehende Urteilsunfähigkeit (Abs. 2)

1. Vorübergehende Natur der Urteilsunfähigkeit

Art. 54 Abs. 2 enthält eine **Spezialnorm** für die Haftung eines nur **vorübergehend Urteilsunfähigen**. Dieser haftet vollumfänglich – also nicht nur bei Billigkeit –, sofern er nicht nachweist, dass er ohne eigenes Verschulden in den Zustand der Urteilsunfähigkeit geraten ist (zivilrechtliches Gegenstück zur strafrechtlichen *actio libera in causa*, vgl. Art. 19 Abs. 4 StGB). Art. 54 Abs. 2 ist eine *Verschuldenshaftung mit umgekehrter Beweislast* (Oftinger/Stark, II/1, 156; vgl. BGE 111 II 263, 267; 103 II 330, 335 = Pra 1978, 203). Die Beweislastumkehr bezieht sich jedoch nur auf das Verschulden an der Herbeiführung der Urteilsunfähigkeit; für die Beurteilung des Vorsatzes bzw. der objektiven Fahrlässigkeit bei der Herbeiführung der *Schädigung* ist der Geschädigte beweisbelastet (BK-Brehm, N 57). 10

Die Abgrenzung zwischen **vorübergehender** und dauernder Urteilsunfähigkeit bietet i.d.R. keine Schwierigkeiten. Probleme können sich dort ergeben, wo jemand von einer Sucht beherrscht wird, die ihn veranlasst, toxische Mittel (z.B. Alkohol oder harte Drogen) in so grosser Quantität zu sich nehmen, dass die Urteilsfähigkeit verloren geht. Lässt die Sucht keine eigentlichen *lucida intervalla* mehr zu, so führt dies zur Anwendung von Art. 54 Abs. 1 (vgl. Oftinger/Stark, II/1, 154). Ist jedoch nur eine schubweise Urteilsunfähigkeit gegeben, so greift für in solchen Momenten verursachte Schädigungen Abs. 2. 11

2. Eigenes Verschulden

Das erforderliche Verschulden (Vorsatz oder Fahrlässigkeit) ist auf den **Verlust der Urteilsfähigkeit** bezogen, *nicht* auf die *Schädigung* (Oftinger/Stark, II/1, 154). Der Vorsatz kann 12 nur auf den Verlust der Urteilsfähigkeit oder auch auf die z.B. im Rauschzustand geplante Tat gerichtet sein. Wer sich zum Zweck eines medizinischen Eingriffs narkotisieren lässt und in diesem Zustand einen Schaden verursacht, haftet dafür grundsätzlich nicht. Zwar ist die Narkose gewollt, doch fehlt es i.d.R. an einem adäquaten Kausalzusammenhang zwischen der Zustimmung zur Narkose und dem Schaden (vgl. OFTINGER/STARK, II/1, 155). Möglicherweise besteht eine Haftpflicht der beteiligten Medizinalpersonen, die eine Schädigung durch die narkotisierte Person hätten verhindern müssen.

Art. 55

C. Haftung des Geschäftsherrn

[1] Der Geschäftsherr haftet für den Schaden, den seine Arbeitnehmer oder andere Hilfspersonen in Ausübung ihrer dienstlichen oder geschäftlichen Verrichtungen verursacht haben, wenn er nicht nachweist, dass er alle nach den Umständen gebotene Sorgfalt angewendet hat, um einen Schaden dieser Art zu verhüten, oder dass der Schaden auch bei Anwendung dieser Sorgfalt eingetreten wäre.

[2] Der Geschäftsherr kann auf denjenigen, der den Schaden gestiftet hat, insoweit Rückgriff nehmen, als dieser selbst schadenersatzpflichtig ist.

C. Responsabilité de l'employeur

[1] L'employeur est responsable du dommage causé par ses travailleurs ou ses autres auxiliaires dans l'accomplissement de leur travail, s'il ne prouve qu'il a pris tous les soins commmandés par les circonstances pour détourner un dommage de ce genre ou que sa diligence n'eût pas empêché le dommage de se produire.

[2] L'employeur a son recours contre la personne qui a causé le préjudice, en tant qu'elle est responsable du dommage.

C. Responsabilità del padrone di azienda

[1] Il padrone di un'azienda è responsabile del danno cagionato dai suoi lavoratori o da altre persone ausiliarie nell'esercizio delle loro incombenze di servizio o d'affari, ove non provi di avere usato tutta la diligenza richiesta dalle circostanze per impedire un danno di questa natura o che il danno si sarebbe verificato anche usando tale diligenza.

[2] Il padrone ha diritto di regresso verso l'autore del danno, in quanto questi sia pure tenuto al risarcimento.

Literatur

GAUCH, Deliktshaftung der Baubeteiligten, Seminar für schweizerisches Baurecht. Baurechtstagung 1989/Tagungsunterlage I, Freiburg 1989, 1 ff.; HEIERLI et al., Haftpflicht- und Privatversicherungsrecht, Entwicklungen 2008, Bern 2009 (zit. njus 2008); DIES., Haftpflicht- und Privatversicherungsrecht, Entwicklungen 2009, Bern 2010 (zit. njus 2009); JAUN, Haftung für Sorgfaltspflichtverletzung, Habil. Bern 2007; NATER, Die Haftpflicht des Geschäftsherrn gemäss OR 55 angesichts der wirtschaftlich-technischen Entwicklung, Diss. Bern 1971; OFTINGER, Schweizerisches Haftpflichtrecht, Bd. I, Allgemeiner Teil, 4. Aufl., Zürich 1975; PETRIN, Fortentwicklung der Geschäftsherrenhaftung in der Schweiz, Diss. St. Gallen 2004; SPIRO, Die Haftung für Erfüllungsgehilfen, Bern 1984; WAESPI, Organisationshaftung – mit ungleichen Ellen gemessen. Wertungswidersprüche bei der Geschäftsherrenhaftung gem. Art. 55 OR im Vergleich mit der Haftung aus positiver Vertragsverletzung, der Staatshaftung und der Werkeigentümerhaftung, HAVE 2004, 271 ff. (zit. HAVE 2004); DERS., Organisationshaftung: Risiko und Unsorgfalt bei der Geschäftsherrenhaftung, Diss. Neuenburg 2005 (zit. Diss.); WIDMER, Responsabilité du fait des produits et responsabilité du fait de l'organisation, in: Faculté de droit, Université de Neuchâtel (Hrsg.), Mélanges en l'honneur de Jacques-Michel Grossen, Basel 1992, 349 ff.

I. Anwendungsbereich

1 Art. 55 Abs. 1 statuiert eine ausservertragliche Haftung des Geschäftsherrn für seine Arbeitnehmer und für sonstige Hilfspersonen. Nach herkömmlicher Auffassung normiert Art. 55 eine **einfache Kausalhaftung**, welche weder ein Verschulden der Hilfsperson noch ein Verschulden des Geschäftsherrn voraussetzt (BGE 110 II 456, 460; vgl. Art. 41 N 1). Tatsächlich,

und in Abweichung von der Voraufl., handelt es sich bei der Geschäftsherrenhaftung aber um eine stark eingeschränkte Verschuldenshaftung (HONSELL/ISENRING/KESSLER, Haftpflichtrecht, § 13 N 4 f. m.Nw.; vgl. Art. 41 N 1).

Im Verhältnis zu Art. 41 stellt Art. 55 nach h.L. eine **lex specialis** dar (s. Art. 41 N 1a). Ebenso wie Art. 41 setzt Art. 55 aber auch einen widerrechtlichen Eingriff, d.h. die Verletzung eines absoluten Rechts oder einer Schutznorm, voraus. Ist eine *Anwendungsvoraussetzung von Art. 55 nicht erfüllt*, so kann sich bei eigenem Verschulden des Geschäftsherrn immer noch eine Haftung aus Art. 41 ergeben. Dies i.d.R. aber nur dann, wenn der Geschäftsherr seinem Angestellten schuldhaft *rechtswidrige Weisungen* erteilt hat (BGE 80 II 247, 250 f.; 96 II 108, 114 = Pra 1971, 5). Das *Unterlassen* von Aufsicht und Instruktionen ist demgegenüber ausschliesslich nach Art. 55 zu beurteilen (BGE 77 II 243, 248; 115 II 237, 242). Die Hilfsperson selber kann neben der Haftung des Geschäftsherrn nach Art. 55 solidarisch gestützt auf Art. 41 haftbar werden (s. N 14). 2

In Bezug auf *Betriebsunfälle* hat Art. 55 an Bedeutung verloren. Durch das Inkrafttreten der Best. zum Schutz der Arbeitnehmer des OR sowie einschlägiger Erlasse der Sozialversicherung (UVG u.a.), aber auch des SVG, ist der Anwendungsbereich von Art. 55 zurückgedrängt worden (vgl. OFTINGER/STARK, II/1, 271). Fällt die Haftung für Hilfspersonen in den Anwendungsbereich einer **Spezialbestimmung**, so ist ausschliesslich diese anwendbar. Dieser Grundsatz der Exklusivität gilt nicht nur im Verhältnis zu spezialgesetzlichen Gefährdungshaftungen, sondern ist auch zu beachten, wenn die Hilfsperson eines Werkeigentümers (Art. 58), eines Tierhalters (Art. 56) oder eines Grundeigentümers (Art. 679 ZGB) einen Schaden verursacht (OFTINGER/STARK, II/1, 272). Gleiches gilt für Art. 333 ZGB, es sei denn, der Schädiger (z.B. ein im Hause lebender Lehrling) sei dem Haftungssubjekt sowohl als Hilfsperson i.S.v. Art. 55 als auch als Hausgenosse gem. Art. 333 ZGB unterstellt (OFTINGER/STARK, II/1, 273; vgl. auch BGE 112 II 145 ff.). 3

Die **Produkthaftung** ist heute durch das PrHG (s. die separate Kommentierung hinten) spezialgesetzlich geregelt. Aufgrund des ausdrücklichen Vorbehalts in Art. 11 Abs. 2 PrHG besteht zwischen Ansprüchen aus Art. 55 und solchen aus dem PrHG *Anspruchskonkurrenz* (REY, N 961, 1236 m.w.H.; vgl. BGer, 25.1.2006, 4C.307/2005, E. 2; **a.A.** BK-BREHM, N 80a: Exklusivität des PrHG). Auf Art. 55 OR ist insb. in Fällen zurückzugreifen, für welche das PrHG Schutzlücken aufweist, namentlich für Schäden am Produkt selbst (vgl. Art. 1 Abs. 2 PrHG) oder an hauptsächlich gewerblich genutzten Sachen (vgl. Art. 1 Abs. 1 lit. b PrHG), für Sachschäden unter CHF 900 (vgl. Art. 6 PrHG; **a.A.** CHK-CH. MÜLLER, N 28), für durch Immobilien verursachte Schäden (vgl. Art. 3 PrHG; BK-BREHM, N 81; CR CO I-WERRO, N 40) sowie mit Bezug auf Produktbeobachtungspflichten, wirkungslose Produkte und Entwicklungsfehler (CHK-CH. MÜLLER, N 28). Siehe zur Produkthaftung gem. Art. 55 N 21 f. 3a

Ebenfalls im Verhältnis der **Gesetzeskonkurrenz** (Alternativität) steht die ausservertragliche Haftung nach Art. 55 mit der vertraglichen *Haftung für Hilfspersonen gem. Art. 101*. Die beiden Anspruchsgrundlagen bestehen nebeneinander, und für jede sind die ihr eigenen Anwendungsvoraussetzungen zu prüfen (vgl. GAUCH/SCHLUEP/SCHMID/EMMENEGGER, N 2938 ff.; CHK-CH. MÜLLER, N 29 f.; OFTINGER/STARK, II/1, 280 f.). Zur Haftung für die *c.i.c.* einer Hilfsperson vgl. GAUCH/SCHLUEP/SCHMID/EMMENEGGER, N 973 f. Zur Anwendung von Art. 55 auf die Haftung *öffentlich-rechtlicher* juristischer Personen vgl. Art. 61. 4

Als Geschäftsherrin kann sowohl eine natürliche als auch eine juristische Person haften. Mit Bezug auf juristische Personen ist die **Abgrenzung gegenüber der Organhaftung** gem. Art. 55 ZGB von Bedeutung (BGE 122 III 225, 228). Die Unterscheidung der beiden Haftungsarten fällt mit jener zwischen den Begriffen des Organs und der Hilfsperson zusammen (OFTINGER/STARK, II/1, 274; vgl. BGer, 29.4.2008, 4A_54/2008, E. 3 f. = njus 2008, 83; betr. Anscheinsorgan BGer, 26.3.2009, 4A_48/2009, E. 2.3 = njus 2009, 104). Handelt jemand als 5

Organ, so entfällt eine Haftung gestützt auf Art. 55, denn das Organ steht im Rahmen von Art. 55 «auf der Seite des Geschäftsherrn» (OFTINGER/STARK, a.a.O.). Nach Art. 55 ZGB ist eine juristische Person so zu behandeln, wie wenn sie anstelle des Organs als natürliche Person selber gehandelt hätte (vgl. BGE 121 IV 10, 15; 121 III 69, 73). Die Frage, ob das Organ ein *Verschulden* treffen müsse, richtet sich daher nach der jeweils in Betracht kommenden Haftung. Bei der Verschuldenshaftung einer juristischen Person ist zu prüfen, ob ein Organ schuldhaft gehandelt hat (KELLER/SCHMIED-SYZ, 153). Neben Art. 55 ZGB sind im Weiteren die Sonderbest. der aktienrechtlichen Verantwortlichkeit zu beachten. Die praktische Bedeutung der Grenzziehung zwischen Organ und Hilfsperson besteht bei der Deliktshaftung darin, dass in Bezug auf Organe das vom Geschädigten zu beweisende Verschulden nach Art. 41 Haftungsvoraussetzung ist. Bei Hilfspersonen genügt demgegenüber die Verursachung, wobei aber die Haftung entfällt, wenn der Geschäftsherr den (strengen) Sorgfaltsbeweis zu erbringen vermag (vgl. OFTINGER/STARK, II/1, 279).

II. Positive Voraussetzungen der Haftpflicht des Geschäftsherrn

1. Allgemeine Haftungsvoraussetzungen

6 Für eine Haftung gestützt auf Art. 55 müssen neben der Sonderbeziehung zwischen Geschäftsherrn und Hilfsperson die **allg. Voraussetzungen** einer jeden Haftpflicht erfüllt sein, insb. das Vorliegen eines Schadens (oder einer immateriellen Unbill) sowie Widerrechtlichkeit. Was den adäquaten Kausalzusammenhang betrifft, setzt die Haftung des Geschäftsherrn Adäquanz zwischen der Handlung der Hilfsperson und dem Schaden bzw. der immateriellen Unbill voraus (KELLER/SCHMIED-SYZ, 149).

2. Überordnungsverhältnis des Haftpflichtigen (Geschäftsherrn) zur Hilfsperson

7 Art. 55 setzt eine besondere Beziehung des Haftpflichtigen (Geschäftsherrn) zum haftungsbegründenden Tatbestand (Verhalten einer Hilfsperson) voraus. Geschäftsherr und Hilfsperson müssen gegenseitig in einem *Über- bzw. Unterordnungsverhältnis* stehen. Dieses **Subordinationsverhältnis** ist für die Qualifizierung als Geschäftsherr das entscheidende Kriterium, weil die Haftung des Geschäftsherrn zu den Haftungen wegen Verletzung einer Sorgfaltspflicht gehört (OFTINGER/STARK, II/1, 342). Diese besteht vor allem in der Pflicht zur Unterweisung und Überwachung der Hilfsperson. Das – meist mit einer wirtschaftlichen Abhängigkeit verbundene – Unterordnungsverhältnis setzt voraus, dass «eine irgendwie beschaffene, dauernde oder vorübergehende, Beziehung zwischen zwei Personen vorliegt, die es der einen, dem Geschäftsherrn, erlaubt, sich der andern, der Hilfsperson, für ihre Zwecke zu bedienen, wobei die zweite Person der ersteren untergeordnet ist» (OFTINGER/STARK, II/1, 303).

8 Das **Unterordnungsverhältnis** wird i.d.R. – muss aber nicht – **auf einem Vertrag beruhen**. Meistens wird es sich um einen Arbeitsvertrag handeln; in Frage können aber auch Auftrag, Agenturvertrag oder gar Werkvertrag kommen. Je grösser indessen der Grad an Selbständigkeit des Beauftragten ist, umso weniger begründet ein Vertrag das für die Haftung nach Art. 55 vorausgesetzte Subordinationsverhältnis. Entscheidend ist nicht die rechtliche Qualifikation des Grundverhältnisses. Vielmehr kommt es auf die *tatsächliche Beziehung* zwischen zwei Personen an, konkret auf die Möglichkeit der einen Person, der anderen i.S.v. Art. 55 Weisungen zu erteilen und sie zu beaufsichtigen. An einer Unterordnung fehlt es, wenn die andere Person selbständig und damit ihrerseits als «Geschäftsherrin» auftritt. Das ist insb. der Fall bei allen selbständigen Unternehmern. *Keine Hilfspersonen* sind etwa der Anwalt im Verhältnis zu seinen Klienten, der Architekt oder Bauunternehmer im Verhältnis zum Bauherrn, der vertretungsberechtigte Gesellschafter in Bezug auf die einfache Gesellschaft oder der Taxichauffeur gegenüber dem Passagier (vgl. zum Ganzen OFTINGER/STARK, II/1, 304 ff.; BK-BREHM, N 7 ff.).

Bei der Beschäftigung von Hilfspersonen aus **fremden Betrieben** («Personalvermietung») neigt die Rsp. dazu, sich an jenen Geschäftsherrn zu halten, der die Weisungs- und Überwachungsbefugnis besitzt; das ist i.d.R. die «mietende» Person (BK-BREHM, N 16 ff.; vgl. auch REY, N 906; KELLER, I, 173). 9

Nicht erforderlich ist, dass zwischen dem Geschäftsherrn und der Hilfsperson *unmittelbare* Beziehungen bestehen. Bei **mehrstufigen** Hierarchie- und Unterordnungsverhältnissen ist es ohne Belang, welcher Person innerhalb der Hierarchie die Erfüllung der konkreten Sorgfaltspflicht zukommt (OFTINGER/STARK, II/1, 310). Geschäftsherr ist immer die «hierarchisch höchststehende Person» (HONSELL/ISENRING/KESSLER, Haftpflichtrecht, § 13 N 12). Nicht erforderlich ist sodann, dass die Identität der den Schaden verursachenden Hilfsperson feststeht; es reicht vielmehr aus, wenn der Geschädigte nachweisen kann, dass *irgendeine* Hilfsperson des Geschäftsherrn den Schaden bewirkt hat (BK-BREHM, N 20; KUKO OR-SCHÖNENBERGER, N 7). 10

Es kann vorkommen, dass eine Hilfsperson im Subordinationsverhältnis zu **mehreren Geschäftsherren** steht. Eine echte Mehrheit von Geschäftsherren liegt vor, wenn diese gemeinsam ein Geschäft betreiben, etwa als einfache Gesellschaft oder als Kollektivgesellschaft. Diese Geschäftsherren haften *solidarisch*; die definitive Verteilung des Schadens richtet sich nach dem Innenverhältnis (OFTINGER/STARK, II/1, 313). In einem solchen Fall haben die Geschäftsherren gemeinsam dafür einzustehen, dass die nötige Sorgfalt – durch irgendjemanden – aufgewendet wird. Zur Zurverfügungstellung von Arbeitskräften an Dritte s. N 9. 11

3. Ausübung dienstlicher oder geschäftlicher Verrichtungen

Nach Art. 55 haftet der Geschäftsherr nur dann für die Handlung einer Hilfsperson, wenn diese in Ausübung dienstlicher oder geschäftlicher Verrichtungen – also **in ihrer Funktion als Hilfsperson** – einen Schaden verursacht. Nach der bundesgerichtlichen Rsp. genügt es nicht, dass der Schaden *bei Gelegenheit* dieser Verrichtung zugefügt wird, wenn er mit der Verrichtung selber nichts zu tun hat (BGer, 16.12.2008, 4A_326/2008, E. 5.1 = njus 2008, 104). Dem Kläger obliegt der Beweis, dass der Schaden (oder die immaterielle Unbill) von der Hilfsperson in Ausübung dienstlicher Verrichtungen verursacht worden ist (BGE 95 II 93, 97, 100 f., 107; auch 56 II 283, 286). An einer dienstlichen Verrichtung fehlt es z.B., wenn eine Hilfsperson ein Fahrzeug zu einer Vergnügungsfahrt benutzt, anstatt es auftragsgemäss auf ein Fabrikgelände zurückzufahren (BGE 50 II 469, 471 ff.). 12

Nach Lehre und Rsp. setzt die Ausübung dienstlicher oder geschäftlicher Verrichtungen bei Art. 55 wie auch Art. 101 somit in erster Linie einen direkten **funktionellen Zusammenhang** zwischen der Verrichtung und der schädigenden Handlung voraus (BGer, 16.12.2008, 4A_326/2008, E. 5.1 = njus 2008, 104). Dies führt allerdings dann dazu, dass bei Art. 55 wie auch bei Art. 101 eine Haftung des Geschäftsherrn nicht in Betracht kommt, wenn die Hilfsperson bloss bei Gelegenheit der aufgetragenen Verrichtung eine unerlaubte Handlung begeht, weshalb es angezeigt ist, den «konturlosen Begriff des funktionellen Zusammenhangs» (HONSELL/ISENRING/KESSLER, Haftpflichtrecht, § 13 N 16) abzulehnen. Zutreffenderweise haftet der Geschäftsherr in Abweichung von der Voraufl. somit nach Art. 55 – sofern er sich nicht entlasten kann – auch für eine während der aufgetragenen Verrichtung von der Hilfsperson verübte vorsätzliche unerlaubte Handlung (vgl. auch BK-BREHM, N 21; OFTINGER/STARK, II/1, 316 ff.; VON TUHR/PETER, 446), wenn der Schaden auch nur *bei Gelegenheit* der Erfüllung verübt worden ist (HONSELL/ISENRING/KESSLER, Haftpflichtrecht, § 13 N 16). Dabei ist nicht entscheidend, ob die übertragene Verrichtung geschäftlichen oder gewerblichen Zwecken dient. Auch die Beauftragung zur Ausübung häuslicher oder gesellschaftlicher Tätigkeiten genügt. Sodann hat der Geschäftsherr auch dafür einzustehen, wenn die Hilfsperson aus eigener Initiative eine Aufgabe wahrnimmt bzw. erweitert oder sie unrichtig ausführt (Kompetenzüberschreitungen); dies zumindest dann, wenn der Geschäftsherr trotz Kenntnis 13 von der Tätigkeit der Hilfsperson nicht interveniert (BGer, 16.12.2008, 4A_326/2008, E. 5.1 = njus 2008, 104; vgl. auch BGE 95 II 93, 106). Gleiches gilt für das Tätigwerden einer Hilfsperson, die ein Geschäft in der irrtümlichen Annahme besorgt, sie sei damit beauftragt (BGE 75 II 225, 226; BK-BREHM, N 25). Das Einstehenmüssen des Geschäftsherrn erstreckt sich folglich auch auf Schäden, die durch die Hilfsperson während einer Arbeitspause verursacht werden, etwa durch das Wegwerfen einer brennenden Zigarette (OFTINGER/STARK, II/1, 318). Dies gilt zumindest insoweit, als noch ein Zusammenhang zum durch die Verrichtung der übertragenen Aufgabe *geschaffenen Risiko* besteht (vgl. CR CO I-WERRO, N 15). Ein solcher Zusammenhang kann mit der h.L. wie dargelegt auch dann zu bejahen sein, wenn eine Hilfsperson *vorsätzlich* einen Schaden verursacht, z.B. wenn ein Angestellter in einer Wohnung mit Malerarbeiten befasst ist und dabei eine Uhr stiehlt (vgl. BK-BREHM, N 27 f.; HONSELL/ISENRING/KESSLER, Haftpflichtrecht, § 13 N 16; KUKO OR-SCHÖNENBERGER, N 8; CR CO I-WERRO, N 15; **a.A.** KELLER/GABI, 170). Nicht nach Art. 55 der Geschäftsherrin zurechenbar ist dagegen das Handeln eines Angestellten, der erklärtermassen als Privatperson und nicht für die Arbeitgeberin tätig wird (BGer, 29.4.2008, 4A_54/2008, E. 4 = njus 2008, 83).

14 Die Verrichtung und Schadensverursachung der Hilfsperson setzt auf deren Seite **kein Verschulden** voraus. Trifft die Hilfsperson ein eigenes Verschulden, so haftet sie *neben* dem Geschäftsherrn gestützt auf Art. 41 (Anspruchskonkurrenz; Haftung mehrerer nach Art. 51; vgl. N 24).

III. Befreiungsgründe

1. Allgemeines

15 Neben den allg. Entlastungsgründen (etwa dem Einwand des rechtmässigen Alternativverhaltens, s. Art. 41 N 29a), auf die sich auch der Geschäftsherr berufen kann (vgl. OFTINGER/STARK, II/1, 324), sieht Art. 55 **zwei besondere Befreiungsgründe** vor. So haftet der Geschäftsherr nicht, wenn er nachweist, *«dass er alle nach den Umständen gebotene Sorgfalt angewendet hat, um einen Schaden dieser Art zu verhüten»*, oder *«dass der Schaden auch bei Anwendung dieser Sorgfalt eingetreten wäre»*. Der Geschäftsherr trägt die *Beweislast* dafür, dass die Voraussetzungen eines der Befreiungsgründe erfüllt sind. An den Befreiungsbeweis sind nach bundesgerichtlicher Rsp. strenge Anforderungen zu stellen (krit. dazu WAESPI, HAVE 2004, 277 ff.). Die geforderte Sorgfalt ist umso grösser, je wichtiger oder gefährlicher die Arbeit einer Hilfsperson ist. Andererseits darf vom Geschäftsherrn nicht Unzumutbares verlangt werden (BGer, 16.12.2008, 4A_326/2008, E. 5.2 f. = njus 2008, 104; vgl. auch BGE 110 II 456, 460 f.). Im Unterschied zur Hilfspersonenhaftung nach Art. 101 ist der Sorgfaltsmassstab an das *Verhalten des Geschäftsherrn* und nicht an dasjenige der Hilfsperson anzulegen. Der Geschädigte muss deshalb nicht nachweisen, *welche* Hilfsperson des Geschäftsherrn den Schaden verursacht hat (OFTINGER/STARK, II/1, 326).

15a *Offen* lassen konnte das BGer bisher die Frage, ob die Einführung des **PrHG** Anpassungen der Rsp. zu Art. 55 notwendig macht. Ggf. könnte sich Abstimmungsbedarf bez. der Sorgfaltspflicht des Geschäftsherrn ergeben (vgl. BGer, 25.1.2006, 4C.307/2005, E. 3 f.; REY, N 951 ff.).

2. Sorgfaltsnachweis

16 Der Geschäftsherr kann sich zunächst durch den Nachweis befreien, dass er **alle nach den Umständen gebotene Sorgfalt** angewendet hat, um den konkreten Schaden (oder die immaterielle Unbill) zu verhüten. Die vom Gesetz verlangte Sorgfalt besteht nicht lediglich in einer subjektiv-pflichtgemässen Handlungsweise, sondern beurteilt sich nach der Gesamtheit der objektiv und durch die Umstände gebotenen Massnahmen (BGE 56 II 283, 287). Die Anwendung einer «üblichen» Sorgfalt genügt nicht in jedem Fall (vgl. BK-BREHM, N 46). Eine *grös-*

sere Sorgfalt ist geboten, wenn von der Art der Ausführung einer Aufgabe die Sicherheit und Unversehrtheit von Menschen abhängen kann (BGE 96 II 27, 31 = Pra 1970, 371). Persönliche Entschuldigungsgründe (z.B. eine schwere Krankheit) entlasten den Geschäftsherrn nicht; sein Verschulden ist nicht erforderlich (BGE 110 II 456, 460). Die Vorwürfe mangelnder Sorgfalt werden im Einzelnen insb. danach konkretisiert, ob der Geschäftsherr in der Auswahl, Instruktion und Beaufsichtigung der Hilfspersonen genügende Sorgfalt hat walten lassen; sodann danach, ob ein Betrieb zweckmässig organisiert ist; ob der Hilfsperson geeignetes Material zur Verfügung gestellt worden ist (BGE 64 II 254, 261 f.) und ob Hilfspersonen zu Arbeiten angehalten worden sind, denen sie nicht gewachsen oder die schlechthin gefährlich sind (s. im Einzelnen N 18 ff.). Bei der Produkthaftung kann die erforderliche Sorgfalt darin liegen, dass der Hersteller für die Endkontrolle seiner Produkte sorgen muss (BGE 110 II 456, 464). Der Geschäftsherr hat die gebotene Sorgfalt nicht notwendigerweise persönlich aufzuwenden. Zwar ist er im Rahmen von Art. 55 immer passivlegitimiert. Für den Befreiungsbeweis ist aber nicht unbedingt sein persönliches Verhalten relevant. Er hat nur (aber immerhin) dafür zu sorgen, dass dieser Sorgfalt entweder persönlich oder mittels Einsatzes von Drittpersonen (Kader einer Firma, Mitarbeiter) nachgelebt wird. Der Geschäftsherr ist verantwortlich für eine *Organisation*, die auf allen Stufen die objektiv geforderte Sorgfalt sicherstellt (KGer GR, PKG 1989, 36 ff.; OFTINGER/STARK, II/1, 332; BK-BREHM, N 52 ff.; KELLER, I, 176 ff.; REY, N 927 ff.; DESCHENAUX/TERCIER, 105).

Siehe zum **Kausalitätserfordernis** mit Bezug auf die Sorgfaltspflichten N 23. **17**

Sorgfalt ist zunächst geboten in Bezug auf die **Auswahl einer Hilfsperson** *(cura in eligendo)*. **18** Kriterien sind v.a. die Ausbildung und die Erfahrung einer Hilfsperson, ihr Sachverstand, ihr Wissen und ihre Zuverlässigkeit. Je anspruchsvoller und/oder gefährlicher eine Tätigkeit ist, desto gewissenhafter ist darauf zu achten, dass die Hilfsperson ihr gewachsen ist. Hierfür sind u.U. besondere Erkundigungen oder Persönlichkeitsprüfungen vorzunehmen. Zur Kasuistik vgl. BK-BREHM, N 57 ff.; DESCHENAUX/TERCIER, 105.

Im Weiteren hat der Geschäftsherr die nötige Sorgfalt in der **Unterweisung von Hilfspersonen** zu beachten *(cura in instruendo)*. **19** Hilfspersonen sind mittels Einführungen und Weisungen auf ihre Arbeit vorzubereiten. Das Ausmass der verlangten Instruktionen hängt davon ab, wie gut ausgebildet die einzelne Hilfsperson ist und wie schwierig die auszuführenden Tätigkeiten sind. Nicht erforderlich sind Instruktionen, wenn die Hilfsperson erfahren ist, die auszuführenden Tätigkeiten einfach und die dabei bestehenden Gefahren offenkundig sind. Selbst erfahrene Hilfspersonen mit einer Spezialausbildung bedürfen hingegen spezieller Instruktionen für Arbeiten, die ausserordentlich schwierig oder gefährlich sind. Die Anforderungen an den Geschäftsherrn sind hoch, müssen sich jedoch im Rahmen dessen bewegen, was im Betriebsalltag vernünftigerweise verlangt werden kann (BGer, 16.12.2008, 4A_326/2008, E. 5.3 = njus 2008, 104; vgl. auch BGE 96 II 27, 32 f. = Pra 1970, 372 f.; 77 II 308, 312 f.). Wird die Arbeit einem Spezialisten anvertraut, der kompetenter als der Geschäftsherr ist, so sind i.d.R. keine Anweisungen erforderlich (BK-BREHM, N 65). Die Unterweisung ist umso wichtiger, je weniger eine Hilfsperson mit der ihr übertragenen Arbeit vertraut ist. Zu denken ist an neu eingestellte Personen und an jugendliche Hilfskräfte, v.a. an Lehrlinge (OFTINGER/STARK, II/1, 338; zur Kasuistik insgesamt BK-BREHM, N 66 ff.).

Der Geschäftsherr muss für eine **Überwachung der Hilfspersonen** sorgen (*cura in custodiendo*; **20** vgl. BGer, 26.3.2009, 4A_48/2009, E. 2.5 = njus 2009, 105; BGer, 10.2.2009, 4A_544/2008, E. 2.5 = njus 2009, 136). Auch die Pflicht zur Überwachung hängt von der zugeteilten Arbeit und den Eigenschaften der Hilfsperson ab (BK-BREHM, N 70). Relevant sind sodann die Eigenart eines Unternehmens und dessen Organisation. Eine Überwachung ist – abgesehen von besonderen Fällen – grundsätzlich unerlässlich (BGE 72 II 255, 262). Auf zuverlässige, langjährige Mitarbeiter darf sich der Geschäftsherr aber verlassen, ohne sie ständig zu ermahnen und zu überwachen (BGE 110 II 456, 461). Selbst hochqualifizierte Personen (Spezialisten) sind für ungewöhnliche Arbeiten einer Kontrolle zu unterstellen. Kann diese vom Geschäftsherrn nicht selber vollzogen werden, so ist ein weiterer Fachmann beizuziehen (OFTINGER/STARK, II/1, 338). Für Judikatur s. GAUCH/AEPLI/STÖCKLI, N 13; BK-BREHM, N 73 ff.; KELLER, I, 178 f.

21 Zunehmend an Bedeutung gewonnen hat neben den drei vorerwähnten *curae* die Sorgfalt in der **Organisation** *der Arbeit und des Betriebes*. Insbesondere wegen der Bedeutung der Organisationspflicht für die ausservertragliche Produkthaftung macht es Sinn, diesen Sorgfaltsbereich besonders hervorzuheben, auch wenn er teilweise in den Pflichten zur Instruktion und Beaufsichtigung enthalten ist (gl.M. BK-BREHM, N 77; KELLER, I, 176 f.; krit. zur Organisationshaftung JAUN, 386 ff.). Zu einer sorgfältigen Organisation gehören klare *Kompetenzzuordnungen und Pflichtenhefte*, so dass keine Widersprüche und Lücken in der Beaufsichtigung entstehen (vgl. z.B. BGer, 18.2.2008, 4A_36/2008, E. 3 betr. die Organisation einer Anwaltskanzlei). Relevant ist sodann die richtige Disposition der Arbeitskräfte. Es müssen für eine Aufgabe genügend Leute im Einsatz sein, und es ist zu vermeiden, dass Mitarbeiter übermüdet tätig sind (BK-BREHM, N 78). Organisation und Betriebsabläufe haben den typischen Betriebsrisiken Rechnung zu tragen (vgl. BGer, 26.3.2009, 4A_48/2009, E. 2.5 = njus 2009, 105 betr. eine Bank).

22 Den Beweis, dass der Betrieb und die Arbeitsabläufe zweckmässig organisiert sind, hat der Geschäftsherr insb. dann zu erbringen, wenn ein von ihm **hergestelltes oder vertriebenes Produkt** einen Schaden verursacht (vgl. BK-BREHM, N 81 ff.). Für die Produktehaftpflicht hatte das BGer vor dem Inkrafttreten des PrHG in BGE 110 II 456 ff. (sog. Schachtrahmenfall) die Anforderungen an die Sorgfaltspflicht des Geschäftsherrn sehr hoch angesetzt. Kann danach ein Fabrikationsfehler mit einer Veränderung der Organisation nicht vermieden werden, so ist der Hersteller verpflichtet, eine die Sicherheit gewährleistende *Endprüfung von Produkten* vorzunehmen (BGE 110 II 456, 464). Ist eine solche Nachkontrolle vom Aufwand her nicht zumutbar oder technisch kaum realisierbar, so ist der Hersteller zwecks Gefahrenreduktion verpflichtet, eine «sicherere Konstruktion» des Produkts anzustreben (a.a.O., 465). Danach ist bzw. war ein Produkt so zu verändern, dass «mit an Sicherheit grenzender Wahrscheinlichkeit auszuschliessen» ist, dass das Produkt einen Schaden anrichtet. Für einen wesentlichen Teil der Produktehaftpflicht-Fälle wurde mit dieser Rsp. eine *Kausalhaftung ohne Befreiungsmöglichkeit* (BK-BREHM, N 84) eingeführt, was der gesamteuropäischen Entwicklung nahe kam.

3. Schadenseintritt trotz aller Sorgfalt

23 Der Geschäftsherr wird von seiner Haftpflicht auch befreit, wenn er nachweist, dass der Schaden auch **bei Anwendung der gebotenen Sorgfalt eingetreten wäre**. Diese Best. unterstreicht die Bedeutung, die der *Kausalität* der Unsorgfalt zukommt. Ein Geschäftsherr haftet nicht, wenn sein (sorgfaltswidriges) Verhalten auf den Schaden keinen Einfluss hatte, weil eine andere Ursache für die Schadenszufügung kausal gewesen ist (OFTINGER/STARK, II/1, 349 ff.; BK-BREHM, N 91 ff.; DESCHENAUX/TERCIER, 106 f.). Für die Entstehung des Schadens ist dann nicht jener Aspekt des Verhaltens der Hilfsperson von Bedeutung, der durch die Sorgfalt des Geschäftsherrn hätte korrigiert werden können (Bsp.: Schadenszufügung auch ohne direkten Einfluss einer dem Geschäftsherrn bekannten Unzulänglichkeit der Hilfsperson; vgl. OFTINGER/STARK, II/1, 350 f.; KELLER, I, 179 f.; REY, N 943 ff.). Die Nutzlosigkeit unterlassener Vorsichtsmassnahmen ist vom Geschäftsherrn zu beweisen (BGE 97 II 221, 227).

IV. Rückgriff

24 Art. 55 Abs. 2 gewährt dem Geschäftsherrn einen Rückgriff auf Personen, die *«den Schaden gestiftet»* haben und die überdies selber schadenersatzpflichtig sind. Nach h.A. hat Art. 55 Abs. 2 gegenüber der *allg. Regelung* von Art. 51 **zurückzutreten** (OFTINGER/STARK, II/1,

352; DESCHENAUX/TERCIER, 98; KELLER/GABI, 175; REY, N 963). Damit ist die Best. von Abs. 2 überflüssig (vgl. BK-BREHM, N 106). Meist wird zwischen Geschäftsherr und Hilfsperson ein *Vertragsverhältnis* bestehen, auf das sich der Geschäftsherr für den Regress stützen kann (Haftung aus Schlechterfüllung; vgl. REY, N 964).

Art. 56

D. Haftung für Tiere
I. Ersatzpflicht

1 Für den von einem Tier angerichteten Schaden haftet, wer dasselbe hält, wenn er nicht nachweist, dass er alle nach den Umständen gebotene Sorgfalt in der Verwahrung und Beaufsichtigung angewendet habe, oder dass der Schaden auch bei Anwendung dieser Sorgfalt eingetreten wäre.

2 Vorbehalten bleibt ihm der Rückgriff, wenn das Tier von einem andern oder durch das Tier eines andern gereizt worden ist.

3 ...

D. Responsabilité du détenteur d'animaux
I. Dommages- intérêts

1 En cas de dommage causé par un animal, la personne qui le détient est responsable, si elle ne prouve qu'elle l'a gardé et surveillé avec toute l'attention commandée par les circonstances ou que sa diligence n'eût pas empêché le dommage de se produire.

2 Son recours demeure réservé, si l'animal a été excité soit par un tiers, soit par un animal appartenant à autrui.

3 ...

D. Responsabilità per animali
I. Obbligo del risarcimento

1 Il detentore di un animale è responsabile del danno da esso cagionato, ove non provi d'avere adoperato tutta la diligenza richiesta dalle circostanze nel custodirlo e vigilarlo, o che il danno si sarebbe verificato anche usando questa diligenza.

2 Gli è salvo il regresso se l'animale sia stato aizzato da terza persona o dall'animale di un altro.

3 ...

Literatur

BIERI, La réforme de la responsibilité civile des détenteurs de chiens, SJZ 2009, 49 ff.; BÜTLER, Zur Haftung von Werkeigentümern und Tierhaltern bei Unfällen auf Wanderwegen, S&R 2009, 106 ff.; FELLMANN, Zivilrechtliche Haftung öffentlich zugänglicher Tiersammlungen für Schädigungen durch Tiere, Diss. Bern 1984 (zit. Diss.); DERS., Der Tierhalter – Begriff oder Typus?, SJZ 1987, 337 ff. (zit. SJZ 1987); HEIERLI et al., Haftpflicht- und Privatversicherungsrecht, Entwicklungen 2009, Bern 2010 (zit. njus 2009); DIES., Haftpflicht- und Privatversicherungsrecht, Entwicklungen 2010, Bern 2011 (zit. njus 2010); JAUN, Haftung für Sorgfaltspflichtverletzung, Habil. Bern 2007; KARLEN, Die Haftung des Familienhauptes nach ZGB 333 und des Tierhalters nach OR 56 – eine vergleichende Betrachtung mit besonderer Berücksichtigung des Sorgfaltsbeweises, Diss. Bern 1980; PAYLLIER, Der Tierhalter und dessen besondere Befreiungsmöglichkeiten (Art. 56 Abs. 1 OR), Diss. Zürich 2003; E.W. SCHMID, Haftung für Tierschäden, Diss. Bern 1971; SIEBER, Die Haftpflicht für Jagdschaden, Diss. Zürich 1998; WERRO, L'animal, la route et le droit de la responsabilité civile, in: Werro/Probst (Hrsg.), Jorunées du droit de la circulation routière 2008, Bern 2008, 1 ff.

I. Haftung des Tierhalters als Kausalhaftung

1. Allgemeines

Die Haftung des Tierhalters ist – wie die Geschäftsherrenhaftung – nach der herkömmlichen Auffassung eine **einfache Kausalhaftung** mit Befreiungsmöglichkeit durch Nachweis der Anwendung der *nach den Umständen gebotenen Sorgfalt*. Richtiger wäre es, von einer eingeschränkten Verschuldenshaftung zu sprechen (vgl. HONSELL/ISENRING/KESSLER, Haftpflichtrecht, § 17 N 2 m.Nw.; vgl. Art. 41 N 1). Der Tierhalter hat nicht schlechthin für die Unbere- 1 chenbarkeit oder potentielle Gefährlichkeit eines Tieres oder für Zufall einzustehen. Geht der Tierhalter mit dem Tier unter Berücksichtigung von dessen Eigenschaften richtig um oder wäre der Schaden auch bei Anwendung der gebotenen Sorgfalt entstanden, muss ein Geschädigter den Schaden selber tragen (Art. 56 Abs. 1; vgl. OFTINGER/STARK, II/1, 357; BK-BREHM, N 32).

2 Wie bei Art. 55 stehen dem Tierhalter auch die **allg. Entlastungsgründe** offen. Eine Haftung entfällt daher, wenn der Kausalzusammenhang zwischen dem Verhalten des Tierhalters und dem Schaden unterbrochen wird. Dies kann erfolgen bei höherer Gewalt, bei grobem Selbstverschulden des Geschädigten oder bei Drittverschulden. Eine Entlastung kann freilich nur in Frage kommen, wenn das Verschulden des Geschädigten oder des Dritten schwer ist (BGE 131 III 115, 117). Bez. Drittverschulden ist das BGer besonders zurückhaltend (vgl. BGer, 30.10.2009, 6B_66/2009, E. 5.2 f. = njus 2009, 54 ff.; BK-BREHM, N 36). Bejaht hat es die Unterbrechung des Kausalzusammenhangs z.B. in einem Fall, in welchem ein Dritter die Pforten einer Weide geöffnet und damit das Entlaufen von Pferden ermöglicht hatte, mit denen dann ein Autofahrer kollidierte (BGer, 7.7.2009, 4A_170/2009, E. 2.2 = njus 2009, 113).

2. Anwendungsbereich

3 Art. 56 ist nach h.L. *lex specialis* gegenüber Art. 41. Die allg. Verschuldenshaftung kommt daher nur zum Tragen, wenn wegen **Fehlens einer der Voraussetzungen** von Art. 56 die Kausalhaftung nicht zum Zuge kommt (BK-BREHM, N 38; OFTINGER/STARK, II/1, 367). Etwa dann, wenn die Schädigung nicht auf ein tierspezifisches Verhalten zurückzuführen ist (HONSELL/ISENRING/KESSLER, Haftpflichtrecht, § 17 N 10). Indessen hat die Praxis verschiedentlich Art. 56 und 41 *kumulativ* angewendet (m.Nw. BK-BREHM, N 38). Hinweise auf ein **Verschulden des Halters** können als Betonung des Umstandes dienen, dass die *objektive Sorgfaltspflicht eindeutig verletzt* worden ist. Die Verschuldensfrage stellt sich sodann bei der Bemessung einer allfälligen Genugtuung sowie im Rahmen von Art. 44 bei der Schadenersatzbemessung. Könnte gestützt auf Art. 44 an sich eine *Reduktion des Schadenersatzes* erfolgen, wird der Herabsetzungsgrund je nach Ansicht durch das Verschulden des Tierhalters *kompensiert* (s. Art. 44 N 10; BK-BREHM, N 42 f.). Schliesslich ist die Verschuldensfrage auch im Rahmen von Art. 51 Abs. 2 und Art. 72 VVG für den Regress von Bedeutung (s. Art. 51 N 10 ff.).

4 Soweit der Tierhalter **gleichzeitig Geschäftsherr** ist, geht Art. 56 der Best. von Art. 55 vor. Eine Geschäftsherrenhaftung ist nur dann zu bejahen, wenn bei einem Schadensereignis Art. 56 aus irgendeinem Grund nicht zur Anwendung gelangt, jedoch das Tier von einer Hilfsperson betreut worden ist und entsprechend die Voraussetzungen von Art. 55 erfüllt sind (vgl. BGE 110 II 136, 139). Hat eine Hilfsperson durch eigenes Verschulden das Tier ungenügend beaufsichtigt und wird dadurch ein Schaden verursacht, so haftet sie gestützt auf Art. 41 neben dem Tierhalter (BK-BREHM, N 41; OFTINGER/STARK, II/1, 370).

5 Im **Verhältnis zur Staatshaftung** geht Art. 56 vor, selbst wenn dem Tierhalter öffentliche Aufgaben übertragen worden sind. Anderes gilt nur dann, wenn mittels des Tiers hoheitliche Aufgaben wahrgenommen werden und im (funktionellen) Zusammenhang mit dieser Hoheitsausübung jemand zu Schaden kommt (z.B. berittene Polizei, Drogenspürhund am Zoll etc.); in diesem Fall richtet sich die Haftung nach den Best. zur Staatshaftung (vgl. BGE 126 III 14, 16 = Pra 2000, 274; 115 II 237, 245).

5a Die **Haftung des Jägers** nach Art. 15 Abs. 1 JSG für durch seinen Hund angerichtete Jagdschäden geht der Tierhalterhaftung als *lex specialis* vor (BK-BREHM, N 4b; OFTINGER/STARK, II/1, 365; II/2, 3; KUKO OR-SCHÖNENBERGER, N 4).

II. Voraussetzungen der Haftpflicht des Tierhalters

1. Allgemeine Haftungsvoraussetzungen

Art. 56 ist anwendbar, sofern ein **Schaden** (oder eine immaterielle Unbill) **adäquat-kausal** (mittelbar oder unmittelbar) durch ein Tier verursacht worden ist (vgl. BGE 102 II 232, 237 ff.). Sodann muss **Widerrechtlichkeit** gegeben sein (**a.A.** KUKO OR-SCHÖNENBERGER, N 11). Die Ansicht, wonach die Tierhalterhaftung nur für Personen- und Sachschäden in Frage komme (so ROBERTO, Haftpflichtrecht, N 13.01; KUKO OR-SCHÖNENBERGER, N 7; SCHWENZER, N 53.05), ist abzulehnen. Eine einschlägige Schutznorm vorausgesetzt, kann auch bei reinen Vermögensschäden die Haftung nach Art. 56 greifen; Art. 56 selber ist jedoch keine Vermögensschutznorm. 6

Einzustehen ist nach Art. 56 nur für Tiere, die **«gehalten»** werden können. Nicht erfasst werden daher Tiere, welche sich dem Willen des Menschen entziehen (vgl. OFTINGER/STARK, II/1, 385 f.; HONSELL/ISENRING/KESSLER, Haftpflichtrecht, § 17 N 8). Ein eigentliches Gehorchen des Tiers ist aber nicht erforderlich (BK-BREHM, N 5). *Keine* Haftung nach Art. 56 besteht namentlich für Jagdwild (vgl. aber Art. 13 JSG), Ungeziefer und Krankheitserreger (Bakterien, Viren; vgl. aber zur Haftung für pathogene Organismen Art. 59a^{bis} USG und dazu HONSELL/ISENRING/KESSLER, Haftpflichtrecht, § 22 N 36 ff.; für gentechnisch veränderte Organismen greift Art. 30 GTG). Demgegenüber kann das Halten eines Bienenschwarms in den Anwendungsbereich von Art. 56 fallen. Durch mangelhafte Behandlung und Aufbewahrung von Bakterien entstehende Schäden können – soweit sie nicht unter Art. 59a^{bis} USG fallen – zu einer Schadenersatzpflicht gestützt auf Art. 41 sowie Art. 55 (Sorgfaltspflicht hinsichtlich der Organisation eines Betriebes) führen. 7

Zwischen dem Verhalten des Tieres und dem eingetretenen Schaden muss ein *adäquater Kausalzusammenhang* bestehen. Das Tier muss den Schaden **aus eigenem Antrieb** verursacht haben, nicht bloss als willenloses Werkzeug eines Menschen (BGE 24 II 867, 869; REY, N 1004 f.). Das Verhalten aus eigenem Antrieb kann allerdings auch auf Reizung zurückzuführen sein. Die Anwendbarkeit der Tierhalterhaftung entfällt selbst bei Beeinflussung durch den Menschen so lange *nicht*, als dem eigenen Willen und der Eigenart des Tieres noch Raum belassen ist (BGE 64 II 373, 375). Art. 56 ist dort anwendbar, wo das unvorhergesehene Aktivwerden des Tieres auf äussere Vorgänge zurückzuführen ist, die das Tier zu unberechenbarem oder wildem Verhalten veranlassen. 8

Der vom Gesetz verlangte *«angerichtete Schaden»* setzt voraus, dass das Tier den Schaden aus eigenem Antrieb verursacht hat (OFTINGER/STARK, II/1, 387). Keine eigene «Aktion» liegt vor, wenn fremde Kräfte – insb. die Schwerkraft – auf den Körper des Tieres einwirken (vgl. das Bsp. der abstürzenden Kuh bei REY, N 1006 f.). Allgemein ist für eine Anwendbarkeit von Art. 56 zu fordern, dass sich im Schaden eine **typische Tiergefahr** verwirklicht, indem das Tier «tiergemäss handelt» (SCHWENZER, N 53.09). Nicht erfüllt sind die Voraussetzungen von Art. 56, wenn ein Tier ein anderes Tier oder gar einen Menschen mit einer Krankheit ansteckt (OFTINGER/STARK, II/1, 389; KELLER/GABI, 180). In Abweichung zur Voraufl. verwirklicht sich auch keine typische Tiergefahr, wenn eine Rassehündin durch einen Mischlingsrüden gedeckt wird (HONSELL/ISENRING/KESSLER, Haftpflichtrecht, § 17 N 11; KUKO OR-SCHÖNENBERGER, N 10; **a.A.** SCHWENZER, N 53.09 m.Nw.). 9

2. Halterverhältnis

Subjekt der Haftpflicht gem. Art. 56 ist der **Tierhalter**. Dieser Begriff muss aus dem Wesen der Tierhalterhaftung gewonnen werden, zumal das Gesetz nicht auf ein formelles Merkmal (wie z.B. Eigentum) abstellt. 10

Entscheidend ist für den Begriff des Halters, dass dieser in einem *Gewaltverhältnis* zum Tier steht, mithin über das Tier verfügen kann (BGE 115 II 237, 245; 104 II 23, 25). Unter **Ver-** 11

fügung ist namentlich die *Bestimmung* darüber zu verstehen, wo ein Tier gehalten werden soll, wie, von wem und wozu es verwendet wird und wie es behandelt, überwacht oder ausgestattet werden soll (OFTINGER/STARK, II/1, 370; vgl. auch JAUN, 373 f.). Die Beziehung zwischen Halter und Tier muss so beschaffen sein, dass der präsumtiv Haftpflichtige in der Lage ist, die notwendigen Sorgfaltsmassnahmen zur Vermeidung von Schäden zu treffen. Das von der h.L. vertretene Abstellen auf die Verfügungsgewalt wird von einem Teil der Lehre in Frage gestellt (vgl. FELLMANN, SJZ 1987, 340 ff.; BK-BREHM, N 14). Diese den Halterbegriff erweiternde Ansicht bejaht die Haltereigenschaft z.T. auch mit Bezug auf Personen, die von vornherein nicht in der Lage sind, Sorgfaltspflichten in Bezug auf die Tierhaltung Nachachtung zu verschaffen. Ist nach der hier vertretenen Konzeption die Verfügungsmöglichkeit gegeben, so muss als Halter auch angesehen werden, wer das Tier bloss *vorübergehend* in Gewahrsam hat (BGE 104 II 23, 25; 110 II 136 ff. = Pra 1984, 477). Haftbar ist, wer im Zeitpunkt der *Schädigung* Halter ist. Kommen mehrere Personen *nacheinander* als Halter in Frage, so ist auf den Zeitpunkt der (effektiven) Gewaltausübung abzustellen. Tierhalter ist, wer im Moment der Schädigung die Gewalt über das Tier (noch oder schon) ausgeübt hat. Im Einzelnen kann die Abgrenzung Schwierigkeiten bereiten (OFTINGER/STARK, II/1, 377 f.; REY, N 984 ff.; KELLER, I, 182 ff.). Erfüllen mehrere Personen *gleichzeitig* die Haltereigenschaft (z.B. Ehegatten), so haften sie solidarisch (REY, N 996 m.w.H.; CR CO I-WERRO, N 8).

12 Wichtiges Indiz für die Halterstellung ist der *Nutzen* bzw. das **Interesse am Tier**. Danach ist Tierhalter, wer von den Vorteilen des Tieres profitiert, d.h. jene Person, für dessen Zwecke das Tier vorwiegend gehalten wird (vgl. BK-BREHM, N 15 f.; DESCHENAUX/TERCIER, 116; FELLMANN, SJZ 1987, 342 f.; CHK-CH. MÜLLER, N 9 f.; OFTINGER/STARK, II/1, 372 f.). Nach diesen Kriterien ist z.B. Halter der Hundeeigentümer, der zeitweise von seinem Wohnort abwesend ist und die Beaufsichtigung des Tieres einer anderen Person anvertraut (BGE 110 II 136, 138 f.). Nutzniesser sind nach der Rsp. auch Personen, die ein Pferd mieten und es regelmässig ausreiten (BGE 104 II 23, 26 f.; **a.A.** mit Bezug auf eine bloss 14-tägige Miete die h.L., vgl. CHK-CH. MÜLLER, N 13 m.w.H.); sodann der Eigentümer von Kühen, nicht dessen Knecht (BGE 67 II 26, 28). Verantwortlichkeit des Tierhalters kann auch fortbestehen, wenn er das Tier in die Freiheit entlässt oder das Tier sich selbst der Gewalt des Halters entzieht (vgl. OFTINGER/STARK, II/1, 380 ff.; REY, N 992 m.H. auf **a.A.**). Das *Eigentum* am Tier ist nur beschränkt aussagekräftig. Die kaufrechtliche Bestimmung von Art. 185 (Übergang von Nutzen und Gefahr auf den Käufer mit dem Abschluss des Vertrages) gelangt im Rahmen von Art. 56 nicht zur Anwendung, wenn ein Schaden zwischen dem Abschluss eines Kaufvertrages und der Übergabe des Tieres an den Erwerber entsteht, «denn bei Art. 56 geht es ja nicht um einen Schaden am Kaufobjekt, d.h. am Tier selbst, sondern um einen Drittschaden» (BK-BREHM, N 20). Entsprechend kommt es auf den Zeitpunkt der *effektiven Verfügungsgewalt* des Käufers über das Tier an (BGE 64 II 373, 376; REY, N 988).

13 Tierhalter können sowohl natürliche als auch juristische **Personen** sein. Auch das *Gemeinwesen* kann als Halter in Betracht kommen (BGE 115 II 237, 245; s. N 5).

14 Art. 56 umfasst auch ein Einstehenmüssen für das **Verhalten von Hilfspersonen** (vgl. BGE 110 II 136, 139 = Pra 1984, 478). Der Halter wird nur dann befreit, wenn die Hilfsperson alles nach Art. 56 Gebotene getan hat. Der Tierhalter kann sich nicht etwa dadurch seiner Haftung entziehen, indem er geltend macht, er habe die Hilfsperson sorgfältig ausgewählt, instruiert oder überwacht. Entscheidend ist allein, ob die Sorgfaltspflicht von Art. 56 erfüllt worden ist – sei es durch die Hilfsperson oder durch den Halter persönlich (OFTINGER/STARK, II/1, 401; BK-BREHM, N 26).

III. Befreiungsgründe

1. Sorgfaltsnachweis

Wie der Geschäftsherr im Rahmen von Art. 55 kann sich der Tierhalter nach Art. 56 Abs. 1 von der Haftung befreien, wenn er nachweist, dass er **alle nach den Umständen gebotene Sorgfalt** in der Verwahrung und Beaufsichtigung des Tieres angewendet hat (krit. zu dieser Regelung KELLER, I, 186 ff.). Gegenstand des Entlastungsbeweises ist die Gesamtheit der Vorkehrungen, die geeignet sind oder wären, das Tier an der Verursachung eines Schadens zu hindern und die zu treffen dem Halter *zugemutet* werden durfte (BGE 131 III 115 ff.). Nicht zumutbar ist es etwa einer Pferdehalterin, ihre Tiere auf ausgedehnten, abgelegenen Weiden rund um die Uhr vor Ort oder mittels Kameras zu beaufsichtigen (BGer, 7.7.2009, 4A_170/2009, E. 2.2 = njus 2009, 113; m.w.Nw. GAUCH/AEPLI/STÖCKLI, N 7 ff.). Der Tierhalter kann sich nicht darauf berufen, das allg. Übliche an Sorgfalt aufgewendet zu haben (vgl. BGE 85 II 243 ff. betr. den freien Weidgang im Jura). Erforderlich ist vielmehr der *strikte Beweis*, dass die Gesamtheit der objektiv notwendigen und durch die Umstände erforderlichen Massnahmen getroffen worden ist (BGE 131 III 115 ff.; 126 III 14, 17 = Pra 2000, 273; BK-BREHM, N 50 f.). Bestehen Zweifel über die entlastenden Tatsachen, so wird der Tierhalter von seiner Haftung nicht befreit (BGE 110 II 136, 139 = Pra 1984, 478). Der Halter muss auch beweisen, dass die Hilfsperson, der er sein Tier anvertraut hat, die gebotenen Vorkehren getroffen hat (BGer, a.a.O.). Insgesamt stellt die Rsp. *strenge Anforderungen* an den Befreiungsbeweis (BGE 131 III 115, 117 ff.; KELLER, I, 186 ff.; OFTINGER/STARK, II/1, 396). 15

Die **mangelnde Sorgfalt** kann in verschiedenen Formen zum Ausdruck kommen (vgl. OFTINGER/STARK, II/1, 395): Reizen, falsches Behandeln oder Misshandeln eines Tieres; unzweckmässige Leitung und Führung eines Tieres oder falsche Handhabung eines Gefährts; unzweckmässige Organisation der Tierhaltung, v.a. in Bezug auf die Betreuung und Überwachung; Verwendung ungeeigneten Materials oder Werkzeugs; Verwendung oder Behandlung der Tiere in einer Art, die eine Gefährdung für Personen und Sachen mit sich bringt. Im Einzelnen sind diese Punkte für bestimmte Konstellationen und Tierarten durch die Rsp., aber auch in Fachempfehlungen, etwa der Beratungsstelle für Unfallverhütung in der Landwirtschaft, konkretisiert worden (vgl. zur Bedeutung allg. anerkannter Verhaltensregeln BGE 126 III 14, 17 = Pra 2000, 275). Das gilt insb. für die Sorgfaltspflicht des Hundehalters, des Pferdehalters (vgl. BGer, 30.10.2009, 6B_66/2009, E. 5.2 f. = njus 2009, 54 ff.) sowie des Viehhalters (vgl. BGer, 29.7.2010, 6B_1084/2009, E. 3 ff. = njus 2010, 85 f.; m.w.Nw. BK-BREHM, N 60 ff.; OFTINGER/STARK, II/1, 402 ff.; KELLER, I, 187 f.). 16

2. Schadenseintritt trotz aller Sorgfalt

Die zweite der besonderen Befreiungsmöglichkeiten wird in Art. 56 Abs. 1 identisch definiert wie in Art. 55 Abs. 1. Insofern kann auf die entsprechenden Ausführungen zu Art. 55 verwiesen werden (s. Art. 55 N 23). Ist das Verhalten eines Tieres so unvorhersehbar, dass es den Schaden auch bei grösster Sorgfalt angerichtet hätte, so ist eine Haftpflicht nicht gegeben, weil es *an der erforderlichen Kausalität mangelt*. Zwischen der Verletzung der Sorgfaltspflicht und dem eingetretenen Schaden muss ein **adäquater Kausalzusammenhang** bestehen (BGE 104 II 28 ff.; BK-BREHM, N 86). Auch in Bezug auf diese Befreiungsmöglichkeit bestehen *strenge Anforderungen*. Der Entlastungsbeweis ist *strikt* zu erbringen. Er muss als gescheitert gelten, wenn auch nur die entfernte *Möglichkeit* besteht, dass bei Anwendung der geforderten Sorgfalt der Schaden nicht eingetreten wäre (BGE 131 III 115, 120). 17

IV. Rückgriff

Nach Art. 56 Abs. 2 bleibt dem Tierhalter der Rückgriff *vorbehalten*, wenn das Tier **von einer anderen Person** oder durch das Tier einer andern Person gereizt worden ist. Überwiegender 18

Auffassung nach stellt diese Best., verglichen mit der Regressordnung von Art. 51 Abs. 2, *keine Besonderheit dar*; weder gewährt sie ein besonderes Rückgriffsrecht noch schliesst sie ein bestehendes, allg. Rückgriffsrecht aus (vgl. KELLER/GABI, 183; BK-BREHM, N 90; HONSELL/ISENRING/KESSLER, Haftpflichtrecht, § 17 N 15). Als Kausalhaftpflichtiger hat der Tierhalter ein Rückgriffsrecht gegen aus Verschuldenshaftung oder aus Vertrag Ersatzpflichtige. Eine *Teilung des Schadenersatzes* dürfte dort angemessen sein, wo ein fremdes Tier das eigene Tier gereizt hat, ohne dass sich der fremde Halter befreien kann, diesen aber auch nicht zusätzlich ein Verschulden trifft (ebenso BK-BREHM, N 93; s.a. SJZ 1990, 400 f.). Trifft einen der beiden Halter ein zusätzliches Verschulden, so kommt wiederum die Rückgriffsordnung gem. Art. 51 Abs. 2 zum Tragen.

Art. 57

II. Pfändung des Tieres

[1] Der Besitzer eines Grundstückes ist berechtigt, Dritten angehörige Tiere, die auf dem Grundstücke Schaden anrichten, zur Sicherung seiner Ersatzforderung einzufangen und in seinen Gewahrsam zu nehmen und, wo die Umstände es rechtfertigen, sogar zu töten.

[2] Er ist jedoch verpflichtet, ohne Verzug dem Eigentümer davon Kenntnis zu geben und, sofern ihm dieser nicht bekannt ist, zu dessen Ermittlung das Nötige vorzukehren.

II. Droit de s'emparer des animaux

[1] Le possesseur d'un immeuble a le droit de s'emparer des animaux appartenant à autrui qui causent du dommage sur cet immeuble, et de les retenir en garantie de l'indemnité qui peut lui être due; il a même le droit de les tuer, si cette mesure est justifiée par les circonstances.

[2] Il est toutefois tenu d'aviser sans retard le propriétaire des animaux, et, s'il ne le connaît pas, de prendre les mesures nécessaires pour le découvrir.

II. Diritto di impadronirsi degli animali

[1] Il possessore di un fondo può impadronirsi degli animali altrui che vi recano danno, e ritenerli in garanzia del risarcimento, e, dove sia giustificato dalle circostanze, anche ucciderli.

[2] Deve però tosto avvertirne il proprietario, e, se non gli è noto, far le pratiche necessarie per rintracciarlo.

I. Recht des Grundstückbesitzers

1 Die «Pfändung des Tieres» steht dem **Besitzer eines Grundstückes** zu. Die Definitionen von Besitzer und Grundstück ergeben sich aus Art. 919 bzw. 655 ZGB. Neben dem Grundeigentümer sind auch Mieter und Pächter berechtigt, sich auf Art. 57 zu berufen. Das Retensionsrecht (s. N 2) und das Recht zur Tötung (s. N 3) schliessen sich gegenseitig nicht aus, sondern können u.U. auch in der einen oder anderen Reihenfolge nacheinander ausgeübt werden (CHK-CH. MÜLLER, N 2; vgl. auch BK-BREHM, N 12).

II. Retentionsrecht

2 Die durch Art. 57 vorgesehene Privatpfändung ist eine **Form der Selbsthilfe**, wobei nicht ein Pfandrecht, sondern lediglich ein Retentionsrecht gewährt wird (ZK-OSER/SCHÖNENBERGER, N 1; OFTINGER/STARK, II/1, 366). Art. 57 besitzt rein repressiven Charakter, indem die Selbsthilfe nur zulässig ist zur *Sicherung einer bereits entstandenen Schadenersatzforderung*, nicht jedoch zur Abwehr künftiger Schäden (OFTINGER/STARK, a.a.O.). Hat ein auf das Grundstück des Geschädigten eingedrungenes Tier noch keinen Schaden angerichtet, so darf es nicht eingefangen, sondern muss vertrieben werden (BK-BREHM, N 8). Das Retentionsrecht fällt dahin, sobald der Geschädigte Ersatz oder eine anderweitige Sicherstellung für den erlittenen

Schaden erhalten hat. Die Verwertung des retinierten Tieres richtet sich nach Art. 898 ZGB (CHK-CH. MÜLLER, N 4 m.w.H.).

III. Recht zur Tötung

Rechtfertigen es die Umstände, ist der Besitzer eines Grundstücks zur Tötung eines eindringenden Tieres berechtigt, ohne dass er dafür Ersatz leisten müsste (BK-BREHM, N 12; *lex specialis* zu Art. 52 Abs. 2). Der **Verhältnismässigkeitsgrundsatz** verlangt jedoch einerseits, dass das Tier auf der Liegenschaft Schaden verursacht hat, und dass es andererseits unmöglich ist, bevorstehenden weiteren Schaden anders als durch Tötung abzuwenden (BGE 78 IV 83 f.). Entscheidend ist, welche Massnahme der Betroffene in guten Treuen für notwendig und geeignet halten darf, um weiteren Schaden abzuwenden (BGE 77 IV 194, 197). Ein aggressiver, wilder Hund darf ggf. getötet werden, jedoch nicht eine Katze, die ohne grösseren Aufwand verscheucht werden kann (BGE 78 IV 83 f.). Die Selbsthilfehandlung darf nicht nur vom Besitzer des Grundstücks persönlich, sondern auch durch dessen Hilfspersonen vorgenommen werden (BGE 77 IV 194, 196). Für die proaktive Schadensabwehr – *vor* Eintritt einer Schädigung – bietet Art. 57 keine Grundlage; hierfür kann aber auf die Bestimmungen zum Besitzesschutz (Art. 926 Abs. 1, Art. 928 ZGB) zurückgegriffen werden (KUKO OR-SCHÖNENBERGER, N 1 m.w.H.). 3

IV. Anzeigepflicht (Abs. 2)

Die Anzeigepflicht stellt kein Gültigkeitserfordernis für die Selbstpfändung dar. Immerhin kann die **Unterlassung der Anzeige** zu einer Schadenersatzpflicht gestützt auf Art. 41 führen (vgl. BK-BREHM, N 18). 4

Art. 58

E. Haftung des Werkeigentümers
I. Ersatzpflicht

[1] Der Eigentümer eines Gebäudes oder eines andern Werkes hat den Schaden zu ersetzen, den diese infolge von fehlerhafter Anlage oder Herstellung oder von mangelhafter Unterhaltung verursachen.

[2] Vorbehalten bleibt ihm der Rückgriff auf andere, die ihm hierfür verantwortlich sind.

E. Responsabilité pour des bâtiments et autres ouvrages
I. Dommages-intérêts

[1] Le propriétaire d'un bâtiment ou de tout autre ouvrage répond du dommage causé par des vices de construction ou par le défaut d'entretien.

[2] Est réservé son recours contre les personnes responsables envers lui de ce chef.

E. Responsabilità del proprietario di un'opera
I. Obbligo del risarcimento

[1] Il proprietario di un edificio o di un'altra opera è tenuto a risarcire i danni cagionati da vizio di costruzione o da difetto di manutenzione.

[2] Gli è riservato il regresso verso altre persone, che ne sono responsabili in suo confronto.

Literatur

BECK, Sicherungspflichten eines Werkeigentümers im Winter, SVZ 1993, 124 ff. (zit. SVZ 1993); DERS., Die Haftung für mangelhafte Strassen, Strassenverkehrsrechts-Tagung 1994 (zit. Strassenverkehrsrechts-Tagung 1994); BÜTLER, Zur Haftung von Werkeigentümern und Tierhaltern bei Unfällen auf Wanderwegen, S&R 2009, 106 ff.; BÜTLER/SUTTER, Verkehrssicherungspflichten gegen Steinschlag auf Strassen, ZBl 2007, 469 ff.; CH. CHAPPUIS/BECKER, La responsabilité de l'Etat pour les routes, in: Werro/Stöckli (Hrsg.), Journées du droit de la circulation routière, Bern 2006, 91 ff.; FLEISCHMANN, Die Werkeigentümerhaftung für mangelhafte Strassen und mangelhaften Strassenunterhalt, in: A. Müller (Hrsg.), Collezione Assista, Genf 1998, 140 ff.; HEIERLI et al., Haftpflicht- und Privatversicherungsrecht, Entwicklungen 2009, Bern 2010 (zit. njus 2009); DIES., Haftpflicht- und Privatversicherungsrecht, Entwicklungen

2010, Bern 2011 (zit. njus 2010); A. KOLLER., Ausservertragliche Haftung für Werkmängel, Jusletter vom 7.9.2009; NEF, Die Werkeigentümerhaftung gemäss Art. 58 OR, in: FS für Ernst A. Kramer, Basel 2004, 853 ff.; NIGG, OR 58 und die öffentlichen Strassen, in: Liber amicorum für Roland Brehm, Bern 2012, 281 ff.; SAVIAUX, La responsabilité du bailleur de biens immobiliers, AJP 2009, 867 ff.; SCHUMACHER (Hrsg.), Sicheres Bauen und sichere Bauwerke: Wer haftet? Alle!, Zürich 2010; STIFFLER, Schweizerisches Schneesportrecht, 3. Aufl., Bern 2002; WESSNER, L'obligation de sécurité du bailleur à l'égard des usagers de l'immeuble, in: Bohnet/Wessner (Hrsg.), 16e Séminaire sur le droit du bail, Zürich 2010, 65 ff.; WIDMER, Bodenhaftung – Fragezeichen zur Passivlegitimation und zum Haftungsprinzip in den «Eigentümerhaftungen» der Art. 679 ZGB und 58 OR, in: FS für Heinz Rey. Aktuelle Aspekte des Schuld- und Sachenrechts, Zürich 2003, 343 ff.; L. WYSS, Technische Normen und Vorschriften im Spannungsfeld zwischen Haftpflicht- und Produktesicherheitsrecht, AJP 2006, 53 ff.

I. Anwendungsbereich und Abgrenzung

1 Nach Art. 58 Abs. 1 muss der **Eigentümer** eines Gebäudes oder eines anderen Werkes den Schaden ersetzen, der infolge *fehlerhafter Anlage oder Herstellung oder mangelhaften Unterhalts* verursacht wird. Die Werkhaftung (oder Werkeigentümerhaftung) stellt eine **Kausalhaftung** dar. Sie ist auch auf das Gemeinwesen (juristische Personen des öffentlichen Rechts) anwendbar (BGE 112 II 228, 229 ff.; 96 II 337, 341 = Pra 1971, 258).

2 **Abzugrenzen** ist Art. 58 in erster Linie von Art. 679 ZGB (Grundeigentümerhaftung). Art. 58 OR und Art. 679 ZGB sind *konkurrierend* anwendbar, sofern die Voraussetzungen beider Best. erfüllt sind (BGE 111 II 429, 436). Dies ist dann der Fall, wenn die Überschreitung des Grundeigentümerrechts auf Mängel eines Gegenstandes zurückzuführen ist, der ein Werk i.S.v. Art. 58 darstellt. Entgegen einer früheren Auffassung ist Art. 679 ZGB nicht eine «Ergänzung» zu Art. 58, sondern bezieht sich auf einen anderen Tatbestand, nämlich einen solchen des sachenrechtlichen Nachbarrechts (vgl. OFTINGER/STARK, II/1, 171 f.; REY, N 1120 ff.). Anspruchskonkurrenz kann im Weiteren bestehen im Verhältnis zur vertraglichen Haftung des Arbeitgebers sowie des Vermieters (GAUCH/AEPLI/STÖCKLI, N 2 m.Nw.). Gemäss Art. 61 ist Art. 58 nicht anzuwenden auf die Verantwortung des Gemeinwesens, sofern ein Schaden unvermeidbar mit der Ausübung hoheitlicher Funktionen zusammenhängt. Ansonsten aber ist die privatrechtliche Best. von Art. 58 vollumfänglich anwendbar und geht damit den Normen über die Beamtenhaftpflicht vor (BGE 116 II 645, 648; BGer, 13.10.2009, 4A_235/2009, E. 3.1). Das ist insb. von Bedeutung bei der Verursachung von Unfällen durch Mängel von Strassen, Plätzen, öffentlichen Treppen usw. (BGE 130 III 736, 743; 108 II 184, 185; OFTINGER/STARK, II/1, 175; KELLER, I, 192). Der Hilfspersonenhaftung nach Art. 55 geht die Werkeigentümerhaftung vor, wenn die Voraussetzungen der Letzteren gegeben sind (BGer, 2.10.2000, 4C.119/2000, E. 2a; vgl. auch BGE 129 III 65 ff.; anders noch 96 II 355, 359 f.).

II. Haftung des Werkeigentümers als Kausalhaftung

1. Verhältnis zur Verschuldenshaftung

3 Als Kausalhaftung setzt die Werkhaftung **kein Verschulden** voraus. Die Haftungsvoraussetzung der Mangelhaftigkeit des Werkes enthält zwar häufig den Vorwurf einer Pflichtverletzung (vgl. BGE 130 III 193, 196), doch ist eine objektive Sorgfaltspflichtverletzung für die Haftung nach Art. 58 nicht erforderlich (OFTINGER/STARK, II/1, 162). Der Werkeigentümer haftet sodann selbst bei Urteilsunfähigkeit. Unerheblich ist auch, ob der Mangel des Werkes durch den Eigentümer selbst herbeigeführt oder durch fremde Personen verursacht worden ist.

4 Trifft den Werkeigentümer *zusätzlich ein Verschulden*, so ist dies grundsätzlich soweit unerheblich, als die Voraussetzungen der Haftung nach Art. 58 gegeben sind. Art. 58 hat gegenüber Art. 41 nach der bundesgerichtlichen Rsp. exklusive Geltung (OFTINGER/STARK, II/1, 174; vgl. BGE 129 III 65, 69; vgl. zur früher schwankenden Praxis z.B. BGE 116 II 422,

424 sowie BK-Brehm, N 142 ff.). Art. 41 ist jedoch dann von Bedeutung, wenn im Rahmen der Werkhaftung **eine Voraussetzung nicht gegeben** ist, z.B. die Werkqualität des schadenverursachenden Gegenstandes. Sodann stellt sich die Frage des Verschuldens bei der Schadenersatzbemessung, wenn es darum geht, über die *Kompensation* eines Selbstverschuldens des Geschädigten durch ein Verschulden des Werkeigentümers zu befinden (vgl. BGE 111 II 429, 443; 116 II 422, 427 f.; dazu Merz, ZBJV 1992, 206 f.; s. Art. 44 N 10). Schliesslich kann das Verschulden dann eine Rolle spielen, wenn Art. 58 in Konkurrenz mit einer vertraglichen Haftung gerät und z.B. der ausservertragliche Anspruch nach Art. 60 bereits verjährt ist (vgl. BK-Brehm, N 150 ff.).

2. Entlastungsgründe

Im Unterschied namentlich zu Art. 55 und 56 steht dem Werkeigentümer **nicht der Entlastungsnachweis** offen, er habe die nötige Sorgfalt im Zusammenhang mit der Erstellung und dem Unterhalt des Werks aufgewendet (BGer, 2.3.2005, 4C.386/2004, E. 2.3; vgl. auch BGE 91 II 201, 212). Die Haftung entfällt aber, wenn nach den allg. Grundsätzen der *Kausalzusammenhang* unterbrochen wird (BGE 116 II 422, 427; BGer, 7.7.2009, 4A_170/2009, E. 2.2 = njus 2009, 113; BGer, 20.2.2014, 4A_385/2013, E. 6 ff.). Namentlich bei Drittverhalten oder Selbstverschulden des Geschädigten ist die Unterbrechung des Kausalzusammenhangs nicht leichthin anzunehmen (vgl. BGE 117 II 50, 55 f.; vgl. Art. 41 N 21, Art. 58 N 16). Wird der Kausalzusammenhang nicht unterbrochen, so kommt eine Kürzung des Schadenersatzes je nach Grad des Selbstverschuldens des Geschädigten in Frage (vgl. BK-Brehm, N 115 ff. m.Nw.). Die Art. 42 ff. sind auf die Festsetzung des nach Art. 58 zu leistenden Schadenersatzes anwendbar (BGer, 26.1.2010, 4A_481/2009, E. 3.1 = njus 2010, 29 ff.). 5

3. Wegbedingung der Haftung

Es ist **str.**, ob und inwieweit sich eine **vertragliche Wegbedingung der Haftung** auch im Rahmen des Deliktrechts auswirkt (s. Art. 41 N 2). Eine *einseitige Enthaftungserklärung*, insb. in Form einer Hinweistafel («Vorsicht Glatteis – Durchgang auf eigene Gefahr»; «Zutritt verboten – jede Haftung wird abgelehnt» o.ä.), vermag – Art. 6 vorbehalten – mangels Vertragsschluss eine Haftung zwar i.d.R. nicht wegzubedingen (BK-Brehm, N 133), doch kann aufgrund des Warnhinweises entweder der Werkmangel zu verneinen (vgl. N 15, 23) oder die adäquate Kausalität wegen grobem Selbstverschulden unterbrochen sein (vgl. N 5, N 16), oder es kann wenigstens der Schadenersatz nach Art. 44 reduziert werden (vgl. N 5, Art. 44 N 7 ff.). 6

III. Voraussetzungen der Haftpflicht des Werkeigentümers

1. Allgemeine Haftungsvoraussetzungen

Die Haftung nach Art. 58 erfordert zunächst das Vorliegen der **allgemeinen Haftungsvoraussetzungen** (Schaden oder immaterielle Unbill, Kausalität und Widerrechtlichkeit). Nicht zu folgen ist der Lehrmeinung, wonach nach Art. 58 nur für Personen- und Sachschäden Ersatz zu leisten ist (vgl. Roberto, Haftpflichtrecht, N 11.03; KUKO OR-Schönenberger, N 6; Schwenzer, N 53.17). Ist eine entsprechende Vermögensschutznorm und damit die Widerrechtlichkeit gegeben, so kann die Werkeigentümerhaftung auch als Anspruchsgrundlage für den Ersatz reiner Vermögensschäden dienen (vgl. Oftinger/Stark, II/1, 184). Art. 58 *selber* ist aber keine Vermögensschutznorm (BGer, 27.3.2007, 4C.413/2006, E. 4). Der Kausalzusammenhang muss zwischen dem Werkmangel und dem eingetretenen Schaden bestehen, d.h. bei mängelfreiem Werk (rechtmässiges Alternativverhalten) müsste der Schaden entfallen. Die Werkeigentümerhaftung greift trotz Werkmangel nicht, wenn feststeht, dass auch bei richtigem Unterhalt des Werkes weder der Schadenseintritt verhindert noch dessen Auswir- 6a kungen gemindert worden wären (BGE 122 III 229, 233 ff.; vgl. zur Frage des Beweismasses Art. 41 N 29a).

2. Subjekt der Haftung

7 Für einen durch ein Gebäude oder ein anderes Werk verursachten Schaden (oder eine immaterielle Unbill) haftet grundsätzlich die Person, die zum Zeitpunkt der Schädigung **Eigentümerin** ist. Eigentum ist ein formales Kriterium, das nach den Best. des Sachenrechts zu konkretisieren ist (BGE 123 III 306, 309; 121 III 448, 449). Abzugrenzen ist der Eigentümer vom *Besitzer* eines Grundstücks, vom *Halter* einer Sache sowie vom *Inhaber* eines Betriebs oder einer Anlage (BGE 106 II 201, 205; OFTINGER/STARK, II/1, 176). Unerheblich ist, ob der Eigentümer unmittelbarer oder mittelbarer Besitzer des Werkes ist. Mieter, Pächter oder Nutzniesser haften grundsätzlich nicht nach Art. 58. Sie sind gegenüber dem Geschädigten Dritte und ggf. als aus Art. 41 solidarisch haftende Mitersatzpflichtige belangbar. Als solche sind sie dem Regress des Werkeigentümers ausgesetzt (OFTINGER/STARK, II/1, 177).

8 Im Einzelnen können sich **Abgrenzungs- und Interpretationsfragen** ergeben (vgl. BK-BREHM, N 7 ff.; REY, N 1066 ff.; OFTINGER/STARK, II/1, 177 ff.; GAUCH/AEPLI/STÖCKLI, N 4 f.). Der **Werkeigentümer** ist i.d.R. identisch mit dem Eigentümer der Bodenfläche, auf oder unter der ein Werk sich befindet (Art. 676 ZGB; OFTINGER/STARK, II/1, 178). Besteht jedoch keine Verbindung mit der Bodenfläche, z.B. bei Fahrnisbauten oder beweglichen Sachen, ist auf den effektiven Eigentümer der beweglichen Sache abzustellen, sofern diesem ein auf Gesetzesvorschrift oder Vertrag beruhendes dingliches Recht zusteht (Art. 677 ZGB; BGE 74 II 155, 156). Sodann kann durch ein als Dienstbarkeit begründetes Baurecht die Befugnis erteilt werden, Werke der verschiedensten Art auf einem fremden Grundstück zu besitzen. Eigentümer nach Art. 58 ist hier derjenige, dem das ausgesonderte Werk gehört (OFTINGER/STARK, II/1, 179). Fiduziarisches Eigentum begründet die Haftpflicht des Fiduziars, weil diesem gegen aussen die Rechtsstellung eines Eigentümers zukommt (OFTINGER/STARK, II/1, 177).

9 Bei einer **Mehrheit von Eigentümern** sind *Gesamteigentum* und *Miteigentum* zu unterscheiden. Bei Gesamteigentum haften alle Eigentümer solidarisch. Hinsichtlich des Miteigentums besteht Uneinigkeit darüber, ob anteilsmässige oder solidarische Haftung besteht (vgl. OFTINGER/STARK, II/1, 180; BK-BREHM, N 17 ff.; VON TUHR/PETER, 459). Das BGer hat sich zum Schutz der Geschädigten für eine *solidarische* Haftung der Miteigentümer ausgesprochen (BGE 117 II 50, 63 f. = Pra 1992, 506 ff.). Mit Bezug auf Stockwerkeigentum kann dies aber nur gelten, wenn der Mangel einen gemeinschaftlichen Werkteil betrifft; für Mängel eines dem Sondernutzungsrecht eines Stockwerkeigentümers unterstehenden Werkteils haftet der betr. Eigentümer allein (OFTINGER/STARK, II/1, 180 f.). Bei *kombinierten* Gegenständen ist als Eigentümer jene Person anzusehen, deren Werk für den Zweck des kombinierten Werkes die Hauptrolle spielt. Meistens handelt es sich dabei um den Eigentümer des wichtigeren Werks (DESCHENAUX/TERCIER, 126; BK-BREHM, N 22). Lässt gerade die *Kombination* der Werke beide als mangelhaft erscheinen (z.B. durch ihre räumliche Anordnung oder ihre funktionelle Beziehung), so sind konkurrierende Klagen gegen beide Werkeigentümer denkbar (solidarische Haftung). Dies ist aber z.B. *nicht* der Fall bei einem tadellosen Hydranten, der zu nah an einer Strasse platziert ist: Wird durch die räumliche Anordnung nur die Strasse in ihrer Funktion gestört, so ist auch nur sie als mangelhaft zu beurteilen; eine auf Art. 58 gestützte Haftung der Eigentümerin des Hydranten kommt dann nicht in Betracht (BGE 79 II 75, 78 f.; 130 III 736, 740 f.; **a.A.** noch 59 II 166, 169).

10 Die Grenzen der Werkmängelhaftung decken sich nicht zwingend mit jenen des sachenrechtlichen Eigentums (vgl. BGE 130 III 736, 740). Für **Sondertatbestände** wurde der Grundsatz aufgestellt, dass – auch ohne sachenrechtliche Eigentümerstellung – nach Art. 58 haftbar ist, wer eine Anlage als Ganzes nach seinem Ermessen erstellt hat, sie benutzt, effektiv die Herr-

schaft darüber hat und auch für den Werkunterhalt sorgen muss (vgl. BGE 123 III 306, 309 zur Haftung des Konzessionärs; m.w.Nw. BK-Brehm, N 14). Dies gilt insb. für öffentliche Strassen und Wege (s. N 21 ff.).

3. Werkbegriff

Art. 58 setzt die Mangelhaftigkeit eines *Gebäudes oder eines anderen Werkes* voraus. **Gebäude** sind Bauwerke irgendwelcher Art. Dabei ist gleichgültig, welchen Zwecken sie dienen, wie sie mit dem Boden verbunden sind und aus welchen Materialien sie bestehen. Gemeinsam ist den Gebäuden, «dass künstlich errichtete oder durch künstliche Aushöhlung geschaffene Wände irgendwie geartete Räume umschliessen» (Oftinger/Stark, II/1, 185). **11**

Als **Werke** i.S.v. Art. 58 gelten *stabile*, durch Menschenhand *künstlich hergestellte oder angeordnete*, bauliche oder technische Anlagen, die *mit dem Erdboden*, sei es direkt oder indirekt, *dauerhaft verbunden* sind (BGE 130 III 736, 740; 121 III 448, 449; Rey, N 1044; BK-Brehm, N 27 f.). Unter den Werkbegriff fallen so unterschiedliche Gegenstände wie ein Dampfkessel, eine Wasserleitung (vgl. BGer, 13.10.2009, 4A_235/2009, E. 3.1) oder eine Telefonstange (Oftinger/Stark, II/1, 188). Die Verbindung mit dem Erdboden kann auch bloss vorübergehend sein («relative Stabilität»; CHK-Ch. Müller, N 6), wie z.B. bei einem Baugerüst (KUKO OR-Schönenberger, N 8; Schwenzer, N 53.20; vgl. BGE 96 II 355, 359). Zum Werk gehören auch «Teile und Zugehör, wenn sie mit dem Werk oder mit dem Boden fest verbunden sind, z.B. Treppen, Aufzüge und Leitungen als Bestandteile eines Hauses; ferner Mauern, Abschrankungen und Schutzbauten als Teile einer Strasse» (BGE 106 II 201, 203; 96 II 34, 35). Mängel solcher integrierender Bestandteile – u.U. auch deren Fehlen (vgl. BGE 55 II 194, 196) – gelten als Werkmangel der Hauptsache (CR CO I-Werro, N 10). **12**

Die h.L. und Rsp. ist der Auffassung, ein Werk i.S.v. Art. 58 müsse vollendet oder wenigstens vorzeitig (bzw. trotz Umbau) seiner vorgesehenen Zweckbestimmung übergeben sein (vgl. BGE 108 II 184, 185 f.; BK-Brehm, N 48 ff.; Handkomm-OR-Fischer, N 13; Honsell/Isenring/Kessler, Haftpflichtrecht, § 18 N 8; CHK-Ch. Müller, N 14 f.; Oftinger/Stark, II/1, 211; Rey, N 1048 f.; Schnyder/Portmann/Müller-Chen, N 296). Davon abweichend wird in der Lehre die Auffassung vertreten, dass der Eigentümer eines im Bau oder Umbau befindlichen Werkes auch nach Art. 58 für Schäden zu haften hat, die durch vom Werk ausgehende Gefahren verursacht werden (z.B. Haftung für eine Dachlawine). Ob ein Werk vollendet und seiner Zweckbestimmung übergeben ist, hat nach dieser Ansicht ausschliesslich Einfluss auf die Frage, ob ein Werkmangel vorliegt (KUKO OR-Schönenberger, N 10; Schwenzer, N 53.22; krit. zur h.A. auch CR CO I-Werro, N 11): An unvollendete, (noch) nicht zum Gebrauch freigegebene Werke sind hinsichtlich Mängelfreiheit andere Anforderungen zu stellen als an vollendete Werke. **12a**

Verbauungen für **Skipisten** sowie künstlich angelegte und/oder bearbeitete Pisten gelten ebenfalls als Werke (BGE 130 III 193 ff.). Ob dies auch für Skipisten gilt, die lediglich durch Stangen signalisiert sind, ist **str.** (vgl. BK-Brehm, N 31 ff.; abl. Rey, N 1046; Keller, I, 199; offen gelassen in BGE 130 III 193, 195; vgl. auch BGE 121 III 358 ff.). Ausnahmsweise kann auch ein **Baum** durch die Art seiner Anpflanzung oder infolge künstlicher Veränderungen zu einem Werk werden (BK-Brehm, N 30; Oftinger/Stark, II/1, 192 f.; Rey, N 1045). Im Übrigen aber ist der Baum als Gegenstand der Natur kein Werk (offen gelassen in BGE 112 II 439, 441; vgl. auch 121 III 358 ff.). Eine **Wiese** ist grundsätzlich nicht als Werk zu betrachten. Allerdings sind Grenzfälle denkbar, die zu einer Anerkennung der Werkqualität führen können, etwa mit Bezug auf einen Golfplatz oder eine im Rahmen eines Spielplatzes errichtete und gestaltete Spielwiese (Oftinger/Stark, II/1, 194). **Luftseilbahnen und Skilifte** fallen zwar unter den Werkbegriff (vgl. BGE 126 III 113, 115 = Pra 2000, 1135), doch wird Art. 58 hier verdrängt durch die Haftungsbest. von Art. 20 SebG i.V.m. Art. 40b–40f EBG. Siehe zur Strasse als Werk N 21 ff. **12b**

4. Mängel des Werkes

13 Ein Werk ist mangelhaft, wenn es nicht die für seinen **bestimmungsgemässen Gebrauch** erforderliche Sicherheit bietet (BGE 130 III 736, 741 f.; 130 III 193, 196). Bestimmungs*widrigem* Gebrauch braucht das Werk nicht gewachsen zu sein, ausser wenn aufgrund der Beschaffenheit des Werkes augenfällig ist, dass Unvernunft und Unvorsicht zu schweren Schädigungen führen können, oder wenn es Kinder zu einer bestimmungswidrigen Benützung verleitet (BGE 130 III 736, 742 ff.; 116 II 422 ff.; vgl. N 16). Die Verpflichtung des Eigentümers, ein mängelfreies Werk zu errichten und zu unterhalten, ist um so strenger zu beurteilen, je grössere Risiken das Werk mit sich bringt und je kostengünstiger Sicherheitsvorkehrungen getroffen werden können (BGE 106 II 209, 210 = Pra 1981, 127; BGE 117 II 399, 401).

14 Die Art der Mängel hängt mit der Beschaffenheit des Werkes zusammen (BGE 130 III 736, 742). Mängel brauchen sich nicht auf die Konstruktion zu beziehen; sie können auch mit der Solidität von Bau- und anderen Stoffen sowie mit der räumlichen Anordnung eines Gegenstandes zusammenhängen. Von Bedeutung sind namentlich die äussere Gestalt, das verwendete Material, die Ausstattung, das Fehlen notwendigen Zubehörs sowie die Mängelfreiheit und das Zusammenwirken einzelner Funktionsteile (vgl. Oftinger/Stark, II/1, 199). Als *Ursachen* für den mangelhaften Zustand eines Werkes kommen gem. Art. 58 fehlerhafte Anlage oder Herstellung sowie mangelhafter Unterhalt in Frage. Die Mangelhaftigkeit beurteilt sich nach **objektiven Gesichtspunkten**. Subjektive Entschuldbarkeit ist nicht beachtlich. Die Mangelhaftigkeit ist aber *konkret*, d.h. unter Berücksichtigung aller am Ort des Geschehens relevanten Umstände – insb. der Zweckbestimmung des Werkes –, zu beurteilen (BGE 117 II 399 ff.; 96 II 34, 36).

15 Für die **Beurteilung der Mangelhaftigkeit** ist in erster Linie auf Bestimmungen zurückzugreifen, «die der Sicherheit und der Unfallverhütung dienen [. . .]. Fehlen gesetzliche oder reglementarische Vorschriften, kann auf entsprechende analoge Regeln abgestellt werden, welche von einem privaten oder halb-öffentlichen Verband erlassen wurden, sofern diese Regeln allgemein anerkannt sind» (vgl. z.B. BGer, 21.1.2009, 4A_458/2008, E. 3.3 betr. das Reglement der Fédération Internationale de Natation für die bauliche und technische Einrichtung von Schwimmbädern sowie BGer, 13.1.2014, 4A_359/2013, E. 3.4 betr. die Sicherheitsempfehlungen der Beratungsstelle für Unfallverhütung [bfu] für Planung, Bau und Betrieb von Hallen- und Freibädern und das Reglement des Schweizerischen Schwimmverbands über die Anforderungen an Wettkampfanlagen). Doch selbst wenn im konkreten Fall «keinerlei Sicherheitsvorschrift, welche ein Verhalten gebietet oder verbietet, überschritten wurde, ist noch zu prüfen, ob der Geschädigte die allgemeinen Sorgfaltspflichten eingehalten hat» (zum Ganzen BGE 126 III 113, 116 = Pra 2000, 1136). Ob eine behördliche Genehmigung für das Werk vorliegt (z.B. durch die Baupolizei), polizeiliche Vorschriften befolgt worden sind und die zuständigen Behörden den Zustand des Werkes gekannt und geduldet haben, kann deshalb höchstens als *Indiz* für oder gegen das Vorliegen eines Werkmangels gelten (vgl. BGE 91 II 201, 208; BGer, 2.3.2005, 4C.386/2004; Handkomm-OR-Fischer, N 2). Bei all diesen Aspekten können andere Gesichtspunkte massgebend sein als die Gefahrenverhütung, auf die allein es in Art. 58 ankommt (vgl. Oftinger/Stark, II/1, 207). Entscheidende Bedeutung kommt entsprechend dem *Gefahrensatz* zu (s. Art. 41 N 19a; vgl. BGer, 3.6.2010, 6B_214/2010, E. 5). Der Eigentümer muss grundsätzlich eine nichts und niemanden gefährdende Existenz und Funktion des Werkes sicherstellen. Auch unbeteiligte Dritte sowie das allg. Publikum sind gegen Gefahren des Werkes zu schützen (*Verkehrssicherungspflicht*; BGE 116 II 422, 424; 118 II 36 ff.; Oftinger/Stark, II/1, 203). Atypische Gefahren, die für den Benutzer nicht ohne weiteres erkennbar sind, müssen kenntlich gemacht werden (BGE 130 III 193, 199 betr. die Sicherung von Skipisten; vgl. auch BGer, 9.3.2009, 6B_925/2008, E. 1). Im Einzelnen ist die Beurteilung der Mangelhaftigkeit weitgehend Fallrecht (vgl. z.B. BGE 130 III 736 ff.; 126 III 113, 116 = Pra 2000, 1136; 123 III 306, 310; m.w.Nw. Oftinger/Stark, II/1,

215 ff.; GAUCH/AEPLI/STÖCKLI, N 8 ff.; BK-BREHM, N 68 ff., 84 ff.; REY, N 1054, 1056; KELLER, I, 200 ff.).

Bekannte und nicht zu vermeidende Risiken, die von der Benutzung des Werks ausgehen, sind nicht als Werkmangel zu qualifizieren (vgl. BGer, 1.10.2007, 4A_235/2007, E. 5.5 betr. ein vereistes Skilifttrassee mit Warnschild). Dasselbe gilt für Restrisiken bei der Einhaltung von Sicherheitsvorschriften (BGer, 13.1.2014, 4A_359/2013, E. 3.4.2: Ausreichende Wassertiefe bei Hotelschwimmbad). Überhaupt muss unter **Abwägung der sich gegenüberstehenden Interessen** entschieden werden, was im Einzelfall vernünftigerweise verlangt werden kann. Dabei müssen «einerseits der Grad der Wirksamkeit der Massnahme, ihre Kosten und ihre Nachteile und anderseits der Grad der Wahrscheinlichkeit der Gefahr und das Ausmass des zu erwartenden Schadens berücksichtigt werden» (BGE 126 III 113, 116 = Pra 2000, 1136). Der Ausschluss von Gefahren ist also nicht nur eine Frage der technischen Möglichkeiten, sondern auch der wirtschaftlichen Verhältnismässigkeit (BK-BREHM, N 55 ff.). Dem Werkeigentümer sind keine Aufwendungen zuzumuten, die in keinem Verhältnis zu den Interessen der Benutzer und zum Zweck des Werkes stehen (vgl. BGE 130 III 736, 742 f.; 126 III 113, 116 = Pra 2000, 1135; 122 III 229, 234 f.). Entsprechend stellt nicht jede Gefahrenquelle einen Werkmangel dar: Der Eigentümer muss nur normale Risiken vermeiden und nicht jedem noch so entfernt vorstellbaren Schaden vorbeugen (BGer, 22.1.2009, 4A_507/2008, E. 3.1 = njus 2009, 109). **15a**

Blosse Kenntnis des Mangels durch den Benützer entlastet den Eigentümer des Werks aber grundsätzlich nicht. In der Regel kann solche Kenntnis höchstens zu einer Reduktion der Schadenersatzpflicht wegen Selbstverschuldens führen (BK-BREHM, N 56 f.). Dem Benutzer obliegt jedoch eine gewisse **Selbstverantwortung** (vgl. BGE 117 II 399, 401; BGer, 5.4.2007, 4C.45/2007, E. 2; 13.1.2014, 4A_359/2013, E. 3.3 ff.). Der Werkeigentümer darf mit einem «vernünftigen und dem allgemeinen Durchschnitt entsprechenden vorsichtigen Verhalten der Benützer des Werkes rechnen» (BGE 116 II 422, 424). Risiken, die von den Benutzern mit einem Mindestmass an Vorsicht vermieden werden können, dürfen vom Werkeigentümer ausser Acht gelassen werden. Mit ausgefallenem, unwahrscheinlichem Verhalten muss er nicht rechnen (BGE 130 III 736, 742). Verwirklicht sich eine vom Werk ausgehende Gefahr nicht wegen des Verhaltens des Werkeigentümers, sondern wegen grobem Selbstverschulden, vorsätzlichem Drittverhalten oder aufgrund einer ausserordentlichen Naturkatastrophe, so entfällt die Haftung des Werkeigentümers wegen *Unterbrechung des adäquaten Kausalzusammenhangs* (vgl. BGer, 12.7.2010, 4A_244/2010, E. 2.1; 20.2.2014, 4A_385/2013, E. 6 ff.; OFTINGER/STARK, II/1, 202). Bei Naturkatastrophen ist jedoch zwischen höherer Gewalt und gewöhnlichem Zufall, für den der Werkeigentümer einstehen muss, zu unterscheiden (vgl. BÜTLER/SUTTER, 482 f.). **16**

Das objektive, bestimmungsgemässe Funktionieren eines Werkes ist vom Richter **ex post** zu beurteilen. Das bedeutet allerdings nicht, dass ein Werk stets alle neuesten technischen Errungenschaften aufweisen muss (BGE 102 II 343, 346). Auch lässt sich aus Massnahmen, die nach einem Unfall eingeleitet werden, nicht zwingend schliessen, dass der Werkunterhalt zuvor mangelhaft gewesen ist (BGer, 23.3.2009, 4A_20/2009, E. 2.3.1). **17**

Besondere Verantwortung auferlegt das BGer den Eigentümern **öffentlicher Gebäude** sowie privater Gebäude mit Publikumsverkehr. Hier werden an die Sicherheit und den Unterhalt des Werkes hohe Anforderungen gestellt (BGE 118 II 36 ff.; 117 II 399 ff.; vgl. auch 123 III 306, 310). **18**

Es ist Sache des Geschädigten, den **Werkmangel zu beweisen**. Letzterer ergibt sich nicht bereits aus der Kausalität zwischen Werk und Schaden (BGer, 22.2.2008, 4A_507/2008, E. 3.3 = njus 2009, 110). Ist ein Werk durch einen Unfall zerstört oder sonst nach einem Ereignis verändert worden, so könnte jedoch ein allzu strenges Beharren auf der Beweispflicht des Geschädigten die Werkeigentümerhaftung in vielen Fällen relativieren. Es ist daher u.U. ange- **19** zeigt, dass der Richter gestützt auf die *freie Beweiswürdigung* vom eingetretenen Schaden auf den mangelhaften Zustand eines Werkes schliesst (OFTINGER/STARK, II/1, 213 f.).

IV. Rückgriff

20 Abs. 2 von Art. 58 behält den Rückgriff des Werkeigentümers auf andere Haftpflichtige vor. Ein allfälliger Rückgriffsanspruch ergibt sich aus der allg. **Rückgriffsordnung von Art. 51**. Zu denken ist etwa an einen Regress im Verhältnis zu Architekt, Bauunternehmern oder Materiallieferanten, aber auch gegenüber Mietern oder Pächtern. Ein Regresspflichtiger kann gestützt auf eine vertragliche oder eine ausservertragliche Schadenersatzpflicht belangbar sein (vgl. OFTINGER/STARK, II/1, 231; BGE 106 II 201, 207 f.; 94 II 151, 153; vgl. zur Konkurrenz von Haftungsursachen auch BGE 129 III 65 ff.).

V. Haftpflicht des Strasseneigentümers im Besondern

21 Die **Werkeigenschaft von Strassen und Trottoirs** ist vom BGer in langjähriger Rsp. bestätigt worden (BGE 130 III 736, 742 f.; 129 III 65 ff.; m.w.Nw. BK-BREHM, N 161 ff.). Was für eigentliche Strassen zutrifft, gilt sinngemäss auch für Plätze, Radfahrer- und Fussgängerwege, Promenaden, Reitwege, Durchgänge, Verbindungsbrücken, Passagen u.ä. (BGE 118 II 36 ff.; OFTINGER/STARK, II/1, 233; BK-BREHM, N 162; GAUCH/AEPLI/STÖCKLI, N 19 f.).

22 *Subjekt der Haftpflicht* ist nach der allg. Regel von Art. 58 der **Eigentümer einer Strasse**, die zu einer Schädigung führt. Vorbehaltlos gilt dies für private Strassen, also «Grundstücke, die durch privatrechtliche Verfügung zu Strassen bestimmt worden sind und ausschliesslich gewissen Sonderbedürfnissen dienen, wie dem Zugang zu einem abgelegenen Haus oder dem internen Verkehr auf einem Fabrikgelände» (OFTINGER/STARK, II/1, 234). Die Werkeigentümerhaftung greift sodann auch bei öffentlichen Strassen (s. z.B. OGer AG, AGVE 1989, 20 ff.), wobei in diesen Fällen nicht immer eindeutig ist, wen die Haftpflicht trifft. Würde man ausschliesslich an das formale Kriterium des Eigentums anknüpfen, so wäre stets der (private oder öffentliche) Eigentümer verantwortlich, auch wenn die Herrschaft über die Strasse – und damit insb. der Unterhalt ders. – von einer anderen Person ausgeübt wird. Die Frage stellt sich zumal dort, wo Privateigentum der Öffentlichkeit (namentlich dem Publikumsverkehr) zugänglich ist, etwa wenn auf der privaten Strasse ein öffentlich-rechtliches Wegservitut lastet. Hier hat das BGer nicht den Eigentümer, sondern jenen für haftbar erklärt, der die **Herrschaft über die Strasse** ausübt, insb. wer über Bau und/oder Unterhalt der Strasse verfügt (BGE 121 III 448, 449 ff.; 106 II 201, 204; OFTINGER/STARK, II/1, 235). Dies gilt nicht, wenn das Wegrecht einem Privaten zusteht (vgl. BGE 121 I 65, 72). In BGE 118 II 36, 37 ff. hat das BGer ausserdem die Haftung des (privaten) Grundeigentümers für einen Trottoirabschnitt bejaht, obwohl dieser Abschnitt mit einer Dienstbarkeit belastet war und v.a. dem Publikumsverkehr diente. Entscheidend war, dass es nach örtlichem Recht den Hauseigentümern oblag, den Winterdienst für die Liegenschaftszugänge zu besorgen. Die Rsp., wonach bei öffentlichen Strassen nicht der Eigentümer, sondern die die Herrschaft ausübende Person (einschliesslich des Gemeinwesens) und insb. die für den Unterhalt zuständige Person passivlegitimiert sei, ist verschiedentlich auf Kritik gestossen (vgl. insb. OFTINGER/STARK, II/1, 236). Z.T. wird dafür plädiert, die Werkeigentümerhaftung des Gemeinwesens bereits nach geltender Gesetzgebung dem öffentlichen Recht zu unterstellen. Andere Lehrmeinungen sprechen sich *de lega ferenda* für eine besondere öffentlich-rechtliche Regelung hinsichtlich der Strassen aus (m.Hw. BK-BREHM, N 168).

23 Wie jedes andere Werk muss eine Strasse so angelegt und unterhalten sein, dass sie *hinreichende Sicherheit* bietet (BGE 103 II 240, 243 = Pra 1978, 146; vgl. BÜTLER/SUTTER, 477 ff.), und zwar sowohl mit Bezug auf Benutzer als auch auf Grundstücke, auf die sich ein **Werkmangel** schädigend auswirken könnte (BGer, 22.2.2008, 4A_507/2008, E. 3.2 = njus

2009, 109). Für die Anlage und den Unterhalt von Strassen dürfen die Anforderungen nicht zu hoch geschraubt werden, zumal etwa die Kantone nicht verpflichtet sind, ihre Strassen stets zu perfekten, autobahnähnlichen Gebilden auszubauen (BGE 130 III 736, 743). Das Strassennetz als Ganzes kann nicht in gleichem Mass unterhalten werden wie z.B. ein einzelnes Gebäude (BGer, 22.2.2008, 4A_507/2008, E. 3.2 = njus 2009, 109 f.). Es genügt, wenn die Strasse bei Anwendung gewöhnlicher Sorgfalt ohne Gefahr benützt werden kann. Es ist im Einzelfall zu prüfen, welches Mass an Unterhalt vom für die Strasse Verantwortlichen nach den zeitlichen, technischen und finanziellen Gegebenheiten erwartet werden kann (vgl. BGE 130 III 736, 743; 129 III 65, 67; GAUCH/AEPLI/STÖCKLI, N 21 f.; BK-BREHM, N 176 ff.; OFTINGER/STARK, II/1, 241 ff.). Zumal bei *Glatteisgefahr* hat aber das BGer bei starkem Publikumsverkehr die Verantwortung des Eigentümers hervorgehoben und in solchen Fällen für wirksame Gefahrenbeseitigung (Streuen, Auslegen eines Teppichs o.ä.) oder für das Aufstellen eines Warnschildes wegen weiter bestehender Gleitgefahr plädiert (BGE 129 III 65, 68; 118 II 36, 39 f.; einschränkend BGer, 23.3.2009, 4A_20/2009, E. 2.2 m.w.Nw.). Für das zumutbare Mass an Unterhalt ist nicht allein die Bezeichnung des Weges massgebend (z.B. «Bergwanderweg»), sondern die konkrete Nutzung. An Privateigentümer dürfen höhere Unterhaltsansprüche gestellt werden als an ein Gemeinwesen, das ein ganzes Strassennetz zu unterhalten hat (BGer, 12.7.2010, 4A_244/2010, E. 1.5). Die Verletzung *verwaltungsrechtlicher Vorschriften* über die Anlage und den Unterhalt von Strassen führt i.d.R. zur Bejahung eines Werkmangels, während die Einhaltung solcher Vorschriften bloss ein Indiz für die Mangelfreiheit darstellt (BGE 130 III 736, 743).

Auch bei der Haftung für Strassen kann die **Ersatzpflicht herabgesetzt** werden, wenn den Geschädigten ein *Selbstverschulden* trifft. Vom Benützer der Strasse wird erwartet, dass er die durch die Umstände gebotene Aufmerksamkeit walten lässt (BGE 108 II 50, 55). Besondere Vorsicht ist geboten bei witterungsmässig schlechten Strassenverhältnissen (BGE 98 II 40, 44; vgl. aber BGer, 12.7.2010, 4A_244/2010, E. 2.2: Keine Obliegenheit zur Anbringung von Spikes an Schuhsohlen) sowie bei Behinderung und Einschränkung von Strassen durch Bauvorhaben (BGE 108 II 184, 186 f.). Auch die Betriebsgefahr eines Fahrzeuges des Geschädigten kann zu einer Reduktion des Schadenersatzanspruchs führen (BGE 129 III 65, 69 f.; 108 II 51, 57). **24**

Art. 59

II. Sichernde Massregeln

[1] Wer von dem Gebäude oder Werke eines andern mit Schaden bedroht ist, kann von dem Eigentümer verlangen, dass er die erforderlichen Massregeln zur Abwendung der Gefahr treffe.

[2] Vorbehalten bleiben die Anordnungen der Polizei zum Schutze von Personen und Eigentum.

II. Mesures de sûreté

[1] Celui qui est menacé d'un dommage provenant du bâtiment ou de l'ouvrage d'autrui a le droit d'exiger du propriétaire que celui-ci prenne les mesures nécessaires pour écarter le danger.

[2] Sont réservés les règlements de police concernant la protection des personnes et des propriétés.

II. Misure di sicurezza

[1] Chi ha ragione di temere danno da un edificio o da altra opera altrui, può esigere che il proprietario provveda in debito modo a rimuovere il pericolo.

[2] Rimangono fermi i regolamenti di polizia concernenti la protezione delle persone e delle proprietà.

I. Anwendungsbereich und Abgrenzung

1 Art. 59 stellt neben der Schadenersatzklage gem. Art. 58 ein **weiteres Rechtsschutzmittel gegenüber einem Werkeigentümer** zur Verfügung. Die Best. hat nur eine sehr geringe praktische Bedeutung.

2 Art. 59 ist namentlich gegenüber **Art. 685 ZGB** abzugrenzen (vgl. BK-Brehm, N 6 ff.). Beide Best. beziehen sich auf einen Fall, in dem jemand von einem Werk mit Schaden bedroht wird. Art. 685 ZGB ist insofern enger, als damit nur der Schutz des Nachbars bezweckt wird. Sodann statuiert Art. 59 eine Pflicht zum *Handeln*: Der Werkeigentümer muss Massnahmen treffen, um eine Gefahr abzuwenden. Art. 59 geht weiter als Art. 679 ZGB. Während diese Best. eine Überschreitung des Eigentums durch den Grundeigentümer voraussetzt, kann gestützt auf Art. 59 der Werkeigentümer bei einer besonderen Gefährdung (z.B. infolge einer Überschwemmung) auch dann verpflichtet werden, wenn das Werk an sich richtig angelegt und unterhalten ist (ZK-Oser/Schönenberger, N 3; jetzt ebenso BK-Brehm, N 17 ff.). Die beiden Best. sind *kumulativ* anwendbar (BK-Brehm, N 10).

II. Voraussetzungen für sichernde Massnahmen

3 Gegenstand eines Klagebegehrens sind sichernde **Massnahmen**, die Schaden von Personen und Sachen abwenden sollen. Art. 59 gibt jedoch nur Anspruch auf *dringliche* Massnahmen (**a.A.** Handkomm-OR-Fischer, N 3), die *notwendig* sind, um einen gegenwärtig drohenden Schaden abzuwehren (BGE 98 II 319, 324 = Pra 1973, 200). Ein Verschulden des Werkeigentümers ist nicht vorausgesetzt (BGer, a.a.O.). Ebensowenig muss ein Werkmangel i.S.v. Art. 58 vorliegen (BK-Brehm, N 17 ff.; **a.A.** BGE 100 II 134, 138: «gleich[e] Haftungsbedingungen»). Anspruchsberechtigt ist jede Person, die durch ein Werk i.S.v. Art. 58 bedroht ist (BK-Brehm, N 11). Der Kreis der Passivlegitimierten deckt sich mit jenem von Art. 58 (s. Art. 58 N 7 ff.; BK-Brehm, N 12). Allerdings ist die Klage nach Art. 59 bei kombinierten Werken gegen jeden der beteiligten Eigentümer möglich (CHK-Ch. Müller, N 8), also im Bsp. mit dem Hydrant (s. Art. 58 N 9) auch gegen *dessen* Eigentümer, denn vom (an sich mängelfreien) Hydrant geht eine Gefahr aus, welche die Mangelhaftigkeit der Strasse bewirkt (vgl. BK-Brehm, N 18 f.). Die Abwendung der Gefahr muss technisch möglich und dem Eigentümer zumutbar sein (BGE 100 II 134, 139). Über Art und Umfang der im Hinblick auf eine allfällige Zwangsvollstreckung *konkret* zu bestimmenden Massnahmen entscheidet das Gericht nach seinem Ermessen (Handkomm-OR-Fischer, N 3; **a.A.** BK-Brehm, N 15; CHK-Ch. Müller, N 10). Dem Verpflichteten ist ein Zeitrahmen zu setzen (Handkomm-OR-Fischer, N 3).

III. Vorbehalt polizeilicher Massnahmen (Abs. 2)

4 Der Vorbehalt polizeilicher Massnahmen ergibt sich schon aus Art. 6 ZGB (BK-Brehm, N 20). Polizeiliche Massnahmen werden insb. durch das kantonale Verwaltungsrecht umschrieben.

Art. 59*a*

F. Haftung für Signaturschlüssel

[1] Der Inhaber eines Signaturschlüssels haftet Drittpersonen für Schäden, die diese erleiden, weil sie sich auf das qualifizierte gültige Zertifikat einer anerkannten Anbieterin von Zertifizierungsdiensten im Sinne des Bundesgesetzes vom 19. Dezember 2003 über die elektronische Signatur verlassen haben.

[2] Die Haftung entfällt, wenn der Inhaber des Signaturschlüssels glaubhaft darlegen kann, dass er die nach den Umständen notwendigen und zumut-

baren Sicherheitsvorkehrungen getroffen hat, um den Missbrauch des Signaturschlüssels zu verhindern.

[3] Der Bundesrat umschreibt die Sicherheitsvorkehrungen im Sinne von Absatz 2.

F. Responsabilité en matière de clé de signature

[1] Le titulaire d'une clé de signature répond envers les tiers des dommages que ces derniers ont subis parce qu'ils se sont fiés à un certificat qualifié valable délivré par un fournisseur de services de certification reconnu au sens de la loi du 19 décembre 2003 sur la signature électronique.

[2] Le titulaire de la clé de signature est libéré de sa responsabilité s'il peut établir de manière crédible qu'il a pris les mesures de sécurité raisonnablement imposées par les circonstances pour éviter une utilisation abusive de la clé de signature.

[3] Le Conseil fédéral arrête les mesures de sécurité à prendre au sens de l'al. 2.

F. Responsabilità per la chiave di creazione della firma

[1] Il titolare di una chiave per la creazione della firma è responsabile verso terzi dei danni che questi ultimi subiscono essendosi fidati di un certificato qualificato valido rilasciato da un prestatore di servizi di certificazione riconosciuto ai sensi della legge del 19 dicembre 2003 sulla firma elettronica.

[2] La responsabilità decade se il titolare della chiave per la creazione della firma può rendere verosimile di aver adottato le misure di sicurezza necessarie secondo le circostanze e ragionevolmente esigibili per impedire un abuso della chiave per la creazione della firma.

[3] Il Consiglio federale definisce le misure di sicurezza ai sensi del capoverso 2.

Literatur

DÖRR, Elektronische Signaturen und Haftung der Anbieter von Zertifizierungsdiensten, Diss. Zürich 2003; SCHLAURI, Elektronische Signaturen, Diss. Zürich 2002; SCHÖBI, Das Bundesgesetz vom 19.12.2003 über Zertifizierungsdienste im Bereich der elektronischen Signaturen (ZertES), in: Schlauri/Jörg/Arter (Hrsg.), Internet-Recht und Digitale Signaturen, Bern 2005, 17 ff.

I. Kausalhaftung

Mit der Schaffung des **BG über die elektronische Signatur** (ZertES; in Kraft seit 1.1.2005) 1 ist auch der Haftungstatbestand von Art. 59a in das OR aufgenommen worden. Er regelt nur die *Haftung des Inhabers eines Signaturschlüssels*. Die Haftung von Anbietern von Zertifizierungsdiensten richtet sich nach Art. 16 ZertES, jene der Anerkennungsstelle nach Art. 17 ZertES.

Art. 59a ist nach herkömmlicher Auffassung eine **einfache Kausalhaftung**. Verschulden des 1a Haftpflichtigen ist nicht vorausgesetzt, doch es besteht die Entlastungsmöglichkeit nach Art. 59a Abs. 2 (vgl. BK-BREHM, N 5). Richtigerweise, und in Abweichung von der Voraufl., handelt es sich bei der Haftung für Signaturschlüssel aber um eine stark eingeschränkte Verschuldenshaftung (HONSELL/ISENRING/KESSLER, Haftpflichtrecht, § 13 N 4 f. m.Nw.; vgl. auch SCHÖBI, 29: Verschuldenshaftung mit Beweislastumkehr).

Die Ersatzpflicht bezieht sich auf (reine) **Vermögensschäden Dritter**. «Die Verletzung abso- 2 luter Rechtsgüter ist hier kaum vorstellbar» (SCHWENZER, N 53.29a; vgl. auch KUKO OR-SCHÖNENBERGER, N 4).

II. Haftungstatbestand

Anspruchsberechtigt sind nach Art. 59a Abs. 1 Personen, die *Schäden* erleiden, weil sie 3 sich auf das *qualifizierte gültige Zertifikat* einer anerkannten Anbieterin von Zertifizierungsdiensten i.S.v. Art. 2 lit. g ZertES verlassen haben. Praktisch greift die hier statuierte

Haftung nur bei *Missbrauch eines Signaturschlüssels* i.S.v. Art. 2 lit. d ZertES, wenn der Inhaber desselben «zu wenig getan hat, um den fraglichen Missbrauch zu verhindern» (BK-BREHM, N 6 m.Hw. auf die bundesrätliche Botschaft). Zwischen dem Verhalten des Inhabers des Signaturschlüssels und dem Schaden des Vertrauenden muss ein *adäquater Kausalzusammenhang* bestehen (KUKO OR-SCHÖNENBERGER, N 4). Gibt der Inhaber des Signaturschlüssels diesen an andere Personen weiter, so hat er grundsätzlich auch für deren Verhalten einzustehen (BK-BREHM, N 14). Schäden, die sich aus dem *Inhalt* der mit der elektronischen Signatur versehenen Mitteilung ergeben, sind nicht nach Art. 59a ersatzfähig (BK-BREHM, N 7).

4 **Haftpflichtige Person** ist der (verantwortliche) *Inhaber eines Signaturschlüssels*. Seine Haftung erstreckt sich auch auf Zufall und das Verhalten von Hilfspersonen (BK-BREHM, N 13 f.).

III. Entlastungsbeweis

5 Eine Haftung **entfällt**, «wenn der Inhaber des Signaturschlüssels glaubhaft darlegen kann, dass er die nach den Umständen notwendigen und zumutbaren Sicherheitsvorkehrungen getroffen hat, um den Missbrauch des Signaturschlüssels zu verhindern» (Art. 59a Abs. 2). Die dem Gericht *erhebliches Ermessen* eröffnende Vorschrift enthält namentlich zwei wichtige Vorgaben, die Art. 59a teilweise auch von anderen Kausalhaftungen unterscheiden. Zum einen genügt für eine Haftungsbefreiung das *Glaubhaftmachen* der getroffenen Sicherheitsvorkehrungen; zum andern müssen diese *zumutbar* sein. Notwendigkeit und Zumutbarkeit beurteilen sich nach objektiven Kriterien (BK-BREHM, N 10 ff.).

6 Der BR hat auf dem Verordnungsweg die **erforderlichen Sicherheitsvorkehrungen** zu umschreiben (Abs. 3); vgl. dazu die *Verordnung über Zertifizierungsdienste im Bereich der elektronischen Signatur* (VZertES, SR 943.032), insb. Art. 11 (Sicherheitsvorkehren).

Art. 60

G. Verjährung

[1] Der Anspruch auf Schadenersatz oder Genugtuung verjährt in einem Jahre von dem Tage hinweg, wo der Geschädigte Kenntnis vom Schaden und von der Person des Ersatzpflichtigen erlangt hat, jedenfalls aber mit dem Ablaufe von zehn Jahren, vom Tage der schädigenden Handlung an gerechnet.

[2] Wird jedoch die Klage aus einer strafbaren Handlung hergeleitet, für die das Strafrecht eine längere Verjährung vorschreibt, so gilt diese auch für den Zivilanspruch.

[3] Ist durch die unerlaubte Handlung gegen den Verletzten eine Forderung begründet worden, so kann dieser die Erfüllung auch dann verweigern, wenn sein Anspruch aus der unerlaubten Handlung verjährt ist.

G. Prescription

[1] L'action en dommages-intérêts ou en paiement d'une somme d'argent à titre de réparation morale se prescrit par un an à compter du jour où la partie lésée a eu connaissance du dommage ainsi que de la personne qui en est l'auteur, et, dans tous les cas, par dix ans dès le jour où le fait dommageable s'est produit.

[2] Toutefois, si les dommages-intérêts dérivent d'un acte punissable soumis par les lois pénales à une prescription de plus longue durée, cette prescription s'applique à l'action civile.

[3] Si l'acte illicite a donné naissance à une créance contre la partie lésée, celle-ci peut en refuser le paiement lors même que son droit d'exiger la réparation du dommage serait atteint par la prescription.

G. Prescrizione

[1] L'azione di risarcimento o di riparazione si prescrive in un anno decorribile dal giorno in cui il danneggiato conobbe il danno e la persona responsabile, e in ogni caso nel termine di dieci anni dal giorno dell'atto che ha causato il danno.

[2] Se però la detta azione deriva da un atto punibile, a riguardo del quale la legislazione penale stabilisca una prescrizione più lunga, questa si applica anche all'azione civile.

[3] Qualora l'atto illecito abbia fatto nascere un credito verso il danneggiato, questi può rifiutare il pagamento anche dopo prescritta l'azione derivata dall'atto illecito.

Literatur

ACOCELLA, Die Verjährung in der neueren Rechtsprechung des Bundesgerichts, SJZ 1990, 333 ff.; BRUNNER, Die Anwendung deliktsrechtlicher Regeln auf die Vertragshaftung, Diss. Freiburg 1991; FELLMANN/VON BÜREN-VON MOOS, Grundriss der Produktehaftpflicht, Bern 1993; FICK, Zur Verjährung von Ansprüchen aus unerlaubter Handlung (insb. unlauterem Wettbewerb im internationalen Privatrecht), SJZ 1923/24, 21 ff.; GONZENBACH, Culpa in contrahendo im schweizerischen Vertragsrecht, Bern 1987; LOSER, Vertrauenshaftung und Verjährung im Schuldrecht, recht 2009, 211 ff.; LÜCHINGER, Die Verjährung von Ansprüchen aus culpa in contrahendo, SJZ 2006, 197 ff.; MOSER/BERGER, Vertrauenshaftung auch im Bankgeschäft, Zur Haftungsgrundlage und zur Aufklärungspflicht, AJP 1999, 541 ff.; MÜLLER ALEXANDER, Regress im Schadensausgleichsrecht unter besonderer Berücksichtigung des Privatversicherers, Diss. St. Gallen 2006; SCHWANDER, Die Verjährung ausservertraglicher und vertraglicher Schadenersatzforderungen, Diss. Freiburg 1963; SCYBOZ, Deux rapports de l'action en dommages-intérêts ou en réparation du tort moral avec l'action pénale: les art. 53 et 60 al. 2 CO, in: Die Verantwortlichkeit im Recht, Zürich 1981, 691 ff.; STEINER, Verjährung haftpflichtrechtlicher Ansprüche aus Straftat, Diss. Freiburg 1986; VOLKEN, Studie zur längeren strafrechtlichen Verjährung bei der Haftung juristischer Personen, ZWR 1981, 394 ff. (zit. ZWR 1981); DERS., Anwendung der längeren strafrechtlichen Verjährungsfrist auf die zivilrechtliche Haftung juristischer Personen, SJZ 1984, 281 ff. (zit. SJZ 1984); WESSNER, Quelques réflexions sur la prescription des actions en dommages-intérêts et en réparation du tort moral dans la perspective d'une révision totale du droit de la responsabilité civile, in: FS für Jacques-Michel Grossen, Basel 1992, 337 ff.; s.a. die Literaturhinweise bei den Vorbem. zu Art. 127–142.

I. Allgemeines

Art. 60 regelt die **Verjährung** (zum Begriff vgl. Art. 127 N 1) der Forderungen auf Schadenersatz und Genugtuung aus unerlaubter Handlung. Er sieht eine *relative* (einjährige), eine *absolute* (zehnjährige) und eine *ausserordentliche*, sich nach den strafrechtlichen Bestimmungen richtende Frist vor. Die absolute Frist ist nur von Bedeutung, sofern die relative noch nicht abgelaufen ist, wobei die relative Frist nie über die absolute hinausläuft. Art. 60 weicht zwar insb. in Bezug auf Beginn und Dauer der Frist von der Regelung nach Art. 127 ff. ab. Für andere Fragen wie etwa die Unterbrechung der Frist kann die dortige Regelung aber beigezogen werden (BGE 123 III 213 E. 6). 1

Das Verjährungsrecht wird zurzeit revidiert, s. Vor Art. 127–142 N 5a. 1a

II. Anwendungsbereich

Art. 60 findet kraft Verweisung auf weitere deliktische Haftungstatbestände nicht nur innerhalb von ZGB und OR Anwendung (vgl. die Hinweise bei BK-BREHM, N 7; OFTINGER/STARK, II/1, 106 N 342; BGE 126 III 382 = Pra 2000, 823 ff. [mit Bemerkung auf 827] = SJ 2001, 113 ff. = JdT 2000 I 520 ff. = sic! 2000, 586 ff. betr. Anwendung der einjährigen Verjährungsfrist beim Gewinnherausgabeanspruch bei bösgläubiger Geschäftsführung ohne Auftrag gem. Art. 423 Abs. 1 und unter Ablehnung der von einem Teil der Lehre geforderten Anwendung von Art. 127, Bespr. in SJZ 2000, 477; ebenso BGE 126 III 73 E. 2b, i.f. [frz.], mit dem Hinweis, die ratio legis von Art. 423 Abs. 1 bestehe darin zu verhindern, dass sich eine unerlaubte Handlung [«un acte illicite»] auszahle; BGer, 21.7.2011, 4A_109/2011, E. 9.3.1; ferner sic! 1998, 316 ff.; KGer NE, 21.2.1997; Ansprüche gegen den Bezogenen oder den Bankier gestützt auf Art. 1124 Abs. 5 [gekreuzter Check], BGer, 23.8.2004, 4C.182/2004, E. 2 und 3 [frz.]; Ansprüche gem. Art. 679/685 ZGB, BGer, 16.4.2003, 5C.230/2002, E. 3 2 [frz.] m.V. auf BGE 127 III 259 E. 2b = SJ 2002 I 115 f. betr. Grab- und Bautätigkeiten). Vielmehr gelangt Art. 60 auch ausserhalb von ZGB und OR zur Anwendung (etwa gem. Art. 6 SchKG [Art. 7 aSchKG], dazu BGer, 29.3.2004, 5P.471/2003, E. 3.1; BGer, 9.3.2005, 5P.389/2004, E. D [frz.] sowie BGer, 8.2.2006, 5A.34/2005, E. D [frz.], Art. 40*f* EBG, Art. 37 EleG, Art. 15 Abs. 2 JSG, Art. 27 Abs. 1 SprstG [BGE 131 III 61 E. 3.1 = Pra 2005, 842 f.], Art. 59c USG; ebenso bei Pflichtverletzungen einer externen bankengesetzlichen Revisionsstelle i.S.v. Art. 18 ff. BankG, BODMER/KLEINER/LUTZ, Kommentar zum Bundesgesetz über die Banken und Sparkassen, Zürich 2010, Art. 18–22 N 96 f.; BGE 117 II 315 = Pra 1993, 214 ff. und insb. die im erwähnten BGE nicht wiedergegebenen E. 3 und 6; BGE 122 III 101 = Pra 1996, 698 ff. = SJ 1996, 421 ff. = RDAF 1997 I 601 f. betr. Verjährung der Forderung aus unerlaubter Handlung einer Privatpatientin gegen einen Chefarzt des Genfer Universitätsspitals; demgegenüber fordert GESSEL [Division commune d'un hôpital privé: quel régime de responsabilité, AJP 2001, 420 ff., 429] im Hinblick auf die Revision des Haftpflichtrechts m.E. zu Recht, dass die in der Mehrheit der kantonalen Gesetze vorgesehene einjährige Frist zu kurz sei, weshalb auf die ganze spitalärztliche Tätigkeit die zehnjährige Frist von Art. 127 zur Anwendung gelangen sollte).

2a Art. 60 ist im Allgemeinen eng auszulegen (BGE 124 III 373 E. 3b/bb = Pra 1998, 54; BGE 116 Ia 461 E. 2 = Pra 1990, 946 f. betr. Verjährungsfrist von öffentlich-rechtlichen Forderungen; BGE 126 II 61 E. 7 betr. Nichtanwendbarkeit von Art. 60 auf öffentlich-rechtliche Schadenersatzforderungen für Sicherheitsvorkehrungen i.S.v. Art. 19 und 21 EBG; BGE 126 II 155 ff. E. 4 betr. Nichtanwendbarkeit von Art. 60 infolge abschliessender öffentlich-rechtlicher Verwirkungsregelung im VG, wobei Art. 52 AHVG betr. Arbeitgeberhaftung als Spezialbestimmung innerhalb des Systems des VG betrachtet wird und sich eine Wiederangliederung der Bestimmung an sein Vorbild, nämlich Art. 60, aufdrängt [vgl. BGE 129 V 11 E. 3.5; OGer SO, 22./25.2.2000, SOG 2000, 13 f.]). Er ist nicht anwendbar auf vertragliche Schadenersatzforderungen (BGE 53 II 343; 55 II 37; 80 II 258 = Pra 1954, 462; BGE 87 II 159; 124 III 373 E. 3b/bb = Pra 1998, 54 betr. einen Vergütungsanspruch für das zur Verfügung stellen eines Werkexemplars gem. Art. 13 URG; ZK-OSER/SCHÖNENBERGER, N 6; KELLER/SCHÖBI, IV, 140 f.; BRUNNER – mit gewissen dogmatischen Bedenken – Nr. 397 ff.; krit. SPIRO, I, 688 ff.; JÄGGI, Zum Begriff der vertraglichen Schadenersatzforderung, FS Schönenberger, Freiburg i.Ue. 1968, 195; SCHWANDER, 137 ff.).

3 Nach dem **PrHG** besteht eine ausservertragliche, verschuldensunabhängige Haftung der Herstellerin für Schäden, die durch Fehlerhaftigkeit ihres Produktes verursacht worden sind. Nach Art. 9 PrHG, der *lex specialis* zu Art. 60 bildet, verjähren Ansprüche nach PrHG *drei Jahre* nach dem Tag, an dem der Geschädigte Kenntnis vom Schaden, der Fehlerhaftigkeit des Produktes und von der Person der Herstellerin hat oder hätte erlangen müssen (dazu FELLMANN/VON BÜREN-VON MOOS, 131 ff.). Nach 10 Jahren sind die Ansprüche gem. Art. 11 PrHG verwirkt, sofern nicht vor Ablauf dieser Frist gegen die Herstellerin geklagt wird.

4 Das BGer wendet Art. 60 unter Hinweis auf die Rechtssicherheit auch auf Forderungen aus **culpa in contrahendo** an, ohne diese deshalb als Deliktshaftung zu qualifizieren (Festhalten an dieser Rsp. in BGE 134 III 390 E. 4.3.2, m.Hw., unter Verwerfung der teilw. Kritik in der Literatur; BGE 121 III 354 f. E. 6c; 108 II 422 E. 5; 104 II 94 = Pra 1978, 532 für die Haftung des vollmachtlosen Stellvertreters nach Art. 39; Pra 1998, 828 ff. E. 3 betr. Aufklärungspflicht der Banken im vorvertraglichen Verhältnis, bespr. von MOSER/BERGER, AJP 1999, 551 ff.; BGer, 21.3.2006, 4C.409/2005, E. 3.1 [frz.] betr. Vertragsverhandlungen im Anschluss an einen einseitig unterzeichneten Letter of Intent [Absichtserklärung], der kein Vorvertrag i.S.v. Art. 22 ist). Indessen wäre die Anwendung der zehnjährigen Frist des Art. 127 angesichts der weiten Fassung dieses Auffangtatbestandes, aber auch angesichts der Beziehung zwischen den Beteiligten, aufgrund welcher das Rechtsverhältnis näher beim vertraglichen als beim ausservertraglichen liegt, zu bevorzugen (gl.M. ZK-BERTI, Art. 127 N 39 ff.

m.w.Nw.; Bucher, AT, 445 in Anm. 6; Acocella, SJZ 1990, 334; Brunner, Nr. 625–31; Gonzenbach, 193; Lüchinger, SJZ 2006, 197 ff.; Loser, recht 2009, 224).

Nach BGer verjähren auch Ansprüche aus **Vertrauenshaftung** nach Art. 60 (BGE 134 III 390 E. 4.3.3). Die Vertrauenshaftung, wie z.B. die Haftung aus erwecktem Konzernvertrauen, ist zwischen Vertrag und Delikt angesiedelt und erfasst als Oberbegriff die culpa in contrahendo und die weiteren interessenmässig gleich gelagerten Tatbestandsgruppen, wie etwa die Haftung für falsche Auskunft (BGE 134 III 390 E. 4.3.2). Die Haftung aus erwecktem Vertrauen ist subsidiärer Natur und kommt grundsätzlich nur zum Tragen, sofern es an einer Vertragshaftung fehlt (BGer, 28.2.2005, 4C.256/2004, E. 9.2.1 betr. Werkvertrag, m.Hw.; BGer, 1.6.2005, 5C.267/2004, E. 5.3 betr. Versicherungsvertrag; BGE 131 III 377 E. 3 betr. Treuhandgesellschaften). Die Vertrauenshaftung stützt sich auf das Vertrauensverhältnis zwischen den Parteien und setzt insb. voraus, dass eine Partei berechtigte Erwartungen erweckt und in treuwidriger Weise enttäuscht hat (BGE 120 II 335; 121 III 354; 123 III 220 E. 4e; 130 III 345 E. 2.2; BGer, 14.10.2004, 4C.134/2004, E. 5.3 und 5.4; 23.8.2004 4C.182/2004 E. 4.2 [frz.]; unklar aber unv. BGE, 7.1.1999 in ZBGR 1999, 390 ff. E. 3b, E. 4 betr. Bejahung der Ersatzforderung aus Vertrauenshaftung bei einem formungültigen Grundstückkauf, obschon die deliktsrechtliche Verjährung eingetreten war). Auch bei der Vertrauenshaftung wäre der Anwendung von Art. 127 der Vorzug zu geben (gl.M. Moser/Berger, AJP 1999, 545; Loser, recht 2009, 222). 4a

Eine allgemein gültige Gesetzesvorschrift für die Verjährung von **Regressforderungen** fehlt. Unterschieden wird zwischen echter (Art. 50) und unechter Solidarität (Art. 51) (vgl. krit. zu dieser Unterscheidung Weiss, 53 ff.). Bei *echter Solidarität* subrogiert der leistende Solidarschuldner gem. Art. 149 Abs. 1 in die Rechtsstellung des Gläubigers und übernimmt damit auch die vorgefundene Verjährungslage. Im Falle *unechter Solidarität* schafft demgegenüber Art. 51 OR einen Regressanspruch, der auf einem eigenständigen Rechtsgrund («ex iure proprio») beruht (BGer, 26.5.2003, 4C.27/2003, E. 3.4; BGE 133 III 6 E. 5.2.1 bzw. 5.3.3 = Pra 2007, 693 bzw. 702). Bei *unechter Solidarität* entsteht die *Ausgleichsforderung* erst mit der *Leistung des Regressberechtigten* an den Geschädigten (BGE 133 III 6 E. 5.3.3 = Pra 2007, 702). Für den Beginn der relativen einjährigen Frist ist neben dieser Zahlung kumulativ vorausgesetzt, dass der Mitverantwortliche dem Regressberechtigen bekannt ist. Dies hat zur Folge, dass der Fristbeginn bei mehreren Mitverantwortlichen verschieden sein kann (BGE 133 III 6 E. 5.3.5 = Pra 2007, 705). Trotz noch nicht eingetretener Verjährung der Ausgleichsforderung versagt die Rsp. gestützt auf das Rechtsmissbrauchsverbot von Art. 2 Abs. 2 ZGB u.U. deren Durchsetzbarkeit. Dies ist der Fall, wenn einerseits konkurrierende Forderungen des Geschädigten gegenüber anderen Mitverantwortlichen bereits verjährt sind, und andererseits der Regressberechtigte von seiner Möglichkeit, auf einen Mitverantwortlichen zurückzugreifen, rechtzeitig Kenntnis erhalten, diesem aber seine Regressabsicht nicht rechtzeitig angezeigt hat (BGE 115 II 42 E. 2a; 127 III 257 E. 6c; 133 III 6 E. 5.3.5 = Pra 2007, 705 f.). Die absolute Verjährung der Regressforderung tritt zehn Jahre nach Eintritt des schädigenden Ereignisses oder am Tag, an welchem das schädigende Ereignis beendet wurde, ein (BGE 133 III 6 E. 5.3.5 = Pra 2007, 705; zustimmend Weiss, 169 ff.). Einzelne gesetzliche Sonderbestimmungen enthalten spezifische Regeln für die Verjährung der Regressforderung (BGE 115 II 42 E. 2b i.f.). Dies ist z.B. für den Regress des *Bürgen* (Art. 507 Abs. 5), des *Genossenschafters* (Art. 878 Abs. 2), des *Haftpflichtigen im Strassenverkehr* (Art. 83 Abs. 3 SVG; dazu BGE 116 II 651 E. 7b bb = Pra 1991, 222 f.) und unter mehreren Haftpflichtigen für Schäden aus *Rohrleitungsanlagen* (Art. 39 Abs. 3 RLG) oder *Betrieben oder Anlagen mit besonderer Gefahr für die Umwelt* (Art. 59d USG) der Fall. 4b

Art. 60 beschränkt sich darauf, Dauer und Beginn der Fristen zu regeln. Bezüglich der weiteren Modalitäten der Verjährung gelten die Art. 132 ff. Für die Wirkungen der Erhebung der Verjährungseinrede s. Art. 127 N 22 f. 5

III. Die relative, einjährige Frist (Abs. 1)

6 Die relative Frist beginnt an dem Tag zu laufen, an welchem der Verletzte (oder sein Vertreter: BGE 45 II 330) **tatsächlich Kenntnis** vom Schaden und von der Person des Haftpflichtigen erlangt (BGE 134 III 390 E. 4.3.3; BGer, 22.8.2003, 2A.553/2002, E. 4.3: Voraussetzung ist, «dass der Gläubiger seinen Anspruch dem Grundsatz und Umfang nach sicher kennt, so dass er ihn mit Erfolg geltend machen kann»); kennen müssen reicht nicht (BGer, 16.4.2003, 5C.230/2002, E. 3.1 i.f. [frz.]; BGer, 9.2.2004, 2P.168/2003, E. 2.3 [frz.]; BGer, 7.6.2011, 4A_576/2010, E. 3.2; BGE 111 II 57 E. 3a = Pra 1985, 375; 109 II 434 E. 2; BGE 136 III 322 E. 4.1; BK-Brehm, N 59 f.). Bei Regressforderungen beginnt die Frist zu laufen, wenn neben der geleisteten Zahlung an den Geschädigten auch der Mitverantwortliche bekannt ist (s. N 4b; BGE 133 III 6 E. 5.3.5 = Pra 2007, 705). Die Kenntnis der Rechtsnormen und damit des *Rechtsgrundes* der Haftpflicht ist generell ohne Bedeutung. Entsprechend ist auch ein Rechtsirrtum – sei er entschuldbar oder nicht – ohne Bedeutung für den Beginn des Fristenlaufs (BGE 82 II 45 E. 1a i.f.; unv. BGer, 7.4.1994, D.SA c. N. = SJ 1995, 168; BGer, 12.8.2013, 2C_296/2013, E. 4.3.3).

7 «Kenntnis vom **Schaden**» umfasst seine Existenz, Beschaffenheit und wesentlichen Merkmale (BGE 126 III 163 E. 3 = Pra 2001, 470 f. = SJ 2000 I 482 betr. Beginn der Verjährung mit erkennbarem Ende der persönlichkeitsverletzenden Presseäusserung; BGer, SJ 1995, 167; BGE 112 II 123; 111 II 57 E. 3a; 89 II 417 E. 1; Spiro, I, 185; BK-Brehm, N 27–58). Angesichts der bundesrechtlich vorgesehenen Möglichkeit der unbezifferten Forderungsklage (Art. 42 Abs. 2) darf der Geschädigte ein Tätigwerden indes nicht solange aufschieben, bis er den Schaden genauestens zu beziffern imstande ist (BGer, SJ 1995, 167). In Anbetracht der Kürze der Frist soll aber nicht ein allzu strenger Massstab angesetzt werden und der Gläubiger soll je nach den Umständen des Einzelfalles eine gewisse Zeit verstreichen lassen dürfen, um das endgültige Ausmass des Schadens abschätzen zu können (BGer, 1.10.2003, 4C.150/2003, E. 2.1 [frz.], mit Verw. auf BGE 111 II 57 E. 3a = Pra 1985, 375). Während der Dauer eines schädigenden Ereignisses läuft grundsätzlich keine Verjährungsfrist (BGE 81 II 448; 109 II 420 E. 3 f.). Entsteht ein Schaden aus einem Sachverhalt, der sich ununterbrochen weiterentwickelt, so beginnt die Verjährung frühestens (und u.U. auch später: BGE 96 II 41 E. 2a) mit dem *Abschluss* der Entwicklung zu laufen (BGE 92 II 4 E. 3 = Pra 1966, 465 f.). In diesem Fall sind die einzelnen Schadensposten Bestandteile eines **Gesamtschadens**, der erst feststeht, wenn – chronologisch gesehen – sein letztes Element eingetreten ist (anders bei einer unterbrochenen Entwicklung: BGE 92 II 7 E. 6 = Pra 1966, 468; BGE 74 II 37 E. 1d = Pra 1948, 292).

8 «Kenntnis von der **Person des Haftpflichtigen**» wird *nicht* schon bejaht, wenn der Geschädigte *vermutet*, die betreffende Person könnte ersatzpflichtig sein, und ebenso wenig, wenn die *Möglichkeit der Kenntnisnahme* bestanden hätte. Vielmehr wird *konkrete Kenntnis* vorausgesetzt, und ausserdem muss der Geschädigte die *Tatsachen kennen*, welche die Haftpflicht dieser bestimmten Person begründen (BGE 82 II 44 E. 1a; BK-Brehm, N 61; Forstmoser/Héritier Lachat, SJK Nr. 406, 7). Der Begriff der Kenntnis hängt dabei grundsätzlich nicht vom Vorhandensein eines Beweismittels ab. Ist aber unter gewissen aussergewöhnlichen Umständen der natürliche Kausalzusammenhang zwischen dem schädigenden Ereignis und dem Schaden nur durch ein wissenschaftliches Gutachten feststellbar, hat der Geschädigte erst mit Empfang dieses Gutachtens sichere Kenntnis von der verantwortlichen Person (BGE 131 III 61 E. 3.1.2 = Pra 2005, 842 f.).

IV. Die absolute, zehnjährige Frist (Abs. 1)

9 Die absolute Frist wird im Zeitpunkt der schädigenden Handlung ausgelöst und läuft im Gegensatz zur relativen unabhängig vom Kenntnisstand des Geschädigten bezüglich Schaden und Person des Haftpflichtigen (BGE 127 III 259 E. 2b = SJ 2002 I 115 f. betr. Fristbeginn

für Ansprüche gem. Art. 679/685 ZGB, die sich aus Grab- und Bautätigkeiten als schädigende Handlungen ableiten; ferner BGer, 16.4.2003, 5C.230/2002, E. 3 [frz.]; BGer, 26.9.2003, 4C.135/2003, E. 4.2 [it.]; BGE 133 III 6 E. 5.3.5 = Pra 2007, 705 betr. Regressforderung). Deshalb kann gem. BGer und h.L. eine Ersatzforderung verjähren, bevor der Geschädigte seinen Schaden wahrgenommen hat (so ausdrücklich BGE 136 II 187 E. 7.4.4 und 7.5 betr. Asbestopfer; BGE 106 II 138 E. c = Pra 1980, 743). Diese vom Gesetzgeber offenbar gewollte Folge dient zwar der Rechtssicherheit (Oftinger/Stark, II/1, 111 N 366), kann aber in Einzelfällen – zumal bei Langzeitschäden – zu unbilligen Härten führen. Dies ist indessen im Interesse der Rechtssicherheit in Kauf zu nehmen (so BGE 136 II 187 E. 7.4.4 und 7.5 betr. Asbestopfer, m.Hw. auf Motion 07.3763, mit welcher eine Revision des OR zur Anpassung der Verjährungsfristen angestrebt wird).

Auch die absolute Verjährungsfrist kann nach Massgabe der Art. 135 ff. unterbrochen werden (BGE 123 III 219 E. 6a = JdT 2000 I 214; BGE 112 II 232 E. 3e = Pra 1987, 231 f.; ZR 1968, 90), was dann zu beachten ist, wenn sie vor der relativen Frist abzulaufen droht (so etwa, wenn die relative Frist erst im zehnten Jahr nach der schädigenden Handlung ausgelöst wird). 10

V. Die Verjährung einer Forderung aus strafbarer Handlung (Abs. 2)

Die Anwendbarkeit dieser ausserordentlichen Verjährungsfrist setzt voraus, dass eine Forderung aus Tatsachen abgeleitet wird, welche die objektiven und subjektiven Merkmale eines **Straftatbestandes** erfüllen (BGer, 31.8.2005, 4P.105/2005, E. 4; BGE 118 V 198 E. 4a = SJ 1993, 229 ff.), und dass die anwendbare strafrechtliche Verjährungsfrist länger als die zivilrechtliche ist. Die längere strafrechtliche Verjährungsfrist gelangt dabei auch bei selbständigen Genugtuungsansprüchen von Angehörigen zur Anwendung (BGE 124 IV 51 E. 4c = JdT 2000 IV 47 f.; BGE 123 III 206 E. 2a = JdT 1999 I 10 f.; BGE 122 III 8 E. 2d). Sowohl relative als auch absolute Fristen können auf diese Weise verlängert werden (BK-Brehm, N 68 m.w.Nw.). Massgeblich ist die Überlegung, dass es nicht gerechtfertigt wäre, eine zivilrechtliche Forderung untergehen zu lassen, solange der Haftpflichtige der ihn meist schwerer treffenden strafrechtlichen Verfolgung ausgesetzt bleibt (BGE 44 II 177; 101 II 321 E. 3 = Pra 1976, 130; BGE 113 V 258 E. 4; 122 III 228 E. 5 i.f.; 125 III 340 E. 3 = JdT 1999 I 861 f.; BGE 126 III 383 E. 4a = Pra 2000, 823 ff. = SJ 2001, 113 ff. = JdT 2000 I 520 ff. = sic! 2000, 586 ff.). Entsprechend unterliegt grundsätzlich nur der Anspruch, der *gegenüber dem Täter* besteht, der längeren strafrechtlichen Verjährungsfrist. Als Ausnahme davon findet die längere strafrechtliche Frist auch Anwendung auf *Erben des Straftäters* (Forstmoser/Héritier Lachat, SJK Nr. 406, 8). Indessen ist Art. 60 Abs. 2 keine Regel des IPR, weshalb das ausländische Strafrecht mit dessen allfälligen längeren Verjährungsfristen unberücksichtigt bleibt (BGE 132 III 661 E. 4.2; BSK IPRG-Dasser, Art. 148 N 12a). Bei Gesetzesänderung betreffend Fristen oder Straftaten sind gem. der Übergangsbestimmung in Art. 389 Abs. 1 StGB die Bestimmungen des neuen Rechts, sofern diese milder sind als das bisherige Recht, auch auf die Täter anwendbar, die vor Inkrafttreten des neuen Rechts eine Tat verübt haben oder beurteilt wurden (vgl. BGE 132 III 661 E. 4.3 betr. unverjährbare Straftaten nach Art. 75-bis aStGB bzw. Art. 101 StGB). 11

Die längere strafrechtliche Verjährungsfrist trifft auch *juristische Personen* bez. der **Haftung für ihre Organe** oder auch den **Haftpflichtversicherer**, welcher direkt für den Zivilanspruch belangt wird (BGE 111 II 439; 112 II 189 E. c; 122 III 202 E. 9c = Pra 1996, 810; BGE 125 III 339 E. 3b; BGer, 28.5.2003, 4C.112/2003, E. 1.1; 2.2.2014, 2C_414/2013, E. 6.4.2). Die in Art. 102 StGB geregelte Verantwortlichkeit von Unternehmen ist als Übertretung ausgestaltet, für welche gem. Art. 109 StGB eine Verjährungsfrist von drei Jahren statuiert wird. Bei der Haftung eines Dritten ist hingegen wie folgt zu unterscheiden (BGE 122 III 225): 12

Das BGer schien Art. 60 Abs. 2 zwischenzeitlich auch auf den Geschäftsherrn anzuwenden, der zivilrechtlich für das Verhalten des Täters als dessen Hilfsperson nach Art. 55 *wie für ei-* 12a *genes* einzustehen hat (BGE 125 III 341 E. 3b = JdT 1999 I 861 f.; 122 III 228 E. 5, a.i.; noch offen gelassen in BGE 112 II 190 E. II. 2d). Indessen hat es m.E. zu Recht klargestellt, «selon la jurisprudence, la prescription de plus longue durée du droit pénal ne trouve aucune application dans la responsabilité de l'employeur pour ses auxiliaires» (BGE 133 III 6 E. 5.1 = Pra 2007, 688). Die Nichtanwendbarkeit von Art. 60 Abs. 2 hat m.E. nicht nur für den Arbeitgeber, sondern im gesamten Bereich der Haftung des Geschäftsherrn für seine Hilfspersonen gem. Art. 55 oder auch des Familienoberhauptes gem. Art. 333 ZGB zu gelten. Die neuere bundesgerichtliche Rsp. steht in Einklang mit dem Grundsatz, dass die längere strafrechtliche Verjährungsfrist nur für den Anspruch *gegenüber dem Täter* besteht (s. N 11). Davon zu unterscheiden ist die Haftung des Geschäftsherrn i.S.v. Art. 55 oder auch des Familienoberhauptes i.S.v. Art. 333 ZGB für die *eigene, strafrechtlich relevante Pflichtverletzung*. Diesfalls liegt eine Haftung aus eigenem Verhalten, eigener Beziehung zum Schaden oder eigener Beziehung zum Geschädigten vor (BGE 122 III 228 E. 5; BGer, 2.2.2014, 2C_414/2013, E. 6.4.2), unter Anwendung der allenfalls längeren strafrechtlichen Verjährungsfrist nach Art. 60 Abs. 2.

13 Der Täter braucht *nicht* wegen der Tat **bestraft** worden zu sein (BGE 122 III 226 E. 4; 112 II 188 E. b; 100 II 336 E. c); die Bestimmung ist auch anwendbar, wenn er nur infolge Unzurechnungsfähigkeit straflos bleibt (BGE 100 II 336 E. c; in 106 II 219 hingegen offen gelassen), oder auch, wenn bei Antragsdelikten nicht innert Frist oder kein Strafantrag gestellt wurde (BGE 112 II 86). Die Bindungswirkung einer rechtskräftigen Einstellungsverfügung beurteilt sich nach dem materiellen Bundesrecht: Ergeht sie bspw. infolge der verspäteten Stellung eines Strafantrags oder eingetretener strafrechtlicher Verjährung, besteht *keine* Bindungswirkung, ergeht sie zufolge Nichterfüllung des objektiven oder subjektiven Tatbestandes, besteht hingegen die Bindungswirkung (BGE 136 III 502 E. 6.3.1, in Präzisierung der Rsp.; BGE 134 III 591 E. 5.3; 93 II 501 E. 1 = Pra 1968, 416 f.; BGE 106 II 216). Ein Freispruch (sofern dabei eine strafbare Handlung verneint wurde, BGE 106 II 216; BK-Brehm, N 73 ff.) bindet den Zivilrichter (BGE 59 II 384), es sei denn, die strafrichterliche Verurteilung sei durch eine Behörde mit beschränkter Kompetenz erfolgt (BGE 112 II 86 betr. Rechtskraftwirkung der Verurteilung wegen Verkehrsregelverletzung, in Änderung der Rsp. gegenüber BGE 93 II 502) oder das Strafverfahren wurde zufolge Todes des Täters eingestellt (BGE 122 III 226 E. 4 = JdT 1997 I 196 f.). Wurde kein Strafverfahren durchgeführt, hat der Zivilrichter zu prüfen, ob dem Haftpflichtigen eine strafbare Handlung zur Last gelegt werden kann, für die das Strafrecht eine längere Verjährungsfrist vorsieht (vgl. BGer, 6.2.2013, 4A_305/2012, E. 3.5.2 [Rückweisung an die Vorinstanz]; BGE 127 III 538 E. 4e).

14 Massgebend ist die strafrechtliche Frist für die **Verfolgungsverjährung** gem. Art. 97 StGB bzw. die Unverjährbarkeit gem. Art. 101 StGB (BGE 100 II 342 E. 1b = Pra 1975, 260 betr. Art. 70 aStGB; BGE 132 III 665 ff. betr. Art. 75bis aStGB) bzw. Art. 109 StGB. Sie beginnt gem. Art. 98 StGB mit der Tatbegehung, nicht erst mit der Kenntnis des Schadens zu laufen (betr. Art. 71 aStGB BGE 111 II 441; 96 II 43; BK-Brehm, N 92). Bei wiederholten (vgl. zum Begriff der «mehrfachen Tatbegehung» ZR 1992/93, 10 ff. Nr. 7; zur Aufgabe der Rechtsfigur des *fortgesetzten Deliktes* vgl. BGE 117 IV 412 E. 2e, mit Anm. Näf, ZBJV 1992, 408 ff. und Anm. Schultz, ZBJV 1993, 30 f.) Delikten und strafbaren Unterlassungen beginnt die Frist im Zeitpunkt der Beendigung des strafbaren Verhaltens (BGE 120 IV 8; 112 II 189 E. b, die wiederholte Annahme von Geschenken i.S.v. Art. 316 StGB während mehreren Jahren impliziert nicht ein andauerndes pflichtwidriges Verhalten des Täters, die Verfolgungsverjährung beginnt daher jeweils mit jeder Entgegennahme eines Vorteils zu laufen, BGE 118 IV 317 E. 2c, Anm. Schultz, ZBJV 1993, 612).

14a Die strafrechtliche Verjährungsfrist konnte unter dem bis zum 30.9.2002 geltenden Recht nach Massgabe des Zivilrechts **unterbrochen** werden (BGE 100 II 335 E. a = Pra 1975, 194; BGE 91 II 430 = Pra 1966, 229 ff.; BGE 124 IV 51 E. 4c = JdT 2000 IV 47 f.). Das seit dem 1.10.2002 geltende Recht kennt das Institut des Ruhens und der Unterbrechung gem. Art. 72

aStGB nicht mehr. Gemäss Art. 97 Abs. 3 StGB (identisch mit Art. 70 Abs. 3 aStGB, in Kraft vom 1.10.2002 bis 31.12.2006) tritt die Verfolgungsverjährung nicht mehr ein, sofern vor Ablauf der Verjährungsfrist ein erstinstanzliches Urteil ergangen ist (BGE 135 IV 196 E. 2.1). Strafbefehl und Strafverfügung sind dem erstinstanzlichen Urteil gleichgestellt, sofern keine Einsprache erfolgt, welche durch das Gericht beurteilt wird (vgl. Art. 354 Abs. 3, Art. 355 f. StPO; BGE 139 IV 62 E. 1.1.3 betr. Begehren um gerichtliche Beurteilung gem. Art. 71 VStR; BGE 135 IV 196 E. 2.6). Unter erstinstanzlichen Urteilen sind nicht nur *verurteilende*, sondern *auch freisprechende* Erkenntnisse zu verstehen (BGE 139 IV 62 mit Änderung der in BGE 134 IV 328 E. 2.1 begründeten Rsp.). Dies hat für die beschuldigte Person zur Konsequenz, dass mit Ergehen eines erstinstanzlichen Urteils, sei dies eine Verurteilung oder ein Freispruch, gegen sie geltend gemachte Schadenersatzansprüche nicht mehr verjähren. Die Verfolgungsverjährung tritt auch nicht mehr ein, wenn das erstinstanzliche Urteil in Gutheissung eines Rechtsmittels wieder aufgehoben wird (BGer, 7.7.2014, 6B_321/2014, E. 1.3). Besteht bei einem Freispruch die Bindungswirkung für den Zivilrichter (s. N 13: z.B. Nichterfüllung des objektiven oder subjektiven Tatbestandes), hat die Unverjährbarkeit keine nachteiligen Folgen für den Schuldner. Die Konsequenz der Unverjährbarkeit erscheint aber in jenen Fällen problematisch, in welchen trotz des Freispruchs durch das erstinstanzliche Strafgericht oder durch die Rechtsmittelinstanz keine Bindungswirkung für den Zivilrichter besteht (s. N 13: z.B. wegen eingetretener strafrechtlicher Verjährung, bei Unzurechnungsfähigkeit, bei beschränkter Kompetenz der verurteilenden Behörde, oder bei Tod des Täters). Hier ist denkbar, dass trotz strafrechtlichem Freispruch vom Gläubiger eine unverjährbare Schadenersatzforderung erfolgreich geltend gemacht werden kann.

Gemäss Rsp. des BGer ist für den Beginn des Fristenlaufs der *Zeitpunkt der Fällung* und *nicht* derjenige der Eröffnung oder Zustellung des Urteils massgebend (BGer, 25.1.2011, 6B_776/2010, E. 2.4.2; 7.7.2014, 6B_321/2014, E. 1.3; BGE 130 IV 101 E. 2). Dies gilt allerdings nur unter der Voraussetzung, dass das Urteil *überhaupt je eröffnet* wird. Ausserdem wäre von der genannten Regel abzuweichen, wenn zwischen der Fällung und Eröffnung ein so grosser Zeitraum läge, dass er mit Blick auf die Dauer der massgeblichen Verjährungsfrist nicht ausser Acht gelassen werden könnte (vgl. zum Ganzen BGE 130 IV 101 E. 2, mit Anm. FELBER, SJZ 2005, 21 f.). **14aa**

Gelangt zufolge der Übergangsbestimmung von Art. 389 StGB das bis 30.9.2002 geltende Recht weiterhin zur Anwendung und ist zudem der Geschädigte innerhalb der strafrechtlichen Verjährungsfrist im Strafverfahren als Prozesspartei in Erscheinung getreten (BGE 124 IV 52 E. 4c), beginnt mit der verjährungsunterbrechenden Handlung der Straforgane oder mit Verfügungen von Gerichten *vor* Eintritt der Verfolgungsverjährung i.S.v. Art. 137 Abs. 1 eine neue Verjährungsfrist mit der ursprünglichen strafrechtlichen Dauer zu laufen, unabhängig davon, ob die strafrechtliche Verfolgungsverjährung während des Laufes der neuen Frist eintritt (BGE 131 III 430 E. 1.2, unter Hinw. auf die Kritik in der Lehre und mit Bestätigung der Rsp. in BGE 127 III 538 E. 4c und 4d). Demgegenüber löst die verjährungsunterbrechende Handlung *nach* Eintritt der strafrechtlichen Verfolgungsverjährung (betr. den massgebenden Zeitpunkt s. N 14a) lediglich wieder die zivilrechtliche Verjährungsfrist nach Art. 60 Abs. 1 aus (BGE 131 III 430 E. 1.3 und 1.4 betr. die zweijährige Frist gem. Art. 83 Abs. 1 Satz 2 SVG; BGE 135 V 74 E. 4.2.1 betr. Art. 52 AHVG). **14b**

VI. Die unverjährbare Einrede (Abs. 3)

Die Verankerung des alten Grundsatzes *quae temporalia sunt ad agendum perpetua sunt ad excipiendum*, welcher teilweise in der Lehre als gesetzgeberisch verfehlt empfunden wird (BK-BREHM, N 110; VON TUHR/PETER, 342 in Anm. 56; BRUNNER, 159 f. Nr. 388), zielt auf durch Übervorteilung, Täuschung oder Furchterregung begründete Forderungen ab (BGE 127 III 85 E. 1a = SJ 2001 I 302 f. betr. Täuschung; BGE 106 II 349; 84 II 625; 66 II 160). **15**

Nach der in BGE 114 II 143 vom BGer zugrunde gelegten **Ungültigkeitstheorie** entsteht aus mit einem Willensmangel behafteten Konsenslagen zwar gar kein Vertrag; Art. 60 Abs. 3 sichert dem Getäuschten oder Bedrohten aber auch nach Eintritt der fiktiven Genehmigung trotz Konvaleszenz (Art. 31 N 21) eine unverjährbare Einrede zu.

VII. Rechtsfolgen der Verjährung

16 Siehe Art. 127 N 22.

Art. 61*

H. Verantwortlichkeit öffentlicher Beamter und Angestellter

[1] Über die Pflicht von öffentlichen Beamten oder Angestellten, den Schaden, den sie in Ausübung ihrer amtlichen Verrichtungen verursachen, zu ersetzen oder Genugtuung zu leisten, können der Bund und die Kantone auf dem Wege der Gesetzgebung abweichende Bestimmungen aufstellen.

[2] Für gewerbliche Verrichtungen von öffentlichen Beamten oder Angestellten können jedoch die Bestimmungen dieses Abschnittes durch kantonale Gesetze nicht geändert werden.

H. Responsabilité des fonctionnaires et employés publics

[1] La législation fédérale ou cantonale peut déroger aux dispositions du présent chapitre, en ce qui concerne la responsabilité encourue par des fonctionnaires et employés publics pour le dommage ou le tort moral qu'ils causent dans l'exercice de leur charge.

[2] Les lois cantonales ne peuvent déroger aux dispositions du présent chapitre, s'il s'agit d'actes commis par des fonctionnaires ou des employés publics et se rattachant à l'exercice d'une industrie.

H. Responsabilità di pubblici funzionari ed impiegati

[1] Le leggi federali e cantonali possono derogare alle disposizioni di questo capo sull'obbligo di risarcimento o di riparazione dei danni cagionati da pubblici funzionari od impiegati nell'esercizio delle loro attribuzioni ufficiali.

[2] Le leggi cantonali non possono però derogare alle disposizioni medesime riguardo a quegli atti di pubblici funzionari od impiegati che riflettono l'esercizio di un'industria.

Literatur

Bischof, Amtshaftung an der Grenze zwischen öffentlichem Recht und Obligationenrecht, ZSR 1985 I, 7 ff.; Eichenberger, Die Rechtsstellung des Arztes im öffentlichen Spital, Diss. Bern 1995; B. Gross, Die Haftpflicht des Staates, Diss. Zürich 1996; J. Gross, Haftung für medizinische Behandlung, Bern 1987 (zit. Medizinische Behandlung); ders., Staats- und Beamtenhaftung, in: Münch/Geiser (Hrsg.), Schaden – Haftung – Versicherung, Handbücher für die Anwaltspraxis (HAP), Bd. V, Basel 1999, 95 ff. (zit. Beamtenhaftung); ders., Schweizerisches Staatshaftungsrecht, 2. Aufl., Bern 2001 (zit. Staatshaftung); ders., Was ist Schädigung in amtlicher Funktion im Staatshaftungsrecht?, HAVE 2003, 235 f. (zit. HAVE 2003); Gückelberger, Die Staatshaftung in der Schweiz, recht 2008, 175 ff.; Gygi, Verwaltungsrecht, Bern 1986; Heierli et al., Haftpflicht- und Privatversicherungsrecht, Entwicklungen 2008, Bern 2009 (zit. njus 2008); Hofer/Schmid-Geene, Die Haftung privatisierter Spitäler – ein Überblick, HAVE 2002, 196 ff.; Keller, Die Rechtsstellung der Patienten im öffentlichen Spital als Problem des Verwaltungsrechts, Diss. Freiburg 1976; Martin-Achard/Thévenoz, La responsabilité civile des médecins des hôpitaux publics, in: Tercier (Hrsg.), Aspects du droit médical, Freiburg 1987, 227 ff.; K. Meier, Orientierungshilfen im Dschungel der Staatshaftung, plädoyer 2008, 40 ff.; Poledna, Haftpflicht von Staat und Beamten, SVZ 1996, 53 ff., 143 ff.; Rumpf, Médecins et patients dans les hôpitaux publics, Diss. Lausanne 1991; Stark, Einige Gedanken zur Haftpflicht für staatliche Verrichtungen, SJZ 1990, 1 ff.; Steiner, Der Dualismus von öffentlichem und privatem Recht in der Arzthaftung und seine Auswirkungen auf die Prozessführung, ZBJV 2006, 101 ff.; P. Sutter, Die Haftung des Staates für Schäden aus Naturgefahren, S&R 2009, 175 ff.; Tercier, La délimitation entre la responsabilité publique et la respon-

* Die nachfolgende Kommentierung des Art. 61 OR stellt eine Überarbeitung und Ergänzung des Textes der von Anton K. Schnyder und Christian Heierli bearbeiteten 5. Aufl. dar.

sabilité privée, in: Die Verantwortlichkeit im Recht Bd. II, Zürcher Studien zum Privatrecht Bd. 17, Zürich 1981, 701 ff.; TSCHANNEN/ZIMMERLI/MÜLLER, Allgemeines Verwaltungsrecht, 4. Aufl., Bern 2014; VAN GESSEL/GUILLOD, Division commune d'un hôpital privé: quel régime de responsabilité?, AJP 2001, 420 ff.; WIEGAND/WICHTERMANN, Zur Haftung für privatisierte Staatsbetriebe, recht 1999, 1 ff.; ZIMMERI, Der Chefarztvertrag, Arzt und Recht 1985, 167 ff.

I. Anwendung von Art. 41 ff. auf die Beamtenhaftung

1. Tragweite von Art. 61 Abs. 1

Art. 61 räumt Bund und Kantonen die Möglichkeit ein, Beamte durch spezielle Bestimmungen vor nicht gerechtfertigter Inanspruchnahme durch Dritte zu schützen. Der Erlass solcher Bestimmungen ist freiwillig (BGer, 13.10.2009, 4A_235/2009, E. 3.2). Die Vorschrift betrifft nur die **Verantwortlichkeit der Beamten gegenüber Privaten**, nicht aber gegenüber dem Gemeinwesen. 1

Art. 61 Abs. 1 ging von einer Beamtenhaftung nach dem OR als Regel, einer Verantwortlichkeit nach öffentlichem Haftungsrecht als Ausnahme aus. Seit dem Inkrafttreten von Art. 61 haben jedoch sowohl der **Bund als auch alle Kantone** besondere Haftungsbestimmungen für ihre Beamten erlassen. Die Bedeutung von Art. 61 Abs. 1 ist deshalb heute nur noch gering (BK-BREHM, N 4; KELLER, I, 59 ff.). 2

Gemeinwesen haften nach herkömmlicher Auffassung für ihre Beamten und Angestellten aufgrund des Legalitätsprinzips **öffentlich-rechtlich** nur dort und insoweit, als eine «geschriebene oder gewohnheitsrechtliche Norm eidgenössischen oder kantonalen Rechts [die Haftung] ausdrücklich einführt; ohne solche Norm besteht keine Haftung» (OFTINGER/STARK, II/1, 289; vgl. BGE 111 II 149, 151; 101 II 177, 184). In der neueren Lehre und Rechtsprechung wird dieser Grundsatz – insb. mit grundrechtlicher Argumentation – relativiert (vgl. J. GROSS, Staatshaftung, 132 f. m.w.H.). 3

Hat ein Kanton Bestimmungen über die Haftung von öffentlichen Beamten und Angestellten erlassen, so beurteilt sich deren Ersatzpflicht **ausschliesslich** nach dem kantonalen Recht (BGE 125 IV 161, 163 f.; 96 II 47 ff.), soweit nicht Bestimmungen des OR (vgl. z.B. Art. 56 N 5; Art. 58 N 1) oder von Spezialerlassen (vgl. etwa Art. 73 SVG) vorgehen. Das Gemeinwesen selbst haftet jedoch für die Schädigung durch seine Angestellten oder Beamten einzig nach Massgabe des öffentlichen Rechts (vgl. Art. 59 Abs. 1 ZGB), es sei denn, es handle sich um gewerbliche Verrichtungen, welche eine Organ- oder Geschäftsherrenhaftung auslösen kann (BGE 139 III 110, 112). Verweist kantonales Recht auf das OR, so gilt dieses als subsidiäres *kantonales* öffentliches Recht (BGE 126 III 375 ff.; BGer, 10.2.2009, 1C_299/2008, E. 4). Fehlen einschlägige kantonale Bestimmungen überhaupt, so beurteilt sich die Beamtenhaftung nach Art. 41 ff. als eidg. Recht (BGE 90 II 274, 278 f.; vgl. auch BGE 122 III 101, 103). Mit Bezug auf Beschwerden ans BGer ist die Unterscheidung insofern nicht von Bedeutung, als auch auf kantonales Staatshaftungsrecht gestützte Entscheide mit Beschwerde in Zivilsachen vor BGer angefochten werden können (BGE 133 III 462, 465 f. = Pra 2008, 201 zu Art. 72 Abs. 2 lit. b BGG). Bei der Überprüfung der Anwendung kantonalen Rechts ist die Kognition des BGer aber auf eine Willkürprüfung beschränkt (vgl. Art. 95 BGG). Zum Widerrechtlichkeitsbegriff bei Anwendbarkeit des OR auf Staatshaftungsfälle s. Art. 41 N 39a f. 4

2. Haftung aus Ausübung «amtlicher Verrichtungen»

Die besondere Gesetzgebungskompetenz des Bundes und der Kantone besteht in Bezug auf die Haftung öffentlicher Beamter und Angestellter, soweit sie Schaden *«in Ausübung ihrer amtlichen Verrichtungen verursachen»*. Der Begriff **Beamter** oder **Angestellter** ist weit auszulegen. Er erfasst jede Person, die öffentlich-rechtliche Befugnisse bzw. Aufgaben ausübt, auch wenn sie zum Staat nicht in einem Arbeits- oder eigentlichen Beamtenverhältnis steht 5 (*funktionaler Beamtenbegriff*; TSCHANNEN/ZIMMERLI/MÜLLER, § 62 N 19; vgl. BGE 96 II 45, 46). Beamte in diesem Sinne sind etwa der Notar, wenn er als Urkundsperson tätig wird, vereinzelt die Hebammen (sofern sie durch kantonales Recht dem Wirkungsbereich der Gewerbefreiheit entzogen sind) oder der Geometer, der im Auftrag einer Gemeinde Vermessungen vornimmt (vgl. BK-BREHM, N 28 ff.).

6 Art. 61 Abs. 1 anerkennt die Kompetenz der Gemeinwesen zur Regelung der Haftung für die *«amtlichen»* Verrichtungen der Beamten. Darunter sind, wie sich aus Art. 61 Abs. 2 ergibt, *alle nicht-gewerblichen Tätigkeiten* zu verstehen (STARK, 4). Die Abgrenzung zwischen diesen beiden Tätigkeitsbereichen fällt mit der allg. **Abgrenzung zwischen öffentlich-rechtlichem und privatrechtlichem Handeln** zusammen. Diese Grenzziehung ist seit langem umstritten. Lehre und Rechtsprechung haben sich nicht auf ein einziges Kriterium festgelegt, sondern verlangen eine Abwägung aller massgeblichen Gesichtspunkte, «je nach Regelungsbedürfnissen und den im Einzelfall in Betracht fallenden Rechtsfolgen» (BGE 132 V 303, 307; 128 III 250, 253; J. GROSS, Staatshaftung, 111; HÄFELIN/MÜLLER/UHLMANN, N 253 ff.). Im Zusammenhang mit Art. 61 werden als Kriterien erwähnt: Rechts- und Organisationsform der Staatstätigkeit, Zweck und Gewinnstrebigkeit der Verrichtung (Interessentheorie), Hoheitlichkeit der Tätigkeit bzw. Ausgestaltung des Rechtsverhältnisses zwischen Staat und Bürger nach subordinations- oder koordinationsrechtlichen Gesichtspunkten (J. GROSS, Staatshaftung, 115 m.w.H.). In den Vordergrund gestellt wird dabei traditionell das Kriterium der Hoheitlichkeit (Subordinations- oder Subjektionstheorie; vgl. BGE 113 II 424, 426 = Pra 1988, 402; B. GROSS, 454 ff.; STARK, 6 ff.). Der Begriff der hoheitlichen Verrichtungen wird dabei extensiv ausgelegt (vgl. BGE 125 II 480, 490 m.w.H.; STARK, 5 ff., 12). Als *hoheitlich* sind etwa qualifiziert worden: das Richteramt, das Notariat (BGE 126 III 370, 372), die Tätigkeit in einer Strafanstalt, die Schule, das Leiten einer Ferienkolonie, der Strassenbau, Enteignungsverfahren, die Flughafensicherung, die Begleitung von Ausschaffungshäftlingen (BGE 130 IV 27, 30) und sogar das Betreiben eines Schlachthofes durch das Gemeinwesen (m.Nw. BK-BREHM, N 17 ff.). Als nicht hoheitlich und damit *gewerblich* i.S.v. Art. 61 Abs. 2 gelten dagegen traditionell Verrichtungen, bei denen der Staat mit seinem Personal im privatrechtlichen Verkehr als gleichgestelltes Rechtssubjekt gegenüber Privaten auftritt (BGE 102 II 45, 47; 113 II 424, 426 = Pra 1988, 402; BK-BREHM, N 28a; auf Gewinnstreben und Konkurrenz zu Privaten abstellend dagegen REY, N 142; CR CO I-WERRO, N 21; vgl. auch B. GROSS, 469 ff.).

7 In der neueren Lehre und Rechtsprechung wird statt auf das Kriterium der Hoheitlichkeit in erster Linie darauf abgestellt, ob die schädigende Tätigkeit in unmittelbarer **Erfüllung einer öffentlichen Aufgabe** erfolgt (*Funktionstheorie*; vgl. Art. 1 Abs. 1 lit. f VG); andernfalls liegt zivilrechtliches (bzw. «gewerbliches») Handeln vor (BVGer, 1.10.2008, A-1219/2007, E. 2 = njus 2008, 109 f.; vgl. auch BGE 115 II 237, 245; 139 III 110, 112; GYGI, 39 ff.; J. GROSS, Staatshaftung, 118 f., 134 ff.; GYGI, 39 ff.; TSCHANNEN/ZIMMERLI/MÜLLER, § 18 N 6). Ob das Gemeinwesen mit einer Verrichtung öffentliche Aufgaben erfüllt, ist danach in erster Linie aufgrund der einschlägigen gesetzlichen Grundlagen zu entscheiden (vgl. J. GROSS, Staatshaftung, 115 ff.). Ist etwa der Betrieb von öffentlichen Sportanlagen – insb. Bädern – dem Gemeinwesen vom Gesetz zwingend vorgeschrieben (vgl. etwa Art. 18 Abs. 2 der Gemeindeordnung der Stadt Bern vom 3.12.1998), so ist die Wahrnehmung dieser Aufgabe als *nicht-gewerbliche Verrichtung* zu qualifizieren; dies umso mehr, wenn die Benutzung der Anlagen für die Öffentlichkeit unentgeltlich ist (vgl. OGer ZH, 22.2.1977, ZR 1978, 33; BK-BREHM, N 30; **a.A.** BGE 113 II 424, 426 = Pra 1988, 402; CHK-CH. MÜLLER, N 22). Nicht gewerblich wäre demnach z.B. auch die Führung eines landwirtschaftlichen Betriebes zur Schulung und Forschung (BGE 128 III 76, 78) oder der Betrieb der LSVA-Erhebungsinfrastruktur durch die Schweizerische Eidgenossenschaft (BGE 139 III 110, 114). Eine *gewerbliche Verrichtung* liegt dagegen etwa vor, wenn eine Gemeinde – ohne gesetzlichen Auftrag – Maschinen oder sonstiges Werkzeug mit Bedienungspersonal Dritten entgeltlich zur Verfügung stellt (vgl. BGE 77 II 308, 310).

Heikel ist die Qualifikation der **Tätigkeit öffentlicher Spitäler**, insb. der Spitalärzte, als öffentlich-rechtlich oder privatrechtlich. Gemäss h.L. und Rsp. besteht eine *Haftung des Gemeinwesens* für ein Spital, das öffentlich ist und kraft hoheitlichen Aktes geführt wird (vgl. BK-Brehm, N 32). Die amtsärztliche Krankenbetreuung in öffentlichen Spitälern gilt als amtliche bzw. hoheitliche Verrichtung und unterliegt daher und insoweit der (öffentlichen) **Staatshaftung** (BGE 139 III 252; 122 III 101, 104 = Pra 1996, 700; 117 Ib 197, 199). Demgegenüber ist **str.**, ob und inwieweit die Patientenbetreuung durch einen frei gewählten Arzt in der Privatabteilung ebenfalls dem öffentlichen Haftungsrecht oder aber Art. 41 ff. untersteht. Die bundesgerichtliche Rsp. war lange Zeit schwankend (vgl. BGE 111 II 149, 155; 112 Ib 334, 336 f.; 115 Ib 175, 179). In BGE 122 I 153, 156 hat das BGer grundsätzlich festgehalten, dass auch im Verhältnis zwischen Arzt und Privatpatient in öffentlichen Spitälern das kantonale öffentliche Verantwortlichkeitsrecht zur Anwendung gelange. Es kommt aber auf das kantonale Recht an, ob das Verhältnis zwischen Chefarzt und Patient zur hoheitlichen Tätigkeit eines Spitals gehört (BGE 102 II 45, 47; 122 III 101, 105 = Pra 1996, 700 f.). Zumal beim Beizug von Oberärzten, Assistenzärzten und weiterem Personal ist gemäss Praxis auf das Vorhandensein einer hoheitlichen Ordnung und Tätigkeit zu schliessen (BGE 111 II 149, 154 f.; Oftinger/Stark, II/1, 299; vgl. relativierend zur Daseinsvorsorge Honsell/Isenring/Kessler, Haftpflichtrecht, § 14 N 13 f.). **8**

Für das Tatbestandsmerkmal der Ausübung amtlicher Verrichtungen ist nach Lehre und Rechtsprechung schliesslich erforderlich, dass die schädigende Handlung des Beamten in einem **funktionellen Zusammenhang** mit seinen Amtspflichten steht. Der Schaden muss «in Ausübung der amtlichen Funktion und nicht nur bei Gelegenheit der amtlichen Verrichtung» verursacht worden sein. Die Strafbarkeit von Handlungen eines Beamten schliesst den funktionellen Zusammenhang nicht von vornherein aus (BGE 130 IV 27, 30 f.). Dessen Grenzen lassen sich nicht abstrakt bestimmen: «Schädigendes Handeln vollzieht sich immer ein Stück weit ausserhalb der Amtspflicht oder missachtet dieselbe vorsätzlich oder fahrlässig. Je weiter sich die Schädigung aber ausserhalb des mit dem Amt verbundenen Kompetenzbereiches vollzieht, desto zweifelhafter ist der die Haftung des Gemeinwesens auslösende innere, funktionelle Zusammenhang zur staatlichen Aufgabenerfüllung» (BGer, 18.4.2006, 2P.224/2005, E. 3.4). Gehört es bspw. zu den Amtspflichten eines Altersheimverwalters, den «kleinen Zahlungsverkehr» der Heimbewohner vorzunehmen, so darf willkürfrei davon ausgegangen werden, dass der funktionelle Zusammenhang nicht gegeben ist, wenn der Verwalter Generalvollmachten von Bewohnern zum Bezug von Vermögenswerten zu eigenen Zwecken missbraucht (BGer, 18.4.2006, 2P.224/2005, E. 4). Wie bei der Hilfspersonenhaftung (s. Art. 55 N 13) sollte auch im Rahmen der Beamtenhaftung ausschlaggebend sein, ob sich im Schaden das *in der amtlichen Stellung des Beamten angelegte Risiko* verwirklicht hat und ob der Geschädigte die schädigende Handlung aufgrund der Umstände als Amtshandlung betrachten durfte (vgl. Häfelin/Müller/Uhlmann, N 2244 ff.). **8a**

II. Art. 61 Abs. 2 als Abgrenzungsnorm für «gewerbliche Verrichtungen»

Keiner Regelung durch öffentliches Recht des Bundes und der Kantone zugänglich sind Tätigkeiten von öffentlichen Beamten und Angestellten, die als **«gewerbliche Verrichtungen»** zu qualifizieren sind. Darunter fällt alles Handeln, welches nicht amtlich (bzw. hoheitlich) ist (zur Abgrenzung s. N 6 ff.). Gemäss Art. 61 Abs. 2 finden auf gewerbliche Verrichtungen der Beamten und Angestellten die Haftungsnormen von Art. 41 ff. Anwendung. Praxis und Lehre sind sich einig darüber, dass diese Vorbehaltsnorm nicht nur auf die Verantwortung von Beamten Anwendung findet, sondern auch für die Haftung des *Gemeinwesens* als Betriebsinhaber nach Art. 55 OR bzw. bei Organhandeln nach Art. 55 ZGB gilt (ZK-Oser/Schönenberger, N 11, 15; BK-Brehm, N 31; vgl. BGE 77 II 308, 312; 124 III 418, 419 ff. = Pra 1999, 208 ff.). **9**

10 H.L. und Rsp. legen Abs. 2 als bloss **einseitige Begrenzung** der kantonalen Kompetenzen aus: Kantonale Regelungen seien nur insoweit ausgeschlossen, als sie eine Abschwächung des Bundesprivatrechts zu Gunsten des Kantonspersonals vorsehen. Dagegen soll es den Kantonen nicht verwehrt sein, *zum Vorteil* der Geschädigten von den Haftungsbestimmungen des OR abzuweichen (**a.A.** TSCHANNEN/ZIMMERLI/MÜLLER, § 61 N 20). Die in kantonalen Verantwortlichkeitsgesetzen verschiedentlich vorgesehenen strengeren Haftungen der Kantone für ihr Personal seien demzufolge zulässig (BGE 130 IV 27, 30; BK-BREHM, N 32 m.w.H.; krit. CHK-CH. MÜLLER, N 25).

Dritter Abschnitt: Die Entstehung aus ungerechtfertigter Bereicherung

Art. 62

A. Voraussetzung
I. Im Allgemeinen

[1] Wer in ungerechtfertigter Weise aus dem Vermögen eines andern bereichert worden ist, hat die Bereicherung zurückzuerstatten.

[2] Insbesondere tritt diese Verbindlichkeit dann ein, wenn jemand ohne jeden gültigen Grund oder aus einem nicht verwirklichten oder nachträglich weggefallenen Grund eine Zuwendung erhalten hat.

A. Conditions
I. En général

[1] Celui qui, sans cause légitime, s'est enrichi aux dépens d'autrui, est tenu à restitution.

[2] La restitution est due, en particulier, de ce qui a été reçu sans cause valable, en vertu d'une cause qui ne s'est pas réalisée, ou d'une cause qui a cessé d'exister.

A. Condizioni
I. In genere

[1] Chi senza causa legittima si trovi arricchito a danno dell'altrui patrimonio, è tenuto a restituire l'arricchimento.

[2] Si fa luogo alla restituzione specialmente di ciò che fu dato o prestato senza valida causa, o per una causa non avveratasi o che ha cessato di sussistere.

Literatur

AEBLI, Die ungerechtfertigte Bereicherung nach schweizerischem Obligationenrecht, Diss. Zürich 1912; BUCHER, Hundert Jahre schweizerisches Obligationenrecht: Wo stehen wir heute im Vertragsrecht?, ZSR 1983 II, 251 ff.; BÜRGI-WYSS, Der unrechtmässig erworbene Vorteil im schweizerischen Privatrecht (zugleich ein Beitrag zur Dogmatik der ungerechtfertigten Bereicherung und der Geschäftsführung ohne Auftrag), Diss. Zürich 2005, insb. 100 ff.; BUIS, Die Banküberweisung und der Bereicherungsausgleich bei fehlgeschlagenen Banküberweisungen, Diss. Zürich 2001; BUSSY, Etude sur les conditions générales de l'enrichissement illégitime en droit suisse, Diss. Lausanne 1922; BYDLINSKI, Die Leistungskondiktionen als Bereicherungsansprüche, in: Geiser/Koller/Reusser/Walter/Wiegand (Hrsg.), FS für Heinz Hausheer, Bern 2002, 49 ff.; VON CAEMMERER, Bereicherung und unerlaubte Handlung, in: FS für Ernst Rabel, Bd. I, Tübingen 1954, 333 ff.; DERS., Leistungsrückgewähr bei gutgläubigem Erwerb, in: FS für Gustav Boehmer, Bonn 1954, 145 ff.; DERS., Bereicherungsansprüche und Drittbeziehungen, JZ 1962, 385 ff.; DERS., Irrtümliche Zahlung fremder Schulden, in: FS Dölle, Bd. I, Tübingen 1963, 135 ff.; CARRY, Les conditions générales de l'action en enrichissement illégitime en droit suisse, Diss. Genf 1927; COSTEDE, Dogmatische und methodologische Überlegungen zum Verständnis des Bereicherungsrechts, Bern 1977; DESSEMONTET, L'enrichissement illégitime dans la propriété intellectuelle, in: Merz/Schluep (Hrsg.), FS für Max Kummer, Bern 1980, 191 ff.; ESSER, Schuldrecht, 2. Aufl., Karlsruhe 1960; FLUME, Der Bereicherungsausgleich in Mehrpersonenverhältnissen, AcP 1999, 1 ff.; FRAEFEL, Die Betreibung einer Nichtschuld, Haftpflicht- und bereicherungsrechtliche Folgen, Diss. Zürich 2011; GELZER, Verzugs-, Schadens- und Bereicherungszins, Diss. Basel 2010; GILLIARD, La disparition de l'enrichissement (Diss. Genf), Lausanne 1985; DERS., Subrogation ou quasi-subrogation dans l'enrichissement illégitime?, ZSR 1988 I, 23 ff.; GRAWEHR, Die ungerechtfertigte Bereicherung im internationalen Privatrecht der Schweiz, Diss. St. Gallen 1991; HÄNSELER, Die Globalzession, Diss. Zürich 1991; HOLENSTEIN, Wertersatz oder Gewinnherausgabe?, Diss. Zürich 1983; HONSELL, Keine direkte Kondiktion der Bank gegen den gutgläubigen Anweisungsempfänger bei Ausführung der Überweisung trotz Widerrufs des Bankkunden,

AJP 1995, 1209 ff. (zit. AJP 1995); DERS., Drei Fragen des Bereicherungsrechts, in: Vogt/Zobl (Hrsg.), FS für Hermann Schulin, Basel 2002, 25 ff. (zit. FS Schulin); HUWILER, Zum Bereicherungsanspruch gegen den Fahrniseigentümer kraft Ersitzung, in: FS Schweizerischer Juristentag, Bern 1988, 99 ff. (zit. FS Juristentag); DERS., Zur Anspruchsgrundlage der Obligation aus ungerechtfertigter Bereicherung im Schweizerischen Obligationenrecht, in: Vogt/Zobl (Hrsg.), FS für Hermann Schulin, Basel 2002, 41 ff. (zit. FS Schulin); JANNER, Wandlungen der Bereicherungslehre im Schweizerischen Recht, Diss. Basel 1943; JENNY, Die Eingriffskondiktion bei Immaterialgüterrechtsverletzungen, Diss. Zürich 2005; KAUFMANN-BÜTSCHLI, Grundlagenstudien zur ungerechtfertigten Bereicherung in ihrer Ausgestaltung durch das schweizerische Recht, Diss. Bern 1983; KÖNDGEN, Bereicherungsansprüche im bargeldlosen Zahlungsverkehr, SZW 1996, 30 ff.; KOHLER, Vermögensausgleich bei Immaterialgüterrechtsverletzungen – Rechtsvergleichung USA, Deutschland, Schweiz, Zürich 1999; KOLLER A., Die Kondiktionssperre von Art. 63 Abs. 1 OR, AJP 2006, 468 ff.; KOLLER TH., Der Widerruf einer Anweisung und seine Folgen . . ., ZBJV 1995, 797 ff.; KOLLER TH./KISSLING, Anweisung und Dokumentenakkreditiv im Zahlungsverkehr, BBT 2000, 23 ff.; KOPPENSTEINER/KRAMER, Ungerechtfertigte Bereicherung, 2. Aufl., Berlin 1988; LARESE, Fahrnisersitzung und Bereicherungsklage, SJZ 1971, 233 ff.; LARENZ, Lehrbuch des Schuldrechts, Bd. II, 12. Aufl., München 1981; LIVER, Das Eigentum, Schweizerisches Privatrecht (SPR), Bd. V/1, 1. Aufl., Basel und Stuttgart 1977, 1 ff.; MERZ/KUMMER, Ungerechtfertigte Bereicherung, SJK 1037–1040, Genf 1949; NIETLISPACH, Zur Gewinnherausgabe im schweizerischen Privatrecht: zugleich ein Beitrag zur Lehre von der ungerechtfertigten Bereicherung (Diss. Zürich), Bern 1994; VON ORELLI, Die Eingriffskondiktion im schweizerischen Recht, Diss. Basel 1973; PETITPIERRE, Absence de cause et enrichissement illégitime, in: Mélanges Jacques-Michel Grossen, Basel 1992, 315 ff.; DERS., Vertragsrecht und Bereicherungsrecht. La rupture est-elle défenitivement consommée? in: Tercier (Hrsg.), FS für Peter Gauch, Zürich 2004, 529 ff.; PFISTER, Die Ersitzung nach schweizerischem Recht, Diss. Zürich 1931; REEB, Grundprobleme des Bereicherungsrechts, München 1975; REUTER/MARTINEK, Ungerechtfertigte Bereicherung, Tübingen 1983; RUSCH, Das Irrtumserfordernis bei der condictio indebiti, ZSR 2009 I, 131 ff.; DERS., Der entreicherte Bereicherte, ZSR 2013 I, 563 ff.; SCHAUFELBERGER, Bereicherung durch unerlaubte Handlung, Diss. Zürich 1981; SCHLECHTRIEM, Zur bereicherungsrechtlichen Rückabwicklung fehlerhafter Banküberweisungen im IPR, IPRax 1987, 356 f.; DERS., Restitution und Bereicherungsausgleich in Europa, Eine rechtsvergleichende Darstellung, Bd. 1 und 2, Tübingen 2000/2001; SCHLUEP, Über Eingriffskondiktionen, in: Sturm (Hrsg.), FS für Paul Piotet, Bern 1990, 173 ff.; SCHMIDLIN, Der Einheitstatbestand der Bereicherungsregel im Schweizerischen OR Art. 62: ein Sieg des Pandektenrechts, in: Honsell et al. (Hrsg.), FS für Ernst A. Kramer, Basel 2004, 663 ff.; SPIRO, Die Begrenzung privater Rechte durch Verjährungs-, Verwirkungs- und Fatalfristen, Bd. II, Basel 1975; SUTTER-SOMM, Eigentum und Besitz, Schweizerisches Privatrecht (SPR), Bd. V/1, 2. Aufl., Basel 2014; TERCIER/ZUFFEREY, La rémunération liée au retrait d'un recours, BR 1997, 113 ff.; VON TUHR, Zur Lehre von der ungerechtfertigten Bereicherung, in: FS für Ernst Immanuel Bekker, Weimar 1907, 291 ff.; VOSER, Bereicherungsansprüche in Dreiecksverhältnissen, erläutert am Beispiel der Anweisung, Habil. Basel 2006; WEBER, Gewinnherausgabe – Rechtsfigur zwischen Schadenersatz-, Geschäftsführungs- und Bereicherungsrecht, ZSR 1992 I, 333 ff.; WENNER, Die Voraussetzungen des Anspruches aus ungerechtfertigter Bereicherung unter besonderer Berücksichtigung des Problems der Subsidiarität, Diss. Zürich 1977; WETZEL, Kommentar zum Bundesgerichtsentscheid (4C.335/2003) vom 11.5.2004 [= BGE 130 III 504], MRA 2004, 149 ff.; WIEGAND, Zur Rückabwicklung gescheiterter Verträge, in: Tercier (Hrsg.), FS für Peter Gauch, Zürich 2004, 709 ff.; WILBURG, Die Lehre von der ungerechtfertigten Bereicherung nach österreichischem und deutschem Recht, Graz 1934; WITTMANN, Grundbedingungen der ungerechtfertigten Bereicherung im schweizerischen und französischen Recht, Diss. Zürich 1943.

I. Allgemeines

1. Normzweck

Die Kondiktion dient dem **Ausgleich** eines ungerechtfertigten Empfangs. Sie setzt kein Verschulden des Bereicherten voraus (s. N 10e). «Die Bereicherungshaftung ist eine Ausgleichshaftung für rechtlich unbegründete Vermögensvermehrung durch unverdientes Erhalten oder Behalten fremder Leistung oder durch unberechtigte Verwertung fremden Gutes.» (ESSER, 764). 1

2. Anwendungsbereich

a) Grundsatz

2 Die Vorschriften über die ungerechtfertigte Bereicherung finden **im Privatrecht** unbegrenzt Anwendung, es sei denn, sie werden durch spezielle Normen ausgeschlossen.

Auch **auf dem Gebiet des öffentlichen Rechts** kommt bei nichtigen oder wirksam angefochtenen Verfügungen einer Behörde, die zu einer ungerechtfertigten Vermögensvermehrung geführt haben, ein Bereicherungsausgleich in Betracht (BGE 78 I 88; 88 I 216; GUHL/KOLLER/SCHNYDER/DRUEY, § 27 N 1). Nicht geschuldete Steuern sind zurückzuerstatten (BGer, 2.6.2003, 2A.321/2002, E. 2.2; 2.6.2003, 2A.320/2002, E. 3.1 und 2A.326/2002, E. 3.1).

Hat eine Vorsorgeeinrichtung zu Unrecht Leistungen ausgerichtet, kann sie sie aufgrund von Art. 62 ff. OR für die Zeit bis zum Inkrafttreten der 1. BVG-Revision per 1.1.2005 zurückfordern, wenn eine statutarische oder reglementarische Regelung zur Rückerstattung fehlt (BGer, 13.4.2006, B45/05, E. 3; 6.4.2006, B4/04, E. 3.1.3–3.3; 10.11.2005, B50/05, E. 2; 4.11.2004, B103/03, E. 2.2).

Keine Bereicherungsforderung ist gegeben, wenn die Leistung aufgrund einer rechtskräftigen, aber materiell-rechtlich nicht zutreffenden Verfügung erbracht wurde (BGE 124 II 570, 579 E. 4c).

b) Schranken

3 Wo durch das Gesetz das Interesse der **Rechtssicherheit** höher bewertet wird als das Ausgleichsinteresse, tritt endgültiger Rechtsverlust zum Nachteil des Entreicherten ein, und ein Bereicherungsausgleich ist ausgeschlossen. So ist die durch *Verjährung* oder durch Ablauf der *Verwirkungsfrist* eingetretene Bereicherung aus Gründen der Rechtssicherheit und des Rechtsfriedens nicht auszugleichen.

Ebenso verhält es sich bei der durch *Ersitzung* entstandenen Bereicherung, da der originäre Ersitzungserwerb im Sachenrecht eine endgültige Vermögensverschiebung herbeiführt und nicht mehr durch den schuldrechtlichen Bereicherungsanspruch korrigiert werden soll (so die h.L.: BK-BECKER, N 21; ZK-OSER/SCHÖNENBERGER, N 11; BK-LEEMANN, Art. 728 ZGB N 17; BSK ZGB II-SCHWANDER, Art. 728 N 12; ZK-HAAB/SIMONIUS/SCHERRER/ZOBL, Art. 728 ZGB N 66; BUCHER, AT, 654; SUTTER-SOMM, SPR V/1, N 1143; SPIRO, II, 1365 f.; VON TUHR/PETER, 497 ff.; TUOR/SCHNYDER/SCHMID/RUMO-JUNGO, § 102 Rz 42 FN 53; differenzierend HUWILER, FS Juristentag, 129 f.; **a.M.** PFISTER, 150 ff., insb. 163 ff.; LARESE, 233 ff.).

3. Abgrenzung

4 Im Unterschied zum Schadensausgleich wird bei der Bereicherungshaftung auf die Vermögenslage des Bereicherten, nicht auf die des Geschädigten abgestellt. Der *Schadensausgleich* geht vom Schaden (unfreiwillige Vermögensverminderung) des Geschädigten aus, der **Bereicherungsausgleich** hingegen von der Bereicherung des Anspruchsgegners (ESSER, 766). Deliktshaftung setzt eine rechtswidrige Handlung des Schädigers voraus; für die Bereicherungshaftung ist (jedenfalls was die Leistungskondiktion angeht) eine solche nicht erforderlich. An ihre Stelle tritt die Unrechtmässigkeit des Behaltens des erlangten Vermögensvorteils.

II. Voraussetzungen des Bereicherungsanspruchs

1. Bereicherung

Bereicherung besteht in der **Vermögensvermehrung**. Eine solche liegt in der Differenz zwischen dem jetzigen Vermögensstand und dem Vermögensstand, der ohne das bereichernde Ereignis vorläge (BGE 133 V 205, 212 f. E. 4.7; 129 III 646, 652 E. 4.2; ZR 1977, 134). Diese Vermögensvermehrung kann sein (VON TUHR/PETER, 473 ff.): 5

a) Vergrösserung des Vermögens (lucrum emergens)

Vermehrung der Aktiven, z.B. Erwerb von Eigentum, von Forderungen; Verfügungen über ein fremdes Recht zum eigenen Vorteil wie Einziehung einer abgetretenen Forderung (BGE 110 II 199, 206 f.); Erhöhung des Wertes eines bereits vorhandenen Rechts (wie Bebauung eines Grundstücks oder Sicherung einer Forderung durch Pfandbestellung). 6

Verminderung der Passiven (BGE 87 II 137, 142 E. 7d), z.B. Befreiung von einer Schuld, grundlose Erfüllung einer Schuld durch einen Dritten.

b) Nichtverminderung des Vermögens (damnum cessans)

Entweder durch Nichtverminderung der Aktiven oder Nichterhöhung der Passiven. Hierunter fällt die **Ersparnisbereicherung**, bei der eine Ausgabe ausgeblieben ist, die nach dem regelmässigen Lauf der Dinge getätigt worden wäre; z.B. Benützung einer fremden Wohnung, eines fremden Autos, einer patentrechtlich geschützten fremden Erfindung, Verbrauch einer fremden Sache wie Lebensmittel usw. Der Mieter, der nach Beendigung des Mietverhältnisses weiterhin in der Wohnung verbleibt, ist durch Ersparnis der Miete, die er vertraglich geschuldet hätte, bereichert (BGE 131 III 257, 261 E. 2; 119 II 437, 441 f. E. 3b/bb/cc = Pra 1994, 745 f.; BGE 63 II 368, 373 E. 3). Bei Benutzung eines fremden Autos liegt die Ersparnis in den Fahrkosten; das sind die Kosten für Benzin und allenfalls die Abnützung eines eigenen Wagens oder die Kosten für einen Mietwagen (vgl. ferner BGE 71 II 147, 153 E. 6; 61 II 12, 20 E. 4; KELLER/SCHAUFELBERGER, 25). 7

2. Entreicherung (Bereicherung «aus dem Vermögen eines anderen»)

Die Vermögensvermehrung muss *zu Lasten* eines anderen (auf Kosten eines anderen, vgl. § 812 Abs. 1 Satz 1 BGB) erfolgt sein. Die Bedeutung dieses Begriffes ist umstritten. 8

Nach einem Teil der Lehre wird aus dem Gesetzeswortlaut gefolgert, dass eine **Vermögensverschiebung** eingetreten sein muss, bei der die Vermögensvermehrung des Bereicherten der Vermögensverminderung des Entreicherten entspricht und zwischen Vermehrung und Verminderung ein **Kausalzusammenhang** bestehen muss. Mit diesem Erfordernis soll die Subsumtion von Fällen unter das Bereicherungsrecht verhindert werden, bei denen die Vermögensveränderung zwar auf eine gemeinsame Ursache zurückgeht, die jedoch untereinander keinen Sachzusammenhang aufweisen (BUCHER, AT, 658 f.; VON TUHR/PETER, 473; einschränkend GAUCH/SCHLUEP/SCHMID/EMMENEGGER, N 1475, 1564 ff.; GUHL/KOLLER/SCHNYDER/DRUEY, § 27 N 4).

Nach einem anderen Teil der Lehre kommt es nur auf die **Vermögensvermehrung** an, und zwar unabhängig davon, ob dadurch auch eine Vermögensverminderung beim andern eingetreten ist; der Bereicherungsanspruch sei in Bestand und Umfang unabhängig von einer Entreicherung (VON BÜREN, AT, 309; KAUFMANN-BÜTSCHLI, 230 ff.; KELLER/SCHAUFELBERGER, 30 ff.; SCHLUEP, 181 ff.; ZK-SCHMID, Art. 423 OR N 181).

Nach BGer setzt der Bereicherungsanspruch nicht eine unmittelbare Vermögensverschiebung zwischen dem Bereicherungsgläubiger und dem Bereicherungsschuldner voraus; es sei vielmehr die Bereicherung auszugleichen, die der Bereicherte auf Kosten eines anderen erlangt hat (BGer, 27.11.2006, 4C.338/2006; BGE 129 III 422, 425 E. 4). Nach dem BGer, das in einem Entscheid dem Registervater, der das rechtliche Kindesverhältnis durch Anfechtungsklage rückwirkend beseitigt hat, einen Bereicherungsanspruch gegen den anerkennenden leiblichen Vater zuerkannt hat, reicht es aus, dass zwischen der erbrachten Leistung und der Bereicherung ein wirtschaftlicher Zusammenhang bestehe; auf einen rechtlichen Zusammenhang komme es nicht an; nicht ausschlaggebend sei, dass eine Person ungerechtfertigt eine Leistung erhalten hat [hier: Kind], dass also zwischen Bereicherungsgläubiger und Bereicherungsschuldner eine unmittelbare Vermögensverschiebung stattgefunden hat, sondern dass jemand ungerechtfertigt *bereichert* ist [hier: Ersparnisbereicherung auf Seiten des leiblichen Vaters, s. N 7] (BGE 129 III 646, 652 E. 4.2).

8a Nach BGer wird eine unmittelbare Vermögensverschiebung zwischen dem Bereicherungsgläubiger und dem Bereicherungsschuldner nicht vorausgesetzt, vielmehr ist die Bereicherung auszugleichen, die der Schuldner auf Kosten eines anderen («aux dépense d'autrui») erlangt hat (BGer, 27.11.2006, 4C.338/2006, E. 3.1; 12.4.2006, 4C.290/2005, E. 3.1; BGE 129 III 422, 425 E. 4).

9 Die Frage der Erforderlichkeit der Vermögensverschiebung stellt sich insb. bei der Eingriffskondiktion, vgl. N 19 ff., 23. Schulbeispiele: Jemand benutzt ein unbenutztes fremdes Ferienhaus oder mäht eine fremde Wiese, die der Eigentümer selbst nicht genutzt hätte.

Zutreffend wird auch in diesen eher seltenen Fällen dem Eigentümer ein Bereicherungsanspruch zuerkannt, obwohl keine Entreicherung und damit keine Vermögensverschiebung vorliegt. Gleichwohl sollte im Übrigen am Erfordernis der Vermögensverschiebung und zumindest an einem **Sachzusammenhang** zwischen Bereicherung und Entreicherung aus den in N 8 genannten Gründen festgehalten werden.

Leistet ein Versicherer in gutem Glauben an den alten Begünstigten, weil er die neue Klausel nicht kannte, mit der die bisherige Vergünstigung widerrufen wurde, so wird der alte Begünstigte ungerechtfertigt bereichert und kann vom neuen Begünstigten aus ungerechtfertigter Bereicherung in Anspruch genommen werden (BGE 110 II 206).

Vermietet jemand unberechtigterweise fremdes Mobiliar, so kann der Eigentümer vom Vermieter die dadurch erworbene Bereicherung mit einer Eingriffskondiktion herausverlangen; denn in jedem Fall sei die Bereicherung, die der Schuldner auf Kosten eines anderen erlangt hat, auszugleichen (BGE 129 III 422, 425 [m.Hw. auf HUWILER, FS Schulin, 41 ff., insb. 66 f.]; vgl. auch BGer, 2.3.2005, 4C.418/2004, E. 3.1).

3. Ungerechtfertigte Bereicherung

10 Zuwendungen können aus drei Gründen erfolgen (VON TUHR/PETER, 200 f.):
- *causa solvendi*: um eine Verpflichtung zu erfüllen;
- *causa credendi*: um mit der Zuwendung an den anderen eine Zuwendung von diesem als Äquivalent zu erhalten (wichtigste Fälle sind die Verträge mit Austauschverhältnissen);
- *causa donandi*: um dem Empfänger einen Vorteil zuzuwenden, ohne dafür ein Äquivalent zu erhalten (Hauptfall: Schenkung).

Wenn es an einem dieser Rechtsgründe *fehlt*, ist die Zuwendung **ohne Rechtsgrund** *(sine causa)* und damit ungerechtfertigt erfolgt.

10a Deshalb kann der Nutzen, den jemand aus einem Recht, das ihm aufgrund eines gültigen Rechtsgrundes von einem Dritten eingeräumt worden ist, erlangt hat, nicht im Wege der ungerechtfertigten Bereicherung herausverlangt werden (BGer, 3.3.2003, 4C.337/2002, E. 2.2). Ebenso wenig kann sich die Bereicherungsforderung auf eine Leistung, welche der Bereicherte in guten Treuen von einem Dritten, gestützt auf einen gültigen Rechtsgrund, empfangen hat, beziehen, und zwar auch dann nicht, wenn die Zahlungsmittel dem Dritten grundlos aus dem Vermögen des Entreicherten zugegangen sind (BGer, 2.7.2003, 4C.79/2002, E. 2.2.2; BGE 106 II 29, 31 f. E. 3 = Pra 1980, 489).

Mit Eintritt des Konkurses fällt der Rechtsgrund der Zuwendung nicht nachträglich weg (BGer, 7.2.2006, 5C.297/2005, E. 2.3). Hat der Gemeinschuldner von seinen Mitteln unbefugterweise Auszahlungen an einen Dritten vorgenommen, so hat der Konkursgläubiger keinen Bereicherungsanspruch gegen diesen Dritten (BGE 87 II 18, 22 f.). 10b

Ob eine Leistung ungerechtfertigt ist, bestimmt sich nach der h.L. (HONSELL, FS Schulin, 25 f.; KOLLER A., OR AT, § 30 N 18) *nicht nach Billigkeit*. Das Bereicherungsrecht dient nicht dazu, allgemein unbillige rechtliche Ergebnisse zu korrigieren (BGer, 2.7.2003, 4C.79/2002, E. 2.2.1; BGE 117 II 404, 410 E. 3d; BUCHER, AT, 653). In einzelnen Urteilen des BGer sind zwar **Billigkeitserwägungen** als wegleitend auch für das Bereicherungsrecht bezeichnet worden (BGE 115 II 28, 29 E. 1a; 82 II 430, 439 f. E. 9b; 73 II 108, 109; 70 II 117, 122 f.). Das gilt aber nur dort, wo die Rechtsordnung nicht anderweitigen Schutz gewährt oder wo sie keine klare Regelung enthält (BGE 117 II 404, 410 E. 3d; 70 II 117, 122). 10c

Im Rahmen von Art. 62 muss das **Fehlen eines objektiv rechtfertigenden Grundes** vorliegen. Bei Leistung einer Nichtschuld (condictio indebiti, Art. 63 Abs. 1) ist auch ein subjektives Element – nämlich der Irrtum des Leistenden über den Rechtsgrund – zu berücksichtigen (Art. 63 N 4). 10d

4. Verschuldensunabhängig

Der Bereicherungsanspruch ist verschuldensunabhängig; ein Verschulden des Bereicherten wird nicht vorausgesetzt (BGE 129 III 422, 425 und 646, 653 E. 4.4; BUCHER, AT, 653). 10e

5. Generalklausel

Die allgemeine Regel des Art. 62 Abs. 1 bezieht sich sowohl auf die Leistungs- als auch auf die Eingriffskondiktion. Die Ansicht des BGer (v. 3.5.2005,4C.279/2003, E. 3.2; 28.5.2004, 5C.51/2004, E. 7.1; BGE 123 III 101, 107 E. 3a), Art. 62 Abs. 1 sei auf Leistungskondiktionen nicht anwendbar, ist in der Lehre zu Recht auf Kritik gestossen (CR CHAPPUIS, N 1; GAUCH/SCHLUEP/SCHMID/EMMENEGGER, N 1489a; GUHL/KOLLER/SCHNYDER/DRUEY, § 27 N 15; HUWILER, FS Schulin, 41 ff., mit ausführlichen entstehungs- und dogmengeschichtlichen Gründen; ferner SCHMIDLIN, 663 ff., 667 und passim; SCHWENZER, N 55.04; VOSER, 119 ff.. und 198 f.). Allerdings hält das BGer in einem anderen Entscheid fest, dass Art. 62 Abs. 1 eine Generalklausel darstelle, die sowohl auf die Leistungs- als auch auf die Nichtleistungskondiktionen anzuwenden sei (BGer, 9.7.2003, 4C.163/2002, E. 2.2). 10f

III. Entstehung der Bereicherung

1. Durch Zuwendung des Entreicherten (Leistungskondiktion)

a) Zuwendung ohne jeden gültigen Grund (condictio sine causa)

Hierunter sind die Fälle zu rechnen, in denen sich die Parteien über den Rechtsgrund nicht geeinigt haben (offener und versteckter **Dissens**), und jene Fälle, in denen die zu erfüllende **Forderung nicht besteht** (VON TUHR/PETER, 476). 11

In der Regel handelt es sich dabei um Leistung einer *Nichtschuld* (Art. 63); ein Bereicherungsanspruch ist demzufolge nur unter den weiteren Voraussetzungen von Art. 63 Abs. 1 (condictio indebiti) gegeben (Bsp.: vgl. Art. 63 N 3).

b) Zuwendung aus einem nicht verwirklichten Grund, Zweckverfehlung (condictio ob causam futuram oder causa data, causa non secuta)

12 **Nichtverwirklichung des Grundes** liegt vor, wenn in Erwartung eines Vertragsabschlusses bereits (teilweise) erfüllt wird und anschliessend der Vertrag nicht zustandekommt (KOLLER A., OR AT, § 31 N 54 ff.; SCHWENZER, N 56.08 f.; VON TUHR/PETER, 487 ff.).

Beispiele:

13 – Erfüllung eines aufschiebend *bedingten Vertrages*, bei dem die Bedingung nicht eintritt (BGer, 20.2.2006, 4C.424/2005, E. 3.1; BGE 129 III 264, 268 f. E. 3.2.2 = Pra 2003, 979, 983).
– *Haustürgeschäfte* und *ähnliche Verträge* (Art. 40a ff.; vgl. SCHULIN/VOGT, AT, Tafel 24C) werden unter der *aufschiebenden Bedingung* abgeschlossen, dass das gesetzliche Widerrufsrecht nicht ausgeübt wird. Bei Ausübung des Widerrufsrechts wird die vorher abgegebene Willenserklärung beseitigt («vernichtet»), und es ist «nicht von einem gültig abgeschlossenen Vertrag auszugehen». Es handelt sich somit um einen Entstehungsmangel des Vertrages und nicht um einen Erfüllungsmangel. Da «im Interesse der Rechtssicherheit und Kohärenz eine möglichst einheitliche Regelung anzustreben ist», sind auf die «Rückerstattung des geleisteten Geldbetrags die Regeln der ungerechtfertigten Bereicherung anzuwenden» (BGE 137 III 243, 252 ff. E. 4.5; s. Art. 40f N 2 sowie Art. 63 N 8 [Abwicklung eines widerrufenen Haustürgeschäfts]), somit Art. 62 Abs. 1 und 2 (nicht verwirklichter Grund).
– Erfüllung einer *künftigen* Forderung, die jedoch nicht zur Entstehung gelangt.
– Zahlung von *Mietzinsen* im Voraus für ein im Umbau befindliches Mietobjekt, das auf den Einzugstermin jedoch nicht fertiggestellt wird.
– Leistung für bauliche Aufwendungen, die ohne Abrede über die Kostentragung, aber in Erwartung eines längerfristigen Mietverhältnisses gemacht worden sind (BGE 105 II 92, 96 E. 3a).
– Anzahlung im Hinblick auf den Erwerb eines Grundstücks, der nicht stattfand (BGE 119 II 20, 21 f. E. 2a = Pra 1993, 717 f.).
– Als Leistungsgrund kommt auch ein Umstand in Betracht, der kein Rechtsgeschäft darstellt (BGE 105 II 92, 96 E. 3a; VON TUHR/PETER, 488 und FN 96). Leistet z.B. jemand, obwohl ihm die Ungültigkeit des Vertrages und damit die fehlende Durchsetzbarkeit der Gegenleistung bekannt ist, liegt der Leistungsgrund in der Erwartung, der Leistungsempfänger werde ebenfalls freiwillig leisten (BGE 115 II 28, 30; VON TUHR/PETER, 237); die Kondiktionssperre des Art. 63 Abs. 1 komme hierbei nicht zur Anwendung, weil das zu einem stossenden Ergebnis führe (s. Art. 63 N 3b).
– Das BGer hat Nichtverwirklichung eines Rechtsgrundes in einem Fall angenommen, in welchem im Hinblick auf einen zu erwartenden Eheschluss eine Metzgerei günstig überlassen wurde, die Ehe jedoch hinterher nicht zustande kam BGE 82 II 430, 436 E. 7). Rechtsgrund war aber in diesem Fall eine *gemischte Schenkung* (Art. 239 N 5), die entgegen der Ansicht des BGer nicht dadurch wegfällt, dass sich das Motiv, nämlich das Zustandekommen der Ehe, später nicht verwirklicht; denn der einfache Motivirrtum ist nach Art. 24 Abs. 2 unbeachtlich, und der Grundlagenirrtum nach Art. 24 Abs. 1 Ziff. 4 findet bei einem Irrtum über einen zukünftigen Sachverhalt grundsätzlich keine Anwendung. Vgl. auch die Kritik von MERZ, ZBJV 1958, 76 ff., und GUHL/KOLLER/SCHNYDER/DRUEY, § 27 N 12.
– Zum Voraus bezahlte Darlehenszinsen bei vorzeitigem Erlöschen der Darlehensrückforderung (BGE 52 II 228, 232).

Weitere Beispiele: BGE 19, 382 ff.; 20, 610; 41 II 719.

Hat sich der Grund für eine Darlehenshingabe, nämlich an der Börse Geld zu gewinnen, nicht verwirklicht, steht demjenigen, der Gewinne ausgeschüttet hat, obwohl er keine Börsengewinne erzielt hat, keine bereicherungsrechtliche Rückforderung der als Gewinn deklarierten

Beträge zu, wenn er sich die Nichtverwirklichung des Grundes für die Darlehenshingabe selbst zuzuschreiben hat (BGer, 9.12.2002, 5C.206/2002, E. 2.2 m.Hw. auf BGE 105 II 92, 98 E. 4b; 104 II 202, 203 f. E. 4; BK-Becker, Art. 62 N 18).

Hat der Mieter einen zehnjährigen Vertrag bereits nach einem Jahr gebrochen, hat er damit die Verwirklichung eines langjährigen Mietverhältnisses aus Gründen, die er selbst zu vertreten hat, verhindert, so erscheint sein Bereicherungsanspruch bezüglich der Wertvermehrung, die das Mietobjekt durch seine angebrachten Änderungen erfahren hat, als rechtsmissbräuchlich und ist deswegen ausgeschlossen (BGE 104 II 202, 203 f. E. 4; ferner 105 II 92, 98 E. 4b; vgl. hierzu Koller A., OR AT, § 31 N 60; Schwenzer, N 56.09; von Tuhr/Peter, 489 [die Art. 156 analog anwenden, wenn der Leistende die Verwirklichung des Rechtsgrundes wider Treu und Glauben verhindert]). **13a**

c) Zuwendung aus nachträglich weggefallenem Grund (condictio ob causam finitam)

Dieser Sachverhalt liegt vor, wenn jemand **aufgrund eines bestehenden Vertrages** ganz oder teilweise **erfüllt** hat und der **Vertrag** (Rechtsgrund) **im Nachhinein wegfällt** (Koller A., OR AT, § 31 N 45 ff.; Schwenzer, N 56.10; von Tuhr/Peter, 492 ff.). **14**

Beispiele:

Es ist umstritten, ob bei einer wirksamen **Anfechtung** eines bereits erfüllten Vertrages wegen Willensmängeln der Rechtsgrund nachträglich wegfällt und dadurch bereicherungsrechtliche Ansprüche entstehen. Das hängt zunächst davon ab, wie man den Schwebezustand des anfechtbaren Vertrages vor dessen Anfechtung auffasst. **15**

Nach der *Ungültigkeitstheorie* (BGE 114 II 131, 143 E. 3b [allerdings wird in BGE 128 III 70, 75 E. 2 bei der Anfechtungserklärung von einem *aufhebenden* Gestaltungsrecht ausgegangen, was nicht mehr mit der Ungültigkeitstheorie, sondern nur noch mit der Anfechtungstheorie in Einklang gebracht werden kann]; Gauch/Schluep/Schmid/Emmenegger, N 890) ist der anfechtbare, aber noch nicht angefochtene Vertrag von Anfang an ungültig; die Parteien haben ihre Leistungen ohne Rechtsgrund erbracht; bei Anfechtung des Vertrages bleibt es bei dessen Ungültigkeit; es liegt daher die Leistung einer Nichtschuld vor, die bereicherungsrechtlich nach Art. 62 Abs. 1 i.V.m. Art. 63 Abs. 1 zu beurteilen ist (s. Art. 63 N 2 ff.). Nach der *modifizierten* (oder *geteilten) Ungültigkeitstheorie* (von Tuhr/Peter, 231, 330; Schulin/Vogt, AT, Tafel 28) ist der anfechtbare Vertrag für den Anfechtungsberechtigten unverbindlich (was dem Wortlaut des Art. 23 entspricht) und für den Anfechtungsgegner einseitig verbindlich. Mit der Anfechtung des Vertrages bleibt es für den Anfechtenden bei der Unverbindlichkeit des Vertrages, mit der Folge, dass er eine Nichtschuld geleistet hat; hingegen fällt für den Anfechtungsgegner der Rechtsgrund nachträglich weg; sein Bereicherungsanspruch ist nach Art. 62 Abs. 1 und 2 zu beurteilen. Nach der *Anfechtungstheorie* (Bucher, AT, 210; Huguenin, OR AT/BT, N 566, 574; Koller A., OR AT, § 14 N 274; BK-Schmidlin, Art. 23/24 OR N 379; Schwenzer, N 39.07) ist der noch nicht angefochtene Vertrag gültig und fällt erst mit der Anfechtung dahin. Die Leistungen sind somit zunächst auf Grund eines Rechtsgrundes erbracht worden, der erst durch die Anfechtung des Vertrages nachträglich dahin fällt. Wegen der Rückwirkung, die der Anfechtung beigemessen wird (Bucher, AT, 214; Koller A., OR AT, § 14 N 299; BK-Schmidlin, Art. 23/24 OR N 400 f.; Schwenzer, N 39.23) bleibt die übergebene Sache gemäss der kausalen Eigentumsübertragungslehre im Eigentum desjenigen, der sie übergeben hat, und er kann sie somit nach Art. 641 Abs. 2 ZGB vindizieren. Andere Leistungen (wie z.B. Geldzahlungen; zur Vermischung fremden Geldes mit eigenem s. N 21) können mit dem Bereicherungsanspruch wegen nachträglichen Wegfalls des Rechtsgrunds nach Art. 62 Abs. 1 und 2 zurückverlangt werden. Nach Koller (OR AT, § 14 N 303 und § 31 N 50) soll hierauf Art. 63 Abs. 1 analog (i.V.m. Art. 62 Abs. 1) angewendet werden, und zwar nur bezüglich der Leistung des Irrenden, nicht aber bezüglich der des Anfechtungsgegners, dem selbst dann, wenn er im Bewusstsein eines Anfechtungsgrundes erfüllt hat, kein missbräuchliches Verhalten vorgeworfen werden könne. Nach SCHWENZER (N 56.10) kommt bei Vertraganfechtung wegen Willensmängel der Tatbestand des nachträglichen Wegfalls des Rechtsgrundes nicht in Betracht, weil die Anfechtung zurückwirke; vielmehr liege die Leistung einer Nichtschuld nach Art. 63 Abs. 1 vor.

15a Die Frage, ob bei Anfechtung eines bereits erfüllten Vertrages der bereicherungsrechtliche Tatbestand des nachträglich weggefallenen Rechtsgrundes vorliegt, hängt ferner davon ab, wie man das *Rückabwicklungsverhältnis* bezüglich der zurückzuerstattenden Leistungen qualifiziert. Die h.M. sieht es als ein gesetzliches Verhältnis an, nämlich als bereicherungsrechtliches nach Art. 62 ff. und (wegen der kausalen Eigentumsübertragung) als ein Eigentümer-Besitzerverhältnis nach Art. 938 ff. ZGB. Eine neuere Lehre (HUGUENIN, OR AT/BT, N 1788 f.; BK-SCHMIDLIN, Art. 31 N 15 ff., 101 ff.; WIEGAND, 717 ff.) will den angefochtenen Vertrag nicht als rückwirkend aufgehoben gelten lassen, sondern hierauf – wie beim Rücktritt im Schuldnerverzug – die Umwandlungstheorie anwenden, nach welcher der wirksam angefochtene Vertrag in ein vertragliches Rückabwicklungsverhältnis umgewandelt werde, auf das vertragliche Bestimmungen angewendet werden. Das BGer schien in BGE 132 III 242, 244 f. E. 4.1, dieser Lehre zuzustimmen, wenn es ausführte: «Dabei ist – wie im Fall des verzugsbedingten Rücktritts vom Vertrag nach Art. 109 OR (BGE 114 II 152, 157 E. 2c m.Hw.) – von einem vertraglichen Rückabwicklungsverhältnis auszugehen. Dies zeigt sich etwa darin, dass die Rückerstattung empfangener Leistungen trotz Ungültigkeit des Vertrages in Beachtung dessen Synallagmas Zug um Zug zu erfolgen hat [. . .].» Das wurde in der Lehre als «widersprüchlich» bezeichnet (SCHWENZER, [in der 5. Aufl., nicht mehr in der 6. Aufl.] N 39.24). Das Zug-um-Zug-Leistungsprinzip bei einem vollkommen zweiseitigen Vertrag hat das BGer bereits früher auf die bereicherungsrechtliche Rückabwicklung in BGE 83 II 18, 25 E. 7 analog angewendet, und zwar unabhängig von der Qualifizierung des Rückabwicklungsverhältnisses (s. Art. 64 N 11). Aus BGE 133 III 356, 358 f. E. 3.2.1, geht wieder klar hervor, dass das BGer der Auffassung, die Rückabwicklung irrtumsbehafteter Verträge nach vertraglichen Grundsätzen vorzunehmen, zu Recht nicht folgt (bestätigt in BGE 137 III 243, 248 ff. E. 4.4.1 und 4.4.3).

Leistet jemand an den Vertretenen, der durch einen **vollmachtlosen Vertreter** vertreten wurde, und genehmigt jener das Rechtsgeschäft nicht (Art. 38), dann fällt für den Leistenden der Rechtsgrund nachträglich weg.

Beim **Rücktritt** vom Vertrag nach Art. 83 Abs. 2 fällt der Rechtsgrund nachträglich weg, wenn der den Rücktritt Erklärende seine Leistung ganz oder teilweise erbracht hat (BGE 64 II 264, 268 ff.; VON TUHR/PETER, 493).

Bei einem vollkommen zweiseitigen Vertrag, bei dem die eine Leistung bereits erbracht wurde und die andere **nachträglich unmöglich** wird (Art. 119), fällt der Rechtsgrund nachträglich weg (BGE 63 II 252, 258).

Wenn es dem Mieter (oder Entlehner) *unmöglich* wird, die Sache dem Eigentümer zurückzugeben, und er demzufolge Schadenersatz geleistet hat, kann er den geleisteten Schadenersatz zurückfordern, wenn die Sache wieder in den Besitz des Eigentümers gelangt (VON TUHR/PETER, 121).

Leistet jemand bei einem **auflösend bedingten Vertrag**, und tritt die Bedingung ein, so fällt i.d.R. der Vertrag ex nunc dahin (Art. 154 Abs. 2). Zum Widerruf der *vollzogenen Schenkung* vgl. Art. 249 N 3 ff.

Zur Aufhebung des *Verlöbnisses* vgl. Art. 91 ZGB.

Bei einer Zuwendung *zahlungshalber*, wenn die zu erfüllende Forderung auf andere Weise erloschen ist, Pra 1912, 25.

Bei rückwirkendem Entfallen der Unterhaltsverpflichtung des Registervaters infolge Anfechtung des rechtlichen Kindesverhältnisses (BGE 129 III 646, 649 E. 3.1, und 655 E. 5.5).

Wegen totaler Arbeitsunfähigkeit erhielt ein Versicherter zwei Jahre lang eine Vergütung aufgrund eines Vertrags mit der Krankenversicherung und aufgrund eines späteren Entscheids der «assurance-invalidité fédérale» von dieser rückwirkend eine Invalidenrente, so dass ihm während ca. 5 Monate von beiden Versicherungen eine Vergütung ausgezahlt wurde. Da mit der Zahlung der Invalidenrente die Leistungspflicht der Krankenversicherung entfiel, kann diese wegen nachträglich weggefallenen Rechtsgrunds die geleistete Vergütung von ca. 5 Monaten vom Versicherten nach Art. 62 Abs. 1 und 2 zurückverlangen. Dabei muss sie sich die Kondiktionssperre des Art. 63 Abs. 1 nicht entgegenhalten lassen; sie konnte sich, wie aus BGer, 6.1.2014, 4A_425/2013, E. 3.2 zu entnehmen ist, bei der Zahlung der letzten fünf Monate nicht im Irrtum befunden haben, weil zu jener Zeit die Entscheidung der «assurance-invalidité fédérale» noch gar nicht gefällt worden war.

Bei Herabsetzung eines Vermächtnisses, wenn vorher hierfür Abschlagszahlungen ausgerichtet worden sind (BGE 71 II 147, 153 E. 6). Entgegen BGE 130 III 547, 549 E. 2.1 (= Pra 2005, 754) ist der Rechtsgrund nicht nachträglich weggefallen, wenn die Testatorin in einem früheren Testament jemandem etwas vermacht hat, es aber in einem späteren Testament widerruft; denn im hierbei massgebenden Zeitpunkt des Erbfalls hat für die Ausrichtung des Vermächtnisses kein Rechtsgrund bestanden, sodass dieser Fall eine freiwillige Leistung einer Nichtschuld darstellt, vgl. Art. 63 Abs. 1.

Weitere Fälle bei von Tuhr/Peter, 493.

Ist der Rechtsgrund nachträglich weggefallen, so kommt die in Art. 63 Abs. 1 genannte Voraussetzung, dass sich der freiwillig eine Nichtschuld Leistende im Irrtum über die Schuldpflicht befunden haben muss, nicht in Betracht (**anders** aber BGE 129 III 646, 649 ff. E. 3.2–3.5). **15b**

Keine Bereicherungsansprüche bestehen, wenn das Gesetz die Rückleistung ausdrücklich vorsieht. So etwa im Falle von Art. 109 Abs. 1. Das BGer (114 II 152, 157 E. 2c/aa) nimmt hierbei ein vertragliches Rückabwicklungsverhältnis an und geht von einer ex nunc-Wirkung des Rücktritts aus; hingegen sehen von Tuhr/Peter, 493 f., den Fall von Art. 109 Abs. 1 als ein gesetzliches Schuldverhältnis an, das von dem der ungerechtfertigten Bereicherung zu unterscheiden sei, und messen dem Rücktritt eine Wirkung ex tunc bei (umstritten, vgl. die Hinweise bei Schulin/Vogt, AT, Tafel 38 in FN 10). Ferner ist der Rückforderungsanspruch des Käufers bei der Entwehrung (Art. 195 Abs. 1 Ziff. 1) kein Bereicherungsanspruch; dasselbe gilt für den Rückforderungsanspruch des Verkäufers und des Käufers bei der Wandelung (Art. 208 Abs. 1 und 2). Zu weiteren Abgrenzungsfällen von Tuhr/Peter, 493. **16**

d) Freiwillige Leistung einer Nichtschuld (condictio indebiti)

Vgl. Art. 63 Abs. 1 und dortige Komm. **17**

e) Kondiktion wegen missbilligter Leistungsannahme (condictio ob turpem vel iniustam causa)

Vgl. Art. 66 und dortige Komm. **18**

2. Durch Eingriff des Bereicherten (Eingriffskondiktion)

a) Allgemeines

Die **Eingriffskondiktion** wird im Gesetz nicht ausdrücklich erwähnt. Auch im deutschen Recht wird die Eingriffskondiktion nur aus den Worten «in sonstiger Weise» in § 812 BGB abgeleitet. In der deutschen Lehre bestehen im Wesentlichen zwei Theorien: Nach der sog. **19**

Rechtswidrigkeitstheorie entsteht ein Bereicherungsanspruch, wenn die Eingriffshandlung rechtswidrig ist. Nach der von der h.M. vertretenen sog. *Zuweisungstheorie* wird nicht auf die Rechtswidrigkeit des Eingriffs, sondern auf den dadurch geschaffenen Zustand abgestellt. Danach ist das herauszugeben, was sich der Bereicherte durch unbefugte Inanspruchnahme vom anderen, dem allein es von Rechts wegen zugewiesen und dem allein die Befugnis vorbehalten war, verschafft hat (HUGUENIN, OR AT/BT, N 1798; KOLLER A., OR AT, § 30 N 12 f. und § 32 N 6 ff.; KOPPENSTEINER/KRAMER, 71 ff.; SCHWENZER, N 57.02 ff.; WEBER, ZSR 1992 I, 348 ff.). Die Eingriffskondiktion wird von der herrschenden schweizerischen Lehre anerkannt (SCHLUEP, 179).

b) Merkmale der Eingriffskondiktion

20 Handlung des Bereicherten: Nicht der Entreicherte bewirkt die Bereicherungslage, wie dies bei der Leistungskondiktion der Fall ist. Vielmehr wird sie grundsätzlich durch die **Handlung des Bereicherten** selbst herbeigeführt (zu Ausnahmen s. SCHWENZER, N 57.01).

Unberechtigter Eingriff: Es muss sich um einen **unberechtigten Eingriff** des Bereicherten in das Vermögen eines anderen handeln. Unberechtigt ist der Eingriff, wenn er ohne Rechtsgrund vorgenommen worden ist. In vielen Fällen ist ein solcher Eingriff *rechtswidrig* (VON TUHR/PETER, 494).

Ein Eingriff in fremdes Vermögen liegt vor, wenn jemandem die Herrschaft über einen Gegenstand (Sache, Recht) entzogen oder wenn jemand am Gebrauch oder an der Nutzung einer Sache oder eines Rechts gehindert wird oder wenn eine fremde Sache verbraucht wird. Störung der Nutzungsbefugnis ist bei der unberechtigten Nutzung von Eigentum, Patentrechten, Urheberrechten, Persönlichkeitsrechten, Forderungsrechten usw. gegeben.

Beispiele:

21 **Benutzung** eines fremden Autos (Strolchenfahrt): Hierbei bereichert sich der unbefugte Benutzer um die Ersparnis der Kosten eines Mietwagens. – Unberechtigtes Vermieten von fremdem Mobiliar durch *gutgläubigen Vermieter* in eigenem Interesse: Die Bereicherung liegt im erlangten Mietzins (BGE 129 III 422, 425; Art. 938 Abs. 1 ZGB kommt hierbei als lex specialis nicht zur Anwendung, weil der unberechtigte Vermieter das fremde Mobiliar nicht selbst benutzt; vgl. dazu VON TUHR/PETER, 495 insb. FN 130). Handelt der *unberechtigte Vermieter bösgläubig* in eigenem Interesse, so ergibt sich ein Anspruch gegen ihn aus Art. 423 Abs. 1 (BGE 129 III, 422, 425; 126 III 69, 72 f. E. 2. a/b = Pra 2001, 62 f.) sowie, da Anspruchskonkurrenz besteht (s. N 40), aus Art. 62 ff. – Der Vermieter hat, falls ihm die Mietsache *nach Beendigung des Mietverhältnisses* vom Mieter vorenthalten wird, einen Anspruch auf Zahlung einer Entschädigung in Höhe des Mietzinses (BGE 63 II 368, 372 f. E. 3; dieser Anspruch wird nicht mit Art. 62 OR, sondern rechtsvergleichend mit dem damals geltenden § 557 BGB begründet und dabei ausgeführt: «wenn sich ein ehemaliger Mieter in dieser Weise renitent verhält, so versetzt er den früheren Vermieter zwangsmässig auch weiterhin in die tatsächliche Stellung eines Vermieters»). – Auf diesen Entscheid stützt sich das BGer in einem Fall, in welchem der Pächter trotz der von ihm vorgenommenen *Kündigung des Pachtvertrages* den Kleinbetrieb nach der Behauptung des Verpächters nicht zurückgegeben hätte, und führt aus, dass «die Pauschalierung der Entschädigung im Sinne des Abstellens auf den vereinbarten Zins nur dann sachgerecht ist, wenn die nachvertragliche Nutzung der Pachtsache wertmässig jener entspricht, wie sie während der Vertragsdauer stattgefunden hat» (BGE 131 III 257, 262 E. 2.3; hierbei wird ein faktischer Vertrag ausdrücklich abgelehnt, die Art. 62 ff. OR werden nicht erwähnt, sondern es wird auf BGE 119 II 437, 441 f. E. 3b/bb verwiesen). – Hat der *Untermieter* trotz Beendigung des Haupt- und Untermietverhältnisses die Liegenschaft weiterhin für einen Imbissstand benutzt und war der Vermieter nicht damit einverstanden, so hat der Untermieter unberechtigt in das Eigentum des Vermieters eingegriffen, und es erwächst dem Vermieter ein Bereicherungsanspruch in der Höhe des objektiven Miet-

werts der benutzten Sache (BGer, 28.6.2006, 4C.105/2006, E. 2.3; s.a. BGE 119 II 437, 442 f. E. 3b/cc). – *Unbefugtes Benutzen eines fremden Patentes*: Die Bereicherung liegt in der ersparten Lizenzgebühr und im Gewinn, der bei der Verwertung der hergestellten Produkte erzielt wird (vgl. hierzu auch den Anspruch des Geschäftsherrn aus Art. 423 Abs. 1). Dasselbe gilt bei unbefugter Verwendung einer fremden Marke, eines fremden Musters oder Modells (BUCHER, AT, 684 f.; GAUCH/SCHLUEP/SCHMID/EMMENEGGER, N 1491; KOLLER A., OR AT, § 32 N 21 ff.; SCHWENZER, N 57.07).

Veröffentlichung eines Bildes einer prominenten Person ohne deren Zustimmung zu Werbezwecken oder eines Buches unter dem Namen eines bekannten Autors ohne dessen Zustimmung: Die Bereicherung ergibt sich aus dem erzielten Mehrgewinn.

Verbrauch einer Sache: Konsum von fremden Lebensmitteln, Verbrauch von fremder Energie wie Heizöl, Strom, Kohle, Gas usw. Als Verbrauch kommt auch die *Verarbeitung* einer fremden Sache in Betracht: Aus fremdem Gold wird ein Schmuckstück hergestellt (Art. 726 Abs. 3 ZGB; SCHULIN/VOGT, BT, Tafel H 6). Verbauen von fremdem Material in ein eigenes Grundstück oder von eigenem Material auf fremdem Grundstück (Art. 671 Abs. 1 ZGB). Findet keine Trennung des Materials vom Boden statt, so wird Art. 672 ZGB angewendet, der einen Bereicherungsanspruch vorsieht (VON TUHR/PETER, 494 f.).

Vermischung fremden Geldes mit eigenem: Da der Empfänger fremden Geldes durch die Vermischung mit eigenem Geld Alleineigentümer des empfangenen Geldes wird (kein Miteigentum nach Art. 727 ZGB; BGE 47 II 267, 270 f.; 78 II 243, 254; VON TUHR/PETER, 336), entfällt ein Vindikationsanspruch des bisherigen Geldeigentümers. Ihm steht ein Bereicherungsanspruch zu (VON TUHR/PETER, 495).

Gutgläubiger Erwerb: Verfügt ein Nichtberechtigter über eine anvertraute Sache, und wird der Empfänger auf Grund seines guten Glaubens (Art. 3 ZGB) Eigentümer (Art. 714 Abs. 2 i.V.m. Art. 933 ZGB), so hat der bisherige Eigentümer einen Bereicherungsanspruch gegen den Nichtberechtigten auf Erstattung der vom gutgläubigen Erwerber erhaltenen Gegenleistung (VON TUHR/PETER, 497). Übersteigt die Gegenleistung den Wert der vom Nichtberechtigten veräusserten Sache, so hat der bisherige Eigentümer keinen Bereicherungsanspruch auf Herausgabe dieses Mehrwertes (Gewinnes); jedoch kann er auf Grund der unechten Geschäftsführung ohne Auftrag den Mehrwert nach Art. 423 Abs. 1 abschöpfen (s. Art. 64 N 4 und Art. 423 N 8 ff.). **22**

Erhält der Nichtberechtigte im Fall einer *Schenkung* (unter der Voraussetzung, dass man überhaupt einen gültigen Schenkungsvertrag über fremde Sachen annimmt [so CAVIN, Kauf, Tausch und Schenkung, in: Schweizerisches Privatrecht [SPR], Bd. VII/1, Obligationenrecht – Besondere Vertragsverhältnisse, Basel 1977, 183 FN 1; EMMENEGGER, Schenkung und Gutglaubensschutz, in: FS für Bruno Huwiler, Bern 2007, 223; **a.M.** die h.L., vgl. Art. 239 N 42 m.w.Nw.]) keine Gegenleistung, so ist umstritten, ob der bisherige Eigentümer einen Bereicherungsanspruch gegen den Nichtberechtigten hat (*bejahend* BUCHER, AT, 692, weil sich der Nichtberechtigte als «Schenker» aufgeführt hätte; *verneinend* KOLLER A., OR AT, § 31 N 69, weil der Nichtberechtigte die Einwendung des Wegfalls der Bereicherung erheben könne (s. Art. 64 N 5). VON TUHR/PETER (497 f. FN 143, ferner 516 bei FN 18) geben dem bisherigen Eigentümer einen Bereicherungsanspruch gegen den gutgläubigen Erwerber; da dieser Fall im schweizerischen Recht nicht geregelt ist, ist nach Art. 1 Abs. 2 und Abs. 3 ZGB vorzugehen und die deutsche Regelung von § 816 Abs. 1 Satz 2 BGB rechtsvergleichend heranzuziehen; denn der bisherige Eigentümer ist mehr zu schützen als der gutgläubige Erwerber, der die Sache unentgeltlich erhalten hat (**a.M.** LIVER, SPR V/1, 397 FN 26). KOLLER A. (OR AT, § 31 N 69) lässt ebenfalls ausnahmsweise einen Durchgriff des bisherigen Eigentümers gegen den vom Nichtberechtigten Beschenkten zu, gibt ihm also einen Bereicherungsanspruch, wendet aber rechtsvergleichend § 822 BGB an, wobei er sich auf VON TUHR/PETER (515 f.) beruft; er übersieht jedoch, dass diese Vorschrift – der abstrakten Eigentumsübertragung folgend – und das Zitat von VON TUHR/PETER nicht von der Verfügung eines Nichtberechtigten, sondern eines Berechtigten (LARENZ, II, 569 f.; LARENZ/CANARIS, II/2, 195) ausgehen; die Fälle des gutgläubigen Erwerbs von einem Nichtberechtigten werden vielmehr in § 816 BGB berücksichtigt.

Hat ein Kaufmann eine gestohlene, verlorengegangene oder sonst wider den Willen des früheren Besitzers **abhandengekommene Sache**, die er gekauft hat und gutgläubig besitzt (Art. 934 ZGB), mit Gewinn weiterverkauft, so kann der Eigentümer, der von dem gegenwärtigen Besitzer die Sache nur gegen ein Lösegeld (Art. 934 Abs. 2 ZGB) herausverlangen konnte, vom Zwischenbesitzer den von diesem erzielten *Gewinn* weder aus ungerechtfertigter Bereicherung noch aus Geschäftsführung ohne Auftrag verlangen (BGE 71 II 90, 97 f.).

Doppelzession: Zediert der Zedent die gleiche Forderung nacheinander an zwei Zessionare und erfüllt der Schuldner (debitor cessus) – zufolge guten Glaubens mit befreiender Wirkung (Art. 167) – gegenüber dem zweiten Zessionar, so hat der erste einen Bereicherungsanspruch gegen den zweiten. Mit der Entgegennahme der Leistung des debitor cessus hat der zweite Zessionar, der die Forderung wegen des bei Verfügungsgeschäften geltenden Prioritätsgrundsatzes nicht erwerben konnte, in das Vermögen des ersten eingegriffen (HÄNSELER, § 14 Rz 7).

23 Die Eingriffskondiktion setzt nicht notwendigerweise eine *Vermögensverschiebung* voraus, d.h. die durch den Eingriff bewirkte Bereicherung auf Seiten des Handelnden (Bereicherten) muss nicht unbedingt eine Entreicherung auf Seiten des andern zur Folge haben (SCHLUEP, 180 f.).

Das BGer (nicht publizierter Entscheid vom 11.6.1985: Z gegen S und A) hat für die Anwendung von Art. 62 Abs. 1 noch einen **unmittelbaren Zusammenhang** zwischen Bereicherung und Entreicherung verlangt, weil dadurch namentlich Dritte, die das Bereicherungsobjekt nicht vom ursprünglich Entreicherten, sondern mittelbar – i.d.R. durch ein eigenes Rechtsgeschäft mit dem Erstbereicherten – erhalten haben, vom Kreis der Bereicherungsschuldner ausgeschieden werden sollen (zit. bei HÄNSELER, § 14 Rz 27 FN 23). In BGE 129 III 422, 425 wird keine unmittelbare Vermögensverschiebung mehr für Ansprüche aus ungerechtfertigter Bereicherung vorausgesetzt (vgl. N 8 ff.).

3. Durch Verhalten Dritter

24 Eine Bereicherung kann auch durch das Verhalten eines **unbeteiligten Dritten** eintreten (BUCHER, AT, 685 f.; KOLLER A., OR AT, § 32 N 4 [der dabei von Dritteingriffskondiktion spricht]; SCHWENZER, N 57,01; VON TUHR/PETER, 497 ff.).

Beispiele:

25 Verbauung des Materials des Entreicherten durch den Bauunternehmer als Dritten auf dem Grundstück des Bauherrn als Bereicherten (BGE 99 II 131, 134 ff.). Vieh des Bereicherten weidet auf der Wiese des Entreicherten, nachdem ein Dritter es dorthin getrieben hat.

4. Durch Zufall

26 Eine Bereicherung kann auch ohne ein Verhalten einer Person, nämlich durch **Zufall** (äusseres Ereignis) eintreten (BUCHER, AT, 685 f.; KOLLER A., OR AT, § 32 N 4 [der dabei von Zufallskondiktion spricht]; SCHWENZER, N 57.01; VON TUHR/PETER, 497 ff.).

Beispiele:

Aufgrund eines Computerfehlers wird bei einer Überweisung der Betrag auf dem falschen Konto gutgeschrieben. Vieh des Bereicherten dringt aus eigenem Antrieb auf die Weide des

Entreicherten. Aufgehen des vom Winde auf das Grundstück des Bereicherten getragenen Saatguts.

IV. Bereicherung in Drei-Personen-Verhältnissen

1. Im Falle der Stellvertretung

a) Unmittelbare (direkte, echte) Stellvertretung

Nimmt der **Vertreter mit Vollmacht oder Genehmigung** des Vertretenen grundlos eine Zuwendung an den Dritten vor, so hat der Vertretene, nicht der Vertreter, einen Bereicherungsanspruch gegen den Dritten. Leistet der Dritte grundlos einem solchen Vertreter, so hat er einen Bereicherungsanspruch gegen den Vertretenen. **27**

Leistet der **Vertreter ohne Vollmacht und ohne Genehmigung** des Vertretenen an den Dritten, so steht der Bereicherungsanspruch dem Vertretenen gegen den Dritten zu, wenn die Leistung aus dem Vermögen des Vertretenen stammt (VON TUHR/PETER, 477). Nach BGer, 27.11.2006, 4C.338/2006, E. 3, hat der nicht beauftragte Vertreter, der *aus seinem Vermögen* eine Darlehenssumme im Namen des Darlehensgebers an die Darlehensnehmerin (hier AG) gezahlt hat, seine Schuld gegenüber dem Darlehensgeber aber dadurch nicht tilgen konnte, einen Bereicherungsanspruch gegen diesen, weil dieser um die dadurch entstandene Darlehensrückforderung gegen die Darlehensnehmerin bereichert ist.

Hat der Dritte geleistet, so steht ihm ein Bereicherungsanspruch nicht nur gegenüber dem angeblich Vertretenen, der die Leistung empfangen hat, sondern auch gegenüber dem vollmachtlosen Vertreter zu, der sie zuhanden des angeblich Vertretenen entgegengenommen hat, Art. 39 Abs. 3 (BGE 116 II 689, 691 E. 3b, obiter dictum; BGE 97 II 66, 71 E. 4b; 90 II 404, 414 E. 5b).

b) Mittelbare (indirekte, unechte) Stellvertretung

Zahlt der mittelbare Stellvertreter mit dem Geld des Auftraggebers (ohne es mit dem eigenen zu vermischen) **aufgrund eines ungültigen Vertrages**, den er im eigenen Namen, aber auf fremde Rechnung mit dem Dritten abgeschlossen hat, so liegt keine Leistung des Auftraggebers an den Dritten vor. Eine Leistungskondiktion ist daher zwischen diesen beiden Personen ausgeschlossen. Wird der Dritte durch Vermischung des empfangenen (bis zur Übergabe an den Dritten im Eigentum des Auftraggebers stehenden) Geldes mit seinem eigenen Alleineigentümer (vgl. N 21), so liegt eine Eingriffskondiktion vor (vgl. N 19 ff.): der Auftraggeber hat einen Bereicherungsanspruch gegen den Dritten. **28**

Hat der **Dritte grundlos dem mittelbaren Stellvertreter** eine Sache **geleistet**, und hat dieser sie seinem Auftraggeber aufgrund eines gültigen Auftrags weitergegeben, so erwirbt dieser die Sache bei Gutgläubigkeit zu Eigentum (Art. 933 ZGB). Der Dritte hat nicht gegen ihn, sondern gegen den mittelbaren Stellvertreter einen Bereicherungsanspruch auf das, was dieser vom Auftraggeber dafür erhalten hat.

Sind bei der mittelbaren Stellvertretung **sowohl das Auftragsverhältnis als auch der Vertrag zwischen dem mittelbaren Stellvertreter und dem Dritten ungültig**, so geht bei einer *Sachleistung* das Eigentum nicht über (kausale Eigentumsübertragung gilt auch für Art. 714 Abs. 2 i.V.m. Art. 933 ZGB). Ein Bereicherungsanspruch wird durch den Vindikationsanspruch des Eigentümers gegen den Auftraggeber ausgeschlossen (N 37).

Handelt es sich um eine *Geldleistung*, so wird der Empfänger mit der Vermischung Alleineigentümer (vgl. N 21). Hat der Auftraggeber oder der Dritte das Geld empfangen, so liegt zwischen ihnen keine Leistungskondiktion vor. Gegen den Empfänger besteht jedoch aufgrund der Eingriffskondiktion ein Bereicherungsanspruch desjenigen, aus dessen Vermögen das nun vermischte Geld stammt.

29 Ist nur der **Vertrag zwischen dem mittelbaren Stellvertreter und dem Auftraggeber**, nicht aber der Vertrag zwischen jenem und dem Dritten **ungültig**, so hat, bei der Zuwendung einer Sache aus dem Vermögen des Auftraggebers durch den mittelbaren Stellvertreter an den *gutgläubigen* Dritten, der Auftraggeber einen Bereicherungsanspruch gegen den mittelbaren Stellvertreter auf Herausgabe dessen, was dieser vom Dritten erhalten hat. Ist der Dritte bezüglich der Verfügungsmacht des mittelbaren Stellvertreters *nicht in gutem Glauben*, so behält der Auftraggeber das Eigentum an der Sache und kann sie vom Dritten vindizieren (Art. 641 Abs. 2 ZGB).

2. Im Falle der Anweisung

a) Bei Ungültigkeit des Deckungsverhältnisses (zwischen Anweisendem und Angewiesenem)

30 Leistet der Angewiesene **bei ungültigem Deckungsverhältnis** an den Anweisungsempfänger, so ist dieser bei der Erfüllung eines gültigen Valuta-Verhältnisses nicht bereichert. Vielmehr ist der Anweisende bereichert, weil ihn der Angewiesene durch die Leistung an den Anweisungsempfänger von seiner Schuld gegenüber diesem befreit hat. Deshalb steht dem Angewiesenen gegen den Anweisenden ein Bereicherungsanspruch zu (BGer, 2.7.2003, 4C.79/2002, E. 2.2.2, obiter dictum; BGE 116 II 689, 691 E. 3b/aa, obiter dictum; von Tuhr/Peter, 478; Koppensteiner/Kramer, 25 f.), nicht aber gegenüber dem Anweisungsempfänger (BGE 117 II 404, 408 E. 3b).

Zu dem Fall, dass die Ungültigkeit des Deckungsverhältnisses auf mangelnder Vollmacht des anweisenden Stellvertreters beruht: BGE 116 II 689, 692 E. 3b/bb. Hat der Anweisungsempfänger aus der Gutschriftsanzeige der angewiesenen Bank nicht entnehmen können, dass ein vollmachtloser Stellvertreter des Anweisenden die Anweisung vorgenommen hat, so ist er nicht ungerechtfertigt bereichert: BGE 106 II 29, 31 f. E. 3 = Pra 1980, 489 f.

b) Bei Ungültigkeit des Valuta-Verhältnisses (zwischen Anweisendem und Anweisungsempfänger)

31 Leistet der Angewiesene **bei ungültigem Valuta-Verhältnis** an den Anweisungsempfänger, so ist dieser bereichert. Hingegen ist der Anweisende entreichert, weil sich seine Forderung gegen den Angewiesenen um diesen Betrag verminderte bzw. eine Forderung des Angewiesenen gegenüber dem Anweisenden entstand. Dem Anweisenden steht daher aus seiner mittelbaren Zuwendung an den Anweisungsempfänger ein Bereicherungsanspruch gegen diesen zu (BGE 116 II 689, 691 E. 3b/aa, obiter dictum; von Tuhr/Peter, 477; Koppensteiner/Kramer, 26 f.).

31a Ist der Anweisungsempfänger vom Anweisenden nicht ermächtigt worden, beim Angewiesenen eine Leistung in eigenem Namen zu erheben, so liegt keine Anweisung i.S.v. Art. 466 vor; der Anweisungsempfänger ist vielmehr als **Zahlstelle** des Gläubigers (= Anweisender) anzusehen. Hat der Schuldner (= Angewiesener) an die Zahlstelle geleistet und hat sie gegenüber dem Gläubiger keinen Rechtsanspruch auf dieses Geld, so ist sie in diesem Umfang ungerechtfertigt bereichert und der Gläubiger entsprechend entreichert – mit der Folge, dass der Gläubiger einen Bereicherungsanspruch gegen die Zahlstelle hat (BGer, 27.1.2006, 4C.332/2005, E. 2.3 und 2.4; BGE 117 II 404, 407 f.).

c) Bei Doppelmangel

32 **Ist sowohl das Deckungsverhältnis als auch das Valuta-Verhältnis ungültig**, und leistet der Angewiesene an den Anweisungsempfänger, so ist dieser auf Kosten des Anweisenden und der Anweisende auf Kosten des Angewiesenen bereichert.

Ein Bereicherungsanspruch des Angewiesenen gegen den Anweisungsempfänger *(Direktkondiktion)* ist abzulehnen. Dadurch würden sowohl dem Anweisungsempfänger Einreden aus dem Valuta-Verhältnis gegen den Anweisenden als auch dem Angewiesenen solche aus dem Deckungsverhältnis gegen den Anweisenden abgeschnitten. Vielmehr ist von einer sog. **Doppelkondiktion** auszugehen, d.h. der Angewiesene hat einen Bereicherungsanspruch gegen den Anweisenden und dieser einen solchen gegen den Anweisungsempfänger (BGer, 2.7.2003, 4C.79/2002, E. 2.2.2, obiter dictum; BGE 117 II 404, 409 E. 3c , obiter dictum; BGE 116 II 691, obiter dictum; ZR 1934, 328 f.; VON TUHR/PETER, 478; VON BÜREN, AT, 307 f.; KELLER/SCHAUFELBERGER, 37 f.; KOPPENSTEINER/KRAMER, 27 ff.; **a.M.** KAUFMANN-BÜTSCHLI, 265 ff., 274).

d) Bei fehlender Anweisung

33 Hat der (angeblich) Angewiesene aufgrund einer **nicht erteilten Anweisung** eine Leistung gegenüber dem Anweisungsempfänger erbracht, so kann er sie von diesem zurückverlangen (Direktkondiktion). Das ist z.B. der Fall, wenn der Angewiesene die Anweisung versehentlich doppelt ausführt oder mehr überweist, als dem Auftrag des Anweisenden entspricht, oder wenn die Ausführung der Anweisung auf einer fehlerhaften Kenntnis der Instruktionen des Anweisenden beruht, oder wenn zugunsten einer anderen Person als des Anweisungsempfängers ausgezahlt wurde (vgl. den Sachverhalt in BGE 130 III 547, 548 f. = Pra 2005, 752 f., ohne dass dies für die Erwägungen relevant gewesen ist), oder wenn der Anweisende urteilsunfähig ist, oder wenn der Anweisende die Anweisung wegen eines Willensmangels erfolgreich anficht, oder wenn die Anweisung gefälscht worden ist (BGer, 28.8.2007, 4A_135/2007, E. 3.3: die an sich befürwortete Direktkondiktion hatte aber keinen Erfolg für die Beschwerdeführerin [= vermeintlich angewiesene Bank], weil mit ihrer Zahlung die Schuld des Beschwerdegegners [= vermeintlich Anweisender] gegenüber der Anweisungsempfängerin, welche die Zuwendung als Leistung des Beschwerdegegners entgegen nehmen durfte, aus dem gültigen Valutaverhältnis getilgt wurde, kein Mangel des Deckungsverhältnisses von den Parteien dargetan worden sei und es somit am Erfordernis der Bereicherung fehlte. Diese Begründung ist m.E. bedenklich, weil bei einer gefälschten Zahlungsanweisung die Dispositionsfreiheit des Anweisenden nicht beachtet worden ist.), oder wenn die Erteilung der Anweisung von der Gültigkeit des Valutaverhältnisses (zwischen Anweisendem und Anweisungsempfänger) oder des Deckungsverhältnisses (zwischen Anweisendem und Angewiesenem) abhängig gemacht worden und eines dieser Verhältnisse fehlerhaft ist (BGE 121 III 109, 113 f. E. 4 = Pra 1995, 931, 935, obiter dictum; BGE 117 II 404, 408, obiter dictum; VON TUHR/PETER, 478 N 27a; LARENZ/CANARIS, II/2, 227; SCHWENZER, N 56.23; VOSER, 345 ff.).

Bei diesen erwähnten Fällen der fehlenden Anweisung hat der (vermeintlich) Anweisende keine Ursache geschaffen; das Leisten des (vermeintlich) Angewiesenen kann daher dem (vermeintlich) Anweisenden nicht zugerechnet werden, sondern bleibt eine Leistung des (vermeintlich) Angewiesenen (FLUME, AcP 1999, 6; VOSER, 348 ff., 382). Dabei kommt es für die Zulassung einer Direktkondiktion nicht darauf an, ob der (vermeintlich) Begünstigte (Anweisungsempfänger) «in Bezug auf seine Berechtigung zum Empfang des Erhaltenen gut- oder bösgläubig war» (VOSER, 369); denn der (vermeintlich) Begünstigte werde durch die Möglichkeit der Einwendung der nicht mehr vorhandenen Bereicherung nach Art. 64 OR umfassend gegenüber dem Bereicherungsanspruch des (vermeintlich) Angewiesenen geschützt; eines darüber hinausgehenden Vertrauensschutzes bedürfe es nicht (VOSER, 371 ff. m.w.H.).

33a **Widerruft** der Anweisende rechtzeitig einen Zahlungsauftrag, und zahlt die angewiesene Bank den Betrag dem Anweisungsempfänger versehentlich aus, so hat sie in diesem Fall ausnahmsweise einen Bereicherungsanspruch gegen den Anweisungsempfänger, auch wenn dieser keine Kenntnis vom Widerruf im Zeitpunkt der Auszahlung hatte; denn auch hier liegt ein Fall der fehlenden Anweisung vor und es besteht zu den oben in N 33 erwähnten Fällen des «anfänglichen Fehlen(s) einer zurechenbaren Anweisung ‹kein wertungsmässiger Unterschied›» (FLUME, AcP 1999, 6 ff., der hierbei von den Fällen ausgeht, dass die Leistung durch das Valutaverhältnis nicht gerechtfertigt sei; MK-LIEB, § 812 BGB N 70a, 71; **a.M.** aber BGE 121 III 109, 114 ff. E. 4 = Pra 1995, 931, 935 ff. m.Hw. auf die deutsche Rsp., BGHZ 89, 379, und einen Teil der deutschen Lehre, insb. LARENZ/CANARIS, II/2, 230 ff.; jetzt ebenso von Staudinger-LORENZ, § 812 BGB N 51, 53. Die Begründung des BGH, die Zahlung des (vermeintlich) Angewiesenen «stelle sich aus der Sicht des Anweisungsempfängers als eine Leistung des Anweisenden dar», reicht aber für CANARIS allein nicht aus, weil darin «eine Verabsolutierung der Lehre vom Empfängerhorizont [liege], die mit dem geltenden Recht unvereinbar sei» [LARENZ/CANARIS, II/2, 230]. Vielmehr begründet er es mit dem Rechtsschein: Der Anweisungsempfänger dürfe «grundsätzlich mit einer Mitteilung des Widerrufs [...] rechnen [...], so dass in deren Unterbleiben ein ziemlich starkes Vertrauenselement» liege. [LARENZ/CANARIS, II/2, 231].). Der Ansicht des BGer folgen in der schweizerischen Lehre: KOLLER TH./KISSLING, BBT 2000, 75 ff., insb. FN 239, 248; SCHWENZER, N 56.23; WIEGAND, ZBJV 1997, 129 f.; *krit.* aber BUIS, 202 ff.; KÖNDGEN, SZW 1996, 34 ff.; KOLLER TH., ZBJV 1995, 797 ff.; VOSER, 390 ff. (die dem BGer vorwirft, dass es sich bei seiner Stellungnahme nicht auf den ihm vorliegenden Fall beschränke, in welchem der Anweisungsempfänger Kenntnis von der Anweisung hatte, und dass es nicht deutlich mache, ob ein gültiges Valutaverhältnis bestand; deshalb nimmt sie eine differenzierte Interessenanalyse vor). Hingegen schlägt HONSELL (AJP 1995, 1210 f.) hierbei für den Fall, dass dem Anweisungsempfänger die Zahlung nicht zustand, eine Durchgriffskondiktion vor: Die angewiesene Bank dürfe ausnahmsweise die Kondiktion des Anweisenden gegen den Anweisungsempfänger geltend machen.

Das BGer stellt hierbei auf den guten Glauben des Anweisungsempfängers im Zeitpunkt des Empfangs des Geldes ab und verwehrt der angewiesenen Bank den Bereicherungsanspruch gegen den Anweisungsempfänger, wenn dieser beim Empfang des Geldes weder den Widerruf der Anweisung kannte noch hätte kennen müssen (BGE 121 III 114). Entgegen der Auffassung des BGer spielt aber der gute Glaube im Bereicherungsrecht an sich nur für die Frage eine Rolle, ob der Bereicherte seine Rückerstattungspflicht nach Art. 64 und 65 OR einschränken kann, nicht aber für die Frage, ob ein Bereicherungsanspruch entsteht. Anzumerken ist, dass der Anweisungsempfänger beim Widerruf der Anweisung in jedem Fall die ungerechtfertigte Bereicherung herauszugeben hat; umstritten ist lediglich, an wen das zu geschehen hat, an den Anweisenden oder an den Angewiesenen. Wie FLUME (AcP 1999, 10) zu Recht hervorhebt, lässt sich die Ansicht, dass der Bereicherungsanspruch für den Anweisenden statt für den Angewiesenen entstehe, aber nicht damit begründen, dass der Anweisungsempfänger des Vertrauensschutzes bedürfe. «Es gibt [...] keinen Vertrauensschutz, der begründen könnte, wem von mehreren Personen ein Bereicherungsanspruch gegen den Gutgläubigen zusteht [...]» (FLUME, AcP 1999, 10; **a.A.** VOSER, 392 FN 549).

3. Im Falle der Forderungsabtretung

a) Bei ungültigem Schuldverhältnis zwischen Zedent und debitor cessus

34 Bei Nichtbestehen der abgetretenen Forderung hat der Zessionar keinen Bereicherungsanspruch gegen den Zedenten; vielmehr haftet dieser bei entgeltlicher Abtretung nach Art. 171 Abs. 1 für den Bestand der Forderung.

b) Bei ungültigem pactum de cedendo

35 Bei ungültigem pactum de cedendo erwirbt der Zessionar die Forderung aufgrund des Verfügungsvertrages, weil die Zession nach h.L. abstrakt ist. Der Zedent hat gegen den Zessionar einen Bereicherungsanspruch, der auf **Rückzession** der abgetretenen Forderung gerichtet ist (VON TUHR/PETER, 501). Hat in einem solchen Fall der debitor cessus bereits geleistet oder hat der Zessionar die Forderung bereits weiterzediert, so hat der Zedent gegen den (Erst-)Zessionar einen Anspruch auf Rückerstattung der Bereicherung (BUCHER, AT, 555).

c) Bei Doppelmangel

Ist sowohl das pactum de cedendo als auch das Schuldverhältnis zwischen Zedent und debitor cessus ungültig, und hat der Zessionar dem Zedenten eine Gegenleistung erbracht, ohne dafür eine Forderung zu erhalten, und hat ferner der debitor cessus dem Zessionar gegenüber eine diesem nicht zustehende Forderung getilgt, so ist der Zessionar auf Kosten des debitor cessus und der Zedent auf Kosten des Zessionars bereichert. Eine sog. *Direktkondiktion* des debitor cessus gegen den Zedenten ist abzulehnen. Vielmehr kommt die sog. **Doppelkondiktion** des debitor cessus gegen den Zessionar und des Zessionars gegen den Zedenten zur Anwendung, weil dadurch die Einreden der jeweils Bereicherten gegenüber den Entreicherten nicht abgeschnitten werden. **36**

V. Subsidiarität des Bereicherungsanspruches

1. Bereicherungsanspruch und Vindikation

Der Bereicherungsanspruch und der Eigentumsherausgabeanspruch aus Art. 641 Abs. 2 ZGB **schliessen sich aus**, denn als Eigentümer kann man nicht um das Eigentumsrecht entreichert sein (BGE 110 II 228, 234 E. 7d; von Tuhr/Peter, 502, 521; Bucher, AT, 660 f.; Gauch/Schluep/Schmid/Emmenegger, N 1500 f.; Guhl/Koller/Schnyder/Druey, § 27 N 24 und § 28 N 11; Honsell, FS Schulin, 33; Keller/Schaufelberger, 6 f.; Schwenzer, N 59.04; Schulin/Vogt, AT, Tafel 60 B; **a.M.** Koller A., OR AT, § 33 N 20, der Anspruchskonkurrenz annimmt). **37**

Ist der Besitz allein grundlos zugewendet worden, so kann er aus Bereicherungsrecht *(condictio possessionis)* zurückgefordert werden (von Tuhr/Peter, 476). Das ist z.B. der Fall, wenn jemand eine Sache, die ihm nicht gehört, aufgrund eines Mietvertrags, der sich hinterher als ungültig herausstellt, einem anderen übergeben hat.

2. Bereicherungsanspruch und vertraglicher Anspruch

Bereicherungsanspruch und vertraglicher Anspruch **schliessen sich begrifflich aus**, denn ein Vertrag gibt einen Rechtsgrund ab, ein Anspruch aus ungerechtfertigter Bereicherung setzt hingegen voraus, dass kein Rechtsgrund vorliegt (BGE 137 III 243, 247 f. E. 4.4.1; 133 III 356, 358 E. 3.2.1; 130 III 504, 510 E. 6.1; BGer, 3.3.2003, 4C.337/2002, E. 1; BGE 127 III 421, 424 E. 3; 126 III 119, 121 f. E. 3b und c; 114 II 152, 156, 159 E. 2c/aa und 2d; von Tuhr/Peter, 521; Bucher, AT, 661 f.; Gauch/Schluep/Schmid/Emmenegger, N 1507 ff.; Guhl/Koller/Schnyder/Druey, § 28 N 11; Honsell, FS Schulin, 32; Keller/Schaufelberger, 8; Schwenzer, N 59.11; Schulin/Vogt, AT, Tafel 60 A; **a.M.** Koller A., OR AT, § 33 N 21, der Anspruchskonkurrenz annimmt). **38**

Nur bei der Eingriffskondiktion ist eine Anspruchskonkurrenz mit einem vertraglichen Anspruch denkbar, wie folgender Fall zeigt: A, der eine Sache des B geliehen hat, veräussert sie an den gutgläubigen C; hier hat B gegen A sowohl einen vertraglichen Schadenersatzanspruch aus Art. 97 Abs. 1 als auch einen Bereicherungsanspruch aus Art. 62 Abs. 1 (Schwenzer, N 59.11; [ferner einen Schadenersatzanspruch aus Art. 41 Abs. 1]). **38a**

3. Bereicherungsanspruch und Schadenersatzanspruch aus unerlaubter Handlung

Zwischen Bereicherungsansprüchen und Ansprüchen aus unerlaubter Handlung besteht **Anspruchskonkurrenz**, soweit sich die Bereicherung mit dem Schaden deckt (von Tuhr/Peter, 521 f.; Bucher, AT, 653, 662; Gauch/Schluep/Schmid/Emmenegger, N 1510; Guhl/Koller/Schnyder/Druey, § 28 N 11; Honsell, FS Schulin, 33; Keller/Schaufelberger, 12 f.; Koller A., OR AT, § 33 N 26, Schwenzer, N 59.12 f.; Schulin/Vogt, AT, Tafel 60 C; zum Ganzen: Schaufelberger, 1 ff.). **39**

Ob diese Anspruchskonkurrenz in jedem möglichen Fall und unbesehen des in Frage stehenden Delikts anzunehmen sei, ist fraglich; denn ein Wertungswiderspruch, der sich daraus ergeben könnte, dass der bereicherungsrechtlichen Rückforderung Art. 66 entgegenstehe, nicht aber der deliktsrechtlichen, sei nach Möglichkeit zu vermeiden (BGer, 9.7.2003, 4C.163/2002, E. 3.3; s. Art. 66 N 6a).

4. Bereicherungsanspruch und Anspruch aus Geschäftsführung ohne Auftrag

40 Ansprüche aus Geschäftsführung ohne Auftrag **schliessen** Bereicherungsansprüche **aus** (VON TUHR/PETER, 522 f.; GAUCH/SCHLUEP/SCHMID/EMMENEGGER, N 1509; SCHWENZER, N 59.14; **a.M.** BUCHER, AT, 662; HONSELL, OR BT, 348).

Nur zwischen dem Anspruch des Geschäftsherrn aus Art. 423 Abs. 1 und dem Bereicherungsanspruch besteht **Anspruchskonkurrenz** (VON TUHR/PETER, 524; KELLER/SCHAUFELBERGER, 15; KOLLER A., OR AT, § 33 N 22 f.; SCHULIN/VOGT, AT, Tafel 60 D; *differenzierend* SCHWENZER, N 59.17 f.). Beim Anspruch des Geschäftsführers verweist Art. 423 Abs. 2 auf das Bereicherungsrecht (BGE 51 II 575, 583 E. 3b); bei Art. 423 Abs. 2 handelt es sich nicht um eine selbständige Anspruchsnorm (SCHULIN/VOGT, AT, Tafel 60 D).

VI. Beweislast

41 Der Bereicherungskläger trägt nach Art. 8 ZGB die Beweislast für das Vorhandensein der behaupteten Tatsachen, aus denen er Rechte ableitet. Er hat für den Nachweis der mangelnden Rechtfertigung einen **negativen Beweis**, nämlich das Fehlen des Rechtsgrundes zu erbringen (BGer, 2.3.2005, 4C.418/2004, E. 3.1; BGE 106 II 29, 31 E. 2 = Pra 1980, 489).

VII. IPR

1. Zuständigkeit

42 Die schweizerischen Gerichte am *Wohnsitz* des Beklagten sind zuständig (Art. 30 Abs. 2 BV). Fehlt ein Wohnsitz, so ist das Gericht am gewöhnlichen Aufenthalt oder am Ort der Niederlassung des Beklagten zuständig (Art. 127 IPRG).

2. Anwendbares Recht

43 Art. 128 IPRG nimmt (in Anlehnung an die Bundesgerichtspraxis: BGE 78 II 385, 387 f.; 93 II 373, 377) auf die Auswirkungen der Bereicherung Rücksicht, indem zwischen einer ungerechtfertigten Bereicherung aufgrund eines *bestehenden* oder eines *vermeintlichen* Rechtsverhältnisses (Abs. 1) und einer solchen bei *fehlendem* Rechtsverhältnis (Abs. 2) unterschieden wird: Im ersten Fall ist das Recht anzuwenden, dem das Rechtsverhältnis (Vertrag, Art. 112 ff. IPRG) untersteht oder unterstehen würde (BGE 106 II 36, 40 f. E. 4 = Pra 1980, 593). Ist es ferner bei einem Dokumentenakkreditiv, bei dem das Rechtsverhältnis zwischen dem Begünstigten des Akkreditivs und der bestätigenden Bank mit Niederlassung in der Schweiz dem schweizerischen Recht untersteht, und zwar unabhängig davon, wo die eröffnende Bank ihren Sitz hat (Art. 117 Abs. 1 und Abs. IPRG; BGE 130 III 462, 467 E. 4.1 = Pra 2005, 135), zu einer Bereicherung gekommen, so ist auch auf die Ansprüche aus ungerechtfertigter Bereicherung schweizerisches Recht anwendbar (Pra 2005, 824 [in BGE 131 III 222 ff. nicht abgedruckt]; BGE 121 III 109, 111 = Pra 1995, 933). Im zweiten Fall ist das Recht des Staates massgebend, in dem die Bereicherung eingetreten ist.

Die Parteien können jedoch *vereinbaren*, dass das Recht am Gerichtsort anwendbar ist (Abs. 2 i.f. IPRG).

Art. 63

II. Zahlung einer Nichtschuld

[1] Wer eine Nichtschuld freiwillig bezahlt, kann das Geleistete nur dann zurückfordern, wenn er nachzuweisen vermag, dass er sich über die Schuldpflicht im Irrtum befunden hat.

[2] Ausgeschlossen ist die Rückforderung, wenn die Zahlung für eine verjährte Schuld oder in Erfüllung einer sittlichen Pflicht geleistet wurde.

[3] Vorbehalten bleibt die Rückforderung einer bezahlten Nichtschuld nach Schuldbetreibungs- und Konkursrecht.

II. Paiement de l'indu

[1] Celui qui a payé volontairement ce qu'il ne devait pas ne peut le répéter s'il ne prouve qu'il a payé en croyant, par erreur, qu'il devait ce qu'il a payé.

[2] Ce qui a été payé pour acquitter une dette prescrite ou pour accomplir un devoir moral ne peut être répété.

[3] Sont réservées les dispositions de la loi fédérale du 11 avril 1889 sur la poursuite pour dettes et la faillite relatives à la répétition de l'indu.

II. Pagamento dell'indebito

[1] Chi ha pagato volontariamente un indebito può pretenderne la restituzione, solo quando provi d'aver pagato perché erroneamente si credeva debitore.

[2] Non si può ripetere ciò che fu dato in pagamento d'un debito prescritto o per adempiere ad un dovere morale.

[3] È riservata la ripetizione dell'indebito a termini della legge federale dell'11 aprile 1889 sulla esecuzione e sul fallimento.

Literatur

Vgl. die Literaturhinweise bei Art. 62.

I. Normzweck

Art. 63 stellt einen *Untertatbestand der Leistungskondiktion* (Art. 62 Abs. 1) dar (s. Art. 62 N 10 f.). Er setzt also Bereicherung, Entreicherung und Grundlosigkeit der Leistung voraus. 1

Zusätzlich verlangt Art. 63 Abs. 1 Irrtum über die Schuldpflicht bei der Leistungserbringung. Darin liegt die Regelung einer *Kondiktionssperre* (so auch KUKO OR-Oberhammer/Fraefel, Art. 62 N 2, Art. 63 N 1). Das Verbot des rechtsmissbräuchlichen Verhaltens in Art. 2 Abs. 2 ZGB kommt also speziell in Art. 63 Abs. 1 für die ungerechtfertigte Bereicherung zum Ausdruck; denn wer in Kenntnis des Fehlens eines Rechtsgrundes, also irrtumsfrei, freiwillig eine Leistung erbringt, verhält sich widersprüchlich (rechtsmissbräuchlich), wenn er sie wieder zurückfordert. In der Rückforderung liegt ein «venire contra factum proprium» (Gauch/Schluep/Schmid/Emmenegger, N 1535; Guhl/Koller/Schnyder/Druey, § 27 N 15; Koller A., OR AT, § 31 N 27).

II. Voraussetzungen

1. Erbringung einer Leistung zur Erfüllung einer Schuld (solvendi causa, Art. 62 N 10)

Das Gesetz spricht zwar von Zahlung. Gemeint ist aber *jede Leistung*, die zur Erfüllung einer Schuld dienen soll (von Tuhr/Peter, 478 FN 29; CR CO I-Chappuis, N 4). 2

2. Nichtbestehen der Schuld

Entweder hat die Schuld nie bestanden, oder sie war im Zeitpunkt der Leistung bereits erloschen. 3

Leistet jemand aufgrund eines infolge versteckten Dissenses nicht zustandegekommenen Vertrages, so hat er eine **Nichtschuld** erbracht. Eine Nichtschuld liegt auch vor, wenn jemand aufgrund eines Vertrages geleistet und diesen wegen Irrtums wirksam *angefochten hat*; Dahinfallen des Vertrages *ex tunc* (s. Art. 62 N 15; KOLLER A., OR AT, § 14 N 303 und § 31 N 50, wendet hierbei Art. 63 Abs. 1 analog an). Auf Seiten des Anfechtungsgegners liegt keine Leistung einer Nichtschuld vor (s. Art. 62 N 15).

Hat der Bewucherte nach erbrachter Leistung den Vertrag mit Erfolg nach Art. 21 Abs. 1 angefochten, liegt Leistung einer Nichtschuld vor, er kann das Geleistete, wenn kein Eigentumsherausgabeanspruch nach Art. 641 Abs. 2 ZGB in Betracht kommt (s. Art. 62 N 37), mit einem Bereicherungsanspruch zurückfordern (s. Art. 21 N 17; BGE 92 II 168, 179 E. 6c; VON TUHR/PETER, 346; BK-KRAMER, Art. 21 N 58 ff.; hingegen ergibt sich nach BUCHER, AT, 235, der Rückforderungsanspruch nicht aus Bereicherungsrecht, weil Art. 21 Abs. 1 als eine Spezialregelung aufzufassen sei).

Hat jemand irrtümlich angenommen, die *Bedingung* einer aufschiebend bedingten Forderung sei eingetreten, und deswegen die Leistung erbracht, so kann er diese zurückverlangen (HGer ZH ZR 1947, 180 ff.).

Hat jemand in Unkenntnis eines *nichtigen* Vertrages (Art. 20 Abs. 1, vgl. jedoch Art. 66) oder eines *formungültigen* Vertrages geleistet, so hat er einen Rückforderungsanspruch. Ebenso bei *Ungültigkeit mangels* vorausgesetzter *Zustimmung* einer Behörde (BGE 61 II 4, 5). Hat die Bank im Akkreditivgeschäft auf Grund ihr vorgelegter gefälschter Dokumente gezahlt, hat sie eine Nichtschuld gezahlt; denn die Echtheit ist eine Vorbedingung für die von der Bank übernommenen Verpflichtung (BGE 131 III 222, 225 f. E. 4.2 = Pra 2005, 825 f.).

3a Ist in einem vertraglichen Abrechnungsverhältnis die Saldoziehung falsch verbucht worden, so ist die Korrektur über Bereicherungsrecht auszugleichen (BGer, 23.12.1993, 4C.264/1993, E. 4a/bb); ebenso bei einer vertraglich vereinbarten periodischen Zusammenfassung und Saldoziehung der mit der Kreditkarte getätigten Bezüge in einer Rechnung (BGE 133 III 356, 359 E. 3.2.2 und 360 E. 3.3.2).

Eine im Rahmen eines Vertrages irrtümlich erfolgte Leistung kann nicht durch «Lückenfüllung» zu einer vertraglichen gemacht werden; vielmehr bleibt sie eine Leistung ohne Rechtsgrund und kann bereicherungsrechtlich zurückgefordert werden (BGE 133 III 356, 359 E. 3.3.1).

Gleiches gilt bei zu viel bezahlten Mietnebenkosten (BGer, 29.4.2002, 4C.24/2002, E. 3.3.2). – Hat der Vermieter bei der Mietnebenkostenabrechnung irrtümlich eine Gutschrift für den Mieter verbucht, kann er sie nach den Regeln des Bereicherungsrechts ausgleichen (BGer, 3.10.2006, 4.250/2006, E. 3.3). – Ebenso kann der Mieter die auf Grund einer nichtigen Mietzinserhöhung zuviel bezahlte Miete zurückfordern, wenn seine Berufung auf den Formmangel nicht rechtsmissbräuchlich ist (BGer, 7.7.2008, 4A_198/2008, E. 3.1 und 3.2; BGer, 20.6.2005, 4C.96/2005, E. 1.2.2 [E. 1.2.4: Rechtsmissbrauch lag vor]).

Gleiches gilt auch bei zu viel bezahlten Pachtzinsen (BGE 64 II 132, 135 f. E. 4); ebenso bei *vorbehaltloser* Begleichung von Rechnungen, die einen höheren Betrag aufweisen als geschuldet ist (BGE 127 III 421, 426 f. E. 3c; bestätigt durch BGer, 19.11.2002, 4C.212/2002, E. 4.2 [Bezahlung von Rechnungen für Ärztemuster ohne Vertragsgrundlage]).

Hingegen findet bei zuviel bezahlten *Akontozahlungen* bezüglich Arbeitslohn kein Ausgleich über Bereicherungsrecht statt; das BGer hat in BGE 126 III 119, 122 f. E. 3d (unter Aufgabe der in BGE 107 II 220 ff. getroffenen Entscheidung) diesen Anspruch nun als vertraglichen qualifiziert. *Zustimmend* KOLLER A., OR AT, § 31 N 48, mit der Bemerkung: «wer eine Gewinnbeteiligung abmacht und darauf Vorschüsse zahlt, behält sich für den Fall, dass kein Gewinn resultieren sollte, zumindest implizit die Rückforderung der zu viel bezahlten Leistungen vor.», jedoch *kritisch* insofern, als noch zusätzlich «auch ein Bereicherungsanspruch (hätte) angenommen werden müssen, und zwar die condictio ob causam finitam» (dies entgegen der h.M., nach der ein vertraglicher Anspruch den bereicherungsrechtlichen ausschliesst, s. Art. 62 N 38).

Auch der Anspruch des Mieters auf Rückzahlung zu viel bezahlten Mietzinses bei Mängeln der Mietsache i.S.v. Art. 259d ist nach BGE 130 III 504, 511 und 513 E. 6.3 und 6, nicht bereicherungsrechtlicher, sondern vertraglicher Natur (zust. [und ins Deutsche übertragen] WETZEL, MRA 2004, 149 ff., 155 ff.).

Wer an Stelle des Darlehensgebers die Darlehenssumme der Darlehensnehmerin (hier AG) auszahlt, dadurch aber seine Schuld gegenüber dem Darlehensgeber nicht tilgen kann und somit die Zahlung ohne Rechtsgrund erfolgt ist, hat eine Nichtschuld geleistet und daher einen Bereicherungsanspruch gegen den Darlehensgeber, weil bei ihm eine Bereicherung durch die Darlehensrückforderung gegen die Darlehensnehmerin eingetreten ist (BGer, 27.11.2006, 4C.338/2006, E. 3; Ansprüche aus Geschäftsführung ohne Auftrag werden nicht erwähnt). **3b**

Hat jemand in Kenntnis der Ungültigkeit des Vertrages eine Leistung erbracht, dann ist ihm zwar die Rückforderung nach Art. 63 Abs. 1 verwehrt, nach BGE 115 II 28, 29 f. aber nicht die Berufung auf die Nichtverwirklichung des Rechtsgrundes nach Art. 62 Abs. 2; denn sonst könnte das bei *synallagmatischen Verträgen* zu stossenden Ergebnissen führen: Würde nämlich die Rückerstattung abgelehnt, könnte der Leistungsempfänger die Leistung ohne Gegenleistung behalten (s. Art. 62 N 13; ferner GAUCH/SCHLUEP/SCHMID/EMMENEGGER, N 1576 ff.).

Hat jemand eine Leistung erbracht, ohne zu wissen, dass er eine *dauernde Einrede*, wie z.B. aus Art. 67 Abs. 2 bei einem ohne Rechtsgrund ausgestellten abstrakten Schuldschein (s. Art. 67 N 10 f.) oder aus Art. 210 Abs. 2 beim rechtzeitig angezeigten Sachmangel hätte geltend machen können, so hat er eine Nichtschuld geleistet (VON TUHR/PETER, 479; ebenso SCHWENZER, N 56.05; zur Ausnahme bezüglich der Erfüllung einer verjährten Forderung s. N 6).

Hat jemand eine Leistung erbracht, ohne zu wissen, dass er die *(aufschiebende) Einrede des nichterfüllten Vertrages* (Art. 82) hätte geltend machen können, so hat er eine Schuld getilgt und hat daher *keine* Rückforderung (VON TUHR/PETER, 480).

3. Irrtümlich erbrachte Leistung

Der **Irrtum des Leistenden** muss sich auf die Schuldpflicht beziehen, d.h. auf den Rechtsgrund der Leistung. Auf die Wesentlichkeit des Irrtums (Art. 23 ff.) kommt es nicht an. Der Leistende darf den Irrtum nicht erkannt haben. Ein Irrtum ist anzunehmen, wenn nach den Umständen des Falles ausgeschlossen werden kann, dass der Leistende eine Schenkung beabsichtigte; bei Geschäftsbeziehungen ist grundsätzlich nie von einer Schenkungsabsicht auszugehen (Pra 2005, 827 [in BGE 131 III 222 nicht abgedruckt]). Jedoch kann auch bei fehlendem Schenkungswillen nicht ohne weiteres auf das Vorliegen einer irrtümlichen Leistung geschlossen werden (BGer, 19.11.2004, B 71/04, E. 6.1; 19.11.2002, 4C.212/2002, E. 4.3; ebenso RUSCH, ZSR 2009 I, 147 f.). **4**

Irrtum i.S.v. Art. 63 liegt selbst dann vor, wenn der Leistende den *Irrtum hätte erkennen müssen* (BGer, 27.11.2006, 4C.338/2006, E. 3.1; 3.10.2006, 4C.248/2006, E. 2.2; 10.11.2005, B 50/05, E. 3.1; 10.2.2004, B 87/00, E. 2.4; BGE 129 III 646, 650 E. 3.2, obiter dictum; BGE 64 II 121, 129 ff. E. 5 f.; VON TUHR/PETER, 483 f. [jedoch Berücksichtigung beim Rückforderungsschaden des Bereicherten]; *krit.* RUSCH ZSR 2009 I, 144 f.).

Auch der **Rechtsirrtum** fällt unter Irrtum i.S.v. Art. 63 (BGE 40, 249, 254 ff.; VON TUHR/PETER, 483 und FN 71; RUSCH, ZSR 2009 I, 140 f.): Jemand zahlt die Mietzinserhöhung, obwohl diese wegen Formmangels (Nichtverwenden eines amtlichen Formulars) ungültig war, weil er die Formvorschrift (Art. 18 BMM) und die sich hieraus ergebenden Rechte nicht kannte (BGE 113 II 187, 189 = Pra 1988, 624); jemand zahlt die Instandstellungspauschale für eine gemietete Wohnung, weil er die vertragliche Abrede für gültig hielt, die sich jedoch hinsichtlich der in die Entschädigung einbezogenen Kosten für das Weisseln der Wohnungsdecken als nichtig (gem. Art. 5 BMM, aArt. 271 Abs. 2 OR) herausstellte (BGE 107 II 255, 258); jemand zahlt zu hohe Pachtzinsen, weil er das gesetzliche Verbot (BG vom 21.12.1960 über die Kontrolle der landwirtschaftlichen Pachtzinsen, Art. 12) nicht kannte (BGE 98 Ia 187, 192 f. E. 4); jemand erstattet die Prämien zurück, weil er sich aufgrund der Statuten hierzu verpflichtet glaubte (BGE 64 II 121, 127 E. 5a); jemand leistet aufgrund eines nichtigen Vertrages (Provisionsvertrag), den er für nicht widerrechtlich hielt (BGE 41 II 474, 485 f. E. 2); ein Bürge bezahlt eine den verbürgten Höchstbetrag übersteigende Summe, weil er keine Kenntnis von der Novationswirkung hatte, die durch Rechnungsabschluss eines Kontokorrentverhältnisses eintrat (BGE 40 II 249, 253 f.).

Bestehen beim Leistenden jedoch **Zweifel am Rechtsgrund**, ist ihm die Rückforderung nach Art. 63 Abs. 1 versagt (ZR 1958, 129; 1960, 41 f.; VON TUHR/PETER, 484; *einschränkend* BUCHER, AT, 673 FN 73; *krit.* RUSCH, ZSR 2009 I, 142 f.; D. SCHWANDER, Bem. zu BGer in Pra 2005, 828). Hat ein *Pächter* bewusst einen preiskontrollrechtlich unzulässigen Mehrpreis bezahlt, so steht ihm kein Rückforderungsrecht zu (BGE 93 II 97, 106 f. E. 2c = Pra 1967, 425 f.); dasselbe ist beim Mieter der Fall (BGE 85 IV 101, 105 f. E. 2a).

Freiwillige Leistungen (Zahlungen) **einer Nichtschuld** können unter den vorgenannten Voraussetzungen zurückgefordert werden. Kann dem festgestellten Sachverhalt nicht entnommen werden, dass die Leistung mit dem Willen des Leistenden erfolgt sei, könne von einer freiwilligen Leistung nicht die Rede sein (BGer, 3.5.2005, 4C.279/2003, E. 3.3).

Befand sich der Leistende bei der Erbringung der Leistung *nicht im Irrtum*, so kann er diese nur zurückfordern, wenn er sie **unfreiwillig** erbracht hat. Unfreiwilligkeit liegt vor, wenn eine Leistung durch widerrechtliche Drohung erzwungen worden ist (ZR 1970, 249 ff.; SCHWENZER, N 56.07) oder der Bewucherte sich durch seine Notlage zur Leistung veranlasst sah (BGer, 28.5.2004, 5C.51/2004, E. 7.1, obiter dictum; BGE 129 III 646, 649 E. 3.2, obiter dictum; BGE 123 III 101, 108 E. 3b, obiter dictum; VON TUHR/PETER, 485; KOLLER A., OR AT, § 31 N 28).

Hingegen liegt *keine unfreiwillige Leistung* vor, wenn der Bauherr dem Nachbarn aufgrund einer Vereinbarung, die sich als sittenwidrig herausstellt, eine Geldsumme gegen Rückzug eines Rechtsmittels im Bauverfahren zahlt, weil er daran interessiert ist, das Bauvorhaben möglichst rasch zu verwirklichen (BGE 123 III 101, 108 f. E. 3c; s. dazu TERCIER/ZUFFEREY, 117 f.).

III. Ausschluss der Rückforderung bei Naturalobligation

1. Allgemeines

5 Abs. 2 zählt als **Naturalobligation**, d.h. nicht einklagbare und nicht vollstreckbare Forderung (BGE 45 II 291, 298; VON TUHR/PETER, 32 ff.), lediglich die verjährte Forderung und die Erfüllung einer sittlichen Pflicht auf.

Von der Bestimmung werden auch die anderen *Naturalobligationen* (SCHULIN/VOGT, AT, Tafel 7; VON TUHR/PETER, 482 f.) wie die Forderung aus Spiel und Wette (Art. 513) oder Bereicherungsforderungen, denen Art. 66 entgegensteht (Art. 66 N 7), erfasst.

Wird eine Naturalobligation getilgt, so geschieht dies nicht ohne Rechtsgrund. Somit ist eine Rückforderung ausgeschlossen.

2. Tilgung einer verjährten Forderung

Mit der **Verjährung** geht eine Forderung nicht unter, sondern besteht als Naturalobligation weiter. Selbst wenn der Schuldner zunächst die *Verjährungseinrede* erhoben hat (Art. 142), leistet er nicht ohne Rechtsgrund (VON TUHR/PETER, 479 f.; ebenso SCHWENZER, N 56.05). Unerheblich ist, ob der Leistende die Verjährung gekannt hat oder nicht. Hat er demgegenüber trotz **Verwirkung** geleistet, so hat er eine Nichtschuld bezahlt. **6**

3. Erfüllung einer sittlichen Pflicht

Leistet jemand auf Grund einer **sittlichen Pflicht** (BGer, 15.9.2009, 4A_47/2009, E. 2.3 [sittliche Pflicht wurde verneint]; BGE 45 II 291, 298; s. Art. 239 N 35 ff.), so wird der Leistungsempfänger dadurch nicht ungerechtfertigt bereichert. **7**

IV. Rückforderungsklage nach Art. 86 SchKG

Wurde aufgrund eines unterlassenen oder beseitigten Rechtsvorschlages eine Nichtschuld bezahlt, so kann dieser Betrag zurückgefordert werden (Art. 86 SchKG; BGE 119 II 305 = Pra 1994, 739). **8**

V. Beweislast

In der Rückforderungsklage muss der Entreicherte beweisen, **9**

1. dass er die Leistung zur Erfüllung einer Schuld vornahm;
2. dass die Verbindlichkeit nicht bestand (BGE 119 II 305 = Pra 1994, 739, obiter dictum; BGE 64 II 121, 125); und
3. dass er das Bestehen der Verbindlichkeit irrtümlich annahm (BGer, 19.11.2002, 4C.212/2002, E. 4.3; BGE 64 II 121, 125).

Für den Beweis des Vorliegens des Irrtums ist kein strenger Massstab anzulegen, wenn die übrigen Voraussetzungen bewiesen sind (BGE 64 II 121, 126).

Ein Mieter, der der *Mietzinserhöhung* nachkommt, obwohl sie ihm ohne amtliches Formular mitgeteilt worden ist, braucht nicht nachzuweisen, dass er keine Kenntnis der Rechte oder der formellen Voraussetzungen (Art. 18 BMM) hatte (BGE 113 II 187, 189 = Pra 1988, 624).

Art. 64

B. Umfang der Rückerstattung
I. Pflicht des Bereicherten

Die Rückerstattung kann insoweit nicht gefordert werden, als der Empfänger nachweisbar zur Zeit der Rückforderung nicht mehr bereichert ist, es sei denn, dass er sich der Bereicherung entäusserte und hiebei nicht in gutem Glauben war oder doch mit der Rückerstattung rechnen musste.

B. Etendue de la restitution
I. Obligations du défendeur

Il n'y a pas lieu à restitution, dans la mesure où celui qui a reçu indûment établit qu'il n'est plus enrichi lors de la répétition; à moins cependant qu'il ne se soit dessaisi de mauvaise foi de ce qu'il a reçu ou qu'il n'ait dû savoir, en se dessaisissant, qu'il pouvait être tenu à restituer.

B. Estensione della restituzione
I. Obbligo dell'arricchito

Chi si è indebitamente arricchito non è tenuto a restituire ciò di cui provi che, al momento della ripetizione, non è più arricchito, a meno che se ne sia spossessato di mala fede o che dovesse prevedere la domanda di restituzione.

Literatur

FLUME, Der Wegfall der Bereicherung, AcP 1994, 427 ff.; HARTMANN, Die Rückabwicklung von Schuldverträgen (Habil. Luzern), Zürich 2005; HAUSHEER/AEBI-MÜLLER, Gewinnherausgabe nach Persönlichkeitsverletzung durch Medien – BGE 5C.66/2006 vom 7.12.2006, ZBJV 2007, 341 ff.; KOHLER, Gewinnherausgabe bei Patentrechtsverletzungen, Bemerkungen zur Entscheidung «Rohrschelle» – Bundesgericht vom 12.4.2006, sic! 2006, 815 ff.; KOLLER A., Der gute und der böse Glaube im allgemeinen Schuldrecht (Habil. Freiburg) Freiburg 1985 (zit. Guter Glaube); RÜETSCHI, Anmerkung zu «Patty Schnyders Vater», Bundesgericht vom 7.12.2006, Gewinnherausgabepflicht von Medien bei persönlichkeitsverletzender Berichterstattung, sic! 2007, 440 ff.; STÖCKLI, Das Synallagma im Vertragsrecht (Habil. Freiburg), Zürich 2008; vgl. auch die Literaturhinweise bei Art. 62.

I. Normzweck

1 Art. 64 will verhindern, dass die Rückerstattungspflicht zu einer Schädigung des **gutgläubig Bereicherten** führt (BGE 73 II 108, 109 f.), d.h. dieser soll nach der Rückerstattung der grundlosen Zuwendung **nicht schlechter gestellt** sein, als wenn die Zuwendung an ihn nie erfolgt wäre (BGE 82 II 430, 439 E. 9b).

Grundsätzlich ist die Bereicherung *vollständig in dem Umfang* auszugleichen, in dem sie beim Bereicherten eingetreten ist (GAUCH/SCHLUEP/SCHMID/EMMENEGGER, N 1516). Art. 64 regelt die Fälle, in denen die Rückerstattungspflicht des *gutgläubig* Bereicherten vollständig oder teilweise erlischt. Sodann werden (Rückausnahme) die Fälle geregelt, in denen zufolge *Bösgläubigkeit* des Bereicherten dessen Rückerstattungspflicht trotz nicht mehr vorhandener Bereicherung weiterbesteht. Insofern trifft den bösgläubigen Bereicherten eine verschärfte Haftung.

Art. 64 wird von einem Teil der Lehre als gesetzgeberische Fehlleistung angesehen (HONSELL, FS Schulin, 27 ff.).

II. Gegenstand und Umfang der Rückerstattung

2 An sich ist die Bereicherung, d.h. der rechtsgrundlose Vorteil, nach dem Prinzip der Realrestitution **in natura** – soweit dies möglich ist – zurückzuerstatten (VON TUHR/PETER, 500 f.; BK-BECKER, Art. 62 OR N 25, Art. 64 OR N 1; BUCHER, AT, 656 und 686 f.; CR CO I-CHAPPUIS, N 8; GAUCH/SCHLUEP/SCHMID/EMMENEGGER, N 1513; GUHL/KOLLER/SCHNYDER/DRUEY, § 28 N 2; HARTMANN, N 212; KOLLER A., OR AT, § 30 N 37; SCHWENZER, N 58.02). In der deutschen Lehre wird hervorgehoben, dass «der Gläubiger ein legitimes Interesse daran (hat), den verlorenen Gegenstand wiederzubekommen, und der Schuldner ein legitimes Interesse daran, sich durch dessen Herausgabe von seiner Schuld befreien zu können» (LARENZ/CANARIS, II/2, 254 f., m.w.H.; zustimmend für die schweizerische Lehre KOLLER A., OR AT, § 30 N 38). Hingegen hat das BGer in BGE 110 II 228, 233 f. E. 7d zu Unrecht den Anspruch auf Naturalrestitution abgelehnt, vgl. Kritik HUWILER, in FS Schweizerischer Juristentag, 128. Gegen die Auffassung des BGer, Gegenstand der Bereicherungsschuld sei ein durch Vermögensvergleich ermittelter Vermögensüberschuss (BGE 45 II 447, 450 ff. E. 2; 129 III 646, 652, 655 E. 4.2 und 5.3), wendet sich KOLLER A. (OR AT, § 30 N 38). In einem neueren Entscheid stellt das BGer in einem obiter dictum fest, dass «die ungerechtfertigte Bereicherung auf die [...] Rückerstattung von Sachleistungen (wenn möglich in natura) hin konzipiert ist (vgl. Gesetzestext von Art. 62 Abs. 1 OR); die Rechtsfolgen der ungerechtfertigten Bereicherung sind mit anderen Worten auf die Wiederherstellung des ursprünglichen Zustandes gerichtet» (BGE 133 III 153, 157 E. 2.4).

Zufolge der Lehre von der kausalen Eigentumsübertragung wird der auf eine *Sache* gerichtete Bereicherungsanspruch durch den Eigentumsherausgabeanspruch (Art. 641 Abs. 2 ZGB) bzw. durch den Grundbuchberichtigungsanspruch (Art. 975 ZGB) verdrängt (vgl. Art. 62 N 37).

Immerhin sind Fälle denkbar, in denen der Bereicherungsanspruch den Eigentumsherausgabeanspruch ersetzt, insb. wenn der Rechtsgrund nachträglich weggefallen ist, wie folgendes Beispiel bei VON TUHR/PETER, 513 zeigt: A überträgt aufgrund eines gültigen Tauschvertrages ein Gemälde an B, während B die seinerseits zu leistende Sache A nicht übereignen kann, weil sie nachträglich durch Zufall untergegangen ist. B, der von seiner Leistungspflicht nach Art. 119 Abs. 1 frei wird, hat nach Art. 119 Abs. 2 i.V.m. Art. 62 ff. die ihm von A zu Eigentum übertragene Sache bei Wegbedingung des Art. 185 zurückzuübereignen. Der Anspruch des A ist ein (bereicherungsrechtlicher) Eigentums*verschaffungs*anspruch.

Ferner ist der Anspruch des Verkäufers auf Rückgabe der mangelhaften Kaufsache, nachdem er seiner Verpflichtung aus Art. 206 Abs. 1 auf Lieferung anderer währhafter Ware derselben Gattung nachgekommen ist, ein Bereicherungsanspruch, der auf Rückgabe einer Sache gerichtet ist (SCHULIN/VOGT, BT, Tafel B 7C N 24). Allerdings ist der Verkäufer nicht zur Rücknahme der mangelhaften Kaufsache verpflichtet. Nimmt er sie nicht zurück, kann er dem Käufer gegenüber für die diesem entstehenden Beseitigungskosten in Analogie zu Art. 208 Abs. 2 schadenersatzpflichtig werden. Auch im Falle einer Wandelung nach Art. 205 Abs. 1 haftet der Verkäufer, der den mangelhaften Kaufgegenstand nicht zurücknimmt (wozu er nicht verpflichtet ist) dem Käufer gegenüber für die Beseitigungskosten nach Art. 208 Abs. 2 (Kausalhaftung bei unmittelbarem Schaden) (ebenso HARTMANN, N 215 f.).

Fasst man die *Zession* als abstraktes Verfügungsgeschäft auf, so entsteht bei Abtretung einer Forderung ohne Rechtsgrund ein Bereicherungsanspruch des Zedenten auf **Rückzession** der Forderung und somit auf Rückleistung in natura (BUCHER, AT, 675; CR CO I-CHAPPUIS, N 9; SCHWENZER, N 58.02; VON TUHR/PETER, 501).

Der Bereicherungsanspruch ist meistens eine **Geldforderung** und richtet sich auf **Wertersatz**. **3**
Hat der Bereicherte das empfangene *Geld* mit seinem eigenen vermischt, so wird er (ohne Rücksicht auf die Mengenverhältnisse, Art. 727 Abs. 1 ZGB findet keine Anwendung) *Alleineigentümer* des empfangenen Geldes (vgl. Art. 62 N 21). Infolgedessen besteht ein Bereicherungsanspruch (kein Vindikationsanspruch) gegenüber dem Empfänger. Soweit dieser das erhaltene Geld nicht mit seinem vermischt, besteht weiterhin ein Vindikationsanspruch gegen ihn.

Hat jemand irrtümlich von seinem Konto Geld auf das Konto eines Dritten überweisen lassen (und hat die Bank die Gutschrift dem Dritten angezeigt), so hat er gegen den Dritten einen Bereicherungsanspruch **auf Rücküberweisung** (vgl. Art. 62 N 31) oder (soweit der Dritte sich den Geldbetrag von seiner Bank hat auszahlen lassen) **auf Rückzahlung** des Geldbetrages (diese Differenzierung ist insb. im Konkurs der Bank, bei der der Dritte Kunde ist, von Bedeutung: Der Dritte wäre schlechter gestellt, wenn er – ohne das Geld von seiner Bank bezogen zu haben – zur vollen Rückzahlung des überwiesenen Geldbetrages an den Entreicherten verpflichtet wäre; ähnlich BUCHER, AT, 675 N 81).

Wird jemand aufgrund der **Verarbeitung** (Art. 726 ZGB) oder **Vermischung** oder **Verbindung** (Art. 727 Abs. 2 ZGB) Eigentümer, so entsteht ein Bereicherungsanspruch im Umfang des beim Entreicherten eingetretenen Verlustes.

Gutgläubige **Entäusserung** der Bereicherung befreit den Bereicherten von seiner Bereiche- **3a**
rungsschuld (vorbehaltlich der in N 4 erwähnten Surrogatshaftung). Unter Entäusserung sind Veräusserung und jede andere Handlung, wie Verbrauch oder Vernichtung, zu verstehen, durch welche die Bereicherung beseitigt (VON TUHR/PETER, 511) oder aus dem Vermögen des Bereicherten ausgeschieden wird (KOLLER A., OR AT, § 30 N 43). Handelt es sich bei der Entäusserung um einen *willentlichen Akt* (Veräusserung, absichtliche Vernichtung), soll nach KOLLER A. (OR AT, § 30 N 44) eine Wertersatzpflicht (nicht Schadenersatzpflicht) zum Zuge kommen. Hingegen ist nach VON TUHR/PETER, 503 (vorbehaltlich der in N 4 erwähnten Surrogatshaftung) «eine Verpflichtung des Bereicherten grundsätzlich ausgeschlossen, und zwar selbst dann, wenn er den Gegenstand der Bereicherung selbst beseitigt hat; denn ein Verschulden ist durch seinen guten Glauben ausgeschlossen».

4 Verfügt jemand entgeltlich (z.B. auf Grund eines gültigen Kaufvertrags) über eine fremde, ihm ohne Rechtsgrund anvertraute Sache, so erwirbt der gutgläubige Dritte daran Eigentum. Gleichzeitig tritt der Erlös als **Surrogat** an die Stelle der veräusserten Sache (VON TUHR/PETER, 503; BUCHER, AT, 689; KOLLER A., OR AT, § 30 N 41; SCHWENZER, N 58.05).

Unter **Surrogat** ist das zu verstehen, was «an die Stelle des ursprünglich Erlangten tritt» [...] «also immer nur das, was als Ersatz für das Erlangte angesehen werden kann (Ersatzvorteil)» (KOLLER A., OR AT, § 30 N 52; vgl. auch VON TUHR/PETER, 503).

Im eingangs genannten Fall hat der bisherige Eigentümer gegen den Verfügenden einen Bereicherungsanspruch im Umfang seiner Entreicherung. Dabei ist vom *objektiven* Wert (Verkehrs- oder Marktwert) auszugehen (KOLLER A., OR AT, § 30 N 52, 62; SCHWENZER, N 58.09).

4a Umstritten ist, in welchem Umfang der Bereicherungsschuldner zur Rückerstattung des Surrogates verpflichtet ist, wenn dieses den objektiven Wert der Bereicherung überschreitet, da darüber in Art. 64 nichts bestimmt wird. Der Bereicherte hat z.B. auf Grund seiner Geschäftstüchtigkeit den Bereicherungsgegenstand über seinen Wert hinaus verkauft. War der Bereicherte *bösgläubig*, kannte er also die Rechtsgrundlosigkeit des erhaltenen Bereicherungsgegenstandes, dann hat er nach h.L. den erzielten Gewinn **(Gewinnabschöpfung)** dem Bereicherungsgläubiger nach Art. 423 Abs. 1 (unechte Geschäftsführung ohne Auftrag) herauszugeben; denn er hat sich als bösgläubiger Geschäftsführer unbefugterweise in die Geschäfte des Geschäftsherrn (Bereicherungsgläubigers) eingemischt (BGE 133 III 153, 157 f. E. 2.4 [bei Persönlichkeitsverletzung durch Medien; vgl. hierzu HAUSHEER/AEBI-MÜLLER, ZBJV 2007, 341 ff.; RÜETSCHI, sic! 2007, 440 ff.]; BGer, 12.4.2006, 4C.290/2005, E. 3.1 [bei Patentverletzung; zust. KOHLER,, sic! 2006, 816]; BGE 129 III 422, 425 E. 4; 126 III 69, 72 E. 2; HONSELL, OR BT, 347; KOLLER A., OR AT, § 30 N 60; SCHWENZER, N 58.10 und 59.16 f.; Art. 423 N 8). Zur Bestimmung des Gewinns s. BGer, 3.3.2008, 4A_305/2007, E. 4, m.w.H. War der Bereicherte hingegen *gutgläubig*, dann soll nach einer neueren Lehre Art. 423 Abs. 1 hierauf nicht angewendet werden und der Bereicherungsschuldner nur zur Herausgabe des objektiven Werts verpflichtet sein (SCHWENZER, N 59.17). Nach BGer, 12.4.2006, 4C.290/2005, E. 3.1 (obiter dictum), hat der Gutgläubige den aus der Rechtsverletzung (hier Patentrechtsverletzung) erzielten Gewinn nach den Regeln der ungerechtfertigten Bereicherung herauszugeben. Zur Abgrenzung der Geschäftsanmassung zum Bereicherungsrecht siehe Art. 423 N 9 ff., 13 ff.

4b Zum Bestandteil der Bereicherung sind auch die **Zinsen** zu rechnen, die der Bereicherte tatsächlich oder nach allgemeiner Lebenserfahrung gezogen hat, wenn er eine Geldsumme grundlos empfangen hat (VON TUHR/PETER, 501 f.), selbst Zinseszinsen, wenn der Bereicherte solche gezogen hat (BGE 25 II 121, 126). Ist nach den Umständen zu vermuten, der Bereicherte hätte das Geld zinstragend angelegt, hat es z.B. dieser im Prozess nicht bestritten, so kann von einem erfahrungsgemässen Zinssatz ohne konkreten Nachweis ausgegangen werden (BGE 84 II 179, 186 E. 4; 61 II 12, 20 E. 4; 40 II 249, 259 f.); ist das nicht der Fall, ermangelt die Zinsfrage etwa jeglicher Begründung, kann ein Zins unter dem Gesichtspunkt der Bereicherung nicht zugesprochen werden (BGE 80 II 152, 159 E. 3; zum Ganzen BUCHER, AT, 692). Davon sind die Verzugszinsen zu unterscheiden, die bei Inverzuggeraten des Bereicherungsschuldners nach Art. 104 OR verlangt werden können.

Ob bei Gläubigerverzug für den Schuldner einer Geldleistung die Zinspflicht weiterläuft, ist umstritten. Nach BGE 82 II 460, 467 E. 3 läuft sie bis zur Hinterlegung der geschuldeten Summe weiter. In der Lehre wird die Ansicht vertreten, der Schuldner hafte nicht mehr für die vertraglichen Zinsen, sondern nur noch für die tatsächlich gezogenen Zinsen nach Art. 62 (BK-BECKER, Art. 92/94 OR N 8; KOLLER A., OR AT, § 56 N 108 f.).

III. Voraussetzungen der beschränkten Rückerstattungspflicht

1. Wegfall oder Minderung der Bereicherung

Dem Bereicherten steht – soweit er *gutgläubig* ist – die **Einwendung der nicht mehr vorhandenen Bereicherung** zu (GAUCH/SCHLUEP/SCHMID/EMMENEGGER, N 1518), und zwar auch dann, wenn er diese selbst beseitigt hat (VON TUHR/PETER, 503). 5

Das gilt auch, wenn ein Angestellter oder Beauftragter des Bereicherten die Bereicherung durch *Veruntreuung* beseitigt hat (BGE 45 II 447, 451; *krit.* BUCHER, AT, 696 FN 167; **abl.** KOLLER A., OR AT, § 30 N 70 f.), da der gute Glaube des Bereicherten stärker zu bewerten ist als eine analoge Anwendung der Hilfspersonenhaftung aus Art. 101 (VON TUHR/PETER, 503 FN 15).

Hat der Bereicherte das rechtsgrundlos Erlangte für etwas verwendet, was er auch sonst aus eigenen Mitteln getätigt hätte, so hat er dies bei seinen Ausgaben erspart. Man spricht hierbei von einer sog. *Ersparnisbereicherung*. Das hat zur Folge, dass der Einwand des Wegfalls der Bereicherung entfällt (GAUCH/SCHLUEP/SCHMID/EMMENEGGER, N 1517; HONSELL, FS Schulin, 29; KUKO OR-OBERHAMMER/FRAEFEL, Art. 64/65 N 8; RUSCH, ZSR 2013 I, 574 f.; SCHWENZER, N 58.12). Hat der Bereicherte den grundlos erhaltenen Betrag für Krankheiten verbraucht, so liegt kein Fall der nicht mehr vorhandenen Bereicherung vor; denn er hätte die betreffenden Ausgaben aus anderen Mitteln seines Vermögens bestreiten müssen (BGE 71 II 147, 153 E. 6). «Der Ersparniseinwand gilt für alle gewöhnlichen Lebenshaltungskosten» (HONSELL, FS Schulin, 29). Hat jemand eine fremde Sache unbefugt gebraucht oder verbraucht, so hat er sich den Betrag erspart, den er gewöhnlich selbst hätte aufbringen müssen, um die Sache zu gebrauchen oder zu verbrauchen; so hat z.B. der Mieter, der den Mietvertrag gekündigt und den Vermieter wegen Rücknahme des Mietgegenstandes in Verzug gesetzt, in der Folge aber den Mietgegenstand weiter benützt hat, den üblichen Mietzins aus ungerechtfertigter Bereicherung zu zahlen (BGE 119 II 437, 442 f. E. 3b/cc).

Verschenkt jemand gutgläubig eine fremde Sache und geht man (entgegen h.L., s. Art. 62 N 22) von einem gültigen Schenkungsvertrag aus, so ist es umstritten, ob sich der Schenkende auf den Wegfall der Bereicherung berufen kann (*bejahend* KOLLER A., OR AT, § 31 N 69; **abl.** BUCHER, AT, 692).

Der Bereicherte hat nur das zurückzuerstatten, um das er im **Zeitpunkt der Rückforderung** noch bereichert ist (BGE 106 II 36, 41 E. 4 = Pra 1980, 591, 593). Als spätester Zeitpunkt kommt die Klageerhebung in Betracht (BGE 87 II 137, 142 E. 7d).

Verwendet der *gutgläubig Bereicherte* die grundlos erhaltene Leistung für etwas, das er ohne das Erhaltene nicht vorgenommen hätte, so braucht er die Bereicherung nicht zurückzuerstatten (BUCHER, AT, 694; GAUCH/SCHLUEP/SCHMID/EMMENEGGER, N 1521). 6

Beispiele: Kauf eines Luxusautos oder Privatflugzeuges (BUCHER, AT, 694); Unternehmen einer Vergnügungsreise (allfälliger immaterieller Erholungseffekt fällt für die Bewertung der Bereicherung nicht in Betracht, BUCHER, AT, 694).

Vertraut der gutgläubig Bereicherte auf die Endgültigkeit der grundlos erhaltenen Leistung und trifft er infolgedessen keine Vermögensdisposition, die ein gleiches Bedürfnis abdecken würde, so kann er den daraus entstandenen sog. **Rückforderungsschaden** in Abzug bringen (BGE 82 II 430, 439 E. 9b; 73 II 108, 109 f.; BUCHER, AT, 694 f.; GUHL/KOLLER/SCHNYDER/DRUEY, § 28 N 7; KOLLER A., OR AT, § 30 N 84 f.; RUSCH, ZSR 2013 I, 571 f.; SCHWENZER, N 58.13; VON TUHR/PETER, 509 f.). 7

Beispiele:
- Ist ein Haus Gegenstand der Bereicherung und nimmt der gutgläubig Bereicherte aus diesem Grunde einen günstigen Gelegenheitskauf im betreffenden Zeitraum nicht wahr, so

kann er im Falle der Rückgabe des Hauses die Differenz zwischen dem Gelegenheitskaufpreis und dem Marktpreis in Abzug bringen.

- Der Mieter kann die grundlose Bezahlung von Instandstellungsarbeiten zurückfordern; in einem solchen Falle kann der Vermieter einen Rückforderungsschaden nicht allein damit begründen, er hätte einen höheren Mietzins verlangt, falls er gewusst hätte, dass er unter Geltung des BMM (aArt. 271 Abs. 2 OR) für Instandstellungsarbeiten aufzukommen habe (BGE 107 II 255, 259 E. 5).
- Gleich zu entscheiden ist, wenn der Bereicherte die Anschaffung unterlässt und sich später zum höheren Marktpreis eindecken muss.

8 Hat der gut- oder bösgläubig Bereicherte durch die Bereicherung einen **Schaden** erlitten, so kann er diesen in Abzug bringen (Bucher, AT, 694). Für den gutgläubig Bereicherten, der *keine Rückleistung* zu erbringen hat, kommt ein solcher Abzug naturgemäss nicht in Betracht.

Beispiel: Steckt ein grundlos übertragener syphilitischer Ziegenbock den Rest der Herde an, so kann der daraus entstandene Schaden bis maximal in Höhe der Bereicherung in Abzug gebracht werden (vgl. auch Bucher, AT, 694; von Tuhr/Peter, 506).

Abziehen kann der gutgläubig Bereicherte Ausgaben aus *eigenem Vermögen*, zu denen er durch die Bereicherung verleitet wurde (von Tuhr/Peter, 505). Beispiel: Ist ein Gutgläubiger um einen teuren Sportwagen bereichert und verschenkt er deshalb seinen Kleinwagen, so kann er den Wert des Kleinwagens von der Bereicherung abziehen.

Der gutgläubig Bereicherte kann die Kosten, die er für die Rückerstattung aufwenden muss, abziehen, z.B. Frachtkosten, Räumungskosten usw. (von Tuhr/Peter, 509).

2. Guter Glaube des Bereicherten

9 Der **gute Glaube** des Bereicherten wird nach Art. 3 Abs. 1 ZGB vermutet, wobei sich dieser nur darauf berufen kann, solange er nicht wusste oder hätte wissen müssen (Art. 3 Abs. 2 ZGB), dass der erlangte Vermögensvorteil ohne Rechtsgrund erfolgte. Der gute Glaube muss im Zeitpunkt der Entäusserung vorliegen; er richtet sich auf das Fehlen einer Rückerstattungspflicht (BGE 93 II 373, 378 f.; Rusch, ZSR 2013 I, 568). Wird der Bereicherte im Nachhinein bösgläubig, so entfällt die Einwendung der nicht mehr vorhandenen Bereicherung erst von diesem Zeitpunkt an.

Unabhängig von der Gutgläubigkeit des Bereicherten kann dieser **Kosten**, die in Zusammenhang mit der Entgegennahme oder Lagerung der grundlos erhaltenen Leistung entstanden sind, in Abzug bringen. Zu abzugsfähigen *Verwendungen* vgl. Art. 65.

IV. Rückabwicklung eines vollkommen zweiseitigen Vertrages

10 Wie bei der **Rückabwicklung eines vollkommen zweiseitigen (synallagmatischen) Vertrages**, der nichtig, aber auf beiden Seiten erfüllt worden ist, vorgegangen werden soll, ist umstritten.

11 Nach der Rsp. des BGer ist «die ursprüngliche Verknüpfung und Abhängigkeit der Leistungen» bei einem synallagmatischen Vertrag «auch in der Phase der Wiederherstellung des früheren Zustands, also bei der Rückerstattung, zu beachten. Das führt zur Verpflichtung zu Rückerstattung der Leistungen ‹Zug um Zug'», gleichgültig, ob dabei ein Bereicherungsanspruch einem Eigentumsherausgabeanspruch gegenübersteht oder ob es sich bei beiden um Bereicherungsansprüche handelt (BGE 83 II 18, 25 E. 7; ferner 132 III 242, 245 E. 4.1; 129 III 320, 328 E. 7.1.1; von Tuhr/Peter, 339). Das hat z.B. zur Folge, dass der Verkäufer mit seinem Eigentumsherausgabeanspruch bezüglich der Kaufsache gegen den Käufer mit seinem Bereicherungsanspruch bezüglich der Rückerstattung des Kaufpreises nicht durchdringt, wenn er nicht gleichzeitig bereit ist, ihm den Kaufpreis zurückzuzahlen. In der Lehre wird

von STÖCKLI, N 557 ff., allerdings die Ansicht vertreten, dass «generell in Fällen, in denen Austauschleistungen in einem Vertragsnexus erbracht wurden, als Verhältnis aufzufassen ist, das auf ‹Kosten› des Bereicherungsrecht durch und durch vertraglichen Modalitäten gehorcht» (Zitat ist ohne textliche Hervorhebungen wiedergegeben).

Nach der *Zweikondiktionentheorie* (VON TUHR/PETER, 507 ff.; KOLLER A., OR AT, § 31 N 116 f.; CR CO I-PETITPIERRE, 1. Aufl., Art. 62 N 32 f.) wird jeder Bereicherungsanspruch *gesondert* betrachtet. Hiernach kann die eine Partei von der anderen die Bereicherung auch dann herausverlangen, wenn bei ihr selbst die Bereicherung nicht mehr vorhanden ist. Hat z.B. der Verkäufer mit dem erhaltenen Kaufgeld eine Reise unternommen, die er sich sonst nicht hätte leisten können, ist also seine Bereicherung nachträglich weggefallen (Art. 64 OR), so kann er bei einem nichtigen Kaufvertrag den Kaufgegenstand vom Käufer zurückverlangen, ohne ihm den Kaufpreis zurückzahlen zu müssen. **12**

Da ein solches Ergebnis als unbefriedigend empfunden wird, wird es nach der *Saldotheorie* (BUCHER, AT, 690; HONSELL, OR BT, 46; DERS., FS Schulin, 30 [wenn auch kritisch]; SCHWENZER, N 58.20) dadurch vermieden, dass die erbrachten Leistungen nicht gesondert, sondern *als ein Gesamtes* betrachtet werden, mit der Folge, dass die eine Partei die erbrachte Leistung nur gegen Herausgabe der empfangenen Leistung verlangen kann. Ist die eine Partei zur Rückgewähr der empfangenen Leistung wegen Wegfalls der Bereicherung nicht mehr in Lage, hat sie (wie im eben genannten Beispiel) mit dem erhaltenen Kaufgeld eine Reise unternommen, die sie sich sonst nicht hätte leisten können, so hat sie sich den Wert der erhaltenen Leistung abziehen zu lassen. Nur der hierbei resultierende positive Saldo kann als Bereicherung herausverlangt werden. Dieser Anspruch dürfte für den Verkäufer in dem eben angeführten Beispiel nur dann interessant sein, wenn er den Kaufgegenstand zu billig verkauft hat; den Saldo zwischen dem Wert des Kaufgegenstandes und dem erhaltenen Kaufpreis könnte er als Bereicherung vom Käufer zurückverlangen; dafür kann der Käufer den Kaufgegenstand behalten. Legt der Verkäufer gleichwohl Wert auf die Rückgabe des Kaufgegenstandes, müsste er ohne Rücksicht auf den Wegfall seiner Bereicherung bereit sein, dem Käufer den bezahlten Kaufpreis zurückzugewähren (vgl. dazu ausführlich LARENZ, II, 581 f.). Um auf die Rückabwicklung fehlgeschlagener Verträge die Grundsätze der Saldotheorie anzuwenden, wird in der Lehre sogar die Auffassung vertreten, den Eigentumsherausgabeanspruch (Art. 641 Abs. 2 ZGB) durch die condictio possessionis (s. Art. 62 N 37) «verdrängen (zu) lassen», damit «von vornherein nur zwei Kondiktionen (auf den Kaufgegenstand und das Geld)» einander gegenüberstünden, da sich auf diese Weise bei einem gutgläubigen Besitzer die Anwendung des Art. 938 Abs. 2 ZGB vermeiden liesse (KUKO OR-OBERHAMMER/FRAEFEL, Art. 64/65 N 15). Nach h.M. schliesst aber der dingliche Eigentumsherausgabeanspruch den schuldrechtlichen Bereicherungsanspruch aus (Art. 62 N 37). **13**

In den Fällen der Gefahrtragung sind die Unterschiede zwischen diesen beiden Theorien seit der nach h.M. geltenden kausalen Eigentumsübertragung an sich entfallen (VON TUHR/PETER, 509). Ist z.B. bei einem nichtigen Kaufvertrag der an den Käufer übergebene Kaufgegenstand durch Zufall untergegangen, so kann der Käufer vom Verkäufer nach beiden Theorien den Kaufpreis zurückverlangen, ohne ihm für den untergegangenen Kaufgegenstand einen Wertersatz aus Bereicherungsrecht leisten zu müssen (i.E. ebenso, aber mit anderer Begründung FLUME, AcP 1994, 441 f.); denn der Käufer kann trotz Übergabe des Kaufgegenstandes ohne gültigen Kaufvertrag kein Eigentum am Kaufgegenstand erwerben, und somit hat der Verkäufer weiterhin als Eigentümer die Gefahr zu tragen. Für den Übergang der Gefahr kann daher die faktische Übergabe allein nicht massgeblich sein (das ist nur bei abstrakter Eigentumsübertragung möglich; HONSELL, FS Schulin, 30). Gleichwohl vertritt HARTMANN (N 381 ff., 388) die Auffassung, bei der Rückabwicklung synallagmatischer Verträge solle die gleiche Risikoverteilung wie bei der Gültigkeit des Vertrages gelten, und beruft sich dabei auf die Saldotheorie, macht es aber von dem Zweck der Ungültigkeitsnorm abhängig. Die Folge dieser Ansicht wäre, dass der gutgläu- **14** bige Käufer in dem angeführten Beispiel keinen Anspruch gegen den Verkäufer auf Rückzahlung des Kaufpreises hätte.

15 Da im Übrigen weder die eine noch die andere Theorie stets zu angemessenen Ergebnissen führen können, ist m.E. jeweils im Einzelfall zu prüfen, ob es sachgerecht ist, der einen Partei den Bereicherungsanspruch zu versagen, wenn sie selbst von der anderen Partei wegen Wegfalls der Bereicherung nicht in Anspruch genommen werden kann. Wie dabei die Risikoverteilung vorzunehmen ist, ob hierbei die gleiche wie bei einem gültigen Vertrag gelten soll, hängt auch von der Frage ab, ob das gefundene Ergebnis mit dem Zweck der Ungültigkeitsnorm, die zur Unwirksamkeit des betreffenden Vertrages geführt hat, zu vereinbaren ist (SCHWENZER, N 58.20; HARTMANN, N 382 ff.). So kann z.B. ein beschränkt Handlungsunfähiger, der einen Vertrag ohne die Zustimmung seines gesetzlichen Vertreters abgeschlossen und erfüllt hat, die von ihm erbrachte Leistung aus ungerechtfertigter Bereicherung auch dann zurückfordern, wenn er selbst die erhaltene Leistung wegen Wegfalls der Bereicherung nicht mehr zurückerstatten kann. Nur durch Anwendung der Zweikondiktionentheorie kann der Vorrang des Schutzes der beschränkt Handlungsunfähigen erreicht werden (h.L., vgl. etwa HONSELL, FS Schulin, 31; SCHWENZER, N 58.20; VON TUHR/PETER, 507; differenzierend KOLLER A., OR AT, § 31 N 128 ff.; ebenso die deutsche Lehre, vgl. FLUME, AcP 1994, 440). Dasselbe nimmt die h.L. für den Fall an, in welchem der Vertrag wegen absichtlicher Täuschung angefochten worden ist und der Getäuschte die Leistung zurückverlangt, obwohl er die erhaltene Gegenleistung wegen Wegfalls der Bereicherung nicht mehr zurückgeben kann (SCHWENZER, N 58.20).

16 Einen eigenen Denkansatz nimmt FLUME, der die Problematik entgegen der Saldotheorie nach geltendem Bereicherungsrecht löst (AcP 1994, 449), vor (438 ff.): Er stellt abstrakt auf die Vermögenszunahme des Bereicherten ab. Wie sich dessen Vermögensstand entwickle, hinge allein von dessen **vermögensmässigen Entscheidungen** ab. Dabei hätte jede Partei grundsätzlich die nachteiligen Folgen ihrer Entscheidungen selbst zu tragen; sie könne sich daher nicht auf den Wegfall der Bereicherung berufen und dadurch das Risiko auf die Gegenpartei abwälzen, wenn ihr kraft der vermögensmässigen Entscheidung der Wegfall der Kaufsache zuzurechnen sei. In den Fällen der fehlenden Geschäftsfähigkeit oder Willensmängel sei ihr allerdings der Wegfall der Bereicherung nicht zuzurechnen. Demgemäss entscheide sich der Käufer beim Kaufvertragsabschluss dafür, an Stelle des Geldes eine Sache in seinem Vermögen zu haben. Diese Entscheidung sei «als Wirklichkeit unabhängig davon, dass der Kaufvertrag nichtig» (440) sei; er müsse daher auch das Risiko des Sachuntergangs tragen. Wäre aber die Sache auch bei dem Bereicherungsgläubiger auf Grund des fraglichen Zufalls untergegangen, dann trage der Bereicherungsschuldner die Gefahr nicht (441 f.).

17 An Stelle einer Saldierung wird ein **Zurückbehaltungsrecht** vorgeschlagen (HONSELL, OR BT, 46; DERS., FS Schulin, 30; SCHWENZER, N 58.21; vgl. auch BUCHER, ZSR 1983 II, 289 f.).

18 Das BGer hat die Frage, welcher Theorie der Vorzug zu geben ist, bisher offen gelassen (BGE 110 II 244, 247 E. 2a = Pra 1985, 23). Bei der **Berechnung** der Bereicherung hat das BGer in einem Fall, in welchem der Pächter den Pachtvertrag über ein irrtümlich grösser angenommenes Pachtland erfolgreich wegen Grundlagenirrtums angefochten hatte, den objektiven Pachtwert zugrunde gelegt und ist dabei zum Ergebnis gekommen, dass er nicht kleiner als der bezahlte Pachtzins war, sodass eine Bereicherung des Verpächters entfiel (BGE 64 II 132, 136 f. E. 5).

V. Unbeschränkte Rückerstattungspflicht

19 Bei Bösgläubigkeit hat der Bereicherte die ursprünglich bei ihm eingegangen Bereicherung auch dann zurückzuerstatten, wenn er gar nicht mehr bereichert ist.

Bösgläubigkeit liegt vor:

a) wenn der Bereicherte beim Empfang der Leistung oder später um ihre *Grundlosigkeit weiss oder sie hätte kennen müssen*, vgl. Art. 3 Abs. 2 ZGB (VON TUHR/PETER, 511; KOLLER A., OR AT, § 30 N 63). 20
Das ist z.B. der Fall, wenn es B schon beim Empfang der Leistung (i.c. Holz) bewusst sein musste, dass A irrtümlicherweise ihm statt einem anderen die Leistung erbracht hat (BGE 93 II 373, 378; VON TUHR/PETER, 511 FN 46a).
Ferner ist der Bereicherte bösgläubig, wenn er weiss, dass er für die Barauszahlung beim Austritt aus der Pensionskasse die Zustimmung seiner Ehefrau benötigt, die sie ihm nicht erteilte (BGer, 10.2.2004, B 87/00, E. 2.4).

b) wenn der Bereicherte bei der Entäusserung der Bereicherung *mit der Rückerstattungspflicht hätte rechnen müssen*. 21
Beim Erwerb aus künftigem Rechtsgrund ist mit einer Rückerstattung solange zu rechnen, bis die Verwirklichung des Rechtsgrundes eingetreten ist, «bei sonstigem Erwerb, sobald die Möglichkeit des Wegfalls des Rechtsgrundes dem Bereicherten bekannt wird» (VON TUHR/PETER, 511; KOLLER A., Guter Glaube, 163 f.; RUSCH, ZSR 2013 I, 569). Er muss die Entäusserung *willentlich* (BGE 45 II 447, 452; KOLLER A., Guter Glaube, 162; RUSCH, ZSR 2013 I, 565) herbeigeführt haben.
Wenn der Bereicherte vom Vater seiner Verlobten im Hinblick auf eine Heirat, die aber nicht zustande kam, eine Liegenschaft (i.c. Metzgerei) zu einem bewusst stark untersetzten Preis verkauft erhält, so muss er die Bereicherung zurückerstatten (vgl. Art. 62 N 13), weil er, solange die Heirat nicht stattgefunden hat, mit der Rückerstattung rechnen musste (BGE 82 II 430, 436 f. E. 8; condictio ob causam futuram, vgl. Art. 62 N 12 f.; VON TUHR/PETER, 511: Hierbei ist von vornherein mit einer Rückforderung zu rechnen). Hierunter zählt auch der Fall, in dem jemand, der mit einem Rechtsgrund bereichert ist, damit rechnen muss, dass dieser Rechtsgrund im Nachhinein entfällt (condictio ob causam finitam, vgl. Art. 62 N 14 f.; KOLLER A., OR AT, § 30 N 65).

c) im Zeitpunkt, in welchem der Entreicherte gegen den Bereicherten seine Rückforderung geltend macht (VON TUHR/PETER, 511). 22

Ist der Bereicherte *schon beim Empfang* der Sache bösgläubig, haftet er für den *zufälligen* Wegfall der Bereicherung; denn im Entgegennehmen kann ihm ein Verschulden vorgeworfen werden (ebenso RUSCH, ZSR 2013 I, 566). 23

Musste z.B. der Bereicherte von Anfang an mit der Rückgabe der Ware (i.c. Holz) rechnen, so kann er nicht geltend machen, er hätte bei der Veräusserung weniger erzielt als den Wert zur Zeit des Empfangs (BGE 93 II 371, 378).

Wird der Bereicherte *erst später* bösgläubig und fällt die Bereicherung erst danach durch Zufall weg, ist bezüglich seiner Haftung zu differenzieren (**anders** RUSCH, ZSR 2013 I, 566, der ihn nicht haften lässt): Hatte er die Möglichkeit, das ungerechtfertigt Erlangte dem Entreicherten zurückzugeben, kann ihm vorgeworfen werden, dass er dem nicht nachgekommen ist; in diesem Fall haftet er für den zufälligen Wegfall der Bereicherung. Hingegen kann er sich auf den Wegfall der Bereicherung berufen, wenn er z.B. den Entreicherten nicht ausfindig machen und ihm dabei kein Vorwurf gemacht werden kann.

Der Rechtsgedanke des *casus mixtus*, d.h. der «Zufall, welcher zu einem rechtwidrigen Verhalten hinzutretend einen Schaden herbeiführt oder vergrößert» (VON TUHR/PETER, 90 FN 16; es betrifft auch das vertragwidrige Verhalten, vgl. VON TUHR/ESCHER, 115, 145), kann m.E. hierbei auch entsprechend auf den zufälligen Wegfall der Bereicherung angewendet werden. Die Schadenersatzhaftung ist gleichwohl von der Bereicherungshaftung auseinanderzuhalten (FLUME, AcP 1994, 446). Bereicherungshaftung des bösgläubigen Bereicherungsschuldners bedeutet, dass er sich nicht auf den zufälligen Wegfall der Bereicherung berufen kann, es sei denn, der Zufall hätte sich auch beim Bereicherungsgläubiger ereignet. Schadenersatzhaftung bedeutet, dass z.B. der schuldhaft in Verzug geratene Schuldner nach Art. 103 auch für den

Zufall haftet, durch den der Leistungsgegenstand untergeht oder verschlechtert wird, es sei denn, der Schaden wäre auch bei rechtzeitiger Erfüllung eingetreten (VON TUHR/ESCHER, 145).

VI. Beweislast

24 Der Bereicherte hat die Umstände, die seine Rückerstattungspflicht ausschliessen oder mindern, zu beweisen (BGE 92 II 168, 179 f. E. 6c; VON TUHR/PETER, 504; RUSCH, ZSR 2013 I, 578 f.).

Art. 65

II. Ansprüche aus Verwendungen

[1] **Der Empfänger hat Anspruch auf Ersatz der notwendigen und nützlichen Verwendungen, für letztere jedoch, wenn er beim Empfange nicht in gutem Glauben war, nur bis zum Betrage des zur Zeit der Rückerstattung noch vorhandenen Mehrwertes.**

[2] **Für andere Verwendungen kann er keinen Ersatz verlangen, darf aber, wenn ihm ein solcher nicht angeboten wird, vor der Rückgabe der Sache, was er verwendet hat, wieder wegnehmen, soweit dies ohne Beschädigung der Sache selbst geschehen kann.**

II. Droits résultant des impenses

[1] Le défendeur a droit au remboursement de ses impenses nécessaires ou utiles; néanmoins, s'il était déjà de mauvaise foi lors de la réception, les impenses utiles ne lui sont remboursées que jusqu'à concurrence de la plus-value existant encore au moment de la restitution.

[2] Les autres impenses ne lui donnent droit à aucune indemnité, mais il a la faculté d'enlever, avant toute restitution, ce qu'il a uni à la chose et qui en peut être séparé sans dommage pour elle, si le demandeur ne lui offre la contre-valeur de ses impenses.

II. Rifusione delle spese

[1] Chi si è indebitamente arricchito ha diritto alla rifusione delle spese necessarie ed utili da lui incontrate; di quest'ultime però, se all'atto del ricevimento non era in buona fede, solo fino a concorrenza del maggior valore tuttora sussistente al momento della restituzione.

[2] Egli non può pretendere indennità per altre spese, ma ha diritto, nel caso che l'indennità non gli sia offerta, di togliere, prima di restituire la cosa, ciò che vi avesse aggiunto, in quanto si possa fare senza danneggiarla.

Literatur

Vgl. die Literaturhinweise bei Art. 62.

I. Geltendmachung des Verwendungsersatzes

1 Der Anspruch des Bereicherten (wie auch des Besitzers aus Art. 939 ZGB; BK-STARK, Art. 939 ZGB N 25) kann nicht als selbständiger Anspruch, sondern nur als **Einrede** gegenüber dem Bereicherungsanspruch geltend gemacht werden (VON TUHR/PETER, 36 f., 504 FN 26, was aber umstritten ist).

Der Anspruch auf Verwendungsersatz ist eine unvollkommene Obligation (Naturalobligation, d.h. nicht klagbare und nicht vollstreckbare Forderung; VON TUHR/PETER, 32 ff.), die «immerhin durch ein Retentionsrecht gesichert ist» (KOLLER A., OR AT, § 30 N 74; VON TUHR/PETER, 36 f.).

1a Art. 65 findet nur Anwendung, soweit der Bereicherungsanspruch die Rückerstattung der Sache selbst betrifft, was im schweizerischen Recht zufolge der Lehre von der kausalen Eigentumsübertragung äusserst selten vorkommt (ein Beispiel findet sich bei von Tuhr/Peter, 513). Ist eine bewegliche Sache herauszugeben, so hat der Bereicherte wegen seiner Verwendungen ein Retentionsrecht nach Art. 895 ZGB. Mit Rückgabe der Sache erlischt das Retentionsrecht (Koller A., OR AT, § 30 N 74; von Tuhr/Peter, 36). Ist eine Forderung zurückzuzedieren, wird man dem Bereicherten wegen seiner Verwendungen «eine entsprechende Einrede gewähren» (von Tuhr/Peter, 37).

Verwendungen (Aufwendungen) sind Vermögensminderungen, die aus freiem Willen für einen anderen oder eine Sache vorgenommen werden; hingegen stellt der Schaden einen unfreiwilligen Vermögensverlust dar (von Tuhr/Peter, 132; Koller A., OR AT, § 30 N 76; Schulin/Vogt, AT, Tafel 11).

II. Notwendige Verwendungen (impensae necessariae), Abs. 1

Als notwendig gelten Massnahmen, die zur Erhaltung des Wertes und Bestandes der Sache oder zu deren Wiederherstellung erforderlich sind und die der Entreicherte bei eigener Verwaltung seiner Angelegenheiten ebenfalls vorgenommen hätte (von Tuhr/Peter, 130; BK-Stark, Art. 939 ZGB N 9), z.B. Instandstellung einer baufälligen Stützmauer, Füttern von Vieh. 2

Die notwendigen Verwendungen sind dem Bereicherten vollumfänglich zu ersetzen, gleichgültig, ob er gut- oder bösgläubig war (Koller A., OR AT, § 30 N 73).

III. Nützliche Verwendungen (impensae utiles), Abs. 1

Nützlich sind Massnahmen, die – ohne notwendig zu sein – zur Erzielung eines Vorteils, insb. zur Werterhöhung einer Sache vorgenommen werden (von Tuhr/Peter, 131; BK-Stark, Art. 939 ZGB N 10), z.B. Melioration eines Grundstückes, Mästen von Vieh. 3

Die nützlichen Verwendungen müssen dem Bereicherten vollumfänglich ersetzt werden, wenn er bei deren Vornahme gutgläubig war. Hingegen ist der Verwendungsersatz auf den beim Bereicherten noch vorhandenen Mehrwert beschränkt, wenn er bösgläubig war (von Tuhr/Peter, 512).

Zur Abgrenzung der notwendigen von den nützlichen Verwendungen vgl. BK-Stark, Art. 939 ZGB N 12 f.; von Tuhr/Peter, 131.

IV. Verwendungen zur Befriedigung von Luxusbedürfnissen (impensae voluptariae), Abs. 2

Der Wortlaut von Abs. 2 ist mit der Bestimmung von Art. 939 Abs. 2 ZGB identisch. Gemeint sind Massnahmen, die weder notwendig noch nützlich sind, sondern zur Befriedigung von Luxusbedürfnissen dienen oder den Affektionswert (nicht aber den objektiven Wert) erhöhen (von Tuhr/Peter, 131; Schulin/Vogt, AT, Tafel 11), z.B. dekorative Bemalung einer Hauswand. 4

Luxuriöse Verwendungen müssen dem Bereicherten (auch dem gutgläubigen) nicht ersetzt werden. Hingegen hat der Bereicherte ein Wegnahmerecht (ius tollendi), soweit die Wegnahme ohne Beschädigung der Sache erfolgen kann (Art. 65 Abs. 2; von Tuhr/Peter, 505). Entsteht bei der Wegnahme ein Schaden, so hat der Bereicherte diesen zu ersetzen (von Tuhr/Peter, 505). Der Bereicherungsgläubiger kann die Wegnahme dadurch verhindern, dass er dem Bereicherten die Verwendungen ersetzt (Art. 65 Abs. 2; Koller A., OR AT, § 30 N 73).

Art. 65 Abs. 2 «... (dessen sachliche Begründetheit übrigens als zweifelhaft erscheint) darf als Sondernorm nicht ausdehnend ausgelegt werden», BGE 73 II 110.

Art. 66

C. Ausschluss der Rückforderung	**Was in der Absicht, einen rechtswidrigen oder unsittlichen Erfolg herbeizuführen, gegeben worden ist, kann nicht zurückgefordert werden.**
C. Répétition exclue	Il n'y a pas lieu à répétition de ce qui a été donné en vue d'atteindre un but illicite ou contraire aux mœurs.
C. Esclusione della restituzione	Non vi ha luogo a ripetizione di ciò che fu dato intenzionalmente per uno scopo contrario alla legge od ai buoni costumi.

Literatur

FURRER/RÖLLI, Einheitlicher Anwendungsbereich von Art. 66 OR? Diskussion der bundesgerichtlichen Praxis, in: FS für Eugen Bucher, Bern 2009, 167 ff.; GIGER, Rechtsfolgen norm- und sittenwidriger Verträge, Zürich 1989; MÜLLER J., Die Tragweite des Art. 66 OR, Diss. Freiburg 1941; MUNZ, Artikel 66 des Obligationenrechts. Eine umstrittene Bestimmung aus dem Gebiet des widerrechtlichen Vertrags, Diss. Zürich 1958; PURTSCHERT/HUGUENIN, Art. 66 OR und der Ausschluss bereicherungsrechtlicher Rückforderungen, ius.full 2009, 2 ff.; VON BÜREN, Bemerkungen zu Art. 66 OR, SJZ 1962, 225 ff.; vgl. auch die Literaturhinweise bei Art. 62.

I. Normzweck

1 Art. 66 verleiht dem Verbot **rechts- und sittenwidriger Geschäfte** (Art. 20 Abs. 1) Nachdruck (BGE 111 II 295, 298 E. 2b), indem die bereicherungsrechtliche Rückabwicklung ausgeschlossen wird. Der Bereicherungsanspruch verliert seine Klagbarkeit und ist daher eine unvollkommene (Natural-)Obligation (BGE 75 II 293, 297; BK-RÜEDI, N 469). Art. 66 gründet auf dem römisch-rechtlichen Sprichwort: «In pari turpitudine melior est causa possidentis» [bei gleicher Sittenwidrigkeit ist die Sache des Besitzenden besser] (zur Warnung einer Überbewertung dieser Parömie vgl. BK-RÜEDI, N 148). Die Vorschrift beruht auf einer pönalen Absicht des Gesetzgebers (VON TUHR/PETER, 491; BGer, 9.7.2003, 4C.163/2002, E. 2.1). Nach dem Wortlaut des Art. 66 wird nur das Verhalten des Gebers sanktioniert, ohne das des Empfängers zu berücksichtigen (PURTSCHERT/HUGUENIN, ius.full, 2009, 6; s. N 5). Die Rückforderung des Geleisteten ist des staatlichen Schutzes nicht würdig (BGE 102 II 401, 411 E. 4c). Ob als Zweck des Art. 66 Rechtsschutzverweigerung, Prävention und Strafe in Betracht kommen, bezweifelt BK-RÜEDI, N 202 (vgl. dazu auch PURTSCHERT/HUGUENIN, ius. full, 9 ff.). Zur Entstehungsgeschichte s. VON BÜREN, SJZ 1962, 227 ff.; BUCHER, AT, 678 f.; BK-RÜEDI, N 42 ff.

II. Voraussetzungen

2 Die Leistung muss in der **Absicht** *(subjektive Voraussetzung)* vorgenommen worden sein, einen **rechtswidrigen** (Art. 19/20 N 15–30) oder **sittenwidrigen** (Art. 19/20 N 31–45) **Erfolg** (*objektive Voraussetzung*, präziser: Gegenstand der Absicht; vgl. BK-RÜEDI, N 203, 433) herbeizuführen (z.T. anders BUCHER, AT, 679).

Für die Beurteilung der Absicht ist der Zeitpunkt der Leistung massgebend; lag in diesem Zeitpunkt die verpönte Absicht noch nicht vor, kommt die Kondiktionssperre des Art. 66 nicht zur Anwendung (BK-RÜEDI, N 259 m.Hw. auf Oger ZH, in ZR 1922, 106, 108; ebenso MÜLLER J., 90 ff., aber mit unzutreffender Begründung, s. BK-RÜEDI, N 260).

Hat sich die Rechtslage geändert und ist die Absicht nach neuem Recht auf einen rechtswidrigen oder sittenwidrigen Erfolg gerichtet, so ist wegen des Rückwirkungsverbots der Zeitpunkt der Leistung massgebend. Ist die beabsichtigte Handlung nach altem Recht rechtswidrig oder sittenwidrig, nicht aber nach neuem Recht, so ist für die Beurteilung der Zeitpunkt der Bereicherungsklage massgebend (BK-RÜEDI, N 424 ff. m.w.H.).

Der Leistende kann sich nicht auf seine «eigene tiefstehende Betrachtungsweise berufen, die ihn nicht zur Einsicht befähigt habe, dass das Geschäft gegen allgemein geläufige sittliche Auffassungen verstosse» (BGE 66 II 256, 260 E. 3). Weiss er oder hätte er wissen müssen, dass der beabsichtigte Erfolg rechtswidrig oder sittenwidrig ist, gelangt Art. 66 zur Anwendung; dabei sei ein objektiver Massstab anzulegen, also auf eine durchschnittliche Person beim Bereicherungsgläubiger abzustellen (BK-Rüedi, N 241 f., 247 ff. m.w.H.).

Stützt sich aber der Anspruch auf einen gültigen Vertrag oder auf unerlaubte Handlung, ohne dass ein Bereicherungsanspruch gegeben ist, stellt sich die Frage nach der Anwendbarkeit von Art. 66 gar nicht (BGE 99 Ia 417, 420 E. 3a: Der Beauftragte, der trotz gültigen Auftrags Weisungen seines Auftraggebers, überwiesene Schmiergelder zur Auszahlung bereitzuhalten, nicht befolgt, kann sich nicht auf Art. 66 berufen; vgl. auch obiter dictum in BGE 53 II 35, 41).

III. Anwendungsbereich

Art. 66 findet nur auf Leistungs-, nicht auf Eingriffskondiktionen Anwendung (zu folgern aus dem Wortlaut dieser Vorschrift sowie aus BGer, 9.7.2003, 4C.163/2002, E. 2.2). 3

Auf den Urteilsunfähigen wird er nicht angewendet (BK-Becker, N 3; BK-Rüedi, N 258).

«Gegeben» i.S.v. Art. 66 bedeutet nach von Tuhr/Peter, 492, «nur Zuwendungen durch Verfügungsgeschäft. Wurde zur Erreichung eines unerlaubten oder unsittlichen Erfolges ein Versprechen gegeben und war das Versprechen kausal gefasst, so ist es nach Art. 20 Abs. 1 nichtig. Ein abstraktes Versprechen (z.B. ein Wechsel) ist trotz der unsittlichen Absicht des Schuldners gültig, unterliegt aber in Ermangelung eines gültigen Rechtsgrundes nach Art. 62 der Rückforderung und einer dieser Forderung entsprechenden Einrede [...]. Die Rückforderung eines in unsittlicher Absicht ausgestellten abstrakten Schuldscheins ist durch Art. 66 nicht ausgeschlossen [...]; denn der unsittlich Handelnde soll zwar verlieren, was er in der vom Gesetz missbilligten Absicht weggegeben hat, nicht aber gezwungen sein, ein in dieser Absicht ausgestelltes – wenn auch abstraktes – Versprechen zu erfüllen.»

Wer sich aufgrund eines abstrakten Schuldversprechens (Art. 17) verpflichtet hat, die Rückleistung zu erbringen, kann sich gegenüber dem Rückfordernden nicht auf Art. 66 berufen (BGE 75 II 293, 295 ff. E. 3).

Der Käufer von Betäubungsmitteln hat keinen Anspruch aus ungerechtfertigter Bereicherung auf Rückzahlung des von ihm gezahlten Kaufpreises (BGE 117 IV 139, 148 E. 3d/bb).

Hat der Geber den Empfänger durch eine Belohnung zu einer rechts- oder sittenwidrigen Handlung veranlassen oder verpflichten wollen, kann er diesen sog. **Gaunerlohn** nicht zurückfordern (BGE 95 II 37, 41 f.). Hat jemand einem anderen in der Absicht eines rechts- oder sittenwidrigen Erfolges Schmiergelder versprochen (nichtige Verbindlichkeit) und liess er eine solche «Verbindlichkeit» gegen eine Gegenleistung aufgrund einer internen Schuldübernahme durch einen Dritten übernehmen, so kann er diese Gegenleistung nicht zurückfordern (BGE 66 II 256, 260 E. 3: Der nach einer Erbteilung bezahlte Lohn für eine erfolgreiche Beihilfe zu Erbschleicherei kann nicht zurückgefordert werden).

Gaunerlohn kann nach BGE 76 II 346, 370 f. aber zurückgefordert werden, wenn dessen Leistung (hier Schweigegeld) durch *Drohung* erwirkt wurde (ebenso BK-Rüedi, N 234 f. m.w.H. und N 458; KUKO OR-Oberhammer/Fraefel, N 8).

Das BGer hat in früheren Entscheidungen Art. 66 nicht nur bei Gaunerlohn, sondern auf jede zur Herbeiführung eines rechts- oder sittenwidrigen Erfolges erbrachte Leistung angewendet. So wurde bei einer darlehensweisen Auszahlung, die gegen das Verbot verstiess, vor der vollen Rückzahlung eines ältere Darlehens ein neues zu gewähren, die bereicherungsrechtliche 4

Rückforderung ausgeschlossen (BGE 102 II 401, 409). So konnte die Geldleistung zur Beschaffung von Gold an eine Person, die nach damals geltendem Bundesratsbeschluss keine Konzession für Goldhandel hatte, nicht zurückgefordert werden (BGE 74 II 23, 27 ff. E. 3).

Diese Rsp. stiess in der h.L., die eine einschränkende Auslegung befürwortete, auf Kritik (BUCHER, AT, 680 ff.; DERS., ZSR 1983 II, 297 ff.; GAUCH/SCHLUEP/SCHMID/EMMENEGGER, 9. Aufl., N 1549 ff.; GIGER, 141; VON BÜREN, AT, 301 ff.; DERS., SJZ 1962, 225 ff.; VON TUHR/PETER, 491).

Mit dem Entscheid in BGE 134 III 438, 445 hat das BGer eine **Änderung seiner Rsp.** vorgenommen und folgt nun der h.L., indem es die Anwendung des Art. 66 auf die Fälle des eigentlichen Gaunerlohnes beschränkt (zust. besprochen von PURTSCHERT/HUGUENIN, ius.full, 2, 6, 13 f.).

5 Art. 66 schliesst die Rückforderung des Gebers ohne Rücksicht auf ein allfällig rechts- oder sittenwidriges Verhalten des Empfängers aus (BGE 95 II 37, 41; SCHWENZER, N 56.11; BK-RÜEDI, N 456). Zwar sprach das BGer in BGE 84 II 179, 184 von «einer gesetzgeberisch fragwürdigen Lösung» (vgl. auch BGE 117 IV 139, 149 E. 3d/dd), nahm jedoch in BGE 102 II 401, 411 f. E. 4c die stossende Begünstigung des Empfängers in Kauf.

Das BerG hatte die Anwendung des Art. 66 nur dann für nicht gerechtfertigt gehalten, wenn die Parität des verwerflichen Verhaltens zu Lasten des Empfängers (Bereicherten) verlagert wäre, weil dieser die Hauptverantwortung für das nichtige Geschäft trüge oder ein besonderes Eigeninteresse daran hätte (BGer, 9.7.2003, 4C.163/2002, E. 2.1 m.Hw. auf BGE 117 IV 139, 149 E. 3d/dd und 102 II 401, 411 E. 4c; bestätigt in BGer, 26.9.2003, 6S.279/2003, E. 2.2.2.2).

Auch dieser Rsp. folgte die h.L. nicht (BK-BECKER, N 6; ZK-OSER/SCHÖNENBERGER, N 5; BUCHER, AT, 680 ff.; DERS., ZSR 1983 II, 297; GAUCH/SCHLUEP/SCHMID/EMMENEGGER, 9. Aufl., N 1552; VON BÜREN, SJZ 1962, 225; VON TUHR/PETER, 491).

5a Mit der Praxisänderung in BGE 134 III 438, 445 sollen die Parteien, die gleichermassen an einem objektiv widerrechtlichen Rechtsgeschäft beteiligt sind, nicht mehr ungleich behandelt werden. Die «Rückforderung (ist) nach Art. 66 OR nur ausgeschlossen, wenn die Leistungen zur Anstiftung oder Belohnung eines rechts- oder sittenwidrigen Verhaltens erfolgen (Gaunerlohn). Sofern der Zweck der verletzten Norm nicht eindeutig den Ausschluss der Rückerstattung bereits erbrachter Leistungen erfordert [...], sind diese daher im Falle der Vertragsnichtigkeit zurückzuerstatten».

6 Die Frage, ob ein *Vindikationsanspruch* durch eine analoge Anwendung des Art. 66 ausgeschlossen wird, ist vom BGer bisher nicht entschieden worden (offen gelassen in BGer, 2.10.2008, 4A_293/2008, E. 3.3; BGE 37 II 65, 68 f. ebenso in der Lehre u.a. von FURRER/RÖLLI, 176; GAUCH/SCHLUEP/SCHMID/EMMENEGGER, N 1553 f.). Diese Frage stellt sich auch nach der Änderung der Bundesgerichtspraxis durch den Entscheid in BGE 134 III 438, 445, nämlich dann, wenn der Gaunerlohn in einer Sache bestanden hat (VON TUHR/PETER, 521 FN 37, bejahen zu Recht eine *analoge Anwendung*; ebenso BK-RÜEDI, N 530 ff. m.w.H. in N 516; MUNZ, 113; KUKO OR-OBERHAMMER/FRAEFEL, N 9).

6a *Nicht anwendbar* ist Art. 66 bei einer Anweisung auf den vertraglichen Schadenersatzanspruch des Anweisenden gegen den Angewiesenen aus einem gültigen Deckungsverhältnis, auch wenn sich dieser auf das wegen Sittenwidrigkeit nichtige Valutaverhältnis zwischen Anweisendem und Anweisungsempfänger (s. Art. 62 N 31) beruft; denn Art. 66 vermag vertraglich begründete Ansprüche nicht zu derogieren (BGE 124 III 253, 258 E. 3d; SCHWENZER, N 56.14; vgl. auch BK-RÜEDI, N 572 ff.).

Ebensowenig ist Art. 66 auf Schadenersatzforderungen aus unerlaubter Handlung anwendbar (BGer, 20.4.2009, 6B_986/2008, E. 4.2; 26.9.2003, 6S.279/2003, E. 2.2.3; BGE 117 IV 139, 149 f. E. 3d/dd; s.a. Art. 62 N 39 und BK-RÜEDI, N 559 ff., 564 f. m.w.H., 568 ff.).

IV. Rechtswirkung

Art. 66 bewirkt den Ausschluss bereicherungsrechtlicher Ansprüche bei der Rückabwicklung von Verfügungsgeschäften, die in Erfüllung von rechts- oder sittenwidrigen Verpflichtungsgeschäften (Art. 20 Abs. 1) vorgenommen wurden. **Freiwillige Rückerstattung** ist nicht Schenkung, sondern Erfüllung einer Naturalobligation (BK-BECKER, N 10; BK-RÜEDI, N 470). 7

V. Prozessuales

Die Unklagbarkeit der Bereicherungsforderung ist **von Amtes wegen** zu berücksichtigen (BK-RÜEDI, N 586 f.). Art. 66 ist eine **zwingende** Bestimmung (BGE 84 II 179, 183 f. E. 3c). Die Berufung auf Art. 66 ist keine Einrede i.e.S. ([vgl. dazu SCHULIN/VOGT, AT, Tafel 6B] **a.A.** CR CO I-PETITPIERRE, 1. Aufl., Art. 66 N 2); ein Einredeverzicht ist daher nicht möglich. Die **Beweislast** der Kondiktionssperre des Art. 66 trägt der Bereicherungsschuldner; er hat zu beweisen, dass der Bereicherungsgläubiger in der Absicht geleistet hat, einen rechtswidrigen oder sittenwidrigen Erfolg herbeizuführen (BK-RÜEDI, N 592 ff.). 8

Art. 67

D. Verjährung

[1] Der Bereicherungsanspruch verjährt mit Ablauf eines Jahres, nachdem der Verletzte von seinem Anspruch Kenntnis erhalten hat, in jedem Fall aber mit Ablauf von zehn Jahren seit der Entstehung des Anspruchs.

[2] Besteht die Bereicherung in einer Forderung an den Verletzten, so kann dieser die Erfüllung auch dann verweigern, wenn der Bereicherungsanspruch verjährt ist.

D. Prescription

[1] L'action pour cause d'enrichissement illégitime se prescrit par un an à compter du jour où la partie lésée a eu connaissance de son droit de répétition, et, dans tous les cas, par dix ans dès la naissance de ce droit.

[2] Si l'enrichissement consiste en une créance contre la partie lésée, celle-ci peut en refuser le paiement lors même que ses droits seraient atteints par la prescription.

D. Prescrizione

[1] L'azione di indebito arricchimento si prescrive in un anno decorribile dal giorno in cui il danneggiato ebbe conoscenza del suo diritto di ripetizione, in ogni caso nel termine di dieci anni dal giorno in cui nacque tale diritto.

[2] Se l'arricchimento consiste in un credito verso il danneggiato, questi può rifiutarne il pagamento anche dopo prescritta l'azione d'indebito.

Literatur

BRAUN, Das selbständige Forderungsrecht, Diss. Bern 1924; CREUTZIG, Das selbständige Schuldversprechen, Basel 1969; HAFNER/GOLL, Das schweizerische Obligationenrecht mit Anmerkungen, 2. Aufl., Zürich 1905; HUWILER, Zur Anspruchsgrundlage der Obligation aus ungerechtfertigter Bereicherung im Schweizerischen Obligationenrecht, in: Vogt/Zobl (Hrsg.), Der Allgemeine Teil und das Ganze, Liber amicorum für Hermann Schulin, Basel 2002; KIEFNER, Der abstrakte obligatorische Vertrag in Praxis und Theorie des 19. Jahrhunderts, in: Coing/Wilhelm (Hrsg.), Wissenschaft und Kodifikation des Privatrechts im 19. Jahrhundert, Bd. II, Frankfurt a.M. 1977; KRAMER, Juristische Methodenlehre, 4. Aufl., Bern 2013; KRAUSKOPF, Die Schuldanerkennung im schweizerischen Obligationenrecht, Diss. Freiburg 2003; DERS., Der Begriff, die Erscheinungsformen und die Bedeutung der Schuldanerkennung im Obligationenrecht, recht 2005, 169 ff. (zit. recht 2005); MEDER, Die bargeldlose Zahlung, Frankfurt a.M. 1996; SCHALLER, Einwendungen und Einreden im schweizerischen Schuldrecht (Habil. Zürich), Zürich/St. Gallen 2010; SPIRO, Die Begrenzung privater Rechte durch Verjährungs-, Verwirkungs- und Fatalfristen, Bd. I, Bern 1975 (zit. Bd. I); DERS., Über den Gerichtsgebrauch zum allgemeinen Teil des revidierten Obligationenrechts, Basel 1948 (zit. Gerichtsgebrauch); VON TUHR, Zur Lehre von den abstakten Schuldverträgen, Leipzig 1903 (zit. Abstrakte Schuldverträge); DERS., Der Allgemeine Teil des Deutschen Bürgerlichen Gesetzbuches (AT BGB), Bde. I, II/1 und II/2, Leipzig 1910–1918 (zit. AT BGB), Nachdruck 1997.

Materialien

Botschaft des Bundesrathes an die hohe Bundesversammlung zu einem Gesezentwurfe, enthaltend Schweizerisches Obligationen- und Handelsrecht vom 27.11.1879 (zit. Botschaft 1879); Protokolle der Kommission des Nationalrates über das Bundesgesetz betr. die Ergänzung des schweizerischen Zivilgesetzbuches durch die Anfügung des Obligationenrechtes 1909, Bundesarchiv Sig. J. I. 109. 290 (zit. Protokolle Nationalratskommission 1909); Botschaft zu einem Bundesgesetz über die Förderung der Konsumenteninformation und zu einem Bundesgesetz über die Änderung des Obligationenrechts (Die Entstehung der Obligation) vom 7.5.1986 (BBl 1986 II 354 ff.) (zit. Botschaft 1986).

I. Gesetzgebungsgeschichte

1 Beide Absätze des Art. 67 gingen aus der in den Jahren vor 1912 notwendig gewordenen Revision des OR zwecks Anpassung an das neu geschaffene ZGB hervor. Das OR von 1881 kannte beide Normen nicht, die Bereicherungsobligation verjährte dort aufgrund der allgemeinen Verjährungsregeln der Art. 146 ff. aOR (= Art. 127 ff.), mithin zehn Jahre nach der Entstehung des Kondiktionsanspruchs; die relative Verjährungsfrist eines Jahres, seitdem der Gläubiger von der Entstehung der Obligation Kenntnis erhalten hatte, war unbekannt. Diese nunmehr im vorliegenden Art. 67 Abs. 1 angeordnete bedeutende Verschärfung der Kondiktionsverjährung findet sich bereits im ersten Entwurf des revidierten, dem ZGB angepassten OR vom Jahre 1904 als Art. 1075a. Die Norm wurde in den vorbestehenden Text eingefügt, um die Verjährung der Bereicherungsansprüche derjenigen der Deliktsobligationen (Art. 60) anzugleichen. Der Abs. 2 wurde erheblich später nachgeschoben. Der Bundesratsentwurf vom 1.6.1909 kennt in seinem Art. 1082 (Art. 67 OR) noch keinen zweiten Absatz. Dieser erscheint erstmals als handschriftliche Ergänzung Eugen Hubers in seinem Handexemplar des erwähnten Entwurfes, welches eingangs überschrieben ist mit *«Ergebnis der Konferenzen mit M. Rümelin v. 16./19. Aug. 1909»* (Bundesarchiv Sig. J. I. 109. 287), geht also auf eine Anregung Max Rümelins zurück und fand Eingang in den Entwurfstext, welcher der Kommission des Nationalrates in der Sitzung vom 8.9.1909 vorgelegen hatte und von dieser einstimmig als Abs. 2 des Art. 1082 (Art. 67 OR) angenommen wurde (Protokoll Nationalratskommission 1909, Sitzung vom 8.9.1909, S. 1). Die Norm durchlief anschliessend diskussionslos die parlamentarischen Räte und wurde als Art. 67 Abs. 2 OR Gesetz. Ihre Entstehung verdankt sie somit der Initiative Eugen Hubers, welcher freilich keine ausschliesslich bereicherungsrechtliche Regel beabsichtigte, sondern gleichzeitig dem Art. 17 – wohl nach dem Vorbild des deutschen BGB (§§ 780 f.) – einen grundlegend vom bisherigen abweichenden Regelungszweck hinsichtlich der Funktion der causa für die vertragliche Begründung einer Obligation vermitteln wollte. Denn dessen nahezu gleichlautende Vorgängernorm (Art. 15 aOR) war ausdrücklich dem art. 1132 des Code civil français nachgebildet, bezog sich einzig auf den untitulierten Schuldschein und verlieh diesem wie sein Vorbild die Wirkung einer *«Rechtsvermutung des Vorhandenseins eines genügenden Schuldgrundes»* (Botschaft 1879, 31 f.), woraus sich dem art. 1132 cc entsprechend eine Beweislastverteilung zu Ungunsten des Schuldners ergab, welcher nunmehr zu seiner Befreiung das Fehlen einer zureichenden causa nachzuweisen hatte. Der art. 1132 cc ist die unmittelbare Folge des Dogmas der französischen Schuldrechtsdoktrin, wonach vertraglich entstandene Forderungen um durchsetzbar zu sein, stets eine zureichende causa voraussetzen (art. 1108 und 1131 cc: *«L'obligation sans cause ou sur une fausse cause ou sur une cause illicite, ne peut avoir aucun effet»*), welche nun im Falle eines untitulierten, die causa nicht nennenden Schuldscheines kraft Gesetzes vermutet wird (N 13). Wenn also der schweizerische Gesetzgeber den art. 1132 cc rezipierte, musste er im Grunde dem aOR auch das Prinzip der Kausalität vertraglich entstandener Schuldverpflichtungen unterlegen, weil sonst für die aus dem Art. 15 aOR gefolgerte *«Rechtsvermuthung»* eines *«genügenden Schuldgrundes»* (Botschaft 1879, a.a.O.) kein Raum bestünde und diese mithin sinn- und zwecklos wäre. Eine Übernahme des Kausalitätsgrundsatzes war vom Gesetzgeber freilich weder bedacht noch gewollt, denn das aOR anerkennt die Existenz der abstrakt entstandenen Obligation ohne Weiteres – und nicht wie der

Code civil als vereinzelte Ausnahme – sowohl im Recht der Anweisung (dazu HAFNER/GOLL, Art. 409 aOR N 3 und 6, als auch für die Dogmatik der Inhaberpapiere (HAFNER/GOLL, Art. 847 aOR N 3). Der von E. Huber veranlasste Einschub des Abs. 2 in den Art. 67 wirkte insoweit klärend, als der Gesetzgeber auf diese Weise das Recht der Forderungsbegründung, namentlich die diesbezügliche Funktion der causa, gegenüber der bisherigen Ordnung grundlegend umgestaltete. Denn diese Norm setzte notwendigerweise die Möglichkeit voraus, eine vertragliche Obligation mittels eines **untitulierten, mithin abstrakten Schuldversprechens** entstehen lassen (so auch SPIRO, Über den Gerichtsgebrauch zum allgemeinen Teil des revidierten Obligationenrechts, Basel 1948, 63), ganz nach dem Vorbild der abstrakten Stipulation des antiken römischen Rechts, als ein einseitig verpflichtendes (zweiseitiges) Rechtsgeschäft. Denn wenn Art. 67 Abs. 2 von einer *«Bereicherung»* ausgeht, welche *«in einer Forderung (besteht)»*, kann es sich einzig um eine durchsetzbare Schuldverbindlichkeit handeln, welche ohne zureichende causa, mithin abstrakt entstanden war und somit eine Zuwendung ohne Verpflichtungsgrund darstellt. Insoweit verklammern sich Art. 17 und der Abs. 2 des Art. 67, denn diese nachträglich eingefügte Norm setzt den Art. 17 als denjenigen Rechtssatz voraus, welcher entsprechend seiner systematischen Stellung als Teil der Regelung des *«Kommunikationsvorganges des Vertragsschlusses»* (Art. 1–18 OR; so SCHMIDLIN, ZSR 134 [2015], 10), also des Zustandekommens des Geschäftes die *«Entstehung»* einer *«Obligation» «durch Vertrag»* (so die Titel vor Art. 1) auch dann als *«gültig»* (*«valable»*; *«valido»*) anerkennt, wenn der *«Verpflichtungsgrund»* («cause»; «causa») kein Element im Tatbestand des sie begründenden Rechtsgeschäftes war. Somit ist der Regelungszweck des Art. 17 gegenüber seiner nahezu textgleichen Vorgängernorm tiefgreifend erweitert. Während Art. 15 aOR lediglich den untitulierten Schuldschein regelt, indem er ihn zur Vermutungsbasis für das Vorhandensein eines für die Entstehung der Obligation zureichenden Verpflichtungsgrundes – mit der entsprechenden Beweislastverteilung – erklärt, bezweckt der Art. 17 in erster Linie die Zulässigkeit der abstrakten vertraglichen Obligationsbegründung ausser Frage zu stellen. Damit verändert sich die Funktion des Verpflichtungsgrundes gegenüber dem aOR einschneidend: Die causa ist nun nicht mehr Tatbestandsvoraussetzung für die Begründung einer rechtsgeschäftlichen Obligation, ihr Fehlen führt jedoch zu einer ungerechtfertigten weil (rechts-)grundlosen Bereicherung des Gläubigers im Umfang der ihm abstrakt entstandenen und in seinem Vermögen sich befindlichen Forderung, so dass sein aus dieser hervorgegangener Anspruch jeweils nach den Regeln des Bereicherungsrechtes einrede- bzw. klageweise entweder peremptorisch gehemmt oder wegkondiziert werden kann (N 14). Die damit verbundene Beweislastumkehr zulasten des Schuldners (Beweisabstraktheit) ist somit eine notwendige, jedoch nachgeordnete Rechtswirkung. Dabei folgte der Revisionsgesetzgeber offensichtlich der zeitgenössischen, nach jahrzehntelangen kontroversen Auseinandersetzungen herrschend gewordenen Doktrin, welche auch dem deutschen BGB zugrundeliegt (§§ 780 f.). Wie dieses lässt das OR – es spricht von *«Schuldbekenntnis»* – sowohl die abstrakte (Erst-) Begründung einer Obligation (das *«Schuldversprechen»* des § 780 BGB), wie auch die eine bereits bestehende Schuldverpflichtung voraussetzende Schuldanerkennung (*«Schuldbekenntnis»*; § 781 BGB) zu (so ausdrücklich ein Kommentator aus dem Kreise der Mitarbeiter an der Revision und Anpassung des OR an das ZGB: ZK-OSER, Art. 17 OR N III). In beiden Fällen entsteht zwischen den Parteien eine wirksame *(«gültige»)* Obligation mit der Folge, dass es dem Schuldner obliegt, deren mangels einer zureichenden causa fehlende Durchsetzbarkeit – was je nach der prozessualen Konstellation zu einer Einrede oder aber zur Kondiktion führt (N 14) – beweisen zu müssen (sog. Beweisabstraktheit; wie hier VON TUHR/PETER, 28 sowie 267 ff., insb. 269 ff.; KUKO OR-HURNI, Art. 17 N 1 ff. – Die abweichende Meinung AUGUST SIMONIUS in FG der Basler Juristenfakultät zum schweizerischen Juristentag 1942, wonach Art. 67 Abs. 2 *«toter Buchstabe»* sei [257], ist angesichts der von diesem Autor nicht berücksichtigten Gesetzgebungsgeschichte und des aus dieser erkennbaren Willens des Gesetzgebers unannehmbar [N 11]).

II. Normzwecke

2 Der Abs. 1 ist eine ausschliesslich bereicherungsrechtliche Norm, welche die Verjährung des Kondiktionsanspruchs regelt. Demgegenüber greift der Abs. 2 über das Bereicherungsrecht hinaus. Zunächst sanktioniert er zwar die dem gesamten Recht der ungerechtfertigten Bereicherung zugrundeliegende ratio legis des sog. Bereicherungsverbotes (vgl. N 10), indem er neben der Kondiktion (Art. 62 Abs. 1) zusätzlich die Bereicherungseinrede gewährt, und zwar jedem Anspruch gegenüber, dessen Existenz im Vermögen des Gläubigers eine (ungerechtfertigte) Bereicherung auf Kosten des Schuldners darstellt. Die Existenz dieser Einrede setzt ihrerseits die Zulässigkeit der selbständigen und abstrakten rechtsgeschäftlichen Obligationsbegründung i.S. des Art. 17 (dazu Näheres N 13) voraus. Und in diesen Normbereich greift Abs. 2 – unbeschadet seiner angestammten bereicherungsrechtlichen Regelungsabsicht – zusätzlich klärend ein. Denn durch die Gewährung dieser **Einrede** im technischen Sinne wurde die während der Entstehungszeit des revidierten OR noch durchaus vorhandene Kontroverse, ob sine causa rechtsgeschäftlich überhaupt eine wirksame und damit durchsetzbare Obligation begründet werden könne, positiv entschieden, weil die Einrede *(exceptio)* des Schuldners einen wirksamen Anspruch *(actio)* des Gläubigers begriffsnotwendig voraussetzt. Andernfalls wäre der ohne Rechtsgrund vereinbarten Schuldverpflichtung mittels der Einwendung der Nichtigkeit zu begegnen gewesen (dazu statt aller VON TUHR/PETER, 28 und 270 mit Anm. 19). Aus alldem folgt der doppelte Normzweck des Abs. 2, sowohl bereicherungsrechtlicher Tatbestand zu sein, als auch zuhanden der Auslegung des Art. 17 den der offen formulierten Norm tatsächlich innewohnenden Willen des Gesetzgebers hervortreten zu lassen (dies zu BK-SCHMIDLIN, Art. 17 OR N 32 f.).

III. Die Verjährung des Bereicherungsanspruchs (Abs. 1)

1. Die absolute zehnjährige Frist

3 Die absolute zehnjährige, derjenigen des Art. 127 entsprechende Verjährungsfrist beginnt ihren Lauf mit der **Entstehung des Anspruchs**, d.h. mit der Fälligkeit der (Bereicherungs-) Forderung (Art. 130 Abs. 1; BGE 119 II 22 E. 2b; VON TUHR/ESCHER, 217 f.); die laufende Frist kann unterbrochen werden (Art. 135; BGE 126 III 219 E. 6a). In aller Regel wird die Bereicherungsforderung freilich unmittelbar mit ihrem Zustandekommen auch durchsetzbar (Art. 75; BK-BECKER, N 1; VON TUHR/ESCHER, 218), so dass die absolute Frist grundsätzlich mit der Entstehung der Forderung ihren Lauf beginnt. Weil die Bereicherungsforderung mangels der eine Zuwendung rechtfertigenden causa entsteht, fällt dieser Zeitpunkt, falls die causa nie bestanden hatte, mit dem Vollzug der Leistung zusammen; entfällt der Rechtsgrund später, entsteht die Forderung im Zeitpunkt des Wegfalls. Wurde schliesslich in Erwartung eines künftig sich einstellenden Grundes *(ob causam futuram)* geleistet, nehmen die h.L. sowie die Rsp. an, die Forderung entstehe und werde fällig, sobald sich die causa eindeutig nicht verwirklicht hat bzw. sich offenkundig nicht mehr wird verwirklichen können (ZK-OSER/SCHÖNENBERGER, N 2; BGE 119 II 22 E. 2b). Im Falle der Nichtleistungskondiktionen entsteht die Forderung unmittelbar mit der Begründung des sine causa – durch Eingriff oder Zufall – erworbenen Vermögensvorteils und wird gleichzeitig auch fällig. Stets aber ist zu beachten, dass trotz seines Besitzesverlustes der im Eigentum Verbliebene, weil ihm die betreffende Sache nach wie vor mit absolutem Rechtsschutz (Art. 641 Abs. 2 ZGB; Art. 934 Abs. 1 ZGB) zugehört, nicht entreichert sein kann. Ein Kondiktionsanspruch kann begriffsnotwendig erst mit dem Verlust einer allfällig vorbestehenden Vindikation – diese kann aufgrund eines originären Eigentumserwerbs, Verbrauchs o.ä. Tatbestände untergehen – überhaupt entstehen (VON TUHR/ESCHER, 218 Anm. 61). Entsprechend schliesst sich, solange ein vertraglicher Anspruch auf Rückerstattung besteht, der Bereicherungsanspruch ebenfalls notwendigerweise aus, weil durch den im Vermögen des Erstattungsgläubigers stehenden Vertragsanspruch der betreffende Wert noch immer dem Vermögen des Zuwendenden zugeordnet bleibt, so dass dieser

nicht entreichert ist (im Ergebnis auch BGE 126 III 121 E. 3b; dazu WIEGAND, ZBJV 138/2002, 319 f.; grundlegend zur Frage SCHWENZER, N 59.11).

Ist die Bereicherung aufgrund einer **strafbaren Handlung** entstanden, tritt in analoger An- 4
wendung des Art. 60 Abs. 2 die Verjährung der Kondiktion solange nicht ein, als auch der Strafanspruch nicht verjährt ist (BK-BECKER, N 4; ZR 28/1929 Nr. 160, 307 ff.).

Im Falle der Anfechtung eines Verpflichtungsgeschäftes und der daraus folgenden Aufhebung 5
der Zuwendungscausa mit Wirkung ex tunc – den Hauptfall stellt die Anfechtung wegen eines Willensmangels (Art. 31) dar – setzt der Lauf der Verjährung mit der Wirksamkeit der Anfechtungserklärung ein (h.L. VON TUHR/PETER, 518 und Anm. 26c; BUCHER, AT, 700; PIOTET, JT 136/1988, 519 ff., 523; BK-SCHMIDLIN, Art. 23/24 OR N 397 ff. insb. 400 und Art. 31 OR N 100 m.w.Nw.). Die gegenteilige Ansicht des BGer (BGE 114 II 142), wonach – sowohl aufgrund der Ungültigkeitstheorie als auch wegen der ex tunc wirkenden Aufhebung im Rahmen der Anfechtungslehre – der Fristenlauf bei der absoluten Verjährung bereits mit dem Leistungsempfang einsetze, ist nicht zu halten (vgl. jetzt auch BOUVERAT/WESSNER, AJP 2010, 959: *«résultats choquants»*). Denn zunächst ermöglichte dies den Widersinn, dass ein Anspruch im Zeitpunkt seiner Entstehung allenfalls bereits verjährt wäre (vgl. auch SCHWENZER, N 39.27), was zur Folge hätte, dass er – seinem Begriffe nach die Möglichkeit deren Durchsetzung und somit der *«Kern der Forderung»* sowie deren *«wichtigste Befugnis»* (VON TUHR/PETER, 15) – dieses seines Wesens und seiner Wirkung verlustig ginge. Der Anspruch, i.c. der Bereicherungsanspruch, wäre gegebenenfalls bereits im Zeitpunkt seiner Entstehung verjährt und somit als eine dauerhaft (peremptorisch) einredebehaftete Obligation gegen den Willen des Schuldners undurchsetzbar, mithin praktisch der Nichtschuld gleichgestellt (VON TUHR/PETER, 35). Aber nicht allein diese Aporie widerlegt die bedenkliche bundesgerichtliche Auffassung, sondern dessen Doktrin liegt v.a. auch die unzutreffende Einschätzung der Aufhebungswirkung *«ex tunc»* zugrunde. Denn diese Rückwirkung bezieht sich einzig auf den Inhalt des Erstattungsanspruchs, welcher somit alle je aufgrund der nunmehr vernichteten causa vollzogenen Zuwendungen umfasst und auf diese Weise sicherstellt, dass sämtliche seit dem Zustandekommen des die causa bildenden Schuldverhältnisses vollzogenen Zuwendungen Inhalt des Erstattungsanspruches, vorliegendenfalls der Kondiktion sind. Mit dem Entstehungstermin dieser Bereicherungsobligation hat die Rückwirkung *(«ex tunc»)* demgegenüber nichts zu tun. Denn der **Anspruch entsteht erst durch die Anfechtung und im Zeitpunkt ihrer Erklärung** (PIOTET, a.a.O., 523). Vorher hatte die causa wirksam bestanden und wäre im Falle des Verzichtes auf die Anfechtung durch Konvaleszenz zu einem mängelfreien und somit stabilen Rechtsgrund der Zuwendung(en) erstarkt (Art. 31). Mithin kann die Bereicherungslage als geltungsmässiges Fundament der Kondiktionsansprüche frühestens mit dem Stichtag der Anfechtung entstanden sein, so dass die Frist für deren Verjährung erst im Anschluss daran zu laufen beginnt (wie hier auch WIEGAND, recht 1989, 110; BK-SCHMIDLIN, Art. 31 OR N 87 ff. insb. 100). Die gegenteilige Praxis des BGer beruht demgegenüber auf dem Paradoxon, dass die Wirkung (Fristenlauf) bereits vor der zuständigen Ursache (Anfechtung) einträte (BK-SCHMIDLIN, Art. 23/24 OR N 397 ff., insb. 400 ff.).

2. Die relative einjährige Frist

Die einjährige relative Verjährungsfrist der Bereicherungsansprüche stellt eine Neuerung des 6
revidierten Obligationenrechtes dar, welche ohne jedes Vorbild früherer und ohne Entsprechung in zeitgenössischen Kodifikationen eingeführt wurde (SPIRO, Bd. I, 712; BUCHER, AT, 697). Dem Gesetzgeber war es darum zu tun, die Verjährungsregeln der deliktischen Ansprüche (Art. 60) auf die Bereicherungsobligation zu übertragen, und zwar wegen *«der Analogie der Tatbestände»* (StenBull StR Jgg. 20 [1910], 168). Die Angemessenheit dieser gesetzgeberischen Entscheidung bleibt in der Lehre umstritten. Ob es sich freilich um eine der *«bedauerlichsten Fehlleistungen der Revision»* handelt (BUCHER, a.a.O.) oder aber um eine zu Recht erfolgte Angleichung der Verjährungsregeln des Bereicherungsrechtes an diejenigen der Obli-

gationen aus Delikt, weil *«Bedürfnis und Rechtfertigung»* der kurzen einjährigen relativen Verjährungsfrist bei den Kondiktionen *«keine anderen als dort»* seien (SPIRO, a.a.O.), kann hier offenbleiben. Denn sowohl der Wortlaut der Norm in allen drei amtlichen Fassungen wie auch der dieser Regelung zugrundeliegende Wille des Gesetzgebers (StenBull, a.a.O.) sind eindeutig, und somit ist diese relative einjährige Frist fraglos auf die Verjährung der Kondiktionsansprüche anzuwenden. Dies umso mehr, als Art. 67 Abs. 1 im Verhältnis zu Art. 127 eine **lex specialis** darstellt (zum Begriff KRAMER, 111 ff.). Diese Spezialität ergibt sich, weil alle Rechtslagen, welche dem Art. 67 Abs. 1 zu subsumieren sind, als obligatorische Ansprüche an sich auch Anwendungsfälle des Art. 127 wären, aber nicht umgekehrt, da alle nicht aus einer Bereicherungslage entstandenen Obligationen keinesfalls vom Tatbestand des Art. 67 Abs. 1 erfasst werden (KRAMER, 112). Ferner sind die leges speciales, welche gegenüber der lex generalis verschärfte, einschneidendere, d.h. für den Berechtigten ungünstigere Voraussetzungen vorsehen, exklusiv anzuwenden, um die Möglichkeit auszuschliessen, mittels Subsumtion des Sachverhaltes unter die lex generalis die spezielle Regel, und damit die vom Gesetzgeber eigens vorgesehene Wirkung zu unterlaufen (vgl. auch KRAMER, 114 f. m.w.Nw.).

7 Diese verjährungsrechtliche Schlechterstellung des Bereicherungsgläubigers im Verhältnis zur einschlägigen allgemeinen Regelung erfordert eine strikte Abgrenzung, welche (obligatorischen) Rückerstattungsansprüche dem Art. 67 Abs. 1 zu subsumieren sind, bzw. welche gestützt auf die Art. 127 ff. verjähren. Art. 67 Abs. 1 als lex specialis mit verschärfter Verjährungsregelung ist zwar exklusiv anzuwenden (vgl. N 6), aber ausschliesslich auf die Kondiktionen, d.h. auf diejenige Rückerstattungsobligationen, welche **ihre Anspruchsgrundlage in Art. 62 Abs. 1 finden**. Alle anderen Liquidationsansprüche im Gefolge fehlgeschlagener Zuwendungen verjähren mithin nach den allgemeinen Regeln des Art. 127 ff.

8 Zu den Bereicherungsforderungen *(«condictiones»)*, welche der Verjährung gem. Art. 67 Abs. 1 unterworfen sind, zählen demnach alle auf Art. 62 Abs. 1 – die einzige Anspruchsnorm innerhalb des Bereicherungsrechtes (HUWILER, 64 ff. u. 81 f.) – gestützten obligatorischen Ansprüche auf Rückerstattung eines erworbenen Vermögensvorteiles wegen Mangels im Rechtsgrund *(causa)*, ununterschieden ob Leistungs- oder Nichtleistungskondiktion (Zufalls- oder Eingriffskondiktion). Den Kondiktionen beizuzählen sind diejenigen Rückerstattungsansprüche, für welche auf das Bereicherungsrecht verwiesen wird, wie etwa bei der **Geschäftsführung ohne Auftrag** (Art. 421 Abs. 1; Art. 422 Abs. 3 sowie Art. 423 Abs. 2; BGE 86 II 18, 26 E. 7; BGer, 1.5.2013, 4A_679/2012, E. 2.5). Lehre und Rsp. unterstellen auch die **Ersatzansprüche gem. Art. 672 ZGB** den Verjährungsfristen des Art. 67 Abs. 1 (BK-MEIER-HAYOZ, Art. 672 ZGB N 7; BGE 81 II 435 E. 3 f.).

8a Die Rsp. hat sich seit einiger Zeit mit einzelnen Liquidationsansprüchen wegen Fehlschlagens des Zuwendungsgeschäftes vertieft auseinandergesetzt, um die Kondiktionen von der vertraglichen Rückabwicklung abzugrenzen. Nach der bundesgerichtlichen Rsp. werden Leistungen im Vollzug eines Vertragsverhältnisses, die sich nachträglich als grundlos *(sine causa)* erweisen, nicht unbesehen mittels vertraglicher Erstattungsansprüche zurückgefordert. Denn Ansprüche auf Rückabwicklung entstehen entsprechend der Systematik des Obligationenrechts aus Vertrag, aus unerlaubter Handlung oder aufgrund einer ungerechtfertigten Bereicherung und verjähren entsprechend der je zuständigen Normen und deren Fristen (BGE 130 III 510 E. 6.1). Massgebend ist der *Entstehungsgrund* des Rückforderungsanspruches (BGer, 25.2.1994, 4C.300/1993, E. 4c/bb; BGE 137 III 243, 247 E. 4.4.1 m.Hw.). Ist demnach ein gescheiterter Vertrag zu liquidieren, weil die von diesem hergestellte Verpflichtungslage *(causa)* beseitigt wurde, geschieht die Rückerstattung mittels eines Anspruchs aus ungerechtfertigter Bereicherung (Art. 62 Abs. 1). Dasselbe gilt, wenn in vermeintlicher Erfüllung eines Vertrages mehr geleistet worden war, als eigentlich geschuldet wurde. Auch diesfalls vollzieht sich die Rückerstattung über einen Bereicherungsanspruch (zu alldem BGE 133 III 359 E. 3.2.1). Diese bundesgerichtliche Praxis lässt mithin vertraglich begründete Rückabwicklungsverhältnisse nur ganz eingeschränkt zu. Bisher wurde ein solches einzig im Gefolge des

Rücktritts (Art. 109 Abs. 1) anerkannt, indem die Rücktrittserklärung nicht mehr – wie dies der historische Gesetzgeber gemeint hatte (GAUCH, recht 1989, 124) – als aufhebendes, sondern als änderndes Gestaltungsgeschäft gedeutet wird. Dieses beendigt somit den im Leistungsvollzug gestörten synallagmatischen Vertrag nicht, sondern wandelt (transformiert) innerhalb des mit sich identisch bleibenden Schuldverhältnisses die bisherigen Erfüllungs- in Rückerstattungsansprüche um. Die Rücktrittserklärung als änderndes Gestaltungsgeschäft lässt den ursprünglichen Vertrag durch die Herstellung dieses – an die Stelle der vormals auf Erfüllung gerichteten gegenseitigen Obligationen tretenden – ebenfalls vertraglichen Rückabwicklungsverhältnisses lediglich inhaltlich *«dahinfallen»* (Art. 109 Abs. 2; sog. Transformations- oder Umwandlungstheorie. – Seit BGE 114 II 152 ständige bundesgerichtliche Rsp., zuletzt BGE 133 III 358 E. 3.2.1 und weitgehend einhellige Doktrin; statt aller WIEGAND Art. 109 N 4 ff.). Die Verjährung des daraus hervorgehenden vertraglichen Rückerstattungsanspruchs tritt somit gem. Art. 127 ein (BGE 133 III 358 E. 3.2.1 mit umfassenden Hinw.). Die im Anschluss an diese Rsp. von der Lehre gelegentlich angemahnte Harmonisierung der Rückabwicklungsregeln auf der Grundlage der Transformationslehre für alle Arten gescheiterter Schuldverträge (WIEGAND, recht 1998, 110 f.; DERS., FS Gauch, 711 ff.), steht freilich der referierten, vom BGer für die Anspruchsgrundlagen der Obligationen auf Rückerstattung entwickelten Dogmatik gegenüber, welche sich für die Rückabwicklung infolge fehlender oder weggefallener causa der Umwandlungstheorie versagt. Diese zuletzt in BGE 133 III 359 E. 3.2.1 regelhaft verdichtete Auffassung des BGer verfestigt eine ständige und auf die einschlägigen Sachverhalte konsequent angewendete Praxis (jetzt best. in BGE 137 III 243, 247 ff. E. 4.4.1 ff., wo für die Fälle der Leistungserbringung ohne wirksame causa klar zugunsten einer Liquidation mittels Vindikation bzw. Kondiktion optiert wird). Folgerichtig wurde im Falle eines wegen **Willensmangels** unwirksamen Verpflichtungsgeschäfts die Rückerstattung bereits erfolgter Leistungen mittels Bereicherungsanspruchs (Art. 62 Abs. 1) bzw. Vindikation (Art. 641 Abs. 2 ZGB) abgewickelt (BGE 106 II 34 E. 3; 114 II 141 E. 3; 129 III 327 E. 7.1.1; 132 III 244 E. 4.1, wo allerdings die aufgrund der Nachwirkung des Synallagmas gebotene Rückabwicklung «Zug-um-Zug» wohl versehentlich, jedoch höchst bedenklich mit einem «vertraglichen Rückabwicklungsverhältnis» in Verbindung gebracht wird; die Korrektur dieser Aporie dann freilich in BGE 133 III 359 E. 3.2.1 und best. in BGE 137 III 243, 248 ff. E. 4.4.3. Dazu auch Art. 62 N 15a). Die gegen diese Praxis erhobenen Bedenken, wegen der je verschiedenen Risiken hinsichtlich der Vollstreckbarkeit von Vindikation bzw. Kondiktion, die sich in nichtvertraglichen Rückabwicklungsverhältnissen gegenüberstehen können, sind unbegründet. Denn die Interessen des Bereicherungsgläubigers werden durch eine allfällige Insolvenz des vindizierenden (gewesenen) Vertragspartners nicht gefährdet, weil gemäss Rsp. und Lehre die gegenseitigen Rückerstattungen, falls die nunmehr grundlosen Leistungen wegen eines vermeintlich wirksamen zweiseitig verpflichtenden Vertrages ausgetauscht worden waren, «Zug um Zug» zu erfolgen haben. Folglich ist grundsätzlich nur derjenige Ansprecher berechtigt, den anderen zur Rückerstattung anzuhalten, der selbst bereits geleistet oder aber seine Leistung angeboten hat. Denn die ursprüngliche Verknüpfung und Abhängigkeit der beiderseitigen Leistungen ist auch in der Phase der Wiederherstellung des vorvertraglichen Zustands, also bei der Rückabwicklung in Rechnung zu stellen, so dass Art. 82 analog zur Anwendung gelangt (BGE 83 II 25 E. 7; best. 109 II 29 E. 3a; 132 III 244 E. 4.1; BGE 137 III 243, 250 E. 4.4.3; von TUHR/PETER, 339 Anm. 38; VON TUHR/ESCHER, 58 Anm. 3; STÖCKLI, Das Synallagma im Vertragsrecht [Habil. Fribourg 2008], Rz 278). Entsprechendes gilt für den Erstattungsanspruch bei der Abwicklung eines **widerrufenen Haustürgeschäfts** (Art. 40f Abs. 1). Die Anwendung der Transformationslehre auf diesen Fall ist abzulehnen. Denn während das Gestaltungsgeschäft des Rücktritts eine Abstandserklärung vom Erfüllungszweck eines gegenseitigen Vertrages darstellt und somit durchaus als änderndes Gestaltungsrecht, gerichtet auf die Umwandlung des Synallagmas in ein Rückabwicklungsverhältnis gedeutet werden kann, bewirkt der Widerruf die Vernichtung einer eigenen Willenserklärung, die Absicht diese «zerstören» zu wollen (so VON TUHR, AT BGB I, 195 f.), so dass der seinerzeitige Konsens ex tunc beseitigt wird. Eine durch das objektive

Recht eingeräumte Widerrufsmöglichkeit begründet folglich notwendig und ausschliesslich ein aufhebendes Gestaltungsrecht. Der Gesetzgeber hat denn auch in Übereinstimmung mit diesen Grundsätzen den Widerruf eines Haustürgeschäfts *«als vertragsauflösende Bestimmung»* gewollt, so dass durch dessen Erklärung *«bereits abgeschlossene Verträge wieder aufgelöst»* werden (BOTSCHAFT 1986, 389). Weil der Widerruf *«den Vertrag als von Anfang an nicht zustande gekommen dahinfallen»* lässt, sind allenfalls erbrachte Leistungen *«nach den Bestimmungen über die ungerechtfertigte Bereicherung (Art. 62 ff. OR)»* zurückzuerstatten (BOTSCHAFT 1986, 394), vorbehältlich der allgemeinen Regel wonach der Bereicherungsanspruch solange nicht entstanden ist, als die Rückforderung mittels Vindikation (Art. 641 Abs. 2 ZGB) möglich bleibt (VON TUHR/PETER, 521). Wie bei der Anfechtung wegen eines Willensmangels wird mithin die durch den Vertrag hergestellte Verpflichtungslage *(causa)* ex tunc beseitigt, so dass – wiewohl vereinzelt bestritten – aus begrifflich-dogmatischen wie auch aus Gründen der Bindung an den systemkonformen Regelungswillen des Gesetzgebers für die Rückabwicklung eines widerrufenen Haustürgeschäfts im Rahmen des Art. 40f Abs. 1 einzig der Bereicherungsanspruch – bzw. allenfalls die Vindikation –, nicht aber ein vertraglicher Rückforderungsanspruch in Frage kommen kann (BGE 137 III 243, 253 f. E. 4.5; wie hier KOLLER A., AT OR, § 7 N 83; BSK OR I-KOLLER-TUMLER, Art. 40f N 2). Somit tritt die Verjährung des Anspruchs gem. Art. 67 ein. Ebenfalls von Gesetzes wegen entsteht schliesslich ein Bereicherungsanspruch zugunsten desjenigen Vertragspartners, welcher bereits geleistet hat, dessen Schuldner aber infolge einer **nachträglichen, von ihm nicht zu vertretenden Unmöglichkeit der Leistungserbringung** von seiner Verpflichtung befreit worden ist (Art. 119 Abs. 1 und 2; BGE 63 II 258 E. 3; vgl. auch 114 II 159 E. 2d). Eine Transformation dieser Kondiktion in einen vertraglichen Anspruch (Art. 119 N 18; abwägend GAUCH, recht 1989, 127 f.) verbietet sich als eine Auslegung contra verba legis ohne die dafür erforderlichen Voraussetzungen (diese bei Handkomm-ZGB-HAUSHEER/JAUN, Art. 1 N 232 ff. insb. 237). In erster Linie stehen dem Vorschlag, die Bereicherungsregeln auf die Rückerstattungsforderung des Art. 119 Abs. 2 wegen deren Unangemessenheit lediglich modifiziert oder zugunsten vertraglicher Ansprüche gar nicht anzuwenden (WIEGAND, a.a.O.; behutsamer BUCHER, AT, 422 f.; GAUCH, a.a.O.) der klare Wortlaut sowie der bestimmte diesbezügliche Wille des Gesetzgebers entgegen. Dieser hatte sich – in Übereinstimmung mit der entsprechenden Doktrin des aOR – anlässlich der Revision ausdrücklich auf einen Bereicherungsanspruch festgelegt (die Vorgängernorm [Art. 145 Abs. 2 aOR] hatte lediglich angeordnet, die bereits empfangene Gegenleistung sei *«heraus[zu]geben»*, was von der damaligen Lehre jedoch als Bereicherungsanspruch verstanden wurde [HAFNER/GOLL, Art. 145 aOR N 5]; entsprechend die Kommentierung eines an der Revision des Obligationenrechts beteiligten Mitgliedes der Expertenkommission, ZK-OSER, Art. 119 OR N III, 2b; OSER [a.a.O., N I, 3] spricht von einer bloss *«redaktionellen Klarstellung»*). Mit dieser unmissverständlichen Regelungsabsicht lässt der Gesetzgeber implizit aber auch seinen Willen erkennen, dem Schuldner (gegebenenfalls) die Entreicherungseinwendung (Art. 64) zu gewähren, sowie den Rückerstattungsanspruch innerhalb der Fristen des Art. 67 Abs. 1 verjähren zu lassen. Um diesem klaren Wortlaut des Art. 119 Abs. 2 – hervorgegangen aus dem offenkundigen gesetzgeberischen Willen, eine Bereicherungslage zu begründen – trotzdem einen abweichenden Sinn zu unterlegen, bedürfte es des Nachweises eines seinerzeitigen Versehens des Gesetzgebers, der seitherigen Veränderungen der zugrundeliegenden Realien oder – bei Anwendung des vom Wortlaut Gewollten – ein unannehmbares Ergebnis (BK-MEIER-HAYOZ, Art. 1 ZGB N 154 ff.), Voraussetzungen von denen im vorliegenden Zusammenhang nicht die Rede sein kann. Was schliesslich die Sachgerechtigkeit dieser Regelung angeht, erweisen sich die wiederholten Vorhaltungen, die Bereicherungsregeln seien für die Liquidation eines Vertragsverhältnisses ungeeignet (BUCHER, a.a.O.; GAUCH, a.a.O.; WIEGAND, a.a.O.), als nicht durchschlagend. Denn auch gemessen an den Anforderungen der materialen Gerechtigkeit lässt sich dem Schuldner, welcher die Leistungsstörung (nachträgliche Unmöglichkeit) nicht zu vertreten hatte (Art. 119 Abs. 1) und sich zudem der empfangenen (Gegen-)Leistung gutgläubig entäussert haben musste, die Einwendung der Entreicherung (Art. 64) durchaus zugestehen (gl.M. KOLLER A., OR AT, § 54 N 21). Entsprechendes gilt für die einjährige relative Verjährungsfrist des Art. 67 Abs. 1, welche für eine einwandfreie Interessenwahrung des Kondiktionsgläubigers angesichts der klaren und leicht erkennbaren Sach- und Rechtslage fraglos ausreicht. Somit hat es in Übereinstimmung mit dem Wortlaut des Art. 119 Abs. 2 bei der bereicherungsrechtlichen Natur dieses Rückerstattungsanspruchs zu bleiben, welcher innerhalb der Fristen des Art. 67 Abs. 1 verjährt (wie hier VON TUHR/ESCHER, 133 f., insb. Anm. 20; SPIRO, Bd. I, 717 ff.).

Seit jeher lässt die bundesgerichtliche Praxis die **Wechselbereicherungsklage** (Art. 1052; vor 1937 Art. 813 Abs. 2) nicht gestützt auf Art. 67 Abs. 1, sondern nach den allgemeinen Vorschriften (Art. 127) verjähren (BGE 53 II 119 E. 4b; 67 II 176), und schliesslich nimmt die Rsp. neuerdings auch für die Rückforderung einer **ungerechtfertigten Akontozahlung** einen vertraglichen Anspruch an, so dass die Anwendung des Art. 67 Abs. 1 sich auch diesfalls ausschliesst (BGE 126 III 120 E. 2 f.; best. in BGer, 1.3.2006, 4C.397/2005, E. 2.1.1 ff.; 17.7.2012, 4A_89/2012, E. 3.2.3; anders noch BGE 107 II 220). Demgegenüber ist bei der **Rückerstattung von Mietzinszahlungen** zu unterscheiden: a) Verlangt der Mieter die Rückzahlung des zu viel bezahlten Mietzinses, indem er die Nichtigkeit der Mietzinserhöhung geltend macht, ist sein Anspruch nicht vertraglicher Natur, sondern beruht auf ungerechtfertigter Bereicherung und verjährt somit gem. Art. 67 Abs. 1 (BGE 130 III 510 E. 6.2). b) Dagegen sind die auf Art. 259d (Zinsherabsetzung wegen Mängel der Mietsache) gestützten Ansprüche auf Rückerstattung von Mietzinszahlungen vertraglicher Natur und verjähren somit gem. Art. 128 (BGE 130 III 504 E. 6 u. 8). Die Rückforderung von Beiträgen an die **gebundene individuelle Vorsorge** (Säule 3a) beruht auf ungerechtfertigter Bereicherung (BGE 135 III 293 E. 6), mit der entsprechenden Verjährungsfrist (Art. 67 Abs. 1). Die Verjährung eines **Regressrechtes** ist im Gesetz nicht ausdrücklich geregelt, so dass die h.L. eine Lücke annimmt, welche in analoger Anwendung des Bereicherungsrechtes – weil ein Schädiger gegen den nicht regressiert wird, als ungerechtfertigt bereichert erachtet wird – oder der unechten Geschäftsführung ohne Auftrag (Art. 423; oben N 8) zu schliessen sei, womit die einjährige Verjährungsfrist des Art. 67 zur Anwendung kommt (BGer, 12.3.2012, 4A_656/2011, E. 3.2 m. Hw.). **8b**

Zur analogen Anwendung des Art. 67 Abs. 1 im **öffentlichen Recht** nimmt die bundesgerichtliche Rsp. an, dass neben den speziellen Verjährungsbestimmungen (öffenlichrechtlicher) Gesetze die Verjährungsregeln des Privatrechts keinen *«allgemeinen Grundsatz»* bilden: BGE 108 Ib 151 E. 4 a/b. – Im Falle einer Feststellungsverfügung ist nicht der Zeitpunkt deren Eröffnung, sondern des Eintritts der Rechtskraft fristauslösend (BGE 129 III 503, E. 3.3 ff. und präzisierend BGer, 28.10.2003, 4C.218/2003, E. 3.3; Rückforderungsansprüche von Vorsorgeeinrichtungen – auch der obligatorischen Vorsorge – werden im Falle rechtsgrundloser Leistungen, bei Fehlen einer reglementarischen Bestimmung jedoch aufgrund der Art. 62 ff. OR rückabgewickelt, sodass die Verjährung gem. Art. 67 Abs. 1 eintritt (BGer B 87/2000, E. 1.1; BGE 128 V 50, 51 E. 2; 130 V 414 E. 2 f.; BGer, 30.12.2008, 9C_872/2008, E. 3.2.1 f.; 26.10.2012, 9C_371/2012, E. 5.1). Zu weiteren, vom BGer praktizierten sinngemässen Anwendungsfällen des Art. 67 vgl. GAUCH/AEPLI/STÖCKLI, Präjudizienbuch zum OR. Rechtsprechung des Bundesgerichts (8. Aufl., Zürich 2012), Art. 67 N 1. **8c**

Der Fristenlauf der einjährigen relativen Verjährung beginnt, sobald der Berechtigte **«von seinem Anspruch Kenntnis erhalten hat»** (BGE 119 II 22 E. 2b; 135 III 294 E. 7.1). Wenn der Gesetzgeber *«wegen Analogie der Tatbestände»* (StenBull StR 20 [1910] 168) die Kondiktionen nach denselben Regeln verjähren lässt wie die Deliktsobligationen (Art. 60 Abs. 1), haben auch Auslegung und Anwendung der beiden Tatbestände nach denselben Kriterien zu geschehen (SPIRO, Bd. I, 713), so dass die von Lehre und Rsp. zu Art. 60 Abs. 1 entwickelten Grundsätze sinngemäss auch auf Art. 67 Abs. 1 anzuwenden sind (ZK-OSER/SCHÖNENBERGER, N 3). In beiden Tatbeständen hat sich die für den Fristenlauf vorausgesetzte *«Kenntnis»* von der Existenz des Anspruchs eingestellt, sobald der Gläubiger alle tatsächlichen Umstände wahr- **9** genommen hat, welche geeignet sind, ihn mit Aussicht auf Erfolg (BGer, 28.8.2012, 2C_88/2012, E. 4.3.1; 28.3.2014, 8C_110/2014, E. 4.3) zur Geltendmachung des Anspruchs zu veranlassen (so das BGer zu Art. 60 Abs. 1 in: Pra 2002, Nr. 73, E. 5c/cc, 423 f. u. bereits BGE 82 II 428 E. 9). Dabei genügt es nicht, dass der Gläubiger von seinem Anspruch bei Anwendung der nach den Umständen gebotenen Aufmerksamkeit hätte Kenntnis haben können (BGer, 28.8.2012, 2C_88/2012, E. 4.3.1; 28.3.2014, 8C_110/2014, E. 4.3) und angesichts der kurzen Dauer der Verjährungsfrist darf nicht leichthin angenommen werden, dem Gläubiger habe hinsichtlich der massgebenden Tatsachen ein genügendes Wissen für die Aussicht auf Durchsetzung des Anspruches zur Verfügung gestanden (BGE 74 II 30, 34 E. 1a; BGer, 28.8.2012, 2C_88/2012, E. 4.3.1). Es bedarf noch keiner genauen Bezifferung der Entreicherung, genügend ist die Kenntnis deren ungefähren Umfanges (BGE 63 II 259 und neuestens – zu Art. 60, aber kraft Analogie auch für Art. 67 Abs. 1 massgebend – Pra 2002, 428; BGE 109 II 434 ff.). **Fristauslösende Kenntnisnahme** liegt demnach vor, wenn einer der Gläubiger einen derartigen Grad an Gewissheit hinsichtlich des Bereicherungsanspruchs erlangt hat, dass nach Treu und Glauben angenommen werden kann, der Gläubiger habe nunmehr weder Anlass noch Möglichkeit zu weiterer Abklärung und gleichzeitig in ausreichendem Masse Unterlagen zur Klageerhebung, so dass ihm diese vernünftigerweise zugemutet werden dürfe. Gewissheit hinsichtlich des Bereicherungsanspruchs setzt Kenntnisse über das ungefähre Ausmass der Entreicherung, die Grundlosigkeit der Vermögensverschiebung und die Person des Bereicherten voraus. Massgebend sind die tatsächlichen den Anspruch betreffenden Kenntnisse (BGE 129 III 505 E. 3.4; BGer, 3.10.2006, 4C.250/2006, E. 2.2; best. in BGE 135 III 294 E. 7.1; BGer, 29.1.2010, 5A_563/2009, E. 4.1; 29.6.2011, 4A_267/2011, E. 2.3.1). Für allfällige Zweifel hinsichtlich der Existenz des Bereicherungsanspruchs trägt der Schuldner das Risiko, denn ihm obliegt die volle Beweislast (Art. 8 ZGB) für die bereits eingetretene Verjährung (Pra 2002, a.a.O.). Wissenszurechnung findet nur insoweit statt, als der Wissenserwerb des Vertreters im Rahmen einer von der Vollmacht gedeckten Rechtshandlung stattfand (BGer, 27.1.2006, 4C.332/2005, E. 3.1).

IV. Norminhalt und Normzwecke des Abs. 2

1. Die Einrede des fehlenden Rechtsgrundes (Bereicherungseinrede)

10 Das OR setzt in den Art. 62 ff. das Bereicherungsverbot um, jenes uralte, von der römischen Jurisprudenz aus der griechischen Philosophie rezipierte sittliche Gebot *(praeceptum iuris)*, eindrucksvoll fassbar in Pomp D 50,17,206: *«Iure natura aequum est neminem cum alterius detrimento et iniuria fieri locupletiorem»* («Denn es erscheint dem natürlichen Rechtsempfinden als angemessen, dass niemand zum Schaden eines anderen ohne zureichenden Rechtsgrund bereichert werden dürfe»; dazu Huwiler, 43 ff., m.Nw.). Um diesen Gesetzeszweck zu erreichen, lässt das OR nicht allein ein positives subjektives Recht, einen Anspruch des Entreicherten auf Abschöpfung des grundlos erworbenen Vermögensvorteils entstehen (*«condictio»*; Art. 62 Abs. 1). Sondern es gewährt dem auf die Erfüllung einer ohne Rechtsgrund (causa), d.h. abstrakt (Art. 17) entstandenen Obligation Belangten in Abs. 2 ein (negatives subjektives) Recht *«die Erfüllung (zu) verweigern»*, falls in dem an den Schuldner gerichteten Anspruch eine Bereicherung des Gläubigers liegt. Offensichtlich wird diesfalls der Schuldner in die Lage gesetzt, eine **Einrede** im technischen Sinne zu erheben (zum Begriff von Tuhr, AT BGB I, 288 ff.), gerichtet gegen die in der Gläubigerstellung des Ansprechers liegende grundlose Bereicherung. Als negatives Recht verkörpert sie die *«Kehrseite»* (von Tuhr) des (positiven) Kondiktionsanspruchs, leitet sich mithin von derselben (subjektiven) Rechtslage ab und erweist sich somit als eine unselbständige Einrede (zum Begriff und zur Abgrenzung von der selbständigen exceptio von Tuhr/Peter, 30). Das dieses Leistungsverweigerungsrecht begründende Tatbestandselement liegt im Umstand, dass *«die Bereicherung in einer Forderung besteht» («l'enrichissement consiste en une créance»; «l'arricchimento consiste in un credito»)*. Damit wird vorausgesetzt, dass die Forderungsbegründung – welche e defini-

tione eine Zuwendung des Schuldners an den Gläubiger darstellt (von Tuhr, AT BGB II/2, 53; von Tuhr/Peter, 199) – bereits durch die Entstehung der Verpflichtungslage an sich beim Gläubiger auf Kosten des Schuldners einen Vermögensvorteil hergestellt hat. Und dieser kann – falls er mittels abstrakt zustandegekommenen Schuldvertrages (Art. 17; vgl. u. N 13) begründet worden ist und sich folglich nicht auf einen rechtfertigenden Grund (causa) zu stützen vermag – abgeschöpft werden (Art. 62 Abs. 1; von Tuhr/Peter, 28). Diese Leistungskondiktion (als sog. condictio liberationis bereits im antiken römischen Recht bei Ulp D 12,7,1 pr.: *«condicere [...] ipsam obligationem»*) hat den Abschluss eines Erlassvertrages zwecks Erlöschens der Obligation zum Anspruchsinhalt (von Tuhr, Abstrakte Schuldverträge, 7; von Tuhr/Peter, 270; von Tuhr/Escher, 233). Neben diesem dem Schuldner einer abstrakt entstandenen Forderung verliehenen positiven subjektiven Recht, gerichtet auf Mitwirkung des Gläubigers an einem schuldtilgenden Rechtsgeschäft *(obligatio ad faciendum)* – i.c. auf Abgabe einer entsprechenden Willenserklärung –, lässt das OR gleichzeitig auch ein negatives, den Anspruch des Gläubigers hemmendes Gegenrecht entstehen. Dieses Recht ist ausweislich des Gesetzeswortlautes ein «*Erfüllungs-*», mithin ein Leistungsverweigerungsrecht, d.h. eine Einrede im technischen Sinne (von Tuhr, AT BGB I, 288 ff., insb. auch 291 f., mit der wichtigen Einsicht, dass Einreden als negative Rechte insoweit der ebenfalls negativ wirkenden Anfechtung analog sind). Somit bezweckt der Abs. 2 des Art. 67 in erster Linie, die objektivrechtliche Grundlage für das (subjektive) Leistungsverweigerungsrecht **der Einrede des fehlenden Rechtsgrundes (sog. Bereicherungseinrede)** zu sein (*«l'eccezione di indebito arrichimento»* [BGer, 28.11.2005, 4C.150/2005, E. 2]). Diese wirkt als peremtorische Hemmung des auf Erfüllung gestellten Anspruchs und kann als (negative) subjektive Berechtigung des Schuldners, die Leistung verweigern zu dürfen (BGE 135 V 123 E. 3.5 a.E.), formfrei dem Gläubiger gegenüber erhoben werden (von Tuhr, AT BGB I, 297). Macht der Gläubiger den Anspruch gerichtlich geltend, ist die Einrede im Verfahren prozessgenügend vorzubringen, weil sie als Verkörperung einer subjektiven Berechtigung der Parteidisposition anheimgestellt ist und keinesfalls von Amtes wegen berücksichtigt werden darf (vgl. etwa Art. 142 hinsichtlich der Einrede der Verjährung; zum Ganzen von Tuhr, AT BGB I, 298).

Die in Abs. 2 geregelte Kondiktionslage, bei welcher *«die Bereicherung in einer Forderung besteht»*, setzt implizit deren Entstehung durch die (rechtsgeschäftliche) Begründung eines obligatorischen Anspruchs voraus. Dass diese Zuwendung (zur Forderungsbegründung als Tatbestand einer Zuwendung des Schuldners an den Gläubiger vgl. von Tuhr/Peter, 199) eine (ungerechtfertigte) Bereicherung zur Folge hat, setzt seinerseits voraus, dass sie ohne rechtfertigenden Grund (causa) entstanden ist. Aus alldem folgt zwingend, dass die *«in einer Forderung»* bestehende Bereicherung durch ein selbständiges abstraktes Schuldversprechen (Art. 17) hergestellt sein musste, weil nur auf diesem Wege, ohne dass ein *«Verpflichtungsgrund» («cause de l'obligation»; «causa dell'obbligazione»)* vorgelegen hatte, ein Vermögensvorteil in Gestalt einer wirksamen und durchsetzbaren Obligation sich überhaupt verwirklichen konnte (so auch Spiro, Gerichtsgebrauch, 63). Daher ist die Berufung auf den fehlenden Rechtsgrund (causa) nicht (rechtshindernde) Einwendung, wodurch die Existenz der Obligation an sich (das Klagefundament) bestritten würde, sondern geschieht, indem der Schuldner ein rechtshemmendes Gegenrecht geltend macht, mithin eine **Einrede (exceptio) im technischen Sinne** vorbringt (wie hier von Tuhr/Peter, 28 [grundlegend]). Die Lehrmeinung, das rev. OR habe den selbständigen abstrakten Schuldvertrag nicht rezipiert, und somit sei Abs. 2 zwangsläufig eine gegenstandslose Norm (*«caput mortuum»*; Simonius A., FS der Basler Juristenfakultät zum Schweizerischen Juristentag, Basel 1942, 257; ders., SJ 71/1949, 209 f.), lässt sich nach der hier entwickelten Meinung nicht halten (vgl. N 1 a.E.). Ebenfalls abzulehnen ist die Auffassung in der 2. Auflage (BSK OR I-Berti, 2. Aufl., Art. 67 N 9) – neuerdings übernommen von Schwander (Handkomm-OR-Schwander, Art. 67 N 3) –, der Abs. 2 entbehre jeder Grundlage, weil mittels abstrakten Versprechens entweder *«eine gültige Forderung des Gläubigers»* begründet worden sei, so dass keine Entreicherung des Schuld- 11 ners eintreten konnte, oder aber eine abstrakt vereinbarte Forderung sei *«ungültig»*, weshalb der Gläubiger *«nicht bereichert sein»* könne. Diese Lehre verkennt, dass das selbständige abstrakte Schuldversprechen zwar eine wirksame Forderung zustandebringt, welche aber – mangels eines Rechtsgrundes – den Gläubiger ungerechtfertigt bereichert (wie hier von TUHR/PETER, 270 m.Hw.; jetzt auch KUKO OR-HURNI, Art. 17 N 7 f. und SCHALLER, N 845 ff.).

12 Die Bereicherungseinrede ist gem. Abs. 2 unverjährbar. Handelte es sich bei diesem Recht *«die Erfüllung (zu) verweigern»* um eine Einwendung, wäre die Norm pleonastisch, weil Einwendungen als rechtshindernde oder -aufhebende Tatsachen die Nichtigkeit des zur Erfüllung gestellten Anspruches geltend machen und somit notwendigerweise keiner zeitlichen Begrenzung unterliegen können. Denn die Nichtexistenz eines behaupteten Anspruchs muss jederzeit beachtet werden, weil der Richter, der das Recht zur Anwendung zu bringen hat, keinesfalls einem erkennbar nicht bestehenden subjektiven Recht zur Durchsetzung verhelfen darf (dazu eindrucksvoll HUBER E., Recht und Rechtsverwirklichung, 2. Aufl. 1925, 355 f.). Darüber hinaus war die zur Zeit der Revisionsarbeiten noch nicht ausgetragene Kontroverse, ob Einreden der Verjährung überhaupt zugänglich seien, zu beenden. Der Ausgangspunkt der Divergenzen lag in der herrschenden Meinung der Pandektenlehre des 19. Jahrhunderts, welche entsprechend der letztlich auf Paul D 44, 4, 5, 6 zurückgehenden Parömie *«temporalia ad agendum perpetua ad excipiendum» («Anspruch vergeht, Einrede besteht»)* den Grundsatz entwickelt hatte, Einreden seien unverjährbar. Spätestens nach den Vorarbeiten zum deutschen BGB (MOTIVE, I, 291) wurde dann aber zunehmend die differenzierende Meinung vertreten, dass die unselbständigen Einreden – d.h. diejenigen negativen Rechte, deren Funktion gleichzeitig auch durch ein positives subjektives Recht regelmässig mittels eines Anspruchs wahrgenommen wird (VON TUHR, AT BGB I, 299) – gleichzeitig mit diesem auch verjährten (zur Entwicklungsgeschichte SPIRO, Bd. I, 507 f., m.Nw.). Wiewohl es sich bei der Bereicherungseinrede um eine unselbständige exceptio, ein neben dem Anspruch (Art. 62 Abs. 1) zweckgleich das Bereicherungsverbot durchsetzendes negatives Recht handelt, entschied der Gesetzgeber die in Rede stehende Kontroverse auf den Spuren der herrschenden gemeinrechtlichen Doktrin, indem er in Abs. 2 die **Unverjährbarkeit der (unselbständigen) Bereicherungseinrede anordnete** (VON TUHR/ESCHER, 233 u. Anm. 55; SPIRO, Bd. I, 507 f.). Diese Lösung hat das dogmatisch überzeugendere Argument für sich, dass die Verjährung den entsprechenden, denselben Zweck wie die Einrede verfolgenden Anspruch ebenfalls nicht vernichtet, sondern lediglich seine Durchsetzbarkeit hemmt. Infolgedessen bleiben alle übrigen der (gemeinsamen objektiven) Rechtsgrundlage dieses subjektiven Rechts innewohnenden Normzwecke und die daraus fliessenden Berechtigungen von der Verjährung unberührt (so auch VON TUHR, AT BGB I, 302 f., insb. Anm. 53 f.; vgl. auch DERS., AT BGB II/2, 540 f.).

2. Der Abs. 2 im Verhältnis zum selbständigen abstrakten Schuldvertrag (Art. 17)

13 Neben diesen die Bereicherungseinrede und deren Unverjährbarkeit betreffenden Normzwecken verfolgte der Gesetzgeber durch die Einfügung des Abs. 2 in den Kanon der Bereicherungsregeln freilich noch eine weitergehende, über das Kondiktionsrecht hinausführende Absicht (vgl. bereits o. N 2), indem durch die Formulierung dieses zweiten Absatzes des Art. 67 gleichzeitig auch die noch ungefestigte Dogmatik des Art. 17 klargestellt werden sollte. Denn diese Norm – wörtlich aus dem aOR (Art. 15) übernommen – war ihrerseits im 19. Jahrhundert dem Code civil (art. 1132) nachgebildet worden (eindrucksvoll Botschaft 1879, 32; aus der Lehre SCHNEIDER/FICK, Das Schweizerische Obligationenrecht mit leichtfasslichen Erläuterungen, 2. Aufl. 1896, Art. 15 N 1 f.) und bewirkte in Übereinstimmung mit dem französischen Recht lediglich die Beweisabstraktheit, will sagen die Umkehr der Beweislast für das Vorhandensein einer causa, falls diese kein Tatbestandselement des obligationsbegründenden – mithin abstrakten – Rechtsgeschäftes war (sog. *cautio indiscreta*). Das Scheitern dieses Nachweises führte im Normbereich des Art. 15 aOR – entsprechend dem art. 1131 cc (*«ne peut avoir aucun effet»*; dazu FERID, Das französische Zivilrecht, Bd. I, Frankfurt a.M./Berlin

1971, 1 E 242, 323 f.) – zur Nichtigkeit der Obligation (dazu eingehend N 1). Demgegenüber hatte das deutsche BGB unter dem Einfluss von OTTO BÄHR (Die Anerkennung als Verpflichtungsgrund [erstmals Leipzig 1855, dann 1867 und 1894]) und – was regelmässig übersehen wird – insb. unter dem Eindruck eines überzeugenden Referates anlässlich des 8. Deutschen Juristentages (1869) von RUDOLPH VON JHERING (Verhandlungen des Achten Deutschen Juristentages, Bd. II, 1870, 94 ff.), das abstrakte Schuldversprechen als selbständigen obligationsbegründenden Tatbestand anerkannt (§ 781 BGB). JHERING hatte BÄHRS Einsichten zu Ende gedacht, indem er die letzten terminologischen Rückbindungen an die causa durchtrennte. Folgerichtig spricht er nicht mehr vom *«Anerkennungsvertrag»*, welcher eigentlich etwas Vorbestehendes voraussetzt, was auch P.F. VON WYSS, einen der massgebenden Redaktoren des aOR dazu führte, BÄHRS Lehre ganz unbefangen als *«Anerkennung mit formaler Novationskraft»* zu lesen (VON WYSS, Bemerkungen zum Commissionalentwurfe erster Lesung eines Schweiz. Obligationenrechtes, 1877, 83). JHERING blendet das Moment des rückbezüglichen Anerkennens völlig aus und setzt an dessen Stelle den für sich bestehenden, selbständigen *«abstrakten Schuldvertrag»* (KIEFNER, a.a.O., 84), indem er für die Wirksamkeit der rechtsgeschäftlich vereinbarten Obligation gänzlich von der causa absieht und das obligationsbegründende Tatbestandselement einzig der Autonomie des subjektiven Willens als der Grundlage des Zivilrechtes schlechthin überantwortet (JHERING, a.a.O., bes. 106 ff., dazu auch KIEFNER, a.a.O., 83 ff.). Dies führt ihn zu den schliesslich unmittelbar in die deutsche Gesetzgebung einfliessenden Folgerungen, dass ein *«Vertrag bindende Kraft ohne Schuldgrund»* entwickle und *«eine Einrede gegen diese Verpflichtung»* dem Schuldner *«nur nach den Grundsätzen der römischen Condictionentheorie»* erwachse (JHERING, a.a.O., 111; wichtig auch MEDER, a.a.O., 18 ff., 145 ff.). Damit ist die Dogmatik des § 781 (i.V.m. § 780) BGB bereits entworfen (so auch MEDER, a.a.O., 20). Das abstrakte Schuldversprechen erweist sich als *«Leistung»* des promittierenden Schuldners, weil der Gläubiger vermittels des abstrakten Versprechens einen Vermögenswert erwirbt, welchen er gleich einer Sache verwenden und darüber verfügen kann, ohne sich auf den Rechtsgrund *(causa)* berufen zu müssen (VON TUHR, Abstrakte Schuldverträge, 7 f.). Demgemäss wertet die einschlägige deutsche Lehre die ohne Aufnahme der causa in den Tatbestand des obligationsbegründenden Rechtsgeschäftes entstandene Forderung keinesfalls als nichtig, sondern eröffnet dem Schuldner die Möglichkeit zu deren Beseitigung mittels der Institutionen des Bereicherungsrechtes (statt vieler: MK-HABERSACK, § 780 BGB [6. Aufl., München 2013] N 47; JAUERNIG/STADLER, §§ 780, 781 BGB [15. Aufl., München 2014] N 14 und [besonders klar]: KROPHOLLER/JACOBY/VON HINDEN, Studienkommentar zum BGB [14. Aufl., München 2013] § 780 N 4 ff.). Diese erheblich vom französischen Recht – welchem das aOR gefolgt war – abweichende Dogmatik sollte nach dem Willen des schweizerischen Gesetzgebers nun offensichtlich auch diejenige des revidierten Obligationenrechtes (Art. 17) werden. Obgleich der Art. 15 aOR im Wortlaut unverändert als Art. 17 in die heute geltende Fassung des OR einging, erweist sich die der deutschen Doktrin angeglichene dogmatische Umdeutung dieses Rechtssatzes als unabweisbar, weil die nachträgliche Einfügung des Abs. 2 in den Art. 67 offenkundig ebendiesen Wandel festschreiben sollte (vgl. o. N 1). Denn diese nachgeschobene Norm kann – soll sie überhaupt Sinn machen – einzig auf der Grundlage des im Art. 17 verankerten selbständigen abstrakten Schuldvertrages gelesen werden. Keine Veränderung trat dadurch in Bezug auf die Beweisabstraktheit ein, weil jedes abstrakte Schuldversprechen zur Beweislastumkehr führt (Art. 17 N 8). Der einschneidende Wandel betrifft die hinzugewonnene Rechtswirkung des Art. 17: *«Gültig» («valable»; «valido»)* meint nunmehr – im Lichte des Art. 67 Abs. 2 ausgelegt – *«wirksam»*, wodurch **die objektivrechtliche Grundlage für den selbständigen abstrakten Schuldvertrag**, der eine wirksame und durchsetzbare Obligation erzeugt, geschaffen wird. Diese stellt als eine rechtsgrundlose Zuwendung des Schuldners an den Gläubiger eine Bereicherungslage her, welche – wie bereits Jhering gelehrt hatte – ausschliesslich mit Hilfe bereicherungsrechtlicher Rechtsmittel wiederum abzuschöpfen ist. Klageweise geschieht dies vermöge einer Leistungskondiktion (*condictio liberationis*; Art. 62 Abs. 1; vgl. auch o. N 10 und u. N 14), gerichtet auf Vereinbarung eines Schulderlasses, leistungsverweigernd gestützt auf die Einrede des fehlenden Rechtsgrundes (Bereicherungseinrede; Art. 67 Abs. 2; so auch VON TUHR, Abstrakte Schuldverträge, 7 f.; VON TUHR/PETER, 270; VON TUHR/ESCHER, 233) und nicht etwa, wie dies bei lediglicher Beweisabstraktheit der Fall sein müsste, durch die Einwendung der Nichtigkeit (VON TUHR/PETER, 28 und 270 mit Anm. 19; vgl. auch o. N 12). Die unbefangene historische und systematische Auslegung lässt keinen Zweifel am doppelten Normzweck des Art. 67 Abs. 2. Unmittelbar zielt die Regel gewiss auf die Beseitigung einer Bereicherungslage durch Gewährung einer Einrede, mittelbar aber erweist sie sich gleichzeitig als eine die Auslegung des Art. 17 massgebend mitbestimmende Norm (dies zu BK-SCHMIDLIN, Art. 17 N 33). In dieser zweiten Funktion gibt sie, in Anbetracht des offenen Wortlautes jener Bestimmung den Ausschlag dafür, die ursprüngliche, dem Code civil nachgebildete Dogmatik der blossen Beweisabstraktheit (CREUTZIG, 22 ff.; BUCHER, AT, 59) nicht mehr als ausschliesslichen Norminhalt dem Art. 17 zu unterlegen, sondern als dessen Regelungszweck auch die Ermächtigung an die Parteien anzuerkennen, auf der Grundlage der Vertragsfreiheit einen selbständigen und materiell abstrakten Schuldvertrag abschliessen zu können (so auch von TUHR/PETER, 270; BRAUN, 24 ff.; SPIRO, Gerichtsgebrauch, 63; CREUTZIG, 73 ff., insb. 80; vgl. auch BUCHER, AT, 57, 61 f.; und neuerdings [sehr klar] KUKO OR-HURNI, Art. 17 N 1 und 7 ff.; SCHALLER, N 847; aus der kant. Praxis das OGer AG, AGVE 1981 Nr. 8, 41; **a.M.** grundsätzlich für blosse Beweisabstraktheit, die Mehrheitsmeinung [zum Meinungsstand] SCHALLER, N 840 ff.; sowie auch das BGer in BGE 105 II 183 E. 4a mit umfassenden Hinw.; BGE 131 III 268 E. 3.2). Die Gesetzgebungsgeschichte gebietet mithin, den Art. 17 im normativen Kontext (dazu KRAMER, [wie N 6] 88 ff.) mit Art. 67 Abs. 2 auszulegen, woraus die Befugnis der Parteien folgt, eine wirksame Verbindlichkeit ohne Einbindung des Schuldgrundes *(causa)* in den Vertrag herzustellen, so dass der Nachweis dieses reinen Verpflichtungskonsenses sämtliche rechtsbegründenden Tatbestandselemente des Anspruchs beweisgenügend belegt (KUKO OR-HURNI, Art. 17 N 8; insoweit auch BGer, 19.12.2006, 4C.214/2006, E. 4.3.1: *«Hauptbeweis für die Existenz seiner Forderung»*). Folglich obliegt dem Schuldner der Hauptbeweis für einen allfälligen Mangel oder das Fehlen der causa, was freilich aufgrund der materiellen Abstraktheit des bestrittenen Anspruchs keine – allenfalls von Amtes wegen zu berücksichtigende – Einwendung, sondern das Beweisthema einer (Bereicherungs-) Einrede *(exceptio)* darstellt (KUKO OR-HURNI, a.a.O.).

14 Daher erscheint es als wenig glücklich, das abstrakte Schuldversprechen als *«nicht akzessorisch»* im Verhältnis zu seiner causa zu denken (so neuerdings KRAUSKOPF, Die Schuldanerkennung im schweizerischen Obligationenrecht, 2003, Rz 217 ff., 250; DERS., recht 2005 171 ff., 179). Denn zunächst handelt es sich bei der Abstraktheit und der Akzessorietät um zwei verschiedene Rechtsfiguren. Abstraktheit löst die Entstehung einer Obligation von der Voraussetzung eines vorhandenen Schuldgrundes (causa) ab. Demgegenüber beschreibt die Akzessorietät traditionell eine Relation im Sinne der Abhängigkeit eines Rechtsverhältnisses von der Existenz eines anderen. Bereits in den antiken Quellen (Gai 3, 126) meint Akzessorietät die Notwendigkeit eines bestehenden Hauptrechtes als Voraussetzung für den Bestand eines Nebenrechtes: Die Nebenrechte (Pfandrecht, Bürgschaftsverpflichtung, Zinsobligation) sind gleichsam an die Hauptrechte *«angelehnt»* (so REGELSBERGER, Pandekten, 207) und zwar zwecks deren Erweiterung oder Verstärkung (VON TUHR, AT BGB I, 230), sie setzen diese somit notwendigerweise voraus. Die Abstraktheit ermöglicht demgegenüber einen Anspruch mittels Schuldvertrages zu begründen, ohne Einbindung des Schuldgrundes *(causa)* als Essentiale in den Tatbestand des Verpflichtungsgeschäftes, so dass die Obligation unabhängig vom Rechtsgrund entsteht. Deren Durchsetzbarkeit hingegen lässt sich von der causa nicht ablösen. Denn der Schuldgrund gehört unabdingbar zum Begriff der Obligation, weil die Begründung einer Gläubigerstellung stets eine Zuwendung darstellt und eine rechtsbeständige Zuwendung ohne Rechtsgrund (causa) undenkbar ist (so auch VON TUHR/PETER, 266). Die abstrakt entstandene Schuldverbindlichkeit unterscheidet sich demnach von der kausal begründeten darin, dass diese infolge des Ausfalls der causa – als unvollständiger Tatbestand – ab initio keinerlei Rechtswirkungen zu entwickeln vermag, also nichtig ist, während das abstrakte Verpflichtungsgeschäft auch ohne causa die Obligation und somit den Anspruch entstehen lässt. Aber auch diesfalls verhindert der **Ausfall der causa** die Durchsetzbarkeit der Forderung, freilich nicht mangels deren Existenz, sondern aufgrund der **Entstehung einer Bereicherungslage**. Folglich wird dem Gläubiger, der den Anspruch rechtsgrundlos erworben hat, die Forderung als solche wegkondiziert (*«condicere ipsam obligationem»*, so Ulp D 12,7,1pr.; sog. condictio liberationis auf Abschluss eines Erlassvertrages, VON TUHR, Abstrakte Schuldverträge, 7; VON TUHR/PETER, 270; VON TUHR/ESCHER, 233), und dem von diesem erhobenen (Erfüllungs-)Anspruch steht die Bereicherungseinrede (Art. 67 Abs. 2) entgegen (VON TUHR/PETER, 519 und 270). Weil nach überkommener Ansicht der peremptorisch in seiner Durchsetzbarkeit gehemmte Anspruch wirkungsmässig dem nichtigen gleichsteht (Paul D 50,17,112: *«nihil interest ipso iure quis actionem non habeat an per exceptionem infirmetur»; «es macht keinen Unterschied, ob ein Anspruch jemandem nach ius civile gar nicht zusteht oder ob er mittels Einrede (dauernd) gehemmt bleibt»*), wird folgerecht dem Schuldner, welcher in Unkenntnis einer ihm zur Verfügung stehenden peremptorischen Einrede geleistet hat, die condictio indebiti auf Rückerstattung bereits im römischen (Ulp D 12,6,26,3: *«indebitum autem solutum accipimus* [...] *si per aliquam exceptionem perpetuam peti non poterat»; «wir nehmen die Leistung einer Nichtschuld an, wenn aufgrund irgendeiner peremptorischen Einrede die Erfüllung nicht hätte beansprucht werden können»*) und daran anknüpfend auch im geltenden schweizerischen Recht gewährt (Art. 62 Abs. 1 i.V.m. Art. 63 Abs. 1; VON TUHR/PETER, 479). Daher ist es mit der unabdingbaren güterzuordnenden Funktion der causa nicht vereinbar und somit widersprüchlich, das Verhältnis der abstrakt entstandenen Obligation zu ihrem Rechtsgrund als *«nicht akzessorisch»* zu beschreiben (dies zu KRAUSKOPF, a.a.O.). Die Eigenart der abstrakt entstandenen Obligation und deren *«grosser Vorzug»* liegt vielmehr in der Möglichkeit des Gläubigers, seinen Anspruch und damit auch die entsprechende Klage ohne jede Bezugnahme auf die causa substantiieren zu können (so VON TUHR/PETER, 267).

Zweiter Titel: Die Wirkung der Obligationen

Erster Abschnitt: Die Erfüllung der Obligationen

Vorbemerkungen zu Art. 68–74

Literatur

ABEGG, Zurückbehaltungsrechte, Retentionsrechte und Leistungsverweigerungsrechte des Rechtsanwaltes, AJP 2001, 862 ff.; BAUMANN/ZYSSET, Die Einrede der nicht erfüllten Aktionärsbindungsverträge, AJP 2015, 151 ff.; BIRRER, Der Erbvertrag in Kombination mit einer Vermögensübertragung unter Lebenden nach Art. 534 ZGB, Luzerner Beiträge zur Rechtswissenschaft (LBR) Band/Nr. 76, Zürich 2013; BUCHER, Überblick über die Neuerungen des Wiener Kaufrechts; dessen Verhältnis zur Kaufrechtstradition und zum nationalen Recht, BTJP 1990, 13 ff. (zit. BTJP 1990); FARGNOLI, Drittleistung und Pflichterfüllung: auch gegen den Willen des Schuldners?, ZBJV 2010, 177 ff.; GERNHUBER, Die Erfüllung und ihre Surrogate sowie das Erlöschen der Schuldverhältnisse aus anderen Gründen, Tübingen 1983; HANGARTNER/STAUDER, Bemerkungen aus staatsrechtlicher und konsumentenrechtlicher Sicht zum Urteil des Bundesgerichtes in Sachen Verband Schweizerischer Kreditbanken und Finanzierungsinstitute c. Kanton Bern vom 25.11.1994 (BGE 120 Ia 286 ff.), AJP 1995, 366 ff.; HESS, Rechtliche Aspekte der Banküberweisung unter besonderer Berücksichtigung des Interbankzahlungsverkehrssystems Swiss Interbank Clearing (SIC), SZW 1991, 101 ff.; KLEY-STRULLER, Bemerkungen zum Urteil des Bundesgerichtes vom 24.5.1994 (BGE 120 II 211 ff.), AJP 1994, 1473 ff.; KOLLER A., Schadenersatzpflicht als Fremdwährungsschuld?, in: Jusletter vom 6.5.2013; KOLLER TH., Die fristgerechte Erfüllung von Geldschulden im Privatrecht, recht 1993, 148 (zit. recht 1993); DERS., Die Tücken des Mietrechts im Zahlungsverzug des Wohn- oder Geschäftsraummieters, Bemerkungen zu BGE 124 III 145, recht 1999, 25 ff. (zit. recht 1999); MARKUS, Tendenzen beim materiellrechtlichen Vertragserfüllungsort im internationalen Zivilverfahrensrecht, Basel 2009 (zit. Tendenzen); DERS., Vertragsgerichtsstände nach Art. 5 Ziff. 1 revLugÜ/EuGVVO – ein EuGH zwischen Klarheit und grosser Komplexität, AJP 2010, 971 ff. (zit. AJP 2010); SCHALLER, Einwendungen und Einreden im schweizerischen Schuldrecht, Habil. Zürich 2010; SCHWANDER, Rechtsprechung zum internationalen Schuld-, Gesellschafts- und Zwangsvollstreckungsrecht, SZIER 2014, 461 ff.; SIMMEN, Die Einrede des nicht erfüllten Vertrages (OR 82), Diss. Zürich 1981; STÖCKLI, Das Synallagma im Vertragsrecht: Begründung, Abwicklung, Störungen, Habil. Freiburg 2008; THALMANN, Die Rechtzeitigkeit von Überweisungen und Einzahlungen auf ein Bank- oder Postcheckkonto des Gläubigers, SZW 1990, 257 ff.; VISCHER, Geld- und Währungsrecht im nationalen und internationalen Kontext, Basel 2010; WEBER, Probleme bei der bargeldlosen Erfüllung von Geldschulden, SJZ 1982, 137 ff. (zit. SJZ 1982); DERS., Das Geld in einem sich wandelnden Vermögensrecht, ZSR 1981, 165 ff. (zit. ZSR 1981); DERS., Bemerkungen zum Urteil des Bundesgerichtes vom 25.5.1993 (BGE 119 II 230 ff.), AJP 1993, 1259 ff. (zit. AJP 1993); DERS., Elektronisches Geld, Erscheinungsformen und rechtlicher Problemaufriss, Zürich 1999 (zit. Elektronisches Geld); WEY, Das obligatorische Retentionsrecht, Diss. Luzern 2007; WIEGAND, Zur Haftung für Dienstleistungen, recht 1990, 134 ff. (zit. recht 1990); DERS., Bemerkungen zum Picasso-Entscheid, recht 1989, 101 ff. (zit. recht 1989); DERS., Erfüllung einer Geldschuld – Zahlstelle, Bemerkungen zu BGE 124 III 145, ZBJV 1999, 561 ff. (zit. ZBJV 1999).

I. Gesetzliche Systematik

Der zweite Titel ist in drei Abschnitte gegliedert: die Erfüllung der Obligationen Art. 68–96, die Folgen der Nichterfüllung Art. 97–109, die Beziehungen zu dritten Personen Art. 110–113. Er muss im Zusammenhang mit dem dritten Titel, der vom Untergang der Obligationen handelt, gesehen werden. Die in Art. 68 ff. geregelte Erfüllung ist praktisch der wichtigste Grund, der zum Untergang einer Obligation führt. Der dritte Titel weist jedoch nur in Art. 114 Abs. 1 auf den Untergangsgrund der Erfüllung hin. Die gesetzliche Konzeption ist daher wenig einleuchtend. Die Bestimmungen des ersten Abschnittes folgen keiner eigentlichen logischen Systematik. Die einzelnen Regelungsgegenstände scheinen eher zufällig ausgewählt und deren Reihenfolge nicht zwingend zu sein; der normative Gehalt von Art. 68–96 1 wird daher auch als heterogen bezeichnet (BUCHER, AT, 291; BK-WEBER, Vor Art. 68–96 OR N 9). Die Regelungen zur Erfüllung sind dispositives Recht. Sie gelten grundsätzlich bei sämtlichen Obligationen, also neben dem wichtigsten Anwendungsfall des Vertragsrechts auch im Delikts- und Kondiktionsrecht. In Ausnahmefällen schränkt das Gesetz die Regeln über die Erfüllung auf Obligationen bestimmter Art ein, so z.B. Art. 82, 84 (GAUCH/SCHLUEP/SCHMID/EMMENEGGER, N 2031 f.).

II. Begriff der Erfüllung

2 Der Begriff der **Erfüllung** ist doppeldeutig. Er bezeichnet einerseits einen Akt als Tatbestand, der eine Rechtsfolge zeitigt, andererseits einen Zustand (des Schuldverhältnisses) als Rechtsfolge des Aktes (GERNHUBER, 90). Im OR ist der Akt der Erfüllung nicht definiert. Die Begriffsbestimmung erfolgt im Hinblick auf den angestrebten Zweck: *Erfüllung ist Erbringung der geschuldeten Leistung, wodurch die Schuld getilgt wird, nicht aber notwendigerweise das ganze Schuldverhältnis erlischt* (GAUCH/SCHLUEP/SCHMID/EMMENEGGER, N 2001; nachstehend N 3). Damit wird gesagt, dass der Zweck der Obligation sich verwirklicht hat, der Gläubiger hat sein Ziel erreicht und der Schuldner ist befreit (BUCHER, AT, 291). Erfüllung ist mithin eine rechtsaufhebende Tatsache (VON TUHR/ESCHER, 1).

III. Rechtsfolgen

3 Die Erfüllung führt nur dann zur Befreiung des Schuldners, wenn dieser die Leistung so erbringt, wie sie geschuldet ist, d.h. richtig nach Ort, Zeit und Gegenstand (BK-WEBER, Vor Art. 68–96 OR N 41). Nur dann tritt der durch die einklagbare Pflicht konkretisierte Erfolg ein. Die Vornahme der Leistungshandlung durch den Schuldner reicht daher an sich nicht (BK-WEBER, Vor Art. 68–96 OR N 23). Die Frage der gehörigen Erfüllung muss aufgrund des konkreten Inhalts der Schuldnerpflicht beantwortet werden.

Die aus der Erfüllung resultierenden Folgen auf den Bestand des Schuldverhältnisses sind im OR nicht geregelt. Art. 114 Abs. 1 stellt nur fest, dass die Forderung untergeht und allfällige Nebenrechte erlöschen. Ausgehend von der anerkannten Doppelbedeutung des Begriffs «Schuldverhältnis» kann daher von Erlöschen des Schuldverhältnisses sinnvoll sowohl mit Bezug auf die einzelnen Leistungsbeziehungen (Schuldverhältnis i.e.S.) als auch mit Bezug auf das Schuldverhältnis als komplexe Einheit (Schuldverhältnis i.w.S.) gesprochen werden (GERNHUBER, 3). Die Erfüllung einer Pflicht führt daher nur in Ausnahmefällen zur Beendigung des gesamten Schuldverhältnisses. Folgerichtig muss auch von einer Erfüllung i.e.S. und einer Erfüllung i.w.S. gesprochen werden. Durch die Erfüllung i.e.S. erlischt das Schuldverhältnis nur in der Hauptsache. Bestehen noch weitere Pflichten und/oder andere rechtliche Elemente, dauert es noch bis zur vollständigen Befriedigung des Gläubigers (Erfüllung i.w.S.). Eine Dauerschuld erlischt nicht durch Erfüllung. Sie muss durch einen äusseren Faktor wie Zeitablauf oder Kündigung des Vertrages beendet werden (HUGUENIN, OR AT/BT, Rz 642 m.w.Nw.).

IV. Rechtsnatur der Erfüllung

4 Die Rechtsnatur der Erfüllung ist umstritten. Ein wesentlicher Teil der Lehre folgt der *eingeschränkten Vertragstheorie* (vgl. BK-WEBER, Vor Art. 68–96 OR N 72). Ihr zufolge ist der übereinstimmende Wille zwischen dem erfüllenden Schuldner und dem annehmenden Gläubiger nur bei Dispositivakten (z.B. Übereignung einer Sache, Zession) erforderlich. Dann sind regelmässig auch die Handlungsfähigkeit der Parteien und die Verfügungsmacht bedeutsam

(BUCHER, AT, 293 f.). Bei rein tatsächlichen Handlungen (Tun, Dulden, Unterlassen) hingegen ist weder der Erfüllungs- noch der Annahmewille des Leistenden bzw. des Gläubigers erforderlich. In solchen Fällen ist auch das Vorhandensein der Handlungsfähigkeit beim Schuldner und beim Gläubiger entbehrlich. Die weiterhin vertretene *Theorie der realen Leistungsbewirkung* versteht dagegen die Erfüllung als blossen Realakt und lässt die Erfüllungswirkung als unmittelbare Rechtsfolge der Leistungserbringung eintreten (BK-WEBER, Vor Art. 68–96 OR N 67 ff.).

V. Liberatorische Rechtsgeschäfte

Erbringt der Schuldner aufgrund des Gesetzes oder des Vertrages eine Leistung, die von der entsprechenden gesetzlichen oder vertraglichen (Erfüllungs-)Regelung abweicht, aber trotzdem Befreiungswirkung zeitigt, wird der Begriff des *liberatorischen Rechtsgeschäftes* verwendet. Dazu zählen die alternative Ermächtigung (Art. 72), die Leistung erfüllungshalber, die Leistung an Erfüllungs Statt, die Hinterlegung (Art. 92), die Verrechnung (Art. 120 ff.) sowie die Erfüllungswirkung, die durch Normen des öffentlichen Rechts herbeigeführt wird (zum Ganzen: BK-WEBER, Vor Art. 68–96 OR N 118 ff.). 5

Wichtig ist die Unterscheidung zwischen der **Leistung erfüllungshalber** und der **Leistung an Erfüllungs Statt**. Bei beiden bietet der Schuldner eine nicht geschuldete Leistung an. Die Annahme dieses Angebotes kann eine zweifache Bedeutung haben und ist durch Auslegung des Parteiwillens zu ermitteln, wobei im Zweifel Leistung erfüllungshalber zu vermuten ist (BK-WEBER, Vor Art. 68–96 OR N 143 ff.). Befreit die nicht geschuldete Leistung den Schuldner, liegt eine Leistung an Erfüllungs Statt vor. Bei der Leistung erfüllungshalber wird die nicht geschuldete Leistung auf die Schuld angerechnet, wobei die ursprüngliche Forderung weiterbesteht. Allerdings darf der Gläubiger diese vorläufig nicht geltend machen, sondern muss zunächst versuchen, die Ersatzleistung zu verwerten und sich aus dem Erlös zu befriedigen (ZK-SCHRANER, Vor Art. 68–96 OR N 85 ff.).

VI. Internationale Vereinheitlichungsbestrebungen

Insbesondere in internationalen Handelsverträgen ersetzen die Parteien die jeweiligen nationalen Erfüllungsregelungen des öfteren durch standardisierte Bestimmungen, die von internationalen Handelsorganisationen ausgearbeitet wurden (z.B. Incoterms der Internationalen Handelskammer in Paris sowie die einheitlichen Richtlinien und Gebräuche für Dokumenten-Akkreditive der Internationalen Handelskammer). 6

Art. 68

A. Allgemeine Grundsätze I. Persönliche Leistung	**Der Schuldner ist nur dann verpflichtet, persönlich zu erfüllen, wenn es bei der Leistung auf seine Persönlichkeit ankommt.**
A. Principes généraux I. Exécution par le débiteur lui-même	Le débiteur n'est tenu d'exécuter personnellement son obligation que si le créancier a intérêt à ce qu'elle soit exécutée par le débiteur lui-même.
A. Principi generali I. Prestazione personale	Il debitore non è tenuto ad adempiere personalmente l'obbligazione, se non quando la considerazione della sua persona influisca sulla prestazione.

Literatur

Vgl. die Literaturhinweise bei den Vorbem. zu Art. 68–74.

I. Normzweck

1 Das Gesetz bestimmt nicht, wann es bei der Leistung auf die Person des Schuldners ankommt. Es stellt **Vermutungen bzw. Auslegungsrichtlinien** auf (MERZ, SPR VI/1, 125; BK-WEBER, N 27 ff.). Die Erbringung der Leistung durch einen Dritten ist gemäss dem Grundsatz von Art. 68 zulässig und die Regel. Es besteht daher grundsätzlich *keine Pflicht zur persönlichen Leistung* des Schuldners. Ausnahmen von diesem Grundsatz ergeben sich jedoch aus Gesetz, Vertrag oder stillschweigend aus den Umständen. Aber auch bei der Verpflichtung zur persönlichen Leistungserbringung kann der Schuldner Dritte beiziehen, solange das materielle Hauptgewicht auf seiner Leistung liegt (VON TUHR/ESCHER, 24; BK-WEBER, N 32). Die dispositive Regel des Art. 68 beruht letztlich auf der Unterscheidung zwischen persönlicher und sachlicher Leistung (MERZ, a.a.O., 125). Die in Art. 68 beantwortete Frage, inwiefern und inwieweit an Stelle des Schuldners ein Dritter wirksam erfüllen kann, wird aus der Sicht des Schuldners gelöst. Es wird daher auch gesagt, Art. 68 privilegiere den Schuldner (BK-WEBER, N 5; **a.M.** MERZ, a.a.O., 125, der festhält, dass allemal nur entscheidend sei, ob persönliches Handeln des Schuldners das Leistungsinteresse des Gläubigers zu befriedigen vermag). Erfüllt ein Dritter anstelle des Schuldners, entsteht kein Vertragsverhältnis zwischen ihm und dem Gläubiger, mithin liegt kein Schuldnerwechsel vor.

II. Anwendungsbereich

2 Der Anwendungsbereich von Art. 68 wird umschrieben und begrenzt durch Tatbestände, deren Gegenstand die Erfüllung einer Schuld durch den Schuldner oder an seine Stelle tretende Dritte ist. In diesem Rahmen ist Art. 68 auf Schulden aller Art anwendbar. Dritter i.S.v. Art. 68 ist, wer eine Leistung mit dem erkennbaren Willen erbringt, eine fremde Schuld zu tilgen (ZK-SCHRANER, N 7; BGer, 14.4.2005, 4C.69/2005, E. 3). Der Dritte erfüllt nicht i.S.v. Art. 68 für und anstelle des Schuldners, wenn er vom Gläubiger die Forderung erwirbt, bei einer Schuldübernahme, bei einem Garantievertrag, bei einem Solidarschuldner- oder Bürgschaftsverhältnis (BK-WEBER, N 13 ff.).

III. Inhalt

3 Für den Schuldner besteht die Pflicht zur persönlichen Erfüllung, wenn es bei der Leistung auf seine Persönlichkeit ankommt. Dies ist dann der Fall, wenn die Leistung so stark durch seine *individuellen* (physischen, fachlichen, geistigen, moralischen) *Eigenschaften geprägt ist, dass die Leistung nicht ohne Veränderung des Inhaltes von einem Dritten erbracht werden kann* (VON TUHR/ESCHER, 23). Als persönlich zu erfüllende Verträge werden gemeinhin der Arbeitsvertrag (JAR 1985, 246 ff.) sowie der Werkvertrag (BGE 115 II 55 = Pra 1989, 890; BGE 103 II 66 f. = Pra 1977, 332) bezeichnet. Persönlich zu erfüllen haben i.d.R. auch der Beauftragte in den sog. freien Berufen sowie der Mäkler, der Verlaggeber, die geschäftsführenden Gesellschafter und die Organe juristischer Personen (MERZ, a.a.O., 125) und der Willensvollstrecker (BK-GAUTSCHI, Art. 398 OR N 43c). Ferner sind Unterlassungspflichten und Bussen persönlich zu erbringen (BGE 86 II 77; 134 III 65).

4 Im Verhältnis des leistenden Dritten zum Schuldner sind zwei Fälle möglich:

- Leistungserbringung durch Dritte mit Wissen und Willen des Schuldners. Der Schuldner zieht einen Erfüllungsgehilfen bei. Das Gesetz sieht grundsätzlich zwei Arten von Erfüllungsgehilfen vor: Hilfsperson (Art. 101) und Substitut (Art. 364 Abs. 2 und Art. 398 Abs. 3). Zur Bestimmung und Abgrenzung dieser beiden Begriffe, vgl. GAUCH/

SCHLUEP/SCHMID/EMMENEGGER, N 3061 ff.; BGE 112 II 353 = Pra 1986, 807. Vor allem bei Sach- und Geldleistungspflichten findet sich in der Praxis der Einsatz von Dritten durch den Schuldner. Der Dritte bedarf zur Leistungserbringung nur ausnahmsweise einer Vollmacht, wenn die Leistungshandlung im Abschluss eines Rechtsgeschäftes besteht. In der Regel ist die Erfüllung jedoch realer Natur und bedarf keiner Vollmacht (BK-WEBER, N 41).

- Leistung des Dritten ohne Willen des Schuldners (Intervention). Dem Dritten als Intervenient steht nach h.M. eine gesetzliche Tilgungsmacht zu, die keine Zustimmung des Schuldners benötigt (ZK-SCHRANER, N 40 m.w.Nw.). Leistet daher ein Dritter ohne oder gegen den Willen des Schuldners an den Gläubiger, hat dies Erfüllungswirkung, sofern der Wille des Dritten (eine fremde Schuld zu tilgen) erkennbar ist (BGer, 14.4.2005, 4C.69/2005, E. 3; Befriedigung eines Konkursgläubigers durch einen Dritten, OGer ZH, II. ZK, 13.6.2013). Die Rechtsfolgen der Intervention unterscheiden sich je nachdem, ob der Schuldner, der Gläubiger oder beide dem Angebot des Dritten widersprechen. Lehnt der Schuldner ab, kann der Gläubiger trotzdem annehmen. Sein Interesse an der Erfüllung geht vor (BGE 83 III 102 = Pra 1957, 276; BGE 123 III 161). Lehnt nur der Gläubiger das Angebot des Dritten ab, gerät er in Verzug. Lehnen sowohl Gläubiger als auch Schuldner das Angebot des Dritten ab, kann sich dieser nicht durchsetzen. In einem solchen Fall gerät der Gläubiger nicht in Verzug (BGE 72 III 8 = Pra 1946, 73). Vgl. umfassend zur Drittleistung entgegen dem Willen des Schuldners: FARGNOLI, ZBJV 2010, 177 ff.

Der Schuldner hat grundsätzlich an den Gläubiger zu leisten. Dieser ist Anspruchsberechtigter und regelmässig, aber nicht notwendig, der Vertragspartner. Der Schuldner befreit sich jedoch auch, wenn er an den gesetzlichen oder an den gewählten Vertreter (z.B. Inkassovollmacht) des Gläubigers leistet, solange ihm kein Widerruf oder keine Einschränkung dieser Vollmacht mitgeteilt worden ist. Der Vertreter verlangt grundsätzlich die Leistung im Namen des Gläubigers, es sei denn, dem Schuldner wurde mitgeteilt (z.B. im Rahmen der Schuldanerkennung), an den Vertreter zu leisten. Alsdann ist es dem Vertreter erlaubt, die streitige Forderung in seinem Namen, jedoch auf Rechnung des Gläubigers einzutreiben (BGE 119 II 454 = Pra 1994, 740). Der Schuldner wird mit dem Empfang der Leistung durch den Vertreter befreit (BGE 51 II 204 = Pra 1925, 241; ZK-SCHRANER, N 72). Den Grundsatz, dass der Schuldner dem Gläubiger seines Gläubigers leisten darf, kennt das OR nicht. Eine Ausnahme ist nur denkbar, wenn die Forderung nach Art. 131 SchKG dem Gläubiger des Gläubigers an Zahlungs Statt oder zur Einziehung überwiesen oder nach Art. 260 SchKG abgetreten worden ist (BK-WEBER, N 100 f.). 5

IV. Rechtsfolgen

Leistet der Schuldner an einen *Dritten*, befreit er sich grundsätzlich nicht von seiner Schuld. Er kann aber ausnahmsweise durch Gesetz, Vertrag oder richterliche Anweisung dazu verpflichtet oder berechtigt sein (GAUCH/SCHLUEP/SCHMID/EMMENEGGER, N 2074 ff.). Der Hauptanwendungsfall der gesetzlichen Ausnahmen ist Art. 99 SchKG (weitere gesetzliche Ausnahmen bei ZK-SCHRANER, N 82 f.). Der Hauptfall der richterlichen Anweisung zur Leistung an einen Dritten findet sich in Art. 177 ZGB. Der Schuldner kann jedoch auch gemäss Vereinbarung verpflichtet sein, für Rechnung des Gläubigers einem Dritten zu leisten. Dann liegt ein Vertrag zugunsten Dritter vor (Art. 112). Der Gläubiger kann aber den Schuldner auch nachträglich, d.h. nach Vertragsabschluss, anweisen, an einen Dritten zu leisten. Es liegt eine Anweisung vor (Art. 468 Abs. 2). Zudem können Schuldner und Gläubiger anlässlich des Vertragsschlusses oder später vereinbaren, dass der Schuldner an einen Dritten leisten darf (er ist berechtigt dazu, aber nicht verpflichtet; solutionis causa adiectus). Der Empfangsberechtigte ist nur zur Entgegennahme der Leistung berechtigt, nicht aber zur selbständigen Einforderung der Schuld. 6

6a Bargeldlose Leistung des Schuldners an die Bank oder die Post, bei welcher der Gläubiger ein Konto aufweist, ist nach h.L. eine Leistung an einen Dritten. Nur eine explizite oder konkludente Ermächtigung des Gläubigers zu einer derartigen Leistung hat befreiende Wirkung. Ohne gegenteilige Vereinbarung hat jedoch eine Zahlung auf ein Postkonto des Gläubigers auch ohne dessen Ermächtigung kraft Verkehrsübung befreiende Wirkung (BGer, Semjud 1997, 245). Bei Bankkonten ist diese Frage umstritten (GAUCH/SCHLUEP/SCHMID/EMMENEGGER, N 2315 ff.; WIEGAND/HODEL, Die bargeldlose Zahlung im schweizerischen Recht, Berner Bankrechtstag, Bd. 7, Bern 2000, 193 spricht in diesem Zusammenhang von einem Recht des Schuldners, gl.M. auch HUGUENIN, OR AT/BT, Rz 662).

7 Leistet der Schuldner – auch im guten Glauben – an einen vermeintlichen Gläubiger, wird er grundsätzlich nicht befreit (BGE 112 II 454 = Pra 1987, 505; BGE 111 II 265). Dieser Grundsatz wird eingeschränkt, wenn der Schuldner die Leistung an den Unberechtigten nicht zu vertreten hat (bei Speziesschuld, Art. 119 Abs. 1) oder wenn der Gläubiger die Fehlleistung verschuldet oder mitverschuldet hat (bei Gattungsschulden; vgl. dazu ZK-SCHRANER, N 116 ff.). Ausnahmen vom Grundsatz können sich u.U. auch aus dem Rechtsschein der Empfangszuständigkeit ergeben (sog. Empfangslegitimation, z.B. Art. 167; BGer, 15.12.2003, 4C.28/2003, E. 3.2.1). Eine Spezialregelung trifft das Gesetz für die Wertpapiere (dazu ZK-SCHRANER, N 122 ff.).

8 Die durch den Dritten ordnungsgemäss (d.h. gehörig nach Inhalt, Ort und Zeit und evtl. weiteren vertraglichen Modalitäten) erbrachte Leistung tilgt die Schuld, wie wenn diese durch den Schuldner persönlich erbracht worden wäre (BGE 83 III 102 = Pra 1957, 480). Die Bestimmungen über die Anrechnung (Art. 85 f.) sowie die Quittung (Art. 88 f.) sind anwendbar. Verrechnung ist mangels Gegenseitigkeit der Forderung ausgeschlossen. Eine allfällige Gegenleistung ist dem Vertragspartner zu erbringen. Leistet der Dritte nicht bzw. nicht gehörig, richtet sich die Rechtsstellung des Gläubigers danach, ob der Dritte mit oder ohne Willen des Schuldners leistete. Im ersten Fall (d.h. Dritter ist Erfüllungsgehilfe) haftet der Schuldner gem. Art. 101 bzw. 398 Abs. 2. Im zweiten Fall haftet der Schuldner dann nicht, wenn der Gläubiger gegen den Widerspruch des Schuldners angenommen hat. Der Dritte haftet dem Gläubiger nicht aus Vertrag, sondern höchstens aus unerlaubter Handlung (Art. 41 ff.; zum Ganzen: BK-WEBER, N 55 ff.). Die Rechtsfolgen zwischen Schuldner und Drittem richten sich nach dem gegebenenfalls von Gesetzes wegen zwischen ihnen bestehenden Rechtsverhältnis (Ausnahme: Subrogation, z.B. Art. 110).

Art. 69

II. Gegenstand der Erfüllung
1. Teilzahlung

[1] Der Gläubiger braucht eine Teilzahlung nicht anzunehmen, wenn die gesamte Schuld feststeht und fällig ist.

[2] Will der Gläubiger eine Teilzahlung annehmen, so kann der Schuldner die Zahlung des von ihm anerkannten Teiles der Schuld nicht verweigern.

II. Objet de l'exécution
1. Paiement partiel

[1] Le créancier peut refuser un paiement partiel, lorsque la dette est liquide et exigible pour le tout.

[2] Si le créancier accepte un paiement partiel, le débiteur ne peut refuser d'acquitter la partie reconnue de la dette.

II. Oggetto dell'adempimento
1. Pagamento parziale

[1] Il creditore non è obbligato a ricevere un pagamento parziale, quando l'intero credito sia liquido ed esigibile.

[2] Ove il creditore consenta a ricevere un pagamento parziale il debitore non può rifiutare il pagamento della parte che riconosce dovuta.

Literatur

Vgl. die Literaturhinweise bei den Vorbem. zu Art. 68–74.

I. Normzweck

Art. 69 bestimmt, dass der Gläubiger eine Teilzahlung des Schuldners nicht anzunehmen braucht. Der Schuldner ist folglich nicht berechtigt, seine Leistung in Teilen zu erbringen. Lehnt der Gläubiger die Teilleistung ab, gerät er weder in Annahmeverzug noch erleidet er sonstige Rechtsnachteile. 1

II. Anwendungsbereich

Art. 69 ist dispositiver Natur und bezieht sich auf Teilleistungen jeder Art (BGE 75 II 140 = Pra 1949, 355). Eine *Teilleistung* liegt vor, wenn eine Leistung angeboten wird, die objektiv hinter der geschuldeten Leistung zurückbleibt. Massgebend zur Konkretisierung des Begriffs sind der Vertragszweck und die Interessenlage (BGE 91 II 352 = Pra 1966, 111). Dabei ist die *Zulässigkeit der Teilung aus der Sicht des Gläubigers* festzustellen, da Art. 69 teleologisch ihn schützen will (BGer, 9.6.2004, 4C.84/2004, E. 2.4; BK-Weber, N 5). Art. 69 ist auf Teilleistungen dann nicht anwendbar, wenn diese nicht Bestandteil eines einheitlichen Anspruches sind, wie z.B. Sukzessivlieferungen, Mietzinszahlungen (weitere Bsp. bei BK-Weber, N 21 ff.). Die Norm kommt zudem auch bei der Hinterlegung und dem Selbsthilfekauf zur Anwendung (ZK-Schraner, N 2 m.w.Nw.). 2

III. Inhalt

Der Gläubiger kann die Annahme der *Teilleistung* grundsätzlich *verweigern*, wenn einerseits die ganze Schuld feststeht und fällig ist sowie andererseits die Leistung als Ganzes zu erbringen ist. Ausnahmsweise hat der Gläubiger gemäss vertraglichen Abreden oder aufgrund von entsprechenden Verkehrssitten oder Handelsgebräuchen (BGE 75 II 142 = Pra 1949, 355) die Teilleistung zu akzeptieren. Das Gesetz sieht in Art. 120 ff. (Verrechnung) und Art. 504 Abs. 1 (Bürgschaftsrecht), ferner in Art. 123, 133 Abs. 2 und Art. 143a SchKG sowie Art. 156 SchKG entsprechende Ausnahmeregelungen vor. Ferner hat der Gläubiger eine Teilleistung zu akzeptieren, wenn der Schuldner die Forderung teilweise bestreitet (BGE 133 III 598 E. 4.1.2 = Pra 2008, 369; ZK-Schraner, N 23). 3

Gemäss Art. 69 Abs. 2 steht es dem Gläubiger frei, eine Teilleistung anzunehmen. Sofern dies nicht den Parteiabreden oder den Umständen des Einzelfalls widerspricht, kann der Gläubiger vom Schuldner nur einen Teil der fälligen Summe fordern oder einklagen (Gauch/Schluep/Schmid/Emmenegger, N 2371 f.). Daraus darf jedoch nicht geschlossen werden, dass er den Rest der Forderung nicht mehr geltend machen will (BGE 124 III 67 E. 3a; von Tuhr/Escher, 16 Anm. 12). Auf keinen Fall darf das Verlangen des Gläubigers eine Belästigung für den Schuldner darstellen (Art. 2 ZGB). 4

IV. Rechtsfolgen

Die Annahme der Teilleistung hat zur Folge, dass die Forderung im entsprechenden Umfang untergeht. Erbringt einer von mehreren Schuldnern eine Teilleistung, wird Teilsubrogation angenommen. Der Schuldner hat Anspruch auf eine Quittung bezüglich der erbrachten Teilleistung (Art. 88). Ferner wird die Verjährung der Forderung unterbrochen (Art. 135). Eine allfällige Prüfungs- und Rügefrist (z.B. Art. 201, Art. 367) läuft für jede Teilleistung gesondert. Im Übrigen berührt die erbrachte Teilleistung die Restforderung nicht, insb. bewirkt sie nicht deren Fälligkeit. 5

Dem Grundsatz nach bestimmt der Schuldner, wie eine Leistung anzurechnen ist (Art. 86). Ist der Gläubiger nicht einverstanden, hat er die Möglichkeit, die Teilleistung nicht anzunehmen. Ist jedoch die Forderung nur teilweise gesichert, so darf der Schuldner die Anrechnung nicht auf den gesicherten oder besser gesicherten Teil der Forderung verlangen (Art. 85 Abs. 2). 6

Ferner kann er nicht verlangen, dass die Teilleistung auf das Kapital anzurechnen ist, falls noch entsprechende Zinsen und Kosten ausstehend sind (Art. 85 Abs. 1). Bestreitet aber der Schuldner Zinsen und/oder Kosten der Hauptforderung, ohne dass die Bestreitung rechtsmissbräuchlich erfolgt, muss seine Teilzahlung auf das anerkannte Kapital angerechnet werden (BGE 133 III 598 = Pra 2008, 369, E. 4.2).

V. Beweislast

7 Behauptet der Schuldner, zu einer Teilleistung berechtigt zu sein, hat er dies zu beweisen.

Art. 70

2. Unteilbare Leistung

[1] Ist eine unteilbare Leistung an mehrere Gläubiger zu entrichten, so hat der Schuldner an alle gemeinsam zu leisten, und jeder Gläubiger kann die Leistung an alle gemeinsam fordern.

[2] Ist eine unteilbare Leistung von mehreren Schuldnern zu entrichten, so ist jeder Schuldner zu der ganzen Leistung verpflichtet.

[3] Sofern sich aus den Umständen nicht etwas anderes ergibt, kann alsdann der Schuldner, der den Gläubiger befriedigt hat, von den übrigen Schuldnern verhältnismässigen Ersatz verlangen, und es gehen, soweit ihm ein solcher Anspruch zusteht, die Rechte des befriedigten Gläubigers auf ihn über.

2. Obligation indivisible

[1] Lorsque l'obligation est indivisible et qu'il y a plusieurs créanciers, chacun d'eux peut en exiger l'exécution intégrale et le débiteur est tenu de se libérer envers tous.

[2] S'il y a plusieurs débiteurs, chacun d'eux est tenu d'acquitter l'obligation indivisible pour le tout.

[3] A moins que le contraire ne résulte des circonstances, le débiteur qui a payé a un recours contre ses codébiteurs pour leur part et portion et il est subrogé dans cette mesure aux droits du créancier.

2. Obbligazione indivisibile

[1] Quando vi siano più creditori di una prestazione indivisibile, il debitore deve eseguirla in confronto di tutti ed ogni creditore può pretendere che sia adempiuta verso tutti insieme.

[2] Se vi sono più debitori di una prestazione indivisibile, ognuno di essi è tenuto all'intera prestazione.

[3] Ove non risulti il contrario dalle circostanze, il debitore, che ha soddisfatto il creditore, può ripetere dagli altri debitori proporzionato rimborso ed egli è, fino a concorrenza di siffatto diritto, surrogato nelle ragioni del creditore soddisfatto.

Literatur

Vgl. die Literaturhinweise bei den Vorbem. zu Art. 68–74.

I. Normzweck. Anwendungsbereich

1 Art. 70 befasst sich mit den Rechtsfolgen bei der Erbringung *unteilbarer Leistungen* im Falle einer *Gläubiger-* (Abs. 1) und einer *Schuldnermehrheit* (Abs. 2 und 3). Die systematische Einordnung ist unbefriedigend. Art. 70 wird in der Lehre regelmässig im Zusammenhang mit Schuldverhältnissen mit Mehrheitsberechtigungen angesprochen. Die praktische Bedeutung dieser dispositiven Regelung darf als eher gering bezeichnet werden (ZK-Schraner, N 9 ff.).

Art. 70 definiert die unteilbare Leistung nicht. Die Unteilbarkeit kann natürlich (technisch, sachlogisch) bedingt sein, sich aus dem funktionellen Verwendungszweck ergeben oder vertraglich vereinbart werden (BGE 111 II 462; BK-Weber, N 13 ff.). Die natürliche Teilbarkeit ergibt sich, wenn die Leistung ohne Wesensänderung oder Wertverminderung durch mehrere inhaltsgleiche Teilleistungen erbracht werden kann (ZK-SCHRANER, N 12 m.w.Nw.).

II. Inhalt

1. Gläubigermehrheit

Eine **Gläubigermehrheit** nach Art. 70 Abs. 1 beruht bei einer unteilbaren Leistung in den meisten Fällen auf Vertrag (z.B. Miete, Pacht, Kauf). Dabei begründen zwei oder mehrere Gläubiger mit einem Dritten ein Rechtsverhältnis, ohne Solidarität zu vereinbaren. Der Dritte kann alsdann nur an alle gemeinsam leisten. Ferner besteht eine Gläubigermehrheit, wenn die Leistung ihrer Natur nach allen Gläubigern zukommt, z.B. Miteigentümer verlangen die Reparatur eines in ihrem Eigentum stehenden Gegenstandes. Schliesslich können Gläubiger kraft Gesetzes gemeinsam berechtigt sein (Art. 773 f., Art. 906 ZGB). Nicht zur Anwendung kommt Art. 70 im Falle einer Gesamthandberechtigung sowie wenn mehrere Gläubiger an einer unteilbaren Leistung solidarisch berechtigt sind. Sofern und soweit im Miteigentumsrecht davon ausgegangen wird, dass jeder Miteigentümer Ansprüche besitzt, die sich auf die ganze Sache beziehen (gemeinschaftlicher Verwendungszweck), erweist sich Art. 648 Abs. 1 ZGB als lex specialis zu Art. 70 (BK-WEBER, N 27). 2

Gemäss Art. 70 Abs. 1 kann der Schuldner nur richtig erfüllen, wenn er an alle berechtigten Gläubiger leistet. Sie können jedoch auch einen Vertreter bestimmen. Leistet der Schuldner nur an einen Gläubiger, liegt keine Erfüllung vor. Falls die Leistung aufgrund der Natur der Sache unmittelbar allen Gläubigern zugute kommt (z.B. Herstellung eines Werkes), ist die richtige Erfüllung sichergestellt. In den anderen Fällen kann der Schuldner auf der Mitwirkung aller Gläubiger bestehen. Weigert sich ein Gläubiger unberechtigt, kann der Schuldner gem. Art. 92 bzw. Art. 93 vorgehen. Dadurch geraten sämtliche Gläubiger in Annahmeverzug. Ansonsten wirken Tatsachen, die nur in der Person eines Gläubigers vorliegen (z.B. Verrechnungsmöglichkeit, Rechtskraft eines Urteils), nicht für oder gegen die anderen Gläubiger. 3

Jeder Gläubiger kann vom Schuldner die Erfüllung verlangen, im Gegensatz zur Solidargläubigerschaft jedoch nicht an sich selber, sondern ausschliesslich an alle Gläubiger. Infolgedessen *stellt sich die Problematik des Regresses nicht.* Die vom Schuldner erhaltene Leistung wird nach dem internen Rechtsverhältnis (so z.B. Miteigentum) unter den Gläubigern aufgeteilt. Im Zweifel ist gleichmässige Beteiligung anzunehmen (ZK-OSER/SCHÖNENBERGER, N 6).

2. Schuldnermehrheit

Gemäss Art. 70 Abs. 2 ist jeder von **mehreren Schuldnern** zur ganzen unteilbaren Leistung verpflichtet, falls keine vertragliche oder gesetzliche Solidarität vorliegt. Diese sog. **formale Solidarität** weist zwar die Rechtsfolgen der Solidarität auf, ohne aber als eigentliche Solidarität zu gelten (BK-WEBER, N 47 m.w.Nw.). Die Leistung des einen Schuldners befreit die anderen. Hat dieser mehr geleistet, als im Innenverhältnis vereinbart ist, weist er gegenüber den anderen Schuldnern einen Regressanspruch auf (Art. 70 Abs. 3). Zur Sicherung seiner Regressforderung subrogiert der Schuldner in die Stellung des befriedigten Gläubigers. Im Einzelnen finden die Bestimmungen von Art. 148/149 Anwendung. Auch anwendbar ist die Bestimmung von Art. 136 Abs. 1, wonach die Verjährungsunterbrechung eines Mitschuldners auch für die übrigen Schuldner wirkt. 4

Die Rechtsfolgen sind bei der formalen Solidarität umstritten, falls eine unteilbare Leistung nachträglich in eine teilbare umgewandelt wird. Einerseits wird in einem solchen Fall solidarische Haftung angenommen, andererseits wird die Frage der solidarischen oder einer anteilsmässigen Haftung aufgrund des Entstehungsgrundes der Ersatzforderung entschieden (zum Meinungsstreit ZK-SCHRANER, N 52). Bei einer Gläubigermehrheit kann jeder Gläubiger, sobald eine teilbare Leistung vorliegt, gemäss seiner Berechtigung an der unteilbaren Leistung den Schuldner belangen.

Art. 71

3. Bestimmung nach der Gattung	**[1] Ist die geschuldete Sache nur der Gattung nach bestimmt, so steht dem Schuldner die Auswahl zu, insofern sich aus dem Rechtsverhältnis nicht etwas anderes ergibt.** **[2] Er darf jedoch nicht eine Sache unter mittlerer Qualität anbieten.**
3. Dette d'une chose indéterminée	[1] Si la chose due n'est déterminée que par son genre, le choix appartient au débiteur, à moins que le contraire ne résulte de l'affaire. [2] Toutefois, le débiteur ne peut offrir une chose de qualité inférieure à la qualité moyenne.
3. Cosa determinata nella specie	[1] Se la cosa dovuta sia determinata soltanto nella sua specie, la scelta spetta al debitore ove altro non risulti dal rapporto giuridico. [2] Egli non può però dare una cosa di qualità inferiore alla media.

Literatur

Vgl. die Literaturhinweise bei den Vorbem. zu Art. 68–74.

I. Normzweck

1 Art. 71 befasst sich mit der *Bestimmung des Leistungsinhaltes*, der bei Vertragsschluss *«nur der Gattung nach bestimmt»* ist. Diese Norm regelt, wer die geschuldete Sache auswählen darf (Abs. 1) und welche qualitativen Mindesteigenschaften sie haben muss (Abs. 2). Sie enthält keine Legaldefinition der **Gattungsschuld**. Art. 71 ist dispositives Recht.

II. Anwendungsbereich

2 Aufgrund der h.L. sind Gattungsschulden gem. Art. 71 Sachleistungsschulden und im Regelfall Gegenstand eines Kaufvertrages. Sie sind aber auch im Werkvertrag, bei Gebrauchsüberlassungsverträgen und bei Sicherungsabreden möglich. Ferner wird mit Blick auf das deutsche Recht die Meinung vertreten, dass Gattungsschulden nicht nur bei Sachleistungsschulden, sondern auch bei Abtretungen und Arbeitsleistungsverträgen denkbar sind.

III. Inhalt

3 Die *Gattungsschuld wird nach einheitlichen Qualitätsmerkmalen und nach Mass, Zahl oder Gewicht bestimmt*, somit nach Qualität und Quantität (GIGER, Vor Art. 197–210 OR N 2). Sie ist eine Schuld, deren Leistungsinhalt nicht individuell und konkret bestimmt, sondern – namentlich im Gegensatz zur Stückschuld – relativ unbestimmt ist (MERZ, SPR VI/1, 142). Von einer begrenzten Gattungsschuld wird gesprochen, wenn der Gesamtumfang der Gattung begrenzt ist, weil die Parteien sich auf einen bestimmten Vorrat einigten (sog. **Vorratsschuld**). Ob im Einzelfall eine Gattungsschuld oder eine Stückschuld vorliegt, ergibt sich primär aus dem Parteiwillen (sog. **relativer Gattungsbegriff**, vgl. BGE 121 III 456; 94 II 30). Dabei sind die *Zwecksetzungen* des Rechtsgeschäftes wichtiger als die Natur der geschuldeten Sache (VON TUHR/PETER, 54). Der Begriff der Gattung entspricht nicht in allen Teilen jenem der vertretbaren Sachen. Mithin können auch Stückschulden vertretbare Sachen sein (BGE 85 II 407 = Pra 1960, 49).

4 Gemäss Art. 71 steht *die Auswahl des zu liefernden Leistungsgegenstandes grundsätzlich dem Schuldner zu* (BGE 112 II 417 = Pra 1987, 69). Im Übrigen ist jedoch umstritten, ob der Schuldner an die einmal getroffene Auswahl gebunden ist. Die neuere und wohl h.L. geht davon aus, dass er bis zur Erfüllung das Recht hat, die getroffene Auswahl rückgängig zu ma-

chen (ZK-SCHRANER, N 29 f. m.w.Nw.). Aufgrund des allgemeinen Grundsatzes trägt daher der Schuldner bis zum (Erfüllungs-)Zeitpunkt die Gefahr. Dies gilt insb. bei Geldschulden und im Werkvertragsrecht. Eine Sonderregelung der Gefahrentragung kennt das Kaufrecht (Art. 185 Abs. 2).

Übt der Schuldner sein Auswahlrecht nicht aus, liegt Nichterfüllung vor (Art. 97). Geht der Leistungsgegenstand aus der Gattung vor der Erfüllung bzw. beim Kauf vor der Ausscheidung/Versendung aus irgendeinem Grund unter, muss der Schuldner entsprechende Ersatzware beschaffen. Die Gattungsschuld wird daher auch als Beschaffungsschuld bezeichnet (MERZ, SPR VI/1, 142 f.). Erst wenn die ganze Gattung untergegangen ist, wird der Schuldner befreit. Subjektives Unvermögen führt daher grundsätzlich nicht zu seiner Befreiung. Falls jedoch die zur Erfüllung erforderlichen Aufwendungen in keinem vernünftigen Verhältnis zum Wert der an sich möglichen Leistung stehen *(sog. wirtschaftliches Unvermögen)*, kann das Beharren auf Leistung rechtsmissbräuchlich sein (ZK-SCHRANER, N 46). Wenn eine begrenzte Gattungsschuld zufällig vollständig untergeht, wird der Schuldner befreit. Wird der Vorrat jedoch nur teilweise vernichtet, hat der Schuldner so lange zu erfüllen, als die noch vorhandenen Waren ausreichen. 5

Nach dem Wortlaut von Art. 71 Abs. 2 ist weder die beste noch die schlechteste Ware geschuldet. Die geschuldete *mittlere Qualität* eines Leistungsgegenstandes bestimmt sich nach Verkehrssitte und Branchenüblichkeit unter Berücksichtigung von Treu und Glauben (BK-WEBER, N 77). Art. 71 Abs. 2 wird insb. im internationalen Handel regelmässig wegbedungen. 6

IV. Rechtsfolgen

Liefert der Schuldner nicht die vereinbarte Quantität des Leistungsgegenstandes, liegt nicht gehörige Erfüllung vor. Der Gläubiger kann die Teilleistung annehmen und die vollständige Erfüllung verlangen (Art. 69) oder die Leistung zurückweisen. Sofern Angaben über Mass, Gewicht oder Stückzahl Eigenschaften von Gattungssachen bezeichnen, sind Abweichungen davon Sachmängel (BGE 87 II 246 = Pra 1962, 37). Leistet der Schuldner Ware unter der geforderten mittleren Qualität, liegt ein Qualitätsmangel vor. Der Gläubiger kann sich auf die Schlechterfüllungsregeln berufen. Liefert der Schuldner Waren, die bessere als mittlere Qualität aufweisen, hat der Gläubiger diese anzunehmen, es sei denn, diese führe zu einer Preiserhöhung (BK-WEBER, N 87). Falls der Schuldner einen Gegenstand aus einer anderen Gattung liefert, leistet er keine mangelhafte Ware, sondern ein **aliud**. In diesem Fall kommen die Regeln über die Nichterfüllung zur Anwendung (vgl. BGE 121 III 455). Die Abgrenzung einer qualitativ mangelhaften von einer gattungsfremden Leistung bereitet Mühe. Sie hängt entscheidend von der Begriffsbestimmung des Mangels ab (vgl. dazu Art. 197 sowie 206). 7

V. Beweislast

Der Schuldner trägt die Beweislast dafür, dass der Leistungsgegenstand der vereinbarten Gattung und den Qualitätsanforderungen gem. Art. 71 Abs. 2 entspricht. Ferner hat er zu beweisen, dass er den Gegenstand richtig angeboten, ausgeschieden oder versendet hat. Nimmt der Gläubiger die Leistung vorbehaltlos an, findet eine Beweislastumkehrung statt (BK-WEBER, N 95 f.). 8

Art. 72

4. Wahlobligation **Ist die Schuldpflicht in der Weise auf mehrere Leistungen gerichtet, dass nur die eine oder die andere erfolgen soll, so steht die Wahl dem Schuldner zu, insofern sich aus dem Rechtsverhältnis nicht etwas anderes ergibt.**

4. Obligations alternatives Si le contraire ne résulte de l'affaire, le choix appartient au débiteur lorsque son obligation s'étend à plusieurs prestations mais qu'il ne peut être tenu que de l'une d'elles.

4. Obbligazione alternativa Allorché l'obbligazione ha per oggetto più prestazioni, di cui l'una o l'altra soltanto possa essere pretesa, la scelta spetta al debitore, a meno che risulti diversamente dal rapporto giuridico.

Literatur

Vgl. die Literaturhinweise bei den Vorbem. zu Art. 68–74.

I. Normzweck. Anwendungsbereich

1 Art. 72 definiert die **Wahlobligation**. Wie die in Art. 71 geregelte Gattungsschuld ist die Wahlobligation ein Rechtsgeschäft, das einen *relativ unbestimmten Inhalt aufweist.* Sie kann auf Vertrag, Gesetz, Urteil oder letztwilliger Verfügung gründen. Art. 72 ist dispositives Recht.

Die Wahlobligation ist ein Schuldverhältnis, bei *dem mehrere Leistungen alternativ geschuldet* sind, mithin ist also nur die eine oder die andere zu leisten. Es liegt ein Schuldverhältnis vor, in dem wahlweise mindestens zwei Leistungen geschuldet sind, die nicht gleichwertig zu sein brauchen (BGE 96 II 21 = Pra 1970, 426). Die Unbestimmtheit der Wahlobligation kann im Leistungsgegenstand oder auch in den Modalitäten der Erfüllung liegen (ZK-OSER/SCHÖNENBERGER, N 2). Von der Wahlobligation ist insb. die **alternative Ermächtigung (facultas alternativa)** zu unterscheiden. Diese liegt vor, wenn *nur eine Leistung geschuldet* ist, der *Schuldner* jedoch durch eine *andere Leistung an Erfüllungs Statt befreiend erfüllen kann* (BGE 50 II 43 f.). In jedem Fall der alternativen Ermächtigung sind die Leistungen nacheinander und nicht wie bei der Wahlobligation nebeneinander geschuldet (ausführlich dazu ZK-SCHRANER, N 64 ff.). Bei der Wahlschuld sagt man: duae res in obligatione, una in solutione. Bei der facultas alternativa ist es umgekehrt: una res in obligatione, duae in solutione.

II. Inhalt

2 Durch die *Wahlerklärung* wird das alternative Angebot auf eine Leistung *konkretisiert*, und der nicht gewählte Leistungsgegenstand steht zur freien Verfügung des Schuldners (BGE 50 II 43). Dabei wird ein sog. *änderndes Gestaltungsrecht* ausgeübt, d.h. ein einseitiges, bedingungsfeindliches, unwiderrufliches und empfangsbedürftiges Rechtsgeschäft. Das Wahlrecht kann übertragen werden. Bei der alternativen Ermächtigung hingegen tritt nur dann eine Konzentration auf eine Leistung ein, wenn die Ersatzleistung angeboten wird (Realobligation); die verbale Erklärung («Wahl») reicht daher nicht. Obwohl Art. 72 vorsieht, dass das Wahlrecht dem Schuldner zusteht (BGE 118 II 35), ist in der Praxis regelmässig der Gläubiger oder gar ein Dritter (vgl. BK-WEBER, N 35) wahlberechtigt. Falls bei gegenseitigen Verträgen (z.B. Kauf) die beiden Leistungen alternativ verbunden und mithin beide Parteien Schuldner sind, muss aufgrund der Umstände des Einzelfalls und der Verkehrssitte festgelegt werden, wer wahlberechtigt ist (VON TUHR/PETER, 79 Anm. 5).

3 Übt der Schuldner das Wahlrecht nicht aus, liegt Schuldnerverzug vor, und die üblichen Folgen der Nichterfüllung kommen zur Anwendung. Der Gläubiger kann alsdann bei vollkommen zweiseitigen Verträgen gem. Art. 107 ff. vorgehen. Andernfalls oder wenn er auf Er-

füllung klagen will, muss er alternativ klagen (GAUCH/SCHLUEP/SCHMID/EMMENEGGER, N 2254). Übt hingegen der Gläubiger das ihm zustehende Wahlrecht nicht aus, liegt Gläubigerverzug (Art. 91) vor. Da es dem Schuldner nicht zumutbar ist, alle zur Wahl stehenden Leistungen zu hinterlegen (Art. 92), erfolgt in Übereinstimmung mit § 264 Abs. 1 BGB nach Ansetzung einer Nachfrist analog Art. 107 der Übergang des Wahlrechts vom Gläubiger auf den Schuldner (BGE 110 II 152 = Pra 1984, 479). Übt der Dritte das ihm zustehende Wahlrecht nicht aus, bestimmt sich die Rechtslage durch Auslegung des Vertragsinhaltes. Denkbar ist in Ausnahmefällen, den Dritten mittels Klage zur Vornahme der Wahl anzuhalten (ausführlich dazu ZK-SCHRANER, N 52 ff.).

Bei der ursprünglichen Unmöglichkeit einer der alternativ geschuldeten Leistungen wird 4
Konzentration auf die mögliche Leistung angenommen. Ist die eine Leistung nachträglich unmöglich geworden und ist dieser Umstand von keiner Partei zu vertreten, kann die wahlberechtigte Partei entweder die noch mögliche oder aber die unmögliche Leistung wählen (ebenso ZK-SCHRANER, N 58, m.V. auf abw. Meinungen). In diesem Fall wird das Schuldverhältnis aufgehoben (Art. 119 Abs. 1; Ausnahme jedoch Art. 185 Abs. 1). Hat der Schuldner den Untergang zu vertreten und ist der Gläubiger wahlberechtigt, kann dieser entweder die noch mögliche Leistung verlangen oder aber die unmögliche Leistung wählen und gem. Art. 97 Schadenersatz verlangen. Ist der Schuldner wahlberechtigt, beschränkt sich die Schuld auf die noch mögliche Leistung (GAUCH/SCHLUEP/SCHMID/EMMENEGGER, N 2264; **a.M.** Merz, SPR VI/1, 139). Falls der Gläubiger den Untergang zu verantworten hat, kann der wahlberechtigte Schuldner die noch mögliche Leistung wählen. Der Gläubiger hat für die untergegangene Leistung Schadenersatz zu leisten. Der Schuldner kann jedoch auch die untergegangene Leistung wählen. In diesem Fall wird er bei gegenseitigen Verträgen so behandelt, wie wenn er erfüllt hat. Er behält seinen Gegenanspruch (umstritten; so MERZ, a.a.O., 139; **a.M.** BUCHER, AT, 299). Ist der Gläubiger wahlberechtigt, hat er dem Schuldner wegen der zu vertretenden Unmöglichkeit Schadenersatz zu leisten, unabhängig davon, ob er die mögliche oder die unmögliche Leistung wählt (BK-WEBER, N 63).

III. Beweislast

Klagt der Gläubiger eine Leistung ein und beruft sich der Schuldner auf den Bestand einer 5
Wahlobligation, so bestreitet er den Klagegrund. Der Gläubiger hat zu beweisen, dass der Schuldner zur behaupteten Leistung verpflichtet ist oder dass ihm entgegen dem Wortlaut von Art. 72 das Wahlrecht zusteht oder dass der Schuldner die eingeklagte Leistung gewählt hat (BK-WEBER, N 86). Das Bestehen einer alternativen Ermächtigung hat der Schuldner zu beweisen.

IV. Vollstreckung

Übt der Schuldner sein ihm zustehendes Wahlrecht nicht aus, gerät er in Schuldnerverzug. 6
Strebt der Gläubiger alsdann die Erfüllung an, muss er prozessual alternativ klagen. Folgerichtig muss auch das Urteil alternativ ausgesprochen werden (VON TUHR/PETER, 80). Da die Vollstreckung nun aber eine bestimmte Leistung voraussetzt, wird in der Lehre überwiegend die Meinung vertreten, dass der Gläubiger in Anlehnung an § 264 Abs. 1 BGB nach seiner Wahl die Zwangsvollstreckung auf die eine oder die andere Leistung richten kann, während sich der Schuldner bis zum Abschluss des Vollstreckungsverfahrens mit der anderen Leistung befreien kann (ausführlich zum Meinungsstreit ZK-SCHRANER, N 46 ff.).

Art. 73

5. Zinse

[1] Geht die Schuldpflicht auf Zahlung von Zinsen und ist deren Höhe weder durch Vertrag noch durch Gesetz oder Übung bestimmt, so sind Zinse zu fünf vom Hundert für das Jahr zu bezahlen.

[2] Dem öffentlichen Rechte bleibt es vorbehalten, Bestimmungen gegen Missbräuche im Zinswesen aufzustellen.

5. Intérêts

[1] Celui qui doit des intérêts dont le taux n'est fixé ni par la convention, ni par la loi ou l'usage, les acquitte au taux annuel de 5%.

[2] La répression des abus en matière d'intérêt conventionnel est réservée au droit public.

5. Interessi

[1] Se l'obbligazione è produttiva d'interessi, la cui misura non sia stabilita dalle parti, dalla legge o dall'uso, saranno dovuti gli interessi in ragione del cinque per cento all'anno.

[2] È riservato al diritto pubblico di provvedere contro gli abusi in materia di interessi convenzionali.

Literatur

Vgl. die Literaturhinweise bei den Vorbem. zu Art. 68–74.

I. Normzweck. Anwendungsbereich

1 Falls eine Zinspflicht verabredet, jedoch nicht beziffert wurde, sieht Art. 73 Abs. 1 einen subsidiären gesetzlichen Zinsfuss von 5% vor. In Art. 73 Abs. 2 wird der Vorbehalt öffentlich-rechtlicher Vorschriften gegen Missbräuche im Zinswesen statuiert. Die Zinspflicht kann auf Gesetz (vgl. den Überblick bei BK-Weber, N 6; BGE 120 II 265) oder Rechtsgeschäft beruhen. Art. 73 befasst sich nur mit der **Zinshöhe**. Weder wird der Begriff des Zinses umschrieben, noch werden Einzelheiten der Zinsregelung aufgeführt.

Eine Zinsschuld weist mehrere charakteristische Merkmale auf: regelmässig wiederkehrende Leistungen von Sachen gleicher Art (üblicherweise Geldleistungen), die pro rata temporis entstehen und hinsichtlich ihrer Entstehung und ihres Umfanges von der Hauptschuld abhängig sind. Sind diese Charakteristika gegeben, liegt unabhängig von der Parteibezeichnung eine Zinsschuld vor (BGE 52 II 233 = Pra 1926, 332). Die Höhe des Zinses bestimmt sich im Regelfall zudem nach der Höhe der geschuldeten Summe und der Dauer der Kapitalgewährung (BK-Weber, N 18 ff.).

II. Inhalt

2 Die Zinsforderung ist im Regelfall von der Hauptforderung (Kapitalschuld) rechtlich abhängig (sog. *akzessorisches Recht*). Dies zeigt sich auch im Zessionsrecht. Art. 170 Abs. 3 statuiert die Vermutung, dass mit der Hauptforderung sowohl die fälligen als auch die laufenden Zinsen auf den Zessionar übergehen. Beim Schuldnerwechsel wird nach h.L. Art. 178 Abs. 1 analog zu Art. 170 Abs. 3 ausgelegt (vgl. auch Art. 499 Abs. 2 Ziff. 1 und 3; Art. 818 Abs. 1 ZGB). Erlischt die Kapitalschuld, so gehen auch ihre Nebenrechte unter (Art. 114 Abs. 1). Erlischt die Hauptschuld rückwirkend durch Verrechnung, hört der Zinslauf mit dem Tage der Verrechenbarkeit auf. Das Gesetz vermutet in einigen Fällen, dass mit der Erfüllung der Forderung auch die Zinsforderung getilgt ist (z.B. Art. 85 Abs. 1; Art. 89 Abs. 2; Art. 114 Abs. 2). Ferner verjährt die Zinsforderung mit der Hauptforderung (Art. 133).

Wird die *Zinsforderung ausnahmsweise verselbständigt*, kann sie auch selbständig eingeklagt, ge- und verpfändet sowie abgetreten werden oder untergehen. Ferner kann der Gläubiger die künftigen Zinsen unter Beibehaltung der Hauptforderung zedieren. Geht nun aber diese unter, fallen keine weiteren Zinsen mehr an, so dass von einer relativen Selbständigkeit gesprochen werden kann. Eine erhöhte und dauernde Selbständigkeit der Zinsforderungen wird erreicht, indem sie z.B. in einem Inhaberpapier, Coupon oder Zinsschein verkörpert werden. Zinsen unterliegen der fünfjährigen Verjährungsfrist (Art. 128 Ziff. 1).

Der Zins wird in Prozenten pro Jahr berechnet. Im nichtkaufmännischen Verkehr weist das Jahr 365 Tage, im kaufmännischen Verkehr 360 Tage auf. Art. 73 schreibt einen Zinsfuss von 5% vor, falls er nicht durch Vertrag, Übung oder Gesetz anders bestimmt wird. Dabei wird unter «Übung» der Zinsfuss verstanden, der auf dem Kapitalmarkt zurzeit und am Ort der Begründung der Hauptforderung für Kreditgeschäfte gilt. Bedeutsam sind ferner gesetzliche Sondervorschriften, die in gewissen Bereichen die Höhe des Zinsfusses bestimmen (so z.B. Art. 104 Abs. 1 [Verzugszins]; Art. 314 [Darlehen unter Kaufleuten]; ausführlicher BK-Weber, N 125 ff.). Nicht unter die Zinsfussanordnung von 5% des Art. 73 fällt der Schadenszins, für welchen auf die Verhältnisse am Kapitalmarkt abzustellen ist (vgl. zur Schadenszins-/Verzugszinsproblematik BGE 122 III 53 ff. m.Vw. auf die in der Literatur umstrittene Frage). 3

Die Parteien können die Höhe des Zinses grundsätzlich frei vereinbaren (BGE 69 I 179 = Pra 1944, 60). Eingeschränkt wird die Privatautonomie durch den vom Bundesrat gem. Art. 14 des Konsumkreditgesetzes festgelegten Höchstzinssatz von derzeit 15%. Daneben bleiben der Wuchertatbestand des StGB, der Übervorteilungstatbestand gem. Art. 21 sowie das Verbot der Sittenwidrigkeit zu beachten. Ferner stellt das OR verschiedene Bestimmungen auf, die die Berechnung von Zinseszinsen erschweren (vgl. z.B. Art. 105). Ein eigentliches Verbot von Zinseszinsen gibt es jedoch nicht. Verstösst eine Zinsabrede gegen eine Regelung eines eidgenössischen oder kantonalen Gesetzes oder ist sie sittenwidrig, ist Nichtigkeit die Rechtsfolge (BGE 80 II 332 = Pra 1955, 57). 4

Art. 74

B. Ort der Erfüllung

1 Der Ort der Erfüllung wird durch den ausdrücklichen oder aus den Umständen zu schliessenden Willen der Parteien bestimmt.

2 Wo nichts anderes bestimmt ist, gelten folgende Grundsätze:
1. **Geldschulden sind an dem Orte zu zahlen, wo der Gläubiger zur Zeit der Erfüllung seinen Wohnsitz hat;**
2. **wird eine bestimmte Sache geschuldet, so ist diese da zu übergeben, wo sie sich zur Zeit des Vertragsabschlusses befand;**
3. **andere Verbindlichkeiten sind an dem Orte zu erfüllen, wo der Schuldner zur Zeit ihrer Entstehung seinen Wohnsitz hatte.**

3 Wenn der Gläubiger seinen Wohnsitz, an dem er die Erfüllung fordern kann, nach der Entstehung der Schuld ändert und dem Schuldner daraus eine erhebliche Belästigung erwächst, so ist dieser berechtigt, an dem ursprünglichen Wohnsitze zu erfüllen.

B. Lieu de l'exécution

1 Le lieu où l'obligation doit être exécutée est déterminé par la volonté expresse ou présumée des parties.

2 A défaut de stipulation contraire, les dispositions suivantes sont applicables:
1. lorsqu'il s'agit d'une somme d'argent, le paiement s'opère dans le lieu où le créancier est domicilié à l'époque du paiement;
2. lorsque l'obligation porte sur une chose déterminée, la chose est délivrée dans le lieu où elle se trouvait au temps de la conclusion du contrat;
3. toute autre obligation est exécutée dans le lieu où le débiteur était domicilié lorsqu'elle a pris naissance.

3 Si l'exécution d'une obligation qui devait être acquittée au domicile du créancier est notablement aggravée par le fait que le créancier a changé de domicile depuis que l'obligation a pris naissance, l'exécution peut avoir lieu valablement en son domicile primitif.

B. Luogo dell'adempimento

[1] Il luogo dell'adempimento è determinato dalla volontà delle parti esplicitamente espressa o risultante dalle circostanze.

[2] In difetto d'altra disposizione varranno le seguenti norme:
1. il pagamento dei debiti pecuniari deve farsi nel luogo in cui è domiciliato il creditore all'epoca della scadenza;
2. la consegna di una cosa determinata deve essere fatta nel luogo in cui si trovava al momento del contratto;
3. le altre obbligazioni devono essere adempiute nel luogo dove era domiciliato il debitore quando ebbero origine.

[3] Quando l'obbligazione dev'essere adempiuta al domicilio del creditore, e questi ne abbia reso molto più gravoso l'adempimento per aver cambiato il suo domicilio dopo la nascita dell'obbligazione, il debitore ha diritto di adempierla al domicilio primitivo del creditore.

Literatur

Vgl. die Literaturhinweise bei den Vorbem. zu Art. 68–74.

I. Normzweck. Anwendungsbereich

1 Art. 74 befasst sich mit dem **Erfüllungsort** (nach neuerer Terminologie: **Leistungsort**) und bestimmt ihn, falls keine entsprechende Parteiabrede oder Übung vorliegt. Die Norm enthält dispositives Recht.

2 Der Ort, an dem der Schuldner die *(letzte) Leistung vorzunehmen* hat, wird als *Leistungsort* bezeichnet. Mithin wird der Leistungsort als *Raumbegriff* aufgefasst (ZK-Schraner, N 4). Wird die Leistung dort erbracht, hat der Schuldner räumlich richtig erfüllt. Dabei muss sich der Leistungserfolg nicht notwendigerweise am Leistungsort aktualisieren (z.B. Distanzkauf, Art. 189 Abs. 1). In solchen Fällen wird der Ort der Leistungshandlung als Vollzugsort und jener des Erfolgs als Erfolgsort bezeichnet. *Wenn der Schuldner seine Leistung nicht am Leistungsort erbringt*, gerät er in *Verzug*; der Gläubiger kommt in Verzug, falls er die angebotene Leistung am Leistungsort nicht annimmt (ZK-Schraner, N 5). Darin liegt die Hauptbedeutung des Leistungsortes. Daneben ist er aber auch bei der Bestimmung des Hinterlegungsortes (Art. 92), der Festlegung der tatsächlichen Preisverhältnisse, der Berechnung des Schadenersatzes (Art. 97, Art. 115), der Festsetzung des Überganges von Nutzen und Gefahr (Art. 185), der Bestimmung der Geschäftszeit (Art. 79) und des Bestehens allfälliger Feiertage sowie zur Klärung der Frage, ob eine Fremdwährungsschuld vorliegt, von Bedeutung. Zudem kann der Leistungsort sowohl im internationalen Verhältnis (vgl. Art. 113 IPRG und Art. 5 Ziff. 1 LugÜ) als auch im Binnenverhältnis (vgl. Art. 31 ZPO) einen Gerichtsstand begründen. Hingegen spielt der Leistungsort i.d.R. keine Rolle bei der Bestimmung des verfassungsmässig garantierten Gerichtsstandes (Art. 30 Abs. 2 BV), des Betreibungsortes (vgl. aber Art. 50 Abs. 2 SchKG; BGE 41 III 347) und des anwendbaren Rechts im IPR (objektive Anknüpfung).

3 Die Bestimmung des Leistungsortes kann sich explizit oder mittelbar aus Vertrag ergeben. Eine wirksame Festlegung des Leistungsortes kann auch in AGB erfolgen, soweit die von der Rechtsprechung und Lehre entwickelten allgemeinen Regeln zur Anwendbarkeit von AGB erfüllt sind (im Einzelnen: BK-Weber, N 67). Ob einzelne der im internationalen Handelsverkehr verwendeten Incoterms eine Vereinbarung des Leistungsortes beinhalten, ist in der Lehre umstritten (Markus, AJP 2010, 976 m.w.Nw.; BGE 122 III 106 E. 4; Gauch/Schluep/Schmid/Emmenegger, N 2123; Schwenzer, N 7.07 f.). Ist dieser aufgrund der Umstände zu bestimmen, sind namentlich die Natur der Verpflichtung, die Verkehrssitte und die Usanzen einer bestimmten Branche bedeutsam. Bei zweiseitigen, insb. synallagmatischen Verträgen wird in der Praxis tendenziell ein einheitlicher Leistungsort angenommen (Bsp. bei BK-Weber, N 78 ff.). Aber auch das Gesetz durchbricht mittels Sonderregelungen die in Art. 74

vorgesehene Ordnung (so z.B. Art. 12 SchKG; Präsentationsklausel auf Wertpapieren; weitere Bsp. bei ZK-SCHRANER, N 62 ff.).

Mögliche Regelungsformen des Leistungsortes sind Holschuld, Bringschuld und Schickschuld. Von einer **Versendungs- oder Schickschuld** wird gesprochen, wenn der Schuldner die *Nebenpflicht* hat, die geschuldete Sache *vom Leistungsort* (Wohnsitz, Geschäftssitz oder Lageort) *aus zu versenden*. Sie wird auch als qualifizierte Holschuld bezeichnet. Im allgemeinen Teil des OR wird die Schickschuld nicht erwähnt, in Art. 185 Abs. 2 und Art. 189 jedoch vorausgesetzt. Mit der Versendung der Sache ist der Schuldner seinen Pflichten nachgekommen. Aufgrund des Einzelfalles muss geklärt werden, welche der Parteien die Transportkosten trägt (BK-WEBER, N 45). **4**

II. Inhalt

Ergibt sich der Leistungsort weder aus der vertraglichen Vereinbarung noch aus den Umständen noch aufgrund gesetzlicher Sonderregeln, wird er gem. Art. 74 Abs. 2 Ziff. 1–3 festgelegt. **5**

a) **Geldschulden** sind gem. Ziff. 1 **Bringschulden**. Der Schuldner hat die Leistung am Wohnort oder Geschäftssitz des Gläubigers zu erbringen. Ändert dieser seinen Wohnsitz (Geschäftssitz) nach der Entstehung des Rechtsverhältnisses, ändert unter Vorbehalt von Art. 74 Abs. 3 auch der Leistungsort *(Grundsatz der Beweglichkeit des Leistungsortes)*. Bis der Leistungsgegenstand dem Gläubiger überbracht ist, trägt der Schuldner die Transport- bzw. Überweisungsgebühren und das Risiko des zufälligen Unterganges des Leistungsgegenstandes während des Transportes.

b) Ist eine bestimmte Sache geschuldet, ist sie am **Lageort** zur Zeit des Vertragsabschlusses zu erbringen (Ziff. 2). Dieser muss jedoch beiden Parteien zu jenem Zeitpunkt bekannt sein (ZK-SCHRANER, N 83). In der Praxis wird regelmässig vereinbart, dass der Schuldner die Sache dem Gläubiger zu bringen hat (BGE 84 II 162 = Pra 1958, 324). Falls dies nicht der Fall ist, kommt Ziff. 2 bei Kauf-, Miet- (BGE 119 II 439 f. = Pra 1994, 743), Pacht-, Leihe- und Hinterlegungsverträgen, bei der qualifizierten Gründung einer AG (BGE 48 II 390 = Pra 1922, 363) sowie bei der Erfüllung sachenrechtlicher Verpflichtungen zur Anwendung. Bei Rückabwicklung von Kauf- und Werkverträgen wird Art. 74 Abs. 2 Ziff. 2 analog angewendet. Der Leistungsort ist dort, wo sich die Sache im Zeitpunkt des Rücktritts befindet (BGE 114 II 152 = Pra 1990, 408; BGE 109 II 32 = Pra 1983, 307). Dies kann zu unbefriedigenden Ergebnissen führen. Sinnvollerweise wird der Leistungsort vom Wohnsitz der zurücktretenden Person abhängig gemacht (**a.M.** ZK-SCHRANER, N 87).

c) Ziff. 3 sieht den Wohnsitz des Schuldners zur Zeit der Entstehung des Rechtsverhältnisses als Leistungsort vor. Eine solche Schuld wird als **Holschuld** bezeichnet. Der Anwendungsbereich von Ziff. 3 ist weit. Insbesondere fallen darunter Gattungsschulden, Unterlassungspflichten, befristete und bedingte Verbindlichkeiten, Verpflichtungen zu einem Tun oder zur Verschaffung einer künftigen Sache (ausführlicher ZK-SCHRANER, N 89 ff.). Bei Holschulden wird der Gläubiger durch ein verbales Angebot in Verzug gesetzt (BGE 119 II 439 f. = Pra 1994, 743; BGE 109 II 32 = Pra 1983, 307).

Die Regelung von Ziff. 1 kann beim bargeldlosen Zahlungsverkehr nur bedingt angewendet werden. Die Erfüllungswirkung tritt dann ein, wenn der geschuldete Geldbetrag auf dem Konto des Gläubigers gutgeschrieben ist (BGE 124 III 117; WEBER, SJZ 1982, 141; HESS, SZW 1991, 101 ff.). Bei der Festlegung des Erfüllungszeitpunktes ist vom entsprechenden Grundsatz bei Barzahlung auszugehen. Durch den Beizug eines Erfüllungsgehilfen durch den Schuldner (z.B. Bank, Post) darf der Gläubiger nicht schlechter gestellt werden. Mithin hat der Schuldner auch beim bargeldlosen Zahlungsverkehr zu sorgen, dass der Gläubiger zum vereinbarten Erfüllungszeitpunkt über das Geld verfügen kann bzw. könnte. Er hat daher **6** den entsprechenden Auftrag so frühzeitig zu erteilen, dass der Zahlungsvorgang im Zeitpunkt des Ablaufs der Zahlungsfrist erledigt ist. Bis zu diesem Zeitpunkt trägt der Schuldner die Verlust- und Verzögerungsgefahr. Dieser Grundsatz gilt auch im Mietrecht (BGE 119 II 235; KOLLER TH., recht 1993, 148; BK-WEBER, N 126; ZK-SCHRANER, N 102; kritisch THALMANN, SZW 1990, 257 ff.). Dem Schuldner stehen gegebenenfalls Schadenersatzansprüche gegen die Post oder die Bank zu (WEBER, SJZ 1982, 144 f.). Gibt der Gläubiger durch Zusendung eines Einzahlungsscheins zu erkennen, dass die Zahlungspflicht durch Einzahlung auf das Postcheckkonto seiner Bank erfüllt werden kann, so soll nach neuerer bundesgerichtlicher Rechtsprechung die Einzahlung am Postschalter zur Wahrung der Zahlungsfrist genügen (BGE 124 III 145 ff., für den Fall der Abrede der Mietzinszahlungen mithilfe der Post bestätigt in BGer, 14.9.2005. 4C.172/2005, E. 2; zu Recht kritisch WIEGAND, ZBJV 1999, 561 ff.; die Einzahlung am Postschalter als massgebenden Erfüllungszeitpunkt bejahend hingegen GAUCH/SCHLUEP/SCHMID/EMMENEGGER, N 2321; KOLLER, recht 1999, 25 ff.; wohl auch WEBER, Elektronisches Geld, 117). Prozesskostenvorschüsse sind rechtzeitig geleistet, wenn sie am letzten Tag der Frist bei der Post vorgenommen wurden oder der Auftrag zur Überweisung auf das Postcheckkonto des Gerichts abgesandt wurde (BGE 114 Ib 68 = Pra 1988, 535; THALMANN, SZW 1990, 264). Bei Benützung eines Sammelauftragsdienstes oder bei elektronischen Zahlungsaufträgen ist die Frist gewahrt, wenn spätestens der letzte Tag der Frist als Fälligkeitsdatum eingesetzt ist und die Daten innert dieser Frist der Post übergeben sind (BGer, 14.10.2004, 1P.464/2004, E. 2).

7 Soweit Art. 74 Abs. 3 dem Wohnsitz (Geschäftssitz) des Gläubigers Bedeutung beimisst, ist jener zur Zeit der Erfüllung massgebend. Hat er sich seit der *Entstehung der Schuld geändert* und ist die durch die Wohnsitzänderung resultierende *Belästigung für den Schuldner erheblich*, kann dieser am *ursprünglichen Wohnsitz (Geschäftssitz) erfüllen*. Die Belästigung ist erheblich, wenn der Gläubiger mit unbekanntem Ziel verreist ist oder wenn die Beförderung mit bedeutend höheren Kosten und Gefahren verbunden ist (VON TUHR/ESCHER, 41). Ist die Belästigung minder beträchtlich, darf der Schuldner zusätzliche Kosten auf den Gläubiger überwälzen, hat aber am vorgegebenen Leistungsort zu erfüllen. Art. 74 Abs. 3 ist auch anwendbar, wenn sich der Leistungsort durch Zession oder Erbgang ändert.

III. IPR

8 Art. 31 lit. b WKR enthält für Stück- oder Vorratsschulden dieselbe Regelung wie Art. 74 Abs. 2 Ziff. 2. Der Leistungsort ist der Lageort beim Vertragsschluss. Art. 31 lit. c WKR enthält eine analoge Regelung zu Art. 74 Abs. 2 Ziff. 3. Mithin gilt das Verkaufsdomizil als Leistungsort.

8a Der in Art. 113 IPRG verwendete Begriff des Erfüllungsortes ist sowohl lege fori oder lege causae im Einzelfall zu bestimmen (BGer, 21.10.2013, 4A 686/2012; BGE 130 III 463 E. 4.1.; 126 III 334; krit. zu dieser Rechtsprechung mit zwei weiterführenden Auslegungswegen SCHWANDER, 462 ff.).

Art. 75

C. Zeit der Erfüllung **I. Unbefristete Verbindlichkeit**	**Ist die Zeit der Erfüllung weder durch Vertrag noch durch die Natur des Rechtsverhältnisses bestimmt, so kann die Erfüllung sogleich geleistet und gefordert werden.**
C. Epoque de l'exécution I. Obligations sans terme	A défaut de terme stipulé ou résultant de la nature de l'affaire, l'obligation peut être exécutée et l'exécution peut en être exigée immédiatement.

C. Tempo dell'adempimento
I. Obbligazione senza termine

Può essere chiesto ed eseguito immediatamente l'adempimento di un'obbligazione, pel quale il tempo non sia determinato né dal contratto nè dalla natura del rapporto giuridico.

Literatur

Vgl. die Literaturhinweise bei den Vorbem. zu Art. 68–74.

I. Allgemeines

1 Der Normzweck von Art. 75–81 ist die Regelung der **zeitlichen Aspekte der Erfüllung**. Die Normen zur Fristenbestimmung (Art. 76–80) enthalten dispositives Recht; sie werden als *materiale Auslegungsregeln* bezeichnet. Sie haben den Zweck, eine gewisse Einheitlichkeit zu erreichen. Dabei werden bei der Festlegung von Terminen und Fristen die mutmassliche Absicht der Parteien sowie die Lebenserfahrung unterstellt (BK-Weber, N 6; **a.M.** Bucher, AT, 306). Art. 75–81 gelten für alle Rechtshandlungen, bei denen der Zeitfaktor eine Rolle spielt. Falls spezialgesetzliche Vorschriften fehlen, gelten die Bestimmungen des OR auch im Betreibungs-, Prozess- und Verwaltungsrecht. Dabei sind jedoch das BG über den Fristenlauf an Samstagen vom 21.6.1963 (SR 173.110.3) sowie das Europäische Abkommen über die Berechnung von Fristen in Kraft seit 28.4.1983 (SR 0.221.122.3) zu beachten.

2 Das Element «Zeit» ist regelmässig eine Modalität der Schuld und mithin Bestandteil des Leistungsinhaltes. Die Zeitbestimmung erfolgt durch Vertrag, die Umstände, das Gesetz oder das Ermessen einer Partei. Der Zeitpunkt der Erfüllung kann daher absolut oder relativ bestimmt werden. Von einer absoluten Zeitbestimmung *(dies certus quando)* wird gesprochen, wenn sich der Erfüllungszeitpunkt kalendermässig festlegen lässt (von Tuhr/Escher, 46). Diese Bestimmung kann direkt (z.B. 31.10.03; vgl. auch Art. 76) oder indirekt (z.B. in einem Monat; vgl. auch Art. 77) erfolgen. Eine relative Zeitbestimmung *(dies incertus quando)* liegt dann vor, wenn der Leistungszeitpunkt sicher eintreten wird, aber nicht zum Voraus exakt bestimmt werden kann. Die Konkretisierung erfolgt subjektiv (Hauptanwendungsfall: Kündigungsrecht) oder objektiv (z.B. Tod des Schuldners). Erachten die Parteien jedoch den Eintritt des Ereignisses als ungewiss, liegt ein bedingtes Rechtsgeschäft (Art. 151) vor. Falls ein Schuldner verspricht, dann zu leisten, wenn die Verhältnisse sich gebessert haben (sog. Besserungsklausel), muss der Leistungszeitpunkt nach Treu und Glauben bestimmt werden (vgl. ZK-Schraner, N 15).

II. Normzweck. Anwendungsbereich

3 Art. 75 sieht vor, dass die *Leistung sogleich verlangt und erbracht wird*. Die «Zeit der Erfüllung» meint sowohl die Fälligkeit als auch die Erfüllbarkeit einer unbefristeten Forderung. Obwohl Art. 75 auf Schuldverhältnisse mit einmaliger Leistungserbringung ausgerichtet ist, findet diese Regel auf alle Forderungen, namentlich auch auf Rückabwicklungspflichten, Anwendung.

III. Inhalt

4 Die **Fälligkeit** bedeutet, dass der Gläubiger *zu diesem Zeitpunkt die Leistung verlangen kann*. Sie ist daher auch Voraussetzung des Schuldnerverzuges, des Beginns der Verjährung und der Klagbarkeit der Forderung (vor diesem Zeitpunkt steht dem Gläubiger u.a. die Feststellungsklage zu). Fälligkeit setzt nicht voraus, dass der Schuldner die Höhe der Forderung kennt (SJZ 1984, 165; BGE 87 II 163 = Pra 1961, 446). Steht ihm eine Einrede zu und macht er diese geltend, hebt er damit die Fälligkeit auf (BGer, 15.10.2010, 4A_432/2010; BGE 126 III 57 E. 6b). Die **Erfüllbarkeit** bedeutet, dass *der Schuldner die Leistung erbringen darf.*

Oft darf er vor der Fälligkeit leisten (vgl. dazu die Vermutung gem. Art. 81). Art. 75 geht davon aus, dass Fälligkeit und Erfüllbarkeit zusammenfallen.

Art. 75 sieht vor, dass primär die Parteien durch Vertrag (ausdrücklich oder stillschweigend) den Zeitpunkt des Eintritts der Fälligkeit festlegen können. Diese muss bestimmbar sein; exakte Bestimmung ist nicht notwendig (vgl. N 2). Haben die Parteien den Zeitpunkt des Eintritts der Fälligkeit nicht geregelt, kann er sich aus der Natur des Rechtsverhältnisses oder aber aus gesetzlichen Sondervorschriften ergeben. Im ersten Fall muss der Erfüllungszeitpunkt aus den Umständen des Einzelfalles unter Berücksichtigung von Treu und Glauben festgelegt werden. Gesetzesnormen, die Sondervorschriften über die Fälligkeit aufweisen, sind z.B. Art. 213 Abs. 1 (Kaufpreis); Art. 372 Abs. 1 (Werklohn); Art. 314 Abs. 1 (Mäklerprovision) (weitere Bsp. bei ZK-SCHRANER, N 58).

IV. Rechtsfolgen

5 Fehlt eine Bestimmung der Erfüllungszeit, hält Art. 75 fest, dass die Fälligkeit sogleich eintritt. Der gesetzliche Begriff «sogleich» ist im Einzelfall unter Berücksichtigung von Treu und Glauben auszulegen (BGE 116 II 236; SJ 1981, 476). Dabei gilt gem. Art. 203 ZGB, dass der Güterstand keine Wirkung auf die Fälligkeit der Schulden zwischen Ehegatten hat, es kommt daher Art. 75 ff. zur Anwendung (BGE 118 II 390 f. = Pra 1993, 361). Dabei hat in jedem Fall zu gelten, dass dem Schuldner die Zeit eingeräumt wird, die unter normalen Umständen zur Erbringung der Leistung notwendig ist (Bsp. bei BK-WEBER, N 90 ff.; BGer, 14.6.2000, 4C.457/1999, E. 3a).

Durch die *Stundung* wird aufgrund von Vertrag, Gesetz oder Urteil nachträglich die *Fälligkeit während einer bestimmten Frist aufgehoben bzw. aufgeschoben* (BGE 94 II 104 f.). Sie verhindert daher den Eintritt des Schuldnerverzuges und dessen Rechtsfolgen. Die Stundung ist *eine materielle Einwendung, nicht eine Einrede*. Sie hemmt die Verjährung (BGE 65 II 232 f. = Pra 1940, 110). Im Regelfall führt sie nicht zu einer Novation (BGE 69 II 302 f. = Pra 1943, 423). Das Gesetz setzt die Stundung mitunter voraus (Art. 228 Abs. 1, 1166, 1170 Ziff. 1), regelt sie jedoch nicht. Beim pactum de non petendo verzichtet der Gläubiger auf die Geltendmachung der schon fälligen Forderung. Er verzichtet auf deren Durchsetzbarkeit; es liegt keine Stundung vor (weiterführend SCHALLER, N 371 ff.). Die Stundung endet mit Eintritt des vereinbarten oder festgesetzten Zeitpunktes.

V. Beweislast

6 Die h.L. geht davon aus, dass Art. 75 auch die Verteilung der Beweislast regle (BK-WEBER, N 112 m.w.Nw.). Allgemein stellt er eine Vermutung für die sofortige Fälligkeit auf. Daher trägt der Schuldner die Beweislast für die Behauptung, dass sie noch nicht eingetreten sei. Andererseits hat der Gläubiger zu beweisen, dass er die Leistung vor der Fälligkeit verlangen darf. Wird der Fälligkeitseintritt durch eine Kündigung herbeigeführt, hat der Gläubiger diese zu beweisen. Eine Stundungsvereinbarung hat grundsätzlich der Schuldner zu beweisen.

VI. IPR

7 Im Gegensatz zu der in Art. 75 statuierten sofortigen Fälligkeit bestimmt Art. 33 lit. c WKR, dass der Verkäufer innerhalb einer angemessenen Frist nach Vertragsabschluss zu liefern hat. Die in Art. 33 lit. a und b WKR aufgeführten Regelungen betreffend Erfüllungszeit enthalten Selbstverständlichkeiten.

Art. 76

II. Befristete Verbindlichkeit
1. Monatstermin

[1] Ist die Zeit auf Anfang oder Ende eines Monates festgesetzt, so ist darunter der erste oder der letzte Tag des Monates zu verstehen.

[2] Ist die Zeit auf die Mitte eines Monates festgesetzt, so gilt der fünfzehnte dieses Monates.

II. Obligations à terme
1. Termes mensuels

[1] Le terme fixé pour l'exécution au commencement ou à la fin d'un mois s'entend du premier ou du dernier jour du mois.

[2] Le terme fixé au milieu d'un mois s'entend du quinze de ce mois.

II. Obbligazione a termine
1. Termine a mese

[1] Ove l'adempimento sia fissato per principio o per la fine di un mese, dovrà aver luogo il primo o l'ultimo giorno del mese.

[2] Ove sia fissato per la metà di un mese, dovrà aver luogo il quindici di detto mese.

Literatur

Vgl. die Literaturhinweise bei den Vorbem. zu Art. 68–74.

I. Normzweck. Anwendungsbereich

Art. 76 beinhaltet eine *Zeitbestimmung*. Diese Norm befasst sich mit Terminen, also mit Zeitpunkten. Sie enthält materiale Auslegungsregeln (vgl. Art. 75 N 1). Art. 76 bezieht sich auf alle Rechtshandlungen, für die ein Termin besteht. 1

II. Voraussetzungen

Gemäss Art. 76 Abs. 1 ist der *«Anfang»* des Monats der erste Tag. Der letzte Tag des Monats ist das *«Ende»* des Monats. Der 15. Tag gilt als *«Mitte»* des Monats (Art. 76 Abs. 2). Wer sich den Einheitlichen Richtlinien und Gebräuche für Dokumenten-Akkreditive unterwirft, kann sich nicht auf Art. 76 berufen (BGE 87 II 239 = Pra 1962, 41). Diese Richtlinien sehen eine abweichende Zeitbestimmung der Begriffe «Anfang», «Mitte», und «Ende» Monat vor. Auch im Börsenverkehr kann aufgrund der Zeitbestimmung durch den Börsenvorstand eine andere Zeitbestimmung gelten. 2

Art. 76 kommt bei Zeitbestimmungen wie «im Frühjahr», «im Sommer», «Anfang der Woche» oder «Ende der Woche» nicht zur Anwendung. Mangels anderer Auslegungskriterien wird der Zeitbestimmung «im Frühling» die Bedeutung beigemessen, dass der Schuldner die Leistung vor dem 21.6.und «im Herbst» nicht vor dem 23.9. zu erbringen hat. Unter «Anfang der Woche» wird regelmässig der Montag verstanden, und der Freitag gilt als «Ende der Woche» (BK-Weber, N 13 ff.). 3

Art. 77

2. Andere Fristbestimmung

[1] Soll die Erfüllung einer Verbindlichkeit oder eine andere Rechtshandlung mit dem Ablaufe einer bestimmten Frist nach Abschluss des Vertrages erfolgen, so fällt ihr Zeitpunkt:

1. **wenn die Frist nach Tagen bestimmt ist, auf den letzten Tag der Frist, wobei der Tag, an dem der Vertrag geschlossen wurde, nicht mitgerechnet und, wenn die Frist auf acht oder 15 Tage lautet, nicht die Zeit von einer oder zwei Wochen verstanden wird, sondern volle acht oder 15 Tage;**
2. **wenn die Frist nach Wochen bestimmt ist, auf denjenigen Tag der letzten Woche, der durch seinen Namen dem Tage des Vertragsabschlusses entspricht;**

3. wenn die Frist nach Monaten oder einem mehrere Monate umfassenden Zeitraume (Jahr, halbes Jahr, Vierteljahr) bestimmt ist, auf denjenigen Tag des letzten Monates, der durch seine Zahl dem Tage des Vertragsabschlusses entspricht, und, wenn dieser Tag in dem letzten Monate fehlt, auf den letzten Tag dieses Monates.

Der Ausdruck «halber Monat» wird einem Zeitraume von 15 Tagen gleichgeachtet, die, wenn eine Frist auf einen oder mehrere Monate und einen halben Monat lautet, zuletzt zu zählen sind.

[2] In gleicher Weise wird die Frist auch dann berechnet, wenn sie nicht von dem Tage des Vertragsabschlusses, sondern von einem andern Zeitpunkte an zu laufen hat.

[3] Soll die Erfüllung innerhalb einer bestimmten Frist geschehen, so muss sie vor deren Ablauf erfolgen.

2. Autres termes

[1] Lorsqu'une obligation doit être exécutée ou quelque autre acte juridique accompli à l'expiration d'un certain délai depuis la conclusion du contrat, l'échéance est réglée comme suit:

1. si le délai est fixé par jours, la dette est échue le dernier jour du délai, celui de la conclusion du contrat n'étant pas compté; s'il est de huit ou de quinze jours, il signifie non pas une ou deux semaines, mais huit ou quinze jours pleins;
2. si le délai est fixé par semaines, la dette est échue le jour qui, dans la dernière semaine, correspond par son nom au jour de la conclusion du contrat;
3. si le délai est fixé par mois ou par un laps de temps comprenant plusieurs mois (année, semestre, trimestre), la dette est échue le jour qui, dans le dernier mois, correspond par son quantième au jour de la conclusion du contrat; s'il n'y a pas, dans le dernier mois, de jour correspondant l'obligation s'exécute le dernier jour dudit mois.

L'expression «demi-mois» équivaut à un délai de quinze jours; si le délai est d'un ou plusieurs mois et d'un demi-mois, les quinze jours sont comptés en dernier lieu.

[2] Ces règles sont également applicables si le délai court à partir d'une époque autre que celle de la conclusion du contrat.

[3] Lorsqu'une obligation doit être exécutée au cours d'un certain laps de temps, le débiteur est tenu de s'acquitter avant l'expiration du délai fixé.

2. Termine fissato in altro modo

[1] Ove l'adempimento d'una obbligazione o d'altro atto giuridico debba aver luogo trascorso un dato termine dalla conclusione del contratto, esso dovrà effettuarsi:

1. l'ultimo giorno del termine, se questo è fissato a giorni, non comprendendo nel computo del termine il giorno in cui fu conchiuso il contratto, e, se il termine è di otto o 15 giorni, s'intenderanno non una o due settimane ma otto o 15 giorni interi;
2. quel giorno dell'ultima settimana che pel nome corrisponde a quello in cui fu conchiuso il contratto, se il termine fu stabilito a settimane;
3. quel giorno dell'ultimo mese che per il numero corrisponde a quello in cui fu conchiuso il contratto, se il termine fu stabilito a mesi o ad uno spazio di tempo comprendente più mesi (un anno, un semestre, un trimestre), e, se un tal giorno manca nell'ultimo mese, l'adempimento avrà luogo l'ultimo giorno di detto mese.

L'espressione «mezzo mese» equivale al termine di 15 giorni, i quali si contano per gli ultimi, se il termine è di uno o più mesi e mezzo.

[2] In egual modo è computato il termine anche se lo stesso abbia a decorrere non dal giorno del contratto, ma da altra epoca.

[3] Ove l'adempimento debba seguire entro un certo termine, dovrà aver luogo prima dello spirare del medesimo.

Literatur

Vgl. die Literaturhinweise bei den Vorbem. zu Art. 68–74.

I. Normzweck. Anwendungsbereich

Art. 77 regelt die **Fristberechnung** bei allen Rechtshandlungen, für die eine Frist *(Zeitraum)* besteht. Die Norm bezieht sich daher nicht nur auf die Erfüllung von Verträgen. Eine analoge Bestimmung findet sich im Wechselrecht (vgl. Art. 1026 Abs. 4). Art. 77 geht von *fortlaufenden Fristen (tempus continuum)* aus. Zeiten, während derer der Schuldner nicht leisten kann (z.B. Sonn- und Feiertage), sind bei der Berechnung des Fristenlaufs mitzuzählen. Im Gegensatz dazu wird die *Verjährungsfrist als tempus utile* verstanden; die Frist ist beim Vorliegen eines in Art. 134 aufgezählten Grundes gehemmt. Art. 77 geht davon aus, dass die Fristen nach Jahren, Monaten, Wochen und deren Bruchteilen sowie als kleinste Zeiteinheit nach Tagen berechnet werden. Wird die Frist nach Minuten und Stunden festgelegt, findet Art. 77 keine Anwendung (ausführlich dazu BK-WEBER, N 10). 1

Art. 77 enthält dispositives Recht und verschiedene materiale Auslegungsregeln (vgl. Art. 75 N 1). Die Parteien können namentlich festlegen, dass gewisse Zeiträume (z.B. Sonn- und Feiertage) bei der Fristberechnung nicht berücksichtigt werden (tempus utile). Der Fristenlauf wird dann durch diese Zeiten unterbrochen. Die Berechnung der Frist bei nicht zusammenhängenden Zeiträumen hat im Regelfall davon auszugehen, dass das Jahr 365 Tage, der Monat 30 Tage und der Halbmonat 15 Tage aufweist (ZK-OSER/SCHÖNENBERGER, Art. 75 OR N 2).

II. Inhalt

Grundsätzlich ist der Tag, auf den das auszulösende Ereignis fällt, bei den nach Tagen berechneten Fristen nicht mitzuzählen (Art. 77 Abs. 1 Ziff. 1; BGE 81 II 137 = Pra 1955, 480). Diese Regelung gilt auch im Prozess-, Verwaltungsverfahrens-, Betreibungs- sowie Strafrecht. Aufgrund einer Parteivereinbarung oder konkreter Umstände kann jedoch folgen, dass der erste Tag der Frist schon jener des auslösenden Ereignisses ist (Bsp. bei ZK-SCHRANER, N 12 ff.). Art. 77 Abs. 1 Ziff. 1 legt zudem fest, dass eine Frist von acht oder fünfzehn Tagen nicht eine oder zwei Wochen umfasst, sondern dass die Tage auszuzählen sind. Diese Regelung widerspricht dem Sprachgebrauch (BK-WEBER, N 21). 2

In Art. 77 Abs. 1 Ziff. 2 und 3 wird die in Ziff. 1 genannte Regelung auch auf Fristen nach Wochen und nach Monaten ausgedehnt. Dabei werden bei der Berechnung ganzmonatiger Fristen der gleiche Monatstag beibehalten und die zu berechnenden Monate dazugezählt; fehlt der entsprechende Monatstag (z.B. der 31.), so endet die Frist am letzten Tag dieses Monats. In analoger Anwendung von Art. 77 Abs. 1 Ziff. 1 sind Fristen von 30, 60 oder 90 Tagen effektiv zu verstehen und nicht als Monate (BUCHER, AT, 307; **a.M.** BK-WEBER, N 28). Gemäss Art. 77 Abs. 1 Ziff. 3 Abs. 2 umfasst die Fristbestimmung «halber Monat» 15 Tage. Art. 77 Abs. 2 bestimmt, dass die Regelungen zur Fristberechnung gem. Abs. 1 auch auf nicht durch einen Vertragsabschluss ausgelöste Fristen (wie z.B. Frist für die Eintragung des Bauhandwerkerpfandrechts [BGE 53 II 220 = Pra 1927, 357], Frist zur Anfechtung eines Generalversammlungsbeschlusses, weitere Bsp. bei BK-WEBER, N 30) Anwendung finden.

Art. 77 Abs. 3 führt eine logische Selbstverständlichkeit auf. Der Schuldner erfüllt dann noch fristgerecht, wenn er am letzten Tag der Frist leistet. Der Leistungsgegenstand hat bei der Bringschuld (vgl. Art. 75) am letzten Tag beim Gläubiger einzutreffen. Bei der Schickschuld (vgl. Art. 75) muss er bis zu diesem Zeitpunkt versandt worden sein. Im kaufmännischen Verkehr braucht der Gläubiger die Erfüllung ausserhalb der normalen Geschäftszeit nicht anzunehmen (Art. 79). Im nichtkaufmännischen Verkehr kann ein Erfüllungsversuch zur Unzeit vorliegen (BK-WEBER, N 34). 3

Art. 78

3. Sonn- und Feiertage

[1] Fällt der Zeitpunkt der Erfüllung oder der letzte Tag einer Frist auf einen Sonntag oder auf einen andern am Erfüllungsorte staatlich anerkannten Feiertag, so gilt als Erfüllungstag oder als letzter Tag der Frist der nächstfolgende Werktag.

[2] Abweichende Vereinbarungen bleiben vorbehalten.

3. Dimanche et jours fériés

[1] L'échéance qui tombe sur un dimanche ou sur un autre jour reconnu férié par les lois en vigueur dans le lieu du paiement, est reportée de plein droit au premier jour non férié qui suit.

[2] Les conventions contraires demeurent réservées.

3. Domenica e giorni festivi

[1] Se il momento dell'adempimento o l'ultimo giorno di un termine cade in domenica od in altro giorno officialmente riconosciuto come festivo nel luogo dell'adempimento, il termine si protrae al prossimo giorno feriale.

[2] È riservata ogni diversa pattuizione.

Literatur

Vgl. die Literaturhinweise bei den Vorbem. zu Art. 68–74.

I. Normzweck. Anwendungsbereich

1 Art. 78 schützt den Schuldner und die **Sonn- und Feiertagsruhe**. An solchen Tagen muss der *Schuldner nicht leisten*. Dagegen hat der Gläubiger an Sonn- und Feiertagen grundsätzlich die angebotene Leistung anzunehmen, will er nicht in Gläubigerverzug fallen. Praktisch uneingeschränkt gilt Art. 78 bei Sachleistungspflichten. Bei Arbeitsleistungsverträgen sind insb. die öffentlich-rechtlichen Schutzbestimmungen zu beachten. Unterlassungspflichten laufen auch an Sonn- und Feiertagen ab, da keine Erfüllungshandlungen notwendig sind (BK-Weber, N 10). Art. 78 ist neben Erfüllungshandlungen auch auf Fristen anwendbar. Im Besonderen findet Art. 78 Anwendung *auf Fristen zur Abgabe von Willenserklärungen*, so z.B. auf Rügefristen, Anfechtungsfristen sowie Fristen zur Klageerhebung (Vaterschaftsklage, Eintragung eines Bauhandwerkerpfandrechts, Klagen wegen unerlaubter Handlung und ungerechtfertigter Bereicherung; weitere Bsp. bei BK-Weber, N 12). Dabei wird der Erklärende als Leistender betrachtet. Art. 78 gilt auch bei der Berechnung der Verjährungsfristen (Art. 132 Abs. 2) sowie im Wechsel- und Checkrecht (Art. 1081 und Art. 1136 Abs. 2). Er enthält für den *Bereich des Bundesrechts einen allgemeingültigen Grundsatz* (BGE 83 IV 186). Art. 78 bewirkt ausserdem, dass Fristen, die an Sonn- oder Feiertagen enden, erst am nächsten Werktag ablaufen (SJZ 1974, 111).

Art. 78 ist dispositiven Rechts und eine materiale Auslegungsregel (vgl. Art. 75 N 1). Öffentlich-rechtliche Vorschriften können die Anwendung von Art. 78 ausschliessen.

II. Inhalt

2 Der Sonntag ist kalendermässig festgelegt. Die Feiertage werden durch öffentlich-rechtliche Vorschriften oder Gesetze des Bundes, der Kantone oder der Gemeinden anerkannt. Festlichkeiten müssen noch keine Feiertage i.S.v. Art. 78 sein, auch wenn Verwaltung und Geschäfte geschlossen sind (z.B. Sechseläuten, Knabenschiessen; BGE 87 I 211 = Pra 1961, 251). Ob ein *Feiertag vorliegt, bestimmt sich* nach dem Recht des *Leistungsortes* (vgl. dazu die umfassende Aufstellung gesetzlich anerkannter Feiertage bei BK-Weber, N 20). Zur Frage, ob der Berchtoldstag (2. Januar) im Kanton Zürich ein gesetzlicher Feiertag sei, vgl. einerseits KassGer ZH, ZR 1984, 248 (verneint), andererseits Verzeichnis (über die gesetzlichen Feiertage und Tage, die in der Schweiz wie gesetzliche Feiertage behandelt werden) gestützt auf

Art. 11 des Europäischen Übereinkommens über die Berechnung von Fristen vom 16.5.1972 (SR 0.221.122.3) (bejaht).

Das Bundesgesetz vom 21.6.1963 über den Fristenlauf an Samstagen (SR 173.110.3) stellt den Samstag hinsichtlich aller bundesrechtlichen Fristen oder durch Behörden aufgrund eidgenössischen Rechts angesetzten Fristen den Sonn- und Feiertagen gleich. Es ist daher nicht auf kantonalrechtliche und vertraglich festgelegte Fristen anwendbar. Die gesetzliche Gleichstellung von Samstagen mit Sonn- und Feiertagen berührt nur die endende Frist. Sie wird bis zum nächstfolgenden Werktag erstreckt. Der Beginn einer Frist an einem Samstag wird hingegen durch das Gesetz nicht beeinflusst. Art. 78 erfährt durch das Bundesgesetz über den Fristenlauf an Samstagen keine Änderung. Oft wird jedoch der Ausschluss der Erfüllung am Samstag aufgrund des Parteiwillens zu vermuten sein (BUCHER, AT, 308 Anm. 57; für den kaufmännischen Verkehr vgl. Art. 79). 3

III. Rechtsfolge

Art. 78 hat zur Folge, dass die *Erfüllungsfrist* (bzw. Erklärungsfrist), die an einem Sonn- oder Feiertag endet, auf den *nächstfolgenden Werktag erstreckt wird*. Es liegt eine gesetzliche Erstreckung vor. An einem Sonn- oder Feiertag kann daher die Leistung vom Schuldner nicht verlangt werden. Art. 78 ist jedoch nicht auf Fristen anwendbar, wenn diese im Interesse des Erklärungsempfängers vorgesehen wurden oder die Erstreckung die Belastung der Verpflichteten vergrössern würde, wie z.B. bei Duldungs- und Unterlassungspflichten oder bei Annahme eines befristeten Antrages (vgl. BK-WEBER, N 30 mit weiteren Bsp.). 4

Art. 79

III. Erfüllung zur Geschäftszeit	**Die Erfüllung muss an dem festgesetzten Tage während der gewöhnlichen Geschäftszeit vollzogen und angenommen werden.**
III. Heures consacrées aux affaires	L'exécution a lieu et doit être acceptée, le jour de l'échéance, pendant les heures habituellement consacrées aux affaires.
III. Ore consuete degli affari	L'adempimento deve essere eseguito ed accettato nel giorno stabilito durante le ore consuete degli affari.

Literatur

Vgl. die Literaturhinweise bei den Vorbem. zu Art. 68–74.

I. Normzweck. Anwendungsbereich

Für den nichtkaufmännischen Geschäftsverkehr legt diese Norm den Grundsatz fest, dass die *Erfüllung nicht zur Unzeit erfolgen darf*. Art. 79 kommt daneben auch bei *kaufmännischen Geschäften* (beide Parteien oder der Leistungsempfänger sind Kaufleute) zur Anwendung. Er gilt sowohl für die Erfüllung von Verpflichtungen als auch für die Abgabe von Willenserklärungen. 1

Die gewöhnliche Geschäftszeit bestimmt sich nach Ort, Branche und Verkehrssitte am Leistungsort (bei internationalen Handelsgeschäften vgl. BGE 105 II 30 = Pra 1979, 310). Bei Bringschulden gilt die gewöhnliche Geschäftszeit des Gläubigers, bei Holschulden die des Schuldners. Ob der Samstag eine unübliche Geschäftszeit ist, entscheiden Ortsgebrauch und Branchenübung des Leistungsortes (BK-WEBER, N 10 mit Bsp.). 2

II. Rechtsfolge

3 Die Regelung von Art. 79 hat zur Folge, dass der Schuldner am Erfüllungszeitpunkt zu den *gewöhnlichen Geschäftszeiten* leisten muss. Nimmt der Gläubiger jedoch die angebotene Leistung ausserhalb der gewöhnlichen Geschäftszeit an, hat der Schuldner rechtzeitig erfüllt. Der Gläubiger muss die angebotene Leistung des Schuldners während der gewöhnlichen Geschäftszeit auch bei grossem Geschäftsandrang annehmen (BK-WEBER, N 13 ff.). Für den nichtkaufmännischen Verkehr hat Art. 79 zur Folge, dass der Schuldner nicht zur Unzeit erfüllen (bzw. die Willenserklärung abgeben) darf. Im Einzelfall ist die so verstandene Geschäftszeit nach Treu und Glauben und aufgrund der Verkehrssitte zu klären (ZK-SCHRANER, N 12).

Art. 80

IV. Fristverlängerung	**Ist die vertragsmässige Frist verlängert worden, so beginnt die neue Frist, sofern sich aus dem Vertrage nicht etwas anderes ergibt, am ersten Tage nach Ablauf der alten Frist.**
IV. Prolongation du terme	En cas de prolongation du terme convenu pour l'exécution, le nouveau délai court, sauf stipulation contraire, à partir du premier jour qui suit l'expiration du précédent délai.
IV. Prorogazione del termine	Quando sia prorogato il termine fissato per l'adempimento, il nuovo termine, salvo convenzione in contrario, decorre dal primo giorno dopo trascorso il termine precedente.

Literatur

Vgl. die Literaturhinweise bei den Vorbem. zu Art. 68–74.

1 Art. 80 regelt die **vertragliche Fristverlängerung**. Analog ist diese Norm auch auf *gesetzliche Fristen* anwendbar, sofern das Gesetz selber eine Fristverlängerung nicht ausschliesst (z.B. Verwirkungsfrist). Sofern die bereits abgelaufene Frist verlängert und nicht ersetzt wird, gilt Art. 80 auch für jene (ZK-SCHRANER, N 4). Art. 80 ist dispositiven Rechts und eine materiale Auslegungsregel (vgl. Art. 75 N 1).

2 Bei *nachträglich vereinbarten Fristverlängerungen* stellt Art. 80 die Vermutung auf, dass die gewährte *neue Frist erst nach Ablauf der alten Frist zu laufen beginnt* (also nicht schon im Zeitpunkt der Vereinbarung betreffend Fristverlängerung). Es findet daher vermutungsweise keine Überschneidung der neuen mit der alten Frist statt (BUCHER, AT, 308 f.). Art. 80 ist schuldnerfreundlich. Falls der letzte Tag der alten Frist auf einen Sonn- oder Feiertag fällt, beginnt die neue Frist mit dem nächstfolgenden Werktag. Art. 77 Abs. 1 Ziff. 1 gilt nicht (BK-WEBER, N 9 f.).

Art. 81

V. Vorzeitige Erfüllung	**[1] Sofern sich nicht aus dem Inhalt oder der Natur des Vertrages oder aus den Umständen eine andere Willensmeinung der Parteien ergibt, kann der Schuldner schon vor dem Verfalltage erfüllen.** **[2] Er ist jedoch nicht berechtigt, einen Diskonto abzuziehen, es sei denn, dass Übereinkunft oder Übung einen solchen gestatten.**

V. Exécution anticipée

[1] Le débiteur peut exécuter son obligation avant l'échéance, si l'intention contraire des parties ne ressort ni des clauses ou de la nature du contrat, ni des circonstances.

[2] Il n'a toutefois le droit de déduire un escompte que s'il y est autorisé par la convention ou l'usage.

V. Adempimento prima del termine

[1] Il debitore può adempiere l'obbligazione anche prima della scadenza del termine, ove dal tenore o dalla natura del contratto o dalle circostanze non risulti una diversa volontà delle parti.

[2] Non ha però diritto di dedurre uno sconto, se ciò non sia consentito dalla convenzione o dall'uso.

Literatur

Vgl. die Literaturhinweise bei den Vorbem. zu Art. 68–74.

I. Normzweck. Anwendungsbereich

1 Gemäss Art. 81 kann der Schuldner *vermutungsweise schon vor der Fälligkeit der Schuld erfüllen*. Mit diesem Zeitpunkt endet eine allfällige Verzinsung der Schuld. Der Gläubiger kommt in Verzug, wenn er die vor der Fälligkeit angebotene Leistung nicht annimmt. Die Vermutung von Art. 81 gilt auch für Dritte, die anstelle des Schuldners leisten, wie z.B. der Intervenient (vgl. Art. 68) oder die Akkreditivbank (BGE 100 II 150 = Pra 1974, 791). Zur Zulässigkeit der Zahlung einer Abgangsentschädigung vor Beendigung des Arbeitsverhältnisses vgl. BGE 105 II 282 = Pra 1980, 207. Die Erfüllung vor der Fälligkeit setzt voraus, dass diese nicht zeitgleich mit dem Vertragsschluss i.S.v. Art. 75 eintritt. Art. 81 schliesst daher Art. 75 aus.

2 Art. 81 Abs. 2 regelt den Abzug des *Zwischenzinses* **(Diskont)**, also des Zinses, der dem Schuldner infolge der vorzeitigen Erfüllung auf dem gezahlten Betrag entfällt. Anwendung findet Art. 81 nur bei unverzinslichen, nicht aber bei verzinslichen Forderungen (bei denen die Zinspflicht endet).

II. Inhalt. Rechtsfolgen

3 Die Vermutung von Art. 81 kann durch Gesetz (Bsp. Art. 84 Abs. 2 [Fremdwährungsschuld]; Art. 1030 Abs. 1 [Wechselschuld]), entsprechende vertragliche Vereinbarungen, aufgrund der Umstände oder aus der Natur des Vertrages ausgeschlossen werden. Aus der Natur des Vertrages wird eine vorzeitige Erfüllung bspw. bei Grund- und Faustpfändern und Bankgarantien (ZR 1992, 152) als ausgeschlossen angesehen. Aus den Umständen kann sich ein Ausschluss z.B. im Werkvertragsrecht ergeben, wenn die Erstellung des Werkes durch verschiedene Unternehmerleistungen zeitlich abgestimmt erfolgen muss (GAUCH, N 713). Ein Sonderfall liegt beim Hinterlegungsvertrag (vgl. Art. 475 Abs. 1) vor. Aufgrund dieser Bestimmung kann der Gläubiger nämlich «jederzeit» fordern; dagegen ist der Schuldner prinzipiell (zur Ausnahme vgl. Art. 476 Abs. 1) nicht zur vorzeitigen Erfüllung berechtigt (sog. verhaltener Anspruch, vgl. dazu ZK-OSER/SCHÖNENBERGER, N 8).

4 Art. 81 Abs. 2 statuiert den Grundsatz, dass der vorzeitig leistende Schuldner *keinen Diskont abziehen* darf. Ausnahmsweise wird ein Diskontabzug gemäss Vertrag, Gesetz oder aufgrund der Übung als zulässig erklärt. So sieht das Gesetz in Art. 208 Abs. 2 SchKG den Abzug eines Zwischenzinses vor. Der Diskont muss vom Skonto (prozentualer Abzug, den der Gläubiger für rasche Zahlung gewährt) und vom Rabatt (Preisnachlass) unterschieden werden (BGer, 16.12.2011, 4A_409/2011, E. 3.2.2). Da oft die Ausdrücke Skonto und Rabatt untechnisch verwendet werden, muss der Sinn durch Auslegung der entsprechenden Vereinbarung ermit-

telt werden. Dabei setzt der vereinbarte prozentuale Preisnachlass beim Skonto, im Gegensatz zum Rabatt, prompte Bezahlung voraus (BGE 118 II 64).

Falls keine abweichende Parteivereinbarung oder Übung vorliegt, beträgt der Diskont in Analogie zu Art. 73 5%. Zur Berechnung des Diskonts wird nach h.L. die sog. *Hoffmann'sche Methode* angewendet (vgl. dazu ausführlich BK-WEBER, N 26 ff.). Dieser folgend, ist vorerst der Nennwert der Forderung (n) mit 100 zu multiplizieren. Dann ist die Zahl der Jahre (t) mit dem Zins (z = 5%) zu multiplizieren und zu der Zahl 100 zu addieren. Schliesslich ist das erste (n ∞ 100) durch das zweite Resultat (100 + t ∞ z) zu dividieren. Das Ergebnis entspricht dem Gegenwartswert der Forderung.

III. Beweislast

5 Der Schuldner hat zu beweisen, dass er entgegen der Vermutung von Art. 81 Abs. 2 berechtigt ist, einen Diskont in Abzug zu bringen. Eine solche Verkehrsübung ist nicht zu vermuten (BUCHER, AT, 306).

Art. 82

VI. Bei zweiseitigen Verträgen 1. Ordnung in der Erfüllung	**Wer bei einem zweiseitigen Vertrage den andern zur Erfüllung anhalten will, muss entweder bereits erfüllt haben oder die Erfüllung anbieten, es sei denn, dass er nach dem Inhalte oder der Natur des Vertrages erst später zu erfüllen hat.**
VI. Dans le contrats bilatéraux 1. Mode de l'exécution	Celui qui poursuit l'exécution d'un contrat bilatéral doit avoir exécuté ou offrir d'exécuter sa propre obligation, à moins qu'il ne soit au bénéfice d'un terme d'après les clauses ou la nature du contrat.
VI. Nei contratti bilaterali 1. Ordine dell'adempimento	Chi domanda l'adempimento di un contratto bilaterale deve averlo per parte sua già adempito od offrire di adempirlo, a meno che pel tenore o per la natura del contratto sia tenuto ad adempirlo soltanto più tardi.

Literatur

Vgl. die Literaturhinweise bei den Vorbem. zu Art. 68–74.

I. Normzweck

1 Art. 82 regelt die *zeitliche Ordnung der Erfüllung synallagmatischer (gegenseitiger) Verträge* (BGE 94 II 267 = Pra 1969, 201; BGE 84 II 148 = Pra 1958, 290). Die eine Partei muss eine an sich fällige Leistung nicht erbringen, wenn nicht auch die andere Partei ihre Leistung gehörig erfüllt oder anbietet. Die beidseitigen Leistungen sind grundsätzlich *Zug um Zug* auszutauschen (Ausnahme: Vorleistungspflicht). Dieser Grundsatz ist explizit im Kaufrecht (Art. 184 Abs. 2) statuiert und gilt analog auch bei der Rückabwicklung eines synallagmatischen Vertrages (vgl. dazu BGE 114 II 158 = Pra 1990, 408; BGE 113 II 455; 111 II 197; 109 II 29 = Pra 1983, 307; BUCHER, AT, 378). Das Leistungsverweigerungsrecht ist durch Einrede auszuüben (BGE 76 II 299 = Pra 1950, 403; SCHALLER, N 429 ff. m.w.Nw. und 472). Sie wird als *Einrede des nicht oder nicht gehörig erfüllten Vertrages* bezeichnet und ist sowohl ein Sicherungs- als auch ein Druckmittel der berechtigten Partei (BK-WEBER, N 8 f.).

II. Anwendungsbereich

2 Art. 82 bezieht sich auf *vollkommen zweiseitige (synallagmatische) Verträge*. Diesen ist gemeinsam, dass jede Partei zugleich Gläubiger und Schuldner der anderen Partei ist. Dabei

sind die Leistungen so voneinander abhängig, dass die eine das Entgelt für die andere ist (BGE 107 II 413 = Pra 1982, 235; ausführlich zur Begriffsbestimmung des synallagmatischen Vertrages BK-Weber, N 42 ff.; ZK-Schraner, N 19 ff.; Stöckli, 23 ff.). Die jeweiligen Leistungspflichten der Parteien müssen weder objektiv noch subjektiv gleichwertig sein, noch müssen die Leistungen einen gleichartigen Inhalt aufweisen. Im letzten Fall geht die Verrechnung vor. Art. 82 findet auf die sog. gesetzlichen Schuldverhältnisse (ungerechtfertigte Bereicherung und unerlaubte Handlung) sowie auf Quasi-Kontrakte (z.B. Geschäftsführung ohne Auftrag) insofern Anwendung, als diese mit den vertraglichen Schuldverhältnissen gleichzusetzen sind (BK-Weber, N 15 m.w.Nw.).

Art. 82 ist dispositives Recht, so dass die Parteien auf diesen Rechtsbehelf verzichten und die Einrede des unerfüllten Vertrages ausschliessen können (BGE 117 II 607). Der Ausschluss von Art. 82 hat sich eindeutig zu ergeben und darf die Rechtsstellung des Verzichtenden nicht unbillig verschlechtern. Art. 82 ist eine lex specialis zu Art. 75 ff. Gegenüber anderen gesetzlichen Zurückbehaltungsrechten ist Art. 82 jedoch lex generalis und geht nicht vor.

III. Inhalt

Gemäss Art. 82 kann eine Partei das Leistungsverweigerungsrecht dann ausüben, wenn: 3
- ein synallagmatischer Vertrag vorliegt,
- die beiden Leistungen von Bestand und fällig sind sowie in einem Austauschverhältnis stehen und
- die Erfüllungswirkung oder die Erfüllungsbereitschaft der anderen Vertragspartei fehlt.

Von den im Gesetz geregelten Vertragstypen sind Kauf-, Tausch-, Miet-, Pacht-, Werk-, Ver- 4
lags-, Speditions- und Frachtvertrag sowie Leih- und Verpfründungsvertrag synallagmatische Verträge. Dasselbe gilt, wenn ein entgeltlicher Auftrag oder ein Hinterlegungsvertrag vorliegt (BGE 94 II 268 m.w.Nw. = Pra 1969, 201; BK-Weber, N 57 ff.). Im Arbeitsvertrag wird dem Arbeitnehmer in analoger Anwendung von Art. 82 ein Leistungsverweigerungsrecht zugestanden (sog. obligatorisches Retentionsrecht), wenn Lohnzahlungen für vergangene Lohnperioden ausbleiben (BGE 120 II 211 f.; Kley-Struller, AJP 1994, 1475 ff.). Eine ausstehende Gratifikationszahlung berechtigt den Arbeitnehmer jedoch gestützt auf Art. 82 nicht zur Arbeitsverweigerung (BGE 136 III 313 E. 2.4; krit. dazu Hirsiger, AJP 2010, 1336 ff.). Wird der Zins als Gegenleistung für die Überlassung des Kapitals angesehen, bejaht die Lehre den synallagmatischen Charakter eines verzinslichen Darlehens (von Tuhr/Peter, 149 Anm. 39; zurückhaltend Bucher, AT, 100 Anm. 37; **a.M.** BGE 93 II 192 = Pra 1967, 483). Falls Innominatkontrakte synallagmatische Austauschverhältnisse aufweisen, kommt Art. 82 auch dort zur Anwendung (BGE 128 V 226 E. 26; BK-Weber, N 64 ff. m.Bsp.). Entscheidend ist jeweils, ob zwei Leistungen bzw. Leistung und Versprechen voneinander abhängig sind. Daher können auch unvollkommen zweiseitige Verträge ein Synallagma aufweisen (BK-Weber, N 63 ff. m.Bsp.). Die Anwendung von Art. 82 wird daher auch bei Erbverträgen bejaht (BGer, 10.7.2014, 2C_242/2014 [107.2014]; Birrer, 229 ff.). Im Rahmen eines Gesellschaftsvertrages steht dem Gesellschafter gegenüber der Aufforderung zur Beitragsleistung die Einrede von Art. 82 grundsätzlich nicht zu (zu Begründung und Ausnahme vgl. ZK-Schraner, 44 ff. m.w.Nw.). Es wird sogar die Auffassung geschützt, dass Art. 82 auf Gesellschaftsverträge überhaupt nicht zur Anwendung kommt (BGE 116 III 72 ff.; **a.M.** Baumann/Zysset, AJP 2015, 151 ff.).

Die zwei Pflichten, die ihre Grundlage in einem einheitlichen Rechtsverhältnis haben, müssen 5
in einem *Austauschverhältnis* zueinander stehen (statt vieler von Tuhr/Escher, 58, 63; BGE 84 II 149 = Pra 1958, 231; BGer, 28.8.2008, 4A_252/2008, E. 2.2). Ob ein einheitliches Rechtsverhältnis vorliegt, bestimmt sich aufgrund ausdrücklicher oder stillschweigender Parteivereinbarung (BGE 95 II 422 = Pra 1970, 212; BGE 67 II 126 = Pra 1941, 241). Beim Sukzessivlieferungsvertrag (wie auch bei Werkverträgen, die in verschiedene Leistungsabschnitte

gegliedert sind) handelt es sich um ein einheitliches Rechtsverhältnis. Mithin kann die eine Partei (auch bei Vorleistungspflicht) weitere Leistungen verweigern, wenn die andere Partei sich mit einer Teilleistung in Verzug befindet (BGE 111 II 468; 110 II 148 m.Nw. früherer Entscheide = Pra 1984, 479). Zukünftig fällig werdende Teilleistungen können nicht durch die Einrede der nicht gehörigen Erfüllung erzwungen werden (BGE 38 II 482). Kaufmännische Geschäftsverbindungen führen an sich noch nicht zur Annahme eines einheitlichen Rechtsverhältnisses (BGE 44 II 74 = Pra 1918, 125).

6 Art. 82 ist nicht nur auf Hauptleistungspflichten (zur Begriffsbestimmung BK-Kramer, Allgemeine Einl. N 89; Wiegand, recht 1990, 134 ff.), sondern *auch auf Nebenpflichten anwendbar*, wenn ohne diese die Hauptleistungspflicht praktisch wertlos ist (Stöckli, 125). Art. 82 wird bei sog. primären Nebenpflichten (Nebenleistungspflichten) als nicht anwendbar erklärt (so ZBJV 112, 305; ZK-Schraner, N 65; vgl. auch BGE 122 IV 327; dazu Abegg, AJP 2001, 865 f.; BGE 107 II 413 = Pra 1982, 235; BGE 78 II 378 = Pra 1952, 489). Diese Praxis schenkt der Bedeutung des Parteiwillens und der auf diesem erfolgten Bestimmung von Neben- und Nebenleistungspflichten zuwenig Beachtung. Entscheidend muss sein, ob ein Austauschverhältnis mit der Hauptleistung vorliegt (BGE 89 II 235 = Pra 1963, 451; BGE 78 II 378 = Pra 1952, 489; Stöckli, 125 f.). Bei einer Zession hat der Schuldner die Einrede des Art. 82 auch gegenüber dem Zessionar (BGE 65 II 84 = Pra 1939, 181). Anderseits steht dem Zessionar diese Einrede nicht zu; sie bleibt beim Zedenten. Sowohl beim Vertrag zugunsten Dritter als auch bei der kumulativen Schuldübernahme steht die Einrede des Art. 82 dem Dritten bzw. den neuen und alten Schuldnern zu (BK-Weber, N 122, 125).

7 Im Zeitpunkt, in dem die Einrede vorgebracht wird, muss das *Rechtsverhältnis rechtswirksam zustande gekommen sein, und es muss fortbestehen* (BK-Weber, N 127 f.). Die vom BGer in BGE 114 II 131 = Pra 1988, 939 im Rahmen der Irrtumslehre vertretene sog. Ungültigkeitstheorie geht davon aus, dass ein Vertrag ungültig ist, bis der Irrtum entdeckt oder der Vertrag genehmigt wird, vgl. dazu Wiegand, recht 1989, 101. Bis zu diesem Zeitpunkt scheint nach der Ungültigkeitstheorie die Anwendung von Art. 82 ausgeschlossen zu sein. Diese Theorie führt somit zu unklaren Konsequenzen. Aus der Sicht des belangten Schuldners muss ferner eine Gegenforderung rechtswirksam bestehen. Beim Eintritt der nachträglichen Unmöglichkeit der Leistung des fordernden Gläubigers kommt Art. 119 zur Anwendung, bei einer zu vertretenden Unmöglichkeit Art. 107 ff.; Art. 82 wird ausgeschlossen (eingehender dazu ZK-Schraner, N 93 ff.; BGer, 1.11.2004, 4C.281/2004, E. 2.4). Die Berufung auf Art. 82 ist nach h.L. auch möglich, wenn die eigene Forderung verjährt ist, sofern sich die beiden Ansprüche zu einem früheren Zeitpunkt fällig gegenübergestanden haben (BK-Kramer, N 134; Stöckli, 129).

8 Art. 184 Abs. 2 sieht als Grundsatz für den Kauf die Leistungserbringung Zug um Zug vor. Diese Regelung gilt vermutungsweise allgemein für die synallagmatischen Verträge. Damit ist die in Art. 75 vorgesehene sofortige Erfüllung implizit ausgeschlossen. Die Abgrenzung der Vorleistungspflicht vom Grundsatz der Erfüllung Zug um Zug bestimmt sich danach, ob der einen Partei durch die Erbringung der Leistung Kredit gewährt werden soll (BGE 122 III 46). Eine Vorleistungspflicht kann sich aufgrund der Parteivereinbarung, der Natur der Sache, des Gesetzes oder der Umstände ergeben (ausführlicher BK-Weber, N 140 ff.).

Besteht eine *Vorleistungspflicht*, kann der Gläubiger die Leistung verlangen, ohne dass er seine Leistung dem Schuldner anbieten muss. *Dem Schuldner steht die Einrede des Art. 82 nicht zu*, ist doch seine Forderung (noch) nicht fällig. Führt erst die Erfüllung der Leistung durch den belangten Schuldner zur Fälligkeit seiner Forderung gegen den Gläubiger, liegt eine *sog. beständige Vorleistungspflicht* vor (Art. 323 Abs. 1; z.B. «Zahlung innert eines Monats nach Erhalt der Ware», BGE 127 III 200 f.). Eine *unbeständige Vorleistungspflicht* besteht dann, wenn zwei verschiedene Termine für beide Leistungen vereinbart wurden (BGE 127 III 201 f.). Vom Zeitpunkt des zweiten Termines an kann sich auch die vorleistungspflichtige Partei auf Art. 82 berufen (ZK-Schraner, N 116 f.).

Die Einrede des Art. 82 steht dem belangten Schuldner nicht nur bei Nicht-, sondern *auch bei nicht gehöriger Erfüllung* zu. Der Gläubiger kann der Einrede des Schuldners entgegenwirken, indem er die Leistung vertragsgemäss anbietet. Grundsätzlich und üblicherweise wird Realoblation verlangt (BGE 111 II 469; vgl. dazu auch Art. 91 ff.). In Ausnahmefällen reicht Verbaloblation (wörtliches Angebot der Leistung) aus. Dies gilt z.B. bei Holschulden (BGE 119 II 439 f. = Pra 1994, 743; BGE 109 II 322 = Pra 1984, 136; BUCHER, AT, 310), wenn der belangte Schuldner zur Erfüllung notwendige Handlungen unterlässt (vgl. BGer, 29. 10. 2002, 4C.236/2002, E. 3: Annahmeverweigerung gem. Art 91; BGE 111 II 469: Ware abrufen) oder die Leistung zum vornherein ablehnt (antizipierte Annahmeverweigerung, BGE 111 II 469). Aber auch bei der Verbaloblation muss der fordernde Gläubiger seine Leistung bei erfolgter Annahme sogleich erbringen können (BGE 111 II 469). Lehnt der Schuldner die vertragsgemäss angebotene Leistung ab, kann er sich nicht auf Art. 82 berufen (ZK-SCHRANER, N 155 f.; bei Schuldner- und Gläubigermehrheit vgl. ZK-SCHRANER, N 163 ff.). Die Einrede aus Art. 82 gilt auch bei Teilleistungen (zum Ausmass des Leistungsverweigerungsrechts bei Teilleistungen vgl. BK-WEBER, N 165 ff.). Umstritten ist die Frage ihres Verhältnisses zu den Gewährleistungstatbeständen (BGer, 17.3.2005, 4C.469/2004, E. 3.2. Falls und soweit das Leistungsverweigerungsrecht faktisch noch möglich ist, muss die Einrede aus Art. 82 zulässig sein. Alsdann kommen die Gewährleistungsrechte zur Anwendung. Ihre Schranken findet die Einrede aus Art. 82 in jedem Fall im Grundsatz von Treu und Glauben (vgl. dazu eingehend BK-WEBER, N 192 ff.). Dabei kann namentlich das Recht, die Leistung zu verweigern, ausgeschlossen sein, wenn die quantitativen oder qualitativen Mängel nur geringfügig sind (Grundsatz der Unverhältnismässigkeit, vgl. dazu BGE 93 II 317 ff. = Pra 1968, 170; BGE 89 II 237 = Pra 1963, 451; **a.M.** GAUCH, N 2378, teilweise korrigierend in N 2389 ff.). 9

IV. Rechtsfolgen

Gemäss der sog. **Einredetheorie** ist die aufschiebende, dilatorische Einrede aus Art. 82 ein *Gestaltungsrecht.* Davon wird der Bestand des Anspruches nicht berührt; die *Erfüllung ist aufgeschoben.* Durch die Einrede wird nach h.L. die Verjährung nicht unterbrochen. Der belangte Schuldner, der das Leistungsverweigerungsrecht geltend macht, gerät auch nicht in Schuldnerverzug (WIEGAND, recht 1989, 122; BGE 68 II 227 = Pra 1942, 368; BGer, 30. 8. 2010, 4A_27/2010, E. 3.3). Der fordernde Gläubiger kann die Einrede aus Art. 82 nicht durch eine Sicherheitsleistung beseitigen. Er muss vertragsgemäss erfüllen (VON TUHR/ESCHER, 62). 10

V. Prozessuale Durchsetzung. Beweisregelungen

Das Leistungsverweigerungsrecht ist eine Einrede im technischen Sinne. Der *Richter* kann sie daher *nicht von Amtes wegen berücksichtigen* (BGE 76 II 299 = Pra 1950, 403). Im Übrigen gilt Art. 8 ZGB. Daher hat der fordernde Gläubiger den Bestand des Rechtsverhältnisses sowie die schuldnerische Leistungspflicht, die Fälligkeit der Leistung sowie seine vertragsgemässe Erfüllung (oder das Erfüllungsangebot) nachzuweisen (BGE 123 III 19; 79 II 279 = Pra 1953, 431; BGE 76 II 299 = Pra 1950, 403; BK-WEBER, N 216). Ferner gilt die Vermutung, dass Zug um Zug zu leisten ist. Der Gläubiger hat daher eine behauptete Vorleistungspflicht zu beweisen. Die Frage der Vorleistungspflicht an sich hat dagegen der Richter von Amtes wegen (und nicht erst auf Einrede hin) zu prüfen (BGE 127 III 200 E. 3b). Umstritten ist, wie die Urteilsformel lauten muss (Klage abweisen bzw. zur Zeit abweisen oder verurteilen auf Leistung Zug um Zug), wenn das Gericht die Einrede als begründet erachtet (BGE 127 III 200; 111 II 197; 94 II 269 = Pra 1969, 201; vgl. eingehend ZK-SCHRANER, N 206 ff., insb. auch zum Spezialfall der Aberkennungsklage, N 219 ff.; SCHALLER, N 463 ff.). Nach neuerer Praxis kann ein gegenseitiger Vertrag im provisorischen Rechtsöffnungsverfahren als ausreichender Titel anerkannt werden (dazu ZK-SCHRANER, N 222 ff. m.w.Nw. zu der Beweislast im Rechtsöffnungsverfahren; SCHALLER, N 480 ff.; BGer, 15. 10. 2007, 5A_367/2007, E. 3). 11

Art. 83

2. Rücksicht auf einseitige Zahlungsunfähigkeit

[1] Ist bei einem zweiseitigen Vertrag der eine Teil zahlungsunfähig geworden, wie namentlich, wenn er in Konkurs geraten oder fruchtlos gepfändet ist, und wird durch diese Verschlechterung der Vermögenslage der Anspruch des andern gefährdet, so kann dieser seine Leistung so lange zurückhalten, bis ihm die Gegenleistung sichergestellt wird.

[2] Wird er innerhalb einer angemessenen Frist auf sein Begehren nicht sichergestellt, so kann er vom Vertrage zurücktreten.

2. Résiliation unilatérale en cas d'insolvabilité

[1] Si, dans un contrat bilatéral, les droits de l'une des parties sont mis en péril parce que l'autre est devenue insolvable, et notamment en cas de faillite ou de saisie infructueuse, la partie ainsi menacée peut se refuser à exécuter jusqu'à ce que l'exécution de l'obligation contractée à son profit ait été garantie.

[2] Elle peut se départir du contrat si cette garantie ne lui est pas fournie, à sa requête, dans un délai convenable.

2. Effetti dell'insolvenza di una parte

[1] Ove in un contratto bilaterale il credito di uno dei contraenti corra pericolo per il fatto che l'altro è diventato insolvibile, specialmente se è fallito o se fu escusso senza risultato, il primo può trattenere la sua prestazione, finché non gli venga garantita la controprestazione.

[2] Se la garanzia non gli è a sua richiesta fornita entro un congruo termine, egli può recedere dal contratto.

Literatur

Vgl. die Literaturhinweise bei den Vorbem. zu Art. 68–74.

I. Normzweck. Anwendungsbereich

1 Art. 83 gewährt der einen Partei ein **Leistungsverweigerungrecht**, wenn ihr Anspruch auf die Gegenleistung wegen der **Zahlungsunfähigkeit** der anderen Partei gefährdet ist. Er ist – wie Art. 82 – auf synallagmatische Verträge zugeschnitten und kommt sowohl bei vorleistungspflichtigen Leistungen als auch bei der Erfüllung Zug um Zug zur Anwendung. Entscheidend ist einzig, ob der Anspruch der einen Partei durch die Zahlungsunfähigkeit der andern gefährdet ist (BGE 105 II 31 ff. = Pra 1979, 310). Die für die Anwendung der Norm relevanten Veränderungen treten in der Person der einen Vertragspartei ein. Dies *entspricht nicht dem Anwendungsbereich der clausula rebus sic stantibus* (gl.M. BK-Weber, N 6; BK-Kramer, Art. 18 N 311; ZK-Schraner, N 4; **a.M.** Guhl/Koller/Schnyder/Druey, § 4 N 23; Merz, SPR VI/1, 88).

Im Gegensatz zu Art. 82 setzt Art. 83 *nicht* voraus, dass die *Gegenleistung fällig* ist (BGE 105 II 30 m.w.Nw. = Pra 1979, 310; BGE 49 II 461 = Pra 1924, 4). Eine lex specialis zu Art. 83 ist Art. 316 (BGE 100 II 350 = Pra 1975, 85). Art. 83 ist nicht anwendbar auf Dauerverträge ohne Austauschcharakter, wie z.B. auf die einfache Gesellschaft (weitere Bsp. bei ZK-Schraner, N 7). Die Einrede aus Art. 83 ist bis zur vollständigen Erfüllung möglich. Art. 83 ist dispositiver Natur.

II. Inhalt

2 Bezüglich der für die Anwendung von Art. 83 notwendigen Elemente (gegenseitiger Vertrag, Bestehen eines Austauschverhältnisses zwischen den beidseitigen Leistungspflichten) wird auf die entsprechenden Ausführungen zu Art. 82 verwiesen. Als *zahlungsunfähig* i.S.v. Art. 83 wird eine Partei angesehen, *die auf unbestimmte Zeit nicht über ausreichende Mittel verfügt, um ihre fälligen Verbindlichkeiten zu erfüllen* (kurzfristiger finanzieller Engpass reicht nicht aus, vgl. dazu BGE 105 II 30 = Pra 1979, 310; BGE 68 II 179 = Pra 1942, 277;

BGE 49 II 461 = Pra 1924, 4). Der Begriff der Zahlungsunfähigkeit ist ein bundesrechtlicher Begriff (BGE 68 II 178 = Pra 1942, 277). Die Zahlungsunfähigkeit der einen Vertragspartei muss sich offenbaren. *Befürchtungen und Vermutungen reichen nicht aus*. Die Insolvenz ergibt sich nachweislich bei der Konkurseröffnung über eine Partei oder wenn diese fruchtlos gepfändet wurde. Sie kann sich auch faktisch offenbaren, wie z.B. beim Gesuch um Nachlassvertrag, beim Stundungsgesuch über eine längere Dauer (bei einer Bankenstundung vgl. BGE 105 II 29 f. = Pra 1979, 310), bei Einstellung von Zahlungen etc. Die Zahlungsunfähigkeit muss im Zeitpunkt der Einrede vorliegen und seit dem Vertragsschluss eingetreten sein (BGE 105 II 31 = Pra 1979, 310; BGE 63 III 152 = Pra 1938, 95; ZK-SCHRANER, N 15 m.w.Nw.; **a.M.** BUCHER, AT, 311 Anm. 68, der letztere Voraussetzung ablehnt; so auch BK-WEBER, N 42). Die schon beim Vertragsschluss bestehende Zahlungsunfähigkeit kann allenfalls den Tatbestand der absichtlichen Täuschung erfüllen (Art. 28). Ob der Anspruch auf Gegenleistung gefährdet ist, ergibt sich aus objektiven Gesichtspunkten. Bei persönlichen Leistungspflichten führt die Zahlungsunfähigkeit des Schuldners nicht ohne weiteres zur Gefährdung des Anspruches. Es müssen weitere Anhaltspunkte vorliegen (ZK-SCHRANER, N 25).

III. Rechtsfolgen

Art. 83 gewährt ein *obligatorisches Zurückhalterecht*, das durch Sicherstellung beseitigt werden kann (BGE 64 II 267 m.w.Nw.; BUCHER, AT, 311). Es gibt jedoch *keinen Anspruch auf Sicherheitsleistung* (BGE 64 II 267 = Pra 1938, 356). Die Wirkung der Einrede ist nur aufschiebend. Ist diese begründet, schliesst sie die Fälligkeit bzw. den Verzug der Leistung der die Einrede erhebenden Partei aus. Sie verändert – wie die Einrede aus Art. 82 – nicht den Bestand der Leistungen, sondern sie schiebt deren Erfüllung auf (BGE 63 II 154 = Pra 1937, 284). Das Leistungsverweigerungsrecht entfällt, wenn die zahlungsunfähige Partei oder ein Dritter vertragsmässig die Leistung anbieten, wenn die Sicherheitsleitung erbracht wird oder wenn sich die Vermögenssituation gebessert hat. 3

Art. 83 Abs. 2 *gewährt der nicht zahlungsunfähigen Partei ein Rücktrittsrecht, falls die gefährdete Gegenleistung nicht sichergestellt wird* (BGE 111 II 160 = Pra 1985, 708). Die Norm wurde Art. 109 nachgebildet. Der Rücktritt wirkt ex tunc. Offen ist nach heutiger Praxis die Frage der Natur der Rückabwicklungsansprüche (BGE 137 III 252 E. 4.4.7). Zur Sicherstellung ist der zahlungsunfähigen Partei eine angemessene Nachfrist anzusetzen. Es gelten die Grundsätze von Art. 107 (BGE 116 II 440; 105 II 33 = Pra 1979, 310). Im Gegensatz zu dieser Bestimmung stehen jedoch der den Rücktritt erklärenden Partei keine Schadenersatzansprüche zu. Die zahlungsunfähige Partei hat i.d.R. keine Pflichten verletzt (BGE 64 II 266 = Pra 1938, 356). Andernfalls kann Schadenersatz geschuldet sein. Der Anspruch auf Sicherstellung kann auch auf Ersatz dieses Schadens gehen (BGE 105 II 32 = Pra 1979, 310). 4

Zur Anwendung von Art. 83 auf Rechtsverhältnisse zwischen mehreren Personen vgl. ZK-SCHRANER, N 52 ff.

IV. Beweislast

Gemäss Art. 8 ZGB hat die Partei, die das Leistungsverweigerungsrecht geltend macht, die Zahlungsunfähigkeit der Gegenpartei sowie die Gefährdung ihres Anspruches zu beweisen (BGE 68 II 178 = Pra 1942, 277). Die Beweislast dafür, dass die Zahlungsunfähigkeit schon bei Vertragsschluss bestanden hat, dass die Sicherheitsleistung erbracht wurde oder dass sich die Vermögensverhältnisse gebessert haben, obliegt der zahlungsunfähigen Partei. 5

Art. 84

D. Zahlung
I. Landeswährung

[1] Geldschulden sind in gesetzlichen Zahlungsmitteln der geschuldeten Währung zu bezahlen.

[2] Lautet die Schuld auf eine Währung, die am Zahlungsort nicht Landeswährung ist, so kann die geschuldete Summe nach ihrem Wert zur Verfallzeit dennoch in Landeswährung bezahlt werden, sofern nicht durch den Gebrauch des Wortes «effektiv» oder eines ähnlichen Zusatzes die wortgetreue Erfüllung des Vertrages ausbedungen ist.

D. Du paiement
I. Monnaie du pays

[1] Le paiement d'une dette qui a pour objet une somme d'argent se fait en moyens de paiement ayant cours légal dans la monnaie due.

[2] Si la dette est exprimée dans une monnaie qui n'est pas la monnaie du pays du lieu de paiement, elle peut être acquittée en monnaie du pays au cours du jour de l'échéance, à moins que l'exécution littérale du contrat n'ait été stipulée par les mots «valeur effective» ou par quelqu'autre complément analogue.

D. Pagamento
I. Moneta del paese

[1] I debiti pecuniari devono essere pagati con mezzi legali di pagamento della moneta in cui à stato contratto il debito.

[2] Se il debito è espresso in una moneta che non è moneta del Paese nel luogo di pagamento, questo potrà farsi in moneta del Paese al corso del giorno della scadenza, a meno con la parola «effettiva» o con altra simile aggiunta non sia stato stipulato l'adempimento letterale del contratto.

Literatur

Vgl. die Literaturhinweise bei den Vorbem. zu Art. 68–74.

I. Normzweck. Anwendungsbereich

1 Art. 84 bezieht sich auf die Geldzahlung als eine Art der Erfüllung. Der Begriff der **Geldschuld** ist weder definiert noch systematisch geregelt. Wenn der Schuldner Geldschulden mit befreiender Wirkung erfüllen will, hat er in *Landeswährung* zu bezahlen (Abs. 1). Sieht eine *Fremdwährungsschuld* einen Ort in der Schweiz als Leistungsort vor, kann der Schuldner anstelle der ausländischen Währung in der schweizerischen leisten, sofern nicht eine Effektivzahlung vereinbart ist (Abs. 2). Art. 84 ist nicht auf Geldschulden beschränkt; insofern ist der Randtitel «Zahlung» ungenau (BK-Weber, N 4).

2 Eine einheitliche und klare Begriffsbestimmung von «Geld» fehlt. Praktisch bedeutsam ist die Unterscheidung von **Geld im weiteren Sinn** (sog. Verkehrsgeld) und **Geld im engeren Sinn** (Geld als gesetzliches Zahlungsmittel mit Zwangskurs). Den meisten Bestimmungen des OR und des ZGB liegt der Begriff des Geldes im weiteren Sinne zugrunde. Das Metall-, das Papier- und das in der Praxis wichtigste Giralgeld sind Erscheinungsformen des Geldes. Vermögensrechtlich wird Giralgeld definiert durch die Pflicht der Banken, es in Banknoten einzulösen, dies wiederum durch ihre Qualifikation als gesetzliches Zahlungsmittel (Weber, ZSR 1981, 172). Das Giralgeld hat jedoch keinen Geldcharakter und ist daher keine Zahlung i.S.v. Art. 84 Abs. 1. Regelmässig wird bei einer Geldschuld der Schuldinhalt einzig durch eine Summe oder einen Forderungsbetrag bestimmt (sog. Wertschuld oder Geldsummenschuld, vgl. Gauch/Schluep/Schmid/Emmenegger, N 2289). Ausnahmsweise kann Geld jedoch zum Objekt des Vertrages werden. Dann kann eine Geldschuld entweder eine Stück- oder eine Gattungsschuld sein (BGE 80 II 49 = Pra 1954, 169). Währungseinheit in der Schweiz ist der Franken, der in 100 Rappen unterteilt ist (Bundesgesetz über die Währung und die Zahlungsmittel vom 22. 12. 1999 [SR 941.10] und Bundesgesetz über die Schweizerische Nationalbank vom 3. 10. 2003 [SR 951.11]). Auch die Banknote ist ein staatlich ausgegebenes Geldzeichen. Sie ist ein gesetzliches, mit Zwangskraft ausgestattetes Zahlungsmittel, aber kein Wertpapier (ZK-Jäggi, Art. 988 N 2). Ein Gläubiger ist nicht immer verpflichtet,

alle Geldzeichen anzunehmen. Beim Geld mit sog. beschränkter Zahlungskraft (Scheidemünzen) besteht der Annahmezwang nur bis zu 100 Stück dieser Geldzeichen (vgl. dazu BK-Weber, N 127 ff.). Zur Geldordnung des sog. WIR-Geldes vgl. BK-Weber, N 53 ff. sowie BGE 102 II 340 = Pra 1977, 3; BGE 95 II 178 = Pra 1969, 511. Dabei geht das BGer davon aus, dass die Übergabe der vertraglich vereinbarten WIR-Buchungsaufträge als Leistung erfüllungshalber erfolgt. Demzufolge kann der in anderer Form als mit Geld leistende Schuldner später zur Bezahlung des vereinbarten Kaufpreises mit Barzahlung angehalten werden, wenn die WIR-Genossenschaft sich weigert, den Buchungsaufträgen Folge zu geben (BGE 119 II 230; Weber, AJP 1993, 1259 ff.).

II. Inhalt

Art. 84 Abs. 1 umfasst alle mit *Zwangskurs ausgestatteten Teile der Landeswährung*. Auf diese Einheiten beziehen sich die Pflicht des Schuldners, die Geldschulden in Landeswährung zu bezahlen, sowie die entsprechende Annahmeobliegenheit des Gläubigers. Mithin kann der Schuldner bestimmen, mit welchen Geldzeichen der inländischen Währung er die Geldsummenschuld begleichen will. Er hat jedoch bei den Scheidemünzen die beschränkte Zahlungskraft zu beachten. Der Gläubiger kann verlangen, dass grössere Beträge auf ein Postcheck- oder Bankkonto einbezahlt werden. Er ist nicht verpflichtet, Geldzeichen mit hohem Nennwert umzuwechseln. 3

Den direkt festgelegten (z.B. Parteivereinbarung) oder indirekt bestimmbaren (z.B. Honorarbestimmung gemäss Gebührentarif) Forderungsbetrag hat der Schuldner grundsätzlich mittels Barzahlung (also nicht durch Zessionsangebot, Check, Wechsel und dgl.) zu erfüllen. Der Gläubiger kann aber ausdrücklich oder konkludent sein Einverständnis zu einer bargeldlosen Zahlung erteilen, wie z.B. Kontonummer auf Rechnungen oder Briefen (vgl. BK-Weber, N 157 ff. m.w.Bsp.; ders., SJZ 1982, 140). Ob das Einverständnis des Gläubigers vorliegt, muss im Einzelfall aufgrund der Umstände geklärt werden. 4

Der Schuldner hat die Geldschuld grundsätzlich in dem Umfange zu bezahlen, wie sie bei der Entstehung der Schuld feststand. Veränderungen im Geldwert seit diesem Zeitpunkt bis zum Leistungszeitpunkt haben keinen Einfluss auf den Schuldbetrag (sog. **nominalistisches Prinzip oder Nennwerttheorie**; vgl. dazu ZR 1994, 19 f.; BGE 51 II 307 = Pra 1925, 349; BGE 57 II 72 = Pra 1931, 129; SJZ 1934/35, 221 f., 350). Die in der Praxis wichtigen Ausnahmen von diesem Prinzip (vgl. dazu Weber, ZSR 1981, 176 ff.) sind die sog. wertbeständigen Sachen und die Wertsicherungsklauseln. **Wertbeständige Sachen**, die sich aus der Natur der Sache, aus der Praxis oder aufgrund des Gesetzes ergeben, weisen keinen fixen Nennwertbetrag auf. Sie bezwecken vielmehr einen *Wertersatz*, einen *Wertausgleich oder die Befriedigung eines Bedürfnisses in der entsprechenden Höhe* (BK-Weber, N 197 m.w.Nw.). Die exakte Höhe der wertbeständigen Schulden wird im Zeitpunkt der Erfüllung bestimmt. Als Hauptanwendungsfall wertbeständiger Schulden gelten nebst Schadenersatzforderungen (BK-Weber, N 199 ff. m.Bsp.) auch alle Forderungen, die nicht von vornherein auf einen Betrag lauten (z.B. Naturalersatz, Gewinnbeteiligung und dgl.) sowie Forderungen, die, auch wenn sie exakt beziffert sind, zur Bestreitung des Lebensunterhaltes dienen (BK-Merz, Art. 2 ZGB N 208; ders., ZBJV 1976, 53; BK-Weber, N 206 ff. m.Bsp.). Mittels **Wertsicherungsklauseln** sichern die Parteien in einem Vertrag (i.d.R. einem Dauerschuldverhältnis) Sachwerte vor der Geldentwertung während der Dauer des Schuldverhältnisses. Der Betrag, den der Gläubiger erhält, wird erst im Zeitpunkt der Erfüllung exakt festgesetzt. Er entspricht jenem Betrag, den der Gläubiger beim Abschluss des Vertrages unter Berücksichtigung der Geldentwertung erhalten hätte. Mithin wird die Entwertungsgefahr auf den Schuldner überwälzt. Die häufigsten Wertsicherungsklauseln sind die *Währungs- oder Wertverlustklauseln* (wie Gold- oder Devisenklauseln sowie Rechnungseinheiten) *sowie die Gleitklauseln* (wie Index-, Spannungs-, Preis- und Wertmesserklauseln) (eingehend BK-Weber, N 223 ff.). Wertsi- 5 cherungsklauseln sind grundsätzlich zulässig (statt vieler GUHL/KOLLER/SCHNYDER/DRUEY, § 11 N 10 ff.). Diverse gesetzliche Normen schliessen sie jedoch explizit aus (z.B. Art. 227e; landwirtschaftlicher Pachtzins; indexierte Mietverträge; weitere Bsp. bei BK-WEBER, N 247 ff.).

6 Ohne vertragliche Klauseln ist eine nachträgliche Wertanpassung möglich, falls der Wert der Forderung aufgrund eines *Währungszerfalls* (nicht nur Währungsschwankungen) völlig zusammenbricht (vgl. z.B. BGE 57 II 368 = Pra 1931, 398; zur Abgrenzung vgl. WEBER, ZSR 1981, 183). In einem solchen Fall kann das Gericht nach dem Grundsatz der *clausula rebus sic stantibus* (Art. 2 ZGB) eine Aufwertung der notleidenden Forderung vornehmen (BGE 57 II 368 = Pra 1931, 398; BGE 53 II 76 = Pra 1927, 142; BGE 51 II 303 = Pra 1925, 349). Voraussetzung für dieses Vorgehen ist jedoch, dass der Währungszerfall als unvorhergesehenes Ereignis bei einem langfristig abgeschlossenen Vertrag für eine Partei zu einem nicht mehr zumutbaren Missverhältnis zwischen den Leistungen führt (BK-MERZ, Art. 2 ZGB N 221 ff.).

7 Die in Art. 84 Abs. 2 eingeräumte *Umrechnungsbefugnis* knüpft als Erfüllungsmodalität am Recht des *Zahlungsortes* an (vgl. eingehende Darstellung der verschiedenen Lehrmeinungen mit Verweisung auf die Rechtsprechung bei BK-WEBER, N 294 ff.). Eine Fremdwährungsschuld (also eine Schuld, die nicht auf Landeswährung lautet) kann sich aufgrund vertraglicher Vereinbarung ergeben. Bei ausservertraglichen Ansprüchen wurde eine Schadenersatzpflicht anhand der konkreten Umstände als Fremdwährungsschuld qualifiziert, weil der Schaden in einem ausländischen Staat eingetreten war (BGE 137 III 158; **a.M.** mit berechtigter Kritik hinsichtlich der Auslegung von Art. 43 Abs. 1 KOLLER A., Jusletter 2013, 929 ff.). Dieselbe Konklusion zu einer Fremdwährungsschuld wurde angenommen, da der Schadenersatzanspruch an die Stelle einer vertraglich vereinbarten Fremdwährungsschuld getreten war (BGer, 7.9.2004, 4C.191/2004). Im Fall einer ungerechtfertigten Bereicherung hat der Bereicherte, der einen Betrag in Fremdwährung erhalten hat, diesen mittels Landeswährung zurückzubezahlen (BGE 49 II 293 = Pra 1923, 332; BGE 48 II 235 = Pra 1922, 209; BGE 47 II 82 = Pra 1921, 146). Die Währung von Schadenersatzansprüchen aus Vertrag richtet sich i.d.R. nach dem Ort des Eintritts des Vermögensschadens. Nach den Umständen erachtet das BGer aber auch die vertraglich vereinbarte Schuldwährung als massgebend (BGer, 7.9.2004, 4C.191/2004, E. 6). Falls sich der Leistungsort in der Schweiz befindet, gewährt Art. 84 Abs. 2 dem Schuldner im Sinne einer alternativen Ermächtigung (vgl. Art. 72) das Recht, anstelle der ausländischen Währung in Landeswährung zu bezahlen. Dem Gläubiger steht keine entsprechende Befugnis zu. Er kann nur die vertraglich vereinbarte Leistung verlangen (vgl. BGE 134 III 151 E. 2.2). Die Umrechnungsbefugnis kann durch die sog. Effektiv-Klausel ausgeschlossen werden.

8 Der **Umrechnungskurs** bestimmt sich *in örtlicher Hinsicht* nach dem *Leistungsort*. In *zeitlicher Hinsicht* zählt der Umrechnungskurs *im Zeitpunkt der Fälligkeit* (Gesetzestext: Verfallzeit). Der Gesetzeswortlaut verunmöglicht daher einem Schuldner, vor dem Zeitpunkt der Fälligkeit zu erfüllen. Art. 81 wird mithin ausgeschlossen. Art. 84 Abs. 2 lässt aber zwischen dem Zeitpunkt der Fälligkeit und der Inverzugsetzung des Schuldners auch den Gläubiger das Kursrisiko tragen. Nachher trägt es gem. Art. 103 der Schuldner (BGE 76 II 375; 60 II 340 = Pra 1934, 454; BGE 48 II 78 = Pra 1922, 121; BGE 47 II 193 = Pra 1921, 232; BGE 47 II 493 = Pra 1922, 45; BGE 46 II 308 = Pra 1920, 136; BGE 46 II 408 = Pra 1921, 11). Welcher Kurstyp (Brief-, Geld-, Devisen- oder Notenkurs) im Einzelfall zur Anwendung kommt, bestimmen die Umstände und die Art der Transaktion (vgl. eingehend BK-WEBER, N 333 ff.). Die Verrechnung von Forderungen in inländischer mit solchen in ausländischer Währung (und umgekehrt) ist nach h.L. zulässig, falls keine Effektiv-Klausel vereinbart wurde (BGE 63 II 391 = Pra 1938, 49; näheres Art. 120 N 10 ff.; BUCHER, AT, 301 weist aber auf die problematische Spekulationsmöglichkeit hin).

III. Beweislast

Gemäss Art. 104 kann der Gläubiger vom Schuldner, der sich in Verzug befindet, 5% Verzugszins verlangen. Einen darüber hinausgehenden Schaden muss er nachweisen. Die Praxis räumt dem Gläubiger von Fremdwährungsschulden Beweiserleichterungen ein. So gilt die Vermutung, dass er an seinem Wohn-/Geschäftssitz den vom Schuldner erhaltenen Fremdwährungsbetrag sofort in Landeswährung umgetauscht hätte (BGE 76 II 375 m.w.Nw.). Bei steigenden Währungskursen gilt diese Vermutung jedoch auch. **9**

IV. Prozessuales

Die klageweise Durchsetzung von Fremdwährungsschulden verlangt vom Gläubiger, dass er dem Schuldner weiterhin die Erfüllung in fremder Währung ermöglicht. Das Klagebegehren ist daher entsprechend zu formulieren. Während die frühere Praxis eine Verurteilung lautend auf schweizerische und ausländische Währung mehrheitlich zuliess, hat das BGer festgestellt, dass das Gericht im Erkenntnisverfahren nur eine Zahlung in der geschuldeten Fremdwährung zusprechen kann, und die auf Schweizer Franken lautende Klage abzuweisen hat (BGE 134 III 151 E. 2.4). Die Streitwertberechnung erfolgt aber in jedem Fall durch Umrechnung in die schweizerische Währung. Der massgebende Zeitpunkt ist der Tag der Rechtshängigkeit (ZK-SCHRANER, N 221). **10**

In der Betreibung ist eine *Fremdwährungsschuld in die schweizerische Währung umzurechnen* (Art. 67 Abs. 1 Ziff. 3 SchKG;BGE 125 III 443 E. 5a; 134 III 151 E. 2.3). Der Kurs bestimmt sich am Ort der Betreibung und am Tag ihrer Einleitung und ist eine Regel des Ordre public, der eine Anwendung von Art 84 Abs. 2 ausschliesst (BGE 137 III 624 E. 3; 135 III 88 E. 4.1; im Urteil des KGer ZG wird m.w.Nw. die Meinung vertreten, dass der Gläubiger die Wahl hat, den Zeitpunkt der Fälligkeit oder den der Einleitung der Betreibung zu bestimmen, vgl. dazu SJZ 1976, 197). Die betreibungsrechtliche Umrechnung führt nicht zu einer Novation der Schuld. Der Schuldner kann während der Dauer der Betreibung weiterhin mittels der geschuldeten fremden Währung erfüllen (BGE 77 III 99 = Pra 1952, 12; BGE 73 II 107 = Pra 1947, 299; BGE 72 III 105 = Pra 1946, 400; BGE 51 III 186 = Pra 1925, 415; BGE 46 II 406 = Pra 1921, 11). Im Konkursverfahren (vgl. aber BGE 105 III 92 ff.) hat der Gläubiger die Fremdwährungsschuld auch in Landeswährung umzurechnen. Massgebend ist der Kurs am Tag der Konkurseröffnung (BGE 110 III 105 E. 3). Im Arrestbegehren hat die Umrechnung auf den Tag der Einreichung desselben zu erfolgen (Art 67 Abs. 1 Ziff. 3 SchKG; ZK-SCHRANER, N 239). Beim Nachlassvertrag mit Vermögensabtretung erfolgt die Umrechnung zum Zeitpunkt, in dem die Bestätigung des Vertrages rechtskräftig wird (BGE 110 III 111 = Pra 1985, 307). **11**

Art. 85

II. Anrechnung
1. Bei Teilzahlung

1 Der Schuldner kann eine Teilzahlung nur insoweit auf das Kapital anrechnen, als er nicht mit Zinsen oder Kosten im Rückstande ist.

2 Sind dem Gläubiger für einen Teil seiner Forderung Bürgen gestellt, oder Pfänder oder andere Sicherheiten gegeben worden, so ist der Schuldner nicht berechtigt, eine Teilzahlung auf den gesicherten oder besser gesicherten Teil der Forderung anzurechnen.

II. Imputation
1. En cas de paiement partiel

1 Le débiteur ne peut imputer un paiement partiel sur le capital qu'en tant qu'il n'est pas en retard pour les intérêts ou les frais.

2 Si le créancier a reçu pour une fraction de la créance des cautionnements, gages ou autres sûretés, le débiteur n'a pas le droit d'imputer un paiement partiel sur la fraction garantie ou mieux garantie de la créance.

II. Imputazione
1. In caso di pagamento parziale

[1] Il debitore può imputare al capitale un pagamento parziale solo in quanto non sia in arretrato di interessi o di spese.

[2] Quando siano state date al creditore delle fideiussioni, dei pegni od altre garanzie per una parte del suo credito, il debitore non ha diritto d'imputare un pagamento parziale alla parte garantita del credito o a quella garantita in modo migliore.

Literatur

Vgl. die Literaturhinweise bei den Vorbem. zu Art. 68–74.

I. Normzweck

1 Wenn der Gläubiger, obwohl die ganze Schuld feststeht und fällig ist, von seinem Ablehnungsrecht gem. Art. 69 keinen Gebrauch macht und eine Teilzahlung annimmt bzw. annehmen muss, kommt er dem Schuldner entgegen. Er soll daher nicht auch noch zu Schaden kommen. Art. 85 beruht daher auf *Zweckmässigkeits- und Billigkeitsgründen* und schützt den Gläubiger (ZK-OSER/SCHÖNENBERGER, N 3). Er kommt nicht nur bei Geldschulden, sondern auch bei Leistung anderer vertretbarer Sachen zur Anwendung. Bei der Abgrenzung zwischen Art. 85 Abs. 1 und 2 ist bedeutsam, dass es sich bei diesem um eine einheitliche Schuld, bei jenem hingegen um Zinsen und Kosten einer Schuld handelt. Art. 85 Abs. 1 ist lex specialis zu Art. 86/87. Im Übrigen findet er seine Entsprechung in Art. 89 betreffend die Ausstellung einer Quittung. Art. 85 ist dispositives Recht. Nebst abweichenden Vereinbarungen kann sich der Ausschluss insb. auch aus den Umständen ergeben (eingehend BK-WEBER, N 16).

II. Anwendungsbereich

2 Ausser bei der Vertragserfüllung gilt Art. 85 bei Hinterlegung, Verrechnung, Leistung durch einen Dritten, privater Verwertung von Sicherheitsrechten, gemäss gesetzlicher Bestimmung (z.B. familienrechtliche Unterstützungspflichten), Zwangsvollstreckung und analog im öffentlichen Recht (BK-WEBER, N 13), jedoch nicht im Konkurs.

3 Zum Begriff des Zinses vgl. Art. 73. Kosten sind alle Aufwendungen des Gläubigers zur Verfolgung und Durchsetzung seines Anspruches (z.B. Protestkosten, Prozess- und Betreibungskosten). Bietet der Schuldner eine Teilzahlung an, die die ausstehenden Kosten und Zinse nicht zu decken vermag, sind erst die Kosten zu liquidieren. Sind Kosten und Zinsen bestritten, ohne dass die Bestreitung rechtsmissbräuchlich erfolgt, wird Teilzahlung an das Kapital angenommen (BGE 133 III 598 E. 4.2). Art. 85 Abs. 2 geht vom Interesse des Gläubigers aus, dass der am wenigsten gesicherte Teil seiner Forderung durch die angebotene Teilzahlung zuerst getilgt wird. Nebst Bürgschaften und Pfandrechten verweist Art. 85 Abs. 2 auch auf andere Sicherheiten, vor allem Konkursprivilegien. Das Vorhandensein eines Mitverpflichteten für einen Teil der Forderung zählt jedoch nicht dazu.

III. Rechtsfolgen

4 Die Anrechnung der Teilzahlung erfolgt gemäss dem gesetzlichen Wortlaut. Schuldnerische Anrechnungserklärungen muss sich der Gläubiger nicht gefallen lassen. Er kann die Teilleistung ohne negative Folgen zurückweisen. Will der Gläubiger zuerst Kosten und Zinsen decken, genügt Widerspruch gegen die entgegenstehende Anrechnungserklärung des Schuldners nach der älteren Lehre nicht, der Gläubiger hat vielmehr die ganze Leistung zurückzuweisen. Nach neuerer zutreffender Lehrmeinung dringt hingegen der Gläubiger mit seinem Widerspruch durch (BK-WEBER, N 27 f.).

Art. 86

2. Bei mehreren Schulden
a. Nach Erklärung des Schuldners oder des Gläubigers

[1] Hat der Schuldner mehrere Schulden an denselben Gläubiger zu bezahlen, so ist er berechtigt, bei der Zahlung zu erklären, welche Schuld er tilgen will.

[2] Mangelt eine solche Erklärung, so wird die Zahlung auf diejenige Schuld angerechnet, die der Gläubiger in seiner Quittung bezeichnet, vorausgesetzt, dass der Schuldner nicht sofort Widerspruch erhebt.

2. S'il y a plusieurs dettes
a. D'après la déclaration du débiteur ou du créancier

[1] Le débiteur qui a plusieurs dettes à payer au même créancier a le droit de déclarer, lors du paiement, laquelle il entend acquitter.

[2] Faute de déclaration de sa part, le paiement est imputé sur la dette que le créancier désigne dans la quittance, si le débiteur ne s'y oppose immédiatement.

2. In caso di più debiti
a. Secondo la dichiarazione del debitore o del creditore

[1] Chi ha più debiti verso la stessa persona ha diritto di dichiarare, all'atto del pagamento, quale sia il debito che intende di soddisfare.

[2] Ove tale dichiarazione non venga fatta, il pagamento si imputerà al debito indicato dal creditore nella sua quietanza, a meno che il debitore non faccia immediatamente opposizione.

Literatur

Vgl. die Literaturhinweise bei den Vorbem. zu Art. 68–74.

I. Normzweck

Weist der Gläubiger mehrere Forderungen gegenüber einem Schuldner auf und reicht die angebotene Leistung nicht zur Deckung aller dieser Forderungen, *bestimmt Art. 86, in welcher Reihenfolge sie als erfüllt gelten*. Die Norm privilegiert den Schuldner und gibt ihm das Recht, die Anrechnung seiner Leistung zu bestimmen. Dasselbe gilt, wenn ein Dritter anstelle des Schuldners leistet (BGer, 28.3.2003, 4C.394/2002, E. 2.2). Sie kommt wie Art. 85 nicht nur bei Geldzahlungen, sondern auch bei Leistungen vertretbarer Sachen zur Anwendung. Art. 86 ist dispositiven Rechts. 1

II. Anwendungsbereich

Der Anwendungsbereich von Art. 86 entspricht dem von Art. 85. Art. 86 kommt im Rahmen eines Kontokorrentverhältnisses nicht zur Anwendung. Bei der Verrechnung steht sowohl dem Gläubiger als auch dem Schuldner das Bestimmungsrecht von Art. 86 Abs. 1 zu. Werden mehrere Verrechnungserklärungen abgegeben, bestimmt sich deren Gültigkeit nach dem Grundsatz der Priorität (eingehend dazu BK-Weber, N 10 f.). 2

III. Voraussetzungen

Der *Schuldner muss mehrere selbständige Schulden gegenüber dem Gläubiger aufweisen*. Sie müssen fällig oder zumindest erfüllbar sein. Muss der Schuldner nur eine davon erbringen, liegt eine Wahlobligation vor (vgl. Art. 72). Umstritten ist die Frage, ob Art. 86 auch anzuwenden ist, wenn mehrere Gläubiger vorhanden sind. Weil eine allgemein gültige Aussage nicht möglich erscheint, sind Praxis und Lehre auch uneinheitlich (vgl. die Bsp. bei BK-Weber, N 21 f.). 3

Der Schuldner kann die **Anrechnungserklärung** als *einseitiges, empfangsbedürftiges Rechtsgeschäft* ohne Berücksichtigung der Gläubigerinteressen (Ausnahme: Treu und Glauben) abgeben. Die Erklärung kann sich ausdrücklich oder aufgrund seines Verhaltens ergeben. Sie muss aber dem Gläubiger in jedem Fall erkennbar sein (BGE 26 II 417). Als Beispiel einer stillschweigenden Anrechnungserklärung wird die Übereinstimmung der Höhe des Zahlungsbetrages mit dem Forderungsbetrag betrachtet (weitere Bsp. bei BK-Weber, N 28 ff.). Äussert sich der Schuldner weder stillschweigend noch ausdrücklich zur Anrechnung, räumt Art. 86 Abs. 2 dem Gläubiger dieses Recht ein. Er hat dies auf der Quittung zu vermerken. Der Schuldner kann jedoch sofort dagegen Widerspruch erheben (*Remonstrationsrecht*; Bucher, AT, 302). Dann fällt die Wirkung der Anrechnung dahin, und Art. 87 kommt zur Anwendung. Unter Berücksichtigung des verbreiteten bargeldlosen Zahlungsverkehrs ist zu fordern, dass der Gläubiger seine Anrechnungserklärung dem Schuldner nicht ausschliesslich auf der Quittung, sondern auch durch separate Mitteilung zur Kenntnis bringen kann (vgl. auch BK-Weber, N 41; so auch Urteil des OGer ZH, 29.8.2014, RT140100, E. 3dd).

IV. Rechtsfolgen

4 Leistet der Schuldner und teilt er dem Gläubiger die Anrechnungsanordnung mit, erlöschen die Forderungen in der entsprechenden Reihenfolge. Gleiches gilt, wenn der Schuldner mit der Anrechnungsordnung des Gläubigers nicht einverstanden ist, Widerspruch erhebt und sie neu festlegt. Passt dem Gläubiger die schuldnerische Anrechnungsordnung nicht, kann er die angebotene Leistung zurückweisen. Er unterliegt dann jedoch den Folgen des Annahmeverzuges (Art. 91).

V. Beweislast

5 Der Schuldner hat nachzuweisen, dass seine Leistung aufgrund seiner Anrechnungserklärung auf die behauptete Forderung anzurechnen ist. Der Gläubiger hat zu beweisen, dass ihm mehrere Forderungen zustehen, sofern die schuldnerische Leistung unstreitig ist, und allenfalls, dass er seine Anrechnungsanordnung gem. Art. 86 Abs. 2 auf der Quittung festgehalten hat. Der Schuldner hat hingegen seinen Widerspruch gegen diese Erklärung zu beweisen sowie, dass er ihn sofort erhoben hat (BK-Weber, N 45 ff.).

Art. 87

b. Nach Gesetzesvorschrift

1 Liegt weder eine gültige Erklärung über die Tilgung noch eine Bezeichnung in der Quittung vor, so ist die Zahlung auf die fällige Schuld anzurechnen, unter mehreren fälligen auf diejenige Schuld, für die der Schuldner zuerst betrieben worden ist, und hat keine Betreibung stattgefunden, auf die früher verfallene.

2 Sind sie gleichzeitig verfallen, so findet eine verhältnismässige Anrechnung statt.

3 Ist keine der mehreren Schulden verfallen, so wird die Zahlung auf die Schuld angerechnet, die dem Gläubiger am wenigsten Sicherheit darbietet.

b. D'après la loi

1 Lorsqu'il n'existe pas de déclaration valable, ou que la quittance ne porte aucune imputation, le paiement s'impute sur la dette exigible; si plusieurs dettes sont exigibles, sur celle qui a donné lieu aux premières poursuites contre le débiteur; s'il n'y a pas eu de poursuites, sur la dette échue la première.

2 Si plusieurs dettes sont échues en même temps, l'imputation se fait proportionnellement.

3 Si aucune des dettes n'est échue, l'imputation se fait sur celle qui présente le moins de garanties pour le créancier.

b. Secondo la legge

1 Ove non esista una valida dichiarazione circa il debito estinto nè una designazione risulti dalla quietanza, il pagamento sarà imputato al debito scaduto, fra

più debiti scaduti, a quello per cui prima si procedette contro il debitore, e se non si procedette, al debito scaduto prima.

[2] Se i debiti sono scaduti contemporaneamente, si farà una imputazione proporzionale.

[3] Se poi nessuno dei debiti è scaduto, il pagamento sarà imputato a quello che presenta pel creditore minori garanzie.

Literatur

Vgl. die Literaturhinweise bei den Vorbem. zu Art. 68–74.

I. Normzweck

Art. 87 legt eine *Anrechnungsordnung* fest, wenn *weder der Schuldner noch der Gläubiger* i.S.v. Art. 86 eine *Reihenfolge bestimmt haben* (so auch Urteil des OGer ZH, 29.8.2014, RT140100, E. 3d f.). Die Bestimmung ist daher als Ergänzung zu Art. 86 zu sehen. 1

II. Anwendungsbereich

Der Anwendungsbereich entspricht grundsätzlich dem von Art. 86, jedoch ist Art. 87 bei der Verrechnung ausgeschlossen. Art. 87 setzt voraus, dass keine schuldnerische Anrechnungserklärung vorliegt. Infolgedessen fehlt jedoch ein Essentialium der Verrechnung (eingehend dazu SJZ 1964, 234; BK-Weber, N 9 ff.; **a.M.** Koller th., recht 2007, 111). Art. 87 kommt aber auch nicht zur Anwendung bei Kontokorrentverhältnissen, beim Konkurs, bei Sanierungsverfahren und pfandrechtlicher Zwangsvollstreckung. Bei einem Kontokorrentverhältnis ist Art. 87 Abs. 3 ausnahmsweise anwendbar, wenn ein Teil der Forderungen mit neuen Sicherheiten belegt wird (BGE 58 III 25 = Pra 1932, 96). Bei mehreren fälligen Schulden sieht das Gesetz den Vorrang der betriebenen Schuld vor (OGer ZH, PS140235-O/U, 2.10.2014, E. 2.1). Wurde keine in Betreibung gesetzt, wird der Vorrang der früher fällig gewordenen, aber noch nicht verjährten Schuld statuiert. Gemäss Art. 87 Abs. 2 ist die Leistung auf mehrere Schulden verhältnismässig anzurechnen, wenn deren Fälligkeit gleichzeitig eintritt (analoge Anwendung der Bestimmung, wenn ein Dritter Beträge zur Erfüllung von Forderungen zweier Banken gegenüber einem Bankkunden leistet, BGE 112 II 458 = Pra 1987, 505). 2

Ist keine Schuld fällig, gewährt das Gesetz jener den Vorrang, die dem Gläubiger am wenigsten Sicherheiten bietet (Art. 87 Abs. 3). Sind die Schulden als gleich sicher zu werten, erfolgt eine verhältnismässige Anrechnung (BK-Weber, N 25).

Art. 88

III. Quittung und Rückgabe des Schuldscheines
1. Recht des Schuldners

[1] Der Schuldner, der eine Zahlung leistet, ist berechtigt, eine Quittung und, falls die Schuld vollständig getilgt wird, auch die Rückgabe des Schuldscheines oder dessen Entkräftung zu fordern.

[2] Ist die Zahlung keine vollständige oder sind in dem Schuldscheine auch andere Rechte des Gläubigers beurkundet, so kann der Schuldner ausser der Quittung nur die Vormerkung auf dem Schuldscheine verlangen.

III. Quittance et remise du titre
1. Droit de les exiger

[1] Le débiteur qui paie a le droit d'exiger une quittance et, si la dette est éteinte intégralement, la remise ou l'annulation du titre.

[2] Si le paiement n'est pas intégral ou si le titre confère d'autres droits au créancier, le débiteur peut seulement exiger une quittance et la mention du paiement sur le titre.

III. Quitanza e restituzione del titolo
1. Diritto del debitore

[1] Il debitore che fa un pagamento ha diritto di chiedere una quitanza e, ove paghi l'intero debito, anche la restituzione o l'annullamento del titolo di credito.

[2] Se il pagamento non è integrale o il titolo serve di documento anche per altri diritti del creditore, il debitore può solo pretendere, oltre la quitanza, che sia fatta menzione del pagamento sul titolo stesso.

Literatur

Vgl. die Literaturhinweise bei den Vorbem. zu Art. 68–74.

I. Allgemeines

1 Gemäss der allgemeinen Beweislastregelung von Art. 8 ZGB hat der Schuldner das Erbringen der Leistung oder die Tilgung der Schuld zu beweisen. Dabei hat er nicht nur zu beweisen, dass er geleistet hat, sondern auch, dass die eingeklagte Forderung richtig erfüllt wurde. Art. 88–90 enthalten eine Reihe von beweistechnischen Vermutungen ohne materielle Rechtswirkungen, die dem Schuldner die Erbringung der erwähnten Beweise erleichtern sollen (eingehend BK-Weber, N 7 ff.). Obwohl das schweizerische Recht keine dem § 363 BGB entsprechende Regelung kennt, tritt eine Beweislastumkehr ein, wenn der Gläubiger die Leistung vorbehaltlos annimmt. Damit wird die Vermutung begründet, dass der Schuldner die Leistung vertragskonform und mängelfrei erbracht hat (BGE 59 I 255 = Pra 1934, 10; Bucher, AT, 314 f.). Soweit die Art. 88–90 die Mitwirkung des Gläubigers voraussetzen, hat er diese Obliegenheiten zu erbringen, ansonsten Gläubigerverzug (Art. 91) eintritt.

II. Normzweck. Anwendungsbereich

2 Art. 88 bezieht sich auf Schulden aller Art. Bei der Verrechnung tritt an die Stelle der Quittung die Verrechnungserklärung, bei der Hinterlegung der Hinterlegungsschein; bei Wertpapieren und im täglichen Verkehr ist aufgrund der Umstände und Verkehrssitte davon auszugehen, dass der Schuldner keinen Anspruch auf eine Quittung aufweist (BK-Weber, N 14 ff., 40 ff.). Art. 88 ist dispositiven Rechts.

III. Inhalt

3 Die **Quittung**, verstanden als *Verurkundung* der Erklärung des Gläubigers, er habe *eine ihm geschuldete Leistung erhalten*, ist eine *Beweisurkunde* und bezweckt, dem Schuldner den Beweis der Erfüllung zu ermöglichen (Bucher, AT, 315). Sie kann zum Voraus mit der Leistungserbringung oder nachträglich erstellt werden (BGE 103 IV 38 = Pra 1977, 201). Die Quittung ist dogmatisch grundsätzlich eine *Wissenserklärung*. Ausnahmsweise können die Parteien mit der Ausstellung der Quittung auch eine *Willenserklärung* abgeben (nach BGE 127 III 444 = Pra 2002, 110 ist die Saldoquittung sowohl Wissens- als auch Willenserklärung). Der häufigste Anwendungsfall ist die **Saldoquittung**. *Darin bestätigt der Gläubiger, die Leistung erhalten zu haben und mit dem Erhaltenen zufrieden zu sein* (BGE 102 III 47 = Pra 1976, 406; BGE 100 II 45 = Pra 1974, 571; BGE 41 II 446 = Pra 15, 402). Der Schuldner hat jedoch keinen Anspruch auf eine Saldoquittung (BGE 88 II 115 = Pra 1962, 318). Sie unterliegt als Willenserklärung der Irrtumsanfechtung und ist nach dem Vertrauensprinzip auszulegen (BGE 100 II 42 = Pra 1974, 571; BGE 60 II 446 = Pra 1935, 74; vgl. zum Ganzen BK-Weber, N 25 ff.). Der Schuldner ist berechtigt, eine Quittung zu verlangen. Gleiches gilt für Dritte, die in seine Forderungen subrogierten, nicht aber für Dritte, die leisteten, ohne verpflichtet gewesen zu sein. Auszustellen ist die Quittung vom jeweiligen Gläubiger. Der Coupon des Einzahlungsscheines ist daher keine Quittung.

4 Der Anspruch des Schuldners auf die Quittung (und deren Aushändigung, s. BK-Becker, N 8) entsteht erst, wenn er die Leistung richtig und vollumfänglich erbracht hat (Art. 88

Abs. 1). Bei einer Teilleistung hat er Anspruch auf eine Teilquittung (Art. 88 Abs. 2). Der Gläubiger hat erst auf entsprechendes Verlangen eine Quittung auszustellen. Liegt es vor, hat die Ausstellung Zug um Zug zu erfolgen. Weigert sich der Gläubiger, gerät er in Annahmeverzug. Der Schuldner kann dann seine Leistung zurückbehalten und das Verlangen der Quittung als Einrede geltend machen.

Unter Berücksichtigung ihres Zweckes sollte die Quittung die Leistung (unter Umständen individualisiert durch Angabe des Rechtsgrundes), die Person des Gläubigers sowie des Schuldners (evtl. des leistenden Dritten) und das Datum nennen. Ihre Gültigkeit ist jedoch nicht davon abhängig, ob alle Elemente aufgeführt sind. *Die Quittung ist eine Urkunde i.S.v. Art. 12 ff. und daher schriftlich abzufassen.* Der *Gläubiger* hat sie zu *unterzeichnen* (Art. 13–15) und die für die Ausstellung notwendigen Kosten zu übernehmen. Verlangt der Schuldner qualifizierte Schriftlichkeit, hat er die zusätzlichen Kosten zu tragen. **5**

Mittels eines **Schuldscheins** wird eine *Schuldverpflichtung begründet oder bestätigt.* Er ist eine Urkunde, die der Schuldner zum Beweis für den Bestand seiner Schuld ausgestellt und ausgehändigt hat (eingehender BK-Weber, N 30 ff.). Hat der Schuldner vollumfänglich erfüllt, kann er ausser der Quittung auch den Schuldschein vom Gläubiger (zurück)fordern. *Der Besitz des Schuldscheins ist ein Indiz für das Erlöschen der Schuld.* Der Rückgabeanspruch steht dem Schuldner oder dem Dritten zu, der in die Stellung des Schuldners subrogiert ist (BK-Weber, N 70 m.w.Nw.). Er richtet sich grundsätzlich gegen den Gläubiger, bei Abtretung gegen den Zessionar oder ausnahmsweise gegen einen Dritten (z.B. den Zedenten). Der Schuldner kann den Schuldschein unabhängig von der Art der Erfüllung, namentlich auch bei der Verrechnung, verlangen. Dabei ist unerheblich, ob der Schuldschein das Rechtsverhältnis bestätigt oder gar begründet. Die Rückgabe des Schuldscheins hat Zug um Zug mit der Leistung zu geschehen. Falls der Schuldner nur eine Teilleistung erbringt und der Gläubiger diese annimmt bzw. annehmen muss, hat jener keinen Anspruch auf den Schuldschein. Auf Verlangen hat dieser jedoch auf dem Schuldschein einen entsprechenden Vermerk anzubringen (Art. 88 Abs. 2). Macht der Gläubiger geltend, dass er den Schuldschein nicht mehr zurückgeben kann, hat der Schuldner das Recht, von ihm eine Entkräftung des Schuldscheins zu verlangen. Eine solche Entkräftung kann der Gläubiger wie eine Quittung abfassen. **6**

IV. Rechtsfolgen

Die Quittung bewirkt die Vermutung der Erfüllung der dort genannten Schuld. Sie erlangt Beweiseignung, sobald sie den Empfangsbereich des Schuldners erreicht hat (BGE 103 IV 38 = Pra 1977, 201; BGE 101 IV 279). Gegen diese Erfüllungsvermutung steht dem Gläubiger der Gegenbeweis offen. Er kann daher sowohl die Echtheit der Urkunde bestreiten als auch den unrichtigen Inhalt der Quittung beweisen (eingehend dazu BK-Weber, N 59 ff.; **a.M.** ZK-Schraner, N 41 und 46, wonach die Quittung eine Rechtsvermutung der Schuldtilgung begründet, gegen welche der Beweis des Gegenteils geführt werden muss; offen gelassen in BGer, 2.7.2009, 5A_316/2009). **7**

Art. 89

2. Wirkung

[1] Werden Zinse oder andere periodische Leistungen geschuldet, so begründet die für eine spätere Leistung ohne Vorbehalt ausgestellte Quittung die Vermutung, es seien die früher fällig gewordenen Leistungen entrichtet.

[2] Ist eine Quittung für die Kapitalschuld ausgestellt, so wird vermutet, dass auch die Zinse bezahlt seien.

[3] Die Rückgabe des Schuldscheines an den Schuldner begründet die Vermutung, dass die Schuld getilgt sei.

2. Effets

[1] Lorsqu'il s'agit d'intérêts ou d'autres redevances périodiques, le créancier qui donne quittance pour un terme, sans faire de réserves, est présumé avoir perçu les termes antérieurs.

[2] S'il donne quittance pour le capital, il est présumé avoir perçu les intérêts.

[3] La remise du titre au débiteur fait présumer l'extinction de la dette.

2. Effetti

[1] Quando siano dovuti interessi od altre prestazioni periodiche e senza riserva siasi rilasciata quitanza per una prestazione posteriore, si presumono soddisfatte le prestazioni scadute prima.

[2] La quitanza per capitale fa presumere il pagamento degli interessi.

[3] La restituzione del titolo di credito al debitore fa presumere l'estinzione del debito.

Literatur

Vgl. die Literaturhinweise bei den Vorbem. zu Art. 68–74.

I. Normzweck. Anwendungsbereich

1 Art. 89 enthält gesetzliche **Vermutungen im Beweisrecht**. Die Wirkung der Quittung wird bezüglich periodischer Leistungen sowie bezüglich Zinsen geregelt. Art. 89 Abs. 3 legt ferner die Wirkung der Schuldscheinrückgabe fest. Entgegen dem Wortlaut von Art. 84 ff. ist Art. 89 auf Leistungen aller Art anwendbar. Die Norm ist dispositiven Rechts. Der Gläubiger kann insb. die gesetzlichen Vermutungen einseitig ausschliessen.

II. Inhalt

2 Unter *periodischen Leistungen* sind alle selbständigen Leistungen zu verstehen, die wiederholt erbracht werden müssen und dieses repetitive Element ohne zusätzlichen Rechtsgrund enthalten (BK-BECKER, N 2). Indizien für periodische Leistungen sind ihre Gleichartigkeit sowie die Einheitlichkeit des Rechtsgrundes (Bsp. bei BK-WEBER, N 11). Art. 89 Abs. 1 statuiert *die Vermutung, dass früher fällig gewordene periodische Leistungen erfüllt wurden*, wenn die Quittung keinen entsprechenden Vorbehalt aufweist. Dies setzt voraus, dass die Leistungen demselben Schuldverhältnis entstammen und dass die Quittung für die periodische Leistung ausgestellt und dem Schuldner ausgehändigt wurde. Unterlässt der Gläubiger den Vorbehalt, wird er trotzdem zum Gegenbeweis zugelassen.

3 Art. 89 Abs. 2 statuiert die *Vermutung*, dass bei einer *Quittung* über die *Kapitalschuld* die *Zinsen bezahlt* sind. Diese Norm entspricht dem Regelungsinhalt von Art. 85 Abs. 1 und Art. 114 Abs. 2. Dem Gläubiger steht aber auch hier der Gegenbeweis zu. Im Nachlassverfahren gilt Art. 89 Abs. 2 nicht (BGE 102 III 47).

4 Gemäss Art. 89 Abs. 3 gilt die *Vermutung, dass die Schuld erfüllt wurde, wenn der Schuldschein zurückgegeben wird*. Diese Norm korrespondiert mit Art. 88 Abs. 1. Die Vermutung greift jedoch nur Platz, wenn der Schuldner die Rückgabe des Schuldscheins nachweist. Dessen Besitz allein ist nicht ausreichend (GAUCH/SCHLUEP/SCHMID/EMMENEGGER, N 2425). Er lässt jedoch wiederum die Vermutung der Rückgabe zu (BGE 54 II 201 = Pra 1928, 409; SJZ 1961, 13 f.; BGer, 9.3.2006, 5C.290/2006, E. 3.1.1). Art. 89 Abs. 3 findet auch Anwendung bezüglich des für die Schuld ausgestellten Wechsels und der bei der Betreibung dieses Wechsels ausgestellten Pfändungsurkunde, nicht aber bei der Rückgabe eines Pfandes. Dem Gläubiger steht erneut der Gegenbeweis offen. Die Rückgabe des Schuldscheins lässt keine Vermutung bezüglich des Erfüllungsortes entstehen (BK-BECKER, N 9). Falls einzelne Elemente der gesetzlichen Vermutung fehlen, kommt diese nicht zum Tragen. An deren Stelle kann jedoch eine faktische Vermutung treten, wie z.B. die Vernichtung des Schuldscheins

(vgl. BK-WEBER, N 30 ff. m.w.Bsp.). Bei einem sich widersprüchlich verhaltenden oder unordentlichen Schuldner ist die Wirkung der gesetzlichen Vermutungen noch geringer (BGE 104 Ia 15 = Pra 1978, 108).

Art. 90

3. Unmöglichkeit der Rückgabe

[1] Behauptet der Gläubiger, es sei der Schuldschein abhanden gekommen, so kann der Schuldner bei der Zahlung fordern, dass der Gläubiger die Entkräftung des Schuldscheines und die Tilgung der Schuld in einer öffentlichen oder beglaubigten Urkunde erkläre.

[2] Vorbehalten bleiben die Bestimmungen über Kraftloserklärung von Wertpapieren.

3. Impossibilité de remettre le titre

[1] Si le créancier prétend avoir perdu son titre, le débiteur qui paie peut l'obliger à lui délivrer une déclaration authentique, ou dûment légalisée, constatant l'annulation du titre et l'extinction de la dette.

[2] Sont réservées les dispositions concernant l'annulation des papiers-valeurs.

3. Impossibilità della restituzione

[1] Se il creditore dichiara d'aver smarrito il titolo, il debitore può, all'atto del pagamento, pretendere che il creditore attesti mediante atto pubblico o scrittura autenticata l'annullamento del titolo e l'estinzione del debito.

[2] Sono salve le disposizioni sull'ammortizzazione delle carte valori.

Literatur

Vgl. die Literaturhinweise bei den Vorbem. zu Art. 68–74.

I. Normzweck

Der Normzweck von Art. 90 entspricht jenem der Art. 88 und 89. Die Norm enthält beweistechnische Anordnungen. Der Gläubiger hat mitzuwirken, wenn er dem Schuldner den Schuldschein nicht mehr zurückgeben kann. Er hat eine **Entkräftungserklärung (Mortifikation)** abzugeben. Durch die Mitwirkungsobliegenheit des Gläubigers wird – wie bei der Rückgabe des Schuldscheins – das Beweisrisiko des Schuldners reduziert. Art. 90 Abs. 1 ist dispositiven Rechts. 1

Bezüglich Kraftloserklärung von Wertpapieren verweist Art. 90 Abs. 2 auf die entsprechenden besonderen Bestimmungen. Dies sind: Art. 971–972, 977, 981–988, 1072–1080, 1098 Abs. 1, Art. 1143 Ziff. 19, Art. 1145 ff. OR; Art. 870–871 ZGB; Art. 13 VVG. Auch Art. 90 Abs. 2 ist dispositiver Natur. Die Norm bezweckt den Schutz des Schuldners. 2

II. Anwendungsbereich

Art. 90 bezieht sich auf Schulden aller Art. Der Schuldner hat nicht nur bei der üblichen Erfüllung ein Recht auf Mortifikation des Schuldscheines, sondern auch bei Verrechnung, befreiender Hinterlegung, Anfechtung, Erlass und Vergleich. Art. 90 regelt ausschliesslich die materielle Seite der Mortifikation. Die verfahrensrechtlichen Regelungen bestimmt das kantonale Recht. 3

III. Inhalt

Nur der Schuldner oder ein Dritter, der in seine Rechte subrogiert ist, hat das Recht, eine Entkräftungserklärung zu verlangen. Sein Anspruch richtet sich gegen den Gläubiger (auch bei einem Vertrag zugunsten Dritter) oder einen allfälligen Zessionar. 4

5 Ein Schuldschein ist dann abhanden gekommen, wenn er vollständig zerstört wurde oder nicht mehr vorhanden ist. Beschädigte Schuldscheine sind dem Schuldner zurückzugeben. Behauptet der Gläubiger, dass der Schuldschein abhanden gekommen ist, hat der Schuldner das Recht, die Entkräftungserklärung zu verlangen. Hat der Schuldner Indizien, dass der Gläubiger den Schuldschein trotz seiner gegenteiligen Behauptung noch hat, und hat er ein Interesse am Schuldschein, kann er ein Herausgabebegehren stellen (zu den dann geltenden Beweislastregeln vgl. BK-Weber, N 25 m.w.Nw.). Der Gläubiger kann die Entkräftungserklärung *privat und aussergerichtlich* in eine *schlichte Beweisurkunde* kleiden. Eine solche Mortifikation hat die Wirkungen einer Quittung. Der Schuldner kann aber verlangen, dass die Entkräftungserklärung in einer *öffentlichen oder beglaubigten Urkunde* erfolgt. Die qualifizierte Form dieser Erklärung hat keine Auswirkungen auf die materielle Rechtslage. Art. 90 Abs. 1 gewährt dem Schuldner aber kein Recht auf ein öffentliches Aufrufsverfahren. Der Gläubiger hat das Entkräftungsverfahren zu veranlassen und trägt auch dessen Kosten.

IV. Rechtsfolgen

6 Die private Mortifikationserklärung wie auch die entsprechende öffentliche oder beglaubigte Urkunde haben ausschliesslich die *Rechtswirkung*, dass die *Rückgabe des Schuldscheins obsolet wird*. Die Beweiskraft des (abhanden gekommenen) Schuldscheins erlischt. Mit der Abgabe der Entkräftungsurkunde geht auch das Recht des Schuldners auf Ausstellung einer Quittung unter. Dies wird mit der Parallelität der Rechtswirkungen der beiden Urkunden begründet. Der Schuldner kann vom Gläubiger aber auch keine Erklärung verlangen, dass dieser für die allfällige missbräuchliche Verwendung des abhanden gekommenen Schuldscheines hafte (BK-Becker, N 10).

Vorbemerkungen zu Art. 91–96

Literatur

Gehri/Kramer, ZPO Kommentar, Schweizerische Zivilprozessordnung, Zürich 2010; Stauber, Die Rechtsfolgen des Gläubigerverzuges, Diss. Bern 2009; Stöckli, Selbsthilfeverkauf eines Flugzeuges nach Abschluss der Wartungsarbeiten – Entscheid des Bundesgerichts 2.3.2010 (4A_640/2009), auszugsweise publiziert als BGE 136 III 178, E. 2, 5.1 und 7.1, BR 2010, 177 f.; Schulin, Besteht ein Recht des Schuldners auf Erfüllung seiner Verpflichtung?, Grenzen des Instituts des Gläubigerverzugs, in: Honsell/Huwiler/Schulin (Hrsg.), Liber amicorum Nedim Peter Vogt, Privatrecht als kulturelles Erbe, Basel 2012, 213 ff.

I. Zweck und Charakteristik des Gläubigerverzugs. Verhältnis zum Schuldnerverzug

1 Sehr häufig kann der Schuldner ohne Mitwirkung des Gläubigers nicht erfüllen (Ausübung des Wahlrechts des Gläubigers bei Wahlobligationen etc.). Verweigert der Gläubiger ungerechtfertigt diese Mitwirkung, muss dem Interesse des Schuldners an Befreiung Rechnung getragen werden. Diesem **Zweck** dienen die Regeln über den Gläubigerverzug.

2 Der Gläubiger ist jedoch nicht zur Mitwirkung verpflichtet (Ausnahmen s. N 3); es handelt sich lediglich um eine (nicht klagbare) **Obliegenheit**. Dementsprechend zeitigt ihre Verletzung keine Schadenersatzfolgen und führt auch nicht zu einem Verlust der Forderung für den Gläubiger (zu Ausnahmen vgl. BK-Weber, Art. 92 N 9 ff.). Die Rechtsfolgen des Gläubigerverzugs beschränken sich vielmehr auf eine Erleichterung der Rechtsstellung des Schuldners einerseits und eine Erschwerung der Rechtsstellung des Gläubigers andererseits (s. N 7).

Vom **Schuldnerverzug** unterscheidet sich der Gläubigerverzug somit grundlegend, und zwar sowohl hinsichtlich der Voraussetzungen (Verletzung einer Obliegenheit statt Pflichtverletzung) als auch hinsichtlich der Wirkungen (kein Schadenersatzanspruch des Schuldners). Vergleichbar sind Gläubiger- und Schuldnerverzug hingegen insofern, als beiden eine **Verzögerung in der Abwicklung der Erfüllung** zugrunde liegt. Deshalb hat man es nicht mit Gläubigerverzug, sondern mit einer *Unmöglichkeit* zu tun, wenn durch das Verhalten des Gläubigers nicht nur eine Verzögerung der Erfüllung, sondern deren Verunmöglichung bewirkt wird (vgl. BGE 114 II 274, 276 f.; BK-WEBER, Art. 91 N 34 ff.; ZK-SCHRANER, Art. 91 N 45; SCHWENZER, N 69.05). 3

Dessen ungeachtet gerät aber der die gehörige Mitwirkung verweigernde Gläubiger häufig nicht nur in **Gläubiger-**, sondern (allenfalls nach Mahnung) **zugleich auch in Schuldnerverzug**. Das ist dann der Fall, wenn die Mitwirkung des Gläubigers nach Vertrag oder Gesetz (insb. Art. 211, vgl. BGE 59 II 305; 48 II 98; Art. 379 Abs. 2) als eigentliche Pflicht ausgestaltet ist (KELLER/SCHÖBI, I, 231 f.; CR CO I-LOERTSCHER, Art. 91 N 4; ZK-SCHRANER, Art. 91 N 43); ferner, wenn im Annahmeverzug zugleich eine Zahlungsverweigerung zu sehen ist (BGE 110 II 148 = Pra 1984, 479 ff.: keine Spezifikation durch den Käufer beim Spezifikationskauf, s.a. Art. 95 N 1 i.f.; BGE 49 II 28, 32: kein Abruf der verfügbaren Waren wegen Liquiditätsschwierigkeiten) oder wenn das Verhalten des Gläubigers als positive Vertragsverletzung zu qualifizieren ist (BGE 59 II 305). Gleich verhält es sich schliesslich auch dann, wenn mit dem gehörigen Anbieten der Leistung des Schuldners die Fälligkeit der Gegenleistung des Gläubigers eintritt, sei es aufgrund vertraglicher Abmachungen (Vereinbarung von Leistung Zug um Zug, vgl. auch BGE 129 III 535, 541) oder gesetzlicher Bestimmung (Art. 213). Im Grunde ist deshalb in synallagmatischen Verträgen nur der vorleistungspflichtige Schuldner auf die Regeln des Gläubigerverzugs angewiesen. Liegt sowohl Gläubiger- als auch Schuldnerverzug vor, hat der Schuldner grundsätzlich die Wahl, ob er nach den Regeln des Gläubigerverzugs oder nach denjenigen des Schuldnerverzugs vorgehen will (BUCHER, AT, 319; VON TUHR/ESCHER, 75 f.; CR CO I-LOERTSCHER, Art. 91 N 4; BK-WEBER, Art. 91 N 73; ZK-SCHRANER, Art. 91 N 43; SCHWENZER, N 69.04; HUGUENIN, N 973).

Die Möglichkeit des Vorgehens nach den Bestimmungen über den Schuldnerverzug ist namentlich bei Sachleistungen für den Schuldner attraktiv, weil ihm der Gläubigerverzug hier im Prinzip nur die wenig schlagkräftigen Rechtsbehelfe der Hinterlegung und des Selbsthilfeverkaufs, nicht aber das Recht zum Rücktritt gibt (vgl. aber Art. 95 N 1 i.f.).

II. Anwendungsbereich

Die Bestimmungen über den Gläubigerverzug finden nicht nur auf obligationenrechtliche, sondern nach Art. 7 ZGB auch auf andere zivilrechtliche Verhältnisse Anwendung, insb. im Sachenrecht (Herausgabeanspruch, Anspruch auf Beseitigung einer Störung; BK-WEBER, Art. 91 N 78). Sie sind auf die Rückabwicklung eines ungültigen Kaufvertrages nicht anwendbar (GVP 1989, 65 ff. = SJZ 1991, 49 f.). 4

III. Überblick über die Regelung des Gläubigerverzugs

Art. 91 umschreibt die Voraussetzungen des Gläubiger(Annahme-)verzugs für alle Arten von Leistungen einheitlich. In den Art. 92–95 werden sodann die Wirkungen des Gläubigerverzugs für *«Sachleistungen»* (Hinterlegung und Selbsthilfeverkauf, Art. 92–94) einerseits und für *«andere Leistungen»* (Rücktritt, Art. 95) andererseits festgelegt. In Art. 96 schliesslich wird unter dem Randtitel F bestimmt, dass auch dann, wenn kein *«Annahmeverzug»* (Art. 91) vorliegt, sondern der Schuldner *«aus einem andern in der Person des Gläubigers lie-* 5 *genden Grunde»* oder infolge einer *«unverschuldeten Ungewissheit über die Person des Gläubigers»* nicht befreiend erfüllen kann, die Wirkungen des Gläubigerverzugs eintreten. Soweit der Schuldner die geschuldete Leistung völlig selbständig erfüllen kann und eine Hinderung durch den Gläubiger deshalb nicht möglich ist, finden die Bestimmungen zum Gläubigerverzug keine Anwendung (z.B. Begründung einer Forderung zugunsten eines Dritten, vgl. Handkomm-OR-KREN KOSTKIEWICZ, Art. 91 N 9; ZK-SCHRANER, Art. 91 N 12).

6 Die Rechtslage bei Gläubigerverzug ist jedoch in den **Art. 91–96 nicht abschliessend** geregelt. Vielmehr sind hinsichtlich seiner **Wirkungen** auch **ungeschriebene**, von Rsp. und Doktrin entwickelte **Regeln** zu beachten (N 7). Daneben bestehen **besondere gesetzliche Regeln für einzelne Vertragsverhältnisse** (vgl. insb. Art. 324 Abs. 1, Art. 504 Abs. 2).

7 Neben den in den Art. 92–96 vorgesehenen Möglichkeiten von Hinterlegung, Selbsthilfeverkauf und Rücktritt führen auch die folgenden, gesetzlich nicht ausdrücklich vorgesehenen Rechtsfolgen des Gläubigerverzugs zu einer **Erleichterung der Rechtsstellung des Schuldners** (zur Frage, ob diese Rechtswohltaten in allen Fällen des Art. 96 zu gewähren sind, s. BK-WEBER, Art. 96 N 26 ff.; ZK-SCHRANER, Art. 96 N 43 ff.).

Der Schuldner bleibt auch bei Gläubigerverzug zur Aufbewahrung des Leistungsgegenstandes verpflichtet. Aufgrund von Art. 99 Abs. 2 wird sein **Verschulden** jedoch **milder beurteilt** (BUCHER, AT, 325; VON TUHR/ESCHER 74; HUGUENIN, N 986; CR CO I-LOERTSCHER, Art. 91 N 3; SCHWENZER, N 70.06; **a.M.** GAUCH/SCHLUEP/SCHMID/EMMENEGGER, N 2441; KOLLER A., OR AT, § 56 N 106; STAUBER, N 711, welcher Art. 44 OR für anwendbar hält). Bei Untergang der Sache trotz pflichtgemässer Sorgfalt wird er frei.

Eine allgemeine Regel, wonach die **Gefahr** auf den Gläubiger überginge und der Schuldner demgemäss trotz des Untergangs der Sache die Gegenleistung fordern könnte, kennt das OR nicht (**a.M.** BERGER, N 1297). Für den Spezieskauf und den Werkvertrag ergibt sich dies indessen aus Art. 185 Abs. 1 bzw. Art. 376 Abs. 1. Wird die Gefahrtragungsregel in Art. 185 Abs. 1 aufgrund besonderer Umstände oder Parteiabrede ausgeschlossen und der Erwerber von der Gefahrtragung entlastet, so bewirkt sein Annahmeverzug, dass die Gefahr dennoch auf ihn übergeht (vgl. BGer, 11.1.2005, 4C.199/2004, E. 9.1.2). Für den Gattungskauf gilt das gleiche hinsichtlich jener Sachen, mit denen der Schuldner erfüllt hätte, wobei er dafür beweispflichtig ist, dass es sich bei den untergegangenen gerade um diese Sachen handelte. In den übrigen Fällen dagegen geht die Gefahr erst mit der Hinterlegung (Art. 92) auf den Gläubiger über. Vgl. VON TUHR/ESCHER, 74 f.; BK-WEBER, Art. 92 N 18 ff.; ZK-SCHRANER, Art. 92 N 15 ff.; **a.M.** BUCHER, AT, 324 FN 24; GAUCH/SCHLUEP/SCHMID/EMMENEGGER, N 2438; SCHWENZER, N 70.04; HUGUENIN, N 985).

Gläubigerverzug schliesst Schuldnerverzug des Schuldners aus (BGer, 17.1.2006, 4C.277/2005, E. 5). Bereits eingetretener Schuldnerverzug erlischt mit Eintritt des Gläubigerverzugs (SJZ 1968, 171). Entsprechend sind keine weiteren Verzugszinsen mehr geschuldet (BGer, 17.1.2006, 4C.277/2005, E. 5; BGE 45 II 220, 256; vgl. auch 82 II 460, 466 f.). Analoges gilt auch für die Verpflichtung des Schuldners zur Leistung von Schadenszins (BGer, 17.1.2006, 4C.277/2005, E. 5). Auf vertraglicher Vereinbarung beruhende Zinsen laufen dagegen weiter; der Schuldner kann sich davon nur durch Hinterlegung befreien (BGE 119 II 437, 440 = Pra 1994, 744; BGE 82 II 460, 467; BK-WEBER, Art. 92 N 23; ZK-SCHRANER, Art. 92 N 25 je m.Nw.; **a.M.** KOLLER A., OR AT, § 56 N 108; STAUBER, N 717 ff. m.w.H.). Bei Gläubigerverzug können weder weiterer Schaden i.S.v. Art. 106 noch Vertragsstrafen und Verfallsklauseln geltend gemacht werden, noch eine Pfandverwertung für die Forderung stattfinden. Näheres BK-WEBER, Art. 92 N 25 ff. m.Nw.; ZK-SCHRANER, Art. 92 N 21 ff.

Der Schuldner hat gem. Art. 422 Abs. 1 **Anspruch auf Ersatz der Aufwendungen**, die er nach Eintritt des Gläubigerverzugs für die Erhaltung der Sache tätigt (z.B. Versicherungskosten); für die Hinterlegungskosten ist dies in Art. 92 ausdrücklich vorgesehen (BK-WEBER, Art. 92 N 31 ff.; ZK-SCHRANER, Art. 92 N 26 ff.; STAUBER, N 802 ff. je m.Nw.; KOLLER A.,

OR AT, § 56 N 103 f.). Der Schuldner kann sogar seine Leistung bis zum Ersatz dieser Aufwendungen zurückhalten (GAUCH/SCHLUEP/SCHMID/EMMENEGGER, N 2443).

Zu einer **Erschwerung der Rechtsstellung** führt der Gläubigerverzug dadurch, dass der Gläubiger bei einem synallagmatischen Vertrag hinsichtlich seiner Gegenleistung die **Einrede des nichterfüllten Vertrages** (Art. 82) nicht mehr erheben kann (noch offen gelassen in BGE 111 II 463, 469 f., bestätigt in BGer, 29.10.2002, 4C.236/2002, E. 3). Wird die Gegenleistung durch die eigene Leistung des Schuldners fällig, z.B. nach Art. 213, oder ist vertraglich Leistung Zug um Zug vereinbart, so kann der Schuldner vom Gläubiger die Gegenleistung verlangen, ohne selber hinterlegt oder einen Selbsthilfeverkauf getätigt zu haben. Hinterlegen usw. muss er nur, um sich von seiner Pflicht zu befreien, nicht aber, um sein Recht durchzusetzen (BK-WEBER, Art. 92 N 22; ZK-SCHRANER, Art. 92 N 19, je m.Nw.; s.a. BGE 111 II 463, 468 f.; N 3; zur Einleitung der Betreibung s. aber Art. 92 N 8).

IV. Beendigung des Gläubigerverzugs

8 Der Gläubigerverzug **endigt**, wenn die Forderung erlischt (auch im Falle befreiender Hinterlegung, Art. 92 N 8), wenn Unmöglichkeit der Erfüllung eintritt (s. N 3) oder wenn sich die Parteien auf eine Verschiebung des Leistungstermins einigen. Ebenso führt der Wegfall einer Voraussetzung des Gläubigerverzugs zu seiner Beendigung: Wegfall der Leistungsbereitschaft (Art. 91 N 6) oder des Leistungsangebots (vgl. dazu Näheres bei STAUBER, N 60 f.), Vornahme der unterbliebenen Vorbereitungshandlung bzw. Mitwirkung durch den Gläubiger. Auch die Erklärung des Gläubigers, die Leistung nunmehr anzunehmen, beendet den Gläubigerverzug. Sie wird i.d.R. zugleich auch als Mahnung des Gläubigers aufgefasst werden müssen, die bei Nichtbefolgung Schuldnerverzug auslöst. Näheres BK-WEBER, Art. 91 N 163 ff.

V. Abweichende Vereinbarungen

9 Die Art. 91–96 sind **dispositiv**. Die Parteien können in Verschärfung oder Milderung der gesetzlichen Vorschriften sowohl die Voraussetzungen als auch die Wirkungen des Gläubigerverzugs abweichend regeln oder gänzlich ausschliessen: Eintritt des Gläubigerverzugs erst nach einer Nachfrist, Selbsthilfeverkauf auch bei einer zur Hinterlegung geeigneten Sache, freihändiger Selbsthilfeverkauf etc.

VI. IPR

10 Sofern nicht eine anderslautende Rechtswahl getroffen wurde, richten sich Voraussetzungen und Wirkungen des Gläubigerverzugs nach dem auf die in Frage stehende Forderung anwendbaren Recht. Die Modalitäten der vom Schuldner bei Gläubigerverzug vorgenommenen Handlungen (Art und Weise der Hinterlegung oder des Selbsthilfeverkaufs etc.) dagegen sind wohl als Erfüllungs- und Untersuchungsmodalitäten i.S.v. Art. 125 IPRG aufzufassen, die dem Recht des Staates unterstehen, in dem sie tatsächlich erfolgen (vgl. IPRG-Kommentar-KELLER/GIRSBERGER, Art. 148 N 33; BK-WEBER, Art. 91 N 75 f.).

Art. 91

E. Verzug des Gläubigers
I. Voraussetzung

Der Gläubiger kommt in Verzug, wenn er die Annahme der gehörig angebotenen Leistung oder die Vornahme der ihm obliegenden Vorbereitungshandlungen, ohne die der Schuldner zu erfüllen nicht imstande ist, ungerechtfertigterweise verweigert.

E. Demeure du créancier
I. Conditions

Le créancier est en demeure lorsqu'il refuse sans motif légitime d'accepter la prestation qui lui est régulièrement offerte, ou d'accomplir les actes préparatoires qui lui incombent et sans lesquels le débiteur ne peut exécuter son obligation.

E. Mora del creditore
I. Condizioni

Il creditore è in mora quando, senza legittimo motivo, ricusi di ricevere la prestazione debitamente offertagli o di fare gli atti preparatori che gli incombono e senza i quali il debitore non può adempiere l'obbligazione.

I. Allgemeines. Anwendungsbereich

1 Art. 91 umschreibt die **Voraussetzungen** des Gläubigerverzugs, und zwar einheitlich **für alle Arten von Schuldnerleistungen**. Die Wirkungen des Gläubigerverzugs treten indessen nicht nur im hier umschriebenen Fall des **Annahmeverzugs** ein, sondern auch in dem in Art. 96 definierten Tatbestand anderer in der Person des Gläubigers begründeter Hinderung der Erfüllung. Nach Art. 91 gerät der Gläubiger dann in Verzug, wenn einerseits der Schuldner seine Leistung gehörig angeboten hat (s. N 2 ff.) und andererseits auf der Seite des Gläubigers eine ungerechtfertigte Annahmeverweigerung vorliegt (s. N 7 ff.).

II. Angebot der Leistung

2 Nur wenn der Schuldner leistungsbereit ist, seinen Leistungswillen kundtut und den Gläubiger zur Annahme der Leistung auffordert, d.h. die Leistung «anbietet», sollen den Gläubiger die nachteiligen Folgen des Verzugs treffen. Im Einzelnen gilt Folgendes:

3 Das Angebot muss **«gehörig»** sein, d.h. es muss quantitativ und qualitativ sowie bezüglich der weiteren Erfüllungsmodalitäten der gesetzlich oder vertraglich geschuldeten Leistung im Moment des Angebots entsprechen. Mit der Kapitalsumme müssen auch Kosten und Zinsen angeboten werden (Art. 85), insb. auch allenfalls bereits aufgelaufene Verzugszinsen und sonstiger Verzugsschaden. **Teilleistungen** muss der Gläubiger i.d.R. nicht annehmen (Art. 69), ausser wenn er bei geringfügiger Abweichung von der gesamten Schuld erwarten kann, dass der Schuldner den Rest noch leisten wird (BGE 16, 792, 798; ZR 1943, 9). Eine grössere als die geschuldete Leistung darf der Gläubiger zurückweisen, wenn für ihn dadurch Aufwand entsteht (Zahlung einer Schuld von CHF 80 mit einer Tausendernote). Ist jedoch die Aussonderung für den Gläubiger leicht möglich und stellt die Annahme einer nur geringfügig zu grossen Leistung für ihn keine Belästigung dar, muss er diese annehmen (BGE 16, 792, 798: geringe Mehrfracht, Schuldner war zu deren kostenlosem Transport bereit).

Die Leistung muss **am Erfüllungs-** oder einem für den Gläubiger günstigeren **Ort** angeboten werden (VON TUHR/ESCHER, 70).

Ein bei Erfüllbarkeit, aber **vor Fälligkeit** der Forderung gemachtes Angebot ist in aller Regel gehörig, falls dem Gläubiger eine angemessene Frist eingeräumt wird, um seine Dispositionen für die Abnahme zu treffen (vgl. SCHWENZER, N 69.06). Hingegen muss der Gläubiger Vorauszahlungen auf noch nicht entstandene oder bedingte Forderungen (Mietzins oder Lohn für die Zukunft) nicht annehmen; er soll nicht gegen seinen Willen einer allfälligen Rückgabepflicht ausgesetzt sein.

Das Angebot darf **nicht an Bedingungen geknüpft** sein, die nicht Vertragsinhalt sind (vgl. nicht publ. E. 5 von BGE 132 III 226, 321; Kasuistik bei BK-WEBER, N 110). Wo aber Leistung Zug um Zug vereinbart ist, darf der Schuldner seine Leistung unter der Bedingung gleichzeitiger Gegenleistung anbieten. Er kann auch die gleichzeitige Ausstellung einer Quittung (s. N 12), nicht aber den Verzicht auf ein Rechtsmittel gegen das ihn verpflichtende Urteil verlangen (BGer, 17. 1. 2006, 4C.277/2005, E. 5).

4 Das Angebot muss i.d.R. tatsächlich erfolgen **(Realoblation)**, d.h. der Schuldner muss faktisch alles vorgenommen haben, so dass zur Perfektion der Erfüllung nur noch die Mitwir-

kung des Gläubigers fehlt. Realoblation ist insb. bei Bring- und Schickschulden unentbehrlich (Kasuistik bei BK-WEBER, N 102). Bei Schickschulden hat der Schuldner mit der Absendung alles Erforderliche getan, wobei aber Gläubigerverzug erst eintreten kann, wenn die Ware am Erfolgsort bzw. beim Gläubiger eingetroffen ist (CHK-MERCIER, N 8; KOLLER A., OR AT, § 56 N 44). Ausnahmsweise genügt jedoch ein wörtliches Angebot **(Verbaloblation)**, so bei unterlassener Abholung bei gesetzlichen oder vertraglich vereinbarten Holschulden (BGE 119 II 437, 439 = Pra 1994, 743; BGE 109 II 26, 32, je m.Nw.) oder bei einer antizipierten Annahmeverweigerung des Gläubigers oder wenn dieser eine andere Vorbereitungshandlung unterlässt, ohne die die Erfüllung gar nicht möglich ist (BGE 111 II 463, 469 m.Nw.; s. N 12; BGE 109 II 26, 32; Näheres zur Verbalobligation auch bei CHK-MERCIER, N 12 f. und STAUBER, N 52 f.).

Das Angebot ist nur dann «gehörig», wenn die Leistungsbereitschaft (s. N 6) des Schuldners i.S. einer rechtsgeschäftlichen **empfangsbedürftigen Willenserklärung**, als Aufforderung an den Gläubiger zur Annahme, formuliert ist (BGE 50 II 40, 45). Es genügt nicht, wenn der Gläubiger ohne Erklärung des Schuldners irgendwie von dessen Leistungsbereitschaft erfährt.

Wo es nicht um eine höchstpersönliche Leistung geht (Art. 68), kann das Angebot auch von irgendeinem **Dritten** ausgehen. Umgekehrt kann der Schuldner jedoch nur an eine vom Gläubiger verschiedene Person leisten, wenn es sich bei dieser um einen bevollmächtigten Vertreter handelt (vgl. Art. 96). Näheres BK-WEBER, N 113 ff.; ZK-SCHRANER, N 82.

Ohne Angebot tritt der Gläubigerverzug in analoger Anwendung von Art. 102 Abs. 2 und Art. 108 ipso iure dann ein, wenn ein bestimmter Erfüllungstermin feststeht, z.B. aufgrund von Vereinbarung, Kündigung oder Abruf des Gläubigers, und der Gläubiger diesen Termin verstreichen lässt (*Beispiel*: Schüler versäumt die Französischstunde, Theaterbesucher verpasst die Vorstellung). Ein Angebot ist auch dann nicht erforderlich, wenn der Gläubiger die entsprechende Erfüllungshandlung untersagt (z.B. die Absendung beim Distanzkauf) oder wenn dem Schuldner ein Angebot aufgrund der Umstände des Einzelfalles nicht zumutbar ist (*Beispiel*: antizipierte Annahmeverweigerung, vgl. BGE 111 II 463, 469; 109 II 26, 32; 59 II 305, 308; KOLLER A., OR AT, § 56 N 27; SCHWENZER, N 69.08). 5

Obwohl im Gesetz nicht ausdrücklich erwähnt, muss auch eine dem Angebot entsprechende **Leistungsbereitschaft** vorliegen (BGE 111 II 463, 469 m.Nw.; BGer, 17.11.2005, 4C.189/2005, E. 3.3). Diese beinhaltet die Fähigkeit und den Willen des Schuldners, die Leistung wie geschuldet zu erbringen (ZK-SCHRANER, N 60; CHK-MERCIER, N 15). Ob dies der Fall ist, kann namentlich bei blosser Verbaloblation fraglich sein (VON TUHR/ESCHER, 71). Fehlt es an der Leistungsbereitschaft, gerät der Gläubiger trotz gehörigem Leistungsangebot nicht in Verzug (BGE 28 II 263, 270; s.a. 68 II 220, 226 f.). *Beispiele* fehlender Leistungsbereitschaft: (i) aus tatsächlichen Gründen: Schuldner hat den Leistungsgegenstand nicht zur Verfügung; beschafft den Stoff zur Werkausführung nicht; ist arbeitsunfähig, z.B. krank; (ii) aus rechtlichen Gründen: fehlende Berufsausübungs- oder Arbeitsbewilligung. Näheres BK-WEBER, N 86 ff.; ZK-SCHRANER, N 66 ff. Falls der Schuldner nicht zur Hinterlegung oder zum Selbsthilfeverkauf schreitet, muss seine Leistungsbereitschaft weiter erhalten bleiben, sonst endet der Gläubigerverzug (ZR 1941, 240). 6

III. Ungerechtfertigte Annahmeverweigerung durch den Gläubiger

1. Annahmeverweigerung

Annahmeverweigerung ist die Zurückweisung der geschuldeten Leistung als Erfüllung. In gewissen Fällen können Annahme und Abnahme, d.h. die tatsächliche Entgegennahme der Leistung, auseinanderfallen (Näheres BK-WEBER, N 142 ff.; ZK-SCHRANER, N 116 ff.). Wo aufgrund der Natur der Leistung eine Annahme weder möglich noch nötig ist, sondern der Schuldner ohne jede Mitwirkung seitens des Gläubigers erfüllen kann, z.B. bei einer Unter- 7 lassungspflicht, kommt eine Annahmeverweigerung und damit ein Gläubigerverzug gar nicht in Frage.

8 Die Annahmeverweigerung muss nicht eine ausdrückliche sein, sondern kann auch **konkludent** aus den Umständen hervorgehen (*Beispiel*: Anordnung von Kurzarbeit, NJW 1969, 1734 f.) oder **stillschweigend** erfolgen (*Beispiel*: Gläubiger holt die Ware trotz Anzeige am Bestimmungsort nicht ab). Der Gläubiger muss sich der rechtlichen Bedeutung seines Verhaltens nicht bewusst sein. Auch eine **antizipierte Annahmeverweigerung** kann den Gläubigerverzug auslösen (BGE 111 II 156, 158 f., i.c. allerdings verneint; 109 II 26, 32). Die Annahme kann auch durch eine **Hilfsperson** i.S.v. Art. 101 verweigert werden.

9 Drei verschiedene Fallgruppen fallen unter den Tatbestand der Annahmeverweigerung: die in Art. 91 ausdrücklich erwähnte **Unterlassung von Vorbereitungshandlungen** sowie die **Unterlassung von Mitwirkungshandlungen** bei der Erfüllung und von **Begleithandlungen** (BK-Weber, N 147 ff.; CR CO I-Loertscher, N 11; ZK-Schraner, N 113 ff.; Gauch/Schluep/Schmid/Emmenegger, N 2397 ff.; Handkomm-OR-Kren Kostkiewicz, N 2).

10 Vorbereitungshandlungen sind Handlungen des Gläubigers, ohne die der Schuldner zu erfüllen nicht imstande ist und die seiner Erfüllungshandlung vorangehen müssen. *Beispiele*: Übergabe der Akten an den Anwalt, der einen Prozess einleiten soll; Beibringung der erforderlichen Ausweise über die Gläubigereigenschaft (BGE 45 II 250); Vorarbeiten bei Baufortschritt, so dass ein weiterer Handwerker Anschlussarbeiten beginnen kann; gemeinsames Ausmessen der Warenlieferung (BGE 48 II 98); Weisungen über die Versendung von Waren (BGE 16, 176, 181); Weisungen zur Fabrikation von Kammgarn (BGE 15, 352, 360); bei Werk- und Arbeitsverträgen Weisungen, wie Arbeit vorzunehmen ist (betr. Zurverfügungstellen von Werkzeug oder Material: Art. 327; betr. Zutritt zu Räumen: ZR 1937, 291 f.; betr. Beschaffung der Kostüme bei Schauspielern: BGE 42 II 144, 147); beim Arbeitsvertrag Einholung einer Arbeitsbewilligung (BGE 114 II 274, 276, i.c. allerdings Mitverantwortung des Arbeitnehmers und entsprechende Kürzung seines Lohnanspruches; 114 II 279, 283 f. = Pra 1989, 151); bei Börsengeschäften Weisungen betr. Abwicklung oder Prolongierung (BGE 68 II 220, 224 f.); beim Spezifikationskauf Spezifikation der Ware (BGE 110 II 148 = Pra 1984, 479 ff.; BGE 42 II 224 E. 3); bei Kauf- und Werkverträgen Abruf der Ware (BGE 59 II 305; 48 II 98, 103) oder andere Vorbereitungshandlungen (SJ 1989, 334); Vornahme der Wahl bei Wahlobligationen (vgl. Art. 95 N 1).

Keine Vorbereitungshandlung: Ablösung eines Pfandrechts durch den Verkäufer-Gläubiger (BGE 96 II 47, 51).

11 Mitwirkungshandlungen betreffen die unmittelbare Mitwirkung des Gläubigers bei der Erfüllung selbst. Hauptfall ist die in Art. 91 erwähnte «Annahme der gehörig angebotenen Leistung». *Beispiele*: Arbeitgeber muss Maschine, an welcher Arbeitnehmer Arbeit verrichten soll, mit Strom versorgen; Besteller des Werks hindert Handwerker, der Garantiearbeiten ausüben will, am Betreten der Räume (BJM 1958, 229 f.; SJ 1978, 141); Unterlassung des Abholens der bereitgestellten Leistung bei Holschulden trotz Aufforderung (BGE 109 II 26, 31 f.) sowie Zurückweisung der gelieferten Sache bei Bringschulden.

12 Begleithandlungen sind Handlungen, die der Gläubiger im Zusammenhang mit der Leistung des Schuldners vorzunehmen hat, deren Fehlen aber die Erfüllung nicht unmöglich macht. *Beispiel*: Ausstellung einer Quittung (Art. 88); Rückgabe des Schuldscheines (Art. 88 Abs. 1) bzw. bei Teilzahlung Ausstellung einer Quittung und Vermerk der Teilzahlung auf dem Schuldschein (Art. 88 Abs. 2); Abgabe einer Entkräftungserklärung (Art. 90 Abs. 1); Herausgabe der Urkunden, Pfänder und anderer Sicherheiten sowie Erteilung der nötigen Aufschlüsse durch Gläubiger an ihn befriedigenden Bürgen (Art. 503 Abs. 3).

2. Ungerechtfertigte Annahmeverweigerung

Die Annahmeverweigerung führt nur dann zum Gläubigerverzug, wenn sie ungerechtfertigt ist, d.h. wenn dem Gläubiger **keine objektiven Gründe** zur Seite stehen. Entsprechend dem Charakter des Gläubigerverzugs als Verletzung einer blossen Obliegenheit (Vor Art. 91–96 N 2) ist ein **Verschulden des Gläubigers nicht vorausgesetzt** (vgl. CR CO I-LOERTSCHER, N 12; SCHWENZER, N 69.10). Persönliche Gründe beim Gläubiger (Krankheit, unvorhergesehene Umstände, persönliche Interessen, etc.) reichen zur Rechtfertigung der Annahmeverweigerung nicht aus (anschaulich BGE 88 II 111, 115 f. = Pra 1962, 321, sowie SJ 1984, 23 f. betr. ungerechtfertigtes Beharren auf einer Saldoquittung). Dies rechtfertigt sich dadurch, dass der Schuldner auf solche in die Sphäre des Gläubigers fallende Umstände keinen Einfluss hat (Handkomm-OR-KREN KOSTKIEWICZ, N 6). **13**

Beispiele ungerechtfertigter Annahmeverweigerung: Gläubiger weist Leistung zurück, weil er seine Forderung zur Verrechnung gegenüber einem Mitverpflichteten des Schuldners verwenden will; Verkäufer weist den Barauskauf des Abzahlungskäufers zurück (Art. 226g); Gläubiger beruft sich auf das vertragswidrige Verhalten seines eigenen Lieferanten (ZR 1948, 340 f.); Gläubiger macht veränderte wirtschaftliche Verhältnisse (kein Bedarf mehr an der Sache) geltend; Gläubiger (Vermieter) hält Kündigung eines Vertrages durch Schuldner (Mieter) zu Unrecht für ungültig und nimmt deshalb Mietsache nicht zurück (BGE 119 II 437, 440 = Pra 1994, 743; weitere Nw. bei BK-WEBER, N 158; ZK-SCHRANER, N 127). **14**

Beispiele gerechtfertigter Annahmeverweigerung: Gläubiger würde sich durch Annahme unzumutbaren rechtlichen Risiken, z.B. einer Anfechtungsklage nach Art. 287 Abs. 1 Ziff. 3 SchKG aussetzen; Gläubiger wird bei Angebot vor Fälligkeit ohne vorherige Anzeige durch Schuldner überrascht und kann keine Dispositionen für die Abnahme treffen (s. N 3); am Wohnort des Gläubigers, wo zu erfüllen ist, wird Einfuhrverbot erlassen (BGE 44 II 407, 409 f.); der Schuldner liefert ein aliud oder lediglich eine Teilleistung (vgl. aber N 3; weitere Nw. bei BK-WEBER, N 159 f.; ZK-SCHRANER, N 128; CHK-MERCIER, N 22; Handkomm-OR-KREN KOSTKIEWICZ, N 7). **15**

IV. Beweislast

Der Schuldner muss beweisen, dass er alles getan hat, um die Erfüllung zu bewirken, d.h. er muss sowohl sein Leistungsangebot (s. N 2 ff.) als auch seine Leistungsbereitschaft (s. N 6) nachweisen. Dem Gläubiger obliegt seinerseits der Beweis für Tatsachen, welche die unterlassene Mitwirkung rechtfertigen sollen. Gelingt dem Schuldner der Beweis des gehörigen Leistungsangebots, so wird seine Leistungsbereitschaft vermutet, und es liegt dann am Gläubiger zu beweisen, dass diese fehlte (BGE 35 II 589, 593; BK-WEBER, N 174; CR CO I-LOERTSCHER, N 18; ZK-SCHRANER, N 139; **a.M.** BK-BECKER, N 5; krit. KUKO OR-GROSS, N 15). **16**

Art. 92

II. Wirkung
1. Bei Sachleistung
a. Recht zur Hinterlegung

[1] Wenn der Gläubiger sich im Verzuge befindet, so ist der Schuldner berechtigt, die geschuldete Sache auf Gefahr und Kosten des Gläubigers zu hinterlegen und sich dadurch von seiner Verbindlichkeit zu befreien.

[2] Den Ort der Hinterlegung hat der Richter zu bestimmen, jedoch können Waren auch ohne richterliche Bestimmung in einem Lagerhause hinterlegt werden.

II. Effets
1. Quand l'objet de l'obligation consiste en une chose
a. Droit de consigner

[1] Lorsque le créancier est en demeure, le débiteur a le droit de consigner la chose aux frais et risques du créancier et de se libérer ainsi de son obligation.

[2] Le juge décide du lieu de la consignation; toutefois les marchandises peuvent, même sans décision du juge, être consignées dans un entrepôt.

II. Effetti
1. Nella prestazione di una cosa
a. Diritto al deposito

[1] Se il creditore è in mora, il debitore può depositare la cosa dovuta a rischio e a spese del creditore e liberarsi in tal modo dalla sua obbligazione.

[2] Il luogo del deposito viene designato dal giudice; le merci possono tuttavia essere depositate in un magazzino di deposito anche senza designazione del giudice.

Literatur

CHRIST, Der Darlehensvertrag, in: Schweizerisches Privatrecht (SPR), Bd. VII/2, Obligationenrecht – Besondere Vertragsverhältnisse, Basel 1979, 219 ff.; vgl. ausserdem die Literaturhinweise bei den Vorbem. zu Art. 91–96.

I. Allgemeines. Anwendungsbereich

1 Art. 92 gibt dem Schuldner unter bestimmten Voraussetzungen das Recht, sich bei Gläubigerverzug durch Hinterlegung der geschuldeten Sache von seiner Verbindlichkeit zu befreien. Es handelt sich um ein Recht zu einer **selbständigen Befreiungshandlung**, jedoch nicht um eine Pflicht. Übt der Schuldner dieses Recht nicht aus, gerät er nicht selber in Verzug (BGE 82 II 460, 466) und kommt trotzdem in den Genuss der allgemeinen Wirkungen des Gläubigerverzugs (Vor Art. 91–96 N 7). Das Recht zur Hinterlegung besteht **nur bei Sachleistungen**.

II. Voraussetzungen der Hinterlegung

2 Der Schuldner kann nur dann hinterlegen, wenn **Gläubigerverzug** vorliegt, d.h. wenn sich der Gläubiger im Annahmeverzug befindet (Art. 91) oder einer der Tatbestände von Art. 96 gegeben ist (BGer, 28.11.2006, 4C.291/2006, E. 3.1).

Es muss sich im weiteren um eine *nach ihrer Beschaffenheit oder nach der Art des Geschäftsbetriebs* **zur Hinterlegung geeignete Sache** handeln, die *nicht dem Verderben ausgesetzt ist*, und die Hinterlegung darf überdies nicht zu Unterhalts- oder erheblichen Aufbewahrungskosten führen (Art. 93 e contrario; vgl. aber die abw. Meinung von STAUBER, N 227 ff. zum Begriff der hinterlegungsfähigen Sache). Hinterlegungsfähig sind daher insb. bewegliche Sachen, wie z.B. Geld, Urkunden, insb. Wertpapiere, und Waren, die vernünftigerweise aufbewahrt werden können. *Zur Hinterlegung nicht geeignet sind* namentlich *unbewegliche Sachen* (vgl. Art. 472); die Hinterlegung der Schlüssel eines Hauses befreit somit den zur Rückgabe verpflichteten Mieter (Art. 267) nicht (BGE 21, 231, 243 f.; zu möglichen Alternativen zur Befreiung des Schuldners bei Immobilien vgl. GAUCH/SCHLUEP/SCHMID/EMMENEGGER, N 2454 m.w.Nw.; zum Rücktritt insb. vgl. Art. 95 N 1 i.f.). Näheres zu den nicht hinterlegungsfähigen Sachen: Art. 93 N 2. Die zu hinterlegende Sache muss im Übrigen in jeder Hinsicht dem Geschuldeten entsprechen. Aus diesem Grund sind reine Beweisurkunden nicht hinterlegbar, weil sie das entsprechende Recht nicht vertreten (BK-WEBER N 82 f.; CHK-MERCIER, N 15; KOLLER A., OR AT, § 56 N 53; STAUBER, N 244 f.).

3 Der Schuldner muss **bei der Durchführung** der Hinterlegung **richtig vorgehen** (s. N 7 ff.).

Nicht vorausgesetzt ist ein **besonderes**, über den Willen zur Befreiung hinausgehendes **rechtliches Interesse** des Schuldners an der Hinterlegung. *Beispiel*: Der Darleiher kann auch bei einem unverzinslichen Darlehen das Geld hinterlegen, wenn es der Borger nicht annimmt (**a.A.** CHRIST, SPR VII/2, 241). Auch eine **richterliche Bewilligung der Hinterlegung** ist von Bundesrechts wegen nicht vorausgesetzt, vielmehr hat der Richter nur die Hinterlegungsstelle zu bestimmen (s. N 11). Auch eine vorgängige Androhung der Hinterlegung gegenüber dem Gläubiger muss – im Gegensatz zum Selbsthilfeverkauf – nicht vorgenommen werden (KOLLER A., OR AT, § 56 N 64). Die Hinterlegung sollte dem Gläubiger jedoch angezeigt werden (s. N 7).

III. Durchführung der Hinterlegung

Seit Inkrafttreten des GestG erklärt Art. 92 Abs. 2 nicht mehr wie zuvor den «Richter am Erfüllungsort», sondern lapidar den «Richter» für zuständig. 4

Mit Inkrafttreten der neuen ZPO am 1.1.2011 wurde das GestG aufgehoben. Die schweizerische ZPO statuiert in Art. 19 wie bereits das GestG in Art. 11 einen allgemeinen Gerichtsstand für Angelegenheiten der freiwilligen Gerichtsbarkeit am Wohnsitz oder Sitz der gesuchstellenden Partei. Dabei handelt es sich um einen zwingenden Gerichtsstand (Botschaft zur Schweizerischen Zivilprozessordnung vom 28.6.2006, BBl 2006 7221 ff., 7264; BSK ZPO-Brüesch, Art. 19 N 2; Gehri/Kramer, Art. 19 N 1; Gasser/Rickli, Art. 19 N 1; CR CO I-Loertscher, N 7). Die Hinterlegung gem. Art. 92 ist ein Anwendungsfall der freiwilligen Gerichtsbarkeit (BK ZPO-Peter, Art. 19 N 30; BSK ZPO-Mazan, Art. 250 N 8; ZPO Komm-Feller/Bloch, Art. 19 N 31; Gehri/Kramer, Art. 250 N 4; ZK-Schraner, N 72 m.Nw.). Die örtliche Zuständigkeit des «Richters» gem. Art. 92 Abs. 2 richtet sich deshalb nach Art. 19 ZPO; es bestimmt daher der Richter am Wohnsitz/Sitz des Schuldners die Hinterlegungsstelle (m.w.H. BK ZPO-Peter, Art. 19 N 30 f.; **a.M.** Stauber, N 290 ff., welcher die Streichung des «Erfüllungsortes» im Gesetzestext von Art. 92 Abs. 2 als gesetzgeberisches Versehen wertet und i.S. einer Normkorrektur weiterhin den Richter am Erfüllungsort für zuständig erachtet). Die Begriffe «Wohnsitz» und «Sitz» sind dabei nach den gleichen Regeln auszulegen wie in Art. 10 ZPO, welcher auf das ZGB verweist (BK ZPO-Berger, Art. 10 N 13 f.; Gehri/Kramer, Art. 19 N 7;). Der Wohnsitz bestimmt sich folglich nach Art. 23 ff. ZGB, wobei Art. 24 ZGB nicht anwendbar ist (Art. 10 Abs. 2 ZPO). Die Bestimmung des Sitzes richtet sich nach Art. 56 ZGB (BK ZPO-Berger, Art. 10 N 27; ZPO Komm-Sutter-Somm/Gut, Art. 10 N 20).

Falls es sich um «Waren» handelt, d.h. um Sachen, die Gegenstand des «Handelsverkehrs» sind (das trifft für Staubsauger zu; JdT 1973 II 54) und die in einem Lagerhaus in sinnvoller Weise aufbewahrt werden können, kann der Schuldner sie **ohne Anrufung des Richters** in einem Lagerhaus hinterlegen. Vorausgesetzt ist, dass am Erfüllungsort überhaupt ein Lagerhaus existiert. Hinterlegt werden kann in einem öffentlichen oder privaten Lagerhaus, sofern dieses gewerbsmässig betrieben wird (Art. 482 ff.; BGE 34 II 299, 305). Für Geld und Wertpapiere sollten auch inländische Gross- und Kantonalbanken als «Lagerhaus» anerkannt werden (Bucher, AT, 323; Stauber, N 279). Der Schuldner muss bei der Auswahl des Lagerhauses die nötige Sorgfalt walten lassen; er haftet für die «cura in eligendo», sofern er nicht freiwillig den Richter zur Bezeichnung der Hinterlegungsstelle anruft (BGE 34 II 299, 304). 5

Sind die Voraussetzungen für die Hinterlegung in einem Lagerhaus nicht erfüllt, muss der Schuldner zur Bestimmung der Hinterlegungsstelle den **Richter** am Wohnsitz oder Sitz der gesuchstellenden Partei (s. N 4) anrufen. Diese Regelung ist umständlich, und es ist nicht zu verstehen, warum der Gesetzgeber nicht die einfachere Hinterlegung bei der kantonalen Depositenanstalt nach Art. 24 SchKG vorgesehen hat (BK-Weber, N 97; ZK-Schraner, N 84 je m.Nw.). Der Richter bestimmt die Hinterlegungsstelle nach seinem Ermessen. Sie muss sich nicht notwendigerweise am Wohnsitz oder Sitz der gesuchstellenden Partei befinden. In Frage kommen: Gerichtskasse, Bank, Lagerhaus, aber auch jede Person, die der Richter für zuverlässig hält. Zum Verfahren s. N 11.

Die Hinterlegung geschieht durch den **Abschluss eines Hinterlegungsvertrages** nach Art. 472 ff. durch den Schuldner mit der Hinterlegungsstelle. Er ist grundsätzlich privatrechtlicher Natur, und zwar auch dann, wenn die Hinterlegungsstelle eine öffentliche Kasse ist und demzufolge der Vertrag gewisse öffentlich-rechtliche Bestandteile enthält (BGE 72 I 13, 15 f.; BK-Weber, N 104; CR CO I-Loertscher, N 11; ZK-Schraner, N 89 f. m.w.Nw.). Es muss sich um einen **Vertrag zugunsten des Gläubigers** i.S.v. Art. 112 Abs. 2 handeln. Der ursprüngliche Gläubiger sollte darin nicht namentlich genannt, sondern der Vertrag so formuliert sein, dass der im Zeitpunkt der Herausgabe legitimierte Ansprecher einen selbständigen 6

Herausgabeanspruch gegen die Hinterlegungsstelle hat (BlSchK 1963, 8). *Inhaltlich* muss der Vertrag so abgefasst sein, dass der Gläubiger von der Hinterlegungsstelle genau das herausverlangen kann, was der Schuldner zur Zeit der Hinterlegung schuldete (s. N 2). Hinterlegung eines Checks statt des geschuldeten Betrages genügt z.B. nicht (SJZ 1932/33, 231). Bei Speziesschuld muss die Sache als reguläres Depositum hinterlegt werden, nur bei Gattungsschuld genügt ein irreguläres Depositum (Art. 481). Die Hinterlegung darf nicht an unzulässige, d.h. zwischen Schuldner und Gläubiger im zu erfüllenden Rechtsgeschäft nicht vereinbarte Bedingungen geknüpft werden. Zulässig ist es aber, den Herausgabeanspruch bei einem Zug-um-Zug-Geschäft von der Erbringung der vom Gläubiger geschuldeten Gegenleistung oder von der Begleichung der seit Annahmeverzug vom Schuldner vorgenommenen Zahlungen an die Hinterlegungsstelle abhängig zu machen (ZR 1986, 33 f.; **a.M.** STAUBER, N 315). Dasselbe kann auch hinsichtlich der *Hinterlegungskosten* vereinbart werden (Art. 92 Abs. 1); dies dürfte im Regelfall sogar als stillschweigend verabredet gelten. Ohne eine solche Absprache haftet der Schuldner der Hinterlegungsstelle für die Kosten. Aus Art. 94 ergibt sich, dass der Schuldner im Hinterlegungsvertrag nicht auf das Recht verzichten muss, die Sache zurückzunehmen und über sie wieder zu verfügen. Der Schuldner ist bei Schadenersatzpflicht gehalten, der Hinterlegungsstelle die nötigen *Instruktionen* (z.B. bei Feuergefährlichkeit, Zerbrechlichkeit etc.) zu erteilen (BK-WEBER, N 108; CR CO I-LOERTSCHER, N 11; ZK-SCHRANER, N 97).

7 Kann ein **Dritter** für den Schuldner befreiend erfüllen (Art. 68), so kann er auch nach Art. 92 hinterlegen. Liegt Solidarschuldnerschaft vor, genügt die Hinterlegung durch einen der Solidarschuldner (vgl. Art. 147).

Aus Treu und Glauben ergibt sich für den Schuldner die Verpflichtung, dem Gläubiger die erfolgte Hinterlegung **anzuzeigen** (JdT 1973 II 54 f.).

IV. Rechtsfolgen

8 Mit der ordnungsgemässen Hinterlegung wird der **Schuldner befreit**: Die Forderung des Gläubigers samt allen Nebenrechten erlischt (Art. 114), eine spätere Verrechnung durch den Schuldner wird ausgeschlossen, und die Gefahr, insb. jene der Insolvenz der Hinterlegungsstelle, geht auf den Gläubiger über (BK-WEBER, N 119 ff.; ZK-SCHRANER, N 99 ff.; s.a. Vor Art. 91–96 N 7). Für den Mietvertrag vgl. Art. 259g.

Solange der Schuldner sein **Rücknahmerecht** gem. Art. 94 noch ausüben kann, handelt es sich allerdings nur um eine **provisorische Befreiung**, und es herrscht ein Schwebezustand.

Neben der (provisorischen) Befreiung hat die Hinterlegung für den Schuldner den Effekt, dass er **für** seine (fällige) **Gegenforderung Betreibung einleiten** kann (BGE 79 II 280, 282; gemäss STAUBER, N 341, schon bei Fälligkeit möglich).

9 Der **Gläubiger** erwirbt das **Eigentum** an der hinterlegten Sache erst, wenn sie ihm von der Hinterlegungsstelle ausgehändigt wird oder wenn er die Annahme erklärt hat (Art. 94 N 2). Gerät der Schuldner vor diesem Zeitpunkt in Konkurs, fällt die Sache in seine Masse (BK-WEBER, N 139; ZK-SCHRANER, N 114 je m.Nw.).

Umstritten ist die Frage, wann für den Gläubiger die **Mängelrügefrist** hinsichtlich der hinterlegten Sache zu laufen beginnt. Man wird nach den Umständen des Einzelfalles entscheiden müssen, wobei der Schuldner für erst während der Hinterlegung entstandene Mängel nicht haften sollte (Näheres BK-WEBER, N 124; mit weiteren Differenzierungen ZK-SCHRANER, N 104 sowie STAUBER, N 334 ff.).

Falls die Herausgabe der Sache von der Übernahme der Hinterlegungskosten durch den Gläubiger abhängig gemacht wurde (s. N 6), wird der Gläubiger mit Annahme der Sache Schuldner der Hinterlegungsstelle für die **Kosten**. Umstritten ist, ob der Schuldner in der Folge lediglich subsidiär (so BK-WEBER, N 136; ZK-SCHRANER, N 116 je m.Nw.) oder solidarisch mit dem

Gläubiger haftet (so BK-Becker, Art. 92/94 N 13). In jedem Fall hat nach Art. 92 Abs. 1 im internen Verhältnis zwischen Gläubiger und Schuldner der Gläubiger die Kosten zu tragen.

Eine **fehlerhafte Hinterlegung** (Fehlen eines Hinterlegungsgrundes, falsche Hinterlegungsstelle, inhaltlich unrichtiger Hinterlegungsvertrag etc.) ist wirkungslos und die Forderungsrechte des Gläubigers bleiben mit allen Nebenrechten bestehen (BGE 125 III 120, 121; ZR 1937, 202; BK-Weber, N 140; ZK-Schraner, N 117 je m.w.Nw.). Der Mangel wird geheilt, wenn der Gläubiger die fehlerhaft hinterlegte Sache annimmt. Er kann aber auch direkt die geschuldete Leistung einklagen, ohne die Einwendung der Hinterlegung befürchten zu müssen. **10**

Die **Unterlassung der Anzeige** der Hinterlegung an den Gläubiger (s. N 7) führt nach h.L. nicht zur Wirkungslosigkeit der Hinterlegung, sondern lediglich zu einer Schadenersatzpflicht des Schuldners, insb. für nutzlosen Rechtsverfolgungsaufwand des Gläubigers (BK-Weber, N 102; ZK-Schraner, N 88 je m.Nw.).

V. Verfahrensfragen. Beweislast

Gemäss Art. 250 lit. a Ziff. 3 ZPO gelten für das **Verfahren** vor dem Richter **zur Bestimmung der Hinterlegungsstelle** (s. N 5) die Regeln des summarischen Verfahrens. Die sachliche und funktionelle Zuständigkeit der Gerichte richtet sich nach wie vor nach dem kantonalen Recht (Art. 4 ZPO). Dieses erklärt i.d.R. den **Einzelrichter** für die in Art. 250 ZPO aufgezählten Summarverfahren zuständig. Der Gläubiger muss dabei nicht mitwirken können; es handelt sich um einen Fall der freiwilligen Gerichtsbarkeit (BK-Weber, N 102 m.Nw.). Das Bundesrecht schrieb den Kantonen bis anhin nicht vor, wie das Hinterlegungsgesuch geprüft werden muss (BGE 105 II 273, 276); die Kantone konnten sich deshalb auf die Bestimmung der Hinterlegungsstelle beschränken (so Tessin, SJZ 1963, 58) oder aber vorfrageweise das Vorliegen von Hinterlegungsgründen prüfen (so Zürich, ZR 1991, 251 ff.; 1988, 134 ff. und Zug, ZGGVP 1989/90, 100; Luzern hat die Frage des Umfangs der richterlichen Prüfung bisher offengelassen, LGVE 1991 I 15). Auch die neue ZPO äussert sich zu dieser Frage nicht ausdrücklich. Klar ist, dass vom Schuldner nicht mehr als Glaubhaftmachung der Hinterlegungsgründe verlangt werden (BSK ZPO-Mazan, Art. 250 N 8; CHK-Mercier, N 22) und das Begehren nur bei offensichtlicher Unhaltbarkeit abgewiesen werden darf (BGer, 8.4.2008, 4A.511/2007, E. 2.2; BGE 105 II 273, 276). Art. 255 lit. b ZPO, wonach das Gericht bei Anordnungen der freiwilligen Gerichtsbarkeit den Sachverhalt von Amtes wegen festzustellen hat, beantwortet die Frage nach dem Umfang des abzuklärenden Sachverhaltes nicht. In keinem Fall wird jedoch in diesem Verfahren darüber entschieden, ob die Hinterlegung befreiende Wirkung hat. Diesen Entscheid fällt erst der ordentliche Richter, wenn der Gläubiger trotz Hinterlegung klagt (BGer, 8.4.2008, 4A.511/2007, E. 1.1; BGE 105 II 273, 276 m.Nw.; BSK ZPO-Mazan, Art. 250 N 8; ZPO Komm-Feller/Bloch, Art. 19 N 31). Der Hinterlegungsrichter hat nicht über Gegenansprüche des Hinterlegers gegen den Gläubiger zu befinden (ZR 1986, 33 f.). **11**

Die **Beweislast** für die Voraussetzungen der Hinterlegung (s. N 2 f.) trifft den **Schuldner**; wie erwähnt, genügt jedoch Glaubhaftmachung. Auch nach der Hinterlegung bleibt der Schuldner weiterhin beweispflichtig hinsichtlich der Ordnungsmässigkeit seiner Leistung (Näheres BK-Weber, N 125).

Art. 93

b. Recht zum Verkauf [1] **Ist nach der Beschaffenheit der Sache oder nach der Art des Geschäftsbetriebes eine Hinterlegung nicht tunlich, oder ist die Sache dem Verderben ausgesetzt, oder erheischt sie Unterhaltungs- oder erhebliche Aufbewahrungskosten, so kann der Schuldner nach vorgängiger Androhung mit Bewilligung des Richters die Sache öffentlich verkaufen lassen und den Erlös hinterlegen.**

[2] Hat die Sache einen Börsen- oder Marktpreis oder ist sie im Verhältnis zu den Kosten von geringem Werte, so braucht der Verkauf kein öffentlicher zu sein und kann vom Richter auch ohne vorgängige Androhung gestattet werden.

b. Droit de vendre

[1] Si la nature de la chose ou le genre d'affaires met obstacle à une consignation, si la chose est sujette à dépérissement ou si elle exige des frais d'entretien ou des frais considérables de dépôt, le débiteur peut, après sommation préalable et avec l'autorisation du juge, la faire vendre publiquement et en consigner le prix.

[2] Si la chose est cotée à la bourse, si elle a un prix courant, ou si elle est de peu de valeur proportionnellement aux frais, il n'est pas nécessaire que la vente soit publique, et le juge peut l'autoriser même sans sommation préalable.

b. Diritto alla vendita

[1] Se per la natura della cosa o per il genere d'affari il deposito non è possibile, o se la cosa è soggetta a deperimento, o richiede spese di mantenimento o considerevoli spese di custodia, il debitore, previa diffida e coll'autorizzazione del giudice, può farla vendere pubblicamente e depositarne il prezzo.

[2] Ove si tratti di cose che abbiano un prezzo di borsa o di mercato o siano di poco valore in confronto alla spesa, non occorre che la vendita sia pubblica e il giudice può autorizzarla anche senza preventiva diffida.

Literatur

Vgl. die Literaturhinweise bei den Vorbem. zu Art. 91–96.

I. Allgemeines. Anwendungsbereich

1 Nach Art. 93 kann der Schuldner unter bestimmten Voraussetzungen die Sache, die er wegen Verzugs des Gläubigers nicht liefern kann, verkaufen. Im Unterschied zur Hinterlegung gem. Art. 92 ist der **Selbsthilfeverkauf an sich** aber **noch kein Erfüllungssurrogat**; durch ihn wird zunächst lediglich eine hinterlegungsfähige Leistung geschaffen, und erst mit deren Hinterlegung tritt befreiende Wirkung ein. Der Selbsthilfeverkauf ist somit eine besondere Form der Hinterlegung und bezweckt, eine nicht hinterlegungsfähige Sache durch eine hinterlegungsfähige zu ersetzen (BGE 136 III 178, 180). Wie die Hinterlegung ist auch der Selbsthilfeverkauf grundsätzlich ein **Recht** des Schuldners. Ausnahmsweise jedoch ist der Schuldner **verpflichtet**, die geschuldete Sache zu veräussern, insb. dann, wenn sonst eine erhebliche Schädigung des Gläubigers eintreten würde (BGE 115 II 452), ferner in den vom Gesetz für einzelne Verträge vorgesehenen Fällen (Art. 204 Abs. 3, Art. 427 Abs. 3, Art. 445).

Selbsthilfeverkauf kommt wie Hinterlegung nur bei **Sachleistungen** in Frage. Neben Art. 93 sind z.T. weitere Bestimmungen des OR zu beachten (neben den soeben erwähnten die Art. 215, 435 und 444 Abs. 2).

II. Voraussetzungen des Selbsthilfeverkaufs

2 Es muss zunächst **Gläubigerverzug** vorliegen, also entweder Annahmeverzug (Art. 91) oder eine andere in der Person des Gläubigers begründete Hinderung der Erfüllung (Art. 96).

Nach Art. 93 Abs. 1 kommt Selbsthilfeverkauf ferner nur in Frage, wenn eine **nicht hinterlegungsfähige Sache** geschuldet ist. Die Hinterlegungsfähigkeit fehlt bei *«Untunlichkeit der Hinterlegung nach der Beschaffenheit der Sache oder nach der Art des Geschäftsbetriebes»* (*Beispiel*: Zu grosse Sache, z.B. Flugzeug; «Lokomobil», ZR 1911, 145; gefährliche Sache, z.B. Sprengstoff; bei Immobilien dürfte jedoch trotz mangelnder Hinterlegungsfähigkeit ein Selbsthilfeverkauf nicht zulässig sein, vgl. Art. 92 N 2 sowie BK-Weber, N 18; CR CO I-Loertscher, N 4; ZK-Schraner, N 15; Koller A., OR AT, § 56 N 77; **a.M.** Gauch/Schluep/Schmid/Emmenegger, N 2454 m.w.H.; KUKO OR-Gross, N 3; CHK-Mercier,

N 4, welche den Selbsthilfeverkauf als zutreffende Rechtsfolge betrachten; das BGer dagegen wendet auf Immobilien trotz Vorliegen einer Sachleistung Art. 95 OR analog an: BGE 111 II 156, 158 f.), bei *Gefahr des Verderbens der Sache* (*Beispiel*: Nahrungsmittel, z.B. Schokolade, BGE 42 II 219, 225; ferner Pflanzen, Tiere; Pullover, die Modeströmungen unterliegen, SJ 1980, 396 f.; gewisse chemische Substanzen, SJ 1918, 390; normalerweise genügen Preisschwankungen nicht, ausser es lasse sich ein Preissturz sicher voraussehen) und bei *«Unterhalts-»* (*Beispiel*: Kosten des Futters für Tiere, SJ 1918, 490) *«oder erheblichen Aufbewahrungskosten»* (*Beispiel*: umfangreiche Warenlieferungen, z.B. Kohle, BGE 20, 960, 979). Bei den Unterhalts- bzw. Aufbewahrungskosten ist massgebend, ob sie *im Verhältnis zum Wert der geschuldeten Sache* als *zu hoch* erscheinen.

Es ist denkbar, dass die **Voraussetzungen** des Selbsthilfeverkaufs **sich nur allmählich erfüllen** (Zustand der Sache verschlechtert sich, Aufbewahrungskosten erreichen ein unverhältnismässig hohes Mass). Falls in einem derartigen Fall die Sache zunächst nach Art. 92 hinterlegt worden war, kann sie zurückgenommen und nach Art. 93 verkauft werden (BK-Weber, N 23; ZK-Schraner, N 21 je m.Nw.). Zulässig ist es auch, nur für **einen Teil** der geschuldeten Sache einen Selbsthilfeverkauf vorzunehmen (BGE 42 II 225, 227 f.). 3

Für die Wirksamkeit des Selbsthilfeverkaufs wird schliesslich vorausgesetzt, dass der Schuldner **richtig vorgeht** (s. N 5 ff.).

Nicht vorausgesetzt wird, dass die verkauften Sachen **Eigentum des Schuldners** sind. Dieser ist vielmehr berechtigt, Sachen zu verkaufen, die dem Gläubiger gehören, z.B. solche, die er als Mieter zurückzugeben hätte (Näheres BK-Weber, N 25; ZK-Schraner, N 26, Stauber, N 426 ff.; Stöckli, 178; **a.M.** Koller A., OR AT, § 56 N 77). 4

III. Durchführung des Selbsthilfeverkaufs

Im **Normalfall**, d.h. sofern nicht gewisse besondere Umstände vorliegen (s. N 6), muss der Selbsthilfeverkauf in drei vom Gesetz vorgegebenen Schritten vollzogen werden (Art. 93 Abs. 1): 5

Der Schuldner muss seine Absicht dem Gläubiger **vorgängig androhen**, damit dieser Gelegenheit hat, den Verkauf durch Annahme der Sache zu verhindern oder sich an der Versteigerung zu beteiligen. Die Androhung muss auch dann vorgenommen werden, wenn der Gläubiger die Annahme im Voraus verweigert hat. Sie kann aber unterbleiben, wenn sie untunlich, d.h. z.B. nicht mehr rechtzeitig möglich ist (BK-Weber, N 29; CHK-Mercier, N 10; CR CO I-Loertscher, N 8; m.Nw.; ZK-Schraner, N 27).

Der Selbsthilfeverkauf muss **vom Richter bewilligt** sein (**a.M.** Berger, N 1313; Bucher, AT, 323 f.; Gauch/Schluep/Schmid/Emmenegger, N 2457; zur möglichen Abschaffung des Erfordernisses der richterlichen Bewilligung de lege ferenda vgl. Bericht des Bundesrates in Erfüllung des Postulats 09.4040 Fässler-Osterwalder vom 2. 12. 2009, Befristung der Aufbewahrungspflicht?, April 2015, 17 ff. mit Vorschlag für eine Neufassung von Art. 93). Es handelt sich beim Selbsthilfeverkauf wie auch bei der Hinterlegung um eine Angelegenheit der freiwilligen Gerichtsbarkeit (BGE 136 III 178, 183 f.). Zuständig ist deshalb der Richter am Wohnort oder Sitz der gesuchstellenden Partei (Art. 19 ZPO; ZK-Schraner, N 29; s.a. Art. 92 N 4), allenfalls auch des Orts, wo die Sache sich befindet, wenn damit unnütze Kosten vermieden werden können. Der Richter hat den Versteigerungsort zu bestimmen. Sowohl der Erfüllungsort als auch der Ort der gelegenen Sache kommen in Frage (BGE 42 II 225, 227). Zum Ganzen BK-Weber, N 30; ZK-Schraner, N 29 ff. je m.Nw., zum Verfahren s. N 9.

Der Selbsthilfeverkauf hat im Wege der **öffentlichen Versteigerung** stattzufinden. Damit ist das Verfahren nach Art. 229 ff. und den ergänzenden kantonalen Vorschriften (Art. 236) gemeint (Näheres dort). Der Schuldner (wie auch der Gläubiger) darf mitbieten; erhält er den

Zuschlag, hat er – wie jeder andere Bieter – den Preis zu hinterlegen und behält die Sache (BK-Weber, N 40; ZK-Schraner, N 39; Stauber, N 458, je m.Nw.). In den Steigerungsbedingungen dürfen Garantien, die der Schuldner im ursprünglichen Vertrag dem Gläubiger gegeben hat, nicht wegbedungen werden (BGE 42 II 225, 229). Der Steigerungsbeamte muss ein möglichst günstiges Steigerungsergebnis anstreben; der Schuldner muss ihm die nötigen Angaben machen (BGE 42 II 225, 226 f.).

6 Nach Art. 93 Abs. 2 kann der Richter bei Sachen, die einen Börsen- oder Marktpreis haben oder im Verhältnis zu den Kosten von geringem Wert sind, den Schuldner von der Androhung dispensieren und ihm den freihändigen Verkauf gestatten. Ein Marktpreis wird angenommen bei Waren, die aufgrund von regelmässigen Geschäftsabschlüssen zu einem *gängigen Preis* angeboten werden (BGE 49 II 77, 84: Garn). Tatsächliche Abschlüsse müssen nicht nachgewiesen werden (BGE 78 II 432, 434 m.Nw.), doch reichen bloss gelegentliche Abschlüsse, die von den persönlichen Umständen der Parteien abhängig sind (wie z.B. bei Kunstgegenständen, BGE 89 II 214, 218 ff.), für die Annahme eines Marktpreises nicht aus. Zum Börsenpreis vgl. BGE 53 II 305, 309 ff. Androhung und öffentliche Versteigerung kann der Richter nach seinem Ermessen auch dann erlassen, wenn der Wert der geschuldeten Sache im Verhältnis zu den (Versteigerungs-)Kosten gering ist. Ohne Formalitäten kann der Schuldner auch im Falle von Art. 215 verkaufen.

Der **Dritte**, der für den Schuldner befreiend erfüllen kann (Art. 68), kann auch den Selbsthilfeverkauf vornehmen.

IV. Rechtsfolgen

7 Durch den ordnungsgemäss durchgeführten Selbsthilfeverkauf **wandelt sich die ursprüngliche Sachschuld in eine Geldschuld um**. Ein Retentionsrecht des Schuldners an der geschuldeten Sache besteht daher am Erlös weiter. Befreit wird der Schuldner erst dann, wenn der Gläubiger das Geld als Erfüllung annimmt **oder**, falls er dies nicht tut, wenn der **Schuldner** das Geld **hinterlegt** (BGE 136 III 178, 180 f.; Art. 93 Abs. 1 i.f.; in diesem Fall tritt jedoch zunächst nur eine provisorische Befreiung ein, Art. 92 N 8). Der Schuldner wird ferner befreit, wenn er gegen den Gläubiger eine Geldforderung hat und diese mit dem Verkaufserlös **verrechnet** (BGE 22, 507, 513). Die **Kosten** des Bewilligungsverfahrens vor dem Richter und der Versteigerung hat der Gläubiger auch ohne besondere Erwähnung in Art. 93 unter dem Titel Aufwendungsersatz zu übernehmen (Vor Art. 91–96 N 7; s.a. BJM 1955, 331).

8 Bei **fehlerhaftem Selbsthilfeverkauf bleibt** der **Schuldner zur Lieferung** der geschuldeten Sache **verpflichtet**. Der Gläubiger kann nach wie vor auf Erfüllung klagen. Bei Gattungsschulden wird der Schuldner vielfach noch in der Lage sein, diese zu liefern. Bei Speziesschulden dagegen wird eine von ihm zu vertretende Unmöglichkeit vorliegen, so dass er schadenersatzpflichtig wird (SJ 1980, 397; SJZ 1921/22, 300).

Liegt der **Mangel lediglich im Vorgehen**, indem z.B. nicht angedroht, die richterliche Bewilligung nicht eingeholt, nicht öffentlich oder am falschen Ort versteigert wurde, so sollte dem Schuldner der Nachweis offenstehen, dass ein korrekt durchgeführter Selbsthilfeverkauf keinen höheren Erlös erbracht hätte (gl.A. BK-Weber, N 56 ff.; CR CO I-Loertscher, N 12; m.Nw.; ZK-Schraner, N 58 ff.; s.a. BGE 42 II 219, 230 f. betr. Mängel des Versteigerungsverfahrens).

Selbstverständlich erwirbt der gutgläubige Dritterwerber der Sache gültig Eigentum, auch wenn der Selbsthilfeverkauf die Anforderungen von Art. 93 nicht erfüllte.

V. Verfahrensfragen. Beweislast

9 Gemäss Art. 250 lit. a Ziff. 3 ZPO wird die Bewilligung zum Selbsthilfeverkauf im summarischen Verfahren erteilt. Es handelt sich wie bei der Bestimmung des Hinterlegungsortes um einen Akt der freiwilligen Gerichtsbarkeit (BGE 136 III 178, 183 f.). Die sachliche und die funktionale Zuständigkeit richten sich nach wie vor nach kantonalem Recht, wonach für Summarsachen in aller Regel der **Einzelrichter** zuständig ist. Er muss prüfen, ob einerseits der Gläubigerverzug und andererseits die spezifischen Voraussetzungen des Selbsthilfeverkaufs glaubhaft gemacht wurden (BGE 136 III 178, 181). Der Gläubiger soll nach Möglichkeit angehört werden. Der Entscheid des Einzelrichters über den Gläubigerverzug ist für den ordentlichen Richter nicht bindend; bei den besonderen Voraussetzungen des Selbsthilfeverkaufs ist dies in der Lehre umstritten, wurde nun aber vom BGer bejaht (BGE 136 III 178, 181; noch offengelassen in BGE 42 II 219, 224 ff.; BSK ZPO-Mazan, Art. 250 N 8; je w.Nw. BK-Weber, N 31 ff.; ZK-Schraner, N 31 ff.; Koller A., OR AT, § 56 N 80). Der Schuldner muss **beweisen**, dass die Voraussetzungen des Selbsthilfeverkaufs vorliegen (bzw. beim Verkauf vorlagen) und dass er diesen korrekt durchgeführt hat. Dies muss unter der ZPO weiterhin gelten, obwohl Art. 255 lit. b ZPO bestimmt, dass der Richter bei Anordnungen der freiwilligen Gerichtsbarkeit den Sachverhalt von Amtes wegen festzustellen hat. Dies leuchtet zumindest in den Fällen, wo der Gläubiger ebenfalls angehört wird und somit ein Zweiparteienverfahren vorliegt, nicht ein.

Art. 94

c. Recht zur Rücknahme

[1] Der Schuldner ist so lange berechtigt, die hinterlegte Sache wieder zurückzunehmen, als der Gläubiger deren Annahme noch nicht erklärt hat oder als nicht infolge der Hinterlegung ein Pfandrecht aufgehoben worden ist.

[2] Mit dem Zeitpunkte der Rücknahme tritt die Forderung mit allen Nebenrechten wieder in Kraft.

c. Droit de retirer la chose consignée

[1] Le débiteur a le droit de retirer la chose consignée, tant que le créancier n'a pas déclaré qu'il l'acceptait ou tant que la consignation n'a pas eu pour effet l'extinction d'un gage.

[2] La créance renaît avec tous ses accessoires dès le retrait de la consignation.

c. Diritto a ritirare la cosa

[1] Il debitore può ritirare la cosa depositata finché il creditore non abbia dichiarato di accettarla, o il deposito non abbia avuto per conseguenza l'estinzione di un diritto di pegno.

[2] Col ritiro del deposito rinasce il credito con tutti i suoi accessori.

I. Allgemeines. Anwendungsbereich

1 In Übereinstimmung mit den Art. 112 Abs. 3 und Art. 475 sieht Art. 94 ein **Recht** des Schuldners **zur Rücknahme der hinterlegten Sache** vor. Es handelt sich dabei um ein *aufhebendes Gestaltungsrecht*. Für den Gläubiger bedeutet es, dass sein Anspruch auf Herausgabe der hinterlegten Sache mit dem Risiko der Entziehung durch den Schuldner behaftet ist. Art. 94 ist bei **Sachleistungen** anwendbar und zwar unabhängig davon, ob die Hinterlegung wegen eigentlichen Annahmeverzugs (Art. 91) oder wegen einer anderen in der Person des Gläubigers liegenden Hinderung der Erfüllung (Art. 96) erfolgte (ZBJV 1915, 405).

II. Ausübung des Rücknahmerechts

2 Obwohl das Gesetz vom «Zurücknehmen» der hinterlegten Sache spricht, ist für die Ausübung des Rücknahmerechts nicht die physische Besitzerlangung durch den Schuldner nötig.

Es genügt dessen **Erklärung an die Hinterlegungsstelle**, wonach er die Rückgabe der Sache verlangt oder zumindest deren Übergabe an den Gläubiger verbietet. Da das Rücknahmerecht zum Vermögen des Schuldners gehört, fällt es bei dessen Konkurs in die Masse und kann von der Konkursverwaltung ausgeübt werden. Es kann auch von den Gläubigern des Schuldners gepfändet werden; der Gläubiger der hinterlegten Sachleistung hat dabei kein Vorzugsrecht (VON TUHR/ESCHER, 80; CR CO I-LOERTSCHER, N 4; ZK-SCHRANER, N 11). Hat ein bevollmächtigter Dritter oder ein Solidarschuldner die Sache hinterlegt, kann das Rücknahmerecht lediglich durch diese Person ausgeübt werden (BK-WEBER, N 19; ZK-SCHRANER, N 13).

3 Die **Rechtsfolgen der Rücknahme** bestehen zunächst darin, dass für den Schuldner ein Rückgabeanspruch gegen die Hinterlegungsstelle entsteht und der Herausgabeanspruch des Gläubigers untergeht. Die **Hinterlegung** gilt als **aufgehoben**, d.h. ihre Wirkungen (mit Ausnahme der Verjährungsunterbrechung, vgl. BK-WEBER, N 32; ZK-SCHRANER, N 30 je m.Nw.) entfallen ex tunc. Die **Forderung** des Gläubigers tritt wieder so **in Kraft**, wie sie vor der Hinterlegung bestanden hatte, und zwar mit allen Nebenrechten (Art. 94 Abs. 2). Geschuldet sind auch die seit der Hinterlegung laufenden *Vertragszinsen* (Vor Art. 91–96 N 7). Ob dies auch für die Verzugszinsen gilt, ist umstritten, ist jedoch abzulehnen, weil der andauernde Gläubigerverzug den Schuldnerverzug ausschliesst (so auch CR CO I-LOERTSCHER, N 8; VON TUHR/ESCHER, 81 Anm. 46; **a.M.** BK-WEBER, N 35; ZK-SCHRANER, N 31 je m.Nw.; CHK-MERCIER, N 12; STAUBER, N 379). Der Schuldner hat die *Kosten* der Hinterlegung zu tragen; allfällige abweichende Vereinbarungen mit der Hinterlegungsstelle (Art. 92 N 6) werden mit der Rücknahme aufgehoben.

III. Ausschluss des Rücknahmerechts

4 Nach Art. 94 Abs. 1 **erlischt** das Rücknahmerecht in den folgenden zwei Fällen:

a) Bei **Annahmeerklärung durch den Gläubiger**, d.h. wenn dieser gegenüber der Hinterlegungsstelle oder dem Schuldner i.S.v. Art. 112 Abs. 3 erklärt, die Leistung anzunehmen. Dies kann auch konkludent geschehen, z.B. durch eine Klage auf Herausgabe der Sache oder durch ein Auszahlungsverbot an die Hinterlegungsstelle (SJZ 1920/21, 267). Da der Gläubiger im Hinterlegungsvertrag nicht namentlich genannt sein sollte (Art. 92 N 6), muss er gegenüber der Hinterlegungsstelle seine Berechtigung nachweisen. Konkurrieren Rücknahmeerklärung des Schuldners und Annahmeerklärung des Gläubigers, ist massgebend, welche Erklärung zuerst bei der Hinterlegungsstelle eingegangen ist (VON TUHR/ESCHER, 80).

b) Bei **Aufhebung eines Pfandrechts**, d.h. wenn infolge der Hinterlegung ein dem Gläubiger zustehendes Pfandrecht aufgehoben worden ist. Das kann dann geschehen, wenn der Gläubiger die Pfandsache zurückgibt oder wenn der Grundpfandeintrag gelöscht wird. Ratio für den Ausschluss des Rücknahmerechts ist hier der *Gläubigerschutz*; könnte der Schuldner zurücknehmen, würde der Gläubiger um die Pfandsicherung gebracht, da Pfandrechte nicht wie die in Abs. 2 erwähnten (übrigen) Nebenrechte ipso iure wieder aufleben (VON TUHR/ESCHER, 81; BK-WEBER, N 27 ff.; ZK-SCHRANER, N 25). Denselben Schutz wie dem Gläubiger sollte man auch dem Bürgen zugestehen, für den ein Pfandrecht bestellt war (BK-BECKER, Art. 92/94 N 19; ebenso BK-WEBER, N 31; ZK-SCHRANER, N 28).

Neben den in Art. 94 vorgesehenen Fällen ist eine Rücknahme auch dann ausgeschlossen, wenn der Schuldner auf sie **verzichtet** (BK-WEBER, N 20; ZK-SCHRANER, N 15; STAUBER, N 368 ff. je m.Nw.).

Rechtsfolge des Erlöschens oder des Ausschlusses des Rücknahmerechts ist die **endgültige Befreiung des Schuldners** (s.a. Art. 92 N 8).

IV. Beweislast

Der Schuldner muss den Beweis dafür leisten, dass er zur Rücknahme berechtigt ist, allenfalls auch dafür, dass seine Rücknahmeerklärung vor der Annahmeerklärung des Gläubigers bei der Hinterlegungsstelle einging (BK-Weber, N 37; CR CO I-Loertscher, N 10; ZK-Schraner, N 35). Den Gläubiger trifft demgegenüber die Beweislast für das behauptete Vorliegen eines Ausschlussgrundes (BK-Weber, N 37; CR CO I-Loertscher, N 10). 5

Art. 95

2. Bei andern Leistungen	**Handelt es sich um die Verpflichtung zu einer andern als einer Sachleistung, so kann der Schuldner beim Verzug des Gläubigers nach den Bestimmungen über den Verzug des Schuldners vom Vertrage zurücktreten.**
2. Quand l'objet de l'obligation n'est pas une chose	Lorsque l'objet de l'obligation ne consiste pas dans la livraison d'une chose, le débiteur peut, si le créancier est en demeure, résilier le contrat en conformité des dispositions qui régissent la demeure du débiteur.
2. In altre prestazioni	Ove l'obbligazione non abbia per oggetto la prestazione di una cosa, il debitore può, in caso di mora del creditore, recedere dal contratto a norma delle disposizioni circa la mora del debitore.

I. Allgemeines. Anwendungsbereich

Art. 95 sieht als Rechtsfolge des Gläubigerverzugs (Art. 91 und 96) im Fall von **anderen als Sachleistungen**, wo demnach weder Hinterlegung noch Selbsthilfeverkauf möglich sind, ein **Rücktrittsrecht des Schuldners** vor. Die **praktische Bedeutung** von Art. 95 ist relativ **gering**. 1

Zum **Anwendungsbereich**: Bei **Unterlassungspflichten** tritt i.d.R. kein Gläubigerverzug ein, weil der Schuldner ohne Mitwirkung des Gläubigers allein erfüllen kann (Art. 91 N 7). Nach einem Rücktrittsrecht besteht deshalb kein Bedarf.

Auch bei **Verpflichtungen zu einem Tun** kommt Art. 95 kaum je zum Zug. In solchen Fällen wird in synallagmatischen Verträgen bei Verzug des Gläubigers zugleich auch Schuldnerverzug hinsichtlich der Gegenleistung, allenfalls positive Vertragsverletzung vorliegen, so dass der Schuldner nach den Regeln des Schuldnerverzugs vorgehen kann (BGE 110 II 148 = Pra 1984, 479 ff.; Vor Art. 91–96 N 3; Keller/Schöbi, I, 295; Guhl/Koller/Schnyder/Druey, § 33 N 16). Ferner stehen dem Schuldner oft günstigere spezialvertragliche Regeln zur Verfügung (Vor Art. 91–96 N 6). Der praktische Anwendungsbereich von Art. 95 reduziert sich so im Wesentlichen auf den **Werkvertrag**, wenn der Besteller Vorbereitungs- oder Mitwirkungshandlungen verweigert (Art. 91 N 10; BGer, 19.5.2009, 4A_477/2008: gerichtlich verfügter Baustopp; s.a. Keller/Schöbi, I, 295).

Ausnahmsweise kann Art. 95 auch **bei Sachleistungen** angewendet werden, insb. bei *Nichtausübung des Wahlrechts des Gläubigers* nach Art. 72 oder der Spezifikation beim Spezifikationskauf, weil dadurch dem Schuldner die Möglichkeiten von Art. 92 und 93 genommen werden (hier liegt zugleich Schuldnerverzug vor; nach unbenutzter Nachfrist geht das Wahl-/Spezifikationsrecht auf den Schuldner über; vgl. BGE 110 II 148 = Pra 1984, 479 ff.: Gauch/Schluep/Schmid/Emmenegger, N 2473; Schwenzer, N 70.19). Nach BGE 134 III 348, 352 kann der Schuldner bei Ungewissheit über die Person des Gläubigers statt vom Vertrag zurückzutreten auch freiwillig sämtliche alternativ geschuldeten Leistungen hinterlegen und sich dadurch von seiner Schuldpflicht befreien. Denkbar ist ein Vorgehen nach Art. 95 ausnahmsweise auch bei *unbeweglichen Sachen* (BGE 111 II 156: Vorvertrag zu Kaufvertrag über Stockwerkeinheiten).

II. Voraussetzungen und Wirkungen des Rücktrittsrechts des Schuldners

2 Zu den **Voraussetzungen**: Der Schuldner kann nach Art. 95 *«beim Verzug des Gläubigers»*, also in den Fällen von Art. 91 und 96, *«nach den Bestimmungen über den Verzug des Schuldners»* zurücktreten. Er muss also, unter Vorbehalt von Art. 108, eine Nachfrist ansetzen und nach deren Ablauf den Rücktritt unverzüglich erklären (BGE 111 II 156, 158 f.; von Tuhr/Escher, 83).

3 Die Wirkungen des Rücktritts richten sich nach Art. 109 (Näheres bei Art. 109 N 4 ff. m.Nw.). Die Frage, ob der Schuldner bei Verschulden des Gläubigers Anspruch auf **Ersatz des negativen Vertragsinteresses** habe (Art. 109 Abs. 2), wird in der Literatur teils verneint (Guhl/Koller/Schnyder/Druey, § 33 N 16; BK-Becker, N 1; ZK-Oser/Schönenberger, N 2; dieser Ansicht scheint auch das BGer zuzuneigen, BGE 110 II 148, 151 = Pra 1984, 481), teils mit überzeugenden Argumenten bejaht (Tercier/Pichonnaz, Obligations, Rz 1418; BK-Weber, N 17; ZK-Schraner, N 18 je m.Nw.; Schwenzer, N 70.18; Gauch/Schluep/Schmid/Emmenegger, N 2465 ferner Keller/Schöbi, I, 294, die sogar das positive Vertragsinteresse ersetzt haben wollen; vgl. auch Stauber, N 520 ff.).

III. Beweislast

4 Der Schuldner muss nachweisen, dass Gläubigerverzug i.S.v. Art. 91 oder 96 (Art. 91 N 16; Art. 96 N 6) und die besonderen Voraussetzungen des Rücktritts (s. N 2) vorliegen.

Art. 96

F. Andere Verhinderung der Erfüllung	**Kann die Erfüllung der schuldigen Leistung aus einem andern in der Person des Gläubigers liegenden Grunde oder infolge einer unverschuldeten Ungewissheit über die Person des Gläubigers weder an diesen noch an einen Vertreter geschehen, so ist der Schuldner zur Hinterlegung oder zum Rücktritt berechtigt, wie beim Verzug des Gläubigers.**
F. Exécution empêchée pour d'autres causes	Le débiteur est autorisé à consigner ou à se départir du contrat, comme dans le cas de la demeure du créancier, si la prestation due ne peut être offerte ni à ce dernier, ni à son représentant, pour une autre cause personnelle au créancier, ou s'il y a incertitude sur la personne de celui-ci sans la faute du débiteur.
F. Adempimento impedito per altre cause	Se l'adempimento della prestazione dovuta non può aver luogo né in confronto del creditore né di un suo rappresentante, per un altro motivo dipendente dalla persona del creditore o per un'incertezza non colposa sulla persona dello stesso, il debitore può fare il deposito o recedere dal contratto come in caso di mora del creditore.

Literatur

A. Staehelin, Die Hinterlegung zu Handen wes Rechtes und der Prätendentenstreit, BJM 1972, 225 ff.

I. Allgemeines. Anwendungsbereich

1 Nach Art. 96 treten die Rechtswirkungen der Art. 92–95 wie beim Annahmeverzug (Art. 91) auch dann ein, wenn die Erfüllung «aus einem andern in der Person des Gläubigers liegenden Grunde oder infolge einer unverschuldeten Ungewissheit über die Person des Gläubigers» nicht vorgenommen werden kann. **Fehlendes Wollen** des Gläubigers (Annahmeverweigerung, Art. 91) und **fehlendes Können** (die Annahme ist aus einem in der Sphäre des Gläubigers liegenden Grund nicht möglich, Art. 96) werden also gleichgestellt. Art. 96 findet auf **Schulden aller Art** Anwendung. Ein in der Praxis wichtiger Anwendungsfall der Hinter-

legung nach Art. 96 ist Art. 168 (vgl. BGer, 8.4.2008, 4A.511/2007, E. 2; BGE 105 II 273, 277 m.Nw.; ZR 1988, 134 ff.; Näheres bei der Komm. zu Art. 168).

II. Voraussetzungen

Ein **«anderer in der Person des Gläubigers liegender Grund»** liegt vor, wenn die Erfüllung physisch oder rechtlich nicht möglich ist, so wenn der Gläubiger nicht erreichbar oder nicht in der Lage ist, die Leistung anzunehmen. *Beispiele*: Gläubiger ist nicht an seinem Wohnsitz und sein Aufenthaltsort ist unbekannt (ZBGR 1967, 2); Gläubiger ist verschollen oder schwer krank; Gläubiger ist handlungsunfähig (BJM 1957, 211 f.). Es muss sich um einen in der Risikosphäre des Gläubigers liegenden Grund handeln; blosse Schwierigkeiten des Schuldners, im Clearing-Verkehr seine Zahlung dem wirklich Berechtigten zukommen zu lassen, genügen z.B. nicht (ZR 1939, 365 ff.), ebenso wenig Schwierigkeiten während der Dauer der privaten Hinterlegung eines Testaments bei einem Anwalt, wenn die Schwierigkeiten auf unzureichender Identifikation des Testators durch den Anwalt beruhen (ZR 1991, 251 ff.). 2

Eine **«Ungewissheit über die Person des Gläubigers»** kann vorliegen, wenn der Schuldner nicht weiss, wer Gläubiger ist (z.B. nach einer Reihe von Zessionen) oder wenn strittig ist, welche von mehreren Personen der wirklich berechtigte Gläubiger ist. Der zweite Fall ist ungleich häufiger. Die Ungewissheit kann auf tatsächlichen oder rechtlichen Gründen (z.B. Auslegung eines Vertrags) beruhen. Sie darf aber gem. Art. 96 **nicht vom Schuldner verschuldet** sein, wie etwa ein von ihm aufgesetzter, unklarer Vertrag, der zu einem Prätendentenstreit führt (Staehelin, BJM 1972, 227). *Beispiele von Ungewissheit*: Mehrere Gläubiger stützen ihr Recht auf dasselbe Wertpapier (ZBGR 1952, 304); beim Prätendentenstreit (Art. 168 OR; BGer, 8.4.2008, 4A.511/2007); nicht fristgerechte Präsentation eines Wechsels zur Zahlung (Art. 1032); Streit unter Eheleuten über güterrechtliche Berechtigung (BGE 71 III 104, 107; 59 II 228, 231 ff.); Streit wegen Gewinnanteilsanspruchs der Miterben (Art. 619 ZGB; BGE 75 I 186, 188); Art. 444; unklare Berechtigung an einem Compte/Depot Joint nach dem Tod beider Inhaber (ZR 1988, 134 ff.). *Beispiele fehlender Ungewissheit*: Schuldner wird für gleichen vermittelten Vertrag von zwei Mäklern für Mäklerlohn belangt (BGE 62 II 342, 344 f.); Schuldner schliesst mit einem von zwei potentiellen Gläubigern einen Vergleich; diesem gegenüber besteht wegen Novation keine Ungewissheit mehr (BGE 105 II 273, 275 ff.). 3

Der Schuldner kann sich nur dann auf Art. 96 stützen, wenn er – mit der von einer verständigen Vertragspartei zu verlangenden Sorgfalt – **Nachforschungen** angestellt hat und trotzdem objektiv **gewichtige Zweifel** über die Person des Gläubigers verbleiben, die auf eigene Gefahr zu beseitigen ihm nicht zuzumuten ist (BGer, 28.11.2006, 4C.291/2006, E. 3.2; BGE 62 II 342, 346; 59 II 226, 232; SJZ 1985, 214). Wie intensiv diese Nachforschungen sein müssen, ist anhand der Umstände des Einzelfalls zu bestimmen (BGer, 28.11.2006, 4C.291/2006, E. 3.2). Inwieweit der Schuldner sich bei rechtlicher Unsicherheit von einem Anwalt beraten lassen muss, scheint in der Schweiz nie entschieden worden zu sein (vgl. BK-Weber, N 23). 4

Obwohl in Art. 96 nicht erwähnt, sind auf Seiten des Schuldners sowohl **Leistungsbereitschaft** als auch ein **Leistungsangebot** (Art. 91 N 2 ff., 6) erforderlich. Je nach den Umständen kann sich dieses jedoch erübrigen, z.B. wenn der Schuldner schon im Zeitpunkt der Erfüllbarkeit von einem Gläubigerstreit Kenntnis hat (BK-Weber, N 12; ZK-Schraner, N 10 ff.; **a.A.** offenbar von Tuhr/Escher, 84).

Keine Verhinderung der Erfüllung liegt selbstverständlich dann vor, wenn zwar nicht an den Gläubiger selber, wohl aber an einen **Vertreter** desselben geleistet werden kann (Art. 96; von Tuhr/Escher, 85).

III. Rechtsfolgen

5 Sind die Voraussetzungen von Art. 96 erfüllt, stehen dem Schuldner nicht nur, wie im Gesetz erwähnt, **Hinterlegung** und **Rücktritt**, sondern auch **Selbsthilfeverkauf** offen, da es sich hierbei ja um ein Surrogat der Hinterlegung handelt (VON TUHR/ESCHER, 84 Anm. 73; BK-WEBER, N 36). Im Einzelnen sind die Voraussetzungen der Art. 92–95 massgebend. Bei der Hinterlegung ist zu beachten, dass die Hinterlegungsstelle bei Ungewissheit über die Person des Gläubigers nur mit Zustimmung aller Prätendenten oder aufgrund eines Urteils befreiend herausgeben kann (VON TUHR/ESCHER, 85). Rücknahme nach Art. 94 ist bei Prätendentenstreit möglich, bis *einer* der Ansprecher die Annahme erklärt hat (BK-WEBER, N 35 m.Nw.; ZK-SCHRANER, N 40). Die strafprozessuale Beschlagnahmung eines Geldbetrags ist der Hinterlegung nach Art. 96 gleichgestellt worden (SJZ 1944, 264 f.). Hat der Schuldner schliesslich berechtigterweise hinterlegt, so wird er von seiner Schuldpflicht befreit, auch wenn die Ungewissheit über die Person des Gläubigers nachträglich wegfällt (BGer, 8.4.2008, 4A.511/2007, E. 2.1).

IV. Beweislast

6 Der Schuldner muss nachweisen, dass die Voraussetzungen von Art. 96 erfüllt sind. Weist er nach, dass über die Berechtigung als Gläubiger Streit besteht, wird eine unverschuldete Ungewissheit über die Person des Gläubigers vermutet, und dieser muss das Gegenteil nachweisen (BK-WEBER, N 38; **a.A.** BGE 32 II 58, 60; ZK-SCHRANER, N 48).

Zweiter Abschnitt: Die Folgen der Nichterfüllung

Einleitung zu Art. 97–109

Literatur

ACOCELLA, Nichtigkeitsbegriff und Konzept einer einheitlichen vertragsrechtlichen Rückabwicklung gescheiterter Verträge, SJZ 2003, 494 ff.; ADDORISIO DE FEO, Die Fälligkeit von Vertragsforderungen, Diss. Freiburg i.Ue. 2000; ANEX, L'intérêt négatif, sa nature et son étondue, Diss. Laussane 1977; ARMBRÜSTER, Drittschäden und vertragliche Haftung, recht 1993, 84 ff. (zit. recht 1993); DERS., Vertragliche Haftung für Drittschäden – quo vadis Helvetia?, in: FS für Wolfgang Wiegand, Bern/München 2005, 71 ff. (zit. FS Wiegand); BARTH, Schadenersatz bei nachträglicher Unmöglichkeit der Erfüllung, Diss. Zürich 1957; BÄHLER, Das Verhältnis von Sachgewährleistungs- und allgemeinem Leistungsstörungssrecht, Basel 2005; BÄR, Das Fixgeschäft, Diss. Zürich 1956; BÄRTSCHI, Verabsolutierte Relativität. Die Rechtsstellung des Dritten im Umfeld von Verträgen, Zürich 2009; BELSER, Freiheit und Gerechtigkeit im Vertragsrecht, Diss. Freiburg i.Ue. 2000; BENSAHEL/MICOTTI/SCHERRER, Certains aspects du dommage dans la gestion de fortune, SJ 2008, 333 ff.; BERGER, Verhaltenspflichten und Vertrauenshaftung, dargestellt anhand der Informationspflicht des Effektenhändlers, Diss. Bern 2000 (zit. Diss.); BOCK, Gewinnherausgabe als Folge einer Vertragsverletzung, eine rechtsvergleichende Untersuchung der vertraglichen Vorteilsherausgabe unter Berücksichtigung des schweizerischen, deutschen und englischen Rechts, Diss. Basel 2010; BRUNNER, Die Anwendung deliktsrechtlicher Regeln auf die Vertragshaftung, Diss. Freiburg i.Ue. 1991; BUCHER, «Schuldverhältnis» des BGB: ein Terminus – drei Begriffe; in: FS für Wolfgang Wiegand, Bern/München 2005, 93 ff. (zit. FS Wiegand); DERS., Vertrauenshaftung: Was? Woher? Wohin?, in: FS für H.P. Walter, Bern 2005, 231 ff. (zit. FS Walter); BURKHARDT, Vertragsanpassung bei veränderten Umständen in der Praxis des schweizerischen Privatrechts, Vertragsgestaltung, Schiedsgerichtspraxis und Praxis des Bundesgerichts, Diss. St. Gallen, Bern 1997; BUZ, Das ius variandi des Gläubigers bei Verzug des Schuldners, recht 1997, 197 ff.; CANARIS, Die Einstandspflicht des Gattungsschuldners und die Übernahme eines Beschaffungsrisikos nach § 276 BGB, in: FS für Wolfgang Wiegand, Bern/München 2005, 179 ff.; CHAPPUIS B., Le moment du dommage, Diss. Freiburg i.Ue. 2007; CHAPPUIS C., La faute concomitante de la victime, in: Werro (Hrsg.), La fixation de l'indemnité, Bern 2004, 29 ff. (zit. faute); DIES., Violation contractuelle et remise de gain, in: FS für Pierre Tercier, Genf 2008, 153 ff. (zit. FS Tercier); CHAPPUIS G., Le préjudice ménager: encore et toujours ou les errances du dommage normatif, HAVE

2004, 282 ff.; CHAPUIS, Responsabilité et devoirs accessoires découlant d'un contrat, Diss. Neuenburg 2004 (zit. Diss.); DERS., Die Haftung wegen Ausbleibens der Erfüllung im Sinne von Art. 97 Abs. 1 OR: ein Begriff im Wandel?, AJP 2005, 653 ff. (zit. AJP 2005); CHAVANNE, Le retard dans l'exécution des travaux de construction: selon le Code des Obligations et la norme SIA 118, Diss. Genf 1993; COENDET, Subjektive Unmöglichkeit als regulatives Prinzip, recht 2009, 128 ff.; DERENDINGER, Die Nicht- und die nichtrichtige Erfüllung des einfachen Auftrages, Diss. Freiburg i.Ue. 1988, 2. Aufl. 1990; DEUTSCH, Der Begriff der Fahrlässigkeit im Obligationenrecht, in: FS für Max Keller, Zürich 1989; DIETZI, Aufklärungs- und Informationspflichten von Banken, in: FS für Dieter Zobl, Zürich 2004, 249 ff.; DORN/GEISER/GRAF/SOUSA-POZA, Die Berechnung des Erwerbsschadens, Bern 2007; EHRAT, Der Rücktritt vom Vertrag nach Art. 107 Abs. 2 OR in Verbindung mit Art. 109 OR, Diss. Zürich 1990; EMMENEGGER, Haftungsbeschränkung und Haftungsausschluss im Vertrauenskontext, ZBJV 2005, 538 ff.; FEHLMANN, Vertrauenshaftung – Vertrauen als alleinige Haftungsgrundlage, Diss. St. Gallen 2002; FELLMANN, Die Ersatzvornahme nach Art. 98 Abs. 1 OR – «Vollstreckungstheorie» oder «Erfüllungstheorie», recht 1993, 109 ff. (zit. recht 1993); DERS., Ist eine Integration der Haftung für positive Vertragsverletzung in das Deliktsrecht sachgerecht? Einige Gedanken zu Art. 13 des Vorentwurfes für eine Revision des Haftpflichtrechtes vom 4.4.1996, recht 1997, 95 ff. (zit. recht 1997); DERS., Selbstverantwortung und Verantwortlichkeit im Schadenersatzrecht, SJZ 1995, 41 ff. (zit. SJZ 1995); FARGNOLI, Eine vom Bundesgericht verpasste Gelegenheit? Rücktrittsrecht bei nachträglicher Unmöglichkeit, in: Jusletter vom 13.9.2010; FURRER, Ist das schweizerische Leistungsstörungsrecht noch zeitgemäss? FS zum schweizerischen Juristentag, Zürich 2007; GAUCH, Wirkung des Rücktritts und Verjährung des Rückforderungsanspruchs bei Schuldnerverzug (Bemerkungen zu BGE 114 II 152 ff.), recht 1989, 122 ff. (zit. recht 1989); DERS., Die Fehlerwelt der Juristen, in: FS für Heinz Rey, Zürich 2003, 543 ff. (zit. FS Rey); DERS., Die Vertragshaftung der Banken und ihre AVB, recht 2006, 77 ff. (zit. recht 2006); DERS., Grenzüberschreitungen im privaten Schadensrecht, in: FS für H.P. Walter, Bern 2005 (zit. FS Walter); DERS., System der Beendigung von Dauerverträgen, Diss. Freiburg i.Ue. 1968 (zit. Diss.); GELZER, Verzugs-, Schadens- und Bereicherungszins, Diss. Basel 2010 (zit. Diss.); DERS., Der Schätzer und die Dritten. Methodisches zu BGE 130 III 345 zur Deliktshaftung und zu den Haftungsfiguren der vertraglichen Drittschutzwirkung, der Culpa- und der Vertrauenshaftung, in: FS für Wolfgang Wiegand, Bern/München 2005, 823 ff. (zit. FS Wiegand); GIGER, Die vom Gläubiger verschuldete Leistungsunmöglichkeit, Bern 1992 (zit. Leistungsunmöglichkeit); DERS., Analyse der Adäquanzproblematik im Haftpflichtrecht, in: FS für Max Keller, Zürich 1989, 141 ff. (zit. FS Keller); GILLIÉRON, Les dommages-intérêts contractuels, Habil. Freiburg i.Ue. 2011; GLASL, Die Rückabwicklung im Obligationenrecht, ein Beitrag zum vertraglichen Sanktionensystem der Schweiz, Diss. Zürich 1992 (zit. Diss.); DERS., Zur Wirkung des Rücktritts – eine Replik, ZSR 1991, 265 ff. (zit. ZSR 1991); GLÄTTLI, Zum Schadenersatz wegen Nichterfüllung nach Art. 97 und 107 Abs. 2 OR. Eine Übersicht, Würdigung und Kritik der heutigen Regelung, Diss. Zürich 1998 (zit. Diss.); DIES., Zum Schadenersatz bei Rücktritt – eine These zu den Gläubigerbehelfen bei Leistungsstörungen in zweiseitigen Verträgen, SJZ 1997, 233 (zit. SJZ 1997); GONZENBACH, Culpa in contrahendo im schweizerischen Vertragsrecht, Diss. Bern 1987; GRIEDER, Vertragswidrigkeit und objektivierte Fahrlässigkeit: eine Abgrenzungsproblematik in der vertraglichen Haftung, Diss. Zürich 2002 (zit. Diss.); DERS., Die unsorgfältige Sorgfalt, AJP 2002, 959 ff. (zit. AJP 2002); DERS., Schadenersatz und Honorarreduktion, AJP 2008, 1509 ff. (zit. AJP 2008); GRUNEWALD, Aufklärungspflichten ohne Grenzen, AcP 190, 1990, 609 ff.; GUTZWILLER, Schadensstiftung und Schadensberechnung bei pflichtwidriger Vermögensverwaltung und Anlageberatung, SJZ 2005, 357 ff.; HABSCHEID, Der Anspruch auf Zahlung von Verzugszins im Prozess, SJZ 1994, 287 ff.; HACKL, Dingliche oder obligatorische Wirkung der Vertragsaufhebung bei Irrtum, Rücktritt und Wandelung?, ÖJZ 1977, 553 ff.; HARTMANN, Die Rückabwicklung von Schuldverträgen, Kritischer Vergleich der Rechtslagen bei Entstehungs- und Erfüllungsmängeln, Zürich 2005 (zit. Rückabwicklung); DERS., Die vorvertraglichen Informationspflichten und ihre Verletzung, Klassisches Vertragsrecht und modernes Konsumentenschutzrecht, Diss. Freiburg i.Ue. 2001 (zit. Diss.); HESS, Bargeldlose Überweisung mit Hilfe von Interbankzahlungssystemen – Vertrauenshaftung im Zahlungsverkehr, recht 1996, 144 ff.; HILTY, Leistungsstörungsrecht beim Technologietransfer, Schweizer Recht im Zugzwang zum deutschen BGB?, in: FS für Heinz Rey, Zürich 2003, 217 ff.; HONSELL, Das Kind als Schaden, in: FS für Eugen Bucher, Bern 2009, 275 ff. (zit. FS Bucher); DERS., Differenztheorie und normativer Schadensbegriff, in: Fuhrer (Hrsg.), FS zum fünfzigjährigen Bestehen, Zürich 2010, 225 ff. (zit. Differenztheorie); DERS., Der Verzugsschaden bei der Geldschuld, in: Medicus (Hrsg.), FS für Hermann Lange, Stuttgart 1992, 509 ff. (zit. FS Lange); DERS., Die Haftung für Auskunft und Gutachten gegenüber Dritten, in: FS Nobel, St. Gallen 2005, 939 ff. (zit. FS Nobel); HUBER, Allgemeine Haftungsprinzipien des Rechts der Leistungsstörungen, in: FS 50 Jahre BGH, Bd. I, München 2000, 251 ff. (zit. FS BGH) IMMENHAUSER, Zur Rezeption der deutschen Schuldrechtsreform in der Schweiz, recht 2006, 1 ff. (zit. recht 2006); DERS., Das Dogma von Vertrag und Delikt: zur Entstehungs- und Wirkungsgeschichte der zweigeteilten Haftungsordnung, Köln 2006 (zit. Dogma); JAUN, Haftung für Sorgfaltspflichtverletzung, Habil. Bern 2007; JÄGGI, Zum Begriff der vertraglichen Schadenersatzforderung, in: FS für Wilhelm Schönenberger,

Freiburg i.Ue. 1968, 181 ff.; JERMANN, Die Ausübung der Gläubigerrechte im Falle eines gültigen Leistungsverzichts nach Art. 107 Abs. 2 OR: Zeitpunkt und Widerrufbarkeit, Diss. St. Gallen 2003; JUNOD, Force majeure et cas fortuit dans le système suisse de la responsabilité civile, Genf 1956; KÄLIN, Entlastung und Exkulpation nach Art. 97 Abs. 1 OR, AJP 2007, 1339 ff.; KELLER A., Haftpflicht im Privatrecht, Band 1, Bern 2002; KELLER M., Das negative Interesse im Verhältnis zum positiven Interesse, Diss. Zürich 1949; KELLER S., Die Gefahrtragungsregeln im Obligationenrecht, AJP 2003, 1152 ff.; KISSLING, Patientinnenkartei – Die Auslegung und die Frage der Unwiderruflichkeit der Wahlerklärung des Gläubigers im Schuldnerverzug, Urteilsbesprechung zu BGE 123 III 16, AJP 1997, 1287 ff. (zit. AJP 1997); DIES., Dogmatische Begründung des Haushaltsschadens, ein Beitrag zur haftpflichtrechtlichen Behandlung unentgeltlicher Tätigkeiten, Abhandlungen zum schweizerischen Recht, Bern 2006 (zit. Haushaltsschaden); KNELLWOLF, Zur Wirkung des Rücktritts, ZSR 1990, 389 ff.; KOLLER A., Die Verzichtsfolgen i.S.v. Art. 107 Abs. 2 OR und deren Abänderungen durch Vertrag, in: Koller (Hrsg.), Haftung aus Vertrag, St. Gallen 1998, 1 ff. (zit. Verzichtsfolgen); DERS., Grundzüge der Haftung für positive Vertragsverletzung, AJP 1992, 1483 ff. (zit. AJP 1992); DERS., Gläubigerrechte im Falle eines Leistungsverzichts nach Art. 107 Abs. 2 OR, ZSR 1997, 495 ff. (zit. ZSR 1997); DERS., Sachenrechtlich begründete Unmöglichkeit, in: FS Schwenzer, Bern 2011, 955 ff. (zit. FS Schwenzer); DERS., Haftung einer Vertragspartei für den Schaden eines vertragsfremden Dritten, in: Koller (Hrsg.), Neue und alte Fragen zum privaten Baurecht, St. Gallen 2004, 1 ff. (zit. Haftung); DERS., Haftung des Arztes aus unterlassener Aufklärung, AJP 1997, 1197 ff. (zit. AJP 1997); DERS., Die Wirksamkeitserfordernisse einer Mahnung (Art. 102 Abs. 1 OR), AJP 2004, 609 f. (zit. AJP 2004); DERS., Die Fälligkeit von Schadenersatzansprüchen wegen Verletzung eines Architekten- bzw. Ingenieurvertrages, AJP 2006, 363 ff. (zit. AJP 2006); DERS., Der Papageien-Fall, in: Koller (Hrsg.), Leistungsstörungen – Nicht-und Schlechterfüllung von Verträgen, St. Gallen 2008, 1 ff. (zit. Papageien-Fall); KOLLER TH., Steuerrechtsbezogene Nebenpflichten im Privatrecht, ZSR 1993, 157 ff.; KOZIOL, Die Vereinheitlichung der Delikts- und Vertragshaftung im Schweizer Vorentwurf für einen Allgemeinen Teil des Haftpflichtrechts, ZBJV 1998, 517 ff.; KÖTZ, Vorvertragliche Verhandlungen und ihre Bedeutung für die Vertragsauslegung, ZEuP 2013, 777 ff.; KRAMER, Abschied von der aliud- Lieferung, in: FS für Heinrich Honsell, Zürich 2002, 247 ff.; KUZMIC, Haftung aus «Konzernvertrauen», Die Aussenhaftung des Konzerns im schweizerischen Privatrecht, Diss. Zürich 1998; KRAUSKOPF, Der Vertrag zugunsten Dritter, Diss. Freiburg i.Ue. 1999; KULL, Die zivilrechtliche Haftung des Anwalts gegenüber dem Mandanten, der Gegenpartei und Dritten, Diss. Zürich 2000; LÄUBLI ZIEGLER, Zeit ist Geld II- oder die Funktion der Zinsen im Haftpflichtrecht, HAVE 2005, 320 ff.; LEMP, Schadenersatz wegen Nichterfüllung als Folge des Schuldnerverzugs, Diss. Bern 1939; LOSER, Vertrauenshaftung und Verjährung im Schuldrecht, recht 2009, 211 ff. (zit. recht 2009); DERS., Die Vertrauenshaftung im schweizerischen Schuldrecht, Grundlagen, Erscheinungsformen und Ausgestaltung im geltenden Recht vor dem Hintergrund europäischer Rechtsentwicklung, Bern 2006 (zit. Vertrauenshaftung); DERS., Schadenersatz für wahrscheinliche Kausalität, AJP 1994, 954 ff. (zit. AJP 1994); LOSER-KROGH, Schutzwirkungen zugunsten Dritter, in: FS für Ernst A. Kramer, Basel 2004, 579 ff.; LÜCHINGER, Schadenersatz im Vertragsrecht, Grundlagen und Einzelfragen der Schadensberechnung und Schadenersatzbemessung, Diss. Freiburg i.Ue. 1999 (zit. Diss.); DERS., Die Verjährung von Ansprüchen aus culpa in contrahendo, SJZ 2006, 197 ff. (zit. SJZ 2006); LUGINBÜHL, Leistungsstörungen beim Unternehmens- und Beteiligungskauf, Diss. Zürich 1993; LUTERBACHER, Die Schadensminderungspflicht, unter besonderer Berücksichtigung der aktienrechtlichen Verantwortlichkeit, Diss. Zürich 2005; MEDICUS, Die Lösung vom unerwünschten Schuldvertrag, JuS 1988, 1 ff. (zit. JuS 1988); DERS., «Geld muss man haben». Unvermögen und Schuldnerverzug bei Geldmangel, AcP 1988, 489 ff. (zit. AcP 1988); MERZ, Der Zahlungsverzug des Käufers, Diss. St. Gallen 2003 (zit. Diss.); MIDDENDORF, Nachwirkende Vertragspflichten, Diss. Freiburg i.Ue. 2001; MISTELI, La responsabilité pour le dommage purement économique, Diss. Lausanne 1999; MONOD, La résolution des contrats synallagmatiques parfaits: étude comparative de droit suisse et de droit français, Diss. Lausanne 1987; MOSER, Die Haftung gegenüber vertragsfremden Dritten, Ein Beitrag zur Lehre von der Vertrauenshaftung, gezeigt am Beispiel des Wirtschaftsprüfers, Diss. Bern 1998; MOSER/BERGER, Vertrauenshaftung auch im Bankgeschäft – zur Haftungsgrundlage und zu den Grenzen von Aufklärungspflichten, AJP 1999, 541–554; MÜLLER CH., La perte d'une chance, Etude comparative en vue de son indemnisation en droit suisse, notamment dans la résponsabilité médicale, Diss. Neuchâtel 2002 (zit. Diss.); DERS., Hat die *perte d'une chance* in der Schweiz noch eine Chance – Urteilsanmerkung zu BGE 133 III 462, ZBJV 2007, 862 ff.; MÜLLER-CHEN, Folgen der Vertragsverletzung, Zürich 1999 (zit. Vertragsverletzung); DERS., Probleme des dualistischen Haftungskonzepts, Haftpflichtprozess 2008, 14 ff. (zit. Haftpflichtprozess 2008); OERTLI, Der vertraglich pauschalisierte Schadenersatz, Diss. Luzern 2004; OTT/TENCHIO-KUZMIĆ, Der massgebende Zeitpunkt der Schadensberechnung im Delikts- und Vertragsrecht, ZSR 1998, 183 ff.; OSWALD, Analyse der Sorgfaltspflichtverletzung im vertraglichen wie ausservertraglichen Bereich, Zürich 1988; PAYLLIER, Rechtsprobleme der ärztlichen Aufklärung unter besonderer Berücksichtigung der spitalärztlichen Aufklärung, Diss. Zürich 1999; PFAMMATTER, Der Anspruch auf das stellvertretende Commodum, Diss. Bern 1983; PICHONNAZ, La compensation. Analyse historique et comparative des modes de compenser non conventionnels, Freiburg i.Ue. 2002; PICHONNAZ/KUONEN, Les intérêts sur le dommage contractuels, Besprechung von BGE 130 III 591, BR 2005, 15 ff.; PIOTET, La restitution après résolution du contrat, BR 1984, 10 ff.; POLYDOR-WERNER, Rückabwicklung und Aufrechterhaltung fehlerhafter Dauerschuldverträge, Diss. Genf 1988; RAMPINI, Die nachträgliche Leistungserschwerung, Diss. St. Gallen 2003; RENGIER, Die Abgrenzung des positiven Interesses, vom negativen Vertragsinteresse und vom Integritätsinteresse, Berlin 1977, 53 ff.; REY, Rechtliche Sonderverbindungen und Rechtsfortbildung, in: FS für Max Keller, Zürich 1989, 231 ff. (zit. FS Keller); RIMLE, Der erfüllte Schuldvertrag, Diss. Freiburg i.Ue. 1995; ROBERTO, Schadensrecht, Basel-Frankfurt 1997 (zit. Schadensrecht); DERS., Deliktsrechtlicher Schutz des Vermögens, AJP 1999, 511 ff. (zit. AJP 1999); RÜETSCHI, Zahlbar «30 Tage netto», SJZ 2003, 342 ff.; RUMO-JUNGO, Haftpflicht und Sozialversicherung, Freiburg i.Ue. 1998; SCHENKER, Die Voraussetzungen und Folgen des Schuldnerverzugs im schweizerischen Obligationenrecht, Diss. Freiburg i.Ue. 1988 (zit. Diss.); DERS., Die rechtzeitige und die verspätete Erfüllung von Verbindlichkeiten, recht 1989, 47 ff. (zit. recht 1989); DERS., Schadensberechnung im Verzugsrecht, in Koller (Hrsg.), Haftung aus Vertrag, St. Gallen 1998, 27 ff. (zit. Schadensberechnung); SCHERNER, Rücktrittsrecht wegen Nichterfüllung, Untersuchungen zur deutschen Privatrechtslehre der Neuzeit, Wiesbaden 1965; SCHÖNENBERGER, Haftung für Rat und Auskunft gegenüber Dritten: eine rechtsvergleichende Studie, Diss. Basel 1999; SCHMID, Vertragshaftung und Voraussehbarkeit des Schadens, in: FS für Eugen Bucher, Bern 2009, 663 ff. (zit. FS Bucher); DERS., Die Folgen der Nichterfüllung, in: Gauch/Schmid (Hrsg), Die Rechtsentwicklung an der Schwelle zum 21. Jahrhundert, Symposium zum Schweizerischen Privatrecht, Zürich 2001, 301 ff. (zit. Nichterfüllung); DERS., Vertragsverletzung und Genugtuung, in: FS für Ernst A. Kramer, Basel 2004, 674 ff. (zit. FS Kramer); SCHOBEL, Der Ersatz frustrierter Aufwendungen, Wien/New York 2003; SCHWANDER, Die Verjährung ausservertraglicher und vertraglicher Schadenersatzforderungen, Diss. Freiburg i.Ue. 1963; SPITZ, Überlegungen zum entgangenen Gewinn und zur Gewinnherausgabe im Bereich des gewerblichen Rechtsschutzes, sic! 2007, 795 ff.; SPITZ/OETIKER, Verjährung und Rechtsbehelfe bei Unternehmenskaufverträgen, SJZ 2005, 472; STIFFLER, Schweizerisches Schneesportrecht, 3. Aufl., Bern 2002, 85 ff.; STÖCKLI, Das Synallagma im Vertragsrecht, Zürich 2008; DERS., Schaden und Schadenersatz beim Bauen, Baurechtstagung Freiburg i.Ue. 2003, 7 ff.; STOLL, Die Lehre von den Leistungsstörungen, Tübingen 1936; STUDER, Die Beweislastverteilung bei positiven Vertragsverletzungen, Diss. St. Gallen/Bamberg 1992; SULZER, Zweckstörungen im schweizerischen Vertragsrecht, Zürich 2002; SUTER, Der Zufall im heutigen schweizerischen Obligationenrecht, Diss. Freiburg i.Br. 1916; SUTER E., Rechtsnatur und Rechtsfolgen des Vertragsrücktrittes im Zusammenhang mit dem Schuldnerverzug, Diss. Zürich 1991; TAUPITZ, Die Pflicht zur unaufgeforderten Offenbarung eigenen Fehlverhaltens nach schweizerischem Obligationenrecht, ZBJV 2003, 671 ff.; TERCIER, La fixation de l'indemnité: quelques remarques finales, in: Werro (Hrsg.), La fixation de l'indemnité, Bern 2004, 191 ff.; VISCHER, Die Rolle des Verschuldens im Gewährleistungsrecht beim Unternehmenskauf, SJZ 2009, 129 ff.; VOSER, der Schuldnerverzug im schweizerischen Obligationenrecht, Aarau 1914; WAHRENBERGER, Vorvertragliche Aufklärungspflichten im Schuldrecht, Diss. Zürich 1992; WALTER, Vertrauenshaftung im Umfeld des Vertrages, ZBJV 1996, 273 ff. (zit. ZBJV 1996); DERS., Die Vertrauenshaftung: Unkraut oder Blume im Garten des Rechts?, ZSR 2007, 79 ff. (zit. ZSR 2007); DERS., Abgrenzung von Verschulden und Vertragsverletzung bei Dienstleistungsobligationen, in: Koller (Hrsg.), Haftung aus Vertrag, St. Gallen 1998, 45 ff. (zit. Abgrenzung); DERS., Auf dem Weg zum Schuldverhältnis – wo weiter?, recht 2005, 71 ff. (zit. recht 2005); DERS., Beweislastverteilung bei Leistungsstörungen, in: Koller (Hrsg.) Leistungsstörungen, St. Gallen 2008, 61 ff. (zit. Beweislastverteilung); DERS., Von der positiven Vertragsverletzung zur materiellen Forderungsverletzung, in: FS für Eugen Bucher, Bern 2009, 761 ff. (zit. FS Bucher); DERS., Nicht- und Schlechterfüllung von Verträgen, St. Gallen 2008 (zit. Nicht- und Schlechterfüllung); WEBER, Gedanken zur Verzugsschadenregelung bei Geldschulden, in: Forstmoser/Giger/Heini/Schluep (Hrsg.), FS für Max Keller, Zürich 1989, 323 ff. (zit. FS Keller); DERS., Vertragsaufhebung bei Leistungsstörungen: Rechtsnatur und Rechtsfolgen, ZBJV 1991, 634 ff. (zit. ZBJV 1991); DERS., Neukonzeption der Verzugsregelung, in: FS für Eugen Bucher, Bern 2009, 781 ff. (zit. FS Bucher); WERRO, Haftung für fehlerhafte Auskunft und Beratung – braucht es die Rechtsfigur der Vertrauenshaftung?, recht 2003, 12 ff. (zit. Recht 2003); DERS., La responsabilité civile, Bern 2005 (zit. responsabilité); DERS., La capacité de discernement et la faute dans le droit suisse de resonsabilité civile, Diss. Freiburg i.Ue. 1986 (zit. Diss.); WICK, Die Vertrauenshaftung im schweizerischen Recht, AJP 1995, 1270 ff.; WIDMER C., Vertrauenshaftung – Von der Gefährlichkeit des Überflüssigen, ZSR 2001, 101 ff. (zit. ZSR 2001); DIES., Umfang des Schadenersatzes bei nicht zur Perfektion gelangten Verträgen, Diss. Basel 2003 (zit. Diss.); WIDMER P., Privatrechtliche Haftung, in: Münch/Geiser (Hrsg.), Schaden – Haftung – Versicherung (Handbücher für die Anwaltspraxis, Bd 5), Basel 1999 7 ff. (zit. Haftung); DERS., Die Vereinheitlichung des schweizerischen Haftpflichtrechts – Brennpunkte eines Projekts, ZBJV 1994, 385 ff. (zit. ZBJV 1994); WIDMER/WESSNER, Erläuternder Bericht zum Vorentwurf eines Bundesgesetzes über die Revision und Vereinheitlichung des Haftpflichtrechts (Haftpflichtgesetz; HPG), Bern 1999; WIEGAND, Die Leistungsstörungen, recht 1983, 1 ff., 118 ff. und 1984, 13 ff. (zit. recht 1983/1984); DERS., Die Verhaltenspflichten – Ein Beitrag zur juristischen Zeitgeschichte, in: Stolleis (Hrsg.), FS für Sten Gagnér, München 1991, 547 ff. (zit. FS Gagnér); DERS., Von der Obligation zum Schuldverhältnis – Zur Entwicklung des schweizerischen Schuldrechts, recht 1997, 85 ff. (zit. recht 1997); DERS., Die Haftung der Kontrolleure, in: Der Berner Bankrechtstag 1995, Konsequenzen aus der Krise, 93 ff. (zit. Bankrechtstag 1995); DERS., Zur Haftung für Dienstleistungen, recht 1990, 134 ff. (zit. recht 1990); DERS., Zur Rückabwicklung gescheiterter Verträge, in: FS für Peter Gauch, Zürich/Basel/Genf 2004, 709 ff. (zit. FS Gauch); DERS., Die Canaris-Rezeption in der Schweiz- Vertrauenshaftung und einheitliches gesetzliches Schuldverhältnis im Schweizer Recht, in: FS Canaris, München 2007, 881 ff. (zit. FS Canaris); DERS., Vertrauensentsprechung, in FS Bucher, Bern 2009, 819 ff. (zit. FS Bucher); DERS., Gratwanderungen, recht 2010, 78 ff. (zit. recht 2010); WIEGAND/ABEGGLEN, Die Aufklärung bei medizinischer Behandlung, Modalitäten der Aufklärung und Folgen der Verletzung der Aufklärungspflicht, recht 1993, 189 ff.; WIEMKEN, Rücktritt und Schadenersatz als Folgen der Nichterfüllung bei gegenseitigen Verträgen, Diss. Basel 1931; ZIEGLER, Die anfängliche Unmöglichkeit der Leistung in der schweizerischen Lehre, Diss. St. Gallen 1992; vgl. im Übrigen die Literaturhinweise vor den jeweiligen Artikeln.

I. Grundlagen

1 In den Art. 97–109 regelt das OR die **Voraussetzungen und die Folgen der Nichterfüllung**. Dem Gesetzgeber ist es freilich nicht gelungen, eine lückenlose, in sich geschlossene Regelung der *Leistungsstörungen* zu schaffen. Dies hat z.T. historische Gründe, wie z.B. die Regelung der anfänglichen Unmöglichkeit in Art. 20. Zum anderen spielten legislatorische Erwägungen eine Rolle, wie etwa diejenige, dass man den Fall der nachträglichen, vom Schuldner nicht zu verantwortenden Unmöglichkeit (vgl. Art. 119) in den Titel über das Erlöschen der Obligationen verschoben hat. Indessen haben diese Entstehungsmängel heute nur noch geringe Auswirkungen, weil Literatur und Rechtsprechung das vom Gesetzgeber vorgelegte Konzept in vielen Punkten modifiziert und weiterentwickelt haben und die an sich vorgenommene Trennung zwischen den verschiedenen Formen der Leistungsstörungen heute weitgehend relativiert worden ist (so im Ergebnis BGer, 8.2.2010, 4A_306/2009, E. 6.1: «Jeder Verstoss gegen eine vertragliche Verpflichtung bildet demnach eine nicht gehörige Erfüllung im Sinne dieser Bestimmung»). Die Tendenz zu einem einheitlichen Tatbestand, der alle Formen der Unmöglichkeit und Schlechterfüllung umfasst, ist im Übrigen eine gesamteuropäische Entwicklung, die auch auf das schweizerische Leistungsstörungsrecht Auswirkungen haben wird (vgl. etwa § 280 ff. BGB [2002] und Art. 6:74 ff. NBW [NL], sowie IMMENHAUSER, recht 2006, 1 ff.; HILTY, 217 ff., Zürich 2003 und OR 2020 Art. 118, dazu N 4 und 14).

2 Ausgangspunkt des legislatorischen Konzepts war die Unterteilung in die traditionellen Leistungsstörungstatbestände, von denen der Verzug in einer Sonderregelung erfasst wurde (vgl. Art. 102–109 und Vorbem. dazu). Die Tatbestände der Nichterfüllung und der nichtgehörigen Erfüllung sind im OR in einem einzigen Artikel zusammengefasst (vgl. Art. 97). Dies zu Recht; denn es handelt sich dabei nur um verschieden starke Abstufungen ein und desselben Tatbestandes, nämlich der schuldhaften Verletzung vertraglicher Pflichten (so jetzt ausdrücklich der § 280 Abs. 1 BGB: «Verletzt der Schuldner eine Pflicht aus dem Schuldverhältnis, so kann der Gläubiger Ersatz des hierdurch entstehenden Schadens verlangen. Dies gilt nicht, wenn der Schuldner die Pflichtverletzung nicht zu vertreten hat.») Während aber Art. 97 nur den Schadenersatz als Rechtsfolge vorsieht, enthalten die Regeln über den Verzug neben Schadenersatzfolgen auch die Möglichkeit des Rücktritts vom Vertrag (vgl. Art. 107).

II. Anpassung und Modifikationen

3 Die bereits erwähnten Entwicklungen in Doktrin und Rechtsprechung haben zu folgenden Modifikationen geführt:

1. Im Rahmen des Art. 97 wird allgemein auch ein *Rücktrittsrecht* des Gläubigers für sinnvoll gehalten (vgl. GRIEDER, Diss., 55; MÜLLER-CHEN, Vertragsverletzung, 222 ff.). Andererseits ist mit der Anerkennung der sog. *Differenztheorie* (vgl. Art. 97 N 53 ff.; Art. 107 N 18) dem Gläubiger die Möglichkeit eingeräumt worden, seine eigene Leistung ohne Rücktritt vom Vertrag zurückzubehalten und nur Schadenersatz im Umfang des positiven Interesses zu verlangen. Diese Option führt für ihn zu einem noch günstigeren Resultat, als es der Rücktritt nach Art. 109 mit sich bringen würde. Ein Rücktritt vom Vertrag ist deshalb nur noch interessant, wenn der Gläubiger bereits geleistet hat und seine erbrachte Leistung zurückhaben möchte; anders ist die Lage, wenn der Rücktritt allein aufgrund des Verzuges erfolgt und kein Verschulden seitens des Schuldners vorliegt (vgl. Art. 107 N 20; Art. 109 N 2).

2. Damit hat auch die Frage, wie das *Verhältnis des Art. 97 zu Art. 107* zu bestimmen sei, viel an Bedeutung verloren. Theoretisch richtig ist, dass Art. 107 nicht mehr anwendbar ist, wenn der Tatbestand der Unmöglichkeit vorliegt (z.B. BGer, 9.3.2006, 1P.802/2005, E. 7.2). Indessen ist es für den Gläubiger oft nur schwer zu erkennen, ob der Schuldner bloss *nicht leisten will* oder *nicht mehr leisten kann.* In der Praxis wird deshalb das Vorgehen nach Art. 107 zu Recht bevorzugt, da es zwar u.U. mit etwas Zeitverlust verbunden, aber nicht mit einem so hohen Risiko belastet ist (nach BGer, 9.3.2006, 1P.802/2005, E. 7.2) aber nur zulässig, wenn der Gläubiger keine Kenntnis von der eingetretenen Unmöglichkeit hat). In den Rechtsfolgen ergeben sich praktisch keine Unterschiede (vgl. auch SCHWENZER, N 64.27).

III. Weiterentwicklung

Während es sich bei den skizzierten Veränderungen nur um Korrekturen und Modifizierungen des Grundkonzeptes handelt, zeichnet sich im Bereich der **nichtgehörigen Erfüllung**, die ebenfalls in Art. 97 geregelt wird, eine Entwicklung ab, deren Ende noch nicht abzusehen ist. Sie hat aber bereits jetzt zu einer grundlegenden Neukonzipierung des Schuldverhältnisses geführt (dazu WIEGAND, recht 1997, 85 ff. u. N 8 ff.; WALTER, recht 2005, 71 ff.; DERS., FS Bucher, 761 ff.; BUCHER, FS Wiegand, 93 ff.; CHK-FURRER/WEY, Art. 97–98 OR N 9 ff; KUKO OR-THIER, Einl. zu Art. 97–109 N 3). Diese Entwicklung beruht auf einer Reihe von Faktoren, deren Ursachen und Auswirkungen nicht auf das Leistungsstörungsrecht begrenzt, aber gerade hier in letzter Zeit besonders ausgeprägt sind. 4

1. Die Verhaltenspflichten

a) Im Privatrecht ist eine generelle *Tendenz zur Haftungsausweitung* zu beobachten, die auf gesellschaftlichen Gründen beruht und ihren Niederschlag primär im Deliktsrecht gefunden hat. Im Bereich des vertraglichen Haftungsrechts hat diese Tendenz seit längerem angelegte Entwicklungen beschleunigt und dazu beigetragen, dass verschiedene Institutionen eine noch vor Jahren völlig ungeahnte Bedeutung erlangt haben. Den dogmatischen Ansatzpunkt bildet die Lehre von den **Neben- oder Verhaltenspflichten**. Diese werden in der Schweiz aus Art. 2 ZGB abgeleitet und werden nach der schweizerischen Theorie und Praxis aufgrund des Vertragsschlusses gewissermassen automatisch zum Vertragsinhalt (BGer, 8.2.2010, 4A_306/2009, E. 6.1; eingehend H.P. WALTER, recht 2005, 72 f.), während die deutsche Theorie die Entstehung dieser Pflichten weitgehend vom Parteiwillen abgelöst hat und sie auf ein gesetzliches Schutzverhältnis oder auf allgemeine Vertrauensgrundsätze stützt (vgl. WIEGAND, FS Gagnér, 547 ff. m.Nw.; s. N 8 ff. und Art. 97 N 34 ff. m.Nw.; KUKO OR-THIER, Einl. zu Art. 97–109 N 3). 5

b) Wesentlicher als die dogmatische Begründung dieser Pflichten ist ihre zunehmende *Vielfalt und Differenzierung*. Ausgehend von einer allgemeinen, aus Art. 2 ZGB abzuleitenden **Loyalitätspflicht** schulden die Vertragspartner einander (nach wohl h.M.) *Rücksichtnahme* in allen Belangen (krit. dazu BUCHER, FS Wiegand, 126 f., 136) welche sich konkret in *Sorg-* 6 *falts-, Obhuts-, Aufklärungs-, Informations- und Beratungspflichten* äussert (vgl. auch BK-Weber, Art. 97 OR N 68 ff.). Grund dieser Pflichtenvielfalt ist wiederum eine Veränderung der wirtschaftlichen und gesellschaftlichen Verhältnisse, die zu einer immer stärkeren Verfeinerung der schuldrechtlichen Beziehungen führt. Eine zentrale Rolle spielt dabei der Umstand, dass in vielen Vertragsverhältnissen eine der Parteien über wesentlich höhere Kenntnisse oder Sachkunde verfügt, die dann durch entsprechende Informations- und Aufklärungspflichten ausgeglichen werden sollen (exemplarisch BGE 119 II 456 ff., wirtschaftliche Aufklärungspflicht des Arztes; dazu Wiegand, ZBJV 1995, 360 und Art. 97 N 36).

7 c) All diese – hier nur angedeuteten – Entwicklungen führen dazu, dass die vom Gesetzgeber mit einem Nebensatz geregelte **nichtgehörige Erfüllung** oder **positive Vertragsverletzung** zu dem heute fast *bedeutendsten Tatbestand der Leistungsstörung* geworden ist. Insofern ist es konsequent, wenn Walter (FS Bucher, 761 ff.) den Versuch unternimmt, diese Form der Leistungsstörung auf eine breitere, jegliche Pflichtverletzung (als «materielle Forderungsverletzung» bezeichnet) umfassende Basis zu stellen (zur Begriffsbildung Art. 97 N 25). Mit Hilfe der eben erwähnten Neben- oder Verhaltenspflichten ist es möglich, eine nahezu beliebige Vielzahl von Pflichten zwischen den Parteien zu kreieren, deren Verletzung dann den Tatbestand der nichtgehörigen Erfüllung begründet. Zu den Einzelheiten, die sich daraus bei der Rechtsanwendung ergeben, vgl. Art. 97 N 32 ff.

2. *Neue Rechtsinstitute*

8 Mit der Ausweitung der Nebenpflichten geht auch die Einführung und Ausbreitung *weiterer Rechtsinstitute* einher; diese führen einerseits zu einer Ausdehnung des Anwendungsbereiches der nichtgehörigen Erfüllung, zum andern zu einer strukturell gleichartigen Haftung vor Vertragsschluss und nach dessen Abschluss zu einer allgemeinen Vertrauenshaftung (zum Folgenden Walter, ZBJV 1996, 273 ff.; Wiegand, recht 1997, 85 ff.; Gauch, FS Rey, 543 ff.; Bucher, FS Walter 231 ff.; und Einl. vor Art. 1 ff. N 100 mit umfassenden Nw.; CHK-Furrer/Wey, Art. 97–98 OR N 9 ff.).

a) Vertrag mit Schutzwirkung für Dritte

9 In zunehmendem Masse wird die Frage diskutiert, ob in die Schutzwirkung vertraglicher Nebenpflichten auch *Drittpersonen* einzubeziehen sind. Zu diesem Zwecke wird vorgeschlagen, den in Deutschland entwickelten **Vertrag mit Schutzwirkung für Dritte** auch für das schweizerische Recht zu übernehmen. Danach erstrecken sich die Schutzpflichten eines Vertrages (d.h. Sorgfalts- und Obhutspflichten) nicht nur auf den Partner, mit dem man den Vertrag geschlossen hat, sondern auch auf all diejenigen Personen, die nach dem gewöhnlichen Lauf der Dinge mit der vom Schuldner erbrachten Leistung *typischerweise* in Berührung kommen. Bei der nichtgehörigen Erfüllung eines Werkvertrages wären demnach nicht nur der Hauseigentümer, sondern etwa auch seine Ehefrau oder seine Kinder geschützt, wenn die von Handwerkern durchgeführte Reparatur Schäden an deren Gesundheit oder Vermögen auslösen würde. Geht man davon aus, dass die Erweiterung der vertraglichen Schutzpflichten heute allgemein befürwortet wird, so ist es nur konsequent, wenn man sich auch entschliesst, den Vertrag mit Schutzwirkung für Dritte zu akzeptieren (vgl. vor allem Bucher, AT, 484 f. m.Nw.; BK-Kramer, Allg. Einl. N 144 ff. m.Nw. und zusammenfassend Armbrüster, recht 1993, 84 ff.; ders., FS Wiegand, 73, 86 ff. [mit Abgrenzung zur Drittschadensliquidation]; BK-Weber, N 46; Wiegand, recht 1997, 93 f.; krit. Chapuis, AJP 2005, 653.; **a.A.** Koller A., AJP 1992, 1483 ff.; Schwenzer, N 87.05, der Sache nach handelt es sich um deliktische Ansprüche; CR CO I-Thévenoz, N 48 ff. [«inutile en droit suisse»]; ohne eigene Stellungnahme CHK-Furrer-Wey, Art. 97–98 OR N 15 f.; zurückhaltend: BGE 121 III 310 [dazu Wiegand, ZBJV 1997, 123 ff.] und 117 II 315 ff. = Pra 1993, 217 f.; vgl. auch die [in casu

die Anwendung ablehnenden] Erwägungen in 130 III 347 f. und das Schweizerische Mietrecht, SVIT Komm., 3. Aufl. 2008, zu Art. 259e N 22 ff.).

b) Culpa in contrahendo

Die **culpa in contrahendo** betrifft an sich zwar eine Störung bei Vertragsentstehung; die Rechtsfolgen indessen stehen denjenigen der nichtgehörigen Erfüllung sehr nahe. Dies ist darauf zurückzuführen, dass die verletzten Pflichten bei der positiven Vertragsverletzung wie bei der culpa in contrahendo dieselben sind. Es handelt sich eben um jene Nebenpflichten, die aus Art. 2 ZGB abgeleitet werden. Ferner wird für das schweizerische Recht anerkannt, dass diese Pflichten nicht erst mit Vertragsschluss, sondern schon mit Aufnahme des rechtsgeschäftlichen Kontaktes entstehen (vgl. BGE 105 II 79; BGer, 1.6.2005, 5C.267/2004, E. 5.2; 19.9.2014, 4A_229/2014, E. 4.1; BK-Weber, N 41; CHK-Furrer/Wey, Art. 97–98 OR N 11 ff.; KUKO OR-Thier, Einl. zu Art. 97–109 N 3; Gonzenbach, 92 ff.; Guhl/Koller/Schnyder/Druey, § 13 N 2 f.; Keller/Schöbi, I, 39; Gauch/Schluep/Schmid/Emmenegger, N 962a ff.; von Tuhr/Peter, 192; Wick, AJP 1995, 1272 f.). Dass die Verletzung dieser vorvertraglichen Verhaltenspflichten einen Ersatzanspruch begründet, ist ebenfalls unbestritten. Zu ersetzen ist allerdings nicht das positive Interesse (wie in Art. 97), sondern das negative Interesse (wie in Art. 109; auch *Vertrauensinteresse*), d.h. der Verletzte ist so zu stellen, wie wenn keine vorvertraglichen Beziehungen aufgenommen worden wären (vgl. BGE 130 III 348; 105 II 80). Allerdings ist diese Begrenzung – zumindest für einzelne Konstellationen – zunehmend in Frage gestellt worden (vgl. auch Art. 97 N 39a). **10**

Angesichts dieser Sachlage verwundert es, dass in Rechtsprechung und Doktrin immer noch umstritten ist, nach welchen Rechtsregeln die culpa in contrahendo abzuwickeln sei. Ein Teil der Literatur sowie fallweise das BGer gehen davon aus, dass es sich zwar um vertragsähnliche Pflichten handelt, dass die Verletzungsfolgen sich jedoch nach Deliktsrecht richten sollen. Der überwiegende Teil der Lehre und das BGer in anderen Urteilen nehmen jedoch zu Recht an, dass die vertragsrechtlichen Regeln auf die culpa in contrahendo entsprechend anzuwenden sind. Dies gilt insb. für die *Verjährung* des Schadenersatzanspruchs, auf die Art. 127 und nicht Art. 60 Anwendung finden muss (vgl. BGE 90 II 458 = Pra 1965, 133; BGE 77 II 137 = Pra 1951, 333; BGE 68 II 303; Bucher, AT, 287; Gauch/Schluep/Schmid/Emmenegger, N 971 f. m.Nw.; Walter, ZBJV 1996, 281 und ders., FS Bucher; **a.A.** das BGer [zuletzt: BGE 134 III 396; BGer, 9.11.2005, 4C.354/2004], welches an der einjährigen Verjährungsfrist festhält. Die Praxis wird trotz der berechtigten Kritik in der Literatur auf absehbare Zeit von der kurzen Verjährungsfrist ausgehen müssen (Kritik dazu bei Walter, FS Bucher, 778; eingehende Analyse bei Loser, recht 2009, 211 ff.; Schmid, ZBJV 2011, 879 f.; Lüchinger, SJZ 2006, 197 ff.; BGE 104 II 94 = Pra 1978, 532; BGE 101 II 269 = Pra 1975, 594 f.; Merz, Vertrag, 84 m.Nw.). Gleiches gilt für die *Gehilfenhaftung*, die nach Art. 101 und nicht nach Art. 55 zu beurteilen ist (vgl. BGE 108 II 422; Bucher, AT, 288 m.Nw.; Gauch/Schluep/Schmid/Emmenegger, N 973 f.; **a.A.** Merz, Vertrag, 84 ff. m.Nw.; vgl. im Übrigen Einl. vor Art. 1 ff. N 57 ff.). Das BGer hat nunmehr eindeutig dahingehend Stellung genommen, dass die culpa in contrahendo als «Erscheinungsform einer allgemeineren Rechtsfigur» zu betrachten sei (BGE 120 II 331, 336 [«Swissair»] unter Bezugnahme auf BK-Kramer, Allg. Einl. OR N 142 ff.), womit das einheitliche gesetzliche Schuldverhältnis gemeint ist (dazu N 11). Damit dürfte nicht mehr zweifelhaft sein, dass bei der *culpa in contrahendo die vertragsrechtlichen Regeln anzuwenden sind* (so auch BK-Weber, N 93 f.; Walter, ZBJV 1996, 281; **anders** CR CO I-Thévenoz, Intro. art. 97–109 N 22c; **a.A.** Wahrenberger, 141 ff.; Lüchinger, Diss., N 230 ff.). Die davon punktuell abweichenden Entscheide des BGer sind darauf zurückzuführen, dass die sich aus den früheren Grundsatzentscheiden ergebenden Folgerungen nicht immer mit der notwendigen Konsequenz gezogen werden. Das gilt insb. für die erwähnten, methodisch und inhaltlich nicht überzeugenden Entscheide zur Verjährung.

Ähnlich unbefriedigend ist die Rechtslage im europäischen Recht. Nach der Rechtsprechung des EuGH ist die Haftung aus culpa in contrahendo deliktischer Natur, da sie auf einem Verstoss gegen Treu und Glauben beruht (EuGH 17.9.2002 Tacconi, Rs. C-334/00). Im internationalen Zivilprozessrecht hat diese Ungewissheit über die Rechtsgrundlagen zu einer Aufspaltung geführt: Nach der *Differenzierungstheorie* sind Verletzungen vorvertraglicher Aufklärungspflichten sowie weiterer vorvertraglich vereinbarter Verpflichtungen (z.B. Verhandlungsverpflichtungen) vertraglicher Natur, die Verletzung von Schutz- und Obhutspflichten hingegen deliktischer Natur (BSK LugÜ-Hoffmann/Kunz, Art. 5 N 127).

c) Vertrauenshaftung

11 Anknüpfend an die culpa in contrahendo hat das BGer (im soeben erwähnten BGE 120 II 331, 336; dazu Wiegand, ZBJV 1996, 321 ff.) die allgemeine **Vertrauenshaftung** als einen Haftungstatbestand eigener Art entwickelt (allgemeine Beschreibung Wiegand, recht 1997, 86 f. und ders., FS Canaris, 881, 885) und seither mehrmals bestätigt (BGer, 21.3.2013, 4A_565/2012; 8.2.2010, 4A_306/2009; 5.6.2009, 4A_88/2009; BGE 134 III 397; 133 III 451; BGer, 9.12.2004, 4C.47/2004; 14.10.2004, 4C.134/2004; BGE 130 III 345 m.Nw.; 121 III 355 = Pra 1996, 617 f.; BGE 123 III 231; 124 III 303 und Moser/Berger, AJP 1999, 542 ff.; vgl. auch CHK-Furrer/Wey, Art. 97–98 OR N 14; Leuenberger, ZBJV 1998, 578 ff.). Die teilweise Ablehnung (Wick, AJP 1995, 1270 ff.; Widmer C., Diss., 114 ff.; Werro, recht 2003, 12 ff.) oder Zurückhaltung (vgl. etwa CR CO I-Thévenoz, Intro. art. 97–109 N 8) hat die rasche Ausbreitung und Anerkennung nicht aufhalten können (grundlegende Analyse der Rechtsfigur bei Bucher, FS Walter, 231 ff. und Zusammenfassung Art. 1 N 69a ff.). Die Vertrauenshaftung dient der Herstellung einer Haftungsgrundlage für reine Vermögensschäden in Situationen, in denen einerseits kein Vertrag besteht und andererseits die ausservertragliche Haftung nicht greift. Damit ist nicht nur ein erneuter Schritt zur Haftungsausweitung, sondern auch eine Ausdehnung des Anwendungsbereichs des vertraglichen Leistungsstörungsrechts eingeleitet worden. Denn ungeachtet der Diskussionen über die Rechtsnatur dieser Haftung, wird die Vertrauenshaftung letzten Endes nur aus einem durch Vertrauen ausgelösten Schuldverhältnis zu erklären sein (so auch BGE 120 II 336 [«Swissair»], bestätigt und weitergeführt in BGE 121 III 350 [«Grossen»]; vgl. auch Walter, ZBJV 1996, 277 ff., 295 und Roberto, AJP 1999, 513). Damit aber hat sich die (bundesgerichtliche) Rechtsprechung nun wohl endgültig für die Konzeption vom *einheitlichen gesetzlichen Schuldverhältnis aus (rechts-) geschäftlichem Kontakt* ausgesprochen (dazu BK-Kramer, Allg. Einl. OR N 142 ff.; Wiegand, recht 1997, 85 ff.; BK-Weber, N 47; eingehend Wiegand, FS Canaris, 881 ff.; Walter, FS Bucher, 773 f. Das einheitliche gesetzliche Schuldverhältnis als «begriffsjuristisch» **abl.** hingegen CR CO I-Thévenoz, Intro. art. 97–109 N 7; krit. auch Chappuis, AJP 2005, 653, der [zu Unrecht] eine dadurch ausgelöste Haftungsausweitung befürchtet – Haftungsausweitungen haben niemals dogmatische, sondern immer gesellschaftliche und rechtspolitische Gründe, die durch die Dogmatik reflektiert und umgesetzt werden, s. N 5).

d) Nachvertragliche Pflichten

12 Über die Erfüllung hinaus wirkende Verpflichtungen können sich aus vertraglichen Abreden ergeben (z.B. Konkurrenzverbote). Folgt man der Konzeption des gesetzlichen Schuldverhältnisses, so wirken die daraus abgeleiteten Nebenpflichten unabhängig von vertraglichen Abreden über die Erfüllung hinaus bis zur eigentlichen Beendigung der Beziehung (vgl. dazu BK-Kramer, Allg. Einl. OR N 143; CHK-Furrer/Wey, Art. 97–98 OR N 17 f.; Middendorf, 11 ff.; Wiegand, recht 1997, 85 ff.).

IV. Bedeutung der Entwicklungen

1. Konsequenzen für die Systematik der Leistungsstörungen

Geht man vom Konzept des einheitlichen gesetzlichen Schuldverhältnisses aus, so ergibt sich daraus eine durchgehende Grundstruktur für die Verhaltenspflichten und ihre Verletzung: 13

a) Sie entstehen mit Beginn rechtsgeschäftlichen Kontaktes und dauern bis zu dessen Beendigung (wobei ihre Entstehung wie Beendigung unabhängig vom Parteiwillen sind). Ihre Grundlage haben sie im Prinzip von Treu und Glauben (so ausdrücklich BGE 120 II 336).

b) Die Verletzung der Verhaltenspflichten ist immer als Verletzung einer Pflicht aus einem Schuldverhältnis zu betrachten und folgt deshalb den für das Vertragsrecht geltenden Regeln (Verschuldensvermutung, Hilfspersonenhaftung nach Art. 101 und Verjährung gem. Art. 127; s. aber N 10). Vor Vertragsschluss stellt sie eine culpa in contrahendo dar, nach Vertragsschluss und auch nach der Erfüllung der Leistungspflichten eine positive Vertragsverletzung. Die Verletzung der «auf Treu und Glauben beruhenden Verhaltenspflichten» kann schliesslich eine Vertrauenshaftung auslösen (BGE 120 II 337), die die gleichen Grundstrukturen aufweist (so auch WALTER, ZBJV 1996, 277 ff.).

c) Damit ist ein durchgehendes und umfassendes Leistungsstörungsrecht entwickelt worden, in dessen Mittelpunkt die aus dem Schuldverhältnis abgeleiteten Verhaltenspflichten stehen. Dies hat rechtssystematische und rechtspolitische Konsequenzen.

2. Haftungsausweitung und -verschärfung

Einerseits wird die auf dem Schuldverhältnis beruhende Haftung gegenüber dem Deliktsrecht ausgedehnt, zum andern wird – nicht zuletzt gerade dadurch – generell die Schadenshaftung verschärft und ausgeweitet. Beide Punkte sind Anlass heftiger Diskussionen, die primär die rechtspolitischen und gesellschaftspolitischen Aspekte, aber auch die dogmatischen Konsequenzen betreffen. 14

Die immer weiter ausgedehnten Nebenpflichten schützen nämlich in vielen Bereichen Rechtsgüter, die traditionell dem Deliktsschutz unterliegen. Infolgedessen kommt es in vermehrtem Masse zur Überschneidung von Vertragshaftung und Deliktshaftung sowie zu einer wechselseitigen Durchdringung beider Rechtsgebiete, indem etwa Vertragspflichten zu deliktischen Verkehrspflichten und umgekehrt deliktische Verkehrssicherungspflichten zu vertraglichen Nebenpflichten gemacht werden. Dies hat zu rechtspolitischen Diskussionen darüber geführt, ob und inwieweit eine Reduktion beider Gebiete auf ihre traditionellen Bereiche wünschenswert wäre (vgl. zu alldem den Bericht der Studienkommission für die Gesamtrevision des Haftpflichtrechts [1991]).

Das OR 2020 nimmt einige der hier aufgezeigten Entwicklungen auf. Bei den Leistungsstörungen folgt der Vorschlag weit gehend dem § 280 BGB und den Regelungen des CISG. 14a

V. Das Verhältnis der Art. 97 ff. zum Deliktsrecht (Art. 41 ff.)

Wenn sowohl die Voraussetzungen der Vertragsverletzung wie auch diejenigen der unerlaubten Handlung erfüllt sind (z.B. Injektion einer unsterilen Lösung, die zu einer Infektion führt [BGE 120 II 248]), stehen dem Gläubiger (Geschädigten) *zwei konkurrierende Anspruchsgrundlagen* zur Verfügung: Einerseits kann er vertraglichen Schadenersatzanspruch aus Art. 97 ff. und andrerseits ausservertraglichen Schadenersatzanspruch aus Art. 41 ff. geltend machen (vgl. BGer, 12.3.2012, 4A_656/2011, E. 2.2; BGE 137 III 311 E. 5.2.1; 133 III 121; BGer, 1.10.2007, 4A_235/2007, E. 5; BGE 130 III 575; 120 II 58; BK-WEBER, N 106; CHK- 15

FURRER-WEY, Art. 97–98 OR N 19 ff.; KUKO OR-THIER, Einl. zu 97–109 N 5; SCHWENZER, N 5.03, 54.04, 67.06). Diese **Anspruchskonkurrenz**, bei der die beiden Ansprüche zwar nebeneinander stehen, nicht aber kumuliert werden können (BK-WEBER, N 107), ist für die Frage der Beweislast für das Verschulden des Schädigers (Art. 97 Abs. 1 bzw. Art. 41 Abs. 1), die Haftung für Hilfspersonen (Art. 101 bzw. Art. 55) und die Verjährung (Art. 127 bzw. Art. 60) von Bedeutung. Nur ausnahmsweise ist die Berufung auf das Deliktsrecht für den Geschädigten von Vorteil, nämlich wenn der Verletzer kausal haftet, ihm also der Exkulpationsbeweis verwehrt bleibt (z.B. Art. 58; BK-WEBER, N 108; vgl. SCHWENZER, N 5.04), oder wenn der Geschädigte seiner Prüfungs- oder Rügeobliegenheit nicht nachgekommen ist (vgl. BGE 113 II 246; 112 II 141; 99 II 321 m.Nw.; 90 II 88; VON TUHR/ESCHER, 108; BUCHER, AT, 336 ff.; GAUCH/SCHLUEP/SCHMID/EMMENEGGER, N 3070 ff.; GUHL/KOLLER/SCHNYDER/DRUEY, § 26 N 30; Art. 41 N 2).

VI. Das Verhältnis der Art. 97 ff. zum Besonderen Teil des OR

16 Probleme ergeben sich auch zwischen den Leistungsstörungsformen des Allgemeinen und denjenigen des Besonderen Teils des OR. Dabei handelt es sich nur um einen Teilaspekt der grundsätzlichen Problematik des Verhältnisses beider Teile zueinander. Prinzipiell ist davon auszugehen, dass nach Beginn der Erfüllung, insb. der Übergabe der Sache die *Regeln des Besonderen Teils Vorrang haben und ausschliesslich Anwendung finden* (so BGer, 27.10.2014, 4A_387/2014, E. 4.2; BGE 100 II 32 für den Werkvertrag; dazu auch BGE 117 II 553 = Pra 1992, 592 ff.; s. Art. 97 N 29). Die Rechtspraxis in der Schweiz neigt jedoch zumindest im Kaufrecht zum Gegenteil. So sollen neben den Gewährleistungstatbeständen des Kaufrechts nicht nur die Regeln des Grundlagenirrtums, sondern auch die Leistungsstörungsregeln der Art. 97 ff. Anwendung finden (vgl. BGE 133 III 335; Art. 97 N 27 ff.; Vor Art. 192 ff. N 6). Die Alternativität der Rechtsbehelfe des Allgemeinen Teils zu denjenigen des Besonderen Teils widerspricht nicht nur der Systematik des Gesetzes, sie führt in aller Regel auch zu unbefriedigenden Ergebnissen (vgl. auch CHK-FURRER/WEY, Art. 97–98 OR N 22; KUKO OR-THIER, Einl. zu Art. 97–109 N 7). Langfristig wäre deshalb anzustreben, dass die *Rechtsbehelfe des Allgemeinen Teils nur subsidiär* und nur dort zur Anwendung kommen, wo der Besondere Teil keine Leistungsstörungsregeln enthält, wie etwa im Auftragsrecht. Als richtungsweisend kann die Regelung im neuen Mietrecht gelten (vgl. Art. 258 und dazu WIEGAND, recht 1992, 110 ff.; vgl. auch BK-WEBER, N 110 f.; GLÄTTLI, Diss., 8).

Art. 97

A. Ausbleiben der Erfüllung
I. Ersatzpflicht des Schuldners
1. Im Allgemeinen

[1] Kann die Erfüllung der Verbindlichkeit überhaupt nicht oder nicht gehörig bewirkt werden, so hat der Schuldner für den daraus entstehenden Schaden Ersatz zu leisten, sofern er nicht beweist, dass ihm keinerlei Verschulden zur Last falle.

[2] Für die Vollstreckung gelten die Bestimmungen des Bundesgesetzes vom 11. April 1889 über Schuldbetreibung und Konkurs sowie der Zivilprozessordnung vom 19. Dezember 2008 (ZPO).

A. Inexécution
I. Responsabilité du débiteur
1. En général

[1] Lorsque le créancier ne peut obtenir l'exécution de l'obligation ou ne peut l'obtenir qu'imparfaitement, le débiteur est tenu de réparer le dommage en résultant, à moins qu'il ne prouve qu'aucune faute ne lui est imputable.

[2] Les dispositions de la loi fédérale du 11 avril 1889 sur la poursuite pour dettes et la faillite et du code de procédure civile du 19 décembre 2008 (CPC) s'appliquent à l'exécution.

A. Inadempimento
I. Responsabilità del debitore
1. In genere

[1] Il debitore che non adempie l'obbligazione o non la adempie nel debito modo, è tenuto al risarcimento del danno derivatone, a meno che provi che nessuna colpa gli è imputabile.

[2] L'esecuzione è regolata dalle disposizioni della legge federale dell'11 aprile 1889 sull'esecuzione e sul fallimento e dal Codice di procedura civile del 19 dicembre 2008 (CPC).

Literatur

Vgl. die Literaturhinweise bei der Einleitung zu Art. 97–109.

I. Normzweck und Anwendungsbereich

Die Vorschrift bestimmt die *Rechtsfolgen*, die sich aus der *Vertragsverletzung ergeben*. Der Schuldner hat dem Gläubiger **Schadenersatz** zu leisten, sofern er nicht den Beweis erbringen kann, *dass ihm keinerlei Verschulden zur Last falle*. 1

Stellt man allein auf den Wortlaut der Bestimmung ab, so fallen alle Arten der Vertragsverletzung darunter; denn die Ersatzpflicht entsteht, *wenn die Erfüllung der Verbindlichkeit überhaupt nicht oder nicht gehörig bewirkt werden kann*. Unter die nichtgehörige Erfüllung fällt auch die Leistungsverzögerung, die jedoch, gemeinrechtlicher Tradition folgend, unter dem Titel *Verzug des Schuldners* in den Art. 102–109 eine Sonderregelung erfahren hat (vgl. Vor Art. 102–109 N 1). Aufgrund dieser Doppelspurigkeit kommt es zu Abgrenzungsproblemen zwischen Art. 97 und Art. 107 (vgl. N 11 ff.; Einl. zu Art. 97–109 N 2 f.).

Auf alle übrigen Fälle der *nichtgehörigen Erfüllung* oder **positiven Vertragsverletzung** findet Art. 97 direkte Anwendung (gl.M. CR CO I-Thévenoz, N 19; CHK-Furrer/Wey, Art. 97–98 OR N 4 ff.; KUKO OR-Thier, N 1). Die gelegentlich anzutreffende Ansicht, dass auf bestimmte Fallgestaltungen Art. 97 nur analog anzuwenden sei (so Bucher, AT, 335 f.; ähnlich von Tuhr/Escher, 107), klammert sich zu stark an den (rein) grammatikalisch verstandenen Wortlaut. Jede Form der Vertragspflichtverletzung stellt zumindest eine nichtgehörige Erfüllung dar (so auch BK-Weber, N 14; Gauch/Schluep/Schmid/Emmenegger, N 2617). 2

Schliesslich ist Art. 97 auf *alle* Verbindlichkeiten anzuwenden. Die Vorschrift bezieht sich nicht nur auf Obligationen aus Verträgen jeder Art (also auch einseitig verpflichtende), sondern auf **Obligationen schlechthin**, wie z.B. Vermächtnisse, Herausgabepflichten oder sonstige gesetzliche Verpflichtungen, die *erfüllt* werden können. So im Ergebnis auch Walter (FS Bucher, 761 ff.). In dessen Konzeption der «materiellen Forderungsverletzung» (kurze Beschreibung bei Wiegand, recht 2010, 78, 82) findet Art. 97 bei Verletzung jeglicher Forderung Anwendung (vgl. BGer, 8.2.2010, 4A_306/2009, E. 6.1; N 25). 3

Art. 97 Abs. 2 enthält eine rein deklaratorische Regel über die *Art der Vollstreckung*, die sich auch ohne gesetzliche Regelung aus der in der Verfassung vorgesehenen Kompetenzverteilung zwischen Bund und Kantonen ergibt (Art. 122 BV), wobei seit Inkrafttreten der Schweizerischen Zivilprozessordnung die kantonalen Vollstreckungsregeln weggefallen sind. 4

II. Voraussetzungen des Schadenersatzanspruchs

1. Allgemeines

Art. 97 enthält zwei unterschiedliche Tatbestände der Leistungsstörungen, die im Übrigen aber in den Haftungsvoraussetzungen und Rechtsfolgen übereinstimmen. Die *Voraussetzungen, die zu einer Haftung des Schuldners führen*, lassen sich deshalb für beide Tatbestände zusammenfassend folgendermassen formulieren: 5

– Die Verbindlichkeit kann überhaupt nicht oder nicht gehörig erfüllt werden (N 7 ff.).

– Dem Gläubiger ist ein dadurch verursachter Schaden entstanden (N 38 ff.).
– Der Schuldner kann nicht beweisen, dass ihn daran keinerlei Verschulden trifft (N 42 ff.).

6 Neben diesen direkt dem Gesetzeswortlaut zu entnehmenden Voraussetzungen lässt sich noch ein weiteres Tatbestandsmerkmal ableiten, das nur aus der Gesamtkonzeption der Norm erschlossen werden kann. Jede Verpflichtung zum Schadenersatz setzt im Privatrecht ein von der Rechtsordnung missbilligtes Verhalten, die sog. **Rechtswidrigkeit**, voraus. Während diese im Deliktsrecht ausdrücklich als Tatbestandsmerkmal normiert ist, findet sie in Art. 97 in den Worten *Nichterfüllung* und *nichtgehörige Erfüllung* Niederschlag. Beide Tatbestände stellen eine Vertragsverletzung und somit eine objektive Pflichtwidrigkeit dar, die im Bereich des Vertrages an die Stelle der Rechtswidrigkeit bzw. der Widerrechtlichkeit im ausservertraglichen Bereich tritt (vgl. BUCHER, AT, 341; WIEGAND, recht 1983, 3; vgl. auch KUKO OR-THIER, N 5, 13; Handkomm-OR-KREN KOSTKIEWICZ, N 3 f., 11). Bei der Nichterfüllung verletzt der Schuldner seine vertragliche Hauptpflicht, den Vertrag zu erfüllen, während er bei der nichtgehörigen Erfüllung eine andere vertragliche (Neben-)Pflicht verletzt (vgl. dazu N 25 f. und 32 ff.). Praktische Relevanz hat dieses Kriterium eigentlich nie; denn mit dem Nachweis der Nichterfüllung oder der nichtgehörigen Erfüllung ist immer auch zugleich der Nachweis der Pflichtwidrigkeit und damit einer Vertragsverletzung erbracht.

2. *Die Nichterfüllung*

7 Nichterfüllung liegt vor, *wenn die vom Schuldner zu erbringende Leistung nicht mehr erbracht werden kann.* Es handelt sich also um einen Fall der **Unmöglichkeit**. Dass Art. 97 den Begriff der Unmöglichkeit nicht verwendet, ist allein auf redaktionelle Erwägungen zurückzuführen. Man wollte die nichtgehörige Erfüllung und die Nichterfüllung in einem einheitlichen Tatbestand zusammenfassen. Infolgedessen kann die erste Alternative von Art. 97 so umschrieben werden: Sie betrifft die **nachträgliche**, *objektive* oder *subjektive, rechtliche* oder *tatsächliche, teilweise* oder *vollkommene, dauernde*, **verschuldete Unmöglichkeit**.

Im Folgenden sind diese Formen der Unmöglichkeit und die Anwendungsmodalitäten von Art. 97 im Einzelnen darzulegen:

8 a) **Nachträgliche Unmöglichkeit**: Art. 97 findet nur Anwendung, wenn eine Verpflichtung zur Leistung durch Vertrag oder eine andere Obligation begründet und die Leistung nach deren Begründung unmöglich wurde. War schon zur Zeit der Begründung der Obligation deren Erfüllung objektiv nicht möglich, bewirkt dies bei einem Vertragsschluss Nichtigkeit gem. Art. 20; bei anderen Verbindlichkeiten findet Art. 20 entsprechende Anwendung. War sie subjektiv unmöglich *(anfängliches Unvermögen)* findet Art. 97 analog Anwendung (s. N 12).

9 b) Das Leistungshindernis, das der Erfüllung entgegensteht, kann **tatsächlicher oder rechtlicher Natur** sein. *Rechtliche* Gründe sind bspw. Pfändung oder Beschlagnahme des geschuldeten Leistungsgegenstandes, Einfuhr-, Durchfuhr- oder Ausfuhrverbote, Expropriation, sonstige staatliche Hoheitsakte oder gesetzliche Verbote (vgl. z.B. BGE 112 II 235; 111 II 352; 110 II 241 = Pra 1984, 656 ff.; BGE 103 II 186; SJZ 1985, 181; ZR 1938, 225 ff.; WIEGAND, recht 1983, 2; VON TUHR/ESCHER, 94; BUCHER, AT, 419; KELLER/SCHÖBI, I, 245; BK-WEBER, N 113; als negatives Bsp. vgl. etwa BGE 116 II 514; ein Leistungshindernis, das auf einem öffentlich-rechtlichen Hoheitsakt beruht, wird im italienischen Recht plastisch als *factum principis* bezeichnet). *Tatsächliche* Ursachen bilden bspw. ungerechtfertigte Eingriffe Dritter oder ein Naturereignis, das den Leistungsgegenstand zerstört hat (vgl. BGE 107 II 148 = Pra 1981, 464 f.; ZK-AEPLI, Art. 119 OR N 45; VON TUHR/ESCHER, 94; KELLER/SCHÖBI, I, 245; BK-WEBER, N 112).

10 c) **Objektive Unmöglichkeit** liegt dann vor, wenn eines der vorgenannten Leistungshindernisse dazu führt, dass *niemand* mehr in der Lage ist, die Verbindlichkeit zu erfüllen, wie etwa beim Untergang des Leistungsgegenstandes oder bei einem generellen gesetzlichen Verbot.

d) Nach der von der Rechtsprechung und überwiegenden Literatur vertretenen Auffassung fällt auch der Fall der sog. **subjektiven Unmöglichkeit** unter Art. 97 (BK-WEBER, N 119 ff.; KUKO OR-THIER, N 5; SCHWENZER 63.13; bestätigt in BGer, 2.10.2012, 4A_189/2010, E. 5.2; BGE 135 III 218, dazu N 14). Diese liegt dann vor, wenn die Erfüllung zwar an sich möglich, aber der Schuldner, der die Leistung versprochen hat, dazu nicht in der Lage ist. Deshalb spricht man in diesen Fällen auch vom **Unvermögen**. Dabei treten verschiedene Fragen auf: **11**

aa) *Anfängliche* subjektive Unmöglichkeit: Während die anfängliche objektive Unmöglichkeit im Art. 20 geregelt ist (vgl. BGer, 21.12.2005, 4C.275/2005, sowie die Kommentierung zu Art. 20), findet sich keine Bestimmung für den Fall, da der Schuldner schon bei Abschluss des Vertrages zu der versprochenen Leistung nicht in der Lage ist. Nach herrschender und richtiger Ansicht ist Art. 97 auf die anfängliche subjektive Unmöglichkeit analog anzuwenden (BGE 88 II 203; 42 II 37; vgl. auch BGE 117 II 71; 111 II 354). Für die Haftung ist freilich zusätzlich erforderlich, dass der Schuldner bei Eingehung der Verpflichtung in vorwerfbarer Weise verkannt hat, dass er zu der versprochenen Leistung nicht in der Lage sei (sog. Übernahmeverschulden, vgl. BGE 111 II 354; 117 II 72 und den in dieser Hinsicht allerdings nicht unproblematischen Entscheid BGE 124 III 155, vgl. auch Art. 99 N 11 BK-WEBER, N 110; ausdrücklich in diesem Sinne jetzt die Neufassung des BGB § 311a). Kann der Schuldner darlegen, dass ihn kein *Übernahmeverschulden* trifft, findet Art. 119 Anwendung (so zu Recht SCHWENZER, N 64.08; KUKO OR-THIER, N 5; **a.A.** GAUCH/SCHLUEP/SCHMID/EMMENEGGER, N 2574). **12**

bb) Verschiedentlich wird die Auffassung vertreten, dass die *subjektive Unmöglichkeit überhaupt nicht unter Art. 97 zu subsumieren sei*, sondern dass auf diese Fälle die Verzugsvorschriften Anwendung finden sollten (so GAUCH/SCHLUEP/SCHMID/EMMENEGGER, N 2575 ff. m.Nw.; ZK-AEPLI, Art. 119 OR N 49 m.Nw.; krit. dazu BK-WEBER, N 124; Darstellung der kontroversen Meinungen in: CHK-FURRER/WEY, Art. 97–98 OR N 40 f.). Eine ausdrücklich darauf bezogene höchstrichterliche Entscheidung liegt nicht vor, allenfalls eine mittelbare Bestätigung der h.L. in BGE 82 II 338. Im schon in N 11 erwähnten Entscheid (BGE 135 III 218) hat das BGer mit Selbstverständlichkeit angenommen, dass nachträgliche subjektive Unmöglichkeit vorliege, «wenn die Erfüllung zwar an sich möglich, aber der Schuldner dazu ausserstande ist». Ohne auf abweichende Auffassungen in der Schweiz einzugehen, verweist es auf die übereinstimmende Lehre und Rechtsprechung in Deutschland, Italien und Österreich. Die Praxis wird deshalb davon ausgehen müssen, dass die subjektive Unmöglichkeit nach Art. 97 zu behandeln ist. In der Tat bestehen gegen die Differenzierung von subjektiver und objektiver Unmöglichkeit nach Vertragsschluss grundsätzliche Bedenken: Zum einen erweist sich die Abgrenzung auch hier als Wertungsfrage (vgl. N 17). So geht etwa das deutsche Recht im Falle des Diebstahls des zu leistenden Gegenstandes von einer subjektiven Unmöglichkeit aus, während man im schweizerischen Recht eine objektive Unmöglichkeit annimmt (vgl. WIEGAND, recht 1983, 7 m.Nw.). Zum anderen kann es für die Anwendbarkeit von Art. 97 letztlich nicht auf die Gründe ankommen, aus denen der Schuldner nicht erfüllt, sondern allein darauf, ob er die Umstände, die zur Nichterfüllung geführt haben, zu vertreten hat oder nicht. Im Übrigen dürfen die Auswirkungen der unterschiedlichen Behandlung nicht überschätzt werden. Wendet man Art. 97 nicht an, kann der Gläubiger über Art. 107 zum Schadenersatz gelangen (zum Ganzen SCHWENZER, N 63.13). **13**

cc) Fraglich ist schliesslich, ob subjektive Unmöglichkeit anzunehmen ist, wenn die Leistung den Schuldner *überfordert*. Man spricht in diesem Zusammenhang von **Unerschwinglichkeit** und **Unzumutbarkeit** der Leistung. Die Berechtigung einer derartigen Einschränkung der Leistungspflicht des Schuldners ist umstritten. Überwiegend wird Folgendes angenommen: Blosse Schwierigkeiten oder Unannehmlichkeiten bei der Erfüllung, bspw. hervorgerufen durch steigende Preise bzw. Löhne, durch Arbeitseinstellung im Betrieb des Schuldners oder durch Geldmangel, begründen keine subjektive Unmöglichkeit (vgl. ZR 1994, 59 ff.; VON **14**

TUHR/ESCHER, 95; KELLER/SCHÖBI, I, 247; BK-WEBER, N 120; CHK-FURRER/WEY, N 33; KUKO OR-THIER, N 9). Auch besondere Opfer und Anstrengungen führen nicht automatisch dazu, dass Unzumutbarkeit anzunehmen ist. Erst *wenn die zur Erfüllung erforderlichen Mühen und Aufwendungen in keinem vernünftigen Verhältnis zum Wert der Leistung stehen, wird eine der Unmöglichkeit gleichstehende Unerschwinglichkeit der Leistung angenommen* (VON TUHR/ESCHER, 95 f.; vgl. BGE 135 III 219; 126 III 75 [dazu WIEGAND, ZBJV 2002, 320 ff., 324]; 116 II 512; 68 II 172; 44 II 69; BUCHER, AT, 418 FN 7; SCHWENZER, N 63.06; krit. ZK-AEPLI, Art. 119 N 43 m.Nw.; KELLER/SCHÖBI, I, 247; **a.A.**: GAUCH/SCHLUEP/SCHMID/EMMENEGGER, N 2565; BK-WEBER, N 134; KUKO OR-THIER, N 9, alle eher für Anwendung der clausula rebus sic stantibus). Ist der Schuldner zur persönlichen Erfüllung verpflichtet (vgl. Art. 68), nimmt man Unmöglichkeit an, *wenn sie für den Schuldner mit einer Gefährdung von Leben und Gesundheit verbunden ist, welche über das durch seine Stellung oder seinen Beruf gerechtfertigte Mass hinausgeht* (VON TUHR/ESCHER, 94 f.; WIEGAND, recht 1983, 8; KELLER/SCHÖBI, I, 248; ZK-AEPLI, Art. 119 N 48; KUKO OR-THIER, N 10; BGE 40 II 241 f.; BK-WEBER, N 133 und GAUCH/SCHLUEP/SCHMID/EMMENEGGER, N 2562 sprechen von der Gefährdung «übergeordneter Rechtsgüter»). Dasselbe soll gelten, wenn der Schuldner die zur persönlichen Erfüllung erforderliche Fähigkeit definitiv verliert (Sängerin verliert durch Unfall Stimme; CHK-FURRER/WEY, N 34 m.Hw. auf die abweichende Lösung durch die in der Schweiz kaum vertretene Sphärentheorie).

Im neuen Schuldrecht des BGB sind diese Tatbestände jetzt teilweise als Leistungsverweigerungsrechte kodifiziert worden (§ 275 Abs. 2 und 3). Ob das BGer in BGE 135 III 218 (N 11) einen Schritt in diese Richtung gehen und die Unzumutbarkeit aus der subjektiven Unmöglichkeit ausgliedern wollte (so KOLLER A. in der Besprechung des Entscheides, SJZ 106, 209 ff.) erscheint zumindest zweifelhaft.

15 e) **Vollkommene** und **teilweise** Unmöglichkeit: Betrifft das Hindernis nur einen *Teil der Leistung*, so stellt sich die Frage, ob Art. 97 angewendet werden kann. Dies wird allgemein bejaht und führt zu folgenden Ergebnissen: Hat der Schuldner die Unmöglichkeit zu verantworten, so ist er zur Leistung des vollen oder anteilsmässigen Schadenersatzes und der möglichen Restleistung verpflichtet (vgl. VON TUHR/ESCHER, 97; BK-WEBER, N 141). Besitzt die erfüllbare Teilleistung für den Gläubiger allerdings nur noch einen verhältnismässig geringen Wert, darf er sie ausschlagen und den vollen Schadenersatz verlangen (vgl. BGE 32 II 647; VON TUHR/ESCHER, 97; BK-WEBER, N 141; SCHWENZER, N 64.31; KUKO OR-THIER, N 8; Handkomm-OR-KREN KOSTKIEWICZ, N 9; §§ 280 Abs. 2, 323 Abs. 5 BGB; s.a. Art. 107 N 21). Trifft den Schuldner jedoch kein Verschulden, so bleibt die Restforderung unter entsprechender Reduktion der Gegenleistung des Gläubigers grundsätzlich bestehen (vgl. dazu Art. 119 N 13).

16 f) Schliesslich kann sich die Unmöglichkeit als **dauernde** oder nur **vorübergehende** erweisen. Entscheidend ist, ob *deren Behebung in der Zukunft als möglich erscheint* (VON TUHR/ESCHER, 96). In diesem Falle handelt es sich nämlich vorerst (nur) um eine Leistungsverzögerung, sofern der Erfüllungszeit keine wesentliche Bedeutung zukommt (wie etwa bei Fixgeschäften, s.a. Art. 108 N 5; vgl. ansonsten ZR 1979, 206; 1920, 271; VON TUHR/ESCHER, 96; KELLER/SCHÖBI, I, 245; BK-WEBER, N 131, 139; BUCHER, AT, 420). Kann die Erfüllung hingegen nicht in absehbarer Zeit bewirkt werden, so gilt sie als definitiv unmöglich (vgl. BGE 45 II 52 und 199 f.; ZR 1922, 79; VON TUHR/ESCHER, 96; KELLER/SCHÖBI, I, 245; BK-WEBER, N 139). Die Obligation erlischt und wird nicht etwa bei nachträglich wieder eintretender Leistungsmöglichkeit erneut wirksam (vgl. VON TUHR/ESCHER, 97 mit Ausnahmen; differenzierend auch BUCHER, AT, 420).

17 g) **Zusammenfassung**: Betrachtet man die dargestellten Erscheinungsformen der Unmöglichkeit und die dazu ergangenen Entscheide, so zeigt sich klar, dass es einen **feststehenden Begriff der Unmöglichkeit nicht gibt**, sondern dass es jeweils *einer wertenden Entscheidung des Gerichtes bedarf*, ob die Leistung des Schuldners als nicht mehr möglich zu qualifizieren ist (ausdrücklich in diesem Sinne jetzt § 275 Abs. 2 und 3 BGB). Die formale Kategorisierung ist deshalb wenig hilfreich, massgeblich für die Entscheidung ist in erster Linie der Inhalt der vertraglichen Verpflichtung. Geht man von diesem Verständnis der Unmöglichkeit aus, so lassen sich auch folgende *Sonderprobleme* lösen:

h) Sonderfälle

aa) **Absolutes Fixgeschäft**: Ist der *Termin*, den die Parteien vereinbart haben, derart wesentlich, dass die Leistung mit ihm steht und fällt, so wird er zum Vertragsinhalt (z.B. Verpflichtung einer Musikkapelle zur Hochzeitsfeier). Bei derartigen Fällen geht die Bedeutung des Termins noch weiter als in Art. 108 Ziff. 3 (vgl. dort N 5 ff.). Man spricht deshalb von einem absoluten Fixgeschäft. Nach diesem Termin ist die Leistung zwar noch erbringbar, sie stellt jedoch keine Vertragserfüllung mehr dar. Es liegt deshalb ein Fall der Unmöglichkeit vor (vgl. GAUCH/SCHLUEP/SCHMID/EMMENEGGER, N 2749 f.; WIEGAND, recht 1983, 8; BUCHER, AT, 376 m.Nw. Art. 108 N 6; zum Interessewegfall durch sog. Zweckerreichung vgl. Art. 119 N 6; vehement gegen die Rechtsfigur des absoluten Fixgeschäfts CR CO I-THÉVENOZ, Art. 108 N 14, der diese für «inutile et contraire au système du droit suisse» hält). 18

bb) *Unmöglichkeit bei* **Gattungsschulden** (grundsätzlich hierzu und zum Folgenden CANARIS, FS Wiegand, 179 ff.; vgl. auch Art. 119 N 2 f.): Ob eine Leistung unmöglich geworden ist, wenn der Schuldner versprochen hat, aus einer Gattung zu leisten, lässt sich ebenfalls nur durch *Auslegung des Vertrags* ermitteln (BERGER, N 1511). Auch hier ist eine *wertende Betrachtung* notwendig, die je nach Fallkonstellation zu unterschiedlicher Beurteilung führen kann: 19

Zunächst ist festzustellen, auf welche Leistungsgegenstände sich die Verpflichtung des Schuldners bezieht. Diese kann alle Gegenstände einer Gattung oder nur bestimmte Teile betreffen (sog. *begrenzte* Gattungsschuld oder Vorratsschuld, vgl. BGE 57 II 508); die Gattung selbst kann weit (z.B. «Weisswein») oder eng (z.B. «Belletruche 2005») umschrieben werden. **Unmöglichkeit** liegt dann vor, wenn die Lieferung aller im Vertrag als potentielle Leistungsgegenstände bezeichneten Objekte unmöglich geworden ist, etwa durch Vernichtung des Vorrates oder der gesamten Gattung (z.B. alle Flaschen «Belletruche 2005»). Insofern ist die auch heute noch zitierte römische Floskel *«genus perire non censetur»* (vgl. etwa BUCHER, AT, 421) irreführend. Auch Gattungen können «untergehen», was allerdings bei generell bezeichneten Gütern (z.B. «Weisswein») oder bei reproduzierbaren Gegenständen selten, bei «kleinen» Gattungen und erst recht bei Vorratsschulden dagegen häufiger vorkommen wird (zustimmend CANARIS, FS Wiegand, 191). 20

Unmöglichkeit kommt aber auch *dann in Betracht*, wenn eine der Gattungssachen bereits zur Leistung bestimmt worden war und erst nach diesem als *Ausscheidung* (Aussonderung oder Konkretisierung; vgl. dazu Erläuterungen zu Art. 71 und Art. 185) bezeichneten Vorgang untergeht. Anders als das deutsche Recht (§ 243 BGB) enthält das OR keine Bestimmung, die die Folgen der Ausscheidung für die *Leistungsgefahr* festlegt (Art. 185 Abs. 2 betrifft nur die Preisgefahr, vgl. Art. 119 N 2 ff., dort auch zu den Voraussetzungen einer wirksamen Aussonderung bei den einzelnen Schuldformen). Richtigerweise ist die Leistungspflicht des Schuldners von diesem Moment an auf die vertragskonform ausgesonderte Gattungssache zu beschränken, so dass bei deren Untergang der Tatbestand der Unmöglichkeit vorliegt. Ist diese verschuldet, so hat der Gläubiger an sich Anspruch auf Schadenersatz gem. Art. 97. Man wird jedoch dem Schuldner hier das Recht zugestehen müssen, stattdessen eine andere Sache der gleichen Gattung zu liefern. Der Gläubiger sollte dann aber im Gegenzug auch einen entsprechenden Anspruch auf «Nachlieferung» haben (vgl. dazu die entsprechende Regelung in Art. 206). Liegt eine nicht vom Schuldner zu verantwortende Unmöglichkeit vor, so kommt Art. 119 zur Anwendung (vgl. Art. 119 N 2 sowie KELLER, AJP 2003, 1152 ff.). 21

Das Gesagte gilt jedoch nur, sofern sich aus dem Vertrag nicht eine weitergehende Leistungspflicht ergibt; das wird etwa bei der *Gattungsmiete* (z.B. Autovermietung) anzunehmen sein.

22 i) Von Art. 97 *nicht erfasste Fallgestaltungen*: Das OR regelt weder den Fall, in dem der Gläubiger die Unmöglichkeit der schuldnerischen Leistung zu verantworten hat, noch denjenigen, in dem sie von beiden Seiten verschuldet wurde (BGE 114 II 277).

23 aa) Bei der **vom Gläubiger zu verantwortenden Unmöglichkeit** liegt praktisch ein spiegelbildlicher Tatbestand zu Art. 97 vor. Das deutsche Recht enthält eine entsprechende Regelung in § 326 Abs. 2 BGB. Es wird allgemein die Auffassung vertreten, dass der dort zum Ausdruck kommende Rechtsgedanke (Haftung des Gläubigers auf Schadenersatz) auch im schweizerischen Recht gelten soll. Für die Begründung und Abwicklung der Schadenersatzleistung sind die in Art. 97 enthaltenen Kriterien gewissermassen seitenverkehrt anzuwenden. Prinzipiell stellt man den Schuldner so, wie wenn er seine Leistung (obwohl effektiv unmöglich) vertragsgemäss erbracht und somit seine Verpflichtung erfüllt hätte, so dass der Gläubiger zur vollen Gegenleistung verpflichtet bleibt. Der Schuldner muss sich jedoch ersparte Aufwendungen anrechnen lassen (BGE 116 II 514; GAUCH/SCHLUEP/SCHMID/EMMENEGGER, N 2591; SCHWENZER, N 64.29; CHK-FURRER/WEY, N 47; vgl. Art. 264 Abs. 3, Art. 324 Abs. 2 [zu dieser Norm jetzt BGE 126 III 77]; vgl. im Übrigen m.Nw. Art. 119 N 14).

24 bb) Bei **beiderseitiger Vertragsverletzung** lassen sich die Regeln des Art. 97 nicht ohne weiteres anwenden. Ebenso wenig kann eine Kombination aus Art. 97 und 119 helfen. Infolgedessen besteht die einzig praktikable Lösung darin, Art. 97 i.V.m. Art. 44 anzuwenden (vgl. etwa GAUCH/SCHLUEP/SCHMID/EMMENEGGER, N 2593 m.Nw.; SCHWENZER, N 64.30; vgl. zur umfassenden deutschen Diskussion STAUDINGER-OTTO [2001, zum alten BGB], § 324 N 58 ff.; s.a. Art. 119 N 14). Das BGer (BGE 122 III 70; 114 II 274, 277 ff.; analoge Anwendung von Art. 324, vgl. dazu Art. 324 N 5 ff.) hat sich der Auffassung von STAUDINGER-OTTO angeschlossen. Danach behält der Schuldner der unmöglich gewordenen Leistung seinen Anspruch auf die Gegenleistung; er muss sich jedoch den Schadenersatzanspruch des Gläubigers **verrechnungsweise** entgegenhalten lassen. Dieser Schadenersatzanspruch wird in dem Masse gekürzt, in dem der Gläubiger das Unmöglichwerden zu verantworten hat (zustimmend SCHWENZER, N 64.30).

3. Die nichtgehörige Erfüllung (positive Vertragsverletzung)

25 Alle Verletzungen vertraglicher Verpflichtungen, die sich *weder dem Verzug noch der Nichterfüllung zuordnen lassen*, werden unter der Bezeichnung der **nichtgehörigen Erfüllung** oder in Anlehnung an die deutsche Doktrin unter dem Begriff der **positiven Vertragsverletzung** zusammengefasst (vgl. N 2; WIEGAND, recht 1984, 16; VON TUHR/ESCHER, 106; GAUCH/SCHLUEP/SCHMID/EMMENEGGER, N 2615 ff.; BK-WEBER, N 49; SCHWENZER, N 67.01); WALTER, (FS Bucher, 765 f.) bezeichnet den Tatbestand, allerdings von einem umfassenderen Ansatz ausgehend, jetzt als «materielle Forderungsverletzung» (vgl. schon Einl. N 7). Der Wechsel der Terminologie steht für ein umfassenderes Konzept der Interpretation des Art. 97. Auf die Auswirkungen dieses noch kaum diskutierten neuen Ansatzes wird punktuell hingewiesen (dazu schon N 3), an der bisherigen Form der Kommentierung jedoch festgehalten.

Im Hinblick auf die Vielfalt der mit diesem Sammelbegriff erfassten Fallgestaltungen, die ihrerseits auf der Vielfalt der möglichen Pflichtverletzungen beruht, scheint es zweckmässig, eine gewisse Strukturierung dieses breitgefächerten Leistungsstörungstatbestandes anzustreben. Das kann freilich nur mit Vorbehalt geschehen, da die Übergänge zwischen den verschiedenen Erscheinungsformen fliessend sind und insb. mit der in vielen Einzelheiten umstrittenen Qualifizierung der jeweils verletzten Pflicht zusammenhängen. Dies vorausgeschickt und vorausgesetzt, lassen sich hauptsächlich zwei grosse Fallgruppen unterscheiden (vgl. WIEGAND, recht 1984, 16 ff.; ähnlich GUHL/KOLLER/SCHNYDER/DRUEY, § 31 N 12 f.; KUKO OR-THIER, N 13 ff.):

4. Schlechterfüllung

a) Sach- und Werkleistungen

Von **Schlechterfüllung** spricht man dann, wenn der Schuldner *die Leistung zwar erbringt*, diese aber *nicht die vertragsgemässe Qualität* aufweist. Den Hauptanwendungsfall bildet dabei die Lieferung oder Zurverfügungstellung einer mangelhaften Sache (vgl. BGer, 12.3.2012, 4A_656/2011; BGE 130 III 591, Ablieferung eines mangelhaften Werks; s. aber N 31), wobei dieser Mangel sowohl rechtlicher als auch tatsächlicher Natur sein kann (vgl. BGE 82 II 136; ZR 1994, 5 ff.; SJZ 1986, 388 ff.; BK-Weber, N 61; CHK-Furrer/Wey, N 52). **26**

Da im Besonderen Teil sowohl bei den Veräusserungs- und Gebrauchsüberlassungsverträgen als auch im Recht des Werkvertrags Regelungen über die Folgen der Schlechterfüllung getroffen sind, stellt sich die Frage, wie diese sich zu Art. 97 verhalten. Dabei handelt es sich bloss um einen Ausschnitt der grundsätzlichen Frage nach dem Verhältnis des Allgemeinen Teils zum Besonderen Teil (vgl. Einl. zu Art. 97–109 N 16). Hier sind nur folgende Punkte festzuhalten: **27**

aa) Bezüglich der *kaufrechtlichen Gewährleistung* geht die Rechtsprechung seit langem davon aus, dass beide Rechtsbehelfe nebeneinander bestehen. Diese an sich verfehlte Konzeption wird dadurch abgemildert, dass die Ansprüche aus Art. 97 nur unter Einhaltung der kaufrechtlichen Voraussetzungen (d.h. Rügeobliegenheit und Fristwahrung) geltend gemacht werden können (vgl. BGE 133 III 335; 108 II 104 m.Nw.; 107 II 165 m.Nw.; 96 II 117; 90 II 88 m.Nw.; Vor Art. 192 ff. N 2 ff.; krit. dazu Spitz/Oetiker, SJZ 2005, 472; grundsätzlich **a.M.** auf Grund ihrer Konzeption der «Gewährshaft» Zellweger [zitiert vor Art. 119]). Eine Ausnahme bildet der Viehhandel, der in Art. 198 und 202 besondere, den Viehverkäufer bevorzugende Regeln vorsieht. **28**

bb) Beim *Werkvertrag* hat die Rechtsprechung gerade umgekehrt entschieden (so zuletzt in BGE 133 III 341; 117 II 553 = Pra 1992, 592 ff.; BGE 100 II 30; ZR 1977, 277). Das ist zwar mit der Judikatur zur kaufrechtlichen Gewährleistung nicht vereinbar, jedoch sachlich richtig und hat deshalb zu Recht allgemeine Zustimmung in der Literatur gefunden (BK-Weber, Vor Art. 97–109 N 118, m.Nw.). **29**

cc) Eine grundsätzlich von den tradierten Modellen *abweichende Leistungsstörungsordnung* findet sich im *Mietrecht* (Für den Fall des Art. 257d ist die Anwendung der Art 102 ff. ausgeschlossen, BGE 132 III 113 E. 5). In Art. 258 verweist der Gesetzgeber den Mieter, dem eine mangelhafte Sache überlassen wird, auf das Vorgehen nach Art. 107–109. Dies bedeutet zunächst, dass bei Schlechterfüllung aufgrund der gesetzlichen Anordnung in Art. 258 nicht Art. 97 anzuwenden ist. Zum anderen ergibt sich aus Art. 258 Abs. 1 i.V.m. Abs. 2 und Art. 259a, dass der Mieter in denjenigen Fällen, in denen er die mangelhafte Sache annimmt, *zwar auf gehörige Erfüllung des Vertrages* bestehen, aber nur noch die nach Mietrecht vorgesehenen Ansprüche geltend machen kann (vgl. Wiegand, recht 1992, 110 ff.; CHK-Furrer/Wey, N 56; und die Komm. zu Art. 258). **30**

b) Dienstleistungen

In den Fällen, in denen der Schuldner keine Sachleistung, sondern **eine Arbeitsleistung oder ein sonstiges Verhalten** (vgl. z.B. BGE 115 II 255) schuldet, bereitet die Beurteilung der Schlechterfüllung Schwierigkeiten. Die Pflichtverletzung besteht i.d.R. nämlich in einem *Sorgfaltsverstoss*. Ob diese Sorgfalt Teil der geschuldeten Leistung selbst oder bloss eine Nebenpflicht darstellt, lässt sich nur schwer entscheiden und ist in der Theorie heftig umstritten. Für die Rechtsanwendung ergeben sich jedoch daraus keine Unterschiede, da in beiden Fällen Schadenersatz wegen nichtgehöriger Erfüllung zu leisten ist. **31**

Den Hauptanwendungsfall der Schlechterfüllung in dieser Form bilden die zunehmend wichtiger werdenden **Dienstleistungsverträge** (vgl. auch die Zusammenstellung N 57). Als typische Bsp. können gelten: der ärztliche *Behandlungsfehler* (vgl. z.B. BGE 132 III 359; 120 II 248; 116 II 519; 113 II 429; 110 II 375 = Pra 1985, 165 ff.; ZR 1979, 202 f.; dazu ROGGO/STAFFELBACH, Offenbarung von Behandlungsfehlern/Verletzung der ärztlichen Sorgfaltspflicht – Plädoyer für konstruktive Kommunikation, AJP 2006, 407 ff.), die unsorgfältige *Vermögensverwaltung* (vgl. z.B. BGer, 5.3.2014, 4A_364/2013; 29.3.2006, 4C.394/2005; BGE 115 II 62; 111 II 263; 110 II 360) oder die Verletzung des *Anwaltsvertrages* (BGer, 11.7.2014, 4A_91/2014), *Reiseveranstaltungsverträge* (vgl. z.B. BGE 111 II 270; SJZ 1990, 214 ff.; 1986, 388 ff.; 1983, 341 ff.). Auch die *Überschreitung eines Kostenvoranschlags*, der auf ungenauen Kostenberechnungen beruht oder darauf zurückzuführen ist, dass der Architekt seine Pflichten zur Kostenüberwachung im Verlauf der Bauausführung nicht genügend wahrnimmt, stellt eine Schlechterfüllung des Vertrages dar (BGer, 30.7.2009, 4A_187/2009, E. 4.1; 15.3.2005, 4C.424/2004). Die eigentliche Problematik dieser Form der Leistungsstörung liegt nicht in der schwer zu treffenden Abgrenzung zur Verletzung von Nebenpflichten (vgl. N 32 ff.), sondern darin, dass die Pflichtverletzung, die regelmässig in einem Sorgfaltsverstoss besteht, vom Geschädigten zu beweisen ist (BGer, 31.8.2004, 4C.175/2004, E. 2.2). Zu den dabei auftauchenden Problemen vgl. N 60 ff.

5. Die Verletzung von Nebenpflichten

32 Die vielfältigste, aber auch problematischste Form der nichtgehörigen Erfüllung stellt die Verletzung derjenigen Pflichten dar, die traditionellerweise unter dem Sammelbegriff der **Nebenpflichten** (BGer, 7.12.2010, 4A_494/2010, E. 4: «Zu den gesetzlich geregelten Hauptpflichten eines bestimmten Vertragstypus treten häufig positivrechtlich normierte oder vertraglich vereinbarte Nebenpflichten hinzu. Sodann können sich aus der Generalklausel von Treu und Glauben (Art. 2 Abs. 1 ZGB) ungeschriebene Nebenpflichten ergeben, wie namentlich die nicht auf den Hauptleistungsinhalt bezogene allgemeine Pflicht, die Rechtsgüter des Vertragspartners zu wahren.») zusammengefasst werden. Deren Einteilung, rechtliche Qualifizierung und Begründung sind ebenso umstritten wie ihre angemessene Bezeichnung (vgl. v.a. BK-KRAMER, Allg. Einl. N 89 ff. m.Nw.; WIEGAND, recht 1990, 134 ff.). Für die Praxis ist eigentlich nur die Unterscheidung relevant, ob es sich um *erzwingbare Verpflichtungen* (auch *Nebenleistungspflichten* genannt) handelt oder um *Nebenpflichten i.e.S.* (besser **Verhaltenspflichten** genannt), deren Erfüllung *nicht erzwungen* werden kann (vgl. statt aller BK-KRAMER, Allg. Einl. N 89 ff. m.Nw.). Welcher Kategorie eine Nebenpflicht zuzuordnen ist, muss durch Auslegung ermittelt werden. Eine Kategorisierung nach generellen Gruppen ist deshalb wenig hilfreich, da z.B. eine Aufklärungspflicht sowohl eine Nebenleistungspflicht als auch eine reine Verhaltenspflicht darstellen kann (vgl. Einzelheiten bei WIEGAND, recht 1990, 137; KUKO OR-THIER, N 15; CHK-FURRER/WEY, N 59; Einl. zu Art. 97–109 N 5 ff.). Die im Folgenden aufgeführten Einteilungen haben deshalb nur ordnenden Charakter.

33 a) **Leistungsbegleitende Pflichten** sind solche Nebenpflichten, die mit der vertragsgemässen Erbringung der Leistung in unmittelbarem Zusammenhang stehen (wie etwa die gebotene Sorgfalt bei der Montage, *leistungsorientierte Nebenpflichten*, GUHL/KOLLER/SCHNYDER/DRUEY, § 31 N 15 f.), aber auch solche, die der *Sicherung* und *sachgerechten Verwendung der erbrachten Leistung*, m.a.W. der Erreichung des Vertragszweckes, dienen (wie etwa Hinweise zum richtigen Gebrauch der gelieferten Sache, die Sicherungsaufklärung durch den behandelnden Arzt in BGE 116 II 519 oder die Sicherung der Skipisten durch das Bergbahnunternehmen, vgl. BGer, 18.9.2014, 4A_206/2014; BGE 130 III 193 [vgl. KLEMM, Verkehrssicherungspflicht auf Skipisten, CaS 2005, 375 ff.; ZWR 2005, 275 ff.]; BGE 121 III 358 und 113 II 246; vgl. BK-WEBER, N 76; MOSER, 100 f.).

34 b) **Verhaltenspflichten**: Daneben steht eine grosse und zunehmend wachsende Zahl von allgemeinen Verhaltenspflichten, die nicht der eigentlichen Erfüllung des Vertrages dienen, son-

dern darauf beruhen, dass die Vertragsparteien infolge des Vertragsschlusses untereinander in eine Sonderverbindung eingetreten sind (dazu ausf. Einl. zu Art. 97–109 N 5 ff.). Hieraus ergibt sich die Verpflichtung zu einer umfassenden *Rücksichtnahme auf die Interessen des Vertragspartners* und zu **loyalem Verhalten** (BK-Weber, N 76; KUKO OR-Thier, N 15). Diese Verpflichtung wird konkretisiert in sog. Schutz-, Obhuts-, Beratungs-, Unterlassungs-, Informations- und Aufklärungspflichten (BGer, 19.3.2014, 4A_538/2013, E. 5.1). Sie alle sowie weitere derartige Pflichten dienen dem Zweck, die Integrität der Rechts- und Vermögenssphäre des Vertragspartners zu schützen. Die Verletzung dieser Pflichten lässt sich meist auch als Delikt qualifizieren. Der Vorteil der Geltendmachung des Schadens aus positiver Vertragsverletzung liegt darin, dass hier das Vermögen generell geschützt ist, während bei Art. 41 die Verursachung von Vermögensschaden i.e.S. nur dann rechtswidrig ist, wenn ein Verstoss gegen eine Norm vorliegt, die speziell den Schutz des Vermögens bezweckt.

aa) Der *Rechtsgrund dieser Pflichten* wird nach schweizerischer Rechtsauffassung *im Vertragsschluss* gesehen, wobei man davon ausgeht, dass diese Verpflichtungen auch ohne konkrete diesbezügliche Willensäusserung der Parteien aufgrund von Art. 2 ZGB unmittelbar zum Vertragsinhalt werden (ausführlich und teilweise abweichend BK-Weber, N 78 ff.; vertiefte Analyse und weiterführende Konzeption jetzt bei H.P. Walter, recht 2005, 72, vgl. Einl. zu Art. 97 N 5). Die Anknüpfung an Art. 2 ZGB bildet sowohl die dogmatische wie die rechtsethische Grundlage dieser Pflichten. Demgegenüber ist im deutschen Recht eine Konzeption entwickelt worden, die die Entstehung der Verhaltenspflichten *vom Parteiwillen ablöst und unmittelbar aus dem Vertrauensprinzip ableitet* (grundlegend Canaris, JZ 1965, 475 ff.; zur Entstehung und Bedeutung dieses Konzepts vgl. Wiegand, FS Gagnér, 1991, 549 ff. m.Nw.). Der Vorteil dieser Konzeption besteht darin, dass sie für alle Obligationen gesetzlicher und vertraglicher Natur zu einer einheitlichen Lösung führt, zudem zwanglos auch auf die vorvertragliche Kontaktaufnahme übertragen werden kann und damit eine kohärente Lösung für die culpa in contrahendo ermöglicht. In der Schweiz findet diese Konzeption vermehrt Zustimmung (so etwa BK-Kramer, Allg. Einl. N 142 ff.; Kaiser, Die zivilrechtliche Haftung für Rat, Auskunft, Empfehlung und Gutachten, 1987, 176 ff.), ihr folgt nun wohl auch das BGer (vgl. BGer, 9.7.2004, 5C.45/2004; BGE 121 III 350; 120 II 331; dazu Wiegand, ZBJV 1996, 321 ff. und Walter, ZBJV 1996, 277 ff.; vgl. zum Ganzen Einl. zu Art. 97–109 N 4 ff. m.w.Nw. und Wiegand, FS Canaris, 881 ff.). **35**

bb) Für die Rechtsanwendung des Tatbestands der nichtgehörigen Erfüllung i.S.v. Art. 97 ergeben sich aus den unterschiedlichen Ansätzen kaum praktische Konsequenzen. Das Problem liegt auch hier (wie bei der Schlechterfüllung) darin, dass der geschädigte Gläubiger nachzuweisen hat, dass der Schuldner die konkrete Nebenpflicht verletzt hat (vgl. BGer, 8.2.2010, 4A_306/2009, E. 6.1: «Das [Art. 8 ZGB] gilt auch für den Fall, dass die Verletzung von vertraglichen Nebenpflichten behauptet wird.»; BGE 128 III 273; 119 II 456, 333, 249; 115 II 62; 113 II 429; 113 II 246; s.a. N 31, 60). Besonders schwierig ist dies bei den sog. «freien Berufen» (Ärzte, Anwälte, Architekten, Notare), bei denen der Schuldner zu einem Handeln «lege artis» verpflichtet ist, er also nach den neuesten Erkenntnissen seines Berufsstandes die bestmögliche Entscheidung treffen muss. In diesen Fällen obliegt es dem Gläubiger, den Verstoss gegen die vom Berufsstand zu erwartende und für das vorliegende Vertragsverhältnis konkretisierte Sorgfalt zu beweisen. **36**

Die Rechtsprechung erleichtert aber diesen Beweis zunehmend, etwa durch Zulassung von Anscheinsbeweisen/Vermutungen (exemplarisch BGE 120 II 248; dazu Wiegand, ZBJV 1996, 329 ff.; Honsell AJP 1995, 227 ff.; relativierend BGer, 13.6.2000, 4C.53/2000; dazu Gattiker, AJP 2001, 645 ff.; zum Ganzen auch BK-Weber, N 77; zur «Renaissance» der Vermutung als Instrument der Beweiserleichterung eingehend Wiegand/Hurni, Die Vermutung kehrt zurück!, recht 2006, 205 ff.). In besonderem Masse gilt das für die Aufklärungs- und Informationspflichten, wo es teilweise sogar zu einer Beweislastumkehr kommt (so bei der ärztlichen Aufklärungspflicht; Wiegand, Handbuch des Arztrechts, Zürich 1994, 193 ff.;

eingehende Darstellung der Beweislastverteilung in BGer, 23.11.2004, 4C.378/1999, E. 3; s.a. ROGGO/STAFFELBACH, [zitiert N 31] AJP 2006, 407 ff.). Andrerseits ergeben sich bei Aufklärungspflichtverletzungen spezielle Kausalitätsprobleme (dazu Einl. zu Art. 97–109 N 5 ff.; zum Beweis N 60 ff. und STUDER).

37 c) **Unterlassungspflichten**: Verhaltenspflichten besonderer Art sind die Unterlassungspflichten; für deren schuldhafte Verletzung enthält Art. 98 Abs. 2 eine Sonderregelung (vgl. Art. 98 N 9).

6. Schaden

38 Weitere Voraussetzung für die Geltendmachung eines Schadenersatzanspruches nach Art. 97 ist ein **Schaden**, der durch die Vertragsverletzung verursacht wurde. Schaden ist eine *unfreiwillige Vermögensverminderung*, die in der Verminderung der Aktiven, der Vermehrung der Passiven oder im entgangenen Gewinn bestehen kann. Sie entspricht der Differenz zwischen dem gegenwärtigen Vermögensstand und dem hypothetischen Stand, den das Vermögen ohne das schädigende Ereignis hätte (BGer, 11.7.2014, 4A_91/2014, E. 6.3.2; ausführlich BGer, 5.3.2014, 4A_364/2013, E. 6; BGE 127 III 546; mit umfangreichen Nw. vgl. auch BGE 116 II 444; 115 II 481; 104 II 198; GAUCH/SCHLUEP/SCHMID/EMMENEGGER, N 2848 ff.; CHK-FURRER/WEY, N 72; Handkomm-OR-KREN KOSTKIEWICZ, N 19). Mit dieser (unten zu präzisierenden) «Differenz-Formel» wird nur festgestellt, ob überhaupt ein Schaden eingetreten ist, nicht aber über dessen Ersatz entschieden. Konsequenterweise hat das BGer in Übereinstimmung mit der h.M. angenommen, dass die Unterhaltskosten für ein ungewolltes, aber infolge eines ärztlichen Behandlungsfehlers doch empfangenen/geborenen Kindes als Schaden zu qualifizieren sind (BGE 132 III 366 mit sehr umfangreichen Nw.; dazu FELBER, Ein ungeplantes Kind als Schaden?, in: Jusletter 9.1.2006; MÜLLER, Die ärztliche Haftpflicht für die Geburt eines unerwünschten behinderten Kindes, AJP 2003, 522 ff.). Diese Differenz lässt sich auf zwei Arten bestimmen, die eine führt zum **positiven** (dazu unter a), die andere zum **negativen** oder **Vertrauensinteresse** (vgl. dazu allgemein Art. 109 N 8 f.), das im Rahmen des Art. 97 an sich keine Rolle spielt, aber zunehmend an Bedeutung gewinnt (dazu N 39a). Es gibt jedoch eine Reihe von Grenzfällen und Schäden, die mit der Differenzmethode nicht oder nicht angemessen erfasst werden können (dazu unter b). Schliesslich stellt sich die Frage, inwieweit zusätzliche Faktoren und weitere Personenkreise zu berücksichtigen sind (dazu unter c).

Neben dem Erfüllungs- und dem Vertrauensinteresse, wird in zunehmendem Masse das **Erhaltung-** oder **Integritätsinteresse** als selbständiges Element des Schadens betrachtet (SCHWENZER, N 14.32; CHK-FURRER/WEY, N 77; GAUCH/SCHLUEP/SCHMID/EMMENEGGER, N 2904; eingehend LÜCHINGER, Diss., N 344 ff.). Das Integritätsinteresse «ist das Interesse des Gläubigers an der Unversehrtheit seiner Person und der Erhaltung seiner Rechtsgüter» (WALTER, FS Bucher, 775). Es liegt auf der Hand, dass es sich dabei um die originären Schutzgüter des Deliktsrechts handelt. Relevant für das Vertragsrecht sind sie deshalb, weil sie auch bei Verletzung vertraglicher Schutz- und Verhaltenspflichten beeinträchtigt werden können. In diesen Fällen soll neben dem Anspruch auf Schadensersatz wegen Nicht/Schlechterfüllung oder auf das Vertrauensinteresse ein Anspruch des Gläubigers auf (Natural-) Restitution des Zustands vor der Schädigung bestehen (SCHWENZER, N 14.32). Abgesehen von Lehrbuchbeispielen sind Anwendungsfälle dieser aus Deutschland übernommenen Doktrin (MEDICUS/LORENZ, I, N 333) in der Schweiz nicht bekannt geworden. Es sei dahingestellt, ob diese Fälle nicht bei sachgerechter Anwendung mit den Kriterien des Nichterfüllungs- und Vertrauensinteresses erfasst werden können.

38a a) Das **positive Interesse**, besser *Nichterfüllungsschaden* oder *Erfüllungsinteresse* genannt, wird wie folgt ermittelt: Der Schuldner hat den Gläubiger in Bezug auf sein Vermögen so zu stellen, wie dieser stünde, wenn der Vertrag ordnungsgemäss erfüllt worden wäre (vgl. BGer,

25.3.2014, 4A_364/2013, E. 7.1: «Im hier vorliegenden Fall einer Schädigung durch Schlechtleistung im Sinne von Art. 97 Abs. 1 OR ist grundsätzlich das Erfüllungsinteresse zu ersetzen. Grundlage der Schadensberechnung bildet der Vergleich zwischen dem tatsächlichen Stand des verwalteten Vermögens (effektives Portfolio) und dem Vermögensstand, der bestünde, wenn das Vermögen in der gleichen Periode unter Beachtung der vertraglichen Sorgfaltspflichten verwaltet worden wäre (hypothetisches Portfolio)»; BGE 120 II 296, 298; 84 II 10; 69 II 245; 97 II 362 = Pra 1972, 159 zum Ersatz des gegenwärtigen Schadens; LÜCHINGER, Diss., N 114 ff.; VON TUHR/ESCHER, 99; GAUCH/SCHLUEP/SCHMID/EMMENEGGER, N 2898; CHK-FURRER-WEY, N 74; KUKO OR-THIER, N 25). Der so ermittelte Schaden setzt sich generell zusammen aus dem sog. damnum emergens («auftauchender» Schaden) und dem lucrum cessans («entgangener Gewinn», geschuldet ist nur die unter Abzug ersparter Aufwendungen verbleibende Nettomarge, dazu BGE 115 II 1; zur Beweislast s. N 60; vgl. im Übrigen BUCHER, AT, 343; GAUCH/SCHLUEP/SCHMID/EMMENEGGER, N 2865, 2876 f.; VON TUHR/ESCHER, 99; BK-WEBER, N 151; SCHWENZER, N 14.13; s.a. Zusammenstellung der Kasuistik in N 57).

Wird die geschuldete Leistung nachträglich unmöglich, so erlischt die entsprechende Forderung des Gläubigers auf die Erfüllung in natura. Folglich erleidet er einen Schaden im **Wert der ausgebliebenen Primärleistung**. Diese primäre Leistungspflicht wandelt sich in eine sekundäre Leistungspflicht um (vgl. zu dieser Konzeption N 47). Daneben können dem Gläubiger auch Kosten entstehen wie Kapitalkosten (Zinsaufwand für das in die Transaktion investierte Kapital), Mahnkosten, vorprozessuale Anwaltskosten usw. (vgl. GAUCH/SCHLUEP/SCHMID/EMMENEGGER, N 2872 ff. m.Nw.). Bei der Prüfung, ob und in welchem Umfang der **entgangene Gewinn** (lucrum cessans) zu ersetzen ist, sind wiederum Kausalitätserwägungen anzustellen. Auf plastische Weise werden diese von § 252 BGB umschrieben, wonach derjenige Gewinn zu ersetzen ist, *welcher nach dem gewöhnlichen Lauf der Dinge oder nach den besonderen Umständen, insb. nach den getroffenen Anstalten und Vorkehrungen, mit Wahrscheinlichkeit erwartet werden konnte*. Im schweizerischen Recht kommt man zum gleichen Resultat durch entsprechende Anwendung des Art. 42 Abs. 2 (vgl. BGer, 18.1.2012, 4A_401/2011, E. 3.5; zum Ganzen LÜCHINGER, Diss., N 151 ff.; VON TUHR/PETER, 100; BUCHER, AT, 343 m.Nw.; KUKO OR-THIER, N 25; zur Möglichkeit abstrakter Schadensberechnung bei entgangenem Gewinn vgl. die Komm. zu Art. 191).

Dem entgangenen Gewinn nahe steht der **Verlust einer Chance** (*«perte d'une chance»*, s. Art. 41 N 6a) (grundlegend für das Schweizer Recht und rechtsvergleichend KOZIOL, Schadenersatz für verlorene Chancen, ZBJV 2001, 889 ff. sowie MÜLLER CH., La perte d'une chance; DERS., Schadenersatz für verlorene Chancen – Ei des Kolumbus oder Trojanisches Pferd?, AJP 2002, 389 ff.). Die Ersatzfähigkeit solcher Schäden ist – nicht nur in der Schweiz – heftig umstritten dazu mit umfangreichen Nw. SCHWENZER, N 14.12a). Die Lösung wird vielfach in einer Modifikation des Beweisrechts durch Wahrscheinlichkeitstheorien gesehen, die an die Idee der überkommenen Vermutung anknüpfen (dazu etwa BRÜLHART, Gentechnik und Haftpflicht – Vom rechtlichen Umgang mit Unsicherheit, Bern 2002, 200 ff.; WIEGAND/HURNI, [zitiert N 36], recht 2005, 205, 211 f.). Das BGer hat im Fall eines Behandlungsfehlers derartige Ansätze abgelehnt (vgl. BGE 133 III 462) im Prinzip zustimmend SCHWENZER, N 14.12a; vgl. aber MÜLLER, ZBJV, 2007, 862 ff.). 38b

b) **Grenz- und Problemfälle**: Die strikte Anwendung der Differenzmethode hat seit jeher Probleme aufgeworfen, die Anlass zu ihrer Relativierung waren (zu den Relativierungstendenzen des Schadensbegriffs ausführlich GAUCH/SCHLUEP/SCHMID/EMMENEGGER, N 2852 ff.; KOLLER TH., Bemerkungen zur Subjektivierung des Vermögensbegriffs im Privatrecht, recht 1994, 25 ff.).

Man kann diese Problematik mit dem Begriff des **normativen Schadens** kennzeichnen und damit alle Einzelprobleme zusammenfassen, in denen unter Umgehung der traditionellen Differenzhypothese ein Ersatzanspruch zugesprochen oder abgelehnt werden soll (Eingehende

Analyse der Entstehung und Verwendung des Begriffs jetzt bei KISSLING, Haushaltsschaden; vgl. auch KUKO OR-THIER, N 28). Rechtsfolgen lassen sich aus dieser Begriffsverwendung nicht ableiten (krit. BK-BREHM, Art. 41 N 70d; ROBERTO, Haftpflichtrecht, 25.01 ff.; FELLMANN, HAVE Forum 2005, 25 ff.), sie deutet aber an, dass die Differenzhypothese durch eine wertende Betrachtungsweise ergänzt und relativiert werden soll. Besonders umstritten sind die folgenden Fallgruppen:

Strittig ist nach wie vor, ob und inwieweit *entgangene Nutzungsmöglichkeiten* und *nutzlose Aufwendungen* für eine nicht in Anspruch genommene Leistung ersatzfähig sind. Die überwiegende Lehre (etwa GAUCH/SCHLUEP/SCHMID/EMMENEGGER, N 2858) lehnt diesen sog. **Frustrationsschaden** aus rechtspolitischen Gründen ab (Gefahr der Haftungserweiterung und Ausuferung der Kommerzialisierung). Das BGer ist dem im Prinzip gefolgt (BGE 126 III 388; dazu WIEGAND, ZBJV 2002, 338; BGE 115 II 481; dazu ROBERTO, Haftpflichtrecht, 24.01. Dagegen und zu Recht differenzierend SCHWENZER (N 14.07 ff. m.Hw. zu einer allmählichen Auflockerung der Ablehnung).

Allgemein anerkannt wird die Ersatzfähigkeit des **Haushaltschadens** als normativer Schaden. «Der ‹normativ›, gleichsam von Gesetzes wegen ohne Nachweis der daraus konkret entstandenen Vermögenseinbusse zu ersetzende Schaden ist am Aufwand zu messen, den eine entgeltlich eingesetzte Ersatzkraft verursachen würde» (vgl. BGer, 25.8.2006, 4C.166/2006, E. 4.1; BGE 132 III 332; 131 III 360; 127 III 403; zur Rechtsprechung des BGer H.P. WALTER, Die Rechtsprechung des Bundesgerichts zum Haushaltsschaden, in: Ileri [Hrsg.], die Ermittlung des Haushaltschadens nach Hirnverletzung, Zürich 1995, 15 ff.; SCHWENZER, N 14.10 ff. sowie KISSLING, Haushaltsschaden).

39 c) **Konsequenzen und Erstreckung auf Dritte**: Schliesslich ist die Formel, mit der das positive Interesse umschrieben wird, auch insoweit zu Ende zu denken, als die *durch die Schadensverursachung hervorgerufenen Vorteile anzurechnen* (**Vorteilsanrechnung**) sind. Auch hier ist das Kriterium der adäquaten Kausalität (vgl. N 41) massgebend. Die Vorteilsanrechnung findet also nur dann statt, wenn die Erlangung des Vorteils durch Vertragsverletzung nicht ausserhalb jeder Wahrscheinlichkeit liegt (Einzelheiten bei VON TUHR/PETER, 101 ff. und BK-WEBER, Art. 99 N 202 ff.; vgl. im Übrigen Art. 42 N 7 f.).

Vorteilsanrechnung wurde diskutiert, aber abgelehnt in BGE 132 III 379 (die Freude der Eltern an der Geburt des (ungewollten) Kindes wird nicht im Sinne einer Vorteilsanrechnung in die Schadensberechnung miteinbezogen, dazu auch N 38) und in BGE 136 III 113 E. 3.1.1: «Desgleichen geht das Argument der Vorteilsanrechnung an der Sache vorbei, besteht doch zwischen der Vermögenszunahme infolge Überführung der Grundstücke in die Bauzone und der Vermögensabnahme durch Verbrauch des Wertschriftenkapitals kein innerer Zusammenhang, d.h. es fehlt an der für die Vorteilsanrechnung notwendigen Konnexität». Als einen Fall der *Vorteilsanrechnung* kann man die Konstellationen betrachten, in denen dem Gläubiger Leistungen erbracht wurden, die er nur deshalb erhalten hat, weil der Schuldner zuvor eine Informations- oder Aufklärungspflicht verletzt hat (z.B. BGE 119 II 249 [vgl. N 31 und 57], Kostenüberschreitung des Architekten; dazu HONSELL, AJP 1993, 1261; WERRO, BR 1993, 97 und BGE 122 III 61, dazu WIEGAND ZBJV 1998, 212 sowie BGE 119 II 456, wirtschaftliche Aufklärungspflicht des Arztes). Diese wider Willen erlangten Vorteile sind nicht anzurechnen; andere wollen das Problem über eine Subjektivierung des Schadensbegriffs lösen (KOLLER TH., recht 1994, 25 ff.). Verfehlt ist es dagegen, hier von einem Vertrauensschaden zu sprechen (so BGE 119 II 249 und zustimmend SCHUMACHER, recht 1994, 126 ff.; zum Ganzen WIEGAND, ZBJV 1995, 360 ff.; zur Schadensberechnung und -bemessung vgl. Komm. zu Art. 42 ff. sowie LÜCHINGER, Diss., N 1102 ff. und PERINI, Richterliches Ermessen bei der Schadensberechnung, Diss. Zürich 1994).

39a d) Der nach Art. 97 geschuldete Schadenersatz zielt darauf, den Schaden auszugleichen, der durch die Nicht- oder Schlechterfüllung entstanden ist, indem der Gläubiger so gestellt wird, wie wenn richtig erfüllt worden wäre (s. N 38a). Bei der Schlechterfüllung, insb. von Dienstleistungsverträgen, und in noch grösserem Ausmass bei der Verletzung von Neben- und vor allem Verhaltenspflichten, lässt sich dieser Ansatz häufig nicht verwirklichen oder führt in eine Sackgasse. Die vermögensrechtlichen Folgen einer unterlassenen Aufklärung durch den Arzt (BGE 119 II 456, s. N 57) oder einer fehlerhaften Anlageberatung durch die Bank können mit den Berechnungsmethoden des positiven Interesses nicht angemessen erfasst werden. Hier ist es häufig sachgerechter, einen Anspruch auf das **negative Interesse** zu gewähren, d.h., den Gläubiger so stellen wie wenn er sich auf die vertragsgemässe Erfüllung nicht verlassen hätte. Dieser **Vertrauensschaden** ist dem Gläubiger jedenfalls in allen Fällen der Verletzung einer Verhaltenspflicht zu gewähren (so eingehend und unabhängig von seinem anderen Ansatz [dazu N 25] WALTER, FS Bucher, 776 f.).

Umstritten ist die Behandlung des **Drittschadens**, also des Schadens, der nicht im Vermögen des ersatzberechtigten Gläubigers, sondern bei einem Dritten entstanden ist. Dieser Drittschaden ist nach allgemeinen Prinzipien des Schadenersatzrechts vom Schuldner nicht zu ersetzen (vgl. BGE 126 III 522; 123 III 211), was in gewissen Fällen als unbillig empfunden wird (vgl. WEBER, FS Piotet, 215 ff. und ausführlich BK-WEBER, N 286 ff., 296 ff.; BUCHER, AT, 342 m.Nw.; GAUCH/SCHLUEP/SCHMID/EMMENEGGER, N 2882 ff. m.Nw.; SCHLUEP, Zusammengesetzte Verträge: Vertragsverbindung oder Vertragsverwirrung, in: FS für Heinz Rey, Zürich 2003, 285 ff.; SCHWENZER, N 14.25: KUKO OR-THIER, N 29; CHK-FURRER/WEY, N 92 ff.). Dem soll durch zwei Konstruktionen abgeholfen werden (zum Folgenden ARMBRÜSTER, recht 1993, 8 ff. und DERS., FS Wiegand): 40

a) *Drittschadensliquidation*: Dabei wird der (selbst nicht geschädigte) Gläubiger als berechtigt angesehen, den bei einem Dritten durch Gefahrverlagerung (z.B. Art. 185) entstandenen Schaden geltend zu machen (vgl. WEBER, FS Piotet,, 215 ff.; BK-WEBER, N 296 ff.; CR CO I-THÉVENOZ, N 44 ff.; erwogen, aber nicht entschieden in BGE 117 II 315 ff.; BGer, 21.10.2010, 4A_422/2010; das BGer hat in seiner bisherigen Rechtsprechung die Zulässigkeit der *Drittschadensliquidation* nicht anerkannt, sondern die Frage offen gelassen).

b) *Vertrag mit Schutzwirkung für Dritte*: Dadurch werden die Verhaltenspflichten des Schuldners auf leistungsnahe Dritte ausgedehnt (Einzelheiten Art. 112 N 22 ff.; BK-WEBER, N 290 ff. s. Einl. zu Art. 97 ff. N 9). Das BGer hatte in BGE 117 II 315; 130 III 348 und BGer, 9.2.2007, 4C.351/2006 die Frage offengelassen, in BGE 121 III 310 hat es eine Anwendung (für den mehrgliedrigen Überweisungsverkehr) abgelehnt und stattdessen eine allerdings fragwürdige auftragsrechtliche Lösung vorgezogen (krit. dazu FELLMANN/SCHWARZ, AJP 1996, 96 ff.; HESS, recht 1996, 144 ff. und WIEGAND, ZBJV 1997, 123 ff., alle m.w.Nw.).

7. *Kausalität*

Zwischen Nichterfüllung bzw. nichtgehöriger Erfüllung und Schaden muss ein **adäquat kausaler Zusammenhang** bestehen, welcher den natürlichen Kausalzusammenhang, d.h. die Relation von Ursache und Erfolg voraussetzt (vgl. z.B. BGE 107 II 243; WIEGAND, recht 1983, 3 m.Nw.; VON TUHR/ESCHER, 99 f.; GAUCH/SCHLUEP/SCHMID/EMMENEGGER, N 2948 ff. m.Nw.; CHK-FURRER/WEY, N 100; BUCHER, AT, 341; s.a. Art. 103 N 5; zur Kausalität im Haftpflichtrecht vgl. Art. 41 N 14 ff.). Von *natürlicher Kausalität* spricht man, wenn eine Ursache eine «conditio sine qua non» eines Erfolges ist. Das fragliche Verhalten darf nicht weggedacht werden können, ohne dass auch der eingetretene Erfolg entfiele (BGer, 21.3.2012, 4A_51/2012, E. 2.2; BGE 96 II 392). Eine natürlich kausale Handlung ist rechtlich aber nur dann relevant, wenn sie zusätzlich auch die Kriterien der *adäquaten Kausalität* erfüllt. Somit muss die schädigende Handlung nach dem gewöhnlichen Lauf der Dinge und der allgemeinen Lebenserfahrung geeignet sein, den entstandenen Schaden herbeizuführen (ausführlich und «lehrbuchartig» BGE 123 III 112, dazu HAUSHEER/JAUN, ZBJV 1998, 547; vgl. auch BGE 112 II 439; zuletzt BGer, 14.9.2004, 4C.222/2004, E. 3 «Ein Ereignis gilt als adäquate Ursa- 41 che eines Erfolgs, wenn es nach dem gewöhnlichen Lauf der Dinge und der allgemeinen Lebenserfahrung an sich geeignet ist, einen Erfolg von der Art des eingetretenen herbeizuführen, der Eintritt des Erfolgs also durch das Ereignis als allgemein begünstigt erscheint. Rechtspolitischer (sic!) Zweck der Adäquanz bildet die Begrenzung der Haftung; es soll aufgrund sämtlicher Umstände im Einzelfall (Art. 4 ZGB) entschieden werden, ob eine Schädigung billigerweise noch dem Haftpflichtigen zugerechnet werden kann […]. Während der natürliche Kausalverlauf als Tatfrage grundsätzlich – unter Vorbehalt der in Art. 97 Abs. 1 BGG genannten Ausnahmen – im Berufungsverfahren nicht zu überprüfen ist, handelt es sich bei der Adäquanz um eine Rechtsfrage» (vgl. auch BGer, 25.6.2012, 4A_171/2012, E. 2.3. Dabei kommt es auf die objektive, retrospektiv generelle Eignung zur Herbeiführung eines Erfolges an. Bei vertragswidriger **Unterlassung** stellt sich i.S. des *hypothetischen Kausalzusammenhangs* die Frage, ob bei rechtmässigem Handeln der eingetretene Schaden nach dem gewöhnlichen Lauf der Dinge und der allgemeinen Lebenserfahrung hätte vermieden werden können. Nach der Rechtsprechung «ist der Kausalzusammenhang zwischen Sorgfaltspflichtverletzung und Schaden dann zu bejahen, wenn die unterlassene Rechtshandlung mit überwiegender Wahrscheinlichkeit zum Erfolg geführt hätte» (BGer, 22.1.2014, 4A_420/2013, E. 5.3.2; BGer, 18.12.2014, 4A_336/2014, E. 7.3; BGE 130 III 324; BGer, 8.3.2001, 4C.225/2000, E. 2a; BGE 115 II 440; dazu ausf. WIEGAND, Bankrechtstag 1995, 129 f.; GAUCH/SCHLUEP/SCHMID/EMMENEGGER, N 2950 m.w.Nw.; CHK-FURRER/WEY, N 104 f.; KUKO OR-THIER, N 19; GRIEDER, AJP 2002, 959 ff.; vgl. im Übrigen die Erläuterungen zu Art. 41).

8. Verantwortlichkeit des Schuldners (Verschulden)

42 Die *vertraglichen Schadenersatzansprüche* des OR beruhen prinzipiell auf **Verschulden**. Das Verschulden wird jedoch nicht als positive Anspruchsvoraussetzung formuliert, sondern vermutet. Es obliegt also dem Schuldner nachzuweisen, dass die Vertragsverletzung entschuldbar sei.

Die Rechtfertigung dieser Konzeption, die von der Beweislastverteilung des *Art. 8 ZGB abweicht*, wird darin gesehen, dass zwischen Gläubiger und Schuldner durch den Vertrag eine *Sonderverbindung* begründet wurde, wobei der Gläubiger darauf vertraut hat, dass der Schuldner in der Lage sei, die versprochene Leistung tatsächlich zu erbringen. Gelingt dies dem Schuldner nicht, so ist es an ihm, die Gründe dafür darzulegen. Dies ist ihm auch deshalb zuzumuten, weil die Ursachen für die Leistungsstörung regelmässig in seinem Herrschaftsbereich liegen.

Aufgrund dieser Konzeption des Gesetzes stellt sich eigentlich nicht die Frage, was Verschulden sei, sondern wann kein Verschulden vorliegt. *Wie dieser Beweis zu führen ist*, ist indessen schwer zu sagen. Einverständnis herrscht darüber, dass der Schuldner sich *durch den Nachweis exkulpieren* kann, dass ein **Zufall oder ein ihm nicht zuzurechnendes Drittverschulden** die Leistungsunmöglichkeit oder nichtgehörige Erfüllung bewirkt habe. Im Endergebnis läuft dies darauf hinaus, dass der Schuldner bei der **Nichterfüllung** dann haftet, wenn es ihm nicht gelingt, einen der vorgenannten Befreiungsgründe darzutun (so mit verschiedenen Akzentuierungen VON TUHR/ESCHER, 117; BUCHER, AT, 347). Wenn demgegenüber gelegentlich gesagt wird, der Schuldner könne sich durch den Nachweis exkulpieren, dass er alle erdenkliche Sorgfalt aufgewendet habe (so VON TUHR/ESCHER, 118; vgl. auch KÄLIN, AJP 2007, 1339 ff.; oder BGE 113 II 422 = Pra 1988, 405 f.), so besagt dies nichts anderes, als dass letztlich ein unabwendbares Ereignis vorlag (z.B. force majeure, vgl. BUCHER, AT, 347); denn da nach dem objektiviert-typisierten Fahrlässigkeitsmassstab (dazu Art. 99 N 9) nicht auf die dem Schuldner mögliche, sondern auf die durchschnittliche Sorgfalt abzustellen ist, steht mit deren Nachweis fest, dass die Leistungsstörung auf einem Umstand beruht, der auch von einem anderen Schuldner nicht hätte abgewendet werden können und deshalb nicht zu vertreten wäre.

Aus der *Objektivierung des Fahrlässigkeitsmassstabs* ergeben sich v.a. bei der **Schlechterfüllung** der auf *Dienstleistungen gerichteten Verträge* (N 31) und bei der **Verletzung von Nebenpflichten** (N 32 ff.) erhebliche Konsequenzen. Da die (vom Gläubiger zu beweisende) Pflichtverletzung bei diesen Obligationen in einem Verstoss gegen die vertraglich geschuldete und nach Berufsstandards gebotene Sorgfalt besteht (WIEGAND, recht 1990, 135 ff. m.Nw.; N 36), bleibt für eine Exkulpation praktisch kein Raum; denn mit dem Nachweis der Pflichtverletzung ist zugleich bewiesen, dass die von einem durchschnittlichen Schuldner in dieser Situation zu erwartende Sorgfalt nicht aufgewendet wurde. Anders ausgedrückt: Die Massstäbe für die Pflichtverletzung und der objektivierte Fahrlässigkeitsbegriff sind praktisch identisch (BGE 120 II 248; 117 II 563 = Pra 1992, 683 ff.; vgl. dazu ausführlich WIEGAND, recht 1990, 140 ff.; BK-WEBER, Art. 99 N 131; DERS., ZSR 1988, 52 ff.; GRIEDER, Diss., 103 ff.; GUTZWILLER, Der Vermögensverwaltungsvertrag, Diss. Zürich 1989, 47; grundlegend auch zum Folgenden WALTER, Abgrenzung, 61 ff.; CHK-FURRER/WEY, N 120). Dies hat zu einer breiten Diskussion über die *Subjektivierung des Verschuldens* und einer dadurch bewirkten Erweiterung der Exkulpationsmöglichkeiten geführt, die ihrerseits der allgemeinen Haftungsausweitung entgegenwirken soll (s.a. Einl. zu Art. 97–109 N 4 ff., 14). Die Rechtsprechung und der überwiegende Teil der Literatur halten jedoch zu Recht am objektivierten Fahrlässigkeitsbegriff fest (vgl. BGer, 3.12.2004, 4C.18/2004, E. 1.1; dezidiert in diesem Sinne BGer, 13.6.2000, 4C.53/2000 «die aus dem ärztlichen Behandlungsvertrag abgeleitete Sorgfaltspflicht – welche objektiv zu verstehen und vom Verschulden zu trennen ist», dazu ausführlich WIEGAND, FS Hausheer, 754 ff.; BGE 115 II 62, dazu WIEGAND, recht 1990, 134 ff.; BGE 113 II 429, dazu BUCHLI-SCHNEIDER, recht 1988, 91 f.; ZR 1986, 214; s.a. Art. 99 N 10). Immerhin ist im Bereich der Dienstleistungsverträge die Tendenz zu erkennen, durch eine gewisse Subjektivierung der Haftungsmassstäbe den konkreten Verhältnissen vermehrt Rechnung zu tragen; dies v.a. im Bereich der Arzthaftung (in diesem Sinne WIEGAND, Arztvertrag, in: Arzt und Recht, 1985, 110 ff.; DERS., recht 1990, 134 ff. m.w.Nw.; HONSELL, ZSR 1990, 143, vgl. auch die ausführliche Darstellung bei BK-WEBER, Art. 99 OR N 31 ff.; für einen subjektivierten Fahrlässigkeitsbegriff bei der Verletzung von Verhaltenspflichten KOZIOL, ZBJV 1998, 523). 43

Ferner sind die Sondervorschriften im Gesetz selbst zu beachten, welche die Rechtsfolge der Schadenersatzpflicht auch ohne Verschulden des Schuldners anordnen. Zu erwähnen sind insb. die Haftung des Schuldners für seine Hilfsperson (s. aber dort Art. 101 N 11 ff.), die Haftung aus Billigkeit (Art. 99 Abs. 3 i.V.m. Art. 54 Abs. 1) sowie die Haftung für Zufall (z.B. Art. 103, 299b, 306 Abs. 3, Art. 394 Abs. 3, Art. 422, 474 Abs. 2, Art. 487, 490; vgl. dazu BGE 61 II 97; 48 II 490).

Kasuistik zum Verschulden: Das *Verschulden* wurde z.B. in folgenden Fällen **bejaht** bzw. die Exkulpation als gescheitert angesehen: BGE 124 III 164, Terminoptionenhandel/Übernahmeverschulden (dazu Art. 99 N 11); BGE 119 II 456, wirtschaftliche Aufklärungspflicht des Arztes; BGE 119 II 249, Informationspflichtverletzung des Architekten; BGE 117 II 563 = Pra 1992, 683 ff.; BGE 127 III 357, Sorgfaltspflicht des Anwalts; BGE 117 II 71 = Pra 1991, 737, Nichtüberlassung vermieteter Räume infolge eines Mieterstreckungsverfahrens zugunsten des früheren Mieters; BGE 115 II 42, Bausicherungspflichten des Architekten; BGE 115 II 62; BGer, 3.12.2004, 4C.18/2004; 15.9.2004, 4C.126/2004, Sorgfaltspflichten bei Vermögensverwaltung; BGE 115 II 251 ff., Beratungspflicht des Arbeitgebers; BGE 114 V 78 = Pra 1989, 332 ff., Sorgfaltspflichten des Verwaltungsrates; BGE 132 III 359; 120 II 248; 113 II 429 und SJZ 1980, 383 f., Sorgfaltspflicht des Arztes (s.a. zur früheren Rechtsprechung BGE 105 II 284 = Pra 1980, 362 ff. m.Nw.); BGer, 1.6.2004, 4C.54/2004; BGE 130 III 193; 121 III 358 und 113 II 246, Pistensicherungspflicht; BGE 112 II 142, Fürsorgepflicht des Arbeitgebers; BGE 112 II 450 = Pra 1987, 512 ff.; BGer, 29.3.2006, 4C.394/2005, Sorgfaltspflicht der Bank; BGE 112 II 347, ungenaue Auskunft eines Kunstwerkschätzers (s.a. BGE 111 II 471, Auskunftspflicht der Bank; Frage, ob Vertragsanspruch, offengelassen); BGE 111 II 72, Beratungspflicht des Architekten bez. Abschluss einer Bauherrenhaftpflichtversicherung; 44

BGE 111 II 170, Sorgfaltspflicht des Unternehmers vor Ablieferung des Werkes; ZR 1988, 247 ff., Betriebssicherungspflicht des Arbeitgebers; ZR 1986, 214 f., Fahrzeugsicherungspflicht beim Parken in abschüssigem Gelände.

45 Das *Verschulden* wurde hingegen **verneint** bzw. die Exkulpation als gelungen betrachtet z.B. in BGer, 7.12.2010, 4A_494/2010; BGer, 11.8.2005, 4C.80/2005, Sorgfaltspflicht des Anwalts; BGE 113 II 421 = Pra 1988, 404 ff., Sicherungspflichten eines Garagisten gegen Autodiebstahl; BGE 113 II 424 = Pra 1988, 402 ff., Schwimmbadsicherung; ZR 1990, 46 f., Sicherung einer Geldkasse. In BGE 113 II 174 wurde das Vorliegen einer Nebenpflicht verneint, d.h. keine Pflicht einer Kreditkartenorganisation angenommen, das ihr angeschlossene Unternehmen auf den Verlust der Karte aufmerksam zu machen (vgl. dazu krit. WIEGAND/KOLLER-TUMLER, recht 1988, 103 f.).

III. Rechtsfolgen

1. Schadenersatzanspruch

46 Liegt eine vom Schuldner zu verantwortende Vertragsverletzung vor, so hat der Gläubiger einen Anspruch auf **Ersatz des positiven Interesses** (besser: *Erfüllungsinteresse* oder *Nichterfüllungsschaden*). Die Entstehung dieser Schadenersatzforderung wirft eine Reihe von Fragen auf: Es ist zu prüfen, wie sich der neue Anspruch zum bisherigen Schuldverhältnis verhält und welche Konsequenzen sich aus seiner Entstehung ergeben. Davon abhängig ist wiederum, welchen Umfang und Inhalt dieser Anspruch hat.

2. Rechtsnatur

47 Art. 97 enthält keine Bestimmung darüber, wie sich die neu entstandene Schadenersatzforderung zum bisherigen Anspruch auf die vertragliche Leistung verhält. Da in Art. 119 das Erlöschen der bisherigen Obligation im Falle der Unmöglichkeit ausdrücklich angeordnet ist, nimmt man im Wege des Umkehrschlusses an, dass bei Art. 97 diese Rechtsfolge nicht eintreten soll. Der ursprüngliche Leistungsanspruch wandelt sich vielmehr in einen Schadenersatzanspruch um und tritt an dessen Stelle. Man beschreibt diesen Vorgang dahingehend, dass die **primäre** *durch eine* **sekundäre Leistungspflicht (Schadenersatzpflicht)** *ersetzt resp. im Fall der positiven Vertragsverletzung ergänzt wird*, wobei das bisherige Vertragsverhältnis erhalten bleibt (vgl. SJZ 1957, 201; VON TUHR/ESCHER, 104; BUCHER, AT, 328; BK-WEBER, N 205; KUKO OR-THIER, N 22 ff.; CHK-FURRER/WEY, N 124 ff.). Nach einer zunehmend vertretenen Auffassung ist die Vorstellung einer Metamorphose des ursprünglichen Leistungsanspruchs ein zu überwindendes Produkt pandektistischen Denkens (IMMENHAUSER, passim). Stattdessen wird angenommen, der Leistungsanspruch erlösche und werde durch einen auf Gesetz (Art. 97) beruhenden Ausgleichsanspruch abgelöst (so WALTER, FS Bucher, 767 f., der diese Konzeption seinem Verständnis der «materiellen Forderungsverletzung», dazu N 25, zugrunde legt). Die folgende Darstellung basiert auf der bisherigen Konzeption, weil die für die Praxis relevante Rechtsprechung und Literatur davon ausgehen.

3. Entstehung und Verjährung

48 Betrachtet man den Schadenersatzanspruch als *Fortsetzung der bisher auf Erfüllung gerichteten Forderung* (BGE 117 II 278; VON TUHR/ESCHER, 104), so ergibt sich daraus Folgendes:

49 Bestehende *Sicherungsrechte* decken auch den Schadenersatzanspruch (VON TUHR/ESCHER, 104; **a.A.** offenbar BGE 49 II 379). Andererseits bleiben *Einreden* und Einwendungen gegenüber der Schadenersatzforderung ebenfalls erhalten. Wird die Forderung zediert, so bezieht sich die *Abtretung* ebenfalls auf den Schadenersatzanspruch.

Besonders problematisch ist die Frage der **Verjährung**. Rechtsprechung und h.L. nehmen an, dass die *begonnene Verjährung sich mit der für sie laufenden Frist auf den Ersatzanspruch wegen Nichterfüllung überträgt* (vgl. BGE 96 II 117; 53 II 342; ZR 1962, 116 f. m.Nw.; VON TUHR/ESCHER, 104 m.Nw.; Art. 127; Art. 130 Abs. 1). Anders nach deutschem Recht: Dort geht man davon aus, dass es sich bei einem Schadenersatzanspruch um einen eigenständigen Anspruch mit eigener Verjährungsfrist handelt, die mit Schadenseintritt zu laufen beginnt (vgl. von Staudinger-SCHWARZE [2014], § 280 BGB N G-4, in der Sache durch die deutsche Schuldrechtsreform nicht verändert). Diese Auffassung wäre auch für das schweizerische Recht sachdienlicher und durchaus mit dem Gesetz vereinbar; denn die Vorstellung der Umwandlung der Obligation ist nur eine theoretische Erklärung der gesetzlichen Regelung, aus der nicht zwingende dogmatische Konsequenzen abzuleiten sind. Zudem wird sie zunehmend in Frage gestellt (erstaunlicherweise geht WALTER, der der neuen Konzeption folgt, dennoch von der Übertragung der abgelaufenen Frist auf die Ersatzforderung aus, zum Ganzen N 47). Die Entscheidung hat vielmehr nach einer Interessenabwägung zu erfolgen, die dafür spricht, dass hier, wie bei allen anderen Schadenersatzansprüchen, die Entstehung des Schadens und die Entstehung des Ersatzanspruchs auf denselben Zeitpunkt festzusetzen sind (dem und dem Folgenden tendenziell zustimmend BK-WEBER, N 268). **50**

Das stimmt auch mit der h.L. bez. der **Schadensberechnung** überein. Hier stellt man zu Recht darauf ab, dass derjenige Moment massgeblich ist, in dem der Schuldner hätte erfüllen sollen (vgl. GAUCH/SCHLUEP/SCHMID/EMMENEGGER, N 2926 m.Nw.; GUHL/KOLLER/SCHNYDER/DRUEY, § 10 N 56; **a.A.** BUCHER, AT, 345, wonach immer der Zeitpunkt des Eintritts der Unmöglichkeit massgebend sei; vgl. auch BGE 120 II 296 und dazu WIEGAND, ZBJV 1996, 324 ff., sowie ausführlich Art. 107 N 19 m.w.Nw.). Daneben kann sich der Gläubiger alternativ auch für den Zeitpunkt der Urteilsfällung entscheiden, da ihm grundsätzlich die Wahl des für ihn günstigsten Zeitpunktes offen stehen soll (vgl. BGE 109 II 476 m.Nw.; GAUCH/SCHLUEP/SCHMID/EMMENEGGER, N 2926 m.Nw.; VON TUHR/ESCHER, 102). Der Zeitpunkt der Urteilsfällung hat den Nachteil, dass Sachwertminderungen bis zum Zeitpunkt der letzten Verhandlung zu Lasten des Geschädigten gehen. Zudem ist dieser Zeitpunkt unsicher und spekulativ, hängt er doch von sachfremden Kriterien ab wie vom prozessualen Verhalten der Parteien und vom Vorgehen der Gerichte (LGVE 1993 I Nr. 7 = SJZ 1995, 139). Das BGer hat seine Auffassung in diesem Punkt ausdrücklich bestätigt (BGE 130 III 597). **51**

Bei den **Schadenersatzansprüchen wegen positiver Vertragsverletzung** (N 25, 32 ff.) ist die Ausgangslage von vornherein *anders*; denn hier passt die Vorstellung von der Umwandlung der Obligation nicht, und der Schadenersatzanspruch stellt keine Fortsetzung eines ursprünglichen Anspruchs dar. Hier kann nur auf die *Entstehung des Schadens* abgestellt werden. In diesem Moment wird der Schadenersatzanspruch begründet und fällig. Von nun an beginnt die Verjährung zu laufen (so schon SCHWANDER, 91 ff. und auch noch GAUCH/SCHLUEP, 4. Aufl., N 2078c; jetzt zustimmend ZK-BERTI Art. 130 OR N 129; ausserdem VOSER, Aktuelle Probleme zivilrechtlicher Verjährung bei körperlichen Spätschäden aus rechtsvergleichender Sicht, recht 2005, 121, 126, eher ablehnend). Nicht sachgerecht war daher die bundesgerichtliche Rechtsprechung, die den Fristenlauf bereits mit der Vertragsverletzung beginnen lässt (BGE 106 II 134 = Pra 1980, 741 ff.; BGE 87 II 155; vgl. auch 100 II 343 = Pra 1975, 261; GAUCH/SCHLUEP/SCHMID/EMMENEGGER, N 3321); denn die Verletzung der Pflicht allein begründet noch keinen Anspruch, sofern kein Schaden entsteht. Insofern besteht vollkommene Übereinstimmung mit der für den Nichterfüllungsschaden dargelegten Auffassung (vgl. N 50, 51 und Art. 107 N 19). Das BGer hat sich nunmehr der hier vertretenen Auffassung angeschlossen (BGE 130 III 597: «Der vertragliche Schadenersatzanspruch aus Schlechterfüllung entsteht nicht schon mit der Schlechterfüllung der Schuld, sondern erst mit dem Eintritt des Schadens»). Dieser Entscheid ist unterschiedlich aufgenommen worden (GAUCH/SCHLUEP/SCHMID/EMMENEGGER, N 3322; zustimmend WALTER, FS Bucher, 778 f.; wohl auch KUKO OR-THIER, N 24). Überraschender- und bedauerlicherweise ist das BGer im «Asbest-Entscheid» (BGE 137 III 16; übernommen in BGE 140 II 9) von dieser richtigen **52**

Linie wieder abgewichen und zur früheren Auffassung zurückgekehrt. Es rückt von der zitierten Kernaussage des Entscheides mit der Begründung ab, dieser betreffe die Problematik der Verzugszinsen. Im Übrigen wiederholt es altbekannte Floskeln (Aushöhlung der Verjährung) und nimmt es in Kauf, dass ein Anspruch der noch nicht entstanden und schon gar nicht fällig geworden ist, verjähren kann.

4. Inhalt und Umfang

53 Der Schuldner hat Anspruch auf Ersatz des aus der Nichterfüllung oder nichtgehörigen Erfüllung entstandenen Schadens. Als Schaden gilt jede *ungewollte Verminderung des Reinvermögens.* Er kann in einer Verminderung der Aktiven, einer Vermehrung der Passiven oder in entgangenem Gewinn bestehen und entspricht nach allgemeiner Auffassung der *Differenz zwischen dem gegenwärtigen Vermögensstand und dem Stand, den das Vermögen ohne das schädigende Ereignis hätte* (vgl. z.B. BGE 132 III 324; 127 III 546; 116 II 444; 104 II 199 m.Nw.; von Tuhr/Peter, 83; Roberto, Haftpflichtrecht, N 23.01 ff.; CHK-Furrer/Wey, N 134; vgl. im Übrigen N 38).

54 a) Die auf Ausgleich gerichtete Forderung ist ein *Geldanspruch.* Sein Umfang wird unter Zugrundelegung der (soeben in N 53 erläuterten) Differenzhypothese nach der für die Bestimmung des Nichterfüllungsschadens massgeblichen Formel ermittelt (vgl. N 38). Bei der Geltendmachung dieses Anspruchs stellt sich die Frage nach dem *Verhältnis zur Gegenleistung des Gläubigers.* Nach der heute weitgehend als überwunden anzusehenden **Austauschtheorie** steht dem Gläubiger zwar Schadenersatz als Erfüllungssurrogat zu; er bleibt aber seinerseits weiterhin zur Gegenleistung verpflichtet (so Keller/Schöbi, I, 275 m.Nw.; von Tuhr/Escher, 155). Demgegenüber gestattet die vorherrschende, im kaufmännischen Verkehr ausdrücklich anerkannte (vgl. Art. 215) **Differenztheorie**, den Schaden direkt als Differenz zwischen der geschuldeten Gegenleistung und der Schadenersatzforderung zu berechnen (so Bucher, AT, 381 m.Nw.; Gauch/Schluep/Schmid/Emmenegger, N 2777 f.; vgl. auch Art. 107 N 18).

55 Besteht die Gegenleistung des Gläubigers in einer Geldzahlung, führen beide Theorien zu demselben Ergebnis (Schwenzer, N 64.26). Ist er hingegen zu einer Sach- oder Dienstleistung verpflichtet, so ermöglicht ihm ein Vorgehen nach der *Differenztheorie*, die eigene Leistung zu behalten und an deren Stelle den Wert der Leistung auf die Schadenersatzforderung anzurechnen. Diese Variante ist für den Gläubiger v.a. in jenen Fällen vorteilhafter, in denen er seine Leistung auch anderweitig einsetzen kann, so z.B. zum Weiterverkauf oder Eigengebrauch (vgl. Wiegand, recht 1983, 130). Richtigerweise steht ihm deshalb die Wahl offen, *je nach Interessenlage nach der Austausch- oder Differenztheorie vorzugehen* (vgl. BGE 65 II 174; SJZ 1962, 306; 1957, 327; 1955, 74 f.; 1940/41, 43; ZR 1941, 241; 1937, 368; ZBJV 1943, 269; RJN 1984, 53; offengelassen in BGE 54 II 312; vgl. auch KUKO OR-Thier, N 26; Handkomm-OR-Kren Kostkiewicz, N 19).

Die *Austauschtheorie* kommt notwendigerweise zur Anwendung, wenn der Gläubiger anstelle des nach der Differenzhypothese berechneten Schadensersatzanspruchs das vom Schuldner erlangte Surrogat verlangt. Die Herausgabe dieses **stellvertretenden Commodums** kann nicht nur bei der nicht zu vertretenden Unmöglichkeit (ausführlich dazu Art. 119, N 15), sondern auch dann begehrt werden, wenn der Schuldner (etwa durch Veräusserung der verkauften Sache) die Unmöglichkeit der Leistung zu verantworten hat (vgl. Schwenzer, N 64.23 und auch CR CO I-Thévenoz, N 61, der annimmt, dass die unterbliebene Regelung des stellvertretenden Commodums bei Art. 97 OR als echte [und damit ausfüllungsbedürftige] Gesetzeslücke zu betrachten sei; CHK-Furrer/Wey, N 132).

56 b) Dieselbe Problematik stellt sich auch dann, wenn der Schuldner eine ihm obliegende **Dienstleistung nicht richtig erbringt**. In diesen Fällen der Schlechterfüllung (vgl. N 31) war lange Zeit unklar und umstritten, ob und in welchem Umfang der Gegenanspruch des

Dienstleistungspflichtigen bestehen bleibt. Im Hinblick auf die besondere Struktur des Auftragsrechts, unter das derartige Verträge zumeist zu subsumieren sind, wurden differenziertere Lösungsmöglichkeiten vorgeschlagen (vgl. DERENDINGER, 204 ff.; ausf. BK-FELLMANN, Art. 394 OR N 496 ff.; CHK-FURRER/WEY, N 131). Das BGer, das sich früher ohne erkennbare Begründung gegen eine Honorierungspflicht (BGE 110 II 375 = Pra 1985, 165 ff.; BGE 119 II 456 – insoweit nicht publiziert; vgl. aber dazu ABEGGLEN, ZBJV 1994, 178 ff.) ausgesprochen hatte, hat sich nunmehr für eine aus verschiedenen Elementen der in der Literatur vertretenen Auffassungen zusammengesetzte Lösung entschieden (BGE 124 III 423, bestätigt in BGer, 18.11.2004, 4C.274/2004, E. 5.3; ausführlich jetzt BGer, 5.3.2014, 4A_364/2013, E. 14.1). Es differenziert wie folgt: Bei völliger Unbrauchbarkeit der erbrachten Leistung liegt Nichterfüllung vor, so dass der Auftraggeber kein Honorar schuldet. Bei mangelhafter Erfüllung des Mandats besteht für den mangelbehafteten Teil kein Anspruch auf Honorar. Hat der Sorgfaltsverstoss zudem Schäden verursacht, sind diese vom Honorar im Wege der Verrechnung abzuziehen. Übersteigt der Schaden die Honorarforderung, so ist dieser zu ersetzen. Es handelt sich um eine Kombination von Minderung und Schadensersatz wie sie bei anderen Verträgen des Besonderen Teils (vor allem Werkvertrag) geläufig ist. Gleichwohl lässt die Lösung des BGer zahlreiche Abgrenzungsfragen offen und schafft neue Probleme, die noch der Diskussion bedürfen (dazu BK-WEBER, N 266; WIEGAND, ZBJV 1999, 575).

Kasuistik zum Schadenersatz bei Nichterfüllung und nichtgehöriger Erfüllung. Pflichtverletzung und Schadenersatzpflicht *bejaht* (bzw. offengelassen): BGE 124 III 155, fehlerhafte Beratung und Aufklärung bei Termingeschäften; BGer, 5.3.2014, 4A_364/2013 Sorgfaltsverstoss bei Vermögensverwaltung; BGE 121 III 358 und 113 II 246, Schaden aus mangelhafter Pistensicherung; BGE 120 II 296, Schadenersatzanspruch des Käufers; BGE 132 III 359; 120 II 248, vertragliche Arzthaftung, Beweis der Vertragsverletzung, natürliche Vermutung; BGE 119 II 456, vertragliche Arzthaftung für unterlassene Aufklärung über Kostendeckung durch Krankenversicherung; BGer, 15.3.2005, 4C.424/2004 sowie BGE 119 II 249; 122 III 61 und 133 III 129, Haftung des Architekten für Überschreitung des Kostenvoranschlages; vgl. auch N 31 und 39; BGE 117 II 71 = Pra 1991, 737, Schaden aus Nichtüberlassung der vermieteten Räume infolge eines Mieterstreckungsverfahrens zugunsten des früheren Mieters; BGE 116 II 444, Konventionalstrafe als Schadenersatz; BGer, 3.12.2004, 4C.18/2004; BGE 115 II 62, Schaden aus Sorgfaltspflichtverletzung bei Vermögensverwaltung; BGE 115 II 255, Schaden aus Verletzung von Arbeitgeberpflichten; BGE 113 II 429, Schaden infolge fehlerhafter Arztbehandlung; BGE 112 II 347, Schaden aus Fehlschätzung eines Kunstwerks; BGer, 29.3.2006, 4C.139/2005 und 8.2.2006, 4C.369/2005, Schaden aus Verletzung eines Wartungsvertrages; 57

verneint: BGer, 8.4.2005, 4C.342/2003, keine Verletzung der Aufklärungspflicht aus einem Vermögensverwaltungsvertrag; BGer, 28.11.2003, 4C.255/2003; 13.6.2000, 4C.53/2000, kein Sorgfaltsverstoss bei ärztlicher Behandlung: BGE 119 II 333, Sorgfaltspflicht der Bank bei Annahme und Ausführung von Aufträgen nicht verletzt (krit. dazu WIEGAND, ZBJV 1995, 367).

5. *Rücktrittsrecht*

Art. 97 Abs. 1 sieht für alle Vertragsverletzungen nur *eine* Rechtsfolge vor, nämlich den Anspruch des Gläubigers auf Schadenersatz. In der Mehrzahl der Fälle trägt diese Lösung der Interessenlage der Parteien auch angemessen Rechnung (vgl. WIEGAND, recht 1984, 21; BUCHER, AT, 336). Dennoch wird in der Lehre als Ergänzung der Rechte des Gläubigers *zusätzlich* ein **Rücktrittsrecht** i.S.v. Art. 107 ff. befürwortet (so schon ZK-OSER/SCHÖNENBERGER, Vorbem. zum zweiten Abschnitt [Art. 97–109] N 4: «Beim zweiseitigen Vertrag kommt hinzu der Rücktritt vom Vertrag mit oder ohne Schadenersatzpflicht des nicht Erfüllenden»; vgl. auch CR CO I-THÉVENOZ, N 63). Dabei ist wie folgt zu differenzieren: Bei **nachträglicher Unmöglichkeit** der Leistung darf der Gläubiger nicht schlechter stehen als beim Verzug; in- 58 folgedessen ist ein Rücktrittsrecht zu gewähren (BUCHER, AT, 339 f. und 424; BK-WEBER, N 269; SCHWENZER, N 64.27; CHK-FURRER/WEY, N 138; vgl. auch den neuen § 323 BGB).

Bei allen Fällen der **nichtgehörigen Erfüllung** ist ein Rücktrittsrecht durchaus sachgerecht; dies ergibt sich schon daraus, dass bei Schlechterfüllung nach den Regeln des Besonderen Teils Rücktrittsrechte vorgesehen sind (Art. 208, 368, 258; vgl. N 32 ff.). Fraglich ist nur, ob ein Verschulden Voraussetzung ist und ob jede Pflichtverletzung genügt: Überwiegend wird gefordert, dass eine *schwerwiegende Pflichtverletzung* vorliegen muss, die geeignet ist, das Vertrauensverhältnis zwischen den Parteien zu erschüttern, so dass eine Fortsetzung des Vertrages nicht mehr zumutbar ist (BGer, 16.12.2011, 4A_307/2011, E. 3.1; dazu MÜLLER-CHEN, 175, m.Nw.). Daraus ergibt sich, dass dies nur bei noch nicht beidseits erfüllten Verträgen oder bei Dauerschuldverhältnissen (allerdings grundsätzlich nur für die Zukunft «ex nunc») in Betracht kommt (dazu BGE 78 II 36; ZBJV 1930, 178; WIEGAND, recht 1984, 21; BUCHER, AT, 339 m.Nw.; KELLER/SCHÖBI, I, 248, 284; BK-WEBER, N 118, 270; KUKO OR-THIER, N 30; **a.A.** VON TUHR/ESCHER, 105; vgl. auch die neuen §§ 323, 324 BGB). Da sowohl die erwähnten Rechtsbehelfe des Besonderen Teils wie auch Art. 107 für den Rücktritt kein Verschulden erfordern, wird man auch hier die Pflichtverletzung genügen lassen müssen; schliesslich ist der in Art. 107 vorausgesetzte Verzug nur ein gesondert geregelter Fall der nichtgehörigen Erfüllung.

Für die Geltendmachung von Schaden aus dem Dahinfallen des Vertrages (Art. 109 Abs. 2) ist jedoch in jedem Fall Verschulden Voraussetzung.

IV. Abweichende Vereinbarungen

59 Art. 97 *ist dispositives Recht*; die Parteien können daher an sich abweichende Vereinbarungen über die Folgen von Leistungsstörungen treffen (BGer, 27.11.2012, 4A_71/2012, E. 4.1). Zu beachten ist jedoch, dass ein Haftungsausschluss den Grenzen des Art. 100 unterliegt (**a.A.** BUCHER, AT, 348, der diese Beschränkung nur für die Tatbestände der positiven Vertragsverletzung gelten lassen will). Besonders strenge Anforderungen sind deshalb an die Haftungsausschlüsse in Allgemeinen Geschäftsbedingungen zu stellen (vgl. dazu Art. 100 N 3; auch CHK-FURRER/WEY, N 143 ff.).

V. Beweislast

60 Zur Begründung seines Anspruchs hat der Gläubiger die *Vertragsverletzung*, den *Schaden* und die (natürliche) *Kausalität* zu **beweisen** (BGer, 18.12.2014, 4A_336/2014, E. 7.3; 18.11.2004, 4C.274/2004; BGE 127 III 546; BK-WEBER, N 323 ff.; KUKO OR-THIER, N 33 ff.). Die dabei zu stellenden Beweisanforderungen bez. des Schadensnachweises stimmen prinzipiell mit denjenigen im Deliktsrecht überein (vgl. für Einzelheiten die Komm. zu Art. 42). Dennoch ergeben sich je nach Art der Pflichtverletzung zahlreiche unterschiedlich zu beurteilende Konstellationen. Diese sind nebst grundsätzlichen Fragen der Beweislast bei Leistungsstörungen umfassend dargestellt bei WALTER (Beweislast). Auf diese Abhandlung wird wegen der Details verwiesen. Hier sind nur einige allgemeine Bemerkungen angefügt.

1. Verschulden

61 Anders als im Deliktsrecht wird das *Verschulden vermutet*. Der Exkulpationsbeweis wird aus den dargelegten Gründen nur selten gelingen (vgl. N 42 ff.; BGE 117 II 71 = Pra 1991, 737; BGE 115 II 255; 113 II 246; 112 II 180 E. 4, sowie die Kasuistik in N 44).

2. Vertragsverletzung und Kausalität

Die *Pflichtverletzung* ist im Fall der Nicht- und Schlechterfüllung leicht zu beweisen. Sie ergibt sich ohne weiteres aus der Nicht-Leistung oder aus der nicht vertragskonformen Leistung. Problematisch ist dagegen der *Nachweis eines Sorgfaltsverstosses* bei Dienstleistungen. Die Rechtsprechung hilft gerade in diesem Bereich zunehmend mit *Beweiserleichterungen*: **62**

aa) Normalerweise hat der Geschädigte die Verletzung der berufsspezifischen Sorgfalt zu beweisen. In BGE 120 II 248 hat das BGer, allerdings für einen sehr speziellen Fall, eine natürliche Vermutung für das Vorliegen einer Pflichtverletzung angenommen (krit. HONSELL, AJP 1995, 227; ausführlich WIEGAND, ZBJV 1996, 329 ff.; relativierend jetzt BGer, 13.6.2000, 4C.53/2000; dazu GATTIKER, AJP 2001, 645).

bb) Die Verletzung einer Informationspflicht muss an sich der Geschädigte beweisen. Darüber hinaus muss er dartun, dass er sich bei entsprechender Information anders verhalten hätte. Die Rechtsprechung erleichtert auch diesen Kausalitätsbeweis mit einer *Vermutung des aufklärungsgemässen Verhaltens* (so etwa BGE 119 II 456; 119 II 249; dazu SCHUMACHER, recht 1994, 126 ff.; BGE 120 II 331 «Swissair», wo dies «gestützt auf die allgemeine Lebenserfahrung» [341] angenommen wird; ausdrücklich bestätigt in BGE 124 III 165; zum Ganzen WIEGAND, Bankrechtstag 1995, 126 ff.).

cc) Eine Umkehr der Beweislast nimmt die Rechtsprechung bei der *ärztlichen Aufklärungspflicht* an (BGE 117 Ib 197); der Arzt kann jedoch den Beweis führen, dass der richtig aufgeklärte Patient zugestimmt hätte («hypothetische Einwilligung»; so schon BGE 108 II 64; BGer, 10.10.2002, 4P.139/2002; 23.11.2004, 4C.378/1999 und BGE 117 Ib 206; dazu eingehend WIEGAND, Handbuch des Arztrechts, Zürich 1994, 184 ff.; ein Bsp. für einen gelungenen Beweis dieser hypothetischen Einwilligung findet sich in BGer, 1.12.1993, 4C.276/1993) – die Einwilligung zur vorgenommenen Sterilisation wäre auch bei richtiger Aufklärung über die Fehlerquote gegeben worden (vgl. jetzt BGer, 8.2.2012, 4A_516/2012, E. 6.2: «Liegt keine Einwilligung des Patienten vor, ist der Arzt beweispflichtig, dass der Patient auch eingewilligt hätte, wenn er über die Risiken aufgeklärt worden wäre. Vom Patienten kann jedoch verlangt werden, dass er glaubhaft macht oder zumindest behauptet, weshalb er auch bei gehöriger Aufklärung die Einwilligung zur Vornahme des Eingriffes verweigert hätte. Wirkt der Patient nicht mit, kann nach objektiviertem Massstab darauf abgestellt werden, ob die Ablehnung des Eingriffs vom Standpunkt eines vernünftigen Patienten aus unverständlich ist»).

Behauptet der Gläubiger bei Nichterfüllung Unmöglichkeit der Leistung und will er deshalb nach Art. 97 statt nach den Bestimmungen über den Verzug (Art. 102 ff.) gegen den Schuldner vorgehen, so trägt er für das Unmöglichwerden die Beweislast (BUCHER, AT, 340; GAUCH/SCHLUEP/SCHMID/EMMENEGGER, N 2612). **63**

Art. 98

2. Bei Verbindlichkeit zu einem Tun oder Nichttun

[1] Ist der Schuldner zu einem Tun verpflichtet, so kann sich der Gläubiger, unter Vorbehalt seiner Ansprüche auf Schadenersatz, ermächtigen lassen, die Leistung auf Kosten des Schuldners vorzunehmen.

[2] Ist der Schuldner verpflichtet, etwas nicht zu tun, so hat er schon bei blossem Zuwiderhandeln den Schaden zu ersetzen.

[3] Überdies kann der Gläubiger die Beseitigung des rechtswidrigen Zustandes verlangen und sich ermächtigen lassen, diesen auf Kosten des Schuldners zu beseitigen.

2. Obligations de faire et de ne pas faire

[1] S'il s'agit d'une obligation de faire, le créancier peut se faire autoriser à l'exécution aux frais du débiteur; toute action en dommages-intérêts demeure réservée.

[2] Celui qui contrevient à une obligation de ne pas faire doit des dommages-intérêts par le seul fait de la contravention.

3 Le créancier a, en outre, le droit d'exiger que ce qui a été fait en contravention de l'engagement soit supprimé; il peut se faire autoriser à opérer cette suppression aux frais du débiteur.

2. Per le obbligazioni di fare e non fare

1 Trattandosi di un'obbligazione di fare, il creditore può farsi autorizzare ad eseguire la prestazione a spese del debitore, riservate le sue pretese pel risarcimento dei danni.

2 Se l'obbligazione consiste nel non fare, il debitore, che vi contravviene, è tenuto ai danni pel solo fatto della contravvenzione.

3 Il creditore può inoltre chiedere che sia tolto ciò che fu fatto in contravvenzione alla promessa o farsi autorizzare a toglierlo egli stesso a spese del debitore.

Literatur

Gauch, Die Ersatzvornahme nach OR 98 I und viele Fragen der Nichterfüllung – Ein Entscheid des Luzerner Obergerichts, recht 1987, 24 ff. (zit. recht 1987); Schmid, Vertragsrecht und Realerfüllung, in: FS für Peter Gauch, Zürich/Basel/Genf 2004, 589 ff. (zit. FS Gauch); ders., Die Ersatzvornahme im allgemeinen Schuldrecht, in: FS für Wolfgang Wiegand, Bern/München 2005, 605 ff. (zit. FS Wiegand); vgl. ausserdem die Literaturhinweise bei der Einleitung zu Art. 97–109.

I. Allgemeines. Normzweck

1 Art. 98 enthält Regeln über die Durchsetzung von Ansprüchen auf eine Handlung («ein Tun») oder eine Unterlassung («ein Nichttun»). Einen Anspruch auf ein Tun kann der Gläubiger, sofern die Erfüllung bei Fälligkeit ausbleibt, entweder selbst oder durch Dritte im Wege der Ersatzvornahme *real* verwirklichen (Abs. 1); einen Anspruch auf Unterlassung kann er *indirekt* durchsetzen, indem er die Beseitigung des rechtswidrigen Zustandes verlangt (Abs. 3).

II. Anwendungsbereich und -voraussetzungen

2 Rechtsnatur und *systematische Stellung der Vorschrift* sind umstritten (exemplarisch das Urteil des OGer LU, LGVE 1985, 24 ff. = ZBJV 1986, 136 ff.; dazu Gauch, recht 1987, 24 ff.; Fellmann, recht 1993, 109 ff., dort auch ausführlich zur Entstehungsgeschichte und den seither vertretenen Auffassungen). Die praktische Relevanz der Streitfragen ist eher gering. Für die Rechtsanwendung bedeutsam sind folgende Punkte (siehe dazu Gauch, a.a.O. und insoweit übereinstimmend Fellmann, a.a.O.): (1) Das dem Gläubiger eingeräumte Recht auf Ersatzvornahme stellt eine besondere *Ausformung seines Leistungsanspruches* dar. Deshalb setzt es voraus, dass die Forderung noch erfüllbar und nicht infolge Unmöglichkeit erloschen ist. (2) Andererseits steht die Möglichkeit des Gläubigers, gem. Art. 107 vorzugehen, der Geltendmachung des Anspruches nicht entgegen (BGE 126 III 230, 233); eine Fristansetzung i.S.v. Art. 107 ist nicht erforderlich. (3) Das Begehren auf Ersatzvornahme kann (muss aber nicht) mit der Erfüllungsklage verbunden werden (vgl. dazu N 6).

3 Allfällige kantonale Vollstreckungsmöglichkeiten sind seit Inkrafttreten der schweizerischen ZPO weggefallen. Mit der Regelung der Ersatzvornahme in der ZPO hat diese Kontroverse an Bedeutung verloren. Gemäss der ZPO kann die Ersatzvornahme im Rahmen der direkten Vollstreckung durch den Erkenntnisrichter angeordnet werden (Art. 236 Abs. 3 und Art. 337 Abs. 1 ZPO) Die direkte Vollstreckung ist ferner im Rahmen der vorsorglichen Massnahmen möglich (Art. 267 ZPO). Für die Ersatzvornahme gilt das summarische Verfahren.

III. Verpflichtungen zu einem Tun (Abs. 1)

4 Der Begriff **Tun** umfasst *Handlungen* i.S.v. Dienstleistungen, also «irgendwelche Veränderungen faktischer oder rechtlicher Art», sofern die geschuldete Leistung vertretbar ist, *nicht* dagegen *Unterlassungspflichten*, Verpflichtungen zu einer *individuellen* (künstlerischen oder

wissenschaftlichen) *Leistung*, sowie Verpflichtungen zu *Sachleistungen* (GAUCH, recht 1987, 26 FN 10; BK-WEBER, N 53; KUKO OR-THIER, N 3; differenzierend ZK-OSER/SCHÖNENBERGER, N 3). Hauptanwendungsgebiete sind der Arbeitsvertrag, der Werkvertrag (Anspruch des Bestellers auf Nachbesserung des Werks, BGE 128 III 416, dazu TERCIER/STÖCKLI, Die Nachbesserung im Werkvertrag, BR 2003, 53 ff.; BGE 107 II 55), der Auftrag, aber auch Miete und Pacht (so der Anspruch des Mieters auf Reparatur oder Beheizung des Mietobjektes [BK-WEBER, N 57] oder der Anspruch des Vermieters auf Mangelbehebung an der Mietsache durch den Mieter [BUCHER, AT, 332 FN 20]).

Der Gläubiger kann sich ermächtigen lassen, die Leistung *selber vorzunehmen* oder durch einen *Dritten vornehmen zu lassen*. Voraussetzung für diesen Anspruch auf Ersatzvornahme ist lediglich, dass die Leistung fällig ist, *nicht aber ein Verschulden oder der Verzug* des Schuldners (VON TUHR/ESCHER, 90 ff.; GAUCH, recht 1987, 26; FELLMANN, recht 1993, 116). Der Richter (vgl. N 6) hat eine Interessenabwägung (BGE 130 III 305 E. 3.3) vorzunehmen; er wird den Anspruch auf Ersatzvornahme gutheissen, sofern nicht die Interessen des Schuldners unverhältnismässig oder die Interessen Dritter erheblich beeinträchtigt werden (BK-WEBER, N 71). 5

Die Ersatzvornahme bedarf der Ermächtigung durch die *zuständige Behörde*. Nach Art. 343 Abs. 1 lit. e ZPO entscheidet darüber das Vollstreckungsgericht (dazu KUKO ZPO-KOFMEL/EHRENZELLER, Art. 343 N 12 ff., m.Nw. zu kantonalen Kostenregeln; zum bisherigen Recht BGE 130 III 303). 6

Die richterliche Ermächtigung ist immer vonnöten, wenn in die Rechtssphäre des Schuldners eingegriffen wird, so etwa wenn dessen Grundstück betreten werden muss (BK-WEBER, N 78) oder wenn der Vermieter im Mietobjekt seinen Anspruch auf Mängelbehebung durchsetzen will. Nach richtiger Ansicht setzt die Ermächtigung in allen Fällen ein – vorgängig oder gleichzeitig erstrittenes – Leistungsurteil gegen den Schuldner voraus (GAUCH, recht 1987, 28; VON TUHR/ESCHER, 91). Eine richterliche Ermächtigung soll dagegen entbehrlich sein, wenn der Werkunternehmer mit der Nachbesserung im Verzug ist und der Besteller nach erfolgloser Nachfristansetzung die Mängelbehebung einem Dritten überträgt (BGE 107 II 55; ferner 136 III 273 E. 2.4; SCHWENZER, N 61.09, **a.A.** GAUCH, BR 1982, 34 ff.; vgl. dazu auch BGE 126 III 230, die Ersatzvornahme schliesst weitere Rechtsbehelfe [Wahlrechte gem. Art. 107] nicht aus). FELLMANN (recht 1993, 115 f.) hat mit beachtlichen Gründen die These vertreten, dass Art. 98 Abs. 1 einen materiell-rechtlichen Anspruch enthalte, aus dem der Gläubiger auch ohne vorhergehendes oder begleitendes Leistungsurteil Ersatzvornahme verlangen kann. Dieses Verfahren ist von der Vollstreckung eines Leistungsurteils nach ZPO zu unterscheiden (vgl. zur theoretischen Konzeption eingehend BK-WEBER, N 46 f., sowie BGer, 1.4.2011, 5A_60/2011, E. 2).

Der Gläubiger kann die Ersatzvornahme auf **Kosten des Schuldners** vornehmen. Der Schuldner trägt die Kosten selbst dann, wenn die Ersatzvornahme ohne Verschulden des Gläubigers scheitert (BK-WEBER, N 79). Der Gläubiger muss die Kosten jedoch selber bevorschussen (BUCHER, AT, 332 FN 18 m.w.Nw.); der Richter darf wohl diese Vorschusspflicht auf Antrag des Gläubigers dem Schuldner auferlegen (BK-WEBER, N 80; so jetzt ausdrücklich BGE 128 III 418; bestätigt in BGE 130 III 302). Der Gläubiger kann im Rahmen des Erfüllungsinteresses vom Schuldner den Ersatz der bevorschussten Kosten fordern. Anders als der grundsätzliche Anspruch auf Ersatzvornahme besteht dieser Anspruch als Teil des Schadenersatzanspruchs jedoch nur, wenn der Schuldner sich nicht exkulpieren kann (BUCHER, AT, 332; **a.A.** BK-WEBER, N 79, der von einem Ersatz für Verwendungen ausgeht). 7

Der **praktische Anwendungsbereich** von Abs. 1 ist beschränkt, da der Gläubiger auch bei einem *Vorgehen nach Art. 107* (Ansetzung einer Nachfrist und Verzicht auf die nachträgliche Leistung) die Kosten der Ersatzvornahme als Schadenersatzbestandteil geltend machen kann (GAUCH/SCHLUEP/SCHMID/EMMENEGGER, N 2518, SCHWENZER, N 61.02). Abs. 1 ist hin- 8 gegen in den Fällen (N 6) unentbehrlich, in denen die Ersatzvornahme einen Eingriff in die Rechtssphäre des Schuldners bedingt (BUCHER, AT, 332 FN 19).

IV. Verpflichtungen zu einem Nichttun (Abs. 2 und 3)

9 Verletzt der Schuldner eine **Unterlassungspflicht** (Verpflichtung «zu einem Nichttun»), so gibt Art. 98 dem Gläubiger Anspruch auf *Beseitigung des rechtswidrigen Zustandes* (Abs. 3) und auf *Schadenersatz* (Abs. 2). Die *Abgrenzung zwischen «Tun» und «Nichttun»* ist im Einzelfall vorzunehmen und kann nicht allein anhand des Vertragswortlautes getroffen werden. So ist die Verpflichtung eines Erben, die Erbschaft nicht anzutreten, eher die Verpflichtung zu einem Tun, nämlich die Erbschaft auszuschlagen (BK-BECKER, N 13). Dagegen ist der Abschluss eines Grundstückkaufvertrages zwischen zwei Erben, der gegen ein im Erbteilungsvertrag vereinbartes Veräusserungsverbot verstösst, als Verletzung einer Unterlassungspflicht i.S.v. Abs. 2 und 3 zu qualifizieren (BGE 114 II 329 = Pra 1989, 233, dazu MERZ, ZBJV 1990, 253 ff. und PIOTET, JdT 1989, 528 ff.). Unterlassungspflichten können *ausdrücklich* vereinbart sein, wie etwa Konkurrenzverbote im Arbeitsvertrag oder bei Geschäftsveräusserungen. Sie können auch *stillschweigend* entstehen, so etwa die aus der allgemeinen Treuepflicht des Arbeitnehmers fliessende Schweigepflicht oder die aus der Verletzung der vertraglichen Sorgfaltspflicht entstehenden Tatbestände positiver Vertragsverletzungen.

10 Abs. 3 gibt dem Gläubiger zunächst **Anspruch auf Beseitigung** des rechtswidrigen Zustandes. *Rechtswidrigkeit* bedeutet hier *Vertragswidrigkeit*, d.h. die Verletzung einer vertraglichen Unterlassungspflicht und nicht einer generell-abstrakten Norm der Rechtsordnung. Wie der Anspruch auf Ersatzvornahme gem. Abs. 1 besteht der Beseitigungsanspruch gem. Abs. 3 *verschuldensunabhängig*, bedarf aber der Ermächtigung durch den Richter (s. N 6). Das Begehren des Gläubigers kann darauf gehen, den rechtswidrigen Zustand durch vollstreckungsrechtlichen Eingriff direkt zu beseitigen, so etwa das in Verletzung eines vertraglichen Konkurrenzverbotes eröffnete Geschäft zu schliessen (ZK-OSER/SCHÖNENBERGER, N 8; differenzierend bei Konkurrenzverboten aber LGVE 1990, 23; vgl. auch SAG/SZW 1990, 286 ff.; BJM 1990, 90 ff.; ZR 1977, 31 ff. und BGE 131 III 477). Es kann aber auch auf eine Rechtsgestaltung durch den Richter hinauslaufen, so auf die Ungültigerklärung eines vertragswidrig geschlossenen Vertrages. Zwar kann der Richter einen mit einem Dritten geschlossenen Vertrag nicht für ungültig erklären. Hier hilft aber als indirekter Behelf die Verhängung von (oft tageweisen) Bussen nach Prozessrecht, solange der rechtswidrige Zustand andauert (BK-WEBER, N 34), oder ggf. eine Strafandrohung nach Art. 292 StGB (BK-WEBER, N 30). Hingegen kann der Richter gestützt auf Abs. 3 einen Grundstückskauf für ungültig erklären und eine Grundbuchberichtigung verfügen, wenn zwei Erben diesen Vertrag geschlossen und damit den Erbteilungsvertrag, den sie mitunterzeichnet hatten, verletzt haben (BGE 114 II 333 = Pra 89, 233 ff., Begründung allerdings sehr problematisch).

11 Als zweiten Rechtsbehelf verleiht Abs. 2 dem Gläubiger einen **Schadenersatzanspruch**. Die missverständliche Formel *«schon bei blossem Zuwiderhandeln»* bedeutet nicht, dass dieser Schadenersatzanspruch verschuldensunabhängig besteht. Vielmehr lässt die einhellige Lehre und Rechtsprechung den *schuldnerischen Exkulpationsbeweis zu Recht zu* (BUCHER, AT, 330 FN 10; BK-WEBER, N 114 m.Nw.). Die Formel bedeutet lediglich, dass die Entstehung des Schadenersatzanspruches keine weiteren Vorkehren seitens des Gläubigers, wie etwa eine Unterlassungsklage oder eine Beseitigungsaufforderung, voraussetzt (ZK-OSER/SCHÖNENBERGER, N 10).

V. Abweichende Vereinbarungen

12 Art. 98 *ist dispositives Recht*; die Parteien können auf das Recht auf Ersatzvornahme, das Beseitigungs- und das Schadenersatzrecht bei Unterlassungspflichten verzichten (BK-WEBER, N 11: GAUCH/SCHLUEP/SCHMID/EMMENEGGER, N 2511).

Art. 99

II. Mass der Haftung und Umfang des Schadenersatzes
1. Im Allgemeinen

1 Der Schuldner haftet im Allgemeinen für jedes Verschulden.

2 Das Mass der Haftung richtet sich nach der besonderen Natur des Geschäftes und wird insbesondere milder beurteilt, wenn das Geschäft für den Schuldner keinerlei Vorteil bezweckt.

3 Im übrigen finden die Bestimmungen über das Mass der Haftung bei unerlaubten Handlungen auf das vertragswidrige Verhalten entsprechende Anwendung.

II. Etendue de la réparation
1. En général

1 En général, le débiteur répond de toute faute.

2 Cette responsabilité est plus ou moins étendue selon la nature particulière de l'affaire; elle s'apprécie notamment avec moins de rigueur lorsque l'affaire n'est pas destinée à procurer un avantage au débiteur.

3 Les règles relatives à la responsabilité dérivant d'actes illicites s'appliquent par analogie aux effets de la faute contractuelle.

II. Misura della responsabilità ed estensione del risarcimento
1. In genere

1 Di regola il debitore è responsabile di ogni colpa.

2 La misura della responsabilità è determinata dalla natura particolare del negozio e sarà soprattutto giudicata più benignamente, se il negozio non aveva per scopo di recare alcun vantaggio al debitore.

3 Del resto le disposizioni sulla misura della responsabilità per atti illeciti sono applicabili per analogia agli effetti della colpa contrattuale.

Literatur

CUENDET, La faute contractuelle et ses effets; étude de l'article 99, al. 3 CO, Diss. Lausanne 1970; FISCHER, Vertragliche Pauschalisierung von Schadenersatz, Zürich 1998; vgl. ausserdem die Literaturhinweise vor der Einleitung zu Art. 97–109.

I. Normzweck und Bedeutung

1. Art. 99 hat eine *doppelte Funktion*: Zunächst bestimmt Abs. 1, dass der Schuldner *im Allgemeinen für jedes Verschulden* einzustehen hat. Diese Regelung, die heute selbstverständlich erscheint, dient nur der Klarstellung: Sie will die im gemeinen Recht verbreiteten Differenzierungen des haftungsbegründenden Verschuldens (wie etwa leichte und «leichteste» Fahrlässigkeit) beseitigen. Vor allem wird mit dieser Norm die Theorie verworfen, dass das Verschulden danach zu beurteilen sei, wie stark das Interesse der beiden Parteien am Vertrag ist, dass also der Schuldner nur für grobe Fahrlässigkeit hafte, wenn der Vertrag im überwiegenden Interesse des Gläubigers abgeschlossen wurde (CUENDET, 225). Relikte dieser Konzeption finden sich jedoch noch in Abs. 2 (dazu N 13). Aus dieser Funktion von Art. 99 ergibt sich, dass er weder die Formen des Verschuldens noch dessen inhaltliche Umschreibung betrifft; beides wird vielmehr vorausgesetzt (dazu N 4 ff.). 1

Darüber hinaus wird in dieser Norm bestimmt, wie der Umfang des Schadenersatzes festzustellen und festzusetzen ist. Dies geschieht durch eine allgemeine Umschreibung in Abs. 2 (dazu N 13) sowie durch eine Verweisung auf die Regeln des Deliktsrechts in Abs. 3 (dazu N 14 ff.). 2

2. Nach seiner Stellung im Gesetz bezieht sich Art. 99 nur auf das *Ausbleiben der Erfüllung* (Marginalie zu Art. 97). Die Regelung wird jedoch zu Recht so verstanden und angewandt, dass sie generell die *Grundmaximen für die vertragliche Verschuldenshaftung* festlegt. 3

II. Haftung für jedes Verschulden (Abs. 1)

1. Verschuldensformen

4 Nach Abs. 1 löst *jedes Verschulden* die Haftung aus (erfreulich klar der Entscheid der sozialrechtlichen Abteilung: BGer, 18.12.2014, 9C_603/2014, E. 4: «Dabei ist ein Verschulden schon bei geringfügiger Verletzung der erforderlichen Sorgfalt gegeben, das heisst, wenn vom Sorgfaltsmassstab abgewichen wird, den eine gewissenhafte und sachkundige Einrichtung der beruflichen Vorsorge unter mit dem konkreten Fall vergleichbaren Umständen bei der Erfüllung der ihr übertragenen Aufgaben beachten würde [Art. 97 Abs. 1 und Art. 99 Abs. 1 OR»]). Im OR finden sich jedoch zahlreiche Bestimmungen, in denen besondere *Verschuldensformen* als haftungsbegründende Tatbestandselemente enthalten sind. Das Gesetz definiert sie nicht, sondern setzt sie als bekannt voraus. Im Einzelnen sind zu unterscheiden:

5 Vorsatz (dolus; entspricht den Begriffen «Absicht», «rechtswidrige und böse Absicht» oder «Arglist») ist der Wille, eine Vertrags- oder Rechtsverletzung zu begehen oder zumindest in Kauf zu nehmen (dolus eventualis; BK-Weber, N 61; CHK-Furrer/Wey, N 15; KUKO OR-Thier, N 2 f.). Das OR knüpft in den Art. 100, 192, 193, 199, 248, 321e, 323b Abs. 2, Art. 452, 454 und 754 Rechtsfolgen an das Vorhandensein von Vorsatz an.

6 Fahrlässigkeit (culpa) ist Verletzung einer Sorgfaltspflicht (dazu N 8 ff.). Diese Verschuldensform wird üblicherweise aufgegliedert in grobe, mittlere und leichte Fahrlässigkeit. Für die *Begründung einer Schadenersatzpflicht* spielt diese Unterscheidung i.d.R. keine Rolle; sie ist aber u.U. bei der *Schadenersatzbemessung* von Bedeutung (dazu N 18). Bisweilen knüpft das Gesetz allerdings gewisse Rechtsfolgen, v.a. Haftungsfolgen, an das Vorhandensein der schweren Verschuldensformen von Vorsatz oder grober Fahrlässigkeit, lässt also abweichend von Art. 99 Abs. 1 nicht jede Fahrlässigkeit genügen; so etwa in Art. 100, 248, 420 Abs. 2 und Art. 454. *Grobe Fahrlässigkeit* setzt eine schwerwiegende Abweichung vom Sorgfaltsmassstab voraus, den ein gewissenhafter Mensch in einer vergleichbaren Lage beachten würde. Sie liegt vor, wenn das ausser Acht gelassen wird, was jedem verständigen Menschen in der gleichen Lage und unter den gleichen Umständen hätte einleuchten müssen (BGer, 15.9.2004, 4C.126/2004, «Nach Lehre und Rechtsprechung gilt der Verstoss gegen die elementarste Sorgfalt als grobfahrlässig»; BGE 107 II 167; 95 II 340 m.w.Nw.; Merz, SPR VI/1, 217 f.). Das unterhalb dieser (in den erwähnten Fällen entscheidenden) Schwelle der Grobfahrlässigkeit liegende Verschulden wird in *mittlere* und *leichte* Fahrlässigkeit unterteilt (vgl. erstmals BGE 100 II 337 = Pra 1975, 196 f.; zur Abgrenzung BGer, 27.5.2013, 4A_699/2012, E. 4. und 7.10.2013, 4A_226/2013, E. 3.1); beide Verschuldensformen können – selbstredend in unterschiedlichem Ausmass – eine Reduktion des geschuldeten Schadenersatzes zur Folge haben. In seltenen Fällen verlangt das *Gesetz* eine *Sorgfalt wie in eigenen Angelegenheiten* («diligentia quam in suis»), so in Art. 538 OR vom Gesellschafter bei der Erledigung von Gesellschaftsangelegenheiten und in Art. 332 Abs. 3 ZGB vom Familienhaupt bei der Verwahrung der von den Hausgenossen eingebrachten Sachen. Das Gesetz adoptiert damit den individuellen Sorgfaltsmassstab, den der Schuldner bei der Wahrung eigener Interessen einzuhalten pflegt, ohne ihn jedoch von der Haftung für grobe Fahrlässigkeit zu entbinden (dazu BGer, 11.6.2008, 4A_168/2008, E. 2.5).

7 Vom Grundsatz, dass der Schuldner für jedes Verschulden haftet, gibt es die soeben genannten *gesetzlichen* Ausnahmen (vgl. N 6). Auch die Parteien können die Haftung durch *Vereinbarung* von einem qualifizierten Verschulden abhängig machen (z.B. Art. 100, 101 Abs. 2 und 3, 199; vgl. Gauch/Schluep/Schmid/Emmenegger, N 2964 ff.; BK-Weber, N 12 m.w.Nw.). Die Zulässigkeit solcher Vereinbarungen ist jedoch in verschiedener Hinsicht eingeschränkt und umstritten (vgl. dazu Art. 100 N 3 ff.).

2. *Verschuldensmassstäbe*

Die Abstufung der Verschuldensgrade darf nicht verwechselt werden mit der *inhaltlichen* Bestimmung dessen, was als Verschulden angesehen wird. Diese bereitet v.a. bei der Fahrlässigkeit Probleme, die grundsätzlicher Natur sind; hier ist nur auf den derzeitigen Stand der Rechtsprechung hinzuweisen (vgl. zum Ganzen auch Art. 41 N 45 ff.): 8

a) Auszugehen ist von einem *objektivierten Verschuldensbegriff.* Es ist deshalb nicht auf die Eigenschaften und Fähigkeiten des individuellen Schuldners abzustellen; massgebend ist vielmehr, was von einem durchschnittlichen Schuldner zu erwarten ist. Bei der Ermittlung dieses durchschnittlichen Massstabes ist die in dem Verkehrskreis, in dem der Schuldner handelt, übliche und geforderte Sorgfalt zu berücksichtigen. Aus beiden Elementen ergibt sich ein **objektivierter** (auch *normativ* genannter) und **gruppenspezifischer** (auch *typisiert* genannter) Sorgfaltsmassstab. Fahrlässig handelt, wer die nach diesen Kriterien bestimmte Sorgfalt nicht aufwendet (so die h.M.; vgl. etwa BUCHER, AT, 347; GAUCH/SCHLUEP/SCHMID/EMMENEGGER, N 2987 ff. m.Nw.; CHK-FURRER/WEY, N 22; GRIEDER, Diss., 103 ff.; DERS., AJP 2002, 959 ff., OSWALD, 58 ff.; SCHWENZER, N 22.18 ff., grundlegend OFTINGER/STARK, I, 205 ff.; DESCHENAUX/TERCIER, 83 f.; KELLER A., 119 ff. mit ausführlicher Kasuistik; vgl. auch Art. 41 N 45 ff.). 9

b) Die Objektivierung des Verschuldens führt zu *zahlreichen Problemen*, die einerseits die Abgrenzung von Pflichtwidrigkeit und Verschulden betreffen (dazu WALTER, Abgrenzung, 61 ff. und Art. 97 N 43) und zum anderen grundsätzlicher Natur sind. Deshalb wird immer wieder eine **Subjektivierung des Sorgfaltsmassstabes** gefordert – etwa nach dem Vorbild von Art. 321e (so schon VON TUHR/ESCHER, 115 und FELLMANN, ZSR 1987, 351 ff. vorwiegend für das Deliktsrecht und grundsätzlich KOZIOL, ZBJV 1998, 523). Am *objektiviert-typisierten* Fahrlässigkeitsbegriff ist jedoch festzuhalten. Eine organisierte Verkehrswirtschaft kann – zumindest im Vertragsrecht – nicht auf einen von der Einzelperson losgelösten Haftungsmassstab verzichten (so zu Recht GAUCH/SCHLUEP/SCHMID/EMMENEGGER, N 2997). Eine Individualisierung kann deshalb nur in beschränktem Ausmass und unter besonderen Voraussetzungen erfolgen (Eilbedürftigkeit, erhöhtes Risiko; vgl. Art. 97 N 43 m.Bsp.). 10

c) Kein eigentlicher Sorgfaltsverstoss, aber dennoch haftungsauslösendes Verschulden ist dann anzunehmen, wenn jemand sich zu einer Leistung verpflichtet, zu der ihm die Eignung oder Qualifikation fehlt. Man spricht dann vom **Übernahmeverschulden**, wobei die Unsorgfalt in der falschen Einschätzung der eigenen Möglichkeiten liegt (vgl. BGer, 27.10.2009, 4A_248/2009, E. 8; 15.9.2004, 4C.126/2004; BGE 124 III 161; GAUCH/SCHLUEP/SCHMID/EMMENEGGER, N 2995; BUCHER, AT, 348; SCHWENZER, N 22.19; CHK-FURRER/WEY, N 13). 11

d) Die Vorwerfbarkeit des Übernahmeverschuldens *berührt sich mit der Frage der Urteilsfähigkeit*; denn nur wenn der Schuldner überhaupt in der Lage ist, seine eigene Unzulänglichkeit zu erkennen, kann ihm dies angelastet werden. Diese **Verschuldensfähigkeit** (BK-BUCHER, Art. 16 ZGB N 108) muss auch bei den Verstössen gegen die objektivierte Sorgfalt immer als *Haftungsvoraussetzung* geprüft werden (vgl. dazu BK-BREHM, Art. 41 OR N 170 ff.; BK-WEBER, N 40 ff.; BGE 102 II 367; 90 II 12 = Pra 1964, 155). Fehlt sie, ist immer noch Haftung aus Billigkeit möglich (Art. 99 Abs. 3 i.V.m. Art. 54 Abs. 1). 12

III. Umfang der Haftung

1. *Bedeutung des Abs. 2*

Abs. 2 verweist für die Bemessung des Schadenersatzes auf die *besondere Natur des Geschäftes* und sieht eine Haftungsmilderung vor, *wenn das Geschäft für den Schuldner keinerlei Vorteil bezweckt.* Als Milderungsgrund kann schon genügen, dass der Vorteil verhältnismässig gering ist (BGE 92 II 242; vgl. auch 99 II 182; jedenfalls anwendbar bei Gefälligkeitshand- 13 lungen BGE 137 III 539 und BGer, 20.10.2011, 4A_275/2011, E. 5.2). Die Rechtsprechung versteht den Abs. 2 als eine Art Herabsetzungsgrund und wendet ihn an, um einen bestehenden Anspruch zu «mildern» (so auch die Literatur, soweit sie sich äussert; vgl. BUCHER, AT, 348;; BK-WEBER, N 138; Handkomm-OR-KREN KOSTKIEWICZ, N 4; CHK-FURRER/WEY, N 25 ff.; dem trotz Kritik an der Auslegung des Abs. 2 durch die h.M. letztlich zustimmend KUKO OR-THIER, N 6). Nach dem legislatorischen Hintergrund (vgl. N 1) und der Systematik des Gesetzes wären aber wohl eher eine Herabsetzung des Haftungsmassstabes und ein dementsprechender Ausschluss der Haftung in Betracht zu ziehen.

2. *Verweisung auf das Deliktsrecht (Abs. 3)*

14 Während Abs. 2 (nach h.M.) mit dem Kriterium *«Vorteil»* ein dem vertraglichen Schadenersatzrecht eigenes Merkmal zur Schadenersatzbemessung einführt, verweist Abs. 3 für die *weitergehende Regelung* auf *die Bestimmungen über das Mass der Haftung bei unerlaubten Handlungen*, also auf das Deliktsrecht von Art. 41 ff. OR. Art. 1121 Abs. 3 des Entwurfes von 1905 hatte eine noch globalere Verweisung auf das Deliktsrecht enthalten: «Die Bestimmungen über die Ersatzpflicht bei unerlaubten Handlungen (1058 bis 1074) finden auf das vertragswidrige Verhalten entsprechende Anwendung». Die Art. 1058 bis 1074 entsprechen den Art. 41–59 des geltenden OR. Die seither erfolgte Konkretisierung der Verweisung durch Lehre und Rechtsprechung hat beinahe zu diesem Ergebnis geführt. Im Einzelnen gilt Folgendes:

15 Auf welche Normen des ausservertraglichen Haftpflichtrechts sich Art. 99 Abs. 3 bezieht, bestimmt das Gesetz nicht. Dass von den insgesamt 20 Artikeln des Deliktsrechts zumindest die **Art. 60** und **61** von der Verweisung ausgenommen sind, ergibt sich aus dem noch globaleren Wortlaut des Entwurfs von 1905 und der Natur der Sache. Für die Tragweite von Abs. 3 ist v.a. der deutsche und italienische, nicht aber der zu weit gefasste französische Text massgebend (BGE 87 II 159; 80 II 258 = Pra 1954, 462).

16 **Art. 41** ist von der Verweisung nicht erfasst, da für das vertragliche Schadenersatzrecht Art. 97 als ausschliessliche und hinreichende Haftungsgrundlage dient. Dass das BGer im unveröffentlichten Entscheid Véronèse v. X. offenbar davon ausgegangen ist, dass Art. 99 Abs. 3 auch für die Festlegung des *Schadensbegriffes* («La notion du dommage») auf Art. 41 verweise, ist missverständlich (zit. nach COENDET, 232; vgl. auch CHK-FURRER/WEY, N 30). Dagegen sind die im Rahmen des Deliktsrechts entwickelten Kausalitätskriterien auch im Vertragsrecht anzuwenden (BGE 115 II 443).

17 **Art. 42** ist von der Verweisung erfasst. So bestimmt der Richter den Schaden nach Art. 42 Abs. 2, wenn dem Kläger der Schadensnachweis nach der Sondernorm von Art. 191 Abs. 2 und 3 misslingt (BGE 105 II 88 m.Nw.; BGer, 24.11.2011, 4A_506/2011, E. 4; vgl. auch 120 II 296; KUKO OR-THIER, N 8).

18 **Art. 43** ist von der Verweisung erfasst (BGE 116 II 446; BGer, 13.7.2005, 4C.89/2005, E. 4.2). Für die Schadenersatzbemessung ist der Richter mithin auf die Würdigung der Umstände und der Höhe des Verschuldens verwiesen. So rechtfertigt etwa der Umstand, dass die Hilfsperson ein Arbeitnehmer des Gläubigers ist, eine Ermässigung des Schadenersatzes (BGE 91 II 296; s.a. schon 49 II 86; 44 II 518; 43 II 176). Art. 43 sieht keine grundsätzliche Verminderung des Schadenersatzes bei leichtem Verschulden vor, sondern lediglich, wenn die Höhe des Verschuldens und die Belastung des Schuldners durch die Zahlung des Schadenersatzes völlig unverhältnismässig sind.

19 **Art. 44** ist von der Verweisung erfasst (BGE 130 III 600; 117 II 158 = Pra 1991, 880; BGE 112 II 458 = Pra 1987, 513; BGer, 8.4.2013, 4A_258/2012, E. 7.1, anwendbar nur auf Schadenersatzansprüche). Insbesondere sind Einwilligung oder Selbstverschulden des Gläubigers auch im Vertragsbereich Herabsetzungsgründe. So rechtfertigt der Umstand, dass der Auftraggeber einer dringlichen, unentgeltlichen Kunstschätzung dem Schätzer lediglich eine Fotografie des Kunstobjektes zur Verfügung gestellt hatte und das hohe Risiko einer Fehlschätzung gekannt haben musste, eine Herabsetzung der Haftung des Schätzers (BGE 112 II 355; s. ferner BGE 116 II 519; 92 II 240; 91 II 296; 78 II 441; BK-Weber, N 251 m.w.Nw.).

Art. 45–47 sind von der Verweisung erfasst, sofern die Tötung oder Körperverletzung durch ein vertragswidriges Verhalten verursacht wurde (so für Art. 46 Abs. 2 ausdrücklich BGE 87 II 162 und 137 III 20). Dies gilt auch für die Genugtuungsnorm von Art. 47 (BGer, 5.3.2012, 4A_521/2011, E. 3.1; BGE 116 II 520; Bucher, AT, 349; **a.M.** offenbar Coendet, a.a.O., 234), nach h.M. dagegen nicht für Art. 45 Abs. 3 (BGE 81 II 553 = Pra 1956, 199; BGE 64 II 202; Oftinger/Stark, I, 692; vgl. auch Gauch/Schluep/Schmid/Emmenegger, N 2923), was v.a. bei der Verjährung von erheblicher Bedeutung ist (BGE 81 II 553 = Pra 1956, 199; dazu BGE 123 III 204). Dass Hinterbliebene den Ersatzanspruch für Versorgerschaden nicht auf eine Vertragsverletzung des Schädigers gegenüber dem Getöteten sollen stützen können, ist fragwürdig (gl.M. Gauch/Schluep/Schmid/Emmenegger, N 2919 m.w.Nw.; KUKO OR-Thier, N 8; CHK-Furrer/Wey, 34). 20

Art. 49 ist von der Verweisung erfasst. Dies galt schon unter der alten Fassung von Art. 49 (BGE 102 II 224; 87 II 290 = Pra 1962, 85 ff.; BGE 87 II 143; 76 II 109; 54 II 481 und dort zitierte Materialien) und hat – mit noch breiterem Anwendungsbereich – auch für die aktuelle Fassung von Art. 49 Gültigkeit, die keine besondere Schwere der Verletzung und des Verschuldens mehr verlangt (BGE 116 II 519 m.Nw.; BGer, 10.12.2012, 4A_465/2012, E. 3.2; BGer, 12.1.2012, 4A_578/2011, E. 6.2). 21

Art. 50 und 51 sind von der Verweisung auch erfasst (BGE 115 II 45 für Art. 50 Abs. 1; so auch Coendet ohne Begründung für Art. 50 und differenzierend für Art. 51, 234; **a.M.** für Art. 50 ZK-Oser/Schönenberger, N 14 a.E.; zum Ganzen ausführlich Brunner, N 314 ff.). 22

Art. 54 ist von der Verweisung erfasst. In Änderung seiner früheren Rechtsprechung hat das BGer in BGE 102 II 228 erkannt, dass gestützt auf Art. 54 «nach Billigkeit zu entscheiden (ist), ob und in welchem Umfange der Urteilsunfähige den durch rechtsgeschäftliches oder deliktisches Verhalten (schuldlos) zugefügten Schaden zu ersetzen hat» (230; so auch BGer, 7.9.2004, 4C.195/2004, E. 3). Der Urteilsunfähige haftet grundsätzlich nur für das negative Interesse. 23

Art. 100

2. Wegbedingung der Haftung

[1] Eine zum voraus getroffene Verabredung, wonach die Haftung für rechtswidrige Absicht oder grobe Fahrlässigkeit ausgeschlossen sein würde, ist nichtig.

[2] Auch ein zum voraus erklärter Verzicht auf Haftung für leichtes Verschulden kann nach Ermessen des Richters als nichtig betrachtet werden, wenn der Verzichtende zur Zeit seiner Erklärung im Dienst des anderen Teiles stand, oder wenn die Verantwortlichkeit aus dem Betriebe eines obrigkeitlich konzessionierten Gewerbes folgt.

[3] Vorbehalten bleiben die besonderen Vorschriften über den Versicherungsvertrag.

2. Convention exclusive de la responsabilité

[1] Est nulle toute stipulation tendant à libérer d'avance le débiteur de la responsabilité qu'il encourrait en cas de dol ou de faute grave.

[2] Le juge peut, en vertu de son pouvoir d'appréciation, tenir pour nulle une clause qui libérerait d'avance le débiteur de toute responsabilité en cas de faute légère, si le créancier, au moment où il a renoncé à rechercher le débiteur, se trouvait à son service, ou si la responsabilité résulte de l'exercice d'une industrie concédée par l'autorité.

[3] Les règles particulières du contrat d'assurance demeurent réservées.

2. Patto di esclusione della responsabilità

[1] È nullo il patto avente per scopo di liberare preventivamente dalla responsabilità dipendente da dolo o da colpa grave.

[2] Anche la preventiva rinuncia alla responsabilità dipendente da colpa leggera può essere considerata nulla, secondo il prudente criterio del giudice, qualora al momento della rinuncia la parte rinunciante fosse al servizio dell'altra o qualora la responsabilità consegua dall'esercizio di una industria sottoposta a pubblica concessione.

[3] Rimangono riservate le disposizioni particolari sul contratto di assicurazione.

Literatur

BUOL, Beschränkung der Vertragshaftung durch Vereinbarung, Diss. Freiburg i.Ue., Zürich 1996; BRINER, Haftung für Informationen auf Websites, sic! 2002, 231 ff.; CHAPPUIS, Les clauses fixant l'étendue de la responsabilité du débiteur, in: Les grandes clauses des contrats internationaux, 55. Séminaire de la Commission Droit et Vie des Affaires, Paris/Bruxelles 2005, 61 ff.; EMMENEGGER, Haftungsbeschränkung und Haftungsausschluss im Vertrauenskontext, ZBJV 2005, 537 ff.; GERNHUBER, Gläubiger, Schuldner, Dritte, JZ 1962, 553 ff.; HOCHSTRASSER, Freizeichnungen zugunsten und zulasten Dritter, Diss. Zürich 2006; KOLLER, Art. 8 UWG: Eine Auslegeordnung, in: Emmenegger (Hrsg.), Das Bankkonto. Policy – Inhaltskontrolle – Erwachsenenschutz, Basel 2013, 17 ff.; KRAUSKOPF-FORERO, Die Kontrolle von Freizeichnungen im Vertrags- und Wettbewerbsrecht, BR 1999, 26–29; MEIER, Haftungsfreizeichnungsklauseln, in: FS für Eike Schmidt, Heidelberg 2005, 223 ff.; MÜLLER-CHEN, Vertragliche Haftung und Freizeichnungsmöglichkeiten des Beraters, in: FS für Peter Gauch, Zürich 2004; OESCH, Die Freizeichnung im schweizerischen vertraglichen Schadenersatzrecht und ihre Schranken, Diss. Basel 1978; PERRIN, La limitation de la responsabilité contractuelle en droit suisse, SJ 1973, 209–218; RUSCH, Bitte recht feindlich- zur Auslegung allgemeiner Geschäftsbedingungen, AJP 2014, 215 ff. (zit. AJP 2014); DERS., Schadensabwälzungsklauseln in der Inhaltskontrolle, SZW 2012, 439 ff. (zit. SZW 2012); RUSCH/BORNHAUSER, Korrektiv zur Freizeichnung von der Hilfspersonenhaftung, AJP 2010, 1228 ff.; SCHMID, Freizeichnungsklauseln, in: FS für Heinz Rey, Zürich 2003, 307 ff.; SCHRANER, Unzulässige Überwälzung und Wegbedingung der Schadenersatzpflicht unter besonderer Berücksichtigung von Vereinbarungen über die Tragung der Bauherrenhaftung, Zürich 1973; SCHWENZER, Beschränkung und Modifikation der vertraglichen Haftung, in: Koller A. (Hrsg.), Haftung aus Vertrag, St. Gallen 1998, 99–126 (zit. Beschränkung); SCHWERY, Die Korrelation von Nutzen und Haftung im Vertragsrecht, Diss. Freiburg i.Ue. 2013; WIEGAND, Die Geschäftsverbindung im E-Banking, in: Wiegand (Hrsg.), E-Banking – Rechtliche Grundlagen, Berner Bankrechtstag Bd. 8, Bern 2001, 93 ff. (zit. Geschäftsverbindung); DERS., Zur Haftung für Dienstleistungen, Urteilsanmerkung zu BGE 115 II 62 ff., recht 1990, 134–143 (zit. recht 1990); ZIRLICK, Freizeichnung von der Deliktshaftung, Haftungsbeschränkung und -auschluss im ausservertraglichen Bereich, Bern 2003; vgl. ausserdem die Literaturhinweise bei der Einleitung zu Art. 97–109.

I. Normzweck und Anwendungsbereich

1 Art. 100 geht stillschweigend vom Grundsatz aus, dass sog. **Freizeichnungsklauseln**, also vertragliche *Haftungsausschlüsse* oder *-beschränkungen*, zulässig sind. Das ergibt sich – wie auch die Möglichkeit einer Haftungsverschärfung (VON TUHR/ESCHER, 118) – mit Selbstverständlichkeit aus dem Prinzip der *Privatautonomie*. Art. 100 hat nur die Funktion, die Grenzen der Zulässigkeit festzulegen. Dies geschieht dadurch, dass in Abs. 1 der Ausschluss der Haftung für *rechtswidrige Absicht oder grobe Fahrlässigkeit* generell für nichtig erklärt wird. Abs. 2 dehnt diese Rechtsfolge auf bestimmte Fälle der leichten Fahrlässigkeit aus. Die durch Art. 100 gesetzten Grenzen der Haftungsfreizeichnung sind zwingender Natur.

2 Art. 100 findet nur auf *vorgängige*, d.h. vor Eintritt des Schadens geschlossene *Vereinbarungen* Anwendung. Nach Eintritt des schädigenden Ereignisses können die Parteien ohne weiteres eine entsprechende Parteivereinbarung schliessen (BGer, 7.4.2014, 4A_25/2014, E. 7.1; VON TUHR/ESCHER, 120; BK-WEBER, N 6); dann handelt es sich allerdings um den Erlass einer entstandenen Forderung durch Vertrag gem. Art. 115 (vgl. BUCHER, AT, 401). Besondere Bedeutung hat die Norm im Rahmen der Kontrolle von Allgemeinen Geschäftsbedingungen erlangt, welche häufig Freizeichnungsklauseln enthalten (ausführlich ZIRLICK, 116 ff.; GAUCH/SCHLUEP/SCHMID/EMMENEGGER, N 1118 ff.; vgl. N 3; vgl. BGE 132 III 451).

II. Freizeichnungsbeschränkungen im allgemeinen (Abs. 1)

Freizeichnungen können *ausdrücklich* oder *stillschweigend* erfolgen. In BGE 95 II 101 hat das BGer offengelassen, ob das Verbot, eine Baustelle zu betreten, eine stillschweigende Haftungsfreizeichnung beinhalte. Stillschweigende Haftungsfreizeichnungen sind aber nur sehr zurückhaltend anzunehmen. Auch die *ausservertragliche Haftung* kann vertraglich wegbedungen werden (BGE 107 II 168; offengelassen in BGE 111 II 480; ausdrücklich bejaht in BGE 120 II 61; Assistalex 2003 N 10 002, Urteil des Kantonsgerichts BL vom 21.1.2003 [40–02/589 (A 149)]). Ob dies gewollt ist, muss im Einzelfall durch Auslegung ermittelt werden (Art. 18, N 16 ff.), wird allerdings in der Literatur überwiegend angenommen (SCHWENZER, Beschränkung, 124 m.Nw.). Wenn sich eine Freizeichnungsklausel in **Allgemeinen Geschäftsbedingungen** befindet, legt der Richter diese nach der Unklarheitenregel sowie nach dem Grundsatz aus, «dass Abreden, die vom dispositiven Recht abweichen, im Zweifel eng auszulegen sind, namentlich dann, wenn sie die Stellung des Kunden verschlechtern» (BGE 115 II 479; 117 II 621; vgl. auch BGer, 12.7.2005, 5C.271/2004; 28.11.2003, 4C.190/2003, E. 3.1; SCHWENZER, Beschränkung, 111; ZIRLICK, 155 ff.; CHK-FURRER/WEY, N 4; KUKO OR-THIER, N 2). 3

Für die Wegbedingung der Gewährleistung im Kaufvertrag kommt Art. 199 zur Anwendung. Das BGer hat jedoch das Verhältnis von Art. 199 und Art. 100 bis heute nicht geklärt (unentschieden in BGE 107 II 166). In BGE 126 III 67 (ebenso BGE 130 III 686) wurde nur Art. 199 angewandt, ohne aber die Anwendbarkeit von Art. 100 Abs. 1 ausdrücklich auszuschliessen. Dessen ungeachtet enthält das Urteil zwei vom BGer wiederholt bestätigte Prinzipien, die wohl für alle Haftungsbeschränkungen Geltung beanspruchen: Einerseits soll sich der Gewährleistungsanspruch nur auf Mängel beziehen, die bei Abschluss der Vereinbarung im Vorstellungsbereich der Parteien liegen und andererseits ist diese Vereinbarung restriktiv auszulegen. Beide Ansätze sind problematisch und in vielen Fällen nicht sachgerecht (dazu WIEGAND, ZBJV 2002, 327 ff.).

Im Normalfall ist eine Freizeichnungsklausel **ungültig**, wenn sie von der Haftung für Vorsatz oder grobe Fahrlässigkeit freizeichnet (BGer, 2.11.2004, 4C.157/2003), nicht aber, wenn die Freizeichnung leichte oder mittlere Fahrlässigkeit betrifft (zu den Begriffen s. Art. 99 N 5 ff.; terminologisch ungenau BGE 115 II 479, wo das BGer ohne weitere Begründung festhält, dass eine Freizeichnungsklausel gem. Art. 100 Abs. 1 «nur bei bloss leichtem Verschulden beachtlich» sei; vgl. auch CHK-FURRER/WEY, N 7). Die Freizeichnung ist nur in dem Umfange ungültig, als sie das erlaubte Verschuldensmass übersteigt (BUCHER, AT, 348); eine Freizeichnungsklausel «für jedes Verschulden» ist daher grundsätzlich gültig, jedoch nicht für Vorsatz und Grobfahrlässigkeit (BGE 38 II 499; **a.A.** SCHWENZER, N 24.09, vgl. zum Stand der Diskussion: BK-WEBER, N 156 ff.). Da die Freizeichnung für grobe Fahrlässigkeit unzulässig ist, ist es auch die Beschränkung der Haftung auf eine bestimmte Summe (BGE 115 II 479; 102 II 264; näher dazu N 6). Nach allgemeiner Auffassung **unzulässig** ist der Haftungsausschluss für **Körperschäden** (SCHWENZER, N 24.14; SCHMID, 316 f.; TERCIER/PICHONNAZ, obligations, N 1267; Nichtigkeit nach Art. 19, 20 und Art. 27 ZGB; KUKO OR-THIER, N 2) und zwar bei vertraglicher wie ausservertraglicher Haftung (dies bestätigende Sonderregelungen finden sich in Art. 16 PRG und [mittelbar] in Art. 8 PrHG [dazu auch N 6] sowie in Art. 57 VE HPG). 4

Haben die Parteien eine Freizeichnung vereinbart, so soll gemäss BGer die *Beweislast* für das Vorliegen von Vorsatz oder Grobfahrlässigkeit beim Gläubiger liegen (so – allerdings vage – BGE 107 II 167; unklar 108 II 318). Eine derartige Umkehr der Beweislast entgegen Art. 97 ist nicht akzeptabel; dem Gläubiger den Beweis für Vorsatz oder Grobfahrlässigkeit des Schuldners aufzubürden, könnte im Einzelfall dazu führen, dass der Schuldner für diese Verschuldensformen nicht einzustehen hätte (ohne Stellungnahme BK-WEBER, N 70 reportierend CHK-FURRER/WEY, N 20; wie hier SCHWENZER, Beschränkung, 123). 5

Schon die Freizeichnung für *mittlere oder leichte Fahrlässigkeit* kann *ungültig* sein, wenn sie der **Natur des Geschäfts** widerspricht (BUCHER, AT, 348 FN 77), was insb. für Auftragsver- 6 hältnisse zutreffen kann. So ist eine Vereinbarung unzulässig, die die Haftung des Anwaltes auf grobe Fahrlässigkeit beschränkt (ZBJV 1969, 372). Das dürfte heute für die meisten Dienstleistungsberufe gelten, da gerade das sorgfältige Tätigwerden für diese Berufe typisch ist (dazu WIEGAND, recht 1990, 134 ff.; s.a. N 10; vgl. auch BGer, 10. 11. 2006, 4C.158/2006, E. 2.3). Im Entscheid BGE 124 III 165 lässt das BGer die Frage offen, ob ein Haftungsausschluss im Auftragsrecht überhaupt möglich ist, da der Auftrag gerade die getreue und sorgfältige Ausführung zum Vertragsinhalt hat (vgl. dazu ABEGGLEN, SZW 2001, 179 ff.; GUTZWILLER, AJP 2000, 57 ff.). Die Mehrheit der Autoren geht indessen davon aus, dass Art. 100 auch im Auftragsrecht Anwendung findet (dazu und zum Folgenden eingehend und mit umfassenden Nw. BK-WEBER, N 43 ff. und N 73 f. sowie BK-FELLMANN, Art. 398 OR N 515 ff.).

Richtigerweise wird man wie folgt präzisieren und differenzieren müssen: Wie sich aus der systematischen Stellung und dem Wortlaut ergibt, betrifft Art. 100 den Ausschluss der Haftung für das *Verschulden*. Infolge der bei Dienstleistungsverträgen weitgehenden inhaltlichen Übereinstimmung von Verschulden und vertraglich geschuldeter Sorgfalt (Art. 97 N 43) kommt ein Haftungssausschluss dann nicht in Betracht, wenn die «begriffsnotwendig aufzuwendende Sorgfalt» (WEBER), deren Einhaltung zum Wesen des jeweiligen Vertrages gehört, dadurch eingeschränkt würde. Eine solche Einschränkung ist aber nicht grundsätzlich und immer ausgeschlossen. Die Zulässigkeit muss nach dem konkreten Schuldverhältnis und der Interessenlage der Parteien beurteilt werden. Dabei handelt es sich aber nicht um einen Haftungsausschluss i.S.v. Art. 100, sondern um eine **Inhaltsbestimmung** durch konkrete Festlegung der zu gewährleistenden Sorgfalt (BK-WEBER, «Verpflichtungsausschluss», vgl. auch SCHWENZER, Beschränkung, 122). In diesem Rahmen sind auch *summenmässige Beschränkungen* oder die Ausschlüsse *einzelner Schadensfolgen* (etwa entgangener Gewinn) als zulässig zu betrachten. Grundsätzlich zulässig sind auch **vereinbarte Risikoübernahmen** (etwa des Patienten bei der Operation, dazu WIEGAND, Arztvertrag, in: Arzt und Recht, Bern 1985 87 f. oder des Bankkunden [so BK-WEBER, N 45, 75]). Im Hinblick darauf, dass es sich um eine inhaltliche Gestaltung des Vertrages handelt, ist eine solche Vereinbarung in AGB problematisch (generell krit. SCHWENZER, Beschränkung). Dies gilt insb. für die im elektronischen Geschäftsverkehr (vor allem beim E-Banking) verbreiteten Klauseln, bei denen das Systemrisiko auf den Kunden überwälzt wird (dazu WIEGAND, Die Geschäftsverbindung im E-Banking, 138 ff., sowie WEBER, Elektronische Abwicklung von Effektentransaktionen, 73, beide in: Wiegand [Hrsg.], E-Banking – Die einzelnen Rechtsgeschäfte, Der Berner Bankrechtstag 2002, Bern 2003). Jedenfalls dürfen weder Inhaltsbestimmung noch Risikoübernahme zu einer Umgehung des Art. 100 führen.

7 **Kasuistik**: BGE 132 III 449 = Pra 2007, 195 ff.; BGer, 15.9.2004, 4C.126/2004; vgl. ferner; BGE 109 II 118; 108 II 315; 90 II 498 = Pra 1965, 194 f.; BGE 41 II 490; BK-WEBER, N 100 m.Nw.

III. Freizeichnungsbeschränkungen in Sonderfällen (Abs. 2)

8 Abs. 2 sieht für zwei Sonderfälle eine *strengere* Regelung als Abs. 1 vor, nämlich Freizeichnungen durch den Arbeitgeber und durch den Inhaber eines obrigkeitlich konzessionierten Gewerbes.

9 Im **Arbeitsverhältnis** gilt grundsätzlich die Grundregel von Abs. 1. Allerdings kann der Richter nach Ermessen auch schon eine Freizeichnung für leichte Fahrlässigkeit für ungültig erklären. Dies ist insb. anzunehmen, wenn der Arbeitgeber seine stärkere Marktstellung zur Durchsetzung einer für den Arbeitnehmer nachteiligen Klausel missbraucht (BK-WEBER, N 105).

10 Dasselbe gilt für Freizeichnungen durch den Inhaber eines **obrigkeitlich konzessionierten Gewerbes**, d.h. eines Gewerbebetriebes, dessen Ausübung eine öffentlich-rechtliche Konzes-

sion voraussetzt und der daher eine gewisse Monopolstellung einnimmt (BK-WEBER, N 114; SCHMID, 312 ff.). In grosszügiger Auslegung von Abs. 2 zählen OSER/SCHÖNENBERGER nebst Bahn und Post auch Ärzte, Anwälte, Notare, Apotheker, Gastwirte sowie Gas-, Elektrizitäts- und Wasserwerke hinzu (ZK-OSER/SCHÖNENBERGER, N 5), was zumindest hinsichtlich der freien Berufe problematisch und angesichts der vielfach erfolgten Privatisierung zu überdenken ist (s. aber N 6; zustimmend Handkomm-OR-KREN KOSTKIEWICZ, N 7; krit. BK-WEBER, N 111 ff.).

Das BGer hat die Anwendbarkeit von Abs. 2 auch für *Luftseilbahnen* (BGE 113 II 251) und *Banken* bejaht (BGE 132 III 449; BGer, 20.4.2009, 4A_54/2009, E. 1; 29.1.2008, 4A_438/2007, E. 5.1; 10.11.2006, 4C.158/2006, E. 2.2; 1.7.2002, 4C.81/2002; BGE 112 II 454 = Pra 1987, 510 ff.; SJZ 1994, 65 ff.; zur Problematik s. CHAPUIS, ZBJV 1992, 148 ff., 151 f.; offengelassen noch in BGE 109 II 119; dazu BUCHER, recht 1984, 97). Die Unterstellung der Banken unter Abs. 2 hat Anlass zu Diskussionen gegeben (eingehend dazu BK-WEBER, N 120 ff.), die methodisch insofern berechtigt sind, als das BGer diesen Weg ersichtlich nur deshalb gewählt hat, um für diesen Punkt eine Inhaltskontrolle der Banken-AGB zu ermöglichen. Es bleibt abzuwarten, ob mit dem Inkrafttreten des Art. 8 UWG eine effiziente Inhaltskontrolle entsteht. Dann wird diese Hilfskonstruktion entbehrlich. Solange eine wirklich Kontrolle solcher Bedingungen nicht bewirkt werden kann, ist gleichwohl daran festzuhalten. Dasselbe wird man auch für die bankengesetzliche Revisionsstelle annehmen müssen, soweit diese nach Auftragsrecht haftet; andernfalls wäre die Zulässigkeit aus den in N 6 dargelegten Gründen zu verneinen (dazu WIEGAND, Bankrechtstag 1995, 119 ff.; zur Beschränkung der Haftung der Vermögensverwalter vgl. ABEGGLEN, SZW 2001, 179). 11

Weitere Bestimmungen zur Haftungsfreizeichnung finden sich im Besonderen Teil des OR und in Sondergesetzen (BK-WEBER, N 38 ff.; SCHWENZER, N 24.10 ff.). 12

IV. Der Vorbehalt der besonderen Vorschriften über den Versicherungsvertrag (Abs. 3)

Der in Abs. 3 ausgesprochene *Vorbehalt* der besonderen Vorschriften über den *Versicherungsvertrag* bezieht sich auf Art. 14 VVG i.V.m. Art. 98 VVG, d.h. auf die Frage, inwieweit der im VVG geregelte Einfluss eines allfälligen Mitverschuldens des Versicherungsnehmers auf seinen Anspruch auf Versicherungsleistung durch Parteiabrede modifiziert werden kann (VON TUHR/ESCHER, 120; BK-WEBER, N 54; CHK-FURRER/WEY, N 14). Art. 98 VVG gestattet es nicht, Art. 14 Abs. 4 VVG zu Lasten des Versicherungsnehmers abzuändern; bei leichter Fahrlässigkeit des Versicherten hat der Versicherer demnach die Versicherungsleistung immer vollumfänglich zu erbringen (vgl. dazu im Einzelnen ROELLI/KELLER, Kommentar zum Schweizerischen Bundesgesetz über den Versicherungsvertrag, Bd. I, Bern 1968, 223 ff. [zu Art. 14]; KOENIG, Der Versicherungsvertrag, in: Schweizerisches Privatrecht [SPR], Bd. VII/2, Basel 1979, 649 ff.). Mit dem Problem der Haftungsfreizeichnung hat dies allerdings nichts zu tun, da nicht die Haftung des Versicherers für eine Vertragsverletzung, sondern die Einschränkung seiner vertraglichen Leistungspflicht in Frage steht (GAUCH/SCHLUEP/SCHMID/EMMENEGGER, N 3093; vgl. auch N 6). 13

Art. 101

3. Haftung für Hilfspersonen

[1] Wer die Erfüllung einer Schuldpflicht oder die Ausübung eines Rechtes aus einem Schuldverhältnis, wenn auch befugterweise, durch eine Hilfsperson, wie Hausgenossen oder Arbeitnehmer vornehmen lässt, hat dem andern den Schaden zu ersetzen, den die Hilfsperson in Ausübung ihrer Verrichtungen verursacht.

[2] Diese Haftung kann durch eine zum voraus getroffene Verabredung beschränkt oder aufgehoben werden.

[3] **Steht aber der Verzichtende im Dienst des andern oder folgt die Verantwortlichkeit aus dem Betriebe eines obrigkeitlich konzessionierten Gewerbes, so darf die Haftung höchstens für leichtes Verschulden wegbedungen werden.**

3. Responsabilité pour des auxiliaires

[1] Celui qui, même d'une manière licite, confie à des auxiliaires, tels que des personnes vivant en ménage avec lui ou des travailleurs, le soin d'exécuter une obligation ou d'exercer un droit dérivant d'une obligation est responsable envers l'autre partie du dommage qu'ils causent dans l'accomplissement de leur travail.

[2] Une convention préalable peut exclure en tout ou en partie la responsabilité dérivant du fait des auxiliaires.

[3] Si le créancier est au service du débiteur, ou si la responsabilité résulte de l'exercice d'une industrie concédée par l'autorité, le débiteur ne peut s'exonérer conventionnellement que de la responsabilité découlant d'une faute légère.

3. Responsabilità per persona ausiliaria

[1] Chi affida, sia pure lecitamente, l'adempimento di una obbligazione o l'esercizio di un diritto derivante da un rapporto di obbligazione ad una persona ausiliaria, come un membro della comunione domestica o un lavoratore, deve risarcire all'altra parte il danno, che la commessa persona le cagiona nell'adempimento delle sue incombenze.

[2] Questa responsabilità può essere preventivamente limitata o tolta mediante convenzione.

[3] Se però chi rinuncia si trovi al servizio dell'altra parte, o la responsabilità consegua dall'esercizio di una industria sottoposta a pubblica concessione, la rinuncia può farsi al più per la responsabilità derivante da colpa leggera.

Literatur

BALDAUF, Die Haftung des Erfüllungsgehilfen im Arztrecht, Wien 2011; BONNARD/CIOLA-DUTOIT, Partage du travail et responosabilités en clinique privée, AJP 2010, 1401 ff.; DONATIELLO, Responsabilité du débiteur de la délégation à l'organisation de l'exécution des obligations, Diss. Genf 2010; DROZ, La substitution dans le contrat de mandat, Diss. Genf 2008; NATER/THOMANN, Der Anwalt in der Anwaltskörperschaft: Substitut oder Hilfsperson, SJZ 2007, 228 ff.; KOLLER A., Die Haftung für den Erfüllungsgehilfen nach Art. 101, Diss. Freiburg i.Ue. 1980; GAUCH, Die Vertragshaftung der Banken und ihre AVB, recht 2006, 24 ff.; OTT W., Der Architekt als Hilfsperson des Bauherrn, SJZ 1978, 285 ff.; GRIEDER, Die sachkundige Hilfsperson – Gedanken zur Hilfspersonenhaftung, in: FS für Walter Ott, Zürich 2008, 565 ff.; HONSELL, Die Haftung für Hilfspersonen, in: FS für Ingeborg Schwenzer, Bd. I, Bern 2011, 779 ff. (zit. FS Schwenzer); KOLLER A., Die Haftung für den Erfüllungsgehilfen nach Art. 101, Freiburg i.Ue. 1980; KUONEN, Négociations et accords précontractuels: incartades à l'unité des acteurs, du lieu et de l'action, in: Pichonnaz/Werro (Hrsg.), La pratique contractuelle 3, Genf 2012, 149 ff.; PETRIN, Fortentwicklung der Geschäftsherrenhaftung in der Schweiz, Diss. St. Gallen 2004; PICHONNAZ/KUONEN, Les intérêts sur le dommage contractuel et la responsabilité pour le fait de l'auxiliaire: rappel de deux principes à la lumière d'un arrêt récent. Commentaire de l'arrêt du Tribunal fédérale du 13 août 2004, publié aux ATF 130 III 591 (4C.96/2004), BR/DC 2005, 15 ff.; RUSCH, Hilfsperson, Substitut und Direktanspruch, Jusletter vom 18.10.2010; RUSCH/BORNHAUSER Korrektiv zur Freizeichnung von Hilfspersonenhaftung, AJP 2010, 1228; SCHNEEBERGER, Die Haftung des Frachtführers für Erfüllungsgehilfen und sein Risiko bei zufälligem Untergang des Frachtgutes verglichen mit dem Unternehmer im Werkvertrag aus historisches und systematischer Sicht, recht 1987, 115 ff.; SCHWENZER, Beschränkung und Modifikation der vertraglichen Haftung, in: Koller (Hrsg.), Haftung aus Vertrag, St. Gallen 1998, 99 (zit. Beschränkung); SPIRO, Die Haftung für Erfüllungsgehilfen, 1984 (zit. Erfüllungsgehilfen); DERS., Die Haftung für Abschluss- und Verhandlungsgehilfen, ZSR 1986, 619 ff. (zit. ZSR 1986); WIDMER, Reformüberlegungen zum Haftpflichtrecht, in: Symposium Stark, Zürich 1991, 49 ff.; WYTTENBACH, Formelle, materielle und faktische Organe – einheitlicher Organbegriff, Diss. Basel 2012; vgl. ausserdem die Literaturhinweise bei der Einleitung zu Art. 97–109.

I. Allgemeines. Normzweck

1 Art. 101 behandelt die *Haftung des Schuldners* (Geschäftsherrn) für **Hilfspersonen** (Gehilfen), die dieser zur Erfüllung einer gegenüber dem Gläubiger bestehenden Verpflichtung hin-

zuzieht. Dies ist in einer von Arbeitsteilung und Vernetzung gekennzeichneten Gesellschaft zum Regelfall geworden. Nur in denjenigen Fällen, in denen es auf die höchstpersönliche Erfüllung durch den Schuldner ankommt (vgl. Art. 68), ist die Zuhilfenahme anderer Personen ausgeschlossen; so kann z.B. nur der berühmte Maler ein bestimmtes Portrait erstellen.

Art. 101 stellt eine **Zurechnungsnorm für Drittverhalten** dar (WIEGAND, recht 1983, 5; zustimmend BK-WEBER, N 4; teilweise zustimmend auch CR CO I-THÉVENOZ, N 1; CHK-FURRER/WEY, N 3; KUKO OR-THIER, N 1; **a.A.** GAUCH/SCHLUEP/SCHMID/EMMENEGGER, N 3014; HONSELL 779 ff., s. aber N 11). Sie bewirkt zugleich eine angemessene *Abgrenzung der Risikosphären zwischen Schuldner und Gläubiger.* Der Schuldner haftet dem Gläubiger grundsätzlich ohne Rücksicht auf sein eigenes Verschulden für Schäden, die die zur Erfüllung eingesetzte Hilfsperson verursacht (deshalb wird vielfach von einer Kausalhaftung gesprochen, was jedoch zumindest irreführend ist; vgl. dazu N 11). Dahinter steht die Überlegung, dass der Geschäftsherr nicht nur in den Genuss der Vorteile aus der Mitwirkung seines Gehilfen kommen, sondern – als Ausgleich – auch deren Nachteile tragen soll (vgl. BGE 114 Ib 71 m.Nw. BGer, 13.2.2013, 4A_297/2011, E. 3.2; so auch BGer, 2.5.2014, 2C_752/2013, E. 3.4: «Praxisgemäss gilt die Formel, dass diejenige Person, die den Vorteil hat, Pflichten durch eine Hilfsperson erfüllen zu lassen, auch die *Nachteile daraus tragen* soll»). 2

Das Spektrum der Hilfspersonen ist breit gefächert. Es reicht vom einfachen Handlanger bis zur hochspezialisierten Fachkraft. Daraus können sich jedoch häufig Abgrenzungsschwierigkeiten ergeben; sachgerechte Lösungen lassen sich nur durch Betrachtung des konkreten Einzelfalles finden (BGer, 22.5.2007, 4A_70/2007, E. 5.1.2). 3

II. Anwendungsbereich und Voraussetzungen

Art. 101 bezieht sich (nur) auf die Haftung aus Schuldverhältnissen. Gemäss Art. 101 Abs. 1 haftet der Schuldner (oder Geschäftsherr) für den Schaden, den eine von ihm zur **Erfüllung einer Schuldpflicht** eingesetzte Hilfsperson (oder Gehilfe) bei Ausübung dieser Tätigkeit verursacht. 4

1. Art. 101 setzt voraus, dass der Schuldner die Hilfsperson zur Erfüllung einer Verbindlichkeit *«aus einem Schuldverhältnis»* (BGer, 22.4.2010, 4A_58/2010, E. 3.2) hinzuzieht. Damit soll ausgedrückt werden, dass der Geschäftsherr nur im Rahmen eines bestehenden Schuldverhältnisses für Schädigungen durch seine Gehilfen haftet, nicht dagegen im ausservertraglichen Bereich (vgl. dazu Art. 55 und BGer, 29.10.2002, 5C.36/2001, E. 2.5). Es muss sich aber nicht um ein vertragliches Schuldverhältnis handeln, es kann auch auf Gesetz beruhen (z.B. zwischen Erben und Vermächtnisnehmern oder dem aus dem Vertrauensprinzip abgeleiteten gesetzlichen Schuldverhältnis, Einl. zu Art. 97–109 N 4 ff.; BK-WEBER, N 18). Die «Erfüllung» als solche kann in einem beliebigen Verhalten der Hilfsperson bestehen, d.h. sowohl in einem Handeln als auch in einem Unterlassen (ausführlich von Staudinger-CASPERS [2014], § 278 BGB N 18 ff.); entscheidend ist allein, dass es sich um ein vom Schuldner geschuldetes Verhalten handelt. **Schuldpflicht** in diesem Sinne sind auch alle Neben- und Verhaltenspflichten (Art. 97 N 32 ff.). 5

Nach Art. 101 Abs. 1 kann der Geschäftsherr die Hilfsperson zur *«Erfüllung» einer solchen Schuldpflicht oder zur «Ausübung eines Rechts»* beiziehen. Im ersten Fall nennt man die Hilfsperson auch *Erfüllungsgehilfe, im zweiten Ausübungs-* oder *Nutzungsgehilfe* (vgl. jetzt auch BGE 130 III 601). Dieser Unterscheidung kommt jedoch keine praktische Bedeutung zu, da die Haftung für beide die gleiche ist VON TUHR/ESCHER, 127 f.; VON BÜREN, AT, 397; BK-WEBER, N 6; SPIRO, Erfüllungsgehilfen, 152 ff.). 6

2. Der Kreis der Hilfspersonen lässt sich nicht generell bestimmen. Wesentlich ist, dass der Geschäftsherr diese Personen **bewusst** *(«mit Wissen und Wollen»)*, so ausdrücklich BGer, 24.4.2007, 4C.394/2006, E. 4.2, zur Mitwirkung bei der Erfüllung einsetzt (vgl. z.B. BGE 7

99 II 48; 70 II 220; WIEGAND, recht 1983, 5; BUCHER, AT, 352; zum deutschen Recht vgl. von Staudinger-CASPERS [2014], § 278 BGB N 18 f.). Dieses Kriterium lässt sich auch zur Begrenzung des Kreises zusätzlicher Gehilfen *(Untergehilfen)* heranziehen (Bsp.: der Assistenzarzt eines Chirurgen, welcher Erfüllungsgehilfe gegenüber den Kranken ist, überträgt eine technische Verrichtung einer Krankenschwester; umstritten und zugleich aufzeigend, dass keine schematische Zuordnung möglich ist, das Bsp. des *Lieferanten*: nach h.M. kein Gehilfe, vgl. VON TUHR/ESCHER, 125; BK-WEBER, N 50, so auch Art. 67 WKR; **a.A.** SPIRO, Erfüllungsgehilfen, 189 ff.; differenzierend GAUCH/SCHLUEP/SCHMID/EMMENEGGER, N 3016 ff.). Dagegen bedarf es *keines Subordinationsverhältnisses* zwischen Geschäftsherr und Hilfsperson wie in Art. 55 (vgl. BGer, 22.5.2007, 4A_70/2007, E. 5.1.2; BGE 107 Ia 169; GAUCH/SCHLUEP/SCHMID/EMMENEGGER, N 3073; VON TUHR/ESCHER, 123).

8 a) **Beispiele**. *Erfüllungsgehilfen* sind etwa: Art. 449, der Zwischenfrachtführer; BGE 122 III 108, der Spediteur bei einer Versendungspflicht mit CIF Klausel (dazu WIEGAND, ZBJV 1998, 206); BGE 116 II 519, die Sprechstundenhilfe des Arztes; BGE 116 II 308, der Unterakkordant des Unternehmers; BGE 113 II 424 = Pra 1988, 402 ff., der Bademeister in einem Gemeindeschwimmbad; RVJ 1992, 348 ff., der Drittkontrahent (Subunternehmer) des Zweitkontrahenten (Hauptunternehmers), für welchen dieser dem Erstkontrahenten (Besteller) haftet; BGE 117 II 568 = Pra 1992, 683 ff., der Praktikant des Anwaltes; BGE 117 II 65 = Pra 1992, 303 ff., der Untermieter als Gehilfe des Hauptmieters gegenüber dem Vermieter und BGE 123 III 127; 119 II 337 = Pra 1994, 400 f., der Vermieter des Mieters gegenüber dessen Untermieter; BGE 125 III 223, Voraussetzungen der Hilfspersonenhaftung des Architekten zu Lasten des Bauherrn (dazu WIEGAND, ZBJV 2001, 98 f.); BGE 130 III 604: Ein Architekt, der als Bauherrenvertreter vom Bauherrn beigezogen wird, ist eine Hilfsperson («Ausübungsgehilfe») des Bauherrn, dem das Verhalten des Architekten zuzurechnen ist (BGer, 23.5.2000, 4C.81/2000, E. 2c: «il faut rappeler que l'architecte est l'auxiliaire du maître de l'ouvrage»; s.a. N 13 und 14; weitere Bsp.: Angestellte des Anwalts BGer, 7.10.2005, 4C.244/2005, E. 3, sowie bei CHK-FURRER/WEY, N 13; Handkomm-OR-KREN-KOSTKIEWICZ, N 3).

Umstritten ist die Zuordnung des gesetzlichen Vertreters wie z.B. des Vormunds, Willensvollstreckers oder Erbschaftsverwalters (analoge Anwendung von Art. 101 möglich nach VON TUHR/ESCHER, 127; BK-WEBER, N 56; **a.A.** ZK-OSER/SCHÖNENBERGER, N 6; krit. BUCHER, AT, 351 m.Nw.).

Wichtigstes Bsp. der Ausübung eines Rechts durch Dritte *(Nutzungsgehilfen)* ist die Überlassung gemieteter, gepachteter oder geliehener Sachen an Familienangehörige, Dienstboten oder sonstige Hausgenossen (vgl. BGE 103 II 333 = Pra 1978, 201 f.; Untermiete in Art. 262; BGE 117 II 65 = Pra 1992, 303 ff., der Untermieter des Mieters; ebenso BGE 116 II 514; Unterpacht in Art. 291; VON TUHR/ESCHER, 128).

9 b) **Nicht** unter Art. 101 fallen hingegen:
- *Maschinen, Apparate* und *Tiere*, deren sich der Geschäftsherr zur Erfüllung bedient (BK-WEBER, N 41; **a.A.** SPIRO, Erfüllungsgehilfen, 209 ff.);
- *Substitution* (Art. 398 Abs. 3, Art. 399 Abs. 2; vgl. BGE 114 II 50 = Pra 1988, 753 ff.; BGE 112 II 346; 107 II 245; 103 II 61; sowie 121 III 310; BUCHER, AT, 352 m.NW.; CHK-FURRER/WEY, N 18 GAUCH/SCHLUEP/SCHMID/EMMENEGGER, N 3058 ff. – mit ausführlicher Darstellung der Abgrenzungsproblematik sowie besonders instruktiv für Substitution im Anwaltsbereich OGer Bern von 2010, APH-Nr. 10/174 E. IV/2c/aa).
- *Zulieferer* aller Art (VON TUHR/ESCHER, 125 f.; BGHZ 48, 118; Art. 67 WKR). Diese Auffassung bedarf allerdings angesichts der modernen Produktionsverhältnisse der Überprüfung (vgl. N 7);
- *Organe einer juristischen Person* nach Art. 55 ZGB (vgl. GAUCH/SCHLUEP/SCHMID/EMMENEGGER, N 3069; VON TUHR/ESCHER, 127);
- Beim **Distanzkauf** haftet der Verkäufer nur für die Versendung der Ware an den Käufer; der Frachtführer (z.B. die Eisenbahn) ist daher nicht Hilfsperson, wohl aber der Spediteur

(vgl. BGE 122 III 108; N 8), dem der Verkäufer die Ware zur Absendung übergibt (vgl. VON TUHR/ESCHER, 126; BK-WEBER, N 153 m.Nw.; Art. 67 WKR); anders dagegen bei einer **Bringschuld**, wo der Schuldner zur Vornahme des Transports verpflichtet ist und somit für den eingesetzten Frachtführer haftet (vgl. VON TUHR/ESCHER, 126; SCHWENZER, N 23.08).

3. Die Hilfsperson muss den Schaden des Gläubigers **in Ausübung ihrer Verrichtungen** verursachen. Dafür bedarf es eines *funktionellen Zusammenhanges* (BGer, 22.4.2010, 4A_58/2010, E. 3.2) in dem Sinne, dass *die schädigende Handlung der Hilfsperson zugleich eine Nicht- oder Schlechterfüllung der Schuldpflicht des Geschäftsherrn aus seinem Vertrag mit dem Geschädigten darstellt* (BGer, 24.4.2007, 4C.394/2006, E. 4.2; BGE 92 II 18 m.Nw.; 98 II 292; 90 II 17; vgl. GAUCH/SCHLUEP/SCHMID/EMMENEGGER, N 3034; BUCHER, AT, 353). Umstritten ist, ob ein solcher Zusammenhang auch dann anzunehmen ist, wenn die Hilfsperson den Gläubiger nur «bei Gelegenheit» oder anlässlich der Erfüllung schädigt. Geht man vom heutigen Verständnis der Nebenpflichten (Einl. zu Art. 97–109 N 4 ff.) und davon aus, dass auch bei Erfüllung dieser Pflichten Art. 101 anwendbar ist (vgl. N 5), dann stellt jede Schädigung durch den Erfüllungsgehilfen eine Schutzpflichtverletzung (Art. 97 N 34) dar, für die der Geschäftsherr einzustehen hat (so i.E. SPIRO, Erfüllungsgehilfen, 288 ff., und BUCHER, AT, 353, sowie tendenziell die neuere Bundesgerichtspraxis; vgl. BGE 111 II 471; 99 II 46; **a.A.** GAUCH/SCHLUEP/SCHMID/EMMENEGGER, N 3037, relativiert in N 3038; VON TUHR/ESCHER, 126; differenzierend GUHL/KOLLER/SCHNYDER/DRUEY, § 31 N 36; BK-WEBER, N 124 f. m.w.Nw.). Legt man diese dogmatischen Erwägungen und die generelle Tendenz zur Ausdehnung der Haftung nach vertraglichen Regeln (Einl. zu Art. 97–109 N 4 ff.) zugrunde, so muss die Haftung des Geschäftsherrn in jedem Fall bejaht werden; denn wenn dieser selbst gehandelt hätte, läge eine Vertragsverletzung vor (so schon BGE 92 II 18). Im Hinblick auf die Funktion des Art. 101 (N 2) ist eine sachgerechte Abgrenzung der Risikosphären vorzunehmen und die konkrete Interessenlage der Beteiligten zu berücksichtigen. Auf dieser Basis ist eine Begrenzung der (an sich noch weitergehenden) Haftung nach Art. 55 ZGB erfolgt; die dort entwickelten Massstäbe sind bei Art. 101 heranzuziehen. Danach kommt jedenfalls eine Haftung für Exzess-Handlungen des Gehilfen nicht in Betracht. Fraglich, aber von grosser praktischer Bedeutung ist die *zeitliche Grenze*: Wie lange ist das Verhalten eines Erfüllungsgehilfen dem Geschäftsherrn zuzurechnen? Dabei gibt es zwei Konstellationen: Der Arbeitnehmer verletzt nach Beendigung des Arbeitsverhältnisses Pflichten, die dem Arbeitgeber Dritten gegenüber obliegen (z.B. Geheimhaltungsvereinbarung). Oder der Erfüllungsgehilfe gefährdet durch sein Verhalten den Erfolg des Vertrages, an dessen (abgeschlossener) Erfüllung er selbst mitgewirkt hat. In beiden Fällen wird der Richter durch eine die Interessen aller beteiligten Parteien berücksichtigende Entscheidung eine zeitliche Grenze ziehen müssen. **10**

4. Inwieweit ein **Verschulden** Haftungsvoraussetzung bildet, ist nach wie vor umstritten (zum historischen und legislatorischen Hintergrund vgl. VON TUHR/ESCHER, 128 f.). Geht man davon aus, dass es sich bei Art. 101 um eine **Zurechnungsnorm** für Drittverhalten handelt, so ergibt sich daraus zweierlei: Das Verhalten des Gehilfen ist dem Geschäftsherrn zuzurechnen. Der Geschäftsherr kann somit auch dann haften, wenn den Gehilfen aus subjektiven Gründen kein Verschulden trifft (BK-WEBER, N 135 m.Nw.). Ob dieses Verhalten als «Verschulden» zu qualifizieren ist, bestimmt sich vielmehr nach den aus dem Schuldverhältnis zu entnehmenden Massstäben; deshalb ist darauf abzustellen, welches Verhalten der Geschäftsherr als Schuldner «geschuldet» hätte. Verkürzt kann man von *«hypothetischer Vorwerfbarkeit»* sprechen. Im Einzelnen gilt Folgendes: **11**

a) Zunächst sind die Tatbestände des *befugten* und des *unbefugten* Beizugs von Hilfspersonen zu unterscheiden: Bei **unbefugtem Beizug** haftet der Geschäftsherr aus Art. 97 (VON TUHR/ESCHER, 128 f.). Liegt **befugter Beizug** vor, so hat der Geschäftsherr nach Art. 101 für die Hilfsperson einzustehen, auch wenn ihn kein Verschulden – etwa hinsichtlich Auswahl, Instruktion und Überwachung – trifft (GAUCH/SCHLUEP/SCHMID/EMMENEGGER, N 3059; vgl. **12** auch BGE 114 Ib 71 m.Nw.; BUCHER, AT, 350; KELLER/SCHÖBI, I, 239; VON BÜREN, AT, 395; Handkomm-OR-KREN KOSTKIEWICZ, N 8); ein Entlastungsbeweis, wie ihn Art. 55 für die ausservertragliche Haftung vorsieht, steht dem Geschäftsherrn im Vertragsrecht nicht offen. Der Grund liegt darin, dass sich die Rechtsstellung des Gläubigers nicht verschlechtern darf, wenn es dem Schuldner im Rahmen der heute nicht mehr wegzudenkenden Arbeitsteilung erlaubt ist, die von ihm geschuldete Leistung ganz oder teilweise mit Hilfe von Dritten zu erbringen.

13 b) Wenn nun die Hilfsperson, die mit dem Gläubiger in keinerlei vertraglichem Verhältnis steht, eine an sich dem Schuldner obliegende Verpflichtung übernimmt und diese nicht oder nicht richtig erfüllt, kann es zur vertraglichen Haftung des Geschäftsherrn kommen. Ob dieser tatsächlich haftet, ist mit Hilfe des Kriteriums der sog. **hypothetischen Vorwerfbarkeit** (krit. zu diesem Konzept HONSELL [FS Schwenzer, 779 ff.] der den Geschäftsherrn für jedes Verschulden der Hilfsperson haften lassen will) zu entscheiden (vgl. N 11). Danach ist zu prüfen, ob «die Handlung der Hilfsperson dem Schuldner vorzuwerfen wäre, hätte er sie selbst vorgenommen» (GAUCH/SCHLUEP/SCHMID/EMMENEGGER, N 3039; BGE 119 II 337 = Pra 1994, 400 f.; BGE 117 II 67 = Pra 1992, 304; BGE 113 II 426 = Pra 1988, 403; BGE 107 Ia 170; 92 II 18, 239; 70 II 220 m.Nw.; vgl. GUHL/KOLLER/SCHNYDER/DRUEY, § 31 N 35; KELLER/SCHÖBI, I, 239; BUCHER, AT, 350 f.). «Trifft dies zu, so hat er für das Verhalten der Hilfsperson einzustehen [...] und kann sich von der Schadenersatzpflicht nur durch den Nachweis befreien, dass auch ihm selber, wenn er gleich gehandelt hätte wie die Hilfsperson, kein Verschulden vorgeworfen werden könnte» (BGE 92 II 19 m.Nw.; vgl. auch BGE 130 III 602; «es sei denn, er [der Schuldner] beweise, dass die Hilfsperson bei ihren Verrichtungen die Sorgfalt walten liess, zu der er selber verpflichtet war [Grundsatz der hypothetischen Vorwerfbarkeit]»; BGE 113 II 426 = Pra 1988, 403; BGE 107 Ia 170; 91 II 296; vgl. GAUCH/SCHLUEP/SCHMID/EMMENEGGER, N 3039 ff.; KELLER/SCHÖBI, I, 239).

14 c) Daraus ergeben sich folgende **Konsequenzen**: Der Geschäftsherr haftet für vorwerfbares Verhalten seiner Hilfspersonen dann *nicht*, wenn ihm kein Verschulden angelastet werden könnte, sofern er selbst so gehandelt hätte. Entscheidend ist also, welches Verhalten der Gläubiger vom Schuldner selber und nicht von dessen Hilfsperson erwarten durfte (BK-WEBER, N 139). Dies gilt grundsätzlich auch dann, wenn die *Hilfsperson sachkundiger ist als der Geschäftsherr.* In diesem Fall des «überqualifizierten» Erfüllungsgehilfen soll der Gläubiger nicht davon profitieren, da er sich mit dem begnügen muss, was er vom Schuldner selbst erwarten durfte (so ausdrücklich GAUCH/SCHLUEP/SCHMID/EMMENEGGER, N 3042; **a.A.** offenbar OTT, SJZ 1978, 290). Anders verhält es sich, wenn der Geschäftsherr aufgrund *ausdrücklicher oder stillschweigender vertraglicher Verpflichtung* seinem Gläubiger diejenige Sorgfalt schuldet, die (nur) die sachkundige Hilfsperson zu leisten im Stande ist. Auf eine derartige stillschweigende Verpflichtung ist i.d.R. dann zu schliessen, wenn vom Schuldner erwartet werden kann, die Leistung durch eine fachkundige Hilfsperson zu erbringen (so SPIRO, Erfüllungsgehilfen, 248; vgl. als Bsp. BGE 70 II 215, spezialisierter Feuerwerker als Hilfsperson eines Kursaalbetriebes gegenüber den Zuschauern des Feuerwerks), oder wenn er für die Vertragsabwicklung, welche besondere Sachkunde erfordert, einen fachkundigen Vertreter bestimmt (ausdrücklich bestätigt in BGE 130 III 604: «Bestimmt der Bauherr für die Vertragsabwicklung, die besondere Sachkunde erfordert, einen sachkundigen Vertreter als Hilfsperson, so schuldet er nach der bundesgerichtlichen Rechtsprechung diejenige Sorgfalt, welche diese zu leisten im Stande ist»; ausserdem BGE 119 II 130 und 95 II 43; gl.M. GAUCH, N 1923; BK-WEBER, N 141; undifferenziert OTT, SJZ 1978, 290). Den Beizug einer unausgebildeten Gehilfin hat das BGer allerdings als Übernahmeverschulden qualifiziert und direkt Art. 97 angewandt, was dogmatisch fragwürdig und in casu wegen der unzweifelhaft vorliegenden Pflichtverletzung durch die Gehilfin überflüssig war (BGE 124 III 155; vgl. Art. 97 N 44).

15 d) Als **Ergebnis** lässt sich die Haftung des Geschäftsherrn für Hilfspersonen gem. Art. 101 Abs. 1 in folgender Formel zusammenfassen: Der Geschäftsherr haftet dem Gläubiger für jeden von einer befugterweise beigezogenen Hilfsperson in funktionellem Zusammenhang mit der Erfüllung adäquat kausal verursachten Schaden, sofern er nicht beweist, dass die Hilfsperson alle Sorgfalt angewendet hat, die nach dem Schuldverhältnis von ihm selbst zu erwarten war (so ausdrücklich GAUCH/SCHLUEP/SCHMID/EMMENEGGER, N 3049).

III. Haftungsausschluss

1. Gemäss Art. **101 Abs. 2** kann die Haftung des Geschäftsherrn *durch eine zum Voraus getroffene Verabredung beschränkt oder aufgehoben werden.* Die Wegbedingung kann somit in grösserem Ausmasse erfolgen als gem. Art. 100 (vgl. VON TUHR/ESCHER, 130; BGer, 25.8.2008, 4A_88/2008, E. 5.1). Sie muss zum Voraus im Vertrag festgehalten werden und, besonders wenn sie in Allgemeinen Geschäftsbedingungen enthalten ist, unmissverständlich sein (vgl. ein negatives Bsp. in BJM 1978, 306 f., wonach es nicht genügt, auf Schliessfächern der SBB anzumerken: «Die SBB haftet nicht für Verlust oder Beschädigung der eingelagerten Gegenstände»). Ob ein allgemeiner Haftungsausschluss gem. Art. 100 auch die Gehilfenhaftung erfasst, ist durch Auslegung zu ermitteln. Allerdings erstreckt sich die Wegbedingung generell nur auf die vertragliche Haftung des Geschäftsherrn für die Hilfsperson, nicht jedoch auf die ausservertragliche Haftung der Hilfsperson selbst (vgl. BK-WEBER, N 167; CHK-FURRER/WEY, N 44; **a.A.** SCHWENZER, Beschränkung, 125; dazu jetzt ausführlich ZIRLICK, 168 ff. [beide zitiert vor Art. 100]). 16

2. Gemäss Art. **101 Abs. 3** darf die Haftung *höchstens für leichtes Verschulden wegbedungen werden,* wenn der Verzichtende im Dienst des andern steht oder die Verantwortlichkeit aus dem Betriebe eines obrigkeitlich konzessionierten Gewerbes folgt (vgl. BGE 112 II 450 = Pra 1987, 505 ff., konzessioniertes Gewerbe, dazu Art. 100 N 11; BGE 96 II 56, Dienstverhältnis; SJZ 1994, 65 ff., richterliche Nichtigerklärung des Ausschlusses von Haftung für leichtes Verschulden des Bankangestellten). Nach bundesgerichtlicher Rechtsprechung stellt Abs. 3 eine Ausnahme zu Abs. 2 dar und soll daher einschränkend auszulegen sein (BGE 71 II 239). Diese Auffassung ist indessen heute nicht mehr sachgerecht (gl.M. GUHL/KOLLER/SCHNYDER/DRUEY, § 31 N 40, mit ausführlicher Kritik). 17

Falls sich die in Art. 8 UWG vorgesehene Kontrolle von AGB zu einer echten Inhaltskontrolle entwickelt, wird die bisherige Anwendung der Absätze 2 und 3 (sowie Art. 100 Abs. 2, siehe dort N 11) nicht mehr Bestand haben (krit. dazu insgesamt RUSCH/BORNHAUSER, AJP 2010, 1228 ff.). 17a

IV. Rechtsfolgen

Der Geschäftsherr hat dem Gläubiger *den durch seine Hilfsperson verursachten Schaden* zu ersetzen. Es kann dahingestellt bleiben, ob der Anspruch direkt aus Art. 101 oder wegen dessen Funktion als Zurechnungsnorm aus Art. 97 abzuleiten ist (s. N 2; BK-WEBER, N 4, Handkomm-OR-KREN KOSTKIEWICZ, N 1, 8 und SCHWENZER, N 23.02 gehen von einer Zurechnungsnorm aus, GAUCH/SCHLUEP/SCHMID/EMMENEGGER, N 3051 betrachtet Art. 101 anscheinend als materielle Haftungsnorm). Für Begründung, Inhalt und Umfang des Schadenersatzanspruches kommen jedenfalls die allgemeinen Regeln zur Anwendung (vgl. Art. 97 N 38, 46; Art. 99 N 14 ff.). Stellt das Verhalten des Gehilfen eine unerlaubte Handlung dar, so kann der Gläubiger zusätzlich auch gegen diesen selbst aus Art. 41 ff. vorgehen (vgl. z.B. BGE 97 II 126 = Pra 1971, 667; SJZ 1936/37, 157; GAUCH/SCHLUEP/SCHMID/EMMENEGGER, N 3053; VON TUHR/ESCHER, 130; zur Anspruchskonkurrenz GAUCH/SCHLUEP/SCHMID/EMMENEGGER, N 2933 ff.). Inwieweit der Geschäftsherr für seine Haftung auf die Hilfsperson Rückgriff nehmen kann (sog. Regress), bestimmt sich nach dem zwischen den beiden bestehenden Rechtsverhältnis (vgl. VON TUHR/ESCHER, 129 f.). 18

V. Prozessuales

19 Der Gläubiger trägt die Beweislast für seinen Schaden (vgl. dazu etwa BGE 92 II 21); der Geschäftsherr hat zu seiner Entlastung nachzuweisen, dass die Hilfsperson bei der Erfüllung mit jener Sorgfalt vorgegangen ist, die der Gläubiger auch von ihm erwarten durfte (vgl. N 13).

Vorbemerkungen zu Art. 102–109

I. Aufbau der gesetzlichen Regelung

1 Der Verzug des Schuldners stellt die für die Praxis bedeutendste Form der Leistungsstörungen dar. Die Nichterbringung der Leistung zum vereinbarten Zeitpunkt gilt als Vertragsverletzung, also als Pflichtwidrigkeit des Schuldners, im Gegensatz zum Gläubigerverzug, der nur eine Obliegenheitsverletzung darstellt. Der Sache nach handelt es sich um eine Form der (in Art. 97 generell geregelten) nicht gehörigen Erfüllung, die jedoch entsprechend der gemeinrechtlichen Tradition als eigener Tatbestand normiert wurde. Die ausführliche Regelung, die sich in Struktur und Aufbau an das französische Recht anlehnt, legt zunächst die Voraussetzungen des Verzuges fest und dann in mehreren Stufen die sich daraus ergebenden Rechtsfolgen.

II. Voraussetzungen und Begriff des Verzuges

2 1. Der Schuldner gerät gem. Art. 102 durch Mahnung bei Fälligkeit oder durch Ablauf eines Verfalltages in Verzug. Hieraus ergibt sich der vom Gesetz vorausgesetzte **Begriff des Schuldnerverzuges**: Es handelt sich um die *Nichterbringung der Leistung zum geschuldeten Zeitpunkt*. Diese ist an sich theoretisch scharf zu trennen von der Nichterbringung wegen Unmöglichkeit (der eigentlichen Nichterfüllung i.S.v. Art. 97). Art. 102 ff. kommen also nur zur Anwendung, wenn die ausgebliebene Leistung noch erbracht werden kann (CHK-Furrer/Wey, N 1). In der Praxis sind die Übergänge zwischen beiden Formen jedoch *fliessend*; dies v.a. deshalb, weil der Gläubiger häufig nicht wissen kann, ob der Schuldner nur nicht leisten will (Verzug) oder nicht mehr leisten kann (Unmöglichkeit). Hinzu kommt der Umstand, dass die Rechtsfolgen beider Institute miteinander verknüpft sind und sich teilweise überschneiden (vgl. die Komm. zu Art. 107).

2. Gerade deshalb ist es von besonderer Bedeutung, dass der Verzug zwar als *Pflichtverletzung* verstanden wird, aber im Gegensatz zur Nicht- und nicht gehörigen Erfüllung **kein Verschulden** voraussetzt. Ein Teil der Rechtsfolgen des Verzuges tritt vielmehr auch dann ein, wenn wegen der Nichterbringung der Leistung zum geschuldeten Zeitpunkt dem Schuldner kein Vorwurf gemacht werden kann (BGer, 9.6.2009, 4A_40/2009, E. 4.3).

III. Rechtsfolgen

3 Infolgedessen lassen sich bei den Wirkungen des Verzuges *zwei Kategorien* unterscheiden: Rechtsfolgen, die allein an den Tatbestand der Leistungsverspätung anknüpfen, sowie eine weitergehende Haftung, die nur bei Verschulden eingreift.

1. **Verschuldensunabhängige Rechtsfolgen** sind die in Art. 104/105 geregelte Verpflichtung, *Verzugszinsen* zu zahlen, sowie das *Rücktrittsrecht* nach Art. 107 Abs. 2 (i.V.m. Art. 109). Letzteres soll es dem Gläubiger ermöglichen, sich von einem Vertrag, dessen Erfüllung ungewiss ist, zu lösen und dadurch wieder Dispositionsfreiheit zu erlangen.

2. Hat der *Schuldner die Leistungsverzögerung zu* **verantworten**, so kann der Gläubiger Ausgleich der dadurch entstandenen Schäden verlangen. Neben dem Ersatz des eigentlichen **Verzugsschadens** (vgl. Art. 103 Abs. 1; Art. 107 Abs. 2 1. Alternative) räumt das Gesetz in Art. 107 Abs. 2 als 2. Alternative dem Gläubiger die Möglichkeit ein, den Vertrag gewissermassen zu liquidieren und Schadenersatz wegen Nichterfüllung zu verlangen. Der durch den Schuldnerverzug bewirkten *Risikoerhöhung* (Gefahr des Untergangs der Leistung, die sich pflichtwidrig noch beim Schuldner befindet) trägt das Gesetz dadurch Rechnung, dass der Schuldner gem. Art. 103 Abs. 1 auch für den **Zufall** *einzustehen hat*, sofern er sich nicht exkulpieren kann. Wie beim Gläubigerverzug tritt also auch beim Schuldnerverzug eine Risikoverlagerung ein. Der durch die Verspätung einer Geldzahlung eingetretene Schaden ist bei Verschulden ebenfalls zu ersetzen (vgl. Art. 106), ebenso der durch den Rücktritt vom Vertrage ausgelöste Vertrauensschaden (vgl. Art. 109 Abs. 2).

IV. Rücktritt vom Vertrag

Die Regelung des Art. 109 hat über die Rechtsfolgen des Verzuges hinausgehende allgemeine 4
Bedeutung; da das OR keine eigentliche Rücktrittsregelung (anders etwa §§ 346 ff. BGB) enthält, findet Art. 109 Anwendung auf alle gesetzlichen Rücktrittsrechte und auf den vertraglich vereinbarten Rücktritt. Damit gelten die von der Rechtsprechung zum Inhalt und zur Verjährung der Ansprüche entwickelten Grundsätze sowie die Konzeption des sog. Rückabwicklungsverhältnisses (vgl. BGE 114 II 152) für alle gesetzlichen Formen des Rücktritts (Art. 195, 208, 368) sowie beim vereinbarten Rücktritt, sofern die Rechtsfolgen nicht geregelt wurden.

Art. 102

B. Verzug des Schuldners
I. Voraussetzung

[1] **Ist eine Verbindlichkeit fällig, so wird der Schuldner durch Mahnung des Gläubigers in Verzug gesetzt.**

[2] **Wurde für die Erfüllung ein bestimmter Verfalltag verabredet, oder ergibt sich ein solcher infolge einer vorbehaltenen und gehörig vorgenommenen Kündigung, so kommt der Schuldner schon mit Ablauf dieses Tages in Verzug.**

B. Demeure du débiteur
I. Conditions

[1] Le débiteur d'une obligation exigible est mis en demeure par l'interpellation du créancier.

[2] Lorsque le jour de l'exécution a été déterminé d'un commun accord, ou fixé par l'une des parties en vertu d'un droit à elle réservé et au moyen d'un avertissement régulier, le débiteur est mis en demeure par la seule expiration de ce jour.

B. Mora del debitore
I. Condizioni

[1] Se l'obbligazione è scaduta, il debitore è costituito in mora mediante l'interpellazione del creditore.

[2] Quando il giorno dell'adempimento sia stato stabilito o risulti determinato da una disdetta preventivamente convenuta e debitamente fatta, il debitore è costituito in mora pel solo decorso di detto giorno.

Literatur

Vgl. die Literaturhinweise bei der Einleitung zu Art. 97–109.

I. Allgemeines. Normzweck

Art. 102 regelt die **Voraussetzungen des Schuldnerverzugs**, wobei das OR diesen Begriff 1
nicht definiert. Es handelt sich um eine Leistungsverspätung, die (anders als der Gläubigerverzug) eine *Pflichtverletzung* darstellt. Konkret geht es um die in zeitlicher Hinsicht pflicht-

widrige Nichterbringung der geschuldeten Leistung (vgl. VON TUHR/ESCHER, 135 sowie die Definition bei Vor Art. 102–109 N 2).

II. Anwendungsbereich

2 Art. 102 findet nur auf **Verbindlichkeiten** (Obligationen) Anwendung, d.h. auf Rechtsverhältnisse zwischen zwei oder mehreren Rechtssubjekten, aus denen dem Gläubiger eine Forderung gegen einen Schuldner erwächst. Der Rechtsgrund der Verpflichtung spielt keine Rolle, die Art. 102 ff. finden auch Anwendung, wenn die Obligation auf nicht-schuldrechtlichen Tatbeständen (etwa des Familien- oder Sachenrechts) oder, sofern keine Sonderregeln (so z.B. im Versicherungsrecht, BGE 138 III 6 E. 4.2) bestehen, dem öffentlichen Recht beruht (vgl. im Übrigen Art. 97 N 3). Daraus ergibt sich, dass z.B. weder bei der Erfüllung von Naturalobligationen (mangels Klagbarkeit) noch von sittlichen Pflichten (mangels rechtsrelevanter Schuld) Schuldnerverzug in Betracht kommt (vgl. VON TUHR/PETER, 33 f.).

III. Voraussetzungen

3 Der Schuldnerverzug setzt das Vorliegen folgender Tatbestandselemente voraus:
- die **Fälligkeit** der Obligation (N 4);
- eine **Mahnung** oder einen bestimmten **Verfalltag** (N 5 ff.);
- das Fehlen verzugsbeseitigender bzw. -ausschliessender Gründe (N 12).

1. Fälligkeit

4 Mit Fälligkeit bezeichnet man jenen Zeitpunkt, von dem an der Gläubiger die vereinbarte Leistung beim Schuldner einfordern kann und darf (BGer, 1.10.2010, 4A_325/2010, E. 4.2: «Eine Forderung ist fällig, wenn der Gläubiger sie verlangen kann und der Schuldner erfüllen muss»). Ergibt sich ein solcher Termin weder aus dem Vertrag noch aus der Natur des Rechtsverhältnisses, kann die Leistung vermutungsweise *sogleich erbracht oder gefordert werden* (Art. 75; zur Unterscheidung der Fälligkeit von der Erfüllbarkeit, vgl. Erläuterungen zu Art. 75). Anders als im gemeinen Recht schliesst nicht schon die Existenz einer **Einrede**, sondern erst deren *Geltendmachung* die Fälligkeit aus (vgl. VON TUHR/ESCHER, 51, 136; BK-WEBER, N 59 m.w.Nw.; KUKO OR-THIER, N 3; anders die h.M. zum BGB, vgl. LARENZ I, 349 ff.; HUBER, FS BGH, 306; s.a. N 12).

2. Mahnung oder bestimmter Verfalltag

a) Mahnung

5 Unter Mahnung versteht man jene *an den Schuldner gerichtete Erklärung des Gläubigers*, durch die er in unmissverständlicher Weise die unverzügliche Erbringung der fälligen Leistung beansprucht (BGE 129 III 541). Sie muss dem Schuldner inhaltlich nicht nur klar zum Ausdruck bringen, dass der Gläubiger die versprochene Leistung endgültig verlangt, sondern auch deren Quantität, Qualität und Erfüllungsort richtig bezeichnen (vgl. BUCHER, AT, 356 f.; CR CO I-THÉVENOZ, N 17; CHK-FURRER/WEY, N 25 ff.; Handkomm-OR-KREN KOSTKIEWICZ, N 3 f.; ausführlich BK-WEBER, N 66 ff. m.Nw.). Eine Mahnung ohne Bezifferung des Betrages ist dann zulässig und wirksam, wenn dieser zur Zeit noch nicht feststeht (BGE 129 III 542, dazu WIEGAND ZBJV 2004, 851 f.; vgl. im Übrigen BGer, 9.4.2010, 4A_87/2010, E. 6.3).

6 Wird mit der Mahnung mehr oder anderes verlangt als dem Gläubiger zusteht, so ist prinzipiell darauf abzustellen, ob der Schuldner erkennen kann, dass die geschuldete Leistung gefordert wird (ausführlich zum Ganzen WIEGAND, Plus petitio, Berlin 1974, 201 ff.). Im Einzelnen gilt Folgendes:

Wird mit der Mahnung *zu viel verlangt*, bleibt sie dann wirkungslos, wenn sich aus der Gesamtheit der Umstände ergibt, dass der Gläubiger die Annahme der effektiv geschuldeten Leistung verweigern würde (vgl. BGE 46 II 85; BK-WEBER, N 72). Ansonsten ist sie für den geschuldeten Betrag wirksam (vgl. VON TUHR/ESCHER, 137; BUCHER, AT, 357). Ein zu niedrig bezifferter Betrag wird wie eine Aufforderung des Gläubigers zur Teilerfüllung behandelt (vgl. Art. 69 Abs. 2). Wird die Erbringung der Leistung am «falschen» Ort verlangt, so ist sie nach h.M. unwirksam (BUCHER, AT, 357; **a.A.** BK-WEBER, N 75, der zu Unrecht darauf abstellen will, ob der Gläubiger die Leistung am richtigen Ort annehmen würde, was der Schuldner anders als bei der Zuvielforderung von Geldsummen jedoch nicht wissen oder ausprobieren kann). Zur «Zufrühforderung» s. N 8.

Die Lehre qualifiziert die **Mahnung als rechtsgeschäftsähnliche Handlung** im Gegensatz zum Rechtsgeschäft im eigentlichen Sinn. Allerdings ist diese theoretische Abgrenzung für die Praxis nicht von Bedeutung, da die Regeln des Rechtsgeschäfts analoge Anwendung finden (vgl. WIEGAND, recht 1983, 120 f.; CR CO I-THÉVENOZ, N 17; BK-WEBER, N 64 m.w.Nw.). 7

Die Mahnung ist eine **empfangsbedürftige Erklärung** (BGer, 16.5.2013, 4A_11/2013, E. 5). Sie muss daher dem Schuldner dergestalt zugehen, dass ihre Kenntnisnahme nur noch von dessen Verhalten abhängig ist. Anstelle von Gläubiger und Schuldner können auch dazu berechtigte Stellvertreter handeln (vgl. VON TUHR/ESCHER, 137; BUCHER, AT, 357 f.).

Die Mahnung bedarf **keiner bestimmten Form**. Der Gläubiger kann sie auch an Bedingungen knüpfen oder mit einer Erfüllungsfrist verbinden. Darin liegt zugleich die Ansetzung einer *Nachfrist* i.S.v. Art. 107 Abs. 1; eine Verknüpfung von Mahnung und Nachfristansetzung ist zulässig, der Verzug tritt dann aber gleichwohl sofort ein (BGer, 11.12.2000, 4C.216/2000; BGE 103 II 104; BUCHER, AT, 358). Wesentlich ist jedoch, dass für den Schuldner daraus keine Unklarheiten über den Zweck und Inhalt der Mahnung resultieren dürfen (vgl. VON TUHR/ESCHER, 137).

Uneinigkeit herrscht in Bezug auf den *Zeitpunkt*, zu dem die Mahnung vorgenommen werden kann. Während sie nach einer Auffassung erst bei Eintritt der Fälligkeit stattfinden darf, lassen sie die h.M. und Rechtsprechung auch vorsorglich vor der Fälligkeit zu (BGE 103 II 105; BGer, 7.12.2001, 2A.135/2001, E. 6; BUCHER, AT, 357; GAUCH/SCHLUEP/SCHMID/EMMENEGGER, N 2704; BK-WEBER, N 102; CR CO I-THÉVENOZ, N 19; **a.A.** VON TUHR/ESCHER, 136 FN 10; VON BÜREN, AT, 367; differenzierend BK-BECKER, N 18 f.). Die *vor* Fälligkeit zugehende Mahnung ist wirksam, wenn sie die Leistung zum (dem Schuldner bekannten) Fälligkeitstermin verlangt. Wird die sofortige Leistung vor Fälligkeit gefordert, ist wie bei der Zuvielforderung (N 6) darauf abzustellen, ob der Gläubiger die Leistung auch am Fälligkeitstermin noch annehmen würde und dies für den Schuldner erkennbar war. Die Mahnung wird dann zu diesem Zeitpunkt wirksam, andernfalls ist sie unwirksam. 8

Fraglich ist auch, von welchem *Zeitpunkt* an die Mahnung ihre *Wirkung entfaltet*, d.h. wann genau der Schuldnerverzug eintritt. Prinzipiell gerät der Schuldner unmittelbar mit dem Eintreffen der Mahnung in Verzug (vgl. BGE 103 II 105). Wenn jedoch die Erfüllung Vorbereitungshandlungen erfordert, soll dem Schuldner eine – je nach Art und Umfang der Leistungsverpflichtung – angemessene Nacherfüllungszeit einzuräumen sein (vgl. SJZ 1931/32, 296 f. Nr. 246; 1927/28, 22 f. Nr. 22; BK-WEBER, N 106; GAUCH/SCHLUEP/SCHMID/EMMENEGGER, N 2727 m.Nw.; VON TUHR/ESCHER, 138 m.Nw.). Bei dieser im anglo-amerikanischen Recht als «grace period» bezeichneten Erstreckung ist Zurückhaltung geboten, weil der Schuldner bei Fälligkeit an sich leistungsbereit sein muss.

Als **Beispiele** für eine Mahnung gelten etwa die *quittierte Rechnung*, die *Ansetzung einer Nachfrist* nach Art. 107 (BGer, 11.12.2000, 4C.216/2000; BGE 103 II 104), eine Rechnung mit dem Vermerk «Saldo netto zu bezahlen innert 30 Tagen» (befristete Mahnung, RVJ 1992, 346 = SJZ 1994, 218; vgl. auch ZBJV 2003, 343 ff.), die Zustellung eines *Rechtsgebots*, das 9 die Rechtsbegehren enthält (RVJ 1992, 393 ff.), die Zustellung eines *Zahlungsbefehls* (ZBJV 1956, 457) oder die Erhebung einer *Leistungsklage* (BGE 56 II 220; 130 III 597), dagegen **nicht** die blosse Rechnungsstellung, die Geltendmachung der Forderung durch Einrede (z.B. Art. 82) oder durch Verrechnung (vgl. VON TUHR/ESCHER, 136 f.; weitere Bsp. in CHK-FURRER/WEY, N 25; Handkomm-OR-KREN-KOSTKIEWICZ, N 6 f.), ebenso wenig eine Akkreditivbestätigung (BGE 79 II 167).

b) Bestimmter Verfalltag

10 Der Schuldner gerät **ohne Mahnung in Verzug**, wenn für die Erfüllung ein bestimmter Verfalltag verabredet wurde oder sich ein solcher infolge einer vorbehaltenen und gehörig vorgenommenen Kündigung ergibt (Art. 102 Abs. 2). Die Mahnung ist entbehrlich, weil sich der Schuldner unter den genannten Voraussetzungen ohne besonderen Hinweis darüber im Klaren sein muss, wann er seine Verbindlichkeit zu erfüllen hat (BGer, 20.9.2011, 4A_232/2011, E. 4.2). So gerät auch der Arbeitnehmer bei Nichterfüllung seiner Arbeitspflicht in Verzug, ohne dass es einer Mahnung bedarf (BGer, 1.9.2005, 4C.230/2005, E. 3). Bei den jeweils im Voraus – auf den ersten Tag des Monats – zu leistenden Mietzinsen handelt es sich um eine Verfalltagsabrede i.S.v. Art. 102 Abs. 1 (vgl. BGer, 30.6.2006, 5C.97/2006, E. 2.3.1).

Dies trifft jedoch nur bei dem *auf Parteivereinbarung* basierenden Verfalltag zu (im Gegensatz zu jenem aus Gesetz, vgl. PKG 1988, 111 f.). Der Verfalltag gilt einerseits durch genaue Nennung eines Datums im Vertrag als bestimmt (vgl. z.B. BGE 116 II 443; dazu MERZ, ZBJV 1992, 209 ff.), andererseits auch durch die Möglichkeit, ihn anhand des Vertragsinhalts zu ermitteln (vgl. SJZ; BGer, 30.11.2004, 4C.241/2004, E. 4.1; 9.4.2010, 4A_87/2010, E. 6.3; VON TUHR/ESCHER, 138 f.; CR CO I-THÉVENOZ, N 26; Vorliegen eines Verfalltages verneint in BGer, 14.5.2001, 5C.57/2001 und 12.11.2004, 4C.245/2004).

Die gleiche Wirkung hat ein durch *Kündigung* ausgelöster Verfalltag. Dies gilt ungeachtet des missverständlichen Wortlauts («vorbehaltenen») sowohl *für vertragliche wie für gesetzliche* Kündigungsmöglichkeiten (überzeugend VON TUHR/ESCHER, 139; BUCHER, AT, 359; gl.M. auch CR CO I-THÉVENOZ, N 30, welcher indes der hier vertretenen Position – wohl versehentlich – unterstellt, sie verneine die direkte Abstützung auf eine gesetzliche Kündigungsmöglichkeit [vgl. Anm. 76]).

11 Neben den in Art. 102 Abs. 2 genannten gibt es noch **weitere Fälle**, bei denen der Gläubiger zur Auslösung des Verzugs von einer vorgängigen Mahnung absehen kann. Ihre Gemeinsamkeit besteht darin, dass der Eintritt des Verzugs sich aus der ratio legis und dem Grundsatz von Treu und Glauben ergibt (vgl. VON TUHR/ESCHER, 140).

aa) Dies gilt einmal für den Fall, da der *Schuldner unmissverständlich erklärt, dass er nicht leisten werde* (BGE 94 II 32 = Pra 1968, 509 ff.) und sich demzufolge eine Mahnung als überflüssig erweisen würde (BGE 97 II 64 = Pra 1971, 449). Daher kann der Gläubiger analog Art. 108 Ziff. 1 auf sie verzichten (BGer, 16.12.2014, 4A_122/2014, E. 3.4.1). Das gilt auch dann, wenn die eindeutige und definitive Verweigerungserklärung schon vor Fälligkeit der Forderung abgegeben wurde (antizipierter Vertragsbruch, vgl. BGer, 23.6.2004, 4C.58/2004; BGE 110 II 143; 69 II 244; ZR 1941, 293 ff.; BK-WEBER, N 148 ff.; **a.A.** VON TUHR/ESCHER, 141; ZK-OSER/SCHÖNENBERGER, N 15; zur Frage, ob dann schon sofortiger Rücktritt möglich ist, vgl. Art. 108 N 2).

bb) Des Weiteren ist eine Mahnung entbehrlich, wenn aufgrund der konkreten Umstände *allein der Schuldner erkennen kann, wann er leisten muss.* So gerät z.B. der Beauftragte oder Geschäftsführer ohne Mahnung in Verzug, wenn er den ihm obliegenden Verwaltungspflichten nicht im richtigen Zeitpunkt nachkommt (vgl. z.B. Art. 400 Abs. 2, dazu BK-FELLMANN, Art. 400 OR N 166; BK-WEBER, N 143 ff.; VON TUHR/ESCHER, 140).

cc) Auch eine aus *unerlaubter Handlung* zur Rückgabe einer Sache oder zu Schadenersatz verpflichtete Person wird nach allgemeinen Grundsätzen, die auf das gemeinrechtliche Prinzip *fur semper in mora* zurückgehen, wie ein Schuldner in Verzug behandelt (BGE 131 III 22; vgl. VON TUHR/ESCHER, 140 f.; KELLER/SCHÖBI, I, 266)

dd) Ausserdem kann der *Gläubiger von einer Mahnung Abstand nehmen*, wenn der Schuldner sich ihr in beliebiger Form mit Absicht entzieht. Art. 156 findet dann analoge Anwendung (vgl. VON TUHR/ESCHER, 141; BK-BECKER, N 36).

ee) Schliesslich ist gem. Art. 681 Abs. 1 ein *Aktionär*, der den *Ausgabebetrag seiner Aktie* nicht zur rechten Zeit einbezahlt, zur Zahlung von Verzugszinsen verpflichtet (BK-WEBER, N 146).

3. *Fehlen verzugsbeseitigender bzw. -ausschliessender Gründe*

Generell befindet sich ein Schuldner solange in Verzug, wie er seiner Leistungspflicht unter **12**
den dargelegten Voraussetzungen nicht nachkommt und die Leistung noch möglich ist (MÜLLER-CHEN, 196 ff.). Das Wegfallen einer dieser Voraussetzungen führt kraft Gesetzes und unmittelbar zur *Beendigung des Schuldnerverzugs*. Dies gilt namentlich in folgenden Fällen:

a) Der *Schuldner erfüllt* noch, wenn auch mit Verspätung. Seine Leistung muss dann allerdings nicht nur die ursprünglich versprochene Verbindlichkeit, sondern auch alle bisher entstandenen Verzugsfolgen abdecken (vgl. VON TUHR/ESCHER, 142; Art. 103 N 7).

b) Der *Schuldner bietet die verspätete Leistung inklusive Verzugsfolgenentschädigung (Verzugszinsen und Verspätungsschaden) zwar an*, aber der Gläubiger verweigert deren Annahme. Gemäss Art. 91 gerät dieser dadurch selbst in Annahmeverzug und beseitigt damit den Schuldnerverzug (*Gläubigerverzug schliesst Schuldnerverzug aus*; SJZ 1968, 171; BGE 45 II 256; BGer, 9.6.2009, 4A_40/2009 i.c. abgelehnt; BK-WEBER, N 155; GAUCH/SCHLUEP/SCHMID/EMMENEGGER, N 2020 f.; KUKO OR-THIER, N 6).

c) Die Leistungserbringung ist für den Schuldner überhaupt *unmöglich* geworden. Aus dem Schuldnerverzug wird eine Unmöglichkeit, für die der Schuldner gem. Art. 103 einstehen muss, wobei die Voraussetzungen von Art. 103 Abs. 2 zu beachten sind. Falls der Schuldner die Unmöglichkeit zu vertreten hat oder sofern sie auf einem Verschulden des Gläubigers beruht (vgl. Einl. zu Art. 97–109 N 3; Art. 103 N 8 f.) kommen unmittelbar Art. 97 bzw. 119 analog (vgl. Art. 119 N 14) zur Anwendung.

d) Die **Geltendmachung** *einer Einrede* durch den Schuldner beseitigt die Fälligkeit (s.a. N 4) und beendet den Verzug; diese Wirkung tritt in dem Zeitpunkt ein, in dem die Einrede der Forderung gegenüberstand (vgl. die entsprechende Regelung in Art. 124 Abs. 1, 2 sowie für das deutsche Recht LARENZ, I, 350; **a.A.** BK-WEBER, Art. 82 N 214 und wohl auch; CHK-FURRER/WEY, N 46). Daneben verhindert auch jede berechtigte Leistungsverweigerung nach Art. 82 und 83 den Eintritt des Schuldnerverzugs (vgl. BGE 68 II 227; GAUCH/SCHLUEP/SCHMID/EMMENEGGER, N 2664 f.; SCHWENZER, N 65.07).

e) Schliesslich bewirken sowohl der *Erlass* oder die *Stundung* der Schuld seitens des Gläubigers als auch der Abschluss eines Vergleichs die Beendigung des Schuldnerverzugs (vgl. BUCHER, AT, 359).

IV. Rechtsfolgen

Die Rechtsfolgen des Schuldnerverzugs sind in den Art. 103–109 geregelt. **13**

V. Abweichende Vereinbarungen

14 Art. 102 ist insoweit dispositives Recht, als die Parteien die Voraussetzungen des Verzugseintritts im Rahmen von Art. 100 und 101 OR frei vereinbaren können (BK-WEBER, N 32).

VI. Prozessuales

15 Die *Beweislast* für die Verzugsvoraussetzungen, insb. für die Mahnung, trägt der *Gläubiger*, der Verzugsfolgen geltend machen will.

VII. Rechtsvergleichung

16 Im Gegensatz zur überwiegenden Tradition sowie zum deutschen Recht (§ 286 Abs. 4 BGB) geht das schweizerische davon aus, dass der *Verzugseintritt* unabhängig vom Verschulden ist (sog. objektiver Verzug; vgl. VON TUHR/ESCHER, 141; BUCHER, AT, 359 f.; vgl. Vor Art. 102–109 N 1 ff.).

Art. 103

II. Wirkung
1. Haftung für Zufall

[1] Befindet sich der Schuldner im Verzuge, so hat er Schadenersatz wegen verspäteter Erfüllung zu leisten und haftet auch für den Zufall.

[2] Er kann sich von dieser Haftung durch den Nachweis befreien, dass der Verzug ohne jedes Verschulden von seiner Seite eingetreten ist oder dass der Zufall auch bei rechtzeitiger Erfüllung den Gegenstand der Leistung zum Nachteile des Gläubigers betroffen hätte.

II. Effets
1. Responsabilité pour les cas fortuits

[1] Le débiteur en demeure doit des dommages-intérêts pour cause d'exécution tardive et répond même du cas fortuit.

[2] Il peut se soustraire à cette responsabilité en prouvant qu'il s'est trouvé en demeure sans aucune faute de sa part ou que le cas fortuit aurait atteint la chose due, au détriment du créancier, même si l'exécution avait eu lieu à temps.

II. Effetti
1. Responsabilità pel caso fortuito

[1] Il debitore in mora deve risarcire il danno per il tardato adempimento ed è responsabile anche del caso fortuito.

[2] Egli può sottrarsi a tale responsabilità provando che la mora avvenne senza alcuna colpa da parte sua o che il caso fortuito avrebbe colpito in danno del creditore l'oggetto dovuto anche se l'obbligazione fosse stata adempita in tempo debito.

I. Allgemeines. Normzweck

1 Art. 103 Abs. 1 regelt *erstens* die **Ersatzpflicht** des Schuldners für den infolge verspäteter Erfüllung entstandenen Schaden und *zweitens* die **Haftung für den Zufall**. Allerdings hat der Schuldner wie in Art. 97 die Möglichkeit, sich bei Gelingen des *Exkulpationsbeweises* von beiden Haftungsarten zu befreien (vgl. Art. 103 Abs. 2). Durch diese Lösung werden die aus dem vom Verschulden unabhängigen Eintritt des Verzugs resultierenden Folgen (die Verzugs*haftung*) den allgemeinen vertragsrechtlichen Haftungsprinzipien angepasst. Zudem soll auf diese Weise verhindert werden, dass der mit der Zufallshaftung belastete Schuldner für solche schädigende Ereignisse einstehen muss, die den Gläubiger selbst bei rechtzeitiger Erfüllung getroffen hätten (vgl. WIEGAND, recht 1983, 123 f.; BGer, 16.4.2007, 5C.219/2006, E. 4.2).

II. Voraussetzungen

Die in Art. 103 statuierte Schadenersatzpflicht und die Zufallshaftung treffen den Schuldner nur dann, wenn er den **Verzug verschuldet** hat. Wann das der Fall ist, bestimmt sich nach den allgemeinen Regeln, die für die gesamte Vertragshaftung gelten. Der Schuldner hat demnach, sofern nicht besondere Umstände vorliegen, für **jedes Verschulden** (Art. 99 Abs. 1) und gem. Art. 101 für seine *Erfüllungsgehilfen* einzustehen (BGE 117 II 66 = Pra 1992, 303 ff.). Die Haftung kann nach Massgabe der Art. 100 und 101 Abs. 2 und 3 abbedungen werden. 2

Wie bei allen Formen der Vertragsverletzung wird das **Verschulden vermutet**. Um diese Vermutung zu widerlegen, muss der Schuldner den Exkulpationsbeweis führen. Für dessen Voraussetzungen gelten die bei Art. 97 (vgl. dort N 42 ff.) dargelegten Grundsätze, so dass hier nur einige *für den Verzug spezifische Bsp.* anzuführen sind: 3

Als **Entschuldigungsgrund** sollen anerkannt werden: Eine schwere *Erkrankung*, die bei persönlicher Leistungspflicht diese verzögert (BK-Becker, N 3), *Unkenntnis* der Fälligkeit oder der Leistungspflicht, sofern nicht gerade diese Unkenntnis auf Verschulden beruht (z.B. der Erbe hat noch keine Kenntnis vom Erbfall oder konnte sich noch kein Bild vom Umfang bestehender Pflichten verschaffen). Als Exkulpationsgrund soll schliesslich der *entschuldbare Rechtsirrtum* gelten (so v.a. die deutsche Literatur, vgl. von Staudinger-Löwisch/Feldmann [2014], § 286 BGB N 163 ff.).

Als **Verschulden** wurde dagegen angesehen: *Ungenügende Anstrengung* bei der Leistungsbereitstellung (BGE 25 II 67), Anbieten einer nicht vertragsgemässen Leistung (BGE 32 II 270; 26 II 138), *Fehleinschätzungen* von Liefer- oder Beschaffungsfristen sowie das Eingehen von Verpflichtungen bei Zweifeln an der rechtzeitigen Erfüllbarkeit (z.B. Veräusserung einer fremden Sache, BGE 29 II 516; 27 II 217, oder bestehende Streikgefahr; vgl. zum Ganzen BK-Weber, N 41–44), ebenso das *Weitervermieten einer Wohnung*, bevor die Frist für das Einreichen eines Mieterstreckungsgesuches des alten Mieters abgelaufen ist und die nicht rechtzeitige Rückgabe von Geschäftsräumen durch den Mieter, dessen Untermieter die Räumung verweigert (BGE 117 II 65 = Pra 1992, 303 ff.).

III. Rechtsfolgen

1. Verspätungsschaden (Verzugsschaden)

Die Auswirkungen seiner vertragswidrigen Leistungsverzögerung hat der Schuldner dann zu vertreten, wenn dem Gläubiger daraus ein Schaden erwachsen ist, zwischen dem Verzug und dem Schaden ein adäquater Kausalzusammenhang besteht und der Schuldner sich vom vermuteten Verschulden nicht exkulpieren kann (s.a. N 2, 3). 4

Nach herkömmlicher Ansicht und Rechtsprechung ist der *Schaden eine ungewollte Verminderung des Reinvermögens* (BGE 116 II 444; 107 Ib 162; 104 II 199 m.Nw.; von Tuhr/Peter, 83; Deschenaux/Tercier, 45 f.; dazu und zu abweichenden Schadensbegriffen, vgl. Art. 97 N 38 ff. sowie Art. 41 N 3 ff.). 5

Den **Verspätungsschaden** bilden demnach alle Vermögensbeeinträchtigungen, die durch die Verzögerung der Leistung hervorgerufen wurden. Es handelt sich um jene Differenz, die aus dem rechnerischen Vergleich des jetzigen (d.h. des bei der Beurteilung massgebenden Zeitpunktes), durch den Verzug beeinträchtigten Vermögens mit jenem hypothetischen, bei rechtzeitiger Erfüllung bestehenden, hervorgeht (vgl. BGE 116 II 444; dazu Merz, ZBJV 1992, 209 ff.; Wiegand, recht 1983, 123; BK-Weber, N 15; Schwenzer, N 66.03; CHK-Furrer/Wey, N 6).

Der Schaden muss *wegen der verspäteten Erfüllung* eingetreten sein (Art. 103 Abs. 1). Inwieweit die Verzögerung durch den Schuldner für die Schädigung des Gläubigers **ursächlich** ist, wird nach allgemeinen **Kausalitätsregeln** ermittelt. Neben der natürlichen muss die adäquate Kausalität gegeben sein (vgl. BGE 107 II 243; 102 II 237 = Pra 1977, 64 f.; DESCHENAUX/TERCIER, 58; GAUCH/SCHLUEP/SCHMID/EMMENEGGER, N 2949 ff. m.Nw.; vgl. dazu generell Art. 97 N 41; Art. 41 N 14 ff.). Die *Schadenersatzpflicht* beginnt erst in dem Zeitpunkt, in dem *Verschulden vorliegt*. Befindet sich der Schuldner etwa in einem entschuldbaren Rechtsirrtum (N 3), dann wird er schadenersatzpflichtig, sobald er die wirkliche Rechtslage kennt und dennoch nicht leistet (zum Ganzen Absatz OTT/TENCHIO-KUZMIĆ, ZSR 1998, 183 ff., 201 f.; vgl. Art. 107 N 19).

6 Als **Schadensposten** kommen demnach etwa in Betracht:

- Aufwendungen und Auslagen, die der Gläubiger in Erwartung der rechtzeitigen Erfüllung vorgenommen hat oder die ihm infolge der verspäteten Leistung erwachsen sind (z.B. Entschädigung für vom Gläubiger zur weiteren Schadensabwendung geleistete Vorschüsse, BGE 35 II 236; Schadenersatz oder Konventionalstrafe, die der aufgrund des Schuldnerverzugs seinerseits gegenüber Dritten in Lieferungsverzug geratene Gläubiger zahlen muss, BGE 116 II 441; Nachforschungen nach behaupteten Banküberweisungen, nicht aber Kosten für das Inkasso durch einen Anwalt im Ausland, SJZ 1996, 11 f. = AGVE 1993 Nr. 6; Kosten für Miete einer Ersatzmaschine; vgl. BK-BECKER, N 13; GAUCH/SCHLUEP/SCHMID/EMMENEGGER, N 2670 ff.; ENGEL, Traité, 691; negatives Bsp. in ZR 1926, 323 f.; teilweise **a.M.** BK-WEBER, N 22);
- entgangener Nutzen und Gewinn (vgl. VON TUHR/ESCHER, 144; BK-WEBER, N 31; ENGEL, Traité, 691 f.);
- die *Wertverminderung* des Leistungsgegenstandes während des Verzugs, sofern der Gläubiger ihn bei rechtzeitiger Erfüllung zu einem besseren Preis weiterveräussert hätte (BGE 47 II 439; 47 II 139; 38 II 125 = Pra 1912, 246 ff.; BK-WEBER, N 18 m.w.Nw.);
- Währungsverluste einer in fremder Währung zu zahlenden Schuld, sofern die Währung während des Verzugs sinkt und der Gläubiger sie bei rechtzeitiger Erfüllung zum damaligen, besseren Kurs in Landeswährung umgetauscht hätte (BGE 109 II 436 = Pra 1984, 141 ff.; BGE 60 II 340; 48 II 79; 47 II 193; 46 II 408; 46 II 380 = Pra 1920, 311 ff.; SJZ 1925/26, 13 Nr. 2; 1924/25, 273 Nr. 226; ZR 1929, 304 ff.; gilt auch bei ausländischem Gläubiger bzw. Erfüllungsort, vgl. BGE 76 II 376; 47 II 301; SJZ 1939/40, 301 Nr. 214; s.a. N 15);
- Valutaverluste bei Wertpapieren (BK-BECKER, N 17).

7 Dieser Anspruch auf Ersatz des Verspätungsschadens steht dem Gläubiger -als *hinzutretender Schadensposten-* **kumulativ** neben dem ursprünglichen Leistungsanspruch zu. Anders als beim Schadenersatz wegen Nichterfüllung ersetzt dieser nicht den ursprünglichen Anspruch, sondern ergänzt und erweitert ihn (WIEGAND, recht 1983, 123). Infolgedessen muss der Gläubiger die primär geschuldete Leistung nicht annehmen, wenn der Schuldner nicht zugleich den Ersatz des Verzugsschadens anbietet (so zu Recht VON TUHR/ESCHER, 146; **a.A.** BUCHER, AT, 361 FN 126). Jedoch steht die Annahme der Leistung (anders als bei der Konventionalstrafe nach Art. 160 Abs. 2) der späteren Geltendmachung des Verzugsschadens nicht entgegen.

2. Haftungserweiterung

8 Ist der Schuldner nach den dargelegten Kriterien (N 2, 3) *schuldhaft in Verzug geraten*, so treten eine **Haftungsverschärfung** und eine **Haftungsausweitung** ein.

Die **Verschärfung** der Haftung kommt im Gesetz nicht direkt zum Ausdruck. Es wird jedoch in Übereinstimmung mit dem deutschen Recht angenommen, dass insb. die Haftungsmilderung gem. Art. 99 Abs. 2 entfällt (so etwa VON TUHR/ESCHER, 145; zustimmend SCHWENZER, N 66.06; CHK-FURRER/WEY, N 27; unentschieden CR CO I-THÉVENOZ, N 6; **a.A.** GAUCH/SCHLUEP/SCHMID/EMMENEGGER, N 2674; vgl. auch von Staudinger-LÖWISCH/FELDMANN

[2014], § 287 BGB N 3). Das Gleiche gilt, wenn der mildere Haftungsmassstab vertraglich oder durch Allgemeine Geschäftsbedingungen vereinbart wurde. Die praktische Bedeutung der Verschärfung des Haftungsmassstabes ist jedoch gering; denn sie bezieht sich nicht auf alle schuldnerischen Verpflichtungen (bei Verletzung von Nebenpflichten gilt der gesetzliche oder vertraglich vereinbarte Verschuldensmassstab), sondern nur auf die *Erbringung der Leistung*, mit der der Schuldner sich in Verzug befindet.

Von grösserer praktischer Relevanz ist dagegen die **Ausweitung** der Haftung: der Schuldner *haftet auch für den Zufall* (Art. 103 Abs. 1). Diese aus dem gemeinen Recht übernommene Regelung stellt eine *grundlegende Abweichung* von den allgemeinen Prinzipien dar: Während normalerweise der Gläubiger das Risiko der durch Zufall verursachten Unmöglichkeit trägt und seinen Anspruch auf die Leistung verliert (Art. 119 Abs. 1, sog. *Leistungsgefahr*; vgl. Art. 119 N 2), dehnt Art. 103 den Verantwortungsbereich des Schuldners aus: Wird während des Verzugs die Leistung durch einen Zufall verunmöglicht, so wird der Schuldner nicht von seiner Leistungspflicht befreit, sondern hat für die Nichterfüllung einzustehen. Es liegt dann *eine vom Schuldner zu verantwortende Unmöglichkeit* i.S.v. Art. 97 Abs. 1 vor, wobei die Exkulpationsmöglichkeit für das Unmöglichwerden der Leistung (nicht jedoch für den Eintritt des Verzugs, s. N 11) entfällt. 9

Die *eigentliche Bedeutung* dieser Haftungsausweitung besteht darin, dass der Schuldner für **jeden Zufall** einstehen muss (zum Entlastungsbeweis s.a. N 3, 11). Für Zufälle, die in adäquat kausalem Zusammenhang mit der Leistungsverzögerung stehen, würde sich das schon aus den allgemeinen Zurechnungsregeln ergeben. Nach Art. 103 soll der Schuldner aber auch für solche Ereignisse haften, die nicht auf dem Verzug beruhen, sondern *während* des Verzugs die Leistung *zufällig* unmöglich machen (die Sache wird gestohlen oder verbrennt, der Schuldner erkrankt; vgl. WIEGAND, recht 1983, 123; BK-WEBER, N 56; VOSER, 59). Der Verzug ist hier nur insofern kausal, als bei rechtzeitiger Erfüllung der Zufall die Leistung nicht betroffen hätte. Der Verzug ist conditio sine qua non im Sinne der natürlichen Kausalität (so zu Recht GAUCH/SCHLUEP/SCHMID/EMMENEGGER, N 2679; CHK-FURRER-WEY, N 26). 10

Wenn der Schuldner nicht beweisen kann, dass der Verzug ohne jedes Verschulden von seiner Seite eingetreten ist (Art. 103 Abs. 2, 1. Satzteil), hat er die Möglichkeit eines weiteren **Entlastungsbeweises** gem. Art. 103 Abs. 2, 2. Satzteil: Sofern der Verzug *überhaupt nicht* kausal war, kann der Schuldner sich von der Haftung befreien. Er muss dazu den Nachweis erbringen, dass **derselbe** Zufall identische Folgen bez. der Leistung gehabt hätte, wenn vertragsgemäss erfüllt worden wäre (z.B. wenn die Feuersbrunst das Haus des Schuldners und des Gläubigers zerstört oder wenn *alle* Waren der zu liefernden Art durch staatliche Verfügung aus dem Verkehr gezogen werden). Dagegen genügt der Nachweis, dass die Leistung beim Gläubiger von einem *anderen* Zufall betroffen worden wäre, *nicht*. Das würde sowohl dem klaren Wortlaut wie dem Zweck der Entlastungsmöglichkeit widersprechen (wie hier SCHWENZER, N 66.07; **a.A.** VON BÜREN, AT, 370 im Anschluss an VON TUHR/ESCHER, 145 FN 18, die vom Standpunkt des früheren deutschen Rechts ausgingen; § 287 BGB hatte jedoch einen allgemeiner gefassten Entlastungstatbestand, der auf einer bewussten Entscheidung des Gesetzgebers beruht, vgl. von Staudinger-LÖWISCH/FELDMANN [2014], § 287 BGB N 16 f.; eindeutig in diesem Sinne nun der neue § 287 BGB [2002]; ausdrücklich gegen das Erfordernis der Identität des Zufalls BK-WEBER, N 62 und nun auch CR CO I-THÉVENOZ, N 14; CHK-FURRER/WEY, N 34, die jedoch sämtlich die ratio legis [N 1] missachten). 11

Im Einzelnen ist zur erweiterten Haftung des Schuldners folgendes zu bemerken: **Zufall** ist jeder weder vom Gläubiger noch vom Schuldner zu vertretende Umstand einschliesslich der sog. höheren Gewalt (vgl. BK-WEBER, N 48; SCHWENZER, N 66.07). Auch wenn der Zufall die Leistung nicht völlig unmöglich macht, kommt Art. 103 Abs. 1 zur Anwendung, so z.B. bei Beschädigung der veräusserten Sache oder bei Verhinderung des Schuldners (etwa durch Krankheit nach Verzugseintritt). Je nach Sachlage ist dann weiterer Verzugsschaden oder Schadenersatz wegen nicht gehöriger Erfüllung geschuldet (vgl. BGE 44 II 71; 36 II 413; ZR 12

1953, 233 ff.; 1918, 53 ff.). Sofern ein verschuldeter Verzug i.S.v. Art. 102 vorliegt, sind zudem die Kosten der Rechtsverfolgung geschuldet, soweit sie dem Geschädigten nicht schon aufgrund des Prozessrechts erstattet werden (BGer, 19.5.2003, 4C.11/2003, E. 5.2).

IV. Abweichende Vereinbarungen

13 Art. 103 ist dispositives Recht und kann daher prinzipiell (s. aber N 8) durch Parteivereinbarungen abgeändert werden.

V. Prozessuales

14 Der Gläubiger trägt die **Beweislast** für alle schadensrelevanten Faktoren (Verzug, Schaden, Kausalzusammenhang); der Schuldner hat demgegenüber seine Exkulpationsbehauptungen zu beweisen (s.a. N 3, 11).

15 Wird als Verzugsschaden der Kursverfall der geschuldeten Fremdwährung geltend gemacht, so muss der Gläubiger nachweisen, dass er bei rechtzeitiger Zahlung die entwertete in eine nicht entwertete Währung umgewandelt hätte. Ansonsten gilt die Vermutung, dass er die Fremdwährung in die Währung seines Wohn- oder Geschäftssitzes umgetauscht hätte. An die Beurteilung dieser Fragen sind allerdings keine allzu strengen Anforderungen zu stellen (vgl. dazu eingehend BGE 109 II 440 = Pra 1984, 141 ff. m.w.Nw.; s.a. BGE 117 II 258; bestätigt in BGE 123 III 243).

Art. 104

2. Verzugszinse
a. Im Allgemeinen

[1] Ist der Schuldner mit der Zahlung einer Geldschuld in Verzug, so hat er Verzugszinse zu fünf vom Hundert für das Jahr zu bezahlen, selbst wenn die vertragsmässigen Zinse weniger betragen.

[2] Sind durch Vertrag höhere Zinse als fünf vom Hundert, sei es direkt, sei es durch Verabredung einer periodischen Bankprovision, ausbedungen worden, so können sie auch während des Verzuges gefordert werden.

[3] Unter Kaufleuten können für die Zeit, wo der übliche Bankdiskonto am Zahlungsorte fünf vom Hundert übersteigt, die Verzugszinse zu diesem höheren Zinsfusse berechnet werden.

2. Intérêt moratoire
a. En général

[1] Le débiteur qui est en demeure pour le paiement d'une somme d'argent doit l'intérêt moratoire à 5 % l'an, même si un taux inférieur avait été fixé pour l'intérêt conventionnel.

[2] Si le contrat stipule, directement ou sous la forme d'une provision de banque périodique, un intérêt supérieur à 5 %, cet intérêt plus élevé peut également être exigé du débiteur en demeure.

[3] Entre commerçants, tant que l'escompte dans le lieu du paiement est d'un taux supérieur à 5 %, l'intérêt moratoire peut être calculé au taux de l'escompte.

2. Interessi moratori
a. In genere

[1] Il debitore in mora al pagamento di una somma di danaro deve pagare gli interessi moratori del cinque per cento all'anno, quand'anche gli interessi convenzionali fossero pattuiti in misura minore.

[2] Qualora nel contratto fossero stipulati, sia direttamente, sia mediante periodica provvisione bancaria, degli interessi superiori al cinque per cento, questi si potranno richiedere anche durante la mora.

[3] Fra commercianti, finché nel luogo del pagamento lo sconto bancario ordinario superi il cinque per cento, potranno richiedersi gli interessi moratori in questa più elevata misura.

Literatur

CANARIS, Der Zinsbegriff und seine rechtliche Bedeutung, NJW 1978, 1891 ff.; HONSELL, Der Verzugsschaden bei der Geldschuld, in: FS für Hermann Lange, Köln 1992, 509; WEBER, Gedanken zur Verzugsschadensregelung bei Geldschulden, in FS Keller 1989, 323 ff.; DERS., Neukonzeption der Verzugszinsregelung, in: FS Bucher, 2009, 781 ff.; vgl. ausserdem die Literaturhinweise bei der Einleitung zu Art. 97–109.

I. Allgemeines. Normzweck

Art. 104 behandelt die **Verzugswirkungen bei Geldschulden**. Der gesetzlichen Regelung liegt die Fiktion zugrunde, dass der verzugsbelastete Schuldner bis zur Erfüllung weiterhin über den Betrag verfügen kann und dem Gläubiger dadurch eine dementsprechende Vermögensbeeinträchtigung widerfährt (vgl. dazu HABSCHEID, SJZ 1994, 287 ff.; BGE 123 III 245; BGer, 9.6.2009, 4A_40/2009, E. 4.3). Ob der Schuldner das fällige Geld auch tatsächlich zu seinen Gunsten verwendet, spielt hierbei keine Rolle. Ebenfalls infolge der Fiktion bedarf es weder eines Schadensnachweises seitens des Gläubigers noch eines Verschuldens seitens des Schuldners, weswegen letzterer bspw. trotz entschuldbaren Irrtums oder Unkenntnis seiner Zahlungspflicht Verzugszinsen leisten muss (vgl. BUCHER, AT, 362). Die Funktion dieser Zinsen besteht grundsätzlich in der Abgeltung aller dem Gläubiger aus der Leistungsverspätung entstehenden Nachteile durch Vorenthaltung der geschuldeten Geldsumme (vgl. VON TUHR/ESCHER, 146; BUCHER, AT, 361 f.; KELLER/SCHÖBI, I, 267 f.; BK-WEBER, N 7; vgl. auch CHK-FURRER/WEY, N 5; zur Rechtsnatur und Funktion des Verzugszinses jetzt BGE 130 III 591 sowie 131 III 22; dort auch zum komplexen Verhältnis von Verzugszins und Schadenszins, vgl. dazu N 3). 1

II. Anwendungsbereich

Art. 104 bezieht sich auf Obligationen, die (wenigstens) auf der Seite des in Verzug Geratenen eine Geldleistung zum Gegenstand haben (BGer, 30.6.2009, 9C_98/2009, E. 4.1). 2

III. Voraussetzungen

Einzige Voraussetzung bildet der **Zahlungsverzug des Schuldners**. Dabei gilt je nach Grund des Verzugseintritts (d.h. Mahnung oder Verfalltag/Fristablauf) ein anderer Zeitpunkt für den Beginn der Zinsdauer (d.h. analog Art. 77 Abs. 1 Ziff. 1 bei Mahnung ab dem Tag nach ihrem Eintreffen, bei einem Verfalltag ab dem folgenden Tag, bei einer Frist ab erstem Tag nach ihrem Ablauf; vgl. dazu ZWR 1992, 263 = SJZ 1994, 163 f.). Dagegen endet der Zinsenlauf einheitlich mit der Beseitigung des Schuldnerverzugs (vgl. BK-WEBER, N 38 ff., 46 ff. und WEBER, FS Bucher, 787 f.). Zum *Beginn der Verzugszinspflicht* gem. Art. 104 hat das BGer jetzt eingehend Stellung genommen. In zwei in diesem Punkt weitgehend deckungsgleichen Entscheiden (BGE 130 III 591 sowie 131 III 22; s. N 1; seither BGer, 3.12.2009, 6B_509/2009, E. 2) hat es im Zusammenhang mit der seit langem diskutierten Frage nach dem Verhältnis von **Verzugszins** und **Schadenszins** die folgenden Grundsätze teils bestätigt teils weiterentwickelt: Massgeblich für den *Verzugszins* ist grundsätzlich der Zeitpunkt zu dem die Erfüllung geschuldet war, sofern bereits ein Schaden entstanden ist. Entsteht der Schaden später oder vergrössert er sich, kann der Gläubiger auf den späteren Zeitpunkt (bis hin zum Zeitpunkt der Urteilsfällung) abstellen (Bestätigung von BGE 122 III 53 und 120 II 296, dazu und zum Folgenden WIEGAND, ZBJV 1996, 327 und 1998, 202). Zu dem auf und nur bis zu diesen Zeitpunkt zu bestimmenden Schaden «gehört nach konstanter Rechtsprechung der Zins vom Zeitpunkt an, in dem das schädigende Ereignis sich finanziell ausgewirkt hat, bis zum Tag der Zahlung des Schadenersatzes. Dies gilt entgegen der Auffassung der Vorinstanz nicht nur bei einer deliktischen Haftung, sondern auch bei einer solchen aus Vertrag. Dieser 3

Schadenszins bezweckt, den Anspruchsberechtigten so zu stellen, wie wenn er für seine Forderung am Tage des Schadenseintritts bzw. für dessen wirtschaftliche Auswirkungen befriedigt worden wäre. Vom Verzugszins unterscheidet er sich vor allem dadurch, dass er den Verzug, namentlich eine Mahnung des Gläubigers nach Art. 102 Abs. 1 OR, nicht voraussetzt. Er kann nicht kumulativ zum Verzugszins beansprucht werden, da er *funktional denselben Zweck* wie dieser erfüllt.» (BGE 130 III 599, Hervorhebung hinzugefügt; vgl. auch BGer, 22.2.2008, 4A_514/2007, E. 4.3). Eine solche Kumulierung verstiesse sowohl gegen das Bereicherungsverbot wie gegen das Zinseszinsverbot (vgl. Art. 105 Abs. 3). Aus denselben Gründen darf der Schadenszins nur linear berechnet und nicht aufaddiert werden (BGE 131 III 23). Abweichende Vereinbarungen sind jedoch möglich (dazu Art. 105 N 6).

IV. Rechtsfolge

4 Art. 104 Abs. 1 statuiert einen **gesetzlichen Zinssatz von 5 %** pro Jahr, selbst wenn der Zinssatz für Vertragszinsen (z.B. Darlehenszinsen) niedriger wäre. Ein Vorschlag (Internetportal EJPD Thema «Verzugszins») zur teilweisen Änderung der Zinssätze wurde 2008 in die Vernehmlassung geschickt. Die vorgeschlagenen Zinssätze waren Gegenstand heftiger Diskussionen. Im Frühjahr 2012 entschied jedoch der Bundesrat die Motion definitiv abzuschreiben.

5 Wurde hingegen eine höhere Zinspflicht im Vertrag oder über eine gleichwertige *(periodische)* Bankprovision festgelegt, so gilt nach **Art. 104 Abs. 2** der höhere Satz (vgl. BGE 105 II 233).

6 Ähnliches regelt **Art. 104 Abs. 3** für *Kaufleute* (BGE 122 III 53). Sie können den üblichen, 5 % übersteigenden Bankdiskonto am Zahlungsort als Zinssatz verwenden (dieser ist vom Gläubiger nachzuweisen, wenn keine ausdrückliche Vereinbarung vorliegt; BGer, 3.7.2006, 4C.149/2005). Unter dem Bankdiskonto versteht man den Privatdiskontsatz, d.h. den Satz, den private Bankinstitute dem Kunden verrechnen, wenn er bei ihnen erstklassige Wechsel diskontiert (vgl. BGE 116 II 140 m.Nw.; CR CO I-Thévenoz, N 18; **a.A.** wohl zu Recht Bucher, AT, 362 FN 129, demzufolge heute als «Bankdiskonto» der Zinssatz für ungedeckte Kontokorrentkredite zu gelten hat; Habscheid, SJZ 1994, 289; BK-Weber, N 80). Einigkeit besteht in der Literatur darüber, dass diese Begriffe der heutigen Bank- und Kreditpraxis nicht mehr entsprechen (Kuster, Der Verzugszinssatz unter Kaufleuten nach Art. 104 Abs. 3 OR, AJP 2008, 275 ff.) und von der veränderten Gesetzeslage in den Nachbarstaaten abweichen (Weber, FS Wiegand, 965 ff.). Eine allgemein akzeptierte Bemessungsgrundlage hat sich bisher nicht entwickelt (dazu N 9). Der Anwendungsbereich beschränkt sich auf den kaufmännischen Verkehr, wobei nicht auf die Kaufmannseigenschaft der Handelnden, sondern darauf abzustellen ist, ob materiell ein kaufmännisches Geschäft vorliegt (so BGE 122 III 55; Wiegand, ZBJV 1998, 201 f.); deshalb können bei privatrechtlichen Verträgen auch öffentliche Gemeinwesen als Kaufleute gelten.

6a Die gesetzliche Verzugszinsregelung in Art. 104 f. enthält hinsichtlich der Verjährung der Verzugszinsforderung keine positive Normierung. Lehre und Rechtsprechung bejahen aber den Grundsatz, wonach auch die Verzugszinsforderung der Verjährung unterliegt. Die Auffassungen über die Dauer der Verjährungsfrist sind jedoch nicht einheitlich: Das Bundesgericht hat in BGE 52 II 217 gestützt auf Art. 133 entschieden, dass Verzugszinsen der Verjährungsfrist des Hauptanspruches unterliegen. Abgesehen von Spiro (Die Begrenzung privater Rechte durch Verjährungs-, Verwirkungs- und Fatalfristen, Bern 1975, § 273) und Cantieni, (Verzugsschaden bei Geldschulden, Diss. Zürich 1996, 163 f.), welche die Verzugszinsen unter die Fünfjahresfrist des Art. 128 Ziff. 1 subsumieren, spricht sich die zivilrechtliche Doktrin weit überwiegend für die zehnjährige Verjährungsfrist der Verzugszinsen nach Art. 127 aus.

V. Abweichende Vereinbarungen

Auch Art. 104 Abs. 1 stellt dispositives Recht dar; die Parteien können daher höhere oder tiefere Verzugszinsen vereinbaren (BGE 125 III 448). Regeln die Parteien nur Vertrags-, nicht aber Verzugszinsen, so gilt für die Verzugszinsen entweder der *gesetzliche Mindestzinssatz* von 5% pro Jahr (Abs. 1) oder der aufgrund der Parteivereinbarung darüber liegende Satz (Abs. 2; BGE 130 III 319, in casu mangels Substantiierung abgelehnt; BGer, 30.6.2009, 9C_98/2009, E. 4.1, vgl. VON TUHR/ESCHER, 146; BUCHER, AT, 362; GAUCH/SCHLUEP/SCHMID/EMMENEGGER, N 2690; CHK-FURRER/WEY, N 9). Inwieweit ein vereinbarter höherer Zins zulässig ist, richtet sich nach den allgemeinen Grundsätzen (vgl. dazu die Komm. zu Art. 20 und zu Art. 73 Abs. 2; BGE 96 I 9; 93 II 191; 80 II 328; BUCHER, AT, 230 f., 243 f.). 7

VI. Prozessuales

Macht der Gläubiger einen Verzugszins nach Abs. 2 oder 3 geltend, so trägt er für die Höhe des Zinssatzes die **Beweislast** (SJ 1995, 83 f.; BGE 116 II 141 m.Nw.; 130 III 319). 8

VII. Rechtsvergleichung

In § 288 BGB war für Geldschulden ein gesetzlicher (ebenfalls dispositiver) Verzugszinssatz von 4% pro Jahr festgehalten. Im Rahmen der Reform des BGB [2002] ist der allgemeine Zinssatz auf 5% angehoben worden (§ 288 BGB). Dieser gilt aber nur für Rechtsgeschäfte, an denen ein Verbraucher im Sinne des § 13 BGB beteiligt ist. Für Rechtsgeschäfte zwischen Unternehmern i.S.v. § 14 BGB «beträgt der Zinssatz für Entgeltforderungen acht Prozentpunkte über dem Basiszinssatz» (dieser ist in § 247 definiert und richtet sich nach dem Hauptrefinanzierungssatz der EZB; Einzelheiten bei von Staudinger-LÖWISCH/FELDMANN [2014] § 288 N 15 ff.). Diese Regelung entspricht im Konzept Art. 104 Abs. 3, weist aber den Vorteil auf, dass die Bezugsgrösse klar definiert ist. 9

Art. 105

b. Bei Zinsen, Renten, Schenkungen

1 Ein Schuldner, der mit der Zahlung von Zinsen oder mit der Entrichtung von Renten oder mit der Zahlung einer geschenkten Summe im Verzuge ist, hat erst vom Tage der Anhebung der Betreibung oder der gerichtlichen Klage an Verzugszinse zu bezahlen.

2 Eine entgegenstehende Vereinbarung ist nach den Grundsätzen über Konventionalstrafe zu beurteilen.

3 Von Verzugszinsen dürfen keine Verzugszinse berechnet werden.

b. Débiteur en demeure pour les intérêts, arrérages et sommes données

1 Le débiteur en demeure pour le paiement d'intérêts, d'arrérages ou d'une somme dont il a fait donation, ne doit l'intérêt moratoire qu'à partir du jour de la poursuite ou de la demande en justice.

2 Toute stipulation contraire s'apprécie conformément aux dispositions qui régissent la clause pénale.

3 Des intérêts ne peuvent être portés en compte pour cause de retard dans le paiement des intérêts moratoires.

b. Per debiti di interessi, rendite, donazioni

1 Il debitore in mora al pagamento d'interessi od alla corrisponsione di rendite od al pagamento di una somma donata non deve gli interessi moratori se non dal giorno in cui si procedette contro di lui in via esecutiva o mediante domanda giudiziale.

2 Ogni patto in contrario è regolato dalle disposizioni sulle clausole penali.

3 Non si possono pretendere interessi per ritardo nel pagamento degli interessi moratori.

I. Allgemeines. Normzweck

1 Art. 105 regelt die Verzugswirkungen bei Zins- und Rentenschulden sowie bei Schulden aus Schenkungsversprechen. Diese spez. Regelung findet ihre Rechtfertigung in der Überlegung, dass Zins- und Rentengelder erfahrungsgemäss nur sehr begrenzt gewinnorientiert angelegt werden (vgl. VON TUHR/ESCHER, 147; BK-WEBER, N 4) und dass bei der Schenkung die besondere Natur des Rechtsverhältnisses es gebietet, den (wenn auch vertragsbrüchigen) Schuldner nicht übermässig zu benachteiligen.

2 Gemäss **Art. 105 Abs. 1** hat der sich mit der Zahlung von Zinsen, Renten oder einer geschenkten Summe verspätende Schuldner *erst vom Tage der Anhebung der Betreibung oder der gerichtlichen Klage an Verzugszinse zu zahlen*. Massgebend ist somit nicht bereits der Verzugseintritt, sondern erst der Zeitpunkt, in dem der Gläubiger zur Durchsetzung seiner Ansprüche die Hilfe staatlicher Instanzen beansprucht (gl.M. CR CO I-THÉVENOZ, N 2; BGer, 6.5.2013, 4A_11/2013, E. 5).

3 Nach herrschender Auffassung werden unter *Zinsen* nur **Kapitalzinsen** (Zinsen für Geldkredite), nicht etwa auch Miet- oder Pachtzinsen, Lizenzgebühren etc., verstanden (vgl. BGE 45 II 676; VON TUHR/ESCHER, 147; BUCHER, AT, 362; BK-WEBER, N 13 f.).

4 Gemäss **Art. 105 Abs. 2** gelten für abweichende Parteivereinbarungen die Bestimmungen über die *Konventionalstrafe*. Die Bedeutung dieser Verweisung liegt v.a. darin, dass der Richter ermächtigt wird, eine unverhältnismässige Benachteiligung des Schuldners nach freiem Ermessen zu korrigieren (vgl. Art. 163 Abs. 3; VON TUHR/ESCHER, 147; BK-WEBER, N 5).

5 Art. 105 Abs. 3 untersagt die Erhebung von *Verzugszinsen auf Verzugszinsen*. Diese Bestimmung geht auf das mittelalterliche Zinseszinsverbot (Verbot des Anatozismus) zurück. Auch hier geht es darum, den Schuldner vor unberechtigten Belastungen zu bewahren bzw. zu verhindern, dass der Gläubiger aus dem Verzug zusätzlichen Profit zieht (vgl. BGE 131 III 23; 58 II 420; RVJ 1985, 145 ff.; 1981, 404 f.; BUCHER, AT, 362; BK-WEBER, N 25 ff.; wohl auch VON TUHR/ESCHER, 147).

II. Abweichende Vereinbarungen

6 Art. 105 stellt ebenfalls dispositives Recht dar, was v.a. im Hinblick auf Abs. 3 von Interesse ist (ENGEL, Traité, 693). Hier bietet sich den Parteien die Möglichkeit, durch Absprache die fälligen *Verzugszinsen in eine Kapitalforderung umzuwandeln* und davon erneut Verzugszinsen (nach Art. 104) zu berechnen (vgl. BUCHER, AT, 362 FN 130; BK-WEBER, N 8 und 28 m.w.Nw. sowie jetzt BGE 131 III 24, dazu Art. 104 N 3).

III. Rechtsvergleichung

7 Nach § 289 BGB sind von Zinsen prinzipiell keine Verzugszinsen zu entrichten. Gleiches gilt für die sog. Prozesszinsen gem. § 291 BGB [2002, inhaltlich nicht verändert], und nach § 522 BGB trifft auch den Schenker keine Verzugszinspflicht.

Art. 106

3. Weiterer Schaden

[1] Hat der Gläubiger einen grösseren Schaden erlitten, als ihm durch die Verzugszinse vergütet wird, so ist der Schuldner zum Ersatze auch dieses Schadens verpflichtet, wenn er nicht beweist, dass ihm keinerlei Verschulden zur Last falle.

[2] Lässt sich dieser grössere Schaden zum voraus abschätzen, so kann der Richter den Ersatz schon im Urteil über den Hauptanspruch festsetzen.

3. Dommage supplémentaire

[1] Lorsque le dommage éprouvé par le créancier est supérieur à l'intérêt moratoire, le débiteur est tenu de réparer également ce dommage, s'il ne prouve qu'aucune faute ne lui est imputable.

[2] Si ce dommage supplémentaire peut être évalué à l'avance, le juge a la faculté d'en déterminer le montant en prononçant sur le fond.

3. Danno maggiore

[1] Quando il danno patito dal creditore ecceda l'ammontare degli interessi moratori, il debitore è tenuto a risarcire anche questo danno, in quanto non provi che non gli incombe alcuna colpa.

[2] Se questo maggior danno è anticipatamente valutabile, il giudice può stabilire il risarcimento già nella sentenza sulla pretesa principale.

Literatur

BELKE, Abstrakte Schadensberechnung und Anscheinsbeweis am Beispiel des Zinsschadens, in: JZ 1969, 586; HONSELL, Der Zinsschaden bei der Geldschuld, in: wbl 1999, 97 ff.; STAUDINGER/LÖWISCH/FELDMANN [2014], § 288; BK-WEBER, Art. 106 OR; WEBER, Gedanken zur Verzugsschadensregelung bei Geldschulden, in: FS Keller, 1989, 323; DERS., Verzugszinsen und Währung im Urteil Tribunal Fédéral, Ie Cour Civile, 30.9.1999 i.S. XY (BGE 125 III 443), SZW 2000, 101 ff.

I. Allgemeines. Normzweck

Art. 106 stellt gewissermassen eine Auffangnorm für den durch die Verzugszinsen nicht gedeckten Verspätungsschaden des Gläubigers dar. Er ist darauf ausgerichtet, den Schuldner für *den gesamten, von ihm zu verantwortenden Verspätungsschaden* haften zu lassen. 1

Art. 106 Abs. 1 setzt voraus, dass dem Gläubiger *ein die Verzugszinsen übersteigender Schaden* entstanden ist, der Leistungsverzug des Schuldners dessen (adäquate) Ursache bildet und dieser sich für den weiteren Schaden nicht exkulpieren kann (vgl. Art. 103 N 2 ff.). 2

Als Bsp. solchen Schadens gelten etwa die durch Verzugszinsen nicht gedeckten Valutaverluste, die höher verzinsliche Fremdgeldaufnahme oder die verzögerte Tilgung von zinsmässig stärker belasteten Gläubigerschulden (vgl. BGer, 7.10.2002, 5C.122/2002; BGE 123 III 243 [dazu VOGEL, ZBJV 1998, 383 und WIEGAND, ZBJV 1998, 689 f.]; BGE 109 II 436 = Pra 1984, 141 f.; BGE 76 II 375; 60 II 340 = Pra 1934, 454 ff.; RVJ 1988, 341; ZR 1920, 325 f.; SJZ 1996, 11 f. = AGVE 1993 Nr. 6; negatives Bsp. BGE 47 II 301; SJZ 1931/32, 149 Nr. 141; BUCHER, AT, 362 m.Nw.; VON TUHR/ESCHER, 147 m.Nw.; BK-WEBER, N 25 ff. m.w.Nw.). Die Prozesskosten können – im Gegensatz zu Vertreterkosten – nicht als grösserer Schaden eingeklagt werden (BGer, 19.5.2003, 4C.11/2003).

Ebenfalls als weiterer Schaden zu qualifizieren ist der sog. *Zinsschaden* (BGer, 21.1.1993, in: SJ 1993, 321). Dieser entsteht beim Verzug des Geldschuldners durch entgangenen Nutzen auf dem Kapital. Das BGer verlangt auch hier, entgegen der deutschen und österreichischen Rechtsprechung (von Staudinger-LÖWISCH/FELDMANN [2014], § 288 N 28; HONSELL, wbl 1999, 97 ff.), einen konkreten Schadensnachweis (BGE 123 III 241), welcher aber angesichts des hypothetischen Charakters solcher Anlageverluste nicht immer leicht zu erbringen ist. Die Beweisführung wird jedoch mindestens bei gewerbsmässigen Kapitalanlegern (Banken, Versicherungen) und Geschäftsbetrieben durch die Vermutung, dass diese ihnen zufliessende Gelder nach der allgemeinen Lebenserfahrung gewinnbringend anlegen, erleichtert (WEBER, FS Keller, 332 ff.; HONSELL, wbl 1999, 102). Sachgerechter wäre demgegenüber die Zulässigkeit der *abstrakten Schadensberechnung*, deren Voraussetzungen – feststehende, typische Geschehensabläufe, die ein hohes Mass an Üblichkeit verkörpern – bei Verwendung von Geldsummen im Geschäftsverkehr grundsätzlich vorliegen dürften (WEBER, in: FS Keller, 332; BK-WEBER, N 32 ff.; DERS., FS Bucher 793 f.; vgl. auch Handkomm-OR-KREN KOSTKIEWICZ, N 4; dies entspräche dem in Art. 191 Abs. 3 und Art. 215 Abs. 2 OR für den kaufmännischen Verkehr festgelegten Rechtsgedanken).

II. Abweichende Vereinbarungen

3 Art. 106 ist dispositives Recht; die Vertragsparteien können daher im Rahmen der Rechtsordnung abweichende Vereinbarungen treffen.

III. Prozessuales

4 Der Gläubiger hat den zusätzlichen Schaden zu beweisen (BGE 123 III 243; 117 II 258; 109 II 443 = Pra 1984, 143; vgl. auch Handkomm-OR-Kren Kostkiewicz, N 2 m.w.H.), der Schuldner seine Exkulpationsgründe (vgl. auch Art. 103 N 3; BGE 123 III 245). Kein Exkulpationsgrund ist nach der etwas zynischen, aber allgemein anerkannten Regel «Geld muss man haben» der Mangel an Zahlungsmitteln. Bei Geldschulden würde ansonsten schon die Haftung für Verzugsschäden gem. Art. 103 Abs. 2 entfallen.

5 Nach **Art. 106 Abs. 2** kann der Richter den weiteren Schaden bereits *im Urteil* über den Hauptanspruch festhalten, sofern dieser sich im Voraus abschätzen lässt (zur Entstehungsgeschichte dieser Norm vgl. BK-Weber, N 46 ff.). Diese sog. antizipierte Schadensfestsetzung (oder auch antizipierte Beweiswürdigung) wird heute als allgemeines Prinzip des Schadensersatzrechts betrachtet (CHK-Furrer/Wey, N 13 f.; Weber, FS Bucher 795). Der Gläubiger ist indessen nicht verpflichtet, den weiteren Schaden im gleichen Verfahren geltend zu machen wie den Hauptanspruch. Klagt der Gläubiger den weiteren Schaden in einem separaten Prozess ein, so kann der Schuldner im zweiten Verfahren nicht die Einrede der abgeurteilten Sache erheben (BGE 109 II 438; gl.M. CR CO I-Thévenoz, N 12; CHK-Furrer/Wey, N 13).

IV. Rechtsvergleichung

6 Art. 106 Abs. 1 entspricht § 288 Abs. 3 und 4 BGB. Da nach deutschem Recht der Schuldnerverzug bereits als Tatbestandsmerkmal ein Verschulden voraussetzt (vgl. § 286 Abs. 4 BGB), kommt eine Exkulpation nicht in Betracht.

Art. 107

4. Rücktritt und Schadenersatz
a. Unter Fristansetzung

[1] **Wenn sich ein Schuldner bei zweiseitigen Verträgen im Verzuge befindet, so ist der Gläubiger berechtigt, ihm eine angemessene Frist zur nachträglichen Erfüllung anzusetzen oder durch die zuständige Behörde ansetzen zu lassen.**

[2] **Wird auch bis zum Ablaufe dieser Frist nicht erfüllt, so kann der Gläubiger immer noch auf Erfüllung nebst Schadenersatz wegen Verspätung klagen, statt dessen aber auch, wenn er es unverzüglich erklärt, auf die nachträgliche Leistung verzichten und entweder Ersatz des aus der Nichterfüllung entstandenen Schadens verlangen oder vom Vertrage zurücktreten.**

4. Droit de résiliation
a. Avec fixation d'un délai

[1] Lorsque, dans un contrat bilatéral, l'une des parties est en demeure, l'autre peut lui fixer ou lui faire fixer par l'autorité compétente un délai convenable pour s'exécuter.

[2] Si l'exécution n'est pas intervenue à l'expiration de ce délai, le droit de la demander et d'actionner en dommages-intérêts pour cause de retard peut toujours être exercé; cependant, le créancier qui en fait la déclaration immédiate peut renoncer à ce droit et réclamer des dommages-intérêts pour cause d'inexécution ou se départir du contrat.

4. Recesso e risarcimento
a. Con fissazione di termine

[1] Allorquando in un contratto bilaterale un debitore è in mora, il creditore ha il diritto di fissargli o di fargli fissare dall'autorità competente un congruo termine per l'adempimento.

[2] Se l'adempimento non avviene neppure entro questo termine, il creditore può nulladimeno richiedere l'adempimento ed il risarcimento del danno pel ritardo, ma invece di ciò, purché lo dichiari immediatamente, può rinunciare alla prestazione tardiva e pretendere il danno derivante dall'inadempimento oppure recedere dal contratto.

Literatur

Vgl. die Literaturhinweise bei der Einleitung zu Art. 97–109.

I. Allgemeines. Normzweck

Art. 107 regelt über Art. 103 hinausführende Wirkungen des Schuldnerverzugs. Nach dieser Bestimmung stehen dem Gläubiger gegenüber dem säumigen Schuldner mehrere **Dispositionsmöglichkeiten** (sog. *Wahlrechte*) zur Verfügung, die ihm eine entscheidende Einflussnahme auf das künftige Schicksal des Vertragsverhältnisses verleihen. So kann der Gläubiger nach Ablauf der Nachfrist auf der Primärleistung zuzüglich auf Ersatz des Verspätungsschadens beharren (wie in Art. 103) oder gänzlich auf die Primärleistung verzichten und dann entweder Schadenersatz wegen Nichterfüllung verlangen oder vom Vertrag zurücktreten. Diese Alternativen ermöglichen ihm, eine seinen Interessen angepasste Entscheidung zu fällen. Gilt bspw. sein Interesse ganz der versprochenen Leistung, so wird er diese auch nach Ablauf der Nachfrist weiterhin zu erhalten versuchen und sich auf die Geltendmachung des Verspätungsschadens beschränken. Möchte er dagegen nicht noch länger auf die Erfüllung warten oder überwiegt sein Interesse an der Wiedererlangung bereits erbrachter Leistungen, so wird er vom Schuldner Schadenersatz wegen Nichterfüllung fordern oder vom Vertrag zurücktreten (vgl. WIEGAND, recht 1984, 14; recht 1983, 126). 1

Historisch betrachtet handelt es sich bei der Möglichkeit des Verzichts auf die Primärleistung um eine Errungenschaft der jüngeren Privatrechtsgeschichte (vgl. BUCHER, AT, 373). Ausgehend vom Grundsatz der Unauflösbarkeit eines Vertrages bestand für den Gläubiger nach römischem wie gemeinem Recht grundsätzlich nur ein Anspruch auf Erfüllung und Ersatz des Verspätungsschadens, an dessen Stelle bloss in wenigen Fällen Schadenersatz infolge Nichterfüllung treten konnte (vgl. VON TUHR/ESCHER, 148; BK-WEBER, N 9; BUCHER, AT, 364). Für die Entwicklung eines *Rücktrittsrechts war art. 1184 CC fr.* wegweisend, der den Nichterfüllungstatbestand einer Resolutivbedingung unterstellte, wodurch synallagmatische Verträge auf Parteiverlangen durch Richterspruch aufgelöst werden konnten. Diese Bestimmung sowie § 1401 PGB und §§ 354–356 ADHGB dienten als Vorbilder für Art. 122 aOR, welcher im Zuge der sich stark am seinerzeitigen § 326 BGB anlehnenden Revision zur heutigen Fassung von Art. 107 umformuliert wurde (vgl. BUCHER, AT, 364 f.; VON TUHR/ESCHER, 148; BK-WEBER, N 9). 2

Die **Wahlrechte** des Gläubigers lassen sich schematisch wie folgt darstellen: 3
1. nachträgliche Erfüllung zuzüglich Ersatz des Verspätungsschadens;
2. Verzicht auf nachträgliche Erfüllung:
   a) Aufrechterhaltung des Vertrages und Anspruch auf Ersatz des *positiven Interesses*, entweder unter Erbringung der eigenen Leistung (Austauschtheorie) oder unter Anrechnung der eigenen nicht zu erbringenden Leistung (Differenztheorie);
   b) Rücktritt vom Vertrag und Anspruch auf Ersatz des *negativen Interesses*.

II. Anwendungsbereich

Laut Gesetzestext findet Art. 107 bei *zweiseitigen Verträgen* Anwendung. Nach einhelliger Ansicht sind darunter sog. *vollkommen zweiseitig verpflichtende oder synallagmatische Verträge* zu verstehen. Die traditionelle Auffassung will die Anwendbarkeit deshalb auf 4 solche Vertragsverhältnisse beschränken (GAUCH/SCHLUEP/SCHMID/EMMENEGGER, N 2733; SCHWENZER, N 66.13; VON TUHR/ESCHER, 148; BK-BECKER, N 3 m.Nw.; wohl sinngemäss Handkomm-OR-KREN-KOSTKIEWICZ, N 1; differenzierend KELLER/SCHÖBI, I, 270). Richtigerweise ist jedoch nicht darauf, sondern auf die Funktion der verletzten Pflicht abzustellen. Ist der Schuldner mit einer *wesentlichen Pflicht in Verzug* (z.B. mit der Auszahlung des zugesagten Darlehens), so muss dem Gläubiger die Auflösung des Vertragsverhältnisses nach Art. 107 ermöglicht werden (vgl. WIEGAND, recht 1984, 15 f.; wohl auch BUCHER, AT, 366; differenzierend und im Ergebnis ähnlich wie hier BK-WEBER, N 40 ff.; wie hier jetzt auch CHK-FURRER/WEY, N 10 f. und i.E. ebenso KUKO OR-THIER, N 2). Wann eine solche wesentliche Pflicht vorliegt, ist durch Auslegung zu ermitteln; bez. der Begriffsbildung und der Interpretation kann man sich an Art. 25 WKR orientieren (dazu Vor Art. 197–210 N 13 sowie MÜLLER-CHEN, 188). Bei den übrigen Pflichten finden Art. 103 oder Art. 97 (nicht gehörige Erfüllung) Anwendung. THÉVENOZ will auch auf dieses Kriterium verzichten und bei Verzug mit jeglicher vertraglicher Verpflichtung das Vorgehen gem. Art. 107 zulassen (CR CO I-THÉVENOZ, N 6 f.). Das könnte indessen zu unverhältnismässigen Beeinträchtigungen der Schuldnerinteressen führen, die man mit der sachgerechten und fallbezogenen Anwendung des Begriffs der «Wesentlichkeit» der Pflichtverletzung vermeiden kann, ohne die Gläubigerinteressen zu vernachlässigen.

5 Die Anwendbarkeit von Art. 107 kann durch Spezialvorschriften ausgeschlossen werden. Ob und inwieweit das der Fall ist, hängt einerseits von der Interpretation der Sondervorschriften ab, andererseits davon, wie man das Verhältnis des Allgemeinen Teils zum Besonderen Teil bez. der Vertragsstörungsregeln beurteilt (vgl. Einl. zu Art. 97–109 N 16). Hier ist nur Folgendes festzuhalten:

- Auch wenn die *Voraussetzungen von Art. 190* vorliegen, steht es dem Gläubiger frei, nach Art. 107 vorzugehen (vgl. BGE 116 II 436 = Pra 1991, 203 ff.).
  Art. 368 stellt demgegenüber nach der Rechtsprechung eine abschliessende Sonderregelung zu Art. 97 ff. (und damit auch zu Art. 107) dar (vgl. BGE 100 II 31; s. aber BGer, 20.8.2012, 4A_702/2011, E. 6.2 und 10.6.2013, 4A_90/2013, E. 4, Verzug bei der Nachbesserung).
- Gemäss Art. 214 Abs. 3 ist beim Kreditkauf der Rücktritt ausgeschlossen, sofern sich der Verkäufer dieses Recht nicht ausdrücklich vorbehalten hat. Nach der Eröffnung des Konkurses über den Käufer ist selbst dieses Rücktrittsrecht nicht mehr wirksam (Art. 212 SchKG).

Im Übrigen wird auf die Erläuterungen zu den einzelnen Spezialnormen verwiesen.

III. Voraussetzungen

1. Art. 107 Abs. 1

6 Befindet sich der Schuldner im Verzug, so ist der Gläubiger berechtigt, ihm eine **angemessene Nachfrist** zur Erfüllung anzusetzen, wobei der Schuldner jedoch in Verzug bleibt und gem. Art. 103 haftet. Durch diese Massnahme wird dem säumigen Schuldner erneut eine Chance zur Erfüllung eingeräumt, während der Gläubiger sich damit die in Art. 107 Abs. 2 vorgesehenen Wahlmöglichkeiten verschafft.

7 Die Fristansetzung erfolgt durch eine *ultimativ an den Schuldner gerichtete Aufforderung*, seiner Verbindlichkeit innerhalb der gesetzten Frist vollumfänglich (d.h. inklusive eventuellen Verspätungsschadens sowie sonstiger Verzugskosten) nachzukommen. Ausserdem soll sie den Schuldner auf seine Leistungsverspätung aufmerksam machen; Inhalt und Zweck müssen dementsprechend bestimmt und eindeutig zum Ausdruck kommen. Der Gläubiger ist i.d.R. nicht verpflichtet, bei der Fristansetzung schon auf allfällige Konsequenzen hinzuweisen (BK-WEBER, N 61 ff., 82; VON TUHR/ESCHER, 148 f.; GUHL/KOLLER/SCHNYDER/DRUEY, § 32

N 16; CHK-Furrer/Wey, N 21; **a.A.** Bucher, AT, 368; Ausnahme im Mietrecht, Art. 257d; anders BGE 119 II 135 = Pra 1993, 790 ff., zu diesem den Verzug mit Zahlungsraten betreffenden Sonderfall vgl. N 21). Wie bei der Mahnung handelt es sich um eine rechtsgeschäftsähnliche, empfangsbedürftige Willenserklärung, die keinerlei Formvorschriften unterliegt (vgl. von Tuhr/Escher, 148 f.; Bucher, AT, 367; Wiegand, recht 1983, 125; BK-Weber, N 58, 86; Schwenzer, N 66.16; Tercier/Pichonnaz, obligations, N 1308; s.a. Art. 102 N 7 ff.; BGE 26 II 129).

Die Nachfrist kann *mit der Mahnung* verbunden werden. Sie darf i.d.R. nicht vor Eintritt des Schuldnerverzugs erfolgen, es sei denn, die Fälligkeit der Forderung stehe bereits vorher fest (Art. 102 N 8; vgl. auch BGer, 11.12.2000, 4C.216/2000; BGE 103 II 104; BGer, 9.9.2008, 4A_306/2008, E. 4.2; von Tuhr/Escher, 149; Bucher, AT 367; BK-Weber, N 102 f. m.w.Nw.). Zur Fristansetzung berechtigt ist nicht nur der Gläubiger selbst, sondern auch dessen legitimierter Vertreter. Daneben sieht das Gesetz die in der Praxis nicht sehr bedeutsame Möglichkeit der Fristansetzung durch die zuständige kantonale Behörde vor (vgl. von Tuhr/Escher, 150; Bucher, AT, 367; BK-Weber, N 90 ff.). **8**

Die Nachfrist muss **angemessen** sein. Der durch diesen unbestimmten Rechtsbegriff gewährte Beurteilungsspielraum ermöglicht eine der konkreten Vertragslage entsprechende Terminierung. Auf der einen Seite soll der Schuldner eine realisierbare, wenn auch auf das vertretbare Minimum reduzierte Gelegenheit zur Nacherfüllung erhalten, auf der anderen Seite vor einem überraschenden Leistungsverzicht des Gläubigers bewahrt werden (vgl. BGE 43 II 230; Bucher, AT, 368). Bei der Würdigung der Angemessenheit fallen sowohl Bedeutung als auch Art und Umfang der versprochenen Leistung in Betracht (vgl. BGE 103 II 106; 43 II 172; BJM 1985, 200; SJZ 1985, 341; ZR 1924, 37; Gauch/Schluep/Schmid/Emmenegger, N 2735; von Tuhr/Escher, 149; Bucher, AT, 368; CHK-Furrer/Wey, N 23). Als Richtschnur lässt sich festhalten, dass sich die Nachfrist umgekehrt proportional zum Interesse des Gläubigers am Erhalten der Leistung, jedoch proportional zum Leistungsaufwand des Schuldners verhält (vgl. BGE 103 II 106; Bucher, AT, 368; von Tuhr/Escher, 149; BK-Weber, N 66 f.; Wiegand, recht 1983, 125; für Zuviel- oder Zuwenigforderung vgl. Art. 102 N 6). **9**

Eine *zu kurze* Fristansetzung bleibt nicht einfach wirkungslos, sondern ist auf eine angemessene Länge zu erstrecken (vgl. BGE 91 II 351; 43 II 172; 29 II 266; von Tuhr/Escher, 150; Bucher, AT, 369; BK-Weber, N 78; Schwenzer, N 66.17). Über die Vorgehensweise herrscht jedoch keine Einigkeit. Nach BGer und h.L. bedarf es einer ausdrücklichen Verwahrung des Schuldners, um noch innerhalb der angemessenen Frist rechtswirksam leisten zu dürfen (vgl. BGer, 5.4.2012, 4A_589/2011, E. 8.3.1; BGE 116 II 440 = Pra 1991, 205 m.Nw.; von Tuhr/Escher, 149; BK-Weber, N 78; Keller/Schöbi, I, 280; Ehrat, 93 betrachtet das Schweigen des Verzugsschuldners in Analogie zu Art. 6 als Zustimmung, so i.E. BGer, 11.12.2000, 4C.216/2000, E. 4; **a.A.** Bucher, AT, 369 FN 157, der dies nur unter besonderen Voraussetzungen annimmt). **10**

An eine *übermässige* Zeitgewährung bleibt der Gläubiger gebunden und darf sie nicht nachträglich einseitig verkürzen. Allerdings steht es dem Schuldner zu, vor diesem Fristablauf zu erfüllen (vgl. von Tuhr/Escher, 150; Bucher, AT, 368; BK-Weber, N 77). Bietet er seine Leistung während der Nachfrist an und verweigert der Gläubiger deren Annahme, so gerät dieser in Gläubigerverzug, mit den hier bedeutsamen Folgen, dass er nun weder Schadenersatz wegen Nichterfüllung fordern noch vom Vertrag zurücktreten kann (vgl. von Tuhr/Escher, 153; BK-Weber, N 59).

Lässt der säumige Schuldner die **Nachfrist ungenutzt** *verstreichen*, so kann der Gläubiger entweder nach Art. 107 Abs. 2 vorgehen oder dem Schuldner erneut eine Erfüllungsfrist ansetzen (vgl. BGE 76 II 304; 58 II 418; 54 II 32; 43 II 354; SJZ 1948, 239; ZR 1941, 233; 1928, 86; von Tuhr/Escher, 153; Bucher, AT, 372 FN 169; Gauch/Schluep/Schmid/Emmenegger, N 2759; BK-Weber, N 60). Gibt der Gläubiger die Verzichtserklärung nicht **11** rechtzeitig ab (vgl. N 14 ff.) oder unterlässt er überhaupt jegliche Erklärung an den Schuldner, so bleibt es beim bisherigen Rechtszustand (d.h. Vermutung des Festhaltens an der Primärleistung; vgl. BGE 44 II 411; KELLER/SCHÖBI, I, 280; BUCHER, AT, 374 m.Nw.; StenBull NR 1910, 335). Grundsätzlich kann der Gläubiger die Nachfristansetzung beliebig oft wiederholen, solange er sich nicht für eines der Wahlrechte entschieden hat oder sein Verhalten gegen Art. 2 ZGB verstösst (vgl. BK-WEBER, N 105; VON TUHR/ESCHER, 153; CR CO I-THÉVENOZ, N 26; differenzierend KELLER/SCHÖBI, I, 280).

2. Art. 107 Abs. 2

12 Erbringt der Schuldner seine Leistung auch bis zum Ende der Nachfrist nicht oder liegt ein Fall von Art. 108 vor, so kann der Gläubiger zwischen folgenden Varianten wählen:

a) Klage auf Erfüllung und Ersatz des Verzugsschadens

13 Erfüllungsanspruch wie Klagerecht stellen *selbstverständliche Begleiterscheinungen der Forderung dar* (VON TUHR/ESCHER, 86; BGE 122 III 71). Deshalb genügt hier der kurze Hinweis darauf, dass der Erfüllungsanspruch losgelöst von einem Verschulden besteht und Letzteres lediglich Voraussetzung für die Geltendmachung des Verspätungsschadens bildet. Dieser ist von dem Moment an zu berechnen, in dem die fällige und angemahnte Leistung *schuldhaft* nicht erbracht wird. Das wird i.d.R. der Zeitpunkt des Verzugsbeginns sein; bei unverschuldetem Verzugseintritt kann die Leistungsverzögerung später zu einer schuldhaften werden (dazu auch N 19). Grundlage dieses Schadenersatzanspruches bildet dann Art. 103 (vgl. Art. 103 N 5).

b) Verzicht auf Primärleistung unter Forderung von Schadenersatz wegen Nichterfüllung oder unter Rücktritt vom Vertrag

14 Möchte der Gläubiger nach Ablauf der Nachfrist auf die **verspätete Leistungserbringung verzichten**, muss er dies dem Schuldner unverzüglich mitteilen. Auf diese Weise wird im Interesse beider Parteien eine rasche Klärung der gegenwärtigen Situation herbeigeführt. Zugleich wird damit die Möglichkeit eines späteren Zurückkommens auf den Erfüllungsanspruch ausgeschlossen (ZR 1959, 12; VON TUHR/ESCHER, 154; vgl. auch § 323 BGB).

Die **Verzichtserklärung** ist eine *empfangsbedürftige, rechtsgeschäftliche Willenserklärung*. Da sie einseitig rechtsgestaltend in das bestehende Vertragsverhältnis eingreift, setzt sie bei beiden Parteien Handlungsfähigkeit voraus. Überdies ist sie als Ausübung eines Gestaltungsrechtes bedingungsfeindlich und unwiderruflich (vgl. WIEGAND, recht 1983, 127; BUCHER, AT, 373; GAUCH/SCHLUEP/SCHMID/EMMENEGGER, N 151 ff.; SCHWENZER, N 66.25 f.; BGE 123 III 22 E. 4). Die Mitteilung des Verzichts kann in beliebiger Form erfolgen. Sie muss dem Schuldner jedoch in eindeutiger Weise zum Ausdruck bringen, dass der Gläubiger seine Leistung endgültig nicht mehr beansprucht (vgl. VON TUHR/ESCHER, 153; BUCHER, AT, 373). Die Verzichtserklärung hat **unverzüglich** zu erfolgen. Andernfalls wäre der Schuldner möglichen Spekulationen des Gläubigers ausgesetzt (vgl. BGer, 20.9.2011, 4A_232/2011, E. 5.3; 23.6.2004, 4C.58/2004, E. 3.3–4; BGE 69 II 246), seinerseits aber auch weiterhin zur Erfüllung berechtigt. Was man unter *unverzüglich* zu verstehen hat, ergibt sich – wie bei der Angemessenheit der Nachfrist – aufgrund der Beurteilung der konkreten Vertragslage und der Parteiinteressen (dazu BGE 116 II 436 = Pra 1991, 203 ff.; BGE 69 II 245; 44 II 174; ZR 1928, 90; VON TUHR/ESCHER, 153; BUCHER, AT, 374; BK-WEBER, N 142 ff.).

15 Umstritten ist, ob der Gläubiger mit der *Verzichtserklärung gleichzeitig seine Entscheidung* zugunsten des Schadenersatzes wegen Nichterfüllung oder des Rücktritts bekannt geben muss (so WIEGAND, recht 1983, 127; VON TUHR/ESCHER, 153 f. m.Nw.; CHK-FURRER/WEY, N 32; **a.A.** GUHL/KOLLER/SCHNYDER/DRUEY, § 32 N 17; BK-WEBER, N 152; differenzierend

BUCHER, AT, 374 FN 176; offen gelassen in BGE 123 III 22). Dabei ist freilich zu berücksichtigen, dass die rechtliche Unterscheidung der beiden Wahlrechte einem Nichtjuristen normalerweise nicht geläufig ist und Verzichtserklärungen dementsprechend missverständlich ausfallen können (z.B. *dass der Gläubiger zurücktritt und an Stelle der Leistung Schadenersatz verlangt*; VON TUHR/ESCHER, 154 FN 83). In derartigen Fällen ist der wirkliche Sinn anhand der Auslegungsregeln unter Berücksichtigung des Vertrauensprinzips zu ermitteln (vgl. so ausdrücklich BGer, 9.6.2010, 4A_603/2009, E. 2.4; BGE 123 III 22; krit. zum Vorgehen des BGer in diesem Entscheid KISSLING, AJP 1997, 1291 f. und KOLLER, Verzichtsfolgen, 16 ff.; BGE 76 II 306; 69 II 245; 54 II 313; 44 II 174, 505). Führt dies nicht zu einem eindeutigen Ergebnis, so ist anzunehmen, dass der Gläubiger nur auf die Primärleistung verzichten will (so etwa BUCHER, AT, 373 f.). Dagegen will WEBER (BK-WEBER, N 119) auf den hypothetischen Willen des Gläubigers abstellen. Richtigerweise ist eine Verzichtserklärung, die für den Schuldner keine Klarheit über die angestrebte Rechtsfolge erbringt, ebenso als *unwirksam zu betrachten, wie eine solche ohne jede Wahlerklärung*.

Die (wirksame) Entscheidung des Gläubigers bezüglich Geltendmachung von Schadenersatz wegen Nichterfüllung oder Rücktritt vom Vertrag ist (wie die Verzichtserklärung selbst, N 14) eine rechtsgestaltende Erklärung, die das Schuldverhältnis verändert; sie ist deshalb bedingungsfeindlich und unwiderruflich (BUCHER, OR AT, 373; jetzt auch BGE 123 III 22; WIEGAND, ZBJV 1998, 693 f.). Die Kritiker der Entscheidung (BUZ, recht 1997, 197 ff.; KISSLING, AJP 1997, 1287 ff.; KOLLER, Verzichtsfolgen, 15) postulieren bei fehlendem Schutzbedürfnis des Schuldners ein generelles ius variandi für den Gläubiger oder fordern ein solches mindestens für den Fall, in dem der Gläubiger durch die Exkulpation des Schuldners seinen Anspruch auf Schadenersatz wegen Nichterfüllung verliert (mit anderem Ansatz, aber ähnlichem Ergebnis GAUCH/SCHLUEP/SCHMID/EMMENEGGER, N 2791 ff.). Zumindest im zweiten Fall beruht die Forderung auf einem Missverständnis, denn sofern der Schuldner sich exkulpieren kann, besteht kein Anspruch auf Schadenersatz wegen Nichterfüllung. Infolgedessen geht die Wahlerklärung ins Leere, da der Gläubiger sich für eine (in casu) nicht existierende Gestaltungsmöglichkeit entschieden hat. Der erklärte Verzicht ist deshalb unwirksam und kann mit neuer Gestaltungserklärung wiederholt werden (WIEGAND, ZBJV 1998, 693 f.; ähnlich SCHENKER, Diss., 230 ff.; wie hier jetzt auch BK-WEBER, N 170; CHK-FURRER/WEY, N 31).

aa) Entscheidet sich der Gläubiger **Schadenersatz wegen Nichterfüllung** zu verlangen, gilt Art. 97 mit folgenden Auswirkungen: 16

Obwohl Art. 107 das *Verschulden nicht erwähnt*, hat auch hier der Schuldner den Schaden nur zu ersetzen, wenn er sich nicht exkulpieren kann. Diese Interpretation entspricht *den Grundprinzipien des vertraglichen Schadenersatzes*, wie ein Vergleich mit anderen Verzugsnormen hinreichend bestätigt (vgl. Art. 103 Abs. 2, Art. 106 Abs. 1, Art. 109 Abs. 2; WIEGAND, recht 1983, 128). Der unvollständigen Fassung von Art. 107 liegt lediglich ein *redaktionelles Versehen* zugrunde, da das für die Revision massgebende deutsche Recht bereits für den Tatbestand des Verzugs ein Verschulden voraussetzt (vgl. Art. 102 N 16; VON TUHR/ESCHER, 154; BUCHER, AT, 380; BK-WEBER, N 168; KUKO OR-THIER, N 9; **a.A.** BGE 43 II 784 [überholt]; KELLER/SCHÖBI, I, 276 mit Kritik).

Für die Ermittlung des Nichterfüllungsschadens gelten die zu Art. 97 (vgl. dort N 38 ff.) entwickelten Regeln. Der Gläubiger hat Anspruch auf Ersatz des sog. **Erfüllungs- oder positiven Interesses**, was bedeutet, dass er so zu stellen ist, als wäre der Vertrag vereinbarungsgemäss erfüllt worden. Anders als beim Festhalten an der geschuldeten Leistung, bei dem der Ersatz für den Verspätungsschaden kumulativ hinzukommt, wandelt sich hier die primäre Leistungspflicht des Schuldners in eine Schadenersatzpflicht um (vgl. BGE 120 II 296; 116 II 443; WIEGAND, recht 1983, 128; BUCHER, AT, 379; VON TUHR/ESCHER, 154; GAUCH/SCHLUEP/SCHMID/EMMENEGGER, N 2767; krit. zu dieser Konzeption GLÄTTLI, Diss., 114 f.; vgl. dazu auch Art. 97 N 47). 17

18 Im Zusammenhang mit der **Schadensermittlung** sind verschiedene Punkte umstritten: Bezüglich der Gegenleistung des Gläubigers wird die (auch bei Art. 97 geführte) Diskussion über **die Austausch- oder die Differenztheorie** mit grossem theoretischem Aufwand betrieben. Die praktische Bedeutung ist indessen gering, da sich nur in wenigen Fällen Unterschiede ergeben. Das zur Nichterfüllung bzw. nichtgehörigen Erfüllung nach Art. 97 Gesagte (vgl. Art. 97 N 54 f.) gilt hier ebenfalls. Richtigerweise ist es deshalb dem Gläubiger auch im Rahmen von Art. 107 freizustellen, sich *je nach Interessenlage für das Vorgehen nach der Austausch- oder der Differenztheorie zu entscheiden* (vgl. BGE 65 II 174; SJZ 1962, 306; 1957, 327; 1955, 74 f.; 1940/41, 43; ZR 1941, 241; 1937, 368; ZBJV 1943, 269; offengelassen in BGE 54 II 312; zustimmend BK-WEBER, N 162, 188 ff.; vgl. auch CR CO I-THÉVENOZ, N 33 ff. und CHK-FURRER/WEY, N 49).

19 Umstritten ist auch der **massgebende Zeitpunkt** *für die Schadensberechnung.* Während sich ein Teil der Lehre für ein Wahlrecht des Gläubigers zwischen dem Moment des Eintritts des Verzugs und der Abgabe der Verzichtserklärung ausspricht (so BUCHER, AT, 380 m.Nw.), ist nach dem anderen Teil der Lehre und der Rechtsprechung grundsätzlich auf letzteren Zeitpunkt abzustellen und ein früherer Zeitpunkt nur in Ausnahmefällen massgebend (vgl. BGE 120 II 300; 45 II 277, 288 f.; VON TUHR/ESCHER, 154; BK-BECKER, N 42). Richtigerweise ist vom Ziel des Schadenersatzes auszugehen: Der Gläubiger ist so zu stellen, wie wenn er die Leistung vertragsgemäss erhalten hätte. In der Regel wird damit der Zeitpunkt des vom Schuldner zu vertretenden Verzugs massgebend sein (s. N 13 und Art. 103 N 5; BK-WEBER, N 187, 207; Handkomm-OR-KREN KOSTKIEWICZ, N 13; KUKO OR-THIER, N 11). Dass erst mit Verzicht auf die Leistung gem. Art. 107 Abs. 2 der Erfüllungsanspruch wegfällt, kann daran nichts ändern; denn der Gläubiger darf nicht schlechter stehen, weil er dem Schuldner noch eine «Gnadenfrist» eingeräumt hat (so aber SCHENKER, Diss., 243). Von der Bestimmung des an sich massgeblichen Zeitpunkts zu unterscheiden ist die Frage, ob der Gläubiger auch einen anderen Zeitpunkt wählen kann, d.h. ob er unter Berücksichtigung der Entwicklung des Schadens auf einen späteren Zeitpunkt abstellen kann. Hier herrscht Einigkeit: Der Gläubiger kann den bis zum Zeitpunkt der Urteilsfällung eingetretenen Schaden geltend machen, was er tun wird, wenn dieser sich erhöht. Anderenfalls wird er den Schaden auf die oben dargelegten massgeblichen Zeitpunkte berechnen; er hat das Wahlrecht (grundlegend VON TUHR/PETER, 122 ff., gestützt auf die gemeinrechtliche Doktrin; zum Ganzen BGE 120 II 296 und eingehend WIEGAND, ZBJV 1996, 324 ff.; zustimmend OTT/TENCHIO-KUZMIĆ, ZSR 1998, 183 ff., 201 f.; so jetzt eingehend und eindeutig BGE 130 III 597, vgl. auch Wiegand ZBJV 1998, 202 sowie Art. 97 N 51; zustimmend KUKO OR-THIER, N 11).

20 bb) Gemäss Art. 107 Abs. 2 kann der Gläubiger auch **vom Vertrag zurücktreten**. Die Rücktrittserklärung stellt eine rechtsgeschäftliche, empfangsbedürftige Willenserklärung dar, die sich rechtsgestaltend auf das Vertragsverhältnis auswirkt und bei beiden Parteien Handlungsfähigkeit voraussetzt (vgl. WIEGAND, recht 1984, 13; BUCHER, AT, 376; s.a. N 14 zur Verzichtserklärung). Das Rücktrittsrecht kann auch dann ausgeübt werden, wenn die Leistungsverzögerung dem Schuldner nicht vorzuwerfen ist (vgl. VON TUHR/ESCHER, 155 m.Nw.); es kommt deshalb auch in Betracht, wenn der Gläubiger sich für die Geltendmachung des Schadenersatzes wegen Nichterfüllung entscheidet, dem Schuldner aber die Exkulpation gelingt (s. N 15). Die Wirkungen des Rücktritts sind in Art. 109 geregelt, seine praktische Bedeutung ist jedoch heute gering (dazu Art. 109 N 2).

3. Sonderprobleme

21 Nicht im Gesetz geregelt ist eine Reihe von besonderen Fallgestaltungen:

Teilverzug: Die Wahlrechte stehen dem Gläubiger auch bei Verzug des Schuldners mit einer Teilleistung zu. Entscheidet er sich hinsichtlich dieser Leistung für den Ersatz des Nichterfüllungsschadens, so kann er entweder nach der Austauschtheorie oder, sofern seine Gegenleistung teilbar ist oder er selbst noch nicht geleistet hat, auch nach der Differenztheorie vorgehen (vgl. SCHENKER, Diss., 288; BUCHER, AT, 382). Ausnahmsweise ist der Gläubiger berechtigt, unter Rückgabe des bereits erhaltenen Teils auf die ganze Leistung zu verzichten und stattdessen Schadenersatz wegen Nichterfüllung zu verlangen. Dies gilt für den Fall, dass die schon erbrachte Leistung für ihn *objektiv ohne Interesse ist* (h.M.) oder wenn anzunehmen ist, *er hätte den Vertrag ohne die rückständige Teilleistung nicht abgeschlossen* (SCHENKER, Diss., 290 m.Nw.).

Zahlungsraten: Das BGer hat die für den Teilverzug entwickelten Grundsätze auf den Verzug bei Teilzahlung angewandt und folgende Regeln aufgestellt (BGE 119 II 135 ff. = Pra 1993, 790 ff.; dazu WIEGAND, ZBJV 1995, 357 f.): Gerät der Schuldner bei einem zweiseitigen Vertrag mit nacheinander fällig werdenden Zahlungsraten in Verzug, so kann der Gläubiger nur für die bereits verfallenen Raten nach Art. 107 vorgehen. Von diesem Grundsatz darf (gestützt auf VON TUHR/ESCHER, 158 f.) ausnahmsweise abgewichen werden, wenn auch die künftige Vertragserfüllung als gefährdet erscheint. In diesem Fall soll der Gläubiger schon bei Nachfristsetzung den Rücktritt androhen müssen. Diese Androhung soll wieder entbehrlich sein, wenn eine solche in Anbetracht des Schuldnerverhaltens als nutzlos erscheint oder wenn der Gläubiger aufgrund einer besonderen Vertragsbestimmung auch mit Bezug auf nicht verfallene Raten zur Ausübung der Rechte nach Art. 107/109 ermächtigt ist (so ausdrücklich BGE 119 II 135). Das kann nur dann gelten, wenn es sich auf Seiten des Gläubigers um eine Sukzessivlieferung oder sonstige Teilleistungen handelt. Bei einer einheitlichen (Vor-)Leistung des Gläubigers muss diesem, sofern nicht ein Abzahlungskauf vorliegt (Art. 226h), der Rücktritt auch bei Verzug und Nachfristsetzung bez. einer Rate möglich sein. In diesem Sonderfall ist es ausnahmsweise (s. N 7) vertretbar zu verlangen, dass die Rücktrittsdrohung schon bei Ansetzung der Nachfrist ausgesprochen werden muss (dazu Art. 109 N 10 sowie WIEGAND, ZBJV 1995, 359).

Sukzessivlieferungsverträge: Es kommen die gleichen Grundsätze wie beim Teilverzug zur Anwendung (vgl. SCHENKER, Diss., 293; Einzelheiten Art. 109 N 10).

Dauerverträge: Auch bei Dauerverträgen kann der Gläubiger bez. der rückständigen Teilleistung Ersatz des Nichterfüllungsschadens fordern. Hat er seinerseits schon geleistet, kommt nur ein Vorgehen nach der Austauschtheorie in Frage, andernfalls nach der Differenztheorie (vgl. SCHENKER, Diss., 305). Da der Gläubiger so gestellt werden soll, als wäre der Vertrag erfüllt worden, ist bei der Schadensbemessung die Dauer der Verpflichtung zu berücksichtigen. Wurde sie nicht zum Voraus festgelegt, ist auf die Dauer bis zum nächstmöglichen Kündigungstermin des Gläubigers abzustellen (vgl. SCHENKER, Diss., 305; für Ausnahmen bez. der ganzen Leistung gilt das zum Teilverzug Gesagte entsprechend, vgl. SCHENKER, Diss., 307).

Darlehen: Ist der Borger mit einer Zinszahlung in Verzug, so kann der Darleiher ebenfalls nach Art. 107 f. vorgehen (SJ 1994, 729 ff.; BGE 100 II 349).

IV. Abweichende Vereinbarungen

Art. 107 enthält dispositives Recht. Abweichende Vereinbarungen der Parteien, insb. hinsicht- **22**
lich der Nachfrist, sind daher zulässig (BGer, 24.9.2002, 4C.133/2001, E. 2.2).

V. Prozessuales

Entgegen dem Wortlaut von Art. 107 steht dem Schuldner auch hier der Exkulpationsbeweis **23**
zu (vgl. N 16). Ansonsten gilt Art. 8 ZGB.

Art. 108

b. Ohne Fristansetzung

Die Ansetzung einer Frist zur nachträglichen Erfüllung ist nicht erforderlich:

1. **wenn aus dem Verhalten des Schuldners hervorgeht, dass sie sich als unnütz erweisen würde;**
2. **wenn infolge Verzuges des Schuldners die Leistung für den Gläubiger nutzlos geworden ist;**
3. **wenn sich aus dem Vertrage die Absicht der Parteien ergibt, dass die Leistung genau zu einer bestimmten oder bis zu einer bestimmten Zeit erfolgen soll.**

b. Résiliation immédiate

La fixation d'un délai n'est pas nécessaire:

1. lorsqu'il ressort de l'attitude du débiteur que cette mesure serait sans effet;
2. lorsque, par suite de la demeure du débiteur, l'exécution de l'obligation est devenue sans utilité pour le créancier;
3. lorsque aux termes du contrat l'exécution doit avoir lieu exactement à un terme fixe ou dans un délai déterminé.

b. Senza fissazione di termine

La fissazione di un termine per l'adempimento tardivo del contratto non è necessaria:

1. quando dal contegno del debitore risulti che essa sarebbe inutile;
2. quando per la mora del debitore la prestazione abbia perduto ogni interesse pel creditore;
3. quando dal contratto risulti l'intenzione dei contraenti che l'obbligazione debba adempirsi esattamente ad un tempo determinato od entro un dato termine.

Literatur

Vgl. die Literaturhinweise bei der Einleitung zu Art. 97–109.

I. Allgemeines. Normzweck

1 In Art. 108 werden Fallkonstellationen beschrieben, in denen der Gläubiger von der Ansetzung einer Nachfrist absehen kann, aber nicht muss (vgl. BGE 103 II 106; 76 II 303). Die Auflistung ist nicht abschliessend. Die Vorschrift soll eine rasche Bereinigung der Rechtslage in Situationen ermöglichen, in denen der Schuldner die ihm durch die Nachfrist gewährte Schonung nicht mehr verdient (BGer, 16.6.2005, 4C.74/2005, E. 4). Bei der praktischen Umsetzung dieser prinzipiell *sachgerechten* Norm können sich für den Gläubiger jedoch Probleme ergeben, die zu einem vorsichtigen Umgang mit Art. 108 mahnen: Zum einen erweist sich die Zuordnung zu einer der drei Ziffern als schwierig, zum andern trägt der Gläubiger die Beweislast für den Tatbestand (vgl. Art. 8 ZGB; Wiegand, recht 1983, 126; gl.M. CR CO I-Thévenoz, N 1).

II. Voraussetzungen

1. Art. 108 Ziff. 1

2 Gemäss **Art. 108 Ziff. 1** erübrigt sich die Ansetzung einer Nachfrist, *wenn aus dem Verhalten des Schuldners hervorgeht, dass sie sich als unnütz erweisen würde*. Es handelt sich hierbei um eine Konkretisierung von Art. 2 ZGB (vgl. Wiegand, recht 1983, 125). Als häufigste Bsp. zu Ziff. 1 werden genannt:

– eine eindeutige Erklärung der *Leistungsverweigerung* (oder ein gleich zu deutendes Verhalten; vgl. BGE 121 III 459 [in casu verneint]; BGE 116 II 441 = Pra 1991, 206; dazu Merz, ZBJV 1992, 209 f.; BGE 115 II 479; 110 II 141 = Pra 1984, 567; BGE 97 II 65 = Pra 1971, 449; BGE 48 II 224; ZR 1994, 11; keine Verweigerung in BGE 42 II 243).

Umstritten ist, ob eine entsprechende Erklärung auch berücksichtigt werden darf, wenn sie vom Schuldner vor Eintritt der Fälligkeit abgegeben wird (sog. *antizipierter Vertragsbruch*; befürwortend BGer, 23.6.2004, 4C.58/2004; 11.1.2001, 4C.279/2000; BGE 94 II 31; 69 II 243; AGVE 1976, 42; ZR 1941, 302; BUCHER, AT, 369 m.Nw.; GUHL/KOLLER/SCHNYDER/DRUEY, § 32 N 18; MÜLLER-CHEN, 204; SCHWENZER, N 66.19; **abl.** VON TUHR/ESCHER, 141; BK-WEBER, N 13; KELLER/SCHÖBI, I, 272). Massgebend kann jedoch nicht der Zeitpunkt, sondern nur die Ernsthaftigkeit der Erklärung sein, die Erfüllung verweigern zu wollen; besteht daran kein Zweifel, so ist der Tatbestand von Ziff. 1 gegeben (zustimmend CHK-FURRER/WEY, N 9; vgl. auch Art. 72 WKR);

- wenn sich der Schuldner in Bezug auf die Leistung und sie begleitende Handlungen dermassen *in Rückstand* befindet, dass er selbst binnen angemessener Nachfrist nicht zu erfüllen imstande ist (vgl. BGE 76 II 304; VON TUHR/ESCHER, 150; BUCHER, AT, 369; BK-WEBER, N 13, 18; KELLER/SCHÖBI, I, 272; s.a. Art. 366);
- wenn das Einverständnis des Schuldners mit dem vom Gläubiger gewählten Rechtsbehelf gem. Art. 107 Abs. 2 vorliegt (vgl. ZR 1925, 292; KELLER/SCHÖBI, I, 272; VON TUHR/ESCHER, 150 FN 58a).

2. Art. 108 Ziff. 2

Die Nachfrist ist auch entbehrlich, wenn die Leistung für den Gläubiger infolge des Verzugs jeglichen Nutzen verloren hat. Dabei bestimmt sich die **Nutzlosigkeit** (nur) nach dem Interesse des Gläubigers an der rechtzeitigen Erfüllung und nicht anhand objektiver Wertungen (vgl. noch allgemeiner § 323 Abs. 2 Ziff. 2 und 3 BGB). Als Bsp. werden alle im Hinblick auf einen bestimmten Anlass benötigten Produkte wie Saisonartikel, Hochzeits- oder Ballkleider etc. genannt (vgl. VON TUHR/ESCHER, 150 f.; BUCHER, AT, 370 FN 162, 163; BK-WEBER, N 23 ff.). 3

Strittig ist die *Abgrenzung zu Ziff. 3* und die damit in Zusammenhang stehende Frage, ob der *Schuldner die Nutzlosigkeit* im Falle der Verspätung aufgrund der konkreten Sachlage *erkennen* musste (so BUCHER, AT, 370, FN 163; GAUCH/SCHLUEP/SCHMID/EMMENEGGER, N 2831; CR CO I-THÉVENOZ, N 8; differenzierend BK-WEBER, N 28). Auf die Erkennbarkeit kann es jedoch nicht ankommen; beruht der Interessewegfall auf dem Verzug, so liegt der Tatbestand von Ziff. 2 vor (so zu Recht VON TUHR/ESCHER, 151; KELLER/SCHÖBI, I, 273; ebenso zum früheren deutschen Recht Palandt-HEINRICHS, § 326 BGB N 6c; BGH NJW 1971, 798; nunmehr § 323 BGB, vgl. N 3). Diesen Kausalzusammenhang muss der Gläubiger beweisen; darin liegt der Unterschied zu Ziff. 3, wo sich dies schon aus der Art der Terminfestsetzung ergibt (vgl. N 5; wie hier CHK-FURRER/WEY, N 15). 4

3. Art. 108 Ziff. 3

Keiner Nachfristansetzung bedarf es schliesslich bei sog. **Fixgeschäften**, d.h., wenn sich aus dem Vertrage die Absicht der Parteien entnehmen lässt, *dass die Leistung genau zu einer bestimmten Zeit oder bis zu einem bestimmten Zeitpunkt erfolgen soll* (Ziff. 3, *qualifizierter* Verfalltag; 1. Variante auch sog. Stichtag). Für diese Geschäfte ist charakteristisch, dass die Einhaltung des Erfüllungstermins nach dem Willen der Parteien zu den wesentlichen Vertragspunkten gehört. Dies kann sich aus dem Wortlaut (z.B. *«spätestens bis»*, *«genau am»*; kein Fixgeschäft liegt dagegen vor bei Formulierungen wie *«innert ca. zwei Wochen»*, vgl. BGE 121 III 459), aber auch aufgrund der Natur des Rechtsgeschäfts oder der Umstände ergeben (vgl. BGE 96 II 50; 49 II 227; 45 II 438; 41 II 678; ZR 1977, 251; 1955, 358; 1947, 214; BJM 1965, 184 f.; VON TUHR/ESCHER, 151; BUCHER, AT, 370; GUHL/KOLLER/SCHNYDER/DRUEY, § 32 N 18; BK-WEBER, N 30 ff.). 5

Art. 108 Ziff. 3 kommt jedoch **nicht bei allen Fixgeschäften** zur Anwendung, sondern nur bei den (v.a. in der deutschen Doktrin) sog. *relativen Fixgeschäften*. Damit bezeichnet man 6 jene Geschäfte, bei denen der Gläubiger zur Annahme der verspäteten Leistung nicht verpflichtet ist bzw. bei denen mit dem Fristablauf auch die *Erfüllbarkeit* der Obligation entfällt (vgl. WIEGAND, recht 1983, 125; BUCHER, AT, 370; KELLER/SCHÖBI, I, 273; VON TUHR/ESCHER, 151; GUHL/KOLLER/SCHNYDER/DRUEY, § 30 N 10: CHK-FURRER/WEY, N 17 f.).

Nicht unter Ziff. 3 fallen die *absoluten Fixgeschäfte*, bei denen Termin und Leistungserbringung untrennbar miteinander verknüpft sind. Beispiele sind etwa die für den Hochzeitstag bestellte, aber erst einen Tag später erscheinende Musikkapelle (vgl. WIEGAND, recht 1983, 8) oder der Mietvertrag, bei dem der Vermieter seiner Pflicht zur Überlassung des Mietgegenstandes nur innerhalb der Mietdauer nachkommen kann (vgl. KELLER/SCHÖBI, I, 273). In diesen Fällen liegt im rechtstechnischen Sinne Unmöglichkeit vor (vgl. Art. 97 N 18; krit. CR CO I-THÉVENOZ, N 14). Der Gläubiger kann in der Praxis natürlich dennoch den Weg über Art. 107 wählen (vgl. dazu generell Einl. zu Art. 97–109 N 3).

Fixgeschäfte betreffen auch die *kaufrechtlichen Sondernormen* von Art. 190 und 214, die den Art. 107/108 vorgehen (BGer, 9.10.2003, 4C.204/2002, E. 5.2; BGE 116 II 438 = Pra 1991, 203 f.; vgl. Art. 107 N 5 sowie die Komm. zu Art. 190 und 214).

7 Fixgeschäfte sind schliesslich von Verfalltagsgeschäften (Art. 102 Abs. 2) klar zu trennen. Erstere entbinden den Gläubiger auch von der Nachfristansetzung, bei letzteren tritt nur der Verzug des Schuldners ohne Mahnung ein (vgl. BUCHER, AT, 371; VON TUHR/ESCHER, 151). In Zweifelsfällen ist immer eher Verfalltagsgeschäft anzunehmen und eine Nachfrist anzusetzen (vgl. N 1 und 10).

III. Rechtsfolgen

8 Der Gläubiger wird befugt, die ihm nach Art. *107 Abs. 2* zustehenden *Wahlrechte ohne Ansetzung einer Nachfrist* auszuüben. Umstritten ist, ob überhaupt und, wenn ja, bei welchen der drei Tatbestände von Art. 108 der Gläubiger noch eine *Verzichtserklärung* i.S.v. Art. 107 Abs. 2 abgeben muss. Die Notwendigkeit einer Verzichtserklärung befürworten: BGE 54 II 33; ZR 1928, 89; WIEGAND, recht 1983, 127; GUHL/KOLLER/SCHNYDER/DRUEY, § 32 N 16 f.; GAUCH/SCHLUEP/SCHMID/EMMENEGGER, N 2706; BK-BECKER, N 1; **a.A.** sind: BGE 76 II 304; 48 II 224; BUCHER, AT, 375 für Ziff. 2 und 3; VON TUHR/ESCHER, 151; differenzierend BK-WEBER, N 51 ff.; KUKO OR-THIER, N 5; CHK-FURRER/WEY, N 23. Aus der Funktion dieser Verzichtserklärung (vgl. Art. 107 N 14) ergibt sich indessen klar, dass sie in allen Fällen des Art. 108 zu erfolgen hat. Selbst wenn man aber bei Art. 108 Ziff. 2 und 3 von der Entbehrlichkeit ausginge, wäre die Abgabe der Verzichtserklärung im Hinblick auf die Beweislage und die (gravierenden) Rechtsfolgen dringend zu empfehlen.

IV. Abweichende Vereinbarungen

9 Aufgrund der dispositiven Rechtsnatur von Art. 108 bleiben den Parteien abweichende Vereinbarungen vorbehalten (BGer, 24.9.2002, 4C.133/2001, E. 2.2).

V. Prozessuales

10 Der Gläubiger hat das Vorliegen der Voraussetzungen einer der Varianten von Art. 108 zu beweisen (WIEGAND, recht 1983, 126; vgl. auch N 4). In Zweifelsfällen ist deshalb eine Fristansetzung geboten, in der Praxis ist sie in jedem Falle ratsam (vgl. N 1, 7).

Art. 109

c. Wirkung des Rücktritts

[1] Wer vom Vertrage zurücktritt, kann die versprochene Gegenleistung verweigern und das Geleistete zurückfordern.

[2] Überdies hat er Anspruch auf Ersatz des aus dem Dahinfallen des Vertrages erwachsenen Schadens, sofern der Schuldner nicht nachweist, dass ihm keinerlei Verschulden zur Last falle.

c. Effets de la résiliation

[1] Le créancier qui se départ du contrat peut refuser la prestation promise et répéter ce qu'il a déjà payé.

[2] Il peut en outre demander la réparation du dommage résultant de la caducité du contrat, si le débiteur ne prouve qu'aucune faute ne lui est imputable.

c. Effetti del recesso

[1] Chi recede dal contratto può rifiutare la controprestazione promessa e ripetere quanto egli da parte sua ha già prestato.

[2] Egli ha inoltre diritto al risarcimento dei danni derivanti dal mancato contratto, in quanto il debitore non provi che non gli incombe alcuna colpa.

Literatur

Vgl. die Literaturhinweise bei der Einleitung zu Art. 97–109.

I. Allgemeines. Normzweck

Art. 109 regelt die Konsequenzen, die der Gläubiger durch Ausübung des ihm gem. Art. 107 Abs. 2 zustehenden Rücktrittsrechts auslöst. Rücktritt vom Vertrag bedeutet, dass der Gläubiger vom bestehenden Vertragsverhältnis zum säumigen Schuldner Abstand nehmen will. Infolgedessen wird die weitere Vertragsabwicklung unterbunden; bereits erfolgte Leistungen sind gegenseitig zurückzuerstatten, und der Gläubiger kann u.U. Ersatz des sog. Vertrauensschadens fordern (vgl. N 8). Im Ergebnis sollen die Parteien so gestellt werden, dass das Scheitern dieser Vertragsbeziehung keine ungerechtfertigten Vermögenseinbussen hinterlässt (Herstellung des vorvertraglichen Zustands). 1

II. Anwendungsbereich

1. Mit der Anerkennung der Differenztheorie bei der Berechnung des Nichterfüllungsschadens im Rahmen des Art. 107 Abs. 2 (vgl. Art. 107 N 18) ist einer der Hauptanwendungsfälle des Rücktritts praktisch bedeutungslos geworden: Während der Gläubiger beim Vorgehen nach Art. 107 Abs. 2 die eigene Leistung zurückbehalten und zusätzlich Schadenersatz wegen Nichterfüllung verlangen kann, hat er gem. Art. 109 Abs. 2 nur Anspruch auf den Vertrauensschaden. Verzichtet der Gläubiger auf die Primärleistung, so ist ein *Rücktritt vom Vertrag für ihn demnach nur noch von Interesse*, wenn 2

- entweder der Vertrauensschaden ausnahmsweise höher ist als der Nichterfüllungsschaden;
- aus besonderen Gründen die Wiedererlangung einer schon erbrachten Leistung für den Gläubiger von Bedeutung ist;
- Verzug und die Voraussetzungen von Art. 107 gegeben sind, den Schuldner aber kein Verschulden trifft.

2. Da das OR keine generellen Rücktrittsbestimmungen enthält, findet die Vorschrift des Art. 109 bei *allen vertraglich vereinbarten Rücktrittsregelungen* Anwendung, sofern die Rechtsfolgen nicht von den Parteien festgelegt wurden. Auch bei den gesetzlichen Rücktrittsvorschriften ist Art. 109 analog heranzuziehen, soweit diese selbst keine oder keine umfassende Rechtsfolgeanordnung enthalten. So ist etwa davon auszugehen, dass die vom BGer jetzt für Art. 109 befürwortete Umwandlungstheorie (vgl. BGE 114 II 152; s.a. N 4) auch bei der Auflösung des Vertrages nach den Art. 195, 208 und 368 Anwendung findet. 3

III. Die Regelung im Einzelnen

1. Art. 109 Abs. 1

4 Tritt der Gläubiger vom Vertrag zurück, so kann er die versprochene Gegenleistung verweigern und das Geleistete zurückfordern. Entgegen dem missverständlichen Wortlaut gilt Art. 109 Abs. 1 *für beide Parteien* (vgl. WIEGAND, recht 1984, 13; BUCHER, AT, 376 FN 185; VON TUHR/ESCHER, 155).

Über zahlreiche Fragen, die sich aus dem Rücktritt des Gläubigers vom Vertrag ergeben können, bestand lange Zeit Unklarheit. Das hat sich mit BGE 114 II 152 ff. wenigstens teilweise geändert. Indem sich das BGer in diesem Urteil erstmals ausdrücklich auf die von der neueren Lehre vertretene **Umwandlungstheorie** abstützte, konnte es – unter Beibehaltung der früheren Ergebnisse – jene Ungereimtheiten seiner Rechtsprechung weitgehend beseitigen, die seiner Argumentation zu Art. 109 bisher angehaftet hatten und die bei Vertretern der älteren wie der neueren Lehre auf dementsprechende Kritik gestossen waren (vgl. z.B. BGE 114 II 157 m.Nw.; KNELLWOLF, ZSR 1990, 389 ff.; GAUCH, recht 1989, 122 ff.). Aufgrund ihrer dogmatischen und praktischen Vorzüge hat sich diese Konzeption nunmehr in Rechtsprechung und Lehre weitgehend durchgesetzt (bestätigt in BGer, 1.6.2006, 5C.59/2006; 18.1.2006, 4C.286/2005; BGE 132 III 242; 126 III 122 [dazu WIEGAND ZBJV 2002, 319 f.]; BGE 123 III 22; GAUCH, recht 1989, 123 ff. m.Nw.; GAUCH/SCHLUEP/SCHMID/EMMENEGGER, N 1572 ff.; GLASL, Diss., 90 ff.; DERS., ZSR 1991, 266 ff. m.Nw.; GLÄTTLI, Diss., 163 ff.; SCHWENZER, N 66.33; SUTER E., passim; BK-WEBER, N 46 ff.; CHK-FURRER/WEY, N 17; differenzierend EHRAT, passim; **a.A.** KNELLWOLF, ZSR 1990, 412 f.).

5 Nach der Umwandlungstheorie wird das bisherige Schuldverhältnis durch den Rücktritt des Gläubigers vom Vertrag nicht aufgelöst, sondern in ein *Abwicklungs- oder Liquidationsverhältnis* umgewandelt (BGE 132 III 233 = Pra 2006, 999. Die Konsequenzen, die sich für die Rückabwicklung daraus ergeben, sind in der Schweiz (anders als in Deutschland, wo diese Theorie seit langem akzeptiert ist) noch nicht in allen Aspekten hinreichend diskutiert worden (vgl. immerhin GAUCH, recht 1989, 122 ff.; KNELLWOLF, ZSR 1990, 389 ff.; GLASL, ZSR 1991, 265 ff.; GLÄTTLI, Diss., 163 ff.; BK-WEBER, N 58 ff.; WIEGAND, FS Gauch, 711 ff.). Das BGer hat nur folgende Punkte festgehalten:

a) Die *Rückgabeverpflichtungen* sind **vertraglicher** Natur (BGE 132 III 233 = Pra 2006, 1005; BGer, 1.6.2006, 5C.59/2006; BGE 126 III 122; KUKO OR-THIER, N 3). Durch ihre Erfüllung sollen die Parteien so gestellt werden, als wären sie nie miteinander in vertragliche Beziehung getreten. Der Rücktritt wirkt ex nunc, herzustellen ist aber der Zustand ex tunc.

b) Das Geleistete ist daher grundsätzlich *in natura* oder (z.B. bei erbrachten Dienstleistungen) *wertmässig zurückzuerstatten* (BGE 114 II 157).

c) Für Rückforderungsansprüche gilt die allgemeine *zehnjährige Verjährungsfrist* (vgl. BGE 132 III 233 = Pra 2006, 1005; BGE 114 II 156 und die Nachweise N 4).

d) Die Behandlung des Schadenersatz- und des Rückerstattungsanspruchs vollzieht sich nach den gleichen, d.h. vertragsrechtlichen Grundsätzen (vgl. BGE 114 II 157 m.Nw.; zum Ganzen auch WEBER, ZBJV 1991, 634 ff.).

6 e) Aus der Tatsache, dass das Schuldverhältnis mit dem Rücktritt nicht aufgehoben, sondern nur umgewandelt wird, ergibt sich eine Reihe von **weiteren Folgerungen**, auf die hier nur kurz hinzuweisen ist:

aa) Die Rückerstattung erfolgt bei Sachleistungen durch *Rückübereignung*, da die bestehende causa für die Übereignung nicht wegfällt, sondern durch den Rücktritt neu eine (schuldrechtliche) Verpflichtung zur Rückübertragung geschaffen wird (BGer, 23.3.2011, 4A_23/2011, E. 5).

bb) Damit entfällt auch die *Anwendbarkeit der* Art. *938 ff. ZGB*; auf den zur Rückgabe gem. Art. 109 OR verpflichteten Besitzer treffen diese Vorschriften nicht zu, da dieser aufgrund des (nicht ex tunc aufgehobenen) Vertrages besitzt (vgl. zu den Voraussetzungen der besitzesrechtlichen Ansprüche BSK ZGB II-Ernst, Vor Art. 938–940 N 1 ff.).

cc) Die vertraglichen *Nebenpflichten* (vgl. Einl. zu Art. 97–109 N 5 ff.) bleiben auch nach der Umwandlung bestehen (so zu Recht Glasl, ZSR 1991, 279; CR CO I-Thévenoz, N 13).

dd) Auf die *Rückabwicklung* finden die **allgemeinen Regeln Anwendung** (ausführlich hierzu BK-Weber, N 63 ff.), insb. also Art. 68 ff. einschliesslich Art. 82 und 97 ff. Fraglich ist allein, ob dies auch für Art. 119 uneingeschränkt gelten kann. Dessen Anwendung würde dazu führen, dass der nach erfolgtem Rücktritt eingetretene zufällige Untergang der zurückzugewährenden Leistung den Leistungspflichtigen befreit (Art. 119 Abs. 1), dieser aber auch seinen Anspruch auf die Gegenleistung verliert (Art. 119 Abs. 2). Dieses Ergebnis kollidiert – je nach Fallgestaltung – mit anderen Abwicklungsregelungen (etwa Art. 109 Abs. 1, 208) und mit Art. 207 Abs. 1, wonach der zufällige Untergang der Kaufsache der Ausübung des Wandelungsrechts nicht entgegensteht (zur Problematik dieser Regel und zur Frage der analogen Anwendung des Art. 207 insgesamt vgl. BK-Giger, Art. 207 OR N 35 ff.). Wendet man die Umwandlungstheorie konsequent an, so stellt die *Rückabwicklung ein synallagmatisches Schuldverhältnis* dar, für das ausschliesslich Art. 119 gilt (so jetzt BK-Weber, N 74; Schwenzer 66.33; Gauch/Schluep/Schmid/Emmenegger, N 2807; KUKO OR-Thier N 3; vgl. generell zum Abwicklungsverhältnis BGE 137 III 243). 7

2. Art. 109 Abs. 2

Dem Zurücktretenden steht ein *Anspruch auf Ersatz des aus dem Dahinfallen des Vertrages erwachsenen Schadens* zu. Mit dieser – ebenfalls in den Art. 26 und 39 – verwendeten Floskel umschreibt das Gesetz denjenigen Schaden, der in Literatur und Rechtsprechung auch als **Vertrauensschaden** oder **negatives Interesse** bezeichnet wird (ausführlich hierzu CR CO I-Thévenoz, N 14 ff.; CHK-Furrer/Wey, N 25; ZR 2003, Nr. 9). Neuerdings wird verschiedentlich die Auffassung vertreten, der Gläubiger müsse auch nach einem Vertragsrücktritt das positive Interesse fordern können (Glättli, Diss., 173 ff. und SJZ 1993, 293 ff.; zustimmend BK-Weber, N 84). Schwenzer (N 66.34) will darüber hinaus den Ersatz des negativen Interesses auch dann gewähren, wenn der Schuldner sich exkulpieren kann. Die dafür angeführten Art. 195 Abs. 1 Ziff. 4 und Art. 208 Abs. 2 eignen sich jedoch nicht zur Begründung; denn sie beruhen auf einer (vom Gesetzgeber angenommenen) Garantiehaftung des Verkäufers, die bei anderen Verträgen gerade nicht gegeben ist. Für die Ausdehnung der Haftung auf das positive Interesse fehlt es an einer gesetzlichen Grundlage (so jetzt ausdrücklich BGer, 18.1.2006, 4C.286/2005, E. 2.4). Ohne eine solche wäre die Ausweitung nur zu vertreten, wenn sie zwingend geboten wäre. Das ist jedoch nicht der Fall, da nach der Anerkennung der Differenztheorie der Gläubiger in nahezu allen Fällen dasselbe Ergebnis durch die Abwicklung nach Art. 107 erreichen kann (s. N 2; i.E. ebenso Hartmann, Rückabwicklung, N 736 ff.; vgl. auch CHK-Furrer/Wey, N 27; KUKO OR-Thier, N 5). Einzuräumen ist allerdings, dass die Übergänge zwischen positivem und negativem Interesse zunehmend fliessend werden (dazu Walter, in: FS Bucher 776 f. m.Nw.; Wiegand, FS Bucher 819 ff.; vgl. auch Art. 18 N 137 ff.). 8

Die Höhe dieses Schadens wird auf die gleiche Weise bestimmt wie beim Nichterfüllungsschaden (vgl. Art. 97 N 38 ff.), nur ist der Bezugspunkt ein anderer: Der tatsächliche Vermögensstand ist mit dem Vermögensstand zu vergleichen, der bestünde, wenn der Vertrag nie geschlossen worden wäre (vgl. BGer, 21.12.2000, 4C. 268/2000, E. 2b/aa; BGE 123 III 22; 90 II 294; 61 II 256 m.Nw.; Bucher, AT, 342; Lüchinger, N 246 ff.; Wiegand, recht 1984, 15; Keller/Schöbi, I, 279; BK-Weber, N 23). Zu beachten ist allerdings, dass der Schuldner auch hier, wie in Art. 103, 106 und 107 nur haftet, wenn er den Verzug zu vertreten hat (krit. Schwenzer, N 66.34; s. N 8). Die Vorwerfbarkeit der Leistungsverzögerung kann schon bei

Verzugseintritt vorliegen, aber auch erst im späteren Verlauf begründet werden. Jedenfalls trifft den Schuldner die Beweislast dafür, *dass ihm (während dieser gesamten Phase) keinerlei Verschulden zur Last fällt* (vgl. Art. 97 N 42 ff.; Art. 103 N 3).

9 Als typische Vertrauensschäden gelten:

- Aufwendungen im Zusammenhang mit dem Vertragsschluss (BUCHER, AT, 342; KELLER/SCHÖBI, I, 279; BK-WEBER, N 88).
- Vorbereitungs- und Durchführungskosten (WIEGAND, recht 1984, 15).
- Schadenersatz an einen *Dritten*, dem der Gläubiger seinerseits zu leisten hat, weil er infolge des Schuldnerverzugs seine Verpflichtung gegenüber dem Dritten nicht erfüllen konnte (KELLER/SCHÖBI, I, 279; BUCHER, AT, 342; BK-WEBER, N 90).
- Schaden durch den im Vertrauen auf den dahingefallenen Vertrag gestützten *Verzicht auf Abschluss eines anderen Vertrags* (vgl. BGE 44 II 508; 39 II 98; VON TUHR/ESCHER, 156 f.; BUCHER, AT, 343; KELLER/SCHÖBI, I, 279; BK-Weber, N 95). In diesen Fällen kann der Vertrauensschaden höher sein als das Erfüllungsinteresse, und zwar dann, wenn der unterbliebene Vertragsschluss günstiger gewesen wäre.
- Zum Vertrauensschaden soll schliesslich auch der Verlust gerechnet werden, den der Gläubiger erleidet, wenn die vom Schuldner nach Art. 109 Abs. 1 zurückzugebende Sache durch Zufall untergeht (vgl. BGE 60 II 29; VON TUHR/ESCHER, 156; sehr problematisch, vgl. N 7 und zum Ganzen SCHENKER, Diss., 276 ff.).

3. Sonderprobleme

10 Zur Behandlung des Rücktrittsrechts bez. der im Gesetz nicht geregelten Fälle des Teilverzugs, der Dauer- sowie der Sukzessivlieferungsverträge gilt Folgendes:

Teilverzug: Die Wahlrechte des Art. 107 Abs. 2 stehen dem Gläubiger auch zu, wenn sich der Schuldner lediglich mit einem *Teil der Leistung in Verzug* befindet (Art. 107 N 21). Die Entscheidung zugunsten des Rücktritts umfasst nur die Teilleistung und ist nur möglich, sofern auch *die Leistung des Gläubigers teilbar ist und sich feststellen lässt, welcher Teil seiner Leistung der rückständigen Leistung des Schuldners entspricht* (VON TUHR/ESCHER, 158; SCHENKER, Diss., 289; CHK-FURRER/WEY, N 36). Darüber hinaus hat der Gläubiger analog Art. 109 Abs. 2 Anspruch auf Ersatz des aus diesem *Teilrücktritt* entstehenden Schadens (vgl. SCHENKER, Diss., 289). In *Ausnahmesituationen* ist der Gläubiger berechtigt, unter Rückgabe des bereits erhaltenen Teils vom Vertrag insgesamt zurückzutreten. Dies gilt einmal für den Fall, da sich seine Leistung als unteilbar erweist (vgl. VON TUHR/ESCHER, 158; BUCHER, AT, 382; zur Unteilbarkeit vgl. BGE 91 II 352). Des Weiteren zählen nach h.L. alle Fälle dazu, in denen die Teilleistung für den Gläubiger *objektiv ohne Interesse* ist (SCHENKER, Diss., 290 m.Nw.; VON TUHR/ESCHER, 158; BUCHER, AT, 382). Nach einer anderen Meinung ist der Rücktritt dann zulässig, *wenn anzunehmen ist, der Gläubiger hätte den Vertrag ohne die rückständige Teilleistung nicht abgeschlossen*; massgebend ist der hypothetische Parteiwille (SCHENKER, Diss., 290 m.Nw.). Will der Gläubiger bei Teilverzug vom ganzen Vertrag zurücktreten, sollte er dies dem Schuldner schon mit der Nachfristansetzung mitteilen (dazu Art. 107 N 21).

Dauerverträge: Das Rücktrittsrecht kann der Gläubiger auch bei Dauerverträgen geltend machen. Dabei stellen sich bei der Rückabwicklung keine Probleme, solange der Schuldner mit der Dauerleistung überhaupt noch nicht begonnen hat. Anders verhält es sich dagegen, wenn er bereits eine gewisse Zeit lang erfüllt hat. Nach h.L. kann der Gläubiger in Bezug auf die schon erbrachte Leistung nicht zurücktreten (vgl. BGE 97 II 65 = Pra 1971, 450; BGE 78 II 37 = Pra 1952, 124; GAUCH/SCHLUEP/SCHMID/EMMENEGGER, N 2815 m.Nw.). An die Stelle des Rücktritts tritt ein Kündigungsrecht (bestätigt in BGE 129 III 328; ausführlich dazu Wiegand, FS Gauch, 710 ff. und BGE 123 III 127, dazu WIEGAND, ZBJV 1998, 708 f.). Der Vertrag bleibt im Umfang bisheriger Erfüllung gültig und wird nur hinsichtlich zukünftiger Leistungen aufgelöst (vgl. SCHENKER, Diss., 306 m.Nw.). Das Ausmass der vom Gläubiger zu erbringenden Gegenleistung ergibt sich hier, ähnlich wie beim Teilverzug, aus dem Verhältnis des Wertes der bisher erfüllten zum Wert der geschuldeten Dauerleistung (vgl. SCHENKER, Diss., 308). In gewissen Fällen soll der Rücktritt vom Vertrag insgesamt möglich sein, so wenn die blosse Teilerfüllung für den Gläubiger ohne Interesse ist, oder *wenn der Gläubiger in Erwartung einer glatten Abwicklung des Geschäfts eine Vorleistung erbracht hat* (so BUCHER, AT, 385 m.Nw.), oder wenn anzunehmen ist, *dass der Verzugsgläubiger den Vertrag nur für die Dauer, während der die verzögerte Dauerleistung erbracht wurde, nicht abgeschlossen hätte* (so SCHENKER, Diss., 308).

Sukzessivlieferungsvertrag: Art. 107–109 finden auch auf Sukzessivlieferungsverträge Anwendung (vgl. z.B. BGE 52 II 139; 45 II 61; VON TUHR/ESCHER, 159 m.Nw.). Da jede Rate ihren eigenen Fälligkeitstermin aufweist, gerät der Schuldner jeweils nur mit der zahlbaren Rate in Verzug. Unter der Voraussetzung, dass die *künftige, korrekte Abwicklung des Vertrages gefährdet erscheint*, kann der Gläubiger mit Wirkung für die noch nicht fälligen Raten seinen Rücktritt erklären (vgl. BGE 69 II 244; SCHENKER, Diss., 294 f. m.Nw.; VON TUHR/ESCHER, 159; BUCHER, AT, 383). Nach überwiegender Meinung muss der Gläubiger hier die Nachfristansetzung mit der Androhung des Verzichts verbinden (vgl. Art. 107 N 21; SCHENKER, Diss., 295 m.Nw.; VON TUHR/ESCHER, 160 m.Nw.; BUCHER, AT, 383; **a.A.** z.B. BK-GIGER, Art. 214 N 35). Die Angemessenheit des Rücktritts ist auch hier danach zu beurteilen, ob der Gläubiger den Vertrag ohne die ausstehenden Raten abgeschlossen hätte (vgl. SCHENKER, Diss., 295). Dieser Fall darf nicht mit demjenigen verwechselt werden (so aber wohl BGE 119 II 135), bei dem der Gläubiger eine einheitliche Leistung erbracht hat (dazu Art. 107 N 21).

Darlehen: Der Rücktritt vom Vertrag nach Art. 107–109 steht dem Darleiher offen, wenn sich der Borger mit einer Zinszahlung im Verzug befindet (BGE 100 II 349; SJ 1994, 729 ff.). Dieses Recht ist von erheblicher praktischer Bedeutung, wenn die Parteien die Kündigungsmöglichkeiten vertraglich begrenzt haben (Art. 318).

Unterlassungen: Art. 107–109 gelten auch analog bei Verpflichtungen zu dauernden Unterlassungen, z.B. bei einem Konkurrenzverbot, für welches der Gläubiger eine Gegenleistung zu erbringen hat (VON TUHR/ESCHER, 160). Deren Verletzung bedeutet keinen Verzug, sondern eine vom Schuldner zu vertretende Unmöglichkeit. Massgebend für die Berechtigung zum Rücktritt ist wiederum, inwieweit das bestehende Vertragsverhältnis durch den Verstoss gefährdet wird (vgl. VON TUHR/ESCHER, 160).

IV. Spezialregeln und abweichende Vereinbarungen

Spezielle Regeln gelten für den **Vorauszahlungsvertrag** (Art. 227h). Die Sonderregeln des Abzahlungsvertrages sind in das KKG integriert und weitgehend umgestaltet worden. **11**

Abweichende Vereinbarungen sind wegen der dispositiven Rechtsnatur von Art. 109 zulässig.

V. Prozessuales

In Bezug auf den Vertrauensschaden hat der Schuldner den Beweis zu führen, dass ihn keinerlei Verschulden trifft. Ansonsten gilt Art. 8 ZGB; insb. trägt der Gläubiger die **Beweislast** für die besonderen Voraussetzungen bei Teilverzug, Sukzessivlieferungs- und Dauerverträgen. **12**

VI. Rechtsvergleichung

Das BGB kannte keine Art. 109 Abs. 2 entsprechende Ersatzpflicht des Schuldners. Durch das Schuldrechtsmodernisierungsgesetz ist eine im Ergebnis dem Schweizer Recht entsprechende Regelung eingeführt worden, die eine Kombination von Rücktritt und Schadenersatz erlaubt (§§ 323, 325 i.V.m. §§ 280–283 BGB [2002]). **13**

Dritter Abschnitt: Beziehungen zu dritten Personen

Art. 110

A. Eintritt eines Dritten

Soweit ein Dritter den Gläubiger befriedigt, gehen dessen Rechte von Gesetzes wegen auf ihn über:
1. wenn er eine für eine fremde Schuld verpfändete Sache einlöst, an der ihm das Eigentum oder ein beschränktes dingliches Recht zusteht;
2. wenn der Schuldner dem Gläubiger anzeigt, dass der Zahlende an die Stelle des Gläubigers treten soll.

A. Subrogation

Le tiers qui paie le créancier est légalement subrogé, jusqu'à due concurrence, aux droits de ce dernier:
1. lorsqu'il dégrève une chose mise en gage pour la dette d'autrui et qu'il possède sur cette chose un droit de propriété ou un autre droit réel;
2. lorsque le créancier a été prévenu par le débiteur que le tiers qui le paie doit prendre sa place.

A. Surrogazione

Il terzo che soddisfa il creditore è per legge surrogato nei diritti di questo fino a concorrenza della somma pagata:
1. quando riscatta una cosa data in pegno per un debito altrui, sulla quale gli competa la proprietà od un diritto reale limitato;
2. quando il debitore ha partecipato al creditore che il terzo, che paga, deve prendere il posto del creditore.

Literatur

Fargnoli, Drittleistung und Pflichterfüllung: auch gegen den Willen des Schuldners? ZBJV 2010, 177 ff.; Gilliard, Subrogation ou quasi-subrogation dans l'enrichissement illégitime?, ZSR 1988 I 23 ff.; Girsberger, Übernahme und Übergang von Schulden im schweizerischen und deutschen IPR, ZVglRWiss 1989, 31 ff.; Guldener, Zession, Legalzession und Subrogation im IPR, Diss. Zürich 1929; Keller, Die Subrogation als Regress im Internationalen Privatrecht, SJZ 1975, 305 ff., 325 ff.; Laberenz, Der gesetzliche Forderungsübergang im internationalen Privatrecht, Frankfurt a.M. 1969; von Koppenfels-Spies, Die cessio legis, Tübingen 2006; Pfister, Der gesetzliche Eintritt in die Rechte des Gläubigers nach OR 110, 1946; Roos, Über die Subrogation nach schweizerischem Recht, Bern 1928; Simonius, Probleme des Drittpfandes, ZSR 1979, 359 ff.; Tharwat, Le paiement avec subrogation en droit français et en droit suisse, Genf 1963; Weber, Dreipersonen-Verhältnisse im Schuldrecht, in: FS für Hermann Schulin, Basel 2002, 169 ff.; von Bar, Abtretung und Legalzession im neuen deutschen Internationalen Privatrecht, RabelsZ 53 (1989), 462 ff.

I. Grundsatz

1 **Legalsubrogation** ist der gesetzliche Übergang der Gläubigerstellung auf einen Dritten, der den Altgläubiger gestützt auf ein eigenes oder ein schuldnerisches Interventionsinteresse und ohne Tilgungswillen befriedigt (zur ratio legis vgl. N 25). Erfolgt somit der Dritteintritt nicht in allen Fällen, da ein Dritter leistet, besitzt insofern auch Art. 110 **Ausnahmecharakter**.

Anders als im Fall von Art. 114 i.V.m. Art. 68 erlischt das Leistungsverhältnis aufgrund der gesetzlichen Fiktion nicht. Vielmehr erfolgt ein Forderungsübergang ex lege mit (fast) allen Nebenrechten (vgl. N 33). Es liegt mithin ein **Unterfall der Legalzession** vor, bei der ebenfalls ohne rechtsgeschäftliche Abrede zwischen Alt- und Neugläubiger (aber nicht nur bei Befriedigung) ein Dritter in die Stellung des Altgläubigers tritt.

Weiter ist die Legalsubrogation eine **qualifizierte Regressform** des allgemeinen Schuldrechts, indem sie die *Rechtsposition des Dritten begünstigt*: Die vom Altgläubiger erworbene Forderung tritt konkurrierend (von Tuhr/Escher, 28 FN 37) neben die blanke obligatorische Regressforderung (z.B. aus Art. 62 ff., 423 f., 394 ff.) des Dritten gegenüber dem Schuldner. Eine **Generalklausel** widmet ihr unser Gesetz aber nur gerade betreffend Subrogation kraft

Schuldnerwillens (Art. 110 Ziff. 2). Im Übrigen regelt es lediglich eine Reihe mehr oder weniger eng gefasster **Sondertatbestände**; darunter einer in Art. 110 Ziff. 1.

II. Historisches

Demgegenüber sah der Entwurf von 1879 zum späteren Obligationenrecht von 1881 in Art. 134 nach dem Vorbild von § 1358 ABGB (BGE 37 II 528) noch eine solche Generalklausel vor («Wenn und soweit ein Dritter aus eigenen Mitteln den Gläubiger befriedigt, gehen die Rechte des letzteren auf ihn über, es sei denn[,] dass das Gegentheil verabredet wird oder aus den Umständen hervorgeht.»). Freilich wollten die **Redaktoren** den Dritteintritt dabei stillschweigend auf Fälle beschränkt haben, in denen der Gläubiger gegenüber dem Schuldner (vorab wegen Fälligkeit) zur Annahme verpflichtet oder freiwillig bereit war (BBl 1881 I 153–194, 161 f.). Angesichts dieser überaus dehnbaren Subrogationsformel fürchtete man indes, dass dadurch der künftige *zessionsrechtliche Formzwang unterlaufen* werden könnte. 2

Daher empfahl die **Kommission des Nationalrats** in Anlehnung an Art. 1251 Ziff. 1 und 3 sowie 1250 Ziff. 2 CC fr. (BGE 37 II 521 E. 5), dem Leistenden den Dritteintritt nur zu gewähren, «wenn er selbst Gläubiger ist und einen andern Gläubiger bezahlt, der ihm wegen seiner Vorzugs- oder Pfandrechte vorgeht» oder «wenn er deshalb, weil er mit Andern oder für Andere haftet, ein Interesse an der Bezahlung der Schuld hat» oder gestützt auf einen entsprechenden Schuldnerwillen (BBl, a.a.O., 161). Die *erste Variante – das Interventionsinteresse aufgrund möglichen Rechtsverlusts* – sollte allerdings noch derart limitiert werden, dass der nachgehende Gläubiger den ihm vorgehenden nicht «in einem beliebigen Zeitpunkt, selbst zum Schaden desselben, zur Annahme der Zahlung» sollte zwingen können (BBl, a.a.O., 162). Die *zweite Variante – das Interventionsinteresse aufgrund eigener Haftung* – war im Entwurf bereits an mehreren Stellen normiert (insb. für Mitschuldner unteilbarer Leistungen, Solidarschuldner und Bürgen). Als fehlende Version dieser Variante wurde «*etwa* noch das Regressverhältnis Desjenigen, welcher für eine fremde Schuld ein Pfand gegeben hat» ausgemacht (BBl, a.a.O., 162; Hervorhebung hinzugefügt) – das in Tat und Wahrheit als Hybridform auf beiden Interventionsinteressen basiert. 3

Im folgenden Entwurf vom 19. 1. 1881 übernahm das **Justizdepartement** den Textvorschlag, verschob indes das Interventionsinteresse aufgrund eigener Haftung ersatzlos zur Subrogation unter Mitverpflichteten (weil dabei der Zahlende selbst Schuldner und damit nicht Dritter sei; BGE 37 II 521 E. 5; zu dieser Unterscheidung N 9–13). 4

Die **Räte** stimmten im Grundsatz zu, nahmen aber noch zwei Modifikationen vor: Zum einen fügten sie in einer neuen Ziff. 1 von Art. 126 aOR die bereits von der Kommission erwähnte Einlösung durch den Drittpfandeigentümer hinzu – an dieser Stelle wohl schlicht deshalb, weil die dinglichen Rechte (mit Ausnahme des Mobiliarerwerbs) weiterhin der kantonalen Gesetzgebungshoheit unterstanden und somit eine passendere Verortung im Sachenrecht ausser Betracht fiel. Zum andern formulierten sie in Art. 126 Ziff. 2 aOR das Interventionsinteresse aufgrund drohenden Rechtsverlusts enger («wenn er als *Pfand*gläubiger eine andere auf seinem Pfande haftende Forderung bezahlt» [Hervorhebung hinzugefügt]); was das BGer erstaunlicherweise später als unbedeutende redaktionelle Abänderung bezeichnete (BGE 37 II 521 E. 5). 5

Freilich wurden Ziff. 1 und 2 später – obwohl systematisch nun noch weniger am rechten Ort – nicht ins **Zivilgesetzbuch von 1907** überführt. Stattdessen fasste man sie (ausdrücklich zwecks vereinfachter Redaktion: StenBull NR 1909, 530, 535) in Art. 110 Ziff. 1 zusammen. Seither steht die Intervention nicht nur dem Eigentümer eines Drittpfandes, sondern jedem an einem Pfand (hier ist der Wortlaut zu eng geraten; ein *Dritt*pfand ist nicht erforderlich: VON TUHR/ESCHER, 30 FN 49) dinglich Berechtigten offen, so dass der rangtiefere Pfandgläubiger nicht mehr explizit erwähnt werden musste. Zudem fand in Art. 827 Abs. 2 ZGB für die 6

Grundpfandverschreibung eine mit Art. 126 Ziff. 1 aOR deckungsgleiche (so HUBER in seinen Erläuterungen von 1914, 241 f.: BK-REBER/HURNI, Materialien, N 1774) lex specialis Eingang, die sich aufgrund von Art. 846 ZGB auch auf den Schuldbrief erstreckt. Gleichzeitig fügte man im Abschnitt über die «Beziehungen zu dritten Personen» im Obligationenrecht von 1911 neu vor Art. 110 die Marginalie «Eintritt eines Dritten» ein. Dadurch erhielt Art. 110 erneut den Anstrich einer Generalklausel, obwohl dies einzig für den Teilaspekt der in Ziff. 2 geregelten Subrogation kraft Interventionsinteresse des Schuldners zutrifft, nicht aber für die Intervention gem. Ziff. 1.

III. Tatbestand

1. Leistung durch einen Dritten

7 Laut Ingress von Art. 110 muss ein «Dritter» die geschuldete Leistung erbringen. Er muss dabei erkennbar **in eigenem Namen** leisten (BGE 37 II 526), darf also nicht als blosser *Stellvertreter* des Schuldners auftreten. Da die auslösende Handlung für ihn oneros ist, bedarf er der vollen **Geschäftsfähigkeit**. Hingegen stellt Art. 110 nicht auf die **Gutgläubigkeit** des Dritten ab (offengelassen in BGE 72 II 253 = Pra 1946, 280 f. bzgl. der Rechtsinhaberschaft am mitzuerwerbenden Nebenrecht). Indes schliesst die derivative Natur der Subrogation einen sofortigen Rechtserwerb durch den Bösgläubigen vom Nichtberechtigten auch ohne expliziten Gesetzesvorbehalt aus.

8 Die **Gründe** des Dritten für die Befriedigung des Gläubigers können mannigfaltig sein und etwa auf Schenkung (die freilich eher direkten Tilgungswillen impliziert und damit gegen eine Subrogation spricht), Auftrag oder Geschäftsführung ohne Auftrag gegenüber dem Schuldner beruhen. Insofern besteht Anspruchskonkurrenz (vgl. SIMONIUS, ZSR 1979, 373), wobei Art. 110 den Zahlenden gegenüber anderen Anspruchsgrundlagen durch den Übergang der Forderung samt ihren Nebenrechten bevorteilt.

Zu klären bleibt, **wer** überhaupt Dritter sein kann. Sowieso **ausser Betracht** fällt naturgemäss der **Gläubiger**, so dass der Käufer durch einen Deckungskauf keine Schuld des Verkäufers erfüllt (GAUCH/SCHLUEP/SCHMID/EMMENEGGER, N 2071).

a) Formelle Schuldneutralität

9 Unbestritten fällt unter den Begriff des Dritten, wer kraft seiner rechtlichen Beziehung zum Gläubiger, d.h. **formell nicht Schuldner** der zu erlangenden Forderung ist. So wird z.B. der Erbe, nicht aber der *Vermächtnisnehmer* Schuldner der Forderung, die durch eine Grundpfandverschreibung auf dem vermachten Grundstück gesichert ist, weil im Erbgang die Person des Schuldners an die Erbenstellung anknüpft. Bezahlt der Vermächtnisnehmer die Schuld, tritt er in die Rechte des Gläubigers ein (BGE 104 II 337 = Pra 1979, 445).

10 Das Erfordernis der formellen Schuldneutralität erfüllt auch, wer zwar gegenüber dem Gläubiger ebenfalls Schuldner ist, aber bezüglich eines **anderen Leistungsgegenstandes**. Das gilt etwa für den Drittpfandgeber, der zusätzlich eine *Garantie* oder eine *Bürgschaftserklärung* abgibt (wobei letztere Regressfolgen freilich der lex specialis von Art. 507 unterstehen); die entsprechende Eventualverpflichtung tritt lediglich zur Hauptforderung hinzu.

Demgegenüber vertrat das BGer (noch zum alten Bürgschaftsrecht) die Sicht, dass der Drittpfandeigentümer kein Dritter i.S.v. Art. 110 sei, wenn er mit der Pfandbestellung zugleich auch eine *Solidarbürgschaft* eingehe und dadurch akzessorischer Solidarschuldner werde. Massgeblich sei Art. 505 aOR (heute Art. 507) und dieser regle i.V.m. Art. 149 Abs. 1 «einen speziellen Anwendungsfall des das Regressverhältnis unter Solidarschuldnern ordnenden Art. 148» (BGE 53 II 29 f.).

Das ist insofern ungenau, als der Bürge wie gesehen der Schuld nicht beitritt und mithin bereits formell als Dritter gelten muss. Denn es geht viel zu weit, als Dritten nur zu betrachten, wer *«nicht in irgendeiner Eigenschaft in die Obligation verstrickt ist»*, wie es das BGer mehrfach formulierte (BGE 60 II 183; BGer, 12.5.2004, 4C.15/2004, E. 5.1): Wie der Bürge ist nämlich auch der Drittpfandgeber in die Hauptschuld **verstrickt**, dessen Drittqualität Art. 110 Ziff. 1 ausser Zweifel lässt: Dort haftet er persönlich, hier dinglich, doch in keinem Fall als Schuldner der Hauptleistung. Somit steht nicht die (angebliche) Eigenschaft als Mitschuldner einer Anwendung von Art. 110 auf den Solidarbürgen entgegen, sondern allein die Tatsache, dass Art. 507 als lex specialis schlicht vorgeht. Als Dritter darf jedenfalls gelten, wer nicht selber (Mit-)Schuldner der Hauptleistung ist.

b) Materielle Schuldneutralität

Darüber hinaus ist die Drittqualität auch für Personen zu bejahen, die zwar durch ihre Rechtsbeziehung zum Gläubiger formell (Mit-)Schuldner sind, die wirtschaftlichen Konsequenzen daraus aber aufgrund des Innenrechtsverhältnisses zum Schuldner (oder zu einem letztlich nicht Schuldner gewordenen Geschäftspartner, dazu N 13) auf diesen abwälzen können und somit **materiell betrachtet doch keine Schuldner** sind. **11**

Dieses Prinzip findet etwa Ausdruck im Sondertatbestand von Art. 70 Abs. 3, wonach der Schuldner einer unteilbaren Leistung, der den Gläubiger befriedigt hat, in die Gläubigerrechte nur insoweit subrogiert, als er von allfälligen Mitschuldnern Ersatz verlangen kann. Soweit er die Folgen seiner Schuldnerschaft wirtschaftlich nicht zu tragen braucht, *behandelt ihn das Gesetz folglich als Dritten* und erlaubt die Subrogation. Das Prinzip der materiellen Schuldneutralität greift auch bei der Solidarität (BGE 53 II 30) und unter mehreren Solidarbürgen (BGE 53 II 30). Es gilt im Grunde für jede Mitschuldnerschaft, auch wenn die einschlägigen Sondertatbestände die Drittqualität nicht explizit fordern. **12**

Demselben Gedanken folgte letztlich auch das BGer, als es modo legislatoris (im Einzelnen N 24 f.) eine Lücke im Subrogationsrecht schloss: Es bejahte den Dritteintritt selbst für den Fall, dass der Verkäufer eines verpfändeten Grundstücks bei einer (kraft Beibehaltserklärung i.S.v. Art. 823, 846 ZGB) **gescheiterten externen Schuldübernahme** als Schuldner weiterhaftet und die Gläubigerin auf Rechnung des Erwerbers befriedigt: Im bezahlten Betrag subrogiert der Schuldner in die grundpfandgesicherten Rechte der Gläubigerin – ihr im Rang freilich nachgehend (BGE 60 II 178 E. 4 und 5): Zwar sehe Art. 110 den Übergang der Gläubigerrechte nicht auch an den Schuldner selbst vor. Dies aber nur deshalb, «weil der Schuldner in aller Regel derjenige ist, auf dem die Schuldpflicht in letzter Linie lastet, und der nicht *seinerseits noch auf einen Dritten zurückgreifen* kann. Ist dies aber ausnahmsweise der Fall, wie hier, so ist nicht einzusehen, weshalb er nicht ebensogut [...] sollte in die Gläubigerrechte [...] eintreten können» (zit. a.a.O. E. 5 [H.v.Verf.]). **13**

2. Befriedigung des Gläubigers

Die **Leistung** des Dritten hat **an den Gläubiger** zu erfolgen. Ist die befriedigte Forderung gepfändet, gilt das Betreibungsamt als **Vertreter** des Gläubigers und damit zur Entgegennahme der Leistung (Art. 12 SchKG) und der Subrogationserklärung (dazu N 17) befugt (BK-Becker, N 7). Das Betreibungsamt braucht auch nicht danach zu forschen, aus welchen Gründen der Dritte leistet; ebenso ist der Schuldner nicht zwingend zur Stellungnahme darüber einzuladen, ob er der Drittleistung zustimmen wolle (BGE 83 III 103). **14**

Hingegen leistet nicht an den Gläubiger, sondern *nur an eine Zahlstelle*, wer als Ersteigerer im Einverständnis mit der Konkursverwaltung direkt an den Konkursgläubiger bezahlt, dessen pfandgesicherte Forderungen durch den Steigerungspreis gedeckt sind. Gläubiger des Zuschlagspreises ist hier nämlich die Konkursmasse – nicht der Pfandgläubiger, dessen Forderung mit dem Zuschlag nicht identisch ist. Daher liegt auch keine Intervention beim

Pfandgläubiger für den Konkursiten vor; die Nebenrechte des Pfandgläubigers gehen nicht über. Der Ersteigerer erfüllt vielmehr eine eigenständige Schuld und empfängt dafür eben den Gegenwert seiner Leistung in Gestalt des Steigerungsobjektes – und nicht eine Regressforderung an die Masse, die in der Höhe seiner Leistung gerade endgültig entlastet werden soll (BGE 85 III 106).

Eine Subrogation scheitert auch, wenn das der Forderung zugrunde liegende Rechtsverhältnis und mit ihm der *Gläubiger ex tunc wegfällt*: Zahlt ein Registervater irrtümlich Alimente, subrogiert er nicht etwa in die Unterhaltsforderungen des Kindes gegenüber dem leiblichen Vater. Denn eine erfolgreich gegen die Vaterschaft geführte Anfechtungsklage lässt die Unterhaltsverpflichtung rückwirkend auf den Geburtszeitpunkt dahinfallen (E. 4.1), womit das Kind nicht länger Gläubiger ist, in dessen Rechte subrogiert werden könnte (BGE 129 III 651).

15 Die Leistung muss den Gläubiger zudem **befriedigen**. Dazu muss der Dritte *gleich anbieten*, wie dies dem Schuldner oblegen hätte. Im Gegenzug darf er sich jener *Erfüllungssurrogate* (Verrechnung etc.) bedienen, die auch dem Schuldner offen stünden (Oser/Schönenberger, N 6). Unzulässig ist mangels einer § 268 Abs. 2 BGB entsprechenden Norm allerdings die Verrechnung (**a.M.** Art. 120 N 9 m.Nw.), da die Forderung des Schuldners fortbesteht, die Forderung des Dritten nur ex nunc untergeht und mithin nur ein Erlass erfüllungshalber in Frage käme, der freilich eines Akzeptes bedürfte. Verweigert der Gläubiger bei **ordnungsgemässem Angebot** die Annahme, kann der Dritte die Subrogationswirkung auch *herbeiführen*, indem er sich durch Hinterlegung i.S.v. Art. 92 befreit.

Keine *vollständige Befriedigung* liegt etwa vor, wenn ein Solidarschuldner den Gläubiger in der Höhe der (internen) Quote seines Mitschuldners bezahlt (denn dies hätte zur Folge, dass der Gläubiger in Bezug auf den – u.U. finanzkräftigeren – Mitschuldner ausscheiden würde und er sich fortan für die Restschuld nur noch an den subrogierten – und u.U. finanzschwachen – Solidarschuldner halten könnte). Akzeptiert der Gläubiger die Teilleistung (obwohl er auch von einem Solidarschuldner die gesamte Schuld einfordern könnte), subrogiert der Solidarschuldner für diese Teilleistung nicht akzeptieren muss, liegt vielmehr nur eine Teilbefriedigung vor. Der Solidarschuldner subrogiert daher für die Teilleistung nur entsprechend seiner internen Rückgriffsquote (analog Art. 70 Abs. 3) in die Rechte des Gläubigers gegenüber dem Mitschuldner.

Gar keine Befriedigung wird bewirkt, wenn der Dritte statt der geschuldeten Leistung die **Überlassung des Pfandes zu Eigentum oder zur freien Pfandverwertung** anbietet. Denn weder nach dem Wortlaut noch nach dem Normzweck (dazu N 25) muss der Gläubiger ein erzwungenes Ausscheiden aus dem Rechtsverhältnis hinnehmen, ohne programmgemäss befriedigt worden zu sein. Akzeptiert er hingegen die angebotene Leistung an Erfüllungsstatt dürfte die Subrogation heute aus den gleichen Gründen wie bei einer Pfandverwertung (BGE 108 II 189; vgl. N 22 i.f.) in Analogie zu Art. 110 zu bejahen sein (noch offen BGE 51 III 202; bejahend BK-Weber, Art. 110 OR N 37).

16 Bietet er ordnungsgemäss an, kann der Dritte die Leistung **ungeachtet des Gläubigerwillens** erbringen und damit den Gläubiger aus dem ursprünglichen Forderungsverhältnis verdrängen. Mit Blick auf den Gläubiger agiert der Dritte daher als *Intervenient*.

17 Vorausgesetzt ist allerdings zusätzlich, dass die **Intervention dem Gläubiger zur Kenntnis gebracht** wird mit dem **Inhalt**, dass der Leistende *ohne Tilgungswillen* aber mit der *Absicht einen Gläubigerwechsel herbeizuführen* leistet. Dieser **Interventionsanzeige** kommt Willenserklärungscharakter zu. Da sich die Subrogation im Gegensatz zur Zession nicht rechtsgeschäftlich vollzieht, unterstehen weder die Subrogation insgesamt noch die Interventionsanzeige irgendwelchen **Formerfordernissen**. *Konkludentes* Verhalten kann ausreichen (BGE 86 II 24 = Pra 1960, 146 f.; dort zu Art. 110 Ziff. 2, was aber für jeden Dritteintritt gelten muss) bzw. vermögen u.U. schon die *Begleitumstände* (z.B. Quittungsinhalt) zu genügen, um den Gläubiger zur Kenntnisnahme eines Gläubigerwechsels zu veranlassen (BGE 57 II 92; 59

III 291; beide zu Art. 110 Ziff. 2, was aber für die Subrogation generell zu gelten hat). Grundsätzlich ist das äussere Erscheinungsbild massgebend.

Um Missbräuchen vorzubeugen, namentlich um die Vortäuschung des Fortbestehens längst erloschener Sicherheiten bei drohender Verpfändung zu verhindern, verlangt die Subrogation nach Ziff. 2 die Erklärung des Schuldners **vor oder spätestens mit der Befriedigung des Gläubigers** (BGE 60 II 182; deutlich die romanischen Gesetzesfassungen). Eine *nachträgliche* Anzeige vermag die durch Bezahlung des Dritten getilgte Forderung und insb. deren Nebenrechte nicht mehr ins Leben zurückzurufen (ROOS, 74). *Fehlt* die Interventionsanzeige überhaupt, bleibt eine Subrogation zum vornherein ausgeschlossen (SJZ 1983, 130; dort zur Erklärung des Schuldners). Diese temporale Voraussetzung ist für die Subrogation gestützt auf das Interventionsinteresse des Dritten nicht weniger zu beachten.

Im Falle eines *Interventionsinteresses des Dritten* (vgl. N 19 ff.) genügt es, dem Gläubiger konkludent oder explizit erkenntlich zu machen, dass der Leistende als Intervenient handeln will und ein Gläubigerwechsel beabsichtigt ist (BGE 57 II 93; 59 III 291), die Tilgungsabsicht also fehlt. Beruht die Subrogation auf einem *Interventionsinteresse des Schuldners* (vgl. N 26 f.), verlangt das Gesetz die Anzeige an den Gläubiger sogar ausdrücklich. Inhaltlich muss sie dem Gläubiger zu erkennen geben, dass die Zahlung mit Willen des Schuldners durch den Dritten erfolgt und dieser in die Gläubigerrechte eintreten soll (vgl. LGVE 1980, 622). Sie hat ausserdem **durch den Schuldner an den Gläubiger** zu erfolgen. Die Anzeige kann weder durch eine Vereinbarung zwischen Gläubiger und Drittem (BGE 86 II 24 = Pra 1960, 146 f.) noch durch eine solche zwischen Schuldner und Drittem (BGE 37 II 531) ersetzt werden. Letztere, vom Schuldner dem Dritten gegenüber geäusserte Anzeige, löst keine Wirkungen nach Art. 110 Ziff. 2 aus, ist aber regelmässig als Verpflichtung des Schuldners zum Aufwendungsersatz an den Zahlenden zu verstehen (BUCHER, AT, 577 f.). Die Erklärung bleibt aber nicht an die Person des Schuldners gebunden, sondern kann auch durch einen *Stellvertreter* erfolgen, als welcher auch der zahlende Dritte angesehen werden kann (VON TUHR/ESCHER, 29).

3. Subrogationsgrund

18 Zusätzlich zur – als Intervention angezeigten – Befriedigung des Gläubigers durch den Dritten bedarf es eines Subrogationsgrundes, d.h. eines **schützenswerten Interesses an der besagten Intervention**, damit der Dritteintritt ex lege erfolgt. Dieses Interesse kann entweder in der betätigten *Willensfreiheit des Schuldners* gründen, die ohne weitere Voraussetzungen geschützt wird. Art. 110 Ziff. 2 hält eine entsprechende Generalklausel bereit. Oder die Intervention stützt sich auf ein *qualifiziertes Interesse des Dritten*. Hierzu findet sich verteilt über das gesamte Zivilrecht und in diversen Spezialgesetzen eine Reihe von Sondertatbeständen, darunter einer in Art. 110 Ziff. 1.

a) Interventionsinteresse des Dritten (Ziff. 1)

19 Verlangt nicht der Schuldner die Subrogation, bedarf der Dritte eines – objektiven – **Interventionsinteresses**. Wird es bejaht, ist eine Leistung auch **gegen den Willen des Schuldners** möglich (BGE 72 III 8, dort allerdings Eigentümerstellung fehlend). Dieser kann sich der Drittleistung nicht widersetzen (z.B. zur Vermeidung von Regressbeziehung zum Dritten). Es gilt der Grundsatz des *Vorrangs der Intervention vor dem Willen der Vertragsparteien* (zur ratio legis N 25).

20 Das Interventionsinteresse des Dritten setzt nach dem Wortlaut von Art. 110 Ziff. 1 dreierlei voraus: Erstens muss dem Gläubiger ein **Gegenstand als Pfand** dienen, an dem zweitens der Dritte ein **dingliches Recht** innehat (vgl. Katalog bei BK-WEBER, Art. 110 OR N 31 ff.). Drittens muss der Intervenient den (Pfand-)Gegenstand einlösen und so das latente Risiko aus-

schliessen, sein (dingliches) Recht durch Vollstreckungshandlungen des Altgläubigers zu **verlieren**.

21 Mit Blick auf den *Gegenstand der Einlösung* wird vorausgesetzt, dass er bereits **vorbesteht**: Entsteht das Pfandrecht erst durch oder wegen der Zahlung des Dritten, bleibt die Subrogationswirkung aus (BGE 37 II 527). Weiter muss das Pfand nur dann für eine (aus Drittsicht) *Fremd*schuld verpfändet sein **(Drittpfand)**, wenn der Dritte Eigentümer ist (da ansonsten seine Schuldneutralität zu verneinen wäre). Hingegen kann der Gegenstand (trotz des zu engen Wortlautes; vgl. N 6) auch – naturgemäss von einer Viertperson – *eigen*schuldlich verpfändet sein, wenn der Dritte daran nur ein beschränktes dingliches Recht innehat. Keine Rolle spielt schliesslich, ob es sich um **Fahrnis** handelt oder nicht. Denn Art. 110 findet uneingeschränkt auch auf **Grundpfandrechte** Anwendung (BGE 60 II 182). Der Bestimmung kommt im Verhältnis zu Art. 827 ZGB gestützt auf Art. 7 ZGB ergänzende Funktion zu (BGE 62 II 120 = Pra 1936, 289 f.); die Rechte der Subunternehmer gegen den Generalunternehmer gehen auf den Besteller über, der die Subunternehmer in ihrer Stellung als Bauhandwerkerpfandgläubiger befriedigt hat (BGer, 31.3.2000, 4C.389/1999; BGE 116 II 537; 104 II 348).

22 Ziel der *Pfandeinlösung* i.S.v. Art. 110 Ziff. 1 ist prima vista der **Erhalt** der dinglichen Berechtigung des Dritten: Zwar wird der Gläubiger auch bei der Einlösung auf Kosten des Dritten und unter entsprechender Schonung des Schuldners befriedigt. Doch anders als bei einer Verwertung, bei welcher der Dritte sein Recht verliert und gegen den Schuldner nur ein blankes obligatorisches Regressrecht erwirbt, rückt der Dritte hier kumulativ zum Rückgriffsrecht in die Stellung des Altgläubigers ein und bleibt dinglich Berechtigter.

Freilich hat das BGer diesen Normgehalt bereits sehr früh grosszügig ausgelegt und den Dritteintritt auch dann gutgeheissen, wenn ein **vorgehender Pfandgläubiger** einen nachgehenden befriedigt (BGE 37 II 534), obgleich hier der Verlust der dinglichen Berechtigung weit weniger wahrscheinlich ist (von Tuhr/Escher, 30 FN 50; abw. Tharwat, 95).

Später hat das BGer darüber hinaus und in Analogie zu Art. 110 eine Subrogation selbst für den Fall bejaht, dass das zur Sicherung fremder Schuld bestellte **Pfand zur Verwertung gelangt**, die Rückgriffsrechte des Dritten zum Schuldner im Innenverhältnis jedoch unklar bleiben (BGE 108 II 189 f.; Gauch/Schluep/Schmid/Emmenegger, N 2060; BK-Weber, Art. 110 OR N 11; Analogie aber offenbar ausschliessend BGer, 21.8.2001, 5C.151/2001, E. 3b., freilich nicht m.Hw. auf den Leitentscheid).

Ein wirtschaftlich gleichwertiger Tatbestand liegt schliesslich vor, wenn der Dritte die Überlassung des Pfandes zu Eigentum oder zur freien Pfandverwertung an Erfüllungsstatt akzeptiert (vgl. N 15 i.f.), so dass auch hier eine Subrogation analog Art. 110 Ziff. 1 zu bejahen sein dürfte (offen gelassen BGE 51 III 202; bejahend BK-Weber, Art. 110 OR N 37).

23 Zu eng geraten ist der (grammatikalische) Anwendungsbereich von Art. 110 Ziff. 1 insbesondere, soweit er nur denjenigen schützt, der hinsichtlich des Pfandes eine *dingliche Berechtigung* (BGE 37 II 527; 72 III 8) oder doch wenigstens eine sachbezogene (z.B. Retentionsrecht) Verbindung aufweist. Nicht ausreichen soll damit – anders als etwa gem. § 268 BGB – ein persönliches, nur mit Besitz verbundenes Recht (z.B. Miete; BSK ZGB II-Trauffer, Art. 827 N 5).

Entsprechend wurde die Subrogation einer Ehegattin in die Stellung der durch sie befriedigten Gläubiger ihres (Noch-)Ehemannes verneint: Sie hatte zur vorsorglichen Sicherung ihrer Güterrechtsforderungen eine **Kanzleisperre** auf dem Grundstück des Ehemannes anbringen lassen (Art. 178 Abs. 3 ZGB). Zwar attestierte ihr das BGer, dass sie «ein Interesse zur Intervention in gleicher Weise gehabt» habe wie eine dinglich Berechtigte. Allerdings verhindert diese Anmerkung nur die vom Eigentümer ausgehenden Eintragungen im Grundbuch, nicht hingegen die Zwangsverwertung durch die Gläubiger des Eigentümers. Somit verschafft die Kanzleisperre kein dingliches Recht am betroffenen Grundstück, so dass eine Intervention analog Art. 110 gegenüber anderen Gläubigern, die die Pfändung des Grundstücks angestrengt haben, nicht gewährt wurde (BGer, 21.8.2001, 5C.151/2001, E. 3b).

Gleich erging es dem Käufer einer Liegenschaft, der zwecks Sicherung der ausstehenden Eigentumsübertragung eine **Vormerkung** (Art. 960 ZGB) des Inhalts anbringen liess, dass die Liegenschaft einstweilen weder die Hand wechseln noch belastet werden dürfe: Wegen eines (marginalen) Ausstandes leitete ein Gläubiger die Grundpfandbetreibung ein. Dem Käufer wurde die Intervention verwehrt mit der Begründung, er sei weder als Eigentümer noch sonst dinglich an der Liegenschaft berechtigt (BGE 72 III 8).

Letztere beide Fälle hätten auch anders entschieden werden können, ohne Sinn, Gehalt und Zusammenhang der gesetzlichen Ordnung zur Subrogation zu verletzen. In diese Richtung weist zunächst der vorerwähnte BGE 108 II 189: Dort wurde die Intervention analog Art. 110 Ziff. 1 zugelassen, obwohl das Pfand bereits zur Verwertung gelangt war und der Dritte aufgrund dieser Inkassomassnahmen des Gläubigers seine **dinglichen Rechte verloren** hatte. **24**

Auch die Motive für die gesetzgeberische Konzeption von Art. 110 Ziff. 1 sprechen nicht dagegen: Beabsichtigt war zum einen die Umgehung der (zugunsten von Verkehrssicherheit und zum Schutze der Gläubiger des Zedenten aufgestellten) **Formvorschriften** zur rechtsgeschäftlichen Forderungsübertragung zu verhindern und zum andern den **Gläubiger vor beliebigen, unzeitigen Interventionen zu schützen** (vgl. N 3). Im deutschen Recht wird die entsprechende Schranke u.a. durch das Erfordernis einer angehobenen Zwangsvollstreckung gesetzt (§ 268 Abs. 1 BGB).

Darüber hinaus findet sich kein Hinweis, dass die über das Gesetz verstreuten fallspezifischen und damit möglichst konkret gehaltenen Interventionsregeln ausserdem als geschlossener Katalog verstanden worden wären (vgl. nur die einlässliche Begründung in BGE 60 II 178 E. 4 und 5 sowie N 3; auch Becker N 3 verneint nur die Möglichkeit, dass die Parteien *rechtsgeschäftlich* beliebige Subrogationsgründe schaffen; **a.M.** BGE 86 II 24 = PRA 1960, 146 f. und die Voraufl., N 2). Sind aber die im Gesetz genannten **Subrogationsfälle nicht abschliessend** aufgezählt, ist es zutreffend, dass das BGer mit Blick auf die Intervention schon früh die **Zulässigkeit der Lückenfüllung** i.S.v. Art. 1 Abs. 2 und 3 ZGB bejaht hat (BGE 60 II 178 E. 4 und 5; Drittqualität des Schuldners lückenfüllend bejaht – dass dieser i.c. nach abgewickeltem Verkauf seines als Pfand dienenden Grundstücks ebenfalls keinerlei dingliche Berechtigung mehr vorweisen konnte, blieb – wohl aufgrund der Nähe zu anderen mitschuldnerischen Fällen – unerwähnt). Diese Lückenfüllung darf sich allerdings keinesfalls auf die analoge Anwendung des (zu) engen Wortlautes von Art. 110 Ziff. 1 beschränken (so zu Unrecht offenbar BGer, 21.8.2001, 5C.151/2001, E. 3b). Dies umso mehr, als die systematische Verortung von Ziff. 1 gerade keine Generalklausel schaffen sollte, sondern wie gesehen primär vor der ursprünglichen Kompetenzverteilung zwischen Bund und Kantonen zu lesen ist (N 6).

Führt man sich schliesslich «Sinn und Tragweite der im Gesetze enthaltenen Subrogationsnormen vor Augen» (BGE 60 II 187), so ergibt sich folgender **Normzweck**: Wer dadurch, dass der Gläubiger sich zwangsweise Befriedigung verschafft, anstelle des Schuldners in seinen Vermögensrechten beeinträchtigt wird (sei es, dass er aufgrund seiner Eigenschaft als Mitschuldner über eine interne Quote hinaus in Anspruch genommen wird; sei es, dass er ein Recht an einem vom Gläubiger verwerteten schuldnerischen Gegenstand verliert) oder wem eine entsprechende Vermögenseinbusse droht, ist bereits von vorneherein derart und unausweichlich in die Beziehung zwischen Schuldner und Gläubiger verstrickt, dass sein Regressanspruch nicht wie der eines gewöhnlichen Drittleistenden auf obligatorische Rechte beschränkt werden darf. Gerechtfertigt ist hier vielmehr, dem Dritten zusätzlich den Eintritt in die Rechte des bisherigen Gläubigers zu ermöglichen. Die Interessen von Schuldner und Altgläubiger werden dadurch nicht in unzumutbarer Weise belastet, vollzieht doch die entsprechende Subrogation bloss auf rechtlicher Ebene noch nach, was in wirtschaftlicher Hinsicht längst Tatsache ist. **25**

Nach dem Vorstehenden erscheint es nicht schlüssig, den Legaleintritt nur dem dinglich berechtigten Dritten vorzubehalten. Vielmehr ist auch hier eine entsprechende lückenfüllende Erweiterung der Subrogationstatbestände angezeigt. Den argumentativen Weg dazu hat BGE 60 II 178 bereits gewiesen.

b) Interventionsinteresse des Schuldners (Ziff. 2)

26 Alternativ kann das Interventionsinteresse ersetzt werden durch die Mitwirkung des Schuldners in Form einer **Subrogationserklärung** (Ziff. 2). Bei diesem – praktisch wichtigeren – Tatbestand beruht die Subrogation auf dem **einseitigen Willen des Schuldners**. Hingegen kennt das OR den Dritteintritt gestützt auf eine Subrogation nach den *Willen des Altgläubigers* nicht (anders Art. 1250 CC fr.). Der Gläubiger, der dem zahlenden Dritten die Nebenrechte von sich aus verschaffen will, bleibt auf die schriftliche Zession verwiesen (vgl. THARWAT, 46).

27 Die **ratio legis** dieser Drittbegünstigung geht davon aus, dass eine Verschlechterung der Schuldnerposition nicht anzunehmen ist, wenn dieser selber den Gläubigerübergang wünscht und der Wille des – nota bene befriedigten – Gläubigers in den Schranken von Art. 68 hinter diesen Wunsch zurückzutreten hat **(Vorrang des Schuldnerwillens)**.

28 Zur Interventionsanzeige vgl. N 17.

4. Abgrenzungen

29 Neben der Subrogation nach Art. 110 bestehen zahlreiche Sondertatbestände, die als leges speciales vorgehen (zu den Abgrenzungskriterien BK-WEBER, Art. 110 N 14 ff.; VON TUHR/ESCHER, 26–32). Zu erwähnen sind etwa: der Mitschuldner einer unteilbaren Leistung (Art. 70 Abs. 3); der Solidarschuldner (Art. 149 Abs. 1); der Bürge (Art. 507); der Wechselbürge (Art. 1022 Abs. 3); der Wechselverpflichtete (Art. 1044 Abs. 3); der Ehrenzahler (Art. 1062; BGE 124 III 112, 118 E. 2b.aa; **a.M.** VON TUHR/ESCHER, 29 FN 38); der Nachmieter gem. Art. 263 (SJ 1992, 49), sowie der Beauftragte gem. Art. 401 Abs. 1, wobei dessen Leistung an den Beauftragten aufgrund dieser lex specialis inhaltlich und umfangmässig nicht mit der kraft Legalzession zu erwerbenden Forderung identisch ist (KELLER, SJZ 1975, 307; **a.M.** BK-GAUTSCHI, Art. 401 OR N 22 ff.); vgl. ferner die spezialgesetzlichen, auf dem eigenständigen Gedanken versicherungsrechtlicher Schadloshaltung beruhenden Legalzessionen (etwa Art. 54 AVIG; Art. 54 Abs. 1 und Art. 72 VVG, dazu BGer, 7.6.2011, 4A_576/2010, E. 4.1; Art. 72–75 ATSG, welche die Art. 41 ff. UVG, Art. 52 aIVG und Art. 48ter ff. aAHVG ersetzt haben).

IV. Rechtsfolgen

1. Nachrückwirkung

30 In beiden Fällen von Art. 110 bewirkt der Eintritt des Dritten den Wegfall des ursprünglichen Gläubigers. Die Forderung wird jedoch in vollem Umfang auf den Zahlenden übertragen, weshalb der Dritte neu die Gläubigerstellung mit Einschluss aller Nebenrechte einnimmt (BGE 63 II 325). Zwischen Schuldner und subrogierendem Dritten entsteht dieselbe Rechtslage, wie sie zuvor zwischen Schuldner und Gläubiger bestanden hat (Subrogations- bzw. **Nachrückwirkung**).

31 Die Subrogation beschränkt sich auf die **Schuld, für welche das Pfand bestellt ist**. Wird ein für fremde *Bürgschafts*schuld bestelltes Pfand eingelöst, subrogiert der einlösende Pfandeigentümer nur in die Rechte *gegenüber dem Bürgen*; ein allfälliger Regress gegen den verbürgten Hauptschuldner lässt sich somit nicht auf Art. 110 Ziff. 1 stützen (VON TUHR/ESCHER, 30 FN 47a; offen BGE 51 III 202).

Keine Rolle spielt, welchen **Betrag** der Dritte letztlich zur Befriedigung **aufgewendet** hat (VON TUHR/ESCHER, 31 FN 3; **a.M.** offenbar ROOS, 62). Jedoch kann sich aus einem zugrundeliegenden Verhältnis zwischen Schuldner und Drittem ergeben, dass sich im Quantitativ oder hinsichtlich Zahlungsterminen oder Erfüllungsmodalitäten die subrogationsweise erworbene Forderung intern auf den ausgelegten Betrag beschränkt (BK-BECKER, N 9), jedenfalls aber auf die aus unmittelbarer Rechtsbeziehung zwischen Drittem und Schuldner errechnete Höhe begrenzt bleibt (SIMONIUS, ZSR 1979, 373). Durch die Subrogation erfährt die Forderung grundsätzlich **keine Änderung der Leistungsmodalitäten** (Fälligkeit, Erfüllungsort, Verzug usw.). Die Forderung geht so über, wie sie zu jenem Zeitpunkt besteht, also mit laufender *Verjährung* (BGE 60 II 34). Eine *Ausnahme* muss aber dann gelten, wenn der Pfandeigentümer durch die Auslösung eine gem. Art. 140 bereits verjährte, aber immer noch pfandgesicherte Forderung und deshalb keinen realisierbaren Ersatzanspruch mehr erlangt; hier ist der Interessenlage des Dritten mit einem neuen Verjährungsfristenlauf Rechnung zu tragen (Analogie zu Art. 507 Abs. 5; BUCHER, AT, 577; für grundsätzliche Auslösung einer neuen Verjährungsfrist durch die Leistung des Pfandeigentümers BK-WEBER, Art. 110 OR N 69). Steht die Verjährung erst noch bevor, obliegt es dem subrogierenden Dritten, für die rechtzeitige Realisierung zu sorgen. 32

2. Nebenrechte

Im **vollständigen Übergang der Nebenrechte** auf den Zahlenden liegt die eigentliche Bedeutung von Art. 110 (ENGEL, traité, 416; GUHL/KOLLER/SCHNYDER/DRUEY, § 34 N 71). Dies gilt nach den allgemeinen Regeln jedenfalls soweit, als sie nicht untrennbar mit der Person des Gläubigers verbunden sind. Zu den übergehenden Vorzugs- und Nebenrechten können Pfändungs- und Konkursprivilegien, Sicherungsrechte (Bürgschaften, Pfandrechte, Bauhandwerkerpfandrecht, Eigentumsvorbehalt), Konventionalstrafen oder Gerichtsstandsklauseln zählen (vgl. Übersicht bei BK-Weber, Art. 110 OR N 51 ff.). *Kein Nebenrecht* ist in einem definitiven Rechtsöffnungstitel des bisherigen Gläubigers zu erblicken; ein solcher wirkt nicht zugunsten des Dritten (SJZ 1976, 192 ff.). In Analogie zu den Zessionsregeln gehen auch die mit der Forderung als solcher verbundenen Gestaltungsrechte über (BK-WEBER, Art. 110 OR N 60 f.). 33

Eine *Gewährleistung des früheren Gläubigers* gegenüber dem Intervenienten für Bestand oder Bonität des Schuldners besteht nicht. Einen gewissen Ausgleich bietet der Übergang der Nebenrechte; je nach Verhältnis zwischen Gläubiger und Drittem kann allerdings eine besondere Haftungsregel eingreifen (BGE 63 II 322). Beanspruchen *mehrere Personen* für dieselbe Forderung die Subrogation für sich, was insb. bei der Sicherung durch Bürgschaft und Pfandrecht an Sachen Dritter zutreffen kann, greift keine Rangordnung nach Alterspriorität. Die Konkurrenz von Solidarbürge und Pfandeigentümer richtet sich nach Art. 507.

3. Einreden

Dem Schuldner bleiben in beiden Fällen von Art. 110 alle **Einreden**, welche er gegenüber dem früheren Gläubiger hatte, erhalten (GUHL/KOLLER/SCHNYDER/DRUEY, § 34 N 73; Ausnahme bei Art. 140, vgl. N 32). Erfolgt die Subrogation nach Ziff. 1, kann der Schuldner bei Gutgläubigkeit mit befreiender Wirkung an den früheren Gläubiger leisten, solange er vom Eintritt des Dritten keine Kenntnis hat. Wird vom Dritten eine *Nichtschuld* bezahlt, beurteilt sich die Frage, ob der Anspruch aus ungerechtfertigter Bereicherung dem vermeintlichen Schuldner oder dem Intervenienten zustehen soll, nach den Umständen des Einzelfalls. Die tatsächliche oder rechtliche Beziehung zwischen Schuldner und Intervenienten gibt den Ausschlag, in wessen Vermögen die Entreicherung eingetreten ist (BGE 70 II 122). 34

4. Teilsubrogation

35 Befriedigt der Dritte den Gläubiger nur teilweise (Annahme von Teilleistungen, Begleichung von Zinsforderungen oder Abschlagszahlungen), subrogiert er nur **im Umfang des befriedigten Teils** in die Gläubigerstellung, falls nicht der Gläubiger die Drittleistung als volle Befriedigung für die ihm zustehende Forderung annimmt. Im Falle der Teilbefriedigung kommt es zur *Teilung der Forderung*. Ein Pfand haftet nach erfolgter Subrogation dem bisherigen Gläubiger und dem Dritten. Der Forderungsübergang darf für den ursprünglichen Gläubiger *keinen Rechtsnachteil bewirken*, weshalb er für den unbezahlten Rest seiner Forderung dem subrogierenden Dritten vorgeht (BGE 60 II 189; 76 III 43; 25 II 951; vgl. auch 96 II 362 = Pra 1971, 141, wesentliche Erwägung fehlt). Der Gläubiger hat damit vor dem Dritten Anspruch auf vollständige Befriedigung aus dem Pfand (Guhl/Koller/Schnyder/Druey, § 34 N 75). Im Konkurs des Schuldners wird er in Analogie (da nicht «Mitverpflichteter») zu Art. 217 SchKG behandelt (von Tuhr/Escher, 31 f.).

V. Abweichende Vereinbarungen

36 Die Bestimmungen über die Subrogation nach Art. 110 sind **dispositiver Natur** (SJZ 1938, 215; BK-Weber, Art. 110 OR N 24 f.). Der zahlende Dritte kann auf die Subrogationswirkungen verzichten. Dies lässt sich auch konkludentem Verhalten entnehmen, insb. bei Schenkungsabsicht des Einlösenden (Roos, 62; SJZ 1938, 215). Erfüllt der Dritte nur mit Teilleistung, steht es den Parteien offen, den Übergang der Sicherheiten und Nebenrechte gesondert vertraglich zu ordnen, wobei bei Fehlen einer Abrede von der Wahrung der Position des ursprünglichen Gläubigers auszugehen ist.

VI. Prozessuales

37 Da der Zahlende an die Stelle des früheren Gläubigers tritt, führt er einen allfälligen Prozess gegen den Schuldner in eigenem Namen als **selbständige Prozesspartei**. Bei Teilbefriedigung bleibt jeder Gläubiger für seinen Teil parteifähig. Gleichwohl kann ein Urteil zwischen dem Schuldner und einem seiner Gläubiger für den andern präjudiziell wirken, weshalb der andere Gläubiger als *Nebenintervenient* in prozessualem Sinn (Art. 74 ff. ZPO) zuzulassen ist. Die Frage eines Forderungsübergangs durch Subrogation bedarf je nach Fallkonstellation der tatbestandlichen Klärung durch das Gericht, um die Aktivlegitimation zu bejahen oder zu verneinen, wenn sich gegenseitig ausschliessende Konstruktionen gegenüberstehen (z.B. Inkassozession vs. Forderungsübergang, BGer, 15.12.2003, 4C.28/2003, E. 3.4.2 = Pra 2004, Nr. 160, 908).

38 Subrogiert der Dritte erst während eines hängigen Prozesses, liegt eine Veräusserung des Streitobjekts und damit ein kraft Art. 110 bundesrechtlich legitimierter **Parteiwechsel** vor, wie ihn nun auch Art. 83 ZPO kennt: Der Erwerber kann in den Prozess eintreten und den Altgläubiger ersetzen (kantonales Recht konnte dies nicht ausschliessen; gl.M. BK-Weber, Art. 110 OR N 85). In gewöhnlichen Fällen der sog. Einzelrechtsnachfolge kann die ursprüngliche Partei allerdings an ihrem Prozessführungsrecht festhalten, den Prozess als sog. *Prozessstandschafterin* weiterführen und Leistung an den Erwerber verlangen (BBl 2006, 7221; zum Streit, ob es im Falle des Nichteintritts der Erwerberin zu einer Prozessstandschaft kommt s. zustimmend KUKO ZPO-Domej, Art. 83 m.Nw u. **abl.** Meier, Schweizerisches Zivilprozessrecht, Zürich 2010, § 24). Diese Berechtigung würde indes dem Subrogationskonzept widersprechen, welches gerade darauf abzielt, den Altgläubiger selbst gegen seinen Willen auszutauschen. Ausserdem wäre es für den Dritten nachteilig, keinen Einfluss auf den Prozess zu haben, den der Altgläubiger im Wissen darum fortsetzt, dass dessen Ausgang ihm nicht länger zum eigenen Vorteil gereicht. Damit ist hier eine Prozessstandschaft gegen den Willen des Dritten ausgeschlossen. Hinweise dafür, dass der Gesetzgeber diesen Grundsatz mit Art. 83

ZPO derogiert haben wollte, fehlen. Das Gesagte gilt auch für die Aktivlegitimation im Rechtsöffnungsverfahren, die der Altgläubiger ebenso verliert (vgl. RVJ 1981, 343 f.).

Die **Beweislast** für das Subrogationsrecht liegt beim Dritten. Um die Subrogationswirkung auszulösen, braucht der zahlende Dritte nur die *Tatsache der Bezahlung* nachzuweisen (VON TUHR/ESCHER, 28; abw. für strengere Beweisanforderungen BK-WEBER, Art. 110 N 81). Ihm obliegt insb. auch, dem Gläubiger den Beweis für das Subrogationsrecht rechtzeitig bekannt zu geben. Mit der Subrogation erwirbt der Dritte gegen den Gläubiger analog zu Art. 170 Abs. 2 das *Recht auf Auslieferung allfälliger Beweismittel*, Schuldurkunden, Pfandverträge usw. Gegebenenfalls wird dieses Recht ergänzt oder ersetzt durch die aus Treu und Glauben fliessende Pflicht zur Erhaltung und Sicherung der Rechte des Dritten (GUHL/KOLLER/SCHNYDER/DRUEY, § 34 N 71). 39

VII. IPR

Als von Gesetzes wegen eintretender Forderungsübergang unterliegt die Subrogation der Sondervorschrift von Art. 146 IPRG (BGer, 15.12.2003, 4C.28/2003, E. 3.4.2; BGE 88 II 430 E. 3 noch für die Zeit vor dem IPRG); Art. 144 IPRG greift mangels Schuldnereigenschaft des Eintretenden nicht (IPRG-Kommentar-KELLER/GIRSBERGER, Art. 144 N 3). In Abänderung des in Art. 146 IPRG primär anzuwendenden Kausalstatuts gilt für die Subrogation, da ein Grundverhältnis zwischen Gläubiger und subrogierendem Dritten regelmässig fehlt, umfassend das **Recht der übergegangenen Forderung** (Art. 146 Abs. 1 Satzhälfte 2 IPRG; IPRG-Kommentar-KELLER/GIRSBERGER, Art. 146 N 24 f.; GULDENER, 133 ff.; differenzierend KELLER, SJZ 1975, 328 ff.). Eine Subrogation ist somit nur anzuerkennen, wenn sie dem Recht bekannt ist, dem die befriedigte Forderung unterliegt (VON BAR, 483). Zum Kumulationsstatut im Bereich des Versicherungsrechts vgl. BGE 118 II 502. 40

Art. 111

B. Vertrag zu Lasten eines Dritten	**Wer einem andern die Leistung eines Dritten verspricht, ist, wenn sie nicht erfolgt, zum Ersatze des hieraus entstandenen Schadens verpflichtet.**
B. Porte-fort	Celui qui promet à autrui le fait d'un tiers, est tenu à des dommages-intérêts pour cause d'inexécution de la part de ce tiers.
B. Promessa della prestazione di un terzo	Chi promette ad altri la prestazione di un terzo è, se questa non segue, tenuto al risarcimento del danno che ne deriva.

Literatur

MERZ, Die privatrechtliche Rechtsprechung des Bundesgerichts 1981, ZBJV 1981, 123 ff. (zit. ZBJV 1981); DERS., Die privatrechtliche Rechtsprechung des Bundesgerichts 1987, ZBJV 1987, 202 ff. (zit. ZBJV 1987); DERS., Die privatrechtliche Rechtsprechung des Bundesgerichts im Jahre 1989, 204 ff. (zit. ZBJV 1989); vgl. ausserdem die Literaturhinweise bei den Vorbem. zu Art. 492–512.

I. Allgemeines. Normzweck

Eine Möglichkeit, finanzielle Risiken abzusichern, ist in Art. 111 geregelt. Nach seiner wirtschaftlichen Bedeutung gehört der **Garantievertrag** mit gewissen fiduziarischen Verträgen, der Bürgschaft, dem Kreditauftrag und der Pfandbestellung in den – weiten – Rahmen der Sicherungsgeschäfte (BGE 79 II 84). Im Garantievertrag (frz. «la promesse de porte-fort») verspricht der Promittent (auch Garantieschuldner oder Garant, frz. «porte-fort», genannt) dem Promissar (auch Gläubiger oder Begünstigter, frz. «stipulant», genannt) die Leistung eines 1

Dritten (frz. «tiers»). Der Begriff «porte-fort» wird damit nicht nur für das Garantieversprechen an sich gebraucht, sondern auch für die Person des Promittenten (JdT 1955, 315). **Zweck** des Garantievertrages, im Randtitel des Gesetzes missverständlich als «Vertrag zu Lasten eines Dritten» bezeichnet, ist die **Sicherung einer fremden Leistung**. Der Promittent verpflichtet sich in einer *selbständigen Abrede*, den Promissar für den Fall zu entschädigen, dass sich der Dritte nicht so verhält, wie dies der Promittent versprochen hat (SCYBOZ, SPR VII/2, 325 f.). Er verspricht nicht eine eigene Leistung, sondern ein *bestimmtes oder bestimmbares Verhalten eines Dritten*. Gegenstand der Garantieverpflichtung ist ein Erfolg, der nicht vom Promittenten abhängt, eine «Leistung», die ihm fremd ist. Der Normzweck des Garantievertrages liegt also nicht darin, den Dritten zur Leistung zu verpflichten oder zu ermächtigen (Anweisung, Art. 466 ff.; vgl. zur Abgrenzung von Garantie und Anweisung: BGE v. 5.8.1998, teilweise wiedergegeben in SZW 2000, 185; ZOBL, 23 ff.; BÜHLER, 122). Der Inhalt der Leistung des Promittenten besteht im *Ersatz eines Schadens*, falls der Dritte nicht leistet. Art. 111 normiert nur einen Schadenersatzanspruch für den Fall, dass die Leistung des Dritten ausbleibt.

2 Der Promittent verspricht die Leistung des Dritten **in eigenem Namen und auf eigene Rechnung**, nicht als dessen Stellvertreter. Der **Dritte** ist nicht Vertragspartei, er wird durch den Garantievertrag nicht Schuldner. Der Garantievertrag erzeugt nur **Rechtswirkung** zwischen dem Promittenten und dem Promissar. Unerheblich für die Gültigkeit des Garantievertrages ist deshalb, ob der Dritte *handlungsfähig* ist oder nicht oder ob er dem Promittenten oder dem Promissar die «garantierte» Leistung aus einem *anderen* – allenfalls zusätzlichen – *Rechtsverhältnis* schuldet oder *nicht* (BGer, SJ 2000, 305; BGE 75 II 50). Vertragsparteien des Garantievertrages sind allein Promittent und Promissar. Der Dritte wird durch den Garantievertrag nicht verpflichtet (BK-WEBER, N 4; BK-BECKER, N 1).

II. Anwendungsbereich und Erscheinungsformen

3 Die Ausgangsfälle des Garantievertrages waren Sachverhalte, in denen es unmöglich war, von einem Dritten – etwa wegen **Abwesenheit** oder **Handlungsunfähigkeit** – eine Verpflichtung zu erhalten. Man kann im Namen eines Minderjährigen, Bevormundeten oder Abwesenden einen Vertrag abschliessen und für dessen Genehmigung i.S.v. Art. 111 garantieren. Für den Fall des Einstehens wegen Vertragsunfähigkeit des Hauptschuldners (Minderjähriger, Bevormundeter) sind jedoch die Formvorschriften von Art. 492 Abs. 3 einzuhalten. Der Promittent kann auch für die – ungewisse – Zustimmung einer **Behörde** oder von Dritten einstehen.

4 Da die Vorschrift **extensiv ausgelegt** wird, dient das Garantieversprechen der Garantie nicht nur für den Abschluss von Verträgen oder deren nachträglicher Genehmigung, sondern auch für **jegliches Verhalten** («fait»), insb. für jede Leistung eines Dritten (SCYBOZ, SPR VII/2, 324 f.). «Leistung» i.S. dieser Bestimmung ist *jedes zukünftige Verhalten eines Dritten*, sei es positiver oder negativer, tatsächlicher oder rechtlicher Natur, sofern es nicht vom Willen des Promittenten, aber auch nicht ausschliesslich vom Zufall abhängig ist und für den Promissar ein *Vermögensinteresse* beinhaltet (BGE 96 II 22; 72 II 22; 65 II 32; 56 II 381). Keine Garantie sondern eine blosse Zusicherung i.S.v. Art. 197 Abs. 1 liegt bspw. beim Kaufvertrag vor, wenn kein zukünftiger Erfolg, der über die vertragsgemässe Beschaffenheit der Kaufsache hinausgeht versprochen wird, sondern nur eine im Zeitpunkt des Gefahrenübergangs bestehende Eigenschaft (BGer, 30.9.2013, 4A_220/2013, E. 4.3.1; BGE 122 III 426 E. 4 und 5c f.; vgl. TERCIER/FAVRE, N 689 ff.).

5 Kasuistik: – Bankgarantien. Vgl. dazu die grundlegenden und praxisorientierten Abhandlungen von KLEINER und DOHM, Bankgarantien, die für strittige Sicherungsversprechen in diesem Bereich zwingend konsultiert werden müssen; weitere Zusammenfassungen der Rsp. finden sich in SZW 2004, 329 ff.; SZW 2003, 206 ff.; SZW 2002, 241 ff.; SZW 2000, 185 ff.; ZBJV 1998, 217 ff.; SZW 1997, 155 ff.; SZW 1995, 31 ff. und SZW 1994, 48 f.; vgl. zur

Bankgarantie auch ZOBL, 23 ff.; BÜHLER, 1 ff.; COENDET, 135 ff.; ABEGG/GEISSBÜHLER/HAEFELI/HUGGENBERGER, 1 ff. und EMCH/RENZ/ARPAGAUS, 1 ff.; vgl. zur Abgrenzung LOSER, 200 ff.; vgl. zur Bankgarantie als Sicherheit gegen das Risiko von Bauhandwerkerpfandrechten SCHUMACHER, 1 ff.; vgl. zur Inanspruchnahme der Bankgarantie EMMENEGGER/ZBINDEN, 139 ff. – Eine Person (Promittent), die selber kein Recht auf Alleinverkauf hat, sichert einer anderen (Promissar) dieses Recht zu (BGE 82 II 247). – Eine Bank (Promittent) sichert bei der Ausgabe von Anleihensobligationen Zeichnern oder künftigen Inhabern von Obligationen (Promissaren) zu, dass die schuldnerische Gesellschaft (Dritter) keine neuen Anleihen mehr aufnehmen wird (BGE 43 II 346; JdT 65 I 631). – Bedingungslose Zusicherung einer festen Dividende einer Aktiengesellschaft durch den Promittenten (BGE 46 II 157). – Garantieerklärung der Eltern zugunsten ihres neu verbeiständeten Sohnes, für allen Schaden aufzukommen, den dieser nach der Entlassung aus der Vormundschaft verursacht (BGE 47 II 208, insb. 210 f.). – Garantie der Erteilung einer Einfuhrbewilligung in einem Kaufvertrag (BGE 72 I 267, insb. 278). – Garantieabgabe im Filmgeschäft (BGE 72 II 19). – Garantie eines Speditionsunternehmens, dass die Ware des Verkäufers an den Käufer ausgeliefert wird (BGE 75 II 53). – Abgabe einer Garantie an den Promissar, ihn für den Fall schadlos zu halten, dass er auf Rückzahlung eines simulierten Kredites belangt werden sollte (BGE 76 II 33). – Absicherung der Rückzahlung eines Darlehens mittels Garantievertrag oder Solidarschuld (Schuldbeitritt); offengelassen in BGE 81 II 520, insb. 527 f. – Garantieversprechen in einem Milchkaufvertrag (BGE 88 II 355). – Versprechen einer Aktiengesellschaft, einem Käufer Aktien der Gesellschaft zu verschaffen, indem bisherige Aktionäre auf die Ausübung ihres Bezugsrechtes verzichten (BGE 96 II 18, insb. 22 f.). – Erklärung eines Verwaltungsratspräsidenten und Hauptaktionärs, für eine Darlehensschuld der Gesellschaft persönlich zu haften (BGE 101 II 323). – Das Gemeinwesen oder andere Interessenten decken das allfällige Defizit eines Unternehmens oder einer Ausstellung (evtl. bis zu einem Maximalbetrag). – Zusicherung irgendeiner – andauernden oder einmaligen – Handlung eines Dritten. – Garantie eines Mietertrages in einem Liegenschaftenkaufvertrag (ZBJV 1976, 305 ff.). – Versprechen des Promittenten an den Promissar, dass der Verkäufer trotz aller Einreden liefern werde. – Zusicherung der Mitwirkung eines Künstlers oder Sportlers an einer bestimmten Vorstellung (Impressariovertrag). – Der Promittent verspricht dem Promissar, dass der Dritte seine Betreibung zurückzieht. – Garantie, dass eine bestimmte Behörde eine Handlung vornehmen werde, z.B. die Erteilung einer Konzession. Im Zweifel wird man jedoch eher ein Versprechen, sich um die Leistung der Behörde als Dritte zu bemühen, annehmen (BGE 36 II 387). – Versprechen des Promittenten, dass der Dritte mit dem Promissar einen oder mehrere Verträge abschliesst. – «Baugarantieversicherung» (ZBJV 1975, 296 ff.). – Sicherheitsleistung des Arbeitgebers für Forderungen der Arbeitnehmer (in casu mündliche Garantie ungenügend, ZR 1984, 64 f.). – Prozesskautionen (durch Bürgschaft, ZR 1945, 36 f.). – Verpflichtung, die Hypothek der Bank im Falle der Zwangsversteigerung herauszubieten (Versprechen eines Steigerungsangebotes, ZR 1938, 157 ff.). – Verpflichtung, einen Bootsliegeplatz zur Verfügung zu stellen, der im Eigentum eines Dritten steht (ZR 2000, 45 ff.) – Garantie des Promittenten, dass der Dritte seine Hauptschuld erfüllen werde, z.B. die Rückzahlung eines Darlehens. Diese Erscheinungsform des Garantievertrages führt zu praktischen Schwierigkeiten der Unterscheidung von Garantievertrag, Bürgschaft und kumulativer Schuldübernahme (dazu N 21 ff.). – Garantie des Käufers einer 50%-Beteiligung an einer Aktiengesellschaft zugunsten des Verkäufers, diesen während 5 Jahren als Arbeitnehmer anzustellen (BGer, 20.3.2003, 4C.376/2002). – Zwei besondere Arten von Garantien, die im Titel über die Bürgschaft, Art. 492 ff., geregelt sind: Das Versprechen desjenigen, der für die Schuld aus einem wegen Irrtums oder Vertragsunfähigkeit für den Hauptschuldner unverbindlichen Vertrag einzustehen erklärt, wenn er bei der Eingehung der Verpflichtung den Mangel gekannt hat (Art. 492 Abs. 3). Die Verpflichtung des in der Schweiz wohnhaften Bürgen, der auf die Einrede des Art. 501 Abs. 4 verzichtet hat. – Weitere Kasuistik bei BK-WEBER, N 141 ff.; ENGEL, traité, 431 ff.; GUHL/KOLLER/SCHNYDER/DRUEY, § 22 N 26 ff. sowie GUHL/KOLLER/SCHNYDER/DRUEY, § 57 N 12 ff.; SCYBOZ, SPR VII/2, 329 f.; BECK, Einl. N 23.

6 Garantieverträge werden in zwei Erscheinungsformen eingeteilt: die **reine Garantie** und die (häufigere) **bürgschaftsähnliche Garantie**. Bei der **reinen Garantie** steht der Promittent für einen *von jeglichem konkreten Schuldverhältnis unabhängigen* Erfolg ein. Eine Bank oder das Gemeinwesen kann sich z.B. als Promittentin verpflichten, den Verlust eines Unternehmens zu decken, ohne dass Dritte diesem etwas schulden. Das ungewisse Ereignis steht nicht in Beziehung zu einer bestimmten Schuld (BGE 113 II 436). In der Regel beabsichtigt der Promittent mit der Abgabe des Garantieversprechens, den Promissar zu einem bestimmten Verhalten zu veranlassen oder den Erfolg einer seiner Veranstaltungen zu fördern (SCYBOZ, SPR VII/2, 324). Beispiele reiner Garantien bei KLEINER, N 4.03 ff. Die **bürgschaftsähnliche Garantie**, die von Art. 111 ebenfalls erfasst wird, bezieht sich dagegen *in irgendeiner Weise auf ein Schuldverhältnis (Grundgeschäft)*, das dem Promissar einen (vertraglichen) Anspruch auf Leistung des Dritten gibt. Im deutschen Recht hat sich der Begriff Forderungsgarantie eingebürgert (EBERL, 39). Mit der bürgschaftsähnlichen Garantie soll die Leistung des Dritten an den Promissar gesichert werden, gleichgültig, ob sie wirklich geschuldet ist oder nicht. Sie gilt somit auch dann, wenn die Schuldpflicht des Dritten gegenüber dem Promissar *nicht entstanden ist, wegfällt oder nicht erzwingbar ist* (BGE 125 III 307; KLEINER, N 5.01). Wesentlich ist für diese Erscheinungsform des Garantievertrages, dass die Möglichkeit des Schadenseintrittes *vom Verhalten eines Dritten abhängt*, der als Schuldner des Promissars auftritt. Damit nähert sich diese Garantieart der Bürgschaft und führt zu praktisch schwierigen Abgrenzungen (BGE 125 III 309; 113 II 436). Auch die bürgschaftsähnliche Garantie setzt *kein gültiges Grundgeschäft zwischen dem Dritten und dem Promissar* voraus (ausführlich in: BJM 1994, 44 ff.). Weder Simulation noch Unmöglichkeit des Grundgeschäftes beeinträchtigen die Gültigkeit des Garantievertrages (BGE 72 I 278). Zur Abgrenzung des Garantievertrages von der Bürgschaft und der kumulativen Schuldübernahme s. N 21 ff.

Nach Voraussetzungen der **Auslösung** von **Bankgarantien** sind zu unterscheiden: Leistungs- oder Lieferungsgarantien, Leistungs- oder Lieferungsgarantien mit Effektivklausel, dokumentarische Garantien und Garantien sui generis (BGE 119 II 132; vgl. dazu auch ZOBL, 37 ff.). Bei den Leistungs- oder Lieferungsgarantien hat der Garant seine Zusicherung zu honorieren, sobald der Begünstigte sie abruft. Bei den dokumentarischen Garantien ist zusätzlich die Vorlegung der vertraglich vereinbarten Dokumente erforderlich, welche vor Ablaufdatum der Garantie erfolgen muss (zur dokumentarischen Garantie vgl. BGE 122 III 273, dazu auch ZOBL, 45 ff. und BÜHLER, 140 ff.; zur Schriftform bei einem verschlüsselten Text: SJZ 1995, 280). Sind die Voraussetzungen der Auslösung erfüllt, hat der Garant grundsätzlich unverzüglich Zahlung zu leisten (Rep 1992, 259 ff.; zusammengefasst in: SZW 1995, 31; zum rechtsmissbräuchlichen Abruf einer Bankgarantie vgl. BGE 122 III 321, dazu auch ZOBL, 42 ff. und BÜHLER, 150 ff.).

III. Voraussetzungen

7 Der Promittent muss **handlungsfähig** sein. Die **Urteilsfähigkeit** des Promissars (Art. 19 Abs. 2 ZGB) genügt, wenn er keine Verpflichtungen eingeht (BGE 47 II 208). Für den am Garantievertrag unbeteiligten Dritten ist lediglich erforderlich, dass man von ihm das garantierte Verhalten ernstlich erwarten kann (SCYBOZ, SPR VII/2, 327). Auch ein Staat kann eine Garantie i.S.v. Art. 111 OR abgeben (vgl. BGE 131 III 511 E. 4.1 ff.).

Der Garantievertrag ist ein **zweiseitiges Rechtsgeschäft**, jedoch i.d.R. **nur einseitig verpflichtend**. Meist übernimmt nur der Promittent eine Pflicht. Zahlt der Promissar z.B. eine Risikoprämie an den Promittenten, liegt ein *zweiseitiger Vertrag* vor.

Der Garantievertrag ist **formlos gültig**, auch wenn der garantierte Vertrag einer Form bedarf (BGE 101 II 327). Der Promittent kann formlos eine Leistung versprechen, deren Vornahme durch den Dritten an die Einhaltung einer besonderen Form gebunden ist.

Praktisch schwierig ist u.U. die Frage nach dem Verpflichtungswillen des Promittenten. Indiz dafür kann ein **persönliches Interesse des Promittenten** sein; ebenso die Bestärkung des Garantieversprechens durch (zusätzliches) Pfand, Bürgschaft, Konventionalstrafe oder schriftliche Bestätigung einer mündlichen Zusage (ältere Judikatur bei BK-Becker, N 8; BGer, 27.2.2009, 4A_582/2008, E. 4.1). Für die Willensäusserungen der Parteien – v.a. des Promittenten – ist auf die Umstände des einzelnen Falles abzustellen. Im Handeln in fremdem Namen allein liegt noch keine stillschweigende Garantie, dass der Vertretene genehmigen werde (BK-Becker, N 8). Man kann aber als bevollmächtigter oder vollmachtloser Stellvertreter handeln und sich daneben als Promittent verpflichten. Das eine impliziert jedoch nicht automatisch das andere (BGE 25 II 853; 27 II 209). **8**

Eine Garantie kann in einem **eigenen Vertrag**, aber auch als **separate Klausel**, als Nebenabrede in einem Hauptvertrag mit anderen Verpflichtungen, aufgenommen sein. Hat indes *kein Austausch individueller Erklärungen* stattgefunden, so z.B. bei Werbeaussagen einer Muttergesellschaft, darf die Übernahme einer Garantiehaftung *nicht leichthin* angenommen werden (BGE 120 II 334). **9**

Für den Abschluss des Garantievertrages ist weder notwendig, dass der **Dritte** den Parteien bekannt oder im Zeitpunkt der Abgabe des Versprechens individualisiert ist, noch dass er handlungsfähig ist. Er kann sich sogar unter der Gewalt des Promittenten befinden (BGE 26 II 120; 46 II 162).

Kein Garantievertrag, sondern ein **Auftrag** liegt vor, wenn der Promittent verspricht, sich zu bemühen, Dritte zu einer Leistung zu veranlassen, oder wenn er Mitwirkung verspricht, um die Leistung des Dritten zu ermöglichen (BK-Becker, N 10). Ebenfalls keine Garantie liegt vor, wenn der Promittent nur eine Auskunft erteilen will, berät, empfiehlt etc. Auch die in einem Kaufvertragsformular für American-Express-Traveller-Checks enthaltene Bestimmung über den Ersatz abhanden gekommener Reisechecks stellt keinen Garantievertrag dar (ZBJV 1977, 356 ff., 360). **10**

Der Promittent kann aber dem Promissar gleichzeitig **aus verschiedenen vertraglichen Rechtsgründen** haften, so wenn er neben der Garantie die auftragsrechtliche Pflicht übernommen hat, sich um die Leistungsbewirkung zu bemühen. Häufig ist der Dritte – analog zur Bürgschaft – Schuldner des Promissars in Bezug auf die vom Promittenten garantierte Leistung. Bei **Nichterfüllung** wird er dem Promissar *aus eigenem Recht* schadenersatzpflichtig (Art. 97 ff.). Im Garantiefall stehen dem Promissar i.d.R. Ansprüche gegen den Dritten aus der individuellen Abrede und gegen den Promittenten aus der Garantie zu (vgl. TC VS, RVJ 2009, 286). Es liegt für den Promissar **Konkurrenz vertraglicher Ansprüche** vor, jedoch *weder Solidarität* (BGE 53 II 413; 89 II 419 f.) noch *Subsidiarität*. Die Schuld unter den konkurrenzierenden Ansprüchen ist nicht gleich gross. Der Promissar hat die Wahl, wen er belangen will, kann aber seine Ansprüche nicht über den tatsächlich erlittenen Schaden hinaus kumulieren (Reusser, 80). **11**

Sind die im Garantievertrag umschriebenen Voraussetzungen erfüllt, ist der Promittent unbesehen eines allfälligen Streites über den Grundvertrag zur Zahlung verpflichtet (BGE 138 III 241 E. 3.2; 131 III 511 E. 4.2; 122 III 321 E. 4a; 122 III 273 E. 3a). Die Grenze der Unabhängigkeit der Garantie sieht das BGer dort erreicht, wo sie offensichtlich rechtsmissbräuchlich beansprucht werde (BGE 138 III 241 E. 3.2; 131 III 511 E. 4.6). In diesem Fall ist nach Auffassung des BGer der in Anspruch genommene Promittent nicht nur berechtigt, sondern gegenüber dem Promissar gar verpflichtet, die Zahlung zu verweigern (BGE 138 III 241 E. 3.2; 122 III 321 E. 4a). In Bezug auf den Eintritt des Garantiefalles gilt demnach eine streng formalisierte Betrachtungsweise; abgestellt wird alleine auf den Wortlaut der Garantieklausel. Für das Entstehen der Zahlungspflicht des Promittenten dem Promissar gegenüber müssen mithin nur die Voraussetzungen erfüllt sein, welche als Bedingung festgelegt wurden (BGE 138 III 241 E. 3.4; 122 III 321 E. 4a; 122 III 273 E. 3a). Diese Grundsätze sind nach der Rsp. des BGer **11a** nicht vereinbar mit einer Verpflichtung des Promissars, den Eintritt des Garantiefalles über den Wortlaut der Garantieklausel hinausgehend näher zu substantiieren. Es liegt vielmehr in der Verantwortung des Promittenten, sämtliche Voraussetzungen für die Auszahlung der Garantiesumme im Garantieversprechen aufzuführen. Der Promissar ist insofern in seinem Vertrauen auf den Inhalt des Garantieversprechens zu schützen (BGE 138 III 241 E. 3.5; BGer, 10.9.2003, 4C.144/2003, E. 2.2). Diese Rsp. des BGer überzeugt insb. aus Gründen der Rechtssicherheit. Der Promissar ist in seinem Vertrauen zu schützen; von ihm kann nur verlangt werden, was aus dem Garantieversprechen hervorgeht, andernfalls Garantieabruferklärungen oftmals Streitigkeiten hervorrufen würden. Solches entspräche nicht dem Sinn und Zweck des Garantievertrages, namentlich der Bewerkstelligung einer raschen Liquiditätsverschiebung. Es obliegt mithin dem Promittenten, die Voraussetzungen für den Abruf der Garantiesumme sorgfältig zu umschreiben (gl.M. SCHMID/RÜEGG, 109; M. SCHNYDER, 420 f.; REETZ, 79 f.).

IV. Rechtsfolgen

12 Die Garantie wird **fällig**, wenn die Leistung des Dritten zum vereinbarten Zeitpunkt nicht erfolgt (BGer, 30.9.2013, 4A_220/2013, E. 5.2). Der Promissar braucht weder zu *mahnen*, noch muss er eine *Frist ansetzen*, da nicht die Hauptleistung (des Dritten) geschuldet wird, sondern **Schadenersatz** (BK-WEBER, N 146; BK-BECKER, N 12; ZR 2000, 50).

Die Garantie wird hinfällig, wenn der Promissar rechtmissbräuchlich gehandelt hat (BGE 131 III 511 E. 4.6) oder durch schuldhaftes Verhalten die Leistung des Dritten verhindert hat, etwa durch ungerechtfertigte **Annahmeverweigerung** oder **Unterlassen einer Mitwirkungshandlung** (SCYBOZ, SPR VII/2, 331), ebenso bei **schuldhafter** (evtl. sogar vorsätzlicher) **Herbeiführung** der gesicherten Gefahr (BGer, 30.9.2013, 4A_220/2013, E. 5.2; 10.12.2007, 4A_290/2007, E. 6.6; BK-Weber, N 151 f.). Für die *Freizeichnung* gelten Art. 100 Abs. 1, 2 und Art. 101 Abs. 2, 3.

13 Nicht exkulpieren kann sich der Promittent mit der **Einwendung**, alles getan zu haben, um die Leistung des Dritten zu bewirken: der Promittent verspricht gerade, dass der Dritte leisten werde. Keine Befreiung des Promittenten liegt auch darin, dass der Dritte ihm gegenüber zur Bewirkung der Leistung verpflichtet war.

14 Bleibt die «garantierte» Leistung des Dritten aus (= Garantiefall), ist der Promittent «zum Ersatze des hieraus entstandenen Schadens verpflichtet». Art. 111 gibt nur **Anspruch auf Schadenersatz**, nicht auf Erfüllung (BK-BECKER, N 4). Der Promittent hat nach h.L. und Praxis das **positive Interesse (Erfüllungsinteresse)** zu ersetzen, *nicht* das *negative* wie z.B. der vollmachtlose Stellvertreter (Art. 39 Abs. 1; BGE 25 II 855; 17 II 706; ZR 2000, 51; ZK-OSER/SCHÖNENBERGER, N 10; BK-WEBER, N 149; BK-BECKER, N 14; **a.M.** BK-GIOVANOLI, Art. 492 N 13a/b). Vorbehältlich einer anderslautenden Parteivereinbarung sind für **die Schadensberechnung und -bemessung** die allgemeinen Grundsätze massgebend (Art. 99 Abs. 3).

Der Promittent hat im Allgemeinen **keinen Regress** gegen den Dritten (vgl. BGer, 9.2.2007, 4C.351/2006, E. 4.2). *Subrogation* gem. Art. 110 ist *ausgeschlossen* (vgl. KRAMER/NOBEL/WALDBURGER, 180). Ebensowenig hat er Anspruch auf Abtretung einer allfälligen Forderung des Promissars gegen den Dritten, sofern dies nicht vertraglich vereinbart wurde (GAUCH/SCHLUEP/SCHMID/EMMENEGGER, N 3933; SCYBOZ, SPR VII/2, 333; **a.M.** KLEINER, N 24.07, der für eine Abtretungspflicht i.S. einer ergänzenden Vertragsauslegung nach dem Vertrauensprinzip eintritt; gemäss ZOBL, 49, ist dagegen, wenn nicht ausdrücklich eine Abtretungsverpflichtung vertraglich vorgesehen ist, immer eine Beurteilung im Einzelfall nötig; zum Vorgehen des BGer, wenn das Rückgriffsrecht einer ausländischen Rechtsordnung untersteht, vgl. BGE 128 III 295).

Da der Promittent **selbständig** für den versprochenen Erfolg haftet, kann er dem Promissar **Einreden des Dritten** nicht entgegenhalten (RJN 1994, 88 ff.; RFJ 1993, 296 ff.). Eine mögliche Verpflichtung des Dritten gegenüber dem Promissar hat weder die **Akzessorietät** noch **Subsidiarität** der Garantie zur Folge. Subsidiarität kann jedoch vereinbart werden (Scyboz, SPR VII/2, 331).

15 Der Garantievertrag ist nichtig, wenn die garantierte **Leistung** nach ihrem Inhalt oder vom Zweck her **widerrechtlich** oder **unsittlich** ist (Art. 20; BGE 76 II 37; 113 II 436; ausführlich in: BJM 1994, 44 f.). Aus dem Ausbleiben einer gegen Recht oder Sitte verstossenden Handlung kann *kein* Schadenersatzanspruch abgeleitet werden. Die Leistung des Dritten, sich an eine **Simulationsabrede** zu halten und den auf einem vorgetäuschten Kreditgeschäft beruhenden Rückzahlungsanspruch nicht geltend zu machen, ist weder unsittlich noch widerrechtlich. Die in Kenntnis der Sachlage übernommene Garantie für die dauernde Einhaltung der Simulationsabrede ist damit zulässig (BGE 76 II 33, insb. 38). Die Nichtigkeit der Simulationsabrede berührt die Wirksamkeit des Garantievertrages nicht.

Bei **ursprünglicher objektiver Unmöglichkeit** der garantierten Leistung des Dritten bleibt der Garantievertrag gültig (BGE 72 I 278; 76 II 38; **a.M.** Engel, traité, 434; Scyboz, SPR VII/2, 329); ggf. ist aber der Tatbestand des *Grundlagenirrtums* oder der *Täuschung* erfüllt (Scyboz, a.a.O.). Bei **nachträglicher Unmöglichkeit** liegt der klassische Garantiefall vor. Der Promittent hat – andere Vereinbarungen vorbehalten – Schadenersatz im Rahmen des **Erfüllungsinteresses** zu leisten (BGE 72 I 278; ZK-Oser/Schönenberger, N 7).

Der Garantievertrag ist gültig, wenn die Parteien zum Zeitpunkt des Vertragsschlusses nicht wussten, dass sich das abzusichernde Risiko bereits verwirklicht hatte, wenn sie also die Unmöglichkeit der vom Dritten erwarteten Leistung nicht kannten. Wusste nur der Promissar vom bereits eingetretenen Garantiefall, wird sich der Promittent auf **Irrtum** oder v.a. **Täuschung** berufen können. Kannten beide oder der Promittent alleine die Unmöglichkeit der Leistung des Dritten zum Zeitpunkt des Vertragsabschlusses, so ist der Vertrag gültig, doch handelt es sich mangels Ungewissheit wohl nicht um einen Garantievertrag (Scyboz, SPR VII/2, 329). Anderweitige Abreden vorbehalten und im Rahmen des vertraglich abgesicherten Risikos, haftet der Promittent für **Zufall** und **höhere Gewalt** (Kleiner, N 5.10). Er kann sich zu seiner Entlastung nicht auf die **clausula rebus sic stantibus** berufen, die beim Garantievertrag *nicht* stillschweigend Vertragsinhalt ist (BGE 46 II 162).

16 Wenn der Dritte die garantierte Leistung erbringt, ist der Promittent befreit. Er ist ebenfalls gültig befreit, wenn er selbst oder ein anderer die Leistung erbringt, solange der Promissar an der persönlichen Erfüllung des Dritten kein Interesse hat (Art. 68; ZK-Oser/Schönenberger, N 10; vgl. BGer, 9.2.2007, 4C.351/2006, E. 5.2).

17 Die **Verjährung** von Forderungen aus Garantievertrag richtet sich nach Art. 127 i.V.m. Art. 130. Es liegt ein **vertraglicher Erfüllungsanspruch** vor, der nach zehn Jahren verjährt (BK-Giovanoli, Art. 492 N 14e).

V. Abweichende Vereinbarungen

18 Art. 111 ist dispositives Recht. Die Parteien können z.B. vereinbaren, dass der Promittent selbst die Leistung in natura erbringt (Engel, traité, 430; Kramer/Nobel/Waldburger, 180). Voraussetzungen und/oder Wirkungen des Garantieversprechens können geändert werden. Eine Ausnahme von der dispositiven Natur der Garantie besteht indes im Verjährungsrecht. So ist es bspw. verboten, die für Garantien grundsätzlich geltende Verjährungsfrist von zehn Jahren zu verkürzen (BGE 132 III 285 E. 2) oder die Unterbrechungshandlungen gem. Art. 135 OR vertraglich zu erweitern oder zu reduzieren (BGE 132 V 404 E. 5.2; M. Vischer, SJZ 109/2013, 327).

Das Garantieversprechen kann mit einer **Konventionalstrafe** verbunden sein (BGE 17 I 702; 26 II 121 f.; JdT 1911 I 270).

Der Promittent kann sich vom Dritten vertraglich das Recht einräumen lassen, die dem Promissar versprochene Leistung zu dessen Gunsten zu fordern (BGE 43 II 346).

VI. Prozessuales. Zwangsvollstreckung

19 Die Qualifikation eines Vertrages als Garantievertrag betrifft nicht die Feststellung über den übereinstimmenden wirklichen Parteiwillen, sondern eine **Rechtsfrage**, die vom BGer im Beschwerdeverfahren *frei überprüft* werden kann (zum Berufungsverfahren nach OG s. Pra 1988, 77 E. 1c).

Eine **negative Feststellungsklage** ist *nur* zulässig, wenn die Fortdauer der Ungewissheit über die Rechtsbeziehungen der Klägerin *nicht zugemutet* werden kann, weil sie dadurch in ihrer Entschlussfreiheit, besonders in wirtschaftlicher Hinsicht, behindert wird (ZR 1994, 95).

Die Frage, *ob* der Akkreditivsteller für die Forderung des Begünstigten auf Bezahlung des Betrags einer selbständigen Garantie gegenüber der Ausgabebank einen **Arrestbefehl** erwirken kann, ist umstritten, wobei die Lehre sich mehrheitlich gegen die Zulässigkeit eines solchen Arrestgesuchs ausspricht (BGE 117 III 79 = Pra 1993, 867 ff. m.Nw.). Das BGer hat im zit. Entscheid festgehalten, dass es aus Sicht des Zwangsvollstreckungsrechts *keinen Grund* gibt, *Forderungen aus dem Grundverhältnis*, das durch die Garantie gesichert werden soll, auszuschliessen. Ein solcher Entscheid ist zumindest *nicht* willkürlich (vgl. zum Ganzen KELLERHALS, Verfahrensrechtliche Aspekte, 166 ff., dessen Aufsatz, 145 ff., sich weiter auch mit den prozessrechtlichen Massnahmen zur Verhinderung der missbräuchlichen Inanspruchnahme oder Auszahlung von Bankgarantien auseinandersetzt).

VII. IPR

20 Beim Fehlen einer Rechtswahl untersteht der (Garantie-)Vertrag dem Recht jenes Staates, mit dem er *am engsten zusammenhängt* (Art. 117 Abs. 1 IPRG; BGE 128 III 295 E. 2b; 131 III 511; BGer, 19.8.2008, 4A_128/2008, E. 4.2.2). Wichtigstes Kriterium für die Konkretisierung der Generalklausel ist die Anknüpfung an das Recht des Staates, in dem die Partei, die die **charakteristische Vertragsleistung** erbringt, ihren **gewöhnlichen Aufenthalt** bzw. ihre **Niederlassung** hat (Art. 117 Abs. 2 IPRG). Die Anknüpfung an die charakteristische Leistung stellt *vermutungshalber* die engste Beziehung zu einem Staat her.

Die charakteristische Leistung im Garantievertrag erbringt der **Promittent**, weshalb das Recht an seinem gewöhnlichen Aufenthaltsort bzw. am Ort seiner Niederlassung Anwendung findet (Art. 117 Abs. 3 lit. e IPRG). Das IPRG folgt damit der früheren Praxis des BGer (BGE 111 II 278; SJZ 1986, 374 ff.). Für die zu beachtende **Form** müssen die Erfordernisse der lex causae oder der lex actus (locus regit formam actus) erfüllt sein (BGE 111 II 278; SCYBOZ, SPR VII/2, 353, zum alten Recht). Zur Frage, wie weit das BGer im Rahmen einer Berufung ein Sicherungsgeschäft, welches einem ausländischen Recht untersteht, überprüft, vgl. BGE 128 III 295 E. 2b; 127 III 123 E. 2f; 126 III 492 E. 3a.

VIII. Abgrenzung zu verwandten Rechtsgeschäften

21 Die Abgrenzung des Garantievertrages zu ähnlichen Rechtsgeschäften, insb. zur **Bürgschaft**, Art. 492 ff., beschäftigt Gerichte und Lehre seit langem. Judikatur und Literatur, insb. im Bereich der **Bankgarantie**, sind dementsprechend unübersichtlich und uferlos. Abgrenzungen umfassender Art finden sich bei BECK, Einl. N 15 ff.; ZK-OSER/SCHÖNENBERGER, Art. 492 N 48 ff.; BK-GIOVANOLI, Art. 492 N 13 ff.; ZOBL, 31 ff.; vgl. auch DEVELIOGLU, 1 ff.; GOTTRAU, jdbf 2008, 182. Abgegrenzt werden muss lediglich die *bürgschaftsähnliche Garantie* (N 6) von der Bürgschaft, da auch hier – analog zur Bürgschaft – ein Grundgeschäft zwischen Promissar und Drittem besteht und der Garantievertrag (nur) abgeschlossen wird, um ein sol-

ches **Grundverhältnis** «abzusichern». Im Recht der Bürgschaft entspricht der Promissar begrifflich dem Gläubiger, der Dritte dem Hauptschuldner, der Promittent dem Bürgen (Interzedent). In der Erscheinungsform der reinen Garantie wird im Gegensatz dazu davon ausgegangen, dass zwischen Promissar und Drittem kein Grundverhältnis, also keine rechtliche Bindung i.S. einer geldwerten Forderung des Promissars gegen den Dritten, besteht (N 6). Die reine Garantie bleibt von den nachfolgenden Ausführungen unberührt. BGE 113 II 434 gibt den Stand der bundesgerichtlichen Rsp. wieder. Der Entscheid ist richtungsweisend, wurde aber – vom materiellen Ergebnis her auf den konkret zu beurteilenden Sachverhalt bezogen m.E. zu Recht – kritisiert (befürwortend Nobel, Bundesgericht, I. Zivilabteilung, Urteil vom 17.11.1987 i.S. A./X. Bank betreffend Bürgschaft oder Garantievertrag, WuR 1988, 71, insb. 77 f.; abl. Merz, ZBJV 1989, 228 ff.; Homburger, Urteil des KassGer ZH, 2.2.1987, veröffentlicht in: Blätter für Zürcherische Rechtsprechung, Heft 10, 1987, SAG 3/1988, 134 f.; ZBGR 1990, 111 ff., insb. 117, [Bemerkung der Redaktion]; krit. auch Ghiringhelli, 97 ff., insb. 112). Die Abgrenzungsschwierigkeiten zwischen Bürgschaft und Garantie werden wohl trotz dieses grundlegenden Entscheides bleiben, da sich die konkreten Lebenssachverhalte, textlichen Formulierungen und Umstände, die zum Abschluss von «zweideutigen» Sicherungsverträgen führen, immer wieder neu und in anderen Kombinationen präsentieren. BGE 113 II 434 gibt jedoch einige Richtlinien und – wichtig – stellt Vermutungen auf, die der Rechtssicherheit in diesem höchst komplexen Bereich künftig förderlich sein könnten (vgl. dazu auch BK-Giovanoli, Art. 492 N 13 ff.). Die in BGE 113 II 434 aufgestellten Richtlinien wurden in der neueren bundesgerichtlichen Rsp. wiederholt bestätigt (BGE 125 III 305; BGer, 22.9.1999, 4C_191/1999; 14.9.2009, 4A_279/2009, E. 3; 29.1.2009, 4A_530/2008, E. 5.1). Zur Frage der Abgrenzung zwischen einer unabhängigen Verpflichtung und einer akzessorischen Garantie, vgl. auch BGE 128 III 295 = Pra 92 (2003) Nr. 13 sowie BGE 131 III 511.

Die in der Praxis **übliche Prozess-Situation** ist evident: Der Kläger will vom Beklagten auf- 22
grund eines formlosen, meist jedoch schriftlich abgefassten Sicherungsversprechens einen Geldbetrag erhältlich machen und behauptet den Abschluss eines Garantievertrages (Art. 111). Der Beklagte verweigert die Zahlung unter Hinweis auf den Abschluss eines formungültigen und damit nichtigen Bürgschaftsvertrages (Art. 492 ff.). Mit Abschluss eines Bürgschaftsvertrages übernimmt der Bürge die Pflicht, für die Erfüllung der Schuld eines Dritten, des Hauptschuldners, einzustehen (Art. 492 Abs. 1). Die Bürgschaftsverpflichtung setzt damit den Bestand einer *anderen*, sicherzustellenden Verpflichtung voraus. Sie tritt zur Hauptschuld hinzu. Damit hängt die Bürgschaftsverpflichtung notwendigerweise in Bestand und Inhalt von dieser ab: Die Bürgschaft ist *akzessorisch* (BGE 125 III 308; 111 II 279; 76 II 37, relativiert in SJ 1985, 638; 75 II 53). Ist **Akzessorietät** gegeben, liegt **Bürgschaft** vor, fehlt sie, ist Garantie, Art. 111, vereinbart (M. Vischer, SJZ 109/2013, 326 f.; Kleiner, N 5.10 mit zahlreichen Hinweisen auf die Praxis; BK-Weber, N 53; **a.M.** Handschin, SZW 1994, 226 ff., der ein akzessorisches Sicherungsversprechen des Garanten für zulässig erachtet, solange dieser ein *Eigeninteresse* an der gesicherten Leistung hat; Förster, 194 ff., mit dem Vorschlag der Fusion von Garantie und Bürgschaft de lege ferenda). Das Garantieversprechen des Promittenten an den Promissar im bürgschaftsähnlichen Garantievertrag ist *rechtlich immer unabhängig vom Grundverhältnis* zwischen Promissar und Drittem. Akzessorietät bedeutet, dass die Bürgschaft als akzessorische Verpflichtung von der Hauptschuld abhängig ist und dieser als **Nebenrecht** folgt. Dies bewirkt, dass der akzessorisch verpflichtete Bürge dem Gläubiger die **Einreden**, die dem Hauptschuldner zustehen, ebenfalls entgegenhalten darf. Nicht so in der bürgschaftsähnlichen Garantie: Der Promittent hat keine Möglichkeit, Einreden des Dritten zur Vermeidung seiner Zahlungspflicht vorzubringen (N 14; Huguenin, AT/BT, N 1174). Der **Bürgschaftsvertrag** als **akzessorischer Sicherungsvertrag** sichert die Zahlungsfähigkeit des Hauptschuldners oder die Erfüllung eines Vertrages. Der **Garantievertrag** als **selbständiger Vertrag** sichert die Leistung als solche, einen bestimmten Erfolg, *unabhängig* von der Verpflichtung des Dritten (BGE 125 III 308; 113 II 437; ZR 1992/93, 145; BGer, 4.2.2010, 4A_423/2009, E. 5; BK-Weber, N 56).

23 Ausnahmen: Im geltenden Recht des Garantievertrages ist das Abgrenzungskriterium der Akzessorietät *in zwei Fällen* durchbrochen. Trotz fehlender Akzessorietät sind im OR speziell umschriebene Garantien dem Schutz des formstrengen Bürgschaftsrechts unterstellt, obwohl sie im Grunde selbständige Sicherungsverträge sind (BGE 113 II 437):

- **Art. 492 Abs. 3**: Wer erklärt, für die Schuld aus einem wegen **Irrtums** (Art. 23 ff.) oder **Vertragsunfähigkeit** (Art. 17 ff. ZGB) für den Hauptschuldner unverbindlichen Vertrag einzustehen, kann sich – wenn er den Mangel bei der Eingehung der Verpflichtung gekannt hat – nur nach den Regeln des Bürgschaftsrechts verpflichten, obwohl eigentlich eine **bürgschaftsähnliche Garantie** vorliegt. Dies gilt sinngemäss, wenn sich jemand verpflichtet, für eine Schuld einzustehen, die für den Hauptschuldner bereits **verjährt** ist. Damit werden Vorschriften, die eigentlich zum Schutz des akzessorisch haftenden Bürgen aufgestellt wurden, auch auf den (selbständig haftenden) Promittenten ausgedehnt: Schriftform oder öffentliche Beurkundung, Nennung des Höchstbetrages der Haftung (Art. 493, 499), Grundsatz, wonach der Bürge auf seine in Art. 492 ff. eingeräumten Rechte nicht zum Voraus verzichten kann, soweit im Gesetz nicht vorgesehen (Art. 492 Abs. 4; ZK-Oser/Schönenberger, N 16 a.E.).
- **Art. 501 Abs. 4**: Obwohl der Promittent im Garantievertrag grundsätzlich *keine* Einreden des Dritten gegen den Promissar vorbringen kann (N 14), ist der in der Schweiz wohnende Promittent (Bürge) – soweit er nicht vorgängig verzichtet hat – berechtigt, die **Einrede der durch das ausländische Recht aufgehobenen/eingeschränkten Leistungsfähigkeit des im Ausland wohnenden Dritten** (Hauptschuldners) vorzubringen (z.B. durch Vorschriften im Verrechnungsverkehr, Überweisungsverbote; Scyboz, SPR VII/2, 330). Der **Zweck dieser Ausnahmen** liegt ohne Zweifel im Schutz des Promittenten, der sich durch die Formstrenge des Bürgschaftsrechts besonders genau überlegen soll, ob er auch wirklich für ihm bekannte, aber nicht rechtswirksame bzw. unverbindlich gewordene «Forderungen» (bzw. Naturalobligationen) des Promissars gegen den Dritten einstehen will.

24 In Zweifelsfällen muss durch **Auslegung** eruiert werden, ob ein akzessorischer Bürgschaftsvertrag oder ein selbständiger Garantievertrag vorliegt (BGE 111 II 279; 117 III 78 = Pra 1993, 866). Zunächst müssen der **Wortlaut**, der **Sinn und Zweck des Vertrages** (liegt ein bürgschaftstypischer Vertragszweck vor?), der **Sachzusammenhang** und die **inhaltliche Ausgestaltung der einzelnen Erklärungen** herangezogen werden (BGE 72 II 19 ist ein Beispiel, in dem die Rechtsnatur des Vertrages allein durch Auslegung eruiert werden konnte). Auch für die Auslegung von Sicherungsversprechen gilt das **Vertrauensprinzip** (BGE 125 III 308; 111 II 279; 101 II 325). Führt auch dies nicht zu einem klaren Ergebnis, ob Garantie oder Bürgschaft vorliegt, so greifen in Lehre und Rsp. die nachfolgenden Grundsätze und Vermutungen (vgl. dazu auch neuestens BGE 131 III 511 E. 4).

25 Zur Verwirklichung des im Bürgschaftsrecht verankerten Schutzes des Verpflichteten ist **im Zweifelsfall eher Bürgschaft** anzunehmen (BGE 101 II 328; 111 II 279; 113 II 438, 441; ZR 1992/93, 145; ZR 1959, 128 ff.; BK-Giovanoli, Art. 492 N 14c; Scyboz, SPR VII/2, 387; PKG 1976, 41 ff.). Die Qualifikation eines Sicherungsvertrages als Bürgschaft entspricht der **Vermutung zugunsten der milderen Verpflichtung** (BGer, 29.1.2009, 4A_530/2008, E. 5.1.2; 9.4.2001, 4C.274/2001, E. 3; BGE 113 II 434 E. 2c). Die Vermutung zugunsten der Bürgschaft gilt nur für den Fall, dass weder aus dem Wortlaut, noch aus dem Zweck und den gesamten Umständen eine andere Folgerung gezogen werden muss (BGE 111 II 279; 101 II 328; 81 II 525; Merz, ZBJV 1987, 211 f.).

26 Garantieerklärungen geschäftsgewandter **Banken** und Sicherungsgeschäfte über **Auslandverträge** gelten vermutungsweise als Garantien (Nobel, Bankenrecht Erg.Bd., 227 ff.: Rechtsnatur eines «Performance Bond»; Dohm, Bankgarantien, 62 N 88; BGer, 29.1.2009, 4A_530/2008, E. 5.1.2; BGE 131 III 511 E. 4.3; 113 II 438; 117 III 79 = Pra 1993, 867; ZR 1992/93, 145; BK-Weber, N 80). **Geschäftsgewandtheit** darf aber m.E. nicht nur Banken im Garantiegeschäft zugebilligt werden: Ausnahmsweise haben auch Privatpersonen die Vermutung zugunsten der Garantie gegen sich gelten zu lassen (ebenso BK-WEBER, N 81; BGer, 27.2.2009, 4A_582/2008, E. 4.1): Wie das BGer in BGE 129 III 702 bestätigt, haben nebst Gesellschaften, die sich in der täglichen Praxis mit Sicherungsgeschäften befassen, auch Privatpersonen, die als Verwaltungsräte oder Direktoren oft mit Sicherungsverträgen zu tun haben, oder die über eine in der Schweiz erworbene juristische Ausbildung verfügen, als geschäftsgewandt zu gelten. Dies gilt auch für eine Person, die sich beim Vertragsabschlss von einer solchen Person beraten lässt (BGE 125 III 305 E. 2c). Es ist deshalb schwer nachvollziehbar, weshalb das BGer in BGE 113 II 434 – i.c. gab ein in Millionengeschäften international engagierter Geschäftsmann in einem Auslandgeschäft ein Sicherungsversprechen an eine amerikanische Bank ab – der traditionellen Vermutung zugunsten der Bürgschaft den Vorzug gab (ähnlich krit. KLEINER, N 5.63, es wird postuliert, dass der Fall besser mit der Begründung erledigt worden wäre, im strittigen Sicherungsversprechen habe nichts für die Annahme einer Garantie gesprochen). **Garantieerklärungen von Privatpersonen** werden im Gegensatz dazu eher als Bürgschaften gewertet (BGE 113 II 438; ZR 1992/93, 145; BK-GIOVANOLI, Art. 492 N 14c; DOHM, Bankgarantien, 62 N 87).

Unter geschäftsunerfahrenen Vertragsparteien ist für die Qualifikation des Sicherungsversprechens die **Bezeichnung des Vertrages** (Art. 18) nicht entscheidend, sondern vielmehr der angestrebte Zweck (BGer, 5.10.2011, 4A_463/2011, E. 3.2). Vorbehalten bleibt, dass ein *bestimmter Verkehrsbereich* die verwendete Bezeichnung ohne weiteres auch für den rechtlichen Gehalt des Sicherungsversprechens gebraucht (BGE 113 II 438 m.Nw.). Gegenüber geschäftserfahrenen, im Gebrauch von Fachbegriffen gewandten Personen kann eine strenge Qualifikation anhand der Bezeichnung und des Wortlauts hingegen angebracht sein (BGE 129 III 702, E. 2.4.1 ff.; zum Begriff der Geschäftsgewandtheit, vgl. N 26) Der Begriff *«Guarantee»* wird im anglo-amerikanischen Rechtsbereich als Sammelbegriff für Bürgschaft und Garantie verstanden und kann deshalb als Indiz, ob Bürgschaft oder Garantie vorliegt, *nicht* herangezogen werden (KLEINER, N 5.05). Lehnt sich die Formulierung eines Sicherungsvertrages an den **Gesetzestext** an – i.d.R. an die Bürgschaft –, so ist dies ein Indiz dafür, dass die Parteien diese Vertragsart wählen wollten (KLEINER, N 5.15). 27

Nach der Rsp. ist für die Abgrenzung auch *nicht* entscheidend, dass dem auszulegenden Sicherungsversprechen ein **vertragliches Drittschuldverhältnis** zu Grunde liegt (BGE 113 II 428; ROSSI, SJ 1986, 409 f.). Trotzdem kann dem Vorliegen eines Drittschuldverhältnisses und dessen Bezug zur Hauptschuld als Abgrenzungskriterium Garantie/Bürgschaft nach den Umständen des Falles vorrangige Bedeutung zukommen. Sowohl in BGE 111 II 276 als auch in 113 II 434 und 125 III 305 hatte das BGer für die Annahme einer Bürgschaft letztlich auf den für diese entscheidenden **Sachzusammenhang zwischen Dritt- und Sicherungsvertrag** abgestellt: Wenn nämlich das Leistungsversprechen des Absichernden *identisch* ist mit der Leistungspflicht des Hauptschuldners, der Absichernde die Leistung des Hauptschuldners nicht in Aussicht, sondern sicherstellt, der Absichernde nicht Schadenersatz für den Ausfall der Hauptleistung, sondern die Leistung schlechthin verspricht, sein Erfüllungsversprechen mit jenem des Hauptschuldners *deckungsgleich* ist, so ist **eher auf Bürgschaft** zu schliessen (BGer, 14.9.2009, 4A_279/2009, E. 3.2; BGer, SJ 2000, 307; ZR 1974, 245 ff.; OFTINGER, SJZ 1942, 60). Vollständige Identität und Abhängigkeit der sichergestellten Leistung von jener des Grundvertrages sprechen für die Bürgschaft (BGE 125 III 310; 113 II 441). Übernimmt der das vertragliche Drittschuldverhältnis Absichernde die Schuldpflicht *gemeinsam* mit dem Hauptschuldner, weist dies ebenfalls eher auf Bürgschaft hin, da bei der – selbständigen – bürgschaftsähnlichen Garantie eine solche gemeinsame Verpflichtung schon begrifflich ausgeschlossen ist (DOHM, Bankgarantien, 60 N 81; KLEINER, N 5.38). 28

Die Bürgschaft ist **schuldnerbezogen**, der Bürge stellt die Erfüllung einer bestimmten Schuldpflicht sicher. Die bürgschaftsähnliche Garantie ist **gläubigerbezogen**, der Promittent steht dafür ein, dass der Promissar (= Gläubiger) eine bestimmte Leistung erhält. Es kann daher vermutungsweise nur bei *detailliertem und selbständigem Leistungsbeschrieb im Siche-* 29 *rungsvertrag selbst* auf Garantie geschlossen werden (**a.M.** Merz, ZBJV 1981, 228, dem Bestimmbarkeit der Garantie durch Bezugnahme auf das Grundverhältnis genügt). Wenn aber zur Feststellung der garantierten Leistung *vollumfänglich auf das vertragliche Drittschuldverhältnis* zurückgegriffen werden muss, ist eher auf Bürgschaft zu schliessen (BGE 125 III 310; 113 II 439 f. m.Nw.; BK-Weber, N 74; vgl. aber BGer, 19.8.2008, 4A_128/2008).

30 Ein **Verzicht auf Einreden und Einwendungen im Sicherungsversprechen** kann den Schluss nahelegen, dass die Parteien eine selbständige Garantie und keine Bürgschaft gewollt haben, da der Promittent dem Promissar keine Einreden des Dritten entgegenhalten kann und somit eine Wegbedingung der Akzessorietät vorliegt (BGer, 29.1.2009, 4A_530/2008, E. 5.1.2; ZR 1992/93, 147). Der Einredenverzicht *allein* vermag jedoch laut BGer die Annahme eines bürgschaftsähnlichen Garantievertrages kaum zu begründen. Es muss *in jedem einzelnen Fall* geprüft werden, ob es sich um eine im Bürgschaftsrecht nichtige Vertragsklausel (Art. 502 Abs. 1, 3 i.V.m. Art. 492 Abs. 4) oder um eine zulässige Abrede in einem Garantievertrag handelt (Art. 111 ist dispositives Recht). Im Zweifelsfall darf *nicht* davon ausgegangen werden, dass jener, der auf Einreden verzichtet hat, bewusst ein Garantieversprechen und keine Bürgschaft gewollt hat (SJ 1980, 572; BK-Giovanoli, Art. 492 N 14a; BK-Weber, N 71). In BGE 113 II 440 verzichtete der das Sicherungsversprechen Abgebende nicht auf alle Einreden, was für eine akzessorische Bürgschaft sprach. Die in der Bankpraxis gebräuchliche Formulierung, der Garant habe sich **«unwiderruflich»** verpflichtet, darf nicht immer als Verzicht auf Einreden oder Einwendungen aus dem Grundverhältnis verstanden werden (BGE 131 III 511 E. 4.3; 117 III 78 = Pra 1993, 866; BK-Weber, N 72).

31 Wird im Sicherungsvertrag stipuliert, dass der Absichernde vor vollständiger Befriedigung des Abgesicherten keinen **Regress** gegen den Dritten nehmen könne, so deutet dies auf Bürgschaft hin. Regress ist dem Garantievertrag nicht eigen (BGE 113 II 441; BK-Weber, N 75). Aus der **Bedingungslosigkeit** und aus der Bezeichnung des Sicherungsversprechens als **Hauptverbindlichkeit** kann kein Indiz für Garantie abgeleitet werden, da in der Solidarbürgschaft der Hauptschuldner ebenfalls nicht vor dem Bürgen belangt werden muss (Art. 496; BGE 113 II 441). Nach Lehre und Rsp. ist für die Abgrenzung Garantie/Bürgschaft auch *nicht* ausschlaggebend, dass der Promittent ein **eigenes Interesse am Gesamtgeschäft** hatte (BGer, SJ 2000, 307; BGE 125 III 309; 113 II 441 m.Hw. auf BGE 111 II 280; **anders** noch BGE 101 II 326; Merz, ZBJV 1987, 212; BK-Weber, N 62). Trotzdem war das eigene Interesse des Promittenten für das BGer stets ein **wichtiges Indiz für die Annahme eines Garantievertrages** (BK-Weber, N 61; BGE 101 II 323 m.Nw.). Im typischen Fall will der Bürge dem Schuldner helfen, er übernimmt aus vorwiegend uneigennützigen Gründen ein finanzielles Risiko. Beim Promittenten ist die Interessenlage anders, er geht das gleiche Risiko zwecks Förderung eigener Interessen ein (Merz, ZBJV 1989, 229). Bei Konzernen ist dabei von einem *eigenen* und *direkten Interesse* des Mutterunternehmens auszugehen, wenn das zu garantierende Verhalten des Tochterunternehmens dem *Konzernzweck* entspricht und im *Konzerninteresse* erfolgt (Handschin, Konzern, 286 f.). Jedoch schliesst das Eigeninteresse des Bürgen die Bürgschaft nicht aus, wenn aus dem klaren Wortlaut des Sicherungsvertrages der Wille für eine akzessorische Verpflichtung abgeleitet werden kann (BGE 111 II 279; vgl. auch die Besprechung dieses Entscheides von Rossi, SJ 1986, 405 ff.). Letztlich entscheiden die **gesamten Umstände des einzelnen Falles** und deren richterliche Würdigung, ob bürgschaftsähnliche Garantie oder Bürgschaft vorliegt. Die Gesamtwürdigung wird auch nach BGE 113 II 434 notwendig bleiben. Nützlich ist die von Nobel verfasste Checkliste (WuR 1988, 78). Zur Abgrenzung Garantie/Bürgschaft allgemein im **Bankgeschäft**: BGE 56 II 381; 72 II 22; 75 II 50; 101 II 325; 111 II 276; LGVE 1982, 23 f.; PKG 1982, 26 f.; BK-Giovanoli, Art. 492 N 14a; Gutzwiller, ZSR 1984 I, 121 ff.; Kleiner, N 5.02 ff.; Dohm, Bankgarantien, 1 ff.; Rossi, SJ 1986, 405 ff.; Guggenheim, Verträge, 141 ff. Die Zusage einer Bank gegenüber dem Verkäufer von Ware – dem Aussteller und ersten Nehmer eines Wechsels –, sie garantiere unwiderruflich die Einlösung des vom Käufer akzeptierten Wechsels aus dem Warenkauf, ist rechtlich eine Bürgschaft und nicht eine Garantieverpflichtung (**Wechseleinlösungszusage**; ZR 1974, 245 ff.).

Die **kumulative Schuldübernahme**, auch **Schuldbeitritt** oder **Schuldmitübernahme** genannt (frz. reprise de dette cumulative), ist im OR nicht geregelt. Sie besteht in der vertraglichen Verpflichtung eines Übernehmers gegenüber dem Gläubiger eines Schuldners, worin der Übernehmer die (Ur-)Schuld solidarisch mitübernimmt (BGE 129 III 702 E. 2.1; HUGUENIN, AT/BT, N 1425 ff.). Der Übernehmer verspricht dem Gläubiger, die Leistung des Schuldners zu erbringen, ohne dass der Schuldner durch diese Verpflichtung befreit werden soll (dies im Gegensatz zur **privativen, befreienden Schuldübernahme** gem. Art. 176; vgl. dazu HUGUENIN, AT/BT, N 1435 ff.). Der Übernehmer haftet als selbständiger Hauptschuldner und aus dem gleichen Grund wie der Urschuldner, d.h. als **echter Solidarschuldner** (BGE 111 II 278; BECK, Einl. N 24; BK-BECKER, Art. 143 N 7 ff.; ZK-OSER/SCHÖNENBERGER, Vor Art. 143–150 OR N 4; LGVE 2009, 31 f. E. 5 f.). Die Verpflichtung des Übernehmers tritt als selbständige und eigene Verpflichtung zu jener des Urschuldners hinzu, wobei die Sicherstellung nicht das wesentliche Element im Rechtsgrund der Schuld aus Mitübernahme darstellt (BGer, 8.6.2007, 5A_30/2007, E. 3.3). Die kumulative Schuldübernahme ist im Gegensatz zur Bürgschaft, aber gleich wie die Garantie, an **keine besondere Form** gebunden. Die Haftung des Übernehmers ist zwar abhängig von der Entstehung der Urschuld, aber – mit allen rechtlichen Konsequenzen – **nicht akzessorisch** wie die Bürgschaft (vgl. BGer, 19.12.2007, 4A_420/2007, E. 2.2 f.; EMMENEGGER, ZBJV 2007, 562 f.). Die Urschuld und die Schuld des Übernehmers sind *paritätisch* und haben demzufolge je ihr *eigenes rechtliches Schicksal* bezüglich Bestand und Umfang der Leistungspflicht (BGE 113 II 435; 111 II 278 f.; BK-GIOVANOLI, Art. 492 N 17). Während der Bürge nur für die Hauptschuld eintritt, tritt der Übernehmer in diese ein, *macht sie also zu seiner eigenen*, jedoch ohne auch die Vorteile zu übernehmen (BECK, Einl. N 24). Die Schuldübernahme bewirkt, im Gegensatz zu anderen Formen von Sicherheiten, grundsätzlich den Übergang einer allfälligen Schiedsklausel im Vertrag, aus dem die Schuld hervorgeht (BGE 134 III 565 = Pra 2009, 218, E. 3.2). Der Bürge haftet aus einem anderen Grund als der Hauptschuldner und immer akzessorisch. Der Bürge ist daher im Verhältnis zum Hauptschuldner *nie echter Solidarschuldner*. Das gleiche gilt für den Solidarbürgen, der nur bis zu einem gewissen Grad wie ein solcher behandelt wird. Die Abhängigkeit der Bürgschaftsforderung von der Hauptforderung (Akzessorietät) schliesst die Solidarität der kumulativen Schuldübernahme aus. Ob Garantie, Bürgschaft oder kumulative Schuldübernahme (Solidarität) vorliegt, kann oft nur durch **Auslegung des Sicherungsvertrages nach dem Vertrauensprinzip** ermittelt werden. Hierbei ist auf den mit dem Geschäft verfolgten *rechtlichen und wirtschaftlichen Zweck* abzustellen. Indiz für die kumulative Schuldübernahme ist ein **erkennbar eigenes Interesse** des Übernehmers und nicht bloss ein **Sicherungsinteresse** an der Erfüllung der Urschuld (BGer, 26.4.2007, 4C.24/2007, E. 5; 21.11.2007, 4A_316/2007, E. 5.4; BGer, SJ 2000, 307; BGE 111 II 278; ZR 1942, 301 ff.; BK-WEBER, N 93; vgl. die Übersicht in EMMENEGGER/THÉVENOZ). Dabei ist im Zweifel zur Verwirklichung des im Bürgschaftsrecht angestrebten Schutzzwecks auf eine Solidarbürgschaft zu erkennen (AGVE 1992, 72). i.d.R. liegt kumulative Schuldübernahme vor, wenn der Gläubiger dem Übernehmer ein *Entgelt* entrichtet hat (BGE 66 II 28; 81 II 526 f.; ZR 1962, 130 ff.). Massgebend ist die Interessenlage zum Zeitpunkt des Vertragsschlusses. Indizien für kumulative Schuldübernahme sind dann gegeben, wenn der Übernehmer nicht nur irgendeinen undefinierten Vorteil daran hat, zugunsten des Schuldners beizutreten, sondern wenn er ein *unmittelbares und materielles Interesse* hat, in das Geschäft einzutreten und *es zu seinem eigenen* macht, wenn er sich – für die Gegenpartei erkennbar – aufgrund des gleichen Rechtsgrundes für den gleichen Vertrag verpflichten will (SCYBOZ, SPR VII/2, 344; ZR 1942, 301 ff.). In BGE 101 II 323 wurde offen gelassen, ob ein Garantievertrag oder eine kumulative Schuldübernahme vorlag. Wer eine Schuld solidarisch mit dem Inhaber eines Geschäfts übernommen hat, an diesem aber weder offen noch still beteiligt ist und kein eigenes unmittelbares Interesse am Schuldverhältnis besitzt, hat nur akzessorisch, mithin als Solidarbürge, für die Schuld einzustehen und nur, wenn die Schuldurkunde den formellen Erfordernissen des Bürgschaftsrechts gerecht wird (ZR 1962, 130 ff.). Gemäss BGE 129 III 702 hat die von den Parteien verwendete juristische Bezeichnung für die Abgrenzung der Bürgschaft 32 von der kumulativen Schuldübernahme grundsätzlich keine entscheidende Bedeutung (vgl. LGVE 2008, 27 f.). Eine strikte Auslegung nach dem Wortlaut der Bezeichnung kann aber im Einzelfall gegenüber mit Sicherungsgeschäften geschäftserfahrenen Personen angezeigt sein (BGE 125 III 305 E. 2b/c; 113 II 434 E. 2c und 3a). Noch in BGE 111 II 287 vertrat das BGer die Ansicht, es sei kumulative Schuldübernahme anzunehmen, wenn der Übernehmer explizit erklärt, solidarisch neben dem bisherigen Schuldner haften zu wollen (so auch BGer, 4.2.2008, 5A_696/2007, E. 3.3). Zur Abgrenzung der Garantie gegenüber der kumulativen Schuldübernahme vgl. auch BK-WEBER, N 91 ff.; SCYBOZ, SPR VII/2, 343 ff. m.Nw.; BECK, Einl. N 24 ff.; GAUCH/SCHLUEP/SCHMID/EMMENEGGER, N 3938; BGer, SJ 2000, 305 ff.; 1980, 478 ff.; GUHL/KOLLER/SCHNYDER/DRUEY, § 57 N 14; KLEINER, N 11.17 ff., insb. N 11.21; EMMENEGGER, ZBJV 2007, 561 ff.; vgl. auch PKG 1976, 41 ff.

33 Abzugrenzen ist die Garantie/Bürgschaft weiter vom **Kreditauftrag**. Durch diesen verpflichtet sich der Beauftragte – in der Praxis oft eine Bank –, *in eigenem Namen und auf eigene Rechnung*, aber unter Mitverantwortung des Auftraggebers, einem Dritten Kredit zu gewähren (KLEINER, N 11.12 ff.). Der Auftraggeber haftet gegenüber dem kreditgewährenden Beauftragten neben dem kreditnehmenden Dritten *«wie ein Bürge»* (Art. 408 Abs. 1). Wer um ein Darlehen angegangen wird, kann also den Darlehensnehmer an seine Bank verweisen und ihr den Auftrag erteilen, das Darlehen zur Verfügung zu stellen. Diese Möglichkeit wird in der Praxis zurückhaltend benutzt (Problematik der Umgehung der Vorschriften des Bürgschaftsrechts). Für den Kreditauftrag genügt **einfache Schriftlichkeit** (Art. 408 Abs. 2). Er ist eine *Sonderform des Auftrages* und damit jederzeit widerruflich (Art. 404). Wurde Widerruflichkeit ausgeschlossen, liegt entweder Garantie oder Bürgschaft vor. Der Auftraggeber erteilt dem kreditgewährenden Beauftragten einen Auftrag. Im Gegensatz dazu erteilt der Bürge keinen Auftrag, sondern verspricht, für die bereits bestehende oder künftige Schuld des Hauptschuldners einzustehen. Der Kreditauftrag ist – im Gegensatz zur Bürgschaft – **nicht akzessorisch** (BK-WEBER, N 106; BECK, Einl. N 33). Im Kreditauftrag *verpflichtet* sich der Beauftragte gegenüber dem Auftraggeber, dem Dritten *Kredit* zu gewähren. Im Gegensatz dazu besteht im Bürgschaftsvertrag *keine* entsprechende Verpflichtung des Gläubigers gegenüber dem Bürgen. Der Auftraggeber haftet dem kreditgebenden Beauftragten auch dann, wenn der *Dritte handlungsunfähig* war und damit keinen gültigen Vertrag eingehen konnte (Art. 409). Demgegenüber haftet der Bürge/Promittent nur, wenn ihm die mangelnde Verpflichtungsfähigkeit des Dritten bekannt war (Art. 492 Abs. 3). In *Zweifelsfällen* ist eher Bürgschaft als Kreditauftrag anzunehmen (BECK, Einl. N 34). Der Zahlungsanspruch des Vertragsunternehmens gegenüber einer Kreditkartenorganisation ist nicht als Garantie oder Bürgschaft zu qualifizieren (vgl. dazu ARTER/JÖRG, AJP 2004, 425–444).

34 Zur Abgrenzung von der **Wechselbürgschaft** s. BK-WEBER, N 83 f.; BECK, Einl. N 36 ff.; BUCHER, BT, 290; ZK-OSER/SCHÖNENBERGER, Art. 492 N 66 ff. Keine unzulässige Umgehung des für die gewöhnliche Bürgschaft geltenden Zustimmungserfordernisses des anderen Ehegatten ist das Eingehen einer Wechselbürgschaft durch eine verheiratete Person (BGE 79 II 80 E. 1, 4; 83 II 213; BGer, 2.11.2010, 4A_460/2010, E. 3.6).

35 Abgrenzung zur **Patronatserklärung**: Eine garantieähnliche Abrede neuerer Zeit – im Gesetz nicht geregelt – ist die Patronatserklärung, die v.a. in Konzernstrukturen, also zwischen Gesellschaften, die miteinander verbunden oder voneinander abhängig sind, eingesetzt wird (Schweiz. Treuhand- und Revisionskammer, Revisionshandbuch der Schweiz, 1979, 163 ff.). Der Inhalt solcher Erklärungen reicht von rechtlich unverbindlichen Gentlemen's-Zusagen bis zu garantieähnlichen Verpflichtungen, wobei *oft bewusst eine zweifelhafte Formulierung mit verschiedenen Interpretationsmöglichkeiten* gewählt wird (GUHL/KOLLER/SCHNYDER/DRUEY, § 22 N 30 ff.; KLEINER, N 11.22 ff.; BGE 120 II 333; vgl. BÖCKLI, N 814 f.). Nur ausnahmsweise lässt der Wortlaut einer Patronatserklärung den Schluss auf einen eindeutigen Verpflichtungswillen der die Erklärung abgebenden Partei zu. Die Patronatserklärung ist ein *Kreditsicherungsinstrument besonderer Art* für fremde Verbindlichkeiten. Die Praxis verwendet auch folgende Umschreibungen: Comfort Letter, Letter of Responsibility, Letter of Awareness, Sicherstellungserklärung, Erklärung betreffend Schadloshaltung. Der Terminus «Letter of Intent» sollte hingegen nur für vorvertragliche Absichtserklärungen gebraucht werden (A.K. SCHNYDER, SJZ 1990, 59). Der rechtsverbindliche Sinn einer Patronatserklärung ist im Einzelfall nach den **allgemeinen Auslegungsregeln** zu ermitteln. Ist tatsächlich ein *Verpflichtungswille* der Konzernobergesellschaft vorhanden oder darf der Erklärungsempfänger gestützt auf das Vertrauensprinzip von einem solchen ausgehen, stellt sich die Frage, ob ein gesetzlich geregeltes Rechtsgeschäft (Kreditauftrag, Vertrag zugunsten Dritter, Schuldbeitritt, Bürgschaft, Garantie) oder ein *Innominatkontrakt* vorliegt (dazu eingehend A.K. SCHNYDER, a.a.O., 61 ff.). In der Regel wird mit der Patronatserklärung weder ein Schuldbeitritt, eine Bürgschaft oder eine Garantie noch ein Kreditauftrag eingegangen. Als *Vertrag zugunsten eines Dritten* (besser: Vertrag auf Leistung an einen Dritten, Art. 112) sind Patronatserklärungen zu qualifizieren, wenn sich der Aussteller z.B. verpflichtet, die Tochtergesellschaft mit genügend Eigenmitteln auszustatten, ihre Leistungsfähigkeit anderweitig sicherzustellen, oder wenn die Aufrechterhaltung der Beteiligungsverhältnisse zugesagt wird (A.K. SCHNYDER, a.a.O., 61 ff.; vgl. auch BGer, SJ 1996, 634 ff.). Im Übrigen sind nach A. K. SCHNYDER, a.a.O., 63, 65, solche bindenden Klauseln als *garantieähnliche Erklärungen sui generis* zu betrachten, weil sie i.d.R. keinem der gesetzlich typisierten Sicherungsgeschäfte entsprechen (zum Ganzen auch BK-WEBER, N 109 ff.; NOBEL, Patronatserklärungen, 55 ff.; VON BÜREN, SPR VIII/6, 327 ff.).

Art. 112

C. Vertrag zugunsten eines Dritten
I. Im Allgemeinen

[1] Hat sich jemand, der auf eigenen Namen handelt, eine Leistung an einen Dritten zu dessen Gunsten versprechen lassen, so ist er berechtigt, zu fordern, dass an den Dritten geleistet werde.

[2] Der Dritte oder sein Rechtsnachfolger kann selbständig die Erfüllung fordern, wenn es die Willensmeinung der beiden andern war, oder wenn es der Übung entspricht.

[3] In diesem Falle kann der Gläubiger den Schuldner nicht mehr entbinden, sobald der Dritte dem letzteren erklärt hat, von seinem Rechte Gebrauch machen zu wollen.

C. Stipulations pour autrui
I. En général

[1] Celui qui, agissant en son propre nom, a stipulé une obligation en faveur d'un tiers a le droit d'en exiger l'exécution au profit de ce tiers.

[2] Le tiers ou ses ayants droit peuvent aussi réclamer personnellement l'exécution, lorsque telle a été l'intention des parties ou que tel est l'usage.

[3] Dans ce cas, et dès le moment où le tiers déclare au débiteur qu'il entend user de son droit, il ne dépend plus du créancier de libérer le débiteur.

C. Contratto a favore di terzi
I. In genere

[1] Chi, agendo in proprio nome, stipulò una prestazione a vantaggio di un terzo, ha diritto di chiedere che la prestazione al terzo sia fatta.

[2] Il terzo o il suo avente causa può chiedere direttamente l'adempimento, se tale fu l'intenzione degli altri due o se tale è la consuetudine.

[3] In questo caso il creditore non può più liberare il debitore, tostochè il terzo abbia dichiarato a quest'ultimo di voler far valere il suo diritto.

Literatur

BALDAWI, La stipulation pour autrui, Diss. Genf 1954; BAYER, Der Vertrag zugunsten Dritter, Tübingen 1995; CERUTTI, Der Untervertrag, Diss. Freiburg 1990; DALLÈVES, La carte-garantie de chèque, ZSR 1974 I 145 ff.; GAUCH, Der aussergerichtliche Vergleich, in: FS für Walter R. Schluep, Zürich 1988, 3 ff.; GERNHUBER, Drittwirkungen im Schuldverhältnis kraft Leistungsnähe, in: FS für Arthur Nikisch, Tübingen 1958, 249 ff.; DERS., Gläubiger, Schuldner und Dritte, JZ 1962, 553 ff.; GÖMÖRY, Der Vertrag zugunsten Dritter, Diss. Zürich 1890; HADDING, Zur Theorie des Vertrages zu Rechten Dritter im deutschen

Recht, in: FS für Imre Zajtay, Tübingen 1982, 185 ff.; HASSE, Interessenkonflikte bei der Lebensversicherung zugunsten Dritter, Karlsruhe 1981; HECHT, Der Speditionsvertrag als Vertrag zugunsten Dritter, Diss. Bern 1939; HEILMANN, Der Vertrag zugunsten Dritter als schuldrechtliches Verfügungsgeschäft, SJZ 1971, 169 ff.; DERS., Der Vertrag zugunsten Dritter – ein schuldrechtliches Verfügungsgeschäft, NJW 1968, 1853 ff.; HELLWIG, Verträge auf Leistung an Dritte, Leipzig 1899; HÖRSTMANN, Der Vertrag zugunsten Dritter als Rechtsgeschäft zur Übertragung einer Forderung, Münster 1983; KADUK, Fragen zur Zulässigkeit von Verfügungen zugunsten eines Dritten, in: FS für Karl Larenz, München 1983, 303 ff.; KOCAMAN, Ist der Vertrag zugunsten Dritter ein schuldrechtliches Verfügungsgeschäft? in: FS für Halûk Tandogan, Ankara 1990, 173 ff.; KRAUSKOPF, Der Vertrag zugunsten Dritter, Diss. Freiburg 1999; KÜRY, Lebensversicherungsvertrag und Vertrag zugunsten Dritter, Basel 1932; LANGE, Die Auswirkungen von Leistungsstörungen bei echtem Vertrag zugunsten Dritter im Rechtsbereich des Dritten, NJW 1965, 657 ff.; LARENZ, Zur Schutzwirkung eines Schuldvertrages gegenüber dritten Personen, NJW 1960, 77 ff.; MARTENS, Rechtsgeschäft und Drittinteressen, AcP 1977, 140 ff.; MARTI-SCHREIER, Vertragliche Drittschadensliquidation – Geltungsbereich und Durchführung, Diss. Bern (im Erscheinen); MOSER, Die Lebenspartnerschaft in der beruflichen Vorsorge nach geltendem und künftigem Recht, AJP 2004, 1507 ff.; MÜLLER, Zur Problematik der Abgrenzung von Rechtsgeschäften unter Lebenden und von Todes wegen, Diss. Bern 1973; NEF, Temporäre Arbeit, Bern 1971; PAPANIKOLAOU, Schlechterfüllung beim Vertrag zugunsten Dritter, Berlin 1977; PEQUIGNOT, La stipulation pour autrui, Diss. Bern 1942; RIEMER, Vorsorge-, Fürsorge- und Sparverträge der beruflichen Vorsorge, in: FS für Walter R. Schluep, Zürich 1988, 233 ff.; RÜEGG, Leistung des Schuldners an einen Nicht-Gläubiger, Diss. Freiburg 1990; SCHMALZBAUER, Die Drittwirkung verpflichtender Verträge, Regensburger 1982; SCHNYDER, Patronatserklärungen – Haftungsgrundlage für Konzernobergesellschaften? SJZ 1990, 57 ff.; WATTER, Die Treuhand im Schweizer Recht, ZSR 1995, 179 ff.; WEBER/SKRIPSKY, Verfügungen zugunsten Dritter, ZBJV 2003, 249 ff.; ZANNER, Der Bereich der Verträge zugunsten Dritter, Diss. Erlangen 1948; ZULLIGER, Eingriffe Dritter in Forderungsrechte, Diss. Zürich 1988; vgl. ausserdem die versicherungsrechtliche Spezialliteratur.

I. Allgemeines

1 Grundsätzlich wirkt ein Vertrag nur zwischen den am Abschluss Beteiligten. Gestützt auf die *Ausnahmeregelung* in Art. 112 kann indes der Leistungsschuldner als **Promittent** dem Leistungsempfänger als **Promissar** auch die **Leistung an einen Dritten** versprechen. Die dem Dritten dadurch eingeräumte Rechtsstellung hängt von der Art des Vertrages ab: Durch einen *unechten* (gewöhnlichen) *Vertrag zugunsten Dritter* wird er zum Empfang der Leistung bloss ermächtigt (Art. 112 Abs. 1), während ihm der *echte* (qualifizierte) *Vertrag zugunsten Dritter* zusätzlich ein eigenes Forderungsrecht einräumt (Art. 112 Abs. 2).

Die Norm enthält keine Regelung eines «Vertrages zugunsten Dritter an sich», sondern beschlägt eine bestimmte *Erscheinungsform der Verträge im allgemeinen* (BUCHER, AT, 475). In der Regel handelt es sich um die Modifikation eines Hauptgeschäfts, häufig als Bestandteil eines komplexeren Vertragsverhältnisses (z.B. Architektenklausel im Grundstückkaufvertrag, BGE 98 II 307). Art. 112 zielt in seiner **ratio legis** nicht auf die Vorzeichnung einer Lösung für sämtliche Probleme der Dreierbeziehung, sondern statuiert primär die **Zulassung der Erscheinungsform** überhaupt, wobei die Rechtsfolgen nur eine rudimentäre Konkretisierung erfahren (BK-WEBER, N 10, 16). *Wirtschaftlich* gesehen handelt es sich um eine Zuwendung an den Dritten im Hinblick auf ein bestehendes oder zu begründendes Rechtsverhältnis. Durch die Leistung an den Dritten wird eine *Abkürzung des Leistungsweges* erreicht (kein Umweg über das Vermögen des Promissars, HELLWIG, 45) oder das *Ziel eines eigenen Versorgungszwecks* verfolgt. Der Promissar kann an der dem Dritten ausgerichteten Leistung ein Vermögens- oder auch nur ein Affektionsinteresse haben; auch die ausschliessliche Befriedigung eines Vermögensinteresses des Erklärungsadressaten verträgt sich mit der Gesetzestypizität.

II. Anwendungsbereich

1. Gründe und Inhalt

Dem Versprechen auf Leistung an einen Dritten kann irgendein Vertragsverhältnis zugrunde liegen. In Frage kommen verschiedene **Rechtsgründe** (BGE 69 II 308 = Pra 1943, 386). Die sich ergebenden Probleme müssen im Lichte der besonderen Beziehungen der Parteien untereinander, namentlich zwischen Schuldner und Vertragsgläubiger *(Deckungsverhältnis)*, geprüft werden (BUCHER, AT, 474). Schuldverhältnis und daraus resultierendes Leistungsverhältnis fallen auseinander. Kommt dem Dritten nur die Stellung eines Leistungsempfängers, also keine Gläubigerstellung, zu, spricht man in Abänderung der Marginalie besser von «Vertrag auf Leistung an Dritte» (VON TUHR/ESCHER, 236; SCHWENZER, N 86.08; BK-WEBER, N 7). 2

Art. 112 gestattet sowohl die **Begründung** von Forderungsrechten in der Person des Dritten wie auch die **Übertragung** bereits bestehender Ansprüche, wobei letzteres im Ergebnis der Zession gleicht. Der Vertrag zugunsten Dritter kann zu irgendeinem Vertragsverhältnis hinzutreten (BGE 100 II 368); er unterliegt aber den üblichen Schranken von Art. 19 f. Sonst ist **jeder Leistungsinhalt möglich**: Sachleistung, Geldzahlung, Arbeitsleistung, sonstiges Handeln oder Unterlassen, Abschluss eines Vertrages, Eintrittsrecht in eine Gesellschaft (BGE 23 I 667), Schadenersatzansprüche (BGE 81 II 354), auch Freizeichnung zugunsten Dritter (KRAUSKOPF, N 1706 ff.). Was der Gegenpartei versprochen werden kann und nicht der Natur der Sache nach an sie selbst erfüllt werden muss, ist dem Versprechen auf Leistung an den Dritten zugänglich (BGE 83 II 281). 3

Unwirksam sind aber nach h.M. *blosse Verfügungen zugunsten Dritter* (**a.M.** KADUK, 312 ff.; offenbar auch BUCHER, AT, 245 f.; weitergehend auch BK-WEBER, N 23 ff. mit Übersicht über den Meinungsstand, sowie WEBER/SKRIPSKY, ZBJV 2003, 249 ff.; KRAUSKOPF, N 1700 ff. bejaht die Wirksamkeit für schuldrechtliche Verfügungen und differenziert betreffend dinglicher Verfügungen), wenn auch durchbrochen von Ausnahmen: Privative Schuldübernahme mit befreiender Wirkung zugunsten Dritter (Art. 176), Pfandbestellung zugunsten Dritter, Sicherheitshinterlegung von Wertpapieren (BGE 102 Ia 236; ZK-OFTINGER/BÄR, N 215 ff. Syst. Teil; ZK-ZOBL, N 1228 ff. Syst. Teil; **a.M.** HELLWIG, 53; ENGEL, traité, 287), Erlassvertrag zugunsten Dritter (ZR 1982, 54) sind zulässig. Die – umstrittene – Zession zugunsten Dritter bleibt an die Schriftform gebunden und fällt im Weiteren nicht unter den Bereich der *Verfügung* zugunsten Dritter (GAUCH/SCHLUEP/SCHMID/EMMENEGGER, N 3905 f.; BUCHER, OR AT, 475 f.).

2. Abgrenzungen

Abgrenzung zu anderen Dreiecksverhältnissen (vgl. auch BK-WEBER, N 87 ff.): Der Vertrag zugunsten Dritter ist kein *Stellvertretungsverhältnis*, da der Promissar in eigenem Namen handelt; kein *Kommissionsverhältnis*, da nicht auf Rechnung des Dritten; keine Leistung an eine *Zahlstelle*, da sich der Schuldner nur durch Leistung an den Dritten befreien kann; keine *Anweisung* nach Art. 466 ff., da Anspruchserwerb des Dritten erst mit vorbehaltloser Annahmeerklärung des Angewiesenen gegenüber dem Anweisungsempfänger (HONSELL, OR BT, 363). Bei der *Adstipulation* wird ein Nebengläubiger zur Vertragsbegründung herbeigezogen und am Vertrag beteiligt, was Kumulation und nicht Spaltung der Gläubigerrechte bewirkt (BGE 96 II 94). Kein Vertrag zugunsten Dritter liegt vor, wenn dem Gläubiger eine Leistung unter der *Bedingung* geschuldet wird, dass dieser sie einem Dritten zugutekommen lasse (BGE 49 II 487 = Pra 1924, 74 ff.). 4

Verhältnis zur *Schenkung*: Der Vertrag zugunsten Dritter donandi causa verlangt zu seiner Gültigkeit eine Willensübereinstimmung zwischen Schenker und Beschenktem; solange dieser Vertrag dem Dritten unbekannt ist, dient er nur der Vorbereitung der Schenkung. Sie wird erst mit der Annahme durch den Dritten perfektioniert (BGE 69 II 309 = Pra 1943, 387 f.). Der Vertrag zugunsten Dritter darf aber nicht zur Umgehung der Annahme durch den Beschenkten missbraucht werden; mit dem Vertrag zugunsten Dritter lassen sich keine dinglichen Verfügungen, insb. keine Eigentumsübertragung, ohne die Mitwirkung des Dritten treffen (BGE 67 II 94).

Eine Begünstigungsklausel i.S.v. Art. 77 Abs. 1 VVG untersteht in keiner Weise den Regeln von Art. 112. Das Widerrufsrecht erlischt demnach mit dem Tod des Versicherungsnehmers und geht nicht auf die Erben über (BGE 133 III 669 = Pra 2008, 901).

III. Voraussetzungen

1. Im Allgemeinen

5 Der Vertrag zugunsten Dritter beruht auf einer **Willensäusserung der Vertragsparteien**, die auf die Leistung an einen Dritten gerichtet ist. Der Promissar muss **in eigenem Namen** handeln. Die Verpflichtung des Promittenten kann ausdrücklich oder stillschweigend erfolgen (BJM 1987, 258 f.; BK-Weber, N 35); es genügt, dass er zum Ausdruck bringt, sich dem Promissar gegenüber entsprechend binden zu wollen. Regelungsart und -ort sind unerheblich (BGE 107 II 472: In einer Scheidungskonvention kann die Unterhaltspflicht i.S.v. Art. 112 über die Mündigkeit des Kindes hinaus vereinbart werden; BGE 115 V 98: Reglement privatrechtlicher Vorsorgeeinrichtung).

6 Als **Dritter** gilt jede von den Vertragsparteien verschiedene Person, die am Vertragsschluss nicht beteiligt. Die Begünstigung kann sich danach auch auf nicht Vertragsfähige, Nascituri, noch nicht Gezeugte, namentlich oder kollektiv oder überhaupt nicht genannte Dritte beziehen; es genügt die objektive Bestimmbarkeit des Dritten, um die Leistung im Fälligkeitszeitpunkt in Empfang nehmen zu können (BJM 1987, 258; BGer, 22.4.2004, 5C.7/2004, E. 4.3). Kenntnis vom Vertragsschluss braucht der Dritte nicht zu haben. Dem Versprechensempfänger steht zudem frei, alternativ oder subsidiär die Leistung für sich versprechen zu lassen. Indes ist ein Vertrag zugunsten Dritter ohne Angaben zur Person dieses Dritten nicht denkbar (BGer, 25.4.2008, B 4/07, E. 3.6.3).

7 Das Leistungsversprechen verlangt inhaltlich nach einer Einigung der Vertragsparteien, dass der Vertrag den Dritten nicht nur betrifft, sondern **zu dessen Gunsten** versprochen wird. Damit scheiden insb. alle Fälle aus, in denen für Rechnung des Dritten gehandelt wird (Art. 32, 401, 425 Abs. 2, Art. 419 ff.). Die Frage des *Versprechensgehalts* richtet sich nach den Umständen in concreto (BGE 83 II 282; 37 II 210). Eine erteilte Vollmacht zum Vertragsschluss mit einem Dritten darf von diesem nicht als zu seinen Gunsten abgeschlossener Vertrag angesehen werden (BGE 57 II 506). Als (unechter) Vertrag zugunsten künftiger Anleihensnehmer qualifiziert sich aber die Verpflichtung eines Anleihensemittenten gegenüber dem Bankenkonsortium, nicht ohne dessen Zustimmung ein neues Anleihen aufzunehmen (BGE 43 II 345 = Pra 1917, 424 f.). Ferner schaffen qualifizierte Unterverträge Rechtslagen, welche sie dem Vertrag zugunsten Dritter (eben zugunsten des Erstkontrahenten) zuschlagen (Cerutti, N 642 ff.; BGE 120 II 116, Untermiete), ebenso Treuhand in Dreiecksverhältnissen je nach Ausgestaltung (Watter, ZSR 1995, 191). Die Patronatserklärung an einen Dritten durch die Konzernmutter für ihre Konzerntochter kann je nach Auslegung und Zweck einen Vertrag zugunsten Dritter darstellen (Schnyder, SJZ 1990, 61 f.; Patronatserklärung als Schuldbeitritt und nicht blosser Leistungsempfang nach Art. 112 Abs. 1; BGer, 28.3.2003, 4C.4/2003, E. 3.3). Kein Anwendungsfall von Art. 112 liegt jedoch bei der zu übertragenden BVG-Austrittsleistung der alten an die neue Vorsorgeeinrichtung vor, da die neue Vorsorgeeinrichtung die Vorsorgemittel i.S.v. Art. 112 nicht zu ihren Gunsten versprochen und ausbezahlt erhält (BGer, 28.12.2005, B.41/2004, E. 6.4.3.3).

8 An sich ist der Vertrag zugunsten Dritter an keine besonderen **Formvorschriften** geknüpft. Da es sich i.d.R. aber lediglich um eine Modifikation des Hauptgeschäftes handelt, unterwirft

dieses die Modifikationsabrede den entsprechenden Formvorschriften (BGE 57 II 507; **a.M.** von Büren, AT, 182; Heilmann, SJZ 1971, 172). Insbesondere erfordert die *Leistung an den Dritten auf den Tod hin* die Form von Art. 245 Abs. 2 (BGE 69 II 310 = Pra 1943, 387 f.; Gauch/Schluep/Schmid/Emmenegger, N 3903) bzw. der von Todes wegen errichtete Vertrag zugunsten Dritter die Form von Art. 498 ff. ZGB (BGE 127 III 395). Für die Abrede über einen bereits bestehenden Vertragsanspruch gilt Art. 12. Bei Schriftlichkeit des Vertrages bedarf es der Unterschrift des Dritten nur schon wegen dessen fehlender Parteistellung aber nicht (BGE 25 II 360). Im Sonderfall der *Lebensversicherung* kann der Versicherungsnehmer die Bezeichnung des Dritten ohne Zustimmung des Versicherers vornehmen (Art. 76 Abs. 1 VVG); entgegen früherer Rechtsprechung bildet die Mitteilung an den Versicherer auch kein Gültigkeitserfordernis mehr für die Begünstigungsklausel im Versicherungsvertrag (BGE 110 II 199 = Pra 1984, 498 ff.; BGE 112 II 159 = Pra 1987, 523 f.).

2. Abgrenzung von Art. 112 Abs. 1 und 2

Ob dem Dritten nicht bloss eine Empfangsermächtigung, sondern ein Forderungsrecht eingeräumt wird, bemisst sich primär nach dem **Willen der Vertragsparteien**. Die Bestimmung der Willensmeinung verlangt nach einer *Heranziehung der gesamten Umstände und Interessenlage*, wobei aber das Interesse des Dritten kaum relevant erscheint, da er regelmässig an der Forderungsberechtigung interessiert ist (von Büren, AT, 181). Zur Auslegung bieten sich das Vertragswerk als Willenskundgabe selber (BGE 40 II 519; 49 II 486; 96 II 95) und der Wortlaut an (BGE 43 II 364; RVJ 1981, 205 ff.), ferner auch das Verhalten der Beteiligten nach Vertragsschluss (ZR 1990, 222). Als begleitende Umstände fallen alle Erklärungen, auch gegenüber nichtbeteiligten Personen ins Gewicht; das Verschweigen gegenüber dem Dritten kann dessen Rechtsposition indizieren (ZR 1910, 256). **9**

Art. 112 Abs. 2 *bejaht*: Versprechen, die einem Vierten gehörende Liegenschaft zu kaufen und an den Dritten weiter zu veräussern (BGE 57 II 507); konkrete Umstände bei versprochenem Abschluss eines Versicherungsvertrages für Arbeitnehmer (BGE 83 II 281); Architektenklausel als Vorvertrag zugunsten Dritter (BGE 98 II 307). *Verneint*: der Wille des Vaters zur Bereitstellung von Studiengeldern für seine zehn- und zwölfjährigen Kinder (BGE 68 II 38 f.); Interessenlage und tatsächliches Verhalten zerstören den durch den Wortlaut auf einem Zeichnungsschein geweckten Anschein (BGE 49 II 486); kein Anspruch der Bankengläubiger gegen die Revisionsstelle (BGE 117 II 315, 320 f.); kein eigenes Forderungsrecht des anliegenden Grundeigentümers aus dem Ingenieurvertrag des benachbarten Bauherrn (BGer, 28.1.2000, 4C.296/1999, E. 2a); vgl. ferner Kasuistik bei BK-Weber, N 48 f.

In zweiter Linie verweist Art. 112 Abs. 2 auf die **Übung**, nach welcher vertragstypisch ein selbständiges Forderungsrecht anzunehmen ist. Eine abweichende Übung tritt jedoch hinter die klare Willensäusserung zurück (BGE 86 II 256). Der Rückgriff auf die Übung erhält besonderes Gewicht, da sich die Vertragsparteien häufig nicht (klar) darüber äussern, ob eine Forderungsberechtigung für den Dritten gemeint sei; das Forderungsrecht des Dritten wird aber nicht vermutet (BGE 123 III 136 = Pra 1997, 601). **10**

Lässt sich weder den Willensäusserungen noch einer Übung die Forderungsberechtigung des Dritten entnehmen, hat man auf den **Vertragszweck** abzustellen (BGE 81 II 355; 88 II 529; 96 II 94; ZR 1998, 26; vgl. § 328 Abs. 2 BGB). Diesen müssen die Vertragsparteien nicht unbedingt bewusst bedacht haben (NJW 1954, 874). Zum Vertragszweck gehört nicht nur die Intention der Vertragspartner, sondern auch die Beziehungsnähe des Dritten zum Leistungsinhalt (BJM 1990, 139; BGE 68 II 38, zeitliche Beziehungsnähe).

Weiter ergeben sich auch **kraft gesetzlicher Anordnung** echte Verträge zugunsten Dritter i.S.v. Art. 112 Abs. 2, namentlich im Versicherungsbereich. *Beispiele*: Art. 65 SVG (fraglich; BGE 69 I 103; **anders** BGE 69 II 169; einschränkend Oftinger/Stark, II/2, § 26, N 30, 157); Art. 78 VVG; Art. 87 VVG; direkte Forderungsansprüche von Begünstigten kollektiver **11**

Krankenversicherungsverträge (BGE 120 V 42; 122 V 81); drittbegünstigende Vorsorgeverträge bei Personalvorsorgeleistungen (BGE 112 II 249; 115 II 248; SZS 1983, 37 ff.; BGE 113 V 289 zu Art. 18 ff. BVG; BGE 115 V 99; 116 V 222; 129 III 307 [Säule 2b]; eigener vertragliche Anspruch gegen die Freizügigkeitsstiftung: BGE 131 V 29; BGer, 27.10.2005, B 92/04, E. 2.2; SVR 2006, BVG Nr. 13, 47, E. 2.2, B 92/04; vgl. dazu RIEMER, FS Schluep, 240), einschliesslich Begünstigungen von Lebenspartnerschaften aus beruflicher Vorsorgeleistung (Art. 20a BVG; vgl. MOSER, AJP 2004, 1507 ff.); Art. 331c (Vertragsschlusspflicht zwischen bisheriger Pensionskasse und Personalvorsorge des neuen Arbeitgebers, ZR 1981, 15); Art. 443; Art. 37 Abs. 1 RLG; Art. 16 Abs. 2 JSG.

Keinen Fall eines echten Vertrages zugunsten Dritter enthält aber die Vorschrift von Art. 261/291, da der bisherige Vermieter aus dem mietvertraglichen Verhältnis gänzlich ausscheidet und dem Erwerber die Ausübung seines ausserordentlichen Kündigungsrechts gem. Art. 261 Abs. 2 offensteht. Ebenso ist beim Direktanspruch des Auftraggebers gegen den Substituten nach Art. 399 Abs. 3 – trotz Wirkungsnähe – kein echter Vertrag zugunsten Dritter zu erblicken, da lediglich ein Parallelanspruch des Hauptauftraggebers geschaffen wird (BK-FELLMANN, Art. 399 OR N 97); die Anspruchsgrundlage bei Geldüberweisung mittels Bankenclearingsystem hat das BGer offengelassen (BGE 121 III 317).

3. Weitere Kasuistik (Auswahl)

12 Vertrag auf **Leistung an Dritte** (Art. 112 Abs. 1): Erbzuwendungsvertrag zugunsten Dritter; Temporärarbeitsvertrag (VISCHER, SPR VII/1, 1. Aufl., Basel 1977, 317; NEF, passim; **a.M.** nun VISCHER, SPR VII/1, 2. Aufl., Basel 1994, 233); Verpflichtung eines Anleihensemittenten gegenüber Bankenkonsortium, nicht ohne dessen Zustimmung ein neues Anleihen aufzunehmen (BGE 43 II 354). Vertrag zwischen Versicherung und Leistungserbringer über die von der Versicherung angeordneten Eingliederungsvorkehren sind ein unechter Vertrag zugunsten des Versicherten (Urteil, 1.12.2006, I 296/06, E. 3.1).

Echter Vertrag **zugunsten Dritter** (Art. 112 Abs. 2; vgl. auch Kasuistik bei BK-WEBER, N 85 f.): *Hinterlegung* von Geld im Interesse eines Dritten (BGE 46 II 131); Hinterlegung zugunsten eines Dritten mit dem Ziel selbständiger Rückgabeforderung (BK-WEBER, Art. 92 OR N 105), Mietzinshinterlegung (ZK-HIGI, Art. 259g OR N 15); Untermietvertrag mit Entrichtungspflicht des Mietzinses direkt an den Hauptvermieter (BGE 120 II 116); *Einzahlung* auf fremdes Bankkonto (BALDAWI, 136; fraglich BGE 42 II 213; im Zweifel anders BGE 68 II 38); Sparheft auf den Namen eines Dritten (BGer, ZBJV 1996, 99 f.); Pfandverträge zugunsten Dritter (ZK-OFTINGER/BÄR, Art. 884 OR N 96); Versprechen der Rückzahlung eines Darlehens an einen Dritten als Schenkung des Darleihers (BGE 69 II 305); Versprechen um Schadloshaltung Dritter, Schadenersatzansprüche zugunsten Dritter (BGE 47 II 208; 81 II 354; 93 II 277); Architektenklausel zugunsten Dritter im Grundstückkaufvertrag (BGE 98 II 307); Heizkostentragung für die angeschlossene Drittliegenschaft bei einer Heizungsanlage für Gesamtüberbauung (BGer, 22.4.2004, 5C.7/2004); Vereinbarung zur *Erträgnisaufteilung* aus Pachtvertrag (Kiesausbeutung) auf den Grundeigentümer und dessen Kinder zu gleichen Teilen (BGer, 27.2.2006, 2A.602/2005, E. 3.2); Liegenschaftskauf mit *Grunddienstbarkeit* zugunsten des benachbarten Dritten (BGer, 18.7.2001, 5C.158/2001, E. 2; 19.3.2002, 4P.8/2002, E. 2d); Kaufpreisleistung aus Aktienkauf an den zu diesem Zweck verselbständigten Unternehmensteil (ZR 1990, 222 f.); Unterhaltsverpflichtung über Mündigkeit des Kindes hinaus in Scheidungskonvention (BGE 107 II 472); Internatsvertrag (SJZ 1958, 186); Vertrag über ärztliche Behandlung Dritter (NJW 1987, 2290; eigene Schadenersatzansprüche der Mutter bei ärztlicher Fehlbehandlung des Kindes, offengelassen in BGE 116 II 520); eigener *Beförderungsanspruch* des Reisenden bei Chartervertrag zwischen Fluggesellschaft und Reiseveranstalter (GAUCH/SCHLUEP/SCHMID/EMMENEGGER, N 3891 FN 22, m.V. auf BGHZ 93, 271 ff.) oder des Pauschalreise-Begünstigten (Art. 2 Abs. 3 lit. b PRG) Schulbusdienst als Beförderungsvertrag zwischen Vereinen und Erziehungsberechtigten als unechter Vertrag zugunsten der Schulpflichtigen (BGer, 28.07.2014, 2C_1143/2013, E. 3.2.3); Befreiung des Dritten von einer Schuld mittels *Erlassvertrag* (ZR 1982, 54: Erlass zugunsten eines Solidarschuldners) oder Vergleich mit Forderungsverzicht auf Drittforderung (GAUCH, FS Schluep, 15 ff.; BGE 100 II 144). Gleichbehandlungsklausel in einem Unternehmens-GAV i.c. ausgelegt als echter Vertrag zugunsten der nicht als Gewerkschaftsmitglieder organisierten Arbeitnehmer (BGE 129 III 60 E. 5).

Verneint: Kein Klageanspruch des nicht organisierten Arbeitnehmers gegen den Arbeitgeber aufgrund einer GAV-Klausel, welche die beteiligten Arbeitgeber verpflichtet, die normativen Bestimmungen auf alle Arbeitnehmer anzuwenden (BGE 123 III 136 = Pra 1997, 600 f.; bestätigt in BGer, 16.4.2008, 4A_109/2008, E. 3.2).

IV. Rechtsfolgen

1. Vertrag auf Leistung an Dritte (Art. 112 Abs. 1)

Im Fall von Abs. 1 bleibt das **alleine durchsetzbare Forderungsrecht beim Promissar** 13
(noch enger BGE 115 III 16, 17 f., der dem Dritten jedes Forderungsrecht abspricht). Ihm steht jedoch nur zu, die *Leistung an den Dritten* zu verlangen; das beinhaltet gleichzeitig das alleinige Recht auf Verzicht des Promissars. Doch auch der Dritte verfügt nicht nur über eine reine Empfangsermächtigung (**a.M.** noch die Voraufl.), die nur die einstweilige Annahme rechtfertigen würde, sondern er wird eigenständiger Gläubiger einer **Naturalobligation**, die ihn mit der erforderlichen causa für das Behaltendürfen des Empfangenen (dazu BK-ZELLWEGER-GUTKNECHT, Art. 120 OR N 52 ff.) ausstattet. Er kann die Leistung des Promittenten annehmen oder ablehnen; sie muss aber ihm, nicht dem Promissar angeboten werden (BGE 100 II 368). Erfüllt der Promittent nicht, verbleiben die Schadenersatzansprüche beim Promissar (BGer, 17.5.2013, 5A_739/2012, E. 8.2.5). Dieser kann dabei nicht nur seinen eigenen, sondern auch den – weitergehenden – Schaden des Dritten geltend machen (BK-BECKER, N 23; HELLWIG, 82 ff.; einschränkend ZK-OSER/SCHÖNENBERGER, N 6; für Klagerecht auf den jeweils eigenen Schaden BK-WEBER, N 146).

Im Unterschied zum echten Vertrag zugunsten Dritter enthält der Tatbestand von Abs. 1 **keine** 14
Einschränkung der Widerruflichkeit der Drittbegünstigung. Dem Promissar bleibt die freie Widerrufsmöglichkeit unabhängig vom Willen des Promittenten erhalten. Er kann insb. die Leistung an sich selber beanspruchen, da der Schuldner auch sonst regelmässig mit einer Richtungsänderung der Leistungserbringung zu rechnen hat (ebenso BK-WEBER, N 141; teilweise **a.M.** BK-BECKER, N 30). Der Widerruf der Drittbegünstigung kann formlos erfolgen, muss aber für seine Gültigkeit dem Promittenten, nicht dem Dritten gegenüber mitgeteilt werden.

2. Echter Vertrag zugunsten Dritter (Art. 112 Abs. 2)

Beim echten Vertrag zugunsten Dritter entsteht ein **originäres und selbständiges Forde-** 15
rungsrecht des Dritten mit Vertragsabschluss, welches insb. von einer Erbenstellung unabhängig ist (SZS 1983, 39 f.; BGE 115 V 99) und durch eine Ausschlagung nicht berührt wird (BGE 112 II 39); namentlich fallen Leistungen eines Vorsorgeträgers damit auch nicht in die Erbmasse (BGE 129 III 307; 131 V 30). Der Kenntnis des Dritten bedarf es für seine Anspruchsberechtigung nicht. Solange er aber noch nicht bestimmt ist oder noch keine Erklärung i.S.v. Abs. 3 abgegeben hat, steht es dem Promissar offen, den Promittenten von seiner Drittleistungspflicht zu entbinden und Leistung an sich selbst zu verlangen. Entsteht das Forderungsrecht des Dritten erst zu einem späteren Zeitpunkt nach Vertragsschluss, richtet es sich nach der Vertragsauslegung, ob bei Unmöglichkeit der Drittleistung ein Rückfall des Anspruchs auf den Promissar anzunehmen sei.

15a Der Dritte wird nicht Vertragspartei, sondern *Gläubiger in der Recht-Pflicht-Beziehung*, was somit zu zwei Gläubigern führt (GAUCH/SCHLUEP/SCHMID/EMMENEGGER, N 3887, 3899). Allerdings entsteht zwischen Promissar und Drittem weder Solidargläubigerschaft i.S.v. Art. 150 (da ein Gläubiger nur Leistung an sich selbst, der andere hingegen an den ersteren fordern darf), noch eine Gesamtgläubigerschaft (**a.M.** noch in die Voraufl.). Vielmehr begründet der Vertrag zugunsten Dritter stets **zwei Obligationen** zulasten des Promittenten: einerseits im *Deckungsverhältnis* die Verpflichtung gegenüber dem Promissar und andererseits im *Vollzugsverhältnis* die Verpflichtung gegenüber dem Destinatar, die im echten Vertrag zugunsten Dritter sogleich als *vollkommene* entsteht, im unechten Vertrag zugunsten Dritter hingegen bis zum Erlöschen *Naturalobligation* bleibt (N 13; vgl. detailliert BK-ZELLWEGER-GUTKNECHT, Art. 122 OR N 6–9).

15b Der Promissar behält alle Rechte aus dem Vertrag (Willensmängel, Wandelung/Minderung, Einreden, Einwendungen), welche nach der Begünstigungsklausel oder nach der Natur des Vertrages nicht auf den Dritten übergehen sollen (gl.M. GAUCH/SCHLUEP/SCHMID/EMMENEGGER, N 3896; gegen abstrakte Beurteilung der Ausübung von Gestaltungsrechten SCHWENZER, N 86.25). Im Zweifel muss der Dritte über alle unmittelbar mit seiner Gläubigerstellung verbundenen Rechtsbefugnisse verfügen (Inverzugsetzung, Wahlrecht nach Art. 107, allenfalls Schadenersatzanspruch wegen Nichterfüllung; BUCHER, AT, 480).

16 Die **Forderung** aus dem echten Vertrag zugunsten Dritter steht dem Dritten zu. Er kann sie zedieren, wenn nicht vertraglicher Ausschluss der Abtretbarkeit anzunehmen ist (ebenso BK-WEBER, N 112). Die Forderung fällt *in die Konkursmasse* des Dritten. Gerät aber der Promissar vor dem Beitritt des Dritten in Konkurs, gehen seine Aufhebungsrechte auf seine Konkursmasse über (VON TUHR/ESCHER, 248). Zum Schutz gegen Benachteiligungen verfügen die Gläubiger des Promissars über die betreibungsrechtlichen Anfechtungsklagen (Art. 286 ff. SchKG) und die erbrechtliche Herabsetzungsklage (Art. 527 ZGB) bei entsprechenden Voraussetzungen (GUHL/KOLLER/SCHNYDER/DRUEY, § 22 N 14).

17 Der Promittent kann dem Dritten sämtliche **Einreden und Einwendungen** aus dem Vertragsverhältnis zum Promissar entgegenhalten: materielle Einreden, vom Promissar begangene Täuschung oder Nichterfüllung des Vertrages (BGE 92 II 12), Verjährungs- und Verrechnungseinreden, Rückbehaltungsrechte usw. Daneben sind auch die Einreden des Promittenten gegen den Dritten persönlich zulässig (ENGEL, 291). Hingegen scheiden Einreden aus dem Verhältnis zwischen Promissar und Drittem (Valutaverhältnis) aus (BGer, 4.8.1995, 4C.470/1994 = Pra 1996, 517; BK-WEBER, N 137). Die *Verrechnung* einer dem Promittenten gegen den Promissar zustehenden Forderung mit seiner Schuld gegenüber dem Dritten scheitert am Erfordernis der Gegenseitigkeit (BGE 112 II 40; 115 II 248; vgl. aber Ausnahme Art. 18 Abs. 3 VVG). Die Verrechnung einer Gegenforderung gegenüber dem Dritten ist jedoch möglich, soweit nicht durch Vereinbarung oder Interessenlage ausgeschlossen. Die **Leistungspflicht entfällt**, wenn der Dritte das ihm zugedachte Recht nicht erwirbt (z.B. nicht lebend geboren), den Zeitpunkt nicht erlebt oder aber die Forderung zurückweist (VON TUHR/ESCHER, 250; eingehender zur Zurückweisung BK-WEBER, N 116 f.). Im letzten Fall droht dem Promissar eine Schadenersatzpflicht für nutzlose Vorbereitungshandlungen des Schuldners, wenn er sich nach den Umständen beim Dritten nicht vorgängig über den Annahmewillen versichert hat (BK-BECKER, N 29). Als Regelfall darf bei Unmöglichkeit der Leistungserbringung an den Dritten der Übergang des Anspruchs auf den Promissar vermutet werden, solange kein unentziehbarer Anspruch des Schuldners auf Leistung an den Dritten besteht.

3. Unwiderruflichkeit der Drittbegünstigung (Art. 112 Abs. 3)

18 Das Forderungsrecht des Dritten hängt von der Abrede der Vertragsparteien ab; es kann ihm je nachdem durch Vertragsänderung oder -aufhebung entzogen werden. Widerruf der begünstigten Person und Beseitigung des Rechts des Dritten mittels Vertragsabrede bleibt möglich, bis

der Dritte nach Art. 112 Abs. 3 Unentziehbarkeit bewirkt (BALDAWI, 101). Die Kontrahenten verlieren die Widerrufsmöglichkeit mit der **Erklärung des Dritten**, von seinem Recht Gebrauch machen zu wollen («Vertragsbeitritt»); der Promissar verfügt daneben über einen Anspruch gegen den Promittenten auf Leistungserbringung an den Dritten. Unentziehbarkeit nach Art. 112 Abs. 3 tritt aber hinter den Parteiwillen zurück, wenn vorgängig Entziehbarkeit vorbehalten wird oder aus den Umständen mangelnde Bindungsbereitschaft zu schliessen ist (z.B. Nichtaushändigung des Sparhefts auf den Namen eines Dritten an den Begünstigten, BGer, 4.8.1995, 4C.470/1994 = Pra 1996, 517, ZBJV 1996, 100). Die Norm ist insofern nicht zwingendes Recht. Für den Zeitpunkt der Unentziehbarkeit finden sich zum Teil vertragstypische Sonderregeln (Art. 443 OR; Art. 77 f. VVG), ohne dass sie von Art. 112 Abs. 3 beschränkt wären (BGE 112 II 159). Mit Eintritt des Todes ist Unwiderruflichkeit anzunehmen, «ansonsten die Begünstigung [. . .] von der Zufälligkeit des Widerrufs durch die Erben abhängt» (BGer, a.a.O., E. 2d). Die Erklärung des Dritten kann **formlos** erfolgen und ist **an den Promittenten** zu richten. Die Unentziehbarkeit knüpft allein an der Annahmeerklärung des Dritten an. Ob sich Promissar und Dritter über den *Rechtsgrund der Zuwendung* nicht einigen, dieser sich nicht verwirklicht oder nachträglich dahinfällt, berührt die Rechtsposition des Dritten nicht. Gegebenenfalls entsteht dem Promissar ein Anspruch aus ungerechtfertigter Bereicherung.

V. Prozessuales

Prozesspartei im Falle von Art. 112 Abs. 1 bleibt der Promissar; ihm, und nicht dem Leistungsempfänger, kommt die **Prozessführungsbefugnis** zu. 19

Im Falle von Art. 112 Abs. 2 derogiert aber die Klage des **Begünstigten** die Anspruchsverfolgung des Promissars; letzterem fehlt insofern ein Rechtsschutzinteresse für eine eigene (zweite) Klage (ZR 1990, 223).

Die **Beweislast** für die Begründung der Forderungsberechtigung i.S.v. Art. 112 Abs. 2 liegt beim Dritten (BK-KUMMER, Art. 8 ZGB N 147). Ihn trifft der – oft schwierig zu führende, da res inter alios acta – Nachweis einer entsprechenden Willensmeinung der Vertragsparteien oder Übung. Die unbefriedigende Beweislage muss mangels positivrechtlicher Vermutung hingenommen werden.

Die Feststellung einer bestehenden oder fehlenden Übung ist **Tatfrage** (BGE 88 II 360).

VI. IPR. Rechtsvergleichung

Der Vertrag zugunsten Dritter richtet sich nach den **allgemeinen IPR-Regeln**. Die Vielfalt der Leistungsinhalte lässt hier bei Fehlen einer Rechtswahl keine generelle Aussage zu; es bedarf einzelfallweiser Prüfung der Anknüpfung von Deckungs- und Valutaverhältnis (Grundsätze der Anweisung, BGE 122 III 237; KRAUSKOPF, N 1761 ff.). Eine Einschränkung hinsichtlich der Rechtswahl ergibt sich jedoch insofern, als die Rechtsstellung des Dritten nach dem Erwerb seines Forderungsrechts durch eine nachträgliche Rechtswahl zwischen den Vertragparteien nicht mehr berührt wird (Art. 116 Abs. 3 Satz 3 IPRG; vgl. IPRG-Kommentar-KELLER/KREN KOSTKIEWICZ, Art. 116 N 78 f.). Für die *Erfüllungsmodalitäten beim Dritten* bleibt, da es sich regelmässig um blosse Modifikation eines Grundverhältnisses handelt, die Sonderanknüpfung von Art. 113 bzw. 125 IPRG für Gerichtsstand (schweizerische Gerichtszuständigkeit am Erfüllungsort, wenn die Leistung in der Schweiz zu erbringen ist) bzw. anwendbares Recht (Recht des Staates, in dem «tatsächlich» erfüllt wird; vgl. SCHWANDER, FS für Alfred von Overbeck, Freiburg 1990, 689) zu beachten. Zum Ganzen BK-WEBER, N 193 ff. 20

Rechtsvergleichung (dazu KRAUSKOPF, N 144 ff.): In *Deutschland* sind die § 328 ff. BGB vergleichbar, obwohl eine explizite Regelung der Unwiderruflichkeit fehlt. Das *französische Recht* anerkennt den Vertrag zugunsten Dritter über den engen Wortlaut von Art. 1119 und 21

1121 CC fr. hinaus, der zwei seltene Fälle regelt, sofern der Versprechensempfänger ein eigenes (auch immaterielles) Interesse an der Leistung an den Dritten aufweist. Dem *angelsächsischen Recht* ist der Vertrag zugunsten Dritter weitgehend unbekannt; dafür übernimmt die Rechtsfigur des Trust teilweise diese Aufgaben (vgl. auch BGE 96 II 94).

VII. Exkurs: Vertrag mit Schutzwirkung zugunsten Dritter

Literatur

ARMBRÜSTER, Vertragliche Haftung für Drittschäden – quo vadis Helvetia?, in: FS für Wolfgang Wiegand, Bern 2005, 71–92; DERS., Drittschäden und vertragliche Haftung, recht 1993, 84–91; FLÜHMANN, Haftung aus Prüfung und Berichterstattung gegenüber Dritten, Diss. Bern 2004; VON CAEMMERER, Das Problem des Drittschadensersatzes, ZBJV 1964, 341 ff.; HONSELL, Die Haftung für Auskunft und Gutachten, insbesondere gegenüber Dritten, in: FS für Peter Nobel, Bern 2005, 939 ff.; KOLLER, Ausservertragliche Haftung eines Ingenieurs für mangelhafte Hangsicherung?, in: FS für Hans Peter Walter, Bern 2005, 367 ff.; KREN KOSTKIEWICZ, Vertrauenshaftung im schweizerischen IPR, ZBJV 2001, 161 ff.; LOSER-KROGH, Schutzwirkungen zugunsten Dritter, in: FS für Ernst Kramer, Basel 2004, 579 ff.; LOSER, Konkretisierung der Vertrauenshaftung, recht 1999, 73 ff.; DERS., Die Vertrauenshaftung im schweizerischen Schuldrecht, Bern 2006; MOSER, Die Haftung gegenüber vertragsfremden Dritten, Diss. Bern 1998; SIEGRIST, Der Vertrag mit Schutzwirkung zugunsten Dritter nach schweizerischem Recht, Diss. Zürich 1997; PIOTET, Une théorie allemande en Suisse: La responsabilité contractuelle quant au dommage subi par un tiers, in: Les étrangers en Suisse, Lausanne 1982, 337 ff.; DERS., Le débiteur qui viole son obligation peut-il devoir indemniser un tiers (Drittschadensliquidation)?, Bern 1994; REY, Rechtliche Sonderverbindungen und Rechtsfortbildung, in: FS für Max Keller, Zürich 1989, 236 ff.; SIEGRIST, Der Vertrag mit Schutzwirkung zugunsten Dritter nach schweizerischem Recht, Diss. Zürich 1997; SPIRO, Die Haftung für Erfüllungsgehilfen, Bern 1984; THORENS, Le dommage causé à un tiers, Diss. Genf 1962; WALTER, Vertrauenshaftung im Umfeld des Vertrages, ZBJV 1996, 273 ff.; WIEGAND, Von der Obligation zum Schuldverhältnis, recht 1997, 85 ff.; YUNG, La responsabilité contractuelle envers les tiers lésés, in: Etudes et articles, Genf 1971, 303 ff.; ferner Soergel-HADDING, Anhang zu § 328 BGB und dort Zitierte.

22 Im Anschluss an unbefriedigende positivrechtliche Vorgaben und Defizite im Deliktsrecht (u.a. fehlende Werkeigentümerhaftung: HONSELL, FS Nobel, vor FN 49) entwickelte die Rechtsprechung **in Deutschland** den **Vertrag mit Schutzwirkung zugunsten Dritter**, welcher darauf abzielt, am Vertrag nicht beteiligten Dritten zu eigenen vertraglichen (nicht nur deliktischen) Schadenersatzansprüchen gegen einen Vertragspartner zu verhelfen (Bsp.: Anwaltsvertrag mit Wahrung von Vermögensinteressen Dritter, NJW 1988, 200; ärztlicher Behandlungsvertrag über Entbindung oder Behandlung der Mutter mit Schutzwirkung zugunsten des Nasciturus, BGHZ 106, 162; Kreditauskünfte unter Banken zugunsten des anfragenden Kunden, WM 1974, 685; Reiseveranstaltungsvertrag, BGHZ 71, 175; Mietvertrag über Wohnräume zugunsten Mitbenützer, BGHZ 77, 124).

22a Obwohl an den Vertrag zugunsten Dritter angelehnt, ist der Vertrag mit Schutzwirkung zugunsten Dritter **von Art. 112 zu unterscheiden**, da dem Dritten *nur Schutz-, aber keine selbständigen Leistungsansprüche* zuerkannt werden (BK-KRAMER, N 144; SIEGRIST, 86 f.; BK-WEBER, N 87 f.). Ebenso bedarf es einer **Abgrenzung zur Drittschadensliquidation**, wo nur ein Ersatzanspruch des Vertragspartners gegen den Schädiger für einen beim Dritten eingetretenen Schaden besteht (Soergel-HADDING, N 11 Anhang zu § 328; **a.M.** offenbar SPIRO, 314; Abstützung auf gleiches Prinzip bei WALTER, ZBJV 1996, 290).

23 Die **in der Schweiz** erst ansatzweise diskutierte Figur ist in der **Lehre** umstritten (vgl. Übersichten bei MOSER, 86, und KRAUSKOPF, N 98 ff. und selber *abl.* N 104; ebenso HONSELL, FS Nobel, passim; OFTINGER/STARK, I, 687; ZK-JÄGGI/GAUCH, Art. 18 OR N 537; GAUCH, N 860 ff.; SCHWENZER, N 87.05; PIOTET, passim; *zustimmend* WIEGAND, recht 1997, 93 f.; BUCHER, AT, 484 f.; GAUCH/SCHLUEP/SCHMID/EMMENEGGER, N 3910 ff.; BK-KRAMER, N 145 f.; ARMBRÜSTER, recht 1993, 90 f.; GUHL/KOLLER/SCHNYDER/DRUEY, § 31 N 45 f.; vgl. auch Einleitung zu Art. 97–109; vorsichtig als Rechtsinstitut sui generis bejahend auch BK-WEBER, N 153 ff., 162.

Die (höchstrichterliche) **Rechtsprechung** zögert in der Anwendung der Rechtsfigur spürbar. Unbestimmt BGE 120 II 331: Haftung aus Konzernvertrauen, dazu GONZENBACH, recht 1995, 124 f. Verneint wird etwa im baurechtlichen Bereich – mangels Erkennbarkeit – die Haftung beigezogener Hilfspersonen (Architekt, Ingenieur) gegenüber dem Nachbarn aus vertraglichem Drittschutz (BGer, ZBJV 2000, 291; BGer, 28.1.2000, 4C.296/1999), ebenso eine Haftung des vom Eigentümer beauftragten Liegenschaftenschätzers zugunsten des potentiellen Käufers (auch mangels gleichläufiger Interessen, BGE 130 III 345). Für die Banküberweisung wird auf Art. 399 zurückgegriffen (BGE 121 III 310), der Anspruch der Bankengläubiger gegen die Bankenrevisionsstelle ausschliesslich auf Art. 41 ff. verwiesen (BGE 117 II 319). Vorsichtige Annäherung beim Untermietverhältnis (BGE 120 II 116). Anwendung der Rechtsfigur auf den Versorgerschaden verneint (Klage der Hinterbliebenen gegen den Arbeitgeber nach einem Arbeitsunfall, BGer, 18.1.2000, 4C.194/1999, E. 4); die Klage des Ehemanns einer nach dem Sprung aus dem Fenster invalidisierten suizidgefährdeten Ehefrau gegen die Klinik wird ausservertraglichen Verjährungsregeln unterstellt (BGE 123 III 204); Haftung aus Vertrag mit Schutzwirkung zugunsten Dritter «in der bisherigen Praxis nie grundsätzlich bejaht»: BGE 130 III 347 und jüngst BGer, 28.7.2010, 4A_226/2010, E. 2.3; zugleich werden aber im Einzelfall die Anwendungsvoraussetzungen doch geprüft, so z.B. in BGer, 28.1.2000, 4C.296/1999, E. 3b; oder – freilich unter dem Deckmantel von Art. 112 Abs. 2 – die Schutzwirkung zugunsten Dritter unumwunden bejaht: BGer, 29.3.2006, 4C.139/2005, E. 3.3. **24**

Der vertragliche Schutz Dritter lässt sich über den vom Gesetzgeber weit gefassten Begriff *nichtgehöriger Vertragserfüllung* erreichen, welcher auch die Verletzung – durch Vertragsauslegung zu ermittelnder – vertraglicher Nebenpflichten mit einschliesst. Der Schutzbereich bestimmt sich durch *ergänzende Vertragsauslegung* (weiter ARMBRÜSTER, FS Wiegand, 90 f.). Im Ergebnis kann das Resultat eines «Vertrages mit Schutzwirkung zugunsten Dritter» unter Abstützung auf Art. 97 ff. als Erweiterung der **Nebenpflichtverletzung** auch für die Schweiz angenommen werden (für Verankerung de lege ferenda in Art. 97 ff. ausdrücklich SIEGRIST, 135 ff.), zumal ähnliche Regelungslücken wie in Deutschland feststellbar sind. Personen, die nach obigen Kriterien üblicherweise mit der Leistung in Berührung kommen, ist ein vertraglicher Schutzanspruch zuzugestehen, mit den entsprechenden Haftungsvorteilen (Beweislast, Verjährung, Haftung für Erfüllungsgehilfen). **24a**

Zur Verhinderung einer Ausuferung müssen dem *geschützten Personenkreis* enge **Grenzen** gesetzt werden: Verlangt wird – kumulativ – ein bestimmungsgemässer Berührungspunkt mit der Hauptleistung, ein schutzwürdiges Interesse des Gläubigers am Einbezug des Dritten in den Schutzbereich, die Erkennbarkeit des geschützten Personenkreises für den Schuldner (typische Berührungsnähe). Nicht über diese Figur lässt sich aber eine umfassende Produktehaftung erreichen (vgl. aber BGer, 29.3.2006, 4C.139/2005, E. 2.4). Ihre Grenze muss eine solche Erweiterung zudem in jedem Fall dort finden, wo die Interessenlage des Gläubigers und des Dritten gegenläufig sind. Das trifft insb. zu, soweit Dritte als Vertragskontrahenten des Gläubigers agieren. Ebenso fehlt ein entsprechender Schutzbereich in der vorvertraglichen Phase, namentlich dort, wo ein Vertrag (noch) nicht zustande gekommen oder unwirksam ist (**a.A.** BGHZ 66, 51: Verbindung von culpa in contrahendo mit Vertrag mit Schutzwirkung zugunsten Dritter). **24b**

Art. 113

II. Bei Haftpflichtversicherung

Wenn ein Dienstherr gegen die Folgen der gesetzlichen Haftpflicht versichert war und der Dienstpflichtige nicht weniger als die Hälfte an die Prämien geleistet hat, so steht der Anspruch aus der Versicherung ausschliesslich dem Dienstpflichtigen zu.

II. En cas de responsabilité civile couverte par une assurance

Lorsqu'un employeur est assuré contre les suites de la responsabilité civile et que l'employé a contribué au moins pour la moitié au paiement des primes, les droits dérivant de l'assurance appartiennent exclusivement à l'employé.

II. Nell'assicurazione per la responsabilità civile

Quando il padrone sia assicurato contro le conseguenze della responsabilità civile ed il lavoratore abbia pagato non meno della metà dei premi, il diritto derivante dall'assicurazione compete esclusivamente a quest'ultimo.

I. Allgemeines

1 Art. 113 enthält eine Ausdehnung und damit **Ausnahmeregelung** des in Art. 112 statuierten Grundsatzes für den Sonderfall der Haftpflichtversicherung im Arbeitsvertragsverhältnis (vgl. KRAUSKOPF, N 888 ff.). Es handelt sich um einen auf gesetzlicher Anordnung beruhenden *echten Vertrag zugunsten Dritter*, welcher einem Billigkeitsgedanken folgt und dem Arbeitnehmer einen unmittelbaren Anspruch gegen die Versicherung des Arbeitgebers sichern will bei entsprechender Prämienbeteiligung. Dem vom schädigenden Ereignis bedrohten Dritten soll der Versicherungsanspruch zugutekommen. Die Stellung der Bestimmung ist allerdings kaum zu rechtfertigen; der spezielle Inhalt hätte eine Einbettung ins Arbeitsvertragsrecht oder ins VVG nahegelegt (vgl. BALDAWI, 24; BK-WEBER, N 5).

2 **Verhältnis zum VVG**: Die Norm findet kein selbständiges Anwendungsfeld im Bereich der Ansprüche aus *kollektiver Kranken- oder Unfallversicherung*. Art. 87 VVG enthält dafür die Regelung eines echten Vertrages zugunsten Dritter, mit der Besonderheit, dass das Forderungsrecht des Begünstigten mit Eintritt des Unfalls oder Krankheit unwiderruflich wird, ohne des Beitritts des Dritten zu bedürfen. Gegenüber dem einem Geschädigten nach Art. 60 VVG zustehenden Pfandrecht an der Versicherungsforderung bildet Art. 113 eine lex specialis (KOENIG, Der Versicherungsvertrag, in: Schweizerisches Privatrecht [SPR], Bd. VII/2, Basel 1979, 662). Das Pfandrecht entfaltet aber weiterhin Wirkung, wenn der Arbeitnehmer nichts oder weniger als die Hälfte an die Prämien entrichtet hat.

II. Voraussetzungen

3 Zwischen dem Versicherungsnehmer und dem Dritten muss ein **Arbeitsvertrag** bestehen. Die Haftpflichtversicherung wird zwischen dem Arbeitgeber und dem Versicherer geschlossen; sie umfasst grundsätzlich Personen- und Schadensversicherung. Der Arbeitnehmer muss an die Versicherung gegen die Folgen gesetzlicher Haftpflicht einen **Prämienanteil von mindestens 50 %** entrichten *(«nicht weniger als die Hälfte»)*, wofür die tatsächliche Beitragsleistung des Arbeitnehmers als Massstab dient. Dem Arbeitnehmer steht aber kein Anspruch darauf zu, im Falle einer unter 50 % liegenden Prämienbeteiligung seine Belastung entsprechend zu erhöhen, um seine Rechtsstellung zu verbessern (BK-BECKER, N 3).

III. Rechtsfolgen

4 Art. 113 spricht dem Arbeitnehmer das **ausschliessliche und unwiderrufbare Verfügungsrecht** über den Versicherungsanspruch zu (KRAUSKOPF, N 1237; BK-WEBER, N 15). Dieser Anspruch ist damit der Disposition des Arbeitgebers entzogen; der Arbeitnehmer verfügt selbständig und unabhängig über Mahnung, klageweise Geltendmachung, Vergleichsabschluss usw. Insbesondere fällt der Anspruch nicht der Konkursmasse des Arbeitgebers an.

Der Anspruch des Arbeitnehmers gegen den Versicherer unterliegt im Übrigen den **gewöhnlichen Regeln von Art. 112**. Es steht nichts entgegen, dass der Anspruch mit Zustimmung des Arbeitnehmers (und in dessen Namen) vom Arbeitgeber als Versicherungsnehmer geltend gemacht wird (ZK-OSER/SCHÖNENBERGER, Art. 113 Ziff. 3).

Dritter Titel: Das Erlöschen der Obligationen

Vorbemerkungen zu Art. 114–142

Der Obligationsbegriff umfasst sowohl das gesamte Schuldverhältnis als auch die einzelne daraus entstehende Forderung, also die isolierte Recht-Pflichtbeziehung. Unter gesetzessystematischem Blickwinkel regelt der dritte Titel nur den **Forderungsuntergang**; der Untergang des *gesamten Schuldverhältnisses* wird formell, obwohl nicht immer scharf trennbar, nicht erfasst (BUCHER, AT, 389). 1

Der dritte Titel behandelt nur die **wichtigsten Erlöschensgründe** der Forderung: *Erlass* oder *Aufhebungsvertrag* (Art. 115), *Neuerung* (Art. 116 f.), *Vereinigung* (Art. 118), *nachträgliche Unmöglichkeit der Leistung* (Art. 119), *Verrechnung* (Art. 120 ff.); ferner auch die *Verjährung* (Art. 127 ff.), obwohl diese den Bestand der Forderung nicht berührt, sondern nur eine Einredenbelastung bewirkt (vgl. GAUCH/SCHLUEP/SCHMID/EMMENEGGER, N 3101: «Erlöschensgrund mindern Grades»). Weiter werden auch die *Nebenrechte* erfasst (Art. 114), welche aber keine Forderungsbestandteile darstellen. Die den ausserordentlichen Erlöschensgründen zuzurechnenden Art. 114–126 enthalten ein **Konglomerat von selbständigen Gründen** ohne enge innere Verbindungslinien (ZK-AEPLI, Vor Art. 114–118 N 5). 2

Der Titel zeichnet sich durch **Unvollständigkeit** aus. Zunächst fällt der normale Erlöschensgrund, die *Erfüllung*, dem zweiten Titel an (Art. 68 ff.), einschliesslich besonderer Befreiungskonstellationen wie Leistung an Erfüllungs Statt, Hinterlegung bei Gläubigerverzug (Art. 92) oder – im fünften Titel geregelt – die Hinterlegung im Prätendentenstreit (Art. 168 Abs. 1), während im dritten Titel das Erlöschen aus anderen Gründen behandelt wird. Zudem regelt der Titel *nicht alle Erlöschensgründe ausserhalb der Erfüllung*, namentlich auch nicht die Auflösung des gesamten Schuldverhältnisses. 3

Art. 114

A. Erlöschen der Nebenrechte

[1] Geht eine Forderung infolge ihrer Erfüllung oder auf andere Weise unter, so erlöschen alle ihre Nebenrechte, wie namentlich die Bürgschaften und Pfandrechte.

[2] Bereits erlaufene Zinse können nur dann nachgefordert werden, wenn diese Befugnis des Gläubigers verabredet oder den Umständen zu entnehmen ist.

[3] Vorbehalten bleiben die besonderen Vorschriften über das Grundpfandrecht, die Wertpapiere und den Nachlassvertrag.

A. Extinction des accessoires de l'obligation

[1] Lorsque l'obligation principale s'éteint par le paiement ou d'une autre manière, les cautionnements, gages et autres droits accessoires s'éteignent également.

[2] Les intérêts courus antérieurement ne peuvent plus être réclamés que si ce droit a été stipulé ou résulte des circonstances.

[3] Sont réservées les dispositions spéciales sur le gage immobilier, les papiers-valeurs et le concordat.

A. Estinzione dei diritti accessori

[1] Estinta l'obbligazione mediante adempimento o in altra guisa, sono del pari estinti i diritti accessori ed in ispecie le fideiussioni ed i pegni.

[2] Gli interessi anteriormente decorsi possono essere chiesti solo nel caso che questa facoltà del creditore sia stata convenuta o risulti dalle circostanze.

[3] Rimangono riservate le speciali disposizioni circa il pegno immobiliare, le cartevalori ed il concordato.

Literatur

Schöbi, Die Akzessorietät der Nebenrechte von Forderungen unter besonderer Berücksichtigung des Rechtsverhältnisses der Verjährung, Diss. Zürich 1990.

I. Allgemeines

1 Art. 114 regelt das **Schicksal der Nebenrechte** bei Untergang des Hauptrechts. Die Regelung dient vorab der **Rechtssicherheit** bezüglich der Wirkung des Erlöschens von Hauptforderungen mit daran anknüpfenden Nebenrechten (Untergang der Nebenrechte, Abs. 1) und der **Beweislastverteilung** (Abs. 2). Wesentliche Bedeutung kommt zudem der Ausnahmeregelung (Abs. 2 und 3) zu, welche die Grundregel (Abs. 1) erheblich einschränkt. Die Tragweite der Norm ist je nach betroffenem Nebenrecht unterschiedlich, da sich die Untergangswirkung teilweise bereits aus dem Begriff des Nebenrechts selber (Pfand, Art. 889 ZGB; dazu N 4), teilweise aus der Sonderregelung von bestimmten Nebenrechten (Bürgschaft, Art. 509) ergibt (Bucher, AT, 415).

2 Art. 114 betrifft **alle Arten des Erlöschens** der Hauptobligation. Als Grundregel ist die Norm gegenüber Sondervorschriften subsidiär. Keine Anwendung findet die Bestimmung, wenn eine grundpfandgesicherte Schuld im *Zwangsvollstreckungsverfahren* dem Erwerber überbunden wird: Der Schuldner wird befreit, nicht aber der Bürge trotz seiner Nichtzustimmung, da der Gläubiger den Schuldnerwechsel zwangsläufig erleidet (BGE 47 III 146).

II. Voraussetzungen

3 Art. 114 setzt das Bestehen einer Forderung **(Hauptobligation)** voraus, die durch Erfüllung oder auf andere Art und Weise untergeht. Die Natur der Hauptobligation ist unerheblich (vertraglich, ausservertraglich, familienrechtlich usw.; ZK-Aepli, N 12).

Erfüllung liegt vor, wenn die Hauptobligation durch Erbringung der geschuldeten Leistung, sei es durch oder für den Schuldner, getilgt und der Gläubiger befriedigt worden ist. Eine unmittelbare Vermögensverminderung beim Schuldner selber ist nicht erforderlich. «Erfüllung» im Sinne der Bestimmung liegt auch dann vor, wenn die Zahlung eines Mitverpflichteten nicht aus seinem Vermögen, sondern aus dem Erlös des Pfandes eines Dritten herrührt, das vom Mitverpflichteten für seine Schuld bestellt worden ist (BGE 41 III 68).

Die **Art des Untergangs** der Hauptforderung spielt keine Rolle; die Feststellung des Untergangs ist Voraussetzung, genügt aber auch. So erlischt die Schuldbriefforderung mit der Löschung des Grundbucheintrags und damit auch die dafür eingegangene Bürgschaft (BGE 64 II 286). Keinen Untergang bewirken Verjährung, Einklagung (BGE 52 II 219 f.), *pactum de non petendo*, ferner Umwandlung in Sekundäransprüche (Schadenersatz).

Die Hauptforderung muss **unbedingt** untergehen, was namentlich nicht zutrifft, wenn ein Wechsel zwecks Bezahlung begeben wird, da dies keine Novationswirkung zeitigt (Art. 116 Abs. 2; BGE 25 II 54; 35 II 53). Das Erlöschen der Nebenrechte richtet sich nach dem Untergang der Hauptforderung, je nach Fall ganz oder im Verhältnis zum Erlöschen der Forderung (BGE 23 II 1642); beim **Teiluntergang** findet Art. 114 Abs. 1 also analoge Anwendung, soweit nicht eine besondere Parteivereinbarung vorliegt oder andere Regeln (z.B. Art. 85 Abs. 2) greifen (ZK-Aepli, N 39 f.).

III. Rechtsfolgen

1. Grundsatz: Erlöschen der Nebenrechte (Abs. 1)

4 Als **Nebenrechte** kommen alle in einem Abhängigkeitsverhältnis zum Hauptrecht stehenden Rechte in Frage, welche die Hauptforderung *erweitern* oder *sichern* und losgelöst von ihr *«kein eigenes Dasein haben können»* (ZK-OSER/SCHÖNENBERGER, N 2; zur Begriffsbildung SCHÖBI, 2 ff.). Der – im Gesetz nicht definierte – Begriff des Nebenrechts deutet einerseits auf einen (dinglichen oder obligatorischen) Anspruch, dessen Träger der Gläubiger der Forderung ist, der sich aber nicht zwingend gegen den Schuldner richten muss. Andererseits enthält der Begriff implizit auch ein einseitiges Abhängigkeitsverhältnis (Akzessorietät) zur Hauptforderung (ZK-AEPLI, N 15 ff.). Unerheblich ist die Entstehungsart ex lege oder abredeweise sowie die Funktion des Nebenrechts. Zu den von der Norm erfassten Nebenrechten zählen neben den explizit erwähnten *Bürgschaften* und *Pfandrechten* auch das *Retentionsrecht*, der *Eigentumsvorbehalt* (SCHÖBI, 22 ff.), *Zinsen* und *Konventionalstrafen*, soweit nicht von der Hauptforderung verselbständigt. Anderes gilt für die fiduziarische Übereignung und den Schuldschein, wo dem Schuldner nach der Tilgung lediglich ein obligatorischer Rückgabeanspruch zusteht. **Nicht** unter die Nebenrechte i.S.v. Art. 114 fallen auch die *Prozesskosten*, deren Nachforderung, wenn vom Gesetzgeber so gewollt, durch die Norm explizit ausgeschlossen werden müsste, ferner *gesetzliche Rüge- und Klagerechte, Schuldmitübernahme* oder Ansprüche aus Garantievertrag (ZK-AEPLI, N 21 ff.).

5 Der Untergang der Hauptforderung bewirkt das **Erlöschen aller ihrer Nebenrechte** ipso iure. Für einzelne Vertragsverhältnisse ist dieser Grundsatz zudem positivrechtlich geregelt (Bürgschaft, Art. 509; Faustpfand, Art. 889 Abs. 1 ZGB).

6 Die in der Norm ausgesprochene **Akzessorietät der Nebenrechte** bedeutet nicht in jedem Fall zwingende Parallelität der Schicksale von Haupt- und Nebenrechten. Einmal steht Art. 114 Abs. 1 einer allfälligen Umwandlung des Nebenrechts in eine selbständige Hauptforderung nicht entgegen (vgl. Abs. 2); weiter ist eine selbständige Behandlung der Nebenrechte keineswegs ausgeschlossen (z.B. fünfjährige Verjährungsfrist von Zinsen gegenüber 10-jähriger Verjährungsfrist für Hauptschuld). Nebenrechte können sodann durchaus eigene Untergangsgründe haben (BGE 29 II 258; 50 II 403).

Das **Wiederaufleben** einer in ihrem Bestand unangefochtenen Forderung (z.B. infolge paulianischer Anfechtung) umfasst allfällige Nebenrechte je nach Fall (etwa Art. 118 Abs. 2, rückgängig gemachte Konfusion; VON TUHR/ESCHER, 189) und betroffenem Nebenrecht (bejaht für Bürgschaft BGE 64 III 149; offengelassen für dingliche Nebenrechte BGE 89 III 22).

2. Nachforderung bereits entstandener Zinsen (Abs. 2)

7 Nach Abs. 2 gehen vor Erlöschen der Hauptforderung **bereits entstandene** – aber nicht unbedingt auch fällige – **Zinsen** mit Erlöschen der Hauptforderung grundsätzlich unter, können aber unter zwei alternativen **Voraussetzungen nachgefordert** werden: Einmal im Fall der *Abrede der Nachforderungsbefugnis* oder aber wenn die Nachforderungsmöglichkeit *den Umständen zu entnehmen* ist. Anders als bei Abs. 1, wo das Erlöschen der Bürgschaften und Pfandrechte auch ursprünglich vertragsfremde Dritte erfasst, beschlägt die Regelung von Abs. 2 zwingend die Ebene der Vertragsabreden zwischen Gläubiger und Schuldner selber. Trifft keine der Voraussetzungen zu, zieht dies den Untergang auch der Zinsforderung nach sich (BGE 52 II 218). *Keine Anwendung* findet Art. 114 Abs. 2 auf eine Saldoklausel bei einer Quittung im Nachlassverfahren von Banken; während der Stundung aufgelaufene Zinsen nicht pfandgesicherter Forderungen sind aber doch zu vergüten, falls die Liquidation einen Überschuss über die zugelassenen Forderungen ergibt (BGE 102 III 47 = Pra 1976, 407).

8 Das **aus den Umständen zu schliessende Fortbestehen der Zinsforderung** beurteilt sich einzelfallweise, ohne strenge Anforderungen (ZK-AEPLI, N 51). Es ist anzunehmen, wenn

Hauptforderung und Zinsen nicht demselben Gläubiger gehören und der Untergang der Hauptforderung auf einer Mitwirkung des Hauptforderungsgläubigers beruht, da dieses Eingreifen des Gläubigers nicht auch die ihm nicht zustehenden Nebenansprüche zu berühren vermag; ferner im umgekehrten Fall, wo Haupt- und Nebenschuldner nicht identisch sind. Schliesslich weist die Zurückbehaltung des Pfandes trotz Zahlung der Schuld auf Beibehalt des so gesicherten Zinsanspruchs hin (ZK-OSER/SCHÖNENBERGER, N 3). Der Verzicht auf Einklagung der Zinsen kann auf einen endgültigen Verzicht auf die Zinsforderung hindeuten, braucht aber nicht notwendigerweise so verstanden zu werden (vgl. BGE 52 II 218). Demgegenüber liegt beim Vergleich über die Hauptforderung im Zweifel kein stillschweigender Vorbehalt der Zinsforderung vor, insb. nicht, soweit die Zinsen sich auf den vergleichsweise erlassenen Teilbetrag beziehen (BGE 23 II 1642). Zur Kasuistik vgl. weiter ZK-AEPLI, N 51 ff.

3. Vorbehalte (Abs. 3)

9 Gesetzliche Ausnahmen vom Grundsatz, wonach die Nebenrechte mit Erlöschen der Hauptobligation untergehen, sind gem. Art. 114 Abs. 3 vorbehalten. Die Aufzählung der vorbehaltenen besonderen Vorschriften ist nicht abschliessend: **a)** Beim **Grundpfandrecht** bezieht sich der Vorbehalt auf Art. 801 ZGB, wonach das Grundpfandrecht nicht mit Wegfall der gesicherten Forderung, sondern mit Löschung des Eintrags oder Untergang des Grundstücks erlischt, sowie auf Art. 854 ZGB, wo dem Schuldner beim Schuldbrief (nach altem Recht bei Schuldbrief und Gült, Art. 863 aZGB) eingeräumt wird, nach Forderungsuntergang den Eintrag des Pfandrechts stehen zu lassen. Nach Art. 826 ZGB kann der Eigentümer bei der Grundpfandverschreibung die Beseitigung des «forderungslosen» Grundpfandes bewirken, indem er vom Gläubiger die Löschung verlangt. **b)** Bei den **Wertpapieren** will der Vorbehalt den Charakter der Zins- und Dividendencoupons sichern, die nach Art. 980 Abs. 1 ihre Gültigkeit trotz Erlöschen der Hauptforderung beibehalten. Der gutgläubige Gläubiger von Inhabercoupons wird für *nach* der Tilgung der Obligation verfallene Zinsansprüche geschützt (Vorbehalt zu Abs. 1); *vor* der Tilgung entstandene Zinsansprüche bestehen selbständig weiter (Vorbehalt zu Abs. 2). **c)** Bei **Nachlassverträgen** behält der nicht zustimmende – u.U. auch der zustimmende – Gläubiger nach Art. 303 SchKG seine Rechte gegen Mitschuldner, Bürgen und Gewährspflichtige, nach Art. 310 Abs. 1 SchKG sein Pfandrecht (vgl. Pra 1989, 658; PKG 1988, 62 ff.). Für den Faustpfandgläubiger im Nachlassvertrag mit Vermögensabtretung gilt Art. 324 Abs. 1 SchKG.

IV. Abweichende Vereinbarungen

10 Der Untergang der Nebenrechte nach Art. 114 ist **dispositives Recht**. Faustpfänder und Bürgschaften können nach Abmachung der Parteien auch die Gefahr abdecken, dass die geschuldete Leistung nicht effektiv dem Gläubiger zukommt, weil sie aus irgendwelchen Gründen untergeht. Dies ist allerdings nicht zu vermuten (BK-BECKER, N 4).

V. Prozessuales

11 Art. 114 statuiert die **Vermutung des Untergangs der Nebenrechte** mit dem Erlöschen der Hauptforderung, insb. auch für Zinsen. Die Norm enthält eine widerlegbare Vermutung für den auf Miterfassung der Zinsen gerichteten Parteiwillen bei Tilgung der Hauptschuld. Die **Beweislast** für das Entstehen und Fortbestehen der Zinsschuld liegt beim Gläubiger, was im Ergebnis Art. 89 Abs. 2 entspricht (BUCHER, AT, 415; vgl. BGE 102 III 47 = Pra 1976, 407). Der Gläubiger kann die Vermutung durch einen Quittungsvorbehalt entkräften oder nachweisen, dass er die Zinsen nicht erhalten habe.

Der Umfang des Klagebegehrens bleibt i.d.R. ohne Präklusivwirkung: Die Einklagung des Hauptanspruchs ohne Zinsen begründet gegenüber einer nachträglichen Geltendmachung der

Zinsschuld **keine Einrede der res iudicata**. Im Sinne der Prozessökonomie ist aber getrennte Klage zu vermeiden (BGE 52 II 218).

VI. IPR

12 Nach Art. 148 Abs. 1 IPRG untersteht das Erlöschen einer Forderung **dem auf die Forderung anwendbaren Recht**. Das muss auch für die Beurteilung des Untergangs der Nebenrechte gelten, welche an die Hauptforderung anknüpfen. Vorbehalten bleibt die – im Hinblick auf die akzessorische Natur bedeutungsvolle – selbständige Anknüpfung von Sicherungsverträgen (Bürgschaft, vgl. IPRG-Kommentar-KELLER/KREN KOSTKIEWICZ, Art. 117 N 136 ff.).

Art. 115

B. Aufhebung durch Übereinkunft

Eine Forderung kann durch Übereinkunft ganz oder zum Teil auch dann formlos aufgehoben werden, wenn zur Eingehung der Verbindlichkeit eine Form erforderlich oder von den Vertragschliessenden gewählt war.

B. Remise conventionnelle

Il n'est besoin d'aucune forme spéciale pour annuler ou réduire conventionnellement une créance, lors même que, d'après la loi ou la volonté des parties, l'obligation n'a pu prendre naissance que sous certaines conditions de forme.

B. Annullamento mediante convenzione

Un credito può essere mediante convenzione annullato in tutto od in parte senza una forma speciale, anche se questa fosse imposta dalla legge o scelta dalle parti per la costituzione della obbligazione.

Literatur

GABRIEL, Formvorbehalt für Vertragsänderungen, SJZ 2010, 533 ff.; GERNHUBER, Die Erfüllung und ihre Surrogate, Tübingen 1983; HARTMANN, Die liberatorischen Verträge und ihr Rechtsgrund, AcP 1895, 1 ff.; HIRT, Der Erlassvertrag im schweizerischen Recht, 1943; KAMBER, Die Aufhebungsvereinbarung im Arbeitsvertragsrecht, ArbR 2013, 43 ff.; KAUFMANN, Die steuerliche Behandlung des Schulderlasses, Bern 1986; KUMMER, Beiträge zur Lehre von der Causa, insbesondere bei der Abtretung und beim Erlass von Forderungen, Diss. Bern 1942; LIEBS, Contrarius actus, Sympotica Wieacker, Göttingen 1970, 111 ff.; LOSER-KROGH, Anmerkungen zu BGE 127 III 147, AJP 2001, 1224–1228; RENZ, Die Saldoquittung und das Verzichtsverbot im schweizerischen Arbeitsrecht, Diss. Zürich 1979; SCHMID, Die öffentliche Beurkundung von Schuldverträgen, Diss. Freiburg 1988 (zit. Diss.); DERS., Der Umfang des Formzwangs, recht 1989, 113 ff. (zit. recht 1989); SIEHR, Gemeinsame Kollisionsnormen für das Recht der vertraglichen und ausservertraglichen Schuldverhältnisse, in: FS für Rudolf Moser, Zürich 1987, 101 ff.

I. Allgemeines

1 Art. 115 regelt den **Schulderlass** oder **Aufhebungsvertrag**. Der Gesetzgeber macht einerseits deutlich, dass es sich dabei um ein zweiseitiges Rechtsgeschäft handelt, das die *Zustimmung beider Parteien* erfordert (vgl. BGer, 25.8.2000, 4C.335/1999, E. 4b; 28.8.2003, 4C.116/2003, E. 6.2); andererseits dient die Regelung der Verwirklichung eines Teilaspekts der Vertragsfreiheit und der *Vereinfachung ihrer praktischen Durchführung*, indem die formfreie Aufhebung ungeachtet des Eingehungsgeschäfts in allen Fällen ermöglicht wird.

II. Anwendungsbereich

2 Über den engen Wortlaut hinaus findet Art. 115 nicht nur auf die Aufhebung von **Forderungen**, sondern auch auf die Aufhebung von **Rechtsgeschäften** Anwendung («Aufhebungsvertrag», BGE 95 II 425). Charakter, Rechtsgrund und Leistungsgegenstand der Obligation bleiben unerheblich. Der Schulderlass kann sich auf ein ganzes Rechtsgeschäft oder auf einen daraus entstehenden Einzelanspruch beziehen. Die Norm ist vertragstypusunabhängig, somit

auch auf den Verpfründungsvertrag anwendbar (BGE 99 II 55). Explizit erwähnt das Gesetz die auch bloss teilweise Aufhebung. Art. 115 beschränkt sich jedoch auf *Verbindlichkeiten*; die Aufhebung anderer rechtserheblicher Tatsachen fällt nicht unter die Norm (deshalb verlangt die Aufhebung eines Zessionsvertrags schriftliche Rückzession; BGE 71 II 170; 105 II 271).

3 Der Schulderlass nach Art. 115 ist von **angrenzenden Erscheinungen** zu unterscheiden: **a)** Eine **negative Schuldanerkennung** stellt fest, dass ein bestimmtes Forderungsrecht nicht bestehe und dient vorab Beweiszwecken (Sonderfall: Décharge); es lässt sich auch konkludent annehmen (Unterbleiben der Beanstandung einer Rückbelastung innert vertraglicher Frist beim Kontokorrent, BGE 127 III 150). Auch wenn seitens der Parteien über den Bestand der Forderung – anders als bei den von Art. 115 anvisierten Fällen – meist Ungewissheit herrscht, enthält die negative Schuldanerkennung einen materiellen Forderungsverzicht und bezieht i.d.R. einen (eventuellen) Schulderlass mit ein, weshalb für diese Eventualität die Grundsätze von Art. 115 übertragbar sind («eventueller Erlass», VON TUHR/ESCHER, 179; BUCHER, AT, 399). **b)** Mit dem **vorbehaltlosen Klagerückzug** erfolgt eine Beendigung des angehobenen Prozesses, dies aber aufgrund einer Prozesshandlung (was sich immerhin als Offerte zum Erlassvertrag deuten lässt, vgl. ENGEL, traité, 515; **a.M.** GAUCH/SCHLUEP/SCHMID/EMMENEGGER, N 3139). Bei eingetretener Rechtskraft der entsprechenden Entscheidung steht einer Neueinreichung der Klage die Einrede der res iudicata entgegen (umstrittene materiellrechtliche Wirkung; vgl. BUCHER, AT, 399; GAUCH/SCHLUEP/SCHMID/EMMENEGGER, N 3139). **c)** Im **pactum de non petendo** verspricht der Gläubiger den Verzicht auf Geltendmachung der Forderung, ohne die Existenz des Schuldverhältnisses oder die Leistungspflicht anzutasten. Nebenrechte bleiben anders als bei Art. 115 unberührt. Die *Stundung* bewirkt eine zeitliche Verschiebung der Fälligkeit und schliesst ein pactum de non petendo mit ein. **d)** Der **Nachlassvertrag** ist, da mit mehreren Gläubigern und zur Sanierung der schuldnerischen Verhältnisse geschlossen, eine Sonderform des Erlassvertrages. Der gerichtliche Nachlassvertrag entzieht sich privatrechtlicher Betrachtungsweise und erfährt seinen Besonderheiten entsprechend in Art. 293 ff. SchKG eine gesonderte Regelung; Art. 115 ist nicht anwendbar. Beim gerichtlichen Nachlassvertrag geht im Ergebnis die Forderung auch der nicht zustimmenden Gläubiger im Umfang des Nachlasses unter (GAUCH/SCHLUEP/SCHMID/EMMENEGGER, N 3138).

III. Voraussetzungen

4 Art. 115 erfordert die **Übereinkunft der Parteien** über den Erlass (BGE 69 II 377; ZR 1981, 215), also insb. auch das *Einverständnis des Schuldners*. Damit scheiden Aufhebung durch Urteil, Gesetz oder einseitige Erklärung oder Handlung des Gläubigers aus (vgl. GERNHUBER, 348 f.). Eine Vereinbarung zwischen Gläubiger und Schuldner fehlt auch bei Absprachen zwischen der Bank und der Übernehmerin der ursprünglichen Schuldnergesellschaft (BGE 126 III 379; zur Anwendbarkeit des Art. 115 i.V.m. Art. 181 s.a. BGE 117 II 68 = Pra 1991, 957 ff.). Das einem Dritten gegenüber gegebene Versprechen des Gläubigers auf Befreiung des Schuldners ist möglich, richtet sich aber nach den Regeln von Art. 112 (Erlassvertrag zugunsten Dritter, vgl. Art. 112 N 3; LOSER-KROGH, AJP 2001, 117 f.). Die Bezeichnung ist unerheblich. Als Vertrag unterliegt der Erlass den gewöhnlichen vertragsrechtlichen Vorschriften, soweit diese für Verfügungen greifen. Die Frage, ob dem Erlass eine **causa** zugrunde zu liegen braucht, ist umstritten (dazu ZK-AEPLI, N 44), wohl aber zu verneinen, da hier eine Unterscheidung von Verpflichtungs- und Verfügungsgeschäft überflüssig ist.

5 Der Verfügungscharakter des Aufhebungsvertrags bedingt **Handlungsfähigkeit** (bei gänzlicher Unentgeltlichkeit genügt seitens des Schuldners Urteilsfähigkeit) und **Verfügungsmacht**. Das trifft etwa auf ersatzlosen Verzicht von Kinderalimentenforderungen, Forderungen mit betreibungsrechtlichem Beschlagsrecht oder Aktienliberierungspflichten (vgl. aber

ZR 1962, 114, Kapitalherabsetzung; BGE 41 III 149) nicht zu (ZK-Aepli, N 11). Ein Verzicht auf illiquide im Austausch für liquide Ansprüche ist aber zulässig (BGer, 17.7.2000, 4C.122/ 2000, SJZ 2000, 476). Zwar schliesst Art. 115 auch den Erlass *künftiger Forderungen* nicht aus (BGE 117 II 70 = Pra 1991, 958, vorzeitige Befreiung des Zedenten bei Übernahme eines Geschäftes mit Aktiven und Passiven), jedoch verlangt dies nach einer fallweisen Prüfung gesetzlicher Grenzen. Einem Erlass *unzugänglich* erscheinen danach etwa Deliktsansprüche (Art. 41 ff.) und vertragliche Schadenersatzforderungen aus Vorsatz oder grober Fahrlässigkeit (Art. 100 Abs. 1), ferner familienrechtliche Unterhalts- und Unterstützungsansprüche sowie der Erlass von arbeitsvertraglicher Ferienentschädigung, Lohnfortzahlungspflicht (BGE 110 II 170; immerhin aber BGE 106 II 223) oder Verzicht im Voraus auf Kündigungsschutz nach Art. 336c (BGE 115 V 443; keine Möglichkeit zur Umgehung zwingender gesetzlicher Schutzvorschriften, Pra 2001, 199; vgl. BGer, 6.9.2010, 4A_187/2010, E. 2.5, wonach es die relative Unverzichtbarkeit von Art. 336c den Parteien nicht verbietet, «das Arbeitsverhältnis jederzeit durch einen Aufhebungsvertrag gem. Art. 115 aufzulösen, sofern eine solche Vereinbarung nicht zu einer klaren Umgehung des zwingenden Kündigungsschutzes führt»; s.a. Kamber, ArbR 2013, 61 f.); zulässig aber die Vereinbarung, wonach der Arbeitsvertrag einer Schwangeren kurz vor Niederkunftstermin aufgelöst wird (BGE 118 II 60). Im besonders heiklen Bereich des vergleichsweisen Verzichts beim *Arbeitsvertrag* lässt sich nur in eindeutigen Fällen beidseitigen Entgegenkommens auf Zulässigkeit schliessen (BGer, 16.3.2010, 4A_103/2010, E. 2.2, wonach die Gültigkeit einer Vereinbarung zur Beendigung des Arbeitsverhältnisses, «soweit sie einen Verzicht auf Ansprüche aus zwingendem Recht bedeutet, zusätzlich [voraussetzt], dass der Aufhebungsvertrag einen echten Vergleich darstellt, bei welchem beide Parteien Konzessionen machen»; keine Einwilligung angenommen bei 8-wöchiger Widerspruchslosigkeit nach der Kündigung mit der Folge des Lohnanspruchsverzichts, Verkürzung der Arbeitslosenentschädigung usw., BGer, 27.4.2005, 4P.77/2005, E. 2.2; 4C.49/1999, ZBJV 1999, 482; BGer, 28.8.2003, 4C.146/2003, E. 6.2; mit Vorbehalt zur Praxis des Erfordernisses gegenseitiger Konzessionen Kamber, ArbR 2013, 52 ff.). Der Typizität nach beschlägt aber Art. 115 die *Aufhebung nach entstandener Obligation*; insb. wird eine vorgängige formlose Aufhebung einer formbedürftigen Obligation durch Art. 115 nicht ermöglicht (vgl. ZK-Aepli, N 59).

Der formlose Erlass kann auch durch **konkludentes Verhalten** erfolgen; stillschweigender 6
Aufhebungsvertrag – mit Antrag und Annahme – ist möglich (BGE 59 II 308, i.c. verneint; BGE 127 III 151; NJW 1986, 1492). Gleichwohl verlangt der Schulderlass den klar zum Ausdruck gebrachten Willen auf endgültigen Verzicht, was bei der Annahme eines Schulderlasses zur Vorsicht mahnt (BGE 109 II 329 = Pra 1984, 84; ZBJV 1999, 482; Wille zur Aufhebung «nicht zu vermuten» BGer, 15.7.2005, 5C.56/2005, E. 3.2; 31.10.2012, 9C_472/2012, E. 5.2).

Erlasswille ist unter besonderen Umständen aus der alleinigen Einklagung der Hauptforderung bezüglich der Verzugszinsen zu schliessen (BGE 59 II 220; **anders** ZR 1965, 234) oder im Schweigen des Arbeitgebers über ihm – zumindest im Grundsatz – bekannte Schadenersatzforderungen bei Beendigung des Arbeitsverhältnisses zu erblicken (BGer, 5.9.2011, 4A_351/2011, E. 2.2; BGE 110 II 345 = Pra 1985, 162; keine konkludente Willenserklärung durch blosses Nicht-Reagieren BGer, 15.7.2005, 4P.77/2005, E. 2.2; zum Arbeitsvertrag vgl. aber auch N 5). Für die Annahme eines genügenden Erlasswillens muss sich jedenfalls der Gläubiger über Dasein und Inhalt der Forderung im Klaren sein (ZR 1935, 169 ff.).

Kein Erlasswille des Gläubigers lässt sich im blossen Verjährenlassen einer Forderung (BGE 70 II 24), in der gelegentlichen Nichtausübung eines Rechts (BGE 59 II 303), in der Nichtgeltendmachung einer Forderung über längere Zeit (BGE 54 II 202; BGer, 26.3.2001, 4C.14/ 2001, E. 1b; vgl. aber ZR 1922, 155 f.: eineinhalb Jahre Zuwarten bei Schadenersatzforderung; GVP 1985, 75 ff.: vier Jahre für Provisionsanspruch als Angestellter und Verwaltungsrat gegenüber AG), in einer vorbehaltlosen Unterzeichnung einer auf einen geringeren als den vereinbarten Betrag lautenden Lohnquittung durch den Arbeitnehmer (BGE 109 II 329 = Pra 1984, 84), in einer widerspruchslosen Entgegennahme eines geringeren Mietzinses über eine längere Periode (RVJ 1987, 231 ff.; Grenzfall) erblicken; ohnehin dürfte ein stillschweigender Erlassantrag des Gläubigers nach der Interessenlage selten anzutreffen sein (RVJ 1987, 233, «grösste Zurückhaltung»).

Trifft die Erklärung beim Schuldner ein oder erhält er davon Kenntnis, bedarf es aufgrund seiner Interessenlage nach Art. 6 *keiner ausdrücklichen Annahmeerklärung* mehr, falls er binnen angemessener Frist nicht widersprochen hat (BGE 110 II 345 = Pra 1985, 162; 52 II 222). Gleiches verbietet sich jedoch im umgekehrten Fall, wenn der Erlassantrag vom Schuldner ausgeht (vgl. RVJ 1988, 212 f.). Zur Kasuistik im Weiteren ZK-Aepli, N 30 ff.

7 Der Schulderlass kann sich auf die **ganze Forderung oder nur auf einen Teil** erstrecken (BGE 109 II 329 = Pra 1984, 84). Die Norm gilt auch für eine die Verpflichtung einschränkende Bedingung (BGE 44 II 64, Beschränkung der Bürgschaftsverpflichtung). Der Teilerlass richtet sich nach dem Parteiwillen (vgl. BGE 131 III 591, teilweiser Schulderlass dadurch, dass der Drittschuldner zugunsten des früheren Gläubigers zwei Eigenwechsel ausstellt). Der Erlass kann vorbehaltlos, mit Anfangstermin oder bedingt gewährt werden, was namentlich auch in einer Koppelung der pünktlichen Erfüllung des nicht erlassenen Teils mit dem erlassenen Resten praktische Bedeutung erlangen kann.

8 Der Erlass unterliegt nach Art. 115 dem Grundsatz der **Formfreiheit**, also auch dann, wenn die Eingehung eine Form erforderte oder von den Vertragsparteien so gewählt wurde (BGer, 26.3.2001, 4C.14/2001, E. 1b; Gabriel, SJZ 2010, 538 f.). Das gilt aber nur für den Erlass unter Lebenden; ein *Erlass von Todes wegen* bleibt an die entsprechenden Formvorschriften gebunden (BGE 69 II 377), ebenso nach expliziter Vorschrift der Erbvertrag (Art. 513 ZGB). Dies ist Ausfluss der analogen Anwendung von Art. 115 auch auf die *Aufhebung ganzer Vertragsverhältnisse* (contrarius actus), womit nicht nur die Einzelforderung erlischt; bestimmte Vertragstypen unterliegen dafür besonderen Formvorschriften (z.B. Art. 513, Art. 184 ZGB; vgl. ZK-Aepli, N 15 ff.).

Formlos möglich ist der Erlass einer Grundstückkaufpreisschuld (BGE 57 II 148), die Aufhebung einer Verpflichtung zur Eigentumsübertragung an einem Grundstück oder zur Eintragung einer Dienstbarkeit (RVJ 1987, 206 f.), der aussergerichtliche Vergleich zur Beilegung der Streitigkeiten über nachträgliche Anfechtung eines beidseitig erfüllten formbedürftigen Vertrages (BGE 95 II 419; vgl. auch 106 II 223), die Einschränkung einer Bürgschaftsverpflichtung (BGE 44 II 64) oder die Abrede, eine in ihrem Maximalumfang verurkundete Verpflichtung zum Voraus – durch eine Bedingung – zu beschränken (BGE 75 II 146). Sobald aber ein *Verstoss gegen die richtige Verurkundung* des Grundstückkaufpreises in Frage steht, muss nach strenger bundesgerichtlicher Praxis die Gültigkeit des Geschäfts verneint werden; eine zum Voraus vereinbarte, formlose Herabsetzung des verurkundeten Kaufpreises ist unzulässig (umstritten; BGE 78 II 225; krit. BK-Schmidlin, Art. 11 N 104).

9 Bei formgebundenen Verträgen bedarf es somit einer **Abgrenzung zwischen Art. 115 und Art. 12**, da letzterer, vorbehältlich der nicht zur Urkunde in Widerspruch stehenden Nebenbestimmungen, die gesetzlichen Formvorschriften auch für Vertragsänderungen verlangt und über den engen Wortlaut hinweg für *jede* gesetzlich vorgeschriebene Form greift (ZK-Schönenberger/Jäggi, Art. 12 N 3; BGE 95 II 529; 111 II 146). Soweit die Parteien eine gänzliche *Aufhebung* oder eine *Herabsetzung* der Obligation verabreden, geht Art. 115 vor; Art. 12 schlägt jedoch durch, wenn eine Erhöhung oder anderweitige Änderung der vereinbarten Verpflichtung bewirkt werden soll (vgl. auch BGer, 19.11.2010, 5A_251/2010, E. 6.1.2 sowie 9.4.2008, 4A.49/2008, E. 2.1, wonach entscheidend ist, ob der ursprüngliche Vertrag in seiner Gesamtheit dahinfällt oder in Kraft bleibt; s.a. CHK-Killias/Wiget, N 8). Formvorschriften sind einschränkend anzuwenden, und Art. 115 beschneidet oder differenziert den statuierten Grundsatz der Formfreiheit weder nach der Art der aufzuhebenden Obligation (Synallagma) noch nach dem Erfüllungsstadium (Vor- oder Nachgehen), weshalb sich eine Einengung formfreier Aufhebungsmöglichkeit nicht aufdrängt (umstritten; wie hier von Tuhr/Peter, 242 f.; ZK-Aepli, N 55 ff.; Guhl/Koller/Schnyder/Druey, § 14 N 2; CR CO I-Piotet, N 21; vgl. BGE 99 II 55; **a.M.** ZK-Schönenberger/Jäggi, Art. 12 N 22; Gauch/Schluep/Schmid/Emmenegger, N 3127; Art. 12 N 6; Huguenin, OR AT/BT, N 735; **anders** BK-Schmidlin, Art. 12 N 12; Schwenzer, Art. 12 N 6; vgl. sodann Gabriel, SJZ 2010, 538, wonach eine Vertragsänderung «nicht als formlose Aufhebung einer Forderung (gem. Art. 115 OR) und formfreie Begründung einer neuen Forderung verstanden werden» darf; wiederum anders Bucher, AT, 402).

IV. Rechtsfolgen

Der Aufhebungsvertrag bewirkt den **unmittelbaren Untergang der Forderung**, wobei die Auslegung ergibt, ob sich die Untergangswirkung gleichzeitig auch auf die Gegenleistung erstrecken solle. In der Regel erlöschen damit auch die Nebenrechte (Art. 114). Die Aufhebung eines *Nebenrechts* lässt dagegen die Hauptforderung unberührt (vgl. ZR 1929, 116). Bei einer *Solidarschuld* entfaltet die Aufhebung unter Vorbehalt der Rückgriffsberechtigung nach Art. 149 nur gegenüber dem am Vertrag beteiligten Schuldner befreiende Wirkung (BGE 34 II 499; vgl. aber § 423 BGB). Desgleichen wird ein Erlass bei einer *Solidarforderung* nur gegenüber dem an der Vereinbarung beteiligten Gläubiger wirksam (Keller/Schöbi, IV, 33 f.). Für das *Vorkaufsrecht* beim Grundstückkauf statuiert Art. 216d Abs. 2 positivrechtlich (der bisherigen Lehre entsprechend), dass die Aufhebung des Kaufvertrages nach Ausübungserklärung gegenüber dem Vorkaufsberechtigten ohne Wirkung bleibt. **10**

V. Abweichende Vereinbarungen

Art. 115 ist insofern zwingend, als er explizit auch bei **vertraglich vereinbarter Formbedürftigkeit** für die Aufhebung Anwendung findet; die Parteien sind für Aufhebung und Abänderung an keine Form gebunden (vgl.; Schmid, recht 1989, 121), jedenfalls soweit sie eine Erleichterung der Leistungspflicht bezwecken (Gabriel, SJZ 2010, 538 f.). Falls die Parteien mit besonderer Abrede, die auch konkludent erfolgen oder aus Verkehrsübung hervorgehen kann, auch alle Abänderungen der gewählten Form unterwerfen wollen, schlägt aber diese Vereinbarung mangels besonderer Umstände gegenüber Art. 115 durch (ZK-Aepli, N 69 f.). Die Norm darf zudem nicht zur Umgehung gesetzlicher Verpflichtungen, die in öffentlichem Interesse oder zu einseitigem Schutz aufgestellt worden sind, missbraucht werden (BGE 110 II 170; 115 V 443 = Pra 2001, 199, Arbeitnehmerschutzvorschriften). **11**

VI. Prozessuales

Die **Beweislast** für den Schulderlass liegt beim Ansprecher, also regelmässig beim Schuldner (vgl. BGE 110 II 346 = Pra 1985, 162). Ein stillschweigender Schulderlass durch den Gläubiger ist dabei schon aufgrund der Interessenlage nicht leichthin anzunehmen (BGE 94 II 42; 52 II 222; RVJ 1987, 232; Wille zur Aufhebung «nicht zu vermuten», BGer, 15.7.2005, 5C.56/2005, E. 3.2) und bedarf strenger Anforderungen an den Beweis (SJZ 1965, 326). Das erhält vor allem beim Bestehen eines *Schuldscheins* Bedeutung, da der Erlass auch dort formfrei und ohne Rückgabe möglich ist (BGE 54 II 201). Ergeht der Erlass mittels *Quittung* des Gläubigers, obliegt nach Art. 89 Abs. 2 dem Gläubiger der Nachweis, dass ihr kein befreiender Charakter zukam. **12**

Der Beweis für einen *vertraglichen Ausschluss* von Art. 115 obliegt dem, der ihn behauptet.

VII. IPR

13 Nach bisher h.L. beurteilte sich die befreiende Wirkung eines Schulderlasses nach dem Recht, dem die aufzuhebende Verpflichtung untersteht (BGE 107 II 488). Die Regelung von Art. 148 Abs. 3 IPRG verweist nun für den Aufhebungsvertrag als selbständigem Vertrag auf die **allgemeinen Regeln über das auf Verträge anwendbare Recht** (Art. 116 ff. IPRG). Zur Beurteilung der Zulässigkeit bedarf es deshalb keines Rückgriffs auf das bestehende Schuldverhältnis; sie richtet sich nach dem Statut des Erlassvertrages (vgl. SIEHR, FS Moser, 1987, 116). Das selbständig zu ermittelnde Statut erstreckt sich auf *alle Fragen* im Zusammenhang mit dem Erlassgeschäft (IPRG-Kommentar-KELLER/GIRSBERGER, Art. 148 N 70).

Art. 116

C. Neuerung
I. Im Allgemeinen

[1] Die Tilgung einer alten Schuld durch Begründung einer neuen wird nicht vermutet.

[2] Insbesondere bewirkt die Eingehung einer Wechselverbindlichkeit mit Rücksicht auf eine bestehende Schuld oder die Ausstellung eines neuen Schuld- oder Bürgschaftsscheines, wenn es nicht anders vereinbart wird, keine Neuerung der bisherigen Schuld.

C. Novation
I. En général

[1] La novation ne se présume point.

[2] En particulier, la novation ne résulte pas de la souscription d'un engagement de change en raison d'une dette existante, ni de la signature d'un nouveau titre de créance ou d'un nouvel acte de cautionnement; le tout, sauf convention contraire.

C. Novazione
I. In generale

[1] L'estinzione di un debito precedente mediante la creazione di un nuovo non si presume.

[2] In particolare la stipulazione di un'obbligazione cambiaria in relazione ad un debito esistente o l'erezione di un nuovo titolo di credito od atto di fideiussione non costituiscono novazione del debito preesistente, salvo patto contrario.

Literatur

BRUCKNER, Das Verhältnis der Schuldübernahme (Art. 175 ff. OR) zum Schuldnerwechsel durch Novation (Art. 116 OR) nach schweizerischem Recht, 1930; FAESY, Die Novation unter besonderer Berücksichtigung ihrer Bedeutung im Konto-Korrent nach schweizerischem Recht, Zofingen 1918; GERNHUBER, Die Erfüllung und ihre Surrogate, Tübingen 1983, 370 ff.; KÜBLER, Feststellung und Garantie, Tübingen 1967; MEIER-HAYOZ/VON DER CRONE, WERTPAPIERRECHT, 2. Aufl., Bern 2000; PAHUD, De la novation, Diss. Basel 1939; STAEHELIN, Die Novation, Basel 1948; THORENS, La novation conditionnelle, Lausanne 1927.

I. Allgemeines

1 Art. 116 regelt nicht den Novationsvertrag, sondern beschränkt sich auf eine Festsetzung des rechtsgeschäftlichen Ergebnisses. Entgegen einer verbreiteten Auffassung ist die Norm – und das Institut an sich – jedoch nicht überflüssig oder gar schädlich, sondern als Berücksichtigung des Grundsatzes der Vertragsfreiheit für die Respektierung des Neuerungswillens notwendig (BUCHER, AT, 408; **a.M.** VON BÜREN, AT, 362 f.; STAEHELIN, 149; VON TUHR/ESCHER, 181, halten die praktische Bedeutung für gering; ZK-AEPLI, N 32). Die Norm dient mit ihrer (widerlegbaren) Vermutung der **Klarheit der Beweislage**, mithin einer **engen Begrenzung der Novationswirkung**. Wirtschaftlich gesehen schafft sie eine *Vereinfachung der Rechtsverhältnisse* (vgl. BGE 105 II 277), wenngleich die praktische Bedeutung gering bleibt.

II. Anwendungsbereich

Novation ist jede **Tilgung eines alten Schuldverhältnisses durch ein neues**, wobei der Verpflichtungsgrund des neuen nicht demjenigen des alten Schuldverhältnisses entspricht, sondern in dem die Neuerung bewirkenden neuen und selbständigen Rechtsgeschäft besteht (BGE 60 II 333; 121 III 385). Welcher Rechtsgrund oder Vertragstypus der novierten Forderung zugrunde liegt, bleibt unerheblich, sofern sie nur erfüllbar (nicht unbedingt klagbar) ist. Neuerung ist insb. bei Unvereinbarkeit der alten mit der neuen Forderung anzunehmen (BGE 84 II 650; vgl. N 6). 2

Wegen der unterschiedlichen Rechtsfolgen verlangt Art. 116 nach **Abgrenzungen** zu verwandten Erscheinungen: **a)** Keine Neuerung liegt in der *blossen inhaltlichen Änderung* der Forderung unter Beibehalt der Identität des alten Schuldverhältnisses, etwa Stundung, Schuldhöhe, Laufzeit, Zinsfuss, bestellten Sicherheiten (BGE 69 II 302; 107 II 481); desgleichen fehlt es bei blosser Änderung der Person des Gläubigers (Abtretung) oder des Schuldners (Schuldübernahme) an einer Novation (BGE 60 II 333; 107 II 481). Die *Abgrenzung der Neuerung zur Änderung einer Obligation nach Art. 12* stellt freilich eine Gratwanderung dar; gleichwohl verlangt der entsprechende Parteiwille nach einer Differenzierung (**a.M.** von Büren, AT, 361 ff.; Staehelin, 149), wofür das Vertrauensprinzip zur Auslegung heranzuziehen ist (Keller/Schöbi, IV, 194; Gauch/Schluep/Schmid/Emmenegger, N 3170; BGE 104 II 192); nur schon das unterschiedliche Schicksal der Nebenrechte, dann auch formale und prozessuale Unterschiede lassen keine Annahme völliger Deckungsgleichheit zu (Gauch/Schluep/Schmid/Emmenegger, N 3169). Abänderungsabrede und Novation bestehen als rechtliche Gestaltungsmittel nebeneinander (vgl. BGE 113 II 440), wobei das Ergebnis freilich identisch sein kann (ZK-Aepli, N 8). Zur Frage der Surrogation vgl. BGE 116 II 264 f. **b)** Die *Hingabe an Zahlungsstatt* bildet einen der Novation ähnlichen Befreiungstatbestand (**a.M.** Staehelin, 132), bei dem jedoch der Schuldner gänzlich befreit wird, während hier der Schuldner dem Gläubiger – zwar aus einer neuen Verpflichtung – verpflichtet bleibt (CHK-Killias/Wiget, N 3). **c)** Keine Novation liegt vor, wenn das alte Schuldverhältnis neben dem neuen bestehen bleibt, also eine *zweite Schuldbegründung* stattfindet, namentlich durch Begebung eines Wechsels (Nebeneinander der Rechtsverhältnisse unter Stundung des ursprünglichen, BGE 42 III 499; CHK-Killias/Wiget, N 3). **d)** Der *Verlustschein* bzw. die Ausstellung eines Pfändungs- oder Konkursverlustscheins entfaltet keine Novationswirkung (BGE 86 III 80; 102 Ia 364 ff.; 116 III 68; BGer, 21.3.2006, 5P.434/2005, E. 2.2), ebensowenig eine *Währungsmodifikation* zum Klagebegehren (BGE 74 II 90) oder die *Umrechnung* einer Schuld in Landeswährung zum Zweck der Betreibung (BGE 73 II 105; 115 III 40 = Pra 1989, 588 ff.; 125 III 449 = Pra 2000, 413), weshalb der Schuldner auch während des Betreibungsverfahrens berechtigt bleibt, sich durch Zahlung der ausländischen Währung an den Gläubiger zu befreien (Rep 1983, 288). 3

III. Voraussetzungen

Art. 116 setzt vorab den **Bestand einer alten Forderung** voraus (BGer, 22.5.2012, 4A_604/2011, E. 4.4; ZK-Aepli, N 13, m.w.Hw.; differenzierend Schwenzer, N 80.03), und zwar im Zeitpunkt der Novation (nicht gegeben bei bereits erloschener Forderung, BGE 121 III 385). Es genügt dafür auch eine unvollkommene Obligation, etwa eine verjährte Schuld oder eine sittliche Pflicht (ZK-Aepli, N 15; **a.M.** Staehelin, 126; CR CO I-Piotet, N 5; teilweise auch ZK-Oser/Schönenberger, N 4), ferner eine bedingte (BGE 28 II 373), anfechtbare, solidarische oder in der Höhe noch unbestimmte Forderung (ZK-Aepli, N 14). Hinsichtlich der *Unklagbarkeit einer Forderung* aus Spiel und Wette schreibt Art. 514 Abs. 1 die Beachtlichkeit des ursprünglichen Rechtsgrundes für die Zeichnung einer Schuldanerkennung oder Wechselverpflichtung vor, was verallgemeinert auch auf den Neuerungstatbestand Anwendung findet, da die Novation kein gesetzlich missbilligtes Ergebnis eröffnen darf. Die *novierte Forderung* 4 ist jedoch *abstrakter* Natur (BGE 105 III 128 f.; GAUCH/SCHLUEP/SCHMID/EMMENEGGER, N 3150). Soweit – missverständlich – von «kausaler» Natur der Novation die Rede ist, wird darunter meist die Bedingung verstanden, dass der Novationsvertrag vom Bestand der zu tilgenden Forderung abhängen soll (BUCHER, AT, 410). Ist eine Forderung wegen Formungültigkeit, Widerrechtlichkeit, Sittenwidrigkeit oder Unmöglichkeit gar nicht entstanden, kann sie auch nicht durch Novation «gerettet werden» (ENGEL, traité, 519 f.; BGE 104 II 196).

5 Die Novation entsteht durch die **Abgabe und Annahme eines neuen Leistungsversprechens**, womit eine neue Obligation begründet wird (LGVE 1981, 26). Die Parteivereinbarung enthält gleichzeitig die Abrede der Aufhebung und der Ersetzung der alten Schuld (*Aufhebungs- und Ersetzungsvereinbarung*; ZK-AEPLI, N 20 ff.). Es bedarf somit der *Vertragsfähigkeit* der Parteien und der *Verfügungsmacht* des Gläubigers über seine Forderung (vgl. BGE 41 III 149). Der Novierungsvertrag unterliegt auch der Irrtumsanfechtung, wenn die Grundlagen der Willensbildung der Parteien fehlen.

6 Die Neuerung erfordert **Novierungswillen**, der durch Auslegung zu ermitteln ist (vgl. ZBJV 1937, 80 f.; BGE 126 III 381; BGer, 24.1.2013, 4A_542/2012, E. 2.6). Die Auslegung dafür folgt den allgemeinen Regeln (BGer, 22.5.2012, 4A_604/2011, E. 3.1; ZK-AEPLI, N 26). Es bedarf der unzweideutigen Willensäusserung der Vertragsparteien über den Untergang der alten Forderung; *Parteiäusserung* und *Interessenlage* geben in erster Linie den Ausschlag für den Entscheid, ob die alte Schuld untergegangen sei oder fortbestehe (BGE 107 II 481).

Novation bejaht wird insb. bei der *objektiven Unvereinbarkeit* zwischen alter und neuer Obligation (BGE 84 II 650; GERNHUBER, 379 f.: «Diskontinuität»), etwa
- bei unvereinbaren Eigenschaften (BGE 28 II 373: alte Obligation bedingt, neue unbedingt);
- bei Auswechslung des Leistungsgegenstandes, Änderung des Schuldgrundes (BGE 25 II 88; KELLER/SCHÖBI, IV, 196: Umwandlung einer Kaufpreisforderung in Darlehensschuld; Umwandlung beliebiger Geldschuld in Darlehen, ZBJV 1975, 301 f.);
- bei Löschung eines alten und gleichzeitige Errichtung eines Schuldbriefs mit Rangänderung (BGE 64 II 287 f.);
- bei Umwandlung eines irregulären Verwahrungsvertrags in ein verzinsliches Depositum (RGZ 67, 264);
- im Fall einer Konversionsanleihe (MEIER-HAYOZ/VON DER CRONE, § 20 N 14);
- im Rahmen der Übernahme von Aktiven und Passiven einer bürgenden Kommanditgesellschaft durch eine AG gegenüber der Bank (BGE 126 III 381 f., mit fraglichem Weg über Art. 116 i.V.m. Art. 147 Abs. 2);
- durch Umwandlung zweier auf verschiedene Währungen lautende Schulden in eine einzige Schuld gleicher Währung (BGE 49 II 400 f. = Pra 1923, 419 ff.);
- sowie bei einer Bereinigung komplexer Verhältnisse durch Vergleich (BGE 105 II 277; in casu offengelassen bei aussergerichtlichem Vergleich mit Gerichtsstandsvereinbarung statt früherer Schiedsklausel BGE 121 III 497).

Gegen eine Neuerung spricht demgegenüber die blosse Änderung am Leistungsinhalt (BGE 131 III 592; 69 II 302, Stundung; ZR 2000 Nr. 16, 49, Wechsel der Boje beim «Bojenvermittlungsvertrag»), Erhöhung von Leistung oder Modalitäten (BGE 107 II 481; 84 II 650; 60 II 333), die Änderung der Person des Gläubigers oder Schuldners (BGE 107 II 481), das Bestehen von Sicherheiten, die der Gläubiger verlieren würde (BGE 107 II 481), der Verlust werkvertraglicher Ansprüche durch einen nach Hauserstellung abgeschlossenen Kaufvertrag (BGE 117 II 266), die Entlassung eines Solidarschuldners und Übernahme zur alleinigen Schuldpflicht durch den anderen Solidarschuldner (BGE 60 II 332), die Umwandlung einer Kommandit- in eine Aktiengesellschaft hinsichtlich der Forderung des Kommanditärs gegen den unbeschränkt haftenden Gesellschafter (BGE 25 II 86), Löschung und Neueintragung eines Schuldbriefs im Grundbuch an sich (BGE 66 II 154) oder die Errichtung einer Hypothekarobligation (BGE 100 II 325). Zu den besonderen Anwendungsfällen gem. Abs. 2 s. N 9 f.

In der Praxis wird man wegen der nicht immer ganz klaren Trennlinie der bundesgerichtlichen Rsp. zu einer *klaren Stellungnahme der Parteien* raten müssen.

IV. Rechtsfolgen

1. Grundsatz

Die Novation bewirkt die **Tilgung der alten Forderung**. Die der alten Forderung anhaften- 7
den Einreden und Einwendungen gehen unter (BGE 105 II 277). Insbesondere: Eine *Zinsforderung* unterliegt der Beschränkung von Art. 105 Abs. 1 nicht mehr und wird verzinslich. Die *Verjährung* richtet sich nach der ordentlichen Frist (Art. 127; SCHWENZER, N 80.04) und beginnt neu zu laufen (LGVE 1981, 25 f.). Über die Novation lässt sich, je nach Parteiwille, eine (beliebige) Geldschuld in eine Darlehensschuld umwandeln (ZBJV 1975, 301 f.) oder nach erfolgter Wahlerklärung und Zahlung über Art. 86 Abs. 1 hinaus eine andere Anrechnungsweise verabreden (GVP 1981, 29).

Bedingungen und Befristungen der alten Schuld gehen auf die neue über, wenn nicht anders vereinbart (ZK-OSER/SCHÖNENBERGER, N 4). Bei der Novation von *Solidarforderungen und Solidarschulden* tritt die Novationswirkung nur gegenüber den beteiligten Solidargläubigern und -schuldnern ein (GAUCH/SCHLUEP/SCHMID/EMMENEGGER, N 3173; VON TUHR/ESCHER, 310; KELLER/SCHÖBI, IV, 33 f.).

Die Novation bewirkt nur den Untergang der novierten Forderung, zumeist einer Geldforde- 8
rung. Der **restliche Vertrag** wird bei vollkommen zweiseitigen Verhältnissen **nicht berührt**, so dass daraus fliessende Ansprüche und Einreden (Wandelungs-, Minderungsrechte, Ansprüche aus nicht erfülltem Vertrag) erhalten bleiben (BUCHER, AT, 409; ZK-AEPLI, N 48; CHK-KILLIAS/WIGET, N 8; CR CO I-PIOTET, N 14; **a.M.** ZK-OSER/SCHÖNENBERGER, N 7).

2. Besondere Anwendungsfälle (Abs. 1 und 2)

Die Eingehung einer **Wechselverbindlichkeit** bewirkt keinen Untergang des Schuldverhält- 9
nisses, das Anlass zur Wechselverpflichtung gab, sondern ist als Hingabe zahlungshalber zu verstehen (BGE 127 III 562). Dem Zweck gemäss findet Art. 116 Abs. 2 auch auf die Hingabe eines *Wechselblanketts* Anwendung (BGE 89 II 341). Die Wechselverbindlichkeit zielt mangels anderer Abrede auf die Stundung des Grundverhältnisses, welches erst durch Einlösung des Wechsels getilgt wird (Rep 1973, 168). Dementsprechend kann der Schuldner bei Stundung der Grundforderung auch der Forderung aus der Wechselschuld eine aufschiebende Einrede entgegenhalten (BGE 43 III 232). Den Gläubiger trifft nach Treu und Glauben die Pflicht, zunächst die Befriedigung aus dem Wechsel anzustreben. Ist dieser nicht einlösbar, steht dem Gläubiger – aufgrund der Stundungsabrede – kein zusätzlicher Schadenersatz für die Nichtleistung aus dem Wechsel zu (BGE 42 III 498, Kaufpreisforderung). Die *Vermutung gegen die Neuerung gilt allgemein* für das Verhältnis des Wechsels zum Grundgeschäft und umgekehrt (BGE 84 II 650; ZR 1988, 112). Keine Novation der Grundschuld bewirkt der sog. Sicherheitswechsel (BGE 84 II 649; Rep 1973, 168); ebensowenig vermag an sich die Ausstellung eines Wechsels für eine grundpfandgesicherte Forderung den Untergang des Pfandrechts zu bewirken (BGE 42 II 507). Die Begebung eines Eigenwechsels dient vorwiegend dem Kreditinteresse des Schuldners (Einrede der Stundung der Grundforderung bis zum Verfalldatum) und hat keine Novationswirkung (BGE 127 III 563; Novation durch Ausstellung von Eigenwechseln in casu ebenfalls verneint in BGE 131 III 592).

Die **Ausstellung eines neuen Schuld- oder Bürgschaftsscheins** lässt – selbstverständlich – 10
keine Novation vermuten (ZR 1971, 202; BGE 62 II 258, neuer Bürgschaftsschein für voreheliche Bürgschaftsverpflichtung der Ehefrau). Ihr kommt lediglich bekräftigende Funktion zu, welche zudem verjährungsunterbrechend wirkt (Art. 135).

3. Regelung beim Schuldbrief (Art. 842 Abs. 2 ZGB)

11 Bei der **Errichtung eines Schuldbriefes** bestehen die Schuldbriefforderung und die Grundpfandforderung gemäss der dispositiven Bestimmung von Art. 842 Abs. 2 ZGB nebeneinander. Eine Novation tritt bei besonderer Abrede ein (vgl. BGE 136 III 288 E. 3.1, wonach die Sicherungsabrede entgegen der altrechtlichen Vermutung einen Novationsausschluss enthalte). Nach altem Recht hatte die Errichtung von Schuldbrief und Gült novatorische Wirkung hinsichtlich des Grundverhältnisses, Art. 855 aZGB, dazu BGE 105 III 128; 119 III 106; der Vorbehalt abweichender Parteiabreden sowie der blosse Schutzzweck für gutgläubige Dritte nach Art. 855 Abs. 2 aZGB entsprach jedoch im Ergebnis der Regelung für die Eingehung von Wechselverbindlichkeiten (*keine Vermutung der Neuerung*; Guhl/Koller/Schnyder/Druey, § 38 N 11). Wird Novation vereinbart, ist umstritten, welche Einreden dem Schuldner gegenüber den Schuldbriefgläubigern zustehen. Eine Auffassung will gegenüber dem ersten Schuldbriefgläubiger alle Einreden aus dem Grundverhältnis zulassen. Demgegenüber vertritt die wohl herrschende und zutreffende Lehre die Meinung, der Schuldner verzichte durch die Schuldbrieferrichtung mit novatorischer Wirkung auf die ihm im betreffenden Zeitpunkt bekannten Einreden (Gauch/Schluep/Schmid/Emmenegger, N 3160 ff. m.w.Hw.).

V. Abweichende Vereinbarungen

12 Die in Art. 116 ausgesprochene Vermutung ist **dispositiver Natur** (vgl. auch BGE 119 III 106) und kann durch den Parteiwillen ausgeschlossen werden. Insbesondere lässt sich vereinbaren, dass die Nebenrechte dem Gläubiger erhalten werden sollen (vgl. BGE 119 III 107: Hinzutreten der grundpfandgesicherten neben die ursprüngliche Forderung); diesfalls bedarf es aber einer Neubestellung in entsprechender Form.

VI. Prozessuales

1. Grundsatz (Abs. 1)

13 Die **Vermutung gegen die Novation** als Regel ist rein deklaratorisch: Ein Novierungswille der Parteien wird nicht vermutet (BGE 117 II 267). Die **Beweispflicht** obliegt demjenigen, der die Neuerung behauptet (BGE 107 II 481; ZBJV 1975, 302), wofür strenge Anforderungen gelten (BGE 69 II 302; SJ 1988, 548). Der *Verlustschein* taugt für eine entsprechende Beweisführung nicht (BGE 102 Ia 366). Für die *Erlöschensbehauptung* genügt aber der Nachweis der Aufhebungsvereinbarung (vgl. ZK-Aepli, N 10).

2. Anwendungsfälle nach Abs. 2

14 Abs. 2 enthält eine *Bestätigung des Grundsatzes* für die aufgezählten Fälle: Wer Novation behauptet, dem obliegt der **Beweis** für die dahingehende Vereinbarung der Parteien; im Zweifel tritt die Wechselforderung neben die alte Forderung (ZR 1983, 319). Indizien für *konkludenten Novierungswillen* können die vorbehaltlose Quittierung für die Grundforderung, die Vernichtung oder Rückgabe des Schuldscheins bei Ausstellung des Wechsels sein (BK-Becker, N 13). Novation ist auch dann anzunehmen, wenn zur Prolongation der Wechselschuld die Ausstellung und Übergabe eines neuen Wechsels gegen Rückgabe des alten erfolgt (BGE 62 II 259). Die Ausstellung eines neuen Schuld- oder Bürgschaftsscheins enthält keine Vermutung zugunsten der Novation (BGer, 16.5.2002, 4C.60/2002, E. 1.3), weshalb die Vorlage dieser Urkunden allein für den Novationsbeweis nicht genügt.

VII. IPR. Rechtsvergleichung

Art. 148 Abs. 3 IPRG unterstellt den Vorgang der Neuerung den **allgemeinen Regeln über das auf Verträge anwendbare Recht** (Art. 116 ff. IPRG; vgl. Art. 115 N 13); es greift das Statut des Neuerungsgeschäfts (IPRG-Kommentar-KELLER/GIRSBERGER, Art. 148 N 69), wobei die Verweisung auf Art. 116 ff. IPRG eine Rechtswahl zulässt. 15

Rechtsvergleichend bleibt zu beachten, dass im Unterschied zum französischen Recht (Art. 1271–1281 CC fr.) im deutschen Recht eine besondere gesetzliche Regelung der Neuerung fehlt. Die Neuerung ist dem deutschen Recht aber dennoch bekannt (vgl. Soergel-ZEISS, § 364 BGB N 4).

Art. 117

II. Beim Kontokorrentverhältnis

[1] Die Einsetzung der einzelnen Posten in einen Kontokorrent hat keine Neuerung zur Folge.

[2] Eine Neuerung ist jedoch anzunehmen, wenn der Saldo gezogen und anerkannt wird.

[3] Bestehen für einen einzelnen Posten besondere Sicherheiten, so werden sie, unter Vorbehalt anderer Vereinbarung, durch die Ziehung und Anerkennung des Saldos nicht aufgehoben.

II. Compte courant

[1] La seule inscription des divers articles dans un compte courant n'emporte point novation.

[2] Il y a toutefois novation lorsque le solde du compte a été arrêté et reconnu.

[3] Si l'un des articles est au bénéfice de garanties spéciales, le créancier conserve ces garanties, même après que le solde du compte a été arrêté et reconnu; toute convention contraire demeure réservée.

II. In rapporti di conto corrente

[1] La iscrizione delle singole poste in un conto corrente non produce novazione.

[2] Tuttavia è da ritenersi la novazione quando il saldo è chiuso e riconosciuto.

[3] Se per una singola posta esistono speciali garanzie, queste non cessano, salvo patto contrario, con la chiusura e l'approvazione del saldo.

Literatur

BUCHER, Grundprobleme des Kontokorrentrechts, recht 1994, 168 ff.; BUTSCHER, Krediteröffnungsvertrag und Kontokorrent, mit besonderer Berücksichtigung der Kontokorrent-Bürgschaft, 1938; CANARIS, Grosskommentar zum HGB, 3. Aufl., Berlin 1978, 424 ff., 1214 ff.; CELEBONOVITS, Das Kontokorrentrecht, Diss. Zürich 1917; CHAVANNES, Essai sur la nature juridique du compte-courant, Diss. Lausanne 1908; ETTER, Le contrat de compte courant, Diss. Lausanne 1994; GUGGENHEIM, Die Verträge der schweizerischen Bankpraxis, 3. Aufl., Zürich 1986, 226 ff.; HAMMER, Die Creditnatur des Conto-Corrents, Diss. Bern 1912; HERZ, Das Kontokorrent insbesondere in der Zwangsvollstreckung und im Konkurs, Diss. Tübingen 1974; HOMBERGER, Der Kontokorrent im Bankgeschäft, Diss. Zürich 1944; KLEINER, Die allgemeinen Geschäftsbedingungen der Banken – Giro- und Kontokorrentvertrag, 2. Aufl., Zürich 1964 (zit. Geschäftsbedingungen); DERS., Bankkonto – Giro- und Kontokorrentvertrag, in: Forstmoser/Tercier/Zäch (Hrsg.), FS für Walter R. Schluep, Zürich 1988, 273 ff. (zit. FS Schluep); MARGOT, Le Cautionnement du compte de Crédit, Diss. Lausanne 1930; MORY, Der Kontokorrentvertrag mit besonderer Berücksichtigung des schweizerischen Rechts, 1946; MOUTTET, L'effet novatoire du compte courant, ZBJV 1914, 529 ff.; NIRK, Beweislast und Prozessökonomie bei der Saldokontokorrentklage, in: FS für Franz Merz, Köln 1992, 401 ff.; SCHLÄPFER, Kontokorrentvertrag, Diss. Zürich 1943; VAHEDI, Les effets juridiques du compte courant, Diss. Genf 1954; ZIMMERMANN, Über die «Allgemeinen Kontokorrentbedingungen» der Banken, SJZ 1920/21, 129 ff.; vgl. die Literaturhinweise zu Art. 116.

I. Allgemeines

1 Art. 117 enthält keine allgemeine Regelung des Kontokorrentvertrages an sich, sondern regelt einen Einzelaspekt. Gegenstand der Norm ist eine **besonders wichtiger Sonderfall der Novation** (Anerkennung des Saldos im Kontokorrentverkehr), der die allgemeinen Regeln von Art. 116 *modifiziert* und sich zur Hauptsache *beweisrechtlich* auswirkt. Mit Art. 117 entschied der Gesetzgeber zudem zugunsten des *spätestmöglichen Eintritts der Novationswirkungen*, d.h. auf den Zeitpunkt der Anerkennung des gezogenen Saldos (BUCHER, recht 1994, 179). Der Kontokorrentvertrag selber dient vorab der Vereinfachung und Vereinheitlichung des Zahlungs- und Abrechungsverkehrs unter den Parteien (CANARIS, 427 N 2); diesem Zweck hat sich auch der in Art. 117 geregelte Sonderaspekt unterzuordnen. Den wirtschaftlichen Interessen und dem ursprünglichen Sicherungszweck, insb. auch dem Schutz des Saldogläubigers, entspricht das grundsätzliche *Fortbestehen der Sicherheiten* (Abs. 3).

II. Anwendungsbereich

2 Die Anwendung von Art. 117 beschränkt sich der besonderen Konzeption wegen auf **Kontokorrentverhältnisse**, wobei die Beteiligung einer Bank als Partei nicht Bedingung ist (BGer, 31.10.2001, 4C.200/2001, E. 3). Es bedarf jedoch einer Vereinbarung beider Parteien; bloss einseitiges «kontokorrentmässiges» Verbuchen gegenseitiger Forderungen ohne Wissen und Willen des Partners genügt für ein Kontokorrentverhältnis nicht (GUGGENHEIM, 227). Besteht nur ein *faktisches Kontokorrentverhältnis*, indem zwei Parteien zwar nicht jeden Geldanspruch sofort zur Abwicklung bringen, aber keine Stundung vorausgehend verabreden, findet Art. 117 keine Anwendung und verlieren die Einzelforderungen ihren Sondercharakter nicht (ZK-OSER/SCHÖNENBERGER, N 4; LGVE 1973, 191 f.; SJZ 1975, 80 f.; BGE 53 II 340). Gleichwohl führt bei einem derartigen Verhältnis Saldoziehung und -anerkennung nach dem präsumtiven Parteiwillen meist zu einer Novation (vgl. BGE 40 II 252; 29 II 335). Der *Zinssatz des Kontokorrentkredits* vermag – trotz der Bedeutung als wichtigste Form des Bankkredits unter Kaufleuten – nicht als «üblicher» Verzugszinssatz zu gelten (BGE 116 II 141).

III. Voraussetzungen

3 Das Kontokorrentverhältnis verlangt einen **Kontokorrentvertrag** (uneinheitliche Terminologie in Art. 117, Art. 124 Abs. 3, Art. 314 Abs. 3, Art. 500 Abs. 2; vgl. auch Definition bei ETTER, 104). Er besteht in der Abrede zweier in einem gegenseitigen Abrechnungsverhältnis stehender Personen, alle von diesem Verhältnis erfassten Forderungen bis zum Abrechnungsdatum zu stunden und weder abzutreten noch separat geltend zu machen, sondern nur als Rechnungsposten für die Ermittlung des Saldos zu behandeln (BGE 127 III 150; 104 II 192; 100 III 83). Im Einzelnen lässt sich das Kontokorrentverhältnis aufgliedern in *Stundungs-, Verrechnungsabrede, Schuldanerkennung* und *Neuerung* (GUGGENHEIM, 227; vgl. auch RJJ 1991, 270 ff.), wobei die Stundungsvereinbarung kein zwingendes Element des Kontokorrentvertrags darstellt (CELEBONOVITS, 89). Insbesondere ist also ein Verrechnungsvertrag mitenthalten, nach welchem ohne Verrechnungserklärung alle vom Kontokorrentverhältnis erfassten beidseitigen Forderungen entweder laufend oder am Ende einer Rechnungsperiode automatisch verrechnet werden (BGE 100 III 83); geschuldet wird nur der jeweilige Überrest. Im bankgeschäftlichen Bereich ist zudem die *Rechnungsführung durch die Bank* regelmässig zusätzlicher Vertragsinhalt (KLEINER, FS Schluep, 277 f.) bzw. überlagert dort ein Mandatsverhältnis den Kontokorrentvertrag (BUCHER, recht 1994, 169 f.; für Rechenschaftsanspruch nach Art. 400 auch BJM 1994, 236 ff.).

4 Unerheblich ist die *Bezeichnung «Kontokorrent»*, die oft nur auf die Buchhaltungsform hinweist (BGE 40 II 411 = Pra 1914, 370 f.). Vielmehr entscheidet der **Vertragswille der Parteien** über das Vorliegen eines Kontokorrents. Das ist anzunehmen, wenn die Parteien eine

Vielzahl gegenseitiger Ansprüche durch eine einzige Forderung, den Saldo, ersetzen wollen (BGE 40 II 411 = Pra 1914, 370 f.; vgl. BGE 129 III 121 E. 2.3, Auslegung einer Vertragsklausel mit monatlicher Vorschusszahlung auf Arbeitnehmerprovisionen); namentlich im Bankbereich wird das Bestehen eines Kontokorrentvertrages vermutet (krit. HOMBERGER, 41; GUGGENHEIM, 227). Die Übereinkunft kann auch **stillschweigend** entstehen (etwa auch bei gegenseitigen Leistungen im ehegüterrechtlichen Bereich mit Saldoziehung per Stichtag der Eheauflösung, BGE 118 II 391). Gegen das Vorliegen eines Kontokorrents spricht der Umstand, dass es nur zur Verrechnung, aber nie zur Saldoziehung kommt (ZBJV 1931, 348; **a.M.** bei kurzer Dauer BJM 1965, 20).

Die im Kontokorrent aufgelaufenen Posten beschränken sich auf **«kontokorrentfähige» Forderungen**, in aller Regel auf *Geldforderungen* (vgl. CANARIS, 452 ff. N 38 f.). Insbesondere hat die Saldoforderung eine Geldforderung zum Inhalt, ungeachtet ihrer Zusammensetzung; sie ist keine Zinsforderung, auch wenn sie aus aufgelaufenen Zinsen hervorgeht (GUGGENHEIM, 227). Die Verrechnungsabrede bedingt die *Gegenseitigkeit* und *Gleichartigkeit* der schon bestehenden oder zukünftigen Forderungen (vgl. BGE 53 II 340; HOMBERGER, 32). Die massgebliche Währung bei einem Darlehen in ausländischer und schweizerischer Währung mit nachheriger Vereinigung auf einem Konto richtet sich nach der für dieses Konto gewählten Währung (BGE 49 II 401 = Pra 1923, 419 ff.). 5

Welche der gegenseitigen Forderungen zwischen den Parteien dem Kontokorrentverhältnis unterliegen sollen, bestimmt sich durch Auslegung. Zur Saldoziehung erfordert der **Posten** (d.h. die eingesetzte Forderung) kumulativ seinen Ursprung in einem *vom Kontokorrentvertrag erfassten Rechtsverhältnis* und zudem den *Bestand der Forderung bzw. erfüllte Leistungserbringung*. Die Praxis lässt auch bedingte Forderungen (unter Vorbehalt der Stornierung; vgl. BGE 100 II 85; ZR 1943, 21 f.) sowie einredebelastete Forderungen zu (vgl. ZK-AEPLI, N 21). 6

Parteien des Kontokorrentvertrages sind zumindest auf der einen Seite häufig Finanzinstitute (BGE 63 II 385), brauchen es aber nicht zu sein; als Unterart gilt auch der *Baukreditvertrag* (ZOBL, BR 1987, 3 ff.). Für Art. 117 unerheblich ist die Frage, ob zwischen «gewöhnlichem» und «Bankenkontokorrent» differenziert wird (vgl. KLEINER, Geschäftsbedingungen, 82 ff.; anders ETTER, 100 ff.: «compte courant simple/compte courant bancaire»). Es bedarf auch keiner Anknüpfung an eine Kaufmannseigenschaft (vgl. immerhin BGE 40 II 412; 44 II 492). Eine der Parteien (oder ein Dritter) führt jedoch das Konto (ZK-AEPLI, N 17 m.w.Nw.; ETTER, 191). 7

IV. Rechtsfolgen

1. Im Allgemeinen

Dem Sinn der Kontokorrentabrede entspricht es, dass die Zahlung einer Partei **keine Anrechnung** nach Art. 86 f. auf eine bestimmte Schuld des Zahlenden auslösen soll (BGE 30 II 610; 44 II 261; VAHEDI, 127 f.). Analoge Anwendung von Art. 87 ist jedoch auch bei einem Kontokorrentverhältnis nicht ausgeschlossen für nachher eingehende Zahlungen, wenn zweierlei Sicherheiten für Kontokorrentforderungen bestehen (BGE 58 III 25; ZR 1932, 268), ebenso bei der Sicherheitsleistung Dritter für einzelne Forderungen im Rahmen der betreffenden Kontokorrentperiode (ZK-AEPLI, N 24; MORY, 182). Weiter umfasst die Vereinbarung einen **Ausschluss selbständiger Geltendmachung und der Abtretung** der Posten. Die **Verrechnung** erfolgt mit der Saldoziehung (BGE 100 III 83). 8

2. Einsetzung einzelner Posten (Abs. 1)

Dass eine Forderung von einer Kontokorrentabrede erfasst wird, beeinträchtigt ihre Eigenart und Selbständigkeit grundsätzlich nicht; sie behält Modalitäten und Nebenrechte. Die Einset- 9 zung eines Postens bewirkt deshalb keine Rechtsänderung, insb. auch, wie in Abs. 1 explizit erwähnt, **keine Novation**, was schon aus der Einseitigkeit des Aufnahmeaktes durch die rechnungsführende Partei fliesst.

3. Saldoziehung und -anerkennung (Abs. 2)

10 Saldoziehung und -anerkennung zieht die **Vermutung der Neuerung** nach sich. Die Novationswirkung setzt kumulativ voraus, dass der *Saldo gezogen* und *von der Gegenseite als richtig anerkannt* wird. Damit werden die alten Forderungen getilgt, an deren Stelle nach dem animus novandi die Verpflichtung zur neuen Leistung gemäss dem Saldoergebnis tritt (BGE 44 II 135).

11 Die Anerkennung des Saldos bedingt eine **Mitteilung des Resultats** durch die rechnungsführende Partei. Diese Pflicht fliesst regelmässig aus dem überlagernden (Auftrags-)Verhältnis (Erzwingbarkeit verneinend von Tuhr/Escher, 184 FN 33) und obliegt im bankgeschäftlichen Bereich der Bank (Kleiner, FS Schluep, 277; Etter, 190). Ihr entspricht auf der Gegenseite ein Anspruch auf Auskunft über miteinander verrechnete und die als Sicherheit abgetretenen Forderungen im Rahmen des Kontokorrentvertrages (LGVE 1980, 623; vgl. BJM 1994, 236 ff., Anspruch nach Art. 400). Selbst wenn die Gegenseite von der Saldoziehung keine Kenntnis besitzt, weil sie die Korrespondenz bei der Bank aufbewahren lässt, ist ihr der Zugang als Folge ihres selbstbestimmten Einflussbereiches zuzurechnen (Zugangsfiktion; BGE 104 II 194; SJ 1985, 249). Die Art und Periodizität der Saldoziehung richtet sich nach der Parteivereinbarung. In aller Regel erfolgt die Saldoziehung schriftlich. Die Anerkennung des gezogenen Saldos muss **von beiden Parteien** erfolgen; es bedarf also einer Einigung über den Saldo (BGE 44 II 261; 29 II 336). Im Bankkontokorrent ist nach Treu und Glauben von einer Anerkennung der Bank auszugehen, wenn sie dem Kontoinhaber vorbehaltlos Saldomeldungen zukommen lässt (BGE 104 II 193), was für die rechnungsführende Partei verallgemeinert werden darf.

12 Erst die **Richtiganerkennung** des mitgeteilten Saldos durch die andere Partei, und zwar *gegenüber dem Vertragspartner*, löst die Novationswirkung aus. Die Saldierung eines arrestierten Kontos gegenüber dem Betreibungsamt bewirkt dagegen keine Novation (BGE 100 III 83). Die Form der Anerkennung ist unerheblich; sie kann auch durch einen Vertreter erfolgen (ZR 1957, 176; SJZ 1925/26, 139). Bei einer AG verfügt die Verwaltung über die Kompetenz zur Saldoanerkennung (BGE 44 II 136). Der konkursite Saldoschuldner wird durch die Konkursmasse vertreten (vgl. Art. 204 SchKG). Die Anerkennung kann **ausdrücklich oder stillschweigend** erfolgen (BGer, 7.2.2011, 4A_127/2010, E. 5; BGE 130 III 697; 129 III 121). Letzteres liegt bei Unterlassen eines Einspruchs gegen den mitgeteilten Saldo während der Frist vor, innert der ein Widerspruch zu erwarten ist, auch wenn stillschweigende Anerkennung nicht vereinbart wurde. Im Bankverkehr gilt eine Prüfungsfrist von drei Wochen als «erheblicher» Spielraum (ZR 1943, 21); regelmässig enthalten die AGB der Banken eine Prüfungsfrist (meistens Monatsfrist; vgl. BGE 106 III 99; 104 II 194; Mory, 110 f.; Kleiner, FS Schluep, 276).

13 Die Neuerung i.S.v. Art. 117 Abs. 2 setzt den **Rechtsbestand der Forderung** voraus; im Betrag des anerkannten Saldos liegt ein Schuldbekenntnis ohne Angabe eines Verpflichtungsgrundes (BGE 104 II 196). Die anerkennende Partei verzichtet damit auf die Geltendmachung bereits bekannter Willensmängel sowie streitiger oder ungewisser, aber nicht ausdrücklich vorbehaltener **Einreden** (eingehender, auch zur Verwirkung ZK-Aepli, N 37 ff., vgl. BGer, 7.1.2013, 4A_448/2012, E. 2.3; 7.2.2011, 4A_127/2011, E. 5; BGE 130 III 694 E. 2.2.2). Die Saldoanerkennung bedeutet jedoch keinen Verzicht auf Einreden und Einwendungen gegen **versehentliche Buchungen** (BGer, 1.4.2009, 4A_46/2009, E. 2.2; BGE 127 III 150; 104 II 196). Sie steht der Korrektur von Rechenfehlern oder der nachträglichen Anfechtung eines auf ungültiger oder nicht bestehender Forderung beruhenden Postens nicht entgegen.

Die Einrede der Unklagbarkeit einer Forderung aus Spiel und Wette bleibt u.U. vorbehalten (BGE 57 II 409; 44 II 156 = Pra 1918, 162 f.), ebenso die Ungültigkeit eines Postens als Folge unerlaubten Selbstkontrahierens eines Vertreters (SJZ 1926/27, 191), die Geltendmachung eines Willensmangels aufgrund einer paulianischen Anfechtungsklage (BGE 32 II 544). Soweit Wechsel oder Anweisungen in das Kontokorrent Aufnahme finden, steht die Anrechnung unter dem Vorbehalt, dass die Beiträge richtig eingehen (BGE 100 III 85; 53 II 118).

Der im Fehl-Saldo Benachteiligte verfügt über einen *Anspruch aus ungerechtfertigter Bereicherung* (Art. 62 ff.) bzw. einen *Berichtigungsanspruch* (vgl. BGE 100 III 85), welcher bei ungekündigtem Kontokorrentverhältnis als Korrekturposten in die laufende Rechnung einzusetzen ist. Die Konzeption der Korrektur nach Bereicherungsgrundsätzen vermag freilich nicht voll zu befriedigen (Entreicherungseinrede, vgl. BGE, SJ 1994, 269 ff.), weshalb auch ein Vorgehen über Willensmängelregeln bejaht wird (so Bucher, recht 1994, 179 f.).

Die **Saldoforderung** ist eine Forderung mit eigenem Rechtsgrund und eigener Identität. Sie ist keine Zinsforderung, auch wenn sie aus aufgelaufenen Zinsen hervorgeht, und wird deshalb vom Verzug an *verzinslich* (BGE 130 III 697, m.Hw. auf das Verhältnis zu Art. 413 Abs. 3 bzw. Art. 105 Abs. 3; BGer, 31.10.2001, 4C.200/2001, E. 3; BGE 53 II 340). Sie untersteht der 10-jährigen *Verjährungsfrist* (vgl. BGE 94 II 39), selbst wenn einzelne Posten in fünf Jahren verjähren. An die Saldoforderung können eigene Nebenrechte anknüpfen, insb. speziell dafür bestellte Sicherheiten (zur Bürgschaft, Margot, 49 ff.; BGE 49 II 103 = Pra 1923, 250 f.; 30 II 607 ff., Pfandbestellung; vgl. ZK-Aepli, N 82 f. m.w.Nw.); eine Bürgschaft zur Sicherung eines im Rahmen des Kontokorrents gewährten Kredits ist – selbstverständlich – gültig und erfasst den Negativsaldo (BGE 120 II 42). Die künftige Saldoforderung ist (im Voraus) *zedierbar* (ZK-Spirig, Art. 164 N 16), sofern nicht vertraglich ausgeschlossen. 14

Die **betreibungsrechtliche Bedeutung** der Saldoziehung und -anerkennung bleibt begrenzt: Als *Betreibungsart* für einen pfandgesicherten Kontokorrentkredit, den der Schuldner im Umfang des nicht mehr pfandgedeckten Betrages vertraglich zu leisten verpflichtet ist, ist die Pfandverwertungsbetreibung zu wählen (BGE 49 III 188) Die stillschweigende Anerkennung des Saldos stellt *keine Schuldanerkennung* i.S.v. Art. 82 Abs. 1 SchKG für den Passivsaldo des Kontos dar (BGE 106 III 99 = Pra 1981, 220 f.), wohl aber die schriftliche Anerkennung, wenn das Kontokorrentverhältnis spätestens im Zeitpunkt der Unterzeichnung beendet war (RVJ 1988, 369 f.; ZBJV 1942, 88). Die schriftliche Richtigbefundanzeige verliert hingegen ihre Wirkung als Schuldanerkennung, wenn der anerkannte Saldo auf neue Rechnung vorgetragen und das Kontokorrentverhältnis nach der schriftlichen Saldoanerkennung noch weitergeführt wird (SJZ 1994, 292 f.; Etter, 215; **a.M.** RBOG 2001, 139 ff.; RVJ 1993, 207 ff.; SJZ 1960, 128). Unbeachtlich bleibt ferner die Tatsache der Anerkennung gegenüber den Gläubigern, die im *Konkurs* des Schuldners Anfechtungsansprüche geltend machen (BGE 58 III 24). Beim *Arrest des Kontokorrentguthabens* finden für die Saldoberechnung auch Posten Berücksichtigung, die im Zeitpunkt der Arrestlegung noch nicht gebucht waren, deren Rechtsgrund für die entsprechende Buchung aber schon bestand; der Zeitpunkt der Buchungsvornahme spielt keine Rolle (BGE 100 III 84; Schläpfer, 129 ff.). Zur Frage der Pfandansprache auf den Saldo eines Bankkontokorrents vgl. BGE 116 III 82 (Frist zur Klage nach Art. 106 ff. SchKG offengelassen). 15

4. Fortbestand der Sicherheiten (Abs. 3)

Als *Ausnahme der Regel von Art. 116* und dem Grundsatz der Akzessorietät vermutet das Gesetz bei der Saldoziehung und -anerkennung im Kontokorrentverhältnis den **Fortbestand der Sicherheiten** für einzelne Posten. Die Sicherheiten bleiben unverändert, insb. in ihrem Bestand; der Übergang erfolgt ipso iure (vgl. ZK-Aepli, N 87 ff.). Ob sie von Dritten gestellt sind, spielt keine Rolle. Es haften die für einzelne Posten bestellten Sicherheiten für die Saldoforderung, soweit der Saldo den gesicherten Posten *nicht überschreitet* (vgl. auch § 356 16

HGB); bei geringerer Saldoforderung reduziert sich die Sicherheitsverpflichtung definitiv auf den Saldobetrag. Die Sicherheit muss aber im Zeitpunkt der Saldoziehung noch bestehen.

17 Zu den **Sicherheiten** zählt alles, was den Anspruch des Saldogläubigers über den Leistungsinhalt hinaus verbessert (MORY, 173), etwa Pfand-, Retentions- oder gesellschaftsrechtliche Rückgriffsrechte (ZK-AEPLI, N 73 m.w.Nw.). *Nicht* als Sicherheit i.S.v. Art. 117 gilt jedoch ein bestehendes Konkursprivileg; die Aufnahme der Forderung in das Kontokorrent hat den Untergang des Privilegs zur Folge. Im Falle der *Bürgschaft* zieht der Fortbestand der Sicherheit nach sich, dass die Zahlung des Hauptschuldners für einen Kontokorrentposten bei ziffernmässig begrenztem Bürgschaftsbetrag für den Bürgen keine Befreiungswirkung entfaltet; diese könnte nur insoweit eintreten, als der bei Abschluss der Rechnung und Aufhebung des Kontokorrentverhältnisses resultierende Saldo die verbürgte Summe übersteigen würde (BGE 44 II 261). Bürgschaft für Kontokorrentkredit sichert den Negativsaldo (BGE 120 II 42). Die Bürgschaft bezieht sich i.d.R. auch auf den übertragenen Saldo einer früheren Rechnungsperiode, selbst wenn der Bürge das Bestehen des Saldos nicht kannte, ausser der Bürge hätte nur für neue Kreditgewährung Bürgschaft leisten wollen (BGE 49 II 103 = Pra 1923, 250 f.).

V. Abweichende Vereinbarungen

18 Die Regelung von Art. 117, unter Einschluss von Abs. 3, ist **dispositives Recht** (ZK-AEPLI, N 53 m.w.Nw.). Vorbehalten bleiben somit besondere Parteiabreden und namentlich die *AGB der Banken* im Bankverkehr (vgl. etwa SJZ 1995, 54 f.). Letztere betrachten den Saldo regelmässig als genehmigt, wenn er nicht innert bestimmter Frist beanstandet wird. Die Klausel «s.e.&o.» (salvo errore et omissione) entbehrt aber einer rechtlichen Bedeutung (BGE 104 II 193). Für die Haftungsbeschränkung im Rahmen des Kontokorrentverhältnisses bleibt Art. 100 Abs. 1 zu beachten.

VI. Prozessuales

19 Die vermutete Neuerung bewirkt im Wesentlichen eine **Beweislastumkehr**. Wer die Richtigkeit des anerkannten Saldos bestreitet, hat dessen *Unrichtigkeit zu beweisen* (BGer, 1.4.2009, 4A_46/2009, E. 2.2; BGE 104 II 196). Soweit, wie üblich, die Saldomitteilung auf einem die einzelnen Rechnungsposten ausweisenden Kontoauszug basiert, genügt die Darlegung der Unrichtigkeit der nachträglich bestrittenen Posten; die übrigen Posten bleiben unangetastet (BUCHER, AT, 413). Wird aber während der Rechnungsperiode der Kontokorrentvertrag gekündigt und der errechnete Schlusssaldo bestritten, hat es beim Nachweis der Richtigkeit für die einzelnen Rechnungsposten und der Gültigkeit ihrer Verrechnung sein Bewenden (GUGGENHEIM, 230). An dem Erfordernis einer materiell-rechtlichen Grundlage für die Gegenseite belastende Vorgänge ändert das Kontokorrentverhältnis grundsätzlich nichts; im Bestreitungsfall muss sie von der kontoführenden Partei nachgewiesen werden (BUCHER, AT, 412; **a.M.** BGE 108 II 314). Für die *Geltendmachung der Sicherheit* nach Art. 117 Abs. 3 bedarf es nebst des Nachweises von Bestand und fehlender Erfüllung auch desjenigen über den Bestand der Sicherheit im Zeitpunkt der Saldoziehung.

Der Gläubiger braucht seine **Klage** ausschliesslich auf das in der Saldoziehung liegende Schuldversprechen, nicht auf die zugrundeliegenden Einzelposten zu stützen (BGE 44 II 135). Die neue Forderung gibt einen selbständigen Klagegrund ab (ZR 1943, 20 f.).

VII. IPR

20 Nach bisheriger Rsp. richtete sich das geltende Recht und die von einer Bank aufgestellten Geschäftsregeln bei einem Kontokorrent zwischen Privatperson und Bank nach derem Geschäftssitz (BGE 100 II 208; 44 II 155; 44 II 492). Als Teilregelung eines Novationstatbestands folgt die in Art. 117 enthaltene Neuerung nach der Verweisung von Art. 148 Abs. 3 IPRG den *allgemeinen Bestimmungen von Art. 116 ff. IPRG* (vgl. Art. 116 N 15). Man darf aus der erwähnten Rsp. folgern, dass beim Kontokorrent die *rechnungsführende Partei* die charakteristische Leistung erbringt ETTER, 73) und damit das **Recht am Ort jener Geschäftsniederlassung** greift (Art. 117 Abs. 3 IPRG). Bei beidseitiger Gewerbsmässigkeit ist auf den engsten Zusammenhang abzustellen (IPRG-Kommentar-KELLER/KREN KOSTKIEWICZ, Art. 117 N 101).

Art. 118

D. Vereinigung

[1] Wenn die Eigenschaften des Gläubigers und des Schuldners in einer Person zusammentreffen, so gilt die Forderung als durch Vereinigung erloschen.

[2] Wird die Vereinigung rückgängig, so lebt die Forderung wieder auf.

[3] Vorbehalten bleiben die besondern Vorschriften über das Grundpfandrecht und die Wertpapiere.

D. Confusion

[1] L'obligation est éteinte par confusion, lorsque les qualités de créancier et de débiteur se trouvent réunies dans la même personne.

[2] L'obligation renaît, si la confusion vient à cesser.

[3] Sont réservées les dispositions spéciales sur le gage immobilier et les papiers-valeurs.

D. Confusione

[1] Quando le qualità di creditore e di debitore si riuniscono nella stessa persona, l'obbligazione si ritiene estinta per confusione.

[2] Risolvendosi questa riunione, l'obbligazione rinasce.

[3] Rimangono riservate le speciali disposizioni circa il pegno immobiliare e le cartevalori.

Literatur

DACKE, Der Untergang der Schuldverhältnisse durch Konfusion, Diss. Erlangen 1933; DOLDER, Haftung aus Geschäftsübernahme nach schweizerischem Recht, Diss. Basel 1923; GERNHUBER, Die Erfüllung und ihre Surrogate, Tübingen 1983, 384 ff.; KLEIN, Untergang der Obligation durch Zweckerreichung, Berlin 1905; KOHLER, Die anfängliche Einheit von Gläubiger und Schuldner, JZ 1983, 13 ff.; KRETSCHMAR, Die Theorie der Confusion, Leipzig 1899; NIEDERER, Kann der Drittpfandbesteller bei Vereinigung von Gläubiger und Schuldner die Löschung des Schuldbriefes verlangen?, SJZ 1935/36, 43 ff.; OERTLI, Zum Erwerb eigener Aktien, SZW 1994, 261 ff.; SCHWEDLER, Das Erlöschen der Schuldverhältnisse durch Vereinigung von Recht und Verbindlichkeit nach bürgerlichem Recht, Halle a.d. Saale 1897; WACKE, Gutgläubiger Vormerkungserwerb und Konfusion, NJW 1981, 1577 ff.

I. Allgemeines

Art. 118 regelt den Forderungsuntergang beim Zusammenfallen von Schuldner und Gläubiger hinsichtlich einer Obligation **(Konfusion)**, was mit der Unmöglichkeit der Erfüllung durch Zweckerreichung begründet wird (ZK-OSER/SCHÖNENBERGER, N 1; Zweck*erledigung*: VON BÜREN, AT, 495). Die Aussage von Abs. 1 ist selbstverständlich; ihr lässt sich auch «kein normativer Gehalt» entnehmen (BUCHER, AT, 406). Einschneidender erweisen sich die **Ausnahmeregeln von Abs. 2 und 3**, welche die Grundaussage ihrer Tragweite weitgehend berauben und von einem allgemeinen Untergangsgrund kaum mehr sprechen lassen. Insbesondere das Wiederaufleben der Forderung (Abs. 2) führt – auch vom Ergebnis her – dazu, besser von einer **blossen Sistierung** der Forderung als von einem vollständigen und endgültigen Untergangstatbestand zu sprechen (vgl. KELLER/SCHÖBI, IV, 201; «Schwebezeit»: ZK-AEPLI, N 37). 1

II. Anwendungsbereich

2 Die Norm findet sowohl auf eine **einzelne Forderung** als auch auf **ganze Rechtsverhältnisse** Anwendung (BK-Becker, N 3), sofern es sich um eine *Vermögensverschmelzung* handelt. Es bedarf somit des Zusammentreffens von Forderung und Schuld in derselben Vermögensmasse, was namentlich auch im *Ehe- und Erbrecht* Bedeutung erlangt. Die Norm beschränkt sich aber auf **obligatorische Ansprüche**; stehen dingliche Rechte in Frage, finden die sachenrechtlichen Sonderbestimmungen Anwendung, was Rückschlüsse auf die Wirkungen von Art. 118 nur mit Vorbehalt zulässt (vgl. Abs. 3; Engel, traité, 780). Der Rechtsgrund (vertraglich, ausservertraglich, erbrechtlich usw.) ist aber im Übrigen ebenso wie der konkrete Leistungsinhalt und die Modalitäten (fällig, bedingt, verjährt) ohne Belang (ZK-Aepli, N 11 ff.).

III. Voraussetzungen

3 Voraussetzung bildet zunächst das Zusammenfallen von **Schuldner und Gläubiger in einer Person**, was fehlt, wenn die Eigenschaften des Schuldners und *Mitschuldners* zusammentreffen. Das Zusammentreffen muss **nachträglich** erfolgen (fraglich deshalb BGE 103 II 139 = Pra 1977, 384 f.). Die Identität von Schuldner und Gläubiger kann durch *Gesamt- oder Einzelnachfolge* herbeigeführt worden sein, so bei Abtretung einer Forderung, deren Schuldner der Zessionar ist (vgl. auch BGE 118 II 390, Forderungszession des Vaters der Ehefrau an diese als Zuwendung auf Anrechnung an den Erbteil), bei *Beerbung* des Schuldners durch den Gläubiger oder umgekehrt, bei *Geschäftsübernahme* (Art. 181) mit Forderungen gegen den Übernehmer in den Aktiven oder Schulden an ihn in den Passiven, ebenso bei Forderungen und Schulden unter den Geschäften im Fall der *Geschäftsvereinigung* (Art. 182), bei der *Vereinigung der Verpächter- und Pächtereigenschaft* (BGE 118 II 445), beim Erwerb nicht voll liberierter eigener Aktien durch die AG und Fälligstellung (Art. 634a; Oertli, SZW 1994, 263). Wird dem betreibenden Gläubiger eine *gepfändete Forderung*, deren Schuldner er selbst ist, zugeschlagen, tritt Konfusion ein (BGE 109 III 63). Nicht selten dürfte ein Zusammenfallen im Bereich des *Versicherungsrechts* vorliegen, wenn nämlich ein Versicherer gleichzeitig als Unfallversicherer des Geschädigten und als Haftpflichtversicherer des Schadensverursachers auftritt (vgl. RVJ 1983, 174).

4 Die Konfusion setzt ein **Zusammenfallen in das gleiche Vermögen** voraus. Solange Forderung und Schuld *verschiedenen Vermögensmassen* zugehören, tritt keine Vereinigung ein, etwa bei *amtlicher Liquidation* (Art. 593 ff. ZGB) oder verschiedenen Massen des *Ehegüterrechts*, selbst wenn eine einzige Person Gläubiger und Schuldner ist. Beerbt der Schuldner seinen Gläubiger zusammen mit anderen Personen, gehört die Forderung – trotz Solidarhaft zugunsten der Gläubiger – in vollem Umfang zum *gemeinsamen Nachlass* und fällt erst mit der Teilung der Erbschaft unter die Wirkung von Art. 118 (BGE 71 II 221 = Pra 1946, 33; **a.M.** Engel, traité, 779). Wenn eine *Kollektivgesellschaft* eine Forderung gegen einen Gesellschafter erwirbt oder umgekehrt, liegt ebenfalls keine Vereinigung vor. Konfusion erfolgt aber, wenn der Gemeinschuldner während des Konkurses durch Erbgang eine *Konkursforderung* erwirbt, da diese Forderung zur Konkursmasse gehört (Art. 197 Abs. 2 SchKG; BGE 32 I 751).

5 Art. 118 bedingt neben der Identität von Gläubiger und Schuldner die **Identität der Schuld** (BGE 88 II 311 = Pra 1963, 14), was überhaupt das Bestehen der Schuld voraussetzt. Zudem muss das *volle Gläubigerrecht* auf den Schuldner übergegangen sein. Keine Vereinigung tritt daher ein bei Nutzniessung an eigener Schuld bzw. Pfandrecht an eigener Schuld, was nur den Zinsenlauf hemmt bzw. zur Hinterlegung berechtigt (Art. 773 f., Art. 906 ZGB analog). Die Konfusion erstreckt sich nur auf *Rechte und Verbindlichkeiten*; ist die Forderung suspensiv bedingt, schlägt sich dies auch auf die Vereinigung nieder (BK-Becker, N 4).

IV. Rechtsfolgen

1. Grundsatz (Abs. 1)

Vereinigung bewirkt den **Untergang der Forderung** (BGE 103 II 139 = Pra 1977, 384: «extinction totale»; BGE 118 II 445: «Dahinfallen des [Pacht]-Vertrages»), gleichzeitig auch das Erlöschen der Nebenrechte (Art. 114). Der Gesetzeswortlaut *(«gilt»)* erweckt dabei irreführend den Eindruck einer Fiktion; die Forderung *ist* ipso iure erloschen (ENGEL, traité, 777; VON TUHR/ESCHER, 187; vgl. französische Fassung «l' obligation est éteinte»). Die Forderung erlischt gegenüber jedermann, unabhängig eines allfälligen Interesses am Fortbestand (Vorbehalt N 7). Konfusion der Bürgschaftsforderung beeinflusst den Fortbestand der damit unverbürgten Forderung nicht, wohl aber zieht die Identität von Hauptschuldner und Bürgen das Dahinfallen der Bürgschaftsforderung nach sich, da keine fremde Schuld mehr besteht. Erfasst das Zusammentreffen nur einen **Teil der Forderung**, bleibt sie im Umfang des nicht vereinigten Teils bestehen. Im Fall der *Solidarschuldner- oder Solidargläubigerschaft* vermag die in der Person eines Beteiligten eintretende Vereinigung im Innen- oder Aussenverhältnis die Forderungen bzw. Verpflichtungen der anderen weder zu erhöhen noch herabzusetzen. Bei einer *unteilbaren Leistung* kann aber der Beteiligte, auf dem sich Schuldner- und Gläubigereigenschaft vereinigen, die ganze Leistung von seinen Mitschuldnern fordern, allerdings unter Zuhaltung allfälliger Regressentschädigung (BK-BECKER, N 8). 6

Die **Rechte Dritter an der Forderung** werden von der Vereinigung nicht beeinträchtigt. Bei der *Nutzniessung* sind die Zinsen an den Nutzniesser weiterhin zu bezahlen, beim *Pfandrecht* stehen dem Pfandgläubiger seine daraus fliessenden Rechte weiterhin offen (GAUCH/SCHLUEP/SCHMID/EMMENEGGER, N 3193 f.). Für die Berechnung der *Verfügungsfreiheit* (Art. 470 und 486 ZGB) erfolgt eine Berücksichtigung der durch Vereinigung untergegangenen Beträge (ZK-OSER/SCHÖNENBERGER, N 6). Im Übrigen braucht das Recht des Dritten kein dingliches zu sein; er bleibt auch bei obligatorischen Rechten vor Benachteiligung geschützt. 7

2. Wiederaufleben (Abs. 2)

Als gewichtige **Ausnahme** vom Grundsatz des definitiven Untergangs *«lebt die Forderung wieder auf»*, wenn die **Vereinigung rückgängig** (Art. 118 Abs. 2), mithin also der die Vereinigung bewirkende Rechtsakt *nachträglich hinfällig* wird. Diese Vorschrift scheint vornehmlich auf *Tatbestände des Erbrechts* zugeschnitten, welche eine Rückabwicklung eintreten lassen: Ausschlagung der Erbschaft (Art. 566 ff. ZGB), Erbunwürdigerklärung (Art. 540 ff. ZGB), Ungültigkeit oder späterer Widerruf einer letztwilligen Verfügung zugunsten einer Person (Art. 469, 519 ff., 509 ff. ZGB), Eintritt der Nacherbfolge (Art. 492 ZGB); daneben allgemein bei Eintritt einer Resolutivbedingung, unter welcher der Rechtsakt vorgenommen worden war. Das Wiederaufleben umfasst auch die nach Art. 114 miterloschenen **Nebenrechte**, allerdings nur soweit deren besondere Voraussetzungen (z.B. Besitz beim Fahrnispfand) noch vorliegen; sonst bedarf es der Neubegründung. Ebenso setzt der während der Schwebezeit angehaltene *Verjährungsfristenlauf* wieder ein (ZK-AEPLI, N 40). *Kein Wiederaufleben* ist aber anzunehmen, wenn die Trennung von Gläubiger- und Schuldnerstellung auf einer *erst nach Vollendung* der Vereinigung begründeten Rechtslage beruht (z.B. Vereinigung in der Person des Erben und späterer Verkauf des Nachlasses, BK-BECKER, N 10; Zession einer durch Vereinigung erloschenen Forderung auf einen Dritten, GAUCH/SCHLUEP/SCHMID/EMMENEGGER, N 3191). 8

3. Vorbehalt bei Grundpfandrechten und Wertpapieren (Abs. 3)

Die Vereinigung wirkt nach der **Ausnahmeregelung** von Abs. 3 nicht als Untergangsgrund: 9

a) Beim Grundpfandrecht

Als Folge des Kreditbeschaffungszwecks steht es dem Schuldner beim Schuldbrief frei, nach Wegfall des Gläubigers den Eintrag im Grundbuch löschen oder stehen zu lassen bzw. den Schuldbrief weiterzuverwenden (Art. 854 ZGB; vgl. Art. 859 Abs. 2, Art. 863 aZGB bezüglich Schuldbrief und Gült) Die Übertragung des Titels verschafft dem Dritten gleiche Gläubigerstellung, wie sie vor Vereinigung bestand (zum alten Recht BGE 115 II 149 = Pra 1989, 970 ff.).

b) Bei Wertpapieren

10 Der Vorbehalt bezieht sich auf Art. 1001 Abs. 3 und Art. 1108 Abs. 3, wonach ein Wechsel – und ihm gleichgestellte Papiere – auch auf Personen übertragbar bleibt, die bereits aus dem Wechsel verpflichtet sind, und damit keiner Einschränkung der Weiterindossierbarkeit unterworfen wird. Aus der Umlauffunktion der Wertpapiere fliesst kein Erlöschen, sondern ein «Ruhen» als vorübergehender Zustand, bis durch Weitergabe des Papiers wieder eine Trennung von Schuldner und Gläubiger eintritt (von Tuhr/Escher, 190; RG 147, 243; für bloss «*scheinbare* Ausnahme» von Büren, AT, 497). Bestellte Sicherheiten bleiben während der Ruhephase bestehen.

V. Abweichende Vereinbarungen

11 Das **Wiederaufleben** der Forderung (Abs. 2) und namentlich der Nebenrechte ist **dispositiv** und lässt sich durch Parteivereinbarung *vorgängig* ausschliessen. Abgesehen von den in Abs. 2 erfassten Fällen kann jedoch eine *definitiv eingetretene Vereinigung* durch Parteiwillen *nicht mehr rückgängig* gemacht werden (von Tuhr/Escher, 189). Die Vereinbarung einer *rückwirkenden Entstehung* der Obligation auf den Zeitpunkt des Konfusionsvorgangs ist den Parteien verwehrt (ZK-Aepli, N 35; vgl. BGE 99 II 300). Durch Pfandvertrag soll aber die Möglichkeit bestehen bleiben, das Faustpfandrecht an einem Eigentümertitel auch auf vor Verpfändung fällig gewordene Titelzinse auszudehnen und damit die *Konfusionswirkung auszuschliessen* (BGE 44 II 252).

VI. Prozessuales

12 Wer Vereinigung behauptet, den trifft die **Beweislast** für den entsprechenden Vorgang. Ist dieser ersichtlich, so findet Art. 118 auch ohne ausdrückliche Anrufung durch die Parteien Anwendung (vgl. BGE 88 II 311; ZK-Aepli, N 25).

Der Untergang einer eingeklagten Forderung durch Konfusion (z.B. bei Erwerb der eingeklagten Forderung durch den Beklagten) lässt das Streitobjekt entfallen und zieht somit **Gegenstandslosigkeit des Prozesses** nach sich. Der Prozess ist als gegenstandslos abzuschreiben, sofern kein Zweifel an der Rechtsgültigkeit des die Vereinigung bewirkenden Rechtsaktes besteht (ZR 1948, 198 f.).

VII. IPR

13 Die unterschiedlichen Tatbestände, welche eine Vereinigung bewirken, erlauben keine (einheitliche) Anknüpfung an das Recht der Forderung; ob die Forderung bestehen bleibt oder durch Vereinigung untergeht, ist vielmehr nach dem **Recht des zugrundeliegenden Rechtsverhältnisses** zu entscheiden (bspw. Erbstatut, Güterrechtsstatut, Gesellschaftsstatut; IPRG-Kommentar-Keller/Girsberger, Art. 148 N 73).

Art. 119

E. Unmöglichwerden einer Leistung

[1] Soweit durch Umstände, die der Schuldner nicht zu verantworten hat, seine Leistung unmöglich geworden ist, gilt die Forderung als erloschen.

[2] Bei zweiseitigen Verträgen haftet der hienach freigewordene Schuldner für die bereits empfangene Gegenleistung aus ungerechtfertigter Bereicherung und verliert die noch nicht erfüllte Gegenforderung.

[3] Ausgenommen sind die Fälle, in denen die Gefahr nach Gesetzesvorschrift oder nach dem Inhalt des Vertrages vor der Erfüllung auf den Gläubiger übergeht.

E. Impossibilité de l'exécution

[1] L'obligation s'éteint lorsque l'exécution en devient impossible par suite de circonstances non imputables au débiteur.

[2] Dans les contrats bilatéraux, le débiteur ainsi libéré est tenu de restituer, selon les règles de l'enrichissement illégitime, ce qu'il a déjà reçu et il ne peut plus réclamer ce qui lui restait dû.

[3] Sont exceptés les cas dans lesquels la loi ou le contrat mettent les risques à la charge du créancier avant même que l'obligation soit exécutée.

E. Impossibilità dell'adempimento

[1] L'obbligazione si ritiene estinta se ne sia divenuto impossibile l'adempimento per circostanze non imputabili al debitore.

[2] Nei contratti bilaterali il debitore così liberato è tenuto di restituire, secondo le norme dell'indebito arricchimento, la controprestazione già ricevuta e non può più chiedere quanto gli sarebbe ancora dovuto.

[3] Sono eccettuati i casi in cui per disposizione di legge o secondo il tenore del contratto il rischio è passato a carico del creditore prima dell'adempimento.

Literatur

BARTH, Schadenersatz bei nachträglicher Unmöglichkeit der Erfüllung unter dem Gesamtaspekt des Schadenersatzes infolge Vertragsverletzung, Diss. Zürich 1957; CANARIS, Die Einstandspflicht des Gattungsschuldners und die Übernahme eines Beschaffungsrisikos nach § 276 BGB, in: FS Wiegand, Bern/München 2005, 179 ff.; HARTMANN, Die Rückabwicklung von Schuldverträgen, Kritischer Vergleich der Rechtslagen bei Entstehungs- und Erfüllungsmängeln, Zürich/Basel/Genf 2005; KÄLIN, Unmöglichkeit der Leistung nach Art. 119 OR und clausula rebus sic stantibus, recht 2004, 246 ff.; KELLER, Die Gefahrtragungsregeln im Obligationenrecht, AJP 2003, 1152 ff.; KELLER/FISCHER, Mechanismus der Gefahrtragung des Käufers. Eine dogmatische Analyse, in: FS für Paul Piotet, Bern 1990, 137 ff.; KLEY, Unmöglichkeit und Pflichtverletzung, Berlin 2001; PICHONNAZ, Impossibilité et exorbitance, Diss. Freiburg i.Ue. 1997; REINHARD, Die beiderseits zu vertretende Unmöglichkeit im Synallagma, Berlin 1998; RIMLE, Der erfüllte Schuldvertrag, Diss. Freiburg 1995; ROHDE, Die Unmöglichkeit der Leistung bei Gattungsschulden, Diss. Würzburg 1973; SEICHTER, Beiderseits zu vertretende Unmöglichkeit beim gegenseitigen Vertrag, Diss. Hamburg 1971; ZELLWEGER-GUTKNECHT, Die Gewähr: Risikoverantwortlichkeit als Anspruchsgrund zwischen Verschuldenshaftung und Gefahrtragung, Diss. Bern 2007; vgl. die Literaturhinweise zu Art. 97–109.

I. Normzweck und Bedeutung

1. Die Vorschrift regelt die Rechtsfolgen der **nachträglichen** (vgl. Art. 97 N 8) *rechtlichen* oder *tatsächlichen, teilweisen* oder *vollkommenen, dauernden*, **nicht vom Schuldner zu verantwortenden Unmöglichkeit**; sie bildet eine *Korrespondenznorm zu Art. 97*. Wie bei diesem kommt es nicht darauf an, ob es sich um eine *objektive* oder eine *subjektive* Unmöglichkeit handelt (sog. Unvermögen). Mit den beiden Regelungen werden die Tatbestände der Nichterfüllung der Verpflichtung erfasst und die Verantwortungsbereiche gegeneinander abgegrenzt. Diese komplementäre Funktion ist für ihre Interpretation wichtig. Das muss deshalb besonders betont werden, weil die beiden Normen aus gesetzestechnischen Erwägungen verschiedenen Titeln zugeordnet sind. Die nicht zu verantwortende Unmöglichkeit wurde, obwohl es sich um eine Leistungsstörung handelt, im 3. Titel platziert, und zwar deshalb, weil die Rechtsfolge dieses Tatbestandes im Vordergrund stand. 1

2 2. Art. 119 Abs. 1 sieht vor, dass bei nicht zu verantwortender Unmöglichkeit die Forderung des Gläubigers bzw. die Leistungspflicht des Schuldners *erlischt*. Die Regelung ist von erheblicher Bedeutung; denn danach trägt der Gläubiger grundsätzlich das Risiko der Erbringbarkeit der Leistung. Dieser sog. **Leistungsgefahr** – im Hinblick auf die traditionell im Vordergrund stehenden Veräusserungsverträge auch als *Sachgefahr* bezeichnet – korrespondiert bei zweiseitigen Verträgen die **Gegenleistungs-** oder **Preisgefahr**. Diese trägt der von der Leistungspflicht befreite Schuldner, der gem. Abs. 2 entweder *die nicht erfüllte Gegenforderung* verliert oder eine bereits *empfangene Gegenleistung* zurückgewähren muss.

Die Regelung der Leistungsgefahr in Abs. 1 gilt für alle Schuldformen, und damit auch für die **Gattungsschuld**, was in Literatur und Rechtsprechung nicht immer klar gesehen wird (vgl. auch die Erläuterungen zu Art. 97 N 20 f.). Bei dieser stellt sich allein die (bei der Stückschuld nicht auftretende) Frage, wann die Sachgefahr auf den Gläubiger übergeht. Das Schweizer Recht enthält dazu (im Gegensatz zum BGB § 243) keine Regelung. Gelegentlich wird zwar auf Art. 185 Abs. 2 verwiesen, was jedoch schon aus systematischen Gründen verfehlt ist: Die Vorschrift betrifft nur die Preisgefahr (vgl. BGer, 8.2.2010, 4A_601/2009, E. 3.2.2; s. N 10) und erfasst zudem nicht alle Konstellationen. Massgeblich ist vielmehr der nach dem Vertrag zu bestimmende Zeitpunkt, an dem sich die auf die Gattung bezogene Leistungspflicht auf den zur Erfüllung bestimmten Gegenstand beschränkt. Dazu ist eine hinreichende Aussonderung erforderlich, aber nicht für alle Schuldformen genügend. Bei der Versendungsschuld geht die Leistungsgefahr erst bei Aufgabe oder Aushändigung an das Transportpersonal über, während bei der Bringschuld die Sachgefahr bis zur Anbietung der Leistung am Erfüllungsort beim Schuldner verbleibt. Als Faustregel kann gelten, was § 243 BGB sinngemäss festhält: Hat der Schuldner einer Sache das nach dem Vertrag Erforderliche getan, so beschränkt sich seine Leistungspflicht auf diese Sache.

3 3. In Art. 119 werden damit folgende *Grundprinzipien der Risikoverteilung* bei der Erfüllung von Obligationen festgelegt: Jeder trägt prinzipiell das **Risiko** für die **Erbringbarkeit der ihm versprochenen Leistung**. Bei *synallagmatischen Verpflichtungen* führt die Befreiung von der eigenen Leistungspflicht zum Verlust des Anspruchs auf die Gegenleistung, weil beide sich wechselseitig bedingen. Diese Gefahrtragungsregeln kommen nur zur Anwendung:
- wenn weder der Schuldner noch der Gläubiger die Unmöglichkeit zu verantworten hat, somit Drittverschulden oder Zufall vorliegt;
- sofern nicht eine Ausnahmeregelung eingreift (vgl. Abs. 3, N 10).

II. Anwendungsbereich

4 Art. 119 ist für vertragliche Obligationen konzipiert. Seine Grundgedanken sind jedoch auf *alle Schuldverhältnisse* anzuwenden (ZK-Aepli, N 25 m.Nw.).

Art. 119 betrifft nur jeweils die einzelne Obligation; es erlischt die Forderung auf Leistung (Abs. 1) und ggf. die Forderung auf die Gegenleistung (Abs. 2), nicht aber das Schuldverhältnis als solches (h.M., so ZK-Aepli, N 8 m.Nw.). Daraus ergeben sich folgende Konsequenzen: die Pflicht zur Herausgabe des *stellvertretenden Commodums* als Abwicklung des Vertrages (N 15) und die Fortdauer der Neben- und Verhaltenspflichten während der Abwicklung (N 12 und Einl. zu Art. 97–109 N 6 ff.). Werden in der Phase der Abwicklung Pflichten verletzt, so liegt eine positive Vertragsverletzung vor, die nach Art. 97 ff. zu beurteilen ist (mit Anwendung von Art. 101) und den vertraglichen Verjährungsregeln unterliegt. Konsequenterweise müsste dann auch die Forderung auf Rückgewähr der bereits erhaltenen Gegenleistung als vertraglicher Anspruch qualifiziert werden (dazu N 18; vgl. auch BGE 107 II 148 = Pra 1981, 464 f.; ZK-Aepli, N 8 m.Nw.; Bucher, AT, 417; **a.A.** BGE 88 II 203).

III. Voraussetzungen

1. Die Leistung muss **unmöglich geworden sein, ohne dass der Schuldner dafür die Verantwortung trägt**. Das Gesetz definiert den Begriff der Unmöglichkeit nicht, sondern setzt ihn, wie in Art. 97, als bekannt voraus. Grundsätzlich liegt Unmöglichkeit vor, *wenn die Erfüllung überhaupt nicht mehr (objektive Unmöglichkeit) oder nicht mehr durch den Schuldner (subjektive Unmöglichkeit/Unvermögen) erfolgen kann* (WIEGAND, recht 1983, 1; andere Umschreibungen bei ZK-AEPLI, N 41 f. m.Nw.; vgl. auch CHK-KILLIAS/WIGET, N 1 ff.; KUKO OR-THIER, N 3; Handkomm-OR-COMETTA, N 3; vgl. BGer, 2.10.2012, 4A_189/2012, E. 5.2). Im Übrigen gelten die bei Art. 97 entwickelten Kriterien und Einteilungen (vgl. Art. 97 N 7 ff.). Ein geradezu exemplarischer Fall findet sich in BGE 126 III 80, dessen Qualifizierung als subjektive Unmöglichkeit allerdings problematisch ist (dazu WIEGAND, ZBJV 2002, 320 f.). 5

Nicht unter Art. 119 fällt die Unmöglichkeit, die Leistung infolge *Zweckerreichung* (z.B. gestrandetes Schiff wird durch Flut befreit) oder *Zweckfortfalls* (z.B. zu renovierender Bauernhof wird durch Lawine zerstört) entgegenzunehmen. Die Lösung dieser – allerdings meist sehr akademischen – Fälle ist umstritten. Sachgerecht erscheint eine analoge Anwendung von Art. 378. Danach behält der Schuldner seinen Anspruch auf Vergütung, wobei er sich Ersparnisse und anderweitig erlangte Vorteile anrechnen lassen muss (so auch GAUCH/SCHLUEP/SCHMID/EMMENEGGER, N 2561 unter Bezugnahme auf VON TUHR/ESCHER, 134 m.Nw. und das deutsche Recht, vgl. dazu den neu gefassten § 326 Abs. 2 BGB sowie von Staudinger-OTTO [2009], § 326 N C-52 f. und zum alten Recht, von Staudinger-LÖWISCH [2001], § 275 BGB N 12f). Auch die verwandten Institute des Zweckfortfalls und der Zweckerreichung, die *clausula rebus sic stantibus* (dazu eingehend Art. 18 N 95 ff.) und der *Wegfall der Geschäftsgrundlage* (in der Schweiz nur teilweise von der Literatur anerkannt, im neu gefassten deutschen BGB ausdrücklich geregelt in § 313) fallen nicht unter Art. 119. Vielmehr sind die gestörten Verträge durch den Richter anzupassen. Einen Sonderfall der Zweckerreichung enthält Art. 545 Abs. 1 Ziff. 1, wonach die Erreichung des Gesellschaftszwecks zur automatischen Auflösung der Gesellschaft führt. Dieselbe Rechtsfolge tritt ein, wenn der Gesellschaftszweck unmöglich wird. Letzteres zeigt die enge Verwandtschaft von Zweckerreichung und Unmöglichkeit. 6

Probleme können bei der Ermittlung des genauen **Zeitpunktes** der (nachträglichen) Unmöglichkeit auftreten. Generell tritt die Unmöglichkeit in jenem Moment ein, in dem der Schuldner nicht mehr erfüllen kann (die blosse Möglichkeit ihres Eintritts genügt hingegen nicht, vgl. BGE 25 II 362). Wann dieser genau gegeben ist, ist im Einzelfall unter Berücksichtigung der konkreten Umstände zu ermitteln (vgl. ZK-AEPLI, N 55; BUCHER, AT, 339). 7

2. Weiter wird vorausgesetzt, dass der **Schuldner** das Unmöglichwerden der Leistung **nicht zu verantworten** hat oder, m.a.W., dass es **nicht seinem Risikobereich zuzuordnen** ist. Ob dies zutrifft, ist nach den die Verantwortung des Schuldners umschreibenden Regeln, insb. nach Art. 97, 101 und 103, zu bestimmen. Art. 119 gelangt also erst zur Anwendung, sofern eine Haftung des Schuldners für die Unmöglichkeit nach diesen Vorschriften nicht in Betracht kommt. Damit werden die Risikobereiche der Beteiligten gegeneinander abgegrenzt; die Rechtsfolgen von Art. 119 (Befreiung von der Leistungspflicht) treten nur dann ein, wenn die Unmöglichkeit dem Schuldner in keiner Weise zugerechnet werden kann. 8

Deshalb kommt Art. 119 *nicht zur Anwendung* bei Haftung des Schuldners:
- aus (eigenem) Verschulden (vgl. z.B. BGE 111 II 352; BGer, 16.1.2012, 5A_562/2011, E. 4.3);
- für Hilfspersonen gem. Art. 101 (vgl. z.B. BGE 116 II 308);
- für Zufall oder höhere Gewalt gem. Art. 103 (vgl. z.B. BGE 44 II 71);
- nach besonderen Vorschriften (z.B. Art. 299b, 306 Abs. 3, Art. 474 Abs. 2, Art. 487, 490; vgl. GAUCH/SCHLUEP/SCHMID/EMMENEGGER, N 2987);

– aus Abreden über die Verantwortlichkeit (vgl. ZK-Aepli, N 59);
– aus Billigkeit gem. Art. 54 (vgl. z.B. BGE 102 II 230).

9 3. **Art. 119 Abs. 2** regelt die Wirkungen der (vom Schuldner nicht zu verantwortenden) Unmöglichkeit bei **zweiseitigen Verträgen**. Gemeint sind damit sog. *vollkommen zweiseitige (synallagmatische) Verträge*, deren Leistung und Gegenleistung in einem Austauschverhältnis stehen (vgl. ZK-Aepli, N 69 f.; zu den Rechtsfolgen s.a. N 18).

10 Gemäss **Art. 119 Abs. 3** sind von der Regelung des Abs. 2 jene Fälle ausgenommen, *in denen die Gefahr nach Gesetzesvorschrift oder nach dem Inhalt des Vertrages vor der Erfüllung auf den Gläubiger übergeht.* Diese Bestimmung ist an sich selbstverständlich und überflüssig zugleich (vgl. Bucher, AT, 417), denn sie verweist nur auf Sonderregelungen, die nach dem Spezialitätsprinzip sowieso Vorrang hätten (vgl. Art. 185 Abs. 1, Art. 324a, Art. 390 Abs. 1, Art. 418m Abs. 2, Art. 531 Abs. 3; ausführlich zu den Gesetzesvorschriften bzw. Vereinbarungen ZK-Aepli, N 96 ff. bzw. 101 f.; zu Art. 324a: BGer, 23.10.2006, 4C.155/2006, E. 6.1.1; BGE 126 III 75, dazu Wiegand, ZBJV 2002, 320 ff.). Die Bedeutung von Art. 119 Abs. 3 besteht infolgedessen nur in einer Klarstellung. Die Vorschrift knüpft an Abs. 2 an, der die Gegenleistungs- oder Preisgefahr betrifft (vgl. N 2). Folgerichtig spricht Abs. 3 von der **Gefahr**, die ausnahmsweise auf den Gläubiger übergeht – gemeint ist auch hier die *Preisgefahr.* Zugleich ist damit klargestellt, dass der *Begriff der Gefahr im OR nur verwendet wird*, wenn eine *nicht zu verantwortende Unmöglichkeit* vorliegt; dies ist v.a. für die Interpretation von Art. 185 zu beachten, der richtigerweise nur auf die Preisgefahr anzuwenden ist (vgl. N 2).

IV. Rechtsfolgen

11 1. Hat der Schuldner die Unmöglichkeit der Leistung nicht zu verantworten, so geht die *Forderung* im Zeitpunkt des Unmöglichkeitseintritts *von Gesetzes wegen unter.* Damit ist der Schuldner befreit, und der Gläubiger verliert seinen Anspruch endgültig (sofern die Unmöglichkeit eine dauernde ist; vgl. Art. 97 N 16) und ohne dass es irgendeiner Erklärung bedürfte. Anders als in Art. 97 wird der Schuldner *von jeglicher Verpflichtung befreit*, insb. entstehen keine sekundären Leistungspflichten (vgl. Art. 97 N 47; zum Sonderfall des stellvertretenden Commodums vgl. N 15 ff.). *Der Gläubiger trägt somit die Leistungsgefahr* (vgl. N 2; ZK-Aepli, N 66; Bucher, AT, 422; CHK-Killias/Wiget, N 16; KUKO OR-Thier, N 4 ff.).

12 Im Zusammenhang mit der Unmöglichkeit können sich indessen neue **Pflichten** ergeben. Zum einen ist der Schuldner verpflichtet, den Schaden des Gläubigers möglichst gering zu halten, z.B. indem er alle zur Rettung des Leistungsgegenstandes zumutbaren Massnahmen vorkehrt (vgl. Bucher, AT, 423; BK-Becker, N 11). Zum andern obliegt es ihm, den Gläubiger über die eingetretene Unmöglichkeit zu informieren (nach ZK-Aepli, N 104 ab deren Kenntnis; nach Bucher, AT, 423 bereits bei Wahrscheinlichkeit des Unmöglichkeitseintritts; vgl. von Tuhr/Escher, 131; BK-Becker, N 10). Ausnahmsweise hat der Gläubiger die Pflicht, den Schuldner über die eingetretene Unmöglichkeit zu informieren, wenn Grund zur Annahme besteht, dass der Schuldner vom Unmöglichwerden der Leistung nichts weiss (vgl. ZR 1934, 76 f.; ZK-Aepli, N 107). Diese Verhaltenspflichten ergeben sich schon aus dem Umstand, dass das Schuldverhältnis noch andauert (N 2), und bedürfen deshalb nicht der Begründung aus «Treu und Glauben».

13 Ist die Leistung des Schuldners (ohne dessen Verantwortung) nur *teilweise unmöglich* geworden, erlischt sie analog Art. 119 Abs. 1 auch nur anteilsmässig (vgl. ZR 1985, 318). Daneben bleibt die Restforderung unter entsprechender Reduktion der Gegenleistung grundsätzlich bestehen (vgl. ZK-Aepli, N 111; Gauch/Schluep/Schmid/Emmenegger, N 2604 ff.). Ist die Annahme der noch möglichen Teilleistung dem Gläubiger hingegen nicht mehr zumutbar, geht die ganze Obligation unter (vgl. Bucher, AT, 420; ZK-Aepli, N 115).

2. *In Art. 119 nicht explizit geregelt* sind jene Fälle, in denen entweder nur der Gläubiger oder beide Parteien die Verantwortung für den Eintritt der Unmöglichkeit tragen (BGE 114 II 277; zum Folgenden BGE 122 III 70). **14**

a) Hat der **Gläubiger** *die Unmöglichkeit zu verantworten*, so wird der Schuldner nach h.L. und Rechtsprechung so gestellt, wie wenn er bereits erfüllt hätte; seine Leistungspflicht erlischt, nicht aber die Gegenleistungspflicht des Gläubigers (BJM 1986, 258 ff.; ZR 1909, 313; ZK-AEPLI, N 150 f. m.Nw.). Dabei hat sich der Schuldner – in analoger Anwendung von Art. 264 Abs. 3 und 324 Abs. 2 sowie des neu gefassten § 326 Abs. 2 BGB – eventuelle Vorteile und Ersparnisse, die mit der Befreiung verbunden sind, anrechnen zu lassen. Darüber hinaus hat der Gläubiger auch einen Anspruch auf jene Ersatzleistungen, die dem Schuldner wegen der Unmöglichkeit von dritter Seite zukommen (sog. stellvertretendes Commodum; vgl. dazu N 15 ff.).

b) Tragen **beide Parteien** die Verantwortung für die Unmöglichkeit, so liegt kein Fall von Art. 119, sondern von Art. 97 i.V.m. Art. 44 vor (vgl. dazu ausführlich Art. 97 N 24).

3. Art. 119 enthält – im Gegensatz zum BGB – keine Regelung für den Fall, dass der Schuldner infolge des Umstandes, welcher die Leistung unmöglich macht, für den geschuldeten Gegenstand einen Ersatz oder einen Ersatzanspruch gegen einen Dritten erlangt (so § 285 BGB). Dieses sog. **stellvertretende Commodum** ist an den Gläubiger herauszugeben. Voraussetzung ist nur, dass zwischen der Erlangung des stellvertretenden Commodums und dem Unmöglichkeitseintritt ein enger wirtschaftlicher, nicht unbedingt aber ein rechtlicher und adäquater Zusammenhang besteht (ZK-AEPLI, N 127 m.Nw.). Unerheblich ist dagegen, ob der Schuldner die Unmöglichkeit zu verantworten hat oder dem Gläubiger ein Schaden entstanden ist (so BGE 51 II 176; 46 II 438; abw. 43 II 234; unklar 112 II 240; BGer, 11.1.2005, 4C.199/2004; BUCHER, AT, 425 m.Nw.; ZK-AEPLI, N 138 m.Nw.). Allerdings ist der rechtliche Subsumtionsvorgang verschieden. Wie bei allen Unmöglichkeitsfällen ist zunächst zu prüfen, ob der Schuldner die Unmöglichkeit zu verantworten und der Gläubiger einen Schaden erlitten hat. In diesem Fall kommen die Art. 97, 103 oder 107 zur Anwendung und der Gläubiger kann statt des (als sekundäre Leistungspflicht) geschuldeten Schadensersatzes das stellvertretende Commodum verlangen. Fehlt es am Verschulden oder tritt kein Schaden ein, kommt Art. 119 zur Anwendung. Die Leistung des Surrogates beruht dann aber auf der ursprünglichen Leistungspflicht. Der Gläubiger ist zur Annahme des Surrogats nicht verpflichtet; er kann darauf verzichten (z.B. weil ihm das Behalten seiner Leistung angemessener erscheint). Nimmt er die Leistung jedoch entgegen oder macht er sie seinerseits geltend, so bleibt seine Leistungspflicht grundsätzlich bestehen. Art. 119 Abs. 2 findet dann keine Anwendung (vgl. ZK-AEPLI, N 144; BUCHER, AT, 426; VON TUHR/ESCHER, 131; zur richtigen Begründung s. N 2). Sobald ein Anspruch auf das stellvertretende Commodum besteht, kann der Gläubiger dessen Abtretung verlangen (vgl. BGE 112 II 239; 51 II 176; GAUCH/SCHLUEP/SCHMID/EMMENEGGER, N 2595 ff. m.Nw.; CHK-KILLIAS/WIGET, N 27). **15**

Umstritten ist, in welchem *Ausmass dem Gläubiger die Ersatzleistung zusteht*. Erreicht sie den Wert der ursprünglichen Leistung nicht, so führt das zu einer verhältnismässigen Reduktion der Gegenleistung des Gläubigers (vgl. ZK-AEPLI, N 146; BUCHER, AT, 426 m.Nw.; **a.A.** VON TUHR/ESCHER, 133 FN 16). Übersteigt sie jedoch den Wert der unmöglich gewordenen Leistung, so hat der Gläubiger nach h.M. ohne entsprechende Erhöhung seiner Leistung dennoch Anspruch auf die ganze Ersatzleistung (vgl. ZK-AEPLI, N 147 m.Nw.; CHK-KILLIAS/WIGET, N 29; **a.A.** KELLER/SCHÖBI, IV, 189; differenzierend BUCHER, AT, 427). **16**

Beispiele: **17**

a) Versicherungssummen, die der Schuldner infolge des Untergangs oder der Beschädigung des Vertragsgegenstandes bezieht (z.B. BGE 51 II 176; SJZ 1983, 215 f.);
b) Entschädigungen, die für Enteignung oder Beschlagnahme der Sache gewährt werden (z.B. BGE 43 II 234; ZR 1921, 235);

c) *Schadenersatzansprüche* gegen Dritte aus unerlaubter Handlung (vgl. VON TUHR/ESCHER, 132);

d) Verkaufserlös, den der Schuldner durch Veräusserung des Vertragsgegenstandes in entschuldbarem Irrtum und dadurch eintretende Unmöglichkeit erzielt (vgl. VON TUHR/ESCHER, 132); bei bewusstem Doppelverkauf liegt ein Fall von Art. 97 vor, der Gläubiger kann dann den Verkaufserlös als Schadenersatz beanspruchen.

18 4. Bei zweiseitigen Verträgen bewirkt die Unmöglichkeit, dass der seinerseits freigewordene Schuldner für die bereits empfangene Gegenleistung aus ungerechtfertigter Bereicherung haftet und die noch nicht erfüllte Gegenforderung verliert (Art. 119 Abs. 2; beides gilt entsprechend für die Teilunmöglichkeit; vgl. auch N 13). Es sind also zwei Konstellationen zu unterscheiden: Nach der ersten hat der Gläubiger seine Gegenleistung im Zeitpunkt des Unmöglichkeitseintritts bereits erbracht, nach der zweiten ist sie noch ausstehend.

a) Hat der Gläubiger seine *Gegenleistung bereits erbracht*, haftet der freigewordene Schuldner dafür aus **ungerechtfertigter Bereicherung**. Es handelt sich um eine Bereicherung wegen eines nachträglich weggefallenen Grundes (condictio ob causam finitam, vgl. Art. 62 N 32; es kommt also nicht Art. 63 zur Anwendung!).

Dass die bereits empfangene Leistung zurückgewährt werden muss, entspricht zwar der Konzeption des gegenseitigen Vertrages als eines Gebildes, in dem die wechselseitigen Leistungsversprechen einander bedingen, weshalb das Erlöschen der einen Verpflichtung mit Notwendigkeit auch den Verlust des Anspruchs auf die Gegenleistung mit sich bringt (vgl. SJZ 1985, 181 f.). Inwieweit aber die vom Gesetzgeber (in Anlehnung an das BGB § 326; dazu BUCHER, AT, 423) gewählte bereicherungsrechtliche Lösung sachgerecht war, ist umstritten. Übereinstimmung besteht darüber, dass die Regeln des Bereicherungsrechts restriktiv anzuwenden sind. Hinsichtlich Art. 64 empfiehlt die Lehre zurückhaltende Anwendung (vgl. GAUCH/SCHLUEP/SCHMID/EMMENEGGER, N 2542 f.; BUCHER, AT, 422). In Bezug auf Art. 67 sind die Meinungen geteilt (für die Anwendbarkeit von Art. 67: BGE 63 II 258; VON TUHR/ESCHER, 133 f.; Handkomm-OR-COMETTA, Art. 119 N 9; **a.A.** ZK-AEPLI, N 81 m.Nw.; BUCHER, AT, 423; GAUCH/SCHLUEP/SCHMID/EMMENEGGER, N 2547). In zunehmendem Masse wird jedoch eine gänzliche Unterstellung des Anspruchs unter das Vertragsrecht befürwortet, wie dies durch BGE 114 II 152 ff. für die Anwendung des Art. 109 Abs. 1 (dazu Art. 109 N 4) geschehen ist (so etwa GAUCH, recht 1989, 122 ff.; WIEGAND, recht 1984, 13 ff. sowie BUCHER, AT, 423; vgl. auch RIMLE, 158 f.; tendenziell in diesem Sinne jetzt auch BGE 126 III 122; dazu WIEGAND ZBJV 2002, 317; bestätigt in BGer, 1.6.2006, 5C.59/2006). Dass die Ausweitung des Vertragsrechts auf diesen Rückabwicklungsanspruch sachgerecht ist, ergibt sich allein schon daraus, dass das Schuldverhältnis andauert und deshalb nach vertragsrechtlichen Regeln abzuwickeln ist (s. N 4). Hinzu kommt, dass eine weitgehende Harmonisierung der Abwicklung bei gescheiterten Verträgen jedenfalls anzustreben ist (WIEGAND, recht 1989, 101 ff.; dem zustimmend GAUCH/SCHLUEP/SCHMID/EMMENEGGER, N 2804 f. und SCHWENZER, N 64.16; CR CO I-THÉVENOZ, N 25 ff.; ausführliche Diskussion in BGE 137 III 243). Diese in der Literatur heute überwiegend vertretene Auffassung wird durch die Grundsatzentscheidung des BGer zur ex-nunc-Wirkung der Anfechtung (BGE 129 III 320, «Klärschlammentscheid») gestützt und gefördert. Ob dies ausreicht, den klaren Gesetzeswortlaut zu vernachlässigen, bleibt abzuwarten (dazu eingehend WIEGAND, FS Gauch, 712 ff.; zweifelnd HARTMANN, N 868 ff.; abl. PICHONNAZ, N 1124 ff.), wäre jedoch konsequent und wünschenswert (s. N 2). Für eine Interpretation contra legem spricht jedenfalls der Umstand, dass der Gesetzgeber die Art. 109 Abs. 1 und Art. 119 einer identischen Rechtsfolge unterstellen wollte: der damals für Erfüllungsstörungen einschlägigen Vertragsauflösung ex tunc. Wären ihm die heutigen, geltungszeitlichen Schuldrechtsprämissen geläufig gewesen, wie sie in der aktuellen Auslegung zum Verzugsrücktritt Ausdruck finden, ist nicht ersichtlich, warum er Art. 119 OR davon hätte ausnehmen wollen (vgl. detailliert ZELLWEGER-GUTKNECHT, N 433, 468 f. m.w.H.). Tendenziell in diese Richtung geht OR 2020 Art. 79–84 «Liquidationsverhältnis».

b) Hat der Gläubiger seine *Gegenleistung noch nicht erbracht*, so erlöschen beide Obligationen von Gesetzes wegen (diejenige des Schuldners nach Abs. 1, diejenige des Gläubigers nach Abs. 2). Auch hier ist zu beachten, dass die Verhaltenspflichten fortbestehen (etwa Informations- oder auch Mitwirkungspflichten, s. N 12).

V. Abweichende Vereinbarungen

Art. 119 ist dispositives Recht. Abweichende Vereinbarungen sind also zulässig, etwa durch Garantieverträge (Art. 111). Häufig wird auch versucht, durch Regelungen in AGB, die von keiner Partei zu verantwortenden Störungen des Vertragsverhältnisses, die an sich in den Anwendungsbereich des Art. 119 fallen würden, der Risikosphäre einer Partei zuzuweisen (exemplarisch etwa die AGB nahezu aller Kreditinstitute für das E-Banking). Die Frage, inwieweit derartige Risikoverlagerungen, die nicht Haftungsausschlüsse darstellen (dazu Art. 100 N 3 ff.), durch AGB zulässig sind, ist weitgehend ungeklärt (krit. Wiegand, Geschäftsverbindung, 136 ff.). **19**

VI. Prozessuales

Der Schuldner, der seine Leistungspflicht bestreitet, hat den Eintritt der Unmöglichkeit sowie den Umstand zu beweisen, dass er dafür keine Verantwortung trägt (ZK-Aepli, N 156; s.a. N 8). Zur Beweislast des Gläubigers, der den Schuldner wegen (von diesem zu verantwortender) Unmöglichkeit statt über die Verzugsregeln belangen will, vgl. Art. 97 N 63. **20**

Vorbemerkungen zu Art. 120–126

Literatur

Aeberhard/Eich, Aktivlegitimation und Verrechnungseinrede in der aktienrechtlichen Verantwortlichkeit (BGE 132 III 342), in: Lengnauer/Zwicker/Rezzonico, Chancen und Risiken rechtlicher Neuerungen 2006/2007, 37 ff.; Aepli, Ausgewählte Fragen zur Verrechnung, BR 1990, 3 ff. (zit. BR 1990); ders., Zur Inhaltsproblematik allgemeiner Geschäftsbedingungen, dargestellt anhand vorformulierter Klauseln von Banken, ZSR 2000 I, 85 ff. (zit. ZSR 2000 I); Baumann, Aspekte der Verrechnung in der Schiedsgerichtsbarkeit, 1999; Berger, Set-Off in International Economic Arbitration, ArbInt 1999, 53 ff.; Berthel/Bochud, Nachträgliche Leistung von Einlagen im revidierten Aktienrecht, JBHReg 1993, 39 ff.; Böckli, Über die Kompensation von Forderungen verschiedener Währung, SJZ 1926/27, 225 ff.; Bosman, Konzernverbundenheit und ihre Auswirkungen auf Verträge mit Dritten, Diss. Zürich 1984; Brinckmann, Die nichtvertragliche Verrechnung in rechtsvergleichender Darstellung und im schweizerischen Kollisionsrecht, Diss. Genf 1970; Brönnimann, Zur Verrechnung mit einer Konkursverlustscheinsforderung, in: Riemer/Kuhn/Vock/Gehri (Hrsg.), FS für Karl Spühler, Zürich 2005, 45 ff.; Bucher A., Die neue internationale Schiedsgerichtsbarkeit in der Schweiz, Basel 1989; Bucher E., Rechtsvergleichende und kollisionsrechtliche Bemerkungen zur Verrechnung («Kompensation»), in: Stoffel/Volken (Hrsg.), FS für Alfred von Overbeck, Freiburg 1990, 701 ff. (zit. FS von Overbeck); ders., Kompensation im Prozess: Zurück zum materiellen Recht, in: Schütze (Hrsg.), FS für Reinhold Geimer, München 2002, 97 ff. (zit. FS Geimer); ders., Die Schweiz als traditioneller Sitzort internationaler Schiedsgerichte, in: Böckstiegel, Die internationale Schiedsgerichtsbarkeit in der Schweiz [II], Köln 1988 (zit. Schiedsgerichtsbarkeit); Bühler, Verrechnung und Schiedsvertrag, SJZ 1940/41, 209 ff.; Burkhalter Kaimakliotis, Verrechnung von Fremdwährungsverbindlichkeiten, Diss. Zürich 2006; Comment, Le dépôt d'épargne et la compensation de la créance de la banque sur le déposant contre la volonté de celui-ci, SJZ 1936/37, 65 ff.; Doka, Die Verrechnung im Nachlassvertrag mit Vermögensabtretung, SJZ 1926/27, 229 ff.; Escher, Zum Verhältnis der Bestimmungen über die einredeweise Geltendmachung von Gewährleistungsmängeln beim Kauf zu jenen über die Verrechnung, SJZ 1952, 174 f.; Gautschi, Verrechnungseinrede und Widerklage im schweizerischen Prozessrecht, Diss. Bern 1946; Graf, Die Verrechnung im internationalen Privatrecht, Diss. Zürich 1951; Gross, Das rechtliche Schicksal von Verrechnungsansprüchen im Schiedsverfahren, Zürich 1999; Glanzmann, Die Schranken der Liberierung durch Verrechnung nach schweizerischem Aktienrecht, ZSR 1999 I, 221 ff.; Habscheid, Zur Aufrechnung (Verrechnung) gegen eine Forderung mit englischem Schuldstatut: eine deutsch-schweizerische rechtsvergleichende

Skizze, in: FS für Karl H. Neumayer, Baden-Baden 1985, 263 ff. (zit. FS Neumayer); HEINRICH, Rechtsvergleichende Aspekte der Verrechnung als Kreditsicherheit, SZW 1990, 266 ff.; HABSCHEID, Schweizerisches Zivilprozess- und Gerichtsorganisationsrecht, 2. Aufl., Basel 1990 (zit. ZPR); HENN, Die Verrechnung von Fremdwährungsforderungen nach schweizerischem Obligationenrecht, ZSR 1958 I, 139 ff.; HERREN, Verrechnungsprobleme beim Ausscheiden eines zahlungsunfähigen Konsortienten aus mehreren Arbeitsgemeinschaften, AJP 1999, 265 ff.; HOTZ, Widerklage und Verrechnung, SJZ 1936/37, 209 ff.; JANGGEN, Die Compensation nach schweizerischem Obligationenrecht, Bern 1888; JAUCH, Aufrechnung und Verrechnung in der Schiedsgerichtsbarkeit, Eine rechtsvergleichende Studie Deutschland/Schweiz, Diss. Bern 2001; KARRER, Verrechnung und Widerklage vor Schiedsgericht, in: Jametti Greiner/Berger/Güngerich (Hrsg.), FS für Franz Kellerhals, Bern 2004, 49 ff.; KELLERHALS/BERGER, Widerklage und Verrechnung nach den Swiss Rules of International Arbitration, in: Bohnet/Wessner, FS für François Knoepfler, Basel 2005, 207 ff.; KOLLER A., Die Verrechnung nach schweizerischem Recht, recht 2007, 101 ff.; KOLLER C., Aufrechnung und Widerklage im Schiedsverfahren, Diss. Wien 2009; DE KOTZEBUE, Compensation et procédure, Diss. Lausanne 1945; KUENDIG, Die Verrechnung im Sozialversicherungsrecht, Diss. Bern 1960; MOSER, BGE 132 V 127 zu Verrechenbarkeit und Verzinsung fälliger Austrittsansprüche, SZS 2007, 384 ff.; NÄF, Die Sicherung von Gläubigerrechten im Hinblick auf den Konkurs des Schuldners, Diss. Freiburg 1983; PANCHAUD/CAPREZ, Die Rechtsöffnung, Zürich 1980; PICHONNAZ, Einige Gedanken zur Rückwirkung der Verrechnung, in: Geiser et al. (Hrsg.), FS für Heinz Hausheer, Bern 2002, 69 ff.; PITTET, Compétence du juge et de l'arbitre en matière de compensation, Diss. Lausanne 2001; POUDRET/BESSON, Comparative Law of International Arbitration, 2. Aufl., London 2007; RAJOWER, Prozessuale Aspekte der Ausweisung von Mietern unter besonderer Berücksichtigung der zürcherischen Praxis, AJP 1998, 797 ff.; RÜEDE/HADENFELDT, Schweizerisches Schiedsgerichtsrecht nach Konkordat und IPRG, 2. Aufl., Zürich 1993; RIEMER, Die Verrechnungseinrede der Personalfürsorgestiftung gegenüber Forderungen ihrer Destinatäre, SJZ 1979, 341 ff.; SCHALLER, Einwendungen und Einreden im schweizerischen Schuldrecht, Habil. Zürich 2010; SCHMID, Die Verrechnung vor staatlichen Gerichten, Jusletter vom 15.9.2008; SCHÖNLE, Cession et compensation en matière de crédit documentaire, in: FS für Pierre Engel, Lausanne 1989, 309 ff.; SCYBOZ, Garantievertrag und Bürgschaft, Schweizerisches Privatrecht (SPR), Bd. VII/2, Basel 1979, 315 ff.; STADLIN, Die Verrechnung im Konkurs und beim Nachlassvertrag mit Vermögensabtretung nach schweizerischem Recht, Diss. Basel 1986; STÖRI-SCHÜTZ, Die Kompensation von Forderungen nach schweizerischem Recht bis zum Erlass des Obligationenrechts von 1881, Diss. Zürich 1978; SCHWEIZERISCHER VERBAND DER IMMOBILIENWIRTSCHAFT – SVIT (Hrsg.), Das Schweizerische Mietrecht, 3. Aufl., Zürich/Basel/Genf 2008; THALMANN, Das Pfand- und Verrechnungsrecht nach den Allgemeinen Geschäftsbedingungen der Banken, SAG 1989, 136 ff.; TRUTMANN, Die Compensation nach schweizerischem Obligationenrecht, Diss. Zürich 1922; VOGT, Haftungsverhältnisse in der Kollektivgesellschaft – Besprechung von BGE 134 III 643, GesKR 2009, 96 ff.; WALDER/KULL/KOTTMANN, Das Bundesgesetz über Schuldbetreibung und Konkurs (SchKG), Bd. II, 4. Aufl., Zürich 1997/99; WALDER-RICHLI/GROB-ANDERMACHER, Zivilprozessrecht, 5. Aufl., Zürich 2009; WALTER/DOMEJ, Internationales Zivilprozessrecht der Schweiz, 5. Aufl., Bern 2012; WENGER, Die internationale Schiedsgerichtsbarkeit, BJM 1989, 337 ff.; WILD, Die Verrechnung im internationalen Privatrecht – unter besonderer Berücksichtigung der schweizerischen und der US-amerikanischen Rechtsordnung, Diss. St. Gallen 1992; ZIHLMANN, Das neue Mietrecht, Zürich 1990; ZIMMERLI, die Verrechnung im Zivilprozess und in der Schiedsgerichtsbarkeit, unter besonderer Berücksichtigung internationaler Verhältnisse, Diss. Basel 2003; ZWICKER, Verrechnungsverbot zu Lasten des treuhänderischen Vermögensverwalters, ST 1988, 44 ff.

I. Begriff der Verrechnung

1 Verrechnung (Aufrechnung, Kompensation) ist **Tilgung** einer eigenen Schuld durch Opferung einer eigenen Forderung.

In den Art. 120–126 wurde diese Art der Schuldtilgung als **einseitiges Rechtsgeschäft** ausgestaltet (vgl. Art. 124 Abs. 1: einseitige Willenserklärung), das jedoch zwei Personen betrifft: den Verrechnenden (Kompensant) und den Verrechnungsgegner (Kompensat). Die aufgeopferte eigene Forderung des Verrechnenden wird als **«Verrechnungsforderung»** bezeichnet, die Gegenforderung des Verrechnungsgegners als **«Hauptforderung»**. Diese müssen grundsätzlich gleichartig sein und denselben Personen jeweils als Gläubiger bzw. Schuldner zustehen. Aufgrund der weitgehend dispositiven Natur der Normen des Verrechnungsrechts steht es den Parteien jedoch frei, abweichende Abreden zu treffen (BGE 126 III 368).

Die Verrechnung durch – zweiseitigen – **Vertrag**, die bspw. dem Kontokorrentverhältnis (erwähnt in Art. 124 Abs. 3) zugrunde liegt (BGE 100 III 83), ist jedoch nicht näher gesetzlich geregelt. Der Vorteil der vertraglichen Verrechnung liegt darin, dass hierdurch auch ungleichartige (unter Umständen: Tilgung durch Hingabe erfüllungshalber, so in BGE 126 III 368; SJ 1994, 603), unklagbare, zukünftige oder noch nicht fällige Forderungen verrechnet werden können. Gegebenenfalls mit Zustimmung des betroffenen Dritten können die Vertragspartner auch Forderungen verrechnen, deren Erfüllung sie sich nicht gegenseitig schulden. Dagegen müssen die übrigen Voraussetzungen der Verrechnung – kein gesetzliches Verrechnungsverbot und kein gesetzlicher Ausschluss der Verfügungsmacht über die zu tilgende Forderung – auch bei der vertraglichen Verrechnung erfüllt sein.

II. Zusammenhang mit dem Prozessrecht

Die Voraussetzungen und Rechtswirkungen der Verrechnung unterstehen allein dem OR, da die Verrechnung im schweizerischen Recht als **materiellrechtliches Institut** ausgestaltet ist. Dennoch ergeben sich in einzelnen Fragen Berührungspunkte mit dem nationalen und internationalen Prozessrecht. 2

Die Verrechnung kann auch noch in einem hängigen Prozess geltend gemacht werden (BGE 95 II 241; vgl. auch BGE 68 III 85 im Rahmen einer Aberkennungsklage). Die Frage, bis zu welchem **Zeitpunkt im Prozess** dies geschehen muss, damit die Verrechnungseinrede im Urteil noch Beachtung findet, regelt neu die ZPO (womit kein Raum mehr bleibt für abweichende kantonale Regelungen). Neue Beweismittel und Tatsachen – zu denen auch die Einrede der Verrechnung gehört – dürfen vor dem Prozess, d.h. im Rahmen des Schriftenwechsels sowie der Instruktionsverhandlung(en), unbeschränkt vorgebracht werden. Danach gilt grundsätzlich das Novenregime von Art. 229 ZPO: Ist die Verrechnungsmöglichkeit erst nach Abschluss des Vorbereitungsstadiums entstanden, ist sie ein echtes Novum und darf weiterhin unbeschränkt vorgetragen werden, sofern dies unverzüglich geschieht (Abs. 1 lit. a). Wenn die Verrechnungsmöglichkeit hingegen bereits früher bestanden hat, gilt sie als unechtes Novum und ist somit nur noch zulässig, wenn sie trotz zumutbarer Sorgfalt nicht schon früher vorgebracht werden konnte (Abs. 1 lit. b). Ausnahmen von diesen Grundsätzen gelten nach Abs. 2, wenn die Hauptverhandlung direkt nach einem einfachen Schriftenwechsel folgt (was regelmässig bei vereinfachten Verfahren nach Art. 243 ff. ZPO der Fall sein dürfte), sowie nach Abs. 3 in Verfahren mit der Untersuchungsmaxime (BSK ZPO-Frei/Willisegger, Art. 229 N 27 ff.; Gasser/Rickli, Art. 229 N 3 ff.). Vor zweiter Instanz muss nach Art des Rechtsmittels unterschieden werden: Im Berufungsverfahren gilt eine analoge Regelung (Art. 317 Abs. 1 ZPO), während im Beschwerdeverfahren, das alle Arten von Noven ausschliesst (Art. 326 ZPO), eine neu vorgebrachte Verrechnungseinrede nicht mehr gehört werden kann. Letzteres gilt auch in Verfahren vor BGer, auch wenn das BGG diesbezüglich keine ausdrückliche Bestimmung enthält (BGer, 10.12.2007, 4A_290/2007, E. 8.3.1). Die Frage, ob eine *prozessual* unberücksichtigt gebliebene (weil zu spät vorgetragene) Verrechnungseinrede *materiell* trotzdem zum Erlöschen der Hauptforderung nach Art. 124 Abs. 2 führen soll, was eine Diskrepanz zwischen materieller Rechtslage und richterlichem Urteil zur Folge hätte, ist umstritten (vgl. zum Theorienstreit Schaller, SJZ 1979, Rz 536 ff.).

Eine rechtskräftig zugesprochene Forderung kann in einem neuen Verfahren zur Verrechnung gebracht werden, da diese damit nicht neu beurteilt, sondern bestätigt wird. Ein Verstoss gegen den Grundsatz der abgeurteilten Sache liegt nicht vor (BGer, 2.6.2004, 4C.43/2004, E. 4.3).

Ihrem Wesen als Einrede gemäss muss die Verrechnung der Klage entgegengehalten werden können, unabhängig davon, ob der urteilende Richter örtlich zuständig wäre, wenn die Gegenforderung auf dem Klageweg geltend gemacht würde (BGE 63 II 142). Hinsichtlich der sachlichen **Zuständigkeit** – deren Regelung innerhalb der Grenzen von Art. 4 ff. ZPO weiterhin in die Kompetenz der Kantone fällt – gilt dagegen folgender Kompromiss zwischen dem OR einerseits und dem kantonalen Gerichtsorganisationsrecht andererseits: Innerhalb eines Kantons kann die Beurteilung der Einrede einer anderen Instanz (bspw. einem Gewerbe- oder Mietgericht) übertragen werden, und der Richter der Klage kann entweder seinen Entscheid oder die Vollstreckbarkeit seines Urteils für den verrechneten Betrag aussetzen, bis der Richter der Einrede über die Gegenforderung entschieden hat; dabei ist dem Verrechnenden eine Frist zur Geltendmachung seiner Gegenforderung beim zuständigen Gericht desselben Kantons zu setzen (BGE 85 II 103 = Pra 1959, 348 ff.). Unzulässig wäre dagegen die Verweisung des Verrechnenden an ein Gericht in einem anderen Kanton oder im Ausland.

3 Die Frage, ob die Beurteilung der Verrechnungsforderung der **staatlichen Gerichtsbarkeit** entzogen ist, wenn sie einer **Schiedsklausel** unterstellt ist, wurde vor Inkrafttreten der ZPO durch die Lehre und Rsp. bejaht (BGE 63 II 142; ZK-Aepli, Vor Art. 120–126 N 130; so auch die Voraufl.). Der Verrechnungsgegner konnte sich daher auf das Prozesshindernis der Schiedsklausel berufen (keine Berücksichtigung von Amtes wegen: SJ 1982, 600; 1977, 186; Rüede/Hadenfeldt, 79 m.Nw.). Demgegenüber hält die Botschaft zur ZPO nun aber fest, dass ein Anspruch, der unter eine Schiedsklausel fällt, auch vor einem staatlichen Gericht verrechnet werden kann (Botschaft ZPO, BBl 2006 7221, 7400). Da sich an dieser Stelle auch ein Verweis auf den vorgenannten BGE 63 II 142 findet, ist von einem bewussten Entscheid des Gesetzgebers auszugehen. Somit ist die Verrechnung in Analogie zu Art. 377 Abs. 1 ZPO neu auch dann möglich, wenn die Verrechnungsforderung einer Schiedsklausel unterliegt (so auch die neuere Lehre, BSK ZPO-Habegger, Art. 377 N 13; Zimmerli, 219 f.; Pittet, Rz 95; ZPO Komm-Netzle, Art. 377 N 8).

Ähnlich sieht es aus, wenn vor einem Schiedsgericht mit einer Forderung verrechnet wird, die nicht unter die Schiedsklausel fällt (Vogel/Spühler, Kap. 14 Rz 57 ff.). Die **intern-schweizerische Schiedsgerichtsbarkeit** (betr. Fälle, in denen alle Parteien ihren Wohnsitz oder gewöhnlichen Aufenthalt in der Schweiz haben und der Sitz des Schiedsgerichts sich in der Schweiz befindet, Art. 353 Abs. 1 ZPO i.V.m. Art. 176 Abs. 1 IPRG; zur internationalen Schiedsgerichtsbarkeit s.u. N 10) war früher durch das Konkordat über die Schiedsgerichtsbarkeit vom 27.3.1969 geregelt. Dessen Art. 29 sah eine **Aussetzung des Schiedsverfahrens** vor, gekoppelt mit einer Fristansetzung zur Geltendmachung der Verrechnungsforderung bei der zuständigen Instanz. Diese Regel wurde aufgrund des Widerspruchs zur Prozessökonomie von der Lehre stark kritisiert (Rüede/Hadenfeldt, 258 f.; Pittet, Rz 384; Karrer, 51; ausführlich Zimmerli, 175 ff., 180 ff.). Der Gesetzgeber erkannte, dass eine zügige Fortsetzung des Verfahrens den Bedürfnissen der Praxis entspricht (Bericht VE-ZPO, 175; Botschaft ZPO, BBl 2006 7221, 7400; vgl. auch die Äusserungen in der Vernehmlassung ZPO, 812 f.). Daher hat das Schiedsgericht neu die Kompetenz, gestützt auf Art. 377 Abs. 1 ZPO die Verrechnungseinrede zu beurteilen, gleichgültig, ob die Verrechnungsforderung unter die entsprechende Schiedsvereinbarung fällt oder nicht. Dies gilt auch dann, wenn für die Verrechnungsforderung eine andere Schiedsvereinbarung oder eine Gerichtsstandsvereinbarung besteht. Obwohl Art. 377 Abs. 1 ZPO rein nach dem Wortlaut eine «Kann»-Vorschrift ist, postuliert die Lehre, dass das Schiedsgericht im Sinne des Grundsatzes «Le juge de l'action est le juge de l'exception» (BGE 63 II 142) in aller Regel über die Verrechnungseinrede befinden *muss* (BSK ZPO-Habegger, Art. 377 N 8 ff.). Vom Grundsatz der Zuständigkeit des die Klage beurteilenden Schiedsgerichts muss es aber dennoch Ausnahmen geben. So z.B., wenn die Schiedsklausel, der die Verrechnungsforderung unterliegt, nach einem Schiedsgericht verlangt, welches über Spezialkenntnisse aus einem anderen Bereich verfügt als das urteilende Schiedsgericht; ebenso wenn die Parteien für die Hauptforderung ein beschleunigtes Verfahren mit kurzen Fristen vereinbarten, deren Einhaltung durch die Beurteilung der Verrechnungsforderung verunmöglicht würde (BSK IPRG-Schott/Courvoisier, Art. 186 N 84; Koller C., 134). In diesen Ausnahmefällen muss von einem impliziten Verrechnungsausschluss (Art. 126 N 5) der Parteien ausgegangen werden. Selbstverständlich ist es den Parteien unbenommen, die Rechtslage auch mit einem expliziten Verzicht auf die Verrechnung (Art. 126 N 1 ff.) zu klären.

Da die Verrechnung sowohl die Haupt- als auch die Verrechnungsforderung zum Erlöschen bringt, sollte diese materielle Doppelwirkung auch prozessual kohärent behandelt werden und nicht zu zwei **widersprüchlichen Urteilen** führen. Insb. sollte es ausgeschlossen sein, die Verrechnungsforderung in einem zweiten Prozess wieder in voller Höhe geltend zu machen, nachdem sie in einem ersten Prozess bereits erfolgreich dazu diente, die Verurteilung zur Erfüllung der Hauptforderung abzuwenden. Daher ist in der Doktrin schon seit längerem anerkannt, dass sich die **Rechtskraft** des Urteils im Falle einer Verrechnung auch auf das Bestehen oder Nichtbestehen der Verrechnungsforderung erstreckt (HABSCHEID, ZPR, 284; WALDER-RICHLI/GROB-ANDERMACHER, § 26 Rz 23 ff.; GULDENER, 369 f.; VOGEL/SPÜHLER, Kap. 8 Rz 72). Leider wurde es verpasst, diese Regelung ausdrücklich in die ZPO aufzunehmen (vgl. im Gegensatz dazu Art. 71 Abs. 2 BZPO; vgl. auch § 322 Abs. 2 deutsche ZPO und § 411 österreichische ZPO). 4

Die Gefahr widersprüchlicher Urteile besteht auch dann, wenn während eines Prozesses mit einer bereits anderweitig rechtshängigen Forderung verrechnet wird. Die Aussetzung des Verfahrens bis zum Urteil über die Verrechnungsforderung (VON TUHR/ESCHER, 198) dürfte nicht immer alle Probleme lösen. Bei Verrechnung von zwei jeweils **rechtshängigen Forderungen** hat sich nämlich im Prinzip jeder der beiden angerufenen Richter mit jeder der beiden betroffenen Forderungen wie auch mit der Gültigkeit der Verrechnung als solcher zu befassen, um schliesslich ein Leistungsurteil zu fällen. De lege lata zeichnet sich aber keine ideale Lösung ab.

Mit dem Prozessrecht verknüpft ist auch die sog. **Eventualverrechnung**, mit der der beklagte Schuldner im Prozess die Verrechnung der gegen ihn gerichteten Forderung mit einer Forderung gegen den Kläger für den Fall erklärt, dass die von ihm bestrittene Forderung geschützt wird. Solch eine Erklärung wird als zulässig betrachtet, obwohl die Verrechnungserklärung im Prinzip bedingungslos abgegeben werden muss (hierzu Art. 124 N 3). 5

Die Verrechnung ist zu unterscheiden vom prozessrechtlichen Institut der Widerklage. **Widerklage** ist die selbständige Geltendmachung eines Gegenanspruchs im Prozess; sie ist auf Verurteilung gerichtet und setzt eine **Konnexität** mit der Hauptklage voraus (Art. 14 Abs. 1 ZPO). Die Verrechnung, die keine Konnexität voraussetzt (BGE 63 II 133), bewirkt dagegen das Erlöschen der Forderung, die Gegenstand der Klage ist, und sie führt somit zur Klageabweisung (vgl. zur Abgrenzung auch SCHMID, Jusletter 2008, Rz 24 ff.). Zur konkludenten Verrechnungserklärung durch Erhebung der Widerklage s. Art. 124 N 4.

III. Rechtsvergleichung

Die verschiedenen Rechtsordnungen unterscheiden sich vor allem hinsichtlich der Ausgestaltung der Verrechnung als Teil des materiellen Rechts bzw. als Teil des Prozessrechts (dementsprechend ist die Verrechnung eine blosse Einrede im Prozess oder eine Art Widerklage, wobei eine Rechtsordnung auch beide Ausgestaltungen kennen kann) und somit auch hinsichtlich des Vollzugs (Verrechnung ipso iure, durch Verrechnungserklärung oder durch Richterspruch) und des Zeitpunkts der Verrechnungswirkung. Daneben bestehen Unterschiede hinsichtlich des Erfordernisses der Liquidität der Forderungen und hinsichtlich der Verrechnungsverbote sowie hinsichtlich diverser Spezialfragen wie etwa der Stellung des Bürgen (eingehend BRINCKMANN; WOOD, English and International Set-Off, London 1989; s.a. SCHALLER, Rz 514, 517, 521, 528; BUCHER E., FS von Overbeck, 701 ff.; HEINRICH, SZW 1990, 266 ff.; s.a. die summarische Zusammenstellung des Instituts in verschiedenen Rechtsordnungen bei GROSS, 11 ff.). 6

IV. Internationales Privat- und Zivilprozessrecht

7 Gemäss Art. 148 Abs. 2 IPRG untersteht bei der Verrechnung das Erlöschen einer Forderung dem Recht jener Forderung, deren Tilgung mit der Verrechnung bezweckt ist. Die etwas unklare Formulierung des IPRG ist – verkürzt ausgedrückt – so zu verstehen, dass die Verrechnung sich nach dem **Statut der Hauptforderung** richtet. Diese früher schon von der Rsp. befürwortete Regel (BGE 77 II 190), die nach wie vor von manchen Autoren kritisiert wird (so unter anderen BUCHER E., a.a.O., 701 ff.; vgl. dazu auch die Ausführungen bei ZIMMERLI, 71 ff.), beruht im Wesentlichen auf dem Gedanken, dass das Erlöschen einer Forderung dem auf diese Forderung anwendbaren Recht unterstehen sollte.

Nach dem so bestimmten Verrechnungsstatut richten sich die **Voraussetzungen** der Verrechnung (einschliesslich der Verrechnungsverbote), ihr **Vollzug** und ihre **Wirkungen**; getrennt anzuknüpfen sind dagegen alle Sonderfragen, die die Wechselseitigkeit betreffen und mit anderen Rechtsinstituten wie bspw. der Bürgschaft oder der Gesamthand zusammenhängen (BRINCKMANN, 204).

8 Erfolgt die **Verrechnung durch Vertrag**, so ist nicht Art. 148 Abs. 2 IPRG anwendbar, sondern man muss gem. Art. 116 ff. IPRG das auf den Vertrag **anwendbare Recht** bestimmen (Art. 148 Abs. 3 IPRG). Den Parteien bietet sich hier die Möglichkeit, das anwendbare Recht gemeinsam zu wählen (Art. 116 IPRG) – eine Möglichkeit, die genutzt werden sollte, um die sonst wohl bestehende Unsicherheit darüber, mit welchem Recht die Verrechnung «am engsten zusammenhängt» (Art. 117 Abs. 1 IPRG), auszuschliessen.

9 Die **internationale Zuständigkeit** der schweizerischen Gerichte richtet sich nach Art. 2 ff. IPRG. Ist ein schweizerisches Gericht zuständig, so findet die ZPO Anwendung, nach deren Regeln sich dann auch die prozessrechtliche Behandlung der Verrechnung (N 2 ff.) richtet. Streitig ist, ob das mit der Hauptforderung befasste Gericht eine Verrechnungseinrede behandeln darf, wenn es für die Beurteilung der Verrechnungsforderung bei selbständiger Geltendmachung international unzuständig wäre (vgl. für eine Übersicht über den aktuellen Meinungsstand SCHMID, Rz 46 ff.). Fest steht, dass ein Gericht die Einrede der Verrechnung nicht berücksichtigen darf, wenn die Parteien die Zuständigkeit dieses Gerichtes für die Geltendmachung einer Gegenforderung im Wege der Widerklage durch Vereinbarung (Art. 5 Abs. 1 Satz 3 IPRG) ausgeschlossen haben (WALTER/DOMEJ, 137 f.). Im Rahmen des Lugano-Übereinkommens soll eine Prorogation der Zuständigkeit für die Hauptforderung (Art. 17 LugÜ) nicht ohne weiteres eine Verrechnung mit (konnexen) Gegenforderungen ausschliessen. In solchen Fällen ist auf den Parteiwillen Rücksicht zu nehmen (EuGH, E 1978, 2133 ff., Meeth v. Glacetal, Rs. 23/78). Unklar bleibt dagegen, ob die internationale Zuständigkeit für Widerklagen (Art. 6 Nr. 3 LugÜ) dazu führt, dass das für die Hauptforderung zuständige Gericht allgemein auch über zur Verrechnung gestellte Forderungen entscheiden kann (für nicht konnexe Forderungen ablehnend BGH ZZP 107 [1994] 211; bei Konnexität zustimmend WALTER/DOMEJ, a.a.O., 251 ff.; für Art. 6 Nr. 3 EuGVÜ hat der EuGH in seinem Entscheid Danvaern Production v. Schuhfabrik Otterbeck GmbH & Co., Rs. C-341/93 entschieden, dass sich dieser nur auf Widerklagen, nicht jedoch auf Verrechnungseinreden beziehe. Die Zulässigkeit von Verteidigungsmitteln richte sich nach dem nationalen Recht; vgl. dazu die Ausführungen bei JAUCH, 96 ff., 147 ff.; BAUMANN, 18 f.; ausführlich ZIMMERLI, 130 ff., der den Entscheid des EuGH begrüsst, 136).

10 Die **internationale Schiedsgerichtsbarkeit** in der Schweiz ist – mangels abweichender Parteivereinbarung – geregelt durch Art. 176 ff. IPRG. Das IPRG enthält keine Bestimmung, die Art. 377 Abs. 1 ZPO für die intern-schweizerische Schiedsgerichtsbarkeit entspricht und die Frage der Verrechenbarkeit mit einer nicht von der Schiedsklausel gedeckten Gegenforderung beantwortet (dazu s. N 3). Aus Gründen der Prozessökonomie sollte in solchen Fällen auch ein internationales Schiedsgericht das Verfahren fortsetzen können. Es bleibt dann aber weiter unklar, ob das Schiedsgericht selbst über das Bestehen der Verrechnungsforderung entscheiden kann. Während diese Frage von der älteren Lehre noch mehrheitlich verneint wurde (WENGER, BJM 1989, 350 f.; BUCHER E., Schiedsgerichtsbarkeit, 138 f.; BERGER, ArbInt 1999, 53 ff.; zweifelnd: BUCHER A., 76 N 192), wird sie von der neueren Lehre bejaht (BSK ZPO-HABEGGER, Art. 377 N 4; BSK IPRG-SCHOTT/COURVOISIER, Art. 186 N 85; BSK IPRG-DASSER, Art. 148 N 27; POUDRET/BESSON, Rz 324). Im Sinne der Einheitlichkeit zwischen der internen und der internationalen Schiedsgerichtsbarkeit ist dieser neueren Auffassung der Vorzug zu geben. Dies rechtfertigt sich auch im Hinblick auf die Tatsache, dass diese Regelung auf jeden Fall in Schiedsverfahren unter der Internationalen Schiedsordnung der Schweizerischen Handelskammern (Schweizerische Schiedsordnung, Swiss Rules; in Kraft seit dem 1.1.2004) gilt, deren Art. 21(5) mit Art. 377 Abs. 1 ZPO inhaltlich identisch ist (vgl. dazu KELLERHALS/BERGER, 217).

Art. 120

F. Verrechnung
I. Voraussetzung
1. Im Allgemeinen

1 Wenn zwei Personen einander Geldsummen oder andere Leistungen, die ihrem Gegenstande nach gleichartig sind, schulden, so kann jede ihre Schuld, insofern beide Forderungen fällig sind, mit ihrer Forderung verrechnen.

2 Der Schuldner kann die Verrechnung geltend machen, auch wenn seine Gegenforderung bestritten wird.

3 Eine verjährte Forderung kann zur Verrechnung gebracht werden, wenn sie zurzeit, wo sie mit der andern Forderung verrechnet werden konnte, noch nicht verjährt war.

F. Compensation
I. Conditions
1. En général

1 Lorsque deux personnes sont débitrices l'une envers l'autre de sommes d'argent ou d'autres prestations de même espèce, chacune des parties peut compenser sa dette avec sa créance, si les deux dettes sont exigibles.

2 Le débiteur peut opposer la compensation même si sa créance est contestée.

3 La compensation d'une créance prescrite peut être invoquée, si la créance n'était pas éteinte par la prescription au moment où elle pouvait être compensée.

F. Compensazione
I. Condizioni
1. In genere

1 Quando due persone sono debitrici l'una verso l'altra di somme di denaro o di altre prestazioni della stessa specie, ciascuna di esse, purchè i due crediti siano scaduti, può compensare il proprio debito col proprio credito.

2 Il debitore può opporre la compensazione sebbene il suo credito sia contestato.

3 Un credito prescritto può essere opposto in compensazione, se non era ancora prescritto al momento in cui poteva essere compensato coll'altro credito.

Literatur

Vgl. die Literaturhinweise bei den Vorbem. zu Art. 120–126.

I. Normzweck

Die Verrechnung dient einerseits der **Vereinfachung** des Leistungsaustauschs, indem sie den tatsächlichen durch einen nur gedanklichen Austausch ersetzt, andererseits dient sie der **Sicherung** der gegenseitigen Forderungen, indem jeder Schuldner vom Zwang einseitiger Leistungserbringung befreit wird. Es besteht insoweit eine gewisse Ähnlichkeit mit dem Leistungsverweigerungsrecht nach Art. 82 und mit dem Retentionsrecht nach Art. 895 ZGB. 1

II. Voraussetzungen der Verrechnung (Abs. 1)

1. Bestehende Forderungen

2 Die Verrechnung setzt auf jeder Seite eine Forderung voraus; eine blosse Anwartschaft, wie sie bspw. der Verkäufer aus der blossen Einräumung eines Kaufrechts erwirbt, genügt nicht (BGE 105 III 4).

Eine bereits **getilgte Forderung** kann nicht mehr in die Verrechnung einbezogen werden. Dies ist zu beachten, wenn beiden Parteien mehrere gegenseitige Forderungen zustehen und jede Partei eine Verrechnungserklärung abgibt, die sich nicht deckt mit der Verrechnungserklärung der Gegenpartei. Es gelten dann der Grundsatz der zeitlichen Priorität und der Grundsatz, dass eine einmal abgegebene Verrechnungserklärung nicht widerrufen werden kann (VON TUHR/ESCHER, 206 f.). Es kann aber auch nicht «nachträglich» verrechnet werden, wenn eine Forderung im Irrtum über die Verrechnungsmöglichkeit bereits durch Zahlung getilgt wurde.

3 Die Erfüllung einer blossen **Naturalobligation** des Verrechnungsgegners (z.B. Spielschuld) kann auch nicht mittels Verrechnung erzwungen werden.

Ebenso wenig darf die zu verrechnende Forderung mit Einwendungen gegen ihren Bestand oder mit **Einreden** behaftet sein, die ein Leistungsverweigerungsrecht des Verrechnungsgegners begründen (bei der Verrechnung mit einer in einem Verlustschein verurkundeten Forderung soll dem vormaligen Konkursiten die Einrede des mangelnden neuen Vermögens gem. Art. 265 Abs. 2 SchKG gegenüber dem Konkursverlustscheinsgläubiger nicht zustehen; BRÖNNIMANN, 50; dagegen nun ausdrücklich BGE 133 III 627 E. 4.4). Eine Ausnahme bildet Art. 120 Abs. 3 für bestimmte Verjährungsfälle. Dagegen stört es nicht, wenn die Verrechnungsforderung zu Unrecht bestritten wird (Art. 120 Abs. 2).

2. Fälligkeit

4 Bezüglich der **Fälligkeit** gilt – entgegen dem engen Wortlaut des Art. 120 Abs. 1 – Folgendes: Es genügt, wenn die eigene Schuld des Verrechnenden erfüllbar ist (dazu Art. 81), während die Schuld des Verrechnungsgegners fällig sein muss, damit man ihre Erfüllung mittels Verrechnung erzwingen kann. M.a.W. muss die Verrechnungsforderung fällig sein, die Hauptforderung erfüllbar (h.M.: ZK-AEPLI, N 81; BK-ZELLWEGER-GUTKNECHT, N 8; VON TUHR/ESCHER, 195; BUCHER, AT, 436 ff.; GUHL/KOLLER/SCHNYDER/DRUEY, § 37 Rz 12; ENGEL, traité, 673; KELLER/SCHÖBI, IV, 179 f.; GAUCH/SCHLUEP/SCHMID/EMMENEGGER, Rz 3227 ff.; s.a. BGE 24 II 366; speziell zur Rückzahlung von Bankkrediten s. HEINRICH, SZW 1990, 276; zur Erfüllbarkeit von Mietzinsforderungen s. BGer, 14.11.2003, 4C.164/2003).

In den AGB der Banken wird das Erfordernis der Fälligkeit durch die Klausel «ohne Rücksicht auf die Fälligkeit» ausgeschlossen (vgl. dazu AEPLI, ZSR 2000 I, 85, 91 ff.; SCHWENZER, Rz 77.15). Für die hinsichtlich der Verrechnung zu erfüllenden Voraussetzungen der Fälligkeit s. ZK-AEPLI, N 80 ff.

3. Wechselseitige Forderungen

5 Eine Verrechnung kann nur stattfinden, wenn sich die Verrechnungsforderung gegen den Verrechnungsgegner und die Hauptforderung gegen den Verrechnenden richtet. **Identitätsprobleme** ergeben sich vor allem im Gesellschaftsrecht und bei Dreiecksverhältnissen (GAUCH/SCHLUEP/SCHMID/EMMENEGGER, Rz 3211 ff.).

Personengesellschaften sind nicht identisch mit jedem einzelnen ihrer Gesellschafter. Die Gesellschafter können nur gemeinsam über die Gesellschaftsforderungen verfügen, die ihnen zur gesamten Hand gemeinsam zustehen (Art. 544 Abs. 1, Art. 557 Abs. 2, Art. 598 Abs. 2). Folglich kann ein Gesellschafter eine persönliche Schuld nicht durch Verrechnung mit einer Gesellschaftsforderung tilgen (Art. 573 Abs. 2, Art. 614 Abs. 2; HERREN, AJP 1999, 268). Es fehlt an der Gegenseitigkeit der Forderungen (BGer, 27.10.2000, 4C.214/2000). Umgekehrt kann ein Schuldner der Gesellschaft nicht mit einer Forderung verrechnen, die ihm gegenüber einem Gesellschafter persönlich zusteht (Art. 573 Abs. 1, Art. 614 Abs. 2). Ebenso wenig kann der Schuldner eines Gesellschafters mit einer Forderung gegen die Gesellschaft verrechnen, und die Gesellschaft kann ihre Schuld nicht durch Verrechnung mit der Forderung eines Gesellschafters tilgen. (Zur Problematik eines ausscheidenden Konsortianten aus einer Arbeitsgemeinschaft bei grösseren Bauprojekten s. HERREN, a.a.O., 265 ff.).

Bei konkursiten **Kollektivgesellschaften** besteht keine Gegenseitigkeit zwischen der Forderung eines Kollektivgesellschafters gegen die Konkursmasse (Masseschuld) und Forderungen gegen den einzelnen Gesellschafter aufgrund von dessen Haftung für Gesellschaftsschulden. Letztere stehen nämlich nur den Gesellschaftsgläubigern direkt, nicht aber der Konkursmasse zu. Dies begründete das BGer mit dem rechtsgemeinschaftlichen Charakter der Kollektivgesellschaft, wonach die Haftung der Kollektivgesellschafter laut Art. 568 Abs. 3 gegenüber der Haftung der Gesellschaft nur subsidiär ist (BGE 134 III 654 f.; vgl. auch die Fallbesprechung von VOGT, GesKR 2009, 96 ff., der die Begründung des BGer, nicht aber das Ergebnis kritisiert).

Ein Gesamthandverhältnis besteht auch bei der **Erbengemeinschaft**, weshalb ein Nachlassschuldner vor der Nachlassteilung nicht mit einer Forderung verrechnen kann, die ihm gegen einen der Erben persönlich zusteht (BGE 44 II 255). Hatte hingegen ein Nachlassgläubiger eine Forderung gegen den Erblasser und fordert er diese nun von einem Erben (wozu er aufgrund der persönlichen und solidarischen Haftung aller Miterben berechtigt ist, Art. 560 und 603 ZGB), während der Erbe eine Forderung gegen den Nachlassgläubiger hat, so ist die Verrechnung zulässig (BGer, 15.9.2009, 4A_47/2009, E. 3.2).

Bei der Ablösung des eigenen Anspruchs der Gesellschaft durch denjenigen der **Gläubigergesamtheit** im Konkurs wird die Gegenseitigkeit nicht beseitigt. Der beklagten Partei steht es im Verantwortlichkeitsprozess zu, die Verrechnung mit Forderungen, die ihr im Zeitpunkt der Konkurseröffnung gegenüber der konkursiten Gesellschaft zugestanden haben, zu verlangen (BGE 132 III 349; vgl. dazu auch die Fallbesprechung von AEBERHARD/EICH, 37 ff.; bestätigt in BGE 136 III 151; **anders** noch das BGer, 15.12.2000, 4C.262/2000).

Bei **Aktiengesellschaften** ist zu beachten, dass keine Identität mit dem Aktionär bzw. den 6
Aktionären besteht. Selbst eine «Einmann-Aktiengesellschaft» ist grundsätzlich als eine vom Alleinaktionär verschiedene Rechtspersönlichkeit zu behandeln (BGE 85 II 114). Nur in Fällen rechtsmissbräuchlicher Geltendmachung der rechtlichen Verschiedenheit ist ausnahmsweise ein **«Durchgriff»** möglich (BGer, 2.5.2002, 4C.381/2001; SJ 2001, 165; GAUCH/SCHLUEP/SCHMID/EMMENEGGER, Rz 3256; ENGEL, traité, 672). Ganz besonders strenge Anforderungen gelten, wenn nicht der Aktionär für die Gesellschaft, sondern umgekehrt die Gesellschaft für persönliche Schulden des Aktionärs mithaften soll. Dies, obwohl das Gesellschaftsvermögen zunächst den Gläubigern der Gesellschaft als Haftungsgrundlage verfangen ist (BGE 85 II 116).

Keine rechtliche Verschiedenheit besteht zwischen verschiedenen **Zweigniederlassungen** desselben Unternehmens, weshalb bspw. Gegenseitigkeit besteht zwischen den Forderungen verschiedener «Filialen» zweier Banken (BGE 63 II 387; vgl. im internationalen Verhältnis: Cour d'appel de Paris, Journal de droit international 1994, 1012 ff.).

Anders sieht die Situation dagegen in einem **Konzern** aus: Die verschiedenen Gesellschaften sind voneinander rechtlich unabhängig. Die fehlende Gegenseitigkeit kann allein durch Vertrag beseitigt werden, insb. in Form von Konzernverrechnungsklauseln (vgl. hierzu BVGer vom 14.1.2009, A-1662/2009, E. 3.3). Hierdurch kann bspw. einer Konzernperson gestattet werden, eine Forderung ihres Gläubigers mit einer Schuld ihres Gläubigers gegenüber einer anderen Konzernperson zu verrechnen (eingehend hierzu BOSMAN, 152 f.; zur sog. «vertraglichen Verrechnung», bei der das gesetzliche Erfordernis der Wechselseitigkeit nicht erfüllt sein muss; GLANZMANN, ZSR 1999 I, 225, für die Liberierung durch Verrechnung in Konzernverhältnissen; illustrativ mit weiteren Beispielen GAUCH/SCHLUEP/SCHMID/EMMENEGGER, Rz 3259 ff.; s. im Übrigen Vor Art. 120–126 N 1).

Bei einer **Kollektiv-Krankentaggeldversicherung** (nicht aber bei der Kollektiv-Lebensversicherung, BGer, 30.4.2008, 9C_92/2007, E. 3.5.2) haben die Versicherten einen direkten Anspruch. Die Kasse kann sich von ihrer Leistungspflicht nicht dadurch befreien, dass sie die Taggelder unter Verrechnung mit ausstehenden Beiträgen dem Arbeitgeber ausrichtet. Hier fehlt es an der Gegenseitigkeit (BGE 122 V 84; GAUCH/AEPLI/STÖCKLI, N 8).

7 Eine Art Dreiecksverhältnis liegt vor beim **Vertrag zugunsten eines Dritten** i.S.v. Art. 112 und 122; der Schuldner der Leistung, die dem Dritten zugute kommen soll, darf nicht verrechnen mit einer Forderung gegen seinen Vertragspartner. Beim sog. «echten» Vertrag zugunsten eines Dritten, bei dem der Dritte eine eigene Forderung erwirbt (Art. 112 Abs. 2), kann man dies bereits damit begründen, dass der Dritte – neben dem Vertragspartner – Gläubiger der Hauptforderung wird; ansonsten ergibt sich dieses Ergebnis aus der ausdrücklichen Vorschrift des Art. 122.

Bezüglich wechselseitiger Forderungen bei **Bürgschaft** s. Art. 121.

Die Wechselseitigkeit der zu verrechnenden Forderungen braucht nicht von Anfang an zu bestehen, sondern erst im Zeitpunkt der Verrechnungserklärung. Sie kann ggf. absichtlich durch Gläubigerwechsel mittels **Abtretung** (Art. 164 ff.) herbeigeführt werden oder durch Schuldnerwechsel mittels sog. «externer» **Schuldübernahme** gem. Art. 176 Abs. 1. Im Konkursfalle sind allerdings die Sonderregeln des SchKG zu beachten, auf die Art. 123 Abs. 2 verweist (Näheres hierzu bei Art. 123).

8 Eine **Ausnahme vom Erfordernis der Wechselseitigkeit** sieht das Gesetz in Art. 169 in dem Sinne vor, dass der Schuldner dem neuen Gläubiger gegenüber die Einreden geltend machen kann, die er gegen den alten Gläubiger hatte, sofern ihm diese Einreden schon zu dem Zeitpunkt zustanden, als der Schuldner von der **Abtretung** Kenntnis erhielt.

Zu den «Einreden» i.S.v. Art. 169 Abs. 1 gehört nicht nur die bereits vollzogene (d.h. erklärte) Verrechnung, sondern auch das **Recht zur Verrechnung** (vgl. BGE 95 II 238). Der Schuldner kann daher gegenüber dem neuen Gläubiger mit einer Forderung verrechnen, die ihm gegen den alten Gläubiger zustand. Gemäss Art. 169 Abs. 2 ist dies selbst dann möglich, wenn die Verrechnungsforderung erst nach der Abtretung fällig wurde, sofern sie nur nicht später fällig wurde als die abgetretene Hauptforderung. Dieser Einschränkung liegt wohl der Gedanke zugrunde, dass auch dem alten Gläubiger gegenüber (zumindest vorübergehend) nicht hätte verrechnet werden können, wenn dessen Hauptforderung zuerst fällig geworden wäre.

Die Rsp. wendet Art. 169 in Fällen unerwünschten Gläubigerwechsels im Rahmen der **Zwangsvollstreckung** analog an. Das Recht zur Verrechnung bleibt dem Schuldner daher (unter den Bedingungen des Art. 169 analog) auch dann erhalten, wenn die Hauptforderung gepfändet und anschliessend entweder versteigert (und durch Zuschlag dem Ersteigerer übertragen) oder dem Betreibenden zahlungshalber zugewiesen wird, oder wenn der Betreibende gem. Art. 131 Abs. 2 SchKG ermächtigt wird, die Hauptforderung selbst einzutreiben (BGE 95 II 238).

9 Eine **weitere Ausnahme** von der Wechselseitigkeit möchte die Lehre in den Fällen von Art. 110 Ziff. 1 und Art. 827 ZGB gestatten: Wer mittels Pfand eine fremde Schuld sichert, soll sein **Pfand** nicht nur durch Zahlung auslösen können, sondern auch durch Verrechnung. Dem Pfandeigentümer soll also gestattet sein, die pfandgesicherte Hauptforderung, die sich nicht gegen ihn richtet, durch Verrechnung mit einer Forderung zu tilgen, die ihm selbst (zufällig) gegen den Gläubiger der Hauptforderung zusteht (VON TUHR/ESCHER, 193 f.; ZK-

Aepli, N 129 ff.; ZK-Leemann, Art. 827 ZGB N 13; Keller/Schöbi, IV, 174; Schwenzer, Rz 77.07; **abl.** von Büren, AT, 479).

Schliesslich sei nochmals darauf hingewiesen, dass bei mangelnder Wechselseitigkeit zwar (abgesehen von den zitierten Ausnahmen) die «gesetzliche» Verrechnung durch einseitige Erklärung (Art. 124 Abs. 1) ausgeschlossen ist, nicht aber die **vertragliche Verrechnung**, bei der die Zustimmung aller Beteiligten die mangelnde Wechselseitigkeit ersetzt (BGer, 6.9.2002, 4C.374/2001).

4. Gleichartige Forderungen

Da die Verrechnung im Rahmen des Gesetzes (anders beim Verrechnungsvertrag) gegen den Willen des Verrechnungsgegners erfolgen kann, muss es dem Verrechnungsgegner zugemutet werden können, die ihm geschuldete Leistung nicht effektiv, sondern nur wertmässig zu erhalten. Folglich bedeutet **Gleichartigkeit** i.S.v. Art. 120 Abs. 1, dass sich die gegenüberstehenden Leistungen in der Erfüllung vertreten können (Bucher, AT, 438) bzw. dass der Gegenstand der Verrechnungsforderung ohne Zustimmung des Verrechnungsgegners an die Stelle des Gegenstandes der Hauptforderung treten kann (Keller/Schöbi, IV, 176). **10**

Gleichartigkeit besteht demnach ohne weiteres zwischen zwei **Forderungen auf Geldleistung** in derselben Währung – in der Praxis sicherlich der häufigste Verrechnungsfall.

Gemäss Rsp. sind auch **Geldleistungen in verschiedenen Währungen** grundsätzlich verrechenbar (BGE 63 II 393; bestätigt in BGE 130 III 318; Burkhalter Kaimakliotis, 92 ff.), sofern nur zwei Voraussetzungen erfüllt sind: Es muss einen Umrechnungskurs geben, der die Umrechnung überhaupt ermöglicht. Das gilt insofern, als die Währung als blosser Wertmesser besteht. Bedeutet sie Zahlungswährung, so fehlt es an der Gleichartigkeit (Aepli, ZSR 2001 I, 90 f., m.w.Nw.) Die Anwendbarkeit von Art. 84 Abs. 2 lehnt das BGer mit der Behauptung ab, diese Vorschrift beziehe sich nur auf den Untergang der Obligation durch Erfüllung, nicht aber auf alle übrigen Arten des Erlöschens, wie der Verrechnung, wo der Schuldner einer Erfüllung enthoben ist (BGE 63 II 394; krit. Gauch/Schluep/Schmid/Emmenegger, Rz 3265 m.Nw.; Engel, traité, 672 f.). Zusätzlich dürfen die Parteien nicht vereinbart haben, dass zumindest eine der Leistungen effektiv in der vereinbarten Währung zu erfüllen ist (sog. **«Effektivklausel»**; zur Effektivität im Interbankenverkehr: BGE 130 III 318). Die Bestimmung des anwendbaren Wechselkurses soll dem Richter obliegen (BGE 63 II 394).

Hiervon abweichend bezweifeln offenbar manche Autoren, ob – über Art. 84 Abs. 2 hinausgehend – auch dann verrechnet werden kann, wenn nicht die Verrechnungsforderung auf fremde und die Hauptforderung auf inländische Währung lautet, sondern wenn umgekehrt eine Forderung in **inländischer Währung** gegen eine Forderung in **ausländischer Währung** verrechnet werden soll (vgl. von Tuhr/Escher, 194 f.; Engel, traité, 673); es wird daher empfohlen, ggf. die Verrechnungsmöglichkeit ohne Rücksicht auf die Währung speziell vertraglich zu vereinbaren (so zu den allgemeinen Geschäftsbedingungen der Banken: Thalmann, SAG 1989, 140; Aepli, ZSR 2000 I, 90 f.). **11**

Was die Bestimmung des anwendbaren **Wechselkurses** anbelangt, gehen die Literaturmeinungen auseinander: Teils wird vorgeschlagen, entsprechend Art. 84 Abs. 2 den Kurs zum Zeitpunkt des Fälligwerdens der Forderung anzuwenden und einen Kursverfall zwischen dem Zeitpunkt des Fälligwerdens und dem Zeitpunkt der Verrechnung als Verzugsschaden zu behandeln (Henn, ZSR 1958 I, 151), teils wird vorgeschlagen, den Zeitpunkt des Zugangs der Verrechnungserklärung als massgeblich zu betrachten.

Abgesehen von Geldzahlungen besteht nur selten Gleichartigkeit zwischen zwei Leistungen. Zu denken ist immerhin noch an Lieferungen **vertretbarer Sachen** gleicher Art und Qualität (z.B. Rohstoffe). Bei einer Stückschuld ist die Gleichartigkeit nie gegeben. Das gilt auch für

Geld, das als Spezies geschuldet wird (GAUCH/SCHLUEP/SCHMID/EMMENEGGER, Rz 3217; **a.A.** KOLLER A., 106).

12 Bei **Gebrauchsüberlassungen** und **Dienstleistungen** dürfte Verrechnung wohl ohnehin unter dem Gesichtspunkt des Zwecks effektiver Erfüllung generell ausgeschlossen sein (vgl. KELLER/SCHÖBI, IV, 177). Dasselbe gilt für den ähnlich gelagerten Fall der **Kapitalüberlassung** bzw. bei der sog. «Krediteröffnung»: Vereinbaren bspw. Bank und Kunde die Eröffnung eines Baukredits, so muss dieser effektiv von der Bank zur Verfügung gestellt werden; nur die Rückzahlungspflicht des Kunden ist einer Verrechnung durch die Bank zugänglich (AEPLI, BR 1990, 5).

Effektive Erfüllung ist auf jeden Fall beabsichtigt bei **Unterlassungs- und Duldungsschulden**, so dass die Verrechnung in solchen Fällen stets ausgeschlossen ist (KELLER/SCHÖBI, IV, 177).

13 Nicht ausgeschlossen ist die Verrechnung bei Forderungen auf «gleichartige» Leistungen an **verschiedenen Erfüllungsorten**, doch soll Geldausgleich gewährt werden, wenn dem Verrechnungsgegner daraus ein Schaden erwächst, dass eben nicht am Erfüllungsort geleistet wird (zu denken ist an einen entgangenen Gewinn aus einer geplanten Weiterveräusserung bei unterschiedlichen Preisniveaus an verschiedenen Orten; vgl. VON TUHR/ESCHER, 194; KELLER/SCHÖBI, IV, 178; GAUCH/SCHLUEP/SCHMID/EMMENEGGER, Rz 3223 f.; SCHWENZER, Rz 77.11; **a.A.** BK-ZELLWEGER-GUTKNECHT, N 232).

14 Wie die Wechselseitigkeit, so braucht auch die Gleichartigkeit nicht von Anfang an zu bestehen, sondern erst im Zeitpunkt der Verrechnungserklärung. Entscheidend ist, dass die zu verrechnenden Forderungen im Zeitpunkt der Verrechnung gleichartig sind. Die Verrechnung kann daher in manchen Fällen dadurch ermöglicht werden, dass eine nicht auf Geldleistung gerichtete Forderung in eine Geldforderung umgewandelt wird (ZR 1985, 238; GAUCH/SCHLUEP/SCHMID/EMMENEGGER, Rz 3218). Zu denken ist insb. an die Umwandlung von Erfüllungsansprüchen in Schadenersatzansprüche sowie an die **Umwandlung** anders gearteter Ansprüche **in Geldforderungen** bei Eröffnung des Konkurses über den Schuldner (Art. 211 Abs. 1 SchKG).

So kann bspw. der Käufer einer mangelhaften Sache unter den Voraussetzungen des Art. 208 **Schadenersatz** verlangen und diese Forderung, die den Anspruch auf Lieferung einer mangelfreien Sache ersetzt, mit der Kaufpreisforderung oder mit jeder sonstigen Forderung des Verkäufers verrechnen (BGE 91 II 213).

Ebenso kann der Werkbesteller, der **Anspruch auf Nachbesserung** eines mangelhaften Werkes hat, diese bei Verzug des Unternehmers durch einen Dritten vornehmen lassen und den Anspruch auf Ersatz der Kosten mit der Werklohnforderung des Unternehmers verrechnen (BGE 107 II 50).

15 Während der Geschädigte stets verrechnen kann, ist die Verrechnung durch den Schädiger jedoch zumindest im gesetzlich geregelten Spezialfall des Art. 125 Ziff. 1 ausgeschlossen (Näheres hierzu bei Art. 125).

Zur Umwandlung von Forderungen gegen den Gemeinschuldner im **Konkursfall**, die keine Geldzahlung zum Gegenstand haben, in Geldforderungen von entsprechendem Wert s.a. N 14 und bei Art. 123 N 7.

Abschliessend sei nochmals darauf hingewiesen, dass die Gleichartigkeit **nicht** zu verwechseln ist mit **Konnexität und Gleichwertigkeit**: Man kann auch Forderungen verrechnen, die aus verschiedenen Rechtsverhältnissen stammen, und die Forderungen brauchen nicht auf denselben Betrag zu lauten (Art. 124 Abs. 2).

5. Verrechnungserklärung

Der Verrechnende muss eine (einseitige) Verrechnungserklärung abgeben. Zur Verrechnungserklärung s. Art. 124 Abs. 1. **16**

6. Rechtsgeschäftlicher Verrechnungsausschluss

Zu dieser «negativen» Verrechnungsvoraussetzung s. Art. 126. **17**

7. Gesetzlicher Verrechnungsausschluss

Art. 125 stellt eine Liste von Fällen auf, in denen nur mit **Zustimmung des Gläubigers** verrechnet werden darf, da ein besonderes **Effektivleistungsinteresse** besteht oder die Barleistung aus Gründen der Billigkeit oder des öffentlichen Interesses erforderlich ist (Näheres hierzu bei Art. 125). **18**

Gemäss Art. 213 SchKG, auf den Art. 123 Abs. 2 verweist, ist die Verrechnung durch den Schuldner des Konkursiten **im Konkurs** in bestimmten Fällen verboten (Näheres hierzu bei Art. 123 N 8 f.). **19**

Unter den Voraussetzungen des Art. 214 SchKG ist die Verrechnung durch den Schuldner des Konkursiten zwar nicht nichtig, aber **anfechtbar** (s. dazu auch Art. 123 N 10).

Weitere **Anfechtungsmöglichkeiten** können sich u.U. aus Art. 285 ff. SchKG ergeben, soweit ein Verhalten des Konkursiten beanstandet werden kann, das einem Schuldner des Konkursiten die Verrechnung erst ermöglicht hat (BGE 95 II 86 e contrario).

Eine **Verrechnung durch den Gemeinschuldner** selbst ist nach Konkurseröffnung zwar nicht absolut nichtig, doch gem. Art. 204 Abs. 1 SchKG immerhin unwirksam gegenüber den Konkursgläubigern und der Konkursverwaltung mangels Verfügungsmacht des Konkursiten über das Massevermögen, zu dem – normalerweise – die Verrechnungsforderung des Konkursiten gehört (Ausnahme: Wenn die Verrechnungsforderung in der Zwangsvollstreckung unverwertbar ist, z.B. gem. Art. 92 SchKG). Die Konkursverwaltung wird daher die Verrechnung ignorieren und vom Verrechnungsgegner volle Bezahlung seiner Schuld an die Konkursmasse verlangen, während sie ihm auf seine Forderung nur die Konkursdividende ausbezahlen wird. Dieses unerfreuliche Ergebnis kann der Verrechnungsgegner nur durch seinerseitige Verrechnung vermeiden (sofern diese nicht ebenfalls nichtig bzw. anfechtbar ist).

Betreibungsrechtlich unbeachtlich ist grundsätzlich (Ausnahme: Art. 96 Abs. 2 SchKG) auch die vom Gläubiger einer **gepfändeten Forderung** erklärte Verrechnung, da Art. 96 Abs. 1 SchKG wie Art. 204 Abs. 1 SchKG die Verfügungsmacht des Betriebenen im Hinblick auf die Schuldbetreibung aufhebt (BGE 95 II 239; GAUCH/SCHLUEP/SCHMID/EMMENEGGER, Rz 3230). Dasselbe gilt im Fall eines **wirksamen Arrestes** der Verrechnungsforderung, da der Arrest auf den Gläubiger der verarrestierten Forderung wie eine Pfändung wirkt. **20**

III. Verrechnung bestrittener Forderungen (Abs. 2)

Da die Verrechnung im heutigen schweizerischen Recht nicht Teil des Prozessrechts, sondern Teil des materiellen Rechts ist, ist es eigentlich selbstverständlich, dass der Verrechnungsgegner nicht einfach dadurch die Verrechnung verhindern kann, dass er die Verrechnungsforderung bestreitet. Notwendig, aber auch genügend ist, dass die Verrechnungsforderung tatsächlich besteht und dass sie **durchsetzbar** ist (d.h. dass sie insb. fällig und nicht mit Einreden behaftet ist, vgl. N 2 ff.). **21**

Die mögliche **Prozessverschleppung** durch «Verrechnung» mit einer in Wahrheit nicht bestehenden oder nicht durchsetzbaren Verrechnungsforderung ist also grundsätzlich in Kauf zu **22** nehmen, und es wurde bereits darauf hingewiesen, dass das kantonale Prozessrecht die Geltendmachung der Verrechnung im Prozess nicht über Gebühr erschweren darf – auch nicht im Interesse einer **Prozessbeschleunigung** (Vor Art. 120–126 N 2).

23 Wird die Verrechnungsforderung bestritten, so muss im Prozess bzw. im (bundesgesetzlich geregelten) **Schuldbetreibungsverfahren** die bestrittene Forderung entweder **bewiesen** oder – bei **Verfahren summarischen oder provisorischen Charakters** – zumindest erst einmal **glaubhaft gemacht** werden. So kann bspw. eine Glaubhaftmachung notwendig sein, um in der gewöhnlichen Betreibung gem. Art. 82 SchKG die provisorische **Rechtsöffnung** abzuwenden (allgemein zur Verrechnung im Rechtsöffnungsverfahren ZK-AEPLI, Vor Art. 120–126 N 152 ff.; SCHALLER, Rz 525 f.; eingehend PANCHAUD/CAPREZ, 36; aus der zitierten kantonalen Rsp. geht hervor, dass auch für die blosse Glaubhaftmachung oft das Vorlegen von Urkunden verlangt wird). Zur Abwendung der definitiven Rechtsöffnung ist dagegen gem. Art. 81 SchKG ein Beweis der Verrechnungsforderung durch Urkunden notwendig (Nachweise bei PANCHAUD/CAPREZ, 144). Für die **Aufhebung oder Einstellung der Betreibung** nach Art. 85 SchKG vgl. auch BGE 102 Ia 366.

IV. Verrechnung verjährter Forderungen (Abs. 3)

24 Im Zeitpunkt der Durchführung der Verrechnung mittels Erklärung darf die Verrechnungsforderung grundsätzlich nicht mit Einreden behaftet sein, die ein **Leistungsverweigerungsrecht** des Verrechnungsgegners begründen (N 3). Es muss unbedingte Klagbarkeit, also Durchsetzbarkeit vorliegen (GAUCH/SCHLUEP/SCHMID/EMMENEGGER, Rz 3232). Die Verrechnungsforderung dürfte also zu dieser Zeit auch nicht verjährt sein.

Doch begründet Art. 120 Abs. 3 eine **Ausnahme**, die wohl im **Zusammenhang mit der Rückwirkung** der Verrechnung auf den Zeitpunkt des Eintritts der Verrechenbarkeit (Art. 124 Abs. 2) zu sehen ist: Bestand diese Verrechenbarkeit einmal, so bleibt sie selbst dann bestehen, wenn später eine der verrechenbaren Forderungen verjährt (ausdrücklich festgehalten in BGer, 3. 1. 2008, 9C_566/2007, E. 3.3).

Die Hauptforderung dagegen braucht nicht klagbar zu sein. Der Verrechnende kann gegebenenfalls auch eine Naturalforderung des Verrechnungsgegners durch Aufrechnung mit der eigenen, klagbaren Forderung tilgen (GAUCH/SCHLUEP/SCHMID/EMMENEGGER, Rz 3233).

25 Da die Verrechnung eine Einrede i.S.v. Art. 145 Abs. 1 begründet (im technischen Sinne stellt sie jedoch eine Einwendung dar; s. BGE 63 II 138; SCHALLER, Rz 529 ff.; GAUCH/AEPLI/STÖCKLI, Vor Art. 120–126 N 1), ergibt sich aus Art. 120 Abs. 3 i.V.m. Art. 210 Abs. 2, dass auch **verjährte Schadenersatzansprüche** aus Sachmängelhaftung noch mit (beliebigen!) Ansprüchen des Verkäufers verrechnet werden können, wenn nur die Mängelrüge rechtzeitig erfolgte und die Verrechenbarkeit irgendwann einmal bestand (BGE 91 II 213).

Da Art. 371 Abs. 1 u.a. auf Art. 210 Abs. 2 verweist, können **verjährte Geldersatzansprüche** aus Werkmängelhaftung ebenfalls noch mit Ansprüchen des Unternehmers verrechnet werden, wenn nur die Mängelrüge rechtzeitig erfolgte und die Verrechenbarkeit einmal bestand (BGE 107 II 53).

V. Rechtsfolgen der Verrechnung

26 Die Verrechnung bewirkt **Schuldtilgung** auf der Seite des Verrechnenden wie auf der Seite des Verrechnungsgegners; zum Umfang und den Modalitäten der Schuldtilgung s. bei Art. 124.

Art. 121

2. Bei Bürgschaft	**Der Bürge kann die Befriedigung des Gläubigers verweigern, soweit dem Hauptschuldner das Recht der Verrechnung zusteht.**
2. Cautionnement	La caution peut refuser de payer le créancier, en tant que le débiteur principal a le droit d'invoquer la compensation.
2. Nella fideiussione	Il fideiussore può rifiutarsi al soddisfacimento del creditore in quanto competa al debitore principale il diritto alla compensazione.

Literatur

Vgl. die Literaturhinweise bei den Vorbem. zu Art. 120–126.

1 Der Bürge als Dritter kann nicht seine Bürgenschuld gegenüber dem Gläubiger mit einer Forderung des Hauptschuldners gegenüber dem Gläubiger verrechnen; es fehlt hier die nach Art. 120 Abs. 1 notwendige **Wechselseitigkeit** (BGE 126 III 28 = Pra 2000, 598 f.; Handkomm-OR-Cometta, N 1; wenn er dagegen eine eigene Forderung gegen den Gläubiger hat, so kann er diese selbstverständlich mit der gegen ihn bestehenden Bürgschaftsforderung des Gläubigers verrechnen).

Verrechnet der Hauptschuldner wirksam gegenüber dem Gläubiger, so ergibt sich hieraus für den Bürgen gegenüber dem Gläubiger eine «Einrede» i.S.v. Art. 502 Abs. 1, die auf dem **Akzessorietätsprinzip** beruht: Der Bürge kann die Zahlung verweigern, da die verbürgte Schuld erloschen ist.

Hat dagegen der Hauptschuldner (noch) nicht verrechnet, obwohl er dies könnte, so fehlt die zur Verrechnung der Hauptschuld notwendige **Gestaltungserklärung** des Hauptschuldners, und die Hauptschuld bleibt bestehen. Nach dem Akzessorietätsprinzip müsste eigentlich auch der Bürge voll weiterhaften.

2 Hier greift nun ergänzend Art. 121 ein: Der Bürge kann **die Zahlung verweigern**, soweit dem Hauptschuldner das Recht der Verrechnung zusteht und dieser es nicht geltend macht.

Aus der Formulierung des Gesetzes folgt bereits, dass der Bürge die Zahlung nur verweigern kann, wenn sich der Gläubiger die Verrechnung vom Hauptschuldner gefallen lassen müsste. In den Fällen des Art. 125 kann der Bürge daher nicht gegen den Willen des Gläubigers die Zahlung unter Berufung auf die Verrechenbarkeit verweigern (BK-Becker, N 2).

3 Hat der Hauptschuldner auf die Verrechnung verzichtet (insb. vor Entstehen der Verrechnungsmöglichkeit, Art. 126), so steht dem Bürgen trotzdem ein **Leistungsverweigerungsrecht** zu, und zwar in analoger Anwendung von Art. 502 Abs. 2 i.V.m. Art. 121, wenn der Verzicht erst nach Eingehen der Bürgschaftsverpflichtung erfolgte (Scyboz, 385) und der Bürge ihm nicht zustimmte (BGE 138 III 456; BK-Becker, N 3; CR CO I-Jeandin, N 3); zweifelhafter erscheint diese Privilegierung, wenn der Verzicht schon vor Eingehen der Bürgschaftsverpflichtung erfolgte, der Bürge ihn aber immerhin beim Eingehen seiner Verpflichtung nicht kannte (für die Privilegierung: BK-Becker, N 3), denn Art. 502 Abs. 2 entspringt dem Grundsatz, dass der Hauptschuldner die Verpflichtung des Bürgen nach deren Eingehen nicht einseitig erschweren können soll (Scyboz, a.a.O.).

Auch wenn der Hauptschuldner nicht auf die Verrechnung verzichtet hat, kann der Bürge selbst jederzeit darauf verzichten, sein **Leistungsverweigerungsrecht** aus Art. 121 geltend zu machen.

4 Zahlt jedoch der Bürge, obwohl er sich auf Art. 121 berufen könnte, so wird man in analoger Anwendung des Art. 502 Abs. 1, 3 annehmen müssen, dass er sein **Rückgriffsrecht auf den Hauptschuldner** verliert, sofern er nicht beweisen kann, unverschuldet seine Einrede aus

Art. 121 nicht gekannt zu haben. Dem Bürgen bleibt dann ggf. nur die Bereicherungsklage gegen den Gläubiger (vgl. BGE 64 II 127; 98 II 154).

5 Zugunsten des **Pfandeigentümers**, dessen Sache für eine fremde Schuld haftet, sollte Art. 121 analog angewandt werden (BK-BECKER, N 4; HUGUENIN, OR AT/BT, Rz 768; ZK-WIELAND, Art. 827 ZGB N 1; im Ergebnis wohl ebenso BK-ZOBL, Art. 884 ZGB N 983).

Art. 122

3. Bei Verträgen zugunsten Dritter	**Wer sich zugunsten eines Dritten verpflichtet hat, kann diese Schuld nicht mit Forderungen, die ihm gegen den andern zustehen, verrechnen.**
3. Stipulations pour autrui	Celui qui s'est obligé en faveur d'un tiers ne peut compenser sa dette avec ce que lui doit l'autre contractant.
3. Nei contratti a favore di terzi	Chi si è obbligato a vantaggio di un terzo non può compensare questo debito con ciò che gli deve l'altra parte.

1 Beim sog. **«echten» Vertrag zugunsten eines Dritten**, bei dem der begünstigte Dritte einen eigenen Anspruch auf die versprochene Leistung erwirbt (Art. 112 Abs. 2), wird neben dem Vertragspartner auch der begünstigte Dritte Gläubiger. Schon unter dem Gesichtspunkt der **Wechselseitigkeit** (dazu Art. 120 N 5 ff.) erscheint daher die Verrechnung zwischen den Vertragspartnern – zu Lasten des Dritten – unzulässig (GAUCH/AEPLI/STÖCKLI, N 1; vgl. auch BGE 112 II 38).

2 Doch auch beim sog. **«unechten» Vertrag zugunsten eines Dritten**, bei dem der Dritte keinen eigenen Anspruch erwirbt (Art. 112 Abs. 1), muss die Verrechnung zu Lasten des Dritten ausgeschlossen werden, da sie der dem Vertrag zugrunde liegenden Interessenlage widerspricht. Der **Vertragszweck** richtet sich nämlich auch hier auf **effektive Leistung an den Dritten** (BUCHER, AT, 440; HUGUENIN, OR AT/BT, Rz 764). Diesem Gedanken trägt Art. 122 Rechnung.

3 Einen Spezialfall des Vertrags zugunsten eines Dritten stellt die **Anweisung** dar, deren vorbehaltlose Annahme dem Begünstigten gem. Art. 468 Abs. 1 erklärt wurde (Beispiele: Bestätigtes Dokumentenakkreditiv; Gutschrift auf dem Konto des Empfängers aufgrund eines Zahlungsauftrags an die Bank). Auch hier ist die Verrechnung im Verhältnis zwischen dem Anweisenden und dem Angewiesenen ausgeschlossen (BGE 113 II 522 = Pra 1988, 864; Handkomm-OR-COMETTA, N 2).

4 Im Verhältnis zwischen dem Schuldner und dem begünstigten Dritten wird die Verrechnung meist ebenfalls ausgeschlossen sein unter dem Gesichtspunkt der beabsichtigten **effektiven Leistung** (vgl. Art. 125 N 11) bzw. des **stillschweigenden Verzichts** (vgl. Art. 126 N 5) auf die Verrechnung (BUCHER, AT, 440; speziell zum unwiderruflichen Dokumentenakkreditiv: SCHÖNLE, 309 ff. m.Nw.).

Art. 123

4. Im Konkurse des Schuldners	**[1] Im Konkurse des Schuldners können die Gläubiger ihre Forderungen, auch wenn sie nicht fällig sind, mit Forderungen, die dem Gemeinschuldner ihnen gegenüber zustehen, verrechnen.** **[2] Die Ausschliessung oder Anfechtung der Verrechnung im Konkurse des Schuldners steht unter den Vorschriften des Schuldbetreibungs- und Konkursrechts.**

4. En cas de faillite du débiteur

[1] Les créanciers ont le droit, dans la faillite du débiteur, de compenser leurs créances, même si elles ne sont pas exigibles, avec celles que le failli peut avoir contre eux.

[2] L'inadmissibilité et la révocabilité de la compensation en cas de faillite du débiteur est régie par la loi fédérale du 11 avril 1889 sur la poursuite pour dettes et la faillite.

4. Nel fallimento del debitore

[1] Nel caso di fallimento del debitore, i creditori possono compensare i loro crediti anche non scaduti con quelli che il fallito ha verso di loro.

[2] L'inammissibilità o la revocabilità della compensazione nel caso di fallimento del debitore sono regolate dalla legge federale dell'11 aprile 1889 sulla esecuzione e sul fallimento.

Literatur

Vgl. die Literaturhinweise bei den Vorbem. zu Art. 120–126.

I. Überblick zur Verrechnung im Konkurs

1. Verrechnung durch einen Gläubiger des Gemeinschuldners

Auf diesen Fall zielt Art. 123. In der Tat hat der Gläubiger des Gemeinschuldners ein besonderes Interesse an der Verrechnung, da sie ihn davor bewahrt, seine eigene Schuld voll bezahlen zu müssen, jedoch gleichzeitig auf seine Forderung nur die Konkursdividende ausbezahlt zu bekommen. Die Verrechnungsmöglichkeit **«privilegiert»** den verrechnenden Gläubiger gegenüber den übrigen Konkursgläubigern, indem sie ihm die volle Befriedigung seiner Forderung auch im Konkurs garantiert. 1

Dies gilt jedoch nur dann, wenn die eigene Schuld des Gläubigers umgekehrt eine **Forderung** des Gemeinschuldners ist, **die in die Konkursmasse fällt**. Insb. Forderungen des Gemeinschuldners, die gem. Art. 92, 93 SchKG unpfändbar sind, fallen nicht in die Konkursmasse, und die entsprechenden Verpflichtungen des Konkursgläubigers sind voll zu erfüllen, ohne dass verrechnet werden könnte (Näf, 98 m.Nw.). 2

Auch **Schuldverpflichtungen gegenüber der Masse** selbst können nicht mit Forderungen gegenüber dem Gemeinschuldner verrechnet werden. Solche Schuldverpflichtungen können zum einen aus Rechtsgeschäften mit der Konkursverwaltung, zum anderen auch daraus entstehen, dass der Konkursverwaltung mit der Konkurseröffnung das Verfügungsrecht über ein Dauerschuldverhältnis zugefallen ist. Das ist zum Beispiel der Fall bei Mietverhältnissen ab Konkurseröffnung über den Vermieter. Der Mieter kann sich daher im Konkurs des Vermieters der Zahlung von Mietzins nicht dadurch entziehen, dass er sich auf einen vorgängigen Verrechnungsvertrag mit dem späteren Gemeinschuldner (BGE 115 III 67) oder auf einen Unterhaltsanspruch gegen den Gemeinschuldner (BGE 117 III 63) beruft. Der Gläubiger kann hier stattdessen nur mit seinem gegen die Masse gerichteten Dividendenanspruch verrechnen, sodass er letztlich nicht privilegiert ist (Näf, a.a.O., 96; s.a. BGE 83 III 67: **Masseforderungen** sind mit **Masseschulden**, insb. mit der Konkursdividende zu verrechnen; s. hierzu auch N 9).

2. Verrechnung durch den Gemeinschuldner

Nach Konkurseröffnung ist die Verrechnung durch den Gemeinschuldner mit einer Forderung aus der Konkursmasse grundsätzlich unbeachtlich, Art. 204 Abs. 1 SchKG (Näheres hierzu bei Art. 120 N 19), sodass der Gläubiger ggf. seinerseits die Verrechnung erklären muss, um auf seine Forderung nicht nur die Konkursdividende zu erhalten. 3

3. Verrechnung durch die Masseverwaltung

4 Anstelle des Gemeinschuldners kann im Konkurs die Masseverwaltung Ansprüche der Gläubiger gegen den Gemeinschuldner mit Forderungen des Gemeinschuldners verrechnen (vgl. BGE 83 III 67). Auch gemäss dieser Hypothese erhält der Gläubiger volle Befriedigung seiner Forderung.

II. Konkurstechnische Behandlung der Verrechnung

5 Die Verrechnung von Forderungen des Gemeinschuldners mit Konkursforderungen erfolgt normalerweise im **Kollokationsverfahren** (Art. 244 ff. SchKG). Entweder erklärt der Konkursgläubiger selber die Verrechnung und verlangt nur – ggf. – die Kollokation des Mehrbetrags der Konkursforderung, oder die Konkursverwaltung verrechnet ihrerseits, indem sie nur den allfälligen Mehrbetrag der Konkursforderung kolloziert bzw. deren Kollokation unter Berufung auf eine ebenso hohe Gegenforderung gänzlich ablehnt (BGE 83 III 71). Die Konkursverwaltung darf die Verrechnung nur dann zu einem späteren Zeitpunkt vornehmen, wenn dies im Kollokationsverfahren noch nicht möglich war – etwa weil die Masse die Verrechnungsforderung erst nach dem Kollokationsverfahren von einem Dritten erwarb (BGE 83 III 71 betr. eine Rückzession von zuvor sicherheitshalber abgetretenen Forderungen).

III. Erleichterung der Verrechnung durch Art. 123 Abs. 1

6 Während normalerweise die Verrechnung nur bei **Fälligkeit** der Verrechnungsforderung (Art. 120 N 4) möglich ist, lässt Art. 123 Abs. 1 im Konkursfall die Verrechnung durch den Konkursgläubiger auch dann zu, wenn dessen Verrechnungsforderung gegen den Gemeinschuldner noch nicht fällig ist. Die Vorschrift ergänzt Art. 208 Abs. 1 SchKG, der für grundpfandgesicherte Forderungen keine vorgezogene Fälligkeit vorsieht.

IV. Andere Erleichterungen der Verrechnung im Konkurs

7 Eine wegen mangelnder Gleichartigkeit ausgeschlossene Verrechnung kann im Konkurs erst möglich werden, wenn gem. Art. 211 Abs. 1 SchKG die auf eine Naturalleistung gerichtete Forderung eines Konkursgläubigers **in eine Geldforderung umgewandelt** wird (hierzu bereits o. Art. 120 N 14).

Zur **Verrechnung aufschiebend bedingter Forderungen** von Konkursgläubigern in Analogie zu Art. 215 Abs. 1, Art. 210 Abs. 1 SchKG s. Näf, 97 m.Nw.

V. Erschwerungen der Verrechnung (Art. 123 Abs. 2)

8 Wegen des Vorteils, den der Gläubiger im Konkurs geniesst, wenn er verrechnen kann, besteht die Gefahr, dass eine zunächst mangels Wechselseitigkeit nicht bestehende Verrechnungsmöglichkeit absichtlich im Hinblick auf den Konkurs herbeigeführt wird, zum **Schaden der anderen Konkursgläubiger**. Dies zu verhindern ist das Ziel der Art. 213 Abs. 2, 3 und Art. 214 SchKG, ergänzt durch die Art. 285 ff. SchKG.

9 Art. 213 Abs. 2 Ziff. 1 SchKG ordnet die Nichtigkeit der Verrechnung an, wenn erst nach Konkurseröffnung ein Schuldner des Konkursiten eine Forderung gegen ihn erwirbt; Ziff. 2 sieht dieselbe Rechtsfolge für den umgekehrten Fall vor, dass erst nach Konkurseröffnung ein Gläubiger des Gemeinschuldners eine Verpflichtung gegenüber dem Gemeinschuldner (Art. 213 Abs. 2 Ziff. 1 SchKG verwendet anstelle des Begriffs *Gemeinschuldner* den Begriff *Konkursit*. Der Gesetzgeber hat die Terminologie jedoch nicht konsequent durchgezogen; so ist in Art. 213 Abs. 2 Ziff. 2 SchKG nach wie vor vom *Gemeinschuldner* die Rede) oder gegenüber der Masse eingeht. Massgebend ist stets, ob der **Rechtsgrund** der erst später erwor-

benen Forderung bzw. der erst später eingegangenen Verpflichtung **vor oder nach Konkurseröffnung** liegt (der Gesetzestext ist unklar formuliert; er spricht von «Erfüllung einer vorher eingegangenen Verpflichtung», soll jedoch die vom BGer entwickelte Auffassung gesetzlich verankern, nach der die Verrechnung nur dann ausgeschlossen ist, wenn der Rechtsgrund der Forderung in Tatsachen liegt, die nach Konkurseröffnung eingetreten sind: BBl 1991 III 126; 107 III 144 m.Nw.).

So liegt etwa der Rechtsgrund für den Anspruch auf den **Liquidationsanteil aus einer einfachen Gesellschaft** im Gesellschaftsvertrag, sodass Art. 213 Abs. 2 SchKG nicht eingreift, wenn dieser Anteil aus einer vor dem Konkurs gegründeten, doch nach dem Konkurs aufgelösten Gesellschaft verrechnet werden soll (BGE 107 III 28 = Pra 1981, 600 f.). Anders dagegen beim **Anspruch auf Mietzinsen** für die Zeit nach der Konkurseröffnung über den Vermieter: Hier verbietet Art. 213 Abs. 2 SchKG die Verrechnung mit einer Gegenforderung des Mieters, da Mietzinsforderungen mit dem Ablauf oder Beginn einer jeden Zahlungsperiode von neuem entstehen (BGE 115 III 67; 117 III 63; vgl. o. N 2; BGE 127 III 273 in Bezug auf die Verrechnung mit dem Betrag einer nicht ordnungsgemäss hinterlegten Kaution; das BGer hat entschieden, dass der Hinterlegungsanspruch im Konkurs des Vermieters grundsätzlich zu einer Konkursforderung wird und nicht mit Mietzinsforderungen der Masse verrechnet werden kann).

Ausgenommen vom Verrechnungsausschluss des Art. 213 Abs. 2 SchKG ist die Verrechnung einer im Wege des gesetzlichen Forderungsübergangs gem. Art. 110 Ziff. 1 erworbenen Forderung (Art. 213 Abs. 2 Ziff. 1 SchKG). Der Eigentümer einer für eine Schuld des Konkursiten verpfändeten Sache kann also seine eigene Schuld mit der Forderung gegen den Konkursiten verrechnen, die er durch Einlösung der Pfandsache erst nach Konkurseröffnung erhält.

Aus Art. 214 SchKG folgt die Anfechtbarkeit der Verrechnung, wenn der Schuldner des Ge- **10**
meinschuldners vor Konkurseröffnung, doch **in Erwartung des drohenden Zusammenbruchs** und **in Benachteiligungsabsicht** gegenüber der Masse, eine Forderung gegen den Gemeinschuldner erworben hat. Folglich ist Art. 214 SchKG unanwendbar gegenüber dem Gläubiger des Gemeinschuldners, der arglistig vor Konkurseröffnung eine Verpflichtung gegenüber dem Gemeinschuldner eingeht, um verrechnen zu können – doch können hier die gegen den mitwirkenden Gemeinschuldner gerichteten Regeln der **Paulianischen Anfechtung** (Art. 285 ff. SchKG) eingreifen (BGE 103 III 51). An der nötigen Arglist fehlt es dagegen bspw. im Falle des Bürgen, der seine **Bürgschaftsverpflichtung** vorzeitig erfüllt (Art. 504 Abs. 3) und seinen Rückgriffsanspruch gegen den Hauptschuldner in dessen Konkurs mit seiner eigenen Schuld verrechnet (BGE 106 II 114 = Pra 1981, 300 f.).

Zu beachten ist, dass SchKG Art. 214 keine Täuschungsabsicht voraussetzt (Präzisierung der Rsp., BGE 122 III 134).

Seinen guten Glauben beweisen muss, wer vor Konkurseröffnung Forderungen erworben hat, **11**
die in **Inhaberpapieren** verbrieft sind (Art. 213 Abs. 3 SchKG).

Eine Sonderregelung zum Schutz der Gesellschaftsgläubiger enthält Art. 213 Abs. 4 SchKG, der generell die Verrechnung mit nicht voll einbezahlten Beträgen der Kommanditsumme oder des Gesellschaftskapitals sowie statutarischen Beiträgen an die Genossenschaft ausschliesst (vgl. Art. 125 N 11).

Art. 213, 214 SchKG sind beim **Nachlassvertrag mit Vermögensabtretung** (Art. 297 Abs. 4 SchKG [Art. 316 m aSchKG]) **analog** anzuwenden, und Art. 213 SchKG ist auch auf die **Pfändung einer Forderung** sinngemäss anwendbar (BGE 95 II 239). Hat ein Gläubiger des Erblassers im Verlauf des Verfahrens eines öffentlichen Inventars, welches der konkursamtlichen Liquidation der Erbschaft vorausgegangen ist, eine Verrechnung vorgenommen, ist Art. 297 Abs. 4 SchKG i.V.m. Art. 213 Abs. 2 SchKG analog anwendbar (BGE 130 III 241 = Pra 2004, 173).

Art. 124

II. Wirkung der Verrechnung

[1] Eine Verrechnung tritt nur insofern ein, als der Schuldner dem Gläubiger zu erkennen gibt, dass er von seinem Rechte der Verrechnung Gebrauch machen wolle.

[2] Ist dies geschehen, so wird angenommen, Forderung und Gegenforderung seien, soweit sie sich ausgleichen, schon im Zeitpunkte getilgt worden, in dem sie zur Verrechnung geeignet einander gegenüberstanden.

[3] Vorbehalten bleiben die besonderen Übungen des kaufmännischen Kontokorrentverkehres.

II. Effets

[1] La compensation n'a lieu qu'autant que le débiteur fait connaître au créancier son intention de l'invoquer.

[2] Les deux dettes sont alors réputées éteintes, jusqu'à concurrence du montant de la plus faible, depuis le moment où elles pouvaient être compensées.

[3] Sont réservés les usages particuliers du commerce en matière de compte courant.

II. Effetti della compensazione

[1] Non vi ha compensazione se non quando il debitore manifesti al creditore la sua intenzione di usare del diritto di opporla.

[2] I due crediti si riterranno allora reciprocamente estinti, per le quantità corrispondenti, al momento stesso in cui divennero a vicenda compensabili.

[3] Restano fermi gli usi speciali dei conti correnti commerciali.

Literatur

Vgl. die Literaturhinweise bei den Vorbem. zu Art. 120–126.

I. Die Verrechnungserklärung (Abs. 1)

1 Im Gegensatz zu manchen anderen Rechtsordnungen (s.a. Heinrich, SZW 1990, 271 f.) muss im schweizerischen Recht zur Verrechenbarkeit noch eine einseitige Verrechnungserklärung hinzutreten, um die Verrechnungswirkungen herbeizuführen. Es handelt sich um die **Ausübung eines Gestaltungsrechts durch empfangsbedürftige Willenserklärung** (BGE 107 Ib 111; SJ 1994, 604). Die Erklärung richtet sich gegen den Verrechnungsgegner.

Die Abgabe dieser Willenserklärung setzt **Handlungsfähigkeit** voraus, **Urteilsfähigkeit** allein genügt wohl nicht, da die Verrechnung eine Forderung des Verrechnenden zum Erlöschen bringt und deswegen wohl nicht nur als die Erlangung eines unentgeltlichen Vorteils i.S.v. Art. 19 Abs. 2 ZGB betrachtet werden kann (anders Bucher, AT, 431).

Bestehen mehrere Verrechnungs- oder Hauptforderungen, so muss der Verrechnende in der Verrechnungserklärung seine **Wahl** treffen (Art. 86 Abs. 1 analog); nur beim Fehlen der Wahl bezüglich der Hauptforderungen kommt die sinngemässe Anwendung des Art. 87 in Betracht (BGE 58 III 24), während sonst die Verrechnungserklärung unvollständig ist und daher keine Wirkung entfaltet (BGE 107 Ib 111; zuletzt bestätigt in BGer, 17.2.2011, 4A_549/2010, E. 3.3; Schwenzer, Rz 78.06; **a.A.** Gauch/Schluep/Schmid/Emmenegger, Rz 3254). Dabei ist der Verrechnende in seiner Wahl gänzlich frei, sowohl bezüglich der Hauptforderung als auch bezüglich der Verrechnungsforderung (BGE 47 I 318, kürzlich bestätigt in EVG, 21.8.2007, B.132/06, E. 3.2; **a.A.** Koller A., 111). Für den Spezialfall, dass dem Verrechnenden eine Gruppe von Gläubigern gegenübersteht, die ihm gegenüber Solidarschuldner sind, wobei aber die Summe ihrer Forderungen die Verrechnungsforderung überschreiten, hat der Verrechnende zu spezifizieren, gegenüber welchen Verrechungsgegnern er nur einen Teil seiner Forderung geltend macht; andernfalls ist die Verrechnungseinrede unklar und daher unwirksam (BGer, 7.4.2009, 4A_82/2009, E. 4.2).

Die **Beweislast** für die Abgabe einer genügenden Verrechnungserklärung liegt bei dem, der sich auf die Verrechnung beruft (BGE 43 II 75; zuletzt bestätigt in BGer, 28.9.2006, 4C.212/2006, E. 3.1.3). Gegenstand der Beweispflicht sind nur die positiven Voraussetzungen der Verrechnung, insb. Wechselseitigkeit, Gleichartigkeit und Fälligkeit bzw. Erfüllbarkeit (Art. 120 N 1 ff.); nicht aber deren negative Voraussetzungen wie das Nichtvorliegen eines gesetzlichen oder rechtsgeschäftlichen Verrechnungsausschlusses (dazu Art. 125 und 126) oder Leistungsverweigerungsrechts (SCHALLER, Rz 546 f.). 1a

Die Verrechnungserklärung kann **jederzeit** erfolgen, sobald die übrigen Voraussetzungen der Verrechnung vorliegen; insb. kann sie auch (noch) **in einem hängigen Prozess** abgegeben werden (BGE 95 II 241; bestätigt in BGer, 22.6.2005, 4C.90/2005, E. 4). Sie entfaltet dann ohne weiteres ihre materiellrechtliche Gültigkeit. Jedoch kann das Prozessrecht von der Beachtung dieser Änderung der materiellrechtlichen Lage während des Prozesses absehen; insb. kann die Geltendmachung der Verrechnung von einem bestimmten Prozessstadium an prozessual unbeachtlich sein (Vor Art. 120–126 N 2). 2

Streitig ist, ob die Verrechnungserklärung bereits **vor Entstehen der Verrechnungsmöglichkeit** abgegeben werden kann (dagegen: VON TUHR/ESCHER, 205; dafür: BUCHER, AT, 431); unstreitig ist, dass ein Verrechnungsvertrag bereits vor Entstehen der Verrechnungslage geschlossen werden kann, wie z.B. beim Kontokorrent.

Der Verrechnungsgegner hat ein Interesse daran, sicher zu wissen, ob und wann die Verrechnungswirkung eintritt. Deswegen ist die Verrechnungserklärung – wie jede Ausübung eines Gestaltungsrechts – **bedingungsfeindlich** (BGer, 22.6.2005, 4C.90/2005, E. 4). 3

Dennoch zulässig ist die sog. **Eventualverrechnung im Prozess**, mit der der Beklagte die Verrechnung der gegen ihn gerichteten Forderung mit einer Gegenforderung gegen den Kläger für den Fall erklärt, dass die von ihm bestrittene, gegen ihn gerichtete Forderung geschützt wird (BGer, 10.12.2007, 4A_290/2007, E. 8.3.1). In der Tat ist das Vorliegen einer bestehenden, klagbaren Hauptforderung eine gesetzliche Voraussetzung für die Verrechnung, die sonst ausgeschlossen ist, und man kann hieraus schliessen, dass die aus der sog. Eventualverrechnung folgende Rechtsunsicherheit dem Kläger und Verrechnungsgegner nicht unzumutbar ist. Zu den prozesstaktischen Vorteilen, welche die Erhebung der Eventualverrechnung gegenüber der «ordentlichen» Verrechnung bietet, vgl. SCHMID, Rz 29, 58 f.

Wie jede formlose Willenserklärung kann auch die Verrechnungserklärung **konkludent** statt ausdrücklich abgegeben werden (BGE 107 Ib 110; zuletzt bestätigt in BGer, 7.4.2009, 4A_82/2009, E. 2). Genügend ist, dass der Schuldner durch seine Verhaltensweise – aufgrund des Vertrauensprinzips – dem Gläubiger zu erkennen gibt, dass er vom Rechte der Verrechnung Gebrauch machen will (BGer, 31.3.2014 4A_601/2013, E. 3.3; GAUCH/SCHLUEP/SCHMID/EMMENEGGER, Rz 3249, SCHWENZER, Rz 78.02). Insbesondere in der Zusendung von Abrechnungen oder Forderungsbezifferungen kann eine konkludente Verrechnungserklärung enthalten sein (zum Kontoauszug: HEINRICH, SZW 1990, 271). 4

Auch in der Erhebung einer **Widerklage** kann eine konkludente Verrechnungserklärung liegen – jedenfalls nimmt dies die Rsp. dann an, wenn die Widerklage zulässig und begründet ist, und es sich durch die «hinzuinterpretierte» Verrechnung vermeiden lässt, zwei getrennte Verurteilungen zu zwei getrennten Leistungen auszusprechen (BGE 59 II 383; krit. HOTZ, SJZ 1936/37, 209 ff.).

II. Die Rechtsfolgen der Verrechnung (Abs. 2)

Die Verrechnung führt zum **Erlöschen der Verrechnungs- und der Hauptforderung**. Übersteigt eine Forderung wertmässig die andere, erlischt die kleinere Forderung ganz, die grössere nur insoweit, als sie sich mit der kleineren deckt; im Übrigen bleibt die grössere Forderung bestehen. 5

Das Erlöschen der Forderungen findet **rückwirkend** statt. Als massgebend bezeichnet der Wortlaut des Art. 124 Abs. 2 den Zeitpunkt, in dem sich die Forderungen «zur Verrechnung geeignet gegenüberstanden». Da aber nicht unbedingt beide Parteien im selben Moment die Verrechnungsbefugnis erlangen, ist der Wortlaut des Gesetzes dahingehend zu präzisieren, dass die Verrechnung auf den Zeitpunkt zurückwirkt, in dem dem Verrechnenden die fällige, durchsetzbare Verrechnungsforderung gegen den Verrechnungsgegner und diesem die erfüllbare Hauptforderung gegen den Verrechnenden zustanden (KELLER/SCHÖBI, IV, 183; AEPLI, BR 1990, 6 N 26).

Die Rückwirkung hat zur Folge, dass **vertragliche Zinsen**, die seit dem Eintritt der Verrechnungsbefugnis auf die Hauptforderung bezahlt wurden, nach Bereicherungsrecht wegen nachträglichen Wegfalls des Rechtsgrundes zurückzuerstatten sind.

6 Ebenso entfallen nachträglich die gesetzlichen und vertraglichen **Verzugsfolgen**; entrichtete Verzugszinsen, Verzugsschadenersatz und Vertragsstrafen (Konventionalstrafen) für Verzug sind ebenfalls nach Bereicherungsrecht zurückzuerstatten (SCHWENZER, Rz 78.05).

Problematisch erscheint die Rückwirkung im Hinblick auf einen bereits erfolgten **Rücktritt** vom Vertrag (Art. 107) oder im Hinblick auf eine schon vorgenommene **Kündigung** eines Dauervertrags wegen des Verzugs. Das Wiederaufleben bereits aufgehobener Schuldverhältnisse durch die Verrechnung ist abzulehnen (BGE 119 II 248; zuletzt bestätigt in BGer, 26.6.2007, 4A_111/2007, E. 5; VON TUHR/ESCHER, 208).

Wegen der Rückwirkung steht also der Verrechnende letztlich oft besser da, als wenn er durch Leistung erfüllt und so seine Schuld getilgt hätte – ein Ergebnis, das sich nur schwer rechtfertigen lässt und daher in der Praxis meist dadurch vermieden wird, dass die **Rückwirkung stillschweigend übergangen** wird (AEPLI, BR 1990, 7; zur Problematik von Art. 124 Abs. 2 s.a. PICHONNAZ, der die Rückwirkung der Verrechnung historisch begründet und davon ausgeht, dass sie sich dogmatisch nicht mehr vertreten lasse [S. 70]. Die Lösung sieht er in einer Verrechnung durch Erklärung, die eine ex nunc Wirkung hat, was jedoch eine Änderung von Art. 124 Abs. 2 zur Folge hätte [S. 85]).

III. Das Kontokorrent (Abs. 3)

7 Art. 124 Abs. 3 beschränkt sich darauf, auf das als bekannt vorausgesetzte Kontokorrent (Art. 117) hinzuweisen. Der Kontokorrentvertrag besteht nach herrschender Auffassung in der Abrede zweier in einem gegenseitigen Abrechnungsverhältnis stehender Personen, alle von diesem Verhältnis erfassten Forderungen bis zum Abrechnungstermin zu stunden und weder abzutreten noch separat geltend zu machen, sondern nur als Rechnungsposten für die Ermittlung des Saldos zu betrachten. Er enthält einen **Verrechnungsvertrag**, demgemäss alle vom Kontokorrentverhältnis erfassten beidseitigen Forderungen ohne Verrechnungserklärung entweder laufend oder am Ende der Rechnungsperiode automatisch verrechnet werden (BGE 100 III 83 m.Nw.; SJ 1994, 273; 2001, 469).

Art. 125

III. Fälle der Ausschliessung

Wider den Willen des Gläubigers können durch Verrechnung nicht getilgt werden:

1. **Verpflichtungen zur Rückgabe oder zum Ersatze hinterlegter, widerrechtlich entzogener oder böswillig vorenthaltener Sachen;**
2. **Verpflichtungen, deren besondere Natur die tatsächliche Erfüllung an den Gläubiger verlangt, wie Unterhaltsansprüche und Lohnguthaben, die zum Unterhalt des Gläubigers und seiner Familie unbedingt erforderlich sind;**
3. **Verpflichtungen gegen das Gemeinwesen aus öffentlichem Rechte.**

III. Créances non compensables

Ne peuvent être éteintes par compensation contre la volonté du créancier:
1. les créances ayant pour objet soit la restitution, soit la contre-valeur d'une chose déposée, soustraite sans droit ou retenue par dol;
2. les créances dont la nature spéciale exige le paiement effectif entre les mains du créancier, telles que des aliments et le salaire absolument nécessaires à l'entretien du débiteur et de sa famille;
3. les créances dérivant du droit public en faveur de l'Etat et des communes.

III. Casi di esclusione

Non possono estinguersi mediante compensazione contro la volontà del creditore:
1. le obbligazioni di restituire cose depositate, ingiustamente sottratte o dolosamente ritenute, o di risarcirne il valore;
2. le obbligazioni che per la particolare loro natura devono essere effettivamente soddisfatte al creditore, come per esempio quelle per alimenti e salari assolutamente necessari al mantenimento del creditore e della sua famiglia;
3. le obbligazioni derivanti dal diritto pubblico verso gli enti pubblici.

Literatur

Vgl. die Literaturhinweise bei den Vorbem. zu Art. 120–126.

I. Allgemeines und Normzweck

Bei gewissen Forderungen hat der Gläubiger ein schützenswertes Interesse an **effektiver Leistung** und damit am Ausschluss der Verrechnung. Will nun sein Schuldner verrechnen, trägt das Gesetz der Interessenlage dadurch Rechnung, dass es die Gültigkeit der Verrechnung von der Zustimmung des Gläubigers abhängig macht (s. aber auch N 6). 1

Die **Zustimmung** kann – etwa im Rahmen eines Vertrags – schon im Voraus abgegeben werden, vor Eintritt einer Verrechnungsmöglichkeit, und grundsätzlich auch durch Akzeptieren allgemeiner Geschäftsbedingungen, die eine entsprechende Klausel enthalten.

Verrechnet der geschützte Gläubiger selbst, so **verzichtet er implizit** auf den ihm gesetzlich gewährten Schutz.

Die Aufzählung in Art. 125 Ziff. 2 ist nicht abschliessend (BGE 126 V 316).

II. Verpflichtungen zur Rückgabe oder zum Ersatz hinterlegter Sachen (Ziff. 1)

Das Gesetz nimmt hier Bezug auf den Hinterlegungsvertrag in seiner regelmässigen Form (Art. 472 ff.) wie in seiner unregelmässigen Form (Art. 481). Da sich aber die sog. **«regelmässige» Hinterlegung** auf Speziessachen bezieht, kommt Verrechnung (wegen des Erfordernisses der Gleichartigkeit) nur insoweit in Betracht, als die Rückgabe unmöglich geworden und an ihre Stelle eine **(Schaden-)Ersatzforderung** in Geld getreten ist. Nur bezüglich dieser Hypothese schützt also Art. 125 den (geschädigten) Hinterleger vor einer Verrechnung der Ersatzforderung gegen seinen Willen. 2

Bei der **«unregelmässigen» Hinterlegung**, die sich auf Gattungssachen und insb. auf Geld bezieht, kommt dagegen eine Verrechnung direkt mit der Rückgabeverpflichtung in Betracht. Zu denken ist insb. an **Spareinlagen**, auf die Art. 481 anwendbar sein kann: Art. 125 hindert dann die Bank daran, ihre Rückgabeverpflichtung mit irgendwelchen Gegenansprüchen gegen den Sparer zu verrechnen (BGE 100 II 155) – es sei denn, der Sparer hätte vorher wirksam allgemeine Geschäftsbedingungen der Bank akzeptiert, die die Möglichkeit der Verrechnung auch mit Spareinlagen vorsehen (dazu THALMANN, SAG 1989, 136 ff.; SCHWENZER, Rz 77.19; AEPLI, ZSR 2000 I, 85, 94 ff.; Handkomm-OR-COMETTA, N 2).

III. Verpflichtungen zur Rückgabe oder zum Ersatz widerrechtlich entzogener Sachen (Ziff. 1)

3 Verhindert werden soll vor allem die **Selbstjustiz** durch widerrechtlichen Entzug von Sachen bzw. Geld, um so – ggf. mit der Ersatzforderung in Geld – eine Verrechnungsmöglichkeit zu schaffen, die sonst nicht bestünde, und auf diese Weise eine Forderung zu befriedigen, die sonst uneinbringlich wäre. Zu beachten ist, dass sich nicht auf das Verrechnungsverbot aufgrund widerrechtlicher Entziehung bzw. böswilliger Vorenthaltung berufen kann, wer sich diese Handlungen selber vorwerfen lassen muss (vgl. BGer, 12.10.2007, 4C.195/2006, E. 3.2 für den Fall zweier einfacher Gesellschafter, die beide der Gesellschaft zuzurechnende Vermögenswerte abdisponierten).

Widerrechtlicher Entzug liegt bei jeder **unrechtmässigen Besitzanmassung** vor – etwa dann, wenn ein Frachtführer die transportierte Ware ohne entsprechende Anweisung des Auftraggebers einfach an Dritte verkauft, nachdem der Destinatär der Ware deren Annahme verweigert hat (BGE 51 II 449 = Pra 1925, 528), oder wenn eine Bank Wertschriften, an denen sie ein Pfandrecht hat, privat verwertet, obwohl diese Wertschriften mit einem konkursrechtlichen Arrest beschlagen sind (BGE 136 III 445).

IV. Verpflichtungen zur Rückgabe oder zum Ersatz böswillig vorenthaltener Sachen (Ziff. 1)

4 Auch hiermit soll in erster Linie die Selbstjustiz verhindert werden.

Wer die Herausgabe von Sachen verweigert, die ihm freiwillig übergeben wurden, handelt nicht schon dann böswillig, wenn er weiss, dass er ohne Rechtsgrund handelt; hinzutreten muss **ein Element unehrlichen, moralisch verwerflichen Verhaltens**, d.h. entweder muss die Übergabe der Sachen durch ein zu beanstandendes Verhalten erreicht worden sein oder die Sachen müssen in Verletzung des Zwecks ihrer Übergabe zurückgehalten werden (BGE 111 II 452). Weder die eine noch die andere Variante verwerflichen Verhaltens liegt vor, wenn eine Bank ihrem (ehemaligen) Kunden Beträge gutschreibt, die Dritte ihm auf sein (aufgelöstes) Konto überwiesen haben, und anschliessend diese Beträge mit Gegenansprüchen gegen den Kunden aus nicht zurückbezahlten Darlehen verrechnet (BGE, a.a.O.).

V. Verpflichtungen, deren besondere Natur tatsächliche Erfüllung verlangt (Ziff. 2)

1. Ansprüche, die zum Unterhalt des Gläubigers und seiner Familie unbedingt erforderlich sind

5 Im Hinblick auf den vom Gesetz bezweckten sozialen Schutz ist eine **weite Auslegung** am Platze; in Betracht kommen also alle Ansprüche, die dem Unterhalt dienen können.

6 Zu denken ist in erster Linie an **Lohnforderungen aus Arbeitsvertrag**, deren Verrechnung durch den Arbeitgeber allerdings in Art. 323b Abs. 2 eine spezielle Regelung gefunden hat: Soweit der Lohn gem. Art. 93 SchKG unpfändbar ist, ist er auch unverrechenbar – es sei denn, der Arbeitgeber möchte mit einer Schadenersatzforderung aus absichtlicher Schädigung durch den Arbeitnehmer verrechnen.

Zu beachten ist, dass der Arbeitnehmer nicht auf den speziellen Schutz, den Art. 323b Abs. 2 gewährt, verzichten kann, da es sich bei dieser Regel um eine zwingende Vorschrift handelt (Art. 361 Abs. 1).

So wie Art. 93 SchKG in weiter Auslegung auch **Einkommen aus selbständiger Erwerbstätigkeit** erfasst, so muss Art. 125 Ziff. 2 ebenfalls Ansprüche auf solches Einkommen (Werklohn usw.) erfassen.

Daneben betrifft Art. 125 Ziff. 2 familienrechtliche Unterhaltsbeiträge. Eine Ausnahme stellen Art. 121 Abs. 2 ZGB und Art. 32 Abs. 2 PartG dar, welche die Verrechnung von Unterhaltsbeiträgen an den Ehegatten bzw. eingetragenen Partner mit Zahlungen des ausziehenden Ehegatten bzw. Partners an den Vermieter der Familien- bzw. gemeinsamen Wohnung (ratenweise in der Höhe des monatlichen Mietzinses) zulässt. Das gilt auch, wenn die Unterhaltsbeiträge für den Lebensunterhalt des anderen Ehegatten bzw. Partners unbedingt notwendig wären (Art. 121 Abs. 2 ZGB und Art. 32 Abs. 2 PartG stellen somit eine lex specialis zu Art. 125 Ziff. 2 dar; vgl. BSK ZGB I-Gloor, Art. 121 N 9; von der Verrechnung ausgeschlossen sind die Unterhaltsbeiträge an die Kinder). 7

Ebenso gehören alle **gesetzlichen Renten und Pensionen**, insb. aus dem **Sozialversicherungsrecht** (AHV-Renten usw.), aber auch aus dem **Haftpflichtrecht** (vgl. Art. 45 Abs. 3, Art. 46 Abs. 1 i.V.m. Art. 43 Abs. 2) hierher. Wird anstelle einer Rente ein Kapital ausbezahlt, muss dieses entsprechend geschützt werden. 8

Gleiches gilt für **vertragliche Renten und Pensionen** (z.B. Leibrenten, Art. 516 ff.) wie für **einmalige Kapitalleistungen** (z.B. Lebensversicherungen), die dem Unterhalt dienen.

Allerdings schützt Art. 125 Ziff. 2 den Gläubiger nur insoweit vor der Verrechnung, als die diversen Ansprüche zu seinem Unterhalt und zum Unterhalt seiner Familie unbedingt notwendig sind (BGE 88 II 312 = Pra 1963, 15 f.). Letzteres ist vom Gläubiger zu beweisen, wobei inhaltlich die zu Art. 93 SchKG entwickelten Richtlinien für den sog. **Notbedarf** massgebend sein dürften (von Tuhr/Escher, 200 Rz 76; Keller/Schöbi, IV, 171). Für den Fall, dass der Gläubiger von der Sozialhilfe unterstützt (und dadurch sein Existenzminimum gesichert) wird, während er auf den Entscheid eines Sozialversicherers (z.B. IV) wartet, ist die Verrechnung mit der nachträglich zugesprochenen und rückwirkend auszurichtenden Rente zulässig (BGE 121 V 26; kürzlich bestätigt in BGE 136 V 292 f.). 9

Man wird jedoch annehmen dürfen, dass die gem. Art. 92 Abs. 1 Ziff. 7–9a SchKG (Art. 92 Abs. 1 Ziff. 7–12 aSchKG) gänzlich unpfändbaren **«Unterhaltsansprüche»** auch gänzlich unverrechenbar sind, da der Gesetzgeber offenbar deren besonderen Schutz im Hinblick auf ihre besondere Natur beabsichtigt hatte (ebenso Keller/Schöbi, IV, 171).

Art. 125 Abs. 2 gilt es auch im Bereich der **Krankenversicherung** zu beachten. Die Existenzgrundlage des Versicherten darf nicht gefährdet werden bei einer von der Krankenkasse vorgenommenen Verrechnung zwischen fälligen Leistungen und rückständigen Beiträgen (BGE 108 V 47 = Pra 1983, 109 und BGE 110 V 185 in Bezug auf Art. 12 ff. KUVG; Gauch/Aepli/Stöckli, N 5).

Für die **Personalvorsorge** gilt folgendes: Für Leistungsansprüche an Vorsorgeeinrichtungen bestimmt Art. 39 Abs. 2 BVG, dass diese «mit Forderungen, die der Arbeitgeber der Vorsorgeeinrichtung abgetreten hat, nur verrechnet werden (dürfen), wenn sie sich auf Beiträge beziehen, die nicht vom Lohn abgezogen worden sind». Abgesehen von diesem Ausnahmefall bleibt also die Verrechnung verwehrt (vgl. dazu auch BGE 111 II 164 = Pra 1985, 516 ff., wo in analoger Anwendung des aArt. 331c Abs. 2 Ansprüche auf künftige Leistungen der Personalfürsorge vor Verrechnung geschützt werden, solange nicht eine Barauszahlung der Vorsorgemittel nach aArt. 331c Abs. 4 in Betracht kommt; **a.A.** bezüglich der Barauszahlung: BGE 126 V 316; die Verrechnung einer Schadenersatzforderung der Vorsorgeeinrichtung mit dem Anspruch eines Destinatärs auf Übertragung der Vorsorgemittel an die neue Vorsorgeeinrichtung aus Gründen des Vorsorgeschutzes wurde auch nach In-Kraft-Treten des FZG verwehrt, BGE 132 V 135; vgl. dazu die Fallbesprechung von Moser, SZS 2007, 384 ff.; bestätigt in BGer, 28.2.2006, 4C.415/2005, E. 2.1). 10

2. Andere Ansprüche

11 Ist eine **Gebrauchsüberlassung**, eine **Kapitalüberlassung** (Darlehen), eine **Dienstleistung**, eine **Herausgabepflicht** im Rahmen eines Treuhandvertrages, eine **Unterlassung** oder eine **Duldung** geschuldet, so ergibt sich ebenfalls aus der Natur dieser Verpflichtungen, dass **effektiv geleistet** werden soll (s. hierzu auch Art. 120 N 12). Ist die Verrechnung nicht schon mangels **Gleichartigkeit** ausgeschlossen, ist an einen Ausschluss gem. Art. 125 Ziff. 2 zu denken (vgl. BK-BECKER, N 11).

Die Liberierung von Aktien mittels Verrechnung ist im Übrigen zulässig; Art. 634a geht ausdrücklich von dieser Auffassung aus, verlangt aber die Erstellung eines Gründungsberichts (hierzu BERTHEL/BOCHUD, JBHReg 1993, 39). Anderes gilt im Konkursfall, Art. 213 Abs. 4 SchKG (vgl. Art. 123 N 11).

Schliesst man jedoch aus den im Gesetz aufgeführten Beispielen, dass der Gesetzeszweck des Art. 125 Ziff. 2 allein den Schutz des wirtschaftlich schwachen Gläubigers bezweckt (so offenbar BGE 88 II 312 = Pra 1963, 14 ff.), muss man die Unverrechenbarkeit bei den anderen **auf Effektivleistung gerichteten Ansprüchen** mittels eines stillschweigenden Verrechnungsausschlusses gem. Art. 126 begründen (VON TUHR/ESCHER, 201; speziell zur Vermögensverwaltung: ZWICKER, ST 1988, 45).

VI. Verpflichtungen gegen das Gemeinwesen aus öffentlichem Recht (Ziff. 3)

12 Es handelt sich hier um ein **Privileg der öffentlichen Hand im Bereich ihres hoheitlichen Handelns** (vgl. BGE 106 Ib 108; 110 V 183). Privatrechtliche Verpflichtungen gegenüber dem Gemeinwesen (z.B. aus einem Energielieferungsvertrag, den das Gemeinwesen auf eine privatrechtliche Basis gestellt hat: BGE 76 II 103 ff.) kann der Bürger durch Verrechnung mit seinen öffentlich- oder privatrechtlichen Gegenforderungen tilgen. Ebenso kann das Gemeinwesen selbst auf sein Privileg verzichten und seine öffentlich-rechtliche Forderung gegen den Bürger durch Verrechnung mit öffentlich-rechtlichen oder privatrechtlichen Gegenforderungen tilgen (BGE 107 III 139: Verrechnung einer Steuerforderung gegen den Bürger mit dessen Kaufpreisforderung für die Lieferung von Büromöbeln).

Für Weiteres s.a. GAUCH/SCHLUEP/SCHMID/EMMENEGGER, Rz 3244 f.; RFJ 1998, 420.

Art. 126

IV. Verzicht	**Auf die Verrechnung kann der Schuldner zum voraus Verzicht leisten.**
IV. Renonciation	Le débiteur peut renoncer d'avance à la compensation.
IV. Rinuncia	Il debitore può rinunciare preventivamente alla compensazione.

Literatur

Vgl. die Literaturhinweise bei den Vorbem. zu Art. 120–126.

1 Auf das Recht zur einseitigen Verrechnung gem. Art. 120 ff. kann **jederzeit verzichtet** werden – sowohl vor Entstehen einer Verrechnungsmöglichkeit (Art. 126) als auch danach.

2 Der Verzicht kann die Verrechnung jeglicher Schulden bzw. Forderungen zwischen zwei Personen ausschliessen, oder er kann **auf bestimmte Schulden** bzw. Forderungen **beschränkt** sein. Beispielsweise kann ein Käufer allein darauf verzichten, seine Kaufpreisschuld mit Gewährleistungsansprüchen, die den Kaufgegenstand betreffen, zu verrechnen (BGE 109 II 215).

Zu beachten ist aber die **abweichende Sonderregelung** des Art. 265 im Verhältnis von Mieter und Vermieter, derzufolge beide Parteien nicht im Voraus darauf verzichten können, Forderungen und Schulden aus dem **Mietvertragsverhältnis** zu verrechnen (sog. Verbot des Verrechnungsverzichts: RAJOWER, AJP 1998, 809). Insbesondere kann also dem Mieter nicht durch eine Vertragsklausel untersagt werden, seine Mietzinsschuld durch Verrechnung mit Gegenansprüchen, die aus dem Mietverhältnis stammen, zu tilgen. Dagegen wird durch eine solche Vertragsklausel nach Auffassung der Rsp. die Verrechnung mit Gegenansprüchen, die aus einem *anderen* Rechtsverhältnis entstanden sind, wirksam ausgeschlossen (SJ 1995, 315; ebenso GUHL/KOLLER/SCHNYDER/DRUEY, § 44 Rz 159 f.; anders ZIHLMANN, 91: Seiner ratio entsprechend soll Art. 265 schon dann eingreifen, wenn nur eine der zu verrechnenden Forderungen bzw. Schulden aus dem Mietverhältnis stammt.). 3

Aufgrund der Materialien ergibt sich, dass Art. 265 zwingender Natur ist. Den Parteien steht es aber frei, während des Mietverhältnisses die Verrechnung gegenseitiger Forderungen zu vereinbaren (SVIT, 403).

Anders als noch in der Vorauflage dieses Kommentars vertreten wurde, handelt es sich beim Verrechnungsverzicht nach der neusten Rsp. des BGer um einen *pactum de non compensando*, er wird also nicht einseitig erklärt, sondern in Form eines **zweiseitigen Vertrages** geschlossen (BGer, 21.7.2009, 2C_889/2008, E. 4.2; vgl. auch BGer, 20.3.2008, 5A_207/2007, E. 6.2; BGE 87 II 26; 83 II 26; ZK-AEPLI, N 20 m.w.Nw.). Dieser Unterschied ist allerdings nur von geringer praktischer Bedeutung, da die Zustimmungserklärung der anderen Partei regelmässig nach Art. 6 fingiert werden darf (KOLLER A., 107). 4

Im Übrigen kann er ausdrücklich oder auch **stillschweigend** bzw. **konkludent** erklärt oder vereinbart werden. Die dabei zugrunde liegenden Willensäusserungen (Art. 1) sind so auszulegen, wie die Gegenpartei sie nach Treu und Glauben hat verstehen dürfen und tatsächlich verstanden hat (BGE 83 II 26; 87 II 26). 5

Ausdrückliche Vereinbarungen finden sich in Verträgen oder in **allgemeinen Geschäftsbedingungen**, die Vertragsbestandteil sind. Der Verrechnungsausschluss in Form einer Klausel in allgemeinen Geschäftsbedingungen ist grundsätzlich wirksam; jedenfalls ist er nicht an sich «ungewöhnlich» (vgl. BGE 109 II 218).

Ein **konkludenter Verzicht** kann unter Umständen in folgenden Fällen vorliegen: Beim Versprechen, bar zu bezahlen (BGE 107 II 146; 83 II 398: Kein Verzicht, wenn die Gegenforderung im Zeitpunkt des Verzichts unbekannt ist), beim Abschluss eines Vergleichs, der bestimmte Zahlungen vorsieht (BGE 72 II 28), beim Dokumentenakkreditiv, namentlich wenn dieses unwiderruflich und bestätigt ist (SJ 1990, 110 ff.) oder wenn dem Schuldner bekannt sein muss, dass der Gläubiger die Leistung für einen Zweck verwenden wird, der eine tatsächliche Erfüllung verlangt (ZK-AEPLI, N 30), wie etwa bei Treuhandanlagen im Interbankengeschäft, deren Verwendbarkeit als Anlageinstrument davon abhängt, dass keine Verrechnung durch die Drittbank erfolgt (diesfalls verlange «die Natur des Geschäfts und die allgemeine Pflicht zum Handeln nach Treu und Glauben (Art. 2 Abs. 1 ZGB) einen Verrechnungsverzicht», BGE 130 III 318). Doch darf ein Verzicht nie zu leicht angenommen werden, sondern es ist im Rahmen einer Auslegung nach Treu und Glauben genau zu prüfen, ob tatsächlich von einem Verzicht die Rede sein kann (BGE 126 III 369, zum Erfordernis der Gleichartigkeit; s.a. BGer, 14.12.1993 i.S. G. gegen Bank P., in: SJ 1994, 603).

Ebenso ist durch Auslegung im Einzelfall zu ermitteln, ob der Verzicht auch **im Konkurs** des Verrechnungsgegners wirksam sein soll oder ob dessen Zahlungsfähigkeit stillschweigende Bedingung des Verzichts ist. Es geht sicher zu weit, den Verzicht im Konkurs immer für unbeachtlich zu halten (so aber WALDER/KULL/KOTTMANN, Art. 213 N 4 m.Nw.). 6

7 Umgekehrt liegt in der **Geltendmachung einer Forderung** noch kein konkludenter Verzicht auf eine spätere Verrechnung.

Einen konkludenten Verzicht auf Verrechnung kann man auch im Versprechen einer Leistung erblicken, deren Natur **effektive Erfüllung** verlangt – es sei denn, man subsumiere alle diese Fälle unter Art. 125 Ziff. 2 (vgl. Art. 125 N 11).

Vorbemerkungen zu Art. 127–142

Literatur

ACOCELLA, Die Verjährung in der neueren Rechtsprechung des Bundesgerichts, SJZ 1990, 333 ff.; BÉGUELIN, SJK 813 (Verjährung 1: Allgemeines), 814 (Verjährung 2: Bedingungen – Stillstand – Wirkungen), 815 (Verjährung 3: Unterbrechung der Verjährung); BERTI, Zur Unterbrechung der Verjährung durch Betreibung und Klage – oder die Alternativen zum «Inspired guess», recht 1994, 76 ff.; BLOCH, Die Hemmung der Verjährung nach Art. 134 Ziff. 6 OR, SJZ 1955, 353 ff.; BÖCKLI, Schweizer Aktienrecht, 4. Aufl., Zürich 2009; BOSSHART, La sauvegarde des délais péremptoires par l'introduction d'instance selon la jurisprudence du tribunal fédéral, Diss. Freiburg 1963; BRÜHWILER, Kommentar zum Einzelarbeitsvertrag, 2. Aufl., Bern 1996; BRUNNER, Die Anwendung deliktsrechtlicher Regeln auf die Vertragshaftung, Diss. Freiburg 1991; BUCHER, Verjährung: gute Schritte in guter Richtung, Bemerkungen aus Anlass von BGE 132 III 226–241 (4C.296/2005), recht 2006, 186 ff.; DERS., Hundert Jahre schweizerisches Obligationenrecht: Wo stehen wir heute?, ZSR 1983 II 251 ff.; VON BÜREN, Verjährung und Verwirkung im Zivilrecht, SJZ 1949, 369 ff.; CAPITAINE, Des courtes prescriptions, des délais et actes de déchéance (péremptions) du C.C.S. et du C.O., Genf 1937; FELLMANN/VON BÜREN-VON MOOS, Grundriss der Produktehaftpflicht, Bern 1993; FISCHER, Die Verjährung von Haftpflichtansprüchen, in: Koller A. (Hrsg.), Haftpflicht- und Versicherungsrechtstagung 1997, St. Gallen 1997, 93 ff.; FORSTMOSER/MEIER-HAYOZ/NOBEL, Schweizerisches Aktienrecht, Bern 1996; GADOLA, Verjährung und Verwirkung im öffentlichen Recht, AJP 1995, 47 ff.; GIRSBERGER, Verjährung und Verwirkung im internationalen Obligationenrecht, Diss. Zürich 1989; GRÄMIGER, Der Einfluss des schuldnerischen Verhaltens auf Verjährungsablauf und Verjährungseinrede, Diss. Zürich 1934; HIESTAND, Die Verjährung nach schweizerischem Obligationenrecht, Diss. Zürich 1889; HONSELL, Der Verzicht auf die Einrede der Verjährung, Versicherungsrecht, Juristische Rundschau für die Individualversicherung 1975, 105 ff.; KESSLER, Der Verjährungsverzicht im Schweizerischen Privatrecht, Diss. Zürich 2000; KOLLER A., Die Verjährung von Versicherungsansprüchen, in: Koller A. (Hrsg.), Haftpflicht- und Versicherungsrechtstagung 1993, Zürich 1993, 1 ff. (zit. Verjährung); DERS., Das Nachbesserungsrecht im Werkvertrag, 2. Aufl., Zürich 1995 (zit. Nachbesserungsrecht); DERS., Die Tragweite eines zeitlich begrenzten Verjährungsverzichtes, SJZ 1996, 369 ff. (zit. SJZ 1996); DERS., Verjährt oder nicht verjährt? Drei höchstrichterliche Antworten, AJP 2000, 243 ff. (zit. AJP 2000); DERS., Die Verjährung bei der Rückabwicklung von Verträgen, BR 2006, 4 ff. (zit. BR 2006); DERS., Verjährung der werkvertraglichen Mängelrechte, AJP 2014, 303 ff. (zit. AJP 2014); LANZ, Verjährung und Schuldübernahme, SJZ 1938/39, 198 ff.; MATTMANN, Die Anspruchs- und Klagerechtsverwirkung aus prozessualen Gründen in den schweizerischen Zivilprozessgesetzen, Diss. Freiburg 1963; MAURER, Schweizerisches Privatversicherungsrecht, 3. Aufl., Bern 1995; MENGIARDI, Der Ausschluss der Verjährung im Sachenrecht, Diss. Bern 1953; MEUWLY, La durée de la couverture d'assurance privée. L'écheance du contrat d'assurance et la prescription de l'art. 46 alinéa 1 LCA, Diss. Freiburg 1994; NABHOLZ, Verjährung und Verwirkung als Rechtsuntergangsgründe infolge Zeitablaufs, Diss. Zürich 1958; NEUMANN/VON DER CRONE, Herausgabepflicht für Bestandespflegekommissionen im Auftragsrecht, SZW 1/2013, 101 ff.; OESCH, Essai dogmatique sur la prescription en droit suisse, Diss. Lausanne 1934; OTTE, «Verfolgung ohne Ende» – ausländische Verjährungshemmung vor deutschen Gerichten, IPRax 1993, 209 ff.; REY, Ausservertragliches Haftpflichtrecht, 4. Aufl. Zürich 2008; ROELLI/KELLER, Kommentar zum Schweizerischen Bundesgesetz über den Versicherungsvertrag, Bd. I, Die allgemeinen Bestimmungen, 2. Aufl., Bern 1968; ROMERIO/BAZZANI, Verjährung des Anspruchs auf Herausgabe von Bestandespflegekommissionen, GesKR 2013, 49 ff.; RUTZ, Die Wesensverschiedenheit von Verjährung und gesetzlicher Befristung, AcP 1907, 435 ff.; SCHALLER, Einwendungen und Einreden im schweizerischen Schuldrecht, Zürich/St. Gallen 2010; SCHERRER, Die Verjährung der Verlustscheinforderungen gegenüber den Erben des Schuldners, ZSR 1936, 78 ff.; SCHÖBI, Die Akzessorietät der Nebenrechte von Forderungen unter besonderer Berücksichtigung des Rechtsinstituts der Verjährung, Diss. Zürich 1990; SCHÖLL, Verjährungsstillstand infolge Unmöglichkeit der Rechtsverfolgung «vor einem schweizerischen Gerichte», Überlegungen zu Art. 134 Abs. 1 Ziff. 6 OR aus internationalprivatrechtlicher Sicht, in: FS für Ivo Schwander, Zürich/St. Gallen 2011; SCHÖNENBERGER, Verjährungsunterbrechung durch Klage, insbesondere durch Klage bei einem ausländischen Gericht, SJZ 1953, 233 ff.; SCHWANDER, Die Verjährung ausservertraglicher und vertraglicher Schadenersatzforderungen, Diss. Freiburg 1963; SEILER, Die Verjährung von Schadenersatzforderungen aus positiver Vertragsverletzung, Diss. St. Gallen 2011; SPIRO, Die Begrenzung privater Rechte durch Verjährungs-, Verwirkungs- und Fatalfristen, 2 Bde., Bern 1975 (zit. I/II); DERS., Verjährung und Hausgemeinschaft, in: FS für Friedrich Wilhelm Bosch, Bielefeld 1976, 975 ff. (zit. FS Bosch); DERS., Der Verzicht auf die laufende Verjährung, in: FS für Karl Neumayer, Baden-Baden 1985, 543 ff. (zit. FS Neumayer); DERS., Zur Verjährung des Ersatzanspruchs aus Schadensversicherung, in: Mélanges Pierre Engel, Lausanne 1989, 371 ff. (zit. FS Engel); SPITZ/OETIKER, Verjährung und Rechtsbehelfe bei Unternehmenskaufverträgen, SJZ 2005, 465 ff.; STEINER, Was ist ein «verbesserlicher Fehler» im Sinne von Art. 139 OR?, SJZ 1961, 43 f.; STREIFF/VON KAENEL/RUDOLPH, Arbeitsvertrag, 7. Aufl., Zürich 2012; THALMANN, Die Verjährung im Privatversicherungsrecht, Diss. Zürich 1940; STÜCHELI, Die Rechtsöffnung, Diss. Zürich 2000; TSCHÜTSCHER, Die Verjährung der Mängelrechte bei unbeweglichen Bauwerken, Diss. St. Gallen, Bern/Stuttgart/Wien 1996; VAUCHER, La prescription des actions des artisans pour leur travail (Art. 128 ch. 3 CO), JdT 1963 I 230 ff.; WEISS, Solidarität nach Art. 143–149 des Schweizerischen Obligationenrechts unter besonderer Berücksichtigung der Verjährung, Diss. Zürich 2011; WYSS, La péremption dans le code civil suisse, Diss. Lausanne 1957.

Das Rechtsinstitut der Verjährung *(praescriptio)* bewirkt die **Abschwächung von Rechten durch Zeitablauf** (GAUCH/SCHLUEP/SCHMID/EMMENEGGER, N 3269 sprechen von «Entkräftung»). Dies liegt in erster Linie im Interesse der öffentlichen Ordnung: «Das öffentliche Interesse an der Rechtssicherheit und am gesellschaftlichen Frieden verlangt, dass gewöhnliche Forderungen, die nicht geltend gemacht werden, nach einer gewissen Zeit nicht mehr durchgesetzt werden können» (BGE 90 II 437 E. 8; ähnlich für das deutsche Recht – BGHZ 122, 244 f.). Indes besteht ein solches Interesse genau besehen in einem wirksamen Schutz von Einzelinteressen. Es ist also kein anderes als jenes, das allen Privatrechtsinstituten zugrunde liegt und mit jedem Einzelinteresse in Inhalt und Wert identisch ist (SPIRO, I, 23). Auf diese Einzelinteressen ausgerichtet sind die weiteren vom BGer (a.a.O.) angeführten *Rechtfertigungen* der Verjährung: unbereinigte Rückstände belasten die Beziehungen unter den Rechtsgenossen; die gerechtfertigte Behebung der Ungewissheit des Schuldners darüber, ob eine seit langem offene Forderung, mit deren Geltendmachung er daher immer weniger rechnet, schliesslich doch noch eingeklagt werde; die Bewahrung des Schuldners davor, die Belege für seine Zahlungen während unbeschränkter Zeit aufbewahren zu müssen; zudem macht eine länger dauernde Untätigkeit des Gläubigers die Unbegründetheit, die Tilgung oder sogar den Verzicht auf die Forderung wahrscheinlich (BGE 90 II 437 f. E. 8; BÉGUELIN, SJK 813, 3, spricht von einer unwiderlegbaren Vermutung); schliesslich ist es im Interesse klarer Rechtsbeziehungen erwünscht, Gläubiger anzuspornen, ihre Forderungen innert einer vernünftigen Frist geltend zu machen und die Austragung von Streitigkeiten darüber nicht zu verzögern (*humani generis patrona praescriptio*, BÉGUELIN, a.a.O.). 1

Entspricht die Verjährung mithin zweifellos einem Bedürfnis, so ist sie in der Einzelausgestaltung trotzdem *«in hohem Grade willkürlicher Natur»* (BBl 1880 I 192 zum aOR), d.h. dem Ermessen des Gesetzgebers überlassen. Auch wenn man gegenüber der **verjährungsfreundlichen** Tendenz in der Schweiz mit beachtenswerten Gründen kritisch sein kann (so BUCHER, ZSR 1983 II 339 ff.), ist die Annahme eines Grundsatzes *in dubio contra praescriptionem* abzulehnen (**a.M.** BUCHER, AT, 445 vor Anm. 6). Handhabe gegen Ungerechtigkeiten ist eine klare und voraussehbare Regelung, wonach sich die Rechtssubjekte zuverlässig richten können. Dazu gehört das Bewusstsein, dass das schweizerische Recht unter bestimmten Umständen die Verjährung einer Forderung zulässt, von welcher der Gläubiger nie Kenntnis hatte (Art. 130 N 9). Allerdings kennt das Bundeszivilrecht keine Maximalverjährung, kann doch der Eintritt der Verjährung durch periodische gültige Unterbrechungshandlungen beliebig hinausgeschoben werden (BGer, 14.5.1998, 4C.9/1998, E. 4a, zit. bei ZK-BERTI, N 20; SPIRO, FS Neumayer, 549). Der Schuldner kann nach Eintritt der Verjährung auf die Erhebung der Verjährungseinrede verzichten, mit der Folge, dass die verjährte Forderung gerichtlich durchgesetzt werden kann, da der Richter die Verjährung – im Gegensatz zur Verwirkung – nicht von Amtes wegen berücksichtigt (Art. 142). 2

3 Der Eintritt der Verjährung hinterlässt eine geschwächte Forderung, die bei begründeter Verjährungseinrede nicht mehr gerichtlich durchgesetzt werden kann. Die Verjährung ist zu unterscheiden von der **Verwirkung**, die als Erlöschensgrund zum völligen Untergang des betr. Rechts führt, wenn der Ansprecher nicht innert der vorgeschriebenen Frist die erforderlichen rechtserhaltenden Handlungen vornimmt (SCHALLER, 236 ff.; GAUCH/SCHLUEP/SCHMID/EMMENEGGER, N 3386). Die Verwirkung betrifft zwar in aller Regel diejenigen Rechte, die nicht der Verjährung unterworfen sind (s. Art. 127 N 2), doch können auch verjährbare Forderungen *verwirkt* werden, wenn ihr Gläubiger eine gesetzlich vorgeschriebene Rechtshandlung, deren rechtzeitige Vornahme Voraussetzung zur Durchsetzung der betr. Forderung ist, unterlässt (z.B. die Mängelrüge nach Art. 201, die Schadensanzeige nach Art. 489 Abs. 1 und die Präsentation des Wechsels nach Art. 1050; NABHOLZ, 73). Für die Abgrenzung ist die im Gesetz verwendete Terminologie keine sichere Grundlage (vielmehr ein sandiges Fundament, SPIRO, I, 54 Anm. 10). Die Rsp. hat verschiedentlich vom Gesetz als Verjährungsfristen bezeichnete Fristen als Verwirkungsfristen behandelt (statt vieler BGE 95 II 267), wobei das BGer die Begriffe der Verwirkung und Verjährung nicht immer einheitlich verwendet (BGE 136 II 187 E. 6). Die Unterscheidung ist aber von grosser praktischer Relevanz, denn die Hemmungs- und Unterbrechungsgründe des Verjährungsrechts treffen auf die Verwirkungsfristen nicht zu (BGE 116 V 229; 115 V 24), auch nicht analog (BGE 104 II 358; VON TUHR/ESCHER, 162). Allerdings ist die Tendenz einer gewissen Annäherung der Verwirkungsregeln an das Verjährungsrecht, zumal im Sozialversicherungsrecht, unübersehbar (GAUCH/SCHLUEP/SCHMID/EMMENEGGER, N 3390 ff.), und Art. 139 aOR wurde in zunehmendem Ausmass auch auf Verwirkungsfristen angewendet. Die Regelung in Art. 63 ZPO, in Kraft seit 1.1.2011, verallgemeinert den Grundsatz von Art. 139 aOR, weshalb diese Bestimmung aufgehoben wurde. Durch einen verfahrenseinleitenden Schritt tritt gem. Art. 64 Abs. 2 ZPO die Rechtshängigkeit ein, mit der Folge, dass dadurch sämtliche gesetzlichen Fristen des Privatrechts, mithin neben den Verjährungs- auch die Verwirkungsfristen, gewahrt werden. Eine Verwirkungsfrist kann zudem unter bestimmten Voraussetzungen wiederhergestellt werden, so etwa wenn die berechtigte Person aus unverschuldeten, unüberwindbaren Gründen verhindert war, den Anspruch rechtzeitig geltend zu machen. Die Wiederherstellung von Verwirkungsfristen gilt als allgemeiner Rechtsgrundsatz und berücksichtigt Hinderungsgründe wie Krankheit, Unfall, Naturkatastrophen, o.ä. (BGE 136 II 187 E. 6). Von der Verjährung ebenfalls zu unterscheiden ist die zwischen den Parteien vereinbarte **Befristung** einer Forderung, mit welcher die Parteien den *Endtermin* des Rechtsverhältnisses festlegen (vgl. BUCHER, AT, 508/9; vgl. auch Vor Art. 151–157 N 14 betr. analoger Anwendbarkeit von Art. 151 ff.; s.a. Art. 129 N 5). Dies hat zur Folge, dass der betr. Anspruch mit Ablauf der vereinbarten Frist untergeht, ohne dass sich die Frage der Verjährung stellt (als Anwendungsfall s. Art. 130 N 7g betr. Gutscheine). Einzig wenn der *Endtermin* später als fünf (i.S.v. Art 128) bzw. zehn Jahre (i.S.v. Art. 127) Jahre ab Fälligkeit vereinbart wird, stellt sich die Frage der Verjährung (vgl. Art. 130 N 7a–d).

4 Die folgende Kommentierung beschränkt sich auf die Bestimmungen der Art. 127–142, also auf den allgemeinen Teil des Rechtes der Verjährung bundeszivilrechtlicher Forderungen (Art. 127 N 4). Für die **Verjährung im öffentlichen Recht** wird auf die Spezialliteratur verwiesen (vgl. GADOLA, AJP 1995, 47 ff., mit allg. Literaturangaben 47 in Anm. 2).

5 Art. 49 SchlT ZGB enthält eine **intertemporalrechtliche Regelung** für zivilrechtliche Verjährungsbestimmungen (zur Anwendung s. BGE 106 II 252 E. 2 betr. Art. 83 SVG und BGE 66 II 164 betr. Art. 919 in der seit 1.7.1937 geltenden Fassung). Das BGer führte im Zusammenhang mit einer vermögensrechtlichen Streitigkeit aus dem Bundesbeamtenverhältnis aus, es sei «allgemein anerkannt und ergibt sich aus dem Zweck der Verjährung, die Rechtssicherheit durch Befristung der Ausübung von Rechten zu wahren, dass eine Ordnung, welche eine Verjährung neu einführt, auch auf Ansprüche anwendbar ist, die vor dem Inkrafttreten der neuen Regelung entstanden und fällig geworden sind» (BGE 87 I 413). Zum Schutz bestehender Rechte beginnt in solchen Fällen die neue Verjährungsfrist nicht vor dem Inkrafttreten des neuen Rechts (BGE 82 I 57 E. 3).

Das Verjährungsrecht wird zurzeit revidiert. Anfänglich wurden die Vereinheitlichung des gesamten Verjährungsrechts im Privatrecht und die Harmonisierung des Delikts- mit dem Vertrags- und Bereicherungsrecht angestrebt. Nach Durchführung des Vernehmlassungsverfahrens legte der Bundesrat einen Entwurf vor, welcher lediglich punktuell Mängel beheben und Unklarheiten beseitigen soll. Zentrale Revisionspunkte betreffen die Fristen für Ansprüche aus Deliktsrecht gem. Art. 60 und Bereicherungsrecht gem. Art. 67. So soll die relative Frist von einem auf drei Jahre erhöht werden, bei Personenschäden soll eine neue absolute Verjährungsfrist von 30 Jahren eingeführt werden. Zudem soll die bisherige besondere Verjährungsfrist von fünf Jahren gem. Art. 128 ersatzlos gestrichen werden (BBl 2014 235 ff.; vgl. zum Stand der Revision ‹https://www.bj.admin.ch/bj/de/home/wirtschaft/gesetzgebung/verjaehrungsfristen.html› sowie ‹http://www.parlament.ch/d/suche/seiten/geschaefte.aspx?gesch_id=20130100›). 5a

Zum internationalen Privatrecht s. Art. 127 N 8 sowie BSK IPRG-Dasser, Art. 148 N 1 ff. 6

Art. 127

G. Verjährung
I. Fristen
1. Zehn Jahre

Mit Ablauf von zehn Jahren verjähren alle Forderungen, für die das Bundeszivilrecht nicht etwas anderes bestimmt.

G. Prescription
I. Délais
1. Dix ans

Toutes les actions se prescrivent par dix ans, lorsque le droit civil fédéral n'en dispose pas autrement.

G. Prescrizione
I. Termini
1. Dieci anni

Si prescrivono col decorso di dieci anni tutte le azioni per le quali il diritto civile federale non dispone diversamente.

Literatur

Vgl. die Literaturhinweise bei den Vorbem. zu Art. 127–142.

I. Allgemeines

Art. 127 statuiert eine **ordentliche Verjährungsfrist** von *zehn Jahren* für die aus Bundeszivilrecht abgeleiteten Forderungen und gilt überall dort, wo das Gesetz keine abweichende (ausserordentliche) Verjährungsfrist aufgestellt hat oder die Unverjährbarkeit vorsieht (N 11 ff.). 1

II. Anwendungsbereich

1. Gegenstand der Verjährung nach dem Obligationenrecht

Gegenstand der Verjährung nach dem OR sind die aus Bundeszivilrecht abgeleiteten **Forderungen**, d.h. obligatorische, relative (im Gegensatz zu dinglichen, absoluten) Rechte, ein Tun, Dulden oder Unterlassen zu verlangen (*«subjektive Forderungsrechte»*; Bucher, AT, 450). Obwohl das Gesetz an vielen Stellen statt von Forderung von **Anspruch** spricht (so etwa in Art. 60, 67, 133 u.a.m.; solche Inkonsistenzen bestehen auch in den französischen und italienischen Fassungen), ist durchwegs *«die Befugnis des Gläubigers [...], vom Schuldner bestimmte Leistungen zu verlangen»* (BGE 87 II 163 E. 3b), gemeint. 2

Schuldverhältnisse unterliegen als solche *nicht* der Verjährung (Bucher, AT, 453), sondern erlöschen kraft Zeitablaufs oder nach vorausgegangener Kündigung (von Tuhr/Escher, 212 Anm. 10). Die Verjährungseinrede kann jedoch der Ausübung eines Gestaltungsrechts entge- 3 gengehalten werden (Merz, SPR VI/1, 79 f.), sofern dieses nicht der Verwirkung unterliegt (Bucher, AT, 453).

4 Die Art. 127 ff. finden gem. Art. 7 ZGB auf die relativen Forderungsrechte des **übrigen Bundeszivilrechts** (nicht aber auf die dinglichen Rechte: BGE 48 II 45) Anwendung (BGE 127 III 8 E. 3a/bb = Pra 2001, 685 ff. = JdT 2001 I 216 ff.; BK-Friedrich, Art. 7 ZGB N 79 ff.; zur analogen Anwendbarkeit auf die Parteientschädigung im Gerichtsverfahren s. N 7a).

5 Bundeszivilrecht ist die Gesamtheit der Rechtsnormen, welche das Verhalten zwischen Privatrechtssubjekten (einschliesslich der für die Zwecke eines gegebenen Tatbestandes dem Zivilrecht unterstellten Rechtssubjekte des eidgenössischen oder kantonalen öffentlichen Rechtes) regeln und bewerten. Solche Normen können auch in Staatsverträgen enthalten sein (z.B. BGE 132 III 626 betr. Verjährungsfristen gemäss CMR).

5a Bei *gemischten Verträgen – und ebenso bei Innominatverträgen* –, bei welchen z.B. werkvertragliche Leistungen (die für sich allein zur Anwendbarkeit von Art. 128 führten) und auftragsrechtliche Leistungen (die für sich allein zur Anwendbarkeit von Art. 127 führten) erbracht werden und die Parteien einen einzigen gemischten Vertrag mit Elementen des Werkvertrags- und Auftragsrecht abgeschlossen haben, stellt sich die Frage, ob die ordentliche Verjährungsfrist gem. Art. 127 oder die kürzere Frist gem. Art. 128 anwendbar ist. M.E. sollte für Ansprüche aus derartigen Verträgen aus Gründen der Rechtssicherheit und unter Berücksichtigung der engen Auslegung von Art. 128 *generell* die zehnjährige Frist von Art. 127 Anwendung finden (i.E. wohl ebenso Entscheid des I. AppHof des KGer FR, 20.10.2003, X. c. Y. [A1 2003–39], in: AJP 2004, 1555 ff., mit Anm. Brändli, der allerdings für aus gemischten Verträgen resultierende Forderungen – m.E. zu Unrecht gestützt auf BGE 109 II 466, in welchem die Verjährungsfrage nicht erwähnt wird – unterschiedliche «Verjährungsregime» zulassen will. Dagegen seien «*Vergütungsansprüche* aus einem gemischten Vertrag denselben Verjährungsfristen und überhaupt demselben Verjährungsregime zu unterstellen»; dies m.Hw. auf SG GVP 1976, 58, sowie Anführung des Beispiels, dass der Entgeltsanspruch für Bewirtung und Beherbergung beim Gastaufnahmevertrag in analoger Anwendbarkeit von Art. 128 Ziff. 1 und 2 innert fünf Jahren verjährt; vgl. zur engen Auslegung von Art. 128 auch BGE 132 III 61 E. 6.1). Sind indessen bei einer Vereinbarung auch Elemente vorhanden, die nur als Nebenabrede zum Hauptvertrag zu qualifizieren sind, richtet sich die Verjährung nach dem Hauptvertrag (vgl. auch BGE 130 III 19 E. 3.2 und 4.1 betr. Einzelarbeitsvertrag mit der Nebenabrede einer Verpflegungsvereinbarung). Das BGer hat die Frage bei der Beurteilung eines Vertrages als Kaufvertrag, Werkvertrag oder gemischten Vertrag offen gelassen, da in jedem Fall die einjährige Verjährungsfrist zur Anwendung gelangte (BGer, 23.6.2008, 4A_235/2008, E. 5.5).

5b Art. 127 ff. finden *keine Anwendung* auf Rückerstattungsansprüche bei *suspensiv-bedingten* Verträgen zufolge Ausfall der Bedingung (BGE 137 III 243 E. 4.4.5; BGer, 13.9.2004, 4C.25/2004, E. 3.4.1 betr. bedingter Immobilienverkauf; a.M. Koller, BR 2006, 5) sowie bei wegen Willensmängeln oder Formmängeln nicht gültig zustande gekommenen Verträgen (BGE 137 III 243 E. 4.4.6 betr. Mängel in der Beurkundung von Grundstückkaufverträgen, E. 4.4.7 mit einer Übersicht). Vielmehr gelangt Art. 67 zur Anwendung.

5c Die *Vertrauenshaftung* ist zwischen Vertrag und Delikt angesiedelt und erfasst als Oberbegriff die culpa in contrahendo und die weiteren interessenmässig gleich gelagerten Tatbestandsgruppen, wie etwa die Haftung für falsche Auskunft (BGE 134 III 390 E. 4.3.2). Nach BGer verjähren Ansprüche aus Vertrauenshaftung nach Art. 60 (BGE 134 III 390 E. 4.3.3). Indessen wäre der Anwendung von Art. 127 der Vorzug zu geben, da aufgrund der Beziehungsnähe der Beteiligten das Rechtsverhältnis näher dem vertraglichen als dem ausservertraglichen steht (vgl. Art. 60 N 4 und 4a).

2. Von der Verjährung nach Art. 127 ff. ausgenommene Rechte

a) Die absoluten Rechte

Die **absoluten Rechte** (dingliche, quasi-dingliche, Immaterialgüter- und Persönlichkeitsrechte) sind nicht Forderungen i.S. des Art. 127. Gewisse unterliegen dennoch zeitlicher Befristung, und ihre Verletzung begründet verjährbare Beseitigungs- und Schadenersatzforderungen (BGE 126 III 163 E. 3 = Pra 2001, 470 f. = JdT 2000 I 294 betr. Persönlichkeitsverletzung). Der Verjährung nicht unterworfen sind u.a. die Klage auf Beseitigung der Verletzung des Namens nach Art. 30 Abs. 3 ZGB als Ausfluss des Persönlichkeitsrechts (BGE 118 II 4 E. 4 und 5 = Pra 1993, 348 ff., mit Anm. SCHNYDER, ZBJV 1994, 141 ff.), die Eigentumsherausgabeklage (*rei vindicatio*; BGE 48 II 44 E. 3c), die Eigentumsabwehrklage (*actio negatoria*; BGE 83 II 198 E. 2; 53 II 224 E. 2), die Klage auf Erbschaftsteilung (Art. 604 ZGB; BGE 45 II 525), die Klage auf Aufhebung von Miteigentum (BK-MEIER-HAYOZ, Art. 650 ZGB N 6) und die Grundlast (Art. 790 Abs. 1 ZGB; wohl aber die einzelnen Leistungen vom Zeitpunkt an, da sie zur persönlichen Schuld des Pflichtigen werden: Art. 790 Abs. 2 ZGB). Die Besitzesrechtsklage unterliegt gegenüber einem gutgläubigen Erwerber einer fünfjährigen Verwirkungsfrist, ist aber gegenüber einem bösgläubigen Besitzer unbefristet (Art. 934 i.V.m. Art. 936 ZGB; VON TUHR/ESCHER, 212 nach Anm. 15). Das Rückforderungsrecht für Kulturgüter verwirkt nach einem Jahr ab Kenntnis, wo und in wessen Besitz sich das Kulturgut befindet, spätestens aber 30 Jahre nach Abhandenkommen (Art. 934 Abs. 1bis ZGB); unverjährbar ist der Herausgabeanspruch bei im Verzeichnis des Bundes bzw. u.U. im Verzeichnis der Kantone eingetragenen Kulturgütern (Art. 3 Abs. 2 lit. b KGTG bzw. Art. 4 Abs. 2 KGTG; vgl. auch Art. 33 KGTG betr. das Rückwirkungsverbot). 6

b) Forderungen öffentlichen Rechts

Forderungen aus eidgenössischem (dazu BGE 108 Ib 152 E. 4b) und kantonalem **öffentlichem Recht** (dazu BGE 85 II 375) unterliegen nicht der Verjährung nach OR. Fehlen im öffentlichen Recht direkt anwendbare Bestimmungen und ebenso analog anwendbare Bestimmungen für verwandte Sachverhalte, können die «allgemeinen Grundsätze» privatrechtlicher Verjährung allenfalls subsidiär und analog zur Anwendung kommen (BGE 112 Ia 262 E. 5 m.w.Nw.; 95 I 516 f. E. 3; 135 V 163 E. 4.1 betr. Art. 52 BVG in der bis 31.12.2004 geltenden Fassung; vgl. GADOLA, 47 ff., mit allgemeinen Literaturangaben 47 in Anm. 2). Diesfalls gelangen diese Normen bloss indirekt, als ergänzendes Bundesrecht bzw. kantonales Recht zur Anwendung (BGer, 6.6.2003, 2P.137/2003 bzw. 2A.250/2003, E. 3 und 4; BGE 108 II 490 E. 7). 7

Art. 112 Abs. 2 ZPO enthält wohl eine Regelung betr. Verjährung der *Gerichtskosten*, während eine solche betr. Parteientschädigung fehlt. Die *Parteientschädigung* ist eine privatrechtliche Legalobligation des eidg. Zivilprozessrechts, die m.E. in analoger Anwendung von Art. 127 nach zehn Jahren ab Fälligkeit, d.h. ab rechtskräftiger Zusprechung («nach Abschluss des Verfahrens»), verjährt (gl.M. ZPO Komm-JENNY, Art. 112 N 7; vgl. für das bis 31.12.2010 geltende kantonale Prozessrecht bspw. PKG 1992, 118 ff. betr. Art. 77 aZPO GR, wonach der Vermittler (Friedensrichter) auf Antrag des Beklagten über die Parteientschädigung befindet, sofern der Kläger nach Ausstellung des Leitscheins den Prozess nicht weiterverfolgt; vgl. ferner AGVE 1998, 65 ff. betr. Einforderung der einstweilen vorgemerkten Gerichtskosten und der dem Rechtsvertreter bezahlten Entschädigung gemäss § 133 aZPO AG). Die analoge Anwendbarkeit von Art. 127 wurde bejaht für die *Rückforderung der Ersatzabgabe* für Parkplätze (EGV 1999, 145 ff.). Die Verjährung einer *Forderung aus verwaltungsrechtlichem Vertrag* richtet sich – sofern eine spezialgesetzliche Regelung fehlt – nach Art. 127 ff. (RB 1997, 40 f. betr. Unterbrechungshandlungen gem. Art. 135). 7a

c) Forderungen ausländischen Rechts

8 Verweist schweizerisches Kollisionsrecht auf ein **ausländisches Sachrecht**, so beruft es dieses auch zur Regelung der Verjährungsfrage (Art. 148 Abs. 1 IPRG; so bereits BGE 59 II 358 E. 2); die Anwendbarkeit schweizerischen Rechts scheidet – vorbehaltlich Art. 16 Abs. 2 bzw. Art. 18 IPRG – aus (s. BSK IPRG-Dasser, Art. 148 N 1 ff.).

III. Anwendungsfälle (Kasuistik)

9 Es verjähren in zehn Jahren nach Art. 127:

- die **Verantwortlichkeitsansprüche** der Stiftung gegenüber den Stiftungsräten (ZR 1996, 97 ff. = SZW 1996, 282 Anm. Tercier/Stoffel = SJZ 1996, 394 Anm. Riemer) oder des Vereins gegenüber einem Vorstandsmitglied (BGer, 13.1.2011, 4A_606/2010, E. 2.5 betr. Vereinspräsident), da Auftragsrecht anwendbar ist; demgegenüber unterliegt der **Regressanspruch** des Sicherheitsfonds zufolge dessen Sicherstellung und Eintreten in die Ansprüche der Vorsorgeeinrichtung nach Art. 56a Abs. 1 BVG aufgrund gesetzlicher Lückenfüllung i.S.v. Art. 1 Abs. 2 ZGB sowie in Anlehnung an Art. 52 Abs. 2 BVG und Art. 52 Abs. 3 AHVG der *fünfjährigen* Frist ab Kenntnis des Schadens, d.h. sobald der Sicherheitsfonds Zahlungen geleistet hat (BGE 135 V 163 E. 5.3 und 5.5, unter Offenlassung der Frage in E. 5.6 und 5.7, ob die Frist mit jeder einzelnen oder gesamthaft mit der letzten Zahlung des Sicherheitsfonds zu laufen beginnt [für den Fristbeginn gesamthaft mit der letzten Zahlung m.E. zu Recht Urteil des VersGer LU, 27.9.2000, LGVE 2000 II Nr. 40, E. 4e S. 307 f.; ebenso wohl BGer, 8.2.2011, 9C_855/2010, E. 3.1]), wobei unklar ist, ob die in Art. 52 Abs. 2 BVG geregelte absolute zehnjährige Frist ab schädigender Handlung zur Anwendung gelangt (m.E. zu bejahen; vgl. auch zum «vollständig ungelösten» Problem bezüglich Fristbeginn bei Regressforderungen Art. 130 N 12).
- der **Haftungsanspruch gem. Art. 193 ZGB** bei einer güterrechtlich ins Alleineigentum der Ehefrau übertragenen Eigentumswohnung für im Zeitpunkt des Abschlusses des Ehevertrages noch nicht fällige Schulden des Ehemannes (BGE 127 III 7 E. 3a = Pra 2001, 685 ff. mit Anm. Frei = SJ 2001 I 362 f. = JdT 2001 I 216 ff.: die Fristen von Art. 285 ff. SchKG sind nicht anwendbar);
- Güterrechtliche Ersatzforderungen (BGE 66 II 237);
- der Anspruch aus **Erbteilungsvertrag** gem. Art. 634 ZGB (vgl. dazu und zur unverjährbaren Teilungsklage N 11a;
- die Forderung des **Miteigentümers** auf Rückerstattung der über seinen Anteil hinaus von ihm getragenen Ausgaben nach Art. 649 Abs. 2 ZGB (BGE 119 II 331 E. 7);
- die Forderung aus einem Dienstbarkeitsvertrag auf Einräumung einer **Dienstbarkeit** gem. Art. 732 ZGB (ZR 1994, 193 ff.);
- die **Regressforderung** bei *unechter* Solidarität (Art. 51), die auf einem eigenständigen Rechtsgrund («ex iure proprio») beruht, in Analogie zu Art. 60 Abs. 1 (BGE 133 III 6 E. 5.3.3 und 5.3.5 = Pra 2007, 702 und 705);
- die Forderung auf **Verzugszinse** (h.L., wiedergegeben in BGE 129 V 345 E. 4.2.1, während nach BGer diese Forderung gemäss dem betreffenden Vertragstypus verjährt, BGE 52 II 217 E. 2, 129 V 345 E. 4.2.2; BGer, 24.1.2011, 2C_188/2010, E. 7.2.2; vgl. Art. 128 N 1a);
- die Forderung auf Rückerstattung zu viel bezahlter **Akontozahlungen**, sofern die zehnjährige Frist auf den zugrunde liegenden Vertragstypus zur Anwendung gelangt (BGer, 1.3.2006, 4C.397/2005, E. 2.2.1 betr. Architekturvertrag; BGer, 23.5.2006, 5C.69/2006, E. 2.3.1 mit Bestätigung der Rsp. in BGE 126 III 119 E. 3 und 127 III 421 E. 3c/bb; gegenteilig noch BGE 107 II 220, wonach Art. 67 massgebend sei);
- die Forderung auf **Rückerstattung** der vertraglichen Leistung nach **Vertragsrücktritt** gem. Art. 109 (BGer, 26.2.2003, 4C.363/2002, E. 2.1 betr. Werkvertrag; BGE 126 III 119 E. 3c betr. Arbeitsvertrag; BGE 114 II 153 ff. E. 2 betr. Werkvertrag; offen gelassen aber in

BGer, 1.6.2006, 5C.59/2006, E. 2.5 betr. Rücktritt des Versicherers nach Art. 40 VVG bei betrügerischer Anspruchsbegründung des Versicherungsnehmers [m.E. zu Unrecht, da hier der Versicherer «an den Vertrag nicht gebunden» ist und deshalb das Bereicherungsrecht und damit Art. 67 Anwendung findet, während Art. 109 direkt die – vertragliche – Rückabwicklung regelt]; vgl. ausführlich zur **Rückabwicklung** im Lichte der bundesgerichtlichen Rsp. KOLLER A., BR 2006, 4 ff.); bei Unverbindlichkeit des Vertrages wegen **Willensmängeln** bzw. **Irrtums** (BGE 137 III 243 E. 4.4.3; 132 III 242 E. 4.1; 114 II 131 E. 3) oder auch wegen **Widerrufs bei Haustürgeschäften** i.S.v. Art. 40a ff. verjährt der Anspruch auf Rückerstattung bereits empfangener Leistungen nach Art. 67 (BGE 137 III 243);
- die Forderung des Mitglieds einer juristischen Person (Verein etc.) auf Rückerstattung der geleisteten **Kaution, Depot** u. dgl., welche bei Austritt fällig wird;
- die Forderung auf Ersatz eines Schadens, der durch die Verletzung einer aus Treu und Glauben abgeleiteten **vertraglichen Nebenpflicht** verursacht wird (BGE 113 II 247 E. 3, 250 f. E. 7; 111 II 172 E. 2);
- die Forderung auf Rückerstattung einer Zahlung, welche die Verletzung einer **Nebenpflicht** zum Gegenstand hat (BGE 98 II 32 E. 6);
- die **Ersatzforderung** des Eigentümers bei Unmöglichkeit der Rückgabe eines Nutzniessungsgegenstandes gem. Art. 751 ZGB (BGE 60 II 175 E. 2);
- Forderungen, die auf einem **Vergleich** (zur Definition BGE 130 III 49 E. 1.2; BGer, 2.6.2005, 4C.85/2005, E. 2.1) beruhen (BGE 100 II 145);
- der **selbständige Garantieanspruch des Käufers** für die zukünftige Überbaubarkeit des gekauften Grundstückes (BGE 122 III 428 E. 4 und 5 = JdT 1998 I 171 ff. = BR 1997, 138);
- Ansprüche aus **Rechtsgewährleistung** beim Grundstückkauf (ZBGR 2000, 362);
- die Forderung auf **Gewährleistung für Mindermass** beim Kauf von Bauland (BGE 81 II 143 E. 5);
- der Anspruch auf Ersatz des Schadens, den der **Unternehmer** dem Besteller bei Ausführung und *vor Ablieferung des Werks* in Verletzung seiner Sorgfaltspflicht zufügt (BGE 113 II 264 E. 2b; 111 II 172; 102 II 418 E. 3);
- der Anspruch auf Vergütung beim **Werklieferungsvertrag** (BGE, 20.5.1996 in Pra 1997, 38 ff. = ZWR 1996, 265 ff. = BR 1997, 54 Nr. 134 mit Anm. AEPLI);
- der **Genugtuungsanspruch** der Mutter, die mit einem Arzt einen Vertrag über die Erbringung der notwendigen ärztlichen Leistungen während der Geburt ihrer Tochter abgeschlossen hat, für ihre seelische Unbill, weil deren Tochter bei der Geburt eine schwere Schädigung erlitten hat (BGer, 19.5.2003, 4C.32/2003, E. 2 m.V. auf BGE 123 III 204 E. 2b);
- der Anspruch des Arbeitgebers gegen den Arbeitnehmer gem. Art. 321b, «sofort» alles herauszugeben, was der Arbeitnehmer bei seiner vertraglichen Tätigkeit für den Arbeitgeber von Dritten erhält (vgl. (STREIFF/VON KAENEL/RUDOLPH, Art. 341 N 8);
- der Anspruch des Auftraggebers auf **Rechenschaftsablegung** durch den Beauftragten (BGer, 18.4.2006, 5C.305/2005, E. 2.2 m.V.);
- der Anspruch auf **Retrozessionen** und **Bestandespflegekommissionen**, welche der Bank im Rahmen eines Vermögensverwaltungsvertrages bzw. -auftrages zugeflossen sind, sei dies aufgrund eigener Produkte der Bank, solchen von Konzerngesellschaften oder solchen von Drittanbietern; die Vergütungen unterstehen im Verhältnis zwischen Bank und Kunde der Herausgabepflicht nach Art. 400 Abs. 1 (BGE 138 III 755 E. 8.6); zufolge Einheitlichkeit des Auftragsverhältnisses zwischen Kunde und Bank verjähren sie wie der Hauptanspruch, mithin nach Art. 127 (OGer ZH, 3.1.2012, LB090076, 7 ff., 26 f.; **gl.M.** SCHALLER, Retrozessionen: Nochmals zur Verjährungsfrage, Jusletter vom 3.12.2012, zit. in ROMERIO/BAZZANI, GesKR 2013, 54 FN 49; NEUMANN/VON DER CRONE, SZW 1/2013, 110; **a.M.** ROMERIO/BAZZANI, GesKR 2013, 53 f.; s. Art. 128 N 3);
- die Schadenersatzforderung gegen den Architekten aus falscher Schätzung der **Baukosten** (BGE 134 III 361 E. 6.3 betr. Rechnungsfehler = AJP 2008, 1308 ff. mit abl. Anm. BRÄNDLI), gegen den Sachverständigen für die falsche Schätzung einer **Immobilie** (BGE

127 III 328 E. 2) oder des Sachverständigen für die falsche Schätzung eines **Kunstgegenstandes** (BGE 112 II 347 E. 1), da Auftragsrecht anwendbar ist;
- die Forderung auf Rückerstattung eines zu Unrecht bezogenen **Mäklerlohns** (BGE 81 II 366 E. 3);
- die Forderung des Agenten aus **Agenturvertrag** (BGer, 3.4.2006, 4C.218/2005, E. 3.3 betr. Art. 418u);
- die Forderung des **Pfrundgebers** auf Übertragung der Liegenschaften des Pfründers (BGE 89 II 260 E. 3);
- die **Liberierungspflicht** des Aktienzeichners von *Inhaberaktien* und von *Namenaktien* (BGer, 9.8.2004, 4C.229/2004, E. 3.3 [Vorinstanz: KGer SZ, 16.3.2004 in: EGV-SZ 2004 Nr. 2.5, mit Anm. in SJZ 2006, 112 Nr. 5], wobei die Frage wie schon in BGE 102 II 361 E. 4b = Pra 1977, 166 offen gelassen wurde, ob die Verjährung mit dem durch den Verwaltungsrat bestimmten Fälligkeitstermin [welcher m.E. aufgrund von Art. 634a i.V.m. Art. 130 Abs. 1 massgebend ist; ebenso Böckli, § 1 N 327; Forstmoser/Meier-Hayoz/Nobel, § 14 N 41] oder dem Konkurs der Gesellschaft [so Spiro I, 268] zu laufen beginnt); veräussert der Zeichner seine Namenaktien an Dritte, ist u.U. die zweijährige Frist nach Art. 687 Abs. 2 zu beachten;
- die Forderung aus dem **Grundverhältnis** bei Begebung eines Wechsels an Zahlungs Statt (BGE 78 II 457; s. aber ZK-Aepli, Art. 116 OR N 34);
- die Forderung des **Mithalters eines Motorfahrzeuges** auf Ersatz des ihm durch den anderen Mithalter schuldhaft verursachten Sach- und Personenschadens gem. Art. 538 Abs. 1 und 2 (BGE 99 II 321 E. 5); gleiches gilt für **Mithalter von Schiffen, Flugzeugen**, etc.

IV. Abweichende (ausserordentliche) Verjährungsfristen (Auswahl)

10 Zahlreiche Bestimmungen statuieren eine von Art. 127 *abweichende* Verjährungsfrist. Sie lassen sich unterteilen in:

1. Gesetzesnormen, die Unverjährbarkeit vorsehen

11 Unverjährbar sind grundpfandgesicherte Forderungen (Art. 807 ZGB; nicht aber die Forderung auf Eintragung eines Grundpfandrechts nach Art. 837 ZGB, nicht die gesetzlichen Grundpfandrechte [Schöbi, 105 f.] und nicht die fahrnispfandgesicherten Forderungen nach Art. 140), durch Schiffsverschreibung (Art. 45 SchRG) und Luftfahrzeugverschreibung (Art. 36 LBG) gesicherte Forderungen sowie der Herausgabeanspruch bei im Verzeichnis des Bundes bzw. unter Umständen im Verzeichnis der Kantone eingetragenen Kulturgütern (Art. 3 Abs. 2 lit. b KGTG bzw. Art. 4 Abs. 2 KGTG, s. N 6).

11a Gemäss dem in Art. 604 Abs. 1 ZGB festgelegten Grundsatz kann *jeder Miterbe* zu beliebiger Zeit die *Teilung der Erbschaft* verlangen. Diese **Teilungsklage** ist eine Gestaltungsklage und unverjährbar, da sie dingliche Berechtigungen zum Gegenstand hat (ZK-Berti, N 26; BSK ZGB II-Schaufelberger/Keller, Art. 604 N 2; ferner BGE 69 II 357 E. 4). Haben nun aber die Erben einen **Teilungsvertrag** i.S.v. Art. 634 ZGB abgeschlossen, wird ein obligatorischer Anspruch auf Überführung des spezifizierten Anteils vom Gesamteigentum aller Erben – bzw. der verbliebenen Erben bei subjektiv partieller Teilung – ins Alleineigentum eines Erben begründet (BSK ZGB II-Schaufelberger/Keller, Art. 634 N 32). Dieser Anspruch auf Erfüllung gemäss Teilungsvertrag unterliegt der *zehnjährigen Frist gem. Art. 127*, mit Fristbeginn ab Fälligkeit. Wird nun von den übrigen Erben nach Ablauf dieser Frist die Verjährungseinrede erhoben, um sich der Überführung des spezifizierten Anteiles zu widersetzen, kann der Erbe zufolge der Verjährungseinrede nicht mehr seinen im Teilungsvertrag spezifizierten Anspruch durchsetzen. Solange aber noch nicht verteiltes Erbschaftsvermögen vorhanden ist, steht dem Erben diesbezüglich immer noch die *unverjährbare Teilungsklage* zu, da die Erbengemeinschaft in diesem Umfange fortbesteht (BGE 75 II 288 E. 3). Dabei richtet sich die Teilung grundsätzlich nach den gesetzlichen Regeln, wie wenn noch kein Erbteilungsvertrag bestünde. Sind indessen Nachlassgegenstände (Fahrnis oder Grundstücke) bereits an *Dritte* übertragen worden, tritt an die Stelle solcher Gegenstände in der Erbmasse von Rechts wegen nach dem Grundsatz der dinglichen Surrogation der Erlös (BGE 75 II 288 E. 3 i.f.; 69 II 357 E. 8). Sind Nachlassgegenstände aber an *Miterben* übertragen worden, stellt sich die Frage, ob solche Gegenstände wieder in die Erbmasse zurückfallen, oder ob – ebenfalls nach dem Grundsatz der dinglichen Surrogation – der Anrechnungswert im Zeitpunkt der Übertragung zu berücksichtigen ist. M.E. ist letzterer Ansatz vorzuziehen, da der Erbe als Empfänger des Nachlassgegenstandes seinen Anspruch auf Zuteilung – allerdings rechtzeitig – durchgesetzt hat und in seinem Erwerb zu schützen ist (vgl. auch BGE 116 II 267 E. 6). Davon zu unterscheiden ist der Sachverhalt, bei welchem ein Erbe während längerer Dauer als die Frist für die Ersitzung den Nachlassgegenstand besessen, diesbezüglich aber die Erbteilung – sei dies zufolge Realteilung oder gestützt auf einen schriftlichen Teilungsvertrag – noch nicht stattgefunden hat; hier geht das unverjährbare Recht auf Teilung dem Ersitzungsanspruch vor (BGE 116 II 267 E. 4 betr. die ausserordentliche Ersitzung eines Grundstückes des im Grundbuch eingetragenen Eigentümers, welches ein Erbe während mindestens dreissig Jahren seit dem Tod besessen hat).

Forderungen, für die ein **Verlustschein** gem. Art. 149 bzw. 265 SchKG ausgestellt wurde, verjährten nach dem bis zum 31.12.1996 geltenden Recht gegenüber dem Schuldner nicht, wohl aber gegenüber seinen Erben nach Ablauf eines Jahres seit Erbantritt (Art. 149 Abs. 5 aSchKG; SCHERRER, ZSR 1936, 78 ff.). Nach Art. 149a Abs. 1 SchKG, der am 1.1.1997 in Kraft getreten ist, verjährt die durch einen Verlustschein verurkundete Forderung gegenüber dem Schuldner 20 Jahre nach der Ausstellung des Verlustscheines und gegenüber den Erben des Schuldners spätestens ein Jahr nach Eröffnung des Erbganges. Art. 2 Abs. 5 der Schlussbestimmungen zum SchKG bestimmt, dass die Verjährung der vor Inkrafttreten des Gesetzes durch Verlustschein verurkundeten Forderungen mit seinem Inkrafttreten (also am 1.1.1997) beginnt (BGer, 21.3.2006, 5P.434/2005, E. 2.3; BGE 137 II 17 E. 2.5). Beim Pfandausfallschein gem. Art. 158 SchKG gelangt indessen die zehnjährige Frist von Art. 127 zur Anwendung (BGE 42 II 237 E. 2; BSK SchKG I-BERNHEIM/KÄNZIG, Art. 158 N 36). 12

Der sog. **Lidlohn**, d.h. die Entschädigung mündiger Kinder oder Grosskinder, die ihren Eltern oder Grosseltern in gemeinsamem Haushalt ihre Arbeit oder ihre Einkünfte zugewendet haben (Art. 334 Abs. 1 ZGB), unterliegt nicht der Verjährung, muss aber spätestens bei der Teilung der Erbschaft des Schuldners geltend gemacht werden (Art. 334bis Abs. 3 ZGB). 13

2. Gesetzesnormen, die eine Verjährungsfrist von weniger als zehn Jahren vorsehen

Eine Verjährungsfrist von **sechs Monaten** sehen vor: 14
- Art. 315 für die Forderung des *Borgers* auf Aushändigung und des *Darleihers* auf Annahme des Darlehens;
- Art. 1069 Abs. 3 für Forderungen eines *Indossanten* gegen andere Indossanten und gegen den *Aussteller* des gezogenen und (i.V.m. Art. 1098) des eigenen *Wechsels*;
- Art. 1134 für Rückgriffsforderungen aus einem *Check*.

Eine Verjährungsfrist von **einem Jahr** sehen vor: 15
- Art. 46 ZGB für die Verantwortlichkeitsklage gegen die im *Zivilstandswesen tätigen Personen* (betr. Bundesangestellte vgl. Art. 20 VG);
- Art. 93 ZGB für Forderungen aus *Verlöbnis* (SJZ 1956, 197 Nr. 106);
- Art. 454 f. ZGB für die Verantwortlichkeitsklage gegen den *Vormund* und die unmittelbar haftenden Mitglieder der vormundschaftlichen Behörden, Gemeinden, Kreise und Kanton, wobei der Fristbeginn unterschiedlich geregelt ist (BGE 116 II 409 E. 2a = SJ 1991, 204, mit Anm. SCHNYDER, ZBJV 1993, 147 ff.);
- Art. 600 Abs. 1 ZGB für die *Erbschaftsklage* gegen einen gutgläubigen Besitzer;

- Art. 637 Abs. 3 ZGB für die Gewährleistungsklage der *Erben* unter sich;
- Art. 754 ZGB für Ersatzforderungen aus *Nutzniessung*;
- Art. 929 ZGB für die *Besitzesschutzklage*;
- Art. 60 für Forderungen auf Schadenersatz oder Genugtuung *aus unerlaubter Handlung*;
- Art. 67 für Bereicherungsforderungen;
- Art. 210 für die Gewährleistungsklage des Käufers;
- Art. 238 i.V.m. Art. 210 für die Gewährleistungsklage beim *Tausch*;
- Art. 371 für die Gewährleistungsklage des Bestellers wegen *Werkmängel*;
- Art. 421 i.V.m. Art. 60 bzw. 67 für Forderungen gegen den vertragsunfähigen Geschäftsführer ohne Auftrag;
- Art. 423 Abs. 2 i.V.m. Art. 67 für Forderungen des *Geschäftsführers ohne Auftrag* gegen den Geschäftsherrn;
- Art. 454 Abs. 1 für Ersatzklagen gegen den *Frachtführer*;
- Art. 878 für Forderungen der Gläubiger aus persönlicher Haftung einzelner *Genossenschafter* und für Rückgriffsforderungen der Genossenschafter unter sich;
- Art. 928 Abs. 1 OR i.V.m. Art. 454 f. ZGB für die Verantwortlichkeitsklage gegen die *Handelsregisterführer* und die ihnen unmittelbar vorgesetzten Aufsichtsbehörden;
- Art. 1069 Abs. 2 für Forderungen des *Wechselinhabers* gegen die *Indossanten* und den *Aussteller*;
- die Spezialgesetzgebung von Art. 68 Abs. 1 LFG für Forderungen aus Schäden, die von einem im Fluge befindlichen *Luftfahrzeug* einer Person oder Sache auf der Erde zugefügt werden; Art. 15 JSG für Schadenersatzforderungen aufgrund des *Jagdgesetzes*.

16 Eine Verjährungsfrist von **zwei Jahren** sehen vor:

- die Spezialgesetzgebung von Art. 46 VVG für Forderungen aus *Versicherungsvertrag* (SPIRO, FS Engel, 371 ff.; ROELLI/KELLER, I, 661 ff.; MAURER, 373 ff.; vgl. auch MEUWLY, passim; *Unterbrechung* und die *Folgen des Eintritts der Verjährung* sind im VVG nicht geregelt, weshalb diesbezüglich die Art. 127 ff. als lex generalis ergänzend anwendbar sind, vgl. KGE VS, 26.2.2001 Erben N. c. ELVIA Schweizerische Versicherungsgesellschaft in RVJ 2001, 291 ff.; ferner BGE 127 III 270 E. 2b: Die Verjährung für Krankentaggelder wird ausgelöst durch die krankheitsbedingte, ärztlich bescheinigte Arbeitsunfähigkeit einerseits und Ablauf der vereinbarten Wartefrist anderseits, und die Taggeldentschädigung muss «grundsätzlich», wenn sich nicht etwas anderes deutlich aus dem Vertrag ergibt, als einheitliche Entschädigung aufgefasst werden, die gesamthaft verjährt; m.E. zu Recht *krit.* SPIRO, Verjährung von Krankentaggeldansprüchen, HAVE 2002, 120 ff., der aufgrund der im VVG fehlenden Regelung der Gesamtverjährung über die Verweisungsbestimmung in Art. 100 VVG die Vorschriften von Art. 131 anwenden will); Art. 37 EleG (OFTINGER/STARK, II/3, 167) für die durch dieses Gesetz begründeten Schadenersatzforderungen, mit Verweis auf die Bestimmungen des OR für die Unterbrechung der Verjährung; Art. 39 Abs. 1 RLG für Schäden, die von einer *Rohrleitungsanlage* verursacht werden (OFTINGER/STARK, II/3, 392 f.); Art. 83 SVG für Schadenersatz- und Genugtuungsforderungen aus *Motorfahrzeug- und Fahrradunfällen* (BGE 116 II 650 E. 7b/bb = Pra 1991, 222 f.; OFTINGER/STARK, II/2, 315 ff.); Art. 124 Abs. 1 SSG für Forderungen aus *Havarie-Grosse*.

17 Eine Verjährungsfrist von **drei Jahren** sehen vor:

- Art. 791 Abs. 2 ZGB für die zur persönlichen Schuld gewordene Verpflichtung aus *Grundlast*;
- 864 Abs. 4 für den Ablösungsanspruch beim Ausscheiden aus einer Genossenschaft;
- Art. 9 PrHG für Ansprüche nach dem *Produktehaftpflichtgesetz* (dazu FELLMANN/VON BÜREN-VON MOOS, 131 ff.), wobei Art. 10 PrHG zusätzlich eine Verwirkungsfrist von zehn Jahren vorsieht;
- Art. 10 Abs. 1 KHG für Forderungen aus *Nuklearschäden*.

Eine Verjährungsfrist von **fünf Jahren** sehen vor: **18**
- Art. 639 Abs. 2 ZGB für Forderungen Dritter gegen die Erben für Schulden des *Erblassers*;
- Art. 911 Abs. 3 ZGB für die Forderung auf den Überschuss über die Pfandsumme bei Verwertung des *Versatzpfandes*;
- Art. 128 Ziff. 1–3 (s. dort);
- Art. 219 Abs. 3 für die Pflicht zur Gewährleistung für *Gebäudemängel*;
- Art. 371 Abs. 2 für die Forderung des Bestellers einer unbeweglichen Sache gegen den Unternehmer, Architekten oder Ingenieur wegen *Werkmängeln* (BGE 117 II 428 E. 3 = SJ 1992, 108);
- Art. 591 Abs. 1 für Forderungen von Gesellschaftsgläubigern gegen einen Gesellschafter nach seinem Ausscheiden aus der *Kollektivgesellschaft* (vgl. aber die Ausnahmen in Art. 592) bzw. *Kommanditgesellschaft* (Art. 619 Abs. 1);
- Art. 678 Abs. 4 für die Forderung der Aktiengesellschaft und des Aktionärs auf Rückerstattung ungerechtfertigt und bösgläubig bezogener Leistungen wie *Dividenden, Tantiemen, andere Gewinnanteile* oder *Bauzinse*;
- Art. 760 für die Forderung auf Schadenersatz aus *aktienrechtlicher Verantwortlichkeit*;
- Art. 800 (i.V.m. Art. 678) für die Forderung auf Rückerstattung der von der GmbH ungerechtfertigt und bösgläubig bezogenen Leistungen;
- Art. 827 (i.V.m. Art. 760) für Forderungen aus *Verantwortlichkeit bei der GmbH*;
- Art. 919 für die Forderung aus genossenschaftsrechtlicher Verantwortlichkeit;
- Art. 920 (i.V.m. Art. 760) für Forderungen auf Schadenersatz aus Verantwortlichkeit bei Kredit- und konzessionierten Versicherungsgenossenschaften;
- Art. 147 KAG für Forderungen auf Schadenersatz aus Verantwortlichkeit bei kollektiven Kapitalanlagen; unter dem bis 31.12.2006 geltenden AFG betrug die Verjährungsfrist noch zehn Jahre (Art. 65 aAFG);
- Art. 41 Abs. 2 BVG für Forderungen auf periodische Beiträge und Leistungen, wobei der Leistungsanspruch als Stammrecht nach Art. 41 Abs. 1 BVG unverjährbar ist, wenn der Versicherte im Zeitpunkt des Versicherungsfalles die Vorsorgeeinrichtung nicht verlassen hat.

3. Gesetzesnormen, die eine Verjährungsfrist von zehn Jahren vorsehen

Gemäss Art. 41 Abs. 2 BVG verjähren nur die Forderungen auf periodische Beiträge und Leistungen nach fünf Jahren, während «andere» Forderungen, worunter die Kapitalleistungen fallen, nach zehn Jahren verjähren (PÉTREMAND, in: Schneider/Geiser/Gächter, Handkommentar zum BVG und FZG, Bern 2010, Art. 41 BVG N 13). Die Freizügigkeitsleistungen stellen demgegenüber keine Leistungen im versicherungstechnischen Sinn dar und fallen deshalb nicht unter die Verjährungsregel von Art. 41 Abs. 1 und 2 BVG. Freizügigkeitsleistungen sind vielmehr die erworbene Finanzierungsgrundlage für zukünftige Versicherungsleistungen und werden erst mit dem Austritt aus der Vorsorgeeinrichtung fällig (PÉTREMAND, a.a.O., Art. 41 BVG N 14). Lediglich wenn die Austrittsleistung an den Sicherheitsfonds überwiesen wird und Ansprüche weder vom Versicherten noch dessen Erben geltend gemacht werden, tritt die Verjährung ein, wenn der Versicherte sein 100. Altersjahr vollendet hat oder vollendet hätte (Art. 41 Abs. 3–6 BVG). **19**

4. Gesetzesnormen, die eine Verjährungsfrist von mehr als zehn Jahren vorsehen

Nach Art. 149a SchKG verjährt die durch einen Verlustschein verurkundete Forderung 20 Jahre nach der Ausstellung des Verlustscheines, gegenüber den Erben des Schuldners jedoch spätestens ein Jahr nach Eröffnung des Erbganges (vgl. N 12). **20**

Art. 600 Abs. 2 ZGB sieht eine Verjährungsfrist von 30 Jahren für die *Erbschaftsklage* gegen einen bösgläubigen Besitzer vor; die Natur dieser Frist ist umstritten (für die Qualifikation als **21**

Verwirkungsfrist BSK ZGB II-FORNI/PIATTI, Art. 600 N 2 m.Hw.). Gleiches muss m.E. für das Rückforderungsrecht bei abhanden gekommenen Kulturgütern gem. Art. 934 Abs. 1bis ZGB gelten, welches spätestens nach 30 Jahren verwirkt (für die Qualifikation als Verjährungsfrist BSK ZGB II-STARK/ERNST, Art. 934 N 17j Abs. 3). Unverjährbar ist der Herausgabeanspruch bei im Verzeichnis des Bundes bzw. u.U. im Verzeichnis der Kantone eingetragenen Kulturgütern (Art. 934 Abs. 1bis ZGB, Art. 3 Abs. 2 lit. b KGTG bzw. Art. 4 Abs. 2 KGTG).

V. Rechtsfolgen der Verjährung

22 Die Verjährung ist ein materiellrechtliches Institut, das dem Forderungsrecht anhaftet (BGE 123 III 213 E. 5c; 12, 675 E. 6; SCHNEIDER/FICK, Kommentar zum OR, Zürich 1893, Art. 146 aOR N 6). Mit dem Ablauf der Verjährungsfrist erwächst dem Schuldner unter dem Vorbehalt des Rechtsmissbrauchs (s. Art. 142 N 7 f.) ein **Leistungsverweigerungsrecht**. Die Forderung erlischt nicht, sondern wird zur *Naturalobligation*, die gegen den Willen des Schuldners nicht mehr durch Klage erzwingbar ist (BGE 99 II 189 E. 2b m.w.Nw.); entsprechend ist nach erhobener Verjährungseinrede die Selbsthilfe nach Art. 52 ausgeschlossen (ZK-BERTI, N 43). Wird die Forderung in der Folge erfüllt, so empfängt der Gläubiger *cum causa* (kraft Befugnis zum Leistungsempfang; MERZ, SPR VI/1, 265 f. Anm. 15), *sofern die Forderung abgesehen vom Ablaufe der Verjährungsfrist Bestand hat*. Die ungerechtfertigte Bereicherung des Empfängers ist diesfalls ausgeschlossen (VON TUHR/PETER, 499 vor Anm. 147). Die verjährte Forderung kann nach Massgabe von Art. 120 Abs. 3 (auch gegen den Willen des Schuldners) zur Verrechnung gebracht werden.

VI. Zivilprozessuales

23 Die begründete Verjährungseinrede führt im Zivilprozess zur **Abweisung** (im Gegensatz zu Nichteintreten) von Leistungs- und Feststellungsbegehren infolge Unbegründetheit (Sachabweisungsgrund). Vgl. im Übrigen Art. 142.

VII. Abweichende Vereinbarungen

24 Siehe Art. 129 und 141.

Art. 128

2. Fünf Jahre

Mit Ablauf von fünf Jahren verjähren die Forderungen:
1. für Miet-, Pacht- und Kapitalzinse sowie für andere periodische Leistungen;
2. aus Lieferung von Lebensmitteln, für Beköstigung und für Wirtsschulden;
3. aus Handwerksarbeit, Kleinverkauf von Waren, ärztlicher Besorgung, Berufsarbeiten von Anwälten, Rechtsagenten, Prokuratoren und Notaren sowie aus dem Arbeitsverhältnis von Arbeitnehmern.

2. Cinq ans

Se prescrivent par cinq ans:
1. les loyers et fermages, les intérêts de capitaux et toutes autres redevances périodiques;
2. les actions pour fourniture de vivres, pension alimentaire et dépenses d'auberge;
3. les actions des artisans, pour leur travail; des marchands en détail, pour leurs fournitures; des médecins et autres gens de l'art, pour leurs soins; des avocats, procureurs, agents de droit et notaires, pour leurs services professionnels; ainsi que celles des travailleurs, pour leurs services.

2. Cinque anni Si prescrivono col decorso di cinque anni le azioni:
1. per mercedi di pigioni, noli ed affitti, interessi di capitali ed altre prestazioni periodiche;
2. per somministrazioni di viveri, pensioni vittuarie e debiti di osteria;
3. per lavori d'artigiani, vendita di merce al minuto, cura medica, funzioni d'avvocato, procuratore e notaio, rapporti di lavoro di lavoratori.

Literatur

Vgl. die Literaturhinweise bei den Vorbem. zu Art. 127–142.

I. Allgemeines

Aus rechtspolitischen Gründen (Spiro, I, 618 f.; BK-Becker, N 2) wird für bestimmte Fallgruppen die Verjährungsfrist auf **fünf Jahre** reduziert. Diese verkürzte Frist wurde damit begründet, dass die Forderungen dieser Fallgruppen auf zweiseitigen Verträgen beruhen, bei denen die Verkehrssitte eine rasche Abwicklung mit sich bringe und weder die Ausstellung von Vertragsurkunden noch die Aufbewahrung von Quittungen üblich sei (vgl. BBl 1880 I 194). Durch moderne Entwicklungen in der Wirtschaft sind diese Argumente heute weitgehend überholt, weshalb nach BGer Art. 128 *eng auszulegen* ist (BGE 132 III 61 E. 6.1; 123 III 120 E. 2b; Gauch, N 1286; AJP 2004, 1557, Anm. Brändli zu Entscheid des I. AppHof des KGer FR, 20. 10. 2003, X. c. Y. [A1 2003–39]). Das BGer bestätigt sodann zumindest mit Bezug auf Art. 128 Ziff. 3, dass es nicht möglich sei, zum vornherein mit Gewissheit zu bestimmen, ob eine Person bzw. deren Tätigkeit die erforderlichen Qualifikationen mit sich bringe, um der kürzeren Frist zu unterliegen (BGE 132 III 61 E. 6.2). Im Zweifelsfalle wird sich deshalb das Aufbewahren von Urkunden bzw. Quittungen ohnehin nach der zehnjährigen Frist richten müssen. Diese Situation ist unbefriedigend und könnte m.E. dadurch gelöst werden, dass de lege ferenda die privilegierten Tatbestände reduziert oder sogar ganz gestrichen würden. Im Sinne dieser engen Auslegung ist m.E. bei *gemischten Verträgen* (bspw. beim Architekturvertrag) und bei *Innominatverträgen* die zehnjährige Frist von Art. 127 anwendbar (vgl. dazu Art. 127 N 5a). 1

Die kürzere Frist von Art. 128 gelangt nur zur Anwendung, wenn die Forderung des Gläubigers aus einer der in Ziff. 1–3 genannten Fallgruppen hergeleitet wird, *nicht aber*, wenn die *andere Vertragspartei* etwa einen Anspruch auf Schadenersatz – z.B. der Mieter gem. Art. 259e oder der Arbeitgeber gem. Art. 321e (BGer, 5.9.2011, 4A_351/2011, E. 2; 28.8.2003, 4C.146/2003, E. 6.2) – geltend macht; hier gilt die Frist von Art. 127. Für **Verzugszinse** gem. Art. 104 f. OR besteht sodann hinsichtlich der Verjährung keine positive Normierung. Nach BGer unterliegen sie der auf den Vertragstypus anwendbaren Verjährungsfrist und damit ggf. Art. 128 (BGE 52 II 217 E. 2; 129 V 345 E. 4.2.2), während die h.L. m.E. zu Recht stets die zehnjährige Frist von Art. 127 anwenden will (s. BGE 129 V 345 E. 4.2.1, m.Hw. insb. auf BK-Weber, Art. 73 OR N 112; BGer, 24. 1. 2011, 2C_188/2010, E. 7.2.2). 1a

II. Die einzelnen Fallgruppen

1. Periodische Leistungen (Ziff. 1)

Periodische Leistungen sind separat fällige, periodisch wiederkehrende Einzelleistungen aus einheitlichem Rechtsgrund (BGE 45 II 676; Bucher, AT, 456 vor Anm. 55). Nicht vorausgesetzt ist, dass die Höhe der einzelnen Leistungen oder die Länge der jeweiligen Zeitabstände gleich ist (BGE 124 III 374 E. 3c = Pra 1999, 55 = sic! 1998, 577 ff. = AJP 1998, 1519 ff. mit zustimmender Anm. David; nach Bucher, AT, 456 Anm. 56, begründet ein überjähriger Rhythmus und unregelmässige Intervalle die Vermutung, dass keine üblicher- oder typischerweise gestaffelt fällig werdende Leistung aus einem Dauerschuldverhältnis vorliege, sondern 2 dass eine im vorneherein bestimmte Gesamtleistung ratenweise erbracht werden solle). Die periodischen Leistungen bewirken, sofern der Schuldner seiner Zahlungspflicht nicht laufend nachkommt, eine fortschreitende Erschwerung seiner wirtschaftlichen Lage (BGE 69 II 304 E. 3; 78 II 149 E. 3a = Pra 1952, 380), und deren Charakter als Einkommen des Gläubigers bzw. laufender Aufwand des Schuldners lässt ihre prompte Erledigung erwarten (Spiro, I, 619).

3 Periodische Leistungen sind Zinsforderungen aus **Miete** (Art. 257, 257a) und **Pacht** (Art. 281 i.V.m. 257a), ausser wenn diese als Gesamtbetrag zu entrichten sind und demzufolge nach Art. 127 verjähren (BK-Becker, N 3; Capitaine, 60 f.; ZK-Berti, N 10). Entsprechend fällt m.E. auch das sog. **«Schlüsselgeld»**, welches insb. bei der Miete von Geschäftsräumen als vom Mieter unabhängig vom Mietzins zu leistender Pauschalbetrag bei Vertragsunterzeichnung vereinbart wird, unter Art. 127, während der Rückerstattungsanspruch zufolge Herabsetzung des Mietzinses bei Mangel der Mietsache von Art. 128 Ziff. 1 umfasst wird (BGE 130 III 504 E. 8 = Pra 2005, 55 f.). **Kapitalzinse** fallen unter Art. 128 Ziff. 1, sofern sie periodisch fällig werden (OGer BL, ZBGR 1942, 283). *Gewöhnliche Abschlagszahlungen* einer Darlehensschuld fallen nicht unter Art. 128 Ziff. 1 (BGE 69 II 303 E. 3), wohingegen die einzelnen sog. **Annuitäten** (d.h. die Kapitalabzahlungen sind zusammen mit Zinsen in einem einheitlichen Betrag zu entrichten, vgl. BGE 63 III 127) der fünfjährigen Frist unterliegen (BGE 69 II 304 E. 3; ZK-Berti, N 13; BK-Becker, N 3; zu den Annuitäten des SchKG s. N 4). **Retrozessionen** und **Bestandespflegekommissionen**, welche der Bank im Rahmen eines Vermögensverwaltungsvertrages zugeflossen sind, unterstehen im Verhältnis zwischen Bank und Kunde der Herausgabepflicht nach Art. 400 Abs. 1 (BGE 138 III 755). Sie fallen m.E. nicht unter Ziff. 1, sondern unter Art. 127 (s. Art. 127 N 9). Ferner fallen unter **«andere periodische Leistungen»** (s. zum Begriff auch die Art. 89, 131, 252):

- **Unterhaltsansprüche** des getrennt lebenden (Art. 176 ZGB) bzw. geschiedenen Ehegatten (Art. 125 ZGB);
- **Unterhaltsansprüche** einer Partnerin oder eines Partners nach Auflösung der eingetragenen Partnerschaft (Art. 34 PartG);
- **Unterhaltsansprüche** des Kindes (Art. 276 ZGB; umfasst wird auch der **Pflegegeldanspruch** der Pflegeeltern bei Fremdplatzierung des Kindes [Art. 294 ZGB], unabhängig davon, ob die leiblichen Eltern als Vertragspartner oder das Gemeinwesen kraft behördlicher Anordnung gem. Art. 289 Abs. 2 ZGB Schuldner sind, vgl. auch BSK ZGB I-Breitschmid, Art. 289 N 11, Art. 294 N 1 f.);
- Ersatzforderungen des Gemeinwesens aus **Verwandtenunterstützung** (Art. 329 Abs. 3 ZGB: BGE 74 II 22; 76 II 117 E. 5; 82 II 377 E. 3; 91 II 262 betr. Subrogation in die Rechtsstellung des Schuldners);
- **Lizenzgebühren** (BGE 45 II 676 E. 1; 124 III 373 E. 3b bb = Pra 1999, 54 = sic! 1998, 577 ff. betr. Vergütungsansprüche gem. Art. 13 URG; AJP 1998, 1519 ff. mit zustimmender Anm. David);
- Anspruch eines Gesellschafters der einfachen Gesellschaft auf Ersatz der Auslagen für die **Hauswartung**, welche für die einfache Gesellschaft gestützt auf einen Hauswartungsvertrag erbracht wurden (BGer, 27.9.2006, 4C.207/2006, E. 2.2);
- **Dividenden** und andere **periodische Gewinnanteile** (BGE 31 II 457 E. 3; 47 II 337 E. 1), nicht aber eine Forderung auf Gratisaktien (BGE 47 II 337 E. 1; 46 II 476 E. 1);
- **Abonnementsbeiträge** für Zeitschriften (Bucher, AT, 456), auch wenn die Rechnungsperiode z.B. jährlich festgelegt ist;
- wiederkehrende Gebühren von privaten Anbietern für **Internet, Telefon, Fernsehen** sowie Kombi-Angebote (Internet-Telefon-Fernsehen), umfassend allfällige Grund- und Gesprächsgebühren, da der Anspruch des Anbieters aus einheitlichem Rechtsgrund herrührt; Forderungen der vom UVEK bezeichneten Gebührenerhebungsstelle (Billag) für **Radio-** und **Fernsehgebühren** unterliegen gem. Art. 61 Abs. 3 RTVV (SR 784.401) ebenfalls einer Verjährungsfrist von fünf Jahren;

– jährliche Zahlungen für Fabrikations- bzw. Verkaufsbeschränkungen (BGE 78 II 149);
– die einzelnen Raten beim **Abzahlungskauf** und **Sukzessivlieferungsvertrag** (Spiro, I, 631 f.; **a.M.** Bucher, AT, 457 vor Anm. 62).

Keine periodischen Leistungen und damit von der Bestimmung *nicht erfasst* sind: 4
– **Abschlagszahlungen** (Kapitalabzahlungen, BGE 69 II 303 E. 3), ausser wenn diese als *Annuitäten i.S. des SchKG* (BGE 63 III 127) ausgestaltet sind (BGE 69 II 304 E. 3; s. N 3);
– **Verzugszinsen** und **vertragliche Zinsen**; diese verfallen vielmehr pro rata temporis (BGE 32 II 638; 52 II 217; 78 II 149 *[obiter]*; ZR 1965, 232 ff. Nr. 147). Die Voraussetzung, dass jede periodische Leistung separat gefordert werden muss, ist bei Verzugszinsen nicht erfüllt. Diese sind nicht derart unbedingt mit der Hauptforderung verknüpft, dass sich hieraus die Unmöglichkeit einer selbständigen gerichtlichen Geltendmachung ergäbe (BGE 52 II 217; zustimmend ZK-Berti, N 14 f.; Bucher, AT, 457 Anm. 62 [mangels periodischer Fälligkeit]; BK-Weber, Art. 73 N 112; **a.M.** Spiro, I, 636 ff.; BJM 1980, 30). Nach BGer gilt bei Verzugszinsen als Nebenansprüche i.S.v. Art. 133 die Verjährungsfrist, welcher der Hauptanspruch unterliegt (BGer, 18.10.2001, 4C.206/2001, E. 7b; 24.1.2011, 2C_188/2010, E. 7.2.2; s. Art. 133 N 2).

2. Geschäfte mit Lebensmitteln (Ziff. 2)

Diese Gruppe umfasst Forderungen von Lieferanten aus Umsatzgeschäften mit **Verbrauchern** (nicht zwischen Grossisten und Detaillisten: SJZ 1942/43, 40 f. Nr. 14) über Lebensmittel und Getränke. 5

Lebensmittel sind Nahrungsmittel für Menschen, worunter auch Genussmittel wie Tabak fallen (gl.M. ZK-Oser/Schönenberger, N 6; **a.M.** ZK-Berti, N 29); Tierfutter fällt nicht darunter (BlHE 1891, 238). Ziff. 2 findet Anwendung auf die Forderungen von Gastwirten und Pensionshaltern aus Beköstigung, die aus dem Verkauf von Speisen entstehen, sowie auf die Wirtsschulden, die aus dem Verkauf von Getränken entstehen (s.a. Art. 186). 6

3. Forderungen aus bestimmten Rechtsgeschäften (Ziff. 3)

Diese Gruppe besteht aus einer abschliessenden («erschöpfenden», BGE 98 II 186 E. 3a) Liste von Forderungen aus Rechtsgeschäften, bei denen **rasche Erfüllung** üblich ist und nach Ansicht des Gesetzgebers die Parteien normalerweise weder einen schriftlichen Vertrag aufzusetzen noch die Quittungen lange aufzubewahren pflegen (BBl 1880 I 194, zit. in BGE 98 II 186 E. 3b). Die diesbezügliche ratio legis ist nun aber nach BGer weitgehend überholt (BGE 132 III 61 E. 6.1; in BGE 109 II 116 E. 2d wurde die Frage einer präziseren Qualifikation noch offen gelassen; Vaucher, JdT 1963, 236). Erfasst sind nur den im Gesetz genannten Personen *zustehende* Forderungen, *nicht* solche ihrer Vertragspartner *gegen sie* (s. N 1). 7

a) Handwerksarbeit

aa) Begriff

Massgeblich ist der Charakter der Arbeit, zu der sich ein **Unternehmer** im Rahmen eines konkreten Werkvertrages verpflichtet hat. Diese braucht nicht von einem *Handwerker* im herkömmlichen Sinn erbracht zu werden; der Unternehmer kann sie auch von Hilfspersonen oder Subunternehmern ausführen lassen. Sie ist dadurch gekennzeichnet, dass die manuelle Tätigkeit die übrigen Leistungen, insb. die maschinellen, organisatorischen oder administrativen überwiegt oder zumindest aufwiegt (BGE 116 II 429 E. 1a: Anwendbarkeit von Art. 128 Ziff. 3 für das Montieren von Normtüren verneint; BGE 123 III 123 E. 2b = Pra 1997, 579 f. = SJ 1997, 430 ff. = JdT 1997 I 612 ff. = BR 1997 126 f. und SJZ 1998, 279 je mit zustimmender Anm. Tercier: Anwendbarkeit von Art. 128 Ziff. 3 für die Verlegung von Fliesen in hundert Nasszellen verneint). Da nach Rsp. und Lehre bei Art. 128 Ziff. 3 insb. «mit Rücksicht 8 auf den Sinnesverlust der gesetzlichen Verjährungsverkürzung» (GAUCH, N 1288) der Kreis der «Handwerksarbeiten» eng zu ziehen ist, gelangt im Zweifelsfalle die Frist von Art. 127 zur Anwendung (BGer, 4.5.2006, 4C.32/2006, E. 4.1). Dies soll insb. gelten, «wenn es sich beim betreffenden Werkvertrag um mehr als ein schlichtes Alltagesgeschäft handelt» (GAUCH, N 1288).

bb) Kasuistik

9 Die Anwendbarkeit der fünfjährigen Verjährungsfrist wurde *bejaht* für:
- die Forderungen eines Gipsermeisters (SJZ 1976, 110 Nr. 31) und eines Malermeisters (SJZ 1967, 204 Nr. 100) sowie die Forderung aus Verputzarbeiten (BJM 1972, 25);
- die Umänderung oder Anfertigung von Pelzmänteln (SJ 1970, 118);
- die Herstellung von Türen und Fenstern durch eine Schreinerei (Rep 1975, 110 ff.);
- Spengler- und Abänderungsarbeiten an einer WC-Lüftungsanlage (SG GVP 1977, 33 f.);
- elektrische Installationen (LGVE 1981 I Nr. 14, 23 ff.);
- die Herstellung eines Bilderrahmens aus vorfabrizierten, aber auf die erforderliche Länge zugeschnittenen Stäben, oder ebenso eines Schreiners, der aus Normbrettern individuell ausgemessene Tablare sägt und diese als Büchergestell an eine Wand schlägt (BGE 116 II 430 E. 1a).

9a Die Anwendbarkeit der fünfjährigen Verjährungsfrist wurde *verneint* für:
- die Honorarforderung des Architekten (BGE 98 II 187, bez. der bis 1971 geltenden Fassung von Ziff. 3; JdT 1936 I 388; ZWR 1974, 203 ff.);
- Werklohnforderungen des Bauunternehmers (BGE 109 II 116 = Pra 1983, 552; wie MERZ, ZBJV 1985, 197 f. bemerkt, zitiert das BGer, a.a.O., SPIRO zu Unrecht als **a.M.**);
- die anspruchsvolle Innenausstattung einer Ferienwohnung (BGE, 20.5.1996 i.S. X. c. Tapeten Y. AG, in Pra 1997, 38 ff. = ZWR 1996, 265 ff. = BR 1997, 54 Nr. 134 mit Anm. AEPLI);
- Einbau von Liftanlagen (Rep 1992, 270 ff. = BR 1994, 108 mit Anm. TERCIER);
- Abbruch-, Aufräum- und Transportarbeiten auf einer Grossbrandstelle (SG GVP 1984, 85 ff. eine Fabrik betreffend = BR 1986, 17 Nr. 11 mit Anm. GAUCH);
- maschinelle Rohplanierung einer Gartenanlage (SG GVP 1984, 82 ff. = BR 1986, 16 f. Nr. 10 mit Anm. GAUCH);
- Lieferung von Ziegeln durch einen Unternehmer (SJ 1960, 554);
- weitere Kasuistik: GAUCH/SCHLUEP/SCHMID/EMMENEGGER, N 3299; BK-BECKER, N 8 ff.

b) Kleinverkauf von Waren

10 Kleinverkauf ist der gewerbsmässige Verkauf des Detaillisten an den Endverbraucher oder an den Kleingewerbetreibenden *zum Eigenverbrauch* (nicht aber zum Weiterverkauf: SJZ 1911/12, 298 Nr. 288) in seinem Geschäft (SJZ 1959, 315 Nr. 130; BK-BECKER, N 11 mit weiterer Kasuistik).

c) Ärztliche Besorgung

11 Ärztliche Besorgung ist die besondere Tätigkeit, die durch Rat oder durch unmittelbare Einwirkung auf eine bestimmte Person deren Gesundheit heben oder schützen soll (SPIRO, I, 654 f.). Die Lehre fasst den Begriff des Arztes weit und schliesst u.a. Zahnärzte, Hebammen, Chiropraktoren, Masseure, Heilgymnasten und Optiker mit ein (SPIRO, I, 654; BK-BECKER, N 13), ebenso Physiotherapeuten (ZK-BERTI, N 44) und m.E. auch Pflegefachpersonen. Die ärztliche Versorgung umfasst neben der sog. Schulmedizin auch andere medizinische Behandlungsarten wie z.B. Traditionelle Chinesische Medizin; ob die Behandlungskosten von einer Krankenkasse oder m.E. auch von einer anderen Versicherung übernommen werden, ist nicht massgeblich (ZK-BERTI, N 44).

d) Berufsarbeit von Anwälten, Rechtsagenten, Prokuratoren und Notaren

Rechtsanwälte und **Notare** sind die Inhaber eines entsprechenden kantonalen Patents; **Rechtsagenten** sind Personen, die gewerbsmässig Inkassi, Liegenschaftsvermittlungen, Erbteilungen, Liquidationen, Geldbeschaffungen usw. besorgen (ZR 1907, 74). Das Vorliegen der Polizeibewilligung in der Form eines Fähigkeitsausweises ist aber *nicht* unerlässliche Voraussetzung für die Anwendbarkeit der fünfjährigen Verjährungsfrist (ZK-Berti, N 45). Vielmehr ist m.E. auf die tatsächliche Tätigkeit abzustellen. Liegt ein Fähigkeitsausweis vor, ist vermutungsweise von der betreffenden Tätigkeit auszugehen. Liegt hingegen *kein* Fähigkeitsausweis vor, muss es dem Schuldner unbenommen sein, auf beliebige Weise die verjährungsrechtlich privilegierte Tätigkeit nachzuweisen, damit er in den Genuss der kürzeren Verjährungsfrist nach Art. 128 Ziff. 3 gelangt. Ein **Prokurator** ist ein *Geschäftsbeauftragter* (ZR 1982, 139; Zeller, Auslegung von Gesetz und Vertrag, Zürich 1989, 82 f.). Die fünfjährige Verjährungsfrist gilt für alle Honorarforderungen der genannten Personen aus *berufsspezifischen* Arbeiten (BGer, 24.10.2007, 4A_267/2007, E. 11.1 betr. spezifisch anwaltsberufliche Tätigkeit; **a.M.** und in diesem Punkt m.E. fraglich ZR 1982, 138), ferner für Forderungen von *Treuhändern*, sofern es nicht ausschliesslich um Buchhaltungsarbeit geht (ZR, a.a.O., 137 ff.). Die Honorarforderung des *Sachwalters im Nachlassverfahren* unterliegt nicht der kurzen Verjährungsfrist (BJM 1983, 73 f.), ebenso wenig gemäss einem Entscheid des Handelsgerichts ZH die Forderungen aus Berufsarbeiten von *Treuhand- und Revisionsgesellschaften*, da die Arbeiten das Feld der Wirtschaftsprüfung beschlagen und sich von der normalen beruflichen Tätigkeit eines Rechtsanwaltes unterscheiden (ZR 2001, 91 ff.). Das Ergebnis in letzterem Entscheid verdient dann keine Zustimmung, wenn sich die konkrete Tätigkeit nicht wesentlich von derjenigen von Rechtsanwälten unterscheidet, wie dies insb. bei grösseren Gesellschaften der Fall sein kann. Ebenfalls nicht unter die fünfjährige, sondern unter die zehnjährige Frist fällt die Schadenersatzforderung eines fiduziarischen Verwaltungsrates, der Rechtsanwalt ist, aufgrund einer Schadloshaltungsklausel im Mandatsvertrag (BGer, 24.10.2007, 4A_267/2007, E. 11.1). 12

e) Forderungen von Arbeitnehmern aus dem Arbeitsverhältnis

In der Fassung von 1911 lautete der hier relevante Teil der Bestimmung «aus Arbeit von Angestellten, Dienstboten, Taglöhnern und Arbeitern.» Auch in der heute geltenden Fassung nach der Revision von 1971 erfasst sie nur den **Lohnanspruch** (unabhängig der Anspruchsgrundlage für den Lohn, etwa aufgrund des Diskriminierungsverbotes und dazu BGE 138 III 1 E. 4.1; 131 I 105 E. 3.3–3.6; 125 I 14 E. 3e; 124 II 436 E. 10, 10k i.f. betr. Anwendbarkeit von Art. 128 Ziff. 3 mangels Spezialregelung im GlG), d.h. die Forderung des Arbeitnehmers auf Entgelt für die Leistung von Arbeit gem. Art. 322 ff. (Streiff/von Kaenel/Rudolph, Art. 341 N 8); andere Ansprüche verjähren nach zehn Jahren (gl.M. von Tuhr/Escher, 216 vor Anm. 46; BK-Rehbinder, Art. 341 N 30; ZK-Staehelin, Art. 328 N 50; Vischer, Der Arbeitsvertrag, in: SPR VII/1, III, 4. Aufl., Basel 2014, 204; **a.M.** AGer ZH, JAR 1981, 278 [fünfjährige Verjährung des Zeugnisanspruches]; KGer ZG, 25.11.1991, in ZG GVP 1991/2, 127 f.; ZK-Berti, N 61 f. m.w.Nw.; Brühwiler, Art. 341 N 4, 10). Dies kann dazu führen, dass bspw. der Lohnanspruch verjährt ist, der Anspruch des Arbeitnehmers auf Entschädigung wegen ungerechtfertigter fristloser Kündigung zufolge Anwendbarkeit von Art. 127 aber noch nicht. Das BGer hat deshalb m.E. zu Unrecht festgehalten, Schadenersatz aus der Verletzung des Arbeitsvertrages durch den Arbeitgeber nach Art. 97 OR [i.c. hat die Arbeitgeberin nicht für den versprochenen Versicherungsschutz gesorgt] führe zur Anwendung von Art. 128 Ziff. 3 (und damit der fünfjährigen Frist), da bezüglich der Verjährung der Forderung des Arbeitnehmers gegenüber der Arbeitgeberin es nur auf den Rechtsgrund dieses Anspruchs ankommen könne (BGer, 31.8.2004, 4C.175/2004, E. 3). Ebenso Art. 128 Ziff. 3 unterstellt wurde der Anspruch des Arbeitnehmers auf Ferien (mit Fristbeginn spätestens nach Ablauf von 48 Wochen bei vier Wochen Ferien pro Jahr des Kalenderjahres, in welchem der Ferienanspruch entstanden ist; Streiff/von Kaenel/Rudolph, Art. 329c N 4, m.w.H.; BGE 130 13

III 19 E. 3.2 = JAR 2004, 319; Rep 1998, 238 f.; BGE 136 III 94: Der Ferienanspruch verjährt mit Ablauf von fünf Jahren). Generell nicht unter Art. 128, sondern unter Art. 127 fallen Ansprüche des Arbeitgebers gegen den Arbeitnehmer (OGer LU, 14.3.2007 = JAR 2008, 432 = SJZ 2007, 475: Rückforderungsanspruch des Arbeitgebers zufolge Anrechnung von anderweitig verdientem Lohn eines freigestellten Arbeitnehmers).

13a Der Anwendung der fünfjährigen Frist lediglich auf den **Lohnanspruch** ist der Vorzug zu geben, weil Art. 128 Ziff. 3 gegenüber Art. 127 eine Ausnahmevorschrift darstellt, die gemäss Lehre und Rsp. eng auszulegen ist (BGE vom 20.5.1996 in Pra 1997, 38 ff. = ZWR 1996, 265 ff. = BR 1997, 54 Nr. 134 mit Anm. Aepli; BGE 116 II 428 E. 1b; 109 II 115; ZR 2001, 93). Dabei umfasst der Lohnanspruch die Forderungen des Arbeitnehmers, die im weitesten Sinne die Arbeit entgelten (Streiff/von Kaenel/Rudolph, Art. 341 N 8). Dazu gehört der feste und variable Lohnbestandteil, die Gratifikation einschliesslich des sog. «Handgeldes» (OGer ZH, 12.1.2007 = JAR 2007, 521 betr. einmaliger Auszahlung eines Handgeldes bei Vertragsunterzeichnung mit einem Fussballspieler), aber auch Boni, Bezugsrechte für Aktien oder auch der Ferienanspruch, nicht aber Schadenersatzansprüche des Arbeitnehmers aufgrund ungerechtfertigter Entlassung. In der Literatur wird teilweise die Ansicht vertreten, der Anspruch auf Ausstellung eines **Zeugnisses** könne schon vor Ablauf der Verjährungsfrist erlöschen, wenn seit der Beendigung des Arbeitsverhältnisses so viel Zeit verstrichen sei, dass sich der Arbeitgeber oder dessen Mitarbeiter an den Arbeitnehmer und dessen Qualifikationen nicht mehr erinnern könnten (ZK-Staehelin, Art. 330a N 5a, m.w.Nw.; ihm folgend ZK-Berti, N 62). Diese Ansicht ist abzulehnen, da allgemein ein Anspruch, insb. derjenige auf Zeugnisausstellung, nicht schon deshalb untergeht, weil sich insb. zufolge Zeitablaufs Beweisschwierigkeiten ergeben (vgl. u. Art. 134 N 10, Art. 142 N 8). Entsprechend kann das Bestehen des Anspruches auf Ausstellung eines Zeugnisses nicht vom *subjektiven Erinnerungsvermögen* des Arbeitgebers bzw. dessen Mitarbeitern abhängig sein. Eine denkbare (enge) Ausnahme könnte etwa dann bestehen, wenn der Arbeitgeber bzw. sämtliche Mitarbeiter *aus objektiven Gründen* nicht mehr zur Ausstellung des Zeugnisses beitragen könnten, sei dies infolge Todes, Komas, Krankheit u.ä. Einzig in solchen objektiv begründeten Fällen würde der Anspruch infolge *objektiver Unmöglichkeit* untergehen, sei dies vor oder nach Eintreten der Verjährung.

III. Abgrenzung zu Art. 137 Abs. 2

14 Wird eine Forderung, welche der fünfjährigen Frist unterliegt, mittels Ausstellung einer Urkunde anerkannt bzw. durch Urteil festgestellt, wird die **zehnjährige Folgefrist** des Art. 137 Abs. 2 nur ausgelöst, wenn eine *bereits fällige* Forderung beurkundet wird, nicht aber, wenn *später fällig werdende periodische Leistungen* festgesetzt werden (BJM 1954, 103; SJZ 1937/38, 138 f.; SJZ 1951, 242; Spiro, I, 388 f., 668 in Anm. 7; Schöbi, 95; **a.M.** von Tuhr/Escher, 214 Anm. 32).

IV. Rechtsfolgen

15 Siehe Art. 127 N 22 und Art. 142 N 7 f.

V. Abweichende Vereinbarungen

16 Siehe zu Art. 129 und 141.

VI. Zivilprozessuales

17 Siehe zu Art. 142.

Art. 129

3. Unabänderlichkeit der Fristen	**Die in diesem Titel aufgestellten Verjährungsfristen können durch Verfügung der Beteiligten nicht abgeändert werden.**
3. Délais péremptoires	Les délais de prescription fixés dans le présent titre ne peuvent être modifiés conventionnellement.
3. Invariabilità dei termini	I termini a prescrivere stabiliti nel presente titolo non si possono modificare per disposizioni delle parti.

Literatur

Vgl. die Literaturhinweise bei den Vorbem. zu Art. 127–142.

I. Normzweck

Von der Vorstellung geleitet, dass die **Unabänderbarkeit der Verjährungsfristen** der Rechtssicherheit dient, hat der Gesetzgeber ihre rechtsgeschäftliche Abänderung (teilweise) untersagt (BK-Becker, N 1). 1

II. Anwendungsbereich

Aus der Unabänderlichkeit für *«die in diesem Titel aufgestellten Verjährungsfristen»* (BGE 132 III 226 E. 3.3.1 = Pra 2006, 1006: Art. 127, 128 und 137 Abs. 2) leiteten Rsp. und Lehre durch Umkehrschluss (BGE 63 II 180) ab, dass die **ausserhalb des dritten Titels** aufgestellten Verjährungsfristen durch jede Art von Parteiverfügung (ein- oder mehrseitiges Rechtsgeschäft oder durch Satzung, ZK-Berti, Art. 129/141 Abs. 1 N 26) sowohl verlängert als auch verkürzt werden *dürfen*, sofern sie nicht ihrem Wesen nach zwingender Natur sind (BGE 99 II 188 E. 2a m.w.Nw.), was aus Gründen der Rechtssicherheit nicht von subjektiven Gegebenheiten abhängen dürfe (BGE 108 II 195; ZK-Berti, Art. 129/141 Abs. 1 N 12 m.w.Nw.; zum Ganzen Spiro, FS Neumayer, 551 ff.). Das BGer lässt in Änderung seiner früheren Rsp. zu, dass die im dritten Titel aufgestellten Fristen (Art. 127, 128 und 137 Abs. 2) ebenfalls durch Parteivereinbarung verlängert werden dürfen, sofern eine solche Vereinbarung bzw. Parteierklärung *nach* Abschluss des Vertrages erfolgt (BGE 132 III 226 E. 3.3.7= Pra 2006, 1010; s. Art. 141 N 3a). 2

Die (zulässige) **Verlängerung** von ausserhalb und innerhalb des dritten Titels aufgestellten Verjährungsfristen darf die ordentliche gesetzliche Frist von zehn Jahren nicht übersteigen (BGE 132 III 226 E. 3.3.8 = Pra 2006, 1011; BGE 99 II 189 E. 2a; 56 II 430; BGer, 12.1.2012, 4A_221/2010, E. 3); diese Begrenzung der Frist betrifft aber nur die maximale Dauer des Vorausverzichts (gl.M. Bucher, recht, 195; s. Art. 141 N 3a). Die Änderung der Rsp. bezüglich Verlängerung der Fristen hat an der bisherigen Rsp. zum aus Art. 129 abgeleiteten Verbot der **Verkürzung** *im Zeitpunkt des Vertragsabschlusses* nichts geändert (BGE 132 III 285 E. 2; Gauch/Schluep/Schmid/Emmenegger, N 3380; Guhl/Koller/Schnyder/Druey, 319). Deshalb müsste eine Verkürzung *nach* Abschluss des Vertrages zulässig sein (Gauch/Schluep/Schmid/Emmenegger, N 3379), wobei dem Gläubiger «die Rechtsverfolgung nicht in unbilliger Weise erschwert werden» darf (BGE 108 II 196 f. E. 4b; Guhl/Koller/Schnyder/Druey, 319). 3

Bei Forderungen aus dem Versicherungsvertrag steht gem. Art. 46 i.V.m. Art. 98 VVG einer Verlängerung zugunsten des **Versicherten** nichts entgegen (BGE 60 II 451). Eine vertragliche Verkürzung ist hingegen gem. Art. 46 Abs. 2 i.V.m. Art. 98 Abs. 1 VVG «ungültig»; als Ausnahme davon ist aufgrund Art. 98 Abs. 2 VVG die Verabredung einer kürzeren Verjährungsfrist bei der Transportversicherung zulässig (von Tuhr/Escher, 217 Anm. 56). Gemäss 4

Art. 16 Ziff. 4 des **Athener Übereinkommens über die Beförderung von Reisenden und ihrem Gepäck auf See** vom 13.12.1974 (SR 0.747.356.1) kann die zweijährige Verjährungsfrist durch schriftliche Erklärung des Beförderers oder durch schriftliche Vereinbarung der Parteien *nach Entstehung des Anspruchsgrundes* verlängert werden (KESSLER, 23 Anm. 80).

5 Von Art. 129 grundsätzlich unangetastet bleibt die Möglichkeit einer **vertraglichen Befristung von Forderungen** (so BGE 74 II 99 E. 3 im Versicherungsrecht; s. ferner GAUCH/SCHLUEP/SCHMID/EMMENEGGER, N 3388 betr. «Fatalbefristung»; VON TUHR/ESCHER, 217) oder das Abhängigmachen einer Forderung von einer **Resolutivbedingung** (BGE 132 III 285 E. 2). Eine Einschränkung gilt aber, wenn dem Gläubiger die Pflicht auferlegt wird, die Forderung binnen bestimmter Frist irgendwie gerichtlich einzuklagen, da damit ein Verstoss gegen die zwingende Norm von Art. 129 vorliegt (BGE 132 III 285 E. 2; GUHL/KOLLER/SCHNYDER/DRUEY, 319). Ein Gläubiger kann bei einer Geschäftsübernahme den früheren Schuldner schon vor der Entstehung der Forderung und nachher mit *Erlassvertrag* (Art. 115) vor Ablauf der dreijährigen *Verwirkungsfrist* (BGE 108 II 109 E. 3) des Art. 181 Abs. 2 rechtswirksam von der Schuld befreien (BGE 117 II 69 = Pra 1991, 957 ff. betr. der bis 30.6.2004 noch geltenden *zwei*jährigen Frist).

III. Rechtsfolgen

6 Verfügungen im nicht von der Parteiautonomie gedeckten Bereich sind **nichtig** (Art. 20).

IV. Abweichende Vereinbarungen

7 Zum Verzicht auf die laufende Verjährung bzw. den Verzicht auf die Erhebung der Verjährungseinrede mittels Vereinbarung oder einseitiger Erklärung s. Komm. zu Art. 141.

Art. 130

4. Beginn der Verjährung
a. Im Allgemeinen

1 Die Verjährung beginnt mit der Fälligkeit der Forderung.

2 Ist eine Forderung auf Kündigung gestellt, so beginnt die Verjährung mit dem Tag, auf den die Kündigung zulässig ist.

4. Début de la prescription
a. En général

1 La prescription court dès que la créance est devenue exigible.

2 Si l'exigibilité de la créance est subordonnée à un avertissement, la prescription court dès le jour pour lequel cet avertissement pouvait être donné.

4. Principio della prescrizione
a. In genere

1 La prescrizione comincia quando il credito è esigibile.

2 Se la scadenza dell'obbligazione dipende da disdetta, la prescrizione comincia dal primo giorno pel quale poteva darsi la disdetta.

Literatur

Vgl. die Literaturhinweise bei den Vorbem. zu Art. 127–142.

I. Allgemeines

1 Art. 130 ist eine weitere *lex generalis* des **Verjährungsrechts**. Abs. 1 bestimmt als Regelfall für den Beginn des Verjährungslaufs den Zeitpunkt der Fälligkeit der Forderung. Abs. 2 trifft eine Regelung für Forderungen, die auf Kündigung gestellt sind. Zahlreiche Sondervorschriften statuieren einen abweichenden Verjährungsbeginn für bestimmte Forderungsarten.

II. Verjährungslauf ab Fälligkeit (Abs. 1)

1. Anwendungsbereich

2 Der Verjährungsbeginn wird bei allen Forderungen durch **Fälligkeit** ausgelöst, sofern das Gesetz keine abweichende Regelung vorsieht. Verzug des Schuldners ist nicht vorausgesetzt (BGE 50 II 404; ZK-Berti, N 9). Voraussetzung für die Fälligkeit ist stets das *Entstehen* der Forderung. Steht indessen beim Abschluss des Vertrages noch nicht einmal fest, ob und auf welche Weise sich die grundsätzliche Leistungspflicht jemals konkretisieren wird, ist noch keine Forderung entstanden, weshalb deren Fälligkeit, welche den Fristbeginn der Verjährung auslöst, nicht eingetreten sein kann (BGer, 25.9.2002, 4C.210/2001, E. 5.2; ZK-Berti, N 2). Davon zu unterscheiden ist der Fall, in welchem die Leistungspflicht inhaltlich von Anfang an feststeht, dem Berechtigten aber freigestellt ist, wann er Leistung verlangen will (BGE 122 III 10 E. 6). Solche Forderungen, welche lediglich auf Aufforderung des Gläubigers zu erfüllen sind, beginnen sofort mit ihrer Entstehung zu verjähren.

2. Abweichende Vorschriften

3 Zahlreiche Bestimmungen sehen eine relative und eine absolute Verjährungsfrist vor (von Büren, AT, 425 spricht von **Kumulativfristen**), meist je mit anderem Beginn (z.B. Art. 60, 67, 210, 219, 315, 371, 454; Art. 83 SVG).

4 In der **Unfallversicherung** beginnt die Verjährung der Ansprüche des Begünstigten nach Eintritt der Tatsache, welche die Leistungspflicht begründet (Art. 46 Abs. 1 VVG). Dies hat zur Folge, dass je nach Versicherungsart und Leistungsanspruch auf unterschiedliche fristauslösende Ereignisse abzustellen ist (vgl. BGE 127 III 268 E. 2b betr. Verjährung von Taggeldern ab ärztlich bescheinigter Arbeitsunfähigkeit). So beginnt bei Todesfall die Frist mit Eintritt des Todes zu laufen (BGE 100 II 42 E. 2 in Änderung der Rsp.). Bei Invalidität beginnt die Verjährungsfrist nicht am Tag des Unfalls, sondern an dem Tag zu laufen, an dem die Invalidität des Versicherten als sicher angenommen werden kann; auf den Zeitpunkt, in dem der Versicherte von seiner Invalidität Kenntnis erhält, kommt es nicht an (BGE 118 II 450 ff. = Pra 1994, 405 ff. mit Anm. Hausheer, ZBJV 1994, 296 ff.).

5 Bei der **Rechtsschutzversicherung** beginnt die Verjährungsfrist nicht mit dem Abschluss des Streites zwischen dem Versicherten und dem haftenden Dritten zu laufen, sondern mit dem Aufkommen des Bedarfs nach Rechtsschutz (BGE 119 II 470 = Pra 1994, 751). Denn die «Tatsache», aus der sich die Leistungspflicht des Versicherers i.S.v. Art. 46 Abs. 1 VVG ableitet, ist die Verwirklichung des Bedürfnisses nach Rechtsschutz (BGE 118 II 447 E. 2b, 454). Die Erteilung einer *Kostengutsprache* durch die Rechtsschutzversicherung in diesem Stadium ist dabei eine klagbare Leistung (BGE 119 II 371 E. 2b und 4).

3. Die Bestimmung der Fälligkeit

6 Fälligkeit ist der Zeitpunkt, ab welchem der *Gläubiger* berechtigt ist, den in der Forderung enthaltenen Anspruch zu erheben und *Leistung zu verlangen* (von Tuhr/Escher, 217 vor Anm. 59). Dies ist bereits zum Zeitpunkt der Entstehung der Forderung der Fall, sofern sich nicht aus Gesetz, Vertrag (BGE 110 II 178 E. 2) oder Natur des Rechtsverhältnisses etwas anderes ergibt (Art. 75; zu weiteren gesetzlichen Bestimmungen über die Fälligkeit ausführlich ZK-Berti, N 17 ff.). Nach abweichender Meinung (Spiro, FS Engel, 378) soll der Lauf der Verjährung ganz allgemein nicht erst mit der Fälligkeit beginnen, sondern «sobald der Gläubiger diese herbeiführen kann». Von der *Fälligkeit* ist die *Erfüllbarkeit* zu unterscheiden. Bei dieser *darf der Schuldner die Leistung erbringen* und der Gläubiger muss die Leistung annehmen (von Tuhr/Escher, 45, 51), die Erfüllbarkeit löst aber den Beginn der Verjährungsfrist nicht aus.

7 Der Beginn der Verjährung bez. einer Forderung auf *Auszahlung* eines für den Gläubiger eingezogenen Geldbetrages fällt mangels abweichender Vereinbarung auf den Zeitpunkt der Entgegennahme des Geldes (BGE 90 II 432 E. 2), beim *Werkvertrag* auf jenen der Ablieferung des Werkes (BGE 118 II 149 E. 4; 110 II 178 E. 2; 89 II 408; vgl. auch KOLLER A., AJP 2014, 304 ff.). Beim *Sukzessivlieferungsvertrag* beginnt die Verjährung bez. jeder Lieferung mit dem Tage ihrer Fälligkeit (BGE 17, 313 E. 4). Eine *suspensiv-bedingte Forderung* entsteht erst mit dem Eintritt der Bedingung und wird frühestens in diesem Moment fällig (VON TUHR/ESCHER, 218; BGE 128 III 212 E. 3d; BGer, 3.7.2008, 4A_211/2008, E. 4.3; 24.10.2007, 4A_267/2007, E. 11.2; NABHOLZ, 97). Die Forderung aus einem *Pfandausfallschein* beginnt mit dem Zeitpunkt der Ausstellung zu verjähren (BGE 48 II 109 E. 3). Der *Rückerstattungsanspruch des Mieters* zufolge Herabsetzung des Mietzinses bei Mangel der Mietsache i.S.v. Art. 259d entsteht, sobald der Vermieter Kenntnis vom Mangel hat, und wird fällig, sobald der Mieter die Herabsetzungserklärung abgibt: falls direkt beim Vermieter, mit dem Tag des Empfanges der Herabsetzungserklärung (ZK-HIGI, Art. 259d N 23), falls bei der Schlichtungsbehörde, mit dem Gesuchsdatum (BGE 130 III 504 E. 8 = Pra 2005, 55 f.). Der *Lohn des Arbeitnehmers* wird jeweils am Ende jeden Monats fällig (Art. 323 Abs. 1), darüber hinaus werden mit der Beendigung des Arbeitsverhältnisses alle Forderungen aus dem Arbeitsverhältnis fällig (Art. 339 Abs. 1; BGE 130 III 202 E. 3.3.1 = Pra 2004, 920 f. betr. Beendigung des Arbeitsverhältnisses zufolge fristloser Entlassung). Beim *Rücktritt des Bestellers* vom Werkvertrag gegen Schadloshaltung i.S.v. Art. 377 wird die zu leistende Summe mit Empfang der Rücktrittserklärung fällig (BGE 130 III 362 E. 4.4 = Pra 2005, 61 f.).

7a Da der Fristbeginn durch die *Fälligkeit ausgelöst* wird, stellt sich die Frage, ob eine Abrede der Parteien, der Gläubiger könne die Leistung zu einem beliebigen Zeitpunkt innerhalb einer Periode, die auch *über zehn Jahre hinausgehe* – bspw. innerhalb der nächsten 20 oder 25 Jahre – verlangen, sofern das Gesetz diese Möglichkeit nicht ausdrücklich vorsieht, vor dem Verjährungsrecht in Art. 129 standhält. M.a.W. ist abzuklären, ob durch solche Abreden die Fälligkeit und damit der Fristbeginn für die Verjährung in die Zukunft verlegt wird. Das BGer hat in BGE 122 III 19 E. 5 a.E. die Zulässigkeit solcher Abreden ausdrücklich offen gelassen. M.E. sind solche Abreden unter Berücksichtigung der nachfolgend in N 7b angeführten Rsp. *unzulässig*, da sie gegen die Verbotsnorm von Art. 129, wonach die Verjährungsfristen in diesem Titel nicht abgeändert werden können, verstossen (vgl. aber BGE 132 III 226 E. 3.3.7 und 3.3.8 = Pra 2006, 1011, wonach die Parteien *nach* Abschluss des Vertrages wohl i.S.v. Art. 19 die Dauer des Verjährungsverzichtes [durch Vereinbarung oder einseitige Erklärung] beliebig festlegen können, die zehnjährige Frist gem. Art. 127 dabei aber nicht überschritten werden darf; dazu auch Art. 141 N 3a).

7b Einem nicht in der amtlichen Sammlung publizierten Entscheid des BGer (BGer, 14.5.1998, 4C.9/1998, E. 4, teilw. in: AJP 1998, 246 ff. mit Anm. KOLLER, 248, zusammengefasst von LEUENBERGER in ZJBV 1998, 583 ff.) lag folgender Sachverhalt zugrunde: Die SUVA erbrachte einem Versicherten aufgrund dessen Verletzungen, die er bei einem Verkehrsunfall 1976 erlitten hatte, die gesetzlichen Leistungen nach Massgabe des damals in Kraft stehenden KUVG. Mit Schreiben vom 29.9.1976 machte die SUVA gegenüber dem Motorfahrzeughaftpflichtversicherer des Unfallverursachers ihre Regressansprüche geltend und stellte am 30.3.1978 knapp CHF 155 000 in Rechnung, worauf der Haftpflichtversicherer im August 1978 eine Akontozahlung leistete. Da zwischenzeitlich ein Verfahren zur Festlegung der Rente hängig war, stellte die SUVA erst am 26.9.1990 abschliessend Rechnung an den Haftpflichtversicherer, welcher aber seinerseits die Verjährungseinrede erhob. Gemäss dem von den Parteien übernommenen Regressabkommen vom 24.7.1950/15.3.1951 verzichtete der Haftpflichtversicherer gegenüber der SUVA im Rahmen der versicherten Leistungen auf die Verjährungseinrede, sofern der Regressanspruch vor Eintritt der gesetzlichen Verjährung von der SUVA schriftlich angemeldet wurde. Die SUVA vertrat die Ansicht, ihre fristgerechte Anmeldung des Regressanspruches am 29.9.1976 schliesse jegliche Verjährungseinrede ohne zeitliche Beschränkung aus, während der Haftpflichtversicherer von einem zehnjährigen Einredeverzicht ausging. Das BGer hat dazu in E. 4a u.a. Folgendes ausgeführt:

«Dienen Fristverlängerung und Verjährungsverzicht regelmässig demselben Ziel, nämlich Unterbrechungshandlungen gem. Art. 135 OR zu vermeiden, so rechtfertigt es sich auch, den – faktisch einer Fristverlängerung gleichkommenden – zeitlich nicht beschränkten Einredeverzicht für längstens zehn Jahre und nicht ‹ad infinitum› zuzulassen. Wohl will das Gesetz keineswegs verhindern, dass die Verjährung einer Forderung erst geraume Zeit nach deren Fälligkeit eintritt, weshalb es nicht nur die Hemmung, sondern auch Unterbrechungen des Fristenlaufs beliebig oft zulässt [...]. Hingegen soll verhindert werden, dass der Gläubiger sein Recht durchsetzen kann, obwohl er allzu lang geschwiegen, trotz Möglichkeit und Anlass nichts unternommen hat, so dass der Bestand der Forderung und der Wille des Gläubigers, sie geltend zu machen, zweifelhaft geworden ist und der Schuldner erwartet, unbehelligt zu bleiben [...]. Entsprechend soll der Schuldner auf den durch Art. 127 OR gewährten Schutz weder ganz noch teilweise verzichten; soweit eine Verlängerung der Verjährungsfrist oder ein Einredeverzicht darüber hinaus reichen, sind diesbezügliche Abreden oder Verzichtserklärungen unwirksam und auf das erlaubte Mass zurückzunehmen (Art. 20 Abs. 2 OR)».

Zum gleichen Ergebnis gelangte das Handelsgericht ZH, als es eine Forderung bereits nach 10 Jahren für verjährt betrachtete, obwohl in einem Schreiben vom 15.12.1919 folgende Erklärung erfolgte: «Wir beehren uns, Ihnen hiermit unwiderruflich zu bestätigen, dass wir verpflichtet sind, einen Betrag von 100 000 schw. Fr. Ihnen oder dem jeweiligen Inhaber dieses Schreibens, in Anbetracht Ihrer besonderen Verdienste um den Kohlelieferungsvertrag, während der Laufzeit desselben, d.h. bis zum Jahre 1939, auf jederzeitigen Wunsch, auszuzahlen.» (ZR 1937, 163 f.). **7c**

Der zit. unv. BGE (s. N 7b) sowie der Entscheid des Handelsgerichts ZH (N 7c) verdienen aus folgendem Grunde Zustimmung (gl.M. KOLLER A., AJP 2000, 246, 248): Eine Forderung ist in dem Zeitpunkt *fällig*, als der *Gläubiger* seinen *Anspruch erheben* und die *Leistung verlangen darf* (N 6). Diesem Prinzip folgend sind deshalb lediglich **zwei Konstellationen** denkbar: In der **ersten Konstellation** vereinbaren die Parteien, dass der *Gläubiger* zu einem *beliebigen*, in der Zukunft liegenden Zeitpunkt die Leistung verlangen kann; dann ist ab dem *Zeitpunkt des Abschlusses der Vereinbarung* die Forderung fällig, unbeachtlich, wann der Gläubiger diese Leistung *tatsächlich* verlangt (s. N 7a). In der **zweiten Konstellation** vereinbaren die Parteien hingegen, dass der *Gläubiger* erst ab einem *bestimmten* Zeitpunkt, z.B. ab dem 1.1.2023, die Leistung *verlangen kann*, und die Forderung wird eben zu diesem bestimmten Zeitpunkt, im Bsp. am 1.1.2023, *fällig*; eine solche Vereinbarung ist innerhalb der Schranken der Privatautonomie (Verbot der übermässigen Bindung gem. Art. 27 ZGB, Verbot des Rechtsmissbrauchs gem. Art. 2 ZGB) zulässig (gl.M. ZK-BERTI, N 7, 39). Ist der *Schuldner* bei dieser **zweiten Konstellation** *berechtigt*, auch *vor* dem 1.1.2023 zu erfüllen, ist die Forderung wohl *erfüllbar*, welcher Umstand aber *keinen Einfluss* auf die *Fälligkeit* am 1.1.2023 hat, da der *Gläubiger* erst ab diesem Datum die Leistung *verlangen darf*. Mithin läuft die Verjährung nicht während der Erfüllbarkeit, sondern erst ab Fälligkeit am 1.1.2023. Die in BGE 122 III 19 E. 5 a.E. offen gelassene Frage, ob ein Vertrag, in welchem dem *Gläubiger* die Befugnis eingeräumt wird, die Leistung zu einem beliebigen Zeitpunkt innerhalb der nächsten 20 oder 25 Jahre zu verlangen, vor dem Verjährungsrecht in Art. 129 standzuhalten vermöge, betrifft die **erste Konstellation**. Sie ist deshalb *zu verneinen*, weil der *Gläubiger* die Leistung ab der Einräumung der Befugnis *verlangen darf*. **7d**

Die gegenteilige Meinung, nämlich dass die in BGE 122 III 10 E. 5 a.E. offengelassene Frage *zu bejahen* sei (ZK-BERTI, N 40), wird damit begründet, dass die Parteien die Fälligkeit der Forderung gestützt auf die rechtsgeschäftliche Gestaltungsfreiheit innerhalb der Schranken der Privatautonomie, d.h. unter Berücksichtigung des Verbotes übermässiger Bindung nach Art. 27 ZGB sowie des allgemeinen Rechtsmissbrauchsverbotes gem. Art. 2 ZGB, mittels Parteiabrede auch über zehn Jahre hinaus in die Zukunft verlegen dürfen (ZK-BERTI, N 7, 39 f.). Diese Argumentation ist hinsichtlich der vom BGer in BGE 122 III 10 E. 5 a.E. offen gelassenen Frage *abzulehnen*, weil sie nicht berücksichtigt, dass der *Gläubiger* – entspre- **7e** chend der **ersten Konstellation** (N 7d) – ab Einräumung der Befugnis die Erfüllung *verlangen durfte* und entsprechend die Forderung *fällig* wurde, unter *gleichzeitiger Auslösung des Fristbeginns für die Verjährung*. Vielmehr trifft diese Argumentation unter Anführung der rechtsgeschäftlichen Gestaltungsfreiheit lediglich auf die **zweite Konstellation** (N 7d) zu, wonach der *Gläubiger* die Leistung erst ab einem späteren bestimmten Zeitpunkt *verlangen darf*, da die Forderung zu diesem späteren Zeitpunkt *fällig* wird, *unabhängig* davon, ob der *Schuldner* bereits früher *erfüllen darf*; diese **zweite Konstellation** war aber *nicht* Gegenstand der vom BGer offen gelassenen Frage.

7f Wird im Zusammenhang mit einem Vertragsverhältnis eine **Akontozahlung** geleistet, ist nach BGer der Anspruch auf Rückforderung zu viel geleisteter Akontozahlungen grundsätzlich mit dem Tag der Erbringung der Akontozahlung fällig, soweit die zur Akontozahlung verpflichtete Vertragspartei die Fälligkeit der Rückforderung herbeiführen kann (BGer, 1.3.2006, 4C.397/2005, E. 2.2.2 betr. Architekturvertrag, mit Verweis auf ZK-Berti, N 132); insoweit ist dem BGer zuzustimmen. Indessen hat das BGer in diesem Entscheid festgehalten, aus der Vereinbarung, es sei eine definitive Abrechnung zu einem bestimmbaren Zeitpunkt zu erstellen, ergebe sich nach Treu und Glauben nicht ohne weiteres ein vertraglich bestimmter Fälligkeitstermin für die Rückforderung der Akontozahlungen. Zwar habe der Vorbehalt der definitiven Abrechnung zum Zweck, die Höhe der vertraglich geschuldeten Leistungen verbindlich festzulegen. Regelmässig würden sich daher Bestand und Höhe der Rückforderung erst aufgrund dieser definitiven Abrechnung ermitteln lassen. Daraus könne jedoch nicht abgeleitet werden, dass der zur Leistung von Akontozahlungen verpflichteten Vertragspartei die Rückforderung zu viel bezahlter Leistungen vor der Abrechnung auch dann verwehrt sein solle, wenn anderweitig erkennbar sei, dass und in welchem Umfang sie in einem bestimmten Zeitpunkt zu viel bezahlt habe. Vielmehr sei nach dem Vertrag, insb. nach dem vertraglichen Zweck der Akontozahlungen und der vereinbarten Art der Abrechnung, zu beurteilen, ob der vertragliche Abrechnungstermin auch die Fälligkeit der Rückforderung von Akontozahlungen bestimmen solle. Soweit sich aus der Vereinbarung nicht ergebe, dass die Befugnis der berechtigten Partei zur Fälligstellung der Rückforderung bis zu einem bestimmten Zeitpunkt ausgeschlossen werden soll, beginne gem. Art. 130 Abs. 2 die Verjährung mit der Erbringung der Akontozahlung (E. 2.2.3, 2.2.4 und 2.3). Diese Schlussfolgerung des BGer verdient lediglich für den dort zu beurteilenden (Ausnahme-) Fall Zustimmung, da nach der zufolge spezieller Vereinbarung anwendbaren Ziff. 1.13.3 der SIA-Norm 102 die Akontozahlungen nur für bereits erbrachte Leistungen des Architekten verlangt werden darf und umfangmässig 90% dieser Leistungen nicht übersteigen soll (E. 2.1). Im Übrigen verdient diese Schlussfolgerung des BGer aber keine Zustimmung. Der Sinn und Zweck von Akontozahlungen liegt gerade in der Sicherheitsleistung der einen Partei an die andere, *bevor* der Wert von deren Leistungen – aufgrund einer Abrechnung – definitiv feststeht. Dieser Sicherungszweck unterscheidet denn auch die Akontozahlung etwa vom Darlehen. Entsprechend vereinbaren denn die Parteien eine vertragliche Pflicht zur Leistung der Akontozahlung. Dürfte der Leistende diese Zahlung zu beliebiger Zeit fällig stellen und die Rückzahlung verlangen, wäre die Akontozahlung ihres Zweckes entleert. Deshalb tritt die Fälligkeit des Anspruches auf Rückforderung der zu viel bezahlten Akontozahlung vermutungsweise erst mit der *definitiven Zwischen- oder Schlussrechnung* ein, weshalb die Verjährungsfrist erst ab diesem Zeitpunkt zu laufen beginnt (so zu Recht auch die Vorinstanz mit Urteil des OGer AG, ZivGer, 1. Kammer, 20.9.2005). Entsprechendes muss gelten für die Forderung des Mitglieds einer juristischen Person (Verein etc.) auf Rückerstattung der geleisteten **Kaution, Depot** u. dgl.: Solche Rückforderungen werden bei Austritt fällig.

7g Wird aufgrund einer Vereinbarung ein **unbefristeter Gutschein** zum Bezug von Waren oder Leistungen ausgegeben, wird der Anspruch auf solchen Bezug unter Einlösung des Gutscheines *mit dessen Ausstellung* bzw. *einem auf dem Gutschein genannten späteren Datum* fällig. Die Frist beginnt ab diesem Zeitpunkt zu laufen und die Verjährung des Anspruches tritt nach Ablauf der für den geltend gemachten Anspruch massgeblichen Frist ein. Beim **befristeten**

Gutschein geht demgegenüber der Anspruch auf Bezug mit Ablauf der vereinbarten Bezugsfrist unter, und es stellen sich keine verjährungsrechtlichen Fragen. Übersteigt jedoch diese Frist zum Bezug die Dauer von zehn Jahren, tritt die Verjährung nach zehn Jahren ein (s. N 7a), wobei der Anspruch erst mit Ablauf der Bezugsfrist untergeht.

Die Verjährung beginnt nicht zu laufen, solange ein **rechtswidriger Zustand** andauert (BGE 102 II 215 E. 1 m.Hw. auf 93 II 502 E. 2; 92 II 4 E. 3; 89 II 404). **8**

4. Einzelfragen

a) Zur Relevanz der Kenntnis der Forderung seitens des Gläubigers

Die Wirkung des Art. 130 tritt *unabhängig* davon ein, ob der Gläubiger von seiner Forderung bzw. deren Fälligkeit **Kenntnis** hat oder haben kann (BGE 136 V 73 E. 4.1; 119 II 219 E. 4a/aa; 106 II 137 E. 2a in Korrektur des anderslautenden *dictums* in BGE 90 II 331; **a.M.** von Büren, AT, 428: «Verjährung sollte nach dem sehr deutlich sprechenden Rechtsgefühl nicht eintreten, wenn der Gläubiger den Anspruch nicht kannte und auch nicht zu kennen brauchte»). Die Verjährung tritt jedoch aufgrund des Rechtsmissbrauchsverbots i.S.v. Art. 2 Abs. 2 ZGB nicht ein, wenn der Schuldner durch ihm vorwerfbares Verhalten dafür gesorgt hat, dass dem Gläubiger die fällige Forderung verborgen geblieben ist (BGE 136 V 73 E. 4.2). **9**

b) Verjährungsbeginn bei einredebelasteten Forderungen

Der Beginn der Verjährung wird durch eine der Forderung entgegenstehende Einrede grundsätzlich nicht aufgeschoben (von Tuhr/Escher, 218; BK-Becker, N 3). Dagegen hindern die *Stundung* (BGE 89 II 26; 65 II 233) sowie ein *pactum de non petendo* den Beginn bzw. den Lauf der Verjährung (BGer, 3.6.2014, 4A_55/2014, E. 2.3.1, 6.2; BGE 110 II 178 und die Anm. von Gauch, BR 1985, 58; von Tuhr/Escher, 219 nach Anm. 68). **10**

c) Verjährungsbeginn bei sekundären Leistungspflichten

Bei Forderungen auf **Schadenersatz** wegen *Nichterfüllung* (umfassend die Unmöglichkeits-Tatbestände gemäss den Art. 97 Abs. 1, 101, 103 und Ersatzansprüche gem. Art. 107 Abs. 2) beginnt die Verjährungsfrist mit der **Fälligkeit der primären vertraglichen Leistung** und *nicht* erst mit auftretendem oder gar erst mit erkennbarem Schaden zu laufen, da solche Ansprüche die ursprüngliche Forderung mit anderem Inhalt fortsetzen (BGE 87 II 159 E. 3a; 53 II 342 E. 3b, *obiter* bestätigt in BGE 90 II 440; gl.M. Gauch/Schluep/Schmid/Emmenegger, N 3321; krit. die Minderheitsmeinung in ZR 1962, 119 f. Nr. 55, die auf den Zeitpunkt der Erkennbarkeit des Schadens abstellt; Bucher, AT, 460 Anm. 76; Spiro, I, 42 Anm. 1; **a.M.** ZK-Berti, N 126 f., wonach für den Fristbeginn der Schaden nicht erkennbar, aber immerhin *entstanden* sein muss; Seiler, 24 ff.). **11**

Für Forderungen auf **Schadenersatz** aus *positiver Vertragsverletzung* (umfassend alle Fälle der Nichterfüllung, die weder Unmöglichkeits-Tatbestände sind noch unter die Verzugsfolgen fallen, Art. 97 N 25; Gauch/Schluep/Schmid/Emmenegger, N 2615 ff.), einschliesslich Ersatzansprüche aus der Verletzung einer Unterlassungspflicht gem. Art. 98 Abs. 2, beginnt die Verjährung **im Zeitpunkt der Vertragsverletzung** (BGE 140 II 7 E. 3.3; 137 III 6 E. 2.3 u. 2.4; 106 II 140 E. 2 f.; 136 V 73 E. 4.2, mit der Einschränkung für den Fall, dass der Schuldner die vorläufige Unkenntnis der Gläubigers über seine Forderung zu verantworten hat, der Eintritt der Fälligkeit ausnahmsweise vom Wissen des Gläubigers um die Grundlagen der Forderung abhängt; gl.M. Gauch/Schluep/Schmid/Emmenegger, N 2931, 3322; **a.M.** Art. 97 N 52; ZK-Berti, N 129, für den Zeitpunkt des Eintritts des Schadens). In BGE 130 III 591 E. 3.1 wurde wohl festgehalten, dass der vertragliche Schadenersatzanspruch aus Schlechterfüllung nicht schon mit der Schlechterfüllung der Schuld, sondern erst mit dem Eintritt des Schadens entstehe und damit fällig werde. Das BGer hat diesen Entscheid inzwischen relati- **11a** viert und hält zu Recht unmissverständlich fest, dass nicht der Zeitpunkt des Schadenseintritts, sondern derjenige der Pflichtverletzung als Beginn der Verjährungsfrist massgebend ist (BGE 140 II 7 E. 3.3).

d) Verjährungsbeginn bei Regressforderungen

12 Eine allgemein gültige Gesetzesvorschrift für die Verjährung von **Regressforderungen** fehlt. Unterschieden wird zwischen echter (Art. 50) und unechter Solidarität (Art. 51; vgl. krit. zu dieser Unterscheidung WEISS, 53 ff.). Bei *echter Solidarität* subrogiert der leistende Solidarschuldner in die Rechtsstellung des Gläubigers (Art. 149 Abs. 1; BGE 55 II 123 E. 3) und übernimmt damit auch die vorgefundene Verjährungslage. Bezüglich *unechter Solidarität* und Verjährung der Regressforderung zwischen mehreren Haftpflichtigen hat das BGer in BGE 133 III 6 auf die Komplexität der Problematik und die Vielfalt der geäusserten Meinungen in Lehre und Rsp. in der Schweiz und im Ausland hingewiesen sowie seine bisherige Rsp. dargestellt (E. 5.1 und 5.2 = Pra 2007, 689 ff.). Danach hat das BGer zutreffend festgehalten: «Cet aperçu de la jurisprudence fédérale touchant le problème controversé démontre que celui-ci demeure entier» bzw. «Dieser Überblick über die bundesgerichtliche Rsp. zum vorliegend umstrittenen Problem macht deutlich, dass dieses vollständig ungelöst bleibt» (BGE 133 III 6 E. 5.2.1 i.f. = Pra 2007, 693). Bei der unechten Solidarität entsteht die Ausgleichsforderung erst mit der Leistung des Regressberechtigten und zieht keinen Übergang der Gläubigerrechte auf den Haftpflichtigen i.S.v. Art. 149 Abs. 1 nach sich. Vielmehr schafft Art. 51 einen Regressanspruch, der auf einem eigenständigen Rechtsgrund («ex iure proprio») beruht (BGer, 26.5.2003, 4C.27/2003, E. 3.4; BGE 133 III 6 E. 5.2.1 bzw. 5.3.3 = Pra 2007, 693 bzw. 702; BGer, 8.7.2014, 4A_133/2014, E. 4.2). Für den Beginn der Frist ist neben der Zahlung kumulativ vorausgesetzt, dass dem Regressberechtigen der Mitverantwortliche bekannt ist. Dies hat zur Folge, dass der Fristbeginn bei mehreren Mitverantwortlichen verschieden sein kann (BGE 133 III 6 E. 5.3.5 = Pra 2007, 704 f.). Trotz noch nicht eingetretener Verjährung der Ausgleichsforderung versagt die Rsp. aber gestützt auf das Rechtsmissbrauchsverbot von Art. 2 Abs. 2 ZGB u.U. deren Durchsetzbarkeit gegen den Mitverantwortlichen. Dies ist der Fall, wenn einerseits konkurrierende Forderungen des Geschädigten gegenüber anderen Mitverantwortlichen bereits verjährt sind, und anderseits der Regressberechtigte von seiner Möglichkeit, auf einen Mitverantwortlichen zurückzugreifen, rechtzeitig Kenntnis erhalten, diesem aber seine Regressabsicht nicht rechtzeitig angezeigt hat (BGE 133 III 6 E. 5.3.5 = Pra 2007, 705 f.; 127 III 257 E. 6c). Die absolute Verjährung der Regressforderung tritt in Analogie zu Art. 60 Abs. 1 zehn Jahre nach Eintritt des schädigenden Ereignisses oder am Tag, an welchem das schädigende Ereignis beendet wurde, ein (BGE 133 III 6 E. 5.3.5 = Pra 2007, 705). Einzelne gesetzliche Sonderbestimmungen enthalten spezifische Regeln für die Verjährung der Regressforderung (BGE 115 II 42 E. 2b i.f.). Dies ist z.B. für den Regress des *Bürgen* (Art. 507 Abs. 5), des *Genossenschafters* (Art. 878 Abs. 2), eines *Haftpflichtigen im Strassenverkehrsrecht* (Art. 83 Abs. 3 SVG; dazu BGE 116 II 651 E. 7b/bb = Pra 1991, 222 f. = SJ 1991, 229 ff.) und unter mehreren Haftpflichtigen für Schäden aus *Rohrleitungsanlagen* (Art. 39 Abs. 3 RLG) oder aus Betrieben oder Anlagen mit besonderer Gefahr für die Umwelt (Art. 59d USG) der Fall. Abgesehen von solchen gesetzlich geregelten Fällen besteht jedoch keine allgemeine Regel, wonach die Verjährung erst mit der vollständigen Befriedigung des Geschädigten durch den Regressberechtigten zu laufen beginnt (BGer, 12.3.2012, 4A_656/2011, E. 4.4; BGE 115 II 42 E. 2b i.f., mit Anm. MERZ, ZBJV 1991, 240 f., und Anm. GAUCH, BR 1990, 41 f.; ZK-BERTI, N 124). Für die Regressforderung des Sicherheitsfonds zufolge dessen Eintreten in die Ansprüche der Vorsorgeeinrichtung gem. Art. 56a Abs. 1 BVG s. Art. 127 N 9.

e) Verjährungsbeginn bei Unterlassungsforderungen

13 Unterlassungsforderungen verjähren nicht (BGE 88 II 178), die Verjährung des Beseitigungsanspruchs beginnt aber mit der Widerhandlung (VON TUHR/ESCHER, 219 vor Anm. 71). Die

Klage auf Aufhebung eines rechtswidrigen Zustandes verjährt solange nicht, als dieser Zustand andauert (BGE 115 II 414 E. 3b betr. Klage gestützt auf Art. 57 Abs. 3 ZGB).

III. Auf Kündigung gestellte Forderungen (Abs. 2)

Die Bestimmung ist nur anwendbar, sofern das Kündigungsrecht *dem Gläubiger* zusteht (Schöbi, 117; Keller/Schöbi, IV, 137), und bezieht sich sowohl auf die Erklärung zwecks Herbeiführung der Fälligkeit einer Forderung als auch auf die gestaltende Erklärung auf Beendigung des einer Forderung zugrunde liegenden Schuldverhältnisses (**«Fälligkeits-»** bzw. **«Beendigungskündigung»**; BGer, 1.3.2006, 4C.397/2005, E. 2.2.2; BGE 122 III 17 E. 5; Schöbi, 117; differenzierend ZK-Berti, N 55, der zu Recht den Anwendungsbereich auf die *einseitige* Beendigungskündigung *beschränken* will, da die Sorge einer einseitigen Manipulation des Verjährungsbeginns seitens des Gläubigers dort entfalle, wo die Gegenpartei ihrerseits durch Beendigungskündigung die gleiche Fälligkeitsstellung bewirken könne). Sie gilt sinngemäss bez. der *Wahlobligation* (von Tuhr/Escher, 220 vor Anm. 80; Schöbi, 117). 14

Beim **Darlehen** beginnt die Verjährung mangels anderweitiger Abrede sechs Wochen nach Auszahlung (Art. 318). Bei Vertragsverhältnissen, mit denen die Pflicht zur Vermögenserhaltung verbunden ist, wie Vermögensverwaltungsvertrag, Sparkassenvertrag und bankmässigem Hinterlegungsvertrag, lässt das BGer die Verjährung erst mit der Beendigung infolge gegenseitiger Übereinkunft, Ablaufs der vereinbarten Dauer, Widerrufs oder Kündigung beginnen (BGE 122 III 17 E. 5b; 91 II 442 E. 5; **anders** noch 78 II 257; zustimmend zur neueren bundesgerichtlichen Rsp. Merz, ZBJV 1976, 46 ff.; Guhl/Koller/Schnyder/Druey, 321; krit. – wenigstens aus dogmatischer Sicht m.E. zu Recht – Spiro, I, 55 ff. Anm. 17; s.a. BJM 1972, 138; differenzierend ZK-Berti, N 56 ff.). 15

Beim **Auftrag** gem. Art. 394 ff., worunter auch der **Vermögensverwaltungsvertrag** fällt, ist beim Beginn der Verjährung für Ansprüche nach Art. 400 Abs. 1 zwischen der Rechenschafts- und der Erstattungspflicht zu unterscheiden. Die Bestimmung unterscheidet nämlich zwischen der Pflicht, **Rechenschaft abzulegen**, und der Pflicht, alles, was dem Beauftragten infolge dessen Geschäftsführung aus irgendeinem Grunde zugekommen ist, **«zu erstatten»**. Die Wendung «auf Verlangen» bezieht sich nur auf die Pflicht zur **Rechenschaftsablegung** und *nicht* auf die Pflicht zur **Erstattung** (BK-Fellmann, Art. 400 N 63, 158). Der Anspruch des Auftraggebers auf **Rechenschaftsablegung** wird im Zeitpunkt seines «Verlangens» bzw. bei dessen Fehlen mit Beendigung des Vertragsverhältnisses fällig. In diesem Zeitpunkt beginnt die zehnjährige Verjährungsfrist. Der Anspruch auf **Erstattung** umfasst Vermögenswerte und Gegenstände aller Art (vgl. BK-Fellmann, Art. 400 N 116 f.). Bei der Erstattungspflicht sind hinsichtlich der Fälligkeit und damit des Beginns der Verjährung m.E. folgende Fälle zu unterscheiden: Wurden Vermögenswerte und Gegenstände *vom Auftraggeber* an den Beauftragten übertragen, sind diese zurückzugeben, sobald der Beauftragte sie zur ordnungsgemässen Erledigung seines Auftrags nicht mehr benötigt, i.d.R. mit Beendigung des Auftrags (BK-Fellmann, Art. 400 N 159; BGE 91 II 442 E. 5); der Anspruch des Auftraggebers auf Erstattung wird somit spätestens bei Beendigung fällig, und damit beginnt die zehnjährige Verjährungsfrist zu laufen (BK-Fellmann, Art. 400 N 159; BGE 91 II 442 E. 5). Sind dem Beauftragten infolge dessen Geschäftsführung dagegen Vermögenswerte oder Gegenstände *von Dritten* zugegangen, sind diese dem Auftraggeber i.S.v. Art. 75 *sofort* nach ihrem Erwerb zu erstatten (gl.M. BK-Fellmann, Art. 400 N 160; vgl. auch Art. 321b betr. die Pflicht des Arbeitnehmers zur «sofortigen» Herausgabe). Dabei muss ein innerer Zusammenhang zwischen Auftrag und Zugang von Vermögenswerten oder Gegenständen bestehen. Dies ist typischerweise beim Vermögensverwaltungsvertrag der Fall, wenn der vom Kunden beauftragten Bank **Retrozessionen** und **Bestandespflegekommissionen** zufliessen (BGE 138 III 755 E. 5.3, 8.6; gl.M. Neumann/von der Crone, SZW 1/2013, 111; vgl. auch BK-Fellmann, Art. 400 N 128, betr. Schmiergelder, Preisnachlässe [Rabatte], Provisionen etc.). Der An- 15a spruch auf Erstattung wird damit jeweils fällig, wenn ein Vermögenswert oder Gegenstand in die Verfügungsgewalt des Auftraggebers übergeht, mit der Folge, dass die zehnjährige Verjährungsfrist zu laufen beginnt (ohne diese Unterscheidung BGE 91 II 442, da der Sachverhalt nur die Rückerstattung von Vermögenswerten betraf, die der Auftraggeber dem Beauftragten übergeben hatte; hinsichtlich Verjährung ebenso ohne diese Unterscheidung BK-FELLMANN, Art. 400 N 169, der die Verjährung «grundsätzlich» erst mit Beendigung des Vertragsverhältnisses beginnen lassen will; ferner Art. 400 N 23 f.; s.a. OGer ZH, 13.1.2012, LB090076, 26: Ab Vertragsende soll die Summe aller aufgelaufenen Retrozessionen für die Dauer von zehn Jahren zusammen mit dem Hauptanspruch geltend gemacht werden können, wobei in zeitlicher Hinsicht die Herausgabepflicht indirekt durch die auf zehn Jahre beschränkte Buchführungspflicht gemäss Art. 962 [seit 1.1.2013 Art. 958 f.] begrenzt werde). Dass nach der hier vertretenen Ansicht der Beauftragte nach Ablauf von zehn Jahren ab Erwerb eines Vermögenswertes dem Auftraggeber die Verjährungseinrede entgegenhalten kann, obwohl letzterer vom Erwerb keine Kenntnis hatte, steht in Einklang mit Gesetz, Rsp. und h.L. zur Verjährung von vertraglichen Ansprüchen (s. N 9).

15b **Kaution, Depot** u. dgl., welche das Mitglied einer juristischen Person (Verein etc.) gestützt auf die anwendbare Satzung zu leisten hat, sind keine Darlehen, weshalb der Rückerstattungsanspruch erst mit Austritt fällig wird (s. N 7f, i.f.).

IV. Rechtsfolgen

16 Mit ihrem **Beginn** nimmt die Verjährung ihren Lauf und tritt – mangels Stillstand oder Unterbrechung – mit Ablauf der jeweiligen Frist ein (s.a. Art. 127 N 22). Betreffend Berechnung der Frist s. Art. 132.

Art. 131

b. Bei periodischen Leistungen

[1] Bei Leibrenten und ähnlichen periodischen Leistungen beginnt die Verjährung für das Forderungsrecht im Ganzen mit dem Zeitpunkte, in dem die erste rückständige Leistung fällig war.

[2] Ist das Forderungsrecht im Ganzen verjährt, so sind es auch die einzelnen Leistungen.

b. En matière de prestations périodiques

[1] En matière de rentes viagères et autres prestations périodiques analogues, la prescription court, quant au droit d'en réclamer le service, dès le jour de l'exigibilité du premier terme demeuré impayé.

[2] La prescription de la créance entraîne celle des arrérages.

b. Per le prestazioni periodiche

[1] La prestazione delle rendite vitalizie e di simili prestazioni periodiche comincia per l'intiero credito alla scadenza della prima prestazione arretrata.

[2] Prescritto l'intiero credito, sono prescritte anche le singole prestazioni.

Literatur

Vgl. die Literaturhinweise bei den Vorbem. zu Art. 127–142.

I. Allgemeines

1 Art. 131 stellt für einen beschränkten Kreis von **Gesamtforderungen** eine besondere Regel auf (VON TUHR/ESCHER, 234 f.).

II. Anwendungsbereich

2 Der Anwendungsbereich des Art. 131 ist durch die Bezugnahme auf die gesetzlich geregelte **Leibrente** bestimmt. Diese ist eine Gesamtforderung (welche auch als «Stammrecht» bzw. in der Gesetzesterminologie als «das Forderungsrecht im ganzen» bezeichnet wird, und keine eigentliche Forderung, sondern ein Schuldverhältnis ist, aus dem in wiederkehrenden Zeitabständen Forderungen entstehen, vgl. BGer, 9. 11. 2004, 5C.168/2004, E. 3.1), die im Normalfall durch periodisch fällig werdende Teilleistungen erfüllt wird, unter gewissen Umständen (Art. 518 Abs. 3) aber durch Kapitalisierung zur Gesamtzahlung fällig wird (Schöbi, 125 Anm. 446; BK-Becker, N 2; ZK-Oser/Schönenberger, N 2; von Tuhr/Escher, 235, die auf das Stammrecht nicht die fünfjährige Frist des Art. 128, sondern die zehnjährige Frist des Art. 127 analog anwenden wollen; für die analoge Anwendbarkeit von Art. 127 ebenfalls BGer, 9. 11. 2004, 5C.168/2004, E. 3.1; BGE 111 II 501). Die gleichen Eigenschaften weisen auf: Renten i.S.v. Art. 43 Abs. 2; bei Leistungsansprüchen der *beruflichen Vorsorge* ist das Stammrecht – sofern der Versicherte zum Zeitpunkt des Eintritts des Vorsorgefalles die Vorsorgeeinrichtung nicht verlassen hat – unverjährbar (Art. 41 Abs. 1 BVG in der ab 1. 1. 2005 geltenden Fassung; mangels einer Übergangsbestimmung gilt die Änderung des Art. 41 Abs. 1 BVG auch für die bei ihrem Inkrafttreten noch nicht verjährten Forderungen, BGE 131 V 425 E. 5.1 und 5.2), der Anspruch auf die einzelne Rentenzahlung und ebenso auf Beitragsbefreiung verjährt periodisch nach fünf Jahren (Art. 41 Abs. 2 BVG); *Leistungen eines Pfrundgebers* (BK-Schaetzle, Art. 521 OR N 42); Forderungen aus einem *Rentenvermächtnis* i.S.v. Art. 563 ZGB (ZR 1946, 73 ff. Nr. 36); bei Forderungen aus *Versicherungsvertrag* verjähren die einzelnen Taggeldforderungen *fortlaufend* mit einer Frist von zwei Jahren, wenn der Berechtigte aus Vertrag fortlaufend die Zahlung der einzelnen Taggelder verlangen kann (BGE 139 III 418 E. 3 und 4 in Änderung der Rsp.; zur bisherigen Rsp. vgl. BGE 127 III 268 E. 2b), während das Stammrecht in analoger Anwendung von Art. 127 in zehn Jahren verjährt (BGE 139 III 263 E. 2.5; 139 III 418 E. 3.4; BGer, 9. 11. 2004, 5C.168/2004, E. 3.1; BGE 111 II 501 = SJ 1986, 513). Ebenso unterstellte das BGer die grundsätzlich unbefristete, jährlich wiederkehrende Verpflichtung («Promesse d'engagement»), einem Genfer Anwalt bzw. seinen Erben 15 % des Jahresertrages bestimmter Vermögenswerte zu schenken, der Gesamtverjährung nach Art. 131 (BGE 124 III 449 = Pra 1999, 310 f. = JdT 2000 I 274 ff.; **abl.** ZK-Berti, N 23 f., wegen Fehlens struktureller Ähnlichkeit mit der Leibrente, unter Hinweis, dass die Verpflichtung i.c. jedenfalls nicht verjährt gewesen sei, da der Schuldner durch die feste Befristung auf (mindestens) 25 Jahre ein Forderungsinteresse des Gläubigers über die ordentliche Verjährungsfrist von zehn Jahren hinaus anerkannte, was im Rahmen der Privatautonomie zulässig sein müsse). Dieser Entscheid des BGer ist *abzulehnen*, da der zu beurteilende Sachverhalt keine Gemeinsamkeiten mit einer Leibrente hat (gl.M. ZK-Berti, N 21, 24). Vielmehr wäre die Verjährung nach Art. 128 Ziff. 1 sachgerecht, da die *periodischen Gewinnanteile* als separat fällige, periodisch wiederkehrende Einzelleistungen aus einheitlichem Rechtsgrund (Art. 128 N 2) zu qualifizieren wären (auch wenn die Höhe unterschiedlich ist, BGE 124 III 374 E. 3c = Pra 1999, 55 = sic! 1998, 577 ff. = AJP 1998, 1519 ff. mit zustimmender Anm. David). Entsprechend richtet sich der Beginn der Verjährung nach Art. 130 und nicht nach Art. 131.

3 Die familienrechtlichen **Unterhalts-** und **Unterstützungsforderungen**, wie z.B. der Alimentenanspruch des unehelichen Kindes, erfüllen die genannten Voraussetzungen für die Anwendbarkeit von Art. 131 *nicht* (gl.M. ZK-Berti, N 16 betr. der Bedürftigkeitsrente gem. Art. 152 aZGB [in Kraft bis 31. 12. 1999]; BJM 1954, 101 f. = SJZ 1955, 10 f.; ZR 1952, 98; **a.M.** ZR 1985, 196 ff. Nr. 82 betr. einer Unterhaltsvereinbarung, welche vor dem Inkrafttreten des revidierten Kindesrechts [1. 1. 1978] geschlossen wurde; ferner BSK OR I-Bauer, Vor Art. 516–520 N 3); Schöbi, 127 Anm. 458; **a.M.** Spiro, I, 123); diese unterstehen als «andere periodische Leistungen» der fünfjährigen Frist gem. Art. 128 Ziff. 1, mit Fristbeginn bei Fälligkeit eines jeden monatlichen Beitrages (s. Art. 130 N 2). Die Anwendung von Art. 131 auch

auf vom Geschäftsgang abhängige Renten, Gewinnanteile und variable Mitgliederbeiträge, Provisionen, Tantiemen und Gratifikationen ist m.E. *abzulehnen* (**a.M.** SPIRO, I, 120), weil solche Leistungen Ausfluss des andauernden Rechtsverhältnisses (z.B. einer Mitgliedschaft oder eines Dauerschuldverhältnisses) und nicht Teilleistungen einer Gesamtforderung sind (gl.M. ZK-BERTI, N 17; SCHÖBI, 127 Anm. 456).

III. Voraussetzungen der Verjährung

4 Sofern die **Gesamtforderung** als solche der Verjährung unterliegt, wird der Verjährungslauf mit der Fälligkeit einer jeden Leistung ausgelöst und dauert an, bis diese erfüllt wird, was die Unterbrechung nach Art. 135 Ziff. 1 bewirkt. Die Verjährung nimmt ihren Lauf erst mit Fälligkeit der nächsten Teilleistung (SCHÖBI, 131). Bleibt eine fällige Teilleistung zehn Jahre unbezahlt («rückständig»), so tritt Verjährung der Gesamtforderung ein (BGE 124 III 451 E. 3b = Pra 1999, 310 f. = JdT 2000 I 274 ff.; BGE 111 II 501; ZR 1985, 196 ff. Nr. 82; SCHÖBI, 130 und das dort in Anm. 464 Zitierte; die fünfjährige Verjährungsfrist des Art. 128 findet *mangels Periodizität* der Gesamtforderung keine Anwendung, BGE 124 III 451 E. 3b = Pra 1999, 310 f.; 132 V 159 E. 3).

IV. Rechtsfolgen

5 Mit der Verjährung der Gesamtforderung verjähren gem. Abs. 2 die unerfüllten **Teilleistungen**, sofern sie nicht bereits selbständig verjährt sind (SCHÖBI, 133; s.a. Art. 127 N 22 und Art. 142 N 7 f.).

Art. 132

5. Berechnung der Fristen

[1] Bei der Berechnung der Frist ist der Tag, von dem an die Verjährung läuft, nicht mitzurechnen und die Verjährung erst dann als beendigt zu betrachten, wenn der letzte Tag unbenützt verstrichen ist.

[2] Im Übrigen gelten die Vorschriften für die Fristberechnungen bei der Erfüllung auch für die Verjährung.

5. Supputation des délais

[1] Dans le calcul des délais, le jour à partir duquel court la prescription n'est pas compté et celle-ci n'est acquise que lorsque le dernier jour du délai s'est écoulé sans avoir été utilisé.

[2] Les règles relatives à la computation des délais en matière d'exécution des obligations sont d'ailleurs applicables.

5. Computo dei termini

[1] Nel computo del termine di prescrizione non si tien conto del giorno dal quale comincia il termine e la prescrizione non è compiuta se non quando sia decorso infruttuosamente l'ultimo giorno.

[2] Valgono del resto anche per la prescrizione le disposizioni generali sul computo dei termini nell'adempimento dei contratti.

Literatur

Vgl. die Literaturhinweise bei den Vorbem. zu Art. 127–142.

I. Normzweck und Anwendungsbereich

1 Die Bestimmung statuiert einen **Berechnungsmodus** für den Verjährungslauf bez. aus Bundeszivilrecht abgeleiteter Forderungen. Sie ist auch auf Verwirkungsfristen anwendbar (BGE 42 II 333; BK-BECKER, N 2).

II. Der erste Tag des Verjährungslaufs (Abs. 1)

Der erste Tag des Verjährungsfristlaufs ist der auf den Tag der Fälligkeit der Forderung folgende (Art. 130 Abs. 1 i.V.m. Art. 132 Abs. 1; BGer, 16.1.2003, 5C.226/2002, E. 1.3 betr. Brandfall), gleichgültig, ob dieser Werktag, Sonntag oder gesetzlicher Feiertag ist. Fristbeginn bezüglich Eintragungen im Handelsregister ist gem. Art. 932 Abs. 2 der erste Werktag, der auf den aufgedruckten Ausgabetag derjenigen Nummer des Schweizerischen Handelsamtsblattes folgt, in der die Eintragung veröffentlicht ist. Gemäss Art. 9 VO SHAB (SR 221.415) soll allerdings die elektronische Fassung massgebend sein, wobei gem. Art. 8 Abs. 1 VO SHAB die gedruckte und die elektronische Fassung am gleichen Tag erscheinen soll. 2

III. Die Vorschriften über die Fristenberechnung (Abs. 2)

Die Verweisung des Abs. 2 gilt den Art. 77 ff. Bezüglich Verjährungsfristen, die in Monaten oder Jahren bemessen werden, führt dies dazu, dass der Zeitpunkt des Fristablaufs auf den Tag des letzten Monats fällt, der durch seine Zahl dem Tag des Fristbeginns entspricht, und, wenn dieser Tag in jenem Monat fehlt, auf den letzten Tag dieses Monats (Art. 132 i.V.m. Art. 77 Abs. 1 Ziff. 3; BGE 130 III 362 E. 4.4 = Pra 2005, 61 f.). Art. 77 Abs. 1 Ziff. 1 und Art. 132 Abs. 1 drücken bez. der Nichtzählung des ersten Tages den *gleichen* Grundsatz aus; deshalb fällt bei der Fristberechnung allein der *Fälligkeitstag* ausser Ansatz (BGE 81 II 137 E. 2). Ist demnach eine Forderung am 16.6.00 fällig, beginnt die Frist am 17.6.00 zu laufen und es tritt die Verjährung bei einer fünfjährigen Frist nach Ablauf des 16.6.05, bei einer zehnjährigen Frist nach Ablauf des 16.6.10 ein; ist die Forderung am 29.2.00 fällig, verjährt sie bei einjähriger Frist am 29.2.01, bzw. am 28.2.01, sofern dieses Jahr kein Schaltjahr ist. 3

IV. Der Eintritt der Verjährung

Die Verjährung tritt um Mitternacht des letzten Tages ein. Sollen *empfangsbedürftige Willenserklärungen* auf den Verjährungslauf Wirkung entfalten, müssen sie innert dieser Frist ihrem Adressaten *zugehen*. Fällt der so berechnete Tag auf einen Sonntag oder auf einen anderen staatlich anerkannten Feiertag (vgl. BK-Weber, Art. 78 N 16 ff.), so läuft die Verjährungsfrist am Ende des *nächstfolgenden Werktages* ab (Art. 78 Abs. 1). Gemäss BG vom 21.6.1963 über den Fristenlauf an Samstagen (SR 173.110.3) wird der Samstag einem staatlich anerkannten Feiertag gleichgestellt (zu diesem Gesetz BK-Weber, Art. 78 OR N 21 ff.). Für die Bestimmung des staatlich anerkannten Feiertages ist das anwendbare Recht des Ortes massgebend, an welchem die Leistung zu erbringen ist *(Erfüllungsort)* oder an welchem eine Willenserklärung abzugeben ist *(Erklärungsort)* (ZK-Berti, N 7, mit Bsp. in N 8, 10; ZK-Schraner, Art. 78 OR N 17). Das Gemeinwesen (Bund, Kantone, Gemeinden) kann dabei neben kirchlichen auch weltliche Feiertage, wie etwa die «Landsgemeinde», anerkennen (BGE 63 II 333 E. 1). Zu konsultieren sind die kantonalen und kommunalen Ruhetagsgesetze, die sehr unterschiedlich sind und überdies häufig ändern können (ZK-Schraner, Art. 78 N 18; s. die Zusammenstellung der gesetzlich anerkannten kantonalen Feiertage bei BK-Weber, Art. 78 N 20; ferner Eidgenössisches Justiz- und Polizeidepartement EJPD, unter ‹https://www.bj.admin.ch/dam/data/bj/publiservice/service/zivilprozessrecht/kant-feiertage.pdf›). 4

Art. 133

II. Wirkung auf Nebenansprüche	**Mit dem Hauptanspruche verjähren die aus ihm entspringenden Zinse und andere Nebenansprüche.**
II. Prescription des accessoires	La prescription de la créance principale entraîne celle des intérêts et autres créances accessoires.

II. Prescrizione degli accessori

Prescritto il credito principale, sono insieme prescritti gli interessi e le altre prestazioni accessorie del medesimo.

Literatur

Vgl. die Literaturhinweise bei den Vorbem. zu Art. 127–142.

I. Normzweck

1 Art. 133 regelt das **Schicksal der Nebenrechte** bei Verjährung des Hauptrechts. Art. 114 Abs. 1 ist hier schon deshalb nicht einschlägig, weil die Verjährung nicht zum Untergang der Forderung führt (ZK-Aepli, Art. 114 OR N 28).

II. Anwendungsbereich

2 Nebenrechte sind besondere, von der Forderung als solcher zu unterscheidende Befugnisse. Gemeinsames Merkmal der Nebenrechte ist deren anfängliche Abhängigkeit von einer gültig entstandenen Forderung. Darüber hinaus können sie aber hinsichtlich des Umfangs, der Zuständigkeit, der Abwehrmöglichkeiten und des Erlöschens selbständig sein (Schöbi, 26). Nebenrechte werden nach ihrer Funktion unterteilt in *erweiternde* (sog. *genetisch akzessorische*, weil nur ihr Entstehungsgrund mit der Obligation verknüpft ist, sie danach aber ein eigenes rechtliches Schicksal haben und den Charakter als Nebenrechte verlieren) und *sichernde* (sog. *funktionell akzessorische*, weil sie das Schicksal der Hauptforderung teilen und bei nicht gehöriger Erfüllung an die Stelle der geschuldeten Leistung treten). Die *erweiternden* Nebenrechte, wie z.B. Verzugszinse gem. Art. 104, führen zu einer Vergrösserung der Leistungspflicht, während die *sichernden Nebenrechte*, wie z.B. die Bürgschaft, den Umfang der Leistungspflicht unberührt lassen (ZK-Aepli, Art. 114 OR N 20; ZK-Berti, N 10, der allerdings die *sichernden* Nebenrechte als «*final* akzessorische» bezeichnet). Art. 133 kommt nur bei den *sichernden, nicht* aber bei den *erweiternden* Nebenrechten zur Anwendung (dazu ausführlich Schöbi, 82 ff.; ZK-Berti, N 9 ff.), weshalb etwa **Verzugszinse** nicht von Art. 133 erfasst sind (gegenteilig BGer, 18.10.2001, 4C.206/2001, E. 7b; BGE 129 V 345 E. 4.2.2; BGer, 24.1.2011, 2C_188/2010, E. 7.2.2; s. Art. 128 N 1a; zum Umfang der Unterbrechung s. Art. 135 N 20a).

2a Nach Art. 133 verjähren demnach als Nebenansprüche: die **Bürgschaft**, ausser die zugrunde liegende Forderung sei bereits bei Eingehen der Bürgschaft verjährt (Art. 502 Abs. 1–3, 492 Abs. 3; 141 Abs. 3); die Forderung aus **Konventionalstrafe**; die Verpflichtung zur **Pfandbestellung**; die Forderung des Aktionärs auf **Gratisaktien** oder **Genussscheine** (BK-Becker, N 2); die Forderung auf Erfüllung einer **Auflage**; die Schadenersatzforderung wegen Nichterfüllung (**a.M.** ZK-Berti, N 23; vgl. Art. 130 N 11).

3 Demgegenüber verjähren folgende Nebenrechte *nicht* nach Art. 133: das Recht auf **Verwertung des Faustpfandes** (aufgrund der Spezialbestimmung in Art. 140; ZK-Berti, N 21); die Forderung aus einem zahlungshalber begebenen **Wechsel**, da sie mit der Grundforderung nicht funktionell akzessorisch verknüpft ist und die Verjährung der Wechselforderung sich entsprechend nicht auf das Grundverhältnis erstreckt (BGE 78 II 456 f.), wobei die Wechselklage die Verjährung der Grundforderung nicht unterbricht (Art. 116 Abs. 2; von Tuhr/Escher, 227), und m.E. Verzugszinse (s. N 2).

III. Rechtsfolge

4 Gegen die Geltendmachung einer Nebenforderung kann die **Einrede der Verjährung der Hauptforderung** erhoben werden, sofern die akzessorische Verknüpfung zwischen Haupt- und Nebenforderung im Zeitpunkt der Verjährung noch andauert und die Nebenforderung nicht unverjährbar ist (dazu einlässlich Schöbi, 82 ff.).

Art. 134

III. Hinderung und Stillstand der Verjährung

[1] Die Verjährung beginnt nicht und steht still, falls sie begonnen hat:
1. **für Forderungen der Kinder gegen die Eltern während der Dauer der elterlichen Sorge;**
2. **für Forderungen der urteilsunfähigen Person gegen die vorsorgebeauftragte Person, solange der Vorsorgeauftrag wirksam ist;**
3. **für Forderungen der Ehegatten gegeneinander während der Dauer der Ehe;**

3bis. für Forderungen von eingetragenen Partnerinnen oder Partnern gegeneinander während der Dauer ihrer eingetragenen Partnerschaft;

4. **für Forderungen der Arbeitnehmer, die mit dem Arbeitgeber in Hausgemeinschaft leben, gegen diesen während der Dauer des Arbeitsverhältnisses;**
5. **solange dem Schuldner an der Forderung eine Nutzniessung zusteht;**
6. **solange eine Forderung vor einem schweizerischen Gerichte nicht geltend gemacht werden kann.**

[2] Nach Ablauf des Tages, an dem diese Verhältnisse zu Ende gehen, nimmt die Verjährung ihren Anfang oder, falls sie begonnen hatte, ihren Fortgang.

[3] Vorbehalten bleiben die besondern Vorschriften des Schuldbetreibungs- und Konkursrechtes.

III. Empêchement et suspension de la prescription

[1] La prescription ne court point et, si elle avait commencé à courir, elle est suspendue:
1. à l'égard des créances des enfants contre leurs père et mère, tant que dure l'autorité parentale;
2. à l'égard des créances de la personne incapable de discernement contre le mandataire pour cause d'inaptidude pendant la durée de validité du mandat;
3. à l'égard des créances des époux l'un contre l'autre, pendant le mariage;

3bis. à l'égard des créances des partenaires enregistrés l'un contre l'autre, pendant le partenariat;

4. à l'égard des créances des travailleurs contre l'employeur, lorsqu'ils vivent dans son ménage, pendant la durée des rapports de travail;
5. tant que le débiteur est usufruitier de la créance;
6. tant qu'il est impossible de faire valoir la créance devant un tribunal suisse.

[2] La prescription commence à courir, ou reprend son cours, dès l'expiration du jour où cessent les causes qui la suspendent.

[3] Sont réservées les dispositions spéciales de la loi sur la poursuite et la faillite.

III. Sospensione della prescrizione

[1] La prescrizione non comincia, o, se cominciata, resta sospesa:
1. per i crediti dei figli contro i genitori durante l'esercizio dell'autorità parentale;
2. per i crediti della persona incapace di discernimento contro il mandatario designato con mandato precauzionale, finché lo stesso è efficace;
3. per i crediti dei coniugi fra loro durante il matrimonio;

3bis. per i crediti fra i partner durante l'unione domestica registrata;

4. per i crediti contro il datore di lavoro dei lavoratori che vivono nella sua economia domestica, durante il tempo del rapporto di lavoro;
5. finché il debitore abbia l'usufrutto del credito;
6. finché sia impossibile di promuovere l'azione davanti un tribunale svizzero.

[2] Allo spirare del giorno in cui cessano siffatti rapporti, la prescrizione cominica il suo corso, o, se era già cominciata, lo prosegue.

[3] Sono riservate le disposizioni speciali delle leggi sull'esecuzione e sul fallimento.

Literatur

Vgl. die Literaturhinweise bei den Vorbem. zu Art. 127–142.

I. Allgemeines

1 Eine Rechtfertigung des Instituts der Verjährung liegt in der Wertung, dass der Gläubiger verdientermassen der Durchsetzbarkeit einer Forderung verlustig geht, um die er sich während langer Zeit nicht gekümmert hat. Der Gesetzgeber sah aber davon ab, entschuldbarer subjektiver Verhinderung des Gläubigers *generell* verjährungshemmende Wirkung beizumessen; er stellte stattdessen einen abschliessenden Katalog von **Stillstandsgründen** auf. Daneben bestanden bis 31. 12. 2010 keine weiteren Stillstandsgründe, weshalb eine Forderung sogar unter der Hand des Gerichts verjähren konnte (BGer, 10.2.2004, B 87/00, E. 1.4.1). Mit der Revision von Art. 138 Abs. 1 per 1. 1. 2011 wurde aber auch die Hemmung pendente lite eingeführt (vgl. Art. 138 N 1 ff.). Das Vorliegen eines Stillstandsgrundes führt dazu, dass die Frist stillsteht bzw. nicht zu laufen beginnt, wohingegen das *fristauslösende Ereignis* – z.B. die Zustellung des Hoheitsaktes – innerhalb des Fristenstillstandes rechtsgültig eintreten kann (BGer, 24.10.2005, I 280/05, E. 3.3 und BGer, 24.10.2005, U 86/05, E. 3.3 betr. Mitteilung des Einspracheentscheides gemäss ATSG; ebenso BGE 131 V 305 E. 4.2.1). Das Bundesrecht enthält mit Art. 134 Abs. 1, Art. 138 Abs. 1 sowie weiteren Hemmungsgründen, die in besonderen Bundesgesetzen enthalten sind, eine *abschliessende* Regelung (BK-Becker, N 2; ferner BGE 100 II 343 E. 3b).

II. Die einzelnen Stillstandsgründe (Abs. 1)

1. Forderungen der Kinder gegen ihre Eltern (Ziff. 1)

2 Während der Dauer der elterlichen Sorge haben die Eltern das Recht und die Pflicht, das **Kindesvermögen** zu verwalten (Art. 318 Abs. 1 ZGB). Für diesbezügliche Forderungen sowie für sämtliche übrigen Forderungen des Kindes gegen seine Eltern aus Vertrag, unerlaubter Handlung oder ungerechtfertigter Bereicherung steht bis zum Hinfall oder Entzug der elterlichen Sorge die Verjährung still. Forderungen der mündigen Kinder oder Grosskinder aus dem sog. **Lidlohn** unterliegen demgegenüber nicht einmal der Verjährung, sie müssen aber spätestens bei der Teilung der Erbschaft des Schuldners geltend gemacht werden (Art. 334 Abs. 1, Art. 334bis Abs. 3 ZGB; s. Art. 127 N 13).

2. Forderungen der urteilsunfähigen Person gegen die vorsorgebeauftragte Person (Ziff. 2)

3 Von der Sonderregelung in Ziff. 2 erfasst wird nur die Haftung der vorsorgebeauftragten Person gem. Art. 456 ZGB, welche zur urteilsunfähigen Person in einem Auftragsverhältnis gem. Art. 394 ff. steht (BBl 2006, 7112). Hintergrund ist die persönliche Beziehung zwischen den Parteien, welche mit den Sachverhalten in Ziff. 1, 3, 3bis, 4 und 5 vergleichbar ist. Demgegenüber sehen Art. 454 f. ZGB eine direkte Staatshaftung vor, wenn eine Person im Rahmen der behördlichen Massnahmen des Erwachsenenschutzes durch widerrechtliches Handeln oder Unterlassen verletzt wird oder wenn sich die Erwachsenenschutzbehörde in den anderen Bereichen des Erwachsenenschutzes widerrechtlich verhalten hat. Wegen fehlender Beziehungsnähe zwischen den Parteien findet hier Ziff. 2 keine Anwendung. Entsprechend sieht Art. 455 Abs. 3 ZGB einen eigenen Stillstandsgrund bei Anordnung oder Durchführung einer Dauermassnahme vor (**a.M.** BSK ZGB I-Hausheer, Art. 455 N 8, der auf Art. 455 ZGB – abgesehen vom Tatbestand von dessen Abs. 3 – ebenfalls Art. 130 ff. OR und damit auch den Stillstandsgrund in Ziff. 2 anwenden will). Die frühere Rsp., wonach bei Amtswechsel des Vormundes es dem nachfolgenden gesetzlichen Vertreter obliege, dafür zu sorgen, dass allfällige Forderungen des Mündels (heute der verbeiständeten Person) nicht verjähren (BGE 30 II 88), hat m.E. auch unter dem ab 1. 1. 2013 in Kraft stehenden Recht gestützt auf Art. 405 Abs. 1, Art. 408 Abs. 1 und Art. 413 Abs. 1 ZGB (Pflichten des Beistandes) Gültigkeit.

3. Forderungen der Ehegatten bzw. Partner gegeneinander (Ziff. 3, Ziff. 3bis)

Die Verjährung steht für alle Forderungen der Ehegatten gegeneinander und unter allen Güterständen *während der Ehe* still, selbst wenn die Eheleute i.S.v. Art. 117 ZGB gerichtlich oder auf andere Weise getrennt sind (SJZ 1956, 27 Nr. 6; **a.M.** ZK-Oser/Schönenberger, N 7; relativierend Spiro, FS Bosch, 977 mit Vorbehalten für den Fall des Auseinanderlebens; gl.M. ZK-Berti, N 11, zu Recht mit dem Hinweis, dass die praktische Durchführung von Nuancierungen wie des Auseinanderlebens beträchtliche Rechtsunsicherheiten verursachen). Der Stillstand endet mit der rechtskräftigen Scheidung bzw. Feststellung der Ungültigkeit der Ehe. Entsprechendes gilt auch, wenn gleichgeschlechtliche Paare i.S. des PartG eingetragen sind (Ziff. 3bis). Der Stillstand wird nicht mit der Aufhebung des Zusammenlebens (Art. 17 PartG) beendet, sondern erst mit der rechtskräftigen gerichtlichen Auflösung der eingetragenen Partnerschaft auf gemeinsames Begehren oder auf Klage hin (Art. 29 f. PartG) oder mit Eintritt der Rechtskraft des Ungültigkeitsurteils (Art. 11 PartG). Zufolge dieses Fristenstillstandes bleibt ohne Einfluss auf die Verjährung die Regelung in Art. 23 Abs. 1 PartG, wonach bei der Rückzahlung von Schulden zwischen Partnerinnen oder Partnern Fristen eingeräumt werden können, was einer Stundung entspricht. Da diese Bestimmung die Pflicht zu Beistand und Rücksichtnahme gem. Art. 12 PartG konkretisiert, gelangt sie nur *während* der Partnerschaft zur Anwendung und kann deshalb nicht Fristenstillstand zufolge Stundung (s. Art. 130 N 10) über das Ende der Partnerschaft hinaus bewirken (vgl. BBl 2003 1341 f.). Die gleichen Vorschriften mit den selben Wirkungen gelten unter allen Güterständen auch für Schulden zwischen Ehegatten während der Ehe (Art. 203 Abs. 2 ZGB, Art. 235 Abs. 2 ZGB, Art. 250 Abs. 2 ZGB; BSK ZGB I-Hausheer/Aebi-Müller, Art. 203 N 1 ff., insb. N 9). Wohl wird durch Verschollenerklärung oder Tod die Ehe bzw. Partnerschaft aufgelöst, unter Bildung der Erbengemeinschaft als Gesamthandverhältnis. Dies bewirkt indessen nicht den Fortgang der Verjährung, da für die Geltendmachung von Ansprüchen mittels Teilungsklage i.S.v. Art. 604 Abs. 1 keine Verjährungsfristen laufen. 4

4. Forderungen der Arbeitnehmer in Hausgemeinschaft mit dem Arbeitgeber (Ziff. 4)

Die heute geltende Fassung wurde 1971 im Rahmen der Revision des Arbeitsrechts Gesetz. Zur früheren Fassung («für Forderungen der Dienstboten gegen die Dienstherrschaft während der Dauer des Dienstverhältnisses») hielt das BGer fest, unter die Bestimmung falle nicht nur, wer im Haushalt arbeite, sondern auch, wer die Arbeit in einem dem Haushalt eng verbundenen Gewerbe des Dienstherrn leiste und mit diesem wie ein Glied der Familie in Hausgemeinschaft lebe (BGE 90 II 448, bestätigt in BGE 95 II 128 E. 1). Massgeblich ist die besondere Rücksichtnahme, die in solchen Verhältnissen im Interesse des Familienfriedens geboten und üblich ist (Streiff/von Kaenel/Rudolph, Art. 341 N 8; BGE 90 II 448; s.a. SJ 1988, 209 E. 3 = nicht publizierte E. 3 von BGE 113 II 414). 5

5. Nutzniessung des Schuldners an der Forderung (Ziff. 5)

Während der Dauer der Nutzniessung schliesst Art. 774 Abs. 2 ZGB ein sinnvolles Vorgehen gegen den Schuldner aus. Dies gilt sinngemäss auch, wenn der Schuldner an der Forderung ein Pfandrecht hat (von Tuhr/Escher, 223 Anm. 100; Schöbi, 106 Anm. 385 m.w.Nw.). Während dieser Zeit ruht daher auch die Verjährungsfrist. 6

6. Unmöglichkeit der Geltendmachung vor einem schweizerischen Gericht (Ziff. 6)

Über die Tragweite dieser Bestimmung herrscht Uneinigkeit. M.E. zu Unrecht wird die Bestimmung z.T. als «heutzutage fragwürdige Hemmungsregel» bezeichnet, für welche kein Raum bestehe, «zumindest soweit ein Gericht im Ausland zuständig ist und dessen Urteil in der Schweiz anerkannt werden könnte» (BSK IPRG-Dasser, Art. 148 N 12). Trotz zuneh- 7 mender Internationalisierung ist nämlich die Geltendmachung eines Anspruchs im Ausland für den Gläubiger, der sich in der Schweiz aufhält, immer noch mit erheblichem Mehraufwand und Mehrkosten verbunden, und ist u.U. sogar faktisch unmöglich. Das BGer wendet Ziff. 6 nur an, wenn es dem Gläubiger aus *objektiven*, von seinen Verhältnissen unabhängigen Gründen nicht möglich ist, die Forderung in der Schweiz einzuklagen; es lehnt die Anwendung auf Fälle höherer Gewalt (BGE 88 II 291 E. 2c m.w.Nw.) sowie subjektiver Verhinderung des Gläubigers ab (BGE 90 II 437 E. 7, noch offengelassen in 88 II 290 E. 3a; bestätigt mit Präzisierungen in 124 III 453 E. 4a; ebenso in BGE 130 III 547 nicht publ. E. 2.2.2 [BGer, 5.2.2004, 5C.116/2003] = Pra 2005, 105, betr. das Nicht-Geltendmachen der Rückerstattung eines Vermächtnisses, das dem Bedachten trotz einer diese Zuwendung widerrufenden testamentarischen Verfügung ausgeliefert worden ist, gestützt auf ungerechtfertigte Bereicherung; BGer, 6.10.2006, 5C.122/2006, E. 3.3 betr. handlungsunfähigem Gläubiger und nicht bestehender gesetzlicher Vertretung; bestätigt in BGer, 7.2.2008, 5A_708/2007, E. 3; ZK-Berti, N 16 ff.; **a.M.** Fick, SJZ 1914/15, 181 f.; BK-Becker, N 9; Bloch, SJZ 1955, 353 ff.). Unter dem seit 1.1.2011 geltenden Prozessrecht ist die richterliche Sistierung kein Anwendungsfall mehr für einen Stillstand gem. Ziff. 6, da der Lauf der Verjährung gem. Art. 138 Abs. 1 bis zum Abschluss der mit dem Rechtsstreit befassten Instanz ohnehin gehemmt wird (vgl. demgegenüber zur Rechtslage bis 31.12.2010 4. Aufl., Art. 134 N 9; ferner BGE 135 V 74 E. 4.2.1 betr. analoge Anwendbarkeit von Art. 134 Abs. 1 Ziff. 6).

7a Eine schweizerische Zuständigkeit für die **Arrestlegung** genügt für die Nichtanwendbarkeit von Art. 134 Abs. 1 Ziff. 6 nur, sofern der Gläubiger vom Vorhandensein von Arrestgegenständen in der Schweiz hinreichende Kenntnis hat und in der Lage ist, einen gültigen Arrest zu erlangen; bei blossem Sucharrest ist dies nicht der Fall (BGE 134 III 294 E. 1.1, 2.2). Aus mehreren Gründen abzulehnen ist die Berücksichtigung des Kriteriums und damit die Prüfung der vom BGer offen gelassenen Frage, ob dem Gläubiger unter gewissen Umständen zuzumuten sei, weitere Abklärungen über allenfalls in der Schweiz befindliche Vermögenswerte des Schuldners zu treffen (vgl. BGE 134 III 294 E. 2.2; 124 III 455 E. 4b/bb = Pra 1999, 313 f. = JdT 2000 I 274 ff. betr. Arrestlegung von in der Schweiz gelegenem Vermögen eines Schuldners mit Wohnsitz im Ausland). Auf Seite des Gläubigers führt die Berücksichtigung des Kriteriums der Zumutbarkeit im Einzelfall zu grosser Rechtsunsicherheit bezüglich der Anwendbarkeit von Art. 134 Abs. 1 Ziff. 6 und damit des Fristenstillstandes, steht doch erst im Nachhinein qua Entscheid des Gerichts die Bejahung oder Verneinung dieser Zumutbarkeit fest. Zudem würde von den in Art. 134 Abs. 1 angeführten Fallkonstellationen, welche mit dem Friststillstand als Rechtswohltat einseitig zugunsten des Gläubigers ausgestaltet sind, Ziff. 6 systemwidrig zugunsten des Schuldners ausgelegt, müsste doch der Gläubiger nachweisen, dass er die ihm zumutbaren Vorkehrungen zur Auffindung von Vermögenswerten des Schuldners in der Schweiz getroffen hat. Ferner ist dem Gläubiger das Auffinden von Vermögenswerten, welche dem Schuldner in der Schweiz gehören, zufolge Datenschutz- und Geheimhaltungspflichten der betroffenen Institutionen (z.B. Berufs-, Banken- oder Amtsgeheimnis) faktisch oft verwehrt. Der im Ausland lebende Schuldner hat demgegenüber stets die Möglichkeit, dem Gläubiger bekannt zu geben, wo und welche seiner Vermögenswerte sich in der Schweiz befinden, diese Bekanntgabe auch nachzuweisen und dadurch den Verjährungsstillstand gem. Art. 134 Abs. 1 Ziff. 6 auszuschliessen. Und schliesslich ist beim Ausländerarrest nur unter Art. 4 IPRG die Prosequierung des Arrestes *mittels Klage* am Arrestort möglich ist, während eine solche im Anwendungsbereich des LugÜ gemäss dessen Art. 3 i.V.m. Anhang I grundsätzlich ausgeschlossen ist (vgl. auch BSK SchKG II-Stoffel, Art. 279 N 19). Die Zulässigkeit der Prosequierung *mittels Betreibung* am schweizerischen Arrestort ist zumindest umstritten (kritisch für das rev. LugÜ BSK SchKG II-Reiser, Art. 275 N 85; zu Recht generell verneinend Meier-Dieterle, AJP 2010, 1223 FN 108).

7b Haben im internationalen Verhältnis die Parteien die **gerichtliche Zuständigkeit** gültig ins Ausland **prorogiert**, gelangt Art. 134 Abs. 1 Ziff. 6 nicht zur Anwendung, weil die Unmöglichkeit der gerichtlichen Geltendmachung in der Schweiz gewollte Folge der Parteivereinbarung ist (ZK-Berti, N 29; Schöll, 403 f.). Zur Frage der Notwendigkeit einer teleologischen Reduktion vgl. Otte, IPRax 1993, 209 ff., und dazu Schöll, 404. Eine solche käme allenfalls in Frage, wenn weder Gläubiger noch Schuldner eine Binnenbeziehung zur Schweiz haben, ihre Forderung jedoch schweizerischem Recht – aber ohne gleichlaufende Gerichtsstands- bzw. Schiedsvereinbarung – unterstellt haben und das anwendbare ausländische Recht dies zulassen würde.

Spiro, I, 156, versteht *gerichtliche Geltendmachung* in einem weiteren Sinn, der alle in Art. 135 Ziff. 2 genannten Fälle erfasst (auch etwa, wenn eine Urteilsforderung in der Schweiz mangels *Betreibungsdomizils* nicht vollstreckt werden kann: SJZ 1946/47, 105 ff.; ZR 1952, 97; ZK-Berti, N 21). Nach Bucher, AT, 462 und von Tuhr/Escher, 224 Anm. 101 schliesst der Begriff «gerichtliche Geltendmachung» *Vollstreckbarkeit* mit ein. 8

Gerichtliche Geltendmachung in der Schweiz ist nicht möglich: 9
- bei **Stillstand** der Rechtspflege (von Tuhr/Escher, 224);
- für Forderungen gegen Personen, die vor schweizerischen Gerichten **diplomatische Immunität** geniessen (ZK-Oser/Schönenberger, N 10).

Unkenntnis des Geschädigten über seinen Schaden hemmt den Lauf der Verjährung nicht (BGE 130 III 362 E. 4.2 = Pra 2005, 60; BGE 119 II 219 f. E. 4a/aa; 106 II 137 E. 2a in Korrektur des anderslautenden *dictums* in BGE 90 II 331, mit dem Hinweis auf BGE 90 II 435 ff. E. 6–9; 53 II 342 f. und 87 II 155 ff.), ebenso wenig die Aussichtslosigkeit eines Vorgehens oder Beweisschwierigkeiten (BGE 56 II 183; ZK-Berti, N 25; ferner Art. 128 N 13a, Art. 142 N 8). Eine Stundungsvereinbarung ist kein weiterer Hemmungsgrund von Art. 134 Abs. 1, wird doch durch diese Vereinbarung während der Dauer der Stundung die Fälligkeit der Forderung aufgeschoben, und ohne Fälligkeit läuft keine Verjährung (ZK-Berti, N 37; Kessler, 18; s. Art. 130 N 10). 10

Für die Gläubigerstellung ist diejenige Person massgebend, welche jeweils zur Geltendmachung der Forderung berechtigt ist. Dass normalerweise erst die zweite Gläubigerversammlung über die Führung eines aktienrechtlichen Verantwortlichkeitsprozesses durch die Konkursmasse entscheidet, ist im Hinblick auf Ziff. 6 unbeachtlich. Dieser Umstand ist vielmehr dem zur Geltendmachung der Ansprüche Berechtigten anzurechnen; dieser hat nötigenfalls die Konkursverwaltung anzuhalten, Unterbrechungshandlungen rechtzeitig vorzunehmen (BGE 116 II 163 E. 5 m.Hw. auf BGE 90 II 440; ZK-Berti, N 32; **a.M.** ZK-Bürgi/Nordmann, Art. 760 N 13). 10a

III. Der Vorbehalt des SchKG (Abs. 3)

Die Verjährung ruht für Forderungen vom und gegen den Gemeinschuldner ab Konkurseröffnung bis zehn Tage nach der zweiten Gläubigerversammlung (Art. 207 Abs. 3 SchKG). Während der Dauer einer Stundung ruht sie für Forderungen *gegen* den Schuldner (Art. 297 Abs. 1 SchKG). Sie ruht jedoch nicht während den Betreibungsferien (Art. 56 SchKG; Spiro, I, 156; von Tuhr/Escher, 224). Während des Konkursaufschubes nach Art. 725a ist der Verjährungslauf nicht gehemmt, weil Betreibungsbegehren mit Unterbrechungswirkung gestellt werden können (BGE 104 III 21 E. 1 betr. Art. 725 Abs. 4 aOR; s. Art. 135 N 6). 11

IV. Weitere Stillstandsgründe

Beim **Tod** des Schuldners steht die Verjährung während der Zeit bis zur Annahme der Erbschaft, der Eröffnung des Konkurses oder der amtlichen Liquidation (Spiro, I, 159 vor Anm. 42) und während der Dauer eines öffentlichen Inventars still (Art. 586 Abs. 2 ZGB; BGE 90 II 435 E. 5). Weitere Stillstandsgründe sehen Art. 1166 Abs. 3, Art. 41 Abs. 2 BGBB, Art. 48 Abs. 2 PBG, sowie Art. 60 § 4 i.V.m. Art. 55 CIV und Art. 48 § 3 i.V.m. 12

Art. 43 CIM je bei schriftlicher Reklamation vor. Ein impliziter Stillstandsgrund kann zudem aus Art. 118 Abs. 2 bei Aufhebung einer *Vereinigung* abgeleitet werden (ZK-AEPLI, Art. 118 N 40).

V. Rechtsfolgen

13 Mit dem Eintritt des Stillstandsgrundes wird der Lauf der Verjährung unterbrochen. Der Fristenlauf der betreffenden Verjährungsfrist nimmt am Tag nach dem Wegfall des Hindernisses seinen Fortgang.

VI. Zivilprozessuales

14 Der Gläubiger hat das Ruhen der Verjährung zu beweisen (BK-KUMMER, Art. 8 ZGB N 172; s. Art. 142 N 11).

Art. 135

IV. Unterbrechung der Verjährung
1. Unterbrechungsgründe

Die Verjährung wird unterbrochen:
1. **durch Anerkennung der Forderung von seiten des Schuldners, namentlich auch durch Zins- und Abschlagszahlungen, Pfand- und Bürgschaftsbestellung;**
2. **durch Schuldbetreibung, durch Schlichtungsgesuch, durch Klage oder Einrede vor einem staatlichen Gericht oder einem Schiedsgericht sowie durch Eingabe im Konkurs.**

IV. Interruption
1. Actes interruptifs

La prescription est interrompue:
1. lorsque le débiteur reconnaît la dette, notamment en payant des intérêts ou des acomptes, en constituant un gage ou en fournissant une caution;
2. lorsque le créancier fait valoir ses droits par des poursuites, par une requête de conciliation, par une action ou une exception devant un tribunal ou un tribunal arbitral ou par une intervention dans une faillite.

IV. Interruzione della prescrizione
1. Atti interruttivi

La prescrizione è interrotta:
1. mediante riconoscimento del debito per parte del debitore, in ispecie mediante il pagamento di interessi o di acconti e la dazione di pegni o fideiussioni;
2. mediante atti di esecuzione, istanza di conciliazione, azioni o eccezione davanti un tribunale statale o arbitrale, nonché mediante insinuazione nel fallimento.

Literatur

Vgl. die Literaturhinweise bei den Vorbem. zu Art. 127–142.

I. Normzweck

1 Die Rechtsabschwächung durch Verjährung soll nicht eintreten, solange der Gläubiger sich um die Durchsetzung seines Rechts bemüht zeigt oder der Schuldner dessen Existenz anerkennt. Tun sie dies durch eine der im Art. 135 erwähnten Handlungen kund, so bricht der Verjährungslauf ab und beginnt neu. Darüber hinaus vertritt ein Teil der Lehre die Ansicht, das BGer anerkenne, dass die Unterbrechungsordnung von Art. 135 insofern dispositiv sei, als die Parteien vertraglich zusätzliche Unterbrechungsgründe vorsehen könnten, wie etwa dass sie bereits die Geltendmachung der Forderung durch Einschreibebrief als verjährungsunterbrechende Handlung anerkennen (BGer, 14.5.1998, 4C.9/1998, E. 4, teilw. in: AJP 1998, 246 ff. mit Anm. KOLLER, 248, zusammengefasst von LEUENBERGER in ZJBV 1998, 583 ff.;

befürwortend auch SPITZ/OETIKER, Verjährung und Rechtsbehelfe bei Unternehmenskaufverträgen, SJZ 2005, 466 f.). Demgegenüber hält die frühere Rsp. m.E. zu Recht dafür, dass Art. 135 eine *abschliessende* Aufzählung enthalte (BGE 65 II 233: «énumération limitative»; BUCHER, AT, 464) und *zwingend* sei (so nun auch die neuere Rsp., s. N 5). Entsprechend können die Parteien nicht weitere Unterbrechungsgründe rechtsgeschäftlich vereinbaren (ZK-BERTI, N 4, 180 f., mit dem Hinweis in N 180, dass die Verjährungsordnung dem Gläubiger bewusst eine *qualifizierte* Rechtsverfolgungshandlung zur Manifestation seines Forderungserhaltungswillens auferlege und keine Aufweichung durch «schonendere» Unterbrechungshandlungen dulde).

II. Unterbrechungshandlungen des Schuldners (Ziff. 1)

Die **Anerkennung** der Forderung durch den Schuldner (oder dessen Vertreter, vgl. BGer, 17.6.2002, 5C.41/2002, E. 2.1; 27.2.2004, 5C.112/2003, E. 4.1) unterbricht die Verjährung. Selbst wenn für die Begründung der Forderung ein Formzwang besteht, unterliegt die Anerkennung *keiner Formvorschrift* (ZK-BERTI, N 23 m.w.Nw.). Sie kann sich auf die Bejahung einer grundsätzlichen Schuldpflicht beschränken und muss sich nicht auf einen bestimmten Betrag beziehen (BGer, 29.1.2014, 4A_404/2013, E. 4.1; BGE 134 III 591 E. 5.2.1 und 5.2.2; BGE 119 II 378 E. 7b; 110 II 181 E. 3; anders für die Schuldanerkennung nach Art. 137, s. dort N 3). Unter die Anerkennung mit Unterbrechungswirkung fällt «jedes Verhalten des Schuldners, das vom Gläubiger nach Treu und Glauben im Verkehr als Bestätigung seiner rechtlichen Verpflichtung aufgefasst werden darf» (BGE 134 III 591 E. 5.2.1), wobei die Umstände des Einzelfalles massgebend sind. Ziff. 1 erwähnt beispielshalber («namentlich auch») vier Handlungen mit Anerkennungswirkung. Im allgemeinen genügt es, dass der handlungsfähige (VON TUHR/ESCHER, 225 Anm. 5) Schuldner ausdrücklich oder durch konkludente Handlungen seiner Meinung Ausdruck gibt, die Schuld bestehe noch (BGE 57 II 583; BGer, 6.10.2004, 5C.98/2004, E. 4.4.1). Es reicht eine *Wissenserklärung* (BGer, 17.6.2002, 5C.41/2002, E. 2.1; BGE 119 II 379 E. 7b; so schon BGE 33 II 225 E. 2: «das *Bewusstsein* des Schuldners von der Existenz der Schuld», anders 40 II 522: «un *accord* entre le créancier et le débiteur»), aus der sich eindeutig ergibt, dass sich der Schuldner rechtlich (nicht bloss moralisch: BGE 23, 940 f.) verpflichtet erachtet (**a.M.** BK-BECKER, N 1, der eine rechtsgeschäftliche Willenserklärung verlangt). Die Erklärung muss unmittelbar an den Gläubiger (BGE 134 III 591 E. 5.2.1) oder zu seinen Handen (oder an dessen Vertreter, vgl. BGer, 17.6.2002, 5C.41/2002, E. 2.1) gerichtet sein, sie darf ihm nicht bloss über Dritte zu Ohren kommen (BGE 90 II 442 E. 11). Ausweichende Erklärungen des Schuldners unterbrechen die Verjährung nicht, insb. auch nicht der Vorschlag des Schuldners, der Sache nachzugehen (so BGer, 14.10.2004, 4C.134/2004, E. 4.3), ebenso wenig die Annahme der Gegenleistung (BGE 89 II 262; VON TUHR/ESCHER, 225 in Anm. 6). Erscheint die Klagbarkeit der Forderung wegen Sittenwidrigkeit oder aus anderen Gründen zweifelhaft, so darf aus einer Anerkennungserklärung i.d.R. nur auf das Zugeständnis einer moralischen Schuldpflicht geschlossen werden (BGE 57 II 584). 2

Nebst den vom Gesetz aufgeführten Handlungen bewirken *Hinterlegung* (Art. 94) und der Abschluss einer *Stundungsvereinbarung* (BGE 89 II 30; 65 II 232) Unterbrechung, und sogar das *vorbehaltlose Stundungsgesuch* des Schuldners ist ausreichend (BGE 89 II 29 E. 3; BK-BECKER, N 5; ZK-BERTI, N 37). Stellt der Schuldner hingegen ein «Stundungsgesuch» unter der Bedingung, dass sich die Forderung später als begründet erweise, *anerkennt* er eben gerade *nicht* die Schuld, sondern bekräftigt sein Bestreiten der Forderung. Ein solches «Stundungsgesuch» ist lediglich eine Offerte zum Abschluss einer Vereinbarung für die Verlängerung der Verjährungsfrist, weshalb dem Gesuch als solchem *keine verjährungshemmende Wirkung* zukommt (ZK-BERTI, N 37). Tilgung durch *Verrechnung* wird als (unterbrechende) Abschlagszahlung gedeutet (BGE 110 II 180), ebenso die Anerkennung einer Gewährleistungspflicht, einschliesslich der Nachbesserung, bezüglich einer Kaufsache oder eines Wer- 3 kes (BGer, 5.9.2002, 4C.258/2001, E. 4.1.2 [nicht publ. E. in BGE 128 III 416] betr. Nachbesserung eines Werkes als Anerkennungshandlung; BGE 116 II 313 E. 3c; ZR 1991, 54 f. E. 3; ZK-Berti, N 38). Leistet eine Rechtsschutzversicherung *Kostengutsprache* für ein erstes, aussergerichtliches Verfahren, so anerkennt sie dem Grundsatze nach auch ihre Leistungspflichten für nachfolgende Verfahren (BGE 119 II 378 E. 7a). Mit einer *Akontozahlung* bringt der Schuldner i.d.R. zum Ausdruck, dass er seine Verpflichtung grundsätzlich anerkennt, unter gewissen Voraussetzungen zur Leistung weiterer Zahlungen bereit ist und somit das Bestehen einer Restschuld nicht ausschliesst (BGE 134 III 591 E. 5.2.3). Gibt hingegen der Schuldner anlässlich der Akontozahlung zu erkennen, es bestehe kein weiterer Anspruch des Gläubigers mehr, oder bestreitet er sogar weitere Forderungen, ist der geleistete Betrag eine Schlusszahlung, was eine Anerkennungswirkung für weitere Forderungen des Gläubigers ausschliesst (BGE 134 III 591 E. 5.2.4; BGer, 29.1.2014, 4A_404/2013, E. 4.1 i.f.).

4 Zu den **konkludenten Anerkennungshandlungen** werden der *Abschluss einer Schieds- oder Gerichtsstandsabrede* (Bucher, AT, 464), und m.E. ebenso der *gemeinsame Verzicht auf die Durchführung des Schlichtungsverfahrens* bei vermögensrechtlichen Streitigkeiten mit einem Streitwert von mindestens CHF 100 000 gem. Art. 199 Abs. 1 ZPO, die *Bestellung einer Sicherheit*, die *Bitte um Stundung oder Erlass* (SJZ 1924, 125 Nr. 107; 1937/38, 234 Nr. 172; s. N 3), ein *pactum de non petendo* (BGer, 3.6.2014, 4A_55/2014, E. 6.2) und die *Schuldübernahme* (von Tuhr/Escher, 222 vor Anm. 88) gezählt. Umstritten ist, ob die interne Eintragung einer Schuld in die Geschäftsbücher als Anerkennungshandlung zu qualifizieren ist (bejahend Henggeler, SJZ 1938/39, 321 ff.; verneinend ZK-Berti, N 22; Edlin, SJZ 1938/39, 369 ff.), ebenso die Aufführung der Schuld in einer dem Gläubiger zugestellten Bilanz (bejahend ZK-Berti, N 22; Spiro, I, 357 Anm. 13). M.E. ist auf das Kriterium der Mitteilung an den Gläubiger – in Anlehnung an BGE 134 III 591 E. 5.2.1 und 90 II 428 E. 11 – abzustellen: Die interne Eintragung der Schuld in den Geschäftsbüchern oder sonstigen Dokumenten ist keine Anerkennungshandlung gegenüber dem Gläubiger, wohingegen das Aufführen der Schuld in dem Gläubiger zugestellten Dokumenten wie Bilanz etc. als Anerkennung zu qualifizieren ist. Der vor Eintritt der Verjährung erklärte *Verjährungsverzicht* ist keine Anerkennungshandlung des Schuldners, sondern bewirkt nur die Verlängerung der nach Massgabe der von den Parteien vereinbarten bzw. vom Schuldner stipulierten Frist (BGE 132 III 226 E. 3.3.8 = Pra 2006, 1011; BGer, 28.5.2013, 4A_707/2012, E. 7.4.2; s. Art. 141 N 3a).

III. Unterbrechungshandlungen des Gläubigers (Ziff. 2)

5 Die in Ziff. 2 genannten **Unterbrechungshandlungen** des Gläubigers erfordern kein Zutun der Behörde und insb. keine amtliche Mitteilung an den Schuldner. Vielmehr «genügt in all diesen Fällen die Postaufgabe, da diese Unterbrechungsgründe allein auf eine Handlung des Forderungsgläubigers abstellen; nicht vorausgesetzt wird, dass der Schuldner davon Kenntnis erhält» (BGer, 18.2.2009, 2C_426/2008, 2C_432/2008, E. 6.6.1; BGE 114 II 262 E. a; krit. ZK-Berti, N 44; **a.M.** Seiler, 89, 95). Die Unterbrechungswirkung tritt ebenfalls ein, wenn die Handlung zwar nicht vom Gläubiger oder dessen Vertreter, sondern von einem nicht berechtigten Dritten ausgeht, der Schuldner nach dem Vertrauensprinzip jedoch zweifelsfrei erkennt oder erkennen kann, um welche Forderung es geht (BGer, 7.6.2011, 4A_576/2010, E. 3.1; BGE 136 III 545 E. 3.4.1). Im Interesse der Rechtssicherheit muss der Gläubiger zur Bekräftigung seines Interesses am Weiterbestand der Forderung ein **Rechtsschutzgesuch** stellen; jede mildere Massnahme, wie insb. *Mahnung* oder versuchte (erlaubte) *Selbsthilfe*, reicht *nicht* aus (ZK-Berti, N 41). Zwar billigte das BGer zwischenzeitlich den dem Schuldner verschiedene Male zugestellten Rechnungen wie auch weiteren Korrespondenzen, aus welchen das Festhalten an einer Regressforderung unzweifelhaft hervorging, verjährungsunterbrechende Wirkung zu (BGer, 14.5.1998, 4C.9/1998, E. 4c, AJP 1998, 247 f. mit Anm. Koller, 248, zusammengefasst von Leuenberger in ZJBV 1998, 583 ff.). In Abkehr von diesem Entscheid erachtet das BGer nun aber die Liste in Art. 135 Ziff. 2 als erschöpfend («exhaustive») und hält dafür, dass die – selbst eingeschriebene – Mitteilung des Zedenten an den Schuldner als ein Akt zwischen Privatpersonen («un acte entre personnes privées») keine verjährungsunterbrechende Wirkung haben kann (BGer, 12.5.2004, 4C.296/2003, E. 3.4; 26.2.2003, 4C.363/2002, E. 2.2.1). Ebenso sind ärztliche Abklärungen und Begutachtungen keine Handlungen i.S.v. Art. 135 Ziff. 2 (BGer, 23.12.2003, 5P.329/2003, E. 4 betr. Versicherungsvertrag). Demnach legt das BGer Art. 135 Ziff. 2 nun zu Recht *enger* und seinem Wortlaut entsprechend aus und versagt den Handlungen des Gläubigers gegenüber dem Schuldner ohne Anrufen der in dieser Bestimmung genannten Behörden verjährungsunterbrechende Wirkung (so auch BGer, 6.10.2004, 5C.98/2004, E. 4.4.1: «il creditore [...] non può accontentarsi di atti meno incisivi di una formale richiesta di intervento dell'autorità statale»). Dieses Ergebnis steht in Einklang damit, dass die Auslegung von Art. 135 Ziff. 2 nicht unabhängig von Art. 138 erfolgen kann (BGer, 30.6.2005, 2P.221/2004, E. 5.3).

Unter dem bis zum 31.12.2010 geltenden Recht hatte die «Klage» verjährungsunterbrechende Wirkung. Als **Klageanhebung** galt jede prozesseinleitende oder vorbereitende Handlung, mit welcher der Gläubiger zum ersten Mal in der gesetzlich vorgeschriebenen Form, welche durch das kantonale Prozessrecht bestimmt wurde (BGer, 12.5.2004, 4C.296, E. 3.4; BGE 114 II 335 E. 3a), den Schutz des Richters anrief (BGE 118 II 487 E. 3; 114 II 336; 110 II 389; 101 II 79). In der Regel geschah dies durch Einreichung der Klage in Form eines Gesuchs oder Begehrens bei der vorgeschriebenen Instanz wie etwa dem Friedensrichter, Sühnebeamten, Schlichter oder Vermittler. Das Gesuch musste vom Gläubiger oder von einem bevollmächtigten Vertreter (BGE 111 II 364 E. 4a, *i.c.* unterbrach eine Verbandsklage die Verjährung der Einzelklage eines Mitgliedes nicht) gegen den richtigen (passivlegitimierten) Beklagten (BGE 32 II 188 f. E. 1) erhoben werden (BGer, 26.2.2003, 4C.363/2002, E. 2.2.1; ZK-Berti, N 67). Bei der am 1.1.2011 in Kraft getretenen Fassung von Art. 135 Ziff. 2 wurde neben der Klage zusätzlich das **«Schlichtungsgesuch»** als Unterbrechungsgrund eingeführt. Es ersetzt die Form der Klageeinleitung, welche bis zum 31.12.2010 in den kantonalen ZPO festgelegt war. Dafür wurde der Unterbrechungsgrund der «Ladung zu einem amtlichen Sühneversuch», welche Wendung das «Begehren um Abhaltung eines amtlichen Sühneversuches» bezeichnete (BGE 65 II 166; 114 II 262 E. a), gestrichen. Die unter dem bis 31.12.2010 geltenden Recht von Lehre und Rsp. entwickelten Grundsätze finden aber weiterhin Anwendung, da der Begriff des Schlichtungsgesuchs gleichbedeutend mit demjenigen der «Ladung zu einem amtlichen Sühneversuch» ist bzw. bereits in der «Klage» gem. Art. 135 Ziff. 2 aOR enthalten war. Mit der auf 1.1.2011 erfolgten Revision von Art. 138 Abs. 1 wird die Verjährung solange gehemmt, bis der Rechtsstreit vor der befassten Instanz abgeschlossen ist. Damit sind unter geltendem Recht die zahlreichen früheren Unterbrechungsgründe *pendente lite*, wie etwa die Parteihandlungen oder die Handlungen des Gerichts, obsolet. Ausgenommen davon ist die Ergreifung eines Rechtsmittels, welches stets die erneute Unterbrechung bewirkt, da die «Klage» als Oberbegriff auch die **Rechtsmittel** umfasst (s. Art. 138 N 2). Sodann unterbricht nach der hier vertretenen Auffassung auch eine **Einsprache** gegen eine Schadenersatzverfügung im Rahmen von Art. 52 AHVG die Verjährung i.S.v. Art. 135 Ziff. 2 (vgl. BGE 135 V 74 E. 4.2 und 4.3). **5a**

Mit Inkrafttreten der schweiz. ZPO am 1.1.2011 wurden das GestG und damit Art. 34 Abs. 2 aGestG sowie Art. 139 aOR ersatzlos aufgehoben und diese beiden Bestimmungen durch Art. 63 ZPO mit seiner Nachfristgewährung bei Rückzug oder Nichteintreten wegen **fehlender Zuständigkeit** oder **falscher Verfahrensart** ersetzt. Zieht der Kläger *wegen* fehlender *internationaler, örtlicher, sachlicher* oder *funktioneller Zuständigkeit* oder wegen falscher Verfahrensart seine Eingabe freiwillig zurück (sog. **Rückzug angebrachtermassen**), oder ergeht ein **Nichteintretensentscheid**, kann die Eingabe gem. Art. 63 Abs. 1 bzw. 2 ZPO innert der Frist von einem Monat ohne Verlust des Zeitpunkts der Rechtshängigkeit bei der zuständigen Schlichtungsbehörde oder dem zuständigen Gericht neu eingereicht werden (BGE 138 III 471 E. 6 betr. örtlicher und sachlicher Zuständigkeit; BGer, 4.3.2014, 4A_592/2013, E. 3.2 betr. Anwendbarkeit auf alle von der ZPO geregelten Zuständigkeiten). Art. 64 Abs. 2 ZPO **5b** statuiert im Sinne der bisherigen Rsp., dass Art. 63 ZPO – anders als Art. 139 aOR und Art. 34 Abs. 2 aGestG – auf *alle gesetzlichen Fristen des Privatrechts* und damit auch auf Verwirkungsfristen anwendbar ist. Gemäss Art. 63 Abs. 3 ZPO wird der Geltungsbereich von Art. 63 Abs. 1 und 2 ZPO auf die gesetzlichen Klagefristen des SchKG ausgedehnt, unter Aufhebung von Art. 32 Abs. 3 aSchKG per 1.1.2011. Allerdings sind die dort geltenden Fristen, wie etwa 20 Tage für die Aberkennungsklage gem. Art. 83 SchKG, oder zehn Tage für die Lastenbereinigungsklage gem. Art. 140 SchKG und die Arrestprosequierungsklage gem. Art. 279 SchKG, massgebend. Das BGer lehnte die Anwendung von Art. 139 aOR auf die *betreibungsrechtliche Beschwerde* (Art. 17 Abs. 2 SchKG; BGE 108 III 43 E. 3a; 96 III 95 E. 2) ausdrücklich ab. Aufgrund des Wortlautes von Art. 32 Abs. 2 SchKG und der Abgrenzung in Art. 17 Abs. 1 SchKG fällt die Beschwerde nicht unter den Begriff der Klage. Vielmehr ist die an eine unzuständige Behörde gerichtete Beschwerde *von Amtes wegen weiterzuleiten* (gl.M. BSK SchKG I-NORDMANN, Art. 32 N 6).

5c Bei einem **Rückzug angebrachtermassen** läuft die Monatsfrist an demjenigen Tag des folgenden Monats ab, welcher dem Versand oder der Abgabe der schriftlichen oder mündlichen Rückzugserklärung entspricht (BSK ZPO-INFANGER, Art. 63 N 15; ZPO Komm-SUTTER-SOMM/HEDINGER, Art. 63 N 11; BGer, 4.3.2014, 4A_592/2013, E. 3.1 und 3.2; vgl. auch BGer, 15.11.2010, 4A_438/2010, E. 3.3, welche in BGE 136 III 545 nicht publiziert ist), bei einem **Nichteintretensentscheid** am Tag der Entscheidzustellung an den Kläger, und nicht ab Rechtskraft des Entscheids (BGE 138 III 610 E. 2.7; 109 III 52 E. 4d). Ergreift der Kläger hiergegen ein ordentliches Rechtsmittel und wird dieses zurück- oder abgewiesen, läuft dem Kläger ab Zustellung des Rechtsmittelentscheides erneut eine Frist von einem Monat i.S.v. Art. 63 ZPO (ZK-BERTI, Art. 139 aOR N 61; BGE 136 III 545 E. 3.2 betr. «rechtskräftiger» Rückweisung). Ob die Nachfrist dem Kläger zusteht, wird nicht von der zurückweisenden, sondern von der neu angerufenen Behörde beurteilt (BGE 100 III 39 E. 3). Gemäss Art. 63 Abs. 3 ZPO ist bei fristgerechter Wiedereinreichung – und nur dann – das Datum der ersten Einreichung für die Unterbrechung der Verjährungsfrist massgebend (sog. «Rückdatierung der Rechtshängigkeit», vgl. BBl 2006 7277). Dabei muss für die rechtzeitige Unterbrechung der Frist die ursprüngliche Eingabe vor Ablauf der Verjährungsfrist versendet worden sein (BGer, 22.12.2003, 5P.370/2003, E. 2.6); es schadet nicht, wenn die Rückweisung erst nach Ablauf der Verjährungsfrist erfolgt. Wird die einmonatige Frist für die Wiedereinreichung verpasst, erfolgte keine Unterbrechung der Verjährung. Wird auch vor der neuen Instanz ein Einleitungsfehler begangen, so ist m.E. eine weitere Anwendung von Art. 63 ZPO ausgeschlossen, da die Nachfrist nur zur Anwendung gelangt, wenn die Eingabe bei der «*zuständigen* Schlichtungsbehörde oder beim *zuständigen* Gericht neu eingereicht» wird (vgl. BBl 2006 7277: «sofern sich die Partei binnen der gesetzlichen Nachfrist an das *zutreffende Gericht* wendet oder das *richtige Verfahren* einleitet»; gl.M. ZPO Komm-SUTTER-SOMM, Art. 63 N 11; differenzierend BSK ZPO-INFANGER, Art. 63 N 11 f.; anders noch Art. 139 aOR, wonach nur die «Geltendmachung des Anspruchs» vorausgesetzt wurde; vgl. zu Art. 139a OR: ZK-BERTI, N 66; ZK-OSER/SCHÖNENBERGER, N 4; SPIRO, I, 337 vor Anm. 15; obiter, jedoch offen gelassen in BGE 130 III 202 E. 3.3.2 = Pra 2004, 924). Einlassung des Schuldners i.S.v. Art. 18 ZPO auf ein Verfahren vor einer örtlich nicht zuständigen Instanz genügt, um die Verjährung zu unterbrechen (BGE 52 II 213 E. 2). Lässt sich der Schuldner nicht ein, steht dem Gläubiger eine Nachfrist gem. Art. 63 Abs. 1 ZPO zu, ebenso bei fehlender sachlicher (BGE 132 V 404) oder fehlender funktioneller Zuständigkeit, da hier eine Einlassung nicht möglich ist.

5d Die *Postaufgabe* bzw. *elektronische Übermittlung* des Betreibungsgesuchs, des Schlichtungsgesuchs, der Klage oder auch der Einrede, bzw. bei *Überbringung* mit dem *tatsächlichen Eintreffen* auf der Gerichtskanzlei (ZK-BERTI, N 69), bzw. die *mündliche Anmeldung zu Protokoll* unterbricht die Verjährung, da allein auf die Handlung des Forderungsgläubigers abzustellen ist und nicht vorausgesetzt wird, dass der Schuldner davon Kenntnis erhält (BGer, 18.2.2009, 2C_426/2008, E. 6.6.1; 28.10.2003, 4C.218/2003, E. 3.3, i.f.; BGE 114 II 262; 65 II 168).

1. Schuldbetreibung

Die Postaufgabe bzw. bei elektronischer Übermittlung die Einhaltung der dafür vorgesehenen Vorschriften eines die Erfordernisse von Art. 67 SchKG erfüllenden **Betreibungsbegehrens** unterbricht die Verjährung (BGE 49 II 42; 138 III 528 E. 4.1; ZK-Berti, N 156; BSK SchKG I-Kofmel Ehrenzeller, Art. 67 N 48). Dies gilt selbst dann, wenn die Zustellung des Zahlungsbefehls an den Schuldner unterbleibt (BGE 114 II 262 E. a; 104 III 22 E. 2 = Pra 1978, 182 f.; BGE 101 II 80). Die Verjährung wird jedoch nicht unterbrochen, wenn das Begehren mangels Erfüllung wesentlicher gesetzlicher Anforderungen (z.B. richtige Bezeichnung der Gläubigerschaft: BGE 53 II 208 f. für eine Erbengemeinschaft) zurückgewiesen wird (BGE 71 II 155; Spiro, I, 332 Anm. 7 m.w.Nw.). Ebenso erfolgt keine Unterbrechung, wenn die Betreibung nichtig ist (BGer, 18.11.2011, 5A_588/2011, E. 3.1 und 3.2 betr. den Ausnahmefall der Nichtigkeit wegen Rechtsmissbrauchs). Der Gläubiger kann *jederzeit* sein Betreibungsbegehren durch formelle Erklärung gegenüber dem Betreibungsamt zurückziehen (BSK SchKG I-Kofmel Ehrenzeller, Art. 67 N 47). Es ist dem Gläubiger demnach unbenommen, seinem an das Betreibungsamt zugestellten Betreibungsbegehren *gleichzeitig* eine **Rückzugserklärung** beizulegen, ohne dass dies einen Einfluss auf die Unterbrechungswirkung des Betreibungsbegehrens hat. Die auf diese Weise dem Betreibungsamt zugesandte Rückzugserklärung bewirkt, dass die Aus- und Zustellung des Zahlungsbefehls unterbleibt und damit die Schuldbetreibung gar nicht erst beginnt (Art. 38 Abs. 2 SchKG). Entsprechend richten sich die dem Gläubiger in Rechnung gestellten Kosten nach Art. 4 ff. GebV SchKG und nicht nach Art. 16 GebV SchKG. Aus dem Entscheid der Rekurskommission OGer TG vom 23.4.1997 (in: BlSchKG 2000, 99 ff., angeführt bei BSK SchKG I-Kofmel Ehrenzeller, Art. 67 N 47) lässt sich betreffend Zulässigkeit des Zeitpunktes für den Rückzug nichts Gegenteiliges ableiten. In diesem Entscheid ging es nämlich um die Bedeutung der Rückzugserklärung des Gläubigers direkt *gegenüber dem Schuldner*, welche für das Betreibungsamt unwirksam ist, *und nicht* um die Bedeutung der Rückzugserklärung *gegenüber dem Betreibungsamt.* **6**

Das bei einem örtlich unzuständigen Amt gestellte Begehren unterbricht die Verjährung, sofern der Zahlungsbefehl in der Folge dem Schuldner zugestellt und nicht auf Beschwerde hin aufgehoben wird (BGE 83 II 50 E. 5; 71 II 155; 69 II 174 E. 2b; **anders** BGE 57 II 463). Legt der Gläubiger einem solchen Betreibungsbegehren an das örtlich unzuständige Betreibungsamt gleichzeitig seine Rückzugserklärung bei, wird deshalb m.E. die Verjährung nicht unterbrochen. Die Unterbrechung tritt nur im Umfange des in Betreibung gesetzten Betrages ein, und zwar auch dann, wenn der Gläubiger das Ausmass seiner Forderung noch nicht bestimmen kann (BGE 119 II 339 ff. mit Anm. Berti, recht 1994, 76 ff.; zur Möglichkeit der unbestimmten Forderungsklage vgl. N 20). **6a**

Unter dem bis 31.12.2010 geltenden Art. 139 aOR (und wohl ebenso Art. 34 Abs. 2 aGestG) ging die Tendenz der bundesgerichtlichen Rsp. in Richtung der analogen Anwendung der gesetzlichen Nachfrist auch auf *ungültige bzw. nichtige* oder *aufgehobene Betreibungen* (BGE 71 III 172 E. 1; 71 II 155, obiter dictum, betr. nichtiges Betreibungsbegehren zufolge ungenügender Gläubigerbezeichnung; BSK SchKG I-Wüthrich/Schoch, Art. 72 N 24). ZK-Berti (N 70 ff., m.Hw. auf Bucher, AT, 467) postulierte zu Recht die analoge Anwendung von Art. 139 aOR für die Gewährung einer Nachfrist bei allen nach Form oder Einreichestelle mangelhaften Rechtsverfolgungsschritten i.S.v. Art. 135 Ziff. 2 aOR. In Fällen analoger Anwendung betrug die gewährte Nachfrist nicht notwendigerweise die in Art. 139 aOR genannten 60 Tage, sondern bemass sich nach den Umständen des Einzelfalles (BGE 89 II 313 E. 7). Auch unter dem seit 1.1.2011 anwendbaren Recht gelten m.E. diese Grundsätze weiterhin, weshalb Art. 63 ZPO, welcher Art. 139 aOR und Art. 34 Abs. 2 aGestG ersetzt, ebenfalls analog Anwendung finden soll (gl.M. BSK ZPO-Bornatico, Art. 132 N 4). **6b**

2. Schlichtungsgesuch

6c Damit das **Schlichtungsgesuch** die Verjährung unterbricht, muss der Streit gem. Art. 202 Abs. 2 ZPO individualisiert sein, d.h. die *Parteien*, das *Rechtsbegehren* sowie den *individualisierten Streitgegenstand* – u.U. auch nur mit einem Stichwort bezeichnet – enthalten. Werden nach Ansicht der Schlichtungsbehörde die Anforderungen gem. Art. 202 ZPO nur mangelhaft erfüllt, kann der Gesuchsteller in analoger Anwendung von Art. 132 Abs. 1 ZPO nach Ansetzung einer Nachfrist die Mängel beheben, wobei im Unterlassungsfall das Gesuch als nicht erfolgt gilt (BSK ZPO-Infanger, Art. 202 N 8; BSK ZPO-Bornatico, Art. 132 N 2; betr. fehlende Aktiv- oder Passivlegitimation s. N 19b). Das Schlichtungsgesuch kann schriftlich oder elektronisch eingereicht oder mündlich zu Protokoll gegeben werden (Art. 202 Abs. 1 und 2 ZPO). Die Verjährung wird unterbrochen, selbst wenn in der Folge kein Schlichtungsverfahren oder keine Mediation durchgeführt wird. Ebenso wenig muss eine mangels Versöhnung ausgestellte Klagebewilligung beim Gericht eingereicht werden (BGE 118 II 487 E. 3). Das weitere Schicksal des Schlichtungsgesuchs hat auf die Unterbrechungswirkung keinen Einfluss (BGE 101 II 80). Die Verjährung wird deshalb unterbrochen, selbst wenn bereits im Schlichtungsgesuch i.S.v. Art. 213 Abs. 2 ZPO ein Antrag auf Mediation gestellt wird (vgl. BBl 2006 7336; BSK ZPO-Ruggle, Art. 213 N 17). Wohl hat gem. Art. 203 Abs. 1 ZPO die Schlichtungsverhandlung innert zwei Monaten stattzufinden bzw. ist das Schlichtungsverfahren gem. Art. 203 Abs. 4 ZPO spätestens nach 12 Monaten abzuschliessen. Da es sich hierbei aber um Ordnungsvorschriften handelt, muss es wie unter dem bis 31.12.2010 geltenden Recht auch möglich sein, gleichzeitig mit dem Schlichtungsgesuch – etwa wegen laufender Vergleichsverhandlungen – zu verlangen, es sei einstweilen von der Vorladung abzusehen. Ebenso wird die Verjährung unterbrochen, wenn mit Einreichen des Schlichtungsgesuchs – analog dem Betreibungsbegehren – gleichzeitig dessen Rückzug erfolgt (BGE 114 II 262 E. a und b; ZK-Berti, N 50 ff., der dem Ansprecher allerdings empfiehlt, *vorsichtshalber* dem Schuldner Kenntnis von seiner Vorkehr zu geben). Die bundesgerichtliche Rsp. verdient Zustimmung, weil mit Versand des Schlichtungsgesuchs bzw. dessen Zugang bei der Schlichtungsbehörde rechtsgenügend festgestellt werden kann, dass der Gläubiger sein Interesse am Weiterbestand der Forderung bekräftigt.

3. Klage oder Einrede

a) Vor einem staatlichen schweizerischen Gericht

aa) Klage

7 In den vom Gesetz vorgesehenen Ausnahmefällen ist der Rechtsstreit nicht mittels Schlichtungsgesuch, sondern mittels **Klage** einzuleiten. Dies ist gem. Art. 198 ZPO etwa der Fall bei Klagen über den Personenstand (lit. b), im Scheidungsverfahren (lit. c), im Verfahren zur Auflösung der eingetragenen Partnerschaft (lit. d), bei bestimmten Klagen des SchKG (lit. e), bei Streitigkeiten, für die nach Art. 5 und 6 ZPO eine einzige kantonale Instanz zuständig ist (lit. f), bei der Hauptinterventionsklage gem. Art. 73 ZPO, der Widerklage gem. Art. 224 ZPO und der Streitverkündungsklage gem. Art. 81 ZPO (lit. g) sowie wenn das Gericht Frist für eine Klage gesetzt hat (lit. h). Ebenfalls entfällt das Schlichtungsverfahren bei einem Verzicht gem. Art. 199 ZPO. Der Begriff der Klage umfasst aber auch das Einreichen der Klageschrift mit Klagebewilligung beim Gericht gem. Art. 209 Abs. 3 i.V.m. Art. 220 ZPO oder die Klage i.S.v. Art. 244 ZPO zur der Einleitung des vereinfachten Verfahrens i.S.v. Art. 243 ff. ZPO. Unter den Begriff der «Klage» i.S.v. Art. 135 Ziff. 2 fällt aber auch das **Gesuch** zur Einleitung von allen summarischen Verfahren, insb. i.S.v. Art. 252 ZPO, einschliesslich der **Schutzschrift** gem. Art. 270 ZPO, oder das **Vollstreckungsgesuch**, umfassend das Gesuch gem. Art. 338 ZPO für die Vollstreckung von *Entscheiden* gem. Art. 335 ff. ZPO oder von *Urkunden* gem. Art. 347 ff. ZPO (BSK ZPO-Visinoni-Meyer, Art. 347 N 30). Das Schlichtungsverfahren entfällt gem. Art. 198 lit. a im summarischen Verfahren. Darüber hinaus um-

fasst der Begriff der «Klage» aber auch alle **Rechtsmittel** gegen vorinstanzliche *Endentscheide, nicht* aber *Zwischenentscheide*, da diese das Verfahren vor der mit dem Rechtsstreit befassten Instanz nicht abschliessen (s. N 5a). Wie das Schlichtungsgesuch unterbricht auch die Klage (einschliesslich des Gesuchs und des Rechtsmittels) die Verjährung. Die nach Art. 224 ZPO im Schlichtungsverfahren oder spätestens mit der Klageantwort zulässigerweise erhobene **Widerklage** unterbricht die Verjährung wie eine selbständige Klage (BGE 59 II 383 betr. Erhebung im Rahmen der Sühneverhandlung; 130 III 202 E. 3.2 = Pra 2004, 920; BGer, 19.7.2002, 4C.364/2001, E. 3.2.2).

Auf die Verfahrensart des angehobenen Rechtsschutzgesuches kommt es nicht an (ZK-Berti, N 112). Gesuche in einem summarischen Verfahren, insb. auch im besonderen Summarverfahren betr. Rechtsschutz in klaren Fällen gem. Art. 257 Abs. 1 ZPO (dieses war schon in vielen kantonalen Prozessordnungen bekannt, vgl. z.B. das Zürcher Befehlsverfahren nach Art. 222 Ziff. 3 aZPO ZH) oder betr. vorsorgliche Massnahmen gem. Art. 261 ff. ZPO (s. N 12) unterbrechen deshalb die Verjährung wie eine Klage (BGE 59 II 407 betr. Einleitung des Verfahrens vor dem Einzelrichter; Girsberger, 108); ebenso das Rechtsschutzgesuch auf einstweilige Sicherung einer glaubhaft gemachten Forderung, sofern und soweit dieses eine Geltendmachung der Forderung als solcher in sich schliesst (BGE 59 II 401; 110 II 389 ff., s. N 12), wie etwa das **Rechtsöffnungs**- oder **Arrestgesuch** i.S.v. Art. 252 i.V.m. Art. 251 lit. a ZPO (BGE 41 III 322; 66 II 237; 108 III 44; Spiro, I, 299 Anm. 6). 8

Am 1.1.2011 wurden die kantonalen StPO durch die schweiz. StPO abgelöst. Damit einhergehend wurde auch das Instrument der Adhäsionsklage in Art. 119 Abs. 2 lit. b i.V.m. Art. 122 ff. StPO einheitlich geregelt. Eine **Adhäsionsklage** genügt zur Unterbrechung, sofern sie mit der erforderlichen Bestimmtheit erhoben wird (BGer, 29.1.2010, 5A_563/2009, E. 5.3 und 5.4; BGer, 8.2.2011, 8C_699/2010, E. 5.1) und die *Erklärung* gegenüber einer Strafverfolgungsbehörde, *schriftlich oder mündlich zu Protokoll* (Art. 119 Abs. 1 StPO), spätestens bis zum Abschluss des Vorverfahrens abgegeben wird (Art. 118 Abs. 3 StPO). Mit Abgabe der form- und fristgerechten Erklärung wird die Adhäsionsklage rechtshängig (Art. 122 Abs. 3 StPO), auch wenn sie noch nicht beziffert und begründet wurde (Art. 123 Abs. 1 StPO). Erfolgt zumindest die *Bezifferung* spätestens mit dem Parteivortrag (Art. 123 Abs. 2 StPO), wird für diesen Betrag die Verjährung rückwirkend auf den Zeitpunkt der Abgabe der Erklärung (d.h. der Rechtshängigkeit) unterbrochen. Die Unterbrechungswirkung hängt aber nicht davon ab, ob der Staatsanwalt Anklage erhebt (Art. 325 ff. StPO) oder das Verfahren einstellt (Art. 320 ff. StPO; BGer, 29.1.2010, 5A_563/2009, E. 5.4; BGE 101 II 80 E. 2c), oder ob die Adhäsionsklage – bspw. wegen fehlender oder ungenügender Begründung – auf den Zivilweg verwiesen (Art. 126 Abs. 2–4, Art. 320 Abs. 3 StPO) oder zurückgezogen wird (Art. 122 Abs. 4 StPO). Zieht der Geschädigte seine Adhäsionsklage *vor* Abschluss der erstinstanzlichen Hauptverhandlung zurück, kann er sie auf dem Zivilweg erneut geltend machen (Art. 122 Abs. 4 StPO). Der rechtzeitige Klagerückzug hat damit – im Gegensatz zu den bis 31.12.2010 geltenden Regelungen in gewissen Kantonen – keine res iudicata Wirkung, weshalb die Unterbrechung der Verjährung durch die Adhäsionsklage u.U. von Bedeutung ist. Erfolgt der Rückzug *nach* Abschluss der erstinstanzlichen Hauptverhandlung, ist indessen das Klagerecht verwirkt. Mit der Zustellung des Urteils bzw. des verfahrenserledigenden Entscheids als Beschluss oder als Verfügung i.S.v. Art. 80 Abs. 1 StPO beginnt die Verjährung von neuem (s. Art. 138 N 1 ff.). 9

Die Klage unterbricht die Verjährung einer Forderung auf Geldzahlung im **Umfang** des eingeklagten Betrages. Steht dieser im Zeitpunkt der Klageerhebung nicht fest, so ist die Zulässigkeit einer unbestimmten Forderungsklage zu prüfen (Art. 42 Abs. 2; BGE 119 II 340; s. N 20). 10

bb) Einrede

11 Durch die *im Prozess* in der dafür vorgesehenen Form erhobene **Einrede**, z.B. der Verrechnung (BGer, 21.11.2002, B 78/00, E. 4.3.3), des nicht erfüllten Vertrages (Art. 82) oder des Retentionsrechts (SPIRO, I, 306), wird die Verjährung unterbrochen. Wird die Einrede *ausserprozessual* erhoben, hat sie *keine* verjährungsunterbrechende Wirkung. Wird die prozessuale Einrede nur eventualiter neben dem Hauptantrag auf Abweisung erhoben, hat sie ebenfalls unterbrechende Wirkung, da der Gläubiger sein Interesse am Bestand seiner Forderung im Rechtsschutzverfahren kundtut (gl.M. ZK-BERTI, N 131). Betreffend Zeitpunkt der Unterbrechung s. N 5b.

cc) Begehren um einstweiligen Rechtsschutz

12 Ein **Gesuch um einstweiligen Rechtsschutz** gem. Art. 261 ff. ZPO hat nur und insoweit Unterbrechungswirkung, als es eine Geltendmachung der Forderung als solcher in sich schliesst (BGE 59 II 407; gl.M. SPIRO, I, 298; BGE 110 II 389 ff. [Unterbrechung *in casu* verneint] mit Anm. VOGEL, ZBJV 1986, 493 f.). Dies ist bei einem Gesuch um *vorsorgliche Beweisführung* gem. Art. 158 ZPO nicht der Fall (BGE 59 II 408; 93 II 503 f. m.w.Nw.; SJZ 1972, 96 Nr. 34).

dd) Streitverkündung

13 Seit Inkrafttreten der schweiz. ZPO am 1.1.2011 ist die **Streitverkündung** *neu bundesrechtlich* geregelt. Danach bestehen zwei Arten der Streitverkündung: die *einfache Streitverkündung* gem. Art. 78 ff. ZPO, welche der litisdenuntiatio in den früheren kantonalen Zivilprozessordnungen entspricht, und die *Streitverkündungsklage* gem. Art. 81 f. ZPO als neues Institut, das die Funktion der sog. Interventions- und Gewährleistungsklage bzw. des *Appel en cause* übernimmt. Letztere geht auf das französische Recht zurück und war in der Schweiz in dieser Form nur den Kantonen Genf, Waadt und Wallis bekannt (GULDENER, 311 f.; BBl 2006 7283). Neben den bereits früher geregelten gesetzlichen Sonderbestimmungen bei der Wechselforderung (Art. 1070) und Checkforderung (Art. 1143 Abs. 1 Ziff. 18 i.V.m. Art. 1070) stellt sich die Frage, ob mit der Streitverkündung die Verjährung unterbrochen wird.

13a Nach einem älteren BGE sollte die (einfache) Streitverkündung die Verjährung nur dann unterbrechen, wenn ihr nach kantonalem Recht die Wirkung einer Klage zukam (BGE 50 II 12). Die Streitverkündungsklage gem. Art. 81 f. ZPO hat die Wirkung einer Klage. Dies wird einerseits bereits mit dem vom Gesetz verwendeten Begriff der «Klage» zum Ausdruck gebracht. Anderseits sind mit der Streitverkündungsklage gem. Art. 82 Abs. 2 ZPO die Rechtsbegehren, welche die streitverkündende Partei gegen die streitberufene Partei zu stellen gedenkt, zu nennen und sogar zu begründen. Sodann erhält die streitberufene Partei gem. Art. 82 Abs. 3 ZPO in jedem Fall Gelegenheit zur Stellungnahme. Für den Streitverkündungsbeklagten als Schuldner wird deshalb der Umfang seiner Leistungspflicht hinreichend *identifizierbar* (zur *Identifizierbarkeit* ZK-BERTI, 63 ff.). Damit hat die Streitverkündungsklage die gleiche Ausgestaltung wie eine Klage i.S.v. Art. 135 Ziff. 2, weshalb ihr verjährungsunterbrechende Wirkung zukommt (gl.M. BSK ZPO-FREI, Art. 81 N 44; ZPO Komm-SCHWANDER, Art. 82 N 7).

13b Weniger eindeutig ist die Rechtslage bei der einfachen Streitverkündung gem. Art. 78 ff. ZPO. Unter dem bis 31.12.2010 geltenden Recht der Kantone als auch unter der bundesrechtlichen Regelung wird nach h.L. die Verjährung durch die einfache Streitverkündung *nicht* unterbrochen (BSK ZPO-FREI, Art. 80 N 11; ZPO Komm-TAKEI, Art. 80 N 13; gegenteilig unter dem kantonalen Zivilprozessrecht die 4. Aufl., N 13, u.a.m.Hw. auf das *dictum* in BGE 115 II 49 E. 2a betr. das frühere Zivilprozessgesetz des Kantons St. Gallen). Auch wenn die einfache Streitverkündung in der – erschöpfenden – Liste von Art. 135 Ziff. 2 begrifflich nicht enthalten ist, ist m.E. an deren verjährungsunterbrechenden Wirkung aus nachfolgenden Gründen grundsätzlich festzuhalten. Der Streitverkünder bekräftigt sein Interesse am Bestand einer Forderung – auch wenn nur für den Fall des Unterliegens – gegenüber dem Dritten als Streitberufenen. Um das Erfordernis des *Rechtsschutzgesuchs* zu erfüllen, hat der Streitverkündende seine Aufforderung an das mit dem Rechtsstreit befasste Gericht zu richten, welches dem Streitberufenen entsprechende Mitteilung macht; eine aussergerichtliche Streitverkündung an den Streitberufenen wäre demgegenüber als ein Akt zwischen Privatpersonen für die Unterbrechung der Verjährung *unzureichend* (s. N 5; vgl. zur Zulässigkeit der privaten Streitverkündung BSK ZPO-FREI, Art. 78 N 7; ZPO Komm-TAKEI, Art. 78 N 38 ff.). Im Gerichtsalltag ist die einfache Streitverkündung – zufolge der in Art. 81 Abs. 3 ZPO statuierten Unzulässigkeit der Streitverkündungsklage im vereinfachten und summarischen Verfahren – für den Gläubiger oft die einzige Möglichkeit, den für den Fall seines Unterliegens mittels Regressforderung zu belangenden Dritten in das Verfahren einzubeziehen (vgl. WEISS, 218 f.). Die Unterbrechung der Verjährung ist aber insb. bei Regressforderungen von grosser Bedeutung, weil dort die Problematik des Fristenlaufs selbst nach BGer «vollständig ungelöst» ist (s. Art. 130 N 12). Eine unterschiedliche Behandlung von einfacher Streitverkündung und Streitverkündungsklage rechtfertigt sich deshalb nicht (gl.M. WEISS, 219). Für die Unterbrechungswirkung *stets vorausgesetzt* ist, dass für den Streitberufenen der Umfang seiner Leistungspflicht hinreichend *identifizierbar* ist. Ob und zu welchem Zeitpunkt dies der Fall ist, hängt von den Umständen des Einzelfalles ab, dürfte vermutungsweise aber mit der durch das Gericht erfolgten Zustellung von Rechtsschriften an den Streitberufenen der Fall sein.

b) Vor einem Schiedsgericht

Die Anhängigmachung einer **Schiedsklage** (Art. 372 ZPO; Art. 181 IPRG, sofern die Zuständigkeit des ausländischen Schiedsgerichts nach schweizerischem Recht anerkannt wird) unterbricht die Verjährung (ausführlich dazu ZK-BERTI, N 137 ff.; LALIVE/POUDRET/REYMOND, Le droit de l'arbitrage interne et international en Suisse, Lausanne 1989, 86 bzw. 346; zu den Fristen bei der vor einem Schiedsgericht zu erhebenden *Arrestprosequierungsklage* s. BGE 101 III 62 f. E. 2; 112 III 123 f. E. 2). Umfasst sind auch **Einreden** vor einem (inländischen oder ausländischen) Schiedsgericht. Wird die Klage des angerufenen (inländischen oder ausländischen) Schiedsgerichts mit der Begründung zurückgewiesen, es sei nicht das in der Schiedsvereinbarung vorgesehene Schiedsgericht angerufen worden, findet Art. 63 ZPO Anwendung (ZPO Komm-SUTTER-SOMM/HEDINGER, Art. 63 N 8; ZK-BERTI, N 148 ff. betr. Anwendbarkeit von Art. 139 aOR). Ergeht indessen ein negativer Zuständigkeitsentscheid mit der Begründung, die Schiedsvereinbarung sei ungültig oder betreffe nicht den dem Schiedsgericht vorgelegten Streitgegenstand, bleibt kein Raum für die Anwendbarkeit von Art. 63 ZPO, da der negative Zuständigkeitsentscheid bezüglich der beurteilten Fragen res iudicata Wirkung hat und insoweit die schweizerischen Gerichte sowie ein Zweitschiedsgericht bindet (vgl. BSK IPRG-SCHOTT/COURVOISIER, Art. 186 N 13; s. aber auch Art. 186 Abs. 1bis IPRG betr. Fortführung des Verfahrens trotz hängigem Verfahren vor einem staatlichen oder anderen Gericht); diesfalls begründet die Anhängigmachung der Schiedsklage keine Unterbrechung. **14**

c) Vor einem ausländischen staatlichen Gericht

Durch die am 1.1.2011 erfolgte Erweiterung des Begriffs «vor einem *staatlichen* Gericht» hat sich an der Unterbrechungswirkung materiell nichts geändert. Kann eine **Klage im Ausland** als inländischer Klageerhebung vergleichbar gewertet werden und ist das ausländische Gericht nach den Regeln des schweizerischen internationalen Zivilprozessrechts (aufgrund der Staatsverträge, wie z.B. des LugÜ, und subsidiär dazu aufgrund des IPRG) zuständig, so kommt ihr Unterbrechungswirkung zu (BGer, 4.8.2005, 4C.144/2005, E. 4); entsprechendes gilt mutatis mutandis für **Einreden** (im Einzelnen GIRSBERGER, 96, 99 ff.; ZK-BERTI, N 119 f., 136). **15**

4. Eingabe im Konkurs

16 Mit der Postaufgabe der Forderungseingabe an das Konkursamt bzw. Eintreffen bei Überbringung (o. N 7) wird die Verjährung unterbrochen (s. Art. 231 ff. und 251 SchKG). Demgegenüber bewirkt die Eingabe im *Nachlassverfahren* nicht eine Unterbrechung, sondern lediglich eine Hemmung der Verjährung (BGE 31 II 259; BK-BECKER, N 24; ZK-BERTI, N 165).

17–18 *entfallen*

5. Weitere Unterbrechungshandlungen des Gläubigers

19 Die Verjährung wird unterbrochen durch: die klageweise oder betreibungsrechtliche Geltendmachung einer Zinsrate oder Konventionalstrafe; die Einleitung der Betreibung auf Pfandverwertung (Art. 151 SchKG); das Begehren um Aufnahme eines Retentionsverzeichnisses oder um Rückschaffung von Retentionsgegenständen (Art. 268b; Art. 283 f. SchKG); das Begehren um Eintragung eines Bauhandwerkerpfandrechts (Art. 837 Abs. 1 Ziff. 3 ZGB); die Einrede des Retentionsrechts (Art. 895 ZGB); das Begehren um Anschlusspfändung (Art. 111 SchKG) (SPIRO, I, 298 ff.; SCHÖBI, 120).

6. Mangelhafte, querulatorische und rechtsmissbräuchliche Eingaben

19a Unter dem bis 31.12.2010 geltenden Recht war die prozesseinleitende Handlung fehlerhaft, wenn sie ihrer Form nach den gesetzlichen Erfordernissen nicht entsprach oder ihrem Inhalt nach unzulässig oder unvollständig war (GULDENER, 282). Sie war «verbesserlich», wenn das anwendbare Prozessrecht dem Ansprecher Gelegenheit zur Korrektur gewährte (z.B. Fehlen einer gesetzlich gebotenen Vertretung, BGE 85 II 511 E. 2b; STEINER, SJZ 1961, 43 f.; fehlende Erteilung der Vollmacht an einen Anwalt, oder etwa auch das Nichteinreichen des Ausweises über den gescheiterten Vermittlungsversuch, BGer, 22.12.2003, 5P.370/2003, E. E.b) oder wenn es der aus Art. 9 BV (Art. 4 aBV) abgeleitete Grundsatz des Verbotes des überspitzten Formalismus erforderte (BGE 130 III 202 E. 3.3.2 = Pra 2004, 924; 89 II 310; HABSCHEID, Schweizerisches Zivilprozess- und Gerichtsorganisationsrecht, 2. Aufl. 1990, N 37 Anm. 19; krit. zum Begriff des verbesserlichen Fehlers MATTMANN, 29 f.). Mit der seit 1.1.2011 in Kraft stehenden ZPO wurde der «verbesserliche Fehler» auf Bundesebene nun einheitlich geregelt. Gemäss Art. 132 Abs. 1 ZPO sind mangelhafte Eingaben, wie fehlende Unterschrift oder fehlende Vollmacht, innert einer von der angerufenen Instanz festzulegenden Nachfrist zu beheben. Was unter Mangel zu verstehen ist, richtet sich nach der bisherigen Rsp.; insb. fallen fehlende Beilagen auch darunter (BSK ZPO-BORNATICO, Art. 132 N 8 ff.; ZPO Komm-STAEHELIN, Art. 132 N 3). Erfolgt die Behebung des Mangels innert Frist, gilt als Zeitpunkt der Rechtshängigkeit und damit der Unterbrechung der Verjährung die erste, mangelhafte Eingabe. Erfolgt keine *fristgerechte Behebung*, gilt die Eingabe als nicht erfolgt, d.h. sie ist nichtig und hat entsprechend *keine* verjährungsunterbrechende Wirkung. Gleiches gilt für unleserliche, ungebührliche, unverständliche oder weitschweifige Eingaben (Art. 132 Abs. 2 ZPO).

19b Kein behebbarer Mangel i.S.v. Art. 132 Abs. 1 ZPO ist der Umstand, dass die falsche Person eingeklagt wurde und damit die Passivlegitimation fehlt (BGE 32 II 189 E. 2; 114 II 335 E. 3a; in 132 III 1 nicht publ. E. 1.2; BGer, 29.9.2005, 5C.31/2005), oder dass die falsche Person klagte und damit die Aktivlegitimation fehlt (BGer, 12.5.2004, 4C.296/2003, E. 3.5, i.f.), oder dass der Kläger die Anspruchsgrundlage seiner Klage nicht genügend substantiiert hat und deshalb die Klage abgewiesen wurde (BGE 108 II 337). In Anlehnung an seine Praxis zur Berichtigung einer fehlerharten Parteibezeichnung hielt das BGer fest, dass eine Unterbrechungshandlung *i.S.v. Art. 135 Ziff. 2 durch* eine nicht aktivlegitimierte oder gegen eine nicht passivlegitimierte Person die Verjährung zu unterbrechen dann vermöge, «wenn keine Zweifel an der wahren Identität der Partei bestehen, indem der Schuldner nach den Umständen trotz unrichtiger Parteibezeichnung die Absicht des Gläubigers, ihn ins Recht zu fassen, erkennt oder erkennen muss. In diesen Fällen wird der Schuldner nicht in seinen schutzwürdigen Interessen verletzt, wenn trotz der fehlenden Aktiv- oder Passivlegitimation des irrtümlich als Partei aufgeführten Dritten die Verjährung unterbrochen wird, da er jedenfalls über die Absicht des Gläubigers seine Forderung durchzusetzen, Gewissheit hat» (BGE 136 III 545 E. 3.4.1). Im Lichte dieser bundesgerichtliche Rsp. muss m.E. unter den gleichen Voraussetzungen eine entsprechende Ausnahme bei unrichtigen bzw. unvollständigen Rechtsbegehren und mangelhafter Individualisierung des Streitgegenstandes gelten, wobei im Zweifelsfall stets *keine* Unterbrechungswirkung eintreten soll.

Eingaben, welche querulatorisch oder rechtsmissbräuchlich sind (Art. 132 Abs. 3 ZPO), bleiben unbeachtlich, sind damit nichtig und haben keine verjährungsunterbrechende Wirkung (BSK ZPO-Bornatico, Art. 132 N 36). **19c**

IV. Umfang der Unterbrechung

Die Unterbrechung tritt nur im **Umfange** des in Betreibung gesetzten (BGE 70 II 93 E. 3; 60 II 203 E. 4; SJZ 1929/30, 329 Nr. 232) bzw. eingeklagten (BGE 60 II 203 E. 4) Betrages bzw. der erhobenen Verrechnungseinrede (BK-Becker, N 21; **a.M.** Spiro, I, 305) ein. Dies gilt selbst dann, wenn der Gläubiger bei Vornahme dieser Handlungen das Ausmass seiner Forderung noch nicht bestimmen konnte (BGE 119 II 339 mit Anm. Berti, recht 1994, 76 ff.; bei zulässiger *unbezifferter Forderungsklage* i.S.v. Art. 42 Abs. 2 und Art. 85 ZPO wird die Verjährung hingegen für die ganze später bezifferte Summe unterbrochen: BGE 119 II 340). Ein allenfalls zuviel geforderter *Zinsbetrag* kann zum Zweck der Verjährungsunterbrechung *nicht* zum Kapitalbetrag geschlagen werden (BGE 70 II 93 E. 3; BGer, 15.8.2006, 4C.139/2006, E. 2.2). Wird die eingeklagte Leistung durch prozessual zulässige Erweiterung des Rechtsbegehrens im Verlauf des Verfahrens ausgedehnt, gilt der erweiterte Teil erst in diesem Zeitpunkt als angehoben, mit entsprechender Unterbrechung der Verjährung für diesen erweiterten Teil (BGE 122 III 203 E. 9c: Klage aus aktienrechtlicher Verantwortlichkeit; die Verjährung war im Zeitpunkt der Ausdehnung für den erweiterten Teil bereits eingetreten, weshalb die Erweiterung im kantonalen Verfahren verspätet erfolgte; s.a. Art. 227 ZPO; BSK ZPO-Frei/Willisegger, Art. 227 N 7 f.). Wird i.S.v. Art. 86 ZPO bei teilbaren Ansprüchen zulässigerweise nur ein Teil eingeklagt, tritt die Unterbrechungswirkung nur für den eingeklagten Teil ein. **20**

Im Übrigen ist der Umfang der Unterbrechung durch *Auslegung* zu ermitteln. Eine Differenzierung drängt sich v.a. bei der Unterbrechung der Hauptforderung und deren Wirkung auf Nebenrechte auf (s. Art. 133 N 2 ff.). So betrifft etwa die Unterbrechung der Verjährung der Kapitalforderung die selbständig verjährende Zinsforderung als erweiterndes Nebenrecht nur dort, wo Anerkennung oder Geltendmachung dies miterfasst (Schöbi, 96; zur Wirkung der Unterbrechung bez. einer Zinsforderung auf früher fällig gewordene Raten s. ZR 1965, 212 f. Nr. 142); umgekehrt bewirkt die Unterbrechung der Zinsforderung nicht auch die Unterbrechung der Kapitalforderung. Die sichernden Nebenrechte teilen das Schicksal der Hauptforderung (s. Art. 133 N 2a), weshalb deren Unterbrechung auch die Nebenrechte erfasst. **20a**

V. Weitere Vorschriften

Art. 1070 statuiert eigene Unterbrechungsgründe für die Wechselforderung, Art. 1143 Abs. 1 Ziff. 18 i.V.m. Art. 1070 in gleichem Masse für die Checkforderung. **21**

VI. Rechtsfolgen

22 Die Unterbrechung hat von Gesetzes wegen zur Folge, dass die Verjährung ab diesem Zeitpunkt *per se* von neuem zu laufen beginnt. Entsprechend vermögen nachträgliche einschränkende Erklärungen des Schuldners nach Eintreten eines Unterbrechungsgrundes an dieser Rechtsfolge nichts zu ändern (BGer, 29.1.2014, 4A_404/2013, E. 4.3.1 i.f.), ebenso wenig, wenn der Gläubiger die ausgestellte Klagebewilligung verfallen lässt (BGer, 7.6.2011, 4A_576/2010, E. 3.1.2 [nicht publ. E. in BGE 137 III 352]). Zu den Wirkungen der Unterbrechung im Übrigen s. zu Art. 137 und 138.

VII. Zivilprozessuales

23 Sofern der Schuldner die Verjährungseinrede erhebt, hat der Gläubiger die Unterbrechung der Verjährung zu beweisen (BK-Kummer, Art. 8 ZGB N 172).

Art. 136

2. Wirkung der Unterbrechung unter Mitverpflichteten

1 Die Unterbrechung der Verjährung gegen einen Solidarschuldner oder den Mitschuldner einer unteilbaren Leistung wirkt auch gegen die übrigen Mitschuldner.

2 Ist die Verjährung gegen den Hauptschuldner unterbrochen, so ist sie es auch gegen den Bürgen.

3 Dagegen wirkt die gegen den Bürgen eingetretene Unterbrechung nicht gegen den Hauptschuldner.

2. Effets de l'interruption envers des coobligés

1 La prescription interrompue contre l'un des débiteurs solidaires ou l'un des codébiteurs d'une dette indivisible l'est également contre tous les autres.

2 La prescription interrompue contre le débiteur principal l'est également contre la caution.

3 La prescription interrompue contre la caution ne l'est point contre le débiteur principal.

2. Effetti della interruzione fra coobbligati

1 L'interruzione rimpetto ad un debitore solidale o ad un condebitore d'una prestazione indivisibile vale anche in confronto degli altri condebitori.

2 L'interruzione rimpetto al debitore principale vale anche in confronto del suo fideiussore.

3 Al contrario l'interruzione rimpetto al fideiussore non vale in confronto del debitore principale.

Literatur

Vgl. die Literaturhinweise bei den Vorbem. zu Art. 127–142.

I. Normzweck

1 Art. 136 regelt die Folgen der Unterbrechung der Verjährung für Solidar- oder Mitschuldner und Bürgen.

II. Die Wirkung der Unterbrechung auf Solidar- oder Mitschuldner (Abs. 1)

2 Abs. 1 **durchbricht** die Regel, dass Unterbrechungshandlungen nur gegen denjenigen Schuldner wirken, gegen den sie vorgenommen worden sind. Es liegt ihr die heute überholte Vorstellung zugrunde, dass bei echter Solidarität ein einziges Schuldverhältnis bestehe (BGE 55 II 313 E. 1).

Das BGer lehnte eine ausdehnende Auslegung der *«positiven, aber innerlich wenig begründeten Vorschrift»* (BGE 55 II 316) bereits in BGE 17, 506 ab und beschränkt in konstanter Rsp. die Anwendbarkeit des Abs. 1 auf die **echte Solidarität** (BGer, 26.5.2003, 4C.27/2003, E. 3.4; BGE 115 II 46 in Bestätigung von 104 II 230 ff.; 55 II 313 E. 1; 43 II 211; unv. BGer, 7.11.1913 i.S. Baltisweiler; s.a. 106 II 253 E. 3); Abs. 1 gilt also nicht für Personen, die für den gleichen Schaden aus verschiedenen Rechtsgründen, d.h. aus **unechter** Solidarität, haften (Spiro, I, 493; krit. von Büren, AT, 105; Keller/Schöbi, IV, 157). Die Anerkennung der Schuld durch *einen* Solidarschuldner (Art. 135 Ziff. 1) bewirkt – vorbehaltlich einer Ermächtigung von den anderen Solidarschuldnern nach den Regeln des Stellvertretungsrechts – *nicht* auch die Unterbrechung der Verjährung *gegenüber den anderen Solidarschuldnern.* Einerseits betrifft Art. 136 nur Unterbrechungshandlungen *gegen* einen Solidarschuldner, anderseits kann ein Solidarschuldner gem. Art. 146 durch seine persönliche Handlung die Stellung der andern nicht erschweren (gl.M. ZK-Berti, Art. 136/141 Abs. 2 und 3 N 7, mit berechtigter Kritik an **a.M.** Guhl/Koller/Schnyder/Druey, 34). Ebenso wenig hat der Schuldbeitritt die Unterbrechung der Verjährung gegen den ursprünglichen Schuldner zur Folge (gl.M. ZK-Berti, Art. 136/141 Abs. 2 und 3 N 8; **a.M.** Kessler, 20 Anm. 64 ohne Begr.). Gegenüber einzelnen Solidarschuldnern, zu deren Gunsten die Verjährung bereits eingetreten ist, zeitigt eine Unterbrechungshandlung keine Wirkung, da die eingetretene Verjährung nicht mehr «rückgängig» gemacht werden kann (BGE 22, 493 E. 8). Dem betreffenden Schuldner bleibt indessen unbenommen, auf die Erhebung der Einrede zu verzichten. 3

Nach Art. 593 vermag die Verjährungsunterbrechung gegenüber der fortbestehenden **Kollektivgesellschaft** oder einem anderen Gesellschafter *nicht* auch die Verjährung gegenüber einem *ausgeschiedenen* Gesellschafter zu unterbrechen, wohl aber gegenüber einem *nicht* ausgeschiedenen Gesellschafter (BGE 83 II 50 E. 6). Gleiches gilt aufgrund der Verweisung in Art. 619 Abs. 1 für die **Kommanditgesellschaft**. 4

III. Die Wirkung der Unterbrechung auf Bürgen (Abs. 2 und 3)

Eine **Bürgschaftsforderung** verjährt gegenüber der Hauptforderung zwar selbständig (Abs. 3), aber nach der für die Hauptforderung massgeblichen Frist (Schöbi, 98). Demnach verjähren beide Forderungen i.d.R. zusammen, ausgenommen wenn die Hauptschuld (nicht aber die Bürgschaftsschuld) unverjährbar ist (BGE 50 II 401 ff.; 29 II 258 f.), wenn die Bürgschaft für eine verjährte Schuld eingegangen wird (Art. 492 Abs. 3), oder wenn die Verjährung der Hauptschuld (nicht aber der Bürgschaftsschuld) einem Stillstandsgrund unterliegt (Schöbi, 98; Spiro, I, 673 Anm. 19). Die Unterbrechung der Verjährung bezüglich der Hauptforderung hat auch Unterbrechungswirkung bezüglich der Bürgschaftsforderung (Abs. 2; BGE 50 II 405). Infolge fehlender Akzessorietät zur Hauptschuld verjährt das **Garantieversprechen** nach Art. 111 (zur Abgrenzung zur Bürgschaft BGE 125 III 307 E. 2) selbständig nach Art. 127 (ZK-Berti, Art. 136/141 Abs. 2 und 3 N 15). 5

IV. Weitere Vorschriften

Gemäss Art. 83 Abs. 2 SVG, Art. 10 Abs. 4 KHG und Art. 39 Abs. 2 RLG wirkt die Unterbrechung gegen den Haftpflichtigen auch gegenüber dem **Versicherer** bis zur Höhe des Betrags, für den die Versicherung die Ansprüche des Geschädigten deckt (BGE 106 II 254 E. 3 = Pra 1987, 76; BGE 116 II 651 E. 7b bb = Pra 1991, 222 f. = SJ 1991, 229 ff.). 6

V. Rechtsfolgen

Zu den Rechtsfolgen der Unterbrechung s. zu Art. 137 und 138. 7

Art. 137

3. Beginn einer neuen Frist **a. Bei Anerkennung und Urteil**	**[1] Mit der Unterbrechung beginnt die Verjährung von neuem.** **[2] Wird die Forderung durch Ausstellung einer Urkunde anerkannt oder durch Urteil des Richters festgestellt, so ist die neue Verjährungsfrist stets die zehnjährige.**
3. Début du nouveau délai a. Reconnaissance ou jugement	[1] Un nouveau délai commence à courir dès l'interruption. [2] Si la dette a été reconnue dans un titre ou constatée par un jugement, le nouveau délai de prescription est toujours de dix ans.
3. Principio di un nuovo termine a. In caso di riconoscimento o sentenza	[1] Coll'interruzione incomincia a decorrere una nuova prescrizione. [2] Ove il credito sia riconosciuto mediante il rilascio di un titolo o sia stabilito con sentenza del giudice, il nuovo termine di prescrizione è sempre di dieci anni.

Literatur

Vgl. die Literaturhinweise bei den Vorbem. zu Art. 127–142.

I. Normzweck

1 Art. 137 regelt die **Dauer** der nach einer Unterbrechung neu beginnenden Verjährungsfrist und sieht einen Normalfall und zwei Sonderfälle vor. Der Tag, an dem die Unterbrechungshandlung ihre Wirkung entfaltet, wird beim Neubeginn nicht mitgezählt (zur Berechnung der Frist s. zu Art. 132).

II. Dauer der neuen Verjährungsfrist

1. Der Normalfall (Abs. 1)

2 Die neue Verjährungsfrist ist im **Normalfall** von *gleicher* Dauer wie die unterbrochene (BGE 20, 1020 f.; 69 II 105; BGer, 12.7.2010, 9C_262/2010, E. 4.2; für Forderungen aus Wechsel und Check ausdrücklich Art. 1071 Abs. 2). Besonderheiten gelten bei allfälliger Anwendbarkeit von strafrechtlichen Verjährungsfristen (BGE 131 III 430 E. 1.2, 1.4, und dazu Art. 135 N 9 sowie Art. 60 N 14b).

2. Die Sonderfälle (Abs. 2)

a) Urkundliche Anerkennung

3 Urkundliche Anerkennung setzt voraus, dass die Forderung schriftlich beziffert und unterschriftlich anerkannt wird (BGE 113 II 268); die Bestimmung wird diesbezüglich eng ausgelegt (BGer, 23.10.2003, 5C.61/2003, E. C.b, 3.5, i.f.). Es werden somit die gleichen Anforderungen an sie gestellt wie an die unterschriftlich bekräftigte **Schuldanerkennung** i.S. des Art. 82 SchKG (BGE 61 II 338 E. 3; BGer, 24.11.2011, 4A_153/2011, E. 3.1). Aus der Urkunde müssen deshalb Schuldner und Gläubiger klar erkennbar sein (Stücheli, 328). Die bloss grundsätzliche Anerkennung einer Schuldpflicht (z.B. die Zusicherung der Schadensdeckung durch eine Haftpflichtversicherung) mag unter Art. 135 Ziff. 1 fallen, erfüllt aber nicht den Tatbestand des Art. 137 Abs. 2 (BGE 113 II 268 E. 2d; 75 II 232 E. 3b).

b) Feststellung durch richterliches Urteil

4 *Unterbrechungswirkung* hat jede richterliche **Sachentscheidung**, deren Dispositiv den Bestand einer zivilrechtlichen Forderung des Urteilsgläubigers zum Ausdruck bringt. Dazu gehört auch ein im **Säumnisverfahren** ergangenes Urteil (ZK-Berti, N 22; SJZ 1928, 378

Nr. 318) sowie die rechtskräftige Abweisung einer **negativen Feststellungsklage** einschliesslich der Aberkennungsklage nach Art. 83 SchKG, *nicht* aber die Erteilung der **provisorischen Rechtsöffnung** als vollstreckungsrechtliches Gestaltungsurteil (ZK-Berti, N 24, 26). Art. 137 Abs. 2 findet kraft Analogie teilweise auch im öffentlichen Recht Anwendung, so etwa bei der Vollstreckungswirkung einer rechtskräftigen Schadenersatzforderung nach Art. 52 AHVG (BGE 131 V 4 E. 3 betr. Anwendbarkeit der zehnjährigen Frist gem. Art. 137 Abs. 2 [Änderung der bisherigen Rsp.]; bestätigt in BGer, 15.6.2005, 5P.456/2004, E. 3.3).

3. Verhältnis zu Art. 128

5 Urkunden bzw. Urteile bezüglich Forderungen, die der fünfjährigen Frist unterliegen, lösen die **zehnjährige Folgefrist** des Abs. 2 nur aus, wenn sie eine bereits fällige Forderung verurkunden, nicht wenn sie später fällig werdende periodische Leistungen festsetzen (BJM 1954, 103; SJZ 1937/38, 138 f.; SJZ 1951, 242; ZK-Berti, N 29; Spiro, I, 388 f., 668 in Anm. 7; Schöbi, 95; **a.M.** von Tuhr/Escher, 214 Anm. 32).

4. Verhältnis zu Art. 138

6 Als richterliches Urteil i.S.v. Art. 137 Abs. 2 gilt nur das *rechtskräftige* Urteil, ansonsten nicht gesagt werden kann, dass die Forderung vom Richter festgestellt wurde. Wird das Urteil rechtskräftig, läuft deshalb ab Eintritt der Rechtskraft eine neue Verjährungsfrist von zehn Jahren. *Bis zum Eintritt der Rechtskraft* findet nicht Art. 137 Abs. 2, sondern Art. 138 Anwendung, mit der Folge, dass ab Abschluss des Rechtsstreits vor der befassten Instanz eine neue Verjährungsfrist mit der gleichen Dauer wie die Unterbrochene läuft (SG GVP 1952, 15 = SJZ 1956, 45 f. Nr. 23; s. Art. 138 N 2 ff.).

Art. 138

b. Bei Handlungen des Gläubigers

1 Wird die Verjährung durch Schlichtungsgesuch, Klage oder Einrede unterbrochen, so beginnt die Verjährung von Neuem zu laufen, wenn der Rechtsstreit vor der befassten Instanz abgeschlossen ist.

2 Erfolgt die Unterbrechung durch Schuldbetreibung, so beginnt mit jedem Betreibungsakt die Verjährung von neuem.

3 Geschieht die Unterbrechung durch Eingabe im Konkurse, so beginnt die neue Verjährung mit dem Zeitpunkte, in dem die Forderung nach dem Konkursrechte wieder geltend gemacht werden kann.

b. Fait du créancier

1 La prescription interrompue par l’effet d’une requête en conciliation, d’une action ou d’une exception recommence à courir lorsque la juridiction saisie clôt la procédure.

2 Si l’interruption résulte de poursuites, la prescription reprend son cours à compter de chaque acte de poursuite.

3 Si l’interruption résulte de l’intervention dans une faillite, la prescription recommence à courir dès le moment où, d’après la législation sur la matière, il est de nouveau possible de faire valoir la créance.

b. In caso di atti del creditore

1 Quando la prescrizione sia interrotta mediante istanza di conciliazione, azione o eccezione, una nuova prescrizione comincia a decorrere se la lite è conclusa davanti all’autorità adita.

2 Quando l’interruzione avviene mediante esecuzione per debiti, la prescrizione ricomincia ad ogni singolo atto esecutivo.

3 Quando l’interruzione ha luogo mediante insinuazione nel fallimento, la nuova prescrizione comincia dal momento nel quale, a norma della procedura sul fallimento, si può nuovamente far valere il credito.

Literatur

Vgl. die Literaturhinweise bei den Vorbem. zu Art. 127–142.

I. Allgemeines

1 Unter dem in der Fassung bis 31.12.2010 anwendbaren Art. 138 Abs. 1 aOR hemmten die Rechtshängigkeit eines Leistungsbegehrens und das Einzelvollstreckungsverfahren den Verjährungslauf nicht. Deshalb war nicht ausgeschlossen, dass eine Forderung bei Untätigkeit des Klägers (BGE 75 II 235) u.U. während der Rechtshängigkeit verjährte (so in BGE 106 II 36; ferner betreffend längerer Untätigkeit der Prozessbeteiligten BGE 123 III 216 E. 3 = JdT 2000 I 208 ff.; BGE 111 II 429; 21, 246 ff.). Im Verlaufe eines Rechtsstreits wurde aber mit jeder gerichtlichen Handlung der Parteien und mit jeder Verfügung oder Entscheidung des Richters die Verjährung unterbrochen. Was im Einzelfall zur Unterbrechung führte, war oft schwierig vorauszusagen (vgl. zur umfangreichen Rsp. zu Art. 138 Abs. 1 aOR die 4. Aufl., N 2 ff.). Mit Inkrafttreten der schweiz. ZPO am 1.1.2011 wurde auch Art. 138 Abs. 1 angepasst und deutlich vereinfacht. So enthält diese Bestimmung nun die gleichen **Unterbrechungsgründe**, welche bereits in Art. 135 Ziff. 2 angeführt sind. Zudem wird der Zeitpunkt des Neubeginns der Verjährung neu auf den Abschluss des Rechtsstreits vor der befassten Instanz festgelegt.

II. Anwendungsbereich

1. Schlichtungsgesuch, Klage oder Einrede (Abs. 1)

2 Im Gegensatz zum bis 31.12.2010 geltenden Recht wird nun die Verjährung bis zum Abschluss des Verfahrens vor der damit befassten Instanz *gehemmt*. Voraussetzung ist dabei, dass zufolge des Schlichtungsgesuchs oder der Klage als Unterbrechungshandlungen des Gläubigers i.S.v. Art. 135 Ziff. 2 (s. Art. 135 N 5 ff., 6c ff.) die Rechtshängigkeit i.S.v. Art. 62 ZPO eingetreten ist. M.E. umfasst der Begriff der «Klage» auch ein Rechtsmittel gegen den Endentscheid (s. Art. 135 N 5a, 7). Wird ein solches gegen den Endentscheid ergriffen, wird der Lauf der Verjährungsfrist gehemmt und beginnt erst mit dem Abschluss des Rechtmittelverfahrens vor der damit befassten Instanz wieder neu zu laufen. Gleich verhält es sich, wenn im hängigen Verfahren eine Einrede erhoben wird: Die Verjährung wird für die einredeweise geltend gemachte Forderung gehemmt. Neubeginn des Fristenlaufs ist der *Abschluss* des – m.E. das gesamte Rechtsbegehren und nicht nur Teile davon umfassenden – Verfahrens vor der mit der Sache befassten Instanz. Dies ist im **Schlichtungsverfahren**: die *Einigung* (Art. 208 ZPO), die *Klagebewilligung* (Art. 209 ZPO), der nicht abgelehnte *Urteilsvorschlag* (Art. 211 f. ZPO, wobei die Verjährung erst nach Ablauf der zwanzigtätigen Ablehnungsfrist neu zu laufen beginnt, da bis zu diesem Zeitpunkt das Verfahren vor der Schlichtungsbehörde noch nicht abgeschlossen ist) und der *Entscheid* (Art. 212 ZPO); bei der Mediation die *Genehmigung einer Vereinbarung* (Art. 217 ZPO); im **ordentlichen Verfahren**: der *Endentscheid* (Art. 236 ZPO), *nicht* aber der *Zwischenentscheid* (Art. 237 ZPO), da mit diesem der Rechtsstreit vor der befassten Instanz nur in Bezug auf einen Teilaspekt des Rechtsbegehrens abgeschlossen wird, und ebenso *nicht prozessleitende Verfügungen* oder *andere Inzidenzentscheide*, da diese nicht den Streitgegenstand an sich, sondern den formellen Ablauf des Prozesses betreffen; bei der Beendigung des Verfahrens ohne Entscheid der *Vergleich*, die *Klageanerkennung* oder der *Klagerückzug* (Art. 241 ZPO), oder bei anderen Gründen der *gerichtliche Abschreibungsentscheid* (Art. 242 ZPO); im **Rechtsmittelverfahren** der *Entscheid* (Art. 318 bzw. 327 ZPO; Art. 60 BGG).

2a Die Hemmung der Verjährungsfrist bis zum Abschluss des Verfahrens gilt sinngemäss für **sämtliche anderen Verfahren** (Art. 219 ZPO), wie etwa für das vereinfachte Verfahren (Art. 243 ff. ZPO) oder das summarische Verfahren (Art. 248 ff. ZPO), sofern das Rechtsschutzgesuch eine Geltendmachung der Forderung als solcher in sich schliesst (s. Art. 135 N 8, 12).

Für den Neubeginn massgebend ist grundsätzlich der Zeitpunkt der *Eröffnung*: mit der mündlichen Eröffnung, der Übergabe des Urteilsdispositivs oder der Publikation in diesem Zeitpunkt, bei Nachreichen bzw. Zustellung des begründeten Entscheides mit dem Zugang (ZK-Berti, N 31). Eine Ausnahme besteht bei Beendigung des Verfahrens ohne Entscheid zufolge Vergleichs, Klageanerkennung oder Klagerückzugs: Diese Entscheidsurrogate führen direkt zur Beendigung des Verfahrens, und der gerichtliche Abschreibungsbeschluss hat rein deklaratorische Wirkung (Art. 241 Abs. 2 und 3 ZPO; ZPO Komm-Leumann Liebster, Art. 241 N 17; differenzierend BSK ZPO-Oberhammer, Art. 241 N 10 ff.). Mit Ablauf der Frist für das ordentliche Rechtsmittel wird der Entscheid formell und materiell *rechtskräftig*. Eine laufende Rechtsmittelfrist sowie der Eintritt der Rechtskraft folgen zeitlich *nach* dem Abschluss des Rechtsstreits vor der befassten Instanz, weshalb die Verjährung dadurch nicht mehr i.S.v. Art. 138 Abs. 1 gehemmt wird. Indessen löst der *Eintritt der Rechtskraft*, welcher infolge unterschiedlichen Zugangs nicht bei allen Beteiligten zum selben Zeitpunkt eintreten muss, infolge richterlicher Feststellung der Forderung die zehnjährige Frist nach Art. 137 Abs. 2 aus (SJZ 1956, 45 f. Nr. 23; ZK-Berti, N 32; s. Art. 137 N 6). **2b**

entfallen **3–4b**

2. *Unterbrechung durch Schuldbetreibung (Abs. 2)*

Es unterbrechen die Verjährung jeweils Betreibungsakte (BGE 114 II 335 ff. = Pra 1989, 802 ff.; Anm. Merz, ZBJV 1990, 261 f.), *die eine neue Verfahrensphase einleiten*, wie die Zustellung des Zahlungsbefehls (BGE 104 III 22; 39 II 68 E. 2), das Fortsetzungsbegehren (Art. 88, 159, 166 SchKG), die Pfändung (Art. 89 SchKG), das Verwertungsbegehren (Art. 116, 154 SchKG) und die Verteilung (Art. 144 SchKG), nicht aber die Mitteilung des Rechtsvorschlages an den Gläubiger (BGE 81 II 136). Das Stellen eines Rechtsöffnungsbegehrens (Art. 80 SchKG) fällt unter den Tatbestand des Abs. 1, die Abweisung des Rechtsöffnungsbegehrens wiederum unter Abs. 2 (BGE 91 II 371 E. 10). Die Anerkennungsklage (Art. 79 SchKG) bzw. Aberkennungsklage (Art. 83 Abs. 2 SchKG) unterbricht die Verjährung nach Massgabe von Art. 135 Ziff. 2 (ZK-Berti, N 41). **5**

3. *Unterbrechung durch Eingabe im Konkurs (Abs. 3)*

Die neue Verjährungsfrist beginnt im ordentlichen Konkursverfahren zehn Tage nach der zweiten Gläubigerversammlung bzw. im summarischen Konkursverfahren zwanzig Tage nach Auflegung des Kollokationsplanes zu laufen (Art. 207 Abs. 1 und 3 SchKG). **6**

Erfolgt der *Widerruf* des Konkurses (Art. 195 Abs. 1 und 2 SchKG), hört die Hemmung der Verjährung auf und die Verjährung nimmt am Tage nach der Publikation ihren Fortgang (Art. 195 Abs. 3 SchKG; Art. 134 Abs. 2 analog; ZK-Berti, N 47). Wird indessen das Konkursverfahren gegen eine natürliche Person zu Ende geführt (diesbezügliche verjährungsrechtliche Überlegungen für eine juristische Person sind infolge deren Auflösung nach Abschluss des Konkursverfahrens obsolet), wird dem nicht vollständig befriedigten Gläubiger ein Konkursverlustschein ausgestellt (Art. 265 Abs. 1 SchKG). Die darin verurkundete Forderung verjährt in zwanzig Jahren *ab effektiver Ausstellung*, gegenüber den Erben des Schuldners ein Jahr nach *Eröffnung des Erbganges*, d.h. ab dem Todestag des Schuldners (Art. 265 Abs. 2 SchKG i.V.m. Art. 149 Abs. 1bis, Art. 149a Abs. 1 SchKG i.V.m. Art. 537 Abs. 1 ZGB; ZK-Berti, N 48). Wurde kein Verlustschein ausgestellt, läuft die Verjährungsfrist ab dem Datum, an welchem der Verlustschein hätte ausgestellt werden sollen (BSK SchKG I-Huber, Art. 149a N 2). *Nicht abzustellen* ist m.E. auf einen *allfälligen späteren Zeitpunkt* für den Neubeginn der Frist, falls der Schuldner Rechtsvorschlag mit der Begründung erhebt, er sei *nicht zu neuem Vermögen* gekommen (Art. 265 Abs. 2, 265a Abs. 1 SchKG), obwohl in diesem Fall je nach Vermögenslage des Schuldners die Forderung nach dem Konkursrechte i.S.v. Art. 138 Abs. 3 *nicht* geltend gemacht werden kann (**a.M.** ZK-Berti, N 48; s. N 6b). **6a**

6b Die hier vertretene Ansicht betreffend den Zeitpunkt des Neubeginns der Frist (s. N 6a) stützt sich auf den *Wortlaut* von Art. 149a Abs. 1 SchKG, welche Bestimmung gegenüber Art. 138 Abs. 3 die *neuere* ist und deshalb grundsätzlich Vorrang hat, und ebenso auf das Interesse an *Rechtssicherheit*. Es steht nämlich aufgrund des in Art. 265a SchKG vorgesehenen Verfahrens häufig lange nicht fest, ob der Schuldner zu neuem Vermögen gekommen ist oder nicht. Entsprechend wäre während dieser Zeitspanne ungewiss, ob die zwanzigjährige Verjährungsfrist zu laufen begonnen hat (vgl. auch BSK SchKG I-Huber, Art. 149a N 2, der auf das *eigentliche Ausstellungsdatum* abstellt, falls Verlustscheine nur mit grosser Verspätung ausgestellt wurden).

Art. 139

aufgehoben
abrogé
abrogato

Art. 140

VI. Verjährung bei Fahrnispfandrecht	**Durch das Bestehen eines Fahrnispfandrechtes wird die Verjährung einer Forderung nicht ausgeschlossen, ihr Eintritt verhindert jedoch den Gläubiger nicht an der Geltendmachung des Pfandrechtes.**
VI. Créance garantie par gage mobilier	L'existence d'un gage mobilier en faveur de la créance n'empêche pas la prescription de celle-ci, mais le créancier conserve le droit de faire valoir son gage.
VI. Credito con pegno mobiliare	L'esistenza di un pegno mobiliare non esclude la prescrizione di un credito, ma, questa verificandosi, non è impedito al creditore di far valere il diritto di pegno.

Literatur

Vgl. die Literaturhinweise bei den Vorbem. zu Art. 127–142.

I. Normzweck

1 Art. 140 gestattet dem Gläubiger, trotz eingetretener Verjährung der Forderung das Fahrnispfand zu realisieren. Die Bestimmung durchbricht dabei den **Grundsatz der Akzessorietät** des Faustpfandrechtes *nicht*, da der Inhalt der Forderung infolge der Verjährung wohl einredebelastet, aber weiterhin geschuldet ist (vgl. Vor Art. 127–142 N 1 ff.; gl.M. ZK-Berti, N 3; ferner Schöbi, 107). Dies äussert sich im Recht des Gläubigers, sich in erlaubter Selbsthilfe Befriedigung aus der Pfandverwertung zu verschaffen.

II. Anwendungsbereich

2 Der Begriff **«Fahrnispfandrecht»** umfasst nebst dem *Faustpfand* (Art. 884 ff. ZGB) auch das *Retentionsrecht* (Art. 895 f. ZGB; BGE 86 II 358 E. 2; BGer, 6.9.2002, 4C.374/2001, E. 2.3), das *Forderungspfandrecht* und das *Pfandrecht an anderen Rechten* (Art. 899 ff. ZGB; SJZ 1942/43, 41 Nr. 15). Verschiedene Autoren (vgl. Spiro, I, 534 f.; Bucher, AT, 452 vor und in Anm. 41, 454 Anm. 43, m.Hw. auf Art. 37 Abs. 2, 287 Abs. 1 Ziff. 1 aSchKG [Art. 37 Abs. 2, 287 Abs. 1 Ziff. 1 SchKG]; ZK-Berti, N 6 ff.; Schöbi, 109) befürworten die *Ausdehnung* auf folgende Sicherungsrechte:
– das *Versatzpfand* (Art. 907 ff. ZGB);
– die *weiteren Retentionsrechte des Zivilrechts* (Art. 700 Abs. 2 ZGB; Art. 57, 268, 299c, 349e, 401 Abs. 3, Art. 418o, 418v, 434, 451, 485 Abs. 3, Art. 491);

– den *Eigentumsvorbehalt* (**a.M.** ZK-Haab/Simonius/Scherrer/Zobl, Art. 716 ZGB N 86; ZK-Berti, N 14);
– die *Viehverpfändung* gem. Art. 885 ZGB (gl.M. BK-Zobl, Art. 885 N 60; Nabholz, 43 f.; **a.M.** Gauch/Schluep/Schmid/Emmenegger, N 3283; Schöbi, 105);
– die weiteren besitzlosen Fahrnispfandrechte.

Art. 140 ist nicht anwendbar auf: 3
– Vormerkungen i.S.v. Art. 959 ZGB (Spiro, I, 537 f., 831 vor Anm. 33);
– *vorgemerkte Verfügungsbeschränkungen* gem. Art. 960 ZGB (Schöbi, 109).

III. Voraussetzungen

Art. 140 betrifft **Sicherungsrechte**, die *vor* Eintritt der Verjährung bestellt worden sind; die *nachträgliche* Errichtung bedeutet allenfalls Verzicht i.S.v. Art. 141 (BK-Zobl, Art. 884 OR N 250 i.f.). Die Bestimmung ist nicht anwendbar auf den Fall der Ausübung eines Retentionsrechts durch den Gläubiger *nach* Eintritt der Verjährung (Schöbi, 108; ZK-Berti, N 16). Tritt zwischen Vereinbarung der Pfandbestellung und deren Erfüllung die Verjährung der Forderung ein, hat dies gleichzeitig auch die Verjährung der Pflicht zur Pfandübergabe als Nebenanspruch zur Folge (s. Art. 133 N 2a). Findet die Pfandübergabe aber trotzdem statt, gilt die Rechtsfolge von Art. 140 (gl.M. ZK-Berti, N 18). 4

IV. Rechtsfolgen

Der Gläubiger kann trotz Verjährung seiner Forderung das **Pfandsubstrat** verwerten lassen (i.d.R. durch Betreibung auf Pfandverwertung, Art. 151 ff. SchKG) und den Erlös im Umfang der Sicherstellung (s. etwa Art. 891 Abs. 2, Art. 904 Abs. 1 ZGB) zur Befriedigung seiner Forderung verwenden. 5

Art. 141

VII. Verzicht auf die Verjährung

1 Auf die Verjährung kann nicht zum voraus verzichtet werden.

2 Der Verzicht eines Solidarschuldners kann den übrigen Solidarschuldnern nicht entgegengehalten werden.

3 Dasselbe gilt unter mehreren Schuldnern einer unteilbaren Leistung und für den Bürgen beim Verzicht des Hauptschuldners.

VII. Renonciation à la prescription

1 Est nulle toute renonciation anticipée à la prescription.

2 La renonciation faite par l'un des codébiteurs solidaires n'est pas opposable aux autres.

3 Il en est de même si elle émane de l'un des codébiteurs d'une dette indivisible; et la renonciation faite par le débiteur principal n'est pas non plus opposable à la caution.

VII. Rinuncia alla prescrizione

1 La rinuncia preventiva alla prescrizione è nulla.

2 La rinuncia fatta da un debitore solidale non è opponibile agli altri debitori solidali.

3 Lo stesso vale fra più debitori di una prestazione indivisibile e per il fideiussore in caso di rinuncia fatta dal debitore principale.

Literatur

Vgl. die Literaturhinweise bei den Vorbem. zu Art. 127–142.

I. Normzweck

1 Während gem. Art. 129 gewisse Verjährungsfristen nicht durch Parteivereinbarung abgeändert werden dürfen, verbietet Art. 141 Abs. 1, dass auf die Verjährung zum Voraus **verzichtet** werde. Beide Bestimmungen wollen sicherstellen, dass der Schuldner bei der Begründung seiner Verpflichtung nicht dazu gebracht werden kann, rechtsgeschäftlich auf den Schutz der Verjährung zu verzichten (Spiro, FS Neumayer, 550; Béguelin, SJK 813, 3).

1a Grundsätzlich ist zwischen der **Verlängerung der Verjährungsfrist** und dem **Verzicht auf die Verjährungseinrede** zu unterscheiden (BGE 99 II 185 ff.; bestätigt in BGer, 14.5.1998, 4C.9/1998 E. 4a, in: AJP 1998, 247. mit Anm. Koller, 248, zusammengefasst von Leuenberger in ZJBV 1998, 583 ff.; Kessler, 108 f.). Bei der *Verlängerung* tritt die Verjährung der Forderung erst am Ende der festgelegten Dauer ein, weshalb *Hemmung* nach Art. 134 und *Unterbrechung* nach Art. 135 *möglich* sind. Beim *Verzicht auf die Einrede* handelt es sich lediglich um ein prozessuales Verteidigungsmittel, weshalb nach Ablauf der gesetzlichen (oder zuvor vereinbarten) Frist die Verjährung eintritt und während der Dauer des Einredeverzichtes durch diesen *weder gehemmt noch unterbrochen* wird. In BGE 99 II 185 ff. (bestätigt in BGer, 14.5.1998, 4C.9/1998, E. 4a, in: AJP 1998, 247 mit Anm. Koller, 248, zusammengefasst von Leuenberger in ZJBV 1998, 583 ff.) hat aber das BGer unter fast einhelliger Zustimmung der Lehre die *Verlängerung der Verjährungsfrist* und den *Verzicht auf die Verjährungseinrede* – unabhängig davon, ob die Erklärung *vor* oder *nach* Eintritt der Verjährung erfolgte – im Interesse der Einfachheit und Klarheit sowie der Verständlichkeit der Rechtsordnung einander gleichgestellt (zustimmend Fischer, 138; Rey, N 1596; Tschütscher, N 235; **abl.** gegenüber der pauschalen Gleichsetzung des Einredeverzichts mit der Fristverlängerung Koller, SJZ 1996, 369; Kessler, 110 m.w.Hw.). Die bundesgerichtliche Rsp. verdient aus Gründen der Praktikabilität insofern Zustimmung, als lediglich *im Zweifelsfalle* Einredeverzicht und Fristverlängerung gleich zu behandeln sind. Lässt sich aber eine Unterscheidung aufgrund der gesamten Umstände oder a fortiori ausdrücklicher Regelung durch die Parteien feststellen, ist an der Unterscheidung festzuhalten (gl.M. betr. ausdrücklicher Parteivereinbarung Kessler, 110 f. mit Bsp.). Wie bei rechtsgeschäftlichen Erklärungen allgemein ist zunächst nach dem wirklichen Willen der Parteien zu fragen. Nur wenn dieser tatsächliche Parteiwille unbewiesen bleibt, sind zur Ermittlung des mutmasslichen Willens der Parteien deren Erklärungen auf Grund des Vertrauensprinzips so auszulegen, wie sie nach ihrem Wortlaut und Zusammenhang sowie den gesamten Umständen verstanden werden durften und mussten (BGE 129 III 118 E. 2.5; BGer, 6.9.2002, 4C.374/2001, E. 2.1 u. 2.3; 16.1.2003, 5C.226/2002, E. 1.2; ferner BGer, 21.4.2005, 5C.42/2005, E. 2.3; s.a. BGer, 8.2.2011, 9C_855/2010, E. 3.5.2).

1b Die Abs. 2 und 3 regeln die Rechtsfolgen eines zulässigen Verzichts für die übrigen Schuldner bei Solidarität und Gesamtschuldnerschaft sowie für Bürgen.

II. Das Verbot des Vorausverzichts nach Abs. 1

1. Anwendungsbereich

2 Der Wortlaut von Art. 141 Abs. 1 verbietet dem Schuldner schlechthin den Vorausverzicht. Das Verbot umfasst neben der konkreten Verzichtsvereinbarung auch eine anderweitige rechtsgeschäftliche Erschwerung der Verjährung, wie etwa die Vereinbarung einer Konventionalstrafe, falls sich der Schuldner auf die ihm zustehende Einrede der Verjährung berufen werde (ZK-Berti, Art. 129/141 Abs. 1 N 60; Spiro, I, 849; Kessler, 20 f., unter Ablehnung der deutschen, gegenteiligen Auffassung). Im Gegensatz zu Art. 129 bezieht sich Art. 141 *seinem Wortlaut nach* auf alle Verjährungsfristen (nicht bloss auf die im dritten Titel des OR enthaltenen). Das BGer beschränkt seinen Anwendungsbereich dennoch auf den dritten Titel des OR und lässt einen befristeten Verzicht auf die Erhebung der Verjährungseinrede bei den ausserhalb dieses Titels statuierten Fristen zu (BGE 112 II 233 E. 3e/bb; BGer, 14.5.1998, 4C.9/

1998, E. 4a, in: AJP 1998, 247, mit Anm. KOLLER, 248, zusammengefasst von LEUENBERGER in ZJBV 1998, 583 ff.; bestätigt in BGer, 21.4.2005, 5C.42/2005, E. 2.2).

Demgegenüber vertritt SPIRO (FS Neumayer, 547 f.) mit beachtenswerten Argumenten die Ansicht, Art. 141 Abs. 1 gelte zwar für alle Forderungen, dennoch wolle die Bestimmung einen Verzicht auf die Geltendmachung der Verjährung *für die bereits verstrichene Zeit* gar nicht verbieten (SPIRO, a.a.O., 548 ff., 555; **a.M.** BUCHER, AT, 448, der aber immerhin die «*Anerkennung einer, wenn auch streitigen* [...] *Rechtsbeziehung*» darin erblickt). Dieser Ansicht ist beizupflichten (gl.M. SG GVP 1997, 101 f.; GAUCH/SCHLUEP/SCHMID/EMMENEGGER, N 3379; ZK-BERTI, Art. 129/141 Abs. 1 N 48 f., mit abw. Begründung). Die Abgabe von Verzichtserklärungen *bez. der bereits aufgelaufenen Verjährung* durch Versicherungsgesellschaften und andere rechtskundige Parteien ist heute denn auch gefestigte **Usanz**, wobei der Versicherer gem. Art. 46 Abs. 2 Satz 1 i.V.m. Art. 98 Abs. 1 VVG, e contrario, in weitergehendem Umfang auf die Verjährung verzichten kann, als dies nach den allgemeinen Bestimmungen des Obligationenrechts möglich ist (BGer, 16.1.2003, 5C.226/2002, E. 1.2). Wollte der Erklärende darauf zurückkommen, nachdem er den Gläubiger von der Vornahme einer Unterbrechungshandlung abgehalten hat, so verstiesse er gegen das Rechtsmissbrauchsverbot (Art. 2 Abs. 2 ZGB; ZK-BERTI, Art. 129/141 Abs. 1 N 50 ff.; KESSLER, 59 ff. m.w.Hw.). 3

Das BGer hat den engen Zusammenhang von Art. 129 und 141 Abs. 1 anerkannt und seine Rsp. geändert (vgl. BGE 132 III 226 = Pra 2006, 999 ff.). Mittels historischer Auslegung von Art. 141 Abs. 1 und gestützt auf die Gesetzesmaterialien (BGE a.a.O. E. 3.3.6 = Pra 2006, 1009) ist es hinsichtlich des Zeitpunktes der Abgabe eines Verjährungsverzichts zu folgenden Schlüssen gelangt (E. 3.3.7 = Pra 2006, 1010): Der Gesetzgeber wollte mit der Normierung, auf die Verjährung könne nicht zum Voraus verzichtet werden, nur den Verjährungsverzicht im Zeitpunkt des Vertragsschlusses (und m.E. nach dem Grundsatz in majore minus auch *vor* dem Vertragsschluss) verbieten, unabhängig von der jeweiligen Verjährungsdauer. Sobald der Vertrag aber geschlossen ist, kann der Schuldner bei allen Verjährungsfristen noch während laufender Verjährung darauf verzichten, sich auf die Verjährung zu berufen. Hinsichtlich Dauer eines solchen Verzichtes hat das BGer in Abänderung der Rsp. in BGE 112 II 231 E. 3e/bb unter Bezugnahme der Kritik in der Lehre m.E. zu Recht festgehalten (BGE 132 III 226 E. 3.3.8 = Pra 2006, 1011): Unter Berücksichtigung von Art. 19 liegt es im Belieben der Parteien, die Dauer des Verjährungsverzichtes (durch Vereinbarung oder einseitige Erklärung) festzulegen. Die Schranke ist allerdings stets (d.h. auch bei spezialgesetzlich kürzeren Fristen) die zehnjährige Frist gem. Art. 127 (BGer, 20.8.2007, 9C_104/2007, E. 8.2.1; so auch schon BGE 99 II 185 E. 2a i.f. betr. Art. 14 Abs. 1 aEHG [aufgehoben per 1.1.2010]), da es zu vermeiden gilt, dass der Gläubiger zeitlich unbeschränkt die Leistung vom Schuldner verlangen kann. Ohne diese Einschränkung könnte das Institut der Verjährung gänzlich ausgehebelt werden, welcher Fall wohl insb. bei einem «schwachen» Schuldner bzw. einem «starken» Gläubiger eintreten würde. Die Begrenzung der Frist auf zehn Jahre betrifft aber nur die maximale Dauer des Verzichts in die Zukunft (gl.M. BUCHER, recht, 195). Dem Schuldner muss unbenommen sein, auch nach Ablauf von zehn Jahren weitere Verjährungsverzichte für die Dauer von maximal zehn Jahren abzugeben, könnte er doch auch einfach auf die Erhebung der Verjährungseinrede verzichten. Das Recht auf Abgabe von weiteren Verjährungsverzichten rechtfertigt sich auch in Anlehnung an Art. 135 Ziff. 2, wonach der Gläubiger die Verjährung beliebige Male durch eine der daselbst genannten Handlungen unterbrechen kann. Solche Unterbrechungshandlungen des Gläubigers sind auch während der Dauer eines Verjährungsverzichts des Schuldners jederzeit möglich (BUCHER, AT, 447 Anm. 18), mit der Folge, dass die Frist von neuem beginnt. Erfolgt der Verzicht für eine bestimmte Dauer, wird die Verjährungsfrist abweichend von der Verjährungsunterbrechungsregel von Art. 137 Abs. 1 OR nicht neu eröffnet, sondern nur nach Massgabe der von den Parteien vereinbarten oder vom Schuldner stipulierten Dauer verlängert (BGE 132 III 226 E. 3.3.8 = Pra 2006, 1011; BGer, 28.5.2013, 4A_707/2012, E. 7.4.2). 3a

3b Da im Zeitpunkt der Abgabe des Verzichts oft unklar ist, ob die Verjährung bereits eingetreten ist, muss ein Verzicht mit Vorbehalt bzw. bedingter Verzicht etwa mit der Formulierung, «soweit die Verjährung nicht bereits eingetreten ist», ohne weiteres zulässig sein (vgl. BGer, 12.3.2012, 4A_656/2011, E. 5). Dies gilt auch, wenn mehrere solche aufeinanderfolgende Verzichte abgegeben werden.

2. Rechtsfolgen

4 Gegen den Verbotsgehalt des Abs. 1 verstossende Verfügungen und Vereinbarungen sind zufolge widerrechtlichen Inhalts *nichtig* (Art. 20 Abs. 1; so ausdrücklich der französische [«est nulle»] und italienische [«è nulla»] Gesetzestext).

III. Der Verzicht nach Ablauf der Verjährungsfrist

1. Voraussetzungen

5 Beim Verzicht ist keine besondere Form zu beachten, selbst nicht bei Forderungen aus Rechtsgeschäften, die formbedürftig sind (Art. 1 Abs. 2, 11; Kessler, 93 f.). Ausserdem kann der Verzicht ausdrücklich oder stillschweigend erfolgen, und es genügt bereits ein Verhalten des Schuldners, das die andere Partei als Verzicht auslegen durfte (BGE 112 II 234 = Pra 1987, 232; BGE 108 II 287 = Pra 1982, 753 f.). Ein stillschweigender Verzicht ist allerdings nur bei Vorliegen klarer Indizien anzunehmen (ZR 1952, 95). Er kann sich bspw. aus der Bestellung einer Sicherheit ergeben (BK-Zobl, Art. 884 ZGB N 250).

5a Die einmal erhobene Verjährungseinrede kann vom Schuldner jederzeit auf befristete oder unbefristete Zeit *widerrufen* werden, da die Forderung nicht untergegangen ist und weiterhin Bestand hat (Vor Art. 127–142 N 1 ff.; ZK-Berti, Art. 129/141 Abs. 1 N 59). Entsprechend wird die Forderung ab dem Widerrufszeitpunkt wieder gerichtlich durchsetzbar. Bei Widerruf für eine kürzere befristete Zeit ist die Forderung bis zum Ablauf dieser Frist gerichtlich durchsetzbar, bei unbefristetem Widerruf beginnt – abgesehen von den Sonderfällen in Art. 137 Abs. 2 – eine Frist von gleicher Dauer wie die unterbrochene (Art. 137 N 2 ff.; **a.M.** ZK-Berti, Art. 129/141 Abs. 1 N 59, der bei unbefristetem Widerruf *stets* die zehnjährige Frist annimmt). Schliesslich kann der Schuldner nach Vollendung des Verjährungsvorganges auf die Erhebung der entstandenen Verjährungseinrede gem. Art. 141 Abs. 1, e contrario, rechtsgültig ausdrücklich oder stillschweigend verzichten, oder aber auch die Erhebung der Einrede aus anderen Gründen (z.B. zufolge Unkenntnis) unterlassen (ZK-Berti, Art. 129/141 Abs. 1 N 54).

2. Rechtsfolgen

6 *entfällt*

7 Art. 63 Abs. 2 schliesst die Rückforderung einer Zahlung für eine verjährte Schuld aus (**a.M.** für den Fall, dass der Zahlende sich bez. der Verjährung in einem für den Gläubiger erkennbaren Irrtum befand, Spiro, I, 564 Anm. 19 m.Hw. auf BGE 14, 293 zu Art. 72 Abs. 2 aOR).

8 Der gültige Verzicht lässt auch die Nebenrechte i.S.v. Art. 133 wieder aufleben, es sei denn, der Verzichtende habe diese ausdrücklich oder stillschweigend von seiner Erklärung ausgenommen (Schöbi, 90).

IV. Die Folgen eines Verzichts für Mitverpflichtete (Abs. 2 und 3)

9 Art. 141 Abs. 2 ist ein Anwendungsfall von Art. 146 (s.a. Art. 136 N 3). Art. 141 Abs. 3 deckt sich mit Art. 502 Abs. 2. Während laufender Verjährung wirkt eine *Unterbrechung* auch gegenüber Solidarschuldnern und Bürgen (Art. 136). Nach Eintritt der Verjährung kann der *Verzicht* eines Solidarschuldners nicht den übrigen Solidarschuldnern (Art. 143 ff.), der eines Gesamtschuldners nicht den anderen Gesamtschuldnern (Art. 70 Abs. 2) und der des Hauptschuldners nicht den Bürgen entgegengehalten werden (wiederholt in Art. 502 Abs. 2).

Art. 142

VIII. Geltendmachung	**Der Richter darf die Verjährung nicht von Amtes wegen berücksichtigen.**
VIII. Invocation de la prescription	Le juge ne peut suppléer d'office le moyen résultant de la prescription.
VIII. Non opponibile d'ufficio	Il giudice non può supplire d'ufficio l'eccezione di prescrizione.

Literatur

Vgl. die Literaturhinweise bei den Vorbem. zu Art. 127–142.

I. Normzweck

1 Art. 142 stellt klar, dass der Ablauf der Verjährungsfrist die Forderung nicht zum Erlöschen bringt. Falls der Belangte die entsprechende Einrede erhebt, verliert die Forderung aber ihre Eignung, einem klagegutheissenden Sachentscheid zugrunde zu liegen. BGE 99 II 189 f. unterstellt dem Tatbestand der Erhebung der Einrede der Verjährung implizit etwas Anrüchiges: Es sei dem Gewissen des Schuldners überlassen, ob er sich darauf berufen wolle (so auch BGer, 25.2.2008, 4A_527/2007, E. 3.1 betr. das «moralisch nicht immer unbedenkliche Mittel der Verjährung»; vgl. zum Interesse am Institut der Verjährung Vor Art. 127–142 N 1 f.).

II. Anwendungsbereich

2 Die **ausserprozessuale Erhebung** der Einrede der Verjährung drückt die Absicht des Belangten aus, die Leistung zu verweigern. Art. 142 regelt die **Erhebung im Prozess**, einschliesslich des prozessualen Themas der Begründetheit einer bereits vorprozessual erhobenen Einrede. Voraussetzung für die prozessuale Berücksichtigung der Einrede ist in jedem Fall, dass die Tatsache der Erhebung aus dem Prozessstoff hervorgeht (gl.M. Spiro, I, 557 vor und in Anm. 13; ZK-Berti, N 10; **a.M.** Bucher, AT, 447 Anm. 13). Art. 142 richtet sich an sämtliche Rechtsschutzinstanzen; «Richter» ist mithin auch ein *Schiedsrichter, Schlichter* oder auch ein *Betreibungsbeamter*, der auf das Betreibungsgesuch hin den Zahlungsbefehl auszustellen hat (gl.M. ZK-Berti, N 5; vgl. dazu ausführlich o. Art. 138 N 3). Die *Konkursverwaltung*, die unter Hinweis auf die Verjährung eine angemeldete Forderung nicht zur Kollokation zulässt, fällt nicht unter Art. 142, da Art. 245 SchKG sie ermächtigt, sich über die Frage der Anerkennung der Forderung und damit Nichterheben der Verjährungseinrede hinwegzusetzen (gl.M. ZK-Berti, N 6).

III. Prozessuale Voraussetzungen der Einrede

1. Bestimmtheit

3 Das BGer verlangt «ausdrückliche Erhebung» (BGE 101 Ib 350 = Pra 1975, 768), d.h. eine Erklärung, die als Verjährungseinrede ausgelegt werden kann. Deshalb sind etwa folgende Äusserungen des Schuldners als ausreichend zu betrachten: «Nach so langer Zeit zahle ich

nicht mehr»; «Der Kläger hätte halt früher kommen sollen»; «Es erstaunt mich sehr, dass ich nunmehr für teilweise über acht Jahre alte Unterhaltsbeiträge betrieben werde. Ich weiss nicht, ob dies überhaupt zulässig ist» (vgl. Schaller, 236 f., 249 f., m.Hw. auf [unv.] Verfügung der Rechtsöffnungsrichterin am BezGer ZH [Audienzrichteramt] vom 5.6.2007 i.S. Einwohnergemeinde E. gegen den Unterhaltsschuldner S.). Nicht ausreichend ist aber der blosse Antrag auf Klageabweisung (ZK-Berti, N 13).

3a Ob der **Richter** im Rahmen seiner **Fragepflicht** bzw. seines Fragerechts auf die Verjährung hinweisen darf, ist umstritten (**abl**. ZPO Komm-Sutter-Somm/von Arx, Art. 56 N 41 ff.; Bucher, AT, 447 Anm. 14; befürwortend ZK-Berti, N 19; Frank/Sträuli/Messmer, Kommentar zur zürcherischen Zivilprozessordnung, 3. Aufl., Zürich 2000, § 55 N 9). ZK-Berti (a.a.O.) stützt seine Ansicht darauf, dass die Verjährung nach Möglichkeit auch zur Entlastung der Rechtspflegeinstanzen beitragen soll, sowie aus der Konzeption einer generellen Aufklärungspflicht zugunsten beider Parteien. Allerdings ergibt sich m.E. bereits aus Art. 142, dass der Richter von Hinweisen auf die Verjährung Abstand nehmen muss. Würde der Richter nämlich seine Fragepflicht diesbezüglich ausüben, *müsste* er den Beklagten im Unterlassungsfalle auf die eingetretene Verjährung aufmerksam machen bzw. fragen, ob er die Verjährungseinrede erheben wolle. Damit würde Art. 142 wohl nicht aufgehoben, da es dem Beklagten auch nach Ausübung der richterlichen Fragepflicht immer noch anheim gestellt bliebe, auf die Erhebung der Verjährungseinrede zu verzichten. Hingegen würde aber Sinn und Zweck von Art. 142 ausgehöhlt, weshalb diese Norm die richterliche Fragepflicht bezüglich der Verjährung ausschliesst.

2. Rechtzeitige Erhebung

4 Die Verjährungseinrede muss im Rahmen der zivilprozessualen **Eventualmaxime** während des Schriftenwechsels vor erster Instanz – unter den Voraussetzungen von Art. 229 ZPO auch noch zu Beginn der Hauptverhandlung – erhoben werden, ansonsten sie vom Richter wegen Verspätung unberücksichtigt bleibt (BGE 80 III 52 E. 2; ZR 1968, 87; Spiro, FS Neumayer, 546). Im kantonalen **Berufungsverfahren** ist die erstmalige Erhebung der Einrede nur nach Massgabe des Novenrechts gem. Art. 317 Abs. 1 ZPO zulässig (BGer, 6.2.2013, 4A_305/2012, E. 3.3 und 3.4 [i.c. bejaht]), im kantonalen **Beschwerdeverfahren** ist sie gem. Art. 326 ZPO ausgeschlossen. Im **Beschwerdeverfahren vor BGer** ist die erstmalige Erhebung gem. Art. 99 Abs. 1 BGG zugelassen, sofern erst der Entscheid der Vorinstanz dazu Anlass gegeben hat (BGer, 29.1.2010, 5A_563/2009, E. 5.2 betr. bereits vor der kantonalen Instanz frist- und formgerecht erhobene, von dieser aber nicht unter allen Aspekten geprüfte Verjährungseinrede; BGE 134 V 223 E. 2.2.1: Die Erhebung der Verjährungseinrede vor BGer allein deshalb, weil die Vorinstanz entgegen den Erwartungen der Beklagten die Klage gutgeheissen hat, bildet noch keinen hinreichenden Anlass i.S.v. Art. 99 Abs. 1 BGG) oder die Verjährung erst nach dem angefochtenen Entscheid eingetreten ist (BGE 134 V 223 E. 2.2.2 m.V. auf BGE 123 III 216 E. 4, 218 E. 5b = JdT 2000 I 208 ff. betr. Novenrecht im Berufungsverfahren unter Art. 55 Abs. 1 lit. c aOG; BGE 138 II 169 E. 3.1 betr. Novenrecht im Beschwerdeverfahren gem. Art. 99 BGG; ZK-Berti, N 16).

3. Richterliche Kognition

5 Der Richter hat von Amtes wegen die form- und fristgerecht erhobene Einrede im Rahmen der bundesrechtlich gebotenen Rechtsanwendung i.S.v. Art. 57 ZPO (*iura novit curia*, BGE 107 II 122 E. 2a) unter allen Rechtstiteln – auch solchen, die der Beklagte nicht vorgebracht hat – auf ihre Begründetheit hin zu prüfen (BGer, 29.1.2010, 5A_563/2009, E. 5.2; 25.2.2008, 4A_527/2007, E. 3.1; SJ 1987, 42).

6 Der Entscheid einer oberen kantonalen Instanz, der die Verjährungseinrede verwirft, stellt einen Zwischenentscheid i.S.v. Art. 93 BGG, derjenige, welcher sie gutheisst, einen Endentscheid i.S.v. Art. 90 BGG dar (BGE 118 II 449 E. 1. = Pra 1994, 404 f. betr. das aOG).

IV. Rechtsfolgen

1. Rechtsfolge der Begründetheit der Verjährungseinrede

Siehe Art. 127 N 22 f. 7

2. Rechtsfolge der rechtsmissbräuchlichen Verjährungseinrede

Die rechtsmissbräuchliche Erhebung der Einrede findet keinen Rechtsschutz (Art. 2 Abs. 2 ZGB), worauf *von Amtes wegen* zu erkennen ist (BGE 69 II 103 E. 4). Aus dem blossen Zeitablauf *innerhalb* der Verjährungsfrist (ein vertrauensbildendes Verhalten des Schuldners *nach* Eintritt der Verjährung nützt dem Gläubiger nichts, ausser wenn der Schuldner auf die Verjährungseinrede verzichtet und die Forderung wenigstens teilweise vorbehaltlos anerkennt, BGE 113 II 269 E. 2e; 128 V 236 E. 4a = Pra 2003, 1027) kann jedoch weder ein Verzicht auf die Ansprüche noch deren rechtsmissbräuchliche Geltendmachung abgeleitet werden, sofern nicht ganz besondere Umstände hinzukommen (BGE 110 II 275 E. 2, wo das BGer unter der Willkürprüfung festhielt, es sei unhaltbar, einen Verzicht auf die Forderung oder einen Rechtsmissbrauch nur deshalb anzunehmen, weil der Arbeitnehmer zwei Jahre mit der Geltendmachung seiner zwingenden Ansprüche aus dem Gesamtarbeitsvertrag zugewartet habe; ebenso BGE 116 II 428 E. 2 betr. Forderung aus Werkvertrag; BGE 125 I 14 E. 3 betr. nachträgliche Geltendmachung von diskriminierungsfreiem Lohn; BGE 127 III 357 E. 4c/bb; 129 III 171 E. 2.4, i.f., betr. Geltendmachung von Überstunden durch den Arbeitnehmer; 131 I 105 E. 3.3 betr. Anspruch auf diskriminierungsfreien Lohn; BGer, 27.2.2004, 5C.112/2003, E. 5; 24.5.2005, 4C.54/2005, E. 2.2; 29.3.2006, 4C.33/2006, E. 3.1). Die gesetzliche Regelung nimmt in Kauf, dass sich für den Schuldner gegen Ende der Verjährungsfrist Beweisschwierigkeiten für den Nachweis der früheren Tilgung ergeben können (BGE 94 II 41; ferner Art. 128 N 13a, Art. 134 N 10). 8

Rechtsmissbrauch liegt vor, wenn wegen *arglistigen Verhaltens* des Schuldners der Gläubiger die Verjährungsfrist unbenutzt verstreichen lässt (bejaht in BGE 89 II 262 E. 4; 76 II 117, wo der Tatbestand des Art. 134 Abs. 1 Ziff. 6 ebenfalls für erfüllt gehalten wurde, und in BGE 42 II 682; verneint in 91 II 262). Ebenfalls wird Rechtsmissbrauch bejaht, wenn der Schuldner *ohne unlautere Absicht* ein Verhalten zeigt, das den Gläubiger veranlasst hat, rechtliche Schritte während der Verjährungsfrist zu unterlassen, und diese Säumnis des Gläubigers auch bei *objektiver* Betrachtungsweise verständlich erscheint (BGE 128 V 236 E. 4a = Pra 2003, 1027 [Rechtsmissbrauch verneint]; BGE 113 II 264 E. 2e [Rechtsmissbrauch verneint]). Erforderlich ist ein Verhalten, das *seiner Art nach geeignet war*, den Gläubiger an der rechtzeitigen Wahrung seiner Rechte zu hindern, z.B. wenn der Schuldner den Gläubiger ausdrücklich um Geduld ersucht oder Rückzahlung bis zu einem Zeitpunkt nach Ablauf der Verjährungsfrist verspricht (BGE 69 II 104 E. 4), oder wenn der Schuldner gegenüber dem Gläubiger eine Erklärung abgibt, er werde auf die Erhebung der Verjährungseinrede bis zu einem bestimmten Zeitpunkt verzichten, und dadurch den Gläubiger von Unterbrechungshandlungen abhält, um sich nachfolgend auf die Ungültigkeit der Verzichtserklärung zu berufen (SG GVP 1997, 101 f.). Das Verhalten des Schuldners muss demnach *kausal* für das zu späte Handeln des Gläubigers sein (BGE 128 V 236 E. 4a = Pra 2003, 1027; BGer, 12.5.2004, 4C.296/2003, E. 3.6). 9

Kein Rechtsmissbrauch des Schuldners liegt deshalb vor, wenn der Schuldner einmal oder mehrere Male Verjährungsverzichte abgibt, unter dem Vorbehalt «soweit die Verjährung nicht bereits eingetreten ist», und sich dann später darauf beruft, dass die Verjährung bereits bei Abgabe des ersten Verzichts tatsächlich schon eingetreten ist (s.a. Art. 141 N 3b). Solche Verzichte mit Vorbehalt sind *nicht kausal* für das zu späte Handeln des Gläubigers. 9a

3. Rechtsfolgen der Beachtung der Einrede von Amtes wegen durch den Richter

10 In Fällen *absichtlich falscher Rechtsanwendung* wird der Richter dem Kläger haftpflichtig (HABSCHEID, Schweizerisches Zivilprozess- und Gerichtsorganisationsrecht, N 106 ff.); der Nachweis eines adäquat kausal verursachten Schadens dürfte praktisch allerdings schwer zu erbringen sein. In BGE 55 II 265 konnte das BGer den Fehler der Vorinstanz, die ohne Parteiantrag den Ablauf einer einjährigen Verjährungsfrist von Amtes wegen angenommen hatte, beheben: Es hielt *in casu* (Forderung aus Geschäftsführung ohne Auftrag) eine zehnjährige Verjährungsfrist für anwendbar.

V. Zivilprozessuales

11 Dem Schuldner obliegt vorab, den Eintritt der Verjährung durch *Erheben* der form- und fristgerechten Einrede zu behaupten. Als Ausfluss von Art. 8 ZGB trägt sodann einerseits der Schuldner die Beweislast nicht nur für das Erheben der Verjährungseinrede (BGer, 29.1.2010, 5A_563/2009, E. 3), sondern auch dafür, dass die eingeklagte Forderung verjährt ist, unter Nachweis der Tatsachen, aus denen sich der von ihm behauptete Beginn des Fristenlaufes ergibt (BGer, 22.12.2014, 9C_473/2014, E. 3.1). Der Gläubiger trägt anderseits die Beweislast, dass die Voraussetzungen der Unterbrechung, des Stillstandes oder auch des Verjährungsverzichts vorliegen (BGer, 8.2.2011, 9C_855/2010, E. 3 betr. Verjährungsverzicht; BGE 111 II 58 E. 3 = Pra 1985, 374, m.Hw.; BK-KUMMER, Art. 8 ZGB N 178, 304; BSK ZGB I-SCHMID, Art. 8 N 58).

Vierter Titel: Besondere Verhältnisse bei Obligationen

Erster Abschnitt: Die Solidarität*

Art. 143

A. Solidarschuld
I. Entstehung

[1] Solidarität unter mehreren Schuldnern entsteht, wenn sie erklären, dass dem Gläubiger gegenüber jeder einzeln für die Erfüllung der ganzen Schuld haften wolle.

[2] Ohne solche Willenserklärung entsteht Solidarität nur in den vom Gesetze bestimmten Fällen.

A. Solidarité passive
I. Conditions

[1] Il y a solidarité entre plusieurs débiteurs lorsqu'ils déclarent s'obliger de manière qu'à l'égard du créancier chacun d'eux soit tenu pour le tout.

[2] A défaut d'une semblable déclaration, la solidarité n'existe que dans les cas prévus par la loi.

A. Debito solidale
I. Condizioni

[1] Vi ha solidarietà fra più debitori quando essi dichiarano di obbligarsi verso il creditore ciascuno singolarmente all'adempimento dell'intera obbligazione.

[2] Senza tale dichiarazione di volontà non sorge solidarietà che nei casi determinati dalla legge.

Literatur

BERNSTEIN, Solidarschuldnerschaft begründet durch gleichzeitigen Vertrag und nachträglichen Beitritt, Diss. Basel 1943; CASANOVA, Ausgleichsanspruch und Ausgleichsordnung: Die Regressregelung von Art. 51 OR, Diss. Zürich 2010; GAUTSCHI, Solidarschuld und Ausgleich, Diss. Freiburg i.Ue. 2009; FELLMANN, Schweizerisches Haftpflichtrecht – Bd. II Haftung nach der gewöhnlichen Kausalhaftung des StSG und den Gefährdungshaftungen des SVG, des Transportrechts (TrG, EBG, BG Anschlussgleise, BSG und SebG) sowie des LFG, Bern 2014; HEIERLI/VASELLA/WEBER/SCHNYDER, Haftpflicht- und Privatversicherungsrecht, Entwicklungen 2009, 2010 (zit. njus 2009); KOLLER A., Solidarische Haftung von Architekt und Ingenieur mit anderen Baubeteiligten, in: Recht der Architekten und Ingenieure, 2002, 1 ff. (zit. Solidarische Haftung); KÖRNER, Die Haftung der Solidarschuldner im Aussenverhältnis, Diss. Zürich 2011; KRAUSKOPF, Haftung mehrerer Ersatzpflichtiger nach Art. 60 und 61 Abs. 3 SVG, in: Fellmann (Hrsg.), Haftpflicht des Motorfahrzeughalters – neue Antworten auf alte Fragen, Bern 2013 (zit. Haftung); DERS., Der Regressprozess – der Regress der Sozialversicherung und der privaten Schadensversicherung, in: Fellmann/Weber, Haftpflichtprozess 2013, Heuristics and Biases, Persönlichkeitsschutz, Regressprozess, Substanziierung, Parteibefragung und Gutachten, Zürich 2013 (zit. Regressprozess); MÜLLER, La solidarité parfaite, in: Werro (Hrsg.), La pluralité des responsables, Bern 2009, 31 ff.; SBAI, La solidarité entre les débiteurs en droit suisse et français, Diss. Genf 1950; SCHMIDT, Das Aussenverhältnis der Haftung einer Mehrheit von Schädigern im Haftpflichtrecht, Diss. St. Gallen 2012; TERCIER, Concours d'actions et solidarité: Où en sommes-nous?, in: Werro (Hrsg.), Quelques questions fondamentales du droit de la responsabilité civile, Bern 2002, 115 ff.; WEISS, Solidarität nach Art. 143–149 des Schweizerischen Obligationenrechts unter besonderer Berücksichtigung der Verjährung, Diss. Zürich 2011; WERRO, La pluralité des responsables, quelques principes et distinctions, in: Werro (Hrsg.), La pluralité des responsables, Bern 2009, 15 ff.; ZAHND, Pluralité de responsables et solidarité, Diss. Lausanne 1980.

I. Charakteristik der Solidarschuld

1 Solidarität unter Schuldnern bedeutet, dass der Gläubiger von jedem Solidarschuldner Leistung verlangen kann und sämtliche Schuldner solange verpflichtet bleiben, bis die ganze Leistung erbracht ist (Art. 144). Zwischen dem Gläubiger und den Solidarschuldnern besteht ein

* Die nachfolgende Kommentierung der Art. 143–150 stellt eine Überarbeitung und Ergänzung des Textes der von Anton K. Schnyder und Christian Heierli bearbeiteten 5. Aufl. dar.

Schuldverhältnis, auf welchem die Ansprüche des Gläubigers gegen die Schuldner und gewisse Beziehungen der Schuldner untereinander beruhen. Dem Gläubiger steht nicht eine einzige Forderung gegen mehrere Schuldner zu, sondern es existieren **mehrere gegen jeden Schuldner einzeln gerichtete Forderungen** (BGE 93 II 329, 334 E. 3b; BERGER, N 2388 ff.; CHK-MAZAN, Art. 143 N 4; *Mehrheitstheorie*, vgl. KOLLER A., OR AT, § 75 N 62). Diese Forderungen konkurrieren miteinander und stellen – wegen der Einmaligkeit der Leistung – im Vermögen des Gläubigers nur *einen* Posten dar (VON TUHR/ESCHER, 297). Ihre Selbständigkeit zeigt sich etwa darin, dass der Gläubiger über jede Forderung einzeln (z.B. durch Abtretung oder Erlass) verfügen kann (BGE 129 III 702, 704 E. 2.1). Sodann können für die verschiedenen Forderungen abweichende Leistungsorte, Fälligkeitstermine und Bedingungen vereinbart werden (VON TUHR/ESCHER, 297 f.). Da die Solidarschuld aus einer Mehrheit von Verpflichtungen besteht, ist es auch möglich, ein Pfand für die Verpflichtung nur eines Mitschuldners zu bestellen (BGE 50 III 83, 85).

2 Die Solidarschuld ist **abzugrenzen** von der Schuldübernahme, der Bürgschaft und dem Garantievertrag (vgl. bei den einschlägigen Bestimmungen). Zu unterscheiden ist sie namentlich vom akzessorischen Verhältnis, in welchem die Forderung eines Gläubigers gegen den Bürgen zu dessen Forderung gegen den Hauptschuldner steht. Während die Verpflichtung des Bürgen hinsichtlich Entstehung und Bestand von der Hauptschuld abhängt, besteht die Verpflichtung eines Solidarschuldners *selbständig und gleichwertig neben der eines andern Solidarschuldners* und wird grundsätzlich nur durch Tilgung der anderen Verpflichtung aufgehoben. Auch ist die Verpflichtung des Bürgen nicht nur akzessorisch, sondern subsidiär (Art. 495). Es besteht daher zwischen Hauptschuldner und Bürgen *keine Solidarität* i.S.v. Art. 143 ff. (VON TUHR/ESCHER, 299). Der klare Wortlaut einer solidarischen Verpflichtung schliesst nur bei *geschäftsgewandten* Personen die Auslegung i.S. einer Bürgschaft aus; ansonsten ist zur Begründung einer Solidarschuld erforderlich, «dass im Vertrag selber für die nicht geschäftsgewandte Partei klar verständlich und in individueller, d.h. nicht formularmässiger Weise, dargelegt wird, dass sich der Interzedent der Tragweite der eingegangenen Verpflichtung bewusst ist und aus welchen Gründen auf die Wahl der Rechtsform einer Bürgschaft verzichtet wird» (BGE 129 III 702, 709 E. 2.4.3).

3 Die Art. 143 ff. regeln an sich nur die **echte Solidarität**; mit wenigen Ausnahmen (s. Art. 50 N 2 und 4) sind die Bestimmungen aber analog auch auf unechte Solidarschuldverhältnisse nach Art. 51 anwendbar.

II. Entstehung der Solidarschuld

4 Nach der **Legaldefinition** von Art. 143 (vgl. BGE 104 II 225, 232) entsteht Solidarität unter mehreren Schuldnern entweder durch entsprechende Willensäusserung oder – in Ermangelung einer solchen – «nur in den vom Gesetze bestimmten Fällen» (Art. 143 Abs. 2).

1. Entstehung durch Willensäusserung

5 Durch **vertragliche Vereinbarung** entstehen Solidarschuldverhältnisse dadurch, dass jeder der Schuldner dem Gläubiger die Erfüllung der ganzen Schuld verspricht (Art. 143 Abs. 1). Eine solche Vereinbarung kann ausdrücklich getroffen werden, indem sich die Schuldner «solidarisch» («débiteurs solidaires», BGE 111 II 284, 287 E. 2), «einer für alle», «als Gesamtschuldner» oder mit anderen gleichwertigen Worten verpflichten (VON TUHR/ESCHER, 300). Die *ausdrückliche* Verwendung dieser Begriffe ist nicht erforderlich. Der Wille zu solidarischer Verpflichtung kann sich auch *konkludent* aus den Umständen oder aus dem sonstigen Inhalt eines Vertrages ergeben (BGer, 14.2.2011, 4A_599/2010, E. 3.2; BGE 123 III 53, 59 E. 5a = Pra 1997, 477, 482; BGE 116 II 707, 712 E. 3; HUGUENIN, OR AT/BT, N 2299; BERGER, N 2399). Massgeblich ist der tatsächliche Parteiwille (Art. 18). Lässt er sich nicht ermit-

teln, sind die gegebenen Umstände nach dem *Vertrauensprinzip* auszulegen (BGE 135 III 410, 413 E. 3.2 = Pra 2010, 54, 56; BGE 129 III 702, 707 E. 2.4; GAUCH/SCHLUEP/SCHMID/EMMENEGGER, N 3703 f.). Solidarität kann auch *nachträglich*, durch kumulative Schuldübernahme, begründet werden (BGE 106 II 250, 254 E. 3 = Pra 1981, 75, 76; s.a. OGer ZH, 16.1.2015, RT140126, E. 5.2).

Die Tatsache eines **gemeinsamen Vertragsabschlusses** genügt grundsätzlich *nicht* für die Annahme einer Solidarschuld (BGE 116 II 707, 712 E. 3; 123 III 53, 59 E. 5 = Pra 1997, 477, 481). In der Rechtsprechung wurde Solidarität aber angenommen bei gemeinsamer Geldaufnahme durch *Ehegatten* für gemeinsame Bedürfnisse sowie für Verpflichtungen aus einem Gemeinschaftskonto (vgl. BGE 116 II 707, 712 E. 3 m.w.H.; KGer VS, 5.11.1992, RVJ 1992, 346, 347 E. 2). Schliessen sich Personen zu einem gemeinsamen Vertrag zusammen, so kann aus den Umständen auf Solidarität selbst dann geschlossen werden, wenn unter den Beteiligten kein Gesellschaftsverhältnis besteht oder der Bestand eines solchen (etwa einer einfachen Gesellschaft) zweifelhaft erscheint (BGE 116 II 707, 712 E. 3; 47 III 213, 215 E. 2). In der Regel besteht solidarische Haftung gegenüber dem Vermieter, wenn mehrere Personen einen Mietvertrag unterschreiben (OGer LU, 9.7.1992, LGVE 1992 I, 26). Ähnliches gilt bei Verwendung einer Geschäftskreditkarte (BGE 124 III 305, 306 E. 2b = Pra 1998, 823, 825). Die Solidarität wird nicht vermutet (s. aber SCHWENZER, N 88.15). *Beweispflichtig* für das Bestehen von Solidarität ist nach der allg. Regel von Art. 8 ZGB der Gläubiger (CHK-MAZAN, N 15). 6

2. Entstehung durch Gesetz

Von Gesetzes wegen entstehen Solidarschuldverhältnisse gestützt auf Best. des ausservertraglichen Haftpflichtrechts (namentlich Art. 50 f.), des Vertragsrechts (Art. 181 Abs. 2, Art. 263 Abs. 4 [s. BGer, 19.3.2014, 4A_500/2013, E. 5], Art. 308, Art. 333 Abs. 2, Art. 403 Abs. 1), des Gesellschaftsrechts (vgl. Art. 544 Abs. 3 [s. BGE 116 II 707, 712 E. 3], Art. 645 Abs. 1, Art. 759 [s. Art. 144 N 1]), des Wertpapierrechts (Art. 1044) sowie gestützt auf Vorschriften des ZGB (Art. 342 Abs. 2, Art. 429 Abs. 3, Art. 603 Abs. 1, Art. 639) und von Spezialerlassen (s. GAUCH/SCHLUEP/SCHMID/EMMENEGGER, N 3702; HUGUENIN, OR AT/BT, N 2302; BERGER, N 2401; CHK-MAZAN, N 17). 7

Das kantonale Rechtsverhältnis der **Steuersolidarität** untersteht dem kantonalen öffentlichen Recht. Wird in Ermangelung steuerrechtlicher Sondervorschriften auf die Art. 143 ff. zurückgegriffen, so finden diese als *kantonales Ersatzrecht* Anwendung, mit den entsprechenden Folgen für Rechtsmittel ans BGer (vgl. – noch zum OG – BGE 108 II 490, 495 E. 7). Keine Solidarhaftung gegenüber dem Staat besteht im Rahmen von Art. 69 ff. StGB (Einziehung) bei Beteiligung mehrerer an einer Straftat (BGE 119 IV 17, 21 E. 2b [zu aArt. 58 StGB]). 8

III. Rechtsfolgen der Solidarschuld

Hinsichtlich der Rechtsfolgen der Solidarität unterscheidet das Gesetz das **Aussenverhältnis** zwischen den Schuldnern und dem Gläubiger (Art. 144–147) vom **Innenverhältnis** zwischen den Schuldnern (Art. 148 f.). Diese Bestimmungen sind *dispositives Recht*; durch vertragliche Abrede kann in beliebigen Punkten ein abweichendes Regime vereinbart werden (BK-BECKER, N 3; CR CO I-ROMY, N 11; vgl. BGE 116 II 512, 514 E. 2). 9

Art. 144

II. Verhältnis zwischen Gläubiger und Schuldner
1. Wirkung
a. Haftung der Schuldner

[1] Der Gläubiger kann nach seiner Wahl von allen Solidarschuldnern je nur einen Teil oder das Ganze fordern.

[2] Sämtliche Schuldner bleiben so lange verpflichtet, bis die ganze Forderung getilgt ist.

II. Rapports entre créancier et débiteur
1. Effets
a. Responsabilité des codébiteurs

[1] Le créancier peut, à son choix, exiger de tous les débiteurs solidaires ou de l'un d'eux l'exécution intégrale ou partielle de l'obligation.

[2] Les débiteurs demeurent tous obligés jusqu'à l'extinction totale de la dette.

II. Rapporti fra creditore e debitore
1. Effetti
a. Responsabilità dei debitori

[1] Il creditore può a sua scelta esigere da tutti i debitori solidali o da uno di essi tutto il debito od una parte soltanto.

[2] Tutti i debitori restano obbligati finché sia estinta l'intiera obbligazione.

Literatur

Vgl. die Literaturhinweise zu Art. 143.

I. Verpflichtung der Solidarschuldner

1. Rechte des Gläubigers

1 Nach Art. 144 Abs. 1 hat der Gläubiger die Wahl, «von allen Solidarschuldnern **je nur einen Teil oder das Ganze** [zu] fordern». Die Haftung eines Schuldners gegenüber dem Gläubiger wird also nicht dadurch vermindert, dass weitere Personen für die Schuld solidarisch einzustehen haben (BGer, 15.12.2004, 4C.269/2003, E. 6; anders wohl bei der aktienrechtlichen Verantwortlichkeit, vgl. Art. 759 Abs. 1: sog. differenzierte Solidarität). Es spielt deshalb im Aussenverhältnis auch keine Rolle, ob ein Regress im Innenverhältnis mit Blick auf die Liquidität des präsumtiv Regresspflichtigen aussichtsreich ist (BGer, 11.3.2010, 6B_1019/2009, E. 4). Ist eine Forderung *fällig*, kann die geschuldete Leistung entweder ganz oder in Teilen (sofern sie teilbar ist) von einem einzigen, von mehreren oder von allen Solidarschuldnern eingefordert werden (BGE 125 III 257, 259 E. 2b; 114 II 342, 344 E. 2b).

2 Belangt der Gläubiger alle Pflichtigen jeweils bis zum Betrag der von ihnen zusammen geschuldeten Leistungen, so können, so lange der Gläubiger nicht vollständig befriedigt ist, vorerst alle Solidarschuldner **je zum vollen Schadenersatz** verpflichtet werden (BGer, 21.12.2009, 4A_513/2009, E. 2 = njus 2009, 127; BGE 112 II 138, 143 E. 4a; 97 II 339, 343 E. 3). Der Gläubiger kann deshalb gegen einen Solidarschuldner für den ganzen Schuldbetrag die Schuldbetreibung einleiten, dies auch dann, wenn ein Teil der Solidarschuld bereits bezahlt ist. Es ist dann am in Anspruch genommenen Solidargläubiger, im Rechtsöffnungsverfahren diese teilweise Tilgung geltend zu machen (CHK-Mazan, N 3), denn die Solidarität soll nicht dazu führen, dass der insgesamt geschuldete Betrag mehrfach bezahlt werden muss (vgl. Art. 147 Abs. 1; BGer, 11.3.2010, 6B_1091/2009, E. 5.2.2).

3 Da die verschiedenen Schuldner auch lediglich für einen Teilbetrag belangt werden können, ist es zulässig, sie **nacheinander** ins Recht zu fassen (BGE 93 II 329, 333 E. 3a). Die Rechtskraft eines Urteils gegen einen oder mehrere der Mitverpflichteten erstreckt sich nicht auf das Verhältnis des Gläubigers zu den übrigen Mitschuldnern (BGE 93 II 329, 333 E. 3b). Lässt das Prozessrecht es zu, können auch alle Schuldner zusammen im selben Prozess eingeklagt werden (BGE 93 II 329, 333 E. 3a; vgl. Art. 71 ZPO: *einfache Streitgenossenschaft*) und können die Beklagten verlangen, dass im selben Urteil auch gleich über die Rückgriffsansprüche unter den Solidarschuldnern entschieden wird (vgl. BGer, 9.5.2008, 6B_54/2008, E. 10.5 zur

aktienrechtlichen Verantwortlichkeit; vgl. Art. 81 ZPO und dazu ZPO Komm.-SCHWANDER, Art. 81 N 11: *Streitverkündungsklage*; s.a. BSK ZPO-FREI, Art. 81 N 2; Handkomm-ZPO-HAHN, Art. 81 N 1).

Art. 144 ist auch dann anwendbar, wenn über einen oder über mehrere Solidarschuldner der **Konkurs eröffnet** wird (vgl. BGE 113 III 128, 131 E. 3b; Art. 216 f. SchKG). Im Falle eines Konkurses gegen mehrere Solidarschuldner kann der Gläubiger deshalb die Gesamtforderung gegen alle Schuldner je im vollen Umfang geltend machen, dies wiederum auch dann, wenn er *teilweise* bereits befriedigt wurde (Art. 217 Abs. 1 SchKG; CHK-MAZAN, N 3). 4

2. Individuelle Minder- und Mehrleistungen

In der Regel ist der **Inhalt einer Verpflichtung** für zwei oder mehrere Solidarschuldner **der gleiche**. Die Schuldner können zur Leistung der gleichen Geldsumme bzw. Sache oder zur Herstellung eines identischen Arbeitsresultats verpflichtet sein (VON TUHR/ESCHER, 298; CHK-MAZAN, N 4). 5

Solidarität kann aber auch in Bezug auf **Verpflichtungen verschiedenen Inhalts** bestehen. So kann verabredet sein, dass die Verpflichtung des einen Schuldners durch Erfüllung der Verpflichtung des anderen getilgt sein soll. Ferner gibt es Fälle, in denen der Betrag der Verpflichtung für jeden der Solidarschuldner verschieden ist; Solidarität besteht dann nur bis zum Betrag der kleineren Schuld (BGE 106 II 250, 254 E. 3 = Pra 1981, 75, 76; VON TUHR/ESCHER, 298; *Teilsolidarität*, vgl. KOLLER A., OR AT, § 75 N 34). Schliesslich ist es den Parteien unbenommen, für die Verpflichtungen der Schuldner verschiedene Leistungsorte, Fälligkeitstermine oder Bedingungen zu vereinbaren. Soweit Solidarität im Aussenverhältnis gestützt auf die *ausservertraglichen Haftungsbest.* der Art. 50 f. besteht, ist jedoch zweifelhaft, ob und inwieweit der einzelne in Anspruch genommene Schuldner eine Reduktion seiner persönlichen Verpflichtung (namentlich mit Blick auf sein Verschulden) geltend machen und damit Solidarität nur in einem begrenzten Umfang reklamieren kann. Mit Blick auf die äusserst restriktive Zulassung persönlicher Reduktionsgründe im Haftpflichtrecht (s. Art. 50 N 17 ff.; Art. 51 N 9 f.) kann allg. festgehalten werden, dass eine individuelle Mehr- oder Minderverpflichtung im Innenverhältnis, zumal wenn sie nicht explizit vereinbart ist, jedenfalls nicht ohne weiteres zu einer Abstufung der schuldnerischen Leistungsverpflichtungen im Aussenverhältnis führt. 6

II. Dauer der Verpflichtung

Gemäss Art. 144 Abs. 2 bleiben die Schuldner verpflichtet, **bis die ganze Solidarforderung getilgt ist**. Wenn und soweit einer der Solidarschuldner leistet, werden auch die übrigen Schuldner im Aussenverhältnis befreit (Art. 147 Abs. 1). Tilgung der Forderung ist auch durch Erfüllungssurrogate möglich (s. Art. 147 N 1). Ein Solidarschuldner wird jedoch erst durch die effektive Zahlung des Mitschuldners befreit, nicht schon durch dessen Verurteilung zur Zahlung (BGE 79 II 384, 386 E. 2). Schulden die Solidarschuldner unterschiedlich hohe Beträge (Teilsolidarität; s. N 6), so ist derjenige, der den kleineren Betrag schuldet, *nicht* befreit, wenn der andere Schuldner dem Gläubiger nicht den ganzen von ihm geschuldeten Betrag geleistet hat (Art. 85 Abs. 2 analog; KOLLER A., OR AT, § 75 N 50; Handkomm-OR-MÜLLER, N 4; vgl. auch CASANOVA, 42 f.; **a.M.** KUKO OR-JUNG, N 1; VON TUHR/ESCHER, 298 FN 13). Bsp.: Schaden 100. A schuldet 70, B 100. Leistet B 80, so schuldet A noch 20. 7

Nachträgliche Leistungsunmöglichkeit, die von keinem der Solidarschuldner zu vertreten ist, befreit alle von ihrer Leistungspflicht (Art. 119 Abs. 1; GAUCH/SCHLUEP/SCHMID/EMMENEGGER, N 3717; CHK-MAZAN, N 7). 8

Art. 145

b. Einreden der Schuldner

[1] Ein Solidarschuldner kann dem Gläubiger nur solche Einreden entgegensetzen, die entweder aus seinem persönlichen Verhältnisse zum Gläubiger oder aus dem gemeinsamen Entstehungsgrunde oder Inhalte der solidarischen Verbindlichkeit hervorgehen.

[2] Jeder Solidarschuldner wird den andern gegenüber verantwortlich, wenn er diejenigen Einreden nicht geltend macht, die allen gemeinsam zustehen.

b. Exceptions appartenant aux codébiteurs

[1] Un débiteur solidaire ne peut opposer au créancier d'autres exceptions que celles qui résultent, soit de ses rapports personnels avec lui, soit de la cause ou de l'objet de l'obligation solidaire.

[2] Il est responsable envers ses coobligés s'il ne fait pas valoir les exceptions qui leur sont communes à tous.

b. Eccezioni dei debitori

[1] Il debitore solidale può opporre al creditore soltanto le eccezioni derivanti o dai suoi rapporti personali col medesimo o dalla causa stessa o dall'oggetto dell'obbligazione solidale.

[2] Ogni debitore solidale è responsabile verso gli altri se non fa valere le eccezioni comuni a tutti.

Literatur

Vgl. die Literaturhinweise zu Art. 143.

I. Begriff der Einrede

1 Unter Einreden sind nicht nur solche im technischen Sinne zu verstehen, also nicht nur Argumente, welche der Durchsetzung eines Rechts dauernd (peremptorische Einrede, z.B. Verjährung) oder vorübergehend (dilatorische Einrede, z.B. Stundung) entgegenstehen. Art. 145 meint **auch Einwendungen**, nämlich die Geltendmachung von dem Bestand des vom Gläubiger behaupteten Rechts entgegenstehenden Tatsachen, also Tatsachen, woraus sich ergibt, dass Ansprüche des Gläubigers infolge Verrechnung, Nichtigkeit des Vertrages, Irrtums oder aus anderen Gründen entweder nicht gültig zu Stande gekommen oder bereits erloschen sind (BGE 63 II 133, 138 E. 2; BERGER, N 2407; CHK-MAZAN, N 1 m.w.H.).

II. Gemeinsame Einreden

2 Ein Solidarschuldner kann (und muss!) dem Gläubiger jene Einreden und Einwendungen entgegenhalten, die «aus dem gemeinsamen Entstehungsgrunde oder Inhalte der solidarischen Verbindlichkeit hervorgehen» (Art. 145 Abs. 1). Es geht also um Einreden und Einwendungen, welche **den Solidarschuldnern gemeinsam** gegen den Gläubiger zustehen.

III. Persönliche Einreden

3 Gemäss Art. 145 Abs. 1 kann ein Schuldner auch solche *Einreden und Einwendungen* erheben, die ausschliesslich aus seinem **persönlichen Verhältnis zum Gläubiger** resultieren. Dazu gehört z.B. die Einwendung, dass eine Verpflichtung bedingt oder befristet oder dass sie dem Solidarschuldner erlassen worden sei. Persönlich sind sodann die Berufung auf die Unverbindlichkeit einer Verpflichtung wegen fehlender Handlungsfähigkeit, die Verrechnung mit einer persönlichen Gegenforderung oder der Einwand, dass ein schützendes Verbotsgesetz missachtet worden sei (z.B. Art. 327a Abs. 3: BGE 124 II 305, 307 E. 2). Hingegen dürfte *die Geltendmachung persönlicher* Reduktionsgründe (z.B. leichtes individuelles Verschulden) nach Massgabe der Praxis des BGer zu Art. 50 und 51 kaum Aussicht auf Erfolg haben (s. Art. 50 N 19, Art. 51 N 10, Art. 144 N 6).

Aus Art. 145 Abs. 1 ergibt sich durch *Umkehrschluss* (vgl. VON TUHR/ESCHER, 306), dass ein Solidarschuldner Einreden, welche das Verhältnis des Gläubigers **zu einem anderen Solidarschuldner** (oder das Verhältnis des in Anspruch genommenen Solidarschuldners zu einem andern Solidarschuldner) betreffen, dem Gläubiger *nicht entgegenhalten* kann (s.a. GAUCH/SCHLUEP/SCHMID/EMMENEGGER, N 3713; SCHWENZER, N 88.20; HUGUENIN, OR AT/BT, N 2304; SCHMIDT, 18; CHK-MAZAN, N 4 f.). So kann sich z.B. ein Schuldner nicht darauf berufen, dass der Gläubiger einen Mitschuldner aus der Solidarhaftung entlassen oder ihm Stundung gewährt habe. Insb. aber können nicht Gegenforderungen, welche einem Mitschuldner gegenüber dem Gläubiger zustehen, mit der Forderung des Gläubigers verrechnet werden (VON TUHR/ESCHER, 306). **4**

IV. Verantwortung gegenüber den Mitschuldnern

Unterlässt es ein Solidarschuldner, bei Inanspruchnahme durch den Gläubiger diesem gegenüber die Einreden zu erheben, die allen Solidarschuldnern gemeinsam zustehen, so wird er gegenüber den andern «verantwortlich» (Art. 145 Abs. 2). Dies bedeutet einen ganzen oder teilweisen **Verfall des Regressrechtes** (wie bei Art. 502 Abs. 3). Gleiches gilt i.d.R., wenn ein Solidarschuldner leistet, ohne die ihm bekannten Mitschuldner zu benachrichtigen, und diese nochmals leisten (Art. 508 analog; GAUCH/SCHLUEP/SCHMID/EMMENEGGER, N 3748; KOLLER A., OR AT, § 75 N 98 ff.; **a.M.** CHK-MAZAN, N 8; ZK-OSER/SCHÖNENBERGER, N 7: Erkundigungsobliegenheit der Mitschuldner). Der Verlust der Regressrechte tritt nicht ein, wenn dem Solidarschuldner eine gemeinsame Einrede *ohne sein Verschulden* nicht bekannt war (VON TUHR/ESCHER, 306; vgl. BGE 57 II 518, 527 E. 4). **5**

Art. 145 Abs. 1 schliesst nicht aus, dass der im Regressprozess belangte Mitschuldner eine allen Solidarschuldnern zustehende Einrede erhebt, die der vom Gläubiger zunächst belangte und zur Zahlung verurteilte Solidarschuldner bereits im (vorhergehenden) Prozess gegen den Gläubiger **erfolglos erhoben** hatte (vgl. BGE 57 II 518, 521 E. 1). Dazu das BGer in BGE 93 II 329, 333 E. 3b: «Es ist ein Grundsatz des Prozessrechts, dass die Rechtskraft eines Urteils auf die Parteien des betreffenden Verfahrens beschränkt bleibt. Das gilt nach Rechtsprechung und herrschender Lehre auch bei echter Solidarität [...]. Der Gläubiger, der im Prozess gegen einen Solidarschuldner obsiegt hat, kann sich daher dem anderen Solidarschuldner gegenüber auf dieses Urteil nicht berufen.» Das Risiko sich widersprechender Urteile ist gemäss BGer in Kauf zu nehmen. **6**

Art. 146

c. Persönliche Handlung des Einzelnen	**Ein Solidarschuldner kann, soweit es nicht anders bestimmt ist, durch seine persönliche Handlung die Lage der andern nicht erschweren.**
c. Fait personnel de l'un des codébiteurs	Sauf stipulation contraire, l'un des débiteurs solidaires ne peut aggraver par son fait personnel la position des autres.
c. Fatto personale di un debitore	Salvo disposizione contraria, un debitore solidale non può col suo fatto personale aggravare la posizione degli altri.

Literatur

Vgl. die Literaturhinweise zu Art. 143.

I. Grundsatz: Keine Erschwerung für die anderen Solidarschuldner

1 Ein Solidarschuldner kann durch persönliche Handlungen die Lage der anderen Solidarschuldner nicht erschweren. Dies bedeutet namentlich, dass **individuelle Vereinbarungen** zwischen einem Solidarschuldner und dem Gläubiger *nur zu Lasten des betr. Schuldners* wirken. Solche Vereinbarungen können sich auf die Fälligkeit der Forderung, auf Zinsen oder eine Konventionalstrafe beziehen (Berger, N 2410; Schwenzer, N 88.21; Huguenin, OR AT/BT, N 2305; CHK-Mazan, Art. 146 OR N 2).

2 **Schuldnerverzug** und Verzugsfolgen sind für jeden einzelnen Solidarschuldner getrennt zu prüfen (Berger, N 2412; Schwenzer, N 8821; Huguenin, OR AT/BT, N 2305; von Tuhr/Escher, 307). Der Gläubiger kann nur dem *säumigen* Solidarschuldner nach Art. 107 Nachfrist ansetzen und nach deren Ablauf die ihm zustehenden Ansprüche geltend machen (CHK-Mazan, Art. 146 OR N 4; CR CO I-Romy, N 3).

3 **Rücktritt vom Vertrag** ist nur möglich, wenn *alle* Solidarschuldner in Verzug sind (Berger, N 2412; Huguenin, OR AT/BT, N 2305; CHK-Mazan, Art. 146 OR N 4; Gauch/Schluep/Schmid/Emmenegger, N 3725).

4 Die Folgen einer **Schlechterfüllung** treffen nur denjenigen Mitschuldner, der sie zu verantworten hat. Die anderen bleiben in diesem Fall zwar mangels vollständiger Befriedigung des Gläubigers weiterhin zur Leistung verpflichtet, doch haben sie nicht für zusätzlich verursachten Schaden einzustehen (Huguenin, OR AT/BT, N 2305; CHK-Mazan, Art. 146 N 3; CR CO I-Romy, Art. 146 N 3 m.w.H.).

5 Ist eine **Leistung** nach Abschluss des Vertrages **unmöglich** geworden, so entsteht die Ersatzpflicht aus Art. 97 nur für denjenigen Solidarschuldner, *welchen ein Verschulden trifft*. Für die anderen Solidarschuldner kann die verschuldete Unmöglichkeit ein Zufall sein, der sie nach Art. 119 von der Leistung befreit (Berger, N 2413; Huguenin, OR AT/BT, N 2305; CHK-Mazan, N 5; von Tuhr/Escher, 307).

6 Ist eine Solidarschuld mit der Möglichkeit einer **Kündigung** gekoppelt, so wird bei Kündigung nur durch *einen* Schuldner lediglich dessen Verpflichtung, nicht auch diejenige der Mitschuldner fällig (Huguenin, OR AT/BT, N 2305; CHK-Mazan, N 6; von Tuhr/Escher, 308).

II. Ausnahmen

7 Eine Schlechterstellung von Solidarschuldnern ist durch entsprechende **vertragliche Vereinbarung** möglich (BGE 116 II 512, 514 E. 2). Die Parteien können namentlich verabreden, dass jeder Solidarschuldner für das Verschulden des andern einzustehen hat (Berger, N 2413; Huguenin, OR AT/BT, N 2305; CHK-Mazan, N 8).

8 Sodann kann sich die Haftung eines Solidarschuldners für das Verschulden der andern aus **Art. 101** ergeben. Bei gemeinsamer vertraglicher Verpflichtung kann jeder Schuldner auch als Erfüllungsgehilfe des andern i.S.v. Art. 101 Abs. 1 betrachtet werden, so dass sich jeder Schuldner das Handeln der andern zurechnen lassen muss (BGE 116 II 512, 514 E. 2; 82 II 525, 533 E. 5; Berger, N 413; Schwenzer, N 88.21; Huguenin, OR AT/BT, N 2305; CHK-Mazan, N 8).

9 Die wohl wichtigste Abweichung von Art. 146 ergibt sich aus Art. 136 Abs. 1, wonach ein Solidarschuldner die Lage seiner Mitschuldner dadurch erschweren kann, dass er durch *Anerkennung* eines Anspruchs die **Verjährung** nicht nur für sich, sondern für alle Mitschuldner **unterbricht** (Berger, N 2411; Schwenzer, N 8822; Huguenin, OR AT/BT, N 2306; CHK-Mazan, N 7).

Art. 147

2. Erlöschen der Solidarschuld	[1] **Soweit ein Solidarschuldner durch Zahlung oder Verrechnung den Gläubiger befriedigt hat, sind auch die übrigen befreit.** [2] **Wird ein Solidarschuldner ohne Befriedigung des Gläubigers befreit, so wirkt die Befreiung zugunsten der andern nur so weit, als die Umstände oder die Natur der Verbindlichkeit es rechtfertigen.**
2. Extinction de l'obligation solidaire	[1] Celui des débiteurs solidaires dont le paiement ou la compensation éteint la dette en totalité ou en partie libère les autres jusqu'à concurrence de la portion éteinte. [2] Si l'un des débiteurs solidaires est libéré sans que la dette ait été payée, sa libération ne profite aux autres que dans la mesure indiquée par les circonstances ou la nature de l'obligation.
2. Estinzione del debito solidale	[1] In quanto uno dei debitori solidali ha soddisfatto il creditore mediante pagamento o compensazione, anche gli altri sono liberati. [2] La liberazione di un debitore solidale, senza che il creditore sia stato soddisfatto, giova agli altri solo in quanto ciò sia giustificato dalle circostanze o dalla natura dell'obbligazione.

Literatur

WEIBEL, Das Ende der Solidarhaftung der Erben, Diss. Basel 2002; vgl. die Literaturhinweise zu Art. 143.

I. Befreiung unter Befriedigung des Gläubigers

Die **vollständige Befriedigung** des Gläubigers befreit auch die übrigen Solidarschuldner. Das Gesetz nennt ausdrücklich Befriedigung durch *Zahlung* und *Verrechnung*. Eine Befriedigung des Gläubigers kann aber auch durch *Leistung an Erfüllungs statt* erfolgen, ausserdem durch *Hinterlegung* nach Art. 92, wobei die Befreiung der übrigen Schuldner in diesem Fall unter dem Vorbehalt des Wiederauflebens der Forderung gem. Art. 94 steht (BERGER, N 2414; SCHWENZER, N 88.24; VON THUR/ESCHER, 309; CHK-MAZAN, N 1 m.w.H.). 1

Die Befreiung der Mitschuldner gilt **nur gegenüber dem Gläubiger**; Regressansprüche des befriedigenden Solidarschuldners nach Art. 148 Abs. 2 bleiben vorbehalten. Aufgrund der Subrogationsbestimmung von Art. 149 Abs. 1 führt die Befriedigung des Gläubigers sodann nicht zwingend zur Tilgung der ursprünglichen Forderung, sondern u.U. zum teilweisen Übergang auf den befriedigenden Schuldner (KOLLER A., OR AT, § 75 N 95). 2

Bei nur **teilweiser Befriedigung** des Gläubigers reduziert sich dessen Forderung gegenüber den übrigen Solidarschuldnern im entsprechenden Umfang (s. aber Art. 144 N 2 und 4; BERGER, N 2414; SCHWENZER, N 88.24; CHK-MAZAN, N 2). 3

II. Befreiung ohne Befriedigung des Gläubigers

Erfolgt die Befreiung eines einzelnen Solidarschuldners ohne gleichzeitige Befriedigung des Gläubigers, wirkt diese nur dann auch zu Gunsten der anderen Schuldner, **wenn «die Umstände oder die Natur der Verbindlichkeit es rechtfertigen»**. Dass eine Befreiung gerechtfertigt ist, hat derjenige Solidarschuldner zu *beweisen*, der sich auf eine in der Person des Mitschuldners eingetretene befreiende Tatsache beruft (HUGUENIN, OR AT/BT, N 2308; VON TUHR/ESCHER, 310; CHK-MAZAN, N 3 m.w.H.; vgl. auch BGE 126 III 375, 381 E. 2f). Im Einzelnen ist nach den Erlöschensgründen einer Obligation zu differenzieren (vgl. VON TUHR/ESCHER, 310 f.; BUCHER, AT, 495; GAUCH/SCHLUEP/SCHMID/EMMENEGGER, N 3716 ff.): 4

Erlass und Stundung wirken grundsätzlich nur für denjenigen Solidarschuldner, der solche Vereinbarungen mit dem Gläubiger trifft. Durch *Vereinbarung* kann die Wirkung aber auf die Ge- 5 samtheit der Solidarschuldner ausgeweitet werden. Ob und wie weit insb. einem *Vergleich* befreiende Wirkung für die am Vergleich nicht beteiligten Schuldner zukommt, hängt vom Willen der Vertragsparteien ab und ist durch Auslegung der Vergleichsvereinbarung zu ermitteln (BGE 133 III 116, 118 E. 4.2 f.; 107 II 226, 228 E. 3; s.a. BGer, 21.1.2015, 4A_428/2014, E. 4.5; 26.5.2003, 4C.27/2003, E. 3.5; CHK-MAZAN, N 6). Von einer Wirkung für alle Solidarschuldner ist i.d.R. auszugehen, wenn der Gläubiger aus dem Vergleich eine Leistung erhält und aus den Umständen (z.B. Ausstellen einer Quittung oder Rückgabe eines Schuldscheins: VON TUHR/ESCHER, 310) oder aus dem Wortlaut der Vergleichsvereinbarung auf eine Befreiung auch der übrigen Solidarschuldner zu schliessen ist (vgl. BGE 107 II 226, a.a.O.). Auch die Gefahr eines Rückgriffs zu Lasten des am Vergleich beteiligten Schuldners (vgl. BGer, 3.8.2009, 4A_65/2008, E. 8.4; s.a. Art. 148 N 4) ist (nur, aber immerhin) als Auslegungskriterium heranzuziehen, lässt also nicht zwingend den Schluss auf eine Gesamtbefreiung zu. Weiss der Gläubiger, dass der Vergleich für seine Gegenpartei durch einen späteren Rückgriff im Innenverhältnis wertlos zu werden droht, so ist die Auslegung als Gesamtbefreiung jedoch naheliegend, und erklärt der Gläubiger dem Schuldner im Vergleich, dass ihn auch qua Rückgriff keine weitere Verpflichtung treffen solle, kann darin eine Zusicherung des Gläubigers erblickt werden, die anderen Solidarschuldnern nur auf ihre internen Anteile zu belangen (s. BGE 133 III 116, 118 E. 4). Umgekehrt steht dem Schuldner, der gestützt auf einen Vergleich an den Gläubiger leistet, der Regress gegen die Mitschuldner offen. Bei Vergleichen mit Gesamtbefreiung reduziert sich die Solidarschuld auf den Vergleichsbetrag (GAUTSCHI, N 201 f.; CASANOVA, 141).

6 Auch die **Novation** (Art. 116) wirkt lediglich *inter partes*, sofern der Schuldner mit dem Gläubiger nicht vereinbart, dass durch die Begründung der neuen Schuld sämtliche alten Schulden, also auch diejenigen der Mitverpflichteten getilgt werden sollen (BERGER, N 2418).

7 Unverschuldete **Unmöglichkeit** der Leistung befreit alle Solidarschuldner, wenn sie in der Leistung an sich begründet ist (Art. 119) und ihren Grund nicht nur in den Eigenschaften eines der Schuldner hat (CHK-MAZAN, N 7; ZK-OSER/SCHÖNENBERGER, N 9).

8 Ein **klagabweisendes Urteil** gegen einen Solidarschuldner befreit nur diesen (SCHWENZER, N 88.27).

9 Dasselbe gilt für den Fall der **Vereinigung** gem. Art. 118 (BERGER, N 2419).

10 Für den Fall eines **vertraglichen Haftungsausschlusses** zu Gunsten eines Solidarschuldners s. Art. 50 N 21.

11 Die **Verjährung** ist kein Erlöschensgrund, der im Verhältnis zu allen Schuldnern zum Untergang der Forderung führen würde. Sie läuft für jeden Solidarschuldner *getrennt*, so dass eine Forderung gegenüber dem einen Schuldner verjährt sein kann, gegenüber einem andern hingegen nicht (OGer LU, 20.12.2011, LGVE 2012 I, 35, 36 E. 6.1.2; SCHWENZER, N 88.27; HUGUENIN, OR AT/BT, N 2308; WEISS, 88; CHK-MAZAN, N 8; vgl. ZK-OSER/SCHÖNENBERGER, N 10; BUCHER, AT, 495). Dagegen wirkt die *Unterbrechung der Verjährung* gegen den einen Solidarschuldner auch gegenüber den anderen (Art. 136 Abs. 1), und zwar unabhängig davon, ob die Unterbrechung durch Anerkennung oder mittels Klage herbeigeführt wird. Im Rahmen von *Art. 50 f.* erfolgt eine Unterbrechung gem. Art. 136 nach h.L. und Rsp. aber nur bei *echter* Solidarität und nur im Umfang der solidarisch geschuldeten Leistung (BGE 104 II 225, 232 E. 4b; 133 III 6, 11 E. 5.1 = Pra 2007, 684, 688; vgl. Art. 50 N 4).

12 Hat ein Gläubiger die ihm von einem Solidarschuldner angebotene Leistung zurückgewiesen, so kommen die Wirkungen des **Gläubigerverzugs** auch den Mitschuldnern zugute (SCHWENZER, N 88.25; VON TUHR/ESCHER, 311; CHK-MAZAN, N 9). Kommt ein Solidarschuldner der Ausübung des Wahlrechts durch den Gläubiger (Art. 144 Abs. 1) zuvor, indem er die bereits erfüllbare Leistung erbringt, kann sich der Gläubiger nicht mehr an die anderen Solidarschuldner halten.

Art. 148

III. Verhältnis unter den Solidarschuldnern **1. Beteiligung**	**1 Sofern sich aus dem Rechtsverhältnisse unter den Solidarschuldnern nicht etwas anderes ergibt, hat von der an den Gläubiger geleisteten Zahlung ein jeder einen gleichen Teil zu übernehmen.** **2 Bezahlt ein Solidarschuldner mehr als seinen Teil, so hat er für den Mehrbetrag Rückgriff auf seine Mitschuldner.** **3 Was von einem Mitschuldner nicht erhältlich ist, haben die übrigen gleichmässig zu tragen.**
III. Rapports entre les codébiteurs 1. Partage de la solidarité	1 Si le contraire ne résulte de leurs obligations, chacun des débiteurs solidaires doit prendre à sa charge une part égale du paiement fait au créancier. 2 Celui qui paie au-delà de sa part a, pour l'excédent, un recours contre les autres. 3 Ce qui ne peut être récupéré de l'un d'eux se répartit par portions égales entre tous les autres.
III. Rapporti fra i condebitori 1. Ripartizione	1 Ove non risulti il contrario dal rapporto giuridico esistente fra i debitori solidali, il pagamento fatto al creditore si divide in parti eguali fra i medesimi. 2 Al debitore solidale che avesse pagato più della sua parte, spetta il regresso verso i condebitori per l'importo pagato in più. 3 Ciò che non può conseguirsi da uno dei debitori solidali deve essere sopportato in parti eguali dagli altri.

Literatur

Bugnon, L'action récursoire en matière de concours de responsabilités civiles, Diss. Fribourg 1982; Fellmann, Regress und Subrogation: Allgemeine Grundsätze, in: Koller (Hrsg.), Haftpflicht- und Versicherungsrechtstagung, St. Gallen 1999, 1 ff.; Jung, Regressprobleme bei Privilegierung eines Solidarschuldners, in: Gauch/Werro/Pichonnaz (Hrsg.), FS für Pierre Tercier, Zürich 2008, 285 ff.; Krauskopf/Müller, Die Verjährung von Regressrechten im Haftpflicht- und Privatversicherungsrecht, HAVE 2006, 321 ff.; Pichonnaz, La prescription de l'action récursoire, in: Werro (Hrsg.), La pluralité des responsables, Bern 2009, 51 ff.; Stein, Neuordnung des Regresses im schweizerischen Privatrecht oder Der mobile Leiterhaken, in: FS Assista, Genf 1998, 704 ff.; vgl. die Literaturhinweise zu Art. 143.

I. Rechtsfolgen der Solidarität im Innenverhältnis

Die Rechtsfolgen der Solidarität im Innenverhältnis – **Regress und Subrogation** – werden in Art. 148 und 149 geregelt. Der Gesetzgeber geht davon aus, dass die Solidarschuldner grundsätzlich zu gleichen Teilen haften und in diesem Umfang gegeneinander regressieren können (Art. 148). Zudem gehen die Gläubigerrechte qua Legalzession auf den rückgriffsberechtigten Solidarschuldner über (Art. 149). 1

II. Grundsätzlich gleiche Verpflichtung im Innenverhältnis

Nach Art. 148 Abs. 1 hat grundsätzlich jeder Solidarschuldner einen gleichen Anteil an der Schuld zu tragen. Es gilt also eine **Haftung nach Köpfen**. Wer *mehr als seinen Anteil geleistet* hat, ist berechtigt, auf die anderen Solidarschuldner zu regressieren. Hat ein Solidarschuldner im Auftrag eines anderen Schuldners oder als dessen Geschäftsführer die Verpflichtung übernommen, so hat er diesem Schuldner gegenüber vollen Regress (von Tuhr/Escher, 312). 2

Abweichungen vom Grundsatz der Haftung nach Köpfen können sich *aus den Rechtsverhältnissen der Solidarschuldner* ergeben. Zu denken ist einerseits an *entsprechende Vereinbarungen* unter den Solidarschuldnern (vgl. KGer GR, 7.6.2011, ZK1 10 34 E. 4.eh, bestätigt durch BGer, 3.4.2013, 5A_672/2012, E. 8.3), andererseits an Abweichungen *aus Gesetz*, 3 z.B. aus Art. 50 f. oder Art. 759 Abs. 3 (Solidarität und Rückgriff im Bereich der aktienrechtlichen Verantwortlichkeit), oder auch aus Art. 640 ZGB (Rückgriff auf Miterben für Schulden des Erblassers). Aber auch aus der konkreten Konstellation in einem Solidarschuldverhältnis mag sich eine Abweichung vom Grundsatz der Haftung zu gleichen Teilen aufdrängen. SCHWENZER (N 88.14) nennt als Bsp. die Ehegatten, welche gemeinsam ein Darlehen aufgenommen haben, dass allein dazu dient, das Hobby eines der beiden Ehegatten zu finanzieren. In diesem Fall sei dieser im Innenverhältnis allein zur Rückzahlung verpflichtet.

4 Der **Rückgriff** eines Solidarschuldners erstreckt sich auf *alle* Mitschuldner, welche zu ihm in einem Solidaritätsverhältnis stehen, also auch auf jene, die der Gläubiger durch *subjektiv wirkenden Erlass* von deren Verpflichtung befreit hat (KOLLER A., OR AT, § 75 N 123 m.H. auf **a.A.**; VON TUHR/ESCHER, 313). Weder der Gläubiger noch der einzelne Solidarschuldner haben die Möglichkeit, durch eine bilaterale Vereinbarung auf das Regressverhältnis einzuwirken (CHK-MAZAN, N 5).

5 Das Regressrecht beruht auf dem Solidaritätsverhältnis unter den Mitschuldnern. Es kann erst geltend gemacht werden, wenn einer der Schuldner **den Gläubiger effektiv befriedigt** hat, nicht bereits bei *Geltendmachung* des Anspruchs durch den Gläubiger (BGE 133 III 6, 12 E. 5.2.1 = Pra 2007, 684, 690; BGE 115 Ib 274, 291 E. 19b; VON TUHR/ESCHER, 314). Der Regressierende hat zu beweisen, dass er mehr als seinen internen Anteil geleistet hat (vgl. BGer, 19.6.2014, 4A_73/2014, E. 3).

III. Rückgriff auf Mitschuldner

6 Hat ein Solidarschuldner mehr als seinen intern geschuldeten Teil geleistet, so kann er **für den Mehrbetrag** Rückgriff auf seine Mitschuldner nehmen (Art. 148 Abs. 2). Kein Rückgriffsrecht nach Art. 148 Abs. 2 – wohl aber eine Forderung nach Art. 62 – besteht im Falle der Teilsolidarität (s. Art. 144 N 6), wenn ein Solidarschuldner die ganze dem Gläubiger geschuldete Leistung erbringt, obschon ihn nur eine Teilverpflichtung trifft und folglich auch nur in diesem (Teil-)Umfang Solidarität besteht (KOLLER A., OR AT, § 75 N 103 ff.). Der Regressanspruch ist verzinslich (BGE 57 II 324, 328 E. 4). Er besteht stets in einer Geldforderung; nötigenfalls hat eine wertmässige Umrechnung in einen Geldbetrag stattzufinden (KOLLER A., OR AT, § 75 N 72; vgl. Art. 70 Abs. 3). Der Rückgriff *kann ausgeschlossen sein*, wenn besondere Gründe vorliegen, insb. in einem Fall von Art. 145 Abs. 2 (s. Art. 145 N 5). Für *Prozesskosten* kann Regress genommen werden, wenn der Anspruch des Gläubigers aus Gründen bestritten worden ist, die zur Befreiung aller Mitschuldner hätten führen können, und die Bestreitung nicht aussichtslos gewesen wäre (VON TUHR/ESCHER, 314; vgl. auch KUKO OR-JUNG, N 2 a.E.; BGE 69 II 150, 160 f. E. 4d; **a.M.** KOLLER A., OR AT, § 75 N 47). Zur *Verjährung* des Regressanspruchs s. Art. 149 N 5.

7 Die Mitschuldner haften dem Regressberechtigten **nicht solidarisch**, sondern jeder nur für den sich aus dem *internen Verhältnis* ergebenden Anteil (BGE 103 II 137, 139 E. 4d = Pra 1977, 383, 384; GAUCH/SCHLUEP/SCHMID/EMMENEGGER, N 3741 f.; VON TUHR/ESCHER, 316; CHK-MAZAN, N 7).

IV. Aufteilung des nicht erhältlichen Regressanspruchs

8 Ist ein Teil des Regressanspruchs von einem Mitschuldner nicht mehr erhältlich, so haben die übrigen gem. Art. 148 Abs. 3 den Ausfall gleichmässig zu tragen, mithin also auch jener Schuldner, der den Gläubiger zunächst befriedigt hat. Die Aufteilung erfolgt in einem solchen Verlustfall grundsätzlich **gleichmässig nach Köpfen**. Eine abweichende Parteiabrede ist auch in diesem Punkt möglich (s. Art. 143 N 9), und der für die Haftungsaufteilung im Innenverhältnis vereinbarte Schlüssel ist m.E. auch auf die Verteilung des Ausfalls anwendbar (gl.M. SCHWENZER, N 88.36; KOLLER A., OR AT, § 75 N 85 f.; Handkomm-OR-MÜLLER, N 1; **a.M.**

CHK-Mazan, N 9; von Tuhr/Escher, 316). Im Rahmen von Art. 51 (Haftpflichtrecht; unechte Solidarität) tritt die Schadenaufteilung durch das Gericht an die Stelle einer Vereinbarung. Ein Ausfall ist hier entsprechend der Rangordnung von Art. 51 zu tragen (BK-Brehm, Art. 51 OR N 93 f.; relativierend Bugnon, 115; Casanova, 50).

Als **«nicht erhältlich»** gilt ein Betrag, wenn der betr. Mitschuldner notorisch zahlungsunfähig ist, wenn die Kosten für einen Prozess gegen ihn in keinem Verhältnis zum geschuldeten Betrag stünden (insb. bei ausländischem Gerichtsstand) oder wenn sein Aufenthaltsort unbekannt ist (Huguenin, OR AT/BT, N 2311; CHK-Mazan, N 10; CR CO I-Romy, N 19). 9

Art. 149

2. Übergang der Gläubigerrechte

[1] Auf den rückgriffsberechtigten Solidarschuldner gehen in demselben Masse, als er den Gläubiger befriedigt hat, dessen Rechte über.

[2] Der Gläubiger ist dafür verantwortlich, dass er die rechtliche Lage des einen Solidarschuldners nicht zum Schaden der übrigen besser stelle.

2. Subrogation

[1] Le débiteur solidaire qui jouit d'un recours est subrogé aux droits du créancier jusqu'à concurrence de ce qui'il lui a payé.

[2] Si le créancier améliore la condition de l'un des débiteurs solidaires au détriment des autres, il supporte personnellement les conséquences de son fait.

2. Surrogazione

[1] Il debitore solidale cui spetta il regresso subentra in tutte le ragioni del creditore fino a concorrenza di quanto gli ha pagato.

[2] Il creditore è responsabile ove abbia avvantaggiato la posizione giuridica di un debitore solidale a danno degli altri.

Literatur

Vgl. die Literaturhinweise zu Art. 148.

I. Regress in Form der Subrogation

Gemäss Art. 149 Abs. 1 tritt der rückgriffsberechtigte Solidarschuldner kraft **gesetzlicher Subrogation** in die Rechtsstellung des von ihm befriedigten Gläubigers ein. In dem Masse, in welchem der leistende Schuldner den Gläubiger befriedigt hat, gehen dessen Rechte (inkl. Nebenrechte) auf ihn über (vgl. Art. 170). Auch die subrogierte Forderung ist aber nötigenfalls wertmässig in eine Geldforderung umzurechnen (vgl. Art. 148 N 6). Der Vorteil der Subrogation besteht darin, dass der Solidarschuldner sich zur Begründung seines Regresses nicht auf das Verhältnis zu den Mitschuldnern, sondern lediglich auf die Tatsache berufen muss, dass er den Gläubiger befriedigt hat (von Tuhr/Escher, 317). 1

Die Hauptbedeutung von Art. 149 Abs. 1 besteht darin, dass allfällige **Sicherheiten** wie Pfandrechte oder Bürgschaften auf den leistenden Solidarschuldner übergehen (CHK-Mazan, N 3 m.w.H.). 2

Nicht anwendbar ist Art. 149 Abs. 1 auf die **unechte Solidarität** gem. Art. 51 (BGE 130 III 362, 369 E. 5.2 = Pra 2005, 57, 63; BGE 133 III 6, 25 E. 5.3.3 = Pra 2007, 684, 702; s. Art. 50 N 2 und 4). 3

Es ist zu unterscheiden zwischen der sich aus dem Innenverhältnis unter den Solidarschuldnern ergebenden *selbständigen Regressforderung* nach Art. 148 und der *Subrogation* nach Art. 149. Die Regressforderung nach Art. 148 Abs. 2 ist eine **Voraussetzung für die Subrogation** nach Art. 149. Die subrogierte Forderung besteht *neben der Regressforderung* und dient (bloss) dem «Zwecke der Erleichterung und Sicherung des Regresses» (BGE 53 II 25, 4

30 E. 1; vgl. auch 103 II 137, 140 E. 4d = Pra 1977, 383, 385; BGE 89 II 415, 419 E. 2; BK-BREHM, Art. 50 OR N 56 ff.; KOLLER A., OR AT, § 75 N 69; CR CO I-WERRO, Art. 50 N 10; CASANOVA, 52 ff. m.H. auf **a.A.**). In Analogie zu Art. 507 Abs. 3 kann der Regressschuldner der subrogierten Forderung aber auch Einreden entgegenhalten, die ihm aus dem Rechtsverhältnis zum Regressgläubiger zustehen. Auch haften die Regressverpflichteten für die subrogierte Forderung nicht solidarisch (VON TUHR/ESCHER, 317 f.). Letztere kann zudem von vornherein nur in der Höhe des Betrages bestehen, um den die Leistung des Solidarschuldners an den Gläubiger seinen im Innenverhältnis gem. Art. 148 Abs. 1 zu tragenden Anteil übersteigt (vgl. BGE 103 II 137, a.a.O.).

5 Strittig ist die Frage der **Verjährung der Regressforderung**. Für die *unechte Solidarität* nach Art. 51 hat das BGer weitgehend Klarheit geschaffen (s. Art. 51 N 36). Ein Teil der Lehre will diese Rechtsprechung auf die *echte Solidarität* übertragen, und zwar sowohl mit Bezug auf die nach Art. 149 subrogierte Regressforderung, als auch auf die parallel bestehende, sich aus dem internen Verhältnis der Solidarschuldner (insb. Art. 50) ergebende Regressforderung (vgl. CR CO I-ROMY, Art. 148 N 16 f. m.w.H.). Mit Bezug auf die auf dem internen Verhältnis beruhende Regressforderung ist dem zuzustimmen (s. Art. 50 N 28). Die *Dauer der Verjährungsfrist* entspricht jener der Hauptforderung des Gläubigers gegen den Regressschuldner (Handkomm-OR-MÜLLER, a.a.O.; SCHWENZER, N 88.39; GAUCH/SCHLUEP/SCHMID/EMMENEGGER, N 3742).

6 Die nach Art. 149 subrogierte Forderung dagegen wird **mit laufender Verjährung** erworben und verjährt unabhängig von der Regressforderung (BGer, 8.7.2014, 4A_133/2014, E. 4.2; CASANOVA, 57 f.; KRAUSKOPF/MÜLLER, 325 f.; REY, N 1715; vgl. auch BK-BREHM, Art. 50 OR N 56, 63; **a.M.** KOLLER A., OR AT, § 75 N 90: Verjährung spätestens mit der Regressforderung nach Art. 148 Abs. 2). War die Hauptforderung zum Zeitpunkt der Befriedigung des Gläubigers bereits verjährt, so gilt dies auch für die subrogierte Forderung. Aus derselben Überlegung folgt, dass auf die Hauptforderung nicht abgestützt werden kann, wenn sie gegen einen Mitschuldner z.B. infolge individuellen Schulderlasses gar nicht mehr besteht; in diesem Fall besteht nur die auf das Innenverhältnis gestützte Regressforderung (CR CO I-ROMY, Art. 148 N 2).

II. Verantwortlichkeit des Gläubigers

7 Nach Art. 149 Abs. 2 obliegt es dem Gläubiger, die rechtliche Lage eines Solidarschuldners nicht zum Schaden der übrigen zu verbessern. Im Widerhandlungsfall ist der Gläubiger dafür *verantwortlich*, d.h. seine Forderung gegen die benachteiligten Schuldner mindert sich um den Betrag, der diesen beim Regress infolge der **fehlenden Sicherheiten** entgeht (VON TUHR/ESCHER, 318; BUCHER, AT, 498: Vorrang des eigenen Restanspruchs des Schuldners; vgl. auch BGE 127 III 257, 266 E. 6b; 115 II 42, 48 E. 2a). Dies gilt auch für den Fall, dass der Gläubiger seinen Verpflichtungen nach Art. 170 Abs. 2 gegenüber dem subrogierenden Solidarschuldner nicht nachkommt, z.B. indem er ihm eine Schuldanerkennung nicht aushändigt (CR CO I-ROMY, N 4; vgl. BGE 44 II 145, 148 E. 2 = Pra 1918, 171 ff.). Dagegen bezieht sich Art. 149 Abs. 2 nicht auf den Fall, dass der Gläubiger einen Solidarschuldner aus der Haftung entlässt, denn auf Grund der trotz dieser Befreiung bestehenden Rückgriffsmöglichkeit der übrigen Solidarschuldner auf den aus der Haftung Entlassenen (s. Art. 148 N 4) liegt darin keine Begünstigung des Entlassenen zum Schaden der anderen (BGer, 3.8.2009, 4A_65/2008, E. 8.4). Vgl. zum *vertraglichen Haftungsausschluss* Art. 50 N 21.

8 Die **Minderung** kann sowohl *einredeweise* als auch – wenn die Leistung bereits erfolgt ist – *mittels Klage* gegen den verantwortlichen Gläubiger geltend gemacht werden (CR CO I-ROMY, N 6). Es handelt sich nicht etwa um einen Bereicherungsanspruch, sondern um einen direkt aus Art. 149 Abs. 2 fliessenden Schadenersatzanspruch (gl.M. WEISS, 246; KOLLER A., OR AT, § 75 NM 92; s.a. GAUCH, N 2755).

Art. 150

B. Solidarforderung

[1] Solidarität unter mehreren Gläubigern entsteht, wenn der Schuldner erklärt, jeden einzelnen auf die ganze Forderung berechtigen zu wollen sowie in den vom Gesetze bestimmten Fällen.

[2] Die Leistung an einen der Solidargläubiger befreit den Schuldner gegenüber allen.

[3] Der Schuldner hat die Wahl, an welchen Solidargläubiger er bezahlen will, solange er nicht von einem rechtlich belangt worden ist.

B. Solidarité active

[1] Il y a solidarité entre plusieurs créanciers, lorsque le débiteur déclare conférer à chacun d'eux le droit de demander le paiement intégral de la créance, et lorsque cette solidarité est prévue par la loi.

[2] Le paiement fait à l'un des créanciers solidaires libère le débiteur envers tous.

[3] Le débiteur a le choix de payer à l'un ou à l'autre, tant qu'il n'a pas été prévenu par les poursuites de l'un d'eux.

B. Credito solidale

[1] Vi ha solidarietà fra creditori, quando il debitore dichiari la volontà di autorizzare ciascuno di essi a pretendere l'intero credito e nei casi determinati dalla legge.

[2] Il pagamento fatto ad uno dei creditori solidali libera il debitore in confronto di tutti.

[3] Il debitore, finché non sia stato giudizialmente convenuto da uno dei creditori solidali, può a sua scelta pagare a chiunque di essi.

Literatur

BAUMGARTNER, Depot und Compte-joint unter besonderer Berücksichtigung des Innenverhältnisses, Diss. Basel 1977; BRON, Le compte-joint en droit suisse, Diss. Lausanne 1958; SCHMID, Der gemeinsame Mietvertrag, SJZ 1991, 349 ff., 374 ff.

I. Solidargläubigerschaft

1. Begriff und Abgrenzungen

Solidarität unter Gläubigern (*aktive Solidarität* – BERGER, N 2430) bedeutet, dass jeder von ihnen die **ganze Leistung verlangen** kann (BGE 118 II 168, 170 E. 2b = Pra 1993, 442) und der Schuldner sich durch Leistung an einen der Gläubiger zugleich von der Forderung der andern *befreit* (VON TUHR/ESCHER, 321). Die Solidargläubigerschaft ist das Spiegelbild der Solidarschuldnerschaft; auch hier bestehen mehrere Forderungen nebeneinander (KUKO OR-JUNG, N 1). 1

Aktive Solidarität beruht auf einer **gemeinsamen Berechtigung aus gleichem Entstehungsgrund für die gleiche Forderung**. Wenn mehrere Personen den gleichen Anspruch aus *verschiedenen Rechtsgründen* haben, besteht keine Solidarität. BERGER (N 2431) nennt als Bsp. den Anspruch des Vermieters auf Rückgabe der Mietsache, der mit dem Vindikationsanspruch eines Dritten konkurriert. Solidarität ist zudem abzugrenzen von der *kumulativen Berechtigung* (wenn jeder Gläubiger Leistung verlangen kann und der Schuldner mehrmals leisten muss), von der *anteilmässigen (partiellen) Berechtigung* und von der *Berechtigung zur gesamten Hand* (s. dazu BGE 140 III 150, 152 E. 2.2; BERGER, N 2431 ff.). 2

2. Entstehung

Solidargläubigerschaft kann **aus Vertrag** zwischen dem Schuldner und den Gläubigern entstehen. Darin muss der Schuldner erklären, jeden einzelnen der Gläubiger auf die *ganze* Forderung berechtigen zu wollen. Ohne diese Vereinbarung ergibt sich bei teilbarer Leistung für 3 jeden Gläubiger eine Teilforderung (BERGER, N 2437; CHK-MAZAN, N 3; BGE 140 III 150, 153 E. 2.2.3 m.w.H.), und bei unteilbarer Leistung eine Forderung zur gesamten Hand (**a.M.** BERGER, N 2434). Die notwendige Vereinbarung kann sich aus einer ausdrücklichen Erklärung oder auch konkludent ergeben (vgl. BGE 118 II 168, 170 E. 2b; BERGER, N 2438; CHK-MAZAN, N 3). Es gelten die üblichen Auslegungsregeln gem. Art. 18 und insb. das Vertrauensprinzip. Verspricht z.B. ein Schuldner, an A oder B zu leisten, so ist im Zweifel anzunehmen, dass jeder der beiden, ohne eine Wahlerklärung des Schuldners abzuwarten, die Leistung für sich verlangen kann (VON TUHR/ESCHER, 321). Umgekehrt gilt, dass der Schuldner an jeden Gläubiger mit befreiender Wirkung leisten kann, solange er nicht von einem der Gläubiger rechtlich belangt worden ist (Art. 150 Abs. 3). Jeder Solidargläubiger kann, sofern nichts anderes vereinbart ist, *selbständig* sämtliche aus dem Vertrag fliessenden Rechte geltend machen, z.B. Instruktionen geben oder Fristen ansetzen (CR CO I-ROMY, N 5 m.w.H.). *Gekündigt* werden kann der Vertrag jedoch – wiederum vorbehältlich anderweitiger Abreden – nur durch alle Solidargläubiger gemeinsam (vgl. BGE 94 II 313, 318 E. 6 = Pra 1969, 401, 403).

4 Solidargläubigerschaft kann sich auch direkt **aus Gesetz** ergeben (s. z.B. Art. 262 Abs. 3: Haftung des Untermieters aus dem Gebrauch des Mietobjektes gegenüber dem Untervermieter und dem Vermieter; Art. 291 Abs. 3: analoge Situation bei der Pacht; Art. 246 Abs. 2 und Art. 482 Abs. 1 ZGB: Anspruch auf Vollziehung von Auflagen und Bedingungen in einer letztwilligen Verfügung; Art. 399 Abs. 3: identische Ansprüche des Auftraggebers und des Beauftragten gegenüber dem Substituten bzw. der Hilfsperson; BERGER, N 2436; CHK-MAZAN, N 4).

5 Der praktisch wichtigste Anwendungsfall der Solidargläubigerschaft ist das **Gemeinschaftskonto** (compte-joint) von Ehegatten bei einer Bank. Danach kann jeder der Kontoinhaber selbständig über das Konto verfügen. Die Inhaber eines Gemeinschaftskontos sind Solidargläubiger der Bank. Wird einer der Inhaber betrieben, so kann seine Forderung gepfändet werden, ohne dass die VVAG anwendbar wäre (BGE 112 III 90, 98 E. 5; BERGER, N 2438; CHK-MAZAN, N 5; GAUCH/SCHLUEP/SCHMID/EMMENEGGER, N 3666 m.w.H.).

II. Befreiung durch Leistung an einen Gläubiger

6 Trotz ihrer Selbständigkeit sind die Solidarforderungen miteinander als Bestandteile eines Schuldverhältnisses verknüpft. Das zeigt sich v.a. daran, dass der Schuldner *durch Leistung an einen seiner Solidargläubiger befreit* wird (**Art. 150 Abs. 2**). Der Leistung gleichgestellt sind u.a. die Hinterlegung und die Verrechnung mit einer gegen den Gläubiger gerichteten Gegenforderung des Schuldners (VON TUHR/ESCHER, 323; CHK-MAZAN, N 6; ausführlich BERGER, N 2445).

7 Wie bei Solidarschuldnern bestehen auch bei Solidargläubigern mehrere auf einem Schuldverhältnis beruhende Forderungen, von denen jede einem der Gläubiger zusteht und über welche der betr. Gläubiger – mit Wirkung nur für *seine* Forderung – **selbständig verfügen** kann, etwa durch Erlass oder Abtretung, Betreibung oder Klage (vgl. VON TUHR/ESCHER, 322; CR CO I-ROMY, N 5 f.). Auch kann jede der Forderungen mit besonderen Einwendungen, Einreden und Verrechnungsmöglichkeiten behaftet sein. Sodann ist denkbar, dass verschiedene Fälligkeitstermine gelten. Hingegen kann ein Gläubiger – in analoger Anwendung von Art. 146 – die Lage der *anderen* Gläubiger nicht erschweren (z.B. durch Annahme einer Leistung an Erfüllungs statt; KUKO OR-JUNG, N 3; vgl. aber N 8), und wird der Schuldner von der Verbindlichkeit gegen einen der Solidargläubiger *ohne Befriedigung desselben befreit*, wirkt diese Befreiung – in analoger Anwendung von Art. 147 Abs. 2 – gegenüber den anderen Solidargläubigern vermutungsweise nicht (BERGER, N 2446).

III. Wahlrecht des Schuldners

Solange ein Schuldner nicht von einem bestimmten Gläubiger rechtlich belangt worden ist, kann er gem. **Art. 150 Abs. 3** jedem Gläubiger gegenüber mit befreiender Wirkung leisten. Der Verzug eines Gläubigers wirkt deshalb auch gegen die anderen (u.U. mit Schadenersatzfolgen im Innenverhältnis; KUKO OR-JUNG, N 4; **a.M.** VON TUHR/ESCHER, 322). Erst bei *Belangung durch einen Gläubiger* (durch Klage oder Betreibung; vgl. BGE 94 II 313, 318 E. 6) muss der Schuldner diesem (und nur diesem) leisten. Geht einer der Solidargläubiger als erster gegen den Schuldner vor, so bleibt der andere Gläubiger nur so lange ausgeschlossen, als die Rechtshängigkeit der Klage des ersten Gläubigers andauert. Wird diese abgewiesen, so kann der Zweitgläubiger seinerseits Leistung verlangen (VON TUHR/ESCHER, 324; BERGER, N 2447; CHK-MAZAN, N 8). Im Falle der Betreibung gilt die Ausschlusswirkung folgerichtig nur bis zur Erhebung des Rechtsvorschlages und dann wieder ab der Einleitung prozessualer Schritte zur Beseitigung desselben (**abw.** BK-BECKER, N 10: ab der *Aufhebung* des Rechtsvorschlages). 8

Die Bestimmung von Abs. 3 ist **auf jede Solidarforderung anwendbar**, unabhängig von ihrem Rechtsgrund (vgl. BGE 94 II 313, 318 E. 6 = Pra 1969, 401, 403). 9

IV. Verhältnis der Gläubiger unter sich

Für das Verhältnis der Solidargläubiger unter sich (Innenverhältnis) enthält das Gesetz keine Regelung. Das Innenverhältnis und insb. die Frage allfälliger Regressmöglichkeiten unter den Solidargläubigern richtet sich deshalb ausschliesslich **nach der getroffenen Vereinbarung** (BERGER, N 2448; CHK-MAZAN, N 9; KUKO OR-JUNG, N 5; VON TUHR/ESCHER, 324; **a.M.** KOLLER A., OR AT, § 76 N 21 f.; CR CO I-ROMY, N 9: analoge Anwendung von Art. 148). In der Regel dürfte sich aus dem Rechtsverhältnis zwischen den Solidargläubigern eine Berechtigung nach Köpfen analog Art. 148 Abs. 1 als gewollt ergeben (z.B. bei einem gemeinsam gewährten Darlehen mit solidarischer Rückforderungsberechtigung, vgl. KOLLER A., a.a.O.). 10

Zweiter Abschnitt: Die Bedingungen

Vorbemerkungen zu Art. 151–157

Literatur

ACOCELLA, Nichtigkeitsbegriff und Konzept einer einheitlichen vertragsrechtlichen Rückabwicklung gescheiterter Verträge, SJZ 2003, 494–496; BOVAY, Acte translatif de propriété et condition, Diss. Lausanne 1938; BUCK, Zur Lehre vom suspensiven Schwebezustand, insbesondere bei bedingtem Vermächtnis, Diss. Zürich 1931; BÜSCHER, Die einvernehmliche Aufhebung von Schuldverträgen, Diss. Freiburg i.Ue. 2015; DUBS, Die bedingte Beschlussfassung der Aktionäre an der Generalversammlung, in: FS für Jean-Nicolas Druey, Zürich 2002, 355–381; EHRAT, Der Rücktritt vom Vertrag nach Art. 107 Abs. 2 OR in Verbindung mit Art. 109 OR, Diss. Zürich 1990; EITEL, Die Vormerkung nach Art. 247 Abs. 2 OR – konstitutiv oder deklaratorisch?, ZBGR 1992, 137–149 (zit. ZBGR 1992); DERS., Bedingtes Eigentum, ZBJV 1998, 245–268 (zit. ZBJV 1998); FORSTMOSER, Vom alten zum neuen Aktienrecht, SJZ 1992, 157–169; GERHARDT, Schweizerisches Obligationenrecht Allgemeiner Teil, Bern 2005; GUTMANS, Die Regel der «Erfüllungs- bzw. Nichterfüllungsfiktion» im Recht der Bedingung (Art. 156 OR), Diss. Basel 1995; JAEGER/WALDER/KULL/KOTTMANN, Bundesgesetz über Schuldbetreibung und Konkurs, 4. Aufl., Zürich 1997/2001; LAUKO, Art. 152 Abs. 3 OR und die aufschiebend bedingte Abtretung – Zugleich ein Beitrag zu Begriff und Wirkungsweise von Verfügungen, Diss. Zürich 2012; MATT, Der bedingte Vertrag im schweizerischen Privatrecht, Diss. Zürich 2014; OERTLE, Arbeitsrecht im Konflikt mit der Verordnung gegen übermässige Vergütungen, GesKR 2014, 44–51; PETER E., Rentnerkassen Zulässigkeit und Voraussetzungen der Neugründung, SZS 2014, 283–309; PETER H., Das bedingte Geschäft, Diss. Zürich 1994; PIOTET, La réalisation d'une condition peut-elle avoir un «effet réel»?, Théorie du transfert de propriété, ZSR 1988, 359–373; REUTTER, Das bedingte Übernahmeangebot, Diss. Zürich 2002; ROCHAT, Inefficacité du titre d'aliénation et renaissance de l'action réelle mobilière, Diss. Lausanne 2002; SCHÄRER/GROSS, Pacta sunt servanda – von der Realerfüllung des Unternehmenskaufvertrags und deren prozessualer Durchsetzung, in: Tschäni (Hrsg.), Mergers & Acquisitions XVI, Zürich 2014, 115–171; SCHMID, Zum Beweislastvertrag, SJZ 2004, 477–484; SEÇKIN, La réalisation de la condition suspensive et ses effets juridiques, étude de droit suisse et de droit turque, Diss. Genf 1939; SECRÉTAN, L'article 156 du Code des obligations et la condition potestative, in: FS für August Simonius, Basel 1955, 351–364; SPAHNI, Die Bedingung: Ein Beitrag zur Dogmatik der bedingten Verträge nach schweizerischem Recht, Diss. Zürich 1984; STAEHELIN D., Bedingte Verfügungen, Diss. Zürich 1993 (zit. Diss.); DERS., Vertragsklauseln für den Insolvenzfall, AJP 2004, 363–383 (zit. AJP 2004); STIEFEL, Über den Begriff der Bedingung im schweizerischen Zivilrecht, Diss. Zürich 1918; SULZER, Clausula rebus sic stantibus und der gestörte Vertragszweck, AJP 2003, 987–994; VIONNET, L'exercice des droits formateurs, Diss. Lausanne 2008; VIONNET/VON DER CRONE, Nature de l'action en répétition, SZW 2003, 328–343; VISCHER, Schadloshaltungsklauseln in Mandatsverträgen fiduziarischer Verwaltungsräte, AJP 2003, 491–498 (zit. AJP 2003); DERS., Vorkaufsrechte an Aktien, GesKR 2014, 82–88 (zit. GesKR 2014); VOGT, Der Allgemeine Teil des Schweizerischen Obligationenrechts und sein heutiges Umfeld, in: Liber Amicorum für Hermann Schulin, Basel 2002, 149–157; WEY/HUBER, Aus der Praxis der Übernahmekommission, SZW 2001, 144–153. Für Hinweise zur ausländischen, insb. deutschen Literatur vgl. BUCHER, AT, 505.

I. Allgemeines

1. Normzweck

1 Unter einer **Bedingung** wird ein **objektiv ungewisses zukünftiges Ereignis** verstanden, von dem nach dem Parteiwillen die Wirksamkeit eines Vertrages oder eines sonstigen Rechtsgeschäftes abhängt (PETER H., 11 f.). Bedingungen können sowohl **ausdrücklich** vereinbart werden wie auch **stillschweigend** von beiden Parteien gewollt sein. Dem Parteiwillen geben typischerweise Wendungen wie «falls», «wenn», «sofern», «unter folgenden Voraussetzungen», «sous réserve», etc. Ausdruck. Für einen gesetzlich geregelten Fall einer stillschweigend vereinbarten Bedingung kann beispielhaft auf Art. 497 Abs. 3 verwiesen werden; weitere Beispiele gesetzlich geregelter Bedingungen in MATT, 50 ff.; vgl. auch BGE 71 II 255; 66 I 312; 48 II 366; 26 II 195.

Weiter bezeichnet eine Bedingung auch eine Vertragsklausel, welche regelt, wovon deren Verbindlichkeit abhängen soll; schliesslich bezeichnet der Ausdruck in der Praxis häufig irgendeine vertragliche Vorschrift (PETER H., 11 f.).

2 Die Bedingung stellt ein wesentliches Element der **Privatautonomie** dar, da sie dem einzelnen Rechtssubjekt ermöglicht, objektiv irrelevanten, aber subjektiv wichtigen Erwartungen, Möglichkeiten und Motiven Rechtswirksamkeit zu verleihen. Die von einer Partei einem Rechtsgeschäft zu Grunde gelegten Zweckvorstellungen sind grundsätzlich rechtsunbeachtlich, ausser wenn sie von den Parteien explizit als Bedingungen in den Vertragsinhalt aufgenommen werden (SULZER, AJP 2003, 991). Weiter kann damit auf einen Dritten beeinflussend eingewirkt werden, indem die eigene Verpflichtung vom Eintritt oder Ausbleiben eines Ereignisses beim Dritten abhängig gemacht wird (Zahlung von Fr. 10 000.– beim Bestehen der Prüfung). Aus diesem Normzweck folgt, dass grundsätzlich **keine Verpflichtung zur Erfüllung einer Bedingung** besteht, da andernfalls die Parteien nicht eine Bedingung, sondern eine vertragliche Pflicht vereinbart hätten (VON TUHR/ESCHER, 272; vgl. auch N 11; Art. 152 N 3). Vorbehalten bleibt Art. 156.

3 Ihre Schranke findet die Vereinbarung von Bedingungen dort, wo **widerrechtliche** oder **unsittliche Verhaltensweisen** gefördert werden (Art. 157).

2. Anwendungsbereich

Die **Zulässigkeit von Bedingungen** ist nach h.L. nicht nur für Schuldverträge, sondern auch für andere Verträge, einseitige Verpflichtungen und Verfügungen (z.B. bedingte Zession, bedingter Schulderlass, bedingte Tradition) grundsätzlich gegeben, entgegen dem zu engen Wortlaut der Art. 151–157, die nur den Vertrag erwähnen (GAUCH/SCHLUEP/SCHMID/EMMENEGGER, N 3952, 3974; HUGUENIN, OR AT/BT, N 1296; VON TUHR/ESCHER, 261; BUCHER, AT, 506, einschränkend 509). Dies gilt auch für gesellschaftsrechtliche Beschlüsse (FORSTMOSER, SJZ 1992, 161 ff. m.w.Nw.; vgl. auch DUBS, 363 ff.). Sowohl der Vertrag als Ganzes und damit auch sämtliche aus ihm entstehenden Obligationen wie auch nur einzelne vertragliche Rechte und Pflichten können bedingt sein (wie z.B. der Versicherungsvertrag, der unbedingt ist, bei dem aber die Leistungspflicht des Versicherers durch den Eintritt des Versicherungsfalles bedingt ist (s.a. GAUCH/SCHLUEP/SCHMID/EMMENEGGER, N 3959). Bedingungen kommen auch im Erbrecht vor; vgl. etwa Art. 482 ZGB; zu Art. 487 ZGB s. OGer ZH, 6.8.2013, LF130035, E. III.2). Sie finden sich insb. auch im Übernahmerecht (REUTTER, 56 ff.). **4**

Bei Grundstückkäufen erlaubt das Gesetz, d.h. Art. 217 Abs. 1, nur aufschiebende Bedingungen (BGer, 13.9.2004, 4C.25/2004, E. 3.1.3; BGE 129 III 264 E. 3.2.1 = Pra 92 Nr. 176). Es ist möglich, einen Grundstückkaufvertrag, der aufschiebend bedingt sein kann, mit einem im Grundbuch vorgemerkten Kaufrecht zu verbinden (BGE 103 III 97 E. 2b = Pra 1978 Nr. 168). Dabei handelt es sich um ein bedingtes Erwerbsrecht, das einer potestativen aufschiebenden Bedingung unterliegt, nämlich der Ausübung des Kaufrechts (vgl. BGE 126 III 421 E. 3a/aa = Pra 2001 Nr. 117; BGE 121 III 210 E. 3c = Pra 1996 Nr. 101). **4a**

Sowohl Geschäfte unter einer Suspensivbedingung wie auch jene unter einer Resolutivbedingung (vgl. zur Unterscheidung N 6) begründen einen **Schwebezustand**, da bei beiden Geschäftstypen ungewiss ist, wie sich die **Rechtslage nach** Bedingungseintritt bzw. -ausfall darstellen wird (PETER H., 18). Die Parteien können die Schwebezeit auf ein vernünftiges Mass beschränken, indem sie die Bedingung zeitlich präzisieren (Befristung) (GAUCH/SCHLUEP/SCHMID/EMMENEGGER, N 4034 ff.). **5**

Bedingungsfeindlich sind jene Rechtsgeschäfte, bei denen das Beifügen einer Bedingung zu einer unzumutbaren **Beeinträchtigung der Rechtssicherheit** führen würde (wie z.B. bei Gestaltungs- sowie Rücktrittserklärungen, Verrechnungseinreden und Ausübung des Wahlrechts bei Wahlobligationen [vgl. aber Vor Art. 151–157 N 5a i.f.]; Errichtung von Schuldbriefen und Gülten [Art. 854 ZGB]; Anmeldung und Eintragung von dinglichen Rechten im Grundbuch [Art. 217 OR, Art. 12 GBV; BGE 85 II 609, 615 E. 4]; Zeichnung und Indossament eines Wechsels [Art. 1002 Abs. 1]; ein durch die Wiederverheiratung des Berechtigten auflösend bedingtes Wohnrecht kann indessen mit Bedingung in das Grundbuch eingetragen werden [BGE 106 II 329 ff. = Pra 1981, 479 f.]; potestativ bedingte Kündigungen sind in Fällen zulässig, in welchen die Potestativbedingung vom Willen des Gekündigten und nicht des Kündigenden abhängt [BGE 123 III 246, 249 E. 3; mit weiteren Bsp. GAUCH/SCHLUEP/SCHMID/EMMENEGGER, N 3978 ff.]) oder wo dies mit den **Vorstellungen, der Moral und der guten Sitten nicht zu vereinbaren** wäre (wie z.B. bei den meisten familienrechtlichen [Eheschliessung oder Adoption] sowie bei einigen erbrechtlichen Geschäften [wie z.B. der erbrechtlichen Ausschlagung, vgl. etwa Art. 570 ZGB]). Aus den vorstehenden Gründen grundsätzlich unzulässig sind suspensiv bedingte Verfügungen über Immobiliarrechte (STAEHELIN, Diss., 29). Zum bedingten Eigentum an beweglichen Sachen vgl. EITEL, ZBJV 1998, 245 ff. **5a**

Werden diese bedingungsfeindlichen Rechtsgeschäfte unter einer Bedingung abgeschlossen, ist die Bedingung oder das ganze Geschäft **nichtig**. Massgebend ist, ob die Parteien den Vertrag auch ohne die unzulässige Bedingung abgeschlossen hätten.

Die mit Gestaltungsrechten verbundene Unsicherheit soll dem Erklärungsgegner nicht zugemutet werden. Eine Bedingung ist bei Gestaltungsrechten nur dann möglich, wenn ihr Eintritt vom Willen des Erklärungsgegners abhängt, z.B. wie oben erwähnt die Kündigung eines Vermieters, wenn der Mieter den noch ausstehenden Mietzins nicht bis zu einem bestimmten Termin leistet (GERHARDT, 27; HUGUENIN, OR AT/BT, N 1300).

3. Systematisierung und Abgrenzungen

6 Bei der Systematisierung der verschiedenen Bedingungsarten sind vorerst die positivrechtlich ausdrücklich geregelten **Suspensivbedingungen** (Art. 151–153) von den **Resolutivbedingungen** (Art. 154) zu unterscheiden: Eine Suspensivbedingung (= **aufschiebende Bedingung**) liegt dann vor, wenn vom Eintritt oder definitiven Ausbleiben des bedingenden Ereignisses der Eintritt der gewollten Rechtswirkung abhängt. Bei der Resolutivbedingung (= **auflösende Bedingung**) entfällt die bisherige Wirkung des Rechtsgeschäfts durch den Bedingungseintritt.

Ob einer vereinbarten Bedingung auflösende oder aufschiebende Wirkung zukommt, ist **Auslegungsfrage** (BGer, 29.7.2008, 4A_213/2008, E. 4.3/4.4; ENGEL, traité, 850); entsprechend ist massgeblich die Interessenlage der Parteien oder des Verfügenden zu berücksichtigen (vgl. auch N 21). Im Interesse der Rechtssicherheit sollte nach h.M. und Rechtsprechung im Zweifelsfall der Suspensivbedingung der Vorzug gegeben werden, sodass der Schuldner nicht unmittelbar verpflichtet wird (BGE 56 II 203, 209 f. E. 4; GAUCH/SCHLUEP/SCHMID/EMMENEGGER, N 3964; TERCIER/PICHONNAZ, obligations, N 908; VON TUHR/ESCHER, 271; GUHL/KOLLER/SCHNYDER/DRUEY, 57; vgl. auch ZK-OSER/SCHÖNENBERGER, Vor Art. 151–157 OR N 13 f., wonach das *«weniger Weitgehende»* anzunehmen ist).

7 Umstritten ist insb., ob die Vereinbarung eines **Eigentumsvorbehalts** zu einem suspensiv oder resolutiv bedingten Eigentumsübergang führt (für eine detaillierte Literaturübersicht vgl. STAEHELIN, 58 ff.; EHRAT, FN 40 zu N 499). Während die überwiegende Lehre eine Suspensivbedingung annimmt (CHK-ROTH PELLANDA/DUBS, Art. 151 OR N 17; HUGUENIN, OR AT/BT, N 1291; GAUCH/SCHLUEP/SCHMID/EMMENEGGER, N 3959; GERHARDT, 27 und SCHWENZER, N 11.05, 11.10 vertreten die Meinung, dass das Eigentum der Kaufsache erst mit vollständiger Bezahlung des Kaufpreises übergeht), wird vorliegend der Auffassung, wonach der Eigentumsvorbehalt eine Resolutivbedingung des Veräusserungsvertrages darstellt, der Vorzug gegeben (so auch STAEHELIN, Diss., 60; GUHL/KOLLER/SCHNYDER/DRUEY, 57). Zu begründen ist dies hauptsächlich mit dem auf Eigentumsübergang gerichteten (hypothetischen) Parteiwillen und der dogmatisch nicht begründbaren Konsequenz des «springenden» Eigentums ohne Besitzwechsel bei Annahme einer Suspensivbedingung und Registereintrag erst nach erfolgter Tradition; für Einzelheiten vgl. STAEHELIN, Diss., 60 f.; EHRAT, N 497–502.

8 Bei der Unterscheidung zwischen **potestativen** und **kasuellen Bedingungen** ist massgebliches Unterscheidungskriterium die Frage der Beeinflussbarkeit des Bedingungseintritts durch die Parteien: Bei der **potestativen Bedingung** kann das bedingende Ereignis in einer beliebigen Handlung einer Partei bestehen (z.B. der Vertragsabschluss des Auftraggebers mit einem Dritten als Bedingung des Mäklerlohns, Art. 414; die Leistung, an welche eine Belohnung geknüpft ist, Art. 8). Eine gesonderte Fallgruppe bilden die **Wollensbedingungen**, bei denen es einzig auf eine Willenserklärung der berechtigten Partei ankommt (vgl. auch Art. 155 N 2). Hierunter können auch als Kauf mit Wollensbedingung ausgestaltete Gestaltungsrechte wie Kauf-, Rückkaufs- und Vorkaufsrechte fallen (VON TUHR/ESCHER, 258 FN 29). Bei den **kasuellen Bedingungen** besteht die Bedingung im Eintritt einer von den Parteien unbeeinflussbaren Tatsache. Deren Verwirklichung hängt von Handlungen Dritter oder sonstigen Ereignissen ab. **Gemischte Bedingungen** enthalten Elemente potestativer und kasueller Bedingungen (vgl. HGer ZH, 8.7.2014, HG120019, E. 2.4.2.2.4. a.E.). Die Unterscheidung hat nur deskriptive Funktion und als solche keine direkte rechtliche Bedeutung.

Ist eine Bedingung nur im Interesse und zugunsten einer Partei vereinbart worden (z.B. Grundstückkauf, der durch die Erteilung einer Baubewilligung bedingt ist), dürfte wohl zulässig sein, dass die Erfüllung des Geschäfts von der begünstigten Partei auch dann verlangt werden kann, wenn sich die Bedingung nicht erfüllt (so GUHL/KOLLER/SCHNYDER/DRUEY, 58). Vorbehalten bleiben Fälle unakzeptabler Rechtsunsicherheiten zulasten der andern Partei.

Bei Potestativbedingungen ist in analoger Anwendung von Art. 68 zu entscheiden, ob die Bedingung nur vom Berechtigten persönlich oder aber auch von einem Dritten **erfüllt** werden kann (vgl. hiezu Art. 155). **9**

Ebenfalls rein deskriptive Bedeutung hat die Unterscheidung in **positive** und **negative Bedingungen**, da einziges Abgrenzungskriterium der Eintritt oder der Nichteintritt eines Ereignisses ist. **10**

Im Einzelfall kann fraglich sein, ob von den Parteien die Vereinbarung einer **Bedingung** gewollt war oder ob eine **vertragliche Pflicht** statuiert wurde, deren Nichterfüllung die Rechtsfolgen der Art. 97 ff. auslöst (vgl. etwa CJ GE, SJ 1966, 53). Dabei handelt es sich um eine **Auslegungsfrage** (BGer, 8.12.2009, 4A_141/2008, E. 6.2; BGE 135 III 295 E. 5). Zu beachten ist, dass vertragliche Bestimmungen häufig unpräzis als Bedingungen bezeichnet werden, ohne dass ihre Erfüllung bzw. Nichterfüllung nach der Parteimeinung zum Dahinfallen des Vertrages oder der vertraglichen Bestimmung führen würde oder dessen bzw. deren Inkrafttreten zu hindern vermöchte (vgl. hiezu auch N 1). **11**

Keine Bedingungen im technischen Sinne sind grundsätzlich **Rechtsbedingungen** (ausführlich und rechtsvergleichend MATT, 33 ff.). Darunter sind Voraussetzungen eines Rechtsgeschäfts zu verstehen, die direkt auf dem Gesetz beruhen und die zu den Willensäusserungen der Parteien hinzutreten. Es handelt sich dabei um **Wirksamkeitserfordernisse** (BGE 127 III 357, 362 E. 3.b; STAEHELIN, Diss., 69 ff.). Beispiele sind die Verfügungsmacht des Verfügenden, die rechtzeitige Mängelrüge des Käufers als Voraussetzung der kaufrechtlichen Gewährleistung, der Bestand einer zu sichernden Forderung als Voraussetzung einer gültigen Verbürgung und Verpfändung, die Zustimmung eines Dritten, sofern dies von Gesetzes wegen zur Gültigkeit eines Rechtsgeschäfts erforderlich ist, die allenfalls erforderliche Zustimmung der Wettbewerbskommission zu einem Unternehmenszusammenschluss und die staatliche Bewilligung für den Grundstückverkauf an Ausländer als (Rechts-)Bedingung für die Wirksamkeit des Vertrages (KGer VS, ZRW 1987, 261, 262 f.; ZWR 1986, 225, 231). Gleiches gilt für die Zustimmung der Generalversammlung für die Vergütung von Organpersonen nach Art. 18 VegüV (Umsetzung der Minder-Initiative, OERTLE, GesKR 2014, 46). Fehlt eine derartige gesetzliche Voraussetzung, entsteht ein **Schwebezustand**, der i.d.R. nicht den Bestimmungen des Bedingungsrechts (Art. 152) unterliegt (STAEHELIN, Diss., 70; vgl. aber Art. 156 N 4 f.). Insbesondere kann z.B. eine behördliche Genehmigung im Gegensatz zur Regelung von Art. 151 Abs. 2 **rückwirkende Kraft** haben. Es stellt sich aber die Frage, ob Art. 156 gegebenenfalls analog anzuwenden ist, wenn eine Partei den Eintritt einer Rechtsbedingung treuwidrig verhindert (hiezu Art. 156 N 4 f.). Rechtsbedingungen können auch bei übereinstimmendem Parteiwillen nicht dem direkten Anwendungsbereich des Bedingungsrechts unterstellt werden; eine entsprechende Erklärung ist rechtlich bedeutungslos. Anders ist die Sachlage, wenn die Parteien eine den Inhalt einer Rechtsbedingung «überschiessende» zusätzliche Tatsache zur Voraussetzung der Rechtswirksamkeit eines Rechtsgeschäfts gemacht haben (für Bsp. vgl. VON TUHR/ESCHER, 260 f.). **12**

In diesem Zusammenhang ist kurz auf den **Grundsatz der Konvaleszenz** einzugehen (ausführlich STAEHELIN, Diss., 67 f.): Er bedeutet, dass in gewissen Fällen unvollendete Verfügungsgeschäfte durch spätere Ereignisse wirksam werden, und zwar mit materieller Wirkung gegenüber jedermann. Einerseits besagt der Grundsatz damit, dass bei Verfügungsgeschäften gewisse Sachverhalte nachgeholt werden können (z.B. fehlende Verfügungsmacht des Verfügenden, Art. 38; HUGUENIN, OR AT/BT, N 1282 m.w.Nw.; N 17), andererseits, dass gewisse Sachverhalte mit Tatbestandswirkung vorweggenommen (antizipiert) werden können (sog. **Vorausverfügungen**; vgl. VON TUHR/PETER, 219). Fallgruppen hiezu bilden der spätere Erwerb eines fremden Rechts, über welches ohne Befugnis verfügt worden ist, wenn bei einer Verfügung über ein künftiges Recht dieses nachträglich in der Person des Verfügenden entsteht oder wenn bei einer kausalen Verfügung sine causa der Rechtsgrund nachträglich entsteht. Derartige unvollendete Verfügungen können später durch Konvaleszenz eo ipso erstarken (Staehelin, Diss., 71 ff.). Hiezu gehört z.B. die Zession künftiger Forderungen. Einschränkungen sind bei rechtsbedingten Verfügungen über Immobiliarrechte zu beachten (Staehelin, Diss., 75 f. und 104 f.).

13 **Keine Bedingungen** im Rechtssinne (trotz häufig anzutreffendem anderslautendem Sprachgebrauch der Parteien) liegen vor bei Ereignissen, die in der **Vergangenheit** oder in der **Gegenwart** liegen oder deren Eintritt **sicher** (BGE 96 II 119, 125 E. 2 = Pra 1971, 85 f.) oder **objektiv unmöglich** ist. Ein «sicheres» Ereignis liegt sowohl vor, wenn der Zeitpunkt seines Eintritts sicher ist, wie auch, wenn nicht der Zeitpunkt, wohl aber der Eintritt als solcher gewiss ist. Bei Vertragsabschluss darf objektiv nicht feststehen, ob das Ereignis eintreten wird. Bloss subjektive Unkenntnis der Parteien genügt nie für die Annahme einer Bedingung. Nehmen die Parteien auf ein solches Ereignis Bezug, stellt es eine Voraussetzung für die Gültigkeit des Geschäfts dar (auch Gauch/Schluep/Schmid/Emmenegger, N 4029). Vergangene oder gegenwärtige objektiv feststehende Tatsachen sind daher auch dann nicht Bedingung, wenn eine oder beide Parteien sie nicht kennen (auch Schwenzer, N 11.02). Während die Rechtsfolge der Vereinbarung eines objektiv unmöglichen «bedingenden» Ereignisses von Anbeginn zur Unwirksamkeit des Vertrages führt, ist die Vereinbarung eines gewissen Ereignisses i.d.R. in eine **Befristung** umzudeuten (von Tuhr/Escher, 259; vgl. auch N 14).

14 Im Unterschied zur Bedingung, deren charakteristisches Merkmal die **objektive Ungewissheit** ist, ist bei der **Befristung** der Eintritt bzw. das Ausbleiben oder die Dauer des Ereignisses als solches gewiss (BGer, 8.2.2010, 4A_601/2009, E. 3.2.4), selbst wenn der genaue Eintretenszeitpunkt noch ungewiss sein sollte (Gauch/Schluep/Schmid/Emmenegger, N 4036; KUKO OR-Honsell, Art. 151 N 4). Damit gibt es bei Befristungen den charakteristischen Schwebezustand i.S. des Bedingungsrechts nicht. Die Art. 151 ff. können aber **analog** angewendet werden (Matt, 29; Bucher, AT, 509).

14a Von der Bedingung abzugrenzen sind sodann **Auflagen** (modi), welche die Wirksamkeit eines Rechtsgeschäfts in keiner Weise tangieren (Huguenin, OR AT/BT, N 1286). Dabei wird der Empfänger einer (i.d.R. unentgeltlichen) Zuwendung zu einer Leistung verpflichtet, wobei kein eigentliches Forderungsrecht, sondern ein blosser Vollziehungsanspruch besteht (BGE 120 II 182 E. 2.c; vgl. dazu auch OGer ZH, 6.8.2013, LF130035, E. III.2, IV.2: «Die Bedingung suspendiert, zwingt aber nicht, die Auflage zwingt, suspendiert aber nicht»). Bei Auslegungsschwierigkeiten stehen sich Auflagen und Bedingungen gleichwertig gegenüber (CR CO I-Pichonnaz, Art. 151 N 10; BGE 120 II 182 E. 2.c m.w.Nw.; OGer ZH, 6.8.2013, LF130035, E. IV.2). Weitere Auslegungs- und Abgrenzungsprobleme können Vertragsklauseln stellen, welche lediglich den Sachverhalt und die Absicht der Parteien festhalten («Whereas-Klauseln»). Grundsätzlich handelt es sich hier um einen Anwendungsfall des Grundlagenirrtums (Art. 24 Abs. 1 Ziff. 4; Huguenin, OR AT/BT, N 1285; vgl. Vogt, 155); eine Berufung auf Grundlagenirrtum ist i.d.R. selbst dann möglich, wenn solche Klauseln nicht einen integrierenden Bestandteil des Vertrages bilden und kann insb. dann zulässig sein, wenn die Absicht und der Sachverhalt zweifelsfrei vom Konsens aller Vertragsparteien getragen sind und Geschäftsgrundlage bilden.

II. Bedingung und Hauptgeschäft

15 *Die Bedingung bildet einen* **Bestandteil des Hauptgeschäfts** (BGE 72 II 29, 32 ff. E. 1). Steht daher die Verbindlichkeit eines Vertrages unter einer Suspensivbedingung, bestimmt die Bedingung nicht bloss den Erfüllungsanspruch, sondern auch die Ersatzforderung aus

Nichterfüllung oder die Forderung auf Schadloshaltung aus dem Leistungsverzicht (BGE 117 II 278 E. 4c). Weiter gelten die **Formvorschriften** des Hauptgeschäfts grundsätzlich auch für die Vereinbarung einer Bedingung; anders nur dann, wenn die Bedingung die schuldnerische Verpflichtung erleichtert (BGE 44 II 64; BK-BECKER, Vor Art. 151 OR N 25). Davon zu unterscheiden ist die Erfüllung der Bedingung, insb. einer reinen Wollensbedingung; sie kann auch beim formbedürftigen Vertrag durch **formlose Erklärung** erfüllt werden (VON TUHR/ESCHER, 258).

Die Ungültigkeit der Bedingung kann die **Ungültigkeit** des bedingten Hauptgeschäfts oder auch nur die Ungültigkeit der Bedingung zur Folge haben, was in analoger Anwendung von Art. 20 Abs. 2 zu ermitteln ist (BUCHER, AT, 509 FN 22; **a.M.** BK-BECKER, Vor Art. 151 OR N 23). **16**

Bei **Unmöglichkeit der Erfüllung** im Zeitpunkt des Bedingungseintritts kommt Art. 119 zur Anwendung. Umgekehrt konvaleszierτ der Vertrag, wenn eine im Zeitpunkt der Einigung vorhandene Unmöglichkeit bei Erfüllung der Bedingung nicht mehr besteht (VON TUHR/ESCHER, 266; ZK-OSER/SCHÖNENBERGER, Art. 152 OR N 4). **17**

Bei der **Abtretung einer Forderung** aus einem potestativ bedingten Schuldverhältnis kann die Bedingung grundsätzlich nur vom Zedenten und nicht vom Zessionar erfüllt werden, weil davon das gesamte Schuldverhältnis abhängt (VON TUHR/ESCHER, 272). Anders ist die Sachlage bei der Zession einer potestativ bedingten Forderung, wo die Möglichkeit der Erfüllung der Bedingung grundsätzlich auf den Zessionar übergeht (VON TUHR/ESCHER, 272). **18**

III. Zeitpunkt des Bedingungseintritts bzw. -ausfalls

Fehlt die Vereinbarung eines Termins, bis zu dem die vereinbarte Bedingung eingetreten oder definitiv ausgefallen sein muss, ist durch Auslegung ein **angemessener Zeitraum** festzulegen, nach dessen Ablauf der Schwebezustand ein **definitives Ende** findet (vgl. z.B. BGE 95 II 523, 527 ff. E. 2 f., wonach der durch die Erteilung einer Baubewilligung suspensiv bedingte Grundstückkauf die Parteien nur während der normalen Dauer eines Baubewilligungsverfahrens bindet; BGE 72 II 29, 35 ff. E. 2; s. aber OGer ZH, 6.8.2013, LF130035, E. III.3 f., IV.4 f., welches es a.E. unterlässt, einen Zeitpunkt für das Ende des Schwebezustands genau zu bestimmen; PETER H., 247 ff.). **19**

IV. Beweislast

Nach den Grundsätzen von **Art. 8 ZGB** ist bei einer Suspensivbedingung der Schuldner beweispflichtig, der die rechtshindernde Tatsache des Schwebens oder des definitiven Ausfalls der Bedingung behauptet (BK-BECKER, Vor Art. 151 OR N 28). Die Partei, die durch ihr Verhalten das Eintreten der Bedingung verhindert hat, kann nachweisen, dass die Bedingung sowieso nicht eingetreten wäre (BGer, 15.12.2005, 4C.281/2005, E. 3.5). Kann der Nachweis nicht erbracht werden, gilt die Bedingung als erfüllt und im Ergebnis wird der Grundsatz, dass treuwidriges Verhalten nicht belohnt werden soll, noch verstärkt (SCHMID, SJZ 2004, 482). Analoges wie bei der Suspensivbedingung gilt bei der Resolutivbedingung: Hier hat der Schuldner den Eintritt der Bedingung nachzuweisen, wenn er seine Befreiung behauptet; den Gläubiger trifft die **Beweislast**, wenn er Rückforderung geltend macht (GUHL/KOLLER/SCHNYDER/DRUEY, 57). **20**

Zu Auslegungsfragen vgl. N 6. **21**

V. IPR. Rechtsvergleichung

22 Aus dem unter N 15 ff. dargestellten Grundsatz – Bedingung als Bestandteil des Hauptgeschäfts – folgt, dass die Bedingung grundsätzlich dem Statut des Hauptgeschäfts folgt. Im Vertragsrecht beurteilt sich die Anknüpfung bei Fehlen einer Rechtswahl grundsätzlich nach dem Recht des Staates, mit dem der Vertrag als solcher am engsten zusammenhängt (Art. 117 IPRG); zur Rechtslage im Schiedsverfahren vgl. Art. 187 IPRG.

23 In rechtsvergleichender Hinsicht ist insb. das frz. Recht erwähnenswert: Gemäss Art. 1174 CC fr. ist jede Potestativbedingung unzulässig, da sie mit dem Verpflichtungswillen unvereinbar sei (SPAHNI, 154 ff.). Darunter sind allerdings nur reine Wollensbedingungen zu verstehen (SPAHNI, 155). Ein weiterer wesentlicher Unterschied zum schweizerischen Recht besteht darin, dass der erfüllten Bedingung grundsätzlich rückwirkende Kraft zukommt (Art. 1179 CC fr.; SPAHNI, 156 ff.). Ausserhalb des Bedingungsrechts, aber erwähnenswert, ist die frz. Konzeption, zufolge der jeder synallagmatische Vertrag als durch die Nichterfüllung der Gegenleistung resolutiv bedingt ist (Art. 1184 CC fr.; EHRAT, N 163 ff.).

Art. 151

A. Aufschiebende Bedingung
I. Im Allgemeinen

1 Ein Vertrag, dessen Verbindlichkeit vom Eintritte einer ungewissen Tatsache abhängig gemacht wird, ist als bedingt anzusehen.

2 Für den Beginn der Wirkungen ist der Zeitpunkt massgebend, in dem die Bedingung in Erfüllung geht, sofern nicht auf eine andere Absicht der Parteien geschlossen werden muss.

A. Condition suspensive
I. En général

1 Le contrat est conditionnel, lorsque l'existence de l'obligation qui en forme l'objet est subordonnée à l'arrivée d'un événement incertain.

2 Il ne produit d'effets qu'à compter du moment où la condition s'accomplit, si les parties n'ont pas manifesté une intention contraire.

A. Condizione sospensiva
I. In genere

1 Un contratto si ritiene condizionale, quando la sua obbligatorietà si faccia dipendere da un avvenimento incerto.

2 Esso diventa efficace dal momento in cui la condizione si verifica, a meno che i contraenti non abbiano manifestato una diversa intenzione.

Literatur

Vgl. die Literaturhinweise bei den Vorbem. zu Art. 151–157.

I. Allgemeines. Normzweck

1 Art. 151 enthält einerseits eine **Definition** des **suspensiv bedingten Vertrages** *(«Ein Vertrag, dessen Verbindlichkeit vom Eintritte einer ungewissen Tatsache abhängig gemacht wird [...]»)*, andererseits die Festlegung des Wirkungsbeginns des Vertrages bei Eintritt bzw. Ausfall der aufschiebenden Bedingung.

2 Der **Tatbestand** von Art. 151 – Abschluss eines Vertrages und Abhängigkeit seiner *«Verbindlichkeit»* vom *«Eintritte einer ungewissen Tatsache»* – impliziert die Frage nach dem Inhalt des Rechtsverhältnisses zwischen den Parteien während noch unentschiedener Suspensivbedingung. Dieser sog. **Schwebezustand** ist der Regelungsinhalt der Art. 152 und 153.

3 Die Einführung einer Suspensivbedingung in ein Rechtsgeschäft ermöglicht die Wahl eines *Mittelwegs zwischen fehlender und vollumfänglicher Bindung*: Die Parteien bzw. der Erklärende bei einer blossen Verfügung sind bereits in einem Schuldverhältnis gebunden, es besteht eine **Anwartschaft** (vgl. hiezu GAUCH/SCHLUEP/SCHMID/EMMENEGGER, N 3995; STAE-

HELIN, Diss., 18 f.) jeder Partei auf die ihr mit Bedingungseintritt bzw. -ausfall zustehenden Rechte. Andererseits entsteht während Fortdauer des Schwebezustands keine Forderung und damit weder ein Anspruch des Gläubigers noch eine Verpflichtung des Schuldners (s.a. HUGUENIN, OR AT/BT, N 1303). Möglich ist im Grundsatz immerhin eine positive oder negative Feststellungsklage bez. Bestand bzw. Nichtbestand des suspensiv bedingten Rechts.

Die Bedingung muss in zeitlicher, sachlicher und/oder örtlicher Hinsicht in jeder Beziehung der Parteivereinbarung bzw. dem vom Verfügenden Stipulierten entsprechen, wobei Auslegungsfrage sein kann, was genau die Parteien vereinbart haben (BK-BECKER, Art. 151 OR N 11). Bei mehreren Bedingungen ist im Zweifel von **Kumulation, nicht Alternativität**, auszugehen (BK-BECKER, Art. 151 OR N 13; BGer, 20.2.2006, 4C.424/2005). Tritt damit z.B. eine zweite Bedingung ein oder fällt sie aus, entsteht das Recht nicht (BGer, a.a.O.). **4**

II. Anwendungsbereich

Der Gesetzeswortlaut, wonach die Verbindlichkeit eines bedingten Vertrages vom Eintritt einer ungewissen Tatsache abhängig ist, ist unpräzis, da die Bedingung auch im **Ausbleiben eines ungewissen zukünftigen Ereignisses** bestehen kann. **5**

Im Übrigen ist die **Zulässigkeit von Suspensivbedingungen** entgegen dem zu engen Gesetzeswortlaut nicht nur für Verträge, sondern grundsätzlich auch für andere Verpflichtungen und Verfügungen zu bejahen (vgl. Vor Art. 151–157 N 4 f.; STAEHELIN, Diss., 25 ff.). **6**

Häufig finden sich Bedingungen auch in öffentlichen Übernahmeangeboten, sei dies etwa in der Form, dass Übernahmeangebote an die aufschiebende Bedingung bevorstehender Generalversammlungsbeschlüsse geknüpft werden oder aber, dass Generalversammlungsbeschlüsse unter der Bedingung gefasst werden, dass ein Übernahmeangebot auch tatsächlich zustande kommt (vgl. hiezu WEY/HUBER, SZW 2001, 149; zur «Break-up fee» vgl. Art. 160 N 12). Ebenfalls werden bei M&A Transaktionen oft sog. «Material Adverse Change-Klauseln» (MAC) verwendet. Darin wird festgesetzt, welcher Partei unter welchen Voraussetzungen zusteht, die Vollziehung des Vertrages zu verweigern (im Detail SCHÄRER/GROSS, 115, 127 f.). Für eine Übersicht über weitere mögliche Beweggründe zu einer bedingten Ausgestaltung des Übernahmeangebots sowie über die Kasuistik vgl. REUTTER, 83 ff. Ein weiterer Anwendungsfall ist bspw. eine resolutiv bedingte Schuldanerkennung, welche ohne weiteres als Rechtsöffnungstitel dienen kann (OGer ZH, 1.11.2012, RT120137, E. II.5.1). Schliesslich sind auch Vorkaufsrechte, etwa an Aktien, als Suspensivbedingungen zu qualifizieren (VISCHER, GesKR 2014, 84). **6a**

III. Voraussetzungen und Rechtsfolgen

1. Voraussetzungen

Tatbestand von Art. 151 bilden die Einigung der Parteien und der spätere Eintritt bzw. Ausfall der Bedingung (VON TUHR/ESCHER, 263, sprechen von einem «[...] *sukzessiv verlaufenden Tatbestand* [...]»). Art. 151 erwähnt einen Vertrag; in **Analogie** dazu sind auch **bedingte Verfügungen** unter diese Bestimmung zu subsumieren. Nichteintritt der positiven Bedingung bzw. Eintritt der negativen Bedingung führen damit zur definitiven Nichtvollendung des Tatbestands. **7**

Mit bedingter Einigung bzw. Vornahme der bedingten Verfügung entsteht der für den unvollendeten Tatbestand charakteristische **Schwebezustand**: Der spätere vollverbindliche Vertrag bzw. die vollgültige Verfügung entfalten Vorwirkungen, die Parteien haben **Anwartschaften** und – als Korrelat hiezu – bestimmte **Pflichten** (vgl. bereits N 3 und im Detail Art. 151 und 152). Diese Anwartschaften stellen einen **vererblichen** und **veräusserbaren Vermögenswert** dar, dessen Umfang sich nach der Wahrscheinlichkeit der Erfüllung der Bedingung bemisst **8** (von Tuhr/Escher, 268 f.). Auswirkungen hat diese Sachlage insb. im Bereich der Zwangsvollstreckung (vgl. hiezu insb. Staehelin, Diss., 94 ff., 107 ff.): Eine aufschiebend bedingte Forderung wird im **Konkurs** des präsumptiven Schuldners zu ihrem vollen Betrag zugelassen (Art. 210 SchKG; vgl. aber Art. 264 Abs. 3 SchKG; BGE 104 III 93; Peter E., SZS 2014, 291). Weiter besteht unter den Voraussetzungen von Art. 213 Ziff. 1 SchKG **Verrechenbarkeit** einer bedingten Forderung gegenüber dem Gemeinschuldner mit einer Forderung der Konkursmasse (Jaeger/Walder/Kull/Kottmann, Art. 213 N 10; **a.M.** BGE 105 III 4 E. 4. b; BSK SchKG II-Stäubli, Art. 213 N 14, welcher die einseitige Verrechnung bei suspensiv bedingter Forderung verneint). Blosse Anwartschaften sind aber nach BGer nicht besteuerbar (BGer, 2.6.2010, 2C_138/2010, E. 2.2). Bei bedingten Verfügungen entspricht die Rechtsposition des bedingt Berechtigten in etwa derjenigen des Gläubigers aus einem bedingten Schuldvertrag (von Tuhr/Escher, 268). Bedingter Schulderlass bedeutet i.d.R. Zahlungsaufschub bis zur Erfüllung der Bedingung (von Tuhr/Escher, 176, 267).

2. Rechtsfolgen, insbesondere der Beginn der rechtsgeschäftlichen Wirkung

9 Die **Erfüllung der Bedingung** führt ohne weiteres Zutun der Parteien zur Beendigung des Schwebezustands und zur Umwandlung des bedingten Rechtsgeschäfts in ein unbedingtes (Entstehung der unbedingten Forderung, definitive Rechtsverschiebung bei bedingter Verfügung). Entsprechend brauchen die Parteien im Zeitpunkt der Erfüllung bzw. des definitiven Ausfalls der Bedingung weder handlungs- noch verfügungsfähig zu sein, anders als im Zeitpunkt der Einigung bzw. Vornahme der Verfügung (vgl. dazu auch KUKO OR-Honsell, Art. 151 N 8).

10 Nach der dispositiven Regel von Art. 151 Abs. 2 (hiezu auch N 12) ist für den Beginn der Wirkungen des unbedingten Rechtsgeschäfts der Zeitpunkt der Erfüllung der Bedingung massgebend (**Wirkung ex nunc**; so auch Gauch/Schluep/Schmid/Emmenegger, N 3992). Gefordert werden kann somit nur, was in diesem Zeitpunkt geschuldet ist; so beginnt der Zinsenlauf grundsätzlich erst mit Erfüllung der Bedingung. Verzug vor Erfüllung der Bedingung ist begrifflich nicht möglich (RVJ 1987, 261, 264). Vorbehalten bleiben abweichende Parteivereinbarungen und die Regelung von Art. 153.

11 Einschränkungen erleidet der in N 10 geschilderte Grundsatz durch die in N 8 dargelegten Regeln im **Konkurs**, die in gewissem Sinne zu einer Rückwirkung auf den Zeitpunkt der Einigung bzw. der Vornahme der Verfügung führen. In diesen Zusammenhang gehört auch die Möglichkeit eines debitor cessus, eine im Zeitpunkt der Notifikation bereits bestehende bedingte Gegenforderung gegenüber dem Zedenten mit der auf den Zessionar übergegangenen Forderung zu verrechnen (Art. 169 Abs. 2).

IV. Abweichende Vereinbarungen in Bezug auf den Beginn der rechtsgeschäftlichen Wirkungen

12 Die Parteien können entgegen der dispositiven Regel von Art. 151 Abs. 2 **Rückwirkung** auf den Zeitpunkt der Einigung vereinbaren (**Wirkung ex tunc**). Eine derartige Vereinbarung ist insb. dann anzunehmen, wenn die Sache schon vor Eintritt bzw. Ausfall der Bedingung übergeben und angenommen worden ist (vgl. die ausdrückliche Regelung von Art. 153; Guhl/Koller/Schnyder/Druey, 60; BK-Becker, Art. 151 OR N 17).

V. Beweislast

13 Zwischen den Parteien kann umstritten sein, ob ein unbedingter oder ein aufschiebend bedingter Vertrag abgeschlossen wurde (vgl. auch Vor Art. 151–157 N 21). Die dann entstehende Frage nach der Beweislast wird in der Literatur kontrovers behandelt (für einen Überblick vgl. BK-Kummer, Art. 8 ZGB N 258 ff.; vgl. auch Merz, SPR VI/1, § 14 IV N 4): Nach der sog. **Leug-**

nungstheorie leugnet der Schuldner (Beklagte) das Vorhandensein eines unbedingten Vertrages, obwohl der Vertragsschluss als solcher unbestritten ist. Er zwingt damit den Gläubiger (Kläger) zum Nachweis des Vertragsinhalts (so KUKO OR-HONSELL, Art. 151 N 10; VON TUHR/ESCHER, 263). Damit hat der Gläubiger das Nichtvorhandensein einer Suspensivbedingung nachzuweisen, bei ansonsten unbestrittenem Vertragsschluss. Demgegenüber betrachtet die **Einwendungstheorie** die Bedingung als rechtshindernde und damit vom Beklagten zu beweisende Tatsache (GUHL/KOLLER/SCHNYDER/DRUEY, 57; BK-BECKER, Vor Art. 151 OR N 28 f.).

Dogmatisch ist das Problem wohl nicht abschliessend zu lösen (so auch BK-KUMMER, Art. 8 ZGB N 263a). Unter dem **Gesichtspunkt der Angemessenheit** aber erscheint es richtig, dem Schuldner (Beklagten) den Beweis aufzuerlegen. Diese Auffassung vertritt auch das BGer: Bedingungen sind als rechtshindernde oder rechtsaufhebende Tatsachen vom Beklagten, der seine Leistungspflicht unter Berufung darauf bestreitet, zu beweisen (BGer, 20.10.2004, 4C.264/2004, E. 3.4; 25.10.2004, 4C.212/2004, E. 3.1; vgl. zur Beweislast bei bedingter Verurteilung OGer ZH, 25.4.2012, RT120028, E. 4.2). Der Schuldner leitet aus der Behauptung des aufschiebend bedingten Vertrages das Recht ab, erst später leisten zu müssen. Er stellt sich darauf ein, und insofern ist ihm die Sicherung des Beweises zuzumuten (BK-KUMMER, Art. 8 ZGB N 263a). Weiter wird dem gutgläubigen Gläubiger das Problem möglicherweise erst mit Erhebung der entsprechenden Einrede durch den Schuldner bewusst, was zu einem Beweisnotstand führen kann. 14

VI. Rechtsvergleichung

Während § 158 Abs. 1 BGB ebenfalls von der grundsätzlichen Wirkung ex nunc der Bedingung ausgeht, statuiert Art. 1179 CC fr. die Rückwirkung. 15

Art. 152

II. Zustand bei schwebender Bedingung

1 Der bedingt Verpflichtete darf, solange die Bedingung schwebt, nichts vornehmen, was die gehörige Erfüllung seiner Verbindlichkeit hindern könnte.

2 Der bedingt Berechtigte ist befugt, bei Gefährdung seiner Rechte dieselben Sicherungsmassregeln zu verlangen, wie wenn seine Forderung eine unbedingte wäre.

3 Verfügungen während der Schwebezeit sind, wenn die Bedingung eintritt, insoweit hinfällig, als sie deren Wirkung beeinträchtigen.

II. Pendant que la condition est en suspens

1 Tant que la condition n'est pas accomplie, le débiteur doit s'abstenir de tout acte qui empêcherait que l'obligation ne fût dûment exécutée.

2 Le créancier dont les droits conditionnels sont mis en péril peut prendre les mêmes mesures conservatoires que si sa créance était pure et simple.

3 Tout acte de disposition accompli avant l'avènement de la condition est nul en tant qu'il compromet les effets de celle-ci.

II. Condizione pendente

1 Il debitore obbligato sotto condizione, finché questa è pendente, non può fare alcuna cosa che possa impedire il debito adempimento della sua obbligazione.

2 Il creditore sotto condizione, i cui diritti siano in pericolo, può richiedere tutti gli atti conservativi, come se il suo credito non fosse soggetto a condizione.

3 Col verificarsi della condizione cadono le disposizioni anteriormente prese, in quanto ne pregiudichino gli effetti.

Literatur

Vgl. die Literaturhinweise bei den Vorbem. zu Art. 151–157.

I. Allgemeines. Normzweck

1 Art. 152 regelt Teilaspekte des **Schwebezustands** zwischen Einigung bzw. Vornahme der Verfügung und Erfüllung der Suspensivbedingung. Darin findet der Umstand Ausdruck, dass während des Schwebezustands bereits ein Schuldverhältnis mit Rechten und Pflichten der beteiligten Parteien besteht (PETER H., 303 ff.; VON TUHR/ESCHER, 264; vgl. auch Art. 151 N 2 f., 8). Zwar ist bei schwebenden Bedingungen der suspensiv bedingt Verpflichtete noch nicht gebunden, aber es ist möglich, dass er von einem bedingt Verpflichteten zu einem unbedingten Schuldner wird (PETER H., 304 f.). Der suspensiv bedingte Vertrag entfaltet damit rechtliche Wirkungen bereits dann, wenn sich die Parteien verbindlich auf ihren Vertrag einigen und ihn abschliessen (PETER H., 308); Verletzungen von vertraglichen Verpflichtungen können gegebenenfalls bereits zu vertraglichem Schadenersatz führen (ACOCELLA, SJZ 2003, 496 FN 2). Der Vertragsschluss dient bei Ausfall der Bedingung als Grundlage für ein vertragliches Rückabwicklungsverhältnis (ACOCELLA, SJZ 2003, 496). Art. 152 gilt nicht nur für suspensiv bedingte Geschäfte unter Lebenden, sondern auch für bedingte Geschäfte von Todes wegen (PETER H., 326 ff.).

2 Das Rechtsverhältnis während fortdauerndem Schwebezustand verpflichtet die beteiligten Parteien zu einem **Verhalten nach Treu und Glauben** (KUKO OR-HONSELL, Art. 152 N 5; HUGUENIN, OR AT/BT, N 1304). Der Grad der Sorgfalt bemisst sich nach der definitiven Verpflichtung (VON TUHR/ESCHER, 265). Rechtsfolge einer Verletzung dieser Verhaltenspflicht ist ein Anspruch auf **Schadenersatz** nach Art. 97 ff. (GUHL/KOLLER/SCHNYDER/DRUEY, 59; PETER H., 304; SCHWENZER, N 12.04).

3 **Die Verpflichtung zum Handeln nach Treu und Glauben** besteht auch beim Vorliegen einer Potestativbedingung: Wohl besteht keine Verpflichtung zur Erfüllung der Bedingung (Vor Art. 151–157 N 2), dafür aber haftet der Schuldner im Rahmen von Art. 152 Abs. 1, solange er den Schwebezustand durch seinen Entscheid nicht beendet (VON TUHR/ESCHER, 266; ähnlich VIONNET, 35). Immerhin kann ein treuwidriges Handeln des potestativ Berechtigten als ein Handeln verstanden werden, das als ein auf Ausfall der Bedingung gerichteter Erklärungswille auszulegen ist (ZK-OSER/SCHÖNENBERGER, Vor Art. 151–157 OR N 10; Art. 156 N 5 f.).

4 Der Wortlaut von Art. 152 Abs. 1 ist insofern zu eng, als sich daraus für den Schuldner **nicht nur eine Unterlassungs-, sondern auch eine Handlungspflicht** ergeben kann (VON TUHR/ESCHER, 265). So kann er bspw. für die zur Erhaltung der Sache notwendigen Massnahmen verantwortlich sein. Unzulässig ist es für den Schuldner, während des Schwebezustandes die geschuldete Sache zu vernichten, zu verkaufen oder so zu belasten, dass der Gläubiger bei Erfüllung der Bedingung in der Geltendmachung oder Ausübung seines Eigentums beschränkt ist.

5 Die suspensiv bedingte Forderung kann vom Gläubiger während **andauerndem Schwebezustand** nicht gerichtlich geltend gemacht werden (mit Ausnahme einer Klage auf Feststellung); sie kann aber dennoch Gegenstand des Rechtsverkehrs bilden (GAUCH/SCHLUEP/SCHMID/EMMENEGGER, N 4003 m.w.Nw.; Art. 151 N 8).

Die Rechte des Gläubigers während andauerndem Schwebezustand sind unterschiedlich, je nachdem, ob das Verpflichtungsgeschäft, welches eine Person verpflichtet, jedoch nicht direkt ein Recht berührt, oder eine Verfügung, welche unmittelbar ein Recht oder ein Rechtsverhältnis betrifft, suspensiv bedingt ist: Dies äussert sich darin, dass **Zwischenverfügungen** während dem Schwebezustand bei **bedingten Verfügungen** grundsätzlich **ungültig** sind (Art. 152 Abs. 3; N 9 ff.). Nach dem Vorbild von § 161 BGB schützt Art. 152 Abs. 3 den Gläubiger nur, wenn die Bedingung das Verfügungsgeschäft betrifft (ROCHAT, 128; EITEL, ZBGR 1992, 142 ff.; PETER H., 342; BUCHER AT, 511, Anm. 31) und verhindert nicht den gültigen Abschluss eines Verpflichtungsgeschäfts mit einem Dritten (Handkomm-OR-STAFFELBACH,

Art. 152 N 4). Das Verpflichtungsgeschäft verpflichtet nur die Person, die es abgeschlossen hat und verschafft dem Gläubiger kein weitergehendes Recht auf die Sache (PETER H., 342). Wenn der bedingt Verpflichtete während der Schwebezeit mit einem Dritten ein Verpflichtungsgeschäft schliesst, so verliert der bedingt Berechtigte vorläufig nichts, es wird ihm kein Recht entzogen. Die beiden Geschäfte (das bedingte und das während der Pendenz geschlossene) können nebeneinander existieren, da das Zweite die Erfüllung des Ersten nicht hindert. Die Rechtsbeständigkeit des Verpflichtungsgeschäfts mit dem gutgläubigen Dritten ist damit nicht in Frage gestellt (VON TUHR/ESCHER, 265 FN 20). Art. 152 Abs. 3 gilt nicht, wenn sich jemand gegenüber einem gutgläubigen Dritten suspensiv bedingt verpflichtet oder eine weitere Verpflichtung eingeht. Der Schuldner haftet aber im Falle eines Verstosses gegen eine suspensiv bedingte Verpflichtung, insb. bei der Verpflichtung zur Veräusserung der geschuldeten Sache während hängiger Bedingung und Unmöglichkeit ihrer Lieferung bei Erfüllung der Bedingung gem. Art. 152 Abs. 1 (Schadenersatz). Der Gläubiger kann als bedingt Berechtigter grundsätzlich Sicherungsmassregeln gem. Abs. 2 verlangen (PETER H., 347; N 8).

Die Bedeutung einer **Verfügung (= Leistung) vor Erfüllung der Bedingung** kann ein Aus- 6
legungsproblem sein: Grundsätzlich ist davon auszugehen, dass bei irrtumsfreier Leistung (d.h. Leistung bei Kenntnis des fortdauernden Schwebezustands) diese gleichermassen wie das Verpflichtungsgeschäft bedingt ist (VON TUHR/ESCHER, 265), dass aber Wirkung ex tunc vereinbart wird (Art. 151 N 12). Bei unbedingter oder irrtümlich erfolgter Leistung kann diese bei Nichterfüllung der Bedingung des Verpflichtungsgeschäfts nach den Regeln über die ungerechtfertigte Bereicherung bzw. mittels Vindikation zurückgefordert werden (vgl. BGE 137 III 243 E. 4.4.5 ff.; bestätigt in BGer, 3.12.2012, 4A_224/2012, E. 5.2 ff.).

Art. 152 Abs. 1 ist **dispositiv** (VON TUHR/ESCHER, 266). Im Rahmen von Art. 100 f. kann da- 7
mit die Haftung des Schuldners ausgeschlossen werden.

II. Sicherungsmassregeln

Art. 152 Abs. 2 befähigt den bedingt Berechtigten, bereits vor Bedingungseintritt gewisse Si- 8
cherungsmassregeln zu ergreifen (vgl. BGer, 17.10.2014, 5A_140/2014, E. 2.2). Dabei werden bedingte Rechte in Bezug auf mögliche Sicherungsmassregeln unbedingten gleichgestellt (PETER H., 309 ff.); dies gilt nicht für Nacherben (Art. 488 ff. ZGB), trotz Suspensivbedingung (BGer, 2.2.2012, 5A_713/2011, E. 4.2). Berechtigt zur Stellung eines Begehrens auf Erlass von Sicherungsmassregeln ist einzig der bedingt Berechtigte (PETER H., 309 f.).

Zu unterscheiden ist zwischen **vertraglich vereinbarten Sicherungsmassregeln** und denjenigen, die der bedingt Berechtigte **einseitig** ergreifen kann. Bürgschaft (Art. 492 Abs. 2), Grundpfandverschreibung (Art. 824 ZGB) und Faustpfand (Art. 884 ZGB) bedürfen einer entsprechenden Abrede der Parteien; demgegenüber kann der bedingt Berechtigte bei Gefährdung seiner Rechte einseitig einen Arrest nach Art. 271 Abs. 2 SchKG oder Vormerkung nach Art. 960 Ziff. 1 ZGB verlangen (CR CO I-PICHONNAZ, Art. 153 N 20 ff.; VON TUHR/ESCHER, 264 f.; auch BGer, 4.11.2013, 5A_328/2013, E. 5.4.3).

Grundsätzlich ist die Wirkung derartiger Sicherungsmassregeln auf das **Verhältnis inter partes** beschränkt (BK-BECKER, Art. 152 OR N 2). Eine Ausnahme besteht nur bei der Gefährdung von Rechten aus bedingten Verfügungen infolge Zwischenverfügungen während der Schwebezeit gem. Art. 152 Abs. 3. Hier sind Sicherungsmassregeln grundsätzlich auch gegenüber Dritten denkbar (ZK-OSER/SCHÖNENBERGER, Art. 152 OR N 8).

III. Ungültigkeit von Verfügungen während der Schwebezeit

Art. 152 Abs. 3 erklärt *«Verfügungen während der Schwebezeit»* für *«hinfällig»*, sofern *«sie* 9
deren Wirkung beeinträchtigen» (hiezu LAUKO, 3 ff.; PETER H., 341 ff.). Damit wird beim

Vorliegen von qualifizierten Tatbestandselementen (Eintritt der Bedingung und Beeinträchtigung in deren Wirkung) die **Ungültigkeit von Zwischenverfügungen** (Verfügungen während der Schwebezeit) statuiert. Art. 152 Abs. 3 betrifft nur den Fall einer Verfügung während der Schwebezeit, nicht aber den Abschluss eines Verpflichtungsgeschäfts mit gutgläubigen Dritten (BUCHER, AT, 511 FN 31; VON TUHR/ESCHER, 265 FN 20; HUGUENIN, OR AT/BT, N 1310; N 5).

Der Wortlaut von Art. 152 Abs. 3 ist auch hier insofern zu eng, als sein Anwendungsbereich sich auch auf den definitiven Ausfall einer (negativen) Bedingung erstreckt. Korrekterweise sollte deshalb von *«Erfüllung der Bedingung»* gesprochen werden.

Aufgrund des in Art. 152 Abs. 3 statuierten **Prioritätsprinzips** gehen suspensiv bedingte Verfügungen späteren Verfügungen vor. Sie haben auch Priorität vor einer späteren Verpfändung. Im Konkurs ergeben sich Einschränkungen aus zwingenden Normen des Konkursrechts. Die vor der Konkurseröffnung erklärte Zession einer künftigen, nach der Konkurseröffnung entstandenen Forderung ist ungültig (STAEHELIN, AJP 2004, 371). Der Schuldner kann nicht durch Vorausverfügungen über künftige Forderungen gewisse Konkursgläubiger gegenüber anderen bevorzugen.

10 Der Tatbestand von Art. 152 Abs. 3 zeichnet sich dadurch aus, dass noch ungewiss ist, ob sich die Bedingung erfüllen wird. In dieser Situation *(«während der Schwebezeit»)* setzt die Anwendung dieser Bestimmung voraus, dass der suspensiv bedingt Verpflichtete eine oder mehrere Verfügungen trifft, die *«die Wirkung des Eintritts der Bedingung beeinträchtigen»* (BK-BECKER, Art. 152 OR N 3). Der Tatbestand setzt sich damit aus folgenden Elementen zusammen:

- Einigung der Parteien über ein suspensiv bedingtes Rechtsgeschäft;
- Vornahme einer Verfügung durch den bedingt Verpflichteten während des Schwebezustandes;
- beeinträchtigende Wirkung der Verfügung;
- Erfüllung der Bedingung.

Beim Vorliegen all dieser Tatbestandsvoraussetzungen tritt als Rechtsfolge die **Ungültigkeit der Zwischenverfügung** ein; die Zwischenverfügung ist grundsätzlich auch gegenüber Dritten unwirksam (vgl. aber N 11).

Hat sich die Bedingung noch nicht erfüllt, ist die Zwischenverfügung zunächst gültig (VON TUHR/ESCHER, 267). Ihre **Wirkung entfällt erst mit Erfüllung** der Bedingung des Grundgeschäfts, sofern die Zwischenverfügung dessen Wirkung beeinträchtigt. Insofern kann damit beim Vorliegen der übrigen Tatbestandselemente von einer die Zwischenverfügung belastenden Resolutivbedingung gesprochen werden; das bedingende Ereignis ist dabei die Erfüllung der Bedingung des Grundgeschäfts.

11 Der Grundsatz der Ungültigkeit von Zwischenverfügungen erleidet im **Mobiliarsachenrecht** eine wesentliche Einschränkung durch das **Prinzip des guten Glaubens**. Der gutgläubige Erwerber erwirbt trotz Verfügungsbeschränkung des Verfügenden, so wie er auch gültig Eigentum vom Nicht-Eigentümer erwerben kann. Kein Anwendungsfall von Art. 152 Abs. 3 besteht in der Weiterveräusserung durch den aufschiebend bedingte Eigentümer einer Sache. Der Dritte, der die Sache **gutgläubig erwirbt**, wird in seinem Recht geschützt (Art. 933 ZGB; HUGUENIN, OR AT/BT, N 1310). Damit ist der Anwendungsbereich von Art. 152 Abs. 3 hauptsächlich beschränkt auf das Zessionsrecht (BUCHER, AT, 511 FN 31; im Detail LAUKO, *passim*), d.h. auf die Zession einer Forderung an einen Dritten nach bereits erfolgter bedingter Abtretung an den Zessionar. Der gutgläubige debitor cessus ist im Umfang von Art. 167 geschützt (VON TUHR/ESCHER, 268).

Art. 153

III. Nutzen in der Zwischenzeit

[1] Ist die versprochene Sache dem Gläubiger vor Eintritt der Bedingung übergeben worden, so kann er, wenn die Bedingung erfüllt wird, den inzwischen bezogenen Nutzen behalten.

[2] Wenn die Bedingung nicht eintritt, so hat er das Bezogene herauszugeben.

III. Profit retiré dans l'intervalle

[1] Le créancier auquel la chose promise a été livrée avant l'accomplissement de la condition peut, lorsque la condition s'accomplit, garder le profit réalisé dans l'intervalle.

[2] Lorsque la condition vient à défaillir, il est tenu de restituer le profit réalisé.

III. Utile ricavato nel frattempo

[1] Quando, prima del verificarsi della condizione, la cosa promessa sia stata consegnata al creditore, questi, ove la condizione si verifichi, potrà ritenere l'utile nel frattempo ricavatone.

[2] Deve restituirlo, ove la condizione non si verifichi.

Literatur

Vgl. die Literaturhinweise bei den Vorbem. zu Art. 151–157.

I. Allgemeines. Normzweck

1 Als **Grundregel für den Wirkungsbeginn** des unbedingten Rechtsgeschäfts gilt der Zeitpunkt der Erfüllung der Bedingung (Art. 151 Abs. 2 und Art. 151 N 9 f.).

2 In Abweichung vom Grundsatz wird durch Art. 153 Abs. 1 der massgebliche Beginn der **Berechtigung am Nutzen** einer Sache bei Übergabe derselben auf der Grundlage eines suspensiv bedingten Vertrages **vorverlegt**; bei Erfüllung der Bedingung gilt der Zeitpunkt der **Sachübergabe**. Damit stellt Art. 153 Abs. 1 eine **Ausnahme zum Grundsatz der Nichtrückwirkung** des Bedingungseintritts dar (so auch MATT, 285, rechtsvergleichend 286–288). Rückwirkung kommt zum Beispiel bei vorzeitiger Besitzübergabe oder Zahlung vor (BGer, 20.2.2006, 4C.424/2005; BGE 129 III 264). Eine Anwendung von Art. 153 Abs. 1 OR auf suspensiv-bedingt zedierte Forderungen ist aufgrund der abweichenden Natur des zugrundeliegenden Rechtsgeschäfts und mangels Wahrnehmung von Gläubigerrechten jedoch abzulehnen (detailliert LAUKO, 124).

Der Begriff des Nutzens umfasst nicht nur die natürlichen, sondern auch die bürgerlichen Früchte (Zinsen) und alle weiteren geldwerten Vorteile der Benutzung (VON TUHR/ESCHER, 274).

Die innere Berechtigung des Regelungsgehalts von Art. 153 Abs. 1 ergibt sich daraus, dass die damit bewirkte Rückwirkung regelmässig dem Parteiwillen entspricht (VON TUHR/ESCHER, 274). Daraus folgt andererseits auch, dass Art. 153 **dispositives Recht** ist (ZK-OSER/SCHÖNENBERGER, Art. 153 OR N 1; BGer, 13.9.2004, 4C.25/2004, E. 3.5.2).

II. Verhältnis zu Art. 185

3 Art. 153 Abs. 1 stellt eine der kaufrechtlichen Regel von Art. 185 Abs. 3 vorgehende **Sondernorm** dar (BUCHER, AT, 514). Während Art. 185 Abs. 3 vom Sachübergang erst nach Bedingungseintritt (bzw. -ausfall) ausgeht, regelt Art. 153 Abs. 1 die Berechtigung am Nutzen bei Sachübergabe **vor** Erfüllung der Bedingung.

III. Gefahren- und Lastenübergang

4 Grundsätzlich geht die **Gefahr** bei suspensiv bedingten Verträgen unabhängig vom Zeitpunkt der Sachübergabe erst mit Bedingungseintritt (bzw. -ausfall) über (für den Kauf ausdrücklich Art. 185 Abs. 3) (vgl. dazu ausführlich MATT, 289 ff., rechtsvergleichend). Diese Regelung stimmt mit dem in Art. 153 Abs. 1 geregelten Beginn der Berechtigung am Nutzen bei Sachübergabe vor Bedingungseintritt (bzw. -ausfall) **nicht** überein, wobei die Auslegung des Parteiwillens trotzdem zu einem Gleichlauf von Nutzen- und Gefahrenübergang führen kann (ZK-OSER/SCHÖNENBERGER, Art. 153 OR N 4).

5 Grundsätzlich verbleiben die mit der suspensiv bedingt übergebenen Sache zusammenhängenden **Lasten** (z.B. öffentlich-rechtliche Abgaben) beim Eigentümer (KUKO OR-HONSELL, Art. 153 N 2), wobei es regelmässig dem Parteiwillen entsprechen dürfte, dass bei Erfüllung der Bedingung dem Veräusserer derartige Lasten vom Erwerber zu ersetzen sind (BK-BECKER, Art. 153 OR N 1).

IV. Ausfall der Bedingung

6 Bei **definitivem Bedingungsausfall** hat der bisher vorläufig Berechtigte dem Eigentümer *«das Bezogene»* herauszugeben (Art. 153 Abs. 2). Dabei handelt es sich um einen **Anspruch aus ungerechtfertigter Bereicherung** i.S.v. Art. 62 ff. bzw. Vindikation i.S.v. Art. 641 Abs. 2 ZGB (differenzierend KUKO OR-HONSELL, Art. 153 N 4; für ein vertragliches Rückabwicklungsverhältnis die neuere Lehre SCHWENZER, N 5911; HUGUENIN, OR AT/BT, N 1317; ACOCELLA, SJZ 2003, 496; MATT, 323 ff., auch mit Übersicht über Lehrenstreit; vgl. weitergehend BÜSCHER, N 426 ff.), wobei sich der Umfang der Rückgabepflicht in Abweichung zum Wortlaut von Art. 153 Abs. 2 *(«das Bezogene»)* nach Art. 64 f. *(«die Bereicherung»)* berechnet (ZK-OSER/SCHÖNENBERGER, Art. 153 OR N 3); damit sind die bereits erbrachten Leistungen sowie der allenfalls erzielte Gewinn zurückzuerstatten (BGE 137 III 243 E. 4.4.3 ff.; 129 III 264 E. 3.2.2 = Pra 92 Nr. 176; BGer, 13.9.2004, 4C.25/2004, E. 3.5.2; 28.3.2003, 4C.394/2002, E. 3; CJ GE, ZBGR 2002, 209; TERCIER/PICHONNAZ, obligations, N 904).

In BGE 129 III 264, 268 E. 3.2.2 entschied das BGer, dass der aufschiebend bedingte Vertrag vor dem Eintritt bzw. Ausfall der Bedingung keinerlei Wirkung entfaltet (vgl. hiezu auch VIONNET/VON DER CRONE, SZW 2003, 328). Anders hatte noch das KGer FR in seinem vorinstanzlichen Entscheid vom 3.10.2002 (RFJ 2003/1) entschieden: Demzufolge bewirkt der Ausfall der Bedingung die rückwirkende Vernichtung des Vertrages und seiner zwischenzeitlichen Wirkungen (VIONNET/VON DER CRONE, SZW 2003, 328). Der Wortlaut von Art. 151 Abs. 2 spricht grundsätzlich für die Auslegung des BGer; im Einzelfall ist ein anderes Auslegungsergebnis aber möglich (VIONNET/VON DER CRONE, SZW 2003, 329). Gegebenenfalls sind dann die Wirkungen des Ausfalls der Suspensivbedingung identisch mit den Wirkungen einer Resolutivbedingung mit Rückwirkung (VIONNET/VON DER CRONE, SZW 2003, 329; vgl. aber dazu Art. 154 N 6).

6a Der Bereicherungsanspruch **verjährt** mit Ablauf eines Jahres, nachdem der Berechtigte von seinem Anspruch Kenntnis erhalten hat, in jedem Fall aber mit Ablauf von zehn Jahren seit der Entstehung des Anspruchs (Art. 67 Abs. 1; BGE 129 III 264 E. 3.2.2 und E. 4 = Pra 92 Nr. 176).

Art. 154

B. Auflösende ***Bedingung***

1 Ein Vertrag, dessen Auflösung vom Eintritte einer Bedingung abhängig gemacht worden ist, verliert seine Wirksamkeit mit dem Zeitpunkte, wo die Bedingung in Erfüllung geht.

2 Eine Rückwirkung findet in der Regel nicht statt.

B. Condition résolutoire

[1] Le contrat dont la résolution est subordonnée à l'arrivée d'un événement incertain cesse de produire ses effets dès le moment où la condition s'accomplit.

[2] Il n'y a point, dans la règle, d'effet rétroactif.

B. Condizione risolutiva

[1] Il contratto, la cui risoluzione si faccia dipendere dal verificarsi di una condizione, diventa inefficace dal momento in cui la condizione si verifica.

[2] Di regola non avvi effetto retroattivo.

Literatur

Vgl. die Literaturhinweise bei den Vorbem. zu Art. 151–157.

I. Allgemeines. Normzweck

1 Die in Art. 154 Abs. 1 enthaltene Legaldefinition des **auflösend bedingten** Vertrages stellt das Gegenstück zu der in Art. 151 Abs. 1 enthaltenen Umschreibung des aufschiebend bedingten Vertrages dar. Dasselbe gilt für die Festlegung des Wirkungsbeginns bei Eintritt (bzw. Ausfall) der Bedingung; vgl. Art. 154 Abs. 2 und Art. 151 Abs. 2. Grundsätzlich gilt das in den Vorbemerkungen zu Voraussetzungen, Begriff und Anwendungsbereich Ausgeführte sowohl für Suspensiv- wie auch für Resolutivbedingungen. Insbesondere gilt auch hier, dass der Gesetzeswortlaut, wonach die Vertragsauflösung vom Eintritt einer Bedingung abhängig ist, unpräzise ist, da die Bedingung auch im Ausbleiben eines ungewissen zukünftigen Ereignisses bestehen kann (vgl. auch Art. 151 N 5) und die Bestimmung analog auch auf Verfügungen anwendbar ist (vgl. auch Art. 151 N 7). Ob die Partei eine Klausel objektiv als Resolutivbedingung verstehen muss, beurteilt sich gemäss den Umständen und der Schlüssigkeit des Vertrages (ARV 2003, 90) oder der Verfügung.

2 Die Erfüllung bzw. der Ausfall der auflösenden Bedingung wirken **ipso iure**, beenden also die Wirkungen des auflösend bedingten Rechtsgeschäfts ohne weiteres («ohne Wissen und Willen der Parteien»; BGE 127 III 515; von Tuhr/Escher, 275 f.; weiter Gauch/Schluep/Schmid/Emmenegger, N 4005). Damit stellt die Resolutivbedingung ein Institut dar, das es den Parteien ermöglicht, je nach Eintritt bzw. Ausfall von zukünftigen Sachverhalten vollgültige Rechtsverhältnisse ohne weiteres zu beenden. Zur Auslegung einer Vertragsklausel, die den Hinfall einer Vereinbarung bei Widerruf einer Vollmacht vorsieht, vgl. BGE 127 III 515 ff.

3 Der Hauptunterschied zwischen gesetzlichem Rücktritt einerseits und Resolutivbedingung andererseits liegt in der ipso iure-Wirkung der Resolutivbedingung. Der **vertragliche Rücktrittsvorbehalt** hingegen stellt eine Erscheinungsform einer Resolutivbedingung dar. Für eine Gesamtdarstellung des Verhältnisses zwischen vertraglichem Rücktrittsvorbehalt und gesetzlichem Rücktritt einerseits und Resolutivbedingung andererseits vgl. Ehrat, N 48 ff.

II. Wirkungen

4 Im Gegensatz zu den Regelungen für Suspensivbedingungen von Art. 152 f. sind die **Wirkungen der Erfüllung** bzw. **des Ausfalls einer Resolutivbedingung** gesetzlich nicht ausdrücklich geregelt. Entsprechend sind diese Wirkungen für die Zeit **vor** Erfüllung bzw. Ausfall der Bedingung, für die Zeit **nachher** und bei **definitivem Bedingungsausfall** bzw. **-eintritt** zu untersuchen (Guhl/Koller/Schnyder/Druey, 61 f.).

5 Wie bei der Suspensivbedingung (Art. 152) besteht auch bei der Resolutivbedingung bis zum Entscheid über die Bedingung grundsätzlich ein **Schwebezustand** (Gauch/Schluep/Schmid/Emmenegger, N 4009; Guhl/Koller/Schnyder/Druey, 61; von Tuhr/Escher, 269; Gerhardt, 27). Dieser bezieht sich aber nicht auf den Beginn der rechtsgeschäftlichen Wirkungen wie bei der Suspensivbedingung, sondern auf deren Fortbestand (von Tuhr/Escher, 269).

Mit dem erwähnten Schwebezustand in einem gewissen Spannungsverhältnis steht die aus Art. 154 Abs. 1 fliessende gesetzliche Anordnung, dass der auflösend bedingte Vertrag bzw. die bedingte Verfügung vor Bedingungserfüllung **voll wirksam** ist (GAUCH/SCHLUEP/SCHMID/EMMENEGGER, N 4005; HUGUENIN, OR AT/BT, N 1311) und damit auch **Nutzen und Gefahr** vollständig auf den bedingt Berechtigten übergehen (ZK-OSER/SCHÖNENBERGER, Art. 154 OR N 3). Dieses Spannungsverhältnis ist dahingehend zu lösen, dass der resolutiv Berechtigte grundsätzlich voll berechtigt ist (d.h. die resolutiv bedingte Forderung geltend machen kann, Eigentum erwirbt, etc.). Während noch unentschiedener Bedingung darf er aber in analoger Anwendung von Art. 152 Abs. 1 nichts vornehmen, was bei Bedingungseintritt (bzw. -ausfall) die gehörige Erfüllung seiner (Rückgabe-)Pflichten verunmöglichen könnte (ZK-OSER/SCHÖNENBERGER, Art. 154 OR N 3).

Entsprechend darf der resolutiv Berechtigte **Zwischenverfügungen** (Weiterveräusserungen, Pfandbestellungen, etc.) während noch unentschiedener Resolutivbedingung nur unter Vorbehalt des Eintritts bzw. Ausfalls derselben vornehmen (GUHL/KOLLER/SCHNYDER/DRUEY, 61). Bei Verletzung dieses Grundsatzes gilt die Rechtsfolgenorm von Art. 152 Abs. 3 analog (GUHL/KOLLER/SCHNYDER/DRUEY, 30; BUCHER, AT, 512; **a.M.** BK-BECKER, Art. 154 OR N 4). Während der Schwebezeit vorgenommene Verfügungen über auflösend bedingtes Eigentum zugunsten Dritter werden mit Eintritt der Bedingung unwirksam; der ursprüngliche Eigentümer der Sache oder Inhaber einer Forderung ist mit Eintritt der Bedingung wieder allein berechtigt (HUGUENIN, OR AT/BT, N 1313). Vorbehalten bleibt aber auch hier der **gutgläubige Eigentumserwerb** durch Dritte (Art. 933 ZGB; BUCHER, AT, 512; VON TUHR/ESCHER, 269 f.; HUGUENIN, OR AT/BT, N 1313). In allen Fällen besteht grundsätzlich eine **vertragliche Schadenersatzpflicht** des unrechtmässig Verfügenden (GUHL/KOLLER/SCHNYDER/DRUEY, 61).

6 Mit Erfüllung bzw. Ausfall der Bedingung wird das Rechtsgeschäft ipso iure hinfällig, seine Wirkungen fallen grundsätzlich dahin (KUKO OR-HONSELL, Art. 151 N 8; VON TUHR/ESCHER, 275 f.; vgl. aber CR CO I-PICHONNAZ, Art. 154 N 20a ff.; HUGUENIN, OR AT/BT, N 1315; GAUCH/SCHLUEP/SCHMID/EMMENEGGER, N 4006, zum vertraglichen Rückabwicklungsverhältnis). Dies bedeutet Aufhebung des bedingten Vertrages, Rückfall des übertragenen Rechts (Forderung oder Eigentum) bei bedingter Verfügung, etc. (VON TUHR/ESCHER, 276). Insofern hat die Erfüllung bzw. der Ausfall einer Resolutivbedingung **dingliche Wirkung** (GUHL/KOLLER/SCHNYDER/DRUEY, 62; **a.M.** PIOTET, ZSR 1988, 368 ff.). Enthält ein Arbeitsvertrag eine auflösende Bedingung i.S.v. Art. 154, begründet diese Vereinbarung keinen auf eine bestimmte Dauer geschlossenen Vertrag (BGE 126 V 303). Ansprüche aus einer auflösenden Bedingung verjähren gem. Art. 127 (TERCIER/PICHONNAZ, obligations, N 906).

7 Art. 154 Abs. 2 ordnet grundsätzlich («in der Regel») die **Nichtrückwirkung** bei Erfüllung bzw. Ausfall der auflösenden Bedingung an (BGE 127 III 515; vgl. zur Verrechnung [Art. 120 OR] BK-ZELLWEGER-GUTKNECHT, Art. 120 OR N 28). Damit verbleiben i.d.R. die während schwebender Bedingung bezogenen Vorteile (Nutzen) beim Erwerber. Die Leistungen, welche vor dem Eintritt der Bedingung erbracht worden sind, müssen damit nicht rückerstattet werden und die Forderungen, welche vorher entstanden sind, bleiben in Kraft (BGer, 9.3.2004, 4C.313/2002, E. 6.1). Dieser Grundsatz gilt insb. bei der Auflösung von Dauerschuldverhältnissen (GAUCH/SCHLUEP/SCHMID/EMMENEGGER, N 4006), wogegen Rückwirkung zumindest bez. der erbrachten Hauptleistungen (nicht aber bez. Nebenleistungen wie Zinsen) bei einem resolutiv bedingten Kauf regelmässig anzunehmen ist (CJ GE, SJ 1966, 577 ff.; VON TUHR/ESCHER, 276).

Mit definitivem Bedingungsausfall bzw. -eintritt wird das Rechtsgeschäft zu einem unbedingten, der bedingt Verpflichtete wird definitiv verpflichtet (GAUCH/SCHLUEP/SCHMID/EMMENEGGER, N 4007; HUGUENIN, OR AT/BT, N 1318). Allfällige Zwischenverfügungen werden unangreifbar.

Art. 155

C. Gemeinsame Vorschriften I. Erfüllung der Bedingung	**Ist die Bedingung auf eine Handlung eines der Vertragschliessenden gestellt, bei der es auf dessen Persönlichkeit nicht ankommt, so kann sie auch von seinen Erben erfüllt werden.**
C. Dispositions communes I. Accomplissement de la condition	Si la condition a pour objet l'accomplissement d'un acte par l'une des parties, sans que celle-ci soit tenue d'agir personnellement, son héritier peut prendre sa place.
C. Disposizioni comuni I. Adempimento della condizione	La condizione riposta nel fatto non essenzialmente personale di uno dei contraenti può essere adempita anche dal suo erede.

Literatur

Vgl. die Literaturhinweise bei den Vorbem. zu Art. 151–157.

I. Allgemeines. Normzweck

1 Art. 155 regelt die Frage der **persönlichen Erfüllung von Potestativbedingungen** (vgl. Vor Art. 151–157 N 9) und stellt eine Konkretisierung des in Art. 68 formulierten Grundsatzes dar, wonach ein Schuldner grundsätzlich nicht persönlich zu erfüllen hat.

II. Anwendungsbereich

2 Art. 155 bezieht sich (nur) auf aufschiebende und auflösende Potestativbedingungen, insb. auf **Wollensbedingungen** (Vor Art. 151–157 N 8). Vgl. zum Lehrenstreit bzgl. der Anwendbarkeit von Art. 156 auf Wollensbedingungen Art. 156 N 3.

III. Voraussetzungen

3 Ob eine Potestativbedingung nur persönlich erfüllt werden kann, ist Auslegungsfrage (Berger, N 801; von Tuhr/Escher, 271). In Analogie zu Art. 68 spricht grundsätzlich die **Vermutung gegen persönliche Leistungspflicht**, insb. bei Sachleistungen (Bucher, AT, 294 f.).

IV. Rechtsfolge

4 Anders als bei den Anwendungsfällen von Art. 68 kann die Bedingung bei fehlender Notwendigkeit persönlicher Erfüllung nicht von beliebigen Dritten, sondern nur gemeinsam (Art. 560 ZGB) von den **Erben** des Berechtigten erfüllt werden (Schwenzer, N 13.02; ZK-Oser/Schönenberger, Art. 155 OR N 3). Damit wird zum Ausdruck gebracht, dass es von untergeordneter Bedeutung ist, ob der potestativ Berechtigte persönlich durch sein Handeln (oder Unterlassen) die Erfüllung der Bedingung bewirkt oder ob seine Erben dies tun (Merz, SPR VI/1, § 14 IV N 2.a). Daneben ist die analoge Anwendung von Art. 155 auf die **Konkursverwaltung** anerkannt, sofern sich diese in Anwendung von Art. 211 SchKG für **Realerfüllung** entscheidet (BK-Becker, Art. 155 OR N 1; von Tuhr/Escher, 272 FN 7; Merz, SPR VI/1, § 14 IV N 2.a), lässt weitere analoge Anwendungen zu).

Art. 156

II. Verhinderung wider Treu und Glauben	**Eine Bedingung gilt als erfüllt, wenn ihr Eintritt von dem einen Teile wider Treu und Glauben verhindert worden ist.**
II. Empêchement frauduleux	La condition est réputée accomplie quand l'une des parties en a empêché l'avènement au mépris des règles de la bonne foi.
II. Impedimento contro la buona fede	La condizione si ha per verificata, se il suo adempimento sia stato da una delle parti impedito in urto colla buona fede.

Literatur

Vgl. die Literaturhinweise bei den Vorbem. zu Art. 151–157.

I. Allgemeines. Normzweck

1 Art. 156 stellt eine **Anwendungsnorm und eine konkretisierende Regel von Art. 2 ZGB** dar (ZK-Oser/Schönenberger, Art. 156 OR N 6; von Tuhr/Escher, 272; Vischer, AJP 2003, 495; BGer, 15.1.2008, 4A_293/2007, E. 7.1; 29.12.2004, 4C.278/2004, E. 3.1) und ist als Anwendungsfall von Art. 2 ZGB auszulegen. Der Normzweck liegt in der Zurverfügungstellung einer sachgerechten Rechtsfolge (vgl. N 7 ff.), die darin besteht, dass eine Bedingung als erfüllt gilt, wenn eine Partei den Eintritt einer (positiven) Bedingung nach Treu und Glauben verhindert, bzw. den Eintritt einer (negativen) Bedingung wider Treu und Glauben herbeiführt (Vischer, AJP 2003, 495).

II. Anwendungsbereich

2 Entgegen dem zu engen Wortlaut ist Art. 156 auch auf die **treuwidrige Herbeiführung** des Eintritts einer aufschiebenden Bedingung **analog** anwendbar (BGer, 14.12.2008, 5C.192/2004, E. 2.3.1; BGE 109 II 20, 21 E. 2a = Pra 1983, 554; BK-Becker, Art. 156 OR N 10; Gutmans, 127 ff. m.w.Nw.).

3 Art. 156 gilt grundsätzlich auch bei **Potestativbedingungen** (BGE 117 II 273, 280 E. 5c; 113 II 31, 34 E. 2; **a.M.** ausführlich CHK-Roth Pellanda/Dubs, Art. 156 OR N 3; Berger, N 801; Bucher, AT, 513; ZK-Oser/Schönenberger, Art. 156 OR N 2). Die letztgenannten Autoren argumentieren, dass keine Verpflichtung zur Erfüllung einer Bedingung besteht (vgl. auch Gutmans, 113 ff.).

4 Zu fragen ist, ob Art. 156 bei **Rechtsbedingungen** gegebenenfalls **analog anwendbar** ist: Die h.M. geht u.E. richtigerweise davon aus, dass zumindest im Einzelfall eine analoge Anwendung von Art. 156 auf Rechtsbedingungen geboten sein kann (detailliert Matt, 36 ff., mit Übersicht über aktuellen Stand; Gauch/Schluep/Schmid/Emmenegger, N 4021; CR CO I-Pichonnaz, Art. 156 N 2; Merz, SPR VI/1, § 14 VI N 3; Gutmans, 236 ff.). Ebenfalls ist unumstritten, dass Art. 156 «keine Grundlage für die Fiktion einer behördlichen Zustimmung, die tatsächlich nicht eingeholt oder verweigert worden ist» bieten kann; wohl aber für Schadenersatz aus *culpa in contrahendo* (Merz, SPR VI/1, § 14 VI N 3; Matt, 36 ff., auch rechtsvergleichend; i.E. auch CHK-Roth Pellanda/Dubs, Art. 156 OR N 3; bestätigt in KGer VS, ZWR 1986, 225, 231).

4a Hilfreich kann bei der Bestimmung der angemessenen Rechtsfolgen der treuwidrigen Vereitelung von Rechtsbedingungen die Unterscheidung zwischen **überwiegend privaten** oder **überwiegend öffentlichen Interessen** sein: So wird eine analoge Anwendung der Rechtsfolgeregelung von Art. 156 in Fällen, in denen überwiegend private Interessen im Spiel stehen, von Lehre und Rechtsprechung in Betracht gezogen. Wenn z.B. der Bevormundete die notwendige Zustimmung seines Vormundes zu einem Geschäft treuwidrig hintertreibt, um von seiner schwebenden Verpflichtung befreit zu werden, ist eine **analoge Anwendung** der Fiktion von Art. 156 angemessen und die Genehmigung als erteilt anzusehen (KGer VS, ZWR 1986, 225, 228; vgl. für einen gesellschaftsrechtlichen Entscheid, ZR 94 N 41; BK-BECKER, vor Art. 151 OR N 5). Ebenso wurde entschieden, dass Einsichtsrechte der Gläubiger verletzt werden, wenn die Genehmigung der Jahresrechnung durch pflichtwidriges Nichteinberufen einer Generalversammlung ausbleibt (BezGer ZH, ZR 1995, 131). **Ausgeschlossen** erscheint hingegen die analoge Anwendung der Rechtsfolgeregelung von Art. 156 bei Rechtsbedingungen, die überwiegend öffentliche Interessen schützen. Demnach kann Art. 156 auch nicht analog auf die treuwidrige Verhinderung der Bewilligung eines Grundstückverkaufs an Ausländer angewendet werden. Grundsätzlich kann der Zivilrichter nicht im Nachhinein eine Bewilligung, welche von Verwaltungsbehörden nicht erteilt wurde, als erteilt bezeichnen (KGer VS, ZWR 1987, 261, 262 f.; ZWR 1986, 225, 229 f.). Derselbe Grundsatz gilt im Falle eines öffentlichen Übernahmeangebots (REUTTER, 132) oder einer Unternehmensübernahme, die unter dem Vorbehalt der Erteilung einer öffentlich-rechtlichen Bedingung steht. Wenn z.B. die Bewilligung durch die Wettbewerbskommission wegen mangelhafter Gesuchsabfassung nicht erteilt wird, kann das Übernahmeangebot oder die Unternehmensübertragung nicht gestützt auf die Fiktion von Art. 156 trotzdem vollzogen werden; hier wird der Berechtigte regelmässig auf vertragliche bzw. ausservertragliche Rechtsbehelfe zu verweisen sein, gegebenenfalls auf Teilfiktionen in analoger Anwendung von Art. 156 (vgl. N 4 i.f.). U.U. können auch andere Sanktionen als nur die Fiktion, eine Bedingung sei eingetreten, in Betracht kommen, z.B. die Gutheissung einer privatrechtlichen Baueinsprache aufgrund einer treuwidrigen Vereitelung eines bedingten Kaufrechts (KGer SG, BR 1990, 47) oder Teilfiktionen bez. des massgebenden Zeitpunkts für die Berechnung des Schadensumfangs.

III. Voraussetzungen

Tatbestandselemente von Art. 156 sind der **Kausalzusammenhang** zwischen dem Verhalten des bedingt Verpflichteten und dem Eintritt bzw. Ausbleiben der Bedingung (BGer, 15.12.2005, 4C.281/2005, E. 3.5; ZBJV 1976, 455 f.; ZK-OSER/SCHÖNENBERGER, Art. 156 OR N 3) und, **kumulativ**, ein **Verstoss gegen Treu und Glauben** (BGer, 19.2.2014, 4A_449/2013, E. 5.3; BGE 117 II 273, 280 E. 5c; GUTMANS, 131 ff.). 5

Das Verhalten der Partei, welche den Eintritt bzw. das Ausbleiben der Bedingung verursacht, muss unter Berücksichtigung aller Umstände, der Veranlassungen der Partei und des verfolgten Zwecks geprüft werden (BGer, 5.5.2011, 4A_144/2011, E. 6.; 15.12.2005, 4C.281/2005, E. 3.5; 13.9.2004, 4C.25/2004). Art. 156 sollte nicht zu weitgehend ausgelegt werden, da die Parteien mit der Vereinbarung einer Bedingung ohnehin ein Element der Unsicherheit in ihre Beziehung eingeführt haben, für welches sie einstehen müssen (BGE 133 III 527, 535 E. 3.3.3; BGer, 19.2.2014, 4A_449/2013, E. 5.3; ENGEL, traité, 855). Die Parteien haben keine Pflicht, den Eintritt der Bedingung zu fördern; die Pflicht zu einem Verhalten nach Treu und Glauben erfordert nicht, dass die Parteien ihre eigenen Interessen dafür opfern (BGE 133 III 527, 535 E. 3.3.3).

Nur treuwidriges Verhalten i.S.v. Art. 2 ZGB fällt unter den Regelungsbereich der Norm, nicht jedes Vereiteln bzw. Herbeiführen des Bedingungseintritts (BGer, 29.12.2004, 4C.278/2004, E. 3.2; OGer ZH, ZR 2003, 24; VON TUHR/ESCHER, 272). **Stichhaltige und triftige Gründe**, die zum Eintritt bzw. Vereitelung der Bedingung führen, schliessen die Anwendung von Art. 156 aus (OGer ZH, ZR 2003, 24; KGer AI, SJZ 1991, 379). So ist es grundsätzlich ohne weiteres zulässig, dass ein Bonussystem auf die jeweilige Arbeitsleistung des Angestellten abstellt (BGer, 20.12.2011, 4A_705/2011, E. 5. f.), eine Bank aus ökonomischen Überlegungen die Zustimmung zu einem Zessionsvertrag verweigert (BGer, 5.5.2011, 4A_144/2011, E. 2.2 i.f. und 6.) oder der Auftraggeber den durch den Mäkler nachgewiesenen oder vermittelten Vertrag nicht abschliesst und damit den bedingten Anspruch auf den Mäklerlohn vereitelt (Art. 412 Abs. 1, Art. 413 Abs. 1). Letzteres Verhalten wird erst dann treuwidrig, wenn der Auftraggeber mit der Gegenpartei bald darauf den grundsätzlich gleichen Vertrag doch noch abschliesst (BGE 69 II 106, 108; 44 II 494, 499). Für eine umfassendere Darstellung der Rechtslage vgl. GUTMANS, 140 ff.

6 **Kein Verstoss** gegen Treu und Glauben liegt vor, wenn der bedingt Verpflichtete zum **Schutz eigener überwiegender Interessen** eine Bedingung ausfallen bzw. eintreten lässt (ARV 2003, 86, spricht im Gegensatz zu BGer, 15. 12. 2005, 4C.281/2005, E. 3.5, von überwiegenden Interessen. Im angeführten Entscheid hielt das BGer fest, dass eine Aufgabe eigener Interessen nicht verlangt wird, *«[...] la bonne foi n'exige pas qu'elles sacrifient leurs propres intérêts [...]»*; vgl. auch das Bsp. bei VON TUHR/ESCHER, 273, wonach die Geschäftsaufgabe auch bei Vereinbarung eines Gewinnanteils an einen Dritten kein Anwendungsfall von Art. 156 ist, wenn die Weiterführung des Geschäfts für den bedingt Verpflichteten unzumutbar wäre) oder ein ihm zustehendes Recht ausübt (ARV 2003, 86; OGer ZH, ZR 2003, 24). Die Ausübung eines Rechts kann aber durchaus gegen Treu und Glauben verstossen. Entscheidend ist, welcher Zweck mit der Ausübung verfolgt wird.

Keine Voraussetzung der Anwendung von Art. 156 ist **absichtliches bzw. überhaupt ein schuldhaftes Handeln** (BGer, 31. 1. 2013, 4A_561/2012, E. 3.1; BGE 117 II 273; 113 II 31 36 E. 2b; 109 II 20, 21 f. = Pra 1983, 554; GAUCH/SCHLUEP/SCHMID/EMMENEGGER, N 4019; VISCHER, AJP 2003, 495; ENGEL, traité, 574; SEÇKIN, 49; ebenso CHK-ROTH PELLANDA/DUBS, Art. 156 OR N 7; **a.M.** die ältere Lehre BK-BECKER, Art. 156 OR N 4; ZK-OSER/SCHÖNENBERGER, Art. 156 OR N 5; SÉCRÉTAN, 359, die ein absichtliches Handeln verlangen). Immerhin geht ein Verschulden oft Hand in Hand mit einem Verstoss gegen Treu und Glauben, was z.B. dazu führt, dass bei einer vorsätzlichen Herbeiführung des Schadens oft ein Verstoss gegen Treu und Glauben vorliegt, insb. dann, wenn das entsprechende Verhalten strafbar ist (VISCHER, AJP 2003, 495).

Wenn der Eintritt der negativen Bedingung allein dem Willen des bedingt Berechtigten zugeschrieben werden kann, kann er sich nicht auf Art. 156 berufen (BGE 127 III 515).

IV. Rechtsfolge

7 Art. 156 operiert mit einer **Fiktion**, indem bei Erfüllung der Voraussetzungen die Bedingung als erfüllt gilt, obwohl sie tatsächlich nicht eingetreten bzw. ausgefallen ist (GUTMANS, 217 ff.; VON TUHR/ESCHER, 273). Die Regel ist dispositiver Natur (GUTMANS, 224). Als massgebender Zeitpunkt für die Erfüllung der Bedingung gilt der Moment, in dem sie bei einem korrekten Verhalten des bedingt Verpflichteten und nach dem gewöhnlichen Lauf der Dinge eingetreten bzw. ausgefallen wäre (BK-BECKER, Art. 156 OR N 9; GUTMANS, 223 f.); danach beurteilt sich auch die Fälligkeit der unbedingten Forderung.

8 Bei mehreren Verpflichteten gilt die Fiktion nur gegenüber demjenigen, der die Tatbestandsvoraussetzungen von Art. 156 erfüllt, insb. sich treuwidrig verhält (ZR 1960, 316). Damit kann sich ggf. eine solidarische Verpflichtung auflösen und einzig zur Verpflichtung des sich treuwidrig Verhaltenden werden.

9 Die Fiktion von Art. 156 ist einem Anspruch aus Art. 41 ff. bzw. 97 ff. vorzuziehen, da sie den ursprünglichen Absichten der Parteien eher entspricht und im Übrigen den Berechtigten besser stellt, indem er z.B. den Schadensbeweis nicht zu erbringen hat (so auch VON TUHR/ESCHER, 273). Vgl. zur Beweislast CR CO I-PICHONNAZ, Art. 156 N 22 m.w.Nw.

V. Kasuistik

10 – *Anwendung von* Art. 156 *im* Falle eines konzerninternen Mieterwechsels zum Zweck, den Bedingungseintritt für die Ausübung eines durch die Erstmieterin der Untermieterin eingeräumten Optionsrechts auf Verlängerung der Untermiete zu vereiteln (BGE 113 II 31, 35 f. E. 2b);

- Ein nach Art. 151 und 152 ZGB rentenberechtigter Ehegatte, der nach der Scheidung eine neue eheähnliche Lebensgemeinschaft eingeht, die Ehe aber nicht schliesst, um seinen Rentenanspruch nicht zu verlieren, verstösst gegen Treu und Glauben (BGE 104 II 154, 155 E. 1);
- Eine Gesellschaft verstösst gegen Treu und Glauben, wenn sie ihre Bilanz trotz Vorliegens der Voraussetzungen von Art. 725 Abs. 2 deshalb nicht beim Richter hinterlegt, weil sie den Eintritt der Bedingung für die Ausübung eines Rückkaufsrechts verhindern will, und wenn nicht erwiesen ist, dass der Richter die Konkurserklärung aufgeschoben hätte (BGE 99 II 282, 289);
- Ist die Zustimmung des Bestellers zum Bauprojekt notwendig, um die Baubewilligung zu erhalten, und weigert sich dieser, das Projekt zu unterzeichnen und somit die Erfüllung des Vertrages verhindert, verhält er sich gegen Treu und Glauben (BGer, 29.12.2004, 4C.281/2005);
- Eine missbräuchliche Kündigung des Arbeitgebers zur Vereitelung des Eintritts einer Suspensivbedingung löst die Eintretensfiktion nach Art. 156 aus (BGer, 6.6.2006, 4C.97/2006, E. 4);
- Ein treuwidriges Verhalten gem. Art. 156 liegt ebenfalls vor, wenn ein Eigentümer zur Umgehung des Mäklerlohns (Art. 413), nicht mit dem vorgeschlagenen Interessenten, sondern einem Dritten aber zum gleichen Preis einen Kaufvertrag abschliesst (BGer, 14.7.2006, 4C.93/2006, E. 3.2.2);
- Verzichtet der Versicherte **ohne triftigen Grund** auf die Geltendmachung seines Anspruches auf IV-Rente, vereitelt er dadurch das Recht des Versicherers Beiträge seitens der Sozialversicherung auf dessen Leistungen anzurechnen, was zur Anwendung von Art. 156 führt (BGE 133 III 527 = Pra 2008, 210, 215 f.);
- Ein Beschwerdeführer, der die Urteilszustellung hinauszuzögern versucht, indem er eine Adressänderung vornimmt, ohne diese dem Gerichtsschreiber mitzuteilen oder sich die Post ins Ausland nachsenden zu lassen, handelt treuwidrig (BGer, 5.11.2009, 6B_893/2009, E. 1.2);
- In einem Zivilprozess vereinbarte ein Anwalt mit seinem Klienten, das Honorar nur dann voll zu verlangen, wenn es von der Gegenpartei auf dem Wege der ausserrechtlichen Entschädigung eingebracht werden könne. **Keine Anwendung** von Art. 156, wenn der Klient eine günstige Vergleichsofferte nicht annimmt (und dann den Prozess verliert), sofern er für diese Handlung – die eine Vereitelung einer Bedingung darstellt – **stichhaltige und triftige Gründe** hatte (KGer AI, SJZ 1991, 379 f.);
- Vgl. auch ZivGer BS, BJM 2002, 95 ff., wo die fristlose Entlassung eines Fussballtrainers gemäss der Meinung des Gerichts **nicht die (treuwidrige) Vereitelung** der Bedingung (automatische Verlängerung des Arbeitsvertrags bei Qualifikation für den UEFA-Cup) bezweckte. Der Fussballverein war nicht gehalten, sein Interesse am guten Ruf in der Öffentlichkeit in den Hintergrund zu stellen und den Trainer weiterhin zu beschäftigen, nur um ihm die Chance auf den Eintritt der Bedingung weiterhin zu belassen.

Art. 157

III. Unzulässige Bedingungen	**Wird eine Bedingung in der Absicht beigefügt, eine widerrechtliche oder unsittliche Handlung oder Unterlassung zu befördern, so ist der bedingte Anspruch nichtig.**
III. Conditions prohibées	Lorsque la condition stipulée a pour objet de provoquer soit un acte, soit une omission illicite ou contraire aux moeurs, l'obligation qui en dépend est nulle et de nul effet.
III. Condizione inammissibile	La condizione diretta allo scopo di promuovere un atto od una omissione illecita o contraria ai buoni costumi rende nulla l'obbligazione che ne dipende.

Literatur

Vgl. die Literaturhinweise bei den Vorbem. zu Art. 151–157.

I. Allgemeines. Normzweck

1 Der Zusammenhang dieser Bestimmung mit Art. 20 liegt auf der Hand: Während die Begriffe der Widerrechtlichkeit und der Unsittlichkeit in beiden Normen übereinstimmen (BK-Becker, Art. 157 OR N 2 ff.; vgl. auch N 3), betrifft Art. 157 den Fall eines **widerrechtlichen** bzw. **unsittlichen Verhaltens** bzgl. eines **bedingten Anspruchs**. Der Tatbestand von Art. 20 richtet sich hingegen gegen **widerrechtliche** und **sittenwidrige Vertragspflichten** (Bucher, AT, 242). Damit besteht der Normzweck von Art. 157 darin, die Förderung tatbeständlicher Verhaltensweisen zu verhindern (BK-Becker, Art. 157 OR N 1; Gauch/Schluep/Schmid/Emmenegger, N 3988; von Tuhr/Escher, 255).

2 Auf im Zeitpunkt des Vertragsschlusses unmögliche Bedingungen ist die Rechtsfolge von Art. 482 Abs. 3 ZGB **analog** anzuwenden; sie gelten als nicht vorhanden (Gauch/Schluep/Schmid/Emmenegger, N 3989; CR OR I-Pichonnaz, Art. 157 N 4). Wird eine Bedingung nachträglich unmöglich, liegt ein Ausfall der Bedingung vor (Gauch/Schluep/Schmid/Emmenegger, N 3989; Huguenin, OR AT/BT, N 1316).

3 Zum Begriff der **Widerrechtlichkeit** und der **Unsittlichkeit** sei auf Matt, 139 ff. und die Kommentierung von Art. 19 f. verwiesen. Immerhin ist darauf hinzuweisen, dass Sinn und Zweck einer Verbotsnorm sich aus der Bedeutung des zu bekämpfenden Erfolgs ergeben und damit nicht alles, was dem Zweck einer Norm zuwiderläuft, widerrechtlich und nichtig ist (BGE 111 II 52, 53 = Pra 1985, 437; BGE 102 II 401, 406). Ähnliches gilt für den Vorbehalt der guten Sitten, der nur als «Notventil» zum Schutz fundamentaler moralischer Standards dienen soll (Bucher, AT, 255).

II. Rechtsfolgen

4 Der Wortlaut der Rechtsfolgeanordnung *(«[...] ist der bedingte Anspruch nichtig»)* ist zu eng (so auch CR CO I-Pichonnaz, Art. 157 N 7 ff.); die **Nichtigkeit** umfasst grundsätzlich das gesamte Rechtsgeschäft (ZK-Oser/Schönenberger, Art. 157 OR N 2). Vorbehalten bleibt – in Analogie zu Art. 20 Abs. 2 – ein anderslautender Parteiwille (BGer, 10.1.2011, 4D_122/2010, E. 2.3; BK-Becker, Art. 157 OR N 9; Gauch/Schluep/Schmid/Emmenegger, N 3977). **A.M.** Vischer, AJP 2003, 492, wonach Klauseln, die über das gem. Art. 157 Zulässige hinausgehen, im Regelfall nach den Grundsätzen der modifizierten Teilnichtigkeit auf das zulässige Mass zu reduzieren sind.

Dritter Abschnitt: Haft- und Reugeld. Lohnabzüge. Konventionalstrafe

Vorbemerkungen zu Art. 158–163

Literatur

Bentele, Die Konventionalstrafe nach Art. 160–163 OR, Diss. Freiburg i.Ue. 1994; Bühler, Haft- und Reugeld sowie Konventionalstrafe im alten und im geltenden Obligationenrecht, in: FS Hundert Jahre Schweizerisches Obligationenrecht, Freiburg i.Ue. 1982, 143–178; Chappuis, Aspects théoriques et application pratique de la clause pénale dans les conventions d'actionnaires, SZW 2003, 65–73 (zit. SZW 2003); ders., La clause de prohibition de concurrence dans une convention d'actionnaires, Examen à la lumière de l'arrêt du Tribunal fédéral 4C.5/2003, SJ 2003, 317–338 (zit. SJ 2003); Couchepin, La clause pénale, Etude générale de l'institution et de quelques applications pratiques en droit de la construction, Diss. Freiburg i.Ue. 2007; Fargnoli, Rechtsverlust als Inhalt der Konventionalstrafe: Eine begrüssenswerte Praxisänderung des Bundesgerichtes in BGE 4A.398/2007 vom 23.4.2009, Jusletter vom 14.9.2009; Fischer, Vertragliche Pauschalierung von Schadenersatz, Diss. Zürich 1998; Greiner/Akikol, Grenzen der Vermögenseinziehung bei Dritten (Art. 59 Ziff. 1 Abs. 2 StGB) – unter Berücksichtigung von zivil- und verfassungsrechtlichen Aspekten, AJP 2005, 1341–1355; Gysi, Break Fee-Vereinbarungen bei Unternehmensübernahmen, Jusletter vom 29.10.2007, HÜRLIMANN-KAUP, Die Rechtsprechung des Bundesgerichts zum Einleitungstitel des ZGB in den Jahren 2010 bis 2013, ZBJV 2014, 555–609; ISLER, Break-up Fee bei Unternehmenszusammenschlüssen, in: Liber Amicorum für Hermann Schulin, Basel 2002, 83–96; KOLLER, Reugelder bei Grundstückkaufverträgen, ZBJV 2009, 73–82; KUNTER, La réduction de la peine conventionnelle déjà acquittée, ZSR 1942, 97 ff.; LANG, Die Durchsetzung des Aktionärbindungsvertrages, Diss. Basel 2002; LOKSAIER, La clause pénale dans les contrats internes et dans les contrats internationaux, Diss. Lausanne 1984; MABILLARD, Rechtsnatur, anwendbare Gesetzesbestimmungen und Zulässigkeit der unechten Konventionalstrafe, AJP 2005, 547–559; MERZ, Die privatrechtliche Rechtsprechung des Bundesgerichts im Jahr 1988, ZBJV 1990, 252–274; NEERACHER, Das arbeitsvertragliche Konkurrenzverbot, Diss. Zürich 2001; RIEMER, Konventionalstrafen in Gestalt von Verfall- oder Verwirkungsklauseln, in: FS Hundert Jahre Schweizerisches Obligationenrecht, Freiburg i.Ue. 1982, 443–452; RIEMER/RIEMER-KAFKA, Entwicklungen im Personenrecht (natürliche Personen), SJZ 2005, 450–452; RUDOLPH, Fokus Arbeitsrecht: Sorgenkind Konkurrenzverbot, TREX 2010, 88–92; SANTORO, Die Konventionalstrafe im Arbeitsvertrag, Diss. Zürich 2001; SEÇKIN, La réalisation de la condition suspensive et ses effets juridiques, étude de droit suisse et de droit turque, Diss. Genf 1939; SCHOCH, Begriff, Anwendung und Sicherung der Konventionalstrafe nach schweizerischem Recht, Diss. Bern 1935; TANNÒ, Break-up fee-Vereinbarungen in Unternehmenszusammenschlussverträgen nach schweizerischem, deutschem, britischem und US-amerikanischem Gesellschaftsrecht, Diss. Zürich 2012. Für Hinweise zur ausländischen Literatur vgl. BUCHER, AT, 515, 521; JETZER/ZINDEL, EG-Richtlinie über missbräuchliche Klauseln in Verbraucherverträgen, SJZ 1994, 432 ff.; VIONNET/VON DER CRONE, Nature de l'action en répétition, SZW 2003, 328–334.

Der dritte Abschnitt regelt zwei Instrumente, die der Verstärkung bzw. Abschwächung der Bindungswirkung von Obligationen dienen: Die in Art. 158 geregelte **Arrha** und die in den Art. 160–163 geregelte **Konventionalstrafe** verstärken mit nachstehenden Ausnahmen die Bindungswirkung von Verträgen («Sicherungsfunktion»; vgl. zum Zweck der Konventionalstrafe auch BENTELE, 9 ff.; ZK-OSER/SCHÖNENBERGER, Vor Art. 160–163 OR N 12). Das **Reugeld** gem. Art. 158 Abs. 3 und die **Wandelpön** gem. Art. 160 Abs. 3 wirken in dieser Beziehung schwächend, da damit die Möglichkeit einer willkürlichen Lösung einer Partei von einem gültigen Vertrag bereits zum Vertragsinhalt gemacht wird (ZK-OSER/SCHÖNENBERGER, Vor Art. 158 OR N 1 ff.). 1

Die Konventionalstrafe stellt einen der wichtigsten Fälle eines **aufschiebend bedingten Leistungsversprechens** dar (GAUCH/SCHLUEP/SCHMID/EMMENEGGER, N 3791; VON TUHR/ESCHER, 277). Wichtige praktische Anwendungsfälle betreffen die Sicherung arbeitsrechtlicher Konkurrenzverbote (Art. 340–340*c*) und die Sicherung all jener vertraglichen Verpflichtungen, bei deren Verletzung insb. der Schadensnachweis für den Berechtigten mit besonderen Schwierigkeiten verbunden ist. Erfahrungsgemäss ist auch die psychologische Wirkung von Abreden über Konventionalstrafen («Strafcharakter») für die in den Vertragsverhandlungen «stärkere» Partei immer wieder ein wesentliches Motiv, auf deren Aufnahme in den Vertrag zu pochen. 2

Der Ursprung der in Art. 158 geregelten Instrumente des An- bzw. Draufgelds liegt in uralter Überlieferung und ist auf Gebräuche und Gewohnheiten im landwirtschaftlichen Bereich zurückzuführen (BUCHER, AT, 515). Trotzdem sind derartige Vereinbarungen auch im modernen Wirtschaftsleben immer wieder anzutreffen (z.B. in der Form von Prämiengeschäften; vgl. GAUCH/SCHLUEP/SCHMID/EMMENEGGER, N 3869). 3

Art. 158

A. Haft- und Reugeld

[1] **Das beim Vertragsabschlusse gegebene An- oder Draufgeld gilt als Haft-, nicht als Reugeld.**

[2] **Wo nicht Vertrag oder Ortsgebrauch etwas anderes bestimmen, verbleibt das Haftgeld dem Empfänger ohne Abzug von seinem Anspruche.**

[3] **Ist ein Reugeld verabredet worden, so kann der Geber gegen Zurücklassung des bezahlten und der Empfänger gegen Erstattung des doppelten Betrages von dem Vertrage zurücktreten.**

A. Arrhes et dédit

[1] Celui qui donne des arrhes est réputé les donner en signe de la conclusion du contrat, et non à titre de dédit.

[2] Sauf usage local ou convention contraire, celui qui a reçu les arrhes les garde sans avoir à les imputer sur sa créance.

[3] Lorsqu'un dédit a été stipulé, chacun des contractants est censé pouvoir se départir du contrat, celui qui a versé la somme en l'abandonnant, celui qui l'a reçue en la restituant au double.

A. Caparra e pena di recesso

[1] La caparra che si dà al momento della conclusione del contratto si considera in dubbio come prova della conclusione del contratto, anziché come pena di recesso.

[2] In mancanza di patto o di uso contrario, la caparra resta a chi l'ha ricevuta senza obbligo di imputarla nel suo credito.

[3] Se fu pattuita una pena di recesso, colui che la diede può recedere dal contratto perdendo il denaro dato e colui che la ricevette restituendo il doppio.

Literatur

Vgl. die Literaturhinweise bei den Vorbem. zu Art. 158–163.

I. Allgemeines. Normzweck

1 Der noch in den französischen und italienischen Gesetzestexten auftauchende Begriff der **Arrha** bildet den Oberbegriff für **Haft-** und **Reugeld**; das Haftgeld kann in der Form des **An-** oder des **Draufgeldes** vereinbart werden (BÜHLER, 160). Begrifflich bedeutet Haftgeld die bereits bei Vertragsschluss zu erbringende Leistung («Handgeld»; BUCHER, AT, 515; BK-BECKER, Art. 158 OR N 4), während Reugeld die im Voraus bestimmte Entschädigung bei Geltendmachung des Rücktrittsrechts meint (BK-BECKER, Art. 158 OR N 6). Draufgeld wiederum bedeutet eine zur Forderung des Berechtigten hinzukommende Zuwendung, während das Angeld wirtschaftlich bloss einen Vorschuss auf die Forderung des Berechtigten darstellt und entsprechend anzurechnen ist (BÜHLER, 160).

2 Während die Vereinbarung eines Haftgeldes die Doppelfunktion der Beweissicherung bez. des Vertragsschlusses **und** der Verstärkung der Bindungswirkung des abgeschlossenen Vertrages hat (BUCHER, AT, 516; BK-BECKER, Art. 158 OR N 9), erleichtert das Reugeld tendenziell die Lösung vom rechtsgültigen Vertrag. Letzteres ergibt sich daraus, dass der Berechtigte ohne weiteres unter Abwägung der ihm bekannten finanziellen Folgen den Rücktritt erklären kann (VON TUHR/ESCHER, 288; vgl. auch N 11). Beim Reugeld handelt es sich um eine **alternative Ermächtigung** in dem Sinne, dass der Berechtigte nach freier Wahl entweder den Vertrag erfüllen oder aber von ihm zurücktreten kann, selbst wenn ihm ein gesetzliches Rücktrittsrecht nicht zustehen würde (BGer, 23.4.2007, 4C.301/2006, E. 6; BGE 84 II 151, 155 = Pra 1958, 320 ff.; RVJ 1975, 297, 307).

3 Art. 158 setzt den Bedeutungsgehalt von Haft-, Reu-, An- und Draufgeld voraus (vgl. auch BGE 84 II 151, 155 = Pra 1958, 320 ff.) und begnügt sich grundsätzlich mit einem **System von gesetzlichen Vermutungen** und entsprechenden Rechtsfolgebestimmungen (vgl. hiezu auch GAUCH/SCHLUEP/SCHMID/EMMENEGGER, N 3855; HUGUENIN, OR AT/BT, N 1248 f.).

II. Die gesetzlichen Vermutungen

4 Gemäss Art. 158 Abs. 1 spricht die widerlegbare **gesetzliche Vermutung für Haft- und gegen Reugeld**. Damit geht das Gesetz grundsätzlich davon aus, dass die Parteien mangels anderer Abrede die Bindungswirkung des Vertrages nicht einschränken wollen, zur Bekräftigung des Vertragsschlusses aber die Leistung eines bestimmten Betrags vorsehen (BUCHER, AT, 515 ff., spricht denn auch von «Bekräftigungsgeld»).

5 Die ebenfalls widerlegbare gesetzliche **Vermutung von Art. 158 Abs. 2 spricht für Draufgeld**. Damit verbleibt eine bei Vertragsschluss hingegebene Leistung bei ordnungsgemässer Erfüllung der Vertragsschuld «dem Empfänger ohne Abzug», eine Anrechnung auf die Leistung des Schuldners entfällt. Bei ordentlicher Erfüllung des Vertrages behält der Gläubiger somit das Draufgeld zusätzlich zu seinem vertraglichen Anspruch (HUGUENIN, OR AT/BT, N 1244). Damit entscheidet sich das Gesetz vermutungsweise für die Bekräftigungsfunktion des Haftgeldes. Die Vermutung kann durch Vertrag oder Ortsgebrauch umgestossen werden. Bei Nichterfüllung der Vertragsschuld durch den Schuldner wird das Haftgeld funktionell zu einer zum Voraus entrichteten und kumulativ (neben einer allfälligen Schadenersatzpflicht) geschuldeten **Konventionalstrafe** umgewandelt (vgl. auch KUKO OR-PIETRUSZAK, Art. 158 N 4; **a.M.** neuerdings GAUCH/SCHLUEP/SCHMID/EMMENEGGER, N 3859). Daraus folgt, dass grundsätzlich die Möglichkeit der Herabsetzung eines übermässigen Draufgeldes in Analogie zu Art. 163 gegeben ist (vgl. auch BGE 133 III 43 E. 3.4). Da in der bereits geleisteten Zahlung (vgl. N 1) vermutungsgemäss eine Anerkennungshandlung liegt, dürfte eine derartige Herabsetzung aber nur unter den (engen) Voraussetzungen der Rückforderung gem. Art. 63 (Nachweis irrtümlicher oder unfreiwilliger Zahlung) möglich sein (vgl. zum ähnlich gelagerten Problem der Rückforderung einer bereits bezahlten überhöhten Konventionalstrafe auch Art. 163 N 12; BUCHER, AT, 532 und BGE 88 II 511 = Pra 1963, 181 f., in dem die Frage allerdings offen gelassen wurde). Die gesetzliche Vermutung zugunsten des Draufgeldes steht **nicht mehr in Einklang mit den heutigen Verkehrsanschauungen**, insb. dann nicht, wenn derartige Leistungen im Verhältnis zur Hauptschuld beträchtlich sind (SJ 82, 312; BUCHER, AT, 516 f.).

III. Haft-, Drauf- und Angeld

6 Begrifflich handelt es sich beim Haftgeld um eine Geld- oder Sachleistung, die **bei Vertragsschluss** erbracht wird, verbunden mit der Abrede, dass der Gläubiger die Leistung bei Nichterfüllung behalten darf (BK-BECKER, Art. 158 OR N 1, 4; ähnlich GAUCH/SCHLUEP/SCHMID/EMMENEGGER, N 3857; zu eng BÜHLER, 160).

7 **Vermutungsweise** ist das **Haftgeld als Draufgeld** zu behandeln, d.h. es tritt zur vertraglichen Leistung des Gebers hinzu (**«Kumulation»**). Diese Vermutung ist aufgrund geänderter Verkehrsauffassungen eng auszulegen (vgl. auch HUGUENIN, OR AT/BT, N 1248; N 5). Vertrag oder Ortsgebrauch können das **Haftgeld als Angeld** erscheinen lassen. In diesem Fall ist das Haftgeld auf die Hauptleistung **anzurechnen**. Entsprechend mindert sich bei einer allfälligen Leistungsstörung die Höhe des geschuldeten Schadenersatzes um den Wert des bereits geleisteten Angelds (HUGUENIN, OR AT/BT, N 1245). Das Haftgeld kann **nicht klageweise geltend gemacht** werden, da es begriffsnotwendig bei Vertragsschluss zu leisten ist (BK-BECKER, Art. 158 OR N 4; GAUCH/SCHLUEP/SCHMID/EMMENEGGER, N 3862; OGer ZH, CaS 2007, 471). Nichtsdestotrotz kann eine auf den Vertragsschluss versprochene Summe u.U. eingeklagt werden, wobei es sich in diesem Falle jedoch nicht um ein Haftgeld handelt (vgl. OGer ZH, CaS 2007, 471).

8 Ist der Vertrag ungültig, wird er durch Parteiübereinkunft aufgehoben oder wird er durch den Empfänger des Haftgeldes nicht erfüllt, kann das Haftgeld **zurückgefordert** werden, unabhängig davon, ob es als Drauf- oder Angeld zu qualifizieren ist (Art. 62 ff. bzw. 109; vgl. auch N 12; BUCHER, AT, 517; ZK-OSER/SCHÖNENBERGER, Art. 158 OR N 4). Immerhin kann diese Regel im Falle der vom Geber des Haftgeldes zu vertretenden Nichterfüllung des Vertrages ihre Berechtigung verlieren. Zumindest das Draufgeld sollte u.E. in diesem Falle vermutungsweise dem Empfänger verbleiben, wobei es mit einem allfälligen Schadenersatzanspruch zu verrechnen wäre (vgl. auch BUCHER, AT, 517, m.H. auf § 338 BGB und Art. 161 Abs. 2).

9 Ist ein Haftgeld bereits bei mündlicher Einigung über die essentialia des Vertrages gegeben worden, obwohl von den Parteien noch eine schriftliche Fixierung des Vertragsinhalts vorgesehen wurde, ist dies als Widerlegung eines Formvorbehaltes i.S.v. Art. 16 Abs. 1 zu deuten (BUCHER, AT, 519 f.).

10 Für die Begründung eines Haftgeldes bestehen grundsätzlich **keine besonderen Formvorschriften**. Ein Haftgeld kann auch im Hinblick auf die **Sicherung eines erst zukünftigen Vertrages** gegeben werden, womit sich die Vereinbarung und Leistung des Haftgeldes als **Vorvertrag** qualifiziert (Bucher, AT, 519 f.). Sind auf das Hauptgeschäft gesetzliche Formvorschriften anwendbar (z.B. Grundstückserwerb), gelten diese auch für die Vereinbarung eines Haft- und Reugeldes (BGer, 10.5.2006, 4C.399/2005, E. 4.4.3; Gauch/Schluep/Schmid/Emmenegger, N 3866). Bezüglich des Schicksals des Haftgeldes bei Abschluss des Hauptvertrages in Übereinstimmung mit dem Vorvertrag handelt es sich vermutungsweise um Angeld (Gauch/Schluep/Schmid/Emmenegger, N 3863; Bucher, AT, 519). In Analogie zur gesetzlichen Auslegungsregel von Art. 158 Abs. 2 ist davon auszugehen, dass bei Verweigerung des Vertragsschlusses durch den Geber des Haftgeldes dieses als Draufgeld zu behandeln ist und entsprechend dem Empfänger verbleibt (von Tuhr/Escher, 288 f.).

IV. Reugeld

11 Beim Reugeld handelt es sich um eine Leistung, die der Schuldner dem Gläubiger bei Vertragsschluss mit der Abrede leistet, dass der Geber gegen Zurücklassung des bezahlten und der Empfänger gegen Erstattung des doppelten Betrages vom Vertrag zurücktreten kann. Die Vereinbarung eines Reugelds ermöglicht nach der dispositiven Regel von Art. 158 Abs. 3 somit **beiden Parteien** (einschränkend von Tuhr/Escher, 288), willkürlich vom Vertrag zurückzutreten (Bucher, AT, 518). Wird von dieser Möglichkeit kein Gebrauch gemacht, ist die sich auf das Haftgeld beziehende Regel von Art. 158 Abs. 2 per analogiam anzuwenden, d.h. die (widerlegbare) Vermutung spricht für Draufgeld (Bucher, AT, 517 f.; Gauch/Schluep/Schmid/Emmenegger, N 3864; **a.M.** ZK-Oser/Schönenberger, Art. 158 OR N 5; von Tuhr/Escher, 288; KUKO OR-Pietruszak, Art. 158 N 15). Trotz berechtigter Kritik (N 5 i.f.) rechtfertigt sich diese Lösung deshalb, weil das Reugeld funktional eine Entschädigung an die Gegenpartei für das Risiko eines voraussetzungslosen Rücktritts darstellt. Konsequenterweise betrifft dies beide Parteien, sofern sie beide das in Art. 158 Abs. 3 vorgesehene voraussetzungslose Rücktrittsrecht haben. Aufgrund dieser Funktion des Reugeldes ist eine **Herabsetzungsmöglichkeit** in Analogie zu Art. 163 abzulehnen (BGer, 23.6.2004, 4C.97/2004, E. 3.1.2): Einerseits wird das Reugeld bereits bei Vertragsabschluss hingegeben (vgl. N 14), worin vermutungsweise eine Anerkennungshandlung liegt, anderseits verbietet der Charakter des Reugeldes als vertraglich vereinbarte Entschädigung eine Herabsetzung.

Die Vereinbarung eines Reugeldes bedarf derselben **Form** wie der Vertrag, von dem die Parteien zurücktreten können (BGer, 10.5.2006, 4C.399/2005, E. 4.4.3; Gauch/Schluep/Schmid/Emmenegger, N 3866).

12 Ist der Vertrag aus anderen Gründen ungültig oder wird er nicht erfüllt, ist ein bereits geleistetes Reugeld nach den Regeln von Art. 62 ff. bzw. Art. 109 **zurückzuerstatten** (BGE 84 II 151, 156 = Pra 1958, 320 ff.; SJ 1979, 81/83; Bucher, AT, 517). Aus allgemeinen schuldrechtlichen Grundsätzen ergibt sich aber, dass das Reugeld auch ohne Rücktrittserklärung verfallen ist, wenn der Träger des Reurechts die Vertragserfüllung **schuldhaft** vereitelt (BGE 84 II 151, 156 = Pra 1958, 320 ff.). Hingegen ist das Reugeld i.d.R. nicht verfallen, wenn ein ausserhalb des Willensbereichs der betreffenden Partei liegender Umstand die Vertragserfüllung hindert (BGer, 23.4.2007, 4C.301/2006, E. 6; OGE TG [Rekurskommission] 10.1.1996; RB TG 1996, Nr. 20, 137 ff.).

13 Ob Konventionalstrafe oder Reugeld vereinbart wurde, kann **auslegungsbedürftig** sein (vgl. etwa RVJ 1975, 297, 307 und BGE 110 II 141 = Pra 1984, 566, wonach eine Klausel in Allgemeinen Geschäftsbedingungen, die eine Entschädigung von 20% des Kaufpreises bei Vertragsrücktritt vorsah, als Reugeld gedeutet wurde). Die Unterscheidung ist deshalb bedeutsam, weil bei der Vereinbarung von Reugeld weitergehender Schadenersatz aus dem Vertragsrücktritt vermutungsweise ausgeschlossen ist und eine **Herabsetzungsmöglichkeit**

in Analogie zu Art. 163 entfällt (vgl. N 11; CR OR I-Mooser, Art. 158 N 8; Gauch/Schluep/Schmid/Emmenegger, N 3867 m.w.Nw.).

Von der in Art. 160 Abs. 3 geregelten **Wandelpön** unterscheidet sich das Reugeld darin, dass es bereits bei Vertragsschluss hingegeben wird, während die Wandelpön bloss ein erst bei Nichterfüllung der primären Leistungspflicht zu erfüllendes Leistungsversprechen ist (Gauch/Schluep/Schmid/Emmenegger, N 3868; Huguenin, OR AT/BT, N 1247). Weiter steht beim Reugeld gemäss dispositiver gesetzlicher Regelung und im Unterschied zur Wandelpön **beiden** Parteien ein Rücktrittsrecht zu (Bucher, AT, 518; ZK-Oser/Schönenberger, Art. 160 OR N 7). Auch bei der Wandelpön ist eine **Herabsetzungsmöglichkeit** in Analogie zu Art. 163 Abs. 3 ausgeschlossen (vgl. N 11; BGer, 23.6.2004, 4C. 97/2004, E. 3.1.2). **14**

V. Beweislast

Die Beweislast folgt insofern den allgemeinen Regeln, als diejenige Partei, welche die gesetzlichen Vermutungen umstossen will, dies zu beweisen hat. **15**

VI. Rechtsvergleichung

Gemäss § 337 BGB ist das Haftgeld vermutungsweise Angeld. Diese Regelung entspricht den heute herrschenden Verkehrsauffassungen besser als die Lösung des OR. Weiter verbleibt gem. § 338 BGB das Haftgeld bei der vom Geber des Haftgeldes zu vertretenden Nichterfüllung des Vertrages dem Nehmer gewissermassen als Konventionalstrafe (vgl. auch N 5). **16**

Art. 159

aufgehoben

abrogé

abrogato

Art. 160

C. Konventionalstrafe
I. Recht des Gläubigers
1. Verhältnis der Strafe zur Vertragserfüllung

1 Wenn für den Fall der Nichterfüllung oder der nicht richtigen Erfüllung eines Vertrages eine Konventionalstrafe versprochen ist, so ist der Gläubiger mangels anderer Abrede nur berechtigt, entweder die Erfüllung oder die Strafe zu fordern.

2 Wurde die Strafe für Nichteinhaltung der Erfüllungszeit oder des Erfüllungsortes versprochen, so kann sie nebst der Erfüllung des Vertrages gefordert werden, solange der Gläubiger nicht ausdrücklich Verzicht leistet oder die Erfüllung vorbehaltlos annimmt.

3 Dem Schuldner bleibt der Nachweis vorbehalten, dass ihm gegen Erlegung der Strafe der Rücktritt freistehen sollte.

C. Clause pénale
I. Droits du créancier
1. Relation entre la peine et l'exécution

1 Lorsqu'une peine a été stipulée en vue de l'inexécution ou de l'exécution imparfaite du contrat, le créancier ne peut, sauf convention contraire, demander que l'exécution ou la peine convenue.

2 Lorsque la peine a été stipulée en vue de l'inexécution du contrat au temps ou dans le lieu convenu, le créancier peut demander à la fois que le contrat soit exécuté et la peine acquittée, s'il ne renonce expressément à ce droit ou s'il n'accepte l'exécution sans réserves.

3 Le débiteur conserve la faculté de prouver qu'il a le droit de se départir du contrat en payant la peine stipulée.

C. Pena convenzionale
I. Diritto del creditore
1. Rapporto fra la pena e l'adempimento

[1] Allorché fu pattuita una pena per l'inadempimento o l'imperfetto adempimento del contratto, il creditore non può pretendere, salvo patto contrario, che l'adempimento o la pena.

[2] Se la pena fu pattuita per l'inosservanza del tempo o del luogo dell'adempimento potrà essere richiesta oltre l'adempimento, finché il creditore non vi abbia espressamente rinunciato o abbia accettato l'adempimento senza riserva.

[3] È riservata al debitore la prova che fosse in sua facoltà di recedere dal contratto dietro pagamento della pena.

Literatur

Vgl. die Literaturhinweise bei den Vorbem. zu Art. 158–163.

I. Allgemeines. Normzweck

1. Begriff. Akzessorietät

1 **Konventionalstrafe** ist die aufschiebend bedingte Leistung, die der Schuldner durch Rechtsgeschäft dem Gläubiger für den Fall der Nichterfüllung oder der nicht gehörigen Erfüllung einer bestimmten Schuld verspricht (GAUCH/SCHLUEP/SCHMID/EMMENEGGER, N 3782). Sie dient der Sicherstellung der (richtigen) Erfüllung der Hauptschuld (BGE 135 III 433 E. 3.1); daneben bezweckt sie aber auch einen wirtschaftlichen Ausgleich für Nachteile der Nicht- oder Schlechterfüllung der Primärverpflichtung. Ihre Funktion ist die Schadloshaltung des Gläubigers der nicht oder nicht gehörig erfüllten Hauptleistung (GREINER/AKIKOL, AJP 2005, 1351) und die Verbesserung der Gläubigerstellung durch Befreiung vom Schadensnachweis (BGer, 25.10.2005, 4C.241/2005; BGE 122 II 411, 420). Sie ist vor allem angebracht, wenn der Schaden schwer bestimmbar wäre oder bei einer negativen Leistung (= Unterlassung; CR CO I-MOOSER, Art. 160 N 2). Im Weiteren kann sie einen Strafzweck verfolgen (BGE 109 II 462; SANTORO, 23 ff.; BENTELE, 9 ff.). Gelegentlich werden Konventionalstrafen in Aktionärbindungsverträgen mit einem Kaufrecht verknüpft, damit der unerwünschte Aktionär, der die Hauptforderung verletzt, bei Ausübung des Rechts durch den Berechtigten die Gesellschaft verlassen muss (CHAPPUIS, SJ 2003, 333; DERS., SZW 2003, 69; LANG, 127 ff.).

2 Rechtsgrund einer Konventionalstrafe können sowohl ein **Vertrag** wie auch **Statuten** (sog. «beschlossene» Konventionalstrafe; BENTELE, 131 f.) sein (BGE 80 II 123, 133).

3 Die Abrede der Konventionalstrafe hat **akzessorischen Charakter**, d.h. sie tritt zu einer bestehenden Rechtspflicht hinzu und ist in Entstehung, Fortbestand und Durchsetzbarkeit von dieser abhängig (BGE 73 II 158, 161 E. 2; BUCHER, AT, 521; SCHWENZER, N 71.04 ff.; GAUCH/SCHLUEP/SCHMID/EMMENEGGER, N 3835 ff.; GREINER/AKIKOL, AJP 2005, 1351). Die Rechtspflicht ist regelmässig vertraglicher Natur, wobei auch Obligationen aus anderen Rechtsgründen durch Konventionalstrafe gesichert werden können (GAUCH/SCHLUEP/SCHMID/EMMENEGGER, N 3786 m.w.Nw.; vgl. auch HUGUENIN, OR AT/BT, N 1252). Eine sog. **unechte Konventionalstrafe** liegt vor, wenn jemand ohne Leistungspflicht etwas verspricht für den Fall, dass er die Leistung nicht freiwillig erbringt. Als Unterschied zur echten Konventionalstrafe wird von der h.L. die Selbständigkeit der unechten Konventionalstrafe in dem Sinne angeführt, dass sie sich nicht auf eine Hauptverbindlichkeit bezieht und ihr somit die für Konventionalstrafen **typische Akzessorietät fehlt** (MABILLARD, AJP 2005, 550 ff., 559). Ein Teil der Lehre bezeichnet sie als bedingtes Leistungsversprechen und unterstellt sie den Bestimmungen über die Bedingungen nach Art. 151 ff. und den Vertragsbestimmungen des allgemeinen Teils des OR (MABILLARD, AJP 2005, 552). Gemäss der heute wohl h.L. untersteht die unechte Konventionalstrafe als Wahlobligation hingegen weitgehend den Regeln über die echte Konventionalstrafe (GAUCH/SCHLUEP/SCHMID/EMMENEGGER, N 3849; MABILLARD, AJP 2005, 552; KUKO OR-PIETRUSZAK, Art. 160 N 17; BK-BECKER, Art. 163 OR N 26; BUCHER, AT, 525; VON TUHR/ESCHER, 278; vgl. auch N 12a f.).

Die unechte Konventionalstrafe nimmt eine Ausgleichsfunktion wahr, da sie die Stellung des Stipulators nicht wie bei der echten Konventionalstrafe verstärkt, sondern diesem erst einen rechtlich durchsetzbaren Anspruch gewährt. Die Prinzipien, wonach die Konventionalstrafe den Schadenersatzanspruch übersteigen kann oder dass die Konventionalstrafe gar unabhängig vom Schadenseintritt zu leisten ist, sind auf die unechte Konventionalstrafe zu übertragen (MABILLARD, AJP 2005, 549 m.w.Nw.). Die Funktion der unechten Konventionalstrafe schafft ein vertraglich abgesichertes Verhalten, das rein gesetzlich nicht abgesichert ist (MABILLARD, AJP 2005, 550).

Als akzessorisches Nebenrecht der Obligation setzt die Konventionalstrafe zu ihrer Entstehung eine **gültige Hauptforderung** voraus (VON TUHR/ESCHER, 278; CHAPPUIS, SZW 2003, 66). **Ursprüngliche Ungültigkeit** des Vertrages infolge Formmangels, Dissens oder Rechts- bzw. Sittenwidrigkeit (vgl. hiezu auch Art. 163 N 4) oder infolge Willensmangels führt damit auch zur Ungültigkeit der darin enthaltenen Konventionalstrafe (BUCHER, AT, 523; gemäss BGE 140 III 200 E. 5.3 und 5.5 sind jedoch Vereinbarungen über Konventionalstrafen oder Schadenspauschalierungen auch bei formbedürftigem Hauptgeschäft formlos gültig, wenn sie einzig den Zweck haben, das negative Interesse abzugelten). Dasselbe gilt auch bei **nachträglichem Untergang der Hauptforderung** infolge Erlass, Neuerung oder Verrechnung, sofern die Konventionalstrafe noch nicht fällig ist (VON TUHR/ESCHER, 279; HUGUENIN, OR AT/BT, N 1254). Mit der gesicherten Forderung verjährt auch die Konventionalstrafe (GAUCH/SCHLUEP/SCHMID/EMMENEGGER, N 3841; **a.M.** BENTELE, 106 f.). Für den Fall der vom Schuldner der Konventionalstrafe nicht zu vertretenden **nachträglichen Unmöglichkeit der Hauptforderung**, vgl. Art. 163 N 6. Umgekehrt zerstört die Ungültigkeit der Konventionalstrafenabrede die Gültigkeit des Hauptgeschäfts vermutungsweise nicht (Art. 20 Abs. 2). Auf die Konventionalstrafe ist bei fehlender Rechtswahl das gleiche Recht anwendbar wie auf die Hauptforderung (CHAPPUIS, SZW 2003, 66). **4**

Das Vorstehende gilt nur in Abwesenheit gegenläufiger Vereinbarungen. Denkbar ist insb. die Abrede einer **selbständigen Garantie**, die das Schicksal der Hauptverpflichtung **nicht** teilt (GAUCH/SCHLUEP/SCHMID/EMMENEGGER, N 3836; vgl. auch N 13).

Die Konventionalstrafe generiert eine eigene Forderung und hat einen autonomen Charakter, in dem Sinne, dass sie eigene Erlöschensgründe hat, wie Schuldaufhebung, Übereinkunft oder Erfüllung (CHAPPUIS, SZW 2003, 66; TERCIER, N 1369). Die aus der Abrede einer Konventionalstrafe entstehende Schuld kann ihrerseits gesichert werden. Die Pflicht des Schuldners zur Entrichtung der Konventionalstrafe kann somit durch Pfand, Bürgschaft oder andere Sicherheiten gedeckt werden (GAUCH/SCHLUEP/SCHMID/EMMENEGGER, N 3843; CHK-ROTH PELLANDA/DUBS, Art. 160 OR N 31). **4a**

Als akzessorisches, nicht an die Person gebundenes **Nebenrecht** geht die Konventionalstrafe bei **Zession der Hauptforderung** vermutungsweise auf den Zessionar über (Art. 170 Abs. 1; BUCHER, AT, 523) und kann nur zusammen mit der Hauptverpflichtung verpfändet werden (BK-BECKER, Art. 160 OR N 26). Vor Fälligkeit kann der Anspruch auf Zahlung der Konventionalstrafe wie eine aufschiebend bedingte Forderung im Konkurs des präsumptiven Schuldners eingegeben werden (ZK-OSER/SCHÖNENBERGER, Vor Art. 160–163 OR N 18; Art. 151 N 8). Nach Fälligkeit ist der Anspruch auf die Konventionalstrafe grundsätzlich selbständig abtretbar. **5**

2. Zulässigkeit

Konventionalstrafenabreden können **gleichzeitig** mit dem Hauptvertrag oder auch erst **nachträglich** getroffen werden (GAUCH/SCHLUEP/SCHMID/EMMENEGGER, N 3793). **6**

Mit der Konventionalstrafe können **beliebige Verpflichtungen** gesichert werden, solange dies nicht von der Rechtsordnung ausgeschlossen ist (BUCHER, AT, 522). Insbesondere können **7** selbst Leistungspflichten ohne Vermögenswert (sittliche Pflichten; Pflichten, an deren Erfüllung ein blosses Affektionsinteresse besteht; BGE 73 II 158, 161 E. 2), Naturalobligationen und verjährte Forderungen gesichert werden (BUCHER, AT, 522). Eine Konventionalstrafe kann sowohl zugunsten der Gegenpartei wie auch zugunsten eines Dritten vereinbart werden (ZK-OSER/SCHÖNENBERGER, Vor Art. 160–163 OR N 7; SANTORO, 5). Konventionalstrafen werden häufig im Zusammenhang mit Konkurrenzverboten in Arbeitsverträgen vereinbart. In der Regel wird die kumulative Klausel gebraucht, d.h. der Gläubiger des Konkurrenzverbots kann die Erfüllung der Hauptforderung (Konkurrenzverbot) und die Konventionalstrafe einfordern (CHAPPUIS, SJ 2003, 331). In BGE 119 II 162, 163 = Pra 1994, 39 ff., beurteilte das BGer auch arbeitsvertragliche Disziplinarmassnahmen (Geldbussen im Rahmen eines Arbeitsvertrages) ihrem Wesen nach als Konventionalstrafen. Konventionalstrafen werden insb. auch zur Sicherung von Kartell- und anderen Wettbewerbsabreden gem. Art. 4 Abs. 1 KG verwendet. Solche Abreden (und entsprechende Konventionalstrafen) sind jedoch nur zulässig, wenn sie aus Gründen der wirtschaftlichen Effizienz gerechtfertigt sind und nicht zur Beseitigung wirksamen Wettbewerbs führen (Art. 5 f. KG; GAUCH/SCHLUEP/SCHMID/EMMENEGGER, N 3845 ff. m.w.Nw.).

8 **Ausgeschlossen** sind Konventionalstrafen im Zusammenhang mit widerrechtlichen oder unsittlichen Verpflichtungen (Art. 163 N 4 ff.) sowie zur Erzwingung von Spiel- oder Wettschulden (Art. 513; VON TUHR/ESCHER, 279). Unzulässig ist grundsätzlich auch die Vereinbarung einer Konventionalstrafe zur Umgehung des jederzeitigen auftragsrechtlichen Widerrufsrechts gem. Art. 404 Abs. 1 (BGE 110 II 380, 383; 109 II 462; 104 II 108, 115 f. E. 4), nicht aber im Fall eines Widerrufs zur Unzeit gem. Art. 404 Abs. 2 (BGer, 8.10.2012, 4A_294/2012, E. 7.2; 6.7.2011, 4A_141/2011, E. 2.4; BGE 109 II 462). Vgl. hiezu auch Art. 404 N 13, 18.

3. Inhalt der Leistung

9 Umstritten ist, ob nur die **Zahlung einer Geldsumme** oder auch die **Übernahme irgendeines Rechtsnachteils** als Konventionalstrafe vereinbart werden kann (für eine Übersicht über den Meinungsstand vgl. GAUCH/SCHLUEP/SCHMID/EMMENEGGER, N 3790; HUGUENIN, OR AT/BT, N 1253; BENTELE, 15 f.; CHAPPUIS redet von «irgendeiner Leistung», wie die Übergabe einer Sache, der Verzicht auf ein Recht oder jede Verpflichtung, etwas zu unternehmen oder zu unterlassen (CHAPPUIS, SZW 2003, 68; TERCIER, N 1366). Verneint wurde die Unterstellung von Verfall- und Verwirkungsklauseln unter das Recht der Konventionalstrafe in BGE 80 II 123 ff., in dem die statutarisch vorgesehene Verwirkung des Rentenanspruchs gegen eine Pensionskasse bei Verletzung von Mitgliederpflichten nicht als Konventionalstrafe qualifiziert wurde mit der Begründung, dass das Versprechen einer Leistung für die Konventionalstrafvereinbarung begriffswesentlich sei (**a.M.** SCHWENZER, N 71.01).

10 Die Kritik (RIEMER, 443 ff.; BUCHER, AT, 522 FN 6; GAUCH/SCHLUEP/SCHMID/EMMENEGGER, N 3790) an einer Beschränkung auf die Zahlung einer Geldsumme hat gute Gründe: Während der Wortlaut von Art. 160 keineswegs eindeutig ist, sprechen die Schutzvorschriften des Rechts der Konventionalstrafe, insb. die Möglichkeit der Herabsetzung nach Art. 163 Abs. 3 dafür, dass nicht nur die Leistung einer Geldsumme als Konventionalstrafe zu qualifizieren ist (**a.M.** BENTELE, 15 f.). In Art. 160 Abs. 1 ist zudem nicht von einer Leistung die Rede, sondern von einer «Strafe». Es bestehen keine sachlichen Gründe dafür, dass nur Verpflichtungen zu einem Tun (etwa zur Bezahlung einer Geldstrafe) die Funktion der Gläubigersicherung übernehmen könnten (BGE 119 II 162; GAUCH/SCHLUEP/SCHMID/EMMENEGGER, N 3790).

10a Mit ausführlicher Begründung vollzog das BGer in BGE 135 III 433, 437 ff., eine Praxisänderung und liess sich von «der nahezu einhelligen Lehre gegen die seit mehr als 50 Jahren nicht mehr bestätigte(n) Rechtsprechung überzeugen» (BGE 135 III 433 E. 3.4; bestätigt in BGer, 28.4.2014, 4A_69/2014, E. 5.1). Demzufolge kann eine Konventionalstrafe sowohl in einer

Vermehrung der Passiven wie auch in einer **Verminderung der Aktiven** (wie bspw. der Reduktion einer Kaufpreisforderung; vgl. BGE 135 III 433) bestehen. Ist damit ein Forderungsverlust an einen Nichterfüllungstatbestand geknüpft, sind die Bestimmungen über die Konventionalstrafe anwendbar; damit untersteht die Höhe des Forderungsverlustes der richterlichen Herabsetzung gem. Art. 163 Abs. 3, sofern sie sich als übermässig erweist.

4. Formvorschriften

Das Versprechen auf Zahlung einer Konventionalstrafe wird akzessorisch gegeben (vgl. N 3 f.) und bedarf daher grundsätzlich der **gleichen Form** wie die Verpflichtung, bei deren Nichterfüllung die Strafe auferlegt werden soll (ZR 1973, 74 E. 2; GAUCH/SCHLUEP/SCHMID/EMMENEGGER, N 3794; GUHL/KOLLER/SCHNYDER/DRUEY, 618; **a.M.** BUCHER, AT, 524; CHAPPUIS, SZW 2003, 68). Vereinbarungen über Konventionalstrafen oder Schadenspauschalierungen sind jedoch auch bei formbedürftigem Hauptgeschäft **formlos gültig**, wenn sie einzig den Zweck haben, das **negative Interesse** abzugelten (BGE 140 III 200 E. 5.3 und 5.5). Umgekehrt bedarf die Vereinbarung einer Konventionalstrafe, die das Konkurrenzverbot eines Arbeitnehmers sichern soll, stets der schriftlichen Form (Art. 340 Abs. 1). 11

5. Abgrenzungen

Die Vereinbarung einer **Schadenspauschalierung** ist keine Konventionalstrafe, da sie im Gegensatz zu dieser einen Schaden voraussetzt (BUCHER, AT, 525; HUGUENIN, OR AT/BT, N 1256) und keine Straffunktion hat (BGer, 25.10.2005, 4C.241/2005, E. 3.2). Sie dient der einfacheren Durchsetzung eines allfälligen vertraglichen Anspruchs auf Schadenersatz (FISCHER, 172; LGVE 2012 I Nr. 14, E. 4.2). Immerhin soll eine Herabsetzung in Analogie zu Art. 163 Abs. 3 dann möglich sein, wenn der effektive Schaden deutlich kleiner als die Pauschale ist (LGVE 1983 12, 23, 25; BUCHER, AT, 525; HUGUENIN, OR AT/BT, N 1256; **a.M.** FISCHER, 163 f.; SANTORO, 39; ISLER, 88). Für die Abgrenzung zwischen **Konventionalstrafe, Schadenspauschalierung** und **Mindestentschädigung** vgl. SJZ 1986, 66, 68; FISCHER, 161 ff.; SANTORO, 38 f.; GAUCH/SCHLUEP/SCHMID/EMMENEGGER, N 3851 m.w.Nw. 12

Eine unechte Konventionalstrafe (vgl. N 3) oder eine Schadenspauschalierung (vgl. N 12) kann je nach Inhalt und Zweck bei einer sog. **«Break-up Fee»** vorliegen (vgl. dazu TANNÒ, N 621 ff). Solche Klauseln finden sich bspw. in Verträgen über Unternehmenszusammenschlüsse, welche die finanzielle Entschädigung derjenigen Vertragspartei vorsehen, deren Generalversammlung eine zustimmungsbedürftige Transaktion ablehnt. Als Schadenspauschalierung ausgestaltet wird eine Break-up Fee dann, wenn nicht die Sicherstellung der Durchführung der Transaktion im Vordergrund steht, sondern primär die Pauschalierung und vereinfachte Durchsetzung des Schadenersatzanspruchs bezweckt werden (TANNÒ, N 626; ISLER, 84 ff.). 12a

Nicht den Regeln über die Konventionalstrafe unterstehen **Kautionen** (Sicherstellung allfälliger Schadenersatzansprüche), **Erfüllungsgarantien** («performance guarantees»), **Garantieversprechen** i.S.v. Art. 111 (vgl. hiezu aber Art. 163 N 9), **Wahlobligationen** i.S.v. Art. 72 (BUCHER, AT, 524 ff.; GAUCH/SCHLUEP/SCHMID/EMMENEGGER, N 3849) und – vorbehältlich gegenteiliger Abrede – **Lohnabzüge** (Art. 323a Abs. 3). 13

II. Voraussetzungen

Geltendmachung der Konventionalstrafe setzt Erfüllung der Bedingung, d.h. die durch die vertragliche Abrede konkretisierte **Nichterfüllung** oder **nicht richtige Erfüllung der gesicherten Hauptverpflichtung** voraus (GAUCH/SCHLUEP/SCHMID/EMMENEGGER, N 3791). An der Nicht- bzw. Schlechterfüllung der Hauptverpflichtung muss den Schuldner ein **Verschulden** treffen (Art. 163 Abs. 2; BUCHER, AT, 526 f.; HUGUENIN, OR AT/BT, N 1262). Um 14 der Pflicht zur Leistung der Konventionalstrafe zu entgehen, muss der Schuldner deshalb beweisen, dass ihn an der Leistungsstörung kein Verschulden trifft; Art. 97 ist analog anzuwenden (BGer, 17.10.2011, 4A.174/2011; 24.6.2005, 4C.36/2005, E. 3.2; BUCHER, AT, 527; HUGUENIN, OR AT/BT, N 1262; BERGER, N 1792). Nicht notwendig ist hingegen, dass der Gläubiger einen Schaden erlitten hat (Art. 161 Abs. 1; BERGER, N 1793). Konventionalstrafen können damit auch zum Schutz von Pflichten ohne Vermögenswert vereinbart werden (vgl. N 7; CHK-ROTH PELLANDA/DUBS, Art. 160 OR N 25; ZK-OSER/SCHÖNENBERGER, Art. 161 OR N 2).

15 Umstritten ist, ob die Nicht- oder Schlechterfüllung der gesicherten Hauptverpflichtung bei **Fälligkeit** für die Geltendmachung der Konventionalstrafe ausreicht oder ob **Verzug** des Schuldners erforderlich ist (für Verzug neuerdings GAUCH/SCHLUEP/SCHMID/EMMENEGGER, N 3791; BUCHER, AT, 526; HUGUENIN, OR AT/BT, N 1261; CHK-ROTH PELLANDA/DUBS, Art. 160 OR N 23; für Fälligkeit VON TUHR/ESCHER, 280). Unter Berücksichtigung des Strafcharakters der Konventionalstrafe und in Anlehnung an § 339 BGB wird vorliegend zumindest bei **Leistungspflichten** dem Erfordernis des Verzugs der Vorzug gegeben. Anders liegt die Situation bei **Unterlassungspflichten**; hier muss die **Nichterfüllung** bzw. nicht richtige Erfüllung der Hauptverpflichtung bei Fälligkeit genügen (vgl. BGer, 17.10.2011, 4A_174/2011, E. 4.2 und 4.6; vgl. auch HUGUENIN, OR AT/BT, N 1261).

16 Zumindest in synallagmatischen Verträgen setzt die Geltendmachung der Konventionalstrafe weiter voraus, dass der Gläubiger der Strafe seinerseits seinen Verpflichtungen nachkommt bzw. nachgekommen ist (AGE BS, BJM 1978, 194, 198).

III. Gesetzliche Vermutungsregeln. Rechtsfolgen

1. Grundsatz. Vermutung der Alternativität

17 Mangels anderer Abrede ist der Gläubiger vermutungsweise nur berechtigt, **entweder** die Erfüllung **oder** die Konventionalstrafe zu fordern (Art. 160 Abs. 1; CHAPPUIS, SZW 2003, 71). Es handelt sich dabei um einen Anwendungsfall einer **alternativen Ermächtigung**, was sich insb. daran zeigt, dass der Gläubiger die Erfüllung der Hauptverpflichtung annehmen **muss** (GAUCH/SCHLUEP/SCHMID/EMMENEGGER, N 3799).

18 Die vermutete alternative Ermächtigung des Gläubigers der Konventionalstrafe und der Hauptverpflichtung besteht in einem **Gestaltungsrecht**: Bei Wahl der Konventionalstrafe geht dieses unter und er **verzichtet definitiv** auf die Hauptleistung (BGE 63 II 84); der Schuldner wird in diesem Falle nach der Rsp. des BGer unverzüglich und nicht erst mit der Leistung der Konventionalstrafe von der Erbringung der Hauptverpflichtung befreit (BGE 63 II 84, 85). Anders liegt die Sachlage bei Wahl des Erfüllungsanspruchs: Darin kann grundsätzlich nur die **Geltendmachung eines vertraglichen Anspruchs** erblickt werden, nicht eine Wahlerklärung (BUCHER, AT, 528; VON TUHR/ESCHER, 281 f.). Somit kann der Gläubiger vom Erfüllungsanspruch zum Anspruch auf die Konventionalstrafe wechseln, nicht aber umgekehrt (BUCHER, AT, 528; SCHWENZER, N 71.10).

19 **Verzichtet** der Gläubiger auf die Konventionalstrafe und beharrt er auf Erfüllung, wird er auf die normalen Rechtsbehelfe nach Art. 97 ff. und 102 ff. verwiesen. In Abwesenheit anderslautender Vereinbarungen kann die Abrede einer Konventionalstrafe nicht als stillschweigende Begrenzung des Schadenersatzanspruchs auf die Höhe der Strafe ausgelegt werden (BUCHER, AT, 528). Immerhin kann der Gläubiger nach der dispositiven Regel von Art. 161 Abs. 2 den die Konventionalstrafe übersteigenden Schaden nur insoweit fordern, als er ein Verschulden des Schuldners nachweist (vgl. dazu Art. 161 N 5 f.).

19a Nach einem Teil der Lehre kann der Gläubiger, der **nur teilweise, mithin nicht richtige Erfüllung** erlangt, auf Zahlung der Konventionalstrafe klagen, wobei er die Teilleistung auf die

Strafe anrechnen oder sie dem Schuldner zurückgeben muss (ZK-OSER/SCHÖNENBERGER, Art. 160 OR N 4; BK-BECKER, Art. 160 OR N 22; GUHL/KOLLER/SCHNYDER/DRUEY, 619). Demgegenüber fordern VON TUHR/ESCHER, 282, dass in einem derartigen Fall stets der zur Erfüllung nicht genügende Leistungsgegenstand zurückzugeben ist. Diese Auffassung, derzufolge eine Kumulation ausgeschlossen ist, nimmt aber zu wenig Rücksicht auf die Interessenlage (BGE 122 III 420). Die Strafe soll gerade die Mangelhaftigkeit der Hauptleistung sanktionieren (BENTELE, 92). Dem Kumulationsverbot ist insoweit Rechnung zu tragen, als der Gläubiger nicht zugleich Ansprüche auf Schadenersatz bzw. Mangelfolgeschaden und den Strafanspruch geltend machen kann, wenn die Konventionalstrafe vornehmlich die sich aus der Nicht- oder Schlechterfüllung des Vertrages ergebenden Ansprüche abdecken soll. Denn nach der Konzeption des Gesetzes kann der Gläubiger für identische Interessen entweder nur die Strafe oder nur die Hauptleistung bzw. entsprechenden Schadenersatz verlangen. Vorbehältlich anderslautender vertraglicher Vereinbarungen ist der Wert der Hauptleistung daher adäquat zu berücksichtigen in dem Sinne, dass der Gläubiger diese dem Schuldner entweder zurückgibt oder an die Konventionalstrafe anrechnet (BGE 122 III 420 E. 2b; BK-BECKER, Art. 160 OR N 22; ZK-OSER/SCHÖNENBERGER, Art. 160 OR N 4).

Art. 160 Abs. 1 regelt auch die **Beweislastverteilung** (BGer, 23.9.2009, 4A_312/2009, **19b** E. 3.6). Entsprechend muss der Gläubiger nicht nur den Beweis erbringen, dass überhaupt eine Konventionalstrafe vereinbart wurde, sondern auch, dass diese kumulativ zur Erfüllung geschuldet ist. Das BGer und die Lehre sprechen sich bei Konkurrenzverboten für weniger strenge Anforderungen an den Nachweis des kumulativen Charakters der Konventionalstrafe aus (BGer, a.a.O., E. 3.6 m.w.Nw.). Zudem muss der Gläubiger nach der allgemeinen Beweisregel von Art. 8 ZGB die Nicht- oder Schlechterfüllung der Hauptleistung durch den Schuldner nachweisen (BERGER, N 1792). Bei Unterlassungspflichten muss der Gläubiger den Beweis des Zuwiderhandelns erbringen (VON TUHR/ESCHER, 281). Dagegen liegt die Beweislast für die Schuldlosigkeit beim Schuldner (analoge Anwendung von Art. 97, vgl. N 14 m.w.Nw.). Schliesslich obliegt es dem Gläubiger zu beweisen, dass er seinerseits allfälligen Vertragspflichten nachkommt bzw. nachgekommen ist, wenn er die Konventionalstrafe geltend machen will (vgl. N 16).

2. Ausnahme. Kumulation bei gesetzlicher Anordnung oder infolge Vereinbarung

Bei entsprechender **gesetzlicher Anordnung** (N 21 ff.) oder infolge **Vereinbarung** (N 24) **20** kann der Gläubiger **sowohl** die Konventionalstrafe **als auch** den Erfüllungsanspruch bez. der Hauptverpflichtung geltend machen. Ein vom gesetzlich vermuteten Kumulationsverbot gem. Art. 160 Abs. 1 abweichender Wille kann sich aus dem Wortlaut der eingegangenen Verpflichtung, aus den Umständen, unter denen sie abgeschlossen wurde, oder aus der Höhe der Konventionalstrafe ergeben, dies namentlich in dem Sinne, dass die Strafe in einem derartigen Missverhältnis zum Erfüllungsinteresse des Berechtigten steht, dass anzunehmen ist, dieses Interesse werde durch die Konventionalstrafe nicht gedeckt (BGE 122 III 420). **Kumulation** kann somit auch stillschweigend vereinbart werden, was durch Auslegung unter Berücksichtigung der **Interessenlage** und des **Strafzweckes** zu ermitteln ist (BGE 122 III 420, 424; 46 II 393, 401 f. E. 2; HUGUENIN, OR AT/BT, N 1269).

Ist die Strafe für Nichteinhaltung der **Erfüllungszeit** oder des **Erfüllungsortes** versprochen **21** worden, können die Konventionalstrafe **und** die Vertragserfüllung gefordert werden (Art. 160 Abs. 2). Dies gilt nach dem Gesetzestext aber nur dann, wenn der Gläubiger nicht ausdrücklich **Verzicht** leistet (SJZ 1955, 300) oder die **Erfüllung vorbehaltlos annimmt** (HUGUENIN, OR AT/BT, N 1271). Unabhängig von der Absicht des Gläubigers (VON TUHR/ESCHER, 282) begründet die vorbehaltlose Annahme der Erfüllung nicht bloss eine **widerlegbare Vermutung** des Verzichts auf die Strafe, sondern bewirkt deren **Untergang** (BGE 97 II 352 E. 2a; GAUCH/SCHLUEP/SCHMID/EMMENEGGER, N 3807; kritisch BUCHER, AT, 529 FN 32; für eine widerlegbare Vermutung VON BÜREN, AT, 409). Andererseits behält der Gläubiger in diesem

Fall trotz Verlust des Anspruchs auf die Konventionalstrafe sämtliche Ansprüche aus Art. 97 ff. und 102 ff., insb. auf Ersatz des Verzugsschadens (BK-BECKER, Art. 160 OR N 32; BUCHER, AT, 529; HUGUENIN, OR AT/BT, N 1271). Art. 160 Abs. 2 ist gemäss BGer auch anwendbar, wenn die Vertragsparteien die Geltung der SIA-Norm 118 vereinbart haben (BGer, 19.12.2001, 4C.267/2001, E. 3c).

22 Der Gläubiger kann in Anwendung von Art. 161 Abs. 2 den die Konventionalstrafe übersteigenden Schaden nur mit einem Verschuldensnachweis durch ihn selbst verlangen (vgl. Art. 161 N 5; BUCHER, AT, 528; VON TUHR/ESCHER, 282).

23 Die für Nichteinhaltung der Erfüllungszeit im Werkvertrag vereinbarte Konventionalstrafe geht unter, wenn der Besteller sie nicht spätestens bei der **Ablieferung** des Werkes geltend macht; anders verhält es sich nur bei versteckten Mängeln (BGE 97 II 350, 354).

24 Vereinbarungen auf Kumulierung der Ansprüche sind in der Praxis häufig anzutreffen. So ist Kumulierung häufig in Aktionärbindungsverträgen anzunehmen, wenn die Konventionalstrafe ein Konkurrenzverbot verstärkt (CHAPPUIS, SZW 2003, 71). Soll die Konventionalstrafe das Konkurrenzverbot eines Arbeitnehmers sichern, so bedarf die Vereinbarung in jedem Fall der schriftlichen Form (Art. 340b Abs. 3). Kumulation ist im Arbeitsvertragsrecht nur anzunehmen, wenn sie vereinbart wurde und wenn die verletzten oder bedrohten Interessen des Arbeitgebers und das Verhalten des Arbeitnehmers dies rechtfertigen (Art. 340b Abs. 3; GAUCH/SCHLUEP/SCHMID/EMMENEGGER, N 3806; vgl. auch Art. 340b N 4 f.).

3. Ausnahme. Exklusivität

25 Die Vereinbarung einer sog. **Wandelpön** i.S.v. Art. 160 Abs. 3 hat zum Inhalt, dass der Schuldner **nach seiner Wahl** gegen Leistung der Konventionalstrafe vom Vertrag **zurücktreten** kann; sie ermöglicht mit anderen Worten die einseitige willkürliche Befreiung des Schuldners von der Hauptverpflichtung und bezweckt damit genau das Gegenteil der mit der Konventionalstrafe gewollten Verstärkung der Bindungswirkung (CHK-ROTH PELLANDA/DUBS, Art. 160 OR N 46). Der Schuldner der Hauptforderung muss die Konventionalstrafe begleichen, der Gläubiger verpflichtet sich, nur die Zahlung dieser Konventionalstrafe zu fordern und verzichtet auf die Erfüllung der Hauptforderung oder auf Schadenersatz (CHAPPUIS, SZW 2003, 71). Schadenersatz des Gläubigers ist vermutungsweise ausgeschlossen (vgl. HUGUENIN, OR AT/BT, N 1273); ggf. beurteilt er sich nach Art. 161 Abs. 2. Funktional entspricht die Wandelpön dem Reugeld (vgl. Art. 158 N 11 ff.; zu den Unterschieden vgl. Art. 158 N 14); beide Instrumente erleichtern dem Schuldner die einseitige Befreiung von der Hauptverpflichtung (HUGUENIN, OR AT/BT, N 1247). Daher ist umstritten, ob es sich bei der Wandelpön überhaupt um eine Konventionalstrafe handelt (vgl. HUGUENIN, OR AT/BT, N 1273). Eine Herabsetzungsmöglichkeit der Wandelpön in Analogie zu Art. 163 Abs. 3 ist auszuschliessen (Art. 158 N 14).

26 Bei vereinbarter Konventionalstrafe trifft den Schuldner die **Beweislast** für die (zusätzliche) Vereinbarung einer Wandelpön (BUCHER, AT, 530; HUGUENIN, OR AT/BT, N 1273).

27 Ein Anwendungsfall der Wandelpön findet sich im **arbeitsrechtlichen Konkurrenzverbot** in Art. 340*b* Abs. 2: Hier wird eine widerlegbare gesetzliche Vermutung dahingehend statuiert, dass ohne anderslautende Verabredung bei Übertretung eines mit einer Konventionalstrafe gesicherten Konkurrenzverbotes der Arbeitnehmer sich durch Leistung derselben dem Konkurrenzverbot entziehen kann; vorbehalten bleibt der Ersatz weiteren Schadens (NEERACHER, 105 ff.). Einen weiteren Anwendungsfall stellen Hypothekardarlehen mit fester Laufzeit dar, wo vertraglich oder aufgrund feststehender Bankenpraxis die Möglichkeit besteht, dass der Hypothekarschuldner das Darlehen gegen Leistung einer Vorfälligkeitsentschädigung vorzeitig beendet (BGer, 7.11.2007, 4A_229/2007, E. 4.1).

Art. 161

2. Verhältnis der Strafe zum Schaden	**[1] Die Konventionalstrafe ist verfallen, auch wenn dem Gläubiger kein Schaden erwachsen ist.** **[2] Übersteigt der erlittene Schaden den Betrag der Strafe, so kann der Gläubiger den Mehrbetrag nur so weit einfordern, als er ein Verschulden nachweist.**
2. Relation entre la peine et le dommage	[1] La peine est encourue même si le créancier n'a éprouvé aucun dommage. [2] Le créancier dont le dommage dépasse le montant de la peine, ne peut réclamer une indemnité supérieure qu'en établissant une faute à la charge du débiteur.
2. Rapporto fra la pena ed il danno	[1] La pena convenzionale è dovuta sebbene non sia derivato alcun danno al creditore. [2] Se il danno eccede l'ammontare della pena, il creditore può richiedere il maggior importo solo in quanto provi la colpa del debitore.

Literatur

Vgl. die Literaturhinweise bei den Vorbem. zu Art. 158–163.

I. Allgemeines. Normzweck

1 Art. 161 regelt das Verhältnis zwischen einer möglichen **Schadenersatzpflicht** und der **Pflicht zur Leistung einer Konventionalstrafe** (GAUCH/SCHLUEP/SCHMID/EMMENEGGER, N 3813 f.). Hinzuweisen ist darauf, dass bei Nicht- oder nicht richtiger Erfüllung der durch die Konventionalstrafe gesicherten Hauptpflicht keineswegs zwingend ein Schaden entstehen muss, da auch **Pflichten ohne Vermögenswert** entsprechend **gesichert** werden können (BK-BECKER, Art. 161 OR N 1; Art. 160 N 7).

2 Art. 161 ist **dispositiver Natur** (BGE 102 II 420, 425 E. 4; 95 II 523, 539 E. 5). Somit ist es z.B. auch möglich, das Vorhandensein eines Schadens zur Bedingung eines Anspruchs auf Konventionalstrafe zu machen, Konventionalstrafe und Schadenersatz zu kumulieren (BUCHER, AT, 531; Art. 160 N 20, 24) oder aber die Beweislastverteilung von Art. 161 Abs. 2 zu verändern (BK-BECKER, Art. 161 OR N 5).

3 Zweck von Art. 161 Abs. 1 ist die **Verbesserung der Gläubigerstellung** durch Befreiung vom Schadensnachweis (BGE 122 III 420; 109 II 462, 468 E. 4a; 103 II 108; 103 II 129, 136; 102 II 420, 425 E. 4.).

II. Leistungspflicht ohne Schaden

4 Die Pflicht zur Leistung einer Konventionalstrafe setzt überhaupt **keinen Schaden** voraus und entsprechend hat der Gläubiger auch keinen solchen nachzuweisen (Art. 161 Abs. 1; BGer, 1.4.2011, 4A.65/2011, E. 3.3.1 und 3.3.3; 12.11.2012, 4A.466/2012, E. 6.2; BGE 109 II 462 E. 4a). Damit ist sie geschuldet allein aufgrund der Tatsache der Nicht- oder nicht richtigen Erfüllung der Hauptverpflichtung, die allerdings **vom Schuldner zu vertreten** sein muss (BUCHER, AT, 526 f.; Art. 160 N 14 m.w.Nw.).

Die ganze Konventionalstrafe ist auch dann geschuldet, wenn ein allfälliger effektiver Schaden kleiner als die Strafe ist (BUCHER, AT, 530; CHK-ROTH PELLANDA/DUBS, Art. 160 OR N 4; vgl. aber Art. 163 N 10 ff. betreffend Herabsetzungsmöglichkeit im Falle übermässig hoher Konventionalstrafen).

III. Anrechenbarkeit der Konventionalstrafe auf Mehrbetrag des Schadens

5 Nach der (dispositiven; N 2) gesetzlichen Regelung von Art. 161 Abs. 2 kann der Gläubiger denjenigen Schadensbetrag, der die Höhe der Konventionalstrafe übersteigt, nur insofern ein-

fordern, als er ein Verschulden des Schuldners nachweist. In Konkretisierung von Art. 160 Abs. 1 spricht sich die widerlegbare gesetzliche Vermutung damit **gegen Kumulation von Konventionalstrafe und Schadenersatz** aus. Der Gläubiger muss sich die Konventionalstrafe m.a.W. an den Schadenersatz **anrechnen** lassen (GAUCH/SCHLUEP/SCHMID/EMMENEGGER, N 3816; CHK-ROTH PELLANDA/DUBS, Art. 161 OR N 6; KUKO OR-PIETRUSZAK, Art. 160 N 3; HUGUENIN, OR AT/BT, N 1267; BERGER, N 1796 f.). Zudem kann der Gläubiger den Mehrbetrag in systemwidriger Abweichung von der Beweislastverteilung gem. Art. 97 Abs. 1 nur dann fordern, wenn er ein **Verschulden des Schuldners nachweist** (zur Kritik an dieser Beweislastumkehr vgl. die Nw. bei GAUCH/SCHLUEP/SCHMID/EMMENEGGER, N 3817; befürwortend immerhin BK-BECKER, Art. 161 OR N 3). Zur Korrektur dieser verfehlten Regelung wird in der Lehre teilweise vorgeschlagen, die Anforderungen an den Verschuldensnachweis zu reduzieren (ZK-OSER/SCHÖNENBERGER, Art. 161 OR N 4) oder aber die «normale» Beweislast als stillschweigend vereinbart zu vermuten (BUCHER, AT, 531 FN 42).

Art. 162

3. Verfall von Teilzahlungen	**[1]Die Abrede, dass Teilzahlungen im Falle des Rücktrittes dem Gläubiger verbleiben sollen, ist nach den Vorschriften über die Konventionalstrafe zu beurteilen.** **[2]…**
3. Droit du créancier aux versements partiels en cas de résiliation	[1]Les dispositions concernant la clause pénale sont applicables à la convention par laquelle les versements partiels effectués restent, en cas de résiliation, acquis au créancier. [2]…
3. Pagamenti rateali	[1]Le disposizioni sulla pena convenzionale sono applicabili al patto che i pagamenti rateali restano acquisiti al creditore in caso di recesso. [2]…

Literatur

Vgl. die Literaturhinweise bei den Vorbem. zu Art. 158–163.

I. Allgemeines. Normzweck

1 Art. 162 stellt eine **Ausnahmebestimmung** dar, da sie dem Grundsatz widerspricht, wonach unter Konventionalstrafe eine zur Hauptforderung hinzutretende Verpflichtung verstanden wird und nicht irgendein Nachteil, dem sich ein Schuldner für den Fall der Nichterfüllung seiner Vertragspflichten unterzieht (VON TUHR/ESCHER, 279 f.; vgl. aber Art. 160 N 9 ff.).

2 **Hauptfunktion** von Art. 162 ist es, den Verfall von Teilzahlungen der **Herabsetzungsmöglichkeit** von Art. 163 Abs. 3 zu unterstellen (BGE 133 III 201, 207 E. 3.1; 133 III 43, 48; VON TUHR/ESCHER, 280; vgl. auch BK-BECKER, Art. 162 OR N 3).

II. Frühere Ausnahmen vom Geltungsbereich

3 Unter praktischen Gesichtspunkten war die Bedeutung von Art. 162 schon unter dem früheren Recht gering, da der Hauptanwendungsbereich, das **Abzahlungsgeschäft**, in Abs. 2 vom Geltungsbereich der Norm ausdrücklich ausgenommen war. Gemäss dem zwischenzeitlich aufgehobenen Art. 226*i* war die Verwirkung von Anzahlungen beim Abzahlungsvertrag unzulässig.

3a *Durch das am 1.1.2003 in* Kraft getretene revidierte Konsumkreditgesetz wurden die einschlägigen Bestimmungen des Abzahlungsgeschäfts (Art. 226*a*–226*m* OR) aufgehoben. Damit wurde der Hinweis in Art. 162 Abs. 2 gegenstandslos und Art. 162 Abs. 2 gestrichen.

Art. 163

II. Höhe, Ungültigkeit und Herabsetzung der Strafe

[1] Die Konventionalstrafe kann von den Parteien in beliebiger Höhe bestimmt werden.

[2] Sie kann nicht gefordert werden, wenn sie ein widerrechtliches oder unsittliches Versprechen bekräftigen soll und, mangels anderer Abrede, wenn die Erfüllung durch einen vom Schuldner nicht zu vertretenden Umstand unmöglich geworden ist.

[3] Übermässig hohe Konventionalstrafen hat der Richter nach seinem Ermessen herabzusetzen.

II. Montant, nullité et réduction de la peine

[1] Les parties fixent librement le montant de la peine.

[2] La peine stipulée ne peut être exigée lorsqu'elle a pour but de sanctionner une obligation illicite ou immorale, ni, sauf convention contraire, lorsque l'exécution de l'obligation est devenue impossible par l'effet d'une circonstance dont le débiteur n'est pas responsable.

[3] Le juge doit réduire les peines qu'il estime excessives.

II. Ammontare, nullità e riduzione della pena

[1] L'ammontare della pena convenzionale è lasciato all'arbitrio delle parti.

[2] Essa non può essere richiesta quando sia diretta a convalidare una promessa illecita od immorale, come pure, salvo patto contrario, quando l'adempimento sia diventato impossibile per una circostanza di cui il debitore non è responsabile.

[3] Il giudice deve ridurre secondo il suo prudente criterio le pene convenzionali eccessive.

I. Allgemeines

1 Art. 163 gibt in seinem Abs. 1 dem selbstverständlichen Grundsatz der **Vertragsinhaltsfreiheit** Ausdruck, schränkt diese aber durch die in Abs. 3 statuierte richterliche Eingriffsmöglichkeit **bei Übermässigkeit** ohne Angabe präziser Kriterien wieder ein. Daneben gilt **mangels anderer Abrede** ausdrücklich, dass bei gewissen **Mängeln der Hauptverpflichtung (Widerrechtlichkeit, Unsittlichkeit, nachträgliche Unmöglichkeit)** die Konventionalstrafe «nicht gefordert werden kann»; gemeint ist damit **Nichtigkeit** der Strafabrede (ZK-OSER/SCHÖNENBERGER, Art. 163 OR N 2). Vgl. hiezu bereits Art. 160 N 4.

Damit regelt Art. 163 neben dem Grundsatz der Vertragsinhaltsfreiheit zwei Fallgruppen **fehlender oder zumindest eingeschränkter Bindungswirkungen** der Konventionalstrafenabrede (vgl. auch GAUCH/SCHLUEP/SCHMID/EMMENEGGER, N 3818 ff.).

2 Nicht zum Regelungsgehalt dieser Bestimmung gehören **Mängel der Konventionalstrafenabrede** selbst (Ungültigkeit, Formmängel, etc.), die nach den allgemeinen Regeln zu beurteilen sind und die in Anwendung von Art. 20 Abs. 2 vermutungsweise **nicht** zur Ungültigkeit des Hauptgeschäftes führen (vgl. auch Art. 160 N 4). Immerhin kann im Zusammenhang mit Art. 163 Abs. 3 die Frage relevant sein, ob eine überhöhte Konventionalstrafe unsittlich (und damit in ihrer Gesamtheit nichtig) sein kann oder ob sie «nur» der Herabsetzung unterliegt. Unsittlichkeit wird man dabei nur in Extremfällen annehmen können (BK-BECKER, Art. 163 OR N 1; VON TUHR/ESCHER, 284; vgl. aber GAUCH/SCHLUEP/SCHMID/EMMENEGGER, N 3825).

II. Grundsatz. Vertragsfreiheit

3 Es gilt der Grundsatz, dass der Schuldner an sein aufschiebend bedingtes Versprechen zur Leistung einer Konventionalstrafe gebunden ist (Art. 163 Abs. 1).

Die schuldnerische Leistung einer Konventionalstrafe kann in mannigfaltiger Ausgestaltung vereinbart werden: Bestimmter Geldbetrag, bestimmbarer Geldbetrag in Abhängigkeit vom

Umfang der Vertragsverletzung (z.B. CHF 1000/Tag Lieferverspätung), bestimmter Prozentsatz des Vertragswerts, etc. In letzterem Fall stellt sich aber die Auslegungsfrage, ob damit nicht eine Schadenspauschalierung gemeint ist (BUCHER, AT, 531 FN 44), die unter Vorbehalt von Art. 100 ohne weiteres zulässig ist (vgl. auch Art. 160 N 12 f.).

III. Einschränkung. Widerrechtliche, unsittliche oder unmögliche Hauptverpflichtung

1. Grundsatz

4 Konventionalstrafe und Hauptverpflichtung stehen im Verhältnis der **Akzessorietät** zueinander; die Konventionalstrafe setzt damit den **Bestand einer Hauptschuld** voraus (vgl. bereits Art. 160 N 3 ff.). Dies gilt allgemein, wird aber in Art. 163 Abs. 2 für die Fälle der Widerrechtlichkeit, Unsittlichkeit und Unmöglichkeit der zu sichernden Hauptverpflichtung ausdrücklich festgehalten (vgl. auch Art. 160 N 4, 8).

5 Für den Begriff des **widerrechtlichen und unsittlichen Rechtsgeschäfts** ist auf Art. 19 f. zu verweisen. Hervorzuheben ist an dieser Stelle einzig, dass Widerrechtlichkeit bei einem Verstoss gegen Vertragspflichten grundsätzlich nicht gegeben ist, sondern nur bei einer **Verletzung objektiven Rechts** (BK-BECKER, Art. 163 OR N 2). Unzulässig ist bspw. eine Konventionalstrafenabrede für die Verletzung einer Verpflichtung, die gegen unverzichtbare Freiheitsrechte des Einzelnen verstösst; in Anwendung dieses Grundsatzes wurde eine Vereinbarung für unzulässig erklärt, gemäss welcher eine Konventionalstrafe geschuldet war, falls die Verpflichteten ein vorgemerktes Vorkaufs- und Rückkaufsrecht nach Ablauf der gesetzlichen Höchstdauer im Grundbuch nicht erneuern würden (BGE 73 II 158, 161 E. 2). Zur Kasuistik vgl. im Übrigen auch Art. 160 N 8 und Art. 404 N 13; BGer, 24.6.2005, 4C.36/2005; BGE 48 II 439, 442 E. 3; 44 II 77, 81 f.

6 Die Konventionalstrafe ist weiter nichtig, wenn die Erfüllung der Hauptverpflichtung durch einen **vom Schuldner nicht zu vertretenden Umstand nachträglich unmöglich geworden ist**; dies gilt jedoch nur, falls keine andere Parteiabrede vorliegt (Art. 163 Abs. 2; GAUCH/SCHLUEP/SCHMID/EMMENEGGER, N 3822). Damit verfällt die Konventionalstrafe bei einem beim Schuldner eingetretenen Zufall nicht (BUCHER, AT, 526 f.; **a.M.** BENTELE, 29; ZK-OSER/SCHÖNENBERGER, Art. 163 OR N 1; differenzierend CHK-ROTH PELLANDA/DUBS, Art. 163 OR N 5). Funktional entspricht diese Regelung Art. 119 Abs. 1.

Für Fälle **ursprünglicher Leistungsunmöglichkeit** bez. der Hauptverpflichtung gilt Art. 20 (GAUCH/SCHLUEP/SCHMID/EMMENEGGER, N 3823).

7 Die Befreiungsgründe des Art. 163 Abs. 2, d.h. Widerrechtlichkeit, Unsittlichkeit oder Unmöglichkeit **und** fehlendes Verschulden, sind vom **Schuldner** der Konventionalstrafe zu **beweisen** (BGer, 24.6.2005, 4C.36/2005; BK-BECKER, Art. 163 OR N 7; BUCHER, AT, 527 FN 22).

2. Rechtsfolge

8 Die Widerrechtlichkeit, Unsittlichkeit oder unverschuldete Unmöglichkeit der Hauptverpflichtung führt zur **Nichtigkeit der Konventionalstrafenabrede** (GAUCH/SCHLUEP/SCHMID/EMMENEGGER, N 3819; vgl. auch N 1).

3. Ausnahme

9 *Die in Art. 163 Abs. 2* vorgesehene Befreiung des Schuldners bei nachträglicher unverschuldeter Unmöglichkeit ist **dispositives Recht** (BUCHER, AT, 527; GAUCH/SCHLUEP/SCHMID/EMMENEGGER, N 3822). Möglich ist damit die Vereinbarung einer **selbständigen Garantie**

des Schuldners, z.B. für Fälle höherer Gewalt. Obwohl es sich dabei **nicht** um eine akzessorische Verpflichtung handelt (ZK-OSER/SCHÖNENBERGER, Art. 163 OR N 9), sind die Regeln über die Konventionalstrafe, insb. die Möglichkeit der Herabsetzung nach Art. 163 Abs. 3, **analog** anwendbar (GAUCH/SCHLUEP/SCHMID/EMMENEGGER, N 3848).

IV. Einschränkung bei übermässiger Höhe der Konventionalstrafe

1. Allgemeines

Die Möglichkeit der richterlichen **Herabsetzung** einer Konventionalstrafe stellt einen Einbruch in die Vertragsinhaltsfreiheit und die Vertragstreue der Parteien dar und ist deshalb mit Zurückhaltung anzuwenden (BGer, 31.3.2014, 4A.567/2013, E. 5.3; 11.3.2003, 4C.5/2003; BGE 114 II 264; 103 II 129, 135; MERZ, ZBJV 1990, 262). Nur **krasse Missverhältnisse** sind vom Richter zu berücksichtigen (BGer, 25.8.2011, 4A.107/2011, E. 3.1; 6.7.2009, 4A_233/2009, E. 4; BUCHER, AT, 532). Die Bestimmung bezweckt den Schutz des wirtschaftlich Schwächeren vor Rechtsmissbrauch durch den wirtschaftlich Stärkeren und liegt damit im Interesse der öffentlichen Ordnung und Sittlichkeit (BGE 95 II 532, 535 ff. E. 2; 41 II 138, 141 ff.). Sie gehört zum materiellen **Ordre public** der Schweiz (BGer, 17.10.2011, 4A.174/2011, E. 6.1; 23.4.2009, 4A.398/2007, E. 7.1; BGE 133 III 201 E. 5.2). Die Möglichkeit der Herabsetzung ist zwingend, d.h. der Schuldner kann nicht im Voraus darauf verzichten (CR CO I-MOOSER, Art. 163 N 5). Sie schliesst die Anrufung von Art. 27 Abs. 2 ZGB aus (RIEMER/RIEMER-KAFKA, SJZ 2005, 451). 10

In Ausübung seines Ermessens hat der Richter die Frage der Angemessenheit bzw. Übermässigkeit zu beurteilen und (allenfalls) eine entsprechende Herabsetzung anzuordnen; er urteilt dabei nach **«Recht und Billigkeit»** i.S.v. Art. 4 ZGB (GAUCH/SCHLUEP/SCHMID/EMMENEGGER, N 3824; BGer, 21.12.2012, 4A.595/2012, E. 5.1). Das Ermessen des Richters bezieht sich damit sowohl auf die Frage der Übermässigkeit der Strafe wie auch auf den Umfang einer allfälligen Herabsetzung (BGer, 17.10.2011, 4A.174/2011, E. 6.1). Das angemessene Mass nach Recht und Billigkeit ist überschritten, wenn es sich um ein offensichtliches Missverhältnis zwischen dem Betrag und dem Interesse des Gläubigers, die Gesamtheit seines Anspruchs aufrechtzuerhalten, handelt (BGer, 25.8.2011, 4A.107/2011, E. 3.1; 17.10.2011, 4A.174/2011, E. 6.1; 11.3.2003, 4C.5/2003). Die Konventionalstrafe ist aber nicht schon deshalb übermässig, weil sie den Betrag übersteigt, den der Gläubiger als Schadenersatz wegen Nichterfüllung beanspruchen könnte (BGer, 17.10.2012, 4A.160/2012, E. 1.2; 8.12.2009, 4A.141/2008, E. 15.1.2; BGE 133 III 43, 54; 103 II 108). Eine Herabsetzung ist auch dann unzulässig, wenn das Verschulden des Pflichtigen schwer wiegt, er die Tragweite der Konventionalstrafe bei Vertragsschluss erkannt hat und deren Höhe im Bereich des Schadens liegt (BGE 114 II 264). Zu den Beurteilungskriterien vgl. nachfolgend auch N 16 f.

Während die h.L. (vgl. COUCHEPIN, N 932 m.w.Nw.; BENTELE, 123) die Herabsetzung der Konventionalstrafe als Gestaltungsurteil betrachtet, qualifiziert BGE 138 III 746 E. 6.1 die Herabsetzung als gesetzlich geregelten Anwendungsfall des Rechtsmissbrauchsverbots nach Art. 2 ZGB. Der Richter greift demzufolge nicht gestaltend in den Vertrag ein, sondern entscheidet im Rahmen eines **Feststellungsurteils**, ob sich das Festhalten an der gesamten vereinbarten Konventionalstrafe mit Treu und Glauben bzw. Recht und Billigkeit noch vereinbaren lässt. Entsprechend ist die Konventionalstrafe von Anfang an nur im reduzierten Masse geschuldet; das Urteil hat somit **rückwirkende Kraft** (krit. HÜRLIMANN-KAUP, ZBJV 2014, 589). 10a

Prozessual ist ein **Herabsetzungsbegehren** des Schuldners erforderlich, wobei Ausdrücklichkeit nicht verlangt wird (BGer, 1.4.2011, 4A.65/2011, E. 6.1; 17.10.2011, 4A.174/2011, E. 6.1; BGE 133 III 201 E. 5.2) und bei weit gefassten Rechtsbegehren vermutungsweise wohl auch angenommen werden kann, dass sie eine derartige Herabsetzung beinhalten (vgl. 11

BGE 109 II 120, 121 f. E. 2, wo der Schuldner nicht nur die Forderung als solche, sondern auch die Höhe derselben durch die Nennung von Herabsetzungsgründen bestritt und damit sinngemäss ein Herabsetzungsbegehren stellte; vgl. auch BUCHER, AT, 532; GAUCH/SCHLUEP/SCHMID/EMMENEGGER, N 3833 m.w.Nw.; **a.M.** BK-BECKER, Art. 163 OR N 21; OGer SH, SJZ 2005, 459, 460; BENTELE, 127; VON TUHR/ESCHER, 285). Eine völlig unsubstantiierte Behauptung, wie ein unbegründeter Rechtsvorschlag, kann nicht für die Annahme eines wenigstens sinngemässen Herabsetzungsbegehren genügen (OGer SH, SJZ 2005, 459, 460). Der Richter darf nicht von Amtes wegen in die Vertragsfreiheit der Parteien eingreifen (GAUCH/SCHLUEP/SCHMID/EMMENEGGER, N 3833 m.w.Nw.; BGer, 1.4.2011, 4A.65/2011, E. 6.1; **a.M.** offenbar BGer, 1.5.2013, 4A.656/2012, E. 2.3, wo m.H. auf BGE 133 III 201 E. 5.2 Prüfung von Amtes wegen verlangt wird; vgl. auch BERGER, N 1798); vorbehalten bleibt eine von Amtes wegen zu beachtende Nichtigkeit bzw. Teilnichtigkeit i.S.v. Art. 20 f. (OGer SH, SJZ 2005, 459, 460).

Eine Herabsetzung ist erst möglich und zulässig, wenn die gesicherte Hauptverpflichtung verletzt worden ist (BGE 133 III 43, 48; 69 II 76, 79). Dies folgt aus dem Umstand, dass die Kriterien der Angemessenheit (vgl. N 15 ff.) erst im Zeitpunkt der Verletzung angewendet und beurteilt werden können (BGer, 1.5.2013, 4A.656/2012, E. 2.3; BGE 114 II 264). Eine **Feststellungsklage** ist somit vor Verletzung der Hauptverpflichtung **ausgeschlossen** (BGE 69 II 78, 79).

12 Umstritten ist die Möglichkeit der **nachträglichen Herabsetzung und (teilweisen) Rückforderung** einer bereits geleisteten Konventionalstrafe (BGE 133 III 43, 49 E. 3.4 m.w.Nw.; BUCHER, AT, 532; GAUCH/SCHLUEP/SCHMID/EMMENEGGER, N 3832). Diese Möglichkeit ist dann zu bejahen, wenn die Auslegung weder Verzicht auf Herabsetzung noch Anerkennung der Angemessenheit (BGE 133 III 43, 52 f. E. 3.6) ergibt und im Übrigen die Voraussetzungen einer Rückforderung nach Art. 63 gegeben sind (BUCHER, AT, 532). So muss die nachträgliche Herabsetzung möglich sein, wenn der Schuldner vom Gläubiger abhängig war (GAUCH/SCHLUEP/SCHMID/EMMENEGGER, N 3832) oder ihm die Umstände, die zu einer Herabsetzung berechtigen, im Zeitpunkt der Zahlung noch nicht bekannt waren (BGE 133 III 43, 52 f. E. 3.6; bestätigt in BGE 133 III 201, 207 f. E. 3.2 für die Abrede des Verfalls von Teilzahlungen).

13 Die **tatsächlichen Voraussetzungen** einer Herabsetzung sind vom Schuldner der Konventionalstrafe zu behaupten und zu beweisen (BGer, 1.5.2013, 4A.656/2012, E. 2.3; 1.4.2011, 4A.65/2011, E. 6.1; 17.10.2011, 4A.174/2011, E. 6.1). Da der Schuldner in Bezug auf einen allfälligen Schaden, der dem Gläubiger entstanden ist, aus eigener Kenntnis oft nichts darlegen kann, obliegt es dem Gläubiger, seinen Schaden darzulegen und die Behauptung, es liege kein oder bloss ein geringer Schaden vor, substantiiert zu bestreiten; der Gläubiger hat sein Interesse aber nicht ziffernmässig nachzuweisen, denn damit würde Art. 161 Abs. 1 umgangen (BGE 133 III 43, 53 f.).

14 In **rechtsvergleichender Hinsicht** kann darauf hingewiesen werden, dass die EG-Richtlinie über missbräuchliche Klauseln in Verbraucherverträgen vom 5.4.1993 die Herabsetzung nicht kennt, sondern unverhältnismässig hohe oder einseitige Entschädigungsbeträge (Konventionalstrafen) als **typischerweise missbräuchlich gelten und damit unverbindlich sind** (vgl. JETZER/ZINDEL, EG-Richtlinie 93/13/EWG des Rates vom 5.4.1993 über missbräuchliche Klauseln in Verbraucherverträgen, SJZ 1994, 432 ff., 434).

2. Kriterien der Übermässigkeit bzw. Angemessenheit. Kasuistik

15 Der Richter muss die Übermässigkeit bzw. Angemessenheit einer Konventionalstrafe nach ***freiem, aber pflichtgemässem* Ermessen** unter Würdigung des Einzelfalles im Zeitpunkt der Verletzung der gesicherten Hauptverpflichtung beurteilen (GAUCH/SCHLUEP/SCHMID/EMMENEGGER, N 3827 ff. m.w.Nw.). Zu konkreten Anwendungsfällen dieses abstrakten Grund-

satzes besteht eine reiche und ergiebige Rechtsprechung, insb. auch im Zusammenhang mit dem arbeitsrechtlichen Konkurrenzverbot nach Art. 340–340*c*. Zur Bemessung der Konventionalstrafe im Arbeitsrecht vgl. NEERACHER, 108 ff.

Massgebliche Beurteilungskriterien sind: 16
- das Verhältnis zwischen der vereinbarten Konventionalstrafe und dem Interesse des Gläubigers an der Erfüllung der gesicherten Forderung (BGer, 25.8.2011, 4A.107/2011, E. 3.1; BGE 82 II 142, 146), insb. wenn sich der Gläubiger bei Zusprechung der vollen Konventionalstrafe offensichtlich bereichern würde bzw. wenn ein Missverhältnis zwischen dem tatsächlichen bzw. wahrscheinlichen und dem von den Parteien als möglich vorausgesehenen Schaden besteht (BGE 114 II 264; 103 II 129, 135 f.);
- die Schwere des Verschuldens der Beteiligten (BGer, 1.5.2013, 4A.656/2012, E. 2.3; 21.12.2012, 4A.595/2012, E. 5.1; 19.1.2005, 4C.360/2004; 14.10.2003, 4C.143/2003; BGE 105 II 200, 203 f. E. b, c; 103 II 135; 91 II 383), insb. des Pflichtigen (HGer ZH, ZR 1991, 134, 139);
- die Wichtigkeit der Erfüllung der Hauptforderung für die andere(n) Partei(en);
- das Interesse und der Gewinn des Schuldners an der Nicht- oder Schlechterfüllung;
- die Schwere der Verletzung der gesicherten Hauptverpflichtung (BGer, 1.5.2013, 4A.656/2012, E. 2.3; 25.8.2011, 4A.107/2011, E. 3.1; 14.10.2003, 4C_143/2003; BGE 103 II 129, 135);
- die wirtschaftliche Lage der Beteiligten (BGer, 1.5.2013, 4A.656/2012, E. 2.3; 21.12.2012, 4A.595/2012, E. 5.1; 25.8.2011, 4A.107/2011, E. 3.1; 6.7.2009, 4A_233/2009, E. 4; 14.10.2003, 4C_143/2003; BGE 103 II 129, 135; 95 II 532, 539 f.), namentlich des Verpflichteten. Je angespannter die finanzielle Lage des Pflichtigen ist, um so eher muss die Konventionalstrafe als überhöht angesehen werden (BGer, 20.2.2004, 4C.276/2003);
- der mutmassliche Schaden, den der Gläubiger höchstens erlitten hat; der effektiv eingetretene Schaden ist hingegen nicht massgebend (BGer, 25.8.2011, 4A.107/2011, E. 3.1). Die Konventionalstrafe ist grundsätzlich nicht unter den tatsächlich entstandenen Schaden herabzusetzen (BGer, 30.10.2006, 4C.172/2006, E. 4.4.4 m.w.Nw.; vgl. auch HUGUENIN, OR AT/BT, N 1275 a.E.);
- das Schadensrisiko, dem der Gläubiger im konkreten Fall ausgesetzt war (BGer, 17.10.2012, 4A.160/2012, E. 1.2; 8.12.2009, 4A.141/2008, E. 14 f.; BGE 133 III 43, 54 f.).

Weiter können eine Rolle spielen: 17
- die Art und Dauer des Vertrages (BGer, 1.5.2013, 4A.656/2012, E. 2.3; 21.12.2012, 4A.595/2012, E. 5.1; 25.8.2011, 4A.107/2011, E. 3.1; 6.7.2009, 4A_233/2009, E. 4; 14.10.2003, 4C.143/2003; BGE 38 II 102);
- die Geschäftserfahrung der Parteien (BGer, 6.7.2009, 4A_233/2009, E. 4; 14.10.2003, 4C_143/2003; BGE 114 II 159, 164; 102 II 420, 426);
- die wirtschaftliche Abhängigkeit des Verpflichteten vom Berechtigten (BGer, 21.12.2012, 4A.595/2012, E. 5.1; 25.8.2011, 4A.107/2011, E. 3.1; BGE 114 II 264 f.; 51 II 162, 170 f. E. 5; LGVE 2011 I Nr. 18, E. 7.1);
- die Funktion der Konventionalstrafe (Schadenersatzfunktion, wenn sie bei jeder Übertretung neu gefordert werden kann; BGE 68 II 169, 175);
- das Wechselkursrisiko, wenn die Konventionalstrafe in einer anderen Währung vorgesehen ist (CHAPPUIS, SZW 2003, 72);
- ob die Konventionalstrafe nur einmal geschuldet ist oder bei jeder Vertragsverletzung;
- bei Konkurrenzverboten das Verhältnis zwischen Verletzungszeitpunkt und Zeitpunkt der Wiedererlangung der wirtschaftlichen Bewegungsfreiheit durch den Verpflichteten (BGE 40 II 471, 478 E. 6).

Massgebend sind die **Umstände des Einzelfalls** (BGer, 25.8.2011, 4A.107/2011, E. 3.1; BGE 103 II 108), die eine differenzierte Gewichtung der vorstehenden Faktoren verlangen.

Für eine Herabsetzung erforderlich ist jedenfalls ein **offenbarer Widerspruch** zwischen Gerechtigkeit und Billigkeit und der Höhe der Konventionalstrafe, ein **krasses Missverhältnis** (vgl. N 9; GAUCH/SCHLUEP/SCHMID/EMMENEGGER, N 3828).

V. IPRG

18 Der Grundsatz, dass Konventionalstrafen herabgesetzt werden können, ist Bestandteil des **materiellen Ordre public** gem. Art. 190 Abs. 2 lit. e IPRG (vgl. N 10).

Fünfter Titel: Die Abtretung von Forderungen und die Schuldübernahme

Vorbemerkungen zu Art. 164–174

Literatur

AMONN, Die generelle Debitorenzession im Konkurs, BlSchK 1979, 129 ff.; ARROYO, Die Einrede «dolo agit, qui petit, quod statim redditurus est» im Rahmen von fiduziarischen Abtretungen und Kettenzessionen, Jusletter vom 25.7.2005; BAECHLER, La saisie et le séquestre des droits de l'ouverture de crédit auprès du banquier, SJZ 1981, 37 ff.; BÄR, Asset Securitisation, Diss. Zürich 1997; BAUER, § 354a HGB – eine geglückte gesetzgeberische Lösung eines rechtspolitischen Problems?, Diss. Leipzig 2000; BAZINAS, Der Beitrag von UNCITRAL zur Vereinheitlichung der Rechtsvorschriften über Forderungsabtretungen: Das Übereinkommen der Vereinten Nationen über Abtretungen im internationalen Handel, ZEuP 2002, 782 ff.; BEUTTNER, La cession de créance en droit international privé, Diss. Genf 1970; BÖCKLI/MORSCHER, Aktionärsbindungsverträge: Übertragbarkeit und Geltungsdauer von Optionsrechten, SZW 1997, 53 ff.; BOSSHARD, Die Abtretung zahlungshalber und an Zahlungsstatt, Diss. Zürich 1926; BUCHER, Kreditsicherung durch Zession, in: Rechts- und wirtschaftswissenschaftliche Fakultät der Universität Bern (Hrsg.), Probleme der Kreditsicherung, Bern 1982, 9 ff. (zit. Kreditsicherung); DERS., Zur Gültigkeit von Globalzessionen, recht 1989, 12 ff. (zit. recht 1989); DERS., Keine Lohnzessionen mehr, recht 1991, 112 (zit. recht 1991); BUCHTA, Die Forderungsabtretung im Einheitlichen Kaufrecht, Diss. Köln 1997; COSTANTINI, Die drei Anknüpfungsgegenstände des internationalen Effektenrechts, Diss. Luzern 2007 (zit. Diss.); DERS., Kollisionsrechtliche Aspekte des Bucheffektengesetzes, SJZ 2010, 366 ff. (zit. SJZ 2010); VON DER CRONE, Zession: kausal oder abstrakt?, SJZ 1997, 249 ff.; DENZLER/AUWÄRTER, Die Abtretung von Gewährleistungsansprüchen, Jusletter vom 13.6.2005; DIEHL-LEISTNER, Internationales Factoring, Diss. Augsburg 1991; DIETSCHE, (Globale) Debitorenzessionen im Nachlassverfahren, SJZ 1997, 337 ff.; DUTOIT, La cession de créance: acte causal ou abstrait?, in: Peter/Stark/Tercier (Hrsg.), Hundert Jahre schweizerisches Obligationenrecht, Freiburg i.Ue. 1982, 453 ff.; FÄSSLER, Der Factoringvertrag im schweizerischen Recht, Diss. St. Gallen 2010; FAVRE, Le transfert conventionnel de contrat, Diss. Freiburg i.Ue. 2005; FELBER, Mitgliedschaftsrechte und Legalzession, SZW 1998, 253 ff.; FLESSNER/VERHAGEN, Assignment in European Private International Law, München 2006; FROMER, Die Abtretung künftiger Forderungen, ZSR 1938, 273 ff.; GAUCH, Die Abtretung der werkvertraglichen Mängelrechte, BR 1984, 23 ff. (zit. BR 1984); GAUTHIER, Die Abtretung von Forderungen im Schuldbetreibungs- und Konkursverfahren, SJ 1970, 385 ff. = BlSchK 1971, 1 ff.; GIRSBERGER, The Effects of Assignment on Arbitration Agreements, in: Boele-Woelki/Einhorn/Girsberger/Symeonides (Hrsg.), FS für Kurt Siehr, Zürich/Den Haag 2010, 723 ff.; GIRSBERGER/HERMANN, Reformbedarf beim pactum de non cedendo?, in: Lorandi/Staehelin (Hrsg.), FS für Ivo Schwander, Zürich 2011, 319 ff. (zit. FS Schwander); DIES., Art. 163–177 OR 2020, in: Huguenin/Hilty (Hrsg.), Schweizer Obligationenrecht 2020, Entwurf für einen neuen allgemeinen Teil, Zürich 2013, 481 ff. (zit. OR 2020); GIRSBERGER/HESS, Das Haager Wertpapierübereinkommen, AJP 2006, 992 ff.; GOERGEN, Das Pactum de non cedendo, Diss. Münster 1998; DE GOTTRAU, Cession à fin de garantie: droit du cédant de faire valoir en son nom une créance cédée contre le débiteur cédé, SZW 2007, 113 ff.; GRAHAM-SIEGENTHALER, Neuere Entwicklung im internationalen Kreditsicherungsrecht, Das UNIDROIT/ICAO-Übereinkommen über internationale Sicherungsrechte an mobilen Ausrüstungsgegenständen, AJP 2004, 291 ff.; HANISCH, Les conditions générales de la reconnaissance d'une décision de faillite étrangère, en particulier la condition de la réciprocité, SJ 1992, 437 ff.; HÄNSELER, Die Globalzession, Diss. Zürich 1991; HARTMANN, Globalzession als Sicherungsmittel beim Bankkredit, IWIR 2003, 101 ff.; HENRICHS, Das Übereinkommen über internationale Sicherungsrechte an beweglicher Ausrüstung, IPRax 2003, 210 ff.; HOFMANN, L'exécution des titres authentiques, SJ 2011 II, 219 ff.; HOFFMANN-NOWOTNY/VON DER CRONE, Die Vindikationszession, SZW 2006, 233 ff.; HOMBURGER, Urteilsanmerkung zu BGE 113 II 163, SAG 1988, 157 f.; HONSELL, Tradition und Zession – kausal oder abstrakt?, in: Bucher/Canaris/Honsell/Koller (Hrsg.), FS für Wolfgang Wiegand, Bern 2005, 349 ff.; HORN, Die UN-Konvention über die Forderungsabtretungen als Einheitsrecht, in: Bucher/Canaris/Honsell/Koller (Hrsg.), FS für Wolfgang Wiegand, Bern 2005, 373 ff.; HUWILER, Der Begriff der Zession in der Gesetzgebung seit dem Vernunftrecht, Diss. Zürich 1975 (zit. Diss.); DERS., Begriff und Rechtswirkung: Zum Zessionsrecht des Obligationenrechts von 1881, in: Caroni (Hrsg.), Das Obligationenrecht 1883–1983, Bern 1984, 209 ff. (zit. Begriff und Rechtswirkung); JÄGGI, Zur «Rechtsnatur» der Zession, SJZ 1971, 6 ff.; KAISER, Verlängerter Eigentumsvorbehalt und Globalzession im IPR, Pfaffenweiler 1986;

Käser, Die Abtretung von Gewährleistungsansprüchen bei Kauf- und Werkvertrag, Diss. Zürich 2000; Kieninger, Das auf die Forderungsabtretung anzuwendende Recht im Licht der BIICL-Studie, IPRax 2012, 289 ff.; Klarer, Die Globalzession von Debitorenforderungen als wirksames und notwendiges Sicherungsmittel und ihre Behandlung im Konkurs, SJZ 1998, 354 ff.; Klein, De la cession globale de créances à titre de garantie, in: Dessmontet/Piotet (Hrsg.), FS für Pierre Engel, Lausanne 1989, 207 ff.; Koller A., Werkvertragliche Mängelrechte und Abtretung der Werklohnforderung, BR 1984, 63 ff. (zit. BR 1984); ders., Nemo plus iuris transferre potest quam ipse habet, in: Brem/Druey/Kramer/Schwander (Hrsg.), FS für Mario M. Pedrazzini, Bern 1990, 323 ff. (zit. FS Pedrazzini); ders., Die Mängelrechte und die Frage ihrer Abtretbarkeit, in: Koller (Hrsg.), SIA-Norm 118, St. Gallen 2000, 1 ff. (zit. Mängelrechte); ders., Die Abtretung werkvertraglicher Mängelrechte in Grundstückkaufverträgen, in: Ruf/Pfäffli (Hrsg.), FS 100 Jahre Verband bernischer Notare, Langenthal 2003, 359 ff. (zit. Abtretung); Köning, Probleme bei der Einziehung von Mehrwertsteuerforderungen im Zusammenhang mit Zessionen, ASA 2006, 368 ff.; Kötz, Rights of Third Parties. Third Party Beneficiaries and Assignment, in: von Mehren (Hrsg.), International Encyclopedia of Comparative Law, Volume VII: Contracts in General, Chapter 13, Tübingen 2008; Kroll, Securitisation in der Schweiz, in: Nobel (Hrsg.), Aktuelle Rechtsprobleme des Finanz- und Börsenplatzes Schweiz, Bd. 7, Bern 1999, 173 ff.; Kuhn, Zur Neuordnung der grenzüberschreitenden Forderungsabtretung, SZW 2002, 129 ff.; Kuhn/Graham-Siegenthaler/Thévenoz (Hrsg.), The Federal Intermediated Securities Act (FISA) and the Hague Securities Convention (HSC), Bern 2010; Kummer, Beiträge zur Lehre von der causa, insbesondere bei der Abtretung und beim Erlass von Forderungen, Diss. Bern 1942 (zit. Diss.); ders., Die privatrechtliche Rechtsprechung des Bundesgerichts im Jahre 1977, Handels- und Immaterialgüterrecht, ZBJV 1979, 296 ff. (zit. ZBJV 1979); Lardelli, Schuldnerschutz im Zessionsrecht, in: Isenring/Kessler (Hrsg.), FS für Heinrich Honsell, Zürich 2007, 59 ff. (zit. FS Honsell); ders., Die Einreden des Schuldners bei der Zession, Diss. Zürich 2007 (zit. Diss.); Lauko, Art. 152 Abs. 3 OR und die aufschiebend bedingte Abtretung, Diss. Zürich 2011; Loser, Die Abtretung und Verpfändung von Garantieansprüchen zur Kreditsicherung, SZW 2006, 200 ff.; Mang, Die Abtretung und Verpfändung künftiger Lohnforderungen (OR 325), Diss. Zürich 1993; Mangold, Die Abtretung im europäischen Kollisionsrecht, Diss. Heidelberg 2001; Mäsch, Abtretung und Legalzession im Europäischen Kollisionsrecht, in: Leible (Hrsg.), Das Grünbuch zum Internationalen Vertragsrecht, München 2004, 193 ff.; Meier-Hayoz/von der Crone, Wertpapierrecht, 2. Aufl., Bern 2000; Merz, Legalzession und Aussonderungsrecht gemäss Art. 401 OR, in: Bär/Bucher/Kummer (Hrsg.), FS für Hans Merz, Bern 1977, 413 ff. (zit. FS Merz); ders., Urteilsanmerkung zu BGE 113 II 163, ZBJV 1989, 211 ff. (zit. ZBJV 1989); Mohs, Drittwirkung von Schieds- und Gerichtsstandsvereinbarungen, Diss. Basel 2005; Müller-Chen, Internationales Factoring, BJM 1999, 177 ff. (zit. BJM 1999); ders., Abtretungsverbote im internationalen Rechts- und Handelsverkehr, in: Schwenzer/Hager (Hrsg.), FS für Peter Schlechtriem, Tübingen 2003, 903 ff. (zit. FS Schlechtriem); Oertle, Asset Securitization in der Schweiz, SZW 1993, 153 ff.; Ott, Die Abtretung vertraglicher Vorkaufs-, Kaufs- und Rückkaufsrechte als Vertragsübernahme, ZBGR 1978, 257 ff.; Peter, Factoring als Treuhand-, Finanzierungs- und Sicherungsinstrument offener kurzfristiger Buchforderungen in der Schweiz, Diss. Zürich 1973; Rahmatian, Der Bereicherungsausgleich in Zessionslagen, Diss. Wien 1994; Reetz, Die Form der Sicherungszession, in: Tercier/Amstutz/Koller/Schmid/Stöckli (Hrsg.), FS für Peter Gauch, Zürich 2004, 553 ff. (zit. FS Gauch); ders., Die Sicherungszession von Forderungen, Habil. Freiburg i.Ue. 2005 (zit. Habil.); ders. Die Anwendbarkeit von Art. 152 Abs. 3 OR im Rahmen der Sicherungszession, recht 2006, 233 ff. (zit. recht 2006); Rey, Die Behandlung des Factoringvertrages im schweizerischen Recht, in: Kramer (Hrsg.), Neue Vertragsformen der Wirtschaft, 2. Aufl., Bern 1992, 289 ff. (zit. Factoringvertrag); Reymond, La cession des contrats, Lausanne 1989; von Rintelen, Der Übergang nicht-akzessorischer Sicherheiten bei der Forderungszession, Diss. Bonn 1995; Rudolf, Einheitsrecht für internationale Forderungsabtretungen, Habil. Wien 2004; Rüegsegger, Die Abtretung im Internationalen Privatrecht, Diss. Zürich 1972; Schlaepfer, Abtretung streitiger Rechtsansprüche im Konkurs, Diss. Zürich 1990; Schmidt, Das Übereinkommen der Vereinten Nationen über die Abtretung von Forderungen im Internationalen Handel, IPRax 2005, 93 ff.; Schönle, Cession et compensation en matière de crédit documentaire, in: Dessemontet/Piotet (Hrsg.), FS für Pierre Engel, Lausanne 1989, 309 ff.; Schulin/Vogt, Die Unabtretbarkeit von Forderungen: Bemerkungen zum schweizerischen Vertrags- und Erbrecht, in: Pichonnaz/Vogt/Wolf (Hrsg.), FS für Bruno Huwiler, Bern 2007, 609 ff.; Schütze, Zession und Einheitsrecht, Diss. Würzburg 2005; Schwenzer, Zession und sekundäre Gläubigerrechte, AcP 1982, 214 ff. (zit. AcP 1982); Spirig, Zur Kausalität der Abtretung, SJZ 2000, 7 ff.; Spiro, Die Begrenzung privater Rechte durch Verjährungs-, Verwirkungs- und Fatalfristen, Bd. I, Bern 1975; Staehelin A., Die Hinterlegung zu Handen wes Rechtes und der Prätendentenstreit, BJM 1972, 225 ff. (zit. BJM 1972); ders., Zur Abtretung künftiger Forderungen, in: Dessemontet/Piotet (Hrsg.), FS für Pierre Engel, Lausanne 1989, 381 ff. (zit. FS Engel); *Stoll, Doppel- und Mehrfachzessionen* – Spannungsfeld zwischen Banken, SJZ 1993, 389 ff.; Tercier/Eigenmann, La renonciation du débiteur cédé à ses exceptions, SZW 2003, 129 ff.; Walter, Die Sicherungszession im schweizerischen Recht, in: Wiegand (Hrsg.), Mobiliarsicherheiten, Bern 1998, 43 ff.;

WEHRLI, Die vertragliche Abtretung von Forderungen, Diss. Bern 1993; WIEGAND, Kreditsicherung und Rechtsdogmatik, in: Bucher/Saladin (Hrsg.), FS zum Schweizerischen Juristentag 1979, Bern 1979, 283 ff. (zit. Kreditsicherung); DERS., Die Einziehungsermächtigung im deutschen, österreichischen und schweizerischen Recht, in: Harrer/Portmann/Zäch (Hrsg.), FS für Heinrich Honsell, Zürich 2002, 119 ff. (zit. FS Honsell); WIEGAND/KOLLER-TUMLER, Gültigkeit der Globalzession einer künftigen Forderung, recht 1988, 102 f.; ZOBL, Die Forderungszession im Konkurs des Zedenten, in: Falkner/Zweifel (Hrsg.), FS für Arthur Meier-Hayoz, Zürich 1972, 141 ff. (zit. FS Meier-Hayoz); DERS., Die Globalzession im Lichte der neueren Lehre und Rechtsprechung – eine Standortbestimmung, SJZ 1989, 349 ff. (zit. SJZ 1989).

Materialien

Botschaft zum Bundesgesetz über das internationale Privatrecht (IPR-Gesetz) vom 10.11.1982, BBl 1983 I 263 ff.

I. Begriff der Abtretung (Zession)

Abtretung (oder Zession) bedeutet **vertragliche Übertragung einer Forderung** vom ursprünglichen Gläubiger (dem Zedenten) auf einen neuen Gläubiger (den Zessionar). Der **Schuldner der abgetretenen Forderung** (debitor cessus, Drittschuldner) nimmt an diesem Rechtsgeschäft **nicht** als **Partei** teil, und eine Benachrichtigung des Schuldners ist nach schweizerischem Recht nicht Voraussetzung für die Gültigkeit der Zession. 1

II. Rechtsvergleichung

Im **römischen und germanischen Recht** waren Forderungen untrennbar mit ihrem Träger verbunden. Man konnte sie nicht übertragen, sondern höchstens das Recht ihrer Geltendmachung im Prozess abtreten (vgl. HUWILER, Diss., 25–29; DERS., Begriff und Rechtswirkung, 216 f.; ZK-SPIRIG, N 8–9, je m.w.Nw.). 2

Im **alten angloamerikanischen Recht** war eine Übertragung ursprünglich nur mit Zustimmung des Schuldners möglich. Von diesem Grundsatz konnte jedoch vor den nach Billigkeit urteilenden «Equity»-Gerichten abgewichen werden (vgl. BUCHER, AT, 537 f., m.w.Nw.). 3

In den meisten **modernen Rechtsordnungen** lassen sich dagegen Forderungen ohne Zustimmung des Schuldners abtreten (KAISER, 4 ff., m.w.Nw.). Die Benachrichtigung des Schuldners (Notifikation) ist heute Gültigkeitserfordernis v.a. in *Frankreich und verwandten Rechtsordnungen* (vgl. art. 1690 CC fr.), während in der *Schweiz, Deutschland und weiteren europäischen Rechtsordnungen* die Notifikation nur bedeutsam ist für die Wirkung der Leistung des Schuldners an den Zedenten, den Umfang der Einreden und Einwendungen des Schuldners und z.T. für die Priorität im Falle mehrfacher Abtretung derselben Forderung (vgl. z.B. Art. 167, 169 OR; §§ 407, 409 BGB; §§ 1395 f. ABGB; art. 1264 f. CC it.; Nachweise s. ZK-SPIRIG, N 250 ff.). In *England* wird diesbezüglich zwischen «statutory assignments» (Notifikation ist Gültigkeitserfordernis) und «equitable assignments» (Notifikation ist kein Gültigkeitserfordernis) unterschieden. In den *Vereinigten Staaten von Amerika* haben inzwischen alle Einzelstaaten den «Uniform Commercial Code» (UCC), ein Modellgesetz, übernommen, wonach Zessionen grösseren Umfanges als sog. «secured transactions» in ein öffentliches Register am Sitz des Schuldners eingetragen werden müssen, um dem Schuldner und Dritten gegenüber wirksam zu sein (§ 9–310 UCC). Im Übrigen gilt nicht vereinheitlichtes einzelstaatliches Recht. 4

Im internationalen Zessionsrecht haben in den vergangenen 25 Jahren verschiedene Gremien wie namentlich **UNCITRAL, UNIDROIT** und die **Haager Konferenz** versucht, vor allem 4a auf der Grundlage von Staatsverträgen Einheitsprivatrecht zu schaffen, um die grosse Rechtsunsicherheit zu beseitigen, die sich aufgrund der grossen Unterschiede der nationalen Zessionsrechte (vgl. dazu Kötz, 52 ff.) im grenzüberschreitenden Geschäftsverkehr ergab. Diesen Bemühungen war zumindest teilweise Erfolg beschieden:

- Das *UNIDROIT Übereinkommen über das internationale Factoring* (*UNIDROIT Convention on International Factoring* [Ottawa, 28.5.1988], Text abrufbar unter ‹http://www.unidroit.org›, deutsche Übersetzungen: Müller-Chen, BJM 1999, 200 ff.) ist mittlerweile für neun Staaten, darunter Deutschland, Frankreich, Italien und Russland, in Kraft. Es ist beschränkt auf Factoringgeschäfte und enthält Einheitsprivatrecht. Die Schweiz ist dem Übereinkommen nicht beigetreten (vgl. zum Ganzen Rudolf).
- Im Jahr 2001 wurde das (UNIDROIT-) *Übereinkommen über internationale Sicherungsrechte an beweglichen Ausrüstungsgegenständen* (*Convention on International Interests in Mobile Equipment* [Cape Town, 16.11.2001]) verabschiedet. Dieser Staatsvertrag bezweckt die internationale Anerkennung und Durchsetzung von Sicherungsrechten an beweglicher Ausrüstung von hohem Wert oder besonderer wirtschaftlicher Bedeutung, wie Luftfahrzeug-, Eisenbahn- und Weltraumfahrtausrüstung (vgl. Art. 2 Abs. 3). Er schafft hierzu ein internationales Register zur Eintragung der Sicherungsrechte (etwa für Kreditgeber oder andere Gläubiger, vgl. Art. 16 f.). Das Übereinkommen enthält ebenfalls Bestimmungen über die Abtretung von gesicherten Forderungen (Kapitel IX, Art. 31–38). Ergänzt wird es durch Protokolle für einzelne Kategorien von Ausrüstungsgegenständen. Bisher in Kraft getreten ist ein Protokoll betreffend Luftfahrzeugausrüstung (Protocol to the Convention on International Interests in Mobile Equipment on Matters specific to Aircraft Equipment [Cape Town, 16.11.2001]); beschlossen, aber noch nicht in Kraft getreten sind ein Protokoll betreffend Eisenbahnrollmaterial (Luxembourg Protocol to the Convention on International Interests in Mobile Equipment on Matters specific to Railway Rolling Stock [Luxembourg, 23.2.2007]) und ein Protokoll betreffend Weltraumfahrtausrüstung (Protocol to the Convention on International Interests in Mobile Equipment on Matters specific to Space Assets [Berlin, 9.3.2012]). Die Schweiz hat das Übereinkommen und die Protokolle betreffend Luftfahrzeugausrüstung und Eisenbahnrollmaterial unterzeichnet, aber nicht ratifiziert. (Die Texte des Übereinkommens und der Protokolle sind abrufbar unter ‹http://www.unidroit.org›, vgl. zum Ganzen etwa Graham-Siegenthaler, AJP 2004, 291 ff.; Henrichs, IPRax 2003, 210 ff., je m.w.Nw.)
- Ebenfalls im Jahr 2001 wurde das (UNCITRAL-)*Übereinkommen der Vereinten Nationen über die Abtretung von Forderungen im internationalen Handel* verabschiedet (*United Nations Convention on the Assignment of Receivables in International Trade* [New York, 12.12.2001], im Originaltext abrufbar unter ‹http://www.uncitral.org› sowie in: ZEuP 2002, 860 ff.; deutsche Übersetzungen: Rudolf, 599 ff.; Kuhn, SZW 2002, 142 ff.). Es ist beschränkt auf grenzüberschreitende Rechtsgeschäfte und enthält sowohl Einheitsprivatrecht als auch Kollisionsrecht. Die Konvention ist noch nicht in Kraft getreten. Ob und wann dies der Fall sein wird, ist unsicher. Die Schweiz hat das Übereinkommen bisher nicht unterzeichnet (vgl. zum Ganzen Rudolf; Kuhn, SZW 2002, 129 ff.; Bazinas, ZEuP 2002, 782 ff.; Schmidt, IPRax 2005, 93 ff.; Horn, 373 ff.).
- Die Europäische Bank für Wiederaufbau und Entwicklung veröffentlichte 1994 ein *Modellgesetz für Sicherungsgeschäfte* (Model Law on Secured Transactions, Text auf Englisch und Deutsch abrufbar unter ‹http://www.ebrd.com›), das Vorschriften über Sicherheiten an Forderungen enthält und somit auch die Sicherungszession (s. Art. 164 N 40, 44) berührt.
- Sowohl die *UNIDROIT Principles of International Commercial Contracts* (UNIDROIT Principles) als auch die *Principles of European Contract Law* (PECL) der Lando-Kommission sind inzwischen um eine Regelung der Abtretung ergänzt worden (vgl. UNIDROIT Principles 2010, Chapter 9, Section 1 [Art. 9.1.1–9.1.15], ‹http://www.unidroit.org›; PECL, Chapter 11 [Art. 11:101–11:401], ‹http://www.jus.uio.no/lm›, s.a. Lando/Clive/Prüm/Zimmermann, Chapter 11: Assignment of Claims). Auf der Grundlage der UNI-

DROIT Principles und der PECL erarbeitete die sog. Study Group on a European Civil Code in Zusammenarbeit mit weiteren Institutionen einen *Draft Common Frame of Reference* (DCFR, ‹http://ec.europa.eu/justice/policies/civil/docs/dcfr_outline_edition_en.pdf›), einen Entwurf einer Kodifikation des europäischen Vertragsrechts und angrenzender Rechtsgebiete, der im Jahr 2009 vorgestellt wurde. Der DCFR regelt das Abtretungsrecht in Book III, Chapter 5, Section 1 (Art. III.-5:101–III.-5:122, s.a. VON BAR/CLIVE, Bd. 2, 1011 ff.). Obwohl die Modellregeln der UNIDROIT Principles, der PECL und des DCFR nicht in einem staatlichen Gesetzgebungsverfahren zustande gekommen sind, werden sie von internationalen Gerichten und Schiedsgerichten zunehmend zur Ausfüllung von Lücken und zur Auslegung nationalen Rechts herangezogen, teilweise sogar als Ausdruck einer «lex mercatoria», d.h. einer Art internationalen Gewohnheits-Privatrechts.

– Die *Haager Konferenz über Internationales Privatrecht* hatte das Thema Abtretungsrecht früher ebenfalls auf ihrer Agenda, hat aber (vor allem im Lichte der zahlreichen Arbeiten anderer Gremien) beschlossen, es nicht mit Priorität zu behandeln. Stattdessen wurde im Rahmen einer Haager Konvention das Wertpapier-Kollisionsrecht einschliesslich der Übertragung von nicht in Wertpapieren verbrieften Wertrechten reformiert (vgl. *Convention on the Law Applicable to Certain Rights in Respect of Securities held with an Intermediary* [Den Haag, 5.7.2006], übersetzt mit «Übereinkommen über die auf bestimmte Rechte an Intermediär-verwahrten Wertpapieren anzuwendende Rechtsordnung», Text s. ‹http://www.hcch.net›). Das Übereinkommen ist bis heute lediglich von den USA, Mauritius und der Schweiz unterzeichnet und nur von den beiden letztgenannten Staaten auch ratifiziert worden. Mangels der notwendigen Anzahl an Ratifikationen ist es noch nicht in Kraft getreten (vgl. zum Ganzen GIRSBERGER/HESS, 992 ff.).

Sofern und soweit diese internationalen Instrumente von der Schweiz nicht ratifiziert bzw. übernommen werden, sind sie doch **Ausdruck von internationalen Tendenzen**, denen sich auch schweizerische Gerichte und v.a. Schiedsgerichte bei der Auslegung und Lückenfüllung nicht verschliessen werden. Das gilt vor allem im Bereich von grenzüberschreitenden Rechtsgeschäften oder solchen, deren Kontrahenten gewohnt sind, in einem internationalen Umfeld Verträge abzuschliessen.

III. IPR

Art. 145 IPRG, der das auf die Abtretung anwendbare Recht regelt, lautet wie folgt: 5

> [1] Die Abtretung einer Forderung durch Vertrag untersteht dem von den Parteien gewählten Recht oder, wenn ein solches fehlt, dem auf die Forderung anzuwendenden Recht. Die Rechtswahl ist gegenüber dem Schuldner ohne dessen Zustimmung unwirksam.
>
> [2] Für die Abtretung einer Forderung des Arbeitnehmers ist die Rechtswahl nur insoweit wirksam, als Artikel 121 Absatz 3 sie für den Arbeitsvertrag zulässt.
>
> [3] Die Form der Abtretung untersteht ausschliesslich dem auf den Abtretungsvertrag anwendbaren Recht.
>
> [4] Fragen, die nur das Verhältnis zwischen den Parteien des Abtretungsvertrages betreffen, unterstehen dem Recht, welches auf das der Abtretung zugrunde liegende Rechtsverhältnis anwendbar ist.

(Art. 121 Abs. 3, auf den Art. 145 Abs. 2 verweist, beschränkt eine mögliche Rechtswahl auf das Recht des Staates, in dem der Arbeitnehmer seinen gewöhnlichen Aufenthalt hat oder in dem der Arbeitgeber seine Niederlassung, seinen Wohnsitz oder seinen gewöhnlichen Aufenthalt hat.)

Art. 145 IPRG trifft keine Unterscheidung nach dem Motiv oder nach der Art der Abtretung. 6
Er ist deshalb in gleichem Masse **anwendbar** auf die Abtretung künftiger und bedingter Forderungen (BGer, 19.2.2013, 4A_616/2012, E. 2.2 betr. künftige Forderungen; dazu Art. 164 N 36 ff.), auf Globalzessionen (dazu Art. 164 N 40 ff.), auf fiduziarische Zessionen (dazu

Art. 164 N 44 f.) sowie auf den freihändige Verkauf einer Forderung im Konkursverfahren (Art. 256 i.V.m. Art. 260 Abs. 3 SchKG; vgl. OGer ZH, ZR 2014, 170, 171 E. 3.2). Abgrenzungsmerkmal von Art. 145 Abs. 1 IPRG gegenüber anderen Anknüpfungsregeln (wie z.B. betr. Novation oder Erlassvertrag, vgl. Art. 148 Abs. 3 IPRG) ist der Schutz einer am Rechtsgeschäft nicht direkt beteiligten Partei: Der Schuldner der abgetretenen Forderung und allenfalls weitere, nicht direkt beteiligte Dritte, wie etwa Bürgen, sollen sich ohne ihre Zustimmung keine Veränderung des auf ihre Schuld anwendbaren Rechts gefallen lassen müssen (vgl. BGE 95 II 109, 111 E. 1; BEUTTNER, 77 ff.; RÜEGSEGGER, 82; Botschaft IPRG, 434 f.; krit. hinsichtlich des Schutzes weiterer Dritter BSK IPRG-DASSER, Art. 145 N 12 f.). Aus diesem Grunde sind grundsätzlich alle Fragen im **Verhältnis zum Schuldner** nach dem Recht der abzutretenden oder abgetretenen Forderung zu beurteilen. Hingegen beurteilen sich Fragen, die nur das **Innenverhältnis zwischen Zedent und Zessionar** betreffen (z.B. die Haftung des Verkäufers einer Forderung gegenüber dem Erwerber), gem. Abs. 4 nach dem Recht dieses Rechtsverhältnisses (im Beispiel also des Kaufvertrages), nicht nach dem Recht der abgetretenen Forderung gem. Abs. 1. Das Statut des Innenverhältnisses gem. Abs. 4 ist jedoch nur dann anwendbar, wenn die Rechtsstellung des Schuldners nicht berührt wird; denn Art. 145 IPRG beruht auf dem Grundgedanken des Schuldnerschutzes (vgl. zum Ganzen BSK IPRG-DASSER, Art. 145 N 2; IPRG-Kommentar-KELLER/GIRSBERGER, Art. 145 N 9, 21).

7 Nicht der Anknüpfung von Art. 145 IPRG, sondern **Sonderregeln** folgen:

- die Anknüpfung der Übertragung von **Gesellschaftsanteilen**. Sie erfolgt nach dem Gesellschaftsstatut (**Art. 155 IPRG**; vgl. IPRG-Kommentar-VISCHER, Art. 155 N 25; BSK IPRG-EBERHARD/VON PLANTA, Art. 155 N 13);
- die Anknüpfung der Übertragung von Forderungen, die in einem **Wertpapier** verbrieft sind (vgl. IPRG-Kommentar-KELLER/GIRSBERGER, Art. 145 N 15; zur Anknüpfung von Forderungen aus entmaterialisierten und sammelverwahrten Wertpapieren und -rechten allg. vgl. **Art. 108c IPRG**; GIRSBERGER/HESS, 992 ff.; COSTANTINI, Diss.; DERS., SJZ 2010, 366 ff.; vgl. auch Art. 164 N 9, m.w.Nw.);
- die Anknüpfung der **Legalzession** (Art. 166). Hierfür ist **Art. 146 IPRG** massgebend, der wie folgt lautet:

  [1] Der Übergang einer Forderung kraft Gesetzes untersteht dem Recht des zugrunde liegenden Rechtsverhältnisses zwischen altem und neuem Gläubiger oder, wenn ein solches fehlt, dem Recht der Forderung.

  [2] Vorbehalten sind die Bestimmungen des Rechts der Forderung, die den Schuldner schützen.

8 **Ausgenommen** vom Anwendungsbereich von Art. 145 und 146 IPRG ist die Anknüpfung der **Subrogation** als Mittel des Rückgriffes; sie folgt der besonderen Anknüpfungsregel des **Art. 144 IPRG** (s. Botschaft IPRG, 432 f.; IPRG, Schlussbericht der Expertenkommission zum Gesetzesentwurf, 1979, 256).

9 Zum (teilweise von der Anknüpfung in der Schweiz abweichenden) **Europäischen Kollisionsrecht** und zu einzelnen nationalen Rechtsordnungen Europas vgl. FLESSNER/VERHAGEN; MÄSCH, 193 ff.; MANGOLD, passim; zu neueren Entwicklungen innerhalb der EU vgl. KIENINGER, IPRax 2012, 289 ff.; BSK IPRG-DASSER, Art. 145 N 13a f., m.w.Nw.

10 Im **UN-Kaufrecht** ist die Abtretung nicht geregelt. Ihre kollisionsrechtliche Behandlung bleibt dem nationalen Recht überlassen (HONSELL, UN-Kaufrecht, Art. 4 N 23), wobei staatsvertragliches Einheitsrecht vorgeht (dazu Schlechtriem/Schwenzer-FERRARI, Art. 4 N 38). Vereinzelt wird für eine einheitliche kollisionsrechtliche Anknüpfung der Zession der Kaufpreisforderung an den (ersten) Erfüllungsort plädiert (vgl. BUCHTA, 101). Diese Auffassung hat sich aber nicht durchgesetzt. Zur Rechtsvergleichung und Rechtsvereinheitlichung s. N 4a.

IV. Abtretungsrecht de lege ferenda

Im Rahmen des **Forschungsprojekts «Schweizerisches Obligationenrecht 2020»** kam man auf dem Gebiet des Abtretungsrechts zum Schluss, dass sich dieses im Grossen und Ganzen bewährt habe, weshalb es in seinen Grundzügen unverändert gelassen wurde. Dennoch haben sich aufgrund der gewachsenen wirtschaftlichen Bedeutung der Forderungsabtretung und aus Gründen der Praktikabilität punktuelle Aktualisierungen des hundertjährigen Zessionsrechts des OR aufgedrängt (GIRSBERGER/HERMANN, OR 2020, Vor Art. 163–177 N 11). **11**

Die beiden **bedeutsamsten Reformvorschläge** betreffen das vertragliche Abtretungsverbot und die Einredeordnung: Zum einen sieht Art. 164 OR 2020 vor, dass das **pactum de non cedendo** der Wirksamkeit einer Abtretung nicht entgegensteht (s. Art. 164 N 32). Zum andern kann der Schuldner gem. Art. 169 Abs. 3 OR 2020 gegenüber dem Zessionar nicht die **Einrede** erheben, dass die Abtretung oder das dieser zugrunde liegende Verpflichtungsgeschäft ungültig seien (s. Art. 169 N 7a; zum Ganzen GIRSBERGER/HERMANN, OR 2020, Vor Art. 163–177 N 12). **12**

Als **weitere Neuerungen** sind ausserdem hervorzuheben, **13**
- dass die **Anzeige in Textform** erfolgen muss (Art. 171 Abs. 2 OR 2020; s. Art. 167 N 8a);
- dass – im Falle einer **Leistung** des Schuldners **vor Anzeige der Abtretung** – die befreiende Wirkung der Leistung den guten Glauben des Schuldners nicht voraussetzt (Art. 172 OR 2020; s. Art. 167 N 6a);
- dass der **Zeitpunkt der Anzeige** dafür massgebend ist, bis wann eine **Einwendung** oder **Einrede des Schuldners** hat vorhanden sein müssen, um dem Zessionar entgegengehalten werden zu können (Art. 169 Abs. 1 OR 2020; s. Art. 169 N 7c);
- dass **Einreden des Schuldners aus dem Grundverhältnis** mit dem Zedenten auch dann geltend gemacht werden können, wenn sie erst nach Empfang der Anzeige begründet worden sind (Art. 169 Abs. 2 OR 2020; s. Art. 169 N 7c; zum Ganzen GIRSBERGER/HERMANN, OR 2020, Vor Art. 163–177 N 13).

Art. 164

A. Abtretung von Forderungen
I. Erfordernisse
1. Freiwillige Abtretung
a. Zulässigkeit

[1] Der Gläubiger kann eine ihm zustehende Forderung ohne Einwilligung des Schuldners an einen andern abtreten, soweit nicht Gesetz, Vereinbarung oder Natur des Rechtsverhältnisses entgegenstehen.

[2] Dem Dritten, der die Forderung im Vertrauen auf ein schriftliches Schuldbekenntnis erworben hat, das ein Verbot der Abtretung nicht enthält, kann der Schuldner die Einrede, dass die Abtretung durch Vereinbarung ausgeschlossen worden sei, nicht entgegensetzen.

A. Cession des créances
I. Conditions
1. Cession volontaire
a. Admissibilité

[1] Le créancier peut céder son droit à un tiers sans le consentement du débiteur, à moins que la cession n'en soit interdite par la loi, la convention ou la nature de l'affaire.

[2] Le débiteur ne peut exciper de ce que la créance avait été stipulée incessible, si le tiers est devenu créancier sur la foi d'une reconnaissance écrite ne mentionnant pas l'incessibilité.

A. Cessione di crediti
I. Requisiti
1. Cessione volontaria
a. Ammissibilità

[1] Il creditore può cedere ad altri il suo credito anche senza il consenso del debitore, se non vi osta la legge, la convenzione o la natura del rapporto giuridico.

[2] Al terzo che avesse acquistato il credito sulla fede di un riconoscimento scritto, che non menziona la proibizione della cessione, il debitore non può opporre l'eccezione che la cessione sia stata contrattualmente esclusa.

Literatur

Vgl. die Literaturhinweise bei den Vorbem. zu Art. 164–174.

I. Abgrenzung gegenüber ähnlichen Rechtsgeschäften

1. Vollmacht zur Eintreibung einer Forderung

1 Ein ähnliches wirtschaftliches Resultat wie durch Zession lässt sich dadurch erreichen, dass der Gläubiger einen Dritten zur Einziehung oder Einklagung der Forderung im *fremden* Namen des Gläubigers bevollmächtigt und mit dem Dritten vereinbart, dass dieser die Leistung des Schuldners für sich behalten soll. Der Unterschied zur Zession besteht darin, dass bei diesem sog. «mandatum in rem suam» der **Dritte in Bezug auf die Forderung nur Vertreter des Gläubigers** ist. Bei der ordentlichen Abtretung dagegen wird der Zessionar Rechtsnachfolger des Gläubigers und «Inhaber» der auf ihn übergegangenen Forderung (vgl. BGE 130 III 417, 426 f. E. 3.4; BGer, 16.12.2004, C.95/2004, E. 4; CR CO I-PROBST, N 9; VON TUHR/ESCHER, 329). Zur *Inkassozession*, bei der eine Forderung zum Inkasso auf einen Dritten abgetreten wird, s. N 44. Zur *Einziehungsermächtigung*, bei der die Forderung dem Zedenten verbleiben und der Zessionar aber berechtigt sein soll, die fremde Forderung im *eigenen* Namen einzuziehen bzw. einzuklagen, vgl. BGE 78 II 265, 274 E. 3a; 130 III 417, 427 E. 3.4 = Pra 2005, Nr. 30; VON TUHR/ESCHER, 338 f.; WIEGAND, FS Honsell, 119 ff.; DE GOTTRAU, SZW 2007, 116 ff. Die Abgrenzung zwischen Vollmacht zur Eintreibung einer Forderung, Einziehungsermächtigung und Inkassozession kann im Einzelfall Schwierigkeiten bereiten (vgl. BGE 119 II 452, 454 f. E. 1 = Pra 1994, Nr. 225).

2. Novation

2 Durch Novation (Neuerung) kann anstelle einer Forderung eines bisherigen Gläubigers eine neue Forderung mit demselben Inhalt durch Vertrag eines neuen Gläubigers mit dem Schuldner begründet und gleichzeitig mit dem alten Gläubiger das Erlöschen von dessen Forderung vereinbart werden. Der Unterschied zur Zession besteht einerseits darin, dass bei der Novation nicht nur der bisherige Gläubiger, sondern auch der **Schuldner** seine **Zustimmung** geben muss, und andererseits, dass bei der Novation die Sicherheiten der alten Forderung dem neuen Gläubiger nicht haften, weil eine **neue Forderung begründet** wird (vgl. Art. 116; VON TUHR/ESCHER, 329). Bei der Zession dagegen geht die Forderung unverändert über (vgl. Art. 164 N 46a; BGE 56 II 363, 369 f. E. 2; VON BÜREN, AT, 316; CR CO I-PROBST, N 13).

3. Vertrag zugunsten eines Dritten

3 Die Wirkungen eines Forderungsübergangs können anstatt durch Vertrag zwischen Gläubiger und Zessionar durch einen Vertrag i.S.v. Art. 112 zwischen dem bisherigen Gläubiger und dem Schuldner erreicht werden. Dabei wird einem Dritten ein direktes Forderungsrecht eingeräumt unter gleichzeitigem Verzicht des primär forderungsberechtigten bisherigen Gläubigers auf die Forderung (BUCHER, AT, 547 Anm. 45). Die **Unterschiede zur Zession** bestehen darin:

- dass beim Vertrag zugunsten Dritter eine neue Forderung zugunsten des Dritten begründet wird, während bei der Abtretung eine bestehende Forderung übertragen wird;
- dass beim Vertrag zugunsten Dritter – unter Vorbehalt anderer Abrede – auch der Stipulant das Recht hat, Leistung an den Dritten zu verlangen, während nach erfolgter Abtretung nur der Zessionar aktiv legitimiert ist und
- dass beim Vertrag zugunsten Dritter der neue Gläubiger nicht mitzuwirken braucht, während der Zessionar notwendige Partei des Abtretungsvertrages ist (ZK-SPIRIG, Vor Art. 164–174 N 228; CR CO I-PROBST, N 12).

4. «Abtretung» gemäss Art. 260 SchKG

4 Die «Abtretung» nach Art. 260 SchKG ist keine Zession i.S.v. Art. 164 ff. (vgl. BGE 78 II 265, 275 E. 3), sondern ein **betreibungs- und prozessrechtliches Institut sui generis**, das

inhaltlich auf ein Prozessführungsrecht beschränkt ist. Die abgetretenen Ansprüche gehören auch nach der Abtretung zur Konkursmasse. Der Gläubiger wird durch die Abtretung lediglich ermächtigt, die streitigen Ansprüche anstelle der Masse in eigenem Namen und auf eigene Rechnung und Gefahr geltend zu machen (BGE 113 III 135, 137 E. 3a, m.w.Nw. = Pra 1990, Nr. 123; BGer, 1.9.2014, 6B_236/2014, E. 3.4.4; OGer TG, RBOG 2011, 144 E. 2a/bb; BSK SchKG II-BERTI, Art. 260 N 4; ZK-SPIRIG, Vor Art. 164–174 N 227; CR CO I-PROBST, N 11; Näheres bei SCHLAEPFER, 42 ff.). Das Gleiche gilt für die Forderungsüberweisung zur Eintreibung nach Art. 131 Abs. 2 SchKG (vgl. BGer, 6.8.2009, 4A_215/2009, E. 3.2), während die Übernahme einer Forderung an Zahlungs statt nach Art. 131 Abs. 1 SchKG in ihren Wirkungen einer privatrechtlichen Abtretung entspricht (vgl. BGE 136 III 437, 442 E. 3; BSK SchKG II-BERTI, Art. 260 N 4; s. Art. 166 N 4).

5. Vertragsübernahme

Zur Abgrenzung der Zession gegenüber der Vertragsübernahme, die der **Zustimmung aller Beteiligten** bedarf, vgl. OGer ZH, 20.12.2011, LB100081, E. 4.3.1; ZK-SPIRIG, Vor Art. 164–174 N 212 ff.; CR CO I-PROBST, N 12; BUCHER, AT, 592 f.; FAVRE, 9 ff.; REYMOND, 21 f. Die Vertragsübernahme ist nicht einfach eine Verknüpfung von Zession und Schuldübernahme, sondern ein Vertrag sui generis (vgl. BGer, 8.7.2014, 4A_258/2014, E. 1.3, m.w.Nw.). 4a

II. Anwendungsbereich von Art. 164: Forderungen

Art. 164 Abs. 1 beruht auf dem **Grundsatz der Abtretbarkeit** aller dem Gläubiger zustehenden Forderungen. Da das OR nicht nach der Art der Forderung unterscheidet, sind Forderungen unabhängig davon abtretbar, ob sie auf Vertrag, unerlaubter Handlung, ungerechtfertigter Bereicherung, erbrechtlicher Verfügung oder anderen Rechtsgründen beruhen (vgl. VON TUHR/ESCHER, 343; KGer VS, ZWR 1994, 274, 276, je m.w.Nw.; zur Abtretbarkeit eines gesellschaftsrechtlichen Abfindungsanspruchs BGer, 13.5.2013, 4A_649/2012, E. 3.2; zur Abtretbarkeit eines aktienrechtlichen Verantwortlichkeitsanspruchs OGer ZH, 24.6.2013, LB120076, E. D.3.3.1). Auf der anderen Seite ist die Abtretbarkeit auf «Forderungen» beschränkt, so dass andere subjektive Rechte, wie etwa Immaterialgüterrechte (vgl. HGer BE, sic! 2009, 717, 717 f. E. II.1e) oder Mitgliedschaftsrechte, oder ein ganzes Schuldverhältnis grundsätzlich nicht durch Abtretung übertragen werden können (vgl. KGer FR, RFJ 2012, 197, 204 E. 3d; VON BÜREN, AT, 320; ZK-SPIRIG, N 21, 24–27; vgl. zur Übertragung der Gesellschafterstellung in einer Stockwerkeigentümergemeinschaft BGE 134 III 597, 602 ff. E. 3.3.2 = Pra 2009, Nr. 43). In vielen Fällen können die Art. 164 ff. jedoch zumindest analog angewendet werden (vgl. z.B. betr. Legalzession von aktienrechtlichen Mitgliedschaftsrechten BGE 124 III 350 und dazu FELBER, SZW 1998, 253). 5

Bis heute nicht genügend geklärt ist, ob und inwieweit **Gestaltungsrechte** abtretbar sind und insb. ob Mängelrechte aus Veräusserungs- und Werkverträgen einem gesetzlichen Abtretungsverbot unterliegen. Nach einhelliger Auffassung kann eine Forderung abgetreten werden, die bei der Ausübung eines Gestaltungsrechts entsteht. Uneinigkeit besteht aber bezüglich der Abtretbarkeit des Gestaltungsrechts als solches. Nach BGE 84 II 355, 367 f. E. 3 darf der Zedent ein gegen die Grundlage der abgetretenen Forderung gerichtetes Gestaltungsrecht nur mit Zustimmung des Zessionars ausüben. In BGE 114 II 239, 244 ff. E. 5 betr. Abtretung der Rechte aus Sachmängelhaftung unterscheidet das BGer zwischen Wandelungs- und Minderungsrechten, die nicht abtretbar sein sollen, und dem vertraglichen Nachbesserungsanspruch, der abtretbar sein soll. In BGE 118 II 142, 145 E. 1b wurde die Abtretbarkeit von Nachbesserungsrechten und Ansprüchen auf Ersatz des Mangelfolgeschadens bejaht (zustimmend GAUCH, N 2438 ff., 2443 ff.; vgl. zum Ganzen KÄSER, 104 ff., 116 f., mit eingehender Würdigung der Rsp. und Lehre bis 1999, der die generelle Abtretbarkeit von Mängelrechten 5a ablehnt). Entgegen einer im Wesentlichen auf GAUCH zurückgehenden Ansicht (vgl. z.B. GAUCH/SCHLUEP/SCHMID/EMMENEGGER, N 3424, m.w.Nw.) ist u.E. davon auszugehen, dass bei den meisten *forderungsähnlichen oder mit Forderungen verbundenen obligatorischen Rechten, wie namentlich Gestaltungs- oder Gestaltungsklagerechten*, eine **analoge Anwendung des Zessionsrechts** gerechtfertigt ist (gl.A. betr. Sachmängelansprüche HONSELL, OR BT, 302 f.). Weder die Interessen des Zedenten noch diejenigen des Schuldners sprechen gegen ein generelles Verbot der Abtretbarkeit solcher Rechte (SCHWENZER, N 90.21; DENZLER/AUWÄRTER, Jusletter 2005, N 10 ff.). Ausnahmen vom Grundsatz der Abtretbarkeit müssen aber dann gelten, wenn die Natur des Rechtsverhältnisses es gebietet (Art. 164 Abs. 1). Eine solche Ausnahme liegt i.d.R. gerade bei der Frage der isolierten Abtretbarkeit von Mängelrechten vor wie namentlich dem kaufrechtlichen Wandelungs- oder Minderungsrecht. Das schliesst jedoch die Abtretbarkeit im Einzelfall, namentlich mit Bezug auf Subunternehmerverhältnisse nicht aus (dazu eingehend KÄSER, 104 ff., 116 f.). U.E. muss eine Abtretung immer dann zulässig sein, wenn Gewährleistungsansprüche nicht isoliert, sondern zusammen mit der Leistung oder Sache, für welche Gewähr geleistet wird (der Kaufsache, dem Werk oder dem Anspruch auf Herausgabe der Sache), übertragen werden. Denn es ist offensichtlich, dass der Gewährleistungsanspruch mehr an den Vertragsgegenstand als an den Vertragspartner gebunden ist. Ausserdem wird zu Recht gefordert, die Abtretung von Gewährleistungsansprüchen beim Kauf- und Werkvertrag sowie damit verwandten Innominatverträgen wie dem Leasing «im Bündel» zuzulassen (vgl. HONSELL, OR BT, 302 f. [am Bsp. des Werkvertrages], differenzierend betr. Leasing 443 ff.; zur Zulässigkeit einer Gesamtabtretung der Mängelrechte nach der SIA-Norm 118 KOLLER A., Mängelrechte, 19 ff.; DERS., Abtretung, 363 ff.). Auch in Deutschland und in Österreich ist die Abtretung von Gewährleistungsansprüchen zulässig, und es sind in diesem Zusammenhang offenbar keine grossen Schwierigkeiten in der Praxis aufgetreten (KÄSER, 243). Im Übrigen behält Art. 174 die Anwendung von Sondervorschriften ausdrücklich vor (s. Art. 174 N 1). Zum Übergang von Gestaltungsrechten nach Art. 170 Abs. 1 bei Abtretung einer Forderung vgl. Art. 170 N 8 f.

6 Auch **dingliche Ansprüche** wie etwa der Vindikationsanspruch und die actio negatoria (Art. 641 Abs. 2 ZGB) sowie der Anspruch auf Berichtigung des Grundbuches (Art. 975 ZGB) sind keine Forderungen im Sinne des Obligationenrechts und deshalb nicht direkt auf dem Wege der Zession abtretbar (vgl. VON TUHR/ESCHER, 351 ff.; ZK-SPIRIG, Vor Art. 164–174 N 218). Dem entsprechend hat das BGer die Vindikationszession als unzulässig erklärt und zwar sowohl die sog. unselbstständige (Abtretung des Vindikationsanspruchs als Traditionssurrogat zur Übertragung von Eigentum) als auch die selbstständige (Abtretung des Vindikationsanspruchs ohne Absicht der gleichzeitigen Eigentumsübertragung; vgl. BGE 132 III 155, 160 ff. E. 6 und dessen Besprechung durch HOFFMANN-NOWOTNY/VON DER CRONE, SZW 2006, 233 ff.). Aber auch in dieser Hinsicht rechtfertigt sich eine **analoge Anwendung des Zessionsrechts**, wenn das Gesetz keine eigene Übertragungsform vorsieht. Erst recht gilt dies für sog. realobligatorische Forderungen: So kann etwa ein Sondernutzungsrecht mit realobligatorischem Charakter, das einem Eigentümer einer Stockwerkeigentumseinheit zusteht, unter Vorbehalt einer abweichenden Vereinbarung einem anderen Miteigentümer ohne Zustimmung der Stockwerkeigentümergemeinschaft übertragen werden (BGE 122 III 145 = Pra 1996, Nr. 238; vgl. auch KGer GR, 5.10.2009, ZF 08 84).

Davon zu unterscheiden sind Schadenersatzansprüche aus Eigentumsverletzung und Bereicherungsansprüche aufgrund der Veräusserung oder des Verbrauchs einer fremden Sache. Deren Abtretung ist zulässig und folgt den allgemeinen Regeln von Art. 164 ff. (vgl. VON TUHR/ESCHER, 351 Anm. 89; ZK-SPIRIG, N 15).

7 Auf die Übertragung einer Forderung, für die eine **Grundpfandverschreibung** errichtet ist, sind die Bestimmungen über die Zession anwendbar, da das ZGB die Übertragung nicht besonders regelt (vgl. Art. 174 OR und Art. 835 ZGB; BGE 88 II 422, 425 E. 2a; BGer, 19.3.2002, 5C.13/2002, E. 2a). Zur Übertragung der Grundpfandverschreibung als Neben-

recht der gesicherten Forderung s. Art. 170 N 8; zur Übertragung der Grundpfandverschreibung auf eine andere Forderung vgl. BGE 108 II 47, 50 E. 3, s.a. Art. 170 N 10a.

Die Übertragung eines **Kaufsrechts** an einem Grundstück wird grundsätzlich nach den Art. 164 ff. beurteilt. Sie bedarf jedoch der öffentlichen Beurkundung, sofern der Zessionar nicht schon den öffentlich beurkundeten Kaufsrechtsvertrag mitunterzeichnet hat (BGE 111 II 143, 147 f. E. 4c; OGer AR, SJZ 1974, 265, 266; OTT, ZBGR 1978, 286; s. aber N 33). **8**

Die Übertragung von Forderungen, die in einem **Wertpapier** verbrieft sind, beurteilt sich nach den besonderen Bestimmungen des Wertpapierrechts, soweit die Parteien nicht Übertragung durch Zession vereinbaren (s. Art. 967). Unverbriefte Inhaber- und Namenaktien werden dagegen nach den Regeln der Zession übertragen (BGer, 28.2.2013, 6B_528/2012, 6B_572/2012, E. 2.2.1 betr. Inhaberaktien; BGer, 2.10.2012, 4A_10/2012, E. 2.1.2 betr. Namenaktien). Zur Übertragung von entmaterialisierten Wertpapieren und -rechten vgl. Art. 973c Abs. 4 OR und Art. 24 BEG und deren Kommentierung in KUHN/GRAHAM-SIEGENTHALER/THÉVENOZ; zum diesbezüglichen internationalen Privatrecht vgl. Vor Art. 164–174 N 7. **9**

Erbrechtliche Forderungen sind grundsätzlich nach Art. 164 ff. abtretbar, nicht aber der Anspruch aus einem angefallenen Erbteil (Art. 635 Abs. 2 ZGB; s. N 28; Art. 174 N 1). **10**

Die Beschränkung auf Forderungen schliesst die Abtretung von **Teilforderungen** nicht aus, soweit der Leistungsinhalt der Forderung teilbar ist (BGer, 12.8.2010, 4A_125/2010, E. 2.2; BK-BECKER, N 9) und die Teilzession nicht als rechtsmissbräuchlich erscheint (BUCHER, AT, 572 f.; ZK-SPIRIG, N 32; WEHRLI, 7, je m.w.Nw.). Durch Teilzession entstehen zwei Forderungen, die unabhängig voneinander sind und verschiedene Schicksale haben können (BGer, 12.8.2010, 4A_125/2010, E. 2.2; s. zur Teilzession auch Art. 170 N 1 f.). Bei **Solidarschulden** kann der Gläubiger die gegen jeden Schuldner einzeln gerichteten Forderungen einzeln abtreten (vgl. BGer, 14.2.2011, 4A_599/2010, E. 4.2; BK-BECKER, N 9; ZK-SPIRIG, N 32; s.a. Art. 143 N 1). **11**

Von der Zession einer Forderung als Fall der Singularsukzession sind **rechtsgeschäftliche Universalübertragungen** des Gesellschaftsrechts zu unterscheiden (vgl. OGer ZH, SJZ 1948, 144 Nr. 46). **12**

Zur Übertragung eines ganzen Schuldverhältnisses durch **Vertrags- oder Geschäftsübernahme** s. N 4a; Art. 166 N 3. **13**

Eine **in Betreibung gesetzte Forderung** ist grundsätzlich abtretbar. Der Zessionar tritt dann in die betreibungsrechtliche Stellung des Zedenten ein und kann die Betreibung in dem Stadium, in das sie getreten war, in eigenem Namen fortsetzen (BGE 140 III 372, 376 E. 3.3.1; 78 II 265, 273 E. 2; GAUTHIER, SJ 1970, 386; s.a. N 55). Voraussetzung für die Teilnahme des Zessionars – in der Stellung des Zedenten – an einem Konkurs über den Schuldner ist jedoch, dass der Zedent seine Forderung im Konkurs auch angemeldet hat (OGer ZH, ZR 1980, 248, 251). Vgl. zum Übergang von Vorzugs- und Nebenrechten des Gläubigers im Pfändungs- und Konkursverfahren Art. 170 N 7–9. **14**

III. Übertragung durch Vertrag

Die Zession ist kein einseitiges Rechtsgeschäft, sondern ein **Vertrag zwischen Zedent und Zessionar**. So spricht auch Art. 165 Abs. 2 vom «Abtretungsvertrag». Auch wenn die Zession kein Schuldvertrag, sondern ein Verfügungsvertrag ist (s. N 16), kommen die in erster Linie für Schuldverträge geltenden allgemeinen Bestimmungen des OR über Verträge, wie etwa über **Antrag und Annahme** (Art. 3–9), zur Anwendung (VON TUHR/ESCHER, 330 f.). Daher kommt die Abtretung nicht schon mit der Ausstellung der Abtretungsurkunde und auch nicht ohne Weiteres mit deren Übergabe an den vorgesehenen Zessionar, sondern erst mit der Annahme durch diesen zustande. Meistens kann allerdings eine stillschweigende Annahme angenommen werden, soweit mit dem Antrag keine zusätzlichen Pflichten des Zessionars be- **15** gründet werden sollen (Art. 6; vgl. BGer, 2.10.2012, 4A_10/2012, E. 2.1.2; BGE 84 II 355, 363 E. 1; KGer SZ, SJZ 1990, 379, 382). Bei einem Antrag unter Abwesenden beginnen die Wirkungen der Abtretung daher im Allgemeinen im Zeitpunkt, in dem die schriftliche Erklärung des Zedenten dem Zessionar zugeht (Art. 10 Abs. 2). Wenn der Zessionar allerdings aufgrund des Verpflichtungsgeschäftes (s. N 16) mit der Abtretung rechnet oder gar darauf drängt und seine Zustimmung deshalb als antizipiert erteilt gelten kann, darf nach Treu und Glauben die Wirksamkeit der Abtretung bereits im Zeitpunkt der Versendung der Zessionsurkunde angenommen werden (Art. 10 Abs. 1; vgl. BGer, 21.10.2013, 4A_686/2012, E. 4.3; zum Ganzen BUCHER, AT, 547 f., 550 f.).

1. Verfügungsgeschäft

16 Die Zession ist kein Schuldvertrag, aus dem eine Forderung entsteht, sondern ein **Verfügungsgeschäft**, durch das eine Forderung vom Zedenten auf den Zessionar übergeht (VON TUHR/ESCHER, 330; BUCHER, AT, 536). Sie beruht wie grundsätzlich jedes Verfügungsgeschäft auf einem **Rechtsgrund (causa)**. Besteht der Rechtsgrund in einem schuldrechtlichen Vertrag (*pactum de cedendo*; z.B. Kauf, Schenkungsversprechen, Sicherungsvereinbarung oder Inkassoabrede) oder einem einseitigen Rechtsgeschäft (z.B. einem Vermächtnis), die den Gläubiger zur Abtretung der Forderung verpflichten, spricht man vom **Verpflichtungsgeschäft**. Anstelle eines Verpflichtungsgeschäftes kann auch eine gesetzliche Vorschrift (z.B. Art. 464 Abs. 2 betr. Abtretungsanspruch des Geschäftsherrn; Art. 775 Abs. 1 ZGB betr. Abtretungsanspruch des Nutzniessungsberechtigten) der Abtretung zugrunde liegen (vgl. zum Ganzen VON TUHR/ESCHER, 332; BUCHER, AT, 552 f.; vgl. auch BGer, 22.5.2012, 4A_604/2011, E. 4.2.2; BGE 118 II 142, 145 E. 1b). Aus dem Rechtsgrund (causa) ergibt sich der sachliche Anlass bzw. die Pflicht des Zedenten zur **Abtretung**, nämlich zur Abgabe der Abtretungserklärung, d.h. zur Ausstellung einer Zessionsurkunde, welche die Abtretungserklärung beurkundet, und zur Begebung der Urkunde an den Zessionar (BGer, 21.10.2013, 4A_686/2012, E. 4.2, m.w.Nw.). Verpflichtungs- und Verfügungsgeschäft fallen zwar häufig zeitlich zusammen. Sie können aber auch in solchen Fällen begrifflich getrennt werden (VON BÜREN, AT, 316 f.). Erfolgt der Übergang der Forderung nicht durch ein Verfügungsgeschäft, sondern von Gesetzes wegen, liegt eine Legalzession vor (s. Art. 166).

2. Verfügungsmacht

17 Da die Zession ein Verfügungsgeschäft ist (s. N 16), bedarf der Zedent der Verfügungsmacht über die abzutretende Forderung. Das bedeutet, dass nur der **Gläubiger** oder ein zur Verfügung über die Forderung bevollmächtigter **Stellvertreter** des Gläubigers zedieren kann. Mit der Abtretung verliert der Gläubiger die Verfügungsmacht und kann die Forderung deshalb nicht ein weiteres Mal abtreten (sog. Mehrfachzession; vgl. TC VS, RVJ 1996, 268, 269 E. 6a; OGer LU, LGVE 1987, 24 E. 6; VON TUHR/ESCHER, 338). Für die Priorität zwischen mehreren Abtretungen derselben Forderung ist daher die zeitliche Reihenfolge des Zustandekommens der Abtretungsverträge (s. N 15) entscheidend (vgl. zur Mehrfachzession auch Art. 167 N 3; Art. 169 N 8). Ebenso kann der Gläubiger seine Forderung nicht mehr abtreten, wenn ihm die Verfügungsmacht entzogen worden ist (z.B. dem Gemeinschuldner im Konkurs oder dem Erben bei angeordneter Erbschaftsverwaltung). Tritt der Gläubiger die Forderung trotz **fehlender Verfügungsmacht** ab, so ist die Zession unwirksam (BGer, 7.2.2002, 4C.277/2002, E. 3.2; s.a. N 46a). Eine solche Abtretung kann immerhin durch Genehmigung durch den wahren Verfügungsberechtigten oder durch Konvaleszenz (z.B. durch nachträglichen Erwerb der Forderung durch den Zedenten) wirksam werden (vgl. BGE 41 II 37, 48 ff. E. 2; VON TUHR/ESCHER, 331; VON BÜREN, AT, 317).

18 Durch die Begründung von **Sicherungsrechten an einer Forderung** (z.B. von Pfand- oder Nutzniessungsrechten) wird dem Gläubiger die Macht zur Abtretung der Forderung nicht entzogen. Solche Sicherungsrechte gehen grundsätzlich mit der Forderung über, da die Forderung durch die Abtretung qualitativ nicht verändert wird (Grundsatz der Identität, s. N 46a). Auch die früher umstrittene Frage, ob die Abtretung einer **gepfändeten Forderung** wirksam sei, wird heute einhellig bejaht. Denn durch die Abtretung wird weder die Stellung des Schuldners verschlechtert noch werden die Rechte des Pfändungsgläubigers beeinträchtigt (vgl. Art. 96 Abs. 2 SchKG; BUCHER, AT, 548 bei Anm. 51; w.Nw. bei VON TUHR/ESCHER, 331 Anm. 20). Dagegen ist die Zession durch einen **im Konkurs befindlichen Zedenten** unwirksam, weil der Konkurs die Verfügungsmacht des Zedenten aufhebt (vgl. Art. 204 Abs. 1 SchKG; BGE 111 III 73, 75 E. 2; VON BÜREN, AT, 317; eingehend zur Rechtslage im Konkurs des [Sicherungs-]Zedenten REETZ, Habil., 305 ff.). Vgl. zum Konkurs des Zedenten nach einer Vorausabtretung, aber vor Entstehung der Forderung N 47 f.

Die Zession muss im Namen des Gläubigers oder, bei mehreren Gläubigern, in deren Namen erfolgen. Fehlt eine Namensbezeichnung, so muss der **Gläubiger zumindest bestimmbar** sein, weil die Forderung durch die Person des Gläubigers individualisiert wird (VON TUHR/ESCHER, 331). **19**

3. Gültigkeit der Zession

Die Gültigkeit der Zession als ein Verfügungsgeschäft beurteilt sich nach den **allgemeinen für Verträge geltenden Grundsätzen**. So finden etwa die Bestimmungen über die Handlungsfähigkeit (Art. 12 ff. ZGB), über die Nichtigkeit infolge Unmöglichkeit, Widerrechtlichkeit oder Sittenwidrigkeit (Art. 19, 20 OR, Art. 27 ZGB; vgl. z.B. TC VD, JdT 1994 II, 124, 126) sowie über die Anfechtbarkeit infolge Willensmängel (Art. 21, 23 ff. OR) auf die Zession Anwendung, ebenso die Grundsätze des Selbstkontrahierens (vgl. BGer, 22.5.2012, 4A_604/2011, E. 4.3). Die unwirksame Abtretung durch einen Handlungsunfähigen (z.B. durch einen Unmündigen) wird durch den nachträglichen Eintritt der Handlungsfähigkeit nicht geheilt. Es bedarf einer neuen Zession nach Eintreten der Handlungsfähigkeit (VON BÜREN, AT, 317; s.a. N 51). Eine Inkassozession (s. N 44), welche die Umgehung eines mit dem Schuldner vorgängig vereinbarten Forderungsverzichts bezweckt, ist ein nichtiges Umgehungsgeschäft (BGer, 2.6.2005, 4C.85/2005, E. 2.4, Besprechung durch ARROYO, Jusletter 2005). **20**

Die Anfechtbarkeit nach Art. 285 ff. SchKG bewirkt nicht die Ungültigkeit der Zession. Eine Gutheissung der Anfechtungsklage hat einzig zur Folge, dass der bevorzugte Gläubiger die Vermögenswerte zur Verwertung in die Masse einbringen muss. Sie ändert aber nichts an der zivilrechtlichen Gültigkeit des angefochtenen Rechtsgeschäftes; dessen zivilrechtliche Wirkungen sind lediglich betreibungsrechtlich unbeachtlich (BGer, 31.3.2009, 4A_502/2008, E. 3.2; BGE 134 III 52, 57 E. 1.3.3). Auch Konkurs- und Betreibungsdelikte nach Art. 163–171bis StGB berühren die zivilrechtliche Gültigkeit einer Abtretung nicht (BGer, 14.1.2008, 4A_415/2007, E. 3.2; BGE 134 III 52, 54 ff. E. 1). **20a**

Ein **Austauschverhältnis** (Synallagma) ist für die Gültigkeit der Zession als Verfügungsgeschäft (s. N 16) **nicht erforderlich** (BGE 102 II 420, 426 E. 4). **21**

4. Abstraktheit oder Kausalität?

Es stellt sich die Frage, ob die Zession kausaler oder abstrakter Natur ist. Bei Annahme der **Kausalität** hängt die Gültigkeit der Abtretung davon ab, ob der von den Parteien vereinbarte Rechtsgrund vorliegt, gültig ist oder sich verwirklicht, d.h. insb. ob das der Abtretung zugrunde liegende Verpflichtungsgeschäft gültig ist. Bei Annahme der **Abstraktheit** hingegen ist die Abtretung gültig, auch wenn der von den Parteien vereinbarte Rechtsgrund nicht vorliegt, ungültig ist oder sich nicht verwirklicht, d.h. insb. auch wenn das der Abtretung zugrunde liegende Verpflichtungsgeschäft ungültig ist. Zum Rechtsgrund der Abtretung s. N 16. **22**

23 Das **BGer** hat sich früher für Abstraktheit ausgesprochen (BGE 71 II 167, 169 f. E. 2 f.; 67 II 123, 127 f. E. 4, m.w.Nw. auf frühere Rsp.), in neuerer Zeit die Frage aber wieder **offen gelassen** (BGer, 5.8.2013, 4A_191/2013, E. 4; BGE 84 II 355, 363 f. E. 1; 95 II 109, 112 E. 2b; für Kausalität KGer SG, 29.8.2011, BO.2011.11, E. III.3c). In der Lehre ist die Frage umstritten (Überblick bei CR CO I-Probst, N 6; von der Crone, SJZ 1997, 249). Neuerdings haben sich Stimmen gemehrt, die in Anlehnung an das praktisch unbestrittene Kausalitätsprinzip im Sachenrecht zumindest teilweise Kausalität fordern (ZK-Spirig, Vor Art. 164–174 N 82 ff., 107; Gauch/Schluep/Schmid/Emmenegger, N 3519 ff.; Meier-Hayoz/von der Crone, § 2 N 13 ff., 31 [anders noch die Voraufl., § 2 N 6 ff.]; Wehrli, 28 f.; Hinweise auf ältere Meinungen bei Bucher, AT, 554 Anm. 74; rechtsvergleichend Dutoit, 460 ff.). Dagegen wird u.E. mit guten Gründen angeführt, dass eine Analogie zum sachenrechtlichen Kausalitätsprinzip wegen des weitgehend fehlenden Gutglaubensschutzes im Zessionsrecht (zur Ausnahme gem. Art. 164 Abs. 2 s. N 57 ff.) nicht möglich sei (so noch die erste Auflage von Meier-Hayoz/von der Crone, § 2 N 20, 24 ff.; BK-Zobl, Systematischer Teil, N 1580, je m.w.Nw.; Kummer, Diss., 130 ff.). Immerhin räumen auch gewichtige Vertreter der Kausalität ein, es gehe nicht an, dass der Schuldner sich auf Mängel des Verpflichtungsgeschäftes zwischen Zedent und Zessionar berufen könne (vgl. die Nachweise bei Bucher, AT, 556 Anm. 80). Der Unterschied zwischen den beiden Theorien beschränkt sich vor allem auf die folgenden Fragen:

- ob der Zedent bei Ungültigkeit des Verpflichtungsgeschäftes und mängelfreiem Verfügungsgeschäft Gläubiger bleibt (so bei Kausalität) oder nicht (so bei Abstraktheit);
- ob die Ungültigkeit des Verpflichtungsgeschäftes automatisch den «Rückfall» der Forderung an den Zedenten bewirkt (so bei Kausalität) oder ob eine bereicherungsrechtliche Rückzession erfolgen muss (so bei Abstraktheit);
- ob der an den Zessionar leistende Schuldner, der vom mängelfreien Verfügungsgeschäft Kenntnis hat, auch dann befreit ist, wenn das Verpflichtungsgeschäft ungültig ist (so bei Abstraktheit) oder nicht (so bei Kausalität);
- ob der Schuldner seine Leistung unter Berufung auf ein ungültiges Verpflichtungsgeschäft verweigern kann (so bei Kausalität) oder nicht (so bei Abstraktheit). Diese Frage hat vor allem bei Kettenzessionen Bedeutung (s. Art. 167 N 3).

24 Ein wesentlicher Nachteil der **Abstraktheit** besteht darin, dass im Falle der Ungültigkeit des Verpflichtungsgeschäftes dem Zedenten nur die bereicherungsrechtlichen Behelfe zur Verfügung stehen, um ein wirtschaftlich unbefriedigendes Ergebnis zu korrigieren: Er muss gestützt auf Art. 62 ff. vom Zessionar die Rückübertragung fordern. Zudem verjährt dieser Anspruch gem. Art. 67 Abs. 1 ein Jahr nach Kenntnis der Bereicherung (für eine korrigierende Auslegung des Beginns des Fristenlaufs s. Bucher, AT, 558).

25 Die **Kausalität** der Zession andererseits würde zu Ergebnissen führen, die – zumindest im Aussenverhältnis – mit zwei Hauptzwecken des Zessionsrechts, dem Schuldnerschutz und der Mobilität von Forderungen (s. Art. 165 N 1; Vor Art. 167–169; Art. 167 N 1), **nicht vereinbar** wären. Der grundsätzlich fehlende Gutglaubensschutz des Zessionsrechts sollte u.E. zumindest teilweise ausgeglichen werden, was durch **Befürwortung des Grundsatzes der Abstraktheit der Zession** am besten erreicht werden kann (ebenso Walter, 61 ff., insb. 63 f.; Schwenzer, N 90.08; Honsell, 367 ff., 370; Kummer, Diss., 128 ff.; vgl. auch OGer ZH, ZR 1988, 305, 306 f.).

25a Eine ähnliche Lösung böte – bei Geltung des Prinzips der Kausalität – die sog. **Sonderverbindungstheorie**, ein Anwendungsfall der culpa in contrahendo, für den Fall eines mangelhaften Verpflichtungsgeschäftes (vgl. von der Crone, SJZ 1997, 253 ff.). Die Folge des Vertrauenstatbestandes zwischen Zedent und Zessionar soll darin bestehen, dass – ausgehend vom Prinzip der Kausalität – die Übertragung der Forderung trotz eines Mangels im Verpflichtungsgeschäftes gültig ist, wenn (wovon auszugehen ist) der Zessionar auf diese Gültigkeit vertraut hat. Der Zessionar könnte seine Gegenleistung nur auf dem Weg der Kondiktion zurückfordern, und auch der Zedent müsste die zedierte Forderung über das Bereicherungsrecht zurückverlangen (krit. demgegenüber SPIRIG, SJZ 2000, 9). Dagegen ist einzuwenden, dass eine solche Konstruktion bei Anerkennung des Prinzips der Abstraktheit nicht nötig ist, nicht alle Mängel des Kausalitätsprinzips zu beheben vermag und ausserdem die in der Schweiz nur beschränkt akzeptierte Vertrauenshaftung ohne Not ausweitet.

Den Parteien des Zessionsvertrages bleibt es unbenommen, die Gültigkeit des Verfügungsgeschäftes vertraglich an die **Bedingung** zu knüpfen, dass der von ihnen vereinbarte Rechtsgrund wirklich vorliegt oder eintritt (VON TUHR/ESCHER, 334), d.h. dass das der Abtretung zugrunde liegende **Verpflichtungsgeschäft gültig** zustande gekommen ist (BGer, 5.8.2013, 4A_191/2013, E. 4; BGE 67 II 123, 127 f. E. 4). Wenn auch keine Vermutung besteht, dass eine solche Bedingung vereinbart worden ist, so wird doch, je nach den Umständen des Falles, oft eine stillschweigende Vereinbarung dieses Inhaltes anzunehmen sein (vgl. BUCHER, AT, 558 Anm. 89). In einem solchen Fall muss allerdings Art. 164 Abs. 2 analoge Anwendung finden: Die Bedingtheit der Abtretung ist gegenüber Dritten, die im Vertrauen auf die Abtretungsurkunde Rechte erworben haben, nur wirksam, wenn sie in der Zessionsurkunde sichtbar gemacht worden ist (gl.A. BUCHER, AT, 558; CR CO I-PROBST, N 7). 26

IV. Unabtretbare Forderungen

Das OR nennt **drei Ausnahmen** von der Abtretbarkeit von Forderungen: 27
1. Gesetz (s. N 28 ff.);
2. Vereinbarung (s. N 32);
3. Natur des Rechtsverhältnisses (s. N 33 ff.).

1. Ausschluss der Abtretung kraft Gesetzes

Namentlich die folgenden Ansprüche können **aufgrund einer Gesetzesvorschrift** nicht abgetreten werden (eingehend ZK-SPIRIG, N 115–145): 28
- *Künftige Lohnforderungen, soweit* sie *nicht pfändbar* sind. Zudem können sie nur zur Sicherung familienrechtlicher Unterhalts- und Unterstützungspflichten abgetreten werden (Art. 325 Abs. 1; BGE 95 III 9, 12 E. 1; MANG, 52 ff.; BUCHER, recht 1991, 112; zur Frage der Abtretbarkeit künftiger Forderungen im Allgemeinen s. N 36 ff.). Im Übrigen ist die Abtretbarkeit, im Gegensatz etwa zum deutschen Recht (§ 400 BGB), nicht auf pfändbare Forderungen beschränkt (vgl. BGE 78 III 111, 113 = Pra 1952, Nr. 149; BGE 63 II 157, 158; 40 II 622, 627 f. E. 4);
- Forderungen des Arbeitgebers auf Leistung der versprochenen Arbeit (Art. 333 Abs. 4, mit den dort genannten Ausnahmen);
- *Ansprüche des Entlehners, des Mieters und des Pächters auf Gebrauch der Sache* (Art. 306 Abs. 2, Art. 263 und Art. 292, mit den dort genannten Einschränkungen zugunsten des Mieters bzw. Pächters);
- der Anspruch des Pfründers (Art. 529 Abs. 1);
- *Ansprüche aufgrund der Stellung als Erbe* (Art. 635 Abs. 2 ZGB; vgl. BGE 101 II 47, 52 f. E. 1 = Pra 1975, Nr. 179; 87 II 218, 225 f. E. 1c f.; 84 II 355, 367 E. 3);
- *das (dingliche) Wohnrecht* (Art. 776 Abs. 2 ZGB);
- Ansprüche auf Leistung aus Sozialversicherungen (Art. 22 Abs. 1 ATSG); Nachzahlungen können jedoch dem Arbeitgeber, der Fürsorge oder einer Versicherung abgetreten werden, soweit diese eine Vorleistung erbracht haben (Art. 22 Abs. 2 ATSG; BGE 135 V 2, 8 E. 5.3, 6.1).

Zu den Genugtuungsforderungen s. N 33.

Das **öffentliche** Recht des Bundes und der Kantone kennt weitere **Abtretungsbeschränkungen**. Kantonalrechtliche Beschränkungen sind nur zulässig, soweit sie das Bundesrecht nicht 29 vereiteln (vgl. BGE 85 I 17, 30 f. E. 13h; 56 III 193, 194 f.; weitere Nachweise bei ZK-Spirig, N 142–145).

30 Die Zulässigkeit der **Abtretung von öffentlich-rechtlichen Ansprüchen** beurteilt sich nach dem öffentlichen Recht, wobei das OR analoge Anwendung finden kann (vgl. BGE 111 Ib 150, 155 f. E. 1d, m.w.Nw.; s.a. ZK-Spirig, N 182).

31 Unwirksam sind Zessionen, die der **Umgehung einer gesetzlichen Abtretungsbeschränkung** dienen. Ob eine solche Umgehung vorliegt, ergibt sich aus dem Zweck des entsprechenden Gesetzes, etwa eines kantonalen Anwaltsgesetzes (BGE 87 II 203, 206 f. E. 2b; HGer ZH, ZR 1998, 99, 103; OGer ZH, ZR 1994, 65, 66, m.w.Nw.) oder eines Staatsvertrages (BGE 58 II 162, 165 ff. E. 2; zur Abtretung einer Prozessentschädigung an den Rechtsanwalt im Verhältnis Schweiz-Liechtenstein vgl. Justizkommission Zug, 22.12.1992, ZG GVP 1991, 163 ff.). Auch eine fiduziarische Abtretung (s. N 44 f.) kann nach der Rsp. des BGer wegen Gesetzesumgehung nichtig sein. So fand das BGer, dass die fiduziarische Abtretung einer Forderung nichtig sei, wenn sie gegen den in der Nachlassliquidation (Art. 317 ff. SchKG) geltenden Grundsatz der Gleichbehandlung aller Gläubiger verstosse (BGE 123 III 60 = Pra 1997, Nr. 107).

2. Ausschluss der Abtretung durch Vereinbarung

32 Art. 164 Abs. 1 erlaubt einem *Schuldner und* seinem *Gläubiger*, die Abtretbarkeit einer Forderung vertraglich auszuschliessen (sog. **«pactum de non cedendo»**). Dieser Ausschluss der Abtretung kann in Form eines besonderen Vertrages oder als Klausel eines Vertrages, ausdrücklich oder stillschweigend vereinbart werden. Die Vereinbarung kann grundsätzlich vor oder nach der Begründung der nicht abzutretenden Forderung getroffen werden, bei der Abtretung künftiger Forderungen jedoch nur vor Entstehung der Forderung (s. BGE 112 II 241, 243 f. E. 2a; OGer ZH, ZR 1980, 312; N 36 ff., insb. 39, 47 ff.). Die Abtretbarkeit einer Forderung kann dabei ganz ausgeschlossen oder auch nur teilweise eingeschränkt werden (z.B. Ausschluss der Zession während einer bestimmten Zeit oder der Zession an bestimmte Personen; vgl. von Tuhr/Escher, 347; BGer, 4.2.2010, 4A_423/2009, E. 7.1). Das Abtretungsverbot kann mit Einverständnis des Schuldners aufgehoben werden (vgl. von Büren, AT, 325; HGer ZH, 1.3.2012, HG100147, E. 6.2 f.).

Die vertragliche Beschränkung der Abtretbarkeit ist nach geltendem Schweizer Recht **Dritten gegenüber** grundsätzlich **wirksam**, insb. auch gegenüber dem vermeintlichen Zessionar (eingehend zum Ganzen ZK-Spirig, N 146–159). Zur Ausnahme gem. Art. 164 Abs. 2 s. N 57 ff. Im Einzelfall kann ein grundsätzlich wirksames Abtretungsverbot infolge Rechtsmissbrauchs unwirksam werden (vgl. z.B. BGer, 3.9.2002, 4C.129/2002, E. 1).

Zu den Regelungen in anderen europäischen Staaten und zu europäischen Vereinheitlichungsbestrebungen s. Bauer, 32 ff., 332 ff.; Goergen, 28 ff.; Müller-Chen, FS Schlechtriem, 910 ff.; Rudolf, 263 ff.; Schütze, 163 ff.; Girsberger/Hermann, FS Schwander, 325–335. Im internationalen Handelsrecht werden die Wirkungen vertraglicher Abtretungsverbote tendenziell eingeschränkt. Sowohl moderne Rechtsordnungen, wie namentlich in den USA und Kanada, als auch die neueren einheitsrechtlichen Instrumente gehen von der Unwirksamkeit vertraglicher Abtretungsverbote gegenüber Dritten aus. Dieser Umstand macht eine restriktive Auslegung von Art. 164 Abs. 1 zumindest für grenzüberschreitende, dem schweizerischen Recht unterstehende Rechtsverhältnisse sinnvoll. Im Übrigen ist im Einzelfall zu prüfen, ob das Abtretungsverbot nicht gegen die wirtschaftliche Dispositionsfreiheit des Gläubigers und damit gegen Art. 27 Abs. 2 ZGB verstösst (so Schwenzer, N 90.24).

Art. 164 des Entwurfs für einen neuen allgemeinen Teil des OR (**«OR 2020»**, s. Vor Art. 164–174 N 11–13) *sieht vor, dass die Abtretung* unabhängig davon gültig ist, ob der Gläubiger und der Schuldner die Abtretung ausgeschlossen oder von bestimmten Voraussetzungen abhängig gemacht haben (Abs. 1). Vorbehalten bleiben Schadenersatzansprüche des Schuldners gegen den Gläubiger (Abs. 2). Damit werden die Wirkungen des vertraglichen Abtretungsverbots auf das schuldrechtliche Verhältnis zwischen Schuldner und Zedent beschränkt. Eine abredewidrige Abtretung kann demnach allein Ersatzansprüche des Schuldners gegenüber dem Zedenten auslösen. Die Forderung bleibt trotz Vereinbarung eines pactum de non cedendo verkehrsfähig, was den Tendenzen im ausländischen und internationalen Schuldrecht entspricht (zu den rechtspolitischen Gründen für diese Lösung s. GIRSBERGER/HERMANN, OR 2020, Art. 164 N 6–13; DIES., FS Schwander, 335 ff.).

Auch *zwischen Zedent und Zessionar* kann vereinbart werden, dass die Forderung nicht weiter abgetreten werden darf. Obwohl ein solches Abtretungsverbot ebenfalls dem Schutz des debitor cessus dienen kann, hat es nur **obligatorische Wirkung** zwischen Zedent und Zessionar. Durch eine abredewidrige Weiterzession wird der Erstzessionar gegenüber dem Erstzedenten folglich gegebenenfalls schadenersatzpflichtig; die Abtretung selber ist aber trotz Verletzung des pactum de non cedendo wirksam (vgl. BUCHER, AT, 541 Anm. 20; KELLER/SCHÖBI, IV, 59). Die rein obligatorische Wirkung des zwischen Zedent und Zessionar abgeschlossenen pactum de non cedendo dient somit der Verkehrsfähigkeit von Forderungen. Der Grund für die unterschiedliche Wirksamkeit der abredewidrigen Abtretung je nachdem, ob das Abtretungsverbot zwischen dem debitor cessus und dem Zedenten oder zwischen dem Zedenten und dem Zessionar vereinbart worden ist, liegt darin, dass der debitor cessus im letzteren Fall nicht Partei dieser Vereinbarung ist. Der Schuldner hat jedoch stets die Möglichkeit durch Vereinbarung eines Abtretungsverbots mit dem jeweiligen Gläubiger, sei es mit dem Zedenten oder dem Zessionar, einen umfassenden Schutz zu erreichen (vgl. N 32). Unterlässt er dies, verdient nicht er, sondern der Zweitzessionar Schutz. 32a

3. Ausschluss der Abtretung infolge «Natur des Rechtsverhältnisses»

Aufgrund der **«Natur des Rechtsverhältnisses»** nicht abtretbar sind Forderungen, wenn die Leistung an einen anderen als den ursprünglichen Gläubiger nicht ohne Veränderung ihres Inhaltes erfolgen kann (vgl. § 399 BGB; BGE 63 II 157, 158; OGer LU, LGVE 1993, 9); wenn der Zweck der Forderung durch die Abtretung gefährdet oder vereitelt würde (vgl. BGE 115 II 264, 266 E. 3b; BGE 109 II 445 = Pra 1984, Nr. 80); wenn die Auswechslung des Gläubigers die Stellung des Schuldners in beachtlichem Umfang erschweren würde (vgl. BGE 109 II 445 = Pra 1984, Nr. 80; CR CO I-PROBST, N 36, m.w.Nw.) oder wenn es sich sonst um höchstpersönliche Rechte handelt (BGE 122 III 145, 149 E. 4c; 63 II 157, 158; CR CO I-PROBST, N 37; vgl. zum Ganzen BGE 135 V 2, 9 E. 6.1). Unter einer dieser Voraussetzungen sind namentlich folgende Ansprüche im Allgemeinen **nicht abtretbar**: 33

- *persönliche Unterhaltsansprüche* (Art. 125, 276 ZGB, vgl. BGE 107 II 465, 474 f. E. 6b und die dort genannte Ausnahme; OGer ZH, 27.4.2012, RT110084, E. 4c) *sowie Ansprüche auf Beiträge an die eheliche Gemeinschaft* (Art. 163, 173 Abs. 1 ZGB; vgl. BGE 39 I 259, 261 f. E. 2; OGer LU, LGVE 1989, 67; SchKK TI, SJZ 1925/26, 120 Nr. 97);
- *Ansprüche aus Vorverträgen*, wenn die Abtretung den Inhalt der daraus entspringenden Forderung verändern würde (vgl. BGE 84 II 13, 20 ff. E. 3; ZK-SPIRIG, N 177);
- nach der Rsp. des BGer und einem Teil der Lehre auch *Genugtuungsforderungen* gem. Art. 47 und 49, allerdings nur soweit sie nicht bereits durch Gerichtsurteil, Anerkennung oder Vergleich festgesetzt sind (BGE 95 II 481, 503 E. 13; 81 II 385, 389 f. E. 2; 63 II 157, 158 f.; 41 II 336, 338 ff. E. 2). Demgegenüber gehen neuere Lehrmeinungen von einer grundsätzlichen Abtretbarkeit aus, da es sich um Vermögensansprüche handelt, was allerdings voraussetzt, dass die Ansprüche vom Verletzten in irgendeiner Weise geltend gemacht worden sind (vgl. SCHWENZER, N 90.25; CR CO I-PROBST, N 30). U.E. geht diese Ansicht zu weit, weil es dieser zufolge ausschliesslich in den Händen des Verletzten/Berechtigten läge, über die Abtretbarkeit zu entscheiden. Da die Zusprechung einer Genugtuungsforderung eine Frage des Ermessens ist, kann die Forderung erst genügend bestimmbar und damit abtretbar sein, wenn sie in irgendeiner Form «anerkannt» ist;

- die Forderung auf Befreiung von einer Verbindlichkeit (vgl. VON TUHR/ESCHER, 344 Anm. 18);
- *Ansprüche aus Kaufs-, Vorkaufs- und Rückkaufsrecht*, es sei denn, die Parteien vereinbaren deren Abtretbarkeit (vgl. BGE 111 II 143, 144 f. E. 3; 94 II 274, 279 f. E. 3, je m.w.Nw.; VON TUHR/ESCHER, 344 Anm. 18b, 345 Anm. 19; ZK-SPIRIG, N 178);
- *vertragliche Optionsrechte an Aktien*; sie können nur dann durch Abtretung übertragen werden, wenn sie als abtretbar begründet worden sind oder der Verpflichtete sich nachträglich mit der Abtretung einverstanden erklärt (BÖCKLI/MORSCHER, SZW 1997, 56);
- *die Forderung auf Einhaltung eines Konkurrenzverbotes* (vgl. BGE 54 II 460, 462 f. E. 2; CJ GE, SJZ 1924/25, 305, Nr. 252; HGer ZH, ZR 1946, 186; VON TUHR/ESCHER, 345 bei Anm. 23; s. Art. 170 N 8), sofern nicht gleichzeitig das Geschäft des Berechtigten übertragen wird;
- ein *einzelner Posten des Kontokorrentvertrages*, unter Vorbehalt gegenteiliger Vereinbarung (vgl. BGE 50 II 150, 156 f. E. 6b), sowie im Allgemeinen die Forderungen aus einem Krediteröffnungsvertrag (ZK-SPIRIG, N 181; BAECHLER, SJZ 1981, 38 ff.);
- der Anspruch des Auftraggebers auf Ausführung des Auftrages;
- der Anspruch auf Rechenschaftsablegung gem. Art. 400 sowie das Einsichtsrecht des Gesellschafters in die Geschäftsdokumente (Art. 541; vgl. aber VON TUHR/ESCHER, 345 betr. Art. 322a);
- *nicht die Honorarforderung eines Rechtsanwaltes* (die Abtretung kann allenfalls zu einer Verletzung des Berufsgeheimnisses nach Art. 13 BGFA führen, was jedoch nicht die zivilrechtlichen Unwirksamkeit der Abtretung bewirkt, vgl. dazu OGer ZH, ZR 1959, 309; BK-GAUTSCHI, Art. 402 OR N 28a);
- *nicht Forderungen auf Leistung an einen Dritten* (vgl. VON TUHR/ESCHER, 345 bei Anm. 26).

34 Zur *Beschränkung der Abtretbarkeit von Forderungen aus vinkulierten Namenaktien* vgl. Art. 685 ff; BGE 109 II 43, 44 E. 1; 90 II 164, 178 f. E. 6.

35 Zur Frage, ob und in welchem Umfang der *Befreiungsanspruch des Versicherten gegen die Versicherung* abtretbar ist, vgl. BGE 115 II 264, 265 ff. E. 3; HGer ZH, 1.3.2012, HG100147, E. 6.

V. Zession künftiger und bedingter Forderungen

36 Das OR schliesst die Zession von Forderungen nicht aus, die erst nach ihrer Abtretung entstehen (**«künftige Forderungen»**; vgl. ZK-SPIRIG, N 39–46; VON TUHR/ESCHER 349, m.w.Nw. in Anm. 68) oder deren Entstehung, Fälligkeit oder Bestand von einer aufschiebenden oder auflösenden Bedingung abhängt (**«bedingte Forderungen»**; vgl. BGer, 26.6.2007, 4A_96/2007, E. 3.5; BGE 84 II 355, 363 E. 1; ZK-SPIRIG, N 35–37). Ebenso können befristete Forderungen abgetreten werden. Spezifische Gültigkeitsvoraussetzung der Abtretung solcher Forderungen ist die **Bestimmbarkeit** der abgetretenen Forderung. Bestimmbarkeit ist gegeben, wenn aus dem Rechtsverhältnis zwischen Zedent und Zessionar die notwendigen Elemente (**Person des Schuldners, Rechtsgrund** und **Inhalt** bzw. **Höhe der Forderung**) hervorgehen, welche die Feststellung ermöglichen, ob die Forderung von der Abtretung erfasst ist (BGer, 19.2.2013, 4A_616/2012, E. 5.1; BGE 135 V 2, 9 E. 6.1.2; 113 II 163, 165 E. 2a; 84 II 355, 366 E. 3; zustimmend HOMBURGER, SAG 1988, 157 f.; MERZ, ZBJV 1989, 211 ff.; ZOBL, SJZ 1989, 352 ff.; REETZ, Habil., 253 ff., m.w.Nw.). Massgebender Zeitpunkt für die Bestimmbarkeit einer abgetretenen zukünftigen Forderung ist der (künftige) **Zeitpunkt der Entstehung der Forderung** und nicht derjenige der Abgabe der Abtretungserklärung. Diese hat lediglich die *Elemente* (Person des Schuldners, Rechtsgrund und Inhalt bzw. Höhe der Forderung) aufzuweisen, welche die Bestimmung der Forderung im Zeitpunkt derer Entstehung ermöglichen (BGE 135 V 2, 9 E. 6.1.2; 113 II 163, 165 f. E. 2b). Die Abtretung künftiger Forderungen ist unter diesen Voraussetzungen auch dann zulässig, wenn im Zeitpunkt der Abtretung noch keine Rechtsbeziehungen zwischen dem Zedenten und dem Drittschuldner bestehen (vgl. BGE 57 II 537, 539; krit. Dietsche, SJZ 1997, 339 f.). Allerdings wird bei der Abtretung künftiger oder bedingter Forderungen das Formerfordernis nach der Rsp. des BGer streng gehandhabt (vgl. BGE 122 III 361, 367 f. E. 4c: In diesem Fall lag der Zession eine schriftliche Erklärung zugrunde, nach der «[...] *sämtliche Ansprüche, die die Zedentin [...] besitzt*», abgetreten werden. Das BGer kam zum nachvollziehbaren Schluss, dass diese Formulierung künftige, erst entstehende Forderungen nicht einschliesse, weil der Wille der Parteien, auch zukünftige Forderungen zu übertragen, für einen Dritten aus der Urkunde nicht ersichtlich sei). Zur Frage der Wirkungen der Abtretung künftiger und bedingter Forderungen, wenn über den Zedenten der Konkurs eröffnet ist, s. N 47 f.

Eine **Schranke** bildet **Art. 27 ZGB**, wonach die Verpflichtung nicht so weit gehen darf, dass der Zedent sich in sittenwidrigem Umfang seiner wirtschaftlichen Freiheit beraubt (vgl. BGE 113 II 163, 165 E. 2a; 112 II 433, 434 f. E. 2; 112 II 241, 243 E. 2a; 106 II 369, 377 ff. E. 4 = Pra 1981, Nr. 89; BGE 84 II 355, 366 f. E. 3; 69 II 286, 290 ff. E. 2; BK-Zobl, Systematischer Teil, N 1676 ff.; vgl. auch die Kritik bei BK-Bucher, Art. 27 ZGB N 139 ff., der das Konzept der Abtretbarkeit künftiger Forderungen ablehnt, da über künftige Rechte nicht im Voraus mit sofortiger Wirkung verfügt werden könne). Der Zedent begibt sich seiner wirtschaftlichen Bewegungsfreiheit bspw. durch eine zeitlich und gegenständlich unbeschränkte Verpflichtung zur Abtretung aller gegenwärtigen und künftigen Forderungen (BGE 112 II 433, 436, E. 3, m.w.Nw.; s.a. N 43). **37**

Eine **Ausnahme** hinsichtlich der generellen Abtretbarkeit künftiger Forderungen besteht für **Lohnforderungen**, die nur zur Sicherung familienrechtlicher Verpflichtungen abgetreten werden können und dies auch nur, soweit sie pfändbar sind, d.h. soweit die Abtretung nicht in den betreibungsrechtlichen Notbedarf eingreift (**Art. 325**; vgl. BGE 107 III 75, 77 E. 2; eingehend Wehrli, 102 ff.; s. N 28). Die Abtretbarkeit ist ausserdem auf den Zeitraum der Pfändbarkeit, d.h. für die Dauer eines Jahres (Art. 93 Abs. 2 SchKG), beschränkt (vgl. BK-Rehbinder/Stöckli, Art. 325 N 14; offen gelassen in BGE 114 III 26, 29 E. 1b i.f.). **38**

Vereinbart der Zedent, nachdem er die Abtretung versprochen hat, aber bevor er über den Lohn verfügen kann, mit dem Arbeitgeber ein **Zessionsverbot künftiger Lohnforderungen**, so wird die Zession nach bundesgerichtlicher Rsp. dem Lohnschuldner gegenüber wirkungslos, es sei denn, der Lohnschuldner habe vor der Entstehung seiner Schuld von der Zession Kenntnis oder nach Entstehung der Lohnschuld der Abtretung zugestimmt (BGE 112 II 241, 243 f. E. 2a; BK-Rehbinder/Stöckli, Art. 325 N 11). Diese Problematik hat seit der Revision des Art. 325, wonach Lohnforderungen nur noch zur Sicherung familienrechtlicher Verpflichtungen abgetreten werden können, an Bedeutung verloren. **39**

VI. Globalzession, insbesondere Sicherungszession und Factoring

Bei den im modernen Geschäftsverkehr verbreiteten **Globalzessionen** überträgt eine Partei eine unbestimmte Vielzahl von Forderungen, sei es zur Sicherung eines Kredits (**Sicherungszession**, vgl. BK-Zobl, Systematischer Teil, N 1659 ff.; Reetz, Habil., 244 ff.; Klein, 207 ff.; Hartmann, IWIR 2003, 101 ff.; s.a. N 44) oder sei es zur Einziehung der Forderungsbeträge durch einen sog. Factor (**Factoring**, vgl. Einl. vor Art. 184 ff. N 93 ff.; Fässler, 5 ff.; Engel, contrats, 736 ff.; Rey, Factoringvertrag, 289 ff.; Müller-Chen, BJM 1999, 177 ff.; rechtsvergleichend Diehl-Leistner, 17 ff.). Die Globalzession ist auch für die **Securitisation** von Bedeutung, eine Form der forderungsgestützten Unternehmensfinanzierung, bei der Aktiven eines Unternehmens, die Gelderträge abwerfen, in einem sog. Pool zusammengefasst und anschliessend veräussert werden, wobei sich der Käufer typischerweise durch die Ausgabe von Wertpapieren am Kapitalmarkt finanziert (vgl. hierzu Oertle, SZW 1993, 153 ff.; Kroll, 173 ff.; Bär, 21 ff.). **40**

41 Um abgetreten werden zu können, müssen **Forderungen** gemäss bundesgerichtlicher Rsp. zumindest **bestimmbar** sein (vgl. N 36). Diesbezüglich bietet die Abtretung einer Vielzahl von Forderungen dann keine Probleme, wenn die Forderungen bereits bestehen. Dagegen stellt sich die Frage, ob bei der Globalzession zukünftig entstehender Forderungen eine gesonderte Zession nach Entstehung der einzelnen Forderungen notwendig ist. Nach der Rsp. des BGer genügt es, wenn die Globalzession alle Elemente enthält, welche es ermöglichen, im Zeitpunkt der Entstehung der zukünftigen Forderungen zu bestimmen, ob diese von der Abtretung erfasst werden (BGE 135 V 2, 9 f. E. 6.1.2; vgl. N 36). Wenn diese Voraussetzung erfüllt ist, erübrigt sich ein zusätzliches Verfügungsgeschäft oder eine spätere Spezifikation wie die Übergabe von periodischen Listen der Schuldner des Zedenten (BGE 113 II 163, 166 f. E. 2c, m.w.Nw.; eingehend STAEHELIN A., FS Engel, 381 ff.; WEHRLI, 43 ff.; CR CO I-PROBST, N 18, 42, je m.w.Nw.). Demgegenüber fordert ein Teil der Lehre, dass das im Sachenrecht entwickelte Spezialitätsprinzip auf die Zession anzuwenden sei. Nach dieser Ansicht soll die Abtretung nur gültig sein, wenn sie sich auf eine im Zeitpunkt ihrer Vornahme bereits bestimmte (wenn auch noch nicht bestehende) Forderung bezieht oder – im Falle von Globalzessionen künftiger Guthaben – wenn jede einzelne Forderung nach ihrer Entstehung gesondert zediert wird (vgl. BUCHER, AT, 544; DERS., recht 1989, 13 ff.; WIEGAND, Kreditsicherung, 285 ff., 296; WIEGAND/KOLLER-TUMLER, recht 1988, 102 f.; vgl. auch REY, Factoringvertrag, 304 ff.). Wenngleich diese abweichende Lehre dogmatisch und rechtsgeschichtlich begründet ist, so ist die Rsp. des BGer doch aus Gründen der **Praktikabilität** vorzuziehen. Sie entspricht den Bedürfnissen des modernen Wirtschaftsverkehrs, nämlich der Mobilisierung von Forderungen – und damit auch einem Hauptzweck des Zessionsrechts – und der Förderung von Instrumenten zur Kreditsicherung (gl.A. ZOBL, SJZ 1989, 353, m.w.Nw. in Anm. 43; WALTER, 56; HÄNSELER, 69 ff.; SCHWENZER, N 90.29; KLARER, SJZ 1998, 354 ff.; FROMER, ZSR 1938, 298 ff.; krit. DIETSCHE, SJZ 1997, 339 ff.; differenzierend WEHRLI, 55 ff.). Zudem folgt sie einer klaren Tendenz im internationalen Wirtschaftsrecht (dazu Vor Art. 164–174 N 4a).

42 Immerhin muss zum **Schutze des Schuldners** gefordert werden, dass die Zession ihm gegenüber nur bezüglich solcher später entstehender Forderungen wirksam wird, deren Einbezug in die Globalzession *nach Treu und Glauben bereits aus der Notifikation* der Globalzession *ersichtlich* ist (weitergehend BK-BECKER, N 20 und BUCHER, AT, 545 f., nach deren Ansicht die Abtretung dem Schuldner erst nach Entstehung der abgetretenen Forderung gültig notifiziert werden kann).

43 Wie die Abtretung zukünftiger Forderungen wird auch die Globalzession durch **Art. 27 ZGB** eingeschränkt: Die Verpflichtung zur Abtretung darf nicht so weit gehen, dass der Zedent sich in sittenwidrigem Umfang seiner wirtschaftlichen Freiheit beraubt (vgl. N 37, m.w.Nw. sowie ZOBL, SJZ 1989, 354 f.; HÄNSELER, 99 ff.; krit. BUCHER, Kreditsicherung, 21 f.).

VII. Fiduziarische Zession

44 Bei der **fiduziarischen Zession** tritt der Zedent (Fiduziant) eine Forderung an den Zessionar (Fiduziar) mit Wirkung nach Art. 164 ff. ab. Der Zessionar wird gegenüber Dritten (im Aussenverhältnis) vollberechtigter Gläubiger. Zugleich vereinbaren die Parteien (im Innenverhältnis, Treuhandverhältnis), dass die Forderung nur vertragsgemäss verwendet werden darf, etwa *zum Inkasso* (sog. **Inkassozession**, vgl. BGE 71 II 167; ZK-SPIRIG, Vor Art. 164–174 N 120, 226) oder *zur Sicherung eines Kredits* (sog. **Sicherungszession**, vgl. BGer, 9.6.2004, 4C.84/2004, E. 2.2; BGE 43 II 15, 25 ff. E. 2; eingehend BK-ZOBL, Systematischer Teil, N 1506 ff.; WALTER, 43 ff.; REETZ, Habil., 16 ff., m.w.Nw.; DERS., recht 2006, 234 ff.; CHK-REETZ/BURRI, N 15–92; DE GOTTRAU, SZW 2007, 113 ff.; ZK-SPIRIG, Vor Art. 164–174 N 124 ff.; s.a. N 40). Die fiduziarische Zession ist, im Gegensatz zur simulierten Abtretung, grundsätzlich wirksam (BGE 123 III 60, 63 f. E. 4c = Pra 1997, Nr. 107). In der Inkasso- bzw. Sicherungsabrede liegt der Rechtsgrund zur Vornahme der Zession (vgl. BK-ZOBL, Systematischer Teil, N 1552, 1566). Der **Fiduziar** hat die alleinige **Verfügungsmacht** über die Forderung. Er ist Dritten gegenüber unbeschränkter Forderungsinhaber (BGE 130 III 417, 426 f. E. 3.4, m.w.Nw.; BK-ZOBL, Systematischer Teil, N 1600 ff., m.w.Nw.; CR CO I-PROBST, N 44; VON TUHR/ESCHER, 339 f.; WALTER, 44; **a.A.** VON BÜREN, AT, 174 f.; JÄGGI, ZSR 1954, 536a ff., 537a ff., nach deren Ansicht das fiduziarische Rechtsgeschäft nicht zu einer Vollrechtsübertragung führt). Nach einer Ansicht handelt es sich bei der der Sicherungszession innewohnenden «Rückzessionsabrede» um eine aufschiebend bedingte Vereinbarung i.S.v. Art. 151 ff., so dass der Grundsatz des vollen Rechtserwerbs des Zessionars insoweit eingeschränkt wird, als der Sicherungszessionar aufgrund von Art. 152 Abs. 3 nicht eine «geradezu unbeschränkte Verfügungsmacht» in Bezug auf die abgetretene Forderung hat (REETZ, Habil., 53 ff.; DERS., recht 2006, 238 ff.; CHK-REETZ/BURRI, N 27 ff.).

Die **zedierte Forderung** kann von den Gläubigern des Fiduziars gepfändet werden, und in dessen Konkurs hat der Fiduziant kein Recht auf «Aussonderung» der Forderung, sondern nur eine Konkursforderung auf Rückzession (VON TUHR/ESCHER, 340; BK-ZOBL, Systematischer Teil, N 1466 ff.; **a.A.** VON BÜREN, AT, 340). Verletzt der Fiduziar bei der Ausübung seiner Rechte aber die fiduziarische Vereinbarung, kann er gegenüber dem Fiduzianten schadenersatzpflichtig werden (vgl. BGer, 9.6.2004, 4C.84/2004, E. 2.4). Für die Rückübertragung der Forderung auf den Fiduzianten ist eine Rückzession erforderlich (BGE 71 II 167, 169 f. E. 3). Ein Rückfall der Forderung ohne Einhaltung der Formvorschriften der Zession bei Beendigung des Treuhandverhältnisses ist nur möglich, wenn die fiduziarische Zession im Voraus befristet oder bedingt ist.

Zur **Abgrenzung** der fiduziarischen Zession gegenüber der Forderungsverpfändung und ähnlichen Geschäften s. BGE 130 III 417, 424 ff. E. 3.2 f.; 46 II 45, 47 = Pra 1920, Nr. 25; BGer, 23.7.2001, 5C.130/2001, E. 2b; BK-ZOBL, Systematischer Teil, N 1507, 1535 ff., m.w.Nw.; vgl. auch REETZ, Habil., 211 ff. **45**

VIII. Wirkungen der Zession

1. Gültige Zession

a) Übergang der Forderung

Die Zession bewirkt, dass die **Forderung** aus dem Vermögen des Zedenten in das Vermögen des Zessionars **übergeht**. Damit verliert der Zedent die Verfügungsmacht (s. N 17). Er kann die Forderung nicht mehr weiter abtreten, selbst wenn der zweite «Zessionar» von der früheren Abtretung keine Kenntnis hat (BGer, 1.9.2008, 4A_248/2008, E. 3.2; BGE 56 II 363, 368 E. 2; BUCHER, AT, 548). Der Zedent kann sie auch nicht mehr im eigenen Namen geltend machen, weder durch Erhebung der Forderung noch durch Verrechnung (VON TUHR/ESCHER, 337 f.; vgl. zur fehlenden Aktivlegitimation des Zedenten BGE 130 III 417, 426 f. E. 3.4). Das gilt nach der hier vertretenen Theorie der Abstraktheit der Zession auch dann, wenn das Verpflichtungsgeschäft ungültig ist (s. N 22 ff.). Hat der Zedent sich das Recht vorbehalten, die Forderung auch nach der «Zession» im eigenen Namen geltend zu machen, so ist im Zweifelsfall anzunehmen, dass keine echte Zession vorliegt, sondern eine Vollmacht an den «Zessionar» zur Eintreibung der Forderung (s. N 1) oder eine befristete bzw. bedingte Zession, wenn der Vorbehalt nur für einen gewissen Zeitraum gemacht worden ist (vgl. VON TUHR/ESCHER, 337 Anm. 66; vgl. allg. zur bedingten Abtretung LAUKO, 1 ff.). Eine gültige Zession lässt sich nur rückgängig machen durch Rückzession der Forderung vom Zessionar auf den Zedenten, wobei sämtliche Gültigkeitserfordernisse zu erfüllen sind (BGE 71 II 167, 169 f. E. 3; CR CO I-PROBST, N 3; VON TUHR/ESCHER, 338, m.w.Nw. in Anm. 71). **46**

b) Grundsatz der Identität

46a Die **Forderung** wird durch die Abtretung qualitativ **nicht verändert** (BGE 125 III 257, 260 E. 2b). Sie geht in dem Bestand auf den Zessionar über, den sie beim Zedenten hatte, mit ihren Vorzügen (z.B. Vorzugs- und Nebenrechte [Art. 170 Abs. 1], Anspruch auf die ausstehenden Zinsen [Art. 170 Abs. 3], Einredeverzicht [s. Art. 169 N 12–14]) und mit ihren Schwächen (z.B. Einreden und Einwendungen [Art. 169]; BGE 65 II 66, 83 f. E. 10). Für den Bestand der Forderung wie für die Verfügungsmacht des Zedenten gilt der Satz: *nemo plus iuris ad alium transferre potest, quam ipse haberet* (niemand kann mehr Rechte auf einen anderen übertragen, als er selber hat; vgl. BGE 126 III 36, 38 E. 2a = Pra 2001, Nr. 12; BGE 108 II 47, 48 E. 2). Auf den guten Glauben des Zessionars wird dabei grundsätzlich keine Rücksicht genommen (vgl. BGer, 7.2.2002, 4C.277/2002, E. 3.2): Ein Schutz des gutgläubigen Zessionars würde bei Mängeln der Forderung zulasten des Schuldners gehen, was nicht dem Willen des Gesetzgebers entspricht. Denn es ist kein Grund dafür ersichtlich, den Schuldner zugunsten eines gutgläubigen Zessionars mit einer Verpflichtung zu belasten, die er gegenüber dem Zedenten nicht hatte.

46b Eine **Ausnahme** von diesen Grundsätzen sieht **Art. 18 Abs. 2** vor: Dem Zessionar, der die Forderung im Vertrauen auf ein simuliertes Schuldversprechen erworben hat, kann der Schuldner die Einwendung der Simulation nicht entgegensetzen. Dieser Ausschluss der Einwendung der Simulation ist deshalb gerechtfertigt, weil der «Schuldner», der ein Schuldbekenntnis simuliert, eine für den Rechtsverkehr riskante Handlung vornimmt. Er muss deshalb die Folgen tragen, wenn der «Gläubiger» die nichtbestehende Forderung an einen gutgläubigen Erwerber zediert (s.a. Art. 169 N 1). Vgl. zum **Schutz des guten Glaubens des Zessionars**, der sich im Vertrauen auf ein schriftliches Schuldbekenntnis eine Forderung abtreten lassen hat, ohne zu wissen, dass zwischen Zedent und Schuldner ein vertragliches Abtretungsverbot besteht, **Art. 164 Abs. 2** sowie N 57–59.

c) Künftige und bedingte Forderungen

47 Nach h.L. und Praxis gilt der Grundsatz, dass die Wirkungen der Zession künftiger Forderungen zum Zeitpunkt eintreten, in dem die einzelne Forderung entsteht (BGer, 1.9.2008, 4A_248/2008, E. 3.2; BGE 111 III 73, 75 E. 3a). Aber auch hier gilt, dass von mehreren Zessionserklärungen betreffend dieselbe Forderung nur die zeitlich erste gültig ist (vgl. BK-Becker, N 15 f.; von Tuhr/Escher, 349; Bucher, AT, 546 Anm. 40).

Umstritten ist die Frage, ob die im Voraus abgetretene Forderung direkt in der Person des Zessionars entsteht (**«Unmittelbarkeitstheorie»**) oder ob sie für eine logische Sekunde beim Zedenten entsteht und anschliessend als Folge der vorausgegangenen Abtretung ohne Weiteres auf den Zessionar übergeht (**«Durchgangstheorie»**; vgl. zum Ganzen ZK-Spirig, N 70 ff.; Reetz, Habil., 329 ff.; Wehrli, 62 ff.). Der Unterschied zwischen den Theorien ist namentlich für die folgenden Fragen von **Bedeutung**:

a) ob die Forderung auf den Zessionar übergeht, wenn *über den Zedenten* nach der Vorausabtretung, aber vor der Entstehung der Forderung *der Konkurs eröffnet* worden ist (so bei Annahme der Unmittelbarkeitstheorie) oder nicht (so bei Annahme der Durchgangstheorie);
b) ob (namentlich im Zusammenhang mit der *Pfändung* einer abgetretenen zukünftigen oder auflösend bedingten Forderung) der Zedent bis zum Zeitpunkt der Entstehung der Forderung (so bei Annahme der Durchgangstheorie) oder nur bis zum Zeitpunkt der Abtretung (so bei Annahme der Unmittelbarkeitstheorie) über eine abgetretene künftige Forderung verfügen kann.

48 Das **BGer** und die wohl **überwiegende Lehre** haben sich hinsichtlich des *Übergangs der abgetretenen künftigen Forderungen bei nachträglichem Konkurs des Zedenten* (o. N 47 lit. a) für die **Durchgangstheorie** ausgesprochen (vgl. BGE 130 III 248, 255 E. 4.1 = Pra 2004, Nr. 83; BGE 111 III 73, 75 ff. E. 3 = Pra 1986, Nr. 41; BSK SchKG II-Handschin/Hunke-

LER, Art. 197 N 83; BK-ZOBL, Systematischer Teil, N 1571; ZOBL, FS Meier-Hayoz, 144 ff.; REETZ, Habil., 330 ff., 334; GAUCH/SCHLUEP/SCHMID/EMMENEGGER, N 3439; KOLLER A., OR AT, § 84 N 208; BERGER, N 2194; BUCHER, Kreditsicherung, 20; FROMER, ZSR 1938, 325; w.Nw. bei REETZ, Habil., 330 Anm. 1062), hinsichtlich der *Verfügungsmacht des Zedenten* (o. N 47 lit. b) hingegen für die **Unmittelbarkeitstheorie** (vgl. BGE 95 III 9, 12 E. 1; VON TUHR/ESCHER, 349 bei Anm. 72; GAUCH/SCHLUEP/SCHMID/EMMENEGGER, N 3440; SCHWENZER, N 90.34; KUKO OR-LARDELLI, N 26; ZK-OSER/SCHÖNENBERGER, Art. 164 N 4; KELLER/SCHÖBI, IV, 46; differenzierend WALTER, 49 f.).

U.E. sollte mit Bezug auf beide Themen der **Unmittelbarkeitstheorie** der Vorzug gegeben werden, soweit nicht die Gefahr besteht, dass dadurch der Schuldner benachteiligt wird. Denn die unmittelbare Entstehung der Forderung im Vermögen des Zessionars trägt dem Wesen der Zession als Verfügungsgeschäft (Ausscheiden der Forderung aus dem Vermögen des Zedenten unmittelbar mit Vornahme des Verfügungsgeschäftes) besser Rechnung (gl.A. VON TUHR/PETER, 219 nach Anm. 34c; VON TUHR/ESCHER, 349 bei Anm. 70a; WEHRLI, 67). Sowohl im Zusammenhang mit dem *Übergang der Forderung im Konkurs* (N 47 lit. a; im Ergebnis **a.A.** VON TUHR/ESCHER, 349 f. Anm. 73) als auch im Zusammenhang mit der *Verfügungsmacht des Zedenten* nach der Abtretung (N 47 lit. b) rechtfertigt sich deshalb die Anwendung der Unmittelbarkeitstheorie. Auch ist nicht einzusehen, weshalb der Zedent und dessen Gläubiger zulasten des Zessionars über die **Missbrauchstatbestände des Konkursrechts** hinaus eine unwiderrufliche Vermögensdisposition des Zedenten sollten rückgängig machen können (gl.A. WEHRLI, 68 f., m.w.Nw.; vgl. zur paulianischen Anfechtung bei der Vorausabtretung AMONN, BlSchK 1979, 137). Für solche Missbrauchstatbestände ist die Nachlassstundung der Konkurseröffnung gleichzustellen, weil andernfalls der Sicherungszessionar bestrebt sein könnte, die Konkurseröffnung zu vermeiden, und zu diesem Zweck – auch als einzelner Gläubiger – ein Gesuch um Eröffnung eines Nachlassverfahrens stellen könnte (DIETSCHE, SJZ 1997, 344). Das BGer hat die Gleichstellung der Nachlassliquidation mit dem Konkurs im Anwendungsbereich von Art. 401 OR bejaht (vgl. BGE 122 III 361, 364 E. 3a).

Hinsichtlich der Gefahr einer Benachteiligung des Schuldners stellt sich die Frage, ob der Schuldner auch im Falle einer Vorauszession **Einreden und Einwendungen**, die ihm persönlich gegen den Zedenten zustehen (vgl. Art. 169 N 6), gegen den Zessionar geltend machen kann. Diese Frage ist – unabhängig von den beiden Theorien – zu bejahen. Der Zessionar erwirbt die Forderung nämlich immer nur in dem Umfang und in der Gestalt, wie sie zwischen Zedent und Schuldner *begründet* wird (s.a. N 46a). In wessen Person die Forderung *entsteht*, spielt dabei keine Rolle (gl.A. SCHWENZER, N 90.34). Selbst bezüglich der Einwendung der Verrechnung ist nicht erforderlich, dass zumindest während einer logischen Sekunde (Durchgangstheorie) die Verrechnungslage (Gegenseitigkeit) bestanden hat. Denn Art. 169 OR lässt die Verrechnung auch zu, wenn die Gegenforderung des Schuldners erst nach der Abtretung der Hauptforderung, aber vor der Notifikation entstanden ist und die beiden Forderungen somit nie in einem Gegenseitigkeitsverhältnis gestanden sind (vgl. Art. 169 N 9 f.). Auch zur Beantwortung der Frage, bis wann die Einreden und Einwendungen vorhanden gewesen sein müssen, um auch gegenüber dem Zessionar vorgebracht werden zu können, ist eine Bezugnahme auf die beiden Theorien entbehrlich. Denn auch bei der Abtretung künftiger Forderungen kann der Schuldner Einreden und Einwendungen, die er gegen die Geltendmachung der Forderung durch den Zedenten hätte vorbringen können, gegen den Erwerber erheben, wenn sie schon zu der Zeit vorhanden waren, als er von der Abtretung Kenntnis erhielt (vgl. Art. 169 Abs. 1; s.a. Art. 169 N 7b). In wessen Person die abgetretene Forderung entsteht, spielt dabei keine Rolle. Somit steht auch unter dem Aspekt des Schuldnerschutzes der Anwendung der Unmittelbarkeitstheorie nichts entgegen. **49**

2. Ungültige bzw. unzulässige Zession

50 Hinsichtlich der Wirkungen einer mängelbehafteten Zession ist folgendermassen zu **unterscheiden**:
- Zessionen, die wegen unmöglichen, widerrechtlichen oder sittenwidrigen Inhalts, wegen Verletzung der Form (Art. 165) oder wegen fehlenden Konsenses *nichtig* oder infolge Willensmängel *anfechtbar* sind (**Ungültigkeit**);
- Zessionen von gem. Art. 164 Abs. 1 unabtretbaren Forderungen (**Unzulässigkeit**).

51 Für die Gruppe der **ungültigen Zessionen** gelten die allgemeinen Bestimmungen des Vertragsrechts (s. N 20).

52 Bei der Gruppe der **unzulässigen Zessionen** ist weiter zu unterscheiden: Wenn die Abtretung aufgrund ausdrücklicher gesetzlicher Anordnung oder aufgrund der ratio legis unzulässig ist, kann die Forderung nicht auf den vermeintlichen Zessionar übergehen. Wenn die Zession dagegen bloss vertraglich oder aufgrund einer den Schuldner schützenden, aber verzichtbaren «Natur des Rechtsverhältnisses» ausgeschlossen ist, muss der Schuldner der Abtretung vorgängig oder nachträglich zustimmen und sie damit wirksam machen können (gl.A. CR CO I-PROBST, N 66; VON TUHR/ESCHER, 348; WEHRLI, 5; vgl. auch Art. 11:301 Abs. 1 lit. a PECL; teilweise **a.A.** ZK-SPIRIG, N 184 f., der die Möglichkeit der Zustimmung auf vertragliche Abtretungsverbote beschränken will, die im Interesse des Schuldners vereinbart worden sind). In solchen Fällen muss der Schuldner als befreit gelten, wenn er an den vermeintlichen Zessionar leistet (vgl. BUCHER, AT, 542). Bei unheilbarer Unzulässigkeit der Zession hat seine Leistung an den vermeintlichen Zessionar hingegen nur befreiende Wirkung, wenn er gutgläubig aufgrund einer vom Zedenten ausgehenden Notifikation an die in der Anzeige als Zessionar bezeichnete Person leistet (betr. gutgläubige Leistung an den vermeintlichen Zessionar im Falle einer *ungültigen* Zession s. Art. 167 N 13).

53 Weder eine ungültige noch eine unzulässige Zession berührt die **Gültigkeit des** der Abtretung zugrunde liegenden **Verpflichtungsgeschäftes**.

IX. Prozess und Betreibungsverfahren

54 Die **Frage, ob eine Zession gültig bzw. zulässig ist**, gehört dem materiellen Recht an und ist deshalb vom **Zivilrichter** und nicht von den Betreibungs- oder Vollstreckungsbehörden zu beantworten. Eine Ausnahme bildet die Abtretung künftiger Lohnforderungen: Bei solchen hat sich die Betreibungsbehörde in Anwendung von Art. 325 über deren Pfändbarkeit zu vergewissern und summarisch zu prüfen, ob nicht eine von vornherein ungültige Lohnzession vorliegt (BGE 110 III 115, 116 f. E. 1).

55 Der **Zessionar tritt in eine vom Zedenten angehobene Betreibung ein** (s. N 14). Dem Schuldner steht in solchen Fällen von Bundesrechts wegen der nachträgliche Rechtsvorschlag offen (Art. 77 SchKG; vgl. BGE 91 III 7, 10 f.; BSK SchKG I-BESSENICH, Art. 77 N 5). Der Zedent kann die Betreibung nach erfolgter Abtretung nur dann fortsetzen, wenn er sich das Recht vorbehält, sie als Inkassomandatar unter späterer Abrechnung mit dem Zessionar weiterzuführen (BGE 96 I 1, 2 f. E. 2 = Pra 1970, Nr. 117). Wird dagegen ein Teil der Forderung zediert, zu deren Durchsetzung die Pfändung bereits vollzogen worden ist, so kann das Verwertungsbegehren nur vom Zedenten und vom Zessionar gemeinsam gestellt werden (BGE 49 III 24, 25 f.). Vgl. zur Rechtsstellung des Zessionars in der Aberkennungsklage BGE 49 III 205, 208 E. 1.

56 Zur Bedeutung der **«Abtretung» nach Art. 260 SchKG** s. N 4; zur Entstehung von abgetretenen Forderungen im Konkurs des Zedenten s. N 47 ff.; zum **Übergang von betreibungs- und *konkursrechtlichen* Privilegien** auf den Zessionar s. Art. 170 N 7.

X. Beschränkter Gutglaubensschutz des Zessionars (Abs. 2)

Im Gegensatz zum Sachenrecht wird der Mangel der Abtretbarkeit durch den guten Glauben des Erwerbers grundsätzlich nicht geheilt (vgl. VON TUHR/ESCHER, 347; SCHWENZER, N 90.05; vgl. auch N 46a). Dieses Prinzip erfährt in Art. 164 Abs. 2 allerdings eine **Ausnahme zugunsten des Zessionars**, der sich im Vertrauen auf ein schriftliches Schuldbekenntnis eine Forderung abtreten lassen hat, ohne zu wissen, dass zwischen Zedent und Schuldner ein vertragliches Abtretungsverbot (dazu N 32) besteht (s.a. Art. 169 N 1). In solchen Fällen hat das Abtretungsverbot dem Zessionar gegenüber keine Wirkung, allerdings nur unter den folgenden **kumulativen Voraussetzungen**: 57

- dass die abgetretene Forderung in einer **Urkunde** verankert ist, die nichts über das vertragliche Abtretungsverbot aussagt, und dass die Urkunde **dem Zessionar vorgelegt** worden ist oder dass er sonst von der Urkunde Kenntnis hat. Ist demnach die Forderung nicht verurkundet oder hat der Zessionar von der Urkunde keine Kenntnis, so ist das vertragliche Abtretungsverbot ihm gegenüber wirksam und die Zession unzulässig (zur Wirkung einer solchen Unzulässigkeit s. N 52);
- dass der **Zessionar darauf vertraut hat**, dass kein vertragliches Abtretungsverbot besteht (vgl. z.B. KGer VS, ZWR 1967, 278; ZK-SPIRIG, N 195–197). Von einem solchen Vertrauen ist – angesichts der klaren Tendenz im internationalen Handelsrecht (s. N 32) – zumindest bei grenzüberschreitenden Handels- und Finanzgeschäften auszugehen.

Der gute Glauben des Zessionars ist, im Einklang mit dem Wortlaut von Abs. 2, in allen Fällen zu schützen, in denen das Abtretungsverbot nicht **in derselben Urkunde** enthalten ist wie das Schuldbekenntnis (KELLER/SCHÖBI, IV, 59; **a.A.** ZK-SPIRIG, N 201, nach dem u.U. auch ein in einem separaten Schriftstück verurkundetes Abtretungsverbot dem Zessionar entgegengehalten werden kann). Die Regel von Art. 164 Abs. 2 gilt hingegen nicht, wenn das Schuldbekenntnis gefälscht ist (BGE 88 II 422, 426 E. 2c). 58

Im Falle von **Kettenzessionen** stellt sich die Frage, ob auch nachfolgende Zessionare in ihrem Vertrauen auf die Inexistenz eines vertraglichen Abtretungsverbots geschützt werden sollen, wenn das zwischen Schuldner und Gläubiger vereinbarte **Verbot** der Weiterabtretung zwar nicht im Schuldbekenntnis, aber **auf** den vorausgehenden **Abtretungserklärungen** vorhanden ist, von denen der Zessionar allerdings keine Kenntnis hat. Mit VON TUHR/ESCHER (347 Anm. 51) ist diese Frage zu bejahen, da einem späteren Zessionar nicht zuzumuten ist, ohne Mitwirkung des Schuldners zustande gekommene Schriftstücke einzusehen und herauszuverlangen um nachzuprüfen, ob ein vertragliches Abtretungsverbot besteht. Diese Lösung entspricht zudem dem Gesetzeswortlaut und dem Zweck des Zessionsrechts, die Mobilität von Forderungen zu gewährleisten (vgl. zum Abtretungsverbot bei Kettenzessionen auch N 32a).

Im Falle von **Kettenzessionen** kann auch ein Zessionar, der Kenntnis vom Abtretungsverbot hat oder sonst nicht als gutgläubig gelten kann, sich auf Art. 164 Abs. 2 berufen, wenn ein früherer Zessionar auf das ursprüngliche Schuldbekenntnis, das kein Abtretungsverbot enthielt, gutgläubig vertraut hat (gl.A. VON TUHR/ESCHER, 348 Anm. 54; BUCHER, AT, 543 Anm. 26; ZK-OSER/SCHÖNENBERGER, N 24; ENGEL, traité, 878). Der Rechtsmangel (fehlende Verfügungsmacht des Zedenten) wird durch den guten Glauben des Erstzessionars geheilt und dieser erlangt die volle Verfügungsbefugnis. Da die Forderung durch die Erstzession bereits wirksam auf den Erstzessionar übergegangen ist, ohne dass der Schuldner sich dagegen wehren kann, sind Schuldnerschutz-Erwägungen im vorliegenden Zusammenhang von untergeordneter Bedeutung und stehen dem Übergang der Forderung auf den bösgläubigen Zweitzessionar nicht entgegen. 58a

Der gute Glaube des Zessionars muss im **Zeitpunkt des Erwerbsgeschäftes**, nicht im Zeitpunkt einer später eintretenden Bedingung oder der allenfalls späteren Entstehung der abgetretenen Forderung, vorhanden gewesen sein (vgl. BK-BECKER, N 48). Spätere Kenntnis vom 59

Mangel schadet nicht (**«mala fides superveniens non nocet»**). Zur analogen Anwendung von Art. 164 Abs. 2 zum Schutz des guten Glaubens des Zessionars vgl. KOLLER A., FS Pedrazzini, 327 ff., 330; REETZ, Habil., 69 ff.; DERS., recht 2006, 244 ff; CHK-REETZ/BURRI, N 29. Zum Schutz des guten Glaubens des Zessionars nach Art. 18 Abs. 2 s. N 46b.

Art. 165

b. Form des Vertrages **[1] Die Abtretung bedarf zu ihrer Gültigkeit der schriftlichen Form.**

[2] Die Verpflichtung zum Abschluss eines Abtretungsvertrages kann formlos begründet werden.

b. Forme du contrat [1] La cession n'est valable que si elle a été constatée par écrit.

[2] Aucune forme particulière n'est requise pour la promesse de céder une créance.

b. Forma del contratto [1] Per la validità della cessione si richiede la forma scritta.

[2] Non è richiesta alcuna forma per la promessa di stipulare una cessione.

Literatur

Vgl. die Literaturhinweise bei den Vorbem. zu Art. 164–174.

I. Gesetzeszweck

1 Der Zweck der Formvorschrift von Art. 165 besteht hauptsächlich darin, **Verkehrssicherheit** bzw. Klarheit zu schaffen und die Zession für Dritte leicht erkenntlich zu machen (vgl. BGE 122 III 361, 367 E. 4c; 82 II 48, 52 E. 1; ZK-SPIRIG, N 4). Insbesondere für den Schuldner der zedierten Forderung soll ersichtlich sein, wem die Forderung zusteht (BGer, 19.2.2013, 4A_616/2012, E. 5.2; BGE 105 II 83, 84 E. 2). Ferner dient die Abtretung dem Schutz der Gläubiger des Abtretenden und des Erwerbers. In deren Interesse soll festgestellt werden können, ob eine Forderung in einem bestimmten Zeitpunkt zum Vermögen des Zedenten gehört oder einem andern zusteht (vgl. BGer, 29.8.2012, 4A_327/2012, E. 6.2; BGE 122 III 361, 367 E. 4c; 88 II 18, 24 E. 5). *Kein primärer Zweck* der Formvorschrift ist der *Schutz des Zedenten vor übereilter Abtretung*, anders als etwa bei der Bürgschaft (BGE 82 II 48, 52 E. 1; BK-BECKER, N 2). Vgl. zur Entstehungsgeschichte von Art. 165 ausführlich HUWILER, Begriff und Rechtswirkung, 209 ff., insb. 273 ff.

II. Einfache Schriftlichkeit und notwendiger Inhalt (Abs. 1)

2 Die Schriftform ist **Gültigkeitserfordernis** (vgl. Art. 11 Abs. 2; BGer, 30.5.2002, 4C.39/2002, E. 2b; ZK-SPIRIG, N 15; BK-BECKER, N 6). Sie beurteilt sich nach Art. 11 ff., wobei nach allgemeiner Ansicht nur (aber immerhin) der Zedent die Zessionsurkunde zu unterschreiben braucht (analoge Anwendung von Art. 13; BGer, 3.6.2009, 4A_133/2009, E. 2.4, m.w.Nw.; ZK-SPIRIG, N 41–43).

Dem Zweck der Formvorschrift entsprechend müssen von der Schriftform **sämtliche Merkmale** erfasst sein, **welche die abgetretene Forderung** für die betroffenen Dritten **hinreichend individualisieren**. Es genügt zwar, dass die Forderung bestimmbar ist (ZK-SPIRIG, N 27; s.a. Art. 164 N 36), es muss aber immerhin für einen unbeteiligten Dritten ohne Kenntnis der Umstände der Abtretung aus der Urkunde selbst ersichtlich sein, wem die Forderung zusteht (BGer, 29.8.2012, 4A_327/2012, E. 6.2); insb. muss auch bei einer Mehrzahl von Forderungen hinreichend klar erkennbar sein, ob eine bestimmte Forderung zu den abgetretenen gehört oder nicht (BGE 122 III 361, 367 E. 4c; BGer, 4.11.2010, 5A_567/2010, E. 2.1).

Zudem muss der **Wille** der Parteien, die **Forderung** mit Übergabe der Abtretungsurkunde ohne zusätzliche Aktivitäten **übergehen zu lassen**, aus der Urkunde hervorgehen, um die Zession vom blossen Verpflichtungsgeschäft (s. Art. 164 N 16) zu unterscheiden; die Bezeichnung als «Abtretung» ist aber nicht erforderlich (BGE 131 III 217, 219 E. 3; 90 II 164, 179 E. 7; 88 II 18, 21 E. 1). Zum Schutz des Schuldners muss klar aus der Urkunde hervorgehen, dass der **Zessionar** Gläubiger der abzutretenden Forderung sein soll und nicht etwa blosse Zahlstelle, Inkassomandatar oder Pfandgläubiger (vgl. BGE 105 II 83, 84 ff. E. 2, 6: Bezeichnung als «Treuhandstelle» genügt nicht). Demgegenüber erfordert der Zweck der Formvorschrift nicht, dass der Rechtsgrund der Abtretung (s. Art. 164 N 16) in der Abtretungsurkunde bezeichnet wird (vgl. Jäggi, SJZ 1971, 7; Dutoit, 459). Ein nicht verurkundeter Wille des Zedenten ist auch für die Auslegung der Abtretungserklärung unerheblich (BGE 105 II 83, 84 E. 2; BGer, 16.12.2004, C.95/04, E. 4 i.f.). Vgl. auch BGE 122 III 361, 367 f. E. 4c betr. Formungültigkeit einer Zession künftiger Forderungen, wenn gemäss Zessionsurkunde Forderungen, die der Zedent «besitzt», abgetreten werden (s.a. Art. 164 N 36 i.f.).

Nebenpunkte, z.B. eine Garantie für die Bonität des Schuldners (vgl. Art. 171 Abs. 2), sowie spätere Präzisierungen einzelner Forderungen können dagegen **mündlich** vereinbart werden, soweit die Stellung des Schuldners dadurch nicht verschlechtert wird (von Büren, AT, 319; BGE 53 II 111, 117 E. 3; OGer ZH, ZR 1979, 198 betr. Formgültigkeit nachträglicher Präzisierungen; **a.A.** bezüglich mündlicher Präzisierungen CR CO I-Probst, N 8). 3

Unter den vorgenannten Voraussetzungen kann die Abtretungsurkunde auch blanko ausgestellt werden. Eine solche **Blankozession** liegt vor, wenn die *Bezeichnung des Zessionars* nicht vom Zedenten, sondern nachträglich von einem anderen, insb. vom Zessionar selbst, vorgenommen wird (vgl. BGE 82 II 48, 52 E. 1; ZK-Spirig, Vor Art. 164–174 N 132; von Tuhr/Escher, 335 f., je m.w.Nw.). Es ist auch zulässig, dass der Abtretende die Bestimmung des Zessionars nicht vollständig in dessen Belieben oder in das Belieben eines Dritten stellt, sondern den Kreis der Personen, die Zessionare werden können, einengt. Damit geht er weniger weit, als wenn er die Forderung blanko abtritt und sich so des Rechts begibt, selber den Zessionar zu bezeichnen. Es genügt, dass anhand anderer Tatsachen oder Umstände ermittelt werden kann, auf welche Person oder Personen aus dem vom Zedenten umschriebenen Kreis der möglichen Erwerber die Forderung übergeht. Diese Tatsachen oder Umstände können auch in Willenserklärungen anderer bestehen und zwar auch in solchen, die erst in der Zukunft abgegeben werden, wie es auch bei der Blankozession zutrifft (BGE 82 II 48, 52 f. E. 1). Die umstrittene Frage, ob die *Bezeichnung der abzutretenden Forderung* offen gelassen werden kann, ist u.E. im Hinblick auf die anzustrebende Verkehrsfähigkeit von Forderungen, die einer internationalen Tendenz entspricht, grundsätzlich zu bejahen (gl.A. von Tuhr/Escher, 335 f.; Gauch/Schluep/Schmid/Emmenegger, N 3538; **a.A.** Bucher, AT, 552 Anm. 64). Die Wirkungen der (Blanko-) Zession treten erst mit der Vervollständigung der Urkunde und nicht bereits im Zeitpunkt des Zugangs der Blankourkunde beim Verfügungsberechtigten ein (gl.A. CR CO I-Probst, N 7; Gauch/Schluep/Schmid/Emmenegger, N 3541; ZK-Spirig, Art. 164 N 96; **a.A.** Bucher, AT, 551, nach dessen Ansicht die Wirkungen bereits im Zeitpunkt des Zugangs der Urkunde beim ersten Empfänger eintreten). 4

Kein Gültigkeitserfordernis im Hinblick auf den Zweck der Schriftlichkeit ist die **Übergabe der Schuldurkunde** (anders als bei der Verpfändung einer Forderung mit Schuldschein, Art. 900 Abs. 1 ZGB); ebenso wenig die **Datierung der Zessionsurkunde** (vgl. KGer SG, 11.3.2009, BZ 2008 38, E. III.2b und 25.5.2007, BZ 2006 30, E. III.3; ZK-Spirig, N 39). Letztere kann der Zessionar aber von seinem Vertragspartner verlangen, der sich zur Zession verpflichtet hat (von Tuhr/Escher, 335). Nicht unter das Formerfordernis fällt ferner eine **allfällig vereinbarte Gegenleistung** (BGE 102 II 420, 426 E. 4). 5

Die **Abtretungserklärung** ist **empfangsbedürftig** und kann, solange die Urkunde nicht begeben ist, vom Zedenten jederzeit annulliert werden (BK-Becker, Art. N 2). Zum Zustandekommen des Abtretungsvertrages durch Antrag und Annahme s. Art. 164 N 15. 6

7 Von der eigentlichen Abtretungserklärung sind Äusserungen zu unterscheiden, denen der Empfänger nach Treu und Glauben nicht entnehmen darf, dass der Gläubiger die Abtretung mit der betreffenden Äusserung als vollzogen betrachte, selbst wenn in der Erklärung von «Abtretung» oder «Zession» die Rede ist (vgl. BGE 88 II 18, 21 ff. E. 1 f.).

8 Ist eine **Zession formungültig**, und wird die Ausstellung der Zessionsurkunde nachgeholt, so kommt die Abtretung erst in diesem Zeitpunkt zustande, unabhängig davon, ob der Zedent wusste, dass die mündliche Erklärung nicht genügt (BGer, 24.6.2003, 4C.41/2003, E. 4.4; KGer SG, 11.3.2009, BZ 2008 38, E. III.2b; VON TUHR/ESCHER, 336 bei Anm. 58; CR CO I-PROBST, N 11). Eine formungültige Zessionserklärung kann nicht ohne Weiteres in ein Zessionsversprechen (s. N 12) umgedeutet werden, wenn der Zedent eine Verfügung direkt vornehmen wollte, die er für gültig hielt (ähnlich ZK-OSER/SCHÖNENBERGER, N 7).

9 Da es auf die Herkunft der zedierten Forderung nicht ankommt, kann auch eine **Forderung, deren Begründung die Beachtung einer strengeren Formvorschrift erfordert**, durch einfache Schriftlichkeit übertragen werden. Dagegen bedarf nach der bundesgerichtlichen Rsp. die Übertragung eines Kaufsrechts an einem Grundstück nur dann keiner öffentlichen Beurkundung, wenn der Zessionar schon den öffentlich beurkundeten Kaufsrechtsvertrag mitunterzeichnet hat (BGE 111 II 143, 147 f. E. 4c; zur Form der Übertragung des Entschädigungsanspruchs des Bauberechtigten beim Heimfall gem. Art. 779d ZGB vgl. KGer VS, RVJ 1992, 256, 260).

10 Bei Annahme der hier vertretenen Abstraktheit der Zession (s. Art. 164 N 22 ff.) bedarf die Rückabwicklung der Zession aufgrund eines mangelhaften Rechtsgrundes der **Rückzession**, die dem Formerfordernis von Art. 165 untersteht (BGer, 1.9.2008, 4A_248/2008, E. 3.2 i.f.; BGE 71 II 167, 169 f. E. 3; GAUCH/SCHLUEP/SCHMID/EMMENEGGER, N 3419, m.w.Nw.; **a.A.** BUCHER, AT, 552; zu Recht differenzierend betr. Rückzession einer fiduziarisch abgetretenen Forderung KGer VS, RVJ 1993, 287, 287 f.).

11 Eine formungültige Zession ist **nichtig** i.S.v. Art. 20 (vgl. Art. 11 Abs. 2; s. N 2). Zu den Wirkungen einer solchen Nichtigkeit s. Art. 164 N 51.

III. Verpflichtung zur Zession (Abs. 2)

12 Aufgrund von Art. 165 Abs. 2 ist das Versprechen, eine Forderung zu zedieren, **formfrei** gültig. Ein formfrei abgegebenes Zessionsversprechen bildet eine genügende Grundlage für eine Klage auf Vornahme der schriftlichen Zession als Erfüllung des Verpflichtungsgeschäftes (BK-BECKER, N 8; BGer, 21.10.2013, 4A_686/2012, E. 4.2). Dies gilt jedoch nur, wenn es selbstständig abgegeben wird und nicht einen Teil eines Verpflichtungsgeschäftes bildet, das aus anderen Gründen formbedürftig ist, wie etwa das Schenkungsversprechen (Art. 243 Abs. 1; vgl. VON BÜREN, AT, 320; GUHL/KOLLER/SCHNYDER/DRUEY, 268) oder der Sacheinlagevertrag (Art. 628 Abs. 1; vgl. BK-BECKER, N 7). Für Sicherungszessionen wird die Ansicht vertreten, dass das Verpflichtungsgeschäft in analoger Anwendung von Art. 900 Abs. 1 ZGB der Schriftform bedarf (REETZ, FS Gauch, 555 ff.).

Art. 166

2. Übergang kraft Gesetzes oder Richterspruchs	**Bestimmen Gesetz oder richterliches Urteil, dass eine Forderung auf einen andern übergeht, so ist der Übergang Dritten gegenüber wirksam, ohne dass es einer besondern Form oder auch nur einer Willenserklärung des bisherigen Gläubigers bedarf.**
2. Cession légale ou judiciaire	Lorsque la cession s'opère en vertu de la loi ou d'un jugement, elle est opposable aux tiers sans aucune formalité et même indépendamment de toute manifestation de volonté de la part du précédent créancier.

2. Trasmissione del credito per legge o sentenza

La trasmissione del credito ordinata da legge o sentenza giudiziale è efficace in confronto dei terzi anche senza alcuna forma speciale e senza che vi concorra la volontà del creditore originario.

Literatur

Vgl. die Literaturhinweise bei den Vorbem. zu Art. 164–174.

I. Übergang kraft Gesetzes

1. Begriff und Anwendungsbereich

1 Geht eine Forderung kraft gesetzlicher Anordnung, unabhängig vom Willen des Gläubigers oder des Schuldners, auf einen neuen Gläubiger über, spricht man von **Legalzession**. Diese hat grundsätzlich die gleichen Wirkungen wie eine rechtsgeschäftliche Abtretung, insb. führt sie zur Ersetzung des bisherigen Gläubigers durch einen neuen (s. im Einzelnen N 5; KGer FR, 11.9.2014, 605 2012 446, E. 2c; CR CO I-PROBST, N 6).

Die Legalzession ist **kein Rechtsgeschäft** und bedarf keiner besonderen Form (differenzierend ZK-SPIRIG, N 75). Die auf Rechtsgeschäft beruhende Verpflichtung zur Abtretung (dazu Art. 164 N 16) löst keine Legalzession aus, sondern verschafft dem Berechtigten nur einen Erfüllungsanspruch (vgl. Art. 165 N 12; VON TUHR/ESCHER, 370 bei Anm. 2).

2. Fälle

2 Das OR und weitere Gesetze ordnen eine Legalzession in den **folgenden Fällen** an (Auswahl, vgl. im Einzelnen ZK-SPIRIG, N 9–50 sowie die Kommentare zu den entsprechenden Bestimmungen):

- im Falle der *Befriedigung des Gläubigers durch einen von mehreren Solidarschuldnern* (Art. 149 Abs. 1) oder durch einen von mehreren Schuldnern einer unteilbaren Leistung (Art. 70 Abs. 3). Der Umfang des Rückgriffes (Regresses) des leistenden Schuldners beurteilt sich nach dem Rechtsverhältnis, das die Solidarität bzw. Gesamtschuld auslöst;
- im Falle der *Auslösung einer Pfandsache* gem. Art. 110 Ziff. 1 (sog. Subrogation), sofern sich aus dem Rechtsverhältnis zwischen Pfandbesteller und Schuldner nichts anderes ergibt (vgl. BGE 85 III 101, 106 f. E. 2; vgl. auch BGE 108 II 188);
- im Falle der *Befriedigung eines Gläubigers, verbunden mit einer Anzeige des Schuldners, dass der Leistende an die Stelle des Gläubigers treten soll* (Art. 110 Ziff. 2, sog. Subrogation; vgl. BGE 86 II 18, 24 E. 3 = Pra 1960, Nr. 50). Falls eine solche Anzeige ausbleibt, der Gläubiger jedoch dem Leistenden (ausdrücklich oder stillschweigend) zu verstehen gibt, dass dadurch die Forderung auf ihn übergehen soll, kann ein Zessionsversprechen angenommen werden, dessen Erfüllung der Leistende verlangen kann (vgl. Art. 165 N 12; BUCHER, AT, 577);
- hinsichtlich der *Vorzugs- und Nebenrechte bei der rechtsgeschäftlichen Zession* (dazu Art. 170);
- wenn der *Beauftragte* im eigenen Namen, aber für Rechnung des Auftraggebers *Forderungsrechte erworben hat* und der Auftraggeber seinerseits allen Verbindlichkeiten aus dem Auftragsverhältnis nachgekommen ist (Art. 401 Abs. 1; vgl. dazu BGE 102 II 297, 301 f. E. 2c; 115 II 468; MERZ, FS Merz, 413 ff.);
- im Falle der *Befriedigung des Gläubigers durch einen Bürgen* (Art. 507 Abs. 1), wobei der Umfang des Übergangs der Hauptforderung gesetzlich beschränkt ist (vgl. Art. 507 Abs. 2);
- in den Fällen gem. Art. 1053 Abs. 1, wonach *im Falle eines Konkurses des Wechselausstellers* ein allfälliger Anspruch des Ausstellers gegen den Bezogenen auf Rückgabe der Deckung auf den Wechselinhaber übergeht;

- im Falle, dass das Gemeinwesen anstelle des Unterhaltspflichtigen für den Unterhalt aufkommt (*Art. 131 Abs. 3 ZGB*; vgl. KGer GR, 4.6.2007, SKG 07 20, E. 4b; *Art. 289 Abs. 2 ZGB*; vgl. BGer, 12.3.2014, 5A_634/2013, E. 4.1; BGE 137 III 193, 197 E. 2.1);
- im Falle der *Begründung der ehelichen Gütergemeinschaft* gem. Art. 222 ZGB;
- im Falle des *Todes des Erblassers* im Rahmen der Universalsukzession gem. Art. 560 Abs. 2 ZGB;
- in Fällen gem. *Art. 54 Abs. 1 VVG*, wonach die Rechte aus dem Versicherungsvertrag auf den Erwerber einer versicherten Sache übergehen, und gem. *Art. 72 Abs. 1 VVG*, wonach der Ersatzanspruch aus unerlaubter Handlung auf den zahlenden Versicherer übergeht (BSK VVG-Boll, Art. 54 N 23; BSK VVG-Graber, Art. 72 N 26; OGer ZH, 31.1.2014, SB130421, E. II.2). Ähnliche Subrogationstatbestände kennt das Sozialversicherungsrecht (vgl. *Art. 72 Abs. 1 ATSG*; BGE 136 V 131, 138 f. E. 3.4; Kieser, ATSG-Kommentar, 2. Aufl., Zürich 2009, Art. 72 N 8 ff.; *Art. 29 Abs. 2 AVIG*; BGer, 25.10.2006, C 24/06, E. 4.2.1; TC NE, RJN 2009, 178, 180, E. 2a; AppGer FR, RFJ 2008, 368, 370 E. 2);
- in Fällen gem. *Art. 122 Abs. 2 ZPO*, wonach bei Entschädigung des unentgeltlichen Rechtsbeistandes der obsiegenden Partei durch den Kanton der Entschädigungsanspruch gegen die Gegenpartei auf den Kanton übergeht (OGer ZH, 5.2.2014, LD140002, E. III.3.2).

3 Bei der *Anweisung* gem. Art. 132 Abs. 1, Art. 177 oder 291 ZGB bleibt der Unterhaltspflichtige auch nach der Anweisung seines Schuldners Gläubiger seiner Forderung, so dass keine (Legal-)Zession vorliegt (vgl. zu Art. 177 ZGB OGer ZH, ZR 2012, 65, 66, E. 2, m.w.Nw.). Ebenfalls **keinen Fall der Legalzession** bildet die Forderungsübertragung im Rahmen einer *Geschäftsübernahme* gem. Art. 181, da sie einen Abtretungsvertrag erfordert (vgl. Art. 181 N 1; ZK-Spirig, N 27, Art. 181 N 65; von Tuhr/Escher, 371).

II. Übergang durch Richterspruch

4 Aufgrund einzelner Bestimmungen des Gesetzes (z.B. Art. 604, 651 Abs. 2 ZGB) hat der Richter das Recht, **durch Gestaltungsurteil** Forderungen oder andere Rechtsverhältnisse übergehen zu lassen, ohne dass eine Willenserklärung der Parteien notwendig ist (vgl. zu Gestaltungsklage und Gestaltungsurteil Art. 87 ZPO; BSK ZPO-Weber, Art. 87 N 1 ff.; ZPO Komm-Bessenich/Bopp, Art. 87 N 1 ff.). Ein Teil der Lehre und der Praxis stellen einem richterlichen Urteil amtliche Verfügungen aufgrund von Art. 122 ff., 131 Abs. 1, 256 ff. SchKG gleich (vgl. von Tuhr/Escher, 372 f.; Gauch/Schluep/Schmid/Emmenegger, N 3554; BSK SchKG I-Rutz/Roth, Art. 131 N 8; in BGE 136 III 437, 440 E. 1.1 betr. Art. 131 Abs. 1 SchKG spricht das BGer unpräzis von einem Übergang «kraft Gesetz[es]»). Die «Abtretung» nach Art. 260 SchKG ist dagegen keine Zession i.S.v. Art. 164 ff. (vgl. Art. 164 N 4). Keine Zessionswirkungen haben Feststellungsurteile und -verfügungen, weil sie bloss über die bestrittene Inhaberschaft einer Forderung befinden (Art. 88 ZPO; von Tuhr/Escher, 371 bei Anm. 11).

III. Analoge Anwendung des Zessionsrechts

5 Soweit das Gesetz keine Sondervorschriften enthält, sind auf die Legalzession und den Übergang von Forderungen kraft richterlichen Urteils die **Regeln der rechtsgeschäftlichen Zession sinngemäss anzuwenden**, insb. die *Vorschriften über die Unabtretbarkeit* gem. Art. 164 Abs. 1 (vgl. von Tuhr/Escher, 373), über die *Stellung des Schuldners im Verhältnis zum Zessionar* gem. Art. 167, 169 (vgl. BGE 45 II 664, 672 E. 2 betr. Art. 507; BGE 115 II 468, 471 f. E. 4c; 99 II 393, 399 E. 8a = Pra 1974, Nr. 121 betr. Art. 401; BGE 130 III 312, 316 f. E. 5.2; BGer, 6.10.2004, 5C.98/2004, E. 4.2), über den *Prätendentenstreit* gem. Art. 168 (vgl. BGE 87 III 14, 17 f. E. 1; 63 II 54, 57 E. 2; s. Art. 168 N 3) sowie über den *Umfang des Überganges* gem. Art. 170 (vgl. OGer ZH, 19.11.2013, LA120006, E. III.3; BezGer AI, SJZ 1976,

192, 193; VON BÜREN, AT, 339). Dagegen finden i.A. **keine analoge Anwendung** *die Vorschriften über die Form* gem. Art. 165 (vgl. Art. 166; s. N 1) und über die *Gewährleistung* gem. Art. 171 ff. (vgl. Art. 173 Abs. 2; BGE 63 II 317, 323 f. E. 5 = Pra 1937, Nr. 160; s. Art. 173 N 3; VON BÜREN, AT, 339 f.; s. zu den Ausnahmen von der analogen Anwendbarkeit der Bestimmungen über die rechtsgeschäftliche Zession auch ZK-SPIRIG, N 70–74).

Vorbemerkung zu Art. 167–169

Das System des schweizerischen Zessionsrechts beruht auf dem Billigkeitsgrundsatz, dass die **Stellung des Schuldners nicht verschlechtert** werden darf, da ja die Zession ohne sein Wissen oder seine Mitwirkung erfolgen kann. Der Schuldner soll einzig die Tatsache des Gläubigerwechsels und die damit verbundenen Unannehmlichkeiten hinnehmen müssen (VON BÜREN, AT, 328 bei Anm. 68; VON TUHR/ESCHER, 358; sehr weit gehend BUCHER, AT, 560, der alle Zweifelsfragen zugunsten des Schuldners lösen will; KassGer SG, SG GVP 2002, 222, 223). Namentlich die Bestimmungen in Art. 167–169 dienen dem Schutz des Schuldners. Aus dem Gesetzeszweck folgt auch, dass der Schuldner Mehrkosten, die entstehen, wenn die Forderung an einen Gläubiger im Ausland abgetreten worden ist, abziehen kann, soweit die Forderung nicht aufgrund der «Natur des Rechtsverhältnisses» (s. Art. 164 N 33) überhaupt unabtretbar ist (BUCHER, AT, 560 f. bei Anm. 98; vgl. auch Art. 15 UNCITRAL-Abtretungsübereinkommen, s. Vor Art. 164–174 N 4a).

Art. 167

II. Wirkung der Abtretung
1. Stellung des Schuldners
a. Zahlung in gutem Glauben

Wenn der Schuldner, bevor ihm der Abtretende oder der Erwerber die Abtretung angezeigt hat, in gutem Glauben an den frühern Gläubiger oder, im Falle mehrfacher Abtretung, an einen im Rechte nachgehenden Erwerber Zahlung leistet, so ist er gültig befreit.

II. Effets de la cession
1. Situation du débiteur cédé
a. Paiement opéré de bonne foi

Le débiteur est valablement libéré si, avant que la cession ait été portée à sa connaissance par le cédant ou le cessionnaire, il paie de bonne foi entre les mains du précédent créancier ou, dans le cas de cessions multiples, entre les mains d'un cessionnaire auquel un autre a le droit d'être préféré.

II. Effetti della cessione
1. Posizione del debitore
a. Pagamento in buona fede

Il debitore è validamente liberato se, prima che il cedente o il cessionario gli abbia partecipato la cessione, abbia pagato in buona fede all'originario creditore o, in caso di più cessioni, ad un cessionario posteriore in diritto.

Literatur

Vgl. die Literaturhinweise bei den Vorbem. zu Art. 164–174.

I. Zweck der Bestimmung

1 Art. 167 regelt einen wichtigen Anwendungsfall des allgemeinen Grundsatzes, dass der **Schuldner in Bezug auf Schritte, die er gutgläubig, d.h. im Vertrauen auf die weiterdauernde Berechtigung des Zedenten, unternommen hat, geschützt** wird (VON BÜREN, AT, 329). Die Bestimmung soll den Schuldner vor dem Risiko bewahren, dass er an den Zessionar leisten muss, obwohl er bereits, ohne Wissen um die Zession, an den Zedenten oder einen früheren Zessionar geleistet hat. Dieser Tatbestand weicht vom allgemeinen Prinzip ab,

dass der Schuldner eine Leistung an die falsche Person selbst zu vertreten hat (vgl. von Tuhr/Escher, 358 bei Anm. 3; Gauch/Schluep/Schmid/Emmenegger, N 3487).

II. Fälle

2 Der **Schuldner** wird in den folgenden Fällen von seiner Schuld **befreit**:

- wenn er gutgläubig *an den Zedenten* leistet;
- im Falle von sog. Kettenzessionen, wenn ein Zessionar die erworbene Forderung an einen weiteren Erwerber abtritt und der Schuldner gutgläubig *an einen früheren Zessionar* leistet (von Büren, AT, 329 f.; s. N 3);
- im Falle von sog. Mehrfachzessionen, wenn der Zedent dieselbe Forderung mehrfach, d.h. an verschiedene Zessionare, abgetreten hat und der Schuldner gutgläubig *an einen dem ersten Zessionar nachgehenden vermeintlichen Zessionar* leistet (s. N 3).

2a Leistet der Schuldner vor Erhalt der Anzeige an den Zessionar, weil er etwa auf andere Weise von der Abtretung erfahren hat, ist er ebenfalls befreit (vgl. ZK-Oser/Schönenberger, N 8; von Tuhr/Escher, 361 bei Anm. 26). Er trägt jedoch die Gefahr, dass die Abtretung sich als ungültig erweist (vgl. ZK-Spirig, N 35). In diesem Fall muss er zusätzlich an seinen wahren Gläubiger leisten und kann das an den vermeintlichen Zessionar Geleistete aus ungerechtfertigter Bereicherung zurückverlangen (Leistungskondiktion, Art. 62; s.a. N 13).

2b Zu den Ansprüche des tatsächlichen Gläubigers bei befreiender Leistung des Schuldners an einen vermeintlichen Gläubiger s. N 7 f.

III. Erweiterung auf Ketten- und Mehrfachzessionen

3 Wie erwähnt, wird der Schuldner nicht nur dann befreit, wenn er an den Zedenten leistet, sondern nach dem klaren Wortlaut des Gesetzes auch dann, wenn er an einen «im Rechte nachgehenden» Zessionar leistet, bevor ihm die entsprechende Weiterzession angezeigt wird. Nach herrschender Auffassung ist der Wortlaut von Art. 167, anders als etwa die entsprechenden Bestimmungen des BGB (§§ 407–409), zu eng gefasst. Danach soll die Befreiungswirkung nicht nur den Tatbestand der **Kettenzession** erfassen, sondern auch den Fall, in dem der Zedent dieselbe Forderung mehrmals an verschiedene Personen abgetreten (sog. **Mehrfachzession**) und der Schuldner gutgläubig an einen vermeintlichen Zessionar geleistet hat, der die Forderung mangels Verfügungsmacht des Zedenten (dazu Art. 164 N 17) gar nicht hat erwerben können (vgl. §§ 407–409 BGB, die in dieser Hinsicht eindeutiger formuliert sind; BGer, SJ 1998, 385; TC VS, RVJ 1996, 268; von Büren, AT, 330; Keller/Schöbi, IV, 63; von Tuhr/Escher, 360 f.; Gauch/Schluep/Schmid/Emmenegger, N 3495, m.w.Nw.; **a.A.** ZK-Oser/Schönenberger, N 7).

4 Art. 167 wirkt **nur zugunsten des Schuldners** und nicht etwa zugunsten des vermeintlichen Zessionars, selbst dann nicht, wenn dieser von einer früheren Abtretung keine Kenntnis hat (vgl. BGE 56 II 363, 368 f. E. 2). Die Bestimmung vermag dem vermeintlichen Gläubiger weder die Aktivlegitimation an einer Forderung noch die Befugnis zur Begründung von Schuldverhältnissen zu verschaffen (BGer, 30.12.2003, 4C.133/2003, E. 2.1; BGE 117 II 463, 465 E. 3). Dem Schuldner ist ein **Wahlrecht** einzuräumen, wonach er sich entweder auf Befreiung berufen oder entsprechend der wahren Berechtigung die Leistung an den vermeintlichen Gläubiger aus Bereicherungsrecht zurückverlangen kann (gl.A. BK-Becker, N 1; Schwenzer, N 90.45; **a.A.** ZK-Spirig, N 40; CR CO I-Probst, N 16; von Tuhr/Escher, 358; Koller A., OR AT, § 84 N 111).

IV. Bedeutung des guten Glaubens des Schuldners

Die Leistung des Schuldners an den Zedenten (oder im Falle der Ketten- bzw. Mehrfachzession an einen nachgehenden bzw. vermeintlichen Zessionar) hat nur dann befreiende Wirkung, wenn der Schuldner gutgläubig leistet. Da der **gute Glauben** des Schuldners **vermutet** wird (Art. 3 Abs. 1 ZGB; vgl. BGE 131 III 586, 591 E. 4.2.1), muss der tatsächliche Gläubiger, der die befreiende Wirkung der Leistung nicht anerkennt, die Vermutung des guten Glaubens umstossen und nachweisen, 5

- dass der Schuldner *Kenntnis* von der Zession gehabt hat oder 6
- dass der Schuldner bei der Aufmerksamkeit, die nach den Umständen von ihm hätte verlangt werden dürfen, *Kenntnis von der Zession hätte erlangen können* (vgl. von Tuhr/Escher, 359 bei Anm. 7) oder aber
- dass dem Schuldner die *Zession rechtzeitig angezeigt* (notifiziert) worden ist. Die Vermutung des guten Glaubens wird im Allgemeinen als besonders stark beurteilt werden können, wenn dem Schuldner die Abtretung nicht angezeigt wird (vgl. Bucher, AT, 563).

In Abweichung vom geltenden Recht (s. N 5 f.) setzt der Entwurf für einen neuen allgemeinen Teil des OR (**«OR 2020»**, s. Vor Art. 164–174 N 11–13) für die befreiende Wirkung der Leistung des Schuldners an den Zedenten vor Anzeige der Abtretung nicht voraus, dass der Schuldner *in gutem Glauben* leistet (vgl. Art. 172 OR 2020). Dadurch soll Rechtssicherheit und Klarheit für alle Beteiligten geschaffen werden (vgl. Girsberger/Hermann, OR 2020, Art. 172 N 3). 6a

Leistet der **Schuldner**, bevor ihm die Abtretung angezeigt worden ist, in gutem Glauben an einen früheren Gläubiger, so ist er **von seiner Schuld befreit**. Im Hinblick auf den Gesetzeszweck des Schuldnerschutzes gilt dies selbst dann, wenn der Empfänger der Leistung bösgläubig ist. Der **Zessionar** hat sich an den Empfänger der Leistung zu halten: Er kann vom Zedenten bei Verschulden Schadenersatz wegen Vertragsverletzung (Art. 97 Abs. 1) verlangen, in Ermangelung eines Verschuldens Herausgabe dessen, was der Zedent durch die Einziehung der ihm nicht mehr gehörenden Forderung erlangt hat, nach den Regeln der ungerechtfertigten Bereicherung (Eingriffskondiktion, Art. 62) bzw. der unechten Geschäftsführung ohne Auftrag (Art. 423 Abs. 1; vgl. zum Ganzen von Tuhr/Escher, 358 f.; Bucher, AT, 562). 7

Im Falle einer **Mehrfachzession** (s. N 3) steht dem wahren Zessionar gegenüber dem angezeigten vermeintlichen Zessionar ein Anspruch aus ungerechtfertigter Bereicherung (Eingriffskondiktion; ZK-Spirig, N 58; zur Bereicherungslage bei einer Mehrfachzession an zwei Banken vgl. Zobl, SJZ 1989, 356 ff. sowie Stoll, SJZ 1993, 390 ff.) bzw. allenfalls aus unechter Geschäftsführung ohne Auftrag (Art. 423 Abs. 1; s.a. CR CO I-Probst, N 17) und gegenüber dem Zedenten allenfalls ein Schadenersatzanspruch wegen Vertragsverletzung zu (von Tuhr/Escher, 361 bei Anm. 25). Der in Anspruch genommene vermeintliche Zessionar wiederum kann gegen den Zedenten einen Gewährleistungsanspruch nach Art. 171 geltend machen (s. Art. 171 N 7). 7a

V. Anzeige (Notifikation)

Die Anzeige ist eine **empfangsbedürftige, formfreie, rechtsgestaltende Wissenserklärung** (Schwenzer, N 90.43; auch als Vorstellungsäusserung, Vorstellungsmitteilung oder Mitteilung bezeichnet, vgl. BK-Kramer, Art. 1 N 68; von Tuhr/Escher, 359 bei Anm. 9; von Tuhr/Peter, 176 bei Anm. 25). Als solche wirkt sie mit ihrem Eintreffen, ohne dass es auf eine Kenntnisnahme durch den Schuldner ankommt. Daraus folgt, dass der Schuldner nach Zugang der Anzeige durch eine Leistung an den falschen nicht befreit wird, selbst wenn er noch keine Kenntnis davon genommen hat (ZK-Spirig, N 17; Bucher, AT, 562 bei Anm. 100 f.; von Tuhr/Escher, 359 bei Anm. 11 f., m.w.Nw. zum abweichenden deutschen 8

Recht). Dies soll nach einer Ansicht selbst dann gelten, wenn die Unkenntnis unverschuldet ist (vgl. VON TUHR/ESCHER, 359 bei Anm. 13). U.E. würde damit dem Schutz des gutgläubigen Schuldners zu wenig Rechnung getragen. Aus diesem Grunde ist der differenzierenden Ansicht zuzustimmen, dass die Anzeige den guten Glauben des Schuldners nur dann zerstört, wenn sie nach Eintreffen vom Schuldner bei der nach den Umständen gebotenen Aufmerksamkeit zur Kenntnis genommen werden müsste (KELLER/SCHÖBI, IV, 64, m.w.Nw.; vgl. auch AppHof BE, SJZ 1954, 163).

8a In Abweichung vom geltenden Recht (s. N 8) sieht der Entwurf für einen neuen allgemeinen Teil des OR (**«OR 2020»**, s. Vor Art. 164–174 N 11–13) aus Gründen der Rechtssicherheit und zum Schutze des Schuldners vor, dass die Anzeige der Textform bedarf (vgl. Art. 171 Abs. 2 OR 2020; GIRSBERGER/HERMANN, OR 2020, Art. 171 N 5). Verlangt wird damit eine schriftliche Ausdrucksweise, die den dauerhaften Nachweis der Erklärung ermöglicht (vgl. zur Textform Art. 25 OR 2020).

9 Die Anzeige wirkt so lange, bis sie von dem, der sie gemacht hat, widerrufen wird (VON TUHR/ESCHER, 360). Es spielt dabei keine Rolle, ob die Anzeige dem Schuldner zugegangen ist oder ob dieser von ihr Kenntnis erhalten hat. Auch ist nicht erforderlich, dass der Schuldner dem Widerruf zustimmt (CR CO I-PROBST, Art. 167 N 6). Der **Widerruf der Anzeige** ist allerdings nur wirksam, wenn er beim Schuldner eintrifft, bevor dieser an den Zessionar leistet.

10 Die Anzeige muss ferner, um die Wirkung von Art. 167 auszulösen, **unmissverständlich** über die Abtretung informieren, nicht etwa bloss zur Zahlung auffordern (BUCHER, AT, 565; ZK-SPIRIG, N 13).

11 Die Anzeige kann vom Zessionar oder vom Zedenten ausgehen. Stammt sie von einer dritten Person, so muss sie, um die Wirkung gem. Art. 167 auszulösen, im Namen des Zessionars oder des Zedenten erfolgen (VON TUHR/ESCHER, 359; ZK-SPIRIG, N 14 f.).

12 Der dem Abtretungsrecht zugrunde liegende Schuldnerschutz verlangt ferner, dass aus dem **Schweigen des Schuldners nach Zugang der Anzeige** oder aus einer **Empfangsbestätigung** nicht geschlossen werden darf, der Schuldner anerkenne die Schuld gegenüber dem Zessionar oder verzichte auf Einreden (BUCHER, AT, 565 Anm. 110; **a.A.** VON TUHR/ESCHER, 369, u.E. zu weitgehend zugunsten des Zessionars).

13 Die Anzeige hat die **Wirkung**, dass der Schuldner durch Leistung an den früheren Gläubiger nach Zugang der Anzeige nicht mehr befreit wird (vgl. BGer, 27.10.2010, 4D_93/2010, E. 3.2; 3.6.2009, 4A_133/2009, E. 2.5): Leistet der Schuldner trotz Empfang der Anzeige an seinen bisherigen Gläubiger, so tut er das auf eigene Gefahr und muss, wenn sich die Anzeige als richtig erweist, zusätzlich an den Zessionar leisten (VON TUHR/ESCHER, 360). Bezüglich der ersten Leistung hat er einen Rückforderungsanspruch aus ungerechtfertigter Bereicherung. Denn er hat ohne jeden gültigen Grund eine Zuwendung an eine nicht legitimierte Person gemacht (Leistungskondiktion, Art. 62; vgl. ZK-SPIRIG, N 57). Die vom ursprünglichen Gläubiger ausgehende Anzeige bewirkt umgekehrt aber auch, dass der Schuldner selbst dann, wenn die Zession sich nachträglich als ungültig erweist, durch gutgläubige Leistung an die in der Anzeige als Zessionar bezeichnete Person befreit wird (VON TUHR/ESCHER, 360; gemäss BUCHER, AT, 564 wird der Schuldner selbst bei Kenntnis von der Ungültigkeit der Zession befreit; vgl. für das deutsche Recht die ähnliche Regelung in § 409 Abs. 1 BGB; betr. gutgläubige Leistung an den vermeintlichen Zessionar im Falle einer zufolge Unabtretbarkeit unzulässigen Zession s. Art. 164 N 52).

14 Die Anzeige allein begründet **keine Verpflichtung des Schuldners zur Leistung** an den in der Anzeige bezeichneten Gläubiger (vgl. BUCHER, AT, 563 f.; VON TUHR/ESCHER, 360). Der Schuldner kann die Leistung allerdings nicht gestützt darauf verweigern, dass er an der Richtigkeit der Anzeige zweifelt, und er kann nicht den zusätzlichen Nachweis verlangen, dass der

Anzeigende zur Anzeige berechtigt war. Hingegen kann der Schuldner als Bedingung der Leistung an den Zessionar den Nachweis der Zession (mittels Vorlegung des Originals oder einer beglaubigten Kopie der Zessionsurkunde) verlangen. Der Schuldner muss dies sogar tun, wenn er aufgrund der besonderen Umstände die Ungültigkeit der Zession annehmen muss (vgl. BGE 88 II 18, 25 E. 5). Die vorgelegte Zessionsurkunde hat diesbezüglich dieselbe Wirkung wie eine Anzeige (KELLER/SCHÖBI, IV, 64). Solange der Zessionar diesen Nachweis nicht geleistet hat, wird der Grundsatz durchbrochen, dass der Schuldner bei Fälligkeit zu leisten hat (GAUCH/SCHLUEP/SCHMID/EMMENEGGER, N 3489).

15 Die Anzeige hat als Akt unter Privatpersonen («acte entre personnes privées») **keine verjährungsunterbrechende Wirkung** i.S.v. Art. 135 Ziff. 2 (BGer, 12.5.2004, 4C.296/2003, E. 3.4; s.a. Art. 135 N 5). Vgl. zur Frage der **Rechtzeitigkeit der Anzeige** BGE 95 II 109, 115 f. E. 4; OGer ZH, ZR 1982, 76, 77 f. Vgl. zur Rechtzeitigkeit der Anzeige im Falle einer Pfändung der abzutretenden Forderung BGer, 8.12.2005, 5P.265/2005, E. 4.3.

16 Bei der **Pfändung abgetretener Lohnforderungen** bleiben die vom Lohnschuldner an den Arbeitnehmer oder für dessen Rechnung an das Betreibungsamt geleisteten Zahlungen dem Zugriff des Zessionars entzogen, solange die Abtretung dem Lohnschuldner nicht angezeigt ist (BGE 95 III 9, 14 E. 2b; s.a. Art. 164 N 47 f.).

17 Bei **unrichtiger Anzeige** ist der leistende Schuldner nur dann befreit, wenn die Anzeige vom verfügungsberechtigten Zedenten ausgegangen ist und der Schuldner im guten Glauben gewesen ist, nicht aber, wenn die Anzeige von einem bloss vermeintlichen Zessionar gemacht worden ist (KELLER/SCHÖBI, IV, 64, m.w.Nw.). Es wird die Ansicht vertreten, dass der Schuldner selbst dann befreit sein müsse, wenn er Kenntnis von der Ungültigkeit der Zession hat, aber dennoch in guten Treuen annimmt, der «Zedent» wolle Zahlung an den «Zessionar» (BUCHER, AT, 564 Anm. 107, m.w.Nw.). Diese Ansicht ist u.E. mit dem Gesetz nicht vereinbar, es sei denn, die Berufung auf die Ungültigkeit der Zession durch den Zedenten sei rechtsmissbräuchlich (gl.A. CR CO I-PROBST, N 10, m.w.Nw.). Ein besonderer Schuldnerschutz ist in solchen Fällen nicht notwendig, da der Schuldner durch das Recht zur Hinterlegung (Art. 168) genügend geschützt ist.

VI. Bedeutung des Begriffes «Zahlung an den Erwerber»

18 Der Begriff «Zahlung» ist zu eng. Gemeint ist jede Form der Erfüllung, welche die Schuld ganz oder teilweise erlöschen lässt. Auch ist der Leistungsinhalt nicht auf Geldleistungen beschränkt. Dem Tatbestand der Zahlung des gutgläubigen Schuldners müssen deshalb gleichgestellt werden **Rechtsgeschäfte** zwischen Schuldner und altem Gläubiger, **durch welche die Schuld zum Erlöschen gebracht wird**, und zwar selbst dann, wenn sie durch einseitige Erklärung des alten Gläubigers bewirkt werden können. Zu denken ist etwa an Novation, Erlass oder Verrechnung (vgl. BGE 131 III 586, 591 f. E. 4.2.2, m.w.Nw.; OGer ZH, 4.6.2012, VR110009, E. IV.2.2 f.; AppHof BE, SJZ 1954, 163; BUCHER, AT, 562 Anm. 99; vgl. zur Verrechnung auch KOLLER A., BR 1984, 67 f.; differenzierend LARDELLI, FS Honsell, 80 ff., der zwischen Erfüllungshandlungen und Rechtsgeschäften unterscheidet. Erfüllungshandlungen, wie z.B. die Verrechnung, seien der «Zahlung» nach Art. 167 gleichzustellen, während Rechtsgeschäfte, wie z.B. die Novation und der Erlass, «Einreden» nach Art. 169 begründeten). Ebenso muss der Zedent bis zur Anzeige der Zession die Möglichkeit haben, die zur Wahrung der Gläubigerstellung bestehenden Rechtshandlungen vorzunehmen, wie etwa eine den Verzug auslösende Mahnung auszusprechen, ein Wahlrecht auszuüben oder die Verjährung zu unterbrechen (BUCHER, AT, 562).

VII. Beweislast

19 Nach Art. 8 ZGB muss der **Zessionar** beweisen, dass er Inhaber der Forderung ist, wenn er die Leistung vom Schuldner beansprucht (BUCHER, AT, 566). Zu diesem Zweck muss er dem Schuldner die Zessionsurkunde vorlegen. Der Schuldner ist ferner berechtigt, die Vorlage eines allfälligen Schuldscheins vom Zessionar zu verlangen (vgl. Art. 88; VON TUHR/ESCHER, 361). Wenn hingegen der Zedent oder ein früherer Zessionar die Leistung des Schuldners verlangt, so hat der **Schuldner** die rechtsaufhebende Tatsache der (späteren) Zession zu beweisen, wenn er die Leistung verweigern will (VON TUHR/ESCHER, 361 bei Anm. 26).

VIII. Leistung bei Ungültigkeit der Forderung

20 Hat der Schuldner schon an den Zessionar geleistet und stellt sich die Forderung im Nachhinein als ungültig heraus, so fragt sich, ob der Schuldner einen **Bereicherungsanspruch** gegen den Zedenten oder gegen den Zessionar hat. **U.E.** geht das betreffende Risiko mit der rechtswirksamen Zession auf den Zessionar über, so dass ein allfälliger Bereicherungsanspruch sich nur noch **gegen den Zessionar** richten kann, der allenfalls aus Vertragsverletzung bzw. Gewährleistung auf den Zedenten Rückgriff nehmen kann (ebenso Art. 62 N 36; zum deutschen Recht RAHMATIAN, 1 ff.). Nach einer anderen Ansicht habe sich der Schuldner an den Zedenten zu halten, weil nur dieser sein Vertragspartner sei. Daher soll der Schuldner auch nur das Risiko der Zahlungsunfähigkeit des Zedenten tragen, nicht aber des Zessionars, den er nicht als Vertragspartner ausgewählt habe (vgl. LOSER, SZW 2006, 212, m.w.Nw.). Nach einer dritten Ansicht sei entscheidend, ob mit der Leistung des Schuldners aus der Sicht der Beteiligten eine Leistung an den ursprünglichen Gläubiger (so z.B. bei der Sicherungszession) oder an den neuen Gläubiger gewollt sei. Im ersten Fall richte sich der Bereicherungsanspruch gegen den Zedenten, im zweiten Fall gegen den Zessionar (vgl. SCHWENZER, N 56.24). Aus Schuldnerschutzgründen wird sodann die Auffassung vertreten, dass der Schuldner den Bereicherungsanspruch wahlweise gegen den Zessionar oder gegen den Zedenten geltend machen könne (zumindest für den Fall der Bösgläubigkeit des Zedenten; vgl. CHK-REETZ/BURRI, Art. 169 N 21).

Art. 168

b. Verweigerung der Zahlung und Hinterlegung

[1] Ist die Frage, wem eine Forderung zustehe, streitig, so kann der Schuldner die Zahlung verweigern und sich durch gerichtliche Hinterlegung befreien.

[2] Zahlt der Schuldner, obschon er von dem Streite Kenntnis hat, so tut er es auf seine Gefahr.

[3] Ist der Streit vor Gericht anhängig und die Schuld fällig, so kann jede Partei den Schuldner zur Hinterlegung anhalten.

b. Refus de paiement et consignation

[1] Le débiteur d'une créance dont la propriété est litigieuse peut en refuser le paiement et se libérer par la consignation du montant en justice.

[2] Il paie à ses risques et périls, s'il le fait en ayant connaissance du litige.

[3] S'il y a procès pendant et que la créance soit exigible, chacune des parties peut contraindre le débiteur à consigner la somme due.

b. Rifiuto del pagamento e deposito

[1] Se è controverso, a chi spetti il credito, il debitore può rifiutare il pagamento e liberarsi mediante deposito giudiziale.

[2] Ove paghi, pur conoscendo la contestazione, lo fa a suo rischio e pericolo.

[3] Se la lite è pendente e il debito è scaduto, ciascuna delle parti in causa può pretendere che il debitore faccia il deposito.

Literatur

Vgl. die Literaturhinweise bei den Vorbem. zu Art. 164–174.

I. Hinterlegungsrecht des Schuldners (Abs. 1)

1 Unter der Voraussetzung, dass die Frage der **Inhaberschaft der Forderung streitig** ist (sog. *Prätendentenstreit*), hat der Schuldner das Recht, nicht die Pflicht, zur gerichtlichen Hinterlegung mit befreiender Wirkung (BGE 82 II 460, 466 E. 2; 68 III 53, 55 f. E. 2; BGer, 1.2.2013, 6B_2/2012, E. 5.1; Bucher, AT, 566). Allgemein kann der Schuldner sich durch gerichtliche Hinterlegung befreien, wenn er im Ungewissen ist, wem die Forderung zusteht (BGE 82 II 48, 55 E. 2). Anderseits entbindet die Unsicherheit über die Identität des Gläubigers den Schuldner aber nicht von seiner Leistungspflicht (vgl. TC VD, SJZ 2002, 309). *Nicht vorausgesetzt* ist, dass es sich um einen *gerichtlichen Streit* handelt (KGer SG, SJZ 1985, 214 mit ausführlicher Übersicht über die Lehrmeinungen zum Begriff des «Streites»; ZK-Spirig, N 15).

2 Durch Art. 168 Abs. 1 wird die allgemeine Regelung des Hinterlegungsrechts gem. Art. 96 ergänzt, die es einem Schuldner erlaubt, bei jeder Ungewissheit über die Person des Gläubigers den Forderungsgegenstand gerichtlich zu hinterlegen (vgl. BGE 63 II 54, 56 ff. E. 2). Das Hinterlegungsrecht nach Art. 168 besteht auch dann, wenn der Streit zwischen den Prätendenten nicht aufgrund einer Abtretung entstanden ist (vgl. BGE 105 II 273, 276 f. E. 2; TC VC, JdT 2007 III, 78, 80 E. 2b; CJ GE, SJ 1975, 217, 219 E. B/b; krit. CR CO I-Probst, N 2). Art. 168 ist insofern **lex specialis**, als ein Hinterlegungsgrund ohne Weiteres nach Art. 168 vorliegt, wenn die Inhaberschaft bestritten wird (BGer, 8.4.2008, 4A_511/2007, E. 2), also auch dann, wenn nach Ansicht des Schuldners klar ist, wem die Forderung zusteht (OGer ZH, 30.8.2011, LF110084, E. 6.3; von Tuhr/Escher, 363 bei Anm. 43, m.w.Nw.). Allerdings darf die Ungewissheit über die Person des Gläubigers vom Schuldner nicht verschuldet sein (BGE 134 III 348, 350 E. 5.1). Dies setzt voraus, dass der Schuldner die Sach- und Rechtslage sorgfältig prüft (BGE 59 II 226, 232 E. 2; Gauch/Schluep/Schmid/Emmenegger, N 3494, m.w.Nw.; KUKO OR-Lardelli, N 2).

2a Art. 168 regelt gemäss Wortlaut («Zahlung») die Hinterlegung von Geld. Er ist jedoch auf die Hinterlegung anderer **hinterlegbarer Forderungsgegenstände** analog anwendbar (vgl. ZK-Spirig, N 28), soweit nicht die allgemeine Regel von Art. 96 greift (s. N 2; vgl. betr. Hinterlegung von Waren CR CO I-Probst, N 12; Staehelin A., BJM 1972, 228 f.).

3 Art. 168 ist auf die Frage, ob eine Forderung durch **Legalzession** übergegangen ist (vgl. Art. 166), analog anzuwenden (BGE 87 III 14, 17 E. 1, m.w.Nw.; ZK-Spirig, N 4; Art. 166 N 5).

II. Zuständige Instanz und Ort der Hinterlegung

4 Die Hinterlegung nach Art. 168 OR ist ein Anwendungsfall der freiwilligen Gerichtsbarkeit (vgl. ZPO Komm-Feller/Bloch Art. 19 N 31 f.). Somit ist gem. Art. 19 ZPO das **Gericht am (Wohn-) Sitz des Gesuchstellers** (d.h. des Schuldners) für die Beurteilung des Hinterlegungsgesuchs zuständig (CR CO I-Probst, N 11). Welches Gericht sachlich zuständig ist, bestimmt das kantonale Recht (Art. 4 Abs. 1 ZPO). Das Gericht entscheidet im summarischen Verfahren (Art. 250 lit. a Ziff. 6 ZPO). Art. 168 Abs. 1, der von «gerichtlicher Hinterlegung» spricht, ist insofern zu eng, als die **Hinterlegung** nicht zwingend **bei einem Gericht** zu erfolgen hat, sondern gem. Art. 92 Abs. 2 auch an einem vom Richter bestimmten **anderen Ort** vorgenommen werden kann (von Tuhr/Escher, 363 bei Anm. 44; ZK-Spirig, N 26).

5 Das zur Beurteilung des Hinterlegungsgesuchs zuständige Gericht entscheidet nicht über die materielle Berechtigung der Parteien an der Forderung. Ebenso entscheidet erst der **ordentliche Richter**, ob einer Hinterlegung nach Art. 168 befreiende Wirkung zukommt, falls der angebliche Gläubiger trotz der Hinterlegung den Schuldner auf Erfüllung belangt (vgl. BGE 105 II 273, 275 f. E. 2, m.w.Nw.; OGer ZH, 30.8.2011, LF110084, E. 6.3; KGer SG, SJZ 1985, 214 E. 1). Immerhin war – vor Inkrafttreten der ZPO – eine kantonale Regelung zulässig, wonach die Hinterlegungsbehörde einem Prätendenten Frist zur Klage ansetzen kann,

mit der Androhung, dass andernfalls der hinterlegte Betrag dem andern Prätendenten herausgegeben werde (BGE 87 III 14, 21 E. 2a; CR CO I-Probst, N 17, m.w.Nw.). Die ZPO enthält hierzu keine Regelung.

III. Kenntnis des Schuldners von der umstrittenen Inhaberschaft (Abs. 2)

6 Art. 168 Abs. 2 statuiert den an sich selbstverständlichen Grundsatz, dass der Schuldner **auf eigene Gefahr leistet**, wenn er Kenntnis vom Streit um die Inhaberschaft hat. In einem solchen Fall geht der Schuldner das Risiko ein, dass er ein zweites Mal leisten muss, wenn sich später (etwa durch richterliches Feststellungsurteil) herausstellt, dass er an den falschen geleistet hat (BGer, 9.6.2004, 4C.84/2004, E. 2.3; vgl. auch BGE 134 V 369, 372 f. E. 4.2). Dies gilt sogar dann, wenn vorgängig einer der Prätendenten gegen den Schuldner auf Erfüllung klagt und obsiegt (vgl. von Tuhr/Escher, 363). Es bleibt dem Schuldner dann überlassen, die Leistung an den falschen von diesem wegen ungerechtfertigter Bereicherung zurückzufordern. Um der Gefahr der Doppelzahlung zu entgehen, *kann der Schuldner einem weiteren Prätendenten im Prozess den Streit verkünden*, mit der Folge, dass ein Urteil, welches die Forderung dem Kläger zuspricht, auch gegen den streitberufenen Prätendenten wirkt (vgl. Art. 78, 80 i.V.m. Art. 77 ZPO).

6a Der in Abs. 2 verwendete Begriff **«Zahlung»** ist zu eng. Es fallen darunter alle Rechtsgeschäfte zwischen dem Schuldner und dem Empfänger der Leistung, durch welche die Schuld zum Erlöschen gebracht werden soll, wie etwa die Novation, der Erlass oder die Verrechnung (vgl. ZK-Spirig, N 47; s.a. Art. 167 N 18).

IV. Wirkungen der Hinterlegung

7 Die Hinterlegung hat nur dann **befreiende Wirkung**, wenn sie den ganzen Forderungsbetrag umfasst, einschliesslich allfällig aufgelaufener Verzugs- und sonstiger Zinsen, Konventionalstrafen oder anderer Forderungserweiterungen (von Tuhr/Escher, 363; ZK-Spirig, N 27). Ein allfälliger Verzug des Schuldners endet mit der Hinterlegung (BGE 136 V 49, 57 E. 5). Der Schuldner gerät vor der Hinterlegung jedoch nur dann durch Mahnung in Verzug, wenn der sich nachträglich als forderungsberechtigt herausstellende Gläubiger (so von Büren, AT, 333) oder alle Prätendenten zusammen (so BGE 82 II 460, 466 E. 2) die Mahnung aussprechen.

V. Hinterlegungspflicht des Schuldners (Abs. 3)

8 Das Hinterlegungsrecht des Schuldners wird nach Art. 168 Abs. 3 unter den folgenden *kumulativen Voraussetzungen* zur **Pflicht**:
- dass der *Prätendentenstreit vor Gericht rechtshängig* ist. Die Rechtshängigkeit beurteilt sich nach Art. 62 f. ZPO;
- dass die *Forderung fällig* ist und
- dass mindestens einer der *Prätendenten die gerichtliche Hinterlegung verlangt* hat.

Der *Wortlaut des Gesetzes* geht insofern *zu weit*, als selbst bei Vorliegen der obigen Voraussetzungen der Schuldner nur dann zur Hinterlegung gezwungen werden kann, wenn er seine Leistungspflicht an sich und die Berechtigung eines der Prätendenten anerkennt und nur über die Person des Forderungsberechtigten im Unklaren ist (von Tuhr/Escher, 364 bei Anm. 46–46a, m.w.Nw.; Guhl/Koller/Schnyder/Druey, § 34 N 40; vgl. auch TC VS, RVJ 2007, 179, 181 E. 3.1).

Art. 169

c. Einreden des Schuldners

[1] Einreden, die der Forderung des Abtretenden entgegenstanden, kann der Schuldner auch gegen den Erwerber geltend machen, wenn sie schon zu der Zeit vorhanden waren, als er von der Abtretung Kenntnis erhielt.

[2] Ist eine Gegenforderung des Schuldners in diesem Zeitpunkt noch nicht fällig gewesen, so kann er sie dennoch zur Verrechnung bringen, wenn sie nicht später als die abgetretene Forderung fällig geworden ist.

c. Exceptions du débiteur cédé

[1] Le débiteur peut opposer au cessionnaire, comme il aurait pu les opposer au cédant, les exceptions qui lui appartenaient au moment où il a eu connaissance de la cession.

[2] S'il possédait contre le cédant une créance non encore exigible à cette époque, il peut invoquer la compensation, pourvu que sa créance ne soit pas devenue exigible postérieurement à la créance cédée.

c. Eccezioni del debitore

[1] Il debitore può opporre al cessionario le eccezioni che avrebbe potuto opporre al cedente, se già sussistevano quando ebbe notizia della cessione.

[2] Se a quel momento il debitore aveva verso il cedente un credito non ancora scaduto, egli potrà opporlo in compensazione, purché la scadenza del suo credito non sia posteriore a quella del credito ceduto.

Literatur

Vgl. die Literaturhinweise bei den Vorbem. zu Art. 164–174.

I. Zweck der Bestimmung

1 Der Grundsatz des **Schuldnerschutzes** (s. Vor Art. 167–169; Art. 167 N 1) verlangt, dass der Schuldner gegenüber dem Zessionar alle Einreden und Einwendungen vorbringen können soll, die ihm gegen den Zedenten zustanden oder neu gegen den Zessionar persönlich zustehen (CR CO I-Probst, N 1, m.w.Nw.). Dies entspricht auch dem Grundsatz der Identität, wonach der Zessionar die Forderung so erwirbt, wie sie im Zeitpunkt der Abtretung besteht, d.h. vorliegend behaftet mit den gegen den Zedenten bestehenden Einreden und Einwendungen (s. Art. 164 N 46a; BGE 125 III 257, 260 E. 2b; 65 II 66, 83 ff. E. 10). Der Schutz des Schuldners findet allerdings eine Grenze darin, dass der Schuldner nicht aus der Zession soll Profit schlagen können. Deshalb sollen dem Schuldner alle Verteidigungsmittel verwehrt sein, die ihm gegen den Zedenten nicht zur Verfügung stehen würden, wenn die Zession nicht stattgefunden hätte (vgl. BGer, 10.7.2014, 4A_95/2014, E. 2.3: Der Umstand, dass der Zessionar gegebenenfalls eine höhere Bonität aufweist als der Zedent, bedeutet keine Verbesserung der Rechtsstellung des Schuldners, sondern stellt gegebenenfalls – im Hinblick auf einen möglichen Rückforderungsanspruch – eine zulässige tatsächliche Besserstellung dar). Auf der anderen Seite nimmt das Gesetz in Kauf, dass der Zessionar beim Forderungserwerb das Risiko von Einreden und Einwendungen des Schuldners eingeht. Der **Zessionar** soll nach dem Willen des Gesetzgebers nur dann **geschützt** werden,

- wenn der Schuldner den gutgläubigen Erwerb einer mit einem Abtretungsverbot versehenen Forderung durch den Zessionar teilweise selber zu vertreten hat, indem er das Abtretungsverbot nicht in dieselbe Urkunde aufgenommen hat, in der er seine Schuld bekennt, (Art. 164 Abs. 2, **Ausschluss der Einrede der Nichtabtretbarkeit**; dazu Art. 164 N 57–59) oder
- wenn der Schuldner eine bloss simulierte Forderung schriftlich anerkannt hat (Art. 18 Abs. 2, **Ausschluss der Einwendung der Simulation**; dazu Art. 164 N 46b).

Da die Bestimmungen von Art. 18 Abs. 2 und Art. 164 Abs. 2 Ausnahmevorschriften sind, können sie nicht auf andere, nicht aus dem Schuldschein erkenntliche Einwendungen ausgedehnt werden (von Tuhr/Escher, 365).

2 Im Übrigen soll im schweizerischen Zessionsrecht, anders als im Wertpapierrecht (vgl. Art. 174 N 1), **keine Rücksicht auf die Gutgläubigkeit des Zessionars** genommen werden (vgl. Art. 164 N 46a f.; CR CO I-Probst, N 6; Bucher, AT, 567 bei Anm. 117; von Tuhr/Escher, 364 bei Anm. 50).

II. «Einreden» des Schuldners (Abs. 1)

1. Begriff der «Einrede»

3 Nach dem klaren Wortlaut des Gesetzes kann der Schuldner alle **Einreden** vorbringen, die «der Forderung des Abtretenden» zur Zeit der Kenntnisnahme von der Abtretung (vgl. Art. 167 N 8) entgegenstanden (dazu N 5 ff.).

4 Nach unbestrittener Auffassung kann der Schuldner aber nicht nur Einreden i.e.S. geltend machen, sondern auch **Einwendungen**, d.h. Tatsachen, aus denen sich ergibt, dass
- die Forderung nicht gültig entstanden ist (*rechtshindernde Tatsachen*, z.B. Nichtigkeit der Forderung infolge Unmöglichkeit, Widerrechtlichkeit oder Unsittlichkeit [Art. 20], oder *Nichtexistenz rechtsbegründender Tatsachen*, z.B. Nichteintritt einer aufschiebenden Bedingung),
- die Forderung bereits untergegangen ist (*rechtsaufhebende Tatsachen*, z.B. Erfüllung, Erlass, Novation, Eintritt einer auflösenden Bedingung) oder dass
- der Schuldner aufgrund einer Schuldübernahme durch einen Dritten von seiner Verpflichtung befreit ist (von Tuhr/Escher, 365; vgl. zum Begriff der «Einrede» auch CR CO I-Probst, N 5).

2. Arten von «Einreden»

5 Die möglichen «Einreden» des Schuldners lassen sich in folgende Gruppen unterteilen:

a) Einreden und Einwendungen, die **mit der Forderung untrennbar verbunden** sind. Dazu gehören etwa die Einreden der Verjährung (Art. 127 ff.; vgl. BGE 135 V 163, 166 f. E. 4.4), der Bereicherung (Art. 67 Abs. 2) oder der Unklagbarkeit aus anderen Gründen, z.B. aufgrund von Art. 513; Einwendungen aufgrund von Anfechtungsrechten aus Übervorteilung (Art. 21), Irrtum, Täuschung oder Drohung (Art. 23 ff.) sowie die Einrede der materiellen Rechtskraft (Art. 59 Abs. 2 lit. e ZPO; vgl. BGer, 5.7.2010, 4A_370/2009, E. 5.2.1.2). Der Gläubigerwechsel berührt den Lauf der Verjährung nicht (von Tuhr/Escher, 221; Spiro, 109 ff., 265 ff.). Nicht zulässig ist die Einwendung des Blankettmissbrauchs (BGE 88 II 422, 426 ff. E. 2d; ZK-Spirig, N 69).

6 b) Einreden und Einwendungen, die dem Schuldner **gegen den Zedenten persönlich** zustanden (ZK-Spirig, N 48–54). Darunter fallen u.a. die Einrede des Bestehens von Nebenabreden, die Einrede des nicht erfüllten Vertrages (Art. 82; vgl. BGE 65 II 66, 83 ff. E. 10; BGer, SJ 1970, 417, 421 ff.), die Einrede der Zahlungsunfähigkeit des Zedenten (Art. 83), Einreden aufgrund von Ansprüchen aus Rechts- und Sachgewährleistung (z.B. Art. 195, 205 f.; vgl. BGE 109 II 213, 215 f. E. 1b; dazu Käser, 43) sowie die Verrechnung (Art. 120 ff.; vgl. BGE 136 III 437, 442 E. 3; dazu N 9 f.). Nicht zulässig ist die Einrede, dass die Forderung an dem vom Zessionar gewählten Gerichtsstand nicht geltend gemacht werden kann, weil der Zedent selbst mit einer Klage an diesem Orte ausgeschlossen gewesen wäre (BGE 56 I 180, 186).

7 c) Einreden und Einwendungen, die dem Schuldner **gegen den** ursprünglichen **Zessionar** und alle späteren Zessionare zustehen (ZK-Spirig, N 55–59). Dazu gehören zum einen «Einreden» **aus dem Rechtsverhältnis zwischen dem Schuldner und dem Zessionar** wie z.B. die Verrechnung (Art. 120 ff.; BGE 140 III 372, 377 E. 3.3.3; Lardelli, Diss., 137 f.).

Zum andern kann sich der Schuldner auch auf «Einreden» **aus dem Rechtsverhältnis zwischen dem Zedenten und dem Zessionar** berufen, soweit sie die **Zession (als Verfü-**

gungsgeschäft, vgl. Art. 164 N 16) betreffen, wie z.B. die Einrede, dass der Zessionar mangels Handlungsfähigkeit nicht Gläubiger geworden sei; dass die Schriftform gem. Art. 165 Abs. 1 für die Zession nicht erfüllt sei; dass eine aufschiebende Bedingung der Zession nicht eingetreten sei; dass die Zession simuliert (Art. 18; BGE 50 II 150, 154 f. E. 4), rechtswidrig (BGE 87 II 203, 206 f. E. 2b; 58 II 162, 165 ff. E. 2; 56 II 195, 197 f. E. 2 = Pra 1930, Nr. 115), sittenwidrig oder unmöglich sei (Art. 20; LARDELLI, Diss., 104 ff.).

Bei der hier vertretenen abstrakten Natur der Zession (s. Art. 164 N 22 ff.) kann der Schuldner dem Zessionar jedoch **keine Einreden** entgegenhalten, die sich **aus dem Verpflichtungsgeschäft** zwischen Zedent und Zessionar ergeben und sich auf dieses Geschäft beschränken (vgl. TC VS, RVJ 2008, 196, 199 E. 5a/cc; VerwGer ZH, 7.12.2006, VB.2006.00397, E. 2.3; LARDELLI, Diss., 131; HONSELL, 370). Dies räumen selbst Vertreter der Kausalitätstheorie ein (vgl. ZK-SPIRIG, N 60; **a.A.** aber ZK-SPIRIG, Vor Art. 164–174 N 76, 107), weil das Verpflichtungsgeschäft nur das Rechtsverhältnis zwischen Zedent und Zessionar beschlägt und eine Berufung des Schuldners auf diese ihm fremde Beziehung eine unzulässige Einrede aus fremdem Recht wäre (*exceptio de iure tertii*; vgl. BGE 50 II 389, 393 E. 2b; 50 II 150, 154 f. E. 4; VON TUHR/ESCHER, 362 bei Anm. 35; vgl. auch JÄGGI, SJZ 1971, 8). So kann der Schuldner sich z.B. nicht auf die Verjährung des Abtretungsanspruchs des Zessionars gegen den Zedenten beim Forderungskauf oder auf einen Willensmangel beim Factoringvertrag zwischen Zedent und Zessionar berufen (**a.A.** GAUCH/SCHLUEP/SCHMID/EMMENEGGER, N 3528, welche die Meinung vertreten, dass der Schuldner auch Einreden erheben darf, welche die Gültigkeit des Verpflichtungsgeschäftes zwischen Zedent und Zessionar betreffen).

Gemäss Art. 169 Abs. 3 des Entwurfs für einen neuen allgemeinen Teil des OR (**«OR 2020»**, s. Vor Art. 164–174 N 11–13) ist dem Schuldner nicht nur die Einrede verwehrt, dass das der Abtretung zugrunde liegende Verpflichtungsgeschäft ungültig sei (s. N 7), sondern auch die Einreden, die sich gegen die Gültigkeit der Abtretung (Verfügungsgeschäft) selbst richten. Dieser restriktiven Regelung liegt die rechtspolitische Überlegung zugrunde, dass sich die Berufung auf die Ungültigkeit der Abtretung in der Praxis oft als missbräuchlich erweist. Dass der Schuldner sich nicht auf Einreden und Einwendungen aus der Rechtsbeziehung zwischen Abtretendem und Erwerber berufen kann, rechtfertigt sich auch deshalb, weil er durch die Vorschriften über seine Befreiung bei Leistung an einen Nichtgläubiger ausreichend geschützt wird (GIRSBERGER/HERMANN, OR 2020, Art. 169 N 8 f.). **7a**

Der Schuldner kann «Einreden», die der Forderung des Abtretenden entgegenstanden, gegen den Zessionar geltend machen, wenn sie schon zu dem **Zeitpunkt** vorhanden waren, als er **von der Abtretung Kenntnis** erhielt. Dies gilt auch bei der Abtretung zukünftiger Forderungen (s.a. Art. 164 N 49). Trotz des engen Wortlautes von Art. 169 Abs. 1 müssen auch solche «Einreden» dem Zessionar entgegengehalten werden können, die erst nach der Kenntnisnahme von der Abtretung entstehen, allerdings nur dann, wenn der Grund für ihre Entstehung schon vor diesem Zeitpunkt bestanden hat (CR CO I-PROBST, N 8; BUCHER, AT, 568 bei Anm. 119, 123; VON TUHR/ESCHER, 366 bei Anm. 64, je m.w.Nw.). Das ist etwa hinsichtlich der Einrede des nicht erfüllten Vertrages durch den Verkäufer der Fall und zwar auch dann, wenn die Forderung auf Lieferung der Kaufsache erst nach der Zession der Kaufpreisforderung und nach deren Kenntnisnahme durch den Käufer fällig geworden ist (vgl. auch VON TUHR/ESCHER, 366 bei Anm. 65). **7b**

Anders als nach geltendem Recht (s. N 7b) stellt der Entwurf für einen neuen allgemeinen Teil des OR (**«OR 2020»**, s. Vor Art. 164–174 N 11–13) nicht auf den Zeitpunkt der Kenntnisnahme der Abtretung durch den Schuldner ab, sondern auf den Zeitpunkt der Anzeige (vgl. Art. 169 Abs. 1 OR 2020). Dies dient der Rechtssicherheit, da der Zeitpunkt der Anzeige im Gegensatz zu demjenigen der Kenntnisnahme objektiv bestimmbar ist (GIRSBERGER/HERMANN, OR 2020, Art. 169 N 2). Überdies können gem. Art. 169 Abs. 2 OR 2020 «Einreden» **7c** des Schuldners, die aus dem Rechtsverhältnis zwischen dem Schuldner und dem Abtretenden stammen, das zur Entstehung der abgetretenen Forderung geführt hat, auch dann geltend gemacht werden, wenn sie erst nach Empfang der Anzeige begründet worden sind. Diese Lösung verstärkt nicht nur den Schuldnerschutz, sondern wird auch der Interessenlage im Abtretungsverhältnis besser gerecht (vgl. GIRSBERGER/HERMANN, OR 2020, Art. 169 N 7).

7d Ist die Einrede in einer **Gegenforderung gegen den Zedenten** begründet, wie etwa die Einrede des nicht erfüllten Vertrages, richtet sich die Gegenforderung auch nach erfolgter Zession gegen den Zedenten (und nicht gegen den Zessionar). Die **entsprechende Einrede** kann aber **gegen den Zessionar** rechtswirksam vorgebracht werden; es sei denn, bei der Einrede handle es sich um ein Gestaltungsrecht, das der Verwirkung unterliegt und dem Zedenten gegenüber nicht rechtzeitig ausgeübt worden ist (BUCHER, AT, 568 Anm. 121).

8 Bei **Kettenzessionen** beschränken sich die möglichen Einreden und Einwendungen des Schuldners nicht auf solche, die gegen den letzten Zedenten bzw. Zessionar vorgebracht werden können. Vielmehr kann der Schuldner die «Einreden» gegen alle Zedenten und Zessionare geltend machen, die in Tatsachen begründet waren, die vor der Kenntnisnahme der betreffenden Zessionen durch den Schuldner vorhanden waren (vgl. BGer, 7.2.2002, 4C.277/2002, E. 3.2; VON BÜREN, AT, 333; GAUCH/SCHLUEP/SCHMID/EMMENEGGER, N 3476; WEHRLI, 17). Das muss auch für **Rückzessionen** gelten (vgl. BUCHER, AT, 569 bei Anm. 129). Bei **Mehrfachzessionen** hingegen kann der Schuldner nur die Einreden und Einwendungen geltend machen, die ihm gegenüber dem Zedenten und dem ersten Zessionar zustehen. Massgebend ist dabei der Zeitpunkt, in dem der Schuldner von der ersten Abtretung Kenntnis erhalten hat (KassGer ZH, SJZ 1957, 201). Gegenüber den vermeintlichen Zessionaren steht dem Schuldner die Einrede der Ungültigkeit der Abtretung zu (s. Art. 164 N 17).

III. Verrechnung im Besonderen (Abs. 2)

9 In der Sprache des OR umfasst der Begriff «Einrede» auch die Verrechnung (BGE 95 II 235, 238 E. 3). Besteht im Moment der Abtretung eine verrechenbare Gegenforderung des Schuldners, ist die zedierte Forderung mit der **Möglichkeit einer Verrechnung** belastet und mit dieser Belastung geht sie aufgrund von Art. 169 **Abs. 1** auf den Zessionar über (VON TUHR/ESCHER, 367 bei Anm. 69a; BGE 82 II 522, 523 f. E. 4b; 85 II 111, 113 E. 1; zur Verrechnung im Akkreditivgeschäft vgl. SCHÖNLE, 319 ff.). Dadurch wird das nach dem allgemeinen Verrechnungsrecht notwendige Erfordernis der Gegenseitigkeit der Forderungen (vgl. Art. 120 Abs. 1) für den Bereich des Zessionsrechts relativiert (ZK-SPIRIG, N 88).

10 Gemäss Art. 169 **Abs. 2** braucht die **Gegenforderung** des Schuldners im Zeitpunkt, in dem der Schuldner von der Abtretung Kenntnis erhält, noch **nicht fällig** zu sein. Es genügt, dass sie existiert (vgl. HGer ZH, ZR 2010, 173, 175 E. 2.2.2.1), was etwa bei aufschiebend bedingten oder befristeten Forderungen zutrifft, und zusätzlich, dass sie dem Schuldner zusteht (OGer ZH, SJZ 1949, 225 Nr. 98). Der Zeitpunkt der Entstehung der Forderung ist nicht massgebend (ZK-SPIRIG, N 94; HANISCH, SJ 1992, 441).

11 Andererseits wird jedoch die **Verrechnung** des Schuldners vom Gesetz insofern **eingeschränkt**, als sie nur möglich ist, wenn die Gegenforderung des Schuldners nicht später als die abgetretene Forderung fällig geworden ist. Diese Regelung ist, weil sie den Schuldner im Vergleich zum allgemeinen Verrechnungstatbestand benachteiligt, zu Recht kritisiert worden (vgl. z.B. VON TUHR/ESCHER, 368 bei Anm. 74; BUCHER, AT, 569 bei Anm. 128; GUHL/KOLLER/SCHNYDER/DRUEY, 277; CR CO I-PROBST, N 22); sie entspricht jedoch dem klaren Wortlaut des Gesetzes.

IV. Einredeverzicht

1. Im Allgemeinen

Der Schuldner kann gemäss bundesgerichtlicher Rsp. auf **Einreden** verzichten (vgl. z.B. BGE 99 II 185, 190 ff. E. 2b betr. Verzicht auf Verjährungseinrede; vgl. auch Art. 126 betr. Verrechnungsverzicht). Der Verzicht kann formfrei, ausdrücklich oder stillschweigend vereinbart werden (vgl. BGE 130 III 312, 318 E. 5.2; TERCIER/EIGENMANN, SZW 2003, 136; zum Verrechnungsverzicht Art. 126 N 5). Aus Überlegungen des Schuldnerschutzes muss der Verzicht sich jedoch auf eine bestimmte Einrede beziehen und eindeutig sein (BGE 65 II 66, 81 f. E. 8b). **Einwendungen** sind demgegenüber nicht verzichtbar und müssen vom Gericht von Amtes wegen berücksichtigt werden, sofern die ihnen zugrunde liegenden Tatsachen rechtsgenügend in den Prozess eingebracht worden sind (vgl. VON TUHR/PETER, 29). Zu unterscheiden sind der Einredeverzicht, der vor der Abtretung gegenüber dem Zedenten abgegeben worden ist, (s. hiernach N 13) und der direkt gegenüber dem Zessionar geäusserte Verzicht (s. hiernach N 14). 12

2. Gegenüber dem Zedenten

Hat der Schuldner **gegenüber dem Zedenten** auf eine oder mehrere Einreden in Bezug auf eine bestimmte Forderung verzichtet und tritt der Zedent die betroffene Forderung anschliessend ab, kann sich auch der Zessionar auf diesen Einredeverzicht berufen, sofern der Verzicht nicht an die Person des Zedenten gebunden ist (vgl. BGE 135 V 163, 167 E. 4.4 betr. Verzicht auf Verjährungseinrede). Dies ist ein Ausfluss des Grundsatzes der Identität, wonach der Zessionar die Forderung so erwirbt, wie sie im Zeitpunkt der Abtretung besteht, d.h. vorliegend mit dem Vorzug des Einredeverzichts (s. Art. 164 N 46a). Ob der Verzicht an die Person des Zedenten gebunden ist, bestimmt sich durch Auslegung. Dient der Verzicht etwa der Beschaffung liquider Mittel für den Zedenten, die nun der Zessionar diesem verschafft, spricht dies dafür, dass er auch gegenüber dem Zessionar gilt (vgl. BGer, 11.1.2001, 4C.60/2000, E. 4a betr. Verrechnungsverzicht nach Art. 126; ZK-SPIRIG, N 100; vgl. zu einem konkludent vereinbarten Verrechnungsverzicht bei Treuhandanlagen im Interbankengeschäft BGE 130 III 312, 316 ff. E. 5.2). 13

3. Gegenüber dem Zessionar

Art. 169 ist dispositiver Natur. Auf Einreden **gegen die Forderung des Zessionars** gem. Art. 169 kann der Schuldner somit im gleichen Masse verzichten, als er darauf verzichten kann, sie gegen den Zedenten geltend zu machen (vgl. BGE 109 II 213, 215 f. E. 1b betr. Verzicht auf Einreden aufgrund von Gewährleistungsansprüchen; ZK-SPIRIG, N 19, 75; CR CO I-PROBST, N 18; TERCIER/EIGENMANN, SZW 2003, 138 f.). Eine Ausnahme gilt im Konsumkreditrecht: Gemäss Art. 19 KKG hat der Konsument das unabdingbare Recht, die Einreden aus dem Konsumkreditvertrag gegenüber jedem Zessionar geltend zu machen. 14

Art. 170

2. Übergang der Vorzugs- und Nebenrechte, Urkunden und Beweismittel

[1] Mit der Forderung gehen die Vorzugs- und Nebenrechte über, mit Ausnahme derer, die untrennbar mit der Person des Abtretenden verknüpft sind.

[2] Der Abtretende ist verpflichtet, dem Erwerber die Schuldurkunde und alle vorhandenen Beweismittel auszuliefern und ihm die zur Geltendmachung der Forderung nötigen Aufschlüsse zu erteilen.

[3] Es wird vermutet, dass mit der Hauptforderung auch die rückständigen Zinse auf den Erwerber übergehen.

2. Transfert des droits accessoires, titres et moyens de preuve

[1] La cession d'une créance comprend les droits de préférence et autres droits accessoires, sauf ceux qui sont inséparables de la personne du cédant.

[2] Le cédant est tenu de remettre au cessionnaire le titre de créance et de lui fournir les moyens de preuve existants, ainsi que les renseignements nécessaires pour faire valoir ses droits.

[3] Les intérêts arriérés sont présumés avoir été cédés avec la créance principale.

2. Trasmissione dei diritti accessori, del titolo e dei mezzi di prova

[1] La cessione del credito comprende gli accessori e i privilegi del credito stesso, ad eccezione di quelli inseparabili dalla persona del cedente.

[2] Il cedente deve consegnare al cessionario il titolo di credito con tutti i mezzi probatori esistenti e fornirgli le informazioni necessarie per far valere il credito.

[3] Nella cessione del credito si presumono compresi anche gli interessi arretrati.

Literatur

Vgl. die Literaturhinweise bei den Vorbem. zu Art. 164–174.

I. Umfang des übergehenden Rechts im Allgemeinen

1 Die Forderung wird durch die Abtretung qualitativ nicht verändert. Sie geht in dem Bestand auf den Zessionar über, den sie beim Zedenten hatte (**Grundsatz der Identität**, vgl. Art. 164 N 46a). Dementsprechend bestimmt Art. 170, dass mit der Forderung grundsätzlich auch die Vorzugs- und Nebenrechte (Abs. 1) sowie der Anspruch auf die ausstehenden Zinsen (Abs. 3) übergehen.

Art. 170 ist **dispositives Recht** (vgl. CR CO I-PROBST, N 1; BK-BECKER, N 4; krit. ZK-SPIRIG, N 12). Der Umfang der Abtretung bestimmt sich somit nach der Vereinbarung der Parteien (BGer, 19.2.2013, 4A_616/2012, E. 5.2). Zedent und Zessionar können vereinbaren, dass die Zession die ganze oder nur einen Teil der Forderung umfassen soll. So können etwa einzelne der Forderung anhaftende Nebenrechte wie Bürgschafts- und Pfandrechte vertraglich von der Zession ausgenommen werden (WEHRLI, 6 bei Anm. 31; vgl. aber VON TUHR/ESCHER, 354 bei Anm. 12 f. betr. Pfandrecht). Andererseits können die Parteien des Zessionsvertrages auch vereinbaren, dass weitere, von Art. 170 nicht erfasste Rechte auf den jeweiligen Inhaber der Hauptforderung übergehen. Eine von Art. 170 abweichende Vereinbarung bedarf der Schriftform, sofern sie die Wirkungen der Abtretung erweitert, nicht aber, wenn sie sie beschränkt (BUCHER, AT, 570).

Der Schuldner muss sich eine **Aufspaltung der Forderung** nur insoweit gefallen lassen, als nicht ein unverhältnismässiger Mehraufwand damit verbunden ist. Dies ergibt sich aus dem Zweck des Gesetzes, den Schuldner zu schützen. Die (verhältnismässigen) Mehrkosten, die bei der Begleichung der Forderung entstehen, wenn diese durch Teilzession aufgespaltet wird, kann der Schuldner in Abzug bringen (s. zur Teilzession auch Art. 164 N 11).

2 Die durch die Teilzession entstandenen **Teilforderungen** haben unter sich denselben Rang. Diese Ranggleichheit kann hinsichtlich eines Pfändungs- oder Konkursverfahrens von den Parteien des Zessionsgeschäftes grundsätzlich nicht geändert werden (differenzierend BUCHER, AT, 572 f. bei Anm. 145 f.; VON TUHR/ESCHER, 353 f.).

3 Eine Zession, die **durch einen Höchstbetrag begrenzt** wird, ist hinsichtlich eines allenfalls erlangten Überschusses als fiduziarische Zession (Art. 164 N 44) aufzufassen, so dass der Zessionar verpflichtet ist, den Überschuss an den Zedenten abzuliefern (VON TUHR/ESCHER, 354 Anm. 5; CR CO I-PROBST, N 4).

4 *Selbstverständlich* ist auch die Abtretung mehrerer oder sogar einer unbestimmten **Vielzahl von Forderungen** möglich, soweit nicht Art. 27 ZGB oder mangelnde Bestimmbarkeit entgegenstehen (vgl. Art. 164 N 40–43).

Der Zessionar einer **Solidarforderung** (vgl. Art. 150) wird Solidargläubiger, nicht Alleingläubiger, es sei denn, die Zession gehe von allen Solidargläubigern gemeinsam aus (BUCHER, AT, 570). 5

Eine Forderung kann auch dann in vollem Umfang abgetreten werden kann, wenn sie eine **MWST-Komponente** enthält (vgl. zur Problematik KÖNING, ASA 2006, 368 ff.). 5a

II. Gesetzlicher Übergang von Vorzugs- und Nebenrechten (Abs. 1)

Der Übergang von Vorzugs- und Nebenrechten ist eine Form der **Legalzession**, d.h. er ergibt sich als gesetzliche Folge der Zession als Verfügungsgeschäft (vgl. Art. 164 N 16; BK-BECKER, N 10; ZK-SPIRIG, N 12; VON RINTELEN, 219; s.a. Art. 166 N 2). 6

1. Vorzugsrechte

Mit dem Begriff der «Vorzugsrechte» sind v.a. **Privilegien des Gläubigers im Pfändungs- und Konkursverfahren** gemeint, wie etwa die Privilegien gem. Art. 146 und 219 SchKG, soweit sie auf dem Entstehungsgrund der Forderung (sog. privilegia causae) und nicht auf persönlichen Eigenschaften des Gläubigers (sog. privilegia personae) beruhen (vgl. BGE 135 III 171, 177 E. 4.3; 57 II 10, 13 f. E. 3; 49 III 201; ZK-SPIRIG, N 17; CR CO I-PROBST, N 8). 7

2. Nebenrechte

Unter «Nebenrechten» i.S.v. Art. 170 Abs. 1 sind v.a. **akzessorische, der Sicherung der Forderung dienende Rechte** zu verstehen, wie etwa: 8

- *Pfandrechte* (BGE 135 III 378, 382 E. 2.3; 105 II 183, 186 f. E. 4 = Pra 1980, Nr. 30; BGer, 19.3.2002, 5C.13/2002, E. 2a betr. *Grundpfandverschreibung*; BGer, 1.6.2006, 5C.36/2006, E. 3.4.3 betr. *Schuldbrief*; BK-ZOBL, Systematischer Teil, N 1604). Der Zedent besitzt das (Faust-) Pfand vom Zeitpunkt des Forderungsübergangs an für den Zessionar (BK-BECKER, N 10);
- *Rechte aus Bürgschaften* (BGE 78 II 57 = Pra 1952, Nr. 63; BK-ZOBL, Systematischer Teil, N 1604). Dagegen wird ein gegenüber dem Zedenten abgegebenes selbstständiges Garantieversprechen nach Art. 111 von der Zessionswirkung nicht erfasst (BGE 80 II 109, 115 f. E. 4; 53 II 111, 116 f. E. 3; BUCHER, AT, 570 bei Anm. 133; LOSER, SZW 2006, 209);
- *obligationenrechtliche Retentionsrechte* (z.B. das Retentionsrecht des Vermieters gem. Art. 268–268b oder des Verpächters gem. Art. 299c, vgl. VON TUHR/ESCHER, 355 bei Anm. 15);
- der *Eigentumsvorbehalt* gem. Art. 715 ZGB (umstritten: bejahend BGE 77 II 127, 133 E. II; 46 II 45, 47 ff. = Pra 1920, Nr. 25; ZK-SPIRIG, N 45; **abl.** VON TUHR/ESCHER, 355 bei Anm. 18 ff.; weitere Hinweise auf die Kontroverse bei BUCHER, AT, 571 Anm. 137). Sowohl der Zedent als auch der Zessionar müssen die Vormerkung der Abtretung im Eigentumsvorbehaltsregister verlangen können (GUHL/KOLLER/SCHNYDER/DRUEY, 272);
- das *nichtkaufmännische Retentionsrecht gem. Art. 895 Abs. 1 ZGB* (BGer, 31.7.2007, 4A_134/2007, E. 2; BGE 80 II 109, 115 ff. E. 4; umstritten ist hingegen, ob auch das kaufmännische Retentionsrecht gem. Art. 895 Abs. 2 ZGB ein Nebenrecht in diesem Sinne ist, s. N 9);
- *vorgemerkte Rechte und Verfügungsbeschränkungen* gem. Art. 959 f. ZGB (VON TUHR/ESCHER, 357 bei Anm. 51);
- der *Anspruch auf Konventionalstrafe* gem. Art. 160, sofern diese nicht vor der Abtretung fällig wird (VON TUHR/ESCHER, 356 bei Anm. 33 f.);
- ein ausschliesslich *mit der Forderung verbundenes Konkurrenzverbot*, nicht aber ein mit dem Geschäft oder Vertragsverhältnis als Ganzem verbundenes (s. N 9);

- *Gerichtsstandsvereinbarungen und Schiedsklauseln*, es sei denn, dass sie mit besonderer Rücksicht auf die Person des Zedenten abgeschlossen wurden oder dass ihre Abtretung von den ursprünglichen Parteien ausgeschlossen wurde (BGE 128 III 50, 56 E. 2b/bb = Pra 2002, Nr. 90; 117 II 94, 100 E. 5c/bb; 103 II 75, 77 ff. E. 3; HGer BE, CAN 2014, 145, 146 f. E. 5.2; HGer SG, SG GVP 2007, 221, 223 f. E. 2; TC VD, JdT 1994 III, 113, 114 f.; OGer ZH, ZR 1981, 191, 192; ZR 1977, 157, 158; AppHof BE, ZBJV 1975, 200, 202 E. 4; HGer SG, SJZ 1958, 310; ZK-Spirig, N 24 f.; CR CO I-Probst, N 8 i.f.; eingehend Mohs, 57–112). Im Bereich der Schiedsgerichtsbarkeit vertritt das BGer die Ansicht, dass der Übergang der Schiedsklausel auf Prozessrecht beruhe (vgl. BGE 103 II 75, 79 E. 3; 101 II 168, 170 E. 1; so auch von Tuhr/Escher, 357 f. Anm. 51a; vgl. auch KassGer ZH, SJZ 1978, 207; differenzierend Kummer, ZBJV 1979, 321 ff.; **a.A.** Bucher, AT, 572 Anm. 142, wonach dies eine Frage des materiellen Bundesprivatrechts sei; betr. internationale Verhältnisse vgl. Girsberger, 723 ff.);
- *der Anspruch auf Ersatz von Betreibungs- und Prozesskosten* sowie weitere durch Prozess oder Betreibung erworbene Rechte (vgl. BGE 103 II 75, 77 E. 3; ZK-Oser/Schönenberger, N 2; von Tuhr/Escher, 356), wie als Nebenrechte einer in Betreibung gesetzten Forderung *das Recht zur Kollokationsklage gem. Art. 148 und 250 SchKG* (vgl. BGE 78 II 265, 273 E. 2, 275 E. 3b), *das Prozessführungsrecht gem. Art. 131 Abs. 2 und Art. 260 SchKG* (vgl. BGE 109 III 27, 29 E. 1a, m.w.Nw.; OGer TG, RBOG 2012, 188, 189 E. 2c), *das Recht auf Nachpfändung gem. Art. 145 SchKG bzw. auf Durchführung eines Nachkonkurses gem. Art. 269 SchKG* (vgl. BGer, 15.12.2008, 5A_65/2008, E. 2.2) oder das Recht, sich auf ein vom Zedenten erstrittenes Urteil als *definitiven Rechtsöffnungstitel gem. Art. 80 SchKG* zu berufen (vgl. BGE 140 III 372, 376 E. 3.3.1; KGer SG, SG GVP 2011, Nr. 98; Gauthier, SJ 1970, 387; **a.A.** BezGer AI, SJZ 1976, 192); s.a. Art. 164 N 14;
- grundsätzlich *die ausschliesslich mit der Forderung, nicht mit dem ganzen Schuldverhältnis verbundenen Gestaltungsrechte*, einschliesslich des Rechts zur Verrechnung (von Tuhr/Escher, 356 f.; krit. gegenüber der Bezeichnung als Nebenrechte Keller/Schöbi, IV, 68 f.; ZK-Spirig, N 4, 48–61; Gauch/Schluep/Schmid/Emmenegger, N 3461 ff.). So sind etwa das Recht zur Inverzugsetzung, das Recht zur Unterbrechung der Verjährung oder das Wahlrecht bei Wahlobligationen ausschliesslich mit der Forderung verbunden und gehen deshalb gem. Art. 170 Abs. 1 im Allgemeinen mit der Zession über (Bucher, AT, 571 bei Anm. 141; BGE 135 V 163, 166 E. 4.4 betr. das Recht zur Unterbrechung der Verjährung). Im Einzelfall ist allerdings zu überprüfen, ob der Übergang von Gestaltungsrechten nach Art. 170 Abs. 1 bzw. deren Verbleiben beim Zedenten auch dem objektiv erkennbaren Zweck der Zession entspricht: So ist offensichtlich, dass bei einer sog. stillen Zession (d.h. einer Abtretung, die nach dem Willen der Vertragsparteien dem Schuldner nicht angezeigt werden soll) die unmittelbar der Anspruchsverwirklichung dienenden Rechte wie etwa das Recht zur Mahnung und Nachfristansetzung beim Zedenten verbleiben, nicht aber bei Abtretungsgeschäften, bei denen der Zedent offensichtlich nichts mehr mit der abgetretenen Forderung zu tun haben will, wie etwa der Käufer, der einen Lieferanspruch aus einem Kaufvertrag abtritt. Entscheidend ist somit letztlich der jeweilige Zweck der Zession (so zu Recht Schwenzer, N 90.39; dies., AcP 1982, 252; vgl. auch N 9 hiernach);
- *gesellschaftsrechtliche Auskunfts- und Einsichtsrechte* (BGE 124 III 350; CR CO I-Probst, N 9; vgl. aber Art. 164 N 33).

Die Parteien der Zession können vereinbaren, dass weitere, von Art. 170 Abs. 1 nicht erfasste Rechte auf den jeweiligen Inhaber der Hauptforderung übergehen (s. N 1).

III. Vom gesetzlichen Übergang ausgenommene Rechte

9 Vom gesetzlichen Übergang ausgenommen sind solche **Rechte, die mit der Person des Zedenten untrennbar verbunden sind**, was sich aus ihrer höchstpersönlichen Natur, aus der

diese Rechte betreffenden gesetzlichen Regelung oder aus dem übereinstimmenden Willen von Zedent und Zessionar ergibt (vgl. BGE 138 III 145, 149 E. 3.4.2; 103 II 75, 79 f. E. 4; differenzierend ZK-Spirig, N 62). So gehen etwa die folgenden Rechte nicht ohne Weiteres mit der Forderung über:

- das *kaufmännische Retentionsrecht* nach Art. 895 Abs. 2 ZGB auf einen nichtkaufmännischen Zessionar (HGer ZH, ZR 1999, 145, 158 f.; BK-Becker, N 5; ZK-Spirig, N 66; in Einzelheiten jedoch umstritten, Nachweise s. Bucher, AT, 571, Anm. 136; offen gelassen in BGE 80 II 109, 115 E. 3; vgl. zum nichtkaufmännischen Retentionsrecht N 8);
- der *Anspruch des Kaufmanns auf Verzugszinsen* nach Art. 104 Abs. 3 auf einen Nichtkaufmann (ZK-Spirig, N 65; CR CO I-Probst, N 10; von Tuhr/Escher, 356);
- das *Recht zum privilegierten Pfändungsanschluss* nach Art. 111 SchKG (vgl. ZK-Spirig, N 68; CR CO I-Probst, N 10; von Tuhr/Escher, 357; gemäss BGE 138 III 145, 147 ff., E. 3.2–3.4 kann allerdings das Gemeinwesen, das Unterhaltsbeiträge bevorschusst und dadurch zufolge Legalzession nach Art. 289 Abs. 2 ZGB Zessionar des Unterhaltsanspruchs wird [s. Art. 166 N 2], den privilegierten Pfändungsanschluss nach Art. 111 SchKG sowie das Privileg im Kollokationsplan nach Art. 219 Abs. 4 Erste Klasse lit. c SchKG verlangen; denn der säumige Unterhaltsschuldner soll nicht von seiner Nachlässigkeit und der daraus resultierenden Zession profitieren. Auch das Recht zur Schuldneranweisung nach Art. 291 ZGB geht gemäss BGE 137 III 193, 200 f. E. 3.4 auf das Unterhaltsbeiträge bevorschussende Gemeinwesen über; nicht jedoch das Privileg des unterhaltsberechtigten Familienmitglieds, in das Existenzminimum des Unterhaltsschuldners einzugreifen [vgl. BGE 116 III 10]);
- *Neben- und Vorzugsrechte, die nicht bloss der abgetretenen Forderung, sondern ebenfalls dem Recht dienen, das dem Zedenten verbleibt.* Solchen Rechten, die mit dem Schuldverhältnis als Ganzem verbunden sind und deshalb nicht übergehen, gleichzustellen sind grundsätzlich *rechtsaufhebende Gestaltungsrechte*, etwa das Recht zur Anfechtung eines Vertrages infolge Willensmangels, das Rücktrittsrecht oder das Recht zur Kündigung eines Vertrages (BGE 84 II 355, 367 f. E. 3; 94 II 274, 280 f. E. 4; ZK-Spirig, N 57–59; Bucher, AT, 571 bei Anm. 141; von Tuhr/Escher, 357 bei Anm. 40 f.; Gauch/Schluep/Schmid/Emmenegger, N 3463 f.), es sei denn, der jeweilige Zweck der Zession spreche für den Übergang der Gestaltungsrechte (vgl. N 8 hiervor). So geht z.B. das Recht des Vermieters auf Kündigung eines Mietvertrages oder das Recht auf Ausweisung eines Mieters nicht auf den Zessionar über, wenn der Vermieter bloss die Mietzinsforderung abgetreten hat (BK-Becker, N 8). Ähnliches gilt für ein *Pfandrecht*, das grundsätzlich nur dann übergeht, wenn alle durch das Pfandrecht gesicherten Forderungen auf den Zessionar übertragen werden (vgl. auch BK-Becker, N 9);
- die direkte Vollstreckbarkeit bei in einer *vollstreckbaren öffentlichen Urkunde* nach Art. 347–352 ZPO verkörperten Ansprüchen (str., vgl. die Nachweise bei Hofmann, SJ 2011 II, 225).

Der **Zedent** bleibt *Adressat von Willenserklärungen des Schuldners, die* nicht die Forderung **10**
allein, sondern *das Schuldverhältnis i.w.S. betreffen*, z.B. das Anfechtungsrecht infolge Willensmangels, das Kündigungsrecht, das Recht auf Mängelrüge oder das Wandelungs- oder Minderungsrecht (Bucher, AT, 570 bei Anm. 131, m.w.Nw.; Guhl/Koller/Schnyder/Druey, 276). Ferner *behält* der Zedent ihm vom Schuldner *fiduziarisch* (durch Sicherungsübereignung oder -zession) *übertragene Sicherungsrechte* (von Tuhr/Escher, 355).

Ob **Nebenrechte separat abgetreten** werden können, hängt von den Umständen des Einzel- **10a**
falles ab (offen gelassen in BGE 105 II 183, 185 f. E. 2 und 188, E. 5 = Pra 1980, Nr. 30 betr. Grundpfandverschreibung, s.a. Art. 164 N 7; ebenso in BGE 111 II 458, 462 E. 3c betr. werkvertragliche Mängelrechte; vgl. auch Bucher, AT, 571 f. Anm. 141; **abl.** hinsichtlich werkvertraglicher Mängelrechte Gauch, BR 1984, 25. Zum deutschen Recht von Rintelen, 159, der die Zulässigkeit der Abtretung nicht-akzessorischer Sicherungsrechte für gesetzlich geboten hält).

11 Es steht dem Zedenten aber frei, dem Zessionar die **Vollmacht zur Abgabe oder Entgegennahme von Erklärungen** im Namen des Zedenten zu erteilen (BUCHER, AT, 571 f. Anm. 141, m.w.Nw.; CR CO I-PROBST, N 10). Ein gegen die Grundlage der abgetretenen Forderung gerichtetes **Gestaltungsrecht**, das beim Zedenten verblieben ist, darf dieser nur mit Zustimmung des Zessionars ausüben (BGE 84 II 355, 368 E. 3). Zur Abtretbarkeit von Gewährleistungsansprüchen und anderen Gestaltungsrechten vgl. im Übrigen Art. 164 N 5a.

IV. Pflicht des Zedenten zur Übergabe von Urkunden und Beweismitteln sowie zur Auskunft an den Zessionar (Abs. 2)

12 Aufgrund von Art. 170 Abs. 2 hat der Zedent dem Zessionar die Schuldurkunde, d.h. den schriftlichen Vertrag oder das schriftliche Schuldbekenntnis des Schuldners (vgl. Art. 17), sofern diese Dokumente bestehen, herauszugeben sowie weitere **Urkunden**, die zum Nachweis des Bestandes der Forderung und der Vorzugs- und Nebenrechte, welche die Forderung begleiten, geeignet sind, etwa einen schriftlichen Pfandvertrag.

13 Ferner hat der Zedent dem Zessionar **Informationen** zu liefern über alles, was für die Geltendmachung der Forderung usanzgemäss und nach Treu und Glauben von Bedeutung ist. Betr. den Inhalt dieser Informationen s. OGer AG, SJZ 1947, 93 Nr. 30; VON BÜREN, AT, 335 bei Anm. 91.

14 Art. 170 Abs. 2 normiert **Rechte des Zessionars** und nicht des Schuldners. Letzterer kann aus dieser Bestimmung nichts zu seinen Gunsten ableiten (BGer, 3.6.2009, 4A_133/2009, E. 2.6). Verletzt der Zedent die genannten Pflichten, so ist dies für sich allein kein Grund zur Ungültigkeit der Zession (BGer, 3.6.2009, 4A_133/2009, E. 2.6); der Zedent macht sich aber allenfalls gegenüber dem Zessionar aus Vertragsverletzung schadenersatzpflichtig. Die Pflichten des Zedenten nach Abs. 2 können allerdings im Rahmen der allgemeinen Schranken des Gesetzes (vgl. Art. 19 f.) wegbedungen werden (BGE 52 III 43, 45; zur dispositiven Natur von Art. 170 s.a. N 1). Art. 170 Abs. 2 ist auch bei Versteigerung einer Forderung durch das Betreibungs- oder Konkursamt anwendbar (BGE 51 III 71, 73 f. E. 3; 52 III 43, 44 f.).

V. Übergang von Zinsen (Abs. 3)

15 Nach Art. 170 Abs. 3 gehen «rückständige», d.h. **aufgelaufene Zinsen** vermutungsweise mit der Hauptforderung auf den Zessionar über (vgl. BGE 77 II 360, 366 f. E. 3 = Pra 1952, Nr. 29). Die Vermutung erfasst sowohl vertragliche als auch gesetzliche Zinsen, insb. Verzugszinsen (ZK-SPIRIG, N 95; CR CO I-PROBST, N 9, je m.w.Nw.). Nach der Zession entstehende Zinsen stehen dagegen von vornherein dem Zessionar als dem neuen Gläubiger zu (VON TUHR/ESCHER, 355 f. bei Anm. 26 ff.). Dagegen verbleiben Schadenersatzansprüche, z.B. der Anspruch aus Verzug gem. Art. 103 Abs. 1, sowie rückständige Dividenden (vgl. ZK-OSER/SCHÖNENBERGER, N 11) beim Zedenten.

Vorbemerkungen zu Art. 171–173

1 Die Bestimmungen über die Gewährleistung gem. Art. 171–173 finden sich in der Regelung über die Abtretung, obwohl sie sich nicht direkt auf die Zession als Verfügungsgeschäft, sondern vielmehr auf die **Gewährleistungshaftung des Zedenten** aus dem Verpflichtungsgeschäft beziehen (vgl. BK-BECKER, Art. 171 N 1; ZK-OSER/SCHÖNENBERGER, Art. 171 N 1; CR CO I-PROBST, N 1; VON TUHR/ESCHER, 332). Diese an sich systemwidrige Einordnung rechtfertigt sich aber insofern, als die Bestimmungen über die Gewährleistung das Bestehen einer Zession voraussetzen und als sie auf die meisten Austauschverträge direkt oder zumin-

dest analog anwendbar sind. Sie regeln ausschliesslich das Verhältnis zwischen Zedent und Zessionar und begründen keine Rechte oder Pflichten des Schuldners.

Die Gewährleistungsregeln für die Abtretung **gehen den Bestimmungen über die Haftung bei den einzelnen Schuldverträgen** (z.B. Art. 192 ff., 197 ff. im Kaufrecht) **vor** (BGE 90 II 490, 499 E. 5 = Pra 1965, Nr. 59; 82 II 522, 523 E. 4b; 78 II 216, 219 f. E. 6 = Pra 1952, Nr. 141; 47 II 183, 186 E. 3; CR CO I-PROBST, N 5). Sie sind aber durchwegs **dispositiver Natur** (BK-BECKER, Art. 171 N 4; ZK-SPIRIG, Art. 171 N 2 ff., m.w.Nw.). Auf die Wegbedingung der Gewährleistungspflicht ist Art. 100 anwendbar (BGE 90 II 490, 499 E. 5, m.w.Nw. = Pra 1965, Nr. 59), im Falle des Forderungskaufs Art. 192 Abs. 3 und Art. 199 analog. Der Zedent haftet m.a.W. trotz Haftungsfreizeichnung, wenn er den Mangel der Forderung arglistig verschwiegen hat (s. Art. 171 N 5, 9, je m.w.Nw.). Im Übrigen ist die Haftung des Zedenten gem. Art. 171 aber **verschuldensunabhängig** (vgl. CR CO I-PROBST, N 3; VON BÜREN, AT, 335). 2

Die **Verjährungsfrist** für Ansprüche aus Gewährleistung bemisst sich gemäss bundesgerichtlicher Rsp. stets nach Art. 127 ff. Sie ist unabhängig von der Verjährungsfrist der abgetretenen Forderung, so dass die Verjährungsfrist für Ansprüche aus Gewährleistung selbst dann zehn Jahre betragen kann, wenn die abgetretene Forderung in fünf Jahren verjährt (BGE 53 II 111, 117 E. 3). 3

Mögliche **Inhalte der Gewährleistung** des Zedenten können sein: 4

- der **Bestand der Forderung (Verität)** im Zeitpunkt der Abtretung oder, insb. bei künftigen Forderungen, im Zeitpunkt ihrer Fälligkeit oder ihrer frühesten Kündbarkeit (vgl. Art. 171 N 1 ff.);
- die **Zahlungsfähigkeit (Bonität) des Schuldners** im Zeitpunkt der Fälligkeit oder Kündbarkeit der Forderung (vgl. Art. 171 N 9 ff.);
- besondere, auf die einzelne Forderung bezogene Zusicherungen und Abreden, wie etwa eine vertraglich übernommene Haftung für die **Zahlungswilligkeit des Schuldners** (vgl. BK-BECKER, Art. 171 N 12; Art. 171 N 7, 9).

Die Art. 171–173 richten sich nach folgender **Systematik**: Art. 171 normiert den Inhalt und Art. 173 den Umfang der gesetzlichen Gewährleistung, während Art. 172 eine nicht gewährleistungsbezogene Vermutung aufstellt. 5

Art. 171

3. Gewährleistung
a. Im Allgemeinen

1 Bei der entgeltlichen Abtretung haftet der Abtretende für den Bestand der Forderung zur Zeit der Abtretung.

2 Für die Zahlungsfähigkeit des Schuldners dagegen haftet der Abtretende nur dann, wenn er sich dazu verpflichtet hat.

3 Bei der unentgeltlichen Abtretung haftet der Abtretende auch nicht für den Bestand der Forderung.

3. Garantie
a. En général

1 Si la cession a lieu à titre onéreux, le cédant est garant de l'existence de la créance au moment du transfert.

2 Il ne répond de la solvabilité du débiteur que lorsqu'il s'y est engagé.

3 Si la cession a lieu à titre gratuit, le cédant n'est pas même garant de l'existence de la créance.

3. Garanzia
a. In genere

1 Chi cede un credito a titolo oneroso deve garantirne la sussistenza al tempo della cessione.

2 Non risponde però della solvenza del debitore, ove non abbia assunto siffatta garanzia.

3 Chi cede un credito a titolo gratuito non risponde nemmeno della sua sussistenza.

I. Haftung für den Bestand der Forderung bei entgeltlicher Abtretung (Abs. 1)

1 Von den möglichen Inhalten der Gewährleistung (s. Vor Art. 171–173 N 4) regelt Art. 171 Abs. 1 nur die Haftung für den **Bestand (die Verität) der Forderung** bei der entgeltlichen Abtretung, namentlich beim Forderungskauf. Art. 171 Abs. 1 ist auch auf Zessionen als Entgelt für Dienstleistungen des Zessionars wie z.B. beim Factoringgeschäft anwendbar; ebenso auf Zessionen als Gegenleistung für den Erwerb eines Gesellschaftsanteils sowie auf Zessionen im Rahmen anderer entgeltlicher Geschäfte (vgl. BK-Becker, N 6).

2 Abs. 1 schliesst die direkte Anwendung der besonderen auf einzelne Verträge anwendbaren Gewährleistungsregeln aus (vgl. BGE 90 II 490, 499 E. 5 = Pra 1965, Nr. 59; KassGer ZH, SJZ 1983, 393 Nr. 68 betr. Kaufvertrag; BK-Becker, N 2; s. Vor Art. 171–173 N 2, m.w.Nw.). Da die Haftung sich auf das Verpflichtungsgeschäft bezieht, kann sie vom Zessionar **nur gegenüber seinem direkten Vertragspartner** geltend gemacht werden. Die Haftung eines anderen, z.B. eines früheren Zedenten bei Kettenzessionen, ist ausgeschlossen, soweit der frühere Zedent keine besondere Haftung gegenüber Dritten übernommen hat (BGE 63 II 317, 323 f. E. 5 = Pra 1937, Nr. 160; BK-Becker, N 1; CR CO I-Probst, N 4; Bucher, AT, 574).

3 Nach der Abtretung hat der Zedent die Pflicht, alles zu unterlassen, was die zedierte Forderung beeinträchtigen könnte. Er haftet somit auch für eine **Verschlechterung der zedierten Forderung**, die er in der Zeit zwischen der Zession und der Anzeige an den Schuldner herbeiführt, namentlich durch Verhandlungen mit diesem oder durch eine gegenüber dem Zessionar nach Art. 167 wirksame Einziehung der Forderung. Da die Forderung «zur Zeit der Abtretung» (s. N 8) bestanden hat und die Verschlechterung erst durch späteres Verhalten des Zedenten eingetreten ist, richtet sich die Haftung allerdings nicht nach Art. 171, sondern nach **Art. 97 Abs. 1** und ist mithin verschuldensabhängig (gl.A. Schwenzer, N 90.53; Art. 197 N 11; für eine Haftung nach Art. 171 BGE 82 II 522, 523 f. E. 4b; ZK-Spirig, N 14; CR CO I-Probst, N 3). Der Zedent haftet jedoch nicht, wenn die im Zeitpunkt der Zession zahlenmässig noch nicht bestimmte Forderung im Ergebnis der Erwartung des Zessionars nicht entspricht (vgl. AppHof BE, ZBJV 1961, 474).

4 Die Gewährleistungspflicht des Zedenten für die Verität der Forderung kann **im Zweifel nicht** als **Bürgschaft** gedeutet werden, da es sich um eine Haftung für eine eigene Schuld des Zedenten, nicht für eine fremde Schuld handelt (BGE 68 II 177, 180 f.; 61 II 102, 104 E. 1; 53 II 111, 116 f. E. 3; BK-Becker, N 2).

5 Hat der Zedent die Haftung für Verität wegbedungen, so haftet er aufgrund von Art. 2 Abs. 1 ZGB und Art. 100 Abs. 1 OR bzw. in Analogie zu Art. 192 Abs. 3 und Art. 199 OR (für den Forderungskauf) dennoch, wenn er den **Mangel der Forderung arglistig verschwiegen** hat (BK-Becker, N 1; CR CO I-Probst, N 7; Gauch/Schluep/Schmid/Emmenegger, N 3508; vgl. auch BGE 47 II 534, 542 ff. E. 4–8).

6 Ist umgekehrt der Zessionar sich der Unsicherheit über den Bestand der Forderung bewusst, so kann darin ein **stillschweigender Verzicht auf die Gewährleistung** erblickt werden (BK-Becker, N 4).

7 Zum **«Bestand»** der Forderung gehört nicht nur die Existenz der Forderung selbst, sondern auch **jede Eigenschaft der Forderung, die sie nach Treu und Glauben haben sollte**, namentlich dass der Zedent Inhaber der Forderung ist, dass die Forderung den vereinbarten Inhalt hat, dass sie klagbar und frei von Einreden und Einwendungen ist, dass der Zessionar selber Gläubiger wird sowie dass die zugesicherten Vorzugs- und Nebenrechte tatsächlich bestehen (gl.A. Schulin/Vogt, 619 betr. Zession einer infolge eines vertraglichen Abtretungsverbots unabtretbaren Forderung; Bucher, AT, 574 bei Anm. 150 betr. Bestand von Vorzugs- und Nebenrechten; vgl. zum Ganzen ZK-Spirig, N 14–16; BK-Becker, N 7). Mangels besonderer Zusicherung ist der Zedent dagegen für die **Liquidität der Forderung**, d.h.

dafür, dass der Schuldner diese nicht bestreitet, **nicht** gewährleistungspflichtig (BGE 47 II 534, 544 E. 4 i.f.; BK-Becker, N 7; ZK-Spirig, N 11; s.a. Vor Art. 171–173 N 4).

Der **massgebende Zeitpunkt** für die Beurteilung des Bestandes der Forderung ist der Zeitpunkt der Abtretung, wenn die Forderung in diesem Zeitpunkt bereits existiert; bei einer künftigen oder bedingten Forderung der Zeitpunkt, in dem diese fällig werden sollte; bei einer auf Kündigung gestellten Forderung der Zeitpunkt, auf den frühestens gekündigt werden kann (BGE 61 II 102, 104 f. E. 2; TC VD, SJZ 1976, 360 Nr. 109; ZK-Spirig, N 22; CR CO I-Probst, N 3, je m.w.Nw.; differenzierend von Büren, AT, 337 nach Anm. 104). Zur vom Zedenten verursachten Verschlechterung der zedierten Forderung nach diesem Zeitpunkt s. N 3. 8

II. Ausschluss der Haftung für Zahlungsfähigkeit des Schuldners (Abs. 2)

Keine gesetzliche Haftung besteht für die **Bonität**, d.h. für die Zahlungsfähigkeit des Schuldners (vgl. zum Begriff Art. 83 N 2), geschweige denn für dessen Zahlungswilligkeit (vgl. BK-Becker, N 12; ZK-Spirig, N 27). Der Zedent haftet für die mangelnde Zahlungsfähigkeit bzw. -willigkeit des Schuldners nur, wenn er eine solche Gewährleistung ausdrücklich oder stillschweigend vertraglich übernommen hat (BGE 47 II 534, 543 ff. E. 4/5; BK-Becker, N 11 f.; CR CO I-Probst, N 8; vgl. auch BGE 47 II 183, 185 f. E. 2, wonach die blosse Zusicherung der Bonität nicht zwingend eine Übernahme der Haftung für die Zahlungsfähigkeit bedeute. Dass mit Abgabe der Zusicherung der Bonität auch eine Garantie für die Einbringlichkeit übernommen werde, könne sich allerdings aus den Begleitumständen der Zession ergeben.). Wenn der Zedent die Zahlungsunfähigkeit arglistig verschwiegen hat, haftet er jedoch aufgrund von Art. 2 Abs. 1 ZGB und Art. 100 Abs. 1 OR bzw. in Analogie zu Art. 192 Abs. 3 und Art. 199 OR (für den Forderungskauf) selbst dann, wenn er die Zahlungsfähigkeit des Schuldners nicht zugesichert hat (vgl. von Büren, AT, 336; Gauch/Schluep/Schmid/Emmenegger, N 3509; s.a. N 5). 9

Die **vertragliche Übernahme der Gewährleistung für die Bonität** unterliegt **keiner Formvorschrift**, auch nicht derjenigen von Art. 165 (vgl. BGE 53 II 111, 117 E. 3; ZK-Spirig, N 33; Bucher, AT, 574 bei Anm. 152; Art. 165 N 3). Ist eine solche Garantie vereinbart worden, so gilt sie im Zweifel bei gegenwärtigen Forderungen für die Bonität im **Zeitpunkt** der Abtretung, bei zukünftigen Forderungen nicht länger als bis zum Zeitpunkt der Fälligkeit der Forderung und bei Forderungen, die auf Kündigung gestellt sind, bis zum Zeitpunkt, auf den der Gläubiger die Forderung (frühestens) kündigen kann (BGE 61 II 102, 104 f. E. 2; s.a. ZK-Spirig, N 35–37). 10

Der **Nachweis der mangelnden Bonität** und der Tatsache, dass der Zedent die Haftung dafür übernommen hat, muss vom **Zessionar** geleistet werden (BGE 68 II 177, 178 ff.). Er erfordert aber nicht zwingend, dass über den Schuldner ein Zwangsvollstreckungsverfahren eröffnet worden ist. Das dauernde Unvermögen des Schuldners zu zahlen kann auch auf andere Weise festgestellt werden (BGE 68 II 177, 177 ff.; ZK-Spirig, N 25; Bucher, AT, 574 bei Anm. 153). 11

III. Ausschluss der Gewährleistung bei unentgeltlicher Abtretung (Abs. 3)

Aufgrund von Abs. 3 haftet der Zedent bei der unentgeltlichen Zession (dazu ZK-Spirig, N 40) mangels besonderer Abrede weder für Verität noch für Bonität (vgl. zur entgeltlichen Zession Art. 171 Abs. 1 und 2). 12

Art. 172

b. Bei Abtretung zahlungshalber

Hat ein Gläubiger seine Forderung zum Zwecke der Zahlung abgetreten ohne Bestimmung des Betrages, zu dem sie angerechnet werden soll, so muss der Erwerber sich nur diejenige Summe anrechnen lassen, die er vom Schuldner erhält oder bei gehöriger Sorgfalt hätte erhalten können.

b. Cession à titre de dation en paiement

Lorsqu'une cession a eu lieu à titre de paiement, mais sans indication de la somme à décompter, le cessionnaire n'est tenu d'imputer sur sa créance que ce qu'il reçoit effectivement du débiteur, ou ce qu'il aurait pu recevoir de lui en faisant les diligences nécessaires.

b. Cessione in pagamento

Quando il creditore abbia ceduto il suo credito in pagamento d'un debito, senza precisare l'imputazione da farsi dal cessionario, questi sarà tenuto ad imputare soltanto la somma conseguita o che avrebbe con le debite cure potuto conseguire dal debitore.

Literatur

Vgl. die Literaturhinweise bei den Vorbem. zu Art. 164–174.

1 Eine Forderung kann zum Zweck der Zahlung zediert werden mit der Wirkung, dass die Zession die Schuld des Zedenten vollständig und sofort tilgt (*Zession an Zahlungs statt*, vgl. BGer, 4.2.2010, 4A_571/2009, E. 3.3; ZK-Spirig, N 14–16; Bosshard, 56 ff.), oder mit der schwächeren Wirkung, dass nur das tatsächlich Erhaltene an die Schuld des Zedenten angerechnet wird (*Zession zahlungshalber*, vgl. BGer, 5.8.2013, 4A_191/2013, E. 4; ZK-Spirig, N 3–13; Bosshard, 11 f.; zum Ganzen BGer, 21.2.2013, 5A_527/2012, E. 2.3.2; BK-Becker, N 1). Das Gesetz stellt die (widerlegbare) **Vermutung** auf, dass im Zweifel die schwächere Wirkung, d.h. **Zession zahlungshalber**, vereinbart worden ist (vgl. BGer, 21.2.2013, 5A_527/2012, E. 2.3.3; BGE 118 II 142, 145 E. 1b; 63 II 317, 322 = Pra 1937, Nr. 160; Bucher, AT, 575; CR CO I-Probst, N 4). Dem liegt die Überlegung zugrunde, dass der Gläubiger, der vom Schuldner eine andere als eine Geldleistung anzunehmen bereit ist, nicht die Gefahr tragen soll, dadurch schlechter gestellt zu werden (BGE 119 II 227, 230 E. 2a). Erfolgt die Zession unter Angabe eines Nominalbetrages, ist die Vermutung hinfällig. Die Angabe des Betrages kann ausdrücklich oder stillschweigend erfolgen (vgl. BGer, 21.2.2013, 5A_527/2012, E. 2.3.3; BK-Becker, N 3).

2 In dem Umfang, in dem ein Drittschuldner die zahlungshalber abgetretene Forderung erfüllt, erlischt die Forderung des Zessionars gegenüber dem Zedenten (BGer, 16.7.2009, 9C_61/2009, E. 5.2.2; BGE 131 III 217, 221 E. 4.2; ZK-Spirig, N 10). Der Zessionar hat die Pflicht, die zedierte Forderung mit **«gehöriger Sorgfalt»** einzutreiben, andernfalls er sich denjenigen Betrag anrechnen lassen muss, den er bei Anwendung dieser Sorgfalt hätte einbringen können (vgl. BGE 119 II 227, 231 f. E. 3a; HGer ZH, ZR 1998, 124; Bucher, AT, 575; Bosshard, 42 f.; eingehend ZK-Spirig, N 38–58). Einen Überschuss hat er an den Zedenten abzuliefern (CR CO I-Probst, N 6; Bosshard, 44).

2a Art. 172 ist trotz seiner systematischen Einordnung **keine Gewährleistungsregel**. Der Zedent schuldet dem Zessionar den Wert der zedierten Forderung auch nach erfolgter Abtretung und die Schuld verringert sich nur im Umfang der dem Zessionar zugekommenen Leistungen des Drittschuldners (s. N 2). Auch wenn der Zessionar bei der Eintreibung der abgetretenen Forderung nicht den erwarteten Betrag erhält, besteht deshalb mangels eines Schadens keine Gewährleistungspflicht des Zedenten. Dieser haftet gegenüber dem Zessionar weiterhin aufgrund der alten, nicht zum Erlöschen gebrachten Schuld (KGer GR, 23.10.2012, ZK2 09 82, E. II.4e, II.5c; ZK-Spirig, Art. 173 N 26; Bucher, AT, 575; Bosshard, 9; **a.A.** BGE 63 II 317, 322 f. = Pra 1937, Nr. 160).

Der **Zedent**, der die Tilgung seiner Schuld durch Zession einer Forderung behauptet, hat **nachzuweisen**, dass die Zession **an Zahlungs statt** erfolgt ist und nicht bloss zahlungshalber, sicherungshalber oder treuhänderisch zum Inkasso (BGE 118 II 142, 145 E. 1b; BK-Becker, N 2; ZK-Spirig, N 25; vgl. zur fiduziarischen Sicherungs- bzw. Inkassozession Art. 164 N 44). 3

Art. 173

c. Umfang der Haftung

[1] Der Abtretende haftet vermöge der Gewährleistung nur für den empfangenen Gegenwert nebst Zinsen und überdies für die Kosten der Abtretung und des erfolglosen Vorgehens gegen den Schuldner.

[2] Geht eine Forderung von Gesetzes wegen auf einen andern über, so haftet der bisherige Gläubiger weder für den Bestand der Forderung noch für die Zahlungsfähigkeit des Schuldners.

c. Etendue de la garantie

[1] Le cédant obligé à garantie n'est tenu envers le cessionnaire que jusqu'à concurrence de la somme qu'il a reçue, en principal et intérêts; il doit, en outre, les frais de la cession et ceux des poursuites infructueuses contre le débiteur.

[2] Lorsque la cession a lieu en vertu de la loi, le précédent créancier n'est garant ni de l'existence de la créance, ni de la solvabilité du débiteur.

c. Estensione della responsabilità

[1] Il cedente tenuto alla garanzia non è responsabile che per la somma ricevuta quale prezzo della cessione e relativi interessi, nonché per le spese della cessione e degli atti infruttuosi in confronto del debitore.

[2] Se la trasmissione di un credito ha luogo per disposizione di legge, il creditore originario non è responsabile né della sussistenza del credito né della solvenza del debitore.

I. Umfang der Haftung aus Gewährleistung bei rechtsgeschäftlicher Abtretung (Abs. 1)

Nach Art. 173 Abs. 1 haftet der Zedent dem Zessionar mangels besonderer Abrede im folgenden **Umfang**: 1
- bis zur **Höhe des empfangenen Gegenwertes** nebst **Zinsen** sowie
- zusätzlich für die dem Zessionar erwachsenen **nutzlosen Kosten** der Zession und der erfolglosen Geltendmachung gegen den Schuldner.

Der Zedent schuldet m.a.W. dem Umfang nach höchstens das negative Vertragsinteresse, nicht das Erfüllungsinteresse (ZK-Spirig, N 23, m.w.Nw.). Damit soll der Gefahr einer Ausbeutung des Zedenten begegnet werden, der sich unter wirtschaftlichem Druck gezwungen gesehen hat, eine Forderung erheblich unter ihrem Nennwert abzutreten (BK-Becker, N 1).

Ist die abgetretene **Forderung nur teilweise einbringlich**, berechnet sich der Umfang der Haftung als Differenz zwischen der Höhe des an den Zedenten geleisteten Gegenwertes und dem Betrag der vom Drittschuldner erhaltenen Leistung (ZK-Oser/Schönenberger, N 4; ZK-Spirig, N 22; CR CO I-Probst, N 2). Die «nutzlosen» Kosten sind in dem Umfang, in dem sie verhältnismässig dem nicht einbringlichen Teil der abgetretenen Forderung entsprechen, vom Zedenten zu ersetzen.

Diese Regelung ist als eine **lex specialis** gegenüber den allgemeinen Bestimmungen über die Haftung aus Vertrag (Art. 97 ff., insb. 99) anzusehen (ZK-Spirig, N 8). Der Zedent schuldet also selbst dann keinen zusätzlichen Schadenersatz, wenn er das Nichtbestehen der abgetretenen Forderung gekannt hat oder hätte kennen sollen (BK-Becker, N 3). Die Bestimmung ist allerdings **dispositiver Natur** (BK-Becker, N 1; ZK-Oser/Schönenberger, N 6). Zedent und Zessionar können demnach den Umfang der Haftung bspw. auf das positive Vertragsinteresse ausdehnen (ZK-Spirig, N 24). 2

II. Ausschluss der Haftung bei Legalzession (Abs. 2)

3 Gemäss Art. 173 Abs. 2 haftet der Zedent im Falle einer **Legalzession** (dazu Art. 166) weder für Verität noch für Bonität. Der Grund für den Ausschluss der Anwendbarkeit von Art. 171 und 173 liegt darin, dass die Gewährleistung nicht auf der Abtretung als Verfügungsgeschäft, sondern auf dem dieser zugrunde liegenden Verpflichtungsgeschäft beruht, das bei einer Legalzession typischerweise fehlt (ZK-Oser/Schönenberger, N 7). Das schliesst aber eine analoge Anwendung der Bestimmungen von Art. 171–173 nicht aus, wenn das der Legalzession zugrunde liegende Rechtsverhältnis dies erfordert (vgl. auch BGE 63 II 317, 323 ff. E. 5 = Pra 1937, Nr. 160; ZK-Oser/Schönenberger, N 7; ZK-Spirig, N 40; von Tuhr/Escher, 373 bei Anm. 24).

Art. 174

III. Besondere Bestimmungen	**Wo das Gesetz für die Übertragung von Forderungen besondere Bestimmungen aufstellt, bleiben diese vorbehalten.**
III. Règles spéciales réservées	Sont réservées les règles spéciales auxquelles la loi soumet la cession de certains droits.
III. Disposizioni speciali	Rimangono riservate le speciali disposizioni che la legge stabilisce per la trasmissione di crediti.

1 Der Verweis auf besondere Bestimmungen des Gesetzes betreffend die Übertragung von Forderungen bringt zum Ausdruck, dass die Vorschriften der Zession gem. Art. 164–173 als allgemeine Regelung zu verstehen sind, die hinter Sonderregelungen zurücktreten. **Sonderregelungen** finden sich namentlich (eingehend ZK-Spirig, N 17–23):

- im *Erbrecht*: Art. 635 ZGB betr. Abtretung eines Erbanteils (vgl. BGE 87 II 218, 225 E. 1c);
- im Bereich des *Grundpfandrechts*: insb. Art. 858 ZGB betr. Register-Schuldbrief und Art. 864 ZGB betr. Papier-Schuldbrief (vgl. BGE 63 II 252, 255 ff. E. 2 betr. Abtretung von Schuldbriefen nach alt Art. 869 ZGB; s.a. Art. 164 N 7 betr. Grundpfandverschreibung);
- im Bereich des *Fahrnis- und Forderungspfandrechts*, wobei bei letzterem die Bestimmungen über die Zession oft analog herangezogen werden können (BGE 63 II 235, 237 f.);
- im Bereich des *Versteigerungsrechts*: z.B. Art. 234 betr. Gewährleistung bei der Zwangsversteigerung von Forderungen;
- im Bereich des *Wertpapierrechts*: Art. 967–969, 973c Abs. 4 OR, Art. 24 BEG;
- im *Versicherungsvertragsrecht*: z.B. die strengere Formvorschrift von Art. 73 Abs. 1 VVG.

Art. 175

B. Schuldübernahme I. Schuldner und Schuldübernehmer	**1 Wer einem Schuldner verspricht, seine Schuld zu übernehmen, verpflichtet sich, ihn von der Schuld zu befreien, sei es durch Befriedigung des Gläubigers oder dadurch, dass er sich an seiner Statt mit Zustimmung des Gläubigers zu dessen Schuldner macht.** **2 Der Übernehmer kann zur Erfüllung dieser Pflicht vom Schuldner nicht angehalten werden, solange dieser ihm gegenüber den Verpflichtungen nicht nachgekommen ist, die dem Schuldübernahmevertrag zugrunde liegen.** **3 Unterbleibt die Befreiung des alten Schuldners, so kann dieser vom neuen Schuldner Sicherheit verlangen.**

B. Reprise de dette
I. Débiteur et reprenant

[1] La promesse faite à un débiteur de reprendre sa dette oblige le reprenant à le libérer soit en payant le créancier, soit en se chargeant de la dette du consentement de celui-ci.

[2] Le reprenant ne peut être actionné en exécution de cet engagement par le débiteur, aussi longtemps que ce dernier n'a pas accompli envers lui ses obligations dérivant du contrat de reprise de dette.

[3] L'ancien débiteur qui n'est pas libéré peut demander des sûretés au reprenant.

B. Assunzione di debito
I. Debitore ed assuntore

[1] Chi promette ad un debitore di assumersi il suo debito, si obbliga a liberarlo, sia tacitando il creditore, sia rendendosi debitore in sua vece col consenso del creditore.

[2] Il debitore non può costringere l'assuntore all'adempimento di questa obbligazione, fino a che egli non abbia adempito in suo confronto gli obblighi derivanti dal contratto con cui fu assunto il debito.

[3] Se non avviene la liberazione del precedente debitore, questi può chiedere garanzia dal nuovo debitore.

Literatur

AMSTUTZ/MABILLARD, Fusionsgesetz (FusG), Kommentar zum Bundesgesetz über Fusion, Spaltung, Umwandlung und Vermögensübertragung vom 3.10.2003, Basel 2008; BARBEY, Le transfert du bail commercial (art. 263 CO), SJ 1992, 33 ff.; BRINER, Die Schuldübernahme im schweizerischen Internationalprivatrecht, Diss. Zürich 1947; BUCHLI, Die Übernahme eines Vermögens oder eines Geschäftes nach Art. 181 OR, Diss. Zürich 1953; BÜHLER, Die Vermögens-, Geschäfts- und Unternehmensübernahme nach schweizerischem Recht, Diss. Zürich 1947; CASTELL/VON DER CRONE, Privative Übernahme der Liberierungsschuld, SZW 2013, 254 ff.; EMMENEGGER, Garantie, Schuldbeitritt und Bürgschaft – vom bundesgerichtlichen Umgang mit gesetzgeberischen Inkohärenzen, ZBJV 9/2007, 561 ff.; FREY, Die Veräusserung einer freiberuflichen Praxis, Diss. Zürich 1999; FRÜH, Die Vertragsübertragung im schweizerischen Recht, Diss. Zürich 1945; GIRSBERGER, Übernahme und Übergang von Schulden im schweizerischen und deutschen IPR, ZVglRWiss 1989, 31 ff.; HURNI, Die Vermögensübertragung im Spannungsfeld zwischen Vermögens- und Unternehmensrecht, Diss. Bern, Zürich/Basel/Genf 2008; KÜNG, Zum Fusionsbegriff im schweizerischen Recht, SZW 1991, 245 ff.; LENZ, Der Wechsel des Passivsubjekts in der Realobligation, Diss. Basel 1986; LOSER-KROGH, Die Vermögensübertragung: Kompromiss zwischen Strukturanpassungsfreiheit und Vertragsschutz im Entwurf des Fusionsgesetzes, AJP 2000, 1095 ff.; MEIER, Die Vermögensübernahme nach französischem, englischem, schweizerischem und österreichischem Recht, ZVglRWiss 1985, 54 ff.; MEZGER, Die Schuldübernahme kraft Mitteilung bei der Geschäfts- und Vermögensübernahme, Art. 181 II OR, Diss. Basel 1955; SCHUMACHER, Die Vermögensübertragung nach dem Fusionsgesetz, Zürich 2005; BAKER & MCKENZIE (Hrsg.), Handkommentar zum Fusionsgesetz, Bern 2003 (zit. Handkomm-FusG-BEARBEITER); TSCHÄNI, M&A-Transaktionen nach Schweizer Recht, Zürich/Basel/Genf 2013 (zit. M&A-Transaktionen); DERS., Vermögensübertragung nach Fusionsgesetz und auf anderen Wegen, GesKR 2/2007, 170 ff. (zit. GesKR 2/2007); TURIN, Le transfert de patrimoine selon le projet de loi sur la fusion, Diss. Neuchâtel 2003; VISCHER, Der Zeichnungs- bzw. Sacheinlagevertrag bei der AG, SJZ 2014, 537 ff.; VISCHER/MARTINI/MÜLLER (Hrsg.), Zürcher Kommentar zum Fusionsgesetz, Zürich/Basel/Genf 2012 (zit. ZK FusG-BEARBEITER); VON DER CRONE/GERSBACH/KESSLER/DIETRICH/BERLINGER, Das Fusionsgesetz, Zürich 2004; VON SALIS-LÜTOLF, Fusionsgesetz, Zürich 2004, ‹www.fusionsgesetz.ch›; WIKI, Übernahme und Fortsetzung des Geschäftes einer Kollektivgesellschaft durch einen Gesellschafter, Diss. Bern 1956; WILDHABER, Der Tatbestand des Betriebs(teil)übergangs gem. Art. 333 Abs. 1 OR, ZSR 2007 I, 463 ff.

Materialien

Botschaft zum Bundesgesetz über Fusion, Spaltung, Umwandlung und Vermögensübertragung (Fusionsgesetz; FusG) vom 13.6.2000, BBl 2000, 4337 ff. (zit. Botschaft FusG).

I. Allgemeines. Normzweck

Art. 175 betrifft bloss die **interne Schuldübernahme**, mit der sich ein Dritter dem Schuldner 1
gegenüber verpflichtet, den Schuldner von der Schuld zu befreien. Dem Gläubiger gegenüber

bleibt die Übernahme ohne Wirkung, weshalb sie als *interne Schuldübernahme, Erfüllungsübernahme* oder *Befreiungsversprechen* bezeichnet wird. Dementsprechend ist die Zustimmung des Gläubigers nicht notwendig. Dadurch unterscheidet sich die interne Schuldübernahme von der *externen* gem. Art. 176, bei welcher der übernehmende Dritte gegenüber dem Gläubiger mit dessen Zustimmung zum Schuldner wird. Bei der internen Schuldübernahme erwirbt der Gläubiger umgekehrt auch kein Forderungsrecht gegen den Übernehmer.

2 Die interne Schuldübernahme ist insb. von der Vertragsübernahme, dem Vertrag zugunsten Dritter und der Neuerung abzugrenzen. Gegenstand der Schuldübernahme ist lediglich die übernommene Schuld, dagegen nicht das **Vertragsverhältnis** als Gesamtes, das sich aus mehreren Rechten und Pflichten zusammensetzt und zwischen den bisherigen Vertragsparteien fortbesteht (BGE 122 V 148). Die Übertragung des gesamten Vertrages (**Vertragsübernahme** genannt) ist, von gewissen Ausnahmen abgesehen (z.B. Art. 263, Art. 333), im OR nicht speziell geregelt (zur umstrittenen Frage des Überganges von Verträgen im Rahmen der Vermögensübertragung nach Art. 69 ff. FusG vgl. ZK FusG-Beretta, Vor Art. 69–77 N 38 ff. m.w.Hw.). Sollen Vertragsverhältnisse als Ganzes übertragen werden, so lässt sich dies nach h.L. durch einen entsprechenden Vertrag (sui generis) der drei beteiligten Parteien erreichen. Sofern die Parteien vereinbaren, dass der Gläubiger vom Übernehmer die Erfüllung des Übernahmevertrages verlangen kann, liegt nicht eine interne Schuldübernahme, sondern ein **Vertrag zugunsten Dritter** (Art. 112) vor. Durch das Weiterbestehen der Schuld unterscheidet sich die interne Schuldübernahme von der **Neuerung** oder **Novation** (Art. 116), bei der die bisherige Schuld durch eine neue ersetzt wird.

II. Anwendungsbereich

3 Gegenstand der internen Schuldübernahme können nur **übertragbare Schulden** sein. Grundsätzlich sind alle Schulden übertragbar, eingeschlossen bedingte, verjährte und künftige Schulden (vgl. BGer, 1.10.2008, 4A_270/2008). Auch öffentlich-rechtliche Schulden, namentlich Steuerschulden, können übernommen werden (BGE 92 III 62). Zumindest intern kann wohl auch eine (aktienrechtliche) Liberierungsschuld übernommen werden (vgl. ZR 2009, 58; Castell/von der Crone, SZW 2013, 256; s.a. Vischer, SJZ 2014, 540 f. m.w.Hw.). Die weitergehende Frage, ob auch eine privative Schuldübernahme (s. Art. 176 N 1) einer Liberierungsschuld zulässig ist, hat das BGer betreffend teilliberierter Namenaktien bisher offen gelassen (BGer, 28.1.2013, 4A_512/2012), betreffend Inhaberaktien dagegen verneint (BGE 86 II 94; BGer, 9.8.2004, 4C.229/2004; Castell/von der Crone, SZW 2013, 256 ff.). Ausgeschlossen ist ferner die Übernahme einer nichtigen Schuld (BGE 95 II 37) oder einer Busse aus einer strafbaren Handlung (BGE 79 II 152 = Pra 1953, 379; BGer, 6.2.2014, 4A_491/2013; Gauch/Schluep/Schmid/Emmenegger, N 3569). Ist der Schuldner gem. Art. 68 verpflichtet, persönlich zu erfüllen, so ist die interne Schuldübernahme gleichwohl gültig, jedoch nicht erfüllbar, wenn der Gläubiger die Erfüllung durch den Übernehmer nicht akzeptiert.

III. Voraussetzungen

4 Die interne Schuldübernahme beruht auf einem **Vertrag** zwischen dem Schuldner und dem Übernehmer. Für dessen Zustandekommen, Inhalt, Gültigkeit und Erfüllung gelten im Prinzip die allgemeinen obligationenrechtlichen Regeln. Gegenstand des Vertrages ist das Versprechen des Übernehmers, den Schuldner zu befreien.

5 Der interne Schuldübernahmevertrag ist grundsätzlich **formfrei** gültig (Art. 11 Abs. 1). Dies gilt sogar, wenn die zu übernehmende Schuld bei ihrer Begründung einer bestimmten Form unterlag, z.B. wenn der Schuldner ein Schenkungsversprechen abgab, das zu seiner Gültigkeit der schriftlichen Form bedarf (Art. 243 Abs. 1; BGE 110 II 340 = Pra 1985, 222 ff.) oder

wenn er den Kaufpreis aus einem Grundstückkauf schuldet, das zu seiner Gültigkeit die öffentliche Beurkundung voraussetzt (Art. 216 Abs. 1). Der interne Schuldübernahmevertrag ist dagegen einer besonderen Form unterworfen, wenn er selber Bestandteil eines formbedürftigen Vertrages ist. Verspricht bspw. der Übernehmer die Schuldbefreiung als Schenkung, so ist der Schuldübernahmevertrag nur gültig, wenn er schriftlich abgeschlossen wurde (Art. 243 Abs. 1; BGE 79 II 153 = Pra 1953, 379). Zudem ist der interne Schuldübernahmevertrag formbedürftig, wenn der die Schuld begründende Vertrag wegen der besonderen Natur des Leistungsgegenstandes von Gesetzes wegen einer besonderen Form unterworfen ist. Das BGer verlangt diese daher für die Übernahme der Schuld, die auf Eigentumsübertragung von Grundstücken lautet (Art. 657 Abs. 1 ZGB), nicht dagegen für die Übernahme von Lieferungs- oder Zahlungsverpflichtungen aus einem Schenkungsversprechen oder für die Übernahme der Zahlungspflicht aus Bürgschaft oder Wechselbürgschaft (BGE 110 II 340 = Pra 1985, 222).

IV. Rechtsfolgen

Durch den internen Schuldübernahmevertrag wird der Übernehmer verpflichtet, den Schuldner gemäss der vertraglichen Abmachung von seiner Schuld zu befreien. Die Wirkungen des internen Schuldübernahmevertrages beschränken sich demgemäss auf die Vertragsparteien (BGE 110 II 340; 121 III 258 = Pra 1996, 319); der Gläubiger kann aus dem Vertrag keine Rechte für sich ableiten (ZR 1996, 82). 6

Die Schuldbefreiung kann dadurch erwirkt werden, dass der Übernehmer den Gläubiger befriedigt oder sich mit dessen Zustimmung zu dessen Schuldner macht. Der Übernehmer kann den Gläubiger also ohne dessen Mitwirkung befriedigen, indem er die Schuld erfüllt. Persönlich zu erfüllende Schulden setzen allerdings die Zustimmung des Gläubigers voraus. Dessen Mitwirkung ist auch dann notwendig, wenn die Schuld nicht durch Erfüllung, sondern auf andere Weise erlöschen soll (Aufhebung durch Übereinkunft, Neuerung, Verrechnung). Weiter ist die in Art. 175 mit den Worten «[…] *dadurch, dass er sich an seiner Statt mit Zustimmung des Gläubigers zu dessen Schuldner macht*» angesprochene **externe Schuldübernahme** schon nach dem Gesetzestext von der Zustimmung des Gläubigers abhängig. 7

Aus Art. 175 Abs. 2 sowie allgemein aus Art. 82 folgt, dass der Schuldner den Übernehmer nicht zur **Erfüllung der Übernahmepflicht** anhalten kann, solange er selber seinen eigenen Verpflichtungen aus dem Schuldübernahmevertrag nicht nachgekommen ist. Dem Übernehmer steht hier somit in synallagmatischen Verträgen die Einrede des nichterfüllten Vertrages zur Verfügung. 8

Der Schuldner kann vom Übernehmer die **Befriedigung des Gläubigers** nur verlangen, wenn die Schuld bereits fällig ist. Zwar kann er fordern, dass der Übernehmer die Schuld extern übernimmt und ihn dadurch befreit. Weil hierzu jedoch die Zustimmung des Gläubigers notwendig ist, sieht Abs. 3 zu seinem Schutze vor, dass der bisherige Schuldner vom neuen Sicherheit verlangen kann, sofern die Befreiung unterbleibt. Die Sicherheit kann sowohl bei einer nicht-fälligen als auch bei einer fälligen Schuld verlangt werden (BGer, 13.7.2012, 5A_60/2012 = Pra 2013, 58). 9

Übernimmt beim Verkauf eines Grundstückes der Käufer die **Grundpfandschuld**, hat der Verkäufer mangels anderer Vereinbarung zwischen den Parteien erst Anspruch auf Befreiung von den Grundpfandschulden, wenn das Eigentum am Grundstück übertragen worden ist, und nicht schon beim Abschluss des Vertrages (BGE 57 II 315; 121 III 259 = Pra 1996, 319). Vereinbart der Verkäufer die Übernahme der Grundpfandschuld mit dem Käufer, erklärt aber der Gläubiger aufgrund von Art. 832 Abs. 2 ZGB, den Verkäufer als früheren Schuldner beibehalten zu wollen, so tritt der Verkäufer im Umfang seiner Zahlungen in die Gläubigerrechte ein. Das auf ihn übergehende Pfandrecht rangiert aber hinter jenem des Gläubigers für dessen 10 noch bestehende Restforderung (BGE 60 II 188). Hat der Käufer die Schuld intern übernommen, ist er jedoch vom Gläubiger nicht als neuer Schuldner anerkannt worden, und ist das Pfand mit negativem Ergebnis für den Gläubiger verwertet worden, so kann der Verkäufer vom Übernehmer Zahlung an sich selbst verlangen (BGE 65 II 115; bestätigt durch BGer, 19.2.2003, 4C.329/2002).

11 Im Übrigen sind für die interne Schuldübernahme die auf Verträge allgemein anwendbaren Rechtsfolgen zu beachten, namentlich was die Erfüllungsmodalitäten und die Folgen der Nichterfüllung (Schadenersatz) angeht.

V. Abweichende Vereinbarungen

12 Art. 175 stellt dispositives Recht dar; die Parteien sind also frei, im internen Schuldübernahmevertrag vom Gesetz abweichende Regeln vorzusehen. Bei einer noch nicht fälligen Schuld einigen sich die Parteien mit Vorteil darauf, welche Folgen eintreten sollen, falls die Befreiung des Schuldners an der mangelnden Zustimmung des Gläubigers scheitern sollte.

Die Parteien können auch abmachen, dass sich der Übernehmer nicht nur *an Stelle* des, sondern *zusätzlich* zum bisherigen Schuldner zum Schuldner des Gläubigers machen soll. Im ersten Fall (Befreiung des alten Schuldners) wird von einer **privativen Schuldübernahme**, im zweiten Fall (Hinzutreten des neuen zum alten Schuldner) von einer **kumulativen Schuldübernahme** gesprochen. Bei der privativen Schuldübernahme entfällt die Haftung des bisherigen Schuldners, während bei der kumulativen Schuldübernahme der alte Schuldner neben und zusätzlich zum Übernehmer weiterhaftet. In Abs. 1 wird jedoch bloss von der privativen Schuldübernahme gesprochen («[…] *an seiner Statt* […]»).

VI. Prozessuales. Vollstreckung

13 Die interne Schuldübernahme ist auch dann möglich, wenn die zu übernehmende Schuld Gegenstand eines Prozessverfahrens bildet. Solange die Übernahme intern bleibt, erübrigt sich auch ein Parteiwechsel.

Ist die übernommene Schuld bereits fällig, so kann der Schuldner seinen Befreiungsanspruch gegen den Übernehmer nach Art. 98 Abs. 1 vollstrecken (ZR 1945, 196; **a.M.** ZK-Spirig, N 77). Bei noch nicht fälliger Schuld gestaltet sich die **Vollstreckung des Befreiungsversprechens** als schwierig, wenn der Gläubiger seine Zustimmung verweigert bzw. nicht mitwirkt. Der Schuldner kann daher gem. Abs. 3 Sicherheit verlangen (z.B. Garantie, Depot etc.). Bezahlt der Schuldner selber, verwandelt sich seine Schuldübernahmeforderung in einen Ersatzanspruch (BGE 79 II 152 = Pra 1953, 379).

Der Anspruch aus einem Befreiungsversprechen i.S.v. Art. 175 kann Gegenstand einer Abtretung gem. Art. 260 SchKG bilden; er ist als Bestandteil der Konkursaktiven zu betrachten (BGE 92 III 57).

VII. IPR

14 Der **interne Schuldübernahmevertrag** untersteht dem auf Verträge im Allgemeinen **anwendbaren Recht** und ist im IPRG nicht speziell geregelt. Demzufolge ist er i.d.R. dem von den Parteien gewählten Recht unterworfen (Art. 116 Abs. 1 IPRG). Fehlt eine Rechtswahl, so gilt das Recht jenes Staates, mit dem der Vertrag am engsten zusammenhängt (Art. 117 Abs. 1 IPRG). Für die Beurteilung ist entscheidend, in welchem Staat jene Partei ihren gewöhnlichen Aufenthalt hat, welche die charakteristische Leistung erbringen soll. In der Regel wird die Leistung des Übernehmers die charakteristische sein, d.h., dass das Recht am gewöhnlichen Aufenthalt des Schuldübernehmers anwendbar ist.

Art. 176

II. Vertrag mit dem Gläubiger
1. Antrag und Annahme

[1] Der Eintritt eines Schuldübernehmers in das Schuldverhältnis an Stelle und mit Befreiung des bisherigen Schuldners erfolgt durch Vertrag des Übernehmers mit dem Gläubiger.

[2] Der Antrag des Übernehmers kann dadurch erfolgen, dass er, oder mit seiner Ermächtigung der bisherige Schuldner, dem Gläubiger von der Übernahme der Schuld Mitteilung macht.

[3] Die Annahmeerklärung des Gläubigers kann ausdrücklich erfolgen oder aus den Umständen hervorgehen und wird vermutet, wenn der Gläubiger ohne Vorbehalt vom Übernehmer eine Zahlung annimmt oder einer anderen schuldnerischen Handlung zustimmt.

II. Contrat entre reprenant et créancier
1. Offre et acceptation

[1] Le remplacement de l'ancien débiteur et sa libération s'opèrent par un contrat entre le reprenant et le créancier.

[2] L'offre de conclure ce contrat peut résulter de la communication faite au créancier par le reprenant ou, avec l'autorisation de celui-ci, par l'ancien débiteur, de la convention intervenue entre eux.

[3] Le consentement du créancier peut être exprès ou résulter des circonstances; il se présume lorsque, sans faire de réserves, le créancier accepte un paiement ou consent à quelque autre acte accompli par le reprenant à titre de débiteur.

II. Contratto col creditore
1. Proposta ed accettazione

[1] La sostituzione nel debito di un nuovo debitore al posto e con liberazione del debitore precedente ha luogo mediante contratto fra l'assuntore e il creditore.

[2] La proposta dell'assuntore può farsi nel senso che egli o con la sua autorizzazione il precedente debitore comunichi l'assunzione del debito al creditore.

[3] L'accettazione del creditore può essere espressa o risultare dalle circostanze, ed è presunta se egli abbia senza riserve accettato dall'assuntore un pagamento o aderito ad altro atto implicante la qualità di debitore.

Literatur

Vgl. die Literaturhinweise zu Art. 175.

I. Allgemeines. Normzweck

1 Art. 176 ordnet die **externe, privative Schuldübernahme**. Bei dieser Schuldübernahme wird der bisherige Schuldner frei, während der Übernehmer aufgrund eines Vertrages mit dem Gläubiger zum neuen Schuldner wird. Als *extern* wird die Übernahme insofern bezeichnet, als sie mit Zustimmung des Gläubigers erfolgt und daher ihm gegenüber wirksam ist. *Privativ* ist sie, weil der bisherige Schuldner frei wird.

2 Die externe, privative Schuldübernahme ist von der **externen, kumulativen Schuldübernahme (Schuldmitübernahme)** zu unterscheiden. Bei der *kumulativen* Schuldübernahme liegt normalerweise ein Vertrag zwischen dem Übernehmer und dem Gläubiger vor, wonach der Übernehmer die Schuld solidarisch (Art. 143) neben dem bisherigen Schuldner mitübernimmt. Ob eine privative oder eine kumulative Übernahme vorliegt, muss u.U. aufgrund einer Auslegung ermittelt werden (ZR 1988, 77). Zur Abgrenzung gegenüber der **Bürgschaft** und dem **Garantievertrag** s. Art. 111 (vgl. auch BGE 129 III 702; BGer, 26.10.2012, 4A_235/2012; 19.12.2007, 4A_420/2007 und 26.4.2007, 4C.24/2007; Emmenegger, 561 ff.). Die kumulative Schuldübernahme, die zwar in einigen Fällen vom Gesetz selber angeordnet wird (z.B. Art. 181 Abs. 2, Art. 333 Abs. 3), ist nicht speziell geregelt. Es gelten deshalb die allgemeinen obligationenrechtlichen Regeln (namentlich Art. 143 ff.). Nur existente und übertragbare Schulden können kumulativ übernommen werden. Die kumulativ übernommene Schuld ist nicht akzessorisch zur bisherigen. Sie besteht für sich selbst und unabhängig von der ursprünglichen Schuld. Das bedeutet insb., dass der Gläubiger über jede Forderung einzeln ver-

fügen kann (z.B. Erlass, Abtretung etc.) (vgl. BGer, 24.5.1960, ZR 1960, Nr. 128, 322). Der Erlass der Forderung gegenüber dem bisherigen Schuldner lässt also bspw. die Schuld des kumulativen Übernehmers grundsätzlich unberührt. Auch Kündigung und Mahnung wirken nur gegenüber jenem Schuldner, gegen den sie der Gläubiger ausgesprochen hat.

3 Wie bei der internen ist auch bei der externen Schuldübernahme die übernommene Schuld und nicht das gesamte **Vertragsverhältnis** Gegenstand der Übernahme. Die externe Schuldübernahme ist von der **Neuerung** oder **Novation** i.S.v. Art. 116 zu unterscheiden (BGE 107 II 479). So wird eine Schuldübernahme und nicht eine Novation angenommen, wenn bei zwei Solidarschuldnern der eine die alleinige Schuldpflicht übernimmt und der andere aus der Pflicht entlassen wird (BGE 60 II 332).

II. Anwendungsbereich

4 Wie bei der internen können auch bei der externen Schuldübernahme nur **übertragbare Schulden** übernommen werden (s. Art. 175 N 3). Auch familienrechtliche Unterhaltspflichten können übertragen werden (BGE 78 II 326). Handelt es sich um eine persönliche Schuld i.S.v. Art. 68, so gibt der Gläubiger durch seine Zustimmung zu erkennen, dass er die Erfüllung durch den Übernehmer akzeptiert. Die Übernahme wäre demnach gültig. Steuerschulden können zwar intern, nicht aber extern übernommen werden (BGE 92 III 62).

III. Voraussetzungen

5 Die externe Schuldübernahme beruht auf einem **Vertrag** (s. Abs. 1) zwischen dem Übernehmer und dem Gläubiger, für den im Prinzip (für die Ausnahmen s. Abs. 2 und Art. 177) die allgemeinen obligationenrechtlichen Regeln gelten. Die externe Schuldübernahme kann also dem Gläubiger nicht aufgezwungen werden. Dies rechtfertigt sich daraus, dass der Schuldnerwechsel den Wert der Forderung erheblich beeinträchtigen kann. Ein vorgängiger interner Schuldübernahmevertrag ist nicht notwendig, die Schuld kann sogar gegen den Willen des bisherigen Schuldners übernommen werden (ZR 1966, 174). Der bisherige Schuldner ist am Übernahmevertrag auch nicht als Partei beteiligt.

6 Ihrer **doppelseitigen Wirkung** entsprechend ist die externe Schuldübernahme für den Übernehmer ein Verpflichtungsgeschäft, für den Gläubiger ein Erwerbsgeschäft und zugleich eine Verfügung über seine Forderung gegen den bisherigen Schuldner (ZR 1982, 136). Demzufolge setzt die gültige Schuldübernahme seitens des Übernehmers Handlungsfähigkeit, seitens des Gläubigers zudem auch Verfügungsmacht über die Forderung voraus. Hat bspw. der Gläubiger über die Forderung bereits durch eine Zession verfügt, ist die Schuldübernahme ungültig, es sei denn, die Verfügung werde vom Zessionar genehmigt oder der Schuldner habe von der Zession keine Kenntnis gehabt (Art. 167). Eine Beschränkung der Verfügungsmacht kann bspw. auch dann bestehen, wenn der Gläubiger in Konkurs gefallen ist oder wenn die Forderung anderen Rechten unterliegt (z.B. Nutzniessung oder Pfandrecht).

7 Der Schuldübernahmevertrag mit dem Gläubiger ist grundsätzlich **formfrei** (Art. 11 Abs. 1). Formfreiheit gilt auch für die Übernahme eines Schenkungsversprechens; hingegen ist die öffentliche Beurkundung notwendig, wenn die Verpflichtung übernommen wird, Grundeigentum zu übertragen (von Tuhr/Escher, 387).

8 Der Schuldübernahmevertrag kommt aufgrund von **Antrag** und **Annahme** zustande, wobei der Antrag sowohl vom Schuldner wie auch vom Gläubiger gestellt werden kann. Nach Art. 176 Abs. 2 kann der *Antrag* des Übernehmers dadurch erfolgen, dass er oder mit seiner *Ermächtigung der bisherige* Schuldner dem Gläubiger von der Übernahme der Schuld Mitteilung macht. Diese Mitteilung betrifft die interne Schuldübernahme und stellt eine widerlegbare Vermutung dar, dass ein Antrag vorliegt (BGer, 7.3.2005, 4C.183/2004). War der bisherige Schuldner zur Mitteilung jedoch nicht oder (aufgrund eines Widerrufs durch den Übernehmer) nicht mehr ermächtigt, so liegt auch kein Antrag nach Art. 176 Abs. 2 vor, den der Gläubiger annehmen könnte (BGE 46 II 246). Die *Annahme* durch den Gläubiger kann ausdrücklich erfolgen oder aus den Umständen hervorgehen; sie wird vermutet, wenn der Gläubiger ohne Vorbehalt vom Übernehmer eine Zahlung (inkl. Zins-, Raten- oder Abschlagszahlungen) annimmt oder einer anderen schuldnerischen Handlung zustimmt (Abs. 3; BGE 46 II 66). Auch diese Vermutung ist widerlegbar und gilt nur, wenn der Übernehmer in seinem eigenen Namen und nicht als Vertreter des ursprünglichen Schuldners handelt (BGE 54 II 280; vgl. BGer, 11.11.2009, 4D_111/2009). So stellt die blosse Teilzahlung einer Schuld durch einen Dritten für sich alleine keinen Antrag zum Abschluss einer Schuldübernahme dar. Der konkludente Wille des Dritten zur Schuldübernahme muss sich aus den gesamten Umständen ergeben (BGer, 11.11.2009, 4D_111/2009) und hat sich auf eine hinreichend bestimmte oder bestimmbare individuelle Schuld zu beziehen (BGer, 31.5.2013, 9C_47/2013). Auf eine stillschweigende Annahme wird demgegenüber geschlossen, wenn der Gläubiger den Erwerber der Pfandsache betreibt (BGE 44 II 129). Auf eine Annahme müsste normalerweise auch erkannt werden, wenn der Gläubiger Erfüllung der Forderung vom Übernehmer verlangt, ihm kündigt, Stundung gewährt, ihn einklagt oder betreibt. Die Annahme ist jedoch nicht leichtfertig als gegeben zu betrachten, denn der Schuldnerwechsel kann sich für den Gläubiger als nachteilig erweisen, wenn der neue Schuldner weniger solvent ist (vgl. auch GAUCH/SCHLUEP/SCHMID/EMMENEGGER, N 3583 ff.).

IV. Rechtsfolgen

9 Durch die **externe Schuldübernahme** nach Art. 176 geht die Schuld unter Befreiung des bisherigen Schuldners auf den Übernehmer über. Besondere Rechtsfolgen sind für die Nebenrechte (Art. 178) und die Einreden (Art. 179) zu beachten.

V. Abweichende Vereinbarungen

10 Die Wirkungen der Schuldübernahme treten mit Abschluss des Übernahmevertrages ein. In der Lehre ist umstritten, ob eine **Rückwirkung der Übernahme** auf ein früheres Datum zulässig sei (dafür ZK-OSER/SCHÖNENBERGER, N 11; dagegen VON TUHR/ESCHER, 389).

VI. Prozessuales. Vollstreckung

11 Für die prozessualen Folgen der **externen Schuldübernahme** gelten die Regeln der Zivilprozessordnung. Der Parteiwechsel ist in Art. 83 ZPO (vgl. dazu JEANDIN, in: Bohnet et al. [Hrsg.], CPC, Code de procédure civile commenté, Basel 2011, Art. 83 N 10), im Bundesgesetz über den Bundeszivilprozess in Art. 17 und Art. 21 Abs. 2 BZPO geregelt.

VII. IPR

12 Wie der interne ist auch der **externe Schuldübernahmevertrag** im **IPRG** nicht speziell geordnet. Er ist ebenfalls selbständig anzuknüpfen, was bedeutet, dass er dem von den Parteien gewählten Recht unterworfen ist (Art. 116 Abs. 1 IPRG). Fehlt eine Rechtswahl, so gilt das Recht jenes Staates, mit dem der Vertrag am engsten zusammenhängt (Art. 117 Abs. 1 IPRG). Als charakteristische Leistung gilt jene des Übernehmers; somit ist das Recht des Staates anwendbar, in dem der Übernehmer seinen gewöhnlichen Aufenthalt hat. Auch die kumulative Schuldübernahme untersteht diesem Recht (BGer, 8.11.2012, 4A_455/2012). Für die Formerfordernisse genügt für die privative wie für die kumulative Schuldübernahme die Form nach der «lex causae» oder der «lex actus» (Art. 124 Abs. 1 IPRG; vor dessen Inkrafttreten vgl. BGE 111 II 278).

Art. 177

2. Wegfall des Antrags

[1] Die Annahme durch den Gläubiger kann jederzeit erfolgen, der Übernehmer wie der bisherige Schuldner können jedoch dem Gläubiger für die Annahme eine Frist setzen, nach deren Ablauf die Annahme bei Stillschweigen des Gläubigers als verweigert gilt.

[2] Wird vor der Annahme durch den Gläubiger eine neue Schuldübernahme verabredet und auch von dem neuen Übernehmer dem Gläubiger der Antrag gestellt, so wird der vorhergehende Übernehmer befreit.

2. Offre annulée

[1] L'offre peut être acceptée en tout temps par le créancier; le reprenant ou l'ancien débiteur a néanmoins le droit de fixer, pour l'acceptation, un délai à l'expiration duquel l'offre est censée refusée en cas de silence du créancier.

[2] Celui qui a offert de reprendre une dette est libéré si, avant l'acceptation de son offre, une nouvelle reprise de dette a été convenue et que le nouveau reprenant ait adressé son offre au créancier.

2. Abbandono della proposta

[1] L'accettazione da parte del creditore può avvenire in ogni tempo, ma l'assuntore come il debitore precedente possono fissare al creditore un termine per l'accettazione, trascorso il quale si riterrà, in caso di silenzio del creditore, rifiutata l'accettazione.

[2] Se prima dell'accettazione del creditore è stipulata una nuova assunzione del debito ed anche dal nuovo assuntore è fatta la proposta al creditore, l'assuntore precedente è liberato.

Literatur

Vgl. die Literaturhinweise zu Art. 175.

1 Die **externe Schuldübernahme** kommt aufgrund eines Vertrages mit dem Gläubiger zustande. Abweichend von den allgemeinen Vorschriften über den Vertragsschluss enthält Art. 177 bezüglich Antrag und Annahme für den Schuldübernahmevertrag eine spezielle Ordnung.

2 Gemäss Abs. 1 kann der Gläubiger den **Antrag** *jederzeit* annehmen. Für die von dieser Regel abweichenden, allgemeinen Grundsätze s. Art. 4 und 5. Laut VON TUHR/ESCHER, 386, kann aber der Antrag nicht mehr angenommen werden, wenn so viel Zeit abgelaufen ist, dass der Übernehmer seinen Antrag als stillschweigend abgelehnt betrachten darf.

3 Von den allgemeinen Grundsätzen weicht weiter das Recht des Übernehmers und des bisherigen Schuldners ab, dem Gläubiger nachträglich eine Frist zu setzen, nach deren Ablauf die Annahme bei Stillschweigen des Gläubigers als verweigert gilt. Setzen der bisherige Schuldner und der Übernehmer dem Gläubiger unterschiedliche Fristen, so gilt die durch den Übernehmer gesetzte Frist, weil der **Schuldübernahmevertrag** zwischen dem Übernehmer und dem Gläubiger zustande kommt.

4 Verschieden von den allgemeinen Grundsätzen ist sodann die in Abs. 2 enthaltene Regel, wonach der Antrag dahinfällt und der Übernehmer befreit wird, wenn vor der Annahme durch den Gläubiger zwischen dem bisherigen Schuldner und einem weiteren Übernehmer eine **neue Schuldübernahme** verabredet wurde und der neue Übernehmer dem Gläubiger ebenfalls Antrag zum Schuldübernahmevertrag stellt. Der Gläubiger muss sich in diesem Fall an den neuen Übernehmer halten, und es haften weder der ursprüngliche Schuldner noch der erste Übernehmer. Vorbehalten bleibt die Annahme durch den Gläubiger. Bleibt diese aus, so haftet der ursprüngliche Schuldner weiter. Voraussetzung für die Anwendbarkeit von Abs. 2 *ist die Verabredung einer neuen* (zweiten) Schuldübernahme zwischen dem bisherigen Schuldner und dem neuen Übernehmer. Wenn also eine Partei dem Gläubiger Antrag zum Abschluss des Schuldübernahmevertrages stellt, ohne intern mit dem bisherigen Schuldner

die Übernahme vereinbart zu haben, bleibt es dem Gläubiger freigestellt, die Offerte des Erstübernehmers anzunehmen und diesen für die Forderung zu belangen (ebenso GAUCH/SCHLUEP/SCHMID/EMMENEGGER, N 3591).

Art. 178

III. Wirkung des Schuldnerwechsels
1. Nebenrechte

[1] Die Nebenrechte werden vom Schuldnerwechsel, soweit sie nicht mit der Person des bisherigen Schuldners untrennbar verknüpft sind, nicht berührt.

[2] Von Dritten bestellte Pfänder sowie die Bürgen haften jedoch dem Gläubiger nur dann weiter, wenn der Verpfänder oder der Bürge der Schuldübernahme zugestimmt hat.

III. Effet du changement de débiteur
1. Accessoires de la dette

[1] Les droits accessoires subsistent malgré le changement de débiteur dans la mesure où ils ne sont pas inséparables de la personne de ce dernier.

[2] Toutefois, les tiers qui on constitué un gage en garantie de la dette et la caution ne restent obligés envers le créancier que s'ils ont consenti à la reprise de dette.

III. Effetti del cambiamento del debitore
1. Diritti accessori

[1] I diritti accessori continuano a sussistere malgrado il cambiamento del debitore, in quanto non siano inseparabili dalla persona del debitore precedente.

[2] Tuttavia i terzi che hanno costituito il pegno ed i fideiussori rimangono obbligati verso il creditore, solo in quanto abbiano dato il loro consenso all'assunzione del debito.

Literatur

Vgl. die Literaturhinweise zu Art. 175.

I. Grundsatz: Übergang der Nebenrechte

1 Art. 178 ordnet das Schicksal der Nebenrechte im Falle der externen Schuldübernahme. Nach einhelliger Auffassung gilt diese Bestimmung nicht nur für **Nebenrechte**, sondern auch für **Vorzugs-** und **Gestaltungsrechte**. Zur Definition dieser Rechte s. Art. 170 N 7 f. *Vorzugsrechte* schliessen Gerichtsstandsklauseln, Schiedsklauseln (Bull ASA 2002, 482 ff., 491, wo dies für den Fall einer kumulativen Schuldübernahme entschieden wurde; bestätigt in BGE 134 III 568 = Pra 2009, 218 f. für die Fälle der kumulativen und externen, privativen Schuldübernahme) und Klauseln über Konventionalstrafen ein, *Nebenrechte* erfassen vor allem Bürgschaften und Pfandrechte sowie Zinsrechte. Wichtigstes *Gestaltungsrecht* ist das Recht zur Verrechnung. Als Grundsatz gilt, dass diese Rechte vom Schuldnerwechsel *unberührt* bleiben, d.h., dass sie vom Gläubiger nun gegenüber dem Übernehmer geltend gemacht werden müssen. Dadurch unterscheidet sich die Schuldübernahme namentlich von der *Novation* (BGE 107 II 479). In Bezug auf verfallene Zinsen und Konventionalstrafen gilt nach überwiegender, wenn auch nicht einhelliger Meinung, dass diese von der Schuldübernahme ebenfalls erfasst sind, also vom Gläubiger gegenüber dem Übernehmer geltend gemacht werden müssen, es sei denn, in der Schuldübernahme sei eine andere Folge vereinbart worden (VON TUHR/ESCHER, 392; BK-BECKER, N 2; KELLER/SCHÖBI, IV, 80; ZK-SPIRIG, N 20, 26 ff.; GAUCH/SCHLUEP/SCHMID/EMMENEGGER, N 3599). Ausnahmen vom Grundsatz des Übergangs der Nebenrechte sind in Abs. 1 und 2 für die höchstpersönlichen Nebenrechte sowie für Bürgschaften und Drittpfandrechte vorgesehen. Vertragsbezogene Rechte gehen ebenfalls nicht über (z.B. Wandelungsrecht aus Kaufvertrag), weil der Übernehmer nicht Partei des ursprünglichen Vertrages zwischen Schuldner und Gläubiger wird (ZR 1947, 178).

II. Ausnahme: Persönliche Nebenrechte

2 Nach Abs. 1 gehen **Nebenrechte**, die mit der Person des bisherigen Schuldners untrennbar verknüpft sind, nicht mit der Schuld auf den Übernehmer über. Zu diesen Nebenrechten gehören nach h.L. die *Konkursprivilegien* gem. Art. 219 SchKG (VON TUHR/ESCHER, 393 f.; BK-BECKER, N 4; KELLER/SCHÖBI, IV, 81; GAUCH/SCHLUEP/SCHMID/EMMENEGGER, N 3602; anders aber BGE 119 V 389: AHV-Beitragsschulden gehen im Rahmen einer Geschäftsübernahme [Art. 181] auf den Übernehmer über, wobei die Beitragsforderung der Ausgleichskasse das Konkursprivileg nach Art. 219 SchKG behält [bestätigt durch BGer, 9.2.2005, H 144/04]. Nach GUHL/KOLLER/SCHNYDER/DRUEY (§ 35 N 14) ist dies aber eine Regel, die nicht verallgemeinert werden darf.). Wenn m.a.W. eine gem. Art. 219 Abs. 4 SchKG in der ersten Klasse zu kollozierende Schuld gegenüber einem Arbeitnehmer durch einen Dritten übernommen wird und dieser in Konkurs fällt, muss sich der Arbeitnehmer die Kollozierung dieser Forderung in der dritten Klasse im Konkurs des Dritten gefallen lassen. Zu den nicht übergehenden Nebenrechten werden auch das *Recht auf Verzugszins unter Kaufleuten* gem. Art. 104 Abs. 3 und das Recht, die Forderung im Hinblick auf persönliche Eigenschaften des Schuldners bei einem *Sondergericht* (z.B. Handelsgericht, Arbeitsgericht) geltend zu machen, gezählt (KELLER/SCHÖBI, IV, 81).

III. Ausnahme: Bürgschaften und Drittpfandrechte

3 In Abs. 2 ist festgehalten, dass Bürgen und von Dritten bestellte Pfänder nur dann dem Gläubiger weiterhaften, wenn der *Verpfänder* oder der *Bürge* der **Schuldübernahme** *zugestimmt* hat. Der Grund für diese Regelung liegt darin, dass der Übergang der Schuld auf einen neuen Schuldner Bürgen und Pfandbesteller in ihrer Stellung berührt, da diese die Sicherheit aufgrund der Bonität des ursprünglichen Schuldners gegeben haben. Das Gesetz gewährt ihnen daher die Möglichkeit, die Zustimmung zur Schuldübernahme zu verweigern. Demgegenüber gilt für *Retentionsrechte* (z.B. Art. 434, Art. 439, Art. 451, Art. 895 ZGB) und für *gesetzliche Pfandrechte* (z.B. Art. 837 ZGB), dass Zustimmung nicht notwendig ist (BK-BECKER, N 9). Schuldner und Übernehmer gelten nicht als Dritte i.S.v. Abs. 2, so dass durch sie bestellte Pfandrechte mit der Schuld übergehen. Für die Bürgschaft hat das BGer festgehalten, dass Abs. 2 nur auf privative, nicht dagegen auf kumulative Schuldübernahmen anwendbar sei, weil bei dieser die Rechtslage des Bürgen nicht verschlechtert, sondern verbessert werde (BGE 63 II 15). Eine zum Voraus erteilte Zustimmung des Bürgen zu jedem beliebigen Schuldnerwechsel gilt als unzulässig (BGE 67 II 130). Sofern die Zustimmung des Bürgen zur Zeit der Schuldübernahme noch fehlt, erlischt die Bürgschaft (BGE 60 II 333 f.). Das bedeutet, dass bei nachträglicher Zustimmung wieder eine neue Bürgschaft errichtet werden müsste, und zwar gemäss den anwendbaren Formerfordernissen.

Die Zustimmung des *Pfandbestellers* i.S.v. Abs. 2 kann *formlos* gegeben werden, sie ist namentlich auch konkludent möglich. Bei *Bürgschaften* gilt gem. Art. 493 Abs. 5, dass der Bürge *schriftlich* zustimmen muss.

IV. Abweichende Vereinbarungen

4 Da Art. 178 dispositives Recht darstellt, sind die Parteien frei, abweichende Regeln vorzusehen (**a.M.** ZK-SPIRIG, N 21).

V. Prozessuales. Vollstreckung

5 Urteile gegenüber dem bisherigen Schuldner kann der Gläubiger nicht gegen den Übernehmer vollstrecken.

In der Zwangsversteigerung im Konkursverfahren des bisherigen Schuldners ist die Zustimmung des Bürgen für den Übergang der Bürgschaft nicht vorausgesetzt (BGE 47 III 146 f.).

Art. 179

2. Einreden

[1] Die Einreden aus dem Schuldverhältnis stehen dem neuen Schuldner zu wie dem bisherigen.

[2] Die Einreden, die der bisherige Schuldner persönlich gegen den Gläubiger gehabt hat, kann der neue Schuldner diesem, soweit nicht aus dem Vertrag mit ihm etwas anderes hervorgeht, nicht entgegenhalten.

[3] Der Übernehmer kann die Einreden, die ihm gegen den Schuldner aus dem der Schuldübernahme zugrunde liegenden Rechtsverhältnisse zustehen, gegen den Gläubiger nicht geltend machen.

2. Exceptions

[1] Les exceptions dérivant de la dette reprise passent de l'ancien débiteur au nouveau.

[2] Le nouveau débiteur ne peut faire valoir les exceptions personnelles que l'ancien aurait pu former contre le créancier, si le contraire ne résulte du contrat passé avec le créancier.

[3] Il ne peut opposer au créancier les exceptions que les faits qui ont donné naissance à la reprise de dette lui auraient permis d'opposer à l'ancien débiteur.

2. Eccezioni

[1] Le eccezioni relative al debito spettano al nuovo debitore come al debitore precedente.

[2] Le eccezioni personali del debitore precedente verso il creditore non possono essere opposte dal nuovo debitore, se il contrario non risulti dal contratto col creditore.

[3] L'assuntore non può far valere contro il creditore le eccezioni che gli competono contro il debitore a dipendenza del rapporto giuridico su cui si fonda l'assunzione del debito.

Literatur

Vgl. die Literaturhinweise zu Art. 175.

I. Allgemeines. Normzweck

Art. 179 regelt die Einreden, die der Übernehmer gegenüber dem Gläubiger erheben kann. Das Gesetz spricht lediglich von *Einreden*, doch sind auch *Einwendungen* erfasst. Mit **Einreden** sind Rechte gemeint, derentwegen die geforderte Leistung nicht erbracht werden muss (z.B. Verjährungseinrede), mit **Einwendungen** Tatsachen, die belegen, dass die Forderung nicht oder nicht mehr besteht. 1

Die Bestimmung hält als Grundsatz fest, dass der Übernehmer die *Einreden aus dem übernommenen Schuldverhältnis* erheben kann (Abs. 1). Damit kommt zum Ausdruck, dass es sich bei der externen Schuldübernahme um einen Fall der Singularsukzession handelt, d.h., die Verpflichtung des Übernehmers gegenüber dem Gläubiger ist inhaltlich *identisch* mit der Verpflichtung des bisherigen Schuldners. In Abs. 2 ist festgehalten, dass dagegen dem Übernehmer *persönliche Einreden des bisherigen Schuldners* gegenüber dem Gläubiger nicht zur Verfügung stehen. Damit sind laut BUCHER, AT, 585 *alle nicht forderungsbezogenen Einreden* gemeint. Schliesslich ist in Abs. 3 festgelegt, dass der Übernehmer jene *Einreden* gegen den Gläubiger nicht geltend machen kann, die sich *aus dem internen Schuldübernahmevertrag* mit dem bisherigen Schuldner ergeben. Nicht speziell geordnet sind im Gesetz die *Einreden, die der Übernehmer aus seinem Verhältnis mit dem Gläubiger* hat. Diese kann er weiterhin erheben. 2

Art. 179 bezweckt den Übergang der Schuld i.S. der Singularsukzession, wobei die Rechtsstellung des Gläubigers nicht beeinträchtigt werden soll. In diesem Sinne soll der Übergang von Schulden erleichtert werden. 3

II. Einreden aus dem Verhältnis zwischen dem früheren Schuldner und dem Gläubiger

4 *Einreden aus dem Schuldverhältnis gehen über*, d.h. dass der Übernehmer gegenüber dem Gläubiger jene Einreden geltend machen kann, die sich aus der übernommenen Schuld ergeben. Dazu gehören namentlich jene **Einreden**, die den *Bestand* betreffen. Demnach kann der Übernehmer geltend machen, die übernommene Schuld sei bereits durch *Erfüllung, Verrechnung* oder sonst wie untergegangen (vgl. BGer, 1.10.2008, 4A_270/2008). Bezüglich der Verjährung ist abzuklären, ob nicht ein Verzicht auf die Verjährungseinrede i.S.v. Art. 135 Ziff. 1 vorliegt, wenn die Übernahme in Kenntnis der Verjährung vorgenommen wurde. Der Übernehmer kann geltend machen, die Schuld bestehe nicht, weil der mit dem bisherigen Schuldner abgeschlossene Vertrag *ungültig* sei, z.B. wegen Handlungsunfähigkeit, Formverletzung, Sittenwidrigkeit, Unmöglichkeit oder bereits erfolgter Anfechtung. Zu den Einreden aus dem Schuldverhältnis gehört ferner jene der *Stundung*.

5 **Persönliche Einreden**, d.h. nicht forderungsbezogene Einreden des bisherigen Schuldners, kann der Übernehmer nicht geltend machen. Dies gilt insb. für die Einrede aus Art. 250 Abs. 1 Ziff. 1 (Widerruf der Schenkung, weil der Beschenkte gegen den Schenker oder eine diesem nahestehende Person ein schweres Verbrechen begangen hat). Namentlich stehen dem Übernehmer die Einreden aus dem persönlichen Verhältnis zwischen ursprünglichem Schuldner und Gläubiger nicht zur Verfügung. Wenn daher der bisherige Schuldner eine eigentlich mögliche Verrechnung mit einer eigenen Forderung nicht erklärt hat, kann nun nicht der Übernehmer diese Verrechnung aussprechen. Ein solches Vorgehen würde auch dem Prinzip der Gegenseitigkeit der Forderungen widersprechen. Natürlich steht es dem Übernehmer aber frei, Verrechnung mit einer eigenen Forderung zu erklären (dazu N 6). Der Übernehmer kann Willensmängel des ursprünglichen Schuldners nicht geltend machen (ZR 1947, 178 ff.). In der Lehre ist dies jedoch umstritten. Befürwortend sprechen sich aus: Bucher, AT, 585; von Tuhr/Escher, 390; **a.M.** BK-Becker, N 9; Keller/Schöbi, IV, 83; ZK-Spirig, N 39; Gauch/Schluep/Schmid/Emmenegger, N 3610. Ob der Übernehmer die Einrede des nicht erfüllten Vertrages (Art. 82) erheben kann, ist ebenfalls kontrovers (dafür von Tuhr/Escher, 391; dagegen ZK-Spirig, N 41). Ausgeschlossen sind Einreden, auf die der bisherige Schuldner bereits verzichtet hatte.

III. Einreden aus dem Verhältnis zwischen dem Übernehmer und dem Gläubiger

6 Der Übernehmer der Schuld kann Einreden und Einwendungen, die ihm gegenüber dem Gläubiger zustehen, auch in Bezug auf die übernommene Schuld geltend machen. Dazu gehört u.a. das Recht, Verrechnung mit einer eigenen Forderung zu erklären.

7 Weiter kommen Einreden in Frage, die der Übernehmer nach der gesetzlichen Ordnung eigentlich nicht erheben könnte, die er sich aber im Übernahmevertrag mit dem Gläubiger ausbedungen hat (Abs. 2). Dazu können auch die persönlichen Einreden des bisherigen Schuldners gehören oder die Einrede, der interne Schuldübernahmevertrag sei als Gültigkeitserfordernis für die externe Übernahme vorbehalten worden (BGE 58 II 18).

IV. Einreden aus dem Verhältnis zwischen dem bisherigen und dem neuen Schuldner

8 Einreden aus dem Verhältnis zwischen dem bisherigen und dem neuen Schuldner kann der Übernehmer dem Schuldner *nicht* entgegenhalten (Abs. 3). Er kann also z.B. die Erfüllung der Schuld nicht mit der Einrede verweigern, der bisherige Schuldner habe ihm gegenüber auch noch nicht erfüllt. Die Gültigkeit des externen Übernahmevertrages hängt nämlich nicht von jener des internen ab. Diese Regel gilt im Falle von Art. 181 (Übernahme eines Vermögens oder Geschäftes) *nicht*. Sie ist auch im Rahmen von Abs. 3 nicht anwendbar, wenn der Gläubiger bösgläubig ist (BGE 58 II 21; 60 II 108) oder wenn im externen Übernahmevertrag eine andere Regelung getroffen wurde (BGE 58 II 20).

V. Abweichende Vereinbarungen

Die gesetzliche Ordnung stellt dispositives Recht dar. Dem Übernehmer der Schuld und dem Gläubiger bleibt es also unbenommen, eine abweichende Vereinbarung einzugehen (BGE 58 II 20). 9

Art. 180

IV. Dahinfallen des Schuldübernahmevertrages

[1] Fällt ein Übernahmevertrag als unwirksam dahin, so lebt die Verpflichtung des frühern Schuldners mit allen Nebenrechten, unter Vorbehalt der Rechte gutgläubiger Dritter, wieder auf.

[2] Ausserdem kann der Gläubiger von dem Übernehmer Ersatz des Schadens verlangen, der ihm hiebei infolge des Verlustes früher erlangter Sicherheiten od. dgl. entstanden ist, insoweit der Übernehmer nicht darzutun vermag, dass ihm an dem Dahinfallen der Schuldübernahme und an der Schädigung des Gläubigers keinerlei Verschulden zur Last falle.

IV. Annulation du contrat

[1] Lorsque le contrat de reprise est annulé, l'ancienne dette renaît avec tous ses accessoires, mais sous réserve des droits appartenant aux tiers de bonne foi.

[2] Le créancier peut, en outre, se faire indemniser par le reprenant du dommage qu'il a subi soit en perdant des garanties antérieurement constituées, soit de toute autre manière, si le reprenant ne peut établir que l'annulation du contrat et le préjudice causé au créancier ne lui sont pas imputables.

IV. Annullazione del contratto

[1] Se il contratto di assunzione del debito è annullato, l'obbligazione del debitore precedente rinasce con tutti i suoi accessori sotto riserva dei diritti dei terzi di buona fede.

[2] Il creditore può inoltre pretendere dall'assuntore il risarcimento del danno derivante dalla perdita di precedenti garanzie o simili cause, ove l'assuntore non possa dimostrare che nessuna colpa è a lui imputabile per la mancata assunzione del debito e pel danno del creditore.

Literatur

Vgl. die Literaturhinweise zu Art. 175.

I. Allgemeines. Normzweck

Der Artikel ordnet die Rechtsfolgen, die sich ergeben, wenn der **Übernahmevertrag** zwischen dem Gläubiger und dem Übernehmer als unwirksam dahinfällt. Gemäss einer in der Lehre vertretenen Meinung handelt es sich um eine überflüssige Vorschrift, weil sich die Rechtsfolgen schon aus den allgemeinen obligationenrechtlichen Vorschriften ergeben (von Tuhr/Escher, 394; Gauch/Schluep/Schmid/Emmenegger, N 3617). Nach dieser Meinung könnte sich der in Art. 180 anvisierte Fall höchstens bei einseitiger Unverbindlichkeit des Übernahmevertrages infolge Willensmängel ereignen; auch der einseitig unverbindliche Vertrag sei jedoch richtigerweise von Anfang an als unverbindlich zu betrachten. Eine andere Meinung vertreten namentlich Keller/Schöbi, IV, 85, sowie BK-Schmidlin, Art. 23/24 OR N 400 f., die bei einseitiger Unverbindlichkeit davon ausgehen, dass der Vertrag für die Gegenpartei des Anfechtungsberechtigten zunächst verbindlich sei und erst durch die Anfechtung rückwirkend ungültig werde. Art. 180 sei daher auch in den Fällen der Anfechtung des Übernahmevertrages wegen Willensmangels von praktischer Bedeutung. Ausserdem könne der Übernahmevertrag noch aus anderen Gründen als wegen Willensmängeln dahinfallen, z.B. infolge Eintritts einer vereinbarten Resolutivbedingung oder infolge Rücktritts einer der Parteien (Art. 107/109). In Frage käme auch ein Dahinfallen des Vertrages infolge Unmöglichwerdens der versprochenen Leistung (Guhl/Koller/Schnyder/Druey, § 35 N 18). 1

Das BGer hat sich jener Auffassung angeschlossen, nach welcher einseitige Unverbindlichkeit bedeutet, dass der Vertrag von Anfang an ungültig ist (BGE 114 II 143). Die praktische Relevanz von Art. 180 ist damit gering geworden (ZR 1982, 134 ff.).

II. Voraussetzungen

2 Damit Art. 180 anwendbar wird, ist vorausgesetzt, dass der Übernahmevertrag als unwirksam dahinfällt. Wie bereits erwähnt, kann damit der Fall der einseitigen Unverbindlichkeit gemeint sein (Anfechtung des Vertrages wegen Willensmängeln) oder das Dahinfallen des Vertrages aus anderen Gründen (Eintreten einer Resolutivbedingung, Rücktritt vom Vertrag durch eine der Parteien, Unmöglichwerden der Leistung).

III. Rechtsfolgen

3 Bei Dahinfallen des Übernahmevertrages lebt gem. Abs. 1 die Verpflichtung des früheren Schuldners mit allen Nebenrechten, vorbehältlich der Rechte gutgläubiger Dritter, wieder auf. Das bedeutet, dass der bisherige Schuldner wieder in dem Stand und Umfang haftbar wird, wie er es bei Abschluss des Übernahmevertrages zwischen neuem Schuldner und Gläubiger war. Auch die untergegangenen Nebenrechte werden wieder wirksam, vorausgesetzt allerdings, dass diese noch oder wieder gültig bestellt sind. Der Gläubiger hat einen Anspruch darauf, dass die Nebenrechte wieder bestellt werden (BUCHER, AT, 586; GUHL/KOLLER/SCHNYDER/DRUEY, § 35 N 18). Das bedeutet namentlich, dass bei Mobiliarpfandrechten die Sache wieder in den Besitz des Gläubigers gelangen muss. Ist die Sache in der Zwischenzeit einem gutgläubigen Dritten zu Eigentum übertragen worden, gehen allerdings die Rechte dieses Dritten vor.

4 Gemäss Abs. 2 wird der Übernehmer schadenersatzpflichtig, sofern er nicht nachzuweisen vermag, dass ihm keinerlei Verschulden am Dahinfallen des Übernahmevertrages und an der Schädigung des Gläubigers zur Last fällt. Der Ersatz geht auf das negative Vertragsinteresse, das bedeutet die Differenz zwischen dem Vermögensstand nach dem Dahinfallen des Übernahmevertrages und dem Vermögensstand, wie er wäre, wenn sich der Gläubiger auf den Übernahmevertrag gar nie eingelassen hätte.

IV. Abweichende Vereinbarungen

5 Diese Bestimmung ist dispositives Recht; die Parteien können abweichende Vereinbarungen treffen.

Art. 181

V. Übernahme eines Vermögens oder eines Geschäftes

[1] Wer ein Vermögen oder ein Geschäft mit Aktiven und Passiven übernimmt, wird den Gläubigern aus den damit verbundenen Schulden ohne weiteres verpflichtet, sobald von dem Übernehmer die Übernahme den Gläubigern mitgeteilt oder in öffentlichen Blättern ausgekündigt worden ist.

[2] Der bisherige Schuldner haftet jedoch solidarisch mit dem neuen noch während dreier Jahre, die für fällige Forderungen mit der Mitteilung oder der Auskündung und bei später fällig werdenden Forderungen mit Eintritt der Fälligkeit zu laufen beginnen.

[3] Im übrigen hat diese Schuldübernahme die gleiche Wirkung wie die Übernahme einer einzelnen Schuld.

[4] Die Übernahme des Vermögens oder des Geschäfts von Handelsgesellschaften, Genossenschaften, Vereinen, Stiftungen und Einzelunternehmen, die im Handelsregister eingetragen sind, richtet sich nach den Vorschriften des Fusionsgesetzes vom 3. Oktober 2003.

V. Cession d'un patrimoine ou d'une entreprise avec actif et passif

[1] Celui qui acquiert un patrimoine ou une entreprise avec actif et passif devient responsable des dettes envers les créanciers, dès que l'acquisition a été portée par lui à leur connaissance ou qu'il l'a publiée dans les journaux.

[2] Toutefois, l'ancien débiteur reste solidairement obligé pendant trois ans avec le nouveau; ce délai court, pour les créances exigibles, dès l'avis ou la publication, et, pour les autres créances, dès la date de leur exigibilité.

[3] Les effets d'un semblable transfert de passif sont d'ailleurs les mêmes que ceux du contrat de reprise de dette proprement dit.

[4] La cession d'un patrimoine ou d'une entreprise appartenant à des sociétés commerciales, à des sociétés coopératives, à des associations, à des fondations ou à des entreprises individuelles qui sont inscrites au registre du commerce, est régie par les dispositions de la loi du 3 octobre 2003 sur la fusion.

V. Assunzione di un patrimonio o di una azienda

[1] Chi assume un patrimonio od un'azienda con l'attivo ed il passivo, rimane senz'altro obbligato verso i creditori per i debiti inerenti, tosto che l'assunzione sia stata comunicata ai creditori dall'assuntore o sia stata pubblicata su pubblici fogli.

[2] Il debitore precedente rimane tuttavia obbligato solidalmente col nuovo debitore per altri tre anni, i quali cominciano a decorrere, per i debiti scaduti, dal giorno della comunicazione o della pubblicazione e, per quelli non scaduti, dal giorno della scadenza.

[3] Questa assunzione di debiti ha del resto gli stessi effetti come quella di un singolo debito.

[4] L'assunzione del patrimonio o dell'azienda di società commerciali, società cooperative, associazioni, fondazioni o imprese individuali iscritte nel registro di commercio è retta dalle disposizioni della legge del 3 ottobre 2003 sulla fusione.

Literatur

JUTZI, Umstrukturierung von kollektiven Kapitalanlagen, SZW 1/2014, 49 ff.; vgl. ausserdem die Literaturhinweise zu Art. 175.

I. Allgemeines. Normzweck

1 Art. 181 regelt die Übertragung des Vermögens als Sonderfall der Schuldübernahme. Obschon der Randtitel mit *«Übernahme eines Vermögens oder eines Geschäftes»* bezeichnet ist, stellt diese Bestimmung *nicht* einen Anwendungsfall einer *Universalsukzession (Gesamtrechtsnachfolge)* dar, sondern ordnet den Schuldübergang bei **Übernahme eines Vermögens oder eines Geschäftes** in einer besonderen Weise. Art. 181 regelt m.a.W. nicht die Übertragung der das Vermögen oder das Geschäft bildenden Aktiven, sondern lediglich der Passiven. Das bedeutet, dass die *Aktiven nach den für sie geltenden Vorschriften übertragen werden müssen*, auch wenn Art. 181 anwendbar ist (BGE 108 Ib 447 = Pra 1983, 573; 109 II 101 = Pra 1983, 641; 115 II 418; 126 III 378; SJZ 1965, 326 f.). Keine Geschäftsübernahme i.S.v. Art. 181 stellt der Aktienkauf dar (BGer, 5.3.2012, 9C_754/2011). Für die zu übertragenden Aktiven gilt demnach das *Prinzip der Singularsukzession*. Das heisst namentlich, dass die Übertragung von Grundstücken die Eintragung in das Grundbuch (Art. 656 ZGB), jene von beweglichen Sachen die Übergabe des Besitzes (Art. 714 ZGB) voraussetzt. Auch bezüglich Wertpapieren, Immaterialgüterrechten und Forderungen sind die besonderen Übertragungsvoraussetzungen zu beachten.

2 Die Schuldübernahme gem. Art. 181 unterscheidet sich von der **externen Schuldübernahme** gem. Art. 176 ff. vor allem dadurch, dass die *Zustimmung der Gläubiger nicht notwendig* ist. Die Übernahme nach Art. 181 stellt für eine Dauer von drei Jahren eine kumulative Schuldübernahme dar, da während dieser Zeit gem. Abs. 2 der bisherige Schuldner noch solidarisch mit dem neuen weiter haftet. Danach wird die Schuldübernahme zur privativen, weil dann nur noch der übernehmende Schuldner in Anspruch genommen werden kann (BGE 63 II 15; BGer, 13.9.2005, 4C.134/2005). Die Geschäftsübernahme ist auch von der **Vertragsübernahme** abzugrenzen, bei der nicht nur das Schuldverhältnis, sondern das gesamte Vertrags-

verhältnis auf den Übernehmenden wechselt. Sodann ist Art. 181 von der **Vermögensübertragung** gem. Art. 69 ff. FusG zu unterscheiden. Während nach Art. 181 die Aktiven gesondert auf dem Weg der Singularsukzession übertragen werden müssen (vgl. N 1), bewirkt das Institut der Vermögensübertragung von Gesetzes wegen eine Übertragung sämtlicher Aktiven und Passiven (SCHUMACHER, 7; BSK FusG-MALACRIDA, Art. 69 N 1 ff.; VON DER CRONE et al., Rz 871 ff.). Demnach kann ein Rechtsträger sein Vermögen oder Teile davon nach Massgabe eines Inventars in einem Akt auf einen anderen Rechtsträger übertragen, ohne dass die für die Einzelrechtsnachfolge geltenden spezifischen Formvorschriften beachtet werden müssen. Zum Anwendungsbereich der Vermögensübertragung vgl. N 5 ff.

3 **Zweck** der Bestimmung von Art. 181 ist es, im Falle von Vermögens- oder Geschäftsübernahmen die Übertragung der Schuldverhältnisse zu erleichtern und rationeller zu gestalten, dabei aber auch die Interessen der Gläubiger zu berücksichtigen. Diesen wird die Möglichkeit eingeräumt, während drei Jahren noch auf den bisherigen Schuldner zu greifen, sich gleichzeitig aber auch an den neuen Schuldner halten zu können, der nun die dem Kredit entsprechenden Aktiven des Geschäftes oder Vermögens hält.

4 Die Abs. 2 und 4 von Art. 181 wurden im Zusammenhang mit dem neuen Fusionsgesetz revidiert. Damit wurde zum einen eine Angleichung an das Fusionsgesetz durch zeitliche Ausdehnung der Solidarhaftung bezweckt (Abs. 2, vgl. N 17) und zum anderen eine Abgrenzung der obligationenrechtlichen Bestimmung von der im FusG geregelten **Vermögensübertragung** vorgenommen (Abs. 4; Art. 69 ff. FusG, vgl. dazu im Einzelnen N 5 ff.). Der in Abs. 4 für bestimmte Fälle statuierte Ausschluss der Übertragung eines Vermögens nach Art. 181 dient v.a. dem Schutz der Gesellschafter und der Gläubiger, da diese Übertragungen den strengeren Schutzvorschriften des Fusionsgesetzes (vgl. Art. 74, 75 sowie Art. 106 Abs. 2 FusG) unterliegen (VON DER CRONE et al., Rz 810). Mit der Regelung gem. Art. 181 Abs. 4 soll aber auch die Übertragung von Vermögen für im Handelsregister eingetragene Rechtsträger erleichtert werden, da die Übertragung nach dem Fusionsgesetz von Gesetzes wegen ohne Beachtung der spezifischen Formvorschriften durch (partielle) Universalsukzession erfolgt (vgl. dazu BSK FusG-MALACRIDA, Art. 69 N 1 ff. m.w.Hw.; ZK FusG-BERETTA, Vor Art. 69–77 N 14).

II. Anwendungsbereich

5 Vor dem Inkrafttreten des Fusionsgesetzes kam Art. 181 praktisch betrachtet vor allem beim Unternehmenskauf zur Anwendung, durch welchen Aktiven und Passiven eines Unternehmens erworben wurden. Der revidierte Art. 181 Abs. 4 grenzt nun die Vermögensübertragung i.S.v. Art. 69 ff. FusG von der Geschäftsübernahme nach Art. 181 ab. Danach richtet sich die Übernahme des Vermögens oder des Geschäftes von Handelsgesellschaften, Genossenschaften, Vereinen, Stiftungen und Einzelfirmen, die im Handelsregister eingetragen sind, nach den Vorschriften des Fusionsgesetzes. Art. 181 ist daher nicht mehr auf Kollektivgesellschaften, Kommanditgesellschaften, Aktiengesellschaften, Kommandit-AG, GmbH, Genossenschaften, Vereine und Einzelfirmen anwendbar, sofern diese Rechtsträger im Handelsregister eingetragen sind (Botschaft FusG, 4492). Unterschiedlich Auffassungen bestehen über die Anwendbarkeit des Art. 181 auf kollektive Kapitalanlagen (vgl. BSK KAG-STAEHELIN/BOPP, Art. 95 N 4 ff.; JUTZI, SZW 2014, 52 f.). Ein Vorgehen nach Art. 181 steht somit bspw. noch natürlichen Personen bzw. Einzelfirmen oder Vereinen offen, welche nicht im Handelsregister eingetragen sind, sowie der einfachen Gesellschaft (Art. 530 ff. OR), welcher der Handelsregistereintrag – und somit auch eine Vermögensübertragung (vgl. Art. 69 Abs. 1 Satz 1 FusG) – verwehrt ist (MEIER-HAYOZ/FORSTMOSER, § 12 Rz 30, 80).

6 Nach der Botschaft des Bundesrates soll es sich bei Art. 181 Abs. 4 um eine **zwingende** Vorschrift *handeln (Botschaft FusG, 4492).* Das würde bedeuten, dass ein Vermögen oder ein Geschäft ausschliesslich nach dem Prinzip der Universalsukzession i.S. des Fusionsgesetzes übertragen werden kann, eine gewillkürte Einzelrechtsnachfolge also weder für Aktiven noch für

Passiven möglich ist. Dem widerspricht jedoch der Wortlaut von Art. 69 FusG, wonach im Handelsregister eingetragene Gesellschaften und Einzelfirmen ihr Vermögen übertragen können. Die heute wohl **herrschende Lehre** vertritt daher die Ansicht, dass zwar bei einer Übertragung von Aktiven nach dem Fusionsgesetz auch die Passiven zwingend nach dem Fusionsgesetz zu übertragen sind, eine separate Übertragung nach Art. 181 folglich ausgeschlossen ist. Hingegen bleibt selbst für im Handelsregister eingetragene Rechtsträger die Übertragung von Vermögen mittels Singularsukzession weiterhin zulässig. Nach h.L. können daher sämtliche Rechtsträger Vermögensteile stets auch auf dem Weg der Einzelrechtsnachfolge übertragen, wobei die entsprechenden Übertragungserfordernisse zu beachten sind. Die Passiven sind diesfalls einzeln gem. Art. 175 ff. OR zu übertragen (gl.M. SCHUMACHER, 16 ff.; TURIN, 65; BSK FusG-MALACRIDA, Art. 69 N 13; BSK FusG-TSCHÄNI/PAPA, 1. Aufl., Art. 109, Änderungen des bisherigen Rechts, Art. 181 Abs. 2 und 4 OR N 7; ZK FusG-BERETTA, Vor Art. 69–77 N 37; Handkomm-FusG-FRICK, Vor Art. 69–72 N 5; VON DER CRONE et al., Rz 812; VON SALIS-LÜTOLF, 392; TSCHÄNI, GesKR 2/2007, 175; AMSTUTZ/MABILLARD, Systematischer Teil N 428; **a.M.** LOSER-KROGH, 1110, der aus dem Wortlaut von Art. 181 Abs. 4 und aus Zwecküberlegungen schliesst, dass Abs. 4 nur die Übernahme des gesamten Vermögens umfasst).

Beabsichtigt daher bspw. eine Aktiengesellschaft, einen Teil ihres Geschäftes in eine GmbH auszugliedern, so kann sie dies entweder durch Vermögensübertragung nach Fusionsgesetz oder mittels Singularsukzession tun. Eine Ausgliederung der Passiven aufgrund von Art. 181 OR ist hingegen nicht zulässig (vgl. N 6). 7

Bei einer Ausgliederung durch Vermögensübertragung nach Fusionsgesetz genügt grundsätzlich ein schriftlicher Übertragungsvertrag (vgl. Art. 70 FusG), und die Vermögensübertragung ist im Handelsregister einzutragen (Art. 73 FusG), während bei der Singularsukzession die Aktiven und Passiven sowie jeder Vertrag einzeln zu übertragen sind, es aber für die Rechtswirksamkeit der Übertragung keines Handelsregistereintrages bedarf.

Von der Schuldübernahme gem. Art. 181 werden alle mit dem übernommenen Vermögen oder Geschäft verknüpften **übertragbaren** Schulden erfasst, eingeschlossen bedingte und verjährte Schulden, selbst wenn diese dem Übernehmer nicht bekannt waren. Als übertragbar hat das BGer auch AHV-Beitragsschulden bezeichnet (BGE 119 V 399). Nicht i.S.v. Art. 181 übertragbar ist namentlich eine gem. Art. 68 persönlich zu erfüllende Schuld. Die Übertragung ist aber gestützt auf eine Vereinbarung mit dem Gläubiger nach Art. 176 möglich. Ein allfällig bestehendes Konkurrenzverbot geht nicht über (ZK-SPIRIG, N 124). Allgemein gesagt sind durch Sondernormen ausgeschlossene Schuldübernahmen auch nach Art. 181 nicht zulässig (BGE 87 I 301). 8

In der Lehre wird die Auffassung vertreten, Schulden aus **Dauerschuldverhältnissen** wie Miet-, Lizenz- und ähnlichen Verträgen könnten nicht gestützt auf Art. 181 übertragen werden (KELLER/SCHÖBI, IV, 92; BUCHER, AT, 591 f.; ZK-SPIRIG, N 41). Für Miet- und Arbeitsverträge gelten jedoch ohnehin spezielle Vorschriften, die Art. 181 vorgehen (Art. 261, Art. 263, Art. 333; zur Abgrenzung von Art. 263 vgl. auch BARBEY, 45 f., zu jener von Art. 333 s. PKG 1989, 104). Im Übrigen kann m.E. die Übertragung von Schulden aus Dauerschuldverhältnissen auch nur dann abgelehnt werden, wenn es sich um persönliche Schulden i.S.v. Art. 68 handelt. 9

III. Voraussetzungen

Die Anwendung von Art. 181 ist an zwei Voraussetzungen geknüpft: Erstens an die Übernahme eines Vermögens oder eines Geschäftes mit Aktiven und Passiven und zweitens an die Mitteilung der Übernahme an die Gläubiger oder die Auskündigung in öffentlichen Blättern. 10

Der Erwerb braucht nicht das ganze Vermögen oder das ganze Geschäft zu beschlagen, doch muss es sich um *«einen organisch in sich geschlossenen Teil des Vermögens oder Geschäftes»* (VON BÜREN, AT, 152; BGer, 29.10.2008, 4A_256/2008; HURNI, 96) handeln. Art. 181 11 kommt also auch dann zum Zuge, wenn nicht sämtliche Aktiven des Geschäftes übertragen werden (SJZ 1978, 316; BGer, 29.10.2008, 4A_256/2008).

12 Weiter ist erforderlich, dass der Übernehmer mit dem Schuldner auch die Übernahme der Passiven vereinbart. Dabei handelt es sich um einen internen Übernahmevertrag gem. Art. 175, der im Prinzip formlos gültig ist (BGer, 29.10.2008, 4A_256/2008). Übernimmt der Erwerber der Aktiven keine Passiven, so fehlt es an einer Voraussetzung für die Anwendbarkeit von Art. 181. Der Gläubiger kann sich hier nicht an den Erwerber halten, sondern er muss, sollte er zu Schaden kommen, sofern möglich, nach Art. 285 ff. SchKG vorgehen. Die Verabredung zwischen den Parteien, dass lediglich Teile der Passiven des Vermögens oder des Geschäftes nach Art. 181 übernommen werden, ist aber, ebenfalls unter dem Vorbehalt von Art. 285 SchKG, zulässig (BGE 79 II 291).

13 Die ebenfalls notwendige *Mitteilung* an die Gläubiger, die durch den Übernehmer erfolgt, ist *weder annahmebedürftig noch formgebunden.* Sie geschieht in der Praxis vor allem durch Publikation im Schweizerischen Handelsamtsblatt. Gemäss schwankender Gerichtspraxis muss aus der Mitteilung hervorgehen, dass sowohl Aktiven als auch Passiven übernommen worden sind (BGE 75 II 302; ZR 1950, 175; strenger BGE 79 II 155). Die Mitteilung entfaltet ihre Wirkung zum Zeitpunkt der Publikation bzw. des Eintreffens des Zirkularschreibens. Die Zustimmung der Gläubiger zur Schuldübernahme ist hier also im Unterschied zur externen Schuldübernahme gem. Art. 176 ff. nicht notwendig (BGE 129 III 167 = Pra 2003, 641). Es ist nicht einmal vorausgesetzt, dass der Gläubiger die Mitteilung effektiv zur Kenntnis genommen hat (BGE 75 II 303). Ein externer Schuldübernahmevertrag mit den einzelnen Gläubigern ist somit nicht erforderlich (BGE 49 II 251).

14 Die allfällige Verabredung zwischen den Parteien, dass lediglich *Teile* der Passiven übernommen werden, ist in der Mitteilung an die Gläubiger klar und eindeutig hervorzuheben. Andernfalls kann sie den Gläubigern nicht entgegengehalten werden, und es gelten die gesamten Schulden als vom Erwerber übernommen (BGE 60 II 104; 79 II 289; bestätigt in BGer, 29.10.2008, 4A_256/2008). Wenn bspw. in der Mitteilung erklärt wird, das Geschäft werde mit Aktiven und Passiven «gemäss Bilanz vom [...]» übernommen, gelten gleichwohl die gesamten Passiven als übernommen, selbst wenn in der Übernahmebilanz gewisse Passiven ausgeklammert sind (BGE 60 II 104; 79 II 289 und 129 III 170 = Pra 2003, 641; im Unterschied zu SJZ 1962, 104). In einem Fall wurde gar entschieden, dass trotz des Hinweises, es seien gemäss Bilanz *«teilweise Aktiven im Betrag von Fr. 1368 277.– und Passiven im Betrage von Fr. 1068 227.–»* übernommen worden, die gesamten Passiven auf den Erwerber übergegangen seien (AGVE 1967, 61 ff.). Extern, gegenüber den Gläubigern, gilt also die Mitteilung, wie sie ein gutgläubiger Dritter gemäss Vertrauensprinzip verstehen musste, auch wenn ihr Inhalt von der Abmachung zwischen den Parteien abweichen sollte (SJZ 1978, 315; BlSchK 1977, 126).

IV. Rechtsfolgen

15 Sofern die beschriebenen Voraussetzungen des Art. 181 erfüllt sind, gehen die mit dem Vermögen oder dem Geschäft verbundenen Schulden *von Gesetzes wegen* auf den Erwerber über, nicht dagegen die das Vermögen oder das Geschäft ausmachenden Aktiven, für deren Übertrag erst noch die vom Gesetz andernorts festgesetzten Voraussetzungen erfüllt sein müssen.

16 Wie bereits erörtert (N 14), ist für das Mass der übernommenen Passiven die Mitteilung an die Gläubiger entscheidend, nicht die interne Vereinbarung zwischen Veräusserer und Erwerber des Vermögens oder Geschäftes. Andererseits – dies im Unterschied zur externen Schuldübernahme (Art. 179 Abs. 3) – kann die übernehmende Partei gegenüber den Gläubigern jene Einreden und Einwendungen erheben, welche die Gültigkeit des zwischen Veräusserer und Übernehmer abgeschlossenen Übernahmevertrages betreffen (BGE 60 II 105 ff.). Ist also der Übernahmevertrag ungültig, wird der Übernehmer gegenüber den Gläubigern frei. Diese müssen sich an den alten Schuldner halten, der selbst dann wieder verpflichtet wird, wenn die in Abs. 2 erwähnte dreijährige Frist bereits abgelaufen ist.

Gemäss Abs. 2 haftet der bisherige Schuldner mit dem neuen für allfällige Verbindlichkeiten 17
noch während **drei Jahren** weiter. Die **solidarische Haftung** gem. Abs. 2 wurde mit dem Inkrafttreten des Fusionsgesetzes von zwei auf drei Jahre verlängert. Mit der zeitlichen Ausdehnung der Haftung wurde der Gläubigerschutz verstärkt und eine Angleichung an Art. 26 Abs. 2 FusG und Art. 75 Abs. 1 FusG vorgenommen (BSK FusG-Tschäni/Papa, 1. Aufl., Art. 109, Änderungen des bisherigen Rechts, Art. 181 Abs. 2 und 4 OR N 5). Nach Art. 26 Abs. 2 FusG verjähren bei einer Fusion die Ansprüche gegen die Gesellschafter aus persönlicher Haftung spätestens drei Jahre nach Eintritt der Rechtswirksamkeit der Fusion. Für die Vermögensübertragung schreibt Art. 75 Abs. 1 FusG eine dreijährige Solidarhaftung des bisherigen Schuldners mit dem neuen Schuldner für Verbindlichkeiten vor, welche bereits vor der Vermögensübertragung begründet wurden. Wie nach Art. 26 Abs. 2 FusG verjähren die Ansprüche bei der Vermögensübertragung gem. Art. 69 ff. FusG nach spätestens drei Jahren seit Veröffentlichung der Vermögensübertragung, während Art. 181 im Gegensatz dazu nach wie vor **keine Verjährungsbestimmung** vorsieht. Gemäss BGE 108 II 109 (= Pra 1982, 374) handelt es sich bei der Dreijahresfrist (im Urteilszeitpunkt noch eine Zweijahresfrist) um eine Verwirkungsfrist. Der Gläubiger kann diese Frist durch die notwendigen Vorkehrungen wahren. Dazu gehören eine gerichtliche Klage, die Erhebung einer Einrede vor Gericht oder Schiedsgericht, die Einreichung eines Schlichtungsgesuches, die Einleitung einer Betreibung oder die Eingabe im Konkurs. Die Dreijahresfrist von Art. 181 Abs. 2 beginnt wie nach bisherigem Recht für fällige Forderungen mit der Mitteilung oder Auskündung und für später fällig werdende Forderungen mit Eintritt der Fälligkeit zu laufen. Für auf Kündigung basierende Forderungen beginnt die dreijährige Frist von dem Tag an zu laufen, auf den erstmals hätte gekündigt werden können (BGE 63 II 16).

Das Gesetz sieht vor, dass im Übrigen die Schuldübernahme gem. Art. 181 die gleiche Wir- 18
kung hat wie die Übernahme einer einzelnen Schuld (Abs. 3). Hierzu kann auf Art. 176 ff. verwiesen werden. Zur Anwendbarkeit von Art. 178 bezüglich Bürgschaften s. BGE 63 II 15.

V. Abweichende Vereinbarungen

Sind die Voraussetzungen dieses Artikels erfüllt, ergeben sich die genannten Rechtsfolgen 19
von Gesetzes wegen. Veräusserer und Übernehmer des Geschäftes oder Vermögens haben es aber in der Hand, die Rechtsfolgen zu vermeiden, indem sie von der Mitteilung der Übernahme an die Gläubiger oder der Auskündigung in öffentlichen Blättern absehen. In diesem Fall können sie sich auf eine rein interne Schuldübernahme beschränken, oder sie können mit den einzelnen Gläubigern externe Schuldübernahmeverträge i.S.v. Art. 176 ff. abschliessen. Selbst wenn die Mitteilung an die Gläubiger oder die Veröffentlichung der Übernahme erfolgt ist, können die Parteien mit einzelnen Gläubigern abweichende Vereinbarungen treffen, z.B. dass der bisherige Schuldner schon vor Ablauf von drei Jahren frei werden solle (BGE 117 II 68 = Pra 1991, 957; BGE 126 III 378). Vorbehalten bleibt Art. 181 Abs. 4 (vgl. N 5 ff.).

VI. Prozessuales. Vollstreckung

Im Gesetz ist vorgesehen, dass der Übernehmer die Mitteilung an die Gläubiger oder die Ver- 20
öffentlichung der Übernahme vornimmt. Sofern er die Bekanntmachung verzögert, kann der Veräusserer Klage einleiten, und bei Weigerung tritt das richterliche Urteil an die Stelle der persönlichen Erklärung des Übernehmers (BK-Becker, N 31).

Bei der Übernahme eines Vermögens oder eines Geschäftes nach Art. 181 ist die Erforderlich- 21
keit der Zustimmung der bisherigen Gegenpartei zu einem Parteiwechsel (Art. 83 ZPO) davon abhängig, ob Gegenstand des fraglichen Prozesses ein Aktivum oder Passivum ist (vgl. BSK ZPO-Graber/Frei, Art. 83 N 40).

VII. IPR

22 Wird ein Unternehmen, auf welches Art. 181 noch Anwendung findet, in der Schweiz mit Aktiven und Passiven übernommen, wird nach bisheriger Rsp. für die Schuldübernahme Schweizer Recht, also Art. 181, angewendet, selbst wenn sich unter den Schulden solche befinden sollten, die einem ausländischen Recht unterstehen (BGE 108 II 107 = Pra 1982, 374). Zum anwendbaren Recht bei der Vermögensübertragung nach FusG vgl. Art. 163d i.V.m. Art. 163a und b IPRG.

Art. 182

aufgehoben
abrogé
abrogato

Art. 183

VII. Erbteilung und Grundstückkauf	**Die besondern Bestimmungen betreffend die Schuldübernahme bei Erbteilung und bei Veräusserung verpfändeter Grundstücke bleiben vorbehalten.**
VII. En matière de partages et de ventes immobilières	Sont réservées les dispositions spéciales relatives à la reprise de dette en matière de partage successoral ou d'aliénation d'immeubles grevés de gages.
VII. Divisione ereditaria: vendita di fondi	Sono riservate le disposizioni speciali sull'assunzione dei debiti nella divisione ereditaria e nel caso di alienazione di fondi soggetti a pegno.

1 Art. 183 behält die besonderen Bestimmungen betreffend die Schuldübernahme bei Erbteilung und bei Veräusserung verpfändeter Grundstücke vor.

2 Im Falle von **Erbteilungen** ist die besondere Vorschrift von Art. 639 ZGB zu berücksichtigen, nach der die Teilung der Schulden des Erblassers zwischen den Erben nur intern gilt, es sei denn, die Gläubiger haben in eine Teilung oder Übernahme der Schulden ausdrücklich oder stillschweigend eingewilligt. Die interne Teilung der Schulden wirkt aber nach Ablauf von fünf Jahren seit der Teilung oder nach dem Zeitpunkt, auf den die Forderung später fällig geworden ist, ebenfalls extern, d.h. der Gläubiger muss die interne Schuldübernahme zwischen den Erben gegen sich gelten lassen und kann nur noch den übernehmenden Erben in Anspruch nehmen. Vor Ablauf der fünf Jahre haften die Erben solidarisch.

3 Mit dem die **Veräusserung verpfändeter Grundstücke** betreffenden Vorbehalt sind Art. 832–834, Art. 846 und Art. 851 ZGB sowie, hinsichtlich der Veräusserung in der Zwangsvollstreckung, Art. 135 und Art. 259 SchKG gemeint. Für Einzelheiten wird auf die diesbezügliche Judikatur und Literatur zu verwiesen.

4 Für die **Grundpfandverschreibung** und den **Schuldbrief** wird vorgesehen, dass der frühere Schuldner frei wird, sofern der neue Eigentümer die Schuldpflicht für die Pfandforderung übernimmt, es sei denn, der Gläubiger erkläre dem alten Schuldner gegenüber binnen Jahresfrist schriftlich, ihn beibehalten zu wollen (Art. 832, Art. 846 ZGB; BGE 121 III 258 = Pra 1996, 319). Die Übernahme der Schuld durch den Erwerber wird dem Gläubiger durch den Grundbuchverwalter bekannt gegeben. Die Jahresfrist für die erwähnte Erklärung des Gläubigers läuft von dieser Mitteilung an (Art. 834 ZGB).

Einleitung vor Art. 184 ff.

Literatur

Schweiz: ABEGG, Die zwingenden Inhaltsnormen des Schuldsvertragsrechts: ein Beitrag zu Geschichte und Funktion der Vertragsfreiheit, Diss. Freiburg 2004; AMSTUTZ, Vertragskollisionen: Fragmente für eine Lehre von der Vertragsverbindung, in: FS für Heinz Rey, Zürich 2003, 161 ff. (zit. FS Rey); DERS., Die Verfassung von Vertragsverbindungen, in: Amstutz (Hrsg.), Die vernetzte Wirtschaft, Zürich 2004, 45 ff. (zit. Vertragsverbindungen); DERS., Der Text des Gesetzes: Genealogie und Evolution von Art. 1 ZGB, ZSR 2007 II, 233 ff. (zit. ZSR 2007); BAUMANN, Gentlemen's Agreement – Zulässigkeit und Anwendungsbereich im Privatrecht, SJZ 1991, 1 ff.; BETTSCHART, Virement en chaîne et assignation bancaire: Droit suisse des obligations et contexte international, Diss. Lausanne 2000; BISCHOFF, Vertragsrisiko und clausula rebus sic stantibus: Risikozuordnung in Verträgen bei veränderten Verhältnissen, Diss. Zürich 1983; BRÜCKNER, Der Umfang des Formzwangs beim Grundstückkauf, ZBGR 1994, 1 ff.; BUCHER E., Der Ausschluss dispositiven Gesetzesrechts durch vertragliche Absprachen: Bemerkungen zu den Erscheinungsformen dispositiver Rechtssätze, in: FS für Henri Deschenaux, Freiburg 1977, 249 ff. (zit. Ausschluss); DERS., Der Trödelvertrag: mit den Augen Ulpians betrachtet, in: FS für Walter R. Schluep, Zürich 1988, 95 ff. (zit. Trödelvertrag); DERS., Hundert Jahre Schweizerisches Obligationenrecht: Wo stehen wir heute im Vertragsrecht?, ZSR 1983 II 251 ff. (zit. Hundert Jahre); BÜHLER, Eine Lanze für die gesetzlichen Vertragstypen, in: FS für Peter Gauch, Zürich 2004, 371 ff.; BURCKHARDT, Methode und System des Rechts, Zürich 1971; CHAIX, Le contrat de sous-traitance en droit suisse: Limites du principe de la relativité des conventions, Diss. Genf 1995; DASSER, Vertragstypenrecht im Wandel: Konsequenzen mangelnder Abgrenzbarkeit der Typen, Zürich 2000 (zit. Wandel); DERS., Vertragsrecht ohne Vertragstypenrecht?, in: FS für Heinz Rey, Zürich 2003, 207 ff. (zit. FS Rey); DESCHENAUX, Der Einleitungstitel, Schweizerisches Privatrecht (SPR), Bd. II/1, Basel 1967, 1 ff.; DRUEY, The Path to the Law – The Difficult Legal Access of Networks, in: Amstutz/Teubner (Hrsg.), Networks: Legal Issues of Multilateral Co-operation, Oxford 2008, 87 ff.; DUBLER, Der Kommissionsagenturvertrag: Unter besonderer Berücksichtigung der Frage der Zulässigkeit von Innominatverträgen im Bereich der Verträge auf Arbeitsleistung, Diss. Zürich 1995; ENGEL, La liberté contractuelle: du peuple des bergers à l'Europe des humanistes, ZSR 1991 I 43 ff. (zit. Liberté); DERS., Traité des obligations en droit suisse: Dispositions générales du CO, 2. Aufl. 1997 (zit. traité); DERS., Contrats de droit suisse, 2. Aufl., Bern 2000 (zit. contrats); GAUCH, Von den wesentlichen Vertragspunkten, recht 1991, 45 ff. (zit. recht 1991); DERS., Der Rücktritt des Bestellers vom Werkvertrag – Gedanken zu Art. 377 des Schweizerischen Obligationenrechts, in: FS für Horst Locher, Düsseldorf 1990, 35 ff. (zit. FS Locher); DERS., Der Totalunternehmervertrag, BR 1989, 39 ff. (zit. BR 1989); DERS., Der Werkvertrag, 5. Aufl., Zürich 2011 (zit. Werkvertrag); DERS., Probleme von und mit Subunternehmern – Ein Beitrag zum privaten Baurecht, in: FS für Arthur Meier-Hayoz, Bern 1982, 151 ff. (zit. FS Meier-Hayoz); DERS., Ein Bauwerk – Mehrere Unternehmer, ZBJV 1982, 65 ff. (zit. ZBJV 1982); DERS., Das gesetzliche Vertragstypenrecht der Schuldverträge, in: FS für Heinrich Honsell, Zürich 2002, 3 ff. (zit. FS Honsell); GUGELMANN, Die Rechtsverhältnisse bei Geschäften gemischter Art nach schweizerischem Obligationenrecht, Diss. Bern 1943; GUGGENHEIM, Le droit suisse des contrats, Bd. I: La conclusion des contrats, Genf 1991; GUHL, Die Auslegung der rechtsgeschäftlichen Erklärungen während des verflossenen Jahrhunderts, ZSR 1952, 141 ff.; HEINI, Direkte Gewährleistungshaftung des Warenherstellers gegenüber dem Endabnehmer?, in: FS für Max Keller, 1989, 175 ff.; HILTY, Lizenzvertragsrecht: Systematisierung und Typisierung aus schutz- und schuldrechtlicher Sicht, Bern 2001; KELLER, Der Vertragswille im Obligationenrecht, SJZ 1962, 365 ff. (zit. SJZ 1962); DERS., Die Theorie des sogenannten «Reinen Auslegungsstreites», SJZ 1982, 126 ff. (zit. SJZ 1982); KLETT, Vertragsrecht und dispositives Gesetzesrecht, in: FS für Peter Gauch, Zürich 2004, 459 ff.; KOLLER, Dienstleistungsverträge – Begriff, Arten, rechtliche Grundlagen, AJP 2014, 1627 ff.; KRAMER, Funktion, rechtliche Problematik und Zukunftsperspektiven der Innominatverträge, in: Kramer (Hrsg.), Neue Vertragsformen der Wirtschaft: Leasing, Factoring, Franchising, 2. Aufl. Bern 1992, 23 ff.; LEU, Die Pflicht zur Ersatzteillieferung beim Kauf von hochwertigen Konsumgütern, Bern 1991; MEIER-HAYOZ, Gesetzlich nicht geregelte Verträge I, SJK 1134 (zit. SJK 1134); DERS., Gesetzlich nicht geregelte Verträge II, SJK 1135 (zit. SJK 1135); METZGER, Rechtliche Aspekte und Perspektiven der Telemedizin: Unter besonderer Berücksichtigung des Vertragsrechts, Diss. Freiburg i.Ue. 2009; METZGER-WÜEST, Zur Form des Liegenschaftsabtretungs- und Verpfründungsvertrages, Diss. Bern 1971; MIDDENDORF, Nachwirkende Vertragspflichten, Diss. Freiburg i.Ue. 2002; MORIN, Les articles 2 et 4 CC: deux règles dans l'esprit du Code civil suisse, ZSR 2007 II, 203 ff.; DIES., La liquidation du contrat, in: Regard comparatistes sur le phénomène contractuel, Marseille 2009, 203 ff. (zit. Liquidation); DIES., La décision du juge suisse sur la nature impérative de la loi, in: Jung (Hrsg.), Droit privé européen: l'unité dans la diversité, München 2013, 119 ff. (zit. Décision); MARK NDUE, Die objektive Anknüpfung internationaler Schuldverträge nach Art. 117 IPRG, Diss. 2014; OFTINGER, Der Trödelvertrag: Prolegomena zu seiner Lehre, Bern 1937 (zit.

Trödelvertrag); DERS., Einige grundsätzliche Betrachtungen über die Auslegung und Ergänzung der Verkehrsgeschäfte, ZSR 1939, 178 ff. (zit. ZSR 1939); PICHONNAZ, Les contrats innommés: quelques questions récurrentes, in: Pichonnaz/Werro (Hrsg.), La pratique contractuelle: actualité et perspectives, Zürich 2009, 21 ff.; PIOTET, Le complètement judiciaire du contrat, ZSR 1961, 367 ff.; SAXER, Der Subunternehmer und sein Vertrag, Diss. Freiburg i.Ue. 1999; SCHLUEP, Innominatverträge, Schweizerisches Privatrecht (SPR), Bd. VII/2, Basel 1979, 763 ff. (zit. SPR VII/2); DERS., Zusammengesetzte Verträge: Vertragsverbindung oder Vertragsverwirrung, in: FS für Heinz Rey, Zürich 2003, 285 ff. (zit. FS Rey); STEINWIGGER, Die Beendigung des Franchisevertrages, Diss. Basel 1999; STIEGER, Zur Beendigung des Lizenzvertrages nach schweizerischem Recht, sic! 1999, 3 ff.; TERCIER, La «clausula rebus sic stantibus» en droit suisse des obligations, JdT 1979 I, 194 ff. (zit. JdT 1979); DERS., Des législateurs innommés, in: FS für Walter R. Schluep, Zürich 1988, 45 ff. (zit. FS Schluep); WEINMANN, Die Rechtsnatur der Lizenz, Diss. Zürich 1996; WERRO, Le mandat et ses effets, Freiburg 1993 (zit. Le mandat); DERS., Les principaux contrats de service du Code des obligations, in: Tercier/Volken/Michel (Hrsg.), Aspects du droit européen: Hommage offert à la Société suisse des juristes à l'occasion de son assemblée générale, Freiburg 1993, 211 ff. (zit. Contrats de service); YUNG, L'interprétation supplétive des contrats, ZBJV 1961, 41 ff.; ZELLER, Auslegung von Gesetz und Vertrag: Methodenlehre für die juristische Praxis, Zürich 1989.

Ausland: ADAMS/BROWNSWORD, Privity and the Concept of a Network Contract, Legal Studies 1990, 12 ff.; BROWNSWORD, Network Contracts Revisited, in: Amstutz/Teubner (Hrsg.), Networks: Legal Issues of Multilateral Co-operation, Oxford 2008, 31 ff.; CANARIS, Grundrechte und Privatrecht, AcP 1984, 201 ff.; CORBISIER, A la recherche d'une «action directe» en droit allemand des obligations et des assurances, in: Fontaine/Ghestin (Hrsg.), Les effets du contrat à l'égard des tiers, Paris 1992, 325 ff.; DALCQ, Les actions directes, in: Fontaine/Ghestin (Hrsg.), Les effets du contrat à l'égard des tiers, Paris 1992, 303 ff.; DAMMAN, Die Einbeziehung Dritter in die Schutzwirkung eines Vertrags, München 1990; DELVAUX, Les groupes de contrats et la responsabilité contractuelle du fait d'autrui, in: Fontaine/Ghestin (Hrsg.), Les effets du contrat à l'égard des tiers, Paris 1992, 360 ff.; EBNET, Der Informationsvertrag, Baden-Baden 1995; EISENHARDT, Allgemeiner Teil des BGB, 4. Aufl., Heidelberg 1997; ENNECCERUS/LEHMANN, Recht der Schuldverhältnisse, 15. Aufl. Tübingen 1958; FIKENTSCHER, Der Werkverschaffungsvertrag, AcP 1990, 34 ff.; GERNHUBER, Austausch und Kredit im rechtsgeschäftlichen Verbund: Zur Lehre von den Vertragsverbindungen, in: FS Larenz für Karl I, München 1973, 455 ff. (zit. FS Larenz); DERS., Das Schuldverhältnis: Begründung und Änderung, Pflichten und Strukturen, Drittwirkungen, Tübingen 1989 (zit. Schuldverhältnis); GERNHUBER/GRUNEWALD, Bürgerliches Recht: Ein systematisches Repetitorium, 8. Aufl., München 2009; GRUNDMANN, Die Dogmatik der Vertragsnetze, AcP 2007, 718 ff.; HAGER, Die Verflechtung von Verträgen: Planung und Risikoverteilung bei Grossprojekten, in: Weyers (Hrsg.), Die Verflechtung von Verträgen – Planung und Risikoverteilung bei Grossprojekten, Baden-Baden 1991, 65 ff.; HART, Zivilrechtspraxis zwischen Vertragskonsolidierung und Vertragsrechtsfortbildung am Beispiel der ergänzenden Vertragsauslegung und der Geschäftsgrundlage, KritV 1989, 179 ff.; HEERMANN, Drittfinanzierte Erwerbsgeschäfte: Entwicklung der Rechtsfigur des trilateralen Synnalagmas auf der Grundlage deutscher und U.S.-amerikanischer Rechtsentwicklungen, Tübingen 1998; DERS., The Status of of Multilateral Synallagmas in the Law of Connected Contracts, in: Amstutz/Teubner (Hrsg.), Networks: Legal Issues of Multilateral Co-operation, Oxford 2008, 103 ff. (zit. Status); HENCKEL, Die ergänzende Vertragsauslegung, AcP 1960, 106 ff.; HOENIGER, Untersuchungen zum Problem der gemischten Verträge, Bd. I: Die gemischten Verträge in ihrer Grundform, Mannheim 1910 (zit. Untersuchungen); DERS., Vorstudien zum Problem der gemischten Verträge, Freiburg 1906 (zit. Vorstudien); JAENICKE/SCHANZE/HAUSER, A Joint Venture Agreement for Seabed Mining, Frankfurt a.M. 1981; JAMIN, La notion d'action directe, Paris 1991 (zit. Notion); DERS., Brèves réflexions sur un méchanisme correcteur: L'action directe en droit français, in: Fontaine/Ghestin (Hrsg.), Les effets du contrat à l'égard des tiers, Paris 1992, 263 ff. (zit. Action); DERS., Une restauration de l'effet relatif du contrat, DH 1991.XLIX, 257 ff. (zit. restauration); JOERGES, Status and Contract in Franchising Law, in: Joerges (Hrsg.), Franchising and the Law, Baden-Baden 1991, 11 ff. (zit. Status); JOERGES, Vertragsgerechtigkeit und Wettbewerbsschutz in den Beziehungen zwischen Automobilherstellern und -händlern: Über die Aufgaben richterlicher Rechtspolitik in «Relationierungsverträgen», in: FS für Rudolf Wassermann, Darmstadt 1985, 697 ff. (zit. FS Wassermann); JOERGES, Relational Contract Theory in a Comparative Perspective, Wis. L. Rev. 1985, 581 ff. (zit. Wis. L. Rev. 1985); JOURDAIN, La nature de la responsabilité civile dans les chaînes de contrats après l'arrêt d'Assemblée plénière du 12 juillet 1991, DH 1992.XXX, 149 ff.; KIRCHNER et al., Rohstofferschliessungsvorhaben in Entwicklungsländern, Teil 1, Frankfurt a.M. 1977; KÖHLER, Vertragstypenzuordnung oder Sachnähe der Einzelnorm als Entscheidungskriterium?, in: FS für Heinrich Honsell, Zürich 2002, 29 ff.; LANGE, Das Recht der Netzwerke: Moderne Formen der Zusammenarbeit in Produktion und Vertrieb, Heidelberg 1998; LARENZ, Ergänzende Vertragsauslegung und dispositives Recht, NJW 1963, 737 ff.; LEENEN, Typus und Rechtsfindung: Die Bedeutung der typologischen Methode für die Rechtsfindung dargestellt am Vertragsrecht des BGB, Berlin 1971; LÉGEAIS, Le groupe de contrats en droit français, in: Weyers (Hrsg.), Die Verflechtung von Verträgen – Planung und Risikoverteilung bei Grossprojekten, Baden-Baden 1991, 29 ff.; LEONHARD, Allgemeines Schuldrecht des BGB, Bd. I, 1929; LOTMAR, Der Arbeitsvertrag nach dem Privatrecht des Deutschen Reichs, Bd. 1, München 1902; MACNEIL, The New Social Contract: An Inquiry into Modern Contractual Relations, Yale 1980; MANGOLD, Eigentliche und ergänzende Vertragsauslegung, NJW 1961, 2284 ff.; MARTINEK, Moderne Vertragstypen, Bd. I: Leasing und Factoring, München 1991 (zit. Vertragstypen); VON MEERSCHEIDT-HÜLLESEM, Gemischte Verträge und Verträge eigener Art, JZ 1910, 854 ff.; MÖSCHEL, Dogmatische Strukturen des bargeldlosen Zahlungsverkehrs, AcP 1986, 187 ff.; NERET, Le sous-contrat, Paris 1979; NICKLISCH, Vorteile einer Dogmatik für komplexe Langzeitverträge, in: Nicklisch (Hrsg.), Der komplexe Langzeitvertrag: Strukturen und Internationale Schiedsgerichtsbarkeit, Heidelberg 1987, 17 ff. (zit. Dogmatik); DERS., Verknüpfte Verträge und verknüpfte Streitbeilegung bei Grossprojekten, in: Nicklisch (Hrsg.), Netzwerke komplexer Langzeitverträge: Verknüpfte Verträge und verknüpfte Streitbeilegung bei Grossprojekten, München 2000, 5 ff. (zit. Verträge); PAWLOWSKI, Allgemeiner Teil des BGB: Grundlehren des bürgerlichen Rechts, 7. Aufl., Heidelberg 2003; PILZ, Richterliche Vertragsergänzung und Vertragsabänderung, Diss. Freiburg i.Br. 1963; ROHE, Netzverträge: Rechtsprobleme komplexer Vertragsverbindungen, Tübingen 1998; SANDROCK, Zur ergänzenden Vertragsauslegung im materiellen und internationalen Schuldvertragsrecht, Köln 1966; SCHANZE, Symbiotic Contracts: Exploring Long-Term Agency Structures between Contract and Corporation, in: Joerges (Hrsg.), Franchising and the Law, Baden-Baden 1991, 67 ff. (zit. Contracts); DERS., Investitionsverträge im internationalen Wirtschaftsrecht, Frankfurt a.M. 1986 (zit. Wirtschaftsrecht); SCHINKELS, Die Verteilung des Haftungsrisikos für Drittmissbrauch von Medien des bargeldlosen Zahlungsverkehrs, Berlin 2001; SCHREIBER, Gemischte Verträge im Reichsschuldrecht, Jherings Jahrbuch 1912, 106 ff.; SCHWARK, Zum Verhältnis von schuldrechtlichen Vertragstypen und Vertragswirklichkeit, insbesondere beim Werklieferungsvertrag, Zeitschrift für Rechtstheorie 1978, 73 ff.; SINZ, Factoring in der Insolvenz, Köln 1997; STOFFELS, Gesetzlich nicht geregelte Schuldverträge: Rechtsfindung und Inhaltskontrolle, Tübingen 2001; SWEET, The American Construction Network and Its Linked Set of Contracts: Some Legal Questions and Solutions, in: Weyers (Hrsg.), Die Verflechtung von Verträgen – Planung und Risikoverteilung bei Grossprojekten, Baden-Baden 1991, 9 ff.; TEUBNER, «Verbund», «Verband» oder «Verkehr»? Zur Aussenhaftung von Franchising-Systemen, ZHR 1990, 295 ff. (zit. ZHR 1990); DERS., Den Schleier des Vertrags zerreissen? Zur rechtlichen Verantwortung ökonomisch «effizienter» Vertragsnetzwerke, KritV 1993, 367 ff. (zit. KritV 1993); DERS., Das Recht hybrider Netzwerke, ZHR 2001, 550 ff. (zit. ZHR 2001); DERS., Coincidentia oppositorum: Das Recht der Netzwerke jenseits von Vertrag und Organisation, in: Amstutz (Hrsg.), Die vernetzte Wirtschaft, Zürich 2004, 9 ff. (zit. Coincidentia oppositorum); DERS., Netzwerk als Vertragsverbund, Baden-Baden 2004; TEYSSIE, Les groupes de contrats, Paris 1975; VINEY, Groupes de contrats et responsabilité du fait d'autrui, in: Fontaine/Ghestin (Hrsg.), Les effets du contrat à l'égard des tiers, Paris 1992, 335 ff.; WELLENHOFER, Third Party Effects of Bilateral Contracts within the Network, in: Amstutz/Teubner (Hrsg.), Networks: Legal Issues of Multilateral Co-operation, Oxford 2008, 119 ff.; WEYERS, Einführung, in: Weyers (Hrsg.), Die Verflechtung von Verträgen – Planung und Risikoverteilung bei Grossprojekten, Baden-Baden 1991, 7 f.

A. Übersicht

Das römische Recht legt den Grund auch für das schweizerische OR (BUCHER, AT, 15 ff. m.Nw.). Das schlägt sich u.a. darin nieder, dass die Art. 184 ff. einen *Katalog von Vertragstypen* zur Verfügung stellen. Anders als das römische Kontraktsystem anerkennt aber unsere Rechtsordnung die **Typenfreiheit** (als Ausfluss aus der *Vertragsfreiheit*; statt vieler BK-KRAMER, Art. 19–20 OR N 49 ff.; BUCHER, Hundert Jahre, 317 ff.; TERCIER/FAVRE, N 7761; ENGEL, Liberté, 43 ff.; DERS., contrats, 735; GAUCH, FS Honsell, 11 ff. und passim; CR CO I-THÉVENOZ/DE WERRA, Intro. Art. 184–529 N 5; s.a. die historischen Ausführungen von STOFFELS, 50 ff.; vgl. schliesslich auch N 13 ff.). Folgerichtig sind auch Verträge verbindlich und klagbar, die nicht einem der im Besonderen Teil des OR geregelten Typen entsprechen (zur Zulässigkeit gesetzlich nicht geregelter Verträge s.a. SCHLUEP, SPR VII/2, 777 ff. m.Nw.). 1

Der Grundsatz der Typenfreiheit im OR lässt zunächst zu, dass die Vertragstypen des Gesetzes *kombiniert* werden. Es können aber auch völlig *neuartige* Verträge geschlossen werden (HONSELL, OR BT, 16). Die Anerkennung auch der gesetzlich nicht geregelten Verträge (der 2 sog. *Innominatverträge*) wirft die Frage nach den auf sie **anwendbaren Regeln** auf (BK-Kramer, Art. 19–20 OR N 67; Schwenzer, N 26.23 f.). Vorab sind ungeregelte Verträge (wie geregelte) dem Allgemeinen Teil des OR unterstellt (Meier-Hayoz, SJK 1134, 8; Weinmann, 23; BK-Kramer, Art. 19–20 OR N 68; CR CO I-Thévenoz/de Werra, Intro. Art. 184–529 N 36; BezGer Arlesheim, BJM 1994, 136; s. zu den spezifischen Problemen, die der technologische Fortschritt im Zusammenhang mit gewissen gesetzlich nicht geregelten Vertragstypen stellt [z.B. *Leihmuttervertrag*]: Engel, contrats, 737 f. m.Nw.). Ferner sind für solche Verträge auch die allgemeinen Prinzipien des Privatrechts einschlägig (z.B. die von Lehre und Rechtsprechung entwickelten Grundsätze der Vertragsbeendigung; vgl. Leu, 6 ff; Middendorff, passim; Morin, Liquidation, passim). Allerdings genügen diese Normen und Prinzipien nicht immer; in vielen Fällen passen sie für den konkreten Innominatvertrag nicht (Schluep, SPR VII/2, 780; gl.M. Dasser, Wandel, N 200; ders., FS Rey, 211 f.). Dies ist namentlich dann der Fall, wenn es darum geht, die Form eines Innominatvertrags zu bestimmen (Art. 11), allenfalls zwingende Regeln anzuwenden (Art. 19 f.) oder Vertragslücken zu füllen.

3 Die nachfolgende **allgemeine Lehre** des Rechts der Innominatverträge zielt darauf ab, den Begriff sowie die Form des Innominatvertrags klarzustellen und die möglichen darauf anwendbaren zwingenden bzw. dispositiven Regeln zu bestimmen (N 5 ff.).

4 In einem **besonderen Teil** (N 59 ff.) werden hernach einzelne, in der Praxis häufig anzutreffende Innominatverträge abgehandelt. Es versteht sich, dass die *Auswahl* aufgrund dieses vagen Kriteriums nicht ohne Willkür erfolgen kann. Die *Systematik* des besonderen Teils verzichtet auf eine Zusammenfassung einzelner Verträge zu Gruppen (wie z.B. «Gebrauchsüberlassungsverträge», «Absatzmittlungsverträge», «Check- und Kreditkartenverträge» usw.). Anders hätte die äussere Systematik dort gelitten, wo Einzelverträge (wie z.B. der Factoring-Vertrag) kommentiert werden, die nicht in Gruppen auftreten.

B. Innominatverträge: Allgemeine Lehren

I. Begriff und Arten

1. Begriff

5 Unter den **Begriff** Innominatverträge fallen Verträge, die der Gesetzgeber weder im Besonderen Teil des OR noch in einem Spezialgesetz *spezifisch geregelt* hat (BGE 129 III 604 E. 2.2; Schluep, SPR VII/2, 770; Gauch, FS Honsell, 23; Gauch/Schluep/Schmid/Emmenegger, N 252; CHK-Huguenin, Vor Art. 184 ff. OR N 2; Bucher, AT, 102; Bucher, BT, 25; Tercier, FS Schluep, 45; Engel, contrats, 733 f.; Guggenheim, 133; Schwenzer, N 3.15; s.a. Stoffels, 11 ff.; CR CO I-Thévenoz/de Werra, Intro. Art. 184–529 N 1 ff., 10). Unerheblich ist, ob das Gesetz einen Vertrag benennt (Bucher, BT, 25; Schluep, SPR VII/2, 770; vom Gesetz «benannte» Innominatverträge sind etwa: Willensvollstreckungsauftrag, Art. 517 f. ZGB; Grunddienstbarkeitsvertrag, Art. 732 ZGB; Vormerkungsvertrag, Art. 959 ZGB; Vorvertrag, Art. 22; Lizenzvertrag, Art. 34 Abs. 1 PatG, Art. 15 DesG, Art. 18 MSchG und Art. 21 Sortenschutzgesetz; Engel, contrats, 735). Entscheidend ist, dass *das Gesetz diese Verträge zu ordnen unterlässt* (Engel, traité, 175; Honsell, OR BT, 493; Bühler, 374; s.a. BGE 93 II 185 E. 2 = Pra 1967, 480 ff.; BGE 95 II 605 E. 4). Ob ein Vertrag eine gesetzliche Regelung erfahren hat oder nicht, mag zwar in abstracto einfach erscheinen, ist es in concreto jedoch nicht (Meier-Hayoz, SJK 1134, 1; Martinek, Vertragstypen, 19 ff.). Zuordnungskriterium bilden die *Essentialia* (N 7; Meier-Hayoz, SJK 1134, 5; Keller/Schöbi, I, 95; relativierend Gauch, FS Honsell, 6 f.; s.a. Metzger, 94 ff.), die das betreffende Vertragstypenrecht (regelmässig in den Eingangsartikeln) umschreiben. Sie verkörpern jene *typenbestimmenden* Hauptleistungspflichten (den «Vertragskern»), ohne die ein Vertrag der betreffenden Art nicht vorliegt (Art. 2 Abs. 1; Leenen, 122 m.Nw.; Engel, traité, 176 ff.;

BGE 97 II 53 E. 3). Mithin entscheiden grundsätzlich allein die Kernelemente der Legaldefinition über die Qualifikation einer konkreten Vereinbarung (BUCHER, BT, 19; MARTINEK, Vertragstypen, 21 f.).

Der **Unterschied von Nominat- und Innominatvertrag** sollte nicht überbewertet werden (vgl. dazu auch CR CO I-THÉVENOZ/DE WERRA, Intro. Art. 184–529 N 7; CR CO I-MORIN, Art. 1 N 64; DASSER, Wandel, N 533 ff.). Zunächst deshalb, weil das Gesetz auch hinsichtlich Nominatverträgen nicht alle Fragen regelt (und dies letztlich angesichts von Art. 19 Abs. 1 auch gar nicht kann). Dieser Umstand ist keineswegs als Vorhandensein von Gesetzeslücken zu qualifizieren (Art. 1 Abs. 2 ZGB; s.a. N 34), sondern ist Ausdruck einer «offenen» Kodifizierungstechnik *(principe d'un code ouvert)*, die bewusst und gezielt mit Unvollständigkeiten arbeitet (Art. 1 Abs. 1, Art. 2 und 4 ZGB; BGE 74 II 106 E. 1; 134 IV 297 E. 4.3.1; MORIN, ZSR 2007 II, 215 ff.; BK-EMMENEGGER/TSCHENTSCHER, Art. 1 ZGB N 378). Alsdann erlaubt Art. 19 den Parteien, Verträge abzuschliessen, deren Hauptpunkte zwar im Gesetz benannt werden, deren Nebenpunkte aber nicht geregelt oder atypisch ausgestaltet sind (d.h. entweder vom dispositiven Recht abweichen oder sich an der Regelung anderer Nominatsverträge orientieren; s. N 7; ferner BGE 135 III 295 E. 3.2). In solchen Fällen sind Lücken in gesetzlich geregelten Verträgen in der gleichen Weise zu füllen, wie wenn es sich dabei um Innominatskontrakte handelte (vgl. BGE 128 III 248 E. 3, über die Kündigung eines Darlehens aus wichtigen Gründen: Dieser Nominatvertrag wird zwar in den Art. 312 ff. geregelt, wobei diese Bestimmungen über die Modalitäten einer solchen Kündigung schweigen). Schliesslich kann festgestellt werden, dass es zunehmend zur Entwicklung von «transversalen» Typen von Verträgen (wie z.B. der Konsumentenvertrag) kommt, die nicht nach Massgabe des Inhalts, sondern nach Massgabe der von einer Partei verfolgten Ziele sowie der bestehenden Interessenlage angegangen und behandelt werden (vgl. z.B. Art. 40a OR, Art. 1 KKG, Art. 32 ZPO, Art. 120 Abs. 1 IPRG). Diese *funktionale Vertragsqualifikation* kann letztlich sehr unterschiedliche Vertragstypen erfassen, was im Ergebnis dazu führt, dass die traditionelle Unterscheidung von Nominat- und Innominatverträgen an Bedeutung verliert (BGE 121 III 336 E. 5d; CR CO I-MORIN, Art. 1 N 74). 6

Doktrin und Rechtsprechung haben gewisse typische Innominatverträge empirisch erfasst und juristische Lehren entwickelt, um diese Kontrakte nach dem Muster zu behandeln, das für Nominatverträge gilt (vgl. etwa die in N 81 ff. analysierten Verträge; ferner auch TERCIER/FAVRE, N 7766 ff.). Namentlich der **Begriff** dieser Verträge, d.h. die Umschreibung ihrer *objektiv wesentlichen Punkte*, kann dem einschlägigen Schrifttum sowie der Praxis entnommen werden. Fehlt es an einer derartigen Definition, ist es zuweilen möglich, die Essentialia eines Innominatvertrages aus den geschäftlichen Übungen, Bräuchen und Usanzen abzuleiten (BK-KRAMER, Art. 1 OR N 154). Ist auch dieser Weg nicht gangbar, wird man auf die allgemeinen Prinzipien abstellen (N 8) und als objektiv wesentliche Punkte jene betrachten, die für einen Konsens der Parteien insofern unerlässlich sind, als sie weder vom dispositiven Recht noch vom Richter bestimmt werden können (N 38). Es handelt sich in aller Regel um die Bestimmung (1) der jeweiligen Parteistellung, (2) des Inhaltes der charakteristischen Leistung und (3) der entsprechenden Gegenleistung (GAUCH/SCHLUEP/SCHMID/EMMENEGGER, N 337). 7

2. Arten

a) Allgemeines

Im Blick auf die **Arten** der Innominatverträge wird i.a. zwischen *gemischten Verträgen* (mixti iuris, mixti generis) und *Verträgen eigener Art* (sui iuris, sui generis) unterschieden (SCHLUEP, SPR VII/2, 771 ff.; BK-KRAMER, Art. 19–20 OR N 56 ff.; ENGEL, contrats, 739 ff.; STEIN-WIGGER, 223; WEINMANN, 26; andere Sonderung bei OFTINGER, Trödelvertrag, 11; VON MEERSCHEIDT-HÜLLESEM, 854 ff.; abw. in der Terminologie HONSELL, OR BT, 17 ff.). Davon zu unterscheiden sind die *zusammengesetzten Verträge* (s. N 12). Aus einfach zusammengesetzten Verträgen hat die Praxis zunehmend komplexe Netzwerke mit hervorrag- 8 ender wirtschaftlicher Bedeutung entwickelt. Ihr systematischer Ort im Rahmen einer Theorie der Innominatverträge ist indessen noch keineswegs gesichert (SCHLUEP, SPR VII/2, 772 m.w.Nw.; s. N 12, 50 ff.).

b) Gemischte Verträge

9 Die **gemischten Verträge** sind *einheitliche* Verträge, in denen Tatbestandsmerkmale *verschiedener Vertragstypen kombiniert* werden (MEIER-HAYOZ, SJK 1135, 1; KELLER/SCHÖBI, I, 96; BK-KRAMER, Art. 19–20 OR N 58; GUHL/KOLLER/SCHNYDER/DRUEY, § 40 N 22; SCHWENZER, N 3.16; ENGEL, contrats, 740 f.; CR CO I-THÉVENOZ/DE WERRA, Intro. Art. 184–529 N 12; CHK-HUGUENIN, Vor Art. 184 ff. OR N 16; GUGGENHEIM, 133; STOFFELS, 35 ff.; begrifflich noch weiter differenzierend SCHLUEP, SPR VII/2, 772 f.). Die Elemente verschiedener (gesetzlich geregelter oder nicht geregelter) Vertragstypen müssen dabei in solcher Weise gemischt sein, «dass es nicht angeht, die Rechtsfolgen im Wesentlichen nur der gesetzlichen Regelung eines einzigen Typus zu entnehmen» (LARENZ, II, 422). Entscheidend ist ferner, dass die verschiedenen Leistungen «als zusammengehörend» (HOENIGER, Untersuchungen, 89), also «in ihrer Verbindung miteinander» geschuldet werden (LARENZ, II, 423). Kommt dem atypischen Element lediglich untergeordnete Bedeutung zu, so spricht man von einem *typischen Vertrag mit Beimischung* (LEONHARD, 325), der nicht mehr als Innominatvertrag aufzufassen ist. In solchen Fällen regiert das Recht des Typus der Hauptleistung den ganzen Vertrag.

10 Gemischte Verträge kommen in verschiedenen **Ausprägungen** vor (krit. SCHWENZER, N 3.16): *Kombinationsverträge* (Zwillingsverträge, gekoppelte Verträge) verpflichten eine Partei zu mehreren Hauptleistungen, die je verschiedenen Vertragstypen zuzuordnen sind (z.B. Pensionsvertrag, Internatsvertrag; zum Ganzen auch BK-KRAMER, Art. 19–20 OR N 60 f.; BUCHER, BT, 20; HONSELL, OR BT, 20 m.Nw.; CHK-HUGUENIN, Vor Art. 184 ff. OR N 18 f.; STOFFELS, 39 ff.; BGE 119 II 29 E. 2 = Pra 1993, 720; BGE 118 II 144 E. 1a; 117 II 259 E. 2b; 111 II 270 E. 4; 107 II 144 E. 2 = Pra 1981, 463 ff.; RJN 1990, 58 ff. [zusammengefasst in BR 1991, 105]; PKG 1991, 203). *Doppeltypische Verträge* (Zwitterverträge, Verträge mit Doppelnatur) verpflichten die Parteien zum *Austausch* von Hauptleistungen, die verschiedenen Vertragstypen entstammen (z.B. Miete eines Gewerberaumes/Erbringung von Schreinerarbeiten, Miete einer Wohnung/Hauswartsdienste; zum Ganzen auch BK-KRAMER, Art. 19–20 OR N 62; CHK-HUGUENIN, Vor Art. 184 ff. OR N 20 f.; BUCHER, BT, 22 f.; HONSELL, OR BT, 19 f.; STOFFELS, 42; möglich ist auch die Vereinbarung typengleicher Hauptleistungen bei verschiedenen Vertragsgegenständen: Englischunterricht/Kochkurs, Bücherleihe/Ausleihe von Schallplatten, Miete eines Autos/Miete einer Wohnung). *Verträge mit Typenverschmelzung* (Typenvermengung) verpflichten eine oder beide Parteien zu Hauptleistungen homogener Struktur, die jedoch funktional verschiedenen Vertragstypen zuzuordnen sind (z.B. gemischte Schenkung, Vergleichsvertrag mit Forderungsermässigung einerseits, Erwerb einer Sache vom Partner anderseits; s. dazu die Urteilsanmerkung von SCHMID, AJP 1992, 912 f.; BUCHER, BT, 20; STOFFELS, 42 f.; BGE 98 II 352 E. 3b; BGE 117 II 382 E. 2b; zum Ganzen auch BK-KRAMER, Art. 19–20 OR N 63; CHK-HUGUENIN, Vor Art. 184 ff. OR N 24 f.).

c) Verträge eigener Art

11 **Verträge eigener Art** oder **sui generis** sind solche, die weder gesetzlich geregelt sind, noch als typengemischte Verträge im eben erörterten Sinn verstanden werden können (LARENZ, II, 433; SCHLUEP, SPR VII/2, 776; BK-KRAMER, Art. 19–20 OR N 65; CR CO I-THÉVENOZ/DE WERRA, Intro. Art. 184–529 N 12; CHK-HUGUENIN, Vor Art. 184 ff. OR N 24; KELLER/SCHÖBI, I, 97; MEIER-HAYOZ, SJK 1134, 1; ENGEL, contrats, 739; STOFFELS, 43 ff.; s.a. BGE 120 V 299 E. 4a; 119 II 391 E. 3a; 119 V 131 E. 4a = Pra 1994, 241). Entscheidend ist, dass sie sich zu einer besonderen *inneren Einheit* fügen, mithin nicht bloss eine eigenständige Mi-

schung von Elementen aus (gesetzlich geregelten oder gesetzlich nicht geregelten) Vertragstypen darstellen (SCHLUEP, SPR VII/2, 776; AMSTUTZ, Vertragsverbindungen, 73 f.; BK-KRAMER, Art. 19–20 OR N 65 f. m.Bsp.).

d) Zusammengesetzte Verträge

Man spricht von **zusammengesetzten, verbundenen** oder **vernetzten Verträgen**, ferner auch von **Vertragsverbindungen** oder **Netzwerkverträgen** (vgl. ebenfalls BGE 136 III 65 E. 2.4.1: «contrats couplés, interdépendants, liés ou connexes»), wenn mindestens zwei (Nominat- oder Innominat-)Verträge *separat* geschlossen werden, aber *funktionell* in der Weise zusammenhängen, dass Ereignisse, welche die «Sphäre» des einen Vertrages betreffen, die anderen Verträge ebenfalls tangieren (BGE 115 II 452 E. 3a; 136 III 65 E. 2.4.1; 139 III 49 E. 3.3; BGer, 4.2.2015, 8C_621/2014, E. 5.3.1; SCHLUEP, SPR VII/2, 776 f.; BUCHER, BT, 23; GUHL/KOLLER/SCHNYDER/DRUEY, § 40 N 19; CHK-HUGUENIN, Vor Art. 184 ff. OR N 12 ff.; CHAIX, 198 ff. [mit Übersicht über die französische Lehre der «groupes de contrats»]; ENGEL, contrats, 741 f.; DERS., traité, 176; PALANDT-HEINRICHS, Einführung vor § 305 N 16 ff. m.Nw.; GERNHUBER/GRUENEWALD, § 19 N 1 ff.; BROWNSWORD, 32; ähnlich BK-KRAMER, Art. 19–20 OR N 64 m.Hw. auf die Judikatur; CR CO I-THÉVENOZ/DE WERRA, Intro. Art. 184–529 N 14; STOFFELS, 9 f.; TEYSSIE, 295, spricht von *«identité d'objet» und/oder «communauté de cause»*; zum Konzept des «Vertragsverbundes» oder «Vertragsverbindung» TEUBNER, 109 ff.; skeptisch DRUEY, 87 ff.; ferner VINEY, 335 ff.; ROHE, 65 ff.; NICKLISCH, Dogmatik, 17 ff.; HEERMANN, 10 ff. [spezifisch zu den drittfinanzierten Erwerbsgeschäften]; DERS., Status, 105 ff.; s.a. BGE 118 II 157 E. 3a; 115 II 452 E. 3a; BezGer ZH, SJZ 1992, 130). Entscheidend ist, dass zwischen den einzelnen Verträgen eine *«innere Bindung»*, ein *«innerer Zusammenhang»* besteht (GERNHUBER, FS Larenz, 472; s.a. BK-KRAMER, Art. 19–20 OR N 64; TEYSSIE, 9; krit. JAMIN, Notion, 288; LANGE, N 152 ff., 174). M.a. W. muss auf der Ebene des rechtsgeschäftlichen Vebundes ein *Finalnexus* bestehen (GERNHUBER, FS Larenz, 469 f. und passim; DERS., Recht, 157; unhaltbar BGer, 16.1.2002, 4C.288/2001, E. 2, wonach eine Vertragsverbindung nur bei Gleichzeitigkeit der Abschlüsse der zusammengesetzten Verträge vorliegen kann). An verbundenen Verträgen können durchgängig die nämlichen Parteien beteiligt sein. In diesem Fall spricht man von *bilateralen* Vertragsverbindungen. Doch können zusammengesetzte Verträge jeweils auch von verschiedenen Parteien abgeschlossen werden, d.h. drei oder noch mehr Personen umfassen. Diese Verträge bilden dann *multilaterale* Vertragsverbindungen. Weil sie Kontrakte verbinden, die unabhängig voneinander abgeschlossen wurden, können solche Vertragsnetze *nicht* als Innominatverträge angesehen werden (GUHL/KOLLER/SCHNYDER/DRUEY, § 40 N 17), sondern als *Innominatfiguren*. Man hat es mit einem Denken in vertraglichen Bezügen zu tun, das Interessensgegensatz und -verbindung verknüpft (TEUBNER, ZHR 1990, 295 ff.; DERS., ZHR 2001, 551 ff.; AMSTUTZ, 169 f.; s.a. HEERMANN, 49) und unserer Privatrechtsordnung fremd ist (GERNHUBER, FS Larenz, 455 f.; DERS., Recht, 157; DERS., Schuldverhältnis, 710 ff.; TEUBNER, ZHR 2001, 554 ff.; TEYSSIE, 8 ff.; MÖSCHEL, 223; ROHE, 12 ff.; FIKENTSCHER, 107; aus angelsächsischer Rechtsperspektive BROWNSWORD, 31 ff.). Die zunehmende wirtschaftliche Bedeutung (etwa der Franchising-Systeme) rechtfertigt es aber, auf diese Innominatfigur kurz einzugehen (s. N 50 ff.), und zwar insofern, als mit ihr besondere, von der klassischen Fragestellung des Innominatvertragsrechts abweichende Rechtsprobleme einhergehen. Vertragsverhältnisse können auch mit Rechtsverhältnissen anderer Rechtsgebiete verbunden werden (z.B. BGE 136 III 65 E. 2.2, 2.4.1: Genossenschaft; BGer, 4.2.2015, 8C_621/2014: öffentliches Arbeitsrecht). 12

II. Rechtsanwendung

1. Allgemeines

13 Richtschnur («regula»!) für die **Entscheidung von Streitigkeiten** über Innominatverträge ist (wie bei Nominatverträgen) der Grundsatz der *Privatautonomie* (HART, 180, 183; STOFFELS, 192 ff.), zumal der *(Vertrags-)Inhaltsfreiheit* (GAUCH/SCHLUEP/SCHMID/EMMENEGGER, N 624 ff.; METZGER, 66 ff.). Deshalb ist zunächst zu ergründen, ob die Parteien selber Regeln gesetzt haben, nach denen sich der konkrete Streit entscheiden lässt (ENGEL, traité, 179; STOFFELS, 192: «vorrangige Ausschöpfung des vertraglich Vereinbarten»; s.a. SOERGEL-WOLF, § 157 N 30; PICHONNAZ, 42). Zu diesem Zweck ist der im Streit liegende Vertrag nach Art. 18 Abs. 1 oder subsidiär nach dem Vertrauensprinzip *auszulegen* (BGE 127 III 444 E. 1b; 131 III 606 E. 4.1; 138 III 659 E. 4.2.1; CR CO I-MORIN, Art. 1 N 94 ff). Führt der Auslegungsvorgang zum Ergebnis, dass der Vertrag *keine* Regel zur Entscheidung des Streites enthält, so liegt eine *Vertragslücke* (N 36) vor (BK-KRAMER, Art. 18 OR N 213). Diesfalls muss die **Vertragsergänzung** Platz greifen (zur Abgrenzung Auslegung/Ergänzung ZK-JÄGGI/GAUCH/HARTMANN, Art. 18 OR N 632 ff.; CR CO I-MORIN, Art. 1 N 95; HART, 182; STOFFELS, 270 ff., 320 ff.). Da ergänzende Gesetzesregeln fehlen, muss allenfalls eine für Innominatverträge spezifische Ergänzungsmethode gefunden werden (s. N 39 ff.). In diesem Zusammenhang sei i.S. einer *Vorbemerkung* festgehalten, was folgt:

14 Die gesetzlichen Nominatvertragsregeln dienen, wie einleitend schon bemerkt (N 13), der Qualifikation eines gegebenen Vertrages und folglich der Bestimmung allfälliger Formvorschriften sowie anderer zwingender Regeln. Auch stellen sie dispositives Recht zur Verfügung, um allfällige Vertragslücken zu schliessen. Weil, wie erwähnt (N 6), das geschriebene Recht keine entsprechenden Regeln für Innominatkontrakte vorsieht, stellt sich namentlich die Frage, inwiefern in diesem Fall die *Form-* (Art. 11) und die *Inhaltsfreiheit* (Art. 19) der Parteien beschränkt ist. Ebenfalls zu klären ist, wie *Lücken* in solchen Verträgen zu füllen sind. Im Einzelnen gilt es freilich zu differenzieren: (1) Bei **gemischten Verträgen**, die Elemente verschiedener Vertragstypen kombinieren (N 9), ist zu entscheiden, in welchem Umfang die Regeln des jeweils betroffenen Nominattypenrechts zum Tragen kommen. Vermischt etwa ein Vertrag Typenelemente miet- und mandatsrechtlicher Natur, stellt sich die Frage, ob sich die Kündigung nach Art. 266*a* oder nach Art. 404 richtet (vgl. SJ 2002 I 402). Werden Elemente aus dem Werkvertrag und dem Auftrag vermengt, kann die Frage aktuell werden, ob die Haftung des Dienstleistenden Art. 368 ff. oder Art. 398 untersteht (vgl. BGE 127 III 543 E. 2a; 134 III 361 E. 5). Wenn ein Darlehen die Finanzierung von Optionsgeschäften zum Zweck hat, ist Art. 400 auch auf das Kreditgeschäft anwendbar (BGE 139 III 49 E. 3.4; s. N 23a). (2) Bei **Verträgen sui generis** (N 11) geht es einerseits um die Frage, ob sie trotz Fehlen einer einschlägigen gesetzlichen Ordnung Formvorschriften und zwingendem Recht unterstehen (vgl. BGE 92 II 299 E. 3b); andererseits ist für solche Verträge auszumachen, ob für die Vertragsergänzung die für Nominatverträge einschlägigen dispositiven Normen herangezogen werden können (vgl. BGE 107 II 144 E. 2; 134 III 497 E. 4.3).

15 Haben die Parteien vereinbart, ihren Vertrag einem **besonderen Nominattypenrecht zu unterstellen** (z.B. für einen Architektenvertrag das Werkvertragsrecht exklusiv zu küren), gilt es, die Gültigkeit dieser Abmachung zu untersuchen (und dies insb. in Fällen, da von Formvorschriften oder sonstigen zwingenden Regeln derogiert wird). Zur Veranschaulichung sei der *Hausabwartsvertrag*, der Typenelemente des Miet- und Arbeitsvertragsrechts kombiniert (N 26), angeführt: Wie verhält es sich mit der Gültigkeit einer Vereinbarung, wonach sich die Kündigung dieses Vertrages nach dem Arbeitsvertragsrecht richtet, wenn die mietrechtlichen Elemente *in concreto* überwiegen? Das juristische Vorgehen deckt sich hier mit demjenigen, das einzuhalten ist, wenn man die Gültigkeit von Innominatverträgen prüft (s. N 38; vgl. auch die besonderen Regeln von Art. 254 OR und Art. 7 Abs. 2 lit. f. KG).

Um alle diese **Probleme** in Angriff zu nehmen und einer Lösung zuzuführen, wird im Folgenden in drei Schritten vorgegangen: (1) Zunächst soll eine Übersicht über die verschiedenen in der *Theorie* entwickelten Innominatsvertragslehren gegeben werden, dies mit dem Ziel, Vor- und Nachteile zu eruieren, die diese Lehren mit sich bringen (N 17 ff.). (2) Sodann wird analysiert, wie die *Rechtsprechung* methodisch mit Innominatverträgen umgeht, um die tragenden Überlegungen der Gerichte herauszuschälen (N 23). (3) Schliesslich sollen die in diesen zwei Schritten gewonnenen Einsichten zu einem *praktisch möglichst leicht verwertbaren* Muster der Behandlung von Rechtsfragen, die Innominatverträge aufwerfen, *synthetisiert* werden (N 31). **16**

2. Lehre

a) Absorptionstheorie

Nach der Absorptionstheorie ist bei gemischten Verträgen das Recht des dominanten Typus anzuwenden, während die für bloss «beigemischte» Elemente vorgesehenen Rechtsfolgen absorbiert werden (LOTMAR, 176 ff. 686 ff.; STOFFELS, 154 f.; CHK-HUGUENIN, Vor Art. 184 ff. OR N 28; DASSER, Wandel, N 201; HILTY, 168; STEIN-WIGGER, 224; SINZ, N 39; s.a. BGE 118 II 157 E. 2c; BGer, 8.9.2011, 4A_148/2011, E. 4.1; NGVP 1988–1992, 72). Die Theorie ist im Blick auf den typischen Vertrag mit typenfremden (aber nicht *typenverfremdenden*) Abweichungen sinnvoll. Dieser ist indes nach der hier vertretenen Meinung genau kein Innominatvertrag (s. N 6). In den Fällen echter Mischung führt die Theorie dagegen zu einer undifferenzierten, «gewaltsamen» Zuordnung zu Nominatrecht, was gewisse Autoren zu ihrer Ablehnung bewogen hat (ZK-JÄGGI/GAUCH/HARTMANN, Art. 18 OR N 629; SCHLUEP, SPR VII/2, 801; MARTINEK, Vertragstypen, 22 f.; s.a. SINZ, N 39; positiver: BK-KRAMER, Art. 19–20 OR N 75 ff.; GUGGENHEIM, 133; PICHONNAZ, 37 f.). **17**

b) Kombinationstheorie

Nach der **Kombinationstheorie** sind gemischte Verträge als eine neue *Synthese von Tatbestandselementen* zu verstehen, die im gesetzlich geregelten Vertragstypenrecht bereits enthalten sind (HOENIGER, Vorstudien, passim; DERS., Untersuchungen, passim, insb. 383; CHK-HUGUENIN, Vor Art. 184 ff. OR N 28; ferner ENNECCERUS/LEHMANN, 393 ff.; STOFFELS, 155 f.; HILTY, 168; STEIN-WIGGER, 224; PICHONNAZ, 38 f.). Das Rechtsanwendungsproblem soll in der Weise gelöst werden, dass die gesetzlichen Vertragstypen in einzelne Tatbestandselemente mit entsprechenden Rechtsfolgen zerlegt werden (SINZ, N 39 m.Nw.). Hernach ist zu fragen, «nach welchen Gesetzen sich diese einzelnen Tatbestandsstücke zu neuen und dem Gesetz unbekannten Formen kombinieren können» (HOENIGER, Vorstudien, 385; s.a. SCHWARK, 76). Richtig an dieser Lehre ist zwar die Einsicht, dass Rechtsfolgen nicht mit einem als Einheit vorgestellten Tatbestand (mit festen Elementen) verknüpft, sondern in natürlicher Entsprechung zu den einzelnen Typenmerkmalen ausgestaltet sind (SCHLUEP, SPR VII/2, 801 f.). *Unangemessen* ist jedoch die «Zertrümmerung der Tatbestände», die das innere Singefüge der Typenmerkmale auflöst und damit die Erkenntnis einer richtigen Korrelation von Typenmerkmal und Rechtsfolgevariante verunmöglicht (LEENEN, 168; ferner SCHLUEP, SPR VII/2, 802; DASSER, Wandel, N 201; MARTINEK, Vertragstypen, 23 f.; s.a. BK-KRAMER, Art. 19–20 OR N 79). **18**

c) Theorie der Übernahme gesetzlicher Einzelanordnungen

Im Grunde bringt die **Theorie der Übernahme gesetzlicher Einzelanordnungen** eine *«wertungsjurisprudentielle» Weiterführung der Kombinationstheorie*. Nach ihr sind atypische Verträge nicht pauschal einem geordneten Vertragstyp zuzuweisen, sondern es sind je nach Streitfrage die passenden Einzelanordnungen des Nominatrechts (z.B. Minderung) heranzuziehen (BUCHER, Hundert Jahre, 321 f.; DERS., Trödelvertrag, 112; KÖHLER, 29 ff.; CHK-HUGUENIN, Vor Art. 184 ff. OR N 28). Danach ist die Frage unbehelflich, «ob der zu beurteilende Vertrag **19** eher dem Vertragstypus A, B oder C entspreche» (BUCHER, Hundert Jahre, 321); zu erforschen ist nur, «ob, bezogen auf die konkrete Sachproblematik, die Regel X des Vertragstypus A anwendbar sei oder nicht» (BUCHER, Hundert Jahre, 321; KÖHLER, 34, 38 f.). Die Flexibilität dieser «Theorie der Wertungsanalogie» verdient Beachtung. Doch nutzt sie nicht das ganze Potential, das dem Richter zur freien Vertragsergänzung offensteht. Auch ist sie für den Fall der bloss singulären Innominatverträge in der gegenwärtigen Form zuweilen unschlüssig (zum Ganzen auch BK-KRAMER, Art. 19–20 OR N 79).

d) Theorie der analogen Rechtsanwendung

20 Nach der **Theorie der analogen Rechtsanwendung** sind Verträge nicht nur Aggregate von Tatbestandselementen (mit je eigener Rechtsfolge), sondern «Organismen [...], deren Einheitlichkeit ein Auseinanderreissen ihrer Elemente verbietet» (SCHREIBER, 210). Daher können die gesetzlichen Rechtsfolgen der Nominatverträge nicht unmittelbar auf Innominatverträge übertragen werden (SCHREIBER, 210; dazu STOFFELS, 156 f.; STEIN-WIGGER, 224 f.; HILTY, 168; CHK-HUGUENIN, Vor Art. 184 ff. OR N 28): «Auf sie als Ganzes und auf alle ihre Einzelheiten gibt es also keine unmittelbare, sondern allein analoge Rechtsanwendung» (SCHREIBER, 210 f.). Die Lehre verdient insoweit Zustimmung, als sie die *Bedeutung des Analogieschlusses* für die richterliche Rechtsfindung unterstreicht (BK-KRAMER, Art. 19–20 OR N 78; SCHLUEP, SPR VII/2, 802). Problematisch ist sie hingegen in ihrer methodischen Anlage: Geht man davon aus, dass die Analogiebasis für die Anwendung einer Rechtsregel auf einen nicht geregelten Sachverhalt in der *Ähnlichkeit* mit dem geregelten besteht, *versagt* die Theorie überall dort, wo diese Voraussetzung nicht gegeben ist (MARTINEK, Vertragstypen, 24; PICHONNAZ, 39). Gerade im Bereich der Innominatverträge wird das verhältnismässig oft der Fall sein (SCHLUEP, SPR VII/2, 802).

e) Kreationstheorie

21 Die **Kreationstheorie** lehrt, dass der Richter das zur Beurteilung von Innominatverträgen erforderliche Recht selbst setzen muss, falls es an Gewohnheitsrecht mangelt (MEIER-HAYOZ, SJK 1135, 5 f.; GUGELMANN, 58; METZGER-WÜEST, 82 ff.; DASSER, Wandel, N 201; HILTY, 168; CHK-HUGUENIN, Vor Art. 184 ff. OR N 28). Damit folgt sie den Anweisungen von Art. 1 Abs. 2 und 3 ZGB, wenn eine echte Gesetzeslücke vorliegt (N 36). Das ist indes nur gerechtfertigt, wo der Richter *modo legislatoris* (generell-abstrakte) Normen schaffen muss (anders wohl GUGGENHEIM, 134). Deshalb trägt die Kreationstheorie nichts ein, wenn *singuläre* Innominatverträge zu ergänzen sind, die sich (noch) nicht zu Verkehrstypen verdichtet haben. In solchen Fällen bedarf es der Setzung individuell-konkreter, nicht generell-abstrakter Ergänzungsnormen. Insofern ist die Theorie über weite Strecken *ergänzungsbedürftig* (SCHLUEP, SPR VII/2, 803; s.a. MARTINEK, Vertragstypen, 24 f.).

f) Diskurstheorie

22 Die für die Richterarbeit nicht unmittelbar brauchbare **Diskurstheorie** (MARTINEK, Vertragstypen, 25 ff.; dazu STOFFELS, 165; CHK-HUGUENIN, Vor Art. 184 ff OR N 28) versucht v.a. soziologisch zu belegen, dass die Rechtsanwendung bei modernen Innominatverträgen einen «diskursiven Kommunikationsprozess von Kautelarjurisprudenz, Rechts- und Wirtschaftswissenschaft und Rechtsprechung» erfordert (MARTINEK, Vertragstypen, 31).

3. Rechtsprechung

a) Gemischte Verträge

23 *Dem BGer zufolge kann* ein gemischter Vertrag nicht dem Recht eines einzigen Vertragstypus unterstellt werden, weil in diesem Fall – naturgemäss – keines der einzelnen vermengten Typenelemente für sich genommen *hinreichend dominant* ist, um eine Absorption zu rechtfertigen. Umgekehrt ist es aber in Anbetracht der *wechselseitigen Abhängigkeit* der verschiedenen vermischten Vertragselemente auch nicht möglich, dass Rechtsfragen, die sich für diese Elemente gleichermassen stellen (z.B. Kündigung), nach Massgabe jeweils unterschiedlicher Typenrechte beantwortet werden (das würde z.B. heissen: Beendigung des auftragsrechtlichen Teils des Vertrages nach Mandatsrecht, des mietrechtlichen Teils des Vertrages nach Mietrecht usw.). Deshalb muss jede Rechtsfrage, die ein gemischter Vertrag aufwirft, *isoliert* betrachtet und im Zusammenhang untersucht werden, welches der im Vertrag enthaltenen Typenrechte für diese konkrete Frage *dominiert*. Dieser **«Ausdifferenzierungsprozess»** erlaubt mithin die Ermittlung eines auf die betreffende Rechtsfrage passenden *einheitlichen* Nominattypenrechts (BGE 139 III 49 E. 3.3; 136 III 65 E. 2.4.1; 131 III 528 E. 7.1.1; 118 II 157 E. 2c; 115 II 452 E. 3a; vgl. auch BGer, 29.11.2013, 4A_323/2013, E. 5.2; 8.9.2011, 4A_148/2011, E. 4.1; ferner Art. II – 1:107 Abs. 3 DCFR). Abweichende Regeln bleiben freilich vorbehalten (z.B. Art. 3 UN-Kaufrecht).

Sind in einem Vertragsverhältnis Darlehens- sowie Auftragskomponenten vermischt (Lombardkredit und Optionsgeschäfte) und ist die **Herausgabe- und Rechenschaftspflicht (Art. 400)** strittig, muss der «vertragliche Regelungsschwerpunkt» für diese besondere Rechtsfrage ermittelt werden. Wenn die Darlehen die Durchführung der Optionsgeschäfte zum Zweck hatten, ist Art. 400 auch auf die Kreditverhältnisse anwendbar (BGE 139 III 49 E. 3.4). **23a**

Eine Analyse der konkreten Umstände des Einzelfalles kann etwa bei einem **Hotel-Managementvertrag** (welcher sowohl Elemente des Mietvertrags, der einfachen Gesellschaft, des Auftrags und des Lizenzvertrags aufweist) zum Ergebnis führen, dass die Frage der Vergütung der *beauftragenden Partei* schwerpunktmässig eher dem Mietrecht als dem Mandats- oder Lizenzvertragsrecht zuzuordnen ist, so dass es angemessen erscheint, die Entlöhnung für sämtliche Leistungen dieser Partei den Art. 253 ff. zu unterstellen. Weisen demgegenüber die Leistungen, die der *Hotelmanager* nach Massgabe des Vertrags zu erbringen hat, einen betont auftragsrechtlichen Charakter auf, so kann Art. 261 dem Erwerber des Hotels nicht entgegengehalten werden (BGE 131 III 528 E. 7.2). **24**

Ein weiteres Beispiel für die hier fragliche bundesgerichtliche Praxis ist im **Entscheid *Yves Rocher*** (BGE 118 II 157) zu finden. In diesem Urteil ging es um einen Franchisevertrag, der mit einer Pacht kombiniert war, welche Räumlichkeiten, die mit einer Einrichtung des Franchisegebers ausgestattet waren, zum Gegenstand hatte. Das BGer kam zum Schluss, dass der Pachtvertrag allein der Erfüllung des Franchisingvertrags diente, also den Zweck hatte, den Absatz der Vertragsprodukte und der entsprechenden Dienstleistungen zu fördern. Darin lag auch das Motiv des Franchisegebers, seiner Kontrahentin die Einrichtung des verpachteten Geschäftsraumes zur Verfügung zu stellen. Aus diesem Grund nahm sich nach höchstrichterlicher Auffassung das Pachtelement im Rahmen des Vertrages als *subsidiär* bzw. *untergeordnet* aus. Das BGer hat dementsprechend die Anwendung der pachtrechtlichen Beendigungsordnung verworfen, und zwar mit der Begründung, es bestehe *in casu* kein wirkliches Pachtverhältnis zwischen den Parteien. In diesem Entscheid hat das BGer auch ausgeführt, dass der Franchisingvertrag sowohl Elemente aus Nominat- als auch aus Innominatverträgen in sich vereinigt (insb. auftrags-, arbeitsvertrags-, agentur- und lizenzvertragsrechtliche Elemente, die noch vom Recht der einfachen Gesellschaft ergänzt werden), so dass jede Rechtsfrage unter dem jeweils dominierenden Typenrecht zu untersuchen ist. Dreht sich z.B. die Frage um die Zusammenarbeit der Parteien, sind die einschlägigen Bestimmungen der einfachen Gesellschaft beizuziehen. Handelt es sich jedoch um das Subordinationsverhältnis zwischen Franchisegeber und -nehmer, sind die Regeln des Arbeitsvertragsrechts oder, je nach konkreten Umständen, diejenigen der Agentur relevant. **25**

Das BGer hat ferner für den **Hausabwartsvertrag** (der, wie in N 15 schon erwähnt, Miet- und Arbeitsvertragsrecht vermischt) entschieden, dass zwar für die Abwartsdienste das Arbeitsvertragsrecht und für die Überlassung der Wohnräume das Mietrecht gelten, dass aber das **26**

Recht der Beendigung eines solchen Kontraktes von der *hauptsächlichen* Vertragsleistung abhängt (BGE 131 III 566 E. 3.1; BGer, 4.2.2015, 8C_621/2014, E. 5.3.1; 17.10.2013, 4A_102/2013, E. 2.2). Ähnlich wird in der bundesgerichtlichen Rechtsprechung zum **Architektenvertrag** davon ausgegangen, dass im Fall, da die Pflichten des Architekten sowohl *werkvertragsrechtliche* (Erstellung der Pläne) als auch *auftragsrechtliche* Züge (Organisation und Überwachung der Bauarbeiten) aufweisen, das *Vertrauensverhältnis* von massgeblicher Bedeutung ist, so dass sich die *Vertragsbeendigung* nach Art. 404 richtet (BGE 109 II 462 E. 3d; 110 II 380 E. 2; 127 III 543 E. 2a). Demgegenüber soll die Haftung des Architekten differenziert behandelt werden: Für die Planerstellung habe dieser nach Werkvertragsrecht für die Baustellenorganisation und -überwachung nach Auftragsrecht einzustehen (BGE 127 III 543 E. 2a; 134 III 361 E. 5.2).

27 Die **Bestimmung des einschlägigen Typenrechts** für die sich stellende Rechtsfrage sollte nach der Praxis *nicht schematisch* erfolgen, sondern *alle Umstände*, die im konkreten Fall relevant sein können, in Betracht ziehen. Die ökonomischen Aspekte, die bei bestimmten Typenelementen eines gemischten Vertrages vielleicht gewichtiger sind als bei anderen Elementen dieses Vertrages, sind für diese Bestimmung nicht ausschlaggebend. In diesem Sinne kann beim Hausabwartsvertrag nicht davon ausgegangen werden, dass das Arbeitsvertragsrecht überwiegt, wenn der Betrag des Lohns des Abwarts denjenigen der Mietkosten übersteigt (vgl. BGer, 4.2.2015, 8C_621/2014, E. 5.3.1; CJ GE, 15.6.1998, in: SJ 1999, 29 f.). Ein derartiges Argument läuft allenfalls den tatsächlichen Interessen der Parteien zuwider.

28 Aus Gründen der Rechtssicherheit muss das Prinzip, wonach Rechtsfragen, die ein gemischter Vertrag aufwirft, einer *einheitlichen* Ordnung zugeführt werden sollen, auch für **Verjährungs- und Gerichtstandsfragen** gelten (SJ 2002 I 402; Art. 4 und 31 ZPO; s.a. CR CO I-Thévenoz/de Werra, Intro. Art. 184–529 N 22 ff.). Ist bspw. anzunehmen, dass in einem Architektenvertrag das Vertrauensmoment und somit der mandatsrechtliche Charakter überwiegen, müssen auch Haftungsfragen, die sich im Zusammenhang mit den Architektenpflichten bei der Organisation und Überwachung der nach Massgabe der erstellten Pläne auszuführenden Bauarbeiten stellen, einer einheitlichen Verjährungsordnung unterzogen werden; diese wird sich dann auf Art. 127 (und nicht auf Art. 371) stützen. Desgleichen wird in einem solchen Fall nur die Verletzung der *«obligations de moyen»* (z.B. ein Rechenfehler im Baukostenvoranschlag; vgl. BGE 134 III 361) bzw. der *«obligations de résultat»* des Architekten (z.B. ein Berechnungsfehler im Plan) *haftungsbegründend* wirken.

b) Verträge eigener Art

29 Bei Verträgen sui generis nimmt das BGer regelmässig auf eine Einzel- bzw. auf eine Gesamtanalogie Rückgriff, um die sich stellenden Rechtsfragen zu beantworten (s.a. CR CO I-Thévenoz/de Werra, Intro. Art. 184–529 N 39 ff.). In BGE 134 III 497 E. 4.3, z.B. hat das oberste Gericht Art. 418*u* analog auf **Alleinvertriebsverträge** angewendet. Dieses Urteil hebt hervor, dass die Kundschaftsentschädigung gem. Art. 418*u* auf dem Gedanken beruht, dass der Agent für die von ihm bewirkte Erweiterung des Kundenkreises, von welcher der Mandant nach Vertragsbeendigung weiter profitiert, entlohnt wird. Eine sinngemässe Anwendung der hier fraglichen Bestimmung auf den Alleinvertriebsvertrag ist nach BGer dann angebracht, wenn sich die Interessenlage des Abnehmers mit derjenigen eines Agenten vergleichen lässt (vgl. zum Ganzen eingehender N 126).

30 In BGE 92 II 299 E. 3b, erkannte das BGer, dass die Art. 337 Abs. 1 und 2, Art. 404 und 418*r* alle auf der Überlegung beruhen, dass eine Partei berechtigt sein muss, den Vertrag aus wichtigen Gründen fristlos zu kündigen, wenn die Weiterführung dieses Vertrages – namentlich wegen Vertrauensbruches der Gegenpartei – nicht mehr zumutbar ist (s.a. BGE 97 II 390 E. 7; 115 II 1 E. 4). Im Sinne einer Gesamtanalogie hat das Gericht alsdann diese Überlegung zum allgemeinen Grundsatz generalisiert und gestützt darauf festgehalten, dass dieser Grundsatz für alle Dauerverträge gilt, gleichviel, ob es sich dabei um Nominat- oder Innominatkontrakte handelt. Entsprechend hat das BGer festgehalten, dass ein **Lizenzvertrag** (als Innominatvertrag sui generis) aus wichtigen Gründen aufgelöst werden kann (vgl. nur BGE 133 III 360 E. 8; ferner eingehend N 124; **a.M.** CR CO I-THÉVENOZ/DE WERRA, Intro. Art. 184–529 N 44, die in diesem Fall keine Gesamtanalogie erblicken wollen).

4. Ergänzung von Innominatverträgen: Synthese

a) Allgemeines

Der in den vorangehenden Ausführungen (N 23 ff.) geschilderte **Pragmatismus** des BGer (s.a. CR CO I-THÉVENOZ/DE WERRA, Intro. Art. 184–529 N 19) ist in seinem Prinzip zu befürworten (wobei allerdings zu signalisieren ist, dass das BGer damit von einer h.L. teilweise abweicht, die dafür hält, dass «die Methode der Vertragsergänzung bei Innominatverträgen [...] dieselbe [ist] wie bei den gesetzlich geregelten Vertragstypen» [BK-KRAMER, Art. 18 OR N 255]; vgl. ferner GAUCH/SCHLUEP/SCHMID/EMMENEGGER, N 1248; STIEGER, 4; WEINMANN, 24; MEIER-HAYOZ, SJK 1134, 7; DASSER, N 203; ENGEL, traité, 179; ZK-JÄGGI/GAUCH/HARTMANN, Art. 18 OR N 627; STOFFELS, 159 ff.; PICHONNAZ, 35). Was die gemischten Verträge anbelangt, ist das bundesgerichtliche Vorgehen, Absorptions- (s. N 17) und Kombinationstheorie (s. N 18) gewissermassen zu koppeln, insofern adäquat, als es erlaubt, dem Umstand Rechnung zu tragen, dass diese Verträge verschiedene Nominatstypenelemente enthalten. Gerade der Umstand, dass solche Verträge oft Kooperations- und Subordinationsbeziehungen in je nach den Umständen sehr unterschiedlicher Manier verquicken, schafft Probleme, die durch diese Methode differenziert angegangen werden können (BGE 115 II 452 E. 3a; 131 III 528 E. 7.1.1; vgl. auch Art. II-1:107 DCFR). 31

Die bundesgerichtliche Vorgehensweise ist freilich dann präzisierungsbedürftig, wenn es um **Form-** und **zwingende Vorschriften** des Gesetzes geht. Solche Regeln sind unabhängig vom Parteiwillen anzuwenden, was im vorliegenden Kontext bedeutet: Sie gelten dem Grundsatz nach ohne Rücksicht darauf, wie die Parteien einen gemischten Vertrag konkret ausgestaltet haben. Mit anderen Worten: Dass in einem gemischten Vertrag ein gewisses Nominattypenrecht dominant ist und anderen Typenelementen lediglich eine untergeordnete Bedeutung zukommt, spielt für die vorliegend interessierende Frage noch keine ausschlaggebende Rolle. Vielmehr muss in diesem Zusammenhang differenziert werden: Ob die Formvorschriften und zwingenden Regeln, die für den im gemischten Vertrag untergeordneten Nominatstypus gelten, von den entsprechenden Bestimmungen, welche für die dominanten Vertragstypenelemente vorgesehen sind, zurückgedrängt werden sollen, kann nur eine Analyse der *Interessenlage* der Parteien *im konkreten Fall* klären (vgl. in diesem Sinne Art. II-1:107 (5) DCFR; ferner Art. 18 IPRG sowie Art. 22 Abs. 2; schliesslich auch Art. 272). Entscheidend muss sein, ob der **Schutzzweck** – oder allgemeiner: die **Teleologie** – der Formvorschriften und zwingenden Bestimmungen des untergeordneten Nominatstypus im Lichte der legitimen Interessen der einen Partei Anwendung verlangen, ohne dass dies den legitimen Interessen der anderen Partei zuwiderläuft. Somit ist letztlich die Frage massgeblich, ob eine Anwendung der Formvorschriften und zwingenden Regeln des untergeordneten Typenrechts von ihrem gesetzlichen (Schutz-)Zweck gedeckt ist und gefordert wird (vgl. BGE 135 III 295 E. 3.2, wo das BGer daran erinnert, dass die öffentliche Beurkundung von Art. 216 zum Ziel hat, den Käufer auf die Bedeutung des Erwerbes einer Liegenschaft aufmerksam zu machen. Die Anwendung dieser Bestimmung drängt sich in einem gemischten Vertrag nur dann auf, wenn es um Fragen des Grundstückkaufs geht. Sind darin Elemente des Fahrniskaufs oder des Werkvertrags enthalten, scheidet eine Anwendung von Art. 216 auf die von diesen Typenelementen aufgeworfenen Rechtsfragen naturgemäss aus; zum Kriterium des Schutzzweckes s.a. BGE 137 III 208 E. 2.3; 132 III 549 E. 2.1; BGer, 18.12.2008, 4_404/2008; BGE 118 II 157 E. 2c). 32

Die soeben geschilderten Prinzipien können am Beispiel des **Hausabwartsvertrages** (vgl. dazu N 15 und 26) veranschaulicht werden: Verletzt der Hausabwart seine Pflichten in krasser Weise, kann der Arbeitgeber den Vertrag fristlos aufgrund von Art. 337 kündigen, sofern das 33 arbeitsvertragsrechtliche Element überwiegt (vgl. N 27; BGE 131 III 566 E. 3.1). Die 30-tägige Kündigungsfrist von Art. 257*f* Abs. 3 *i.f.* und die Formvorschrift von Art. 266*l* finden keine Anwendung, da der Abwart das Vertrauensverhältnis durch seine schwerwiegenden Verfehlungen zerüttet hat; auch wusste er – oder hätte wissen müssen –, dass ihm seine Dienstwohnung nur akzessorisch zur Verfügung gestellt wird. Dient hingegen das Wohnobjekt als Wohnung der Familie des Abwarts, so gebietet der Zweck der Art. 169 ZGB und Art. 266*n*, dass die 30-tägige Frist des Art. 257*f* Abs. 3 *i.f.* für den mietrechtlichen Teil des Vertrages eingehalten wird (ZK-Higi, Vor Art. 253–274*g* OR N 218 f.). Ähnlich verhält es sich, wenn der Hausabwartsvertrag aus wichtigem Grund aufgelöst wird, weil das zu wartende Gebäude, das sich gerade neben der Dienstwohnung befindet, durch einen Brand zerstört wird. Die Kündigung der Dienstwohnung bleibt den zwingenden Regeln des Mietrechts unterstellt (Art. 266*g* oder 266*c* sowie 266*l*). Ob der Abwart in den vermieteten Räumlichkeiten auch nach der Vertragsauflösung bleiben darf, muss nach Art. 337*b* Abs. 2 und allenfalls nach Art. 272 entschieden werden (ZK-Higi, Vor Art. 253–174*g* OR N 225).

34 Bei Verträgen sui generis ist es an sich folgerichtig, auf **Analogien** zu rekurrieren, was, wie jetzt zu zeigen ist, dem Gedanken einer «offenen» Kodifizierung (N 6) entspricht. Im Gegensatz zu dem, was das BGer in BGE 134 III 497 E. 4.3, verlauten lässt (überzeugend hingegen BGE 134 IV 297 E. 4.3.1), stützt sich die sinngemässe Rechtsanwendung in diesem Fall nicht auf Art. 1 Abs. 2 ZGB. Wie schon erwähnt (N 6), zielte der Gesetzgeber *nicht* auf Vollständigkeit, als er den Besonderen Teil des OR oder vertragsrechtsrelevante Nebengesetze (wie z.B. das VVG) erliess. Vielmehr ging es ihm darum, lediglich den Inhalt gewisser Verträge zu beschreiben, die ihm im sozialen Leben als besonders wichtig erschienen. Dass er die typenunabhängigen Regeln des Allgemeinen Teils des OR aufstellte, belegt hinlänglich, dass er von der Lückenhaftigkeit des geschriebenen Vertragstypenrechts ausging. Um in diesem Zusammenhang angemessene Lösungen zu ermöglichen, hat der Gesetzgeber die Gerichte zwecks Füllung von Vertragslücken in Innominatverträgen auf Art. 2 ZGB verwiesen (**a.M.** CR CO I-Thévenoz/de Werra, Intro. Art. 184–529 N 42 m.Nw. [im Einklang mit einer älteren, wohl allmählich obsoleten Lehre]). Diese Vorschrift ist ihrer Natur nach eine **Ermächtigungsnorm**, mit welcher der Gesetzgeber dem Richter die Kompetenz verleiht, bei ungeregelten Rechtsfragen eine Lösung aufgrund eines Prinzips zu entwickeln. Dieses Prinzip, das letztlich den Leitgedanken der ganzen Privatrechtskodifikation darstellt (Art. 2 ZGB als *«ratio legis»*), gebietet die Ausübung subjektiver Rechte nach einem *ausserrechtlichen* Massstab, der laufend durch die Evolution der sozialen Normen in der Gesellschaft aktualisiert und konkretisiert wird (und somit eine sog. *Durchgangslücke* darstellt; vgl. BK-Merz, Art. 2 ZGB N 42). Dieser Massstab ist das *Gebot von Treu und Glauben*. Die Anwendung von Art. 2 ZGB ist im Bereich der Analogieschlüsse *interpretierende richterliche Tätigkeit* (Art. 1 Abs. 1 ZGB) und keineswegs Gesetzesergänzung, weil ja der Gesetzgeber bewusst einen *«code ouvert»* entworfen und die richterliche Tätigkeit als *Bestandteil des legislativen Plans* verstanden hat (Art. 2 ZGB spielt auch eine Rolle im [zu unterscheidenden] Kontext der Gesetzesergänzung; vgl. dazu BK-Hausheer/Aebi-Müller, Art. 2 ZGB N 84, 91 ff.). Mit anderen Worten: Eine «offene» Kodifikation widerspiegelt keineswegs einen mangelhaften legislativen Willen, Rechtsfragen zu beantworten; vielmehr ist sie Ausdruck einer Gesetzgebungstechnik, welche mit Leitgedanken arbeitet, die durch richterliche Konkretisierungsleistungen dem *gesellschaftlichen Wandel* Rechnung zu tragen erlauben (vgl. grundlegend Amstutz, ZSR 2007, 237 ff.). Das BGer hat denn auch selber in BGE 74 II 106 E. 1, anerkannt, dass die Analogie im Vertragsrecht nicht lückenfüllende, sondern hermeneutische Richtertätigkeit ist: «Das Vorliegen einer Gesetzeslücke ist jedoch nicht leichthin anzunehmen. [...] Der Richter darf daher nur dort zur Aufstellung neuer Rechtssätze schreiten, wo kein Zweifel besteht, dass dem Gesetz eine Norm nicht entnommen werden kann. Lässt sich für einen *neuen Sachverhalt* eine Lösung auf dem Wege analoger Anwendung bestehender Rechtsvorschriften finden, so ist deshalb das Vorliegen einer Gesetzeslücke regelmässig selbst dann zu verneinen, wenn die auf diese Weise sich ergebende Ordnung der Dinge nicht die zwecksmässigste sein sollte». Es handelt sich also nicht um eine Lücke, wenn *«la solution peut être trouvée dans le droit actuel, fût-ce par l'application analogique de ses principes fondamentaux»* (MORIN, 220 f.; s.a. aus historischer Perspektive ABEGG, 253 ff.).

Um Willkür zu vermeiden, sollte sich der Richter jedoch nicht *direkt* auf die Regeln des guten Glaubens berufen. Vielmehr muss er diese Regeln vorab so **spezifizieren**, dass sie unmittelbar auf den fraglichen Sachverhalt *passen*. Um diese Konkretisierungsleistung zu erbringen, hat das BGer bisher nahezu ausschliesslich auf die Analogie zurückgegriffen, sei es mithilfe eines sinngemässen Verweises auf ungeschriebene Grundsätze, die dem ZGB historisch vorausgingen, seit 1907 aber mit Art. 2 ZGB in Verbindung gebracht werden (wie z.B. das Vertrauensprinzip), sei es direkt unter Rückgriff auf die Spezialregeln des OR (vgl. MORIN 216 ff. m.Nw.). In diesem Sinne zeigt BGE 92 II 299 E. 3b, dass man Verträge sui generis durchaus zwingenden Normen bzw. Formregeln unterstellen kann, die in sinngemässer Anlehnung an Nominattypenrecht, das nach Art. 2 ZGB anerkannten Vertragsprinzipien Ausdruck verleiht, gebildet werden (vgl. ABEGG, 266 ff. und 327 ff.). Dies gilt besonders für die Kündigung aus wichtigem Grund (N 6) und ferner für alle Fälle der Vertragsanpassung (vgl. BGE 127 III 300 E. 6). **35**

b) Systematisierung der Innominatvertragsrechtsprechung

aa) Rahmenordnung der Vertragsergänzung

Eine **Vertragslücke** besteht, wenn die Parteien «eine Rechtsfrage, die den Vertragsinhalt betrifft, nicht oder nicht vollständig geregelt haben, obwohl das Gesetz die Regelung der betreffenden Frage den Parteien belässt» (ZK-JÄGGI/GAUCH/HARTMANN, Art. 18 OR N 542; ähnlich BK-KRAMER, Art. 18 OR N 213; DESCHENAUX, 171; HART, 182; MK-BUSCHE, § 157 N 38 ff.). Man hat mithin eine «planwidrige Unvollständigkeit» des Vertrages vor sich (LARENZ, NJW, 738). Ob den Parteien die Lückenhaftigkeit ihres Vertrages bewusst war oder nicht, ist unerheblich (BK-KRAMER, Art. 18 OR N 214; von Staudinger-ROTH, § 157 N 17; HENCKEL, 107). Verzichten die Parteien *bewusst* auf eine bestimmte Regelung, ist keine Vertragslücke anzunehmen («qualifiziertes Schweigen»; ZK-JÄGGI/GAUCH/HARTMANN, Art. 18 OR N 546 m.Nw.; BK-KRAMER, Art. 18 OR N 216; DESCHENAUX, 171; s.a. BGE 93 II 272 E. 2). Von einer Vertragslücke darf auch dann nicht gesprochen werden, wenn der von den Parteien nicht geordnete Punkt durch *zwingendes Gesetzesrecht* geregelt ist (ZK-JÄGGI/GAUCH/HARTMANN, Art. 18 OR N 547; MORIN, Décision, 121 f.; PILZ, 24; zum Problem auch GAUCH, FS Honsell, 15 ff.). **36**

Vertragslücken können nach h.L. ausschliesslich im Rahmen von **unwesentlichen Punkten** angenommen werden (KELLER, SJZ 1982, 127; BK-KRAMER, Art. 18 OR N 248; differenzierend ZK-JÄGGI/GAUCH/HARTMANN, Art. 18 OR N 620 ff., die die Fälle des «reinen Auslegungsstreites» und des bereits erfüllten Vertrags vorbehalten; zur Ergänzung von teilweise erfüllten Mietverträgen, vgl. auch BGE 100 II 330 und 108 II 112 E. 4, präzisiert in 119 II 347 E. 5a). Da sich nach Art. 2 Abs. 1 die Parteien auf die **wesentlichen Vertragspunkte** geeinigt haben müssen, kann ohne eine solche minimale Einigung keine Vertragslücke angenommen werden (zutreffend GAUCH, recht 1991, 49). In diesem Fall besteht schlechterdings kein Vertrag und die Vertragsfreiheit, welche auch die Freiheit umfasst, einen Vertrag *nicht* abzuschliessen, verbietet es dem Richter, vertragsergänzend einzugreifen. Bestreiten die Parteien nicht, dass der Vertrag *naturalia* oder *accidentalia* regelt, sind sie sich aber uneins darüber, was *konkret Inhalt* dieser unwesentlichen Punkte ist, so hat man es mit einer *Interpretationsfrage* zu tun. Anwendung finden dann Art. 18 Abs. 1 (subjektive Interpretation) und subsidiär auch das Vertrauensprinzip (objektive Interpretation). Ausserdem können auch subsidiäre Auslegungsprinzipien herangezogen werden (wie etwa die Parömie: *in dubio contra stipulatorem*). Führen solche Regeln zu keinem Resultat, ist sinngemäss nach den Regeln der Füllung echter Vertragslücken zu verfahren (CR CO I-MORIN, Art. 1 N 115). **37**

38 Vertragslücken sind nur zu füllen, wenn sie Nebenpunkte betreffen, die weder *zwingenden Regeln* unterstellt sind noch «ausserhalb des *natürlichen Inhalts der Vereinbarung*» liegen (vgl. BGE 113 II 402 E. 2a; 119 II 29 E. 2; 135 III 295 E. 3.2; GAUCH/SCHLUEP/SCHMID/EMMENEGGER, N 539; s. CR CO I-MORIN Art. 1 N 56). Auch darf die richterliche Vertragsergänzung nur erfolgen, sofern sie für die *Vertragserfüllung* erforderlich ist (BGE 115 II 484 E. 4a; CORBOZ, 279; GAUCH/SCHLUEP/SCHMID/EMMENEGGER, N 1248). Diese Voraussetzungen leiten sich aus der *favor negotii* ab: Da es die Sicherheit im Rechtsverkehr gebietet, dass der Bestand eines Vertrages nicht vom Konsens über Nebenpunkte abhängt (Art. 2 Abs. 1), müssen die Gerichte diese Punkte immer dann ergänzen, wenn eine Partei (explizit oder faktisch) damit droht, sich auf einen mangelnden Konsens über unwesentliche Vertragspunkte zu berufen, um sich ihrer Pflichten aus den Essentialia zu entledigen (BK-KRAMER, Art. 1 OR N 157; Art. 2 N 4 und 17). Die **Schranken der Vertragsergänzung** ergeben sich letztlich aus dem Grundsatz, *dass kein richterlicher Eingriff in die privatautonom getroffene Ordnung der Parteien stattfinden darf* (BK-KRAMER, Art. 18 OR N 245). Folglich muss die Vertragsergänzung *Widersprüche* zum tatsächlichen Parteiwillen vermeiden. Auch darf sie den Parteien keine gesetzlich *nicht* vorgesehenen Zusatzpflichten auferlegen. Selbst eine Korrektur «unvernünftiger» bzw. «ungerechter» Verträge sollte unterbleiben (zum Ganzen BK-KRAMER, Art. 18 OR N 251 ff. m.Nw.).

bb) Vertragsergänzungsmethode

39 Für die **Vertragslückenfüllung** stehen prinzipiell **zwei Wege** oder **Methoden** zur Verfügung: Entweder entnimmt der Richter dem Vertrag für die Ergänzung eine *«Eigen-Norm»*; oder aber er greift zu einer *«Fremd-Norm»* (ZK-JÄGGI/GAUCH/HARTMANN, Art. 18 OR N 289 ff.). In der Lehre spricht man auch von *subjektiven* und *objektiven* Kriterien (so BUCHER, Ausschluss, 255; CR CO I-THÉVENOZ/DE WERRA, Intro. Art. 184–529 N 31; abw. in der Terminologie BK-MERZ, Art. 2 ZGB N 145). Nachstehend wird in diesem Sinne zwischen *subjektiver* (N 43) und *objektiver* Vertragsergänzung (N 45) unterschieden. Freilich ist unklar, in welchem Verhältnis diese zwei Methoden zueinander stehen (vgl. BK-KRAMER, Art. 18 OR N 230).

40 Ausgangspunkt der Erwägungen, um diese Frage zu beantworten, muss Art. 2 Abs. 2 bilden. Nach dem BGer sowie einem Teil der Lehre ist diese Bestimmung eine Spezialregel, die vom Prinzip derogiert, dass Vertragslücken *primär* durch dispositives Recht zu füllen sind. Diesem Prinzip zufolge gälte namentlich, dass der Rückgriff auf das Ergänzungsmittel des **hypothetischen Parteiwillen** erst bei *Fehlen dispositiven Rechts* zulässig ist (vgl. BGE 83 II 522; 115 II 484 E. 4b; GAUCH/SCHLUEP/SCHMID/EMMENEGGER, N 1254–1256; VON TUHR/PETER, 52). Eine *Minderheitsmeinung* in der Doktrin relativiert diesen Standpunkt, indem sie eine analoge Anwendung von Art. 2 Abs. 2 in jenen Fällen befürwortet, da es den Parteien im Zeitpunkt des Vertragsschlusses nicht gelungen ist, sich über Nebenpunkte zu einigen (z.B. wenn die Annahme vom Antrag in diesen Punkten abweicht), ohne eine einschlägige Vereinbarung zu einem späteren Zeitpunkt im Vertrag vorgesehen zu haben. Wurde das Problem von den Parteien aber einfach übersehen, gilt auch nach dieser Auffassung der bundesgerichtliche Vorrang des dispositiven Rechts (BK-KRAMER, Art. 2 OR N 18 f. und 26 f.).

41 Diese Grundsätze lassen sich mit der **Inhaltsfreiheit** des Art. 19 Abs. 1, der gem. Art. 1 Abs. 1 ZGB den Richter bindet, *nicht vereinbaren* (s. Art. 19/20 N 28; MEIER-HAYOZ, FJS 1134, 7; BK-MERZ, Art. 2 ZGB N 138; STOFFELS, 270 ff.). Sie übersehen, dass dispositives Recht lediglich im Dienst der Parteien steht, diese aber keineswegs davon abhält, im Rahmen der Vertragsfreiheit eigenständige Lösungen festzulegen. Die Funktion des dispositiven Rechts besteht nämlich einzig und allein darin, den Parteien die Transaktionskosten von Verhandlungen über unwesentliche Vertragspunkte zu ersparen (zu den weiteren Ordnungsfunktionen dispositiven Rechts vgl. BK-KRAMER, Art. 19–20 OR N 157 f.; MORIN, Décision, 126), indem ihnen ausgewogene Lösungsmuster angeboten werden (KÖTZ, 10 und 177; CR CO I-WINIGER, Art. 18 N 167).

Vor dem Hintergrund dieser Überlegung wird man zum Schluss gelangen, dass Art. 2 Abs. 2 einen **allgemeinen Rechtsgrundsatz** ausdrückt: Um eine Vertragslücke zu füllen, gebietet die Vertragsfreiheit, dass man von einer Analyse der *konkreten Natur des von den Parteien anvisierten Geschäftes* ausgeht und alsdann untersucht, ob diese Parteien – deren Redlichkeit, Korrektheit und Vernunft nach Art. 2 ZGB zu vermuten sind – *dispositives Recht* gewählt hätten, falls sie die offen gelassene Rechtsfrage geregelt hätten (CR CO I-Morin, Art. 2 N 14). Massgeblich ist hier somit der hypothetische Parteiwille, der Aufschluss darüber gibt, was die Parteien im Falle vereinbart hätten, da sie die strittige Frage beantwortet hätten (was letztlich dem in Art. 20 Abs. 2 vorgesehenen Verfahren entspricht, um zu entscheiden, ob in einem bestimmten Fall Gesamt- oder nur Teilnichtigkeit vorliegt). Es wird m.a.W. stets im Lichte der spezifischen Umstände des Einzefalles zu entscheiden sein, ob der konkrete Vertrag durch eine richterliche Lückenfüllung, die sich massgeblich an subjektiven Ergänzungselementen (wie dem hypothetischen Parteiwillen) orientiert, oder durch objektive Ergänzungselemente (namentlich dispositives Recht) zu vervollständigen sein wird – was in beiden Fällen Ausfluss des Grundgedankens von Art. 2 ZGB ist (Art. 18 N 71; ferner BK-Merz, Art. 2 ZGB N 138; CR CO I-Winiger, Art. 18 N 170; vgl. auch Art. II-9:101 DCFR). 42

cc) Subjektive Vertragsergänzung

Sind sich die Parteien betreffend der vorbehaltenen Nebenpunkte des Vertrags nicht einig (Art. 2 Abs. 1 *i.f.*; BGE 132 III 24 E. 6.1.1; ZK-Jäggi, Art. 2 OR N 20 und 46), verleiht Art. 2 Abs. 2 dem Richter die Kompetenz, die Vertragslücken aufgrund der **Natur des Geschäfts** zu füllen (vgl. BK-Kramer, Art. 18 OR N 241; BK-Merz, Art. 2 ZGB N 145; CR CO I-Thévenoz/de Werra, Intro. Art. 184–529 N 34). Der Richter wird von dieser Bestimmung angehalten, nach Recht und Billigkeit zu statuieren (Art. 4 ZGB; BGE 72 II 29 E. 2; 61 I 65 E. 4; 84 II 628 E. 1). Er wird eine Lösung entwickeln, die, den Umständen entsprechend, die *Ökonomie des Vertrages* und/oder den *Vertragszweck* als Basis nimmt (BGE 84 II 628 E. 1 = JdT 1959 I 362; BGE 107 II 411 E. 7; BK-Kramer, Art. 18 OR N 241, spricht leicht abweichend von der hier vertretenen Ansicht davon, dass die Ergänzung des Vertrags «unter Berücksichtigung seiner individuellen Teleologie, aber unter Zugrundelegung objektiver, zur Zeit der Vornahme der Vertragsergänzung massgebender Gerechtigkeitserwägungen nach Recht und Billigkeit [Art. 4 ZGB]» zu erfolgen hat; vgl. ferner ZK-Jäggi, Art. 2 OR N 51; Flume, 327; Larenz, NJW, 739; Art. 18 N 80). Der Richter wird also auf diesem Weg – sofern die genannten Anhaltspunkte (Vertragsökonomie und -zweck) überhaupt identifizierbar sind – eine spezifische, auf den Vertrag zugeschnittene Norm entwickeln (sog. *subjektive Vertragsergänzung, richterliche Vertragsergänzung i.w.S.* oder *«ergänzende Vertragsauslegung»*; davon sollte nota bene nur gesprochen werden, wenn die Lücke «unter Berücksichtigung des im Vertrag für die dort ins Auge gefassten Verhältnisse bereits ausgedrückten Parteiwillens» [Soergel-Wolf, § 157 N 129] gefüllt wird; mithin müssen Anhaltspunkte *im Vertrag selber* gefunden werden können, anhand derer der Richter «prolonge les lignes ébauchées dans le contrat et développe sa logique interne» [Yung, 63]; zum Ganzen auch Piotet, 383 f.; BK-Merz, Art. 2 ZGB N 138; Eisenhardt, N 217 f.). Solches wird vor allem dann möglich sein, wenn der Vertrag bereits eine Anzahl individueller, sachspezifischer Klauseln enthält, die als Massstab für die subjektive Vertragsergänzung dienen können (vgl. auch Bucher, Ausschluss, 255 f.; MK-Busche, § 157 N 46; BK-Kramer, Art. 18 OR N 240 f.). 43

Die subjektive Vertragsergänzung wird sodann zuweilen auch aufgrund des **«hypothetischen Parteiwillens»** erfolgen. Danach gilt es festzustellen, «wie die Parteien [...] den offengebliebenen Punkt geordnet haben würden, wenn sie an ihn gedacht hätten» (BK-Kramer, Art. 18 OR N 238; s.a. BK-Merz, Art. 2 ZGB N 145; ZK-Jäggi/Gauch/Hartmann, Art. 18 OR N 559 ff. m.Nw.; **abl.** Oftinger, ZSR 1939, 200 ff., 208 f.; Yung, 59 ff.; zu eng CR CO I-Thévenoz/de Werra, Intro. Art. 184–529 N 35). Diese allgemeine (vage) Formel deckt aber nicht nur «Verlängerungen» (N 42) des tatsächlich geäusserten Willens (z.B. Ausdehnung der vereinbarten Teilung der Verurkundungskosten auf andere Kosten des Vertrags- 44 schlusses), sondern auch «normative» Hypothesen. Mit dem *tatsächlichen* Parteiwillen hat dieser normativ-hypothetische nichts mehr zu tun (LARENZ, AT, 541; YUNG, 62 f.): Es handelt sich um ein *normatives* Element, «das redlich denkende Vertragspartner meint und insofern am Gedanken der ausgleichenden Vertragsgerechtigkeit [...] orientiert ist» (LARENZ, AT, 542; s.a. DESCHENAUX, 172; SCHLUEP, 782 f.; KELLER, SJZ 1962, 370; BGE 96 II 129 E. 3b; 90 II 235 E. 4c; 86 II 171 E. 3d; 83 II 297 E. 5b; 72 II 29 E. 2; 61 I 65 E. 4). Was diese Vertragsgerechtigkeit fordert, bestimmt der Richter.

dd) Objektive Vertragsergänzung

45 Von *objektiver Vertragsergänzung* (richterliche Vertragsergänzung i.e.S.) sollte nur dann die Rede sein, wenn der Richter zur Lückenfüllung auf *«heteronome» Regeln* (BK-KRAMER, Art. 18 OR N 219) bzw. *«Fremd-Normen»* (ZK-JÄGGI/GAUCH/HARTMANN, Art. 18 OR N 289 ff.) zurückgreift (PAWLOWSKI, N 516; MK-BUSCHE, § 157 N 45 ff). Solche Regeln sind weder von den Parteien gesetzt, noch lassen sie sich (subjektiv) aus dem Vertrag ableiten oder normativ aus ihm gewinnen. Als Ergänzungselement steht hier das **dispositive Recht** im Vordergrund (BUCHER, Ausschluss, 256 f. und passim; SCHLUEP, SPR VII/2, 787 ff. m.Nw.; ZK-JÄGGI/GAUCH/HARTMANN, Art. 18 OR N 566 ff. m.Nw.; BK-KRAMER, Art. 18 OR N 232; GAUCH/SCHLUEP/SCHMID/EMMENEGGER, N 1249 ff.; s.a. SANDROCK, 13 ff., 34 ff.): Entspricht dieses der Lösung, die die Parteien für die Regelung der strittigen Punkte vernünftigerweise gewählt hätten, wird sich der Richter i.d.R. daran orientieren (vgl. z.B. BGE 128 III 428 E. 3b). Anhaltspunkte, die ein solches Vorgehen als gerechtfertigt erscheinen lassen, liegen vor, wenn der Vertrag in sonstigen Punkten kaum vom dispositiven Recht abweicht oder den gesetzlich vorgeschlagenen Lösungen entspricht, auf welche die Parteien aller Wahrscheinlichkeit nach gekommen wären, hätten sie die Probleme selber geregelt, z.B. weil diese technischer Natur sind und keinerlei Spielraum für mehrere Lösungsalternativen einräumen (BK-KRAMER, Art. 2 OR N 25; KOLLER A., OR AT, § 10 N 17 f.; Art. 18 N 71–73 und 81).

46 Als *weitere* objektive Ergänzungsmittel können auch das **Gewohnheitsrecht** (ZK-JÄGGI/GAUCH/HARTMANN, Art. 18 OR N 603; s.a. STOFFELS, 334 ff.; SCHLUEP, SPR VII/2, 782; MEIER-HAYOZ, SJK 1134, 9; ferner BGE 98 II 15 E. 3; 88 II 252 E. 6c) und die **Verkehrsübung** (ZK-JÄGGI/GAUCH/HARTMANN, Art. 18 OR N 419 ff., 591 ff.; BK-KRAMER, Art. 18 OR N 242 ff. m.Nw.; MERZ, 43 ff. m.Nw.; DESCHENAUX, 173; GUHL, 166; PIOTET, 395 f.; s.a. BGE 53 II 305 E. 1; 50 II 13 E. 2; 47 II 160 E. 1; 34 II 638 E. 2) in Frage kommen.

ee) Zusammenfassung

47 Für **Innominatkontrakte** hat das BGer in seiner jüngeren Rechtsprechung eine Ergänzungsmethode zu entwickeln versucht, die in ihrer Tendenz Zustimmung verdient und unter Betrachtung der vorangehenden Überlegungen in den grossen Linien, wie folgt resümiert werden kann:

48 (1) Um einen *gemischten Vertrag* zu ergänzen, ist vorab zu untersuchen, was die Parteien unternommen hätten, wenn sie sich einer vorhandenen Vertragslücke bewusst gewesen wären. Der subjektiven Vertragsergänzung ist grundsätzlich Vorrang einzuräumen (s. N 43). Wenn zwingende Gesetznormen verschiedener Vertragstypen zur Anwendung kommen, müssen ihre Schutzzwecke ohnehin berücksichtigt werden (MORIN, Décision, 130; s.a. BGE 137 III 123 E. 2.1). Weist diese Prüfung auf die Einschlägigkeit dispositiven Rechts hin, muss im Hinblick auf die zu beantwortende Rechtsfrage noch das dominante Vertragstypenrecht ermittelt werden (N 23; BGE 131 III 528 E. 7.1.1). Allenfalls sind noch weitere objektive Ergänzungselemente beizuziehen (s. N 45).

49 *(2) Die Lückenfüllung* bei einem Vertrag *sui generis* verlangt ihrerseits, dass geprüft wird, ob der Allgemeine Teil des OR passendes dispositives Recht enthält (z.B. Art. 74 und 75), sofern sich natürlich kein subjektives Ergänzungsverfahren nach den in N 43 geschilderten Leitlinien aufdrängt. In diesem Zusammenhang wird der hypothetische Parteiwille (als Ausfluss aus Art. 2 ZGB) naturgemäss der einzig denkbare Anknüpfungspunkt für die richterliche Tätigkeit darstellen (BGE 107 II 144 E. 3), da geschriebenes Recht in diesem Fall gleichsam *per definitionem* fehlt. Immerhin wird nicht selten eine sinngemässe Anwendung dispositiven Rechts weiterführen (vgl. z.B. BGE 134 III 497 E. 4.3; ferner N 29), was in einem gegebenen Fall – im Einklang mit der *ratio* von Art. 2 ZGB – die vernünftigste Lösung bereithalten kann. Auch der Beizug objektiver Ergänzungsmittel kann sich im Einzelfall aufdrängen (s. N 45).

5. Sonderfrage: Zusammengesetzte Verträge

Zusammengesetzte Verträge bergen *andere Probleme*, als sie bei den gemischten und bei den Verträgen eigener Art anzutreffen sind (s. GERNHUBER/GRUENEWALD, § 19 N 1 ff.; TEUBNER, ZHR 2001, 564 ff.; HEERMANN, 10 ff.; DERS., Status, 103 ff.; ROHE, 12 ff.; NICKLISCH, Verträge, 5 ff.; AMSTUTZ, 170 ff.; DERS., Vertragsverbindungen, 45; SCHLUEP, FS Rey, 289 ff.; s.a. LANGE, N 10 ff.; WELLENHOFER, 121). Auf die einzelnen Teile des rechtsgeschäftlichen Verbundes findet grundsätzlich jeweils das einschlägige Nominat- oder Innominatvertragsrecht Anwendung. Fraglich ist hingegen, wie der Richter der Tatsache Rechnung zu tragen hat, *dass individualistische Vertragsstrukturen wertungsmässig von ihrer Einbettung in ein Gesamtsystem überlagert werden* (MÖSCHEL, 211; ROHE, 65 ff., insb. 76; GAUCH, FS Locher, 48 ff.). Im Kern geht es darum, ob das *Prinzip der Relativität von Obligationen (relative Rechte) zu durchbrechen* ist (CHAIX, 179 ff.; HEERMANN, 48; weiterführend JAMIN, restauration, 257 ff.; s.a. SAXER, 33), was auf *verschiedene* Arten geschehen kann (s. N 54 ff.). **50**

Vertragsverbindungen sind Produkte der *immer weiter fortschreitenden* **Arbeitsteilung der Wirtschaft** (eingehend AMSTUTZ, 165 ff.; SCHLUEP, FS Rey, 295 ff.; s.a. LANGE, N 126 f., zur rechtssoziologischen Dimension des Phänomens AMSTUTZ, Vertragsverbindungen, 46 ff.; zur gesetzgeberischen Behandlung der «verbundenen Verträge» in Deutschland, insb. in § 358 BGB, TEUBNER, Netzwerk, 112 f.). Sie weisen Strukturen auf, die mit dem «Zwei-Parteien-Schema» des traditionellen Schuldrechts nur noch mit Mühe zu bewältigen sind (generell hierzu TEUBNER, ZHR 1990, 295 ff.; DERS., KritV 1993, 367 ff.; DERS., ZHR 2001, 567 ff.; JOERGES, Status, 11 ff.; DERS., FS Wassermann, 706 f.; SCHANZE, Contracts, 67 ff.; HEERMANN, 95 ff.; DERS., Status, 109 ff., alle m.Nw.; s.a. LANGE, N 157 ff. [am Beispiel des deutschen Schuldvertragsrechts]; zu ähnlichen Analysen im *angelsächsischen* Rechtskreis ADAMS/BROWNSWORD, 12 ff. [network contracts]; MACNEIL, passim [relational contracts]; vgl. dazu statt anderer JOERGES, Wis. L. Rev. 1985, 581 ff. m.Nw.). Rechtstatsächlich zeichnen sie sich dadurch aus, dass sie *divergierende* wie *konvergierende Interessen* verbinden, und damit sowohl das (soziologische) Grundmuster des Austauschvertrags (Interessengegensatz) als auch dasjenige der (einfachen) Gesellschaft (Interessengleichrichtung) *sprengen* (s. N 10; s.a. TEUBNER, Coincidentia oppositorum, 29 f.; CHAIX, 91; ROHE, 67). Denn Substanz der Vereinbarung ist alsdann nicht mehr entweder *Austausch* oder *Kooperation*, sondern beides *zugleich*. Anschauliches Beispiel hierfür sind «Vernetzungen» von Haupt- und Unterverträgen zur Erstellung eines Bauwerkes, bei denen sich zuweilen das Bedürfnis nach einer Ausdehnung von Rechten und Pflichten *«über das Kreuz»* bemerkbar macht (TEUBNER, KritV 1993, 369; LÉGEAIS, 30; s.a. GAUCH, ZBJV 1982, 82 ff.; DERS., FS Meier-Hayoz, 151 ff.; SCHLUEP, FS Rey, 293 f.). Unter Umständen würde es in solchen Fällen den *tatsächlich* vorhandenen Interessen besser entsprechen, wenn etwa der Bauherr den Subunternehmer unmittelbar zur Erfüllung seiner Pflichten anhalten könnte oder wenn er die Vergütung der vom Subunternehmer geleisteten Arbeit diesem direkt (und nicht bloss ausschliesslich dem Unternehmer) schulden würde (s. zum Ganzen aufschlussreich DALCQ, 313 ff.; ferner HEERMANN, 211 ff.; SAXER, 167 ff.). Vertragsverbindungen werfen aber nicht nur solche *Durchgriffsfragen* auf. Haben z.B. Unternehmer und Bauherr eine Konventionalstrafe für Terminüberschreitung vereinbart, deren Höhe nach dem Gesamtwert des Werkes bemessen ist, und verfällt diese Strafe wegen Vertragsbruchs eines nur marginal am Projekt beteiligten Subunternehmers, so kann es (je nach den Umständen des Einzelfalls) im Lichte der Politik des einschlägigen Haf- **51** tungsrechts *inadäquat* erscheinen, dass der Unternehmer die Vertragsstrafe kraft rechtsgeschäftlicher Haftung *vollumfänglich* auf diesen Subunternehmer abwälzen kann (HAGER, 74; s.a. LANGE, N 154). Diese Beispiele zeigen, dass im Vertragsverbund mitunter «Externalitäten» auftreten, deren sachgerechte Allokation vom klassischen Vertragsrecht nicht – oder zumindest nicht optimal – geleistet werden kann (weitere Bsp. bei TEUBNER, KritV 1993, 369; DERS., ZHR 2001, 564 ff.; AMSTUTZ, 173 ff.; SCHLUEP, FS Rey, 292 ff.). Im Grunde genommen geht es darum, *rechtspolitisch bedenkliche Risikoverlagerungen im Vertragsnetz mittels Relativierung des Relativitätsprinzips zu korrigieren*, und zwar mit dem Ziel, die einzelnen Gliedverträge an die Rechtslage der Vertragsverbindung *anzupassen*. Damit soll über die Ausgewogenheit der einzelnen Vertragsverhältnisse hinaus auch das Gleichgewicht (Funktionsfähigkeit) des rechtsgeschäftlichen Verbunds gesucht werden (AMSTUTZ, 172; ähnlich MÖSCHEL, 222; s.a. CERUTTI, 62; WEYERS, 7).

52 Die *Rechtstatsachenforschung* bleibt im Bereich der zusammengesetzten Verträge noch vieles schuldig (s. aber TEUBNER, ZHR 2001, 551 m.Nw.; AMSTUTZ, 168 ff.). Jedenfalls steht z.Zt. noch keine wissenschaftlich erforschte **Morphologie der Vertragsverbindungen** zur Verfügung (GERNHUBER, Schuldverhältnis, 712; TEUBNER, Netzwerk, 113; WELLENHOFER, 119 f.). Die Vertragspraxis lässt aber eine Reihe von *typischen* Verflechtungsformen erkennen (s. dazu etwa das Anschauungsmaterial bei SCHANZE, Wirtschaftsrecht, 57 ff.; KIRCHNER et al., 369 ff.; HEERMANN, 10 ff.; ROHE, 364 ff.; spezifisch für die Verträge in der Automobilindustrie LANGE, N 17 ff. und passim). (a) Klassifiziert man nach der **Struktur der Vertragsgruppe**, so ist grundsätzlich zwischen *Vertragsketten* («chaînes de contrats»; dazu JOURDAIN, 149 ff. m.Nw. in Anm. 3) und *Vertragsnetzen* («ensembles de contrats») zu differenzieren (TEYSSIE, 37 ff., 93 ff.; ROHE, 11 ff.). Im Rahmen der Vertragsketten lassen sich *einfache* Ketten («chaînes à structure linéaire»; z.B. Sukzessivlieferungsverträge; s. TEYSSIE, 41 ff.; DELVAUX, 361 ff.) und *hierarchische* Ketten («chaînes de contrats par diffraction»; z.B. Haupt- und Subunternehmervertrag; s. TEYSSIE, 69 ff.; s.a. BGE 115 II 452 E. 3a; BETTSCHART, 235 ff.) auseinanderhalten. Bei den Vertragsnetzen kann ebenfalls nach den Beziehungen zwischen Gliedern unterschieden werden: So gibt es Vertragsverbindungen mit *einseitiger Abhängigkeit* der Nachverträge («ensembles à dépendance unilatérale», z.B. gewisse Vertriebsverträge; s. TEYSSIE, 119 ff.; s.a. BGE 115 II 452 E. 3a) und solche, die wechselseitige Wirkungen zwischen den einzelnen Gliedverträgen zeitigen («ensembles de contrats interdépendants», z.B. Joint-venture-Verträge; s. TEYSSIE, 97 ff.; Anschauungsmaterial bei JAENICKE/SCHANZE/HAUSER, 20 ff.; in BGE 115 II 452, 454 f. E. 3a, spricht das BGer in diesem Zusammenhang von *«koordinierten Vertragsverbindungen»* und von *«gegenseitiger Abhängigkeit»*). (b) Als weiteres Klassifikationsmerkmal kann der **Beteiligungskreis** dienen. Alsdann ist zu unterscheiden zwischen dem *bilateralen Verbund*, «der mehrere Rechtsgeschäfte derselben Parteien aufeinander bezieht», und dem *multilateralen Verbund*, «der mehrere Rechtsgeschäfte miteinander verknüpft, die zwar notwendig bei einer Partei konvergieren müssen, im Übrigen aber verschiedene Parteienkonstellationen aufweisen können» (GERNHUBER, FS Larenz, 471; s.a. SWEET, 10 f.; s.a. AppH BE ZBJV 1994, 101). Der multilaterale Verbund kommt seinerseits in zwei Ausprägungen vor, nämlich in der Form des *geschlossenen Vertragskreises* (z.B. der finanzierte Abzahlungskauf aufgrund eines Vertrags zwischen Bank und Verkäufer: «do, ut des, ut det»; dazu auch DELVAUX, 376 ff.) und in der Form der *einfachen Konvergenz*, wenn z.B. Vereinbarungen zwischen Bank und Verkäufer fehlen (GERNHUBER, FS Larenz, 471; DELVAUX, 374 ff.; ferner auch LEGEAIS, 31 f.). (c) Schliesslich kann nach der **Rechtsnatur** der verknüpften Verträge kategorisiert werden, so dass *homogene* von *heterogenen* Vertragsverbindungen geschieden werden können (dazu CHAIX, 48).

53 Dem OR ist für die **Lehre von der Vertragsverbindung** nahezu nichts zu entnehmen (ZK-OSER/SCHÖNENBERGER, Vor Art. 184–551 OR N 6, m.Hw. betr. den gesetzgeberischen Entscheid, von einer Ordnung «komplexer» Verträge abzusehen; s. aber AMSTUTZ, 161 ff.; ferner BGE 115 II 452 E. 3a; s. N 57). Sein abstrahierender und isolierender Denkstil «verschüttet den Zugang zu Komplexen von Schuldverhältnissen» (GERNHUBER, Schuldverhältnis, 711).

Die schweizerische Lehre hat bislang (im Unterschied etwa zur französischen Doktrin; s. die Übersicht bei DAMMAN, 40 ff.) wenig unternommen, um in diesem Bereich den Erkenntnisprozess voranzutreiben (s. immerhin BUCHER, AT, 108 f.; DERS., BT, 23 f.; ENGEL, traité, 176; BUCHER, contrats, 683 f.; AMSTUTZ, 161 ff.; SCHLUEP, FS Rey, 285 ff.; CHAIX, passim; CERUTTI, passim; GUHL/KOLLER/SCHNYDER/DRUEY, § 40 N 19 ff., 26 f., 309 f.; s.a. SAXER, 22 f., 167 ff.; BETTSCHART, 238 ff.). Nicht viel anders verhält es sich mit der Praxis. Immerhin hat das BGer wiederholt festgehalten, dass auf zusammengesetzte Verträge die für gegenseitige Kontrakte geltenden Grundsätze *analoge* Anwendung fänden, sofern «nach dem Willen der Parteien die [sc. verbundenen] Verträge eine Einheit [bilden]» (BGE 25 II 473 E. 4; bestätigt in BGE 107 II 144 E. 2 = Pra 1981, 466 f.; BGE 97 II 390 E. 3; 94 II 355 E. 4; 44 II 343 = Pra 1917, 301; s.a. BGE 115 II 452 E. 3a; 78 II 32 E. 1a; 63 II 414 E. 3). Im Einzelnen bleiben aber die Konturen dieser Rechtsprechung diffus (s. immerhin die Klärungsbemühungen bei ZK-SCHÖNLE, Vor Art. 184–551 OR N 44 ff.; ZK-OSER/SCHÖNENBERGER, Vor Art. 184–551 OR N 7 ff.; AMSTUTZ, 170 ff.; SCHLUEP, FS Rey, 298 ff.; zur bundesgerichtlichen Rechtsprechung betr. den *Formzwang* bei zusammengesetzten Verträgen s. statt anderer BRÜCKNER, 26 ff. m.Nw.).

Sofern die Parteien verschiedene Verträge kraft *ausdrücklicher* oder *stillschweigender Abrede* miteinander verknüpft haben, ist die Rechtslage insofern eindeutig, als sie sich *vorab* nach dem **Parteiwillen** richtet (eingehend zum Ganzen SCHLUEP, FS Rey, 285 ff.). Weit verbreitet ist die Verwendung von sog. *Harmonisierungsklauseln* (Verknüpfungsklauseln; flow-through-clauses; conduit-clauses), die *Überbindungspflichten* schaffen (z.B. verpflichtet sich der Unternehmer dem Bauherrn gegenüber, mit dem Subunternehmer einen echten Vertrag zugunsten Dritter abzuschliessen, so dass der Bauherr im Störungsfall unmittelbar gegen den Subunternehmer vorgehen kann; s. HAGER, 70 f.; SWEET, 17 ff.; CERUTTI, 59 ff., 135 ff.). Weil solche Klauseln eine Parteivereinbarung voraussetzen, um Effektivität zu erlangen, und insofern nicht *self-executing* sind, bedient sich die Kautelarpraxis auch sog. *Inkorporationsklauseln* («incorporation through reference»; HAGER, 71; SWEET, 18; BGE 115 II 452 E. 3a). Damit werden ipso facto Rechtsbeziehungen zwischen a priori miteinander nicht verbundenen Ketten- oder Netzbeteiligten geschaffen (SWEET, 18). Hiervon zu unterscheiden sind schliesslich *Verweisungen*, welche Auslegungs- oder Informationszwecken dienen (HAGER, 71). **54**

Was zu gelten hat, wenn solche Verknüpfungsabreden fehlen, ist bis heute ungeklärt. Ein Teil der Lehre tritt für **eine lineare Behandlung von Vertragsgruppen** ein, die dem Grundsatz nach auf einer *«inter-partes-Abwicklung»* beruht (so entschieden HAGER, 110 ff.; SAXER, 33 ff., 167 ff.; über weite Strecken gl.M. FIKENTSCHER, 34 ff.; STOFFELS, 269; BETTSCHART, 241 Anm. 22; krit. GERNHUBER, Schuldverhältnis, 710 ff.; vgl. auch GRUNDMANN, 719 ff.). **55**

Demgegenüber versuchen immer mehr Autoren, den *Eigenarten* von Vertragsverbindungen auf schuldrechtlicher Ebene Rechnung zu tragen. Damit ist vorerst die Frage nach den **Verbundkriterien** aufgeworfen, d.h. nach den Voraussetzungen, die erfüllt sein müssen, um die Berücksichtigung eines *rechtsgeschäftlichen «Gruppeneffektes»* zu rechtfertigen (s. die Übersicht bei SCHLUEP, FS Rey, 290 ff. m.Nw.). Eine auch *normative Verknüpfung der «Leistungsglieder»* (SCHLUEP, SPR VII/2, 847; ferner BK-WEBER, Art. 82 OR N 100; SWEET, 12 ff.) wird man nicht leichthin annehmen dürfen. Doch wird man darauf nicht verzichten können, wenn die normative Zweckstruktur des rechtsgeschäftlichen Verbundes auf einen gemeinsamen *Finalnexus* ausgerichtet ist (GERNHUBER, FS Larenz, 470 ff.; DERS., Recht, 157; SCHLUEP, FS Rey, 291; s.a. HEINI, 182 ff.; **a.M.** AppH BE ZBJV 1994, 101, wonach ein rechtsgeschäftlicher Verbund schuldrechtlich stets unbeachtlich sei). Dabei ist «Finalnexus» «ein Gefüge aus mindestens zwei Grössen ([…] Rechtsgeschäften), die zur Verwirklichung eines bestimmten Zweckes wechselseitig aufeinander bezogen sind, und zwar in ihrem Inhalt selbst (so dass der Zweck, der die Mittel bestimmt, in eben diesen Mitteln selbst Gestalt gewinnt), nicht nur in einer wie immer auch gefassten vorgelagerten Schicht» (GERNHUBER, FS Larenz, 470). Der Zweck der Leistungen verschiedener verbundenen Verträge wurde in BGE **56**

139 III 49 E. 3.4, als entscheidend betrachtet (s. N 23a). Wichtiges Indiz hierfür ist, ob die Bezüge der Schuldverhältnisse aufeinander *einseitig* oder *wechselseitig* angelegt sind (dazu GERNHUBER, Schuldverhältnis, 710). Trifft Letzteres zu, wird das Vorliegen des geschilderten Finalnexus i.d.R. zu bejahen sein.

57 Besteht eine solche Struktur von Verbundsystem und Netzvertrag, so steht an sich der *Ausdehnung von einzelvertraglichen Rechten und Pflichten* auf das rechtsgeschäftliche Netzwerk nichts entgegen (TEUBNER, Coincidentia oppositorum, 32; TEYSSIE, 137 ff.; s.a. BÄR, ZBJV 1991, 263 f.; SCHLUEP, SPR VII/2, 847; DERS., FS Rey, 302 f.; BK-WEBER, Art. 82 OR N 100; HEERMANN, 211 ff.; **a.M.** HAGER, 110; krit. SCHINKELS, 27 f., 160). Zur Diskussion stehen v.a. *durchgreifende Klagen* (**actio directa**; dazu grundlegend JAMIN, Notion, 9 ff.; DERS., Action, 263 ff.; s.a. CORBISIER, 325 ff.; ROHE, 14 ff. m.Nw.) und *durchgreifende Einwendungen* (**exceptio directa**; s. TEUBNER, KritV 1993, 386). Im schweizerischen Recht sind solche Institute keineswegs Neuland. So stellt das OR Durchgriffsansprüche in Art. 262 Abs. 3, Art. 291 Abs. 3 und Art. 399 Abs. 3 zur Verfügung (s. dazu in erster Linie AMSTUTZ, 173 ff.; CHAIX, 88, 204 ff.; s. ferner Art. 19 und 21 KKG). Bei Fehlen einer gesetzlichen Regelung bietet allerdings die dogmatische Herleitung solcher Ansprüche Schwierigkeiten (s.a. GAUCH, Werkvertrag, N 329; MERZ, ZBJV 1983, 126 ff.; BK-KRAMER, Art. 19–20 OR N 64; zu den möglichen dogmatischen Begründungen der «action directe»: DAMMAN, 52; CHAIX, 230 ff., 270 ff.; HEERMANN, 65 ff. [mit der Konstruktion eines *«trilateralen Synallagmas»*]; MÖSCHEL, 211 ff., und [ausführlicher] ROHE, 85 ff. [mit der Konstruktion eines *«Netzvertrages»* als eigenständige Rechtsfigur]; LANGE, N 416 ff. und passim [mit Hilfe der Lehre vom *komplexen Langzeitvertrag*]; AMSTUTZ, 161 ff. [mit der Konstruktion eines *Vertragskollisionsrechts*]; s. zu den Versuchen, eine umfassende dogmatische Konstruktion zu erarbeiten, den Überblick bei SCHLUEP, FS Rey, 301 ff.; NICKLISCH, Verträge, 9 ff.; spezifisch zur Frage, wie es zu halten sei, wenn ein Vertrag wegen Irrtumsanfechtung aus dem «bilateralen Verbund» [N 52] ausscheidet: BAUMANN, 4). Im Einklang mit Art. 2 ZGB wird man eine Anspruchsgrundlage vorab in jenem Vertrag suchen, der im Mittelpunkt der Abwicklungsstörung steht (fokaler Vertrag). Dieses Verfahren entspricht methodisch der *subjektiven Vertragsergänzung* (s. N 43 ff.). Der Weg einer richterlichen Fortbildung gesetzlicher Durchgriffsansprüche sollte i.d.R. nur unter den restriktiven Voraussetzungen der objektiven Vertragsergänzung bei typischem Sachverhalt eingeschlagen werden (s. N 45 ff.). In Ausnahmefällen können ferner Billigkeitserwägungen (Art. 4 ZGB) die Konstruktion einer «action directe» rechtfertigen. Der Vertragsdurchgriff kann im Einzelnen aber nicht Rechte, Pflichten, Einreden und dergleichen mehr schaffen, die nicht von Klauseln in einem der beteiligten Verträge *gedeckt* sind (s. dazu eingehend NERET, 131 ff.; ferner auch HAGER, 81 f.). Dadurch dürfen nämlich *keine* neuen Rechtspositionen kreiert werden (MÖSCHEL, 222); denn letztlich geht es ja darum, eine *«Identität von Pflichtenkreis einerseits und Schutzberechtigung andererseits»* herzustellen (MÖSCHEL, 222; ähnlich ROHE, 76). Vgl. zum ganzen AMSTUTZ, Vertragsverbindungen, 45 ff.

6. Funktion von Art. 394 Abs. 2

58 Nach Art. 394 Abs. 2 stehen «Verträge über Arbeitsleistung, die keiner besondern Vertragsart dieses Gesetzes unterstellt sind, [...] unter den Vorschriften über den Auftrag». Die Vorschrift hat eine *unverhältnismässig breite Kontroverse* ausgelöst und im Blick auf Art. 404 über Jahre die Literatur zu den Innominatverträgen beherrscht. Da es sich aber schon dem Wortlaut nach um eine Regel des Nominatrechts handelt, kann ihr angesichts des richtig verstandenen Art. 19 Abs. 1 im Bereich der Innominatverträge **rechtliche Relevanz** *nicht* zukommen. Das BGer hat diese Selbstverständlichkeit mehrmals bestätigt (BGE 109 II 462 E. 3d; 110 II 382 E. 2; 112 II 41 E. 1a; s.a. GVP 1992, 93 f.; so auch KOLLER, AJP 2014, 1634; SCHLUEP, SPR VII/2, 813 Anm. 170; **a.M.** WERRO, Le mandat, 72 ff.; DERS., Contrats de service, 216 ff.; zum Problem auch DUBLER, 51 ff. m.Nw.).

C. Innominatverträge: Besonderer Teil

I. Leasingvertrag

Literatur

Schweiz: BADERTSCHER, Operating Leasing – Echtes Leasing oder Miete?, in: Koller A. (Hrsg.), Leasingrecht – Ausgewählte Fragen, Bern 2007, 123 ff.; BAUMANN, Das Leasinggeschäft heute: Seine Besteuerung in der Schweiz und in anderen Industriestaaten – Zivilrechtliche, betriebswirtschaftliche und buchhaltungstechnische Aspekte, Diss. Bern 1978; BESSENICH, Die Anwendbarkeit von Art. 226m OR auf Miet-, Leasing-, Mietkauf- und Sukzessivlieferungsverträge, BJM 1993, 169 ff., 225 ff.; BISCHOF, Le leasing de biens mobiliers: Etude de droit positif et désirable, Diss. Lausanne 1996; BÖCKLI, Schweizer Aktienrecht, 4. Aufl., Zürich 2009; BOEMLE/STOLZ, Unternehmungsfinanzierung, 14. Aufl., Zürich 2012, Vol. 2, 79 ff.; BRUNNER, Neue Entwicklungen im Konsumrecht, SJZ 2001, 241 ff.; BUCHER, «Leasing» in der Schweiz, in: Die neuere Entwicklung des Privatrechts in der Türkei und in der Schweiz: Referate der türkisch-schweizerischen Juristentage 1985, 1987, 121 ff.; EBENROTH, Leasing im grenzüberschreitenden Verkehr, in: Kramer (Hrsg.), Neue Vertragsformen der Wirtschaft: Leasing, Factoring, Franchising, 2. Aufl., Bern 1992, 117 ff.; FAVRE-BULLE, La résiliation anticipée d'un contrat de leasing – Le rôle du droit du bail à loyer (art. 266k CO), in: Collezione Assista, Genf 1998, 116 ff.; FATZER, Sachgewährleistung beim Finanzierungsleasing von mobilen Investitionsgütern, Diss. Zürich 1999; FRICK, Finanzleasinggeschäfte am Beispiel von Aircraft Finance-Transaktionen – Strukturen: Vorteile und Risiken, SZW 2000, 242 ff.; GIGER, Der Leasingvertrag. Systematische Darstellung unter besonderer Berücksichtigung des Finanzierungsleasing, Bern 1977 (zit. Leasingvertrag); DERS., Neue Aspekte im Recht des Finanzierungsleasing, in: FS für Henri Deschenaux, Freiburg 1977, 343 ff. (zit. Aspekte); GIOVANOLI, Leasing, SJK 363; DERS., Diskussionsbeitrag zu: Leasing und Kreditsicherung, in: Wiegand (Hrsg.), Probleme der Kreditsicherung, Bern 1982, 172 ff. (zit. Diskussionsbeitrag); DERS., Le contrat de leasing et le droit suisse, JdT 1981 I, 34 ff.; DERS., Le crédit-bail (Leasing) en Europe: développement et nature juridique, Paris 1980 (zit. Crédit); GIRSBERGER, Grenzüberschreitendes Finanzierungsleasing: Internationales Vertrags-, Sachen- und Insolvenzrecht, Eine rechtsvergleichende Untersuchung, Tübingen 1997; HAUSHEER, Finanzierungsleasing beweglicher Investitionsgüter, ZBJV 1970, 209 ff.; DERS., Leasing und Kreditsicherung, in: Wiegand (Hrsg.), Probleme der Kreditsicherung, Bern 1982, 157 ff. (zit. Praxis); DERS., Zum Leasing-Entscheid des Bundesgerichts vom 30.4.1992, ZBJV 1992, 480 ff.; DERS., Anwendungsbereich und Abgrenzungsprobleme des KKG: insb. Leasing und Kreditkartengeschäfte, in: Wiegand (Hrsg.), Das neue Konsumkreditgesetz (KKG), Bern 1994, 51 ff. (zit. Anwendungsbereich); HEDINGER, Leasingvertrag und Abzahlungsgeschäft, recht 1986, 26 ff.; HESS, Immobilien-Leasing in der Schweiz, Diss. Zürich 1989; DERS., Immobilien-Leasing und Formzwang, ZBGR 1991, 19 ff.; HESS/KRUMMENACHER, Sachgewährleistung und Gefahrtragung beim Leasing, in: Koller A. (Hrsg.), Leasingrecht – Ausgewählte Fragen, Bern 2007, 79 ff.; ITEN, Der Leasingvertrag in der Büromaschinenbranche, Diss. Zürich 1984; JANS, Leasing als Instrument der Investitionsfinanzierung in der Industrie und im Gewerbe der Schweiz, Diss. Zürich 1976; KENEL/JENNI, Le crédit-bail saisonnier, évaluation et comptabilisation du point de vue du preneur de crédit-bail, ECS 2003, 1075 ff.; KOCHER, Internationale Finanzierung von Rollmaterial der SBB mittels Leasing, Common Law Trust und Swap, recht 1995, 95 ff.; KRUMMENACHER, Konsumentenleasing: Zur Anwendbarkeit des Konsumentenkreditgesetzes und zwingender Bestimmungen des Mietrechts auf Konsumentenleasingverträge, Diss. Luzern 2007; LEYSINGER, Überlegungen zur finanziellen Aktivierung von geleasten Gegenständen, ST 1996, 297 ff.; LOMBARDINI, Droit bancaire suisse, 2. Aufl., Zürich 2008; LÜEM, Typologie der Leasingverträge, in: Kramer (Hrsg.), Neue Vertragsformen der Wirtschaft: Leasing, Factoring, Franchising, 2. Aufl., Bern 1992, 49 ff.; MARCHAND, Le leasing immobilier: un contrat pluriel, in: Bellanger et al. (Hrsg.), Droit de superficie et leasing immobilier, Genf 2011, 113 ff.; MENN, Leasingvertrag, in: Münch/Böhringer/Kasper/Probst (Hrsg.), Schweizer Vertragshandbuch: Musterverträge für die Praxis, 2. Aufl., Basel 2010, 413 ff.; MEYER/DÜNHAUPT, Leasinggeschäfte nach Swiss GAAP FER, ST 2009, 194 ff.; MEYER/HAFNER, Immobilienleasing: Besondere steuerliche Probleme, ST 2005, 407 ff.; METZLER/SCHMUKI, Das Immobilienleasing – Frage der Anwendbarkeit der zwingenden Bestimmungen des Mietrechts, AJP 2005, 579 ff.; MORAND, Contrat de leasing financier, in: Marchand/Chappuis/Hirsch (Hrsg.), Recueil de contrats commerciaux, Basel 2013, 323 ff.; PFEIFER, Lohnende Leasinggeschäfte – keine Zechprellerei «ohne Gegenleistung», sondern ernsthaftes Finanzierungsgeschäft, in: Solothurner Festgabe zum Schweizerischen Juristentag 1998, Solothurn 1998; RENZ, Leistungsstörungen beim Finanzierungsleasing in rechtsvergleichender Sicht, Diss. Basel 1998; RINDERKNECHT, Leasing von Mobilien, Diss. Zürich 1984; ROTH, Leasing im Lichte des revidierten Konsumkreditgesetzes, AJP 2002, 968 ff.; SCHLUEP, Der Leasingvertrag, Schweizerisches Privatrecht (SPR), Bd. VII/2, Basel 1979, 816 ff. (zit. SPR VII/2); DERS., Probleme des Leasingvertrages aus schweizerischer Sicht, in: Marschall v. Bieberstein (Hrsg.), Leasingverträge im Handelsverkehr, Frankfurt a.M. 1980, 103 ff. (zit. Probleme); SCHU-

BIGER, Der Leasingvertrag nach schweizerischem Privatrecht, Diss. Freiburg i.Ue. 1970; SCHÜPBACH, Le leasing immobilier, ZBGR 1983, 193 ff.; SPORI, Steuerrechtliche Aspekte des Leasing von Investitionsgütern, in: Kramer (Hrsg.), Neue Vertragsformen der Wirtschaft: Leasing, Factoring, Franchising, 2. Aufl., Bern 1992, 239 ff.; STAUDER, Das Finanzierungs-Investitionsgüterleasing von Mobilien durch eine Leasinggesellschaft: Offene Fragen, in: Kramer (Hrsg.), Neue Vertragsformen der Wirtschaft: Leasing, Factoring, Franchising, 2. Aufl., Bern 1992, 71 ff.; STENGEL, Anwendungsbereich des Konsumkreditgesetzes: Kredit und Leasing, Kredit- und Kundenkarten sowie Überzieungskredite für Konsumenten, Diss. Zürich 2014; STÖCKLI, Der Autokauf, in: Stöckli/Werro (Hrsg.), Strassenverkehrsrechtstagung, Bern 2006, 1 ff.; STÖCKLIN, Der Leasingvertrag als Mittel der Umgehung zwingenden Rechts, Diss. Basel 1985; STREIFF/PELLEGRINI/VON KAENEL, Vertragsvorlagen, 4. Aufl., Zürich 2008; TERCIER, Le point sur la partie spéciale du droit des obligations, SJZ 1995, 171 ff.; VISCHER, Die Rohbaumiete, Diss. Zürich 2014; WERRO, L'achat et le leasing d'un véhicule automobile, in: Werro/Stöckli (Hrsg.), Journées du droit de la circulation routière, Bern 2006, 1 ff. (zit. Automobile); DERS., Le contrat de leasing dans la pratique, in: Pichonnaz/Werro (Hrsg.), La pratique contractuelle 3, Zürich 2012, 3 ff. (zit. Pratique); WIDMER, Les normes impératives applicables au contrat de leasing, SJZ 1978, 106 ff.; WULKAN, Der Immobilien-Leasingvertrag nach schweizerischem Recht. Diss. Zürich 1988.

Ausland: ACKERMANN, Risikotragung und Unterhaltungspflichten, in: Martinek/Stoffels/Wimmer-Leonhardt (Hrsg.), Handbuch des Leasingrechts, 2. Aufl., München 2008, 357 ff.; APEL, § 8–9, in: Büschgen (Hrsg.), Praxishandbuch Leasing, München 1998; ARTZ, Risikotragungsklauseln – Unterhaltungspflichten, in: Graf von Westphalen (Hrsg.), Der Leasingvertrag, 7. Aufl., München 2015, 566 ff. (zit. Risiko); DERS., Ordentliche Beendigung des Leasingvertrages, in: Graf von Westphalen (Hrsg.), Der Leasingvertrag, 7. Aufl., München 2015, 593 ff. (zit. Ordentliche Beendigung); ASSIES, Vertragsabschluss zwischen Leasinggeber und Leasingnehmer, in: Graf von Westphalen (Hrsg.), Der Leasingvertrag, 7. Aufl., München 2015, 258 ff.; BAAR/STREIT, Leasing oder Kauf mobiler Investitionsobjekte, Berlin 2001; BECKMANN, Haftung des Leasinggebers und des Lieferanten wegen Falschberatung, CR 1994, 600 ff.; DERS., § 7, in: Büschgen (Hrsg.), Praxishandbuch Leasing, München 1998 (zit. Leasing); DERS., Die Haftung im typischen Leasingdreieck, in: Martinek/Stoffels/Wimmer-Leonhardt (Hrsg.), Handbuch des Leasingrechts, 2. Aufl., München 2008, 257 ff. (zit. Haftung); BECKMANN/KÜGEL, § 6, in: Büschgen (Hrsg.), Praxishandbuch Leasing, München 1998; BERNINGHAUS, §§ 12, 17, in: Büschgen (Hrsg.), Praxishandbuch Leasing, München 1998; DERS., Die ordentliche Beendigung des Leasingvertrages, in: Martinek/Stoffels/Wimmer-Leonhardt (Hrsg.), Handbuch des Leasingrechts, 2. Aufl., München 2008, 381 ff. (zit. ordentliche Beendigung); DERS., Die ausserordentliche Beendigung des Leasingvertrages, in: Martinek/Stoffels/Wimmer-Leonhardt (Hrsg.), Handbuch des Leasingrechts, 2. Aufl., München 2008, 402 ff. (zit. Ausserordentliche Beendigung); DERS., Einzelfragen zum Sale-and-lease-back-Verfahren, in: Martinek/Stoffels/Wimmer-Leonhardt (Hrsg.), Handbuch des Leasingrechts, 2. Aufl., München 2008, 628 ff. (zit. Sale-and-lease-back); BÜSCHGEN, § 1–4, in: Büschgen (Hrsg.), Praxishandbuch Leasing, München 1998; CANARIS, Interessenlage, Grundprinzipien und Rechtsnatur des Finanzierungsleasing, AcP 1990, 410 ff.; CSÁKY, Der Immobilienleasingvertrag in Österreich, Deutschland und der Schweiz, Wien 1992; EMMERICH, Grundprobleme des Leasings, JuS 1990, 1 ff.; FIGGE, Vertragsformen und kalkulatorische Grundlagen des Leasing, AcP 1990, 219 ff.; GITTER, Gebrauchsüberlassungsverträge, Tübingen 1988; GRAF VON WESTPHALEN, Rechtliche Qualifizierung von Leasingverträgen, in: Graf von Westphalen (Hrsg.), Der Leasingvertrag, 7. Aufl., München 2015, 1 ff. (zit. Qualifizierung); DERS., Geschuldetes Entgelt, in: Graf von Westphalen (Hrsg.), Der Leasingvertrag, 7. Aufl., München 2015, 387 ff. (zit. Entgelt); DERS., Lieferstörungen: Unmöglichkeit und Verzug, in: Graf von Westphalen (Hrsg.), Der Leasingvertrag, 7. Aufl., München 2015, 422 ff. (zit. Lieferstörungen); DERS., Haftung für Sach- und Rechtsmängel des Leasingguts, in: Graf von Westphalen (Hrsg.), Der Leasingvertrag, 7. Aufl., München 2015, 441 ff. (zit. Haftung); HAGER, Rechtsfragen des Finanzierungsleasing von Hard- und Software, AcP 1990, 324 ff.; HANSEN, Sale-and-lease-back, in: Graf von Westphalen (Hrsg.), Der Leasingvertrag, 7. Aufl., München 2015, 827 ff.; HASTEDT/MELLWIG, Leasing: Rechtliche und ökonomische Grundlagen, Heidelberg 1998; KRONKE, Finanzierungsleasing in rechtsvergleichender Sicht, AcP 1990, 383 ff.; KÜGEL, § 5, in: Büschgen (Hrsg.), Praxishandbuch Leasing, München 1998; LEENEN, Die Pflichten des Leasing-Gebers, AcP 1990, 260 ff.; MARTINEK, Moderne Vertragstypen, Bd. I: Leasing und Factoring, München 1991 (zit. Vertragstypen); DERS., Entwicklung und wirtsachftliche Hintergründe des Leasings, in: Martinek/Stoffels/Wimmer-Leonhardt (Hrsg.), Handbuch des Leasingrechts, 2. Aufl., München 2008, 1 ff. (zit. Entwicklung); DERS., Arten und Rechtsnatur des Leasingsvertrags, in: Martinek/Stoffels/Wimmer-Leonhardt (Hrsg.), Handbuch des Leasingrechts, 2. Aufl., München 2008, 21 ff. (zit. Arten); DERS., Immobilien-Leasing, in: Martinek/Stoffels/Wimmer-Leonhardt (Hrsg.), Handbuch des Leasingrechts, 2. Aufl., München *2008, 553 ff. (zit. Immobilien)*; MICHALSKI/SCHMITT, Der Kfz-Leasingvertrag, Köln etc. 1995; NOWOTNY, Leasingfinanzierung und Konkurs des Leasinggebers unter Einbeziehung des Cross Border-Leasing, in: FS für Otmar Koren, Wien 1993, 343 ff.; REINICKE/TIEDTKE, Kaufrecht, 8. Aufl., München 2009;

SCHWIFCZ, Leasing und Europarecht, Wien 2000; STOFFELS, Leasingrecht, in: Staudingers Kommentar zum BGB, Berlin 2014; DERS., Leasingvertrag und AGB-Recht, in: Martinek/Stoffels/Wimmer-Leonhardt (Hrsg.), Handbuch des Leasingrechts, 2. Aufl., München 2008, 100 ff. (zit. AGB); DERS., Das Geschuldete Entgelt, in: Martinek/Stoffels/Wimmer-Leonhardt (Hrsg.), Handbuch des Leasingrechts, 2. Aufl., München 2008, 100 ff. (zit. Entgelt); TACKE, Leasing, 3. Aufl., Stuttgart 1999; WAGNER, Steuerrechtliche Aspekte des Leasings, in: Martinek/Stoffels/Wimmer-Leonhardt (Hrsg.), Handbuch des Leasingrechts, 2. Aufl., München 2008, 679 ff.; WASEL, Schadensrechtliche Probleme des Kraftfahrzeug-Leasingvertrages, Aachen 2011; WIMMER-LEONHARDT, Das Vollzug des Leasingsgeschäfts, in: Martinek/Stoffels/Wimmer-Leonhardt (Hrsg.), Handbuch des Leasingrechts, 2. Aufl., München 2008, 160 ff.; ZAHN/BACHMANN, Kfz-Leasingvertrag, Köln 1999.

1. Begriff

Der Begriff Leasing stammt aus dem Englischen «to lease» (=vermieten/verpachten; MARTINEK, Entwicklung, 4 ff.; von Staudinger-STOFFELS, N 1 ff.; BAAR/STREIT, N 12; ZK-HIGI, Vor 8. Titel^bis [Art. 275–304] OR N 181; HUGUENIN, OR AT/BT, N 3723). Er wird heute für eine Vielzahl von Vertragstypen verwendet (MARTINEK, Arten, 23 ff.; DASSER, Wandel, N 206; MICHALSKI/SCHMITT, N 7 f.; HASTEDT/MELLWIG, 13; TACKE, 1; CHK-BRUNNER, Vor Art. 184 ff. OR/Leasing, N 1; MENN, 419; BÜSCHGEN, § 1 N 1 f., N 9, mit der Feststellung, dass noch «keine konsensfähige Definition» existiere; ähnlich MARTINEK, Arten, 23; STENGEL, N 187 ff.; SCHWIFCZ, 11; GIRSBERGER, N 8). Die **Grundstruktur des typischen Leasingvertrags** lässt sich wie folgt umschreiben: Eine Partei *(Leasinggeber)* überlässt der anderen *(Leasingnehmer)* auf eine fest bestimmte Zeit ein wirtschaftliches Gut *(Leasingobjekt)* zur freien Verwendung und Nutzung (aber nicht zum unbeschwerten Haben), wobei das volle Erhaltungsrisiko i.d.R. vertraglich mitübertragen wird (MARTINEK, Entwicklung, 2 ff.; BAAR/STREIT, N 4; ZAHN/BACHMANN, N 16 f.; RENZ, 37; ZK-HIGI, Vor 8. Titel^bis [Art. 275–304] OR N 182; BGer, 18.12.2008, 4A_404/2008, E. 4.1.1). Hierfür leistet der Leasingnehmer ein Entgelt, das in Teilleistungen zu entrichten ist *(Leasingzins)*. Die kapitalisierten Raten ergeben einen Betrag, der dem auf Vertragsende verzinsten Verkehrswert (Herstellungs- oder Anschaffungskosten plus Gemeinkosten- und Gewinnanteil) im Zeitpunkt des Vertragsschlusses voll oder teilweise entspricht (SCHLUEP, SPR VII/2, 819; TERCIER/FAVRE, N 7770 ff.; FATZER, 1; ENGEL, contrats, 805; ROTH, 970; GITTER, 282; HIGI, Vor 8. Titel^bis [Art. 275–304] OR N 182; TACKE, 75 ff.; s.a. BGE 119 II 236 E. 3–4; 118 II 150 E. 4). Ein Teil der Lehre erachtet zusätzlich ein Drei-Parteien-Verhältnis als begriffsnotwendig (s. N 66). Je nach Art des Leasings variiert das Grundschema (SCHLUEP, SPR VII/2, 819 f.; MICHALSKI/SCHMITT, N 8, halten dafür, dass die Bezeichnung «Leasing-Vertrag [...] wenig über die Grundstruktur des Geschäftes [aussagt]»). 59

2. Realien

a) **Allgemeines**. Das Leasing hat seinen Ursprung in den USA (MARTINEK, Entwicklung, 4 ff.; von Staudinger-STOFFELS, N 1; GIRSBERGER, N 22; REINICKE/TIEDTKE, N 1664). Es sollte ursprünglich den Absatz von Produkten durch erleichterte Finanzierung des Erwerbs fördern. Die Wirtschaftsgüter wurden, statt wie bis anhin verkauft, «vermietet» (MARTINEK, Vertragstypen, 40 ff.; GITTER, 278 ff.; TACKE, 1; RENZ, 40). Nicht das Eigentum, wohl aber *Gebrauch und Nutzung an Gütern*, standen im Vordergrund (SCHLUEP, SPR VII/2, 820; s.a. RENZ, 109 f.). In der Schweiz setzte sich diese neue *Finanzierungsmethode* ab Ende der fünfziger Jahre mehr und mehr durch und erlebte in den sechziger Jahren einen eigentlichen Boom, der bis heute andauert (LÜEM, 50 f.; zum «Leasing der dritten Generation» in Deutschland, s. MARTINEK, Entwicklung, 6 ff.; s.a. von Staudinger-STOFFELS, N 5 ff.). 60

b) Die **wirtschaftliche Funktion** des Leasingvertrags liegt vorab darin, die *unbeschränkte Gebrauchs- und Nutzungsmöglichkeit* eines wirtschaftlichen Gutes zu mobilisieren, ohne den Wertträger selbst in Verkehr zu setzten (SCHLUEP, SPR VII/2, 820; sinngemäss HASTEDT/MELLWIG, 14 f.; LOMBARDINI, 854; HUGUENIN, OR AT/BT, N 3724; s.a. BISCHOF, 47 ff. mit 61 abweichender Position). Zudem bringt er *wirtschaftliche Vorteile* für den Hersteller oder Händler (Umsatzsteigerung) und für die Leasing-Gesellschaft (günstige Kapital-Nutzung). Der Anreiz für den Leasingnehmer liegt darin, dass er, ohne grössere Geldbeträge sofort freisetzen zu müssen, die Möglichkeit hat, über Konsum- und Investitionsgüter während einer längeren Zeit zu verfügen, ohne dass seine Liquidität (zunächst) übermässig belastet wird (MARTINEK, Entwicklung, 3 f.; HONSELL, OR BT, 436; SCHLUEP, SPR VII/2, 820 f.; TERCIER/FAVRE, N 7772 ff.; ENGEL, contrats, 805; RENZ, 38 ff.; EMMERICH, 1; TACKE, 1; ausführlich und differenzierend nach Leasingnehmer und -geber BÜSCHGEN, § 1 N 37 ff.; zum Unterschied zwischen Leasing und Kredit s. BAAR/STREIT, N 128 ff.). Leasing erfüllt die goldene Finanzierungsregel des *«pay as you earn»*, nach der sich Investitionen möglichst selbst über die gesamte Einsatzdauer finanzieren sollen (MARTINEK, Entwicklung, 3; LÜEM, 50; SCHLUEP, SPR VII/2, 820; RENZ, 38; STREIFF/PELLEGRINI/VON KAENEL, 256; FATZER, 88; HUGUENIN, OR AT/BT, N 3724; WERRO, Pratique, 6 f.; REINICKE/TIEDTKE, N 1675; BAAR/STREIT, N 145 f.; HASTEDT/MELLWIG, 16; CHK-BRUNNER, Vor Art. 184 ff. OR/Leasing, N 10; BAAR/STREIT, N 11, weisen darauf hin, dass Leasing «eine hundertprozentige Fremdfinanzierung» darstellt). Das Finanzierungsleasing von Investitionsgütern gehört zur *Strategie der Unternehmensfinanzierung* (MARTINEK, Entwicklung, 10 ff.; von Staudinger-STOFFELS, N 44 ff.; GIGER, Leasingvertrag, 16; BÜSCHGEN, § 1 N 6). Zudem werden dem Leasing verschiedene *bilanz-* und *steuerrechtliche Vorteile* nachgesagt (WERRO, Pratique, 7; SPORI, 239 ff.; s.a. LEYSINGER, 297 ff.; BOEMLE/STOLZ, 85 ff.; HASTEDT/MELLWIG, 25 f.; RENZ, 39 f.; REINICKE/TIEDTKE, N 1675; GIOVANOLI, SJK 363, 28 ff.; umfassend TACKE, 129 ff.; zum Leasing im deutschen Steuerrecht, s. WAGNER, 679 ff.).

62 c) **Erscheinungsformen**

aa) **Finanzierungsleasing**, vorab das **Mobilienleasing**, ist die wichtigste Erscheinungsform des Leasings (von Staudinger-STOFFELS, N 9 ff.; RENZ, 55 ff., mit rechtsvergleichenden Hinweisen; ferner HAGER, 324 ff.; KRONKE, 383 ff.). Charakteristisch ist eine rechtliche Dreiecksbeziehung (indirektes Leasing; MARTINEK, Arten, 25 f.; RENZ, 49 f.; GIRSBERGER, N 43; BAAR/STREIT, N 5; STREIFF/PELLEGRINI/VON KAENEL, 256; REINICKE/TIEDTKE, N 1665; RJV 1998, 246 ff.; s.a. N 66). Meist wählt der (spätere) Leasingnehmer zunächst beim Hersteller oder Händler den Gegenstand aus, den dann ein unabhängiger Dritter (oft eine Leasing-Gesellschaft) im Blick auf das Leasingverhältnis durch Kauf (evtl. Werkvertrag/Werklieferungsvertrag; s. HEDINGER, 29; FRICK, 243; REINICKE/TIEDTKE, N 1666; MARTINEK, Vertragstypen, 39) erwirbt (BECKMANN, Leasing, § 6 N 2 25; ausführlich ZAHN/BACHMANN, N 10 ff.; MICHALSKI/SCHMITT, N 21 ff.; SCHWIFCZ, 15; MEYER/DÜNHAUPT, 195 f.). Hernach überlässt der Leasinggeber aufgrund des Leasingvertrags sein nunmehr erworbenes Eigentum gemäss dem erwähnten Grundschema (s. N 59; s. aber BGE 118 II 150 E. 6c, in dem das BGer davon auszugehen scheint, dass der Eigentumsübergang ausschliesslich vom Parteiwillen abhängt; zu Recht krit. die Urteilsanmerkung von WIEGAND, ZBJV 1994, 268 f.) während einer längeren (meist unkündbaren) Vertragsdauer dem Leasingnehmer (BERNINGHAUS, Ordentliche Beendigung, 381; STREIFF/PELLEGRINI/VON KAENEL, 257; BAAR/STREIT, N 18; HASTEDT/MELLWIG, 16; RENZ, 54; GIRSBERGER, N 15; SCHWIFCZ, 15, der diesfalls die Funktion des Leasinggebers ausschliesslich auf die Funktion eines «finanziellen Mittlers» reduziert). Zu den zahlreichen möglichen Nebenleistungspflichten s. BÜSCHGEN, § 1 N 20. In der Praxis ist es üblich, dass das Investitionsrisiko auf den Leasingnehmer übergeht (BÜSCHGEN, § 1 N 19; BAAR/STREIT, N 18 f.; s. hingegen für das Operating-Leasing N 86). Die Höhe des Leasingzinses, der i.d.R. monatlich bzw. vierteljährlich zu entrichten ist (s. HASTEDT/MELLWIG, 76), hängt dabei insb. davon ab, ob die Parteien einen Voll- («Full-pay-out-Vertrag») oder Teilamortisationsvertrag («Non-full-pay-out-Vertrag») wählen (MARTINEK, Arten, 21; GITTER, 285; EMMERICH, 2; BAAR/STREIT, N 25 ff.; ebenso BÜSCHGEN, § 1 N 21, § 3 N 5 ff.; *REINICKE/TIEDTKE, N 1666 f.*; RINDERKNECHT, 22; HASTEDT/MELLWIG, 17 f.; HONSELL, OR BT, 438; SCHLUEP, SPR VII/2, 822; zur Abgrenzung der beiden Vertragsarten ZAHN/BACHMANN, N 5 f.; MICHALSKI/SCHMITT, N 32 ff.). Die von den Leasing-Gesellschaften verwendeten Formularverträge enthalten oft eine Verlängerungsoption zugunsten des Leasingnehmers (s. z.B. MORAND, 343). Dagegen sind die grösseren Leasing-Gesellschaften davon abgekommen, ihren Kunden eine Kaufoption einzuräumen (RINDERKNECHT, 23; BÜSCHGEN, § 1 N 10 ff., der allerdings die Drittverwendungsfähigkeit als Voraussetzung der Leasingfähigkeit von Wirtschaftsgütern ansieht; **a.M.** ZAHN/BACHMANN, N 3, die das Interesse des Leasinggebers am Verwertungserlös hervorheben; zum Ganzen ZR 1992/93, 57 f. = SJZ 1993, 120).

Das **Immobilienleasing** ist eine *besondere Form des Finanzierungsleasings* (MARTINEK, Arten, 27 f.; von Staudinger-STOFFELS, N 21 ff.; METZLER/SCHMUKI, 579; WERRO, Pratique, 8 f.; BAAR/STREIT, N 7; ferner SCHÜPBACH, 193 ff.; BGE 132 III 549 E. 1; BGer, 30.6.2006, 4C_109/2006, E. 1, 2.1; Urteil des Verwaltungsgerichts des Kantons Bern, BVR 1999, 193 ff., 200 f.; RVJ 1997, 173; rechtsvergleichend CSÁKY, passim). Vertragsgegenstand ist eine unbewegliche Sache (BISCHOF, 100; s.a. BAAR/STREIT, N 8 f.). Diese Form des Leasings wird zumal für grössere gewerbliche Investitionsvorhaben (Bau von Warenhäusern, Lagerhallen, Parkhäusern usw.) mit langer Nutzungsdauer als Finanzierungsform gewählt (METZLER/SCHMUKI, 579; RENZ, 51; MARTINEK, Vertragstypen, 59; BÜSCHGEN, § 4 N 1). Das Leasingobjekt wird während der langen Vertragsdauer (von meist 10 bis 20 Jahren; GIOVANOLI, SJK 363, 7; ausführlich: BÜSCHGEN, § 4 N 8 ff.) amortisiert. Vollamortisationsverträge haben sich beim Immobilienleasing nicht durchsetzen können. Der Grund liegt bei den hohen Restwerten der Immobilien (HASTEDT/MELLWIG, 19 f.; nach MARCHAND, 114, ist das Fehlen der Amortisation eine Eigenart des Immobilienleasings). Nach Ablauf der Vertragsdauer steht dem Leasingnehmer deshalb i.d.R. ein vorgemerktes Kaufrecht zu (RINDERKNECHT, 12; zu den Besonderheiten des Immobilienleasings: MARTINEK, Immobilien, 553 ff.; BÜSCHGEN, § 4 N 1 ff.; WULKAN, passim; CSÁKY, passim). Zur Frage der Anwendbarkeit der zwingenden Bestimmungen des Mietrechts METZLER/SCHMUKI, 580 ff.; zu den steuerlichen Problemen des Immobilienleasings MEYER/HAFNER, 407 ff. 63

bb) Beim **Operating-Leasing** wird im Gegensatz zum eigentlichen Grundtypus des Leasings (s. N 59) ein wirtschaftliches Gut im Rahmen eines *leicht kündbaren Vertrags* oder aber auf eine *wesentlich unter der Amortisationsdauer liegende Zeit* hin zum Gebrauch überlassen (MARTINEK, Arten, 22 f.; von Staudinger-STOFFELS, N 17 ff.; BUCHER, BT, 35; HASTEDT/MELLWIG, 14; GRAF VON WESTPHALEN, Qualifikation, N 86 f.; BAAR/STREIT, N 17; MICHALSKI/SCHMITT, N 20; STAUDER, 73 f.; TACKE, 2; BÜSCHGEN, § 1 N 15; REINICKE/TIEDTKE, N 1665, 1669 f.). Es fehlen Vereinbarungen, die auf eine Vollamortisation nach Vertragsende abzielen (MARTINEK, Vertragstypen, 54). Daher liegt es im Interesse des Gebers, den Gegenstand mehrfach zu «verleasen» (EMMERICH, 3; MARTINEK, Vertragstypen, 66; GITTER, 288; TACKE, 2; BÜSCHGEN, § 1 N 17; BAAR/STREIT, N 18; REINICKE/TIEDTKE, N 1665, 1508). Dabei übernimmt der Leasinggeber regelmässig das Investitionsrisiko (BÜSCHGEN, § 1 N 19; BAAR/STREIT, N 17; anders beim Finanzierungsleasing, s. N 62). Nebenleistungspflichten fehlen (GIGER, Leasingvertrag, 16). I.d.R. liegt die Gefahr für zufälligen Untergang beim Überlasser, der auch die Wartung des Leasingobjekts besorgt (SCHLUEP, SPR VII/2, 823 Anm. 17; RINDERKNECHT, 33; TACKE, 2; zur Lage bei Betriebsausfall des Leasingobjekts SCHWIFCZ, 15). Nicht selten reduziert sich das Operating-Leasing auf ein Zwei-Parteien-Verhältnis (MARTINEK, Vertragstypen, 66). Es dient dem Übernehmer zur Überbrückung kurzfristiger Investitionsengpässe (GIGER, Leasingvertrag, 16; RENZ, 53). Für den Leasinggeber steht das *Absatzinteresse* im Vordergrund (RENZ, 53 M.W.NW.). Das Operating-Leasing ist *atypisch* und fällt nicht unter die Grundstruktur des Leasings (SCHLUEP, SPR VII/2, 823 Anm. 17; GIGER, Leasingvertrag, 16 ff., 21 ff.; zur Abgrenzung vom Finanzierungsleasing [N 62] s. die Übersicht bei BAAR/STREIT, N 18). Es ist als gewöhnlicher Mietvertrag (evtl. Pachtvertrag) zu qualifizieren (BUCHER, BT, 35; SCHLUEP, SPR VII/2, 823 Anm. 17; HONSELL, OR BT, 441; TERCIER/FAVRE, N 7804; differenziert BADERTSCHER, 130 ff.; ENGEL, contrats, 805 f.; GIOVANOLI, SJK 363, 11 f.; RINDERKNECHT, 102 ff.; gl.M. für das deutsche Recht MARTINEK, Arten, 35). 64

65 cc) Die Besonderheit des **saisonbedingten Leasings** besteht darin, dass der durch den Leasingvertrag finanzierte Vermögenswert nicht periodisch, sondern dem spezifischen Bewirtschaftungszyklus entsprechend abbezahlt wird. Der unstete oder zeitweise gar ausbleibende Geldfluss (wie bspw. im Tourismus oder in der Landwirtschaft) kann somit aufgefangen werden (zum Ganzen ausführlich KENEL/JENNI, 1075 ff.). Das saisonbedingte Leasing kann als Finanzierungsleasing (s. N 62) wie auch als Operating-Leasing (s. N 64) ausgestaltet sein.

66 dd) Beim **Hersteller-/Händler-/Vertriebs-** oder **direkten Leasing** handelt es sich um ein *Zwei-Parteien-Verhältnis.* Im Gegensatz zum Dreiecksverhältnis beim Finanzierungsleasing erfolgt das Leasen nicht durch einen (unabhängigen) Dritten (zur Abgrenzung GRAF VON WESTPHALEN, Qualifikation, N 76 ff.; von Staudinger-STOFFELS, N 27 f.; RENZ, 49 f.; BAAR/STREIT, N 5; BÜSCHGEN, § 1 N 25; MICHALSKI/SCHMITT, N 12 ff.; MARTINEK, Arten, 24; krit. BISCHOF, 104 ff.). Der Hersteller oder Händler wendet sich vielmehr direkt an den Leasingnehmer (BUCHER, BT, 35; HUGUENIN, OR AT/BT, N 3729; FRICK, 243; SCHLUEP, SPR VII/2, 822 ff.; TACKE, 3; TERCIER/FAVRE, N 7803; WULKAN, 6 f.; ITEN, 44 f.; GITTER, 283; s. ferner aus ökonomischer Perspektive SCHWIFCZ, 12 f.; STREIFF/PELLEGRINI/VON KAENEL, 256 f.; BAAR/STREIT, N 6; REINICKE/TIEDTKE, N 1665). Ein Teil der Lehre und Judikatur sieht zu Unrecht einzig im indirekten Leasing einen eigentlichen Leasingvertrag: das Dreiecksverhältnis sei unerlässliches Wesensmerkmal (GIGER, Leasingvertrag, 21; RINDERKNECHT, 4 ff.; GUHL/KOLLER/SCHNYDER/DRUEY, § 40 N 9; ZR 1977, 110 E. 4.2; MARTINEK, Vertragstypen, 37; krit. auch LÜEM, 56 f.). Nach dieser Lehrmeinung lässt sich das direkte Leasing von vornherein und voll der Miete zuschlagen (BK-GIGER, Art. 253 OR N 169; GIGER, Leasingvertrag, 59 f.; s. aber N 72).

67 ee) Bei der Unterscheidung zwischen **Investitions-** und **Konsumgüterleasing** wird nach dem *Verwendungszweck* des Leasingobjekts abgegrenzt (SCHLUEP, SPR VII/2, 823 Anm. 17a; TERCIER/FAVRE, N 7805; WERRO, Pratique, 29 ff., befürwortet eine analoge Anwendung des Pachtrechts auf das Investitionsleasing; RINDERKNECHT, 13 ff.; BGE 118 II 150 E. 4; ferner FRICK, 249 f. und [aus ökonomischer Perspektive] JANS, passim; **abl.** BISCHOF, 93 f.). Zum Konsumgüter-Leasing gehört auch das praktisch bedeutsame Auto- und Computer-Leasing, wenn diese Leasingobjekte nicht als Investitionsgüter eingesetzt werden (BGE 118 II 150 E. 4; BGer, 18.12.2008, 4A_404/2008, E. 2, 4.1.1; zum Autoleasing s.a. STÖCKLI, 18 ff.; ausführlich WERRO, Automobile, 40 ff.; KRUMMENACHER, 6 ff.).

68 ff) **Sale-and-lease-back-Verfahren** stellen eine *Abart* des Leasings dar (STREIFF/PELLEGRINI/VON KAENEL, 256; von Staudinger-STOFFELS, N 30 ff.; BERNINGHAUS, Sale-and-lease-back, 629 f.; **a.M.** GRAF VON WESTPHALEN, Qualifikation, N 85, der keinen Unterschied zum Finanzierungsleasing zu erkennen vermag; ähnlich HANSEN, N 1 ff.; BÜSCHGEN, § 1 N 30; MEYER/DÜNHAUPT, 200). Sie sind Instrumente der *Unternehmensfinanzierung*: Der Eigentümer verkauft seine Immobilien (Fabrikanlagen, Lagerräume usw.) oder Mobilien (Flugzeuge, Krane usw.) einem Dritten (meist einer Leasing-Gesellschaft) gegen sofortige Rücküberlassung des Leasingobjekts mittels eines Leasingvertrages (MARTINEK, Arten, 28; GITTER, 283; GIGER, Leasingvertrag, 59; PFEIFER, 421; MICHALSKI/SCHMITT, N 55; BAAR/STREIT, N 42, N 72 ff.; REINICKE/TIEDTKE, N 1665; RINDERKNECHT, 178 ff.; KOCHER, 104; hierzu auch FRICK, 244; zum Ganzen TACKE, 91 ff.; HANSEN, N 5 f.; PFEIFER, 420 ff.). Die ökonomischen Anreize rühren davon her, dass die finanzierende Partei einen einmaligen Bilanzvorteil auf mehrere Jahre verteilt und den Leasingnehmer an dieser steuergünstigen Lösung teilhaben lässt (BERNINGHAUS, Sale-and-lease-back, 628 f.; GIRSBERGER, N 31; vgl. auch FRICK, 245). Dritten gegenüber ist der Eigentumsübergang bei Mobilien unwirksam, weil darin eine Umgehung der Bestimmungen über das Faustpfand zu erblicken ist (Art. 717 Abs. 1 ZGB i.V.m. Art. 884 ZGB; GIOVANOLI, SJK 363, 8 f.; GIGER, Leasingvertrag, 59; HUGUENIN, OR AT/BT, N 3742; BUCHER, BT, 35; RINDERKNECHT, 178 ff.; ENGEL, contrats, 812). Zur Vertragsstruktur, den handels- und steuerrechtlichen Aspekten sowie den verschiedenen Risiken PFEIFER, 420 ff.; ferner auch Verwaltungsgericht des Kantons Bern, BVR 1999, 193 ff.

3. Rechtsnatur

a) **Qualifikation**. Die rechtliche Einordnung des Leasingvertrages ist umstritten (statt vieler REINICKE/TIEDTKE, N 1677; ZK-HIGI, Vor 8. Titel[bis] [Art. 275–304] OR N 184; HUGUENIN, OR AT/BT, N 3725 ff.; CHK-BRUNNER, Vor Art. 184 ff. OR/Leasing, N 14 ff.). Das typische Leasing ist richtiger Auffassung nach als *gemischter Vertrag* zu qualifizieren (HASTEDT/MELLWIG, 23; LEYSINGER, 297 f.; ROTH, 970; krit. ZK-HIGI, Vor 8. Titel [Art. 253–274g] OR N 187 u. ZK-HIGI, Vor. 8. Titel[bis] [Art. 275–304] OR N 190 f., der nur «in Ausnahmefällen» einen gemischten Vertrag annehmen will; **a.M.** ENGEL, contrats, 811, der darin einen Kontrakt sui generis erblickt; gl.M. ZWR 1992, 396; gl.M. MARTINEK, Arten, 49 ff.; von Staudinger-STOFFELS, N 76; MORAND, 337; MICHALSKI/SCHMITT, N 63; FRICK, 242, diese Meinung verwerfend REINICKE/TIEDTKE, N 1686, die einen Mietvertrag annehmen (in diese Richtung, freilich mit Differenzierungen: ZK-HIGI, Vor 8. Titel [Art. 253–274g] OR N 188 ff.; zur Rechtslage in den USA RENZ, 69 f.). Mischelemente sind Kauf (Art. 184 ff.), Miete (Art. 253 ff.) und allenfalls Pacht (Art. 275 ff.) sowie (beim indirekten Leasing) Auftrag (Art. 394 ff.; SCHLUEP, SPR VII/2, 825 f.; SCHLUEP, Probleme, 103; SCHUBIGER, 130; BESSENICH, 173 f.; TACKE, 74 ff.; für das *Finanzierungsleasing*: HONSELL, OR BT, 408; RINDERKNECHT, 90 ff.; FATZER, 5; KOCHER, 102; zu den verschiedenen Lehrmeinungen in der Schweiz und Deutschland s. RENZ, 70 ff.; zum Meinungsstand im deutschen Schrifttum eingehend MARTINEK, Arten, 33 ff.; GRAF VON WESTPHALEN, Qualifikation, N 7 ff.; TACKE, 11 f.;, die das Finanzierungsleasing mit Bezug auf die Rechtsprechung des BGH dem Mietrecht zuordnen; s. ferner KÜGEL, § 5 N 2 ff.; HASTEDT/MELLWIG, 24; GIGER, Leasingvertrag, 53, der insb. miet- und auftragsrechtliche Elemente hervorhebt; AGVE 1992, 67; ZR 1992/93, 58 f. = SJZ 1993, 120 f.; SJZ 1987, 185; OGer AG, SJZ 1983, 306; ZR 1977, 110 f.; für das *Konsumgüterleasing*: BUCHER, BT, 35 f.; s. schliesslich die umfassende Übersicht bei TERCIER/FAVRE, N 7787 ff.; die Qualifikationsfrage wird in BGE 118 II 150 E. 6, offen gelassen; in diesem Entscheid geht das BGer zwar vom Leasing als Gebrauchsüberlassungsvertrag aus, sah als entscheidend aber allein den übereinstimmenden Parteiwillen des Leasingnehmers und Leasinggebers an (hierzu auch HUGUENIN, OR AT/BT, N 3726); zu Recht krit. HAUSHEER, ZBJV 1992, 482 ff., insb. 483: «Mit der Annahme einer blossen Gebrauchsüberlassung zufolge eines entsprechenden übereinstimmenden Parteiwillens ist die Frage der Begrenzung der Parteiautonomie durch zwingendes Gesetzesrecht keineswegs beantwortet»; zu dieser Kritik BGE 119 II 236 E. 4, sowie die Urteilsanmerkung von WIEGAND, ZBJV 1995, 370; s.a. KOCHER, 103 m.Nw.). Das Element der Miete (evtl. Pacht) überwiegt beim Leasing (SCHLUEP, SPR VII/2, 826; HONSELL, OR BT, 408). GIRSBERGER, N 970 f., verneint die Möglichkeit, den Leasingvertrag «sachgerecht in die traditionellen Strukturen nationaler Zivilrechte ein[zu]ordnen» und hält deshalb eine internationale Kodifikation des Leasingrechts für wünschenswert. 69

Nach einer **abweichenden Lehrmeinung** handelt es sich beim Leasing um einen *Veräusserungsvertrag auf Raten* (STAUDER, 82 ff.; HAUSHEER, ZBJV 1970, 228; SCHUBIGER, 125 ff.; SJZ 1974, 335 ff.; JdT 1976 II 31; SJZ 1977, 320 ff., 323; s.a. BGE 119 II 236 E. 4; 118 II 150 E. 6) oder um einen *Kreditvertrag sui generis* mit Elementen des Auftrags, Darlehens und der Sicherungsübereignung (GIOVANOLI, SJK 363, 17 f. m.Nw.; **abl**. ZR 1992/93, 59 = SJZ 1993, 120 f.). 70

b) **Abgrenzungen**. aa) **Zum Kauf**. An die Stelle der Eigentumsverschaffungspflicht aus Art. 184 tritt ein Dauerschuldverhältnis, bei dem die Übereignung entfällt oder jedenfalls ungewiss ist (SCHLUEP, SPR VII/2, 825; STENGEL, N 206 f.; REINICKE/TIEDTKE, N 1682; TERCIER/FAVRE, N 7796 ff.; ENGEL, contrats, 809 f.; MARTINEK, Arten, 43 ff.; AGVE 1992, 67). 71

bb) **Zur Miete und Pacht**. Der Leasingnehmer hat ein weit über die Miete und Pacht hinausgehendes Interesse an der vollumfänglichen (eigentümerähnlichen) Nutzungs- und Gebrauchsmöglichkeit des Leasingobjekts (STENGEL, N 198 ff.; BUCHER, BT, 36; SCHLUEP, SPR VII/2, 820; GIOVANOLI, SJK 363, 14 f.; **a.M.** ZK-HIGI, Vor 8. Titel[bis] [Art. 275–304] OR 72

N 192 f.; VISCHER, N 44). Er ist nicht zur Substanzerhaltung verpflichtet (ZAHN/BACHMANN, N 16; s. dagegen Art. 267, 283 Abs. 1). Der Leasingzins deckt nicht nur den Gebrauch oder die Nutzung der Sache, sondern amortisiert das Leasingobjekt ganz oder teilweise (BK-GIGER, Art. 253 OR N 169; SCHLUEP, SPR VII/2, 824; TERCIER/FAVRE, N 7797; HUGUENIN, OR AT/BT, N 3744; AGVE 1992, 66 f.; ferner REINICKE/TIEDTKE, N 1686 ff.; MARTINEK, Arten, 40 f.). Zu den Unterschieden bei der Sachgewähr und der Gefahrtragung s. N 83 f.

4. Entstehung

73 a) Der Leasingvertrag entsteht unter Vorbehalt des *Konsumkreditgesetzes* (Art. 11 KKG; s. N 90) ohne Einhaltung einer besonderen gesetzlichen **Form** (Art. 11 Abs. 1; STREIFF/PELLEGRINI/VON KAENEL, 257; WERRO, Pratique, 7, s.a. 27 ff.). Das Gleiche gilt für Immobilienleasingverträge, es sei denn, es wäre ein Kaufrecht vorgesehen (in diesem Fall muss lediglich das Kaufrecht öffentlich beurkundet werden; vgl. Art. 216 Abs. 2 i.V.m. Art. 20 Abs. 2: BGE 132 III 549 E. 2.1.2; krit. dazu MARCHAND, 122 f.; beachte auch Art. 11 KKG). In der Regel werden *Formularverträge* verwendet, die der Leasingnehmer nur global akzeptieren oder ablehnen kann (GIGER, Leasingvertrag, 62; FATZER, 8; STOFFELS, AGB, 100 ff.; ASSIES, N 1 ff.; APEL, § 9 N 54 f.). Allfällige **Nichtigkeitsgründe** (s.a. N 89; ferner WIDMER, 106 ff.; STÖCKLIN, passim) und **Willensmängel** unterstehen den allgemeinen Regeln (es sei denn, der Vertrag unterliege dem KKG [s. N 90]; dann findet die Nichtigkeitsregel von Art. 15 KKG Anwendung; s. dazu ROTH, 972).

74 b) **Culpa in contrahendo**. Bricht bei beabsichtigtem indirektem Leasing der Leasingnehmer die Vertragsverhandlungen ab, nachdem zwischen dem Hersteller/Händler und der Leasing-Gesellschaft bereits rechtlich relevante Beziehungen aufgenommen worden sind, haftet der *Leasingnehmer* allenfalls nach den Grundsätzen der culpa in contrahendo (dazu ZR 1983, 42 ff.; ZR 1977, 108 ff.; s.a. SCHLUEP, Probleme, 104 f., 107; RENZ, 193 ff.; ENGEL, contrats, 812 f.; s. allgemein zur Rechtslage bei culpa in contrahendo: GAUCH/SCHLUEP/SCHMID/EMMENEGGER, N 963 ff.). Möglich ist auch eine Haftung des *Lieferanten* aus culpa in contrahendo (vorbehaltlich vertraglicher Gewährleistungspflichten), etwa wenn aufgrund einer falschen Beratung sich der Leasingnehmer für ein unbrauchbares oder nicht ausreichendes Leasingobjekt entscheidet (BAAR/STREIT, N 100: «Dieser Anspruch besteht, obwohl zwischen Lieferant und Leasingnehmer keine direkten Vertragsverpflichtungen bestehen»).

5. Inhalt

75 Die **vertraglichen Rechte und Pflichten** richten sich grundsätzlich (d.h. unter Vorbehalt der nachfolgenden Präzisierungen) nach den Bestimmungen des Miet- oder Pachtrechts (SCHLUEP, SPR VII/2, 826; VISCHER, N 45; WASEL, 34 ff. m.Nw.; **a.M.** GIOVANOLI, SJK 363, 18; STENGEL, N 216; OGer AG, SJZ 1983, 308 ff. für das Finanzierungsleasing; s. zum Ganzen auch ENGEL, contrats, 812 ff.). Allerdings hat der Leasingnehmer *keine Erhaltungsgewähr* zu leisten (WERRO, Pratique, 16 f.; **a.M.** TERCIER/FAVRE, N 7844). Auch muss der Leasinggeber *nicht* für den *aussergewöhnlichen Unterhalt* (Art. 259 analog; auch nicht für Lasten und Abgaben i.S.v. Art. 256b [Art. 280 im Pachtrecht]) aufkommen (SCHLUEP, SPR VII/2, 820; GIGER, Leasingvertrag, 83 f.; ITEN, 13).

76 Zentrale **Pflicht des Leasingnehmers** ist die Leistung eines Entgelts (der sog. Leasingraten), das grundsätzlich aus den Anschaffungs- und Finanzierungskosten (samt einer angemessenen Gewinnmarge) besteht (WERRO, Pratique, 15 f.; RENZ, 65; eingehend STOFFELS, Entgelt, 182 ff.; MENN, 424 f.; FIGGE, 219 ff.). Die Leasingraten sind selbst dann geschuldet, wenn das Leasingobjekt durch den Leasingnehmer nicht oder nur teilweise genutzt werden kann (BAAR/STREIT, N 101; s.a. Art. 264; SCHLUEP, Probleme, 114; ITEN, 92 f.; GIGER, Leasingvertrag, 86 ff.; zur Haftung des Lieferanten aus culpa in contrahendo s. N 74). Im Zweifel hat der Leasingnehmer durch seine Zinszahlungen das Leasingobjekt zu amortisieren (SCHLUEP, SPR VII/2, 826). Dem Leasingnehmer werden ausserdem regelmässig Pflichten und Oblie-

genheiten des Leasinggebers gegenüber dem Lieferanten überbunden (BAAR/STREIT, N 99). Charakteristisch für das indirekte Leasing sind der *Ausschluss der Gewährleistungspflichten* des Leasinggebers und die ersatzweise *Abtretung der kaufrechtlichen (oder werkvertragsrechtlichen) Ansprüche* der Leasing-Gesellschaft gegenüber dem Hersteller oder Händler an den Leasingnehmer (RENZ, 66; BAAR/STREIT, N 99; REINICKE/TIEDTKE, N 1693 ff.; BECKMANN, Haftung, 257 ff.; WERRO, Pratique, 16 f.; SCHLUEP, SPR VII/2, 826, verlangt einen richterrechtlichen Übergang dieser Ansprüche; so auch OGer AG, SJZ 1983, 309; AGVE 1992, 66). Schliesslich ist der Leasingnehmer sehr oft zur Abgabe einer Abnahmebestätigung des Leasingobjekts zu Handen des Leasinggebers verpflichtet (RENZ, 68). Zu weiteren Nebenverpflichtungen REINICKE/TIEDTKE, N 1742.

Die Hauptpflicht des Leasinggebers besteht darin, dem Leasingnehmer für eine (i.d.R. fest) bestimmte Zeit das Leasingobjekt zur freien Verwendung und Nutzung (s. N 59) zu überlassen (CHK-BRUNNER, Vor Art. 184 ff. OR/Leasing, N 27; WERRO, Pratique, 18 f.; WIMMER-LEONHARDT, 160 ff.; von Staudinger-STOFFELS, N 80 ff.; zu den Leasinggeberpflichten generell LEENEN, 260 ff.). Im Verhältnis zum Lieferanten nimmt der Leasinggeber die Stellung eines Käufers (allenfalls Bestellers) ein. Mit Ausnahme der Entrichtung des Kaufpreises werden die Käuferpflichten (bzw. Bestellerpflichten) jedoch häufig dem Leasingnehmer überbunden (s. N 76; zum Ganzen auch RENZ, 66 f.). Die Struktur des indirekten Leasinggeschäfts hat zur Folge, dass der Geber (und nicht der Lieferant) zur Lieferung an den Nehmer verpflichtet ist, dieser also keinen direkten Lieferungsanspruch gegen den Lieferanten besitzt (RENZ, 69). Oft wird freilich vereinbart, dass der Lieferant direkt an den Leasingnehmer liefert. Zu den Nebenverpflichtungen des Leasinggebers REINICKE/TIEDTKE, N 1741; ferner zu allfälligen Beratungspflichten BECKMANN, CR 1994, 600 ff. 77

6. Leistungsstörungen

Grundsätzlich gelten die allgemeinen Regeln des OR, soweit sich nicht die analoge Übernahme einschlägigen Typenrechts aufdrängt (s. etwa GRAF VON WESTPHALEN, Lieferstörungen, N 1 ff.; DERS., Haftung, N 1 ff.). Zu den Leistungsstörungen im US-amerikanischen lease s. RENZ, 83 ff.) 78

a) **Verzug des Leasingnehmers**. Der Leasingnehmer muss den vereinbarten Zins rechtzeitig entrichten. Anders gerät er sofort in Verzug, da regelmässig ein *Verfalltagsgeschäft* vorliegt (Art. 102 Abs. 2; ebenso RENZ, 97 ff.; HUGUENIN, OR AT/BT, N 3755, CHK-BRUNNER, Vor Art. 184 ff. OR/Leasing, N 33; GRAF VON WESTPHALEN, Entgelt, N 2 f., auf die Regelung im BGB). Bleibt der Zins weiter aus, stehen dem Leasinggeber die *Wahlrechte aus Art. 107 Abs. 2* zu (s.a. Art. 257d; zu den Verzugsfolgen im deutschen Recht s. BAAR/STREIT, N 103 f.; REINICKE/TIEDTKE, N 1767 ff.). Freilich sind die Ansprüche des Leasinggebers bei verspäteter Rückgabe der Leasingsache durch den Leasingnehmer in der Lehre umstritten (s. REINICKE/TIEDTKE, N 1786 ff. m.Nw. auf die deutsche Rechtsprechung; über Sanktionsabreden für den Verzugsfall, s. STOFFELS, Entgelt, 184 f.). 79

b) **Nicht- oder verspätete Lieferung des Leasingobjekts**. In den AGB für das *indirekte Leasing* (N 62) wird die Haftung des Leasinggebers für verspätete Lieferung oder Nichtlieferung häufig wegbedungen (RENZ, 109 ff., 112 ff.; zur Rechtslage nach deutschem Recht GRAF VON WESTPHALEN, Lieferstörungen, N 22 ff.; zur Haftung des Leasinggebers ausführlich: BECKMANN, Leasing, § 7 N 3 ff.). Dies ist entgegen Art. 256 Abs. 2 lit. a gültig (s. N 83). Vorbehalten bleibt der Nachweis eines Verschuldens des Leasinggebers durch den Leasingnehmer (Umkehr der dispositiv geregelten Beweislastverteilung von Art. 97 und 109 Abs. 2; SCHLUEP, Probleme, 109; ITEN, 85). Trifft den Leasinggeber ein Verschulden an der nicht rechtzeitigen Lieferung (z.B. Leistungsverweigerung des Herstellers gem. Art. 82, weil der Leasinggeber den Kaufpreis nicht rechtzeitig bezahlt hat), stehen dem Leasingnehmer nach Mahnung gem. Art. 102 Abs. 1 und Setzung der Nachfrist nach Art. 107 (was beides uno actu geschehen kann) die *Wahlrechte von Art. 107 Abs. 2* zu (SCHLUEP, Probleme, 109; zum 80 aktuellen Meinungsstand TERCIER/FAVRE, N 7831; zum deutschen Recht von Staudinger-STOFFELS, N 189 ff.). Ist die Verspätung einzig dem Hersteller oder Händler anzulasten, stellt dies normalerweise kein Verschulden der Leasing-Gesellschaft dar. Der Leasingnehmer kann in diesem Fall nur versuchen, sich auf dem Weg der *Abtretung* oder nach den Grundsätzen der (in der Schweiz freilich noch nicht generell anerkannten) *Drittschadensliquidation* am Hersteller oder Händler schadlos zu halten (FATZER, 94 f.; krit. REINICKE/TIEDTKE, N 1756 f.). Der Leasingnehmer ist jedoch an die kaufrechtlichen (evtl. werkvertraglichen) Haftungsbeschränkungen oder an die Freizeichnung des Herstellers gebunden (SCHLUEP, Probleme, 110; GIGER, Leasingvertrag, 81; ITEN, 85 f.).

81 c) **Rechtsgewährleistung**. Auf Anzeige des Leasingnehmers hat der Leasinggeber die Führung des Rechtsstreites gegenüber dem Dritten, der ein besseres Recht am Leasingobjekt behauptet, zu übernehmen (Art. 259*l* analog). Beim indirekten Leasing wird die Rechtsgewähr des Leasinggebers auf jene Ansprüche beschränkt, welche ihm gegenüber dem Lieferanten zustehen (SCHLUEP, Probleme, 112; ITEN, 90; GIGER, Leasingvertrag, 80). Der Leasingnehmer kann analog Art. 259*e* vollen Schadenersatz verlangen, wenn die Leasing-Gesellschaft ein Verschulden an der Störung trifft (s. aber auch ITEN, 90; SCHLUEP, Probleme 112).

82 d) **Prüfungs- und Rügeobliegenheit**. Nach den AGB der Gesellschaften lastet die kaufrechtliche (evtl. werkvertragsrechtliche) Prüf- und Rügeobliegenheit (Art. 201, 367, 370) regelmässig auf dem Leasingnehmer (FATZER, 85; HUGUENIN, OR AT/BT, N 3759). In den AGB verpflichtet sich der Nehmer überdies regelmässig unter Schadenersatzfolge, bei Mangelhaftigkeit des Leasingobjekts dessen Annahme zu verweigern oder dem Verkäufer sofort Anzeige zu machen (SCHLUEP, Probleme, 114; STAUDER, 104 f.; FATZER, 85; RENZ, 102). In der Praxis wird die Leasing-Gesellschaft dem Lieferanten den Kaufpreis erst dann ausbezahlen, wenn sie vom Leasingnehmer ein die einwandfreie Lieferung bestätigendes sog. *«Übernahmeprotokoll»* erhalten hat (GIOVANOLI, SJK 363, 23; HUGUENIN, OR AT/BT, N 3759; s.a. LOMBARDINI, 855; RENZ, 68 m.Nw. auf die BGH-Rechtsprechnung).

83 e) **Sachgewährleistung**. Beim *Direktleasing* (s. N 66) ist der Leasinggeber analog dem Vermieter zur Sachgewähr verpflichtet, wobei allerdings die zwingende Vorschrift von Art. 256 Abs. 2 lit. a nicht passt (**a.M.** WIEGAND, recht 1982, 110 f.; s. allgemein zur Mängelhaftung des Vermieters: GAUCH, ZBJV 1992, 189 ff.; s.a TERCIER, SJZ 1995, 172 f.; HESS/KRUMMENACHER, 108 ff.; zum deutschen Recht s. GRAF VON WESTPHALEN, Qualifikation, N 78 ff.; REINICKE/TIEDTKE, N 1685 ff., 1693 ff.). Beim *indirekten Leasing* beschränken die Leasing-Gesellschaften regelmässig die Haftung auf ihre eigenen Ansprüche gegenüber dem Lieferanten (aus Kauf- oder Werkvertrag). Dabei haben sie freilich Art. 100 Abs. 1 zu beachten (HUGUENIN, OR AT/BT, N 3778). Zugleich treten sie dem Leasingnehmer ihre Gewährleistungsansprüche ab (von Staudinger-STOFFELS, N 214 ff.; GRAF VON WESTPHALEN, Haftung, 15 ff.; FATZER, 3, 9, 22 ff., 86; HUGUENIN, OR AT/BT, N 3763; BAAR/STREIT, N 99; RENZ, 102). Auch hier ist die zwingende Bestimmung von Art. 256 Abs. 2 lit. a nicht sachgerecht, so dass der Ausschluss der Nichterfüllungsregeln des Mietrechts gültig ist (**a.M.** HONSELL, OR BT, 442 f., der die kaufrechtlichen Gewährleistungsregeln heranzieht; s.a. SCHLUEP, Probleme, 110 f.; GIGER, Leasingvertrag, 76; ITEN, 87; STAUDER, 103 ff.; BezGer ZH, SJZ 1987, 186; HGer ZH, SJZ 1977, 324). Oft verpflichtet sich der Leasingnehmer in den Formularverträgen, Gewährleistungsansprüche gegen den Lieferanten auf eigene Kosten, aber für Rechnung der Leasing-Gesellschaft einzuklagen (ITEN, 87; SCHLUEP, Probleme, 111; FATZER, 10, 36 ff.; ZR 1977, 116 ff.; ZAHN/BACHMANN, N 27 ff.; ausführlich HUGUENIN, OR AT/BT, N 3764). Die Zinszahlungspflicht des Nehmers entfällt, wenn er die Abnahme des mangelhaften Gutes verweigert (SCHLUEP, Probleme, 111; FATZER, 89 und [spezifisch zum Leistungsverweigerungsrecht des Nehmers] 91). Stellt der Leasingnehmer jedoch nach Abnahme des Leasingobjekts (verdeckte) Mängel fest, so ist er *nicht* zur Sistierung oder Reduktion der Ratenzahlungen berechtigt (BezGer ZH, SJZ 1987, 187; SCHLUEP, Probleme 111; STAUDER, 103; FATZER, 87 f.). Ein allfälliges *Minderungsurteil* bewirkt jedoch eine entsprechende Herabsetzung des

Leasingzinses (analog Art. 259*d*; FATZER, 109; **a.M.** wohl GIOVANOLI, SJK 363, 25). Bei *Wandelung* des Kaufvertrages zwischen dem Hersteller/Händler und der Leasing-Gesellschaft sehen die AGB zu Recht die Auflösung des Leasingvertrags vor (ITEN, 88; GIGER, Leasingvertrag, 78; SCHLUEP, Probleme, 111; FATZER, 100;der dogmatische Hintergrund dieser Auflösung wurde bis anhin in der Lehre kaum behandelt; s. immerhin RENZ, 212 ff.; mit vertiefter Analyse REINICKE/TIEDTKE, N 1712 ff.). Alsdann kann der Leasingnehmer *Schadenersatzansprüche* der Leasing-Gesellschaft nach Art. 208 gegenüber dem Hersteller oder Händler geltend machen, und zwar auf dem Wege der Abtretung oder nach den Grundsätzen der Drittschadensliquidation (evtl. auch durch einen echten Vertrag zugunsten Dritter; zum Ganzen FATZER, 59 ff., insb. 78 ff.; GIGER, Leasingvertrag, 78 f.; SCHLUEP, Probleme, 112; SCHLUEP, SPR VII/2, 824; ITEN, 89; HONSELL, OR BT, 443 f.; s.a. GIOVANOLI, SJK 363, 22 f.; CHK-BRUNNER, Vor Art. 184 ff. OR N 39 f.; **a.M.** STAUDER, 108).

f) **Gefahrtragung**. Die Gefahr des zufälligen Untergangs oder der zufälligen Beschädigung des Leasingobjekts trifft prinzipiell den Leasinggeber (*«casum sentit dominus»*; SCHLUEP, Probleme, 108, 112 f.; GIGER, Leasingvertrag, 100 ff.; ITEN, 83; ZR 1977, 116 ff.; WERRO, Pratique, 17 f.; **a.M.** GIOVANOLI, Crédit, 345 ff.; GIOVANOLI, SJK 363, 25 f.; HONSELL, OR BT, 441; HUGUENIN, OR AT/BT, N 3756; CHK-BRUNNER, Vor Art. 184 ff. OR N 42). Der Leasinggeber wälzt jedoch in seinen AGB üblicherweise die Gefahr auf den Leasingnehmer ab (WERRO, Pratique, 17; ACKERMANN, 358; ARTZ, Risiko, N 1 ff., 5 ff., m.Nw. auf die BGH-Rechtsprechung; REINICKE/TIEDTKE, N 1747). Dies ist zumindest dann zulässig, wenn sie nicht durch Globalübernahme akzeptiert werden (SCHLUEP, SPR VII/2, 825; GIGER, Leasingvertrag, 100 ff., 103; ITEN, 83 f.; WERRO, Pratique, 17 f.). Entsprechend obliegt im Zweifel unter Vorbehalt anderer Abrede auch die *Versicherung des Leasingobjekts* dem Leasinggeber (SCHLUEP, Probleme, 113; GIGER, Leasingvertrag, 103; ITEN, 84 f.; **a.M.** HONSELL, OR BT, 441; GIOVANOLI, SJK 363, 26; ACKERMANN, 368 f.: in Deutschland ist es «allgemein anerkannt», dass die Versicherungspflicht des Leasingnehmers mit §§ 307 ff. BGB vereinbar ist; s.a. von Staudinger-STOFFELS, N 201 ff.). 84

7. Beendigung

a) **Ordentliche Beendigung**. Der Leasingvertrag wird mit *Ablauf* der festgelegten unkündbaren Vertragsdauer beendet (HUGUENIN, OR AT/BT, N 3783; CHK-BRUNNER, Vor Art. 184 ff. OR N 43). Während dieser Grundlaufzeit ist der Vertrag trotz seines Dauercharakters nicht ordentlich kündbar (SCHLUEP, SPR VII/2, 827; SCHLUEP, Probleme, 116; TERCIER/FAVRE, N 7849; zumal bei Teilamortisationsverträgen wird zuweilen eine ordentliche Kündigungsmöglichkeit vereinbart; s. BERNINGHAUS, § 12 N 2). Die Grundlaufzeit ist regelmässig so bemessen, «dass bei gegebener Ratenhöhe die Herstellungs- oder Beschaffungskosten (samt Nebenkosten, Verzinsung und Gewinnanteil) gedeckt werden» (SCHLUEP, SPR VII/2, 827; ZAHN/BACHMANN, N 4; zur Berechnung des Vollamortisationsanspruchs ausführlich ARTZ, Ordentliche Beendigung, N 50 ff.). 85

b) **Ausserordentliche Beendigung**. Die Nichterfüllung durch den Leasinggeber oder -nehmer kann nach *Art. 107 ff.* zur Auflösung des Vertrages führen (SCHUBIGER, 140 ff.; SCHLUEP, SPR VII/2, 827; HUGUENIN, OR AT/BT, N 3784; TERCIER/FAVRE, N 7850; ENGEL, contrats, 816; s.a. N 80; BAAR/STREIT, N 105). Da der Leasingvertrag ein Dauerverhältnis ist, ist auch jederzeit eine *Kündigung aus wichtigen Gründen* (mit Wirkung ex nunc) zulässig (BGE 138 III 304 E. 7; 122 III 262 E. 2a/aa; BERNINGHAUS, Ausserordentliche Beendigung, 402 ff.). Bei Anwendbarkeit des KKG (s. N 90), steht die Möglichkeit der ausserordentlichen Beendigungsordnung von Art. 17 KKG zur Verfügung. Zur Rechtslage im deutschen Recht REINICKE/TIEDTKE, N 1836. 86

c) **Nachvertragliche Rückgabepflicht**. Der Leasingnehmer ist bei Vertragsende verpflichtet, dem Leasinggeber den Gegenstand in ordnungsgemässem Zustand herauszugeben (GUHL/KOLLER/SCHNYDER/DRUEY, § 40 N 14; SCHLUEP, Probleme, 116; GIOVANOLI, SJK 363, 27; ARTZ, Ordentliche Beendigung, N 8 ff.; ITEN, 102). 87

87a d) **Anwendung von Art. 266k**. Seines Schutzzweckes wegen ist Art. 266k analog auf Leasingverträge anzuwenden, es sei denn, der Vertrag wäre ein Konsumentenleasing (vgl. N 32). Dem professionnellen Leasinggeber wird somit verwehrt, eine rückwirkende Erhöhung der Leasingzinsen vorzuschreiben, falls der Vertrag vorzeitig aufgelöst wird (BGer 18.12.2008, 4A_404/2008, E. 5.4; HGer ZH, 17.12.2014, HG130060, E. 2.3.1; STENGEL, N 235 ff.; FAVRE-BULLE, 134 ff.; WERRO, Pratique, 26 f.; vgl. auch ZK-HIGI, Art. 266k OR N 7 ff.).

8. IPR

88 Haben die Parteien *keine gültige Rechtswahl* getroffen (Art. 116 IPRG), so ist beim **direkten Leasing** kollisionsrechtlich auf die Leistung des *Leasinggebers* abzustellen (Art. 117 Abs. 2 IPRG; s. für das europäische Vertrags-Kollisionsrecht eingehend GIRSBERGER, N 80 ff.). Beim **indirekten Leasing** ist eine subjektive Anknüpfung für den Dritten grundsätzlich unwirksam (GIRSBERGER, N 75 m.w.Nw.), wobei als Dritter (a) der Leasingnehmer im Verhältnis zum Liefervertrag und (b) der Lieferant im Verhältnis zum Leasingvertrag anzusehen ist. Eine Zustimmung des Dritten zur Rechtswahl ist freilich wirksam (GIRSBERGER, N 158). Im Hinblick auf die objektive Anknüpfung ist zu unterscheiden: Die Beziehung zwischen *Leasinggeber* und *-nehmer* richtet sich nach dem Recht des Staates, in dem die Finanzierungsgesellschaft ihre *Niederlassung* hat. Was das Verhältnis von Hersteller und Leasinggeber anlangt, so ist alsdann das *Kaufstatut* massgebend (s. zum Ganzen sowie zu allfälligen Ausnahmen, insb. zu *konsumentenvertraglichen* Sonderanknüpfungen BSK IPRG-AMSTUTZ/WANG, Art. 117 N 59 m.Nw.; zur Anknüpfung des dinglichen Rechts am Leasingobjekt eingehend GIRSBERGER, N 341 ff.; ferner MARK NDUE, ff.; zur Erkenntnis, dass das IPRG die funktionalen Unterscheidungen zwischen den verschiedenen Arten von Verträgen relativiert s. DASSER, Wandel, N 367 f.).

9. Einzelfragen

89 a) Bei *Nichtigkeit* eines von den Parteien jahrelang erfüllten Auto-Leasingvertrags steht dem Leasinggeber aufgrund eines **faktischen Vertragsverhältnisses** ein Anspruch auf angemessene Entschädigung für die Benützung des Fahrzeugs zu. Die Entschädigung deckt die Amortisation des Wagens und 5 % Zinsen auf dem mittleren investierten Kapital (BGE 110 II 249 E. 4 = Pra 1985, 25). Bei Anwendbarkeit des KKG gilt die Rechtsfolge von Art. 15 Abs. 4 KKG (KRUMMENACHER, 61 f.).

90 b) Leasingverträge über bewegliche Konsumgüter, die i.S.v. Art. 1 Abs. 2 lit. a KKG vorsehen, dass die vereinbarten Leasingraten erhöht werden, falls der Vertrag vorzeitig aufgelöst wird, unterstehen gem. Art. 8 Abs. 1 KKG dem **Konsumkreditgesetz** (s. Botschaft betr. die Änderung des Bundesgesetzes über den Konsumkredit vom 14.12.1998, BBl. 1999, 3173 f.; zum Ganzen eingehend ROTH, 972 ff.; ferner BRUNNER, 245 f.). Dessen Bestimmung sind alsdann in *beschränktem* Umfang anwendbar (s. im Einzelnen STENGEL, N 229 ff.; ROTH, 973 f.). Vor dem Hintergrund des lauterkeitsrechtlichen Verbots aggressiver Werbung, das auch für Konsumkredite gilt [Art. 36 KKG] hat die Bundesversammlung am 20.3.2015 den Anwendungsbereich des KKG auf Leasingverträge ausgedehnt (Art. 8 Abs. 1 nKKG; BBl 2015 2707). Sofern kein Referendum zustande kommt, werden Art. 25 Abs. 1, 2 lit. b und Abs. 3 sowie Art. 36–36b und 39–40 nKKG neu auch auf Leasingverträge anwendbar.

91 c) *De lege ferenda* ist eine gesetzliche Regelung des Leasings für das schweizerische Recht nicht geplant (s.a. STAUDER, 112 ff.). Das Internationale Institut für die Vereinheitlichung des Privatrechts in Rom (UNIDROIT) hat jedoch im Mai 1988 die «UNIDROIT Convention on International Financial Leasing» mit ausgefeilten Regelungen der Leistungsstörungen verabschiedet (s. die eingehende Darstellung von EBENROTH, 192 ff.; ferner MARTINEK, Vertragstypen, 43; ZAHN/BACHMANN, N 49 ff.; ENGEL, contrats, 820; GIRSBERGER, N 36 ff., 47 ff.). Diese Konvention ist am 1.5.1995 in Kraft getreten. Die Schweiz sah bis anhin allerdings von einer Ratifikation ab (s. für Deutschland von Staudinger-STOFFELS, N 355 f.).

d) Der **sachenrechtliche Status** des Leasingobjektes ist in funktioneller Sicht problembeladen, da der Leasinggeber regelmässig nur die *nuda proprietas* inne hat, während der Leasingnehmer wirtschaftlich über die Sache wie ein Eigentümer verfügen kann. Es ist in diesem Zusammenhang von einem Eigentumsrecht die Rede, das «auf ein besitzloses Sicherungsrecht» reduziert ist (GIRSBERGER, N 231; s.a. BISCHOF, 179 ff.; zu den insolvenzrechtlichen Implikationen dieses Befunds GIRSBERGER, N 541 ff. mit rechtsvergleichenden Ausführungen; ferner HANSEN, N 124 ff.; s.a. NOWOTNY, 343 ff.). Im Gegensatz zum US-amerikanischen Recht wird im kontinentaleuropäischen Rechtsraum das dingliche Recht der Leasinggesellschaft nicht als «sachenrechtliches Institut sui generis» anerkannt, sondern von der schuldrechtlichen *Qualifikation* der Leasingabrede *abhängig* gemacht (GIRSBERGER, N 237). Ob das *de lege ferenda* zu befriedigen vermag, wird zuweilen bezweifelt (s. GIRSBERGER, N 255). 92

II. Factoringvertrag

Literatur

Schweiz: DALLÈVES, Le contrat de factoring, Neuvième journée juridique, Mémoires publiés par la Faculté de Droit de Genève, Genf 1970, 79 ff.; DEUBER, Rechtliche Aspekte der Forfaitierung, Diss. St. Gallen 1993; EMCH/RENZ/ARPAGAUS, Das Schweizerische Bankgeschäft, 7. Aufl., Zürich 2011; ERNI, Factoring nach schweizerischem Recht, Diss. Zürich 1974; FÄSSLER, Der Factoringvertrag im schweizerischen Recht, Diss. St. Gallen 2010; JUST/KELLER, Factoring als Finanzierungsalternative für KMU: Eine Situationsanalyse, ST 2007, 737 ff.; KÖNING, Probleme bei der Einziehung von Mehrwertsteuerforderungen im Zusammenhang mit Zessionen, ASA 74 (2006), 368 ff.; LOMBARDINI, Droit bancaire suisse, 2. Aufl., Zürich 2008; MÜLLER-CHEN, Internationales Factoring, BJM 1999, 177 ff.; PETER, Factoring als Treuhand-, Finanzierungs- und Sicherungsinstrument offener kurzfristiger Buchforderungen in der Schweiz, Diss. Zürich 1973; REY, Die Behandlung des Factoringvertrages im schweizerischen Recht, in: Kramer (Hrsg.), Neue Vertragsformen der Wirtschaft: Leasing, Factoring, Franchising, 2. Aufl., Bern 1992, 289 ff.; SCHAER, Die wirtschaftliche Funktionsweise des Factoring, in: Kramer (Hrsg.), Neue Vertragsformen der Wirtschaft: Leasing, Factoring, Franchising, 2. Aufl., Bern 1992, 275 ff.; SCHLUEP, Der Factoringvertrag, Schweizerisches Privatrecht (SPR), Bd. VII/2, Basel 1979, 828 ff. (zit. SPR VII/2); VON DER CRONE, Rahmenverträge, Zürich 1993; WEBER, Rahmenverträge als Mittel zur rechtlichen Ordnung langfristiger Geschäftsbeziehungen, ZSR 1987 I 403 ff.

Ausland: BACHMANN, Factoring – eine Kombination von Finanzierungs- und Versicherungsgeschäft, Zeitschrift für Versicherungswesen 1976, 15 ff.; BÄHR, Die Kollision der Factoring-Globalzession mit dem verlängerten Eigentumsvorbehalt, Frankfurt a.M. 1989; BETTE, Rechtsprobleme des Factoring, insb. des notifizierten Verfahrens, DB 1972, 1760 ff.; BINDER/SCHANDOR, Factoring – Praxis und Rechtsnatur in Österreich, Wien 2003; BRINK, Factoringvertrag, Köln 1998 (zit. Factoringvertrag); DERS., Begriffsbestimmungen, in: Hagenmüller/Sommer/Brink (Hrsg.), Handbuch des nationalen und internationalen Factoring, 3. Aufl., Frankfurt a.M. 1997, 15 ff. (zit. Begriffsbestimmungen); MANKOWSKI, Übereinkommen über Internationales Factoring (Ottawa 1988) in: Ferrari et al. (Hrsg.), Internationales Vertragsrecht, 2. Aufl., München 2012, 1261 ff.; GLOMB, Finanzierung durch Factoring. Rechtliche Analyse und Vergleich mit herkömmlichen Finanzierungs- und Sicherungsmethoden, Köln 1969; HASTEDT/MELLWIG, Leasing: Rechtliche und ökonomische Grundlagen, Heidelberg 1998; HÄUSLER, Das UNIDROIT Übereinkommen über internationales Factoring (Ottawa 1988) unter besonderer Berücksichtigung seiner Anwendbarkeit: zugleich ein Beitrag zur Lehre des internationalen Einheitsrecht, Frankfurt a.M. 1998; HILL, Interessenkollisionen bei Vertrag über echtes und unechtes Factoring, Heidelberg 1994; IRO, Das Factoringgeschäft in: Apathy/Iro/Koziol (Hrsg.), Österreichisches Bankvertragsrecht, Band VII: Leasing, Factoring und Fortfaitierung, 2. Aufl., Wien 2015, 217 ff.; KOHNSTAMM, The Geographic Spread of Factoring, in: Hagenmüller/Sommer/Brink (Hrsg.), Handbuch des nationalen und internationalen Factoring, 3. Aufl., Frankfurt a.M. 1997, 43 ff.; MARTINEK, Moderne Vertragstypen, Bd. I: Leasing und Factoring, München 1991; MAYER, Factoring als Finanzierungsinstrument, in: Hagenmüller/Sommer/Brink (Hrsg.), Handbuch des nationalen und internationalen Factoring, 3. Aufl., Frankfurt a.M. 1997, 103 ff.; OLBORT, Allgemeine Bedingungen der Factoringfinanzierung, in: Hagenmüller/Sommer/Brink (Hrsg.), Handbuch des nationalen und internationalen Factoring, 3. Aufl., Frankfurt a.M. 1997, 77 ff.; REINICKE/TIEDTKE, Kaufrecht, 8. Aufl., Köln 2009; RUDOLF, Einheitsrecht für internationale Forderungsabtretungen, Wien 2006; SCHARFF, Factoring in: Hopt (Hrsg.), Vertrags- und Formularbuch zum Handels-, Gesellschafts- und Bankrecht, 4. Aufl., München 2013, 1721 ff.; SCHMIDT, Factoring-Globalzession und verlängerter Eigentumsvorbehalt, DB 1977, 65 ff.; SCHMITT, Neue Aspekte für das Factoring, Zeitschrift für das gesamte Kreditwesen 1978, 183 f.; SCHMITZ, Globalabtretung an Factoring-Gesellschaft bei unechtem Factoring,

NJW 1978, 201 f.; Sinz, Factoring in der Insolvenz, Köln 1997; von Falkenhayn, Das Verhältnis von Factor und Debitor beim Factoring, 1999.

1. Begriff

93 Durch den **Factoringvertrag** (zu diesem Begriff Häusler, 31, 35 ff.; von Falkenhayn, 8) verpflichtet sich der *Faktor* gegen Entgelt des *Klienten (Factoringgebühr)*, drei Typen von Leistungen zu erbringen (s. zum Ganzen Erni, 9 ff.; Dallèves, 79 ff.; Bachmann, 15; Honsell, OR BT, 447 ff.; Tercier/Favre, N 8060; CHK-Jenni, Vor Art. 184 ff. OR/Factoring, N 1; Lombardini, 853 f.; Martinek, Vertragstypen, 223 ff. m.Nw.; Glomb, 18 ff.; ZR 1986, 28; 1988, 309 f.; Engel, contrats, 796 f.; Brink, Factoringvertrag, 1; Emch/Renz/Arpagaus, N 1110 ff.): (1) Geschäftsbesorgung (Debitorenbuchhaltung, Fakturierung, Inkasso usw.; s. dazu Martinek, Vertragstypen, 224 f.; Huguenin, OR AT/BT, N 3916 f.; ZR 1988, 309 f.). (2) Finanzierung offener Buchforderungen (Martinek, Vertragstypen, 223 f.). (3) Übernahme des Delcredererisikos (Schaer, 280 f.; Martinek, Vertragstypen, 225; ZR 1986, 29; 1988, 310).

2. Realien

94 a) **Allgemeines**. Im kaufmännischen Verkehr ist es üblich, dem Kunden (Schuldner) «Zahlungsziele» von 60, 90 oder mehr Tagen einzuräumen. Diese besondere Art der Kreditgewährung ist für die Liquidität und die Rentabilität des Unternehmens (Gläubiger) von Nachteil. Darüber hinaus bringt sie administrative Umtriebe und das Risiko, dass der Schuldner zahlungsunfähig wird. Factoring erlaubt es dem Unternehmen, diese Folgen zu vermeiden (Larenz, II, 460; Häusler, 19; zum Ganzen auch Schaer, 275 f.; zur Herkunft des Factoring Häusler, 23, 25 ff.; Müller-Chen, 177; Kohnstamm, 43 ff.; s.a. Sinz, N 2). Im Kern besteht das Factoringgeschäft in einer *Zession* (meistens eine Globalzession; Köning, 371; Hastedt/Mellwig, 87; BGer, 19.5.2006, 2A.51/2005, E. 4.1.1; 11.1.2001, 4C.60/2000, E. 6. b); zur Problematik von Zessionsverboten Schwenzer, N 90.24; zur selten auftretenden Mantelzession Hill, 29): «Das Unternehmen, der Factoringgeber, auch Klient […] genannt, verkauft und überträgt sämtliche gegenwärtigen und künftigen Forderungen, die sich aus der laufenden Geschäftstätigkeit gegen die Drittschuldner oder Debitoren […] ergeben, an den Factor, meist ein Finanzierungsinstitut, um diesem als neuem Gläubiger die Eintreibung der Forderungen von den Drittschuldnern, den Abnehmern oder Kunden des Klienten, zu überlassen» (Martinek, Vertragstypen, 222; zur Terminologie: Schluep, SPR VII/2, 834; Dallèves, 82; Bette, DB 1972, 1760; Glomb, 17 m.Nw.; BGer, 30.11.2007, 2A.62/2007, E. 5; zur Finanzierungsfunktion des Factoring Häusler, 19; Hill, 2 f.; Sinz, N 4; Brink, Factoringvertrag, 4; zur Frage nach der Eignung des Factoringkunden ausführlich Olbort, 78 ff.). Offensichtlich handelt es sich beim Factoringgeschäft mithin um ein *Dreiecksverhältnis* (Martinek, Vertragstypen, 222).

95 b) **Wirtschaftliche Funktion**. Factoring ist Arbeitsteilung durch Ausgliederung betrieblicher Funktionen (Schluep, SPR VII/2, 833; Dallèves, 85; Huguenin, OR AT/BT, N 3912; Schaer, 275, 277 ff.; Erni, 5 ff.; Bachmann, 16 f.; Tercier/Favre, N 8061; Peter, passim; ZR 1986, 29; 1988, 310; Binder/Schandor, 34; Just/Keller, 737 ff.).

96 c) **Erscheinungsformen**. Ist der Faktor berechtigt, bei Nichterfüllung der zedierten Forderung die Vorschüsse zurückzubelasten, spricht man von *«unechtem»* Factoring (Glomb, 17 ff.; Hastedt/Mellwig, 88; Sinz, N 14; Huguenin, OR AT/BT, N 3924; CHK-Jenni, Vor Art. 184 ff. OR/Factoring, N 8; Hill, 6; Häusler, 48; zur schwindenden Bedeutung in Deutschland s. von Falkenhayn, 8; Brink, Begriffsbestimmungen, 15). Übernimmt der Faktor dagegen die «Delcredere-Funktion», handelt es sich um *«echtes»* Factoring («Oldline-Factoring»; Schluep, SPR VII/2, 832 m.Nw.; Häusler, 48; Sinz, N 13; von Falkenhayn, 8; Huguenin, OR AT/BT, N 3923; Hastedt/Mellwig, 87; Hill, 5; Brink, Begriffsbestimmungen, 15; zur Vermischung von unechtem und echtem Factoring Häusler, 49). Ist

bei der Übernahme des Delcredererisikos eine Risikolimite vereinbart, hat man es mit einer *Kombination* von echtem und unechtem Factoring zu tun (REY, 294; s.a. ENGEL, contrats, 799; BGer, 10./17.9.2002, 4C.154/2002, E. 4.1). Je nachdem, ob die Benachrichtigung des Kunden (debitor cessus) unterbleibt oder nicht, unterscheidet man zwischen *«offenem»* und *«verdecktem»* Factoring (VON FALKENHAYN, 8 f.; HASTEDT/MELLWIG 88 f.; HUGUENIN, OR AT/BT, N 3927; HILL, 16, 32 ff.; zum Ganzen und mit weiteren Verkehrstypen: EMCH/RENZ/ARPAGAUS, N 1049; MARTINEK, Vertragstypen, 232 ff.; ERNI, 11 ff.; SCHLUEP, SPR VII/2, 832 ff.; REY, 290 ff.; DALLÈVES, 83; BACHMANN, 16; GLOMB, 28 f.; HÄUSLER, 33, 48 ff., SINZ, N 15 ff.; HILL, 16 ff.; BRINK, Begriffsbestimmungen, 15 f.; mit einem Beschreib des ökonomischen Bauplans des Factoring BINDER/SCHANDOR, 34 ff.). Die Praxis stuft den Factoringvertrag als *verkehrstypisch* ein (ZR 1986, 29).

3. Rechtsnatur

a) **Qualifikation**. Der Factoringvertrag ist ein *gemischter Vertrag* in der Gestalt eines *doppeltypischen Kombinationsvertrages* (s. N 10; SCHLUEP, SPR VII/2, 834; REY, 295; HUGUENIN, OR AT/BT, N 3921; HONSELL, OR BT, 448; TERCIER/FAVRE, N 8073; CHK-JENNI, Vor Art. 184 ff. OR/Factoring, N 13; ENGEL, contrats, 798; zur deutschen Rechtslage MARTINEK, Vertragstypen, 253 ff.; HILL, 41; SINZ, N 38 f., zur deutschen und österreichischen Rechtslage, IRO, 219 ff.). Nominatelemente sind beim *echten Factoring* Auftrags- (Art. 394 ff.; dazu ZR 1986, 29 f.; teilweise abw. ERNI, 54), (Forderungs-) Kaufs- (Art. 184 ff.; HILL, 60) und Zessionsrecht (Art. 164 ff.; HÄUSLER, 43, ERNI, 41 ff. mit noch weitergehenden Differenzierungen; HONSELL, OR BT, 448, mit Einbezug von Darlehenselementen; s.a. BGer, 11.1.2001, 4C.60/2000, E. 6.b; BVGer, 26.2.2014, A-2632/2013, E. 2.2 ff.; **a.M.** LARENZ, II, 462, der ein atypisches Darlehensgeschäft annimmt; zur Diskussion in Deutschland MARTINEK, Vertragstypen, 244 ff.). Innominatelement ist die häufig anzutreffende Optionsvereinbarung, wonach der Factor aufgrund einer Prüfung der Bonität des Kunden die Übernahme des Delcredererisikos erklären oder ausschlagen kann (Wahlrecht des Factors; SCHAER, 280). Das *unechte Factoring* setzt sich ausschliesslich aus Nominatelementen zusammen (Auftrag, Darlehensvertrag [Art. 312 ff.] und Sicherungszession; SCHLUEP, SPR VII/2, 834 f.). Zur Qualifikationsfrage auch ZR 1988, 310 f. **97**

b) **Abgrenzung**. Die Lehrmeinung, im Factoringvertrag sei ein *Vorvertrag* (Art. 22) enthalten (s. HÄUSLER, 45 f.), ist abzulehnen (i.E. auch ERNI, 90 ff.). Nach richtiger Auffassung ist der Factoringvertrag ein *Rahmenvertrag* (LARENZ, II, 461 m.Nw.; SINZ, N 22; ebenso HILL, 21, 40; HUGUENIN, OR AT/BT, N 3922), der «eine vom Abschluss der Einzelverträge unabhängige, ihnen übergeordnete Stammverpflichtung [begründet]» (WEBER, 414; s. allgemein VON DER CRONE, 243 ff., 322 ff.; ferner HILL, 21). Im Unterschied zum Vorvertrag stellt er ein Dauerschuldverhältnis dar, das nicht durch einmalige Erfüllung erlischt, sondern erfüllt werden muss, bis es durch Zeitablauf oder aus einem anderen Grund beendet wird. Zur Abgrenzung vom *Forfaitierungsvertrag*: s. eingehend DEUBER, 37 ff.; SINZ, N 20 f.; zur Abgrenzung von der *Kommission*: s. HUGUENIN, OR AT/BT, N 3922. **98**

4. Entstehung

Der Factoringvertrag bedarf der einfachen **Schriftform** gem. Art. 165 Abs. 1 (SCHLUEP, SPR VII/2, 835; REY, 306; TERCIER/FAVRE, N 8077; HUGUENIN, OR AT/BT, N 3929), da der Klient dem Factor seine künftigen Forderung durch (Global-) Zession abtritt (ERNI, 79 ff.; SCHAER, 287; ZR 1986, 28; 1988, 309 f.; i.d.R. finden Formularverträge Verwendung, welche durch zusätzliche Absprachen ergänzt werden; s. HILL, 21). Allfällige **Nichtigkeitsgründe** und **Willensmängel** unterstehen den allgemeinen Regeln. Zur Rechtslage in Deutschland s. REINICKE/TIEDTKE, N 1569 ff.; zur Vertragsstruktur nach deutschem Recht s. SCHARFF, 1721 ff. **99**

5. Inhalt

100 a) **Pflichten des Factors**. (1) Rechtzeitige *Erklärung*, ob die Forderung erworben oder bloss bevorschusst wird (SCHLUEP, SPR VII/2, 835). (2) *Bezahlung* des Kaufpreises der erworbenen Forderung (SCHLUEP, SPR VII/2, 835; ERNI, 100, 104; TERCIER/FAVRE, N 8082 ff.). Üblich ist ein Diskontabzug (SCHAER, 283; ZR 1986, 28; 1988, 309) sowie die Vereinbarung eines Reverses für den Fall allfälliger Gewährleistungsansprüche des Kunden (s.a. HILL, 252). (3) Übernahme des *Bonitätsrisikos* (s. Art. 171 Abs. 2; SCHLUEP, SPR VII/2, 836; ERNI, 103). (4) Erfüllung der vereinbarten *administrativen Aufgaben* (wie Führung der Debitorenbuchhaltung, Inkasso usw. (s. dazu ERNI, 98 f.; TERCIER/FAVRE, N 8081; ENGEL, contrats, 797 f.; ZR 1986, 28; 1988, 309 f.). (5) *Gewährung eines Darlehens* gegen Sicherungszession im Falle der Bevorschussung (SCHLUEP, SPR VII/2, 836; ERNI, 100 ff.). (6) *Rückerstattung* der eingezogenen Beiträge aus bloss fiduziarisch erworbenen Forderungen (SCHLUEP, SPR VII/2, 836; HUGUENIN, OR AT/BT, N 3932). Diesfalls steht aber dem Factor regelmässig ein Verrechnungsrecht zu. (7) Pflicht, bloss fiduziarisch erworbene Forderungen auf Weisung des Klienten diesem *zurückzuzedieren* (SCHLUEP, SPR VII/2, 836).

101 b) **Pflichten des Klienten**. (1) Bezahlung der *Factoringgebühr* (ERNI, 92 ff.; HILL, 12; SCHLUEP, SPR VII/2, 835; TERCIER/FAVRE, N 8094; ENGEL, contrats, 801). (2) Verzinsung von Barmitteln, die er vor Fälligkeit seiner verkauften Forderung erhalten hat (HILL, 12 f.). (3) Entrichten einer Delkredereprovision beim echten Factoring (HILL, 13). (4) Übernahme des *Veritätsrisikos* (ERNI, 97 f.). Überdies hat der Klient jegliche Invaliditätshandlung zu unterlassen (Art. 171 Abs. 1; dazu SCHLUEP, SPR VII/2, 835; DALLÈVES, 95; ERNI, 97 f.; TERCIER/FAVRE, N 8091 f.; GLOMB, 41 f.). (5) Haftung für *Gewährleistungsansprüche* des Kunden (SCHLUEP, SPR VII/2, 835; DALLÈVES, 95; GLOMB, 20). (6) *Auskunfterteilung* über die Kunden (DALLÈVES, 86 f.; ZR 1986, 29). (7) *Notifikation* der Zession durch entsprechenden Vermerk auf der Rechnung oder durch Anzeige beim offenen Factoring (SCHLUEP, SPR VII/2, 835; TERCIER/FAVRE, N 8087 ff.; ENGEL, contrats, 801 f.).

6. Leistungsstörungen

102 **Grundsätzlich** finden die allgemeinen Regeln des OR Anwendung, soweit sich nicht die analoge Übernahme einschlägigen Typenrechts aufdrängt.

103 a) **Bonitätsrisiko**. Bei *Zahlungsunfähigkeit des Kunden* gelangt Art. 171 Abs. 2 zur Anwendung (REY, 292 f.). Eine Delcredererisiko-Klausel modifiziert jedoch i.A. diese Regel wie folgt: Dem Zessionar (Factor) steht es offen, das Bonitätsrisiko zu übernehmen (Optionsvereinbarung). Übernimmt er es, ist ihm eine Delcredereprovision geschuldet (zum Ganzen REY, 293; TERCIER/FAVRE, N 8092; CHK-JENNI, Vor Art. 184 ff. OR/Factoring, N 25 f., 38).

104 b) **Konkurs**. (1) Hat der Klient seine künftigen Forderungen dem Factor global zediert, so stellt sich die Frage nach dem Schicksal der noch nicht entstandenen Forderungen im Falle des **Konkurses des Klienten**. Folgt man der *Durchgangstheorie*, so steht die Forderung im Zeitpunkt ihres Entstehens für eine «logische Sekunde» in der Zuständigkeit des Zedenten. Mithin kann sie nach Konkurseröffnung über den Klienten nicht mehr auf den Factor übergehen, weil sie unter Konkursbeschlag fällt (i.E. gleich BGE 61 II 331; 111 III 73; 130 III 248, 255; PKG 1987, 123 f.; HUGUENIN, OR AT/BT, N 3940; krit. im Blick auf die dogmatische Konstruktion der Durchgangstheorie REY, 307 f.). Als problematisch erweist sich aus dieser Sicht der Umstand, dass es zu einer Doppelzahlung des Kunden kommen kann (REY, 308). Diese Folge wird vermieden, wenn die *Unmittelbarkeitstheorie* zur Anwendung gelangt (KÖNING, 372; GLOMB, 38), weil alsdann die Forderung unmittelbar beim Factor entsteht und folglich nicht in die Konkursmasse des Klienten fällt (REY, 308). Fordert man allerdings Verfügungsmacht des Zedenten im Zeitpunkt der Forderungsentstehung, fallen die bei der Konkurseröffnung noch nicht entstandenen Forderungen auch nach der Unmittelbarkeitstheorie in die Konkursmasse; der Factor geht somit auch hier leer aus (s. GAUCH/SCHLUEP/SCHMID/EM-

MENEGGER, N 3439; VON TUHR/ESCHER, 331; s.a. ENGEL, contrats, 799). Sieht man die Rechtslage so, bleibt die Kontroverse um Durchgangs- oder Unmittelbarkeitstheorie ohne materiellen Gehalt, da beide Theorien zum gleichen Ergebnis führen (s.a. TERCIER/FAVRE, N 8095; zum Ganzen CHK-JENNI, Vor Art. 184 ff. OR/Factoring, N 52; zur Rechtslage in Deutschland SINZ, N 158 ff.; zur Rechtslage in Österreich IRO, 293 ff.). (2) Im **Konkurs des Factors** steht dem Klienten nach h.L. kein Aussonderungsrecht zu, sondern lediglich eine *Konkursforderung* auf Rückzahlung des Forderungsbetrages; diese wird in der 5. Klasse kolloziert (TERCIER/FAVRE, N 8085). Somit können Forderungen, die vor Konkurseröffnung über den Factor entstanden sind, grundsätzlich nicht ausgesondert werden. Zur Frage der Anwendbarkeit von Art. 401 auf diese Konstellation: REY, 309. Zum Factoring als Sanierungsinstrument i.A. s. SINZ, N 68 ff.

c) **Zessionsverbot**. Haben Klient und Kunde ein dem Abschluss des (echten) Factoringvertrages zeitlich nachgeschaltetes *pactum de non cedendo* vereinbart, so findet Art. 169 Anwendung (SCHLUEP, SPR VII/2, 838; CHK-JENNI, Vor Art. 184 ff. OR/Factoring, N 49 ff.; differenzierter die deutsche Lehre und Praxis: MARTINEK, Vertragstypen, 297 ff.; LARENZ, II, 465; VON FALKENHAYN, 105 ff.; BGH 72, 22; zum US-amerikanischen Recht VON FALKENHAYN, 233 ff.): Der Kunde kann dieses dem Factor entgegenhalten (s. dazu auch BGE 112 II 241 ff.; zu den Einwendungen im deutschen und US-amerikanischen Recht sowie in der UNIDROIT-Konvention s. VON FALKENHAYN, 44 ff.). Zur Zulassung der Globalzession vgl. BGE 122 III 361; BGer, 6.7.2010, 4A_164/2010, E. 3 f. und HUGUENIN, OR AT/BT, N 3937 ff. (m.Hinw.). 105

7. Beendigung

a) **Ordentliche Beendigung**. Üblich ist die Vereinbarung eines *Kündigungsrechts* mit einer Kündigungsfrist (ZR 1986, 29). Das Auftragselement des Factoringvertrags wirft allerdings die Frage auf, ob *Art. 404* zwingend anwendbar ist. Die Lehre verneint dies mit der Begründung, der Factoringvertrag sei ein eigenständiger Innominatvertrag, was Einschlägigkeit des Mandatsrechts nur nahelege, wenn sinnvolle («stimmige») Ergebnisse erzielt werden können (s. N 97). Genau beim Factoring ist in der Tat offenkundig, dass die jederzeitige Widerrufbarkeit «weder dem Sicherheitsbedürfnis des Faktors noch der Interessenlage des Klienten, der sich eine neue Debitorenbuchhaltung aufbauen muss», gerecht wird (SCHLUEP, SPR VII/2, 836; REY, 300 f.; ERNI, 112, 115; DALLÈVES, 89; PETER, 322 ff.; HONSELL, OR BT, 448 f.; TERCIER/FAVRE, N 8098 ff.; CHK-JENNI, Vor Art. 184 ff. OR/Factoring, N 44 f.; so auch die Praxis: ZR 1986, 29; 1988, 310). Eben deshalb wird bei fehlender vertraglicher Kündigungsordnung ein *richterliches Kündigungsrecht* unter Beachtung einer Kündigungsfrist von mindestens 60 Tagen befürwortet (SCHLUEP, SPR VII/2, 836; ZR 1986, 29 f.; 1988, 310). 106

b) **Ausserordentliche Beendigung**. Da der Factoringvertrag ein Dauerschuldverhältnis ist (ZR 1988, 310), sind beide Parteien befugt, den Vertrag *aus wichtigen Gründen* jederzeit zu kündigen (SCHLUEP, SPR VII/2, 836; TERCIER/FAVRE, N 8098; s.a. ZR 1986, 29 f.; 1988, 311). 107

8. IPR

Fehlt im **internationalen Factoringvertrag** (s. dazu eingehend HÄUSLER, 68 ff.; MÜLLER-CHEN, 177 ff.; ferner VON FALKENHAYN, 9) eine Rechtswahlklausel, so ist das Recht des Staates anwendbar, in dem der **Factor** seinen gewöhnlichen Aufenthalt oder seine Niederlassung hat, da er die charakteristische Leistung erbringt (Art. 117 Abs. 2 IPRG). Rechtsfragen der Zession sind gesondert nach Art. 145 anzuknüpfen (s. zum Ganzen BSK IPRG-AMSTUTZ/WANG, Art. 117 N 60 m.Nw.; MÜLLER-CHEN, 184 f.; CHK-JENNI, Vor Art. 184 ff. OR/Factoring, N 63 f.; MARK NDUE, 102). 108

9. Einzelfragen

109 a) **Globalzession und verlängerter Eigentumsvorbehalt**. Mitunter *tritt* der Klient seinem Lieferanten künftige Forderungen aus dem Weiterverkauf der bezogenen Waren *als Sicherung ab*. Dann liegt ein «verlängerter» Eigentumsvorbehalt vor (dazu REY, 313 f. m.Nw.; HILL, 39 f.). Dieser kann mit der Globalzession zu Gunsten des Factors kollidieren. Nach h.L. entscheidet in einem solchen Fall die *zeitliche Priorität* der Abtretung (SCHLUEP, SPR VII/2, 837; GAUCH/SCHLUEP/SCHMID/EMMENEGGER, N 3441 ff., 3653; DALLÈVES, 92; ERNI, 79; BGE 56 II 363 ff.; MARTINEK, Vertragstypen, 264 ff.; LARENZ, II, 463; GLOMB, 41; zum Ganzen BÄHR, passim; HILL, 61 ff.; BGHZ 30, 151; 32, 365; **krit**. SCHMIDT, 65 ff.).

110 b) Seit dem 28.5.1988 (in Kraft seit 1.5.1995) besteht ein **UNIDROIT-Übereinkommen** über das **internationale Factoring** (abgedruckt in: Revue de droit uniforme 1988 I 162 ff.; in deutscher und englischer Sprache bei VON FALKENHAYN, 333 ff., und als Anhang des Beitrags von REY, 315 ff.; s. dazu ausführlich HÄUSLER, 87 ff.; MÜLLER-CHEN, 186 ff.; MANKOWSKI, 1261 ff.; ferner auch ENGEL, contrats, 802 f.; REY, 310 ff.; RODOLF, 139 ff.), das allerdings von der Schweiz bis anhin *nicht* ratifiziert worden ist (dazu MÜLLER-CHEN, 198 f.; s.a. TERCIER/FAVRE, N 8062).

111 c) Werden bei Leasingverträgen künftige Leasingraten an einen Factor verkauft, spricht man von einem **Forfaitierungsgeschäft**. Dieses stellt einen Kaufvertrag dar, wobei der Forderungskäufer (der Factor) das Bonitätsrisiko übernimmt, während der Verkäufer für Verität sowie dafür, dass die Forderung von Einreden und Einwendungen unbelastet ist, einsteht. Grundsätzlich handelt es sich dabei um echtes Factoring (für die Qualifikation als Factoring-ähnliches Geschäft BINDER/SCHANDOR, 42). Verbleibt hingegen neben der Verität auch die Haftung für Zahlungsunfähigkeit beim Leasinggeber, liegt keine Forfaitierung, sondern eine Darlehensgewährung (unechtes Factoring) vor (zum Ganzen HASTEDT/MELLWIG, 89 ff.).

III. Alleinvertriebsvertrag

Literatur

Schweiz: AMSTUTZ/CARRON/REINERT, Art. 4 al. I LCart, Art. 5 LCart, in: Martenet/Bovet/Tercier (Hrsg.), Droit de la Concurrence, Loi sur les cartels, Loi sur la surveillance des prix, Loi sur le marché intérieur, Loi sur les entraves techniques au commerce: Commentaire, 2. Aufl., Basel 2013, 217 ff., 424 ff.; AMSTUTZ/REINERT, Vertikale Preis- und Gebietsabreden – Eine kritische Analyse von Art. 5 Abs. 4 KG, in: Stoffel/Zäch (Hrsg.), Kartellgesetzrevision 2003: Neuerungen und Folgen, Zürich 2004, 69 ff.; BAUDENBACHER, Anspruch auf Kundschaftsentschädigung bei gesetzlich nicht geregelten Absatzmittlungsverträgen?, in: FS für Walter R. Schluep, Zürich 1988, 81 ff.; BENEDICT, Le contrat de concession de vente exclusive, Lausanne 1975; BIERER, Das Alleinverkaufsrecht, Diss. Zürich 1922; BIERI-GUT, Rechtsprobleme beim Absatz auf grauen Märkten, Diss. Zürich 1994; CAVIN, Kauf, Tausch und Schenkung, Schweizerisches Privatrecht (SPR), Bd. VII/1, Basel 1977, 174 f.; CHAPPUIS, Les contrats de distribution exclusive, in: Pichonnaz/Werro (Hrsg.), La pratique contractuelle: actualité et perspectives, Zürich 2009, 73 ff.; CHERPILLOD, La fin des contrats de distribution, in: Mélanges Dessemontet, Lausanne 1998, 429 ff.; COTTI, Das vertragliche Konkurrenzverbot: Voraussetzungen, Wirkungen, Schranken, Diss. Freiburg i. Ue. 2001; DÜRR, Mäklervertrag und Agenturvertrag. Kommentar der Art. 412 bis 418v des Schweizerischen Obligationenrechts, Freiburg/Bern 1959; DUTOIT, Les contrats de concession exclusive et de distribution sélective sous le double projecteur du droit suisse et du droit européen des ententes, ZSR 1993 I 377 ff.; EGGER, Rechtsnatur und Auslegung eines Liefervertrages mit Alleinvertriebsrecht des Abnehmers, in: Hug (Hrsg.), Ausgewählte Schriften und Abhandlungen, Bd. II, Zürich 1957, 143 ff.; FOUNTOULAKIS, Agentur- und Fachhändlerverträge – jüngere Rechtsprechung und aktuelle Probleme, in: Arter (Hrsg.), Vertriebsverträge, Bern 2007, 49 ff. (zit. Agenturvertrag); DIES., Zur Kundschaftsentschädigung bei Beendigung eines Alleinvertriebsvertrags (Vertragshändlervertrags): Anmerkungen zu BGE 4A_61/2008 vom 22.5.2008, recht 2008, 221 ff. (zit. Kundschaftsentschädigung); GLANZMANN, Der Alleinvertriebsvertrag im schweizerischen Kartellrecht unter vergleichender Heranziehung des EG-Rechts, Diss. St. Gallen 1991; GUYET, La distribution sélective en droit suisse, nouveaux développements, SMI 2/1990, 251 ff.; HARTMANN, Vertriebsverträge im internationalen Kontext, Zürich/Basel/Genf 2007; HARTMANN/EGLI/MEYER-HAUSER, Der Alleinvertriebsvertrag, 2. Aufl., St. Gallen 1995; HOCH CLASSEN, Vertikale Wettbewerbsabreden im Kartellrecht, Zürich 2003; HUBER, Der Alleinvertriebshändler, Diss. Basel 1979; KAUFMANN, Wettbewerbsrechtliche Behandlung vertikaler Abreden, Zürich 2004; KINDLER, Händlerverträge in der Schweizer Automobilbranche unter besonderer Berücksichtigung vertriebs- und wettbewerbsrechtlicher Gesichtspunkte, Diss. Bern 2000; KUHN, Der Alleinvertriebsvertrag (AVV) im Verhältnis zum Agenturvertrag (AV), in: FS für Max Keller, Zürich 1989, 187 ff.; LEISS, Der Anspruch des Agenten auf Entschädigung für die Kundschaft in rechtsvergleichender Darstellung, Bern 1965; MAIER, Alleinvertriebsvertrag zwischen Lieferant in Deutschland und Abnehmer in der Schweiz, 4. Aufl., Zürich 1991; MEYER, Der Alleinvertrieb, 2. Aufl., St. Gallen 1992; MIRFAKHRAEI, Les indemnités de fin de contrat dans le contrat d'agence et le contrat de distribution exclusive, Diss., Genf/Zürich/Basel 2014; PAETZOLD, Alleinvertriebsvertrag: Schweiz-Deutschland, 2. Aufl., Zürich 2006; DIES., Ausgleichsanspruch des Vertragshändlers nach deutschem und schweizerischem Recht, 2. Aufl., Zürich 2006 (zit. Ausgleichsanspruch); RAPP, Typologie des contrats de distribution, in: Mélanges Dessemontet, 1998, 34 ff.; RODONDI, Le contrat de concession de vente exclusive, in: Mélanges Dessemontet, Lausanne 1998, 91 ff.; SCHLUEP, Der Alleinvertriebsvertrag – Markstein der EWG-Kartellpolitik, Bern 1966 (zit. AVV); DERS., Der Alleinvertriebsvertrag, SPR VII/2, 1979, 839 ff. (zit. SPR VII/2); DERS., Die kartellrechtlichen Aspekte des Alleinvertriebsvertrages, SJZ 1975, 273 ff. (zit. SJZ 1975); SCHÖNLE, De la représentation exclusive en droit suisse et comparé, Recueil de travaux, publié à l'occasion de l'assemblée de la société suisse des juristes à Genève du 3 au 5 octobre 1969, Mémoires publiés par la Faculté de Droit de Genève, Genf 1969, 141 ff.; SIMMEN, Die Einrede des nicht erfüllten Vertrages (OR 82), Diss. Zürich 1981; VON DER CRONE, Rahmenverträge, Zürich 1993; STREIFF/PELLEGRINI/VON KAENEL, Vertragsvorlagen, 4. Aufl., Zürich 2008; VETSCH/VON DER CRONE, Die Kundschaftsentschädigung in Vertriebssystemen: Entscheid des Schweizerischen Bundesgerichts 4A_61/2008 (BGE 134 III 497) vom 22.5.2008 i.S. X und Y (Beschwerdeführer) gegen Z SA (Beschwerdegegnerin), SZW 2009, 79 ff.; VULLIÉTY, Résiliation extraordinaire injustifiée d'une concession de vente en droit suisse: Poursuite ou fin du contrat?, SJ 2003 II, 91 ff.; WEBER, Rahmenverträge als Mittel zur rechtlichen Ordnung langfristiger Geschäftsbeziehungen, ZSR 1987 I 403 ff.; WEIL, Die vorzeitige Aufhebung des Alleinvertretungsvertrages, SJZ 1936/37, 293 ff.; WYNIGER, Vom Alleinverkaufsvertrag, insb. im internationalen Privatrecht der Schweiz, Diss. Bern 1963; ZÄCH, Die sanktionsbedrohten Verhaltensweisen nach Art. 49a Abs. 1 KG, insbesondere der neue Vermutungstatbestand für Vertikalabreden, in: Stoffel/Zäch (Hrsg.), Kartellgesetzrevision 2003: Neuerungen und Folgen, Zürich/Basel/Genf 2004.

Ausland: HESSELINK, Commercial Agency, Franchise and Distribution Contracts, Berlin 2006; SCHULTE-MÄTER, Alleinvertriebsverträge nach Europäischem und Amerikanischem Kartellrecht, München 1970; STUMPF/LÖSCH, Vertragshändler – (Alleinvertriebs-)Verträge und EWG-Kartellrecht, Heidelberg 1973; ULMER, Der Vertragshändler, München 1969; WINKEL, Die Alleinvertriebsverträge im französischen, deutschen und europäischen Recht, Diss. Mainz 1968.

1. Begriff

Der **Alleinvertriebsvertrag** ist ein Mittel der Absatzpolitik (Absatzmittlungsvertrag; s. STREIFF/PELLEGRINI/VON KAENEL, 77). Ein *Lieferant* (Hersteller oder Händler) räumt seinem *Abnehmer* (Alleinabnehmer) ein örtlich, sachlich und/oder zeitlich begrenztes ausschliessliches Bezugsrecht ein (SCHLUEP, SPR VII/2, 841; HARTMANN/EGLI/MEYER-HAUSER, 14; STREIFF/PELLEGRINI/VON KAENEL, 77; TERCIER/FAVRE, N 7884 ff.; HONSELL, OR BT, 454; ENGEL, contrats, 763 ff.; CHK-JACOBS, Vor Art. 184 ff. OR/Alleinvertriebsvertrag, N 1; RAPP, 40 f.; RODONDI, 92 f.). Der Abnehmer übernimmt seinerseits bestimmte Verpflichtungen (wie die Pflicht zu einem Mindestbezug oder gar einem ausschliesslichen Bezug; SCHLUEP, SPR VII/2, 841; HARTMANN/EGLI/MEYER-HAUSER, 15; TERCIER/FAVRE, N 7884 ff.). Die Zusammenarbeit zwischen Lieferant und Abnehmer kann aber auch weiterreichen: so kann der Abnehmer den ganzen Aufgabenbereich der *Vertriebsförderung* übernehmen. Dann treffen ihn die Pflichten zur Werbung, zur Marktforschung, zum Garantie-, Kunden- und Ersatzteildienst, zur Lagerhaltung usw. (SCHLUEP, AVV, 22; STUMPF/LÖSCH, 13; SCHULTE-MÄTER, 3; WINKEL, 3 ff.). Nicht selten wird der Abnehmer sich auch *Vertriebsbindungen* unterwerfen: Direkt- und Querlieferungsverbote, selektiver Vertrieb, Preisbindungen usw. (SCHLUEP, AVV, 21; HARTMANN/EGLI/MEYER-HAUSER, 19; TERCIER/FAVRE, N 7888 f.). Im Gegenzug verpflichtet sich der Lieferant regelmässig dazu, Konkurrenzverbote einzuhalten, die Nutzung von Kennzeichen und Ausstattung der Vertragsware durch den Abnehmer zu dulden, die Kundschaft des Abnehmers zu schützen (Gebietsschutz- und Kundenklauseln) 112 usw. (Hartmann/Egli/Meyer-Hauser, 19; Schluep, SPR VII/2, 841 f.; Schluep, AVV, 22; Stumpf/Lösch, 13; Schulte-Mäter, 4 ff.).

2. Realien

113 a) **Wirtschaftliche Funktion**. Als «neuer Absatzmittlertyp» (Ulmer, 3 f.) unterscheidet sich der Alleinvertriebsvertrag vom Absatz über eigene Niederlassungen, Filialen, Agenten und Kommissionäre dadurch, dass das Eigentum an der Vertragsware auf den Abnehmer übergeht (Schluep, SPR VII/2, 842; Cavin, 174; **a.M.** Kuhn, 187 f., der die wirtschaftliche Funktion des Alleinvertriebsvertrags jener des Agenturvertrages gleichsetzt). Dadurch verlagert sich das *Vertriebsrisiko* auf den Abnehmer (Schulte-Mäter, 7; Huguenin, OR AT/BT, N 3841; Honsell, OR BT, 454). Die wirtschaftliche Dispositionsbefugnis verbleibt dem Lieferanten, wenn sich der Abnehmer einer Vertriebsbindung unterwirft (Schluep, SPR VII/2, 842; Huguenin, OR AT/BT, N 3841).

114 b) **Erscheinungsformen**. Es lassen sich *zwei Verkehrstypen* auseinanderhalten: der Alleinvertriebsvertrag *ohne* oder *mit Integration des Abnehmers* in die Absatzorganisation des Lieferanten. Im ersten Fall bestehen eine ausschliessliche Lieferpflicht des Lieferanten und eine Mindestabnahmepflicht des Abnehmers. Im zweiten Fall werden weitergehende Pflichten (wie insb. Vertriebsbindungen) vereinbart (zum Ganzen Schluep, SPR VII/2, 843; spezifisch zum Selektivvertriebsvertrag Bieri-Gut, 36 ff.).

3. Rechtsnatur

115 a) **Qualifikation**. Der Alleinvertriebsvertrag ist ein *gemischter Vertrag*, der sich aus Nominat- und Innominatelementen zusammensetzt (Schluep, SPR VII/2, 844; Kuhn, 192 f.; Honsell, OR BT, 455; Guyet, 253; Meyer, 234; zum Ganzen auch Glanzmann, 33 ff.; Rodondi, 93 f.; unklar Kindler, 37 ff.; **a.M.** Huguenin, OR AT/BT, N 3844; zur Vereinheitlichung des Alleinvertriebsrechts auf europäischer Ebene s. den Vorschlag der *Study Group on a European Civil Code*, Art. IV.E-5:101 ff. DCFR; ferner Hesselink, 157 ff.). Soweit er aus gesetzlich nicht geregelten Vertragsbestandteilen besteht, ist er zugleich *Innominatvertrag sui generis* (so ausdrücklich Guhl/Koller/Schnyder/Druey, § 40 N 6; Schluep, SPR VII/2, 844; Kuhn, 192; Cavin, 174; Tercier/Favre, N 7894; Engel, contrats, 764; Guyet, 253; BGE 78 II 33). Offen ist, ob der Alleinvertriebsvertrag auch als *zusammengesetzter Vertrag* qualifiziert werden kann. Das muss man bejahen, wenn (wie im Regelfall) die verschiedenen Obligationen als netzartig verknüpft erscheinen (allenfalls unter Einbezug Dritter wie Fachhändler; so auch OGer TG, SJZ 1984, 322; zustimmend Tercier/Favre, N 7894; s.a. Engel, contrats, 764; **a.M.** Kuhn, 192 Anm. 28). Innominatelement ist das *Alleinvertriebsrecht*, allenfalls zusätzlich die *Alleinbezugspflicht* (Schluep, SPR VII/2, 844; ders., AVV, 21 f.; Kuhn, 196; Tercier/Favre, N 7888 f.; Glanzmann, 24 ff.; s.a. Bierer, passim; Huber, passim). Art. 418f Abs. 3 und 418g Abs. 2 (agenturrechtliche Exklusivitäten) sind nicht relevant: Das *Exklusivrecht* des Agenten bedarf einer Sondervereinbarung (Schluep, SPR VII/2, 844 Anm. 26). Typisch ist weiter die *Absatzförderungspflicht* (Kuhn, 197; Hartmann/Egli/Meyer-Hauser, 17; BGE 107 II 217; 100 II 450, 451), die allerdings Parallelen zum Agenturrecht (Art. 418c, 418f Abs. 1) aufweist (Kuhn, 199 f.; BK-Gautschi, Art. 418c OR N 2a f., 3c, 5c; Wyniger, 9, 20; Benedict, 18 f.; Guyet, 254; BGE 78 II 33; 88 II 471, 474 f.; s.a. BGer, 18.6.2004, 4C.130/2004, E. 2.2 f.). Das *Konkurrenzverbot* während der Vertragsdauer bringt den Alleinvertriebsvertrag in die Nähe des Arbeits- bzw. Gesellschaftsrechts (Art. 321a Abs. 3, 536; dazu Benedict, 21; Kuhn, 197 f.; s.a. Hartmann/Egli/Meyer-Hauser, 21 f.; BGE 100 II 450, 452; 107 II 220). Auftragselemente liegen wegen fehlender Fremdnützigkeit der Leistung des Abnehmers i.d.R. nicht vor (Schluep, *SPR VII/2, 844 m.Nw., insb.* Anm. 30). Auf die im Rahmen des Vertrages getätigten *Käufe* findet Kauf- (Art. 184 ff.), allenfalls Werklieferungsvertragsrecht (Art. 365 Abs. 1) Anwendung (BK-Gautschi, Art. 365 OR N 5b; Benedict, 17 f.; BGE 54 II 375, 378). Weil ein

Dauerschuldverhältnis gegeben ist (Cavin, 175; Benedict, 55; Weil, 294; Wyniger, 8; Egger, 145), kommen obendrein die Grundprinzipien des Sukzessivlieferungsvertrages zum Tragen (Kuhn, 195 f.; Cavin, 174; Guhl/Koller/Schnyder/Druey, § 40 N 6; Tercier/Favre, N 7895; Engel, contrats, 764). Ein zugunsten des Abnehmers verabredeter *Gebietsschutz* zu Lasten Dritter zwingt i.d.R. zum Einbezug des Art. 111 (Garantievertrag; Schluep, SPR VII/2, 844; Guyet, 264; BGE 82 II 238, 247).

b) **Abgrenzung**. Der Alleinvertriebsvertrag ist kein Vorvertrag (Art. 22), sondern ein *Rahmenvertrag* (Kuhn, 190 ff., 196 Anm. 52; von der Crone, 244 f., 327; Huguenin, OR AT/BT, N 3843 und 3846; CHK-Jacobs, Vor Art. 184 ff. OR/Alleinvertriebsvertrag, N 2; Schluep, SPR VII/2, 846; anders noch Schluep, AVV, 26; s.a. Meyer, 233). Als Dauerschuldverhältnis erlischt er nämlich nicht durch einmaligen (zusätzlichen) Vertragsschluss. Er muss vielmehr laufend erfüllt werden, bis er durch Zeitablauf oder aus einem anderen Grund erlischt. Anders als der Agent handelt der Abnehmer in eigenem Namen und auf eigene Rechnung (Streiff/Pellegrini/von Kaenel, 77; Paetzold, 2; Huguenin, OR AT/BT, N 3849; Tercier/Favre, N 7899). Dieser Umstand bildet auch das entscheidende Abgrenzungskriterium zum *Handelsreisenden*, welcher als Arbeitnehmer einzustufen ist (Streiff/Pellegrini/von Kaenel, 77; Paetzold, 5). Zur Abgrenzung vom *Kommissionär, Mäkler* und *Franchisenehmer*: s. Paetzold, 6; Hoch-Classen, 39 f.; zur Abgrenzung vom *Kauf-* und *Arbeitsvertrag*: s. Huguenin, OR AT/BT, N 3847 ff. 116

4. Entstehung

Der Alleinvertriebsvertrag entsteht ohne Einhaltung einer besonderen gesetzlichen **Form** (Art. 11 Abs. 1; Streiff/Pellegrini/von Kaenel, 77; Engel, contrats, 764 m.Nw.; Meyer, 265; Rodondi, 95; zur Vertragsgestaltung s. Maier, 16). Allfällige **Nichtigkeitsgründe** und **Willensmängel** unterstehen den allgemeinen Regeln. 117

5. Inhalt

a) **Pflichten des Lieferanten**. (1) *Unterlassung* des direkten oder indirekten Absatzes der Vertragsware im Ausschliesslichkeitsbereich des Abnehmers (s. Hartmann/Egli/Meyer-Hauser, 18; Kuhn, 191, 196; Schluep, SPR VII/2, 845; Huguenin, OR AT/BT, N 3852; Meyer, 337 f.; Glanzmann, 30 f.; zur Pflicht zur Unterlassung des indirekten Absatzes eingehend ZR 1977, 127 f.; HGer ZH, SJZ 1922/23, 363). (2) *Lieferung* der Vertragsware zu den vereinbarten Geschäftsbedingungen (Schluep, SPR VII/2, 845; Egger, 143 ff.; Wyniger, 14 ff.; BK-Gautschi, Vor Art. 418a–418v OR N 3a; Guhl/Koller/Schnyder/Druey, § 40 N 6; Tercier/Favre, N 7917; Glanzmann, 23; BGE 78 II 32, 34; Cour de justice civile Genève, SJ 1967, 475; ZR 1932, 366 ff.; zu sog. Meistbegünstigungsklauseln: von der Crone, 338 f.). (3) *Unterstützung* des Abnehmers bei dessen *Vertriebsförderung*, z.B. durch Informationsleistungen (Schluep, SPR VII/2, 845; Tercier/Favre, N 7919; Kuhn, 202; BK-Gautschi, Art. 418f OR N 3a; Maier, 20 f.; Huguenin, OR AT/BT, N 3856; Meyer, 339 f.; s.a. Hartmann/Egli/Meyer-Hauser, 20). (4) (Allenfalls) *Duldung* des Gebrauches der Marke der Vertragsware (Schluep, AVV, 22; Kuhn, 197; Honsell, OR BT, 454; s.a. BGE 107 II 356, 360 f. = Pra 1982, 12 f.). Weitere mögliche Pflichten bei Streiff/Pellegrini/von Kaenel, 78. 118

b) **Pflichten des Abnehmers**. (1) (Allenfalls ausschliesslicher) *Bezug* der Vertragsware (Schluep, SPR VII/2, 845; Kuhn, 196, 201; Hartmann/Egli/Meyer-Hauser, 18; Streiff/Pellegrini/von Kaenel, 78; Honsell, OR BT, 454; Tercier/Favre, N 7922; s. noch Wyniger, 30, der den Absatz von Konkurrenzprodukten ohne ausdrückliche Vereinbarung zwischen Lieferant und Abnehmer für unzulässig hält). (2) *Förderung des Absatzes* im geschützten Gebiet (Kuhn, 191, 199 f. [mit Unterscheidung zwischen Verkaufsförderungspflicht und faktischer Verkaufsförderung]; Schluep, SPR VII/2, 846; Honsell, OR BT, 454; Huguenin, OR AT/BT, N 3858; Glanzmann, 31 f.; Tercier/Favre, N 7923 f.; Engel, 119 contrats, 765; CAVIN, 174; HARTMANN/EGLI/MEYER-HAUSER, 17; GUHL/KOLLER/SCHNYDER/DRUEY, § 40 N 6; BGE 107 II 222, 223; s. ferner aber auch BGE 100 II 450, 451; 78 II 33; ZR 1984, 6). (3) *Beachtung von Vertriebsbindungen* (SCHLUEP, SPR VII/2, 846; HARTMANN/EGLI/MEYER-HAUSER, 19; KUHN, 196). (4) *Geheimhaltungspflicht* (KUHN, 202, der diese Pflicht direkt aus Art. 418d Abs. 1 ableitet; s.a. TERCIER/FAVRE, N 7924; MEYER, 340 f.; HARTMANN/EGLI/MEYER-HAUSER, 21). Weitere mögliche Pflichten bei STREIFF/PELLEGRINI/VON KAENEL, 78.

6. Leistungsstörungen

120 a) **Grundsätzlich** finden die allgemeinen Regeln des OR auf den Alleinvertriebsvertrag Anwendung, soweit sich nicht die analoge Übernahme einschlägigen Typenrechts aufdrängt. Insb. sind *Art. 97 ff.* zu berücksichtigen (SCHLUEP, SPR VII/2, 847; KUHN, 194; BENEDICT, 64; BGE 107 II 222, 224; 78 II 33, 34; ZR 1932, 366 ff.; Cour de justice civile Genève SJ 1967, 475; HGer ZH SJZ 1955, 329 ff.). Weil aber dem Alleinvertriebsvertrag *Dauerschuldcharakter* (STREIFF/PELLEGRINI/VON KAENEL, 78) zukommt, fällt das strikt verstandene Rücktrittsrecht gem. *Art. 107 ff.* ausser Betracht (SCHLUEP, SPR VII/2, 847; KUHN, 194; HUGUENIN, OR AT/BT, N 3864; ENGEL, contrats, 767; CHK-JACOBS, Vor Art. 184 ff. OR/Alleinvertriebsvertrag, N 31; CHERPILLOD, 442; s. aber VON DER CRONE, 232 f., insb. Anm. 153; Pra 1989, 902; BGE 92 II 299, 300 f. = Pra 1967, 174; BGE 89 II 33; 88 II 169, 170 f. = Pra 1962, 384; BGE 78 II 33, 36 f.; 60 II 335, 336). Soweit freilich einzelne Leistungsstörungen die Stammverpflichtung nicht betreffen, kann nach den Art. 107 ff. vorgegangen werden (WEIL, 294; WYNIGER, 22 f.; SCHLUEP, SPR VII/2, 847 Anm. 48; CHERPILLOD, 443; s.a. BENEDICT, 62). Nach KUHN (200) ist die Vernachlässigung der Absatzförderung durch den Abnehmer als *positive Vertragsverletzung* zu qualifizieren, wenn weder ausschliesslicher Bezug noch eine Mindestabnahmepflicht vereinbart worden sind (gl.M. HONSELL, OR BT, 455). Dabei hat man freilich den konkreten Umständen des Einzelfalles Rechnung zu tragen (s. dazu OGer LU, SJZ 1948, 310).

121 b) **Kaufvertragliches Gewährleistungsrecht**. Auf die Abwicklung des Erwerbes der Vertragsware findet das Gewährleistungsrecht des *Kaufvertrages* Anwendung (SCHLUEP, SPR VII/2, 847; HARTMANN/EGLI/MEYER-HAUSER, 24 ff.; STREIFF/PELLEGRINI/VON KAENEL, 79; KUHN, 195; BK-GAUTSCHI, Art. 418a/b OR N 11b f.; WYNIGER, 23; BGE 54 II 375, 378; 88 II 325, 327 f. = Pra 1962, 452; s. ferner die differenziertere [internationalprivatrechtliche] Betrachtungsweise in BGE 100 II 34, 37 ff.; 100 II 450, 451). Soll aus der laufenden Produktion geliefert werden, muss jedoch berücksichtigt werden, dass man es mit einem *Werklieferungsvertrag* (Art. 365 Abs. 1) zu tun hat (KUHN, 195; HUGUENIN, OR AT/BT, N 3865).

122 c) **Doppelsynallagma**. Der Alleinvertriebsvertrag enthält zwei Leistungspaare: *Alleinverkaufsrecht und Verkaufsförderungspflicht* einerseits, *Verkauf der Ware und deren Abnahme/Bezahlung* andererseits stehen sich je synallagmatisch gegenüber (HARTMANN/EGLI/MEYER-HAUSER, 15; SCHLUEP, SPR VII/2, 847; KUHN, 193; BK-WEBER, Art. 82 OR N 100, 114; CHK-JACOBS, Vor Art. 184 ff. OR/Alleinvertriebsvertrag, N 20; SIMMEN, 46 f.; GUYET, 253 f.; ENGEL, contrats, 766, der hier bildlich von «couple d'obligations» spricht; RODONDI, 96 ff.; BGE 78 II 33, 34 ff.). Damit stellt sich die Frage, in welcher Weise *Art. 82* unter diesen Voraussetzungen angerufen werden darf. Die Praxis des *BGer* lässt das Leistungsverweigerungsrecht «über das Kreuz» nicht zu (Pra 1989, 902 f.; BGE 107 II 222, 223; 78 II 33, 34; s.a. MEYER, 249 f.; HUGUENIN, OR AT/BT, N 3866). Die *Lehre* pflichtet dem (noch) bei (SCHLUEP, SPR VII/2, 847; KUHN, 193 f.; SIMMEN, 47; BK-WEBER, Art. 82 OR N 100; ENGEL, contrats, 766). Sie neigt aber dazu, bei stärkerer Integration des Abnehmers in die Verkaufsorganisation des Lieferanten eine «Verschmelzung des Doppelsynallagmas zu einem einzigen (mit je gemischten Leistungsgliedern)» (SCHLUEP, SPR VII/2, 847) anzunehmen, was de facto auf eine «kreuzmässige» Anwendbarkeit von Art. 82 hinausläuft (SCHLUEP, SPR VII/2, 847; KUHN, 194; BK-WEBER, Art. 82 OR N 100; BÄR, ZBJV 1991, 263 f.; WEBER,

428; s.a. RGZ 161, 101 ff.). Folgt man den in diesem Kommentar entwickelten Grundsätzen zu den zusammengesetzten (oder «vernetzten») Verträgen (s. N 50 ff.), kann es nicht darauf ankommen, ob man es mit einem einzigen Synallagma («Verschmelzungstheorie») oder einem Doppelsynallagma zu tun hat. Allein entscheidend für die Anwendbarkeit von Art. 82 «über das Kreuz» muss sein, ob die Zweckstruktur des «rechtsgeschäftlichen Verbundes» des Alleinvertriebsvertrags auf einen gemeinsamen *Finalnexus* ausgerichtet ist (s. N 56; dem Grundsatz nach zustimmend TERCIER/FAVRE, N 7930). Das wird man i.d.R. bejahen müssen.

7. Beendigung

a) **Ordentliche Beendigung**. Für *unterjährige Verhältnisse* gilt die agenturvertragsrechtliche Regel des Art. 418*q* Abs. 1 analog (SCHLUEP, SPR VII/2, 846; KUHN, 197 f.; BENEDICT, 58 ff.; HONSELL, OR BT, 455 f.; TERCIER/FAVRE, N 7933; MEYER, 271; CHERPILLOD, 434; s.a. BGE 107 II 216, 217 ff.). Hat demgegenüber der Vertrag im Zeitpunkt der Kündigung *ein Jahr oder mehr* gedauert, so ist die gesellschaftsrechtliche Kündigungsfrist von sechs Monaten (Art. 546 Abs. 1) sachgerecht (SCHLUEP, SPR VII/2, 846; KUHN, 197; BENEDICT, 58 f.; HONSELL, OR BT, 455 f.; TERCIER/FAVRE, N 7933; MEYER, 272; **a.M.** WYNIGER, 27, der für eine volle Übernahme des Agenturvertragsrechts eintritt; ebenso Cour de justice civile GE, SJ 1975, 528). 123

b) **Ausserordentliche Beendigung**. Weil der Alleinvertriebsvertrag ein *Dauerschuldverhältnis* begründet, ist es nicht erforderlich, auf Art. 418r Abs. 1 zurückzugreifen (so aber KUHN, 194; TERCIER/FAVRE, N 7935; ENGEL, contrats, 767; HUGUENIN, OR AT/BT, N 3867; WYNIGER, 22 f.; BK-GAUTSCHI, Art. 418a/b OR N 11c; BENEDICT, 59 ff.; WEIL, 295 f.; s.a. MEYER, 274 ff.; BGE 133 III 360 ff., für eine eingehende Analyse dieses Urteils s. CHAPPUIS, 84 ff.; BGE 60 II 335, 336; 78 II 33, 36 f.; 89 II 30, 33 ff.; ZR 1948, 224 f.; Cour de justice civile GE, SJ 1967, 476; SJ 1975, 528; OGer LU, SJZ 1948, 310): Ein Kündigungsrecht aus *wichtigem Grund* ex nunc folgt schon aus allgemeinen Rechtsgrundsätzen (SCHLUEP, SPR VII/2, 846; HONSELL, OR BT, 456; CHK-JACOBS, Vor Art. 184 ff. OR/Alleinvertriebsvertrag, N 43; VULLIÉTY, 94 ff.; s.a. HARTMANN/EGLI/MEYER-HAUSER, 21; ausführlich zu den Rechtsfolgen ENGEL, contrats, 769 f.; s.a. BGer, 3.2.2015, 4A_484/2014; zu präzisieren ist, dass eine analoge Anwendung von Art. 418*r* Abs. 2 ausser Betracht fällt, es sei denn, der Abnehmer weise dieselbe Schutzbedürftigkeit wie ein Arbeitnehmer auf, was allerdings nicht dem Leitbild des Alleinvetriebsvertrages entspricht [s. N 116]; BGE 134 III 497 scheint eine solche Differenzierung zu implizieren; ausführlich zu dieser Frage VULLIÉTY, 99 ff.). Der *Tod* des Abnehmers ist immer, der Tod des Lieferanten nur ausnahmsweise Beendigungsgrund (SCHLUEP, SPR VII/2, 846; BENEDICT, 65; CHERPILLOD, 439; BGE 54 II 375 ff.; s.a. ZR 1929, 3 f.). Der *Konkurs* des Abnehmers (wie auch des Lieferanten) bewirkt stets die Auflösung des Vertrages ex nunc (SCHLUEP, SPR VII/2, 846; BENEDICT, 65 f.; CHERPILLOD, 440; HGer ZH SJZ 1978, 110). Zur Frage nach dem Schicksal des Vertrages nach einer ausserordentlichen Kündigung aus wichtigem Grund, der nicht besteht: VULLLIÉTY, 99 ff. 124

8. IPR

Nach h.L. und Praxis untersteht der Alleinvertriebsvertrag bei fehlender Rechtskürung dem Recht des Staates, in dem der **Vertragshändler** seine Niederlassung hat (s. zum Ganzen BSK IPRG-AMSTUTZ/WANG, Art. 117 N 61 m.Nw.; MARK NDUE, 103 f.; ferner PAETZOLD, 8 f.; zur Streiterledigung und Vollstreckung bei internationalen Alleinvertriebsverträgen s. HARTMANN/EGLI/MEYER-HAUSER, 35 f., 77 ff.; die internationale Dimension des Alleinvertriebsvertrags wird bei HARTMANN, 23 ff. et passim, umfassend beleuchtet). 125

9. Einzelfragen

a) **Kundschaftsentschädigung**. Die Frage, ob dem Abnehmer in Analogie zu Art. 418*u* ein Anspruch auf Kundschaftsentschädigung einzuräumen sei, ist in der Vergangenheit von den 126

Gerichten verneint worden (BGE 88 II 169, 171 = Pra 1962, 383 ff.; KGer SG SJZ 1958, 187; Cour de justice civile GE SJ 1970, 40 f.; Tribunale d'Appello, Rep 1978, 327, 329 f.; s.a. HARTMANN/EGLI/MEYER-HAUSER, 30; 3869, N 1285; CHK-JACOBS, Vor Art. 184 ff. OR/Alleinvertriebsvertrag, N 33). Immerhin hat das BGer in seiner älteren Praxis angetönt, dass in gewissen Ausnahmefällen eine Kundschaftsentschädigung des Abnehmers angebracht sein könne, ohne freilich die genauen Voraussetzungen für eine solche Analogie mit Art. 418*u* festzulegen (s. BGE 88 II 169, 171 f. = Pra 1962, 385 m.V. auf BGE 78 II 33, 36). Die Lehre bleibt hinsichtlich dieser Frage kontrovers. Ein *Teil der Lehre* lehnt eine Analogie zu Art. 418*u* ab (SCHÖNLE, 141 ff.; ENGEL, contrats, 771 f.; DÜRR, 146; LEISS, 289; CHERPILLOD, 450), während *andere Autoren* dem Abnehmer eine Kundschaftsentschädigung dann zusprechen wollen, wenn er in das Vertriebssystem des Lieferanten in einem Masse integriert ist, das seine wirtschaftliche Lage in die Nähe des Agenten bringt (SCHLUEP, SPR VII/2, 848; MIRFAKHRAEI, 189 ff.; BAUDENBACHER, 87 f.; KUHN, 202 f.; WYNIGER, 24; BENEDICT, 71 ff.; TERCIER/FAVRE, N 7944; VON DER CRONE, 291 f. [mit zusätzlichen Argumenten]; s.a. MEYER, 245 ff., 296 ff.; HARTMANN/EGLI/MEYER-HAUSER, 30; HUGUENIN, OR AT/BT, N 3872, mit abweichender Begründung; s.a. PAETZOLD, Ausgleichsanspruch, 18 ff.). In BGE 134 III 497, 505 E. 4.3 wird nunmehr in Präzisierung der bisherigen Praxis eine analoge Anwendung von Art. 418*u* dann als angebracht betrachtet, wenn sich die Lage des Abnehmers derjenigen eines Agenten annähert (dazu besonders CHAPPUIS, 87 ff.; FOUNTOULAKIS, Kundschaftsentschädigung, 222 ff.; VETSCH/VON DER CRONE, 80 ff.; s.a. BAUDENBACHER, 83; HONSELL, OR BT, 456; CHERPILLOD, 449 f.). Entgegen BGE 134 III 497, 501 E. 4.2.1 wurde diese Präzisierung bereits in BGer, 18.6.2004, 4C.130/2004, E. 2.3, unter Berufung auf die Vorauflage der vorliegenden Kommentierung in Erwägung gezogen. Die Kritik an dieser Kommentierung, die in BGE 134 III 497, 501 E. 4.2.1 geäussert wird, überrascht schon deshalb, weil sie auf einer nicht nachvollziehbaren Lektüre von BGer, 18.6.2004, 4C.130/2004, E. 2.3, beruht. In der Sache trifft sie jedenfalls ins Leere.

127 b) **Konkurrenzverbot**. (1) Umstritten ist, ob den Abnehmer **während der Vertragsdauer** ein gesetzliches Konkurrenzverbot treffe. KUHN (201) bejaht dies mit der Begründung, die agenturrechtliche Treuepflicht gelte analog auch für den Alleinvertriebsvertrag. *Andere Autoren* verneinen (BK-GAUTSCHI, Art. 418c OR N 3b; Art. 418d N 4d; HARTMANN/EGLI/MEYER-HAUSER, 28; differenzierter MAIER, 24; CHAPPUIS, 76 f.). Nach *richtiger Auffassung* wird man die konkreten Umstände des Einzelfalles in Rechnung stellen müssen: Ist der Abnehmer in hohem Masse in das Absatznetz des Lieferanten integriert, wird man eine (agenturähnliche) Treuepflicht bejahen müssen, was ein (zumindest beschränktes) Konkurrenzverbot als begründet erscheinen lässt. Ist dagegen der Alleinvertreter wirtschaftlich selbständig und unabhängig, wird die Annahme einer Treuepflicht zweifelhaft (so auch HARTMANN/EGLI/MEYER-HAUSER, 28 f.; FOUNTOULAKIS, Agenturvertrag, 91 f.; HUGUENIN, OR AT/BT, N 3861; CHK-JACOBS, Vor Art. 184 ff. OR/Alleinvertriebsvertrag, N 29; ähnlich auch CHERPILLOD, 455 f.; s. zur Treuepflicht und ihrer Tragweite auch BGE 120 III 159). (2) Ein **nachvertragliches Konkurrenzverbot** ist grundsätzlich unter sinngemässer Anwendung von Art. 418*d* und 340 ff. zu befürworten (KUHN, 201; BK-GAUTSCHI, Art. 418d OR N 4d; COTTI, N 855; HUGUENIN, OR AT/BT, N 3861; CHK-JACOBS, Vor Art. 184 ff. OR/Alleinvertriebsvertrag, N 29; **a.M.** HARTMANN/EGLI/MEYER-HAUSER, 28 f.; s. zum Ganzen auch MEYER, 292 ff.).

128 c) **Kartellrecht**. Ökonomisch betrachtet sind Alleinvertriebsveträge Vereinbarungen zwischen Unternehmen unterschiedlicher Marktstufen. Sie werden vom KG erfasst, wenn sie als *«Wettbewerbsabreden»* i.S.v. Art. 4 Abs. 1 KG zu qualifizieren sind (s. dazu Botschaft zu einem Bundesgesetz über Kartelle und andere Wettbewerbsbeschränkungen vom 23.11.1994, BBl 1995 I 546 f.; CR LCart-AMSTUTZ/CARRON/REINERT, Art. 4 N 10 ff.; BSK KG-NYDEGGER/NADIG, Art. 4 Abs. 1 N 140; s.a. CHK-JACOBS, Vor Art. 184 ff. OR/Alleinvertriebsvertrag, N 34 ff.; HARTMANN/EGLI/MEYER-HAUSER, 37 ff.). Ihre Zulässigkeit ist nach Art. 5 KG und nach den Grundsätzen zu beurteilen, die die Wettbewerbskommission in ihrer Bekanntmachung über die wettbewerbsrechtliche Behandlung vertikaler Abreden (Vertikalbekanntmachung, VertBek) vom 28.6.2010 (BBl. 2010, 5078 ff.) festgelegt hat (s. zum Ganzen CR LCart-AMSTUTZ/CARRON/REINERT, Art. 5 N 586 ff.; BSK KG-KRAUSKOPF/SCHALLER, Art. 5 N 537 ff. m.Nw.; ferner auch HOCH-CLASSEN, 39 f.). Seit der Kartellgesetzrevision 2003 (in Kraft seit 1.4.2004) muss besonders Art. 5 Abs. 4 KG beachtet werden. Diese Vorschrift stellt die Vermutung auf, dass bestimmte Preis- oder Gebietsabreden wirksamen Wettbewerb beseitigen – ein Tatbestand, der von einem Alleinvertriebsvertrag durchaus erfüllt werden kann (näheres bei AMSTUTZ/REINERT, 85 ff.; s.a. ZÄCH, 41 f., mit teilweise abweichender Auffassung; s.a. generell KAUFMANN, 5 ff.). Wird die Vermutung nicht widerlegt oder ist die Wettbewerbsabrede erheblich i.S.v. Art. 5 Abs. 1 KG, so können die beteiligten Unternehmen gem. Art. 49*a* Abs. 1 KG sanktioniert werden (CR LCart-AMSTUTZ/CARRON/REINERT, Art. 5 N 15, 40, 239 f. und 392). In der EU sind Art. 101 AEUV und die Verordnung (EU) Nr. 330/2010 der Kommission vom 20.4.2010 über die Anwendung von Art. 101 Abs. 3 des Vertrags über die Arbeitsweise der EU auf Gruppen von vertikalen Vereinbarungen und abgestimmten Verhaltensweisen (ABl. L 102/1 vom 23.4.2010) einschlägig; s. dazu insb. Mitteilung der Kommission, Leitlinien für vertikale Beschränkungen vom 10.5.2010, SEK (2010) 411 endg.

IV. Franchisevertrag

Literatur

Schweiz: AMSTUTZ/CARRON/REINERT, Art. 4 al. I LCart, Art. 5 LCart, in: Martenet/Bovet/Tercier (Hrsg.), Droit de la Concurrence, Loi sur les cartels, Loi sur la surveillance des prix, Loi sur le marché intérieur, Loi sur les entraves techniques au commerce: Commentaire, 2. Aufl., Basel 2013, 217 ff., 424 ff.; BAUDENBACHER, Anspruch auf Kundschaftsentschädigung bei gesetzlich nicht geregelten Absatzmittlungsverträgen?, in: FS für Walter R. Schluep, Zürich 1988, 81 ff. (zit. Kundschaftsentschädigung); DERS., Die Behandlung des Franchisevertrages im schweizerischen und im europäischen Recht, in: Kramer (Hrsg.), Neue Vertragsformen der Wirtschaft: Leasing, Factoring, Franchising, 2. Aufl., Bern 1992, 365 ff. (zit. Behandlung); DERS., Lauterkeitsrecht: Kommentar zum Gesetz gegen den unlauteren Wettbewerb (UWG), Basel 2001 (zit. Kommentar); BAUDENBACHER/ROMMÉ, Ausgewählte Rechtsprobleme des Franchising, in: Mélanges Engel, Lausanne 1989, 1 ff.; BELSER, Freiheit und Gerechtigkeit im Vertragsrecht, Diss. Freiburg i.Ue. 2000; CHERPILLOD, La fin des contrats de distribution, in: Mélanges Dessemontet, Lausanne 1998, 429 ff.; COTTI, Das vertragliche Konkurrenzverbot: Voraussetzungen, Wirkungen, Schranken, Diss. Freiburg i.Ue. 2001; EBNETER, Der Franchise-Vertrag, Diss. Zürich 1997; ENGEL/THÉVENAZ, Le contrat de franchise, in: Mélanges Dessemontet, Lausanne 1998, 75 ff.; GAUCH, System der Beendigung von Dauerverträgen, Diss. Freiburg i.Ue. 1968 (zit. Dauerverträge); GOBAT, L'indemnité de clientèle du franchisé, Conditions d'application analogique de l'art. 418u CO au contrat de franchise, in: AJP 2013, 537 ff.; GÜRZÜMAR, Der Franchisevertrag unter besonderer Berücksichtigung der immaterialgüterrechtlichen Schutzprobleme, Diss. Bern 1991; HIGI, Kommentar zum Schweizerischen Zivilgesetzbuch (Zürcher Kommentar), V. Band: Obligationenrecht, Teilband V 2b: Die Pacht (Art. 275–304 OR), 3. Aufl., Zürich 2000; KRAMER, Aktuelle Judikatur zum Vertragsrecht der Absatz- und Geschäftsvermittler, AJP 1997, 165 ff.; KULL, Der Franchisevertrag im schweizerischen Recht, in: Insolvenz- und Wirtschaftsrecht 3/2002, 101 ff.; LANG, Rechtsschutz im Franchising durch vorvertragliche Information, Diss. Bern, 2014; MARSCH, Franchising im internationalen Rechtsverkehr. Eine rechtsvergleichende und kollisionsrechtliche Untersuchung, Diss. Zürich 1999; PEDRAZZINI, Patent- und Lizenzvertragsrcht, 2. Aufl., Bern 1987; PICHONNAZ, Le contrat de franchise: état de son évolution, in: Pichonnaz/Werro (Hrsg.), La pratique contractuelle 3, Zürich 2012, 41 ff.; RAPP, Typologie des contrats de distribution, in: Mélanges Dessemontet, Lausanne 1998, 34 ff.; SCHLUEP, Der Franchisevertrag, Schweizerisches Privatrecht (SPR), Bd. VII/2, Basel 1979, 849 ff. (zit. SCHLUEP, SPR VII/2); SCHULTHESS, Der Franchise-Vertrag nach schweizerischem Recht, Diss. Zürich 1975; SCHÜRMANN/SCHLUEP, Kartellgesetz und Preisüberwachungsgesetz, Zürich 1988; SCHWENNINGER, Franchisevertrag, in: Münch/Böhringer/Kasper/Probst (Hrsg.), Schweizer Vertragshandbuch: Musterverträge für die Praxis, 2. Aufl., Basel 2010, 2087 ff.; STEIN-WIGGER, Die Beendigung des Franchisevertrages, Diss. Basel 1999 (zit. Beendigung); DERS., Der Investitionsersatzanspruch des Franchisenehmers, AJP 2000, 1079 ff. (zit. AJP 2000); STREIFF/PELLEGRINI/VON KAENEL, Vertragsvorlagen, 4. Aufl., Zürich 2008; TROLLER A., Immaterialgüterrecht, Bd. I, 2 Bde., 3. Aufl., Basel 1983/85 (zit. IGR); TROLLER K., Grundzüge des schweizerischen Immaterialgüterrechts, 2. Aufl., Basel 2005; VISCHER, Haftung des Kreditkartenunternehmens gegenüber dem Vertragsunternehmen: Überlegungen zu einigen materiell- und kollisionsrechtlichen Aspekten des Kreditkartenfranchising, in: FS für Walter

R. Schluep, Zürich 1988, 515 ff.; VOGEL, Der Franchise-Vertrag: Wettbewerbliche Behandlung typischer Bindungen nach Schweizer Kartellrecht, Diss. Zürich 2006; VON DER CRONE, Rahmenverträge, Zürich 1993; WANG, Die Funktionsweise des Franchising im Gastgewerbe und in der Hotellerie, in: Kramer (Hrsg.), Neue Vertragsformen der Wirtschaft: Leasing, Factoring, Franchising, 2. Aufl., Bern 1992, 335 ff.; DE WERRA, Contrat de franchise, in: Marchand/Chappuis/Hirsch (Hrsg.), Recueil de contrats commerciaux, Basel 2013, 979 ff.; WILDHABER, Franchising im internationalen Privatrecht, Diss. St. Gallen 1991 (zit. Franchising); DERS., Wachstumsstrategie Franchising – Hinweise zur rechtlichen Organisation, in: Arter (Hrsg.), Vertriebsverträge, Bern 2007, 179 ff. (zit. Wachstumsstrategie); ZOFKA, Aufbau eines grenzüberschreitenden strategischen Netzwerks für schweizerische KMU am Beispiel des Franchising, Diss. St. Gallen 1996.

Ausland: BAYREUTHER, Wirtschaftlich-existenziell abhängige Unternehmen im Konzern-, Kartell- und Arbeitsrecht, Berlin 2001; BECKER, Typische Formen und typische Folgen der Beendigung eines Franchisevertrages, in: Metzlaff (Hrsg.), Praxishandbuch Franchising, München 2003; BEHR, Der Franchisevertrag, Frankfurt a.M. 1976; BODEWIG, Der Ausgleichsanspruch des Franchisenehmers nach Beendigung des Vertragsverhältnisses, BB 1997, 637 ff.; BÖHNER, Schadenersatzpflicht des Franchisegebers aus Verschulden bei Vertragsabschluss, NJW 1994, 635 f.; DERS., Asset-Sharing in Franchise Networks: The Obligation to pass on Network Benefits, in: Amstutz/Teubner (Hrsg.), Networks: Legal Issues of Multilateral Co-operation, Oxford 2008, 153 ff. (zit. Asset-Sharing); BRAUN, Aufklärungspflichten des Franchisegebers bei den Vertragsverhandlungen, NJW 1995, 504 f.; BRÄUTIGAM, Mögliche Entwicklungen im EG-Kartellrecht für das Franchising, RIW 1997, 470 ff.; BRUPPACHER/MUELLER, The International Encyclopaedia of Franchising, 1999; BÜCHNER/KÄSTNER, Franchising – der etwas andere Weg in die Selbständigkeit, Wien 1999; BÜSER, Rechtliche Probleme im Rahmen der Datenübermittlung beim Franchising, BB 1997, 213 ff.; DIMITROVA, Franchising nach deutschem und bulgarischen Recht, WuW 1998, 954 ff.; ESSER, Franchising, 2. Aufl., Köln 1995; FLOHR, Franchise-Vertrag, 4. Aufl., München 2010 (zit. Vertrag); DERS., Sicherstellung der Selbständigkeit des Franchise-Nehmers, WiB 1997, 281 ff. (zit. Selbständigkeit); DERS., Vorvertragliche Aufklärungspflichten des Franchise-Gebers – Grundsätze und Beispiele aus der Rechtsprechung, WiB 1996, 1137 ff. (zit. Aufklärungspflichten); FROEHLICH, EU-Verordnung zum Schutz des Franchise-Nehmers, Frankfurt a.M. 2004; GAST/GÜNTER, Offenlegungspflichten bei Franchiseverträgen im deutsch-französischen Vergleich, RIW 1997, 822 ff.; GIESLER, Anhang III zu §§ 535–580a: Franchiserecht, in: Dauner-Lieb/Langer (Hrsg.), BGB – Schuldrecht, NomosKommentar, 2. Aufl., München 2008; GITTER, Gebrauchsüberlassungsverträge, Tübingen 1988; GRUNSKY, Die Rechtsnatur des Franchise-Vertrages, in: Metzlaff (Hrsg.), Praxishandbuch Franchising, München 2003; HAUNHORST, Franchisenehmer zwischen neuer Selbständigkeit und Arbeitnehmerqualifikation, Baden-Baden 2000; HEIL/WAGNER, Franchising, in: Schütze/Weipert (Hrsg.), Münchener Vertragshandbuch, Bd. 3, 6. Aufl., München 2009, 123 ff.; HEMPELMANN, Optimales Franchising, Heidelberg 2000; HESSELINK, Commercial Agency, Franchise and Distribution Contracts, Berlin 2006; HOLLING, Arbeitsrechtlicher Rechtsformzwang und Franchising, Diss. Bonn 1996; HÖPFNER, Kündigungsschutz und Ausgleichsansprüche des Franchisenehmers bei der Beendigung von Franchiseverträgen, Diss. Münster 1997; HORN/HENSSLER, Der Vertriebsfranchisenehmer als selbständiger Unternehmer, ZIP 1998, 589 ff.; JOERGES, Status und Kontrakt im Franchise-Recht, AG 1991, 325 ff.; KAHN, La franchise, Guide pratique: être franchiseur, être franchisé, 2. Aufl., Paris 1987; KROLL, Informationspflichten im Franchising, Frankfurt a.M. 2001; KUBITSCHEK, Franchising, Effizienzvergleich mit alternativen Vertriebskonzepten, Wiesbaden 2000; LIESEGANG, Der Franchise-Vertrag, 7. Aufl., Frankfurt a.M. 2011; MARTINEK, Aktuelle Rechtsfragen der vertriebsvertraglichen Praxis: Belieferungs-, Fachhändler, Vertragshändler, Agentur- und Franchisesystem, München 1988 (zit. Rechtsfragen); DERS., Franchising: Grundlagen der zivil- und wettbewerbsrechtlichen Behandlung der vertikalen Gruppenkooperation beim Absatz von Waren und Dienstleistungen, Heidelberg 1987 (zit. Franchising); DERS., Münchner Vertragshandbuch, Bd. 3/2: Wirtschaftsrecht, 4. Aufl., München 1998 (zit. Vertragshandbuch); METZLAFF, Typischer Inhalt eines Franchise-Vertrages, in: Metzlaff (Hrsg.), Praxishandbuch Franchising, München 2003; DERS., Franchising und Kartellrecht, in: Metzlaff (Hrsg.), Praxishandbuch Franchising, München 2003 (zit. Kartellrecht); NEBEL/SCHULZ/FLOHR, Das Franchise System, 4. Aufl., München 2008; PFEIFER, Die Inhaltskontrolle von Franchiseverträgen, Baden-Baden 2005; PLASSMEIER, Struktur und Rechtsstellung des Franchisevertrages im Gefüge des Zivilrechts, DZWir 1996, 146 ff.; SCHACHERREITER, Das Franchise-Paradox: Hybride Arrangements zwischen Markt und Hierarchie im materiellen und im Kollisionsrecht, Tübingen 2006; SCHIMANSKY, Der Franchisevertrag nach deutschem und niederländischem Recht, Tübingen 2003; SKAUPY, Franchising: Handbuch für die Betriebs- und Rechtspraxis, 2. Aufl., München 1995 (zit. Handbuch); DERS., Grundlagen, in: Metzlaff (Hrsg.), Praxishandbuch Franchising, München 2003 (zit. Grundlagen); DERS., Zu den Begriffen «Franchise», «Franchisevereinbarungen» und «Franchising», NJW 1992, 1785 ff.; TEUBNER, «Verbund», «Vertrag» oder «Verkehr»?, Zur Haftung von Franchisesystemen, ZHR 1990, 295 ff.; DERS., Netzwerk als Vertragsverbund, Baden-Baden 2004 (zit. Netzwerk); VORTMANN,

Franchiseverträge, 4. Aufl., Planegg 1995; WAGENSEIL, Die Sittenwidrigkeit von Franchisevereinbarungen aufgrund eines Leistungsmissverhältnisses, Berlin 2005; WAGNER, Vorvertragliche Aufklärungspflichten im internationalen Franchising, Frankfurt a.M. 2005; WASSER, Franchising zwischen Arbeitsrecht und Handelsrecht, Baden-Baden 1999; ZWECKER, Inhaltskontrolle von Franchise-Verträgen, Frankfurt a.M. 2000.

1. Begriff

Im **Franchisevertrag** räumt der *Franchisegeber* (bzw. franchisor) dem *Franchisenehmer* (bzw. franchisee) i.S. einer dauernden vertikalen Kooperation gegen Entgelt das Recht ein, bestimmte Waren und/oder Dienstleistungen zu vertreiben, und zwar unter Benutzung von Image, Namen, Zeichenrechten, Ausstattung, Kennzeichnungen, Symbolen oder sonstigen Schutzrechten sowie der gewerblichen und/oder technischen Erfahrungen des Franchisegebers und unter Beachtung des von ihm entwickelten Organisations- und Marketingsystems (SCHLUEP, SPR VII/2, 853; BEHR, 31; HONSELL, OR BT, 451; HOLLING, 5; BAYREUTHER, 363; HEMPELMANN, 3; KULL, 101; MARSCH, 8; DIMITROVA, 954; HORN/HENSSLER, 598; VOGT, 44 f.; CHK-WILDHABER, Vor Art. 184 ff. OR/Franchisevertrag, N 1; ZK-HIGI, Vor 8. Titel^{bis} [Art. 275–304] OR N 195; GUHL/KOLLER/SCHNYDER/DRUEY, § 40 N 7; RAPP, 42; ENGEL/THÉVENAZ, 76 f.; OGer ZH, 4.4.2013, ZR 2013, 65 ff.; s.a. den Merkmalskatalog bei SKAUPY, Handbuch, 6 f.; HEIL/WAGNER, 148 ff.; STEIN-WIGGER, Beendigung, 13 ff.; DERS., AJP 2000, 1079; TERCIER/FAVRE, N 8011; ENGEL, contrats, 790; EBNETER, 10 ff. m.w.Nw.; KUBITSCHEK, 21; HAUNHORST, 36 ff.; ferner GITTER, 467; LGVE 1989 II 197; zur europarechtlichen Definition des Franchisebegriffs PFEIFER, 34 ff.; WAGENSEIL, 41 f.; SKAUPY, Grundlagen, § 2, N 11 ff.; zum aktuellen Stand des EU-Rechts FROEHLICH, 17 ff.; zu den Problemen einer rechtlichen Erfassung des Franchising grundlegend JOERGES, 325 ff.; in Lehre und Rechtsprechung fehlt ein allgemein anerkannter Begriff des Franchisevertrages; s. ESSER, 14; WASSER, 34; BRÄUTIGAM, 471; MARSCH, 9; ZOFKA, 28 ff.; KROLL, 5 f.; BODEWIG, 637; PLASSMEIER, 147; GIESLER, N 1 ff.; BGE 118 II 157, E. 2a; BGer, 8.9.2011, 4A_148/2011, E. 4.1). 129

2. Realien

a) **Allgemeines**. Die seit dem 18. Jahrhundert fortschreitende Industrialisierung hat betriebswirtschaftlich nicht nur zum Problem der Produktivitätssteigerung, sondern auch zur *Absatzproblematik* geführt. Auf der Suche nach neuen, beherrschbaren und weniger kapitalintensiven Vertriebsformen hat die Wirtschaftspraxis das *Franchising* entwickelt (LANG, 16 ff.; GITTER, 464 ff.; WANG, 335 ff; BAUDENBACHER, Behandlung, 365 ff. m.Nw.; GÜRZÜMAR, 1 ff.; STEIN-WIGGER, Beendigung, 6 f.; MARTINEK, Vertragshandbuch, 318; HAUNHORST, 25 ff.; KROLL, 3; differenziert HÖPFNER, 4 ff.; SKAUPY, Handbuch, 1, 28 f.; DERS., Grundlagen, § 1 N 1 ff., s.a. HOLLING, 8 ff.; zur Geschichte des Franchising EBNETER, 3 ff.; ZOFKA, 25 ff.; s.a. STEIN-WIGGER, Beendigung, 1; BRUPPACHER/MUELLER, 1; BAYREUTHER, 366; WAGNER, 36 ff.). Heute gilt der Grundsatz «tout est franchisable» (s. die Bsp. bei SKAUPY, Handbuch, 46 ff.; einzig Versicherungs-, Rechtsberatungs-, Wirtschaftsprüfungs-, Arzt- und ähnliche Leistungen scheinen ausgenommen zu sein). Die Kautelarpraxis versucht diese Entwicklung mittels Verhaltensregeln in geordnete Bahnen zu lenken (s. LIESEGANG; 6 ff.; BÜCHNER/KÄSTNER, 212 ff.; s.a. FLOHR, Vertrag, 1 ff.; s. den durch die *Study Group on a European Civil Code* entwickelten Vorschlag, die divergierende nationalstaatliche Handhabung des Franchising im Rahmen eines gesamteuropäischen Privatrechterlasses zu vereinheitlichen: HESSELINK, 210 ff.; s.a. Art. IV.E-4.101 ff. DCFR). 130

b) **Wirtschaftliche Funktion**. Für den *Franchisegeber* steht die Möglichkeit im Vordergrund, das unmittelbare Vertriebsrisiko abzuwälzen und trotzdem die eigene Vertriebskonzeption durchzusetzen (BGE 118 II 157 E. 2a; BGer, 8.9.2011, 4A_148/2011, E. 4.1; s. im Einzelnen VORTMANN, 11; EBNETER, 6, 37; HEIL/WAGNER, 148; HUGUENIN, OR AT/BT, N 3876; HÖPFNER, 49 f.; STEIN-WIGGER, Beendigung, 1 f.; LIESEGANG, 3; BODEWIG, 637 f.; 131

BAYREUTHER, 367; ZOFKA, 72 f.; STREIFF/PELLEGRINI/VON KAENEL, 280). Dem *Franchisenehmer* öffnet Franchising den Weg, im «Schutze einer durchdachten Konzeption» (VOGT, 56; s.a. STEIN-WIGGER, Beendigung, 2; DIMITROVA, 955; ZOFKA, 83; LIESEGANG, 3; STREIFF/PELLEGRINI/VON KAENEL, 280) unter Wahrung – oder auch Erlangung – der zumindest rechtlichen Selbständigkeit tätig zu werden (zum Ganzen GITTER, 469 ff.; s.a. BAUDENBACHER, Behandlung, 370 f. m.Nw.; SCHLUEP, SPR VII/2, 852 m.Nw.; BUCHER, BT, 42; TERCIER/FAVRE, N 8013; HONSELL, OR BT, 451; ENGEL/THÉVENAZ, 75; zu den effizienztheoretischen Aspekten des Franchising SKAUPY, Handbuch, 50 ff.; ZOFKA, 75 f.; HEMPELMANN, 5 f.; BAYREUTHER, 378 ff.; HOLLING, 5; HÖPFNER, 47 f.; HEMPELMANN, 5 f.; BÜCHNER/KÄSTNER, 36; zu den kundenpsychologischen Aspekten des Franchising KROLL, 10; NEBEL/SCHULZ/FLOHR, 393; ferner STEIN-WIGGER, Beendigung, 23).

132 c) **Erscheinungsformen**. In der Regel unterscheidet man: einerseits *Produktfranchising*, das auf eine bestimmte Ware bezogen ist (KUBITSCHEK, 221 ff.; s.a. VORTMANN, 15; LIESEGANG, 5 f.; KROLL, 12; WASSER, 37; STEIN-WIGGER, Beendigung, 18; ESSER, 14; HEMPELMANN, 4; KULL, 101; HÖPFNER, 37; krit. HAUNHORST, 60 f.); andererseits *Betriebsfranchising*, bei dem der Franchisenehmer ein ganzes Bündel (package) von Erfahrungen, geschützten Rechten, Dienstleistungen und ggf. auch Waren angeboten erhält (umfassend, SKAUPY, Grundlagen, § 3 N 1 ff.; weiterführend PFEIFER, 37 ff.; GITTER, 473 ff.; WASSER, 37 ff.; BAUDENBACHER, Behandlung, 368 f.; BAUDENBACHER/ROMMÉ, 1; s.a. BEHR, 19; SCHLUEP, SPR VII/2, 853 f.; KULL, 101; HUGUENIN, OR AT/BT, N 3877; BUCHER, BT, 42 f.; HEMPELMANN, 4; HONSELL, OR BT, 451; HOLLING, 6 f.; VORTMANN, 15 f.; differenziert STEIN-WIGGER, Beendigung, 18 ff.). Weitere Erscheinungsformen bei ZOFKA, 34 ff.; KROLL, 12; MARTINEK, Rechtsfragen, § 19 N 88 ff.; GIESLER, N 7 ff.; HAUNHORST, 61 f.; MARSCH, 10 ff. Zur Unterscheidung von *Subordinations-* und *Partnerschafts-*Franchising OGer ZH, 4.4.2013, ZR 2013, 65 ff.; STEIN-WIGGER, Beendigung, 28; FLOHR; Selbständigkeit, 284; HUGUENIN, OR AT/BT, N 3878; BAYREUTHER, 365; HÖPFNER, 41 f.; rechtsvergleichend WAGNER, 47 ff.

3. Rechtsnatur

133 a) **Qualifikation**. Der Franchisevertrag ist ein *gemischter Vertrag*; soweit er Innominatelemente enthält, ist er auch als *Vertrag sui iuris* zu qualifizieren (SCHLUEP, SPR VII/2, 855; s.a. GITTER, 496; ZWECKER, 19 f.; KULL, 101; LANG, 12 f.; HUGUENIN, OR AT/BT, N 3879; DE WERRA, 998; CHK-WILDHABER, Vor Art. 184 ff. OR/Franchisevertrag, N 4; GIESLER, N 12 ff.; MARSCH, 17 f.; WASSER, 85; ESSER, 20; MARTINEK, Vertragshandbuch, 151, 320; LIESEGANG, 4; VORTMANN, 12; BÜSER, 213; HOLLING, 18 ff.; PLASSMEIER, 149 f.; zum aktuellen Meinungsstand im deutschen Recht HEIL/WAGNER, 152 ff. m.w.Nw.; GRUNSKY, § 5 N 16 ff.; WAGENSEIL, 60 ff.; KROLL, 15 ff., 67 f.; SKAUPY, Handbuch, 11; weiterführend STEIN-WIGGER, Beendigung, 125; BRUPPACHER/MUELLER, 2; sinngemäss auch BGE 118 II 157 E. 2c, was bis BGE 109 II 462 E. 3d, vom BGer abgelehnt wurde; zur Entwicklung der Rechtsprechung KRAMER, 166; TROLLER K., 304). Er ist im Kern ein *Arbeitsleistungsvertrag mit allerdings ausgeprägtem Gebrauchsüberlassungselement* (SCHULTHESS, 133 ff.; BAUDENBACHER, Behandlung, 373; BAUDENBACHER/ROMMÉ, 3; LANG, 13 ff.; s.a. TERCIER/FAVRE, N 8021; SCHWENNINGER, 2098; BGE 118 II 157 E. 2c; BGer, 8.9.2011, 4A_148/2011, E. 4.1). Die *Absatzförderungspflicht* des Franchisenehmers (BAUDENBACHER, Behandlung, 378) verleiht dem Vertrag das besondere Gepräge. Trotz der verschiedenen Komponenten bildet der Franchisevertrag eine rechtliche Einheit, deren Teile miteinander «stehen und fallen». Aus dieser Optik erscheint er als «Netzvertrag» (TEUBNER, 295 ff.; weiter ausführend DERS., Netzwerk, 69; SCHIMANSKY, 104 ff.; BÖHNER, Asset-Sharing, 153 ff.; SCHACHERREITER, 10 ff., spricht von einer «paradoxen Verbindung von Markt und Hierarchie»; s.a. BGE 118 II 157 E. 3a; WANG, 343 f.; zum Ganzen s. N 50 ff.). Eine pauschale Zuordnung unter Nominatvertragsrecht ist freilich aufgrund der Typenmerkmale nicht möglich (BGer, 8.9.2011, 4A_148/2011, E. 4.1; SCHLUEP, SPR VII/2, 854 f.; PICHONNAZ, 57; ZR 2001, 48; **a.M.** SCHULTHESS, 151 Anm. 159, der den Franchisevertrag generell dem *Lizenzvertrag* zuordnen

will; krit. BAUDENBACHER/ROMMÉ, 5 f.; s.a. TROLLER K., 303 f., der hervorhebt, dass Elemente des Lizenzvertrages fast immer vorhanden sind; zur sog. «lizenzvertraglichen Theorie» KROLL, 19 ff.). Es finden sich u.a. *auftrags-, miet-* bzw. *pacht-, lizenz-* und ggf. *leasingrechtliche* Elemente (GITTER, 496; s.a. BUCHER, BT, 43; HONSELL, OR BT, 450; PLASSMEIER, 148; zum *mietrechtlichen* Element: BGE 118 II 157 E. 3; s. dazu auch den Entscheid der Vorinstanz: ZR 1992/93, 98 ff.). In einer Fallkonstellation mit ausgeprägt hierarchischen Strukturen hat das BGer sogar die Anwendbarkeit von *Arbeitsrecht* bejaht (BGE 118 II 157 E. 4.; s. N 153). In der deutschen Rechtsprechung ist eine Tendenz erkennbar, Franchisenehmer im Zweifel dem *arbeitsrechtlichen* Schutz zu unterstellen (HORN/HENSSLER, 593, 598; s.a. WAGENSEIL, 62 ff.; BAYREUTHER, 401 ff., 452 ff.; WASSER, 18 ff.).

b) **Abgrenzungen**. Eine Zuordnung des Franchisevertrages zum *Auftragsrecht* scheitert daran, dass er als Dauerschuldverhältnis konzipiert ist und eine starke Überlassungskomponente aufweist (BAUDENBACHER, Behandlung, 373; KULL, 101 f.; MARSCH, 17; BAUDENBACHER/ROMMÉ, 4; STEIN-WIGGER, Beendigung, 40, m.Nw.; ENGEL/THÉVENAZ, 80; BAYREUTHER, 364; HÖPFNER, 69 f.). Ein *Werkvertrag* liegt nicht vor, weil mit der Absatzförderungspflicht eine blosse Aktivität, nicht aber ein Erfolg geschuldet ist (HUGUENIN, OR AT/BT, N 3880; ENGEL/THÉVENAZ, 81). Der Franchisenehmer kann auch nicht als *Arbeitnehmer* betrachtet werden, weil das Subordinationsverhältnis in forma specifica i.d.R. fehlt (BAUDENBACHER, Behandlung, 374; BAUDENBACHER/ROMMÉ, 4; HUGUENIN, OR AT/BT, N 3885; CHK-WILDHABER, Vor Art. 184 ff. OR/Franchisevertrag, N 7; ENGEL, contrats, 792 f.; s. aber BGer, 8.9.2011, 4A_148/2011, E. 4.1; BGE 118 II 157 E. 2c; 134 I 303 E. 3.4; dazu N 133; zur Rechtslage in Deutschland HOLLING, 60 ff.; HÖPFNER, 71 ff.; krit. FLOHR, WiB 1997, 281 ff.; WASSER, 31 ff.). Vom *Abschlussagenten* unterscheidet er sich dadurch, dass er im eigenen Namen und für eigene Rechnung tätig ist (BAUDENBACHER, Behandlung, 374; KULL, 101; HUGUENIN, OR AT/BT, N 3881; ENGEL/THÉVENAZ, 80; MARSCH, 13; zum deutschen Recht: LIESEGANG, 5; ZWECKER, 127; NEBEL/SCHULZ/FLOHR, 180 ff.; HÖPFNER, 21 ff., 85 f.; EBNETER, 16; VORTMANN, 14; ESSER, 27; BÜSER, 213; BAYREUTHER, 364; HOLLING, 14; zur Abgrenzung gegenüber der *Kommission*: BAUDENBACHER, Behandlung, 374 Anm. 48; HAUNHORST, 63 ff.; HUGUENIN, OR AT/BT, N 3882; MARSCH, 13 f.; NEBEL/SCHULZ/FLOHR, 180 ff.). Das Produktfranchising steht in der Nähe des *Alleinvertriebsvertrags* (BGE 118 II 157 E. 2c). Doch ist es viel stärker in das Absatzsystem des Franchisegebers integriert (ENGEL, contrats, 791; ENGEL/THÉVENAZ, 81 f.; HUGUENIN, OR AT/BT, N 3883; weitere Abgrenzungskriterien bei MARSCH, 12 f.). Im Unterschied zur *einfachen Gesellschaft* besteht beim Franchisevertrag keine Interessengemeinschaft, sondern lediglich eine Interessengleichrichtung im Blick auf den Gewinn. Daneben steht man aber vor dem für Austauschverträge typischen Interessengegensatz (zum Ganzen TEUBNER, 295 ff.; s.a. ENGEL/THÉVENAZ, 81; KROLL, 14 f.; KULL, 101; MARSCH, 15; HÖPFNER, 71; CHK-WILDHABER, Vor Art. 184 ff. OR/Franchisevertrag, N 8). Im Vergleich zum *Lizenzvertrag* sind einige Parallelen zu vermerken: gewerbsmässige Nutzung von Immaterialgütern gegen Entgelt auf der Nehmerseite sowie (beim Lizenzvertrag allerdings beschränkte) Weisungs- und Kontrollrechte auf der Geberseite (LIESEGANG, 5; WASSER, 87 f.; HAUNHORST, 70 f.; krit. SKAUPY, NJW 1992, 1789; KULL, 102; MARSCH, 15 f.; CHK-WILDHABER, Vor Art. 184 ff. OR/Franchisevertrag, N 9). Inhaltlich (Absatzförderung durch vertikale Kooperation, Integration des Franchisenehmers in das Absatzkonzept des Gebers) geht der Franchisevertrag indes wesentlich über den Lizenzvertrag hinaus (ENGEL, contrats, 792; ENGEL/THÉVENAZ, 82; VORTMANN, 13; HOLLING, 17; KUBITSCHEK, 31; s.a. WASSER, 85 ff.; **a.M.** SCHULTHESS, 151 Anm. 159), da diesem ein eigenes Dienstleistungs- und Marketingkonzept fremd ist. Generell zur Abgrenzung gegenüber anderer Formen der Absatzmittlung PFEIFER. 76 ff.; SKAUPY, Grundlagen, § 4 N 1 ff. Zu den Berührungspunkten mit der Rechtspacht vgl. ZK-HIGI, Vor 8. Titel^{bis} (Art. 275–304) OR N 198; zur Abgrenzung von der Rechtspacht MARSCH, 16. 134

4. Entstehung

135 a) Der Franchisevertrag kann **formlos** abgeschlossen werden (Art. 11 Abs. 1; SCHLUEP, SPR VII/2, 855; BAUDENBACHER, Behandlung, 377; KULL, 102; HUGUENIN, OR AT/BT, N 3887; MARSCH, 18; STREIFF/PELLEGRINI/VON KAENEL, 281; zur Rechtslage in Deutschland: PLASSMEIER, 147; VORTMANN, 14; HEIL/WAGNER, 159 ff.; hierzu: KULL, 103). Allfällige **Nichtigkeitsgründe** und **Willensmängel** unterstehen den allgemeinen Regeln.

136 b) **AGB**. Der Franchisevertrag ist regelmässig ein *Formularvertrag* (KULL, 102; MARSCH, 19; s.a. HEIL/WAGNER, 170 ff.; BÜCHNER/KÄSTNER, 112). Zu beachten sind deshalb die vom BGer entwickelten Kriterien über die Konsensbildung bei AGB-Verträgen (BAUDENBACHER, Behandlung, 377 m.Nw.; zur deutschen Rechtslage PFEIFER, 88 ff.) und Art. 8 UWG (s. dazu BAUDENBACHER, Kommentar, 791 ff.). Allerdings darf man nicht übersehen, dass sich nach der Natur der Sache eine einheitliche Absatzstrategie nur über eine straffe Organisation verwirklichen lässt (HOLLING, 1 f.). Das spricht für AGB und deren konsequente Durchsetzung (dazu BGH ZIP 1984, 1494; s.a. STEIN-WIGGER, Beendigung, 37 f. m.Nw.).

137 c) **Culpa in contrahendo**. Weil das Franchising von kooperativ-persönlichen Elementen geprägt ist, begründet bereits das Verhandlungsverhältnis für die Vertragsparteien *erhöhte Sorgfalts- und Rücksichtspflichten* (LANG, 19 ff.; eingehend METZLAFF, § 7 N 2 ff. und FROEHLICH, 27 ff., die von vorvertraglichen Aufklärungspflichten sprechen, s.a. GIESLER, N 17 ff.; GITTER, 497; KROLL, 134 ff.; ESSER, 112 ff.; eingehend zu den positiven Informationspflichten LANG, 59 ff.; STEIN-WIGGER, Beendigung, 130 f., 233 ff.). Vor allem geht es um die Offenlegung der für die Zusammenarbeit wesentlichen Sachverhalte (KROLL, 65 ff.; NEBEL/SCHULZ/FLOHR, 168 ff.; s.a. GITTER, 497 f.; VORTMANN, 20; GAST/GÜNTER, 825 f.; FLOHR, WiB 1996, 1137 ff.; HÖPFNER, 183 ff.; TEUBNER, Netzwerk, 159 f.). Pflichtverletzung hat eine Haftung aus culpa in contrahendo zur Folge (insb. zur Verletzung vorvertraglicher Aufklärungspflichten WAGNER, 53 ff., 65 ff. und BECKER, § 11 N 221 ff.; s.a. GITTER, 498 m.Nw.; FLOHR, Vertrag, 44 ff.; BÖHNER, 635 f.; BRAUN, 504 f.; GAST/GÜNTER, 825 f.; ESSER, 115 f.). Für den Franchisegeber ist es allerdings nicht immer unproblematisch, das entwickelte Know-how vor Vertragsperfektion zu offenbaren, weshalb HEIL/WAGNER, 173, den Abschluss einer *Geheimhaltungsvereinbarung* für den Fall des Scheiterns der Vertragsverhandlungen empfehlen.

5. Inhalt

138 a) **Allgemeines**. Franchiseverträge sind in der Praxis von den Parteien regelmässig umfangreich geregelt. Dennoch stellen sie meistens blosse *Rahmenverträge* dar, die die Beziehungen zwischen den Parteien nur in den Grundzügen ordnen (LANG, 13; STEIN-WIGGER, Beendigung, 53; ENGEL/THÉVENAZ, 82 ff.; HEIL/WAGNER, 154, 183 ff.; WASSER, 97; ZWECKER, 50 ff.; HÖPFNER, 67; CHK-WILDHABER, Vor Art. 184 ff. OR/Franchisevertrag, N 12). Funktionell sind sie somit *Verfassungen* komplexer Kooperationssysteme. Die Einzelheiten ergeben sich deshalb aus dem «Betriebshandbuch, aus gesonderten Neben- und Durchführungsverträgen und […] der täglich gelebten Vertragsbeziehung» (STEIN-WIGGER, Beendigung, 53; sinngemäss SKAUPY, Handbuch, 161 ff.; PLASSMEIER, 148; HEMPELMANN, 7 f.). Ausführlich zur Vertragsgestaltung in Franchiseverhältnissen: METZLAFF, § 8 N 1 ff.; BÜCHNER/KÄSTNER, 112 ff.; NEBEL/SCHULZ/FLOHR, 189 ff.; KULL, 102; HEMPELMANN, 17 ff.; WAGENSEIL, 45 ff. Trotz der mit diesem Umstand einhergehenden Vielfalt der inhaltlichen Gestaltung von Franchiseverträgen ist i.d.R. die Vereinbarung folgender Rechte und Pflichten charakteristisch:

139 b) **Pflichten des Franchisegebers**. aa) **Pflichten lizenzähnlicher Art**. (1) Einräumung der *Nutzungsbefugnis* an Kennzeichnungsgütern (SCHLUEP, SPR VII/2, 855 m.Nw.; BAUDENBACHER, Behandlung, 377; VORTMANN, 18; DE WERRA, 1002; TERCIER/FAVRE, N 6786; MARSCH, 20; ENGEL, contrats, 793; GITTER, 486; GIESLER, N 33 ff.; NEBEL/SCHULZ/FLOHR, 196; WILDHABER, Wachstumsstrategie, 194). (2) *Erhaltung* und *Verteidigung* der Schutzrechte (s. spezifisch zu markenrechtlichen Fragen MARSCH, 38 f.). Der Franchisegeber hat alles vorzukehren, was zur Aufrechterhaltung des in Lizenz gegebenen Immaterialguts notwendig ist (TROLLER, IGR, 829 f.; VORTMANN, 18). Bei Verletzung der zur Nutzung überlassenen Immaterialgüterrechte ist nur der Franchisegeber aktivlegitimiert (wobei gem. Art. 18 MSchG die Möglichkeit besteht, die Lizenz in das Markenregister eintragen zu lassen, was dem Lizenznehmer dann eine Klagebefugnis gegen markenverletzende Dritte verleiht, wenn eine Ausschliesslichkeitsklausel gekoppelt mit der Pflicht des Nehmers, jede Nachahmung auf dem Rechtsweg zu verfolgen, im Vertrag enthalten ist; s. BSK MSchG-DAVID, Art. 18 N 5; dasselbe Ergebnis kann auch mittels antizipierter Prozessvollmacht erreicht werden; s. dazu auch ZR 1992/93, 153). Der Franchisenehmer kann allenfalls Ansprüche aus UWG geltend machen. (3) *Gewährleistung* für die Brauchbarkeit des Systemkonzepts (differenzierend BAUDENBACHER, Behandlung, 377 f.; s.a. MARSCH, 21). (4) *Weiterentwicklung* des Systemkonzepts (BAUDENBACHER, Behandlung, 377; BAYREUTHER, 363; ZOFKA, 74, 110; MARSCH, 20; NEBEL/SCHULZ/FLOHR, 198 f.).

bb) **Pflichten auftragsähnlicher Art**. (1) Pflicht, die zur Durchsetzung einer einheitlichen Marketingkonzeption erforderlichen *Weisungen* zu erteilen und *Dienstleistungen* wie Beratung, Schulung, Training und Coaching (ZOFKA, 83 f., 111 f.; HOLLING, 5; HÖPFNER, 52; DE WERRA, 1002 f.; GIESLER, N 40 ff.; KULL, 102; MARSCH, 20; BÜCHNER/KÄSTNER, 20, 41; RAPP, 42; spezifisch zur Ausbildungspflicht NEBEL/SCHULZ/FLOHR, 198 ff. 253 ff., 367 ff., 423 ff.; BGE 134 I 303 E. 3.2; BGer, 9.9.2009, 2C_377/2009, E. 3.3.1), Werbung, Information und Kommunikation (NEBEL/SCHULZ/FLOHR, 199 ff., 359 ff.), etc. zu erbringen sowie die erforderlichen *Kontrollen* durchzuführen (SCHLUEP, SPR VII/2, 855; spezifisch zum «Controlling» NEBEL/SCHULZ/FLOHR, 207 f.; s.a. VORTMANN, 19; HEIL/WAGNER, 192; BAYREUTHER, 363 f.; BAUDENBACHER, Behandlung, 378; ZOFKA, 129 ff.; ESSER, 137; ENGEL, contrats, 793; GITTER, 486 ff.). (2) *Interessenwahrungs-* und *Treuepflicht* (BAUDENBACHER, Behandlung, 378; s.a. ZR 2001, 38). Daraus wird allgemein eine Gleichbehandlungspflicht gegenüber systemzugehörigen Nehmern abgeleitet (zustimmend TEUBNER, Netzwerk, 161 f.; GIESLER, N 31; SCHULTHESS, 183; BAUDENBACHER, Behandlung, 378; HEIL/WAGNER, 182; NEBEL/SCHULZ/FLOHR, 547 f.; **a.M.** MARTINEK, Franchising, 311 ff.). 140

cc) **Pflichten anderer Art**. (1) Gewährleistung des **Gebietsschutzes**, falls ein Ausschliesslichkeitsbereich zugesichert wurde (VORTMANN, 20; ENGEL, contrats, 793; STREIFF/PELLEGRINI/VON KAENEL, 280; CHK-WILDHABER, Vor Art. 184 ff. OR/Franchisevertrag, N 14; ZOFKA, 103; MARSCH, 22; ESSER, 135 ff.; zur Frage auch ENGEL/THÉVENAZ, 78 f.). Das läuft praktisch auf ein *Garantieversprechen* (Art. 111) hinaus (Einstehen für das Unterlassen jeglicher Tätigkeit Dritter im Exklusivbereich; BAUDENBACHER, Behandlung, 378; KULL, 102). (2) Einer Verpflichtung des Franchisenehmers zum *Warenbezug* vom Franchisegeber steht keine kaufrechtliche Lieferverpflichtung des Gebers gegenüber (BAUDENBACHER, Behandlung, 378 f.). Im Rahmen des Franchisevertrages ergibt sich aus der Treuepflicht des Franchisegebers lediglich die *Nebenpflicht*, dem Nehmer «nach Massgabe der Marketingkonzeption künftig eigene oder fremde Waren zu verschaffen» (MARTINEK, Franchising, 276; zur Vereinbarung einer Belieferungspflicht i.e.S. NEBEL/SCHULZ/FLOHR, 199 ff.). Erst im Verlaufe des Kooperationsverhältnisses kommt es zum Abschluss von Kaufverträgen (zu sog. Meistbegünstigungsklauseln: VON DER CRONE, 338 f.). Zu weiteren (möglichen) Pflichten des Franchisegebers s. ESSER, 138 ff. 141

c) **Pflichten des Franchisenehmers**. aa) **Pflichten lizenzähnlicher Art**. (1) Pflicht zur *Bezahlung* einer Gebühr (SCHLUEP, SPR VII/2, 855; DE WERRA, 1010; BAUDENBACHER, Behandlung, 378; KULL, 103; MARSCH, 23; BAYREUTHER, 364; LIESEGANG, 33 f.; GIESLER, N 53; ESSER, 151; WASSER, 319 ff.; TERCIER/FAVRE, N 6788; ENGEL, contrats, 793; GITTER, 488 f.; NEBEL/SCHULZ/FLOHR, 202 ff., 248 ff.). Die *Eintrittsgebühr* ist Entgelt für die Vorleistungen des Franchisegebers (Planung und Aufbau des Systems). Zur Abgeltung für die aus der Einräumung der Franchise fliessenden Rechte und Dienstleistungen sind *laufende Gebüh-* 142 *ren* zu entrichten, die aus einem Prozentsatz der Umsatzzahlen berechnet oder z.T. in den Preis der vom Franchisenehmer zu beziehenden Waren einkalkuliert werden (SCHLUEP, SPR VII/2, 855 m.Nw.; VORTMANN, 21 f.; s.a. BAYREUTHER, 425; MARSCH, 23; HÖPFNER, 29; ZOFKA, 32). (2) Pflicht zur *Benützung* der überlassenen Rechte (SCHLUEP, SPR VII/2, 856, 858; WANG, 350; BODEWIG, 638; STREIFF/PELLEGRINI/VON KAENEL, 280; MARSCH, 23; HÖPFNER, 27 f.; GIESLER, N 52). (3) *Abrechnungspflicht*. In der Regel behält sich der Franchisegeber ein Einsichtsrecht in die Buchhaltung des Nehmers vor (TROLLER, IGR, 833 f.; NEBEL/SCHULZ/FLOHR, 178 f., 207). (4) *Geheimhaltungspflicht*, insb. für die nicht exklusiv geschützten Vertragsgüter wie Know-how und Marketingkonzeption (s. dazu VON DER CRONE, 356 ff., insb. 358 ff.; DE WERRA, 1009).

143 bb) **Pflichten auftragsähnlicher Art**. (1) *Absatzförderungspflicht* (SCHLUEP, SPR VII/2, 856; BAUDENBACHER, Behandlung, 378; TERCIER/FAVRE, N 6787; MARSCH, 23; GITTER, 489 ff.; NEBEL/SCHULZ/FLOHR, 202f, 205; GIESLER, N 50 f.). Unter Einhaltung des Systemkonzepts hat der Franchisenehmer die Waren und/oder Dienstleistungen des Gebers anzubieten und durch Werbung den regionalen Markt zu erschliessen. (2) Dabei ist er an die *Weisungen* des Franchisegebers gebunden und hat entsprechende *Kontrollen* zu dulden (SCHLUEP, SPR VII/2, 856; BODEWIG, 637 f.; ENGEL, contrats, 794; MARSCH, 23; VORTMANN, 23; BGH NJW 1985, 1894 f.; NEBEL/SCHULZ/FLOHR, 207; ESSER, 151; WASSER, 97 f.; GIESLER, N 51). (3) *Treue- und Interessenwahrungspflicht* (BAUDENBACHER, Behandlung, 378; GITTER, 491; MARSCH, 23; GIESLER, N 31). Daraus folgen unmittelbar ein *Konkurrenzverbot* während der Vertragsdauer (s. dazu VON DER CRONE, 356 ff., insb. 361 ff.; COTTI, N 71; KULL, 103; HEIL/WAGNER, 201 ff.; NEBEL/SCHULZ/FLOHR, 208; ESSER, 160 ff.), die Pflicht zur Wahrung von *Geschäftsgeheimnissen* (s. dazu VON DER CRONE, 358 ff.; VORTMANN, 23; HÖPFNER, 66) und zur sorgfältigen Behandlung anvertrauter Gegenstände sowie schliesslich eine *Auskunfts-* und *Informationspflicht* (betr. die für die Systemzentrale bedeutenden Betriebsvorgänge; SCHULTHESS, 177 ff.; s.a. VON DER CRONE, 348; NEBEL/SCHULZ/FLOHR, 177 ff., 207, 209 f.; ZOFKA, 74; KROLL, 118; BÜCHNER/KÄSTNER, 49 f.; ESSER, 150; GIESLER, N 54). In der Regel hat der Nehmer die geschäftsleitenden Funktionen persönlich auszuüben. Doch kann vertraglich anderes vereinbart werden.

144 cc) **Pflichten anderer Art**. (1) In *Bezugsbindungen* wird der Franchisenehmer verpflichtet, ausschliesslich oder in einem bestimmten Umfang Produkte vom Franchisegeber oder von ihm vorgeschriebenen Lieferanten zu beziehen (SCHLUEP, SPR VII/2, 856; BAYREUTHER, 370; BÜSER, 213; HORN/HENSSLER, 597; ESSER, 147 ff.). (2) *Kunden-* oder *Gebietsbindungen* verpflichten den Nehmer, eine Beschränkung seines Abnehmerkreises zu dulden. (3) Expansionsbeschränkungen verbieten es dem Franchisenehmer, ohne Bewilligung durch sein Geschäft zu vergrössern/verkleinern, zu verlegen oder Filialen zu eröffnen (BAYREUTHER, 372). (4) Durch (kartellrechtlich zulässige; s.a. N 162) *Koppelungsbindungen* verpflichtet sich der Franchisenehmer, neben der Hauptleistung andere Vertragsleistungen vom Franchisegeber zu beziehen. (5) Schliesslich wird der Franchisenehmer verpflichtet, *Preisbindungen* und *Preisempfehlungen* einzuhalten (SCHLUEP, SPR VII/2, 856; ENGEL, contrats, 794). Zu weiteren (möglichen) Pflichten s. VORTMANN, 24; HÖPFNER, 27; MARSCH, 24 f.

6. Leistungsstörungen

145 **Grundsätzlich** finden die allgemeinen Regeln des OR Anwendung, soweit sich nicht die analoge Übernahme einschlägigen Typenrechts aufdrängt.

146 a) **Unverschuldete nachträgliche Unmöglichkeit**. *Art. 119* ist anwendbar. Lediglich Teil- (oder zeitweilige) Unmöglichkeit setzt keinen unmittelbaren Beendigungsgrund, sondern führt allenfalls mittelbar als «wichtiger Grund» zur *Vertragsauflösung* (s. N 155).

147 b) **Verschuldete nachträgliche Unmöglichkeit**. *Art. 97* ist anwendbar. Der Schuldner hat die Wahl, *Schadenersatz* entweder gemäss der Austauschtheorie oder nach der Differenztheorie zu verlangen (s. GAUCH/SCHLUEP/SCHMID/EMMENEGGER, N 2839). Ersatz nach der Austauschtheorie kommt beim Franchisevertrag aus rechtlichen und praktischen Gründen nur selten in Frage. Verschuldete Unmöglichkeit tritt häufig lediglich teil- oder zeitweise ein. Ist diesfalls die Fortsetzung des Vertrags einer Partei nicht mehr zumutbar, kann sie nach den Regeln über den «wichtigen Grund» *Auflösung des Vertrags* verlangen (s. N 155). Zur Haftung für Sach- und Rechtsmängel: VORTMANN, 25 ff.

c) **Positive Vertragsverletzung**. Dem Gläubiger der fehlerhaften Leistung steht ein *Schadenersatzanspruch* zu. Ist die Schlechterfüllung als «wichtiger Grund» zu qualifizieren, hat er auch ein *Kündigungsrecht* mit der Folge der Vertragsauflösung (s. N 155). 148

d) **Schuldnerverzug**. Da der Franchisevertrag ein Synallagma enthält, kommen zusätzlich zu den *allgemeinen Verzugsfolgen* die Sonderbestimmungen für vollkommen zweiseitige Verträge zur Anwendung. Dem Verzugsgläubiger stehen daher die *Wahlrechte gem. Art. 107 ff.* zu (**a.M.** ENGEL, contrats, 794 f.). Weil der Franchisevertrag als Dauerschuldverhältnis zu qualifizieren ist (PLASSMEIER, 147; HOLLING, 14; STREIFF/PELLEGRINI/VON KAENEL, 280; LIESEGANG, 46 f.; KROLL, 13; HÖPFNER, 24; s.a. N 153; CHK-WILDHABER, Vor Art. 184 ff. OR/Franchisevertrag, N 34), sind jedoch einige Besonderheiten zu beachten: Eine Vertragsauflösung ex tunc ist ausgeschlossen, sobald mit der typischen Hauptleistung begonnen wurde: Der «Rücktritt» wird zur *Kündigung* mit Beendigungswirkung *ex nunc*. Verzichtet der Gläubiger auf die verzögerte Leistung und verlangt er *Schadenersatz* wegen Nichterfüllung, so ist zur Bemessung des zu ersetzenden Schadens Kenntnis der vorgesehenen ordentlichen Vertragsdauer erforderlich. Ist diese nicht festgelegt, erfolgt die Berechnung bis zum Zeitpunkt, auf den der Verzugsschuldner ordentlich hätte kündigen können (zum Ganzen GAUCH, Dauerverträge, 141 ff.; s.a. CHERPILLOD, 442 ff.). 149

e) **Gläubigerverzug**. Im Blick auf die Art. 91–96 ist zu differenzieren: Der Schuldner der typischen dauernden Leistungspflicht wird für den Zeitraum, während dem sich der Gläubiger in Verzug befindet, *befreit*, ohne den Anspruch auf die vereinbarte Gegenleistung zu verlieren (s. Art. 264 Abs. 2, Art. 293 Abs. 2, Art. 324). Er ist daher i.d.R. an vorzeitiger Leistungsbefreiung gar nicht interessiert. Im Einzelfall mag jedoch ausnahmsweise ein berechtigtes Interesse an einem *Rücktritt* nach Art. 95 vorliegen (GAUCH, Dauerverträge, 170 ff.). Der Schuldner periodischer Geld- oder Sachleistungen hingegen ist zur *Hinterlegung* nach Art. 92 berechtigt. 150

7. Beendigung

a) **Ordentliche Beendigung**. aa) **Vertragliche Dauer**. Franchiseverträge werden meist zunächst für eine bestimmte Mindestdauer (i.d.R. zwischen einem Jahr und zehn Jahren) abgeschlossen (PICHONNAZ, 52; VORTMANN, 28; KULL, 103; HUGUENIN, OR AT/BT, N 3892; WASSER, 98; GIESLER, N 89; in der Doktrin ist umstritten, ob trotz dieser Frist der Vertrag auf unbestimmte Zeit eingegangen worden ist; s. STEIN-WIGGER, Beendigung, 144 ff.; nach GIESLER, N 90, ist eine Laufzeit von mehr als 20 Jahren nicht zulässig). Während dieses Zeitraumes bleibt die ordentliche Kündigung ausgeschlossen (STEIN-WIGGER, Beendigung, 140; MARTINEK, Rechtsfragen, § 21 N 6; HUGUENIN, OR AT/BT, N 3892). Erfolgt keine Kündigung, ist regelmässig eine Verlängerung um eine im Voraus festgelegte Zeit *(Verlängerungsklausel)* vertraglich vorgesehen (SCHULTHESS, 197; KULL, 103; VORTMANN, 28; STEIN-WIGGER, Beendigung, 140; ESSER, 201 f., 204; WASSER, 98). 151

bb) **Ordentliche Kündigung**. Die ordentliche Beendigung erfolgt durch fristgerechte Kündigung auf den *vereinbarten Zeitpunkt* (BAUDENBACHER, Behandlung, 379; VORTMANN, 28; HÖPFNER, 97; MARSCH, 26; ESSER, 203). Probleme ergeben sich, wenn im Blick auf die Kündigungsfrist eine vertragliche Regelung fehlt. Art. 404 ist nicht auf Dauerschuldverhältnisse zugeschnitten und scheidet daher aus (BAUDENBACHER, Behandlung, 379; STEIN-WIGGER, Beendigung, 266; HUGUENIN, OR AT/BT, N 3895; zum deutschen Recht BECKER, § 11 152

N 8 ff.; MARTINEK, Rechtsfragen, § 21 N 9). Art. 418*q* trägt der im Vergleich zur Agentur intensiveren Kooperationsform «Franchising» zu wenig Rechnung (BAUDENBACHER, Behandlung, 379). Angemessen erscheint nach *gesellschaftsrechtlichem Vorbild* (Art. 546 Abs. 1) eine Kündigungsfrist von sechs Monaten (SCHLUEP, SPR VII/2, 856; BAUDENBACHER, Behandlung, 379; HUGUENIN, OR AT/BT, N 3895; PICHONNAZ, 54 f.; MARSCH, 26; BAUDENBACHER/ROMMÉ, 6 f.; HONSELL, OR BT, 452; ENGEL, contrats, 795; ENGEL/THÉVENAZ, 89; CHERPILLOD, 434; BRUPPACHER/MUELLER, 11; **a.M.** jedoch KULL, 103; ebenso STEIN-WIGGER, Beendigung, 266, der zumindest bei subordinativ ausgestalteten Franchising-Verhältnissen eine analoge Anwendung der gesellschaftsrechtlichen Ordnung ablehnt).

153 Auch eine fristgerechte Kündigung zeitigt Wirkungen nur unter **Vorbehalt des Rechtsmissbrauchsverbots** (Art. 2 Abs. 2 ZGB; CHERPILLOD, 435 ff.; KULL, 104). Zu berücksichtigen ist v.a., dass der Franchisenehmer auf Veranlassung des Franchisegebers regelmässig aufwendige Investitionen getätigt hat (s. STEIN-WIGGER, AJP 2000, 1080 f.), deren Amortisation eine Mindestvertragsdauer erfordert (SCHULTHESS, 200 f.). In Deutschland wird in diesem Zusammenhang von sog. *Anlaufs-* oder *Investitionsschutz* gesprochen, weshalb die Literatur «Kündigung nur gegen Schadenersatz» postuliert (zum Investitionsschutz im schweizerischen Recht grundlegend STEIN-WIGGER, AJP 2000, 1080 ff., insb. 1090 f. m.Nw.). Steht der Franchisenehmer zum Franchisegeber in einem besonders betonten *Abhängigkeitsverhältnis* (HORN/HENSSLER, 597 ff.), das gesamthaft betrachtet den Franchisevertrag in die Nähe eines *Arbeitsverhältnisses* rückt, so rechtfertigt sich bei missbräuchlicher Kündigung eine analoge Anwendung von Art. 336*a*, um dem Nehmer eine Entschädigung zuzusprechen (BGE 118 II 157 E. 4; s. dazu die Urteilsanmerkung von WIEGAND, ZBJV 1994, 270, der die Tendenz des BGer hervorhebt, vermehrt «den Schutz der schwächeren Vertragspartei [...] als rechtsgestaltendes Prinzip und zugleich als dogmatisches Argument zu verwenden»; BGer, 8.9.2011, 4A_148/2011, E. 4.3.1; dazu Anm. von KULL, in: AJP 2013, 931 ff.; PICHONNAZ, 55 f.; ferner BELSER, 380; HUGUENIN, OR AT/BT, N 3896; STEIN-WIGGER, Beendigung, 269; BRUPPACHER/MUELLER, 4; ausführlich hierzu TERCIER/FAVRE, N 8050 ff., wobei «on devrait en juger différement dans des cas particuliers»; in OGer ZH, 4.4.2013, ZR 2013, 65 ff., wurde eine analoge Anwendung des Arbeitsrechts verneint, weil ein Partnerschaftfranchiseverhältnis gegeben war; zur deutschen Rechtslage HORN/HENSSLER, 592 f.; HÖPFNER, 174 ff.).

154 b) **Ausserordentliche Beendigung**. aa) **Veränderte Umstände**. Der Franchisevertrag wird mit Rücksicht auf die persönlichen Fähigkeiten beider Vertragsparteien geschlossen. Daher führen Tod, Handlungsunfähigkeit, Zahlungsunfähigkeit (Art. 83 Abs. 2), Konkurs und Pfändung zur Vertragsauflösung, wenn nichts anderes vereinbart worden ist (Art. 418s analog; BAUDENBACHER, Behandlung, 380; CHK-WILDHABER, Vor Art. 184 ff. OR/Franchisevertrag, N 29; HUGUENIN, OR AT/BT, N 3897; CHERPILLOD, 439; MARSCH, 27 f.; SKAUPY, Handbuch, 199; HÖPFNER, 95 f.; MARTINEK, Rechtsfragen, § 21 N 28 f.; NEBEL/SCHULZ/FLOHR, 212 f.). Bei Konkurs des Franchisegebers sollte es jedoch der Konkursverwaltung möglich sein, in den Vertrag einzutreten (Art. 211 Abs. 2 SchKG), wodurch Verluste sowohl der Konkursmasse als auch des Franchisenehmers gemindert werden können (BAUDENBACHER, Behandlung, 380; SCHULTHESS, 199; GAUCH, Dauerverträge, 112 f.; CHERPILLOD, 441). Zum Konkurs des Franchisenehmers wird es selten kommen, weil der Franchisegeber in Anbetracht des drohenden Imageverlusts das Unternehmen übernehmen oder einem anderen Franchisenehmer zu übergeben versuchen wird (SCHULTHESS, 198 f.).

155 bb) **Wichtige Gründe** zur Vertragsauflösung sind v.a. *schwere Vertragsverletzungen* (BAUDENBACHER, Behandlung, 380; KULL, 104; s.a. TERCIER/FAVRE, N 8053; ENGEL, contrats, 795; CHERPILLOD, 445; MARTINEK, Rechtsfragen, § 21 N 21 ff.; CHK-WILDHABER, Vor Art. 184 ff. OR/Franchisevertrag, N 30; PICHONNAZ, 58 ff.; GIESLER, N 91 ff.). Sie liegen immer dann vor, wenn die Vertragsfortsetzung bis zum ordentlichen Kündigungstermin nicht mehr zumutbar ist (STEIN-WIGGER, Beendigung, 149 mit zahlreichen Nw.; s.a. HÖPFNER, 126; MARTINEK, Rechtsfragen, § 21 N 15; ESSER, 205; WASSER, 105 f.) Auf Seite des Franchisenehmers kommen z.B. in Frage: die Vernachlässigung der Absatzförderungspflicht oder die Nichtbeachtung vorgeschriebener Verfahrensrichtlinien für die Leistungserstellung (s. BGH NJW 1985, 1894; s.a. VORTMANN, 29; HÖPFNER, 127 f.; HUGUENIN, OR AT/BT, N 3899). Auf Seite des Franchisegebers fallen z.B. ins Gewicht: die vertragswidrige Beschränkung des Absatzgebiets oder die willkürliche Ablehnung von Bestellungen des Nehmers (weitere Bsp. bei CHERPILLOD, 446 f.; HÖPFNER, 126). Auch *objektive Gegebenheiten* können daneben eine Kündigung aus wichtigem Grund rechtfertigen (wie Betriebsaufgabe, Unrentabilität der Systemzentrale etc.; weitere Bsp. bei STEIN-WIGGER, Beendigung, 50 f.). In der Praxis enthalten die Verträge häufig einen Anhang, in dem bestimmte «wichtige Gründe» besonders aufgeführt werden (s. dazu STEIN-WIGGER, Beendigung, 157 ff.; s.a. ZR 2001, 36 f.). Wegen der zwingenden Natur des Kündigungsrechts aus wichtigen Gründen ist eine solche Aufzählung jedoch nie abschliessend.

c) **Schadenersatzpflichten** entstehen v.a. *als Folge vorzeitiger Vertragsbeendigung* (s.a. ZR 2001, 45 ff.). Keine Ersatzpflicht wegen vorzeitiger Vertragsbeendigung besteht bei Tod, Handlungsunfähigkeit, Zahlungsunfähigkeit und Konkurs, weil diese Tatbestände keine Vertragsverletzungen darstellen (GAUCH, Dauerverträge, 226 f.; s. auch PICHONNAZ, 61). Bei der Vertragsauflösung aus wichtigen Gründen haftet jene Partei, die den Grund zur Auflösung schuldhaft gesetzt hat (s. VORTMANN, 30; HÖPFNER, 132 f.). Wird die ausserordentliche Kündigung grundlos ausgesprochen, muss sie als unwirksam betrachtet werden; unter Umständen kommt es zu einer Umwandlung in eine ordentliche Kündigung auf den nächstmöglichen Termin (s. dazu HÖPFNER, 132; CHK-WILDHABER, Vor Art. 184 ff. OR/Franchisevertrag, N 31; PICHONNAZ, 63). Ausserdem entsteht bei Verschulden eine Schadenersatzpflicht aus positiver Vertragsverletzung (STEIN-WIGGER, Beendigung, 161 m.Nw.). Liegt jedoch die Ursache nicht im schuldhaften Verhalten eines Vertragspartners, so bestimmt der Richter die vermögensrechtlichen Folgen der fristlosen Auflösung unter Würdigung aller Umstände nach seinem Ermessen (Art. 337*b* Abs. 2 i.V.m. Art. 418*r* analog). Zur schadensrechtlichen Vertragsaufhebung bei culpa in contrahendo s. ausführlich BECKER, § 11, N 221 ff. **156**

d) **Nachvertragliche Rückgabe- und Rücknahmepflichten**. Der Franchisenehmer ist zur Rückgabe sämtlicher *Gegenstände* verpflichtet, die ihm nur zum Gebrauch überlassen worden sind (VORTMANN, 24; HÖPFNER, 118 ff.; KULL, 104; CHK-WILDHABER, Vor Art. 184 ff. OR/Franchisevertrag, N 41). *Immaterialgüter* des Franchisegebers darf er nicht weiterbenutzen. An *Vertragsware* und *Ersatzteilen* hat er meist Eigentum erworben. Ein Rückgaberecht kommt daher nur aufgrund der nachvertraglichen Treuepflicht des Franchisegebers und nur im Rahmen des Zumutbaren in Betracht (s.a. STEIN-WIGGER, Beendigung, 212 ff.). Dabei hat grundsätzlich das Risiko zu tragen, wer den Beendigungsgrund zu vertreten hat (zum Ganzen GITTER, 511 ff.; HUGUENIN, OR AT/BT, N 3905; MARTINEK, Rechtsfragen, § 21 N 56 ff.). **157**

8. IPR

Die Parteien können das anwendbare Recht im Rahmen von Art. 116 IPRG *frei* wählen. Sehen sie davon ab oder liegt keine gültige Rechtswahl vor, so ist Art. 117 IPRG anwendbar. Die *objektive Anknüpfung* des Franchisevertrages ist freilich umstritten. Richtiger Auffassung nach wird man (unter Vorbehalt der Ausweichklausel) das Recht am **Niederlassungsort des Franchisenehmers** anwenden (ausführlich zum Ganzen BSK IPRG-AMSTUTZ/WANG, Art. 117 N 62 m.Nw.; MARSCH, 155 ff. MARK NDUE, 105 ff.; ferner auch VISCHER, 515 ff.; WILDHABER, Franchising, passim; zum Franchising im deutschen internationalen Privatrecht vertieft WAGNER, 95 ff.; SKAUPY, Handbuch, 215 ff.; ZOFKA, 77 ff.; NEBEL/SCHULZ/FLOHR, 560 ff., 576 ff.; insb. zur Struktur internationaler Franchisesysteme MARSCH, 1 ff.; zu den UNIDROIT-Arbeiten: ‹http://www.unidroit.org/french/franchising/main.htm›). **158**

9. Einzelfragen

159 a) **Kundschaftsentschädigung**. Die analoge Anwendung des *Art. 418u* auf den Franchisevertrag ist umstritten (zustimmend GOBAT, 541 ff.; KULL, 104; LANG, 107 ff.; HUGUENIN, OR AT/BT, N 3902; WILDHABER, Wachstumsstrategie, 201; differenziert CHK-WILDHABER, Vor Art. 184 ff. OR/Franchisevertrag, N 43; PICHONNAZ, 65 ff.; s. zum Meinungsstand STEIN-WIGGER, Beendigung, 324 ff. mit rechtsvergleichenden Betrachtungen; CHERPILLOD, 451 f.; MARSCH, 28 f.). Sie erscheint indessen geboten, wenn der Franchisenehmer eng in die Vertriebsorganisation eingebunden wird und der Franchisegeber nach Vertragsbeendigung die geworbenen Kunden weiter zu beliefern in der Lage ist (BAUDENBACHER, Kundschaftsentschädigung, 89 f.; DERS., Behandlung, 381 ff.; STREIFF/PELLEGRINI/VON KAENEL, 281; BAUDENBACHER/ROMMÉ, 7; s.a. SCHLUEP, 847 f.; HONSELL, OR BT, 453; VON DER CRONE, 291 f.; SCHWENNINGER, 2117 f.; STEIN-WIGGER, Beendigung, 195 mit Hinweis auf die Rechtsprechung des BGH, wonach der Kundenstamm nach Vertragsbeendigung auf den Franchisegeber übergeht; ferner BODEWIG, 639 ff.; HÖPFNER, 141 ff.; nach Auffassung von PICHONNAZ, 65 f., spricht die Abwesenheit einer eigenen unternehmerischen Tätigkeit gegen die analoge Anwendung von Art. 418u). Der Kundenstamm lässt sich nämlich nicht ohne Anstrengungen des Franchisenehmers ausweiten. Eine allfällige Sogwirkung der Marke des Franchisegebers ist bei der Festsetzung der *Entschädigung* zu berücksichtigen. Zur Abgrenzung der Kundschaftsentschädigung vom *Investitionsschutz* (s. dazu bereits N 153): STEIN-WIGGER, AJP 2000, 1092 f.

160 b) **Nachvertragliches Konkurrenzverbot**. Vielfach wird in Franchiseverträgen ein nachvertragliches Konkurrenzverbot vereinbart (VORTMANN, 24; HUGUENIN, OR AT/BT, N 3904; STEIN-WIGGER, Beendigung, 48, 216 ff.; BAYREUTHER, 418 ff.; MARTINEK, Rechtsfragen, § 21 N 61 ff.), was im Prinzip zulässig ist, aber die Beachtung verschiedener Schranken verlangt (s. dazu HEIL/WAGNER, 203 ff.; CHERPILLOD, 454 ff.). Eine solche Abrede hat zur Folge, dass der Franchisenehmer als (wieder) unabhängiger Gewerbetreibender «in seiner angestammten Branche und im eigenen Betrieb während einer gewissen Zeit nicht mehr wirtschaften kann» (SCHULTHESS, 118; s.a. KUBITSCHEK, 200 ff.). Einen gewissen Schutz bieten die allgemeinen Schranken der Art. 19/20 und Art. 27/28 ZGB (s.a. HEIL/WAGNER, 203 ff.). Angesichts der Schutzbedürftigkeit des Franchisenehmers rechtfertigt es sich, ihm (darüber hinaus) analog Art. 418*d* Abs. 2 einen Anspruch auf *Karenzentschädigung* einzuräumen (s. BAUDENBACHER, Behandlung, 380; KULL, 104; MARSCH, 30; STEIN-WIGGER, Beendigung, 342 ff.; COTTI, N 860; ZR 2001, 49; **a.M.** KRAMER, 170; zum deutschen Recht ESSER, 172 ff.). Da Karenz- und Kundschaftsentschädigung (s. N 159) verschiedene wirtschaftliche Sachverhalte betreffen, sind sie ggf. kumulativ geschuldet (BAUDENBACHER, Behandlung, 383).

161 c) **Lauterkeitsrecht**. Die sog. *Schneeballsysteme* (pyramid selling) zeichnen sich dadurch aus, dass es dem Franchisegeber nicht primär auf die Weiterveräusserung von Waren an den Endabnehmer ankommt. Bezweckt wird vielmehr die progressive Anwerbung neuer Franchisenehmer, um auf diese Weise den Absatz der Vertragswaren zu steigern. Solche Systeme sind *irreführend* und zielen darauf ab, die Leichtgläubigkeit und Unerfahrenheit der Interessenten auszunützen. Sie sind unlauter i.S. des Art. 2 UWG und daher widerrechtlich (s. generell BAUDENBACHER, Kommentar, 130). Zum deutschen Recht, s. HEIL/WAGNER, 168 ff.

162 d) **Kartellrechtlich** können die mit dem Franchising allemal gekoppelten Ausschliesslichkeiten rechtsrelevant werden (s. generell CR LCart-AMSTUTZ/CARRON/REINERT, Art. 5 N 301, 315; ferner [immer noch relevant] SCHLUEP, in: Schürmann/Schluep, 354 f.; VORTMANN, 31, 34; FLOHR, Vertrag, 58 ff.; SKAUPY, Handbuch, 168 f.; NEBEL/SCHULZ/FLOHR, 182 ff., 208, 412; MARTINEK, Rechtsfragen, § 20 N 2 ff.; HEIL/WAGNER, 161 ff.; CHK-WILDHABER, Vor Art. 184 ff. OR/Franchisevertrag, N 45 ff.; VOGEL, 87 ff.). Die Rechtslage ist grundsätzlich nicht anders zu beurteilen als beim Alleinvertriebsvertrag (Art. 4 Abs. 1, Art. 5 KG sowie Bekanntmachung der Wettbewerbskommission über die wettbewerbsrechtliche Be-

handlung vertikaler Abreden [zit. N 128]; s. N 128; s.a Botschaft [zit. N 128], 558 f.; s. zum Kartellprivatrecht des Franchisevertrages auch den [fragwürdigen] ZR 1992/93, 100). In der EU sind (wie beim Alleinvertriebsvertrag; s. N 128) Art. 101 AEUV und die Verordnung (EU) Nr. 330/2010 der Kommission (zit. N 128) einschlägig; s. dazu insb. Mitteilung der Kommission, Leitlinien für vertikale Beschränkungen [zit. N 128]; s.a. METZLAFF, Kartellrecht, § 26 N 1 ff.; BRÄUTIGAM, 472 ff.; KROLL, 23 ff.; NEBEL/SCHULZ/FLOHR, 185 f.; MARSCH, 140 ff.

V. Trödelvertrag

Literatur

E. BUCHER, Der Trödelvertrag mit den Augen Ulpians betrachtet, in: FS für Walter R. Schluep, Zürich 1988, 95 ff. (zit. Trödelvertrag); CAVIN, Der Trödelvertrag, Schweizerisches Privatrecht (SPR), Bd. VII/1, Basel 1977, 176 ff.; COMMENT, SJK 232; DUBLER, Der Kommissionsagenturvertrag: Unter besonderer Berücksichtigung der Frage der Zulässigkeit von Innominatverträgen im Bereich der Verträge auf Arbeitsleistung, Diss. Zürich 1995; HUGUENIN, Obligationenrecht, 2. Aufl., Zürich 2014; MEIER-HAYOZ, SJK 680; OFTINGER, Der Trödelvertrag: Prolegomena zu seiner Lehre, Zürich 1937 (zit. Trödelvertrag); PIOTET, Le contrat estimatoire, dit de soumission ou de consignation (Trödelvertrag), Bern 1967 (zit. Contrat); PIOTET, Le contrat estimatoire (Trödelvertrag), spécialement le passage de la propriété et des risques, in: FS für Walter R. Schluep, Zürich 1988, 115 ff. (zit. FS Schluep); DE PURY/CORNU, Le contrat de soumission, ZSR 1935, 41 ff.; RAPP, Typologie des contrats de distribution, in: Mélanges Dessemontet, Lausanne 1998, 34 ff.; REUTTER, Exklusivverträge zwischen Künstler und Händler, Diss. Zürich 1992 (zit. Exklusivverträge); DERS. Mäkler, Kommissions- und Trödelverträge, in: Arter (Hrsg.), Vertriebsverträge, Bern 2007, 103 ff. (zit. Trödelverträge).

1. Begriff

163 Ein **Trödelvertrag** liegt vor, wenn eine Partei (der *Vertrödler*) der anderen (dem *Trödler*) einen Gegenstand zum Zwecke der Weiterveräusserung an Dritte übergibt und vereinbart wird, dass der Trödler den Weiterverkauf *in eigenem Namen sowie auf eigene Rechnung* betreibt und die Pflicht übernimmt, dem Vertrödler entweder den gemeinsam festgelegten Schätzungspreis zu vergüten oder den Gegenstand zurückzugeben (BUCHER, Trödelvertrag, 95; DERS., BT, 27 f.; CAVIN, 176; PIOTET, FS Schluep, 115; GUHL/KOLLER/SCHNYDER/DRUEY, § 40 N 8; TERCIER/FAVRE, N 7857; GAUCH/AEPLI/STÖCKLI, Vor Art. 184–551 N 65; REUTTER, Exklusivverträge, 36; DERS., Trödelvertrag, 106; DUBLER, 16; RAPP, 39; BGE 55 II 39, 42 f. m.Nw.; ZWR 1993, 288; Extraits 1974, 25).

2. Realien

164 a) **Allgemeines**. Schon im römischen Recht war der Trödelvertrag (Submissions-, Konsignationsvertrag) bekannt (BUCHER, Trödelvertrag, 96 ff.). In neuester Zeit scheint er wieder an Aktualität zu gewinnen, da er zunehmend als *absatzpolitisches Instrument* für industriell gefertigte Massenprodukte (Kosmetika, Juwelen, Uhren, Bücher, Zeitungen usw.; dazu CAVIN, 176) verwendet wird (BUCHER, Trödelvertrag, 98). Auch im Kunst- und im Secondhand-Handel ist er regelmässig anzutreffen (s. REUTTER, Exklusivverträge, 37).

165 b) **Wirtschaftliche Funktion**. Das Interesse des Vertrödlers liegt in der Entlastung von jeglicher eigener Absatztätigkeit. Der regelmässig als *Kaufmann* handelnde Trödler ist interessiert, das Risiko der Unverkäuflichkeit der Ware nicht übernehmen und die finanziellen Mittel eines Eigenerwerbes nicht aufbringen zu müssen (BUCHER, Trödelvertrag, 98 f.; DERS., BT, 28; CAVIN, 176; ZWR 1993, 288; s.a. DE PURY/CORNU, 41 ff.). Mit dem Trödelvertrag kann bezweckt werden, die kommerziellen Sphären der Parteien getrennt zu halten; das Geschäft soll *«at arm's length»* abgewickelt werden (BUCHER, Trödelvertrag, 99; DERS., BT, 28). Der Trödelvertrag kann aber auch dazu dienen, das Verteilernetz des Vertrödlers auszubauen (CAVIN, 176). Diese zweite Funktion eignet sich namentlich für den Vertrieb von Massenproduk-

ten, die entweder (noch) keinen hohen Bekanntheitsgrad haben (z.B. unbekannte Kosmetika-Marken) oder wegen ihrer besonderen Natur einem hohen kommerziellen Risiko ausgesetzt sind (wie etwa Schallplatten oder Romane, die zwar «hitverdächtig», zu Beginn des Vertriebes aber noch keine «Verkaufsschlager» sind; s.a. TERCIER/FAVRE, N 7860).

166 c) **Erscheinungsformen**. Ursprünglich betraf der Trödelvertrag vornehmlich Unikate (wie Bilder, Occasionsautos, Pferde usw.). Neuerdings steht zunehmend der Absatz industrieller Güter im Vordergrund. Angesichts der Heterogenität der realen Erscheinungsbilder fehlt die Verdichtung zu einem *Verkehrstypus*. Wie BUCHER (Trödelvertrag, 102) nachgewiesen hat, ist das zumal auf den ausserordentlich breiten rechtsgeschäftlichen Gestaltungsspielraum des Trödelgeschäfts zurückzuführen.

3. Rechtsnatur

167 a) **Qualifikation**. Die Rechtsnatur des Trödelvertrages ist äusserst kontrovers. Das *BGer* qualifizierte ihn ursprünglich als Kauf, der unter der aufschiebenden Bedingung der Nichtrückgabe des Trödelobjektes steht (BGE 47 II 218, 222). Mit BGE 55 II 39 ff. (bestätigt in BGE 89 II 214, 220; s.a. 58 II 347; 69 II 110, 115 f.; 75 IV 11, 13 f.) wurde die Praxis geändert: der Trödelvertrag wurde nun als *Vertrag sui generis* qualifiziert (gl.M. ZWR 1993, 288). Als artprägend erachtete das Gericht die Wahlschuld des Trödlers, entweder den Schätzungspreis zu bezahlen oder die Sache zurückzugeben (BGE 55 II 39, 43; s. dazu auch REUTTER, Exklusivverträge, 36 f.; HUGUENIN, OR AT/BT, N 4014). Die Annahme eines suspensiv bedingten Kaufvertrags wurde mit der Begründung aufgegeben, die Rückgabepflicht des Trödlers sei ein Essentialium, wenngleich ein nur *alternatives* (BGE 55 II 39, 44 ff.). OFTINGER (Trödelvertrag, 19 ff.) hat diese Rechtsprechung dogmatisch untermauert und zur h.L. entwickelt (MEIER-HAYOZ, 2, 7; VON BÜREN, BT, 59 Anm. 253; COMMENT, 1; GUHL/KOLLER/SCHNYDER/DRUEY, § 40 N 8). Demgegenüber vertritt eine *Minderheit* weiterhin die Ansicht, der Trödelvertrag sei ein (mit dem Kauf auf Probe verwandter) aufschiebend bedingter Vertrag (PIOTET, Contrat, 24 ff.; DERS., FS Schluep, 115 ff.; CAVIN, 177). Neuerdings will BUCHER (Trödelvertrag, 101 f.) angesichts der Vielfalt der Sachverhalte das konkret Vereinbarte im Einzelfall analysieren und Lücken in einem Art. 4 ZGB analogen Verfahren füllen (krit. PIOTET, FS Schluep, 121). Doch räumt auch er ein, dass es gerechtfertigt sein kann, gewisse Regeln des OR sinngemäss beizuziehen (s. BUCHER, Trödelvertrag, 101 f.). Folgt man dieser *(zutreffenden) Lehre*, so wird man zur Qualifikation des Trödelvertrages fallweise das Recht des bedingten Kaufes, des Kaufs auf Probe, des Verkaufsmandats, des Werkvertrages oder der einfachen Gesellschaft beiziehen (BUCHER, Trödelvertrag, 102; s.a. mit ähnlichem Tenor TERCIER/FAVRE, N 7870). Zur synallagmatischen Natur des Trödelvertrags vgl. HUGUENIN, OR AT/BT, N 4011.

168 b) **Abgrenzungen**. Im Unterschied zum *Auftrag* stellt der Trödelvertrag einerseits ein Veräusserungsgeschäft, andererseits ein Propregeschäft dar (MEIER-HAYOZ, 2; HUGUENIN, OR AT/BT, N 4017). Von der *Kommission* unterscheidet sich der Trödelvertrag vorab dadurch, dass der Trödler auf eigene Rechnung handelt (MEIER-HAYOZ, 2 f.; OFTINGER, Trödelvertrag, 34 f.; HUGUENIN, OR AT/BT, N 4018; TERCIER/FAVRE, N 7871; BGE 69 II 110, 115 f.; OGer OW, SJZ 1983, 230 m.Nw.). Obendrein führt der Trödelvertrag zu einer scharfen Trennung der kommerziellen Sphären der Parteien («at arm's length»), was für die Kommission atypisch ist (BUCHER, Trödelvertrag, 99; PIOTET, FS Schluep, 116). Im Gegensatz zum *Mäkler*, der lediglich den Vertragsabschluss vermittelt, kontrahiert der Trödler selber mit dem Dritten (MEIER-HAYOZ, 4; HUGUENIN, OR AT/BT, N 4019). Zur Abgrenzung vom *Kommissionsagenturvertrag*: s. ausführlich DUBLER, 16 ff.; zur Abgrenzung vom *Kauf*: s. HUGUENIN, OR AT/BT, N 4016.

4. Entstehung

169 Da sich der Trödelvertrag regelmässig auf Fahrnisobjekte bezieht, ist seine Gültigkeit von *keiner* besonderen **Form** abhängig (Art. 11 Abs. 1). Wird hingegen bei Grundstücktrödelei (dazu PIOTET, Contrat, 64; krit. BUCHER, Trödelvertrag, 98) dem Trödler fiduziarisches Eigentum am Grundstück eingeräumt, ist der Trödelvertrag *öffentlich zu beurkunden* (Art. 216 Abs. 1 analog; gl.M. TERCIER/FAVRE, N 7873). Allfällige **Nichtigkeitsgründe** und **Willensmängel** unterstehen den allgemeinen Regeln.

5. Inhalt

170 a) **Pflichten des Trödlers**. Der Trödler ist verpflichtet, dem Vertrödler entweder den *Schätzungspreis zu bezahlen* oder ihm das *Trödelobjekt zurückzugeben* (SJZ 1952, 226; BGE 89 II 214 E. 1.b). Ob es sich dabei um eine Wahlobligation (Art. 72; so OFTINGER, Trödelvertrag, 63 f.; MEIER-HAYOZ, 5) oder um eine alternative Ermächtigung handelt, ist streitig und wird wohl nur in Anbetracht der konkreten Vertragsumstände auszumachen sein (so BUCHER, Trödelvertrag, 106 f.; HUGUENIN, OR AT/BT, N 4024). Der Trödler ist nicht verpflichtet, aktiv tätig zu werden (s.a. BUCHER, Trödelvertrag, 105; TERCIER/FAVRE, N 7880).

171 b) **Pflichten des Vertrödlers**. Der Vertrödler hat dem Trödler die Sache in der Weise zur Verfügung zu stellen, dass diesem die kaufvertraglich geschuldete Übertragung des Eigentums auf den Dritten (Käufer) möglich ist: *Übergabe des Besitzes* und *Verschaffung des Eigentums* an der Trödelware (MEIER-HAYOZ, 4; TERCIER/FAVRE, N 7875).

6. Leistungsstörungen

172 a) **Grundsätzlich** finden die allgemeinen Regeln des OR Anwendung, soweit sich nicht die analoge Übernahme einschlägigen Typenrechts aufdrängt (s. ZWR 1993, 288). Insb. sind *Art. 97 ff.* zu berücksichtigen (s.a. MEIER-HAYOZ, 1). **Besonderheiten** ergeben sich im Blick auf die Anwendbarkeit der *Art. 107 ff.*, weil der Trödelvertrag erst im Falle des Verkaufs der Trödelware zum Synallagma wird (s. dazu OFTINGER, Trödelvertrag, 50 ff.; MEIER-HAYOZ, 1; HUGUENIN, OR AT/BT, N 4011; PURY/CORNU, 48; BGE 55 II 39, 46). Befindet sich der Trödler mit seiner Leistung im Verzug und lässt er eine Nachfrist unbeachtet verstreichen, wird man einen *Übergang des Wahlrechts* auf den Vertrödler annehmen müssen (zum Ganzen BUCHER, BT, 31; MEIER-HAYOZ, 5; HUGUENIN, OR AT/BT, N 4029). Ist eine Frist für die Ausübung des Wahlrechts vereinbart und bezieht sich der Verzug des Trödlers ausschliesslich auf die Wahl, steht dem Vertrödler lediglich ein Anspruch auf Vornahme dieser Wahl zu (Art. 102 ff.; MEIER-HAYOZ, 5; GAUCH/AEPLI/STÖCKLI, Vor Art. 184–551 N 67). Die Art. 107 ff. sind *nicht* anwendbar, wenn der säumige Trödler vorgängig Rückgabe der Ware gewählt hat. Alsdann entfällt nämlich das Synallagma des Trödelvertrags (MEIER-HAYOZ, 6). Der Vertrödler hat vertraglich Anspruch auf *Rückgabe* der Ware (und auf *Schadenersatz* wegen Verspätung, *Art. 103 ff.*). Obendrein kann er *vindizieren*, wenn das Eigentum am Trödelgegenstand nicht auf den Trödler übergegangen ist (OFTINGER, Trödelvertrag, 75; HUGUENIN, OR AT/BT, N 4031).

173 b) **Gewährleistung**. aa) **Rechtsgewährleistung**. Da die Sachübergabe des Vertrödlers zum Weiterverkauf (durch den Trödler) die Behauptung eigener Verfügungsbefugnis impliziert, gelangen die *kaufrechtlichen Regeln* (Art. 192 ff.) zur Anwendung (BUCHER, Trödelvertrag, 107 f.; DERS., BT, 30; OFTINGER, Trödelvertrag, 57 ff.; MEIER-HAYOZ, 5; PIOTET, Contrat, 92 ff.; CAVIN, 178). Wird die Sache dem *Trödler* entzogen, steht diesem die Möglichkeit offen, sich trotzdem für die Übernahme zu entscheiden und Ansprüche aus Art. 195 geltend zu machen (BUCHER, Trödelvertrag, 108; DERS., BT, 30; PIOTET, Contrat, 96). Wird die Sache dem *Dritterwerber* entzogen, so haftet diesem in erster Linie der Trödler. Wird er vom Drittkäufer tatsächlich in Anspruch genommen, haftet der Vertrödler jedenfalls für die Aufwendungen des Trödlers (Art. 195 Abs. 1 Ziff. 2–4). Für die Preisrückerstattung nach Art. 195

Abs. 1 Ziff. 1 ist der Schätzungspreis massgeblich. Muss der Trödler dem Dritterwerber einen Kaufpreis ersetzen, der den Betrag des Schätzungspreises übersteigt, so haftet der Vertrödler für den Mehrbetrag, wenn ihm der Exkulpationsbeweis nach Art. 195 Abs. 2 misslingt (BUCHER, Trödelvertrag, 108; DERS., BT, 30).

174 bb) **Sachgewährleistung**. Die h.L. nimmt an, die *Art. 197 ff.* seien unmittelbar auf den Trödelvertrag anwendbar. Doch darf man davon ausgehen, dass der Trödler mangelhafte Ware i.d.R. zurückgeben wird, so dass die Sachgewähr kaum praktisch werden wird (MEIER-HAYOZ, 5). Hat der Trödler hingegen die mangelhafte Ware schon verkauft, hat sich der Dritterwerber nach h.L. an den Trödler, dieser aber an den Vertrödler zu halten (MEIER-HAYOZ, 5). BUCHER (Trödelvertrag, 108) hält ein solches Vorgehen zutreffend für *sachwidrig* und will, solange der Trödler nicht weiterverkauft hat, dessen Gewährleistungsansprüche durch die Befugnis der *jederzeitigen Restitution* konsumieren lassen (s.a. TERCIER/FAVRE, N 7877; **a.M.** HUGUENIN, OR AT/BT, N 4036). Im Fall der Weiterveräusserung soll die Haftung des Vertrödlers auf Schadloshaltung des Trödlers beschränkt bleiben (BUCHER, Trödelvertrag, 109; DERS., BT, 30; HUGUENIN, OR AT/BT, N 4037). Demnach kann der Trödler nur dann auf den Vertrödler zurückgreifen, wenn er seinerseits vom Dritterwerber belangt worden ist (BUCHER, BT, 30; TERCIER/FAVRE, N 7877). Allerdings will BUCHER für den Fall der Vertrödelung industriell gefertigter Massenwaren ausnahmsweise eine Sachgewährleistungspflicht des Vertrödlers annehmen (DERS., Trödelvertrag, 110 f.; DERS., BT, 30 f.; gl.M. HUGUENIN, OR AT/BT, N 4037).

175 c) **Gefahrtragung**. Nach PIOTET (FS Schluep, 126) ist der Trödelvertrag ein suspensiv *bedingter Kauf* (s. N 167), so dass Art. 185 Abs. 3 direkt anwendbar ist (s.a. REUTTER, Trödelvertrag, 116). MEIER-HAYOZ (4 f.) operiert mit dem Grundsatz *«casum sentit dominus»*, womit der jeweilige Eigentümer des Trödelgegenstandes (meistens der Trödler) mit der Gefahr belastet ist. OFTINGER (Trödelvertrag, 99 ff.) nimmt dagegen aus seiner dogmatischen Position der *Wahlobligation* an, der Trödler könne sich durch Wahl der (unmöglich gewordenen) Rückgabe nach Art. 119 Abs. 1 befreien. Schliesslich tritt BUCHER (Trödelvertrag, 104 ff.; BT, 29 f.) unter Vorbehalt anders lautender Parteivereinbarung für eine *Gefahrtragung des Trödlers* mit der Begründung ein, die Trödelware sei in den Herrschaftsbereich des Trödlers gestellt (DERS., Trödelvertrag, 105, 107).

176 d) **Rechtsmissbrauch des Trödlers**. Veräussert der Trödler den Trödelgegenstand *unter* dem Schätzungspreis und ist ihm bewusst, dass er diesen dem Vertrödler hernach nicht bezahlen kann, so übt er sein Wahlrecht (i.S. der Übernahme) *missbräuchlich* aus. Eine verbreitete Meinung will dem Dritterwerber diesfalls Eigentum nur unter den Voraussetzungen der Art. 714 Abs. 2 und 933 ZGB zusprechen (GUHL/KOLLER/SCHNYDER/DRUEY, § 40 N 8; CAVIN, 178 f.; BGE 69 II 110, 116 ff.; 70 II 103, 106; krit. BUCHER, Trödelvertrag, 97 Anm. 5).

7. Beendigung

177 Der Trödelvertrag erlischt **ordentlich** durch richtige Erfüllung. Üblich ist die Vereinbarung einer *Erfüllungsfrist*. Diese kann sich auch aus der Verkehrsübung ergeben. Ist vertraglich keine Frist bestimmt, ist Art. 75 anwendbar (BGE 55 II 39, 45; skeptisch TERCIER/FAVRE, N 7881). **Ausserordentliche Beendigungsgründe** richten sich nach den allgemeinen Regeln (s.a. N 172) oder je nach Vertragsqualifikation nach besonderen Vorschriften.

8. IPR

178 Haben die Parteien keine Rechtswahl getroffen, so ist auf den **internationalen Trödelvertrag** das Recht des Staates anwendbar, in dem der **Trödler** seinen gewöhnlichen Aufenthalt bzw. seine Niederlassung hat. Denn er erbringt die charakteristische Leistung i.S.v. Art. 117 Abs. 2 IPRG (s. dazu BSK IPRG-AMSTUTZ/WANG, Art. 117 N 63 m.Nw.; MARK NDUE, 108).

VI. Tankstellenvertrag

Literatur

Schweiz: AMSTUTZ/CARRON/REINERT, Art. 4 al. I LCart, Art. 5 LCart, in: Martenet/Bovet/Tercier (Hrsg.), Droit de la Concurrence, Loi sur les cartels, Loi sur la surveillance des prix, Loi sur le marché intérieur, Loi sur les entraves techniques au commerce: Commentaire, 2. Aufl., Basel 2013, 217 ff., 424 ff.; BAUDENBACHER, Lauterkeitsrecht: Kommentar zum Gesetz gegen den unlauteren Wettbewerb (UWG), Basel 2001 (zit. Kommentar); COTTI, Das vertragliche Konkurrenzverbot: Voraussetzungen, Wirkungen, Schranken, Diss. Freiburg i.Ue. 2001; KALTENRIEDER, Les contrats de station-service, Diss. Lausanne 1999; RAPP, Typologie des contrats de distribution, in: Mélanges Dessemontet, Lausanne 1998, 34 ff.; SCHLUEP/WERDER, Die Tankstellenverträge, Schweizerisches Privatrecht (SPR), Bd. VII/2, Basel 1979, 859 ff.; VON DER CRONE, Rahmenverträge, Zürich 1993.

Ausland: BORGSTÄDT, Der Tankstellenvertrag und seine Kündigung nach § 624 des Bürgerlichen Gesetzbuches, Diss. Köln 1969; DUDEN, Kündigung von Tankstellenverträgen, NJW 1962, 1324 ff.; GITTER, Gebrauchsüberlassungsverträge, Tübingen 1988, 261 ff.; HÖPFNER, Kündigungsschutz und Ausgleichsansprüche des Franchisenehmers bei der Beendigung von Franchiseverträgen, Frankfurt a.M. 1997; KÜSTNER, Sonderfragen zum Vertragsrecht des Tankstellenhalters, Rundschau für Vertreterrecht 1969, 365 ff.; NIPPOLD, Der Tankstellenvertrag, Diss. Köln 1962; PANNAGL, Der Tankstellenvertrag im Kartellrecht, Wien 2002; REHBINDER, Der Tankstellenvertrag im Blickfeld der Rechtstatsachenforschung, Berlin 1971; SCHOPP, Tankstellenmietverträge und -dienstbarkeiten, Zeitschrift für Miet- und Raumrecht 1971, 233 ff.; VON KISTOWSKI, Der Tankstellenvertrag, Diss. Köln 1962.

1. Begriff

Mineralölunternehmen setzen ihre Treib- und Schmierstoffe regelmässig über ein Vertriebsnetz ab, an dem «externe» *Tankstellenhalter* beteiligt sind (GITTER, 261 f.; s.a. OGer BL, BJM 1973, 95). Alsdann werden sog. **Tankstellenverträge** abgeschlossen, durch die der Tankstellenhalter als *Eigenhändler* in das Absatzsystem der Mineralölunternehmen eingebunden wird (SCHLUEP/WERDER, 862; ULMER, 1, 34 f.; REHBINDER, 28; KALTENRIEDER, 6 ff.; anders in Deutschland: GITTER, 264). 179

2. Realien

a) **Wirtschaftliche Funktion**. Der Tankstellenvertrag ist ein Mittel, um ein Vertriebsnetz aufzubauen, das dem Tankstellenhalter formell die Stellung eines *selbständigen Unternehmers* einräumt, dem Mineralölunternehmen wirtschaftlich aber ein *Direktionsrecht* über die Absatzware sichert, das der Verfügungsmacht des Eigentümers sehr nahe kommt (SCHLUEP/WERDER, 862 f.). 180

b) **Erscheinungsformen**. aa) Beim **verkehrstypischen** Tankstellenvertrag (sog. Stationär- oder Stützpunktvertrag; s. HÖPFNER, 106) stellt der Tankstellenhalter i.d.R. das Grundstück und das Tankstellengebäude zur Verfügung und verpflichtet sich, die Tankstelle auf eigene Kosten zu betreiben sowie verschiedene Vertriebsbindungen einzuhalten (s. N 186 04). Andere, v.a. technische Vertriebsmittel (Ausschankanlage, Werbeschilder usw.), liefert der Mineralölunternehmer (SCHLUEP/WERDER, 860 f., 863; RAPP, 44 f.; s.a. ENGEL, contrats, 825; HÖPFNER, 106 f.; PANNAGL, 31 ff.). 181

bb) Neben diesem Verkehrstypus trifft man auch **(atypische) Vertragskonstellationen** an, in denen der Tankstellenhalter entweder (1) sämtliche Vertriebsmittel stellt oder (2) keine Produktionsmittel aufbringt (s.a. ENGEL, contrats, 825 f.; RAPP, 43 f.). Im ersten Fall reduziert sich der Tankstellenvertrag im Wesentlichen auf eine *Bezugspflicht* des Tankstellenhalters (samt Werbepflicht mit Fremdwerbeverbot), während im zweiten Fall zwischen Mineralölunternehmen und Tankstellenhalter ein *dienstleistungs-* bzw. *agenturähnliches* Verhältnis besteht (s. SCHLUEP/WERDER, 860 ff.; HÖPFNER, 107 f., der diesfalls von Tankdienststellen-Abkommen oder Pächterverträgen spricht; **a.M.** PANNAGL, der ein derartiges Verhältnis gänzlich den Regeln des Pächtervertrages unterstellt, 33 ff.). Ein Liefervertrag mit einem in jeder Be- 182 ziehung selbständigen Tankstellenhalter wird in der Literatur *nicht* zu den Tankstellenverträgen gezählt (Borgstädt, 1). Er ist schlichter *Kaufvertrag*.

3. Rechtsnatur

183 a) **Qualifikation**. Der verkehrstypische Tankstellenvertrag ist ein *Vertrag sui generis* (Schluep/Werder, 864; **a.M.** Extraits 1974, 26, wonach der Tankstellenvertrag als gemischter Vertrag zu qualifizieren sei; zur Rechtslage in Deutschland: Gitter, 264 ff.). Ein *Kaufelement* ist zwar im Lieferabkommen enthalten (Extraits 1974, 26). Die Art. 184 ff. sind aber trotzdem nicht anwendbar: Der Tankstellenhalter darf nämlich den Treibstoff nur nach den Vorschriften des Mineralölunternehmens (namentlich Preisbindung, Pflicht zum Detailverkauf und zur Absatzmaximierung; s. dazu Schluep/Werder, 864 f.) veräussern. Das schränkt die Dispositionsbefugnis des Tankstellenhalters über die Vertragsware schuldrechtlich in einem Mass ein, das die für den Kaufvertrag wesensnotwendige freie und unbeschwerte Sachherrschaft nicht mehr sichert (BK-Becker, Art. 184 OR N 2, 4; ZK-Oser/Schönenberger, Art. 184 OR N 16, 42 f.; s.a. OGer BL, BJM 1973, 95 ff.). Eine weitere Atypizität (gegenüber dem Kauf) liegt im Umstand, dass das Mineralölunternehmen i.d.R. keine Lieferverpflichtung trifft (Ulmer, 340 f.) und regelmässig auch Schadenersatzpflichten vollständig wegbedungen werden (ZK-Schönenberger/Jäggi, Art. 1 OR N 105, Art. 184 OR N 2; BK-Becker, Art. 184 OR N 1 ff.). Auch ist die Werbepflicht des Tankstellenhalters *auftragsrechtlicher* Natur (Art. 394 ff.; Schluep/Werder, 864). Schliesslich ist im Einzelfall zu prüfen, ob *Agentur-* oder *Arbeitsvertragsrecht* anzuwenden sei. Auch wenn nämlich der Tankstellenhalter formell selbständiger Zwischenhändler ist, bleibt er faktisch doch zur Geschäftsbesorgung verpflichtet. Das rückt seine Stellung in die Nähe des Einzelfirmenagenten, des Handelsreisenden und des Arbeitnehmers (dazu Schluep/Werder, 866; BGE 54 II 375, 378; 60 II 335; 78 II 74, 81 f. = Pra 1952, 166; BGE 88 II 325, 327 f. = Pra 1962, 452; BGE 88 II 471, 474; Extraits 1974, 25 f.; BGer, 25.9.2006, 4P.104/2006, E. 3.1; zur deutschen Rechtslage: Nw. bei Gitter, 265 ff.; Rehbinder, 16 Anm. 19; Nippold, 19 Anm. 11; Küstner, 365 ff.; Schopp, 233 ff.; zur österreichischen Rechtslage: Differenziert Pannagl, 45 ff.).

184 b) **Abgrenzungen**. Der Tankstellenvertrag kann nicht als *Auftrag* qualifiziert werden, weil mit der Verpflichtung, eine Tankstelle nach Weisung des Mineralölunternehmers zu errichten und zu betreiben, ein bestimmtes Resultat geschuldet wird (Schluep/Werder, 864 Anm. 25; Kaltenrieder, 54 f.). Doch liegt auch kein *Werkvertrag* vor, weil die Errichtung im Interesse und auf Rechnung des Tankstellenhalters erfolgt (Schluep/Werder, 864 Anm. 25). Das im Tankstellenvertrag enthaltene Belieferungsabkommen muss als *Rahmenvertrag* und darf deshalb nicht als *Sukzessivlieferungsvertrag* qualifiziert werden (Schluep/Werder, 865 Anm. 31; Ulmer, 244 m.Nw.; ähnlich, jedoch mit abweichender Begründung Kaltenrieder, 35 f.; s. aber auch BGE 78 II 74, 83 = Pra 1952, 167; Extraits 1974, 25; zum Rahmenvertrag i.a. von der Crone, 243 ff., 322 ff.). Besondere Abmachungen über den Absatz von Waren oder Dienstleisungen qualifiziert das BGer als Franchisingvertrag: BGE 134 I 303, 308 f. E. 3. Zur Abgrenzung vom *Kaufvertrag* s. N 183.

4. Entstehung

185 Der Abschluss des Tankstellenvertrages bedarf *keiner* besonderen **Form** (Art. 11 Abs. 1). Üblich ist jedoch Schriftlichkeit (Schluep/Werder, 867). Der Vertrag ist in der Praxis regelmässig *Formularvertrag* (Gitter, 263; Rehbinder, 13; s.a. Extraits 1974, 24 ff.; zur praktischen Vertragsgestaltung s. Pannagl, 35 ff.). Zu beachten sind deshalb die vom BGer entwickelten Kriterien zur Beurteilung von AGB-Verträgen und Art. 8 UWG (Schluep/Werder, 867 m.Nw.; Kaltenrieder, 103 ff.; Baudenbacher, Kommentar, 791 ff.). Allfällige **Willensmängel** und **Nichtigkeitsgründe** unterstehen den allgemeinen Regeln (zur Frage eines allfälligen Verstosses des Tankstellenvertrages gegen Art. 19/20 und Art. 27 ZGB: OGer BL, BJM 1973, 95 ff.; AppGer BS, SJZ 1974, 73 ff.; Extraits 1974, 27; Engel, contrats, 826 f.).

5. Inhalt

a) **Pflichten des Tankstellenhalters**. (1) *Bereitstellung* eines geeigneten Grundstückes (Extraits 1974, 24 ff.). (2) Errichtung des *Tankstellengebäudes* sowie allfällige Beschaffung bestimmter Werkzeuge (Extraits 1974, 25). (3) *Betrieb* der Tankstelle auf eigene Rechnung (Extraits 1974, 26; AppGer BS, SJZ 1974, 73). (4) *Allein-* und *Mindestbezug* von Treib- und Schmierstoff (OGer BL, BJM 1973, 98). (5) *Preisbindung* für den Wiederverkauf (OGer BL, BJM 1973, 97; Extraits 1974, 26). (6) *Konkurrenzverbot* (OGer BL, BJM 1973, 97; Extraits 1974, 24; s.a. COTTI, N 20 ff.). Werbepflicht mit Fremdwerbeverbot (OGer BL, BJM 1973, 98). (7) Einhaltung bestimmter *Öffnungszeiten* (OGer BL, BJM 1973, 98; Extraits 1974, 26; AppGer BS, SJZ 1974, 75). (8) *Unterhalt* der Anlage. (9) *Tragung* der allgemeinen Unkosten. (10) *Überbindung des Vertrages* im Falle einer Handänderung der Tankstelle. Zum Ganzen: SCHLUEP/WERDER, 860 f.; KALTENRIEDER, 119 ff., 245 ff. 186

b) **Pflichten des Mineralölunternehmens**. (1) Bereitstellung aller notwendigen *Vertriebsmittel*. (2) Bereitstellung der *technischen Anlagen*. (3) Lieferung von *Treib-* und *Schmierstoff*. (4) *Lieferantendarlehen* und *Betriebszuschüsse*, die jedoch häufig ausserhalb des Tankstellenvertrags vereinbart werden (BORGSTÄDT, 3). Zum Ganzen: SCHLUEP/WERDER, 860 ff.; KALTENRIEDER, 157 ff., 250 ff. 187

6. Leistungsstörungen

Grundsätzlich finden die allgemeinen Regeln des OR Anwendung, soweit sich nicht die analoge Übernahme einschlägigen Typenrechts aufdrängt. 188

Bei **Schlechterfüllung** wird der Tankstellenvertrag mit Wirkung ex nunc (analog Art. 107 ff.; Extraits 1974, 27) *aufgelöst* (so im Grundsatz auch ENGEL, contrats, 827). Hindert das Mineralölunternehmen den Tankstellenhalter durch die Verletzung von vertraglichen Pflichten daran, seine Provision zu verdienen, so hat es angemessenen *Ersatz* zu leisten (SCHLUEP/WERDER, 868; s. eingehend KALTENRIEDER, 167 ff., 253 ff.). Das folgt aus einer analogen Anwendung des im Nominatrecht *zwingenden* Grundsatzes von Art. 324 Abs. 1 und 418*m* Abs. 1. Diese Haftung besteht unabhängig von einem allfälligen Verschulden des Mineralölunternehmens (SCHLUEP/WERDER, 868). Daraus folgt ferner, dass eine vertragliche Relativierung der Lieferpflicht unwirksam ist (SCHLUEP/WERDER, 868). Der gleiche Grundsatz muss auch bei unverschuldeter Verhinderung des Tankstellenhalters zum Tragen kommen: Art. 324*a*, 329*d* und 418*m* Abs. 2 begründen den Rechtsgedanken, dass der unschuldig nichterfüllende abhängige Vertragspartner Anspruch auf eine befristete Lohnzahlung hat. Die i.d.R. langjährige Bindung des Tankstellenhalters rechtfertigt es, ihm eine *Entschädigung* aufgrund einer analogen Anwendung jener Normen zuzusprechen (SCHLUEP/WERDER, 868; **a.M.** KALTENRIEDER, 193). Dem Tankstellenhalter steht ferner ein unabdingbares *Retentionsrecht* zu (Art. 339*a* Abs. 3, Art. 349*e* Abs. 1, Art. 418*o* analog). Im Übrigen wird man im Einzelfall noch zu prüfen haben, ob der Tankstellenhalter durch *weitere Bestimmungen* des Arbeitsvertragsrechts oder der einschlägigen öffentlich-rechtlichen Erlasse begünstigt ist (SCHLUEP/WERDER, 868 f., insb. Anm. 51). 189

7. Beendigung

a) **Ordentliche Kündigung**. Regelmässig wird der Tankstellenvertrag auf eine feste Laufzeit von drei bis zehn Jahren abgeschlossen und hernach automatisch um zwei Jahre verlängert, sofern er nicht sechs Monate zuvor gekündigt wurde (SCHLUEP/WERDER, 869; s.a. AppGer BS, SJZ 1974, 74, wo eine Drei-Monats-Frist vorgesehen wurde; s.a. KALTENRIEDER, 217 ff., 261 ff.; DUDEN, 1324 ff.). 190

b) **Ausserordentliche Kündigung**. Da der Tankstellenvertrag ein Dauerschuldverhältnis begründet, sind beide Parteien befugt, den Vertrag *aus wichtigen Gründen* zu kündigen (SCHLUEP/WERDER, 869; s.a. KALTENRIEDER, 222 ff., 264 ff.; Extraits 1974, 27). Unzulässig 191 sind Vereinbarungen, die nur dem Mineralölunternehmen die Auflösung aus wichtigem Grund gestatten; sie verstossen gegen den Grundsatz der beidseitigen gleichen Kündigungsmöglichkeit (s. Art. 337, 418*r*; SCHLUEP/WERDER, 869; s.a. BGE 78 II 32, 36). Gleiches trifft für den Fall zu, dass sich das Mineralölunternehmen einseitig die Auflösung wegen Umsatzrückganges vorbehalten hat (SCHLUEP/WERDER, 869). Die Diagnose des wichtigen Grundes obliegt dem Richter (s. Art. 337 Abs. 3, Art. 418*r* Abs. 2).

8. IPR

192 Bei fehlender Rechtswahl (Art. 116 IPRG) ist der internationale Tankstellenvertrag nach Art. 117 IPRG an das Recht des Staates anzuknüpfen, in dem der **Tankstellenhalter** seine Niederlassung hat (s. BSK IPRG-AMSTUTZ/WANG, Art. 117 N 64 m.Nw.; MARK NDUE, 105).

9. Einzelfragen

193 a) **Kundschaftsentschädigung**. Wegen der weitgehenden Integration des Tankstellenhalters in die Vertriebsorganisation des Mineralölunternehmens ist bei Vertragsauflösung *Art. 418u analog* anzuwenden. Bei Vorliegen der entsprechenden Voraussetzungen hat der Tankstellenhalter daher Anspruch auf *Entschädigung für die Kundschaft* (SCHLUEP/WERDER, 870 m.Nw.; für Deutschland GITTER, 274 f.).

194 b) **Kartellrechtlich** können die Verträge die Merkmale einer (vertikalen) Wettbewerbsabrede i.S.v. Art. 4 Abs. 1 KG erfüllen (CR LCart-AMSTUTZ/CARRON/REINERT, Art. 4 N 45 ff.). In diesem Fall sind sie nach den Prinzipien, die für Vertikalbeschränkungen gelten, zu beurteilen (s. dazu die Ausführungen in N 128). Zur Zulässigkeit von vertikalen Abreden in der Mineralölwirtschaft im Anwendungsbereich des europäischen Kartellrechts s. PANNAGL, 131 ff.

195 c) Zur Frage, ob und inwiefern das Mineralölunternehmen seine Rechte mittels **Dienstbarkeiten** abzusichern vermag: ENGEL, contrats, 827.

VII. Checkvertrag

Literatur

Schweiz: ALBISETTI/BOEMLE/EHRSAM/GSELL/NYFFELER/RUTSCHI, Handbuch des Geld-, Bank- und Börsenwesens der Schweiz, 4. Aufl., Thun 1987 (Nachdruck 1999) (zit. ALBISETTI et al.); BÄR, Die privatrechtliche Rechtsprechung des Bundesgerichts im Jahre 1996, veröffentlicht in Band 122: Handels- und Immaterialgüterrecht, ZBJV 1998, 269 ff.; BECK, Einwendungen bei Eurocheck und Kreditkarte, Köln 1986; BERGER, Die Rechtsnatur von Check und Checkvertrag nach Schweizerischem Obligationenrechte, Diss. Bern 1927; BUCHER E., Wer haftet wem? Zum Problem der Tragung des Risikos betrügerisch veranlasster Bankvergütungen, recht 1984, 97 ff.; DERS., Wie lange noch Belastung des Kunden mit den Fälschungsrisiken im Bankenverkehr? Ein weiteres Mal Bemerkungen zu den AGB der Banken, recht 1997, 41 ff.; EMCH/RENZ/ARPAGAUS, Das Schweizerische Bankgeschäft, 7. Aufl., Zürich 2011; FAVRE-BULLE, Les paiements transfrontières dans un espace financier européen, Diss. Genf 1998; HABICHT, Der Checkvertrag und das Checkrecht, Diss. Zürich 1956; JÄGGI/DRUEY/VON GREYERZ, Wertpapierrecht, unter besonderer Berücksichtigung von Wechsel und Check, Basel 1985; KLEINER, Die allgemeinen Geschäftsbedingungen der Banken, Giro- und Kontokorrentvertrag, 2. Aufl., Zürich 1964; MEIER-HAYOZ, Gesetzlich nicht geregelte Verträge I, SJK 1134; MEIER-HAYOZ/VON DER CRONE, Wertpapierrecht, 2. Aufl., Zürich 2000; SCHLUEP/BAUDENBACHER, Der Checkvertrag, Schweizerisches Privatrecht (SPR), Bd. VII/2, Basel 1979, 876 ff.; THALMANN, Die Bedeutung Allgemeiner Geschäftsbedingungen im Schweizerischen Bankverkehr, in: Allgemeine Geschäftsbedingungen in Doktrin und Praxis, Bd. 5 der Schriftenreihe zum Konsumschutzrecht, Zürich 1982, 125 ff.; VIELI, Die Rechtsfolgen des Checkverlustes nach schweizerischem und französischem Recht, Diss. Zürich 1955; WEBER, Allgemeine Geschäftsbedingungen der Banken – zum Problem einer Grenzziehung, SAG 1984, 150 ff.; WEBER, Haftung für Schäden bei Ausführung gefälschter Zahlungsaufträge, SJZ 1985, 85 ff.; ZIMMERMANN, Kommentar zum Schweizerischen Scheckrecht, 2. Aufl., Bern 1980; ZOBL, Zum Checkwiderruf nach Schweizerischem Recht, ZSR 1983 I 329 ff.

Ausland: BAUMBACH/HEFERMEHL/CASPER, Wechselgesetz und Scheckgesetz: Mit Nebengesetzen und einer Einführung in das Wertpapierrecht, 23. Aufl., München 2008; BÜLOW, Wechselgesetz, Scheckgesetz, mit AGB-Sparkassen, AGB-Banken, AGB-Pstbank und Schekbedingungen, Kommentar, 5. Aufl., München 2013; CANARIS, Bankvertragsrecht, 4. Aufl., München 2005; STOUFFLET, Instruments de paiement et de crédit: Effets de commerce, chèque, carte de paiement, transfert de fonds, 8. Aufl., Paris 2012; HÜBNER, Scheckkartenmissbrauch und Untreue, JZ 1973, 407 ff.; HUECK/CANARIS, Recht der Wertpapiere, 12. Aufl., München 1986; JACOBI, Wechsel- und Scheckrecht, Berlin 1956; ROHE, Netzverträge: Rechtsprobleme komplexer Vertragsverbindungen, Tübingen 1998; SCHÖNLE, Bank- und Börsenrecht, 2. Aufl., München 1976; ZÖLLNER, Wertpapierrecht, 14. Aufl., München 1987.

1. Begriff

Durch den **Checkvertrag** verpflichtet sich der künftig *Bezogene* (die Bank), Checks zu honorieren, die der *Aussteller* auf ihn ziehen wird. Der Aussteller verspricht seinerseits, für entsprechende Deckung zu sorgen. **196**

2. Realien

a) **Wirtschaftliche Funktion**. Der Check ist *Zahlungsmittel* (ZOBL, 329 f.; HUECK/CANARIS, 179) und stellt somit eine Variante des bargeldlosen Zahlungsverkehrs dar (EMCH/RENZ/ARPAGAUS, 2518; BÜLOW, 399). **197**

b) **Erscheinungsformen**. Der Check enthält als Ordrepapier die unbedingte Anweisung (Art. 466 ff.) an die Bank, einen Geldbetrag zu zahlen (ZOBL, 331). Das *Deckungsverhältnis* wird im Checkvertrag zwischen Aussteller und Bezogenem geregelt (RJN 2001, 165). Nach der *zwingenden* Vorschrift des Art. 1102 kann nur eine Bank i.S. des Bankgesetzes Bezogener sein. Der Aussteller (Bankkunde) muss bei der Bank (aller Regel nach *pränumerando*) über genügende Deckung (Guthaben oder Kredit) verfügen (ZOBL, 331; Art. 1103). Üblicherweise schliesst man den Checkvertrag im Rahmen eines allgemeinen Bankverhältnisses (Girovertrag) ab (SCHLUEP/BAUDENBACHER, 878; ZÖLLNER, 168; s.a. HUECK/CANARIS, 179; HÜBNER, 411; SCHÖNLE, 107; CANARIS, N 679 f.; STOUFFLET, 216 ff.). Zum Reisecheck («traveller check») EMCH/RENZ/ARPAGAUS, 2521 ff. **198**

3. Rechtsnatur

a) **Qualifikation**. Der Checkvertrag ist ein *zweiseitiger Schuldvertrag* (MEIER-HAYOZ/VON DER CRONE, 222 N 5; SCHLUEP/BAUDENBACHER, 879; HABICHT, 31). Im Einzelnen wird um seine Rechtsnatur gestritten. Die h.L. *in Deutschland* fasst den Checkvertrag als Geschäftsbesorgungsdienstvertrag auf (BAUMBACH/HEFERMEHL/CASPER, Art. 3 SchG N 4), was nach § 675 BGB die Anwendung von Auftragsrecht rechtfertige (SCHÖNLE, § 8 VI 2). Eine *abweichende Meinung* qualifiziert ihn als Werkvertrag, weil er auf einen bestimmten Erfolg (nämlich die Honorierung des Checks) ziele (CANARIS, N 682; umfassend zum deutschen Scheckrecht und -gesetz BÜLOW, 399 ff.). In der *Schweiz* wird die Anwendbarkeit der Art. 363 ff. (Werkvertrag) bestritten, weil sich der Vorgang der Checkeinlösung wiederhole. Das *BGer* hat den Checkvertrag als Auftrag (Art. 394 ff.) qualifiziert (BGE 38 II 133, 136 f.; 51 II 183, 186), was von einem Teil der *Lehre* gestützt wird (JÄGGI/DRUEY/VON GREYERZ, 271; VIELI, 87 ff.; s.a. THALMANN, 129; KLEINER, 20 f.; BK-GAUTSCHI, Art. 400 OR N 37a ff.). Demgegenüber betrachtet ein *anderer Teil der Lehre* den Checkvertrag *zutreffend* als *Vertrag sui iuris*, dem nur Richterrecht nach Art. 1 ZGB gerecht werden kann (SCHLUEP/BAUDENBACHER, 880; BERGER, 51; HABICHT, 31 f.). Gegen eine Qualifikation als *Auftrag* spricht namentlich der Umstand, dass der Bezogene eine eigene Leistung erbringt (SCHLUEP/BAUDENBACHER, 879; BERGER, 46 f.; HABICHT, 22 f. m.Nw.). Sodann fällt die Übertragung der Tätigkeit des Bezogenen auf einen Substituten i.S.v. Art. 399 ausser Betracht (SCHLUEP/BAUDENBACHER, 879; **a.M.** JÄGGI/DRUEY/VON GREYERZ, 271). Auch entspricht das zwingende Widerrufsrecht des Bezogenen in keiner Weise der Interessenlage der Parteien (SCHLUEP/BAUDENBACHER, 879). Schliesslich haftet der Bezogene in dem Umfange für den Erfolg, in dem ihn eine Ver- **199** pflichtung zur Zahlung trifft (SCHLUEP/BAUDENBACHER, 879; BERGER, 55; ZIMMERMANN, 110, 122).

200 b) **Abgrenzungen**. Der Checkvertrag ist *kein Vertrag zugunsten Dritter*, weil dem Checknehmer kein Anspruch gegen den Bezogenen zusteht. Das folgt aus dem Annahmeverbot von Art. 1104 (MEIER-HAYOZ/VON DER CRONE, 222 f. N 6; HABICHT, 17 f.). Zur Abgrenzung vom *Auftrag* s. N 199.

4. Entstehung

201 a) Das Gesetz verlangt keine besondere **Form** für den Abschluss des Checkvertrags (Art. 11 Abs. 1 OR; SCHLUEP/BAUDENBACHER, 880; JÄGGI/DRUEY/VON GREYERZ, 271). Allfällige **Nichtigkeitsgründe** (s.a. N 207 f.) und **Willensmängel** unterstehen den allgemeinen Regeln (s. CANARIS, N 707 ff.; s.a. MEIER-HAYOZ/VON DER CRONE, 225 N 13).

202 b) **Zeitpunkt des Vertragsschlusses**. Die Meinungen über den Zeitpunkt des Zustandekommens des Checkvertrages sind in der Lehre geteilt. So sieht etwa HABICHT (41) die Offerte in der Übergabe des Checkbuches an den Kunden. Akzept wäre alsdann Ziehung eines Checks oder die Unterlassung der rechtzeitigen Rückgabe des Checkbuches. Nach **a.M.** wird der Checkvertrag durch die Annahme des Checkheftes geschlossen (ALBISETTI et al., 179). Demgegenüber gehen SCHLUEP/BAUDENBACHER (880) *zutreffend* davon aus, dass der Antrag vom Bankkunden ausgeht. Die Zusendung (oder Übergabe) des Checkbuches durch die Bank wird so zum *Realakzept*.

5. Inhalt

203 a) **Honorierungspflicht der Bank**. Die Bank wird verpflichtet, Checks zu honorieren, die der Bankkunde auf sie gezogen hat (SCHLUEP/BAUDENBACHER, 880; Urteil des Bundesgerichts, SZIER 2002, 391 ff., 394). Diese Honorierungspflicht besteht indes nur gegenüber dem Aussteller (SCHLUEP/BAUDENBACHER, 880; HABICHT, 47, 49; BERGER, 26; VIELI, 89; BAUMBACH/HEFERMEHL/CASPER, Art. 3 SchG N 6; ZÖLLNER, 168; JACOBI, 404). Die Verpflichtung ist ausschliesslich *schuldrechtlicher Natur*. *Wertpapierrechtlich* ist die Bank durch die Übergabe der Checkformulare nicht gebunden (MEIER-HAYOZ/VON DER CRONE, 223 N 7). Sie muss Checks nur (aber immerhin) bis zur Höhe des Guthabens des Kunden einlösen (MEIER-HAYOZ/VON DER CRONE, 223 N 8). Dieses besteht entweder aus eigenen Mitteln oder aber aus einem Kredit der Bank (MEIER-HAYOZ/VON DER CRONE, 227 N 21; ZIMMERMANN, Art. 1103 N 5). Deckt das Guthaben des Kunden einen von ihm auf die Bank gezogenen Check nur zum Teil, so muss die Bank gem. Art. 1103 Abs. 2 lediglich diesen Teilbetrag bezahlen.

204 b) **Deckungspflicht des Kunden**. Den Kunden trifft die Vertragspflicht, für genügende Deckung zu sorgen (MEIER-HAYOZ/VON DER CRONE, 224 N 10; STOUFFLET, 260 ff.). Allerdings ist ein nicht ausreichend gedeckter Check nicht etwa ungültig. Vielmehr wird der Aussteller dem Inhaber des Checks *aus Art. 1103 Abs. 3 haftbar*.

6. Leistungsstörungen

205 **Grundsätzlich** finden unter Vorbehalt abweichender Bestimmungen des *Wertpapierrechts* die allgemeinen Regeln des OR Anwendung, soweit sich nicht die analoge Übernahme einschlägigen Typenrechts aufdrängt.

206 **Haftung für die Einlösung gefälschter Checks**. Probleme ergeben sich zumal, wenn der Bezogene einen gefälschten Check einlöst. Gemäss Art. 1132 hat der *Bezogene* den Schaden zu tragen, der aus der Einlösung eines verfälschten oder falschen Checks entsteht, es sei denn, den Aussteller treffe ein Verschulden (BGE 122 III 373, 375 ff.; dazu die Urteilsanmerkungen von BÄR, 272, und BUCHER, recht 1997, 55 f.; s.a. BGE 122 III 26, 32 m.Nw.). Zur Rechtslage

in Deutschland ROHE, 26 ff. Zur Prüfungspflicht der Lückenlosigkeit der Indossamentkette vgl. Urteil des Bundesgerichts, SZIER 2002, 391 ff., 394 f.

Wegbedingung der Haftung. Allerdings ist Art. 1132 dispositiv (MEIER-HAYOZ/VON DER CRONE, 224 N 11; JÄGGI/DRUEY/VON GREYERZ, 274; s.a. BGE 122 III 26, 32 und 122 III 373, 375 m.Nw.). Die Banken regeln die Haftung in ihren AGB regelmässig anders. So schliessen sie ihre Haftung üblicherweise für *leichtes Verschulden* aus (SCHLUEP/BAUDENBACHER, 881; MEIER-HAYOZ/VON DER CRONE, 224 f. N 11). Die Tragweite dieser Risikoabwälzung ist in Lehre und Rechtsprechung streitig. Auszugehen ist von der Erfahrung, dass trotz der Anwendbarkeit der Art. 97 ff. Art. 100 Abs. 2 («obrigkeitlich konzessioniertes Gewerbe») kaum je zur Anwendung gelangt, weil aller Regel nach eine Hilfsperson (und nicht der Bankier oder das gesellschaftsrechtlich zuständige Organ) tätig wird. Alsdann wären Art. 101 Abs. 2 und 3 anwendbar. Art. 101 Abs. 2 wird jedoch der Interessenlage nicht gerecht. Daher muss der Richter eine Norm schaffen, nach der er den Haftungsausschluss für leichtes Verschulden von Hilfspersonen für *nichtig* erklären kann (SCHLUEP/BAUDENBACHER, 881 f.). 207

Andere Autoren lehnen die Anwendbarkeit der Art. 100 und 101 von vornherein ab, weil die Bank kein «obrigkeitlich konzessioniertes Gewerbe» sei (WEBER, SAG 1984, 154 f.). Sie wollen dem Problem mit richterlicher Inhaltskontrolle der Banken-AGB begegnen (WEBER, SJZ, 89; WEBER, SAG, 155; BUCHER, recht 1984, 103). In BGE 108 II 314, 316 hielt das *BGer* die vertragliche Wegbedingung der Haftung bei leichter Fahrlässigkeit für zulässig (Art. 100 Abs. 1). In BGE 112 II 450, 454 ff. = Pra 1987, 510 ff., änderte das BGer die Praxis und bejahte die Anwendbarkeit des Art. 100 Abs. 2 mit der Folge, dass der Richter nunmehr nach seinem Ermessen den in den Banken-AGB vorgesehenen Haftungsausschluss für leichtes Verschulden für *nichtig* erklären kann (s. zum Ganzen jetzt BGE 122 III 373, 377 ff.; dazu die Urteilsanmerkungen von BÄR, 272, und [eingehend] BUCHER, Fälschungsrisiko, 55 f.). Diese Praxisänderung betrifft indessen das Organhandeln. 208

7. Beendigung

Der Checkvertrag wird **ordentlich** durch *Zeitablauf* (SCHLUEP/BAUDENBACHER, 882; BERGER, 57; HABICHT, 42), *Kündigung* (SCHLUEP/BAUDENBACHER, 882; HABICHT, 42 f.; BAUMBACH/HEFERMEHL/CASPER, Art. 3 SchG N 12) oder *vertragliche Vereinbarung* (SCHLUEP/BAUDENBACHER, 882; BERGER, 57; HABICHT, 42) beendet. **Ausserordentliche** Gründe für eine Vertragsbeendigung sind: der *Konkurs* des Ausstellers oder des Bezogenen (SCHLUEP/BAUDENBACHER, 882; HABICHT, 44 f.) sowie der *Tod* des Bezogenen, sofern sein Bankunternehmen nicht von den Erben übernommen wird (SCHLUEP/BAUDENBACHER, 882; HABICHT, 45). Der Tod des Ausstellers setzt dagegen keinen Beendigungsgrund (SCHLUEP/BAUDENBACHER, 882; HABICHT, 45 f.). 209

8. IPR

Üblich ist eine **Rechtswahlklausel**, da der Checkvertrag meistens auf der Grundlage vorgedruckter Formulare (AGB) abgeschlossen wird (s. anschaulich BGE 122 III 373 ff.). Die objektive Anknüpfung richtet sich nach dem Recht des Staates, in dem der **Bezogene** (die Bank) seine Niederlassung hat (Art. 117 Abs. 1 und 2 IPRG; s. zum Ganzen eingehend FAVRE-BULLE, 449 ff.). 210

VIII. Kreditkartengeschäft

Literatur

Schweiz: ALBISETTI/BOEMLE/EHRSAM/GSELL/NYFFELER/RUTSCHI, Handbuch des Geld-, Bank- und Börsenwesens der Schweiz, 4. Aufl., Thun 1987 (Nachdruck 1999) (zit. ALBISETTI et al.); ARTER/JÖRG, Rückbelastungsklauseln bei Kreditkartenverträgen im E-Commerce, SJZ 1999, 25 ff.; DIES., Kreditkartenverträge – unter besonderer Berücksichtigung von Rückbelastungsklauseln, AJP 2004, 425 ff. (zit. Kreditkartenverträge); BOHNET, Achats sur internet: quelle protection pour le titulaire d'une carte de crédit, AJP 2000, 1206 ff. (zit. Achats); DERS., The liability of the holder of a credit card for unauthorized purchases under swiss law: shall we follow the american model?, SZW, 265 ff. (zit. The liability); BRUNNER, Neue Entwicklungen im Konsumrecht, SJZ 2001, 241 ff.; FAVRE-BULLE, Les paiements transfrontières dans un espace financier européen, Diss. Genf 1998; GIGER, Kreditkartensysteme: Eine ökonomisch-juristische Studie, Zürich 1985 (zit. Kreditkartensysteme); DERS., Kreditkarten im Prüfstand von Wirtschaft und Recht, in: FS für Walter R. Schluep, Zürich 1988, 255 ff. (zit. FS Schluep); GLOOR, Risikoverteilung beim Missbrauch von Kreditkarten bei Distanzzahlungsgeschäften – Entgegnung zu Arter/Jörg, Rückbelastungsklauseln bei Kreditkartenverträgen im E-Commerce, SJZ 1999, 251 ff.; HADDING, Die Zahlung mit Universalkreditkarten, in: Banken und Bankrecht im Wandel, Jubiläumstagung zum zehnjährigen Bestehen des Instituts für Bankrecht und des Berner Bankrechtstages, Berner Bankrechtstag Bd. 10, Bern 2004; HUGUENIN, Obligationenrecht, Besonderer Teil, 3. Aufl., Zürich 2008; HURNI, Kreditkartenrecht – Übersicht und neuere Entwicklungen, Jusletter 13.10.2003; JÄGGI/DRUEY/VON GREYERZ, Wertpapierrecht, Basel 1985; SCHLUEP/BAUDENBACHER, Das Kreditkartengeschäft, Schweizerisches Privatrecht (SPR), Bd. VII/2, Basel 1979, 890 ff.; STENGEL, Anwendungsbereich des Konsumkreditgesetzes – Kredit und Leasing, Kredit- und Kundenkarten sowie Überziehungskredite für Konsumenten, Diss. Zürich 2014; STOLL, Les cartes et moyens de paiement analogues – La répression des abus et des fraudes en droit suisse, Diss. Lausanne 2001; WEBER, E-Commerce und Recht, 2. Aufl., Zürich 2010; WÜRSCH, Die Kreditkarte nach schweizerischem Privatrecht unter besonderer Berücksichtigung von Checkkarte und Bancomatkarte, Diss. Freiburg i.Ue. 1975.

Ausland: AVANCINI, Rechtsfragen des Kreditkartengeschäfts, Zeitschrift für Rechtsvergleichung 1969, 121 ff.; BECK, Einwendungen bei Eurocheck und Kreditkarte, Köln 1986; CANARIS, Bankvertragsrecht, 4. Aufl., München 2005; CHIAMPI, Totalfälschung von Kreditkarten, Frankfurt a.M. 1999; EVANS/SCHMALENSEE, Paying with Plastic, Cambridge 1999; STOUFFLET, Instruments de paiement et de crédit: Effets de commerce, chèque, carte de paiement, transfert de fonds, 8. Aufl., Paris 2012; KIENHOLZ, Die Zahlung mit Kreditkarte im Nah- und Fernabsatz, München 2000; LANGER, Verträge mit Privatkunden im Internet, Zürich 2003; MARTINEK, Das Kreditkartengeschäft, in: Schimansky/Bunte/Lwowski (Hrsg.), Bankrechts-Handbuch, Bd. I, 4. Aufl., München 2011 (zit. Kreditkartengeschäft); MERKEL, Das Recht der Kreditkarte in den USA, Berlin 1990; MEDER, Kreditkartengeschäfte und Anweisungswiderruf gegenüber dem Kartenherausgeber, NJW 1994, 2597 f.; METZ, Aktuelle Rechtsfragen der Kreditkartenpraxis, NJW 1991, 2804 ff.; PICHLER, Kreditkartenzahlungen im Internet, NJW 1998, 3234 ff.; ROHE, Netzverträge: Rechtsprobleme komplexer Vertragsverbindungen, Tübingen 1998; SCHINKELS, Die Verteilung des Haftungsrisikos für Drittmissbrauch von Medien des bargeldlosen Zahlungsverkehrs, Berlin 2001; STAUDER, Rechtsfragen des Kreditkartengeschäfts, in: Stauder/Weisensee (Hrsg.), Das Kreditkartengeschäft, Frankfurt a.M. 1970, 70 ff.; STREIT, Kartenzahlung und Verbraucherverschuldung aus rechtlicher Sicht, Berlin 1997.

1. Begriff

211 Der *Begriff* der **einfachen Kreditkarte** (s. dazu CHIAMPI, 19) umfasst ein Zwei-Parteien-Verhältnis: den *Karteninhaber* und das Unternehmen, welches die Karte ausgibt *(Kreditkartenherausgeber)*. Die *einfache Kreditkarte* berechtigt den Inhaber, Waren derjenigen Unternehmung auf Kredit zu beziehen, welche die Karte ausgegeben hat. Bei der **qualifizierten Kreditkarte** wird der *Kreditkartenannehmer*, der gegen Entgelt Waren und Dienstleistungen anbietet, einbezogen und als *Vertragsunternehmen* bezeichnet (s. KIENHOLZ, 12 f.). Der Karteninhaber ist der Konsument, der mittels der Kreditkarte Waren und Dienstleistungen auf Kredit bezieht (CHIAMPI, 21). Die qualifizierte Kreditkarte wird als Vier-Parteien-System aufgezogen, wenn neben dem Karteninhaber, dem Kartenherausgeber und dem Kartenannehmer auch noch eine *Bank* auftritt.

2. Realien

212 a) **Allgemeines**. Kreditkarten lassen sich zwei verschiedenen Typen zuordnen (s. CHIAMPI, 57 ff.; geschichtlicher Abriss bei MARTINEK, Kreditkartengeschäft, § 67 N 1, m.Nw.; s.a. STREIT, 28 ff., 37 ff., 48 ff.; EVANS/SCHMALENSEE, 61 ff.). Der eine Typ ist die *einfache Kreditkarte*, der andere die *qualifizierte Kreditkarte* (SCHLUEP/BAUDENBACHER, 890 f.; JÄGGI/DRUEY/VON GREYERZ, 83; s. N 241). Die Kreditkarte zeichnet sich im Gegensatz zur Eurocheckkarte dadurch aus, dass die Verwendung von Checks überflüssig wird. Dagegen kann sie (anders als die Eurocheckkarte) nur gegenüber den Vertragsunternehmen des Kreditkartenherausgebers eingesetzt werden (HONSELL, OR BT, 467).

aa) **Einfache Kreditkarte**. Es liegt ein *Zwei-Parteien-System* vor: Die einfache Kreditkarte gibt dem Karteninhaber die Möglichkeit, Waren oder Dienstleistungen bargeldlos bei der Unternehmung, welche die Kreditkarte aufgrund des *Kreditkartenvertrages* ausgestellt hat, zu erwerben (SCHLUEP/BAUDENBACHER, 890; HUGUENIN, OR BT, N 1674; GIGER, FS Schluep, 264; DERS., Kreditkartensysteme, 139; SCHINKELS, 144 f.; STREIT, 57 f.). 213

bb) **Qualifizierte Kreditkarte**. Eine Kreditkartenorganisation oder eine Bank gibt die Kreditkarte aus. Mit ihr kann der Karteninhaber Waren oder Dienstleistungen bargeldlos von Unternehmungen, die mit dem Herausgeber in einem besonderen Vertragsverhältnis stehen, beziehen (JÄGGI/DRUEY/VON GREYERZ, 83; SCHINKELS, 145 f.). Man unterscheidet zwischen *Drei-Parteien-* und *Vier-Parteien-Systemen* (GIGER, FS Schluep, 264; ausführlich HADDING, 115 ff. und STREIT, 58 ff.). 214

(1) Am **Drei-Parteien-System** sind der Karteninhaber, der Kartenherausgeber (identisch mit der Kreditkartenorganisation) und der Kartenannehmer beteiligt (SCHLUEP/BAUDENBACHER, 891; GIGER, FS Schluep, 265; CHIAMPI, 20; s.a. KIENHOLZ, 8). Der Kartenherausgeber trifft mit dem Karteninhaber die *Kreditkartenabrede* und schliesst mit dem Kreditkartenannehmer den *Kreditkartenannahmevertrag*. Den Kreditkarteninhaber und den Kreditkartenannehmer verbindet die *Kreditkartenbenützungsabrede* (GIGER, FS Schluep, 265; vgl. die schematische Darstellung bei HUGUENIN, OR BT, N 1681). 215

(2) Innerhalb des **Vier-Parteien-Systems** (unter Einbezug einer Bank) unterscheidet man zwischen dem System mit Kontokorrentführungsfunktion und dem System mit integraler Bewirtschaftung (GIGER, FS Schluep, 266 f.). (a) Das *System mit Kontokorrentführungsfunktion* (BGE 133 III 356 E. 3.1) unterscheidet sich vom Drei-Parteien-System durch die Mitwirkung einer vierten Partei (der kontoführenden Bank). Diese schliesst mit dem Kreditkartenherausgeber einen *Kreditbewirtschaftungsvertrag* ab (GIGER, FS Schluep, 266), auf Grund dessen sie die Rechnung der Ausgabeorganisation führt. (b) Das *System mit integraler Bewirtschaftung* zeichnet sich dadurch aus, dass die bewirtschaftende Bank auch die Karten ausgibt (GIGER, FS Schluep, 267). 216

b) **Wirtschaftliche Funktion**. Die Kreditkarte ist vorab ein Instrument des *bargeldlosen Zahlungsverkehrs* (ARTER/JÖRG, Kreditkartenverträge, 425; ALBISETTI et al., 442; SCHLUEP/BAUDENBACHER, 891; AVANCINI, 121; WÜRSCH, 60 f.; CHIAMPI, 21; HONSELL, OR BT, 467; KIENHOLZ, 3 ff.; zur Ausdehnung des Kreditkartengeschäfts auf das Internet WEBER, 591; zur Funktion des Kreditkartengeschäfts im Internet, LANGER, 148; STOUFFLET, 423 ff.). Darüber hinaus kommt ihr zum Teil auch Kreditfunktion zu (s. N 218). Laut der Schweizerischen Nationalbank waren 2014 mehr als 6 Mio. Kreditkarten im Umlauf. In diesem Jahr generierten rund 150 Mio. Transaktionen einen Umsatz von über CHF 17,7 Mrd. Zu den Wettbewerbsverhältnissen auf dem Kreditkartenmarkt: Verfügung WEKO vom 1.12.2014, *Kreditkarten Domestische Interchange Fees II*; RPW 2006/1, 65 ff., *Kreditkarten-Interchange Fee*; RPW 2010/3, 473 ff., *Vorsorgliche Massnahmen in Sachen Kreditkarten-Interchange Fees II*; BGer, 26.7.2006, 2A_440/2005; 26.7.2006, 2A_441/2005; 26.7.2006, 2A_442/2005; 26.7.2006, 2A_443/2005. 217

c) **Erscheinungsformen**. In der Lehre werden folgende *drei Verkehrstypen* unterschieden: Kundenkredit-, Travel- and Entertainment- sowie die Bankkredit-Karten (ALBISETTI et al., 442). Die *Kundenkreditkarten* werden von Restaurant-, Hotel-, und Warenhausketten sowie von Benzingesellschaften abgegeben (ALBISETTI et al., 442; MARTINEK, Kreditkartengeschäft, § 67 N 2; CHIAMPI, 47; KIENHOLZ, 96). Mit ihr kann der Karteninhaber beim Herausgeber bargeldlos Waren und Dienstleistungen beziehen. Die *Travel- and Entertainment-Karten* werden von Reiseunternehmen, Banken oder Kreditkartenorganisationen ausgegeben. Als Beispiele können American Express, Diners Club angeführt werden (ALBISETTI et al., 442; s. 218

zu diesen Kreditkarten ausführlich KIENHOLZ, 11 f.). Diese berechtigen den Kreditkarteninhaber, bei den Kreditkartenannehmern bargeldlos *Waren* zu kaufen oder Dienstleistungen in Anspruch zu nehmen. Die *Bankkreditkarten* schliesslich sind grundsätzlich gleich ausgestaltet wie die Travel- and Entertainment-Karten. Zusätzlich bieten sie aber dem Kreditkarteninhaber die Möglichkeit, einen Konsumkredit in Anspruch zu nehmen. Häufig werden sie deshalb Universalkreditkarten genannt (s. etwa SCHINKELS, 149 f.; CHIAMPI, 21; MARTINEK, Kreditkartengeschäft, § 67 N 3; ferner KIENHOLZ, 7). Beispiel sind die Visa-Kreditkarte und die MasterCard-Kreditkarte (ALBISETTI et al., 442; zur Geschichte dieser Kreditkarte KIENHOLZ, 10). Kommt den Karten (Kundenkredit-, bzw. Travel- and Entertainment-Karten) keine besondere Kreditierungsfunktion zu, spricht man auch von *Debetkarten/Debitkarten* (SCHINKELS, 146 ff.; CHIAMPI, 48 f.).

3. Rechtsnatur

219 a) Der **Kreditkartenvertrag** beim Zwei-Parteien-System (einfache Kreditkarte; s. N 213) wird als ein dem Kontokorrentvertrag entsprechender *Innominatvertrag* qualifiziert. Er ist mithin ein *Vertrag sui generis* (GIGER, FS Schluep, 269; DERS., Kreditkartensysteme, 167; HUGUENIN, OR BT, N 1675; ARTER/JÖRG, 26; **a.M.** MARTINEK, Kreditkartengeschäft, § 67 N 1, der von einem gemischten Vertrag mit Elementen des Auftrags und Geschäftsbesorgungs- sowie des Kreditöffnungsvertrags ausgeht; BGE 133 III 356 E. 3.3.1). Falls die Parteien zusätzlich die Gewährung eines Kredits verabreden, kommt dem Vertrag überdies *Kreditcharakter* zu (GIGER, FS Schluep, 269; DERS., Kreditkartensysteme, 167 f.). Innerhalb des rahmenvertraglichen Zwei-Parteien-Systems, das ein Dauerschuldverhältnis darstellt (MARTINEK, Kreditkartengesschäft, § 67 N 7), entstehen «Austauschverträge, deren Entgeltverpflichtung der Karteninhaber durch Kartenzahlung nachkommt» (SCHINKELS, 159), wobei durchgehend vereinbart wird, dass die Kartenzahlung zu Barzahlungspreisen zu erfolgen hat (SCHINKELS, 166). Die Konkretisierung der im Rahmenvertrag festgelegten Geschäftsbesorgungspflicht erfolgt durch die unterschriftliche Bestätigung auf dem Belastungsbeleg durch den Karteninhaber (CHIAMPI, 31).

220 b) (1) Den **Kreditkartenannahmevertrag** beim Drei-Parteien-System (qualifizierte Kreditkarte; s. N 214 f.) erachtet ein Teil der Lehre als Innominatkontrakt, der einem *atypischen Mäklervertrag* nahe kommt (GIGER, FS Schluep, 269 f.; DERS., Kreditkartensysteme, 200 ff.; ARTER/JÖRG, 27). Eine andere Meinung will darin einen *echten Vertrag zugunsten Dritter* erkennen, der aber insofern innominatvertragsrechtlicher Natur ist, als die letztlich (artbestimmenden) Leistungen typologisch voneinander völlig verschieden sind (SCHLUEP/BAUDENBACHER, 896 f.; HONSELL, OR BT, 468; HUGUENIN, OR BT, N 1688). Eine dritte Meinung qualifiziert ihn als Vertrag sui generis (KIENHOLZ, 28, 30 f.). Zum aktuellen Meinungsstand MARTINEK, Kreditkartengeschäft, § 67 N 38 ff. (2) Die **Kreditkartenabrede** beim Drei-Parteien-System (qualifizierte Kreditkarte; s. N 214 f.) bezeichnet die Lehre mehrheitlich als *atypischen qualifizierten Auftrag* und betrachtet ihn als Innominatvertrag. Er setzt sich aus Elementen der qualifizierten Anweisung, des Auftrags, des Kontokorrentverhältnisses und evtl. der Krediteröffnung zusammen (GIGER, FS Schluep, 269; DERS., Kreditkartensysteme, 194 f.; s.a. SCHLUEP/BAUDENBACHER, 897 f.; ARTER/JÖRG, Kreditkartenverträge, 426 ff.; HUGUENIN, OR BT, N 1684, die hier von «Kreditkartenvertrag» spricht; KIENHOLZ, 28 f., 31 ff.; **a.M.** STREIT, 61 f., und HADDING, 115 und 124 f., die einen Geschäftsbesorgungsvertrag mit werk- und auftragsrechtlichen Elementen annehmen). (3) Die **Kreditkartenbenützungsabrede** beim Drei-Parteien-System (qualifizierte Kreditkarte; s. N 214 f.) ist je nach Vertragsinhalt als *Nominatvertrag* (z.B. Kauf oder Werkvertrag) oder als *Innominatvertrag* (z.B. Gastaufnahmevertrag) zu qualifizieren (SCHLUEP/BAUDENBACHER, 898; GIGER, Kreditkartensysteme, 215 f.; HUGUENIN, OR BT, N 1693; KIENHOLZ, 29). Durch das Kreditkartenverhältnis können jedoch gewisse Modifikationen eintreten (z.B. Vorleistungspflicht des Kreditkartenannehmers anstelle der Leistung Zug um Zug (SCHLUEP/BAUDENBACHER, 894).

c) Im Rahmen des **Vier-Parteien-Systems** (qualifizierte Kreditkarte; s. N 214 und 216) ist der Vertrag zwischen der Bank und dem Kreditkartenherausgeber bei blosser Kontokorrentführungsfunktion der Bank als *Innominatkontrakt* (einfache Kontokorrentabrede, die darlehens- und auftragsrechtliche sowie artfremde Merkmale aufweist) zu qualifizieren (GIGER, Kreditkartensysteme, 220; HUGUENIN, OR BT, N 1695). Verspricht die Bank weitere Dienstleistungen (Werbung, Akquisition etc.), werden die Merkmale um einen weiteren (auftragsrechtlichen) Zusatz angereichert (GIGER, Kreditkartensysteme, 221). Gibt die Bank darüber hinaus auch die Karten aus (System der integralen Bewirtschaftung), hat man es zusätzlich mit einer *Franchiseabrede* zu tun (GIGER, Kreditkartensysteme, 145, 221 f.; DERS., FS Schluep, 269, insb. Anm. 70). **221**

4. Entstehung

a) Eine gesetzliche **Formvorschrift** für die Verträge zwischen dem Kreditkartenherausgeber und dem Kreditkartenannehmer existiert *nicht* (SCHLUEP/BAUDENBACHER, 895). Dasselbe gilt dem Grundsatz nach für den Vertrag zwischen dem Kreditkartenherausgeber und dem Kreditkarteninhaber; findet jedoch das KKG Anwendung (s. N 237), gilt qualifizierte Schriftlichkeit gem. Art. 12 KKG. Der Vertragsschluss zwischen dem Kreditkartenannehmer und dem Kreditkarteninhaber richtet sich seinerseits nach der im konkreten Fall *erforderlichen* Form (SCHLUEP/BAUDENBACHER, 895 f.). In der Praxis werden regelmässig *Vertragsschlussformulare* verwendet. **222**

b) Allfällige **Nichtigkeitsgründe** und **Willensmängel** unterstehen den allgemeinen Regeln. Bei Anwendbarkeit des KKG (s. N 237), ist Art. 15 KKG einschlägig, der eine besondere Nichtigkeitsordnung vorsieht. **223**

5. Inhalt

a) Beim **Kreditkartenvertrag** des Zwei-Parteien-Systems (einfache Kreditkarte; s. N 213) umfasst die *Pflicht des Kreditkarteninhabers* insb. die Bezahlung des Kontokorrentsaldos. Ihn treffen auch gewisse Sorgfaltspflichten. Die kartenausgebende *Unternehmung* ist vor allem verpflichtet, durch Entgegennahme der Kreditkarte bargeldlose Bezüge zu gewähren (CHIAMPI, 39; KIENHOLZ, 35 ff., 109 ff.). **224**

b) Beim **Kreditkartenannahmevertrag** des Drei-Parteien-Systems (qualifizierte Kreditkarte; s. N 214 f.) ergeben sich folgende *Pflichten des Kreditkartenannehmers*: (1) Abtretung der Ansprüche gegen den Karteninhaber (GIGER, Kreditkartensysteme, 143; zum Zahlungsanspruch des Kartenunternehmens KIENHOLZ, 45 ff.). (2) Gleichbehandlung des Karteninhabers im Vergleich zu den übrigen Kunden (ARTER/JÖRG, Kreditkartenverträge, 429 f.). (3) Bezahlung der Provision (CHIAMPI, 39; MARTINEK, Kreditkartengeschäft, § 67 N 4). (4) Anbringung von Hinweisschildern (SCHLUEP/BAUDENBACHER, 897). (5) Prüfung der Gültigkeit der Kreditkarte und der Berechtigung des Kreditkarteninhabers (CHIAMPI, 39 ff.). Dagegen muss der *Kreditkartenherausgeber* verschiedene Dienstleistungen, wie z.B. Werbung, Akquisition, Bezahlung der Karteninhaberschulden (zur Grundlage des Zahlungsanspruchs ausführlich ARTER/JÖRG, Kreditkartenverträge, 430 ff. und KIENHOLZ, 141 ff.) und Lieferung der Hinweisschilder erbringen (SCHLUEP/BAUDENBACHER, 897; GIGER, Kreditkartensysteme, 143; CHIAMPI, 41). **225**

c) Bei der **Kreditkartenabrede** des Drei-Parteien-Systems (qualifizierte Kreditkarte; s. N 214 f.) umfassen die *Pflichten des Kreditkartenherausgebers*: (1) Pflicht, dem Kreditkarteninhaber die formelle Legitimation zur Geltendmachung seines Anspruchs durch Übergabe der Kreditkarte zu verschaffen (SCHLUEP/BAUDENBACHER, 898). (2) Erledigung des Zahlungsverkehrs. (3) Zusicherung bargeldlosen Dienstleistungs- und Warenbezugs. (4) Zahlung an den Kreditkartenannehmer. (5) Akquisition und Werbung. (6) Allgemeine Informationspflicht (GIGER, Kreditkartensysteme, 143; SCHLUEP/BAUDENBACHER, 898; CHIAMPI, 41). (7) Zuwei- **226** len bieten die Kreditkartenunternehmen weitere Dienstleistungen an (z.B. Konzertkartenservice, vereinfachte Mietwagenreservierung, besondere Warteräume auf Flughäfen; w.Bsp. bei Martinek, Kreditkartengeschäft, § 67 N 16). Der *Kreditkarteninhaber* hat insb. folgende Pflichten: (1) Rückerstattung der vom Herausgeber vergüteten Forderungen des Kreditkartenannehmers (Arter/Jörg, Kreditkartenverträge, 428). (2) Bezahlung der vereinbarten Pauschaljahresgebühr (Hurni, 20; Martinek, Kreditkartengeschäft, § 67 N 3). (3) Entrichten einer Überziehungsgebühr, wenn zum Zeitpunkt der monatlichen Abrechnung ein negativer Kontostand resultiert (Martinek, Kreditkartengeschäft, § 67 N 12 ff.). (4) Sorgfaltspflichten bei der Verwahrung der Kreditkarte (Schluep/Baudenbacher, 898; Giger, Kreditkartensysteme, 143).

227 d) Bei der **Kreditkartenbenützungsabrede** des Drei-Parteien-Systems (qualifizierte Kreditkarte; s. N 214 f.) umfasst die *Pflicht des Kreditkartenannehmers* namentlich, (1) bargeldlose Bezüge durch Kartenentgegennahme zu gewähren (Giger, Kreditkartensysteme, 143). Darüber hinaus besteht (2) die aus der Gleichbehandlungspflicht (s. N 225) fliessende Pflicht, den Karteninhaber nicht zum Barkauf zu verleiten (z.B. durch Rabattgewährung; s. zum Ganzen Rohe, 309).

228 e) Beim **Vier-Parteien-System mit Kontokorrentführungsfunktion** (qualifizierte Kreditkarte; s. N 214 und 216) liegt zwischen der Kreditkartenorganisation und der Bank zunächst ein gewöhnliches Kontokorrentverhältnis vor. Die sich daraus ergebenden *Rechte und Pflichten* bestehen vorab in buchungs-, verwaltungstechnischen und organisatorischen Aufgaben (Giger, Kreditkartensysteme, 220). Darüber hinaus erfüllt die Bank eine Reihe weiterer Dienstleistungen wie Akquisition, Werbung usw. (Giger, Kreditkartensysteme, 221).

229 f) Beim **Vier-Parteien-System mit integraler Bewirtschaftung** (qualifizierte Kreditkarte; s. N 214 und 216) umfasst die *Pflicht der Kreditkartenorganisation*, (1) der Bank den Vertrieb der Kreditkarten und die Nutzung ihres Know-hows und ihres Geschäftssystems zu gestatten. Somit hat sie der Bank auch (2) die entsprechenden Markenlizenzen und ggf. das Know-how einzuräumen (Giger, Kreditkartensysteme, 221). *Pflicht der Bank* ist es, (1) die Franchisegebühr zu bezahlen und (2) die von der Kartenorganisation erlassenen Weisungen zu beachten (Giger, Kreditkartensysteme, 221).

6. Leistungsstörungen

230 a) **Grundsätzlich** finden unter Vorbehalt abweichender Bestimmungen des *Wertpapierrechts* die allgemeinen Regeln des OR Anwendung, soweit sich nicht die analoge Übernahme einschlägigen Typenrechts aufdrängt. Zum Bonitäts- und Veritätsrisikos s. Kienholz, 63 ff.

231 b) **Missbräuchliche Verwendung einer echten Kreditkarte**. Missbraucht ein Dieb oder ein unehrlicher Finder die fremde Kreditkarte (s. dazu Chiampi, 26 f.; Martinek, Kreditkartengeschäft, § 67 N 28), befreit das den Kreditkartenherausgeber nicht von der Zahlungspflicht, wenn der Kreditkartenannehmer beim Vergleich der Unterschriften die verkehrsübliche Sorgfalt angewandt hat (Schluep/Baudenbacher, 899 f.; Stauder, 88 f.; Huguenin, OR BT, N 1699; Avancini, 134; s.a. Schinkels, 153). Nach allgemeinen Grundsätzen könnte der Kreditkartenherausgeber auf den Karteninhaber zurückgreifen, wenn der Diebstahl oder der Verlust durch dessen mangelnde Sorgfalt verursacht worden ist (Schluep/Baudenbacher, 900; Stauder, 99 f.; Avancini, 134; s.a. Honsell, OR BT, 468 f.; Schinkels, 154 ff.; für eine Übernahme der amerikanischen Missbrauchsregelungen plädiert Bohnet, The liability, 265 ff.). Doch sehen die Kreditkartenherausgeber in ihren AGB für diesen Fall vor, dass der Inhaber nach erfolgter Verlustmeldung von jeder Haftung befreit ist. Bis zum Zeitpunkt des Einganges der Verlustmeldung haftet der Inhaber nur bis zur Höhe eines relativ kleinen Betrages (Schluep/Baudenbacher, 900). Der Herausgeber darf die Zahlung gegenüber dem Kreditannehmer dann verweigern, wenn er das Unternehmen über eine allfällige Kartensperre informiert hat (Honsell, OR BT, 468). Diese «Informationspflicht» ist in

Wahrheit eine *Obliegenheit*: Unterlässt der Herausgeber die Information, schuldet er dem Vertragsunternehmen bloss die versprochene Leistung, nicht aber Schadenersatz (BGE 113 II 174 E. 1c; GAUCH/AEPLI/STÖCKLI, Vor Art. 184–551 N 42; krit. WIEGAND/KOLLER-TUMLER, recht 1988, 103 f.). Ausführlich zu den sog. Rückbelastungs- bzw. Schadenabwälzungsklauseln in AGB ARTER/JÖRG, 29 ff.; DIES., Kreditkartenverträge, 438 ff.; GLOOR, 251 ff.).

c) **Verwendung einer gefälschten Kreditkarte**. Wird dem Kreditkartenannehmer eine gefälschte Kreditkarte (s. SCHINKELS, 153, 158 f.; CHIAMPI, 81 ff.) vorgelegt, haftet er nur, wenn er die Karte annimmt, obwohl die Fälschung *offenkundig* ist. In anderen Fällen muss der Kreditkartenherausgeber die Forderung des annehmenden Unternehmens erfüllen (SCHLUEP/BAUDENBACHER, 900; STAUDER, 88 f.; HUGUENIN, OR BT, N 1700). 232

d) **Missbrauchsrisiko bei Kreditzahlungen im Internet**. Im Anwendungsbereich des Electronic Commerce bestehen grundsätzlich keine Abweichungen zum Drei-Parteien-Kreditsystem (qualifizierte Kreditkarte; s. N 214 f.). Allerdings erfolgt die Bezahlung üblicherweise beleglos. Der Kartenannehmer kann also den Kartenherausgeber zur Zahlung anhalten, sobald die Kreditkartendaten übermittelt worden sind, ohne jegliche Gewähr, dass der Kreditkarteninhaber diese Übermittlung in Form einer Unterschrift autorisiert bzw. angewiesen hätte. Für den Missbrauchsfall bedeutet das konkret, dass der Kreditkartenherausgeber das Haftungsrisiko trägt, sofern er nicht beweisen kann, dass der Kreditkarteninhaber die Zahlung angewiesen hat. Solches ist wegen der systembedingten Beleglosigkeit wohl kaum machbar (daher wird der Kreditkartenherausgeber darauf bedacht sein, mittels AGB das Missbrauchsrisiko verschuldensunabhängig auf den Kreditkarteninhaber und/oder -annehmer abzuwälzen, dazu in extenso ARTER/JÖRG, Kreditkartenverträge, 436 ff.). Wird aber ein Internet-Geschäft auf dem Wege des 3-D Secure System eines standardisierten Sicherheitsprotokolls für den elektronischen Zahlungsverkehr, abgewickelt, verlagert sich das Haftungsrisiko im Falle eines Missbrauchs auf den Kreditkarteninhaber: Weil unter Inanspruchnahme des 3-D Secure System die Daten der Kreditkarte mit einem privaten Schlüssel des Kunden digital signiert werden, der Kreditkarteninhaber also elektronisch unterschreibt, muss dieser nun beweisen, dass er die ihm obliegende Sorgfaltspflicht nicht verletzt hat (zum Ganzen detailliert PICHLER, 3234 ff.). 233

e) **Missbräuchliche Verwendung einer Kreditkarte durch den Inhaber selbst**: vgl. STOLL, 157 ff., und BGE 125 IV 260.

7. Beendigung

a) Der **Vertrag zwischen dem Kreditkartenherausgeber und Kreditkarteninhaber** wird durch Fristablauf *ordentlich beendigt*. Üblich ist es, den Vertrag für die Dauer eines Jahres abzuschliessen. Erfolgt keine Kündigung, so erneuert er sich für die Dauer eines weiteren Jahres (SCHLUEP/BAUDENBACHER, 899; STAUDER, 103). Regelmässig sehen die AGB zusätzlich vor, dass der Kreditkartenherausgeber jederzeit ohne Angabe von Gründen kündigen kann (SCHLUEP/BAUDENBACHER, 899; WÜRSCH, 151; MARTINEK, Kreditkartengeschäft, § 67 N 17). Ferner kann der Kreditkarteninhaber das Dauerschuldverhältnis (s. N 219) aus wichtigem Grund *ausserordentlich kündigen*. Das Vertragsverhältnis endet grundsätzlich auch durch den Konkurs des Kreditkartenherausgebers (SCHLUEP/BAUDENBACHER, 899; STAUDER, 103; WÜRSCH, 152). Siehe auch Art. 1.4 der AGB von Viseca Card Services SA (Version vom 11/2013) «Beendigung des Vertragsverhältnisses, Kartensperrung». 234

b) Der **Vertrag zwischen dem Kreditkartenherausgeber und Vertragsunternehmen** wird *ordentlich* durch Kündigung beendet. Üblich ist eine Kündigung auf ein halbes Jahr mit 30 Tagen Kündigungsfrist (Vgl. z.B die AGB von B+S Card Services GmbH [Version vom 03/2014], Art. 19.1 lit. a). Wie bei allen Dauerschuldverhältnissen besteht zudem auf beiden Seiten ein jederzeitiges *ausserordentliches* Kündigungsrecht aus wichtigem Grund (SCHLUEP/BAUDENBACHER, 899). 235

8. IPR

236 Der Kreditkartenvertrag des **Zwei-Parteien-Systems** ist kollisionsrechtlich mangels gültiger Rechtswahl an das Recht des *Kreditkartenherausgebers* anzuknüpfen (Art. 117 Abs. 2 IPRG). Im Rahmen des *Drei-Parteien-Systems* kann die kollisionsrechtliche Behandlung des **Kreditkartenannahmevertrags** zuweilen Schwierigkeiten bereiten. Haben sich die Parteien über das anwendbare Recht nicht geeinigt (was wohl die Ausnahme sein dürfte), so wird man i.d.R. das Recht des *Kreditkartenannehmers* als massgebend betrachten. Demgegenüber ist die **Kreditkartenabrede** wegen ihrer Nähe zum Auftrag (s. N 220) objektiv an das Recht des *Herausgebers* anzuknüpfen (Art. 117 Abs. 3 lit. c IPRG), es sei denn, die Anwendung von Art. 120 IPRG dränge sich auf. Die **Kreditkartenbenützungsabrede** richtet sich objektiv nach dem Statut des *konkret* in Frage stehenden Rechtsgeschäfts. Beim **Vier-Parteien-System** untersteht die Abrede zwischen dem Kreditkartenherausgeber und der Bank i.a. dem Recht der *Bank*, erbringt doch diese i.d.R. die charakteristische Leistung i.S.v. Art. 117 Abs. 2 IPRG (s. eingehend zum Ganzen FAVRE-BULLE, 449 ff.).

9. Einzelfragen

237 **Konsumkreditvertrag**. Kreditkartenvertrag des Zwei-Parteien-Systems (s. N 213) sowie Kreditkartenabrede des Drei-Parteien-Systems (s. N 215) gelten nach Art. 1 Abs. 2 lit. b KKG als *Konsumkreditverträge*, wenn sie mit einer *Kreditoption* verbunden sind (d.h. mit der Möglichkeit, den Saldo der Karte in Raten zu begleichen; s. Art. 1 Abs. 2 lit. b Satz 2 KKG). Alsdann unterstehen sie den Schutzvorschriften des Konsumkreditgesetzes nach Massgabe von Art. 8 Abs. 2 KKG (s. Botschaft betr. die Änderung des Bundesgesetzes über den Konsumkredit vom 14. 12. 1998, BBl 1999, 3174; ferner STENGEL, 171 ff.; BRUNNER, 245 f.).

IX. Lizenz- und Know-how-Vertrag

Literatur

Schweiz: AMSTUTZ/CARRON/REINERT, Art. 4 al. 1 LCart, Art. 5 LCart, in: Martenet/Bovet/Tercier (Hrsg.), Droit de la Concurrence, Loi sur les cartels, Loi sur la surveillance des prix, Loi sur le marché intérieur, Loi sur les entraves techniques au commerce: Commentaire, 2. Aufl.. Basel 2013, 217 ff., 424 ff.; BÄR, Das Internationale Privatrecht (Kollisionsrecht) des Immaterialgüterrechts und des Wettbewerbsrechts, SIWR I/1, Basel 1995, 87 ff.; BARRELET/EGLOFF, Das neue Urheberrecht, 3. Aufl., Bern 2008; BAUDENBACHER, Lauterkeitsrecht: Kommentar zum Gesetz gegen den unlauteren Wettbewerb (UWG), Basel 2001; BLUM/PEDRAZZINI, Das schweizerische Patentrecht, Komm. zum PatG, 2. Aufl., Bern 1975; BORTOLANI, Markenlizenzvertrag in: Weinmann/Münch/Herren (Hrsg.), Schweizer IP-Handbuch: Intellectual Property – Konzepte, Checklisten und Musterdokumente für die Praxis, Basel 2013, 593 ff.; DESSEMONTET, Les accords de confidentialité, in: Mélanges Engel, Lausanne 1989, 27 ff.; DERS., La propriété intéllectuelle et les contrats de licence, 2. Aufl., Lausanne 2011 (zit. contrats de licence); CERUTTI, Der Untervertrag, Diss. Freiburg i.Ue. 1990; CODONI, Zur Anwendbarkeit des Grundsatzes des Vorranges der absoluten Rechte gegenüber den relativen Rechten im Immaterialgüterrecht und insb. im Urheberrecht, SJZ 1999, 2 ff.; GAUCH, System der Beendigung von Dauerverträgen, Diss. Freiburg i.Ue. 1968 (zit. Dauerverträge); DUTOIT/MOCK, Le contrôle administratif des contrats de licence et de transfert de technologie, Genf 1993; FUCHS, Vertrag über originäre Urheber- und Nachbarrechte in: Weinmann/Münch/Herren (Hrsg.), Schweizer IP-Handbuch: Intellectual Property – Konzepte, Checklisten und Musterdokumente für die Praxis, Basel 2013, 939 ff.; FRÖHLICH-BLEULER, Softwareverträge, 2. Aufl., Bern 2014; FISCHER/DORIGO, Patent- und Know-how-Lizenzvertrag in: Weinmann/Münch/Herren (Hrsg.), Schweizer IP-Handbuch: Intellectual Property – Konzepte, Checklisten und Musterdokumente für die Praxis, Basel 2013, 333 ff.; GELLIS, Softwarelizenz: Die Stellung des Lizenznehmers bei Veräusserung des Schutzrechts durch den Lizenzgeber oder bei dessen Konkurs, sic! 2005, 439 ff.; HIGI, Kommentar zum Schweizersichen Zivilgesetzbuch (Zürcher Kommentar), V. Band: Obligationenrecht, Teilband V 2b: Die Pacht (Art. 275–304 OR), 3. Aufl., Zürich 2000; HILTY, Lizenzvertragsrecht: Systematisierung und Typisierung aus schutz- und schuldrechtlicher Sicht, Bern 2001 (zit. Lizenzvertragsrecht); DERS., Urteilsanmerkung zu OGer LU, abgedruckt in: sic! 1997, 458 ff. (zit. sic! 1997); DERS., Vom Janusgesicht des Immaterialgüterrechts – Versuch einer europatauglichen Interpretation von Art. 3 Abs. 2 KG, in: FS für Roger Zäch, Zürich 1999, 325 ff. (zit. FS Zäch); DERS., Urhebervertragsrecht: Schweiz im Zugzwang?, in: Hilty/Berger,

(Hrsg.), Urheberrecht am Scheideweg?, Zürich 2001, 87 ff. (zit. Zugzwang); HUGUENIN, Obligationenrecht, 2. Aufl., 2014; KELLER B., Kartellrechtliche Schranken für Lizenzverträge, Diss. 2004; KOLLER B. V., Der Know-how-Vertrag nach schweizerischem Recht, Diss. 1979 (zit. Know-how); KROLL, Informationspflichten im Franchising, Frankfurt a.M. 2001; MAUERHOFER, Die Rechtsstellung des Lizenznehmers im Verletzungsprozess, Diss. Bern 2010; MIDDENDORF, Nachwirkende Vertragspflichten, Diss. Freiburg i.Ue. 2002; MODIANO, Le contrat de licence, Diss. Genf 1979; MORSCHER, Software-Überlassung nach Schweizer Recht, CR 1999, 262 ff.; PEDRAZZINI, Versuch einer Nominalisierung des Lizenzvertrages, in: FS Walter R. Schluep, Zürich 1988, 413 ff. (zit. Versuch); DERS., Patent- und Lizenzvertragsrecht, 2. Auf., Bern 1987 (zit. Patent); DERS., Der Lizenzvertrag nach schweizerischem Recht, in: Graven (Hrsg.), Recueil des travaux suisses présentés au Xe Congrès international de droit comparé, Freiburg 1979, 100 ff. (zit. Recueil); DERS., Der Lizenzvertrag, Schweizerisches Privatrecht (SPR), Bd. VII/1, Basel 1977, 596 ff. (zit. SPR VII/1); PESTALOZZI, Die Stellung des Lizenznehmers bei Patentverletzung, Diss. Zürich 1975; PFORTMÜLLER, Marken im Rechtsvergleich de lege lata und de lege ferenda, Diss. Zürich 1991; DERS., Gebrauch durch den Lizenznehmer gilt als markenmässiger Gebrauch, in: Kumer et al. (Hrsg.), Binsenwahrheiten des Immaterialgüterrechts, Festschrift für Lucas David, Zürich 1996, 127 ff.; SCHLOSSER, Le contrat de savoir-faire: Etude de droit suisse, Diss. Lausanne 1996 (zit. contrat); DERS., Der Know-how-Vertrag, sic! 1998, 269 ff. (zit. sic! 1998); SCHLUEP, Das Markenrecht als subjektives Recht, Basel 1964 (zit. Markenrecht); SCHÜRMANN/SCHLUEP, Kartellgesetz und Preisüberwachungsgesetz, Zürich 1988; STAUB, Leistungsstörungen bei Urheberrechtsverträgen, Diss. Zürich 2000; SCHWAAB, Wettbewerbsbeschränkende Know-how-Lizenzverträge, Diss. Bern 2009; STIEGER, Zur Beendigung des Lizenzvertrages nach schweizerischem Recht, sic! 1999, 3 ff.; STREIFF/PELLEGRINI/VON KAENEL, Vertragsvorlagen, 4. Aufl., Zürich 2008; STREULI-YOUSSEF, Urhebervertragsrecht, Zürich 2006; TISSOT, Contrat de licence – responsabilités et garanties, sic! 2000, 473 ff.; TROLLER A., Immaterialgüterrecht, 2 Bd., 3. Aufl., Basel 1983/85 (zit. IGR); DERS., Der Schutz des Know-how im schweizerischen Recht, in: Graven (Hrsg.), Recueil des travaux suisses présentés au VIIIe Congrès international de droit comparé, Freiburg 1970, 213 ff. (zit. Know-how); TROLLER A./TROLLER P., Kurzlehrbuch des Immaterialgüterrechts, 3. Aufl., Basel/Frankfurt a.M. 1989; TROLLER K., Grundzüge des schweizerischen Immaterialgüterrechts, 2. Aufl., Basel 2005; UHLIG, Verträge über abgeleitete Urheberrechte in: Weinmann/Münch/Herren (Hrsg.), Schweizer IP-Handbuch: Intellectual Property – Konzepte, Checklisten und Musterdokumente für die Praxis, Basel 2013, 979 ff.; VON BÜREN, Der Lizenzvertrag, in: von Büren/David (Hrsg.), SIWR I/1, 2. Aufl., Basel 2002, 293 ff.; VON BÜREN/MARBACH/DUCREY, Immaterialgüter- und Wettbewerbsrecht, 3. Aufl., Bern 2008; WALTER, Neuregelung der EU betreffend Patentlizenz- und Know-how-Vereinbarungen (Technologietransfer-Vereinbarungen), SZW 1996, 122 ff.; WEBER, Einleitung, Geltungsbereich und Verhältnis zu anderen Rechtsvorschriften, SIWR V/2, Basel 2000, 1 ff. (zit. SIWR V/2); DERS., Freie Software – Befreiung vom Vertragstypenkonzept?, in: FS für Heinrich Honsell, Zürich 2002, 41 ff. (zit. FS Honsell); WEIBEL, Anforderungen an eine Marke im Hinblick auf eine konzerninterne Lizenzierung, in: sic! 1999, 342 ff.; WEINMANN, Die Rechtsnatur der Lizenz, Diss. Zürich 1996; WIDMER, Vermögensrechtliche Ansprüche des Inhabers und Lizenznehmers bei der Verletzung von Immaterialgüterrechten, Basel 1985; ZENHÄUSERN, Der internationale Lizenzvertrag, Diss. Freiburg i.Ue. 1991.

Ausland: AXSTER/OSTERRIETH, Kartellrecht, in: Pfaff/Osterrieth (Hrsg.), Lizenzverträge, 3. Aufl., München 2010, 24 ff.; BARTENBACH, Patentlizenz- und Know-how-Vertrag, 7. Aufl., Köln 2012; BURGSTALLER/LETTNER (Hrsg.), EU-Kartellrecht: Die Gruppenfreistellungsverordnung, Wien 2014; CHRISTOPH, Wettbewerbsbeschränkungen in Lizenzverträgen über gewerbliche Schutzrechte nach deutschem und europäischem Recht, Diss. Göttingen 1998; FUNKE, Technologietransfer in internationalen Corporate Joint Ventures, Diss. Köln 1998; GITTER, Gebrauchsüberlassungsverträge, Tübingen 1988; GROSS, Know-how-Lizenzvertrag, 6. Aufl., Frankfurt a.M. 2011; DERS., Der Lizenzvertrag, 10. Aufl., Frankfurt a.M. 2011 (zit. Lizenzvertrag); GROSS/ROHRER, Lizenzgebühren, 3. Aufl., Frankfurt a.M. 2012; GRÜTZMACHER/LAIER/MAY, Der internationale Lizenzverkehr, 8. Aufl., Heidelberg 1997; HAEDICKE, E. Patentrecht und Kartellrecht, in: Haedicke/Timmann (Hrsg.), Handbuch des Patentrechts, München 2012, 30 ff.; HELLEBRAND/KAUBE, Lizenzsätze für technische Erfindungen, 4. Aufl., Köln 2011; HENN, Patent- und Know-how-Lizenzvertrag, 5. Aufl., Heidelberg 2003; KELLER, Der Einfluss der neuen GVO-TT auf Technologietransfer-Vereinbarungen, Jusletter 19.6.2006; LIEBSCHER, Lizenzverträge, Wien 2001; MCGUIRE, Die Lizenz, Eine Einordnung in die Systemzusammenhänge des BGB und des Zivilprozessrechts, Tübingen 2012; MÜLLER, Firmenlizenz und Konzernfirma, Diss. Köln 1996; NEBEL/SCHULZ/FLOHR, Das Franchise System, 4. Aufl., München 2008; PAGENBERG/BEIER, Lizenzverträge/License Agreements, 6. Aufl., Köln 2008; PATTEL/ROFFE/YUSEF (Hrsg.), International Technology Transfer: The Origins and the Aftermath of the United Nations Negotiations on a Draft Code of Conduct, Den Haag 2000; PFAFF/NAGEL, Allgemeiner Teil, in: Pfaff/Osterrieth (Hrsg.), Lizenzverträge, 3. Aufl., München 2010, 1 ff.; POHL, Die Voraussetzungen der patentrechtlichen Zwangslizenz, Frankfurt a.M. 2000; PORT et al., Licensing intellectual property in the information age, 2. Aufl., Oxford/Portland 2005; SCHERTZ, Merchandising, München

1997; SCHLICHER, Licensing Intellectual Property, New York 1996; SINGER, Ausschliessliche Patentlizenz- und Know-how-Verträge nach deutschem, amerikanischem und europäischem Kartellrecht, Frankfurt a.M. 1997; WILKOF/BURKITT, Trade Mark Licencing, 2. Aufl., London 2005; WOLF/ECKERT, Handbuch des gewerblichen Miet-, Pacht- und Leasingrechts, 7. Aufl., Köln 1995; WOLFF-ROJCZYK, Angriffsmöglichkeiten des Lizenznehmers auf den Lizenzgegenstand, Frankfurt a.M. 1998.

1. Begriff

238 Durch den **Lizenzvertrag** verpflichtet sich der *Lizenzgeber*, dem *Lizenznehmer* die Benutzung eines immateriellen Gutes zu gestatten (Duldungspflicht; zu den Vertragsparteien eingehend HILTY, Lizenzvertragsrecht, 64 ff., 78 ff.; HGer ZH, sic! 1998, 97 ff., 100; s.a. BARTENBACH, N 569 ff.). Der Lizenznehmer verspricht dem Lizenzgeber i.d.R., eine *Lizenzgebühr* zu bezahlen (VON BÜREN/MARBACH/DUCREY, N 866; DESSEMONTET, contrats de licence, N 266; STREIFF/PELLEGRINI/VON KAENEL, 268; BARTENBACH, N 1675 f.; ZK-HIGI, Vor 8. Titel[bis] [Art. 275–304] OR N 200; HILTY, Lizenzvertragsrecht, 6 f., 12 ff. m.Nw.; SINGER, 32; STREULI-YOUSSEF, 22; WEINMANN, 4; TERCIER/FAVRE, N 7950; CHK-ZENHÄUSERN, Vor Art. 184 ff. OR/Lizenz- und Know-how-Vertrag, N 1; GROSS, Lizenzvertrag, N 13, eingehend GROSS/ROHRER, passim). Vertragsgegenstand sind sowohl gesetzlich *geschützte Immaterialgüter* (Patent, Marke, Design, Werke der Literatur und Kunst), als auch (nur) *objektiv-rechtlich abgesicherte Immaterialgüter* (Fabrikations- oder Betriebsgeheimnisse, Know-how, Ausstattung usw.; PEDRAZZINI, Versuch, 414; DERS., SPR VII/1, 596; BLUM/PEDRAZZINI, Art. 34 Anm. 21 ff.; VON BÜREN, 295; HONSELL, OR BT, 457 f.; GITTER, 375; BARTENBACH, N 188 ff.; STREIFF/PELLEGRINI/VON KAENEL, 268; zum trademark licencing im angloamerikanischen Recht WILKOF/BURKITT, 1 ff.; eingehende Übersicht über die einzelnen Lizenzvertragsarten [Patent-, Marken-, Urheberrechtslizenz usw.] bei ENGEL, contrats, 777 ff.).

2. Realien

239 a) **Allgemeines**. Moderne Technologien lassen sich nur verwirklichen, wenn geistige Ressourcen eines Einzelnen einer breiten Anwendergruppe zur Verfügung gestellt werden. Nur so können Forschungsergebnisse und Verfahren kombiniert und kommerziell nutzbaren Ergebnissen bzw. Produktionsmöglichkeiten zugeführt werden (GITTER, 374; HENN, N 1; SINGER, 40; SCHLICHER, 3). Die *Lizenz* nimmt dabei eine Schlüsselstellung ein (s. eingehend VON BÜREN, 297 ff.; ferner WOLFF-ROJCZYK, 1; CHRISTOPH, 128; zur Abgrenzung Lizenz/Technologietransfer PFAFF/NAGEL, A N 4 ff.; FUNKE, 19 f.).

240 b) **Wirtschaftliche Funktion**. Dem *Lizenznehmer* wird die Benutzung eines Gutes positiv gestattet, auf das er sonst verzichten müsste. Er erhofft sich Wettbewerbsvorteile und eine Erhöhung der Produktivität, indem er an der (rechtlichen, mitunter aber auch wirtschaftlichen) Monopolstellung des Lizenzgebers teilnimmt und an dessen Wissensvorsprung in Gestalt von «Vorsprungsrenten» partizipiert (GITTER, 376; PEDRAZZINI, SPR VII/1, 598; s.a. DESSEMONTET, contrats de licence, N 267; MÜLLER, 10; BARTENBACH, N 8 ff.; HENN, N 2; GROSS, Lizenzvertrag, N 13; GRÜTZMACHER/LAIER/MAY, 12, 14; WOLFF-ROJCZYK, 1). Der Lizenzvertrag gehört weltweit zu den wichtigsten privatrechtlichen Verträgen (TROLLER/TROLLER, 168). Zur Interessenlage Dritter und der Allgemeinheit s. SINGER, 41 ff.

241 c) **Erscheinungsformen**. Lizenzen unterscheiden sich hauptsächlich nach dem *Immaterialgut*, an dem sie begründet werden (s. zum Folgenden ausführlich [mit weiteren Differenzierungen] VON BÜREN, 312 ff.; VON BÜREN/MARBACH/DUCREY, N 878; HILTY, Lizenzvertragsrecht, 16 ff.): Patent-, Design-, Markenlizenzvertrag, Firmenlizenzvertrag (s. MÜLLER, 6 ff.), urheberrechtlicher Lizenzvertrag (insb. an Computersoftware; s. HONSELL, OR BT, 459 m.Nw.; TROLLER K., 292 ff., 302; BGE 125 III 263 ff.; spezifisch zur Frage nach einem Urhebervertragsrecht HILTY, Zugzwang, 88 ff.; zum Vertrag über originäre resp. abgeleitete Urheberrechte FUCHS, 948, und UHLIG, 989; s.a. STAUB, 3 ff.), Lizenz an Geheimverfahren (Farbrikations- und Geschäftsgeheimnis, Know-how, Betriebserfahrung). Jedes *vertraglich*

erfassbare, unkörperliche Gut ist grundsätzlich lizenzfähig (Hilty, Lizenzvertragsrecht, 16; zur Frage nach der Anwendbarkeit des Lizenzvertragsrechts auf Überlassung von «Open Source»-Software Weber, FS Honsell, 41 ff.). Praktisch wichtig wird weiter *nach Umfang und Inhalt* der übertragenen Benutzungsbefugnis unterschieden (s.a. Gross, Lizenzvertrag, N 25 ff.; ZK-Higi, Vor 8. Titel^bis [Art. 275–304] OR N 202). Von einem *ausschliesslichen* Lizenzvertrag (zu diesem Begriff Weinmann, 590 ff.; Streiff/Pellegrini/von Kaenel, 268; Liebscher, 30; Gross, Lizenzvertrag, N 36 f.) spricht man, wenn der Lizenznehmer (also nur er) das immaterielle Gut exklusiv nutzen darf (s. Troller K., 293; Hilty, Lizenzvertragsrecht, 238; Singer, 37; Huguenin, OR AT/BT, N 3811; Bartenbach, N 78 ff.; von Büren/Marbach/Ducrey, N 872; Dessemontet, contrats de licence, N 91; zur sog. Alleinlizenz [als Unterfall der ausschliesslichen Lizenz] Weinmann, 5; Gross, Lizenzvertrag, N 38; Liebscher, 30). Fehlt die Ausschliesslichkeitsstellung des Lizenznehmers, spricht man von einer *einfachen* Lizenz (Troller K., 294; Hilty, Lizenzvertragsrecht, 237; Liebscher, 31; Gross, Lizenzvertrag, N 39, 381 ff.; Pedrazzini, Versuch, 415; von Büren/Marbach/Ducrey, N 871; Streiff/Pellegrini/von Kaenel, 268; Bartenbach, N 120; Engel, contrats, 774 f.). Die Unterlizenz ist eine von der *Hauptlizenz* abgeleitete Lizenz, die der Lizenznehmer einem Dritten einräumt (Liebscher, 34). Obwohl sie grundsätzlich rechtlich eigenständig ist, fehlt ihr die völlige Unabhängigkeit von der Hauptlizenz (Näheres bei Blum/Pedrazzini, Art. 34 Anm. 49 f.; Vischer/Dorigo, 352 ff.; Hilty, Lizenzvertragsrecht, 68 f.; von Büren/Marbach/Ducrey, N 874; Bartenbach, N 145 ff.; Cerutti, N 49 ff.). Im Zweifel ist der Lizenznehmer *nicht* zur Unterlizenzierung berechtigt (Blum/Pedrazzini, Art. 34 Anm. 41, 49; differenziert Streiff/Pellegrini/von Kaenel, 268; Hilty, Lizenzvertragsrecht, 758 ff.; s.a. Pedrazzini, SPR VII/1, 606; **a.M.** Bartenbach, N 145 f.; Gross, Lizenzvertrag, N 233 ff.). Von einer *Zwangslizenz* wird gesprochen, wenn dem Lizenznehmer ein gesetzlicher Anspruch auf Abschluss eines Lizenzvertrags zusteht (z.B. Art. 29 Abs. 3, Art. 36, 37, 40 PatG; Art. 22 Sortenschutzgesetz; Art. 23 URG; Troller K., 298; Hilty, Lizenzvertragsrecht, 191 ff.; Pedrazzini, Patent, 150 ff.; Pedrazzini, SPR VII/1, 607; Barrelet/Egloff, Art. 23 N 1 ff.; Huguenin, OR AT/BT, N 3813; krit. von Büren/Marbach/Ducrey, N 877; CHK-Zenhäusern, Vor Art. 184 ff. OR/Lizenz- und Know-how-Vertrag, N 10) oder wenn eine Gerichts- bzw. eine Verwaltungsbehörde anstelle der Parteien die Lizenzmodalitäten festlegt (Troller K., 298; Hilty, Lizenzvertragsrecht, 191 ff.; Henn, N 14). Für weitere Unterscheidungen: Blum/Pedrazzini, Art. 34 Anm. 31; Weinmann, 6 f.; Gross, Lizenzvertrag, N 40 ff.; Huguenin, OR AT/BT, N 3809 ff.; von Büren/Marbach/Ducrey, N 873, 875; Liebscher, 33; von Büren, 312 ff.; Singer, 36 f.; Streuli-Youssef, 23 ff.; Hilty, Lizenzvertragsrecht, 246 ff. (mit der Sonderung in Herstellungs-, Vertriebs-, Gebrauchs-, Gebiets-, Zeit- und Quotenlizenz).

3. Rechtsnatur

a) **Qualifikation**. Der Lizenzvertrag wird in Art. 34 Abs. 1 PatG, Art. 35 Abs. 4 DesG, Art. 18 MSchG und Art. 21 Sortenschutzgesetz erwähnt, jedoch nicht näher umschrieben (von Büren, 300 f.; Stieger, 4; ZK-Higi, Vor 8. Titel^bis [Art. 275–304] OR N 204; Huguenin, OR AT/BT, N 3788; von Büren/Marbach/Ducrey, N 868; Hilty, Lizenzvertragsrecht, 5; s.a. Engel, contrats, 774; Codoni, 5). Er ist (obwohl benannt) ein *Innominatkontrakt* (je nach Vertragsgestaltung *sui iuris* oder *gemischter Vertrag* (BGE 115 II 255, 257; 92 II 299 f. = Pra 1967, 173; BGE 96 II 154, 156 = Pra 1970, 431; Blum/Pedrazzini, Art. 34 Anm. 18 ff.; Pedrazzini, SPR VII/1, 602; Hilty, Lizenzvertragsrecht, 155 ff., 167 ff. m.Nw.; Stieger, 4; Troller K., 293; Weinmann, 19, 30; Huguenin, OR AT/BT, N 3799; Schlosser, contrat, 94 ff.; von Büren, 303; Zenhäusern, 29; CHK-Zenhäusern, Vor Art. 184 ff. OR/Lizenz- und Know-how-Vertrag, N 12; Honsell, OR BT, 458; Liebscher, 19; Bartenbach, N 42 f., 61; Engel, contrats, 774; Modiano, 39 ff.; **a.M.** Tissot, 473; Henn, N 90 ff., 118 ff.; Gross, Lizenzvertrag, N 24; dezidiert **a.M.** ZK-Higi, Vor 8. Titel^bis [Art. 275–304] OR N 205 und 214, der den entgeltlichen Lizenzvertrag als Pacht qualifiziert; 242

krit. ferner PFAFF/NAGEL, A N 33; zum absoluten oder relativen Charakter der Lizenz, CODONI, 2 f.). Die typische Grundleistung (Gebrauchsüberlassung) weist Elemente der Miete und der Pacht auf (VON BÜREN, 303 f.; VON BÜREN/MARBACH/DUCREY, N 869; HUGUENIN, OR AT/BT, N 3801; HENN, N 92 f.). Eine generelle Zuweisung zum Nominatrecht ist freilich nicht möglich (BGE 92 II 299 f. = Pra 1967, 173 f.; VON BÜREN, 302 f.; s.a. TERCIER/FAVRE, N 7961; BSK MSchG-DAVID, Art. 18 N 4; HILTY, Lizenzvertragsrecht, 159 f.; TROLLER K., 293). Im Einzelnen findet man auch (evtl. dominierende) kauf- oder gesellschaftsrechtliche Elemente (PEDRAZZINI, SPR VII/1, 602 f.; DERS., Patent, 126; VON BÜREN, 305 ff.; VON BÜREN/MARBACH/DUCREY, N 869; STIEGER, 5; HUGUENIN, OR AT/BT, N 3802 f.; HENN, N 111 ff.; WEINMANN, 19; s.a. BGE 96 II 154, 156 = Pra 1970, 431). Unstreitig ist der Lizenzvertrag i.d.R. als Dauerschuldverhältnis (mit der Folge der dafür besonders entwickelten Regeln) zu qualifizieren (VON BÜREN, 302; STIEGER, 4; STREIFF/PELLEGRINI/VON KAENEL, 269; BLUM/PEDRAZZINI, Art. 34 Anm. 16 f. m.Nw.; PEDRAZZINI, Patent, 126 f.; DERS., SPR VII/1, 602; TROLLER K., 293; BUCHER, BT, 41; TISSOT, 473; ZENHÄUSERN, 29 f.; SINGER, 32; FISCHER/DORIGO, 347; krit. MÜLLER, 86 ff.). «Lizenzverträge», die sich durch einen einmaligen Leistungsaustausch auszeichnen, sind *atypisch* und den Umsatzverträgen zuzurechnen. Auf sie finden die Vorschriften über den Kauf analoge Anwendung, soweit die besondere Natur des Vertrages dies zulässt (PEDRAZZINI, Patent, 126; DERS., SPR VII/1, 598, 601; zum Software-Lizenzvertrag auf Dauer s. unten N 267).

243 b) **Abgrenzungen**. Vertragsgegenstand ist ein *Recht* und nicht eine körperliche Sache i.S.v. Art. 253, weshalb kein reiner *Mietvertrag* vorliegt (BARTENBACH, N 50; GROSS, Lizenzvertrag, N 21; HUGUENIN, OR AT/BT, N 3805; WEINMANN, 17 m.Nw.; s.a. MÜLLER, 88 ff.). Die direkte Anwendung von *Pachtrecht* wird abgelehnt, weil der Pachtvertrag aus einer geschichtlich gefestigten Interessenlage entstanden ist, die mit den Realien des Lizenzvertrags nur beschränkt vergleichbar ist (s. Näheres bei BLUM/PEDRAZZINI, Art. 34 Anm. 12; ZENHÄUSERN, 30 f.; ferner HONSELL, OR BT, 458; WEINMANN, 17, f. m.Nw.; BARTENBACH, 51 f.; s. aber BGE 53 II 127, 133 ff. im Gegensatz zu BGE 75 II 166, 167; **a.M.** STREIFF/PELLEGRINI/VON KAENEL, 269). Insbesondere setzt «der Pachtvertrag die Überlassung des Pachtgegenstandes und dessen Rückgabe mit Ablauf des Vertrages voraus», während beim Lizenzvertrag das Schutzrecht beim Lizenzgeber verbleibt (GROSS, Lizenzvertrag, N 23; BARTENBACH, N 51). Sodann ist das Pachtrecht (wie das Mietrecht) von Sozialschutzgedanken durchdrungen, deren Anwendung für den Lizenzvertrag nicht sachgerecht erscheint (HILTY, Lizenzvertragsrecht, 159, 967). Die Subsumtion des Lizenzvertrags unter das *Kaufrecht* entfällt, weil der Kaufvertrag auf einen einmaligen Leistungsaustausch gerichtet ist, der typische Lizenzvertrag jedoch eine Dauerschuld begründet (GITTER, 396; BLUM/PEDRAZZINI, Art. 34 Anm. 13; WEINMANN, 18 m.Nw; BARTENBACH, N 45; GROSS, Lizenzvertrag, N 20; SINGER, 37). Auch ist der Lizenzvertrag nicht *Verlagsvertrag*, weil hier dem Verleger «je nach konkretem Vertrag eine nicht nur bloss obligatorisch gesicherte Rechtsstellung [verliehen wird], sondern die dem Verlaggeber zustehenden Abwehrrechte gegen Dritte [übertragen werden]» (VON BÜREN, 301 Anm. 36 m.Nw.; HUGUENIN, OR AT/BT, N 3807). Verknüpfen Lizenznehmer und Lizenzgeber ihre je eigenen Interessen auf längere Dauer (Zweckgemeinschaft) und manifestiert sich diese Verbindung in gemeinsamen Mitwirkungspflichten, enger Zusammenarbeit, gegenseitigen Kontrollrechten und intensivem Meinungsaustausch, kann ein *Gesellschaftsvertrag* vorliegen (VON BÜREN, 306 ff.; s.a. HENN, N 103 ff.). Aller Regel nach fehlt indes genau die Gemeinsamkeit des Zwecks (HILTY, Lizenzvertragsrecht, 180; LIEBSCHER, 26; GROSS, Lizenzvertrag, N 22; MÜLLER, 92 ff.; BARTENBACH, N 56 m.Nw.). Alsdann vermögen die besonderen Regeln für Dauerschuldverhältnisse (die als Zwischenglied zwischen rein synallagmatischen Verhältnissen und dem Gesellschaftsvertrag begriffen werden müssen) der Sachlage trotzdem gerecht zu werden (BLUM/PEDRAZZINI, Art. 34 Anm. 14 f.; GITTER, 397 f.). Zur Abgrenzung von der Markenabgrenzungsvereinbarung s. BGE 138 III 304 E. 6–7, 11.

4. Entstehung

a) Der **Abschluss des Lizenzvertrags** bedarf von Gesetzes wegen keiner besonderen Form (Art. 11 Abs. 1; BGE 101 II 293; 125 III 263, 266 E. 4a; BGer, 1.2.2010, 4A_546/2009, E. 3; s.a. VON BÜREN, 332 f.; WEINMANN, 23; LIEBSCHER, 36; TROLLER K., 293; TERCIER/FAVRE, N 7970; CHK-ZENHÄUSERN, Vor Art. 184 ff. OR/Lizenz- und Know-how-Vertrag, N 19; ENGEL, contrats, 775; HILTY, Lizenzvertragsrecht, 299 ff.; SCHLOSSER, contrat, 123 ff.; zum deutschen Recht BARTENBACH, N 415; GROSS, Lizenzvertrag, N 46; HENN, N 24; GROSS, B 46; MÜLLER, 127; PAGENBERG/BEIER, 1 N 6 ff.; zur Rechtslage in weiteren europäischen Ländern MCGUIRE, 481 ff.; anders u.U. bei internationalen Verträgen, namentlich im Rahmen technologietransferrechtlicher Regelungen; s. DUTOIT/MOCK, passim, sowie die Beiträge in PATTEL/ROFFE/YUSEF und in DE WERRA, IP Licensing). Schriftform des Lizenzvertrags ist auch nicht erforderlich, wenn die Parteien die Lizenz i.S.v. Art. 34 Abs. 3 PatG in das Patentregister eintragen lassen. Es genügt die Einreichung einer mit beglaubigter Unterschrift versehenen Erklärung des eingetragenen Patentinhabers oder eine andere Beweisurkunde (Art. 105 Abs. 2 PatV; BLUM/PEDRAZZINI, Art. 34 Anm. 54; PEDRAZZINI, Patent, 131 f.; HILTY, Lizenzvertragsrecht, 304 f.; BGE 135 III 656, 659 ff.). Zu den Wirkungen des Registereintrags HILTY, Lizenzvertragsrecht, 309 ff. Zu den Auswirkungen des EU-Kartellrechts auf die Schriftform s. BARTENBACH, N 430 ff. Die Entstehung beurteilt sich im Übrigen nach den allgemeinen Regeln (HILTY, Lizenzvertragsrecht, 275). Zur praktischen Vertragsgestaltung im angloamerikanischen Lizenzrecht eingehend PORT et al., 287 ff. 244

b) **Stillschweigender Vertragsschluss** ist bei Lizenzverträgen nur mit Zurückhaltung anzunehmen (gl.M. ENGEL, contrats, 775; **a.M.** das BGer in BGE 101 II 293, wonach «der Lizenzvertrag [...] wie jeder andere nicht formbedürftige Vertrag» auch stillschweigend durch schlüssiges Verhalten geschlossen werden könne). Anders als in den USA darf die *geduldete Verletzung eines Schutzrechts* nicht automatisch in eine stillschweigende Lizenzierung umgedeutet werden (BLUM/PEDRAZZINI, Art. 34 Anm. 52; PEDRAZZINI, SPR VII/1, 608; GITTER, 395). 245

c) Im Blick auf die Unsicherheit über den erwarteten Eignungs- und Rentabilitätsgrad des Lizenzgegenstandes wird oft vorerst ein **Options-** oder **Vorvertrag** abgeschlossen (zur Abgrenzung PAGENBERG/BEIER, 6 N 5; s.a. VON BÜREN, 331 f.; PEDRAZZINI, SPR VII/1, 608; UHLIG, 994 f.; BLUM/PEDRAZZINI, Art. 34 Anm. 53; BARTENBACH, 389 ff.; PFAFF/NAGEL, A N 24; ENGEL, contrats, 776). 246

d) Allfällige **Willensmängel** unterstehen den allgemeinen Regeln (s. dazu insb. VON BÜREN, 358 ff.; STIEGER, 10; SCHLOSSER, contrat, 134 ff.; HILTY, Lizenzvertragsrecht, 838 ff., der jedoch hinsichtlich der Lizenzverträge ein vermehrtes Ausweichen auf das Kündigungsrecht postuliert [855 ff.]; zum deutschen Recht PAGENBERG/BEIER, 1 N 49). 247

e) **Nichtigkeit**. Erweist sich das dem Lizenzvertrag zugrunde liegende Schutzrecht als nichtig (z.B. keine patentfähige Erfindung; fehlende Modellfähigkeit usw.), führt dies dazu, dass die Leistung des Lizenzgebers von allem Anfang an *objektiv unmöglich*, der Vertrag mithin nach Art. 20 *nichtig* ist (VON BÜREN, 361 ff.; VON BÜREN/MARBACH/DUCREY, N 886; TROLLER K., 293; ZENHÄUSERN, 37; BARTENBACH, 495 ff.; HILTY, Lizenzvertragsrecht, 341; TERCIER/FAVRE, N 7972; ENGEL, contrats, 776 f.; TISSOT, 474 ff.; BGE 75 II 166, 169 f.; i.E. gl.M., jedoch ohne dogmatische Begründung BGE 116 II 191 ff.; spezifisch für den Know-how-Vertrag SCHLOSSER, contrat, 125 ff.; **a.M.** HONSELL, OR BT, 459; für das deutsche Recht GROSS, Lizenzvertrag, N 50 ff.; BARTENBACH, N 495 ff.; zu den Rechtsfolgen im vorliegenden Fall: HILTY, Lizenzvertragsrecht, 355 ff., 370 ff., 855 ff.; VON BÜREN, 397 ff.; TROLLER K., 294). Dies unabhängig davon, ob die Nichtigkeit vor oder nach Vertragsschluss erkannt worden ist (anders beim reinen Patentkauf, wo eine Nichtigkeit des «Kaufvertrages» verneint wird und Art. 97 i.V.m. Art. 197 zur Anwendung gelangt; BGE 110 II 239, 241 ff. = Pra 1984, 657 f.; BGE 111 II 455, 456; zur nachträglichen Unmöglichkeit GROSS, Lizenzvertrag, N 65 ff.). 248

Anders ist die Rechtslage nur, wenn der Lizenznehmer das Risiko der Patentnichtigkeit auf sich genommen hat (BGE 75 II 166, 169 f.; TERCIER/FAVRE, N 7973; s.a. VON BÜREN, 363 f., mit weiteren Unterscheidungen). Doch sind auch in den übrigen Fällen die tatsächlichen Auswirkungen zu berücksichtigen, die ein nichtiges, aber registriertes Schutzrecht zufolge seiner *Scheinexistenz* entfalten kann: Deshalb hat der Lizenznehmer die Lizenzgebühren bis zum Zeitpunkt zu bezahlen, da die «tatsächlichen Auswirkungen des Scheinrechts weggefallen sind» (BGE 116 II 191, 195 f. m.Hw. auf andere rechtliche Lösungsmöglichkeiten; s.a. BGE 85 II 38, 39 ff.; 75 II 166, 169 ff.; krit. BLUM/PEDRAZZINI, Art. 34 Anm. 66, die mit einer anderen Begründung zu einem ähnlichen Ergebnis gelangen). Der *gutgläubige Lizenzgeber* haftet nicht für den Schaden, der dem Lizenznehmer aus der Nichtigkeit des lizenzierten Rechts entstand (TROLLER/TROLLER, 176). Anders, wenn der Lizenzgeber die Nichtigkeit bei Vertragsschluss kennt: Alsdann muss er dafür u.U. aus *culpa in contrahendo* oder sogar für absichtliche Täuschung einstehen (BLUM/PEDRAZZINI, Art. 34 Anm. 66; VON BÜREN, 363 f.; allgemein zur Rechtslage bei culpa in contrahendo s. GAUCH/SCHLUEP/SCHMID/EMMENEGGER, N 963 ff.).

5. Inhalt

249 Es werden nur die **gemeinsamen Merkmale der verschiedenen Lizenzverträge** dargestellt. Vorweg ist festzuhalten, dass die Parteien aufgrund des *Dauerschuldverhältnisses* eine gesteigerte gegenseitige *Treuepflicht* trifft (HILTY, Lizenzvertragsrecht, 174).

250 a) **Pflichten des Lizenzgebers**. (1) Pflicht zur *Verschaffung* der Nutzungsmöglichkeit am Lizenzgegenstand (VON BÜREN, 341; VON BÜREN/MARBACH/DUCREY, N 882; DESSEMONTET, contrats de licence, 89, 273 ff.; HILTY, Lizenzvertragsrecht, 456 ff.; GROSS, Lizenzvertrag, N 243 ff., 266 ff.; HUGUENIN, OR AT/BT, N 3815; MÜLLER, 129; BARTENBACH, N 1369; TERCIER/FAVRE, N 7953, 7981; CHK-ZENHÄUSERN, Vor Art. 184 ff. OR/Lizenz- und Know-how-Vertrag, N 25; FISCHER/DORIGO, 350 ff.). Diese (positive) *Genussverschaffungspflicht* begründet je nach Vertragsinhalt unterschiedliche Handlungs- und/oder Mitteilungspflichten (Anmeldung, Registrierung, Vermittlung von technischem Wissen usw.; PEDRAZZINI, Versuch, 416 f.; BLUM/PEDRAZZINI, Art. 34 Anm. 56 f.; ZENHÄUSERN, 33 f.; GITTER, 399 f.; BARTENBACH, N 1369, 1445 ff.). Nach einer älteren Auffassung besteht der Kern des Lizenzvertrags allerdings ausschliesslich (negativ) darin, dass der Lizenzgeber die Ausübung seines Ausschliesslichkeitsrechts zu *unterlassen* hat (TROLLER, IGR, 824 ff., 829 f.). Alle weiteren (positiven) Pflichten müssen nach dieser Auffassung vertraglich *ausdrücklich* festgelegt werden, wenn sie bestehen sollen (s.a. BGE 101 II 293, 299). Nur bei der Lizenz am Fabrikationsgeheimnis (inbegriffen Know-how) soll der Lizenzgeber positiv zur Bekanntgabe des Geheimnisses verpflichtet sein (**a.M.** die jüngere Lehre: HILTY, Lizenzvertragsrecht, 7 ff.; VON BÜREN/MARBACH/DUCREY, N 867; HUGUENIN, OR AT/BT, N 3816; GROSS, Lizenzvertrag, N 13; LIEBSCHER, 19; HENN, N 41 ff.; WEINMANN, 578 ff.). In Wahrheit liegt ein *Scheinproblem* vor: Was der Lizenzgeber dem Lizenznehmer schuldet, ist den übereinstimmenden Willensäusserungen der Parteien zu entnehmen (Vertrauensprinzip). «Dogmatisch» entspricht der (negativen) Unterlassungspflicht des Lizenzgebers als Kehrseite das (positive) Nutzungsrecht des Lizenznehmers (SCHLUEP, Markenrecht, 213 ff.; PFORTMÜLLER, 81). Daraus ergeben sich positive Nebenpflichten des Lizenzgebers, über deren Tragweite der Vertrag entscheidet. (2) Pflicht zur Genusserhaltung. In Lizenzverträgen über formell geschützte Immaterialgüter hat der Lizenzgeber u.a. für den Erhalt der formellen Rechtsstellung Sorge zu tragen (Zahlung der Patentgebühr, Erneuerung der Marke, Verteidigung des lizenzierten Schutzrechts gegen Drittangriffe usw.; PEDRAZZINI, Patent, 134 f.; VON BÜREN/MARBACH/DUCREY, N 882; DESSEMONTET, contrats de licence, N 278 ff.; HUGUENIN, OR AT/BT, N 3817; GROSS, Lizenzvertrag, N 201 ff.; TROLLER, IGR, 830; VON BÜREN, 341 ff.; TROLLER K., 294 f.; *ausführlich* BARTENBACH, N 1374 ff.; TERCIER/FAVRE, N 6771; zum Ganzen HILTY, Lizenzvertragsrecht, 461 ff.). Sind objektiv-rechtlich geschützte Immaterialgüter Vertragsgegenstand, hat der Lizenzgeber die Pflicht, alles zu unterlassen, was die bestehende Reflexsicherung gefährden kann (Geheimhaltungspflicht usw.; s. eingehend zu solchen Pflichten DESSEMONTET, 27 ff.; PEDRAZZINI, SPR VII/1, 619; VON BÜREN, 355 f.). Zur Mitteilung von Kenntnissen, die erst *nach* Vertragsschluss in Erfahrung gebracht worden sind, ist der Lizenzgeber nur nach besonderer Vereinbarung verpflichtet (PEDRAZZINI, Versuch, 416 f.; s. aber BLUM/PEDRAZZINI, Art. 34 Anm. 58; PEDRAZZINI, Patent, 135). Zu weiteren (möglichen) Pflichten des Lizenzgebers: HILTY, Lizenzvertragsrecht, 481 ff.; s.a. VON BÜREN/MARBACH/DUCREY, N 882 f.; MÜLLER, 131 ff.; BARTENBACH, N 1410 ff.

b) **Pflichten des Lizenznehmers.** (1) Im Normalfall besteht die Pflicht zur Zahlung einer *Lizenzgebühr* (TROLLER K., 296; MÜLLER, 131; ZENHÄUSERN, 35; CHK-ZENHÄUSERN, Vor Art. 184 ff. OR/Lizenz- und Know-how-Vertrag, N 29; VON BÜREN/MARBACH/DUCREY, N 884; DESSEMONTET, contrats de licence, 97, 296 ff.; GROSS, Lizenzvertrag, N 98; BARTENBACH, N 1675 ff.; VON BÜREN, 347 ff.). Diese ist i.d.R. Stück-, Umsatz- oder Gewinnlizenz, mitunter aber auch Pauschal- oder sogar Mindestlizenz (TROLLER K., 295 f.; GROSS, 27; HUGUENIN, OR AT/BT, N 3819; GRÜTZMACHER/LAIER/MAY, 19, 175 ff.; LIEBSCHER, 39; BARTENBACH, N 1750 ff.; zur Mindestlizenz: GROSS, Lizenzvertrag, N 118 ff.; BARTENBACH, N 1764 ff.; PAGENBERG/BEIER, 1 N 192 ff.; zur Pauschallizenz: PAGENBERG/BEIER, 1 N 205 ff.; weitere Unterscheidungen bei VON BÜREN, 347 f.; DESSEMONTET, contrats de licence, N 297 ff.; zur Höhe der Lizenzgebühren: HGer ZH, sic! 1998, 97 ff., 101; möglich sind auch unentgeltliche Lizenzen, s. TROLLER K., 295). (2) Der Lizenznehmer hat alles zu *unterlassen*, was ein formell geschütztes Immaterialgut oder den objektiven Reflexschutz (z.B. durch Offenbarung des Geheimnisses) gefährden könnte (HILTY, Lizenzvertragsrecht, 519 ff.; PEDRAZZINI, Versuch, 419; VON BÜREN/MARBACH/DUCREY, N 885; TERCIER/FAVRE, N 7988). (3) Zulässig ist eine vertragliche *Nichtangriffsabrede*, wonach der Lizenznehmer darauf verzichtet, eine Nichtigkeitseinrede oder -klage zu erheben (BARTENBACH, N 2042 ff.; GROSS, Lizenzvertrag, N 213 f.; s.a. die Nw. bei WOLFF-ROJCZYK, 18 ff.). Die Abrede kann namentlich im Rahmen eines besonderen Vertrauensverhältnisses auch stillschweigend getroffen werden. Das ist z.B. der Fall, wenn zwischen den Parteien ein gesellschaftsähnliches Verhältnis besteht (BGE 95 II 271, 274; 75 II 166, 167; 61 II 138, 139 ff.; BLUM/PEDRAZZINI, Art. 34 Anm. 104; VON BÜREN, 352 f.; s.a. PAGENBERG/BEIER, 1 N 262 ff.) oder wenn der Lizenznehmer durch die Lizenz «zum wertvolleren inneren Stand der Technik des Lizenzgebers durchdringen kann» (PEDRAZZINI, Patent, 136). (4) Im Zweifel ist davon auszugehen, dass den Nehmer einer ausschliesslichen (also nicht einer bloss einfachen; s. PAGENBERG/BEIER, 4 N 29) Lizenz eine *Benützungspflicht* trifft (BGE 96 II 154, 156 f. = Pra 1970, 431 f.; BGE 85 II 38, 43; GROSS, Lizenzvertrag, N 149 ff.; BLUM/PEDRAZZINI, Art. 34 Anm. 101; PAGENBERG/BEIER, 1 N 141 ff.; VON BÜREN/MARBACH/DUCREY, N 884; BARTENBACH, N 1895 ff.; HILTY, Lizenzvertragsrecht, 507 ff.; SCHLOSSER, contrat, 257 ff.; PEDRAZZINI, Patent, 136; PEDRAZZINI, SPR VII/1, 626; ZENHÄUSERN, 35). Zu weiteren (möglichen) Pflichten des Lizenznehmers: HILTY, Lizenzvertragsrecht, 504 ff., 528 ff.; DESSEMONTET, contrats de licence, N 308 ff.; TROLLER K., 296; GROSS, Lizenzvertrag, N 166 ff., 216 ff.; BARTENBACH, N 1990 ff., 2155 ff.; VON BÜREN/MARBACH/DUCREY, N 884 f. 251

6. Leistungsstörungen

Die verschiedenen möglichen Gegenstände des Lizenzvertrages führen zu tiefgreifenden *Unterschieden der Störungsszenarien*, weshalb hier nur **Grundsätze** referiert werden (ausführlich zum Ganzen HILTY, Lizenzvertragsrecht, 543 ff.; TISSOT, 475 ff.; spezifisch zu den urheberrechtsvertragsrechtlichen Leistungsstörungen STAUB, 65 ff.). 252

Generell ist festzuhalten, dass auf die Leistungsstörungen die *allgemeinen Regeln des OR* Anwendung finden, soweit sich nicht die analoge Übernahme einschlägigen Typenrechts aufdrängt (BGE 132 III 379 E. 3.1). Besonderheiten ergeben sich aufgrund des *Dauerschuldverhältnisses* zumal im Blick auf das Kündigungsrecht (s. N 256 f.). 253

254 a) **Verzug**. Leistet ein Vertragspartner nicht rechtzeitig, obwohl die Leistung noch möglich ist, kommen die Vorschriften über den *Schuldnerverzug* (Art. 102 ff.) zur Anwendung (HILTY, Lizenzvertragsrecht, 584 ff.; zum deutschen Recht GROSS, Lizenzvertrag, N 87 f.; zum österreichischen Recht LIEBSCHER, 45). Weil ein Dauerschuldverhältnis vorliegt, ist eine Vertragsauflösung ex tunc (Art. 107 Abs. 2, Art. 109) nicht mehr möglich, sobald mit der typischen Hauptleistung begonnen worden ist (HILTY, Lizenzvertragsrecht, 593; PAGENBERG/BEIER, 1 N 37 f.; STIEGER, 12). Der Rücktritt wird zur Kündigung mit Beendigungswirkung ex nunc (GAUCH, Dauerverträge, 209 ff.; ZENHÄUSERN, 36; GROSS, Lizenzvertrag, N 87; GITTER, 414; HILTY, Lizenzvertragsrecht, 929 ff.; DERS., sic! 1997, 468; STIEGER, 10 ff.; CHK-ZENHÄUSERN, Vor Art. 184 ff. OR/Lizenz- und Know-how-Vertrag, N 37; **a.M.** TROLLER K., 297, der von einer ex-tunc-Wirkung ausgeht).

255 b) **Gewährleistung**. Hat der Lizenzgeber die Existenz des Rechts oder die besondere Qualität eines Immaterialgutes (ausdrücklich oder konkludent) zugesichert oder garantiert er den wirtschaftlichen Erfolg, wird er dem Lizenznehmer aus culpa in contrahendo (HILTY, Lizenzvertragsrecht, 559 ff.; GAUCH/SCHLUEP/SCHMID/EMMENEGGER, N 963 ff.; TISSOT, 476) oder aus dem Vertrag verantwortlich (HILTY, Lizenzvertragsrecht, 564 ff., 647 ff.; BARTENBACH, N 1530 ff.; STREIFF/PELLEGRINI/VON KAENEL, 269; GROSS, Lizenzvertrag, N 89 ff.; MAUERHOFER, 131 ff., passim). Anwendbar sind im zweiten Fall die *allgemeinen Vorschriften über die Nicht- oder nicht richtige Erfüllung* (Art. 97 ff.; HILTY, Lizenzvertragsrecht, 568 ff., 649 f.; s.a. SCHLOSSER, contrat, 158 ff., 242 ff.) sowie (alternativ und analog) die *miet-* oder *pachtrechtlichen* sowie die *kaufrechtlichen* Gewährleistungsregeln (ZENHÄUSERN, 38 f.; HILTY, Lizenzvertragsrecht, 651 ff.; MORSCHER, 272; SCHLOSSER, contrat, 181 ff.; BLUM/PEDRAZZINI, Art. 34 Anm. 85 ff.; VON BÜREN, 307 ff.; HONSELL, OR BT, 459; GITTER, 418 ff.; BGE 115 II 255, 257 f.; s. für den «Patentkauf» auch BGE 110 II 239, 241 f. = Pra 1984, 657; PAGENBERG/BEIER, 4 N 65 ff.; 12 N 32 ff.). Fehlt eine vertragliche Gewährleistungspflicht, hat auch der gutgläubige Veräusserer für die gewerbliche Verwertungsmöglichkeit (technische Ausführbarkeit und Brauchbarkeit) einzustehen (PAGENBERG/BEIER, 1 N 48 ff.; GROSS, Lizenzvertrag, N 251 ff., 291 ff. m.Nw.; **a.M.** BARTENBACH, N 1570 ff.). Zur Haftung bei Rechtsmängeln: GROSS, Lizenzvertrag, N 331 ff., insb. 358 ff.; VON BÜREN, 305 f.; BLUM/PEDRAZZINI, Art. 34 Anm. 59 ff.; HUGUENIN, OR AT/BT, N 3827 ff.; HILTY, Lizenzvertragsrecht, 653, 661 ff.; GITTER, 425 ff.; BARTENBACH, N 1534 ff.; PAGENBERG/BEIER, 1 N 41 ff. Zulässig ist es jedoch, das *Risiko* auf den Lizenznehmer zu überwälzen (BGE 111 II 455, 457). Andere Mängel (z.B. Nichtigkeit des Patentes, der Markeneintragung oder Designhinterlegung) sind gleichermassen dem Risikobereich beider Parteien zuzurechnen (TROLLER/TROLLER, 176; GITTER, 418 ff.; s.a. BGE 110 II 239, 243 f. = Pra 1984, 658; s.a. N 248). Es wird ihnen i.d.R. bei Vertragsschluss (z.B. Höhe der Lizenzgebühren) Rechnung getragen. Zur Haftung der Parteien gegenüber Dritten aus Produktehaftpflicht s. HILTY, Lizenzvertragsrecht, 813 ff.; GROSS, Lizenzvertrag, N 257 ff.

7. Beendigung

256 a) **Ordentliche Beendigung**. Als Dauerschuldverhältnis endet der Lizenzvertrag mit dem *Ablauf* der vertraglich festgesetzten Dauer (HILTY, Lizenzvertragsrecht, 949 f.; SCHLOSSER, contrat, 295 f.; LIEBSCHER, 48; GROSS, Lizenzvertrag, N 477 ff.; HUGUENIN, OR AT/BT, N 3831; MÜLLER, 134 ff.), durch Ausübung eines vereinbarten *Kündigungsrechts* (STIEGER, 11; HILTY, Lizenzvertragsrecht, 959 ff., 969 ff.) oder durch vertragliche *Aufhebung* (contrarius actus; s. VON BÜREN, 372 ff.; PEDRAZZINI, Patent, 143). Im Zweifel ist davon auszugehen, dass der Vertrag endet, wenn der *formelle Schutz* des subjektiven Rechts zufolge Fristablaufs oder aus anderen Gründen entfällt (BGE 92 II 299, 300 = Pra 1967, 174; TROLLER, IGR, 836; STIEGER, 5 f.; BLUM/PEDRAZZINI, Art. 34 Anm. 112; VON BÜREN, 374; HUGUENIN, OR AT/BT, N 3831; TERCIER/FAVRE, N 8001; CHK-ZENHÄUSERN, Vor Art. 184 ff. OR/Lizenz- und Know-how-Vertrag, N 43; ENGEL, contrats, 788; krit. betr. der urheberrechtlichen Werke PEDRAZZINI, SPR VII/1, 609; DERS., Recueil, 108; zur Rechtslage bei Markenlizenz: VON BÜ-

REN, 375 f.). Lizenzverträge über objektiv geschützte Immaterialgüter enden mit dem *Wegfall der faktischen Sicherung* (PEDRAZZINI, Versuch, 422; DERS., SPR VII/1, 609; TROLLER, IGR, 836; VON BÜREN, 376 f.). Gemischte Lizenzverträge (z.B. an patentierter Erfindung und begleitendem Know-how oder an Patent und Marke) verlieren ihre Gültigkeit mangels anderer Abrede mit dem *spätesten Ablauftermin* (HGer ZH, sic! 1998, 97 ff., 101); dies allerdings unter verhältnismässiger Reduktion der Lizenzgebühren (BLUM/PEDRAZZINI, Art. 34 Anm. 112; PEDRAZZINI, Versuch, 421 f.; s.a. TROLLER, IGR, 836; VON BÜREN, 374).

b) **Ausserordentliche Beendigung**. Der *Schuldnerverzug* kann ein Kündigungsrecht ex nunc begründen (Art. 107, 109; s.a. N 254; ausführlich VON BÜREN, 394 ff.; s. ferner STIEGER, 12). Allgemein wird in Dauerschuldverhältnissen zusätzlich aufgrund des besonderen Vertrauensverhältnisses ein Kündigungsrecht aus *wichtigem Grunde* analog Art. 545 Abs. 1 Ziff. 7 anerkannt (BGE 133 III 360, 365 f.; 96 II 156 = Pra 1970, 431; s.a. BGE 92 II 299, 300 f. = Pra 1967, 174 f.; HGer ZH, sic! 1998, 97 ff., 103; ferner VON BÜREN, 379 ff.; HUGUENIN, OR AT/BT, N 3832; DESSEMONTET, contrats de licence, N 318 ff.; HILTY, Lizenzvertragsrecht, 981 f.; TERCIER/FAVRE, N 8003; CHK-ZENHÄUSERN, Vor Art. 184 ff. OR/Lizenz- und Know-how-Vertrag, N 46 f.; BARTENBACH, N 534; GROSS, Lizenzvertrag, N 485 ff.; PAGENBERG/BEIER, 1 N 37, 296; 7 N 38; zur österreichischen Rechtslage s. LIEBSCHER, 48; s.a. STIEGER, 11; SCHLOSSER, contrat, 298 ff.). Was ein wichtiger Grund ist, hat der Richter gem. Art. 4 ZGB nach Recht und Billigkeit zu entscheiden (s. eingehend HILTY, Lizenzvertragsrecht, 984 ff.; STIEGER, 11; s.a. GROSS, Lizenzvertrag, N 486 ff.; HUGUENIN, OR AT/BT, N 3832). Es muss ein Umstand vorliegen, der das Festhalten am Vertrag als *unzumutbar* erscheinen lässt (BLUM/PEDRAZZINI, Art. 34 Anm. 114; PEDRAZZINI, SPR VII/1, 609; HILTY, Lizenzvertragsrecht, 987 f.). Grobe Verletzungen der vertraglichen Pflichten setzen regelmässig einen wichtigen Grund. Veränderten Verhältnissen kann mit der Berufung auf die *clausula rebus sic stantibus* begegnet werden (GAUCH/SCHLUEP/SCHMID/EMMENEGGER, N 1280 ff.; s.a. VON BÜREN, 385 f.; GROSS, Lizenzvertrag, N 85 f.; STIEGER, 13; PEDRAZZINI, Patent, 143; BLUM/PEDRAZZINI, Art. 34 Anm. 115 f.; HILTY, Lizenzvertragsrecht, 884 ff.), wobei selbstredend allein der Wegfall der Geschäftsgrundlage als ausreichend angesehen werden kann (und nicht die blosse Alterung infolge technologischen Wandels; HGer ZH, sic! 1998, 97 ff., 104). Mit der wirksamen Kündigung geht das Dauerschuldverhältnis i.d.R. unmittelbar und ex nunc zu Ende (HILTY, Lizenzvertragsrecht, 990 f.). Der *Tod* einer Vertragspartei beendet den Lizenzvertrag, falls das persönliche Element stark ins Gewicht fällt (eingehend VON BÜREN, 386 ff.; PEDRAZZINI, SPR VII/1, 610; BLUM/PEDRAZZINI, Art. 34 Anm. 116; HONSELL, OR BT, 459 f.; **a.M.** STIEGER, 10). Zu den Auswirkungen der Zahlungsunfähigkeit oder des Konkurses des Lizenzgebers bzw. -nehmers s. die Nw. bei STIEGER, 10 f.; zu den Folgen einer ungerechtfertigten ausserordentlichen Kündigung: HILTY, Lizenzvertragsrecht, 992 ff. 257

8. IPR

Die kollisionsrechtliche Behandlung von Lizenz- und Know-how-Verträgen richtet sich nach Art. 122 IPRG. Danach unterstehen diese im Normalfall dem Recht des **Lizenzgebers** (s. BSK IPRG-JEGHER/VASELLA, Art. 122 N 13 ff.; ferner [mit dogmatischen Präzisierungen] BÄR, 94, 116 ff. m.Nw.; s.a. PFAFF/NAGEL, A N 55 ff.). Eine Rechtswahl ist nach Art. 122 Abs. 2 IPRG *zulässig* (s. dazu im Einzelnen BSK IPRG-JEGHER/VASELLA, Art. 122 N 17 ff.; s.a. FISCHER/DORIGO, 393 ff.). 258

9. Einzelfragen

a) **Nachvertragliche Pflichten**. Die *Geheimhaltungspflicht* hinsichtlich des mitgeteilten geheimen Know-how überdauert regelmässig die Vertragszeit, sofern die Lehre auch nach Vertragsende geheim bleibt (BLUM/PEDRAZZINI, Art. 34 Anm. 104; TROLLER K., 297; PAGENBERG/BEIER, 1 N 125 ff.; TERCIER/FAVRE, N 8007; GITTER, 433; MIDDENDORF, N 187), der Vertragsgegenstand also *nicht gemeinfrei* geworden ist. Im Zweifel darf der Lizenznehmer 259 nach Auflösung des Vertrages das noch bestehende Geheimnis nicht mehr nutzen (GROSS, Lizenzvertrag, N 216 ff.). Er ist zugleich verpflichtet, alle ihm übergebenen Unterlagen zurückzugeben (zur Rücknahmepflicht des Lizenzgebers TROLLER K., 297; HILTY, Lizenzvertragsrecht, 1003; GROSS, Lizenzvertrag, N 219 ff.; PAGENBERG/BEIER, 1 N 129). Siehe zu weiteren vertraglichen Beschränkungen über die Vertragsdauer hinaus: BLUM/PEDRAZZINI, Art. 34 Anm. 104, 501 f.

260 b) **Rechtsnatur der Lizenz**. Längere Zeit war die Rechtsnatur der Lizenz umstritten. Die h.L. geht nunmehr davon aus, dass sowohl der ausschliesslichen als auch der einfachen Lizenz nur *obligatorische Wirkung* zukommt (ausführlich HILTY, Lizenzvertragsrecht, 122 ff. m.Nw.; VON BÜREN, 308 ff.; TROLLER K., 293 f.; CHK-ZENHÄUSERN, Vor Art. 184 ff. OR/Lizenz- und Know-how-Vertrag, N 16; CODONI, 2 f., m.Nw.; BLUM/PEDRAZZINI, Art. 34 Anm. 42 f. **a.M.** WEINMANN, 115 f.; FREY, passim). Allerdings verschafft der Eintrag in das Register dem Lizenzvertrag Wirkungen auch gegenüber Dritten (Art. 105 Abs. 3 PatV; BGE 135 III 656, 659). Dagegen wird in Deutschland eine dingliche oder «quasi-dingliche» (krit. gegenüber diesem Begriff WEINMANN, 311) Rechtsnatur der ausschliesslichen Lizenz allgemein anerkannt (HENN, N 71, 84; WIDMER, 25; BARTENBACH/GENNEN, N 78 ff.; SINGER, 37; HILTY, Lizenzvertragsrecht, 108 ff.; PAGENBERG/BEIER, 4 N 7; so auch für das schweizerische Recht WEINMANN, 570): Die Rechtsnachfolger des Lizenzgebers müssen (wie auch alle Dritten) dem Lizenznehmer die Benutzung des Schutzrechtes auch ohne Eintrag in das Register gestatten. Diese absolute Wirkung wird aber (wie gesagt) auch in Deutschland *nur ausschliesslichen*, nicht aber einfachen Lizenzen (zu den Begriffen: s. N 241) zuerkannt.

261 c) **Sachlegitimation bei Patentverletzungen**. Als Folge der (bloss) obligatorischen Wirkung des Lizenzvertrages (s. N 260) muss dem Lizenznehmer grundsätzlich die Aktivlegitimation zur Verfolgung von Patentverletzungen abgesprochen werden (HILTY, Lizenzvertragsrecht, 774 ff.; VON BÜREN/MARBACH/DUCREY, N 889; **a.M.** OGer LU, sic! 1997, 460 ff. [dazu die Urteilsanmerkung von HILTY, sic! 1997, 464 ff.]; WEINMANN, 570 ff.; **a.M.** auch die deutsche Lehre; s. etwa GROSS, Lizenzvertrag, N 365; s.a. zur Firmenlizenz MÜLLER, 70 ff.; zur besonderen Lage bei der Feststellungsklage HILTY, Lizenzvertragsrecht, 778 f. m.Nw.; s.a. VON BÜREN/MARBACH/DUCREY, N 888). Der Lizenznehmer kann sich jedoch vertraglich zur Führung von Prozessen in eigenem Namen ermächtigen lassen (BGE 113 II 190, 194 f.; BGer, 9.1.2007, 4C.391/2005, E. 4; HILTY, Lizenzvertragsrecht, 779 ff.; s.a. STIEGER, 5). Daneben billigt ihm ein Teil der Lehre zu, dass er aufgrund des *UWG* (Generalklausel) direkt gegen den Verletzer des lizenzierten Rechts vorgehen kann (PESTALOZZI, 134 ff.; s.a. BGE 41 II 281, 287; differenzierend WIDMER, 60; s.a. BAUDENBACHER, 743). Unproblematisch ist die Rechtslage bei Lizenzen am *Fabrikationsgeheimnis* (inbegriffen geheimes Know-how): Da hier der Lizenznehmer selber Geheimnisträger wird, kann er den Schutz des UWG aus eigenem Recht in Anspruch nehmen (TROLLER, Know-how, 222; WIDMER, 26). Zur Rechtslage bei der *Markenlizenz*: s. N 262; s.a. N 139.

262 d) **Markenlizenz**. Weil nach altem Recht eine Marke nur mit dem Geschäft, d.h. mit dem *massgebenden Unternehmensteil* übertragen werden durfte (Art. 11 Abs. 1 aMSchG), hielten Lehre und Rechtsprechung eine Markenlizenz nur dann für zulässig, wenn zwischen Lizenzgeber und Lizenznehmer eine wirtschaftlich enge Verbundenheit *«warentechnischer»* Art (z.B. Rezeptanweisung) bestand (BGE 116 II 463, 465 f. m.Nw., s.a. PFORTMÜLLER, 127). Ratio dieser Einschränkung war der Schutz des Publikums vor Täuschung im Interesse des lauteren Wettbewerbs (ZENHÄUSERN, 28 f.; zur Täuschungsgefahr im heutigen Recht TROLLER K., 301 f.). Art. 17 Abs. 1 MSchG lässt nunmehr die «nackte» oder «leere» Markenübertragung zu, was richtiger Auffassung nach den Markenlizenzvertrag von den altrechtlichen Gültigkeitsvoraussetzungen befreit (BSK MSchG-DAVID, Art. 18 N 8 m.Nw.). Zur Konzernmarkenlizenz ausführlich, WEIBEL, 342 ff., zur Ausgestaltung des Markenlizenzvertrags, BORTOLANI, 600 ff.

263 e) **Know-how-Vertrag**. Der Begriff des Know-how ist vage (SCHLOSSER, sic! 1998, 269, umschreibt ihn «als unpatentierte Kenntnisse, die unmittelbar bei der Produktion und beim

Vertrieb von Gegenständen oder bei der Einbringung von Dienstleistungen anwendbar sind»; s.a. BARTENBACH, N 2549; PAGENBERG/BEIER, 1 N 98, 4 N 15; HENN, N 29; GROSS, Lizenzvertrag, N 16; NEBEL/SCHULZ/FLOHR, 180; ferner KROLL, 70 ff., 82; HGer ZH, sic! 1998, 97 ff., 101; CHK-ZENHÄUSERN, Vor Art. 184 ff. OR/Lizenz- und Know-how-Vertrag, N 4; SCHWAAB, 2 f.). Er betrifft primär geheimes, oft aber auch allgemein bekanntes Wissen (SCHLOSSER, Vertrag, 270; PAGENBERG/BEIER, 1 N 98, 104; zur Lizenzierung von künftigem Know-how HENN, N 31). Eben deshalb sollte der Vertragsgegenstand genau umschrieben werden (TROLLER K., 300 f.; STREIFF/PELLEGRINI/VON KAENEL, 268 f.; SCHLOSSER, Vertrag, 271). Denn davon hängt ab, ob der Vertrag lizenzvertraglichen oder kaufvertraglichen (evtl. werkvertraglichen, auftragsrechtlichen oder ganz und gar eigenständigen) Charakter aufweist (s. BARTENBACH, N 2656 ff.; PEDRAZZINI, SPR VII/1, 616 f.; TROLLER/TROLLER, 170; SCHLOSSER, Vertrag, 271; BLUM/PEDRAZZINI, Art. 34 Anm. 26, 81; KOLLER B. V., Know-how, 25 ff.; anschaulich dazu BGE 115 II 255, 257; s.a. die Übersicht über vertragstypologische Einordnungen bei KROLL, 82 ff.). Verpflichtet sich eine Vertragspartei pauschal, der andern ihr technisches Wissen zur Verfügung zu stellen, so liegt zwar grundsätzlich ein Know-how-Vertrag vor, der aber im Bereich gewerblicher Schutz- und ähnlicher Rechte als Lizenzvertrag zu qualifizieren ist (BGE 115 II 255, 257 m.Nw.). Die Entstehungs- und Beendigungsmodalitäten des Know-how-Vertrags entsprechen weitgehend jenen des Lizenzvertrags (s. N 244 ff. und 256 f.; ferner BARTENBACH, N 2870 ff.; SCHLOSSER, Vertrag, 277 ff.). Zu den anwendbaren Gewährleistungsregeln: HILTY, Lizenzvertragsrecht, 697 f.

f) **Kartellrecht**. Kartellrechtliche Relevanz erlangen Lizenzverträge insb. nach Massgabe von Art. 4 Abs. 1 und 5 KG (CR LCart-AMSTUTZ/CARRON/REINERT, Art. 5 N 79 ff.; s.a. Botschaft [zit. N 128], 546 f.; s. zur ausschliesslichen Lizenz insb. SINGER, 15; CHRISTOPH, 25). Sofern sie (als *erhebliche* Abreden i.S.v. Art. 5 Abs. 1 KG; s.a. die Bekanntmachung der Wettbewerbskommission über die wettbewerbsrechtliche Behandlung vertikaler Abreden [zit. N 128) wirksamen Wettbewerb auf dem relevanten Innovations-, Technologie- und/oder Gütermarkt nicht unverhältnismässig beeinträchtigen oder gar beseitigen, sind sie nach den Kriterien von Art. 5 Abs. 2 KG (zumal unter der Chiffre, «die Forschung oder die Verbreitung von technischem oder beruflichem Wissen zu fördern») *rechtfertigungsfähig* (zum Ganzen CR LCart-AMSTUTZ/CARRON/REINERT, Art. 5 N 297, 313, 315 und 328; Botschaft [zit. N 128], 559, 563 f.; BSK KG-KRAUSKOPF/SCHALLER, Art. 5 N 320 ff.; KELLER B., 96 ff.; SCHWAAB, 217 ff.). Darüber hinaus ist Art. 3 Abs. 2 KG zu beachten, wonach Wettbewerbswirkungen aus der Ausübung von Immaterialgüterrechten nur dann dem KG *nicht* unterstehen, wenn sich diese Wirkungen *«ausschliesslich»* aus den Immaterialgüterrechten ergeben (ausführlich KELLER B., 57; BSK KG-HILTY, Art. 3 Abs. 2 N 1 ff.; DERS., Lizenzvertragsrecht, 403 ff.; DERS., FS Zäch, 325 ff.; WEBER, SIWR V/2, 48 ff.; SCHWAAB, 205 f.). Das muss (trotz Art. 3 Abs. 2 KG) auch für die nach UWG objektiv geschützten Immaterialgüter gelten (dazu SCHLUEP, in: Schürmann/Schluep, 181). In der *EU* ist die Verordnung (EG) Nr. 772/2004 über die Anwendung von Art. 81 Abs. 3 EG auf Gruppen von Technologietransfer-Vereinbarungen einschlägig (dazu KELLER B., 1 ff.; GROSS, Lizenzvertrag, N 587 ff.; zur Vorgänger-Verordnung (EG) Nr. 240/96 zur Anwendung von Art. 85 Abs. 3 EGV auf Gruppen von Technologietransfer-Vereinbarungen s. etwa GRÜTZMACHER/LAIER/MAY, 22 ff.; GROSS, Lizenzvertrag, N 583 f.; BARTENBACH, N 773 ff.; HILTY, Lizenzvertragsrecht, 383 ff.; zum Lizenzkartellrecht in der EU KELLER B., 169 ff.; zur TT-GVO sowie Art. 101 und 102 AEUV HAEDICKE, 30 ff.; ferner die Beiträge in BURGSTALLER/LETTNER; zum angloamerikanischen Lizenzkartellrecht ausführlich mit reichhaltiger Kasuistik PORT et al., 425 ff.; zum Lizenzkartellrecht in den USA und in Deutschland SINGER, 45 ff.; GROSS, Lizenzvertrag, N 537 ff.; ferner AXSTER/OSTERRIETH, A N 121 ff.; CHRISTOPH, 31 ff.; zum österreichischen Kartellrecht LIEBSCHER, 51 ff.). 264

g) Gemeinhin wird unter **Merchandising** die Vermarktung bekannter Symbole, Symbolfiguren, Erscheinungsbilder für Waren sowie Werbung verstanden (s. SCHERTZ, N 2; NEBEL/SCHULZ/FLOHR, 507). Die bevorzugten Branchen sind Mode, Film, Sport, Kunst, Musik und 265

Handel. Entsprechend entwickelte sich in den letzten Jahren für eine bestimmte Art von Lizenzgeschäften der Begriff des *Merchandisingvertrags* (SCHERTZ, V). Bis heute bleibt dessen Bedeutung freilich unklar (s. SCHERTZ, N 1 ff.; NEBEL/SCHULZ/FLOHR, 507). Jedenfalls hat sich diese Vertragsart noch nicht zu einem Verkehrstypus verdichtet.

266 h) Zum internationalen (Verwaltungs-) Recht des **Technologietransfers**: s. DUTOIT/MOCK, passim, sowie die Beiträge in PATTEL/ROFFE/YUSEF.

267 i) **Software-Lizenzvertrag**. Gegenstand dieses Lizenzvertrages ist Standardsoftware. Software, die speziell für einen bestimmten User hergestellt wird, fällt nicht in dessen Anwendungsbereich (FRÖHLICH-BLEULER, N 2368 ff.; zur unterschiedlichen Terminologie GELLIS, 439; durch die Individualisierungsfunktion werden Elemente des Werkvertrags zum Lizenz- und Kaufvertrag hinzugefügt, vgl. BGer, 27.4.2007, 4C.393/2006, E. 3.1). Die Rechtsnatur des Software-Lizenzvertrages ist umstritten. Von zentraler Bedeutung ist in diesem Zusammenhang die Nutzungsdauer der Software: bei der Softwareüberlassung auf Zeit liegt i.d.R. ein klassischer Lizenzvertrag vor, währenddem die Softwareüberlassung auf Dauer nach h.L. unter die Regeln des Kaufrechts fällt (BGE 124 III 456; GELLIS, 441; FRÖHLICH-BLEULER, N 2383 ff.). Zu weiteren Besonderheiten ausführlich FRÖHLICH-BLEULER, 2368 ff.; MORSCHER, 263; PAGENBERG/BEIER, 13 N 4 ff., 17 ff.; 14 N 4 ff.

268 j) **Lizenzgebühren und AHV**. Die Lizenzeinnahmen eines Lizenzgebers gelten als AHV-beitragspflichtiges Erwerbseinkommen (und nicht als beitragsfreier Kapitalertrag), wenn der Lizenzgeber auch nach Lizenzverteilung Einfluss auf die Auswertung und Weiterentwicklung des lizenzierten Produkts nehmen kann und diesbezüglich ein Mitspracherecht hat (BGer, 28.7.2005, H.116/2004, E. 6).

X. Management-Consulting-Vertrag

Literatur

Schweiz: DESSEMONTET, Les contrats de service, ZSR 1987 II 110, 126; DRUEY, Verträge auf Informationsleistung, in: FS für Walter R. Schluep, Zürich 1988, 147 ff.; HIRZEL, Management Consulting im schweizerischen Recht: Der Unternehmensberatungsvertrag. Mit Allgemeinem Vertragsmodell, Diss. Zürich 1984; HUGUENIN, Obligationenrecht, Besonderer Teil, 2. Aufl., Zürich 2008; LÄUBLI, Unternehmensberatung für Banken, Diss. Zürich 1985; MÜLLER, Die zivilrechtliche Haftung aus Empfehlung, Auskunft und Raterteilung, Diss. Bern 1934; ODOK, Facility Management – juristisch betrachtet, Trex 2000, 132 ff.; SCHAUB, Der Engineeringvertrag. Rechtsnatur und Haftung, Diss. Zürich 1979; SCHLUP, Der Hotel-Managementvertrag, Diss. Basel 2000; SOMMER, Die rechtliche Qualifikation von Verwaltungsrats- und anderen Organverträgen, AJP 2004, 1059 ff.; WERRO/HAAS, La qualification du contrat d'expertise, Urteilsbesprechung von BGE 127 III 328, Baurecht 2002, 63 ff.

Ausland: KORMANN, Typen der Unternehmensberatung und ihre Stellung im Entscheidungsprozess der Unternehmensleitung, in: FS für Eugen H. Sieber, Berlin 1979, 248 ff.; NEBEL/SCHULZ/FLOHR, Das Franchise System, 4. Aufl., München 2008; TILLES, Understanding the Consultant's Role, Harvard Business Review 1961, 87 ff.

1. Begriff

269 Im **Management-Consulting-Vertrag** (auch Unternehmensberatungsvertrag) verpflichtet ein *Unternehmer* (bzw. ein Unternehmensträger) eine externe Fachkraft (den *Unternehmensberater*), ihn bei der Analyse und Lösung der Probleme im gesamten unternehmerischen Bereich zu beraten (zum Begriff der Unternehmensberatung: LÄUBLI, 22 ff.; HIRZEL, 1 ff.; HUGUENIN, OR BT, N 1733; zum Organvertrag SOMMER, 1059 ff.).

2. Realien

270 a) **Wirtschaftliche Funktion**. Die Komplexität der Unternehmensstrukturen und -aufgaben überfordert zuweilen das Management. Als Ursachen werden etwa aufgeführt: «Betriebsblindheit», Überforderung, Zeitmangel usw. (NEBEL/SCHULZ/FLOHR, 334 ff.; HIRZEL, 48). In solchen Situationen ist es oft ratsam, einen externen Berater zur «objektiven» Lageanalyse beizuziehen, um über zuverlässige *Entscheidungsgrundlagen* verfügen zu können.

b) **Erscheinungsformen**. Der Management-Consulting-Vertrag tritt unter der Bezeichnung *«Unternehmensberatungsvertrag i.e.S.»* (HIRZEL, 56; HUGUENIN, OR BT, N 1735) je nach Leistungsverpflichtung des Beraters in zwei Realtypen auf: (1) dem *Begutachtungsvertrag* und (2) dem *Beratungsvertrag*. Dazu kommt als weiterer Realtypus (3) der *Realisierungsvertrag*. Zu den verschiedenen Inhalten dieser Verträge: s. N 275 ff. Zu den *Facility Management Verträgen* ausführlich ODOK, 132 ff. **271**

3. Rechtsnatur

a) **Qualifikation**. (1) Der *Unternehmensberatungsvertrag i.e.S.* ist primär ein Vertrag auf Arbeitsleistung (SCHLUP, 221). In BGE 92 II 168, 171 unterstellte ihn das BGer implizit dem Auftragsrecht (s.a. Rechber. OGer ZG, 1965/66, 51 ff.); in BGE 115 II 464, 465 ff. blieb die Qualifikation (mangels klaren Sachverhalts) offen. Die Lehre geht i.A. davon aus, dass sich der Management-Consulting-Vertrag zu einem Verkehrtypus verdichtet hat (HIRZEL, 52 ff.; **a.M.** SCHLUP, 221). Er wird als gemischter Vertrag mit dominierenden Auftragselementen und insoweit als atypischer Auftrag aufgefasst (HIRZEL, 78; HUGUENIN, OR BT, N 1739). Dem ist auch die neuere Rechtsprechung gefolgt (BGE vom 24.4.1990, Bulletin d'information du Centre du droit de l'entreprise de l'université de Lausanne, 3/1990, 9). Die Atypizität wird in der werkvertraglichen Verkörperung der erarbeiteten Erkenntnisse in Form eines **Gutachtens** gesehen (HIRZEL, 78; in BGE 127 III 328, 330 f. hat das BGer demgegenüber die Werkeigenschaft eines Gutachtens von der Frage abhängig gemacht, ob das Gutachtenergebnis nach objektiven Kriterien überprüft werden kann; falls nicht, sei Auftrag anzunehmen; wie hier und mit eingehender Kritik zum eben referierten Urteil WERRO/HAAS, 64 ff.). (2) Wegen der vielfältigen und grundsätzlich verschiedenen Leistungsinhalte lassen sich demgegenüber einheitliche Typenmerkmale des *Realisierungsvertrages* kaum ausmachen. Die Verdichtung zu einem Verkehrstypus ist jedenfalls (noch) nicht festzustellen (gl.M. SCHLUP, 221, wonach dennoch primär Auftragsrecht einschlägig sein soll). Die Rechtsanwendung hängt mithin von den konkreten Umständen des Einzelfalles ab (HIRZEL, 80 ff.). Vertragslücken sind in einem Art. 4 ZGB analogen Verfahren zu schliessen (s. N 43). **272**

b) **Abgrenzungen**. Der Management-Consulting-Vertrag betrifft nicht den Umsatz von Waren, Grundstücken oder Rechten. Sein Inhalt ist zielgerichtete Geistesarbeit, lässt sich somit nicht als «Kauf einer Dienstleistung» qualifizieren (so aber TILLES, 88; KORMANN, 251). Die Rechtsfolgeordnung des *Kaufrechts* (Art. 184 ff.) wäre somit unpassend (HIRZEL, 59 f.). Vom *Arbeitsvertrag* (Art. 319 ff.) unterscheidet sich der Management-Consulting-Vertrag durch das fehlende Subordinationsverhältnis zwischen Berater und Beratenem (HIRZEL, 61; HUGUENIN, OR BT, N 1741). Die Anwendbarkeit der Art. 530 ff. *(einfache Gesellschaft)* auf diesen Vertrag scheitert an der mangelnden affectio societatis (HIRZEL, 62). Im Unterschied zum *Forschungs-* und *Entwicklungsvertrag* dient der Management- Consulting-Vertrag nicht der Entwicklung technischer Regeln i.S. der Gewinnung neuer Erkenntnisse. Angestrebt wird vielmehr die Anwendung bereits bekannter (betriebswirtschaftlicher) Lehren zur Lösung konkreter Unternehmens- oder Betriebsprobleme. Im Unterschied zum *Engineeringvertrag* sollen nicht «Regeln der Technik» (SCHAUB, 142), sondern Erkenntnisse (Theorien) der Managementwissenschaft (Betriebswirtschaftslehre) genützt werden (HIRZEL, 63 f.). Weil die Leistung des Beraters nicht patentierbar ist, scheidet auch eine Subsumtion unter den *Patentlizenzvertrag* aus (HIRZEL, 65 f.). Der Management-Consulting-Vertrag ist aber auch kein *Know-how-Vertrag*, weil er nicht die Überlassung eines immateriellen Gutes (z.B. eines Geheimnisses) bezweckt (HIRZEL, 65 ff.). Er ist schliesslich mit dem sog. *Einzel-Managementvertrag* insofern verwandt, als der Unternehmer einen externen Spezialisten für gewisse Aufgaben beizieht (SCHLUP, 222). Während jedoch der Betreiber («Manager») durch den Einzel- **273**

Managementvertrag die operative Betriebsführung *selbst* übernimmt, hat der Unternehmensberater lediglich dafür zu sorgen, dass der Unternehmer seine Funktionen optimieren kann (SCHLUP, 222). Beim Realisierungsvertrag (s. N 279 f.) wird die Grenze zum Einzel-Managementvertrag allerdings fliessend (zur Abgrenzung vom Arbeitsvertrag s. BGer, 18.3.2015, 4 A 522/2014, E. 2.2 f.).

4. Entstehung

274 Der Abschluss des Management-Consulting-Vertrags bedarf von Gesetzes wegen keiner besonderen **Form** (Art. 11 Abs. 1; HIRZEL, 84, 91). Allfällige **Nichtigkeitsgründe** (s.a. N 288) und **Willensmängel** unterstehen den allgemeinen Regeln.

5. Inhalt

275 a) **Begutachtungsvertrag**. aa) **Pflichten des Beraters**. Der Consultant verpflichtet sich zur Durchführung einer Analyse und zur Erstellung eines (üblicherweise schriftlichen) Gutachtens zum Zwecke der Analyse der ihm zur Bearbeitung zugewiesenen Sachfragen. Drei Pflichten stehen dabei im Vordergrund: (1) *Beschaffung von Informationen*, die auf die individuelle, spezifische Problemstellung zugeschnitten sind (DRUEY, 157 ff.). (2) *Interpretation* der gewonnenen Daten als zielgerichtete schöpferische Geistesarbeit, mittels deren festgestellt werden soll, ob und welche Änderung notwendig und möglich ist. (3) Verkörperung der Ergebnisse in einem schriftlichen *Analysebericht*.

276 bb) **Pflichten des Beratenen**. Die Hauptverpflichtung des Beratenen besteht in der *Bezahlung eines Entgelts* (pauschal oder nach Zeitaufwand, allenfalls unter Beobachtung eines vorher vereinbarten Maximalhonorars). Daneben werden oft *Nebenpflichten* (meist als Obliegenheiten) vereinbart (HIRZEL, 85; HUGUENIN, OR BT, N 1744): Mitwirkungshandlungen, Gewährung unbeschränkter Einsicht in die Unternehmenstatsachen, Bereitstellung eines Arbeitsplatzes, Weisungserteilung usw.

277 b) **Beratungsvertrag**. aa) **Pflichten des Beraters**. Zur gutachtlichen Analyse tritt hier die Ausarbeitung eines Problemlösungsvorschlages *(«Projekt»)*. Die Beratung besteht in Empfehlungen, welche die Entscheidungen der Geschäftsleitung des Beratenen leiten oder erleichtern sollen. Das schlägt sich nieder in folgenden typischen Pflichten: (1) Entwicklung verschiedener *individueller Lösungsalternativen*. (2) Bewertung der erarbeiteten Alternativen und Auswahl der *optimalen Variante*. (3) Präsentation der Problemlösungsvorschläge in Form eines (meist *schriftlichen) Berichts*.

278 bb) **Pflichten des Beratenen**. Den Beratenen treffen die gleichen Pflichten wie beim *Begutachtungsvertrag*, namentlich also die Pflicht zur Bezahlung des Honorars (s. N 276).

279 c) **Realisierungsvertrag**. aa) **Pflichten des Beraters**. Durch den Realisierungsvertrag verpflichtet sich der Consultant zum Vollzug der von ihm erarbeiteten und vom Beratenen angenommenen Vorschläge. Die daraus folgenden konkreten Pflichten sind abhängig von den besonderen Umständen des Einzelfalles. In Frage kommen z.B. (1) Festlegung von *neuen Arbeitsabläufen* in Handbüchern; (2) *Personalschulung*; (3) Festlegung und Vollzug der sich aufdrängenden *organisatorischen Massnahmen*; (4) *Übernahme eines Exekutivmandats* beim Beratenen, d.h. durch Eingliederung des Beraters in dessen Unternehmensorganisation (zum Ganzen HIRZEL, 29 ff., 80 f.).

280 bb) **Pflichten des Beratenen**. Die Pflichten des Beratenen entsprechen denen aufgrund des *Begutachtungsvertrags* (s. N 276).

281 d) **Nebenpflichten**. Häufig werden ausserhalb des Synallagmas der Hauptpflichten *Nebenpflichten des Beraters* vereinbart: so z.B. Abmachungen betr. die Person des Beraters (bei Zuzug einer Organisationsgesellschaft), Geheimhaltung, Konkurrenzausschluss, Verbot der Abwerbung von Mitarbeitern usw.

6. Leistungsstörungen

Grundsätzlich finden die allgemeinen Regeln des OR Anwendung, soweit sich nicht die analoge Übernahme einschlägigen Typenrechts aufdrängt. **282**

a) **Haftung aufgrund des Unternehmensberatungsvertrags i.e.S.** Im Vordergrund steht hier die spezifische *Vertragshaftung* (Art. 97 ff., 102 ff.): Der Berater wird schadenersatzpflichtig, wenn er den Vertrag schuldhaft verletzt. Im Einzelnen heisst das: (1) *Haftung für Treue und Sorgfalt.* Für die vertragsgemässe Ausführung seiner analytisch-geistig-kreativen Aufgaben haftet der Berater nach Art. 398 Abs. 2 (HIRZEL, 76 ff., 85 ff.). Er hat aufgrund seiner Treuepflicht alles *geheim* zu halten, was er in Ausführung des Auftrages erfährt. Selbst die Tatsache, dass er konsultiert wurde, ist geheimhaltungspflichtig (HIRZEL, 86). Ein absolutes *Konkurrenzverbot* lässt sich von der Treuepflicht allerdings nicht herleiten (HIRZEL, 87). Der Berater hat im Rahmen seiner *Aufklärungspflicht* auf nicht oder nur mit unverhältnismässigem Aufwand realisierbare Aufgabenstellungen (oder gar Weisungen) hinzuweisen (HIRZEL, 87). (2) Inhaltlich muss die Beratung den *leges artis* des Berufsstandes genügen (GAUCH/SCHLUEP/SCHMID/EMMENEGGER, N 3002). (3) Unter dem Gesichtspunkt des *Verschuldens* ist *objektiv* zu prüfen, ob der Berater als vernünftiger Vertreter seiner Berufsgruppe die leges artis unter den gegebenen Umständen verletzen durfte. Durfte er es nicht, so ist *subjektiv* zu klären, ob es dem Berater unter Berücksichtigung seiner (dem Beratenen) nicht erkennbaren physischen und psychischen Fähigkeiten und Kenntnissen zumutbar war, die leges artis zu befolgen. Ist das zu verneinen, so liegt (unter Vorbehalt fehlender Urteilsfähigkeit) ein *Übernahmeverschulden* vor (GAUCH/SCHLUEP/SCHMID/EMMENEGGER, N 3003; HUGUENIN, OR BT, N 1753). Grundsätzlich muss der Berater über die für die vertragsgemässe Ausführung eines spezifischen Management-Consulting-Vertrags erforderlichen Fachkenntnisse verfügen. *Schlechterfüllung* liegt daher bei zweck- bzw. sinnwidrigen Lösungen und groben Denkfehlern vor. Ferner müssen die vom Berater eingesetzten Mittel tauglich sein, die versprochene Leistung zu erbringen. Waren sie indessen nicht offensichtlich untauglich, entfällt ein Schadenersatzanspruch des Beratenen (HIRZEL, 89). Dagegen tritt eine Haftungsbeschränkung nach Art. 99 Abs. 2 nie ein, weil der Management-Consulting-Vertrag stets entgeltlich ist (HIRZEL, 89). (4) *Sachmängelhaftung.* Für formelle Fehler des Gutachtens (Verkörperung des Begutachtungs- oder Beratungsergebnisses, z.B. Abschlussbericht) haftet der Berater nach den werkvertragsrechtlichen Bestimmungen der Art. 367 ff., insb. 368 Abs. 2. Danach hat der Beratene einen Nachbesserungs- bzw. einen Preisminderungsanspruch (HIRZEL, 77); **a.M.** HUGUENIN, OR BT, N 1754, die in diesem Zusammenhang «in Analogie zur bundesgerichtlichen Rechtsprechung» Auftragsrecht anwenden will. **283**

Die **Haftung für Vermögensfolgeschaden** ist deshalb *problematisch*, weil ein Mangel des Gutachtens oder ein unrichtiger Rat für sich allein noch keinen Vermögensschaden verursacht. Erst wenn der Beratene die Vorgaben des Beraters realisiert, kann ein *Folgeschaden* eintreten. Haftungsbegründend ist der falsche Rat (oder das unrichtige Gutachten) allerdings nur, wenn er den Folgeschaden adäquat kausal verursacht hat (HIRZEL, 95). Die fehlerhafte Entscheidungsgrundlage ist aber neben der Ausführungshandlung des Beratenen stets nur Mitursache des Schadens. Daher ist allemal zu prüfen, ob den Beratenen ein *Selbstverschulden* treffe, das ggf. nach dem Ermessen des Richters zu einer Reduktion der Ersatzpflicht (Art. 44) führt (HIRZEL, 98 f.). **284**

b) **Haftung aufgrund des Realisierungsvertrags**. Wurde zur Realisierung eines Management-Projektes die Eingliederung des Beraters in die Organisation des Beratenen vereinbart, kann ihm die Stellung eines *faktischen Organs* i.S.v. Art. 55 Abs. 1 ZGB zukommen. Alsdann wird die Organhaftung der beratenen Gesellschaft praktisch. Wird ein Dritter geschädigt, haftet somit die beratene juristische Person nach Art. 55 Abs. 2 ZGB (HUGUENIN, OR BT, N 1756), der Berater dagegen nach Art. 55 Abs. 3 ZGB. Ist der Berater zudem Organ der ihn entsendenden Unternehmensberatungsgesellschaft, so gilt, was folgt: Eine Haftung nach Art. 55 fällt ausser Betracht, weil die Beratungsgesellschaft alsdann nicht Geschäftsherr ist. **285**

Auch eine Haftung aus doppelter Organstellung des Beraters (dazu ZK-Bürgi, Art. 707 OR N 33) entfällt: Der Berater übt seine Funktionen bei der beratenen Gesellschaft nicht in Vertretung der Unternehmensberatungsgesellschaft aus (zum Ganzen Hirzel, 100 ff.). Zur indirekten Geltendmachung des Schadens eines Dritten bei der Unternehmensberatungs-Gesellschaft (z.B. Pfändung eines Regress- oder Freistellungsanspruchs [des Beraters gegen seine Gesellschaft] durch den Dritten): Hirzel, 104 ff.

286 Wird der *Beratene geschädigt*, haftet die Unternehmensberatungsgesellschaft. Da aber zwischen ihr und dem Beratenen ein *substitutionsähnliches Verhältnis* besteht, ist die Haftung begrenzt auf gehörige Sorgfalt bei Wahl und Instruktion des Beraters (Art. 399 Abs. 1). Eine *Überwachungspflicht* kommt wegen der Natur des Realisierungsvertrages nicht in Frage (zum Ganzen Hirzel, 107 f.).

287 c) Zu den Gestaltungsmöglichkeiten der **Haftungsbeschränkung**: Hirzel, 108 ff.

288 d) **Erfolgsgarantie**. Den Erfolg zu versprechen ist zwar unmöglich. Trotzdem ist die Übernahme einer Erfolgsgarantie durch den Berater nicht per se nichtig i.S. des Art. 20 (so aber BK-Gautschi, Art. 395 OR N 77b). Aller Regel nach liegt nämlich ein *Garantieversprechen* vor, das eine selbständige Haftung des Beraters im Umfang des Erfüllungsinteresses des Beratenen begründet (Hirzel, 111 f.).

7. Beendigung

289 a) **Der Unternehmensberatungsvertrag i.e.S.** endet ordentlich durch *Erfüllung*. Den Parteien steht aber auch ein jederzeitiges Widerrufsrecht offen, weil *Art. 404* anwendbar ist (Hirzel, 75 f.; BGE 115 II 468; BGE vom 24.4.1990, Bulletin d'information du Centre du droit de l'entreprise de l'université de Lausanne, 3/1990, 9).

290 b) **Der Realisierungsvertrag** endet gemäss vertraglicher Abrede. Fehlt eine solche, richten sich die Beendigungsgründe nach der konkreten *Realisierungsform* (z.B. Werkvertrag bei der Erstellung von Ablaufplänen, Auftrag bei der Schulung von Mitarbeitern; s. Hirzel, 92).

8. IPR

291 **Kollisionsrechtlich** richtet sich der Management-Consulting-Vertrag nach dem Recht des **Unternehmensberaters** (Art. 117 Abs. 2 IPRG), es sei denn, eine Rechtskürung hätte stattgefunden (s. BSK IPRG-Amstutz/Wang, Art. 117 N 47).

XI. Gastaufnahmevertrag

Literatur

Schweiz: Bettoja, Der Gastaufnahmevertrag, Zürich 2000; Breitschmid, Vertragsbeendigung bei mangelhaften Restaurantleistungen, SJZ 1990, 112; Bühlmann, Die Pflicht des Gastwirts zum Schutz der Sachen des Gastes und die Haftung bei einer Pflichtverletzung, Diss. Zürich 1975; Higi, Kommentar zum Schweizerischen Zivilgesetzbuch (Zürcher Kommentar), V. Band: Obligationenrecht, Teilband V 2b: Die Miete, Erste Lieferung (Art. 253–265 OR), 4. Aufl., Zürich 1994; ders., Kommentar zum Schweizerischen Zivilgesetzbuch (Zürcher Kommentar), V. Band: Obligationenrecht, Teilband V 2b: Die Pacht (Art. 275–304 OR), 3. Aufl., Zürich 2000; Huguenin, Obligationenrecht, 2. Aufl., Zürich 2014; dies.; Der Bewirtungsvertrag, Jusletter vom 10.10.2005 (zit. Bewirtungsvertrag); Koller, Die Haftung des Gastwirts, recht 2013, 235 ff. (zit. Haftung); Michel, Der Gastaufnahmevertrag nach britischem, deutschem, französischem, italienischem und schweizerischem Recht, Diss. Zürich 1957; Miescher, Rechtskunde für Hotellerie und Restauration, 6. Aufl., Bern 1992; Peiser, Der Bewirtungsvertrag, Diss. Basel 1982; Schluep, Der Gastaufnahmevertrag, Schweizerisches Privatrecht (SPR), Bd. VII/2, Basel 1979, 928 ff. (zit. SPR VII/2); Tercier, Le point sur la partie spéciale du droit des obligations, SJZ 1995, 171 ff. (zit. SJZ 1995); Wiede, Reiserecht, Schweizer Handbuch zu den Verträgen über Reiseleistungen, Zürich 2014; Wäger, Das Minderungsrecht infolge Vertragsverletzung, Diss. Freiburg 2010; Wiegand, Obligationenrecht, ZBJV 1996, 319 ff.

Ausland: GITTER, Gebrauchsüberlassungsverträge, Tübingen 1988; HOHLOCH, Grundfälle zur Gastwirtschaft, JuS 1984, 537; NETTESHEIM, Rückgängigmachung der Bestellung von Hotelzimmern oder Ferienwohnungen, BB 1986, 547; RAMRATH, Vertragsbeendigung bei mangelhaften Restaurantleistungen, AcP 1989, 559 ff.; TEICHMANN, Schnecke im Salat, JA 1987, 65; WOLF, Schnecke im Salat – Rauchverbot, NJW 1987, 821.

1. Begriff

Nach der hier verwendeten Terminologie verpflichtet sich der *Gastwirt* durch den (1) **Bewirtungsvertrag** *(Verpflegungsvertrag)*, dem *Gast* gegen Entgelt Speise und/oder Trank bereitzustellen, die er in den Räumen des Gastwirtes zu sich nehmen kann. Dagegen verspricht der Wirt im (2) **Beherbergungsvertrag**, dass der Gast gegen Entgelt für die vereinbarte Zeit ein oder mehrere bestimmte möblierte Zimmer (allein oder in Gesellschaft) bewohnen darf. Schliesslich bietet der Wirt im Rahmen des (3) **Gastaufnahmevertrags** die beiden Leistungskomplexe *kombiniert* an: Gegen Entgelt wird der Gast verköstigt und beherbergt (andere Terminologie bei GAUCH/AEPLI/STÖCKLI, Vor Art. 184–551 N 34; zur uneinheitlichen Terminologie SCHLUEP, SPR VII/2, 930; BETTOJA, 1, 7 ff.; PEISER, 1 f.; zum Bewirtungsvertrag s.a. HUGUENIN, Bewirtungsvertrag, N 1 ff.; s. alsdann BGE 120 II 237; dazu die Urteilsanmerkung von WIEGAND, 320). 292

2. Realien

a) **Wirtschaftliche Funktion**. Dem Gastaufnahmevertrag kommt im «Touristenland» Schweiz eine überragende (wirtschaftliche) Bedeutung zu (s. BETTOJA, 1, 27 f.). 293

b) **Erscheinungsformen**. Im Restaurant (Café, Bistro, Brasserie, Pizzeria usw.) lässt sich der Gast mit Speise und Trank verpflegen *(Bewirtungsvertrag)*. Hotels (sog. Hôtels garnis) und Pensionen bieten ausschliesslich Logis an *(Beherbergungsvertrag)*. Schliesslich verschaffen Hotels und Pensionen sowohl Unterkunft als auch Verköstigung (Frühstück, Teil-, Vollpension; s. BETTOJA, 12, 110). Diese Erscheinungsformen haben sich zu *Verkehrstypen* verdichtet (SCHLUEP, SPR VII/2, 930). 294

3. Rechtsnatur

a) **Qualifikation**. Die Haftung des Gastwirtes für eingebrachte Sachen ist in den Art. 487 ff. geregelt. Doch fehlt eine besondere Ordnung des *Gastaufnahmevertrags* und seiner *beiden Elementtypen*. Man hat es mit *Innominatkontrakten mixti iuris* zu tun, die Elemente gesetzlich geregelter Verträge enthalten (SCHLUEP, SPR VII/2, 931; PEISER, 8 f.; TERCIER, SJZ 1995, 174; BETTOJA, 97 ff., 120; HUGUENIN, OR AT/BT, N 3982; GAUCH/AEPLI/STÖCKLI, Vor Art. 184–551 N 34; CHK-HUGUENIN/RUSCH, Vor Art. 184 ff. OR/Gastaufnahme- und Freizeitverträge, N 1; ZK-HIGI, Vor 8. Titel [Art. 253–274g] OR N 215; GITTER, 176; WIEDE, 412 ff.; s.a. BGE 120 II 237, 238; 108 II 449, 452 = Pra 1983, 144). Im *Bewirtungsvertrag* ist die Verköstigung des Gastes regelmässig Gegenstand eines Werklieferungsvertrages, soweit die Speisen durch den Wirt zubereitet werden. Andernfalls (z.B. bei der Ausgabe von Brötchen oder Flaschenbier) liegt ein Kauf vor (BETTOJA, 91, 103; PEISER, 9 m.Nw.; GITTER, 176; HUGUENIN, OR AT/BT, N 3984 f.; DIES., Bewirtungsvertrag, N 6). Die Bedienung wird mitunter für ein arbeitsrechtliches Element gehalten, muss jedoch nach richtiger Ansicht als «Element des Tathandlungsauftrags mit typischer Erfüllung durch Hilfspersonen» qualifiziert werden (SCHLUEP, SPR VII/2, 931; so auch PEISER, 9 m.Nw.; BETTOJA, 107 f., HUGUENIN, Bewirtungsvertrag, N 7). Die Benützung des Gastraumes, von Tisch und Stuhl sowie der Ess- und Trinkutensilien ist ein der Sachmiete ähnliches Innominatelement, wobei die Instandstellungspflicht ausschliesslich auf dem Wirt lastet (SCHLUEP, SPR VII/2, 931; PEISER, 10). Im Rahmen des *Beherbergungsvertrages* erbringt der Gastwirt eine Vielzahl von Leistungen, die sich nicht in der Überlassung der Unterkunft (mietvertragliches Element) erschöpfen. Es handelt sich (praktisch nur) um Dienstleistungen, die auftragsrechtlicher (Empfehlung von Spa- 295 ziergängen, Theateraufführungen usw.) oder werkvertraglicher Art sind (Bügeln, Schuhputzen etc.; s. BETTOJA, 9 ff., 91, 184 f.). Der Gastaufnahmevertrag ist zuweilen *Vertrag zugunsten eines Dritten*, so im Falle von Pauschalreisen, bei denen der Veranstalter mit einem Gastwirt die notwendigen Verträge im Voraus abschliesst (BETTOJA, 86).

296 b) **Abgrenzung**. Der Beherbergungsvertrag ist kein reiner *Mietvertrag*, weil die Unterkunft – im Gegensatz zu der als Dauerverhältnis gedachten Wohnungsmiete – (meist) lediglich vorübergehend (i.d.R. nur einige Tage oder Wochen) gewährt wird (GITTER, 176; HUGUENIN, OR AT/BT, N 3989; BGer, 14.2.2009, 4A_461/2008, E. 4.2; s.a. BGer, 13.11.2012, 4A_113/2012 E. 2, betreffend die Qualifikation eines Pensions- und Pflegevertrages). Obendrein unterhält der Wirt eine bedeutend intensivere Beziehung zum Gebrauchsgegenstand als der Vermieter (BÜHLMANN, 10 ff.). Aus diesem Grunde trifft den Wirt bspw. die Pflicht, die Räumlichkeiten instand zu halten (SCHLUEP, SPR VII/2, 931; BÜHLMANN, 12; HUGUENIN, OR AT/BT, N 3989; s.a. N 295).

4. Entstehung

297 a) Der Abschluss eines Gast-, Bewirtungs- oder Beherbergungsvertrages bedarf von Gesetzes wegen keiner besonderen **Form** (Art. 11 Abs. 1; BETTOJA, 169 ff.; HUGUENIN, Bewirtungsvertrag, N 8; s.a. BGer, 6.10.2014, 5A_390/2014, E. 3 ff., worin trotz expliziter Unterschriftsverweigerung durch die fürsorglich Untergebrachten ein Beherbergungsvertrag bejaht wurde). Die obligatorische Registrierung beim Beherbergungs- und Gastaufnahmevertrag ist *polizeilicher* Natur.

298 b) Allfällige **Nichtigkeitsgründe** und **Willensmängel** unterstehen den allgemeinen Regeln (zum Ganzen BETTOJA, 157 ff.).

5. Inhalt

299 a) **Bewirtungs- und Gastaufnahmevertrag**. aa) **Pflichten des Gastwirtes**. (1) *Fachgemässe Zubereitung* der Speisen. (2) Bedienung. (3) *Überlassung* eines Platzes (s. BGE 71 II 107, 115 = Pra 1945, 314). (4) Pflicht, für die *persönliche Sicherheit* des Gastes zu sorgen (BGE 71 II 107, 115 = Pra 1945, 314; BGE 108 II 449, 452 = Pra 1983, 144; BGer, 13.1.2014, 4A_359/2013, E. 3, insb. 3.3). (5) *Gewährleistung* für die abgegebenen Speisen. *Merke*: Beim reinen Bewirtungsvertrag besteht keine Pflicht, die persönlichen Effekten des Gastes besonders zu verwahren. Die *Haftpflicht für die eingebrachten Sachen* bedarf einer besonderen vertraglichen Vereinbarung (s. N 304).

300 bb) **Pflichten des Gastes**. (1) Pflicht zur *Bezahlung* des Entgeltes (in dem das Trinkgeld regelmässig inbegriffen ist; s. BETTOJA, 192 ff.). (2) Obliegenheit (also keine Rechtspflicht) zur *Entgegennahme* der Verpflegung (PEISER, 98; SCHLUEP, SPR VII/2, 933; HUGUENIN, OR AT/BT, N 3993; **a.M.** MICHEL, 56).

301 b) **Beherbergungs- und Gastaufnahmevertrag**. aa) **Pflichten des Gastwirtes**. (1) *Überlassung* der Unterkunfts- und Nebenräume (Aufenthaltsraum usw.; s. BGE 120 II 237 ff.; BETTOJA, 179 ff.; HUGUENIN, OR AT/BT, N 3994). (2) Gewährung eines *angemessenen Service* (Bedienung, Auskunft etc.; s. GITTER, 175; SCHLUEP, SPR VII/2, 933; BETTOJA, 191). (3) *Instandhaltung* der Räumlichkeiten. (4) Pflicht, für die *persönliche Sicherheit* des Gastes zu sorgen (Bewachung, Verwahrung von Gegenständen etc.; s. GITTER, 175; BETTOJA, 118). (5) *Haftung für eingebrachte Sachen* nach Art. 487 ff. (s. N 304). (6) Abschluss allfälliger *Zusatzverträge* (Sauna, Tennisplatz; s. BETTOJA, 189 f.). (7) Obliegenheit zur *Mängelprüfung* und *Mängelrüge* (BETTOJA, 190 f.).

302 bb) **Pflichten des Gastes**. (1) *Vertragsgemässe* Benutzung der überlassenen Räume (BETTOJA, 197 ff.; SCHLUEP, SPR VII/2, 934 m.Nw.; HUGUENIN, OR AT/BT, N 3995). (2) *Bezahlung* des Entgelts (in dem das Trinkgeld inbegriffen ist). (3) *Duldung* von Retentionen nach

Art. 272 ff. (4) Obliegenheit zur *Mängelprüfung* und *Mängelmeldung* (BETTOJA, 205 ff.). Zur Obliegenheit der Abgabe von Wertsachen und der Schadensanzeige: BETTOJA, 204 f.

6. Leistungsstörungen

a) **Grundsätzlich** finden die allgemeinen Regeln des OR Anwendung, soweit sich nicht die analoge Übernahme einschlägigen Typenrechts aufdrängt (s. BETTOJA, 213 ff., 228 ff.; zu Leistungsstörungen beim Bewirtungsvertrag mit reichhaltiger Kasuistik HUGUENIN, Bewirtungsvertrag, N 23 ff.). So verletzt etwa der Gastwirt seine vertragliche Pflicht, für die persönliche Sicherheit des Gastes zu sorgen (s. N 299), wenn er auf dem Wirtshausareal ein gefährliches Spiel (z.B. Flobertschiessen auf Flaschen und Gläser) duldet. Wird dabei ein unbeteiligter Gast geschädigt, muss der Wirt den Schaden ersetzen, sofern er nicht nachweist, dass ihn keinerlei Verschulden trifft (*Art. 97; positive Vertragsverletzung*; BGE 71 II 107, 114 f. = Pra 1945, 314; s.a. BGE 113 II 424, 426 f. = Pra 1988, 403; HUGUENIN, OR AT/BT, N 4001). Der Wirt kann in einem solchen Fall auch aus *unerlaubter Handlung* belangt werden (Art. 41; «Anspruchskonkurrenz»; GAUCH/SCHLUEP/SCHMID/EMMENEGGER, N 2933 ff.). Bei verspäteter Leistung greifen die allgemeinen *Verzugsregeln* (Art. 102 ff.; BETTOJA, 237 ff.). **303**

b) **Haftung für eingebrachte Sachen**. Die Art. 487 ff. sind nur auf Gastwirte anwendbar, die dem Gast *Unterkunft* gewähren (BGE 109 II 234, 238; 108 II 449, 451 f. = Pra 1983, 144; GAUCH/AEPLI/STÖCKLI, Vor Art. 184–551 N 35; KOLLER, Haftung, 235 ff.; zur Rechtsnatur der Haftung aus Art. 487 ff. BETTOJA, 92 ff., und BGE 120 II 252 = Pra 1995, 943, wonach die «Art. 487 ff. [. . .] eine vertragliche Haftung des Gastwirtes vor[sehen], der einen Gastaufnahmevertrag abgeschlossen hat»). Diese Haftung gegenüber den Hotelgästen besteht aber auch dann, wenn der Speisesaal im Rahmen von Bewirtungsverträgen als Restaurant benutzt wird (SCHLUEP, SPR VII/2, 933 Anm. 19). Der Wirt haftet auch für ein Motorfahrzeug, das in einer Hotelgarage eingestellt ist, falls dies mit der Beherbergung verbunden ist (BGE 76 II 154, 161 ff.), nicht aber für einen Wagen, der vor dem Hotelgebäude auf öffentlichem Grund parkiert ist (BGE AJP 1995, 103 f.; dazu die Urteilsanmerkung von WERRO/MÜLLER, AJP 1995, 104 ff., sowie TERCIER, SJZ 1995, 174). Art. 487 ff. enthalten keine abschliessende Haftungsregelung. Ansprüche des Gastes können sich auch aus Vertrag, culpa in contrahendo oder Art. 41 ff. ergeben (s. HOHLOCH, 360; BETTOJA, 263 f.). Näheres zur Haftung der Gast- und Stallwirte bei BETTOJA, 246 ff. **304**

Anders als beim Beherbergungs- und Gastaufnahmevertrag haftet der Wirt beim **reinen Bewirtungsvertrag** für die eingebrachten Sachen des Gastes nicht nach Art. 487 ff. Die Haftung besteht aber nach allgemeinen Regeln oder aufgrund eines ausdrücklich oder stillschweigend abgeschlossenen *Hinterlegungsvertrages* (Art. 472 ff.). Der Vertragsschluss setzt aber voraus, dass der Wirt die Sachen in Besitz genommen und so individualisiert hat, dass er sie ohne weiteres zurückgeben kann. Das trifft namentlich zu, wenn er (oder seine Hilfsperson) die Effekten des Gastes gegen einen Empfangsschein entgegennimmt, sie an einem sicheren (abgesonderten) Ort aufbewahrt und dem Gast gegen Vorweisung des Depotscheins wieder aushändigt (HUGUENIN, OR AT/BT, N 4002). Wird lediglich eine offene, wenn auch überwachte Garderobe zur Verfügung gestellt, so ist eine Haftung des Wirtes regelmässig zu verneinen (BGE 108 II 449, 452 ff. = Pra 1983, 144 ff.; BGE 109 II 234, 236 ff.). **305**

c) **Gewährleistung**. Bereitet der zur *Gewähr* verpflichtete Wirt die aufgetischten Speisen *unfachgemäss* zu, kann der Gast sie zurückweisen. Rechtlich gesehen tritt er i.S. einer Wandelung vom Werkvertrag (Art. 368 analog) oder Kaufvertrag (Art. 205 analog) zurück. Der Gast kann aber auch Minderung (analog Art. 368 und 205) oder den kostenlosen Tausch verlangen (SCHLUEP, SPR VII/2, 934 Anm. 25; WÄGER, 151 f.; CHK-HUGUENIN/RUSCH, Vor Art. 184 ff. OR N 5). Zudem steht ihm bei Verschulden des Wirtes ein Schadenersatzanspruch zu. Hat der Gast vor Entdeckung des Mangels (z.B. Schnecke im Salat) schon einen erheblichen Teil des Menüs verzehrt, ist fraglich, ob eine Wandelung noch zulässig ist (bejahend BREITSCHMID, 112 m.Nw.; verneinend WOLF, 821 m.Nw.). Im Rahmen eines Gastaufnahme- **306** vertrages kann unfachgemässe Zubereitung der Speise u.U. auch eine Kündigung aus wichtigem Grunde rechtfertigen (s. N 309). Die geschuldete Qualität richtet sich nach dem Rang des Hauses. Zu Mängeln der Unterkunft Bettoja, 226 f.

307 d) Bei plötzlicher **Krankheit** oder **Tod des Gastes** (beim Beherbergungs- und Gastaufnahmevertrag) liegt selbstverständlich *keine Vertragsverletzung* vor (allenfalls treten somit die Erben kraft Universalsukzession in die Rechtsstellung des Verstorbenen ein, wobei ihnen alsdann ein ausserordentliches Kündigungsrecht i.S.v. Art. 266i zusteht; Bettoja, 284). Der Gast oder seine Erben haftet bzw. haften freilich für die Wiederherstellung des Gastzimmers, eine allfällig erforderliche Desinfektion nach einer ansteckenden Krankheit und für den Ausfallschaden zufolge (adäquat kausal) verursachter Abreise anderer Gäste und dgl. mehr, wenn ihn ein *Verschulden* trifft (wenn z.B. der Gast das Zimmer in Kenntnis der schon bestehenden ansteckenden Krankheit bezogen hat; Gitter, 197 f.). Überdies können Tod oder Krankheit des Gastes Ansprüche aus *(echter) Geschäftsführung ohne Auftrag* begründen (Benachrichtigung des Arztes und der Angehörigen, Ersatz der Kosten für besondere Pflege und allfällige weiterer Auslagen; Schluep, SPR VII/2, 935; Gitter, 200 f.).

7. Beendigung

308 a) **Ordentliche Beendigung**. Hat der Gast ein Zimmer auf feste Dauer belegt, endet der *Beherbergungs-* und *Gastaufnahmevertrag*, ohne dass es einer Kündigung bedarf, durch Zeitablauf (analog Art. 266 Abs. 1; Bettoja, 84 f., 267 f.; Huguenin, OR AT/BT, N 4006; CHK-Huguenin/Rusch, Vor Art. 184 ff. OR N 10). Wurde das Vertragsverhältnis auf unbestimmte Dauer geschlossen, ist es nach Verkehrssitte binnen 24 Stunden kündbar (Schluep, SPR VII/2, 934; Michel, 48; Huguenin, OR AT/BT, N 4006; die Kündigungsfrist kann v.a. in städtischen Hotels mit schnellem Gästewechsel jedoch auch kürzer bemessen sein; s. Bettoja, 269). Es ist üblich, die nach Tagen festgelegte Vertragsdauer von Mittag zu Mittag zu berechnen (Gitter, 182). Der Gast braucht seine Abreise nicht schon am Vortag, sondern erst wenige Stunden vor dem Räumungszeitpunkt bekannt zu geben (Gitter, 183). Der *Bewirtungsvertrag* endet durch Erfüllung.

309 b) **Ausserordentliche Beendigung**. Die Parteien sind befugt, vom Vertrag *zurückzutreten* (Art. 107/109; eingehend zur Handhabung der Annullation in der Praxis Bettoja, 48 ff.), z.B. wenn der Gastwirt nicht vertragsgemässe Räumlichkeiten zur Verfügung stellt (BGE 120 II 237 ff.: Apartwohnung im Nebentrakt des Hotels anstatt der reservierten Suite im Hauptgebäude). Beherbergungsvertrag sowie Gastaufnahmevertrag können (als Dauerschuldverhältnisse) überdies aus *wichtigem Grund gekündigt* werden (Art. 266g analog; s. Tribunale di appello TI SJZ 1996, 499 f.). Unter Umständen kann eine nicht fachgerechte Zubereitung der aufgetischten Speisen oder die mangelhafte Bedienung einen wichtigen Grund setzen. Auch der Gastwirt kann aus wichtigem Grunde vom Vertrag zurücktreten, z.B. wenn sich der Gast unangemessen aufführt (Schluep, SPR VII/2, 934; s.a. Ramrath, 559 f.; Teichmann, 65) oder wenn der Gast ungerechtfertigt nicht zur Gastaufnahme erscheint. Der Richter entscheidet nach Recht und Billigkeit (Art. 4 ZGB), was ein wichtiger Grund ist (BGE 63 II 79, 82; 60 II 205, 210 f.). Unberechtigte *enttäuschte Erwartungen* (z.B. keinen Schnee in den Wintersportferien; kurzfristige Nichtdurchführung einer Messe) sind aller Regel nach keine wichtigen Gründe (s. Tribunale di appello TI SJZ 1996, 499 f.). Sie fallen als blosse Motive in den Risikobereich des Gastes (Gitter, 179 f.; Nettesheim, 547 f.; Huguenin, OR AT/BT, N 4007, m.Hw. auf kantonale Rechtsprechung).

8. IPR

310 Der Gastaufnahmevertrag ist objektiv an das Recht am **Ort der Gaststätte** anzuknüpfen (s. *zum Ganzen ausführlich* BSK IPRG-Amstutz/Wang, Art. 117 N 68).

9. Einzelfragen

a) **Hotelreservierungsvertrag (Zimmerreservierungsvertrag)**. Nicht selten «reserviert» der Gast selbst oder durch Drittpersonen (Reisebüro, Tagungsveranstalter usw.) vorgängig schriftlich, telefonisch oder elektronisch (Telefax, Internet) die ihm zusagenden Räume (mit weiteren Leistungen; s. BETTOJA, 37 f.). Es handelt sich dabei um einen (dem Gastaufnahme- oder Beherbergungsvertrag vorausgehenden) *Vorvertrag* (GITTER, 204; **a.M.** CHK-HUGUENIN/RUSCH, Vor Art. 184 ff. OR N 3; BETTOJA, 173 ff., der den Abschluss eines Gastaufnahmevertrags bereits bei der Buchung bejaht.). Die Erfüllung des Vorvertrags erfolgt durch den Gastaufnahme- oder Beherbergungsvertrag, den der Gast bei der Anreise mit dem Wirt schliesst. Die Zimmerreservation ist als Vorvertrag regelmässig *verbindlich* und kann ohne vorvertraglichen Vorbehalt nicht einseitig rückgängig gemacht werden (GITTER, 204). Unter Umständen kann sich aber ein solcher Vorbehalt stillschweigend ergeben, wenn der Vertrag interessengerecht ausgelegt wird (s. GITTER, 204 f.: Rücktrittsrecht). Zur Reservation im Restaurant bzw. im Rahmen des Bewirtungsvertrages HUGUENIN, Bewirtungsvertrag, N 10 ff. **311**

b) **Verjährung**. Forderungen des Gastwirtes aus dem *Bewirtungsvertrag* verjähren nach Art. 128 Ziff. 2. Die Forderungen aus dem *Beherbergungsvertrag* (und *Gastaufnahmevertrag*) verjähren in analoger Anwendung der Art. 128 Ziff. 1, 2 (SCHLUEP, SPR VII/2, 935): mit Ablauf von fünf Jahren. **312**

c) **Mehrwertsteuer**. Die gastgewerbliche Leistung des Bewirtungsvertrages wird im Anwendungsbereich der Mehrwertsteuergesetzgebung ausgedehnt; folglich liegt eine gastgewerbliche Leistung auch vor, wenn die Speisen und Getränke beim Kunden (oder an einem von ihm bestimmten Ort) zubereitet und/oder serviert werden. Beispiele dafür sind etwa Partyservice, Bewirtung in vom Kunden gemieteten Räumlichkeiten, Mini-Bar-Service in der Eisenbahn (BGer, 31. 8. 2004, 2A.69/2003, E. 5). **313**

XII. Spitalaufnahmevertrag

Literatur

Schweiz: BAUR/HESS, Arzthaftpflicht und ärztliches Handeln, Basel 1982; GATTIKER, Die Widerrechtlichkeit des ärztlichen Eingriffs nach schweizerischem Zivilrecht, Diss. Zürich 1999; GIESEN, Arzthaftungsrecht, Die zivilrechtliche Haftung aus medizinischer Behandlung in der Bundesrepublik Deutschland, in Österreich und der Schweiz, Tübingen 1990; HINDERLING, Die Organtransplantation in der heutigen Sicht des Juristen, SJZ 1979, 37 ff.; HONSELL, Die zivilrechtliche Haftung des Arztes, ZSR 1990 I 135 ff.; KUHN, Ärztliche Kunstfehler, SJZ 1987, 353 ff.; DERS., Die Entwicklung in der Haftpflicht des Arztes, ZSR 1986 I 469 ff. (zit. ZSR 1986); METZGER, Rechliche Aspekte und Perspektiven der Telemedizin, Diss. Freiburg 2009; SCHLUEP, Der Spitalaufnahmevertrag, Schweizerisches Privatrecht (SPR), Bd. VII/2, Basel 1979, 935 ff. (zit. SPR VII/2); STARK, Einige Gedanken zur Haftpflicht für staatliche Verrichtungen, SJZ 1990, 1 ff.; TERCIER, Le point sur la partie spéciale du droit des obligations, SJZ 1995, 171 ff. (zit. SJZ 1995).

Ausland: DEUTSCH/SPICKHOFF, Medizinrecht: Arztrecht, Arzneimittelrecht, Medizinprodukterecht und Transfusionsrecht, 7. Aufl., Berlin 2014; FISCHER/MANN, Die Natur der Rechtsbeziehungen zwischen Psychiatrischen Landeskrankenhäusern und ihren Patienten, NJW 1992, 1539 ff.; GITTER, Gebrauchsüberlassungsverträge, Tübingen 1988.

1. Begriff

Im (1) **totalen Spitalaufnahmevertrag** verpflichtet sich das *Spital* gegenüber dem *Patienten* zur Gewährung von Unterkunft, Verpflegung, Pflege und ärztlicher Behandlung, und zwar regelmässig gegen Entgelt. Demgegenüber beschränkt sich beim (2) **gespaltenen Spitalaufnahmevertrag** *(gespaltener Arzt-Krankenhaus-Vertrag)* die Leistung des Spitals auf Gewährung von Unterkunft, Verpflegung und Pflege. Die ärztliche Behandlung ist hier Gegenstand eines besonderen Vertrages zwischen dem verantwortlichen Krankenhausarzt und dem Pa- **314** tienten (DEUTSCH/SPICKHOFF, 119; GITTER, 213; GAUCH/AEPLI/STÖCKLI, Vor Art. 184–551 N 40; GIESEN, 8; SCHLUEP, SPR VII/2, 937; s.a. ZR 1991, 268).

2. Realien

315 a) **Allgemeines**. Das Arzthaftungsrecht liegt im Schnittpunkt einerseits von öffentlich- und privatrechtlicher Haftung, andererseits von Kantons- und Bundesrecht. In den USA häufen sich zufolge des Instituts der «class action» die Prozesse um die Ärztehaftpflicht. Doch mehren sich auch in der Schweiz die Verfahren. Auch stellt man eine Tendenz zur Verschärfung der Arzthaftung fest (HONSELL, ZSR 1990 I, 136 ff.; STÜRNER, 121 f.; TERCIER, SJZ 1995, 174).

316 b) **Wirtschaftliche Funktion**. Das Spital garantiert fachmännische Pflege und Hilfe für die Heilung. Es dient der *Wohlfahrtspflege*. Die Spitalkosten haben sich in den letzten Jahren sprunghaft erhöht («Kostenexplosion im Gesundheitswesen»).

317 c) **Erscheinungsformen**. Der Kranke oder Verunfallte kann sich ambulant in der Arztpraxis oder mittels Arztbesuchs im eigenen Heim medizinisch betreuen lassen. Grössere Eingriffe erfordern jedoch regelmässig die Einweisung in ein Spital. Träger des Spitals können das Gemeinwesen (Gemeinde, Bezirk, Kanton) oder aber Private sein. Im *gespaltenen Spitalaufnahmevertrag* kann sich der Patient durch eine besondere Vereinbarung die Dienste eines Belegarztes oder (als Privatpatient) des Spitalarztes sichern. Beim *totalen Spitalaufnahmevertrag* sind die medizinischen Dienste dagegen Vertragsbestandteil (zum Ganzen GATTIKER, 14 ff.). Der totale und gespaltene Spitalaufnahmevertrag haben sich zu *Verkehrstypen* verdichtet (SCHLUEP, SPR VII/2, 937; GITTER, 213 f.; s.a. METZGER, 130 ff.).

3. Rechtsnatur

318 a) **Qualifikation**. Der *totale Spitalaufnahmevertrag* ist ein *Innominatkontrakt mixti iuris* und insoweit auch *sui generis*, als die Mischung aus Nominat- und Innominatelementen besteht (SCHLUEP, SPR VII/2, 938). Unterbringung und Verköstigung enthalten Elemente des Gastaufnahmevertrages (Miet-, Kauf-, Werkvertrag; s. N 295; GITTER, 214). Pflege und ärztliche Versorgung sind als Tathandlungsaufträge zu qualifizieren (SCHLUEP, SPR VII/2, 938; s.a. GIESEN, 7; FISCHER/MANN, 1539 ff.).

319 Der *gespaltene Vertragstyp* ist nicht Gastaufnahmevertrag, sondern ebenfalls *Innominatvertrag mixti iuris*. Die Pflege durch das Spitalpersonal ist auftragsähnlicher Natur (SCHLUEP, SPR VII/2, 938 f.; s.a. BGer, 17.6.2013, 4A_115/2013, E. 3, wo für die Haftung des Spitals gegenüber dem Patient Auftragsrecht angewandt wurde). Der Vertrag mit dem Arzt bleibt reiner Auftrag i.S.v. Art. 394 ff. (BGE 105 II 284 = Pra 1980, 363; BGE 110 II 375 = Pra 1985, 165; BGE 113 II 429 ff.; 116 II 519 ff.; s.a. 70 II 207, 208 = Pra 1944, 423; STÜRNER, 122; KUHN, ZSR 1986, 472; KUHN, SJZ 1987, 353 m.Nw.; GIESEN, 5 m.Nw.; SCHLUEP, SPR VII/2, 939).

320 b) **Abgrenzung**. Die Tätigkeit des Arztes kann nicht Inhalt eines *Werkvertrages* sein, weil der Arzt regelmässig nur kunstgerechtes Bemühen, nicht aber einen Heilerfolg (häufig nicht einmal eine objektiv zutreffende Diagnose) versprechen kann. Das gilt selbst für operative Eingriffe. Anders ist u.U. das technische Erstellen einer Prothese zu werten, nicht jedoch das operative Einsetzen einer Hüftgelenkprothese (BAUR/HESS, 18). Bei Zahnbehandlungen absorbiert das grundsätzlich anwendbare Auftragsrecht die Herstellung allfällig notwendiger Werke (wie z.B. Zahnbrücken; BGE 110 II 375 = Pra 1985, 165 ff.).

4. Entstehung

a) Der Abschluss des Spitalaufnahmevertrages bedarf von Gesetzes wegen *keiner besonderen* **Form** (Art. 11 Abs. 1). Allfällige **Nichtigkeitsgründe** und **Willensmängel** unterstehen den allgemeinen Regeln. **321**

b) **Kontrahierungspflicht der Spitäler**? Öffentliche Spitäler sind einer *Kontrahierungspflicht* unterworfen, wenn das Benützungsverhältnis öffentlich-rechtlich ausgestaltet ist (s. N 331). Trifft das nicht zu, besteht immerhin aufgrund der ärztlichen Pflicht zur Hilfeleistung auch privatrechtlich eine (zumindest) *vorübergehende Abschlusspflicht* (SCHLUEP, SPR VII/2, 942 m.Nw.). **322**

5. Inhalt

a) **Pflichten des Spitals**. (1) *Im totalen Spitalaufnahmevertrag*: Ärztliche Behandlung (einschliesslich Nachpflege) nach dem Stand der medizinischen Wissenschaft. *Im gespaltenen Vertrag*: Erbringung (nur) der nachgeordneten ärztlichen Dienste (SCHLUEP, SPR VII/2, 939). (2) Gewährung von *Unterkunft, Pflege* und *Verpflegung*. (3) Anwendung der *Spitaltechnik*. (4) Gewährung besonderen *Schutzes*. (5) *Aufklärung* über therapiegerechtes Verhalten, über wirtschaftliche Besonderheiten (BGE 119 II 456; dazu TERCIER, SJZ 1995, 174) sowie über Risiken und Folgen eines Eingriffs (BGE 116 II 519, 521 f. m.Nw.; s.a. HONSELL, ZSR 1990 I, 145 ff.; **a.M.** GATTIKER, 15 f., die diese Pflicht dem Belegarzt auferlegen will). (6) *Überwachung* des Patienten. (7) *Geheimhaltung*. (8) Führung einer ordnungsgemässen *Dokumentation* (BAUR/HESS, 23). (9) Befolgung der *Weisungen des Patienten* im Rahmen der Spitalordnung und der ärztlichen Sorgfaltspflicht. (10) *Verwahrung* eingebrachter Sachen. **323**

b) **Pflichten des Patienten**. (1) Entrichtung des *Entgelts* (meist nach Tarif; SCHLUEP, SPR VII/2, 940), und zwar (im Zweifel postnumerando) als Selbstzahler oder über die Versicherungskasse. (2) Pflicht zur Einhaltung der *Spitalordnung*. **324**

6. Leistungsstörungen

a) **Grundsätzlich** finden die allgemeinen Regeln des OR Anwendung, soweit sich nicht die analoge Übernahme einschlägigen Typenrechts aufdrängt. Bezüglich der zivilrechtlichen Haftung des Arztes wird auf die Kommentierung des Auftragsrechts verwiesen. **325**

b) **Person des Haftpflichtigen**. Im *totalen Spitalaufnahmevertrag* ist das Spital (und nicht der zuständige Arzt) Vertragspartner des Patienten. Für Schäden aus Behandlungsfehlern des Arztes kann der Patient mithin nur vom Spital Entgelt fordern. Der Arzt kann allenfalls aus unerlaubter Handlung (Art. 41) belangt werden. **326**

Im *gespaltenen Vertragstyp* muss vorerst geklärt werden, ob die schädigende Handlung des medizinischen Hilfspersonals dem Spital oder dem Arzt zuzurechnen ist. Die Zuordnung hängt davon ab, in welchem Pflichtenkreis sich die schädigende Handlung ereignet hat (SCHLUEP, SPR VII/2, 941). In der Regel wird es dem geschädigten Patienten oder seinen Hinterbliebenen nicht möglich sein, den Haftungsanteil der verschiedenen an einer Operation beteiligten Personen auszumachen. Deshalb wird regelmässig Solidarschuldnerschaft von Spital und Arzt gerechtfertigt sein (SCHLUEP, SPR VII/2, 941; s.a. BGE 112 Ib 334, 337 f.; ferner GATTIKER, 16 ff., 23 f. mit teilweise anderen Gewichtungen). **327**

7. Beendigung

Der Spitalaufnahmevertrag endet **ordentlich** durch gegenseitiges *Einverständnis* (auch stillschweigend z.B. durch einvernehmliche Überführung in ein anderes Spital) oder Abschluss der Behandlung (Erfüllung). Grundsätzlich rechtfertigt es sich zudem im Blick auf das besondere Vertrauensverhältnis, dem Patienten – nicht aber dem Spital – das voraussetzungslose *auftragsrechtliche Kündigungsrecht* (Art. 404) einzuräumen (SCHLUEP, SPR VII/2, 940; **328**

DEUTSCH/SPICKHOFF, 160). **Ausserordentliche** Beendigungsgründe sind der *Tod* des Patienten (DEUTSCH/SPICKHOFF, 160; SCHLUEP, SPR VII/2, 940) und die *Kündigung aus wichtigen Gründen*, da ein Dauerschuldverhältnis vorliegt (BGE 92 II 299, 300 = Pra 1967, 174).

8. IPR

329 Im Blick auf die **objektive Anknüpfung** des Spitalaufnahmevertrags ist das Recht am **Ort des Spitalbetriebs** einschlägig (s. BSK IPRG-AMSTUTZ/WANG, Art. 117 N 68 m.Nw.).

9. Einzelfragen

330 a) Bei der **Einlieferung eines Bewusstlosen** steht das Verhältnis bis zur Begründung des Vertrags durch den Patienten (oder seines Vertreters) unter den Regeln der *(echten) Geschäftsführung ohne Auftrag* (Art. 419 ff.). Freilich passt die Haftpflichtbegrenzung des Art. 420 Abs. 2 nicht (SCHLUEP, SPR VII/2, 939 m.Nw.; DEUTSCH/SPICKHOFF, 130 f.).

331 b) **Öffentlich- oder privatrechtliches Verhältnis**? Wenn die *öffentliche Hand* (Kanton, Bezirk, Gemeinde) Trägerin des Spitals ist und die Beziehungen zu dessen Patienten öffentlich-rechtlich ausgestaltet sind, bleibt kein Raum für einen privaten Vertrag. Ob dies der Fall ist, muss aufgrund der kantonalen Vorschriften über den rechtlichen Status und die Organisation der staatlichen Krankenanstalt ermittelt werden (BGE 139 III 252 ff.; 133 III 462, 465 f.; 102 II 45, 46 f. m.Nw.). Soweit die Parteien ihre Beziehungen frei gestalten können, regiert grundsätzlich Privatrecht (s. BGE 105 II 234, 236 ff.). Regelmässig hält aber das BGer die von Ärzten in amtlicher Eigenschaft ausgeübte Krankenbetreuung in öffentlichen Spitälern für hoheitliche und nicht für gewerbliche Verrichtungen. Daher können die Kantone eigene öffentlich-rechtliche Haftungsbestimmungen aufstellen (Art. 61 Abs. 1; BGE 139 III 252; 133 III 462, 465 f.; 115 Ib 175, 179; 112 Ib 334, 336; 111 II 149, 151; 102 II 45, 47; 101 II 177, 183; alle m.Nw.; krit.: STARK, SJZ 1990, 5 ff.; HONSELL, ZSR 1990 I, 143). Folgerichtig beherrschen die *öffentlich-rechtlichen Verantwortlichkeitsnormen* auch das Spitalpersonal. Das gilt jedenfalls für die allgemeine und die sog. halbprivate Abteilung (BGE 102 II 45, 50; 56 II 199, 201; BK-BREHM, Art. 61 OR N 32 m.Nw.).

332 **Heikler** ist es, das *Rechtsverhältnis zwischen dem Patienten und dem (frei gewählten) Arzt in der Privatabteilung* zu qualifizieren. Auch hier entscheidet das kantonale Recht (BGE 102 II 45, 50 f.; 111 II 149, 155). Das BGer bejahte die *öffentlich-rechtliche Natur* des Verhältnisses zwischen dem Chefarzt und dem Privatpatienten für das Kantonsspital Olten (Kanton SO; BGE 102 II 45, 50 ff.). Alsdann haftet der Staat für Fehler des Chefarztes nach der kantonalen Verantwortlichkeitsordnung. Andererseits hat das BGer in einem ähnlich gelagerten Fall das Rechtsverhältnis zwischen Arzt und Privatpatient für den Kanton AG als *privat* qualifiziert (BGE 82 II 321 ff.). Nach BGE 111 II 149, 153 ff. haftet der Kanton ZH, wenn der Geschädigte den Chefarzt als Privatpatient aufsucht, in der Folge aber an das Universitätsspital verwiesen und von einem Oberarzt behandelt wird, der nicht als Vertreter des Chefarztes handelt. Die grundsätzliche Frage nach der *rechtlichen Qualifikation* des Verhältnisses Chefarzt/Privatpatient ist freilich offen gelassen worden. Gemäss BGE 112 Ib 334, 337 darf die Privatpatientin eines Chefarztes des Universitätsspitals ZH den Kanton belangen, wenn sie von einem Ärzteteam des Spitals unter Leitung dieses Chefarztes operiert worden ist. Das soll selbst dann richtig bleiben, wenn nur der Chefarzt den Fehler zu verantworten hat: Es könne dem Geschädigten oder den Hinterbliebenen nicht zugemutet werden, die Handlungsanteile der verschiedenen an einer Operation beteiligten Personen festzustellen.

333 Die Bejahung eines **öffentlich-rechtlichen** Verhältnisses ist folgenschwer, da nach den meisten kantonalen Haftungsgesetzen das Gemeinwesen für widerrechtliche Schädigung auch *ohne Verschulden* seiner Beamten haftpflichtig wird (s. HONSELL, ZSR 1990 I, 143).

334 *c)* ***Versicherungsleistungen***. *Die* Existenz eines (privaten oder öffentlich-rechtlichen) Versicherungsverhältnisses zwischen Patient und Versicherungskasse ändert am Verhältnis zwischen Spital und Patient nichts (SCHLUEP, SPR VII/2, 942).

XIII. Reisevertrag

Siehe den Kommentar zum Bundesgesetz über Pauschalreisen von ROBERTO in diesem Band. 335

XIV. Automatenaufstellungsvertrag

Literatur

Schweiz: BÜRGE, Wettbewerbsfreiheit und vertragliche Dauerbeziehungen: Die Verträge über die Aufstellung von Geldspielautomaten als Beispiel, ZSR 1983 I 427 ff.; BÜRKE, Der Warenautomat im schweizerischen Recht, Diss. St. Gallen 1967; GAUCH, System der Beendigung von Dauerverträgen, Diss. Freiburg i.Ue. 1968 (zit. Dauerverträge); SCHLUEP, SPR VII/2/WERDER, Der Automatenaufstellungsvertrag, Schweizerisches Privatrecht (SPR), Bd. VII/2, Basel 1979, 870 ff.

Ausland: DAMMANN, Automatenaufstellvertrag in: Wolf/Lindacher/Pfeiffer (Hrsg.), AGB-Recht, Kommentar, 6. Aufl., München 2013, 1228 ff.; GITTER, Gebrauchsüberlassungsverträge, Tübingen 1988; WEYLAND, Automatenaufstellungsvertrag: Vertrag, Besitz, Zwangsvollstreckung, Frankfurt a.M. 1989; WOLF/ECKERT, Handbuch des gewerblichen Miet-, Pacht- und Leasingrechts, 7. Aufl., Köln 1995; ZIEBE, Automatenaufstellungsvertrag: Eine Darstellung seiner zivil- und wirtschaftsrechtlichen Probleme, 1987.

1. Begriff

336 Im **Automatenaufstellungsvertrag** (Operating-Vertrag) überlässt der *Platzinhaber (Kunde)* dem *Automateninhaber* (*Aufsteller, Operator*; rechtlich: Eigentümer oder Besitzer) einen Standplatz für einen oder mehrere Automaten und übernimmt u.U. weitere Pflichten. Als Gegenleistung erhält er entweder ein fixes Entgelt oder ist quotenmässig an den Bruttoeinnahmen aus den Automaten beteiligt (SCHLUEP/WERDER, 871; GITTER, 231; WOLF/ECKERT, N 2186; GAUCH/AEPLI/STÖCKLI, Vor Art. 184–551 N 24).

2. Realien

337 a) **Wirtschaftliche Funktion**. Dem Aufsteller wird ermöglicht, *als Unternehmer* ohne eigene Lokalitäten und ohne Bindung an Ladenschlusszeiten ein Automatenvertriebssystem aufzubauen. Durch die Eingliederung der Automaten in den Betrieb des Kunden profitiert er zudem regelmässig vom bereits gegebenen Konsum- oder Unterhaltungsbedürfnis des Publikums. Das Interesse des *Platzinhabers* ist auf Nebenerwerb und evtl. auf gesteigerte Attraktivität des eigenen Betriebes gerichtet (SCHLUEP/WERDER, 871 f.; LARENZ, II, 467; s. zum Ganzen auch BÜRGE, 427 ff.).

338 b) **Erscheinungsformen**. Es lassen sich *zwei Verkehrstypen* unterscheiden: (1) Der Platzinhaber stellt dem Aufsteller gegen Entgelt (allenfalls umsatzabhängig) nur gerade einen Standplatz zum Betrieb von Automaten zur Verfügung (*Typus A*; ENGEL, contrats, 821; BGer, 7.6.2005, 2A.599/2004 E. 5.1; BGE 117 II 334 = Pra 1993, 270 f.). Oder aber: (2) Der Platzinhaber übernimmt gegen ein partiarisches Entgelt neben der Pflicht zur Raum- oder Platzüberlassung in seinem Lokal weitere Pflichten, deren Erfüllung das Funktionieren des Automaten sicherstellen sollen (*Typus B*; SCHLUEP/WERDER, 871 f.; ENGEL, contrats, 821; GAUCH/AEPLI/STÖCKLI, Vor Art. 184–551 N 24; BGer, 7.6.2005, 2A.599/2004 E. 5.1; BGE 110 II 474, 475; OGer AG, SJZ 1985, 181). Die Unterscheidung der Verträge nach der Art der Automatenleistung (Warenverkauf, Dienst- oder Vergnügungsleistungen) ist rechtlich irrelevant (GITTER, 231).

3. Rechtsnatur

339 a) **Qualifikation**. Der **Vertragstyp A** ist ein *gewöhnlicher Mietvertrag* i.S.v. Art. 253 ff. (2A.599/2004 E. 5.1; BGE 117 II 334 = Pra 1993, 270; BGE 110 II 474, 475; OGer LU, SJZ 1983, 161; OGer ZH, SJZ 1979, 26 ff.; SCHLUEP/WERDER, 873; ENGEL, contrats, 822; GITTER, 221; s.a. SJ 1963, 377 und SJZ 1966, 61, wo unter Vertauschung der Parteirollen der

Platzinhaber zu Unrecht als Mieter, der Aufsteller als Vermieter qualifiziert worden ist). Auf den Vertragstypen A ist im Folgenden nicht mehr einzugehen.

340 Der **Typus B** ist auf Leistungsaustausch (Miete gegen Miete; SCHLUEP/WERDER, 872) und Zweckförderung (Förderungspflichten, Umsatzbeteiligung, Kontrollrechte und Konkurrenzverbot) gerichtet (SCHLUEP/WERDER, 873). Eine eindeutige Zuordnung zu einem Nominatvertrag kann aufgrund der Typenmerkmale nicht vorgenommen werden (**a.M.** ENGEL, contrats, 822, der hier von einer einfachen Gesellschaft gem. Art. 530 ausgeht; ähnlich wohl ZK-HIGI, Vor 8. Titel [Art. 253–274g] OR N 198). Es liegt vielmehr ein *gemischter Vertrag* mit Elementen des *Miet-* und *Gesellschaftsrechts* vor (BGE 99 IV 201, 204; s.a. BGer, 7.6.2005, 2A.599/2004, E. 5.1; BGE 110 II 474, 475; KGer SZ EGV 1990, 113; SCHLUEP/WERDER, 874; s.a. GITTER, 237; WOLF/ECKERT, N 2187, die mietvertragliche Elemente mit personenbezogenen Merkmalen ausmachen). In Deutschland wird dieser Vertragstyp mehrheitlich als *partiarisches Rechtsverhältnis* gesehen. Es zeichnet sich durch ein gesteigertes Vertrauensverhältnis zwischen den Parteien (besondere Schutz- und Rücksichtsnahmepflichten) aus (GITTER, 237 f. m.Nw.; s.a. SCHLUEP/WERDER, 875 Anm. 26 i.f.; zur Rechtslage in Deutschland WEYLAND, passim; ZIEBE, passim; DAMMANN, 1128).

341 b) **Abgrenzungen**. Im Unterschied zum *Mietvertrag* überlässt der Platzinhaber nicht nur die Räumlichkeit zum Gebrauch. Vielmehr ist es Ziel des Vertrages, die Automaten im beidseitigen Interesse der Parteien in den Betrieb des Kunden einzugliedern (LARENZ, II, 467; GITTER, 234 f.; WOLF/ECKERT, N 2186). Wegen des schwachen Nutzungscharakters liegt keine *Pacht* vor (SCHLUEP/WERDER, 874 Anm. 22 m.Nw.). Trotz der gemeinsamen Interessen am Betrieb des Automaten liegt kein *Gesellschaftsverhältnis* vor. Dem Platzinhaber steht nämlich im Blick auf den Betrieb der Automaten (Preisgestaltung etc.) keine Geschäftsführungsbefugnis zu (LARENZ, II, 467). Ferner fehlt das personalistische Element weitgehend; es existiert auch kein gemeinsames Verlustrisiko (s. weiter SCHLUEP/WERDER, 873; GITTER, 235 f.).

4. Entstehung

342 Der Vertrag kann **formfrei** abgeschlossen werden (Art. 11 Abs. 1; ENGEL, contrats, 823 f.; GAUCH/AEPLI/STÖCKLI, Vor Art. 184–551 N 25; vorausgesetzt in BGE 99 IV 201, 202 ff.). In der Regel werden freilich *Formularverträge mit AGB* verwendet. Allfällige **Nichtigkeitsgründe** und **Willensmängel** unterstehen den allgemeinen Regeln.

5. Inhalt

343 Die Rechte und Pflichten der Parteien lassen sich angesichts der Vielfalt der tatsächlichen Umstände nicht abschliessend festlegen (SCHLUEP/WERDER, 875).

344 a) **Pflichten des Aufstellers (Rechte des Platzinhabers)**. (1) *Aufstellungspflicht*. (2) *Instandstellungs-* und *Wartungspflicht*. (3) Tragung von öffentlichen *Abgaben* und *Lasten*. (4) *Nachfüllpflicht* bei Warenautomaten. (5) *Beteiligung* des Inhabers an den Verkaufs- und Endspielerlösen der Automaten (LARENZ, II, 466; SCHLUEP/WERDER, 874).

345 b) **Pflichten des Platzinhabers (Rechte des Aufstellers)**. (1) *Duldung der Aufstellung* und des Betriebs der Automaten in den dazu bestimmten Räumen. (2) Pflicht, die Geräte in *Betrieb* zu setzen und während der Öffnungszeit betriebsbereit zu halten (BGE 103 II 102, 105). (3) Ermöglichung des *Kundenzuganges, Meldepflicht* bei Leerung etc. (s. SCHLUEP/WERDER, 875 Anm. 26; GITTER 232 f.). (4) Ausführung *kleinerer Reparaturarbeiten* (Reinigung). (5) Pflicht zur *Bewahrung* der Automaten vor Beschädigung. (6) Unverzügliche *Meldung* von Betriebsstörungen. (7) *Duldung* von Reparaturarbeiten. (8) Evtl. *Duldung* der *ersatzlosen Entfernung* unrentabler Automaten (LARENZ, II, 466). (9) Evtl. Vorliegen einer *«Ausschliesslichkeitsklausel»*, wonach der Platzinhaber verpflichtet ist, keine weiteren Automaten aufzustellen oder zusätzlich benötigte Geräte nur vom Aufsteller zu beziehen (LARENZ,

II, 466). (10) Pflicht, bei Aufgabe des Betriebes (nach Möglichkeit) für einen *Nachfolger zu sorgen* (GITTER, 248; LARENZ, II, 466, 469).

6. Leistungsstörungen

Grundsätzlich finden die allgemeinen Regeln des OR Anwendung, soweit sich nicht die analoge Übernahme einschlägigen Typenrechts aufdrängt. 346

a) **Nachträgliche Unmöglichkeit**. Kommt der Platzinhaber seiner vertraglichen Aufstellungspflicht nicht nach, weil er nach Vertragsschluss den einzig zulässigen Standplatz seines Lokals einem Dritten überlassen hat, dieser den Platz schon belegt und die erforderliche Betriebsbewilligung eingeholt hat, liegt nachträgliche Unmöglichkeit vor. Weil der Automatenaufstellungsvertrag keine dingliche Wirkung entfaltet, wird die Rechtsposition des Dritten vom Vertrag nicht betroffen. Bei Verschulden des Inhabers kann der geschädigte Aufsteller Schadenersatz (Art. 97) verlangen (OGer LU, SJZ 1983, 161). Hat sich der Aufsteller im Vertrag ausdrücklich verpflichtet einen Zweifranken-Spielautomaten aufzustellen und wird anschliessend durch eine geänderte Regierungsratsverordnung der Spieleinsatz von Fr. 2.– auf Fr. 1.– hoheitlich reduziert, erweist sich der weitere Einsatz des vertraglichen Geldautomaten als rechtlich unmöglich. Grundsätzlich wird der Platzinhaber als Folge der unverschuldeten nachträglichen Umöglichkeit von der vertraglichen Aufstellungspflicht *befreit* (Art. 119 Abs. 2). Er braucht mithin dem Automateninhaber nicht zu gestatten, nunmehr Automaten mit Einsatzmöglichkeit eines Frankens aufzustellen (OGer AG, SJZ 1985, 181 f.). Das gilt indessen im Blick auf Art. 20 Abs. 2 nur, wenn der hypothetische Parteiwille nicht etwas anderes gebietet («modifizierte Teilnichtigkeit»); s. GAUCH/SCHLUEP/SCHMID/EMMENEGGER, N 702 ff. 347

b) **Schuldnerverzug**. Verletzt der Platzinhaber seine Mitwirkungspflichten beim Betrieb der Automaten, kommen Art. 102 ff. zur Anwendung. Die Ansetzung einer Frist von zwei Tagen zur (Wieder-)Einschaltung der Apparate stellt eine angemesse Frist i.S.v. Art. 107 Abs. 1 dar. Der Gläubiger darf dem Schuldner schon mit der Mahnung eine Nachfrist zur Erfüllung ansetzen (BGE 103 II 102 ff.). Weil der Automatenaufstellungsvertrag (Typ B) ein *Dauerschuldverhältnis* begründet, ist eine Vertragsauflösung ex tunc (Art. 107/109) ausgeschlossen, sobald mit der typischen Hauptleistung begonnen wurde. Der Rücktritt wird zur *Kündigung mit Beendigungswirkung ex nunc*. Wird unter Verzicht auf die verzögerte Leistung ein Anspruch auf Schadenersatz wegen Nichterfüllung geltend gemacht, so ist zur Bemessung des zu ersetzenden Schadens Kenntnis der vorgesehenen ordentlichen Vertragsdauer erforderlich. Ist diese nicht festgelegt, erfolgt die Berechnung bis zum Zeitpunkt, auf den der Verzugsschuldner ordentlich hätte kündigen können (s. GAUCH, Dauerverträge, 141 ff.). 348

c) **Gläubigerverzug**. Bei der Anwendung der *Art. 91–96* auf den Automatenaufstellungsvertrag (Typ B) ist zu differenzieren. Der Schuldner der typischen dauernden Leistungspflicht wird für den Zeitraum des Gläubigerverzugs *befreit*, ohne den Anspruch auf die vereinbarte Gegenleistung zu verlieren (Art. 263, 292, 324 analog). Er ist daher regelmässig nicht an einer vorzeitigen Leistungsbefreiung interessiert (GAUCH, Dauerverträge, 170 ff.). Der Schuldner periodischer Geld- oder Sachleistungen ist zur *Hinterlegung* nach Art. 92 berechtigt. 349

7. Beendigung

a) **Ordentliche Beendigung**. Da Automatenaufstellungsverträge (Typ B) meist auf eine bestimmte Mindestdauer (bis zu zehn Jahren) abgeschlossen werden, endet das Vertragsverhältnis grundsätzlich ordentlich mit *Ablauf der festgesetzten Zeit*. Nach den AGB werden sie jedoch i.d.R. automatisch um einen gewissen Zeitraum (meist ein Jahr) verlängert, wenn der Vertrag nicht innerhalb einer bestimmten Frist vor Ablauf gekündigt wird (sog. *«Verlängerungsklausel»*; GITTER, 259). Ist der Vertrag ohne Regelung einer ordentlichen Kündigung auf unbestimmte Zeit geschlossen worden, halten das BGer und ein Teil der Lehre eine Kün- 350 digungsfrist von *zwei Wochen auf Ende einer einmonatigen Mietdauer* analog Art. 267 Abs. 2 Ziff. 2 aOR (neu Art. 266*e*) für angemessen (BGE 110 II 476; **a.M.** SCHLUEP/WERDER, 876: Einräumung einer *sechsmonatigen Frist* analog Art. 546; ebenso BÜRKE, 26. Wollte man die Anwendbarkeit mietrechtlicher Fristen bejahen, so wäre gem. SCHLUEP/WERDER, 876 Anm. 36, Art. 267 Abs. 2 Ziff. 1 aOR die zutreffende Norm. Nach der Revision kommen die *dreimonatige* Frist analog Art. 266*b* oder die *sechsmonatige Frist* analog Art. 266d in Frage). In Deutschland hält man analog § 565 Abs. 1 Ziff. 3 BGB eine Frist von drei Monaten für sachgerecht (GITTER, 260 m.Nw.). «Methodisch lässt sich dies freilich kaum mit einer Analogie zur Geschäftsraummiete begründen; vielmehr liegt dem eine offene Interessensabwägung zugrunde, deren Massstab der besondere Geschäftszweck ist» (LARENZ, II, 468 m.Nw.; zum deutschen Recht s. eingehend DAMMANN, 1130 f.).

351 b) **Ausserordentliche Beendigung**. Neben der ausserordentlichen Vertragsbeendigung aufgrund eines *Schuldnerverzuges* i.S.v. Art. 107 (s. N 348) besteht die Möglichkeit der *Kündigung* des Dauerschuldverhältnisses *aus wichtigem Grunde* (KGer SZ, EGV 1990, 113). Was ein wichtiger Grund ist, hat der Richter gem. Art. 4 ZGB nach Recht und Billigkeit zu entscheiden. Dabei dienen ihm die in den gesetzlichen Umschreibungen enthaltenen Wertungen als Richtschnur (s. Art. 266*g*, 337, 527: «Unzumutbarkeit», «Unerträglichkeit»; s.a. KGer SZ, EGV 1990, 113 f.). Mit der wirksamen Ausübung der Kündigung geht der Dauervertrag i.d.R. unmittelbar und ex nunc zu Ende.

352 c) **Abwicklungspflichten**. Ist rechtmässig gekündigt worden, hat der Platzinhaber den Automaten bis zum Vertragsablauf gehörig zu *verwahren*. Kommt der Vertragsgegenstand abhanden, richtet sich die Ersatzpflicht nicht nach den sachenrechtlichen Besitzesregeln (Art. 938 Abs. 2), sondern nach den (schuldrechtlichen) Bestimmungen des Vertrags (BGE 110 II 476).

8. IPR

353 Auf den Automatenaufstellungsvertrag findet bei fehlender Rechtswahl das Recht jenes Ortes Anwendung, an dem der **Automat in Betrieb** gesetzt wird (s. BSK IPRG-AMSTUTZ/WANG, Art. 117 N 76 m.Nw.).

9. Einzelfragen

354 **Gewinnverteilung**. Der mit den Automaten erzielte *Gewinn* wird nicht zum gemeinschaftlichen Vermögen von Automatenaufsteller und Platzinhaber. Grundsätzlich steht der Erlös allein dem Automateninhaber zu. Dem Platzinhaber steht ein bloss *vertraglicher Beteiligungsanspruch* zu (BGE 99 IV 201, 205; GITTER, 235). Doch kann im Einzelfall das gesellschaftsrechtliche Element so stark ins Gewicht fallen, dass von einer eigentlichen *Umsatzbeteiligung* mit unmittelbarem Gewinnanspruch gesprochen werden kann (BGE 99 IV 201, 205).

XV. Fernkursvertrag

Literatur

Schweiz: BÜHLER, Der Fernunterrichtsvertrag im Lichte der Rahmenbedingungen des privaten Fernunterrichts, Zürich 1984; BURKHARDT, Der Fernkursvertrag, Diss. Bern 1974; DRUEY, Verträge auf Informationsleistung, in: FS für Walter R. Schluep, Zürich 1988, 147 ff.; FISCHER, Die rechtliche Würdigung von Kursverträgen, BJM 1971, 205 ff.; GIGER, Systematische Darstellung des Abzahlungsrechts: unter besonderer Berücksichtigung von Fernkurs-, Unterrichts-, Mietkauf-, Leasingvertrag, Zürich 1972; HARTMANN, Die vorvertraglichen Informationspflichten und ihre Verletzung: Klassisches Vertragsrecht und modernes Konsumentenschutzrecht, Diss. Freiburg i.Ue. 2001; JOST-VON ARX, Der Unterrichtsvertrag, Diss. Zürich 2008; LEUENBERGER, Dienstleistungsverträge, ZSR 1987 II 3 ff.; SCHAFFITZ, Der Schulvertrag, Diss. Zürich 1977; SCHLUEP/RICHLI/NIEDERHAUSER, Der Fernkursvertrag, Schweizerisches Privatrecht (SPR), Bd. VII/2, Basel 1979, 907 ff.; DIES., Der Unterrichtsvertrag, Schweizerisches Privatrecht (SPR), Bd. VII/2, Basel 1979, 914 ff.; VISCHER/MÜLLER, Der Arbeitsvertrag, 4. Aufl., Basel 2014.

Ausland: FABER/SCHADE, Fernunterrichtsschutzgesetz, München 1980; SCHNEIDER, Die Kündigung freier Dienstverträge: Tendenzen und Schranken begründungsfreier Vertragsauflösung im Dienstleistungsbereich am Beispiel insbesondere von Unterrichts- und Partnerschaftsvermittlungsverträgen, Frankfurt a.M. 1987; TAMM, Verbraucherschutzrecht, Tübingen 2011; WIENANDS, Der private Unterrichtsvertrag, Berlin 1996.

1. Begriff

Mit dem Abschluss des **Fernkursvertrages** (Fernunterrichts-, Fernlehr-, Kursvertrages) verpflichtet sich der *Fernkursgeber* (Veranstalter, Lehrende) gegenüber dem *Fernkursnehmer* (Teilnehmer, Lernende) zur entgeltlichen Vermittlung von Kenntnissen und Fähigkeiten, wobei der Veranstalter und der Teilnehmer ganz oder überwiegend räumlich getrennt bleiben (BÜHLER, 63; SCHLUEP/RICHLI/NIEDERHAUSER, 909). Der Fernkursgeber erbringt zeitlich gestaffelte Sach- (Lieferung von Büchern, Videokassetten etc.) und Dienstleistungen (Überwachung des Lernerfolges: Korrekturarbeiten etc.; zu den einzelnen vertraglichen Pflichten s. N 364). **355**

2. Realien

a) **Wirtschaftliche Funktion**. Die ungestüme wirtschaftliche und technische Entwicklung (Bsp.: Computerbranche) zwingt zu ständiger Weiterbildung, soll anders die individuelle (und damit die nationale) *Wettbewerbsfähigkeit* nicht erheblich beeinträchtigt werden. Dadurch öffnet sich das weite Feld der Erwachsenenbildung (einschliesslich Nachdiplomkurse). **356**

b) **Erscheinungsformen**. Obwohl sich die einzelnen Fernkursverträge inhaltlich (z.B. im Blick auf die Lehrpläne und den ergänzenden direkten Unterricht) stark unterscheiden, hat sich der Fernkursvertrag zu einem *einheitlichen Verkehrstyp* verdichtet (s.a. BÜHLER, 71 f., der zwei Verkehrstypen sondert: den einfachen und den kombinierten Fernunterricht, so auch JOST-VON ARX, 188 f.). **357**

3. Rechtsnatur

a) **Qualifikation**. Sach- und Dienstleistungen sind (neben der Pflicht des Lernenden zur Bezahlung eines Entgelts) die untrennbaren Hauptleistungen des Fernkursvertrages. Der Fernkursvertrag ist als ein (synallagmatischer) *gemischter Vertrag* mit Elementen des *Kaufs* (Überlassung des Kursmaterials zu Eigentum) und des *Auftrags* (Arbeitselemente) zu qualifizieren (**a.M.** ZR 1965, 214 und BezGer ZH, SJZ 1964, 253 die einen Innominatkontrakt sui generis annehmen). Es liegt ein *Kombinationsvertrag* vor (BÜHLER, 142 f. m.Nw., 152; SCHLUEP/RICHLI/NIEDERHAUSER, 911; BURKHARDT, 85; BJM 1971, 229; s.a. OGer ZH, SJZ 1964, 363 f.; FISCHER, 205 ff.). Der Richter hat aufgrund von Art. 1 Abs. 2, 3 ZGB zwingendes und dispositives Vertragstypenrecht zu setzen (s. N 21). Er hat sich dabei am Auftragsrecht zu orientieren (SCHLUEP/RICHLI/NIEDERHAUSER, 911; **a.M.** BÜHLER, 114 ff., wonach ein Sukzessivverhältnis vorliegt). Unstreitig muss aber der Richter die besondere *Schutzbedürftigkeit* des Fernkursnehmers berücksichtigen; sie ergibt sich aus dessen fachlicher und finanzieller Unterlegenheit (BÜHLER, 154 ff.; SCHLUEP/RICHLI/NIEDERHAUSER, 911 f.). In der Praxis herrscht das *Absorptionsprinzip* (s. N 17) vor (s. OGer OW, SJZ 1983, 269 ff.; Tribunal Vaud, SJZ 1976, 360; SJ 1972, 525; KassGer ZH, SJZ 1972, 173; BGer, SJZ 1972, 175; JdT 1968 II 127; OGer AG, SJZ 1968, 54; BezGer Zofingen, SJZ 1966, 13; s.a. SJZ 1971, 26; SJZ 1970, 8; BJM 1968, 47; SJZ 1968, 24; SJZ 1966, 304; SJZ 1966, 42). Zur Qualifikation der Nebenleistungen (Überlassen von Räumlichkeiten, Ausfertigung von Zeugnissen): s. die Ausführungen zum Unterrichtsvertrag (N 369 ff.). **358**

b) **Abgrenzungen**. Da der Fernunterrichtsvertrag ein Dauerschuldverhältnis begründet und der Lehrende neben der Übertragung von Sachen auch Arbeitsleistungen zu erbringen hat, liegt kein gemeiner *Kaufvertrag* vor. Auch ist kein reines *Auftragsverhältnis* gegeben, weil die Pflicht zur Veräusserung einer Sache nicht Auftragsgegenstand sein kann. Das Lehrmate- **359** rial wird i.d.R. gestaffelt nach den einzelnen Lektionen geliefert. Da das gesamte Lehrmaterial aber eine sachliche Leistungseinheit darstellt, ist der Fernlehrvertrag nicht als *Sukzessivlieferungsvertrag* zu qualifizieren (SCHLUEP/RICHLI/NIEDERHAUSER, 910; **a.M.** BÜHLER, 114 ff.).

360 Die (zumindest *überwiegende*) räumliche Trennung von Lehrer und Lernendem (s. N 355) grenzt den Fernkursvertrag vom herkömmlichen **Unterrichtsvertrag** (s. N 373) ab. Charakteristisch ist, dass besondere Unterrichtsmedien (Bücher, Videobänder, Radio, Fernsehen, Datenbanken etc.) zur *Überbrückung der räumlichen Distanz* eingesetzt werden (FABER/SCHADE, 21). Mit «*überwiegender* räumlicher Trennung» der Parteien hat man es zu tun, wenn weniger als die Hälfte des Kursstoffes im herkömmlichen Nah- oder Direktunterricht vermittelt wird. Massstab ist der durchschnittliche Zeitaufwand (FABER/SCHADE, 22; BÜHLER, 149 f.: s.a. N 373).

4. Entstehung

361 a) Im Blick auf die **Form** ist *qualifizierte Schriftlichkeit* in den Fällen erforderlich, in denen Art. 10 KKG einschlägig ist (JOST-VON ARX, 218 ff.). Allfällige **Nichtigkeitsgründe** unterstehen den allgemeinen Regeln, es sei denn, die besondere Ordnung von Art. 15 KKG fände Anwendung (zum deutschen Recht, TAMM, 731 f.).

362 b) **Willensmängel**. Der Fernkursnehmer kann sich binnen Jahresfrist ab Entdeckung auf *Irrtum* berufen, wenn er zu Beginn des Fernkurses feststellt, dass er sich in den notwendigen Voraussetzungen getäuscht hat (Art. 31 Abs. 2). Ein *Grundlagenirrtum* i.S.v. Art. 24 Abs. 1 Ziff. 4 ist allerdings grundsätzlich nur anzunehmen, wenn der Fernkursgeber es im Rahmen der Vertragsverhandlungen versäumt hat, auf den Schwierigkeitsgrad des Fernkurses aufmerksam zu machen (BÜHLER, 204). So ist der Grundlagenirrtum eines Taxichauffeurs bejaht worden, weil er mangels Vorbildung nicht in der Lage war, einem kaufmännischen Lehrgang und einem Programmierkurs zu folgen (BJM 1971, 229; s.a. SJZ 1965, 96 f.; BÜHLER, 204). Allenfalls kann sich der Lernende auch auf *absichtliche Täuschung* i.S.v. Art. 28 berufen (s. BÜHLER, 204 ff.). Der Fernkursvertrag begründet ein *Dauerschuldverhältnis* (WIENANDS, 107). Deshalb kann ein Willensmangel nur für die Zukunft (ex nunc) geltend gemacht werden, wenn mit der typischen Hauptleistung begonnen worden ist. Rechtlich begründet wird dies aufgrund von Art. 25 Abs. 1 oder mit der Lehre vom *«faktischen Vertragsverhältnis»* (GAUCH/SCHLUEP/SCHMID/EMMENEGGER, N 944; BÜHLER, 203; anders noch SCHLUEP/RICHLI/NIEDERHAUSER, 914 Anm. 24).

5. Inhalt

363 a) **Pflichten des Fernkursnehmers**. Der Teilnehmer ist ausschliesslich zur *Zahlung des Kursgeldes* verpflichtet (WIENANDS, 60). Das Entgelt ist regelmässig in Teilleistungen zu entrichten (WIENANDS, 61). Namentlich besteht *keine zusätzliche Pflicht* des Fernkursnehmers zu lernen, Hausaufgaben zu lösen oder an Prüfungen teilzunehmen. Der Lernende handelt im eigenen Interesse. Freilich schuldet er das vereinbarte Entgelt, auch wenn er die Lernchancen nicht nutzt und es unterlässt, sich aktiv zu betätigen (BÜHLER, 221; SCHLUEP/RICHLI/NIEDERHAUSER, 912).

364 b) **Pflichten des Fernkursgebers**. (1) Überlassung von *Kursmaterial* (Lehrbücher, Dias, Tonbandkassetten, Videobänder usw.) zu Eigentum (BÜHLER, 212; SCHLUEP/RICHLI/NIEDERHAUSER, 910). (2) *Korrektur* eingereichter Aufgabenlösungen innert angemessener Frist. (3) Erteilung von *Auskünften* über das Unterrichtsgebiet. (4) Je nach Vertrag: Erteilung des erforderlichen *Ergänzungsunterrichts* in den Räumlichkeiten des Fernkursinstitutes (SCHLUEP/RICHLI/NIEDERHAUSER, 910). (5) Durchführung (allenfalls in den Räumlichkeiten des Fernkursinstitutes) und Korrektur von *Zwischen-* und *Schlussprüfungen*. (6) Abgabe von *Schlusszeugnissen* (Diplomen). (7) Allenfalls: Bereitstellung *besonderer Einrichtungen* (Labor,

Computer, Schreibmaschine, Videogerät, PC etc.) und von *Räumlichkeiten* (mietähnliche Nebenleistungen).

6. Leistungsstörungen

Grundsätzlich finden die allgemeinen Regeln des OR Anwendung, soweit sich nicht die analoge Übernahme einschlägigen Typenrechts aufdrängt. 365

Der Lehrende schuldet zwar *nicht* den *Erfolg*; wohl aber müssen seine Leistungen diesen ermöglichen. Der Veranstalter ist verpflichtet, nach *auftragsrechtlichen Prinzipien* (d.h. lege artis) die Voraussetzungen dafür zu schaffen, dass der Teilnehmer sich innerhalb bestimmter Zeitabschnitte den Lektionen des Lehrmaterials zuwenden kann und einer tauglichen Kontrolle unterworfen wird. Zur Feststellung, ob der Lernende die gesteckten Zwischenziele erreicht hat, ist er zur Einsendung von Aufgabenlösungen und Prüfungsarbeiten anzuhalten. Diese hat der Lehrende (oder seine Hilfsperson) sorgfältig und individuell zu korrigieren. Der Verweis auf Musterlösungen genügt ebensowenig wie eine schlichte kommentarlose Benotung (FABER/SCHADE, 36 f.; BÜHLER, 212 f.). Unsorgfältige Korrekturarbeiten setzen den Tatbestand der **Schlechterfüllung** i.S.v. Art. 97, was (ceteris datis) eine Schadenersatzpflicht des Veranstalters nach sich ziehen kann. Bei *fortdauernder Schlechterfüllung* steht dem Gläubiger analog Art. 107 ff. ein «Rücktrittsrecht» zu, das bei Dauerverträgen zum **Kündigungsrecht** (mit Wirkung ex nunc) wird (BÜHLER, 220). Die **Gewährleistung** für das abgegebene und eingesetzte Material untersteht grundsätzlich dem *Kaufrecht*, allenfalls auch dem *Mietrecht* (SCHAFFITZ, 78). Die kurzen Fristen des Kaufrechts für *Prüfung, Rüge* und *Verjährung* der Gewährleistungsansprüche passen indessen nur für offensichtliche äussere Mängel. Sie beginnen mit Ablieferung des Kursmaterials zu laufen. Bei sukzessiver Lieferung des Kursmaterials sind die einzelnen Teillieferungen massgebend (BÜHLER, 215 m.Nw.). Dagegen vermag der Kursnehmer nicht schon bei Abgabe der Materialien (meist bei Kursbeginn) festzustellen, ob diese inhaltlich falsch oder für den Kurs untauglich sind. Auch ist ihm nicht zuzumuten, das gesamte Kursmaterial bei Kursbeginn auf drucktechnische Mängel hin zu überprüfen (BÜHLER, 215 Anm. 319; zu weiteren Leistungsstörungen s. JOST-VON ARX, 273 ff.). 366

7. Beendigung

Ordentlicher Beendigungsgrund ist die *Erfüllung*: Der Teilnehmer zahlt das Kursgeld; der Veranstalter liefert das gesamte Kursmaterial und erbringt sämtliche vertraglich geschuldeten Dienstleistungen. Dazu kommen der *Ablauf* einer vertraglich vereinbarten Frist oder die Ausübung eines vertraglichen *Kündigungsrechts*. Im Rahmen der Beendigung ist streitig, ob den Parteien auch ein *jederzeitiges Widerrufsrecht* analog Art. 404 zustehe (*bejahend*: SCHLUEP/RICHLI/NIEDERHAUSER, 913; BURKHARDT, 96 f.; s.a. BGer SJZ 1972, 176 a.E.; *verneinend*: BÜHLER, 229 f.; JOST-VON ARX, 291 ff.; zum deutschen Recht SCHNEIDER, passim). Bejaht man (wie hier) das jederzeitige Widerrufsrecht, trifft den Kursnehmer eine Schadenersatzpflicht, wenn er den Vertrag zur *Unzeit* auflöst (Art. 404 Abs. 2 analog; BGer, 6.7.2011, 4A_141/2011). Das trifft z.B. dann zu, wenn der Kursgeber im Hinblick auf den ordentlichen Ablauf des Kurses besondere Aufwendungen gemacht hat, die er infolge der vorzeitigen Auflösung nicht mehr verwerten kann (SCHLUEP/RICHLI/NIEDERHAUSER, 914; BURKHARDT, 97 f.). Die Schadenersatzpflicht entfällt jedoch, wenn ein *wichtiger Grund* vorliegt. Hier wie anderswo können Dauerverträge aus wichtigem Grund jederzeit und mit Wirkung ex nunc **ausserordentlich** gekündigt werden (zu wichtigen Gründen s. JOST-VON ARX, 295 ff. m.Nw.). Anstelle des Widerrufrechts analog Art. 404 wird auch eine *richterlich gesetzte Kündigungsfrist* diskutiert. So will BÜHLER, 234 f. den Parteien das Recht einräumen, das Vertragsverhältnis mit Einhaltung einer angemessenen Frist auf Semesterende hin zu kündigen (ähnlich BURKHARDT, 97 f.; **abl.** SCHLUEP/RICHLI/NIEDERHAUSER, 914; s.a. N 379 für den Unterrichtsvertrag). Zur Rechtslage in Deutschland WIENANDS, 107 ff.; TAMM, 733 f. 367

8. IPR

368 Im Falle mangelnder oder mangelhafter Rechtswahl untersteht der Fernkursvertrag im Prinzip dem Recht des **Kursveranstalters**. In der Regel dürfte aber Art. 120 IPRG greifen (s. BSK IPRG-AMSTUTZ/WANG, Art. 117 N 70).

XVI. Unterrichtsvertrag

Literatur

Vgl. die Literaturhinweise vor N 355 ff.

1. Begriff

369 Im **Unterrichtsvertrag** (Nah-, Direktunterricht) verpflichtet sich der *Unterrichtsveranstalter* (Unterrichtgeber, Unterrichter, Lehrer), persönlich (oder durch seine Lehrkräfte) dem *Unterrichtnehmer* (Unterrichteter, Schüler) in von jenem bereitgestellten Räumlichkeiten die vertraglich umschriebenen Kenntnisse und Fähigkeiten zu vermitteln und ihm dauernd oder vorübergehend das Unterrichtsmaterial zu überlassen (SCHAFFITZ, 4; BÜHLER, 73; BGE 132 III 770, 775 f.).

2. Realien

370 a) **Wirtschaftliche Funktion**. Es gilt das zum Fernkursvertrag Ausgeführte (s. N 356).

371 b) **Erscheinungsformen**. Die Verwendung *technischer Hilfsmittel* ist *nicht* unabdingbares Merkmal des Unterrichtsvertrages, obwohl diese häufig eingesetzt werden. Je nach der Funktion der technischen Hilfsmittel im Rahmen der Ausbildung lassen sich der «lehrerbezogene» und der «lehrmittelbezogene» Unterricht unterscheiden. Es liegen jedoch keine abgrenzbaren Verkehrstypen vor. *Verkehrstypisch* bleibt in beiden Erscheinungsformen der *direkte Unterricht* (SCHLUEP/RICHLI/NIEDERHAUSER, 915; zu einer umfassenden Darlegung verschiedener Erscheinungsformen s. JOST-VON ARX, 28 ff.).

3. Rechtsnatur

372 a) **Qualifikation**. Die ältere Rechtsprechung qualifizierte den Vertrag durchwegs als *einfachen Auftrag* (BezGer und OGer ZH, SJZ 1968, 26; KassGer ZH, SJZ 1970, 8 f.; s.a. OGer ZH, SJZ 1964, 363 f.; SJZ 1966, 304 f.). Vereinzelt wurde er auch als *Vertrag sui generis* bezeichnet (BezGer ZH, SJZ 1964, 253 ff.; anders aber OGer ZH, SJZ 1964, 363 f.; 1966, 304). Richtiger Ansicht nach ist der Unterrichtsvertrag aber ein (synallagmatischer) *gemischter Vertrag* in der Form des *Kombinationsvertrages* (AppGer BS, BJM 1996, 260 ff., 262; SCHLUEP/RICHLI/NIEDERHAUSER, 918 m.Nw.; GIGER, 96). Die Hauptleistungspflichten lassen Elemente des *Auftrags* (persönlicher Unterricht, Prüfungswesen) und des *Kaufs* (Überlassen von Lehrmaterial zu Eigentum) erkennen, wobei das Schwergewicht auf dem *Auftragselement* liegt (EGV 1994, 90; AppGer BS, BJM 1996, 260 ff., 262). Die Überlassung von Räumen und Einrichtungen ist eine vertragliche Nebenleistung *mietrechtlicher* Natur. Zu den Nebenleistungspflichten gehört auch die Ausfertigung von Zeugnissen. Die Lehre qualifiziert diese Pflicht als *auftragsrechtliches* (SCHLUEP/RICHLI/NIEDERHAUSER, 918; GIGER, 92 Anm. 119 für den Fernkursvertrag) oder *werkvertragliches* Element (SCHAFFITZ, 75). Die Nebenleistungen sind von untergeordneter Bedeutung und bei der Rechtsanwendung (nur) in diesem engen Rahmen zu berücksichtigen. Der Richter hat sich bei Setzung von Vertragstypenrecht (Art. 1 Abs. 2, 3 ZGB) vorab an den in den Hauptleistungspflichten erkennbaren Nominattypen zu orientieren (zu einer umfassenden Vertragsqualifikation s. JOST-VON ARX, 62 ff.).

373 b) **Abgrenzungen**. Die schlichte Erteilung von Unterricht ist *Arbeitsleistung*. Da ein Subordinationsverhältnis und auch eine Erfolgshaftung fehlen, kann diese Hauptpflicht weder dem

Arbeitsvertrags- noch dem *Werkvertragsrecht* zugeordnet werden. Aber auch das sich aufdrängende *Auftragsrecht* deckt den Vertrag nicht voll ab. Neben den Unterricht tritt nämlich als weitere Hauptleistungspflicht die *Sachübertragung*. Diese ist wegen des beigemischten Auftragselements nicht Gegenstand eines reinen *Kaufs* (i.S.v. Art. 184 ff.). Vom *Fernkursvertrag* unterscheidet sich der Unterrichtsvertrag, weil Lehrer und Schüler nicht (ganz oder überwiegend) räumlich getrennt sind (JOST-VON ARX, 186 ff.). Kein unabdingbares Merkmal des Unterrichtsvertrags ist dagegen der Einsatz von technischen Hilfsmitteln (s.a. N 360). Im Rahmen des in Art. 344 ff. OR geregelten *Lehrvertrags* schuldet die lernende Person im Gegensatz zum Unterrichtsvertrag kein Lehrgeld, sondern Arbeitsleistung (s.a. N 376; VISCHER/MÜLLER, 373 f.).

4. Entstehung

Im Blick auf die **Form** ist *qualifizierte Schriftlichkeit* erforderlich, wenn das KKG anwendbar ist (Art. 10 KKG). Zu den **Willensmängeln** (s. N 362) und **Nichtigkeitsgründen** (s. N 361) gilt das zum Fernkursvertrag Ausgeführte. Zur Rechtslage im deutschen Recht WIENANDS, 25 ff. 374

Vorvertragliche Aufklärungspflicht. In der Lehre wird zuweilen eine Pflicht des Unterrichtgebers angenommen, den Unterrichtsnehmer vorvertraglich umfassend zu beraten (s. etwa WIENANDS, 16, m.Nw. auf die deutsche Doktrin und Rechtsprechung). Begründet wird diese Pflicht mit dem Argument, «dass der Teilnehmer mit mehr oder weniger vagen Vorstellungen und Erwartungen den Unterrichtsvertrag abschliesst» und dass sich der Unterrichtveranstalter gleichzeitig in einer strukturell überlegenen Position befindet (WIENANDS, 16). Zu den einzelnen Aufklärungspflichten und -modalitäten sowie zu den Rechtsfolgen s. eingehend WIENANDS, 17 ff.; JOST-VON ARX, 200 ff. grundlegend zu den vorvertraglichen Informationspflichten im schweizerischen Recht HARTMANN, passim. 375

5. Inhalt

a) **Pflichten des Unterrichtnehmers**. Die Hauptpflicht des Schülers besteht in der *Zahlung des Entgeltes* (WIENANDS, 60). Es besteht keine Pflicht zur Ablieferung von Schularbeiten oder zum Besuch des Unterrichts (s.a. N 363). 376

b) **Pflichten des Unterrichtgebers**. (1) *Erteilung* des Unterrichts. (2) Pflicht, Räumlichkeiten und weitere Einrichtungen (Sprachlabor etc.) in *funktionsbereitem Zustand* zur Verfügung zu stellen. (3) Überlassung des Lehrmaterials. (4) Durchführung von *Zwischen-* und *Abschlussprüfungen*. (5) Abgabe eines *Schlusszeugnisses* (Diploms) (s.a. JOST-VON ARX, 253 ff.). Zur Rechtslage in Deutschland s. WIENANDS, 46 ff. 377

6. Leistungsstörungen

Die Ausführungen über den Fernkursvertrag treffen *mutatis mutandis* auch für den Unterrichtsvertrag zu (s. N 365 f.). 378

7. Beendigung

Den Parteien des Unterrichtsvertrags steht zwingend ein voraussetzungsloses **ordentliches Kündigungsrecht** mit Wirkung ex nunc *(Art. 404 analog)* zu (BGer, 6.7.2011, 4A_141/2011; EGV 1994, 90 f.; AppGer BS, BJM 1996, 260 ff., 262; **a.M.** LEUENBERGER, 74; DRUEY, 164 a.E.). Bei Kündigung zur Unzeit (z.B. mitten im Semester) ist allenfalls Aufwendungsersatz (analog Art. 404 Abs. 2) geschuldet (BGer, 6.7.2011, 4A_141/2011; **a.M.** SCHAFFITZ, 98 ff.; s.a. N 367). Das KGer SG differenziert (beim *Internatsvertrag*) wie folgt: Der Schüler darf grundsätzlich jederzeit kündigen, wobei jedoch auch die Interessen der Internatsschule berücksichtigt werden müssen. Danach soll der ohne Grund kündigende Schüler wenn auch nicht vollen, so doch Teilersatz zu leisten haben (z.B. Entschädigung in der Höhe 379 des Schulgeldes für das angebrochene Semester bzw. Trimester; GVP 1989, 75; ähnlich LEUENBERGER, 74; KGer SG SJZ 1983, 247 ff.). Andererseits hat der Schüler ein erhebliches Interesse, dass der Vertrag seitens der Schule nicht leichthin aufgelöst wird. Deshalb will das KGer SG an die Vertragsauflösung durch die Schule einen strengeren Massstab anlegen (GVP 1989, 76; s.a. LEUENBERGER, 72 f.). Vorbehalten bleibt jedoch das **ausserordentliche Kündigungsrecht** aus *wichtigen Gründen* (WIENANDS, 120 ff.; JOST-VON ARX, 295 ff. m.Nw.). Hat der Schüler die wichtigen Gründe zu vertreten, schuldet er der Schule eine Entschädigung (KGer SG GVP 1989, 76 m.Nw.). Zur Rechtslage in Deutschland s. WIENANDS, 107 ff.

8. IPR

380 Die h.L. knüpft den Unterrichtsvertrag objektiv am Recht des **Unterrichtsortes** an (s. BSK IPRG-AMSTUTZ/WANG, Art. 117 N 75 m.Nw.).

XVII. Sponsoringvertrag

Literatur

Schweiz: CAVADINI, Le contrat de merchandising, sic! 2000, 176 ff.; ENGEL, Sponsoring im Sport: Vertragsrechtliche Aspekte, Diss. Zürich 2009 (zit. Sponsoring); ENGEL/BÖSIGER, Individual- und Eventsponsoring in: Kleiner/Baddeley/Arter (Hrsg.), Sportrecht, Bd. I, Bern 2013; FURRER, Der Unterschied zwischen Sponsoring und Werbung in Radio und Fernsehen, medialex 1998, 179 ff.; HAUSER, Der Sponsoring-Vertrag im schweizerischen Recht, Diss. Zürich 1991; HÜGLI, Sponsoring und Spenden bei der Mehrwertsteuer, ST 2004, 351 ff.; HUGUENIN, Obligationenrecht, 2. Aufl., Zürich 2014; NETZLE, Sponsoring von Sportverbänden, Diss. Zürich 1988 (zit. Sponsoring); DERS., Der Sportler – Subjekt oder Objekt?, ZSR 1996 II, 1 ff. (zit. ZSR 1996); OBERSON, MWST und Sport, ST 2004, 566 ff.; PHILIPP, Rechtliche Schranken der Vereinsautonomie und der Vertragsfreiheit im Einzelsport, Zürich 2004; RAPP, Quelques aspects juridiques du sponsoring en droit suisse, SZW 1991, 189 ff.; RAVI, Les contrats de sponsoring sportif: Notion, qualification et règles applicables, in: Zen-Ruffinen (Hrsg.), Droit et sport: Sponsoring, responsabilité, justice sportive, mesures provisoires, arrêt Bosman, installations sportives, …, Bern 1997, 3 ff.; SCHMID, Sponsoring – Ansprache durch Erlebnis, NZZ 3.12.1991, B 39; SCHWAMMBERGER, Die vertragsrechtliche Behandlung des Kunstsponsorings in der Schweiz, Diss. Zürich 1992; TERCIER, Le matériel sportif et le sponsoring; aspects de droit de la concurrence, AJP 1998, 24 ff. (zit. AJP 1998); WEBER, Sponsoring und der «digitale Graben» Schweiz/EU, sic! 2009, 536 ff.; ZEN-RUFFINEN, Droit du Sport, Bern 2002.

Ausland: BRUHN, Sponsoring – Unternehmen als Mäzene und Sponsoren, 2. Aufl., Frankfurt a.M. 1989; BRUHN, Sponsoring – Systematische Planung und integrativer Einsatz, 5. Aufl., Wiesbaden 2010 (zit. Systematische Planung); BRUHN/MEHLINGER, Rechtliche Gestaltung des Sponsoring, Bd. II, 2. Aufl., München 1999; CASTEX, Le sponsoring, Cahiers du droit de l'entreprise 1979, 29 ff.; HUGUET, A propos du contrat de «sponsoring»: le parrainage publicitaire, in: La semaine juridique, Jurisclasseur périodique 1980, n. 8940, 221 ff.; HUMBERG, Die Beteiligung am Wettskandal der Fussballbundesliga – Ein Grund zur ausserordentlichen Kündigung von Sportsponsoringverträgen?, in: CaS 2005, 402 ff.; KLOOZ, Sportsponsoring – ein etabliertes Instrument der Unternehmenskommunikation, in: Vieweg (Hrsg.), Sponsoring im Sport, Stuttgart etc. 1996, 17 ff.; LANEQUE, Essai de définition du sponsorisme, Cahiers du droit de l'entreprise 1982, 1 ff.; LUCK/KRIWAT, Moderne Tendenzen im Sportsponsoring in den USA, in: Vieweg (Hrsg.), Sponsoring im Sport, Stuttgart etc. 1996, 9 ff.; MOUSSERON et al., Mécénat et sponsoring; in: La semaine juridique, Jurisclasseur périodique 1984, 1 ff.; PLUSCHKE, Kunstsponsoring – Vertragsrechtliche Aspekte, Berlin 2005; REICHERT, Sponsoring und nationales Sportverbandsrecht, in: Vieweg (Hrsg.), Sponsoring im Sport, Stuttgart etc. 1996, 31 ff.; RICHTSFELD, Pflichtverletzungen und Leistungsstörungen bei Sportsponsoringverträgen, CaS 2014, 143 ff.; ROTH, Vertragsrechtliche und ökonomische Analyse von Sportsponsoringverträgen, Diss. München 2002; WEIAND, Der Sponsoringvertrag, 4. Aufl., München 2010; WEGNER, Der Sponsoringvertrag: Vertragliche Aspekte des Einzelpersonen-, Institutional- und Eventsponsoring, Diss. Heidelberg 2001.

1. Begriff

381 Im **Sponsoringvertrag** verpflichtet sich der *Sponsornehmer* gegenüber dem *Sponsor* gegen finanzielle Beiträge dazu, (1) Sach- oder (und) Dienstleistungen sowie (2) (gegen das Versprechen des Einbezugs in die Kommunikationsstrategie des Sponsors) eine Tätigkeit zu entfalten

und ihm (3) mit dem Zweck Rechte für kommunikative Massnahmen zu überlassen, den Bekanntheitsgrad und die Imageprofilierung eines Namens (Firma, Marke usw.) zu verbessern (HAUSER, 14 ff. m.Nw.; RAPP, 190 f.; SCHWAMMBERGER, 23 ff.; HUGUENIN, OR AT/BT, N 3946; ZEN-RUFFINEN, 315; REICHERT, 31 f.; CHK-NETZLE, Vor Art. 184 ff. OR N 1; spezifisch zum Verbands-Sponsoringvertrag: NETZLE, Sponsoring, 16 f.; DERS., ZSR 1996, 59 ff.; spezifisch zum Kunstsponsoringvertrag im deutschen Recht: PLUSCHKE, 89 ff.; allgemein zum deutschen Recht WEGNER, 49 ff.; ROTH, 56 ff.).

2. Realien

a) **Allgemeines**. Sponsoring ist ein *bedeutendes Werbemittel* (BRUHN, 22 ff.; WEGNER, 28 f.). **382**
Allein im Bereich des Sportsponsorings werden zur Zeit in Deutschland rund 1,5 Mia. € investiert (BRUHN/MEHLINGER, 1; s.a. KLOOZ, 17 ff.; LUCK/KRIWAT, 9 ff.; ENGEL, Sponsoring, 5 ff.). Sponsoring ist aber immer häufiger auch in Bereichen ausserhalb der Sportindustrie anzutreffen (s. HAUSER, 5 ff.).

b) **Wirtschaftliche Funktion**. Sponsoring ist ein Instrument der *Kommunikationspolitik* zur **383**
Durchsetzung unternehmerischer Ziele (ENGEL/BÖSIGER, 214 f.; PLUSCHKE, 52 ff.; HAUSER, 241 m.Nw.; SCHWAMMBERGER, 11; RAVI, 3 f.; FURRER, 179; CAVADINI, 178; HUGUENIN, OR AT/BT, N 3947; s.a. ZEN-RUFFINEN, 312 ff.; WEBER, 536; BGE 134 II 223, 227). Es zeichnet sich dadurch aus, dass es den Werbezweck *verdeckt* zu erreichen versucht: Die Zielgruppen werden angesprochen, indem über das mit dem Namen des Sponsors verbundene Ereignis (Radrennen, Theaterstück usw.) kommuniziert wird (RAPP, 190). Gesamtwirtschaftlich gewinnt das Sponsoring (als nichtklassisches Werbemittel) wegen der «Abstumpfung» des Konsumenten gegenüber der Informationsflut, insb. der «Behauptungskommunikations»-Flut (Werbung), zunehmend an Bedeutung (s. SCHMID, B 39). Zum Sponsoring als Element der Unternehmenskommunikation aus ökonomischer Sicht BRUHN, Systematische Planung, 34 ff.

c) **Erscheinungsformen**. Bestes Unterteilungskriterium aus rechtlicher Sicht ist das *Sponso-* **384**
ring-Objekt (CHK-NETZLE, Vor Art. 184 ff. OR N 5; zu anderen Kriterien: HAUSER, 78 ff.; RAPP, 192). Danach wird zwischen *Personen-, institutionellem und Projekt-Sponsoring* differenziert (BRUHN/MEHLINGER, 3; WEGNER, 75 ff.). Im *Personen-Sponsoring* (dazu BRUHN/MEHLINGER, 6 ff.) werden natürliche Personen unterstützt, die sich aufgrund ihrer Leistungen eines hohen Publizitätsgrades in der Öffentlichkeit erfreuen. *Institutionelles Sponsoring* liegt vor, wenn Institutionen des privaten oder öffentlichen Rechts (Sportverbände und -vereine, Stiftungen wie z.B. Museen, öffentlich-rechtliche Körperschaften und Anstalten wie z.B. Kantone, Bundesämter und Hochschulen, usw.) zum Sponsoring-Objekt werden. *Projekt-Sponsoring* endlich besteht in der Unterstützung ausgewählter Vorhaben (Wettbewerbe, Konzerte, Filmproduktionen usw.; dazu BRUHN/MEHLINGER, 72 ff.). Zum Ganzen HAUSER, 177 ff. m.Nw.; HUGUENIN, OR AT/BT, N 3949 f.; SCHWAMMBERGER, 14 f.; aus betriebswirtschaftlicher Warte BRUHN, Systematische Planung, 77 ff., 193 ff., 273 ff., 373 ff. und 447 ff.

3. Rechtsnatur

a) **Qualifikation**. Der Sponsoringvertrag ist ein *einheitlicher* (mithin kein zusammengesetz- **385**
ter) Vertrag (NETZLE, Sponsoring, 27 ff.; DERS., ZSR 1996, 62; CHK-NETZLE, Vor Art. 184 ff. OR N 13), obwohl er Leistungspflichten begründet, die je verschiedenen Vertragstypen zuzuordnen sind (RAPP, 196). Er muss als *gemischter Vertrag* (so zutreffend NETZLE, Sponsoring, 32 Anm. 57; PHILIPP, 153; SCHWAMMBERGER, 102; ZEN-RUFFINEN, 315; **a.M.** HAUSER, 283; RAVI, 13) in der Ausprägung des *Kombinationsvertrages* betrachtet werden (s. N 8). Soweit er auch aus Innominatelementen besteht, ist er Vertrag *sui generis* (so HAUSER, 281 ff.; s.a. RAPP, 199; NETZLE, Sponsoring, 32; SCHWAMMBERGER, 102). Vorab ist im Sponsoringvertrag ein Nominatelement *auftragsähnlicher* Natur (Art. 394 ff.) auszumachen: So verpflichtet sich der Sponsor (wie gesagt), den Sponsornehmer in seine Kommunikationsstra-

tegie einzubeziehen (HAUSER, 276), während der Sponsornehmer (mindestens teilweise) im Interesse des Sponsors tätig zu werden verspricht (RAPP, 198; SCHWAMMBERGER, 79 ff.). *Werkvertragsrecht* (Art. 363 ff.) ist dort beizuziehen, wo das Sponsoringverhältnis mit einer Werklieferung verbunden ist (wie oft beim Projekt-Sponsoring; s. HAUSER, 274; RAPP, 199 in Widerspruch zu 198; SCHWAMMBERGER, 87 ff.; s.a. rechtsvergleichend LJZ 1992, 143). Ähnliches gilt im Hinblick auf die Anwendbarkeit von *Kaufrecht* (Art. 184 ff.; NETZLE, Sponsoring, 127; s.a. HAUSER, 257; s.a. rechtsvergleichend LJZ 1992, 143). Im Personen-Sponsoring begegnet man zuweilen einem *arbeitsvertraglichen* Element (Art. 319 ff.). Das trifft etwa zu, wenn die Sponsorleistung als Lohn i.S.v. Art. 322 Abs. 1 geschuldet ist (RAPP, 198; **a.M.** HAUSER, 273; zum Ganzen auch SCHWAMMBERGER, 93 ff.). Die Anwendung von *Mietrecht* (Art. 253 ff.) erscheint dann angemessen, wenn dem Sponsornehmer für kommunikative Massnahmen (z.B. Aufstellen eines Promotionsstandes) ein Entgelt für die Platznutzung entrichtet wird (HAUSER, 265 f.; SCHWAMMBERGER, 89 ff.; HUGUENIN, OR AT/BT, N 3952). *Pachtrecht* (Art. 275 ff.) kommt demgegenüber nur selten zum Zuge: Allenfalls, wenn die im Eigentum des Sponsornehmers stehenden Werbeflächen einer Verwertungsgesellschaft zur Weitervermietung an Sponsoren zur Nutzung überlassen werden (HAUSER, 267; weitergehend RAPP, 199). Das Recht der *Gebrauchsleihe* (Art. 305 ff.) ist für Sponsorleistungen angezeigt, die in der Überlassung von Sachmitteln zum Gebrauch bestehen (HAUSER, 268). Im institutionellen Sponsoring trifft man oft auf ein *Garantievertragselement* (Art. 111); so etwa, wenn ein Fussballverein dem Sponsor die Mitwirkung der Spieler bei kommunikativen Massnahmen verspricht (NETZLE, Sponsoring, 113 f.; HAUSER, 269 f.; HUGUENIN, OR AT/BT, N 3952). *Innominatelemente* des Sponsoringvertrags finden sich in *lizenzvertraglichen* Vereinbarungen, die zur kommunikativen Nutzung von Immaterialgütern berechtigen (HAUSER, 280; RAPP, 199; SCHWAMMBERGER, 77 ff.). Zur Rechtslage nach französischem Recht: CASTEX, 29 ff.; HUGUET, 221 ff.; LANEQUE, 1 ff.; MOUSSERON, 1 ff.; für das deutsche Recht s. WEIAND, passim; WEGNER, 128 ff.; in der Schweiz: zur Qualifikation eines Sponsoringvertrages als Tauschvertrag s. BGer, 20.12.2013, 2C_576/2013, E. 2.2.2 ff.

386 b) **Abgrenzungen**. *Schenkung* (Art. 239 ff.) scheidet aus, weil die vereinbarten Leistungen in einem Austauschverhältnis (do ut des) stehen (PHILIPP, 154; HAUSER, 262; SCHWAMMBERGER, 99; HUGUENIN, OR AT/BT, N 3953; ZEN-RUFFINEN, 340; NETZLE, ZSR 1996, 63; CHK-NETZLE, Vor Art. 184 ff. OR N 18; differenzierter RAPP, 196; zur steuerrechtlichen Relevanz der Unterscheidung zwischen Mäzen und Sponsor HÜGLI, 351 ff.; OBERSON, 568 ff.). Auch liegt keine *einfache Gesellschaft* (Art. 530 ff.) vor: Es fehlt weitgehend an der erforderlichen *affectio societatis* (RAPP, 198; HAUSER, 278; NETZLE, Sponsoring, 41 ff.; DERS., ZSR 1996, 63; CHK-NETZLE, Vor Art. 184 ff. OR N 24; HUGUENIN, OR AT/BT, N 3955; ZEN-RUFFINEN, 342 f.; s. zum Ganzen auch RAVI, 10 ff.). Zur Abgrenzung vom Merchandising vgl. CAVADINI, passim; HUGUENIN, OR AT/BT, N 3954; CHK-NETZLE, Vor Art. 184 ff. OR N 23.

4. Entstehung

387 Der Abschluss des Sponsoringvertrags bedarf von Gesetzes wegen keiner besonderen **Form** (Art. 11 Abs. 1; SCHWAMMBERGER, 50). Schriftlichkeit ist in der Praxis allerdings die Regel (HAUSER, 289 f.; NETZLE, Sponsoring, 63; ZEN-RUFFINEN, 327). Enthält der Sponsoringvertrag ausnahmsweise eine *(atypische) Schenkungskomponente* (z.B. gemischte Schenkung), so bedarf mindestens der überschiessende Teil der vereinbarten Leistungen (Schenkungselement) der Schriftlichkeit (Art. 243 analog; NETZLE, Sponsoring, 63). Zur *AGB-Problematik*: NETZLE, Sponsoring, 64 ff.; CHK-NETZLE, Vor Art. 184 ff. OR N 25 f.; HAUSER, 229 ff.; SCHWAMMBERGER, 58 f. Allfällige **Nichtigkeitsgründe** (s. SCHWAMMBERGER, 67 ff.) und **Willensmängel** unterstehen den allgemeinen Regeln. Zu den **öffentlich-rechtlichen Schranken** des Sponsorings: SCHWAMMBERGER, 62 ff.; TERCIER, AJP 1998, 24 ff.; FURRER, 179 ff.; BGE 126 II 7, 15 ff. Zur Beschränkung der Vertragsfreiheit eines Sportlers im Bereich des Sponsorings aufgrund der Monopolstellung der Verbände und gewisser Veranstalter PHILIPP, 156 ff.

5. Inhalt

a) **Pflichten des Sponsornehmers**. aa) **Beim Personen-Sponsoring**. (1) Personenbezogene *Aktivität* im Sponsoring-Bereich. (2) Duldung und Ermöglichung der Nutzung von *Persönlichkeits-* und *Immaterialgütern*. (3) *Teilnahme* an kommunikativen Aktionen des Sponsors. (4) Verwendung von Mitteilungsträgern zwecks *visueller Verbreitung* einer Werbebotschaft. (5) Gebrauch von *Ausrüstungs-* und *Bekleidungsgegenständen* des Sponsors. (6) Allenfalls Exklusivitäts- und Prioritätsverpflichtungen, Konkurrenzenthaltung usw. (RAPP, 197). Zum Ganzen: HAUSER, 181 ff.; SCHWAMMBERGER, 32 ff., 111 ff.; WEGNER, 84 ff.; HUGUENIN, OR AT/BT, N 3958 ff.; ZEN-RUFFINEN, 320 ff.; CHK-NETZLE, Vor Art. 184 ff. OR N 38 ff.; spezifisch zu den Pflichten des Athleten im Rahmen eines Sportsponsoringvertrages PHILIPP, 155. 388

bb) **Beim institutionellen Sponsoring**. Zu den eben genannten Pflichten (s. N 388) tritt hier *zusätzlich* die Pflicht, *Mitteilungsträger* für publizitätsfördernde Massnahmen zur Verfügung zu stellen (z.B. Programmheft, Kundenzeitung, Werbeflächen wie Plakate, Mitgliederausweise, Eintrittskarten usw.). Zum Ganzen: HAUSER, 188 ff.; WEGNER, 118 ff. 389

cc) **Beim Projekt-Sponsoring**. Die Pflichten aus institutionellem Sponsoring werden wie folgt *erweitert*: (1) Durchführung *projektbezogener Anlässe* (Organisation von Cocktails, Ausflügen usw.). (2) Realisation *kommunikativer Massnahmen* (wie z.B. Anfertigung von Werbeplakaten). Zum Ganzen: HAUSER, 196 ff.; WEGNER, 102 ff. 390

b) **Pflichten des Sponsors**. (1) Erbringung von *Sach-* und/oder *Geldleistungen*. (2) *Einbezug* des Sponsornehmers oder des Sponsorobjektes in die kommunikativen Aktivitäten. Zum Ganzen: HAUSER, 226, 292 ff.; RAPP, 196 f.; SCHWAMMBERGER, 23 ff., 103 ff.; ZEN-RUFFINEN, 324 ff.; CHK-NETZLE, Vor Art. 184 ff. OR N 31 ff.; spezifisch zu den Pflichten des Sportsponsors PHILIPP, 155 f. 391

6. Leistungsstörungen

Grundsätzlich finden die allgemeinen Regeln des OR Anwendung, soweit sich nicht die analoge Übernahme einschlägigen Typenrechts aufdrängt (s. zum Ganzen eingehend SCHWAMMBERGER, 161 ff.; s.a. ZEN-RUFFINEN, 329 f.; NETZLE, ZSR 1996, 64; zur Rechtslage in Deutschland WEGNER, 222 ff.; ROTH, 77 ff.). 392

a) **Schlechterfüllung des Sponsors**. Der Sponsor hat entweder seine Leistung mehrmals oder aber mehrere verschiedene Leistungen zu erbringen. Der jeweilige *Erfüllungszeitpunkt* wird vertraglich festgesetzt oder einer späteren Vereinbarung vorbehalten (Art. 2 Abs. 1; NETZLE, Sponsoring, 120). Kommt keine Einigung zustande, hat der Richter zu entscheiden (Art. 2 Abs. 2). Steht der Erfüllungszeitpunkt fest und bleibt die rechtzeitige Sponsorleistung aus, sind die *Art. 102 ff.* anwendbar (NETZLE, Sponsoring, 121; SCHWAMMBERGER, 140 ff.). Wird bis zu einem Fixtermin (z.B. Beginn von Olympischen Spielen) nicht geleistet, greift *Art. 108 Ziff. 3*. Zur Schadensberechnung: NETZLE, Sponsoring, 122. Da der Sponsoringvertrag seiner Struktur nach einem *Sukzessivlieferungsvertrag* nahe steht, kann *Art. 107* grundsätzlich nur im Blick auf die rückständige Rate angerufen werden. Erscheint aber das Festhalten am Vertrag als unzumutbar (z.B. wegen Ungewissheit über die vertragsgetreue Erfüllung des Sponsors), muss es zulässig sein, nach *Art. 107/109* vorzugehen (NETZLE, Sponsoring, 123 f.; CHK-NETZLE, Vor Art. 184 ff. OR N 48; s.a. SCHWAMMBERGER, 142 ff.; HUGUENIN, OR AT/BT, N 3970). Die *Einrede des nicht erfüllten Vertrages* (Art. 82) ist beim Sponsoringvertrag nicht leichthin zuzulassen; sie sollte auf solche Leistungen beschränkt sein, die in einem funktionellen Zusammenhang mit der fälligen Sponsorleistung stehen (NETZLE, Sponsoring, 124 f.; CHK-NETZLE, Vor Art. 184 ff. OR N 49; SCHWAMMBERGER, 150 f.; GAUCH/SCHLUEP/SCHMID/EMMENEGGER, N 2205 ff.). 393

Weisen **Sachleistungen** des Sponsors Mängel auf, sind die kaufrechtlichen oder werkvertragsrechtlichen *Gewährleistungsnormen* einschlägig: Art. 192 ff. sind anwendbar auf Fälle 394 der Lieferung industriell angefertigter Ausrüstungsgegenstände, Art. 367 ff. dagegen auf Fälle der individuellen Warenanfertigung (NETZLE, Sponsoring, 127; CHK-NETZLE, Vor Art. 184 ff. OR N 50; HUGUENIN, OR AT/BT, N 3971). Im Normalfall wird die *Nachlieferung mängelfreier Ware* (Art. 206 oder 368 Abs. 2 analog) der Interessenlage des Sponsoringvertrags am besten gerecht. *Wandelung* (wohl auch *Minderung*) wird kaum praktisch werden, weil die Rückabwicklung des Sponsoringvertrags erhebliche Schwierigkeiten macht (NETZLE, Sponsoring, 128). Darüber hinaus haftet der Sponsor dem Sponsornehmer kausal für den unmittelbaren Schaden aus kaufrechtsähnlicher Sachleistung (NETZLE, Sponsoring, 129 f.). Bei mangelhafter **Dienstleistung** wird der Sponsor dagegen analog Art. 398 nur bei Verschulden verantwortlich (NETZLE, Sponsoring, 131).

395 b) **Schlechterfüllung des Sponsornehmers**. Grundsätzlich darf der Sponsornehmer die Bewilligung des Eingriffs in seine Persönlichkeitsrechte *jederzeit widerrufen*. Erfolgt der Widerruf jedoch zur *Unzeit*, greift Art. 404 Abs. 2 analog (JÄGGI, 205a f.; NETZLE, Sponsoring, 132; BGer, 15.1.2010, 4A_401/2009, E. 1.1.2). Im Übrigen haftet der Sponsornehmer für die Erfüllung seiner Verbindlichkeiten selbstverständlich nach *Art. 97 ff.* (HAUSER, 309; CHK-NETZLE, Vor Art. 184 ff. OR N 52 ff.), allenfalls auch nach *Art. 102 ff.* (s. dazu SCHWAMMBERGER, 161 f.; ausführlich zu Pflichtverletzungen des Sponsoringnehmers RICHTSFELD, 147 ff.).

396 Ist im Sponsoringvertrag ein **Garantieversprechen** enthalten (s. N 385), hat der Sponsor bei Nichterfüllung der garantierten Leistung Anspruch auf Ersatz des *Erfüllungsinteresses*. Eine Exkulpationsmöglichkeit des Garanten besteht nicht (NETZLE, Sponsoring, 131). Zur Anpassung des Sponsoringvertrags an *veränderte Umstände*: GAUCH/SCHLUEP/SCHMID/EMMENEGGER, N 1280 ff.; NETZLE, 136 ff.

7. Beendigung

397 a) **Ordentliche Beendigung**. Da der Sponsoringvertrag ein Dauerschuldvertrag ist (SCHWAMMBERGER, 41 f.; ZEN-RUFFINEN, 326 f.; NETZLE, ZSR 1996, 61), erlischt er nicht schon mit Erfüllung der Hauptverpflichtungen, sondern erst nach *Ablauf* der vereinbarten Vertragsdauer (NETZLE, Sponsoring, 142; CHK-NETZLE, Vor Art. 184 ff. OR N 64; HAUSER, 312; SCHWAMMBERGER, 207 f.; ZEN-RUFFINEN, 331 ff.). Fehlt eine Abrede über die Vertragsdauer, muss der Zeitpunkt des Vertragsendes durch Auslegung oder Ergänzung bestimmt werden (NETZLE, Sponsoring, 143). Die Vereinbarung eines *einseitigen* Kündigungsrechts ist *unzulässig*: Wegen der ähnlichen Interessenlagen ist Art. 337 Abs. 1 analog anzuwenden. Ein Kündigungsrecht nach Art. 404 Abs. 1, das wegen des starken mandatsrechtlichen Elements des Sponsoringvertrags diskussionswürdig wäre, ist im Blick auf die Besonderheiten des Sponsoringvertrags abzulehnen (dazu eingehend RAPP, 199 f.; ferner HAUSER, 313).

398 b) **Ausserordentliche Beendigung**. Der Dauercharakter des Sponsoringvertrags impliziert ein sofortiges Kündigungsrecht der Parteien aus *wichtigem Grund* (NETZLE, Sponsoring, 144 f.; CHK-NETZLE, Vor Art. 184 ff. OR N 65; SCHWAMMBERGER, 158 ff., 213 ff.; HUGUENIN, OR AT/BT, N 3974 f.; ZEN-RUFFINEN, 333 ff.; BGer, 15.1.2010, 4A_401/2009, E. 1.1; zum deutschen Recht HUMBERG, 402 ff.).

8. IPR

399 Bei Sponsoringverträgen erbringt regelmässig der **Sponsor** die charakteristische Leistung i.S.v. Art. 117 Abs. 2 IPRG. Bei fehlender Rechtswahl muss daher sein Umweltrecht den Ausschlag geben (s. BSK IPRG-AMSTUTZ/WANG, Art. 117 N 71; wohl **a.M.** MARK NDUE, 113).

XVIII. Joint-venture-Vertrag

Literatur

Schweiz: AMSTUTZ/CARRON/REINERT, Art. 4 al. I LCart, Art. 5 LCart, in: Martenet/Bovet/Tercier (Hrsg.), Droit de la Concurrence, Loi sur les cartels, Loi sur la surveillance des prix, Loi sur le marché intérieur, Loi sur les entraves techniques au commerce: Commentaire, 2. Aufl., Basel 2013, 217 ff., 424 ff.; BÖCKLI, Schweizer Aktienrecht, 4. Aufl., Zürich 2009; DJALALI, Internationale Joint Ventures, Diss. Bern 1999; DESSEMONTET, Les droits de propriété intellectuelle dans les opérations de joint venture, in: FS für Mario M. Pedrazzini, Bern 1990, 567 ff.; FORSTMOSER, Aktionärbindungsverträge, in: FS für Walter R. Schluep, Zürich 1988, 359 ff.; HUBER, Das Joint-Venture im internationalen Privatrecht, Diss. Basel 1992 (zit. IPR); DERS., Vertragsgestaltung: Grundstruktur, Gründung, Willensbildung und Auflösung, in: Meier-Schatz (Hrsg.), Kooperations- und Joint-Venture-Verträge, Bern/Stuttart/Wien 1994, 9 ff. (zit. Vertragsgestaltung); GABELLON, Le précontrat – développements et perspectives, Diss. Freiburg 2014; GERICKE/DALLA TORRE, Joint Ventures – Wirtschaftsformen im Spannungfeld zwischen Kooperation und Transaktion, in: Kunz/Jörg/Arter (Hrsg.), Entwicklungen im Gesellschaftsrecht VII, Bern 2012, 19 ff.; KNOBLOCH, Joint Ventures: Vertrags- und gesellschaftsrechtliche Gestaltungsmöglichkeiten, GesKR 2013, 551 ff.; KNOEPFLER/MERKT, Les accords de joint venture et les limites du droit international privé, in: FS für Alfred E. von Overbeck, Freiburg 1990, 747 ff.; KOEHLER, Die GmbH in der Schweiz und in Deutschland, Diss. Luzern 2005; MEIER-SCHATZ, EG-Kartellrechtliche Behandlung von Joint Venture, in: Meier-Schatz (Hrsg.), Kooperations- und Joint-Venture-Verträge, Bern/Stuttgart/Wien 1994, 105 ff.; MESSERLI, Sachenrechtliche Tücken eines Joint Venture, Der Schweizer Anwalt 1987, 17 f.; OERTLE, Das Gemeinschaftsunternehmen (Joint Venture) im schweizerischen Recht, Diss. Zürich 1990; PROBST, Le contrat de joint venture, in: Pichonnaz/Werro (Hrsg.), La pratique contractuelle: actualité et perspectives, Zürich 2009, 45 ff.; REYMOND, Réflexions sur la nature juridique du contrat de Joint Venture, JdT 1975 I, 480 ff. (zit. JdT 1975); DERS., Le contrat de «Joint Venture», in: FS für Walter R. Schluep, Zürich 1988, 383 ff. (zit. FS Schluep); RITZ, Joint-Venture-Vertrag: Kommentierter Mustervertrag eines korporativen 50:50-Joint-Ventures, Zürich/Basel/Genf 2010; RUCHIN, Joint Ventures: Neue Einordnungskonzeption im schweizerischen Wettbewerbsrecht, Diss. Zürich 2004; SCHLUEP, Privatrechtliche Probleme der Unternehmenskonzentration und -kooperation, ZSR 1973 II 155 ff. (zit. ZSR 1973); SCHÜRMANN/SCHLUEP, Kartellgesetz und Preisüberwachungsgesetz, Zürich 1988; SUTER DEPLAZES, Gemeinschaftsunternehmen im europäischen und schweizerischen Wettbewerbsrecht, Diss. Zürich 2000; TSCHÄNI, Gesellschafts- und kartellrechtliche Probleme der Gemeinschaftsunternehmen (Joint Ventures), SAG 1977, 88 ff.; DERS., Unternehmensübernahmen nach Schweizer Recht, 2. Aufl., Basel/Frankfurt a.M. 1991 (zit. Unternehmensübernahmen); TSCHÄNI/DIEM/WOLF, M&A-Transaktionen nach Schweizer Recht, 2. Aufl., Zürich/Basel/Genf 2013, 313 ff.; VOGT/WATTER, Joint Ventures in Switzerland, Basel 1995 (zit. Joint Ventures); DIES., Mergers & Acquisitions in Switzerland, 2. Aufl., Basel 1995 (zit. Mergers); VON DER CRONE, Lösung von Pattsituationen bei Zweimanngesellschaften, SJZ 1993, 37 ff.; W. VON STEIGER, Grundlagen des Handelsrecht, Gesellschaftsrecht, Schweizerisches Privatrecht (SPR), Bd. VIII/1, Basel 1976; VULLIÉTY, Contrat de Joint Venture, in: Marchand/Chappuis/Hirsch (Hrsg.), Recueil de contrats commerciaux, Basel 2013, 1097 ff.; ZIHLMANN, Gemeinschaftsunternehmen (Joint Business Ventures) in der Form von Doppelgesellschaften, SJZ 1972, 317 ff.; ZURKINDEN, Gründung von Gemeinschaftsunternehmen in der Schweiz und das neue schweizerische Kartellgesetz: Unter besonderer Berücksichtigung des EG-Wettbewerbsrechts, Diss. Basel 1999.

Ausland: BAPTISTA/DURAND-BARTHEZ, Les joint ventures dans le commerce international, Brüssel 2012; CLAUSEN, Ausgewählte Rechtsfragen bei der Gründung von Joint Ventures in Osteuropa (Polen und Ungarn) und Lateinamerika (Brasilien und Mexiko), Diss. Göttingen 1996; DUBISSON, Les accords de coopération dans le commerce international, Paris 1989; EHINGER, Vertragsrahmen des industriellen internationalen Equity Joint Venture, in: Nicklisch (Hrsg.), Der komplexe Langzeitvertrag, Heidelberg 1987, 187 ff.; FETT/SPIERING, Handbuch Joint Venture, Heidelberg 2010; FUNKE, Technologietransfer in internationalen Corporate Joint Ventures, Diss. Köln 1998; HEWITT, Joint Ventures, 5. Aufl., London 2011; LANGEFELD-WIRTH, Praxis der internationalen Joint Ventures, in: Langefeld-Wirth (Hrsg.), Joint Ventures im internationalen Wirtschaftsverkehr, Heidelberg 1990, 13 ff.; MORAIS, Joint ventures and EU competition law, Oxford 2013; STAUDENMEYER, Das Wirtschafts- und Vertragsrecht transnationaler Gemeinschaftsunternehmen in Entwicklungsländern, Berlin/New York 1990; WÄCHTERSHÄUSER, Das Gesellschaftsrecht des internationalen Joint Ventures, Frankfurt a.M. 1992.

1. Begriff

Im **Joint-venture-Vertrag** (Grund-, Basis-, Kooperations- oder Konsortialvertrag) vereinbaren zwei oder mehr Parteien, (1) gemeinsam eine *(Aktien-)Gesellschaft* (Joint-Venture-, 400

Grund-, Träger- oder Basisgesellschaft) zu errichten, (2) ihre *Stimmrechte* in dieser Gesellschaft zu koordinieren und (3) die für die Verwirklichung des gemeinsamen Projektes erforderlichen *Durchführungsverträge* («accords satellites», Satellitenverträge) abzuschliessen (HUBER, Vertragsgestaltung, 14; DERS., IPR, 8; DJALALI, 13 ff.; REYMOND, JdT 1975, 488; REYMOND, FS Schluep, 386 f.; VOGT/WATTER, Mergers, 68; DIES., Joint Venture, 20 ff.; GABELLON, N 255 ff.; s.a. TSCHÄNI, SAG 1977, 89 f.; ZIHLMANN, 319 ff.; teilweise abw. OERTLE, 59 f.; s.a. EHINGER, 193). Zum Begriff «Joint-venture»: RUCHIN, 4 ff.; LANGEFELD-WIRTH, 34 f.; DJALALI, 9 ff.; s.a. CLAUSEN, 22; FUNKE, 23 ff.; PROBST, 47 ff.; RITZ, 3 f.; TERCIER/FAVRE, N 7510; BGer, 5.5.2006, 4C.22/2006, E. 5. Zur Struktur eines Joint Ventures KOEHLER, 16 ff.

2. Realien

401 a) **Wirtschaftliche Funktion**. Die Motive für den Abschluss von Joint-venture-Verträgen sind zahlreich und vielfältig (HUBER, IPR, 6; FUNKE, 26 ff.; GERICKE/DALLA TORRE, 23; TSCHÄNI/DIEM/WOLF, 315 ff.). Zunächst ist das Joint-venture ein *Kooperationsmodell* (SCHLUEP, ZSR 1973 481 ff.), das der gemeinsamen Bewältigung von Projekten aller Art dient, und zwar durch die Erzielung von Synergien, die Beeinflussung von Wettbewerbsbedingungen, die Koordination von Forschung und Entwicklung, die Streuung des unternehmerischen Risikos auf verschiedene Partner usw. (zum Ganzen statt anderer BAPTISTA/DURAND-BARTHEZ, 31 ff.; zu den wettbewerbsrechtlichen Vorteilen RUCHIN, 21 ff.; s.a. CLAUSEN, 24 f.; KOEHLER, 3 ff.; für eine Analyse der Kooperation zwischen verschiedenen Bauunternehmern im Werkvertrag [Unternehmenskonsortium als einfache Gesellschaft] durch einen Konsortialvertrag, s. GAUCH, Werkvertrag, 243 ff.). Hervorgehoben wird auch, dass das Joint-venture ein *Finanzierungsinstrument* sein kann (OERTLE, 11; HUBER, IPR, 6; z.B. in der Form des sog. BOT-Modells [«Build-Operate-Transfer»], bei dem das Joint-venture ein Grossprojekt [z.B. ein AKW] finanziert und solange selber betreibt, bis die Finanzierung konsolidiert ist, um es anschliessend auf einen Dritten [meistens das Gastland] zu übertragen; s. LANGEFELD-WIRTH, 45 m.Nw.). Im *grenzüberschreitenden Wirtschaftsverkehr* wird das Joint-venture eingesetzt, um über die Kenntnisse bzw. die Beziehungen des lokalen Partners den Markt überhaupt zu öffnen oder die Marktnähe zu steigern, Handelsschranken zu überwinden und dgl. mehr (s. ausführlich LANGEFELD-WIRTH, 40 ff.; HUBER, IPR 5 f.; DJALALI, 5 ff.; s.a. MEIER-SCHATZ, 108 f.; FUNKE, 36 ff., 127 ff.). In diesem Zusammenhang wird es auch als Vehikel des *Technologietransfers* verwendet (s. STAUDENMEYER, 181 ff.; CLAUSEN, 193). Schliesslich ist das Joint-venture eine Technik der *Partnereinbindung* (Sicherstellung der Kontrolle über Technologien, der Liefer- und Zulieferbeziehungen, der Marktabstimmung usw.; s. LANGEFELD-WIRTH, 44 f.; OERTLE, 10 f.).

402 b) **Erscheinungsformen**. Drei *Verkehrstypen* sind auseinanderzuhalten: (1) Als *Equity-Joint-venture* (s. WÄCHTERSHÄUSER, 50 f. m.Nw.; EHINGER, 190; DJALALI, 31 f.; FETT/SPIERING, 6 ff.; KNOBLOCH, 558 ff.; GERICKE/DALLA TORRE, 24 f.; zum englischen Recht HEWITT, 83 ff.) wird eine Form der Zusammenarbeit bezeichnet, bei der sich die Partner *finanziell verflechten* (STAUDENMEYER, 9; DJALALI, 31; PROBST, 50 f., 56 ff.; BGE 133 IV 171, E. 2.2), indem sie sich einer Rechtsform mit juristischer Persönlichkeit – regelmässig einer AG (VOGT/WATTER, Joint Venture, 15) – bedienen (SCHLUEP, ZSR 1973, 341). Daraus ergibt sich das Bedürfnis, im Grundvertrag nicht bloss die Beziehungen der Kooperierenden untereinander, sondern auch ihre jeweiligen (geschäftlichen) Verbindungen zu dieser Basisgesellschaft zu regeln, die i.a. nicht Partei des Joint-venture-Vertrags ist (s. N 405). In der Regel hat diese *«Zweistufigkeit»* (HUBER, IPR, 2) die Aufnahme von Vertragsklauseln zur Folge, durch die sich die Parteien zum Abschluss von *Satellitenverträgen* verpflichten; diese bilden dann mitunter die Grundlage *eines rechtsgeschäftlichen Verbunds* (s. N 12, 50 ff. und 403; s.a. aus *französischer Sicht:* BAPTISTA/DURAND-BARTHEZ, 195 ff. m.Nw.; DUBISSON, 65 ff.). (2) Dem sog. *Contractual-Joint-venture* (s. BGer, 13.2.2014, 4A_284/2013, E. 3.4.5; WÄCHTERSHÄUSER, 52 ff. m.Nw.; KNOBLOCH, 552 ff.; GERICKE/DALLA TORRE, 24; STAUDENMEIER,

10 f.; Djalali, 30 f.; Probst, 52 f.; Fett/Spiering, 459 ff.; zum englischen Recht Hewitt, 108 ff.), das die Kooperation auf rein schuldrechtlicher Basis ordnet, fehlt genau die eben erwähnte «Zweistufigkeit» (Huber, IPR, 2), weshalb es sich i.d.R. um eine *einfache Gesellschaft* nach Art. 530 ff. handelt (gl.M. von Steiger, 252; Huber, IPR, 2; Reymond, FS Schluep, 385; Vogt/Watter, Joint Venture, 7). Da dieser Vertragstyp keine Innominatelemente enthält, wird er hier nicht berücksichtigt. (3) Sofern die Basisgesellschaft *anders als aktienrechtlich* organisiert ist, kann die Kooperationsordnung auch in den Gesellschaftsvertrag oder in die Statuten integriert werden. Man spricht dann von einer *Einheitsgesellschaft* (Oertle, 64 m.Nw.), die sich ausschliesslich nach dem einschlägigen Verbandsrecht richtet. Für weitere Erscheinungsformen s. Djalali, 32 ff.; Koehler, 8 ff.

3. Rechtsnatur

a) **Qualifikation**. Die Rechtsnatur des Joint-venture-Vertrags ist nach wie vor umstritten (s. zum aktuellen Meinungsstand Knobloch, 558 ff.; Gericke/Dalla Torre, 41 ff.; Tschäni/Diem/Wolf, 317 f.; Djalali, 74 ff.; Probst, 53 f.). Die (noch) h.L. qualifiziert diesen Vertragstypus als einfache Gesellschaft (Tschäni, Unternehmensübernahmen, 78 N 50; Zihlmann, 318; von Steiger, 353; Oertle, 101 ff.; Djalali, 76 ff.). Richtiger Auffassung nach handelt es sich um einen *gemischten Innominatvertrag*, weil er *gesellschaftsrechtliche* mit *synallagmatischen* Elementen verbindet, wobei freilich den gesellschaftsrechtlichen Elementen ein gewisses *Übergewicht* zukommt (Huber, IPR, 12 f.; ders., Vertragsgestaltung, 55; Funke, 99; Reymond, FS Schluep, 386; anders noch, und zwar i.S. der h.L., Reymond, JdT 1975, 486; s.a. Böckli, § 11 N 421). Soweit der Vertrag aus gesetzlich nicht geordneten Vertragsbestandteilen (z.B. Stimmbindungen) besteht (s. N 414), ist er auch *Vertrag sui generis* (Vulliéty, 1121 f.). Obendrein muss er als *zusammengesetzter* Vertrag qualifiziert werden, weil er aus verschiedenen Leistungspaaren besteht, die miteinander synallagmatisch verknüpft sind (s. N 420 ff.). Typisch sind überdies Verpflichtungen zum Abschluss von Durchführungsverträgen zwischen den beteiligten Parteien (z.B. Darlehens-, Lizenz, Kauf- und andere Verträge; s. Tschäni, Unternehmensübernahmen, 81 N 59). Die Erfüllung dieser *Vorverträge* (Art. 22; s. Oertle, 61) schafft ein Netz von Rechtsgeschäften, das sich um den Grundvertrag legt, was zu einer *multilateralen Vertragsverbindung* führt (s. N 420 ff.; in diesem Zusammenhang weist Reymond, FS Schluep, 390, zutreffend darauf hin, dass «[...] du point de vue typlogique, l'existence de ces accords satellites est l'élément distinctif de la Joint Venture par rapport à la simple filiale commune»; s.a. Gericke/Dalla Torre, 25 ff.). Ob der Basisgesellschaft nach dem Grundvertrag ein Anspruch auf Abschluss der Satellitenverträge zusteht, ist nach Art. 112 Abs. 2 zu entscheiden (s. N 402). Zu dem bei internationalen Gemeinschaftsunternehmen nebst dem Joint-venture-Vertrag zuweilen mit dem Investitionsstaat abgeschlossenen *Investitionsvertrag*: Clausen, 22 f.; zum Verhältnis beider Verträge zueinander Funke, 103 f. **403**

b) **Abgrenzungen**. Der Joint-venture-Vertrag ist weder *Absichtserklärung* (letter of intent) noch kommt ihm der Stellenwert von *Punktationen* (heads of agreement) zu. Re vera stellt er das *rechtlich verbindliche* Ergebnis vorangehender Kooperationsverhandlungen dar (Oertle, 62 f.). Mit dem *Fusionsvertrag* gem. Art. 12 f., 79 und 90 FusG hat er gemein, dass er auf die Verbindung von Unternehmen (bzw. Teilen davon) hinzielt; doch trägt er nicht zu einer Verschmelzung, sondern gegenteils zu einer *Vermehrung* der Unternehmensträger bei (für weitere Abgrenzungen Djalali, 38 ff.). **404**

4. Entstehung

a) aa) **Parteien** des Joint-venture-Vertrags sind die *Mütter* der Trägergesellschaft (Oertle, 60). Zwar kommt es vor, dass letztere den Vertrag mitunterzeichnet. Ein Beitritt zum Grundvertrag ist aber damit nicht verbunden (Djalali, 65). Vielmehr werden i.d.R. durch die Mitunterzeichnung der Basisgesellschaft jene Klauseln des Grundvertrags *echte* Geschäfte zu- **405** gunsten eines Dritten (Art. 112 Abs. 2), die den Gründern die Pflicht zum Abschluss von Durchführungsverträgen mit der Basisgesellschaft auferlegen (s. N 403). Dieser steht somit ein *originärer* und *selbständiger Anspruch* auf *Vertragsschluss* zu (zutreffend OERTLE, 61). Damit gilt grundsätzlich auch Art. 112 Abs. 3, wonach die Gegenpartei des verpflichteten Kooperationspartners diesen von seiner Pflicht nicht mehr entbinden kann, sobald die Joint-venture-Gesellschaft erklärt hat, von ihrem Recht Gebrauch machen zu wollen. Freilich wird man in diesem Zusammenhang bedenken müssen, dass Erklärungen der Basisgesellschaft dann erschwert sind, wenn eine Patt-Situation zufolge paritätischer Beherrschung durch die Mütter vorliegt (s. dazu VON DER CRONE, 37 ff.). Es ist deshalb zweckmässig, allfällige Störungen beim Vollzug der Pflicht zum Abschluss von Durchführungsverträgen auf der *Ebene des Grundvertrags* zu beheben. Art. 112 Abs. 3 bleibt dann *lettre morte*; es besteht ohnehin keine Pflicht, Erklärungen i.S. des Art. 112 Abs. 3 abzugeben.

406 bb) Zu den möglichen Parteikonstellationen bei den **Satellitenverträgen**: HUBER, Vertragsgestaltung, 15 f.

407 b) Vorbehältlich besonderer Klauseln (z.B. Schiedsabrede), die von Gesetzes wegen an eine besondere **Form** gebunden sind (Art. 11 Abs. 1), ist der Joint-venture-Vertrag grundsätzlich *formlos* gültig (TSCHÄNI/DIEM/WOLF, 318; DJALALI, 73; OERTLE, 60, der darauf hinweist, dass sich schon aus *Beweisgründen* die Schriftform aufdrängt). Weil der typische Grundvertrag i.d.R. auch Abreden mit *Vorvertragscharakter* enthält (GABELLON, N 258 ff.), ist ggf. Art. 22 Abs. 2 zu beachten.

408 c) Allfällige **Nichtigkeitsgründe** und **Willensmängel** des Joint-venture-Vertrags unterstehen den *allgemeinen Regeln*. Falls der Grundvertrag keine Wirksamkeit entfaltet, fragt sich freilich, *ob* und ggf. *wie* seiner (genetischen) Vernetzung mit den Durchführungsverträgen Rechnung zu tragen sei. Die Schwierigkeit, diesen Umstand schuldrechtlich zu berücksichtigen, rührt im Wesentlichen daher, dass i.d.R. Grundvertrag und Satellitenverträge zwischen verschiedenen Parteien zustandekommen (s. HUBER, IPR, 15 f.). Der Grundvertrag regelt die Beziehungen zwischen den Kooperationspartnern (s.a. N 403), während die Folgeverträge meistens zwischen der Joint-venture-Gesellschaft und einem der Gründungspartner abgeschlossen werden.

409 aa) Falls nur **eine Vertragsklausel** *nichtig* oder *mangelhaft* ist, bleibt die Grundvereinbarung unter den Voraussetzungen von Art. 20 Abs. 2 in ihren übrigen Teilen gültig. Sind die ungültigen Klauseln *vorvertraglicher Natur* und die entsprechenden Hauptverträge bereits abgeschlossen, so wird deren Gültigkeit nicht in Frage gestellt, solange es am Tatbestand des Irrtums fehlt. Dabei ist zu beachten, dass Vorverträge grundsätzlich bloss das *Motiv* zum Abschluss der Hauptverträge bilden (OERTLE, 148 m.Nw.). Fällt dagegen eine nicht vorvertragliche Pflicht dahin, ist allemal zu prüfen, ob damit der Tatbestand von Art. 24 Abs. 1 Ziff. 4 (Grundlagenirrtum) gesetzt wird (OERTLE, 157).

410 bb) Ist die **Grundvereinbarung** *gesamthaft* ungültig, wird sich regelmässig *jede* Partei eines Satellitenvertrags auf *Grundlagenirrtum* berufen können (s. OERTLE, 157).

411 cc) Im Sinne eines *Exkurses* ist im Blick auf das **gegenseitige Verhältnis von Satellitenverträgen** festzuhalten, dass man auch hier bei Ungültigkeit eines dieser Verträge aufgrund der konkreten Umstände des Einzelfalles prüfen muss, ob ein Fall von Grundlagenirrtum vorliege. Sehr weit geht die These von OERTLE (149 ff.), es gelte hier die *praesumptio iuris*, dass die Verbindlichkeit eines Satellitenvertrags i.S. einer (impliziten) *Suspensivbedingung* «[...] von der *Erfüllung grundvertraglicher Verpflichtungen* zum Abschluss der übrigen Satellitenverträge abhängig [sei]» [a.a.O., 155; H.v.d.V.]). Sachgerechter erscheint es, das von OERTLE relevierte Problem auf der Ebene von Art. 82 zu lösen; s. N 420 ff. (der Tendenz nach wie hier REYMOND, FS Schluep, 391, der sich fragt, ob man jeden Durchführungsvertrag als *stillschweigend* durch die *Erfüllung der anderen Verträge* [nicht: die Erfüllung grundvertraglicher Pflichten] bedingt ansehen müsse, dieses «Bedingungsgeflecht» dann aber als «künstliche» Konstruktion ablehnt).

5. Inhalt

a) Der Joint-venture-Vertrag ist ein zusammengesetzter Vertrag (s. N 403), der typischerweise **drei Leistungspaare** vereint: 412

aa) Zunächst verpflichten sich die Parteien zur **Gründung der Trägergesellschaft**; s.a. BÖCKLI, § 11 N 421. Dabei muss v.a. Einigkeit im Hinblick auf «[...] Gegenstand, Ziel und Zweck der Zusammenarbeit, die Kapitalstruktur sowie in aller Regel den zukünftigen Statuteninhalt der Joint-venture-Gesellschaft [erzielt werden]» (HUBER, Vertragsgestaltung, 14; s.a. DERS., IPR, 8 f.; ZIHLMANN, 319 ff.; OERTLE, 66 ff.; REYMOND, FS Schluep, 386). 413

bb) Als Kernstück der künftigen Kooperation sind (zweitens) **Stimmbindungen** (dazu generell FORSTMOSER, FS Schluep, 359 ff. m.Nw.; DJALALI, 67 f.) und Abreden über die **Willensbildung** in der Basisgesellschaft anzusehen, die eine koordinierte Geschäftsführung sicherstellen (s. TSCHÄNI/DIEM/WOLF, 326 ff.; HUBER, IPR, 9; DERS., Vertragsgestaltung, 15; REYMOND, FS Schluep, 386; OERTLE, 69 ff.; ZIHLMANN, 319). Im Einzelnen geht es dabei um Mechanismen zur Lösung von Problemen, die im Laufe einer Zusammenarbeit typischerweise entstehen, wie z.B. die Bewältigung von «deadlocks», die Entscheidungsstrukturen und -kompetenzen des Managements im Joint-venture oder die Informationspflichten der Parteien (s. zum Ganzen eingehend HUBER, Vertragsgestaltung, 32 ff.; OERTLE, 69 ff. jeweils m.Nw.; spezifisch zum Problem der Pattsituation VON DER CRONE, 37 ff.). 414

cc) Drittens bedarf die Verwirklichung des gemeinsamen Projektes der Durchführung spezifischer Transaktionen zwischen den Parteien und der Basisgesellschaft. Dazu enthält der Grundvertrag **Pflichten zum Abschluss von Satellitenverträgen** (REYMOND, FS Schluep, 387; HUBER, Vertragsgestaltung, 15 f.; DERS., IPR, 11; OERTLE, 89 ff.; DJALALI, 70; zum Joint-venture als Vorvertrag i.S.v. Art. 22: GABELLON, N 258 ff.). Im Allgemeinen beziehen sich solche Verträge auf die Übertragung *immaterieller* oder *technologischer Güter*, die *Projektfinanzierung* und das *Personalwesen* (s. die Typologie bei BAPTISTA/DURAND-BARTHEZ, 229 ff.; ferner HUBER, IPR, 11 f.; ZIHLMANN, 322; OERTLE, 90; REYMOND, FS Schluep, 384 f.). 415

dd) In der Regel weist der Joint-venture-Vertrag neben diesen drei Hauptleistungspaaren zahlreiche **naturalia** und **accidentalia** auf (insb. Anpassungs- und Neuverhandlungsklauseln, s. statt anderer HUBER, IPR, 22 ff.). Siehe zum Ganzen die Erörterung gängiger Vereinbarungen bei HUBER, Vertragsgestaltung, 17 ff.; OERTLE, 68 ff.; VOGT/WATTER, Joint Ventures, 20 ff.; s.a. EHINGER, 194 f. 416

ee) Zur (ungeklärten) Frage, ob im *grenzüberschreitenden, komplexen* Joint-venture eine gesteigerte Treuepflicht (sog. **«loyauté renforcée»**) bestehe: HUBER, Vertragsgestaltung, 33 ff. m.Nw. 417

ff) Weitere **mögliche Vertragsinhalte** finden sich bei DJALALI, 67 ff. 418

6. Leistungsstörungen

a) Der Joint-venture-Vertrag untersteht **grundsätzlich** den allgemeinen Regeln des OR, soweit sich nicht die unmittelbare oder sinngemässe Übernahme einschlägigen Typenrechts (insb. Art. 530 ff.) aufdrängt. Weil dem Vertrag aber *Dauerschuldcharakter* zukommt, fällt ein Vorgehen gem. *Art. 107 ff.* ausser Betracht. *Anders* verhält es sich im Blick auf die einzelnen Satellitenverträge, sofern diese *vollkommen zweiseitig* sind. 419

b) Auch hier stellt sich die Frage, wie der **netzmässigen Verknüpfung** von *Leistungsgliedern* im Grundvertrag einerseits, des *Grundvertrags* mit *gewissen Durchführungsverträgen* andererseits Rechnung getragen werden kann. 420

aa) Der *erste* Fragenkreis erinnert an die Problematik des «Doppelsynallagmas» beim Alleinvertriebsvertrag (s. N 112). Deshalb sind analoge Überlegungen geboten. Auszugehen ist da- 421 von, dass die **drei «Grundpflichten»** (d.h. die Pflichten zur Errichtung einer Trägergesellschaft [s. N 413], zur Koordination von Stimmabgabe und Instruktion der delegierten Geschäftsführer [s. N 414] sowie zum Abschluss von Satellitenverträgen [s. N 415]) zueinander regelmässig in einer Beziehung stehen, die *Plancharakter* aufweist. Ist die fragliche Verpflichtung *qualitativ* als *Element* eines solchen *Plans* zu qualifizieren, wird man eine *Einbindung in die Zweckstruktur des Grundvertrags* anzunehmen und Art. 82 «über das Kreuz» anzuwenden haben.

422 bb) Schwieriger ist die Rechtslage, wenn es um das Verhältnis des **Grundvertrags** zum **Durchführungsvertrag** geht (s. dazu REYMOND, FS Schluep, 393: «On se heurte ici à trois difficultés au moins: le fait que la société commune n'est pas elle-même partie à l'accord de base; la distinction entre la société et ses actionnaires, si affirmée en droit suisse; le fait enfin que, selon de nombreux auteurs, il n'y aurait pas place dans le contrat de société pour *l'exceptio non adimpleti contractus*»). OERTLE (159) schlägt vor, es gelte hier die (wohl widerlegbare) *Vermutung*, die Verbindlichkeit eines Satellitenvertrags sei durch die Erfüllung der im Grundvertrag enthaltenen Vereinbarungen vorvertraglicher Natur *bedingt* (s.a. N 411). Zutreffend ist aber wohl die Lehrmeinung von REYMOND (FS Schluep, 393), wonach die Einrede des nicht erfüllten Vertrags wegen des Systemcharakters des Joint-venture nicht nur zwischen den eigentlichen Parteien eines Vertrages, sondern auch zwischen den am Gemeinschaftsunternehmen Beteiligten vorgebracht werden darf, wenn «[…] selon les circonstances, il faut reconnaître [à la filiale commune ou aux parties de l'accord de base] *la qualité de partie au groupe de contrats* […]» (a.a.O.; H.v.Verf.).

423 cc) Dieselben Überlegungen treffen auch zu, wenn es um das Verhältnis von **zwei Satellitenverträgen** zueinander geht (**a.M.** OERTLE, 173, der auch in einer solchen Konstellation von einer gegenseitigen Bedingtheit ausgeht).

424 dd) Zu prüfen ist schliesslich je nach der konkreten Fallkonstellation auch die Möglichkeit einer **«action directe»** (Haftungsdurchgriff; zu den einschlägigen Grundsätzen: s. N 57).

7. Beendigung

425 a) **Ordentliche Beendigung**. Der Joint-venture-Vertrag ist ein *Dauerschuldverhältnis* (OERTLE, 175; FUNKE, 107 ff.; PROBST, 62) und endet mit dem *Ablauf* der vereinbarten Dauer (zu den möglichen Varianten: OERTLE, 176 ff.), durch Ausübung eines vertraglich festgelegten *Kündigungsrechts*, durch rechtsgeschäftliche *Aufhebung*, durch *Zweckerreichung* usw. (s. im Kontext FUNKE, 26 ff.). Zwar kann er nicht auf unbeschränkte Dauer abgeschlossen werden (HUBER, IPR, 27 Anm. 110 m.Nw.; DERS., Vertragsgestaltung, 45; s.a. ZIHLMANN, 323); doch muss es im Belieben der Parteien stehen, den Grundvertrag auf *Lebenszeit* eines Gesellschafters mit *natürlicher* Persönlichkeit (nicht aber mit juristischer Persönlichkeit; s. HUBER, IPR, 27 Anm. 110 m.Nw.; DERS., Vertragsgestaltung, 46) abzuschliessen, wenn man den nach BGE 106 II 226 E. 2a, nicht zwingenden Charakter des Art. 546 Abs. 1 analog auch hier gelten lässt. Nimmt man mit OERTLE, 185, an, das Joint-venture sei einfache Gesellschaft, folgt das nämliche Ergebnis unmittelbar aus der Anwendung von Art. 546 Abs. 1 (s.a. HUBER, IPR, 27 Anm. 110; DERS., Vertragsgestaltung, 45 ff.). Anders verhält es sich, wenn der Joint-venture-Vertrag an die *offene* (unbeschränkte) Dauer der Basisgesellschaft gekoppelt wird: Da es sich dabei um eine *Resolutivbedingung* handelt (ungewisses zukünftiges Ergebnis), liegt ein Vertrag *mit unbestimmter Dauer* vor, der *ausserordentlich* (s. N 426) gekündigt werden kann (zutreffend OERTLE, 185; **a.M.** HUBER [IPR, 27 Anm. 110, und Vertragsgestaltung, 46], der die Koppelung des Grundvertrags an eine zeitlich nicht beschränkte Trägergesellschaft nur zulassen will, wenn *ordentliche* Kündigungsregeln festgelegt werden).

426 b) **Ausserordentliche Beendigung**. Allgemein wird in Dauerschuldverhältnissen als Folge des besonderen Vertrauensverhältnisses ein Kündigungsrecht aus *wichtigem Grunde* anerkannt (PROBST, 64 f.). Als solcher gilt z.B. die Änderung wesentlicher sachlicher oder persönlicher Voraussetzungen des Vertrags (Takeover des Partners, Nichtigkeit des zur Nutzung bestimmten Patents usw.), die Gefährdung oder nachträgliche Unmöglichkeit der Zweckerreichung (z.B. neue Exportrestriktionen im Gastland) und dgl. mehr (s. OERTLE, 186 f.; HUBER, Vertragsgestaltung, 54; REYMOND, FS Schluep, 394). Ausserordentliche Beendigungsgründe können auch vertraglich bestimmt werden. Veränderten Verhältnissen ist mit der clausula rebus sic stantibus zu begegnen (GAUCH/SCHLUEP/SCHMID/EMMENEGGER, N 1280 ff.). Die Kündigungsfrist richtet sich nicht notwendigerweise nach Art. 545 Abs. 1 (**a.M.** OERTLE, 186, sowie REYMOND, JdT 1975, 490, der allerdings seither seine Meinung geändert hat; s. N 403; VULLIÉTY, 1125, befürwortet seinerseits die Möglichkeit einer fristlosen Kündigung). Die Frist von sechs Monaten ist vielfach zu kurz (und damit unangemessen), um das Gemeinschaftsunternehmen aufzulösen und die frei werdenden Produktionsfaktoren einem neuen Zweck zuzuführen (TSCHÄNI/DIEM/WOLF, 333; GERICKE/DALLA TORRE, 58). Dogmatisch ist das trotz des zwingenden Charakters von Art. 545 Abs. 1 zulässig, weil der Joint-venture-Vertrag nicht eine einfache Gesellschaft in reiner Form ist, sondern Mischelemente enthält (gl.M. REYMOND, FS Schluep, 393; s. N 403; **a.M.** VULLIÉTY, 1134 f.). Die Kündigungsfrist ist deshalb i.d.R. nach Recht und Billigkeit (Art. 4 ZGB) zu bestimmen. Mit der wirksamen Kündigung geht das Dauerschuldverhältnis dem Grundsatz nach *ex nunc* zu Ende (HUBER, Vertragsgestaltung, 54).

c) **Rechtsfolgen**. Soweit die Parteien nichts anderes vereinbaren, hat die Beendigung des Grundvertrags nicht zugleich *Auflösung auch der Basisgesellschaft* zur Folge (TSCHÄNI/DIEM/WOLF, 335). Häufig werden indessen *Übergangsregelungen* (zu den möglichen Varianten OERTLE, 192 f.; VULLIÉTY, 1137 f.) getroffen. Fehlen rechtsgeschäftliche Abreden, ist das einschlägige Verbandsrecht ausschliesslich zuständig, über das Schicksal der Joint-venture-Gesellschaft zu bestimmen (zur Auflösung des Gemeinschaftsunternehmen ausführlich FUNKE, 189 ff.; PROBST, 66). Zur Rechtslage bei den *Satellitenverträgen*: s. N 423; VULLIÉTY, 1126; ferner OERTLE, 194 f. **427**

8. IPR

Kollisionsrechtlich gilt für die Grundvereinbarung Art. 150 Abs. 2 IPRG (**Gesellschaftsstatut**). Anders verhält es sich nur, wenn eine «Organisation» i.S. dieser Bestimmung fehlt; alsdann greifen die Regeln des **internationalen Vertragsrechts** (insb. Art. 116 f. IPRG). Objektiv einschlägig ist i.d.R. das *Recht des Aktivitätszentrums der Basisgesellschaft* (zum Ganzen BSK IPRG-AMSTUTZ/WANG, Art. 117 N 80 m.Nw.; ausführlich sodann KNOEPFLER/MERKT, 747 ff.). Zu internationalen Joint-ventures s. DJALALI, 5 ff. **428**

9. Einzelfragen

Das Equity-Joint-venture ist **kartellrechtlich** unter verschiedenen Aspekten relevant (s. eingehend CR LCart-AMSTUTZ/CARRON/REINERT, Art. 5 N 35 und 75 ff.). Vorab kann seine Bildung zur Anwendbarkeit der Regeln über *Unternehmenszusammenschlüsse* führen (Art. 9 f. KG; s. BSK KG-REINERT, Art. 9 N 203 ff.; ZURKINDEN, passim; ferner auch SUTER DEPLAZES, 56 ff. 92 ff.). Als horizontale, vertikale oder diagonale Kooperationsveranstaltung läuft das Gemeinschaftsunternehmen zuweilen auch auf eine Beschränkung (potentieller oder aktueller) Konkurrenz hinaus (Art. 4 Abs. 1 KG; s. BSK KG-NYDEGGER/NADIG, Art. 4 Abs. 1 N 92). Verfügen die Mütter über Marktmacht, besteht obendrein die Gefahr, dass das Joint-venture als Mittel des Informationsaustausches zur oligopolistischen Verhaltensbestimmung eingesetzt wird (sog. *«facilitating practice»*; s. CR LCart-AMSTUTZ/CARRON/REINERT, Art. 5 N 75 ff.; ferner BSK KG-KRAUSKOPF/SCHALLER, Art. 5 N 389; zur Einordnung von Joint-venture-Abreden im schweizerischen Kartellrecht RUCHIN, 96 ff.; eingehend zu Joint-venture-Verträge im EU-Kartellrecht MORAIS, 25 ff., 169 ff., 231 ff.). **429**

XIX. Konzernvertrag

Literatur

Schweiz: ABEGGLEN, Wissenszurechnung bei der juristischen Person und im Konzern, bei Banken und Versicherungen, Bern 2004; AMSTUTZ, Konzernorganisationsrecht, Diss. Zürich 1993; AMSTUTZ/WATTER, Urteilsanmerkung zu BGE 120 II 331 ff., AJP 1995, 502 ff.; BÄR, Persönlichkeitsschutz der juristischen Person, ZBJV 1967, 100 ff.; BEHRENS, Konzernsachverhalte im internationalen Recht, SZIER 2002, 79 ff.; Botschaft über die Revision des Aktienrechts vom 23.2.1983, BBl 1983 II 745 ff.; BÖCKLI, Schweizer Aktienrecht, 4. Aufl., Zürich 2009 (zit. Aktienrecht); DERS., Konzernrecht: Die Stellung des Verwaltungsrates einer in den Konzern eingeordneten Untergesellschaft, in: Baer (Hrsg.), Vom Gesellschafts- zum Konzernrecht, Bern 2000, 35 ff. (zit. Konzernrecht); BRATSCHI, Die Stellung des freien Aktionärs im Konzern, Diss. Bern 1996; CAFLISCH, Die Bedeutung und die Grenzen der rechtlichen Selbständigkeit der abhängigen Gesellschaft im Recht der Aktiengesellschaft, Diss. Zürich 1961; CLERC/KËLLEZI, Art. 4 al. II LCart, Art. 7 al. II LCart, in: Martenet/Bovet/Tercier (Hrsg.), Droit de la Concurrence, Loi sur les cartels, Loi sur la surveillance des prix, Loi sur le marché intérieur, Loi sur les entraves techniques au commerce: Commentaire, 2. Aufl., Basel 2013, 265 ff., 723 ff.; DALLÈVES, Problèmes de droit privé relatifs à la coopération et à la concentration des entreprises, ZSR 1973 II 559 ff.; DRUEY, Neues aus dem Konzernrecht, AJP 2005, 1083 ff.; DERS., Die drei Paradoxe des Konzernrechts, in: FS für Rolf Bär, Bern 1998, 75 ff. (zit. Paradoxe); DERS., Grundzüge des schweizerischen Aktienrechts, Zürich 1995 (zit. Aktienrecht); DERS., «Konzernvertrauen», in: FS für Marcus Lutter, Köln 2000, 1069 ff. (zit. Konzernvertrauen); DERS., Leitungsrecht und -pflicht im Konzern, in: Baer (Hrsg.), Vom Gesellschafts- zum Konzernrecht, Bern 2000, 1 ff. (zit. Leitungsrecht); DRUEY/DRUEY JUST/GLANZMANN, Gesellschafts- und Handelsrecht, 11. Aufl., Zürich 2015; DRUEY/VOGEL, Das schweizerische Konzernrecht in der Praxis der Gerichte, Zürich 1999; FORSTMOSER, Schweizerisches Aktienrecht, Bd. I/Lief. 1, Bern 1981; FORSTMOSER/MEIER-HAYOZ/NOBEL, Schweizerisches Aktienrecht, Bern 1996; GAUCH, Der Zweigbetrieb im schweizerischen Zivilrecht, Zürich 1974 (zit. Zweigbetrieb); GRAF, Verträge zwischen Konzerngesellschaften, Diss. Bern 1988; GEHRIGER, Faktische Organe im Gesellschaftsrecht, Diss. St. Gallen 1979; Groupe de réflexion «Gesellschaftsrecht», Schlussbericht vom 24.9.1993, 1993; HANDSCHIN, Der Konzern im geltenden schweizerischen Privatrecht, Zürich 1994; HARSCH, Die einheitliche Leitung im Konzern, Diss. Basel 2005; HEIZ, Das Arbeitsverhältnis im Konzern, Diss. St. Gallen 2004; HOFSTETTER, Sachgerechte Haftungsregeln für multinationale Konzerne, Tübingen 1995; KAUFMANN, Personengesellschaften als Konzernspitze, Diss. Bern 1988; KLINGLER, Die Unternehmenspacht, Diss. Zürich 1943; KRAUSKOPF/HENCKEL, Art. 2 Abs. 1bis KG: Gedanken zum neuen Unternehmensbegriff, sic! 2006, 740 ff.; KUNZ, Unternehmensgruppen: Konzernbegriffe sowie Konzernqualifikation, ZBJV 148, 2012, 354 ff.; DERS., Schweizer Wirtschaftsrecht im 21. Jahrhundert: Ausblick(e) zwischen Hoffen und Bangen, AJP (2015) 411 ff. (zit. Ausblicke); LANG/JENNY, Keine Wettbewerbsabreden im Konzern: Zum Konzernprivileg im schweizerischen Kartellrecht, sic! 2007, 299 ff.; MAURER, Das Persönlichkeitsrecht der juristischen Person bei Konzern und Kartell, Diss. Zürich 1953; MÜLLER/LIPP/PLÜSS, Der Verwaltungsrat, 4. Aufl., Zürich 2014; NAEGELI, Die Doppelgesellschaft, Einleitung/1. Teil: Rechtssoziologischer Teil, Diss. Zürich 1935; NOBEL, Zur Frage des Konzerns als einfache Gesellschaft, in: Amstutz et al. (Hrsg.), Mélanges Walter A. Stoffel, Bern 2015, 124 ff.; OESCH, Der Minderheitenschutz im Konzern nach schweizerischem und amerikanischem Recht, Diss. Bern 1971; PESTALOZZI, Einige Fragen aus der Praxis des Konzernrechts, SJZ 1979, 249 ff.; PLÜSS, Der Schutz der freien Aktionäre im Konzern, Diss. St. Gallen 1977; PETER/BIRCHLER, Les groupes de sociétés sont des sociétés simples, SZW 1998, 113 ff.; PEYROT, Informationspflichten der Konzernobergesellschaft gegenüber der Konzernuntergesellschaft, Diss. St. Gallen 2003; SCHAUB, Grundlagen der Regulierung multinationaler Unternehmen, Diss. Zürich 2009; SCHILTKNECHT, Arbeitnehmer als Verwaltungsräte abhängiger Konzerngesellschaften, Diss. Bern 1997; SCHLUEP, Über privatrechtliche Freiheit und Verantwortung des kartellähnlichen Konzerns, in: FS für Arthur Meier-Hayoz, Bern 1982, 345 ff.; SCHMID, Vermögensübertragungen im schweizerischen Konzern und ihre gewinnsteuerrechtlichen Folgen, Diss. St. Gallen 2005; SCHÜLER, Die Wissenszurechnung im Konzern, Berlin 2000; SKOCZYLAS, Verantwortlichkeit für kartellrechtliche Verstösse im Konzern, Diss. Bern 2011; SLONGO, Der Begriff der einheitlichen Leitung als Bestandteil des Konzernbegriffs, Diss. Zürich 1980; STEBLER, Konzernrecht in der Schweiz – ein Überblick über den Stand von Lehre und Rechtsprechung, in: Druey (Hrsg.), Das St. Galler Konzerngespräch, Bern 1988, 9 ff.; TAPPOLET, Schranken konzernmässiger Abhängigkeit im schweizerischen Aktienrecht, Diss. Zürich 1973; TOBLER, Die Haftungsverhältnisse in verbundenen Unternehmen, Diss. Bern 1948; UTTENDOPPLER, Die Durchsetzung des Konzerninteresses im schweizerischen Aktienrecht, Diss. Bern 1986; VOGT, Die Zusammenschlüsse in der schweizerischen Uhrenindustrie, Solothurn 1934; VON BÜREN, Der Konzern, Schweizerisches Privatrecht (SPR), Bd. VIII/6, 2. Aufl., Basel 2005; VON BÜREN/BRECHBÜHL, Verkennung der Führungsmechanismen im Konzern oder: In dubio pro fisco: zu BGE vom 9.5.1995 (StE 95 B 72.11 Nr. 3), ZBJV

1996, 542 ff.; VON BÜREN/HUBER, Warum der Konzern keine einfache Gesellschaft ist – eine Replik, SZW 1998, 213 ff.; VON BÜREN/STOFFEL/WEBER, Grundriss des Aktienrechts, 3. Aufl., Zürich 2011; VON DER CRONE, Rahmenverträge, Zürich 1993; VON DER CRONE, Aktienrecht, Bern 2014 (zit. Aktienrecht); VON PLANTA, Die Haftung des Hauptaktionärs, Diss. Basel 1981; VON STEIGER, Die Rechtsverhältnisse der Holdinggesellschaften in der Schweiz, ZSR 1943, 195a ff.; WEBER, Rahmenverträge als Mittel zur rechtlichen Ordnung langfristiger Geschäftsbeziehungen, ZSR 1987 I 403 ff.; ZÜRCHER, Der Gläubigerschutz im schweizerischen Aktienrechts-Konzern, Diss. Zürich 1993; ZWEIFEL, Holdinggesellschaft und Konzern, Diss. Zürich 1973.

Ausland: ALTMEPPEN, Zur Delegation des Weisungsrechts im mehrstufigen Konzern, in: Schneider et al. (Hrsg.), Deutsches und europäisches Gesellschafts-, Konzern- und Kapitalmarktrecht, FS für Marcus Lutter, Köln 2000, 975 ff.; BACKMANN, Steuerung im Konzern, Wiesbaden 2001; BAYREUTHER, Wirtschaftlich-existenziell abhängige Unternehmen im Konzern-, Kartell- und Arbeitsrecht, Berlin 2001; EHRIKE, Das abhängige Konzernunternehmen in der Insolvenz, Tübingen 1998; BEDNARZ, Betriebsüberlassungsvertrag zwischen zwei Aktiengesellschaften in: Happ (Hrsg.), Konzern- und Umwandlungsrecht, Handbuch – Mustertexte – Kommentar, Köln 2012, 374 ff.; EMMERICH/HABERSACK, Konzernrecht: Ein Studienbuch, 10. Aufl., München 2013; ESCHENBRUCH, Konzernhaftung, Düsseldorf 1996; GÖRLING, Die Konzernhaftung in mehrstufigen Unternehmensverbindungen, Frankfurt a.M. etc. 1998; HARMS, Konzerne im Recht der Wettbewerbsbeschränkungen, 1974; HAUTER, Ausgliederung des betriebswichtigsten Teiles aus einer Aktiengesellschaft, Diss. Konstanz 1988; HEITZER, Konzerne im Europäischen Wettbewerbsrecht, Heidelberg 1999; HOMMELHOFF, Die Konzernleitungspflicht, Köln 1982; HERFS/SCHOLZ, Konzernrecht in: Hopt (Hrsg.), Vertrags- und Formularbuch zum Handels-, Gesellschafts- und Bankrecht, 4. Aufl., München 2013, 912 ff.; HORMUTH, Recht und Praxis des konzernweiten Cash Managements, Berlin 1998; KECK, Nationale und internationale Gleichordnungskonzerne im deutschen Konzern- und Kollisionsrecht, Frankfurt a.M. 1998; KREHER, Konzernleitung im qualifizierten faktischen Konzern, Berlin 1996; LIEBSCHER, Beherrschungs- und Gewinnabführungsverträge in: Happ (Hrsg.), Konzern- und Umwandlungsrecht, Handbuch – Mustertexte – Kommentar, Köln 2012, 1 ff.; MILDE, Der Gleichordnungskonzern im Gesellschaftsrecht, Diss. Mainz 1996; PIETZCKER, Wettbewerbsverhalten in Unternehmensgruppen, Stuttgart 1996; PRIESTER, Herrschaftswechsel beim Unternehmensvertrag, ZIP 1992, 293 ff.; REHBINDER, Konzernaussenrecht und allgemeines Privatrecht, Berlin/Zürich 1969; SCHENK, Konzernbildung, Interessenkonflikte und ökonomische Effizienz, Frankfurt a.M. 1997; SCHWEISFURTH, Konzern im Konzern als Mitbestimmungsproblem, Baden-Baden 2001; WILHELM, Rechtsform und Haftung bei der juristischen Person, Köln u.a. 1981; s.a. die Kommentare zu den §§ 291 ff. AktG.

1. Begriff

Durch den **Konzernvertrag** wird das *rechtliche Umfeld späterer Entscheidungen in Konzernverhältnissen* geregelt, und zwar in der Art, dass sich die Tochtergesellschaft (das *abhängige* Unternehmen) *für eine bestimmte Zeit* verpflichtet, künftige (konzern-) unternehmenspolitische *Handlungsalternativen* nach den *Vorgaben* zu entscheiden, die von der Muttergesellschaft (dem *beherrschenden* Unternehmen) *festgelegt* werden. **430**

2. Realien

a) **Allgemeines**. Unter einem Konzern verstehen Doktrin und Praxis die *Zusammenfassung mehrerer rechtlich selbständiger Unternehmen unter wirtschaftlich einheitlicher Leitung* (SLONGO, passim; DRUEY, Leitungsrecht, 8 f.; DERS., Paradoxe, 81; DRUEY/VOGEL, 44 ff.; BÖCKLI, Konzernrecht, 39; MÜLLER/LIPP/PLÜSS, 662 f.; BRATSCHI, 7 ff.; SCHILTKNECHT, 4 ff.; VON BÜREN, 77 ff.; VON BÜREN/BRECHBÜHL, 546; VON BÜREN/STOFFEL/WEBER, N 1554 ff.; BEHRENS, 81 f.; HORMUTH, 26; SCHWEISFURTH, 19; KECK, 32 ff.; GÖRLING, 21; HEITZER, 29 ff.; BAYREUTHER, 107 ff.; MILDE, 70 ff.; zu terminologischen Ungereimtheiten DRUEY, 1086 f.; zu den je nach Rechtsgebiet unterschiedlich ausgestalteten Konzernbegriffen HARSCH, 7 ff.; speziell zum Konzernbegriff im Steuerrecht SCHMID, 10 ff.). Art. 663e Abs. 1 aOR enthielt einen *gesetzlichen (aktienrechtlichen)* Konzernbegriff, wonach die Unternehmenszusammenfassung «unter einheitlicher Leitung» «[...] *durch Stimmenmehrheit oder auf andere Weise* [...]» erfolgen kann (VON BÜREN/STOFFEL/WEBER, N 1554 ff.; BÖCKLI, Aktienrecht, § 11 N 147; BSK OR II-NEUHAUS, Art. 663e N 8 ff. m.Nw.; DRUEY, Leitungsrecht, 7; SCHILTKNECHT, 4; SCHMID, 9 f.). Damit war klargestellt, dass die Konzernherrschaft nicht **431** bloss über die Anteilseignerversammlung, also mittels mitgliedschaftlicher Stimmen, *ausgeübt* werden kann, sondern auch durch andere Mittel. Nach den Materialien umfasste die Wendung «[…] *auf andere Weise* […]» neben statutarischen und personellen Verflechtungen auch *vertragliche* Bindungen (BBl 1983, 818: «Es können sich zwei […] Gesellschaften durch Verträge zu einem Horizontal- oder Koordinationskonzern zusammenschliessen»; s.a. BÖCKLI, Aktienrecht, § 11 N 145 ff.; BSK OR II-NEUHAUS, Art. 663e N 7). Zwar wurde der Konzernvertrag dadurch nicht zum *benannten* Innominatvertrag; immerhin wurde aber die Möglichkeit seiner *Existenz* und zumal seiner *Zulässigkeit* vom Gesetz stillschweigend unterstellt (gl.M. ZÜRCHER, 104 Anm. 520; unklar, prinzipiell wohl aber *für* die «Gültigkeitsthese» HOFSTETTER, 208; unter dem aOR war die Rechtmässigkeit des Konzernvertrags umstritten; z.B. GEHRIGER, 25, 59, betrachtete ihn ohne weiteres als nichtig; demgegenüber ging UTTENDOPPLER, 86, unter Berufung auf die Vertragsfreiheit von seiner Zulässigkeit aus; unentschieden DALLÈVES, 648; Art. 963 Abs. 2 Ziff. 3 hat die Frage entschieden: Der Konzernvertrag ist *ex lege* zulässig).

431a b) Das mit dem *per* 1.1.2013 in Kraft getretenen neuen Rechnungslegungsrecht für die Pflicht zur Erstellung einer Konzernrechnung eingeführte Kontrollprinzip (Art. 963) hat an dieser Rechtslage nichts geändert. Das Kontrollprinzip hat ausschliesslich konzernrechnungslegunsrechtliche Bedeutung, gilt also ausschliesslich für die Art. 963a ff. Nach wie vor liegt handels- und wirtschaftsrechtlich ein Konzern lediglich unter der doppeltelten Vorraussetzung vor, dass (1) Konzernierungsmittel zur Verfüung stehen (Stimmenmehrheit, Konzernvertrag, statutarische Konzernklausel, wirtschaftschaftliche Abhängigkeit usw.) und dass (2) das Potential der herrschenden Gesellschaft besteht, eine einheitliche Leitung (im Finanzbereich der beherrschten Gesellschaft) durchzusetzen (vgl. BGE 113 II 31, 35 E. 2.a; 124 III 297, 304 E. 6.b.; 130 III 213, 217 E. 2.2.1; 132 III 71, 77 E. 1.3.2; 138 III 755, 773 E. 8.1; vgl. auch BGE 116 Ib 331, 337 E. 2.a; 137 III 550, 552 E. 2.3.1; ambivalent BGE 121 IV 380, 384 E 2.b). Ein Konzern liegt m.a.W. erst bei tatsächlicher/faktischer einheitlicher Leitung vor. Ein Paradigmenwechsel durch Art. 963 ist somit abzulehnen (gl.M. SCHAUB, 37 ff.; wohl auch SKOCZYLAS, 19 f.; **a.M.** VON DER CRONE, Aktienrecht, 793 ff.; DRUEY/DRUEY/JUST/GLANZMANN, § 1 95 ff.; wohl auch KUNZ, ZBJV 2012, 356 f.; DERS. Ausblicke, 425; VON BÜREN/STOFFEL/WEBER N 1568 FN 18).

431b c) Empirisch ungeklärt ist freilich, ob sich der Konzernvertrag (bereits) zum Verkehrstypus verdichtet hat, was wohl zu verneinen ist (anders ist die Rechtslage in Deutschland, wo Konzernverträge namentlich der *steuerrechtlichen Praxis* geläufig und vom Aktiengesetzgeber als *Anknüpfungspunkt* für die Ausgestaltung konzernbezogener Regeln benutzt worden sind; s. EMMERICH/HABERSACK, § 1 N 30 ff.). Sachverhalte wie die «Abänderungsvereinbarung» (Beherrschungsvertrag) zwischen ABB Zürich, BBC Baden und BBC Mannheim vom 21.4.1988 (s. PRIESTER, 293; STEBLER, 12 m.Nw.), die «Convention Industrielle» der ASUAG (= Allgemeine Schweizerische Uhren AG; dargestellt bei VOGT, passim; s.a. VON STEIGER, 330a f. Anm. 189; s. ferner das Bsp. bei PESTALOZZI, 249 m.Nw.) und der Clientis Vertragskonzern (s. NZZ 20.2.2003, 19) zeigen indes, dass Konzernverträge auch im schweizerischen Rechtsleben anzutreffen sind. Der Richter wird nach der hier vertretenen Ansicht allfällige Vertragslücken in einem Art. 4 ZGB analogen Verfahren schliessen müssen (s. N 43). Deshalb kann es hier *nicht* um die Entwicklung von *generell-abstrakten Regeln dispositiven Charakters* für Konzernverträge gehen. Immerhin ist auch für singuläre Innominatkontrakte auszumachen, ob *übergeordnete Schutzgedanken* der Parteiautonomie entgegenstehen, «[…] weil sich nicht aus dem Willen der Parteien oder aus den Umständen folgern lässt, welche Schranken eben diesem Willen gesetzt sind» (SCHLUEP, SPR VII/2, 794). Deshalb muss geprüft werden, welche «unabänderlichen Vorschriften» (Art. 19 Abs. 2) die besonders akute Schutzbedürftigkeitslage der vom Konzernvertrag direkt oder indirekt Betroffenen (beherrschtes Unternehmen, freie Aktionäre, Gläubiger, Anleger usw.) im Einzelnen fordert (s. dazu auch MAURER, 77; BRATSCHI, 43 ff.; ferner GÖRLING, 101 ff.; SCHENK, 147 ff., 156 ff., 168 ff., 179 f.). Die Erörterungen beschränken sich auf *aktienrechtliche Verhältnisse*, obwohl Konzernverträge auch bei anderen Gesellschaftsformen anzutreffen sind (s. zum Konzernrecht der *Personengesellschaften*: KAUFMANN, passim; zum *GmbH-Konzern*: BSK OR II-AMSTUTZ/CHAPPUIS, Art. 803 N 19 f.; zum Kommandit-AG-Konzern VON BÜREN, 262 ff.; zum *Genossenschaftskonzern*: CR CO II-AMSTUTZ/WIPRÄCHTIGER, Intro. aux art. 921–925 N 1 ff.; HANDSCHIN, 70 ff.). Und auch das nur insoweit, als der *Subordinations-* oder *vertikale Konzern* in Frage steht, weil nach der hier vertretenen Meinung die vertragliche Basis des Koordinations- oder horizontalen Konzerns in seiner angestammten Funktion als *einfache Gesellschaft* (Art. 530 ff.) zu qualifizieren ist (s. SCHLUEP, FS Meier-Hayoz, 355; weitergehend und zu Unrecht verallgemeinernd PETER/BIRCHLER, 113 ff.; zu Recht krit. VON BÜREN/HUBER, 213 ff.; s.a. die Übersicht über den Stand der Diskussion bei NOBEL, 124 ff.).

d) **Wirtschaftliche Funktion**. aa) **Vorbemerkungen**. Der Konzernvertrag wirkt in *einem gesellschaftsrechtlichen Umfeld*; er überlagert teilweise die bestehende *gesetzliche Konzernordnung*. Die wirtschaftliche Funktion lässt sich mithin nur vor dem Hintergrund der *Auswirkungen* auf diese Ordnung kennzeichnen. Deshalb soll vorab *das System des schweizerischen Konzernrechts* skizziert (sogleich N 433 ff.) und alsdann gezeigt werden, wie diese Ordnung durch den Konzernvertrag modifiziert wird (s. N 437). **432**

aa) **System des geltenden Konzerninnenrechts**. Bekanntlich gibt es in der Schweiz nur ein spärlich kodifiziertes Aktienkonzernrecht (s. FORSTMOSER/MEIER-HAYOZ/NOBEL, 931; BÖCKLI, Aktienrecht, § 11 N 1 ff.; MÜLLER/LIPP/PLÜSS, 661). Auch ist nicht zu erwarten, dass der Gesetzgeber in absehbarer Zeit tätig wird (s. insb. Groupe de réflexion «Gesellschaftsrecht», 78; ferner MÜLLER/LIPP/PLÜSS, 661; BRATSCHI, 17 f.; s.a. DRUEY, Paradoxe, 88). In der neueren Lehre und jüngsten Praxis setzt sich aber allmählich die Ansicht durch, dass das gemeine Gesellschaftsrecht die *erforderlichen* und *hinreichenden* Prinzipien für eine *richterliche Konzernrechtsfortbildung* bereithält (s. v.a. AMSTUTZ, 556 ff. N 788 ff.; DRUEY/VOGEL, passim; HANDSCHIN, 2 und passim; BGE 120 II 331; 124 III 297; BGer, 8.2.2010, 4A_306/2009, E. 5; s.a. BÖCKLI, Konzernrecht, 42 f.; skeptisch FORSTMOSER/MEIER-HAYOZ/NOBEL, 935 N 27 ff., 936 N 38). Die Rechtsprechung hat bislang wenig unternommen, um ein System des *Konzerninnenrechts* zu entwickeln (s. immerhin BGE 100 II 384 ff.; ZR 1987, 310 f.; OGer ZH, SAG 1973, 49). Brauchbare Ansätze finden sich dagegen in der Lehre (Übersicht bei HANDSCHIN, 364 ff.). Richtiger Auffassung nach setzt sich dieses System aus *drei Elementen* zusammen: **433**

(1) Im Vordergrund steht das *Geschäftsführungsrecht* der Obergesellschaft (Art. 716 ff.), das den VR dazu anhält, den Konzern *umfassend* zu leiten. Damit wird auf Ebene der Konzernspitze eine **Konzernleitungspflicht** i.e.S. festgelegt (eingehende Begründung bei AMSTUTZ, 362 ff. N 550 ff. m.Nw. in Anm. 2140; i.E. gl.M. mit teils abw. Argumentation HANDSCHIN, 109 ff.; VON BÜREN, 52 ff., 66 ff.; VON BÜREN/STOFFEL/WEBER, N 1620 ff.; zurückhaltend BÖCKLI, Aktienrecht, § 13 N 309, 619; unklar VON BÜREN/BRECHBÜHL, 547; zur Wissenszurechnung im Konzern eingehend ABEGGLEN, 258 ff.). **434**

(2) Nach nahezu unwidersprochener Auffassung darf konzernmässige Abhängigkeit einer AG *rechtswirksam* nur mittels entsprechender Fassung des statutarischen Zwecks *begründet* werden (s. AMSTUTZ, 397 N 599 m.Nw.; **a.M.** VON BÜREN, 84 f.). Die Begründung der Abhängigkeit im Rahmen der Konzernbildung ist scharf zu unterscheiden von der *Ausübung der Konzernherrschaft* (Konzernleitung), die über mehrere Wege (Stimmenmacht, Vertrag, personelle Verflechtung und dgl. mehr) erfolgen kann (s.a. GAUCH, Zweigbetrieb, 44 N 229, der die Möglichkeit einer Konzernleitung mittels «Konzernidee» erwähnt). Wird die statutarische Basis gelegt, ist der VR der eingegliederten AG im Rahmen der Zweckverwirklichung verpflichtet, dem Konzern mit allen verfügbaren Mitteln zu dienen (s. im Kontext auch BÖCKLI, Konzernrecht, 44 ff.). Freilich wird er dadurch von seiner *Eigenverantwortlichkeit* nicht entbunden (Art. 717 Abs. 1 i.V.m. 754 ff.; AMSTUTZ, 401 ff. N 604 ff.; DRUEY, Leitungsrecht, 20 ff.; VON STEIGER, 300a; VON PLANTA, 26; s.a. CAFLISCH, 131; BÖCKLI, Aktienrecht, § 11 N 481; DERS., Konzernrecht, 57). Somit muss er nach eigenem pflichtgemässem Ermessen **435**

entscheiden, wie er dem Konzern am besten dienlich sein soll (und darf; s. zum Ganzen auch DRUEY/VOGEL, 34; DRUEY, Leitungsrecht, 16 ff.; DERS., 1085; BÖCKLI, Konzernrecht, 56 f.; MILDE, 102 ff.; KREHER, 48 ff.; SCHWEISFURTH, 85; zur Treuepflicht der Organe der Untergesellschaften im Konzern BGE 130 III 213, 217 f.). Damit wird die den Konzern ausmachende einheitliche Leitung entgegen anderer Auffassung (so insb. FORSTMOSER/MEIER-HAYOZ/NOBEL, 935 N 27 ff.) nicht beeinträchtigt. Denn «[d]ie abhängige Verwaltung hat […] alles zu unternehmen, um den Durchbruch der einheitlichen Leitung zu ermöglichen. Handelt sie nicht in diesem Sinne, so behindert sie die Konzernentstehung. Dadurch aber verstösst sie gegen den Zweck ihrer eigenen Gesellschaft: Vereitelt sie nämlich die Errichtung des unternehmerischen Gebildes, das in den Genuss der von ihr zu leistenden Dienste kommen soll, so verunmöglicht sie die Zweckerreichung; und das stellt nichts anderes als einen Verstoss gegen die Statuten dar (AMSTUTZ, 403 N 605; vgl. auch o. N 431a). Das Prinzip der nachhaltigen Eigenverantwortlichkeit hat indes zur Folge, dass die bei Befolgung der Konzernweisungen entstehenden *Nachteile* der Tochter *auszugleichen* sind (sog. **konzernspezifisches Ausgleichssystem**; dazu eingehend AMSTUTZ, 408 ff. N 611 ff. m.Nw.; s.a. AMSTUTZ/WATTER, 508; dem widerspricht HOFSTETTER [208], wonach im schweizerischen Recht ein «konzernrechtlicher Ausgleichsmechanismus» fehlen soll [ohne weitere Begründung]). Die Pflicht zum Ausgleich soll sicherstellen, dass (1) die Vermögensinteressen der Gesellschaft stets vollumfänglich gewahrt werden (s.a. PIETZCKER, 23). Der abhängigen Gesellschaft dürfen demnach keine Nachteile zugefügt werden, die inkommensurabel sind und daher nicht durch *Geldersatz* ausgeglichen werden können. Weiter fordert das Prinzip (2) die *Wahrung des «Integritätsinteresses»* der abhängigen Gesellschaft. Danach muss die *selbständige Existenzfähigkeit* der Gesellschaft stets aufrechterhalten werden, so dass diese bei einer allfälligen «Dezernierung» organisatorisch ohne weiteres fortgesetzt werden könnte (s. zum Ganzen AMSTUTZ, 425 ff. N 628 ff.; PEYROT, 77 ff.).

436 (3) Ersichtlich setzt dieses Ausgleichssystem der Pflicht zur Befolgung von Weisungen **Schranken**, so dass der Konzernleitungspflicht (eine *Rechts*pflicht!) aus *Rechts*gründen nicht vollumfänglich nachgekommen werden kann (AMSTUTZ, 443 f. N 648 ff.). Dieses «konzernspezifische Spannungsverhältnis» (so HOMMELHOFF, 163; s.a. DRUEY/VOGEL, 32; BÖCKLI, Konzernrecht, 48 f.) ist mittels eines rechtsgeschäftlichen **«Konzernorganisationsakts»** aufzulösen. Zu fordern ist die Zustimmung der Anteilseigner des herrschenden Unternehmens zu Massnahmen des Konzernaufbaus, -umbaus und -abbaus. Damit genehmigt das Grundorgan der Konzernspitze den Umstand, dass sein VR die Konzernleitungspflicht nicht in jenem Umfang wahrnehmen kann, der an sich erforderlich wäre (s. AMSTUTZ, 451 ff. N 660 ff., 457 ff. N 670 ff.). Die Modalitäten der Zustimmung sind vom konkreten Fall abhängig. Sie haben sich an den Wertungen der Art. 626, 650 f., 652*b*, 653*c*, 693 oder 698 zu orientieren (s. eingehend AMSTUTZ, 468 ff. N 683 ff.).

437 bb) **Konzernvertrag als Leitungsstrukturvertrag**. Somit ist dem Konzerninnenrecht zu entnehmen, dass der Einfluss der Muttergesellschaft nicht weiter gehen darf, als dies für den Vollzug einer konsistenten Konzernpolitik erforderlich ist. Es gelten die Grundsätze der Subsidiarität und der Verhältnismässigkeit. Das folgt daraus, dass die Rechtsform des Konzerns (wie jede andere verbandsrechtliche Form auch) vom Gesetz für *spezifische Zwecke* zur Verfügung gestellt wird: Als *dezentralisierte* Organisationsstruktur (sog. *Heterarchie*; s. AMSTUTZ, 258 ff. N 389 ff.; AMSTUTZ/WATTER, 508) soll sie jenen wirtschaftlichen Gebilden dienen, deren Spitze zufolge der Grösse des Gesamtunternehmens überlastet ist, so dass der Mittel- und Unterbau zur Unterstützung und Entlastung herangezogen werden muss (s. AMSTUTZ, 446 ff. N 654 ff.). Unter bestimmten Umständen wird freilich die *Hierarchisierung* der Leitungsstrukturen des Konzerns erforderlich (z.B. für die Dauer der Bewältigung und Realisierung eines Grossprojekts). Unter solchen Voraussetzungen wird genau im *Konzernvertrag* vorgesehen, dass die *Herrschaft über die Produktionsfaktoren der abhängigen Gesellschaft für eine gewisse Zeitspanne auf die herrschende Gesellschaft übertragen wird.* Man erkennt sofort, dass darin die *wirtschaftliche Funktion* des Konzernvertrags liegt (anders die

Erklärungsansätze von GRAF, 99, und OESCH, 154, die dem Konzernvertrag die Funktion einer *Verfestigung der einheitlichen Leitung* zuweisen, ohne aber klarzustellen, mit welchem Ziel dies geschehen soll; unzutreffend ferner TAPPOLET, 114, und DALLÈVES, 589, die den Zweck des Konzernvertrags in der *Legalisierung der Konzerngewalt* erblicken; wie in N 435 dargelegt, können einzig die Statuten die Konzernherrschaft auf legalen Boden stellen). Faktisch dient der Konzernvertrag überdies dem herrschenden Aktionär als *Surrogat* für das fehlende Recht auf gesetzes- und statutenmässige Verwaltung der abhängigen Gesellschaft. Er verschafft ihm nämlich einen *gerichtlich durchsetzbaren Anspruch* auf Vornahme der vertraglich vereinbarten «Konzernführungsmassnahmen» (s. FORSTMOSER, 21 N 75).

438 e) **Erscheinungsformen**. Weil sich der Konzernvertrag in der Praxis (zumindest bislang) nicht zu einem Typus verfestigt hat, sondern *singulär* geblieben ist (s. N 431), hält es schwer, charakteristische rechtsgeschäftliche Formen aufzuzählen. In der Literatur wird i.a. auf die Vertragstypen des deutschen Rechts verwiesen (z.B. Beherrschungs- [VON BÜREN, 387 f.], Gewinnabführungs- [VON BÜREN, 391] und Betriebsüberlassungsverträge), ohne dass daraus freilich hervorginge, ob und inwieweit solche Formen auch in der Schweiz anzutreffen sind (s. v.a. VON PLANTA, 30 ff.; CAFLISCH, 133 ff.; NAEGELI, 217 ff.; MAURER, 81 ff.; OESCH, 155 ff.; ferner GRAF, 98 ff.; HARSCH, 1 ff.; TAPPOLET, 119 ff.; VON STEIGER, 302a f.; DALLÈVES, 591 f.; s.a. PLÜSS, 15, der auch Austauschverträge als mögliche Konzernvertragsformen anerkennen will). Nach der hier vertretenen Meinung kann der Konzernvertrag z.Zt. weder klassen- noch typologisch, sondern allein *funktional* umschrieben werden (so wohl auch CAFLISCH, 134 f.). Konzernvertrag ist somit jede Vereinbarung zwischen Ober- und Untergesellschaft, die eine *Hierarchisierung* der von Gesetzes wegen heterarchischen Leitungsstrukturen im Konzern bewirkt (s.a. N 437; ferner DRUEY, Aktienrecht, 628; zur Ausgestaltung der Konzernverträge im deutschen Recht s. LIEBSCHER, 9 ff., und BEDNARZ, 374 ff., sowie HERFS/SCHOLZ, 912 ff.).

3. Rechtsnatur

439 ZK-SCHÖNENBERGER/JÄGGI, Art. 1 OR N 68, halten dafür, dass der Konzernvertrag «nur im formellen Sinne» Vertrag sei, «[...] falls die (zwar verschiedenen) Rechtssubjekte, welche als ‹Parteien› auftreten, unter der gleichen Leitung stehen und daher keinen verschiedenen Willen haben können». Daraus schliessen sie, «[...] dass die Regeln über die Verträge [...] überhaupt nicht anwendbar sind [...]». Dem ist schon deshalb nicht zu folgen, weil nach dem schweizerischen Konzerninnenrecht (s. N 433 ff.) die Organe der abhängigen Gesellschaft bei Abschluss des Konzernvertrages in Verfolgung des *eigenen statutarischen Zweckes* tätig werden, mithin in *eigener* Verantwortung handeln und insofern *nicht* weisungsgebunden sind. Eben deshalb kann keine Rede davon sein, dass beim Konzernvertrag eine Mehrzahl von Willenserklärungen fehlt. Die **schuldrechtlichen Normen des OR** sind unbeschränkt **anwendbar**.

440 Nach der herrschenden deutschen Lehre ist der Konzernvertrag ein *Organisationsvertrag*, der (anders als ein gewöhnlicher schuldrechtlicher Vertrag) nicht (oder jedenfalls nicht vorab) Rechte und Pflichten begründet, sondern eine Organisation schafft, Organe einsetzt und Kompetenzen einräumt bzw. ändert (EMMERICH/HABERSACK, § 11 N 19 ff., § 12 N 1 ff. m.Nw.). Nach schweizerischem Recht wäre eine solche Auffassung mit der in den Art. 620 ff. festgelegten Grundstruktur der AG nicht zu vereinbaren. Wie gesagt (N 437), berührt der Konzernvertrag weder die Organisation, die Organe noch die Zuständigkeiten in der abhängigen Gesellschaft. Da eine Verdichtung zum Verkehrstypus (s. N 438) nicht (bzw. noch nicht) festzustellen ist, muss von Fall zu Fall nach den konkret vorliegenden Umständen qualifiziert werden (s.a. CAFLISCH, 134 f.). *Negativ* ist immerhin festzustellen, dass (aus noch näher darzulegenden Gründen; s. N 445) kein *Dauerverhältnis* vorliegt. Auch sollten die Art. 530 ff. *(einfache Gesellschaft)* nicht herangezogen werden, weil der Konzern mit oder ohne Vertragsgrundlage (abgesehen vom Sonderfall des Horizontalkonzerns) tendenziell «[...] nicht auf einer Koordination zu gemeinsamem Zweck, sondern auf einer Subordination zu einem einseitigen Zweck [beruht]» (REHBINDER, 78; **a.M.** HARMS, 147 ff.; WILHELM, 224 ff.; PETER/BIRCHLER, 113 ff.; s. dazu die Replik von VON BÜREN/HUBER, 213 ff.). Auch liegt kein *Rahmenvertrag* vor, weil der Konzernvertrag nicht auf Ausschaltung der präjudizierenden Wirkung eines Grundentscheides für spätere Entscheidungen angelegt ist; er soll den Parteien nicht ermöglichen, «[…] nach Zeitpunkt und Inhalt frei über die Gestaltung des jeweils nächsten Kontakts [zu entscheiden]» (VON DER CRONE, 245; s.a. WEBER, 410). Gegenteils soll das *«kooperative» Leitungssystem* für eine beschränkte Dauer (s. N 445) durch hierarchische Strukturen ersetzt werden. *Positiv* ist lediglich anzudeuten, dass dem Konzernvertrag i.d.R. ein *Nutzungsmoment* eigen ist, woraus sich *pachtähnliche Aspekte* ergeben (s. N 437; zum Verhältnis Pachtrecht und Konzernbeherrschung auch KLINGLER, 33 f.). Ein Pachtvertrag in forma specifica kann aber schon deshalb nicht vorliegen, weil der Konzernvertrag «[…] die Möglichkeit der Verfügung auch bezüglich der Anlagewerte [vermittelt]» (TOBLER, 22).

4. Entstehung

441 a) Der Vertrag kann **formfrei** abgeschlossen werden (Art. 11 Abs. 1).

442 b) Allfällige **Willensmängel** unterstehen den allgemeinen Regeln (s.a. ZWEIFEL, 73).

443 c) **Nichtigkeit** ist nach Massgabe von Art. 19 f. zu beurteilen (s.a. ZWEIFEL, 73).

444 aa) Sofern der Vertrag vom Zweck (largo sensu) der abhängigen Gesellschaft *gedeckt* ist, stellt sich die Frage der **übermässigen Bindung** (Art. 27 Abs. 2 ZGB) *nicht*, weil es dabei nicht darum geht, «[…] die Rechts- und Handlungsfähigkeit der […] [Konzerntochter] aufzuheben oder zu beschränken, sondern gegenteils um die Ausschöpfung dieser ‹facultates› im Interesse der […] [Mutter]» (SCHLUEP, FS Meier-Hayoz, 357 m.Nw.; gl.M. HANDSCHIN, 124 ff.; SCHILTKNECHT, 8). Die Frage stellt sich mithin nur, wo keine rechtswirksame Eingliederung der Tochter mittels Anpassung der Statuten an die Konzernlage stattgefunden hat (s. N 435). Dann greift Art. 27 Abs. 2 ZGB so, wie er für *juristische* Personen gilt (s. dazu statt vieler BÄR, 100 ff., insb. 105: «Die Richtung der Entfaltungsfreiheit wird vom Zweck i.w.S. der juristischen Person gewiesen. Er bildet deren Daseinsberechtigung und ‹Seele›, und in dieser Richtung muss die Initiativfreiheit möglichst gewahrt bleiben»).

445 bb) Eine weitere Inhaltsschranke folgt aus der **zwingenden aktienrechtlichen Zuständigkeitsordnung**: Dem Konzernherrn dürfen weder unübertragbare Befugnisse der GV bzw. des VR zur Ausübung überlassen (z.B. Ausgestaltung und Abänderung der Statuten) noch überhaupt Mit- oder Einspracherechte in diesen Bereichen eingeräumt werden (zum Ganzen eingehend FORSTMOSER, Aktienrecht, 16 ff. N 64 ff. m.Nw.; zum Einsichtsrecht des Aktionärs einer Konzerngesellschaft in die Konzernrechnung BGE 132 III 71 E. 1.3). Vor allem aber darf der Konzernvertrag die *eigenverantwortliche Geschäftsführungsbefugnis* des VR nicht unterminieren. Zwar beeinflusst er die Art und Weise, wie dieser seine Kompetenzen während der Vertragsdauer ausüben muss: Die Kompetenz zur Geschäftsführung wird von der Aufgabe überlagert, den *Vollzug* des Konzernvertrags zu *überwachen* (s.a. BÖCKLI, Aktienrecht, § 11 N 481). Doch ist nochmals zu betonen, dass der VR den Konzernvertrag nur abschliessen darf, sofern das gemessen am Gesellschaftszweck *sachlich gerechtfertigt* ist. Überdies hat er sich stets Übersicht über die unternehmenspolitischen Folgen zu verschaffen, die der Konzernvertrag in der abhängigen Gesellschaft auslösen kann. Er muss m.a.W. abzuschätzen imstande sein, ob während der Vertragsdauer die Vermögens- und Integritätsinteressen seiner Gesellschaft im gesetzlich geforderten Ausmass gewahrt werden (s. N 435). Deshalb ist der Konzernvertrag **zeitlich zu beschränken**. Der erforderliche Zeithorizont wird durch das Kriterium der Überschaubarkeit der Konzerneffekte bestimmt.

446 *cc) Das aus dem Geschäftsführungsstatut der Tochtergesellschaft fliessende* konzernspezifische **Ausgleichsystem** (s. N 435) soll u.a. auch die **Gefahr verdeckter Gewinnausschüttungen** in der Weise bannen, dass es den abhängigen VR positiv verpflichtet, für den Ausgleich jeglichen materiellen Nachteils zu sorgen, den die Konzerntochter wegen ihrer Konzernzugehörigkeit erleidet (s. N 435). Werden trotzdem verdeckt Gewinne ausgeschüttet, bewirkt das die *Nichtigkeit* des Konzernvertrags, weil verdeckte Gewinnausschüttung als Verletzung der Vorschriften über die Ausschüttung von Dividenden stets widerrechtlich ist (FORSTMOSER/MEIER-HAYOZ/NOBEL, 497 N 92). Nichtigkeit greift aber auch dann Platz, wenn der Konzernvertrag den Kernbereich der Integritätsinteressen der abhängigen Gesellschaft missachtet (s. N 435), weil alsdann den *aktienrechtlichen Grundstrukturen* (i.S.v. Art. 706*b* Ziff. 3) nicht Rechnung getragen wird.

d) Zur Sonderfrage des Vertragsschlusses durch **Organe in Doppelstellung**: HANDSCHIN, 117 ff.; GRAF, 71 ff.; VON BÜREN, 393 f. **447**

e) Der guten Ordnung halber ist zu präzisieren, dass die **Genehmigung der GV** der beteiligten Gesellschaften *nicht* Gültigkeitsvoraussetzung des Konzernvertrags ist (gl.M. HAUTER, 131 f.; anders die Rechtslage nach deutschem Recht: s. EMMERICH/HABERSACK, 252 ff.; SCHENK, 11.). Das folgt schon daraus, dass diesem Vertrag *i.d.R. keine konzernbegründende Wirkung* zukommt. Im Allgemeinen wird er vielmehr im Rahmen einer bereits bestehenden konzernrechtlichen Struktur abgeschlossen, die zu einem früheren Zeitpunkt von den Gesellschaftern der Ober- und der Untergesellschaft bereits genehmigt worden ist (s. N 436). Deshalb handelt es sich bei der Aushandlung und beim Abschluss des Konzernvertrages regelmässig um *Geschäftsführungshandlungen* im Rahmen des jeweiligen Gesellschaftszwecks der beteiligten AG (und mithin nicht um Strukturmassnahmen; s. zu dieser Abgrenzung AMSTUTZ, 463 N 677), die nach Art. 716 Abs. 1 in die Kompetenz des VR fallen. **448**

5. Inhalt

Die **Rechte und Pflichten der Parteien** lassen sich angesichts der Atypizität des Vertrags sowie der Vielfalt der tatsächlichen Umstände *nicht abschliessend* festlegen. **449**

a) Kernverpflichtung der **abhängigen Gesellschaft** (wenn auch in vielfältiger Gestalt auftretend) ist die **Weisungsbefolgungspflicht** (BÖCKLI, Konzernrecht, 64 ff.; zu deren Grenze s. MÜLLER/LIPP/PLÜSS, 666, 676), die zuweilen mit *Kooperationspflichten* (z.B. zur regelmässigen Information der Konzernspitze) gekoppelt ist (SCHÜLER, 222 ff.). Ihrer Natur nach unterscheidet sich diese Pflicht von der *arbeitsrechtlichen Pflicht zur Befolgung der Weisungen des Arbeitgebers* (Art. 321d), weil sie unmittelbar durch den Vertrag begründet und nicht Ausfluss eines gesetzlichen Direktionsrechts ist. Das zeigt sich namentlich auch darin, dass der VR eigenverantwortlich bleibt (Art. 754 ff.), sich also nicht wie ein Arbeitnehmer unter Rekurs auf die Weisung des Arbeitgebers salvieren kann (weshalb i.d.R. auch ein Mandatsvertrag mit der beherrschenden Gesellschaft abgeschlossen wird; s. MÜLLER/LIPP/PLÜSS, 678; zum Ganzen ausführlich HEIZ, 33 ff.; insb. 75 ff.). **450**

b) Die Pflichten der **herrschenden Gesellschaft** erfassen vorab die **Ausgleichung** der dem abhängigen Unternehmen zugefügten (materiellen) Nachteile, die **Unterlassung** des Eingriffs in den Kernbereich des Integritätsinteresses der Tochtergesellschaft sowie die (allfällige) **Wahrung** anderweitiger Tochterinteressen nach Massgabe des konzernrechtlichen Subsidiaritäts- und Verhältnismässigkeitsprinzips (dazu N 437). Die herrschende Gesellschaft ist überdies zur Erteilung der vertraglich vorgesehenen Weisungen nicht nur i.S. einer Obliegenheit angehalten, sondern *verpflichtet*. Anders wird der abhängigen Gesellschaft die Erfüllung ihres statutarischen Zwecks verunmöglicht (s. N 435). **451**

6. Leistungsstörungen

Grundsätzlich finden die allgemeinen Regeln des OR Anwendung, soweit sich nicht die analoge Übernahme einschlägigen Typenrechts aufdrängt. Namentlich wird ggf. zu prüfen sein, ob der abhängigen Gesellschaft bei Vertragsverletzungen durch die Mutter analog Art. 285 ein Kündigungsrecht zustehen soll. **452**

7. Beendigung

453 Der Konzernvertrag erlischt **ordentlich** durch richtige Erfüllung. **Ausserordentliche Beendigungsgründe** richten sich nach den allgemeinen Regeln (s.a. ZWEIFEL, 73) oder je nach Vertragsqualifikation nach besonderen Vorschriften.

8. IPR

454 Nach h.L. sind internationale Konzernverträge bei fehlender Rechtswahl nach Massgabe des Gesellschaftsstatuts des *beherrschten Unternehmens* anzuknüpfen. Zutreffender ist es indes, solche Verträge objektiv dem **Kumulationsstatut** aller beteiligten Gesellschaften zu unterstellen, was i.E. die Einschlägigkeit der *strengsten* Rechtsordnung begründet (s. ausführlich BSK IPRG-AMSTUTZ/WANG, Art. 117 N 79 m.Nw.; vgl. auch MARK NDUE, 132 f.; ferner KECK, 206 ff.; BEHRENS, 89 ff.).

9. Einzelfragen

455 **Kartellrechtlich** kann der Konzernvertrag, sofern er – was, wie gesagt (s. N 437), selten sein dürfte – eine konzernbegründende Wirkung entfaltet, die Kriterien von Art. 4 Abs. 3 KG *(Unternehmenszusammenschluss)* erfüllen (s. BSK KG-REINERT, Art. 4 Abs. 3 N 167). Als *Wettbewerbsabrede* i.S.v. Art. 4 Abs. 1 KG fällt er demgegenüber i.d.R. ausser Betracht, da konzerninterner Wettbewerb seinem Wesen nach nur *geduldet* und insofern kartellrechtlich auch nicht beschränkbar ist (s. dazu BSK KG-AMSTUTZ/CARRON, Art. 7 N 47 ff.; SCHLUEP, FS Meier-Hayoz, 366 m.Nw.; CLERC/KËLLEZI, Art. 4 al. 2 N 58 f.; VON BÜREN, 470 f.; s.a. RPW 2004/2, 419 Rz 58, *Swisscom ADSL*; RPW 2006/1, 82 Rz 125, *Kreditkarten-Interchange Fee*; RPW 2006/3, 522 Rz 77, *Vorbehaltene Vorschriften in der Zusatzversicherung*; **a.A.** mit fragwürdigen Argumenten KRAUSKOPF/HENCKEL, 746 ff.; richtigstellend LANG/JENNY, 299 ff.; *abwegig*: Verfügung der Weko vom 27.5.2013, Untersuchung 31-0277, Rz 132 ff., *Marché du livre écrit en français*). Kartellrechtlich relevant kann freilich das durch die Konzernbildung marktmächtig gewordene Unternehmen sein (BSK KG-LEHNE, Art. 2 N 27 ff.; CLERC/KËLLEZI, Art. 4 al. 2 N 60; SCHENK, 39 f.; ferner auch VON BÜREN, 361 ff.; zur Rechtslage in der EU HEITZER, 64 ff.; zur kartellrechlichen Sanktionierung im Konzern KUBLI, passim).

Zweite Abteilung: Die einzelnen Vertragsverhältnisse

Sechster Titel: Kauf und Tausch

Erster Abschnitt: Allgemeine Bestimmungen

Vorbemerkungen zu Art. 184–236

Literatur

E. BUCHER, Wiener Kaufrecht, Bern 1991 (zit. Bucher-BEARBEITER); CAVIN, Kauf, Tausch und Schenkung, in: Schweizerisches Privatrecht (SPR), Bd. VII/1, Obligationenrecht – Besondere Vertragsverhältnisse, Basel 1977, 1–198; GAUCH, Von den wesentlichen Vertragspunkten, recht 1991, 45 ff.; GERNHUBER, Das Schuldverhältnis, Handbuch des Schuldrechts, Bd. 8, 1989 (zit. Schuldverhältnis); DERS., Die Erfüllung und ihre Surrogate, Handbuch des Schuldrechts, Bd. 3, 2. Aufl., Tübingen 1994 (zit. Erfüllung); GIGER, Rechtsvergleichender Beitrag zur Lehre von der Bestimmbarkeit vertraglicher Leistungen, Annuario di diritto comparato e di studi legislativi 1964, 79 ff.; HAFNER, Kommentar zu Art. 1–904 aOR, 2. Aufl., Zürich 1905; HINDERLING, Besitz, in: Schweizerisches Privatrecht (SPR), Bd. V/1, 1. Aufl., Basel/Stuttgart 1977; HOFSTETTER, Nachwirkende Nebenpflichten des schweizerischen Exporteurs nach Absendung und Bezahlung der Ware?, SJZ 1991, 71 ff.; HONSELL (Hrsg.), Kommentar zum UN-Kaufrecht, 2. Aufl., Berlin 2010 (zit. Honsell-BEARBEITER); Othmar Jauernig, Kommentar zum Bürgerlichen Gesetzbuch, 15. Aufl., München 2014 (zit. Jauernig-BEARBEITER); KELLER/SIEHR, Kaufrecht, 3. Aufl., Zürich 1995; KNELLWOLF, Zur Konstruktion des Kaufes auf Probe, Diss. Zürich 1987; KOLLER A., Der gute und der böse Glaube im allgemeinen Schuldrecht, Freiburg 1985 (zit. Schuldrecht); LEU, Die Pflicht zur Ersatzteillieferung beim Kauf von hochwertigen Konsumgütern, Ein Problem der nachvertraglichen Pflichten, Diss. Bern 1991; LICHTSTEINER, Convention des Nations Unies sur les contrats de vente internationale de marchandises: présentation et comparaison avec le droit suisse, in: Dessemontet (Hrsg.), Les contrats de vente internationale de marchandises, Lausanne 1991, 181 ff.; LOOSSCHELDERS, Haftung des Käufers gegenüber dem Autohändler für Mängel eines in Zahlung gegebenen Gebrauchtwagens, JA 2013, 546 ff.; LIVER, Das Eigentum, in: Schweizerisches Privatrecht (SPR), Bd. V/1, 1. Aufl., Basel/Stuttgart 1977; MERZ, Schweizerisches Privatrecht (SPR), Bd. VI/1, Obligationenrecht – Allgemeiner Teil, Basel 1984; REINHART, UN-Kaufrecht, Heidelberg 1991; REY, Die Grundlagen des Sachenrechts und das Eigentum, 3. Aufl., Bern 2007 (zit. Sachenrecht); RIMLE, Der erfüllte Schuldvertrag, Diss. Freiburg 1995; ROHN, Preisbestimmung und Preisanpassung in langfristigen Energielieferverträgen, in: Liber amicorum für Heinrich Honsell, Zürich/St. Gallen 2007, 143 ff.; SCHLECHTRIEM, Internationales UN-Kaufrecht, 5. Aufl., Türbingen 2013 (zit. UN-Kaufrecht); SCHLUEP/AMSTUTZ, Innominatverträge, in: Schweizerisches Privatrecht (SPR), Bd. VII/2, Obligationenrecht – Besondere Vertragsverhältnisse, Basel 1979, 763 ff.; SCHWANDER, Zum Anwendungsbereich des UN-Kaufrechtsübereinkommens, in: FS für Karl H. Neumayer, Basel 1997, 33 ff. (zit. FS Neumayer); STÜRNER, Der Anspruch auf Erfüllung von Treue- und Sorgfaltspflichten, JZ 1976, 384–392; DERS., Einführung in das internationale Privatrecht, Allgemeiner Teil, 3. Aufl., St. Gallen 2000 (zit. IPR); SUTTER-SOMM, Eigentum und Besitz, Schweizerisches Privatrecht (SPR), Bd. V/1, 2. Aufl., Basel 2014; ULRICH, Rechtsprobleme des Dokumentenakkreditivs, Diss. Zürich 1989; VISCHER M., Das Nachbesserungsrecht des Käufers beim Unternehmenskauf, AJP 2011, 1168 ff.; WAHRENBERGER, Vorvertragliche Aufklärungspflichten im Schuldrecht (unter besonderer Berücksichtigung des Kaufrechts), Diss. Zürich 1992; WALTER, Kaufrecht, Handbuch des Schuldrechts, Bd. 6, Tübingen 1987; WIGET, Die Durchsetzung von Ansprüchen aus synallagmatischen Verträgen nach zürcherischer Zivilprozessordnung, Diss. Zürich 1980; WITZ, Der unbestimmte Kaufpreis, Frankfurt a.M. 1989; vgl. im Übrigen die Hinweise im erwähnten Werk von KELLER/SIEHR, XXXIV ff.

Materialien

Botschaft betreffend das Wiener Übereinkommen über Verträge über den internationalen Warenkauf vom 11.1.1989, BBl 1989 I 745 ff. (zit. Botschaft zum WKR).

I. Allgemeines

1 1. Der Gesetzgeber hat den **Kauf zusammen** mit dem **Tausch** in einem eigenen Titel geregelt, dem Tausch jedoch nur zwei Bestimmungen (Art. 237 f.) gewidmet, deren erste sich in einem Verweis auf das Kaufrecht erschöpft. Art. 184–186 finden zwar nach der systematischen Stellung auf den Tausch ebenfalls Anwendung, der Sache nach aber betreffen sie unmittelbar nur den Kauf (Art. 184 umschreibt den Begriff dieses Vertrags!).

Die Vereinigung von Kauf und Tausch unter einem Titel erfolgte mit Rücksicht auf die enge Verwandtschaft der beiden Institute. Es handelt sich um Umsatzgeschäfte, wobei eine Sache oder ein Recht im einen Fall (Kauf) gegen Geld, im andern Fall (Tausch) gegen eine Sache oder ein Recht umgesetzt wird.

2 2. **Die anwendbaren Bestimmungen**. Die Art. 184–236 enthalten keine abschliessende Regelung des Kaufs. Abgesehen von den einschlägigen Bestimmungen des Allgemeinen Teils, die selbstverständlich auch auf den Kauf anwendbar sind, soweit sie durch Art. 184 ff. nicht verdrängt werden, finden sich im Gesetz verstreut eine ganze Reihe kaufrechtlich erheblicher Vorschriften (z.B. Art. 260–261b; Art. 715 f. und Art. 681–682a ZGB; vgl. betr. den Grundstückkauf KOLLER A./KOLLER A., Grundstückkauf, § 1 N 20 ff.). Die einzelnen Bestimmungen werden jeweils in ihrem systematischen Zusammenhang dargestellt.

3 3. **Systematik** der kaufrechtlichen Regelung. Die Art. 184–236 zerfallen in vier Abschnitte: Nach «Allgemeinen Bestimmungen» (Art. 184–186) folgen Vorschriften über den Fahrniskauf (Art. 187–215) und über den Grundstückkauf (Art. 216–221). Ein vierter Abschnitt befasst sich mit besonderen Arten des Kaufs: Kauf nach Muster, Kauf auf Probe, Vorauszahlungsvertrag und Steigerungskauf.

Die «Allgemeinen Bestimmungen» sind nur zum Teil von allgemeiner Tragweite. Art. 185 gilt für den Grundstückkauf nur eingeschränkt (Art. 220), Art. 186 betrifft nur geistige Getränke (!). Dafür kommt den Art. 187–215 weitgehend allgemeine Bedeutung zu; namentlich gelten sie auch für den Grundstückkauf (Art. 221), soweit dieser nicht in den Art. 216–220 abweichend geregelt ist.

4 4. Die kaufrechtlichen Regeln finden teilweise auch auf **nicht kaufrechtliche Verhältnisse** Anwendung, sei es gestützt auf ausdrückliche Anordnung (z.B. Art. 237, Art. 365 Abs. 1, Art. 531 Abs. 3), sei es im Rahmen richterlicher Rechtsfindung bei der Ergänzung gemischter Verträge mit kaufrechtlichen Elementen (vgl. z.B. KOLLER A./KOLLER A., Grundstückkauf, § 1 N 26 ff.). Hinsichtlich der Hingabe an Erfüllungs statt vgl. BK-BECKER, Vor Art. 184–186 N 4.

II. WKR und IPR

5 1. Bei Kaufverträgen mit Auslandsbezug ist zu prüfen, ob das **WKR** Anwendung findet. Dieses betrifft nur den *Warenkauf*, d.h. den Kauf von Fahrnisgegenständen; einzelne Fahrniskäufe werden jedoch ausgenommen (Art. 2), so u.a. Konsumentenkäufe, soweit der beabsichtigte Privatgebrauch dem Verkäufer bekannt war bzw. sein musste (Genaueres bei Bucher-HERRMANN, 92 f.; Honsell-SIEHR, Art. 2 WKR N 12 ff.; SCHLECHTRIEM, UN-Kaufrecht, N 80 ff.). Das Abkommen regelt weiter nur den *internationalen* Warenkauf: Gem. Art. 1 Abs. 1 WKR müssen die Parteien in verschiedenen Staaten Niederlassung haben (Präzisierung in Abs. 2). Zudem müssen diese Staaten Vertragsstaaten sein (Art. 1 Abs. 1 lit. a); oder es müssen die Kollisionsregeln des Forumsstaates zur Anwendung des Rechts eines Vertragsstaates führen (Art. 1 Abs. 1 lit. b; Bsp. bei Bucher-HERRMANN, 87). Einzelheiten zum Anwendungsbereich in den einschlägigen Kommentaren zum WKR sowie bei SCHWANDER, FS Neumayer, 33 ff.

Das WKR regelt die ihm unterstellten Verträge nicht abschliessend. Vielmehr beschlägt es nach Art. 4 «ausschliesslich» den Vertragsabschluss (Art. 14 ff.) und die Pflichten der Vertragsparteien (Art. 25 ff.). Es betrifft insb. nicht «die Gültigkeit des Vertrages» und «die Wirkungen, die der Vertrag auf das Eigentum an der verkauften Ware haben kann» (Art. 4 lit. a, b). Für ungeregelte Fragen ist das anwendbare Recht nach IPR-Regeln zu ermitteln (vgl. z.B. BGE 138 III 601, nicht publ. E. 2.2). Zu Konkurrenzproblemen s. Bucher-HERRMANN, 97 f. m.Nw. (illustrative Bsp. bei Bucher-SCHLECHTRIEM, UN-Kaufrecht, 110 f.). 6

2. **IPR**. Einschlägig sind Art. 116 ff. IPRG. Für den Kauf *beweglicher körperlicher Sachen* gilt das Haager Übereinkommen betr. das auf internationale Kaufverträge über bewegliche körperliche Sachen anzuwendende Recht vom 15.6.1955 (SR 0.221.211.4); betr. Konsumentenverträge bleibt Art. 120 IPRG vorbehalten (Art. 118 Abs. 2 IPRG). Das besagte Abkommen ist eine Konvention mit sog. «erga omnes-Wirkung»; seine Regeln gelten somit auch im Verhältnis zu Nichtvertragsstaaten; in ihrem Anwendungsbereich verdrängen sie daher das nationale IPR gänzlich (SCHWANDER, IPR, N 574). Nach Art. 2 des Abkommens untersteht der Vertrag primär «dem innerstaatlichen Recht des von den vertragsschliessenden Parteien bezeichneten Landes». Mangels einer Rechtswahl ist – mit gewissen Einschränkungen – das Recht des Landes massgeblich, «in dem der Verkäufer zu dem Zeitpunkt, an dem er die Bestellung empfängt, seinen gewöhnlichen Aufenthalt hat» (Art. 3). 7

Auch beim *Grundstückkauf* ist eine Rechtswahl zulässig. Fehlt es hieran, so gilt das Recht des Staates, in dem sich das Grundstück befindet (Art. 119 Abs. 1, 2 IPRG). Speziell zur Form s. Abs. 3 von Art. 119 IPRG. Vgl. eingehend KOLLER A./SCHWANDER, Grundstückkauf, § 9 N 8 ff.

Für *andere Kaufgegenstände* als bewegliche Sachen und Grundstücke (z.B. Forderungen) ist, wenn keine Rechtswahl getroffen wurde, an den gewöhnlichen Aufenthaltsort des Verkäufers anzuknüpfen (Art. 117 IPRG).

Nach dem Vertragsstatut beurteilt sich grundsätzlich die ganze schuldrechtliche Beziehung unter den Kaufvertragsparteien (z.B. Konsens, Willensmängel, Erfüllung und Nichterfüllung). Einzelne Teilfragen werden jedoch gesondert angeknüpft, so etwa die «Untersuchungsmodalitäten» (Art. 125 IPRG; Art. 4 des Haager Abkommens), Stellvertretungsprobleme (Art. 126 IPRG) oder die Handlungsfähigkeit (Art. 35 1. Satz IPRG; Art. 5 Ziff. 1 des Haager Abkommens). Vom Vertragsstatut ist sodann das Sachstatut, das über dingliche Berechtigungen entscheidet, abzugrenzen (Art. 99 ff. IPRG; Art. 5 Ziff. 3 des Haager Abkommens; vgl. KOLLER A./SCHWANDER, Grundstückkauf, § 9 N 16 ff.). 8

Auf Sonderprobleme wird bei der Kommentierung der jeweiligen Bestimmungen eingegangen.

Art. 184

A. Rechte und Pflichten im Allgemeinen

[1] Durch den Kaufvertrag verpflichten sich der Verkäufer, dem Käufer den Kaufgegenstand zu übergeben und ihm das Eigentum daran zu verschaffen, und der Käufer, dem Verkäufer den Kaufpreis zu bezahlen.

[2] Sofern nicht Vereinbarung oder Übung entgegenstehen, sind Verkäufer und Käufer verpflichtet, ihre Leistungen gleichzeitig – Zug um Zug – zu erfüllen.

[3] Der Preis ist genügend bestimmt, wenn er nach den Umständen bestimmbar ist.

A. Droits et obligations des parties: en général

[1] La vente est un contrat par lequel le vendeur s'oblige à livrer la chose vendue à l'acheteur et à lui en transférer la propriété, moyennant un prix que l'acheteur s'engage à lui payer.

[2] Sauf usage ou convention contraire, le vendeur et l'acheteur sont tenus de s'acquitter simultanément de leurs obligations.

[3] Le prix de vente est suffisamment déterminé lorsqu'il peut l'être d'après les circonstances.

A. Diritti ed obblighi in genere

[1] La compera e vendita è un contratto per cui il venditore si obbliga consegnare l'oggetto venduto al compratore ed a procurargliene la proprietà e il compratore a pagare al venditore il prezzo.

[2] Salvo patto od uso contrario, il venditore e il compratore sono tenuti ad effettuare contemporaneamente le loro prestazioni.

[3] Il prezzo è sufficientemente determinato quando possa esserlo a norma delle circostanze.

Literatur

Vgl. die Literaturhinweise bei den Vorbem. zu Art. 184–236.

1 Abs. 1 umschreibt den **Begriff** des Kaufvertrags, wie er sich im Wesentlichen schon aus dem oben Gesagten (Vor Art. 184–236 N 1) ergibt: Konsens über Austausch einer Sache oder eines Rechts («Kaufgegenstand») gegen eine Geldleistung. Abs. 2 betrifft die Vertragserfüllung; er wiederholt – in anderer Formulierung – die bereits in Art. 82 enthaltene **Zug-um-Zug-Regel**. Abs. 3 betrifft den Vertragsabschluss, indem er das Vorliegen eines gültigen Kaufvertrags von einer **minimalen Einigung** über den Kaufpreis abhängig macht: Die Parteien müssen den Kaufpreis im Kaufvertrag summenmässig festlegen oder doch zumindest die Kriterien angeben, nach denen er nachträglich bestimmt werden kann.

Bei der nun folgenden Auslegung von Art. 184 werden hier nicht oder nur unvollständig geregelte, aber mit der Bestimmung eng zusammenhängende Problemkreise ebenfalls mit behandelt, so v.a. Vertragsabschluss und Vertragserfüllung. Begriff des Kaufs, daraus resultierende Pflichten und deren Erfüllung können ohnehin nicht strikt auseinander gehalten werden, so dass sich eine Aussonderung einzelner Problemkreise schon aus diesem Grunde nicht rechtfertigen würde.

I. Begriff und Wesen des Kaufs. Abgrenzungen

2 1. Wie bei andern Verträgen auch, hat der Gesetzgeber auf eine eigentliche Definition des Kaufs verzichtet und sich darauf beschränkt, die **Hauptleistungspflichten**, auf die sich der Vertragskonsens der Parteien notwendig beziehen muss, zu umschreiben, nämlich die Pflicht des Verkäufers, dem Käufer den Kaufgegenstand zu übergeben und ihm das Eigentum daran zu übertragen, und die Pflicht des Käufers, den Kaufpreis zu bezahlen. Mögliche Kaufgegenstände sind v.a. Sachen und Rechte (Weiteres in N 10 ff.); der Kaufpreis besteht notwendig in Geld (N 19 ff.). Kauf ist somit die Vereinbarung, wonach eine Sache oder ein Recht gegen eine Geldleistung umgesetzt werden soll. Der Einfachheit halber wird im Folgenden immer auf den Hauptfall, da eine *Sache* Kaufgegenstand bildet, Bezug genommen.

3 Ob ein Kauf vorliegt, entscheidet sich nach Art. 1/18. Entscheidend ist somit, ob der übereinstimmende wirkliche oder nach Vertrauensprinzip ausgelegte Wille auf Kauf schliessen lässt. Eine von den Parteien allenfalls gebrauchte unrichtige Bezeichnung, sei es aus Irrtum oder zwecks Simulation, ist nicht massgeblich. **Simulationsfälle** sind nicht selten, sei es, dass ein Kauf simuliert wird, wo ein anderes Rechtsverhältnis (z.B. eine Schenkung, BGE 98 II 313) vorliegt, sei es, dass, wo ein Kauf vorliegt, ein anderes Rechtsverhältnis simuliert wird (z.B. ein Mietvertrag, ZR 1941, 117 Nr. 46). Keine Simulation stellt der **fiduziarische Kauf** dar (z.B. BGE 71 II 99; 72 II 358, 360 E. 2; ZR 1947, 13 Nr. 4; ZR 1999, 104); eine andere Frage ist, ob der fiduziarische Kauf, wenn er durch Besitzeskonstitut vollzogen wird, vor Art. 717 ZGB standhält (BGE 78 II 207 E. 4).

4 2. Zum umschriebenen begriffswesentlichen Vertragsinhalt (Austausch von Ware gegen Geld) treten oft **weitere Abreden**, so etwa über Bedingungen (z.B. beim Kauf auf Probe)

oder Arbeitsleistungen (z.B. verspricht der Käufer, den Kaufgegenstand beim Käufer zu montieren: Kaufvertrag mit Montagepflicht). Durch solche Abreden kann sich der **Vertragscharakter ändern**. Ist etwa im vorigen Beispiel die Montage in das Synallagma einbezogen, so ist nicht mehr ein «reiner» Kauf, sondern ein aus Kauf- und Werkvertrag gemischtes Vertragsverhältnis anzunehmen (vgl. GAUCH, N 131). Klare Trennlinien lassen sich nicht angeben. Das zeigt sich etwa am Trödelvertrag, der ursprünglich als bedingter Kaufvertrag aufgefasst wurde, heute aber als Innominatvertrag (mit wesentlichen Kaufselementen) gilt (Nw. bei BUCHER, BT, 28), oder am Vorkaufsvertrag, der z.T. als doppelt bedingter Kaufvertrag, z.T. aber auch als Innominatvertrag aufgefasst wird (u. N 34; vgl. ferner N 29, 31 betr. den Sukzessivlieferungskauf und den Kauf auf Abruf). Die Frage der Vertragsqualifikation sollte im Übrigen nicht überbewertet werden, weil sich die Füllung von Vertragslücken bei atypischen Kaufverträgen von der Lückenfüllung bei Verträgen, die zwar Kaufelemente aufweisen, aber nicht mehr als Kaufverträge anzusehen sind, nicht wesentlich unterscheidet; insb. ist auch im ersteren Fall nicht ohne weiteres Kaufvertragsrecht anzuwenden, sondern die Lückenfüllung ist «aus den konkreten subjektiven und objektiven Gegebenheiten (Vertrauensprinzip) und nach den Ordnungsgesichtspunkten des besonderen Falles (analog Art. 4 ZGB) vorzunehmen» (SCHLUEP/AMSTUTZ, SPR VII/2, 796; ähnlich KOLLER A., OR AT, § 10 N 20 f.).

3. Der Kauf ist **obligatorischer Vertrag** (Schuldvertrag) und begründet als solcher Obligationen. Eine Ausnahme gilt beim sog. Handkauf, bei dem der Erfüllung kein zeitlich gesonderter Vertragsschluss vorausgeht. Obligationen entstehen hier nicht (KOLLER A., OR AT, § 3 N 60; RIMLE, N 72; **a.M.** MERZ, SPR VI/1, 120 FN 1; DERS., Vertrag, N 32). Der Handkauf ist aber im Übrigen wie ein «normaler» Kauf zu behandeln. Das hat z.B. zur Folge, dass Sachmängel Gewährleistungspflichten nach sich ziehen und dass im Falle einer Zahlung mit Falschgeld mit echtem Geld nachzuleisten ist (ZK-OSER/SCHÖNENBERGER, N 12, und BK-BECKER, Vor Art. 184–186 N 2). **5**

4. Der Kauf ist ein **Veräusserungsvertrag** und als solcher auf *definitive* Überlassung einer Sache gerichtet, nicht bloss auf die Überlassung von Gebrauch und Nutzung. Dadurch unterscheidet er sich von Leihe, Miete, Pacht und andern Gebrauchsüberlassungsverträgen. Die Abgrenzung kann Schwierigkeiten bereiten. Die Praxis hatte sich verschiedentlich mit Fällen zu befassen, in denen streitig war, ob Miet-Kauf oder Miete vorlag (vgl. GUHL/KOLLER/SCHNYDER/DRUEY, § 41 N 82). Auch die Pacht ist vom Kauf nicht immer leicht zu unterscheiden (vgl. dazu KOLLER A., OR BT, § 11 N 14 ff.; BK-BECKER, Vor Art. 184–186 N 8, und die Nachweise Art. 187 N 6). **6**

5. Der Kauf ist ein *synallagmatischer* (Veräusserungs-)Vertrag: Er ist auf **Umsatz** gerichtet. Dies im Unterschied zur Schenkung, bei der kein Entgelt geschuldet ist. Mit dem Tausch, dem dritten in Art. 184–252 geregelten Veräusserungsvertrag, hat der Kauf die Entgeltlichkeit gemein. Die beiden Vertragsarten unterscheiden sich durch die *Art* des Entgelts: Geld beim Kauf, Sache oder Recht beim Tausch. Die theoretisch klare Unterscheidung kann praktisch erhebliche Schwierigkeiten bereiten. Namentlich Tausch und Doppelkauf, bei dem die Vertragsparteien je Verkäufer und Käufer sind und hinsichtlich der Kaufpreise Verrechnung vereinbaren, sind oft kaum auseinander zu halten (vgl. ZBJV 1915, 609 f.; 1919, 91 ff.; SJZ 1908/09, 162; BGer, 29.8.2013, 4A_581/2012). Vgl. auch N 21 betr. Autokauf mit Eintausch eines Altwagens. **7**

Der Werklieferungsvertrag (Art. 365 Abs. 1) ist ein **gemischter Veräusserungsvertrag**, bei dem mit der Veräusserungspflicht eine Werkleistungspflicht kombiniert ist (Typenkombinationsvertrag; BGE 117 II 273, vgl. auch 118 II 142). Bei der gesetzlich nicht geregelten gemischten Schenkung ist die Leistung des Veräusserers eine einheitliche, hingegen steht die Gegenleistung gewissermassen zwischen zwei gesetzlich geregelten Typen (Kauf und Schenkung; Typenverschmelzungsvertrag). Auch andere gemischte Veräusserungsverträge kommen vor, so etwa die Veräusserung gegen Arbeitsleistung, also gegen eine Leistung, die zu einem andern Vertragstyp als die Leistung des Veräusserers gehört (jemand erhält das Eigentum an **8** einem Grundstück für vieljährige Pflegedienste, Vertrag mit anderstypischer Gegenleistung). Zur Rechtsanwendung bei gemischten Verträgen im Allgemeinen s. Einl. vor Art. 184 ff.; KOLLER A., OR AT, § 10 N 39 ff.

9 6. Zur Unterscheidung **Kauf/Werkvertrag** s. BK-KOLLER, Art. 363 N 104 ff.; BGE 124 III 456, 459; BGer, 22.1.2003, 4C.301/2002; zur Unterscheidung **Kauf/Kommission** vgl. z.B. ZR 1905, 50 ff.; 1909, 43; 1917, 234; 1943, 232; SJZ 1983, 230 Nr. 40 (hier auch Abgrenzung zum Trödelvertrag); zur Unterscheidung **Kauf/Mäklervertrag** vgl. ZR 1914, 196.

II. Die Begriffsmerkmale im Einzelnen

1. Kaufgegenstand

a) Körperliche Sachen und Rechte

10 Die Art. 184 ff. sind auf den Kauf **körperlicher Gegenstände** (Fahrnis, Art. 187 ff., und Grundstücke, Art. 216 ff.) zugeschnitten. Möglicher Kaufgegenstand sind aber auch **unkörperliche** Sachen (Naturkräfte i.S.v. Art. 713 ZGB), die – wie die Elektrizität – gemäss der eben zitierten Bestimmung Gegenstand des Fahrniseigentums sein können. So wurden Stromlieferungsverträge verschiedentlich als Kauf qualifiziert (BGE 48 II 366; 76 II 103, 107 E. 5); Werkvertrag ist jedoch anzunehmen, «wenn es auf den Erfolg ankommt, z.B. die Beleuchtung einer Ortschaft, das Funktionieren einer Anlage, die Erreichung einer bestimmten Temperatur in einem Backofen» (CAVIN, SPR VII/1, 9 m.Nw.).

Ob Devisen Gegenstand eines Kaufs sein können (so BGE 51 II 199; 103 II 190), ist umstritten (ZR 2006, 120 ff., Nr. 23, wo ein Innominatvertrag angenommen wurde).

11 Verkauft werden können nicht nur Sachen, wie man aus der Pflicht zur Eigentumsverschaffung (Art. 184 Abs. 1) entnehmen könnte, sondern auch Rechte. Im Vordergrund steht der Kauf von (gesicherten oder ungesicherten) **Forderungen**, aber auch Gesellschaftsanteile oder Patente (BGE 110 II 239 = Pra 1984, 656) kommen in Betracht, ferner beschränkte dingliche Rechte wie **Dienstbarkeiten**. Nur das Eigentum (auch das Miteigentum) scheidet hier aus: «Da Eigentum nur an Sachen besteht, ist sein Kauf Sachkauf» (MEDICUS/LORENZ, BT, N 363). Soweit Rechte ihrer Natur nach nicht übertragbar sind (Wohnrecht) oder nicht selbständig übertragbar (Pfandrecht ohne Forderung), ist ein gültiger Kauf hierüber ausgeschlossen (Art. 20). Das gilt jedoch nicht für Forderungen, die mit einem Abtretungsverbot belastet sind (Art. 164 Abs. 1); der Verkauf solcher Forderungen ist rechtswirksam möglich, die Abtretung bewirkt jedoch keinen Forderungsübergang (KOLLER A., Schuldrecht, N 649 m.w.Nw.; abw. ZK-SCHÖNLE, N 166). Überhaupt alles, was der rechtlichen Herrschaft unterworfen werden kann, bildet einen möglichen Kaufgegenstand, so auch ein **Erbteil** oder ein ganzes **Vermögen**. BGE 102 II 339, 341 E. 3 erkannte zutreffend, dass WIR-Checks einen möglichen Kaufgegenstand abgeben; BGE 47 II 324, wonach «normale» Checks nicht kauffähig sind, ist überholt. Beim Erwerb eines Unternehmens unterscheidet das BGer: Der *Share deal* (Kauf der Anteile des juristischen Trägers des Unternehmens) ist Kauf (BGer, 14.1.2013, 4A_321/2012, E. 2), der *Asset deal* (Kauf der einzelnen Aktiven und Passiven des Unternehmern) ist Innominatvertrag (BGer, 8.2.2010, 4A_601/2009, E. 3.2.1). Die h.L. fasst beide Verträge als Kaufverträge auf (VISCHER, AJP 2011, 1168 m.Nw. in FN 4). Die Frage ist von geringer praktischer Bedeutung, da das BGer auch beim Asset deal regelmässig Kaufrecht zur Anwendung bringt.

b) Wirtschaftliche Vorteile

12 Auch wirtschaftliche Vorteile, die sich nicht zu Rechten verdichtet haben, wie etwa eine (noch) nicht patentierte Erfindung (ZR 1911, 62; 1935, 19 Nr. 143), können Kaufgegenstand sein, überhaupt jedes Gut, das als «selbständig abgeschlossen, individuell existierend vorgestellt wird» (BK-Becker, Vor Art. 184–186 N 9), so auch **Know-how, Goodwill** (BGE 93 II 453; SJZ 1973, 226 Nr. 97, ZK-Schönle, N 66), die **Kundschaft** (Tercier/Favre, N 501). Ein Teil der Lehre geht allerdings weniger weit. So will etwa Cavin, SPR VII/1, 10, die Abtretung der Kundschaft nicht als Kauf auffassen, da hier nicht – wie in Art. 184 vorausgesetzt – ein *tradere* geschuldet sei, sondern ein *facere* oder *non facere* (Verzicht auf weitere Geschäftstätigkeit in einem bestimmten Bezirk, Empfehlung und Einführung des Nachfolgers usw.). Ob man aber, wie Cavin unterstellt, einen Innominatvertrag annimmt oder einen Kaufvertrag, dürfte kaum von grosser praktischer Bedeutung sein. Denn im einen Fall kommt man nicht umhin, Kaufrecht im Wege der Vertragsergänzung hilfsweise heranzuziehen (vgl. BGer, 8.2.2010, 4A_601/2009, lit. b), im andern Fall ist klar, dass die Art. 184 ff., die nicht auf die Abtretung der Kundschaft zugeschnitten sind, nicht tale quale angewendet werden können und der Ergänzung durch dem Vertragsgegenstand angepasste Regeln bedürfen.

Im Anschluss an das eben Gesagte bleibt generell festzustellen, dass bei andern Kaufgegenständen als körperlichen Sachen das **Kaufrecht nur mit Vorbehalten anzuwenden** ist (eine Forderung kann z.B. nicht, wie in Art. 184 vorgesehen, «übergeben» werden) bzw. der Ergänzung durch weitere Regeln bedarf. Für den Forderungskauf ist dies im Gesetz ausdrücklich vorgesehen, indem Art. 171–173 hinsichtlich der Gewährleistung die Art. 197 ff. (und namentlich den nicht passenden Art. 201, BGE 78 II 216, 219) verdrängen (vgl. ferner z.B. N 59). **13**

c) Zukünftige Sachen, Bestandteile

1. Auch zukünftige Sachen (Rechte usw.) können Kaufgegenstand sein, z.B. noch nicht begründetes Stockwerkeigentum (vgl. BGE 114 II 127, 128) oder künftige Forderungen. Ob die Sache mit Sicherheit entstehen wird, ist nicht von Belang, weshalb z.B. auch eine (suspensiv) bedingte Forderung gekauft werden kann. **14**

Regelmässig werden die Parteien die Wirksamkeit des Vertrags von der Entstehung der Sache abhängig machen. So jedenfalls dann, wenn sie die Möglichkeit der Nichtentstehung in Betracht ziehen. Tun sie dies nicht, unterstellen sie also die Entstehung der Sache als gewiss, so besteht auch kein Anlass, den Vertrag bedingt abzuschliessen (vgl. ZBJV 1966, 107). Nichtentstehung der Sache hat diesfalls nachträgliche Unmöglichkeit (Art. 97, 119) zur Folge (Koller A., OR BT, § 6 N 24; vgl. auch die Nw. bei Larenz, II/1, 8). Anders, wenn der Käufer mit der Möglichkeit, dass die Sache nicht entsteht, rechnet und sich trotzdem unbedingt zur Zahlung verpflichtet. Diesfalls ist in erster Linie die Aussicht auf die Sache Kaufgegenstand, nicht die Sache als solche (**emtio spei** im Unterschied zur eben behandelten **emtio rei speratae**). So verhält es sich z.B. beim Loskauf. Verwirklicht sich die Aussicht nicht, ist nicht etwa (nachträgliche) Unmöglichkeit anzunehmen. Hingegen liegt (ursprüngliche) Unmöglichkeit vor, wenn sich die Aussicht von vornherein nicht verwirklichen kann, etwa weil das Los gefälscht oder bereits ausgespielt ist; dementsprechend ist der Kauf ungültig (Art. 20), soweit nicht eine Spezialregel eingreift (vgl. für den Forderungskauf Art. 171; vgl. Larenz, II/1, 8 f.; BK-Giger, N 27; ZK-Oser/Schönenberger, N 3; Art. 187 N 4).

Zur nicht immer einfachen **Abgrenzung** des Kaufs künftiger Sachen vom **Werkvertrag** vgl. Koller A., OR BT, § 6 N 25; Gauch, N 126 ff. m.w.Nw. **15**

2. **Sachbestandteile** folgen sachenrechtlich dem Schicksal der Hauptsache (Art. 642 ZGB), nicht jedoch notwendig schuldrechtlich. Kaufgegenstand können daher auch Bestandteile sein (z.B. Verkauf hängender Früchte, Art. 643 Abs. 3 ZGB), was in Art. 187 Abs. 2 noch ausdrücklich festgehalten wird. Die Erfüllung des Kaufvertrags (Eigentumsverschaffung) setzt jedoch Trennung des Bestandteils von der Hauptsache voraus (BGE 131 III 217, 220 E. 4.1). Rechtlich gesehen ist der Bestandteilskauf eine Unterart des Kaufs einer künftigen Sache. **16**

In der Praxis macht v.a. die **Abgrenzung** von der **Pacht** Probleme (Nw. bei Art. 187 N 6). **17**

d) Feststellung des Kaufgegenstandes

18 Der Praxis bereitet mitunter die Feststellung dessen, was als Kaufgegenstand vereinbart wurde, Mühe. Erinnert sei etwa an den bekannten Van-Gogh-Fall (BGE 82 II 411): Verkauft war ein Bild von van Gogh. Das gelieferte Bild stellte sich in der Folge als gefälscht heraus. Das BGer nahm an, verkauft gewesen sei das vom Käufer besichtigte und später gelieferte Bild, der Kaufvertrag sei somit erfüllt worden, wenn auch schlecht. In einer Stellungnahme zu diesem Entscheid vertrat Bloch (SJZ 1957, 209 ff.) die – nicht zutreffende – Ansicht, Kaufgegenstand sei der echte van Gogh gewesen, der Vertrag sei somit nicht erfüllt worden (aliud-Lieferung).

2. Kaufpreis

19 1. Die Leistungspflicht des Käufers ist begriffsnotwendig eine Geldschuld, genauer eine **Geldsummenschuld**. Werden Münzen oder Banknoten als bestimmte oder doch bestimmbare Sachen geschuldet (Geldsachschuld; Koller A., OR AT, § 41 N 4), so ist Tausch anzunehmen (z.B. Tausch eines Autos gegen eine seltene Münze; vgl. aber auch N 10: Devisenkauf). Unerheblich ist, ob Währungsgeld (Metall- oder Papiergeld) oder Buchgeld geschuldet ist. Kauf ist somit nicht nur dann anzunehmen, wenn der Veräusserer nach beendetem Erfüllungsvorgang über Geldzeichen – inländischer oder ausländischer Währung – verfügen können soll, sondern auch dann, wenn ihm durch Giralüberweisung bei einer Bank (bei der Post) ein Guthaben über Geld zu verschaffen ist. Dass der Verkäufer hier «lediglich» über eine Geldforderung gegen die Bank verfügt, ändert am Vertragscharakter nichts. Denn wer über eine solche Forderung verfügt, verfügt nach heutiger Verkehrsanschauung wirtschaftlich über Bargeld (vgl. Gernhuber, Erfüllung, 203). Wer diese Auffassung nicht teilt, wird dann, wenn der Erwerber lediglich Buchgeld schuldet, einen Tausch oder einen Innominatvertrag annehmen müssen (vgl. Gernhuber, Erfüllung, 202) – beides Konstruktionen, die den Vertragscharakter nicht treffen. Tausch, und nicht Kauf, liegt hingegen vor, wenn eine Sachleistung gegen Zession einer «normalen» Forderung zu erbringen ist.

Eine andere Frage ist, ob Währungs- oder Buchgeld geleistet werden muss bzw. geleistet werden darf, wenn sich die vertragliche Vereinbarung darüber nicht ausspricht (dazu N 77).

20 2. Unzutreffend ist nach dem Gesagten die Formulierung in ZR 1908, 23, es gehöre nicht zum Wesen des Kaufs, «dass der Kaufpreis unter allen Umständen in Geld bestehen müsse»: Ist die Leistung des Verkäufers nicht in Geld abzugelten, sondern z.B. durch eine Arbeitsleistung (ZR 1932, 357 Nr. 188), so liegt kein Kauf vor; ist sie nur teilweise in Geld zu entgelten, so liegt ein gemischter Kaufvertrag vor oder ein anderer Vertrag (z.B. Tausch) mit Aufpreis. Ist eine andere als eine Geldleistung geschuldet, so ist auch dann nicht auf Kauf zu schliessen, wenn der Wert der Leistung in Geld ausgedrückt wird; das Geld ist diesfalls bloss **Berechnungsgrösse** der vom Erwerber geschuldeten Leistung, aber **nicht Schuldinhalt**. Ob das eine oder andere zutrifft, ist allerdings nicht immer leicht festzustellen.

21 Das illustriert etwa die in Deutschland geführte Kontroverse über den **Kauf eines Neuwagens unter Inzahlungnahme eines Altwagens** (in verwandtem Zusammenhang vgl. etwa OGer ZH und BGer, ZR 1908, 20 ff.; BGE 107 II 144 = Pra 1981, 463). Nach der einen Auffassung liegt (im Normalfall) ein aus Kauf und Tausch gemischtes Vertragsverhältnis vor, nach der andern ein reiner Kauf mit Ersetzungsbefugnis (facultas alternativa): Der Käufer schulde den vereinbarten Kaufpreis in Geld, dürfe jedoch den Altwagen in Höhe des vereinbarten Anrechnungswertes an Erfüllungs statt geben (Medicus/Lorenz, BT, N 378; Looschelders, JA 2013, 547 m.w.Nw.). M.E. ist immer dann, wenn die Parteien die Möglichkeit einer vollen Geldleistung bei Vertragsabschluss nicht bedachten, ein gemischter Vertrag anzunehmen (vgl. Gernhuber, Schuldverhältnis, 661; **a.A.** ZK-Schönle, N 85). Kann daher der Käufer den Altwagen infolge zufälliger Unmöglichkeit nicht liefern, so wird er insoweit nach Art. 119 frei (ob er den Anspruch auf den Neuwagen behält, bestimmt sich nach Art. 185/

237). Nach der Gegenmeinung müsste der Käufer nun eine volle Geldleistung erbringen (BGHZ 46, 341; Soergel-SCHREIBER [2009], § 364 BGB N 3), was nicht sachgerecht erscheint. (Dieses Ergebnis könnte nur vermieden werden, wenn man in den Vertrag eine stillschweigende Bedingung, wonach die Vertragsgültigkeit von der Möglichkeit der Lieferung des Altwagens abhängig sein soll, hineininterpretiert [vgl. ZR 1908, 24 f.] oder die Möglichkeit der Lieferung als Vertragsgrundlage deklariert und dem Käufer die Berufung auf Art. 24 Abs. 1 Ziff. 4 gestattet – beides dogmatisch wenig befriedigende Auswege.) Zur Rechtslage vgl. im Übrigen WALTER, 299 ff., mit Bezug auf das deutsche Recht.

Für die praktische Rechtsanwendung ist freilich mit der Vertragsqualifikation noch nichts **22** Entscheidendes gewonnen (vgl. BGer ZR 1908, 24 ff.; BGE 107 II 144, 148 E. 3). Es ist insoweit zu beachten, dass in den hier interessierenden Fällen die Kaufregeln (Art. 184 ff.) ohnehin nicht genügen. So ist etwa bei Annahme eines Kaufs mit Ersetzungsbefugnis die Rechtslage bei Mängeln der «Ersatzware» (Altwagen) in den betreffenden Bestimmungen nicht geregelt; zum deutschen Recht vgl. § 365 BGB (krit. zur Anwendung dieser Bestimmung GERNHUBER, Schuldverhältnis, 662, 665, der in Fällen, in denen mit der Ausübung der Ersetzungsbefugnis der Vertragstyp ändert, «nunmehr allein die für den neuen Typ geltenden Regeln» zur Anwendung bringen will).

3. Ist der Käufer zur Erbringung einer Ersatzleistung befugt, so kann die Willensmeinung der **23** Parteien auf eine **Leistung erfüllungshalber oder an Erfüllungs statt** gerichtet sein. Im Zweifel ist Ersteres anzunehmen (BGE 119 II 227, 230 [«WIR-Geld»]). Allfällige Verkehrsübungen haben sich die Parteien nach allgemeinen Grundsätzen (ZK-JÄGGI/GAUCH, Art. 18 N 408 ff.) entgegenhalten zu lassen. Typischerweise bloss erfüllungshalber erfolgt bspw. die Übernahme einer Grundpfandschuld bei einem Grundstückkauf: Die Erfüllungswirkung tritt nicht schon mit der (internen, Art. 175) Schuldübernahme ein, sondern erst mit der Befreiung des Verkäufers von der Grundpfandschuld. Kommt es nicht zur Befreiung des Verkäufers und ist dieser daher gezwungen, die Grundpfandschuld selbst zu tilgen, so kommt die Kaufpreisschuld zum Tragen, d.h. der Verkäufer hat einen *kaufrechtlichen* Regressanspruch gegen den Käufer (daneben besteht freilich ein Anspruch analog Art. 110 Ziff. 1 [BGE 60 II 178, 189]).

4. Neben dem Kauf mit Ersetzungs*befugnis* gibt es auch den Kauf mit «Ersetzungs*pflicht*». **24** Bei diesem ist der Käufer gehalten, vorerst Befriedigung des Verkäufers auf andere Weise als durch Zahlung des Kaufpreises zu versuchen. So verhält es sich beim **Kauf eines Grundstücks gegen Übernahme** einer darauf lastenden **Grundpfandschuld**: Der Käufer hat in erster Linie dafür zu sorgen, dass der Verkäufer von der Schuld befreit wird, sei es durch externen Schuldübernahmevertrag mit dem Gläubiger, sei es durch Zahlung an diesen.

Dass die Verpflichtung des Käufers nicht primär auf Leistung an den Verkäufer geht, schliesst die Annahme eines «reinen» Kaufs nicht aus (vgl. demgegenüber von Staudinger-KÖHLER [1995], § 433 BGB N 172), dies nur schon deshalb, weil der Käufer letztlich immer eine Geldleistung zu erbringen hat, wenn auch primär einem Dritten, dem Grundpfandgläubiger.

III. Arten des Kaufs

Das Gesetz unterscheidet verschiedene Arten des Kaufs. Daneben hat die Praxis eine Reihe von Vertragstypen entwickelt, die in rechtlicher Hinsicht eigenständige Probleme aufwerfen. Im Folgenden werden die wichtigsten Kaufsarten «tatbeständlich» dargestellt; auf die rechtlichen Besonderheiten wird im jeweiligen Kontext eingegangen.

1. Nach dem Kaufgegenstand unterscheidet das Gesetz **Fahrniskauf** (Art. 187 ff.) und **25** **Grundstückkauf** (Art. 216 ff.). Beim Fahrniskauf wird der Viehkauf ausgeschieden und teilweise einer Sonderbehandlung unterworfen (Art. 198, 202).

26 2. **Barkauf, Kreditkauf** (Postnumerandokauf) und **Vorauszahlungskauf** (Praenumerandokauf) unterscheiden sich nach dem Zeitpunkt der Erbringung der gegenseitigen Leistungen. Beim Barkauf, der vom Gesetz vermutet wird (Art. 184 Abs. 2), sind die Leistungen Zug um Zug auszutauschen, beim Kreditkauf ist der Verkäufer, beim Vorauszahlungskauf der Käufer vorleistungspflichtig. Der Kreditkauf hat eine grosse Bedeutung in Form des Abzahlungskaufs erlangt. Dazu finden sich Sonderregeln im KKG, soweit die dort in Art. 1 und 7 festgelegten Anwendungsvoraussetzungen für Konsumkredite erfüllt sind; die frühere OR-Regelung (Art. 226a ff.) ist per Ende 2002 aufgehoben worden und dürfte inzwischen auch jede übergangsrechtliche Bedeutung verloren haben. Das Gegenstück zum Abzahlungsvertrag, der Vorauszahlungsvertrag (Art. 227a ff.), ist seit seiner Neuregelung im Jahre 1962 praktisch aus dem Rechtsleben verschwunden.

27 3. Der **Steigerungskauf** (Art. 229 ff.) kennzeichnet sich durch eine besondere Art der Vertragsbildung (vgl. KOLLER A., OR BT, § 6 N 17 ff.; KOLLER A./SCHMID, Grundstückkauf, § 10 N 1).

28 4. Mehrere Bestimmungen des Kaufvertragsrechts (z.B. Art. 185, 206) nehmen auf die Unterscheidung **Stückkauf/Gattungskauf** Bezug; für die Abgrenzung ist unerheblich, ob vertretbare oder nicht vertretbare Sachen geschuldet sind (ungenau Art. 206 Abs. 1). Entscheidend ist, ob eine bestimmte Sache oder Sachen einer bestimmten Gattung gekauft werden. Praktisch verhält es sich allerdings meist so, dass Gegenstand eines Gattungskaufs vertretbare Sachen sind, Gegenstand eines Stückkaufs nicht vertretbare. Vgl. BGE 85 II 407.

29 5. Der **Sukzessivlieferungskauf** ist ein einheitlicher Vertrag über der Gattung nach bestimmte Sachen, bei dem die Lieferung in zeitlich getrennten Teilleistungen zu erfolgen hat und jede Teilleistung gesondert zu bezahlen ist (vgl. GUHL/KOLLER/SCHNYDER/DRUEY, § 41 N 49 m.Hw. auf die Rsp.). Ob ein Sukzessivlieferungskauf vorliegt oder verschiedene Käufe über mehrere Leistungen, ist nicht immer einfach festzustellen, wegen der unterschiedlichen Rechtslage aber von erheblicher praktischer Tragweite. So kann beim Sukzessivlieferungskauf bei Verzug mit der Bezahlung einer Teilleistung auch eine später fällige Teilleistung zurückbehalten werden (Art. 82; BGE 84 II 149 m.w.Nw.; SJZ 1962, 377; N 97), und der Verzug mit einer Lieferung (einiger Lieferungen) kann eine Verletzung des ganzen Vertragsverhältnisses beinhalten und dementsprechend den Rücktritt vom ganzen Vertrag erlauben (Art. 107/109; BGE 45 II 51, 61; ZBJV 1913, 94). In beiden Punkten verhält es sich bei verschiedenen Käufen über mehrere Teillieferungen anders, indem hier grundsätzlich jeder Kauf für sich betrachtet wird (z.B. BJM 1978, 25, 30; BGE 45 II 317, 318 f.).

Zum Sukzessivlieferungskauf vgl. im Einzelnen SAUTER, Ausgewählte Probleme des Sukzessivlieferungsvertrages, Diss. Zürich 1982. Aus der neueren Rsp. s. BGE 110 II 148 = Pra 1984, 479 und BGE 111 II 463, beide betr. Gläubigerverzug des Käufers.

30 6. Beim **Spezifikationskauf** ist der Käufer berechtigt, den vorerst teilweise unbestimmten Leistungsinhalt nachträglich festzulegen (der Käufer kann z.B. zwischen verschiedenen Biersorten wählen; vgl. etwa SJZ 1963, 171). Zur Rechtslage bei Unterlassung der Spezifikation vgl. Art. 211 N 14–16 i.V.m. N 10 ff.

31 7. Beim **Kauf auf Abruf** hat der Käufer das zeitlich begrenzte Recht, den Zeitpunkt der Leistung – innerhalb der Abrufsfrist – selbständig zu bestimmen. Der Leistungsinhalt ist regelmässig bestimmt, doch kann anderes verabredet, insb. ein Spezifikationsvorbehalt zugunsten des Käufers abgemacht sein (vgl. BGE 110 II 148). Meist handelt es sich um Sukzessivlieferungsverträge. Üblicherweise wird die Frist, innert welcher der Abruf zu erfolgen hat, vertraglich geregelt; mangels solcher Fristbestimmung gilt eine angemessene Frist, die unter Berücksichtigung der Umstände, des Geschäftsverkehrs der Parteien und allfälliger Handelsbräuche zu bestimmen ist. Ruft der Käufer die einzelnen Teilmengen nicht rechtzeitig ab, kann der Verkäufer *nicht ohne weiteres* Abnahme des ganzen Rückstands verlangen (vgl. ZR 1981, 217 E. IX). Zur Rechtslage bei pflichtwidriger Unterlassung des Abrufs s. im Übrigen Art. 211 N 14–16 i.V.m. N 10 ff.

Ist Abruf nach *Bedarf* des Käufers vereinbart, so ist «der zur Zeit des Abschlusses zu erwartende […] Bedarf zugesichert» (von Staudinger-Beckmann [2004], Vor § 433 BGB N 118). Einem solchen Kauf fehlt es nicht an der nötigen Bestimmtheit des Kaufgegenstandes (vgl. N 42 f., 50).

Teilweise werden der Kauf auf Abruf und der Sukzessivlieferungskauf mit Rücksicht auf ihre Besonderheiten als Innominatverträge aufgefasst (vgl. BK-Meier-Hayoz, Art. 681 ZGB N 46). Wer dem nicht zustimmt, wird jedenfalls anerkennen, dass die Art. 184 ff. die beiden Vertragstypen nur ungenügend regeln und die Rechtsanwendung hinsichtlich der nicht geregelten Probleme derjenigen bei Innominatverträgen folgt (vgl. N 4). **32**

8. Der **Kauf unter Eigentumsvorbehalt** (EV) ist ein Kreditkauf, bei dem sich der Verkäufer das Eigentum vorbehält. Der EV ist nur beim Fahrniskauf zulässig (Art. 217 Abs. 2). Er muss vor der Besitzübertragung abgemacht werden (andernfalls geht das Eigentum über, und dessen Rückübertragung richtet sich nach den allgemeinen Grundsätzen, Art. 714 Abs. 1 ZGB), aber nicht notwendig schon bei Abschluss des Kaufvertrags. Die Wirksamkeit des EV setzt die Eintragung in das EV-Register am Wohnsitz des Käufers voraus (Art. 715 ZGB; vgl. aber auch Art. 223 Abs. 2 sowie BGE 56 II 203, dazu N 64). Die Hauptbedeutung des EV liegt auf der sachenrechtlichen Seite (Art. 715 f. ZGB). Schuldrechtlich ist hervorzuheben, dass der EV als Vereinbarung des Rücktrittsrechts i.S.v. Art. 214 Abs. 3 gilt (N 22 zu dieser Bestimmung). Wird die Eintragung erst nach der Besitzübertragung vorgenommen, was zulässig ist, so fällt das vorerst auf den Käufer übergegangene Eigentum auf den Verkäufer zurück; erfolgt allerdings der Eintrag erst im Konkurs des Käufers, so ist damit dem Verkäufer – für diesen Konkurs – nicht geholfen (BGE 93 III 96, 105 E. 6 f.; 96 II 161, 171 E. 5): Die Sache kann trotz Rückfalls des Eigentums verwertet werden. Die Sicherung des Kaufpreises mittels EV spielt, ausser bei grenzüberschreitenden Kaufverträgen (dazu BGE 131 III 595), eine geringe Rolle. **33**

9. Relativ häufig sind **bedingte Kaufverträge**, jedenfalls suspensiv-bedingte. Hierher zu rechnen ist der *Kauf auf Probe* (Art. 223 ff.), dessen Wirksamkeit von der Bedingung, dass der Käufer die Sache «genehmigt», abhängig gemacht ist (Koller A., OR BT, § 6 N 4; zur Abgrenzung von der blossen Offertstellung des Verkaufswilligen s. die Nw. bei Knellwolf, 84 FN 34). Hierher zu rechnen ist auch der *Kaufsrechtsvertrag*, durch den dem Käufer das Recht eingeräumt wird, mittels einseitiger Willenserklärung einen voll wirksamen Kaufvertrag zu begründen; wie beim Kauf auf Probe hängt die Wirksamkeit vom Eintritt einer Potestativbedingung (Ausübung des dem Käufer eingeräumten Gestaltungsrechts) ab. Auch hier kann die Abgrenzung zum Fall, da lediglich eine Offerte des Verkaufswilligen anzunehmen ist, Schwierigkeiten bereiten (die Frage ist insofern von Bedeutung, als die Annahme der Offerte u.U. formbedürftig ist, z.B. Art. 216 Abs. 2, die Ausübung des Kaufsrechts hingegen nicht: vgl. BK-Meier-Hayoz, Art. 681 ZGB N 44). Der *Vorkaufsvertrag* ist ein doppelt bedingter Kaufvertrag (Koller A., OR BT, § 5 N 13); ob man statt dessen einen Innominatvertrag annimmt (so z.B. ZK-Haab, Art. 681/682 ZGB N 2), ist von mehr theoretischem denn praktischem Interesse, da die von Art. 184 ff. offen gelassenen Fragen so oder anders nach den gleichen Grundsätzen zu beantworten sind (vgl. N 4, 32). **34**

Nicht hierher gehört der Kauf unter Eigentumsvorbehalt (EV). Während beim bedingten Kauf der Geschäftswille in dem Sinne bedingt ist, als die Pflichterfüllung von einem künftigen ungewissen Ereignis abhängig gemacht ist, trifft dies für den Kauf unter EV nicht zu. Das leuchtet für die Besitzverschaffungspflicht und die Kaufpreiszahlungspflicht unmittelbar ein. Lediglich der mit der Besitzverschaffung normalerweise verbundene Eigentumsübergang wird verhindert, bis der Kaufpreis bezahlt ist. Er ist insofern bedingt; im gleichen Masse ist es die Pflicht zur Eigentumsverschaffung. Im Übrigen aber ist zu beachten, dass der Käufer schon vor der Kaufpreiszahlung die wesentlichen Eigentümerbefugnisse ausüben kann (ihm gehört v.a. der Nutzen, wenigstens bedingt); bloss die formelle Eigentümerstellung bleibt ihm vorerst entzogen. Zudem fällt der EV mit der Kaufpreiszahlung ohne weiteres dahin, woraus folgt, **35** dass der Verkäufer mit der Besitzverschaffung praktisch auch die Pflicht zur Eigentumsverschaffung erfüllt (der Eigentumsübergang hängt allein vom Käufer ab).

36 Zum **bedingten Grundstückkauf** s. Art. 217 Abs. 1.

37 10. Zu **weiteren Arten des Kaufs** s. z.B. N 14 (Hoffnungskauf und emtio rei speratae), N 5 (Handkauf), N 3 (fiduziarischer Kauf), Art. 185 N 13, 25, 29 (Distanzkauf, Fernkauf, Platzkauf), Art. 191 N 2 (Deckungskauf des Käufers), Art. 215 N 8 ff. (Deckungsverkauf des Verkäufers).

IV. Vertragsabschluss und Gültigkeitsvoraussetzungen

1. Allgemeines

38 1. Für den Kauf gelten grundsätzlich die **allgemeinen Regeln** über den Vertragsabschluss (Art. 1 ff.) und die Gültigkeitsvoraussetzungen, wie namentlich hinsichtlich Form, Inhalts- und Willensmängel usw. Immerhin gibt es verschiedene Sondervorschriften (z.B. Art. 216), welche die allgemeinen Regeln z.T. ergänzen, z.T. aber auch verdrängen. Auf diese wird im jeweiligen Sachzusammenhang eingegangen; hier ist nur Art. 184 Abs. 3 zu behandeln, der für das Zustandekommen des Vertrags Einigung über den Kaufpreis voraussetzt (dazu N 42 ff.). Von den allgemeinen Vorschriften gelangt einzig Art. 20 zur Darstellung, und auch das nur insoweit, als seine Anwendung auf den Kauf Besonderheiten zeitigt:

39 a) Der Kaufvertrag über eine **nicht existierende Forderung** fällt nicht unter Art. 20. Er ist gültig und erzeugt die in Art. 171/173 vorgesehenen Gewährleistungsansprüche. Danach trifft den Verkäufer eine unbedingte Einstandspflicht für das negative Vertragsinteresse; ein Verschulden ist nicht vorausgesetzt. Im Unterschied zur Regelung beim Kauf i.A. (Art. 195 Abs. 2: Entwehrung bei Rechtsmangel; Art. 208 Abs. 3: Wandelung bei Sachmangel) haftet der Forderungsverkäufer auch im Falle seines Verschuldens nicht für das positive Vertragsinteresse (BGE 38 II 138, 144; BK-Becker, Art. 173 N 3), doch können die Parteien eine solche Haftung vereinbaren (ZK-Spirig, Art. 173 N 24).

Der Verkauf eines nichtigen Patentes macht den Verkäufer nach Art. 192 ff. haftbar (BGE 110 II 239 = Pra 1984, 656).

40 b) Der Verkauf einer **fremden Sache** begründet keine objektive Unmöglichkeit i.S.v. Art. 20. Der Vertrag ist daher gültig. Gelingt es dem Verkäufer nicht, die Sache zu liefern, so kann der Käufer – falls er nicht vorleistungspflichtig ist – den Kaufpreis nach Art. 82 zurückbehalten. Sodann steht ihm ein Vorgehen nach Art. 107 ff. offen. Ist das Lieferungshindernis (die subjektive Unmöglichkeit) definitiv, so greift Art. 97 ein (auf praktisch dasselbe läuft es hinaus, wenn man die Verzugsregeln anwendet und den Käufer von der Fristansetzung nach Art. 108 entbindet). Kann die Sache zwar geliefert werden, gehört sie jedoch nach wie vor einem Dritten, so greift die Eviktionshaftung nach Art. 192 ff. ein. Danach schadet dem Verkäufer der Umstand, dass er kein Eigentum verschafft, an sich nicht; er wird nur gewährleistungspflichtig, wenn der Eigentümer gestützt auf sein Eigentum die Kaufsache herausverlangt.

41 2. Das **WKR** enthält für die ihm unterstellten Verträge eigene Abschlussregeln, die von denjenigen des OR teilweise abweichen (vgl. etwa Art. 19 Abs. 2 und 3). Hingegen enthält es keine eigenen Gültigkeitsvorschriften, vielmehr regelt es «die Gültigkeit des Vertrages» ausdrücklich nicht (Art. 4 lit. a WKR). Daher sind insoweit auch im Anwendungsbereich des WKR grundsätzlich die Bestimmungen des nach dem IPR einschlägigen nationalen Rechts beachtlich, ggf. also des OR. Einschränkungen ergeben sich aus dem Bestreben, als abschliessend gedachte Regelungen des WKR nicht über internes staatliches Recht wieder ausser Kraft zu setzen (vgl. Bucher-Schlechtriem, 122, sowie die Diskussionsbeiträge von Schlechtriem und Herber in: Wiener Kaufrecht, Berner Tage für die juristische Praxis 1990, 1991, 138, 141 f.).

2. Einigung über die wesentlichen Punkte, insbesondere den Kaufpreis (Art. 184 Abs. 3)

a) Einigung über die subjektiv wesentlichen Punkte

Ein gültiger Kaufvertrag setzt vorab Einigung über alle subjektiv wesentlichen Punkte voraus, **42**
d.h. alle Punkte, «die für die eine oder andere Partei erkennbar Bedingung des Vertragsabschlusses sind» (GUHL/KOLLER/SCHNYDER/DRUEY, § 13 N 8). Jeder beliebige Punkt kann zum subjektiv wesentlichen erhoben werden (BGE 71 II 267, 270 E. 3c, Zahlungsmodalitäten). Subjektive Wesentlichkeit wird aber nicht vermutet (vgl. Art. 2 Abs. 2), ausser hinsichtlich Kaufgegenstand und Kaufpreis: Fehlt eine Einigung über einen dieser Punkte, so fehlt es vermutungsweise an einem definitiven Bindungswillen; im Einzelfall kann er aber doch gegeben sein, so etwa dann, wenn jemand eine Sache, die er «um jeden Preis» haben will, fest bestellt, ohne Einigung über den Preis (vgl. Entscheid des RG vom 19.5.1918 = Recht 1919, 1227; «über den Preis werden wir uns schon einigen», zit. nach WITZ, 243 FN 54). Ob die Parteien den definitiven Bindungswillen haben, ist nicht immer leicht festzustellen (vgl. dazu WITZ, 235 f.). Wichtiges Indiz für dessen Vorliegen ist die Invollzugsetzung des Vertrags.

b) Einigung über die objektiv wesentlichen Punkte

1. Ist eine Einigung über alle subjektiv wesentlichen Punkte gegeben, so ist – unter Konsens- **43**
gesichtspunkten – ein gültiger Vertrag regelmässig zustande gekommen, und zwar ein Kauf, wenn die Einigung der Parteien auf den Austausch einer Sache (eines Rechts usw.) gegen Geld geht. Das entspricht der Privatautonomie und dem grundsätzlichen Bekenntnis unserer Rechtsordnung zur Geltung rechtsgeschäftlicher Vereinbarungen. Einen Vorbehalt macht immerhin Art. 184 Abs. 3, indem er festhält, dass der **Preis** bestimmt oder mindestens «nach den Umständen bestimmbar» sein muss. Es genügt somit – anders als etwa beim Werkvertrag (Art. 374) – nicht, dass sich die Parteien über die vertragstypische Hauptleistung (Übergabe des Kaufgegenstandes) und die grundsätzliche Pflicht zu einer Gegenleistung in Geld geeinigt haben. Vielmehr ist erforderlich, dass diese Gegenleistung auch bestimmt oder zumindest bestimmbar ist (Ausnahme: Art. 212). Eine analoge Regel hinsichtlich des Kaufgegenstandes fehlt, woraus aber nicht geschlossen werden darf, dieser müsse nicht bestimmt/bestimmbar sein. Im Gegenteil: Ein Kaufvertrag, bei dem der Kaufgegenstand weder bestimmt noch bestimmbar ist, ist kaum vorstellbar (niemand verpflichtet sich, *irgendetwas* zu kaufen), wogegen ein Kauf unter Offenlassung des Preises nicht nur möglich ist, sondern oft einem praktischen Bedürfnis entspricht (WITZ, 5 ff.). Art. 184 Abs. 3 gilt also – der Sache nach – a fortiori auch für den **Kaufgegenstand** (KOLLER A., OR BT, § 3 N 22; SJZ 1962, 39 E. 3a; 1930/31, 189 Nr. 34).

2. Art. 184 Abs. 3 ist Ausdruck der allgemeinen vertragsrechtlichen Regel, dass der Vertrags- **44**
inhalt in einem gewissen minimalen Umfang von den Parteien festgelegt sein muss: Sie müssen sich über die sog. objektiv wesentlichen Punkte geeinigt haben (vgl. BGE 84 II 13, 18 E. 1; 85 II 402, 406 E. 2). Was damit gemeint ist, ist freilich umstritten (vgl. GAUCH, recht 1991, 46 m.w.Nw.). Nach der hier vertretenen Auffassung ist massgebliches Kriterium – mit gewissen Einschränkungen (N 53) – die **Privatautonomie** (gleicher Ansatzpunkt bei MERZ, ZBJV 1976, 101; BK-KRAMER, Art. 1 N 153, vgl. aber auch Art. 1 N 154, Art. 2 N 7). Diese gebietet einerseits, dass grundsätzlich die Einigung über alle subjektiv wesentlichen Punkte vom Recht als verbindlicher Vertrag anerkannt wird; anderseits verlangt sie aber auch, dass bei Lücken im Vertrag der Richter nur dann ergänzend eingreift, wenn damit der Wille der Parteien nicht «dementiert», sondern gleichsam nur fortentwickelt wird (s. in allgemeinerem Zusammenhang KOLLER A., OR AT, § 6 N 26 ff.).

Fehlt es an der Einigung in einem objektiv wesentlichen Punkt, so ist der Vertrag nicht zustande gekommen, und dabei bleibt es auch dann, wenn Erfüllungshandlungen vorgenommen werden (BGE 119 II 347; ZK-SCHÖNLE, N 186; **a.A.** BUCHER, zit. bei SCHÖNLE, a.a.O.). Immerhin ist möglich, dass in solchen Fällen die fehlende Einigung für die *Vergangenheit* unbeachtlich ist, mit der Folge, dass vertragliche Ausgleichsansprüche bestehen (vgl. neben dem eben zit. Entscheid BGE 108 II 112, BGer, MRA 2003, 187 ff. sowie KOLLER A., OR AT, § 6 N 38 f., 52 m.w.Nw.).

c) Einigung über den Kaufpreis

45 1. Daraus folgt vorab, dass ein Kaufvertrag dann nicht gültig zustande gekommen ist, wenn die Parteien die Preisbestimmung einer **späteren Abmachung vorbehalten** haben und sich in der Folge nicht einigen (diesfalls wird es freilich regelmässig – aber nicht immer: N 42 – an einem definitiven Bindungswillen fehlen und der Vertrag daher schon aus diesem Grund unverbindlich sein). Das Prinzip der Privatautonomie erlaubt in einem solchen Fall nicht, dem Richter die Kompetenz zur Preisfestlegung zuzugestehen (vgl. BGE 22, 630, 640 E. 2).

Dasselbe gilt, wenn die Parteien eine Preisvereinbarung nicht aufgeschoben, sondern **schlicht unterlassen** haben (ebenso Art. 14 WKR; WITZ, 234). Eine Ausnahme macht lediglich der Fall, da ein Marktpreis besteht; diesfalls gilt nach Art. 212 dieser Preis (vgl. KOLLER A., OR BT, § 3 N 22 f.). Darin ist kein Verstoss gegen die Privatautonomie zu sehen, im Gegenteil: Art. 212 beruht auf der Überlegung, dass die Parteien, hätten sie die Preisfrage geregelt, auf den Marktpreis abgestellt hätten. Er ist somit eine Ergänzung des von den Parteien nicht zu Ende Gedachten und damit geradezu eine Konsequenz richtig verstandener Privatautonomie. Die Rsp. neigt zu grosszügiger Anwendung von Art. 212, um so bei Fehlen einer Preisvereinbarung das Geschäft aufrechterhalten zu können (favor negotii; ZR 1981, 214 f. E. 2). Im Übrigen ist zu beachten, dass aus dem vorliegenden Zusammenhang all jene Fälle auszuscheiden sind, in denen zwar nicht ausdrücklich über den Preis gesprochen, jedoch eine stillschweigende Preisabrede getroffen wird. Wenn z.B. «Ware gekauft wird, die – wie meist bei Markenartikeln – üblicherweise vom Verkäufer zu einheitlichen Preisen angeboten wird und ein Aushandeln nicht in Betracht kommt» (WITZ, 234), so gilt mangels abweichender Anhaltspunkte stillschweigend dieser Preis als vereinbart (zu denken ist etwa an Laden- oder Listenpreise). An das Vorliegen solcher stillschweigender Vereinbarungen stellen die Gerichte keine hohen Anforderungen (so jedenfalls SJZ 1957, 291).

46 Art. 212 macht deutlich, dass an den objektiv erforderlichen minimalen Konsens nur geringe Anforderungen gestellt werden dürfen. Dasselbe ergibt sich aus einer Reihe weiterer Bestimmungen ausserhalb des Kaufrechts, so Art. 313 f., 320 Abs. 2, Art. 322, 374, 394 Abs. 2. In allen diesen Bestimmungen ist vorausgesetzt, dass sich die Parteien definitiv geeinigt haben, aber das Entgelt für eine Leistung nicht vereinbart wurde oder sogar nicht einmal abgemacht wurde, ob die Leistung entgeltlich erfolgen soll oder nicht (Art. 313, 320 Abs. 2). Die betreffenden Bestimmungen sehen der Sache nach vor, dass der Vertrag nach dem hypothetischen Vertragswillen zu ergänzen ist (s. im Einzelnen KOLLER A., OR AT, § 6 N 26 ff.).

47 2. Art. 184 Abs. 3 kommt vor diesem Hintergrund eine sehr eingeschränkte Bedeutung zu. Es sind – abgesehen von den bereits erwähnten Fällen – nur wenige Tatbestände denkbar, in denen die Gültigkeit eines Vertrags an ungenügender Bestimmtheit des Kaufpreises scheitert. Im Einzelnen lässt sich Folgendes feststellen:

Vorab negativ, dass der Preis nicht schon bei Vertragsabschluss feststehen bzw. feststellbar sein muss. Es genügt **Bestimmbarkeit im Zeitpunkt der Erfüllung** (vgl. BGE 84 II 13 mit Bezug auf den Kaufgegenstand): Die Parteien müssen bei Vertragsabschluss lediglich die Kriterien («Umstände») angeben, nach denen der Kaufpreis später zu bestimmen ist (und nicht einmal das gilt uneingeschränkt, Art. 212). Die Auswahl der Kriterien steht im Ermessen der Parteien. Häufig wird auf **objektive Kriterien** verwiesen: z.B. auf den Tagespreis (vgl. BGE 85 II 402; ZR 1981, 214), auf den im Geschäft des Verkäufers üblichen Preis (ZR 1908, 110; *1957, 179), auf den Durchschnitts*preis der Käsereien eines gewissen Rayons (vgl. BGE 20, 1070), auf «Buchwerte» (BGer, 20.3.2008, 5A_207/2007), auf einen bestimmten Betrag «zuzüglich wertvermehrenden Aufwendungen» (BGer, 12.6.2008, 4A_24/2008) oder auf den vom Verkäufer zu erlangenden Preis des Fabrikanten, der durch einen angemessenen Zwischengewinn erhöht werden kann (ZR 1909, 314 Nr. 176). Die Parteien können die Preisbestimmung aber auch **einem Dritten überlassen** (vgl. ZR 1994, 129 ff.) oder einer der **Parteien** (BK-Becker, N 13; ZR 1907, 205; **a.A.** Giger, 103 ff.; ZWR 1993, 284 E. 3a); in einem solchen Fall ist im Zweifel anzunehmen, dass die Preisbestimmung nach billigem (nicht freiem) Ermessen zu erfolgen hat (vgl. für das deutsche Recht § 315 BGB, dazu Larenz, I, 81; BGE 118 II 157 E. 4b/bb). Auch für den Anwendungsbereich des WKR ist davon auszugehen, dass die Übertragung der Preisbestimmung auf einen der Vertragsschliessenden oder einen Dritten zulässig ist (Witz, 228 f. m.Hw. auf abw. Meinungen). Eine andere Frage ist, ob solche Klauseln mit den einschlägigen Bestimmungen der Inhaltskontrolle (Art. 27 ZGB usw.) vereinbar sind; das Requisit der Einigung über die objektiv wesentlichen Punkte hat mit dieser Problematik nichts zu tun (anders im französischen Recht; vgl. Witz, 69 ff.).

In den vorliegenden Zusammenhang gehören die praktisch nicht seltenen **Vorkaufsverträge** 48
(N 34), in denen das Vorkaufsrecht für einen nicht ausparzellierten Teil eines Grundstücks vereinbart ist und eine nähere Bestimmung des vom Vorkaufsberechtigten im Vorkaufsfall zu bezahlenden Preises fehlt. Solche Verträge sind als gültig anzusehen. Der Vorkaufsberechtigte hat ggf. den Preis zu bezahlen, den der Käufer des vorkaufsbelasteten Grundstücksteils zu bezahlen hat (Art. 681 Abs. 1 a.E. ZGB). Wie aber, wenn der Verkäufer, wozu er berechtigt ist (BGE 114 II 127, 130), das ganze Grundstück verkauft, ohne den vorkaufsbelasteten Teil auszusondern? Art. 681 ZGB regelt diesen Fall nicht. Es liegt eine Gesetzeslücke vor, bei deren Füllung sich der Richter wiederum am Prinzip der Privatautonomie zu orientieren hat: Wo sich der Wert des vorkaufsbelasteten Grundstücksteils im Verhältnis zum Wert der Restparzelle einigermassen verlässlich feststellen lässt, hat er den Kaufpreis für das Gesamtgrundstück im entsprechenden Verhältnis auf den Vorkaufsbelasteten zu verlegen (vgl. BGE 81 II 502). Wo dies nicht möglich ist, hat der Richter auf eine – naturgemäss willkürliche – Festsetzung des Vorkaufspreises zu verzichten (vgl. BGE 114 II 127): Der Vorkaufsvertrag ist wegen Unmöglichkeit der Preisfestsetzung hinfällig, gleich wie im Fall, da eine von den Parteien vorgesehene Preisbestimmung sich im Nachhinein als unmöglich erweist (N 51 ff.). Das BGer nimmt stattdessen an, der Vorkaufsvertrag sei mangels Einigung in einem objektiv wesentlichen Punkt ungültig (BGE 114 II 127, 130 f. E. 2b, 3 a.E.). Wäre diese Ansicht zutreffend, so könnte das Vorkaufsrecht auch in Fällen, in denen nur der vorkaufsbelastete Grundstücksteil veräussert wird, nicht ausgeübt werden – eine Konsequenz, die das BGer selbst wohl nicht will. Eine hier nicht interessierende Frage ist, ob und unter welchen Voraussetzungen ein Vorkaufsrecht an einem nicht ausgeschiedenen Grundstücksteil im Grundbuch vorgemerkt werden kann (s. dazu BGE 114 II 127, 130 f. E. 2d).

3. Ist im Vertrag ein **Preisrahmen** angegeben, so kann der Verkäufer den Vertrag zum unte- 49
ren, der Käufer zum oberen Preislimit durchsetzen (vgl. Art. 25 Abs. 2; Witz, 242).

d) Einigung über den Kaufgegenstand

Der nicht von vornherein bestimmte Kaufgegenstand muss – wie der Kaufpreis – nach der 50
vertraglichen Abmachung zumindest bestimmbar sein, sei es nach einem objektiven Kriterium (zu liefern sind z.B. die in einem bestimmten Zeitpunkt vorhandenen Früchte auf dem Gut des Verkäufers), sei es dadurch, dass dem Verkäufer, dem Käufer oder einem Dritten die Auswahl der zu liefernden Gegenstände überlassen wird (SJZ 1962, 40). Welche Gegenstände vom Verkäufer schliesslich zu übergeben sind, muss, wie das obige Klammer-Beispiel zeigt, im Zeitpunkt des Vertragsabschlusses noch nicht bestimmbar sein. Es genügt Bestimmbarkeit zur Zeit der Erfüllung. Diese Frage bildete früher allerdings eine interessante Rechtsprechungskontroverse: Vor der Novelle über das Vorauszahlungsrecht kamen verschiedentlich Möbelverkäufe vor, bei denen dem Vorauszahlungskäufer das Recht eingeräumt wurde, bei Fälligkeit seiner Forderung aus dem dannzumal gegebenen Möbelbestand des Verkäufers Stücke bis zum vereinbarten Gesamtkaufpreis auszuwählen. Das OGer ZH verneinte in solchen

Fällen die Bestimmbarkeit des Kaufgegenstandes (ZR 1959, 156 Nr. 66) und hielt an dieser Auffassung vorerst auch fest, nachdem das BGer in BGE 84 II 266 gegenteilig entschieden hatte (vgl. den Sachverhalt von BGE 85 II 402, wo das BGer seine Auffassung bestätigte; zur Kontroverse MEISTER, SJZ 1960, 219 f.). Später schloss sich das OGer ZH der bundesgerichtlichen Auffassung an, sicher zu Recht (nähere Begründung in der Voraufl.). Nicht hierher gehört die Frage, ob Verträge der umschriebenen Art mit Art. 27 ZGB und andern Bestimmungen betr. die vertragliche Inhaltskontrolle vereinbar sind (vgl. dazu z.B. BGE 84 II 266, 276 E. 4; 85 II 402, 412 E. 3 [Art. 21]).

Auch beim Grundstückkauf genügt blosse Bestimmbarkeit des zu übereignenden Grundstücks (illustrativ BGE 118 II 32; ferner 95 II 309 und BGer, 27. 1. 2014, 4A_428/2013). Daher sind auch Gattungskäufe möglich (s. die eben erwähnten Entscheide).

e) Nachträgliches Scheitern der Bestimmung von Kaufpreis oder Kaufgegenstand

51 1. Haben die Parteien den Kaufpreis (Kaufgegenstand) im Kaufvertrag nicht bestimmt, sondern nur die Kriterien angegeben, nach denen er später zu bestimmen ist, so besteht die Gefahr, dass die nachträgliche Bestimmung scheitert, z.B. weil der Dritte, der die Preisbestimmung vornehmen sollte, gestorben ist, oder weil – beim Kauf auf Abruf – der abrufberechtigte Käufer den Abruf unterlässt. Das schweizerische Recht enthält für solche Tatbestände **keine speziellen Regeln** (vgl. demgegenüber für das deutsche Recht §§ 264, 315 ff. BGB, § 375 HGB). Es kommen daher grundsätzlich die allgemeinen Bestimmungen zur Anwendung, allenfalls ergänzt um Richterrecht (vgl. BGE 42 II 225; 110 II 148 = Pra 1984, 479).

52 2. Hat ein Dritter den Preis zu bestimmen und nimmt er die Bestimmung nicht vor, so liegt **Unmöglichkeit** vor (Art. 97/119), und der Vertrag fällt dahin (PKG 1962, 46 Nr. 9 = SJZ 1963, 172; BK-BECKER, N 14), sofern es den Parteien darauf ankam, dass gerade jener Dritte den Preis bestimmt; richterliches Eingreifen wäre hier vom hypothetischen Parteiwillen nicht gedeckt und daher mit dem Prinzip der Privatautonomie nicht zu vereinbaren (s.o. N 44). Anders, wenn die Parteien der Preisbestimmung gerade durch den betreffenden Dritten keine entscheidende Bedeutung beigemessen haben; diesfalls ist der Richter zur Preisbestimmung befugt (vgl. § 319 BGB; WITZ, 253).

53 Das eben in N 52 Gesagte gilt entsprechend, wenn in der Preisvereinbarung – etwa bei Sukzessivlieferungsverträgen – auf einen Index abgestellt wird und dieser in der Folge funktionsunfähig wird (vgl. den bei WITZ, 262, referierten Fall). Ob der Richter die «frustrierte Preisvereinbarung» im Wege der Vertragsergänzung ersetzen darf, entscheidet sich also wiederum nach dem Kriterium der Privatautonomie.

54 3. Unterlässt der Käufer beim **Spezifikationskauf** die nötige Bestimmung des Kaufgegenstandes, so geht das Spezifikationsrecht unter gewissen Voraussetzungen auf den Verkäufer über (BGE 110 II 148; 42 II 225; s.a. Art. 211 N 16). Unter Umständen muss sich allerdings der Verkäufer mit blossen Schadenersatzansprüchen begnügen (vgl. SJZ 1962, 41 E. 5).

V. Pflichten des Verkäufers

1. Pflicht zur Übergabe des Kaufgegenstandes

55 1. Der Verkäufer hat dem Käufer den Kaufgegenstand zu «übergeben» (und ihm das Eigentum daran zu verschaffen, N 60 ff.). Übergabe ist nicht identisch mit Besitzverschaffung, sondern bedeutet **Verschaffung des Gewahrsams**: Dem Käufer muss die Möglichkeit eingeräumt werden, tatsächlich über die Sache zu verfügen (KOLLER A., OR BT, § 3 N 29). Besitzanweisung (Art. 924 Abs. 1 ZGB) an den Käufer genügt daher nicht, solange dieser die Sache vom Dritten, der den unmittelbaren Besitz hat, nicht herausverlangen kann; so ist beim

Tatbestand des Art. 261 der Grundstückkaufvertrag nicht erfüllt, solange der Käufer den Mieter im Mietobjekt belassen muss (ähnlich CAVIN, SPR VII/1, 21). Indes unterliegt die Übergabepflicht insofern der Parteidisposition, als sich der Käufer mit einer Besitzanweisung ohne Einräumung des tatsächlichen Gewahrsams einverstanden erklären kann (vgl. LARENZ, II/1, 22). Im Falle des Besitzeskonstituts verzichtet der Käufer vorderhand auf eine Übergabe, indem er dem Verkäufer die Sache gestützt auf ein besonderes Rechtsverhältnis (z.B. Miete) belässt; die Übergabe wird damit vertraglich hinausgeschoben, was zulässig ist. Bei Beendigung des «besonderen Rechtsverhältnisses» konkretisiert sich der kaufvertragliche Übergabeanspruch (**a.A.** wohl ZK-OSER/SCHÖNENBERGER, N 41, die annehmen, der mit dem Besitzeskonstitut verbundene Verzicht auf den kaufvertraglichen Übergabeanspruch sei definitiv); daneben hat der Käufer einen nicht-kaufvertraglichen obligatorischen Herausgabeanspruch (z.B. Art. 267), zudem kann er vindizieren (Art. 641 ZGB), da ihm das Besitzeskonstitut – Gültigkeit des Kaufvertrags unterstellt – das Eigentum an der Kaufsache verschafft.

Die Übergabepflicht ist – andere Vereinbarung vorbehalten – erst dann erfüllt, wenn der Käufer den unmittelbaren Besitz tatsächlich erlangt hat und damit der vom Verkäufer geschuldete Erfolg eingetreten ist; «also nicht schon dann, wenn dieser die Ware abgesandt hat, mag die von ihm geschuldete Tätigkeit, wie beim ‹Versendungskauf›, damit auch abgeschlossen sein» (LARENZ, II/1, 22).

Werden für die Kaufsache **Warenpapiere** i.S.v. Art. 925 ZGB ausgestellt, «so gilt die Übertragung einer solchen Urkunde als Übertragung der Ware selbst» (Abs. 1). Das ist missverständlich: Die Übertragung des Papiers ist «nichts anderes als die wertpapiermässig ausgestaltete Besitzanweisung des Art. 924 Abs. 1 ZGB» (ZK-HOMBERGER, Art. 925 ZGB N 6), durch welche dem Käufer der mittelbare Besitz (und damit regelmässig auch das Eigentum an der Kaufsache) verschafft wird, nicht aber der unmittelbare Besitz. Die Übergabe des Papiers ist somit nicht der Übergabe der Sache i.S.v. Art. 184 Abs. 1 gleichzustellen; gelingt es dem Käufer nicht, sich die Ware zu beschaffen (z.B. beim Tatbestand von Art. 925 Abs. 2 ZGB), so ist der Kaufvertrag nicht erfüllt. Vorbehalten bleiben freilich andere Vereinbarungen. **56**

Der Verkäufer hat die *verkaufte* Sache zu übergeben. Eine **Aliudlieferung** braucht der Käufer nicht anzunehmen, grundsätzlich auch keine Teilleistung (Art. 69), ebenso wenig eine Zuvielleistung (SJZ 1916, 235 Nr. 198). Hat der Verkäufer den Kaufgegenstand aus einem Sortiment Waren auszuwählen, darf er dem Käufer nicht das ganze Sortiment zustellen, damit dieser die Ausscheidung vornehme (vgl. ZBJV 1902, 403 Nr. 49). Ganz allgemein darf der Verkäufer die Übergabe nicht von vertragswidrigen Bedingungen abhängig machen, so z.B. nicht von der Zahlung des Kaufpreises Zug um Zug, wenn er vorleistungspflichtig ist (vgl. BGE 52 II 137, 140 f.). Vgl. auch N 92. **57**

Zur Frage, wer die **Kosten der Übergabe** zu tragen hat, vgl. Art. 188 f. **58**

2. Art. 184 bezieht sich unmittelbar nur auf körperliche Sachen, da nur solche «übergeben» werden können. Bei **Forderungen** und andern Rechten kann eine Übergabe naturgemäss nicht stattfinden. Rechte können jedoch in verschiedener Weise mit Sachbesitz verknüpft sein. Die damit verbundenen Besitzverschaffungsprobleme sind gesetzlich weitgehend ungeregelt: a) Ist ein beschränktes dingliches Recht verkauft, das zum Besitz der Sache berechtigt (z.B. Nutzniessung), so ist diese Sache zu übergeben (vgl. Art. 751 ZGB). b) Anders, wenn eine Forderung auf eine Sachlieferung verkauft ist; hier ist nur das Recht, nicht aber die Sache zu verschaffen; erlangt allerdings der Käufer den Sachbesitz nicht, wird der Verkäufer u.U. gewährleistungspflichtig (vgl. Art. 171/173). c) Ist das verkaufte Recht in einer Urkunde (Wertpapier) verkörpert, so setzt die Verschaffung des Rechts die Übergabe der Urkunde voraus; die Übergabepflicht geht in der Pflicht zur Rechtsverschaffung auf. Zur Haftung bei Mängeln des Papiers (die Theaterkarte ist z.B. eingerissen, so dass sie ihre Legitimationsfunktion nicht mehr zu erfüllen vermag; vgl. MEDICUS/LORENZ, BT, N 367). d) Besteht über eine Forderung eine Beweisurkunde, ist diese herauszugeben (Art. 170 Abs. 2). Dem Käufer soll **59**

damit die Rechtsausübung erleichtert werden. Aus dem gleichen Grund hat etwa im Fall der Abtretung der Kundschaft der Verkäufer eine Kundenkartei herauszugeben, mag dies auch nicht ausdrücklich vereinbart sein.

2. Pflicht zur Eigentumsverschaffung

60 1. Der Verkäufer ist verpflichtet, dem Käufer «das Eigentum» am Kaufgegenstand «zu verschaffen». Diese auf körperliche Sachen zugeschnittene Formulierung ist dahin zu verallgemeinern, dass der Verkäufer dem Käufer das verkaufte Recht (Eigentum, Forderung usw.) zu verschaffen hat. Wo faktische (nicht rechtliche) Vorteile den Kaufgegenstand bilden, hat der Verkäufer dafür zu sorgen, dass dem Käufer dieser Vorteil zukommt; eine Zweiteilung der Verkäuferpflicht, wie sie für körperliche Sachen vorgesehen ist (Pflicht zur Besitz- und Rechtsverschaffung), erübrigt sich diesfalls weitgehend.

61 2. Was der Verkäufer zwecks Übertragung des Eigentums vorzukehren hat, ist kein spezifisch kaufrechtliches Problem. Es gelten die **allgemeinen Regeln der Eigentumsübertragung**.

62 a) Bei **Grundstücken** hat der Verkäufer somit die Grundbuchanmeldung abzugeben; der Anmeldung entgegenstehende Hindernisse hat er zu beseitigen (LARENZ, II/1, 25). So hat z.B. die Erbengemeinschaft, welche die hinterlassene Liegenschaft verkauft hat, aber noch nicht im Grundbuch eingetragen und daher formal nicht veräusserungsbefugt ist, ihre eigene Eintragung zu veranlassen. Und der Verkäufer einer Teilparzelle hat dafür zu sorgen, dass ein entsprechendes Grundstück ins Grundbuch aufgenommen wird (vgl. BGE 111 II 487, 499).

63 b) Der **Fahrnisverkäufer** hat den Kaufgegenstand zu übergeben (d.h. den unmittelbaren Besitz einzuräumen) oder aber, wo dafür Raum ist, einen Besitzvertrag (Besitzeskonstitut usw.) mit dem Käufer zu schliessen.

Die Sachübergabe als solche verschafft allerdings das Eigentum noch nicht. Es muss der übereinstimmende Wille der Parteien dazukommen, die Sache zu Eigentum zu übertragen. Auf eine derartige Abrede («dinglicher Vertrag», LIVER, SPR V/1, 319 f.) ist zu schliessen, wenn nach den Umständen anzunehmen ist, die Sachübergabe erfolge in Erfüllung des Kaufvertrags (und nicht z.B. leihweise). Der **dingliche Vertrag** entscheidet nicht nur über das «Ob», sondern auch über das «Wann» des Eigentumsübergangs (Einschränkung in N 64). Ausgehend von der Überlegung, dass er der Erfüllung des Kaufvertrags dient, darf mangels anderer Anhaltspunkte angenommen werden, die Eigentumsübertragung solle auf den hier (im Kaufvertrag) festgelegten Zeitpunkt erfolgen. Ist ein solcher Zeitpunkt nicht bestimmt, geht das Eigentum sofort mit der Sachübergabe über. Diese Grundsätze liegen der Entscheidung BGE 55 II 302 zugrunde: Im Kaufvertrag war der 1. Juli für die Besitz- und Eigentumsübertragung abgemacht. Der Kaufgegenstand wurde dann jedoch ein paar Tage früher übergeben. Es war unstreitig, dass die Übergabe in Erfüllung des Kaufvertrags erfolgt war; die Besitzverschaffung diente somit dem Eigentumserwerb des Käufers. Fraglich war hingegen, ob das Eigentum sofort übergegangen war. Das BGer hat dies verneint, weil nach den Umständen nicht anzunehmen war, dass die Parteien in ihrem «dinglichen Vertrag» den Eigentumsübergang gegenüber dem Kaufvertrag vorverschieben wollten.

64 Zu beachten ist, dass die Übergabe einer Sache, an welcher sich der Verkäufer das **Eigentum** bis zur Kaufpreiszahlung **vorbehält**, trotz dieser Abrede das Eigentum übergehen lässt, sofern der Vorbehalt nicht im Eigentumsvorbehaltsregister eingetragen ist. Das Gesetz misst hier der Übergabe eine von den Parteien nicht gewollte Rechtswirkung bei (KOLLER A., OR AT, § 3 N 16 f.). Anders verhält es sich dort, wo der Kaufsabschluss erst *nach* der Übergabe der Sache erfolgt und abgemacht ist, das Eigentum solle – durch brevi manu traditio – erst *mit der Kaufpreiszahlung* auf den Käufer übergehen; hier geht das Eigentum erst mit der Zahlung über (BGE 56 II 203; dazu VON BÜREN, BT, 57 FN 246 und HINDERLING, SPR V/1, 433 FN 15).

Die Auffassung, wonach die Besitzübertragung ihrem Wesen nach einen dinglichen Vertrag beinhaltet, dürfte der heute herrschenden Auffassung entsprechen (vgl. LIVER, SPR V/1, 318 FN 3; dieser dingliche Vertrag soll aber nicht der «dinglichen Einigung» i.S.v. § 929 BGB entsprechen [REY, Sachenrecht, N 1705 ff.], was zweifelhaft scheint, hier aber offen bleiben kann). **Anderer Ansicht** ist BK-GIGER (N 12), der lehrt, der Übereignungswille sei Wesensmerkmal des obligatorischen Grundgeschäfts (Kauf) und genüge «als Basis für die im Eigentumsübergang zu erblickende dingliche Perfektion». Der Kaufvertrag wäre somit gleichzeitig Verpflichtungs- und Verfügungsgeschäft, er würde beides (gedanklich getrennt) in sich vereinigen. «Die Erklärung des Verkäufers müsste dann sinngemäss so interpretiert werden: Ich verpflichte mich, Dir das Eigentum zu verschaffen (Verpflichtungsmoment), und übertrage es Dir hiermit (Verfügungsmoment) – vorbehältlich der Übergabe» (LARENZ, II/1, 20 f.). Diese Konstruktion dürfte praktisch keine unterschiedlichen Ergebnisse zeitigen (vgl. SUTTER-SOMM, SPR V/1, N 945). Sie scheint jedoch für den Normalfall gekünstelt, weil die Meinung des Verkäufers bei Abschluss des Kaufvertrags – von Ausnahmen (Handgeschäft, brevi manu traditio) abgesehen – nicht dahin geht, er übertrage (bedingtes) Eigentum, sondern er werde künftig Besitz und Eigentum übertragen. **65**

c) Bildet Kaufgegenstand eine **Forderung**, hat der Verkäufer dieselbe zu zedieren (Art. 164 ff.). Bei Wertpapierforderungen und anderen in Wertpapieren verkörperten Rechten richtet sich die Übertragung des Rechts nach Wertpapiergrundsätzen (vgl. CAVIN, SPR VII/1, 9). Ganz generell gilt, wie bereits erwähnt, dass der Verkäufer von Rechten dem Käufer das Recht nach den jeweils einschlägigen, nicht spezifisch kaufrechtlichen Regeln zu übertragen hat; so sind z.B. Personaldienstbarkeiten analog Art. 164 ff. zu übertragen. **66**

3. *Ist der Verkäufer Eigentümer der Kaufsache*, kann die **Rechtsverschaffungspflicht** nach den üblichen Regeln auf dem Rechtsweg **durchgesetzt** werden. Für den Grundstückkauf ist auf die spezielle Bestimmung von Art. 665 Abs. 1 ZGB hinzuweisen. Danach kann sich der Käufer das Eigentum gerichtlich zusprechen lassen (vgl. KOLLER A./SCHNYDER, Grundstückkauf, § 4 N 25 ff.). Der obsiegende Käufer erwirbt das Eigentum mit Rechtskraft des Urteils, kann jedoch über das Grundstück erst mit der Grundbucheintragung verfügen (Art. 656 Abs. 2 ZGB; ohne Art. 665 ZGB könnte der Käufer nur auf Abgabe der Grundbuchanmeldung durch den Verkäufer bzw. die richterliche «Ersatzvornahme» [Art. 236 Abs. 3 ZPO i.V.m. Art. 344 Abs. 2 ZPO] klagen und würde erst mit der Eintragung im Grundbuch Eigentümer). **67**

Ist der Verkäufer nicht Eigentümer der Kaufsache, wird die Rechtsverschaffungspflicht durch Art. 192 ff. modifiziert. Diese Bestimmungen sind in den grösseren Zusammenhang zu stellen: Gelingt es dem Verkäufer nicht, die Kaufsache zu liefern, stehen dem Käufer die ordentlichen Nichterfüllungsregeln (Art. 97 ff.) zu Gebote (N 40). Wird hingegen die Sache geliefert, ist der Käufer auf die Eviktionshaftung von Art. 192 ff. beschränkt: Er kann den Verkäufer nach diesen Bestimmungen von vornherein nur dann belangen, wenn der Dritteigentümer die Kaufsache herausverlangt. Bleibt er hingegen im Besitz der Sache, stehen ihm nach Art. 192 ff. keine Ansprüche zu. Folgt man allerdings der Ansicht, wonach Art. 24 Abs. 1 Ziff. 4 (Grundlagenirrtum) alternativ zur Rechtsgewährleistung angerufen werden kann (HONSELL, Vor Art. 192–210 N 7), so wird im Ergebnis doch erreicht, dass der Verkäufer für das Nichtverschaffen des Eigentums einzustehen hat (vgl. BGE 109 II 319; dazu KOLLER A., OR BT, § 4 N 119).

Dass die Rechtsverschaffungspflicht durch Art. 192 ff. «dementiert» wird, wie VON BÜREN (BT, 15), MEILI (SJZ 1974, 311) und andere annehmen, lässt sich nach dem Vorstehenden nicht sagen.

4. Die **Sicherung des Anspruchs** auf Eigentumsübertragung ist namentlich beim Grundstückkauf von Bedeutung. Hier hat der Käufer die Möglichkeit der vorsorglichen Verfügung nach Art. 960 Abs. 1 Ziff. 1 ZGB (einlässlich dazu KOLLER A./SCHNYDER, Grundstückkauf, § 4 N 41 ff.). **68**

69 5. Der Verkäufer hat dem Käufer – mit der Einschränkung von Art. 192 Abs. 2 – das **Vollrecht** zu verschaffen, also z.B. unbelastetes, d.h. von beschränkten dinglichen Rechten und Realobligationen freies Eigentum. Der Verkäufer hat derartige Rechte bzw. Lasten zu beseitigen (z.B. indem er einen Mietvertrag, der sonst auf den Käufer übergehen würde [Art. 261], rechtzeitig kündigt). Bei Verletzung dieser Pflicht hat der Käufer allerdings bloss die Ansprüche aus Art. 192 ff. (Eviktionshaftung).

3. Nebenpflichten

70 1. Der nicht einheitlich verwendete Begriff der Nebenpflichten wird hier als **Sammelbegriff** für alle Verkäuferpflichten verstanden, die nicht unter die Hauptpflicht zur Besitz- und Eigentumsverschaffung subsumiert werden können. Derartige Nebenpflichten können einen sehr unterschiedlichen Inhalt aufweisen (BK-GIGER, N 52 ff., 114 ff.; GUHL/KOLLER/SCHNYDER/DRUEY, § 2 N 26 ff.). Sie sind z.T. ausdrücklich im Gesetz vorgesehen (z.B. Art. 170 Abs. 2, Art. 188, 204 Abs. 3), gelegentlich werden sie auch rechtsgeschäftlich vereinbart. In erheblichem Ausmass leiten sie sich jedoch aus Treu und Glauben (Art. 2 ZGB) ab (vgl. etwa BGE 116 II 431, 434; 132 II 161, 168; KOLLER A., OR AT, § 14 N 153 f.). So ist der Verkäufer namentlich verpflichtet, alles zu tun, um die Pflicht zur Besitz- und Eigentumsverschaffung richtig erfüllen zu können und dem Käufer den Genuss des Leistungserfolgs zu verschaffen; daraus resultiert etwa die Pflicht eines Pferdeverkäufers, verkaufte Tiere bis zur Übergabe zu füttern.

71 2. Ob solche Nebenpflichten **klagbar** sind, entzieht sich allgemeiner Aussage. Eine deutsche Lehrmeinung, der sich MERZ (SPR VI/1, 69) angeschlossen hat, will den Bereich der die Leistung vorbereitenden und sichernden Nebenpflichten (s. N 70 a.E.) von der Klagbarkeit ausklammern, diese im Übrigen aber dann bejahen, wenn ein Rechtsschutzbedürfnis besteht und das verlangte Verhalten überhaupt derart konkretisierbar ist, dass es in die Form eines Klagebegehrens gebracht werden kann (vgl. GERNHUBER, Schuldverhältnis, 25 m.w.Nw.). In dieser letzteren Hinsicht ist der besagten deutschen Lehre zu folgen (klagbar ist daher z.B. die Pflicht, Beweismittel über eine verkaufte Forderung herauszugeben [Art. 170 Abs. 2]). Nicht recht einsichtig ist hingegen, weshalb die der Leistungsvorbereitung und Leistungssicherung dienenden Nebenpflichten vom Rechtsschutz ausgeschlossen sein sollen. In der Praxis stellt sich freilich die Frage deshalb mit geringer Virulenz, weil andere Mittel zur Sicherung des Leistungsanspruchs zur Verfügung stehen, so z.B. Grundbuchsperre, vorsorgliche Verfügungsbeschränkung nach Art. 960 Abs. 1 Ziff. 1 ZGB, richterliches Veräusserungsverbot (vgl. SJ 1962, 209 ff.), generell der einstweilige Rechtsschutz (vgl. STÜRNER, JZ 1976, 390 f.). Deshalb jedoch die fraglichen Nebenpflichten von der Klagbarkeit generell auszuschliessen, rechtfertigt sich m.E. nicht.

72 3. Von der Frage der Klagbarkeit ist die weitere Frage zu sondern, ob eine Nebenpflicht **in** das vertragliche **Synallagma einbezogen** ist oder nicht. Die Unterscheidung ist von Bedeutung im Hinblick auf Art. 82 und 107 ff., denen allein die synallagmatisch verknüpften Pflichten unterstellt sind. Kann z.B. der Käufer den Kaufpreis (oder einen Teil davon) zurückbehalten, solange beim Kauf mit Montagepflicht die Montage nicht ausgeführt ist? Eine allgemeine Antwort auf derartige Fragen ist nicht möglich. Schweigt die vertragliche Abrede, ist massgeblich auf die Bedeutung der Nebenpflicht im Vertragsganzen abzustellen. Im obigen Bsp. wird man mangels anderer Anhaltspunkte im Vertrag nicht nur die Pflicht zur Lieferung, sondern auch die Pflicht zur Montage mit dem ganzen Entgelt als synallagmatisch verknüpft ansehen. Der Käufer kann somit vor der Montage den ganzen Kaufpreis zurückbehalten. Doch steht es den Parteien frei, nur ein teilweises Rückbehaltungsrecht vorzusehen, wie es auch möglich ist, die Montage aus dem Synallagma überhaupt herauszunehmen und damit dem *Käufer die Möglichkeit zu nehmen*, nach der Lieferung, aber vor der Montage, auch nur einen Teil des Kaufpreises zurückzubehalten (GERNHUBER, Schuldverhältnis, 323; vgl. auch das Bsp. in N 50). Vgl. zur Problematik BK-WEBER, Art. 82 N 91 m.w.Nw.; MERZ, SPR VI/1,

69 f.; und aus der Rsp. BGE 78 II 32, 37; ZBJV 1976, 305; 1949, 191 (wo jeweils ein synallagmatischer Zusammenhang hinsichtlich klagbarer Nebenpflichten verneint wurde) und BGE 127 III 199 (wo im Rahmen eines Unternehmenskaufs unausgesprochen davon ausgegangen wurde, dass die Nebenpflicht des Verkäufers zur Löschung seines Namens im Handelsregister mit der Pflicht des Käufers zur Kaufpreiszahlung synallagmatisch verknüpft sei).

Zur Frage synallagmatischer Verknüpfung s. weiter N 96 f. sowie – betr. die Annahmepflicht aus Art. 211 – N 11, 18 zu dieser Bestimmung. 73

Synallagmatisch verknüpfte Nebenpflichten werden häufig als Hauptpflichten bezeichnet (Gernhuber, Schuldverhältnis, 18 FN 33). Auf diese Terminologie wird hier verzichtet. 74

4. Die **Verletzung** von Nebenpflichten kann Haftungsfolgen nach Art. 97 auslösen (z.B. BGE 122 III 106); u.U. verschafft sie auch einen Anspruch auf Vertragsauflösung (vgl. z.B. ZR 1947, 302). Beim Tatbestand des Verzugs kommen allenfalls auch die Art. 107–109 zum Tragen (s. N 72). Einzelheiten bei Koller A., OR AT, § 58. 75

In der Praxis bereitet es mitunter Mühe festzustellen, ob eine Nebenpflicht verletzt wurde oder ein Sachmangel vorliegt (vgl. BGE 96 II 115). Weiteres bei ZK-Schönle, N 185.

5. Zu der nicht immer leichten Unterscheidung der Nebenpflichten von den **Obliegenheiten** vgl. BK-Giger, N 153 f. und – teilweise abw. – Koller A., OR AT, § 2 N 89 ff.; zur Rechtsnatur der Annahmepflicht i.S.v. Art. 211 s. N 4 ff. zu dieser Bestimmung. 76

VI. Käuferpflichten

1. Pflicht zur Kaufpreiszahlung

1. Das Wesentliche wurde schon bei der Begriffsbestimmung des Kaufs gesagt: Der Kaufpreis besteht in **Geld**, sei es Währungsgeld, sei es Buchgeld. Von Gesetzes wegen ist Währungsgeld geschuldet. Unter welchen Voraussetzungen der Käufer mit Buchgeld zahlen darf, richtet sich nach den allgemeinen Grundsätzen. Diese sind freilich umstritten (s. im Einzelnen Koller A., OR AT, § 41 N 49 ff. m.w.Nw.). Das BGer folgt meist der sog. Verbotstheorie (vgl. z.B. BGE 55 II 200; SJ 1997, 253). Eine Zahlung mit Buchgeld ist also schon immer dann zulässig, wenn der Gläubiger (Verkäufer) ein Post- oder Bankkonto unterhält und sich nicht ausdrücklich Zahlung in bar ausbedungen hat (abw. ZWR 1967, 424 ff. [Ermächtigungstheorie], dazu Koller A., OR AT, § 41 N 52). 77

2. Ist ein in der Schweiz zahlbarer Kaufpreis in einer **ausländischen Währung** ausgedrückt, so ist der Käufer trotzdem berechtigt, in Schweizer Währung zu bezahlen, «sofern nicht durch den Gebrauch des Wortes ‹effektiv› oder eines ähnlichen Zusatzes die wortgetreue Erfüllung des Vertrages ausbedungen ist» (Art. 84 Abs. 2). Diese Umrechnungsbefugnis steht nur dem Käufer, nicht auch dem Verkäufer zu. Dieser hat also kein Recht auf Zahlung in Schweizer Franken (BGE 134 III 151, 154; ZR 2010, 71). Einzelheiten zu Art. 84 Abs. 2 bei Koller A., OR AT, § 41 N 27 ff. und in der Kommentarliteratur. 78

3. Der Käufer kann schon im Kaufvertrag oder nachträglich ermächtigt werden, eine **Leistung erfüllungshalber** zu erbringen (z.B. BGE 119 II 227 [«WIR-Geld»]). Das Gesetz regelt diesen Vorgang nicht. Da auch die Parteien auf eine detaillierte Vertragsordnung meist verzichten, ist die Rechtslage weitgehend im Wege der Vertrags- und Gesetzesergänzung zu ermitteln. In allgemeiner Weise kann dies hier nicht geschehen. Es soll nur auf das (Dokumenten-)Akkreditiv, das praktisch ausschliesslich im Kaufrecht zur Verwendung gelangt, hingewiesen werden (zur «Zahlung» mittels Checks und Kreditkarte s. Walter, 293 f.). 79

Ausgangslage beim grenzüberschreitenden **Akkreditiv**, das die Regel bildet, ist ein Kaufvertrag zwischen einem Exporteur (Verkäufer) und einem Importeur (Käufer). Darin verpflichtet sich der Käufer, eine Bank anzuweisen, den vereinbarten Kaufpreis gegen Vorlegung und Prü- 80 fung bestimmter Dokumente (z.B. Warenpapiere i.S.v. Art. 925 ZGB; ULRICH, 16 ff.) an den Verkäufer auszubezahlen, und der Verkäufer verpflichtet sich zur Einreichung der betreffenden Dokumente (Akkreditivklausel). Das Akkreditiv ist gestellt, wenn die Bank die Anweisung i.S.v. Art. 468 angenommen hat. Dadurch erhält der Verkäufer (Anweisungsempfänger) gegenüber der Bank einen eigenständigen (bedingten) Zahlungsanspruch. Falls nicht anders abgemacht (und damit im Normalfall), erfolgt die Zahlung per Akkreditiv nur erfüllungshalber. Der Verkäufer kann daher grundsätzlich auf die Kaufpreisforderung zurückgreifen, falls er aus dem Akkreditiv keine Befriedigung erlangt (andernfalls geht die Kaufpreisforderung unter). Solange jedoch Befriedigung aus dem Akkreditiv noch möglich ist, ist die Kaufpreisforderung «gehemmt»: Der Verkäufer kann nicht gegen den Käufer vorgehen, auch nicht in der Weise, dass er die Kaufpreisforderung zur Verrechnung stellt (vgl. ULRICH, 74 FN 20).

In der Regel wird neben der akkreditiveröffnenden Bank noch eine weitere Bank in die Zahlungsabwicklung eingeschaltet, eine sog. Korrespondenzbank (ULRICH, 11). Das Akkreditiv kann widerruflich oder unwiderruflich gestellt werden; Letzteres ist häufiger, da es dem Sicherungsbedürfnis des Verkäufers besser entspricht (ULRICH, 29).

Nähere Bestimmungen finden sich in den «Einheitliche(n) Richtlinien und Gebräuche(n) für Dokumentenakkreditive» (ERG); dazu ULRICH, passim. Eingehend zum Akkreditiv KOLLER TH., Anhang zum 18. Titel.

81 4. Die **Beweislast** für die Bezahlung des Kaufpreises trägt der Käufer. Dies gilt auch beim Handkauf, doch spricht u.U. eine natürliche Vermutung für Bezahlung, «wenn es sich um Geschäfte handelt, die regelmässig nur gegen sofortige Bezahlung abgeschlossen werden» (ZK-OSER/SCHÖNENBERGER, N 12).

2. Nebenpflichten

82 Das N 70 ff. hinsichtlich der Nebenpflichten des Verkäufers Gesagte gilt für die Nebenpflichten des Käufers entsprechend. Doch spielen diese praktisch eine geringere Rolle. Im Vordergrund steht die Pflicht zur Annahme der Kaufsache (Art. 211), die allerdings z.T. als Obliegenheit aufgefasst wird (Art. 211 N 4); zur Frage, ob sie ins Synallagma eingebaut ist, s. Art. 211 N 11, 18, zur Frage der Klagbarkeit s. Art. 211 N 11 (zum deutschen Recht vgl. GERNHUBER, Schuldverhältnis, 19, 322). Weitere (mögliche) Nebenpflichten des Käufers ergeben sich aus Art. 188, 189, 204 Abs. 1 sowie 204 Abs. 3. Rechtsgeschäftlich wird oft die Pflicht zur Akkreditivstellung begründet. Diese ist ins Synallagma einbezogen, so dass der Verkäufer, solange das Akkreditiv nicht gestellt ist, selbst nicht zu leisten braucht (Art. 82; ZBJV 1955, 489) und nach Massgabe von Art. 107 ff. den Kaufvertrag auflösen kann (zur Frage, ob allenfalls Art. 214 Platz greift, s. N 10 zu dieser Bestimmung). Die Prüfungs- und Rügeobliegenheit des Käufers kann als Rechtspflicht ausgestaltet und ins Synallagma einbezogen werden (vgl. RGZ 92, 268). Weiteres bei BK-GIGER, N 198 ff.; Art. 188 N 16.

VII. Erfüllung des Kaufvertrags. Nichterfüllung

1. Allgemeines

83 1. Für den Kauf gelten die allgemeinen Erfüllungsregeln, so etwa, was die Leistung durch Dritte (Art. 68) oder die Zulässigkeit von Teilleistungen (Art. 69) anbelangt. Eine besondere Regel (Art. 213) gilt der Fälligkeit des Kaufpreises, eine weitere (Art. 184 Abs. 2) dem schon in Art. 82 ausgesprochenen Zug-um-Zug-Prinzip (s. dazu N 89 ff.). Nachstehend wird zunächst auf den Erfüllungsort eingegangen, da und soweit dies für den Gang der weiteren Kommentierung nötig erscheint.

84 2. **Erfüllungsort**. Vorab drängen sich terminologische Klarstellungen auf: Erfüllungsort (Leistungsort) ist der Ort, an dem der Schuldner seine Leistungshandlung vorzunehmen hat,

damit er richtig erfüllt (KOLLER A., OR AT, § 38 N 2). Davon zu unterscheiden ist der Ort, an dem der Leistungserfolg eintreten soll (Erfolgsort). Bei der Holschuld liegen Leistungs- und Erfolgsort beim Schuldner, bei der Bringschuld hingegen liegen sie beim Gläubiger. Eine Mittelstellung nimmt die Versendungsschuld ein, indem hier der Leistungsort beim Schuldner liegt, der Erfolgsort beim Gläubiger.

Der Erfüllungsort ist für die Kaufpreisschuld bzw. die Pflicht zur Besitz- und Eigentumsverschaffung je gesondert zu bestimmen (zu den daraus entstehenden Problemen bei Verwirklichung der Zug-um-Zug-Regel s.u. N 98): 85

a) Die **Kaufpreisschuld** ist – wie grundsätzlich jede Geldschuld (Art. 74 Abs. 2 Ziff. 1) – **Bringschuld**, sofern die Parteien keine andere Abrede getroffen haben. Erfüllungsort ist somit der Wohnsitz des Verkäufers zur Zeit der Erfüllung. Der Käufer wird erst befreit, wenn das Geld beim Verkäufer eingegangen ist (bei bargeldloser Überweisung ist Erfüllungszeitpunkt regelmässig der Moment, in dem der Kaufpreis dem Verkäufer gutgeschrieben wird; Genaueres bei GAUCH/SCHLUEP/SCHMID/EMMENEGGER, N 2320 ff.; s.a. schon N 77). Das Risiko eines Geldverlustes trägt bis zu jenem Zeitpunkt der Käufer; er muss nachliefern, wenn es nicht zur Erfüllung kommt. Zum Erfüllungsort nach WKR s. N 98 a.E. 86

b) Die **Besitzverschaffungspflicht** des Verkäufers ist nach der gesetzlichen Dispositivregel **Holschuld**: Erfüllungsort ist bei Speziesschulden entweder der Ort, wo sich die Sache zur Zeit des Vertragsabschlusses befand (Art. 74 Abs. 2 Ziff. 2) oder wo der Verkäufer damals seinen Wohnsitz hatte (Art. 74 Abs. 2 Ziff. 3); bei Gattungsschulden gilt generell Art. 74 Abs. 2 Ziff. 3 (was in BGE 84 II 158, 162 = Pra 1958, 324 übersehen wurde). Ausser beim Handkauf ist es jedoch unüblich, dass der Käufer die Sache am Erfüllungsort abholt. Bei Distanzgeschäften wird meist abgemacht, dass der Verkäufer die Versendung der Sache zum Geschäftssitz oder Wohnort des Käufers übernimmt. Im Handelsverkehr besteht eine entsprechende Übung (ZBJV 1909, 207; HAFNER, Art. 233 aOR N 3). «Dans le doute», sagt ROSSEL (Manuel du droit fédéral des obligations, 1920, 253 N 383 FN 1), «le vendeur doit expédier au domicile commercial de l'acheteur.» Aber nur für eine Versendungsschuld spricht die Vermutung, nicht für eine Bringschuld. Diese setzt eine entsprechende Vereinbarung voraus. Dabei darf die Abrede, wonach der Verkäufer für den Transport besorgt ist, i.A. nicht als Verschiebung des Erfüllungsortes aufgefasst werden (BK-BECKER, Art. 189 N 6); beweisbelastet ist der eine Bringschuld behauptende Käufer. Weiteres zum Versendungskauf (Distanzkauf) in Art. 185 N 13 ff. und Art. 188/189 N 11 f., 14 ff. 87

3. Betreffend **Nichterfüllung** des Kaufvertrags: Es gelten die allgemeinen Regeln (Art. 97 ff.), ergänzt um die Bestimmungen über die Rechts- und Sachgewährleistung (Art. 192 ff., 197 ff.) sowie Sondervorschriften zum Verzug, namentlich beim Handelskauf (Art. 190 f., 214 f.). Zum Verhältnis von Sachgewährleistung und Haftung nach Art. 97 ff. s. HONSELL, Vor Art. 197–210 N 6; zur Bedeutung des Gefahrübergangs für die Sachmängelhaftung s. Art. 185 N 45. Art. 24 Abs. 1 Ziff. 4 kann nach bundesgerichtlicher Ansicht alternativ neben Art. 197 ff. angerufen werden, ausser beim Viehkauf (BGE 114 II 131, 134 ff.); abw. die h.L. (genereller Vorrang des Gewährleistungsrechts), s. KOLLER A., OR BT, § 4 N 225 f. m.w.Nw. 88

2. Leistung Zug um Zug (Art. 184 Abs. 2)

1. Es entspricht dem Wesen synallagmatischer Verträge und der Interessenlage der Parteien, dass die im Austauschverhältnis stehenden Leistungen Zug um Zug zu erbringen sind (vgl. LARENZ, I, 204 f.). Für den Kaufvertrag hält dies Art. 184 Abs. 2 ausdrücklich fest: Der Verkäufer braucht Besitz und Eigentum am Kaufgegenstand nur gegen gleichzeitige Erlegung des Kaufpreises zu übertragen; für den Käufer gilt Entsprechendes. Keine der Parteien ist somit vorleistungspflichtig. 89

90 Ein besonderes Problem stellt sich dann, wenn eine **Leistungspflicht in mehreren Teilschritten zu erfüllen** ist, wie dies etwa für die Erfüllung des Grundstückkaufs von Seiten des Verkäufers zutrifft (Besitz- und Eigentumsverschaffung fallen naturgemäss auseinander). Es stellt sich in einem solchen Fall die Frage, ob die Gegenleistung erst Zug um Zug mit der letzten Erfüllungshandlung zu erbringen oder ob sie auf die einzelnen Erfüllungshandlungen «aufzuteilen» ist. Grundsätzlich gilt Ersteres (vorbehalten sind Rechtsmissbrauchsfälle, vgl. § 320 BGB). Auf den Grundstückkauf bezogen bedeutet dies: Überträgt der Verkäufer vorerst den Besitz, so beschränkt sich die Zug-um-Zug-Regel auf den Austausch von Kaufpreis und Eigentumsübertragung, im andern Fall auf den Austausch von Kaufpreis und Besitzübertragung. Anders gedreht, ist der Verkäufer teilweise – mit Bezug auf die Besitz- oder die Eigentumsverschaffung – vorleistungspflichtig.

91 Im Weiteren ist zu beachten, dass die Eigentumsübertragung bei Grundstücken ein «gestreckter Leistungsakt» ist, indem die Erfüllungshandlung des Verkäufers (Grundbuchanmeldung) der Erfüllungswirkung (Eigentumsübertragung) zeitlich vorangeht. Wie hier die Kaufpreiszahlung mit der Eigentumsübertragung zu verknüpfen ist, lässt sich dem Gesetz nicht entnehmen. In der Praxis entstehen keine Probleme, weil die Parteien den Termin der Zahlung regelmässig vereinbaren. Sollte es hieran einmal fehlen, dürfte es richtig sein, dem Käufer die Kaufpreiszahlung Zug um Zug gegen die Grundbuchanmeldung zuzumuten; das rechtfertigt sich mit Rücksicht auf die neuere bundesgerichtliche Rsp., wonach die einmal abgegebene Grundbuchanmeldung nicht mehr einseitig zurückgezogen werden kann (BGE 115 II 221, 223). Zur Problematik vgl. Medicus, BT (14. Aufl.), N 114.

92 2. Aus der Zug-um-Zug-Regel folgt das in Art. 82 umschriebene **Rückbehaltungsrecht**: Wird eine der Kaufvertragsparteien auf Leistung belangt, so kann sie ihre Leistung zurückbehalten, solange ihr die Gegenleistung nicht angeboten wird. Das Angebot muss gehörig sein und die ganze Leistung umfassen. Eine Teilleistung braucht grundsätzlich nicht angenommen zu werden. Wird aber eine Teilleistung angenommen, so ändert dies am Rückbehaltungsrecht nichts: Es darf nach wie vor die *ganze* Gegenleistung zurückbehalten werden. Daher kann z.B. der Käufer den ganzen Kaufpreis zurückbehalten, wenn ihm die verkaufte Maschine ohne einzelne dazugehörige Teile geliefert wird. Entsprechendes gilt etwa dann, wenn der Verkäufer zusätzlich zur Lieferung des Kaufgegenstandes eine kauffremde Nebenpflicht übernommen hat und diese ins Synallagma einbezogen wurde (z.B. Montage der Kaufsache beim Käufer; weiteres Bsp.: BGE 127 III 199, dazu N 72): Er kann den Kaufpreis nur verlangen, wenn er nicht nur die Kaufsache liefert, sondern auch die Nebenpflicht erfüllt (die Montage vornimmt, s. schon N 72). Auf der gleichen Linie liegt die Regel, dass der Grundstückskäufer, wie oben erwähnt, den ganzen Kaufpreis zurückbehalten kann, bis ihm Besitz *und* Eigentum verschafft werden.

Ebenso wenig wie eine Teilleistung braucht eine Zuvielleistung angenommen zu werden (SJZ 1916, 235 Nr. 198).

93 Eine **mangelhafte Leistung** braucht der Käufer grundsätzlich nicht anzunehmen (vgl. Art. 211 N 8). Daher ist ihm das Recht einzuräumen, vor der Kaufpreiszahlung den Kaufgegenstand untersuchen zu dürfen (**a.A.** Lichtsteiner, 251). «Allein hiezu ist nicht nötig, dass ihm das Kaufsobjekt aushingegeben werde, da die Prüfung sehr wohl geschehen kann, während dasselbe noch im Besitze des Verkäufers ist.» (ZR 1904, 303; vgl. auch ZR 1912, 337) Vgl. Art. 58 Abs. 3 WKR.

94 3. Eine **Vorleistungspflicht** kann sich aus «Vereinbarung oder Übung» ergeben (so der Wortlaut unserer Bestimmung), aber auch aus einer gesetzlichen Dispositivnorm; so hat bei der Grundstücksteigerung der Käufer den Kaufpreis sofort bar zu erlegen (Art. 233 Abs. 1), während ihm das Grundstück erst später zu übertragen ist (Art. 235).

95 Haben es die Parteien in der Hand, die Zug-um-Zug-Regel durch Vereinbarung einer Vorleistungspflicht gänzlich ausser Kraft zu setzen, so muss eine blosse *Abschwächung oder Modifi-*

kation der Regel umso mehr zulässig sein. Die Parteien können daher z.B. vorsehen, dass sich bei Vornahme einer Teilleistung des Verkäufers das Rückbehaltungsrecht des Käufers auf einen Teilbetrag des Kaufpreises reduziert. Eine Modifikation der Zug-um-Zug-Regel findet auch beim Akkreditiv-Kauf statt. Der Käufer ist, was die Stellung des Akkreditivs anbelangt, vorleistungspflichtig (SJZ 1921/22, 372 Nr. 290; ZBJV 1955, 489). Vorleistungspflichtig ist er auch insoweit, als der Verkäufer von der Akkreditivbank Zahlung gegen blosse Übergabe von Warendokumenten, also vor Übergabe der Sache, verlangen kann. Wirtschaftlich bleibt jedoch die Zug-um-Zug-Regel weitgehend gewahrt, jedenfalls dann, wenn dem Käufer Warenpapiere mit Wertpapiercharakter (Art. 925 ZGB) auszuhändigen sind. Beim Grundstückkauf findet sich gelegentlich die Abmachung, der Verkäufer werde gegen Stellung einer Bankgarantie die Grundbuchanmeldung vornehmen. Hier erfolgt eine Sicherstellung des Kaufpreises Zug um Zug gegen Erfüllung der Verkäuferpflicht. Hat die Bank erst gegen Eintragung des Käufers im Hauptbuch zu bezahlen, so werden Kaufpreiszahlung und Eigentumsverschaffung in optimaler Weise Zug um Zug verknüpft.

Modifikationen der Zug-um-Zug-Regel können sich auch aus Vertragsergänzung oder Übung ergeben. Beispiel: Bleibt die vereinbarte Nachbesserung des mangelhaften Kaufgegenstandes aus, so kann der Käufer nur (aber immerhin) einen Teil des Kaufpreises zurückbehalten (SJZ 1962, 57 Nr. 52).

4. Die Zug-um-Zug-Regel gilt nicht nur für die Leistung von Kaufpreis und Kaufgegenstand, 96
sondern für **jede in das Austauschverhältnis einbezogene Leistung** (vgl. das in N 92 gemachte «Montage-Beispiel» sowie BGE 127 III 199). Darüber hinaus gilt sie auch in Fällen, in denen ein Kaufvertrag mit einem andern Vertrag in der Weise verknüpft ist, dass der eine Vertrag ohne den andern nicht abgeschlossen worden wäre. Bei solcher wirtschaftlicher Einheit der beiden Verträge kann der Verkäufer zur Leistung nur angehalten werden, wenn ihm nicht bloss der Kaufpreis, sondern auch die dem Käufer obliegende Leistung aus dem andern Vertragsverhältnis angeboten wird (vgl. ZR 1905, 257 Nr. 166 betr. einen Doppelkauf; KOLLER A., OR AT, § 40 N 52 ff. mit Bsp. und w.Nw.). Für den Käufer gilt Entsprechendes (s.a. Art. 187 N 8).

In diesem Zusammenhang ist auch der **Sukzessivlieferungsvertrag** zu erwähnen (KOLLER 97
A., OR AT, § 40 N 48): Der Verkäufer kann eine Lieferung zurückbehalten, wenn die vorhergehende Lieferung noch nicht bezahlt ist, und dies, obwohl die zurückbehaltene Leistung und der ausstehende Kaufpreis nicht in einem unmittelbaren Austauschverhältnis stehen (Pra 1912, 164; N 29). Dieses Rückbehaltungsrecht besteht auch dann, wenn der Verkäufer mit Bezug auf die einzelnen Raten vorleistungspflichtig ist (BGE 52 II 137, 139 f. E. 1, wo präzisiert wird, dass der Verzug des Käufers mit der Bezahlung einer Rate an der Vorleistungspflicht des Verkäufers nichts ändert; dieser kann die Erbringung der ausstehenden Teilleistungen nicht davon abhängig machen, dass die entsprechenden Preisraten Zug um Zug erbracht werden, vielmehr hat er lediglich das Recht, mit seiner Leistung innezuhalten, bis die ausstehende Rate bezahlt ist).

Abgesehen vom eben erwähnten Fall gilt die Zug-um-Zug-Regel für nicht im Austauschverhältnis stehende Leistungen nicht (z.B. BGE 58 II 411, 419 E. 5; BJM 1978, 25; vgl. aber auch ZR 1935, 46 f.).

5. Die Vornahme der Leistungen Zug um Zug stellt besondere Probleme, wenn für die Käu- 98
fer- bzw. Verkäuferpflicht **unterschiedliche Erfüllungsorte** gelten. Das Gesetz regelt die Problematik nicht. Die Praxis hat mit ihr jedoch offenbar keine Probleme: In der Regel wird jene Partei, die Leistung verlangt, ihre Gegenleistung dort anbieten, wo sie die Leistung verlangen kann. Nach BK-GIGER (N 185) entspricht diese Regel dem gesetzgeberischen Willen (ebenso BK-BECKER, N 15): «Die Initiative entscheidet somit über den zuständigen Leistungsort.» (abw. WIGET, 27: Der Erfüllungsort der Geldschuld bestimme sich nach dem Erfüllungsort der Gegenleistung) Vgl. zur Problematik auch GERNHUBER, Schuldverhältnis, 353

und LARENZ, I, 195 f. (Text und FN 11), der zutreffend darauf hinweist, dass es nicht denknotwendig ist, für beide Leistungen einen einheitlichen Erfüllungsort zu bestimmen (die Zug-um-Zug-Regel betrifft ja den Leistungsaustausch nur in zeitlicher, nicht auch in örtlicher Hinsicht).

Nach Art. 57 Abs. 1 lit. b WKR ist der Kaufpreis bei Zug-um-Zug-Geschäften «an dem Ort» zu zahlen, «an dem die Übergabe stattfindet». Der Übergabeort ist also zugleich Zahlungsort.

99 6. Das aus Art. 184 Abs. 2 ableitbare **Rückbehaltungsrecht entspricht**, wie gesagt, **demjenigen von Art. 82**. Für Einzelheiten sei daher auf die Kommentierung dieser Bestimmung verwiesen. Hier sind nur wenige Grundsätze hervorzuheben: *a)* Das Rückbehaltungsrecht ist im Prozessfall nicht von Amtes wegen zu beachten, sondern nur auf entsprechende Einrede des Schuldners hin. Die Erhebung der Einrede führt nach bundesgerichtlicher Praxis nicht zur Abweisung der Klage (auf Zeit), sondern zur bedingten Gutheissung der Klage: Der Beklagte wird zur Erbringung der vom Kläger verlangten Leistung verpflichtet, jedoch nur gegen gleichzeitige Erbringung der Gegenleistung (BGE 79 II 277, 279 = Pra 1953, 431; BGE 94 II 269). Dies selbstverständlich nur unter der Voraussetzung, dass der geltend gemachte Leistungsanspruch tatsächlich besteht und bewiesen ist. Weiteres bei KOLLER A., OR AT, § 40 N 58 ff. *b)* Das Rückbehaltungsrecht entfällt, wenn die Gegenpartei erfüllt oder sich nach Art. 92 f. von ihrer Leistungspflicht befreit. Es entfällt aber auch schon dann, wenn die Partei, die Leistung verlangt, Erfüllung anbietet und die Gegenpartei die Erfüllung nicht annimmt, also in Gläubigerverzug gerät. Es lebt allerdings wieder auf, wenn der Gläubigerverzug aufhört. Daraus folgt: Die Partei, die Leistung verlangt, kann nicht schon deshalb ein unbedingtes Leistungsurteil verlangen, weil die Gegenpartei einmal im Annahmeverzug gewesen ist. Sie kann dies vielmehr nur dann, wenn der Gläubigerverzug im Prozess andauert. Hierfür wiederum ist vorausgesetzt, dass die klagende Partei ihr Leistungsangebot aufrechterhält (zu der im Einzelnen umstrittenen Rechtslage vgl. WIGET, 46 ff.; KOLLER A., OR AT, § 40 N 27 f., 66). *c)* Ist eine Partei vorleistungspflichtig, kann sie sich zwar nicht auf Art. 82 berufen, allenfalls hat sie jedoch ein Rückbehaltungsrecht nach Art. 83.

VIII. WKR

100 Die in Art. 184 behandelten Fragen (Pflichten der Parteien, Mindestinhalt des Vertrages, Zug-um-Zug-Regel) sind im WKR an unterschiedlichen Orten geregelt:

1. **Pflichten der Parteien** (Art. 30 ff. bzw. 53 ff.). Der *Verkäufer* ist verpflichtet, «die Ware zu liefern, die sie betreffenden Dokumente zu übergeben und das Eigentum an der Ware zu übertragen» (Art. 30). Die Pflicht zur Lieferung der Ware ist die zentrale Verpflichtung des Verkäufers. Sie ist sachlich identisch mit der Übergabepflicht i.S.v. Art. 184 OR (Botschaft zum WKR, 786). Ihren Inhalt und den Lieferort regelt Art. 31, ergänzt durch Art. 32. Den Zeitpunkt der Lieferung umschreibt Art. 33. Die Sanktionen bei Nichterfüllung der Lieferpflicht ergeben sich aus Art. 45 ff. (dazu Art. 190 N 23).

101 Der Eigentumsübergang richtet sich nicht nach dem WKR (Vor Art. 184–236 N 6). Massgeblich ist vielmehr das nach den einschlägigen Kollisionsnormen bestimmte nationale Recht; meist wird es sich um die lex rei sitae handeln (Honsell-ERNST/LAUKO, Art. 30 WKR N 13).

Art. 30 schliesst die vertragliche Begründung weiterer Pflichten nicht aus. Solche zusätzlichen Pflichten unterliegen ebenfalls dem Einheitskaufrecht. «Die Folgen ihrer Nichterfüllung richten sich daher nach Art. 45 ff.» (Schlechtriem/Schwenzer-WIDMER LÜCHINGER, Art. 30 WKR N 9; zweifelnd Botschaft zum WKR, 803)

102 Der *Käufer* ist zur Kaufpreiszahlung (Art. 53–59) und zur Abnahme der Kaufsache (Art. 53, 60) verpflichtet. Zur Zahlungspflicht vgl. Art. 212 N 9 f., 213 N 6 f.; zur Abnahmepflicht

Art. 211 N 19 f. Auf die Verletzung dieser Pflichten kann der Verkäufer nach Art. 61 ff. WKR reagieren (s. dazu Art. 211 N 19; Art. 214 N 29 f.).

2. Mit dem **Mindestinhalt des Vertrages** befasst sich Art. 14 Abs. 1 WKR. Danach ist erforderlich, dass die Offerte bzw. der Vertrag «die Ware bezeichnet und ausdrücklich oder stillschweigend die Menge und den Preis festsetzt oder deren Festsetzung ermöglicht». Damit steht, was den Preis anbelangt, Art. 55 WKR in Widerspruch, denn es wird hier unterstellt, dass ein «Vertrag gültig geschlossen» werden kann, «ohne dass er den Kaufpreis ... festsetzt oder dessen Festsetzung ermöglicht». Nach Auffassung des Bundesrates (Botschaft zum WKR, 804) ist Art. 55 nur anwendbar, wo Art. 14 nicht zur Anwendung gelangt, z.B. wegen fehlender Annahme des Teils II des Abkommens (Art. 92 WKR); die Frage ist allerdings umstritten (vgl. SCHLECHTRIEM/SCHWENZER-SCHROETER, Art. 14 WKR N 16 ff.; HONSELL/DORNIS, Art. 14 WKR N 23; BUCHER/BUCHER, 53 ff.). **103**

Art. 55 WKR entspricht inhaltlich im Wesentlichen Art. 212 Abs. 1 OR (vgl. N 9 zu dieser Bestimmung).

3. Auch nach dem WKR gilt die **Zug-um-Zug-Regel** (Art. 58 Abs. 1 und 2). Dabei ist der Käufer «nicht verpflichtet, den Kaufpreis zu zahlen, bevor er Gelegenheit gehabt hat, die Ware zu untersuchen» (Art. 58 Abs. 3; vgl. zum schweizerischen Recht analog N 93). Abweichende Abreden bleiben vorbehalten. Siehe im Einzelnen Schlechtriem/Schwenzer-MOHS zu Art. 58 WKR. **104**

4. Siehe ferner N 41, 45, 47, 93, 98. **105**

Art. 185

B. Nutzen und Gefahr

[1] Sofern nicht besondere Verhältnisse oder Verabredungen eine Ausnahme begründen, gehen Nutzen und Gefahr der Sache mit dem Abschlusse des Vertrages auf den Erwerber über.

[2] Ist die veräusserte Sache nur der Gattung nach bestimmt, so muss sie überdies ausgeschieden und, wenn sie versendet werden soll, zur Versendung abgegeben sein.

[3] Bei Verträgen, die unter einer aufschiebenden Bedingung abgeschlossen sind, gehen Nutzen und Gefahr der veräusserten Sache erst mit dem Eintritte der Bedingung auf den Erwerber über.

B. Profits et risques

[1] Les profits et les risques de la chose passent à l'acquéreur dès la conclusion du contrat, sauf les exceptions résultant de circonstances ou de stipulations particulières.

[2] Si la chose n'est déterminée que par son genre, il faut en outre qu'elle ait été individualisée; si elle doit être expédiée dans un autre lieu, il faut que le vendeur s'en soit dessaisi à cet effet.

[3] Dans les contrats faits sous condition suspensive, les profits et les risques de la chose aliénée ne passent à l'acquéreur que dès l'accomplissement de la condition.

B. Utili e rischi

[1] Salve le eccezioni giustificate da convenzioni o circostanze speciali, gli utili e i rischi della cosa passano all'acquirente con la perfezione del contratto.

[2] Se la cosa alienata è determinata soltanto nella sua specie, si richiede inoltre che sia individualizzata, e, ove debba essere spedita, che sia stata consegnata per la spedizione.

[3] Nei contratti conclusi sotto condizione sospensiva gli utili ed i rischi della cosa alienata passano all'acquirente soltanto dopo il verificarsi della condizione.

Literatur

Vgl. die Literaturhinweise bei den Vorbem. zu Art. 184–236; ferner BAUER, Periculum emptoris, Berlin 1998; BUCHER, Notizen zu Art. 185 OR, ZSR 1970, 281 ff. (zit. ZSR 1970); DERS., Gefahrenübergang, in: Wiener Übereinkommen von 1980 über den internationalen Warenkauf, 1985; CORTESI, Die Kaufpreisgefahr, Diss. Zürich 1996; EGLI, Die Gefahrtragung beim Kaufvertrag, Diss. Zürich 1926; ERNST, Haftung und Gefahrtragung beim Aktienkauf, in: Wiegand/Koller/Walter (Hrsg.), FS für Eugen Bucher, Zürich/Bern 2009, 89 ff.; HAGER, Die Gefahrtragung beim Kauf, Frankfurt a.M. 1982; JUNG, Gefahrtragung beim Mehrfachverkauf, FS Bucher, 2009, 333 ff.; KELLER/SIEHR, Kaufrecht, Zürich 1995; KOLLER TH., Der Übergang der Leistungsgefahr bei internationalen Kaufverträgen unter der CIF- und der FOB-Klausel, in: Wiegand/Koller/Walter (Hrsg.), FS für Eugen Bucher, Zürich/Bern 2009, 383 ff.; MEYLAN, Periculum est emptoris, in: FS für Theo Guhl, Zürich 1950, 9 ff.; REINHARDT, Die Gefahrtragung beim Kauf, Diss. Berlin 1998; SCHACKE, Gefahrtragung beim Kauf im Schweizerischen Recht, Diss. Basel 1927; SCHMUTZ, Die Gefahrtragung beim Kaufvertrag nach schweizerischem und Uncitral-Kaufrecht, Diss. Basel 1983; SIEBER, Gefahrtragung im Kaufrecht, Diss. Zürich 1993; THÉVÉNOZ, La rétroactivité des effets du contrat entre absents et le transfert des risques, SJ 1983, 481 ff.; VULLIÉTY, Le transfert des risques dans la vente internationale: comparaison entre le Code suisse des Obligations et la Convention de Vienne des Nations Unies du 11 avril 1980, Basel/Genf/München 1998.

I. Normgehalt im Überblick

1 1. Art. 185 regelt – zusammen mit Art. 220 – die Gefahrtragung beim Kauf, genauer die Tragung der **Preisgefahr** (zur Leistungsgefahr s. N 11, zur Verspätungsgefahr N 11, 24). Es handelt sich um eine **Ausnahmebestimmung** zur grundsätzlichen Gefahrtragungsregel von Art. 119 Abs. 2 (KOLLER A., OR BT, § 4 N 3). Danach verliert der Sachleistungsschuldner eines synallagmatischen Vertrags den Anspruch auf die Gegenleistung (das Entgelt), wenn die Erfüllung seiner Schuld nachträglich (nach Vertragsabschluss) unmöglich wird, ohne dass dies eine der Parteien (nach Art. 97 ff.) zu vertreten hat. Die Preisgefahr trägt somit der Sachleistungsschuldner, was – als Grundsatz – eine selbstverständliche, dem Synallagma angepasste Problemlösung bildet. Beim Kauf gilt im Grundsatz gerade die umgekehrte Regel (Abs. 1): Der Käufer trägt die Gefahr ab Vertragsabschluss (eine Vorverschiebung gem. Art. 10 findet nicht statt [THÉVÉNOZ, SJ 1983, 481; **a.M.** ZELLWEGER-GUTKNECHT, Art. 10 N 8]); er muss den Preis bezahlen, obwohl er die Sache nicht erhält (periculum emptoris est). Vorbehalten sind abw. Abreden, sodann «besondere Umstände», die die Gefahrtragung durch den Verkäufer rechtfertigen. Besonderheiten gelten sodann beim Gattungskauf (Abs. 2) und beim suspensiv bedingten Kauf (Abs. 3):

2 Beim **Gattungskauf** gibt es – von Ausnahmen abgesehen (vgl. BGE 128 III 370 [Aktienverkauf; Auflösung der AG]) – keine eigentliche (tatsächliche) Unmöglichkeit der Leistungspflicht, da aus der Gattung normalerweise immer geleistet werden kann (trotzdem wird der Gattungsschuldner u.U. von der Leistungspflicht befreit [Leistungsgefahr], s. N 11). Die Frage der Preisgefahr im üblichen Sinn stellt sich daher nicht. Sobald jedoch die für die Erfüllung eines bestimmten Kaufvertrags vorgesehenen Stücke untergehen, lässt sich wiederum fragen, ob der Verkäufer den Kaufpreis für die betreffenden Stücke zugute haben soll oder nicht. Die Preisgefahr in diesem Sinne ist in Art. 185 Abs. 2 wie folgt geregelt: Sie bleibt jedenfalls solange beim Verkäufer, als die zur Erfüllung bestimmte Ware nicht ausgeschieden ist. Bei der Holschuld geht mit der Ausscheidung die Gefahr auf den Käufer über. Bei der Versendungsschuld ist zusätzlich Versendung der Ware an den Käufer erforderlich.

Dass bei der Holschuld für den Gefahrübergang nicht einfach auf den Vertragsabschluss abgestellt wird, sondern zudem Ausscheidung erforderlich ist, ergibt sich aus dem Wesen der Gattungsschuld: Solange eine Ausscheidung nicht erfolgt ist, fehlt es an jedem erheblichen Bezug zwischen den untergegangenen Stücken und einem bestimmten Kauf; es besteht daher *auch kein Anlass, einen bestimmten Käufer* mit der Preiszahlung zu belasten. Das Ausscheidungserfordernis verstösst daher nicht gegen die Grundregel, wonach der Käufer ab Vertragsabschluss gefahrbelastet ist. Demgegenüber wird diese Regel durch das Versendungserfordernis beim Versendungskauf durchbrochen. Der Sache nach hat hier der Gesetzgeber «besondere Verhältnisse» i.S.v. Abs. 1 anerkannt. Abs. 2 wirkt in dieser Weise auf die Auslegung von Abs. 1 zurück. Dies und die grosse praktische Bedeutung des Versendungskaufs rechtfertigen es, bei der eigentlichen Kommentierung von Art. 185 mit dessen Abs. 2, genauer mit der Gefahrtragung beim Versendungskauf, zu beginnen.

Abs. 3 schliesslich hält für **suspensiv bedingte** (Gattungs- oder Spezies-)**Käufe** fest, dass die Preisgefahr erst mit Eintritt der Bedingung auf den Käufer übergeht; Ausfall der Bedingung geht zu Lasten des Verkäufers. **3**

2. Aus dem systematischen Zusammenhang von Art. 185 mit Art. 119 ergibt sich, dass grundsätzlich **jede zufällige (nachträgliche) Leistungsunmöglichkeit** von der Bestimmung erfasst wird, nicht nur der Untergang der Sache (der in der Lehre hervorgestrichene Hauptfall), sondern auch etwa der Entzug der Sache durch Enteignung oder Beschlagnahmung (CAVIN, SPR VII/1, 30; vgl. BGE 44 II 416). Nur wenige, praktisch unbedeutsame Fälle sind vorzubehalten (VON TUHR/ESCHER, 135; missverständlich BK-GIGER, N 18). **4**

3. Unter Art. 185 fällt auch die (zufällige) **teilweise Unmöglichkeit** (z.B. von zehn verkauften Büchern verbrennen drei). Der Käufer hat, soweit er die Preisgefahr trägt, den ganzen Kaufpreis zu bezahlen. Trägt der *Verkäufer* die Preisgefahr, so hat der Käufer ein Recht auf Preisreduktion, allenfalls auch auf Vertragsauflösung (vgl. ZK-AEPLI, Art. 119 N 112 ff.). Im Einzelnen ist die gesetzlich nicht geregelte Rechtslage durch Lückenfüllung zu gewinnen. Dabei drängt sich eine Anlehnung an das Gewährleistungsrecht (Art. 197 ff.) auf. **5**

Ferner wird von Art. 185 eine (zufällige) **Verschlechterung** der Kaufsache erfasst, mit der Folge, dass der Käufer, sofern er die Gefahr trägt, für die mangelhafte Sache den ganzen Preis zu bezahlen hat. Trägt der *Verkäufer* die Preisgefahr, so hat der Käufer – wie bei Teilunmöglichkeit – ein Recht auf Kaufpreisreduktion und bei erheblichen Mängeln ist er befugt, die Kaufsache zurückzuweisen und jede Kaufpreiszahlung zu verweigern. Voraussetzungen und Modalitäten dieser Rechte ergeben sich aus Art. 197 ff. (ZK-SCHÖNLE, N 126; BK-GIGER, Art. 205 N 27 m.Hw. auf BGE 45 II 660; HONSELL, Art. 197 N 11; teilweise abw. KOLLER A., OR BT, § 4 N 13). **6**

Wie Teilunmöglichkeit und Verschlechterung der Ware sind «Veränderungen» zu behandeln, «welche, ohne die Art oder die Qualität der Ware zu beeinträchtigen, ihren Handelswert vermindern, wie namentlich Gewichtsveränderungen im Laufe des Transportes» (CAVIN, SPR VII/1, 31; BGE 46 II 457). **7**

4. Nach h.A. ist Art. 185 – wie Art. 119 – nur auf den *zufälligen* (nachträglichen) Untergang der Leistung anwendbar; beruht der Untergang auf **Verschulden** des Verkäufers oder überhaupt auf einem Umstand, den er zu vertreten hat, so hafte der Verkäufer für den Schaden des Käufers nach Art. 97 ff. (Art. 97, 101, 103; z.B. ZK-OSER/SCHÖNENBERGER, N 5; BGE 17, 185, 295; 44 II 398, 406), und die Rechtslage richte sich ausschliesslich nach diesen Bestimmungen. Dem ist zuzustimmen, wenn man sich über Folgendes im Klaren ist: **8**

Bei Vorliegen eines Haftungstatbestandes verliert der Verkäufer seinen Preisanspruch ohne weiteres. Er kann also nicht gegen Leistung von Schadenersatz (Wert, den die Kaufsache für den Käufer hat) den Preis verlangen. Das ist praktisch dann bedeutsam, wenn der Preis den Wert der Sache übersteigt. Würde hier der Preisanspruch weiterbestehen, so müsste der Käufer dem (haftbaren!) Verkäufer noch etwas «herausgeben». Dieses Ergebnis wäre nicht i.S. der betreffenden Haftungsnormen: Wenn der Verkäufer die Erbringung seiner Leistung schuldhaft verunmöglicht, so ist dem Käufer nicht zumutbar, weiterhin ans Synallagma gebunden zu sein. Will er allerdings daran festhalten, so steht ihm dies frei. Er kann daher nach der Austauschtheorie vorgehen (woran er aber kein praktisches Interesse haben wird) oder nach der Differenztheorie (KOLLER A., OR AT, § 46 N 27, § 54 N 5, 123 ff.; **a.A.** die neuere bundesgerichtliche Rsp., Nw. bei Art. 190 N 15). Analoges gilt z.B. auch beim Tausch: Verschuldet eine Partei Unmöglichkeit ihrer Leistung, so verliert sie den Anspruch auf die Gegenleistung. Was vom Tauschvertrag übrigbleibt, ist der nach der Differenztheorie berechnete Schadenersatzanspruch der Gegenpartei. Dieser steht es aber auch frei, ihre Leistung gegen den Wert der (unmöglich gewordenen) Gegenleistung zu erbringen, also nach der Austauschtheorie vorzugehen.

Fazit: Der Käufer schuldet in Fällen, in denen der Verkäufer die Kaufsache schuldhaft untergehen lässt, keinen Kaufpreis. Dieses Resultat ergibt sich mittelbar aus den einschlägigen Haftungsnormen, es lässt sich aber auch auf «besondere Verhältnisse» i.S.v. Art. 185 abstützen. Argumentiert man allerdings mit Art. 185, so bezieht man den Begriff der Gefahrtragung auch auf verschuldete Leistungshindernisse, was der herrschenden Terminologie zuwiderläuft.

Dass der Verkäufer den Anspruch auf den Kaufpreis verliert, versteht sich von selbst für den Fall, dass der Käufer vom Vertrag zurücktritt. Die Rücktrittsmöglichkeit ist zwar beim Tatbestand der Unmöglichkeit nicht ausdrücklich vorgesehen, sie ist aber in Analogie zu Art. 107 Abs. 2 zu bejahen (vgl. Guhl/Koller/Schnyder/Druey, § 31 N 3).

9 Hat der Verkäufer eine *Verschlechterung* der Kaufsache zu vertreten, so gelangen nach h.A. die Art. 197 ff. zur Anwendung, sofern die Verschlechterung *vor* dem Gefahrübergang stattgefunden hat (daneben sollen nach einem Teil der Lehre die Art. 97 ff. alternativ anwendbar sein, wobei nach den einen die Haftung von der Beachtung der kaufrechtlichen Prüfungs- und Rügeobliegenheit abhängt, nach den andern nicht). Für eine vom Verkäufer zu vertretende Verschlechterung *nach* dem Übergang der Preisgefahr sollen hingegen (ausschliesslich) die Art. 97 ff. gelten. Dass der Gefahrübergang – bei vom Verkäufer verschuldeten Mängeln – über die Anwendung der Art. 197 ff. entscheiden soll, ist nicht ohne weiteres einzusehen. Warum soll z.B. der Käufer Mängel, die der Verkäufer vor dem Gefahrübergang verschuldet hat, nach Massgabe von Art. 201 rügen müssen, später verschuldete Mängel hingegen nicht? Oder warum sollen unterschiedliche Verjährungsfristen gelten, je nachdem, ob ein Mangel vor oder nach Gefahrübergang schuldhaft herbeigeführt wurde? Man kann sich daher fragen, ob bei verschuldeten Mängeln nicht generell die Art. 197 ff. anwendbar sein sollen. M.E. ist dies zu bejahen (N 45; vgl. Art. 36 Abs. 2 WKR).

10 Art. 97 ist dann anwendbar, wenn der Verkäufer eine *vertragliche Nebenpflicht verletzt*, ohne dass dies auf die Qualität der Sache einen Einfluss hätte (vgl. BGE 96 II 115).

11 5. Die **Leistungsgefahr** (Sachgefahr) betrifft die Frage, ob der Gattungsschuldner weiterhin zur Leistung verpflichtet bleibt, wenn die zur Erfüllung vorgesehenen Gegenstände vor Eintritt des Leistungserfolgs durch Zufall untergehen. Das schweizerische Recht regelt die Frage nicht in allgemeiner Weise, sondern nur für den Kauf, und auch insoweit nur mittelbar (dazu N 22; anders § 243 Abs. 2 BGB, dessen Lösung im schweizerischen Recht analog gelten soll [Merz, SPR VI/1, 142 f.; **abl.** von Tuhr/Peter, 56 f.]). Bei der Verspätungsgefahr geht es um die Frage, wer das Risiko trägt, dass die rechtzeitig abgesandte Sache verspätet beim Käufer eintrifft (zur Rechtslage s. N 24).

Im Folgenden ist mit Gefahr immer die Preisgefahr gemeint, soweit nichts anderes vermerkt wird.

12 6. Parallel zur Gefahr geht auch der **Nutzen** auf den Käufer über. Beides ist – abweichende Vereinbarung vorbehalten – gekoppelt. Eine Einschränkung gilt beim suspensiv bedingten Kauf: Wird die Sache dem Käufer vor Bedingungseintritt übergeben, geht die Gefahr erst mit Bedingungseintritt über, wogegen der Käufer den in diesem Zeitpunkt bereits bezogenen Nutzen behalten kann (Art. 153 Abs. 1; CHK-Hrubesch-Millauer, N 13; Handkomm-OR-*Kren Kostkiewicz*, N 17; KUKO OR-Kikinis, N 5; ZK-Schönle, N 56). Auf den praktisch nicht sehr bedeutsamen Nutzenübergang wird im Folgenden nicht weiter eingetreten. Vgl. dazu im Einzelnen BK-Giger, Art. 185 N 68 ff.

II. Die Gefahrtragung beim Versendungskauf (Distanzkauf)

Aus den dargelegten Gründen (N 2) beginnt die Kommentierung des Art. 185 nicht mit dessen Abs. 1, sondern mit der in Abs. 2 geregelten Gefahrtragung beim Versendungskauf. 13

1. **Begriff des Versendungskaufs**. Der Versendungskauf begründet eine Schickschuld. Diese liegt gleichsam zwischen Hol- und Bringschuld. Während bei der Holschuld der Käufer die Sache beim Verkäufer zu holen, bei der Bringschuld der Verkäufer die Sache dem Käufer zu bringen hat, ist bei der Schickschuld der Verkäufer verpflichtet, die Sache dem Käufer zu senden. Der Leistungserfolg (Besitz- und Eigentumsverschaffung) soll also beim Käufer erfolgen. Doch ist der Verkäufer – anders als bei der Bringschuld – nicht verpflichtet, den Leistungserfolg dort zu bewerkstelligen, vielmehr hört seine Verpflichtung mit der Versendung auf. Der Verkäufer ist somit grundsätzlich nicht gehalten, sich nach der Versendung weiter um die Sache zu kümmern, dies obliegt nun dem Käufer (vgl. immerhin N 21). Keine Versendungsschuld liegt vor, wenn der Käufer die Sache beim Verkäufer zu holen hat, der Verkäufer sich die Sache aber erst beschaffen muss: Die Versendung ab dem Beschaffungsort ist demnach nicht «Versendung» i.S.v. Art. 185 Abs. 2 (insoweit richtig BGE 84 II 158, 162).

2. **Ratio legis**. Mit der Umschreibung des Versendungskaufs hängt eng die darauf bezügliche Gefahrtragungsregel zusammen: Der Verkäufer soll die Gefahr so lange tragen, bis er die letzte ihm obliegende Erfüllungshandlung (Versendung) vorgenommen hat. Dadurch wird mittelbar optimale Pflichterfüllung sichergestellt. Der Verkäufer hat ja verschiedene Möglichkeiten, wie er die Versendung vorbereiten und die Sache bis zur Versendung aufbewahren will. Er darf freilich keine wählen, die als Sorgfaltsverletzung zu qualifizieren wäre. Diese Anforderung aber lässt ihm einen gewissen Spielraum. Trägt er die Gefahr, so wird er alles tun, um zu verhindern, dass die Sache vor der Versendung Schaden nimmt. Die Gefahrtragung bietet zudem Anreiz, die Sache zu versichern, wodurch i.E. zumindest die finanziellen Interessen des Käufers auf bestmögliche Weise gewahrt werden (die Versicherungssumme kann ggf. vom Käufer als Surrogat [stellvertretendes commodum] herausverlangt werden; BGE 51 II 171, 175 f.; Koller A., OR AT, § 54 N 14 f.). 14

Ob die umschriebene ratio legis dem historischen Gesetzgeber vorgeschwebt hat, ist allerdings fraglich. Viel eher ist anzunehmen, dass man einfach Tradiertes übernahm (vgl. Hager, 104 f.).

3. **Art. 185 Abs. 2 betrifft** nach seinem Wortlaut nur die Gefahrtragung beim **Gattungskauf**. Die Regel, dass der Versendungsverkäufer die Gefahr bis zur Versendung trägt, muss jedoch nach der ratio legis auch für den *Stückkauf* gelten (vgl. Cavin, SPR VII/1, 37). Will man Abs. 2 nicht analog anwenden, so kann über die Annahme «besonderer Verhältnisse» i.S.v. Abs. 1 geholfen werden (Koller A., OR BT, § 4 N 6). Jedenfalls scheint es nicht richtig, den Spezieskauf im vorliegenden Zusammenhang anders zu behandeln als den Genuskauf und die Gefahr schon im Zeitpunkt des Vertragsabschlusses übergehen zu lassen (anders ZK-Schönle, N 46, wohl auch BK-Becker, N 11 und 8). Dass Art. 185 die Gleichstellung nicht ausdrücklich vorsieht, lässt sich zwanglos aus dem Umstand erklären, dass der Versendungskauf meist Gattungskauf ist, der Spezieskauf der Erwähnung daher nicht wert war. 15

4. Damit die Gefahr auf den Käufer übergeht, muss der Verkäufer die Ware zur Versendung abgegeben haben. Das bedeutet: 16

a) Er muss die Ware **einem Spediteur** (Art. 439) **oder Frachtführer** (Art. 440 ff.) oder einer sonst zur Ausführung des Versands bestimmten Person oder Anstalt **übergeben** haben (BK-Giger, N 40). Übergabe an eine Zweigniederlassung oder den Ortsvertreter des Verkäufers genügt nicht (BK-Giger, N 41). Allgemeiner gesagt, setzt der Gefahrübergang auf den Käufer voraus, dass die Sache den Machtbereich des Verkäufers verlassen hat (insoweit besonders deutlich der frz. Gesetzeswortlaut, wonach erforderlich ist, «que le vendeur s'en soit dessaisi»). Der Gefahrübergang findet somit auch nicht statt, wenn der Verkäufer die Ware selbst zum Käufer transportiert oder sie durch Hilfspersonen überbringen lässt (BK-Giger, N 42). So jedenfalls, wenn der Verkäufer im eigenen Interesse mehr tut, als er tun müsste (die Ware transportiert, statt sie nur zur Versendung aufzugeben). Übernimmt er den Transport hingegen auf Veranlassung des Käufers aus reiner Gefälligkeit, so sollte daraus dem Verkäufer kein Nachteil erwachsen, d.h. die Gefahr sollte im Zeitpunkt, in dem die Versendung ordentlicherweise stattfinden würde, auf den Käufer übergehen. Auch nach Gefahrübergang haftet aber der Verkäufer für eigenes Verschulden (Art. 97) oder dasjenige von Hilfspersonen (Art. 101).

17 Zweierlei ist beizufügen: Erstens: Ist der Versand erfolgt, so hindert der Umstand, dass der Verkäufer über die Sache noch disponieren, er also z.B. den Transportweg ändern kann, den Gefahrübergang nicht (Hager, 87). Zweitens: Nur für Hilfspersonen haftet der Verkäufer nach Massgabe von Art. 101, nicht auch für das Verhalten eines Spediteurs oder Frachtführers.

18 b) Der Verkäufer muss die Sache dem Beförderer zur **Übermittlung an den Käufer** ausgehändigt haben (vgl. den frz. Wortlaut: «[...] dessaisi à cet effet»). Normalerweise ist deshalb erforderlich, dass der Beförderungsvertrag den Käufer als Empfänger bezeichnet; der Verkäufer bleibt also gefahrbelastet, wenn er sich im Frachtbrief selbst als Empfänger bezeichnet oder wenn er die Sache zunächst an eine Zwischenstation verschickt und von dort aus dem Käufer zuleitet (vgl. ZR 1909, 43 Nr. 22; ZR 1904, 2; BGE 52 II 362 [obiter]; BK-Becker, N 8; BK-Giger, N 41; Hager, 87). In Fällen dieser Art geht die Gefahr erst dann auf den Käufer über, wenn die Ware endgültig zu ihm auf den Weg gebracht ist.

19 c) Damit der Gefahrübergang auf den Käufer stattfindet, muss der Verkäufer die Sache **vom Erfüllungsort absenden**, normalerweise also von seinem Wohnort (Art. 74 Abs. 2 Ziff. 3). Die Versendung von einem andern Ort ist als Warenbeschaffung anzusehen (vgl. BGE 84 II 158 [betr. eine Holschuld], dazu Koller A., OR AT, § 38 N 6). Liesse man dem Verkäufer die Freiheit, von welchem Ort aus er versendet, so könnte er selbst die Transportstrecke, für welche der Käufer die Gefahr trägt, bestimmen. Das geht nicht an (ebenso die deutsche Lehre, mit z.T. abweichender Begründung: MK-Westermann [2012], § 447 BGB, N° 5; Walter, 279). Anders jedoch, wenn die Versendung mit Einverständnis des Käufers von einem Drittort aus erfolgt (Westermann und Walter, je a.a.O.), so z.B. wenn abgemacht ist, dass «ab Werk» geliefert wird.

20 d) Der Versendungskauf ist meist Gattungskauf. Voraussetzung für den Gefahrübergang ist hier gem. Art. 185 Abs. 2 in jedem Fall, dass die Ware eindeutig **individualisiert**, d.h. der Erfüllung eines bestimmten Vertrages gewidmet ist (N 31; Hager, 88). Dies bewirkt beim Versendungskauf i.d.R. bereits die blosse Versendung, denn normalerweise bezeichnet der das Gut begleitende Frachtbrief den Käufer als Empfänger der Ware. Anders jedoch, wenn der Verkäufer mit einem Transport nicht ausgesonderte Ware an verschiedene Käufer verschickt. Die Individualisierung erfolgt hier erst durch Aushändigung der Ware am Bestimmungsort. Bis dahin trägt der Verkäufer die Gefahr, sofern die «Sammelsendung» nicht mit Zustimmung der mehreren Käufer erfolgte (ebenso Art. 67 Abs. 2 WKR; BK-Giger, N 45 m.Hw. auf abw. Meinungen; zum Meinungsstand s. ZK-Schönle, N 90).

21 5. Der Übergang der Preisgefahr auf den Käufer hat nicht zur Folge, dass der Verkäufer nun von jeder Verpflichtung befreit wäre. Von selbst versteht sich, dass er die Sache nicht beschädigen darf; u.U. treffen ihn aber auch positive Pflichten (vgl. BGE 43 II 669).

22 6. Art. 185 Abs. 2 beinhaltet nach wohl herrschender Auffassung (ausdrücklich von Tuhr/Peter, 56; implizit Merz, SPR VI/1, 143; Bucher, BT, 81) auch eine Regelung der **Leistungsgefahr**: Geht die versandte Ware durch Zufall unter, wird der Verkäufer frei. Er behält *somit nicht nur seinen Anspruch* auf den Preis, sondern ist auch nicht zur Nachlieferung (gegen nochmalige Preiszahlung!) verpflichtet (Weiteres bei Koller A., OR AT, § 37 N 13 ff.).

Wie aber, wenn die Preisgefahr gestützt auf Vereinbarung oder «besondere Umstände» (Abs. 1) nicht schon mit der Versendung, sondern in einem späteren Zeitpunkt übergeht? Mangels anderer Anhaltspunkte im Vertrag folgt diesfalls die Leistungsgefahr der Preisgefahr nicht, d.h. sie geht bereits bei Versendung auf den Käufer über (auch für das schweizerische Recht zutreffende Gründe bei Hager, 230). 23

Mit der Abgabe der Ware zur Versendung geht neben der Preisgefahr auch die **Verspätungsgefahr** auf den Käufer über, d.h. der Käufer trägt nun das Risiko, dass die rechtzeitig abgesandte Sache verspätet bei ihm eintrifft (vgl. Medicus/Lorenz, AT, N 173). 24

III. Die Gefahrtragung beim Fernkauf

1. Anders als beim Versendungskauf ist der Verkäufer beim Fernkauf nicht nur verpflichtet, die Sache an den Käufer zu versenden, sondern sie ihm zu überbringen **(Bringschuld)**. Das hindert allerdings den Verkäufer nicht, mit dem Transport einen Dritten (Transporteur) zu beauftragen. Sein Pflichtenheft ist damit aber nicht geschlossen. Vielmehr hat er sich auch noch nach der Versendung um die Sache zu kümmern und alles Nötige vorzukehren, damit die Ware zum Käufer gelangt. 25

2. Das Gesetz hält für den Fernkauf keine eigene Gefahrtragungsregel bereit. Der an sich naheliegende Schluss, dass demzufolge der Käufer die Gefahr ab Vertragsabschluss (Specieskauf) bzw. ab Aussonderung (Genuskauf) trägt, kann nicht zutreffend sein, weil sonst der Verkäufer besser gestellt wäre als beim Versendungskauf, was einen offensichtlichen Wertungswiderspruch ergäbe (vgl. Cavin, SPR VII/1, 37, der freilich die notwendigen Schlüsse nicht zieht). Richtigerweise ist die Gefahr so lange beim Verkäufer zu belassen, bis dieser die letzte ihm obliegende Erfüllungshandlung vorgenommen hat. Der Verkäufer muss somit – wie beim Versendungskauf – alles getan haben, damit der Eintritt des Leistungserfolgs – abgesehen von zufälligen Leistungshindernissen – nur noch vom Käufer abhängt. Die Gefahr geht demzufolge erst auf den Käufer über, wenn der Verkäufer **die Leistung am Erfüllungsort bereithält und anbietet** (KUKO OR-Kikinis, N 12). Übergabe der Sache ist hingegen nicht erforderlich, auch nicht Gläubigerverzug des Käufers (wurde z.B. für die Abholung der Ware eine Frist vereinbart, so geht die Gefahr nicht erst mit Ablauf dieser Frist und dem dadurch bewirkten Annahmeverzug über, sondern schon im Zeitpunkt, in dem die Ware für den Käufer bereitgehalten wird). Diese Auffassung lässt sich durch Weiterentwicklung von Abs. 2 unserer Bestimmung begründen oder durch Annahme «besonderer Verhältnisse» i.S.v. Abs. 1 (vgl. in diesem letzten Sinne BK-Becker, N 2; von Tuhr/Escher, 43 bei FN 39; BK-Weber, Art. 74 N 39; Bucher, BT, 80 unter Bezugnahme auf BGE 84 II 158, 162, der allerdings eine Holschuld betraf [Art. 74 Abs. 2 Ziff. 3; das BGer hat freilich angenommen, es liege ein Fall von Art. 74 Abs. 2 Ziff. 2 vor und die Parteien hätten den Erfüllungsort vertraglich verlegt]; **a.A.** Keller/Siehr, 26 f.; ZK-Schönle, N 54). 26

Die Regel, dass der Käufer die Gefahr ab Vertragsschluss trägt, gilt somit weder beim Versendungs- noch beim Fernkauf. Sie gilt lediglich beim Platzkauf, d.h. bei Holschulden, und auch hier nur mit Einschränkungen (N 30 f.).

3. Die theoretisch klare **Abgrenzung von Bring- und Versendungsschuld** kann in der Praxis Schwierigkeiten bereiten, wenn die Parteien die Frage nicht ausdrücklich geregelt haben (s. schon Art. 184 N 87). Im Zweifel ist eine Versendungsschuld anzunehmen, da damit von der dispositiven Regelung (einfache oder qualifizierte Holschuld gem. Art. 74 Abs. 2 Ziff. 2 und 3) weniger stark abgewichen wird als bei Annahme einer Bringschuld (BK-Becker, Art. 189 N 6). Streitig ist, ob schon die Abrede der Frankolieferung eine Verlegung des Erfüllungsortes bedeuten solle (Nw. bei BK-Becker, N 2). «Oft sagt die Auslegung vereinbarter Handelsklauseln, wohin die Parteien den Erfüllungsort für die Leistungshandlung des Verkäufers verlegen wollten. So ist nach der FOB- oder CIF-Klausel der Incoterms 1990 die Verkäu- 27

ferschuld Bringschuld bis zum Augenblick, von dem an die Ware den ‹Erfüllungsort› der Schiffsreling im Verschiffungshafen überschritten hat.» (ZK-SCHÖNLE, N 44)

28 4. Das Vorliegen einer Bringschuld schliesst nicht aus, dass der Käufer die Gefahr ab Versendung übernimmt. Die Bringschuld nähert sich diesfalls aber weitgehend der Versendungsschuld an. Umgekehrt kann eine Versendungsschuld vorliegen, obwohl der Verkäufer die «Transportgefahr» trägt. Die Versendungsschuld ist diesfalls aber weitgehend der Bringschuld angeglichen.

IV. Die Gefahrtragung beim Platzkauf

29 1. Platzkauf ist das **Gegenteil des Fernkaufs**: Hier ist dem Käufer die Sache zu bringen, dort hat der Käufer sie zu holen. Erfüllungsort ist mangels anderer Vereinbarung der Wohnort des Verkäufers zur Zeit des Vertragsabschlusses oder – beim Spezieskauf – der Ort, wo sich der Kaufgegenstand zur Zeit des Vertragsabschlusses (mit Wissen des Käufers, ZK-OSER/SCHÖNENBERGER, Art. 74 N 16) befand (Art. 74 Abs. 2 Ziff. 2 und 3).

30 2. Beim **Spezieskauf** geht die Gefahr mit Vertragsabschluss auf den Käufer über (Art. 185 Abs. 1; Bsp.: SJ 1926, 433, referiert von CAVIN, SPR VII/1, 27 a.E., 35). Dies jedoch nur unter der Voraussetzung, dass der Verkäufer in diesem Zeitpunkt über die Ware bereits verfügt und sie am Erfüllungsort bereithält (vgl. BGE 128 III 370, 374 E. 4c m.w.Nw.; BUCHER, BT, 79; **a.A.** ZK-SCHÖNLE, N 45). Solange dies nicht zutrifft, trägt der Verkäufer die Gefahr, wiederum aus der Überlegung, dass sich der Gefahrübergang auf den Käufer erst rechtfertigt, wenn der Verkäufer alles ihm Obliegende getan hat, um den Leistungserfolg herbeizuführen (vgl. N 14).

31 3. Beim **Gattungskauf** ist erforderlich, dass der Verkäufer die Sache ausgeschieden, d.h. die für den Käufer bestimmten Stücke oder die für ihn bestimmte Menge durch «Messen, Wägen, Zählen» (BK-BECKER, N 5) ausgesondert hat (Art. 185 Abs. 2). Die Aussonderung ist ein einseitiger Akt des Verkäufers (BK-GIGER, N 33); eine Mitwirkung des Käufers ist nicht erforderlich. Der Begriff der Aussonderung setzt nicht einmal Anzeige an den Käufer voraus (BGE 84 II 158, 160 E. 1a, allerdings obiter). Das ist freilich umstritten (ZK-OSER/SCHÖNENBERGER, N 8). Der Frage kommt jedoch – im vorliegenden Zusammenhang – keine entscheidende Bedeutung zu, sofern man davon ausgeht, dass durch die Aussonderung als solche der Gefahrübergang auf den Käufer nicht bewirkt wird, sondern dafür weiter vorausgesetzt ist, dass der Verkäufer Erfüllung anbietet, also die Ware bereitstellt und dem Käufer davon Anzeige macht. Dieses zusätzliche Erfordernis aber ist die logische Konsequenz der Auffassung, wonach der Verkäufer von der Gefahrtragung nur befreit wird, wenn er das ihm zur Erfüllung Obliegende getan hat (vgl. N 14; i.E. ähnlich BK-BECKER, N 6, der zutreffend festhält, dass «an einer erst noch fertigzustellenden Sache die Gefahr nicht vor der Fertigstellung auf den Käufer» übergeht).

32 Ein rechtsgenügliches Angebot kann nur am Erfüllungsort erfolgen. Die Gefahr bleibt somit beim Verkäufer, wenn er den Käufer auffordert, die Ware an einem andern Ort abzuholen. Von selbst versteht sich, dass sich der Käufer mit der Verlegung des Erfüllungsortes einverstanden erklären kann; dann steht seiner Gefahrtragung nichts mehr entgegen. Muss die ausgeschiedene Ware zuerst noch zum Erfüllungsort gebracht werden, so reist sie auf Gefahr des Verkäufers (vgl. BGE 84 II 158, 162, wo allerdings zu Unrecht unterstellt wurde, dies gelte nur bei entsprechender Vereinbarung). Die Gefahr geht im Weiteren nur dann auf den Käufer über, wenn die ausgeschiedene Ware von vertragsgemässer Art und Güte ist, nach der subsidiären Regel von Art. 71 Abs. 2 also von mittlerer Qualität (vgl. ZR 1909, 86 f.).

V. Die Gefahrtragung beim bedingten Kauf

1. Im Unterschied zum aOR regelt Art. 185 Abs. 3 nur den **suspensiv bedingten** Kauf. Für diesen gilt, dass die Gefahr erst mit dem Eintritt der Bedingung (mit dem Wirksamwerden des Geschäfts) auf den Käufer übergeht. Geht die Sache vor Eintritt der Bedingung unter, so trägt der Verkäufer die Gefahr. Dies gilt auch dann, wenn die Sache dem Käufer vor Bedingungseintritt übergeben wird (Handkomm-OR-Kren Kostiewicz, N 16; KUKO OR-Kikinis, N 24 m.w.Nw.; ZR 1910, 35 Nr. 21 mit Bezug auf den Kauf auf Probe, der ebenfalls unter Art. 185 Abs. 3 fällt [BK-Becker, N 4]; zur rechtspolitischen Fragwürdigkeit dieser Regelung Hager, 203 ff.). 33

Die Formulierung, die Gefahr gehe «erst» mit dem Eintritt der Bedingung auf den Erwerber über, erweckt den Eindruck, sie gehe zwar nicht vor Bedingungseintritt, aber doch jedenfalls in diesem Zeitpunkt über. Dies trifft indes nicht zu. Immer müssen die allgemeinen Voraussetzungen für den Gefahrübergang (z.B. Versendung beim Versendungskauf) erfüllt sein. Besser würde es somit nicht «erst», sondern «frühestens» heissen (vgl. das Bsp. bei Koller A., OR BT, § 4 N 9; s. ferner Art. 187 N 5). Zur Gefahrtragung beim Trödelvertrag, der allerdings nach neuerer Auffassung kein suspensiv bedingter Kauf ist, sondern ein Innominatvertrag (Art. 184 N 4), vgl. Hager, 203 ff.

2. Beim Kauf mit Eigentumsvorbehalt ist zwar die Pflicht zur Eigentumsverschaffung suspensiv bedingt, nicht hingegen der Kauf als solcher (Art. 184 N 35). Dieser ist vielmehr resolutiv bedingt, sofern man der Auffassung folgt, wonach der Eigentumsvorbehalt auch die Verabredung eines Rücktrittsrechts beinhaltet (vgl. die Nw. in Art. 214 N 22; ZK-Oser/Schönenberger, N 14). 34

Resolutivbedingungen schieben den Übergang der Gefahr gemäss den allgemeinen Regeln nicht hinaus (Bucher, BT, 78 m.w.Nw.; abw. Cavin, SPR VII/1, 32 f.). Damit ist freilich die Rechtslage noch nicht genügend umschrieben. Es ist zu unterscheiden: Geht die Sache zugrunde, nachdem die Voraussetzungen für den Gefahrübergang erfüllt sind, und tritt nun die Bedingung ein, so kann der Käufer den Preis nicht zurückfordern (BK-Becker, N 3; **a.A.** ZK-Schönle, N 60; wie im Text auch Larenz II/1, 99, m.Hw. auf abw. Auffassungen), bzw. er hat den noch nicht bezahlten Preis zu erlegen (**a.A.** Larenz, II/1, 100). Geht hingegen die Sache erst zugrunde, nachdem die Bedingung eingetreten ist, also in einem Zeitpunkt, in dem es an einem gültigen Vertrag fehlt, so hat der Verkäufer (natürlich) keinen Anspruch auf den Kaufpreis und der Käufer kann den Preis zurückverlangen, wenn er ihn bereits bezahlt hat (BGer, 11.1.2005, 4C.199/2004, E. 9.1.2.), und zwar gestützt auf Art. 62 ff., sofern man nicht ein vertragliches Rückabwicklungsverhältnis annehmen will. Es verhält sich somit gleich wie im Fall, da die Kaufsache nach Wandelung des Kaufvertrags untergeht (vgl. BGE 109 II 26, 30; für den Fall, dass sie vor Wandelung untergeht, vgl. Art. 207).

VI. «Besondere Verhältnisse». Weitere Gefahrtragungsregeln

Die Regel, dass der Käufer die Gefahr ab Vertragsabschluss trägt, hat sich im Rechtsbewusstsein nicht eingebürgert; in der Lehre ist sie weitgehend auf Kritik gestossen. Sie wird daher restriktiv interpretiert, bzw. es werden schnell einmal «besondere Verhältnisse» angenommen, welche es rechtfertigen, die Gefahr beim Verkäufer zu belassen (BGE 84 II 158; Bucher, BT, 79; Keller/Siehr, 26 f. m.w.Nw.). Diese Tendenz verdient umso mehr Unterstützung, als die fragliche Regel nicht so sehr auf der Einsicht sachlicher Angemessenheit beruht als vielmehr auf einem eigentümlichen «historischen Kompromiss» zwischen welscher und deutschschweizer Tradition (vgl. Egli, 65 ff.; BGE 128 III 370, 374). Obwohl nur in Abs. 1 erwähnt, sind «besondere Verhältnisse» auch bei Gattungsschulden (Abs. 2) zu beachten. Zudem können solche Verhältnisse die Gefahrtragung nicht nur zu Lasten des Verkäufers verschieben, sondern auch umgekehrt: 35

36 1. So wird mehrheitlich angenommen, die Gefahr gehe auf den Käufer über, wenn er in **Annahmeverzug** gerät (BGer, 11.1.2005, 4C.199/2004, E. 9.1.2; VON TUHR/ESCHER, 44 f. m.w.Nw.; BK-WEBER, Art. 92 N 20; BK-BECKER, Art. 92/94 N 7; **a.A.** ZK-OSER/SCHÖNENBERGER, Art. 92 N 12: Übergang erst mit Hinterlegung – Kritik dieser Ansicht in SJZ 1960, 77 Nr. 25). Der Frage kommt von vornherein dort keine praktische Bedeutung zu, wo die Gefahr – wie regelmässig – schon in einem früheren Zeitpunkt auf den Käufer übergeht (vgl. N 26). Die wenigen Fälle, in denen sie eine Rolle spielt, können kaum über einen Leisten geschlagen werden. Im Allgemeinen dürfte der h.L. zuzustimmen sein; es sind jedoch Ausnahmefälle zu beachten. Beispiel: Beim Spezifikationskauf vermag der Verzug des Käufers mit der Spezifikation den Gefahrübergang noch nicht zu bewirken; die Gefahr geht vielmehr erst über, wenn der Verkäufer – bei gegebenen Voraussetzungen (BGE 110 II 148 = Pra 1984, 478) – die Spezifikation selbst vornimmt und die Ware versendet oder anbietet.

37 2. Ob und inwieweit **Pflichtverletzungen des Verkäufers** sich auf die Gefahrtragung auswirken, ist wenig geklärt. Begründen sie allerdings einen Haftungstatbestand, so ist nach dem in N 8 Gesagten der Verkäufer gefahrbelastet. Ist ein Haftungstatbestand nicht gegeben, so ist damit noch nicht entschieden, dass die Pflichtverletzung für die Gefahrtragung unerheblich ist (vgl. HAGER, 92 ff.; zur ganzen Problematik auch SCHACKE, 68, und ansatzweise CAVIN, SPR VII/1, 31).

38 3. Lehre und Rsp. haben die Tendenz, besondere Verhältnisse dann anzunehmen, wenn der Verkäufer die alleinige Verfügungsgewalt über die Sache behält und der Käufer weder Anlass noch Möglichkeit hat, die notwendigen Vorkehren zur Schadensabwehr zu treffen (vgl. CAVIN, SPR VII/1, 34; BGE 84 II 158). «Besondere Verhältnisse» hätten wohl auch in BGE 128 III 370 (= Pra 2002, 1011) angenommen werden müssen: B, der 97 Aktien der X AG besass, verkaufte im Juli 1993 29 Aktien für CHF 30 000 an A, wobei pro Monat eine Aktie gegen Bezahlung von CHF 1000 zu übertragen war. Im November 1994 wurde über die X AG der Konkurs eröffnet, die AG damit aufgelöst und B in die Unmöglichkeit versetzt, die verkauften Mitgliedschaftsrechte zu verschaffen. Trotzdem wurde B gestützt auf Art. 185 Abs. 1 der ganze Kaufpreis zugesprochen. Richtiger wäre es wohl gewesen, die Gefahr unter Annahme «besonderer Verhältnisse» jedenfalls insoweit bei B zu belassen, als seine Lieferverpflichtung noch gar nicht fällig war. Im Übrigen hätte wohl Abs. 2 von Art. 185 angewendet werden sollen, denn der publizierte Sachverhalt lässt eher auf einen Gattungskauf schliessen. Dass die Leistungsunmöglichkeit alle Aktien (die ganze Gattung) erfasste, steht der Anwendung von Art. 185 Abs. 2 nicht entgegen (EGLI, 96; **a.A.** ERNST, 121).

39 4. Bei der **Wahlschuld** mit Wahlrecht des Verkäufers trägt der Verkäufer die Gefahr des Untergangs einer der wahlweise geschuldeten Sachen. Er kann somit «nicht die untergegangene Sache [als Erfüllungsgegenstand] wählen und den Kaufpreis verlangen» (HONSELL, OR BT, 55; **a.A.** ZK-SCHÖNLE, N 64, 131). «Besondere Verhältnisse» bestehen auch beim **Mehrfachverkauf**: Der zufällige Untergang der Sache lässt jede Kaufpreisschuld untergehen (HONSELL, a.a.O., m.Hw. auch auf abw. Auffassungen).

40 5. Besondere Probleme ergeben sich bei gemischten Verträgen, z.B. beim Werklieferungsvertrag (s. dazu z.B. LARENZ/CANARIS, II/2, 44 f.).

VII. Abweichende Abreden

41 1. Art. 185 ist dispositiver Natur. Der Zeitpunkt der Gefahrtragung durch den Käufer kann **vorverlegt oder hinausgeschoben** werden. Solche Abreden betreffen – beim Gattungskauf – nicht ohne weiteres auch die Leistungsgefahr (vgl. BUCHER, BT, 81).

42 2. *Vertragliche Gefahrtragungsregeln* finden sich v.a. im internationalen Handelsverkehr. Die grösste Rolle spielen die **Incoterms** (zur vertraglichen Übernahme vgl. BUCHER, BT, 137), welche Preisgefahr und Transportkosten für den internationalen Warenverkehr regeln. Bei der neusten Revision (Incoterms 2010) wurden die ursprünglich 13 Klauseln auf deren elf reduziert. Davon beziehen sich sieben auf beliebige Transporte, vier ausschliesslich auf den See- oder Binnenschifffahrtstransport. Beispielshalber sei auf zwei für das Überseegeschäft wichtige Klauseln hingewiesen: Nach der Fob-Klausel gehen die Transportkosten zu Lasten des Verkäufers, nach der Cif-Klausel zu Lasten des Käufers. Die Gefahrtragung ist in beiden Klauseln gleich geregelt: Sie geht im Verschiffungshafen auf den Käufer über. Zu den einzelnen Incoterms vgl. BUCHER, BT, 137 ff.; GUHL/KOLLER/SCHNYDER/DRUEY, § 41 N 118 f.; eingehend BERNSTORFF, Incoterms 2010 der Internationalen Handelkammer (ICC), Köln 2012.

3. Sog. **Frankoklauseln** (z.B. «livrable franco Cossonay-Gare», BGE 44 II 416) begründen die Vermutung, «der Verkäufer habe die Transportkosten übernommen» (Art. 189 Abs. 2). Eine weitergehende Bedeutung haben sie grundsätzlich nicht. Namentlich schaffen sie keine Vermutung für die Gefahrübernahme durch den Verkäufer (ZK-OSER/SCHÖNENBERGER, N 13; anders der eben erwähnte BGE, der allerdings in BGE 46 II 457, 460 und 52 II 363, 365 f. erheblich abgeschwächt wurde), doch kann mit der Abmachung der Frankolieferung eine dahingehende Vereinbarung verbunden werden (vgl. z.B. SJZ 1948, 179 f.), allenfalls auch stillschweigend. Dass beim Cif-Geschäft die Gefahrtragung nicht mit der Tragung der Transportkosten gekoppelt ist, wurde bereits erwähnt. **43**

4. Die **Verabredung einer Bringschuld** hat grundsätzlich nicht die *rechtsgeschäftliche* Bedeutung einer Gefahrverschiebung auf den Verkäufer (SCHMUTZ, 33 f.). Der Verkäufer trägt jedoch schon von Gesetzes wegen die Gefahr bis zum Angebot der Ware beim Käufer (N 26). Zur Frage, unter welchen Voraussetzungen auf eine Bringschuld zu schliessen ist, vgl. N 27. **44**

VIII. Gefahrübergang und Gewährleistungsrecht

45 Der Zeitpunkt des Gefahrübergangs entscheidet nach h.A. (Nw. in N 6) über die Anwendung des Gewährleistungsrechts: Vorher entstandene Mängel unterliegen den Art. 197 ff., nachher entstandene den allgemeinen Nichterfüllungsregeln (Art. 97 ff., 119, 185; N 9). M.E. trifft diese Ansicht nur für zufallsbedingte Mängel zu. Demgegenüber sind Mängel, die der Verkäufer nach dem Gefahrübergang schuldhaft herbeigeführt hat, dem Sachgewährleistungsrecht zu unterstellen (KOLLER A., OR BT, § 4 N 135; **a.A.** BGer, 8.2.2010, 4A_601/2009, E. 3.2.3, 3.2.5, allerdings ohne Diskussion der Frage). Die Prüfungs- und Rügeobliegenheit von Art. 201 erstreckt sich daher – vorbehältlich Art. 2 Abs. 2 ZGB – auch auf solche Mängel.

IX. Kritik der gesetzlichen Regelung

46 Art. 185 wird in zweierlei Hinsicht kritisiert. Einerseits sei die Regel, wonach der Käufer die Gefahr grundsätzlich ab Vertragsabschluss trage, ungerecht. Zum andern sei die Regelung in sich widersprüchlich: einmal deshalb, weil bei Versendungsschulden der Gattungskauf (Art. 185 Abs. 2) nicht der gleichen Ordnung unterliege wie der Spezieskauf (Art. 185 Abs. 1), zum Zweiten deshalb, weil bei der Bringschuld der Verkäufer besser stehe als bei der Versendungsschuld (vgl. SCHMUTZ, 52, 62 ff.). Diese behaupteten Widersprüche entfallen indes, wenn die Auslegung bei Abs. 2 einsetzt und die hier getroffene Regelung der Versendungsschuld durch Analogieschluss organisch weiterentwickelt wird. Dann unterliegt die Versendungsschuld beim Spezies- und beim Genuskauf der gleichen Regelung (N 15), und bei der Bringschuld gilt nicht der Gefahrübergang im Moment des Vertragsabschlusses, sondern im Moment des Angebots der Sache beim Käufer (N 26). Die Regel, dass der Käufer die Gefahr schon ab Vertragsschluss trägt, gilt dann nur noch bei der Holschuld (N 26 a.E.), also beim gesetzlichen Normaltatbestand (Art. 74). Bei diesem Tatbestand aber ist die Regel nicht so ungerecht, wie i.A. angenommen wird.

X. WKR

47 Grundregel ist Art. 69, der vorsieht, dass der Käufer die Gefahr ab Übernahme der Sache trägt bzw., falls er in Annahmeverzug ist, ab dem Moment, in dem die Übernahme hätte stattfinden sollen. Eine Abweichung gilt beim Versendungskauf (Art. 67, Regelung im Wesentlichen analog Art. 185 Abs. 2) und beim Verkauf von Sachen, die sich auf dem Transport befinden (Art. 68; vgl. SCHMUTZ, 96 ff., Schlechtriem/Schwenzer-HACHEM, zu Art. 66 ff., und BUCHER, Gefahrenübergang, 207 ff.).

Nach Art. 69 WKR trägt der Verkäufer die Gefahr u.U. auch noch in einem Zeitpunkt, in dem er bereits erfüllt hat (Bucher-SCHLECHTRIEM, 112 f.).

Art. 186

C. Vorbehalt der kantonalen Gesetzgebung	**Der kantonalen Gesetzgebung bleibt es vorbehalten, die Klagbarkeit von Forderungen aus dem Kleinvertriebe geistiger Getränke, einschliesslich der Forderung für Wirtszeche, zu beschränken oder auszuschliessen.**
C. Législation cantonale réservée	Il appartient à la législation cantonale de restreindre ou même de supprimer le droit de poursuivre en justice le recouvrement de créances résultant de la vente au détail de boissons spiritueuses, y compris les dépenses d'auberge.
C. Riserva della legislazione cantonale	È riservato alla legislazione cantonale di restringere od escludere l'azione per i crediti dipendenti dalla vendita al minuto di bevande spiritose, compresi i crediti d'osteria.

Literatur

JAGMETTI, Vorbehaltenes kantonales Privatrecht, in: Schweizerisches Privatrecht (SPR), Geschichte und Geltungsbereich, Bd. I, Basel 1996, 239 ff.; PIOTET, Schweizerisches Privatrecht (SPR), Ergänzendes kantonales Recht, Bd. I/2, Basel 2002.

1 1. Art. 186 stellt einen **echten Vorbehalt i.S.v. Art. 5 Abs. 1 ZGB** dar (Handkomm-OR-KREN KOSTKIEWICZ, N 1; CHK-HRUBESCH-MILLAUER, N 1; KUKO OR-KIKINIS, N 1): Die Kantone sind befugt, in kaufrechtliche Verhältnisse einzugreifen, indem sie daraus resultierende Forderungen der Klagbarkeit entkleiden oder die Klagbarkeit zumindest einschränken. Die Bestimmung greift allerdings über das Kaufrecht hinaus, indem Ansprüche auf Bezahlung der Wirtszeche nicht auf einem Kaufvertrag beruhen, sondern auf einem Innominatvertrag; dieser wird freilich weitgehend durch kaufrechtliche Elemente bestimmt, jedenfalls was die Abgabe «geistiger Getränke» anbelangt.

2 2. Der Vorbehalt bezieht sich ausschliesslich auf Forderungen aus dem Kleinvertrieb geistiger Getränke, somit

a) nur auf den **gewerbsmässigen**, nicht den gelegentlichen **Verkauf** (BK-BECKER, Art. 186);

3 b) «nur auf den direkten Umsatz an den Konsumenten» (ZK-OSER/SCHÖNENBERGER, N 2), **nicht** auf die **Lieferung** vom Grosshändler **an den Wirt oder den Detailhändler**. «Kleinvertrieb» bedeutet mithin Vertrieb gegenüber dem «kleinen Mann» (BK-GIGER, N 11), und nichts weiter; namentlich ist der Begriff nicht gleichbedeutend mit dem «Kleinhandel» i.S.v. Art. 39 Abs. 4 des Alkoholgesetzes. Die gegenteilige Auffassung von GIGER (BK, N 12) hat zur Konsequenz, dass nur betragsmässig kleine Forderungen dem Vorbehalt unterstellt sind, was mit Sinn und Zweck der Vorschrift (Einschränkung des Alkoholkonsums, SJZ 1991, 287) schwer vereinbar sein dürfte (ebenso PIOTET, SPR I/2, N 1002).

4 c) nur auf **geistige Getränke**. Darunter hat man gebrannte wie nicht gebrannte Wasser zu verstehen, also auch die «ausschliesslich durch Vergärung gewonnenen alkoholischen Er-

zeugnisse» (Art. 2 Abs. 2 Alkoholgesetz; BK-GIGER, N 9). Nichtalkoholische Getränke werden hingegen vom Vorbehalt des Art. 186 nicht erfasst, ebenso wenig Speisen. Dies gilt auch dann, wenn sie Gegenstand einer «Wirtszeche» sind. Hierfür spricht neben dem Gesetzeswortlaut (die «Wirtszeche» fällt unter den Oberbegriff des «Kleinvertriebs geistiger Getränke») v.a. auch die erwähnte ratio legis (Eindämmung der Trunksucht). Dagegen vermag der Umstand nicht aufzukommen, dass unter Art. 231 Abs. 2 aOR, der in Art. 186 fast wörtlich übernommen wurde, die Wirtszeche von einzelnen Autoren (z.B. HAFNER, Art. 231 aOR N 3) in einem umfassenden Sinne verstanden wurde. Die Auffassung jener Autoren, die «alle Forderungen für Konsumationen irgendwelcher Art, die in einer Wirtschaft oder Herberge erfolgen» (JAGMETTI, SPR I, 343; ähnlich ZK-OSER/SCHÖNENBERGER, N 3), dem Vorbehalt unterstellen wollen, ist daher abzulehnen.

3. Die Kantone können die **Klagbarkeit** für Forderungen der umschriebenen Art **ausschliessen oder beschränken**. Ob mangelnde Klagbarkeit von Amtes wegen zu beachten ist (wie bei Wettschulden) oder nur auf Einrede hin (wie bei der verjährten Forderung), ist eine Frage des kantonalen Rechts (str., vgl. PIOTET, SPR I/2, N 1031, m.w.Nw.). Dieses bestimmt auch darüber, ob die Forderung zur Verrechnung gestellt werden kann (vgl. JAGMETTI, SPR I, 344; **a.A.** BK-GIGER, N 7, der Verrechenbarkeit bejaht, und ZK-SCHÖNLE, N 6, der Verrechenbarkeit verneint). Die Kantone können jedoch die Erfüllbarkeit nicht ausschliessen; wer daher eine Forderung i.S.v. Art. 186 begleicht, hat von Bundesrechts wegen keinen Rückforderungsanspruch (BK-BECKER, Art. 186). **5**

Die kantonalen Regelungen, die sich meist in den Wirtschaftsgesetzen, z.T. aber auch in Einführungsgesetzen zum ZGB oder OR finden, weisen eine grosse Variationsbreite auf (vgl. PIOTET, SPR I/2, N 1032 ff.; BK-GIGER, N 20 ff.). **6**

Zweiter Abschnitt: Der Fahrniskauf

Art. 187

A. Gegenstand

¹ Als Fahrniskauf ist jeder Kauf anzusehen, der nicht eine Liegenschaft oder ein in das Grundbuch als Grundstück aufgenommenes Recht zum Gegenstande hat.

² Bestandteile eines Grundstückes, wie Früchte oder Material auf Abbruch oder aus Steinbrüchen, bilden den Gegenstand eines Fahrniskaufes, wenn sie nach ihrer Lostrennung auf den Erwerber als bewegliche Sachen übergehen sollen.

A. Objet

¹ La vente mobilière est celle de toutes choses qui ne sont pas des biens-fonds ou des droits immatriculés comme immeubles au registre foncier.

² La vente des parties intégrantes d'un immeuble est une vente mobilière lorsque, tels des fruits, les matériaux d'un bâtiment à démolir ou le produit des carrières, elles doivent être transférées comme meubles à l'acquéreur après leur séparation.

A. Oggetto

¹ È considerata vendita di cose mobili quella che non ha per oggetto un bene immobile od un diritto iscritto come fondo nel registro fondiario.

² Le parti costitutive di un fondo, quali i frutti, i materiali di demolizione o quelli estratti da una cava, formano oggetto di una vendita di cose mobili, quando debbano essere trasferite all'acquirente come cose mobili dopo la loro separazione dal suolo.

Literatur

Vgl. die Literaturhinweise bei den Vorbem. zu Art. 184–236; ferner DESCHENAUX, Der Einleitungstitel, in: Schweizerisches Privatrecht (SPR), Bd. II, Basel 1967; STEINAUER, Les droits réels, Bd. I, 5. Aufl., Bern 2012.

1 Das Kaufrecht unterscheidet nach dem Vertragsgegenstand zwischen Fahrniskauf (Überschrift zweite Abteilung) und Grundstückkauf (Überschrift dritte Abteilung). Jeder Kauf fällt in eine der beiden Kategorien, so dass je nachdem entweder die Art. 187 ff. oder die Art. 216 ff. anwendbar sind. Immerhin gelten für einzelne Kaufgegenstände Sonderregeln, so beim Forderungskauf hinsichtlich der Gewährleistung (Art. 171 ff.). Ferner ist zu beachten, dass Fahrnis- und Grundstückkauf zu einem gemischten Vertrag verbunden werden können; es stellen sich dann eigenständige Rechtsanwendungsprobleme (vgl. N 8 und in allgemeinerem Zusammenhang die Einl. vor Art. 184 ff.). Dasselbe gilt für Innominatverträge, die neben kaufvertraglichen noch andere Vertragselemente enthalten (vgl. dazu Einl. vor Art. 184 ff.).

Die für die Rechtsanwendung erforderliche Abgrenzung von Fahrnis- und Grundstückkauf erfolgt in Art. 187: Abs. 1 umschreibt den Begriff des Fahrniskaufs, Abs. 2 enthält eine unnötige, da sich schon aus Abs. 1 ergebende Präzisierung.

I. Begriff und Gegenstand des Fahrniskaufs (Abs. 1)

2 1. Der **Fahrniskauf** wird in Art. 187 Abs. 1 **negativ definiert**: als Kauf, der nicht eine Liegenschaft (Art. 655 Abs. 2 Ziff. 1 ZGB) oder ein in das Grundbuch als Grundstück aufgenommenes Recht (Art. 655 Abs. 2 Ziff. 2–4 ZGB) zum Gegenstand hat.

3 2. **Nach Art. 187 ff. beurteilt sich** vorab der Kauf von Sachen, die Gegenstand des Fahrniseigentums sind (Art. 713 ZGB), sodann aber auch von Rechten und allen andern in Art. 184 N 10 ff. erwähnten Kaufgegenständen. Dass für den Forderungskauf teilweise abweichendes Sonderrecht gilt, wurde bereits erwähnt, ebenso, dass die Art. 187 ff. auf den Kauf von körperlichen Gegenständen zugeschnitten sind und daher etwa auf den Patentkauf oder den Kauf einer Kundschaft nur eingeschränkt zur Anwendung gelangen (Art. 184 N 12 f.).

II. Der Kauf von Grundstücksbestandteilen (Abs. 2)

4 1. Bestandteile können – vor der Trennung von der Hauptsache – wirksam verkauft werden (vgl. BGE 131 III 217, 220 E. 4). Das wurde bereits in Art. 184 N 16 erwähnt. Hier bleibt nachzutragen, dass ein solcher Kauf auch dann den Art. 187 ff. untersteht, wenn er Grundstücksbestandteile betrifft. Genauer handelt es sich um den **Kauf einer zukünftigen beweglichen Sache** (ZBJV 1966, 107). Beispiele aus der Rsp.: SJZ 1921/22, 33: Verkauf einer Remise mit Stallung auf Abbruch; BGE 36 II 193: Verkauf von stehendem, zum Schlagen bestimmtem Holz; BGE 18, 878: Verkauf eines Mergellagers; BGer, ZR 1910, 358: Verkauf des Getäfels und der Öfen eines Schlosses, die aus diesem entfernt werden sollen.

5 2. Entgegen ZK-OSER/SCHÖNENBERGER, N 8 geht die **Preisgefahr** beim Bestandteilskauf nicht (notwendig) erst mit dem Eigentumsübergang auf den Käufer über. Es gelten vielmehr die allgemeinen, aus Art. 185 abgeleiteten Grundsätze. Das gilt unabhängig davon, ob der Kauf unbedingt oder bedingt geschlossen wurde. Im Falle eines suspensiv bedingten Kaufs geht demnach die Gefahr frühestens mit Eintritt der Bedingung (z.B. der Lebendgeburt des verkauften Fohlens) über (Art. 185 Abs. 3; vgl. Art. 185 N 33; BK-GIGER, N 19).

6 3. Zur **Abgrenzung** des Kaufs von Grundstücksbestandteilen von der **Pacht** vgl. SJZ 1983, 375 Nr. 64; 1976, 360 Nr. 110; PKG 1970, 122; KOLLER A., OR BT, § 11 N 14 ff.; BK-GIGER, N 38 ff., m.Hw. auf die ältere Rsp.

7 4. Der Kauf von Früchten wird durch Art. 94 SchKG eingeschränkt.

III. Kauf von Fahrnis und Grundeigentum

1. Oft wird ein Grundstück zusammen mit Fahrnis verkauft (vgl. z.B. BGE 39 II 557: Verkauf eines Hotels samt Hotelmobiliar). Liegen völlig **selbständige Verträge** vor, stellen sich keine Rechtsanwendungsprobleme: Jeder Vertrag folgt seinen eigenen Regeln. Das gilt dem Grundsatz nach auch bei einer **Vertragsverbindung**, bei welcher nach dem Willen der Parteien Fahrnis und Grundstück je selbständig verkauft werden, die beiden Verträge aber insofern aufeinander bezogen sind, als zumindest einer der Verträge nur mit Rücksicht auf den andern abgeschlossen wird (der Hotelkäufer ist am Hotelmobiliar nur in Verbindung mit dem Hotelgrundstück interessiert). Es entsteht dadurch eine ähnliche Abhängigkeit, wie sie zwischen den beiden Leistungen im gegenseitigen Vertrag besteht (GUHL/KOLLER/SCHNYDER/DRUEY, § 40 N 19; Art. 184 N 96). Konsequenz ist vorab die Anwendung von Art. 82 (der Käufer braucht das Mobiliar nicht abzunehmen und zu bezahlen, solange er das Grundstück nicht übereignet erhält). Sodann kann der Dahinfall des einen Vertrags auch zur Auflösung des andern, der mit Rücksicht auf den ersten geschlossen wurde, führen. Im Allgemeinen aber folgt, wie gesagt, jeder Vertrag seinen eigenen Rechtsnormen (Art. 187 ff. bzw. 216 ff.). Das ist insb. bez. der Formvorschrift für Liegenschaftskäufe anerkannt worden; der Fahrniskauf untersteht dem Formzwang von Art. 216 nicht (vgl. BGE 113 II 402, 405 [dazu KOLLER A., BR 1989, 95 f.], 119 II 135, 138 = Pra 1993, 791 f.). **8**

Der Übergang von der Vertragsverbindung zum einheitlichen, aus Fahrniskauf und Grundstückkauf **gemischten Vertrag** (Typenkombinationsvertrag, vgl. Art. 184 N 8) ist fliessend. Letzteres liegt regelmässig vor, wenn ein Gesamtpreis abgemacht ist (vgl. BGE 13, 510; 21, 414, 415 f.; ZR 1909, 76 Nr. 34); alles entscheidend ist dieses Kriterium aber nicht (vgl. BK-GIGER, N 33). Die Rechtsanwendung beim gemischten Kaufvertrag folgt den allgemeinen Regeln für gemischte Verträge (dazu Einl. vor Art. 184 ff.; teilweise abw. KOLLER A., OR AT, § 10 N 39 ff.; DERS., OR BT, § 1 N 17 ff.). Dabei wird es normalerweise angebracht sein, hinsichtlich der Fahrnis die Art. 187 ff. zur Anwendung zu bringen, hinsichtlich des Grundstücks die Art. 216 ff. So zu verfahren ist etwa mit Bezug auf die Erfüllung (vgl. BGer, ZR 1909, 76). Die Eigentumsübertragung an Fahrnis setzt somit Besitzübertragung voraus, diejenige an Grundstücken die Eintragung im Grundbuch (anders, wenn die Fahrnis Grundstückszugehör bildet: N 11). Auch hinsichtlich der Gewährleistung wird man grundsätzlich je die einschlägigen Regeln anwenden, so etwa was die Minderung anbelangt: Mängel, sei es der Fahrnis, sei es des Grundstücks, berechtigen zu einer Minderung desjenigen Teils des Entgelts, der rechnerisch auf die mangelhafte Leistung entfällt. Ob die Wandelung nur hinsichtlich einer der Leistungen möglich ist, bedarf differenzierter Betrachtung (vgl. Art. 209). Doch ist immer zu berücksichtigen, dass der gemischte Vertrag «mehr ist als die Summe der gemischten Vertragsleistungen» (GUHL/KOLLER/SCHNYDER/DRUEY, § 40 N 24). Dieser Gesichtspunkt kann dazu führen, dass eine Rechtsfrage für den gesamten Vertrag einheitlich zu beantworten ist. Das vertritt etwa Leuenberger mit Bezug auf die Form (Anwendbarkeit von Art. 216 auf den ganzen Vertrag; KOLLER A./LEUENBERGER, Grundstückkauf, § 2 N 132; ebenso KUKO OR-KIKINIS, N 4); denknotwendig ist dies aber nicht (vgl. BGE 132 III 549). **9**

2. Wird mit einem Grundstück **Zugehör mitverkauft**, so entscheidet sich nach allgemeinen Grundsätzen, ob selbständige oder verbundene Verträge vorliegen oder ein gemischter Vertrag. Bei Vorliegen verbundener Verträge erstreckt sich das Erfordernis der öffentlichen Beurkundung nach KOLLER A./LEUENBERGER, Grundstückkauf, § 2 N 132 auch auf die Zugehör, sofern sie im Grundbuch angemerkt ist. M.E. kommt es auf die Anmerkung im Grundbuch nicht an; so oder anders bedarf die Abmachung betr. die Zugehör nicht der öffentlichen Beurkundung (**a.A.** ZK-SCHÖNLE, Art. 184 N 53 [«offenbar»]). **10**

Liegt ein gemischter Vertrag vor, treffen die eben in N 9 gemachten Ausführungen zu. Eine Besonderheit gilt immerhin insofern, als mit der Grundstücksübereignung ohne weiteres auch das Eigentum an der Zugehör übergeht; einer Besitzübertragung bedarf es somit nicht **11**

(STEINAUER, N 1107). Gehört allerdings die Zugehör nicht dem Grundstücksverkäufer, so geht das Eigentum an der Zugehör erst mit Besitzübertragung über, und auch dies nur bei Vorliegen der zusätzlichen Voraussetzungen von Art. 933 ZGB (vgl. BGE 56 II 183; BK-MEIER-HAYOZ, Art. 644/645 ZGB N 63 m.w.Nw.).

12 Grundstückszugehör gilt bei Verkauf des Grundstücks als mitverkauft, wenn die Parteien nichts anderes vereinbaren (Art. 644 Abs. 1 ZGB; STEINAUER, N 1106a; vgl. auch DESCHENAUX, SPR II, 250).

Art. 188

B. Verpflichtungen des Verkäufers
I. Übergabe
1. Kosten der Übergabe

Sofern nicht etwas anderes vereinbart worden oder üblich ist, trägt der Verkäufer die Kosten der Übergabe, insbesondere des Messens und Wägens, der Käufer dagegen die der Beurkundung und der Abnahme.

B. Obligations du vendeur
I. Délivrance
1. Frais de la délivrance

Sauf usage ou convention contraire, les frais de la délivrance, notamment ceux du mesurage et du pesage, sont à la charge du vendeur, les frais d'acte et ceux de l'enlèvement à la charge de l'acheteur.

B. Obblighi del venditore
I. Consegna
1. Spese della consegna

Salvo patto od uso contrario, le spese della consegna e particolarmente quelle della misura e del peso sono a carico del venditore, le spese dell'atto e del ricevimento a carico del compratore.

Art. 189

2. Transportkosten

[1] **Muss die verkaufte Sache an einen anderen als den Erfüllungsort versendet werden, so trägt der Käufer die Transportkosten, sofern nicht etwas anderes vereinbart oder üblich ist.**

[2] **Ist Frankolieferung verabredet, so wird vermutet, der Verkäufer habe die Transportkosten übernommen.**

[3] **Ist Franko- und zollfreie Lieferung verabredet, so gelten die Ausgangs-, Durchgangs- und Eingangszölle, die während des Transportes, nicht aber die Verbrauchssteuern, die bei Empfang der Sache erhoben werden, als mitübernommen.**

2. Frais de transport

[1] Sauf usage ou convention contraire, les frais de transport sont à la charge de l'acheteur si la chose vendue doit être expédiée dans un autre lieu que celui de l'exécution du contrat.

[2] Le vendeur est présumé avoir pris à sa charge les frais de transport, si la livraison a été stipulée franco.

[3] S'il a été convenu que la livraison se ferait sans frais de port et de douane, le vendeur est présumé avoir pris à sa charge les droits de sortie, de transit et d'entrée perçus pendant le transport, mais non les droits de consommation prélevés lors de la réception de la chose.

2. Spese di trasporto

[1] Se la cosa venduta deve essere spedita in luogo diverso da quello ove l'obbligazione deve eseguirsi, le spese di trasporto sono a carico del compratore, salvo patto od uso contrario.

[2] Si presume che le spese di trasporto siano state assunte dal venditore, se fu pattuita la consegna franca.

[3] Se fu pattuita la consegna franca di porto e di dogana si ritengono a carico del venditore anche i dazi d'uscita, di transito e d'entrata esatti durante il trasporto, ma non le tasse di consumo che sono esatte al ricevimento della cosa.

Literatur

Vgl. die Literaturhinweise bei den Vorbem. zu Art. 184–236.

I. Normgehalt im Überblick

Art. 188 und 189 gehören sachlich zusammen und werden daher auch zusammen kommentiert. Sie regeln die mit der Vertragserfüllung verbundenen Kosten. Diese Kosten trägt nicht von vornherein der Verkäufer, wie die Marginalie zu Art. 188 ff. («Verpflichtungen des Verkäufers») vermuten liesse. Vielmehr findet eine Aufteilung auf die Parteien statt. **Grundregel** ist dabei, dass der Verkäufer die Kosten der Übergabe, der Käufer die Kosten der Abnahme zu tragen hat. Das heisst, der Verkäufer trägt jene Kosten, die durch ihm obliegende Erfüllungshandlungen entstehen; alle übrigen Kosten gehen zu Lasten des Käufers. Eine Abweichung besteht insofern, als der Käufer mangels anderer Vereinbarung *alle* Kosten der Beurkundung trägt, obwohl diese nicht generell zu den Abnahmekosten gerechnet werden können. 1

Art. 188 ist von allgemeiner Tragweite; er gilt für Fernkauf, Platzkauf und Versendungskauf gleichermassen (abw. BK-GIGER, Art. 188 N 4: Platzkauf). Für den **Versendungskauf** ist allerdings vorrangig **Art. 189** zu beachten. Dieser regelt in Abs. 1 die Tragung der praktisch im Vordergrund stehenden Transportkosten, und zwar entsprechend Art. 188; Abs. 2 und 3 enthalten Auslegungsregeln (KOLLER A., OR AT, § 9 N 9 ff.) für vertragliche Kostenabreden. Weitere Fragen behandelt Art. 189 nicht, namentlich nicht die Haftung des Versendungsverkäufers (s. dazu BK-BECKER, Art. 189 N 1, 3 f.; BK-GIGER, Art. 189 N 13 ff.). 2

Art. 188 f. regeln die **interne Kostentragung** unter den Parteien, nicht ihre Schuld oder Haftung gegenüber Dritten, z.B. einem Notar. Übernimmt eine Partei Kosten, die sie nach der gesetzlichen Ordnung nicht zu tragen hat, kann sie auf die Gegenpartei regressieren (missverständlich BK-GIGER, Art. 188 N 8–10); vgl. N 11, 16. 3

Art. 188 f. enthalten **dispositives Recht**. Daher sind z.B. durch den Kaufpreis abgedeckte Kosten von der Kostenverteilung nach diesen Bestimmungen von vornherein ausgenommen. Weiteres in N 14 ff. 4

Rechtsvergleichende Hinweise bei BK-GIGER, Art. 188 N 23. 5

II. Kosten der Übergabe

1. Art. 188 ist **gesetzestechnisch nicht sehr gelungen**. Die Marginalie spricht von den Kosten der Übergabe. In der Bestimmung selbst ist dann sowohl von den Kosten der Übergabe als auch von den Kosten der Abnahme die Rede. Übergabe i.S. der Marginalie ist somit der weitere Begriff. Übergabe bedeutet hier Erfüllung der Verkäuferpflicht i.S.v. Besitz- und Eigentumsverschaffung; im Gesetzestext hingegen ist damit die letzte dem Verkäufer obliegende Erfüllungshandlung gemeint. Zur (mangelhaften) Gesetzesredaktion von Art. 189 vgl. N 14 und BK-GIGER, Art. 189 N 4–6. 6

2. Die vom Verkäufer zu tragenden Kosten des **Messens und Wägens**, von denen in Art. 188 die Rede ist, «betreffen das Messen und Wägen, das zur Bestimmung des Kaufgegenstandes oder des Preises notwendig ist» (BK-BECKER, Art. 188 N 2). Veranlasst der Käufer ein Nachmessen oder Nachwägen der gelieferten Ware, so gehen die entsprechenden Kosten zu seinen Lasten (ZK-SCHÖNLE, N 9); dasselbe gilt für die Kosten einer vom Käufer veranlassten Qualitätsanalyse (vgl. Art. 367 Abs. 2). In diesen beiden Fällen ist der Verkäufer höchstens dann zur Kostenübernahme verpflichtet, wenn die Überprüfung der Ware eine ungenügende Lieferung oder einen Mangel der Kaufsache zutage fördert (vgl. GAUCH, N 1524 ff.; ungenau BK-GIGER, Art. 188 N 20 f.). 7

8 Ferner sind vom Verkäufer zu tragen: Kosten der **Beförderung** (einschliesslich Verzollung) bis zum Erfüllungsort (BGE 84 II 158, 162 = Pra 1958, 326 betr. Platzkauf) sowie Kosten der **Lagerung** bis zur Erfüllungszeit.

9 3. Hinsichtlich der **Verpackungskosten** ist zu unterscheiden: Ist die Verpackung nicht bloss Mittel der Versendung, sondern dient sie der Erhaltung, Brauchbarkeit oder Verkäuflichkeit der Sache (z.B. Weinflasche), so trägt mangels abweichender Vereinbarung der Verkäufer die Kosten. Denn derartige Verpackung ist Teil der Ware (ZK-OSER/SCHÖNENBERGER, Art. 188 N 2), sie ist damit über den Kaufpreis abgegolten. Der Verkäufer trägt auch die Kosten der Verpackung, die lediglich der Versendung an den Erfüllungsort dient. Im Übrigen aber geht die der Beförderung dienende Verpackung zu Lasten des Käufers, und zwar nicht nur beim Distanzkauf (hier greift Art. 189 Abs. 1 ein), sondern auch beim Platzkauf (vgl. ZK-OSER/SCHÖNENBERGER, Art. 188 N 2). Dem Käufer darf jedoch nur das Material in Rechnung gestellt werden, nicht auch die Arbeit (BK-BECKER, Art. 188 N 4; BK-GIGER, Art. 189 N 54; teilweise abw. ZK-OSER/SCHÖNENBERGER, Art. 188 N 2); und auch die Materialkosten trägt der Käufer nur dann, wenn er die Verpackung behält. Gibt er das Verpackungsmaterial dem Verkäufer mit dessen Einverständnis zurück, entfällt eine Kostenpflicht, und es stellt sich umgekehrt die Frage, ob nicht der Verkäufer den Käufer für die Rückgabe zu entschädigen hat (Einlösung «Flaschenpfand» und dgl.). Art. 188 f. geben hierauf keine Antwort, ebenso wenig auf die Frage, ob der Verkäufer zur Rücknahme des Materials berechtigt, allenfalls auch verpflichtet ist (s. zur Problematik BK-GIGER, Art. 188 N 16). Zur Frage, wer die Kosten eines allfälligen Rücktransports zu tragen hat, vgl. BK-BECKER, Art. 189 N 8 und BK-GIGER, a.a.O.

10 4. Nicht geregelt ist in Art. 188 f. die **Haftung** des Verkäufers **bei fehlerhafter Verpackung**: Haftung nach Gewährleistungsrecht oder allgemeinem vertraglichem Haftungsrecht? Siehe dazu BGE 96 II 115, 118; BK-GIGER, Art. 188 N 14 f.

Nach dem WKR sind Mängel der Verpackung immer nach Sachgewährleistungsrecht zu beurteilen, so dass die «zuweilen diffizile und manchmal arbiträr getroffene Unterscheidung, ob Schäden der Ware Sachmängel darstellen oder auf einer Verletzung der Nebenpflicht zu ordnungsgemässer Verpackung beruhen», nach dem WKR nicht erforderlich ist (Bucher-SCHLECHTRIEM, UN-Kaufrecht, 118).

III. Kosten der Abnahme und Beurkundung

11 1. **Kosten der Abnahme** sind diejenigen, die durch die Übernahme der Sache in die Verfügungsgewalt des Käufers entstehen. Hierzu gehören **beim Distanzkauf die Transportkosten** (Art. 189 Abs. 1). Damit sind nicht nur die eigentlichen Auslagen für den Transport vom Erfüllungsort zum Bestimmungsort gemeint, sondern sämtliche damit zusammenhängenden Kosten, wie Zölle, Steuern, Gebühren, Prämien für eine Transportversicherung (BK-GIGER, Art. 189 N 48 f.); immer aber muss es sich um Abnahmekosten handeln, was nicht zutrifft hinsichtlich der Auslagen für die Verbringung der zu versendenden Ware auf den Abgangsbahnhof (ZK-OSER/SCHÖNENBERGER, Art. 189 N 3; vgl. N 8). *Extern* (gegenüber dem Frachtführer) trägt der Verkäufer die Transportkosten. Um die Kosten nicht vorschiessen zu müssen, wird er dem Frachtführer oft ein Inkassomandat erteilen. Zahlt der Käufer nicht, hat der Frachtführer den Verkäufer hiervon zu benachrichtigen und inzwischen die Ware (auf Gefahr des Käufers) aufzubewahren. Die daraus resultierenden Kosten hat der Verkäufer dem Frachtführer zu ersetzen (Art. 444 Abs. 1), er hat aber ein entsprechendes Regressrecht gegenüber dem Käufer (BK-GIGER, Art. 189 N 43 f.).

12 Verursacht der Verkäufer zu hohe Transportkosten (er wählt z.B. einen unnötig langen Transportweg), so wird er insoweit kostenpflichtig (ZBJV 1909, 206 f.; ZR 1912, 356 ff.).

13 2. Die Pflicht des Käufers, **Beurkundungskosten** zu tragen, bezieht sich v.a. auf den Liegenschaftskauf, auf den Art. 188 wegen Art. 221 ebenfalls anwendbar ist. Der Käufer hat hier

nicht nur die Notariatskosten zu übernehmen, sondern auch diejenigen der Grundbucheintragung. Die Vermessung ist demgegenüber keine Beurkundung; die diesbezüglichen Kosten trägt der Verkäufer (Jauernig-Berger, § 448 BGB N 3). In der Praxis wird freilich oft eine andere Kostenverteilung vereinbart, z.B. eine hälftige Verteilung auf Verkäufer und Käufer. Weiteres bei BK-Giger, Art. 188 N 25 f.; ZK-Schönle, Art. 188 N 14 ff.

IV. Abweichende Vereinbarungen, insbesondere beim Distanzkauf

Die umschriebene Kostentragung ist dispositives Recht; zudem gilt sie nur, wenn nichts anderes üblich ist (Art. 188, 189 Abs. 1). Abweichende Vereinbarungen finden sich häufig, v.a. beim Distanzkauf. Auf diesen beziehen sich die Frankoklausel und die Abrede Franko- und zollfreier Lieferung (Art. 189 Abs. 2, 3). Die Praxis kennt aber noch eine Vielzahl anderer Abreden, namentlich im Überseehandel (Incoterms, z.B. Fob-Klausel; s. bereits Art. 184 N 42): 14

1. Die **Frankoklausel** (Art. 189 Abs. 2) bedeutet, dass die Transportkosten im Zweifel – entgegen der Regel (Art. 189 Abs. 1) – vom Distanzverkäufer zu tragen sind. Ist Lieferung «franko Bahnhof [. . .]» abgemacht, so hört die Kostenpflicht des Verkäufers mit der Bahnhofankunft der Ware auf; «die Kosten der Abrollung vom Bahnhof nach dem Geschäftslokal des Käufers» trägt dieser (ZR 1912, 337). Im Übrigen ist der Begriff der Transportkosten in Art. 189 Abs. 2 ein engerer als in Abs. 1: Er meint die Transportkosten gem. Abs. 1 ohne die Zölle, die während des Transports anfallen (ZBJV 1926, 215; BK-Giger, Art. 189 N 46, 58). Auch diese gehen jedoch vermutungsweise zu Lasten des Verkäufers, wenn **Franko- und zollfreie Lieferung abgemacht** ist (Abs. 3). Der Verkäufer trägt dann alle Transportkosten i.S.v. Abs. 1 (BK-Giger, Art. 189 N 62), nicht hingegen «Verbrauchssteuern, die bei Empfang der Sache erhoben werden»; nach ZK-Oser/Schönenberger, Art. 189 N 8, gehen auch Prämien einer Transportversicherung nicht zu seinen Lasten. Abs. 2 und 3 von Art. 189 enthalten nur Auslegungsregeln für die beiden erwähnten Klauseln; diesen kann im Einzelfall eine abweichende Bedeutung zukommen (vgl. BK-Becker, Art. 189 N 7; ZBJV 1926, 215).

Die Frankoklausel ändert i.A. weder den Erfüllungsort (BK-Giger, Art. 189 N 60) noch die ordentliche Gefahrtragung (Art. 185 N 43). 15

2. Die Frankoklausel umfasst «auch die Entrichtung der Transportspesen zum voraus» (ZK-Oser/Schönenberger, Art. 189 N 5). Doch darf der Käufer, wenn die Lieferung erfolgt, ohne dass der Verkäufer die Kosten bezahlt hätte (vgl. Sachverhalt in ZR 1907, 83), die Sendung nicht ohne weiteres zurückweisen. Er darf dies zumal dann nicht, wenn die Kaufpreiszahlung noch aussteht; er hat diesfalls dem Frachtführer für die Kosten aufzukommen, unter entsprechendem Abzug am Kaufpreis (BK-Becker, Art. 189 N 5; weitergehend ZK-Oser/Schönenberger, a.a.O.). Zu einer genauen Überprüfung der Frachtrechnung ist er in derartigen Fällen nicht verpflichtet (ZR 1912, 357 f. E. 2). 16

3. Zur Bedeutung der **Fob- und Cif-Klausel** hinsichtlich der Kostentragung vgl. Art. 185 N 42; dort finden sich auch weiterführende Literaturangaben. Aus der Rsp. vgl. z.B. SJZ 1917/18, 294 Nr. 250. 17

V. WKR

Das WKR enthält keine ausdrückliche Kostenregelung. Schlechtriem/Schwenzer-Widmer Lüchinger (Art. 31 WKR N 83) nehmen jedoch an, die Antwort auf die Kostenfrage sei trotzdem dem WKR zu entnehmen, nicht dem nach Kollisionsrecht ermittelten nationalen Recht (vgl. zum Anwendungsbereich des WKR i.A. Art. 4). Dabei gelte der allgemeine Grundsatz, «dass jede Partei die Kosten ihrer eigenen Leistung zu tragen hat: also der Verkäufer die Kosten der Lieferung, der Käufer die Kosten der Übernahme» (Schlechtriem/Schwenzer-Widmer Lüchinger, a.a.O.). Jedenfalls was die Kosten der Verpackung anbelangt, wird 18 man aus Art. 35 Abs. 2 lit. d WKR Kostenpflichtigkeit des Verkäufers ableiten dürfen (Botschaft zum WKR, 805; Honsell-MAGNUS, Art. 35 WKR N 26).

Art. 190

3. Verzug in der Übergabe a. Rücktritt im kaufmännischen Verkehr	**[1] Ist im kaufmännischen Verkehr ein bestimmter Lieferungstermin verabredet und kommt der Verkäufer in Verzug, so wird vermutet, dass der Käufer auf die Lieferung verzichte und Schadenersatz wegen Nichterfüllung beanspruche.** **[2] Zieht der Käufer vor, die Lieferung zu verlangen, so hat er es dem Verkäufer nach Ablauf des Termines unverzüglich anzuzeigen.**
3. Demeure du vendeur a. Dans les ventes commerciales	[1] Lorsqu'en matière de commerce la convention fixe un terme pour la livraison et que le vendeur est en demeure, il y a lieu de présumer que l'acheteur renonce à la livraison et réclame des dommages-intérêts pour cause d'inexécution. [2] Si l'acheteur entend demander la délivrance, il doit en informer le vendeur immédiatement après l'échéance du terme.
3. Mora nella consegna a. Recesso nelle vendite commerciali	[1] Nelle vendite commerciali, quando sia stabilito un termine fisso per la consegna, si presume che il compratore, in caso di mora del venditore, rinunci alla consegna e pretenda il risarcimento del danno per l'inadempimento. [2] Ove per altro il compratore preferisca di chiedere la consegna, dovrà darne avviso al venditore subito dopo scaduto il termine.

Literatur

Vgl. die Literaturhinweise bei den Vorbem. zu Art. 184–236; ferner GLASL, Die Rückabwicklung im Obligationenrecht, Diss. Zürich 1992; JERMANN, Die Ausübung der Gläubigerrechte im Falle eines gültigen Leistungsverzichts nach Art. 107 Abs. 2 OR: Zeitpunkt und Widerrufbarkeit, Diss. St. Gallen 2003; KOLLER A., Die Verzichtsfolgen i.S.v. Art. 107 Abs. 2 OR, in: Haftung aus Vertrag, St. Gallen 1998 (zit. Verzichtsfolgen); KNOEPFEL, Die Sonderordnung des kaufmännischen Verkehrs im Kaufrecht (Handelskauf), Diss. Zürich 1988; LEMP, Schadenersatz wegen Nichterfüllung als Folge des Schuldnerverzuges, Diss. Bern 1939; RAMONI, Demeure du débiteur et contrats de droit suisse: étude de l'application des règles sur la demeure du débiteur aux divers contrats du Code des obligations, Diss. Lausanne 2002; SCHENKER, Die Voraussetzungen und die Folgen des Schuldnerverzugs im schweizerischen Obligationenrecht, Diss. Freiburg 1988; SUTER, Rechtsnatur und Rechtsfolgen des Vertragsrücktritts im Zusammenhang mit dem Schuldnerverzug, Diss. Zürich 1991; Grosskommentar zum Handelsgesetzbuch, begründet von H. STAUB, Kommentar zu §§ 373–376, 3. Aufl. bearbeitet von WÜRDINGER/RÖHRICHT (zit. WÜRDINGER/RÖHRICHT), 4. Aufl. bearbeitet von I. KOLLER (zit. STAUB/KOLLER). Vgl. im Übrigen die Literaturhinweise zu Art. 102 ff. sowie die Nw. im zit. Werk von KNOEPFEL.

1 Art. 190 enthält eine besondere, von Art. 108 Ziff. 3 abweichende Regelung des Fixgeschäfts. Seine Interpretation hat daher beim «ordentlichen» Fixgeschäft anzusetzen (s. dazu KOLLER A., OR AT, § 39 N 66).

I. Das ordentliche Fixgeschäft (Art. 108 Ziff. 3)

2 Ein Fixgeschäft liegt nach Art. 108 Ziff. 3 vor, «wenn sich aus dem Vertrage die Absicht der Parteien ergibt, dass die Leistung genau zu einer bestimmten oder bis zu einer bestimmten Zeit erfolgen soll». Diese gesetzliche Definition ist ergänzungsbedürftig. Die Vereinbarung einer fest bestimmten Leistungszeit macht einen Vertrag noch nicht zum Fixgeschäft. Die Parteimeinung muss vielmehr dahin gehen, dass der Schuldner bei Verpassen des bestimmten Termins gegen den Willen des Gläubigers nicht mehr soll erfüllen können (vgl. z.B. BGE 49 II 220, 227 f.). Ein Fixgeschäft i.S.v. Art. 108 Ziff. 3 liegt mit andern Worten vor, wenn die Parteien abgemacht haben, dass es bei nicht rechtzeitiger Erfüllung im Belieben des Gläubigers liegt, nachträgliche Erfüllung anzunehmen oder nicht (Ausschluss der Erfüllbarkeit

gegen den Willen des Gläubigers, relatives Fixgeschäft). Will der Gläubiger auf die Leistung verzichten, so muss er dies nach Art. 107 Abs. 2 sofort erklären; tut er dies nicht, so wandelt sich das Fixgeschäft in ein «normales» Mahngeschäft. Die Parteien können allerdings auch weiter gehen und vorsehen, dass bei nicht rechtzeitiger Lieferung der Gläubiger auf die Leistung von vornherein verzichte; eine neuerliche Verzichtserklärung nach Ablauf der vorgesehenen Erfüllungszeit erübrigt sich dann (wer für eine Hochzeit eine Torte bestellt, will diese nur gerade am Hochzeitstag annehmen; spätere Erfüllung ist von vornherein ausgeschlossen). Dieses sog. absolute Fixgeschäft ist in Art. 108 Ziff. 3 nicht geregelt, seine Zulässigkeit ergibt sich aber aus dem Prinzip der Vertragsfreiheit (KOLLER A., OR BT, § 4 N 21).

Die Partei, die ein Fixgeschäft behauptet, trägt für den Fixcharakter die Beweislast; im Zweifelsfall begründet somit die Vereinbarung einer bestimmten Erfüllungszeit lediglich einen Verfalltag i.S.v. Art. 102 Abs. 2. 3

II. Das kaufmännische Fixgeschäft: Überblick

Art. 190 weicht – beim kaufmännischen Verkehr – von der Regelung des Art. 108 Ziff. 3 **in dreierlei Hinsicht ab**: a) Wird ein bestimmter Erfüllungszeitpunkt abgemacht, so knüpft sich hieran die widerlegbare Vermutung eines (relativen) Fixgeschäfts. Im Zweifel ist somit von einem Fixgeschäft auszugehen. Behauptet der Verkäufer, dass die Vereinbarung des bestimmten Erfüllungszeitpunktes nicht den Sinn gehabt habe, nachträgliche Erfüllung gegen den Willen des Käufers auszuschliessen, so trägt er insoweit die Beweislast. b) Es wird vermutet, der Käufer mache von seinem Recht, auf nachträgliche Erfüllung zu verzichten, Gebrauch. Will der Käufer auf der Leistung beharren, so hat er dies «unverzüglich» zu erklären. c) Beharrt der Käufer nicht auf der Leistung, so wird nach dem Gesetzeswortlaut vermutet, er verlange Ersatz des Nichterfüllungsschadens (positives Vertragsinteresse). Eine entsprechende Vermutung besteht beim normalen Fixgeschäft nicht: Es gilt Art. 107 Abs. 2, wonach die Erklärung des Gläubigers, auf die Leistung zu verzichten und Schadenersatz zu verlangen, nach den allgemeinen Grundsätzen daraufhin zu untersuchen ist, ob Ersatz des positiven oder negativen Vertragsinteresses verlangt wird. Ob diese Wahlmöglichkeit auch beim Tatbestand von Art. 190 besteht, ist umstritten (N 5 a.E. und 17). 4

Die umschriebene Deutung des Art. 190 entspricht der h.L. (Nw. bei BK-GIGER, N 28) und Rsp. (BGE 46 II 164, 166; 49 II 28, 33; 49 II 220, 228; 116 II 436, 438). Anders v.a. das OGer ZH, ZR 1916, 371 ff.: Im Gegensatz zu Art. 234 aOR enthalte Art. 190 keine Vermutung des Fixgeschäftes, sondern bloss – wenn ein Fixgeschäft i.S.v. Art. 108 bewiesen sei – die Vermutung des Verzichts auf die Naturalerfüllung (s. dazu die berechtigte Kritik von BK-BECKER, N 6). Anders ferner BK-GIGER (N 1 und 31): Er nimmt an, die an die Vereinbarung eines bestimmten Liefertermins geknüpfte Vermutung sei nicht widerlegbar (Fiktion); i.E. gelangt er jedoch nicht zu andern Folgerungen (N 28, erster Absatz a.E.). Umstritten ist, ob der Käufer nach Art. 190 statt Ersatz des positiven Vertragsinteresses Ersatz des negativen verlangen kann (Nw. N 17). 5

Unter Art. 190 fällt nur der **Fahrniskauf**, nicht der Grundstückkauf (ZK-SCHÖNLE, N 19). 6

III. Der Begriff des kaufmännischen Verkehrs

Art. 190 betrifft nur den kaufmännischen Verkehr. Damit ist nicht notwendig der Verkehr unter Kaufleuten gemeint (anders Art. 104 Abs. 3). Entscheidend ist, dass ein Kauf – für den Verkäufer erkennbar (N 9) – **zum Zwecke des Weiterverkaufs** getätigt wird (BGE 65 II 173 = Pra 1940, 58; 49 II 28, 35; 49 II 220, 229; 46 II 131, 135 ff.; Handkomm-OR-KREN KOSTKIEWICZ, N 4; CHK-HRUBESCH-MILLAUER, N 3; KNOEPFEL, 7 m.w.Nw.; CAVIN, SPR VII/1, 4 [vgl. aber auch 5]; teilweise abw. BK-BECKER, N 3: Handelskauf sei «vor allem» der Kauf zum Wiederverkauf). Hier besteht die Gefahr, dass der Käufer, wenn er eine verspätete Liefe- 7 rung des Verkäufers noch annehmen muss, auf der Ware sitzen bleibt, weil sein eigener Abkäufer, dem er die Ware weiterverkauft hat, wegen der eingetretenen Verzögerung vom Vertrag zurücktritt (vgl. WÜRDINGER/RÖHRICHT, § 376 HGB N 14). Oder es besteht die Gefahr, dass der Käufer, der vor dem Weiterverkauf die Lieferung abwartet, die verspätet gelieferte Ware nicht mehr zu den erhofften günstigen Bedingungen weiterverkaufen kann (vgl. WÜRDINGER/RÖHRICHT, § 376 HGB N 10). Diese Gefahren nimmt das Gesetz dem Käufer ab, wenn er einen bestimmten Lieferungstermin vereinbart hat. Es unterstellt gleichsam, dass mit verspäteter Lieferung der Käufer die Ware seinerseits nicht mehr bzw. nur noch zu schlechteren Bedingungen absetzen könnte und daher an der Erfüllung nicht mehr interessiert ist. In vielen Fällen wird dies allerdings nicht der Realität entsprechen. Sehr oft beharrt nämlich der Käufer auf der Erfüllung trotz verzögerter Lieferung.

8 **Nicht** Handelskauf ist daher der **Kauf zum eigenen Bedarf**. Nicht unter Art. 190 fällt somit der Verkauf an den Konsumenten (z.B. Kauf einer Kuh zur eigenen Nutzung, BK-BECKER, N 3), ferner auch nicht der Verkauf an einen Gewerbetreibenden, der die Ware in seinem Betrieb verwenden will (vgl. BGE 90 II 285: Kauf einer Kaffeemaschine für den Betrieb eines Restaurants). Ein Kauf zum Weiterverkauf fällt hingegen auch dann unter Art. 190, wenn ein Privatmann Käufer ist (Einschränkung in N 14); das wurde v.a. für Börsentermingeschäfte anerkannt (BlHE 1889, 278; ZBJV 1895, 264 ff.; KUKO OR-KIKINIS, N 2 m.w.Nw.).

9 Der Verkäufer muss erkennen können, dass der Kauf zwecks Weiterverkaufs erfolgt. Ist der Käufer ein Kaufmann (zum Begriff KNOEPFEL, 20 ff.), so wird dies vermutet (CAVIN, SPR VII/1, 4; KNOEPFEL, 11 Anm. 10, 20 m.w.Nw.).

10 Wird eine **Sache zwecks Umgestaltung und späteren Weiterverkaufs erworben**, so liegt nach der ratio legis des Art. 190 kein Handelskauf vor (**a.A.** ZK-SCHÖNLE, N 19). Denn die Gefahr, dass der Käufer wegen einer allenfalls auch nur geringfügigen Zeitüberschreitung an der Sache kein Interesse mehr hat, ist hier weit geringer als im Falle des Kaufs zum direkten und unverzüglichen Weiterverkauf. Anders scheint es sich nach BGE 41 II 672, 43 II 170 und 214 freilich dann zu verhalten, wenn Rohstoffe mit einem Markt- oder Börsenpreis an ein industrielles Unternehmen – zwecks Weiterverarbeitung – geliefert werden (zustimmend CAVIN, SPR VII/1, 5 Anm. 5). Eine solche Ausdehnung des Begriffs des Handelskaufs ist m.E. nur schon deshalb nicht am Platze, weil die an ein Verfalltagsgeschäft geknüpfte Vermutung des Fixgeschäfts dem Parteiwillen oft nicht entsprechen dürfte. Hingegen ist immer zu prüfen, ob in solchen Fällen nicht ein «normales» Fixgeschäft vorliegt. Vgl. zur Frage auch KNOEPFEL, 13 f. m.w.Nw.

IV. Die Vermutung des Fixgeschäfts

11 1. Art. 190 knüpft die Vermutung des Fixgeschäfts an die Verabredung eines bestimmten Lieferungstermins:

a) Der (bestimmte) **Lieferungstermin**. Art. 190 ist jedenfalls dann anwendbar, wenn ein bestimmter *Übergabetermin* vereinbart wurde. In der Praxis kommt es aber auch vor, dass zwar nicht für die Erfüllung (den Eintritt des Erfüllungserfolgs) ein bestimmter Termin abgemacht ist, wohl aber für eine dem Erfüllungserfolg vorgeschaltete Erfüllungshandlung. So hatte sich die Rsp. verschiedentlich mit Versendungskäufen zu befassen, bei denen ein bestimmtes *Versendungsdatum* abgemacht war. Das OGer ZH hat sich in mehreren Entscheiden (ZR 1907, 100 Nr. 50; 1908, 314; 1916, 371) gegen die Anwendung von Art. 190 (Art. 234 aOR) ausgesprochen, das BGer hat die Frage in BGE 41 II 679 offen gelassen (für Anwendung von Art. 190 BK-BECKER, N 4; ZK-SCHÖNLE, N 25). M.E. verdient die Zürcher Praxis Zustimmung. Hingegen ist (entgegen ZR 1916, 373) immer zu prüfen, ob nicht Art. 108 Ziff. 3 zum Tragen kommt (BGE 41 II 672, 677 E. 6). Wird somit ein vertraglich bestimmter Versendungstermin nicht eingehalten, so fällt die Leistungspflicht des Verkäufers nicht einfach dahin; hingegen kann der Käufer, wenn er es sofort erklärt, auf die Leistung verzichten, falls das Verpassen des Termins nach der Vertragsmeinung die Bedeutung hat, eine spätere Versendung müsse sich der Käufer nicht gefallen lassen (so lag der Sachverhalt im zuletzt zitierten BGE).

Wird beim *Akkreditivkauf* für die Einreichung der Warendokumente ein bestimmter Termin abgemacht, so findet Art. 190 Anwendung (ULRICH, 93 f.).

b) **Bestimmt** ist der Lieferungstermin, wenn es sich um einen Verfalltag i.S.v. Art. 102 handelt (BK-BECKER, N 4; KNOEPFEL, 61 m.w.Nw.; missverständlich BGE 116 II 441, 443 E. 2a). 12

2. Die **Vermutung** des Fixgeschäftes **greift nicht Platz**, wenn die Parteien eine abweichende Abrede getroffen haben oder sich aus den Umständen ergibt, dass der Fixgeschäftcharakter nicht dem Parteiwillen entspricht. Dies wurde etwa aus der Abrede geschlossen, dass Rückstände nachzuliefern seien (BGE 20, 960, 978) oder innerhalb einer bestimmten Frist nachgeliefert werden dürften (BGE 21, 525, 534 E. 5). Dem steht der Fall gleich, da sich ein Nachlieferungsrecht aus einer Handelsusanz ergibt (ZR 1908, 343 f.; 1909, 149 ff.; 1910, 278 Nr. 156). Ebenso ist ein bestimmter Termin im Zweifel nicht als Fixtermin aufzufassen, wenn die Ansetzung eines solchen Termins den Gewohnheiten des betreffenden Geschäftszweiges widerspricht (BlHE 1896, 298). Weiteres bei BK-BECKER, N 7; BK-GIGER, N 29 f.; KNOEPFEL, 64 m.w.Nw. 13

Ist der Käufer nicht Händler, sondern Privatperson, so wird die Annahme eines Fixgeschäftes – für den Verkäufer erkennbar – regelmässig nicht seinen Vorstellungen entsprechen. Entsprechendes gilt, wenn dem Verkäufer die Kaufmannseigenschaft abgeht (vgl. BK-BECKER, N 3, der die fehlende Kaufmannseigenschaft allerdings nicht bei der Widerlegung der Vermutung des Fixgeschäfts, sondern bei der Definition des kaufmännischen Verkehrs berücksichtigen will). Praktisch hat dies zur Konsequenz, dass Art. 190 normalerweise nur bei Geschäften zwischen Kaufleuten zum Tragen kommt (CAVIN, SPR VII/1, 4). Ausnahmen bestätigen die Regel: Anwendung der Bestimmung auf von Privaten getätigte Börsentermingeschäfte (N 8). 14

V. Rechtslage bei nicht rechtzeitiger Lieferung

1. Wird der bestimmte Erfüllungstermin nicht eingehalten, so **verliert der Käufer seinen Erfüllungsanspruch**, sofern er dem Verkäufer nicht unverzüglich anzeigt, auf der Erfüllung beharren zu wollen. «Unverzüglich» ist die Anzeige, «wenn sie am gleichen oder eventuell am folgenden Tag erfolgt» (KUKO OR-KIKINIS, N 7 m.w.Nw.). Doch können besondere Umstände eine Erstreckung der Frist rechtfertigen (vgl. ZR 1920, 290 Nr. 149), wie umgekehrt auch erforderlich sein kann, dass die Anzeige unmittelbar nach Ablauf des Termins erfolgt. So wird man namentlich im Börsenverkehr sehr strenge Anforderungen stellen (BK-BECKER, N 8), weil hier die Gefahr von Spekulationen zu Lasten des Verkäufers, der das Erfordernis der unverzüglichen Anzeige begegnen will (CAVIN, SPR VII/1, 45), besonders hoch ist. 15

Auf die Anzeige kann verzichtet werden, wenn der Käufer schon vor Eintritt des Lieferungstermins erklärt hat, er werde im Falle nicht rechtzeitiger Lieferung auf der Erfüllung beharren (WÜRDINGER/RÖHRICHT, § 376 HGB N 34 f.; STAUB/KOLLER, § 376 HGB N 17).

Die Anzeige i.S. des Art. 190 ist eine einseitige empfangsbedürftige Willenserklärung. Sie wird also nur wirksam, wenn sie dem Verkäufer zugeht. Einer bestimmten Form bedarf sie nicht. Inhaltlich muss sie erkennen lassen, dass der Käufer trotz Ablaufs des Stichtags auf Erfüllung beharrt; ein blosser Vorbehalt seiner Rechte oder ein Protest gegen die Nichterfüllung genügt nicht (WÜRDINGER/RÖHRICHT, a.a.O.).

Hat es der Käufer versäumt, unverzüglich Erfüllung zu verlangen, so ist der Erfüllungsanspruch untergegangen und der Verkäufer braucht auf ein nachträgliches Erfüllungsbegehren 16 nicht einzutreten. Reagiert er jedoch auf ein solches nicht, so ist dies u.U. als stillschweigendes Einverständnis mit der Neubegründung des Anspruchs zu deuten (vgl. BGE 24 II 392, 397 E. 4; N 20).

17 2. **Ist der Erfüllungsanspruch untergegangen**, so ist die Rechtslage dieselbe wie nach Art. 107 Abs. 2 (dazu KOLLER A., OR AT, § 55 N 83 ff., 131 ff.), mit dem hauptsächlichen Unterschied, dass – bei Verschulden des Verkäufers – vermutet wird, der Käufer entscheide sich für den Ersatz des Nichterfüllungsschadens. Im Einzelnen verhält es sich wie folgt: Fehlt es an einem Verschulden des Verkäufers, so ist der Käufer von der Pflicht zur Bezahlung des Kaufpreises befreit; hat er ihn bereits bezahlt, steht ihm ein Rückforderungsanspruch zu (vgl. Art. 109 Abs. 1). Dabei bleibt es auch dann, wenn den Verkäufer ein Verschulden trifft. Doch hat der Käufer diesfalls zusätzlich Anspruch auf Ersatz des positiven oder negativen Vertragsinteresses. Will er Letzteres beanspruchen, hat er dies zu erklären, da die gesetzliche Vermutung – wie gesagt – in die andere Richtung geht. Bleibt es bei der gesetzlichen Vermutung, ist dem Käufer der Wert der ausgebliebenen Leistung zu ersetzen, unter Abzug des Kaufpreises, falls dieser noch nicht bezahlt ist (milde Differenztheorie; vgl. Art. 191). Ist der Preis bereits bezahlt, kann der Käufer – gleich wie wenn den Verkäufer kein Verschulden trifft – den Kaufpreis zurückverlangen und zusätzlich die allfällige Differenz zum höheren Wert der ausgebliebenen Leistung beanspruchen (strenge Differenztheorie). Stattdessen kann er den Kaufpreis auch beim Verkäufer belassen und sich darauf beschränken, den Wert der ausgebliebenen Leistung ersetzt zu verlangen (Austauschtheorie, ZK-SCHÖNLE, Art. 191 N 6). Er riskiert dann jedoch, dass er nicht einmal den Kaufpreis zurückerhält, denn eine Vermutung, wonach das positive Vertragsinteresse mindestens den Kaufpreis ausmacht, besteht nicht (vgl. BGE 123 III 16, dazu KOLLER A., Verzichtsfolgen, 1 ff.). Die Rechtslage ist freilich teilweise umstritten, insb. hinsichtlich der Frage, ob dem Käufer ein Vorgehen nach der strengen Differenztheorie offensteht (**abl**. ZK-SCHÖNLE, a.a.O.), dann aber auch hinsichtlich der Frage, ob der Käufer den Ersatz des negativen Vertragsinteresses beanspruchen kann (im bejahenden Sinne wie im Text BGE 41 II 679 und die h.L.; **a.A.** CAVIN, SPR VII/1, 45). Zur Berechnung des positiven Vertragsinteresses im Einzelnen s. Art. 191 N 2 ff.

18 Zur Frage, ob das negative Vertragsinteresse umfangmässig durch das positive begrenzt ist, s. KOLLER A., OR AT, § 46 N 32 f.

19 Folgt man der Auffassung, wonach der Käufer entweder das positive oder negative Vertragsinteresse ersetzt verlangen kann, so stellt sich die Frage, **innert welcher Frist er sein Wahlrecht ausüben muss** (die Frage offen lassend: BGE 123 III 16, 22; zum Meinungsstand KOLLER A., OR AT, § 55 N 89). Eine sofortige Entscheidung wird man nicht verlangen dürfen, da eine Spekulationsgefahr hier nicht besteht (BK-GIGER, N 43, m.Hw. auf SJZ 1919/20, 372). M.E. besteht überhaupt keine zeitliche Limite, doch ist zu beachten, dass mit Ablauf der Verjährungsfrist die wahlweise zur Verfügung stehenden Ansprüche nicht mehr gegen den Willen des Verkäufers durchgesetzt werden können. In diesem Sinne setzt die Verjährungsfrist der Wahlentscheidung eine Grenze. Eine andere Frage ist, ob der Käufer, nachdem er sein Wahlrecht ausgeübt hat, auf die Wahl zurückkommen und stattdessen einen anderen Anspruch geltend machen, also z.B. vom positiven auf das negative Vertragsinteresse wechseln kann. Gegen ein solches *ius variandi* BGE 123 III 16, 22 a.E.; differenzierend JERMANN, N 204 ff., 252; KOLLER A., OR AT, § 46 N 31.

20 3. Ist der **Erfüllungsanspruch** untergegangen, so kann er nur durch Vereinbarung der Parteien **neu begründet** werden (vgl. BK-GIGER, N 40; ZR 1908, 176 Nr. 83; **a.A.** wohl GLASL, 175 f.). Eine solche Vereinbarung kann aber auch konkludent geschlossen werden, z.B. durch nachträgliches Anbieten und vorbehaltlose Annahme der Ware (BGE 21, 525, 534 f.) oder umgekehrt durch nachträgliche Reklamation der Ware und vorbehaltlose Lieferung (N 16), selbst durch konkludentes Verhalten beider Parteien im Prozess (BGE 30 II 298, 303 E. 4).

4. Beharrt der Käufer rechtzeitig auf der Erfüllung, so **wandelt sich das Fixgeschäft in ein Mahngeschäft** (BGE 116 II 436, 438; ZK-Schönle, N 47 mit zutreffender Klarstellung). 21

5. Zum Fall, da **Teilleistungen**, die zu bestimmten Terminen versprochen sind, nicht rechtzeitig erfolgen, vgl. BK-Giger, N 38; Knoepfel, 63. 22

VI. WKR

Das WKR enthält keine dem Art. 190 entsprechende Regel, ja es enthält überhaupt keine selb- 23
ständige Verzugsregelung. Vielmehr geht es von einem einheitlichen Tatbestand des Vertragsbruchs aus und unterwirft diesen – mit gewissen Einschränkungen (vgl. Bucher-Schlechtriem, 104) – einer einheitlichen Regelung (Art. 45 ff.). Das schliesst nicht aus, die verschiedenen Tatbestände einer Vertragsverletzung gesondert zu betrachten. Im vorliegenden Zusammenhang interessiert nur die Nichterfüllung in zeitlicher Hinsicht, also der Verzug. Die Ausführungen gelten aber mutatis mutandis auch für den Tatbestand der Unmöglichkeit; zur Rechtslage bei Rechts- und Sachmängeln s. Art. 192–210 N 9, Art. 197–210 N 13 f.

Nach dem WKR kommt der Verkäufer ohne weiteres in Verzug, wenn er den nach Art. 33 WKR bestimmten Lieferungszeitpunkt nicht einhält; eine Mahnung oder die Einhaltung anderer Formalitäten ist nicht erforderlich. Der Käufer kann gegenüber dem säumigen Verkäufer zunächst auf Erfüllung beharren (Art. 46 WKR; Vorbehalt in Art. 28 WKR). Stattdessen hat er aber auch die Möglichkeit, den Vertrag – durch einseitige Gestaltungserklärung (Art. 26 WKR) – aufzuheben; dies allerdings nur unter der Voraussetzung, dass die Vertragsverletzung als wesentlich einzustufen ist oder der Verkäufer eine ihm vom Käufer angesetzte Nachfrist ungenutzt hat verstreichen lassen (Art. 49 Abs. 1 WKR). Eine wesentliche Vertragsverletzung (Art. 25 WKR) stellt jedenfalls die nicht termingerechte Lieferung beim Fixgeschäft dar (Reinhart, Art. 49 WKR N 6; Bucher-Schlechtriem, 107, 122). Bei einem blossen Verfalltagsgeschäft i.S.v. Art. 102 dürfte hingegen die nicht rechtzeitige Lieferung kaum als wesentlich gelten. Im Ergebnis ist somit der Käufer gegenüber Art. 190 OR schlechter gestellt. Unabhängig davon, ob der Käufer auf Erfüllung beharrt oder den Vertrag auflöst, hat er Anspruch auf Schadenersatz gem. Art. 74–77 WKR (Art. 45 Abs. 1 lit. b WKR). Dieser Anspruch ist verschuldensunabhängig; immerhin hat der Verkäufer die Entlastungsmöglichkeit des Art. 79 WKR. Umfangmässig ist die Haftung insofern beschränkt, als nur der bei Vertragsabschluss vorhersehbare Schaden zu ersetzen ist (Art. 74 WKR). Im Falle der Vertragsauflösung kann der Käufer seinen Schaden analog Art. 191 Abs. 2 und 3 berechnen (Art. 75 f. WKR).

Art. 191

b. Schadenersatzpflicht und Schadenberechnung

[1] Kommt der Verkäufer seiner Vertragspflicht nicht nach, so hat er den Schaden, der dem Käufer hieraus entsteht, zu ersetzen.

[2] Der Käufer kann als seinen Schaden im kaufmännischen Verkehr die Differenz zwischen dem Kaufpreis und dem Preise, um den er sich einen Ersatz für die nicht gelieferte Sache in guten Treuen erworben hat, geltend machen.

[3] Bei Waren, die einen Markt- oder Börsenpreis haben, kann er, ohne sich den Ersatz anzuschaffen, die Differenz zwischen dem Vertragspreise und dem Preise zur Erfüllungszeit als Schadenersatz verlangen.

b. Dommages-intérêts et calcul de ceux-ci

[1] Le vendeur qui n'exécute pas son obligation répond du dommage causé de ce chef à l'acheteur.

[2] L'acheteur peut, en matière de commerce, se faire indemniser du dommage représenté par la différence entre le prix de vente et le prix qu'il a payé de bonne foi pour remplacer la chose qui ne lui a pas été livrée.

[3] Si la vente porte sur des marchandises cotées à la bourse ou ayant un prix courant, l'acheteur peut se dispenser d'en acquérir d'autres et réclamer, à titre de dommages-intérêts, la différence entre le prix de vente et le cours du jour au terme fixé pour la livraison.

b. Obbligo del risarcimento e calcolo del danno

[1] Se il venditore non adempie la sua prestazione contrattuale, deve risarcire il danno che ne deriva al compratore.

[2] Nei rapporti commerciali il compratore può pretendere come danno la differenza tra il prezzo convenuto ed il prezzo al quale ha acquistato di buona fede un'altra cosa in sostituzione di quella che non gli fu consegnata.

[3] Trattandosi di merci che hanno un prezzo di borsa o di mercato egli può pretendere come danno, senza procurarsi la cosa in sostituzione, la differenza fra il prezzo convenuto e quello di borsa o di mercato al giorno dell'adempimento.

Literatur

Vgl. die Literaturhinweise bei den Vorbem. zu Art. 184–236 und bei Art. 190; ferner Bardo, Die «abstrakte» Berechnung des Schadenersatzes wegen Nichterfüllung beim Kaufvertrag, Diss. Köln 1988; Kollpack, Die abstrakte Schadensberechnung, Köln 1960; Lüchinger, Schadenersatz im Vertragsrecht, Diss. Freiburg, Zürich 1999; Meyer-Wild, Über die abstrakte Schadensberechnung beim Kauf, SJZ 1918/19, 339 ff.; Schultz, Über die Schadensberechnung beim Kauf, SJZ 1917/18, 201 ff.; Steindorff, Abstrakte und konkrete Schadensberechnung, AcP 1959/60, 431 ff.

I. Normgehalt im Überblick

1 1. Art. 191 betrifft den Fall, dass der Erfüllungsanspruch des Käufers zufolge «Verzug[s] in der Übergabe» (Marginalie zu Art. 190 f.) dahingefallen ist, sei es nach Art. 190, sei es nach Art. 107 Abs. 2. Art. 191 **Abs. 1** wiederholt nur, was sich schon aus diesen beiden Bestimmungen ergibt: dass nämlich der Käufer Anspruch auf Ersatz des positiven Vertragsinteresses hat. Die Haftung setzt nach allgemeiner Ansicht ein Verschulden des Verkäufers voraus, wiewohl in Art. 191 Abs. 1 – gleich wie in Art. 107 Abs. 2 und Art. 190 Abs. 1 – davon nicht die Rede ist (Handkomm-OR-Kren Kostkiewicz, N 1; KUKO OR-Kikinis, N 1). Als haftungsbegründende Norm hat somit Abs. 1 von Art. 191 keine selbständige Bedeutung. Die Rsp. interpretiert ihn jedoch von jeher auch als Regel der Schadensberechnung. Er bringe zum Ausdruck, dass der Käufer den Schaden nicht notwendig nach Abs. 2 oder 3 berechnen müsse, sondern auf die allgemeinen Grundsätze ausweichen könne (z.B. BGE 105 II 87, 89; 104 II 198, 200; 43 II 214, 222 f.).

2 2. Verzichtet der Käufer – nach Art. 107 oder 190 – auf die Lieferung der Kaufsache, deckt er sich anderweitig ein und kommt ihn der Deckungskauf teurer zu stehen, so hat er nach **Abs. 2** unserer Bestimmung Anspruch auf Ersatz der Preisdifferenz (Bsp.: Kaufpreis CHF 1000, Deckungspreis CHF 1200, Schaden CHF 200). Bei Waren mit Marktpreis kann er auf den Deckungskauf verzichten und die Differenz zwischen Kaufpreis und höherem Marktpreis geltend machen (**Abs. 3**). Statt dessen steht ihm aber auch die Möglichkeit offen, nach Abs. 1 den entgangenen Gewinn ersetzt zu verlangen, d.h. die Differenz zwischen dem Kaufpreis und dem höheren Preis, zu dem er die Ware weiterverkauft hat oder hätte weiterverkaufen können (z.B. CHF 1500). Dies freilich nur dann, wenn er nach den konkreten Umständen nicht hätte einen Deckungskauf vornehmen müssen (dazu N 30 f.). Soweit dies zutrifft, hätte er mittels des Deckungskaufs den Weiterverkauf halten bzw. einen Verkauf der Ersatzware bewerkstelligen können; die Schadensberechnung erfolgt dann analog Abs. 2: Der Käufer kann nur die Differenz zwischen dem Kaufpreis und dem (höheren) Preis des unterlassenen Deckungskaufs einverlangen. Bestand die Möglichkeit billigerer Eindeckung, entfällt – unter dem Titel des positiven Vertragsinteresses – jede Schadenersatzpflicht.

3 Die Schadensberechnung gem. Art. 191 Abs. 2 und 3 ist Ausdruck der **Differenztheorie** (BK-Giger, N 19). Sie würde sich jedoch nach der Austauschtheorie nicht wesentlich anders ge-

stalten (BK-GIGER, N 18). Im Übrigen steht es dem Käufer frei, seinen Schaden nach der Austauschtheorie zu berechnen (Art. 190 N 17). Ein Vorgehen nach der Differenztheorie ist für ihn jedoch im Allgemeinen von Vorteil (vgl. BGE 123 III 16; dazu KOLLER A., OR BT, § 4 N 41).

3. Art. 191 betrifft unmittelbar nur den «Verzug in der Übergabe» (Marginalie zu Art. 190 f.). Er greift jedoch – analog – auch bei **Unmöglichkeit** Platz (vgl. BGE 104 II 198), und überhaupt in allen Fällen, in denen der Anspruch auf Lieferung des Kaufgegenstandes dahinfällt, so auch dann, wenn der Käufer infolge vorzeitiger Erfüllungsverweigerung des Verkäufers schon vor Eintritt des Verzugs (oder auch nur der Fälligkeit, vgl. BGE 110 II 141, 143 f.) auf die Leistung verzichtet (ähnlich ZK-SCHÖNLE, N 9). Der Einfachheit halber wird im Folgenden, soweit nicht anders vermerkt, nur auf den Verzugsfall Bezug genommen. 4

Im Weiteren betrifft Art. 191 nicht nur den Verzug in der «Übergabe», sondern auch denjenigen mit der Eigentumsverschaffung (missverständlich ZK-OSER/SCHÖNENBERGER, N 5).

4. Art. 191 betrifft nur die Schadensberechnung, nicht auch die **Schadenersatzbemessung**. Insoweit gelten Art. 43 f. i.V.m. Art. 99 Abs. 3 (z.B. BGE 43 II 352, 357). 5

5. Der Richter hat Art. 191 **von Amtes wegen anzuwenden**, was aber nicht bedeutet, dass er den Sachverhalt von Amtes wegen abzuklären hat (BGE 81 II 50, 53 E. 2; BJM 1964, 185). 6

II. Abs. 2: konkrete Schadensberechnung bei Vornahme eines Deckungskaufs

1. Art. 191 Abs. 2 **betrifft** – wie erwähnt – den **Fall**, da der Käufer auf die Leistung des Verkäufers verzichtet, sei es nach Art. 107 oder 190, und sich in der Folge anderweitig eindeckt. Kommt ihn der Deckungskauf teurer zu stehen, so kann er als Schaden die Preisdifferenz geltend machen. Die volle Differenz steht ihm allerdings nur zu, wenn er die Ersatzware «in guten Treuen» erworben, namentlich nicht zu teure Ware erstanden hat. Gegebenenfalls kann der Richter den Schadenersatz reduzieren (ZK-OSER/SCHÖNENBERGER, N 6). Der Schadenersatzanspruch setzt im Übrigen bloss den Abschluss des Deckungskaufs voraus, nicht auch dessen Erfüllung (BGE 81 II 50, 53 f.). 7

Gelingt es dem Käufer, sich billiger einzudecken, so erleidet er keinen Schaden, sondern im Gegenteil einen finanziellen Gewinn (Vorbehalt in N 13: Einkauf zu schlechteren Bedingungen); Art. 191 Abs. 2 bietet daher keine Handhabe, um den Verkäufer zu belangen (zur Frage, ob der Käufer auf Abs. 3 ausweichen kann, vgl. N 24). Umgekehrt versteht sich von selbst, dass der Käufer den erzielten Gewinn behalten kann; er wird dem Verkäufer weder aus Geschäftsführung ohne Auftrag noch unter einem andern Rechtstitel herausgabepflichtig (ZK-OSER/SCHÖNENBERGER, N 9). 8

2. **Vorgehen beim Deckungskauf**. Das Gesetz äussert sich weder zum Ort noch zur Zeit des Deckungskaufs noch zu den Bedingungen, unter denen dieser abzuschliessen ist. Eine allgemein verbindliche Aussage hierüber kann auch nicht gemacht werden, da es eben auf die «gute Treue» ankommt. Diese verlangt, dass der Käufer nicht einseitig seine eigenen Interessen verfolgt, sondern auch diejenigen des Verkäufers wahrt (vgl. BGE 42 II 219, 226 E. 4 zum Selbsthilfeverkauf nach Art. 93, bei dem sich eine ähnliche Problematik stellt); die zutreffende Lösung dieses Interessenkonflikts hängt von den Umständen ab (Schwierigkeit und Dringlichkeit, sich Deckung zu verschaffen usw.). Immerhin lassen sich Richtlinien angeben (BK-GIGER, N 34 ff.; ZK-SCHÖNLE, N 19 ff.): 9

a) **In zeitlicher Hinsicht**: Der Deckungskauf ist vorzunehmen im Zeitpunkt, in dem der Erfüllungsanspruch erlischt (BGE 45 II 283, 289), sei es durch Verzichtserklärung (Art. 107), sei es durch Eintritt des «bestimmten Lieferungstermins» (Art. 190); hinzuzurechnen ist die Zeit, die benötigt wird, um den Deckungskauf zu bewerkstelligen (BGE 15, 352, 359). Geht der 10

Erfüllungsanspruch durch Unmöglichkeit unter, so darf und muss sich der Käufer um Deckung bemühen, sobald der Verkäufer erklärt, nicht erfüllen zu können.

11 Bestehen Zweifel, ob der Verkäufer leisten wird, ist der Käufer u.U. daran interessiert, einen Deckungskauf vorzunehmen, bevor er überhaupt seinen Erfüllungsanspruch verliert. Er handelt dann auf eigenes Risiko, d.h. er kann keinen Schadenersatz verlangen, wenn der Verkäufer wider Erwarten doch erfüllt. Bleibt hingegen die Erfüllung aus, so wird dem Verkäufer der an sich berechtigte Einwand, ein **vorzeitiger Deckungskauf** stelle keinen eigentlichen Deckungskauf dar, abgeschnitten (BGE 43 II 170, 179 f.; 44 II 510, 516; ZK-OSER/SCHÖNENBERGER, N 7).

12 b) **In örtlicher Hinsicht**. Der Käufer darf sich grundsätzlich dort eindecken, wo ihm die Sache zu übergeben war, oder an dem nächstgrösseren Ort, wo die Ware einen Marktpreis hat (ZK-OSER/SCHÖNENBERGER, N 8). Kauft er an einem andern Ort ein, wo ihn der Deckungskauf teurer zu stehen kommt, kann er i.d.R. den Mehrbetrag nicht auf den Verkäufer abwälzen (vgl. das von SCHULTZ, SJZ 1917/18, 202, referierte Urteil). Doch entscheiden auch hier die Umstände. War dem Käufer eine Eindeckung am Übergabeort nicht möglich oder zumutbar, so geht allenfalls auch eine teurere Eindeckung zu Lasten des Verkäufers (vgl. BARDO, 105).

13 c) Der Käufer hat sich **gleiche Ware** zu beschaffen, wie sie Gegenstand des nichterfüllten Kaufs war. Kauft er bessere Ware, muss er sich grundsätzlich eine Reduktion des Schadenersatzes gefallen lassen. Unter Umständen bestehen jedoch gute Gründe, auf eine bessere Qualität auszuweichen; z.B. weil der Käufer die Ware dringend benötigt und ihm sonst grössere Kosten entstehen oder ein höherer Gewinn entgeht. In einem derartigen Fall können die ganzen Kosten des Deckungskaufs ersatzpflichtig sein. Ist der Käufer gezwungen, *schlechtere* Ware zu kaufen, erleidet er dadurch u.U. einen Schaden (er wird z.B. seinem Abnehmer gewährleistungspflichtig); diesen kann er ebenfalls auf den Verkäufer überwälzen (Art. 191 Abs. 1).

Entsprechendes gilt, wenn der Käufer sich nicht zu denselben Bedingungen eindeckt, zu denen die Lieferung durch den Verkäufer hätte erfolgen sollen (vgl. ZK-OSER/SCHÖNENBERGER, N 9).

14 d) Der Käufer kann die Kosten eines Deckungskaufs u.U. auch dann voll auf den Verkäufer abwälzen, wenn die Differenz zwischen Kaufpreis und Preis des Deckungskaufs grösser ist als der Schaden, den der Käufer ohne Deckungskauf erleiden würde. Die Schadenminderungspflicht gebietet nicht ohne weiteres, auf den Deckungskauf zu verzichten. Entscheidend ist auch hier die «gute Treue». In der Regel wird ein Deckungskauf zulässig sein, wenn er dazu dient, einen bereits getätigten Weiterverkauf halten zu können. Anders, wenn er lediglich zum Ziele hat, einen erst abzuschliessenden Weiterverkauf erfüllen zu können.

15 3. Nach seinem Wortlaut betrifft Art. 191 Abs. 2 nur den **kaufmännischen Verkehr**, also den Fall, da der Käufer die Kaufsache zwecks Weiterverkaufs erwirbt. Diese Beschränkung ist indes unzutreffend (s. schon VON TUHR, SJZ 1921, 367; ferner KOLLER A., OR BT, § 4 N 33, 38 f. m.w.Nw.; ZR 1994, 64 Nr. 11; **a.A.** ZK-OSER/SCHÖNENBERGER, N 6; BGE 123 III 16): Muss sich der Käufer, der die Ware für sich behalten will (z.B. zwecks Verwendung in seinem Gewerbebetrieb), teurer eindecken, so erleidet er einen Verlust, den er im Falle der Erfüllung nicht gehabt hätte. Diesen muss er auf den Verkäufer, falls dieser im Verschulden ist, abwälzen können, und zwar nach der Differenztheorie. Dafür braucht man allerdings nicht auf Abs. 2 zu greifen. Vielmehr ergibt sich die Haftung schon gestützt auf Abs. 1 bzw. aus allgemeinen Grundsätzen des Schadenersatzrechts (vgl. BGE 47 II 30, 34). An diesen will Abs. 2 nichts ändern. Seine Funktion besteht einfach darin, diese Grundsätze für einen praktisch bedeutsamen Fall, denjenigen des kaufmännischen Verkehrs, ausdrücklich festzuschreiben.

III. Abs. 3: abstrakte Schadensberechnung über hypothetischen Deckungskauf

1. **Abs. 3 knüpft eng an Abs. 2 an**. Er sieht die gleiche Schadensberechnung vor, mit dem **Unterschied**, dass an die Stelle des Preises aus einem Deckungskauf der Preis tritt, den der Käufer bei Vornahme eines Deckungskaufes hätte bezahlen müssen. Der Käufer kann somit, ohne dass er sich Deckung verschafft, die Differenz zwischen dem Kaufpreis und dem höheren Preis eines hypothetischen Deckungskaufes einverlangen. Dies allerdings nur dann, wenn für die Eindeckung ein Markt besteht, sich daher der Deckungspreis (Käuflichkeitspreis) einigermassen verlässlich bestimmen lässt. Dadurch wird sichergestellt, dass der Verkäufer nicht schlechter fährt, wie wenn der Käufer einen Deckungskauf – «in guten Treuen» – vorgenommen hätte. Fehlt es an einem Markt bzw. Marktpreis, so ist der Käufer gehalten, einen Deckungskauf vorzunehmen und seinen Schaden nach Abs. 2 konkret zu berechnen. Anders immerhin dann, wenn ein Deckungskauf dem Käufer nicht zumutbar ist. Diesfalls steht ein Vorgehen nach Abs. 3 offen, wobei an die Stelle des Marktpreises der nach Art. 42 Abs. 2 geschätzte Wert der Kaufsache tritt (weitergehend SCHENKER, 242 f.). Vorbehalten bleibt immer eine Schadensberechnung nach Abs. 1. **16**

Abs. 3 **geht von der** (widerlegbaren, N 23) **Vermutung aus**, dass der Käufer die Kaufsache mit Gewinn hätte weiterveräussern können und weiterveräussert hätte (BGE 78 II 432, 433). Infolge der Nichtlieferung der Sache entgeht ihm somit ein Weiterverkaufsgewinn. Es hätte daher nahegelegen, als Schaden die Differenz zwischen Kaufpreis und (höherem) Verkäuflichkeitspreis anzuerkennen. Abs. 3 anerkennt aber als Schaden lediglich die Differenz zwischen Kaufpreis und (höherem) Käuflichkeitspreis (missverständlich BGE 43 II 214, 224; 78 II 432). Dieser gesetzgeberischen Anordnung liegt die Annahme zugrunde, der Käufer habe einen Deckungskauf vorgenommen, daher einen Weiterverkauf tätigen können und auf diese Weise den Schaden auf die Differenz zwischen Kaufpreis und Preis des Deckungskaufs (Käuflichkeitspreis) reduziert (KOLLER A., OR BT, § 4 N 32). In diesem Sinne kann die abstrakte Schadensberechnung nach Abs. 3 als eine **«vereinfachte Formel für die Ermittlung des entgangenen Gewinns»** aufgefasst werden (so BGE 78 II 432, 434; 49 II 80, 84 ff.). **17**

Käuflichkeitspreis und Verkäuflichkeitspreis können übereinstimmen. Oft trifft dies jedoch nicht zu (z.B. sind Grosshandelspreise naturgemäss tiefer als Detailhandelspreise).

Das Gesagte schliesst nicht aus, dass der Käufer u.U. auch die Differenz zwischen Kaufpreis und Verkäuflichkeitspreis ersetzt verlangen kann. Grundlage hierfür bietet aber nicht Abs. 3, sondern allgemeines Schadenersatzrecht bzw. Abs. 1 (u. N 27 ff.); **a.A.** ZK-SCHÖNLE, N 23. **18**

2. Unter **Marktpreis** (der Börsenpreis ist nur eine Unterart davon, BK-BECKER, N 7) ist der Preis zu verstehen, der infolge regelmässiger Geschäftsabschlüsse für eine bestimmte Ware bestimmter Gattung und Art an einem bestimmten Handelsplatz zu bestimmter Zeit erzielt wird (BGE 49 II 80, 84). Ein einheitlicher Preis wird freilich kaum je bestehen, vielmehr bewegen sich die Preise innerhalb einer gewissen Bandbreite. Der Marktpreis ist somit ein Durchschnitts- und in diesem Sinne ein «künstlicher» Preis (BARDO, 106 f.; vgl. Art. 212 Abs. 1, wo von einem «mittleren Marktpreis» die Rede ist; BGE 89 II 214, 221: «festzustellender Durchschnittskurs»; ZK-OSER/SCHÖNENBERGER, N 10). Keinen Marktpreis im umschriebenen Sinne haben naturgemäss nicht vertretbare Sachen wie z.B. Kunstgegenstände (BGE 89 II 214, 221) oder Grundstücke (vgl. BGE 104 II 198). Solchen Gegenständen kommt nur ein gänzlich individueller Preis zu. Als nicht «marktgängig» wurden in BJM 1964, 184 «leicht verhagelte» Äpfel qualifiziert. Wo ein Händler zum Zwecke des Weiterverkaufs einkauft, ist der Marktpreis der Erzeuger- oder Grosshandelspreis (STEINDORFF, AcP 1959/60, 443). **19**

Das BGer hat den **Begriff des Marktpreises erweitert** (BGE 81 II 50, 54 E. 4; 78 II 432, 434 f.). Es kommt nach diesen Entscheiden nicht darauf an, dass ein durch den Markt – das freie Spiel von Angebot und Nachfrage – regulierter Preis besteht (so i.E. auch die Lehre, **20**

BK-Becker, N 6; Meyer-Wild, 340). Massgeblich sei vielmehr, dass die Kaufsache einen objektiv festzustellenden Verkaufswert besitze (BGE 49 II 77, 84; illustratives Bsp.: ZR 1947, 210 Nr. 120). Hingegen scheitert die Anwendung von Abs. 3 dann, wenn Ware von der Art der Kaufsache zu Preisen gehandelt wird, die von den besonderen, beim Käufer oder Verkäufer vorhandenen persönlichen Umständen abhängen (BGE 78 II 435), wenn «ganz willkürliche Preise verlangt» werden (vgl. BGE 73 II 171, 178). In einem solchen Fall steht regelmässig nur eine Schadensberechnung nach Abs. 1 offen (BGE 43 II 214, 222 E. 4), sofern der Käufer einen Deckungskauf unterlassen hat und daher nicht auf Abs. 2 zurückgreifen kann (o. N 16). Praktisch bedeutet dies, dass der Käufer den Nachweis anzutreten hat, er hätte die Kaufsache mit Gewinn weiterverkaufen können; der entgangene Gewinn (allenfalls nach Art. 42 Abs. 2 geschätzt, N 28) stellt den Schaden dar.

21 3. Der Schadensberechnung ist der **Marktpreis «zur Erfüllungszeit»** zugrunde zu legen. Gemeint ist der Preis bei Untergang des Erfüllungsanspruchs (BGE 43 II 352, 356; 45 II 283, 290 E. 6; Lemp, 177 f.; abw. ZK-Schönle, N 27). Das ist beim Tatbestand von Art. 190 tatsächlich der Preis «zur Erfüllungszeit» (BGE 120 II 296, 300 E. 3b a.E.), beim Tatbestand des Art. 107 hingegen der Preis bei Ablauf der Nachfrist. Welcher Markt den einschlägigen Marktpreis bestimmt, ist dem Gesetz nicht zu entnehmen; Lehre und Rsp. stellen grundsätzlich auf den **Ort** ab, an dem der Käufer, hätte er sich Deckung verschafft, den Deckungskauf hätte abschliessen müssen (vgl. BK-Giger, N 49). Vgl. auch BGE 43 II 665, 669 f. E. 3 a.E., 4.

22 4. Die Differenz zwischen Kaufpreis und Marktpreis macht nur dann den Schaden i.S.v. Art. 191 Abs. 3 aus, wenn beiden Preisen die **gleichen Lieferungsbedingungen** (Fracht- und Verpackungsspesen etc.) zugrunde liegen (ZR 1947, 212; BGE 49 II 77, 79 lit. c [Skonto]; BK-Giger, N 50; w.Nw. bei Meyer-Wild, 341 Anm. 10). Sind z.B. die Transportkosten im Kaufpreis inbegriffen, wogegen sie der Käufer bei einem Deckungskauf zusätzlich zu bezahlen hätte, so kann er die betreffenden Kosten zur Preisdifferenz hinzuschlagen.

23 5. Abs. 3 ist zu allgemein formuliert:

a) Der Käufer kann die hier vorgesehene Preisdifferenz dann nicht einverlangen, wenn er «überhaupt keinen Abschluss mehr gemacht haben würde, weil er die Ware gar nicht mehr hätte verwenden können» (Meyer-Wild, 342). Der Verkäufer kann somit die dem Abs. 3 zugrunde liegende **Vermutung**, dass nämlich der Käufer die Ware mit Gewinn weiterveräussert hätte, **umstossen**. Dies wird ihm namentlich dann gelingen, wenn die Preise in einem Masse sinken, dass der Kaufpreis den möglichen Weiterverkaufspreis übersteigt. In einem solchen Fall muss der Käufer froh sein, wenn es nicht zur Vertragserfüllung kommt; damit ist jedem Anspruch auf Schadenersatz, soweit der Ersatz des positiven Vertragsinteresses in Frage steht, der Boden entzogen. Beweispflichtig ist der Verkäufer.

24 b) Fraglich ist, ob der Verkäufer gegen die Differenzregulierung gem. Abs. 3 **einwenden** kann, der Käufer habe sich in Tat und Wahrheit **billiger eingedeckt**. Die Frage wird von ZK-Oser/Schönenberger (N 15) verneint: «Da der Käufer mit derartigen Waren handelt, so bildet bei seiner Entschliessung zu Kauf oder Verkauf die Rücksichtnahme auf die vom im Verzug befindlichen Verkäufer nicht notwendig eine ausschlaggebende Rolle und selbst ein vorgenommener Deckungskauf braucht sich nicht gerade auf diese Ware bezogen zu haben.» Daran ist soviel richtig, dass bei einem Kaufmann, der ständig Ware einkauft und verkauft, es regelmässig schwerfallen dürfte, nachzuweisen, dass ein bestimmter Kauf gerade als Ersatz für die ausgefallene Lieferung des Verkäufers vorgenommen wurde. Im Einzelfall mag dieser Beweis jedoch durchaus gelingen. Für diesen Ausnahmefall stellt sich die Frage, ob Abs. 3 durch Abs. 2 verdrängt wird, der Käufer sich also entgegenhalten lassen muss, er habe sich *billiger als zu Marktpreisen eingedeckt*. Die Frage ist m.E. – nach allgemeinen Haftungsmaximen – zu bejahen (so wohl auch Bardo, 61, entgegen RGZ 52, 150). Das Gesagte lässt sich verallgemeinern: Dem nach Abs. 3 belangten Verkäufer steht der Einwand offen, der dem

Käufer konkret entstandene Schaden sei geringer als der abstrakt berechnete (BGE 49 II 77, 80 E. 2; BK-GIGER, N 51; **a.A.** ZK-SCHÖNLE, N 26).

6. Art. 191 Abs. 3 gilt nur für den **kaufmännischen Verkehr.** Für eine analoge Anwendung im nicht kaufmännischen Verkehr bleibt kein Raum. «Denn die der Bestimmung zugrunde liegende Vermutung, es sei ein Deckungskauf vorgenommen worden, um einen Weiterverkauf halten bzw. tätigen zu können [N 17], ist nur dort gerechtfertigt», wo der Käufer *«typischerweise* zum Weiterverkauf kauft» (KOLLER A., OR BT, § 4 N 33; **a.A.** ZK-SCHÖNLE, N 39; HONSELL, OR BT, 60). Hingegen bleibt die Frage, ob nicht u.U. nach allgemeinem Schadenersatzrecht eine dem Art. 191 Abs. 3 entsprechende Schadensliquidation Platz greifen kann. Das ist weder generell zu bejahen (**a.A.** SCHENKER, zit. bei Art. 190, N 658; LEMP, 176) noch generell zu verneinen (**a.A.** wohl VON BÜREN, BT, 14). Es kommt auf die Umstände an (vgl. BK-GIGER, N 43). 25

IV. Schadensberechnung nach Abs. 1

Der Käufer kann seinen Schaden nach allgemeinen Grundsätzen berechnen (Abs. 1; Nw. in N 1). Das gilt – trotz Abs. 2 und 3 – auch im kaufmännischen Verkehr. 26

1. Im kaufmännischen Verkehr

In der Praxis berechnet der Käufer seinen Schaden oft nicht nach Abs. 2 oder 3, sondern verlangt **Ersatz des Gewinns, den er durch Weiterverkauf** des Kaufgegenstandes **hätte erzielen können** (Differenz zwischen Weiterverkaufspreis und Kaufpreis). Diese Berechnung ist – gestützt auf Abs. 1 – im Prinzip zulässig. Doch ist jeweils abzuklären, ob sich der Käufer nicht entgegenhalten lassen muss, er hätte durch Beschaffung von Ersatzware ein beabsichtigtes Verkaufsgeschäft tätigen bzw. einen bereits getätigten Weiterverkauf halten und so den Gewinnentgang auf die Differenz zwischen Kaufpreis und (höherem) Deckungspreis reduzieren können (BGE 44 II 50, 51; illustrativ 136 III 56). Zur ganzen Problematik s. schon N 2. Hier sind Präzisierungen anzubringen: 27

1. Dass der Käufer der Schadensberechnung nicht nur einen **bereits getätigten**, sondern auch einen **bloss beabsichtigten Weiterverkauf** zugrunde legen kann, ist die allgemeine Auffassung (vgl. z.B. BGE 42 II 367, 373 f.; BGer, 8.11.2007, 4A_257/2007). Lehre und Rsp. (z.B. BGE 43 II 214, 224) sprechen auch hier von einer abstrakten Schadensberechnung: «Abstrahiert» wird von einem konkreten Weiterverkaufsgeschäft, während bei der abstrakten Schadensberechnung nach Art. 191 Abs. 3 von einem konkreten Deckungskauf «abstrahiert» wird. Zu welchem Preis die Kaufsache hätte weiterverkauft werden können, hat der Käufer nachzuweisen. Ein strikter Beweis ist jedoch angesichts von Art. 42 Abs. 2 nicht erforderlich (vgl. BJM 1964, 185), ebenso wenig, dass für den Weiterverkauf ein Marktpreis besteht (vgl. BGE 43 II 214, 223). In BGE 89 II 214, 219 E. 5b wurde wohl Art. 42 Abs. 2 zu Unrecht nicht herangezogen (in diesem Entscheid fehlt im Übrigen eine klare Trennung der Schadensberechnung im hier verstandenen Sinne von derjenigen nach Art. 191 Abs. 3). 28

Der Käufer kann die Differenz zwischen Kaufpreis und möglichem (höherem) Weiterverkaufspreis selbst dann ersetzt verlangen, wenn er einen **Weiterverkauf nicht beabsichtigte** (BGE 120 II 296, 300 m.w.Nw.). Nötigenfalls kann der Weiterverkaufspreis wiederum nach Art. 42 Abs. 2 bestimmt werden (BGE 120 II 296 a.a.O.).

Hat der Käufer die Kaufsache weiterverkauft, so kann er seiner Schadensberechnung nicht einen den Verkaufspreis übersteigenden Marktpreis zugrunde legen (BGE 43 II 784, 795). Die konkrete Schadensberechnung geht diesfalls der abstrakten vor (vgl. analog N 24 betr. den Tatbestand von Art. 191 Abs. 3). 29

30 2. Eine **Pflicht (Obliegenheit) zur Vornahme eines Deckungskaufs** besteht – «als Ausfluss des allgemeinen Prinzips der Schadenminderungspflicht» (ZR 1994, 64 Nr. 11) – nur dann, wenn Deckung möglich, zumutbar und sinnvoll ist. Letzteres trifft nicht zu, wenn der Käufer die Ware bereits weiterverkauft hat und Deckung nur zu einem höheren als dem Weiterverkaufspreis möglich wäre (die Deckung würde hier den Schaden nicht vermindern, sondern vergrössern; vgl. BGE 44 II 52; 49 II 77, 83; BGer, ZR 1918, 160 m.w.Nw.). Nicht zumutbar ist Deckung z.B. dann, wenn die Ersatzware zu spät käme, um die beabsichtigten Verkaufsgeschäfte noch tätigen zu können (vgl. den zuletzt erwähnten BGE, ferner BJM 1978, 29 E. 4; zu einem weiteren Tatbestand BGE 43 II 214, 222).

31 Auch auf eine an sich zumutbare Deckung darf der Käufer verzichten, wenn er nicht den Ersatz entgangenen Gewinns geltend macht, sondern seine Schadensberechnung auf Art. 191 Abs. 3 abstützt. Dem Erfordernis, sich Deckung zu verschaffen, wird hier durch die Berücksichtigung eines hypothetischen Deckungskaufs Rechnung getragen (vgl. N 17). Die Interessen des Verkäufers werden dadurch in genügender Weise gewahrt.

32 3. **Unterlässt der Käufer pflichtwidrig einen Deckungskauf**, so führt dies nicht zum Verlust des Anspruchs auf Ersatz des entgangenen Gewinns, sondern nur zu einer Reduktion des Schadenersatzanspruchs. Umstritten ist, wer hinsichtlich der Deckungsmöglichkeit die Beweislast trägt: Braucht der Käufer nur den entgangenen Gewinn zu beweisen und obliegt es dem Verkäufer, die Deckungsmöglichkeit nachzuweisen (so BGE 43 II 784, 795; 44 II 50, 51; BGer, ZR 1918, 160; Meyer-Wild, 343), oder hat der Käufer neben dem Gewinnentgang auch die fehlende Deckungsmöglichkeit zu beweisen (so der von Meyer-Wild, a.a.O., zitierte BGE; wohl auch BGE 41 II 672, 680; Schenker, N 664)? Die Frage, die sich nach allgemeinen schadenersatz- bzw. beweisrechtlichen Grundsätzen beurteilt, ist m.E. im ersteren Sinne zu entscheiden.

2. Im nichtkaufmännischen Verkehr

33 Der nichtkaufmännische Verkehr beschäftigt die Praxis wenig. Aus neuerer Zeit ist z.B. BGE 104 II 198 zu erwähnen: Der Verkäufer eines Grundstücks übereignete dieses nicht dem Käufer, sondern veräusserte es an einen Dritten weiter und übertrug es diesem zu Eigentum. Das BGer nahm an, der Schaden des Erstkäufers bestehe in der Differenz zwischen dem Kaufpreis und dem Verkehrswert im Zeitpunkt, in dem das Grundstück dem Zweitkäufer übertragen wurde. Siehe ferner etwa BGE 109 II 474 und BGH NJW 1980, 1742 (zu diesen Entscheiden s. Koller A., OR AT, § 52 N 16 und § 54 N 127).

V. WKR

34 Auch nach dem WKR hat der Käufer die Möglichkeit, seinen Schaden analog Art. 191 Abs. 2 und 3 zu berechnen, wenn er den Vertrag wegen Verzugs des Verkäufers auflöst (Art. 75 f. WKR; 190 N 23). Eine Beschränkung auf den kaufmännischen Verkehr sehen diese Bestimmungen nicht vor. Doch ist zu beachten, dass Verbrauchergeschäfte vom Abkommen grundsätzlich nicht erfasst sind, dieses also praktisch nur auf den Handelskauf Anwendung findet (Art. 2 lit. a; Schlechtriem/Schwenzer-Ferrari, Art. 2 WKR N 7 ff.). Neben den einschlägigen Kommentaren s. Botschaft zum WKR, 824.

Vorbemerkungen zu Art. 192–196

Literatur

Vgl. die Literaturhinweise bei den Vorbem. zu Art. 197–210.

I. Allgemeines

Die Gewährleistungsvorschriften des Kaufrechts gehen auf das römische Recht zurück. Etliche Eigentümlichkeiten desselben, wie die Zusammenfassung von Rechts- und Sachmängelhaftung unter dem Begriff der **Gewährleistung**, die Rechtsbehelfe der Wandelung oder Minderung, die kurzen Fristen usw., finden sich in allen kontinentaleuropäischen Rechten. Die Gewährleistung ist relativ *käuferfreundlich*, weil sie dem Käufer einen **verschuldensunabhängigen** Anspruch gibt. Die Haftung für Rechts- und Sachmängel setzt nicht voraus, dass der Verkäufer den Mangel kannte oder hätte kennen müssen. Es handelt sich also – von Art. 195 Abs. 2 und Art. 208 Abs. 3 abgesehen – um eine Kausalhaftung. 1

Die Rechtsnatur der Gewährleistung ist trotz zahlreicher Untersuchungen immer noch kontrovers. Es stehen sich die **Erfüllungstheorie** und die **Gewährleistungstheorie** gegenüber. Die gesetzliche Konzeption beruht auf der Trennung von Erfüllung und Gewährleistung, die nicht sachlich notwendig, sondern historisch zufällig ist (näher HONSELL, OR BT, 70). Die Nichterfüllung ist in Art. 97, 107 ff. geregelt; die hiervon zu unterscheidende Gewährleistung für den Kauf in Art. 192 ff. Hinter dieser Trennung steckt die Annahme, dass der Verkäufer beim *Stückkauf* die Sache nur so schuldet, wie sie ist, d.h. dass die Mangelfreiheit nicht zur Leistungspflicht des Verkäufers gehört, sondern Gegenstand der Gewährleistung ist, welche den Verkäufer von Gesetzes wegen mit einer Garantie für einen nicht geschuldeten Erfolg behaftet. Im Gegensatz zum Gattungskauf gibt es beim Stückkauf keinen Anspruch auf Ersatzlieferung oder Nachbesserung. Die Sache wird so geschuldet wie sie ist. Die Erfüllungspflicht des Art. 184 erlischt durch Leistung der individuellen Sache in ihrer mangelhaften Beschaffenheit (*Gewährleistungstheorie*, vgl. dazu etwa BUCHER, BT, 68, 83). Demgegenüber vertritt die Erfüllungstheorie die Auffassung, dass auch beim Stückkauf die Mangelfreiheit zur Leistungspflicht gehört und die Sachmängelhaftung nur ein spezieller Fall der Leistungsstörungen ist (BK-GIGER, Vor Art. 197–210 N 17 ff.; KELLER/SIEHR, 71 ff.; BÄHLER, 34 ff.). Der Theorienstreit hat kaum praktische Bedeutung. Die Entscheidung von Einzelfragen darf nicht aus dem Wesen der Gewährleistung erschlossen werden. Dies wäre ein Rückfall in eine überwundene Begriffsjurisprudenz (s. HONSELL, OR BT, 70 f.). Die Rechtsprechung lässt zwar die Art. 197 ff. und 97 ff. nebeneinander zu, überträgt aber auf den Schadenersatzanspruch wegen Nichterfüllung alle Modalitäten der Gewährleistung (vgl. Vor Art. 197–210 N 6). Das Wiener Kaufrecht und die BGB-Reform haben die Unterscheidung zwischen Erfüllung und Gewährleistung zu Gunsten eines einheitlichen Leistungsstörungsrechts aufgegeben. Einige Besonderheiten des Sachmängelrechts bleiben gleichwohl bestehen, namentlich eine kürzere Anspruchsverjährung, der Nacherfüllungsanspruch, die Wandlung, die dort Rücktritt heisst, die Minderung usw. (Nachweise dazu in Vor Art. 197–210). 2

Unergiebig ist die Streitfrage, ob der Rechtsgrund der Gewährleistung im **Vertrag** oder im **Gesetz** zu sehen ist. Die Haftung ist insofern eine gesetzliche, als sie im Gesetz steht, insofern eine vertragliche, als sie einen Vertrag voraussetzt. Der innere Grund der Gewährleistung ist die Störung der subjektiven Äquivalenz. 3

II. Rechtsgewährleistung

Im zweiten Teil des Abschnittes über die «Verpflichtungen des Verkäufers» regeln die Art. 192–196 die **Rechtsgewährleistung** oder Rechtsmängelhaftung des Verkäufers (das Ge- 4 setz spricht von der «Gewährleistung des veräusserten Rechtes»). Das Institut der Rechtsgewährleistung hat sich – wie das der Sachgewährleistung – im römischen Recht im Rahmen der Marktgerichtsbarkeit der kurulischen Aedilen entwickelt. Es beruht auf dem Prinzip der **Eviktionshaftung**, wonach die Gewährleistungspflicht des Verkäufers erst dann eintritt, wenn der Kaufgegenstand dem Käufer durch einen besser berechtigten Dritten entzogen (entwehrt) wird. Insofern wird also die Eigentumsverschaffungspflicht des Art. 184 durch die Gewährleistungsregelung modifiziert (s. Art. 192 N 1).

III. Verhältnis der Rechtsgewährleistung zu anderen Rechtsbehelfen

1. Verhältnis zur Sachgewährleistung (Art. 197–210)

5 Das Gesetz unterscheidet zwischen **Rechts**- und **Sachgewährleistung**. Die *Abgrenzung* ist von Bedeutung, weil jeder Rechtsbehelf eigene Voraussetzungen und Rechtsfolgen hat. Für die Frage, ob die Rechts- oder die Sachgewährleistung zur Anwendung kommt, ist nicht auf den Kaufgegenstand (Sache oder Recht), sondern auf die *Art des Mangels* abzustellen. Ein **Rechtsmangel** liegt vor, wenn der Kaufgegenstand durch Rechte eines Dritten belastet ist, welche die Rechtsstellung des Käufers beeinträchtigen und bereits zur Zeit des Vertragsabschlusses bestanden. Der Rechtsmangel ergibt sich also aus der «Vorgeschichte» der Kaufsache. **Sachmangel** ist die ungünstige Abweichung der Ist-Beschaffenheit von der Soll-Beschaffenheit (s. Art. 197 N 2 m.Nw.). Die Abgrenzung zum Rechtsmangel ist v.a. deshalb problematisch, weil ein Sachmangel auch rechtlicher Natur sein kann. Ein *rechtlicher Sachmangel* liegt vor, wenn eine rechtliche Eigenschaft der Sache fehlt, z.B. wenn ein Gerät nicht den gesetzlichen, technischen Vorschriften entspricht (BGE 95 II 123), oder wenn ein als bebaubar verkauftes Grundstück in Wirklichkeit unter einem öffentlich-rechtlichen Bauverbot steht (BGE 98 II 197 E. 4). Dagegen ist es ein Rechtsmangel, wenn ein Grundstück mit einem beschränkten dinglichen Recht belastet ist (Näheres Art. 192 N 2). Die BGB-Reform hat die Unterscheidung zwischen Rechts- und Sachmängeln aufgegeben. SCHÖNENBERGER, BJM 2009, 173 ff. hält die Unterscheidung vor dem Hintergrund eines einheitlichen Vertragsverletzungstatbestandes im BGB und im Wiener Kaufrecht de lege ferenda nicht mehr für zeitgemäss.

2. Verhältnis zum Schadenersatzanspruch nach Art. 97 ff.

6 Die Bestimmungen über die Rechtsgewährleistung stellen eine *Sonderregelung* dar, welche den **Schadenersatzanspruch** nach Art. 97 ff. ausschliesst; **a.M.** die h.L., die das Verhältnis von *lex specialis* zu lex generalis nicht beachtet und dem Käufer neben der Rechtsgewährleistung *wahlweise* Ansprüche aus Art. 97 ff. gewährt (BK-GIGER, Art. 192 N 9 f.; GUHL/KOLLER/SCHNYDER/DRUEY, 377; FURRER, 19; KELLER/SIEHR, 70; BGE 110 II 242 = Pra 1984, 656, 659 obiter; wie hier dagegen VON BÜREN, BT, 15 ff.). Die h.L. geht von der irrigen Prämisse aus, die Art. 192 ff. enthielten lediglich eine Besserstellung des Käufers (BK-GIGER, Art. 192 N 9). Dass dies nicht zutrifft, zeigt schon das Eviktionsprinzip. Eine ungehinderte Konkurrenz der Art. 97 ff. würde das Sonderrecht der Art. 192 ff. weitgehend aus den Angeln heben (vgl. auch Art. 192 N 1; zur Irrtumsanfechtung s. N 7).

3. Verhältnis zur Irrtums- und Täuschungsanfechtung (Art. 23 ff.)

7 Hat sich der Käufer über das Fehlen eines Rechtsmangels getäuscht, so kann er sich nach h.M. *wahlweise* auf **Grundlagenirrtum** nach Art. 24 Abs. 1 Ziff. 4 berufen (BGE 109 II 322 E. 2 und die h.L., BK-GIGER, Art. 192 N 11; ZK-OSER/SCHÖNENBERGER, Art. 192 N 1; KELLER/SIEHR, 70; GUHL/KOLLER/SCHNYDER/DRUEY, 353; **a.M.** MERZ, ZBJV 1985, 190; BUCHER, BT, 90; DERS., FS Neumayer, 171 ff.; SCHÖBI, recht 1984, 134). Trotz der grundsätzlichen Problematik einer mit Gewährleistung konkurrierenden Irrtumsanfechtung (s. Vor

Art. 197 N 9) ist der hL wegen der verfehlten Ausdehnung des Eviktionsprinzips im Ergebnis zuzustimmen. Die Irrtumsanfechtung ermöglicht dem Käufer die Auflösung des Vertrages, auch wenn der Dritte die Sache noch nicht vindiziert hat. Wegen des zu weit gezogenen Eviktionsprinzips (vgl. Art. 192 N 6) sind Rechtsmängelansprüche in diesem Fall nicht möglich. Zur Konkurrenz von Irrtumsanfechtung und Sachmängelhaftung vgl. Vor Art. 197–210 N 9.

Eine *alternative Anwendung* der Bestimmungen über die **absichtliche Täuschung** (Art. 28) wird von der h.L. bejaht. Beruft sich der Käufer auf Täuschung, verliert er allerdings die Möglichkeit, vertragliche Schadenersatzansprüche geltend zu machen (s. dazu Art. 195 N 4 ff., Art. 196 N 2 f.). 8

IV. Haftung für Rechtsmängel im Wiener Kaufrecht

Das **WKR** regelt in **Art. 41–43** die Pflicht des Verkäufers, Ware zu liefern, die frei von Rechten Dritter ist. Der Begriff des **Rechtsmangels** entspricht jenem des schweizerischen Rechts. Voraussetzung für die Haftung des Verkäufers ist, dass der Dritte seine Rechte *geltend macht.* Nicht notwendig ist aber, dass der Dritte Klage erhebt oder die Sache entzogen hat (anders das OR, s. Art. 192 N 6). Die Haftung des Verkäufers entfällt, wenn der Käufer die Sache *genehmigt* hat. Das WKR verlangt für den Ausschluss der Haftung *positive Kenntnis* des Käufers: *Grobfahrlässige Unkenntnis* genügt – im Gegensatz zur Sachmängelhaftung (Art. 35 Abs. 3 WKR) – nicht. Der Käufer hat das vom Dritten geltend gemachte Recht dem Verkäufer in angemessener Frist *anzuzeigen* (Art. 43 Abs. 1 WKR). Versäumt er die Anzeige, so verliert er seine Ansprüche, es sei denn, dem Verkäufer war das *Drittrecht bekannt* (Art. 43 Abs. 2 WKR), oder der Käufer hat eine «vernünftige» *Entschuldigung* für die Unterlassung der Anzeige (Art. 44 WKR). Anders als im System des OR regelt das WKR die Rechtsfolgen nicht gesondert. Die Lieferung rechtsmängelbelasteter Ware stellt eine *Vertragsverletzung* i.S.v. Art. 45 WKR dar. Dem Käufer stehen daher alle die Rechte zu, die das WKR bei einer Vertragsverletzung vorsieht (Erfüllungs-, Aufhebungs-, Minderungs- und Schadenersatzanspruch, Art. 46 ff., 74 ff. WKR; Näheres dazu s. Vor Art. 197–210 N 13 f.). 9

V. Rechtsvergleichung

Das romanistische Eviktionsprinzip (s. N 4) findet sich auch in Art. 1625 ff. **CC fr**. und in Art. 1476 ff. **CC it**. sowie in § 922 ff. **ABGB**. Im deutschen Recht ist die Rechtsmängelhaftung im neuen Sachmängelrecht der §§ 434 ff. **BGB** aufgegangen, womit auch das Eviktionsprinzip entfallen ist. 10

Art. 192

II. Gewährleistung des veräusserten Rechtes
1. Verpflichtung zur Gewährleistung

[1] **Der Verkäufer hat dafür Gewähr zu leisten, dass nicht ein Dritter aus Rechtsgründen, die schon zur Zeit des Vertragsabschlusses bestanden haben, den Kaufgegenstand dem Käufer ganz oder teilweise entziehe.**

[2] **Kannte der Käufer zur Zeit des Vertragsabschlusses die Gefahr der Entwehrung, so hat der Verkäufer nur insofern Gewähr zu leisten, als er sich ausdrücklich dazu verpflichtet hat.**

[3] **Eine Vereinbarung über Aufhebung oder Beschränkung der Gewährspflicht ist ungültig, wenn der Verkäufer das Recht des Dritten absichtlich verschwiegen hat.**

II. Garantie en cas d'éviction
1. Obligation de garantir

[1] Le vendeur est tenu de garantir l'acheteur de l'éviction qu'il souffre, dans la totalité ou dans une partie de la chose vendue, en raison d'un droit qui appartenait à un tiers déjà lors de la conclusion du contrat.

[2] Si l'acheteur connaissait les risques d'éviction au moment de la conclusion du contrat, le vendeur n'est tenu que de la garantie qu'il a expressément promise.

[3] Toute clause qui supprime ou restreint la garantie est nulle si le vendeur a intentionnellement dissimulé le droit appartenant au tiers.

II. Garanzia in caso di evizione
1. Obbligo della garanzia

[1] Il venditore è tenuto a garantire, che la cosa venduta non venga totalmente o parzialmente evitta da un terzo al compratore in virtù dei diritti già sussistenti al momento della conclusione del contratto.

[2] Se il compratore al momento del contratto conosceva il pericolo dell'evizione, il venditore è tenuto alla garanzia solo in quanto l'abbia espressamente promessa.

[3] Il patto che escluda o limiti l'obbligo della garanzia è nullo, quando il venditore abbia deliberatamente dissimulato il diritto del terzo.

Literatur

Bader, Eigentumsverschaffungspflicht und Gewährleistung des veräusserten Rechts beim Kauf, SJZ 1923/24, 306 ff.; Blum/Pedrazzini, Kommentar zum PatG, 2. Aufl., Bern 1975; Fröhlich-Bleuler, Softwareverträge, 2. Aufl., Bern 2014; Furrer, Beitrag zur Lehre der Gewährleistung im Vertragsrecht, Diss. Zürich 1973; Heusler/Mathys, IT-Vertragsrecht, Zürich 2004; Hilty, Lizenzvertrag, Bern 2001; Leimgruber, Risikoverteilung im Lizenzvertrag – Wer trägt die Folgen der Patentnichtigkeit?, sic! 2014, 421 ff.; Liechti, Rechtsgewährleistung und Entwehrung im Schweizerischen Obligationenrecht, Diss. Bern 1927; Troller A., Immaterialgüterrecht, Bd. II, 3. Aufl., Basel 1985; Vischer M., Rechtsgewährleistung beim Unternehmenskauf, SJZ 2005, 233 ff.

Ausland: Ernst, Rechtsmängelhaftung, Tübingen 1995; Haedicke, Rechtskauf und Rechtsmängelhaftung, Tübingen 2003; Honsell, Von den aedilizischen Rechtsbehelfen zum Sachmängelrecht, in: Gedächtnisschrift für Wolfgang Kunkel, Frankfurt a.M. 1984, 53 ff. (zit. GS Kunkel); Rabel, Die Haftung des Verkäufers wegen Mangels im Rechte, Berlin 1902.

I. Normzweck

1 Die Rechtsmängelhaftung ist als *Garantiehaftung* konzipiert. Dies bedeutet eine ähnliche Modifikation des **Erfüllungsanspruchs** wie bei der Sachmängelhaftung. Die Eviktionshaftung stellt den Käufer insofern besser, als sie verschuldensunabhängig ist. Sie stellt ihn dagegen insoweit «schlechter», als die Haftung voraussetzt, dass die Sache dem Käufer entzogen (evinziert) wird. Damit soll vermieden werden, dass der Käufer Schadenersatzansprüche wegen fehlenden Eigentums geltend macht, gleichzeitig aber (zumindest vorläufig) im Besitz der Sache bleibt. Dieser Fall könnte eintreten, wenn zwar feststeht, dass der Käufer nicht Eigentümer geworden ist, der Dritte aber seinen Herausgabeanspruch (noch) nicht geltend macht. Daraus folgt, dass dem Käufer (nach Übergabe, vgl. ZK-Oser/Schönenberger, N 1) nicht wahlweise neben der Rechtsgewährleistung ein Anspruch auf Erfüllung bzw. Schadenersatz wegen Nichterfüllung nach Art. 97 ff. zusteht (**a.M.** die h.L., vgl. Vor Art. 192–210 N 6). Die Terminologie des Gesetzes ist insofern unklar, als Art. 184 zunächst von einer Eigentumsverschaffungspflicht spricht, diese Pflicht dann aber in Art. 192 ff. als blosse Eviktionshaftung ausgestaltet wird.

II. Anwendungsbereich

2 Die Vorschrift gilt nicht nur für den **Sachkauf**, sondern auch für den **Rechtskauf** (für den Forderungskauf ist Art. 171 zu beachten; zum Patentkauf s. N 10). Sie ist weiter sowohl auf den **Fahrnis**- wie den **Grundstückkauf** (Art. 221) anwendbar. Der hauptsächliche Anwendungsfall der Eviktionshaftung ist das Bestehen von *Eigentumsrechten* oder *beschränkten dinglichen Rechten* Dritter. In Frage kommen können aber auch *Immaterialgüterrechte* (Keller/Siehr, 127 f.; BGE 110 II 242) oder *obligatorische Rechte*, die kraft Vormerkung im Grundbuch *realobligatorischer Natur* sind, wie z.B. ein vorgemerktes Miet- oder Vorkaufsrecht (Keller/Siehr, 48). Bloss obligatorische Rechte Dritter, die nicht dinglich gesichert sind, begründen keine Eviktionshaftung. Soweit sie den Käufer überhaupt beeinträchtigen,

stellen sie einen Fall der nicht gehörigen Erfüllung dar und fallen somit unter Art. 97 ff. (**a.M.** Schmid, ZBGR 2000, 356).

Abgrenzungsschwierigkeiten ergeben sich zum Sachmangel (s. Vor Art. 192–210 N 5). Nach h.L. betrifft die Rechtsmängelhaftung nur die Beeinträchtigung des Käufers durch **private Rechte Dritter**. Beschränkungen **öffentlich-rechtlicher Art** (z.B. Bauverbote, Baubeschränkungen [PKG 1986, 37], Verkehrsbeschränkungen, Fehlen gesetzlicher Zulassungsvoraussetzungen, BGE 95 II 123 – elektrische Ausrüstung einer Maschine, fehlende Zulassungsfähigkeit eines Autos usw.) stellen keinen Rechts-, sondern einen Sachmangel dar. Auch eine Enteignung fällt nicht unter Art. 192 ff. Hingegen ist beim Kauf von Patenten, Mustern, Urheberrechten usw. die Rechtsmängelhaftung anwendbar (BK-Giger, N 24 ff.); ebenso bei Softwareüberlassungsverträgen auf Dauer (Heusler/Mathys, 203f; CHK-Hrubesch-Millauer, N 2; **a.M.** Fröhlich-Bleuler, N 2209 ff., der auch bei Schutzrechtsverletzungen, die zum Entzug der Software führen, Sachmängelrecht anwenden will). Anders liegt der Fall, wenn die Kaufsache wegen Patentrechtsverletzung dem Verkehr entzogen ist (BGE 82 II 238, 248 = Pra 1956, 399 – Unverkäuflichkeit von Kugelschreibern wegen Patentverletzung: Sachmangel; SJZ 1973, 188 – Muster- und Modellschutz; ebenso ZK-Oser/Schönenberger, N 9; **a.M.** BK-Giger, N 23; s. noch Art. 197 N 2).

Auf den Verkauf einer «ab ovo» **nicht existierenden Sache** ist Art. 192 nicht anwendbar (BGE 110 II 242 = Pra 1984, 656, 659).

Ein an sich besser berechtigter Dritter kann dem Käufer die Sache nur dann entziehen, wenn nicht **gutgläubiger Erwerb** nach Art. 714 Abs. 2, Art. 933–935, 973 ZGB oder **Ersitzung** nach Art. 661–663, 728 ZGB vorliegt. Die praktische Bedeutung der Rechtsmängelhaftung wird also durch die Möglichkeit des gutgläubigen (lastenfreien) Erwerbs und der Ersitzung stark reduziert. Da nur *positive Kenntnis* des Käufers die Rechtsmängelhaftung ausschliesst (Abs. 2), bleiben die Fälle, in denen gutgläubiger Erwerb bzw. Ersitzung wegen *fahrlässiger Unkenntnis* ausscheidet (Art. 3 Abs. 2 ZGB), ferner die Fälle der *abhanden gekommenen Sache* vor Ablauf der fünfjährigen Ersitzungsfrist (Art. 934 Abs. 1, Art. 728 ZGB). In beiden Fällen hat der Käufer einen Regressanspruch nach Art. 192 ff. OR. Beim **Grundstückkauf** reicht der Gutglaubensschutz weiter als beim Erwerb von beweglichen Sachen. Nach Art. 973 ZGB wird der gutgläubige Erwerber eines eingetragenen Rechts geschützt. In Betracht kommen also nur Fälle fahrlässiger Unkenntnis vom Nichtbestehen eines eingetragenen Rechts. Umgekehrt ist auch gutgläubig lastenfreier Erwerb möglich, wenn der Käufer ein bestehendes, aber nicht eingetragenes Recht nicht kennt (BGE 98 II 195 – nicht eingetragenes Wegrecht). Nicht anwendbar ist Art. 192, wenn es Aufgabe des Käufers gewesen wäre, die *Zwangsvollstreckung* eines betreibenden Hypothekargläubigers abzuwenden (BGE 39 II 755). BGE 100 II 24 bejaht Gewährleistung, wenn sich der Verkäufer, der bloss Eigentümer eines *Anteils an einem Grundstück* ist, zu Unrecht als Alleineigentümer ausgegeben hat. Zum gutgläubigen Erwerb beim Kauf von *Aktien* s. Tschäni, § 7 N 35 f. **3**

III. Voraussetzungen

Der Kaufgegenstand muss auf Grund eines gültigen Vertrages **übergeben** worden sein und der **Rechtsmangel** muss bereits **zur Zeit des Vertragsschlusses** bestanden haben. Vor Übergabe beurteilen sich die Rechte des Käufers ausschliesslich nach Art. 97 ff. Ist der Vertrag unwirksam, so entfällt die Haftung. **4**

Kennt der Käufer die Gefahr der Entwehrung, so entfällt die Rechtsmängelhaftung (Abs. 2). **5** Entscheidend ist der Zeitpunkt des Vertragsschlusses; *spätere Kenntnis* schadet nicht. Die wenig glückliche Formulierung des Gesetzes hat die Streitfrage produziert, ob nur *positive Kenntnis* die Haftung ausschliesst oder auch *fahrlässige Unkenntnis*. Die h.L. stellt Kennen und *Kennenmüssen* nicht gleich, bejaht aber einen Wegfall der Haftung, wenn sich der Käufer der Kenntnisnahme arglistig verschlossen hat (BK-GIGER, N 54; ZK-OSER/SCHÖNENBERGER, N 15). Beim Kauf einer Liegenschaft mit dinglichen Belastungen sollte man m.E. noch weiter gehen und dem Käufer die Berufung auf Unkenntnis hinsichtlich eingetragener Rechte verweigern (abw. BK-GIGER, N 55, der bei eingetragenen Rechten lediglich eine Beweiserleichterung zu Gunsten des Verkäufers annimmt). Kenntnis des Käufers schadet jedoch nicht, wenn sich der Verkäufer *ausdrücklich* zur Gewährleistung *verpflichtet* hat (Abs. 2).

6 Schliesslich muss der Kaufgegenstand dem Käufer entzogen worden sein. Der Verkäufer haftet nicht nur bei gänzlicher **Eviktion** der Kaufsache (sog. *vollständige Entwehrung* oder *Totaleviktion*), sondern auch, wenn die Position des Käufers durch den Dritten nur teilweise beeinträchtigt wird; sei es, weil der Dritte nicht Eigentümer, sondern bloss Inhaber beschränkter dinglicher Rechte ist, sei es, weil der Dritte nur Eigentümer eines Teils der Kaufsache ist (sog. *teilweise Eviktion, Teilentwehrung* oder *Teileviktion*, s. Art. 196). Wird dem Käufer die Kaufsache nicht entzogen, erleidet er aber gleichwohl einen Schaden, indem er z.B. dem Dritten eine Abfindungssumme bezahlt, um den Entzug der Sache zu vermeiden, so kann er vom Verkäufer Ersatz dieses sog. Entwehrungsschadens verlangen. Manche sprechen hier von Quasieviktion (GUHL/KOLLER/SCHNYDER/DRUEY, 380; VON BÜREN, BT, 18).

IV. Rechtsfolgen

7 Die **Rechtsfolgen** der Rechtsgewährleistung regeln die **Art. 195** und **196**.

V. Wegbedingung

8 Nach Abs. 3 ist eine Vereinbarung über die **Aufhebung** oder **Beschränkung** der Gewährleistung *zulässig*, sofern der Verkäufer das Recht des Dritten *nicht absichtlich verschwiegen* hat. Ebenso wie bei Art. 199 und anders als nach Art. 100 Abs. 1 schadet also *grobe Fahrlässigkeit* nicht (**a.M.** FURRER, 31; wie hier BK-GIGER, N 75). Eine Wegbedingung in *AGB* ist restriktiv zu interpretieren (Einzelheiten bei der Komm. zu Art. 199; s. ferner BK-GIGER, N 69 f.).

VI. Beweislast

9 Die **Beweislast** für das *Vorliegen des Rechtsmangels* trifft den *Käufer*. Die Frage ist indes praktisch bedeutungslos, wenn dem Käufer die Sache durch rechtskräftiges Urteil entzogen worden ist und er dem Verkäufer den Streit verkündet hat (s. Art. 193 N 2 f.). Der *Verkäufer* trägt die Beweislast für die *Kenntnis* des Käufers von der Gefahr der Entwehrung (s. N 5). Für das *absichtliche Verschweigen* des Rechtsmangels seitens des Verkäufers, das zur Ungültigkeit einer Wegbedingung der Gewährspflicht führt (s. N 8), trägt der *Käufer* die Beweislast.

VII. Patentkauf

10 Beim **Patentkauf** führt *Patentnichtigkeit* nicht notwendig zur Ungültigkeit des Kaufvertrages nach Art. 20 (str. **a.M.** BLUM/PEDRAZZINI, Art. 34 N 65; offengelassen in BGE 116 II 191 E. 3 a). Vielmehr hat der Verkäufer grundsätzlich nach Art. 192 Gewähr zu leisten. Er haftet in analoger Anwendung von Art. 171. Im Übrigen sind folgende Einschränkungen zu beachten: Bei Patentnichtigkeit (Art. 1, 26 Abs. 2 PatG) wegen *mangelnder Neuheit, fehlender Erfindungshöhe* oder *gewerblicher Anwendbarkeit* haftet der Verkäufer nur, wenn er eine entsprechende Gewähr übernommen hat (BGE 110 II 239, 242 = Pra 1984, 659). BGE 111 II 455, 456 hat die Frage offen gelassen, weil die Haftung in casu gültig wegbedungen war. Die Abrede, mit welcher der Käufer das Risiko der gewerblichen Verwertbarkeit der Erfindung übernimmt, ist zulässig (BGE, a.a.O.). Die ältere Literatur hat der Anwendung der Art. 171 und 192 ff. durch die Judikatur (vgl. neben den zitierten Entscheidungen noch BGE 82 II 523 und 75 II 166, 170 – zum Lizenzvertrag sowie BGE 57 II 403 ff.) zugestimmt (s. etwa TROLLER

A., 981 ff.; BK-GIGER, N 25; **a.M.** BLUM/PEDRAZZINI, a.a.O.).Heute wird überwiegend angenommen, dass der *Lizenzvertrag* mit ex nunc-Wirkung aufzulösen sei (LEIMGRUBER, sic! 2014, 433 m.Nw.; HILTY, 346 ff., 351, 977 ff.; offengelassen in BGE 116 II 191 E. 3 a).

VIII. Verjährung

Die Rechtsgewährleistung enthält im Gegensatz zum Sachmängelrecht keine generellen Vorschriften über die **Verjährung**. Art. 210 gilt nur für Sachmängel. Für Rechtsmängel ist demnach die *ordentliche zehnjährige Verjährungsfrist* von **Art. 127** massgeblich. Nach einem Teil der Lehre (BK-GIGER, N 83; FURRER, 32) läuft die Frist nicht bereits mit *Vertragsschluss* oder *Übergabe*, sondern erst mit *Eintritt des Eviktionsfalles* (ebenso § 933 Abs. 1 ABGB). Dies erscheint zweifelhaft. Die Frage hat indes im Hinblick auf die fünf- bzw. zehnjährige Ersitzungsfrist (Art. 728, 661 ZGB) kaum praktische Bedeutung. Für Kulturgüter besteht die Sonderregelung von Art. 196a (dreissigjährige absolute, einjährige relative Verjährung). 11

Art. 193

2. Verfahren
a. Streitverkündung

[1] Die Voraussetzungen und Wirkungen der Streitverkündung richten sich nach der ZPO.

[2] Ist die Streitverkündung ohne Veranlassung des Verkäufers unterblieben, so wird dieser von der Verpflichtung zur Gewährleistung insoweit befreit, als er zu beweisen vermag, dass bei rechtzeitig erfolgter Streitverkündung ein günstigeres Ergebnis des Prozesses zu erlangen gewesen wäre.

2. Procédure
a. Dénonciation d'instance

[1] Les conditions et les effets de la dénonciation d'instance sont régis par le CPC.

[2] Lorsque le défaut de dénonciation d'instance n'est pas imputable au vendeur, celui-ci est libéré de son obligation de garantie dans la mesure où il prouve que le procès aurait pu avoir une issue plus favorable si l'instance lui avait été dénoncée à temps.

2. Procedura
a. Denuncia della lite

[1] Le condizioni e gli effetti della denuncia della lite sono regolati dal CPC.

[2] Quando si sia omessa la denuncia della lite, e ciò non sia imputabile al venditore, questi è prosciolto dall'obbligo della garanzia, in quanto possa provare che la lite avrebbe avuto un esito più favorevole ove gli fosse stata denunciata in tempo.

Literatur

DROESE, Die Streitverkündungsklage nach Art. 81 f. ZPO, SZZP 2010, 305 ff.; STAEHELIN/STAEHELIN/GROLIMUND, Lehrbuch zum Zivilprozessrecht, 2. Aufl., Zürich 2013.

Fassung gem. Anhang 1 Ziff. II 5 der Zivilprozessordnung vom 19.12.2008, in Kraft seit 1.1.2011 (AS 2010 1739; BBl 2006, 7221). Abs. 1 und 2 von Art. 193 a.F. sind aufgehoben. Abs. 1 neu verweist auf die ZPO; der neue Abs. 2 ist der unveränderte alte Abs. 3. Voraussetzungen und Wirkungen der Streitverkündung beurteilen sich heute ausschliesslich nach der ZPO. Sie ist in Art. 78 ff. ZPO geregelt. Für die materiellrechtlichen Wirkungen gilt Art. 77 *sinngemäss* (Nebeninterventionswirkung) (Art. 80). 1

Schon das BGer hatte, der Lehre folgend, einen *allgemeinen zivilrechtlichen Grundsatzes* bejaht: Die Frage der Wirkungen einer **Streitverkündung** im Verhältnis zwischen Streitverkünder und Streitberufenem ist demnach **materiellrechtlicher Natur**. Die Streitverkündung bewirkt keine **Rechtskrafterstreckung**. Die **Bindungswirkung** des Urteils besteht vielmehr darin, dass ein ungünstiges Ergebnis des Prozesses auch gegen den Verkäufer wirkt, sofern nicht einer der Ausnahmetatbestände von Art. 77 lit. a oder b ZPO vorliegen. Die Wirkung 2 der Streitverkündung geht insofern weiter als eine Rechtskrafterstreckung, als sie sich nicht auf das Urteilsdispositiv beschränkt, sondern auf die Entscheidungsgründe erstreckt. Andererseits tritt eine Rechtskrafterstreckung nicht ein, denn das Urteil erwächst nur inter partes (beklagter Käufer und evinzierender Dritter) in Rechtskraft. Die Regelung vom Art. 193 a.F. war als Ausfluss des Prinzips von Treu und Glauben schon bisher ein allgemeiner bundesrechlicher Grundsatz *(exceptio male gesti processus)*. Durch die Neuregelung ergeben sich materiell keine Änderungen (Botschaft zur Schweizerischen Zivilprozessordnung, BBl 2006, 7283). Prozessuale Fragen der Streitverkündung regeln die Art. 78 ff. ZPO, wobei das Gesetz zwischen der einfachen Streitverkündung und der Streitverkündungsklage (Art. 81–83 ZPO) unterscheidet. Letztere ist eine direkte Klage gegen den Streitverkündeten im Hauptverfahren, die einen weiteren Prozess erspart.

3 Ist die **Streitverkündung** ohne Veranlassung des Verkäufers **unterblieben**, wird dieser von der Verpflichtung zur Gewährleistung nur insoweit frei, als er beweist, «dass bei rechtzeitig erfolgter Streitverkündung ein günstigeres Ergebnis des Prozesses zu erlangen gewesen wäre» **(Abs. 2)**. Während also der Verkäufer bei rechtzeitiger Streitverkündung mit der Behauptung, der Rechtsstreit sei falsch entschieden, überhaupt nicht mehr gehört wird, bleibt ihm hier dieser Beweis offen.

Art. 194

b. Herausgabe ohne richterliche Entscheidung

[1] Die Pflicht zur Gewährleistung besteht auch dann, wenn der Käufer, ohne es zur richterlichen Entscheidung kommen zu lassen, das Recht des Dritten in guten Treuen anerkannt oder sich einem Schiedsgericht unterworfen hat, sofern dieses dem Verkäufer rechtzeitig angedroht und ihm die Führung des Prozesses erfolglos angeboten worden war.

[2] Ebenso besteht sie, wenn der Käufer beweist, dass er zur Herausgabe der Sache verpflichtet war.

b. Abandon de la chose sans décision judiciaire

[1] Il y a lieu à garantie même si l'acheteur a reconnu de bonne foi le droit du tiers sans attendre une décision judiciaire ou s'il a accepté un compromis, pourvu qu'il ait averti le vendeur en temps utile et l'ait vainement invité à prendre fait et cause pour lui.

[2] Il en est de même si l'acheteur prouve qu'il devait se dessaisir de la chose.

b. Riconoscimento del diritto del terzo senza sentenza

[1] L'obbligo della garanzia sussiste anche quando il compratore, senza aspettare la decisione del giudice, abbia riconosciuto in buona fede il diritto del terzo od accettato un compromesso, purchè abbia in tempo utile diffidato il venditore e lo abbia invitato indarno ad assumere la lite.

[2] Esso sussiste pure, se il compratore provi che era obbligato a spossessarsi della cosa.

1 Die Vorschrift regelt die **Herausgabe des Kaufgegenstandes ohne richterliche Entscheidung**. Danach besteht die Pflicht zur Gewährleistung auch dann, wenn der Käufer, ohne es zur richterlichen Entscheidung kommen zu lassen, das Recht des Dritten *in guten Treuen* anerkannt oder sich einem *Schiedsgericht* unterworfen hat.

Voraussetzung hierfür ist jedoch, dass das **Anerkenntnis** des Drittrechts dem Verkäufer rechtzeitig angedroht und ihm (kumulativ) die **Führung des Prozesses** erfolglos angeboten worden war (vgl. dazu BGE 100 II 24 E. 1c; 98 II 191 E. 3). Dass der Prozess bereits hängig ist, ist nicht erforderlich. Es genügt, dass der Dritte den Prozess ernsthaft androht.

Auch **während des Prozesses** *kann* der Käufer das Recht des Dritten noch anerkennen. Ist der Verkäufer dem Prozess ferngeblieben und hat ihm der Käufer die (vergleichsweise) Anerkennung mit der Verkündung nicht angedroht, so trifft den Verkäufer die Gewährspflicht nach

Abs. 1 nur, wenn der Käufer im Hinblick auf die Vergleichsverhandlungen erneut den Streit verkündet (BGE 100 II 24 ff. E. 1c – zweifelhaft). Das BGer hat zurückverwiesen, weil der Klägerin gemäss Art. 194 Abs. 2 der Nachweis offen bleibe, dass sie zur vergleichsweisen Anerkennung des Drittrechtes (richtig: zur Herausgabe der Sache) verpflichtet gewesen wäre. Die Klägerin hätte also jetzt dartun müssen, dass der Prozess für sie aussichtslos war. Das ist ihr natürlich nicht gelungen (vgl. RVJ 1979, 34 ff.).

Der Anerkennung steht die Unterwerfung unter ein **Schiedsgericht** gleich. Die Voraussetzungen sind dieselben wie bei der Anerkennung.

Kann der Käufer beweisen, dass der **Eviktionsanspruch tatsächlich begründet** war, so bleibt die Gewährleistungspflicht des Verkäufers auch dann bestehen, wenn ihm weder die drohende Entwehrung angezeigt noch die Anerkennung usw. angedroht und die Prozessführung angeboten worden ist (Art. 194 Abs. 2). 2

Art. 195

3. Ansprüche des Käufers
a. Bei vollständiger Entwehrung

[1] Ist die Entwehrung eine vollständige, so ist der Kaufvertrag als aufgehoben zu betrachten und der Käufer zu fordern berechtigt:

1. **Rückerstattung des bezahlten Preises samt Zinsen unter Abrechnung der von ihm gewonnenen oder versäumten Früchte und sonstigen Nutzungen;**
2. **Ersatz der für die Sache gemachten Verwendungen, soweit er nicht von dem berechtigten Dritten erhältlich ist;**
3. **Ersatz aller durch den Prozess veranlassten gerichtlichen und aussergerichtlichen Kosten, mit Ausnahme derjenigen, die durch Streitverkündung vermieden worden wären;**
4. **Ersatz des sonstigen durch die Entwehrung unmittelbar verursachten Schadens.**

[2] Der Verkäufer ist verpflichtet, auch den weiteren Schaden zu ersetzen, sofern er nicht beweist, dass ihm keinerlei Verschulden zur Last falle.

3. Droits de l'acheteur
a. En cas d'éviction totale

[1] En cas d'éviction totale, la vente est réputée résiliée et l'acheteur a le droit de réclamer du vendeur:

1. la restitution du prix payé, avec les intérêts, déduction faite des fruits et autres profits qu'il a perçus ou négligé de percevoir;
2. ses impenses, en tant qu'il ne peut s'en faire indemniser par le tiers qui l'évince;
3. tous les frais du procès, judiciaires et extrajudiciaires, à l'exception de ceux qu'il aurait évités en dénonçant l'instance au vendeur;
4. les autres dommages-intérêts résultant directement de l'éviction.

[2] Le vendeur est également tenu de réparer tout autre préjudice subi par l'acheteur, s'il ne prouve qu'aucune faute ne lui est imputable.

3. Diritti del compratore
a. In caso di evizione totale

[1] Quando l'evizione è totale, il contratto di vendita si reputa risolto e il compratore ha il diritto di chiedere:

1. la restituzione del prezzo già pagato e degli interessi, salvo deduzione dei frutti percetti o che avrebbe negletto di percepire e degli altri profitti;
2. il rimborso delle spese fatte per la cosa in quanto non lo possa ottenere dal terzo;
3. il rimborso di tutte le spese giudiziali e stragiudiziali causate dal processo, eccetto quelle che si sarebbero evitate con la denuncia della lite;
4. il risarcimento d'ogni altro danno direttamente cagionato dall'evizione.

[2] Il venditore è tenuto a risarcire ogni altro danno, in quanto non provi che non gli incombe nessuna colpa.

Literatur

SCHOENLE, Remarques sur la responsabilité causale du vendeur selon les art. 195 al. 1 et 208 al. 2 CO, SJ 1977, 465 ff.; vgl. ausserdem die Literaturhinweise bei den Vorbem. zu Art. 197–210.

I. Allgemeines

1 Die Vorschrift regelt die Rechtsfolgen der **vollständigen Entwehrung**. Für die *teilweise* Eviktion gilt Art. 196 (s. Art. 192 N 6). Das OR enthält eine analoge Vorschrift für das Sachmängelrecht in Art. 208 (weitere Einzelheiten Art. 208 N 9 f.).

II. Vertragsauflösung

2 **Abs. 1** normiert als Rechtsfolge der vollständigen Entwehrung die **Vertragsauflösung**. Anders als beim Rücktritt nach Art. 109 bzw. bei der Wandelung nach Art. 205 ff. bedarf es hier nicht der rechtsgestaltenden Ausübung eines Wahlrechts. Die Aufhebung des Vertrages tritt vielmehr **ipso iure** ein (BK-GIGER, N 5; FURRER, 25). Dies beruht allein darauf, dass ein Wahlrecht wie bei der Sachmängelhaftung oder beim Verzug, wo Schadenersatz oder Rücktritt zur Wahl stehen, hier nicht in Betracht kommt, weil der Käufer die Sache bereits an den Dritten herausgegeben hat. Der Käufer hat also nicht die Möglichkeit, am Vertrage festzuhalten und nachträgliche Erfüllung oder Ersatz des positiven Interesses zu verlangen (zum Ersatz des «weiteren Schadens» s. N 7).

III. Rückerstattung des Preises

3 Nach **Abs. 1 Ziff. 1** ist der Verkäufer zur **Rückerstattung** des *bezahlten Preises samt Zinsen* verpflichtet. Für den *Zinsfuss* kommt Art. 73 zur Anwendung. Hat der Käufer den Preis noch *nicht bezahlt*, so ist seine Schuld mit der Auflösung des Vertrages erloschen. Gelegentlich wird behauptet, es handle sich um den Bereicherungsanspruch des Art. 62 (*condictio ob causam finitam*; so z.B. BK-GIGER, N 10; VON TUHR/PETER, 493). Dies ist jedenfalls insofern unzutreffend, als die *Verzinsungspflicht* unabhängig davon besteht, ob der Verkäufer bereichert (und der Käufer entreichert) ist. Auch die *Verjährungsfrist* von Art. 67 kommt nicht zur Anwendung; der Anspruch ist vertraglicher Natur und unterliegt der Verjährung von Art. 127. Hat der Käufer die Sache genutzt, oder hätte er sie doch *nutzen können*, so ist ein entsprechender *Abzug* zu machen. Dies weicht von der sachenrechtlichen Regelung des Art. 938 ZGB ab, die keine Ersatzpflicht des *gutgläubigen* Besitzers vorsieht (KELLER/SIEHR, 59). Auch der für die Nutzung angesetzte Betrag ist zu verzinsen (BGE 106 II 221 f. zu Art. 208). Eine Beschränkung des Abzugs auf grobfahrlässig unterlassene Nutzungen (so ZK-OSER/SCHÖNENBERGER, N 4; FURRER, 25 FN 33) lässt sich dem Gesetz nicht entnehmen.

IV. Ersatz der Verwendungen

4 Nach **Abs. 1 Ziff. 2** hat der Käufer Anspruch auf «Ersatz der für die Sache gemachten **Verwendungen**, soweit er nicht von dem berechtigten Dritten erhältlich ist». Der Käufer muss sich also zunächst an den vindizierenden Eigentümer wenden, welcher nach Art. 939 f. ZGB *notwendige und nützliche Verwendungen* zu ersetzen hat. Für *sonstige Verwendungen* ist das Wegnahmerecht nach Art. 939 Abs. 2 ZGB zu beachten. Ein Anspruch gegen den Verkäufer kommt nur insoweit in Betracht, als der Käufer gegen den vindizierenden Eigentümer entweder keinen Anspruch hat oder von diesem keinen Ersatz erhält. War der Käufer *bösgläubiger* Besitzer, so kann er vom berechtigten Dritten nach Art. 940 Abs. 2 ZGB nur Ersatz solcher Verwendungen fordern, die auch für den Berechtigten notwendig gewesen wären. Gegenüber dem bösgläubigen Käufer ist eine Haftung des Verkäufers nur im Falle von Art. 192 Abs. 2 (ausdrückliche Verpflichtung) begründet.

V. Ersatz der Prozesskosten

Nach **Abs. 1 Ziff. 3** hat der Verkäufer «Ersatz aller durch den **Prozess** veranlassten gerichtlichen und aussergerichtlichen **Kosten**, mit Ausnahme derjenigen, die durch Streitverkündung vermieden worden wären», zu leisten. Unter Ziff. 3 fallen nur die im *Prozess mit dem Dritten* (im Eviktionsprozess) erwachsenen Kosten (BGE 79 II 381 = Pra 1954, 35). Die Kosten des Regressprozesses gegen den Verkäufer beurteilen sich nach Zivilprozessrecht. 5

VI. Ersatz des sonstigen unmittelbar verursachten Schadens

Nach **Abs. 1 Ziff. 4** haftet der Verkäufer kausal für den sonstigen **unmittelbaren Schaden**. Zur Abgrenzung von Ziff. 4 und Abs. 2 s. Art. 208 N 8. Unter den unmittelbaren Schaden fallen nach h.L. die Kosten des Vertragsschlusses sowie der Übernahme der Sache, z.B. *Beurkundungskosten, Gebühren*, Aufwendungen für *Fracht* und *Zölle* usw. Hierher gehört auch der *Kursverlust* bei einer Fremdwährungsschuld (BGE 47 II 82). 6

VII. Ersatz des weiteren Schadens

Kann sich der Verkäufer nicht exkulpieren, so haftet er nach **Abs. 2** auch für den **«weiteren Schaden»**. Zum weiteren Schaden zählt nach h.L. v.a. der *entgangene Gewinn* (lucrum cessans; s. BGE 79 II 380 = Pra 1954, 34; 87 IV 12 – zu Art. 148 StGB; BK-Giger, N 34 ff.). Dies bedeutet, dass der Käufer entgangenen Gewinn aus Weiterverkauf nur bei *Verschulden* fordern kann. Hält man die Subsumtion des entgangenen Gewinns unter den weiteren Schaden für zutreffend, so muss man freilich auch das *Haftungsinteresse* des Käufers, der die Sache bereits weiterveräussert (aber noch nicht übergeben) hat, hierher zählen. Zwar handelt es sich insoweit um einen positiven Schaden (damnum emergens); doch ist dieser strukturell mit dem entgangenen Gewinn vergleichbar: Der Käufer und Wiederverkäufer, der das von ihm zu zahlende Haftungsinteresse voll auf seinen Vordermann abwälzen kann, behält nämlich i.E. seinen Gewinn. Zwischen dem Haftungsinteresse und dem entgangenen Gewinn ist also kein Unterschied zu machen. 7

VIII. Verhältnis von Art. 195 OR zu Art. 934 ZGB

Hat der Käufer eine *abhanden gekommene Sache* in der qualifizierten Weise von **Art. 934 Abs. 2 ZGB** erworben (im Wege der öffentlichen Versteigerung, auf dem Markt oder von einem Kaufmann, der mit Waren der gleichen Art handelt), so hat er ein **Lösungsrecht** nach Art. 934 Abs. 2 ZGB: Er muss nämlich dem berechtigten Dritten die Sache nur gegen Vergütung des von ihm bezahlten Kaufpreises herausgeben. Hat er den Kaufpreis vom evinzierenden Dritten erhalten, so entfällt der Kaufpreiserstattungsanspruch gegen den Verkäufer nach Abs. 1 Ziff. 1, nicht aber der Anspruch auf Verzinsung des Preises (s. N 3); der Schadenersatzanspruch muss entsprechend gemindert werden. Der Käufer ist verpflichtet, das Lösungsrecht auszuüben. Dies ergibt sich aus der Wertung von Art. 194 Abs. 1. Der Käufer ist jedenfalls im Grundsatz verpflichtet, den Prozess gegen den vindizierenden Eigentümer zu führen. Nur wenn er dies in guten Treuen (Art. 194 Abs. 1) unterlässt, behält er seine Ansprüche gegen den Verkäufer (für eine Verpflichtung zur Ausübung des Lösungsrechts auch BK-Stark, Art. 934 ZGB N 45a ff.; BSK ZGB II-Ernst, Art. 934 N 26mNw.). 8

Art. 196

b. Bei teilweiser Entwehrung

[1] Wenn dem Käufer nur ein Teil des Kaufgegenstandes entzogen wird, oder wenn die verkaufte Sache mit einer dinglichen Last beschwert ist, für die der Verkäufer einzustehen hat, so kann der Käufer nicht die Aufhebung

des Vertrages, sondern nur Ersatz des Schadens verlangen, der ihm durch die Entwehrung verursacht wird.

2 Ist jedoch nach Massgabe der Umstände anzunehmen, dass der Käufer den Vertrag nicht geschlossen haben würde, wenn er die teilweise Entwehrung vorausgesehen hätte, so ist er befugt, die Aufhebung des Vertrages zu verlangen.

3 In diesem Falle muss er den Kaufgegenstand, soweit er nicht entwehrt worden ist, nebst dem inzwischen bezogenen Nutzen dem Verkäufer zurückgeben.

b. En cas d'éviction partielle

1 En cas d'éviction partielle, ou lorsque la chose est grevée d'une charge réelle dont le vendeur est garant, l'acheteur ne peut demander la résiliation du contrat; il a seulement le droit à la réparation du dommage qui résulte pour lui de l'éviction.

2 Il peut toutefois actionner en résiliation lorsque les circonstances font présumer qu'il n'eût point acheté s'il avait prévu l'éviction partielle.

3 Il doit alors rendre au vendeur la partie de la chose dont il n'a pas été évincé, avec les profits qu'il en a retirés dans l'intervalle.

b. In caso di evizione parziale

1 Quando l'evizione sia parziale o la cosa venduta sia gravata di un diritto reale, di cui il venditore è responsabile, il compratore non può chiedere la risoluzione del contratto, ma soltanto il risarcimento dei danni derivatigli dall'evizione.

2 Ove però risulti dalle circostanze, che il compratore, se avesse preveduto la parziale evizione, non avrebbe conchiuso il contratto, può anche chiederne la risoluzione.

3 In tal caso deve restituire al venditore la parte non evitta della cosa con gli utili ricavati nel frattempo.

I. Allgemeines

1 Die Vorschrift behandelt zwei Fälle: Die Entwehrung nur eines **Teils** des Kaufgegenstandes und die **Belastung** mit einem **(dinglichen) Recht**.

II. Regel: Schadenersatz

2 **Abs. 1** bestimmt als Regel, dass der Käufer nicht Aufhebung des Vertrages, sondern nur **Ersatz** des durch die Entwehrung verursachten **Schadens** verlangen kann. In analoger Anwendung des Art. 195 ist die Kausalhaftung auf den unmittelbaren Schaden zu beschränken. Vollen Ersatz erhält der Käufer auch bei teilweiser Entwehrung nur bei Verschulden. Bei Teilentwehrung kann der Käufer Wertersatz für die evinzierten Teile bzw. für den aus der dinglichen Belastung resultierenden Minderwert verlangen. Manche wollen auf diesen Anspruch die Grundsätze der Preisminderung nach Art. 205 analog anwenden (BK-Giger, N 9). Entgegen der h.L. (BK-Giger, N 8 m.Nw.) ist auch anteiliger Ersatz für die Kosten des Vertragsschlusses zu gewähren.

III. Ausnahme: Aufhebung des Vertrages

3 Nach **Abs. 2** kann der Käufer **Aufhebung des Vertrages** verlangen, wenn nach den Umständen anzunehmen ist, dass er den Vertrag nicht geschlossen hätte, wenn er die teilweise Entwehrung vorausgesehen hätte. Die Aufhebung des Vertrages erfolgt, anders als gem. Art. 195, durch *richterliche Gestaltung* und nicht ipso iure. Wird der Vertrag aufgelöst, so hat der Käufer nach Abs. 3 den nicht evinzierten Teil der Sache zurückzugeben. Im Übrigen erfolgen Rückabwicklung und Schadenersatz in diesem Falle in analoger Anwendung von Art. 195.

Art. 196*a*

c. Bei Kulturgütern	**Für Kulturgüter im Sinne von Artikel 2 Absatz 1 des Kulturgütertransfergesetzes vom 20. Juni 2003 verjährt die Klage auf Gewährleistung des veräusserten Rechts ein Jahr, nachdem der Käufer den Mangel entdeckt hat, in jedem Fall jedoch 30 Jahre nach dem Vertragsabschluss.**
c. Biens culturels	Pour les biens culturels au sens de l'art. 2, al. 1, de la loi du 20 juin 2003 sur le transfert des biens culturels, l'action en garantie en cas d'éviction se prescrit par un an à compter du moment où l'acheteur a découvert les défauts; elle se prescrit dans tous les cas par 30 ans à compter de la conclusion du contrat.
c. Beni culturali	Per i beni culturali ai sensi dell'articolo 2 capoverso 1 della legge del 20 giugno 2003 sul trasferimento dei beni culturali l'azione di garanzia in caso di evizione si prescrive in un anno dopo che il compratore ha scoperto il vizio, ma in ogni caso in 30 anni dopo la conclusione del contratto.

Literatur

ERNST, Neues Sachenrecht für Kulturgüter, recht 2008, 2 ff.; GUTZWILLER, Zum Geltungsbereich des Bundesgesetzes über den Internationalen Kulturgütertransfer, SJZ 2005, 517 ff.; HONSELL, Das Kulturgütertransfergesetz und das Privatrecht, FS für Pierre Tercier, Zürich 2008, 275 ff. (zit. FS Tercier); SIEHR, Das Kulturgütertransfergesetz der Schweiz aus Sicht des Auslandes, AJP 2005, 675 ff. (zit. AJP 2005); DERS., FS für Heinz Rey, Zürich 2003, 127 ff. (zit. FS Rey); WEBER M., Bundesgesetz über den internationalen Kulturgütertransfer, ZSR 2004 I, 495 ff.

Durch das am 1.6.2005 in Kraft getretene Kulturgütertransfergesetz (KGTG, SR 444.1) 1
wurde Art. 196a eingefügt Nach der UNESCO-Konvention v. 14.11.1970 sind Kulturgüter u.a. Bilder sowie Antiquitäten, die mehr als 100 Jahre alt sind. Nach Art. 2 Abs. 1 KGTG ist freilich weiter vorausgesetzt, dass das Kulturgut «aus religiösen oder weltlichen Gründen für Archäologie, Vorgeschichte, Geschichte, Literatur, Kunst oder Wissenschaft bedeutungsvoll» ist. Eingetragene Kulturgüter können nicht gutgläubig erworben werden (Art. 3 Abs. 2 lit. a KGTG). Für nicht eingetragene Kulturgüter normiert Art. 728 Abs. 1ter ZGB eine dreissigjährige Ersitzung, Art. 934 Abs. 1bis ZGB eine entsprechende Verjährung des Rückforderungsanspruchs und Art. 196a OR analog dazu eine dreissigjährige absolute und eine einjährige relative Verjährungsfrist für den Gewährleistungsanspruch (näher WEBER M., ZSR 2004 I, 514 ff.; SIEHR, FS Rey, 127 ff.). Die dreissigjährige Frist und die ab Entdeckung laufende relative Frist sind im Verjährungsrecht ein systemwidriges Novum.

Vorbemerkungen zu Art. 197–210

Literatur

AKIKOL, Die Voraussetzungen der Sachmängelhaftung beim Warenkauf, Obligationenrecht und UN-Kaufrecht (CISG), Diss. Luzern 2008; BÄHLER, Das Verhältnis von Sachgewährleistung und allgemeinem Leistungsstörungsrecht, Diss. Basel 2005; BAUDENBACHER/SPIEGEL, Die Rechtsprechung des schweizerischen Bundesgerichts zum Verhältnis von Sachmängelgewährleistung und allgemeinen Rechtsbehelfen des Käufers, in: FS für Mario Pedrazzini, Bern 1990, 229 ff.; BAUER/RUSCH, Abgekürzte Gattungsvereinbarungen, recht 2013, 209 ff.; BAUMANN, Gewährleistung beim Grundstückkauf mit professionellen Investoren, AJP 2010, 1269 ff.; A. BERGER, Die Mängelrüge im Vertragsrecht, Diss. Zürich 2009; BIEGER, Die Mängelrüge im Vertragsrecht, Diss. Freiburg 2009; BÖCKLI, Gewährleistung und Garantie in Unternehmenskaufverträgen, in: Tschäni (Hrsg.), Mergers & Acquisitions, Zürich 1998, 92 ff.; BRUNNER, UN-Kaufrecht-CISG, Bern 2004; BUCHER E., Der benachteiligte Käufer, SJZ 1971, 1 ff.; DERS., (Hrsg.), Wiener Kaufrecht, Bern 1991; DERS., in: FS für Karl H. Neumayer, Basel 1997, 171 ff. (zit. FS Neumayer); VON CAEMMERER/SCHLECHTRIEM (Hrsg.), Das UN-Kaufrechtsübereinkommen – CISG, 2. Aufl., München 1994; Cavin, Kauf, Tausch und Schenkung, in: Schweizerisches Privatrecht (SPR), Bd. VII/1, Obligationenrecht – Besondere Vertragsverhältnisse, Basel 1977, 1–198; Coendet, Schadenszurechnung im Kaufrecht, recht 2008, 15 ff.; Cyprian, Die aliud-Lieferung im schweiz. Kaufvertragsrecht, Diss. St. Gallen 1981; Dätwyler, Gewährleistungs- und Interventionsklage nach französischem Recht und Streitverkündung nach schweizerischem und deutschem Recht im internationalen Verhältnis nach IPRG und Lugano-Übereinkommen unter Berücksichtigung des Vorentwurfs zu einer schweizerischen Zivilprozessordnung, Diss. St. Gallen 2005; Doerig, Ersatz sog. «Mangelfolgeschäden» aus Kaufvertrag, Art. 208 OR, Diss. Zürich 1985; Ehrat, Der Rücktritt vom Vertrag nach Art. 107 Abs. 2 OR in Verbindung mit Art. 109 OR, Diss. Zürich 1990; Ernst, Sachmängelgewährleistung und Gefahrentragung, in: FS für Ulrich Huber, Tübingen 2006; ders., Haftung und Gefahrtragung beim Aktienkauf, in: Wiegand/Koller/Walter (Hrsg.), FS für Eugen Bucher, Zürich 2009, 89 ff.; ders., Die kaufrechtliche Gewährleistung nach der Teilrevision des OR, in: Bucher et al. (Hrsg.), FS für Wolfgang Wiegand, Bern 2005, 255 ff.; Fastrich, Zur Frage der Konkurrenz von kaufrechtlicher Gewährleistung und Schadenersatz aus Delikt, AJP 1995, 1115 ff.; Fischer, Der unmittelbare und der mittelbare Schaden im Kaufrecht, Diss. Zürich 1985; Frei, Die Interventions- und Gewährleistungsklagen im Schweizer Zivilprozess: unter besonderer Berücksichtigung der Streitverkündung mit Klage nach dem Vorentwurf einer Schweizer Zivilprozessordnung, Diss. Zürich 2004; Furrer, Beitrag zur Lehre der Gewährleistung im Vertragsrecht, Diss. Zürich 1973; Gauch, Sachmängelgewährleistung und Willensmängel beim Kauf einer mangelhaften Sache, recht 2001, 184 ff. (zit. recht 2001); ders., Die revidierten Art. 210 und 371 OR, recht 2012, 124 ff. (zit. recht 2012); ders., Grundlagenirrtum und Gewährleistung: Verjährung des Bereicherungsanspruchs bei einseitiger Unverbindlichkeit des Kaufvertrages (Urteilsanmerkung zum «Picasso-Entscheid»: BGE 114 II 131 ff.), in: SAG 1989, 152 ff. (zit SAG 1989); Gelzer, Bemerkungen zur Unterscheidung zwischen aliud und peius beim Gattungskauf, AJP 1997, 703 ff. (zit. AJP 1997); ders., Zur Wünschbarkeit der Anpassung des schweizerischen Kaufrechts an die EU-Richtlinie zum Verbrauchsgüterkauf und das UN-Kaufrecht, Diss. Basel 2003 (zit. Diss.); Gerny, Untersuchungs- und Rügepflichten beim Kauf nach schweizerischem, französischem und US-amerikanischem Recht sowie nach CISG, Diss. Basel 1999; Ginter, Verhältnis der Sachgewährleistung nach Art. 197 ff. OR zu den Rechtsbehelfen in Art. 97 ff. OR, Diss. St. Gallen 2005; Gnos, Anspruchskonkurrenz im schweizerischen Produktehaftpflichtrecht, Diss. Zürich 1997; Gonzenbach, Culpa in contrahendo im schweizerischen Recht, Diss. Bern 1987; Guldimann, Der Nachbesserungsanspruch von Käufer und Besteller im schweizerischen Recht, Diss. Basel 1986; Hartmann, Die Rückabwicklung von Schuldverträgen, Zürich 2005; Hehli, Die alternativen Rechtsbehelfe des Käufers – unter besonderer Berücksichtigung der Haftung aus culpa in contrahendo, Diss. Luzern 2008, Rz 14 ff.; Heini, Direkte Gewährleistung des Warenherstellers gegenüber dem Endabnehmer?, in: FS für Max Keller, Zürich 1989, 175 ff.; Honsell, Sachmängelhaftung und Irrtumsanfechtung, SJZ 2007, 131 ff. (zit. SJZ 2007); ders., Standardsoftware und Sachmängelhaftug, in: FS für Mario Pedrazzini, Bern 1990, 313 ff. (zit. FS Pedrazzini); ders., Sachmängel und Kunsthandel, in: FS für Anton Heini, Zürich 1995, 213 ff.; ders., «Schuldrechtsmodernisierung» in Deutschland, in: FS für Jean Nicolas Druey, Zürich 2002, 177 ff. (zit. FS Druey); ders., in: FS für Peter Gauch, Zürich 2004 (zit. FS Gauch); Honsell/Isenring/Kessler, Schweizerisches Haftpflichtrecht, 5. Aufl., Zürich 2013; Hürlimann-Kaup, Art. 28 OR und kaufrechtliche Sachgewährleistung bei absichtlicher Täuschung des Käufers, ZBJV 2002, 137 f.; Jäggi, Die Zusicherung von Eigenschaften der Kaufsache, in: FS für Theo Guhl, Zürich 1950, 67 ff.; Huwiler, Zu den historischen Grundlagen des Art. 208 Abs. 2 OR, in: FS für Nedim Peter Vogt, Basel 2012, 141 ff.; Janser, Die Haftung des Verkäufers für Vorlieferanten, insbesondere bei mangelhafter Ware nach CISG, OR und BGB, Zürich 2003; Käser, Die Abtretung von Gewährleistungsansprüchen bei Kauf- und Werkvertrag, Diss. Zürich 2000; Katz, Sachmängel beim Kauf von Kunstgegenständen und Antiquitäten, Diss. Zürich 1973; Keller, Abgrenzung unmittelbarer und mittelbarer Schaden nach. Art. 208 Abs. 2 und 3 OR, AJP 2007, 780 ff.; Keller/Siehr, Kaufrecht, 3. Aufl., Zürich 1995, 71 ff.; Kleiner, Bankgarantie, 4. Aufl., Zürich 1990; Knellwolf, Zur Wirkung des Rücktritts, ZSR 1990 I, 389 ff.; Koller A. (Hrsg.), Leistungsstörungen, St. Gallen 2008; Koller/Plotke, Picasso und van Gogh im Spiegelbild – Überlegungen zum Grundlagenirrtum im Kunstrecht, in: FS für Bruno Huwiler, Bern 2007, 363 ff.; Kramer, Probleme der kaufvertraglichen Sachmängelhaftung, LJZ 1988, 1 ff. (zit. LJZ 1988); ders., Noch einmal zur aliud-Lieferung beim Gattungskauf, recht 1997, 78 ff. (zit. recht 1997); ders., Abschied von der aliud-Lieferung?, in: FS für Heinrich Honsell, Zürich 2002, 247 ff. (zit. FS Honsell); ders., Der Irrtum beim Vertragsschluss, in: Veröffentlichungen des Schweizerischen Instituts für Rechtsvergleichung, Zürich 1998 (zit. Irrtum); ders., Besprechung der Entscheidung des BGer vom 14.12.2000 (BGE 127 III 83) zum Verhältnis Sachgewährleistung im Kaufrecht und Täuschungsanfechtung, AJP 2001, 1454 (zit. AJP 2001); Koller A./Muster, Die Verjährung der Gewährleistungsansprüche beim Kauf von Kulturgütern nach schweizerischem Recht, in: FS für Ivo Schwander, Zürich/St. Gallen 2011, 339 ff.; Krauskopf, Verjährung bei Kauf und Werkverträgen – Neue Regeln mit Mängeln, Schweiz. Baurechtstagung 2013, 85 ff.; Lanz, Die Abgrenzung zwischen Falschlieferung (aliud) und Schlechtlieferung (peius) und ihre Relevanz, recht 1996, 248 f.; Lautner, Grundsätze des Gewährleistungsrechts, Zürich 1937; LEU, Die Pflicht zur Ersatzteillieferung beim Kauf von hochwertigen Konsumgütern, Diss. Bern 1991; LIPS, Die kaufrechtliche Garantie, Diss. Zürich 2002; LOCHER, Leistungsstörungen im Kauf- und Werkvertragsrecht, in: Gewährleistungsrecht im Kauf- und Werkvertragsrecht, Zürich 2005, 1 ff.; LÜTHI, Die Rechtsnatur und Stellung der Sachgewährleistungspflicht beim Spezieskauf im System des schweizerischen Obligationenrechts, Diss. Bern 1955; MAISSEN, Sachgewährleistungsprobleme beim Kauf von Auto-Occasionen, Diss. Zürich 1999; MEYER M., Rechtsrisiken und Risikomanagement bei M&A-Transaktionen, Zürich 2013; MERZ, Sachgewährleistung und Irrtumsanfechtung, in: FS für Theo Guhl, Zürich 1959, 85 ff. (zit. FS Guhl); DERS., ZBJV 1974, 47; 1982, 131 (zit. ZBJV); MORSCHER, Gewährleistung und Haftung bei der Software-Überlassung, SZW 1999, 61 ff.; M. MÜLLER, Bilanzgarantien in Unternehmenskaufverträgen, ST 2009, 475 ff.; NEUENSCHWANDER, Die Schlechterfüllung im schweizerischen Vertragsrecht, Diss. Bern 1971; ROBERTO, Die Haftung der EDV-Unternehmung für das Jahr-2000-Problem, recht 1999, 17 ff.; ROTH, Integration einer Sache/eines Werks in ein unbewegliches Werk, AJP 2014, 773 ff.; RÜEGG, Zusicherung und Freizeichnung, in: J. Schmid (Hrsg.), Der Grundstückkauf/La vente immobilière, Zürich 2010, 197 ff.; RUSCH, Grundlagenirrtum bei mangelhaften Gattungssachen und Werken, SJZ 2010, 553 ff. (zit. SJZ 2010); DERS., Verdacht als Mangel, AJP 2012, 44 ff. (zit. AJP 2012); DERS., Geplante Obsoleszenz, recht 2012, 176 ff. (zit. recht 2012); DERS., Problematische Treibstoffverbrauchsangaben beim Autokauf, in: Jusletter vom 2.11.2009 (zit. Jusletter 2009); SCHENKER U., Vendor Due Diligence, in: Tschäni (Hrsg.), Mergers & Acquisitions, Zürich 2010, 240 ff.; SCHLUEP TH., Der Nachbesserungsanspruch und seine Bedeutung innerhalb der Mängelhaftung des schweizerischen Kaufrechts, Diss. Bern 1990; SCHMID J. (Hrsg.), Der Grundstückkauf/La vente immobilière, Zürich 2010 (zit. Grundstückkauf); DERS., Die Gewährleistung beim Grundstückkauf – Ausgewählte Fragen unter Berücksichtigung von Altlasten, ZBGR 2000, 353 ff. (zit. ZBGR 2000); SCHÖBI, Schweizerischer Grundstückkauf und europäisches Recht, Bern 1999; SCHÖNENBERGER, Sach- und Rechtsgewährleistung – eine zeitgemässe Unterscheidung?, BJM 2009, 173 ff. (zit. BJM 2009); DERS., Picasso Revisited? – Unechte Kunstwerke und das Kulturgütertransfergesetz, in: FS für Ingeborg Schwenzer, Bern 2011, 1541 ff. (zit. FS Schwenzer); SCHOENLE, Remarques sur la responsabilité causale du vendeur selon les art. 195 al. 1 et 208 al. 2 CO, SJ 1977, 465 ff.; SCHUBIGER, Verhältnis der Sachgewährleistung zu den Folgen der Nichterfüllung oder nicht gehörigen Erfüllung, Diss. Bern 1957; SCHULIN/VOGT, Tafeln zum Schweizerischen Obligationenrecht, AT und BT, Zürich 2012; SCHWENZER, Das UN-Abkommen zum internationalen Warenkauf (CISG), recht 1991, 113 ff. (zit. recht 1991); DIES., Beschränkung und Modifikation der vertraglichen Haftung, in: Koller (Hrsg.), Haftung aus Vertrag, Beschränkung und Modifikation der vertraglichen Haftung, St. Gallen 1998, 99 ff. (zit. Haftung); SCHWIZER/WOLFER, Die revidierten Verjährungsbestimmungen, des Sachgewährleistungsrechts (Art. 210 u. 371 OR), AJP 2012, 1759 ff.; SPITZ/OETIKER, Verjährung und Rechtsbehelfe bei Unternehmenskaufverträgen, SJZ 2005, 465 ff.; SIEGENTHALER, Die Mängelhaftung bei der Lieferung von Maschinen, Diss. Freiburg 2000; STALDER, Die Beweislast und wichtige Rügemodalitäten bei vertragswidriger Warenlieferung nach UN-Kaufrecht (CISG), AJP 2004, 1472 ff.; STAUDINGER/MAGNUS, Wiener UN-Kaufrecht, Berlin 2005; STAUFFER, Von der Zusicherung gemäss OR 197, ZBJV 1944, 145 ff.; TSCHÄNI, Unternehmensübernahmen nach Schweizer Recht, 2. Aufl., Basel 1991; TANNÒ, Die Berechnung der Rügefrist im schweizerischen, deutschen und UN-Kaufrecht, Diss. St. Gallen 1993; TERCIER/FAVRE, Entwicklungen im Obligationenrecht, Besonderer Teil, SJZ 2005, 289 ff.; TSCHÄNI (Hrsg,) Mergers & Acquisitions I-XVI, Seminare des Europainstituts Zürich, Zürich 1998–2014; TSCHÄNI/DIEM/WOLF, M&A-Transaktionen nach Schweizer Recht, 2. Aufl., Zürich 2013; TSCHÄNI/FREY/MÜLLER, Streitigkeiten aus M&A-Transaktionen, Zürich 2013; VERNIORY, Le droit privé suisse est-il adapté au monde informatique? A propos du passage à l'an 2000, ZBJV 481 ff.; VISCHER M., Der Zeichnungs- bzw. Sacheinlagevertrag bei der AG, SJZ 2014, 537 ff. (zit. SJZ 2014); DERS., Due diligence bei Unternehmenskäufen, SJZ 2000, 229 ff. (zit. SJZ 2000); DERS., Sachgewährleistung bei Unternehmenskäufen, SJZ 2001, 361 ff. (zit. SJZ 2001); DERS., Rechts- und Sachgewährleistung bei Sacheinlage- und Übertragungsverträgen über Unternehmen, SJZ 2004, 105 ff. (zit. SJZ 2004); DERS., Schaden und Minderwert im Gewährleistungsrecht beim Unternehmenskauf, SJZ 2010, 129 ff. (zit. SJZ 2010); DERS., Garantien und verwandte Versprechen wie Gewährleistungen, indemnities und covenants in Unternehmenskaufverträgen, SJZ 2013, 325 ff. (zit. SJZ 2013); DERS., Die fünfjährige Gewährleistungsfrist für bewegliche Sachen im Kaufrecht, Jusletter vom 11.3.2013 (zit. Jusletter 2013); VISCHER/HÄNNI, Lehren aus der M&A-Praxis für den Immobilienkauf, AJP 2012, 613 ff. (zit. AJP 2012); VOSER/STARK-TRABER/DORJEE-GOOD, Qualitätssicherungsvereinbarungen, AJP 2009, 251 ff.; WAHRENBERGER, Vorvertragliche Aufklärungspflichten im Schuldrecht (unter besonderer Berücksichtigung des Kaufrechts), Diss. Zürich 1992; WATTER, Unternehmensübernahmen, Zürich 1990, N 168 ff., 242 ff.; WEBER M., Der internationale Kauf gefälschter Kunstwerke, AJP 2004, 947 ff.; WEBER R.H., Vertragsverletzungsfolgen, in: E. Bucher (Hrsg.), Wiener Kaufrecht, Bern 1991; WIEGAND, Zur Rückabwicklung gescheiterter Verträge, in: FS für Peter Gauch, Zürich 2004, 709 ff. (zit. FS Gauch); DERS., Bemerkungen zum Picasso-Entscheid, *recht 1989*, 101 ff. (zit. recht 1989); WIEGAND/BRUNNER, Vom Umfang des Formzwanges, recht 1993, 1 ff.; WOLF/EHRSAM, Sachgewährleistung in Unternehmenskaufverträgen,

GesKR 2013, 299 ff.; WYSS, in: Schweizerischer Versicherungskurier 3/1996, 26 ff.; ZEHNDER, Die Mängelrüge im Kauf-, Werkvertrags- und Mietrecht, SJZ 2000, 545 ff.; ZELLWEGER-GUTKNECHT, Präjudizienbuch, 8. Aufl., Zürich 2012, Art. 197 ff. (zit. Präjudizienbuch); DIES., Gewährleistung, Mangelfolgeschaden und Verjährung Stellung und Wirkung der Gewähr im Leistungsstörungsrecht – Anmerkungen zu BGE 133 III 257, BGE 133 III 335 und zur Risikoverantwortlichkeit, ZBJV 2007, 763 ff. (zit. ZBJV 2007).

Ausland: BALDUS, Binnenkonkurrenz kaufrechtlicher Sachmängelansprüche nach Europarecht, Baden-Baden 1999; BRUNS, Haftungsbeschränkung und Mindesthaftung, Tübingen 2003, 282 ff.; BERGER, Der Beschaffenheitsbegriff des § 434 Abs. 1 BGB, JZ 2004, 276 ff.; BECKER, Die Garantiehaftung des Verkäufers im Zusammenhang mit dem Kaufvertrag, Münster 2005; P. BYDLINSKI, Neues zum neuen Gewährleistungsrecht, JBl 2005, 681 ff.; BÖHLER, Grundwertungen zur Mängelrüge, Wien 2000; VON CAEMMERER, in: FS für Karl Larenz, München 1973, 621 ff.; DORALT/BYDLINSKI, Das UNCITRAL-Kaufrecht im Vergleich zum österreichischen Recht, Wien 1985; EISENHUT, Die kaufrechtliche Garantie, Frankfurt a.M. 2005; GRIGOLEIT/HERRESTHAL, Grundlagen der Sachmängelhaftung im Kaufrecht, JZ 2003, 118 ff.; GRUBER, Das drohende Ende der Stückschuld, JZ 2005, 707 ff.; HEINE, Die Zusicherung im kaufrechtlichen Gewährleistungssystem, Diss. Münster 2002; HENCKEL, Neues Allgemeines Schuldrecht im Staudinger, JZ 2005, 606 ff.; HONSELL, Mortuus redhibetur, in: FS für Peter Schwerdtner, München 2003, 575 ff. (zit. FS Schwerdtner); DERS., Gefahrtragung und Haftungsprivileg nach § 346 BGB, in: FS für Eduard Picker, Tübingen 2010, 363 ff. (zit. FS Picker); DERS., Die EU-Richtlinie über den Verbrauchsgüterkauf und ihre Umsetzung ins BGB, JZ 2001, 278 ff. (zit. JZ 2001); DERS., Aktuelle Probleme der Sachmängelhaftung, JBl 1989, 205 ff. (zit. JBl 1989); HUBER P., Irrtumsanfechtung und Sachmängelhaftung, Tübingen 2001; IVANOCHOK, Haftung für Sachmängel bei Kaufverträgen über bewegliche Sachen im Handelsverkehr, Diss. Köln 2005; KLAEDTKE, Die Mängelrügefrist im UN-Kaufrecht, Diss. Augsburg 2003; KRAMER, Für eine gewährleistungsrechtliche Behandlung des «Identitäts-aliud»; NJW 1979, 2023 f.; LAKKIS, Photovoltaikanlagen – die tickenden Verjährungszeitbomben auf dem Dach, NJW 2014, 829 ff.; LÖRTSCHER, Sachgewährleistung beim Unternehmenskauf im schweizerischen und deutschen Recht, ZvglRw 83/1984, 51 ff.; PRIEß, Der Begriff des Sachmangels im deutschen und englischen Kaufrecht, Diss. Frankfurt a.M. 2001; RITTMEISTER, Gewährleistung beim Unternehmenskauf, Diss. Frankfurt a.M. 2005; A. SCHLECHTRIEM, Einheitliches UN-Kaufrecht, Tübingen 1981 (zit. UN-Kaufrecht); A. K. SCHNYDER, Folgeschäden von Sachmängeln im deutschen und im schweizerischen Kaufrecht, ZvglRw 1984, 84 ff.; SCHWARTZE, Europäische Sachmängelgewährleistung beim Warenkauf, Tübingen 2000; SCHWENZER, Die Freizeichnung des Verkäufers von der Sachmängelhaftung im amerikanischen und deutschen Recht, Frankfurt a.M. 1979; DIES., Das UN-Abkommen zum internationalen Warenkauf, NJW 1990, 602 ff. (zit. NJW 1990); TIEDTKE/SCHMITT, Die Falschlieferung durch den Verkäufer, JZ 2004, 1092 ff.; WESTERMANN, Das neue Kaufrecht, NJW 2002, 241 ff. (zit. NJW 2002); DERS., Das neue Kaufrecht einschliesslich des Verbrauchsgüterkaufs, JZ 2001, 530 ff. (zit. JZ 2001); WÄLTERMANN, Die Mängelhaftung im neuen Schuldrecht: Rechtsfolge, Tatbestand und Verjährung des Anspruchs auf Schadensersatz für den Mangelschaden und den Mangelfolgeschaden, Diss. Frankfurt a.M. 2004; ZIMMER/ECKHOLD, Das neue Mängelgewährleistungsrecht beim Kauf, JURA 2002, 145 ff.

I. Allgemeines

1 Der Grundgedanke der Sachgewährleistung ist in einer **verschuldensunabhängigen Garantiehaftung** des Verkäufers zu sehen. Der Verkäufer haftet auch dann, wenn er den Mangel weder kannte noch hätte kennen müssen (vgl. Art. 197 Abs. 2). Der Käufer, der den Preis für eine mangelfreie Sache bezahlt hat, wird in seinem Vertrauen auf die Mangelfreiheit geschützt. Ein gewisser Ausgleich dieser strengen Haftung ist in der *Genehmigungswirkung bei unterlassener Rüge* (Art. 201) und in der *kurzen Verjährung* des Art. 210 zu sehen. Insofern gilt noch das alte caveat emptor (dazu Art. 200 N 1). Zu beachten ist weiter, dass der Verkäufer verschuldensunabhängig nur auf *Wandelung* (Art. 205, 207, 208 und 209) oder *Minderung* (Art. 205) haftet, auf *Schadenersatz* dagegen nur in den Grenzen des Art. 208 Abs. 2. Ein Anspruch auf *Nachbesserung* sieht das Gesetz, vielleicht in Verkennung der technischen Möglichkeiten und praktischen Erfordernisse, nicht vor (Art. 205 N 5 f.). In praxi wird er zumeist (*unter gleichzeitiger* Abbedingung von Wandelung oder Minderung) vereinbart. Die Kluft zwischen dem law in the books und dem law in action ist deshalb gerade im Sachmängelrecht besonders gross (s. N 4). Das Gesetz unterscheidet zwischen *Stückkauf* und *Gattungskauf.*

Nur bei Letzterem kann der Käufer Nachlieferung einer mangelfreien Sache verlangen (Ersatzleistung, Art. 206 Abs. 1). Die *Rechtsnatur* der Sachgewährleistung ist beim *Stückkauf* kontrovers (vgl. Vor Art. 192–210 N 2; BK-GIGER, N 13 ff.; BUCHER, BT, 68 f., 83; HONSELL, OR BT, 67 f.). Regeln über Sachmängelgewährleistung finden sich nur bei Verträgen auf Sachüberlassung, wie Kauf, Werkvertrag und Miete. Bei allen anderen Verträgen gibt es nur die positive Vertragsverletzung (Art. 97 analog).

Mit der Wandlung nicht zu verwechseln ist ein in praxi bei Ladenverkäufen häufig aus Kulanz gewährter **Umtausch**, der allerdings meist von der Vorlage des Kassenzettels abhängig gemacht wird und bei dem der Käufer eine andere Sache oder einen Gutschein erhält. Ein gesetzliches Widerrufsrecht hat der Kunde nur bei Haustür- und ähnlichen Geschäften nach Art. 40a ff. 2

Steht die **Mangelhaftigkeit** bereits **vor Übergabe** fest, so kann der Käufer die Annahme der Sache (Art. 211) verweigern und gegenüber dem Kaufpreisanspruch die Einrede des nichterfüllten Vertrages (Art. 82) erheben. Dies gilt freilich nur für den Fall, dass der Käufer zur Wandelung berechtigt ist (SJ 1980, 410, 413; VON BÜREN, BT, 37 FN 155; NEUENSCHWANDER, 35); **a.M.** BK-GIGER, (Art. 211 N 42 f.) der die Einrede auch bei minder erheblichen Mängeln zulassen will, die nur einen Anspruch auf Minderung begründen. Zum Gattungskauf s. Art. 206 N 2 f. 3

Die Bestimmungen über die Sachgewährleistung sind dispositiver Natur. Eine **Wegbedingung** der Gewährspflicht ist nur bei *arglistigem Verschweigen* eines Mangels unzulässig (Art. 199). Modifizierende Klauseln, die die Haftung des Verkäufers einschränken oder ändern, z.B. durch Vereinbarung einer Nachbesserung (s. N 1; Art. 205 N 5 f.), sind im Handel sehr verbreitet, wodurch die praktische Bedeutung der gesetzlichen Regelung stark relativiert wird. Nach dem neuen Art. 210 Abs. 4 kann beim Konsumentenkauf die Verjährungsfrist von zwei Jahren nicht wegbedungen werden, lediglich bei gebrauchten Sachen ist eine Verkürzung auf ein Jahr zulässig (vgl. Art. 210 N 5). Da ein genereller Gewährleistungsausschluss zulässig bleibt, wird der vermehrt gewählt werden (Art. 210 N 2). 4

II. Verhältnis zu anderen Rechtsbehelfen

1. Verhältnis zur Rechtsgewährleistung (Art. 192 ff.)

Das Gesetz unterscheidet zwei Arten der Gewährspflicht des Verkäufers: Die **Rechtsgewährleistung** kommt dann in Betracht, wenn der Kaufgegenstand einen **Rechtsmangel** hat, so dass er dem Käufer von einem besser berechtigten Dritten entzogen wird. Hat die Sache hingegen einen **Sachmangel** (zum Begriff s. Art. 197 N 1 ff.), kommt die Sachgewährleistung zum Zuge. Entscheidend für die Abgrenzung ist also die Art des Mangels und nicht die Natur des Kaufgegenstandes (Näheres s. Vor Art. 192–210 N 5). 5

2. Verhältnis zum Schadenersatzanspruch nach Art. 97 ff.

Nach ständiger Rechtsprechung des BGer kommt ein **Schadenersatzanspruch nach Art. 97 ff.** neben der Sachgewährleistung *konkurrierend* zur Anwendung (BGE 133 III 335 E. 2 – Brandschutzglas; 108 II 104; 107 II 418; 107 II 161; 114 II 131; 96 II 117; 95 II 125; 90 II 88; 82 II 139; 77 II 249; 67 II 135; 63 II 405; 58 II 211; KGer VS, RVJ 1994, 278, 280). Voraussetzung hierfür ist jedoch ein *Verschulden* des Verkäufers. Dieses Verschulden bezieht sich nicht auf die Mangelhaftigkeit als solche, sondern auf die Tatsache des Vertragsschlusses in *Kenntnis* oder *fahrlässiger Unkenntnis* des Mangels (BGE 107 II 166). Voraussetzung einer Haftung nach Art. 97 ff. wegen Sachmängeln ist also Kenntnis oder fahrlässige Unkenntnis des Mangels. In Bezug auf die Beschaffenheit der Sache trifft den Händler indes grundsätzlich keine Untersuchungspflicht (**anders** aber BGer, JdT 1986 I, 571 – «Klappstuhl-Fall», 6 für den Importeur). Im Prinzip bleibt deshalb **culpa in contrahendo** ausgeschlossen, soweit es um Sachmängel geht, (SCHMID/STÖCKLI, N 438 f.; **a.M.** z.T. ZK-SCHÖNLE/HIGI/GUT, Art. 197 N 131 ff. u. BÄHLER, 67 ff., die aber wieder Art. 201 und 210 anwenden). Ist der Verkäufer Fachmann, so wird eine Aufklärungspflicht allerdings fallweise bejaht (BGE 66 II 140). Ausnahmsweise können sich Untersuchungs-, Aufklärungs- oder Beratungspflichten nach den Umständen des Einzelfalls aus Treu und Glauben ergeben sowie aus Verkehrssitte und Handelsbrauch. So wird z.B. von einem Teil der Lehre beim Unternehmenskauf im Hinblick auf den Informationsvorsprung des Veräusserers eine Aufklärungspflicht fallweise bejaht, deren Verletzung zu einer Haftung aus *culpa in contrahendo* oder *positiver Vertragsverletzung* führen kann (vgl. z.B. WATTER, N 340 ff.; TSCHÄNI, § 2 N 1, 7, 11; GONZENBACH, 111 f.; VISCHER M., SJZ 2000, 231 ff.). Dies kann z.B. eine Rolle spielen, wenn sich wesentliche Unternehmenskennzahlen als falsch herausstellen. Sicherer ist es, sich entsprechende Zusicherungen geben zu lassen. Die Rsp. hat hierzu bislang nicht Stellung genommen. In der Mehrzahl der Fälle handelt es sich um Schlechterfüllung und um Mangelfolgeschäden. Diese können aber unter denselben Voraussetzungen, wie sie das BGer für Art. 97 verlangt, nach Art. 208 Abs. 3 geltend gemacht werden (s. Art. 208 N 9 f.). Wenn auch die generelle Zulassung von Anspruchskonkurrenz methodisch anfechtbar erscheint, so bleibt doch die Judikatur des BGer im praktischen Ergebnis ohne Konsequenzen, da nach ständiger Rsp. alle Besonderheiten des Sachmängelrechts wie *Rügeobliegenheit* (Art. 201), *Verjährung* (Art. 210) oder *Haftungsfreizeichnung* (Art. 199), auf den Anspruch aus Art. 97 ff. übertragen werden (BGE 133 III 335 E. 2 – Brandschutzglas, wo offenbar nur beispielhaft – lediglich die Verjährung und die Untersuchungs- und Anzeigeobliegenheit des Käufers genannt sind); zustimmend BÄHLER, 143 ff., 155 ff.; SCHMID, ZBJV 2010, 554, 605 f.; dagegen BK-GIGER, N 20 ff.; ZELLWEGER-GUTKNECHT, ZBJV 2007, 763 ff.). Im Ergebnis läuft es jedenfalls auf dasselbe hinaus, ob man den Besonderheiten der lex specialis durch Annahme einer Gesetzeskonkurrenz Rechnung trägt oder ob man Anspruchskonkurrenz zulässt, aber die Besonderheiten der spezielleren Norm auf die allgemeine überträgt.

Zum Anspruch aus Art. 97 ff. beim *aliud* s. Art. 206 N 2 f.

3. Verhältnis zu den Ansprüchen aus unerlaubter Handlung (Art. 41 ff.)

7 **Deliktsansprüche** können stets mit vertraglichen *konkurrieren*. Zu beachten ist freilich, dass ein Deliktsanspruch nur gegeben ist, soweit der Verkäufer gegen Verpflichtungen verstösst, die nicht aus dem Vertrag resultieren, sondern der Allgemeinheit gegenüber bestehen. So ist die Lieferung « ungesunder» Milch, wodurch der Käse in der Sennerei missrät, nur Vertragsverletzung, kein Delikt (BGE 17, 307, 312 f. zum aOR). Anders bei Anwendbarkeit des allgemeinen Gefahrensatzes (z.B. beim Verkauf gefährlicher Güter) oder Verletzung von Schutznormen. In diesen Fällen ist nicht der Tatbestand des Vertragsschlusses massgeblich, sondern der des Inverkehrbringens einer Sache. Die Konkurrenz von vertraglichen und deliktischen Ansprüchen wird allgemein anerkannt (BGE 64 II 257 E. 3 – mangelhaft reparierter Steiggurt, Monteur fällt vom Mast; BGE 90 II 88 – fehlerhaft hergestelltes Fritiergerät, Brand in der Gaststätte). Das BGer hat den *Ausschluss der Gewährleistung* wegen unterlassener *Rüge* (Art. 201) auf den Deliktsanspruch übertragen (BGE 67 II 137; implizit verneinend dagegen BGE 64 II 257 E. 3; offen gelassen in BGE 90 II 89 E. 2); ebenso eine *Haftungsbeschränkung* nach Art. 199 (BGE 107 II 161, 168 E. 8a). Im zuletzt genannten Fall ging es indes nicht um einen Mangelfolgeschaden, sondern um den Verkauf eines Grundstücks, dessen Erdreich mit Heizöl kontaminiert war, und in BGE 67 II 132 um eine 14-karätige goldene Uhr, die mit 18 Karat punziert war. Die Verschaffung mangelhaften Eigentums kann jedoch schon begrifflich keine Eigentumsverletzung darstellen. Der Schaden des Käufers besteht nicht in einer Eigentumsverletzung, sondern z.B. in den zur Beseitigung des kontaminierten Erdreichs notwendigen Aufwendungen. Ein Deliktsanspruch hätte in BGE 107 II 168 nur aus der Verletzung einer öffentlich-rechtlichen Schutznorm über Öltanks oder Ölleitungen hergeleitet wer-

den können. Auf Verletzung eines Schutzgesetzes wird in BGE 67 II 136 hingewiesen. Zur Frage der *Verjährung* des Deliktsanspruchs nach Art. 210 hat das BGer bislang, soweit ersichtlich, noch nicht Stellung genommen; der Hinweis auf Art. 210 in BGE 67 II 132, 135 ist ein Fehlzitat. Der Entscheid betrifft nur die Verwirkung nach Art. 201. Die Literatur kritisiert die Übernahme der gewährleistungsrechtlichen Spezifika auf den Deliktsanspruch zu Recht (BUCHER, BT, 107; CAVIN, SPR VII/1, 113; GUHL/KOLLER/SCHNYDER/DRUEY, 393; CHK-MÜLLER-CHEN Art. 197 ff. N 11; SCHMID/STÖCKLI, N 440; **a.M.** ZK SCHÖNLE/HIGI/GUT Art. 197 N 252 ff., 261 ff.). Im deutschen Recht wird auf den Deliktsanspruch auch nach der BGB-Reform weder die Verjährungsfrist von § 438 BGB noch der Gewährleistungsausschluss wegen unterlassener Rüge nach § 377 HGB angewandt (BGHZ 66, 315 – Motordefekt wegen fehlerhaften Frostschutzmittels; BGHZ 101, 337 – 100 000 Flaschen verdorbenen Weines wegen Lieferung schlechter Korken).

4. *Verhältnis zum Produktehaftpflichtgesetz (PrHG)*

Eine Konkurrenz von Schadenersatzansprüchen nach Art. 208 Abs. 3 mit einer Haftung nach Art. 1 ff. PrHG ist möglich, wenn der Verkäufer die Ware selbst hergestellt oder importiert hat. Das PrHG verdrängt konkurrierende Ansprüche aus Vertrag oder Delikt nicht (Art. 11 PrHG). Auch hier liegt also nicht Gesetzes-, sondern Anspruchskonkurrenz vor. Die Produkthaftung betrifft nur Mangelfolgeschäden, die an anderen Rechtsgütern des Geschädigten entstehen. Sie erstreckt sich nicht auf Schäden an der fehlerhaften Sache selbst. Der Schaden am Produkt selbst wird ausdrücklich von der Haftung ausgenommen (Art. 1 Abs. 2 PrHG); auch kommen nur Schäden an privat genutzten Sachen in Betracht; die Haftung entfällt also bei gewerblicher Verwendung (Näheres bei HONSELL/ISENRING/KESSLER, § 21 V 5; GNOS, 62 ff.). 8

5. *Verhältnis zur Irrtums- und Täuschungsanfechtung (Art. 23 ff.)*

Das *BGer* lässt in langjähriger Praxis neben der Sachmängelhaftung *alternativ* die Anfechtung wegen **Grundlagenirrtums** nach Art. 24 Abs. 1 Ziff. 4 zu. Diese Judikatur spielt v.a. im Kunsthandel beim Verkauf gefälschter oder nicht originaler Bilder eine Rolle (BGE 114 II 131 – falscher Picasso; 82 II 420 – falscher van Gogh; 56 II 426 – unechtes Bild von Léopold Robert). Nicht selten tauchen Zweifel an der Echtheit eines Kunstwerkes erst nach Jahren auf. Sachmängelansprüche sind dann *verjährt.* Für *Kulturgüter* (vgl. Art. 196a N 1) ist allerdings neu die Dreissigjahresfrist von Art. 210 Abs. 3 (kombiniert mit einer einjährigen relativen, ab Kenntnis laufenden Frist) zu beachten, so dass insoweit ein Rückgriff auf den Irrtum entbehrlich ist. (sofern nicht die Rügefrist von Art. 201 versäumt ist). Die Irrtumsanfechtung spielt jedoch bei Kunstgegenständen, die keine Kulturgüter sind und bei allen anderen Sachen eine Rolle (s. Art. 196a N 1). Art. 31 normiert eine relative Jahresfrist, welche nicht mit der Ablieferung der Sache, sondern erst mit der Entdeckung des Irrtums beginnt (Art. 31 Abs. 2). Die Streitfrage, ob auch für die Irrtumsanfechtung eine absolute Zehnjahresfrist anzunehmen ist, soll hier nicht untersucht werden (verneinend BGE 114 II 131; 108 II 104; bejahend z.B. WIEGAND, recht 1989, 101, 111; SCHWENZER, N 39.16; ENGEL, traité, 340 f.; s.a. GAUCH/SCHLUEP/SCHMID/EMMENEGGER, N 901 ff., 911). Die Irrtumsanfechtung wurde z.B. in folgenden Fällen zugelassen: fehlende Bebaubarkeit von Grundstücken (BGE 98 II 20; 95 II 409); beim Kauf sämtlicher Aktien einer AG und Irrtum über deren finanzielle Lage oder über einzelne Unternehmenswerte (BGE 107 II 421; 97 II 45); bei Lieferung einer unbrauchbaren Maschine (BGE 81 II 18); bei unzulänglichem Ertrag einer verkauften Chemischreinigungsanlage (BGE 84 II 517); bei einer mit einer SEV-Sicherheitsmarke ausgestatteten Kaffeemaschine, die nicht sicherheitsgeprüft war (BGE 106 II 32). In der *Literatur* wird diese Rsp. zu Recht überwiegend abgelehnt, weil sie die restriktiveren Vorschriften des Sachmängelrechts (Art. 200 Abs. 2, Art. 201, 210) aushebelt, obwohl der Anwendungsbereich des Grundlagenirrtums in Gestalt des Eigenschaftsirrtums den der Sachmängelhaftung bei wesentlichen Mängeln vollständig überlagert (vgl. zuletzt HONSELL, SJZ 2007, 131 ff.; DERS., 9

OR BT, 121 ff.; ferner MERZ, FS Guhl, 1950, 85 ff.; DERS., ZBJV 1974, 47; DERS., 1982, 131; CAVIN, SPR VII/1, 117 ff.; GAUCH, SAG 1989, 153 ff.; DERS., recht 2001, 185; WIEGAND, recht 1989, 101 ff.; KRAMER, LJZ 1988, 1 ff.; GAUCH/SCHLUEP/SCHMID/EMMENEGGER, N 807; Komm. zu Art. 24 N 10; GUHL/KOLLER/SCHNYDER/DRUEY, 393 f.; ff.; zustimmend hingegen BK-GIGER, N 61 ff.; BUCHER, BT, 109 f.; KELLER/SIEHR, 109 ff.; BAUDENBACHER/SPIEGEL, 229 ff.; RUSCH, SJZ 2010, 553 ff.; ZK-SCHÖNLE/HIGI/GUT Art. 197 N 314 ff.; und neuerdings wieder BK-SCHMIDLIN, Art. 24 N 324 ff., alle ohne überzeugende Gründe). Die Annahme einer elektiven Normenkonkurrenz wäre allenfalls diskutabel, wenn dem Sachmängelrecht ein eigenständiger Anwendungsbereich bliebe, d.h., wenn es nur ein Teilgebiet gäbe, in dem es sich mit dem Irrtum überschneidet. Die beiden Normen stellen aber nicht zwei sich schneidende Kreise dar, sondern der grössere Kreis (Irrtumsanfechtung) umschliesst den kleineren (Sachmängelhaftung) vollständig. Es gibt m.a.W. zahlreiche Fälle einer Irrtumsanfechtung, in denen der Tatbestand der Sachmängelhaftung nicht verwirklicht ist. Umgekehrt gibt es aber keinen Fall der Sachmängelhaftung (Wandlung), in dem nicht auch Art. 24 Abs. 1 Ziff. 4 anwendbar wäre. KRAMER (Methodenlehre, 4. Aufl., Bern 2013, 113 FN 282) glaubt freilich, ein Beispiel gefunden zu haben: Bei einem Mangel, der erst nach Vertragsschluss entstanden ist, bestehe ein Sachmängelanspruch aber keine Irrtumsanfechtung. Das ist falsch, weil hier nicht nur der Irrtum, sondern auch die Sachmängelhaftung schon tatbestandlich entfällt, denn die verschuldensunabhängige Gewährleistung betrifft nur Mängel, die schon bei Gefahrübergang (Vertragsschluss) vorhanden waren (Art. 197 N 6). Für erst danach entstandene Mängel kommt allenfalls positive Vertragsverletzung in Betracht. Es bleibt also dabei, dass es keinen Fall gibt, in dem die Schmängelhaftung allein anwendbar wäre. Dass im Übrigen der Irrtum den grösseren Anwendungsbereich hat, ist leicht zu sehen: Jeder Irrtum, der sich nicht auf eine ungünstige Sachbeschaffenheit bezieht, fällt nicht unter OR 197 ff., z.B. wenn der Verkäufer über eine wertsteigernde Eigenschaft irrt. Die Judikatur übersieht die vollständige Tatbestandsüberlagerung der 197 ff. (Wandelung) durch den Grundlagenirrtum, die es notwendig macht, die genannten Sonderregeln des Sachmängelrechts vor einem Leerlaufen durch die konkurrierende Irrtumsanfechtung zu schützen. Dies verkennen auch HEHLI, Rz 30 ff. und MAUCHLE, AJP 2012, 933 ff. Das Argument es handle sich um verschiedene nebeneinander bestehende Rechtsbehelfe, weil der Irrtum den Vertragsschluss betreffe, die Sachmängelhaftung hingegen die Leistungsebene, bleibt an der Oberfläche und verkennt, dass es stets um denselben Lebenssachverhalt geht, nur unter verschiedenem rechtlichen Blickwinkel. Ein *Gewährleistungsausschluss* erfasst grundsätzlich auch die Irrtumsanfechtung (Art. 199 N 6).

Zu beachten ist, dass beim *Gattungskauf* das Problem eines mit Sachmängelrecht konkurrierenden Irrtums nur dann auftauchen kann, wenn die gesamte Gattung mangelhaft ist (vgl. BGer, 19.2.2007, 4C.300/2006, E. 5.2 u. 3 in BGE 133 III 335 – Brandschutzglas, nicht mit abgedruckt; östOGH JBl 2003, 573), sich also der Irrtum auf eine Eigenschaft der ganzen Gattung bezieht, weil andernfalls kein Irrtum bei Vertragsschluss vorliegt, sondern nur mangelhafte Lieferung. Anders RUSCH (SJZ 2010, 553 ff.) der auch dann Grundlagenirrtum annehmen will (über einen zukünftigen Sachverhalt). Das ist abzulehnen, denn beim Gattungskauf ist die Mängelfreiheit der künftigen Lieferung keine als sicher vorausgesetzte Vertragsgrundlage (BGE a.a.O.).

10 Die Judikatur zur Konkurrenz von Irrtumsanfechtung und Gewährleistung ist teilweise inkonsequent: Beim **Viehkauf** hält sie nämlich die Irrtumsanfechtung durch das Sachmängelrecht für ausgeschlossen (BGE 111 II 70; 70 II 50; vgl. Art. 198 N 5). Sachlich lässt sich diese Differenzierung nicht rechtfertigen (GUHL/KOLLER/SCHNYDER/DRUEY, 393; SCHWENZER, N 39.40). Ein letztes Argument gegen die Zulassung einer elektiven Konkurrenz besteht darin, dass wohl niemand auf den Gedanken käme, dem *Verkäufer*, der den Mangel ebenfalls *nicht kennt, die Berufung* auf Grundlagenirrtum zu gestatten (lediglich BK-SCHMIDLIN, Art. 24 OR N 329 hält das für richtig). Liesse man das zu, so könnte er auf einfachem Wege die Schadenersatzhaftung nach Art. 208 Abs. 2 und 3 aus den Angeln heben. Er müsste nur das negative Interesse ersetzen (Art. 26), und auch dies, anders als nach Art. 208 Abs. 2, nur bei Verschulden.

Rechtsvergleichend ist zu bemerken, dass es in der deutschen Doktrin ganz allgemeine, unbestrittene Meinung ist, dass die Sachmängelhaftung (BGB §§ 434 ff.) die Irrtumsanfechtung (§ 119) ausschliesst (seit RGZ 61, 171; vgl. statt aller MK-Westermann § 434 Rn 4; Palandt-Ellenberger § 119 Rn 28). Für Exklusivität des Sachmängelrechts im französischen Recht neuerdings auch die Cour de Cassation (vgl. Huber P., 33 f. und ZEuP 1997, 1142; **anders** Weber M., AJP 2004, 947 ff.). Hingegen entspricht die Rechtsauffassung im österreichischen und im italienischen Recht der Schweizerischen. Ausführlich zur Rechtsvergleichung Kramer, Irrtum, 148 ff.; dort auch zu weiteren Ländern. Zum Wiener Kaufrecht s. N 13. **11**

Die Anfechtung wegen **absichtlicher Täuschung** nach **Art. 28** ist wahlweise neben der Sachmängelhaftung zulässig (zuletzt bestätigt in BGE 127 III 83). Dies ergibt sich schon daraus, dass die strengen Verwirkungs- und Verjährungsfristen bei Arglist nicht gelten (vgl. Art. 203, 210 Abs. 6). Zu beachten ist freilich, dass die Arglistanfechtung gegenüber der Sachmängelhaftung der ungünstigere Rechtsbehelf ist, weil durch die Anfechtung die vertraglichen Schadenersatzansprüche beseitigt werden. Der Käufer kann dann nur nach Art. 31 Abs. 3 Schadenersatz (negatives Interesse) verlangen (BGE 116 II 431, 434). Die Anfechtung wegen Täuschung ist vor allem relevant, wenn der Sachmängelanspruch nach Art. 210 verjährt ist (dazu Hürlimann-Kaup, ZBJV 138, 137–151). Der Käufer, der zwischen Gewährleistung und Anfechtung wählen kann, muss sich auf die einmal getroffene Wahl behaften lassen. Dies gilt für die erklärte Anfechtung (BGE 108 II 102 E. 2a), aber auch umgekehrt für die Gewährleistung, weil in deren Geltendmachung gleichzeitig eine Genehmigung des Vertrages nach Art. 31 liegt (BGE 88 II 410 E. 2; 127 III 83 E. 1b; **abl.** Gauch, recht 2001, 184, 189; Kramer, AJP 2001, 1454). **12**

III. Wiener Kaufrecht

Das **Wiener Kaufrecht** geht von einem einheitlichen Begriff der *Vertragsverletzung* aus. Dieses Einheitskonzept hat v.a. den Vorzug der Einfachheit. Gemäss Art. 35 WKR hat der Verkäufer Ware zu liefern, die in Menge, Qualität und Art sowie hinsichtlich Verpackung oder Behältnis den Anforderungen des Vertrages entspricht. Erfüllt der Verkäufer diese Pflichten nicht, so liegt eine **Vertragsverletzung** *(breach of contract)* bzw. Nichterfüllung der Vertragspflicht *(failure to perform his obligation)* vor. Diese Ausdrücke sind gleichbedeutend. Ein zentraler Begriff des Abkommens ist die wesentliche Vertragsverletzung *(fundamental breach of contract)*. Er ist in Art. 25 WKR an die Spitze der allgemeinen Bestimmungen gestellt. Nach dieser Vorschrift ist eine Vertragsverletzung wesentlich, wenn sie für die andere Partei solche Nachteile zur Folge hat, dass ihr im Wesentlichen entgeht, was sie nach dem Vertrag hätte erwarten dürfen, es sei denn, diese Folge war nicht voraussehbar. Während eine einfache Vertragsverletzung immerhin einen *Schadenersatzanspruch* (Art. 54 Abs. 1 lit. b WKR) oder Ansprüche auf Minderung (Art. 50 WKR) oder Nachbesserung (Art. 46 Abs. 3 WKR) auslöst, ist für die *Aufhebung des Vertrages* (Art. 49 WKR) bzw. für einen Anspruch auf Ersatzlieferung (Art. 46 Abs. 2 WKR) eine wesentliche Vertragsverletzung Voraussetzung. Dies beruht darauf, dass im internationalen Handel, namentlich im Überseeverkehr, Vertragsaufhebung bzw. Nachlieferung, wegen des Rücktransportes der Ware bzw. der Notwendigkeit der Einlagerung und anderweitigen Veräusserung für den Verkäufer ausserordentlich belastend sind. Das Abkommen ist daher bestrebt, die Ansprechschwelle für Vertragsaufhebung oder Nachlieferung möglichst hoch anzusetzen. **13**

Das Abkommen regelt nur den *Vertragsschluss* und die *Rechte und Pflichten der Parteien* (Art. 4 WKR). Es regelt *nicht* die *Gültigkeit* des Vertrages sowie die *Übereignung*. Auf den ersten Blick lassen sich Fragen des Vertragsschlusses sowie der Vertragswirkung einerseits **14** und der Vertragsgültigkeit andererseits leicht trennen. Allerdings gibt es Fälle, in denen die vom WKR nach seiner Zielsetzung exklusiv geregelten Sachprobleme in nationalen Rechten unter Normen subsumiert werden können, welche die Gültigkeit des Vertrages betreffen. Hierher gehört z.B. die **Irrtumsanfechtung** nach Art. 24 Abs. 1 Ziff. 4. Es stellt sich die Frage, ob der Käufer, wenn die Ware nicht vertragsgemäss ist bzw. eine wesentliche Vertragsverletzung vorliegt, auf die Rechtsbehelfe des WKR beschränkt ist, oder ob er *wahlweise* nach Art. 24 Abs. 1 Ziff. 4 wegen Irrtums anfechten kann. Diese Frage war schon bei den Wiener Verhandlungen umstritten (s. SCHLECHTRIEM, RdW 1989, 41 ff., 45; DERS., UN-Kaufrecht, 66). In der Literatur wird sie teils bejaht (DORALT/BYDLINSKI, 58, 86; EBENROTH, JBl 1986, 681 ff.; LESSIAK, JBl 1989, 487 ff.), teils verneint (SCHLECHTRIEM, RdW 1989, 41 ff.; SCHWENZER, NJW 1990, 602 f.). Nimmt man als Bsp. einen Kaufvertrag, bei dem die eine Partei ihren Wohnsitz in der Schweiz, die andere den ihrigen in Deutschland hat, so wäre bei Anwendbarkeit des deutschen Rechts die Irrtumsanfechtung ausgeschlossen; bei Anwendbarkeit des schweizerischen Rechts hingegen wäre sie zulässig. Es ist davon auszugehen, dass das WKR alle Streitigkeiten, die sich aus der Vertragsmässigkeit der Ware ergeben, abschliessend geregelt hat. Art. 7 Abs. 1 WKR, der freilich mehr programmatischen Charakter hat, verweist auf die Notwendigkeit einer einheitlichen Auslegung. Art. 7 Abs. 2 WKR schreibt vor, dass Lücken nach den allgemeinen Grundsätzen des Übereinkommens zu füllen sind. Nur wo diese fehlen, soll das nach Kollisionsrecht anwendbare Sachrecht herangezogen werden. Zu beachten ist, dass es sich zumeist um *Gattungskäufe* handelt, bei denen das Problem eines konkurrierenden Irrtums nur dann auftauchen kann, wenn sich der Irrtum auf Eigenschaften der gesamten Gattung bezieht, vgl. N 9.

IV. Rechtsvergleichung

15 Der Begriff des Sachmangels und der zugesicherten Eigenschaften stimmen in den vom römischen Recht geprägten Rechtsordnungen weitgehend überein; vgl. z.B. § 922 **ABGB**; Art. 1625 **CC fr.**; Art. 1490 f. **CC it**. In den neuen §§ 434 ff. **BGB** ist die Sachmängelgewährleistung des BGB generell nach der EG-Richtlinie über den Verbrauchsgüterkauf (1999/44/EG vom 25.5.1999, ABl. 1999 L 171 vom 7.7.1999, 12–16) normiert worden (zum Beschaffenheitsbegriff des § 434 Abs. 1 BGB und zur EG-Richtlinie vgl. HONSELL, JZ 2001, 278; DERS., FS Druey, 177, 184 ff.; BERGER, JZ 2004, 276 ff.). Damit werden die Dinge auf den Kopf gestellt, denn die weitgehend zwingende Ausgestaltung des Konsumentenkaufs passt nicht für den Grundstück- und den Handelskauf. Mit dieser zweifelhaften Neuerung sind die früher vorhandenen Parallelen zum deutschen Recht überwiegend weggefallen. Auf eine rechtsvergleichende Einbeziehung des deutschen Rechts kann deshalb verzichtet werden.

V. Reform

16 In der Schweiz hatte man im Anschluss an die Verbrauchsgüterkauf-RL im Jahre 2005 eine Teilrevision des OR geplant, in der u.a. ein Nachbesserungsanspruch, die Beschränkung des Art. 201 auf Kaufleute, eine zweijährige Verjährung und ein Verbot des Gewährleistungsausschlusses beim Konsumentenkauf vorgesehen waren. Dieses Projekt wurde nicht weiterverfolgt. Verwirklicht wurde jedoch seither die Verlängerung der Gewährleistung auf 2 Jahre, bzw. 5 Jahre für bewegliche Sachen, die bestimmungsgemäss in ein unbewegliches Werk integriert werden (Art. 210 N 2). Damit soll eine Koordinierung von Art. 210 und 371 erreicht werden, die vermeidet, dass der Unternehmer dem Besteller fünf Jahre haftet, der Regress *gegen den Subunternehmer* aber nach zwei Jahren verjährt ist (dazu GAUCH, recht 2012, 124, 126 ff.). Für den Konsumentenkauf ist die Verjährungsfrist gem. Art. 210 Abs. 4 nicht abdingbar; lediglich bei gebrauchten Sachen kann sie auf 1 Jahr verkürzt werden (Art. 199 lit. b).

Art. 197

III. Gewährleistung wegen Mängel der Kaufsache
1. Gegenstand der Gewährleistung
a. Im Allgemeinen

[1] Der Verkäufer haftet dem Käufer sowohl für die zugesicherten Eigenschaften als auch dafür, dass die Sache nicht körperliche oder rechtliche Mängel habe, die ihren Wert oder ihre Tauglichkeit zu dem vorausgesetzten Gebrauche aufheben oder erheblich mindern.

[2] Er haftet auch dann, wenn er die Mängel nicht gekannt hat.

III. Garantie en raison des défauts de la chose
1. Objet de la garantie
a. En général

[1] Le vendeur est tenu de garantir l'acheteur tant en raison des qualités promises qu'en raison des défauts qui, matériellement ou juridiquement, enlèvent à la chose soit sa valeur, soit son utilité prévue, ou qui les diminuent dans une notable mesure.

[2] Il répond de ces défauts, même s'il les ignorait.

III. Garanzia pei difetti della cosa
1. Oggetto della garanzia
a. In genere

[1] Il venditore risponde verso il compratore tanto delle qualità promesse quanto dei difetti che, materialmente o giuridicamente, tolgono o diminuiscono notevolmente il valore della cosa o l'attitudine all'uso cui è destinata.

[2] Egli risponde anche se tali difetti non gli erano noti.

Literatur

Vgl. die Literaturhinweise bei den Vorbem. zu Art. 197–210.

I. Anwendungsbereich

1 Die kaufrechtliche Sachgewährleistung gilt grundsätzlich nur für den **Sachkauf**, nicht für den **Rechtskauf** (vgl. aber N 1a). Die Gewährleistung beim *Forderungskauf* regeln die Art. 171–173 (BK-Giger, Art. 187 N 29 ff.; Cavin, SPR VII/1, 10). Diese Vorschriften gehen den Art. 197 ff. vor (BGE 88 II 522). Die Art. 197 ff., (insb. Art. 201) sind auf die Gewährleistung nach Art. 171 OR nicht analog anwendbar (BGE 78 II 218, 220). Rechts- und nicht Sachkauf ist der Erwerb von *Mitgliedschafts-* oder *Immaterialgüterrechten* (zu Letzteren s. Art. 192 N 2, 10). Auf den *Unternehmenskauf* sind beim asset deal die Art. 197 ff. anwendbar. Für den **Grundstückkauf** ist Art. 219 zu beachten; darüber hinaus gelten die Art. 197 ff. entsprechend (Art. 221). Beim *Aktienkauf* (share deal) ist nach der Judikatur Sachmängelrecht nur anwendbar, soweit es um Mängel der Urkunde geht, nicht dagegen bei Mängeln des von der AG betriebenen Unternehmens, weil nur die Urkunden Kaufgegenstand sind, nicht das Unternehmen (Guhl/Koller/Schnyder/Druey, 380; BGE 107 II 422 – Verkauf sämtlicher Aktien, Warenlager mit veralteten Produkten; s. ferner BGE 108 II 104 E. 2a; 97 II 43 ff.; 79 II 158; KGer JU, RJJ 1993, 264; BGer, 14.1.2013, 4A_321/2012; 1.5.2009, 4A_42/2009 = Pra 2010 Nr. 61 – unterdotierte Pensionskasse (dazu von Büren/Walter, ZBJV 2010, 145). In der Literatur wird dies überwiegend kritisiert; s. etwa Bucher, BT, 62, der beim Kauf sämtlicher Aktien oder eines beherrschenden Anteils in Anlehnung an BGHZ 65, 246 das Unternehmen als Kaufgegenstand betrachtet; ähnlich BK-Giger, N 85 ff.; Tschäni, § 7 N 53 ff. m.Nw.; ebenso KGE VS ZWR 1999, 292 ff. Die praktische Bedeutung der Streitfrage ist jedoch gering, denn das BGer hilft mit Grundlagenirrtum (BGE 108 II 102; 107 II 422; 97 II 43 ff.); auch eine Zusicherung bzw. eine selbständige Garantie bez. des Ertrages, des Umsatzes, der Passiven usw. oder einer Abwesenheit von Mängeln ist möglich (BGE 88 II 415; 81 II 213; 79 II 158; SJZ 1990, 288 ff.; s.a. BGer, 1.5.2009, 4A_42/2009; 4.9.2008, 4A_195/2008; 14.1.2013, 4A_321/2012; vgl. N 4; s.a. Vischer M., SJZ 2010, 129 ff., 136). Den Kauf eines Geschäfts, das in gemieteten Räumen betrieben wird, qualifiziert das BGer als Vertrag sui generis, weil er verschiedene Leistungen zum Gegenstand hat, so dass nicht einfach das Recht des Fahrniskaufes angewendet werden könne (BGE 129 III 21 E. 2.1 = Pra 2003 Nr. 30 – Nachtlokal in asbestverseuchten Mieträumen; BGer, 1.4.2010, 4A_554/2009 – Möbelgeschäft). Richtig ist, dass im erstgenannten Entscheid der Mangel primär die Mietsache betraf. Dies kann aber auch die Kaufsache (Diskothek) mangelhaft machen, wenn der Betrieb infolge

des Mangels beeinträchtigt ist, was aber in concreto nicht festgestellt war. Zur Übernahme einer Einzelfirma mit Aktiven und Passiven durch eine Aktiengesellschaft vgl. BGE 129 III 167).

1a Die Art. 197 ff. sind nicht nur auf Kaufverträge anwendbar, sondern gelten kraft Verweisung auch für den **Tausch** (Art. 237 OR) und die *Teilung der Miterbengemeinschaft* (Art. 637 ZGB). Sie sind analog anwendbar auf **andere entgeltliche Veräusserungsverträge**, wie Sacheinlagen im Gesellschaftsrecht (dazu Vischer M., SJZ 2004, 100, 109 f.), Teilung von Gemeinschaften, weiter für die **Begründung oder Übertragung von Rechten, die zum Besitz einer Sache berechtigen**, wie Nutzniessung und Verpfändung, Bestellung eines Erbbaurechts, Vergleich usw. Für die Schenkung gelten die Art. 197 ff. nicht. Hier ist die Sondervorschrift von Art. 248 OR zu beachten. Gesonderte Regelungen enthalten auch das Miet- (Art. 258 ff.) und das Werkvertragsrecht (Art. 367 ff.).

II. Sachmangel

1. Begriff

2 Unter dem Oberbegriff des **Sachmangels** werden **Fehler** (körperliche oder rechtliche Mängel) und **Fehlen einer zugesicherten Eigenschaft** zusammengefasst (von Letzterem werden «unverbindliche Äusserungen» unterschieden – vgl. hierzu N 14 ff.; BGer, 23.11.2004, 4C.267/2004). Fehlerbegründend sind nicht nur Abweichungen von der *gewöhnlich vorausgesetzten Beschaffenheit*, sondern auch alle ungünstigen Abweichungen von der *vertraglich vorausgesetzten Beschaffenheit* (BGer, 25.5.2014, 4A_619/2013, E. 4.1). Mit anderen Worten, Sachmangel ist die ungünstige Abweichung der *Ist-Beschaffenheit* von der *Soll-Beschaffenheit* (ähnlich Keller/Siehr, 76). Der Verkäufer haftet für Mängel der Sache, welche «ihren *Wert* oder ihre *Tauglichkeit* zu dem vorausgesetzten Gebrauche *aufheben* oder *erheblich mindern*» (Art. 197 Abs. 1; ähnlich Art. 1641 CC fr., Art. 1490 CC it., § 434 BGB, § 922 ABGB). Hingegen wird bei Zusicherung einer Eigenschaft eine erhebliche Minderung des Wertes oder der Gebrauchstauglichkeit nicht verlangt (BGE 87 II 245). Hier genügt vielmehr, dass die Eigenschaft erkennbar *für den Kaufentschluss entscheidend* war (BGE 81 II 207; 73 II 222; 71 II 240). Nicht nur *körperliche* und *rechtliche, sondern auch wirtschaftliche Mängel* können ein Sachmangel sein (BGE 87 II 245); jedenfalls soweit es sich um eine zugesicherte Eigenschaft handelt. Ebenso können *Quantitätsmängel* unter Art. 197 fallen (BGE, a.a.O.; N 9). Stellt man auf die Soll-Beschaffenheit ab, so können auch Sachen mangelhaft sein, die an sich keinen Fehler haben, die aber nicht die Eigenschaften besitzen, die sie nach der vertraglichen Voraussetzung haben sollten. Besonders deutlich wird dies bei Sachen mit verschiedenem Verwendungszweck (Reit- oder Zugpferd, Schreib- oder Zeichenpapier usw.). Umgekehrt können Sachen, die objektiv fehlerhaft sind, im Hinblick auf den vertraglichen Verwendungszweck mangelfrei sein, z.B. Schrottautos, (wurmstichiges) Pressobst oder (verunreinigtes) Futtergetreide. Einen Sachmangel stellen – nur beim *Stückkauf* – auch Gattungsabweichungen dar; **aliud** im weitesten Sinn und **peius** werden hier nicht unterschieden, denn die individuell konkretisierte Sache wird geschuldet, mögen ihr die Parteien auch Eigenschaften attribuiert haben, die sie nicht hat, und die sie als einer anderen Gattung zugehörig ausweisen (BGE 121 III 453; mit Anm. Lanz, recht 1996, 248 ff.; zum *Gattungskauf*, s. Art. 206 N 2 f.). Eine tadellose Geige ist so gesehen eine fehlerhafte Stradivari, Haifischfleisch fehlerhaftes Walfischfleisch (RGZ 99, 147). Ein Ersatzteil ist nicht nur dann fehlerhaft, wenn es nicht funktioniert, sondern auch, wenn es nicht in die Maschine des Käufers passt usw. Fehlerhaft ist nicht nur ein verrostetes Auto, ein Buch das falsch gebunden ist, verfaultes Obst usw., sondern fehlerhaft ist alles, was die vertraglich zugesicherten bzw. vorausgesetzten *Eigenschaften nicht besitzt*. Es kommt also darauf an, *als was* die Sache verkauft worden ist. Der aus dem deutschen Recht bekannte Streit zwischen subjektivem und objektivem Fehlerbegriff spielt im schweizerischen Recht kaum eine Rolle, weil alle Abweichungen der Sache von der vertraglich vorausgesetzten Beschaffenheit unter den weit gefassten Begriff der Zusicherung fallen. Eine aliud-Lieferung beim Stückkauf liegt nur vor, wenn der Verkäufer ein anderes als das individualisierte Stück liefert, z.B. nicht das Pferd, das der Käufer ausgesucht und gekauft hat, sondern ein anderes (sog. «Identitätsaliud»). § 434 Abs. 3 BGB stellt sogar diesen Fall dem Sachmangel gleich (näher HONSELL, OR BT, 130 f.). Im Schweizer Recht sind hier nicht Art. 197 ff., sondern Art. 107 ff. anwendbar (h.L., ZK-SCHÖNLE/HIGI/GUT N 376 ff.; **a.M.** KRAMER, FS Honsell, 247 ff., 250; DERS., NJW 1979, 2032 f.; BÄHLER, 199 ff.; SCHUBIGER, 122 ff.; BAUER/RUSCH, recht 2013, 209, 219). Das bedeutet insbesondere, dass der Käufer zunächst nur Vertragserfüllung verlangen kann und dass Schadenersatz oder Rücktritt eine Nachfrist voraussetzen. Der ursprüngliche Erfüllungsanspruch bleibt also bestehen, weil ein untauglicher Erfüllungsversuch vorliegt.

Der **Wert der Sache** stellt für sich allein keine Eigenschaft dar. Ein Minderwert rechtfertigt eine Sachmängelhaftung nur, wenn er auf dem Fehlen der vorausgesetzten Eigenschaft (usw.) beruht (BGE 91 II 355 = Pra 1967, 169; s. dazu WATTER, N 358; TSCHÄNI, § 7 N 57). Ist das der Fall, kann Gewährleistung auch dann verlangt werden, wenn der Kaufpreis niedriger war als der objektive Wert in mangelhaftem Zustand (BGer, 20.5.2014, 4A_619/2013 E. 4.1; s.a. Art. 205 N 8). Auch ein Irrtum über den Wert wird i.d.R. nicht anerkannt (vgl. BGE 41 II 571, 575; Art. 24 N 27); zur fehlerhaften Unternehmensbewertung s. N 4. Dass ein Irrtum über den blossen Wert grundsätzlich sowohl nach Gewährleistungs- wie nach Irrtumsrecht irrelevant ist, folgt nicht daraus, dass der Wert keine der Sache physisch anhaftende Eigenschaft ist. Zwar gab es namentlich im deutschen Recht eine ältere Judikatur, welche mit dieser Begründung im Wert als solchen keine Eigenschaft sehen wollte, sondern nur im Fehlen wertbildender Eigenschaften. Diese Rsp. beruhte noch auf der irrigen Vorstellung, eine Eigenschaft müsse der Sache physisch anhaften. In Wahrheit geht es aber nur darum, dem Aspekt des freien und privatautonomen Aushandelns des Vertrages Rechnung zu tragen (MK-ARMBRÜSTER, § 119 BGB N 131). Niemand kann allein mit dem Argument, er habe die Sache für wertvoller gehalten, Gewährleistung oder Irrtum geltend machen.

Der Mangel kann *körperlicher* oder *rechtlicher* Art sein. Beispiele für **rechtliche Mängel**: Grundstück mit Bauverbot (BGE 98 II 197 E. 4); fehlende Bebaubarkeit (BGE 91 II 275); Benutzungsverbot für Wohnraum wegen Nichteinhaltung baurechtlicher Vorschriften (BGE 60 II 436); ausländische Maschine, die inländischen Zulassungsvorschriften nicht entspricht (BGE 95 II 122); Unverkäuflichkeit von Kugelschreibern wegen Patentverletzung (BGE 82 II 248 = Pra 1956, 399; vgl. Art. 192 N 2). Die nachträgliche Nichterteilung eines Patentes zur Führung einer Speisewirtschaft beim Verkauf einer Gastwirtschaft ist nicht Fehlen einer zugesicherten Eigenschaft, sondern begründet Anfechtbarkeit wegen Grundlagenirrtums (BGE 55 II 184 – zweifelhaft). Zur Abgrenzung zum Rechtsmangel s. Vor Art. 192–210 N 5 und Art. 192 N 2.

2. Einzelbeispiele für Fehler und fehlende Eigenschaften

Grundstücke/Gebäude: Mangelnde Bewohnbarkeit von Räumen; Feuchtigkeit im Untergrund (BGE 111 II 162; 42 II 499); Feuchtigkeit von Gebäuden (BGE 66 II 134 f.); Nichtfunktionieren oder Fehlen einer Entwässerungsanlage (BGE 66 II 134 E. 2); Fehlen von Wasser- und Kanalisationsanschluss, wenn volle Erschliessung zugesichert ist (BGE 104 II 268 = Pra 1979, 123 ff. – sogar dann, wenn beides in 50m Entfernung vorhanden ist); zu geringe Tiefe des Fundaments eines Hauses; Ölverseuchung eines Grundstücks (BGE 107 II 164); Lage des Grundstücks in einem Lawinengebiet (BGE 98 II 20); ungenügende Tragkraft von Böden (BGE 73 II 218); mangelnde Fundierung bei schlechten geologischen Bodenverhältnissen (BGE 87 II 137.); Hangrutschung (OGer ZH, LB120027); zu geringes Bauvolumen (BGE 87 II 244, 248 ff.); zu geringe Bruttogeschossfläche von Stockwerkseigentum gegenüber der Angabe in Plänen, auf die im Kaufvertrag verwiesen ist, diese wird Vertragsinhalt und damit zugesicherte Eigenschaft (BGer, 10.2.2008, 4A_417/2007; CJ GE, Chaix, JdT 3

2009, 4, 9); fehlerhafte elektrische Installation (BGE 95 II 123); Mietshaus mit zu geringem Mietzins (BGer, 14.2.2008, 4A_480/2007; BGE 45 II 444 E. 4); BGE 81 II 207 – Beanstandung übersetzter Mieten durch die Behörde;); mangelnde Lärmisolierung einer Wohnung in einem Appartementhaus (RVJ 1973, 339); undichte Gebäudehülle mit Wärmeverlusten und Luftzügen (KGer VS, ZWR 2010, 158 ff.; vgl. auch SEEBERGER, ZBJV 2011, 618 ff.); fehlende Bebaubarkeit eines Grundstücks (BGE 91 II 275 – zum Irrtum); öffentliche Nutzungsbeschränkungen oder Bauverbote (BGE 66 II 441; 98 II 197); von der Gemeinde geforderter Beitrag zu den Strassenkosten als Voraussetzung der Grundstücksbebauung (KGer VS, RVJ 1994, 277 – der Verkäufer hatte zugesichert, es sei ausser den «üblichen Gebühren» nichts zu bezahlen); nur teilweise Bebaubarkeit wegen einzuhaltendem Waldabstand, geringere Geschossflächenzahl (BGer, ZBGR 1990, 367); verringerte Ausnützungsziffer wegen teilweiser Inanspruchnahme für eine Strasse (BGE 98 II 197 E. 4; vgl. Art. 219 N 5); weiteres bei KOLLER A., Grundstückkauf, N 133 ff., 208 ff. *Nebenrechte*, wie z.B. das Recht, die Bebauung des Nachbargrundstückes zu verbieten, können nicht Gegenstand einer Zusicherung sein; in Betracht kommt aber Rechtsmängelhaftung (BGE 72 II 79, 809).

4 **Unternehmen** (Zur Unterscheidung zwischen share- und asset-deal s N 1): Fehlen von *Inventar*, Maschinen usw., wenn der Fehlbestand eine gewisse Grösse erreicht. Auch die *Überbewertung* einzelner Aktivposten kann einen Mangel des Unternehmens darstellen (vgl. BGE 107 II 419 – überbewertetes Warenlager; in casu jedoch Art. 24 Abs. 1 Ziff. 4, weil nicht Unternehmenskauf, sondern Aktienkauf vorlag; ebenso BGE 108 II 104 E. 2a; PKG 1989, 43 – Grundstück, das Hauptaktivum darstellt, ist mit limitiertem Vorkaufsrecht belastet; Näheres bei WATTER, N 352 ff.; s. N 1). Dasselbe gilt für Fehlen *mitverkaufter Rechte* wie z.B. von Kundenforderungen, Namens-, Firmen- oder Markenrechten, gewerblichen Schutz- und Nutzungsrechten, Kundenstamm, Geschäftsbeziehung, Patenten (BGE 108 II 104 E. 2a), Geschäftsgeheimnissen, Goodwill usw. Wer sich verpflichtet, seinen ausscheidenden Angestellten jegliche Konkurrenz zu verbieten, garantiert den Kundenbestand i.S.e. zugesicherten Eigenschaft i (BGer, 8.2.2010, 4A_601/2009, E. 3.2.1). Näher läge eine selbständige Garantie des Unterbleibens der Konkurrenz. Gegenstand einer Zusicherung kann auch der *Ertrag* oder der *Umsatz* eines Unternehmens sein (BGE 45 II 444 – Zinsertrag einer Liegenschaft; BGE 63 II 78 – Umsatz einer Gastwirtschaft; BGE 42 II 494, 499 – Rentabilität einer Gärtnerei; ebenso BGE 84 II 517 für den Verkauf einer Anlage für chem. Reinigung; BGer, 26.10.2009, 4A_237/2009 – Nichtvorliegen einer zugesicherten Belastungsgrenze eines landwirtschaftlichen Anwesens (gem. Art. 73 Abs. 1 BGBB, SR 211.412.11); hier ist auch Grundlagenirrtum möglich. Die Belastungsgrenze als Hinweis auf den Ertragswert stellt für den Bewirtschafter eines landwirtschaftlichen Gewerbes nicht nur eine Grundlage für die Abschätzung seines Einkommens dar, sondern sie limitiert auch die Möglichkeit, seinen Betrieb zu verschulden. Zum Unternehmen s. noch BGE 91 II 353 = Pra 1967, 169; BGE 88 II 415; 81 II 213; 79 II 158); auch die Vorlage von *Bilanzen* kann eine *Zusicherung* enthalten (zum Ganzen WATTER, N 362 f.; TSCHÄNI, § 7 N 53 ff. m.Nw.). Entgegen der Grundregel, wonach der blosse Wert einer Sache weder Sachmängelansprüche noch Grundlagenirrtum eröffnet (vgl. N 2) kommt bei fehlerhafter Unternehmensbewertung infolge Überbewertung von Aktiven oder Unterbewertung von Passiven ggf. Grundlagenirrtum bzw. culpa in contrahendo in Betracht. In praxi ist es für den Käufer ratsam, dass er sich insbesondere in Bezug auf die Bilanzen und die Gewinn- und Verlustrechnung sowie das Eigenkapital entsprechende selbständige Garantien geben lässt (s. das Bsp. in BGer, 14.1.2013, 4A_321/2012). Ansonsten haftet der Verkäufer nur nach Gewährleistungsrecht, wobei allerdings die Mangelhaftigkeit einzelner Unternehmensgegenstände regelmässig nicht zur Wandlung des ganzen Unternehmens berechtigt, sondern lediglich zu einer Teilwandlung oder Minderung. Der Verkäufer hingegen sollte Garantien nach Möglichkeit vermeiden, denn sonst haftet er u.U. für Mängel der Bilan*zen oder überhöhte B*ewertungen z.B. von Immaterialgüterrechten trotz Offenlegung in der *Due Diligence* (s. Art. 200 N 3). Im Übrigen sind die Sachmängelvorschriften für den Unternehmenskauf mehr oder weniger unpassend. Die h.L. wendet bei mangelnder Aufklärung

oder bei Fehlerhaftigkeit wesentlicher Unternehmenskennzahlen die Grundsätze der culpa in contrahendo an. In Betracht kommen schliesslich auch Grundlagenirrtum (Art. 24 Abs. 1 Ziff. 4) und absichtliche Täuschung (Art. 28). In den angelsächsisch geprägten M&A-Verträgen (zu ihnen BÖCKLI, 92 ff.; VISCHER M., SJZ 2013, 325, 330 ff.) sind zumeist Garantien enthalten, die als Zusicherungen i.S. des OR qualifiziert werden, nicht als selbständige Garantien. In der Kautelarpraxis sollte klar zwischen Zusicherungen und selbständigen Garantien unterschieden werden (vgl. auch N 17).

Industrieprodukte, Maschinen: In Betracht kommen neben *Konstruktions-* und *Verarbeitungsfehlern* sowie technischen Mängeln und Qualitätsmängeln v.a. das *Fehlen zugesicherter Eigenschaften* (BGE 42 II 632 – Ziegelpresse, die sich zum Pressen von Zementsteinen nicht eignet; BGE 24 II 68; 26 II 747 – Fahrräder aus Gussstahl statt aus Primastahl); Kohle mit zu geringer Heizleistung (BGE 20, 960); unzulängliche Kapazität einer Abfüll- und Verpackungsanlage (BGer, 18.5.2009, 4A_68/2009 zu Art. 35 CISG); nicht funktionierender Feuerlöscher BGer, 5.9.2013, 2C_29/29013 E. 4.4–6 (dort ging es um mangelnde Produktsicherheit i.S. des ProduktesicherheitsG; die Entscheidung erging noch zum alten STEG). Alarmanlage mit sleep-Modus von etwas mehr als den angegebenen drei Minuten, kein Mangel (BGer, 10.2.2014, 4D_64/2013, E. 3.3.1). Die Überschreitung von Herstellerangaben begründet für sich allein keine Erheblichkeit eines Mangels (BGer, 18.1.2012, 4A_401/2011, E. 3.1). 5

Waren: Reinheit der Ware (BGE 31 II 413 – 100% Vanille; BGE 26 II 557 – reines Kirschwasser; BGE 31 II 117; 32 II 298 – Alkoholgrad von Wein; BGE 17, 307 – schlechte Milch); unrichtige *Herkunftsangaben*, z.B. Havanna-Zigarren, italienischer Vermouth (SJZ 1919/20, 194); badischer statt böhmischer Hopfen (JdT 1892, 206); Unverkäuflichkeit der Ware wegen *Seuchenverdacht*, auch wenn die Ware in Ordnung ist (BGHZ 52, 51 – argentinisches Hasenfleisch, Salmonellenverdacht; ebenso FURRER, 42; BK-GIGER, N 72 f.; RUSCH, AJP 2012, 44, 46); *Konfektion*, die der Mode nicht mehr enstpricht (BK-GIGER, a.a.O.); fehlerhafte **Soft-** oder **Hardware** (BGE 124 III 456 E. 4 b – **EDV-Vertrag** bestehend aus Hard- und Software). Zu Sachmängeln bei der Software-Überlassung s FRÖHLICH/BLEULER, N 2091 ff.; HONSELL, FS Pedrazzini, 313 ff.; s.a. Art. 192 N 2. 6

Kraftfahrzeuge: *Konstruktions-* oder *Verarbeitungsfehler* (BGE 91 II 350; LGVE 1976 I 363). Wird ein Fahrzeug als *fabrikneu* verkauft, so ist es grundsätzlich nicht fehlerhaft, wenn es noch nicht in Verkehr gebracht worden ist. Allerdings darf man ein Fahrzeug mit einer Standzeit von mehr als einem Jahr nicht mehr als fabrikneu bezeichnen (BGE 116 II 434 f. – zu Art. 28). Bei *Occasionswagen* stellt ein früherer Unfall einen Fehler dar (OGer LU, ZBJV 2004, 700). Der Unfall muss auch dann angegeben werden, wenn der Schaden beseitigt worden ist. Dies gilt jedoch nur für erhebliche Beschädigungen, nicht für gewöhnliche Blechschäden, die ordnungsgemäss repariert worden sind (Näheres bei BK-GIGER, N 44). Zur Unfallfreiheit von Occasionswagen s. BGer, 19.3.2014, 4A_538/2013 (Wirksamkeit des Gewährleistungsausschlusses, Fehlen einer Zusicherung). Abnutzungen kommen als Fehler nur in Betracht, wenn ihr Umfang abnormal ist (BGE 46 II 61 f.). Die Angabe eines *Baujahres* kann eine Zusicherung darstellen (BGE 94 II 35 = Pra 1968, 513 – 1963 statt 1964; s.a. SJZ 1962, 9 – Opel Modell 1963, obgleich im selben Jahr ein neues Modell herausgekommen war); ebenso die Auskunft des Übereinstimmens der tatsächlichen Laufleistung mit dem *Stand des Kilometerzählers* (BGE 71 II 240 E. 4; 109 II 24 = Pra 1983, 397 f.; RVJ 1971, 85; 1990, 158; BJM 1990, 257). Bei Unfallwagen, manipuliertem Kilometerzähler usw. kann auch absichtliche Täuschung nach Art. 28 vorliegen (s. OGer LU, ZBJV 2004, 700). Der *Kraftstoffverbrauch* kann Gegenstand einer Zusicherung sein. Eine Mindermeinung bejaht Fehlen einer zugesicherten Eigenschaft auch, wenn der tatsächliche Verbrauch von den nach EG RL 80/1268/EWG (ABl. L 375 vom 31.12.1980, 36, später mehrfach geändert) richtig ermittelten Herstellerangaben abweicht (RUSCH, Jusletter 2009). Zwar trifft es zu, dass der sog. Euromix nach der EG RL als Messwert auf dem Prüfstand idR niedriger ist als der Ver- 7 brauch im wirklichen Verkehr, weil die Vorgaben für den Test, der Realität nicht entsprechen. In dessen sind die Hersteller zu den Angaben nach der EG RL verpflichtet und es ist allgemein bekannt, dass es sich dabei um theoretische Werte vom Prüfstand handelt. Da der tatsächliche Verbrauch von zu vielen individuellen Faktoren abhängt, ist ein theoretischer Referenzwert problematisch. Als Fehlen einer zugesicherten Eigenschaft kommt danach nicht jeder tatsächliche Mehrverbrauch gegenüber der EG-RL in Betracht, sondern erst ab einer Abweichung von mehr als 10%. Ein darüber liegender Mehrverbrauch löst zunächst nur Minderung aus (arg. Art. 205).

8 **Kunst- und Antiquitätenhandel**: *Unechtheit* von Kunstwerken (BGE 82 II 411, 420 – falscher van Gogh; BGE 114 II 131 – Picasso; BGE 56 II 426 – alle Entscheide zum Grundlagenirrtum). Fehler ist auch die *fehlerhafte Identität*, so, wenn das Bild «Eichen am Wasser» von S. Ruysdael stammt, statt von dem berühmteren J. Ruysdael (RGZ 135, 339); ebenso die Herkunft aus einer bestimmten *Epoche* (SJZ 1940/41, 233 – Louis XV Möbel). Fälschung einer Signatur begründet Fehler; ebenso eine fehlerhafte Expertise, wenn Zuschreibung oder Echtheit zweifelhaft sind und die Expertise diese Bedenken zerstreut; weiter die irrige Zuschreibung als ein im Werkverzeichnis aufgeführtes Bild. Die Zusicherung der Echtheit einer Briefmarke kann sich konkludent aus dem hohen Preis ergeben (BGE 102 II 100 E. 2 = Pra 1976, 436 ff. – «sitzende Helvetia»; ebenso TC JU 1996, 147 – Uhr aus der Epoche der Renaissance).

9 **Quantitätsmängel** begründen i.A. keinen Fehler. Namentlich beim Gattungskauf ist die Lieferung zu geringer Mengen teilweise Nichterfüllung. Ein Sachmangel liegt jedoch vor, wenn die angegebene *Grösse Vertragsinhalt* geworden und für den Verwendungszweck des Käufers von entscheidender Bedeutung ist. In solchen Fällen handelt es sich um das Fehlen einer zugesicherten Eigenschaft, z.B. *Bauvolumen* eines Gebäudes (BGE 87 II 244 – trotz Besichtigung!); zu geringe Bruttogeschossfläche von Stockwerkseigentum (BGer, 14.2.2008, 4A_417/2007); Lieferung *zu kurzer oder zu langer* Tuche; *Mindergewicht* von zum Weiterverkauf bestimmten abgepackten Waren; falsche *Längenangabe* bei einem Kühltisch (BGE 57 II 290 E. 2). Bähler 173 ff., 188 unterscheidet zwischen rein quantitativen Mängeln und qualifizierten Quantitätsmängeln und wendet die Art. 197 ff. auf die Ersteren analog und auf die Letzteren direkt an.

10 **Verpackung**: Mängel der Verpackung sind nur dann erheblich, wenn dadurch die *Haltbarkeit der Sache* beeinträchtigt wird; ferner bei Beeinträchtigung der *Verkäuflichkeit*, z.B. von Markenware, die originalverpackt weiterverkauft wird (BK-Giger, N 91; von Staudinger-Honsell, § 459 BGB a.F. N 48). Vereinbaren die Parteien «neutrale Verpackung», so ist dies nicht Zusicherung, sondern Nebenpflicht, für welche Art. 201 (und Art. 210) nicht gilt (BGE 96 II 115). Zur Abgrenzung zwischen Verpackungsmängeln und Verletzung der Nebenpflicht einer ordnungsgemässen Transportverpackung beim Versendungskauf s. von Staudinger-Honsell, a.a.O. N 103 f.

3. Massgeblicher Zeitpunkt

11 **Massgeblicher Zeitpunkt** für das Vorliegen eines Sachmangels bzw. das Fehlen einer Eigenschaft ist der **Gefahrübergang**; beim Stückkauf ist das grundsätzlich der *Vertragsschluss* (vgl. Art. 185), beim Gattungskauf die *Aussonderung* bzw. *Versendung* (Art. 185 Abs. 2). Für den **Grundstückkauf** ist Art. 220 zu beachten. Wird die Sache erst nach Gefahrübergang fehlerhaft, so haftet der Verkäufer nur bei Verschulden nach den Grundsätzen der positiven Vertragsverletzung (Art. 97). Für die verschuldensunabhängige Gewährleistung ist dann kein Raum. Anders, wenn der *Fehler* bei Gefahrübergang *im Keime* bereits *angelegt* ist (BGer, *1.5.2007, 4C_321/2006*, E. 4.3.1) und erst später offenkundig wird oder gar zu einer Beschädigung oder Zerstörung der Sache führt. Dass es auch für den Grundlagenirrtum auf den Gefahrübergang statt auf den Vertragsschluss ankommen soll (BGer, a.a.O., **abl.** Rusch,

SJZ 2010, 553 ff.) ist allerdings nicht einleuchtend. Zum sog. *«weiterfressenden Mangel»* s. Art. 208 N 6. Zu Produkten mit sog. Sollbruchstellen (geplante Obsoleszenz) RUSCH, recht 2012, 176, 178.

4. Beweislast

Die **Beweislast** für das Vorliegen des Mangels im Zeitpunkt des Gefahrübergangs trägt der *Käufer*, wenn er die Sache angenommen hat (vgl. z.B. BGE 15, 800; 23, 1823; 23, 179; 26 II 806). Die Mangelfreiheit wird aufgrund der vorbehaltslosen Annahme vermutet (VON TUHR/ESCHER, AT II, § 60 I; BUCHER, BT, 93). Dagegen trägt der Verkäufer die Beweislast für Mangelfreiheit, wenn der Käufer die Annahme der Sache wegen Vertragswidrigkeit verweigert oder wegen des behaupteten Mangels bei der Annahme einen Vorbehalt macht. Eine Mängelrüge nach vorbehaltsloser Annahme ändert an der Beweislast des Käufers nichts mehr. Beim Distanzkauf genügt ein blosser Vorbehalt nicht. Notwendig ist eine Beanstandung und eine Beweisaufnahme nach Art. 204 Abs. 1 und 2 (s. dazu Art. 204 N 6). 12

5. Erheblichkeit

Für **unerhebliche Mängel** haftet der Verkäufer nicht (Abs. 1). Unerheblich sind z.B. kleinere Lackschäden, auch an einem Neuwagen, ein Eselsohr in einem Buch, ein sog. Shadingeffekt bei Velourteppichen (LGVE 1978 I 475) usw. Keine Rolle spielt die Erheblichkeit beim Fehlen zugesicherter Eigenschaften (s. N 18). 13

III. Zusicherung von Eigenschaften

An die **Zusicherung** werden geringere Anforderungen gestellt als an eine Garantie. Die h.M. sieht in der Zusicherung keine Willenserklärung, sondern eine *Wissenserklärung* («Vorstellungsäusserung») und nimmt nicht eine vertragliche Haftung an, sondern eine *gesetzliche* (BGE 71 II 240 im Anschluss an STAUFFER, 149; HEINI, 182 f. – **a.M.** BK-GIGER, N 9 ff.; vgl. auch WATTER, N 357; RBOG 1989, 79; RVJ 1990, 158). Dagegen spricht, dass Erklärungen ohne vertragliche Relevanz nicht als Zusicherung qualifiziert werden sollten (gl.M. ZK-SCHÖNLE/HIGI/GUT, N 87a). Nicht jede anlässlich der Vertragsverhandlungen abgegebene Erklärung ist indes als Zusicherung zu qualifizieren. Der Streit ist allerdings mehr akademisch; denn die h.L. verlangt zwar keinen ausdrücklichen Verpflichtungswillen des Verkäufers, wohl aber eine (auch konkludente) Erklärung über Sacheigenschaften, die erkennbar für den Kaufentschluss des Käufers entscheidend sind und auf die er nach Treu und Glauben vertrauen darf (BGE 88 II 416; 109 II 24 E. 4; BGer, 27.5.2008, 4A_480/2007; 19.3.2014, 4A_538/2013, E. 4; BGE 102 II 100 = Pra 1976, 436 ff.; 87 II 245; 73 II 220 E. 1; 71 II 239; JÄGGI, 67; STAUFFER, 145 ff.; CAVIN, SPR VII/1, 82; BUCHER, BT, 91; TERCIER/FAVRE, N 393). Die Kausalität zwischen Zusicherung und Vertragsschluss zu den vereinbarten Bedingungen wird vermutet; der Verkäufer muss also diese Vermutung widerlegen (BGE 71 II 239; KGer VS, RVJ 1994, 278, 280; SJ 1981, 522; TERCIER/FAVRE, N 393). Die stillschweigende Zusicherung kann sich aus den Umständen ergeben (zur vergleichbaren Situation bei Art. 6 s. die Fallgruppen bei Art. 6 N 4 ff.); ferner aus dem Preis: Ein hoher Preis spricht für die konkludente Zusage der Echtheit (oben N 8), während umgekehrt ein tiefer u.U. einen Gewährleistungsausschluss nahe legen kann. Eine stillschweigende Zusicherung von Eigenschaften kann sich auch aus *Handelsbrauch* und *Verkehrssitte* ergeben (BGE 11, 365 – Bleichbarkeit von Textilien) u.U. auch aus der Verwendung von *Marken, Gütezeichen* oder *Industrienormen*. Zahlreiche weitere Bsp. für konkludente Zusicherungen bei von Staudinger-HONSELL, § 459 BGB a.F. N 148 ff., wobei aber zu beachten ist, dass die deutsche Judikatur, wegen der strengeren Anforderungen an eine Zusicherung, nicht ohne weiteres zum Vergleich herangezogen werden kann. 14

15 Die Zusicherung beim Liegenschaftskauf bedarf nach h.L. und ständiger Rsp. nicht der **Form** des Art. 216 (BGE 73 II 220; 63 II 79; vgl. auch Art. 216 N 5; **a.M.** WIEGAND/BRUNNER, recht 1993, 8; KOLLER A., Grundstückkauf, N 175; BRÜCKNER, ZGBR 1994, 1 ff.; 8). Dies lässt sich jedenfalls nicht damit begründen, dass es sich um blosse Wissenserklärungen handelt (so KELLER/SIEHR, 134); ebensowenig damit, dass die Sachmängelhaftung «Ausfluss des Gesetzes, nicht des Vertrages» sei (so BUCHER, BT, 125). Die h.L. ist problematisch, da die Beurkundung alle wesentlichen Vertragselemente erfassen muss und Zusicherungen i.d.R. wesentlich sind. Im deutschen Recht bedürfen Zusicherungen der Form. Angaben über den Mietertrag eines Mietshauses in einem «Mietspiegel»sind zugesichert; die Berechnung der Minderung nach dem Ertragswert ist nicht zu beanstanden (BGer, 27.5.2008, 4A_480/2007; BGE 45 II 444 E. 4).

16 Blosse **reklamehafte Anpreisungen** stellen keine Zusicherung dar (BGE 88 II 416; BGer, 19.3.2014, 4A_538/2013 E. 4.1, 23.11.2004, 4C.267/2004, E. 2.1 ff.). ZR 1929, 289 ff. sieht aber in der Beschreibung eines Lastwagens als «sehr gut erhalten» eine Zusicherung; **anders** OGer AG, JKR 1996, 398 ff.: Bezeichnung eines Wagens als «gut» ist keine Zusicherung (weitere Bsp. bei BK-GIGER, N 15). Allerdings kann eine Zusicherung, sofern es sich nicht nur um Reklame handelt, auch in einem **Werbetext** oder einem **Zeitungsinserat** enthalten sein. Das folgt einfach daraus, dass man für die Zusicherung keine Vertragsmässigkeit der Erklärung verlangt (vgl. N 14).

17 Von der Zusicherung zu unterscheiden ist die **Garantie**. Mit letzterer verpflichtet sich der Versprechende z.B. zu einer Geldzahlung, falls sich ein bestimmter Erfolg (z.B. Rendite eines Mietshauses, Umsatz eines Unternehmens) nicht einstellt, der über die vertragsgemässe Beschaffenheit der verkauften Sache hinausgeht. Für ein solches Garantieversprechen gelten die Rügeobliegenheit des Art. 201 und die kurze Verjährungsfrist des Art. 210 nicht (BGE 122 II 430; *BGer*, 14.1.2013, 4A_321/2012; Art. 201 N 3, Art. 210 N 1). Ob ein Garantieversprechen vorliegt ist Frage des Einzelfalles. Die Verwendung des Ausdrucks «Garantie» (z.B. Garantiefrist, Garantiekarte, Werksgarantie, vgl. Art. 199 N 4) reicht hierfür nicht. Auf die Zukunft gerichteten Zusicherungen werden als *unselbstständige Garantien* bezeichnet, wenn sie von den Eigenschaften der Sache abhängen, z.B. «Haltbarkeits- oder Zuverlässigkeitsgarantien». Demgegenüber liegt ein *selbstständiger Garantievertrag* nach Art. 111 OR, wenn der Verkäufer einen künftigen Erfolg verspricht, der über die vertragsgemässe Beschaffenheit der Kaufsache hinausgeht, weil er wesentlich noch von anderen künftigen Faktoren abhängt (z.B. der Konjunkturentwicklung), die ausserhalb seiner Einflussmöglichkeiten liegen (BGE 122 III 426 E. 4 und 5 – künftige Überbaubarkeit eines Grundstücks; BGer, 18.9.2013, 4A_200/2013; 4.1.2002, 4C.260/2001, E. 3a = Pra 2002, 405; BGer, 9.3.2005, 4P.312/2004; vgl. GAUCH/SCHLUEP/SCHMID/EMMENEGGER, N 4165; WIEGAND, ZBJV 1998, 204; VISCHER M., SJZ 2013, 325, 330 ff.).

18 Liegt eine Zusicherung vor, so kommt es auf die **Erheblichkeit** der Minderung des Wertes oder der Gebrauchstauglichkeit nicht an (BGE 87 II 245; KGer VS, ZWR 1996, 171 f.).

Die Zusicherung wird regelmässig vor oder bei Vertragsschluss abgegeben, doch ist auch eine nachträgliche Zusicherung möglich (SJZ 1973, 327; RBOG 1989, 81). GUHL/KOLLER/SCHNYDER/DRUEY, 382, sehen in einer **nachträglichen Zusicherung** eine Garantie (zweifelhaft).

19 Die Zusicherung muss nicht vom Verkäufer formuliert sein; die Formulierung kann auch vom Käufer stammen. Wenn der Käufer z.B. in einem **Bestellschreiben** die Eigenschaften festgelegt hat und der Verkäufer dem im Bestätigungsschreiben zustimmt, kann darin eine Zusicherung gesehen werden (vgl. von Staudinger-HONSELL, § 459 a.F. N 128 m.Nw.). Die Zusicherung kann auch in einem **Kaufangebot** enthalten sein, dass der Verkäufer annimmt oder in anderen Erklärungen des Käufers, auf welche die Parteien ausdrücklich oder konkludent in einer Weise Bezug nehmen, welche die Erklärung zum Inhalt des Vertrages macht. Die in einer **Ausschreibung** geforderten Eigenschaften sollen ohne Vorliegen einer entsprechenden Erklärung oder besonderer Umstände nicht als zugesichert anzusehen sein (BGH NJW 1981, 222 = WM 1980, 1388; **a.M.** Soergel-Huber, N 159). Für die Schweiz ist das infolge der niedrigeren Anforderungen an die Zusicherung nicht anzunehmen (s. N 14 a.E.).

Eine Zusicherung ist auch bei dem, bei grösserem Lieferumfang häufig vereinbarten **Kauf nach Muster** anzunehmen (vgl. Art. 222 N 3 m.Nw.). Zugesichert ist hier *Musterkonformität*. Daneben können auch weitergehende Zusicherungen gemacht werden (BGE 11, 373 f.; 26 II 555 – Reinheit von Kirschwasser, obwohl Ware und Muster z.T. Zwetschgenwasser enthielten). 20

Art. 198

b. Beim Viehhandel	**Beim Handel mit Vieh (Pferden, Eseln, Maultieren, Rindvieh, Schafen, Ziegen und Schweinen) besteht eine Pflicht zur Gewährleistung nur insoweit, als der Verkäufer sie dem Käufer schriftlich zugesichert oder den Käufer absichtlich getäuscht hat.**
b. Dans le commerce du bétail	Il n'y a lieu à garantie dans le commerce du bétail (chevaux, ânes, mulets, race bovine, moutons, chèvres et porcs), que si le vendeur s'y est obligé par écrit envers l'acheteur ou s'il l'a intentionnellement induit en erreur.
b. Nel commercio del bestiame	Nel commercio del bestiame (cavalli, asini, muli, bovini, pecore, capre e maiali) l'obbligo della garanzia esiste solo in quanto il venditore l'abbia assunto per iscritto o abbia intenzionalmente ingannato il compratore.

Literatur

Gygi, Der Viehkauf und die Viehwährschaft im schweiz. Recht, 2. Aufl., Bern 1967; Liver, Besonderheiten des Viehkaufs, in: FS für Theo Guhl, Zürich 1950, 109 ff.; Riedi, Der Viehhandel in der Schweiz, 4. Aufl., Bern 1961.

I. Anwendungsbereich

1 Die Vorschrift gilt für den **Handel** (also sowohl für den Kauf als auch für den Tausch) mit lebenden Tieren, gleichgültig, ob Nutz- oder Schlachtvieh. Die Bestimmung gilt nicht nur für den *Kauf*, sondern auch für die *freiwillige öffentliche Versteigerung* (Art. 234 Abs. 3), nicht aber für die Zwangsversteigerung (Art. 234 Abs. 1); ebenso ist sie bei der *Erbteilung* anzuwenden (Art. 637 Abs. 1 ZGB). Für analoge Anwendung auf die *Schenkung* zutreffend BK-Giger, N 19. Die Aufzählung der **Tierarten** ist abschliessend. Für den Handel mit anderen Haustieren (z.B. Katzen, Hunden, Vögeln und anderen Kleintieren) sind daher die allgemeinen Gewährleistungsvorschriften massgebend.

II. Schriftliche Zusicherung

2 Für den Handel mit den im Gesetz genannten Tieren wird die Sachmängelhaftung erheblich eingeschränkt. Der Verkäufer haftet nur für **schriftliche Zusicherung** und bei *absichtlicher Täuschung*. Die Regelung begünstigt den Verkäufer, weil mündliche Zusicherungen keine Haftung begründen und schriftliche selten sind. Manche halten sie deshalb für verfehlt; sie benachteilige den Bauer, der oft als Käufer einem «gerissenen Viehändler» gegenüberstehe (Kritik etwa bei BK-Giger, N 11). Das BGer hat hierzu nicht abschliessend Stellung genommen, geht aber zu Recht von der Geltung der Norm aus (BGE 70 II 50 E. 1), dies jedenfalls, wenn der Käufer eine AG ist (BGE 111 II 67). Für die Einhaltung der Schriftform genügt die *Unterschrift* des Verkäufers (Art. 13 Abs. 1). Nach BK-Giger, N 20 ist die Vorschrift *zwingend*, kann also nicht wegbedungen werden. Dem ist nicht zuzustimmen.

3 Als **Inhalt der Zusicherung** kommen neben Eigenschaften, z.B. Milchertrag (ZBJV 1927, 428) oder Trächtigkeit (SJZ 1963, 289) einer Kuh, Sprungfähigkeit eines Stieres (BGE 86 II 27), Alter, Abstammung, Rasse, Herkunft usw., v.a. die *Abwesenheit von Krankheiten* aller Art in Betracht (Bsp. in BK-GIGER, N 21). Die Erklärung, das Tier sei «gesund und recht» (SJZ 1949, 326) führt zur gesetzlichen Haftung nach Art. 197.

III. Mängelrüge

4 Für die Frist und das Verfahren bei der **Mängelrüge** s. Art. 202.

IV. Verhältnis zu anderen Vorschriften

5 Nach h.L. sind die **Art. 97 ff.** konkurrierend anwendbar. Nach BGer ist jedoch auch hier das Vorliegen einer schriftlichen Zusage und die Einhaltung der Rügefristen des Art. 202 sowie der Verjährungsfrist des Art. 210 Voraussetzung (BGE 70 II 53; **a.M.** BK-GIGER, N 28).

Auf Ansprüche aus **Art. 41 ff.** sollte man die gewährleistungsrechtlichen Sonderregeln nicht anwenden (vgl. Vor Art. 197–210 N 7). Dies gilt auch für Art. 198 und 202. Bringt also jemand schuldhaft ansteckende Tiere in Verkehr, so haftet er für die Ansteckung von Menschen oder Tieren nach Art. 41 ff.

Nach BGE 70 II 50 und BGE 111 II 67, 70 f. schliessen Art. 198 und 202 als lex specialis die Anfechtung wegen Grundlagenirrtums nach **Art. 24 Abs. 1 Ziff. 4** aus (**a.M.** BK-GIGER, N 31; **anders** auch die ältere Judikatur; vgl. z.B. ZBJV 1944, 92 ff. – Stier mit «Karpfenmaul», nicht zuchtfähig); vgl. dazu Vor Art. 197–210 N 10.

Art. 199

2. Wegbedingung — **Eine Vereinbarung über Aufhebung oder Beschränkung der Gewährspflicht ist ungültig, wenn der Verkäufer dem Käufer die Gewährsmängel arglistig verschwiegen hat.**

2. Garantie exclue — Toute clause qui supprime ou restreint la garantie est nulle si le vendeur a frauduleusement dissimulé à l'acheteur les défauts de la chose.

2. Esclusione della garanzia — E'nullo qualunque patto che tolga o restringa l'obbligo della garanzia, se il venditore ha dissimulato dolosamente al compratore i difetti della cosa.

Literatur

KOLLER A., Vertragsfloskeln, BR 1989, 24 ff. (zit. BR 1989); DERS. (Hrsg.), Aktuelle Probleme des privaten und öffentlichen Baurechts, St. Gallen 1994 (zit. Baurecht); LÖRTSCHER, Vertragliche Haftungsbeschränkungen im schweizerischen Kaufrecht, Diss. Zürich 1977; PICHONNAZ/STÖCKLI/WERRO, Contrat de vente immobilière – Grundstückkaufvertrag BR 2013, 325 ff.; WESSNER, La clause d'exclusion de la garantie en raison des défauts dans la vente immobilière, BR 1987, 10 ff.; WITSCHI, Garantieklauseln und Garantiefristen im Kauf- und Werkvertrag nach schweizerischem Recht, Diss. Bern 1950; vgl. im Übrigen die Literaturhinweise bei den Vorbem. zu Art. 197–210.

I. Allgemeines

1 Das Gewährleistungsrecht ist **dispositiv**. Die Revision der Sachmängelverjährung hat jedoch für den Konsumentenkauf eine *unabdingbare* Zweijahresfrist eingeführt, die nur für gebrauchte Sachen auf ein Jahr verkürzt werden kann (Art. 199 lit. b VE OR). Dies schliesst indes eine Wegbedingung der Gewährleistung in toto nicht aus (Art. 210 N 4).
2

De lege lata kann die Haftung des Verkäufers eingeschränkt oder im Rahmen von Art. 199 ganz ausgeschlossen werden. Möglich, aber selten, ist auch eine Verschärfung der Verkäuferhaftung. Häufig sind **Freizeichnungsklauseln**, mit denen der Verkäufer seine Haftung mehr oder weniger einschränkt; z.B. Ausschluss von Schadenersatzansprüchen oder Ersetzung der gesetzlichen Ansprüche durch das vom Gesetz nicht vorgesehene Nachbesserungsrecht. Derartige Klauseln finden sich bei zahlreichen Industrieprodukten, man denke etwa an den Autohandel. Typische Klauseln sind im Gebrauchtwagenhandel «wie besehen» oder «dans son état actuel, comme vu et essayé» (JdT 1968 I 400), «tel quel», «jede Nachwährschaft ist ausgeschlossen» (bei Grundstücken) usw. Zulässige Beschränkungen der Gewährleistung sind auch die in angelsächsischen M&A-Verträgen häufigen Bagatellgrenzen (tresholds, de minimis-Klauseln) und Haftungshöchstbeträge (caps).

Der Gewährleistungsausschluss kann ausdrücklich oder **stillschweigend** erfolgen; z.B. beim Verkauf eines alten Wagens zu einem niedrigen Preis oder beim Verkauf einer Maschine ins Ausland bezüglich der ausländischen Zulassungsvorschriften (BGE 95 II 119). Der blosse Umstand, dass die Kaufsache gebraucht ist, rechtfertigt die Annahme eines stillschweigenden Gewährleistungsausschlusses regelmässig nicht, ist jedoch für die Frage der Erheblichkeit des Mangels relevant. Ein stillschweigender Ausschluss ist i.d.R. anzunehmen beim Kauf in *Bausch und Bogen* sowie beim *Ramschkauf*; ferner beim *Hoffnungskauf*, soweit dort überhaupt Sachkauf vorliegt (vgl. zum Ganzen von Staudinger-HONSELL, § 476 a.F. BGB N 1). Ein stillschweigender Gewährleistungsausschluss kann schliesslich bei Vereinbarung eines *Freundschaftspreises* vorliegen.

Unwirksam ist der Gewährleistungsausschluss bei Grundstückkaufverträgen, wenn er nicht *öffentlich beurkundet* wird (KOLLER A., Grundstückkauf, N 332; s. Art. 216 Abs. 1 OR, Art. 657 Abs. 1 ZGB).

Strittig ist, ob für Freizeichnungen die weitergehende Vorschrift von Art. 100 Abs. 1 zu beachten ist, nach welcher die Wegbedingung der *Haftung für grobe Fahrlässigkeit* unzulässig ist (bejahend BK-GIGER, N 6; FURRER, 85; KOLLER A., Baurecht, 10 ff., 79; LÖRTSCHER, 144 ff.; dagegen VON TUHR/ESCHER, 119 FN 34; BUCHER, BT, 84; BGE 107 II 166 f. hat die Frage offen gelassen). Für Zulässigkeit der Freizeichnung von grober Fahrlässigkeit spricht, dass Art. 199 lex specialis ist, die der allgemeinen Vorschrift von Art. 100 vorgeht. Wenn das Gesetz die Wegbedingung der Gewährleistung nur bei Arglist für unzulässig hält, folgt daraus e contrario, dass grobfahrlässige Unkenntnis nicht schadet. Dagegen lässt sich nicht einwenden, dass die Vorschriften unterschiedliche Fragen regeln (so KOLLER A., Baurecht, 79); zwar betrifft Art. 199 nur die Kenntnis und nicht allgemein das Verschulden; fahrlässige Unkenntnis ist aber nach Art. 100 schuldhaft. Man kommt daher ohne Annahme einer lex specialis nicht aus.

Werden Freizeichnungskauseln in **Allgemeinen Geschäftsbedingungen** (AGB) verwendet, 2
so ist Art. 8 UWG zu beachten. Danach handelt unlauter, «wer allgemeine Geschäftsbedingungen verwendet, die in Treu und Glauben verletzender Weise zum Nachteil der Konsumentinnen und Konsumenten ein erhebliches und ungerechtfertigtes Missverhältnis zwischen den vertraglichen Rechten und den vertraglichen Pflichten vorsehen» (s. dazu etwa ROBERTO/WALKER, AGB-Kontrolle nach dem revidierten Art. 8 UWG, recht 2014, 49 ff. m.w.Nw.). Die Beschränkung der Inhaltskontrolle auf den Konsumenten ist freilich ebenso verfehlt wie die Normierung im UWG, dessen Zielrichtung nicht der Konsumentenschutz ist, sondern der lautere Wettbewerb. Die Neuregelung ist am 1. April 2012 in Kraft getreten (zum Übergangsrecht ROBERTO/STEHLE, Zeitlicher Anwendungsbereich von Art. 8 UWG, recht 2014, 235). Zurückhaltend ist das BGer mit der Anwendung der *Ungewöhnlichkeitsregel* (BGE 109 II 213 – in casu abgelehnt; bejahend hingegen bei subjektiver Unerfahrenheit: BGE 109 II 452 – Werkvertrag SIA-Norm 118 Art. 154 Abs. 3). Zu einer *Inhaltskontrolle nach OR 19 und 20 I* (öffentliche Ordnung, Sittenwidrigkeit) mit (gegenüber Individualvereinbarungen) verschärften Anforderungen an AGB hat sich das BGer bislang nicht durchgerungen (s. KOL-

LER TH., AJP 2008, 943 ff.; vgl. immerhin den Hinweis in BGE 109 II 213, 217). VE-VVG enthielt nach europäischen und deutschen Vorbildern einen *Art. 20a OR*, wonach vorformulierte allgemeine Vertragsbedingungen unwirksam sind, wenn sie den Vertragspartner unangemessen benachteiligen. Das ist nach Abs. 2 namentlich dann anzunehmen, wenn eine Bestimmung mit wesentlichen Grundsätzen der gesetzlichen Regelung, von der zu Lasten des Vertragspartners abgewichen wird, nicht zu vereinbaren ist. Mit einer Realisierung dieses Reformprojekts ist nicht mehr zu rechnen, nachdem der Gesetzgeber Art. 8 UWG reformiert hat.

II. Auslegung von Freizeichnungsklauseln

3 Freizeichnungsklauseln sind **restriktiv** zu **interpretieren** (BGE 118 II 142, 145 – zum Werkvertrag; 126 III 59, 67 = Pra 2000, 688; 109 II 24 und 91 II 344, 349 – zum Kaufvertrag). Literatur und Judikatur ziehen die sog. **Unklarheitenregel** heran (*interpretatio contra proferentem*; vgl. z.B. dAGBG § 5; EG-Richtlinie über missbräuchliche Klauseln in Verbraucherverträgen v. 5.4.1993 Art. 5; krit. dazu SCHWENZER, Haftung, 111 ff.). Danach wird eine unklare Vertragsbestimmung (namentlich in AGB) zu Ungunsten desjenigen ausgelegt, der sie formuliert bzw. verwendet hat. Hat der Verkäufer eine (auch formlose) Zusicherung abgegeben und gleichzeitig die Gewährleistung ausgeschlossen, so ist seine Erklärung *widersprüchlich* (**a.M.** BGE 72 II 223, von der Prämisse ausgehend, dass es sich nicht um eine Vertragserklärung, sondern nur um eine Vorstellungsäusserung handle). In diesem Fall gilt der Ausschluss nicht für die zugesicherte Eigenschaft, sondern nur für sonstige Mängel (i.E. ebenso BGE 72 II 224; 109 II 24; BGer, 9.3.2005, 4C.267/2004; BJM 1990, 257 – Zusicherung der Kilometerangabe bei einem Occasionsauto). Allerdings ist zunächst im Wege der Auslegung zu ermitteln, ob die Angaben den Charakter einer Zusicherung haben oder unter den Gewährleistungsausschluss fallen (BGE, a.a.O.). Die Klausel «richtige Selbstbelieferung vorbehalten» ist unklar und bewirkt keinen Gewährleistungsausschluss (ZR 1984, 40 ff.). Die Klausel «die Sache wird in dem Zustand übergeben, in dem sie sich zur Zeit befindet. Der Verkäufer leistet für irgendwelche Mängel keinerlei Währschaft», soll sich nur auf körperliche Mängel des Grundstücks beziehen (BGE 91 II 279). Der Ausschluss jeder Garantie bei einem ohne Bewilligung umgebauten Holzvergaser erstreckt sich auch auf das Fehlen der öffentlich-rechtlichen Bewilligung für den Umbau (BGE 72 II 267).

In den von den Notaren verwendeten Grundstückkaufverträgen findet sich häufig eine *formelhafte Freizeichnung* von der Gewährleistung. Diese bloss **floskelhafte Wegbedingung** in notariellen Verträgen (z.B. *jede Nachwährschaft wird wegbedungen*), welche die Parteien nicht reflektiert haben, soll nach einer älteren Judikatur unwirksam sein (BGE 60 II 444; 83 II 401, 408 = Pra 1957 Nr. 130; BGE 73 II 218; s.a. OGer LU, ZBGR 1990, 286; ferner die Aufsätze von KOLLER A., BR 1989, 24 ff. und WESSNER, BR 1987, 10 ff.); jedenfalls war nach der älteren Rsp. eine solche Klausel nicht auf Mängel zu beziehen, mit denen der Käufer gewöhnlich nicht zu rechnen braucht (BGE 60 II 436, 442, 444 – Unbewohnbarkeit einer Dachwohnung wegen Fehlens der baupolizeilichen Bewilligung). Die Auffassung, dass blosse Floskeln mangels Konsenses nicht Vertragsbestandteil würden, lässt sich nicht halten, denn bei fast allen AGB ist es so, dass die Partei oder jedenfalls der Konsument die einzelnen Klauseln nicht liest bzw. nicht reflektiert und versteht. Sind die AGB wirksam einbezogen oder steht die Klausel, wie beim notariellen Vertrag, sogar unmittelbar im Vertragstext, so kann man, wenn es sich nicht um eine ungewöhnliche Klausel handelt, die gültige Einbeziehung nicht mangels Konsenses verneinen; es kommt dann nur eine Inhaltskontrolle nach UWG 8 in Betracht. Schon BGE 72 II 267, 268 f. hat darauf hingewiesen, dass es sich bei BGE 60 II 444 um einen nicht verallgemeinerungsfähigen Sonderfall gehandelt habe. Auch in einem neuen Entscheid, in dem die Klausel noch den Zusatz enthielt, *die Parteien erklären, die Bedeutung dieser Bestimmung zu kennen*, hat das BGer auf die Floskelrechtsprechung nicht mehr zurückgegriffen, sondern entschieden, dass eine Freizeichnungsklausel auch unerwartete Mängel erfasst, es sei denn, dass der Mangel den wirtschaftlichen Zweck des Geschäftes erheblich beeinträchtigt

(BGer, 1.11.1995, 4C.273/1995, 16; ähnlich schon BGE 72 II 267, 268 f.). Enger die neuere Rsp. (BGE 107 II 161 E. 6 d/e und 130 III 686 E. 4.3.1; BGer, 12.4.2011, 4A_70/2011 – Chalet mit Schieflage; BGer, 2.12.2010, 4A_551/2010 – Chalet mit unzulänglicher Trinkwasserversorgung; BGer, 20.8.2009, 4A_226/2009 – undichte Industriehalle; BGer, 19.3.2014, 4A_538/2013, E. 6.3 – fehlende Unfallfreiheit eines Occasionswagens, Freizeichnung wirksam), wonach ein Mangel nur dann nicht unter den Gewährleistungsausschluss fällt, «wenn er gänzlich ausserhalb dessen liegt, womit ein Käufer vernünftiger Weise rechnen musste». Zust. Baumann AJP 2010, 1269, 1271; krit. zurecht Wiegand, ZBJV 2008, 613, 634 m.H. auf das Interesse des Verkäufers an einem generellen Risikoausschluss. Nach dieser Rsp ist bei älteren Gebäuden mit unvorhergesehenen Auslagen in Höhe von 10% zu rechnen. Siehe noch BGE 130 III 686 E. 4; 126 III 59 E. 4a und ZBGR 1996, 330 ff. Vom dispositiven Recht abweichende Freizeichnungsklauseln sind auch dann zulässig, wenn sie standardmässig verwendet werden (BGer, 22.8.2011, 4A_272/2011, E. 2.2). Zweifelhaft ist, ob diese Rsp. auch unter der Herrschaft des neuen Art. 8 UWG aufrecht erhalten bleiben wird (verneinend Stöckli, BR 2012, 61; bejahend Vischer M., SJZ 2012, 177). Im Übrigen ist zu beachten, dass die Freizeichnung bei Arglist ungültig ist (Art. 199) und Arglist bereits angenommen wird, wenn nach Treu und Glauben eine Aufklärungspflicht besteht (N 7).

Übernimmt der Verkäufer für bestimmte Eigenschaften eine **Garantie**, so ist dies meist nur als Zusicherung zu verstehen. *Garantiekarten, Werksgarantien* usw. enthalten nicht notwendig eine Besserstellung des Käufers, sondern meistens eine Modifikation der gesetzlichen Ansprüche, z.B. Ausschluss von Wandelung und Minderung, dafür aber *Nachbesserung oder Ersatzlieferung* (dazu Leu, 161 ff. und passim), u.U. verbunden mit einem Verzicht auf das Untersuchungs- und Rügeerfordernis (vgl. Art. 201 N 13) gelegentlich auch mit einer Garantie von mehr als zwei Jahren, also Fristverlängerung gegenüber Art. 210. Zu beachten ist, dass der Ausschluss bzw. die Einschränkung der gesetzlichen Ansprüche in der «Garantie» klar zum Ausdruck kommen muss; zumal der Begriff den Eindruck einer Besserstellung erweckt. Zu weit geht es, wenn man erwogen hat, den Ausdruck «Garantie» als unlauter zu verbieten, wenn die gesetzliche Gewährleistung beschränkt oder aufgehoben wird (so die Botschaft zum Konsumenteninformationsgesetz vom 7.5.1986, BBl 1986 II 354 ff., 365). Die Wendung *«volle Fabrikgarantie»*, mit dem Zusatz «weitergehende Ansprüche sind ausgeschlossen», ist nach dem BGer zu allgemein gehalten und erweckt beim Durchschnittskäufer den Eindruck, eben «voll» gesichert zu sein: Sie bewirkt daher keinen Ausschluss der gesetzlichen Ansprüche (BGE 91 II 344 E. 2b). Ebensowenig reicht der blosse Hinweis auf die *Garantie des Herstellers*, wenn deren Umfang dem Käufer nicht bekannt ist. Schlägt die Nachbesserung fehl, so leben die nicht gültig wegbedungenen, gesetzlichen Gewährleistungsansprüche wieder auf. Sind Wandelung und Minderung gültig wegbedungen worden, so gibt das BGer dem Käufer das Recht, in analoger Anwendung von Art. 107 eine Nachfrist zu setzen und nach deren fruchtlosem Ablauf vom Vertrag zurückzutreten (BGE 91 II 344 E. 3b). 4

Die **Produktehaftpflicht** (Honsell, Haftpflichtrecht, § 21), die nur Mangelfolgeschäden betrifft (Art. 1 PrHG), kann nach Art. 8 PrHG nicht wegbedungen werden, etwa durch einen entsprechenden Hinweis auf der Ware. Das hat nicht nur für die Herstellergarantie Bedeutung, sondern gilt in allen Fällen, in denen ein Händler nach dem PrHG haftet; wenn er selbst Hersteller oder Importeur ist, oder wenn er den Vorlieferanten nicht benennen kann (Art. 2 Abs. 1 lit. c und Abs. 2 PrHG). Schwenzer, Haftung, 199 m.w.Nw., vertritt die Auffassung, dass eine Haftung für Körperschäden generell (also vertragliche und deliktische Ansprüche) nicht ausgeschlossen werden kann. Nach § 475 BGB (neu) kann die Gewährleistung beim Verbrauchsgüterkauf nicht mehr ausgeschlossen oder beschränkt werden. 5

III. Konkurrierende Ansprüche

6 Soweit der Gewährleistungsausschluss zulässig ist, erstreckt er sich auf **konkurrierende Ansprüche** (BGE 107 II 166 m.Nw.). Das gilt für Ansprüche aus Art. 97 oder aus culpa in contrahendo; ferner für Deliktsansprüche des Käufers nach OR 41 ff. (h.L., vgl. BGE 107 II 161, 168 E. 8 mwN.; abw. FASTRICH, AJP 1995, 1115, 1119, der dies für eine Frage der Vertragsauslegung hält); ebenso für die Irrtumsanfechtung (BGE 126 III 59 = Pra 2000, 688 – Gallé, Vase de tristesse; mit Anm. ARNET, AJP 2000, 1162 ff.; BGer, 19.3.2014, 4A_538/2013, E. 6.1; BGE 91 II 275, 279 E. 2b; BK-GIGER, N 25; LÖRTSCHER, 125 f.). Danach verbietet es die Wegbedingung der Gewährleistung, das Vorhandensein der Eigenschaften als notwendige Vertragsgrundlage i.S.v. Art. 24 Abs. 1 Ziff. 4 zu betrachten. Die h.L. will allerdings gegenteilig entscheiden, wenn die Sachmängelhaftung nicht ausgeschlossen, sondern lediglich beschränkt wird, z.B. wenn der Käufer statt der Wandelung nur Nachbesserung verlangen kann (BGE 81 II 18, 21 E. 2; LÖRTSCHER, a.a.O.; KELLER/SIEHR, 112). Diese Differenzierung ist sachlich nicht einleuchtend. Ist die Wandelung in zulässiger Weise wegbedungen, so soll der Käufer nicht dasselbe Ergebnis auf dem Weg über die Irrtumsanfechtung erreichen können. BGE a.a.O. nimmt, ausgehend von der alternativen Anwendbarkeit, einfach an, dass der Vertrag und die Gewährleistungsbeschränkung mit der Irrtumsanfechtung entfallen, anstatt umgekehrt zu prüfen, ob mit der Beschränkung auf Nachbesserung die Berufung auf Irrtum wirksam wegbedungen ist.

Erfasst der Gewährleistungsausschluss auch die Irrtumsanfechtung, so kann doch die Auslegung des Gewährleistungsausschlusses eine Einschränkung seiner Reichweite ergeben. So soll die Klausel «die Sache wird in dem Zustand übergeben, in dem sie sich zur Zeit befindet, der Verkäufer übernimmt keinerlei Währschaft», den Mangel der Überbaubarkeit nicht ausschliessen und damit auch nicht den Irrtum (BGE 91 II 279 – zweifelhaft). Die Erklärung, die Vase sei «dans un état exempt de défauts», sowie die Bestätigung, dass sie in der Besitzzeit des Verkäufers weder beschädigt noch repariert worden sei, aber jegliche Gewährleistung für die Zeit vor seinem Besitz ausgeschlossen sei («toute garantie anterieure etant exclue»), schliesst die Gewährleistung und die Irrtumsanfechtung aus (BGE 126 III 59 = Pra 2000, 688 – die Vase war von einem Vorbesitzer wegen eines Sprunges um 2,6 cm gekürzt worden, was ihren Wert von CHF 400 000 auf CHF 20 000 reduzierte). Das BGer meint, die in gutem Glauben abgegebene Zusicherung der Mängelfreiheit sei wirksam wieder wegbedungen worden. M.E. hätte eine Interpretation von Zusicherung und Gewährleistung zulasten der Verkäuferin nähergelegen. Zur Frage der Konkurrenz von Sachgewährleistung und Irrtumsanfechtung s. Vor Art. 197–210 N 9 ff.

IV. Arglist

7 Die **Wegbedingung** ist *ungültig*, wenn der Verkäufer den Mangel **arglistig verschwiegen** hat. Arglistiges Verschweigen wird schon dann angenommen, wenn eine Aufklärungspflicht verletzt ist (BGE 116 II 431, 434; BGer, 13.7.2005, 4C.16/2005; 12.4.2011, 4A_70/2011, E. 4.1; 19.3.2014, 4A_538/2013 E. 5.1). Die Aufklärungspflicht kann sich aus Gesetz, Vertrag oder Treu und Glauben ergeben. Arglistig ist die Verheimlichen einer Tatsache bei deren Kenntnis der Käufer nicht oder nicht zu diesem Preis gekauft hätte. Verschweigen von Umständen, die einen Mangel nahelegen (OGer ZH, LB120027 – frühere Hangrutschung bei einem Nachbargrundstück); Die Beweislast für die Täuschung trägt der Käufer (BGE 131 III 145 E. 8.1). Arglist setzt **Kenntnis des Mangels** voraus, wobei dolus eventuals genügt (BGer 4A_196/2011). Kritisch zur Gleichsetzung von Arglist und Verletzung einer Aufklärungspflicht HONSELL, FS Gauch, 111. Trotz der anderslautenden Formulierung ist die Regelung inhaltlich identisch mit Art. 192 Abs. 3 (absichtlich verschwiegen) und Art. 203 (absichtliche Täuschung). In der Sache ist stets dasselbe gemeint. BGer, 13.7.2005, 4C.16/2005 (s.a. BGer, 25.2.2013, 4A_648/2012) hat zur Frage, ob eine **Aufklärungspflicht** besteht, umfangreiche Kriterien aufgestellt, die hier wegen ihrer Komplexität wörtlich wiedergegeben werden: «Eine Aufklärungspflicht kann sich aus einem Vertrags- oder Vertrauensverhältnis ergeben. So wird

insbesondere bei Vertragsverhandlungen ein Vertrauensverhältnis bejaht, welches die Parteien nach Treu und Glauben verpflichtet, einander in gewissem Masse über Tatsachen zu unterrichten, die den Entscheid der Gegenpartei über den Vertragsschluss oder dessen Bedingungen beeinflussen können (BGE 106 II 346, 351 E. 4a). In welchem Masse die Parteien einander aufzuklären haben, entscheidet sich nicht allgemein, sondern hängt von den Umständen des Einzelfalls, namentlich von der Natur des Vertrages, der Art wie sich die Verhandlungen abwickeln sowie den Absichten und Kenntnissen der Beteiligten ab (BGE 105 II 75, 80 E. 2a; 116 II 431, 434 E. 3a; BGer, 13.7.2005, 4C.16/2005). Grundsätzlich ist eine Aufklärungspflicht zu bejahen, wenn der Verkäufer annehmen muss, ein ihm bekannter Mangel könne den vom Käufer vorausgesetzten Verwendungszweck vereiteln oder erheblich beeinträchtigen (BGer, 6.9.2000, 4C.26/2000 E. 2a/bb). Keine Aufklärungspflicht besteht dagegen, soweit der Verkäufer nach Treu und Glauben annehmen durfte, der Käufer werde den wahren Sachverhalt ohne weiteres erkennen (BGE 116 II 431, 434 E. 3a; BGer, 6.9.2000, 4C.26/2000, E. 2a/bb). Dies trifft in der Regel zu, wenn der Käufer den wahren Sachverhalt bei gehöriger Aufmerksamkeit hätte erkennen sollen (BGE 102 II 81, 84 E. 2; 131 III 145, 151 E. 8.1). Entsprechend sieht Art. 200 Abs. 2 OR vor, dass für Mängel, die der Käufer bei gewöhnlicher Aufmerksamkeit hätte kennen sollen, der Verkäufer nur haftet, wenn er deren Nichtvorhandensein zugesichert hat. An die vom Käufer zu erwartende Aufmerksamkeit sind vor dem Abschluss des Kaufvertrages grundsätzlich keine hohen Anforderungen zu stellen, weil es zur Wahrung der Gewährleistungsrechte genügt, wenn er die Ware nach Empfang prüft, sobald es nach dem üblichen Geschäftsgang tunlich ist (Art. 201 Abs. 1 OR). Wurde die Gewährleistung jedoch wegbedungen, so akzeptiert der Käufer, dass er das Fehlen nicht zugesicherter Eigenschaften nachträglich grundsätzlich nicht mehr geltend machen kann (BGE 126 III 59, 66 E. 3). Deshalb kann in solchen Fällen vom Käufer eine Überprüfung der Ware vor dem Vertragsabschluss erwartet werden. Dies gilt in analoger Anwendung der Rsp. zur Arglist im Strafrecht dann nicht, wenn die Überprüfung nicht oder nur mit besonderer Mühe möglich und damit nicht zumutbar ist oder der Verkäufer den Käufer von der möglichen Überprüfung abhält oder nach den Umständen voraussieht, dass dieser die Überprüfung aufgrund eines besonderen Vertrauensverhältnisses unterlassen werde (vgl. BGE 128 IV 18 E. 3a; 126 IV 165 E. 2a; 125 IV 124, 127 f. E. 3). So kann eine Überprüfung zugesicherter Eigenschaften vor Abschluss des Kaufvertrages nicht erwartet werden (BGE 81 II 56 E. 2c).

Arglist kann nicht nur durch Verschweigen (dolus ommissivus), sondern auch durch *arglistige Vorspiegeln* (dolus commissivus) begangen werden. Der Arglist gleichgestellt wird (schon seit dem röm. Recht) die Zusicherung (BGer, 13.7.2005, 4C.16/2005). Eine wirksame Wegbedingung zugesicherter Eigenschaften ist ebenfalls nicht möglich (vgl. N 3). **8**

Art. 200

3. Vom Käufer gekannte Mängel

1 Der Verkäufer haftet nicht für Mängel, die der Käufer zur Zeit des Kaufes gekannt hat.

2 Für Mängel, die der Käufer bei Anwendung gewöhnlicher Aufmerksamkeit hätte kennen sollen, haftet der Verkäufer nur dann, wenn er deren Nichtvorhandensein zugesichert hat.

3. Défauts connus de l'acheteur

1 Le vendeur ne répond pas des défauts que l'acheteur connaissait au moment de la vente.

2 Il ne répond des défauts dont l'acheteur aurait dû s'apercevoir lui-même en examinant la chose avec une attention suffisante, que s'il lui a affirmé qu'ils n'existaient pas.

3. Difetti noti al compratore

1 Il venditore non risponde dei difetti noti al compratore al momento della vendita.

2 Dei difetti che il compratore avrebbe dovuto conoscere usando l'ordinaria diligenza, il venditore risponde solo quando abbia dichiarato che non sussistevano.

I. Allgemeines

1 Der Grundgedanke der Regelung ist das alte *caveat emptor*. Wer den Mangel bei Vertragsabschluss kennt oder ihn doch hätte erkennen können, erscheint nicht schutzwürdig, wenn er die Sache vorbehaltlos angenommen hat **(Genehmigungsfiktion)**. Die Vorschrift beruht auf dem gleichen Gedanken wie Art. 192 Abs. 2; freilich sind Tatbestand und Rechtsfolgen der beiden Normen nicht identisch. Der massgebliche Zeitpunkt ist der Vertragsschluss (BGE 117 II 259, 262 f.). Spätere Kenntnis schadet nicht, kann aber im Rahmen von Art. 201 relevant sein. Da der Käufer, der die Sache nicht in der gebotenen Weise untersucht, ohnedies nach Art. 201 die Mängelrechte verliert, werden an die gewöhnliche Aufmerksamkeit i.S.v. Abs. 2 keine zu hohen Anforderungen gestellt (vgl. N 3).

II. Voraussetzungen für den Gewährleistungsausschluss

2 **Abs. 1** verlangt **positive Kenntnis**. Diese liegt erst vor, wenn der Käufer die volle Bedeutung und Auswirkung des Mangels in sachlicher und wirtschaftlicher (und wohl auch rechtlicher) Hinsicht erkannt hat (BGE 66 II 137). Dazu gehört auch die Kenntnis, dass durch den Mangel Wert und Gebrauchstauglichkeit beeinträchtigt sind, welche Aufwendungen zur Beseitigung erforderlich sind usw. (BGE 66 II 137). Hat der Käufer nur einen von mehreren Mängeln erkannt, so ist die Haftung nur bez. dieses Mangels ausgeschlossen. Kannte der Käufer Niveauunterschiede der Hütte und Risse, die schon bei Vertragsschluss vorlagen, so begründen später auftretende Risse derselben Ursache keine Ansprüche (BGer, 2.12.2014, 4A_445/2013, E. 2; vgl. auch BGE 131 III 145 E. 6.) Handelt für den Käufer ein *Vertreter* (Art. 32 ff.), so ist die Kenntnis des Vertreters neben derjenigen des Vertretenen zu beachten. Der Begriff des *Mangels* ist in dem weiten, auch das Fehlen zugesicherter oder vorausgesetzter Eigenschaften umfassenden Sinne, zu verstehen. Hat der Verkäufer die Mangelbeseitigung zugesagt oder die Herbeiführung einer noch nicht vorhandenen Eigenschaft zugesichert, so schadet Kenntnis nicht.

3 Nach **Abs. 2** ist die Haftung des Verkäufers – sofern weder eine Zusicherung noch Arglist vorliegt – auch dann ausgeschlossen, wenn der Käufer den Mangel nicht kannte, ihn aber bei Anwendung *gewöhnlicher Aufmerksamkeit* hätte **kennen müssen**. Der Käufer ist nicht zu einer Prüfung der Sache gehalten, sondern nur zur Anwendung gewöhnlicher Sorgfalt bei Wahl und Besichtigung der Kaufsache (BGE 66 II 136 E. 5); daher besteht in diesem Stadium auch nicht die Notwendigkeit der Zuziehung von Sachverständigen (BGE, a.a.O.; BGE 131 III 145 E. 6.3 = Pra 2005, 389; s. aber Art. 201 N 5). Massgeblich sind die individuellen Fähigkeiten des Käufers, Verkehrssitte usw. (BGE 66 II 137; SJ 1981, 569). Besitzt der Käufer eine besondere Sachkunde, die dem Verkäufer fehlt (z.B. bei Inzahlungnahme eines Gebrauchtwagens), können die Anforderungen im Einzelfall strenger sein (s. z.B. BGE 95 II 125 – Kontrollpflicht des Schweizer Käufers einer italienischen Marmorpoliermaschine hinsichtlich inländischer Zulassungsvorschriften). Eine Beschränkung auf *grobe Fahrlässigkeit* (so BK-Giger, N 14, im Anschluss an § 460 BGB a.F.; Furrer, 40) lässt sich mit dem Gesetzestext nicht vereinbaren. Die Judikatur stellt aber an die gewöhnliche Aufmerksamkeit keine hohen Anforderungen, was praktisch auf einen Gewährleistungsausschluss nur bei grobfahrlässiger Unkenntnis hinausläuft (vgl. z.B. PKG 1975, 58 – schwarze Flecken auf einem Ledermantel, die auch bei schlechtem Licht sichtbar sind). Hatte der Käufer beim Unternehmenskauf im Rahmen einer sog. *Due-Diligence* Einblick in die relevanten Unternehmensdaten in einem Data-Room, so ist Unkenntnis von dort angeführten Daten fahrlässig iSd Abs. 2, so dass der Verkäufer nur noch für Zusicherungen und Arglist haftet (N 4). Zu beachten ist, dass der Käufer nach h.L. trotz Fahrlässigkeit immer noch wegen Grundlagenirrtums nach Art. 24. Abs. 1 Nr. 4 anfechten kann (Vor Art. 197–210 N 9). Ihn trifft dann freilich die Pflicht zur Erstattung des negativen Interesses nach Art. 26.

III. Kein Gewährleistungsausschluss bei Zusicherung oder absichtlicher Täuschung

Hat der Verkäufer die Mängelfreiheit oder eine Eigenschaft **zugesichert**, so schadet fahrlässige Unkenntnis nicht. Der Käufer muss in diesem Fall nicht einmal ein Mindestmass an Sorgfalt beachten (BGE 81 II 58; BGer, ZBGR 1990, 367, 368 f.). An eine Zusicherung i.S.v. Abs. 2 wird man höhere Anforderungen stellen können als an die i.S.v. Art. 197 (dort N 14), weil regelmässig nur eine klare und ausdrückliche Zusicherung des Verkäufers die Sorgfaltsobliegenheit des Käufers suspendieren kann. Der Zusicherung wird die **absichtliche Täuschung** (dazu Art. 28, 203) gleichgestellt (BGE 66 II 138; BGer, 20.5.2014, 4A_619/2013, E. 4); der arglistige Verkäufer kann also nicht einwenden, der Mangel sei erkennbar gewesen. 4

IV. Abdingbarkeit

Die Vorschrift ist **dispositiv**; sie kann ausgeschlossen, abgemildert oder verschärft werden. 5

V. Beweislast

Die **Beweislast** für Kenntnis bzw. Kennenmüssen des Käufers trägt der *Verkäufer*. Dagegen muss der *Käufer* die Zusicherung oder die Täuschung beweisen. 6

VI. Wiener Kaufrecht

Nach Art. 35 Abs. 3 **WKR** entfällt die Haftung des Verkäufers wegen Vertragswidrigkeit der Ware, wenn der Käufer diese *kannte* oder darüber nicht in *Unkenntnis* sein konnte. Das Letztere wird gelegentlich i.S.v. grob fahrlässiger Unkenntnis interpretiert (von Caemmerer/Schlechtriem, Art. 35 WKR N 32). 7

Art. 201

4. Mängelrüge
a. Im Allgemeinen

[1] Der Käufer soll, sobald es nach dem üblichen Geschäftsgange tunlich ist, die Beschaffenheit der empfangenen Sache prüfen und, falls sich Mängel ergeben, für die der Verkäufer Gewähr zu leisten hat, diesem sofort Anzeige machen.

[2] Versäumt dieses der Käufer, so gilt die gekaufte Sache als genehmigt, soweit es sich nicht um Mängel handelt, die bei der übungsgemässen Untersuchung nicht erkennbar waren.

[3] Ergeben sich später solche Mängel, so muss die Anzeige sofort nach der Entdeckung erfolgen, widrigenfalls die Sache auch rücksichtlich dieser Mängel als genehmigt gilt.

4. Vérification de la chose et avis au vendeur
a. En général

[1] L'acheteur a l'obligation de vérifier l'état de la chose reçue aussitôt qu'il le peut d'après la marche habituelle des affaires; s'il découvre des défauts dont le vendeur est garant, il doit l'en aviser sans délai.

[2] Lorsqu'il néglige de le faire, la chose est tenue pour acceptée, à moins qu'il ne s'agisse de défauts que l'acheteur ne pouvait découvrir à l'aide des vérifications usuelles.

[3] Si des défauts de ce genre se révèlent plus tard, ils doivent être signalés immédiatement; sinon, la chose est tenue pour acceptée, même avec ces défauts.

4. Verifica della cosa e avviso al venditore
a. In genere

[1] Il compratore deve esaminare lo stato della cosa ricevuta, tosto che l'ordinario andamento degli affari lo consenta, e, se vi scopre difetti di cui il venditore sia responsabile, dargliene subito notizia.

[2] Diversamente la cosa venduta si ritiene accettata, purché non si tratti di difetti non riconoscibili mediante l'ordinario esame.

[3] Ove tali difetti si scoprano più tardi, dev'esserne data notizia subito dopo la scoperta, altrimenti la cosa si ritiene accettata anche rispetto ai medesimi.

I. Allgemeines. Normzweck

1 Die Vorschrift trägt einem allgemeinen Interesse an der **prompten Abwicklung** von Kaufverträgen Rechnung, die nicht durch eine verzögerte Berufung auf (angebliche) Mängel in Frage gestellt werden soll. Es soll für den Verkäufer möglichst bald feststehen, ob der Käufer die Sache beanstandet. Auch wäre es rechtsmissbräuchlich, wenn der Käufer die Sache in Kenntnis des Mangels weiter benutzen würde (ähnlich BGE 88 II 365). Hinzu kommen Fragen der **Beweisklarheit**. Der Verkäufer haftet für Mängelfreiheit im Zeitpunkt des Gefahrübergangs. Ein späteres Veränderungsrisiko, z.B. infolge eines unsachgemässen Gebrauchs der Sache durch den Käufer, soll nicht zu seinen Lasten gehen. Eine Beweiserleichterung für den Verkäufer ergibt sich aus Art. 201 nicht (**anders** offenbar BGE 63 II 406); denn die Beweislast für die Mangelhaftigkeit trägt – jedenfalls nach Abnahme der Sache – ohnehin der Käufer. Die Begünstigung des Verkäufers im Interesse der Verkehrssicherheit und der raschen Schaffung von Klarheit bedeutet freilich eine *Benachteiligung des Käufers* (krit. zur geltenden Regelung Bucher E., SJZ 1971, 1 ff., auch rechtsvergleichend). *De lege lata* sollte man den Bedenken dadurch Rechnung tragen, dass man die Anforderungen an die Untersuchung (entgegen einer Tendenz der Judikatur) nicht überspannt. Vor allem ist die Berechtigung der gesetzlichen Regelung zweifelhaft, wenn der Käufer nicht Kaufmann ist. Im nichtkaufmännischen Verkehr wird namentlich auch die Rügefrist länger zu bemessen sein (Bucher E., SJZ 1971, 71; zustimmend BK-Giger, N 16; s. N 9; ebenso Bähler, 145). Der Entwurf eines Bundesgesetzes über die Änderung des Obligationenrechts, der eine Beschränkung des Art. 201 auf den kaufmännischen Verkehr vorgesehen hatte, wurde vom EJPD wieder zurückgezogen. Die Untätigkeit des Gesetzgebers ist unverständlich, steht doch die strenge Rügeobliegenheit in Widerspruch zu dem von ihm propagierten Konsumentenschutz.

2 Trotz des Wortlauts des Gesetzes *(«Der Käufer soll [...] prüfen und [...] Anzeige machen»)* handelt es sich nicht um eine Pflicht, sondern lediglich um eine **Obliegenheit**. Der Käufer, der diese Obliegenheit unterlässt, wird nicht schadenersatzpflichtig, sondern erleidet einen rechtlichen Nachteil, welcher darin besteht, dass die gekaufte Sache als genehmigt gilt (Abs. 2); er verliert also seine Gewährleistungsrechte.

II. Anwendungsbereich

3 Die Prüfungs- und Rügelast gilt sowohl für den *kaufmännischen* wie für den *nichtkaufmännischen Verkehr*. Sie gilt für den **Fahrnis-** und für den **Grundstückkauf** (BGE 104 II 268 = Pra 1979, 123 ff.; BGE 98 II 191; 81 II 60; BGer, ZBGR 1990, 367, 369; BGer, 2.11.2009, 4A_367/2009); auch für den **Unternehmenskauf** (BGE 107 II 422 E. 2 – Prüfung eines Warenlagers; *BGer, 14.1.2013*, 4A_321/2012); ebenso für den **Stückkauf** wie für den **Gattungskauf**. Verlangt der Käufer nach Art. 206 *Nachlieferung*, so setzt dies ebenfalls rechtzeitige Rüge voraus. Eine Untersuchung und Anzeige nach Art. 201 ist freilich entbehrlich, wenn der Käufer die Vertragsmässigkeit der Ware sogleich beanstandet, die Ware nicht abnimmt und ordnungsgemässe Erfüllung verlangt. Zur *aliud*-Lieferung s. Art. 206 N 3.

Art. 201 gilt für jeden Sachmangel, also auch für das Fehlen zugesicherter oder vorausgesetzter *Eigenschaften* (BGE 107 II 419; 81 II 57; 22, 138; BGer, *14.1.2013*, 4A_321/2012 E. 4.2; **anders** offenbar BGE 67 II 135). Der Käufer darf sich also nicht auf die Zusicherung verlassen, sondern muss prüfen, ob die zugesicherten oder vorausgesetzten Eigenschaften wirklich vorliegen. Einschränkend allerdings BGE 104 II 268 = Pra 1979, 123 ff., wonach beim Verkauf von Bauland das Fehlen eines zugesicherten Kanalisations- und Wasseranschlusses, das bei einer äusserlichen Besichtigung nicht erkennbar ist, nach der späteren Entdeckung noch gerügt werden kann (ebenso RVJ 1990, 160; 1987, 219).

Soweit nach der Judikatur die Art. 97 ff. bei Sachmängeln konkurrierend zugelassen werden (s. Vor Art. 197–210 N 6), gilt Art. 201 auch für vertragliche Ansprüche auf **Schadenersatz wegen Nichterfüllung** (BGE 133 III 335 E. 2; 108 II 104; 96 II 115; 90 II 86; 77 II 249; 63 II 407; 58 II 212; zustimmend BUCHER, BT, 107; BÄHLER, 157 ff.; **abl.** BK-GIGER, N 101). Auf Ansprüche aus einer *selbständigen Garantie* ist Art. 201 allerdings nicht anwendbar (BGer, *14.1.2013*, 4A_321/2012, E. 4.2 mit Anm. WOLF/EHRSAM, GesKR 2013, 299 ff.). Nach der Judikatur ist die Vorschrift auch auf den konkurrierenden **Deliktsanspruch** nach Art. 41 ff. anzuwenden (BGE 67 II 137; offen gelassen in BGE 90 II 89 E. 2; **abl.** BUCHER, BT, 107; CAVIN, SPR VII/1, 113; BK-GIGER, N 103).

Grundlagenirrtum nach Art. 24 Abs. 1 Ziff. 4 steht nach h.L. mit Sachmängelgewährleistung gemäss Art. 197 ff. in elektiver Konkurrenz (Vor Art. 197–210 N 9). Die Irrtumsanfechtung setzt eine rechtzeitige Rüge nicht voraus, bleibt also auch bei versäumter Prüfung und Rüge zulässig (BGE 107 II 419, 421). Art. 201 ist nicht anwendbar. Eine verspätete Prüfung und Anzeige kann jedoch fallweise nach Art. 25 und 26 zu beurteilen sein (BGE, a.a.O.). Auch für die Verletzung einer **Nebenpflicht** gilt Art. 201 nicht (BGE 96 II 115 – «komplett neutrale Verpackung»; 102 II 413 – Werkvertrag; GAUCH/SCHLUEP/SCHMID/EMMENEGGER, N 3580). **4**

III. Prüfung der Sache

Umfang und Intensität der **Prüfung** ergeben sich aus *Verkehrssitte* und *Usancen*. Mängel, die bei einer übungsgemässen Untersuchung nicht erkennbar sind (*geheime Mängel*, s. N 11), bleiben ausser Betracht. Der Käufer ist nicht verpflichtet, nach ihnen «zu fahnden» (BGE 76 II 224). Er ist grundsätzlich auch nicht verpflichtet, einen *Sachverständigen* beizuziehen, sofern keine besonderen Verdachtsgründe vorliegen (BGE 131 III 145 = Pra 2005 Nr. 50; SJ 1956, 272). Dies gilt insb. für den *Nichtkaufmann* (vgl. BGE 63 II 408; 59 II 313; 46 II 37). Von ihm ist die Beiziehung eines Fachmanns nicht verlangt, auch wenn ihm die notwendige Fachkenntnis fehlt (BGE 76 II 224). Für den Nichtkaufmann beschränkt sich die Prüfung auf solche Mängel, die dem durchschnittlichen, aufmerksamen Käufer bei einer Kontrolle nicht verborgen bleiben (BK-GIGER, N 48; FURRER, 49 f.; BUCHER, BT, 21). Im *kaufmännischen Verkehr* kommt es auf die Branchenübung an (BGE 76 II 223). So wird z.B. bei Verdacht von Weinverfälschung die Analyse eines Lebensmittelchemikers notwendig sein (vgl. z.B. BGE 26 II 795; 22, 137 ff.). Stellt ein Weinhändler einen «bockartigen Geruch und Geschmack» des Weines fest, so muss er sogleich rügen und kann nicht das Urteil eines Experten abwarten (RVJ 1980, 212 ff.). Im Kunst- und Antiquitätenhandel werden Expertisen zum Zwecke der Prüfung nur erstellt, sofern Verdachtsmomente bez. Echtheit, Originalität usw. vorhanden sind (BK-GIGER, N 47 m.Nw.). Bei umfangreichen Lieferungen genügen *Stichproben* (BGE 52 II 367; RVJ 1980, 212 ff.; 1988, 219 – Serienartikel). Ist die Stichprobe mangelhaft, so gilt dies für die gesamte Ware (BGE 34 II 408). Wer die Stichprobe unterlässt, kann nicht einwenden, dass er bei einer Stichprobe den Mangel vermutlich nicht entdeckt hätte. Die Beschränkung auf Stichproben ist insb. dort zulässig und notwendig, wo *originalverpackte Ware* (Konservendosen, Weinflaschen usw.) geöffnet werden muss. Da die Stichprobe zerstört werden muss, ist der Umfang gering zu halten (vgl. z.B. ZBJV 1947, 85 – eine bis zwei von 3500 Packungen Orangenblütentee; RGZ 106, 359 – zehn Dosen von 5000). **5**

Zu einer **branchenüblichen Untersuchung** kann auch die *Verarbeitung der Ware* gehören (BGE 76 II 223). Der Käufer ist aber nicht verpflichtet, die Ware zwecks Prüfung sofort zu verarbeiten (BGE, a.a.O.). GVP 1968, 50 lässt Prüfung von Fensterhebern erst anlässlich ihres Einbaus genügen (die Anfertigung eines Probestückes verlangt hingegen ZR 1936, 248 f.). Bei Maschinen können *Probeläufe* notwendig sein, u.U. auch die Aufnahme der Produktion. Ist die Ware zur *Weiterveräusserung* bestimmt, so muss der Erstkäufer, sofern nichts anderes vereinbart ist (SJZ 1945, 275), die Ware dennoch *selbst prüfen* (SJ 1953, 92); anders, **6** wenn die Ware auf Weisung des Käufers direkt an den Drittabnehmer geliefert wird (SJZ 1956, 81; für das *indirekte Leasing* s. Einl. vor Art. 184 ff.); anders auch bei Weiterverkauf verpackter Originalware, wenn die Prüfung wirklich untunlich ist (BGE 20, 1068). Der Käufer kann zuerst abklären, ob sein Abnehmer die Ware beanstandet (SJ 1950, 273). Im Übrigen sind abweichende Vereinbarungen und Usancen möglich (SJZ 1945, 275).

Bei **Teillieferungen** soll jede Lieferung zu prüfen sein (ZR 1981, 212, 216; 1907, 221). Dagegen lässt BGE 41 II 736 eine optische Prüfung der täglich in eine Käserei gelieferten Milch genügen und verlangt eine genauere Prüfung nur bei entsprechenden Anhaltspunkten. Die Untersuchungspflicht gilt auch beim Kauf nach Muster gem. Art. 222 OR (BGE 18, 350, 353 – zum aOR). Hat der Käufer ein **Muster** erhalten, so muss er sowohl dieses als auch die Ware prüfen. Das gilt auch für sog. Ausfallmuster (vgl. zu diesen Art. 222 N 6). Die Genehmigung nach Art. 225 beim **Kauf auf Probe** bedeutet nicht ohne weiteres Rügeverlust (ZR 1952, 323). Beim **Grundstückkauf** darf sich der Käufer auf den Grundbuchplan verlassen; zu einer Vermarkung und Vermessung ist er nicht verpflichtet (BGE 98 II 191; RVJ 1969, 328 – jedenfalls, soweit das Mindermass bei einer Besichtigung nicht erkennbar ist). Beim Hausverkauf dürfen keine aussergewöhnlichen Anforderungen gestellt werden: Der Käufer muss das Dach nicht mit dem Feldstecher untersuchen (KOLLER A., Grundstückkauf, N 281 m.Hw. auf SJZ 1956, 27).

7 Die **Kosten** der Untersuchung trägt der Käufer. Ist die Sache mangelhaft, kann er Kostenerstattung im Rahmen von Art. 208 Abs. 2 verlangen.

IV. Ort und Zeit der Prüfung

8 Die Prüfung erfolgt grundsätzlich am **Ort** der Ablieferung (BGE 88 II 366; SJZ 1969, 13 – am Grenzort nur oberflächliche Prüfung auf Transportschäden). Ein anderer Prüfungsort kann sich aus Parteivereinbarung, aus dem «üblichen Geschäftsgang» oder aus dem Zweck der Vorschriften über die Mängelrüge ergeben. An einem andern Ort muss der Käufer die Prüfung nicht vornehmen; er kann es jedoch, wenn hierdurch keine Verzögerung entsteht. Ablieferungsort ist derjenige Ort, an dem die *Verfügungsgewalt* über die Sache auf den Käufer übergeht, so dass er in der Lage ist, die Sache zu prüfen oder prüfen zu lassen (BGE 88 II 366). Ablieferung an *Spediteur* oder *Frachtführer* reicht nur, wenn es sich hierbei um einen *Vertreter* des Käufers handelt (SJZ 1969, 14). Auch hier kommt es aber auf die Umstände des Einzelfalles und etwaige Handelsbräuche an (BGE 88 II 368). Solche Umstände liegen z.B. vor, wenn die Sache am Ablieferungsort mangels technischer Einrichtungen nicht untersucht werden kann. Wird die Ware direkt an den Kunden des Käufers geliefert, so ist sie dort zu prüfen.

9 Die **Frist** der Untersuchung: *Sobald es nach dem üblichen Geschäftsgange tunlich ist.* Das Gesetz sieht keine starre, nach Tagen oder Wochen bemessene Frist vor. Massgebend sind Umstände des Einzelfalles, Branchenübung, Natur der Kaufsache, Art des Mangels (BGE 81 II 56). Bei verderblicher Ware (Südfrüchte, Gemüse) kann die Frist u.U. nur Stunden betragen: SJZ 1965, 327 – Usancen des Gemüsehandels «unverzüglich»; nach zwei Tagen verspätet; weniger streng BGE 18, 348, 353 – Südfrüchte «im Laufe der allernächsten Tage»; nach acht Tagen verspätet; allerdings nur obiter zu Südfrüchten, in casu ging es um Rosinen. Bei Lieferung von Orangen ist die Rüge nach neun Tagen verspätet (SJ 1964, 158). Zürcher Platzusancen für den Handel mit Seidenstoffen: sechs Tage (BGE 47 II 161). Bei Masshemden höchstens acht Tage (GVP 1972, 50). Im Weinhandel acht Tage, da der Wein zunächst ruhen muss (ZBJV 1947, 127 ff.; s.a. BGE 26 II 194 – neun Tage rechtzeitig). Baumsetzlinge die verdorren, wegen zu sandiger Wurzelballen (BGer, 4.1.2011, 4D_4/2011 nur zwei bis drei Tage, weil das Gericht von einem offenkundigen Mangel ausging, zweifelhaft). Längere Fristen bestehen namentlich bei technischen Geräten (SJ 1956, 457 – längere Versuchszeit für Backofen); ebenso, wenn das Gerät erst später ausprobiert werden kann (BGE 72 II 417 –

Kauf eines Schneepfluges im Sommer); beim Kauf eines Dieselaggregats ist 23 Tage nach Inbetriebnahme die Rügefrist versäumt (OGer AR, GVP 1994, 83 f.). Beim Kauf von Software sollen an die Rechtzeitigkeit der Mängelrüge keine allzu hohen Anforderungen zu stellen sein (Morscher, SZW 1999, 61, 71). Beim Grundstückkauf gelten nach h.L. im Schrifttum längere Untersuchungsfristen (BK-Giger, N 38; Koller A., Grundstückkauf, N 280); dagegen hält das BGer daran fest, dass auch bei Liegenschaften Mängel, die ohne weiteres feststellbar sind, unverzüglich gerügt werden müssen (BGer, ZBGR 1990, 369 – teilweise Unbebaubarkeit, die aus dem Zonenplan ersichtlich ist; BGE 81 II 60; 107 II 172 – Rüge der Undichtigkeit eines Daches: nach ca. 20 Tagen verspätet). Nur bei Vorliegen besonderer Gründe kann eine Frist von einigen Wochen oder gar Monaten zugestanden werden (BGer, ZBGR 1990, 369; BGE 81 II 60 nennt als Bsp. Isolierungsmängel, die erst bei entsprechender Aussentemperatur festgestellt werden können). Die Frage ist im Hinblick auf die zumeist gegebene Möglichkeit der Geltendmachung eines Grundlagenirrtums (vgl. N 4) von untergeordneter Bedeutung. Beim Kauf eines Occasionsautos wurden ca. drei Wochen als rechtzeitig betrachtet (ZBJV 1950, 322 – hoher Benzinverbrauch, Abnutzung); zwei Monate als verspätet (BGE 46 II 55). Die Anforderungen an Intensität und Promptheit der Untersuchung sind beim *Nichtkaufmann* grundsätzlich geringer als beim Kaufmann (BK-Giger, N 43 m.Nw.; Bähler 145; s. N 1). Für die Rechtzeitigkeit der Untersuchung gilt ein objektiver Massstab, so dass Verhinderung aus persönlichen Gründen nicht entschuldigt. Auch hier sollte aber für den nichtkaufmännischen Verkehr ein weniger strenger Massstab gelten (Furrer, 52). Zur Abänderung der Rügefrist s. N 13 und Art. 210 N 5.).

V. Rüge

1. Inhalt

Der Käufer muss einen konkreten Mangel **substanziiert** rügen. Die **Rüge** muss den Verkäufer in die Lage setzen, «den Umfang der Beanstandung bestimmt zu ermessen» (BGE 22, 503). Eine allgemein gehaltene Mängelrüge genügt nicht (SJ 1950, 273; Rep 1941, 274). Notwendig ist die Angabe, inwiefern die Kaufsache den vertraglich vorausgesetzten oder zugesicherten Eigenschaften nicht entspricht (BGer, 28.5.2002, 4C.395/2001 = Pra 2003, 578; BGE 114 II 239 E. 5a/aa; vgl. auch BGE 100 II 30, 32 E. 2; 124 III 456 E. 4d/aa – zum Werkvertrag). Die Anforderungen an die inhaltliche Substanziierung ergeben sich aus dem Zweck der Anzeige, die dem Verkäufer die Art, den Umfang und die Gründe der Beanstandung zur Kenntnis bringen soll. Welche Angaben zu diesem Zweck erforderlich sind, hängt von den Umständen ab (BGer, 28.5.2002, 4C.395/2001; BGE 22, 498, 503, E. 2); Eine allgemeine Äusserung der Unzufriedenheit ohneAngabe konkreter Mängel genügt nicht. Beim Kauf von Ahorn-Rundhölzern ist die Rüge, die Lieferung liege qualitativ weit hinter früheren Lieferungen, viele Stämme wiesen lediglich Emballage-Qualität auf und könnten daher von der Käuferin nicht verarbeitet werden, hinreichend substantiiert (BGer, 28.5.2002, 4C.395/2001, E. 2.3 = Pra 2003, 578). Die Rüge muss zum Ausdruck bringen, dass der Käufer Gewährleistung verlangen oder Annahme der Sache verweigern will (SJ 1980, 410 ff.). Sein Wahlrecht (Wandelung, Minderung usw.) muss der Käufer noch nicht in der Anzeige ausüben (BJM 1973, 294 ff.). Ist ein Nachbesserungsrecht vereinbart, so gilt die Rückgabe der Sache zur Reparatur als Rüge. Die Rüge bedarf keiner **Form** (BGE 101 II 84; 107 II 175). Es handelt sich um eine *empfangsbedürftige Wissenserklärung*, um eine Vorstellungsäusserung (BGE 107 II 437); die entsprechende Anwendung der Vorschriften über Willenserklärung ist vielfach möglich und geboten. Die Anzeige muss dem Verkäufer oder seinem Vertreter zugehen. Die *Verlustgefahr* trägt der Käufer (ZK-Oser/Schönenberger, N 40; **a.M.** BK-Giger, N 91). Macht der Käufer rechtzeitige Mängelrüge glaubhaft, so wird dem Verkäufer die *provisorische Rechtsöffnung* verweigert (OGer UR, RBUR 1990, 60). 10

2. Frist

11 **Rügefrist**: *Offenkundige Mängel* müssen *sofort nach der Ablieferung* gerügt werden (SJ 1957, 519) d.h. in zwei bis drei Werktagen (BGer, 1.4.2011, 4D_4/2011; 2.11.2009, 4A_367/2009). Mängel, die sich erst bei der Untersuchung ergeben, sind sofort im Anschluss an diese zu rügen. Die Handelsusancen rechnen Untersuchungs- und Rügefrist zusammen. Teilweise Unbebaubarkeit, die aus dem Zonenplan ersichtlich ist, ist offenkundiger Mangel, der unverzüglich gerügt werden muss (BGer, ZBGR 1990, 369).

Versteckte (geheime) Mängel, d.h. solche, die bei ordnungsgemässer Untersuchung nicht erkennbar sind, sind gemäss Abs. 3 *sofort nach der Entdeckung* zu rügen. Entdeckt ist der Mangel, sobald der Käufer sichere Kenntnis hat (SJ 1963, 239), also mit zweifelsfreier Feststellung (BGE 107 II 175 E. 1a; 117 II 427; OGer LU, LGVE 1992 I 27= ZBJV 1993, 711). Nach BGer, 14.1.2013, 4A_321/2012 (mit Anm. WOLF/EHRSAM GesKR 2013, 299 ff.) soll es nicht auf die Kenntnis ankommen, sondern auf das Kennenmüssen bei Anwendung der gebotenen Aufmerksamkeit. Das soll gelten für geschäftserfahrene, durch Anwälte beratene Parteien. In concreto handelte es sich freilich um den Sonderfall einer Korrekturbuchung, die der für die Jahresrechnung verantwortliche Verwaltungsrat kennen musste. Grundsätzlich ist jedoch bei einer vertraglichen Vereinbarung, die den Fristbeginn wortgleich mit Abs. 3 an die Entdeckung knüpft, dieser Begriff i.S. der st. Rsp. zu interpretieren und nicht auf Kennenmüssen zu erweitern. Auf Art. 201 Abs. 3 und die hierzu ergangene, vorstehend zitierte Judikatur geht das BGer nicht ein. Fehlt einem Grundstück eine zugesicherte rechtliche Eigenschaft, so ist zweifelsfreie Feststellung gegeben, wenn die Baubehörde mitteilt, dass die vom Verkäufer zugesicherte Ausnützung nicht zulässig ist (LGVE, a.a.O. – zum Ausmass der Bebauung). Die Rechtzeitigkeit ist nicht von Amtes wegen zu prüfen (BGE 107 II 50, 54; BGer, ZBGR 1990, 367, 369). Die Rüge ist vier Tage nach Erlangung sicherer Kenntnis noch rechtzeitig, wenn dazwischen ein Sonntag liegt (BGE 76 II 225). Nimmt die Prüfung (durch Expertise) längere Zeit in Anspruch, so hat die Anzeige um so rascher zu erfolgen (RVJ 1967, 263); drei Wochen nach Eingang der Expertise ist verspätet (RVJ 1990, 158). Eine Sondermeinung empfiehlt für alle Fälle allgemein eine Frist von sieben Tagen (ZEHNDER, SJZ 2000, 545, 548).

VI. Rechtsfolge

12 Die Rechtsfolge des Prüfungs- bzw. Rügeversäumnisses ist die **Genehmigungsfiktion** nach Abs. 2. Die gekaufte Sache gilt als genehmigt, d.h. die Gewährleistungsansprüche entfallen. Zur Erstreckung der Genehmigungsfiktion auf konkurrierende Ansprüche s. N 3. Die Genehmigungsfiktion bei unterlassener Untersuchung bzw. Rüge erstreckt sich lediglich auf erkennbare Mängel (vgl. Abs. 2). Hat der Käufer die Untersuchung unterlassen, so kann er geheime Mängel gleichwohl noch rügen. Die Genehmigungsfiktion entfällt bei *absichtlicher Täuschung* (vgl. Art. 203).

VII. Abweichende Vereinbarungen

13 Die Vorschrift ist **dispositiv**. Die Parteien können die Untersuchungs- und Rügeobliegenheit sowohl verschärfen als auch mildern oder gänzlich abbedingen. Auch kann die Frist verlängert oder verkürzt werden; beachte aber die Einschränkungen beim Konsumentenkauf (Art. 210 N 5). Die Vereinbarung einer **Garantiefrist** wird gelegentlich im Sinne einer von Art. 201 abweichenden Untersuchungs- oder Rügefrist ausgelegt (Näheres dazu bei Art. 210 N 5). Eine einseitige Rügefristansetzung auf der Rechnung ist nicht verbindlich (GVP 1972, 50).

VIII. Beweislast

Der Käufer trägt nach Art. 8 ZGB die **Beweislast** für die ordnungsgemässe und rechtzeitige Rüge und den Zeitpunkt der Kenntnis vom Mangel (BGer, 20.7.2011, 4A_4/2011; BGE 21, 577).; denn dies sind Anspruchsvoraussetzungen (BGE 118 II 147 – zum Werkvertrag); **a.M.** BUCHER E. (ZSR 1983 II 343), der jedenfalls bei versteckten Mängeln dem *Verkäufer* die Beweislast für die Verspätung aufbürden will. **14**

IX. IPR und Wiener Kaufrecht

Nach **Art. 118 IPRG** und **Art. 4 Haager Übereinkommen betr. internationale Kaufverträge** (SR 0.221.211.4) ist für Form und Frist von Prüfung und Mitteilung das Recht des Ortes massgeblich, an dem die Sache nach dem Vertrag zu prüfen ist. **15**

Eine Untersuchungs- und Rügelast enthalten auch **Art. 38 f. WKR**. Zur Substantiierung der Mängelrüge nach Art. 39 WKR vgl. BGE 130 III 258 E. 4.3 f. (a.a.O., E. 5.3 erfolgt eine ausführliche Erörterung der Beweislastfrage). Die Untersuchungsfrist ist *so kurz* [...] *wie es die Umstände erlauben*. Die Anzeige hat nach **Art. 39 Abs. 1 WKR** *innerhalb angemessener Frist* nach Feststellung oder Entdeckungsmöglichkeit zu erfolgen. Die Versäumung der Frist ist unschädlich, wenn der Käufer eine vernünftige Entschuldigung hat (Art. 44). Im Übrigen gilt die Frist von **Art. 39 Abs. 2 WKR**: Der Käufer verliert das Recht, sich auf die Vertragswidrigkeit der Kaufsache zu berufen, wenn er sie nicht spätestens innerhalb von zwei Jahren seit der Übergabe der Sache anzeigt. Es handelt sich um eine *Präklusions-* nicht um eine Verjährungsfrist. Sie ist also *von Amtes wegen* zu beachten und kann weder gehemmt noch unterbrochen werden. Zu ihrem Verhältnis zur Verjährungsfrist von Art. 210 s. dort N 8.

Art. 202

b. Beim Viehhandel

1 Enthält beim Handel mit Vieh die schriftliche Zusicherung keine Fristbestimmung und handelt es sich nicht um Gewährleistung für Trächtigkeit, so haftet der Verkäufer dem Käufer nur, wenn der Mangel binnen neun Tagen, von der Übergabe oder vom Annahmeverzug an gerechnet, entdeckt und angezeigt wird, und wenn binnen der gleichen Frist bei der zuständigen Behörde die Untersuchung des Tieres durch Sachverständige verlangt wird.

2 Das Gutachten der Sachverständigen wird vom Richter nach seinem Ermessen gewürdigt.

3 Im Übrigen wird das Verfahren durch eine Verordnung des Bundesrates geregelt.

b. Dans le commerce du bétail

1 Lorsque, dans le commerce du bétail, le délai n'est pas fixé par écrit et que la garantie ne concerne pas le fait que l'animal vendu serait portant, le vendeur n'est responsable envers l'acheteur que si les défauts ont été découverts et signalés dans les neuf jours à partir de la délivrance ou de la demeure de prendre livraison, et si, dans le même délai, l'autorité compétente a été requise d'ordonner un examen de l'animal par des experts.

2 Le juge apprécie librement le rapport d'expertise.

3 La procédure est réglée par une ordonnance du Conseil fédéral.

b. Nel commercio del bestiame

1 Nel commercio del bestiame, se la garanzia scritta non stabilisce alcun termine e se non trattasi di garanzia della gravidanza, il venditore è responsabile verso il compratore solo quando il difetto sia scoperto e notificato entro nove giorni dalla consegna o dalla mora nell'accettazione e entro lo stesso termine sia chiesto all'autorità competente l'esame dell'animale a mezzo di periti.

2 Il parere dei periti è apprezzato dal giudice secondo il prudente suo criterio.

3 La procedura sarà del resto stabilita da un regolamento del Consiglio federale.

1 Für den Handel mit Vieh (Pferde, Esel, Maultiere, Rindvieh, Schafe, Ziegen, Schweine) wird die Sachmängelhaftung erheblich eingeschränkt: Der Verkäufer haftet nur für *schriftliche Zusicherung* und bei absichtlicher Täuschung. Die Regelung begünstigt den Verkäufer (Kritik bei BK-GIGER, Art. 198 OR N 11). Für sonstige Haustiere (Hunde, Katzen, Vögel usw.) und für Wildtiere gilt das allgemeine Sachmängelrecht. Das BGB hat die Viehmängelhaftung beseitigt. Eine zweijährige Verjährungsfrist (§ 438 BGB neu) ist aber für lebende Organismen zu lang. Sie trägt dem Veränderungsrisiko beim Käufer nicht Rechnung.

2 Viehmängel müssen innerhalb einer **Frist von neun Tagen**, gerechnet von der Übergabe oder vom Annahmeverzug, entdeckt bzw. angezeigt werden. Zudem muss in derselben Frist bei der zuständigen Behörde die Untersuchung des Tieres durch Sachverständige verlangt werden. Das Nähere regelt nach Abs. 3 eine *Verordnung* betr. das Verfahren bei Gewährleistung im Viehhandel vom 14.11.1911 (SR 221.211.22).

Die Neuntagesfrist gilt nicht für eine **Trächtigkeitszusage** (Abs. 1), weil die Trächtigkeit zur Zeit der Schaffung des OR in dieser Frist nicht festgestellt werden konnte. Hier bleibt es also bei Art. 201. Die Ausnahme für die Trächtigkeitszusage kann auf andere Fälle nicht erstreckt werden (BGE 86 II 30 – fehlende Sprungfähigkeit des Stieres «Harald»).

Art. 203

5. Absichtliche Täuschung	**Bei absichtlicher Täuschung des Käufers durch den Verkäufer findet eine Beschränkung der Gewährleistung wegen versäumter Anzeige nicht statt.**
5. Effets du dol du vendeur	Le vendeur qui a induit l'acheteur en erreur intentionnellement ne peut se prévaloir du fait que l'avis des défauts n'aurait pas eu lieu en temps utile.
5. Dolo del venditore	Il venditore che abbia intenzionalmente ingannato il compratore non può invocare la limitazione dell'obbligo della garanzia per omessa o tardiva notificazione.

I. Voraussetzungen

1 Zum Begriff der absichtlichen Täuschung s. Art. 28. Er umfasst sowohl **arglistiges Verschweigen** (vgl. auch ZBJV 2004, 700 ff.) als auch **Vorspiegeln** (Art. 199 N 7). Entscheidend ist die absichtliche Täuschung über Mängel oder Eigenschaften (vgl. hierzu BGer, 23.11.2004, 4C.267/2004). Die Vorschrift ist nicht etwa auf den Fall zu beschränken, dass der Verkäufer den Käufer durch Täuschung an der rechtzeitigen Untersuchung und Rüge gehindert hat (ZR 1953, 157 f.).

II. Rechtsfolge

2 Die **Rechtsfolge** ist der *Nichteintritt der Genehmigungsfiktion* trotz unterlassener Prüfung und Anzeige. Kenntnis des Käufers führt ungeachtet der Täuschung zum Gewährleistungsausschluss nach Art. 200 Abs. 1 (BK-GIGER, N 10).

III. Beweislast

3 Die **Beweislast** für die Täuschung trägt der *Käufer* (BGE 131 III 145 E. 8.1 = Pra 2005, 578).

IV. Wiener Kaufrecht

4 Art. 40 WKR enthält eine weitergehende Regelung. Danach kann sich der Verkäufer auf die Art. 38 und 39 WKR (dazu Art. 201 N 15) nicht berufen, wenn die Vertragswidrigkeit auf Tatsachen beruht, die er kannte, oder über die er nicht in Unkenntnis sein konnte, und die er dem Käufer nicht offenbart hat. Hier wird also keine absichtliche Täuschung verlangt.

Art. 204

6. Verfahren bei Übersendung von anderem Ort

[1] Wenn die von einem anderen Orte übersandte Sache beanstandet wird und der Verkäufer an dem Empfangsorte keinen Stellvertreter hat, so ist der Käufer verpflichtet, für deren einstweilige Aufbewahrung zu sorgen, und darf sie dem Verkäufer nicht ohne weiteres zurückschicken.

[2] Er soll den Tatbestand ohne Verzug gehörig feststellen lassen, widrigenfalls ihm der Beweis obliegt, dass die behaupteten Mängel schon zur Zeit der Empfangnahme vorhanden gewesen seien.

[3] Zeigt sich Gefahr, dass die übersandte Sache schnell in Verderbnis gerate, so ist der Käufer berechtigt und, soweit die Interessen des Verkäufers es erfordern, verpflichtet, sie unter Mitwirkung der zuständigen Amtsstelle des Ortes, wo sich die Sache befindet, verkaufen zu lassen, hat aber bei Vermeidung von Schadenersatz den Verkäufer so zeitig als tunlich hievon zu benachrichtigen.

6. Ventes à distance

[1] L'acheteur qui prétend que la chose expédiée d'un autre lieu est défectueuse doit, si le vendeur n'a pas de représentant sur place, prendre provisoirement des mesures pour assurer la conservation de la chose; il ne peut la renvoyer au vendeur sans autre formalité.

[2] Il est tenu de faire constater l'état de la chose régulièrement et sans retard, sous peine d'avoir à prouver que les défauts allégués existaient déjà lors de la réception.

[3] S'il est à craindre que la chose ne se détériore promptement, l'acheteur a le droit et même, quand l'intérêt du vendeur l'exige, l'obligation de la faire vendre, avec le concours de l'autorité compétente du lieu où la chose se trouve; il est toutefois tenu d'en aviser le plus tôt possible le vendeur, sous peine de dommages-intérêts.

6. Procedura nella vendita a distanza

[1] Se la cosa, che si pretende difettosa, è spedita da altro luogo, e il venditore non ha rappresentanti nel luogo del ricevimento, il compratore è tenuto a provvedere per la provvisoria custodia della medesima né può rimandarla senz'altro al venditore.

[2] Egli deve farne verificare regolarmente e senza indugio lo stato, altrimenti sarà tenuto egli stesso a provare che i pretesi difetti esistevano già al momento del ricevimento.

[3] Ove siavi pericolo di rapido deterioramento della cosa spedita, il compratore può, e, quando l'interesse del venditore lo richieda, deve farla vendere coll'intervento dell'autorità competente del luogo in cui essa trovasi, ma è tenuto sotto pena del risarcimento dei danni a darne al più presto possibile notizia al venditore.

I. Normzweck

1 Die Vorschrift dient dem **Schutz des Verkäufers**, der nicht sogleich mit der Rücksendung der Ware konfrontiert, sondern dessen Disposition abgewartet werden soll. Dasselbe gilt für die Verpflichtung zum *Selbsthilfeverkauf* bei schnell *verderblicher Ware*. Die Bestimmung ist am kaufmännischen Verkehr orientiert, gilt aber ebenso wie Art. 201 auch für den nichtkaufmännischen Verkehr, auf den sie allerdings kaum passt.

II. Voraussetzungen

2 Die Vorschrift gilt nicht nur für den *Distanzkauf* (Art. 189), sondern auch für die *Bringschuld*. Entscheidend ist allein, dass nicht am Sitz des Verkäufers zu liefern ist. Der Begriff des **anderen Ortes** deckt sich weder mit den politischen Grenzen einer Gemeinde noch mit der postalischen Aufteilung in verschiedene Postkreise. Massgebend ist der Zweck der Bestimmung, d.h. ob dem Verkäufer deswegen ein Schaden erwachsen könnte, weil er am Ablieferungsort nicht anwesend ist (BK-GIGER, N 7).

3 **Vertreter** i.S.v. Abs. 1 kann eine *Niederlassung, Repräsentanz* usw. sein; nicht hingegen ein *Frachtführer* oder *Spediteur*. Hat der Verkäufer eine Vertretung am Empfangsort, so kann er die Beanstandung selbst überprüfen und über Rücktransport, anderweitige Veräusserung usw. disponieren (BGE 34 II 306). Bei Transport durch *eigene Leute des Verkäufers* ist Abs. 1 nicht anwendbar, wenn der Mangel sogleich gerügt wird.

4 Der Begriff der **Beanstandung** ist mit der Mängelrüge i.S.v. Art. 201 nicht identisch. Beanstandung ist *Verweigerung der Annahme* in Verbindung mit Wandelung oder einem Anspruch auf Ersatzlieferung. Es kommt nicht darauf an, ob die Ware tatsächlich mangelhaft ist. Art. 204 gilt nicht für die *aliud-Lieferung* (vgl. Art. 206 N 2 f.).

III. Rechtsfolgen

1. Aufbewahrungspflicht (Abs. 1)

5 Der Käufer darf die Sache nicht zurückschicken, sondern muss für ihre **einstweilige Aufbewahrung** sorgen. Dies kann auch durch *Einlagerung* bei einem Lagerhalter oder Spediteur geschehen. Die *Kosten* der Aufbewahrung trägt der Verkäufer. Es handelt sich um eine echte Pflicht, deren Verletzung Schadenersatz nach Art. 97 auslöst. Die Verpflichtung zur Aufbewahrung endet in dem Zeitpunkt, in dem der Verkäufer Dispositionen treffen kann. Reagiert der Verkäufer nicht, so wird man eine Nachfristansetzung durch den Käufer annehmen müssen (BK-GIGER, N 17). Nach deren Ablauf darf er die Ware zurückschicken. Eine *Verpflichtung zur Rücksendung* besteht nicht, kann sich aber aus Handelsbrauch ergeben (BK-GIGER, N 20).

2. Beweisaufnahme (Abs. 2)

6 Die *Tatbestandsfeststellung* nach Abs. 2 geht weiter als die Prüfungspflicht nach Art. 201. Sie ist eine **Beweisaufnahme**, die den Interessen beider Parteien dient (BGE 52 II 366 E. 2). Der Verkäufer kann aber seine Zuziehung nicht verlangen (BGE, a.a.O.). Eine *amtliche Beweisaufnahme* ist zweckmässig, aber nicht zwingend (BGE, a.a.O.). Beantragt der Käufer gerichtliche Beweisaufnahme, so ist der Richter des Ortes zuständig, an dem sich die Sache befindet (BGE 96 II 270 E. 2; 41 I 447). Die Tatbestandsfeststellung hat ohne Verzug zu erfolgen. Bei grösseren Liefermengen gleicher Sachen genügen *Stichproben* (vgl. Art. 201 N 5), doch muss deren Ergebnis repräsentativ sein und den Schluss zulassen, dass sämtliche Waren mangelhaft sind (BGE 52 II 367). Bei Lieferung eines Getränkes in zehn Fässern ist aus jedem eine Stichprobe zu entnehmen (BGE 45 II 342 – Zitronensaft). Die Anforderungen sind hier strenger als nach Art. 201 (BGE, a.a.O.). Im Unterschied zu Abs. 1 statuiert Abs. 2 keine Pflicht, sondern eine Obliegenheit. Unterlässt der Käufer die Tatbestandsfeststellung, so trifft ihn ein etwaiger *Beweisverlust*. Entgegen dem Gesetz ergibt sich aus der Unterlassung indessen *keine Beweislastumkehr*, da der Beweis für die Mangelhaftigkeit ohnedies dem Käufer obliegt und zwar – auch dies entgegen Abs. 2 – nicht erst für den Zeitpunkt der Empfangnahme, sondern des Gefahrüberganges.

3. Notverkauf (Abs. 3)

Bei *Gefahr schnellen Verderbens* ist der Käufer zur Durchführung eines **Notverkaufes** *unter amtlicher Mitwirkung* berechtigt, und wenn die Interessen des Verkäufers dies erfordern, auch verpflichtet (mit der Sanktion einer Schadenersatzpflicht nach Art. 97). Der Verkauf erfolgt auf Rechnung des Verkäufers. Verkauft der Käufer ohne amtliche Mitwirkung, so verliert er i.d.R. sein Wandelungsrecht (Art. 207 Abs. 3); anders, wenn die Interessen des Verkäufers einen *freihändigen Verkauf* erfordern. In diesem Fall verliert der Käufer sein Wandelungsrecht nicht. Im Übrigen sind Art. 419–424 (Geschäftsführung ohne Auftrag) anzuwenden. Ob die Ware an sich schnell verderblich ist oder gerade wegen des (fortschreitenden) Mangels, ist unerheblich. Die Gefahr eines Preissturzes genügt nicht (BK-Giger, N 30). Der Käufer muss den Verkäufer benachrichtigen. Unterlassen kann Schadenersatzpflicht auslösen. 7

IV. IPR und Wiener Kaufrecht

Massgeblich ist nach Art. 118 Abs. 1 **IPRG** und Art. 4 **Haager Übereinkommen betr. internationale Kaufverträge** (SR 0.221.211.4) das Recht des Ortes, an dem die Sache auf Grund des Vertrages zu prüfen ist. Dies gilt auch für die Vorkehrungen, die bei einer allfälligen Verweigerung der Annahme zu treffen sind (vgl. auch Art. 201 N 15). 8

Nach Art. 82 Abs. 2 **WKR** trifft den Käufer, der die Sache zurückweisen will, eine Aufbewahrungspflicht. Er kann die Ware auch bei einem Dritten einlagern, wenn dadurch keine unverhältnismässigen Kosten entstehen (Art. 87 WKR). Den Notverkauf regelt Art. 88 Abs. 2 WKR.

Art. 205

7. Inhalt der Klage des Käufers
a. Wandelung oder Minderung

[1] Liegt ein Fall der Gewährleistung wegen Mängel der Sache vor, so hat der Käufer die Wahl, mit der Wandelungsklage den Kauf rückgängig zu machen oder mit der Minderungsklage Ersatz des Minderwertes der Sache zu fordern.

[2] Auch wenn die Wandelungsklage angestellt worden ist, steht es dem Richter frei, bloss Ersatz des Minderwertes zuzusprechen, sofern die Umstände es nicht rechtfertigen, den Kauf rückgängig zu machen.

[3] Erreicht der geforderte Minderwert den Betrag des Kaufpreises, so kann der Käufer nur die Wandelung verlangen.

7. Action en garantie
a. Résiliation de la vente ou réduction du prix

[1] Dans les cas de garantie en raison des défauts de la chose, l'acheteur a le choix ou de faire résilier la vente en exerçant l'action rédhibitoire, ou de réclamer par l'action en réduction de prix une indemnité pour la moins-value.

[2] Lorsque l'acheteur a intenté l'action rédhibitoire, le juge peut se borner à réduire le prix s'il estime que la résiliation n'est pas justifiée par les circonstances.

[3] Si la moins-value est égale au prix de vente, l'acheteur ne peut demander que la résiliation.

7. Oggetto dell'azione di garanzia
a. Azione redibitoria od estimatoria

[1] Quando sia dovuta la garanzia pei difetti della cosa, il compratore ha la scelta di chiedere coll'azione redibitoria la risoluzione della vendita o coll'azione estimatoria il risarcimento pel minor valore della cosa.

[2] Quando sia chiesta la risoluzione e il giudice non la trovi giustificata dalle circostanze, sarà in sua facoltà di aggiudicare soltanto l'indennità pel minor valore della cosa.

[3] Quando l'indennità per la diminuzione di valore uguagli l'ammontare del prezzo della vendita, il compratore può chiedere soltanto la risoluzione.

Literatur

Vgl. die Literaturhinweise bei den Vorbem. zu Art. 197–210.

I. Rechtsnatur der Gewährleistungsansprüche

1 Die Rechtsnatur des Wandelungs- bzw. Minderungsrechtes ist kontrovers. Der Streit geht darum, ob Wandelung bzw. Minderung ein **Gestaltungsrecht** des Käufers darstellen oder einen *Vertrag* der Parteien voraussetzen, und weiter, ob die Rechtsgestaltung durch das Gericht erfolgt (ausführlich zum Streitstand BK-Giger, N 7 ff.). Unproblematisch ist zunächst der Fall, in dem sich die Parteien einigen. Kommt eine Einigung nicht zustande, so kann der Käufer sogleich auf Rückzahlung des Kaufpreises Zug um Zug gegen Rückgabe der mangelhaften Sache klagen und ist nicht etwa gezwungen, zunächst eine Gestaltungsklage oder Klage auf Abschluss eines Wandelungsvertrages zu erheben (**Herstellungstheorie, modifizierte Vertragstheorie**; Schulin/Vogt, BT, Tafel B 7C N 6 sprechen von einem *Gestaltungsklagerecht*). Hat der Käufer die Wandelungsklage erhoben, so kann der Richter nach seinem Ermessen bloss Ersatz des Minderwertes zusprechen, wenn die Umstände eine Wandelung nicht rechtfertigen (Abs. 2).

2 Das Gesetz statuiert keine zeitliche Beschränkung für die **Ausübung des Wahlrechts**; insb. ist der Käufer nicht gehalten, das Wahlrecht sogleich mit der Mängelanzeige nach Art. 201 zu verbinden. Dem Grundsatz nach könnte also der Käufer während der ganzen Jahresfrist von Art. 210 das Wahlrecht noch ausüben. Es liegt auf der Hand, dass dies zu unbilligen Ergebnissen führen kann. Nach BK-Giger, N 70 soll diese Gesetzeslücke durch Beiziehung von § 466 BGB a.F. gefüllt werden. Danach ist der zur Wandelung bereite Verkäufer berechtigt, den Käufer zur Ausübung des Wahlrechts in angemessener Frist aufzufordern (vgl. auch Bucher E., SJZ 1971, 4 f.). Dementsprechend beschränkt BJM 1973, 294 ff. den Käufer bei ungerechtfertigtem Zuwarten nach Abs. 2 auf Minderung.

3 Streitig ist weiter, ob der Käufer, nachdem er sein Wahlrecht einmal ausgeübt, also z.B. Wandelung verlangt hat, noch zum Minderungsanspruch übergehen kann und umgekehrt (**ius variandi**). Die Anhänger der modifizierten Vertragstheorie und der Theorie des richterlichen Gestaltungsaktes lassen ein ius variandi auch noch im Verfahren zu (BK-Giger, N 65 ff.; ZK-Oser/Schönenberger, N 7; ebenso BGE 96 II 185 E. 3b = Pra 1970, 520, ohne Stellungnahme zum Theorienstreit). Der Überegang von einem Rechtsbehelf zum anderen ist eine nach Art. 227 ZPO zulässige Klageänderung. Demgegenüber geht eine Mindermeinung von der Konstruktion eines rein materiellrechtlichen Gestaltungsrechts aus und gelangt zu dem Ergebnis, dass das Wahlrecht mit der einmal ausgeübten Wahl erloschen ist (Schubiger, 59 FN 2; Furrer, 64 m.Nw.; differenzierend Bucher, BT, 100: Nur Übergang von Wandelung zur Minderung möglich, arg. Art. 205 Abs. 2). Nach der Judikatur des BGer zum Werkvertrag ist die Wandelungserklärung unwiderruflich (BGE 109 II 41; ebenso in der Sache BGE 116 II 314). Danach hat der Besteller kein ius variandi. Dies gilt auch für die Minderung. Durch deren Wahl ist Wandelung oder Nachbesserung wegen derselben Mängel ausgeschlossen. Richtiger erscheint es, das Wahlrecht beim Werkvertrag in denselben Grenzen zuzulassen wie beim Kauf. Es gibt keinen Grund für eine unterschiedliche Regelung bei Kauf und Miete.

II. Abtretung der Gewährleistungsansprüche

4 Die **Abtretbarkeit der Sachmängelrechte** wird im Hinblick auf ihren Charakter als akzessorische Gestaltungsrechte von der h.L. verneint (BGE 114 II 247; Gauch/Schluep/Schmid/*Emmenegger*, *N 3626*; s.a. Art. 368 N 13; Bucher, AT, 539; Gauch, BR 1984, 23, 25; ders., BR 1989, 68). BGE 118 II 145 bejaht – ohne auf die Streitfrage einzugehen – die Abtretbarkeit von Nachbesserungs- und Ersatzansprüchen (ebenso BGer, 14.10.2004, 4C.134/

2004). Die Abtretung der Sachmängelrechte auch vor Ausübung der Wahl, sozusagen «im Bündel», entspricht namentlich beim Leasing oder bei der Einkaufskommission und überhaupt bei Weiterveräusserung der Sache durch den Käufer einem praktischen Bedürfnis (wie hier SCHWENZER, N 90.21, 90.39; KÄSER, 166 ff.). Deshalb lässt man in Deutschland die Abtretung zu (BGH, NJW 1977, 847; BGHZ 95, 250). Die Konstruktion der Abtretung einer künftigen Forderung verbunden mit einer Ermächtigung (Art. 32) zur Ausübung des Gestaltungsrechtes (so GAUCH, BR 1984, 25) erscheint als unnötiges Konstrukt.

Die **Abtretung** spielt auch bei der *Stockwerkeigentümergemeinschaft* eine Rolle, wenn Mängel am Gemeinschaftseigentum geltend gemacht werden sollen. Nach der Judikatur des BGer ist dies – sofern nicht die Gemeinschaft selbst als Vertragspartnerin aufgetreten ist – nur möglich, wenn die einzelnen Eigentümer ihre Ansprüche abtreten (BGE 111 II 458; 114 II 239).

III. Nachbesserung

Einen **Nachbesserungsanspruch des Käufers** sieht das Gesetz – der romanistischen Tradition folgend – nicht vor. Es mag sein, dass dies auf den «technologischen Fatalismus» des Gesetzgebers (BUCHER, BT, 97) zurückzuführen ist. Mehr spricht dafür, dass bei der ursprünglichen Beschränkung auf den Sklaven- und Tierkauf eine Nachbesserung nicht in Betracht kam. Richtig ist, dass seit der Erstreckung der ädilizischen Rechtsbehelfe auf alle Sachen Nachbesserung meist möglich ist und häufig vereinbart wird. Dies ändert indes nichts daran, dass mangels Vereinbarung (dazu BGE 91 II 348) ein Nachbesserungsanspruch des Käufers nicht besteht (BGE 95 II 125 E. 6; VON BÜREN, BT, 19; KELLER/SIEHR, 96; CAVIN, SPR VII/1, 96). Der Entwurf eines Bundesgesetzes über die Änderung des Obligationenrechts, der einen gesetzlichen Nachbesserungsanspruch vorgesehen hatte, wurde vom EJPD wieder zurückgezogen. Beim Verkauf eines im Bau befindlichen Hauses ist bez. der Gewährleistung Werkvertragsrecht anzuwenden und zwar auch bez. derjenigen Gebäudeteile, die bei Vertragsschluss bereits hergestellt waren (BGE 118 II 144; dazu WIEGAND, ZBJV 1994, 271). Eine im Vordringen befindliche Meinung will einen Nachbesserungsanspruch aus Art. 2 ZGB (BUCHER, BT, 97; FURRER, 74; GULDIMANN, 67 ff.) herleiten. Ein anderer Teil der Lehre bejaht einen Nachbesserungsanspruch gestützt auf eine analoge Anwendung der werkvertraglichen Regelung des Nachbesserungsrechts des Bestellers (Art. 368 Abs. 2; BK-GIGER, N 42; BÄHLER, 99 ff., 108 f.). Eine weitere Ansicht geht von der Erfüllungstheorie aus und gewährt dem Käufer in Anwendung von Art. 97 einen Nachbesserungsanspruch, sofern die Mängel der Kaufsache objektiv behebbar sind und deren Behebung Verkehrssitte sowie Treu und Glauben entsprechen würde (SCHLUEP TH., 57 ff.). 5

Vom Nachbesserungsanspruch des Käufers ist das **Nachbesserungsrecht des Verkäufers** zu unterscheiden. Bei leicht behebbaren, kleineren Mängeln wird man ein Nachbesserungsrecht nach Art. 2 ZGB bejahen können (BK-GIGER, N 43; weitergehend SCHLUEP TH., 139 ff.). Insbesondere wäre es rechtsmissbräuchlich, wenn sich der Käufer der Behebung kleinerer Mängel vor Übergabe widersetzen würde. Zum Nachlieferungsanspruch des Verkäufers beim Gattungskauf s. Art. 206. 6

IV. Minderung nach Ermessen des Richters

«Sofern die Umstände es nicht rechtfertigen, den Kauf rückgängig zu machen», kann der Richter nach **Abs. 2** statt der Wandelung **Minderung** zusprechen (zuzüglich Zinsen in Analogie zu OR 208 II (BGE 116 II 305 E. 7; 117 II 550 E. 4c). Eine hinreichende Konkretisierung dieses eher vagen Hinweises auf die «Umstände» ist bislang nicht gelungen. Aus der Rsp. des BGer gibt es nur wenige, zumeist ältere Beispiele. Nach BGE 124 III 456 E. 4d (= AJP 1999, 342 ff. zum Softwarevertrag, mit Anm. ROBERTO; **abl.** WIEGAND, ZBJV 1999, 569 ff.) ist Wandlung gerechtfertigt, wenn die Sache unbrauchbar ist oder wenn sich der Mangel trotz 7 hoher Reparaturkosten nicht vollständig beseitigen lässt. In der Judikatur wird Wandelung oft bejaht, etwa bei Lieferung von «krankem» Wein an einen Wirt (BGE 20, 499); bei Fahrrädern aus schlechtem Stahl (BGE 24 II 69); bei Lieferung von badischem statt böhmischem Hopfen, da dem Brauer nicht zugemutet werden könne, schlechteres Bier zu brauen (JdT 1892, 206); ferner bei Lieferung eines Autos, Modell 1963 statt 1964 (BGE 94 II 35 = Pra 1968, 509, 513). Keine Beschränkung auf Minderung, wenn beim Kauf von Serienartikeln Stichproben den Schluss zulassen, dass die gesamte Lieferung mangelhaft ist (RVJ 1988, 219); Wandelung, nicht Minderung, wenn die Mängel wesentlich sind oder wenn eine für den Käufer subjektiv wesentliche Eigenschaft zugesichert war. Zu berücksichtigen ist, ob die Wandelung dem Verkäufer einen unverhältnismässigen Nachteil brächte (BGE, a.a.O.). Die Wandelung wird abgelehnt beim Kauf einer AG und Täuschung über die Belastung des Grundeigentums (BGE 81 II 220 = Pra 1955, 577 ff.); ferner beim Kauf eines Stockwerkeigentums über einem Pub, dessen Glasfassade keine genügende Schallisolierung aufwies (KGer VS, ZWR 1999, 240 ff.). Ungerechtfertigtes Verzögern des Wandelungsbegehrens kann ebenfalls zur Anwendung des Abs. 2 führen (s. N 2). Hat der Käufer auf Wandelung geklagt, aber nur Minderung erhalten, so wäre es nicht gerechtfertigt, dem Verkäufer die gesamten *Verfahrenskosten* aufzubürden (**a.M.** Bucher E., SJZ 1967, 22 ff.; BK-Giger, N 57); vielmehr sind auch hier die Kosten nach dem Verhältnis des Obsiegens und Unterliegens zu verteilen.

V. Berechnung der Minderung

8 Obgleich Abs. 1 nur von «Ersatz des Minderwertes» spricht, folgt die h.L. in Literatur und Judikatur der sog. relativen Methode (auch Verhältnisrechnung genannt; BGE 111 II 162 E. 3a; BGer, 23.1.2013, 4A_470/2012; BGE 89 II 253 E. 11; 88 II 413 E. 3; 81 II 210; aus der Literatur statt aller BK-Giger, N 17 ff.; krit. Honsell, OR BT, 102 ff.). Danach ist der Kaufpreis im Verhältnis Ist-Wert: Soll-Wert herabzusetzen. Die **relative Methode** beruht auf dem Gedanken, dass Kaufpreis und Wert (in mangelfreiem Zustand) auseinander fallen können (vgl. aber auch N 9). Beim günstigen Kauf liegt der Preis unter dem Wert, beim ungünstigen liegt er darüber. So ist es möglich, dass einen Sache fehlerhaft und der Preis zu mindern ist, obgleich er niedriger ist als ihr objektive Wert in mangelhaftem Zustand (BGer, 20.5.2014, 4A_619/2013, E. 4.1, s. Art. 197 N 2). Das von den Parteien autonom ausgehandelte Preis-Wert-Gefälle soll durch die Minderung nicht verwischt werden, sondern proportional erhalten bleiben. Die Preis-Wert-Differenz würde aber nur tangiert, wenn man den objektiven Wert in mangelhaftem Zustand vom Kaufpreis abzieht anstatt vom objektiven Wert im mangelfreien Zustand. Hat der Käufer für eine Sache, die (mangelfrei) 100 wert wäre, 80 bezahlt und ist sie in mangelhaftem Zustand nur 60 wert, so erhielte er bei einer Subtraktion Kaufpreis minus Ist-Wert nur 20, verlöre also den Vorteil aus dem günstigen Geschäft. Im umgekehrten Fall (die Sache ist mangelfrei objektiv 80 Wert, er hat 100 bezahlt) könnte er die Minderung dazu benutzen, den schon an sich vorhandenen Nachteil aus dem Geschäft anlässlich der Minderung wieder wettzumachen. Das Argument, der Käufer dürfe den Nachteil aus einem auch bei unterstellter Mangelfreiheit ungünstigen Geschäft nicht abwälzen, ist nicht sonderlich überzeugend: Denn er kann dies erreichen, indem er Wandelung wählt.

Nach der relativen Methode ist der Kaufpreis im Verhältnis von Ist-Wert zu Soll-Wert herabzusetzen. Im ersten Beispiel ergibt sich danach folgende Gleichung:

X (der geminderte Preis) verhält sich zu dem bezahlten Preis 80 wie 60 zu 100.

$$X = \frac{80 \times 60}{100} = 48$$

Der geminderte Preis beträgt danach 48, Minderung (80−48) = 32

Im zweiten Fall:

$$X = \frac{100 \times 60}{80} = 75$$

Die Minderung (100–75) = 25

Ermittelt man hingegen die Minderung durch Subtraktion des Ist-Werts vom Soll-Wert (vgl. N 9) und lässt man den Kaufpreis aus dem Spiel, so ergibt sich stattdessen ein Betrag von 40 bzw. 20. Der Gerechtigkeitsgehalt der Verhältnisrechnung ist also fragwürdig, jedenfalls aber gering.

Dem Gesetzgeber des OR hat die relative Methode kaum vorgeschwebt, sondern die einfache **Differenzrechnung** (oben N 8): Man ermittelt (z.B. durch einen Sachverständigen) den objektiven Wert der Sache ohne Mangel und den *objektiven Wert* der Sache *im mangelhaften Zustand* (dafür offenbar WEBER R.H., 168 mit FN 14). Die Differenz aus dem *objektiven Wert* der Sache *ohne Mangel* und dem *Wert mit Mangel* stellt den *Minderwert* der Sache dar. Sind – wie im Regelfall – Kaufpreis und Wert im mangelfreien Zustand identisch (wofür nach BGE 111 II 162, 163 E. 3b eine Vermutung spricht), so gelangt man mit der Verhältnisrechnung zu keinem anderen Ergebnis als mit der einfachen Differenzrechnung Preis minus Wert. Ein anderer, ebenfalls in Betracht kommender Weg, der i.d.R. zu einem ähnlichen Ergebnis führt, ist die Ermittlung der Kosten der Mängelbeseitigung. Nach BGE 111 II 162, 163 E. 3c besteht wiederum eine Vermutung, dass der Minderwert mit den **Kosten der Mängelbeseitigung** identisch ist. 9

Trotz der Formulierung «Ersatz des Minderwertes» ist eine Herabsetzung des Minderungsbetrages nach Art. 43 f. OR nicht möglich (BGE 85 II 192). Massgeblicher *Zeitpunkt* für die Ermittlung des Minderwertes ist der Gefahrübergang; ein *Teuerungsausgleich* für eine seitherige Verteuerung der Mangelbeseitigung kommt nicht in Betracht (BGE 54 II 661; 117 II 550); anders bei vereinbarter Nachbesserung (BGE 117 II 550, 553; dazu MERZ, ZBJV 1993, 246).

Ist die Sache völlig wertlos, so ist nur Wandelung möglich **(Abs. 3)**. Das Gesetz will verhindern, dass sich der Käufer mit der Minderung den ganzen Kaufpreis zurückholt und gleichzeitig die Sache behält. Das ist freilich bei der Verhältnisrechnung schon rein rechnerisch gar nicht möglich. Auch hieraus wird ersichtlich, dass der Gesetzgeber nicht an eine Verhältnisrechnung gedacht hat. 10

VI. Wiener Kaufrecht

Das **Wiener Kaufrecht** kennt Ansprüche auf Vertragsaufhebung (Art. 49 WKR) und Nachbesserung bzw. Nachlieferung (Art. 46 Abs. 2 und 3 WKR), die jedoch im Gegensatz zur Minderung (Art. 50 WKR) eine wesentliche Vertragsverletzung (Art. 25 WKR) voraussetzen (vgl. Vor Art. 197–210 N 13). Die Minderung ist nach der relativen Methode zu berechnen (Art. 50 WKR, in Anlehnung an § 441 Abs. 3 BGB). 11

Art. 206

b. Ersatzleistung

[1] Geht der Kauf auf die Lieferung einer bestimmten Menge vertretbarer Sachen, so hat der Käufer die Wahl, entweder die Wandelungs- oder die Minderungsklage anzustellen oder andere währhafte Ware derselben Gattung zu fordern.

[2] Wenn die Sachen dem Käufer nicht von einem andern Orte her zugesandt worden sind, ist auch der Verkäufer berechtigt, sich durch sofortige Lieferung währhafter Ware derselben Gattung und Ersatz allen Schadens von jedem weiteren Anspruche des Käufers zu befreien.

b. Remplacement de la chose vendue

[1] Lorsque la vente est d'une quantité déterminée de choses fongibles, l'acheteur a le choix, soit de demander la résiliation du contrat ou la réduction du prix, soit d'exiger d'autres choses recevables du même genre.

[2] Le vendeur peut également, s'il ne s'agit pas de choses expédiées d'un autre lieu, se libérer de toute réclamation ultérieure de la part de l'acheteur en lui livrant sur-le-champ des choses recevables du même genre, et en l'indemnisant de tout le dommage éprouvé.

b. Consegna di altre cose

[1] Se la vendita ha per oggetto una data quantità di cose fungibili, il compratore può valersi, a sua scelta, dell'azione redibitoria o dell'estimatoria o domandare altre cose dello stesso genere scevre di difetti.

[2] Quando le cose non sieno state spedite al compratore da un altro luogo, il venditore può parimenti liberarsi da ogni altra pretesa del compratore mediante l'immediata consegna di cose dello stesso genere scevre di difetti e il risarcimento di tutti i danni.

I. Nachlieferung

1 Abs. 1 gibt dem *Käufer* beim Kauf *mangelhafter Gattungsware* (das Gesetz spricht ungenau vom Kauf vertretbarer Sachen, vgl. nur BGE 94 II 34 = Pra 1968, 513) neben dem Wandelungs- und Minderungsanspruch als dritte Wahlmöglichkeit den **Anspruch auf Nachlieferung** fehlerfreier Ware. Auf den Nachlieferungsanspruch sind die Regeln des Gewährleistungsrechts, namentlich Art. 201 und 210 (Rüge- und Verjährungsfrist) anwendbar (SCHWENZER, N 68.02). Das wird man auch beim Stückkauf einer serienmässig hergestellten, vertretbaren Sache annehmen können, wo es auf die Individualität der ausgewählten Sache nicht ankommt (so BAUER/RUSCH, recht 2013, 209 ff., die von einer «abgekürzten Gattungsvereinbarung» sprechen).

Abs. 2 gibt, nur beim *Platzkauf*, auch dem *Verkäufer* ein **Recht auf Nachlieferung**. Der Verkäufer kann also die Wandelung oder Minderung durch Nachlieferung abwenden. Die Beschränkung auf den Platzkauf ist angesichts moderner Transportverhältnisse nicht mehr zeitgemäss. Die h.L. gewährt dem Verkäufer das Nachlieferungsrecht auch beim *Distanzkauf* (BK-GIGER, N 19; ebenso BUCHER, BT, 117, falls Nachlieferung sofort erfolgt).

II. Abgrenzung zwischen Schlechtlieferung und Falschlieferung

2 Liefert der Verkäufer eine Sache, die nicht der vereinbarten Gattung angehört, so handelt es sich nicht um eine **Schlechtlieferung** *(peius)*, sondern um **Falschlieferung** *(aliud)*. Die **Abgrenzung** ist von Bedeutung, wenn auf die aliud-Lieferung nicht die Sachmängelvorschriften, sondern Art. 97 ff. anwendbar sind (str. s. N 3). Die Abgrenzung zwischen aliud und peius ist schwierig, weil die Gattung beliebig weit oder eng gefasst werden kann. Mit zunehmender Abstraktion wächst die Zahl möglicher Eigenschaften, die bei konkreterer Fassung gattungsbestimmend wären. Die Festsetzung der Gattung ist beliebig. Von ihr kann also nicht abhängen, ob aliud oder peius vorliegt. Die Rechtsstellung des Käufers kann nicht verschieden sein, je nachdem, ob man sagt, ein kunstseidenes Kleid sei ein aliud, weil es nicht der Gattung seidener Kleider angehört, oder es sei mangelhaft, weil es zwar der Gattung Kleider angehört, aber nicht die Eigenschaft «seiden» besitzt. Nach h.L. kommt es auf die *Verkehrsauffassung* und den *Verwendungszweck* an (BGE 69 II 97 – Aprikosenmark in Fässern statt in Dosen: kein aliud, sondern schlechtere Qualität – zweifelhaft; Lieferung von Saatgut, z.B. Sommer- statt Winterweizen, so dass die Saat nicht aufgeht: aliud; Wein einer anderen Sorte [BGE 40 II 488]; ferner: OGer ZH, SJZ 1948, 226 – Frankfurter Blumenkohlsamen statt dänischer: aliud; BGE 94 II 34 = Pra 1968, 510 – Auto Marke Jaguar, Modell 1963 statt 1964: aliud; RGZ 99, 147 – Haifischfleisch statt Walfischfleisch: aliud). Liegt eine konkrete Beschreibung des Kaufgegenstandes vor, so ist auch diese massgeblich (BGE 121 III 453, 456 = SJZ 1996, 169, 170 f. mit Anm. FELBER – vertragswidriges Fehlen eines Automatikgetriebes bei einem

Hubstapler: aliud; zustimmend LANZ, recht 1996, 248 f.). Das aliud ist auf *krasse Abweichungen* zu beschränken (vgl. BK-GIGER, Vor Art. 197–210 N 50: *ganz erhebliche Abweichungen*; ähnlich CAVIN, SPR VII/1,124 f.). Abgrenzungsschwierigkeiten, die eine richterliche Wertung erforderlich machen, bleiben freilich auch hier.

Im Schrifttum wird die Auffassung vertreten, man solle wegen der schwierigen Abgrenzung auf unterschiedliche **Rechtsfolgen** verzichten und auch die **aliud-Lieferung** dem Art. 206 (mit der Folge der Anwendbarkeit der Art. 201, 210) unterstellen (GUHL/KOLLER/SCHNYDER/DRUEY, 390; NEUENSCHWANDER, 24; SCHUBIGER, 120 ff.; CYPRIAN, 102 ff. und passim). Auch KRAMER (recht 1997, 78 ff. u. FS Honsell, 247; ebenso BÄHLER, 199 ff.; BAUER/RUSCH, recht 2013, 209, 219) plädiert für eine Gleichbehandlung von Schlecht- und aliud-Lieferung und befürwortet eine grundsätzliche Unterstellung beider Fälle unter die Bestimmungen der Sachgewährleistung (ebenso GELZER, AJP 1997, 703 ff.). Die Verbrauchsgüterkauf-RiL und das BGB haben die Unterscheidung zwischen aliud und peius abgeschafft (dazu TIEDTKE/SCHMITT, JZ 2004, 1092 ff.). Für diese Auffassung lässt sich immerhin anführen, dass eine schwierige Abgrenzung wegfällt. Folgte man ihr, so ergäben sich hinsichtlich Rügelast (Art. 201) und Verjährung (Art. 210) keine Unterschiede zwischen peius und aliud. Dies müsste freilich dann auch für krasse Fälle gelten, z.B. wenn der Verkäufer Salz statt Zucker liefert. Auch Folgeschäden aus aliud-Lieferung könnten dann nur geltend gemacht werden, wenn der Käufer die Art. 201 und 210 beachtet hat. Die Judikatur hat sich in dieser Frage noch nicht festgelegt. BGE 94 II 34 = Pra 1968, 509 ff. wendet beim aliud Art. 197 ff. konkurrierend neben Art. 97 ff. an, wobei auf den zuletzt genannten Anspruch die Art. 201 und 210 offenbar nicht anwendbar sein sollen (vgl. zu dem unklaren Entscheid BK-GIGER, Vor Art. 197–210 N 49; CAVIN, SPR VII/2, 124 f.). Zuweit geht es auch, wenn eine Mindermeinung Gewährleistungsrecht sogar beim sog. *Identitätsaliud* anwenden will, wo der Verkäufer anstatt des bereits ausgesuchten und konkretisierten Stücks ein anderes liefert (vgl. Art. 197 N 2). Nach **h.L.** werden aliud und peius nicht gleichgestellt (vgl. neben dem BGer auch HGer SG, SGGVP 1992, 86; BUCHER, BT, 118 f.; BK-GIGER, Vor Art. 197–210 N 42, 47 ff.; KELLER/SIEHR, 30; FURRER, 37; ZK-OSER/SCHÖNENBERGER, Art. 197 N 14; GAUCH/SCHLUEP/SCHMID/EMMENEGGER, N 2585; HONSELL, OR BT, 121 ff.). Liegt nach dem Gesagten eine *aliud-Lieferung* vor, so gelten statt der Sachmängelvorschriften die folgenden Regeln: Der ursprüngliche *Erfüllungsanspruch*, der nicht mit dem Nachlieferungsanspruch von Art. 206 Abs. 1 identisch ist, besteht fort. Da es sich nicht um einen Sachmängelanspruch handelt, schadet die Versäumung der *Prüfungs- und Rügeobliegenheit* (Art. 201) nicht (anders, allerdings nur obiter, für den Fall verbindlicher Annahme (BGE 40 II 480, 489). Für den fortbestehenden Erfüllungsanspruch bei der aliud-Lieferung gilt die *Verjährungsfrist* von Art. 210 nicht (HGer SG, SGGVP 1992, 86). Auch Schadenersatzansprüche wegen *Folgeschäden* aus aliud-Lieferung unterliegen, anders als Ansprüche aus Art. 208, nicht den gewährleistungsrechtlichen Besonderheiten von Art. 201 und 210. Wird z.B. statt Wasserstoff Knallgas geliefert, ein Gemisch aus Sauerstoff und Wasserstoff (vgl. RGZ 108, 221) und explodiert die Flasche beim Käufer, so kommt die allgemeine Haftung aus Art. 97 ff. zum Zuge, ohne dass die kurzen Fristen des Gewährleistungsrechts auf diesen Anspruch übertragen werden. Schliesslich kann der Käufer nur nach den Verzugsregeln (Art. 107) zurücktreten, was grundsätzlich eine Nachfristansetzung voraussetzt (BGE 121 III 458). 3

Art. 207

c. Wandelung bei Untergang der Sache

[1] Die Wandelung kann auch dann begehrt werden, wenn die Sache infolge ihrer Mängel oder durch Zufall untergegangen ist.

[2] Der Käufer hat in diesem Falle nur das zurückzugeben, was ihm von der Sache verblieben ist.

[3] **Ist die Sache durch Verschulden des Käufers untergegangen, oder von diesem weiter veräussert oder umgestaltet worden, so kann er nur Ersatz des Minderwertes verlangen.**

c. Résiliation en cas de perte de la chose

[1] La résiliation peut être demandée même si la chose a péri par suite de ses défauts ou par cas fortuit.

[2] L'acheteur n'est alors tenu de rendre que ce qui lui reste de la chose.

[3] Si la chose a péri par la faute de l'acheteur, ou qu'il l'ait aliénée ou transformée, il ne peut demander que la réduction du prix pour la moins-value.

c. Risoluzione in caso di perdita della cosa

[1] La risoluzione può essere domandata, quand'anche la cosa sia perita in conseguenza dei suoi difetti o per caso fortuito.

[2] Il compratore in tal caso è tenuto a restituire solo ciò che gli è rimasto della cosa.

[3] Se la cosa è perita per colpa del compratore o fu da lui alienata o trasformata, egli non potrà chiedere che il risarcimento del minor valore.

Literatur

Vgl. die Literaturhinweise bei den Vorbem. zu Art. 197–210.

I. Wandelung trotz Untergang der Sache

1 *Der* **Untergang** der Sache *infolge des Mangels* schliesst Wandelung nicht aus. Dasselbe gilt nach dem Gesetz leider auch für den *zufälligen Untergang*. Art. 207 Abs. 1 folgt hier mit § 350 a.F. BGB dem gemeinrechtlichen Grundsatz: «mortuus redhibetur» (vgl. dazu VON CAEMMERER, 621 ff.; HONSELL, FS Picker, 363 ff.; DERS., FS Schwerdtner, 575 ff.) Angesichts des klaren Wortlauts ist es nicht möglich, die verfehlte Vorschrift korrigierend zu interpretieren. De lege ferenda sollte man die Regelung aufgeben und darüber hinaus auch dort, wo der Ausschluss der Wandlung begründet ist, diese gegen Wertersatz zulassen, so der neue § 346 Abs. 2 BGB, wo das richtige Prinzip allerdings in § 346 Abs. 3 Nr. 3 wieder aufgegeben wird. Im Ergebnis ist in Deutschland die Wandlung jetzt nicht nur bei zufälligem Untergang zulässig, sondern sogar bei einfacher Fahrlässigkeit des Käufers. Die Geschichte dieser Irrtümer lässt sich bis ins römische Recht zurückverfolgen. Dort konnte der Käufer eines kranken Sklaven auch dann noch wandeln, wenn der Sklave inzwischen an der Krankheit gestorben war. Das ist das richtige Prinzip von Art. 207 Abs. 1 Variante 1. Später hat man jedoch diesen Satz unzulässig verallgemeinert und auf Fälle erstreckt, in denen der Untergang nicht auf dem Mangel beruht. Die sachgerechte Lösung enthalten Art. 1647 code civil und Art. 1492 codice civile, wonach die Gefahr des zufälligen Untergangs den Käufer trifft. Diese Lösung beachtet das Fehlen eines Kausalzusammenhangs zwischen Mangel und zufälligem Untergang: Die Sache wäre auch in mangelfreiem Zustand im Risikobereich des Käufers untergegangen. Es fehlt daher ein innerer Grund, den Verkäufer mit der Gefahr zu belasten (Näheres bei HONSELL, a.a.O.; DERS., Gefahrtragung und Schadensersatz bei arglistiger Täuschung, MDR 1970, 719; **a.M.** BK-GIGER, N 36 f.). Im Übrigen bleibt dem Käufer auch bei zufälligem Untergang die durch den fehlenden Kausalzusammenhang nicht tangierte Preisminderung.

II. Ausschluss der Wandelung (Abs. 3)

2 Die **Wandelung ist ausgeschlossen**, wenn der Untergang *infolge Verschuldens des Käufers* eingetreten ist, d.h. wenn der Käufer durch sein eigenes Verhalten den Untergang der Sache herbeigeführt hat (BK-GIGER, N 18); ferner bei *Weiterveräusserung* oder *Umgestaltung* der Kaufsache durch den Käufer. In diesen Fällen kann nur Preisminderung verlangt werden. Unter den Begriff der Umgestaltung fällt namentlich die Verarbeitung, aber auch Verbindung und Vermischung (LGVE 1977 I 418), nicht jedoch die blosse Benutzung der Sache (OGer

ZH, BLZR 1999, 143). Auf die Kenntnis des Käufers vom Mangel kommt es grundsätzlich nicht an. Die Wandelung bleibt jedoch zulässig, wenn sich der Mangel erst bei der Umgestaltung gezeigt hat (so § 467 Hs. 2 BGB a.F.).

Das Gesetz regelt ausdrücklich nur den Untergang, nicht die **Verschlechterung** der Sache. 3
Für diese müssen dieselben Grundsätze gelten. Eine vom Käufer verursachte, bloss *unwesentliche* Verschlechterung schliesst jedoch die Wandelung nicht aus (BK-GIGER, N 26).

Fortsetzung des Gebrauchs in Kenntnis des Mangels kann fallweise *Genehmigung* der 4
Kaufsache oder *Verwirkung* des Anspruchs zur Folge haben (BGE 105 II 90, 91 = Pra 1979, 436 – Weiterbenutzung in Kenntnis des Mangels ohne stichhaltigen Grund: Verzicht auf Wandelung durch schlüssiges Verhalten; BGer, 18.8.2002, 4C.126/2002 E. 2.1; JdT 1980 I 387; s.a. ZR 1998, 139; STÖCKLI, BR 2012, 214).

III. Wiener Kaufrecht

Nach Art. 82 Abs. 1 **WKR** ist die *Vertragsaufhebung* ausgeschlossen, wenn es dem Käufer 5
unmöglich ist, die Ware im Wesentlichen in dem Zustand zurückzugeben, in dem er sie erhalten hat. Von diesem Grundsatz macht jedoch Art. 82 Abs. 2 WKR Ausnahmen, die über die Regelung des Art. 207 teilweise hinausgehen: Nach Abs. 2 lit. a ist die Aufhebung zulässig, wenn die Unmöglichkeit der Rückgabe nicht auf einer Handlung oder Unterlassung des Käufers beruht. Im Ergebnis läuft dies auf eine Zulässigkeit auch bei zufälligem *Untergang* hinaus (Differenzierungen bei Schlechtriem/Schwenzer-LESER, Art. 82 WKR N 16 ff.). Anders als nach schweiz. Recht ist die Aufhebung auch bei Veräusserung, Verbrauch und Veränderung i.d.R. zulässig (Art. 82 Abs. 2 lit. c WKR).

Art. 208

8. Durchführung der Wandelung
a. Im Allgemeinen

[1] Wird der Kauf rückgängig gemacht, so muss der Käufer die Sache nebst dem inzwischen bezogenen Nutzen dem Verkäufer zurückgeben.

[2] Der Verkäufer hat den gezahlten Verkaufspreis samt Zinsen zurückzuerstatten und überdies, entsprechend den Vorschriften über die vollständige Entwehrung, die Prozesskosten, die Verwendungen und den Schaden zu ersetzen, der dem Käufer durch die Lieferung fehlerhafter Ware unmittelbar verursacht worden ist.

[3] Der Verkäufer ist verpflichtet, den weitern Schaden zu ersetzen, sofern er nicht beweist, dass ihm keinerlei Verschulden zur Last falle.

8. Effets de la résiliation
a. En général

[1] En cas de résiliation de la vente, l'acheteur est tenu de rendre au vendeur la chose avec les profits qu'il en a retirés.

[2] Le vendeur doit restituer à l'acheteur le prix payé, avec intérêts, et, comme en matière d'éviction totale, les frais de procès et les impenses; il indemnise, en outre, l'acheteur du dommage résultant directement de la livraison de marchandises défectueuses.

[3] Le vendeur est tenu d'indemniser aussi l'acheteur de tout autre dommage, s'il ne prouve qu'aucune faute ne lui est imputable.

8. Effetti della risoluzione
a. In genere

[1] Quando la vendita sia risoluta, il compratore deve restituire al venditore la cosa con gli utili ricavati nel frattempo.

[2] Il venditore deve restituire il prezzo pagato con gli interessi e risarcire inoltre, in conformità alle disposizioni sull'evizione totale, le spese di causa, i disborsi ed i danni direttamente cagionati al compratore con la consegna della merce difettosa.

[3] Il venditore è obbligato a risarcire il maggior danno, in quanto non provi che non gli incombe alcuna colpa.

Literatur

Vgl. die Literaturhinweise bei den Vorbem. zu Art. 197–210.

I. Allgemeines

1 Wandelung ist Rückgängigmachung des Kaufvertrages. Die Rückerstattung der gegenseitigen Leistungen erfolgt *Zug um Zug* (BGE 109 II 29). Das BGer verneint zu Unrecht eine Pflicht des Käufers zur sorgfältigen *Aufbewahrung* (BGE 109 II 29); lediglich wenn der Käufer die Sache nur Zug um Zug gegen Kaufpreiszahlung herausgeben wolle, treffe ihn eine Sorgfaltspflicht, die jedoch nicht nach Art. 420 zu beurteilen sei, sondern analog zu Art. 890 ZGB.

Die Wandelung erschöpft sich nicht in der Rückgewähr der gegenseitigen Leistungen, sondern verfolgt gewissermassen das Prinzip der *restitutio in integrum* (Wiederherstellung des früheren Zustandes). Beide Parteien sollen so gestellt werden, wie wenn der Vertrag nicht geschlossen worden wäre. Der Käufer muss die inzwischen gezogenen *Nutzungen* herausgeben (Abs. 1; s. N 3) bzw den Gebrauch zu entschädigen, der Verkäufer den Kaufpreis *verzinsen* (Abs. 2; s. N 2). Des Weiteren erhält der Käufer auf Grund der Kausalhaftung des Abs. 2 auch *Ersatz des unmittelbaren Schadens* (s. N 5 ff.). Der *weitere* Schaden nach Abs. 3 setzt Verschulden voraus (s. N 9).

II. Ansprüche des Käufers

2 Der **Käufer** hat Anspruch auf den *Kaufpreis* nebst den gesetzlichen *Zinsen* (Art. 73). Anders als bei Art. 104 ist Verzug nicht Voraussetzung. Zinsen sind ab dem Tag der tatsächlichen Geldübergabe geschuldet. Der **Anspruch auf Rückzahlung des Kaufpreises** ist nach h.L. nicht bereicherungsrechtlicher Natur, der condictio ob causam finitam jedoch ähnlich (BK-Giger, N 25 ff.). Ferner hat der Käufer Anspruch auf Ersatz der *Kosten des Rücktransports*, da es sich um eine Holschuld handelt (BGE 109 II 32 E. 4a – analoge Anwendung von Art. 74 Abs. 2 Ziff. 2). Weiter hat der Verkäufer die **Prozesskosten** zu ersetzen. Das sind nach BGE 79 II 381 E. 5 = Pra 1954, 33 ff. nicht die Kosten des Wandelungsprozesses, sondern die Kosten eines Prozesses zwischen dem Käufer und einem Dritten, an den die Sache weiterveräussert worden ist. Dies wird aus der Analogie zu Art. 195 Abs. 1 deutlich. Im Übrigen werden die Prozesskosten des Wandelungsprozesses schon nach Prozessrecht zugesprochen. Schliesslich hat der Käufer Anspruch auf **Verwendungsersatz**. Zu ersetzen sind notwendige und nützliche Verwendungen (z.B. Fütterungskosten, Reparaturen usw.). Zum Schadenersatzanspruch des Käufers s. N 5 ff.

III. Ansprüche des Verkäufers

3 Der **Verkäufer** hat Anspruch auf **Rückgabe der Sache** nebst *Nutzungen*. Umstritten ist die Rechtsnatur des Rückgabeanspruchs. Das Gesetz spricht nur von Rückgängigmachen (Art. 205 Abs. 1). Infolge des Prinzips der kausalen Tradition vertritt die h.L. die Auffassung, dass die causa der Tradition mit **ex tunc-Wirkung** wegfällt. Die Sache wäre so zu betrachten, wie wenn der Käufer nie Eigentümer geworden wäre. Dem Verkäufer stünde daher die **Vindikation** zu (BGE 109 II 30; BK-Giger, N 9; Keller/Siehr, 88; Schulin/Vogt, BT, Tafel B 7C; Knellwolf, ZSR 1990 I, 389 ff.). Nach der Gegenmeinung besteht nur ein *obligatorischer Rückgewährsanspruch* (BGE 14, 656; Bucher, BT, 98; von Büren, BT, 39 FN 163; Hartmann, N 203). Der Wandelungsanspruch ist mit dem Rücktritt nach Art. 109 verwandt. Die früher h.M. hat auch hier eine ex tunc-Wirkung angenommen. Demgegenüber qualifiziert *nunmehr BGE 114 II 152* (s.a. OGer LU, LGVE 1991 I 15 f.) den Rücktritt als *ex nunc wirkendes «Abwicklungs- und Liquidationsverhältnis»* (krit. dazu Knellwolf, a.a.O.; Ehrat, N 347 ff.). Für den obligatorischen Rückgewährsanspruch spricht jedenfalls, dass die Rege-

lung der Nebenansprüche der Vindikation in Art. 938 ff. ZGB, welche auf den Sonderfall von Art. 934 ZGB zugeschnitten sind (in dem ein gutgläubiger Erwerb nicht möglich ist), auf Wandelung und Rücktritt nicht passen. Weiter ist ein dinglicher Rückfall des Eigentums auf Grund der Wandelungserklärung des Käufers beim Unternehmenskauf gänzlich unpraktisch. Hier würde eine erhebliche Rechtsunsicherheit für die Vertragspartner des Unternehmens entstehen. Dagegen spielt die Frage im Konkurs praktisch keine Rolle, weil der Käufer nicht wandeln wird, wenn der Verkäufer inzwischen in Konkurs gefallen ist. Im umgekehrten Fall des Käuferkonkurses muss der Konkursverwalter, wenn er den Kaufpreis zurückfordert, jedenfalls die Sache herausgeben. Aus diesen Gründen ist der Konstruktion eines *ex nunc wirkenden Rückgewährschuldverhältnisses* der Vorzug zu geben. In jedem Falle aber ist eine einheitliche Lösung für Art. 109 und 205 geboten. Der Käufer hat die gezogenen **Nutzungen** herauszugeben sowie die schuldhaft nicht gezogenen. Das folgt aus Analogie zu Art. 195 (**a.M.** BK-GIGER, N 20, der einen Umkehrschluss zieht). Da die Fälle nach Interessenlage und Normzweck völlig gleich liegen und sich das Gesetz nicht immer präzise ausdrückt, ist eine Lücke anzunehmen, die mit Hilfe von Art. 195 zu schliessen ist. Die gänzlich unpassenden Art. 938 ff. ZGB sind nicht heranzuziehen. Für den *Gebrauch* der Sache hat der Käufer eine **Entschädigung** zu zahlen; z.B. bei einem Auto (SJ 1959, 392). Auf den Kapitalbetrag, der dem Gebrauchswert entspricht, sind kalkulatorische Zinsen in Höhe von 5% zu entrichten (BGE 106 II 221). Unverständlich ist eine Entscheidung des EuGH vom 17.4.2008 (C-404/06) mit der das bei Rückgabe einer mangelhaften Kaufsache vom Käufer zu zahlende Nutzungsentgelt (nach § 439 Abs. 4, § 346 Abs. 1, Abs. 2 Nr. 1 BGB) für EG-widrig erklärt wurde. In dem Fall hatte eine Frau einen Backofen anderthalb Jahre benutzt und dann wegen Emailschäden zurückgegeben. Dass dies krass gegen jede Vernunft (und auch gegen Treu und Glauben) verstösst, ist evident. Wer künftig ein Auto kauft und es wegen eines Mangels kurz vor Ablauf der zweijährigen Gewährleistungsfrist zurückgibt, fährt in der EU zwei Jahre kostenlos (näher HONSELL, Die Erosion des Privatrechts durch das Europarecht, ZIP 2008, 621 ff.).

Bei verschuldeter Verschlechterung haftet der Käufer, sofern die Wandelung nicht überhaupt ausgeschlossen ist, auf **Wertersatz**. 4

IV. Schadenersatzpflicht des Verkäufers nach Abs. 2 und Abs. 3

1. Kausalhaftung nach Abs. 2

Das Gesetz verwendet unklare Begriffe: Es normiert in Abs. 2 eine **Kausalhaftung** für «unmittelbare Schäden» und in Abs. 3 eine Verschuldenshaftung für «weitere Schäden». Das hat zu einer erheblichen Begriffsverwirrung und zu einer Unsicherheit der Meinungen geführt. Die Wandelung verfolgt das Prinzip der restitutio in integrum: Der Vertrag soll mit Hauptleistungen und Nebenansprüchen rückabgewickelt werden. Dies ist der Anwendungsbereich der Abs. 1 und 2. Er betrifft Sache und Preis, Nutzungen und Zinsen, *Vertrags-, Transport- und Prozesskosten*; ferner die Kosten der Prüfung der Sache (RVJ 1983, 301; 1969, 71 – keine Reduktion nach Art. 44). Zum **unmittelbaren Schaden** zählt weiter der *Mangelschaden*; das ist derjenige Schaden, der (anders als der *Mangelfolgeschaden*, s. N 8 f.) infolge des Fehlers unmittelbar an der Sache selbst entsteht, z.B. Beschädigung eines Wagens als Folge defekter Bremsen, Beschädigung einer Maschine wegen Nichtfunktionierens eines Thermostates usw. *(«weiterfressender Mangel»)*. Zum unmittelbaren Schaden gehört weiter ein Kursverlust, wenn der Kaufpreis in Valuta festgesetzt war und die ausländische Währung inzwischen gesunken ist (BGE 45 II 82). 5

Abs. 2 kommt nur neben der Wandelung in Betracht (BGE 107 II 165; 63 II 401 ff.; RVJ 1987, 213; str.). Das BGer will neben der Minderung (oder Nachbesserung) einen Schadenersatzanspruch nur nach Art. 97 zulassen, also bei Verschulden. Ein grosser Teil der Literatur wendet indessen Abs. 2 analog an und bejaht eine allgemeine, von der Wandelung unabhän- 6 gige Kausalhaftung des Verkäufers für den unmittelbaren Schaden (z.B. BK-GIGER, N 56; SCHULIN/VOGT, BT, Tafel B 7C N 19). Die Meinung des BGer ist vorzuziehen. Jedoch unterliegt der an der Sache selbst entstandene Schaden der Kausalhaftung. Hingegen sind alle weiteren Schäden nur bei Verschulden zu ersetzen, wobei freilich auf Abs. 3 abzustellen ist und nicht auf Art. 97.

2. Abgrenzung zwischen Abs. 2 und Abs. 3

7 Die **Abgrenzungsschwierigkeiten** zwischen Abs. 2 und Abs. 3 resultieren aus den Begriffen *positives/negatives Interesse, unmittelbarer/mittelbarer Schaden*. Beim **positiven Interesse** wird der Geschädigte so gestellt, wie wenn ordentlich erfüllt worden wäre, beim **negativen** so, wie wenn er auf Gültigkeit bzw. Bestand des Vertrages nicht vertraut hätte. Zum positiven Interesse zählt auch der entgangene Gewinn. Das negative Interesse umfasst v.a. die vergeblichen *(«frustrierten») Aufwendungen*. Ein entgangener Gewinn kann über das negative Interesse nur ganz ausnahmsweise gefordert werden: Wenn der Geschädigte nachweist, dass er, hätte er nicht auf die Gültigkeit des abgeschlossenen Vertrages vertraut, ein anderes, ähnlich lukratives Geschäft abgeschlossen hätte, das nun nicht mehr nachgeholt werden kann. Die Abgrenzung zwischen **unmittelbarem Schaden** und **weiterem (mittelbarem) Schaden** bezieht sich hingegen auf die Länge der Kausalkette. Damit sind nähere und fernere Schäden gemeint, ohne dass man angeben könnte, wo die Grenze im Einzelnen liegt (zur Unbrauchbarkeit dieser Abgrenzung vgl. MEDICUS, Unmittelbarer und mittelbarer Schaden, 1977). Die Schwierigkeiten in der Doktrin bestehen darin, dass man vielfach versucht, das negative Interesse Abs. 2, das positive hingegen Abs. 3 zuzuordnen (vgl. z.B. KELLER/SIEHR, 60, 90; FISCHER, 269; FURRER, 26). Andere wollen die Abgrenzung nach der Unterscheidung zwischen *damnum emergens* und *lucrum cessans* vornehmen (BK-GIGER, Art. 195 N 34, Art. 208 N 35). Eine gewisse Einigkeit lässt sich jedenfalls insofern feststellen, als überwiegend der **entgangene Gewinn** nur nach Abs. 3 ersetzt wird (BK-GIGER, a.a.O.; BUCHER, BT, 105; SCHNYDER, 87).

8 Problematisch ist v.a. die Einordnung der **Mangelfolgeschäden** unter die beiden Begriffe. Mangelfolgeschäden sind Schäden, die an anderen Rechtsgütern des Käufers entstehen. Ein Mangelfolgeschaden liegt z.B. vor, wenn durch die Lieferung eines kranken Tieres die Herde des Käufers angesteckt wird (Ulpian Dig. 19,1,13 pr.); wenn giftiges Viehfutter seine Pferde tötet (RGZ 66, 289); wenn ein fehlerhafter Thermostat zu einem Brand führt (BGE 90 II 86); wenn das Pflanzenwuchshormon die Reben des Winzers schädigt (BJM 1961, 189; s.a. BGHZ 80, 186 – wirkungsloses Spritzmittel gegen Apfelschorf); wenn statt Wasserstoff eine Mischung aus Sauerstoff und Wasserstoff geliefert wird (Knallgas), das beim Öffnen der Flasche explodiert (RGZ 108, 221); wenn sich in der Limonadenflasche Salmiakgeist befindet, wodurch sich der Käufer eine Verätzung der Speiseröhre zuzieht (RGZ 97, 116); oder wenn die Limonadenflasche explodiert und dadurch ein Kind verletzt wird (BGHZ 104, 323 ff.) usw. Mangelfolgeschäden fallen sowohl unter das positive wie unter das negative Interesse, denn sie wären bei ordnungsgemässer (d.h. mangelfreier) Erfüllung nicht eingetreten; sie wären aber auch nicht eingetreten, wenn der Käufer den Vertrag nicht abgeschlossen hätte. Eine verbreitete Mindermeinung bejaht zu Unrecht den Ersatz von Mangelfolgeschäden auf Grund der **Kausalhaftung von Abs. 2** (BK-GIGER, N 36 ff.; KELLER/SIEHR, 90; FISCHER, 19 f., 290; DOERIG, 92 ff und leider auch BGE 133 III 257 – Mülleramazonen, mit abl. Anm. HONSELL, recht 2007, 154 ff.; dagegen auch die h.L., KELLER, AJP 2007, 780 ff.; KOLLER A., Leistungsstörungen, 1 ff.; DERS., FS Bucher, 375 ff.; SCHWENZER, N 22.37; TERCIER/FAVRE, N 765; COENDET, recht 2008, 15 ff.; CHK-MÜLLER-CHEN, Art. 208 OR N 13 u. 15; HUWILER, 141 ff.; ZELLWEGER-GUTKNECHT, ZBJV 2007, 763 ff.; SCHMID, ZBJV 2010, 554, 604. *Im Fall des BGer hatte* der Verkäufer Papageien importiert und diese vorschriftsmässig während 90 Tagen in Quarantäne gehalten. Danach übergab er zwei Vögel an den Käufer, wo das Pacheco-Virus ausbrach und den gesamten Vogelbestand des Käufers im Wert von 2 Millio-

nen Franken vernichtete. Die Ansteckung von Tieren des Käufers war schon der Fall von Dig. 19,1,13 pr. Dort haftete der Verkäufer allerdings nur bei Arglist oder Zusicherung. Daraus wurde im OR eine Verschuldenshaftung. Das BGer macht daraus eine verschuldensunabhängige Erfolgshaftung. Diese Steigerung ist kein Zeichen verfeinerter Rechtskultur. Dem Verkäufer war zwar kein Vorwurf zu machen, aber das BGer subsumierte den Fall einfach unter Abs. 2, der kein Verschulden voraussetzt. Es stellte irrig auf die Länge bzw. Intensität der Kausalkette ab. Sei diese kurz, so sei der Schaden unmittelbar und Abs. 2 anwendbar. Die Kausalkette ist in der Tat kurz, weil für den Schadenseintritt ausser dem Fehler nichts weiter nötig ist als der Gebrauch. In Wahrheit ist dieser Ansatz zur Definition der Begriffe *unmittelbar* oder *direct* unbrauchbar. Die Begriffe bezeichnen nur die zeitliche Länge oder den räumlichen Abstand. Die räumliche Differenzierung fndet sich im deutschen Recht: Unmittelbare Schäden entstehen an der Kaufsache selbst, mittelbare an anderen Rechtsgütern des Käufers, so dass Mangelfolgeschäden selbstverständlich mittelbare Schäden sind, die unter 208 Abs. 3 fallen. Dies ist allein sachgerecht, denn die verschuldensunabhängige Gewährleistung des Abs. 1 und 2 betrifft nur die Wandlung und die Transaktionskosten, die natürlich dieselben Voraussetzungen haben wie jene. Für die Subsumtion der Mangelfolgeschäden unter Abs. 3 spricht auch die Verwandtschaft der Fälle zur sog. positiven Vertragsverletzung nach Art. 97 analog, die ebenfalls Verschulden voraussetzt. Dies gilt für alle Fälle von Leistungsstörungen (mit Ausnahme der Sachmängelhaftung), z.B. für den Werkvertrag (Art. 368 Abs. 1), für den Arbeitsvertrag und den Auftrag. Auch im Mietrecht werden Mangelfolgeschäden nur bei Verschulden ersetzt (Art. 259e). Für den Kauf sollte nichts anderes gelten (ebenso SCHMID ZBJV 2010, 554, 604). Zu diesem Ergebnis gelangt man ganz von selbst, wenn man die Mangelfolgeschäden unter Abs. 3 subsumiert. Ein weiteres Argument ist, dass das PrHG eine verschuldensunabhängige Haftung nur für den Hersteller und den Importeur normiert. (Im Fall war der Verkäufer Importeur. Gleichwohl war das PrHG nicht anwendbar, weil Tierzucht- Fischerei- und Jagderzeugnisse erst nach Verarbeitung unter das Gesetz fallen, vgl Art. 3 Abs. 2 [anders heute die EG-Richtlinie]; weiter, weil die Papageien zum Weiterverkauf bestimmt waren, Art. 1 b). Bei dieser Gesetzeslage kann nicht angenommen werden, dass schon das OR eine verschuldensunabhängige Haftung des Verkäufers für Mangelfolgeschäden eingeführt hätte. Es wäre ungereimt, den Verkäufer, der nicht selbst hergestellt hat und den auch sonst kein Verschulden trifft, für Mangelfolgeschäden kausal haften zu lassen. Zu welchen Ergebnissen dies führen würde, illustriert folgender Fall: Ein Kraftstoffhändler vertreibt Dieselkraftstoff, den er seit Jahren von einer grossen Raffinerie bezieht. Eine Lieferung, die schädliche Beimengungen enthält, beschädigt bei einem Transportunternehmen die LKW-Motoren. Den Kraftstoffhändler, der keine Untersuchungspflicht und auch gar keine Untersuchungsmöglichkeit hat, träfe nach dieser Meinung eine Kausalhaftung. Wie bedenklich dies wäre, wird auch daraus ersichtlich, dass oft aus kleinen Mängeln enorme Schäden entstehen können. So hat im Schwimmerschalter-Fall (BGHZ 67, 359) ein defekter Schwimmerschalter, von ganz geringfügigem Wert, zu einem enormen Brandschaden in der Fabrik des Käufers geführt.

3. Verschuldenshaftung (Abs. 3)

Mangelfolgeschäden (vgl. N 8) fallen also im Gegensatz zu den Mangelschäden nicht unter 9
Abs. 2, sondern unter **Abs. 3** und sind nur zu ersetzen, wenn sich der Verkäufer nicht exkulpieren kann (ebenso die h.L. in der Literatur: KÄSTLI, recht 1990, 86; SCHWENZER N 22.37; TERCIER/FAVRE, N 765; COENDET, recht 2008, 15 ff.; CHK-MÜLLER-CHEN, Art. 208 OR N 13 u. 15; HUWILER, gegen BGE a.a.O.). Hierbei ist zu beachten, dass den Verkäufer, der nicht selbst Hersteller ist, in aller Regel keine Untersuchungspflicht trifft (vgl. für das deutsche Recht BGH NJW 1968, 2238; 1981, 929, 1269). Solche Pflichten können sich allerdings im Einzelfall aus der besonderen Sachkunde des Verkäufers, aus der Verkehrssitte, Handelsusancen oder Treu und Glauben ergeben. Das Bundesgericht hat für das Privatrecht eine Untersuchungspflicht des Importeurs bejaht (JdT 1986 I 571 – Klappstuhlfall; HONSELL, Haftpflichtrecht, § 21 N 21). Darüber hinaus hat BGE 121 IV 10 ff. im Hebebühnenfall sogar für

das Strafrecht eine Sorgfaltspflichtverletzung des Verkäufers eines Gerätes angenommen, wenn dessen Gebrauch mit Gefahren verbunden sein kann. Wäre das richtig, so müsste a fortiori auch eine Vertrags- und Deliktshaftung des Verkäufers angenommen werden. Dieses Urteil geht über die Importeurhaftung im Klappstuhl-Fall noch weit hinaus. Nach Art. 5 Abs. 1 Satz 1 ProduktesicherheitsG muss «wer ein Produkt in Verkehr bringt, nachweisen können, dass es die grundlegenden Sicherheits- und Gesundheitsanforderungen erfüllt».

Zu dem weiteren Schaden i.S.v. Abs. 3 zählt auch das sog. **Haftungsinteresse**. Hat der Käufer die Sache weiterveräussert und wird er von seinem Abnehmer wegen des Mangels in Anspruch genommen, so kann er den hieraus entstehenden Schaden nur bei Verschulden auf den Verkäufer abwälzen; denn der Schaden ist nicht unmittelbar durch die Mangelhaftigkeit, sondern erst infolge der Weiterveräusserung entstanden. Gegen eine Subsumtion des Haftungsinteresses unter den unmittelbaren Schaden spricht auch die Überlegung, dass dem Käufer der Gewinn aus dem Weiterverkauf im Ergebnis erhalten bleibt, wenn er den Schadenersatz, welchen er dem Dritten leistet, in vollem Umfange im Regresswege vom Verkäufer verlangen kann. **Entgangener Gewinn** ist aber unstreitig nur unter den Voraussetzungen des Abs. 3 zu ersetzen. Unter entgangenen Gewinn subsumiert BGer auch den *Nutzungsausfall* eines Lastwagenkrans während der fünftägigen Reparatur zur Mangelbehebung (BGer, 18.1.2012, 4A_401/2011, E. 3.5 – in casu aber nicht rechtsgenüglich nachgewiesen). Im allgemeinen wird es an einem Verschulden des Verkäufers fehlen.

Unter Abs. 3 fällt auch eine Rufschädigung wegen der mangelhaften Ware, nicht aber die Strafe und die Kosten eines Strafurteils, das auf Fahrlässigkeit des Abnehmers lautet (BGE 26, 558 f. – Weiterverkauf nicht reinen Kirschwassers).

V. Wiener Kaufrecht

10 Nach Art. 45 Abs. 1 lit. b **WKR** kann der Käufer bei Verletzung der Pflichten des Verkäufers Schadenersatz nach Art. 74–77 verlangen. Die *verschuldensunabhängige Garantiehaftung* des Verkäufers umfasst alle Fälle der Leistungsstörungen, also neben Nichterfüllung und Verzug auch die *Schlechterfüllung (Mangelfolgeschäden)*. Der Verkäufer trägt mithin nicht nur das Beschaffungsrisiko (einschliesslich der Einhaltung des Termins), sondern auch etwaige *Produktrisiken*. Nach Art. 5 WKR findet das Übereinkommen auf *Personenschäden* keine Anwendung.

Art. 209

b. Bei einer Mehrheit von Kaufsachen

1 Sind von mehreren zusammen verkauften Sachen oder von einer verkauften Gesamtsache bloss einzelne Stücke fehlerhaft, so kann nur rücksichtlich dieser die Wandelung verlangt werden.

2 Lassen sich jedoch die fehlerhaften Stücke von den fehlerfreien ohne erheblichen Nachteil für den Käufer oder den Verkäufer nicht trennen, so muss die Wandelung sich auf den gesamten Kaufgegenstand erstrecken.

3 Die Wandelung der Hauptsache zieht, selbst wenn für die Nebensache ein besonderer Preis festgesetzt war, die Wandelung auch dieser, die Wandelung der Nebensache dagegen nicht auch die Wandelung der Hauptsache nach sich.

b. Résiliation en cas de vente de plusieurs choses

1 Lorsque la vente est de plusieurs choses à la fois ou d'un ensemble de pièces, et que certaines d'entre elles seulement sont défectueuses, la résiliation ne peut être demandée qu'à l'égard de ces dernières.

2 Toutefois, si la chose ou la pièce défectueuse ne peut être détachée de celles qui sont exemptes de défauts, sans un préjudice notable pour l'acheteur ou le vendeur, la résiliation doit s'étendre à tout l'objet de la vente.

[3] La résiliation qui porte sur la chose principale s'étend aux accessoires, même s'ils ont été vendus pour un prix distinct; au contraire, la résiliation qui porte sur les accessoires ne s'étend pas à la chose principale.

b. Nella vendita di più cose

[1] Quando siano difettosi soltanto taluni capi di più cose vendute insieme o di un complesso di cose, la risoluzione non potrà chiedersi che per detti capi.

[2] Qualora però i capi difettosi non si possano, senza considerevole pregiudizio del compratore o del venditore, separare da quelli che non lo sono, la risoluzione dovrà estendersi a tutto ciò che ha formato oggetto della vendita.

[3] La risoluzione a causa di un difetto della cosa principale porta la risoluzione anche riguardo alla cosa accessoria, quantunque il prezzo di questa sia stato fissato separatamente, mentre la risoluzione a causa di un difetto della cosa accessoria non si estende alla principale.

I. Einzelwandelung

Abs. 1 enthält für die Wandelung bei einer **Mehrheit von Kaufsachen** oder einer **Gesamtsache** den Grundsatz der Einzelwandelung. Die Wandelung ist nur bezüglich der einzelnen fehlerhaften Stücke zulässig. Das gilt unabhängig davon, ob die Sachen zu einem Einzel- oder zu einem Gesamtpreis verkauft sind. Unter einer Gesamtsache (Sachgesamtheit) versteht man mehrere Sachen, die im Verkehr aus praktischen Gründen unter einer einheitlichen Bezeichnung zusammengefasst werden (Warenlager, Briefmarkensammlung, Herde). Die Beschränkung auf das fehlerhafte Stück gilt aber nicht, wenn einzelne *Bestandteile* einer *einheitlichen Sache* mangelhaft sind oder wenn es sich nach der Verkehrsauffassung um eine Wareneinheit handelt, z.B. Farbensortiment, Tafelservice, eine Kiste Obst usw. (zur Begriffsumschreibung s. BK-Meier-Hayoz, syst. Teil zu Art. 641 ff. ZGB N 120 ff., 140 ff., 195). Bei einer *Wareneinheit* muss der Käufer nicht die einzelnen Sachen zurückgeben; er darf es auch gar nicht. Denn der Käufer der eine einheitliche Sache wandeln will, darf nicht einzelne Stücke bzw. Bestandteile zurückbehalten. Bei Lieferung von 34 Ballen Kunstseidenfutter-Abschnitten sind die einzelnen Stücke i.S.v. Abs. 1 nicht die Stoffabschnitte, sondern die Ballen; sind von diesen sieben mangelhaft, so sind sie Gegenstand der Einzelwandelung (BGE 91 II 356 E. 6). Der Grundsatz der Einzelwandelung gilt auch für den *Sukzessivlieferungsvertrag* (BGE 26 II 716 E. 3; 22, 513; RVJ 1980, 212). *Gesamtwandelung* ist aber zulässig, wenn sich aus der mangelhaften Einzellieferung ergibt, dass der Verkäufer überhaupt nicht im Stande ist, vertragsgemäss zu liefern (BGE 28 II 511). Die Rechtsfolge der Einzelwandelung ist im Gesetz nicht genannt. War für die mangelhafte Sache ein Einzelpreis vereinbart, so ist dieser zurückzuzahlen. Ein Gesamtpreis ist nach den für die Minderung geltenden Regeln verhältnismässig herabzusetzen (Art. 205 N 7 f.). 1

II. Gesamtwandelung

Gesamtwandelung ist nach **Abs. 2** zulässig, wenn sich «die fehlerhaften Stücke von den fehlerfreien ohne erheblichen Nachteil für den Käufer oder den Verkäufer nicht trennen» lassen. Dies ist namentlich bei zusammengehörigen Sachen der Fall, z.B. mehrbändiges Werk, Tafelservice, komplette Zimmereinrichtung. Entscheidend ist, dass der Wert der zusammengehörigen Sachen grösser ist als die aufaddierten Teilwerte (dazu s. BK-Meier-Hayoz, a.a.O., N 1). Die Sachen gehören nach der Verkehrsauffassung wirtschaftlich zusammen und sollen auch bei einer Wandelung nicht getrennt werden. In diesem Fall kann nicht nur der Käufer, sondern auch der Verkäufer Gesamtwandelung verlangen. Abs. 2 ist auch anwendbar, wenn dem Käufer ein zeitraubendes Aussortieren der tauglichen Stücke nicht zuzumuten ist (BGer, 29.8.2003, 4C.152/2003; BGE 34 II 708 – 1200 Stück eines billigen Massenartikels). 2

III. Haupt- und Nebensache

3 Nach **Abs. 3** erstreckt sich die Wandelung einer **Hauptsache** auch auf die **Nebensache**. Dies gilt selbst dann, wenn für die Nebensache ein gesonderter Preis festgesetzt worden ist. Ob es sich um Haupt- und Nebensache handelt, beurteilt sich nach Verkehrssitte, aber auch nach dem Parteiwillen. Ein Verhältnis von Haupt- und Nebensache liegt regelmässig vor bei *Zugehör* i.S.v. Art. 644 ZGB. Umgekehrt zieht die Wandelung der Nebensache nicht diejenige der Hauptsache nach sich. Wer den Kaufvertrag über ein fehlerhaftes Pferd wandeln will, kann auch das Zaumzeug zurückgeben, nicht aber umgekehrt das Pferd, wenn nur das Zaumzeug mangelhaft ist.

Art. 210

9. Verjährung

[1] Die Klagen auf Gewährleistung wegen Mängel der Sache verjähren mit Ablauf von zwei Jahren nach deren Ablieferung an den Käufer, selbst wenn dieser die Mängel erst später entdeckt, es sei denn, dass der Verkäufer eine Haftung auf längere Zeit übernommen hat.

[2] Die Frist beträgt fünf Jahre, soweit Mängel einer Sache, die bestimmungsgemäss in ein unbewegliches Werk integriert worden ist, die Mangelhaftigkeit des Werkes verursacht haben.

[3] Für Kulturgüter im Sinne von Artikel 2 Absatz 1 des Kulturgütertransfergesetzes vom 20. Juni 2003 verjährt die Klage ein Jahr, nachdem der Käufer den Mangel entdeckt hat, in jedem Fall jedoch 30 Jahre nach dem Vertragsabschluss.

[4] Eine Vereinbarung über die Verkürzung der Verjährungsfrist ist ungültig, wenn:

a. sie die Verjährungsfrist auf weniger als zwei Jahre, bei gebrauchten Sachen auf weniger als ein Jahr verkürzt;

b. die Sache für den persönlichen oder familiären Gebrauch des Käufers bestimmt ist; und

c. der Verkäufer im Rahmen seiner beruflichen oder gewerblichen Tätigkeit handelt.

[5] Die Einreden des Käufers wegen vorhandener Mängel bleiben bestehen, wenn innerhalb der Verjährungsfrist die vorgeschriebene Anzeige an den Verkäufer gemacht worden ist.

[6] Der Verkäufer kann die Verjährung nicht geltend machen, wenn ihm eine absichtliche Täuschung des Käufers nachgewiesen wird. Dies gilt nicht für die 30-jährige Frist gemäss Absatz 3.

9. Prescription

[1] Toute action en garantie pour les défauts de la chose se prescrit par deux ans à compter de la livraison faite à l'acheteur, même si ce dernier n'a découvert les défauts que plus tard; sauf dans le cas où le vendeur aurait promis sa garantie pour un délai plus long.

[2] L'action se prescrit par cinq ans si les défauts de la chose intégrée dans un ouvrage immobilier conformément à l'usage auquel elle est normalement destinée sont à l'origine des défauts de l'ouvrage.

[3] Pour les biens culturels au sens de l'art. 2, al. 1, de la loi du 20 juin 2003 sur le transfert des biens culturels, l'action se prescrit par un an à compter du moment où l'acheteur a découvert les défauts; elle se prescrit dans tous les cas par 30 ans à compter de la conclusion du contrat..

[4] Toute clause prévoyant une réduction du délai de prescription est nulle si les conditions suivantes sont remplies:

a. la clause prévoit un délai de prescription inférieur à deux ans ou, en cas de vente de choses d'occasion, inférieur à un an;

b. la chose est destinée à l'usage personnel ou familial de l'acheteur;

c. le vendeur agit dans le cadre d'une activité professionnelle ou commerciale.

[5] Les exceptions dérivant des défauts de la chose subsistent lorsque l'avis prévu par la loi a été donné au vendeur dans le délai de prescription.

[6] Le vendeur ne peut invoquer la prescription s'il est prouvé qu'il a induit l'acheteur en erreur intentionnellement. Cette dernière disposition ne s'applique pas au délai de 30 ans prévu à l'al. 3.

9. Prescrizione

[1] Le azioni di garanzia per i difetti della cosa si prescrivono in due anni dalla consegna della cosa al compratore, quand'anche questi ne abbia scoperto i difetti soltanto più tardi, salvo che il venditore abbia promesso la garanzia per un tempo più lungo.

[2] Il termine è di cinque anni se i difetti di una cosa integrata in un'opera immobiliare conformemente all'uso cui è normalmente destinata hanno causato i difetti dell'opera.

[3] Per i beni culturali ai sensi dell'articolo 2 capoverso 1 della legge del 20 giugno 2003 sul trasferimento dei beni culturali l'azione si prescrive in un anno dopo che il compratore ha scoperto il vizio, ma in ogni caso in 30 anni dopo la conclusione del contratto.

[4] Qualunque patto che riduca il termine di prescrizione è nullo se:
a. prevede un termine inferiore a due anni o, nel caso di cose usate, inferiore a un anno;
b. la cosa è destinata all'uso personale o familiare del compratore; e
c. il venditore agisce nell'ambito della sua attività professionale o commerciale.

[5] Le eccezioni del compratore per i difetti della cosa continuano a sussistere se la notificazione prevista dalla legge è stata fatta al venditore entro il termine di prescrizione

[6] Il venditore non può invocare la prescrizione ove sia provato che ha intenzionalmente ingannato il compratore. La presente disposizione non si applica al termine di 30 anni di cui al capoverso 3.

Literatur

Vgl. die Literaturhinweise bei den Vorbem. zu Art. 197–210 sowie Gauch, Mélanges en l'honneur de Paul-Henri Steinauer, Bern 2013, 3 ff. (zit. FS Steinauer).

I. Anwendungsbereich

Die kurze Verjährung von Art. 210 Abs. 1 und 2 gilt für alle Ansprüche aus Sachmängeln, also für **Wandelung, Minderung** und **Schadenersatz**, ebenso für einen vertraglich vereinbarten **Nachbesserungsanspruch**. Soweit die Judikatur neben Schadenersatzansprüchen nach Art. 208 Abs. 2 und 3 auch solche aus Art. 97 ff. zulässt, gilt die Frist auch für diese (BGE 58 II 212 E. 2; 63 II 405; 90 II 88 E. 1; Vor Art. 197–210 N 6). 1

Die kurze Verjährung **gilt nicht** für den *Grundlagenirrtum* (Vor Art. 197–210 N 9) sowie bei Vorliegen einer *selbständigen Garantie* (BGer, 14.1.2013, 4A_321/2012 mit Anm. Wolf/Ehrsam, GesKR 2013, 299 ff.; SJ 1956, 358); ferner bei Verletzung einer Nebenpflicht (BGE 96 II 117 E. 2 – neutrale Verpackung; 102 II 413 ff. – Werkvertrag; Gauch/Schluep/Schmid/Emmenegger, N 3581). Die kurze Verjährung gilt weiter nicht für die Lieferung eines *aliud* beim Gattungskauf (str.; vgl. Art. 206 N 2 f.). Ebensowenig bei *absichtlicher Täuschung* (Abs. 6). Es greift allerdings nicht nur, wie der Wortlaut des Abs. 6 Satz 2 fehlerhaft besagt, die dreissigjährige Verjährung von Abs. 3, sondern wie nach bisherigem Recht (BGE 107 II 231; BGer, 26.11.2013, 4C.251/2003; 7.9.2010, 4A_301/2010, E. 3.2), auch die allgemeine Regelverjährung von Art. 127 (zehn Jahre) ein. Zum Begriff der absichtlichen Täuschung s. Art. 199 N 7. **Umstritten** ist die Anwendung der kurzen Frist auf *Deliktsansprüche* nach Art. 41 ff. (vgl. Vor Art. 197–210 N 7). Die h.L. verneint sie zu Recht (BK-Giger, N 23; Bucher, BT, 107; Cavin, SPR VII/1, 113; offen gelassen in BGE 90 II 89; zum analogen Problem beim Werkvertrag vgl. Art. 371 N 7). Entsteht dem Käufer durch die Lieferung einer mangelhaften Sache ein Schaden an anderen Rechtsgütern, und hat der Verkäufer nicht nur eine vertragliche Pflicht verletzt, sondern (ausnahmsweise) eine allgemeine deliktische Verkehrspflicht, so besteht ein konkurrierender Deliktsanspruch mit Verjährung nach Art. 60. Dies gewinnt vor allem in denjenigen Fällen Bedeutung, in denen der Schaden erst nach Ablauf der einjährigen Frist von Art. 210 entsteht. Würde man hier Art. 210 anwenden, so wäre der Anspruch verjährt, ehe der Schaden entstanden ist.

II. Frist

2 Die **kurze Verjährungsfrist** war ein Charakteristikum der Sachmängelansprüche und fand sich bereits im römischen Recht. Dort betrug die Frist nur sechs Monate. Allerdings war beim Sklaven- und Tierkauf das *Veränderungsrisiko* besonders gross. Die ratio legis der kurzen Frist bestand in der Schaffung baldiger Klarheit (BGE 102 II 102 = Pra 1976, 439). Hinzu kommt, dass nach längerem Gebrauch einer Sache oft nur noch schwer feststellbar ist, ob diese schon im Zeitpunkt des Gefahrübergangs mangelhaft war oder erst später mangelhaft geworden ist. Andererseits gab es unstreitig Fälle, in denen die Jahresfrist zu kurz war. Die am 1.1.2013 in Kraft getretene **Neuregelung** bringt eine Verlängerung der Gewährleistung von 1 auf **2 Jahre** (s. aber auch N 5), bzw. **5 Jahre** für bewegliche Sachen, die bestimmungsgemäss in ein unbewegliches Werk integriert worden sind (dazu Gauch, recht 2012, 124, 126 ff.; Roth, AJP 2014, 773 ff.). Mit der Neuregelung des Abs. 2 soll eine Koordinierung von Art. 210 und Art. 371 Abs. 2 erreicht werden, die vermeidet, dass der Unternehmer dem Besteller fünf Jahre haftet, der Regress gegen den Subunternehmer aber nach zwei Jahren verjährt. Erforderlich ist tatsächliche Integration (Roth, AJP 2014, 776; **a.M.** zu Unrecht Vischer M., Jusletter 2013). Die Bestimmung lässt offen, ob der integrierte Gegenstand dem Gebäude funktional dienen muss. Jedenfalls muss er einen Mangel des Werkes verursachen. Auch wenn man für eine eher grosszügig Interpretation plädiert, werden für die auf einem Dach montierte Solaranlage eher zwei Jahre anzunehmen sein (BGH, NJW 2014, 845; krit. Lakkis, NJW 2014, 829). Für den Konsumentenkauf kann die Zweijahresfrist nicht wegbedungen werden, ausser für gebrauchte Sachen, wo sie jedoch mindestens ein Jahr betragen muss. Es ist ein Wertungswiderspruch, dass die Gewährleistung nach Art. 199 weiterhin vollständig wegbedungen werden kann (Kramer recht 2013, 52; Schwizer/Wolfer, AJP 2012, 1759, 1761). Es ist abzusehen, dass dies vermehrt geschehen wird, um der rigiden Vorschrift von Art. 210 auszuweichen. Die Frist von zwei Jahren ist für kurzlebige Konsumgüter oder bei technischen Produkten, die schnell altern, wie zB Mobiltelefone, sehr lang. Der Gesetzgeber übernimmt unkritisch europäische Vorgaben. Auch hätte man die Revision bis zu der geplanten Neuregelung des Verjährungsrechts aufschieben und beides zusammen regeln können. Die **Frist** beträgt auch bei **Grundstücken und Gebäuden fünf Jahre** (Art. 210 Abs. 2, Art. 219 Abs. 3). Sie beginnt mit der *Ablieferung* der Kaufsache (Abs. 1), nicht mit der Entdeckung des Mangels (wie nach Abs. 3s N 4). Die Verjährung tritt auch ein, wenn der Käufer den Mangel gar nicht entdecken konnte (BGE 89 II 409; SJ 1966, 589). Beim *Sukzessivlieferungsvertrag* beginnt die Frist für die einzelnen Teillieferungen gesondert. Insofern gilt für die Verjährungsfrist nichts andere als für die Rügefrist. Dies gilt allgemein, also auch für täglich zweimalige Milchlieferungen (BGE 17, 307, 314 zum aOR).

3 Es handelt sich um eine **Verjährungsfrist**, nicht um eine Verwirkungsfrist (h.L. BGE 104 II 357 = Pra 1979, 2; BGE 94 II 36 = Pra 1968, 509, 514; BGE 82 II 422 f.; 72 II 414 ff.; BK-Giger, N 9 m.Nw.; **a.M.** Bucher, BT, 94 f.). Für sie gelten die allgemeinen Vorschriften der Art. 127 ff. Abweichend von Art. 129 kann aber die Frist verlängert und (eingeschränkt) auch verkürzt werden (s. N 5). Die Frist kann **gehemmt** (Art. 134) oder **unterbrochen** (Art. 135 ff.) werden; Hemmung oder Unterbrechung eines Anspruchs (z.B. Minderung) bewirkt Hemmung oder Unterbrechung auch der übrigen Gewährleistungsansprüche (BGE 96 II 181 ff. E. 3b = Pra 1970, 518 ff.; Gauch/Schluep/Schmid/Emmenegger, N 3581). Die *Unterbrechung erfolgt durch Anerkennung* (Art. 135 Ziff. 1) oder *Geltendmachung* (Art. 135 Ziff. 2). Die Anerkennung ist auch *konkludent* möglich (von Tuhr/Escher, 225), z.B. durch einen Reparaturversuch (LGVE 1976 I, 363, 365), also Nachbesserung, oder durch Ersatzlieferung.

Für **Kulturgüter** (vgl. Art. 196a N 1) enthält Art. 210 Abs. 3 eine Sonderregelung, die durch das Kulturgütertransfergesetz eingeführt wurde (KGTG, SR 444.1): Die absolute Frist für die Geltendmachung von Sachmängeln beträgt 30 Jahre, daneben gilt eine relative *Frist von einem Jahr ab Entdeckung des Mangels*. Die relative einjährige und die Dreissigjahresfrist stellen im OR ein Novum dar. Eine längere Verjährungsfrist für Kunstgegenstände ist ein altes Desideratum, doch sind dreissig Jahre eher lang. Wünschenswert wäre eine bessere Abstimmung mit anderen Sachen. Systematisch unbefriedigend ist weiter, dass auch die erst ab Entdeckung laufende relative Frist von einem Jahr ein Sonderrecht ist. Bei allen anderen Sachen spielt gem. Abs. 1 die Entdeckung keine Rolle. Dort ist die neue Zweijahresfrist eine absolute. Solche Brüche in einem einheitlichen Rechtsgebiet sollte man vermeiden. Dagegen wären unterschiedliche Fristen für verschiedene Sachgruppen sinnvoll. 4

Str. ist, ob die Vorschrift auch für **Fälschungen** von Kulturgütern gilt. Einige verneinen dies, weil Fälschungen keine Kulturgüter sind (Tercier, SJZ 2006, 277, 278; Gabus/Renold Comm. LTBC Art. 33 N 60. Andere leiten dies aus einer restriktiven Interpretation von Art. 210 Abs. 3 und der Tatsache ab, dass das KGTG nur den illegalen Handel mit Kulturgut betrifft, aber nicht den mit Fälschungen und unechten Kunstwerken (Schönenberger, FS Schwenzer, 1541 ff.). Noch weitergehend plädieren Koller/Muster (FS Schwander, 339, 355 f.) unter Hinweis auf die Botschaft zum KGTG (BBl 2002, 535 ff.) für eine restriktive Interpretation von Art. 210 Abs. 3 dahingehend, dass die Vorschrift nur für den Regress gelten soll, wenn ein Kulturgut nach Art. 9 KGTG wegen rechtswidriger Ausfuhr zurückgefordert wird. Zwar ist richtig, dass das KGTG einen *rechtlichen Sachmangel* betrifft (ähnlich der fehlenden Verkehrsfähigkeit), doch lässt der Text von Art. 210 Abs. 3 eine solche Einschränkung nicht erkennen und es ist auch bei grosser Flüchtigkeit des Gesetzgebers nicht vorstellbar, dass man nicht erkannt hätte, dass der gewählte Wortlaut und die Regelung in Art. 210 schlicht alle Mängel erfasst. Schliesslich ist die Echtheit eines Kunstwerkes oft streitig und es wäre der Rechtssicherheit abträglich, wenn dann auch die Länge der Verjährungsfrist in der Schwebe wäre. Im Übrigen ist die Neuregelung im Hinblick auf die Rsp des BGer zur Konkurrenz des Grundlagenirrtums (Vor Art. 197–210 N 9) nur von geringer Bedeutung.

III. Abweichende Vereinbarungen

Die Verjährungsfrist kann neu zwar noch verlängert werden; sie kann aber nach **Abs. 4** beim 5 **Konsumentenkauf** nicht mehr auf weniger als zwei Jahre und bei gebrauchten Sachen ein Jahr **verkürzt** werden. Die Beschränkung auf den Konsumentenkauf ergibt sich daraus, dass die Voraussetzungen gem. lit. a–c kumulativ vorliegen müssen (Gauch, FS Steinauer, 7). Art. 129 steht einer Verlängerung nicht entgegen, da diese Vorschrift nur für die Fristen des 3. Titels gilt. Die h.L. hält allerdings eine Verlängerung auf mehr als zehn Jahre für unzulässig (BGE 99 II 189; BK-Giger, N 43; Schwenzer, N 84.12; Engel, traité, 810). Die **Zusicherung einer Eigenschaft** enthält keine Verlängerung der Frist (BGE 102 II 101 = Pra 1976, 438 f.; **anders** noch BGE 56 II 430; 94 II 36 = Pra 1968, 515). Häufig werden **Garantiefristen** vereinbart, deren Bedeutung zweifelhaft sein kann. Sofern die Garantiefrist kürzer ist als die gesetzliche Verjährungsfrist, wird sie gelegentlich im Zweifel i.S. einer *Rügefrist* interpretiert, welche die Verjährungsfrist unberührt lässt (SJZ 1959, 91; ZR 1944, 356 f.; Furrer, 92). BGE 94 II 26 E. 4 = Pra 1968, 509, 515 und LGVE 1976 I 363 ziehen die Unklarheitenregel heran, da der Ausdruck «Garantie» auf eine Besserstellung hindeute, könne er nicht i.S. des Ausschlusses der gesetzlichen Gewährleistungsansprüche gedeutet werden. Dies soll selbst dann gelten, wenn es in der Klausel heisst, dass alle anderen Ansprüche ausgeschlossen sind (s. Art. 199 N 4). Unbefangen betrachtet stellt aber eine sechsmonatige Garantie unter Ausschluss aller übrigen Ansprüche eine Verkürzung der Fristen des Art. 210 dar, andererseits enthält die Klausel eine Abschwächung der Obliegenheit nach Art. 201, denn der Käufer kann alle während der Frist auftretenden Mängel geltend machen; es kann ihm nicht entgegengehalten werden, er hätte die Sache nicht rechtzeitig untersucht (vgl. Art. 199 N 4). Das

BGer nimmt eine Erstreckung der Rügefrist nur an, wenn sich dies aus der Vereinbarung klar ergibt (SJZ 1942/43, 229; BGE 52 II 148). Eine Garantiefrist von sechs Monaten stellt keine Abkürzung der Jahresfrist von Art 31 dar, so dass Berufung auf Grudlagenirrtum in dieser Frist möglich bleibt. (BGE 88 II 18, 21 E. 2). Bei Vereinbarung einer Garantiefrist von einem Jahr ist im Zweifel anzunehmen, dass damit der Beginn der Verjährungsfrist nicht hinausgeschoben sein soll (BGE 78 II 368). Zum Teil wird auch die Auffassung vertreten, dass die Verjährungsfrist erst mit Ablauf der Rügefrist beginne (ZR 1944, 275) oder erst mit der Entdeckung des Mangels innerhalb der Rügefrist (FURRER, 91; für das deutsche Recht BGH, NJW 1979, 645). Die Entscheidungen sind zum alten Recht der einjährigen Verjährung ergangen.

IV. Mängeleinrede und Verrechnung nach Eintritt der Verjährung

6 Hat der Käufer den Kaufpreis noch nicht bezahlt, so kann er auch nach Ablauf der Verjährungsfrist den Sachmangel einredeweise geltend machen, sofern er innerhalb der Frist die *vorgeschriebene Anzeige* gemacht hat (Abs. 5). Aus dem Wort «vorgeschrieben» folgt, dass das Gesetz die Anzeige nach Art. 201 meint. Dies bedeutet, dass die **Mängeleinrede** nach Ablauf der Verjährung nur erhalten bleibt, wenn der Käufer die Voraussetzungen von Art. 201 erfüllt hat, d.h. die Sache alsbald untersucht und später auftretende Mängel sofort gerügt hat. Die Verjährungsfristen i.S.v. Abs. 5 sind denjenigen von Abs. 1–3.

7 Wird der Mängeleinrede gegenüber der Kaufpreisklage stattgegeben, so bedeutet dies, dass mit Rechtskraft des klageabweisenden Urteils trotz Eintritt der Verjährung der Kaufvertrag gewandelt ist. Der Käufer muss deshalb die mangelhafte Sache zurückgeben. Hat er auf die Sache Verwendungen gemacht (z.B. Weiterverarbeitung) so kann er trotz Verjährung der Gewährleistungsansprüche des Art. 208 Abs. 2 diese Verwendungen einredeweise geltend machen, d.h. die Herausgabe der Sache verweigern, solange ihm die Verwendungen nicht ersetzt sind (BGE 14, 656 f. zum aOR).

Hat der Käufer den Kaufpreis nur *teilweise bezahlt*, so kann er die Einrede gegenüber dem Restkaufpreisanspruch geltend machen. Die *Anzahlung* kann er jedoch nicht zurückverlangen (so die h.L. in Deutschland, vgl. RGZ 69, 385, 387 ff.; von Staudinger-HONSELL, § 478 BGB a.F. N 13; **a.M.** östOGH JBl 1995, 322). Die Schwierigkeiten resultieren daraus, dass die vom Gesetz gewählte Einredekonstruktion im Grunde nicht passt, weil es nicht um die Einrede gegen einen einzelnen Anspruch geht, sondern um die Abwicklung eines ganzen Vertrages. Erhebt der Käufer gegenüber der Kaufpreisklage die Wandlungseinrede, so muss es dem Verkäufer gestattet sein, im Wege der Klageänderung die Kaufsache zurückzufordern. Hat der Käufer eine Anzahlung geleistet, so muss er die Sache nur Zug um Zug gegen Rückgewähr der Anzahlung herausgeben (von Staudinger-HONSELL, § 478 BGB a.F. N 16 m.w.Nw.).

Unter den Voraussetzungen des Abs. 5 kann der Käufer auch mit Ansprüchen wegen der Sachmängel **verrechnen** (Art. 120 Abs. 3). Diese Möglichkeit ist nicht auf die Kaufpreisforderung des Verkäufers aus diesem Kaufvertrag beschränkt. Die Verrechnung ist auch gegen sonstige Forderungen des Verkäufers möglich (BGE 91 II 216). Voraussetzung ist aber, dass die Gegenforderung bei Ablauf der Verjährung der Sachmängelansprüche schon bestanden hat (BGE, a.a.O.).

V. Wiener Kaufrecht

8 Das Übereinkommen enthält keine Regelung der Verjährung. Lediglich **Art. 39 Abs. 2** bestimmt, dass die Vertragswidrigkeit der Ware spätestens innerhalb von zwei Jahren nach der Übergabe angezeigt werden muss. Das ist aber keine Verjährungs-, sondern eine Präklusionsfrist. Für die Verjährung der Ansprüche aus dem Wiener Übereinkommen gilt das revidierte **UN-Verjährungsabkommen** von 1974 (vgl. dazu LANDFEHRMANN, RabelsZ 1975, 266 ff.).

Nach Art. 8 dieses Übereinkommens beträgt die Verjährungsfrist für alle Ansprüche aus internationalen Kaufverträgen vier Jahre. Der Beitritt zu diesem Abkommen ist nicht geplant, wäre aber im Interesse der Rechtsvereinheitlichung wünschenswert (vgl. KRAPP, ZSR 1984 I, 291, 311 ff.). Solange dies nicht geschehen ist, richtet sich die Verjährung kaufrechtlicher Ansprüche, soweit Schweizer Recht anwendbar ist, nach den allgemeinen Vorschriften von Art. 127 ff. bzw. 210. Nach der Revision des Verjährungsrechts gilt seit 1.1.2013 eine Frist von (mindestens) zwei Jahren. Die Frist ist also gleich lang wie die Rügefrist von Art. 39 Abs. 2. Das unter der Herrschaft der alten einjährigen Mängelverjährung bestehende Problem, dass die Ansprüche bereits verjährt waren, ehe die zweijährige Ausschlussfrist von Art. 39 Abs. 2 WKR abgelaufen war, kann also nicht mehr auftreten.

VI. Übergangsrecht

Mangels spezieller Regelung gilt der misslungene Art. 49 SchlT. Eine bei Inkrafttreten der Neuregelung bereits laufende Frist beginnt neu zu laufen (Abs. 2). Im Extremfall beträgt die Frist dann fast drei Jahre. Nur bei der Fünfjahresfrist (Art. 210 Abs. 2, Art. 371) findet eine Anrechnung der bereits verstrichenen Zeit statt (Abs. 1). Für Verträge, die vorher geschlossen worden sind, bei denen die Lieferung aber erst nachher erfolgt ist, gilt ebenfalls die Neuregelung. 9

Art. 211

C. Verpflichtungen des Käufers
I. Zahlung des Preises und Annahme der Kaufsache

[1] Der Käufer ist verpflichtet, den Preis nach den Bestimmungen des Vertrages zu bezahlen und die gekaufte Sache, sofern sie ihm von dem Verkäufer vertragsgemäss angeboten wird, anzunehmen.

[2] Die Empfangnahme muss sofort geschehen, wenn nicht etwas anderes vereinbart oder üblich ist.

C. Obligations de l'acheteur
I. Paiement du prix et acceptation de la chose

[1] L'acheteur est tenu de payer le prix conformément aux clauses du contrat et d'accepter la chose vendue, pourvu qu'elle lui soit offerte dans les conditions stipulées.

[2] Sauf usage ou convention contraire, la réception doit avoir lieu immédiatement.

C. Obblighi del compratore
I. Pagamento del prezzo e ricevimento della cosa

[1] Il compratore è tenuto a pagare il prezzo in conformità alle clausole del contratto, ed a ricevere la cosa quando gli venga offerta dal venditore nei modi e termini pattuiti.

[2] Salvo patto od uso contrario, il ricevimento deve aver luogo immediatamente.

Literatur

FURRER, Beitrag zur Lehre der Gewährleistung im Vertragsrecht, Diss. Zürich 1973; HEINZ-BOMMER, Die Annahmepflicht des Käufers, Diss. Bern 1970; PETERS, Der Anspruch auf Abnahme bei Kauf und Werkvertrag, in: FS für Max Keller, Zürich 1989, 221–230; NEUENSCHWANDER, Die Schlechterfüllung im schweizerischen Recht, Diss. Bern 1971; SCHUBIGER, Verhältnis der Sachgewährleistung zu den Folgen der Nichterfüllung oder nicht gehörigen Erfüllung, Diss. Bern 1957; vgl. ausserdem die Literaturhinweise bei den Vorbem. zu Art. 184–236.

I. Normgehalt im Überblick

1. **Zahlung des Kaufpreises**. Dass der Preis «nach den Bestimmungen des Vertrages zu bezahlen» ist, versteht sich im Grundsatz von selbst (Vertragsfreiheit), gilt aber immerhin nicht uneingeschränkt. Ausnahmen bestehen dort, wo obrigkeitliche Taxen, insb. Höchstpreise, festgesetzt sind (vgl. z.B. ZR 1947, 212: Höchstpreise für Weine). Die Folgen eines Verstos- 1

ses gegen eine Höchstpreisvorschrift bestimmen sich nach Art. 20. Danach kommt es in erster Linie auf Sinn und Zweck der Preisvorschrift an. Nichtigkeit des ganzen Vertrages ist regelmässig nicht die gewollte Sanktion; vielmehr ist der Vertrag mit dem höchstzulässigen Preis aufrechtzuerhalten (BK-Becker, N 3; Koller A., OR AT, § 13 N 137 ff.). Weiteres zur Preiszahlung in Art. 184 N 77 ff., 86 und bei BK-Becker, N 2–4.

2 2. Der Pflicht zur Kaufpreiszahlung stellt Art. 211 Abs. 1 die **Pflicht zur Annahme der Kaufsache** zur Seite. Diese letztere Pflicht ist jedoch im Unterschied zur Preiszahlungspflicht nicht typbestimmend: Sie ist naturale, nicht essentiale negotii und kann ganz oder teilweise wegbedungen werden.

Die Annahme hat *«sofort»* zu geschehen (Abs. 2): «Vom Käufer wird gefordert, dass er die ihm gehörig angebotene Ware ohne unnötiges Zögern abnimmt» (BK-Giger, N 52). Art. 211 Abs. 2 ist nichts weiter als eine Konkretisierung von Art. 75 (BK-Giger, a.a.O.). Zu den *Kosten* der Annahme vgl. Art. 188 f.

II. Begriff der Annahmepflicht

3 Unter der Annahme ist der rein tatsächliche Akt der Hinwegnahme der Ware zu verstehen. Deutlich bringt dies Abs. 2 zum Ausdruck, der von «Empfangnahme» spricht. Nach einem Teil der Lehre sollen allerdings Annahme (Abs. 1) und Empfangnahme (Abs. 2) nicht gleichbedeutende Ausdrücke sein. Nur die Empfangnahme sei als Hinwegnahme der Ware zu verstehen, nicht dagegen die Annahme. Die Pflicht zur Annahme sei «dahin zu deuten, dass der Käufer die Ware, wenn sie ihm vertragsgemäss angeboten wird, als *Erfüllung* annehmen müsse» (BK-Becker, N 5; BK-Giger, N 19 ff.). Für eine solche unterschiedliche Interpretation gibt jedoch das Gesetz nichts her. Einmal ist im italienischen Text durchwegs von «ricevere» die Rede, sodann verwendet die Marginalie einen einheitlichen Oberbegriff (Annahme, acceptation, ricevimento). Ist somit von einem Einheitsbegriff auszugehen, so lässt sich dieser nur als tatsächlicher Akt der Hinwegnahme der Kaufsache deuten: «Ricevimento» kann nicht anders verstanden werden, ebenso wenig «Empfangnahme» (im Ergebnis die gleiche Ansicht vertritt die h.L. zur Abnahmepflicht i.S.v. § 433 Abs. 2 BGB, während unter der Abnahme i.S.v. § 640 BGB Annahme als Erfüllung verstanden wird; vgl. z.B. Jauernig-Berger, § 433 BGB N 28; zum früheren Recht Larenz, II/1, 94, 364) Zur Auffassung von Becker und Giger s.a. Heinz-Bommer, 2 f., 85 ff., und zum Ganzen neuerdings KUKO OR-Stark, N 4 f.

III. Rechtsnatur der Annahmepflicht

4 1. Es ist kontrovers, ob die Annahmepflicht eine eigentliche Rechtspflicht ist oder eine blosse Obliegenheit (zur Unterscheidung Koller A., OR AT, § 2 N 89 ff.). Die *Rsp.* nimmt mehrheitlich eine Pflicht an (vgl. die Nachweise bei Heinz-Bommer, 9 ff.; ZR 1926, 324 Nr. 207; SJ 1987, 182; SJZ 1940/41, 249 Nr. 169; ebenso schon die Praxis zu aOR 260, z.B. ZBJV 1892, 119 Nr. 29; anders hingegen implizit ZBJV 1905, 209; ZR 1902, 67; PKG 1987, 22), wobei es allerdings in der Mehrzahl der Fälle nicht entscheidrelevant war, ob eine Pflicht oder eine Obliegenheit angenommen wurde. In der *Lehre* wird meist unterschieden (z.B. Honsell, OR BT, 49 f.; Koller A., OR BT, § 2 N 41 ff.; Handkomm-OR-Kren Kostkiewicz, N 3; CHK-Hrubesch-Millauer, N 3; KUKO OR-Stark, N 7 f. m.w.Nw.): *Grundsätzlich* erfolge die Lieferung der Kaufsache im Interesse des Käufers, der Verkäufer habe daher kein Recht auf Abnahme der Sache und könne dementsprechend im Falle der Nichtabnahme weder auf Abnahme klagen noch Schadenersatz geltend machen. Die ungerechtfertigte Weigerung, die richtig angebotene Lieferung anzunehmen, sei vielmehr ausschliesslich nach den Regeln über den Gläubigerverzug zu behandeln. Diese würden gewährleisten, dass der Verkäufer trotz Nichtannahme der Sache den Kaufpreisanspruch durchsetzen könne, nämlich mittels Hinterlegung oder Selbsthilfeverkauf. *Ausnahmsweise* habe allerdings

der Verkäufer ein besonderes Interesse an der Lieferung, so etwa «beim Verkauf des Materials eines abzubrechenden Gebäudes, beim Verkauf des Ertrages einer Ernte, beim Verkauf sehr schwerer Waren, die am Ort, wo sie sich befinden, zu liefern sind und deren Hinterlegung erhebliche Verladungs- und Transportkosten verursachen würde» (CAVIN, SPR VII/1, 52). In solchen Fällen treffe den Käufer eine positive Pflicht mit werkvertraglichem Einschlag (neben CAVIN, a.a.O., vgl. HEINZ-BOMMER, 61). Es rechtfertige sich dann, dem Verkäufer die Ansprüche aus Art. 97 ff. zu gewähren, ihm namentlich auch das Recht zuzugestehen, den Vertrag unter den Voraussetzungen von Art. 107 aufzulösen.

2. **Stellungnahme**. Es ist für beliebige Verträge anerkannt, dass der Gläubiger zur Annahme 5
rechtlich verpflichtet ist, wenn der Schuldner daran ein besonderes Interesse hat und dieses Interesse dem Gläubiger bei Vertragsabschluss erkennbar war (KOLLER A., OR AT, § 2 N 95 f., § 56 N 21). Bei Vorliegen dieser Voraussetzung trifft den Käufer auch abgesehen von Art. 211 eine klagbare Pflicht, die Kaufsache anzunehmen. Ihn weitergehend (generell) zur Annahme zu verpflichten, kann nicht der Sinn von Art. 211 sein. Die Bestimmung ist einschränkend zu interpretieren – i.S. einer Beweislastregel: Es gilt die widerlegbare Vermutung, dass ein besonderes Annahmeinteresse des Verkäufers besteht und demgemäss eine Annahmepflicht des Käufers. Diese Vermutung rechtfertigt sich mit Rücksicht darauf, dass der Kauf Umsatzvertrag ist und der Verkäufer im Normalfall, auf den unsere Bestimmung Bezug nimmt, die Kaufsache «los» sein will; das gilt namentlich im kaufmännischen Verkehr (VON BÜREN, BT, 55). Die Rechtslage beim Kauf ist somit nicht prinzipiell anders als bei andern Verträgen. Hier wie dort hängt die Bejahung einer Annahmepflicht von einem speziellen Annahmeinteresse ab. Während aber ein solches Interesse beim Kauf den gesetzlichen Normalfall bildet, bildet es ausserhalb des Kaufrechts den vom Schuldner zu beweisenden Ausnahmefall.

Ein für die Anerkennung einer Annahmepflicht genügendes **Wegschaffungsinteresse** sollte 6
nicht leichthin angenommen werden. Jedenfalls fällt das Interesse an der Kaufpreiszahlung insoweit ausser Betracht. «Zur Wahrung dieses Interesses sind ausschliesslich die Regeln über den Gläubigerverzug vorgesehen» (KOLLER A., OR BT, § 3 N 43): Indem der Verkäufer den Kaufgegenstand hinterlegt (Art. 92) oder mittels eines Selbsthilfeverkaufs (Art. 93) veräussert und dann den Veräusserungserlös hinterlegt, verschafft er sich den unbedingten Kaufpreisanspruch. Der Umstand, dass die durch die Hinterlegung oder den Selbsthilfeverkauf entstehenden Kosten vorerst zu Lasten des Verkäufers gehen (BK-BECKER, Art. 92/94 N 12), vermag eine Annahmepflicht nicht zu rechtfertigen. Dies unabhängig von der Kostenhöhe (**a.A.** CAVIN, SPR VII/1, 52, der bei erheblichem Kostenanfall eine Annahmepflicht befürwortet, s.o. N 4). Selbst dann, wenn ein Selbsthilfeverkauf nicht einmal kostendeckend ist oder überhaupt keinen Erlös zeitigt (vgl. DB 1975, 1407), darf nicht allein deshalb auf eine Annahmepflicht geschlossen werden. Die durch den Erlös des Selbsthilfeverkaufs nicht gedeckten Kosten sind freilich vom Käufer zu übernehmen (vgl. den eben zit. Entscheid). Dies aber nicht deshalb, weil die Nichtannahme als (haftungsbegründende) Pflichtverletzung zu qualifizieren wäre. Rechtsgrund der Kostentragung bildet vielmehr eine aus Art. 93 abzuleitende Nebenpflicht des Käufers (diese ist «Primärpflicht» und nicht die in eine Schadenersatzpflicht – «Sekundärpflicht» – umgewandelte Annahmepflicht). Eine Annahmepflicht wird auch nicht durch den Umstand begründet, dass den Verkäufer, solange er die Kaufsache in Besitz hat, eine gewisse Obhutspflicht trifft. Das damit zusammenhängende Wegschaffungsinteresse reicht für die Bejahung einer Annahmepflicht ebenso wenig aus wie bei andern Verträgen. Entsprechendes gilt für das Interesse, eine allfällige Haftungsgefahr (Art. 56, 58) zu beseitigen. Ein genügendes, eine Annahmepflicht begründendes Wegschaffungsinteresse ist hingegen etwa beim Räumungsverkauf anzuerkennen oder beim Verkauf von Gebäuden auf Abbruch, um das Gelände freizubekommen.

IV. Voraussetzungen der Annahmepflicht

7 Der Käufer muss nur die **vertragsgemäss angebotene Leistung** annehmen. Der Begriff des Angebots ist in gleicher Weise zu umschreiben wie in Art. 91 ff. (dazu KOLLER A., OR AT, § 56 N 26 ff.). Vertragsgemäss ist das Angebot, wenn es «nach Inhalt, Ort und Zeit und allfälligen besonderen Bedingungen dem Vertrag entspricht» (BK-BECKER, N 7). Teilleistungen braucht der Käufer grundsätzlich nicht anzunehmen (eindrücklich BGE 75 II 137), aber auch keine Zuvielleistung (von Staudinger-BECKMANN [2014], § 433 BGB N 220).

8 Weist die Sache **Mängel** auf, darf sie grundsätzlich abgelehnt werden, und zwar unabhängig von der Schwere des Mangels. So jedenfalls beim Gattungskauf (ZR 1943, 9 Nr. 5; vgl. immerhin Art. 204). Für den Stückkauf gilt nach GIGER (BK, N 42 ff.) nichts anderes. Demgegenüber nimmt die h.L. – m.E. zu Recht (KOLLER A., OR AT, § 56 N 49 f.) – an, hier dürfe der Käufer die mangelhafte Sache «nur zurückweisen, wenn die Wandelung zulässig ist» (NEUENSCHWANDER, 35), also bei relativ schwerwiegenden Mängeln (HEINZ-BOMMER, 86; VON BÜREN, BT, 384; SCHUBIGER, 6–13). Zur Rechtslage nach WKR s. BUCHER/WIEGAND, 148 f.

Kein Ablehnungsrecht besteht aber selbstverständlich bei Mängeln, die nach Gefahrübergang entstehen und die der Verkäufer nicht zu vertreten hat. So gehen beim Versendungskauf zufällige Verschlechterungen nach Absendung der Ware zu Lasten des Käufers, sofern nicht ausnahmsweise die Gefahr trotz Versendung beim Verkäufer bleibt.

V. Wirkung von Annahme und Annahmeverweigerung

9 1. Zur **Beweislast** hinsichtlich der Vertragsmässigkeit des Kaufgegenstandes, namentlich dessen Mängelfreiheit, s. SJZ 1951, 379; FURRER, 62 f.; BK-GIGER, N 74, 77; ZK-OSER/SCHÖNENBERGER, N 7; TERCIER/FAVRE, N 973, m.Hw. auf SJ 1980, 413. Vgl. zur Problematik auch § 363 BGB; HAGER, 97 ff. mit Bezug auf das deutsche Recht.

10 2. Nichtannahme der vertragskonform angebotenen Kaufsache hat vorab **Gläubigerverzug** des Käufers zur Folge. Der Verkäufer kann somit die Kaufsache hinterlegen (Art. 92) bzw. einen Selbsthilfeverkauf vornehmen und den Veräusserungserlös hinterlegen (Art. 93) und sich dadurch einen unbedingten Kaufpreisanspruch verschaffen. Gemäss BGE 111 II 156, 159 steht dem Verkäufer von Stockwerkeigentum ein Vorgehen nach Art. 95 offen. Folgt man dem (zweifelnd GUHL/KOLLER, § 33 N 18), so fragt sich, wie der in Art. 95 vorgesehene Verweis auf Art. 107 ff. zu verstehen ist: integral (so der zit. Entscheid) oder unter Ausschluss von Haftungsfolgen (so BGE 110 II 148, 151 f. [«les règles sur la demeure du créancier sont [...] impropres à aboutir à l'octroi de dommages-intérêts au vendeur»]). M.E. gilt Ersteres, mit der Einschränkung, dass unter dem Titel des positiven Vertragsinteresses nur das Vergütungsinteresse zu ersetzen ist (KOLLER A., OR AT, § 56 N 93; **a.A.** KUKO OR-STARK, N 7). Das bedingt keine Umdeutung des Annahmeverzugs in eine Pflichtverletzung, da Schadenersatzansprüche nicht notwendig auf einer Pflichtverletzung beruhen (vgl. etwa Art. 377; KOLLER A., OR AT, § 2 N 97).

11 3. Wo die Annahmepflicht als Rechtspflicht aufzufassen ist, kann **auf Erfüllung geklagt** werden (vgl. z.B. BGE 42 II 219, 225). Zudem hat der Verkäufer Anspruch auf Ersatz seines Verspätungsschadens (z.B. Lager- oder Versicherungskosten), sofern der Käufer mit der Annahme schuldhafterweise in (Schuldner-)Verzug kommt (Art. 103).

12 Nach herrschender Auffassung kann der Verkäufer dem (pflichtwidrig) in Annahmeverzug befindlichen Käufer eine Nachfrist setzen und nach ungenutztem Ablauf auf dessen Leistung *(Kaufpreis und Annahme)* verzichten (z.B. BGE 59 II 305, 307 E. 5 a.E.; PKG 1987, 22; CAVIN, SPR VII/1, 52). Zur Begründung wird meist **Art. 107** herangezogen, unmittelbar oder analog (HONSELL, OR BT, 50 m.w.Nw.; **a.M.** KOLLER A., OR AT, § 56 N 20, § 57 N 6 ff.,

11 ff., § 58 N 8 [Gesamtanalogie zu Bestimmungen, welche an die Verletzung einer Nebenpflicht bzw. den Teilverzug ein Recht zum Leistungsverzicht knüpfen]). Die Rechtslage im Falle eines Leistungsverzichts ist dieselbe, wie wenn der Verkäufer wegen Verzugs des Käufers mit der Kaufpreiszahlung den Leistungsverzicht nach Art. 107 Abs. 2 erklärt hätte (dazu KOLLER A., OR AT, § 55 N 83 ff.; s.a. Art. 190 N 17). Beizufügen ist, dass vorliegend immer nur der Gesamtverzicht (Verzicht auf Kaufpreis und Annahme) in Betracht fällt, nicht auch ein Verzicht bloss auf die Annahme (von Staudinger-BECKMANN [2004], § 433 BGB N 167).

4. Ist der Käufer nicht zur Annahme verpflichtet, besteht also eine blosse Annahmeobliegenheit, so verschafft die Nichtannahme der Kaufsache das Recht, nach Art. 107 vorzugehen, nicht. Doch ist zu beachten, dass in der Weigerung, die Ware anzunehmen, nach der Rsp. i.A. auch eine **konkludente Zahlungsverweigerung** zu sehen ist; die Bestimmung gelangt dann aus diesem Grund zur Anwendung, soweit sie nicht durch Art. 214 verdrängt wird (BGE 110 II 148, 151; 49 II 28, 32 f.; ZR 1926, 227 Nr. 150, 323 Nr. 207 [w.H. bei KOLLER A., OR AT, § 56 N 23 f.]; die frühere Rsp. war teilweise zurückhaltender: vgl. z.B. BGE 28 II 263, 270 E. 7 [kritisiert in ZBJV 1905, 209 f.]; ZBJV 1904, 673; 1921, 238). Jedenfalls unter dem Gesichtspunkt der Anwendbarkeit von Art. 107 spielt daher die Rechtsnatur der Annahmepflicht (Rechtspflicht oder Obliegenheit?) praktisch keine grosse Rolle. **13**

VI. Weitere Mitwirkungspflichten

1. Von der Empfangnahme (Annahme) sind weitere auf die Ablieferung der Kaufsache gerichtete Mitwirkungshandlungen des Käufers zu unterscheiden. So kann er z.B. verpflichtet sein, dem Verkäufer Verpackungsmaterial zuzustellen oder Gefässe, in denen die Kaufsache geliefert werden soll; beim Kauf auf Abruf hat er abzurufen, beim Spezifikationskauf zu spezifizieren usw. Ob es sich dabei um Rechtspflichten oder Obliegenheiten handelt, entscheidet sich danach, ob der Verkäufer am Abruf, der Spezifikation usw. ein besonderes, vom Interesse an der Kaufpreiszahlung unabhängiges Interesse hat oder nicht (vgl. analog o. N 5 f.; KOLLER A., OR AT, § 56 N 140 f. [Pflicht, die Rechnung zu substantiieren]). **Art. 211 findet keine Anwendung**, weshalb der *Verkäufer* das Vorliegen einer Rechtspflicht zu beweisen hat (s. demgegenüber N 5 betr. die Annahme). **14**

Das BGer nimmt allerdings beim Kauf auf Abruf eine generelle Abrufpflicht an, beim Spezifikationskauf eine generelle Spezifikationspflicht (BGE 42 II 219, 225; 48 II 98 E. 3, 6; 59 II 305, 307 f.), wie es ja auch die Annahmepflicht gem. Art 211 generell als Rechtspflicht auffasst (N 4). Diese Ansicht mag allenfalls für den Handelsverkehr zutreffen (vgl. § 375 HGB; aber auch BGH NJW 1972, 99), weil hier der Verkäufer i.A. ein erhöhtes Interesse an der Wegschaffung der Ware hat; für den bürgerlichen Verkehr aber ist sie abzulehnen. **15**

Für den Fall, dass eine weitere Mitwirkungspflicht (N 14) verletzt wird, gilt das in N 10 ff. Gesagte entsprechend. Eine Präzisierung ist betr. den **Spezifikationskauf** mit Spezifikationsrecht des Käufers anzubringen: Mangels Spezifikation kann der Verkäufer nicht nach Art. 92 hinterlegen bzw. nach Art. 93 zu einem Selbsthilfeverkauf schreiten, denn «ohne Spezifikation ist der Kaufgegenstand nicht bestimmt» (HEINZ-BOMMER, 79). Um dem Verkäufer die Hinterlegung zu ermöglichen, gewährt ihm die Rsp. unter gewissen Voraussetzungen das Recht, anstelle des Käufers die Spezifikation vorzunehmen (BGE 110 II 148; 42 II 219, 225; nach SJZ 1911, 63 Nr. 57 ist u.a. vorausgesetzt, «dass die Spezifikation lediglich Wahl unter bestimmten den Vertragsgegenstand bildenden Typen bedeutet»). Dem Verkäufer zusätzlich ein Vorgehen nach Art. 95 zu gestatten, dürfte nicht richtig sein (KOLLER A., OR AT, § 56 N 137 a.E.; **a.A.** HEINZ-BOMMER, 89 f.). **16**

2. Nach ZR 1926, 227 Nr. 150 ist der Käufer gestützt auf Art. 211 verpflichtet, bei der **Eigentumsverschaffung** mitzuwirken. Beim Grundstückkauf kann jedoch der Verkäufer (anders als im deutschen Recht) den Eigentumsübergang selbständig durch Grundbuchanmeldung **17**

herbeiführen; einer Mitwirkung des Käufers bedarf es nicht (HEINZ-BOMMER, 82, 75 m.Nw.), weshalb auch keine entsprechende Mitwirkungspflicht besteht. Beim Fahrniskauf erfolgt die Eigentumsübertragung durch die Inbesitznahme der Kaufsache; wollte man hier eine Pflicht, das Eigentum zu übernehmen, bejahen, so könnte sie doch kaum eine selbständige Bedeutung haben.

VII. Rechtsvergleichende Hinweise. WKR

18 1. Nach **§ 433 Abs. 2 BGB** hat der Käufer «die gekaufte Sache abzunehmen». Nach h.A. ist diese Pflicht generell klagbar. Zudem wird angenommen, sie sei ins Synallagma einbezogen, wenn «der Verkäufer – für den Käufer bei Vertragsschluss erkennbar – ein besonderes Interesse an der Abnahme besitzt» (von Staudinger-BECKMANN [2014], § 433 BGB N 223). Nur bei Vorliegen dieser Voraussetzung wurde unter der Geltungsdauer des früheren Verzugsrechts § 326 a.F. zur Anwendung gebracht; unter neuem Recht (§ 323 BGB) dürfte sich insoweit im praktischen Ergebnis nichts ändern. Weitere rechtsvergleichende Hinweise finden sich bei BK-BECKER, N 5.

19 2. **WKR**. Art. 53 normiert eine eigentliche Abnahmepflicht (Schlechtriem/Schwenzer-MOHS, Art. 53 WKR N 1). Diese Pflicht besteht darin, «die Ware zu übernehmen» (anzunehmen i.S.v. Art. 211 OR) und «alle Handlungen vorzunehmen, die vernünftigerweise von ihm [dem Käufer] erwartet werden können, damit dem Verkäufer die Lieferung ermöglicht wird» (Art. 60), also z.B. die Ware abzurufen oder die nötige Spezifikation vorzunehmen. Bei einer Verletzung der Abnahmepflicht steht dem Verkäufer ein Vorgehen nach Art. 61, 63 und 64 offen, gleich wie im Fall, dass der Käufer mit der Bezahlung des Kaufpreises in Verzug kommt (dazu Art. 214 N 29 f.). Er kann somit auf Erfüllung klagen (Art. 62, Vorbehalt in Art. 28) oder den Vertrag aufheben (Art. 64). Dieses letztere Recht besteht allerdings nur bei Vorliegen einer wesentlichen Vertragsverletzung (Art. 64 Abs. 1 lit. a) oder dann, wenn der Käufer eine ihm vom Verkäufer gesetzte Nachfrist ungenutzt hat verstreichen lassen (Art. 64 Abs. 1 lit. b). Schadenersatzpflichten bleiben vorbehalten, ob nun der Verkäufer den Vertrag auflöst oder am Erfüllungsanspruch festhält (Art. 61 Abs. 1 lit. b, Abs. 2). Beim Spezifikationskauf ist zusätzlich Art. 65 zu beachten, wonach das Recht zur Spezifikation unter bestimmten Voraussetzungen vom Käufer auf den Verkäufer übergeht (vgl. auch Art. 190 N 23).

20 Das Interesse des Verkäufers an der Abnahme ist für die Rechtsnatur der Abnahmepflicht – anders als nach Art. 211 (N 5 f.) – ohne Belang; es spielt hingegen bei der Feststellung, ob eine Vertragsverletzung wesentlich ist, eine Rolle (Schlechtriem/Schwenzer-HAGER/MAULTZSCH [2008], Art. 53 WKR N 4).

Art. 212

II. Bestimmung des Kaufpreises

[1] Hat der Käufer fest bestellt, ohne den Preis zu nennen, so wird vermutet, es sei der mittlere Marktpreis gemeint, der zurzeit und an dem Ort der Erfüllung gilt.

[2] Ist der Kaufpreis nach dem Gewichte der Ware zu berechnen, so wird die Verpackung (Taragewicht) in Abzug gebracht.

[3] Vorbehalten bleiben die besonderen kaufmännischen Übungen, nach denen bei einzelnen Handelsartikeln ein festbestimmter oder nach Prozenten berechneter Abzug vom Bruttogewicht erfolgt oder das ganze Bruttogewicht bei der Preisbestimmung angerechnet wird.

II. Détermination *du prix*

[1] Si l'acheteur a fait une commande ferme, mais sans indication de prix, la vente *est présumée* conclue au cours moyen du jour et du lieu de l'exécution.

[2] Lorsque le prix se calcule sur le poids de la marchandise, le poids de l'emballage (tare) est déduit.

[3] Sont réservés les usages particuliers du commerce, d'après lesquels le prix de certaines marchandises se calcule, soit sur le poids brut, soit avec une déduction fixe ou de tant pour cent.

II. Determinazione del prezzo

[1] Ove siasi comperato fisso senza indicazione di prezzo, si ritiene nel dubbio pattuito il prezzo medio del mercato al momento e nel luogo dell'adempimento.

[2] Ove il prezzo debba calcolarsi sul peso della merce, si deve dedurre il peso dell'imballaggio (tara).

[3] Sono salvi gli usi particolari del commercio, secondo cui il prezzo di certe merci viene calcolato con una deduzione fissa o di un tanto per cento, o sul peso lordo.

Literatur

Vgl. die Literaturhinweise bei den Vorbem. zu Art. 184–236.

Art. 212 behandelt die «Bestimmung des Kaufpreises». Er hat jedoch nur lückenfüllende Funktion in Fällen, in denen sich der Preis aus dem Vertrag nicht oder nur ungenügend ableiten lässt. Die praktische Bedeutung des Artikels ist gering; entsprechend kurz fällt die Kommentierung aus: 1

I. Abs. 1: Kauf ohne Nennung des Preises

1. Der Kaufpreis muss grundsätzlich nach der Parteivereinbarung bestimmt oder zumindest bestimmbar sein (Art. 184 Abs. 3). Fehlt es an jeglicher Preisvereinbarung, gilt der Vertrag als nicht zustande gekommen. Eine Ausnahme macht Art. 212 Abs. 1 bei Bestehen eines Marktpreises. Hier genügt, dass sich die Parteien über den Austausch einer Sache gegen Geld geeinigt haben (Einigung über die Entgeltlichkeit als solche); an die Stelle der fehlenden Preisvereinbarung tritt der Marktpreis. Diese Regel ist Ausdruck des hypothetischen Parteiwillens: «Wer Waren kauft, die einen Marktpreis haben, will im Zweifel zum Marktpreis kaufen.» (BK-Becker, N 2) Daraus ergibt sich von selbst, dass die **Vermutung** von Abs. 1 **dann nicht Platz greift**, wenn die Parteien eine Preisvereinbarung vorbehalten und sich in der Folge nicht geeinigt haben. In einem solchen Fall kommt kein gültiger Vertrag zustande, auch dann nicht, wenn die Parteien – wie in Art. 212 Abs. 1 vorausgesetzt («fest bestellt») – den definitiven Bindungswillen hatten (sie rechneten mit Bestimmtheit damit, sich später zu einigen); s. eingehender Art. 184 N 45. Die Vermutung kommt ferner dann nicht zum Tragen, wenn eine Preisvereinbarung getroffen wurde, diese sich aber im Nachhinein wegen Dissens als nicht zustande gekommen erweist. Liegt eine *gültige* Preisvereinbarung vor, ist für die Vermutung selbstverständlich ebenfalls kein Raum (BGer, 25.8.2009, 4A_229/2009). Blosse Anhaltspunkte für eine derartige Vereinbarung genügen aber nicht, um die Vermutung zu entkräften (insoweit missverständlich ZK-Oser/Schönenberger, N 2). Wurde die Preisfestsetzung einem Dritten übertragen, der in der Folge zur Preisfestsetzung unfähig wird, so kann die dadurch entstehende Vertragslücke ebenfalls nicht gem. Art. 212 Abs. 1 gefüllt werden (SJZ 1963, 172): Entweder ist auf die Vertragsdurchführung zu verzichten (so der eben erwähnte Entscheid), oder der Richter hat die Preisfestsetzung anstelle des Dritten vorzunehmen, wobei er sich allerdings bei Bestehen eines Marktpreises an diesen halten wird (vgl. Art. 184 N 52). Vgl. ferner SJZ 1930/31, 189: Vertrag ungültig wegen ungenügender Bestimmtheit des Kaufgegenstandes, was selbstverständlich auch einer Anwendung des Art. 212 Abs. 1 den Boden entzog (gegenteilig offenbar ZWR 1993, 283 f. E. 3b/c). 2

2. Zum **Begriff des Marktpreises** vgl. Art. 191 N 19 f.; BK-Giger, N 7 f.; ZWR 1993, 284. Eine Unterart des Marktpreises ist der Börsenpreis (vgl. Art. 191, 215). Wo – wie i.d.R. (vgl. Art. 191 N 19) – kein einheitlicher Marktpreis besteht, ist der «mittlere Marktpreis» massgeblich. 3

Geschuldet ist nicht der Marktpreis zur Zeit des Vertragsabschlusses, sondern zur «Zeit der Erfüllung». Erfüllt der Verkäufer nicht rechtzeitig (Art. 102) und steigen während des Verzugs die Preise, so hat er für den dadurch entstehenden Mehrpreis nach Massgabe von Art. 103 aufzukommen (abw. BK-GIGER, N 15, der annimmt, massgeblich sei der Zeitpunkt, «an dem erfüllt werden *soll*», womit wohl der Zeitpunkt des Verzugseintritts gemeint ist; wie GIGER: BK-BECKER, N 15).

Zum Ort der Erfüllung vgl. Art. 74. Falls die Ware hier keinen Markt hat, so kann auf den nächstliegenden Marktort abgestellt werden (ZK-OSER/SCHÖNENBERGER, N 6).

4 3. Die Rsp. neigt zu einer extensiven Anwendung von Art. 212 Abs. 1 (vgl. ZR 1981, 214 f. E. 2; Art. 184 N 45).

II. Abs. 2 und 3: Preisberechnung bei Kauf nach Gewicht

5 1. Art. 212 betrifft in Abs. 2 und 3 den Fall, da nach der vertraglichen Vereinbarung ein Preis für eine bestimmte Gewichtseinheit abgemacht ist (z.B. CHF 3.50 für 1 kg Äpfel) und die Frage offengelassen wurde, ob sich dieser Einheitspreis nur auf die Ware oder auf die Ware inklusive Verpackung bezieht. Nach der Vermutung von Abs. 2 gilt Ersteres. Es ist also für die Berechnung des Gesamtpreises das Nettogewicht (Bruttogewicht abzüglich Gewicht der Verpackung [Tara]) massgeblich. Nicht entschieden ist damit die Frage, wer die Kosten der Verpackung trägt (dazu Art. 188/189 N 9 f.). Haben allerdings die Parteien hierüber eine Vereinbarung getroffen, so ist damit wohl auch stillschweigend abgemacht, dass die Verpackung bei der Preisbestimmung nicht zu berücksichtigen ist; es braucht dann nicht auf die Vermutung von Art. 212 zurückgegriffen zu werden.

6 **Nicht geregelt** ist in Art. 212 die weitere Frage, ob die Verpackung bei Bestimmung der vom Verkäufer zu liefernden Menge mitzuberücksichtigen ist (muss er z.B. mit oder ohne Verpackung 100 kg liefern?). Für Nichtberücksichtigung der Verpackung dürfte eine natürliche Vermutung sprechen. Die Bestimmung regelt ferner nicht die Frage, ob beim Distanzkauf bei Gewichtsabnahme während der Reise das Gewicht der Ware am Ort der Absendung oder das Gewicht am Ankunftsort für die Preisbestimmung massgeblich ist (vgl. dazu BGE 41 II 252; CHK-HRUBESCH-MILLAUER, N 8). Auch die Frage, ob sich die nach Vertrag zu liefernde Menge auf das eine oder das andere Gewicht bezieht, ist in Art. 212 Abs. 2/3 nicht behandelt. Weiter hat die sog. Refaktie (Gewichtsabzug wegen aussergewöhnlicher Verunreinigung gewisser Waren; ZK-OSER/SCHÖNENBERGER, N 12) mit Art. 212 nichts zu tun; sie ist nur zulässig bei entsprechender Vereinbarung oder Handelsbrauch. Entsprechendes gilt für das sog. Gutgewicht (dazu ZK-OSER/SCHÖNENBERGER, a.a.O.).

7 Auf andere Einheitspreise als den Preis pro Gewichtseinheit bezieht sich Art. 212 nicht, so z.B. nicht auf Hohlmasse (Liter usw.). Die Bestimmung findet insoweit keine Anwendung, auch keine analoge (**a.A.** BK-GIGER, N 19, der aber nicht dartut, worin die Analogie bestehen könnte). Zur Preisberechnung nach Masseinheiten vgl. BK-BECKER, N 5, m.Hw. auf SJZ 1920/21, 267 Nr. 203.

8 2. Die Vermutung von Abs. 2 weicht **anderer Vereinbarung**. Abs. 3 behält zudem «besondere kaufmännische Übungen» vor. Solche **Übungen** bestehen – wie aus dem Gesetzeswortlaut hervorgeht – in zweierlei Richtung: Einmal kann die Usanz dahin gehen, dass die Tara zur Vereinfachung des Verkehrs oder dort, wo sich das Effektivgewicht der Ware nicht genau berechnen lässt (BK-BECKER, N 4; ZR 1920, 245), nicht durch Abwägen, sondern anhand von Durchschnittswerten ermittelt wird (es erfolgt «ein festbestimmter oder nach Prozenten berechneter Abzug vom Bruttogewicht»). Die Übung kann aber auch darin bestehen, dass die Regel von Abs. 2 *umgekehrt*, d.h. «das ganze Bruttogewicht bei der Preisbestimmung angerechnet» wird. So wird beim Getreidehandel nach ZK-OSER/SCHÖNENBERGER, N 11 oft «Sack für Ware» gehandelt.

Vereinbarungen, durch welche die Vermutung von Abs. 2 abgeändert wird, können auch stillschweigend getroffen werden; dabei kann die Art der Verpackung eine Rolle spielen (vgl. BK-GIGER, N 27, 31). Wer z.B. Pralinen in Papierumhüllung kauft, der ist sich im Klaren, dass das Papier zur Praline gehört und bei der Bestimmung des Preises für die Gewichtseinheit (z.B. 100g) mitgerechnet wird.

III. WKR

1. Eine dem Art. 212 Abs. 1 verwandte Bestimmung kennt das WKR in Art. 55, der an Art. 14 anknüpft: Ist der Kaufpreis nach der vertraglichen Vereinbarung weder bestimmt noch bestimmbar, so ist ein gültiger Kaufvertrag nach Art. 14 WKR i.d.R. nicht zustande gekommen. Es gibt jedoch Fälle, in denen diese Bestimmung nicht Platz greift (vgl. Art. 184 N 103). Dann wird «mangels gegenteiliger Anhaltspunkte vermutet, dass die Parteien sich stillschweigend auf den Kaufpreis bezogen haben, der bei Vertragsabschluss allgemein für derartige Ware berechnet wurde, die in dem betreffenden Geschäftszweig unter vergleichbaren Umständen verkauft wurde» (Art. 55 WKR). Besteht ein Marktpreis, ist auf diesen abzustellen REINHART, Art. 55 WKR N 4). Massgebend ist – anders als nach Art. 212 (vgl. o. N 3) – der Preis zur Zeit des Vertragsabschlusses. «Damit kommen dem Verkäufer Preiserhöhungen nicht zugute, dem Käufer nicht Preissenkungen» (Schlechtriem/Schwenzer-HAGER/MAULZSCH [2008], Art. 55 WKR N 9). Lässt sich ein Preis i.S.v. Art. 55 WKR nicht feststellen, so ist der Vertrag nach den einen ungültig, nach den andern hingegen gültig, wobei die Preisbestimmung durch das zuständige streitentscheidende Organ getroffen werden könne (vgl. REINHART, Art. 55 WKR N 5). **9**

2. Art. 56 WKR enthält eine dem Art. 212 Abs. 2 entsprechende Regel. **10**

Art. 213

III. Fälligkeit und Verzinsung des Kaufpreises

1 Ist kein anderer Zeitpunkt bestimmt, so wird der Kaufpreis mit dem Übergange des Kaufgegenstandes in den Besitz des Käufers fällig.

2 Abgesehen von der Vorschrift über den Verzug infolge Ablaufs eines bestimmten Verfalltages wird der Kaufpreis ohne Mahnung verzinslich, wenn die Übung es mit sich bringt, oder wenn der Käufer Früchte oder sonstige Erträgnisse des Kaufgegenstandes beziehen kann.

III. Exigibilité et intérêts du prix de vente

1 Sauf convention contraire, le prix est exigible aussitôt que la chose est en possession de l'acheteur.

2 Indépendamment des dispositions sur la demeure encourue par la seule échéance du terme, le prix de vente porte intérêts, même sans interpellation, si tel est l'usage ou si l'acheteur peut retirer de la chose des fruits ou autres produits.

III. Scadenza del prezzo ed interessi

1 Quando non siasi stabilito altro termine, il prezzo diventa esigibile con la trasmissione del possesso della cosa venduta al compratore.

2 Indipendentemente dalla disposizione sulla mora derivante dalla scadenza di un termine stabilito, il prezzo di vendita diventa produttivo d'interessi senza interpellazione, se tale è l'uso o se il compratore può percepire dalla cosa venduta frutti od altri proventi.

Literatur

MEYLAN, Droit romain dans l'article 213, alinéa 1, du Code des Obligations?, in: Recueil des travaux publiés par la Faculté de droit, 1958, 47 ff.; vgl. ausserdem die Literaturhinweise bei den Vorbem. zu Art. 184–236.

1 1. Nach dem Wortlaut von Art. 213 Abs. 1 tritt die Fälligkeit der Kaufpreisforderung entgegen der Regel von Art. 75 nicht schon mit Vertragsabschluss, sondern erst «mit dem Übergange der Kaufsache in den Besitz des Käufers ein». Eine wörtliche Interpretation verbietet sich jedoch. Das ist allgemein anerkannt. Im Übrigen aber gehen die Auffassungen auseinander: Nach einer ersten Auffassung (BK-BECKER, Art. 213 N 1; KOLLER A., OR BT, § 3 N 40) ist Art. 213 Abs. 1 keine Fälligkeitsregel, vielmehr besagt er lediglich, «dass im Zweifel Zug um Zug zu erfüllen sei» (BECKER, a.a.O.). Nach anderer Auffassung wird zwar die Fälligkeit gegenüber Art. 75 hinausgeschoben, jedoch nicht bis zur Übergabe der Sache, sondern nur bis zum Leistungsangebot des Verkäufers (VON TUHR/ESCHER, 49 Anm. 47; ZK-SCHRANER, Art. 75 N 59; ZR 1955, 365). Dieses bewirkt die Fälligkeit auch dann, wenn der Käufer die Leistung ablehnt (die Sache nicht in Besitz nimmt) und dadurch in Annahmeverzug gerät. So oder so hat der Annahmeverzug des Käufers nicht dessen Vorleistungspflicht zur Folge (Art. 184 N 99 Ziff. 6 lit. b; BGE 79 II 280, 283; 129 III 535, 541 E. 3.2.1; KUKO OR-STARK, N 2).

2 2. Der Kaufpreis wird nach Art. 104 (erst) mit dem Verzug des Käufers verzinslich. Art. 213 Abs. 2 weicht von dieser Regel ab, indem er den **Zeitpunkt der Verzinslichkeit** für zwei Fälle **vorverschiebt** (der Zinssatz ist derjenige von Art. 104: 5 %; ZK-OSER/SCHÖNENBERGER, N 2):

3 a) *Verzinslichkeit nach Übung*. Zu solchen Übungen vgl. BK-BECKER, N 2.

4 b) *Verzinslichkeit als Ausgleich für Erträgnisse*. Vorausgesetzt ist, dass dem Käufer die tatsächliche Möglichkeit, aus der Sache Nutzen zu ziehen, eingeräumt wird. Die Sache muss ihm also übergeben (oder zumindest angeboten, BK-BECKER, N 3) worden sein; auf den Nutzenübergang nach Art. 185 kommt es im vorliegenden Zusammenhang nicht an. Auch die gewerbliche Gebrauchsmöglichkeit begründet die Zinspflicht, «z.B. bei der Übergabe von Handwerksgerät» (BK-BECKER, a.a.O.).

Vorausgesetzt ist neben der Sachübergabe, dass der Käufer das Recht zur Nutzung aus dem Kaufvertrag ableitet. Wird ihm die Möglichkeit zur Nutzung vor Vertragsperfektion eingeräumt, so greift Art. 213 Abs. 2 nicht ein; über die betreffenden Nutzungen ist besonders abzurechnen (BK-GIGER, N 12).

5 3. Art. 213 beinhaltet **dispositives Recht**. Bei Abs. 1 ergibt sich dies schon aus dem Wortlaut. Betr. Abs. 2 vgl. ZK-OSER/SCHÖNENBERGER, N 3 und BK-GIGER, N 7: Ein Verzicht des Verkäufers auf Verzinsung ist i.A. (nicht immer: PKG 1992, 183 u. 184) bei Stundung des Kaufpreises anzunehmen.

6 4. **WKR**. Mangels anderer Vereinbarung wird der Kaufpreis fällig, sobald der Verkäufer dem Käufer «die Ware oder die Dokumente, die zur Verfügung darüber berechtigen, ... zur Verfügung gestellt hat» (Art. 58 Abs. 1 WKR). Diese Regelung entspricht im Wesentlichen derjenigen von Art. 213 Abs. 1.

7 Nach Art. 78 WKR ist der fällige Kaufpreis ohne weiteres zu verzinsen. Ein Verzug i.S. des internen schweizerischen Rechts (Art. 102) ist nicht vorausgesetzt (vgl. Schlechtriem/Schwenzer-BACHER, Art. 78 WKR N 17), ebenso wenig, dass der Käufer i.S.v. Art. 213 Abs. 2 Erträgnisse der Kaufsache beziehen kann.

Art. 214

IV. Verzug des Käufers
1. Rücktrittsrecht des Verkäufers

[1] Ist die verkaufte Sache gegen Vorausbezahlung des Preises oder Zug um Zug zu übergeben und befindet sich der Käufer mit der Zahlung des Kaufpreises im Verzuge, so hat der Verkäufer das Recht, ohne weiteres vom Vertrage zurückzutreten.

[2] Er hat jedoch dem Käufer, wenn er von seinem Rücktrittsrecht Gebrauch machen will, sofort Anzeige zu machen.

[3] Ist der Kaufgegenstand vor der Zahlung in den Besitz des Käufers übergegangen, so kann der Verkäufer nur dann wegen Verzuges des Käufers von dem Vertrage zurücktreten und die übergebene Sache zurückfordern, wenn er sich dieses Recht ausdrücklich vorbehalten hat.

IV. Demeure de l'acheteur
1. Droit de résiliation du vendeur

[1] Si la chose doit n'être livrée qu'après ou contre paiement du prix et que l'acheteur soit en demeure de payer, le vendeur peut se départir du contrat sans autre formalité.

[2] Il est néanmoins tenu, s'il veut faire usage de ce droit, d'aviser immédiatement l'acheteur.

[3] Lorsque l'acheteur a été mis en possession de l'objet de la vente avant d'en avoir payé le prix, sa demeure n'autorise le vendeur à se départir du contrat et à répéter la chose que s'il s'en est expressément réservé le droit.

IV. Mora del compratore
1. Diritto di recesso del venditore

[1] Quando la cosa venduta sia da consegnarsi previo pagamento del prezzo o a pronti contanti, e il compratore sia in mora nel pagamento del prezzo di vendita, il venditore può senz'altro recedere dal contratto.

[2] Ove intenda far uso del suo diritto di recesso, egli deve però darne immediato avviso al compratore.

[3] Se la cosa è passata in possesso del compratore prima del pagamento, il venditore può recedere dal contratto per la mora del compratore e pretendere la restituzione della cosa solo quando siasi espressamente riservato questo diritto.

Literatur

Th. Merz, Der Zahlungsverzug des Käufers, Diss. St. Gallen 2003; Sauter, Ausgewählte Probleme des Sukzessivlieferungsvertrages, Diss. Zürich 1982; vgl. ausserdem die Literaturhinweise bei den Vorbem. zu Art. 184–236 sowie zu Art. 190 und 191.

I. Normgehalt im Überblick

Art. 214 ist in Bezug auf den Zahlungsverzug des Käufers lex specialis zu Art. 107–109, verdrängt diese Bestimmungen jedoch nur zum Teil. Der Artikel wurde fast wörtlich aus dem aOR übernommen. Dabei wurde unterlassen, die im revidierten Recht neu getroffene Unterscheidung zwischen Rücktritt im technischen Sinn und Leistungsverzicht unter Aufrechterhaltung des Vertrages in den Wortlaut einzuarbeiten (vgl. BK-Giger, N 42). Der Gesetzestext gibt daher die Rechtslage nicht in allen Punkten zutreffend wieder. Abs. 1 und 2 betreffen den Bar- und den Praenumerandokauf, Abs. 3 den Kreditkauf: 1

1. **Bar- und Praenumerandokauf**. Hier kann der Verkäufer bei Zahlungsverzug des Käufers «ohne weiteres» vom Vertrage zurücktreten. Eine Nachfristansetzung i.S.v. Art. 107 ist nicht vorausgesetzt. Der Verkäufer wird insoweit gegenüber der allgemeinen Regelung begünstigt. Abgesehen hiervon entspricht Art. 214 (Abs. 1/2) dem Art. 107: Einmal muss der Verkäufer dem Käufer «sofort» («unverzüglich» i.S.v. Art. 107 Abs. 2) Mitteilung machen, wenn er auf dessen Leistung verzichten will. Zum andern entspricht das «Rücktrittsrecht» von Art. 214 Abs. 1 inhaltlich dem Wahlrecht von Art. 107 Abs. 2 (Merz Th., 71, 96). Der Verkäufer, der auf die Leistung des Käufers verzichten will, kann somit – bei Verschulden des Käufers – den Vertrag auflösen, die eigene Leistung zurückbehalten (Rücktritt im technischen Sinn) und Ersatz des negativen Vertragsinteresses verlangen (Art. 109 Abs. 2; BGE 90 II 294); oder er kann am Vertrag festhalten, die eigene Leistung erbringen und Ersatz des positiven Vertragsinteresses beanspruchen (Austauschtheorie; BGer, SJ 1987, 607 f. E. 2b; ZBJV 1913, 285, 295 mit eingehender Begründung; BK-Giger, N 42). 2

Der Verkäufer hat noch eine dritte Wahlmöglichkeit: Er kann – bei Verschulden des Käufers – den Rücktritt mit dem Ersatz des positiven Vertragsinteresses kombinieren (Differenztheorie; 3

vgl. Art. 190 N 17), dies jedenfalls im Anwendungsbereich von Art. 215 (Art. 215 N 2), m.E. aber generell (KOLLER A., OR BT, § 4 N 63 ff.; Art. 215 N 6, 13, Art. 190 N 17).

4 2. Der **Kreditkauf** untersteht grundsätzlich den allgemeinen Verzugsregeln (Art. 107–109). Das gilt *uneingeschränkt*, solange die Kaufsache dem Käufer nicht übergeben ist. Vor der Übergabe wird allerdings der (Kredit-)Käufer mit der Kaufpreisschuld nur selten in Verzug sein. Möglich ist dies immerhin. Kommt nämlich der Käufer in Annahmeverzug, so ist dieser u.U. als Verzug mit der Bezahlung des Kaufpreises zu werten (Art. 211 N 13; zur Frage, ob die Nichtannahme der Kaufsache unabhängig vom Verzug mit der Kaufpreiszahlung die Anwendung von Art. 107 rechtfertigt, s. Art. 211 N 12). Nach Übergabe der Kaufsache ist die Rechtslage unterschiedlich, je nachdem, ob sich der Verkäufer die Rückforderung der Kaufsache vorbehalten hat oder nicht. Hat er dies getan, so stehen ihm alle Möglichkeiten von Art. 107 Abs. 2 offen (VON BÜREN, BT, 56 f.), vorausgesetzt, dass er nach Massgabe dieser Bestimmung vorgegangen ist, namentlich also Nachfrist angesetzt hat (MERZ TH., 68, m.w.Nw.). Fehlt es hingegen an einem Rückforderungsvorbehalt, so kann der Verkäufer lediglich Ersatz des positiven Vertragsinteresses geltend machen und er ist insoweit auf die Austauschtheorie verwiesen, d.h. er kann nicht die bereits übergebene Sache zurückverlangen und die Differenz zwischen Kaufpreis und (tieferem) Sachwert beanspruchen (ZR 1920, 242 Nr. 122; KOLLER A., OR BT, § 4 N 51 f.). Ein solches Vorgehen ist allerdings für den Verkäufer kaum von Interesse, hat es doch im Wesentlichen die gleiche Wirkung, wie wenn er auf Erfüllung beharrt und den Käufer nach Art. 103/106 auf Ersatz des Verspätungsschadens belangt (vgl. SJZ 1955, 75 Nr. 52).

5 Die umschriebene Rechtslage dürfte der Sache nach der h.A. entsprechen (KELLER/SIEHR, 42 f.; ZK-OSER/SCHÖNENBERGER, N 17; BK-GIGER, N 43 ff.; HONSELL, BT, 63; abw. v.a. BUCHER, BT, 65 f.).

6 3. Umstritten ist die Rechtslage beim Fall, dass zwar ein Barkauf oder Praenumerandokauf abgemacht ist, der Verkäufer jedoch die Sache dem Käufer vor der Zahlung übergibt (**«faktischer Kreditkauf»**), ohne einen Rücktrittsvorbehalt zu machen. Hier sind vorab jene Fälle auszuscheiden, in denen Verkäufer und Käufer nach Kaufsabschluss eine Stundungsabrede treffen, was auch konkludent erfolgen kann; eine solche Abrede macht den Bar- oder Praenumerandokauf zum Kreditkauf. Kein Kreditkauf in diesem Sinne liegt jedoch vor, wenn der Verkäufer die Kaufsache zwar vor der Kaufpreiszahlung übergibt, dies jedoch in der Annahme, der Kaufpreis werde sofort beglichen (BK-BECKER, N 2; WALTER, 313 f.). Abs. 3 ist nach seinem Wortlaut auch auf diesen Fall anwendbar, und die wohl h.L. interpretiert ihn wörtlich (z.B. CAVIN, SPR VII/1, 54 ff.; BK-GIGER, N 21), m.E. zu Unrecht. Nach der **ratio legis von Abs. 3** soll der Käufer über die ihm vorbehaltlos übergebene Sache verfügen können, ohne befürchten zu müssen, später zur Herausgabe verpflichtet zu sein (vgl. Bericht der nationalrätlichen Kommission, in BBl 1881 I 174; ZR 1905, 247 Nr. 158). Beim hier interessierenden Tatbestand rechtfertigt sich eine solche Rücksichtnahme auf den Käufer nicht. Abs. 3 sollte daher nicht angewendet werden (so ZK-OSER/SCHÖNENBERGER, N 12; HONSELL, OR BT, 64; KELLER/SIEHR, 42). Noch nicht entschieden ist damit die Frage, ob der Verkäufer im Verzugsfalle «ohne weiteres» (Art. 214 Abs. 1) oder nur nach Nachfristansetzung (Art. 107) zurücktreten kann. CHK-HRUBESCH-MILLAUER, N 7 nimmt Letzteres an, BECKER (a.a.O.) Ersteres.

7 4. Die dem Art. 214 zugrunde liegende Einteilung der Kaufgeschäfte in Praenumerando-, Bar- und Kreditkauf wird der Rechtswirklichkeit nicht gerecht. Es gibt eine ganze Reihe von «Mischtatbeständen», bei denen jeweils eine analoge Anwendung von Art. 214 zu prüfen ist und nicht a priori Art. 107 als lex generalis zur Anwendung gebracht werden darf. Das gilt insb. hinsichtlich Abs. 1 und 2 (vgl. N 10 a.E.).

5. Art. 214 gilt nach h.A. (KUKO OR-Stark, N 2; BK-Giger, N 6 m.Nw.) **nicht nur im kaufmännischen**, sondern auch im bürgerlichen **Verkehr** (Frage offen gelassen in Pra 1923, 103 f.). **8**

6. **Rechtsvergleichende Hinweise** finden sich bei BK-Giger, N 9 ff. Zum WKR s.u. N 29 f. **9**

II. Voraussetzungen, Ausübung und Inhalt des «Rücktrittsrechts» beim Praenumerando- und Barkauf (Abs. 1/2)

1. Art. 214 Abs. 1 und 2 betreffen unmittelbar nur den Fall, da der Käufer – beim Praenumerando- und beim Barkauf – mit der *Kaufpreiszahlung* in Verzug (Art. 102) gerät. **Dem Zahlungsverzug gleichzusetzen** ist der Verzug mit einer *Leistung an Zahlungs statt* (BGE 32 II 452, 458 = ZR 1907, 85; ZBJV 1913, 295; BK-Becker, N 3; ZK-Oser/Schönenberger, N 6). Bleibt eine vertraglich abgemachte *Leistung erfüllungshalber* aus, wird i.A. nicht anders zu entscheiden sein. Auch hier kommt der dem Art. 214 Abs. 1/2 zugrunde liegende Gedanke zum Tragen, dass der Verkäufer dann, wenn sein Kaufpreisanspruch infolge Verzugs des Käufers gefährdet erscheint, über die Kaufsache soll disponieren können. Unter Art. 214 Abs. 1/2 ist daher der *Verzug mit der Akkreditivstellung* zu subsumieren (BGE 44 II 407, 410; Ulrich, 79 f. m.w.Nw.; **a.A.** BGE 45 II 344, 350), ebenso der Fall, dass dem Käufer die Kaufsache gegen erfüllungshalber zu übertragende *Checks* zu übergeben ist. (Dass in diesem letzteren Fall rein formal ein Kreditkauf vorliegt, hat nicht zur Folge, dass anstelle von Art. 214 Abs. 1/2 Art. 214 Abs. 3 bzw. 107 zur Anwendung gelangen). **10**

Hingegen unterliegt der Verzug mit der Erfüllung von *Pflichten, die weder direkt noch indirekt der Kaufpreiszahlung dienen*, nicht Art. 214 Abs. 1/2. Die Bestimmung ist daher z.B. nicht anwendbar, wenn der Käufer vertragswidrig Spezifikation oder Abruf der Kaufsache unterlässt. In solchen Fällen muss der Verkäufer Nachfrist ansetzen, wenn er das Wahlrecht gem. Art 107 Abs. 2 ausüben will (SJZ 1940/41, 249 Nr. 169). Doch ist zu beachten, dass die Verletzung der Annahmepflicht (Art. 211) oder der Pflicht zur Vornahme von Vorbereitungshandlungen wie eben Abruf oder Spezifikation regelmässig auch eine konkludente Zahlungsverweigerung beinhaltet. Diese wird von der Rsp. als Zahlungsverzug gewertet und Art. 214 Abs. 1/2 unterstellt (vgl. Pra 1923, 101 f.; BGer, ZR 1907, 84 f.; 1923, 198; ZBJV 1913, 295; 1921, 238; o. Art. 211 N 13). **11**

2. **Will der Verkäufer** i.S.v. Art. 214 Abs. 1 **zurücktreten**, also auf die Leistung des Käufers verzichten, so muss er dies **«sofort» erklären** (Abs. 2), da andernfalls angenommen wird, der Verkäufer beharre auf (Real-)Erfüllung (vgl. demgegenüber Art. 190, wo die Vermutung Platz greift, der Käufer verzichte auf Erfüllung). Wird das Rücktrittsrecht nicht rechtzeitig ausgeübt, ist es verwirkt, ein Vorgehen nach Art. 214 Abs. 1/2 damit ausgeschlossen. Doch kann der Verkäufer immer noch nach Art. 107 vorgehen, also Nachfrist ansetzen und nach unbenutztem Fristablauf («unverzüglich», Art. 107 Abs. 2) zurücktreten bzw. auf die Leistung des Käufers verzichten (BGE 86 II 221, 234; 49 II 28, 32 E. 3; Koller A., OR BT, § 4 N 45). Unrichtig Pra 1918, 297 und SJ 1988, 485, wo angenommen wurde, das Rücktrittsrecht gem. Art 214 Abs. 1/2 lebe wieder auf, wenn der Verkäufer den Käufer (erneut) zur Zahlung anhalte und dieser wiederum nicht leiste; zutreffende Kritik dieser Ansicht in ZR 1920, 76 (gl.A. BK-Becker, N 5; Merz Th., 90). **12**

«Sofort» bedeutet dasselbe wie «unverzüglich» in Art. 107 (BGE 69 II 243, 245 E. 5). Der Verkäufer hat somit sein Rücktrittsrecht auszuüben, sobald es ihm «nach dem gewöhnlichen Geschäftsgang und den besonderen Umständen des Falles zugemutet werden» kann (BGE 96 II 47, 50; sechs Tage nach Verzugseintritt war rechtzeitig). Zur Konkretisierung dieses Satzes s. BK-Giger, N 56 und die dort zitierte Rsp. Das «sofort» bezieht sich auf den Eintritt des Verzugs. Beim Verfalltagsgeschäft ist somit der Rücktritt zu erklären, sobald der Fälligkeitstermin eingetreten ist, ohne dass Zahlung erfolgt wäre. Beim Mahngeschäft kommt der Käu- **13** fer nicht schon mit der Mahnung in Verzug, sondern erst, wenn er derselben nicht innert einer «angemessenen Reaktionszeit» (SCHENKER, N 106) Folge leistet. Das Rücktrittsrecht entsteht erst nach Ablauf dieser Frist, muss dann aber sofort ausgeübt werden (BK-GIGER, N 31 mit teilweise abw. Begründung; vgl. SJ 1932, 165 ff.).

14 **Sofort ausgeübt werden muss nur das Rücktrittsrecht**. Das heisst, der Verkäufer muss einen allfälligen Leistungsverzicht sofort aussprechen. Für den Entscheid, ob er Ersatz des negativen oder positiven Vertragsinteresses verlangen will, besteht hingegen – wie nach Art. 107 Abs. 2 – keine zeitliche Limite (s. analog Art. 190 N 19; Handkomm-OR-KREN KOSTKIEWICZ, N 2; CHK-HRUBESCH-MILLAUER, N 5; KUKO OR-STARK, N 4; abweichend [angemessene Frist] BK-GIGER, N 55; LEMP, 126). Zur Frage des *ius variandi* s. Art. 190 N 19.

15 **Der verspätet erklärte Rücktritt** hat – wie erwähnt (N 12) – den Weiterbestand des Erfüllungsanspruchs zur Folge. Es ist nicht etwa so, dass der nach Art. 214 unwirksame Rücktritt nach einer andern Bestimmung Geltung erlangt. Vgl. demgegenüber BGE 98 II 113: Wirksamkeit einer nach Art. 107 ungültigen Rücktrittserklärung als Rücktrittserklärung gem. Art 377.

16 3. Der Käufer kann die Anwendung von Art. 214 durch eine blosse Teilzahlung nicht abwenden: Auch ein **Teilverzug** gibt dem Verkäufer das Recht, «ohne weiteres» vom Vertrage zurückzutreten. Für den Vorauszahlungsvertrag s. die spez. Regelung von Art. 227h. Zum Sukzessivlieferungsgeschäft s. SAUTER, 90 ff. m.w.Nw. (v.a. 104), ferner ZK-OSER/SCHÖNENBERGER, N 10; LEMP, 76.

17 4. Leistet der Käufer am abgemachten Verfalltag nicht, kann der **Verkäufer** nach Art. 214 den Vertrag auch dann «ohne weiteres» auflösen, wenn er Zug um Zug leisten sollte, jedoch **seinerseits ein Leistungsangebot unterlässt** (BGE 96 II 47 E. 1/2; anders BGE 68 II 220). Die angeschnittene Problematik betrifft letztlich das allgemeine Verzugsrecht, sie ist daher hier nicht weiter zu vertiefen (s. im Einzelnen TEUBNER, Gegenseitige Vertragsuntreue, 1975; ferner KOLLER A., OR AT, § 55 N 10 f.; MERZ TH., 144 ff.).

In BGE 96 II 47 war abgemacht, dass sich Verkäufer und Käufer spätestens bis zum 1.10.1959 beim Grundbuchamt einfinden sollten, um die Übertragung des Eigentums gegen die Bezahlung des Kaufpreises zu vollziehen. Beide Parteien unternahmen nichts, um bis zum fraglichen Termin die Erfüllung voranzutreiben. Der Verkäufer trat in der Folge am 7.10.1959 ohne Nachfristansetzung zurück. Das BGer nahm an, im betreffenden Zeitpunkt seien beide Parteien in Schuldnerverzug gewesen, und bestätigte den Rücktritt. Dem Verkäufer schadete es dabei nicht, dass er es unterlassen hatte, ein Pfandrecht bis zum 1.10.abzulösen. Denn es hätte dem Käufer oblegen, die Vertragserfüllung zu initiieren und den Verkäufer aufzufordern, sich erfüllungsbereit zu machen.

18 5. Auf eine einmal abgegebene Rücktrittserklärung kann der Verkäufer – grundsätzlich (vgl. KOLLER A., OR AT, § 3 N 68) – nicht zurückkommen: Der Verzicht auf die Leistung ist unwiderruflich (BGE 123 III 16, 22; ZBJV 1921, 238). Mit Einverständnis des Käufers ist selbstverständlich eine **Wiederherstellung des Erfüllungsanspruchs** möglich, auch konkludent, z.B. durch nachträgliche Einforderung und Bezahlung des Kaufpreises (BK-GIGER, N 50).

19 6. Auf den **Grundstückkauf** findet Art. 214 Abs. 1/2 singemäss Anwendung (Art. 221; BGE 96 II 47, 50 E. 2).

III. Voraussetzungen, Ausübung und Inhalt des «Rücktrittsrechts» beim Kreditkauf (Abs. 3)

20 1. Abs. 3 ist auf den Mobiliarkauf zugeschnitten. Hier geht mit dem Besitz an der Sache i.d.R. auch das Eigentum auf den Käufer über. Dadurch wird in diesem – falls nicht die Rückforderung vorbehalten wurde – die Erwartung geweckt, er könne über die Sache verfügen, ohne sie später wieder herausgeben zu müssen; solches Vertrauen will Abs. 3 schützen (N 6). Abs. 3 formuliert daher ungenau, wenn er den Ausschluss des Rücktrittsrechts an die Besitzübertragung knüpft. Entscheidend ist die mit der Besitzübertragung verbundene Eigentumsübertragung. Daher findet Abs. 3 keine Anwendung, wenn sich der Verkäufer das Eigentum rechtswirksam vorbehalten hat.

Beim **Grundstückkauf**, auf den Abs. 3 entsprechend zur Anwendung kommt (Art. 221), «ist zu berücksichtigen, dass die Funktion, die bei der Erfüllung des Fahrniskaufs dem Besitzesübergang zukommt, bei der Erfüllung des Grundstückskaufs der Eintragung im Grundbuch zufällt. Nicht der vor der Zahlung des Kaufpreises erfolgte Besitzesübergang, sondern die vor der Zahlung vollzogene Eintragung des Käufers im Grundbuch hat daher beim Grundstückskauf die in Art. 214 Abs. 3 vorgesehenen Rechtsfolgen» (BGE 86 II 221, 234 [obiter bestätigt in 110 II 447, 451]; ZR 1926, 227, Nr. 150; Rep 1979, 314). Nicht entschieden ist damit die Frage, ob zusätzlich zur Grundbucheintragung die Besitzübertragung stattgefunden haben muss. Das ist m.E. zu bejahen: Der Vertrag muss von Seiten des Verkäufers vollständig erfüllt sein (vgl. auch die von Lemp, 76 angestellte Überlegung). Im Übrigen wird man, was den Grundbucheintrag anbelangt, nicht auf die Eintragung im Hauptbuch abstellen, sondern auf diejenige im Tagebuch bzw. auf die Anmeldung zur Grundbucheintragung (vgl. RGZ 118, 100). Denn: Die Grundbuchanmeldung stellt die letzte Erfüllungshandlung des Verkäufers dar, die in aller Regel auch zur Eigentumsübertragung führt, seitdem die Anmeldung für unwiderrufbar erklärt wurde (BGE 115 II 221). Ihr kommt daher die vertrauensbegründende Funktion i.S.v. Art. 214 Abs. 3 zu. 21

2. Hat der Verkäufer beim Kreditkauf die Sache vor Zahlung des Kaufpreises übergeben, kann er wegen Zahlungsverzugs des Käufers den Vertrag nur dann auflösen und die Kaufsache zurückfordern, wenn er sich dieses Recht «ausdrücklich» vorbehalten hat. **Als ausdrücklicher Rücktrittsvorbehalt gilt** nach herrschender Auffassung auch der **Eigentumsvorbehalt**, und dies unabhängig von seiner Eintragung im Eigentumsvorbehaltsregister (BGE 51 II 137, 139; 60 II 412, 413; 73 III 165, 168; 88 II 81, 85; 90 II 285, 292); ist eine Eintragung erfolgt, kommt Abs. 3 ohnehin nicht zur Geltung (N 20 a.E.). 22

Rücktrittsvorbehalt und Eigentumsvorbehalt sind im Übrigen aber zu unterscheiden (vgl. ZK-Oser/Schönenberger, N 13; BGE 58 II 347, 353 f.), sowohl tatbeständlich als auch hinsichtlich der Rechtswirksamkeit. Mit dem Rücktrittsvorbehalt wird das Kaufgeschäft resolutiv bedingt, der Eigentumsübergang aber nicht aufgeschoben. Mit dem Eigentumsvorbehalt wird primär der Eigentumsübergang aufgeschoben, nämlich bis zur Zahlung des Kaufpreises (Suspensivbedingung); der Rücktrittsvorbehalt ist nur mittelbarer, sekundärer Inhalt. Vgl. auch schon Art. 184 N 35.

Ein Rücktrittsvorbehalt kann auch noch nach Vertragsabschluss und sogar **nach Eigentumsverschaffung** vereinbart werden (BK-Giger, N 48, m.Hw. auf ZBGR 1956, 362 ff.). So hat ein nach der Eigentumsverschaffung abgemachter Eigentumsvorbehalt, der eine dingliche Wirkung von vornherein nicht erzeugen kann (vgl. ZR 1931, 141 Nr. 72), u.U. doch immerhin nach Art. 214 Abs. 3 Bedeutung (im eben erwähnten Entscheid wurde dies verneint). 23

Hat sich der Verkäufer die Rückforderung der Sache (ausdrücklich) vorbehalten, so kann er – unter den Voraussetzungen von Art. 107 Abs. 2 – vom Vertrag zurücktreten und – bei Verschulden des Käufers – nicht nur Ersatz des negativen, sondern stattdessen auch des positiven Vertragsinteresses beanspruchen (strenge Differenztheorie; N 4; Th. Merz, 137; Koller A., OR AT, § 55 N 149; KUKO OR-Stark, N 8; **abl.** z.B. Schenker, N 676; Bucher, OR AT, 318 f.; nicht entschieden BGE 54 II 308, 312). Diese Möglichkeit besteht zumindest im Anwendungsbereich von Art. 215, der nach seiner systematischen Stellung auch den Kreditkauf erfasst (Koller A., OR BT, § 4 N 62). 24

3. Solange der Verkäufer seine **Leistung bloss teilweise erbracht** hat, greift Abs. 3 unserer Bestimmung nicht ein. Will der Verkäufer die bereits erbrachte Teilleistung zurückhaben, hat 25

er somit lediglich Art. 107 Abs. 2 zu beachten; anders nur, wenn die noch ausstehende Teilleistung geringfügig ist. Abweichendes gilt, wenn beim Sukzessivlieferungsvertrag bloss einzelne Teilleistungen erbracht sind (dazu SAUTER, zit. in N 16, 95 f.).

26 4. Auch wenn sich der Verkäufer das Rücktrittsrecht wirksam ausbedungen hat, kann er im **Konkurs des Käufers** die Kaufsache nicht herausverlangen (Art. 212 SchKG). Es sei denn, er habe sich das Eigentum rechtsgültig und rechtzeitig (d.h. vor Konkursausbruch, BGE 93 III 96, 105 E. 6 f.) vorbehalten. In diesem Fall kann der Verkäufer vindizieren, wogegen er normalerweise nur einen obligatorischen Rückgabeanspruch hat. Dieser Anspruch wird vom BGer (BGE 114 II 152, 157) als vertraglicher Anspruch aufgefasst (ebenso z.B. SCHWENZER, N 66.33; **a.A.** KOLLER A., OR AT, § 55 N 139 [Bereicherungsanspruch]).

27 5. Auf den Verkauf von Patenten findet Art. 214 Abs. 3 nach SJ 1964, 69 ff. keine Anwendung (BK-GIGER, N 26).

28 6. Kommt es zum Rücktritt vom Vertrag, hat der Käufer den Verkäufer für den **gehabten Gebrauch** der Kaufsache zu **entschädigen** (vgl. etwa Art. 716 ZGB, 40 f. Abs. 2 und BGE 110 II 244 m.Nw.).

IV. WKR

29 Das WKR regelt den Verzug des Käufers in verschiedenen Punkten abw. vom OR. Das gilt vorab für den Verzugs*tatbestand*. Verzug ist immer gegeben, wenn die fällige Kaufpreiszahlung (Art. 58 WKR) ausbleibt; auch abgesehen vom Verfalltagsgeschäft ist eine Mahnung nicht erforderlich (Art. 59 WKR; REINHART, Art. 59 WKR N 1 f.). Hinsichtlich der *Rechtslage* unterscheidet das WKR nicht zwischen Bar- und Praenumerandokauf einerseits und Kreditkauf anderseits. Es gilt vielmehr eine einheitliche Regelung (Art. 61 ff. WKR). Danach ist eine sofortige Vertragsauflösung, wie in Art. 214 Abs. 1 und 2 für den Bar- und Praenumerandokauf vorgesehen, nur zulässig, wenn die Säumnis des Käufers eine «wesentliche Vertragsverletzung darstellt» (Art. 64 Abs. 1 lit. a WKR). Das wird nur selten zutreffen (BUCHER/WIEGAND, 161). Im Normalfall ist daher die Vertragsauflösung nur nach Massgabe von Art. 64 Abs. 1 lit. b zulässig, also dann, wenn der Käufer eine vom Verkäufer angesetzte Nachfrist ungenutzt hat verstreichen lassen. Art. 62 stellt klar, dass der Verkäufer nicht zur Vertragsauflösung gezwungen ist, sondern auf Erfüllung (Kaufpreiszahlung) bestehen kann. Im einen wie im andern Fall bleiben Schadenersatzansprüche vorbehalten (Art. 61 Abs. 1 lit. b, Abs. 2 WKR). Kommt es zur Vertragsauflösung, kann der Schaden analog Art. 215 Abs. 1 und 2 berechnet werden (Art. 75 f. WKR). Zur Zinspflicht vgl. Art. 78.

30 Im Übrigen gilt das in Art. 190 N 23 Gesagte hier entsprechend: Das WKR sieht für den Verzug des Käufers keine selbständige Regelung vor, sondern subsumiert ihn unter den einheitlichen Tatbestand der Vertragsverletzung (Art. 61 ff.).

Art. 215

2. Schadenersatz und Schadenberechnung

1 Kommt der Käufer im kaufmännischen Verkehr seiner Zahlungspflicht nicht nach, so hat der Verkäufer das Recht, seinen Schaden nach der Differenz zwischen dem Kaufpreis und dem Preise zu berechnen, um den er die Sache in guten Treuen weiter verkauft hat.

2 Bei Waren, die einen Markt- oder Börsenpreis haben, kann er ohne einen solchen Verkauf die Differenz zwischen dem Vertragspreis und dem Markt- und Börsenpreis zur Erfüllungszeit als Schadenersatz verlangen.

2. Dommages- intérêts et calcul de ceux-ci

1 *En* matière de commerce, le vendeur a le droit de réclamer de l'acheteur en demeure de payer son prix de vente, des dommages-intérêts représentant la différence entre ce prix et celui pour lequel il a revendu la chose de bonne foi.

[2] Lorsque la vente porte sur des marchandises cotées à la bourse ou ayant un prix courant, le vendeur peut se dispenser de les revendre, et réclamer, à titre de dommages-intérêts, la différence entre le prix de vente et le cours du jour au terme fixé pour l'exécution.

2. Risarcimento e calcolo del danno

[1] Nei rapporti commerciali, se il compratore è in mora, il venditore ha il diritto di computare il suo danno secondo la differenza fra il prezzo di vendita della cosa e quello a cui l'ha posteriormente venduta in buona fede.

[2] Trattandosi di merci che hanno un prezzo di borsa o di mercato egli può pretendere, anche senza vendita, la differenza fra il prezzo convenuto e quello di borsa o di mercato al giorno dell'adempimento.

Literatur

BARDO, Die «abstrakte» Berechnung des Schadenersatzes wegen Nichterfüllung beim Kaufvertrag, Diss. Köln 1988; CANTIENI, Verzugsschaden bei Geldschulden, Diss. Zürich 1996; KNOEPFEL, Die Sonderordnung des kaufmännischen Verkehrs im Kaufrecht (Handelskauf), Diss. Zürich 1988; MEYER-WILD, Über die abstrakte Schadensberechnung beim Kauf, SJZ 1918/19, 339 ff.; SCHULTZ, Über die Schadensberechnung beim Kauf, SJZ 1917/18, 201 ff.; SECRÉTAN, Anmerkungen zu BGE 65 II 171, JdT 1947, 49 f.; STEINDORFF, Abstrakte und konkrete Schadensberechnung, AcP 1959/60, 431 ff. (zit. AcP 1959/60); DERS., Gewinnentgang und Schadensberechnung des Verkäufers, JZ 1961, 12 ff. (zit. JZ 1961); SUTER, Rechtsnatur und Rechtsfolgen des Vertragsrücktritts im Zusammenhang mit dem Schuldnerverzug, Diss. Zürich 1991; vgl. im Übrigen die Literaturhinweise im o. zit. Werk von KNOEPFEL; vgl. ausserdem die Literaturhinweise bei den Vorbem. zu Art. 184–236 sowie zu Art. 190 und 214.

I. Normgehalt im Überblick

1. Art. 215 betrifft den Fall, da der Verkäufer wegen (Schuldner-)Verzugs des Käufers auf die Bezahlung des Kaufpreises verzichtet und Ersatz des **positiven Vertragsinteresses** verlangt (LEMP, 77 f. m.w.Nw.; unzutreffend ZR 1923, 193 ff. [negatives Vertragsinteresse]). Ob der Leistungsverzicht gestützt auf Art. 107 Abs. 2 oder 214 erfolgt, ist unerheblich (SJ 1988, 486; Pra 1923, 103). 1

2. Art. 215 erlaubt dem Verkäufer, seinen Schaden nach der **Differenztheorie** zu berechnen: Er kann entweder die Differenz zwischen dem Kaufpreis (Wert der ausgebliebenen Leistung) und dem (tieferen) Preis, «um den er die Sache in guten Treuen weiter verkauft hat», ersetzt verlangen (konkrete Schadensberechnung), oder aber – bei Waren, die einen Markt- oder Börsenpreis haben – die Differenz zwischen dem Vertragspreis und dem (tieferen) Markt- bzw. Börsenpreis (abstrakte Schadensberechnung). Mit dem Marktpreis ist der Marktpreis für einen allfälligen Weiterverkauf gemeint. «Die abstrakte Schadensberechnung unterscheidet sich von der konkreten somit lediglich dadurch, dass an die Stelle des Preises, um den der Kaufgegenstand tatsächlich weiterverkauft wurde, der mögliche Weiterverkaufspreis tritt» (KOLLER A., OR BT, § 4 N 58): Berechnungsgrundlage bildet ein hypothetischer statt ein wirklicher Weiterverkauf. 2

Art. 215 befasst sich ausschliesslich mit der *Schadensberechnung*; um eine *haftungsbegründende* Bestimmung handelt es sich nicht (ZBJV 1913, 295 f.). 3

Art. 215 gilt unmittelbar nur für den kaufmännischen Verkehr. Zur analogen Anwendbarkeit im bürgerlichen Verkehr vgl. N 13 (Abs. 1) und N 18 (Abs. 2). 4

Im Anwendungsbereich von Art. 214 Abs. 3 ist grundsätzlich nach der Austauschtheorie zu verfahren (Art. 214 N 4). Art. 215 ist daher im Allgemeinen nicht anwendbar (BK-GIGER, N 33). Anders, wenn sich der Verkäufer den Rücktritt vom Vertrag ausdrücklich vorbehalten hat (Art. 214 N 24). 5

3. Die **Schadensberechnung** wird in Art. 215 **nicht umfassend geregelt**. Der Schaden kann ebenso nach den allgemeinen Prinzipien berechnet werden. Namentlich können zum Aus- 6

gangspunkt der Berechnung auch die Beschaffungskosten genommen werden, d.h. der Preis, den der Verkäufer für den Ankauf aufgewendet hat oder aufwenden müsste. Die Rsp. anerkennt auch insoweit die Differenztheorie, indem sie dem Verkäufer erlaubt, die Differenz zwischen dem Vertragspreis und dem (tieferen) Beschaffungspreis geltend zu machen. Jedenfalls ist eine konkrete Schadensberechnung zulässig, wenn der Verkäufer sich den Kaufgegenstand bereits beschafft hat oder sich dessen Lieferung hat vertraglich zusichern lassen (ZR 1937, 368). Aber auch die abstrakte Schadensberechnung wird befürwortet, wenn sich der Verkäufer die Ware zu einem Marktpreis hätte beschaffen können; der Schaden berechnet sich dann als Differenz zwischen Marktpreis und (höherem) Vertragspreis. Einschränkungen ergeben sich aus der allfälligen Pflicht, den Kaufgegenstand weiterzuverkaufen: Gegebenenfalls muss sich der Verkäufer den Gewinn, den er bei einem Verkauf an einen Dritten hätte erzielen können oder erzielt hat, auf die Differenz zwischen Vertragspreis und Beschaffungskosten bzw. Marktpreis für die Beschaffung anrechnen lassen; die Schadensberechnung entspricht dann im Wesentlichen derjenigen nach Art. 215 Abs. 1 bzw. 2 (vgl. im Einzelnen N 15–17).

7 4. Ansprüche auf Ersatz von **Verspätungsschäden**, die der Verkäufer erworben hat, bevor er auf die Leistung des Käufers verzichtete, werden in Art. 215 ausgeklammert. Solche Ansprüche bleiben bestehen bzw. bestehen kumulativ zu den nach Art. 215 berechneten (vgl. SCHENKER, N 623 f.; anders BGE 43 II 505, 510; 45 II 274, 277 f.; 45 II 283, 288 f.). Hingegen versteht sich von selbst, dass der Verkäufer nicht Ansprüche nach Abs. 1 und 2 kumulieren oder gleichzeitig die Differenz zwischen Vertragspreis und Beschaffungspreis und die Differenz zwischen Vertragspreis und Weiterveräusserungspreis geltend machen kann (BGE 23, 388, 392; LEMP, 197).

II. Abs. 1: konkrete Schadensberechnung bei Vornahme eines Deckungsverkaufs

8 1. **Ausgangspunkt** der Schadensberechnung nach Art. 215 Abs. 1 bildet ein **Weiterverkauf** der «Sache», d.h. des Kaufgegenstandes (Deckungsverkauf, Selbsthilfeverkauf). Die Formulierung ist auf den Spezieskauf, bei dem der Kaufgegenstand von vornherein bestimmt ist, zugeschnitten. Beim Gattungskauf ist ein eigentlicher Weiterverkauf nicht denkbar, da der Verkäufer nicht genau bestimmte Ware schuldet, auch dann nicht, wenn er die zur Erfüllung vorgesehene Ware ausgeschieden hat (bis zur Erfüllung steht es ihm frei, andere Ware auszusondern und damit zu erfüllen). Hier (beim Gattungskauf) ist ein Weiterverkauf i.S.v. Art. 215 Abs. 1 dann anzunehmen, wenn der Verkäufer Sachen der verkauften Art an einen Dritten veräussert. Eine abweichende Ansicht vertritt GIGER (BK, N 43), der einen Deckungsverkauf verneint, «wo der Verkäufer den Vertrag mit dem Dritten auch trotz gehöriger Erfüllung durch den Käufer abgeschlossen hätte»; abw. auch ZR 1907, 250, wonach erforderlich ist, dass die «Verkäufe wirklich gerade mit Rücksicht auf den Vertragsbruch der Beklagten (sc. der Käuferin) zustande gekommen seien». Beides scheint unzutreffend: Nach Art. 215 Abs. 1 bleibt der Vertrag grundsätzlich aufrecht, jedoch unter Modifikation der beidseitigen Leistungspflichten. An die Stelle der Pflicht des Käufers zur Bezahlung des Kaufpreises tritt eine Schadenersatzpflicht in entsprechender Höhe; der Verkäufer ist zwar der Pflicht zur Verschaffung der Kaufsache enthoben, muss sich jedoch deren Wert an die Schadenersatzforderung anrechnen lassen (vgl. SJZ 1957, 327 E. 3, ein Entscheid, dem nicht in allen Punkten zu folgen ist: N 15). Dieser Wert bestimmt sich nach dem Erlös eines Deckungsverkaufs. Beim Gattungskauf vermag diese Funktion *irgendein* Verkauf von der Art des nicht erfüllten wahrzunehmen. Zusätzliche Anforderungen i.S. GIGERS oder des erwähnten ZR-Entscheides sind nicht zu stellen.

9 2. Der **Weiterverkauf** muss **«in guten Treuen»** erfolgen; namentlich darf der Verkäufer die Sache nicht zu billig hergeben. Ein treuwidriger Verkauf schliesst zwar eine Schadensberechnung nach Abs. 1 nicht aus, doch ist allenfalls der erzielte Erlös nach oben zu korrigieren (z.B. SJZ 1933/34, 48 f. Nr. 43; vgl. analog Art. 191 N 7). Die Schadensberechnung nach Abs. 1 nähert sich diesfalls der abstrakten Schadensberechnung nach Abs. 2 an, da letztlich vom kon-

kreten Deckungsverkauf mehr oder weniger abstrahiert und auf einen fiktiven Deckungsverkauf abgestellt wird. Daraus mag sich erklären, dass das BGer in einem Fall, da ein Deckungsverkauf Treu und Glauben verletzte, die Berechnung nach Abs. 1 kurzerhand für unzulässig erklärte und auf die Berechnung nach Abs. 2 auswich (ZR 1919, 104; der Entscheid war i.E. wohl deshalb richtig, weil der Preis des Deckungsverkaufs mangels der nötigen tatsächlichen Feststellungen einer richterlichen Korrektur entzogen war).

Nach der guten Treue bestimmen sich insb. **Ort, Zeit und Bedingungen des Weiterverkaufs**. Lehre und Rsp. haben dazu folgende Richtlinien entwickelt (vgl. BK-Giger, N 46 ff. m.w.Nw.). Der Verkäufer darf den Weiterverkauf grundsätzlich «am Ort der gelegenen Sache, an seinem Wohnort bzw. seiner Geschäftsniederlassung oder an dem diesen Orten nächstgelegenen Marktplatz» vornehmen (BK-Giger, N 46). Zum Zeitpunkt: Der Selbsthilfeverkauf ist innert angemessener Frist seit dem Leistungsverzicht durchzuführen. Zögert der Verkäufer übermässig lange, hat er bei fallenden Preisen den daraus resultierenden Verlust selbst zu tragen (ZR 1919, 99 Nr. 53), es sei denn, er hätte den Weiterverkauf mit Zustimmung des Käufers (SJZ 1933/34, 48 Nr. 43) oder deshalb hinausgeschoben, weil im Zeitpunkt des Leistungsverzichts keine Nachfrage bestand und es sich daher rechtfertigte, einen günstigeren Zeitpunkt abzuwarten (SJZ 1922/23, 152 f. Nr. 119). Zur Frage, ob der Selbsthilfeverkauf ausnahmsweise schon vor dem Leistungsverzicht getätigt werden darf, s. BK-Giger, N 48 m.w.Nw. Der Selbsthilfeverkauf ist grundsätzlich zu den gleichen Bedingungen (Lieferungsmodalitäten etc.) abzuschliessen wie der Kauf, an dessen Stelle er tritt. Vereinbart der Verkäufer günstigere Bedingungen, «so ist dem säumigen Erstkäufer ein entsprechender Abzug am geschuldeten Schadenersatz zuzubilligen» (BK-Giger, N 49). Entsprechendes gilt, wenn beim Ersatzgeschäft gewisse Kosten (z.B. Zollspesen) wegfallen, die bei Erfüllung des Erstkaufs angefallen wären (vgl. die Berechnung in ZR 1907, 251 Nr. 161). Wenn umgekehrt zusätzliche Kosten anfallen, so sind diese zur Preisdifferenz hinzuzurechnen (SJZ 1931/32, 9 Nr. 2; vgl. demgegenüber SJZ 1921/22, 76 Nr. 19). 10

Selbsthilfeverkauf durch Versteigerung ist zulässig, doch – anders als nach Art. 93 Abs. 1 – rechtlich nicht geboten (ZBJV 1913, 702 f.; 1916, 348). «Die Kosten der Versteigerung gehen zu Lasten des Verkäufers» (KUKO OR-Stark, N 5). 11

Bringt der Selbsthilfeverkauf mehr als den Kaufpreis ein, so ist nach Abs. 1 kein Schadenersatz geschuldet (BGE 65 II 171 = Pra 1940, 58; s. aber N 15). Umgekehrt versteht sich von selbst, dass der Verkäufer den erzielten Mehrerlös behalten kann (vgl. RGZ 102, 390). 12

3. Entgegen seinem Wortlaut gilt Art. 215 Abs. 1 nicht nur im kaufmännischen, sondern auch im **bürgerlichen Verkehr** (SJZ 1955, 74 f. m.w.Nw.; 1957, 327 E. 3; von Büren, BT, 57; BK-Giger, N 41; Lemp, 189; Schenker, N 684; **a.A.** Keller/Siehr, 45; BGer, 12.8.2010, 4A_251/2010, dazu **[abl.]** Koller A., OR BT, § 4 N 66). Ob die Unterscheidung bürgerlicher/kaufmännischer Verkehr gleich wie in Art. 191 zu treffen ist, kann daher offenbleiben. Wer dieser Ansicht nicht folgt und dem Art. 215 Abs. 1 nur den kaufmännischen Verkehr unterstellt, der kann jedenfalls – anders als bei Art. 191 – nicht darauf abstellen, ob der Käufer die Sache zwecks Weiterverkaufs erstehen wollte oder nicht; es geht ja um die Schadensberechnung des *Verkäufers*, und insoweit spielen die Interessen des Käufers offensichtlich keine Rolle. 13

4. Tätigt der Verkäufer einen Deckungsverkauf i.S.v. Art. 215 Abs. 1, so schliesst dies nicht aus, dass er seinen Schaden – bei gegebenen Voraussetzungen – nach **Abs. 2 statt Abs. 1** berechnet (N 21). So auch dann, wenn der Deckungsverkauf nicht in guten Treuen vorgenommen wurde (vgl. BGer, ZR 1919, 104 f.). 14

5. Statt der Differenz zwischen dem Kaufpreis und dem Preis des Weiterverkaufs kann der Verkäufer – wie erwähnt (N 6) – auch die **Differenz zwischen dem Kaufpreis und dem Beschaffungspreis** (Preis, zu dem er sich die Sache beschafft hat) ersetzt verlangen. Dagegen kann der Käufer grundsätzlich nicht einwenden, der Verkäufer habe die Sache über dem Be- 15

schaffungspreis weggegeben, der Weiterverkaufsgewinn sei als Vorteil in die Schadensberechnung einzubeziehen, der Schaden bestehe demgemäss nur in der Differenz zwischen Kaufpreis und Weiterverkaufspreis gem. Art 215 Abs. 1. Anders immerhin dann, wenn dem Käufer der Beweis gelingt, dass der Verkäufer den Weiterverkauf nur tätigen konnte, weil er den ersten Kauf nicht (real) erfüllen musste. Dieser Beweis mag namentlich bei nicht vertretbaren Sachen gelingen; so etwa dann, wenn ein Kunstwerk verkauft ist: Wäre der erste Kauf erfüllt worden, so hätte der Verkäufer keinen zweiten gleichartigen schliessen und erfüllen können. Bei vertretbaren Sachen ist demgegenüber von der Vermutung auszugehen, dass der Verkäufer beide Kaufgeschäfte hätte tätigen können (BGE 65 II 171, 175 = Pra 1940, 58; abw. SECRÉTAN, JdT 1947, 49 f.). In solchen Fällen kann der Verkäufer aus dem Kaufgegenstand u.U. doppelten Gewinn erzielen: Er kann die nicht gelieferte Ware einem zweiten Kunden mit Gewinn weiterverkaufen und trotzdem vom ersten Käufer Schadenersatz wegen Gewinnentgang fordern (BGE 65 II 171 = Pra 1940, 58, wo entgegen dem Rubrum nicht Schadenersatz nach Art. 215 in Frage stand, sondern Ersatz der Differenz zwischen Kaufpreis und Beschaffungspreis verlangt wurde; ZR 1937, 369 Nr. 190; VON BÜREN, BT, 57 f.; STEINDORFF, JZ 1961, 13; unzutreffend SJZ 1957, 326; ZBJV 1943, 268). Das Gesagte gilt für den Fall, dass der Verkäufer mit Sachen der verkauften Art Handel treibt und daher den Willen hat, nicht nur *ein* Kaufgeschäft zu tätigen, sondern prinzipiell möglichst viele. Beim Nichtkaufmann ist demgegenüber davon auszugehen, er hätte keinen weiteren Vertrag geschlossen, wenn es zur Erfüllung des Erstkaufs gekommen wäre. Die doppelte Gewinnmöglichkeit rechtfertigt sich daher ebenso wenig wie im erwähnten Fall, da der Verkäufer bei Erfüllung des Erstkaufs den zweiten Kauf nicht hätte erfüllen *können*.

16 Aus dem Gesagten ist die Antwort auf die Frage abzuleiten, ob der Verkäufer **zu einem Selbsthilfeverkauf verpflichtet** ist. Das ist zu verneinen, soweit der Verkäufer i.S.v. N 15 Anspruch auf doppelten Gewinn hat (der Weiterverkauf würde ja den Schaden des Käufers nicht mindern, sondern lediglich den Gewinn des Verkäufers erhöhen!). Im Übrigen aber entscheidet sich die Frage nach Art. 43 f. Der Weiterverkauf muss also nicht nur möglich, sondern auch sinnvoll und zumutbar sein. Sinnvoll ist er immer dann, wenn er zu einer Schadensreduktion führt, was nicht zutrifft, wenn die Sache zu einem Preis unterhalb des Beschaffungspreises weggegeben werden müsste (diesfalls könnte der Verkäufer bei konkreter Schadensberechnung nach Art. 215 Abs. 1 mehr verlangen, als die Differenz zwischen Beschaffungspreis und Vertragspreis ausmacht). Ist ein Weiterverkauf im umschriebenen Sinne sinnvoll, ist er dem Verkäufer regelmässig auch zumutbar, immer vorausgesetzt, dass kein Tatbestand gegeben ist, bei dem der Verkäufer Anspruch auf doppelten Gewinn hat. Wo eine Pflicht (Obliegenheit) zum Weiterverkauf besteht, ist der Gewinn, den der Verkäufer durch den Weiterverkauf erzielt hat, auf die Differenz zwischen Kaufpreis und Beschaffungspreis anzurechnen; die Schadensberechnung entspricht dann i.E. derjenigen von Art. 215 Abs. 1. Wurde ein Weiterverkauf pflichtwidrig unterlassen, ist der hypothetische Weiterverkaufsgewinn in Abzug zu bringen; die Schadensberechnung entspricht diesfalls weitgehend derjenigen von Art. 215 Abs. 2.

17 Vorstehend N 15 f. wurde unterstellt, dass sich der Verkäufer den Kaufgegenstand im Zeitpunkt des Leistungsverzichts (Art. 107, 214) bereits beschafft hat. Die Ausführungen gelten aber mutatis mutandis auch in Fällen, in denen dies nicht zutrifft (vgl. BK-GIGER, N 63 ff.; SJ 1965, 182 ff.).

III. Abs. 2: abstrakte Schadensberechnung über hypothetischen Deckungsverkauf

18 1. Abs. 2 knüpft eng an Abs. 1 an. Er sieht – für den kaufmännischen Verkehr – **die gleiche Schadensberechnung** vor, **mit dem Unterschied**, dass an die Stelle des Preises aus einem Weiterverkauf der Preis tritt, den der Verkäufer bei Vornahme eines Deckungsverkaufs hätte erzielen können. Der Verkäufer kann somit, ohne dass er einen Deckungsverkauf vornimmt, die Differenz zwischen dem Kaufpreis und dem (tieferen) Preis eines hypothetischen De-

ckungsverkaufs einverlangen. Dies allerdings nur dann, wenn für den Weiterverkauf ein Markt besteht, also zu Marktpreisen (der Börsenpreis ist nur eine Unterart davon) verkauft werden könnte. Damit wird sichergestellt, dass der Käufer nicht mehr bezahlen muss, als wenn tatsächlich ein Weiterverkauf – «in guten Treuen» – stattgefunden hätte. Dem Käufer kann es daher – jedenfalls i.d.R. (N 21) – gleichgültig sein, ob der Verkäufer seinen Schaden nach Abs. 1 oder 2 berechnet, und dies unabhängig davon, ob kaufmännischer Verkehr vorliegt oder nicht (KUKO OR-STARK, N 8; **a.A.** VON BÜREN, BT, 58). In beiden Fällen kann demzufolge Abs. 2 angewendet werden (so i.E. auch LEMP, 192). Es erübrigt sich damit, den kaufmännischen Verkehr näher zu umschreiben. Folgt man dieser Ansicht nicht, sollte bei der Definition des kaufmännischen Verkehrs – anders als nach Art. 191 – nicht darauf abgestellt werden, ob der Käufer den Kaufvertrag zwecks Weiterverkaufs der Kaufsache abgeschlossen hat (vgl. BK-GIGER, N 55 und o. N 13; **a.A.** BGE 65 II 171, 173 = Pra 1940, 58).

2. Der **Marktpreis** ist gleich zu verstehen wie in Art. 191 (ZBJV 1916, 89 Nr. 1; Art. 191 N 19 f.). Lässt sich ein Marktpreis nicht feststellen, ist Abs. 2 nicht anwendbar. Doch schliesst dies eine von der Weiterverkaufsmöglichkeit ausgehende, insoweit an Abs. 2 angelehnte abstrakte Schadensberechnung nicht zwangsläufig aus. Wenn etwa der Verkäufer eines Bildes wegen Zahlungsverzugs des Käufers auf die Leistung des Käufers verzichtet und das positive Vertragsinteresse ersetzt verlangt, so kann er, wenn ihm ein Weiterverkauf gelingt, seinen Schaden nach Abs. 1 berechnen. Stattdessen kann er auch die Differenz zwischen dem Kaufpreis und dem Einstandspreis ersetzt verlangen (N 15; Bsp. bei KOLLER A., OR BT, § 4 N 67). Unter Umständen scheiden aber beide Berechnungsarten aus. So etwa dann, wenn ein Weiterverkauf nicht möglich oder nicht zumutbar ist und der Verkäufer das Bild geschenkt bekommen hat. Auch in einem derartigen Fall muss dem Verkäufer die Möglichkeit offen stehen, seinen Schaden nach der Differenztheorie zu liquidieren, und zwar in Analogie zu Art. 215 Abs. 2: An die Stelle des Marktpreises tritt hier ein vom Richter nach Art. 42 Abs. 2 geschätzter Verkaufswert (Verkehrswert) des Bildes. Inwieweit Art. 215 Abs. 2 im umschriebenen Sinne analog anwendbar ist, entzieht sich allgemeiner Aussage (**a.A.** SCHENKER, N 686, der generelle Anwendung befürwortet). **19**

3. Der Schadensberechnung ist der Markt- bzw. Börsenpreis **«zur Erfüllungszeit»** zugrunde zu legen. Gemeint ist der Zeitpunkt, in dem der Verkäufer auf den Erfüllungsanspruch – nach Art. 214 oder 107 Abs. 2 – verzichtet (BGE 48 II 98, 106 E. 7; SCHENKER, N 687; BK-GIGER, N 59; LEMP, 193; die Rsp. ist allerdings nicht einheitlich: vgl. z.B. ZR 1907, 250 E. 1, 252; ZBJV 1914, 337). «Zu berücksichtigen ist der Markt- oder Börsenpreis am Ablieferungsort bzw. an dem diesem nächstgelegenen Marktort» (BK-GIGER, N 60). **20**

4. Die abstrakte Schadensberechnung nach Abs. 2 steht dem Verkäufer auch dann offen, wenn er die **Sache weiterverkauft** hat. Damit wird ihm u.U. ermöglicht, aus der Kaufsache *mehr Gewinn* zu ziehen, als er bei Erfüllung des Erstkaufs erzielt hätte. Dann nämlich, wenn es ihm gelingt, die Kaufsache über dem Marktpreis zu veräussern (Bsp. bei SCHENKER, N 688). Dagegen ist überall dort nichts einzuwenden, wo der Verkäufer den Weiterverkauf auch dann hätte erfüllen können, wenn er den Erstkauf hätte erfüllen müssen (vgl. N 15). Wo dies nicht zutrifft, ist die Differenz zwischen dem Weiterverkaufspreis und dem Marktpreis von dem nach Abs. 2 berechneten Schaden in Abzug zu bringen; das bedeutet im Ergebnis Schadensberechnung nach Abs. 1. **21**

IV. WKR

Nach Art. 75 f. WKR hat der Käufer die Möglichkeit, seinen Schaden analog Art. 215 Abs. 1 und 2 zu berechnen, wenn er den Vertrag auflöst (Art. 214 N 29). Eine Beschränkung auf den kaufmännischen Verkehr sehen diese Bestimmungen nicht vor. Doch ist zu beachten, dass Verbrauchergeschäfte vom Abkommen grundsätzlich nicht erfasst sind, dieses also praktisch nur auf den Handelskauf Anwendung findet (Art. 2 lit. a; Schlechtriem/Schwenzer-FERRARI, Art. 2 WKR N 7 ff.). Neben den einschlägigen Kommentaren s. Botschaft zum WKR, 824. **22**

Dritter Abschnitt: Der Grundstückkauf

Art. 216

A. Formvorschriften

[1] Kaufverträge, die ein Grundstück zum Gegenstande haben, bedürfen zu ihrer Gültigkeit der öffentlichen Beurkundung.

[2] Vorverträge sowie Verträge, die ein Vorkaufs-, Kaufs- oder Rückkaufsrecht an einem Grundstück begründen, bedürfen zu ihrer Gültigkeit der öffentlichen Beurkundung.

[3] Vorkaufsverträge, die den Kaufpreis nicht zum Voraus bestimmen, sind in schriftlicher Form gültig.

A. Forme du contrat

[1] Les ventes d'immeubles ne sont valables que si elles sont faites par acte authentique.

[2] Les promesses de vente et les pactes de préemption, d'emption et de réméré portant sur un immeuble ne sont valables que s'ils ont été passés en la forme authentique.

[3] Les pactes de préemption qui ne fixent pas le prix à l'avance sont valables en la forme écrite.

A. Forma del contratto

[1] I contratti di vendita che hanno per oggetto un fondo, richiedono per la loro validità un atto pubblico.

[2] I contratti preliminari, nonché i patti di prelazione, le promesse di vendita e quelle di ricupera richiedono per la loro validità l'atto pubblico.

[3] I patti di prelazione che non fissano il prezzo sono validi nella forma scritta.

Literatur

Bucher E., Der Rechtsmissbrauch bei Formvorschriften, ZBGR 1975, 65 ff. (zit. ZBGR 1975); ders., Was man aus einem Fall von «Putativ-Vertrauenshaftung» lernen kann, recht 2001, 65 ff. (zit. recht 2001); Brückner, Verwandte Verträge (Vorvertrag, Vorkaufsvertrag, Vertrag auf Begründung eines Kaufsrechts bzw. Rückkaufsrechts), in: Koller A., Grundstückkauf, 503 ff. (zit. Verwandte Verträge); ders., Beurkundungsrecht, Zürich 1993 (zit. Beurkundungsrecht); Fasel, Kommentar zur Grundbuchverordnung, 2. Aufl., Basel 2013 (zit. Kommentar); ders., Der Grundbuchverwalter als Hüter des Grundbuches – ein moderner Odysseus!, ZBGR 2008, 321 ff. (zit. ZBGR 2008); Foëx, La nouvelle réglementation des droits de préemption, d'emption et de réméré dans le CC/CO, SJ 1994, 381 ff.; Gauch, Vom Formzwang des Grundstückkaufes und seinem Umfang – Ausdehnung auf eine «Architektenverpflichtung» des Käufers und auf konnexe Werkverträge?, BR 1986, 80 ff.; Huber, Die öffentliche Beurkundung als Begriff des Bundesrechts, ZBJV 1967, 249 ff.; Koller Th., Privatrecht und Steuerrecht, Bern 1993; Meier, Das neue Vorkaufs-, Kaufs- und Rückkaufsrecht – vier Neuerungen und drei Auslegungsfragen, AJP 1994, 139 ff.; Mooser, Le droit national en Suisse, 2. Aufl., Bern 2014; Paoletto, Die Falschbeurkundung beim Grundstückkauf, Diss. Zürich 1973; Reber, Die Baubindung beim Grundstückkauf, Bern 1999; Ruf, Der Umfang des Formzwangs beim Grundstückkauf, ZBGR 1997, 361 ff. (zit. ZBGR 1997); ders., Notariatsrecht, Langenthal 1995 (zit. Notariatsrecht); Schmid, Die öffentliche Beurkundung von Schuldverträgen, Diss. Freiburg 1988; Schöbi, Die Revision des Kaufs-, Vorkaufs- und Rückkaufsrechts, AJP 1992, 567 ff. (zit. AJP 1992); ders., Die Bedeutung der Revision der Bestimmungen über vertragliche Kaufs-, Vorkaufs- und Rückkaufsrechte für die Sachenrechtsdogmatik, recht 1993, 177 (zit. Recht 1993); Simonius/Sutter, Schweizerisches Immobiliarsachenrecht, 2 Bde., Basel 1990; Steinauer, La nouvelle réglementation du droit de préemption, ZBGR 1992, 1 ff.; Wissmann, Verwandte Verträge, in: Koller A. (Hrsg.), Grundstückkauf, Bern 1989, 472 ff.

Materialien

Botschaft zum Bundesgesetz über das bäuerliche Bodenrecht (BGBB) sowie zum Bundesgesetz über die Teilrevision des Zivilgesetzbuches (Immobiliarsachenrecht) und des Obligationenrechts (Grundstückkauf), BBl 1988 III 953.

I. Allgemeines

Währendem das alte Obligationenrecht den Grundstückkaufvertrag nicht regelte (vgl. dazu FASEL, 1311), hat Eugen Huber bereits im Entwurf 1909 und später im rev. Obligationenrecht besondere Formvorschriften für den Kaufvertrag, die ein Grundstück zum Gegenstand haben, vorgesehen. Bereits im Entwurf 1909 wurde bestimmt, dass auch Vorverträge sowie Verträge, die ein Kaufsrecht oder Rückkaufsrecht an einem Grundstück begründen, zu ihrer Gültigkeit der öffentlichen Beurkundung bedürfen (FASEL, 1703). Art. 216 ist dabei eine Ausnahme vom Grundsatz der Formfreiheit obligatorischer Verträge (Art. 11) und verlangt **die öffentliche Beurkundung als qualifizierte Form**. Für Vorkaufsverträge gilt – unter Vorbehalt der Ausnahme von Abs. 3 – der gleiche Formzwang, wobei ausdrücklich hervorgehoben wird, dass es sich bei der geforderten Beurkundung um ein **Gültigkeitserfordernis handelt**, womit die Bestimmung von Art. 11 Abs. 2 bestätigt wird. 1

Als Begründungen für die Formpflicht werden insb. genannt: 2
- Schutzbedürfnis für beide Parteien (Verkäufer und Käufer) vor übereilten Vertragsabschlüssen (BGE 112 II 335; BUCHER, AT, 161);
- Schaffung einer klaren und vollständigen Vertragsformulierung (BGE 112 II 335; BUCHER, AT, 163);
- Schaffung einer möglichst präzisen Vorlage für den Grundbucheintrag und damit die Schaffung von möglichst grosser Rechtssicherheit;
- Nach BJM 2010, 193, soll der «Grundstückkäufer» gezwungen werden, alles viel gründlicher zu überlegen. Die Willensbildung vollzieht sich auf der Basis einer sorgfältigen Analyse sämtlicher mit dem Vertragsabschluss verbundenen Folgen, weil Spontaneität ausgeschlossen ist.

Es mag sein, dass das schweizerische Recht im internationalen Vergleich mit diesem Beurkundungszwang ziemlich isoliert dasteht, weil im Ausland generell weniger strenge Anforderungen an ein Grundstückgeschäft gestellt werden (BUCHER, recht 2001, 66 m.V.), doch hat sich die Lösung des ZGB insgesamt, insb. im Hinblick auf die Grundbuchführung (welche für den Wohlstand eines Landes von entscheidender Bedeutung ist; vgl. FASEL, ZBGR 2008, 321) bewährt. 3

Die Norm von Art. 216 findet ihre Entsprechung in der sachenrechtlichen Vorschrift von Art. 657 ZGB, in welcher für alle Verträge auf Eigentumsübertragung an Grundstücken die öffentliche Beurkundung vorgeschrieben wird. Die einzige echte Ausnahme bildet der **Erbteilungsvertrag**, für den auch in Bezug auf Grundstücke die Schriftlichkeit genügt (Art. 634 Abs. 2 ZGB). Eine unechte Ausnahme vom Formzwang liegt beim Verkauf der Aktien einer Immobilien-AG vor, der keinen Formvorschriften untersteht, obwohl damit wirtschaftlich die Verfügungsgewalt über Grundstücke übertragen wird (BGE 93 II 306). 4

II. Definitionen und Anwendungsbereich

Das Bundesrecht enthält keine Gesetzesdefinition, was als **öffentliche Beurkundung** gilt (FASEL, Kommentar, Art. 64 GBV N 12). Klargestellt ist heute, dass es sich bei der öffentlichen Beurkundung um einen *Begriff des Bundesrechts* handelt (so BGE 113 II 501; 106 II 146 sowie weitere Vorentscheide). Dabei ist unter öffentlicher Beurkundung «die Aufzeichnung rechtserheblicher Tatsachen oder rechtsgeschäftlicher Erklärungen durch eine vom Staat mit dieser Aufgabe betraute Person, in der vom Staat geforderten Form und in dem dafür vorgesehenen Verfahren» zu verstehen (so BGE 99 II 159 E. 2a ff.). 5

Währendem das Bundesrecht den Mindestinhalt festsetzt, bestimmen die Kantone aufgrund von Art. 55 SchlT ZGB, in welcher Weise auf ihrem Gebiet die öffentliche Beurkundung hergestellt wird, so dass das kantonale öffentliche Recht grundsätzlich das für die Errichtung einer öffentlichen Urkunde zu befolgende Verfahren festsetzt (FASEL, Kommentar, Art. 64 6

GBV N 13). Weil das Bundesrecht den Mindestinhalt festsetzt, haben die kantonalen Verfahrensbestimmungen allerdings **bundesrechtliche Mindestanforderungen** zu erfüllen (vgl. RUF, Notariatsrecht, Rz 162 ff. m.w.H.): Alle Tatsachen und Willenserklärungen sind für das entsprechende Geschäft in notarieller Hinsicht durch die Urkundsperson festzuhalten, insb. die Angabe der Vertreter. Ferner gehört zur öffentlichen Beurkundung nach einem Teil der Lehre die (notarielle) Einheit des Aktes und die Wahrheitspflicht, die Rekognition und die Genehmigung, die Unterzeichnung durch die Urkundsperson (nicht aber: Durch die Parteien) sowie dass die Urkundspersonen die Urkundssprache verstehen müssen (vgl. dazu auch MOOSER, 61 ff.).

7 Weil das OR keine Definition des Begriffes **Grundstück** enthält, kommt die abschliessende Legaldefinition von Art. 655 ZGB zum Tragen: Neben den *Liegenschaften* gehören auch die in das Grundbuch aufgenommenen selbständigen und dauernden Rechte (selbstständige Baurechte nach Art. 779 ZGB, selbständige Quellenrechte nach Art. 780 ZGB), die Bergwerke sowie die (verselbstständigten) Miteigentumsanteile an Grundstücken dazu. Immer dann, wenn ein so definiertes Grundstück Kaufobjekt ist, besteht für das obligatorische Geschäft der qualifizierte Formzwang der öffentlichen Beurkundung.

8 Die Formvorschrift bezieht sich in *erster Linie* auf **Kaufverträge** (Art. 216 Abs. 1), in *zweiter Linie* gilt der Formzwang für **Vorverträge**, also für diejenigen vertraglichen Verpflichtungen, zu einem späteren Zeitpunkt einen Kaufvertrag über ein Grundstück abzuschliessen (WISSMANN, N 1392, 1415 ff.). Dies ergibt sich auch aus Art. 22 Abs. 2.

9 In *dritter Linie* unterliegen dem Formzwang auch die *Verträge zur Begründung eines Kaufsrechts* (Option) oder eines *Rückkaufsrechts*. Das Gesetz definiert dabei weder den Begriff des Kaufsrechts noch denjenigen des Rückkaufsrechts, sondern setzt diese als bekannt voraus: Das **Kaufsrecht** (droit d'emption, diritto di compera) ist das Recht des Kaufsberechtigten durch einseitige empfangsbedürftige Willenserklärung an den Verkaufsverpflichteten einen früher mit diesem vereinbarten, aber für den Kaufsberechtigten noch nicht verbindlichen Vertrag vollziehbar werden zu lassen (SIMONIUS/SUTTER, Bd. I, 344). Es ist damit an eine Ausübungserklärung des Kaufsrechtsnehmers als Bedingung (Potestativbedingung) geknüpft. Das **Rückkaufsrecht** (droit de réméré, diritto die recupera) ist ein Kaufsrecht in Bezug auf ein Objekt, das der Rückkaufsberechtigte zu einem früheren Zeitpunkt an den Verkaufsverpflichteten veräussert hat (SIMONIUS/SUTTER, Bd. I, 344). Die Gleichbehandlung mit einem «normalen» Grundstückkauf ist gerechtfertigt, weil wiederum ein Grundstück das Kaufobjekt ist.

10 Seit der Revision von 1991 unterstehen auch die **limitierten Vorkaufsverträge**, welche den zu bezahlenden Kaufpreis im Voraus bestimmen, dem gleichen Beurkundungszwang. Das **Vorkaufsrecht** (droit de préemption, diritto di prelazione) ist dabei ein Kaufsrecht, das vom Vorkaufsberechtigten nur unter der Bedingung ausgeübt werden kann, dass der Verpflichtete seinerseits mit einem Dritten einen Kaufvertrag über das betreffende Objekt abgeschlossen hat (sog. Vorkaufsfall, SIMONIUS/SUTTER, Bd. I, 345). Zu beachten ist, dass Art. 216 Abs. 3 die etwas zu absolut formulierte Bestimmung von Art. 216 Abs. 2 einschränkt.

III. Umfang des Beurkundungszwanges

11 Die Fragen im Zusammenhang mit dem Umfang des Formzwanges von formbedürftigen Rechtsgeschäften scheinen von ständiger Aktualität zu sein, und zwar sowohl in der Rsp. (statt vieler: BGE 112 II 402; 116 II 291; 117 II 259; 118 II 32; 119 II 235) als auch in der Lehre (exemplarisch dazu die Literaturhinweise zu Art. 216). Im Rahmen des Grundstückkaufes beschlagen die teilweise immer noch nicht umfassend geklärten Fragen nicht nur den Interessenbereich der Vertragsparteien, sondern auch denjenigen der Urkundspersonen im Rahmen ihrer formellen Rechtsbelehrungspflicht und denjenigen der Grundbuchverwalter im

Rahmen ihrer Prüfungspflicht (dazu namentlich RUF, ZBGR 1997, 361 ff.). Die gestellte Frage ist im schweizerischen Recht deshalb von besonderer Bedeutung, weil eine ungenügende Form grundsätzlich zu einer starren, von Amtes wegen zu berücksichtigende Nichtigkeit des Rechtsgeschäftes führt (zu den Ausnahmen vgl. N 21). Problematisch für die Frage des Formzwanges sind jene Rechtsgeschäfte, welche *ineinander verzahnt* sind: Verbindet sich etwa ein Kaufvertrag mit einem Werkvertrag, stellt sich die Frage, ob beide Verträge öffentlich zu beurkunden sind.

Im Auge zu behalten ist das *Verhältnis von Formzwang und Konsens*: Sofern sich die Vertragsparteien über alle (objektiv) wesentlichen Punkte geeinigt haben, wird vermutet, dass der Vorbehalt von Nebenpunkten die Verbindlichkeit des Vertrages nicht hindern sollte. Diese Vermutung gilt aber nur solange, als für die Gegenpartei *im Lichte des Vertrauensgrundsatzes* nicht erkennbar wurde, dass ein Nebenpunkt für den andern von subjektiver Wesentlichkeit war, d.h. dass für ihn eine vertragliche Bindung nicht eintreten soll, wenn über den massgeblichen Nebenpunkt kein Konsens erreicht werden kann. Ein solcher Nebenpunkt wird damit für die betreffende Vertragspartei zu einer Conditio sine qua non für den Vertragsabschlusswillen. Naheliegend wäre dabei die These, dass sich der gesetzlich geforderte Umfang des Konsensbereichs (Konsenszwang) mit dem Umfang des Formzwanges decken muss. Bei materiell gegebenem Konsens würde eine vertragliche Bindungswirkung erst entstehen, wenn die für den Konsens geforderten rechtgeschäftlichen Willenserklärungen in der geforderten Form zum Ausdruck kommen. Im Auge zu behalten sind aber die *Zielsetzungen der öffentlichen Beurkundung* (N 2), so dass dem grundsätzlichen Gedanken der Formfreiheit (Art. 11) und dem Gedanken der Aufrechterhaltung des Parteiwillens angemessen Rechnung zu tragen ist. Schon früh hat die Rsp. festgehalten, dass eine «lückenlose Beurkundung des gesamten Vertragsinhaltes» zur Wahrung der Form nicht erforderlich sei (BGE 75 II 148). Doch über die Frage, *wie viel* zu beurkunden ist, bestehen verschiedene Meinungen: 12

- *Subjektive Theorie*: Eine Antwort gibt die sog. subjektive Theorie, die den Umfang des Formzwanges (gegenüber dem umfassenden Formzwang) auf den Bereich der objektiven und subjektiven Nebenpunkte reduziert. Damit sind einerseits die *typenwesentlichen Punkte* und anderseits diejenigen Nebenpunkte, die von mindestens *einer Partei zu einer Conditio sine qua non* des Geschäftsabschlusses erhoben worden sind, öffentlich zu beurkunden (vgl. BGE 68 II 233). Zu den subjektiv wesentlichen Absprachen gehören dabei sämtliche Punkte, die einen Einfluss auf Leistung und/oder Gegenleistung haben, mithin Darlehensverhältnisse, die infolge des gleichzeitig abgeschlossenen Kauf- oder Kaufsrechtsvertrages nicht marktkonforme Zinsbedingungen enthalten (vgl. BGE 113 II 402) oder Architekten- oder Bauhandwerkervereinbarungen, die (wohl regelmässig) den Kaufpreis irgendwie beeinflussen. BRÜCKNER (Beurkundungsrecht, Rz 2507) lehnt dieses Abgrenzungskriterium ab mit der überzeugenden Begründung, eine Beeinflussung des Kaufpreises und damit eine Berührung des Verhältnisses von Leistung und Gegenleistung des Kaufvertrages sei stets zu vermuten und nie zu beweisen, so dass sich mit Übernahme dieser Theorie die Beurkundungsbedürftigkeit solcher Absprachen ins Uferlose ausdehnen müsste.
- *Objektive Theorie*: Für die Anhänger der objektiven Theorie werden die subjektiv wesentlichen Vertragspunkte nicht als formbedürftig betrachtet. Der Umfang des Formzwanges ist allein nach objektiven Kriterien zu umschreiben. Währendem sich ein Teil der Vertreter der objektiven Theorie hinsichtlich des Formzwanges konsequent auf die objektiv wesentlichen Abreden beschränkt, vertritt ein anderer Teil ihrer Anhänger i.S. einer Modifikation die Ansicht, dass über die objektiv wesentlichen Abreden hinaus auch «alle jene Bestimmungen formbedürftig sind, welche die Leistung und Gegenleistung präzisieren, oder die Leistungspflicht bekräftigen, wie Zahlungsbedingungen, Konventionalstrafen, Reuegelder, Hypothekenübernahme» (vgl. zu alledem RUF, ZBGR 1997, 366).

Die *Rsp. des Bundesgerichts* steht *grundsätzlich auf dem Boden der subjektiven Theorie*, unterstellt allerdings nicht alle subjektiv wesentlichen Vertragspunkte dem Formzwang (so auch 13 zusammenfassend Reber, 169 ff.). Abgelehnt wird dagegen die objektive Theorie, die ausschliesslich für die objektiv wesentlichen Vertragselemente (essentialia negotii) den Beurkundungszwang bejaht (Honsell, OR BT, 119; Paoletto, 33 ff.). Es fallen nach der Praxis des Bundesgerichts nur solche Abmachungen unter den Formzwang, die «ihrer Natur nach unmittelbar den Inhalt des Grundstückkaufvertrages betreffen». Es entstehen dadurch Vertragsbereiche, die zwar subjektiv wesentlich sind, also eine Voraussetzung für das Entstehen vertraglicher Bindungswirkungen bilden, jedoch trotzdem nicht dem Formzwang unterliegen sollen.

14 Insgesamt gibt es in der neueren bundesgerichtlichen Rsp. Zeichen, wonach sich das Bundesgericht mehr und mehr hin zu einer *restriktiveren Festlegung des Umfanges des Formzwanges* bewegt:

- In BGE 113 II 404 stellt das Bundesgericht für die Kombination eines Kaufsrechtsvertrages mit einem Darlehensvertrag nach der stereotypen, der bisherigen Rsp. entsprechenden Formel einschränkend fest: «Formbedürftig sind daher von vorneherein nur Abreden, welche das Verhältnis von Leistung und Gegenleistung des Kaufvertrages berühren».
- Das Bundesgericht hat auch entschieden (BGE 119 II 29), dass eine Vereinbarung des Käufers mit dem Verkäufer über die Zahlung eines Betrages für Zusatzleistungen nicht unter den Beurkundungszwang falle. Nicht erforderlich ist, dass die einzelnen beurkundungsbedürftigen Elemente im Vertrag mit bestimmten Begriffen bezeichnet werden, so müssen z.B. finanzielle Leistungen des Käufers weder als Kaufpreis bezeichnet noch zusammen mit dem Kaufpreis geregelt werden, wenn sie nur in der Urkunde enthalten sind.
- Noch weiter geht BGE 119 II 135: Das Bundesgericht legt in diesem Entscheid Formvorschriften *eng aus* und betrachtet die nachstehende Beistandspflicht als *nicht formbedürftig*, obwohl in der entsprechenden schriftlichen Vereinbarung von den Parteien festgehalten wurde: «Die Käufer A. verpflichten sich, *im Hinblick auf den sehr reduzierten Kaufpreis*, wenigstens ein Mal pro Monat zu Besuch (beim Ehepaar F., also den Verkäufern) zu sein und dem Ehepaar F. bei Garten- und Unterhaltsarbeiten behilflich zu sein; grössere Arbeiten werden nach gegenseitiger Absprache vergeben, ansonst unterhalten F's bestmöglich die Liegenschaft. Das Ehepaar A. hat wenigstens alle zwei Tage die F's telefonisch anzurufen, um zu erfahren, wie es diesen alten Leuten geht, und notfalls Hilfe zu leisten sowie im schlimmsten Fall den Hausarzt Dr. X. in Locarno zu benachrichtigen, welcher Arzt auch die nötigen Instruktionen in einem Todesfall hat.» An sich lag ein typischer Fall vor, bei welchem eine subjektiv wesentliche Vertragsbestimmung den Charakter einer (partiellen) Gegenleistung für den Grundstückerwerb aufweist und dadurch – nach der (bisherigen) subjektiven Theorie des Bundesgerichts – der öffentlichen Beurkundung bedurft hätte. Das Ergebnis des Bundesgerichts deckt sich mit der mehr und mehr Zulauf findenden *objektiven Theorie*, indem es genügen liess, nur die typenbestimmende Gegenleistung (Geldleistung) in die öffentliche Beurkundung miteinzubeziehen.
- Im gleichen Sinn hat das Bundesgericht in einem Urteil v. 20.2.1997 (veröffentlicht in BN 1997, 137–144) die Angabe der beschränkten dinglichen Rechte sowie der Vor- und Anmerkungen aus dem Formzwang herausgenommen mit der Begründung, es handle sich um eine blosse Umschreibung des Kaufgegenstandes. Unter dem Aspekt der Bestimmtheit (oder Bestimmbarkeit) des Vertragsgegenstandes vertritt das Bundesgericht darüber hinaus die Ansicht, dass nicht nur die unvollständige, sondern auch die unrichtige Wiedergabe der beschränkten dinglichen Rechte bzw. der Vor- und Anmerkungen *ohne Auswirkungen auf die Formgültigkeit* sei.
- Nach BGE 127 III 248 unterstehen die formbedürftigen Verträge den allgemeinen Regeln über das Zustandekommen und die Auslegung von Verträgen, wobei bei einem Grundstückkauf *die Angabe der Fläche nicht genügt*: Erforderlich ist darüber hinaus, dass die Lage und die Form der verkauften Parzelle bestimmt werden. Behalten sich die Parteien *einen wesentlichen Punkt* für eine spätere Einigung vor, was sie formfrei vereinbaren können, tritt der Vertragsschluss erst ein, wenn auch über diesen Punkt eine Einigung erzielt worden ist (E. 3e).

- In BGer, 10.6.2002, 4C. 396/2002 bestätigt das Bundesgericht seine Rsp. (E. 2.4), dass sowohl die objektiv als auch die subjektiv wesentlichen Vertragspunkte zu beurkunden sind (m.V. auf BGE 113 II 404). Objektiv wesentlich ist insb. der Kaufpreis des Grundstückes (m.V. auf BGE 101 II 331). Der öffentlich beurkundete Kaufsrechtsvertrag enthielt i.c. keine Angaben über den Kaufpreis des Grundstückes GB X, so dass es an der Beurkundung «dieses objektiv wesentlichen Vertragspunktes» mangelte und der Grundbuchverwalter die Eintragung des Kaufsrechts wegen dieses Formmangels zu Recht verweigerte.
- In BGer, 30.6.2006, 4C.109/2006 ging es um einen *Immobilien-Leasingvertrag*: Die Beklagte vermochte «keine Gesetzesbestimmung anzugeben, die darauf schliessen liesse, dass ein Immobilien-Leasingvertrag als solcher öffentlich beurkundet werden müsste. Insbesondere kann der Immobilien-Leasingvertrag nicht als Vertrag auf Eigentumsübertragung bezeichnet werden, welcher gem. Art. 216 Abs. 1 OR und Art. 657 Abs. 1 ZGB der öffentlichen Beurkundung bedürfte. Der Leasingvertrag beinhaltet das Recht auf die Nutzung und den Gebrauch des Leasingobjektes während der Leasingdauer gegen Bezahlung eines Leasingzinses durch den Leasingnehmer». Bei Beendigung des Leasingvertrages stehen dem Leasingnehmer drei Optionen offen, nämlich der Abschluss eines Anschlussvertrages bzw. die Rückgabe oder Übernahme des Leasingobjektes. Nur die Übernahme des Leasingobjektes zu einem vorher bestimmten Restkaufpreis führt zum Übergang des Eigentums. Insofern enthielt der Immobilien-Leasingvertrag zwar ein *Kaufsrecht*, welches dem Formzwang der öffentlichen Beurkundung untersteht (Art. 216 Abs. 2). Allerdings ist dieses Kaufsrecht nur Teil eines wesentlich umfassenderen Wahlrechts des Leasingnehmers, so dass der Immobilien-Leasingvertrag «als Ganzes nicht als Vertrag auf Eigentumsübertragung i.S.v. Art. 216 Abs. 1 OR i.V.m. Art. 657 Abs. 1 ZGB qualifiziert werden» kann. Entgegen der Auffassung der Beklagten konnte daher «keine Rede davon sein, dass der Vertrag als solcher formungültig sei» (E. 2.1.3 i.f.).
- In BGer, 24.4.2007, 5A.33/2006 ging es um einen öffentlich beurkundeten Kaufvertrag, indem ein «totaler Kaufpreis von CHF 850 000.00» genannt worden war, doch zusätzlich hinzu kam die Ablösung eines Inhaberschuldbriefes im Betrag von CHF 500 000. Das Bundesgericht folgert in Bezug auf die vertragswesentlichen Punkte des Kaufpreises eine Einigkeit in der Lehre, dass «sich dieser aus der Gesamtheit aller (Geld-) Leistungen zusammensetzt, welche der Käufer dem Verkäufer als Entgelt für die Übertragung des Eigentums am Grundstück erbringen muss, und sich der Beurkundungszwang auf diesen Gesamtbetrag erstreckt». Der konkrete Vertrag bezifferte den gesamthaften Kaufpreis mit CHF 850 000, was nicht der effektiv zu erbringenden Gegenleistung für die Eigentumsverschaffung entsprach, so dass die Angabe «mithin objektiv und subjektiv falsch» war (E. 5). Haben die Parteien aber einen unwahren, nicht dem wirklichen Willen entsprechenden Kaufpreis verurkundet, so ist der Vertrag nichtig (m.V. auf BGE 98 II 313).
- Nach BGer, 22.10.2007, 4A_309/2007 sind auch *Vertragsexternas* zu berücksichtigen: Der nach den allgemeinen Auslegungsmethoden ermittelte Vertragsinhalt muss in der gesetzlich vorgeschriebenen Form hinreichend zum Ausdruck gebracht werden. Auch Vertragsexternas dürfen hinzugezogen werden: Erwiese sich nämlich aufgrund ausserhalb der Urkunde liegender Umstände, dass die Parteien in Tat und Wahrheit einen anderen Vertrag als den verurkundeten abschliessen wollten, so wären diese selbstverständlich zu berücksichtigen (m.V. auf BGE 127 III 248 E. 3c). Nachdem kein übereinstimmender tatsächlicher Parteiwille bezüglich der angeblichen Sicherungsabrede festgehalten werden konnte, erübrigte sich die Frage, ob der Kaufsrechts- und Vorkaufsrechtsvertrag mangels Beurkundung (Art. 216 Abs. 2 OR) einer solchen Abredeform ungültig sei.
- Restriktiv handhabte das Bundesgericht die Formvorschriften auch in BGer, 12.6.2008, 4A_24/2008: Wie beim gewöhnlichen Kaufvertrag muss beim Kaufsrecht als objektiv wesentlicher Vertragspunkt insb. der Kaufpreis vereinbart werden. Auch beim Kaufsrecht genügt, dass der Kaufpreis bestimmbar ist (m.V. auf BGer, 20.3.2008, 5A_207/2007). Der Preis muss, wenn er nicht ziffernmässig festgelegt ist, durch Namhaftmachung der Bemessungskriterien soweit bestimmt sein, dass der gewollte Preis objektiv, ohne neue Einigung

der Parteien ermittelt werden kann. Steht der nach den allgemeinen Auslegungsmethoden ermittelte Vertragsinhalt fest, ist bei formbedürftigen Verträgen in einem *weiteren Schritt* zu beurteilen, ob der Inhalt in der gesetzlich vorgeschriebenen Form hinreichend zum Ausdruck gebracht worden ist (m.V. auf BGE 122 III 366). Nach der Rsp. des Bundesgerichts und der h.L. fallen dabei alle objektiv und subjektiv wesentlichen Vertragspunkte unter die Formvorschrift, die ihrer Natur nach unmittelbar den Inhalt des Grundstückkaufvertrages betreffen. Mit Bezug auf den vertragswesentlichen Punkt des Kaufpreises besteht in der Lehre Einigkeit, dass sich dieser aus der Gesamtheit aller (Geld-) Leistungen zusammensetzt, welche der Käufer dem Verkäufer als Entgelt für die Übertragung des Eigentums am Grundstück erbringen muss, und sich der Beurkundungszwang auf diesen Gesamtbetrag erstreckt (m.V. auf BGer, 24.4.2007, 5A.33/2006). Bestimmbarkeit des Kaufpreises genügt, sofern alle zur Bestimmung des Kaufpreises notwendigen Faktoren aus der Urkunde selbst ermittelt werden können und es dazu des Beizugs anderer Beweismittel nicht bedarf. Es ist ausreichend, wenn der Preis z.B. anhand einer Berechnungsmethode, durch eine Formel, in Abhängigkeit von vertragsexternen Faktoren wie publizierten Indizes oder aufgrund der Vereinbarung, dass der Preis durch Schätzung des Verkehrs- oder des Ertragswertes zurzeit der Ausübung zu ermitteln ist, bestimmt werden kann (m.V. auf BGer, 20.3.2008, 5A_207/2007, E. 3.3). Dass nach der Ausübung des Kaufsrechts die *wertvermehrenden Aufwendungen* noch festgelegt werden müssen und dadurch zeitliche Verzögerungen und sonstige Unannehmlichkeiten entstehen können, ändert an der Bestimmbarkeit des Kaufpreises bzw. der Wirksamkeit des Kaufsrechts nichts.

- In BGE 135 III 295 (BGer, 20.3.2009, 4A_595/2008) wurden in der öffentlichen Urkunde verschiedene Suspensivbedingungen aufgeführt, welche die weiteren Schritte und Vereinbarungen der Parteien zum Gegenstand hatten. Trotz des Wortlauts der Klauseln waren die Wirkungen des Vertrages *nicht als bedingt anzusehen*, weil das Versprechen zu kaufen und zu verkaufen «unwiderruflich» war und die Bedingungen in Wirklichkeit Nebenpunkte betrafen.

15 Heikel ist die Frage der Beurkundungspflicht im Rahmen von *Reservationsvereinbarungen*, wobei das Bundesgericht in zwei neueren Entscheiden die Gelegenheit hatte, dazu Stellung zu nehmen:

- In BGer, 17.2.2004, 4C.271/2003 korrigiert das Bundesgericht die Auffassung der Vorinstanz nicht, wonach es sich bei der von den Parteien als «Reservationsvertrag» bezeichneten Vereinbarung um einen Vorvertrag über den Kauf der darin erwähnten Landparzellen handelt. Da Grundstückkaufverträge nach Art. 216 Abs. 2 öffentlich zu beurkunden seien, müssten auch Vorverträge zu Grundstückkaufverträgen öffentlich beurkundet werden. Auch die Klausel über den Verfall der Anzahlung, bei der es sich um eine Abrede eines Reuegeldes bzw. einer Konventionalstrafe handelt, sei von der gesetzlichen Formvorschrift erfasst. Konkret war der Reservationsvertrag mangels öffentlicher Beurkundung formungültig und damit nichtig. Die Klägerin verhielt sich nicht rechtsmissbräuchlich, indem sie sich für die Rückerstattung der geleisteten Anzahlung auf den Formmangel des Reservationsvertrages berief.
- Auch in BGer, 17.2.2004, 4P.195/2003 entschied das Bundesgericht, dass Vorverträge zu Grundstückkaufverträgen öffentlich zu beurkunden sind, und auch die Klausel über den Verfall der Anzahlung, bei der es sich um eine Abrede eines Reuegeldes bzw. einer Konventionalstrafe handle, von der gesetzlichen Formvorschrift erfasst sei.

16 Häufig werden Grundstückkaufverträge mit einem **Architektenauftrag** oder einem **Werkvertrag** (normaler Werkvertrag, Generalunternehmervertrag usw.) verknüpft, der die Überbauung des Grundstücks bzw. die Fertigstellung eines teilweise erstellten Gebäudes regelt. Teilweise wird die Auffassung vertreten, der Architekten- oder Werkvertrag müsse in diesem Fall wenigstens dem Grundsatz nach von der Form der öffentlichen Beurkundung gedeckt sein, indem die öffentliche Urkunde auf diesen Vertrag hinweisen müsse (LGVE 1981 I Nr. 23; 1985 I Nr. 13). Diese Ansicht wird jedoch mit überzeugenden Argumenten als falsch verworfen: Der Nebenvertrag mag in einer solchen Situation zwar eine wesentliche Voraussetzung für den Abschluss des ganzen Vertrages bilden; er gehört aber dennoch nicht zur Natur des Grundstückkaufgeschäfts (GAUCH, BR 1986, 81 f.). Auch die in BGE 113 II 404 festgehaltene Bundesgerichtspraxis führt dazu, den Architekten- oder Werkvertrag in diesem Fall vom Beurkundungszwang auszunehmen; in BGE 107 II 216 hatte das Bundesgericht diese Frage aber noch offengelassen. Analog muss der Umfang des Beurkundungszwangs bei Vorverträgen sowie bei Vorkaufs-, Kaufsrechts- und Rückkaufrechtsverträgen beurteilt werden.

Das Erfordernis des Beurkundungszwangs ist nicht erfüllt, wenn Vorkaufs-, Kaufs- oder Rückkaufsrechte (nur) in Statuten von juristischen Personen (z.B. Baugenossenschaften) enthalten sind. **17**

IV. Folgen des Formmangels

Die Missachtung der Formvorschriften von Art. 216 in Bezug auf die wesentlichen Vertragselemente – nicht aber die Verletzung von kantonalrechtlichen Detailvorschriften – führt zur Ungültigkeit des Vertrages, und zwar des Vertrages als Ganzes. Dies ergibt sich bereits aus Art. 11 Abs. 2, wird aber in der Spezialnorm von Art. 216 nochmals hervorgehoben. Im Gegensatz zum unmittelbaren Gesetzeswortlaut spricht das Bundesgericht sogar von **Nichtigkeit** des Vertrages (BGE 112 II 110; BGer, 24.4.2007, 5A.33/2006, E. 5). Das Bundesgericht lehnt sich damit an den traditionellen Begriff der Nichtigkeit an, der zum Ausdruck bringt, dass ein Rechtsgeschäft unwirksam ist und nicht wirksam werden kann (VON TUHR/PETER, 225). Die Nichtigkeit hat zur Konsequenz, dass der Formmangel von den Behörden und Gerichten von Amtes wegen und nicht bloss auf Einrede hin berücksichtigt werden muss (BGE 106 II 151; SCHMID, N 622). In BGE 112 II 334 hat das Bundesgericht diese Frage zwar erneut angeschnitten, aber letztlich offengelassen und durchblicken lassen, dass es wohl eher an der Nichtigkeitstheorie festhalten werde, was sich in einem neueren Entscheid bestätigt hat (so BGer, 24.4.2007, 5A.33/2006, E. 5). **18**

Gestützt auf einen nicht oder falsch beurkundeten Vertrag kann daher **keine Eintragung** ins **Grundbuch** erfolgen, wenn der Mangel vom Grundbuchverwalter bemerkt wird (exemplarisch: BGer, 24.4.2007, 5A.33/2006). Ebenso kann keine Partei irgendeinen anderen Punkt des Vertrages gerichtlich durchsetzen, vorbehältlich die Fälle des Rechtsmissbrauchs (N 20 ff.). Allenfalls bereits erfolgte Leistungen sind ohne gültigen Rechtsgrund erfolgt und führen zu den Bereicherungsansprüchen i.S.v. Art. 62 ff. **19**

Möglich ist, dass im Fall eines Formmangels die für diesen Fall vorgesehene «Ungültigkeit» nach dem Gebot des Handelns nach Treu und Glauben bzw. nach dem Rechtsmissbrauchsverbot *in bestimmten Fällen nicht eintreten* darf (grundlegend dazu BUCHER, ZBGR 1975, 65 ff.). Lehre und Rsp. differenzieren dabei, ob der formungültige Vertrag zwar geschlossen, *nicht jedoch erfüllt ist*, oder aber, ob das Geschäft *bereits abgewickelt ist*, der Vertrag damit seinen *primären schuldrechtlichen Zweck* erfüllt hat, die Parteien jedoch nachträglich in Streit geraten (z.B. wegen Sachgewährleistungsansprüchen oder dass die verkaufte Sache zurückgefordert wird). In aller Regel wurde in der Rsp. ein Rechtsmissbrauch *verneint* und die Berufung auf den Formmangel bzw. die Ungültigkeit des Vertrages zugelassen im Falle der *noch nicht erfolgten Erfüllung* (BUCHER, ZBGR 1975, 67–69; BGE 42 II 154; 54 II 331; 57 II 154; 68 II 236; 84 II 641; 86 II 260; 88 II 21; 90 II 24). Den Judikaten liegt die Sorge um die Rechtssicherheit und die Tatsache, dass man bei anderer Entscheidung die das Formerfordernis aufstellende Norm wirkungslos machen würde, zugrunde, weshalb sich die Parteien bei fehlender oder ungenügender öffentlicher Beurkundung bei noch nicht erfülltem Vertrag auf den Formmangel berufen können. **20**

Während im Falle noch nicht abgewickelter Verträge die Berufung auf den Formmangel in der Praxis regelmässig nicht als rechtsmissbräuchlich gilt, liegen die Verhältnisse *genau umge-* **21** *kehrt*, wenn der formnichtige Vertrag *bereits erfüllt* ist, in welchem Fall bloss in seltenen und nicht als präjudiziell zu verstehenden Ausnahmen Rechtsmissbrauch verneint, i.d.R. jedoch Rechtsmissbrauch bejaht wird:

- In BGE 50 II 147 und 53 II 165 wurde angenommen, dass freiwillige beidseitige Erfüllung in Kenntnis des Formmangels im praktischen Ergebnis diesen heile. Die Rsp. des Bundesgericht wird im Ergebnis damit begründet, zu verhindern, dass in Fällen freiwilliger beidseitiger Erfüllung die Formvorschrift des Art. 216 Abs. 1 OR einem fremden Zweck dienstbar gemacht wird.
- Nach und nach begann sich die Formel einzubürgern, dass die *Erfüllung des Vertrages* zwar nicht automatisch bedinge, dass Berufung auf den Formmangel rechtsmissbräuchlich sei, wohl aber als Element der Beurteilung *stark ins Gewicht falle* (so BGE 90 II 157; ähnlich BGE 90 II 299 und 93 II 105).
- In BGE 98 II 315 hatte das Bundesgericht die interessante Variante eines formungültigen, *lediglich teilweise erfüllten Vertrages* zu beurteilen. In der Sache ging es um einen Liegenschaftskauf, bei dem die Übereignung abgewickelt war, jedoch die teilweise als Gegenleistung vereinbarte (lebenslängliche) Pfrund zugunsten der Verkäuferin sich erst zu einem kleineren Teil aktualisiert hatte. Das Bundesgericht bejahte Rechtsmissbräuchlichkeit der Berücksichtigung der an sich von Amtes wegen angenommenen Nichtigkeit im Wesentlichen mit der Begründung, die Parteien hätten zwar den Vertrag noch nicht in allen Teilen erfüllt, wohl aber würden sie beide ihre prozessualen Standpunkte auf einen gültigen Vertrag stützen.
- Als *Zwischenergebnis* ist festzuhalten, dass mindestens im Falle einer freiwilligen Abwicklung des formungültigen Geschäftes (insb. der beidseitigen Erfüllung eines Liegenschaftenkaufs) eine nachträgliche Berufung auf Formungültigkeit des Vertrages grundsätzlich als rechtsmissbräuchlich qualifiziert wird, von welchem Prinzip höchstens dann abgewichen würde, wenn aus irgendwelchen zusätzlichen Gesichtspunkten nicht die Berufung auf Nichtigkeit des Vertrages, sondern umgekehrt die Aufrechterhaltung des durch die Erfüllung des formungültigen Vertrages geschaffenen Zustandes unbillig, ja selber rechtsmissbräuchlich erscheinen würde.
- In BGer, 7.1.1999, 4C.299/1998 (teilweise veröffentlicht in ZBJV 135/1999, 173–174) beurteilte das BGer bei einem mittels Inhabergrundpfand gesicherten Darlehen und einer Stundungsabrede der Parteien bezüglich eines Teils der Kaufpreisschuld, dass diese Verhältnisse beurkundungspflichtig gewesen wären, so dass der formungültige Grundstückkaufvertrag *nichtig und damit unheilbar unwirksam war* (m.V. auf BGE 116 II 700 und 112 II 330). Das Bundesgericht bestätigt seine Rsp., wonach die den Vertrag *freiwillig, irrtumsfrei und mindestens zur Hauptsache erfüllende Partei rechtsmissbräuchlich handle*, wenn sie den Restanspruch der Gegenpartei unter Verweis auf den Formmangel verweigere (m.V. auf BGE 116 II 700 sowie 112 II 330 sowie 112 II 107). Die Rückforderung des Geleisteten bleibt ausgeschlossen, darüber hinaus gewährt das Bundesgericht trotz formungültigen Vertragsabschlusses gestützt auf Art. 2 Abs. 2 ZGB einen klagbaren Anspruch auf den ausstehenden Rest. Unsicherheit besteht über die Rechtsgrundlage dieses klagbaren Anspruches auf den ausstehenden Rest, wobei das Bundesgericht diese in einem möglichen Anwendungsfall der *Vertrauenshaftung* erblickt: Wer schutzwürdiges Vertrauen erwecke und in pflichtwidriger Weise enttäusche, hafte der Gegenseite für den dadurch adäquat kausal verursachten Schaden (m.V. auf BGE 123 III 220; 121 III 350 sowie 120 II 331). Nach vollständiger Erfüllung der eigenen versprochenen Leistungen durfte der Beklagte darauf vertrauen, dass die Klägerin nebst den bereits erbrachten Teilleistungen (ca. 85% des Kaufpreises) auch die zugesagte Restleistung erbringen würde. Besser begründbar wäre gewesen, allein gestützt auf ZGB 2 Abs. 2 den status quo beizubehalten, ohne Klagbarkeit des Restanspruches, wenn auch nicht gefolgert werden darf, dass eine totale Nichtigkeit (infolge der Erhöhung der Risikoschwelle im Zivilrecht) eintreten soll (so aber *generell* Th. Koller, *165 ff.*).
- Nach BGer, 17.2.2004, 4P.195/2003 (E. 3.1) läge ein Rechtsmissbrauch nur vor, wenn der Vertrag «vollständig erfüllt worden» wäre. Es war nicht erwiesen, dass die «abgesprungene

Käuferin» vom gesetzlichen Formerfordernis der öffentlich Beurkundung bei der Unterzeichnung des Reservationsvertrags Kenntnis hatte, was die nachträgliche Berufung auf den Formmangel als rechtsmissbräuchlich hätte erscheinen lassen, weshalb die «abgesprungene Käuferin» einen bereicherungsrechtlichen Anspruch auf Rückerstattung der geleisteten Anzahlung von CHF 50 000 hatte.

Einen Sonderfall stellt die **Simulation** eines Grundstückkaufvertrages dar. Das gültig verur- **22**
kundete Geschäft ist nach den Vorschriften über die Simulation von Art. 18 nichtig. Das von den Parteien dagegen wirklich gemeinte und wirtschaftlich gewollte Geschäft ist in Anwendung von Art. 11 und 216 nichtig. Gerade in diesen Fällen ist die Berufung auf den Formmangel meist rechtsmissbräuchlich.

Aus der weiteren Kasuistik: **23**
- Nach einem Entscheid des KGer GR (v. 12.2.2003) war ein Verfügungsverbot über eine Liegenschaft zulässig, indem im öffentlich beurkundeten Vertrag eine Kaufpreisforderung in der Höhe von CHF 700 vereinbart wurde und überdies (mündlich) in der noch zu realisierenden Überbauung dem Verkäufer eine «Wohnung im Wert von CHF 400 000.00» überlassen worden war. Damit handelte es sich beim verurkundeten Kaufvertrag um eine Simulation mit Nichtigkeitsfolge.
- Die Entstehung auch eines unentgeltlichen Vorkaufsrechts setzt voraus, dass der Vorkaufsberechtigte an der Verurkundung teilnimmt (LGVE 2006 I N 23). Im konkreten Fall war vereinbart worden, dass ein Grundstück zum Katasterwert erworben werden konnte, weshalb es sich um ein limitiertes Vorkaufsrecht handelte, für dessen Begründung die öffentliche Beurkundung vorgeschrieben ist.
- Nach einem weiteren Luzerner Entscheid (v. 2.6.2005, Teilabdruck in ZBJV 2007, 60–62) muss der Vorkaufsberechtigte die mit dem Vorkaufsrecht verbundenen bedingten Verpflichtungen akzeptieren, so dass beim vertraglichen Vorkaufsrecht nicht nur der belastete Eigentümer, sondern nach diesem Entscheid zusätzlich der Vorkaufsberechtigte den Vorkaufsvertrag unterschreiben muss.
- Nach ständiger Rsp. muss das Interesse an der Anfechtung eines baurechtlichen Entscheides aktuell sein, so dass ein blosses Vorkaufsrecht i.S.v. Art. 216 Abs. 3 hinsichtlich einer dem Baugrundstück benachbarten Parzelle nicht genügt zur Begründung der Rechtsmittellegitimation (VGer ZH, 19.6.2002), weil ungewiss ist, ob und wann ein Vorkaufsfall eintreten wird und ob die Berechtigten dannzumal ihr Recht tatsächlich ausüben werden.

V. Vorkaufsvertrag: Abhängigkeit der Form vom Inhalt

Der Vorkaufsvertrag (vgl. N 10) kann den Preis des Grundstücks im Vorkaufsfall bereits defi- **24**
nieren (limitiertes Vorkaufsrecht) oder offen lassen und von dem Preis abhängig machen, den ein Dritter im Vorkaufsfall bezahlen würde (nicht limitiertes, auch: Unlimitiertes Vorkaufsrecht). Es bleibt im Zeitpunkt der Vereinbarung eines Vorkaufsgeschäftes offen, ob es jemals zu diesem Vorkaufsfall kommt. Juristisch ist das **Vorkaufsrecht** das Recht, durch einseitige Erklärung einen Kaufvertrag für den Fall zustande zu bringen, dass der Grundeigentümer das Grundstück gültig an einen Dritten verkauft. Anders als beim Kaufs- und Rückkaufsrecht liegt die Entscheidung beim Grundeigentümer.

Das frühere Recht liess für beide Fälle des Vorkaufsrechts (sowohl für das unlimitierte wie das **25**
limitierte) einfache Schriftlichkeit genügen. Diese Regelung hatte ihren Grund u.a. darin, dass Vorkaufsrechte häufig im Zusammenhang mit anderen Rechtsgeschäften (z.B. Miet- und Pachtverträge) eingeräumt werden, die ihrerseits keinen Formvorschriften unterstehen. Seit der Revision von 1991 können Vorkaufsverträge nur noch dann in blosser Schriftform abgeschlossen werden, wenn sie den im Vorkaufsfall zu bezahlenden Preis nicht im Voraus bestimmen. Damit entscheidet hier der konkrete Inhalt des Vertrages darüber, welche Form zur Anwendung kommen muss.

26 Aus der Systematik des Gesetzes lässt sich ableiten, dass die Beurkundung eines Vorkaufsvertrages den Normalfall, die blosse Schriftform dagegen die Ausnahme darstellt. Die Ausnahmevorschrift von Art. 216 Abs. 3 kommt somit nur zum Tragen, wenn der Preis im Vorkaufsvertrag völlig offengelassen wird. Sobald dagegen durch Abreden das Entgelt für die Eigentumsübertragung im Voraus irgendwie bestimmt oder für dessen Fixierung ein objektiviertes Verfahren festgelegt wird, gilt der Beurkundungszwang.

27 Die neuen Formvorschriften können nur auf Vorkaufsverträge Anwendung finden, die nach dem Inkrafttreten des neuen Rechts abgeschlossen wurden. Bisher gültig abgeschlossene Vorkaufsverträge müssen weiterhin gültig bleiben. Limitierte Vorkaufsverträge, die vor dem 1.1.1994 abgeschlossen wurden, bleiben daher weiterhin in Kraft, auch wenn sie nur schriftlich vereinbart wurden. Weitere Einzelheiten zum Übergangsrecht bei Schöbi, AJP 1992, 567 ff.

Art. 216*a*

A^{bis}. Befristung und Vormerkung	**Vorkaufs- und Rückkaufsrechte dürfen für höchstens 25 Jahre, Kaufsrechte für höchstens zehn Jahre vereinbart und im Grundbuch vorgemerkt werden.**
A^{bis}. Durée et annotation	Les droits de préemption et de réméré peuvent être convenus pour une durée de 25 ans au plus, les droits d'emption pour dix ans au plus, et être annotés au registre foncier.
A^{bis}. Durata e annotazione	I diritti di prelazione e di ricupera possono essere convenuti per una durata di 25 anni al massimo, i diritti di compera per dieci anni al massimo, ed essere annotati nel registro fondiario.

Literatur

Fasel, Kommentar zur Grundbuchverordnung, 2. Aufl., Basel 2013 (zit. Kommentar); Simonius/Sutter, Schweizerisches Immobiliarsachenrecht, 2 Bde., Basel 1990.

1 Die Bestimmung äussert sich zu drei Fragen: Erstens zur Dauer der Vorkaufs-, Rückkaufs- und Kaufsrechte (zu den Begriffen vgl. Art. 216 N 9 und 10), zweitens zum Verhältnis zwischen Vertrag und Grundbucheintrag in Bezug auf die Dauer, und drittens zur Möglichkeit der Vormerkung. Im früheren Recht, bei welchem Vorkaufs-, Rückkaufs- und Kaufsrechte ebenfalls im Grundbuch vorgemerkt werden konnten (Art. 681, 683 und 959 ZGB), konnte der Grundbucheintrag lediglich während 10 Jahren erwirkt werden, so dass eine über die maximale Vormerkungsdauer hinausreichende obligatorische Verpflichtung vereinbart werden konnte (BGE 102 II 246, bestätigt in BGer, 27.10.2009, 4A_373/2009, E. 1.3), ja sogar ein Kaufsrecht auf eine unbeschränkte Zeit möglich war (BGE 71 II 165), was zu Disputen geführt hat (im Einzelnen Simonius/Sutter, Bd. I, 357). Der Gesetzgeber hat mit der Neufassung entschieden, dass Vorkaufs- und Rückkaufsrechte höchstens für 25 Jahre, Kaufsrechte für höchstens 10 Jahre in *obligatorischer Weise vereinbart* werden dürfen und gleichzeitig auch für diese Dauer im Grundbuch vorgemerkt werden können. Es ist damit eine *Gleichschaltung* zwischen der Dauer der Obligation und der Vormerkungsdauer eingetreten.

2 Bei Rechten, die für eine unbegrenzte Zeit bestellt werden, ist in Anwendung von Art. 20 Abs. 2 die übermässige Dauer auf das gesetzlich zulässige Mass herabzusetzen, und nicht etwa von einem nichtigen Vertrag auszugehen.

3 *Vormerkungen* schaffen subjektive und rechtsaufhebende Tatsachen, welche keine dinglichen Rechte sind, aber eine bestimmte Liegenschaft betreffen. Sie haben den Zweck, Wirkungen gegenüber Dritten zu entfalten, indem sie im Grundbuch vorgemerkt werden (FASEL, Kommentar, Art. 77 GBV N 4). Im vorliegenden Fall handelt es sich um persönliche Rechte (Art. 959 ZGB), welche vorgemerkt werden und gegenüber jedem später am Grundstück erworbenen dinglichen Recht wirken und damit von denjenigen Dritten beachtet werden müssen, welche nach erfolgter Vormerkung Eigentum, beschränkte dingliche Rechte oder vorgemerkte Rechte am entsprechenden Grundstück erwerben (sog. Sukzessionsschutz, FASEL, Kommentar, Art. 77 GBV N 5). Zweck der Vormerkung ist dabei die Sicherung des der Vormerkung zugrunde liegenden Rechtes gegenüber später errichtetem Recht, wobei die zeitlich früher vorgemerkten Rechte auch in der Zwangsvollstreckung zu beachten sind (BGE 114 III 318, 104 II 176).

Zweck von Art. 216a ist, die Vorkaufs-, Rückkaufs- und Kaufsrechte unter die persönlichen Rechte i.S.v. Art. 959 ZGB einzuordnen und diese für die bezeichnete zulässige (obligatorische) Höchstdauer auch gleich für diese Frist als vormerkbar zu erklären. 4

Möglich und zulässig ist, Vorkaufs-, Rückkaufs- und Kaufsrechte gar nie im Grundbuch vormerken zu lassen, so dass diese nur zwischen den Parteien wirksam sind. Die Parteien verzichten damit auf den Schutz gegenüber allfälligen Dritten (so sinngemäss auch BGer, 22.7.2002, 5P.178/2002, E. 3.2). Hingegen können sie damit nicht erwirken, dass die genannten Rechte längerfristig bestehen können, gilt doch die zulässige Höchstdauer auch in diesem Fall. 5

Die gesetzliche Lösung der zulässigen Höchstdauer ist in jenen Fällen unzweckmässig und widerspricht den Bedürfnissen des Geschäftsverkehrs, wenn ein Vorkaufsrecht als *Nebenabrede* zu einem andern Vertragsverhältnis (z.B. Miet- oder Pachtvertrag, einfache Gesellschaft usw.) begründet wird (vgl. dazu BGer, 10.2.2009, 4A_524/2008, E. 4.3), so dass gefordert wurde (vgl. dazu Komm. zu Art. 216a N 6 in der 4. Aufl.), dass die gleiche Gültigkeitsdauer wie für den Hauptvertrag möglich sein müsste. Dies scheitert allein am Willen des Gesetzgebers, einheitliche Befristungen für sämtliche Vorkaufs-, Rückkaufs- und Kaufsrechte vorzusehen. 6

Es können im Voraus keine Vereinbarungen getroffen werden, mit denen sich die Parteien verpflichten, nach Ablauf der gesetzlichen Maximaldauer von 10 bzw. 25 Jahren einer Verlängerung des Kaufsrechts bzw. des Vorkaufs- oder Rückkaufsrechts zuzustimmen. Dies wäre eine **Umgehung** der klaren gesetzlichen Frist. Es spricht jedoch nichts dagegen, dass die Parteien auf den Zeitpunkt des Auslaufens des vereinbarten Rechts hin eine Verlängerung vereinbaren. Es handelt sich in einem solchen Fall rechtlich um die neue Vereinbarung eines Vorkaufs-, Rückkaufs- oder Kaufsrechts. Ebenso ist es möglich, dass die Parteien sich schon im Voraus verpflichten, über eine allfällige Verlängerung am Ende der Vormerkungs- und Gültigkeitsdauer zu verhandeln. Eine solche Verhandlungsverpflichtung verletzt die Norm von Art. 216a nicht, weil das Ergebnis der Verhandlungen offen ist. 7

Die Frage, ob die vorliegende Norm auch rückwirkend Anwendung auf Verträge findet, die vor dem Inkrafttreten des neuen Rechts und im Vertrauen auf die alte Praxis (vgl. N 1) abgeschlossen wurden, ist kontrovers (BGE 126 III 427/28 und dort zitierte Literatur). Das Bundesgericht hat diese Frage zwar in BGE 121 II 210 und 126 III 421 formell offen gelassen (vgl. dazu auch BGer, 30.10.2002, 4C.246/2002). Es hat aber festgestellt, dass die in Art. 216a OR fixierte Frist nicht vor dem Inkrafttreten dieser Bestimmung zu laufen beginne (so bereits BGer, 1.5.2001, 4C.345/2000, unter Berufung auf das «Vertrauensprinzip»). 8

Weitere Präjudizien: 9

- Da der Kaufsrechtsnehmer gestützt auf einen Vorvertrag durch einseitige Erklärung den Abschluss des Kaufsrechtsvertrages erwirken kann, der Kaufsrechtsgeber also bereits mit Abschluss dieses Vorvertrages gebunden ist, würde ein Beginn der 10-jährigen Dauer des Kaufsrechts erst mit dem Abschluss des Kaufsrechtsvertrages auf eine von vornherein über 10 Jahre hinaus verlängerte Dauer des Kaufsrechts hinauslaufen, was Art. 216a OR widerspricht (so Entscheid VGer ZH, 21.6.2007). Ist bei einem Kaufsrechtsvertrag damit bereits ein Vorvertrag vorgesehen, läuft die 10-jährige Frist ab Vereinbarung dieses Vorvertrages (**a.M.** Stöckli, Urteilsanmerkung, BR 2007, 164), was zutrifft.

- Nach EGV SZ 2000, 133–140 geht die Lehre mehrheitlich davon aus, dass Art. 216a OR nicht rückwirken könne auf die vereinbarte Dauer von persönlichen Kaufsrechten, welche am 1.1.1994 existierten. Das Bundesgericht habe die Frage in BGE 121 III 100 offen gelassen, allerdings sei in Anlehnung an die bundesgerichtliche Rsp. zur Frage der Rückwirkung gem. Art. 80 URG (BGE 124 III 266) die Rückwirkung neuen Rechts jedenfalls insoweit abzulehnen, als die Vormerkungsdauer von Vorkaufsrechten vor dem Inkrafttreten neuen Rechts bereits abgelaufen war.
- Nach KGer JU (v. 11.10.2011, CC 68/2011) ist das Kaufsrecht die Ermächtigung einer Person, durch einfache Erklärung von einer anderen Person die Übertragung des Eigentums an einer Sache gegen Bezahlung des Preises zu verlangen. Damit ist das Kaufsrecht ein bedingter Rechtserwerb, bedingt nur durch die potestative Bedingung der Willenserklärung des Berechtigten. Der Preis muss dabei bestimmt oder wenigstens bestimmbar sein. Im konkreten Fall war der Preis auf CHF 525 000 fixiert worden. Damit genügte eine einfache Willenserklärung zur Rechtsausübung.
- Das Bundesgericht schützte in BGer, 17.1.2011, 5A_651/2010 die Erwägungen auf Abweisung einer Klage auf Vollzug eines Kaufsrechtes, weil erstens der Abschluss eines Kaufsrechtsvertrages nicht erlaubt, eine Klage auf Vollstreckung nach Art. 665 Abs. 1 ZGB einzureichen, zweitens die Ausübung des Kaufsrechts im konkreten Fall verspätet war, weil dieses innert einer Frist von 24 Monaten seit der rechtskräftigen Einzonung hätte erfolgen müssen, drittens das Kaufsrecht keine präzise Umschreibung des Kaufsobjektes und den Preis für genau dieses Kaufsobjekt beinhaltete, weil die Parzellen Nr. 4815 mit einer Oberfläche von 1752 m^2 eingetragen sei, und nicht mit 1513 m^2 wie im verurkundeten Vertrag erwähnt. Viertens habe das Gemeinwesen nicht die entsprechenden Beschlüsse gefasst und fünftens sei gestützt darauf einzig ein Leistungsurteil auf Abschluss eines Kaufsrechtsvertrages möglich, nicht aber das Erwirken eines Vollstreckungsurteils nach Art. 665 Abs. 1 ZGB. Das Bundesgericht bestätigt überdies seine Rsp., wonach ein Kaufsrecht sämtliche Elemente eines Immobilienkaufes enthalten muss. Nicht nur die objektiv wesentlichen Vertragspunkte müssen verurkundet werden, sondern auch die subjektiv wesentlichen, wobei sämtliche Leistungen und Gegenleistungen verurkundet werden müssen (unter Verweis auf BGE 135 III 295, 119 II 135 und 113 II 402). Der Akt muss im Übrigen auch die korrekten Vertretungsverhältnisse einer Partei wiedergeben (in Bestätigung von BGE 112 II 330 und BGer, 12.3.2002, 4C.356/2001, E. 2a).
- Nach BGer, 20.9.2012, 5A_345/2012 gelten als zivilrechtlicher Natur diejenigen Fragen, ob die objektiven und subjektiven Voraussetzungen für die Ausübung des Vorkaufsrechtes erfüllt sind (in Bestätigung von BGE 129 III 693).
- Im Entscheid KGer BL (v. 19.6.2012, Prozess-Nr. 400 12 4) ging es um die Aktivlegitimation: Wenn ein Drittwerber eines (landwirtschaftlichen) Grundstückes bereits im Grundbuch eingetragen ist und keine Zustimmung für die Übertragung des Eigentums auf den Vorkaufsberechtigten erteilt, so muss die Eigentumsübertragung vom Vorkaufsberechtigten klageweise erzwungen werden. Die rechtsgültige Ausübung eines gesetzlichen Vorkaufsrechtes gibt dem Vorkaufsberechtigten einen Anspruch auf Übertragung des Eigentums an der Sache (Bestätigung von BGE 137 III 296 E. 2.2). Dabei handelt es sich mangels dinglicher Berechtigung des Klägers *nicht um eine Grundbuchberichtigungsklage gemäss Art. 975 ZGB*, sondern um die Durchsetzung eines realobligatorischen Anspruchs. Überdies wird entschieden, dass der Mitteilungspflicht nicht genüge getan wird, wenn der Vorkaufsberechtigte bloss von schwebenden Kaufsverhandlungen in Kenntnis gesetzt wird, es wäre denn, dass dieser darauf hin auf die Ausübung seines Vorkaufsrechts verzichtet. *Zum Inhalt der Mitteilung* gehören insb. der Gegenstand des Vorkaufsrechtes, der Übernahmepreis sowie Abreden über Nebenleistungen und andere Vertragsfolgen, die nicht als selbstverständlich oder für die Willensbildung des Vorkaufsberechtigten völlig

belanglos zu betrachten sind. Erhält der Vorkaufsberechtigte keine oder nur eine ganz unvollständige Ausfertigung des Kaufvertrages, so ist er nicht zu Nachforschungen auf eigene Kosten verpflichtet.

- In BGer, 25.1.2013, 5A_659/2012 äussert sich das Bundesgericht vor allem zur Ausübungserklärung beim Vorkaufsrecht: Adressat der Ausübungserklärung ist der jeweilige Eigentümer des Grundstückes (m.V. auf Art. 681a Abs. 3 ZGB), wobei das Gesetz keine Formvorschrift für die Ausübungserklärung enthält, so dass die Ausübungserklärung zu ihrer Gültigkeit keiner besonderen Form bedarf (in Bestätigung von BGE 73 II 168). Die Erklärung kann auch in prozessrechtlicher Form abgegeben werden und erreicht den Empfänger alsdann durch die gerichtliche Zustellung der entsprechenden Eingabe. Inhaltlich muss die Ausübungserklärung bestimmt und eindeutig sowie bedingungslos und vorbehaltlos sein. Die Erklärung, das Vorkaufsrecht auszuüben, ist als einseitiges Gestaltungsgeschäft nach den allgemeinen für Willenserklärungen massgebenden Regeln auszulegen (unter Verweis auf BGE 109 II 224/225). Zu prüfen ist, wie die einseitige Erklärung namentlich auf Grund der Umstände, die den Empfängern in jenem Zeitpunkt bekannt waren, in guten Treuen verstehen durfte und musste. Die briefliche Äusserung «Der Unterzeichnete beharrt auf die Ausübung des ihm zustehenden gesetzlichen Vorkaufsrechtes» bringt unmissverständlich und in endgültiger Art zum Ausdruck, dass das Vorkaufsrecht ausgeübt wird, und es muss nicht eigens gesagt werden, «dass nun wirklich von dem Recht Gebrauch gemacht werde» (in Bestätigung von BGE 91 II 240). Nicht ausgeschlossen ist hingegen, mit der Ausübungserklärung Vorbehalte anzumelden, die von ihr vollständig unabhängig sind oder das mit der Ausübungserklärung wirksam gewordene Kaufsrechtsverhältnis zwischen dem Vorkaufsberechtigten und dem Vorkaufsverpflichteten betreffen (in Bestätigung von BGer, 20.3.2008, 5A_207/2007).

Art. 216*b*

A^ter^. Vererblichkeit und Abtretung

[1] Ist nichts anderes vereinbart, so sind vertragliche Vorkaufs-, Kaufs- und Rückkaufsrechte vererblich, aber nicht abtretbar.

[2] Ist die Abtretung nach Vertrag zulässig, so bedarf sie der gleichen Form wie die Begründung.

A^{ter}. Transmissibilité par succession et cessibilité

[1] Sauf convention contraire, les droits de préemption, d'emption et de réméré conventionnels sont transmissibles par succession, mais non cessibles.

[2] Si la cession est permise par le pacte, elle doit revêtir la même forme que celle fixée pour la constitution du droit.

A^{ter}. Trasmissibilità per successione e cessione

[1] Salvo convenzione contraria, i diritti di prelazione, di compera e di ricupera convenzionali sono trasmissibili per successione, ma non cedibili.

[2] La cessione ammessa per contratto deve avere la stessa forma di quella richiesta per la costituzione del diritto.

Im Rahmen der Übertragung von Vorkaufs-, Kaufs- und Rückkaufsrechten setzt die Bestimmung sowohl die Vererblichkeit als auch die Abtretbarkeit grundsätzlich voraus und stellt Vermutungen für den Fall auf, dass die Parteien keine spezielle Vereinbarung getroffen haben. Es gilt die Vermutung der Vererblichkeit der Vorkaufs-, Kaufs- und Rückkaufsrechte. 1

Es ist jedoch möglich, dass die Vererblichkeit durch die vertraglichen Vereinbarungen ausgeschlossen und das entsprechende Recht so zum persönlichen Recht gemacht wird. Da die Vererblichkeit vermutet wird, trägt die Beweislast, wer die Unvererblichkeit behauptet. 2

3 In einem Rechtsgutachten vom 24.1.1921 hatte EUGEN HUBER bereits ausgeführt (Bundesarchiv, Sign. J1.109 Schachtel 169, Bestand J1.109/1000/1276 Bd. 47), dass das Vorkaufsrecht aktiv als unübertragbar bezeichnet und auf die Erben des Berechtigten, sofern es nicht anders bestimmt ist, nicht übergehen lässt, dagegen für die verpflichtete Seite eine solche Unvererblichkeit nicht vorhanden sei, sobald der Verpflichtete dem Berechtigten seine Befugnis zugesteht, ohne den Fall auszunehmen, wo der Berechtigte den Verpflichteten überleben würde.

3a In einem Entscheid des BGer, 20.3.2008 (5A_207/2007, 5A_224/2007 und 5A_525/2007) ging es um die Rechtsbehauptung, im Zeitpunkt der Ausübung habe ein Vorkaufsrecht nicht der klagenden Partei, sondern der Erbengemeinschaft zugestanden. Mangels abweichender Vereinbarung geht das Vorkaufsrecht mit dem Tod des Vorkaufsberechtigten ohne weiteres auf dessen Erben über. Ein Gestaltungsrecht kann grundsätzlich nur durch alle Erben gemeinsam ausgeübt werden (m.V. auf BGE 125 III 221). Im konkreten Fall lag ein Verzicht des einzigen Miterben vor, so dass die andere Miterbin das Vorkaufsrecht in eigenem Namen bezogen auf das ganze Grundstück allein ausüben durfte. Das Kaufsrechtsverhältnis war mit Zugang bzw. Kenntnisnahme wirksam geworden und hätte nur noch durch Aufhebungsvertrag rückgängig gemacht werden können (in Bestätigung von BGE 109 II 223 und 116 II 54).

4 Umgekehrt können die Vorkaufs-, Kaufs- und Rückkaufsrechte vermutungsweise nicht durch ein Rechtsgeschäft zu Lebzeiten auf einen Dritten übertragen werden. Die Regelung ist aber **dispositiv** (Abs. 2), so dass die Parteien die Abtretbarkeit vereinbaren können. Wer sich auf die Abtretbarkeit eines Vorkaufs-, Kaufs- und Rückkaufsrechts beruft, trägt die Beweislast.

5 Vereinbarungen über den Ausschluss der Vererblichkeit und die Einräumung der Abtretbarkeit sind an die gleichen **Formvorschriften** gebunden, die nach Art. 216 Abs. 2 und 3 für die Vorkaufs-, Kaufs- und Rückkaufsrechte gelten (Betätigung der früheren Praxis, BGE 111 II 143).

6 Nach einem neuen Entscheid des Bundesgerichts (BGer, 6.3.2014, 5A_101/2014) sind weder der Verkauf eines Grundstücks noch die Löschung eines von ihm Grundbuch zugunsten des Rechtsvorgängers eingetragenen Vormerkung eines Vorkaufsrechtes höchstpersönlicher Natur, weshalb eine verbeiständete Person für diese Änderungen die Zustimmung der (neuen) Erwachsenenschutzbehörde bedarf.

Art. 216*c*

A^{quater}. Vorkaufsrechte
I. Vorkaufsfall

1 Das Vorkaufsrecht kann geltend gemacht werden, wenn das Grundstück verkauft wird, sowie bei jedem andern Rechtsgeschäft, das wirtschaftlich einem Verkauf gleichkommt (Vorkaufsfall).

2 Nicht als Vorkaufsfall gelten namentlich die Zuweisung an einen Erben in der Erbteilung, die Zwangsversteigerung und der Erwerb zur Erfüllung öffentlicher Aufgaben.

A^{quater}. Droits de préemption
I. Cas de préemption

1 Le droit de préemption peut être invoqué en cas de vente de l'immeuble ainsi qu'à l'occasion de tout autre acte juridique équivalant économiquement à une vente (cas de préemption).

2 Ne constituent pas des cas de préemption, l'attribution à un héritier dans le partage, la réalisation forcée et l'acquisition pour l'exécution d'une tâche publique, notamment.

A^{quater}. Diritti di prelazione
I. Caso di prelazione

1 Il diritto di prelazione può essere fatto valere in caso di vendita del fondo, come pure in occasione di qualsiasi altro negozio che equivalga economicamente a una vendita (caso di prelazione).

2 Non costituiscono casi di prelazione segnatamente l'attribuzione a un erede nella divisione successoria, l'incanto forzato e l'acquisto per l'adempimento di un compito pubblico.

Literatur

SIMONIUS/SUTTER, Schweizerisches Immobiliarsachenrecht, 2 Bde., Basel 1990.

Materialien

Botschaft zum Bundesgesetz über das bäuerliche Bodenrecht (BGBB) sowie zum Bundesgesetz über die Teilrevision des Zivilgesetzbuches (Immobiliarsachenrecht) und des Obligationenrechts (Grundstückkauf), BBl 1988 III 953.

Die Bestimmung äussert sich zur Frage des Eintrittes des Vorkaufsfalles. Sie bringt ein paar (wenige) Klarstellungen. Sie geht zunächst vom klassischen Vorkaufsfall (Verkauf des Grundstücks) aus und dehnt dann den Begriff auf alle wirtschaftlich gleichbedeutenden Fälle aus; überdies nennt sie in einer ausdrücklich nicht abschliessenden Aufzählung einzelne (unechte) Ausnahmen. Sie bleibt sehr offen, so dass weiterhin auf die bisherige Lehre und Praxis zurückgegriffen werden muss. 1

Da sich der Vorkaufsfall bei Immobilien und Mobilien grundsätzlich gleich definieren lässt, sind die vorliegenden Ausführungen über den Immobilienbereich hinaus auf alle anderen Vorkaufsverhältnisse analog anwendbar. Formal gilt die Regelung von Art. 216c nur für Vorkaufsrechte an Grundstücken. 2

Da die Bestimmung nicht zwingender Natur ist, steht den Parteien frei, Grenzfälle selber zu regeln und in den Vorkaufsverträgen zu umschreiben, was vorgeht im Streitfall. 3

Ein «klarer» Vorkaufsfall ist der eigentliche **Verkauf** der Liegenschaft an einen Dritten. Gemeint ist hier der Abschluss eines entsprechenden, öffentlich beurkundeten Kaufvertrages, der auch wirtschaftlich auf eine Umsetzung und Verflüssigung des Sachwertes abzielt. Nicht um einen Vorkaufsfall handelt es sich bei Rechtsgeschäften, bei denen die Person des Erwerbers im Vordergrund steht und die (zumindest zur Hauptsache) unentgeltlich sind, wie Schenkung, gemischte Schenkung, erbrechtlich motivierte Veräusserung (so schon die Botschaft, BBl 1988 III 1079). 4

Welche Fälle dagegen **wirtschaftlich einem Verkauf gleichkommen**, kann nicht generell beantwortet werden, sondern es kann nur im Einzelfall entschieden werden, ob bei wirtschaftlicher Betrachtungsweise eine Gleichstellung mit einem Verkauf gerechtfertigt ist (so bereits BGE 92 II 160, darauf verweisend Botschaft, BBl 1988 III 1079). Von der Formulierung her ist anzunehmen, dass der Gesetzgeber tendenziell auf der Seite des Vorkaufsberechtigten steht und ihm eher eine Vorkaufsberechtigung geben will. Die Bestimmung von Art. 216c Abs. 1 hat die Bedeutung einer *Generalklausel*, die den Gerichten einen weiten Ermessensspielraum lässt. 5

Problematisch ist die Annahme eines Vorkaufsfalles immer dann, wenn die Leistung des Erwerbers, welche im synallagmatischen Austauschverhältnis zum übertragenen Grundstück steht, nicht in Geld besteht, sondern eine Form und Natur hat, welche der Vorkaufsberechtigte gar nicht erbringen kann. Die Botschaft nannte (in BBl 1988 III 1079) zu Recht den Tausch, die Verpfründung sowie güter- bzw. gesellschaftsrechtlich begründete Eigentumsübertragungen. In all diesen Fällen ist der Vorkaufsfall – unter Vorbehalt des Rechtmissbrauchsverbots – zu verneinen. 6

Die Übertragung aller Aktien einer Immobilienaktiengesellschaft, welche das vom Vorkaufsrecht erfasste Grundstück zu Eigentum hat, gehört in die Kategorie der wirtschaftlich gleichwertigen Geschäfte. Daraus entstehen solange keine Probleme, als die Gesellschaft nur gerade dieses Grundstück besitzt, so dass der Aktienkaufpreis wirtschaftlich dem Grundstückpreis entspricht. Schwierig wird dagegen die Ausübung eines unlimitierten Vorkaufsrechts, wenn die veräusserte Gesellschaft mehrere Grundstücke besitzt, so dass das vom Vorkaufsrecht erfasste Grundstück nur einen Anteil am gesamten Gesellschaftsvermögen bildet. Hier muss nö- 7 tigenfalls eine schwierige Ausscheidung des zu bezahlenden Kaufpreises erfolgen, was jedoch die Ausübung des Vorkaufsrechts nicht ausschliessen darf.

8 Das Gesetz zählt in **Abs. 2** einige Rechtsgeschäfte auf, die nicht als Vorkaufsfälle gelten. Da diese Aufzählung aber nicht abschliessend ist («namentlich»), führt auch dieser Teil der Norm zu keiner vollständigen Klärung: Ausdrücklich nicht als Vorkaufsfall gelten die Erbteilung (im Gegensatz zu: Verkauf des vorkaufsbelasteten Grundstückes durch die Erbengemeinschaft an einen Dritten, BBl 1988 III 1079) und die Zwangsversteigerung. Ebenso sind die Enteignung und der enteignungsähnliche Verkauf (vertragliche Übertragung eines Grundstücks auf eine Person, die über den Enteignungsanspruch verfügt) keine Vorkaufsfälle. Auch keinen Vorkaufsfall stellen die Fälle der Universalsukzession (z.B. Erbfall, Fusion) dar.

9 Die Rsp. hat auch die Übertragung eines Grundstücks im Rahmen der Liquidation einer Aktiengesellschaft auf deren einzigen Aktionär nicht als Vorkaufsfall beurteilt (BGE 126 III 187). Dieses Urteil spricht eher dafür, auch bei der Einbringung eines Grundstücks in eine Aktiengesellschaft oder eine GmbH im Rahmen einer Sacheinlage keinen Vorkaufsfall anzunehmen (so auch: ZK-Haab/Simonius/Scherrer/Zobl, Art. 681 ZGB N 32). Der Vorkaufsfall dürfte jedenfalls dann zu verneinen sein, wenn das Grundstück in eine vom bisherigen Eigentümer allein oder weit überwiegend beherrschte Gesellschaft (Einmanngesellschaft) eingebracht wird, so dass die Transaktion wirtschaftlich mehr die Bedeutung einer Umbuchung hat.

10 Aus der (neueren) Kasuistik:

- In BGE 134 I 263 wird bestätigt (E. 3.3), dass für die wirtschaftliche Handänderung von Bedeutung ist, ob das Grundstück entgeltlich übertragen wird (so bereits BGer, 20.5.2008, 1C_33/2008, E. 3.3).
- Nach BGer, 15.4.2010, 4A_22/2010 ist die Aufzählung in Abs. 2 nicht abschliessend: So liegt kein Vorkaufsfall vor, wenn das Geschäft nicht auf die wirtschaftliche Umsetzung und Verflüssigung des im Grundstück verkörperten Wertes abzielt, sondern nur eine Vermögensumstrukturierung darstellt. Ebenso ist kein Vorkaufsfall gegeben, wenn das Geschäft nur unter der speziellen Berücksichtigung persönlicher Beziehungen abgeschlossen wird und mit einem Dritten nicht zum Tragen käme, oder wenn die Gegenleistung für die Eigentumsübertragung einen Inhalt hat, der nur gerade vom Käufer gegenüber dem Verkäufer erbracht werden kann (Bestätigung der 4. Aufl., Art. 216c N 9).
- Zu den Objekten einer Erbengemeinschaft gehört auch das gesetzliche Miteigentümervorkaufsrecht nach Art. 682 Abs. 1 ZGB, welches der Erbengemeinschaft kraft Miteigentums an einem Grundstück zusteht und welches zusammen mit dem Miteigentumsanteil am Grundstück vom Erblasser auf die Erben übergegangen ist (BN 2009, 82–92). Auch ein durch Ausübung des Vorkaufsrechts neu erworbener Miteigentumsanteil fällt ohne weiteres in die Erbschaft, wobei es auf die konkrete Herkunft der Mittel nicht ankommt.
- Streitig war im Sachverhalt zu BGer, 2.7.2013, 5A_121/2013, ob das als «transfer immobilier» bezeichnete Rechtsgeschäft zwischen der Gemeinde Fribourg und der Beschwerdegegnerin ein Vorkaufsfall darstellte. Das Bundesgericht kommt wie die Vorinstanz zum Schluss, dass kein Rechtsgeschäft vorliege, das wirtschaftlich einem Verkauf i.S.v. Art. 216c Abs. 1 OR gleichkomme. Handelt es sich nämlich bei der Beschwerdegegnerin um einen gleichsam öffentlich-rechtlich verselbstständigten Teil der Gemeinde Freiburg, kann der «transfer immobilier» wirtschaftlich nicht zu einer Änderung der Eigentümerin führen und deshalb keinen Vorkaufsfall bilden. Es liegt eine der in Art. 216c Abs. 2 OR nicht abschliessend («namentlich») aufgezählten Ausnahmen vor, zu denen auch der Fall zählt, indem das Geschäft nicht auf die wirtschaftliche Umsetzung und Verflüssigung des im Grundstück verkörperten Wertes abzielt, sondern nur eine *Vermögensumstrukturierung darstellt.* Dieser Ausnahmetatbestand ist erfüllt, wenn ein Alleinaktionär das mit einem Vorkaufsrecht belastete Grundstück erwirbt, das im Eigentum der von ihm beherrschten Gesellschaft steht (in Bestätigung von BGer, 15.4.2010, 4A_22/2010, E. 3).

Art. 216*d*

II. Wirkungen des Vorkaufsfalls, Bedingungen

[1] Der Verkäufer muss den Vorkaufsberechtigten über den Abschluss und den Inhalt des Kaufvertrags in Kenntnis setzen.

[2] Wird der Kaufvertrag aufgehoben, nachdem das Vorkaufsrecht ausgeübt worden ist, oder wird eine erforderliche Bewilligung aus Gründen, die in der Person des Käufers liegen, verweigert, so bleibt dies gegenüber dem Vorkaufsberechtigten ohne Wirkung.

[3] Sieht der Vorkaufsvertrag nichts anderes vor, so kann der Vorkaufsberechtigte das Grundstück zu den Bedingungen erwerben, die der Verkäufer mit dem Dritten vereinbart hat.

II. Effets du cas de préemption, conditions

[1] Le vendeur doit informer les titulaires du droit de préemption de la conclusion du contrat de vente et de son contenu.

[2] Si le contrat de vente est résilié alors que le droit de préemption a déjà été exercé ou si une autorisation nécessaire est refusée pour des motifs tenant à la personne de l'acheteur, la résiliation ou le refus restent sans effet à l'égard du titulaire du droit de préemption.

[3] Sauf clause contraire du pacte de préemption, le titulaire du droit de préemption peut acquérir l'immeuble aux conditions dont le vendeur est convenu avec le tiers.

II. Effetti del caso di prelazione, condizioni

[1] Il venditore deve informare il titolare del diritto di prelazione della conclusione del contratto di vendita e del suo contenuto.

[2] Se il contratto di vendita è annullato dopo che il diritto di prelazione è stato esercitato o se la necessaria autorizzazione è rifiutata per motivi inerenti alla persona del compratore, l'annullamento o il rifiuto rimangono inefficaci nei confronti del titolare del diritto di prelazione.

[3] Salvo clausola contraria del patto di prelazione, il titolare del diritto di prelazione può acquistare il fondo alle condizioni che il venditore ha convenuto con il terzo.

1 Die Norm legt in Abs. 1 zunächst die Verpflichtung des Grundeigentümers und Verkäufers zur vollständigen **Information** des Vorkaufsberechtigten fest. Die Verpflichtung umfasst sowohl die Tatsache des Vertragsabschlusses als auch den Inhalt des Vertrages. In Anbetracht der konkreten Interessenlage bedeutet dies, dass der Vorkaufsberechtigte Einblick in den Kaufvertrag nehmen kann und sich nicht mit einer auszugsweisen Information begnügen muss. Nur so kann der Vorkaufsberechtigte sein Recht ausüben und die notwendigen Entscheidungen treffen.

2 Das Gesetz sagt nichts darüber aus, wann diese Information zu erfolgen hat. Grundsätzlich muss der (Dritt-)Vertragsschluss abgewartet werden, weil erst dann wirklich feststeht, zu welchen Bedingungen das Vorkaufsrecht ausgeübt werden kann.

3 Die gesetzliche **Ausübungsfrist** nach Art. 216e beginnt erst dann, wenn der Grundeigentümer und Verkäufer die Informationspflicht erfüllt hat und wenn überdies der Kauf oder das kaufähnliche Geschäft abgeschlossen ist. Diese Regelung entspricht nicht den wirtschaftlichen Bedürfnissen. Der Vorkaufsbelastete und der Erwerber möchten nämlich meist vor dem definitiven Abschluss des Geschäftes wissen, ob das Vorkaufsrecht ausgeübt wird, um unnötige Aufwendungen und Kosten zu sparen. Es ist den Parteien daher freigestellt, vertraglich eine abweichende Regelung zu vereinbaren.

4 Stellt sich im Nachhinein heraus, dass die Information unvollständig oder falsch war, so dass die Entscheidung über die Ausübung des Vorkaufsrechts beeinflusst oder beeinträchtigt wurde, so beginnt eine neue Frist zu laufen. Die Fehlinformation muss sich also auf einen wesentlichen Punkt (z.B. Höhe des Kaufpreises) beziehen. Das sind in etwa die gleichen Punkte, die auch dem Beurkundungszwang von Art. 216 OR unterliegen.

5 Wenn der Vorkaufsbelastete nicht rechtzeitig einen genügenden Aufschluss über den Kauf und den Inhalt gibt und rechtzeitig den Rechtsinhaber über die Möglichkeit zur Ausübung seines Rechtes orientiert, schuldet er Schadenersatz i.S.v. Art. 97 OR (so BGer, 6.11.2003, 4C.194/2003, E. 3.1).

6 Die Formulierung von Abs. 1 ist zu eng: Einerseits ist es falsch, vom Verkäufer zu sprechen, weil nach Art. 216c Abs. 1 auch verkaufsähnliche Geschäfte einen Vorkaufsfall darstellen. Die Informationspflicht trifft den mit dem Vorkaufsrecht belasteten Grundeigentümer unabhängig davon, ob er formal Verkäufer ist oder nicht. Andererseits bezieht sich die Mitteilungspflicht nicht nur auf die eigentlichen Kaufgeschäfte, sondern auch auf die Geschäfte mit einer wirtschaftlich ähnlichen Bedeutung.

7 **Abs. 2** bestimmt, dass die nachträgliche Aufhebung des Kaufgeschäftes (oder der wirtschaftlich gleichbedeutenden Transaktion) den Vorkaufsfall nicht rückgängig macht. Damit wird verhindert, dass die Vertragsparteien, nachdem sie von der Ausübung des Vorkaufsrechts Kenntnis erhalten haben, die Transaktion durch eine *Auflösungsvereinbarung* (contrarius actus) abbrechen.

8 Ebenso bleibt der Vorkaufsfall bestehen, wenn sich herausstellt, dass der ursprüngliche Käufer eine persönliche Bedingung (z.B. des Bewilligungsgesetzes) nicht erfüllt und gar nicht kaufen kann. Die Ausübung des Vorkaufsrechts bleibt vielmehr gültig und wirksam, sofern der Vorkaufsberechtigte selber die notwendigen persönlichen Bedingungen erfüllt.

9 Ist das **Grundgeschäft** dagegen aus einem objektiven Grund **ungültig** oder nichtig, so wird dieser Mangel durch die Bestimmung von Art. 216d Abs. 2 nicht geheilt. Eine derartige Ungültigkeit wirkt sich auch zu Ungunsten des Vorkaufsberechtigten aus. Leidet das Grundgeschäft, das den Vorkaufsfall begründet, an einem Formmangel, so wird die Frage des Rechtsmissbrauchs besonders kritisch zu prüfen sein, wenn sich die ursprünglichen Vertragsparteien des Grundgeschäfts auf die Formungültigkeit berufen. Die Gefahr des Rechtsmissbrauchs dürfte dann gross sein.

10 **Abs. 3** enthält den Grundsatz, dass ein Vorkaufsrecht **im Zweifel unlimitiert** ist. Der Vorkaufsberechtigte kann nur zu den gleichen Bedingungen erwerben wie der Käufer im Grundgeschäft, das den Vorkaufsfall bildet. Dies gilt nicht nur für die Höhe des Kaufpreises, sondern auch für die übrigen Vertragsmodalitäten (so jetzt auch BGE 134 III 597 E. 3.4.1). Dies ist der Grund, warum kein Vorkaufsfall vorliegt, wenn der Kaufvertrag sehr spezielle Bedingungen enthält, welche der Vorkaufsberechtigte objektiv nicht erfüllen kann.

11 Die Regelung ist *dispositiv*. Im Vorkaufsvertrag können die Parteien vereinbaren, dass für den Vorkaufsberechtigten besondere Bestimmungen gelten **(limitiertes Vorkaufsrecht)**. Insbesondere wird häufig im Rahmen eines derart limitierten Vorkaufsrechts im Voraus ein bestimmter Kaufpreis vereinbart. Die besonderen Vereinbarungen können sich aber auch auf andere Vertragspunkte beziehen. Bei der vorgezogenen Kaufpreisvereinbarung gilt immer die Beurkundungspflicht von Art. 216 Abs. 2. Werden dagegen andere Vertragsbestimmungen im Voraus genau festgelegt, so ist im konkreten Einzelfall zu entscheiden, ob das Geschäft beurkundungsbedürftig ist oder nicht: Haben diese im Voraus vereinbarten Bedingungen wirtschaftlich die Bedeutung einer direkten oder indirekten Bestimmung des Entgeltes für die Eigentumsübertragung, so ist die Beurkundungspflicht zu bejahen, denn die Regelung von Art. 216 Abs. 3 ist eine eng auszulegende Ausnahmevorschrift (s. Art. 216 N 17).

12 Nach einem Urteil des KGer SZ (v. 23.1.2007, bestätigt durch BGer, 20.3.2008, 5A_224/2007 und 5A_225/2007) kann die Vorkaufsberechtigte die Liegenschaft nur zu den Bedingungen des Kaufvertrages mit der Drittkäuferin erwerben und deshalb im konkreten Fall nicht verrechnen. Ein konkludenter Verzicht auf Verrechnung ergab sich daraus, dass vereinbart war, mit dem Kaufpreis die Pfandtitel bei der Bank abzulösen und unbelastet an die Käuferin herauszugeben.

Art. 216*e*

III. Ausübung, Verwirkung

Will der Vorkaufsberechtigte sein Vorkaufsrecht ausüben, so muss er es innert dreier Monate gegenüber dem Verkäufer oder, wenn es im Grundbuch vorgemerkt ist, gegenüber dem Eigentümer geltend machen. Die Frist beginnt mit Kenntnis von Abschluss und Inhalt des Vertrags.

III. Exercice, préemption

Si le titulaire du droit de préemption entend exercer son droit, il doit l'invoquer dans les trois mois à l'encontre du vendeur ou, si le droit est annoté au registre foncier, à l'encontre du propriétaire. Le délai commence à courir le jour où le titulaire a eu connaissance de la conclusion du contrat et de son contenu.

III. Esercizio, perenzione

Il titolare del diritto di prelazione, se intende esercitare il suo diritto, deve farlo valere entro tre mesi nei confronti del venditore o, se il diritto è annotato nel registro fondiario, nei confronti del proprietario. Il termine decorre dal giorno nel quale il titolare ha avuto conoscenza della conclusione del contratto e del suo contenuto.

Die **Frist** zur Ausübung des Vorkaufsrechts wird – unabhängig von der Vormerkung oder Nichtvormerkung im Grundbuch – neu auf *drei Monate* festgesetzt. Sie läuft von der Erfüllung der Informationspflicht gem. Art. 216d Abs. 2 und vom Abschluss des Kaufes (Vorkaufsfall) an. Wird die Information nur unvollständig oder gar falsch gegeben, so beginnt später mit der vollständigen Kenntnisnahme eine Nachfrist, wie auch BGer, 19.5.2005, 1P.639/2004, E. 3.3 festgehalten hat («son contenu»). Gegenüber der bisher – nur für die vorgemerkten Vorkaufsrechte – geltenden Frist von einem Monat gem. Art. 681 Abs. 3 ZGB bedeutet die neue Frist eine markante Verlängerung. 1

Die Ausübungsfrist kann *vertraglich verkürzt* oder *verlängert* werden. Insbesondere kann vertraglich aber auch ein anderer Fristbeginn (z.B. Aufforderung zur Ausübungserklärung) vereinbart werden. 2

Die **Ausübungserklärung** hat entweder an den bisherigen Grundeigentümer und Verkäufer zu erfolgen, wenn eine Vormerkung im Grundbuch fehlt, oder an den neuen Eigentümer, wenn das Vorkaufsrecht im Grundbuch vorgemerkt ist (so BGer, 19.5.2005, 1P.639/2004, E. 3.3, worauf eine Grundbuchberichtigung erfolgt, BGE 92 II 136). 3

Art. 217

B. Bedingter Kauf und Eigentumsvorbehalt

[1] Ist ein Grundstückkauf bedingt abgeschlossen worden, so erfolgt die Eintragung in das Grundbuch erst, wenn die Bedingung erfüllt ist.

[2] Die Eintragung eines Eigentumsvorbehaltes ist ausgeschlossen.

B. Vente conditionnelle et réserve de propriété

[1] Les ventes conditionnelles d'immeubles ne sont inscrites au registre foncier qu'après l'avènement de la condition.

[2] Le pacte de réserve de propriété ne peut être inscrit.

B. Vendita sotto condizione e riserva della proprietà

[1] Se la vendita di un fondo è stata fatta sotto condizione, l'iscrizione registro fondiario avviene solo quando la condizione si sia verificata.

[2] La riserva della proprietà non può essere iscritta.

Literatur

EITEL, Bedingtes Eigentum, ZBJV 1998, 245 ff.; HONSELL, Die Vormerkung des obligatorischen Übereignungsanspruchs aus dem Grundstückkaufvertrag im Grundbuch, in: FS für Heinz Rey, Zürich 2003, 47 ff. (zit. FS Rey); REY, Die Grundlagen des Sachenrechts und das Eigentum, 3. Aufl., Bern 2007 (zit. Grundlagen).

I. Allgemeines. Normzweck

1 Die Vorschrift bezweckt die **Klarheit** des **Grundbuches**. Sie stellt im Grunde eine überflüssige lex fugitiva dar, denn einerseits gehören Eintragungsvoraussetzungen ins ZGB bzw. in die Grundbuchverordnung (GBV), andererseits ergibt sich alles, was eingetragen werden kann, aus Art. 958 ff. ZGB. Rechtsfiguren (wie der Eigentumsvorbehalt), die dort nicht genannt sind, können nicht eingetragen werden. Immerhin hat die Bestimmung insofern klarstellende Bedeutung, als im ZGB nicht deutlich gesagt wird, dass während schwebender Bedingung des Kaufvertrages (des Rechtsgrundes i.S.v. Art. 965 ZGB) eine Eintragung nicht erfolgt. Im Immobiliarsachenrecht wird die Nichteintragbarkeit bedingter Geschäfte zwar vorausgesetzt, aber nicht ausdrücklich ausgesprochen (BK-MEIER/HAYOZ, Art. 656 ZGB N 44). Nicht zu verwechseln mit der Nichteintragung aufgrund eines bedingten Rechtsgeschäftes ist die Bedingungsfeindlichkeit der Anmeldungserklärung. Art. 12 Abs. 1 GBV bestimmt, dass die Anmeldung zur Eintragung *unbedingt* und *vorbehaltlos* sein muss. Die Anmeldung ist ein bedingungsfeindliches Geschäft (REY, Grundlagen, N 1493 m.Nw.; vgl. auch BGE 114 II 326 E. 2 – keine bedingte Anmeldungsermächtigung des Inhabers eines Kaufsrechtes, weil Gestaltungsrechte bedingungsfeindlich sind). Auch § 925 Abs. 2 BGB verbietet jede bedingte oder befristete Auflassung (= Übereignung).

II. Anwendungsbereich

2 Die Vorschrift gilt für den Grundstückkauf, also für alle Kaufverträge über Grundstücke i.S.v. Art. 655 Abs. 2 ZGB. **Bedingte** Grundstückkaufverträge sind zulässig und praktisch häufig. Nach Abs. 1 kann aber eine Eintragung und damit der sachenrechtliche Verfügungsakt erst erfolgen, wenn die Bedingung erfüllt ist, wenn also die Rechtswirkung des Vertrages (Art. 151 Abs. 2) eingetreten ist (BK-GIGER, N 9). Blosse *Rechtsbedingungen* (z.B. behördliche Bewilligung des Erwerbes etwa nach dem BewG) sind keine Bedingungen und fallen nicht unter Art. 217; doch scheitert insoweit die Eintragung des Eigentumswechsels durch den Grundbuchverwalter schon am Fehlen der von Amtes wegen zu berücksichtigenden Voraussetzungen (vgl. Art. 24a GBV). Abs. 1 betrifft nicht die bedingte Übereignung – diese ist in Abs. 2 geregelt –, sondern Fälle, in denen der Kaufvertrag bedingt ist (vgl. BGE 129 III 264 E. 3.2.1 = Pra 2003, 979 ff., 982 f., wo ein mit einem Kaufrecht verbundener Vorvertrag zu einem Kauf als bedingter Grundstückkauf qualifiziert wird). Ein häufiger Fall ist z.B. der Vorbehalt der Erteilung der *Baubewilligung* (BGE 95 II 523 E. 2); doch kommt jede beliebige Bedingung in Betracht. Die Vorschrift gilt nach ihrem Wortlaut nur für *Suspensivbedingungen*, denn nur dort kommt eine Eintragung nach Eintritt in Betracht. *Resolutivbedingungen* sind beim Grundstückkauf gänzlich ausgeschlossen (BK-GIGER, N 7); anders nach Art. 247 für den Rückfall der Schenkung beim Tode des Beschenkten. Nach Art. 247 Abs. 2 kann das Rückfallsrecht im Grundbuch vorgemerkt werden. Art. 217 gilt auch für die vom OR nicht geregelte **Befristung** (ZK-OSER/SCHÖNENBERGER, N 1).

3 Möglich sein sollte die **Vormerkung** eines bedingten Anspruchs; doch scheitert dies daran, dass nach h.L. zu Art. 959 ZGB eine Vormerkung persönlicher Rechte nur dort zulässig ist, wo sie im Gesetz ausdrücklich vorgesehen ist (numerus clausus, vgl. auch EITEL, ZBJV 1998, 245, 258; eine gewisse Auflockerung dieses strengen Prinzips wird in BGE 91 II 424 angedeutet: Vormerkung des Rechtes zur Benutzung der ehelichen Wohnung im Eheschutzverfahren, obgleich dieses Recht in Art. 959 ZGB nicht genannt ist; dazu auch BK-GIGER, N 20). In Betracht kommt danach nur eine Vormerkung aufgrund amtlicher Anordnung nach Art. 960 Abs. 1 Ziff. 1 ZGB oder eine Grundbuchsperre nach kantonalem Recht (Näheres bei HONSELL, OR BT, 161).

Es ist aber ein Wertungswiderspruch, wenn einerseits Art. 152 Abs. 3 Zwischenverfügungen, die dem bedingten Recht zuwiderlaufen, für unwirksam erklärt, andererseits das Sachenrecht die hierfür notwendige Voraussetzung einer Suspendierung des Gutglaubensschutzes des Grundbuches nicht zur Verfügung stellt (näher HONSELL, FS Rey, 47 ff.).

Für den Kauf eines Grundstücks, an dem ein *Vorkaufsrecht* eines Dritten besteht, gilt die Vorschrift nicht; der Grundbuchverwalter kann daher eine Anmeldung nicht mit der Begründung vorläufig abweisen, es stehe noch nicht fest, ob das Vorkaufsrecht gültig ausgeübt worden sei (BGE 117 II 543).

III. Kein Eigentumsvorbehalt

Abs. 2 schliesst eine Veräusserung unter Eigentumsvorbehalt bei Grundstücken aus. Beim Eigentumsvorbehalt ist nicht der Kaufvertrag bedingt, sondern die Übereignung. Auch diese Vorschrift bezweckt Rechtsklarheit. Liesse man einen Eigentumsvorbehalt zu, so würde sich aus dem Grundbuch nicht ergeben, ob der Käufer bereits bezahlt und damit Eigentum erworben hat. Ein derartiges Mittel zur Sicherung des Kaufpreisanspruches ist aber auch nicht nötig, da dem Verkäufer in Art. 837 Abs. 1 Ziff. 1 ZGB ein *gesetzliches Pfandrecht* eingeräumt wird (ebenso BK-GIGER, N 23). 4

Art. 218

C. Landwirtschaftliche Grundstücke	**Für die Veräusserung von landwirtschaftlichen Grundstücken gilt zudem das Bundesgesetz vom 4. Oktober 1991 über das bäuerliche Bodenrecht.**
C. Immeubles agricoles	L'aliénation des immeubles agricoles est en outre régie par la loi fédérale du 4 octobre 1991 sur le droit foncier rural.
C. Fondi agricoli	L'alienazione di fondi agricoli è inoltre retta dalla legge federale del 4 ottobre 1991 sul diritto fondiario rurale.

Literatur

BÜSSER/GOLDENBERGER/HERRENSCHWAND/HOFER/MÜLLER/RYSER/SCHMID-TSCHIRREN/STALDER/STREBEL/STUDER, Das bäuerliche Bodenrecht, Kommentar zum Bundesgesetz über das bäuerliche Bodenrecht vom 4.10.1991, 2. Aufl., Brugg 2011 (zit. BGBB Komm-AUTOR).

I. Allgemeines

1 Art. 218 aOR sah für den Verkauf landwirtschaftlicher Grundstücke eine Sperrfrist von zehn Jahren vor. Seit Inkrafttreten des Bundesgesetzes über das bäuerliche Bodenrecht (BGBB) vom 4.10.1991 (SR 211.412.11) verweist Art. 218 OR für die Veräusserung von landwirtschaftlichen Grundstücken generell auf das BGBB. Ein Veräusserungsverbot besteht nach Art. 23 BGBB für die Dauer von zehn Jahren dann, wenn einem Erben in der Erbteilung ein landwirtschaftliches Gewerbe zur Selbstbewirtschaftung zugewiesen worden ist. Ebenfalls besteht nach Art. 54 BGBB ein Veräusserungsverbot auf zehn Jahre, wenn das landwirtschaftliche Gewerbe durch Ausübung eines Vorkaufsrechtes erworben wurde.

2 Die Veräusserung von landwirtschaftlichen Grundstücken ist in Art. 61 ff. BGBB geregelt. Wer ein landwirtschaftliches Gewerbe oder Grundstück erwerben will, braucht dazu eine Bewilligung (Art. 61 Abs. 1 BGBB). Die Grundzüge dieses Bewilligungsverfahrens sollen nachfolgend kurz dargestellt werden. Im Übrigen sei diesbezüglich auf den Kommentar zum BGBB verwiesen, wo die einzelnen Bestimmungen ausführlich kommentiert werden.

II. Grundsatz und Ausnahmen der Bewilligungspflicht (Art. 61 f. BGBB)

3 Art. 61 Abs. 1 BGBB statuiert den Grundsatz, dass der Erwerb eines landwirtschaftlichen Gewerbes oder Grundstückes bewilligungspflichtig ist (illustrative Verweigerung in BGE 129 III

503). Nach Abs. 3 dieser Bestimmung gelten als Erwerb die **Eigentumsübertragung sowie jedes andere Rechtsgeschäft, das wirtschaftlich einer Eigentumsübertragung gleichkommt**. Erfasst werden durch diese Bestimmung somit nicht nur Rechtsgeschäfte wie Kauf, Tausch und Schenkung, sondern bspw. auch die Übertragung einer Mehrheitsbeteiligung an einer juristischen Person, deren Aktiven zur Hauptsache aus einem landwirtschaftlichen Gewerbe oder Grundstück bestehen (BGBB Komm-STALDER, Art. 61 N 21; illustrativ dazu auch BGer, 18.3.2014, 2C_212/2013).

4 Art. 62 BGBB sieht eine Reihe von **Ausnahmen von der Bewilligungspflicht** vor (BGBB Komm-STALDER, Art. 62 N 5 ff.). Keiner Bewilligung bedarf bspw. der Erwerb durch Erbgang oder Erbteilung. Den erbrechtlichen Handänderungen gleichgestellt ist der Erwerb durch einen Nachkommen, den Ehegatten, die Eltern, ein Geschwister oder ein Geschwisterkind des Veräusserers. Bewilligungsfrei ist ferner der Erwerb durch einen Mit- oder Gesamteigentümer. In all diesen Fällen kann daher auch ein Nichtselbstbewirtschafter oder jemand, der die vom Gesetz geforderte fachliche Eignung nicht besitzt, ein landwirtschaftliches Gewerbe oder ein landwirtschaftliches Grundstück erwerben.

III. Verweigerungsgründe (Art. 63 BGBB)

5 Das Gesetz zählt **abschliessend** auf, in welchen Fällen ein Erwerb nicht bewilligt werden darf (BGBB Komm-STALDER, Art. 63 N 4). Liegt kein Verweigerungsgrund vor, besteht ein Rechtsanspruch auf Erteilung einer Bewilligung (Art. 61 Abs. 2 BGBB).

6 Eine Bewilligung darf nur dann erteilt werden, wenn der Erwerber **Selbstbewirtschafter** ist (Art. 63 lit. a BGBB). Der Begriff der Selbstbewirtschaftung wird dabei in Art. 9 BGBB umschrieben. Als Selbstbewirtschafter gilt, wer den landwirtschaftlichen Boden selber bearbeitet und wenn es sich um ein landwirtschaftliches Gewerbe handelt, dieses zudem persönlich leitet (vgl. hierzu BGBB Komm-HOFER, Art. 9 N 1 ff.).

Die fehlende Selbstbewirtschaftung ist **der einzige Verweigerungsgrund, der nicht absolut gilt** (BGBB Komm-STALDER, Art. 63 N 7). Trotz fehlender Selbstbewirtschaftung ist nach Art. 64 BGBB nämlich eine Ausnahmebewilligung zu erteilen, wenn ein wichtiger Grund vorliegt. Das Gesetz erwähnt beispielhaft sechs Fälle, bei denen ein Erwerb ohne Selbstbewirtschaftung bewilligt werden muss. Von Interesse ist in diesem Zusammenhang v.a. Art. 64 lit. f BGBB. Lässt sich trotz öffentlicher Ausschreibung zu einem nicht übersetzten Preis kein Angebot eines Selbstbewirtschafters finden, der bereit ist, das landwirtschaftliche Grundstück oder Gewerbe zum ausgeschriebenen Preis zu erwerben, darf es zu diesem Preis an einen Nichtselbstbewirtschafter veräussert werden.

7 Nach Art. 63 lit. b BGBB ist die Bewilligung zu verweigern, wenn ein **übersetzter Preis** vereinbart worden ist. Nach Art. 66 Abs. 1 BGBB gilt der vereinbarte Preis dann als übersetzt, wenn er die Preise für vergleichbare landwirtschaftliche Gewerbe oder Grundstücke in der betreffenden Gegend im Mittel der letzten fünf Jahre um mehr als 5 % übersteigt. Die Kantone können in ihrer Gesetzgebung diesen Prozentsatz auf maximal 15 % erhöhen (Art. 66 Abs. 2 BGBB; BGBB Komm-GOLDENBERGER/HOTZ, Art. 66 N 8 ff.). Kommt die Bewilligungsbehörde zum Ergebnis, dass ein übersetzter Preis vereinbart worden ist, so darf sie den Erwerb nicht bewilligen. Ein Minderungsrecht steht ihr nicht zu (BGBB Komm-STALDER, Art. 63 N 11).

8 Art. 63 lit. c BGBB, wonach eine Erwerbsbewilligung nicht erteilt werden durfte, wenn der Erwerber über eine überdurchschnittliche Existenz verfügte, wurde durch die Teilrevision vom 26.6.1998 per 1.1.1999 aufgehoben. Nach wie vor darf jedoch eine Bewilligung nicht erteilt werden, wenn das zu erwerbende Grundstück ausserhalb des ortsüblichen Bewirtschaftungsbereiches des Gewerbes des Erwerbers liegt (Art. 63 lit. d BGBB; BGBB Komm-STALDER, Art. 63 N 28 ff.).

IV. Weitere Bestimmungen (Art. 65 und Art. 67 ff. BGBB)

Das BGBB enthält eine besondere Bestimmung über den Erwerb landwirtschaftlicher Grundstücke und Gewerbe durch das **Gemeinwesen** (BGBB Komm-STALDER/BANDLI, Art. 65 N 1 ff.; vgl. dazu auch BGer, 5.11.2014, 2C_1036/2013). In gewissen Fällen ist ein Erwerb zulässig. Auch die **Zwangsversteigerung** ist besonders geregelt (Art. 67 BGBB; BGBB Komm-STALDER, Art. 67 N 1 ff.). Die freiwillige Versteigerung von landwirtschaftlichen Gewerben und Grundstücken ist unzulässig (Art. 69 BGBB). 9

Art. 219

D. Gewährleistung

[1] Der Verkäufer eines Grundstückes hat unter Vorbehalt anderweitiger Abrede dem Käufer Ersatz zu leisten, wenn das Grundstück nicht das Mass besitzt, das im Kaufvertrag angegeben ist.

[2] Besitzt ein Grundstück nicht das im Grundbuch auf Grund amtlicher Vermessung angegebene Mass, so hat der Verkäufer dem Käufer nur dann Ersatz zu leisten, wenn er die Gewährleistung hiefür ausdrücklich übernommen hat.

[3] Die Pflicht zur Gewährleistung für die Mängel eines Gebäudes verjährt mit dem Ablauf von fünf Jahren, vom Erwerb des Eigentums an gerechnet.

D. Garantie

[1] Sauf convention contraire, le vendeur est tenu d'indemniser l'acheteur lorsque l'immeuble n'a pas la contenance indiquée dans l'acte de vente.

[2] Si l'immeuble vendu n'a pas la contenance portée au registre foncier d'après une mensuration officielle, le vendeur n'est tenu d'indemniser l'acheteur que lorsqu'il s'y est expressément obligé.

[3] L'action en garantie pour les défauts d'un bâtiment se prescrit par cinq ans à compter du transfert de propriété.

D. Garanzia

[1] Salvo patto contrario il venditore deve risarcire il compratore, qualora il fondo non avesse la misura indicata dal contratto.

[2] Se il fondo non ha la misura indicata dal registro fondiario in base ai rilievi ufficiali, il venditore non ha l'obbligo del risarcimento se non in quanto avesse espressamente stipulato tale garanzia.

[3] L'obbligo di garanzia per i difetti di un fabbricato si prescrive col decorso di cinque anni dall'acquisto della proprietà.

Literatur

DESCHENAUX, La responsabilité pour la tenue du registre foncier, ZBGR 1978, 129 ff.; GOESCHKE, Die Feststellung und die Verbesserung der Grenze, ZBJV 1955, 369 ff.; FRIEDRICH, Fehler in der Grundbuchvermessung, ihre Folgen und ihre Behebung, ZBGR 1977, 131 ff., 138 f. (zit. ZBGR 1977); DERS., Praktische Fragen im Zusammenhang von Stockwerkeigentum, ZBGR 1966, 321 ff., 343 (zit. ZBGR 1966); HÄRRY, Vermessung und Grundbuch, ZBGR 1955, 241 f.; JENNY, Die Verantwortlichkeit im Grundbuchwesen, ZBGR 1965, 65 ff., 86; KOLLER, Grundstückkauf mit falscher Flächenangabe, ZGBR 1997, Nr. 1, 1 ff.; SCHÖBI, Schweizerischer Grundstückskauf und europäisches Recht, Bern 1999; vgl. auch die Literaturhinweise bei den Vorbem. zu Art. 197–210.

I. Allgemeines

Die Vorschrift geht zurück auf die gemeinrechtliche *actio de modo agri*. Danach haftete der Verkäufer für die Grundstücksgrösse nur bei Zusicherung (dictum). **Quantitätsmängel** fallen, von gewissen Ausnahmefällen abgesehen, an sich nicht unter das Sachmängelrecht (vgl. Art. 197 N 9), sondern unter die teilweise Nichterfüllung. Beim Grundstückkauf ist indes bei Quantitätsmängeln regelmässig weder für einen Nacherfüllungsanspruch noch für Wandelung Raum. Art. 219 ist gegenüber Art. 197 ff. Sondervorschrift (BGE 87 II 247 1

E. c; RVJ 1987, 220). Der Grund dafür liegt darin, dass i.d.R. ein Grundstück i.S.v. Art. 655 ZGB verkauft ist oder ein bestimmter abgegrenzter, erst wegzuvermessender Teil eines Grundstücks, dessen Grenzen in der Natur bezeichnet und den Parteien bekannt sind. Verkauft ist nicht eine bestimmte Anzahl Quadratmeter (qm), sondern ein individuelles Grundstück. Art. 219 behandelt daher den **Flächeninhalt** als Eigenschaft und unterstellt ihn den Regeln über die Gewährleistung (BGE 62 II 162; 81 II 140 E. 2; RVJ 1987, 218; BK-GIGER, N 39). Der Käufer hat nur ein Recht auf das Grundstück in den angegebenen Grenzen. Erweist sich die Fläche innerhalb dieser Grenze als zu gering, so hat er i.d.R. keinen Anspruch auf Erweiterung dieser Grenzen (OGer ZH, ZBGR 1967, 148; BGE 40 II 398 = ZBGR 1942, 150). Hat das Grundstück eine geringere Fläche als angegeben, so richtet sich die Haftung des Verkäufers nach Art. 219. Nur ausnahmsweise, wenn es um eine bestimmte, erst wegzumessende Quadratmeter-Fläche aus einem Grundstück geht, kommt ein Nacherfüllungsanspruch in Betracht.

II. Rechtslage beim Fehlen eines Grundbuchs

2 Abs. 1 bestimmt, dass der Verkäufer mangels anderer Abrede Ersatz zu leisten hat, wenn das Grundstück nicht das im Kaufvertrag angegebene Mass besitzt. Abs. 1 ist nur dort anwendbar, wo noch **kein Grundbuch** existiert (BGE 62 II 162; 81 II 140 E. 3). Als Grundbuch gilt auch ein kantonales Register, sofern ein amtliches Vermessungswerk vorhanden ist (BGE 81 II 140 E. 3). Abs. 1 kommt auch zum Zuge, wenn das verkaufte Grundstück erst durch **Parzellierung** gebildet werden muss (BGE 62 II 161). Die Haftung ist insb. angebracht, wenn die Parteien den Kaufpreis pro qm festgesetzt und den Gesamtpreis durch Multiplikation des qm-Preises mit der Zahl der qm ermittelt haben (vgl. z.B. BGE, a.a.O., 110 Fr./qm und Mindermass von 88 qm). Anders, wenn ein *Pauschalpreis* vereinbart und der Preis nicht je qm festgesetzt war. Im Falle des Abs. 1 bedarf es keiner ausdrücklichen Zusicherung; es genügt die Angabe im Kaufvertrag.

3 Die **Wegbedingung** ist auch konkludent möglich (RVJ 1987, 219); doch erfolgt sie aus Beweisgründen am besten explizit. Eine Wegbedingung kann auch in der ausdrücklichen Vereinbarung eines Pauschalpreises liegen (RVJ, a.a.O.; 1979, 340). Ein «Zirka-Mass» kann zumindest die Wegbedingung der Gewährleistung für kleinere Differenzen zwischen dem vertraglich angegebenen und dem tatsächlichen Flächenmass bedeuten (RVJ, a.a.O.). Die Lehre nimmt eine *Toleranz* von 10–15% an (KELLER/SIEHR, 123). Bei der Angabe der Nutzfläche von erst noch zu errichtendem *Stockwerkeigentum* «im Halte von ungefähr 479 qm» liegt eine Abweichung von 17,5 qm noch innerhalb der Toleranzgrenze (OGer LU, SJZ 1988, 88 ff.). Vgl. dazu auch vorn Art. 199 N 3 und BK-GIGER, N 10 ff.

III. Rechtslage bei Existenz eines Grundbuchs

4 Abs. 2 ist anwendbar, wo ein Grundbuch besteht. Das Grundbuch enthält eine genaue *Flächenangabe*, auf die sich die Parteien regelmässig verlassen. Die Haftung für ein etwaiges **Mindermass** setzt hier eine **ausdrückliche Übernahme** der Gewährleistung voraus (BGE 62 II 162; 81 II 138; 87 II 248 E. c). Die Flächenangabe auf einer Plakattafel oder im Kaufvertrag reicht nicht (BGE 62 II 162). Der Verkäufer hat nur bei ausdrücklicher Übernahme Gewähr zu leisten (BK-GIGER, N 41). Zwar ist die Zusicherung nicht formbedürftig (Art. 197 N 15), doch liegt eine Übernahme der Gewähr nicht schon in der blossen Flächenangabe im Kaufvertrag, die regelmässig aus dem Grundbuch übernommen wird. In der Literatur wird teilweise eine öffentliche Beurkundung verlangt (CAVIN, SPR VII/1, 139; BK-GIGER, N 41; **a.A.** *SCHUMACHER*, N 227 [anders noch DERS. in der Voraufl. 1989, N 705]). Die Beschränkung der Haftung auf den Fall der ausdrücklichen Übernahme kann unbillig sein, wenn der Kaufpreis an Hand der qm-Zahl festgelegt worden ist.

Die Vorschrift **gilt nicht** für **sonstige Massangaben**, z.B. für das *Bauvolumen* eines Gebäudes (BGE 87 II 244.; KGer VS ZWR 1996, 171), die Bruttogeschossfläche (BGer 14.2.2008, 4A_417/2007) sowie andere Massangaben in *Gebäudeplänen* In diesen Fällen ist Art. 197 anwendbar, so dass es keiner ausdrücklichen Zusicherung bedarf. Das gilt auch für eine zu geringe Fläche von *Stockwerkeigentum* (BGer 14.2.2008, 4A_417/2007; FRIEDRICH, ZBGR 1966, 343; offen gelassen von OGer LU, SJZ 1988, 88 ff.). Eine unrichtige *Wertquote* bei Stockwerkeigentum fällt ebenfalls nicht unter Abs. 2, da diese nicht auf amtlicher Vermessung beruht. Ebenso ist mangelnde Bebaubarkeit oder Undurchführbarkeit der Bebauung im vorgesehenen Umfang wegen zu geringer Fläche (zu kleine *Abstandsflächen* zur Grundstücksgrenze, zu niedrige *Ausnützungsziffern* nach öffentlich-rechtlichen Bauvorschriften) beim Verkauf von Baugrundstücken wohl nach Art. 197 zu beurteilen, so dass der Verkäufer auch ohne ausdrückliche Übernahme der Gewähr haftet. BGE 98 II 197 E. 4 bejaht, ohne auf Art. 219 einzugehen, einen körperlichen Mangel i.S.v. Art. 197, wenn 115 qm eines Grundstücks aufgrund eines Wegerechtes in Anspruch genommen werden und dadurch die Ausnützungsziffer vermindert wird. 5

Ist im Grundbuch die Fläche unrichtig eingetragen, so hat der Käufer einen **Amtshaftungsanspruch**. Der Kanton haftet nach der Rsp. des BGer gem. Art. 955 Abs. 1 ZGB auch für den Schaden, der daraus entsteht, dass die Fläche eines Grundstücks wegen eines Übertragungsfehlers im Hauptbuch unrichtig angegeben ist. In casu waren bei einer Sollfläche von 35 200 qm 5220 qm zuviel angegeben (BGE 106 II 341 = Pra 1981, 346 ff. – Abschreibfehler bei Übertragung vom Kataster ins Hauptbuch). Demgegenüber hat sich die h.L. gegen eine kantonale Haftung für *tatsächliche Angaben* im Grundbuch ausgesprochen, wozu auch das Flächenmass gehört, gleichgültig, ob der Fehler auf falscher Vermessung oder einem Fehler des Grundbuchverwalters beruht (DESCHENAUX, ZBGR 1978, 129 ff., 144; FRIEDRICH, ZBGR 1977, 138 f.; JENNY, ZBGR 1965, 86). Art. 955 Abs. 1 ZGB macht die Kantone für allen Schaden verantwortlich, der aus der Führung des Grundbuches entsteht. Ursprünglich wurde aber hierbei nur an Schäden gedacht, die aus publizitätsbegründenden Grundbuchverfügungen entstehen. Die Haftung des Staates ist kausal und setzt ein Verschulden der Grundbuchorgane nicht voraus (BGE 110 II 40 E. 4). Kann sich der Käufer danach beim Kanton schadlos halten, so ist gleichwohl nicht einzusehen, weshalb der Verkäufer einen ungerechtfertigten Gewinn machen sollte. Auch schiene es vernünftiger, den Nachteil inter partes auszugleichen, als auf den Kanton abzuwälzen. 6

IV. Konkurrierende Rechtsbehelfe

Kennt der Verkäufer die Unrichtigkeit des im Grundbuch angegebenen Masses, so haftet er auch ohne ausdrückliche Übernahme wegen **absichtlicher Täuschung** (BGE 81 II 138; 40 II 534; BJM 1980, 20); die Verjährung richtet sich in diesem Falle nach Art. 210 Abs. 3 (zehn Jahre). Nach BGE 40 II 541 kommt auch ein **Grundlagenirrtum** in Betracht. Insoweit ist aber Art. 25 Abs. 2 zu beachten. Will danach der Verkäufer am Geschäft festhalten, so muss der irrende Käufer dies gelten lassen. Der Verkäufer hat den dem Mindermass entsprechenden Teil des Kaufes zurückzuerstatten, und der Vertrag bleibt im Übrigen aufrecht. Kann der Käufer auf diesem Wege den zuviel bezahlten Kaufpreis zurückerhalten, so entfällt mangels Schaden auch der Anspruch gegen den Kanton. Das HGer ZH (SJZ 1968, 256) nimmt einen zu berichtigenden **Berechnungsfehler** nach Art. 24 Abs. 3 an, wenn die Fläche mehrerer Grundstücke vom Geometer falsch zusammengerechnet und daher ein falscher Preis ermittelt worden ist. Das Ergebnis – Aufrechterhaltung des Vertrages und Berichtigung des Preises – ist dann im Wesentlichen dasselbe wie nach Art. 25 Abs. 2. 7

Art. 219 ist auf den umgekehrten Fall, dass das Grundstück tatsächlich eine grössere Fläche hat als im Kaufvertrag angegeben, zugunsten des Verkäufers nicht anwendbar (so aber HGer ZH, SJZ 1968, 254 ff.; offen gelassen in BGE 119 II 343 = ZGBR 1995, 121). Auch Art. 24 8

Abs. 1 Ziff. 3 (Erklärungsirrtum über die Grösse) ist diesfalls nicht einschlägig In Betracht kommt aber Grundlagen- (Art. 24 Abs. 1 Ziff. 4) bzw. Kalkulationsirrtum (Art. 24 Abs. 3 analog), sofern die Parteien den Kaufpreis anhand der qm-Zahl berechnet haben (KOLLER, ZGBR 1997, 15 ff., zu Letzterem teilweise abw. die Voraufl.). BGE 119 II 343 = ZGBR 1995, 121 lehnt die Irrtumsanfechtung ab, wenn das neue Flächenmass auf einer verbesserten Vermessungsmethode beruht; zustimmend KRAMER, AJP 1993, 1516.

V. Ersatzleistung

9 Obwohl das Gesetz nicht von Ersatz des Minderwertes spricht wie in Art. 205 Abs. 1, sondern von «Ersatz leisten», wird dies von der Judikatur i.S. der Minderung gedeutet (BGE 81 II 144 E. 6; RVJ 1987, 220 – zweifelhaft, soweit damit der Ausschluss sonstigen Ersatzes behauptet wird). Die Rsp. wendet die relative Methode an; doch ist bei einem Mindermass die Proportionalrechnung (Herabsetzung des Kaufpreises im Verhältnis von Soll-Wert zu Ist-Wert) nicht notwendig (vgl. immerhin den Sonderfall von RVJ 1987, 220). Die Minderung errechnet sich einfach aus der Multiplikation der fehlenden Fläche mit dem Quadratmeterpreis. Ein Teil der Lehre will für Art. 219 die gleichen Rechtsfolgen wie beim Fahrniskauf zulassen, also auch die Wandelung (BK-GIGER, N 58).

VI. Verjährung

10 Die Verjährungsfrist beträgt **fünf Jahre**. Obwohl das Gesetz nur von Gebäuden spricht, gilt diese Frist für sämtliche Mängel des Grundstückes einschliesslich eines etwaigen Mindermasses, ebenso für Zusicherungen (BGE 104 II 270 E. 3 = Pra 1979, 125 E. 3; **a.A.** BK-GIGER, N 69). Die Frist beginnt mit dem Erwerb des Eigentums, also mit der Eintragung im Grundbuch. Eine Fünfjahresfrist normiert auch Art. 210 Abs. 2 für bewegliche Sachen, die in ein Bauwerk integriert worden sind und Art. 371 Abs. 2 für Mängel eines unbeweglichen Bauwerks.

Art. 220

E. Nutzen und Gefahr	**Ist für die Übernahme des Grundstückes durch den Käufer ein bestimmter Zeitpunkt vertraglich festgestellt, so wird vermutet, dass Nutzen und Gefahr erst mit diesem Zeitpunkt auf den Käufer übergehen.**
E. Profits et risques	Lorsqu'un terme a été fixé conventionnellement pour la prise de possession de l'immeuble vendu, les profits et les risques de la chose sont présumés ne passer à l'acquéreur que dès l'échéance de ce terme.
E. Utili e rischi	Se per la consegna del fondo al compratore è stato pattuito un termine, si presume che gli utili ed i rischi debbano passare al compratore solo alla scadenza di questo.

Literatur

DEILLON-SCHEGG, Grundstückkauf und Pflicht zur Zahlung von Hypothekarzinsen, recht 1998, 25 ff.; SCHMID, Die Gewährleistung beim Grundstückkauf, ZBGR 2000, 353 ff.; SCHNYDER, Grundstückkaufverträge, Fragen rund um Eigentumsübertragung und Besitzesantritt, ST 2010, 52 ff.; MOOSER, Le transfert de la propriété, de la possession, des risques et des profits dans la vente immobilière – effets et chronologie, mélanges Tercier, 2008, 345 ff.; vgl. ausserdem die Literaturhinweise bei Art. 185 und bei den Vorbem. zu Art. 184–236.

1 1. Beim Grundstückkauf entspricht es **gängiger Beurkundungspraxis**, den Übergang von Nutzen und Gefahr vertraglich zu regeln (Botschaft betr. die Ergänzung des Zivilgesetzbuches

durch Anfügung des Obligationenrechtes vom 3.3.1905, BBl 57 II 27). Oft geschieht dies in der Weise, dass für die Übernahme des Grundstücks durch den Käufer ein bestimmter Zeitpunkt festgelegt und dieser Zeitpunkt auch hinsichtlich des Übergangs von Nutzen und Gefahr für massgeblich erklärt wird (häufige Formulierung: «Der Besitzesantritt mit Nutzen und Gefahr erfolgt am [...]»). Die Gleichstellung von Grundstücksübernahme und Nutzen- bzw. Gefahrübergang ist vorab mit Bezug auf den Nutzen nahe liegend; so kann diesbezüglich eine nachträgliche finanzielle Auseinandersetzung unter den Parteien vermieden werden. Nahe liegend ist es aber im Weitern auch, den Gefahrübergang mit dem Nutzenübergang zu koppeln. Vor diesem **Hintergrund** ist Art. 220 zu sehen: Ist für den Besitzesantritt ein bestimmter Zeitpunkt festgelegt, fehlt es jedoch (ausnahmsweise) an einer Regelung des Übergangs von Nutzen und Gefahr, so entspricht es dem mutmasslichen Parteiwillen, dass in dieser Frage ebenfalls der Besitzesantritt entscheidend sein soll (Botschaft, a.a.O.). Es rechtfertigt sich daher die Aufstellung einer entsprechenden Vermutung. Bei dieser handelt es sich, genau besehen, um eine sog. Auslegungsregel (BK-KUMMER, Art. 8 ZGB N 341).

Die Vermutung kommt jedenfalls dann zum Tragen, wenn der **Besitzesantritt vor dem Eigentumsübergang** erfolgt. Nach richtiger, wenn auch umstrittener Ansicht (vgl. EGLI, 72) greift sie jedoch auch im umgekehrten Fall Platz (vgl. Botschaft, a.a.O.; KOLLER A., OR BT, § 5 N 11). 2

Art. 220 beinhaltet die Vermutung, dass bei Abmachung eines bestimmten Übernahmezeitpunktes Nutzen und Gefahr im gleichen Zeitpunkt übergehen. Es gilt aber nicht auch das **Umgekehrte**: «Die Festsetzung des Nutzen- und Schadenanfanges in Kaufverträgen um Grundstücke auf einen bestimmten Zeitpunkt besagt keineswegs, dass der Käufer ohne weiteres auf diesen Termin die Liegenschaft beziehen dürfe.» (ZBJV 1939, 376) 3

2. Mit der **Übernahme** des Grundstücks ist, wie sich bereits aus dem Gesagten ergibt, der **Besitzesantritt** gemeint (ZK-OSER/SCHÖNENBERGER, N 2; CORTESI, 121; vgl. auch BGE 60 II 436, 443: «Antritt der Liegenschaft»). Der Zeitpunkt des Besitzesantrittes braucht nicht kalendermässig bestimmt zu sein (BK-BECKER, N 1). Es reicht auch z.B. die Abrede, der Besitzesantritt erfolge mit Baubewilligung. Darauf, ob der Besitzesantritt zum vereinbarten Übernahmezeitpunkt tatsächlich erfolgt, kommt es nicht an. Anders nur, «wenn der Verkäufer den Besitzesantritt des Käufers verunmöglicht; alsdann liegen ‹besondere Verhältnisse› im Sinn von Art. 185 Abs. 1 OR vor, die den Gefahrenübergang [und Nutzenübergang] hindern» (SCHMID, ZBGR 2000, 377; CHK-BINDER, N 4; KUKO OR-STARK, N 3). 4

3. Art. 220 gilt nur für den Grundstückkauf (EGLI, 69). Hingegen kann beim **Fahrniskauf** die Verabredung eines besonderen Termins für die Besitzverschaffung u.U. nach Art. 185 Abs. 1 die Bedeutung haben, dass gleichzeitig auch die Gefahr übergeht (vgl. BK-GIGER, Art. 185 N 6; SCHMUTZ, 57). 5

Art. 220 ist jedenfalls dann auf Mobilien anzuwenden, wenn diese zusammen mit einem Grundstück verkauft werden. Ob ein Einheitspreis oder gesonderte Preise festgesetzt werden, ist unerheblich (BK-BECKER, N 2; EGLI, 75 f.; abw. BK-GIGER, Art. 187 N 35). 6

4. Das Gegenstück des Nutzens sind die **Lasten** (z.B. Strassenlasten oder Anliegerbeiträge). Von ihnen spricht das Gesetz nicht. «Im Zweifel ist aber anzunehmen, dass sie vom gleichen Zeitpunkt an auf Rechnung des Käufers laufen, von dem an er ein Recht auf den Nutzen hat» (BK-BECKER, N 3; EGLI, 76 f. mit zutreffender Präzisierung). Umstritten ist, ob das Gesagte auch für Hypothekarzinsen gilt, welche auf einer vom Käufer übernommenen Darlehensschuld laufen (bejahend BGE 121 III 256, 259 = Pra 1996, 321; **a.A.** DEILLON-SCHEGG, recht 1998, 25 ff.). 7

5. **Subsidiär** gilt **Art. 185**, also dann, wenn die Parteien weder den Übergang von Nutzen und Gefahr noch den Besitzesantritt geregelt haben. 8

Art. 221

F. Verweisung auf den Fahrniskauf	**Im Übrigen finden auf den Grundstückkauf die Bestimmungen über den Fahrniskauf entsprechende Anwendung.**
F. Renvoi aux règles de la vente mobilière	Les règles concernant la vente mobilière s'appliquent par analogie aux ventes d'immeubles.
F. Rinvio alla vendita di cose mobili	Nel rimanente, alla vendita dei fondi si applicano per analogia le disposizioni sulla vendita delle cose mobili.

Literatur

Vgl. die Literaturhinweise bei den Vorbem. zu Art. 184–236.

1 1. Art. 221 verweist auf die **Bestimmungen über den Fahrniskauf (Art. 187–215)**, die auf den Grundstückkauf «entsprechende Anwendung» finden. Die Fahrniskaufregeln sind aber nur «im Übrigen» anwendbar, d.h. insoweit, als die Art. 216–220 keine eigene Regelung enthalten. Zudem betreffen einzelne jener Bestimmungen ihrer Natur nach ausschliesslich den Fahrniskauf und sind daher auf den Grundstückkauf nicht (auch nicht «entsprechend») anwendbar. Das gilt etwa für Art. 189, 202, 204, 206 Abs. 2 (KOLLER A., OR BT, § 5 N 3).

2 «Entsprechend» bedeutet analog (so die romanischen Gesetzestexte, «par analogie», «per analogia»). Das bedeutet aber nicht, dass die Art. 187 ff. beim Grundstückkauf notwendig inhaltliche Modifikationen erfahren. Vielmehr gilt im Grundsatz das Gegenteil. Inhaltliche Änderungen haben nur dort Platz zu greifen, wo sich dies wegen der unterschiedlichen Natur des Kaufgegenstandes aufdrängt (Handkomm-OR-ATTESLANDER-DÜRRENMATT, N 2; CHK-BINDER, N 1; KUKO OR-STARK, N 3).

3 «Der Hauptunterschied zwischen der Regelung der beiden Käufe (sc. von Grundstück- und Fahrniskauf) ergibt sich aus dem Unterschied der Art des Eigentumserwerbs, indem bei der Übertragung von Grundeigentum die Eintragung im Grundbuch an die Stelle der Besitzübergabe tritt» (CAVIN, SPR VII/1, 128). Wenn daher das Gesetz beim Fahrniskauf eine Rechtsfolge von der Übergabe des Besitzes am Kaufgegenstand abhängig macht, ist zu prüfen, ob es damit die Übergabe als solche meint oder aber die dadurch bewirkte Übertragung des Eigentums. Im ersteren Fall kommt es auch beim Grundstückkauf auf den Besitzübergang an (Bsp.: Art. 201 Abs. 1), im zweiten Fall ist hingegen auf den Eintrag im Grundbuch abzustellen (Bsp.: Art. 214 Abs. 3; Art. 214 N 21).

4 Weiteres s. bei der Kommentierung der einzelnen Bestimmungen, z.B. Art. 184 N 90 f., Art. 190 N 6, Art. 214 N 19.

5 2. Von den «Allgemeine[n] Bestimmungen» für Kauf und Tausch **(Art. 184–186)** kommt nur Art. 184 vorbehaltlos zum Tragen. Art. 186 betrifft ausschliesslich «Forderungen aus dem Kleinvertriebe geistiger Getränke», ist also für den Grundstückkauf ohne Belang. Und Art. 185, der die Nutzen- und Gefahrtragung regelt, findet auf den Grundstückkauf nur mit der gewichtigen Einschränkung des Art. 220 Anwendung.

6 3. Für einzelne Arten von Grundstückkäufen gelten **Sonderbestimmungen,** so etwa für den Steigerungskauf, den Kauf landwirtschaftlicher Grundstücke und den Grundstückserwerb durch Personen mit Wohnsitz im Ausland (vgl. KOLLER A./KOLLER A., Grundstückkauf, § 1 N 18).

7 4. Schliesslich gibt es in verschiedenen Gesetzen verstreut eine ganze Reihe von Bestimmungen, die direkt oder indirekt den Grundstückkauf betreffen (können). Vgl. die Übersicht bei KOLLER A./KOLLER A., Grundstückkauf, § 1 N 19 ff.

Vierter Abschnitt: Besondere Arten des Kaufes

Art. 222

A. Kauf nach Muster

[1] Bei dem Kaufe nach Muster ist derjenige, dem das Muster anvertraut wurde, nicht verpflichtet, die Identität des von ihm vorgewiesenen mit dem empfangenen Muster zu beweisen, sondern es genügt seine persönliche Versicherung vor Gericht, und zwar auch dann, wenn das Muster zwar nicht mehr in der Gestalt, die es bei der Übergabe hatte, vorgewiesen wird, diese Veränderung aber die notwendige Folge der Prüfung des Musters ist.

[2] In allen Fällen steht der Gegenpartei der Beweis der Unechtheit offen.

[3] Ist das Muster bei dem Käufer, wenn auch ohne dessen Verschulden, verdorben oder zu Grunde gegangen, so hat nicht der Verkäufer zu beweisen, dass die Sache mustergemäss sei, sondern der Käufer das Gegenteil.

A. Vente sur échantillon

[1] Dans la vente sur échantillon, celle des parties à qui l'échantillon a été confié n'est pas tenue de prouver l'identité de celui qu'elle représente avec celui qu'elle avait reçu; elle en est crue sur son affirmation personnelle en justice, même lorsque l'échantillon a changé de forme depuis sa remise, si ce changement est le résultat nécessaire de l'examen qui en a été fait.

[2] Dans tous les cas, l'autre partie a la faculté de prouver le défaut d'identité.

[3] Si l'échantillon s'est détérioré ou a péri chez l'acheteur, même sans la faute de celui-ci, le vendeur n'a plus à prouver que la chose est conforme à l'échantillon; il incombe à l'acheteur de prouver le contraire.

A. Vendita sopra campione

[1] Nella vendita sopra campione, la parte cui venne affidato il campione non è tenuta a provare l'identità di quello che esibisce con quello che ha ricevuto, ma basta che l'affermi personalmente in giudizio, e ciò anche quando il campione non si trovi più nello stato in cui era all'atto della consegna, purchè il cambiamento sia una conseguenza necessaria dell'esame che ne fu fatto.

[2] È riservata in ogni caso alla parte contraria la prova della non identità.

[3] Ove il campione sia deteriorato o perito presso il compratore, anche senza sua colpa, non incombe al venditore la prova che la cosa è conforme al campione, ma al compratore quella del contrario.

Literatur

AKIKOL, Die Voraussetzungen der Sachmängelhaftung beim Warenkauf, in: Obligationenrecht und UN-Kaufrecht: CISG, Zürich 2008, 165 ff.; ALTHERR/BREM/BÜHLMANN, Schweizerisches Obligationenrecht, Textausgabe mit Leitsätzen aus der Praxis des Bundesgerichtes, 2. Aufl., Bern 1994; BÖHRINGER/FORRER/HIESTAND, Repetitorium Obligationenrecht: Besonderer Teil, Zürich 2011; CAVIN, Kauf, Tausch und Schenkung, in: Schweizerisches Privatrecht (SPR), Bd. VII/1, Obligationenrecht – Besondere Vertragsverhältnisse, Basel 1977, 158 ff.; GAUCH/AEPLI/CASANOVA, Schweizerisches Obligationenrecht, Besonderer Teil mit Handels- und Wertpapierrecht, Rechtsprechung des Bundesgerichts, 4. Aufl., Zürich 1998, 74; GIGER, Rechtsvergleichender Beitrag zur Lehre von der Bestimmbarkeit vertraglicher Leistungen, Annuario di diritto comperato e di studi legislativi, Rom 1964, 79 ff. (zit. Annuario); DERS., Zum Begriff der gehörigen Erfüllung, SJZ 1965, 85 ff. (zit. SJZ 1965); DERS., Nichtgehörige Erfüllung, in: Lendi/Letsch/Lübbe (Hrsg.), FS für Hans Giger, Bern 1994, 559 ff. (zit. FS Giger); JÄGGI, Die Zusicherung von Eigenschaften der Kaufsache, in: Meylan (Hrsg.), FS für Theo Guhl, Zürich 1950, 67 ff.; KELLER/SIEHR, Kaufrecht, 3. Aufl., Zürich 1995; STAUFFER, Von der Zusicherung gemäss Art. 197, ZBJV 1944, 145 ff.; STREIFF/PELLEGRINI/VON KAENEL, Vertragsvorlagen. Eine Sammlung kommentierter Vertragsmuster für die Praxis, 4. Aufl., Zürich 2008; TERCIER, La partie spéciale du Code des obligations, Zürich 1988 (zit. partie spéciale); DERS., Les Contrats spéciaux, 3. Aufl., Zürich 2003 (zit. Contrats); VENTURI-ZEN-RUFFINEN, La résiliation pour justes motifs des contrats de durée, Zürich 2007; VOSER/STARK-TRABER/DORJEE-GOOD, Qualitätssicherungsvereinbarungen. Eine Einführung unter besonderer Berücksichtigung möglicher Einflüsse auf das gesetzliche Gewährleistungsrecht, AJP 2009, 255 ff.

I. Vorbemerkungen

1 Der Gesetzgeber hat dem Rechtsinstitut «Kauf nach Muster» eine einzige Bestimmung gewidmet, die sich im Wesentlichen in der Regelung von «Beweisvorschriften über Musteridentität und Echtheit sowie die Beweislast bei Untergang des Musters» (BK-Becker, N 1; ZK-Oser/Schönenberger, N 1 ff.; ferner Bucher, BT, 128; von Büren, BT, 25 f.; Engel, contrats, 59 ff.; Giger, Obligationenrecht von A–Z, 206 ff.; Guhl/Koller/Schnyder/Druey, § 41 N 43 ff.; Honsell, OR BT, 185; Jäggi, 67 ff.; Tercier, contrats, 192 f.; Tercier/Favre, 219 f.; sodann für das **deutsche** Recht: Larenz, II/1, 102; Palandt-Gramm, § 494 BGB 399 N 1) erschöpft. Die schweizerische Regelung des Kaufs nach Muster gem. Art. 222 wie auch auf Probe oder Besicht nach Art. 223 ff. bedarf bei grenzüberschreitenden rechtsgeschäftlichen Beziehungen einer besonderen Abklärung bezüglich der **sachlichen Normzuständigkeit**, weil die Möglichkeit besteht, dass die Bestimmungen der Vereinten Nationen über Verträge über den internationalen Warenkauf (vom 11.4.1980, in: BGBl. **1989** II 588) zur Anwendung gelangen könnten. Der Anwendungsbereich wird in Art. 1 CISG detailliert geregelt. Die Vorschriften weichen oft von der im Obligationenrecht vorgenommenen Regelung und ebenfalls in einzelnen von deren Interpretierung ab. So etwa verstehen die schweizerische Doktrin und Praxis den Kauf nach Muster oder auf Probe als «besondere Form der Eigenschaftszusicherung», Art. 34 Abs. 1 CISG indessen «als Unterfall der Beschaffenheitsvereinbarung» (vgl. dazu die eingehenden Ausführungen bei Akikol, 165 ff. zum Kauf nach Muster und Kauf auf Probe).

2 Art. 222 befasst sich daher weder mit der begrifflichen Abgrenzung, noch dem Rechte- und Pflichtenprogramm der Parteien. Sie ergeben sich denn auch grösstenteils aus dem allgemeinen Vertragsrecht in Verbindung mit den Normen über den Kauf (BK-Giger, Art. 184 ff. OR; vgl. ferner zustimmend Akikol, 166 sowie CR CO I-Venturi, N 1).

II. Begriff und Rechtsnatur

3 Der Gesetzgeber hat auf die Umschreibung des Begriffs «Kauf nach Muster» verzichtet. Es handelt sich um einen gewöhnlichen Kauf mit der Besonderheit, dass Musterkonformität zum Vertragsinhalt gehört. Guhl/Koller/Schnyder/Druey umschreiben ihn als eine besondere Erscheinungsform des Kaufs mit zugesicherten Eigenschaften (S. 348). Die Abweichung vom Normaltypus Kauf besteht mithin in einer verabredeten Qualitätsbestimmung, deren Beweisbarkeit durch Übergabe eines Musters bei Vertragsabschluss sichergestellt wird (vgl. im Wesentlichen übereinstimmend BK-Becker, N 1; ZK-Oser/Schönenberger, N 1; ferner Altherr/Brem/Bühlmann, 225; Bucher, BT, 128; Cavin, SPR VII/1, 158 f.; Guhl/Koller/Schnyder/Druey, § 41 N 43 ff.; Keller/Siehr, 137 f.; Streiff/Pellegrini/von Kaenel, 49; für das **deutsche** Recht: Larenz, II/1, 102; Palandt-Gramm, § 494 BGB N 1; zur **Praxis**: BGE 11 373; 17 277; 20 973; 22 512; 26 II 557; 38 II 544; 75 II 220). Rechtstechnisch handelt es sich um die Zusicherung von Eigenschaften (so vorab auch BK-Becker, N 1; ZK-Oser/Schönenberger, N 1 und 3; ferner Bucher, BT, 128; Cavin, SPR VII/1, 158 f.; Honsell, OR BT, 184; Jäggi, 67 ff.), für die der Verkäufer einzustehen hat (vgl. BGE 71 II 241; 73 II 220 ff.; 88 II 416). «Zusicherung» bedeutet die verbindliche Willenserklärung des Verkäufers, eine Sache zu liefern, welche die behaupteten Eigenschaften aufweist (dazu BK-Giger, Art. 197 OR N 6 ff.).

4 Die Zusicherung von Eigenschaften, mithin auch der Musterkonformität (vgl. N 1), ist – entgegen etwa Stauffer (ZBJV 1944, 145 ff.) und, ihm folgend, dem BGer (BGE 71 II 241; 73 II 220; 88 II 416) – keine gesetzliche Haftung, sondern **Vertragsbestandteil** (dazu ausführlich BK-Giger, Art. 197 OR N 8 ff.).

Jeder **Ausschluss** vom Anwendungsbereich orientiert sich an der Zweckausgerichtetheit des «Kaufs nach Muster»: Letzterer besteht zunächst in einer «Vergegenständlichung» der Eigenschaft der zu bestellenden Ware (GUHL/KOLLER/SCHNYDER/DRUEY, § 41 N 43), im Ermöglichen einer Durchführung der Eignungs- bzw. Tauglichkeitsprüfung am Objekt sowie in der Beweissicherung für die zugesicherten und vereinbarten Wareneigenschaften (vgl. ebenfalls HUGUENIN, OR AT/BT, § 28 N 2346 ff.; ferner BGE 75 II 217, 220). Die Voraussetzungen werden im Obligationenrecht teilweise abweichend vom Übereinkommen der Vereinten Nationen über Verträge über den Internationalen Warenkauf (CISG) geregelt (vgl. Art. 35 Abs. 1 und 2 lit. c CISG; dazu AKIKOL, 166). Nicht erfasst sind danach etwa **Normal- oder Typenmuster** (vgl. TERCIER/FAVRE, N 1498: «C'est pourquoi l'art. 222 ne s'applique pas si ‹l'échantillon› n'est destiné qu'à donner une idée de la nature de la marchandise [échantillon type, Typenmuster, campione tipo], ou s'il s'agit d'un prélèvement devant permettre à l'acheteur de vérifier provisoirement la marchandise»; BGE 23 832; 38 II 544), **Durchschnittsmuster** (bei Geschäftsabschlüssen nach sog. Standards), **Ausfallmuster** (die nur der Qualitätsprüfung dienen; dazu BGE 22 512) und ganz allgemein sog. **«verbindliche Muster»** (ihr Zweck erschöpft sich in der Bezeichnung der Warensorte: BGE 23 832; 38 II 544).

III. Anwendungsbereich

Der «Kauf nach Muster» regelnde Art. 222 enthält – verglichen mit dem gewöhnlichen Kauf – einige Besonderheiten. Der Normzuständigkeit muss daher volle Aufmerksamkeit gewidmet werden: Sachlich erstreckt sich der Geltungsbereich mithin nur auf Kaufverträge, die mit Bezug auf das vorgelegte Muster eine Eigenschaftszusicherung enthalten (dazu etwa BUCHER, BT, 128; CAVIN, SPR VII/1, 158 f.; HONSELL, OR BT, 184; vgl. ebenfalls TERCIER/FAVRE, N 1495 ff.). Fehlt eine entsprechende Zusatzabrede, so liegt nur ein **Typenmuster** vor, «das ein Bild von der Beschaffenheit des Kaufgegenstandes nach seiner äusseren Erscheinung geben soll» (GUHL/KOLLER/SCHNYDR/DRUEY, 348, N 43 ff.; vgl. ferner TERCIER/FAVRE 219, N 1495), so etwa hinsichtlich Form, Farbe und Gattung (KELLER/SIEHR, 138). Musterqualität i.S.v. Art. 222 beanspruchen indessen selbst diese Hinweise auf die Beschaffenheit, wenn ihre Einhaltung durch Zusicherung garantiert wird (gl.M. BUCHER, BT, 128; HONSELL, OR BT, 184; vgl. auch JÄGGI, 67 ff.; ferner BGE 38 II 544). 5

Nicht unter den Anwendungsbereich von Art. 222 fällt sodann das **Ausfallmuster** (GUHL/KOLLER/SCHNYDER/DRUEY, § 41 N 43 ff.; KELLER/SIEHR, 138; TERCIER/FAVRE, N 1498). Hierbei handelt es sich um ein Muster, dass dem Käufer nicht im Zeitpunkt des Vertragsabschlusses, sondern erst nachträglich, zumeist vor der Ablieferung, übergeben wird (BUCHER, BT, 128; GAUCH/AEPLI/CASANOVA, 78). Darin liegt keine Zusicherung. Es soll der Käufer einfach in die Lage versetzt sein, zu prüfen, ob die Ware seinen Erwartungen entspricht. 6

IV. Normzweck

Mit Art. 222 will der Gesetzgeber nur eine im Handel relativ häufig vorkommende Modifikationsvariante des Kaufs hinsichtlich ihrer beweisrechtlichen Sonderstellung regeln (ALTHERR/BREM/BÜHLMANN, 224 f.; BUCHER, BT, 128; CAVIN, SPR VII/1, 160; vgl. ferner TERCIER/FAVRE, N 1495 ff.; dazu ebenfalls AKIKOL, 166 und die dort zitierte Literatur und Rsp.; zur **Praxis** BGE 75 II 220 ff., vorab E. 2). Die Vorschrift dient deshalb dem Schutz **beider** Parteien, die auf solche Weise schwierigen Qualitätsabgrenzungsproblemen etwa im Zusammenhang mit der Sachmängelhaftung entgehen können (TERCIER, Contrats, N 1311 ff.). 7

V. Voraussetzungen

Damit ein «Kauf nach Muster» rechtsgültig zustande kommt, muss sich der Konsens auf die Zusicherung der Musterkonformität erstrecken (BK-BECKER, Art. 223 OR N 1; ferner AKIKOL, 168 f.; CAVIN, SPR VII/1, 159; GUHL/KOLLER/SCHNYDER/DRUEY, § 41 N 43; ZK-OSER/SCHÖNENBERGER, Art. 222 OR; TERCIER, N 1308; TERCIER/FAVRE, N 1499). Vorausset- 8 zung ist ferner, dass das Muster einer Partei oder einem Dritten im Zeitpunkt des Vertragsabschlusses anvertraut wird (KELLER/SIEHR, 138). Der Käufer hat den Beweis für das Vorhandensein dieser Erfordernisse zu leisten; ihn trifft die Beweislast.

VI. Normanalyse

1. Vertragsentstehung

9 Das beim gewöhnlichen Kauf vorgesehene Vertragsentstehungsprogramm erfährt durch Art. 222 eine wesentliche, durch die besondere Rechtsnatur vorprogrammierte Erweiterung: «Kauf nach Muster» entsteht rechtsgültig, wenn die übereinstimmenden gegenseitigen Willensäusserungen der Parteien – nebst dem Vorhandensein der für den Kaufvertrag üblichen Voraussetzungen – auch die Zusicherung der durch Muster belegten Eigenschaften erfasst (TERCIER, Contrats, N 1308). Zusicherung der Musterkonformität und Übergabe des Musters an eine Partei oder einen Dritten zu treuen Händen gehören zu den essentialia negotii des «Kaufs nach Muster». Das rechtsgültige Zustandekommen des Vertrags setzt grundsätzlich voraus, dass die gegenseitigen Austauschleistungen bestimmbar sind (dazu grundsätzlich GIGER, Annuario, 79 ff.).

2. Vertragserfüllung

10 Der normale Untergangsgrund einer Obligation ist die störungsfreie und vertragskonforme Verwirklichung des Parteiwillens; mithin die richtige Erfüllung (vgl. GIGER, SJZ 1965, 85 ff.). Sie liegt vor bei Erbringen des quantitativ und qualitativ richtigen Leistungsinhalts durch die richtige Person an die richtige Person zur richtigen Zeit und am richtigen Ort. Jede Abweichung vom Abmachungsprofil stellt eine nicht gehörige Erfüllung gem. Art. 97 dar.

11 Die Besonderheit beim Kauf nach Muster liegt im Erfordernis einer musterkonformen Leistung: Die gelieferte Ware muss m.a.W. hinsichtlich aller vertragswesentlichen Faktoren (vorab Qualität, Form, Mass, Farbe, Eigenschaft, Funktion u.a.m.) mit dem Muster übereinstimmen (indirekt: CAVIN, SPR VII/1, 159; vgl. ferner AKIKOL, 169 ff.; sodann TERCIER, Contrats, N 1308).

3. Vertragsverletzung

12 Die besonderen Aspekte einer Vertragsverletzung beim «Kauf nach Muster» betreffen die nicht musterkonforme Leistung (vgl. in diesem Zusammenhang die entsprechenden Hinweise, auch im Vergleich zu den Bestimmungen über die Besonderheiten beim internationalen Warenkauf, vorab Art. 35 CISG, bei AKIKOL, 109 ff.; GUHL/KOLLER/SCHNYDER/DRUEY, § 41 N 45; ZK-OSER/SCHÖNENBERGER, N 10; sodann zur **Praxis** BGE 26 II 551, 557; 76 II 221 E. 4). Jede Abweichung vom Muster bedeutet nicht gehörige Erfüllung (grundsätzlich GIGER, FS Giger, 559 ff.). Sofern die Abweichung den Kaufgegenstand als solchen betrifft, sind nicht nur die allgemeinen Normen (vorab Art. 97), sondern in alternativer Konkurrenz ebenfalls die Gewährleistungsnormen (Art. 197 ff. OR; dazu BK-GIGER, Vor Art. 197–210 N 1 ff. sowie Art. 97 N 1 ff. und die dort angeführte Literatur und Rsp.) anwendbar (vgl. KELLER/SIEHR, 138; TERCIER/FAVRE, N 1499; ferner BGE 75 II 221). Es bedarf keines qualifizierten Sachmangels, weil sich die Haftung gem. Art. 197 hier aus der **vertraglichen** Zusicherung von durch Muster belegten Eigenschaften ergibt (dazu BK-GIGER, Art. 197 OR N 6 ff., vorab N 34 ff.).

13 Die Formalien sind bei Anwendung von Art. 197 ff. indessen einzuhalten (ausführlich BK-GIGER, Art. 197 OR N 6 ff.): *Prüfen der Abweichung* «sobald es nach dem üblichen Geschäftsgange tunlich ist» (Art. 201 Abs. 1 OR; ausführlich BK-GIGER, Art. 201 OR N 1 ff., vorab N 33 ff. m.w.Hw.), sofortige Anzeigepflicht (Art. 201 Abs. 1; dazu BK-GIGER, Art. 201 OR

N 61 ff., vorab N 75 ff.), substantiierte Rüge der einzelnen Unvereinbarkeiten zwischen gelieferter Ware und Muster (Art. 201 Abs. 1 OR; dazu BK-GIGER, Art. 201 OR N 62 ff., 75 ff.), Verjährung mit Ablauf eines Jahres nach Ablieferung der Ware (Art. 210; eingehend BK-GIGER, Art. 210 OR N 1 ff. sowie die hier zitierte Doktrin und Rsp.). Im Übrigen schliesst die Übereinstimmung der Sache mit dem Muster keineswegs aus, dass die Ware nicht aus anderen Gründen mangelhaft erscheint (dazu BK-GIGER, Art. 222 OR N 20 ff.).

Die Übereinstimmung der Sache mit dem Muster bedeutet indessen keineswegs, dass die Ware nicht aus andern Gründen mangelhaft erscheint (Vorgehen nach Art. 197 ff.) oder sonst nicht vertragskonform geleistet wurde (z.B. Verletzung von Nebenpflichten: Vorgehen nach Art. 97). 14

4. Vertragsbeendigung

Die normale Beendigung des Kaufvertrags nach Muster vollzieht sich mit der musterkonformen Lieferung (zur gehörigen Erfüllung vgl. BK-GIGER, Art. 184 OR N 10 ff. m.w.Hw.) und Bezahlung der Ware (zur Leistungspflicht des Käufers BK-GIGER, Art. 184 OR N 185 ff. m.w.Hw.). 15

Die ausserordentlichen Beendigungsgründe weisen keine vertragstypenbezogenen Besonderheiten auf. 16

VII. Beweisregeln

1. Grundsätzlich

Die Bedeutung von Art. 222 erschöpft sich im Lösungsangebot beweisrechtlicher Anordnungen: Es wird eine **widerlegbare Vermutung der Musterkonformität** aufgestellt (BUCHER, BT, 128); eine Vermutung, die selbst dann gilt, wenn der Musterempfänger das Muster vorübergehend aus der Hand gegeben hat (BGE 75 II 222; vgl. im Übrigen BK-GIGER, Art. 222 OR N 26 ff.; ferner TERCIER/FAVRE, N 1495 ff.). 17

Übersehen wird oft eine wichtige Obliegenheit des Käufers (BK-GIGER, Art. 184 OR N 153 ff.). Er muss, um einen Rechtsverlust zu vermeiden, das ihm bzw. einem Dritten anvertraute Muster in Übereinstimmung mit dem üblichen Geschäftsgang prüfen und eine festgestellte Mangelhaftigkeit sofort rügen (Art. 201 OR; ausführlich BK-GIGER, Art. 201 OR N 21 ff. sowie N 61 ff. und die dort zitierte Literatur und Praxis). Andernfalls hat er stillschweigend die Lieferung gleichermassen mangelhafter Ware als gehörige Erfüllung genehmigt (BGE 76 II 221 E. 4). 18

2. Musteridentität

Die zugesicherte Musterkonformität kann nur dann in zuverlässiger Weise geprüft werden, wenn das nach der Lieferung vorgewiesene Muster mit dem ursprünglichen (anvertrauten, dazu: BK-GIGER, N 33 ff.) Muster identisch ist. Wer trägt nun im Konfliktsfall die Beweislast für die **Echtheit** des Musters? 19

Grundsätzlich hat gestützt auf die allgemeine Regel von Art. 8 ZGB derjenige den Beweis für eine behauptete Tatsache zu erbringen, der aus ihr Rechte ableitet. Danach obläge die Beweislast für die Echtheit des Musters grundsätzlich dem Käufer (BK-BECKER, N 10; ZK-OSER/SCHÖNENBERGER, N 12; CAVIN, SPR VII/1, 160; GUHL/KOLLER/SCHNYDER/DRUEY, § 41 N 43 ff.; KELLER/SIEHR, 139; vgl. ferner BK-GIGER, N 38 ff. sowie TERCIER/FAVRE, N 1502). 20

a) Übergabe des Musters an Vertragspartei

21 Die allgemeine Beweislastregel von Art. 8 ZGB wird nun durch Art. 222 erheblich modifiziert, falls der Verkäufer das Muster einer **Vertragspartei** anvertraut: Der Gesetzgeber verlangt von Letztgenannter keinen Echtheitsbeweis, sondern begnügt sich mit einer «persönlichen Versicherung vor Gericht» (Art. 222 Abs. 1). Eine mündliche Versicherung vor dem Richter ist nicht erforderlich. Es genügt u.a. auch eine vom Käufer unterzeichnete und dem Gericht eingereichte Erklärung (dazu GAUCH/AEPLI/CASANOVA, 74; GUHL/KOLLER/SCHNYDER/DRUEY, § 41 N 43 ff.; KELLER/SIEHR, 139; ferner zur **Praxis** BGE 75 II 222 f.). Durch eine entsprechende Echtheitsbezeugung vor Gericht wird der Beweis für die Musteridentität erbracht. Es ist Sache der Partei, der das Muster nicht anvertraut war, die Übereinstimmung zwischen übergebenem und vorgezeigtem Muster zu beweisen (TERCIER, Contrats, N 1311; TERCIER/FAVRE, N 1502). Der Gegenpartei steht stets der Beweis der Unechtheit offen (Art. 222 Abs. 2; BK-BECKER, N 10 a.E. spricht hier von «Entlastungseid»; vgl. KELLER/SIEHR, 139; TERCIER, Contrats, N 1312; ferner BGE 75 II 217).

22 Vertraut der Verkäufer etwa dem **Käufer** das Muster an, führt dies gestützt auf Art. 222 – was die Echtheit des Musters anbelangt – zur Umkehrung der allgemeinen Beweislastregel. Das trifft auch auf Fälle zu, bei denen das Muster – prüfungsbedingt – nachträglich Veränderungen erlitt. Nur wo ihre Notwendigkeit fehlt, bleibt es bei der allgemeinen Beweisregel nach Art. 8 ZGB (KELLER/SIEHR, 139; TERCIER/FAVRE, N 1502).

23 Die Ursache dieser beweistechnischen Privilegierung der Vertragspartei durch den Gesetzgeber liegt in den sonst beinah unüberwindlichen Beweiserbringungsschwierigkeiten.

b) Übergabe des Musters an Dritte

24 Eine andere Situation liegt vor, wenn der Verkäufer das Muster einem **Dritten** anvertraut. Art. 222 Abs. 1 und 2 finden hier keine Anwendung (KELLER/SIEHR, 139). Das geht aus einer Normanalyse hervor; spricht doch Art. 222 von «Gegenpartei». Damit ist ausgedrückt, dass die gesetzgeberische Privilegierung nur inter partes wirkt. Wer sich folglich auf das einem Dritten anvertraute Muster beruft, hat für die Echtheit gem. Art. 8 ZGB den Beweis zu erbringen (BK-BECKER, N 10; ZK-OSER/SCHÖNENBERGER, N 15; KELLER/SIEHR, 139; sodann BGE 75 II 222).

3. Musterkonformität

25 Der Gesetzgeber hat es unterlassen, für die Musterkonformität eingehende Regeln aufzustellen. Die Beweislastregel von Art. 222 bezieht sich nicht etwa auf vom Muster abweichende Eigenschaften der gelieferten Sache (BUCHER, BT, 128). Durch Umkehrschluss aus Art. 222 Abs. 3 OR lassen sich aber entsprechende Differenzierungen vornehmen.

a) Regel bei noch vorhandenem Muster

26 Steht das Muster im Konfliktfall noch zur Verfügung, ist es m.a.W. weder «verdorben oder zu Grunde gegangen» (Art. 222 Abs. 3), gilt der allgemeine Beweisgrundsatz von Art. 8 ZGB (vgl. BGE 75 II 206): Der Verkäufer muss beweisen, dass die von ihm gelieferte Ware mit dem Muster übereinstimmt (hierzu BK-BECKER, N 11; ferner ALTHERR/BREM/BÜHLMANN, 224 f.; KELLER/SIEHR, 139; TERCIER, Contrats, N 1309; vgl. dazu auch die **Praxis**: BGE 75 II 206 f.; sodann zu den bestehenden Kontroversen BK-GIGER, N 48).

b) Regel bei nicht mehr vorhandenem Muster

27 Gemäss Art. 222 Abs. 3 trägt der Käufer die Beweislast für die fehlende Musterkonformität der Ware, sofern letztere ihm anvertraut wurde oder er für deren Beeinträchtigung bzw. Untergang die (kausale) Verantwortung trägt (ZK-OSER/SCHÖNENBERGER, N 14, die sich aber nicht zu den übrigen Varianten äussern; ferner Bucher, BT, 128; Cavin, SPR VII/1, 159 f. sowie Keller/Siehr, 139). Das gilt nicht, wenn das Muster dem Verkäufer oder einem Dritten anvertraut war (Keller/Siehr, 139; vgl. im Übrigen die detaillierte Auseinandersetzung bei BK-Giger, N 50 ff., insb. auch zu den Problemen Normanalyse [N 56 ff.], Umfang der Übereinstimmung zwischen Muster und Ware [N 58 ff.] sowie zum Haftungsausschluss für geheime Mängel [N 64]).

Art. 223

B. Kauf auf Probe oder auf Besicht
I. Bedeutung

1 Ist ein Kauf auf Probe oder auf Besicht vereinbart, so steht es im Belieben des Käufers, ob er die Kaufsache genehmigen will oder nicht.

2 Solange die Sache nicht genehmigt ist, bleibt sie im Eigentum des Verkäufers, auch wenn sie in den Besitz des Käufers übergegangen ist.

B. Vente à l'essai ou à l'examen
I. Sa nature

1 Dans la vente à l'essai ou à l'examen, l'acheteur est libre d'agréer la chose ou de la refuser.

2 Tant que la chose n'est pas agréée, le vendeur en reste propriétaire, même si elle est passée en la possession de l'acheteur.

B. Vendita a prova o ad esame
I. Nozione

1 Se la vendita fu fatta a prova o ad esame, è in facoltà del compratore di approvare o no la cosa.

2 Finché la cosa non sia approvata, rimane in proprietà del venditore, quand'anche sia passata in possesso del compratore.

Art. 224

II. Prüfung beim Verkäufer

1 Ist die Prüfung bei dem Verkäufer vorzunehmen, so hört dieser auf, gebunden zu sein, wenn der Käufer nicht bis zum Ablaufe der vereinbarten oder üblichen Frist genehmigt.

2 In Ermangelung einer solchen Frist kann der Verkäufer nach Ablauf einer angemessenen Zeit den Käufer zur Erklärung über die Genehmigung auffordern und hört auf, gebunden zu sein, wenn der Käufer auf die Aufforderung hin sich nicht sofort erklärt.

II. Examen chez le vendeur

1 Lorsque l'examen doit se faire chez le vendeur, celui-ci cesse d'être lié si l'acheteur n'a pas agréé la chose dans le délai fixé par la convention ou par l'usage.

2 Faute d'un delai ainsi fixé, le vendeur peut, après un laps de temps convenable, sommer l'acheteur de déclarer s'il agrée la chose, et il cesse d'être lié si l'acheteur ne se prononce pas immédiatement.

II. Esame presso il venditore

1 Quando la prova o l'esame debba farsi presso il venditore, questi cessa d'essere obbligato, se il compratore non approvi entro il termine pattuito o fissato dall'uso.

2 In difetto di tal termine, il venditore, trascorso un tempo conveniente, può diffidare il compratore a dichiararsi sull'approvazione, e cessa d'essere obbligato se il compratore non si dichiari sull'istante.

Art. 225

III. Prüfung beim Käufer

1 Ist die Sache dem Käufer vor der Prüfung übergeben worden, so gilt der Kauf als genehmigt, wenn der Käufer nicht innerhalb der vertragsmässigen oder üblichen Frist oder in Ermangelung einer solchen sofort auf die Aufforderung des Verkäufers hin die Nichtannahme erklärt oder die Sache zurückgibt.

[2] Ebenso gilt der Kauf als genehmigt, wenn der Käufer den Preis ohne Vorbehalt ganz oder zum Teile bezahlt oder über die Sache in anderer Weise verfügt, als es zur Prüfung nötig ist.

III. Examen chez l'acheteur

[1] Lorsque la chose a été remise à l'acheteur avant l'examen, la vente est réputée parfaite si l'acheteur ne déclare pas refuser la chose ou ne la rend pas dans le délai fixé par la convention ou par l'usage, ou, faute d'un délai ainsi fixé, immédiatement après la sommation du vendeur.

[2] La vente est également réputée parfaite si l'acheteur paie sans réserves tout ou partie du prix, ou s'il dispose de la chose autrement qu'il n'était nécessaire pour en faire l'essai.

III. Esame presso il compratore

[1] Quando la cosa sia stata consegnata al compratore prima della prova o dell'esame, la vendita si ritiene approvata, se egli non dichiari di rifiutare la cosa o non la restituisca nel termine pattuito o fissato dall'uso, o in difetto di termine, subito dopo la diffida del venditore.

[2] La vendita ritiensi pure approvata, quando il compratore paghi senza riserva l'intero prezzo o parte del medesimo, o disponga della cosa diversamente da ciò che è necessario per la prova o l'esame.

Die Bestimmungen Art. 223 bis und mit Art. 225 bilden inhaltlich eine Einheit, deren separate Kommentierung zu ständigen Wiederholungen, Überschneidungen und weiteren, die Verständlichkeit beeinträchtigenden Abgrenzungen führte. In Berücksichtigung dieser Einsichten werden deshalb nachfolgend alle drei Vorschriften im Bereich von «Kauf auf Probe oder auf Besicht» (Art. 223: Bedeutung, Art. 224: Prüfung beim Verkäufer, Art. 225: Prüfung beim Käufer) einer systematisch gesamtheitlichen Analyse unterzogen.

Literatur

Beck-Mannagetta, Der Prüfungskauf, ÖJZ 1984, 427 ff.; Bizeul, Le télé-achat et le droit des contrats, Paris 1998; Bucher, Der Trödelvertrag, mit den Augen Ulpians betrachtet, in: Forstmoser/Tercier/Zäch (Hrsg.), FS für Walter R. Schluep, Zürich 1988, 55 ff. (zit. FS Schluep); Comment, Kauf auf Probe oder auf Besicht, in: Schweizerische Juristische Kartothek, Ersatzkarte 232, 1971; Knellwolf, Zur Konstruktion des Kaufs auf Probe, Diss. Zürich 1987; Langer, Verträge mit Privatkunden im Internet: Abschluss und Abwicklung grenzüberschreitender Konsumentenverträge nach dem Recht der Europäischen Gemeinschaft, der Schweiz und Deutschlands, in Band 9: Studien zum Verbraucherrecht, Diss. Genf 2003; Matt, Der bedingte Vertrag im schweizerischen und liechtensteinischen Privatrecht, ZStP – Zürcher Studien zum Privatrecht Bd. Nr. 260, 2014, 84 f.; Misera, Der Kauf auf Probe im klassischen römischen Recht, in: Aufstieg und Niedergang der römischen Welt, II, Principat, Bd. 14, 1982, 525 ff.; Oftinger, Der Trödelvertrag, Zürich 1937; Piotet, Les contrats estimatoire: dit de soumission ou de consignation (Trödelvertrag), Abhandlungen zum Schweizerischen Recht, Bern 1967; Pugatch, Werberecht für die Praxis, Zürich 2007; vgl. ausserdem die Literaturhinweise zu Art. 222.

I. Vorbemerkungen

1 Der Gesetzgeber widmet dem «Kauf auf Probe» zwar drei Bestimmungen; indessen verzichtet er auch hier auf eine selbst nur einigermassen vollständige normative Erfassung dieses Rechtsinstituts. So regelt er die Genehmigung durch den Käufer (Art. 223), die Eigentumsübertragung (Art. 223) sowie die Bedeutung der Prüfung (Art. 224 und 225), mithin eine eher bescheidene Auswahl aus dem Problemkatalog. Dabei muss man sich allerdings bewusst sein, dass auch die Vorschriften des Allgemeinen Teils des Obligationenrechts sowie vorab die Bestimmungen über den Kauf (Art. 184 ff.) zur Normzuständigkeit zählen. Es geht bei den spezifischen Regeln über den «Kauf auf Probe oder auf Besicht» folglich mehr um ergänzende Normen, die sich mit den **besonderen** Aspekten dieser Kaufvertragsvariante befassen.

2 Bemerkenswert ist die Tatsache, dass hierzulande selbst Doktrin und Praxis dieser Vertragsgestaltungsmöglichkeit die kalte Schulter zeigen: Selten begegnet man einem veröffentlichten

Urteil, und es fehlen – abgesehen von einer eher dogmengeschichtlichen systematischen Gesamtdarstellung (KNELLWOLF) – auch normanalytische Abhandlungen und Aufsätze. «Kauf auf Probe oder auf Besicht» ist die Domäne der Lehrbücher und Skripten.

II. Begriff und Rechtsnatur

Eine Legaldefinition fehlt. Das hatte zwangsläufig zu Unsicherheiten bezüglich der Begriffsbildung geführt: Die h.M. (BK-BECKER, Art. 223–225 OR N 1; BUCHER, BT, 129; DERS., FS Schluep; VON BÜREN, BT, 59, der allerdings eine gewisse Ähnlichkeit zum Trödelvertrag entdeckt: N 253; CAVIN, SPR VII/1, 160 f.; ENGEL, contrats, 61 ff.; GAUCH/AEPLI/CASANOVA, 79; GUHL/KOLLER/SCHNYDR/DRUEY, 349; HONSELL, OR BT, 160 f.; KELLER/SIEHR, 140; ZK-OSER/SCHÖNENBERGER, Art. 223 OR N 3 ff.; MATT, ZStP 2014, 84 f.; TERCIER/FAVRE, N 1508: «Il s'agit d'une vente subordonnée à la condition suspensive de l'agrément de l'acheteur (CO 151; GST, n. 2640; Tercier, PDO, n. 455). Un contrat de vente est conclu, mais il est boiteux («negotium claudicans»): L'engagement du vendeur est pur et simple, mais l'engagement de l'acheteur est subordonné à son agrément ultérieur»; vgl. ferner für das **deutsche** Recht LARENZ, II/1, 103 sowie Palandt-GRAMM, § 495 BGB N 1) erblickt im «Kauf auf Probe oder auf Besicht» einen gewöhnlichen Kaufvertrag mit der Besonderheit, dass seine Wirksamkeit vom Eintritt einer aufschiebenden Potestativbedingung (Art. 151) abhängt. Als Bedingung gilt die **Genehmigung** der Kaufsache. Hierfür spricht der Gesetzestext: Danach steht die Genehmigung trotz zustandegekommener Vereinbarung immer noch «im Belieben des Käufers» (Art. 223 Abs. 1). Das stärkste vertragstypenbestimmende Merkmal besteht nun in der uneingeschränkten Freiheit des Käufers, sich nach Erhalt der Ware und erfolgter Prüfung darüber zu entscheiden, ob er genehmigen oder ablehnen will; gleichgültig, «ob sie tatsächlich gefällt oder nicht» (vorab ZK-OSER/SCHÖNENBERGER, Art. 223 OR N 4 ff., die zwischen «Billigung» i.S. einer Vorstellungsäusserung und «Genehmigung» differenzieren; ferner BK-BECKER, Art. 223–225 N 1; VON BÜREN, BT, 59, der das «unverfälschte Potestativmoment» als Merkmal des Geschäfts erklärt; CAVIN, SPR VII/1, 160; GAUCH/AEPLI/CASANOVA, 79; HONSELL, OR BT, 185 f.; KELLER/SIEHR, 140; TERCIER, Contrats, 193 N 1316 ff.; sodann BGE 55 II 44; 55 II 192; ZBJV 1945, 327; ZR 1933, 338 f. Nr. 172; vgl. ebenfalls den Entscheid CJ GE vom 11.6.1982, SJ 1983, 18 ff.; für das **deutsche** Recht: LARENZ, II/1, 103; PALANDT-GRAMM, § 495 BGB N 1). In Übereinstimmung mit dieser Gedankenführung hat der AppHof BE durch Urteil vom 1.7.1941 (ZBJV 1942, 516) die mit einer Vorbehaltsklausel (Besichtigung durch ihre Mutter) verbundene schriftliche Kaufabrede zwischen Braut und Möbelhändler als «Kauf auf Besicht» qualifiziert, dessen Annahme oder Ablehnung immer noch im freien Ermessen der Käuferin stehe. In einem Urteil der Obergerichtskommission vom 11.9.1980 (AbR 1980/81 Nr. 63) hatten sich die Rechtsprechungsorgane über die Abgrenzung zwischen Kommissionsvertrag, Kauf auf Probe oder auf Besicht und Trödelvertrag (E. 1) ausgesprochen. 3

Die von der herrschenden Meinung abweichenden Interpretationsversuche stammen alle aus der heute weitgehend überwundenen Experimentierphase, einer schon lange zurückliegenden Zeitepoche, oder von Autoren und Gerichtsinstanzen, die sich anhand jener Überlegungen orientieren: Kauf auf Probe als **Offerte** des Verkäufers, die der Genehmigung des Käufers bedarf. **Vorvertrag, Kommission** oder **Trödelvertrag** (BUCHER, FS Schluep; OFTINGER; PIOTET, 728 ff.) sind die Stichworte, unter deren Regime versucht wird, den unvollständigen und auslegungsbedürftigen Formulierungen des Gesetzgebers eine inhaltlich passende Struktur zu verleihen. Diese Typisierungsversuche dürfen indessen heute als gescheitert betrachtet werden (vgl. vorab ZK-OSER/SCHÖNENBERGER, Art. 223 OR N 3 ff.; ferner BK-BECKER, Art. 223–225 OR N 2; BUCHER, BT, 129; CAVIN, SPR VII/1, 160 f.; HONSELL, OR BT, 185 f.; KELLER/SIEHR, 140; MATT, ZStP 2014, 85 FN 433, sowie zur Abgrenzung zwischen Kauf auf Probe oder Besicht, Kommission und Trödelvertrag OGer-Kommission OW 1980, SJZ 1983, 230 f.). Das gilt vorab für den Vorvertrag, der als Vertragsabschlussobligation zu 4 gelten hat, mithin einen doppelseitig wirkenden Kontrahierungszwang mit Bezug auf einen bestimmten Vertragsinhalt begründet. Das steht der vom Gesetzgeber beim «Kauf auf Probe» zementierten absoluten Abschlussfreiheit des Käufers diametral entgegen.

Ausführliche Darlegungen zum Bedingungscharakter und Bedingungsinhalt sowie zur Bedingungswirkung, dann aber auch zur Abgrenzung von verwandten Rechtsfiguren finden sich bei BK-GIGER, Art. 223–225 OR N 9 ff.

III. Anwendungsbereich

5 Nicht immer einfach ist das Abgrenzungsproblem. Auch TERCIER erwähnt die Tatsache, dass der Kauf auf Probe einen Zustand der Unsicherheit schafft (vgl. TERCIER, Contrats, 194 N 1319: «La vente à l'essai crée un état d'incertitude; le vendeur ne peut rester indéfiniment à la merci de l'acheteur. Il faut qu'il puisse savoir le plus tôt possible à quoi s'en tenir.»; unverändert: TERCIER/FAVRE, N 1511) Vielfach hängen die Lösungsmodelle von einer sorgfältigen Abklärung des Tatbestands ab (so etwa OGerKommission OW 1980 SJZ 1983, 230 f.; vgl. ferner AppH BE, ZBJV 1942, 516).

6 Kauf **nach** Probe bedeutet Kauf nach Muster. Schliessen die Parteien einen Kaufvertrag **zur** Probe ab, liegt ein unbedingter Stückkauf vor, der gewissermassen «zur Probe» dient mit der Aussicht auf weitere Abnahme (HONSELL, OR BT, 185). Zu unterscheiden vom «Kauf auf Probe» ist ferner der **Kauf mit Umtauschvorbehalt**. Hier fehlt die absolute Disponierentscheidungsfreiheit des Käufers; sie wird auf den Umtausch begrenzt (BK-BECKER, Art. 223–225 OR N 3). Es handelt sich vielmehr um einen Kauf mit alternativer Ermächtigung (vgl. ZK-OSER/SCHÖNENBERGER, Art. 223 OR N 8). Lediglich eine Realofferte stellt die blosse **Ansichtssendung** dar (BUCHER, BT, 129; KELLER/SIEHR, 140).

7 In diesem Zusammenhang wird allerdings deutlich, wie problematisch sich eine klare Abgrenzung zwischen den Typisierungsvarianten «aufschiebend potestativ bedingte Kaufabrede» und «blosse Realofferte» gestaltet; dies v.a. mit Rücksicht auf Art. 6, wonach ein binnen angemessener Frist nicht abgelehnter Vertrag als rechtsgültig abgeschlossen gilt, sofern «wegen der besonderen Natur des Geschäftes oder nach den Umständen eine ausdrückliche Annahme nicht zu erwarten» ist (vgl. allerdings in diesem Zusammenhang den Entscheid des CJ GE, SJ 1976, 109 f.). Damit gerät das Unterscheidungskriterium der «Einlassungspflicht» (ZK-OSER/SCHÖNENBERGER, Art. 223 OR N 3; vgl. auch KELLER/SIEHR, 140) in das Zwielicht der Unzuverlässigkeit.

8 Nicht immer leicht ist auch die Abgrenzung zwischen «Kauf auf Probe» und einem gewöhnlichen bedingten Kauf. Der letztgenannten Vertragsvariante fehlt die absolute Entscheidungsfreiheit des Käufers (zu genehmigen oder abzulehnen). Der Käufer ist hier in seiner Genehmigungsmöglichkeit an objektive Massstäbe (freies Ermessen; hierzu ZK-OSER/SCHÖNENBERGER, Art. 223 OR N 7) gebunden (BK-BECKER, Art. 223–225 OR N 2; CAVIN, SPR VII/1, 161). Seine Ablehnungsbefugnis verlangt – im Unterschied zum Kauf auf Probe – Begründetheit (z.B. im Hinblick auf die Verwendbarkeit einer Maschine: so CAVIN, SPR VII/1, 161). Andere inhaltliche Strukturen weisen sodann der **Kauf mit Vorbehalt der Rückgabe** des Kaufgegenstandes innerhalb bestimmter Zeit (auflösend bedingter Kauf auf Probe), der bereits erwähnte **Trödelvertrag** (Wahlobligation) sowie das **Prämiengeschäft** (dazu ZK-OSER/SCHÖNENBERGER, Art. 223 OR N 10 ff.) auf.

IV. Normzweck

9 Die drei Normen (Art. 223–225) haben – wie bereits ausgeführt (N 1) – durch die Umschreibung der Genehmigungsfunktion indirekt die allgemeine Bedeutung und Wirkung (Eigentumsübergang) skizziert (Art. 223) sowie zum Problem der Entscheidung (Aufhebung des Ge-

schäfts: Art. 224 bzw. Umwandlung in den unbedingten Kauf: Art. 225) Stellung bezogen. Schon die Einordnung dieser Bestimmungen im Normensystem des Kaufs zeigt an, dass der Gesetzgeber eine **Kaufvertragsvariante** mit der Besonderheit einer vorerst einseitigen Bindung des Verkäufers samt Genehmigungsvorbehalt des Käufers schaffen wollte. Die Abweichung vom Normalmodell, welches das Zusammenwirken von Angebot und Annahme regelt, besteht in der **Sonderstellung des Genehmigungsvorgangs**. Art. 6 weist zwar in die gleiche Richtung, verändert indessen den üblichen Vertragsabschlussmechanismus nur in dem Sinn, dass der Genehmigungseffekt durch Stillschweigen und Zeitablauf eintritt.

V. Voraussetzungen

Mangels ausdrücklicher gesetzgeberischer Anordnung bedarf der Kauf auf Probe oder auf Besicht keiner Form. Es genügt, wenn sich die Parteien durch übereinstimmende gegenseitige Willensäusserungen (ausdrücklich, stillschweigend oder konkludent) hinsichtlich sämtlicher vertragswesentlicher Punkte geeinigt haben, mithin mindestens über Kaufgegenstand und Preis sowie die typusspezifische Einräumung uneingeschränkter Freiheit des Käufers, nach Erhalt der Ware und erfolgter Prüfung zu genehmigen oder abzulehnen. 10

VI. Normanalyse

1. Vertragsentstehung

a) Grundsätzlich

Die Bestimmung der Rechtsnatur des Kaufs auf Probe beeinflusst zwangsläufig die Vertragsentstehung: Geht man vom juristischen Konzept einer Realofferte aus, entstünde der Kaufvertrag auf Probe erst mit der Genehmigung (vgl. N 3 ff.). Gesetzeswortlaut wie die vorherrschende Doktrin und Praxis gehen indessen von seiner Qualifizierung als suspensiv wie auch potestativ bedingtem Kauf aus (so ebenfalls HUGUENIN, OR AT/BT, § 14 N 1292; § 28 N 2349; ferner TERCIER/FAVRE, N 1509). Dieser entsteht mit erfolgtem Konsens. So betrachtet ist die Lieferung der Ware Erfüllungshandlung (vgl. N 17). Die Genehmigung bedeutet Eintritt der Bedingung und damit Beginn der Wirksamkeit auch für den Käufer. 11

b) Genehmigung

Eine der Besonderheiten des Kaufs auf Probe liegt nun gerade in der variablen gesetzgeberischen Ausgestaltung des Genehmigungseintritts. Damit will der Gesetzgeber Unsicherheiten beheben, die sich sonst aus der Genehmigungssituation ergeben könnten. Es ist aber auch seine Absicht, den bestehenden Schwebezustand auf ein erträgliches Mass zu kürzen (vgl. etwa VON BÜREN, BT, 59; ZK-OSER/SCHÖNENBERGER, Art. 24 OR N 1; TERCIER, Contrats, 194 N 1319 ff.). Ausgangsbasis bildet zunächst die Feststellung, dass die Rechtslage durch **ausdrückliche** Genehmigungserklärung des Käufers bereinigt wird (KELLER/SIEHR, 140). 12

Die Genehmigung durch den Käufer kann nun auch **konkludent** oder **durch Schweigen** erfolgen. Hier setzt die spezialgesetzliche Regelung ein: Die vorbehaltlose Bezahlung des ganzen oder eines Teils des Preises sowie die nicht prüfungsrelevante Verfügung über die Sache gelten i.S. einer unwiderlegbaren Rechtsvermutung (KELLER/SIEHR, 140) als Genehmigung (ZK-OSER/SCHÖNENBERGER, Art. 225 OR N 3; ferner BUCHER, BT, 129; VON BÜREN, BT, 59; KELLER/SIEHR, 140 ff.; TERCIER/FAVRE, N 1513 letzter Satz). 13

Wie ist nun aber das Schweigen juristisch einzustufen? Die Lösung dieser Frage entscheidet sich nach dem **Standort der Sache**: Liegt sie nach Vertragsabschluss noch beim **Verkäufer**, führt das Stillschweigen des Käufers grundsätzlich zur Befreiung seines Vertragspartners, wenn «bis zum Ablauf der vereinbarten oder üblichen Frist» (Art. 224 Abs. 1) keine ausdrückliche oder stillschweigende Genehmigungsäusserung erfolgt (HONSELL, OR BT, 186; ZK- 14

OSER/SCHÖNENBERGER, Art. 224 OR N 2; TERCIER/FAVRE, N 1512). Die vereinbarte Frist braucht – da vom Konsens erfasst – nicht «angemessen» zu sein; besteht eine **Übung**, gilt der durch sie bestimmte Zeitraum (vgl. auch BK-BECKER, Art. 223–225 N 6; ZK-OSER/SCHÖNENBERGER, Art. 224 OR N 3). Ist indessen keine Frist vereinbart oder üblich, so gilt eine **angemessene** Frist (CAVIN, SPR VII/1, 162). Sie muss so bemessen sein, dass dem Käufer ausreichend Zeit zur Verfügung steht, um die Sache zu prüfen. Die Aufforderungsmöglichkeit des Verkäufers (Art. 224 Abs. 2) ist als Kann-Vorschrift formuliert. Was geschieht, wenn der Verkäufer keinen Gebrauch davon macht? Bedeutet dies Einverständnis für eine Prolongation der Frist in das Unbegrenzte? Gesetzgeber, Doktrin und Praxis schweigen sich hierüber aus. M.E. setzt hier der Grundsatz von Treu und Glauben (Art. 2 ZGB) die Grenze.

15 Befindet sich die Sache beim Vertragsabschluss beim **Käufer**, so billigt der Gesetzgeber seinem Stillschweigen Genehmigungseffekt zu (Art. 225 Abs. 1; BK-BECKER, Art. 223–225 OR N 7; ZK-OSER/SCHÖNENBERGER, Art. 225 OR N 1; ferner BUCHER, BT, 129; VON BÜREN, BT, 59; CAVIN, SPR VII/1, 162; GUHL/KOLLER/SCHNYDER/DRUEY, 349; HONSELL, OR BT, 186; KELLER/SIEHR, 141; TERCIER/FAVRE, N 1513). Das Gleiche gilt ebenfalls mit Bezug auf konkludentes Verhalten (nicht prüfungsrelevantes Benützen der Ware, teilweise oder ganze Bezahlung des Kaufpreises, vgl. Art. 225 Abs. 2). Diesem Schicksal kann der Käufer nur durch Aktivität entgehen, indem er «innerhalb der vertragsmässigen oder üblichen Frist oder in Ermangelung einer solchen sofort auf die Aufforderung des Verkäufers hin Nichtannahme erklärt oder die Sache zurückgibt» (Art. 225 Abs. 1). In solcher gesetzlicher Umschreibung liegt allerdings eine **Relativierung** des in Art. 6 ausgesprochenen allgemeinen Grundsatzes (stillschweigende Annahme), weil der Ablauf einer angemessenen Frist gemäss Spezialnorm (Art. 225 Abs. 1) zur Auslösung des Genehmigungseffektes nicht genügt (vgl. allerdings den Entscheid des GE CJ civile, SJ 1976, 109 f.), sondern es der entsprechenden Aufforderung des Verkäufers bedarf.

c) Nichtgenehmigung

16 Die durch den Schwebezustand bewirkte Unsicherheit lässt sich aber auch durch entsprechende, ausdrückliche, konkludente oder stillschweigende Willensäusserung des Käufers in Richtung **Nichtgenehmigung** beseitigen (etwa BK-BECKER, Art. 223–225 OR N 10: indirekt; ZK-OSER/SCHÖNENEBERGER, Art. 225 OR N 4: indirekt; ferner ALTHERR/BREM/BÜHLMANN, 226 m.Hw. auf BGE 21 213 E. 7; vgl. ebenfalls die interessanten Überlegungen bei BUCHER, BT, 129; KELLER/SIEHR, 141).

Welches sind nun aber die Konsequenzen der Nichtgenehmigung durch den Käufer? Der Gesetzgeber hat – wie TERCIER (contrats spéciaux, 2003, 194 N 1322: «Le Code ne règle pas le sort de la chose lorsque l'achteur renonce à l'accepter»), treffend feststellt – das damit geschaffene Problem der Kostentragung (Übernahme der Auslagen für die Prüfung der Sache, des Transportes, der Wiedergutmachung des durch das notwendige Prüfen oder das eigennützige Verfügen) nicht geregelt. Das bedeutet, dass die Lösung über die Anwendung des bestehenden, nicht vertragstypenspezifischen (Kauf auf Probe) allgemeinen wie besonderen Normen des Obligationenrechts erfolgen muss. Die einzelvertragliche Situation stellt in diesem Rahmen die Akzente. Den Hinweisen TERCIERS (contrats spéciaux, 2003, 194 N 1322/2009, 221 N 1514) lässt sich entnehmen, dass ein Gericht (RVJ **1983** 301) den Käufer im Fall der Nichtgenehmigung zur Übernahme der Kosten für Transport und Prüfung der Sache verpflichtet hatte. Ausserdem stellte das Gericht fest, dass der Käufer für mögliche Schäden an der Sache verantwortlich gemacht werden kann (RJN **1983** 46). Diese Erkenntnisse lassen sich allerdings nicht generalisieren.

2. Vertragserfüllung

Die Wirkungen des zustandegekommenen Vertrages entsprechen im Grossen und Ganzen dem kaufvertragstypischen Erfüllungsprogramm (dazu BK-Giger, Art. 184 OR N 17 ff.): Die Genehmigung bewirkt den Übergang des Eigentums der Sache auf den Käufer, falls sie sich bereits in seinem Besitz befindet. Andernfalls bedarf es noch der Besitzverschaffung durch den Verkäufer (zu den Einzelheiten vgl. BK-Giger, Art. 184 OR N 16 ff.). Art. 223 Abs. 2 bestimmt – zum Schutze des Verkäufers – aber ausdrücklich, dass das Eigentum während der Schwebezeit trotz Besitzesübergang an den Käufer noch beim Verkäufer bleibt (Art. 223 Abs. 2; dazu ZK-Oser/Schönenberger, Art. 223 OR N 5). **17**

Ausführliche Überlegungen zu den Rechtswirkungen und bezüglich der Gefahrtragung bei BK-Giger, Art. 223–225 OR N 43 f.

3. Vertragsverletzung

Entscheidende Bedeutung beansprucht die sich aus dem Gewährleistungsrecht (Art. 200) in Verbindung mit der besonderen Struktur des Kaufs auf Probe ergebende Besonderheit, wonach die Genehmigung – nebst dem dadurch provozierten Wirkungseintritt – auch zum Ausschluss von Gewährleistungsansprüchen mit Bezug auf Mängel führt, die durch ordnungsgemässe Prüfung für den Käufer erkennbar sind (BK-Becker, Art. 223–225 OR N 9; ferner von Büren, BT, 59; Keller/Siehr, 142; sodann zur **Praxis** ZR 1929, Nr. 4; 1933, 339 f. Nr. 172; 1952, Nr. 178; SJZ 1936, 137 Nr. 105). Dadurch nicht gedeckte Mängel und durch Art. 97 (nichtgehörige Erfüllung) erfassbare Abweichungen vom Abmachungsprofil bleiben vorbehalten (vgl. dazu den Entscheid des Genfer Cour de justice civile SJ 1965, 185 f.: Haftung des Käufers bei einem Kauf auf Probe für die Folgen des anlässlich einer Probefahrt verursachten Unfalls). **18**

4. Vertragsbeendigung

Der Gesetzgeber hat keine besonderen, vom üblichen Normenangebot abweichenden Vorschriften aufgestellt. Analog zum gewöhnlichen Kauf endet der Vertrag durch Erfüllung, d.h. Besitz- und Eigentumsverschaffung sowie Bezahlung des Preises (BK-Giger, Art. 184 OR N 155 ff.) **19**

VII. Beweisregeln

Im Vordergrund steht die Beweislastregel von Art. 8 ZGB: Wer aus einer behaupteten Tatsache Rechte ableiten will, muss ihr Vorhandensein beweisen. Besonderheiten können sich aus den für die bedingten Geschäfte geltende Grundsätzen (Art. 151 ff.) ergeben (vgl. auch BK-Becker, Art. 223–225 OR N 11; ferner zur **Praxis** ZR 1917, 376 Nr. 218 E. 3; SJZ 1911/1912, 206 Nr. 190). **20**

Art. 226

aufgehoben

abrogé

abrogato

Art. 226*a*–226*m*

aufgehoben

abrogé

abrogato

Art. 227

aufgehoben
abrogé
abrogato

Art. 227*a*–227*i*

aufgehoben
abrogé
abrogato

Art. 228

aufgehoben
abrogé
abrogato

Art. 227*a–i* und 228 sind aufgehoben durch Ziff. I des BG vom 13.12.2013 (Aufhebung der Bestimmungen zum Vorauszahlungsvertrag), mit Wirkung seit 1.7.2014 (AS 2014 869; BBl 2013 4631 5793).

Vorbemerkungen zu Art. 229–236

Literatur

CAVIN, Kauf, Tausch und Schenkung, in: Schweizerisches Privatrecht (SPR), Bd. VII/1, Obligationenrecht – Besondere Vertragsverhältnisse, Basel 1977, 1–198; COMMENT, Versteigerungskauf, Schweizerische juristische Kartothek (SJK). Karte 234; FICK, Das Schweizerische Obligationenrecht vom 30.3.1911, Zürich 1915; FORSTMOSER, Eine neue Ära im Recht der Sachübernahme? Kritische Bemerkungen zu BGE 128 III 178, Reprax 2003/3, 1 ff.; GAUCH, Der verfrüht abgeschlossene Beschaffungsvertrag (eine Reprise), BR 2003, 3 ff.; HERRMANN, Anwendungsbereich des Wiener Kaufrechts, in: Wiener Kaufrecht, Berner Tage für die juristische Praxis (BTJP) 1990/1991, 83 ff.; PESTALOZZI, Der Steigerungskauf, Zürich 1997 (zit. Steigerungskauf); DERS., Der Steigerungskauf, Ergänzungsband, Zürich 2000 (zit. Steigerungskauf Erg.Bd.); DERS., Wann gelten die Sonderbestimmungen des Versteigerungsrechts?, AJP 2000, 984 ff. (zit. AJP 2000); PIOTET, Schweizerisches Privatrecht (SPR), Ergänzendes kantonales Recht, Bd. I/2, Basel 2002; RUOSS, Scheingebote an Kunstauktionen, Zürich 1984; SCHMID, Die Grundstücksversteigerung, in: A. Koller (Hrsg.), Der Grundstückkauf, Bern 2001; SKRIPSKY, Die Online-Kunstauktion, Zürich 2006; SPÜHLER, Öffentliches Beschaffungswesen – Die Rechtswirkungen des Zuschlags, ZBl 2004, 375 ff.; STÄGER, Der Steigerungskauf, Aarau 1916; TSCHÄNI, M&A-Transaktionen nach Schweizer Recht, Zürich/Basel/Genf 2013; TSCHÄNI/DIEM/WOLF, M&A-Transaktionen nach Schweizer Recht, 2. Aufl., Zürich 2013; WEBER, E-Commerce und Recht, 2. Aufl., Zürich 2010.

I. Begriff und Verfahren der Versteigerung

1 Die gesetzliche Ordnung der Versteigerung in den Art. 229–236 gibt keine **Legaldefinition der Versteigerung** überhaupt, sondern setzt diesen Rechtsbegriff voraus (vgl. den Versuch einer Definition bei BK-GIGER, Vor Art. 229–236 N 22). Nach der Systematik des Gesetzes handelt es sich bei der Versteigerung um einen **Kaufvertrag besonderer Art**.

2 Die Art. 229–236 *enthalten zwar* (auch) Regeln, welche die allgemeinen, zumal kaufrechtlichen, Bestimmungen modifizieren (BUCHER, BT, 88). Die eigentlich kennzeichnende Besonderheit der Versteigerung ist aber nicht sachlicher Natur, beschlägt weder Inhalt noch Gegen-

stand des Vertrags, sondern das förmliche **Verfahren seines Zustandekommens**. Das Marginale des die gesetzliche Ordnung einleitenden Art. 229 signalisiert, indem es vom «Abschluss des Kaufes» spricht, genau diese Ausrichtung der gesetzlichen Ordnung auf einen prozeduralen Inhalt.

Unter **Versteigerung im Allgemeinen** ist nicht ein besonderer Vertragstyp, auch nicht eine besondere Art des Kaufes, sondern vielmehr ein besonderes **Verfahren des Vertragsabschlusses** und zumal der **Preisbildung** zu verstehen (GUHL/KOLLER/SCHNYDER/DRUEY, § 41 N 108; RUOSS, 5 f.). Zu diesem Zweck kann die Versteigerung, gleichviel um welchen Nominat- oder Innominatvertragstyp es sich handelt, immer dann eingesetzt werden, wenn zu einer gegebenen Leistung die Gegenleistung vertraglich festzusetzen ist (RUOSS, 6; ZK-OSER/SCHÖNENBERGER, Vor Art. 229–236 N 2; STÄGER, 16). So kann das Versteigerungsverfahren etwa auch Anwendung finden, um den Preis für eine Mietsache, also den Mietzins, festzulegen (vgl. SCHMID, Nr. 2; für analoge Anwendung: BK-GIGER, Vor Art. 229–236 N 24 f.). 3

Ähnlichkeiten mit dem Versteigerungsverfahren weist die **Submission** – als Verfahren für die Vergabe von Werkvertragsarbeiten – auf. Die Gemeinsamkeiten bestehen in der Art der Vertragsbildung und im wettbewerbsmässigen Aufeinandertreffen von Angeboten. Im Grunde genommen ist die Submission nur ein Anwendungsfall des Versteigerungsverfahrens (SPÜHLER, ZBl 2004, 379; teilweise abw. BK-GIGER, Vor Art. 229–236 N 13). Allerdings gehört es zum Wesen der Versteigerung, dass die konkurrierenden Bieter am Versteigerungsort (mindestens durch einen Vertreter) anwesend sind, die konkurrierenden Angebote unmittelbar zur Kenntnis nehmen und allenfalls mit einem eigenen Gebot wieder übertreffen können (RUOSS, 5 f.). An solcher Unmittelbarkeit der Konkurrenzsituation zwischen mehreren Beteiligten mangelt es bei der Submission, weil die Angebote hier nicht zueinander in Beziehung stehen (SCHMID, Nr. 6). Zur Kontroverse über die Wirkung des Zuschlags bei Submissionen im öffentlichen Beschaffungswesen vgl. SPÜHLER, a.a.O.; GAUCH, BR 2003, 3 ff.). Steigerungsrechtlich ähnlich zu beurteilen wie Submissionen im Beschaffungswesen sind Unternehmensverkäufe, welche auf dem Weg des Auktionsverfahrens durchgeführt werden (TSCHÄNI, 31 ff.). 4

Das Gesetz regelt indessen in den Art. 229–236 das Versteigerungsverfahren nicht allgemein, sondern nur gerade in seiner Anwendung auf den Vertragstyp des Kaufes. Entsprechend ist der **Legalbegriff der Versteigerung** in den Art. 229–236 enger als **Versteigerungskauf** zu begreifen. Der Verzicht des Gesetzgebers auf eine Regelung der (öffentlichen) Versteigerung im Allgemeinen Teil des OR, was die Bedeutung der Versteigerung als eines besonderen Verfahrens zum Abschluss von Verträgen schon aus der systematischen Gliederung hätte erkennen lassen, und die stattdessen bevorzugte Einreihung der gesetzlichen Regelung unter die «besonderen Arten des Kaufes» mag seinen Grund darin haben, dass das Steigerungsverfahren im Steigerungskauf seine praktisch häufigste Anwendung findet (vgl. RUOSS, 6; STÄGER, 16; SCHMID, Nr. 3; VON BÜREN, BT, 66 f.). 5

Im gleichen (engeren) Sinn des **Versteigerungskaufs** ist von Versteigerung auch in anderen zivilrechtlichen Normen die Rede (vgl. z.B. Art. 435 OR; Art. 400 Abs. 1, Art. 404 Abs. 2, Art. 596 Abs. 2, Art. 612 Abs. 3, Art. 651 Abs. 2, Art. 721 Abs. 2, Art. 829 f., Art. 934 Abs. 2 ZGB). 6

II. Arten der Versteigerung

1. Übersicht

Der gesetzlichen Ordnung liegt, wie schon aus Art. 229 ersichtlich wird, eine Unterscheidung zugrunde, die zwischen **Zwangsversteigerung** (Art. 229 Abs. 1) einerseits und **freiwilliger** 7

Versteigerung, die öffentlich ausgekündigt wurde und an der jedermann bieten kann (Art. 229 Abs. 2), anderseits sondert.

8 Nicht die Rede ist im Gesetz von der sog. **privaten Versteigerung**. Auch dabei handelt es sich um eine Form der freiwilligen Versteigerung, die aber – und das unterscheidet sie von der öffentlichen Versteigerung i.S.v. Art. 229 Abs. 2 – entweder nicht öffentlich ausgekündigt wurde oder an der nicht jedermann zum Bieten zugelassen ist.

9 Man hat mithin als verschiedene **Arten der Versteigerung** einmal die Zwangsversteigerung und die freiwillige Versteigerung und sodann innerhalb der zweiten Gruppe öffentliche und private Versteigerungen zu unterscheiden.

2. Zwangsversteigerung

10 Die **Zwangsversteigerung** ist das Steigerungsverfahren zur Veräusserung im Rahmen des amtlichen Zwangsvollstreckungsverfahrens. Alle anderen Versteigerungen sind freiwillig, auch wenn sie amtlich angeordnet sind und nicht auf dem freien Willen des Eigentümers beruhen (z.B. gestützt auf Art. 612 Abs. 3 und Art. 651 Abs. 2 ZGB durchgeführt werden; vgl. auch STR 2003, 56) Eine derweise zustande gebrachte Veräusserung qualifizierte der historische Gesetzgeber bei Erlass des OR (und in der Folge auch das BGer) noch als privatrechtlichen Kaufvertrag (vgl. CAVIN, SPR VII/1, 163). Heute gelten auf dem Wege der (amtlichen) Zwangsversteigerung zustande gekommene «Käufe» demgegenüber nach einhelliger Auffassung als Hoheitsakte (RUOSS, 9, m.w.Nw.; SCHMID, m.w.Nw. in Anm. 27; BGer, 26.4.2002, 7B.21/2002, E. 3.a).

11 Dieselbe Qualifikation gilt heute namentlich auch dann, wenn an die Stelle des Versteigerungsverfahrens im Einzelfall der **Freihandverkauf** tritt (zur Rechtsnatur des Freihandverkaufs BGE 106 III 81; abw. hinsichtlich der Formvorschriften BGer, 24.1.2002, 7B.256/2001).

12 Für die Zwangsversteigerung gelten in erster Linie die einschlägigen **Bestimmungen des Schuldbetreibungsrechts** (niedergelegt v.a. in der Verordnung des BGer vom 23.4.1920 über die Zwangsverwertung von Grundstücken, SR 281.42, VZG), und die nach heutiger Auffassung systemwidrig in den Art. 229 ff. eingefügten einzelnen Regeln ergänzen lediglich die schuldbetreibungsrechtliche Ordnung, weshalb bei deren Anwendung eine gewisse Zurückhaltung zu beachten ist (ZK-OSER/SCHÖNENBERGER, Vor Art. 229–236 N 12 sowie PKG 1992, 178–185). Auch eine auf Zwangsversteigerung gründende Veräusserung hat aber **zivilrechtliche Wirkung**, indem sie den Ersteigerer zum Eigentümer macht (GUHL/KOLLER/SCHNYDER/DRUEY, § 41 N 112; CAVIN, SPR VII/1, 163).

3. Freiwillige Versteigerungen

a) Private Versteigerung

13 Die (freiwillige) **private Versteigerung** ist in negativer Abgrenzung von der im Gesetz allein umschriebenen (freiwilligen) öffentlichen Versteigerung zu definieren. Privat ist eine Versteigerung, wenn sie entweder nicht öffentlich ausgekündigt wurde oder nicht jedermann bieten kann (Art. 229 Abs. 2e contrario; CAVIN, SPR VII/1, 162). Begrifflich bleibt das dennoch eine Versteigerung, weil es dazu lediglich des Grundtatbestandes bedarf, dass wenigstens zwei Personen eingeladen sind, um die Wette zu bieten (vgl. RUOSS, 12).

14 **Hauptfälle** dieses Typus der privaten Versteigerung sind die Versteigerungen unter **gemeinschaftlichen Eigentümern**, zumal unter Miterben (vgl. Art. 612 Abs. 3, Art. 651 Abs. 2 ZGB; vgl. CAVIN, SPR VII/1, 162; RUOSS, 12). Auch Auktionsverfahren im Hinblick auf den Verkauf eines Unternehmens, welche meistens nicht öffentlich ausgekündigt werden und

nicht jedermann zugänglich sind, stellen private Versteigerungen dar und fallen nicht unter Art. 229 ff. (TSCHÄNI/DIEM/WOLF, 49).

Geschäfte, die auf diesem Wege einer privaten Versteigerung zustande kommen, unterstehen den auf die besondere Art des entsprechenden Vertrags anwendbaren Bestimmungen. Das ist im praktisch häufigsten Fall, da das Versteigerungsverfahren mit Verkaufsabsicht eingesetzt wird, das **Kaufrecht** (vgl. dazu ZK-OSER/SCHÖNENBERGER, Vor Art. 229–236 N 6; CAVIN, SPR VII/1, 162; GUHL/KOLLER/SCHNYDER/DRUEY, § 41 N 108). **15**

Die Sonderbestimmungen der Art. 229–236 finden keine Anwendung (BGer, 20.2.2002, 5C.14/2002 E. 3.b; BVGer, 30.10.2008, B-6454/2007, E. 7.1; krit. dazu PESTALOZZI, AJP 2000, 984 ff.). Das hat als wichtigste praktische Konsequenzen, dass im Rahmen einer privaten Versteigerung abgeschlossene Kaufverträge nicht nach Massgabe des Art. 230 **angefochten** werden können und dass Veräusserungsverträge bei **Grundstücksversteigerungen** zu ihrer Gültigkeit grundsätzlich der **öffentlichen Beurkundung** bedürfen (vgl. SCHMID, Nr. 19 ff. m.w.Nw.). Der öffentlichen Beurkundung bedarf es auch, wenn der Richter wegen Uneinigkeit der Miteigentümer über die Art der Aufhebung des Miteigentums die **private Versteigerung** unter den Miteigentümern nach Art. 651 Abs. 2 ZGB anordnet. Die blosse Beurkundung des Steigerungsvorganges genügt indessen, nicht notwendig ist die Mitwirkung des an der Steigerung Unterlegenen an der Beurkundung (BGer, 20.2.2002, 5C.14/2002, E. 3.b; LGVE 1985, 7 ff.). Da als Erbteilung zu qualifizieren, ist die Versteigerung unter Miterben gem. Art. 634 Abs. 2 ZGB in schriftlicher Form gültig (SCHMID, Nr. 38). **16**

b) Öffentliche Versteigerung

Eine Legalumschreibung der (freiwilligen) **öffentlichen Versteigerung** kann Art. 229 Abs. 2 entnommen werden. Die Erfordernisse, die ein Versteigerungsverfahren zu einem öffentlichen machen, sind kumulativ die öffentliche Auskündigung und das freie Bietrecht (vgl. Art. 229 Abs. 2): **17**

- Die erste Voraussetzung einer **öffentlichen Auskündigung** (i.S.v. Art. 229 Abs. 2) einer Versteigerung ist gegeben, wenn sie mit Mitteln und in einer Weise bekannt gemacht wurde, dass eine unbestimmte Vielzahl von Personen davon Kenntnis nehmen konnte. **18**
- Die zweite Voraussetzung des ungehinderten Zugangs zum Bieten (kurz: ein **freies Bietrecht**) ist erfüllt, wenn keine Zulassungsbeschränkungen, die vom Willen des Veräusserers abhängig sind, bestehen. Vom Willen des Veräusserers unabhängige gesetzliche Schranken, welche bestimmte Personen oder Personengruppen von der Teilnahme an einer Versteigerung ausschliessen, lassen ihren öffentlichen Charakter im privatrechtlichen Sinne unberührt. Ist das freie Bietrecht gewahrt, findet auch bei Teilnahme nur einer Person oder bei Abgabe nur eines Gebots eine öffentliche Versteigerung statt (BGer, 26.4.2005, 7B.38/2005, E. 3.1.3). **19**

Kein Begriffsmerkmal der öffentlichen Versteigerung ist aber von Bundesrechts wegen die **Mitwirkung einer Behörde oder eines Beamten**. Doch können die Kantone – gestützt auf ihre Gesetzgebungskompetenz gem. Art. 236 – ergänzende Regeln erlassen, welche die Mitwirkung einer Amtsperson, insb. bei der Durchführung einer Versteigerung oder auch nur bei der Beaufsichtigung, anordnen (ZK-OSER/SCHÖNENBERGER, Vor Art. 229–236 N 11). So bedürfen nach § 223 EGZGB/ZH freiwillige öffentliche Versteigerungen der Mitwirkung des Gemeindeammanns. Auch Online-Versteigerungen, bei denen grundsätzlich kein Auktionator mitwirkt bzw. dieser lediglich die Versteigerungsplattform zur Verfügung stellt, sind als freiwillige öffentliche Versteigerungen zu qualifizieren (SKRIPSKY, 83 und 181). **20**

c) Verbot der freiwilligen Versteigerung

21 Nach Art. 69 BGBB (SR 211.412.11) vom 4.10.1991 dürfen **landwirtschaftliche Gewerbe und Grundstücke** nicht freiwillig versteigert werden (dazu SCHMID, Nr. 10; TERCIER/FAVRE, contrats spéciaux, N 1180).

III. Verfahren der Versteigerung

22 Das Versteigerungsverfahren ist ein besonderes **Vertragsabschlussverfahren**. Anders als nach allgemeinen Regeln vollzieht sich der Vertragsschluss im Rahmen einer Versteigerung nicht in der gewohnten Abfolge von Angebot und Annahme. Zwar gilt auch im Versteigerungsverfahren der Grundsatz des Art. 1, zum Abschluss eines Vertrages sei die übereinstimmende gegenseitige Willensäusserung der Parteien erforderlich, und gleichermassen lassen sich die beiden Willenserklärungen als Angebot und Annahme auseinander halten. Anders – und eben gerade für die Versteigerung kennzeichnend – ist aber das Verfahren, in dem sich die den Vertrag konstituierenden Willenserklärungen zusammenfinden. Die Besonderheit des Abschlussverfahrens kann auch zu einer Sonderbehandlung des dadurch abgeschlossenen Vertrags bei den (noch) geltenden aktienrechtlichen Sachübernahmebestimmungen (Art. 628 Abs. 2) führen (BGE 128 III 178; FORSTMOSER, Reprax 2003/3, 1 ff.).

23 Jede Versteigerung wird in irgendeiner Weise angekündigt. Selbst die Form der privaten Versteigerung, an der nur einige wenige Personen zum Bieten zugelassen werden sollen, muss – wenn auch nur in diesem begrenzten Personenkreis – bekannt gemacht werden. Solche **Ankündigungen** – ob sie durch Inserate in Zeitungen, Amtsblättern oder durch andere Massenmedien oder ob sie bloss in der Form persönlich adressierter Briefe an einen begrenzten Personenkreis bekannt gemacht werden – haben rechtlich (und regelmässig auch in der Form) die Bedeutung einer Einladung.

24 Jede Ankündigung einer Versteigerung ist also blosse **Einladung zur Offertstellung**. Das gilt auch, wenn in der Ankündigung die Gegenstände, welche zur Versteigerung gelangen werden, näher bezeichnet sind, und selbst dann, wenn Auktionskataloge zum Versand kommen, in denen sämtliche Objekte der angekündigten Versteigerung mit einer Kurzbeschreibung und einem Schätzpreis aufgeführt werden. Dies folgt schon aus der allgemeinen Regel des Art. 7 Abs. 2, und der gegenteilige Schluss, es liege eine Offerte im Rechtssinne zum Schätzpreis vor, verbietet sich nach Treu und Glauben, weil eine Aufforderung zur persönlichen Teilnahme an der Versteigerung erkennbar erst die Vorbereitungshandlung zur wettbewerbsmässigen Bestimmung des Preises ist und deshalb einen noch nicht – in Gestalt einer verbindlichen Offerte – fixierten Preis voraussetzt (vgl. SCHMID, Nr. 78; VON BÜREN, BT, 67; RUOSS, 58).

25 Gleichermassen ist das **Ausstellen oder Vorzeigen des Objektes** durch einen Versteigerer an der Versteigerung selbst keine Offerte, und solches Verhalten darf nach den Umständen von den Teilnehmern auch nicht als Offerte gedeutet werden. Es handelt sich vielmehr um die mit der Ankündigung der Versteigerung in Aussicht gestellte und nun unter Bezeichnung eines konkreten Objekts **konkretisierte Einladung an die Anwesenden, ihre Offerten zu machen** (vgl. RUOSS, 58 m.w.Nw.).

26 Die Bedeutung einer **Offerte** (im Rechtssinne) haben erst die von den Teilnehmern an der Versteigerung durch Zuruf nach aussen kundgegebenen Preise (CAVIN, SPR VII/1, 164). Diese Steigerungsgebote erlangen als Vertragsofferten rechtliche Wirkung mit ihrem Zugang beim Versteigerer (SCHMID, Nr. 79). Ein Angebot bleibt wirksam nach Massgabe des Art. 231 (vgl. Art. 231 N 1 ff.), und der Vertrag wird durch die Erklärung des Zuschlags abgeschlossen.

27 Bei der Durchführung von Versteigerungen ist allemal zu prüfen, inwieweit **öffentlich-rechtliche Vorschriften** über Verkaufsveranstaltungen, wie etwa Bestimmungen über den Ladenschluss und dgl., beachtet werden müssen.

IV. IPR

1. Subjektive Anknüpfung

Nach Art. 116 Abs. 1 IPRG sind die Parteien befugt, das Recht, das auf einen zwischen ihnen bestehenden Vertrag Anwendung finden soll, selbst zu bestimmen. Eine solche **Rechtswahl** ist auch für Kaufverträge zulässig, die im Verfahren der öffentlichen Versteigerung zustande kommen; sie muss nach Art. 116 Abs. 2 IPRG ausdrücklich sein oder sich eindeutig aus dem Vertrag oder den Umständen ergeben, kann indessen auch erst nach Vertragsabschluss getroffen oder geändert werden (vgl. hierzu BGE 119 II 173 E. 1b). 28

Die Rechtswahl ist insb. auch zulässig, wenn ein **Grundstück** Gegenstand des Steigerungskaufes bildet, allerdings nur beschränkt auf die schuldrechtlichen Beziehungen; die sachenrechtlichen Vorgänge unterstehen unabänderlich dem Recht am Ort der gelegenen Sache (vgl. Art. 119 Abs. 2, Art. 99 i.V.m. Art. 104 IPRG). 29

Vorbehalten bleiben die Bestimmungen der **Art. 123–126 IPRG** über die gesonderte Anknüpfung bestimmter Fragen. So erfordert etwa die **Formgültigkeit** nur alternativ entweder die Beachtung des gewählten Rechts oder des Rechts am Abschlussort (vgl. Art. 124 Abs. 2 IPRG, vgl. dazu aber auch die Einschränkung des Abs. 3). Zwingend richtet sich die Form aber nach schweizerischem Recht, wenn der Vertrag ein **Grundstück** in der Schweiz zum Gegenstand hat, was insoweit einer Verknüpfung mit dem Recht am Lageort entspricht (Art. 119 Abs. 3 IPRG). 30

2. Objektive Anknüpfung

Fehlt eine Rechtswahl der Parteien, gelten die Art. 117 ff. IPRG. Nach dem allgemeinen Grundsatz des sog. «engsten Zusammenhangs» und seiner Konkretisierung in Art. 117 Abs. 2 und Abs. 3 IPRG untersteht der Steigerungskaufvertrag somit grundsätzlich dem **Recht des gewöhnlichen Aufenthaltsortes oder der Niederlassung** des Veräusserers. 31

Sind indessen **bewegliche körperliche Sachen** Vertragsgegenstand, gelten nach der Sondervorschrift des Art. 118 IPRG die Kollisionsregeln des Haager Übereinkommens betr. das auf internationale Kaufverträge über bewegliche körperliche Sachen anzuwendende Recht vom 15.6.1955 (SR 0.221.211.4). Dessen Art. 3 Abs. 3 verweist für den Verkauf durch Versteigerung auf das Recht jenes Landes, in dem die Versteigerung stattfindet. 32

Ist ein **Grundstück** Objekt des Steigerungskaufes, beherrscht das Recht seines Lageortes die Beziehungen unter den Vertragsparteien (Art. 119 Abs. 1 IPRG) und gleichermassen die sachenrechtlichen Fragen (Art. 99 IPRG). 33

Keine Anwendung auf Versteigerungen findet das **WKR** (vgl. Art. 2 lit. b WKR). Als Gründe für diesen generellen Ausschluss können die enge Bindung der Versteigerung zum Ort ihrer Veranstaltung (vgl. HERRMANN, BTJP 1990/1991, 93) sowie der Umstand, dass die Identität des Käufers erst nach erfolgtem Zuschlag feststeht, genannt werden. 34

Der sog. **Auktionsvertrag**, d.h. der Vertrag, mit dem die Pflicht übernommen wird, einen Gegenstand auf einer öffentlichen Versteigerung zum Verkauf zu bringen, ist als auftragsähnliches Rechtsverhältnis zu qualifizieren, und es hat die Leistung des beauftragten Auktionators als charakteristische zu gelten, weshalb – bei Fehlen einer Rechtswahl – das Recht seines gewöhnlichen Aufenthaltes oder seiner Niederlassung Vertragsstatut ist (Art. 117 Abs. 3 lit. c IPRG; BGE 112 II 340 E. 2). 35

Art. 229

D. Versteigerung
I. Abschluss des Kaufes

[1] Auf einer Zwangsversteigerung gelangt der Kaufvertrag dadurch zum Abschluss, dass der Versteigerungsbeamte den Gegenstand zuschlägt.

[2] Der Kaufvertrag auf einer freiwilligen Versteigerung, die öffentlich ausgekündigt worden ist und an der jedermann bieten kann, wird dadurch abgeschlossen, dass der Veräusserer den Zuschlag erklärt.

[3] Solange kein anderer Wille des Veräusserers kundgegeben ist, gilt der Leitende als ermächtigt, an der Versteigerung auf das höchste Angebot den Zuschlag zu erklären.

D. Enchères
I. Conclusion de la vente

[1] Le contrat de vente en cas d'enchères forcées est conclu par l'adjudication que le préposé aux enchères fait de la chose mise en vente.

[2] Le contrat de vente en cas d'enchères volontaires et publiques, où toutes les offres sont admises, est conclu par l'adjudication que le vendeur fait de la chose.

[3] La personne qui dirige les enchères est réputée avoir le droit d'adjuger la chose au plus offrant, si le vendeur n'a pas manifesté d'intention contraire.

D. Incanto
I. Conclusione della vendita

[1] Nella esecuzione forzata la vendita per incanto pubblico è conchiusa pel fatto che l'ufficiale procedente aggiudica la cosa.

[2] La vendita per asta volontaria pubblicamente annunciata ed aperta a ciascun offerente è perfetta con l'aggiudicazione dichiarata dall'alienante.

[3] In quanto non siasi manifestata una diversa intenzione del venditore, colui che dirige l'incanto s'intende autorizzato a dichiarare l'aggiudicazione a norma della miglior offerta.

Literatur

Vgl. die Literaturhinweise bei den Vorbem. zu Art. 229–236.

I. Voraussetzungen

1 Art. 229 handelt zum einen vom Teilakt, der im Rahmen einer Versteigerung, einer Zwangsversteigerung (Abs. 1) oder einer freiwilligen öffentlichen Versteigerung (Abs. 2) den Kaufvertrag zum **Abschluss** bringt, und regelt zum andern die vertretungsrechtliche Frage der **Vollmacht des Leitenden**, den Zuschlag zu erklären (Abs. 3).

II. Zwangsversteigerung

2 In der **Zwangsversteigerung** wird der Hoheitsakt der Zwangsvollstreckung (in der Terminologie des Art. 229 «der Kaufvertrag») dadurch abgeschlossen, dass der Versteigerungsbeamte den Gegenstand zuschlägt. Dieser **Zuschlag** darf erst erteilt werden, wenn ein Angebot dreimal ausgerufen wurde (vgl. Art. 60 Abs. 1 VZG; Art. 126 Abs. 1, Art. 142a und 156 Abs. 1 SchKG). Vor Beginn der Versteigerung kann ein schriftliches Gebot (Art. 58 Abs. 4 VZG) zurückgezogen werden (BGer, 26.4.2002, 7B.21/2002, E. 3). Der Zuschlag in der Zwangsversteigerung bewirkt aber nicht nur den Abschluss des «Kaufvertrags», sondern – nach den insoweit im Art. 235 Abs. 3 ausdrücklich vorbehaltenen Vorschriften über den Eigentumserwerb bei Zwangsversteigerungen – auch unmittelbar den Eigentumsübergang (BGE 106 III 85 E. 7). Gemäss Art. 143a i.V.m. Art. 132a Abs. 1 SchKG (Art. 136bis aSchKG) kann der Zuschlag auf dem Beschwerdeweg angefochten werden (vgl. hierzu auch BGE 106 III 82 E. 4; BGer, 24.1.2002, 7B.256/2001; 20.12.2010, 5A_590/2010 und 19.6.2006, 7B.24/2006, *beide für den Freihandverkauf*, und hiernach Art. 230 N 18). Hat im Konkurs die zweite Gläubigerversammlung die ausseramtliche Konkursverwaltung ermächtigt, Aktiven an einer Auktion zur Verwertung zu bringen, und wurde die öffentliche Versteigerung bereits durchgeführt,

so können die dabei erteilten Zuschläge nicht auf dem Weg der **betreibungsrechtlichen Beschwerde** rückgängig gemacht werden (BGE 105 III 70).

III. Freiwillige öffentliche Versteigerung

Auf einer **freiwilligen öffentlichen Versteigerung** kommt der Kaufvertrag – insofern gleich wie auf einer Zwangsversteigerung – dadurch zustande, dass der Veräusserer den Zuschlag erklärt (BGE 115 II 337 E. 4a). Der Zuschlag des Veräusserers ist – in der allgemeinen vertragsrechtlichen Terminologie – die **Annahmeerklärung**, welche die «übereinstimmende gegenseitige Willensäusserung der Parteien» (Art. 1) perfekt macht. Der Zuschlag (als Annahmeerklärung) bezieht sich immer auf ein bestimmtes Angebot und kann nur i.S. dieses Angebotes zum Vertragsabschluss führen. Bei der Versteigerung über das Internet ist die Kommunikation des Zuschlags per E-Mail genügend (BGer, 28.4.2008, 4A_58/2008). 3

Der Bietende bleibt an seine **Offerte** während einer **Schwebezeit** gebunden, während der Versteigerer durch seine **Einladung zur Offertstellung** nicht gebunden wird: Es steht ihm grundsätzlich frei, einen konkreten zur Versteigerung gebrachten Gegenstand zurückzuziehen oder auch ein Steigerungsverfahren überhaupt abzubrechen (VON BÜREN, BT, 67). Die Bietenden haben demnach keinen Anspruch auf den Zuschlag (**a.A.** BK-GIGER, Vor Art. 229–236 N 56; Art. 229 N 59 f.). Vorbehalten bleibt nur der Fall, dass sich ein Veräusserer in den Steigerungsbedingungen verpflichtet, unter bestimmten Voraussetzungen den Zuschlag zu erklären, so etwa unter der Voraussetzung, dass ein Angebot eine bestimmte Limite überschreitet (vgl. BUCHER, BT, 89; ZK-OSER/SCHÖNENBERGER, N 3; Vor Art. 229–236 N 15). 4

Der an einer Versteigerung erklärte Zuschlag ist die Annahme des vorangegangenen **höchsten Angebots**. Dieses ist der massgebende Bezugspunkt des Zuschlages, weil es als höheres Gebot die früheren niedrigeren Gebote ausser Kraft setzt (Art. 231 Abs. 2; SCHMID, Nr. 83; VON BÜREN, BT, 68). 5

Erklärt wird der Zuschlag – so heisst es im Gesetz – durch den Veräusserer. Das ist als Erfordernis des Inhalts zu verstehen, dass es der Erklärung des sich bindenden Vertragspartners bedarf, um den Vertrag mit einem Bietenden zustande zu bringen. Beide Parteien, der Bietende gleichermassen wie der Veräusserer, können nach allgemeinen Regeln **Stellvertreter** bestellen (RUOSS, 62 ff.). Von einem solchen rechtsgeschäftlichen Vertreter des Veräusserers handelt das Gesetz in Art. 229 Abs. 3, wenn es vom «Leitenden» spricht. Diese Bestimmung hat denn auch nach richtiger Auffassung stellvertretungsrechtliche Bedeutung (BUCHER, BT, 89). 6

Streitig ist, ob der **Zuschlag empfangsbedürftig** sei (verneinend SCHMID, Nr. 84; bejahend BK-GIGER, Art. 229 N 69; RUOSS, 61, allerdings mit Überbindung des Risikos der Kenntnisnahme der Zuschlagserklärung auf den Steigerungsteilnehmer). Nach deutscher Lehre ist der Zuschlag bei freiwilligen Versteigerungen nicht empfangsbedürftig (MK-KRAMER, § 156 N 3). Falls der Verkäufer nach dem Zuschlag, aber vor der Eintragung des Erwerbs in das Grundbuch, das Grundstück an einen Dritten weiter verkauft, so kann der ursprüngliche Käufer nicht gegen den inzwischen eingetragenen Erwerber vorgehen, sondern nur den Verkäufer auf Schadenersatz belangen (BGE 75 II 136 = Pra 1949, 421 E. 3). 7

IV. Vertretungsmacht des Leiters einer freiwilligen öffentlichen Versteigerung

Tritt an der Versteigerung der – vom Veräusserer verschiedene – sog. **Leitende** (vgl. Art. 229 Abs. 3) auf, lädt er zur Offertstellung ein und erklärt er allenfalls den Zuschlag, so handelt er, wie aus den Umständen ersichtlich ist, für den Veräusserer, und zwar entweder nur auf dessen Rechnung im eigenen Namen (und als indirekter Vertreter) oder aber auch rechtlich in dessen Namen und als direkter Vertreter (vgl. RUOSS, 40 f.). Mit dem Veräusserer verbindet den Lei- 8 tenden ein **besonderes Auftragsverhältnis**, und zwar, weil der Veräusserer dem Leitenden für Organisation und Durchführung der Versteigerung regelmässig eine erfolgsabhängige Provision verspricht, in allenfalls abgewandelter Gestalt eines jener beiden Auftragsverhältnisse, die sich durch eine erfolgsabhängige Vergütungspflicht auszeichnen: Kommission und Mäklervertrag (vgl. zur rechtlichen Natur und den Gestaltungsmöglichkeiten der Vertragsbeziehung zwischen einem Veräusserer und dem leitenden Organisator einer Versteigerung Ruoss, 40 ff.).

9 Der Leitende gilt auch ohne kundgemachte entsprechende Erklärung des Veräusserers nach Art. 229 Abs. 3 als **ermächtigt**, auf das höchste Angebot den **Zuschlag**, also die Annahmeerklärung mit Wirkung für den Veräusserer, abzugeben. Diese gesetzliche Vermutung einer Vollmacht des Leitenden kann nur dadurch umgestossen werden, dass ein gegenteiliger Wille des Veräusserers kundgegeben wird (abw. BK-Giger, Art. 229 N 78).

Art. 230

II. Anfechtung

1 Wenn in rechtswidriger oder gegen die guten Sitten verstossender Weise auf den Erfolg der Versteigerung eingewirkt worden ist, so kann diese innert einer Frist von zehn Tagen von jedermann, der ein Interesse hat, angefochten werden.

2 Im Falle der Zwangsversteigerung ist die Anfechtung bei der Aufsichtsbehörde, in den andern Fällen beim Richter anzubringen.

II. Nullité des enchères

1 Les enchères dont le résultat a été altéré par des manœuvres illicites ou contraires aux mœurs peuvent être attaquées, dans les dix jours, par tout intéressé.

2 Dans les enchères forcées, l'action est portée devant l'autorité de surveillance en matière de poursuites et de faillite; dans les autres cas, devant le juge.

II. Contestazione

1 Ogni interessato può nel termine di dieci giorni contestare la validità dell'incanto, sul cui esito siasi influito con manovre illecite o contrarie ai buoni costumi.

2 Nella esecuzione forzata la contestazione dev'essere proposta all'autorità di vigilanza, negli altri casi all'autorità giudiziaria.

Literatur

Vgl. die Literaturhinweise bei den Vorbem. zu Art. 229–236.

I. Normzweck

1 Das Versteigerungsverfahren, welches sich die Vorzüge des marktwirtschaftlichen Koordinationsprinzips **Wettbewerb** zunutze macht, indem es eine Preisbildung durch das unmittelbare Zusammentreffen sich konkurrierender Angebote ermöglicht, bedarf – wie der Wettbewerb überhaupt – eines unverfälschten Ablaufes. Art. 230 statuiert zur Sanktionierung allfälliger Verstösse gegen Regeln des Rechts oder der Sittlichkeit ein Anfechtungsrecht eines jeden Interessierten. Mit diesem gesonderten Rechtsbehelf bezweckt der Gesetzgeber, das allgemeine Interesse an einem korrekten und unverfälschten Verfahren der öffentlichen Versteigerung und somit die **öffentliche Ordnung** im Versteigerungswesen zu schützen (vgl. Ruoss, 126 m.Nw.; Cavin, SPR VII/1, 165). Art. 230 stellt zwingendes Recht dar (BK-Giger, N 7).

II. Anfechtungstatbestand: Rechts- oder sittenwidrige Einwirkung auf den Erfolg der Versteigerung

Der Wortlaut des Gesetzes knüpft das Anfechtungsrecht an die Voraussetzung, dass in rechtswidriger oder gegen die guten Sitten verstossender Weise auf den Erfolg der Versteigerung eingewirkt wurde. Wenn das Gesetz von einer **Einwirkung auf den Steigerungserfolg** spricht, so kann damit nicht ein (quantifizierbares) Resultat in Gestalt eines Angebotes bestimmter Höhe (BGer, 26.4.2005, 7B.38/2005, E. 4.2.), sondern – entsprechend dem auf die Realisierung des Erfolgs in unmittelbarem **Wettbewerb** der Angebote gerichteten Versteigerungsverfahren – nur ein abstrakter Erfolg als Ergebnis des Steigerungsverfahrens gemeint sein. Unmittelbar handelt es sich immer um **Einwirkungen auf den Steigerungswettbewerb**, die sich alsdann mittelbar auch auf den Steigerungserfolg auswirken (vgl. Schmid, Nr. 133; BGE 109 II 126 E. 3; Ruoss, 128). Eine Anfechtung der Steigerungsbedingungen – ob vor oder nach dem Zuschlag und ob ausdrücklich oder stillschweigend anerkannt – ist nicht zulässig, auch nicht, wenn diese einen bundesrechtswidrigen Inhalt haben (BGer, 30.4.2008, 5A_54/2008). 2

Rechtswidrig ist jede Einwirkung, die «gegen Gebote oder Verbote der Rechtsordnung verstösst, welche dem Schutz des verletzten Rechtsgutes dienen» (BGE 109 II 124 E. 2a; ausführlich Ruoss, 129 ff.; Schmid, Nr. 134; BK-Giger, N 36 betrachtet auch Vertragsverletzungen als rechtswidrig). 3

Gegen die guten Sitten verstösst die Einwirkung, welche die Korrektheit des Steigerungsverfahrens, den freien und lauteren Wettbewerb unter den teilnehmenden Bietern beeinträchtigt, m.a.W. den Steigerungswettbewerb verfälscht, zumal durch Irreführung der Teilnehmer (BGer, 24.12.2004, 7B.239/2004, E. 2.1.; BGE 109 II 124; Schmid, Nrn. 136 ff.; Ruoss, 132 ff.; BGer, 11.9.2013, 1B_571/2012, E. 4.2, wonach die Tatsache an sich, dass das mit Zuschlag angenommene Angebot nur ganz leicht über dem vorhergegangenen Angebot lag, obwohl der geschätzte Wert der Immobilie deutlich höher war, noch kein Indiz für eine sittenwidrige Manipulation darstellt). Verdecktes Mitbieten an einer Online-Versteigerung für das selbst eingelieferte Objekt könnte als unsittliches Verfälschen des Wettbewerbs qualifiziert werden und somit anfechtbar sein (Skripsky, 191 f.). 4

Als **Beispiele wettbewerbsverfälschender sittenwidriger Einwirkungen** auf eine Versteigerung sind namentlich zu nennen das pactum de (non) licitando (BGE 109 II 126 E. 2b i.f.; Rey, N 801 f.), die Teilnahme (durch Mitbieten) des Einlieferers und Veräusserers des Steigerungsgegenstandes ohne Bekanntgabe an die anderen Steigerungsteilnehmer (BGE 109 II 126 E. 3; weitere Beispiele bei Schmid, Nr. 138 ff.). 5

Verbreitet sind **kantonalrechtliche** Regelungen, welche den Ausschank alkoholischer Getränke an Versteigerungen untersagen (vgl. Schmid, Nr. 144). 6

Das Versteigerungsverfahren kann – ohne Herbeiführung einer Preisbildung zum unmittelbaren Schaden eines an der Versteigerung Beteiligten – auch dazu missbraucht werden, das im Wettbewerb der Versteigerung für ein bestimmtes Objekt anscheinend in ernsthafter Erwerbsabsicht errungene **Preisniveau als marktmässig und dementsprechend den Preis gewissermassen als Verkehrswert** auszuweisen. Funktionswidriger **Missbrauch der Versteigerung** dieser Art ist zumal von Kunstauktionen her bekannt (vgl. dazu Ruoss, passim; vgl. in diesem Kontext auch BGE 112 II 345, wo das BGer von *verkaufspsychologischen Gründen* spricht), lassen sich aber auch in anderem Zusammenhang, so etwa im Immobilienmarkt, denken (vgl. Schmid, Nr. 145). Auch solcher zweckwidriger (und damit rechtsmissbräuchlicher) Gebrauch des Instituts der Versteigerung setzt einen Anfechtungsgrund i.S. des Art. 230 (vgl. Schmid, Nr. 146; einlässlich Ruoss, 140 ff.). 7

Das sog. **Scheingebot** des Einlieferers verpflichtet ihn zu denselben für den Fall des Zuschlags vereinbarten Zahlungen, wie wenn der Zuschlag an einen Dritten erfolgt wäre. Daran 8 ändert auch nichts, dass der Einlieferer bereits Eigentümer ist. Wie der Zuschlag an den Eigentümer des Steigerungsobjektes zu beurteilen ist, hängt v.a. von den Vereinbarungen unter den Beteiligten ab, und nichts steht der Abrede mit dem beauftragten Auktionator entgegen, es seien bei einem allfälligen Zuschlag an den Einlieferer die gleichen Zahlungen geschuldet wie beim Zuschlag an einen Dritten. Vorbehalten bleibt nur die **Simulationsvereinbarung**, dass ein Versteigerer auf ein als solches erkanntes Scheingebot des Einlieferers den Zuschlag bewusst zum Schein – und in Abstimmung mit dem Einlieferer zur Täuschung Dritter – zu erklären habe. Der Einlieferer, der sich auf eine solche Simulationsabrede beruft, um sich den für einen Zuschlag vereinbarten Zahlungen zu entziehen, trägt dafür nach allgemeiner Regel (Art. 8 ZGB) die Beweislast (BGE 112 II 337 = Pra 1987, 222).

III. Anfechtbarkeit der Versteigerung als Rechtsfolge

9 Das besondere Anfechtungsrecht nach Art. 230 ist ein **Gestaltungsklagerecht**; seine wirksame Geltendmachung durch einen zur Anfechtung Legitimierten bedarf mithin der Klage und eines gutheissenden Urteils des urteilenden Gerichts (Ruoss, 136; Schmid, Nr. 147). Bei der Zwangsversteigerung ersetzt die Beschwerde nach Art. 17 SchKG die Klage.

10 Anfechtungsberechtigt (aktivlegitimiert) ist zwar nicht der «quivis ex populo» (keine Popularklage), aber auch nicht bloss die Parteien des Vertrages, gegen den sich die Anfechtung richten soll, sondern **jedermann, der ein Interesse hat**. Dazu gehören vorab Veräusserer und Erwerber sowie jeder Bieter, aber auch der (regelmässig vom Veräusserer verschiedene) Leiter einer Versteigerung, eine Steigerungsbehörde sowie andere Personen, die der Versteigerung oder dem Versteigerungsgegenstand näher stehen als irgendein Dritter, wie beispielsweise Vorkaufsberechtigte und Grundpfandgläubiger im Fall der Grundstücksversteigerung, und daher ein besonderes individuelles Interesse dartun können (vgl. auch BGE 39 I 443 E. 2: Familienangehörige eines Schuldners; BGE 40 III 187: Servitutsberechtigter; BGE 51 III 18 E. 1: Grundpfandgläubiger und Konkursverwaltung; BGer, 6.6.2005, 7B.46/2005: Kläger in hängigem Kollokationsprozess betreffend Lastenverzeichnis; w.Nw. bei BK-Giger, N 13). Notwendig ist das Vorliegen einer Beschwer (BGer, 14.5.2002, 7B.33/2002, E. 3.).

11 Im Blick auf den Schutzzweck des Art. 230, die Lauterkeit des öffentlichen Versteigerungsverfahrens im Allgemeininteresse und damit die öffentliche Ordnung zu schützen, sollte der Kreis der Anfechtungsberechtigten weit gezogen und die Aktivlegitimation im Zweifel bejaht werden (vgl. Ruoss, 127; Schmid, Nr. 148). Von der Anfechtung **ausgeschlossen** ist, wer selbst rechts- oder sittenwidrig auf die Versteigerung einwirkte oder solche Einwirkungen veranlasste (so das BGer mit Bezug auf die Parteien eines pactum de non licitando im Entscheid 40 III 337; Ruoss, 142; Schmid, Nr. 149).

12 Gegen wen sich eine Anfechtungsklage zu richten hat, wer also **passivlegitimiert** ist, sagt das Gesetz nicht. Da die Anfechtungsklage ihrer Natur als Gestaltungsklage gemäss unmittelbar auf eine Änderung der Rechtslage zielt, konkret die Aufhebung des Steigerungskaufs bewirken soll, sind alle Personen als Beklagte ins Recht zu fassen, die an dem aufzuhebenden Rechtsverhältnis beteiligt sind, soweit sie nicht schon auf der Aktivseite in den Prozess einbezogen sind (Ruoss, 136; Schmid, Nr. 150).

Keine Passivlegitimation kommt jedenfalls demjenigen zu, der für den Anfechtungsgrund der rechts- oder sittenwidrigen Einwirkung verantwortlich ist, solange er nicht selbst auch an dem mit der Gestaltungsklage aufzuhebenden Rechtsverhältnis beteiligt ist (Ruoss, 137; vgl. auch Schmid, Nr. 151).

Tritt ein am Steigerungskauf *nicht* beteiligter Dritter, der ein Interesse an der Anfechtung hat, als Kläger auf, ist die Klage gegen Käufer und Verkäufer als notwendige Streitgenossen zu richten (Ruoss, 137).

Eine Gutheissung der Anfechtungsklage führt zur **Aufhebung des Steigerungskaufvertrages durch Gestaltungsurteil ex tunc** (Ruoss, 139). Neben den selbstverständlichen Alternativen der Gutheissung oder Abweisung einer Anfechtungsklage hat der Richter **keine Gestaltungsmöglichkeiten**: Weder kann er (i.S. einer Teilgutheissung) den (verfälschten) Zuschlagspreis und damit den Vertrag anpassen (vgl. BGE 57 III 130), noch kann er eine Wiederholung der aufgehobenen Versteigerung anordnen (Ruoss, 139). **13**

IV. Anfechtungsfrist

Das Anfechtungsklagerecht ist verwirkt, wenn es nicht innert einer **Frist** von zehn Tagen beim Richter – oder im Fall der Zwangsversteigerung bei der Aufsichtsbehörde (Art. 230 Abs. 2) – geltend gemacht wird. Die Frist beginnt nicht allgemein mit Abschluss des Versteigerungsverfahrens, sondern individuell mit dem Zeitpunkt, da der Kläger vom Anfechtungsgrund Kenntnis erlangt (Tercier/Favre, contrats spéciaux, N 1070; von Büren, BT, 69; Cavin, SPR VII/1, 165; Ruoss, 128; BK-Giger, N 23; BGE 47 III 132; zur örtlichen und sachlichen Zuständigkeit vgl. Ruoss, 137 f.; unter Berücksichtigung von Art. 31 kritisch zur kurzen Frist von zehn Tagen Engel, contrats, 65). Bei der Zwangsversteigerung verwirkt das Beschwerderecht gem. Art. 132a Abs. 3 SchKG ein Jahr nach der Verwertung. Gemäss BGer (v. 17.12.2008, 5A_691/2008, E. 2.3) kann zudem ein Steigerungszuschlag im Zwangsvollstreckungsverfahren nach Abschluss der Betreibung nicht mehr wegen Nichtigkeit einzelner Betreibungshandlungen beanstandet werden. **14**

V. Verhältnis zu den allgemeinen zivilrechtlichen Rechtsbehelfen

Das besondere Anfechtungsklagerecht nach Art. 230 ergänzt die **allgemeinen vertragsrechtlichen Regeln** und schliesst deren (parallele) Anwendung nicht aus (Cavin, SPR VII/1, 165). Somit steht einem Steigerungsvertragspartner unter den entsprechenden Tatbestandsvoraussetzungen (auch) die Berufung auf Täuschung oder überhaupt auf Irrtum nach den allgemeinen Regeln der Art. 23 ff. offen (vgl. mit Bezug auf einen Grundlagenirrtum des Ersteigerers BGE 40 II 383 E. 4 = Pra 1914, 422, sowie BGer, 16.7.2007, 5A_219/2007, E. 2.1 und 27.5.2009, 5A_226/2009, E. 3). Dabei gelten die allgemeinen Regeln auch hinsichtlich der Fristen (von Büren, BT, 69; ausführlich zu den Unterschieden zwischen Art. 230 und Art. 28 Ruoss, 179 f.). **15**

Ein kantonaler Entscheid, der ein **pactum de non licitando** mit der Absicht, den Zuschlag bei einer Ausschreibung betr. den Verkauf eines Waldbestandes zu einem niedrigeren als dem sonst erzielten Preis zu erlangen, als nach Art. 20 nichtig behandelte, wurde vom BGer bestätigt, das dabei ausdrücklich feststellte, das Unterbleiben einer Anfechtung nach Art. 230 mache eine wegen ihres Zweckes nichtige Vereinbarung nicht gültig (BGE 82 II 23 = Pra 1956, 281). **16**

Nach allgemeinen Regeln ist schliesslich auch zu entscheiden, ob – allenfalls neben dem Recht auf Anfechtung nach Art. 230 – die Voraussetzungen eines **Schadenersatzanspruches** erfüllt sind. **17**

Der Zuschlag im Rahmen einer Zwangsversteigerung ist, auch wenn allgemeine zivilrechtliche Gründe, wie etwa ein Grundlagenirrtum, geltend gemacht werden, im **Beschwerdeverfahren gem. Art. 17 ff. SchKG** vor den betreibungsrechtlichen Aufsichtsbehörden anzufechten (BGE 95 III 22: Irrtum betr. Überbaubarkeit eines Grundstücks) (vgl. auch Art. 132a SchKG); dasselbe gilt für den Freihandverkauf durch das Betreibungsamt (BGE 106 III 82 E. 4; BGer, 24.1.2002, 7B.256/2001). Der Verstoss gegen die Bestimmung von Art. 230 Abs. 2 gilt als Verletzung von Bundesrecht i.S.v. Art. 19 SchKG (BGer, 15.6.2004, 7B.96/2004, E. 2.2.2.). **18**

Art. 231

III. Gebundenheit des Bietenden
1. Im Allgemeinen

[1] Der Bietende ist nach Massgabe der Versteigerungsbedingungen an sein Angebot gebunden.

[2] Er wird, falls diese nichts anderes bestimmen, frei, wenn ein höheres Angebot erfolgt oder sein Angebot nicht sofort nach dem üblichen Aufruf angenommen wird.

III. Quand l'enchérisseur est lié
1. En général

[1] L'enchérisseur est lié par son offre dans les termes des conditions de vente.

[2] A défaut d'une clause contraire, il est délié si une surenchère est faite ou si son offre n'est pas acceptée immédiatement après les criées ordinaires.

III. Come l'offerente è vincolato
1. In genere

[1] L'offerente è vincolato dalla sua offerta a norma delle condizioni d'incanto.

[2] Ove queste non dispongano altrimenti, esso è liberato, quando segua un'offerta maggiore o quando la sua offerta non sia immediatamente accettata dopo le chiamate d'uso.

Literatur

Vgl. die Literaturhinweise bei den Vorbem. zu Art. 229–236.

1 Die Bestimmung modifiziert die allgemeinen gesetzlichen Regeln über die **Bindungskraft einer Offerte** (vgl. Art. 3 ff.), ferner sei darauf hingewiesen, dass Art. 231 bei der Versteigerung eines Grundstückes durch Art. 232 ausgeschaltet wird (BGE 40 II 503). Nach der **dispositiven** gesetzlichen Regel des Abs. 2 erlischt die rechtliche Bindung des Bietenden,

2 – sobald in der Folge ein **höheres Angebot** (sog. **Übergebot**) erfolgt (VON BÜREN, BT, 68). Erforderlich ist, dass das nachfolgende Übergebot einen höheren Preis offeriert, im Übrigen aber unter den gleichen Bedingungen abgegeben wird (RUOSS, 60). Unsicher ist, ob nur ein gültiges, mit keinen Mängeln behaftetes Übergebot die Bindung des Vorbieters entfallen lässt (vgl. dazu RUOSS, 60 f.; SCHMID, Nr. 91, BK-GIGER, N 18 ff., je m.w.Nw.; SKRIPSKY, 227, wonach eine solche Regelung in den (Online-)Auktionsbedingungen zwar problematisch aber grundsätzlich zulässig sein soll, sofern sie den Teilnehmern im Voraus «besonders ausdrücklich zur Kenntnis» gebracht wird);

3 – wenn ein Angebot **nicht sofort nach dem üblichen Aufruf angenommen** wird. Damit wird klargestellt, dass eine Bindung zwar bei ordnungsgemässem Verlauf einer Versteigerung im üblichen Tempo bis zum nächsten Übergebot in Modifikation der allgemeinen Regel des Art. 4 Abs. 1 bestehen bleibt, jedoch dann dahinfällt, wenn ein Steigerungsverfahren unterbrochen wird oder – ohne Zuschlag – zur Ausrufung eines anderen Steigerungsobjektes übergegangen wird (ZK-OSER/SCHÖNENBERGER, N 4) oder die Erklärung des Zuschlags auch nur ungebührlich verzögert wird (FICK, N 10). Bei Online Versteigerungen ist die Möglichkeit der Verlängerung dieser Bindungsfrist in den Steigerungsbedingungen zentral, da zwischen den Angeboten verschiedener Interessenten üblicherweise längere Zeiträume liegen als bei physisch anwesenden Bietern (SKRIPSKY, FN 186; s. aber Art. 232 Abs. 2 für Grundstücke).

Art. 232

2. Bei Grundstücken

[1] Die Zu- oder Absage muss bei Grundstücken an der Steigerung selbst erfolgen.

[2] Vorbehalte, durch die der Bietende über die Steigerungsverhandlung hinaus bei seinem Angebote behaftet wird, sind ungültig, soweit es sich nicht um Zwangsversteigerung oder um einen Fall handelt, wo der Verkauf der Genehmigung durch eine Behörde bedarf.

2. Adjudication des immeubles

[1] L'adjudication des immeubles ou le refus d'adjuger doit se faire aux enchères mêmes.

[2] Sont nulles les clauses qui obligeraient l'enchérisseur à maintenir sa mise au-delà des enchères; cette disposition ne s'applique pas aux enchères forcées, ni aux cas dans lesquels la vente doit être soumise à la ratification d'une autorité.

2. Nell'incanto dei fondi

[1] Negli incanti di fondi l'aggiudicazione od il rifiuto devono aver luogo all'atto stesso dell'incanto.

[2] È nulla ogni clausola che obbliga l'offerente a mantenere la sua offerta oltre l'operazione dell'incanto, in quanto non trattisi di esecuzione forzata o di un caso di cui la vendita richieda l'approvazione di un'autorità.

Literatur

Vgl. die Literaturhinweise bei den Vorbem. zu Art. 229–236.

Besondere Regeln über die Gebundenheit des Bietenden gelten **zwingend** (SCHMID, Nr. 95) bei der Veräusserung von **Grundstücken**. «Zu- oder Absagen» müssen an der Steigerung selbst erfolgen (Art. 232 Abs. 1; BGE 40 II 499 E. 3–5 = Pra 1914, 422). Insbesondere muss eine allfällige **Verweigerung des Zuschlags** den Steigerern ausdrücklich mitgeteilt werden, und wird die Versteigerung zuvor unterbrochen, so müssen auch diese Unterbrechung und der Zeitpunkt der Wiederaufnahme des Verfahrens öffentlich bekannt gegeben werden (BGE 98 II 54). 1

Im Grundsatz kann deshalb die Bindung an ein Angebot maximal auf die **Dauer der Steigerungsverhandlung** erstreckt werden. Unter der Voraussetzung einer öffentlichen Bekanntmachung wird dabei auch zugelassen, die materiell eine Einheit bildenden Steigerungsverhandlungen auf verschiedene Tage anzusetzen (SCHMID, Nr. 95). 2

Ausnahmsweise kann sodann – auch im Fall der **Grundstücksversteigerung** – die Bindung an das Angebot über die Steigerungsverhandlung hinaus erstreckt werden, nämlich zum einen in der Zwangsversteigerung und zum andern in jenen Fällen, da besondere Vorschriften die Genehmigung der Veräusserung durch eine Behörde, so etwa nach der Lex Koller, erfordern (vgl. SCHMID, Nr. 96; BGE 40 II 382 E. 3 = Pra 1914, 422: Genehmigung der Vormundschaftsbehörde; BGE 123 III 408). 3

Art. 233

IV. Barzahlung

[1] Bei der Versteigerung hat der Erwerber, wenn die Versteigerungsbedingungen nichts anderes vorsehen, Barzahlung zu leisten.

[2] Der Veräusserer kann sofort vom Kauf zurücktreten, wenn nicht Zahlung in bar oder gemäss den Versteigerungsbedingungen geleistet wird.

IV. Paiement comptant

[1] L'adjudicataire est tenu de payer comptant, si le contraire n'est prévu dans les conditions de vente.

[2] Le vendeur peut immédiatement se départir du contrat, s'il n'est pas payé comptant ou selon les conditions de vente.

IV. Pagamento a contanti

[1] L'acquirente deve pagare in contanti il prezzo di aggiudicazione, a meno che le condizioni dell'incanto non dispongano altrimenti.

[2] Se il pagamento non è fatto in contanti o secondo le condizioni dell'incanto, il venditore può recedere immediatamente dalla vendita.

Literatur

Vgl. die Literaturhinweise bei den Vorbem. zu Art. 229–236.

I. Bezahlung des Kaufpreises als Hauptpflicht des Ersteigerers

1 Als Käufer trifft den Ersteigerer nach allgemeiner Regel (Art. 184 Abs. 1) die **Pflicht zur Bezahlung des im Steigerungsverfahren ermittelten Kaufpreises**. Unter *Barzahlung* i.S. des Art. 233 Abs. 1 ist – unter Vorbehalt abweichender Steigerungsbedingungen – zu verstehen, dass die **Erfüllung effektiv** zu leisten ist und die Kaufpreisschuld nicht durch **Verrechnung** getilgt werden kann (VON BÜREN, BT, 68; SCHMID, Nr. 114).

II. Rücktrittsrecht des Veräusserers bei nicht gehöriger Bezahlung

2 Der Veräusserer hat das Recht, sofort vom Vertrag zurückzutreten, wenn die Zahlung nicht in bar oder sonst nicht gemäss den Versteigerungsbedingungen erbracht wird. Dieses **Rücktrittsrecht** unterliegt nicht den Beschränkungen der allgemeinen Regeln des Art. 214 und setzt auch nicht die erfolglose Einräumung einer angemessenen Nachfrist i.S.v. Art. 107 Abs. 1 voraus (vgl. SCHMID, Nr. 115 ff.). In der Zwangsversteigerung kann bei Zahlungsverzug von der Aufhebung des Zuschlags nur abgesehen werden, wenn alle Beteiligten damit einverstanden sind (Art. 143 SchKG; Art. 63 Abs. 1 VZG; PKG 2003 [22], 118).

3 Ein **stillschweigender Verzicht auf dieses sofortige Rücktrittsrecht** kann angenommen werden, wenn die Steigerungsbedingungen die Sicherstellung des Kaufpreises verlangen und immer, wenn ein Veräusserer Stundung gewährt (vgl. SCHMID, Nr. 120).

Art. 234

V. Gewährleistung

¹ Bei Zwangsversteigerung findet, abgesehen von besonderen Zusicherungen oder von absichtlicher Täuschung der Bietenden, eine Gewährleistung nicht statt.

² Der Ersteigerer erwirbt die Sache in dem Zustand und mit den Rechten und Lasten, die durch die öffentlichen Bücher oder die Versteigerungsbedingungen bekannt gegeben sind oder von Gesetzes wegen bestehen.

³ Bei freiwilliger öffentlicher Versteigerung haftet der Veräusserer wie ein anderer Verkäufer, kann aber in den öffentlich kundgegebenen Versteigerungsbedingungen die Gewährleistung mit Ausnahme der Haftung für absichtliche Täuschung von sich ablehnen.

V. Garantie

¹ Sauf les cas de promesses formelles ou de dol commis à l'égard des enchérisseurs, il n'y a pas lieu à garantie dans les enchères forcées.

² L'adjudicataire acquiert la chose dans l'état et avec les droits et les charges qui résultent soit des registres publics ou des conditions de vente, soit de la loi elle-même.

³ Dans les enchères publiques et volontaires, le vendeur est tenu de la même garantie que dans les ventes ordinaires; il peut toutefois, par des conditions de vente dûment publiées, s'affranchir de toute garantie autre que celle dérivant de son dol.

V. Garanzia

¹ Nella esecuzione forzata la vendita ha luogo senza garanzia, salvo particolari promesse o il caso di dolo a danno degli offerenti.

² Il deliberatario acquista la cosa nello stato e con i diritti e gli oneri che risultano dai pubblici registri o dalle condizioni di incanto o che esistono per legge.

³ Nella vendita per incanto pubblico volontario l'alienante è tenuto alla garanzia come un altro venditore, ma può nelle condizioni dell'incanto pubblicamente annunciate sottrarsi all'obbligo della garanzia, ad eccezione della responsabilità pel dolo.

Literatur

Vgl. die Literaturhinweise bei den Vorbem. zu Art. 229–236.

Die Gewährleistungspflicht eines Veräusserers richtet sich bei **freiwilliger öffentlicher Versteigerung** nach den allgemeinen Regeln des **Kaufrechts** (Art. 192 ff., 197 ff., 219). Gleichermassen bestätigt Art. 234 Abs. 3 die Geltung der allgemeinen kaufrechtlichen Regelung, indem er die **Wegbedingung der Gewährleistung** in den öffentlich kundgegebenen Versteigerungsbedingungen zulässt, ausgenommen im Fall absichtlicher Täuschung (vgl. Art. 192 Abs. 3, Art. 199; ebenso SCHMID, Nr. 126; BGE 123 III 168 E. 3 und 4; **a.M.** BUCHER, BT, 90; diesem zustimmend BK-GIGER, N 12 und 20). Eventualvorsatz genügt für die Annahme absichtlicher Täuschung nicht (ZK-SCHÖNLE/HIGI Art. 192–204 N 71 f.). 1

Die öffentlich kundgegebenen (d.h. aufgelegten: BK-GIGER, N 21) **Versteigerungsbedingungen** sind, soweit sie die in Art. 229–236 erwähnten Punkte betreffen, i.S. einer unwiderlegbaren gesetzlichen Vermutung für alle Steigerungsteilnehmer verbindlich. Jeder Bieter muss sich insoweit Kenntnis der Versteigerungsbedingungen und seine Zustimmung, namentlich also auch einen auf diese Weise kundgegebenen **Gewährleistungsausschluss**, entgegenhalten lassen (ausführlich RUOSS, 56 f. m.w.Nw.).

Sonderregeln enthalten Abs. 1 und 2 für die **Zwangsversteigerung**: 2

- Grundsatz ist, dass eine Gewährleistungspflicht bei Zwangsversteigerung nicht Platz greift. Nach ausdrücklicher Gesetzesvorschrift erwirbt ein Ersteigerer die Sache im Zustand und mit Rechten und Lasten nach Massgabe des Gesetzes und der Aufzeichnung in öffentlichen Büchern oder Versteigerungsbedingungen (Abs. 2). Dabei sind unter *Rechten und Lasten* nur die dinglichen Berechtigungen an einer Liegenschaft zu verstehen, nicht auch durch die Steigerungsbedingungen ausgewiesene Forderungsrechte des Gemeinschuldners gegenüber Dritten, wie namentlich Mietzinsforderungen (BGE 43 III 370). Pfandrechte, die weder durch die Versteigerungsbedingungen noch durch die öffentlichen Bücher bekannt gegeben werden, braucht sich der Ersteigerer nicht entgegenhalten zu lassen (vgl. aber für Steuerpfandrechte: BGE 120 III 128 und 120 III 153; **a.M.** hingegen für die Grundstückgewinnsteuer: BGer, 14.7.2009, 5A_229/2009).
- In zwei Fällen erlangt ein Erwerber in der Zwangsversteigerung ausnahmsweise Gewährleistungsrechte, einmal aufgrund besonderer Zusicherungen und sodann bei absichtlicher Täuschung (Abs. 1; vgl. auch BGE 120 III 136).

Art. 235

VI. Eigentumsübergang

[1] Der Ersteigerer erwirbt das Eigentum an einer ersteigerten Fahrnis mit deren Zuschlag, an einem ersteigerten Grundstück dagegen erst mit der Eintragung in das Grundbuch.

[2] Die Versteigerungsbehörde hat dem Grundbuchverwalter auf Grundlage des Steigerungsprotokolls den Zuschlag sofort zur Eintragung anzuzeigen.

[3] Vorbehalten bleiben die Vorschriften über den Eigentumserwerb bei Zwangsversteigerungen.

VI. Transfert de la propriété

[1] L'adjudicataire d'un meuble en acquiert la propriété dès l'adjudication; en matière d'immeubles, la propriété n'est transférée que par l'inscription au registre foncier.

[2] Le préposé aux enchères communique immédiatement au conservateur du registre foncier, pour que ce fonctionnaire procède à l'inscription, l'adjudication constatée par le procès-verbal de vente.

[3] Sont réservées les règles concernant les adjudications au cours d'enchères forcées.

VI. Trapasso della proprietà

[1] Il deliberatario acquista la proprietà di una cosa mobile all'atto della proprietà dell'aggiudicazione, quella di un fondo invece solo con l'inscrizione nel registro fondiario.

[2] L'autorità procedente deve tosto notificare per l'inscrizione all'ufficiale nel registro l'aggiudicazione a norma del verbale di incanto.

[3] Sono riservate le disposizioni circa il trapasso della proprietà negli incanti dell'esecuzione forzata.

Literatur

Vgl. die Literaturhinweise bei den Vorbem. zu Art. 229–236.

I. Übergang des Eigentums bei Versteigerung von beweglichen Sachen

1 Sind **Mobilien** Steigerungsobjekt, bewirkt der Zuschlag nicht bloss die Perfektion des Verpflichtungsgeschäftes, sondern zugleich auch den dinglichen Vollzug und lässt das Eigentum auf den Ersteigerer übergehen. Die sofortige Besitzesübertragung wird in BGE 61 III 152 noch verlangt, hingegen von GUHL/KOLLER/SCHNYDER/DRUEY (§ 41 N 109) nicht mehr vorausgesetzt (Art. 229 Abs. 2 und Art. 235 Abs. 1). Im Zeitpunkt der Versteigerung muss der Veräusserer jedoch im Besitz der Mobilie und somit zur Besitzesübertragung (sei dies sofort oder nach Ablauf einer allfälligen Zahlungsfrist) fähig sein, damit der Zuschlag eigentumsübertragende Wirkung haben kann (BGer, 23.10.2008, 5A_407/2008). Für Fahrnis ist vom dispositiven Charakter von Art. 235 Abs. 1 auszugehen, weshalb die Steigerungsbedingungen den Eigentumsübergang von der Besitzesübertragung und/oder von der Bezahlung abhängig machen können (bejahend: SKRIPSKY, 246 [für Online Versteigerungen]; PESTALOZZI, Steigerungskauf, N 1216; Entscheid des ZivGer VS, 4.7.2005, E. 4a, in: RVJ 2006, 266–273; differenzierend dazu BK-GIGER, N 8).

II. Übergang des Eigentums bei Versteigerung von Grundstücken

2 Der Eigentumserwerb an einem ersteigerten Grundstück setzt die **Eintragung im Grundbuch** voraus (Abs. 1), wobei von der öffentlichen Beurkundung des Vertrages abgesehen werden kann (GUHL/KOLLER/SCHNYDER/DRUEY, § 41 N 109; BJM 2010, 194). Die Steigerungsbehörde ist verpflichtet, dem zuständigen Grundbuchverwalter den Zuschlag aufgrund des Steigerungsprotokolls sofort zur Eintragung anzuzeigen. Ist allerdings dem Erwerber in den Steigerungsbedingungen eine Zahlungsfrist eingeräumt, hat nach richtiger Auffassung auch die Anzeige zur Eintragung im Grundbuch nicht sofort zu erfolgen (CAVIN, SPR VII/1, 165; SCHMID, Nr. 124).

3 Das **Steigerungsprotokoll** in Verbindung mit der Anzeige des Zuschlags durch die Steigerungsbehörde ersetzt den sonst in Gestalt einer öffentlichen Urkunde erforderlichen **Rechtsgrundausweis** (vgl. ZK-HAAB/SIMONIUS/SCHERRER/ZOBL, Art. 657 ZGB N 10). Zu beachten bleiben die aufgrund von Art. 236 geschaffenen kantonalen Regeln, die z.T. die Führung des Protokolls in die Hände einer Amtsperson legen.

4 Die Parteien eines Grundstücksteigerungskaufes sind verpflichtet, an der Produktion der für den Eintrag im **Grundbuch** allenfalls zusätzlich erforderlichen Dokumente mitzuwirken. Diese Pflicht ist Teil der Erfüllungspflicht des Verkäufers (SCHMID, Nr. 125).

5 Das **Miteigentümervorkaufsrecht** nach Art. 682 ZGB wird erst mit der Eintragung als Miteigentümer im Grundbuch erworben, und auch die Veräusserer eines Miteigentumsanteils können das damit verbundene Vorkaufsrecht nicht gesondert und vor dem Eigentumsübergang abtreten. Die Ersteigerung eines Miteigentumsanteils gibt deshalb vor dem Eigentumsübergang noch kein Vorkaufsrecht, das mit Bezug auf die nachfolgende Versteigerung eines weiteren Miteigentumsanteils geltend gemacht werden könnte. Und überdies können auch die Steigerungsbedingungen kein vertragliches Vorkaufsrecht begründen (BGE 115 II 334).

III. Übergang des Eigentums in der Zwangsversteigerung

Abs. 3 behält die Vorschriften über den Eigentumserwerb bei **Zwangsversteigerungen** vor. Danach gilt, dass der Zuschlag als amtliche Verfügung unmittelbar eigentumsbegründende Wirkung hat (Art. 656 Abs. 2 ZGB; CAVIN, SPR VII/1, 163), ferner kann der Erwerber nach Art. 665 Abs. 2 ZGB die Eintragung auch von sich aus erwirken. Eine Verfügung über das Grundstück ist indessen erst nach erfolgter Eintragung im Grundbuch möglich (BK-GIGER, N 27). 6

Art. 236

VII. Kantonale Vorschriften	**Die Kantone können in den Schranken der Bundesgesetzgebung weitere Vorschriften über die öffentliche Versteigerung aufstellen.**
VII. Droit cantonal	Les cantons peuvent, en matière d'enchères publiques, édicter d'autres règles pourvu qu'elles ne dérogent pas au droit fédéral.
VII. Disposizioni cantonali	Entro i limiti della legislazione federale i Cantoni possono emanare ulteriori disposizioni circa gli incanti pubblici.

Literatur

Vgl. die Literaturhinweise bei den Vorbem. zu Art. 229–236.

Den Kantonen ist i.S. eines echten Vorbehaltes zugunsten kantonalen Privatrechts die Kompetenz eingeräumt, in den Schranken der Bundesgesetzgebung **kantonales Privatrecht** zur öffentlichen (freiwilligen) Versteigerung zu schaffen (vgl. die wertvolle Übersicht bei SCHMID, Nr. 56 ff.; sowie Beispiele bei SKRIPSKY, 88 f.). Diese Vorschriften wendet das BGer selber an, oder weist die Sache an die kantonalen Behörden zurück (BGE 98 II 52 E. 4). In erster Linie werden in den kantonalen Regelungen ergänzend verfahrensmässige Fragen geordnet (vgl. zum Ganzen: PIOTET, SPR I/2, 295 ff.). Die Beachtung gewisser dieser Regelungen (z.B. Anwesenheit eines Gemeindebeamten, Protokollierungspflichten etc.) würden jedoch Online-Auktionen in der Schweiz praktisch verunmöglichen, weshalb gewisse Autoren der Ansicht sind, dass sie in diesem Bereich nur sehr zurückhaltend anzuwenden sind (vgl. HUGUENIN, OR AT/BT, N 2359; WEBER, 418). 1

Fünfter Abschnitt: Der Tauschvertrag

Art. 237

A. Verweisung auf den Kauf	**Auf den Tauschvertrag finden die Vorschriften über den Kaufvertrag in dem Sinne Anwendung, dass jede Vertragspartei mit Bezug auf die von ihr versprochene Sache als Verkäufer und mit Bezug auf die ihr zugesagte Sache als Käufer behandelt wird.**
A. Renvoi aux règles de la vente	Les règles de la vente s'appliquent au contrat d'échange, en ce sens que chacun des copermutants est traité comme vendeur quant à la chose qu'il promet et comme acheteur quant à la chose qui lui est promise.
A. Rinvio alla vendita	Al contratto di permuta sono applicabili per analogia le disposizioni relative al contratto di vendita, nel senso che ciascuno dei contraenti si considera quale venditore della cosa promessa e quale compratore della cosa promessa a lui.

Literatur

AEBERSOLD, Der Tausch nach Schweizerischem Obligationenrecht, Diss. Bern 1997; ALTHERR/BREM/BÜHLMANN, Schweizerisches Obligationenrecht, Textausgabe mit Leitsätzen aus der Praxis des Bundesgerichtes, 2. Aufl., Bern 1994; BIEGER, Die Mängelrüge im Vertragsrecht, Zürich 2009; BÖHRINGER/FORRER/HIESTAN, Repetitorium Obligationenrecht: Besonderer Teil, Zürich 2011; BUCHER, Skriptum zum Obligationenrecht: Besonderer Teil, 3. Aufl., Zürich 1988 (zit. Skriptum); CAVIN, Kauf, Tausch und Schenkung, in: Schweizerisches Privatrecht (SPR), Bd. VII/1, Obligationenrecht – Besondere Vertragsverhältnisse, Basel 1977, 172 ff.; GAUCH/AEPLI/CASANOVA, Schweizerisches Obligationenrecht: Besonderer Teil, mit Einschluss des Handels- und Wertpapierrechts, Rechtsprechung des Bundesgerichts, 4. Aufl., Zürich 1998; GIANNATTASIO, La permuta. Il contratto estimatorio. La somministrazione, 2. Aufl., Milano 1974; GIGER, Rechtsvergleichender Beitrag zur Lehre von der Bestimmbarkeit vertraglicher Leistungen, Annuario di diritto comperato e di studi legislativi, Roma 1964, 79 ff. (zit. Annuario); DERS., Zum Begriff der gehörigen Erfüllung, SJZ 1965, 85 ff. (zit. SJZ 1965); JÄGGI, Die Zusicherung von Eigenschaften der Kaufsache, in: Meylan (Hrsg.), FS für Theo Guhl, Zürich 1950, 67 ff.; KELLER/SIEHR, Kaufrecht, 3. Aufl., Zürich 1995; MEILI, Die Entstehung des Schweizerischen Kaufrechts. Ein Beitrag zur quellenkritischen Untersuchung des Obligationenrechts, Diss. Zürich 1976; RIEBOW, Der Kauf auf Umtausch, Berlin 1924; STÖSSEL, Der Tauschvertrag unter spezieller Berücksichtigung des Schweizerischen Obligationenrechts, Diss. Bern 1927; STREIFF/PELLEGRINI/VON KAENEL, Vertragsvorlagen. Eine Sammlung kommentierter Vertragsmuster für die Praxis, 4. Aufl., Zürich 2008; TERCIER, Les Contrats spéciaux, 2. Aufl., Zürich 1995 (zit. Contrats 1995), 3. Aufl., Zürich 2003 (zit. Contrats); VENTURI-ZEN-RUFFINEN, La résiliation pour justes motifs des contrats de durée, Zürich 2007; VISCHER, Rechts- und Sachgewährleistung bei Sacheinlage- und Übertragungsverträgen über Unternehmen, SJZ 2004, 105 ff., Hinweise insb. 109 und 113.

I. Bedeutung, Begriff und Rechtsnatur

1. Bedeutung

1 Zutreffend hebt HONSELL, OR BT [1997], 154 hervor, dass der Tausch in wirtschaftlich entwickelten Verhältnissen kaum praktische Bedeutung mehr aufweist (AEBERSOLD, 19 ff.; CAVIN, SPR VII/1, 180; GUHL/KOLLER/SCHNYDER/DRUEY, N 146 ff.; ZK-OSER/SCHÖNENBERGER, N 1; TERCIER, Contrats 1995, N 1093/2003, N 1324). Das Geld als allgemeiner Wertmesser und Tauschmittel hat diese Vertragsart verdrängt. Lediglich im **privaten** Verkehr beansprucht der Tausch eine gewisse Aktualität (HONSELL, OR BT, 183 f.). Gelegentlich trifft man ihn auch im Bereich des Aktienrechts, vorab als Aktientausch bei Unternehmensfusionen, an (AEBERSOLD, 22 f.; BUCHER, BT, 136; BK-GIGER, Art. 197 OR N 86 ff.; ferner zur **Praxis** BGE 79 II 158; 88 II 415; 107 II 422). Erfüllt das Geld infolge inflationärer Ereignisse seine Funktion als «Tauschmittel» nicht mehr, entstehen allerdings Tauschmärkte (AEBERSOLD, 24 f.; HONSELL, OR BT, 184). Im Übrigen verdient auch der Hinweis von HONSELL Beachtung, wonach etwa im Ostgeschäft infolge der bestehenden Geldmittelknappheit ein «Kompensationshandel» stattfindet (HONSELL, OR BT, 183 f.). In die juristische Sprache übersetzt bedeutet dies den Abschluss von **Kaufverträgen mit Verrechnungsabrede**.

2 Im Grunde genommen gilt der Tausch historisch als Vorläufer des Kaufs (AEBERSOLD, 19 ff.; CAVIN, SPR VII/1, 180; GUHL/KOLLER/SCHNYDER/DRUEY, 375 ff., N 146 ff.; TERCIER, Contrats 1995, N 1324; DERS., Contrats, N 1093; analog TERCIER/FAVRE, 205 ff., insb. 221 N 1516). Folgt man der Begriffslogik, so stellt der Kauf tatsächlich einen Unterfall des Tausches dar (so auch BUCHER, BT, 136); ist doch die Sachleistung historisch betrachtet umfassender und weniger spezifisch als das Geld (vgl. HONSELL, OR BT, 184). Diese Art der Betrachtung wurde indessen durch die Entwicklung mit der Zeit überholt: Der Kauf ist der dominante Faktor im Vertragsleben, während der Tausch eine Randerscheinung darstellt (vgl. CAVIN, SPR VII/1, 180; GUHL/KOLLER/SCHNYDER/DRUEY, N 146 ff.; TERCIER, Contrats 1995, N 1324; DERS., Contrats, N 1093). Die Rechtsfigur «Tausch» konzentriert sich vor allem auf den Handel mit bestimmten Gütern; im Speziellen vor allem auf den Autohandel (dazu TERCIER, Contrats, N 1328: «[...] Le vendeur accepte que le prix d'acquisition soit réglé par la reprise du véhicule usagé de l'acheteur et le versement d'un solde»). Aus dieser Faktizität wird verständlich, dass der Gesetzgeber den Tausch als eine «besondere Art des Kaufes» erfasst.

2. Begriff und Rechtsnatur

«Tausch» ist – funktionell wie inhaltlich betrachtet – ein Vertrag, durch den sich die Parteien zur **wechselseitigen Übertragung von Besitz und Eigentum** an bestimmten oder bestimmbaren Sachen oder von Rechten oder andern Gütern verpflichten (AEBERSOLD, 26 ff.; BK-BECKER, Art. 237/238 OR N 1; ferner BUCHER, BT, 136; CAVIN, SPR VII/1, 180; GUHL/KOLLER/SCHNYDER/DRUEY, N 146 ff.; HONSELL, OR BT, 185; TERCIER, Contrats N 1325; analog TERCIER/FAVRE, 205 ff., insb. 221 f. N 1518). Es handelt sich m.a.W. um ein synallagmatisches Verhältnis: Die in gegenseitigen Leistungen (Ware gegen Ware) bestehenden Hauptpflichten befinden sich in einem wertäquivalenten Austauschverhältnis. Die Besonderheit beim Tausch ist verglichen zum Kauf im Wesentlichen die, dass der Sachleistung (Ware) nicht der allgemeine Wertmesser «Geld», sondern ebenfalls eine Ware als Gegenleistung entgegensteht (AEBERSOLD, 8 f.; BUCHER, BT, 136; CAVIN, SPR VII/1, 180 f.; TERCIER, Contrats 1995, N 1325; DERS., Contrats, N 1094; VENTURI-ZEN-RUFFINEN, N 94 FN 51; zur Praxis RJN 1991, 130; vgl. auch BGer, 29.8.2013, 4A_581/2012, E. 4.2). Dazu kommt, dass jede Partei mit Bezug auf die Sachleistung des Vertragspartners Gläubigerstellung einnimmt, hinsichtlich der eigenen Sachleistung indessen gleichzeitig aber auch Schuldnerqualität besitzt (vgl. AEBERSOLD, 26 ff.; CAVIN, SPR VII/1, 181; HONSELL OR BT, 185; ZK-OSER/SCHÖNENBERGER, N 1; ferner TERCIER, Contrats 1995, N 1325; DERS., Contrats, N 1094). Unter Hinweis auf die ältere Literatur hat BECKER (BK-BECKER, Art. 237/238 OR N 1) den Tausch als «doppeltypische(n) oder gemischte(n) Gegenseitigkeitsvertrag» definiert und dies insb. gestützt auf die Tatsache, dass sich jede Partei in einer doppelten Vertragsrolle befindet: Jede ist Käufer und Verkäufer zugleich (vgl. ENGEL, contrats, 70; TERCIER, Contrats, N 1330; TERCIER/FAVRE, N 1523). Die Praxis (BGE 95 II 305 ff.) befasste sich mit dem Sonderproblem der Anforderung an die öffentliche Beurkundung, wenn die Kauf- oder Tauschsache von der einen oder anderen Partei aus einer Mehrzahl von Grundstücken soll ausgewählt werden können. In diesem Zusammenhang hat sich unsere höchste Instanz in der Folge auch indirekt mit dem Problem der genügenden **Bestimmbarkeit** auseinandergesetzt: Für die Beurteilung stellt sich das anvisierte Problem aber nur, wenn die Kauf- oder Tauschsache nach dem Sinn des Vertrags noch nicht bestimmt ist, sondern die Bestimmung der einen oder anderen Partei überlassen ist. Das wäre etwa der Fall, wenn eine Partei das auszutauschende Grundstück aus einer Mehrzahl von Möglichkeiten auswählen kann. Eine rechtsgenügliche Bestimmbarkeit ist nach höchstinstanzlicher Auffassung anzunehmen, wenn ein Hinweis auf die wahlbefugte Partei in Verbindung mit Angaben über die Beschaffenheit des Grundstücks vorliegt. Angaben über die Lage des Tauschgegenstands sind nicht nötig. Nach bundesgerichtlicher Ansicht genügt etwa der Hinweis darauf, dass «ein gleichwertiges Stück Boden» geschuldet sei, vollauf. «Gleichwertig» bedeutet «in vergleichbarer Lage und von vergleichbarem Mass» (vgl. ebenfalls BGE 95 II 42 ff.; ferner 81 II 221 ff. mit Bezug auf das «Aufgeld»). 3

Nur anhangsweise sei auf die vom Europäischen Parlament und dem Rat erlassene **Richtlinie 2008/122/EG** zum Schutz der Verbraucher im Hinblick auf bestimmte Aspekte von Teilnutzungsverträgen, Verträgen über langfristige Urlaubsprodukte sowie Wiederverkaufs- und **Tauschverträgen** (Hervorhebung durch Verf.) verabschiedet. Es geschah dies unter Berufung auf eine anzustrebende volle Harmonisierung der Rechts- und Verwaltungsvorschriften der Mitgliedstaaten (und solche, die es werden sollten!) bezüglich ausgewählter Zuständigkeiten auch von **Tauschverträgen**, um «zu einem reibungslosen Funktionieren des Binnenmarktes und zum Erreichen eines hohen Verbraucherschutzniveaus beizutragen». So stellt etwa – um ein Beispiel zu nennen – die Richtlinie sicher, «dass der Verbraucher den Vertrag innerhalb von 14 Kalendertagen ohne Angabe von Gründen (!) widerrufen kann». 3a

Die Auseinandersetzung mit der Tragweite der inhaltlichen Bedeutung des **Tauschvertrags** ist vorab auch für die Bestimmung der **Grundstücksgewinnsteuer** ausschlaggebend. So hat die vierte Kammer des Verwaltungsgerichts des Kantons Graubünden in seinem Entscheid vom 1.6.2010 (A **10** 22) klargemacht, dass auch Tauschgeschäfte bei Erzielen eines aus- 3b tauschbedingten Gewinns – analog zur Veräusserung eines Grundstücks – der Erfassung durch die Grundstückgewinnsteuer unterliegen. Unter Wertzuwachsrealisierung ist im Regelfall «die Verkörperung des Wertzuwachses in einem neuen Vermögensobjekt» zu verstehen (E. 2). Nebst dem Hauptfall der Veräusserung einer Liegenschaft sind noch andere Formen denkbar. Das Steuergesetz betrachtet bekanntlich «jeden Eigentumswechsel als grundstückgewinnsteuerpflichtig». Diese Pflicht kann also auch etwa durch **Tausch** ausgelöst werden. Auch ein solcher Objektsaustausch kann zur Realisierung eines steuerpflichtigen Gewinns führen. Dabei ist zu beachten, dass als Erlös derjenige Betrag gilt, um den der Veräusserungsgewinn «die Anlagekosten (Erwerbspreis und Aufwendungen) übersteigt».

II. Abgrenzung

4 Einige Aufmerksamkeit haben *Doktrin* (AEBERSOLD, 1 ff.; ALTHERR/BREM/BÜHLMANN, 241; BK-BECKER, Art. 237/238 OR N 1 f.; BUCHER, BT, 136; VON BÜREN, BT, 6 Anm. 4; GUHL/KOLLER/SCHNYDER/DRUEY, N 146 ff.; HONSELL, OR BT, 184; ZK-OSER/SCHÖNENBERGER, N 1 f.; TERCIER, Contrats, N 848 f.) und *Praxis* (BGE 35 II 273 f.; 45 II 441; 81 II 221; 95 II 309; ZR 1927, 48 ff., 201; ZR 1963, 90 E. 4; JdT 1956 I 137; JdT 1970 I 243) der nicht immer leichten **Abgrenzungsproblematik** gewidmet. Ausgangsbasis bildet dabei vorab die grundsätzliche Feststellung, dass das Vereinbaren einer Geldschuld stets ein massgebliches Abgrenzungskriterium bildet (BUCHER, BT, 136; TERCIER, Contrats 1995, N 1325; DERS., Contrats, N 1095). Wichtig ist ebenfalls der bei Auslegungsschwierigkeiten geltende Grundsatz in dubio pro permutatione: Ergeben sich Typisierungsprobleme, verdienen die Regeln über den Tausch in Konkurrenz mit blossem Kaufrecht den Vorzug (so auch GUHL/KOLLER/SCHNYDER/DRUEY, N 146 ff.). Im übrigen entscheidet über die Normzuständigkeit (Tausch oder Kauf) der auf die **inhaltliche** Ausgestaltung gerichtete, in der übereinstimmenden gegenseitigen Äusserung zum Ausdruck gebrachte wirkliche Wille der Parteien und nicht etwa die äussere Form (etwa die Existenz von zwei Kaufabreden) oder die gewählte Bezeichnung (CAVIN, SPR VII/1, 181; ferner zur **Praxis** BGE 81 II 221; vgl. auch BGer, 29.8.2013, 4A_581/2012, E. 4.2). Im Zweifel kann auf die Verkehrsauffassung abgestellt werden (GUHL/KOLLER/SCHNYDER/DRUEY, N 146 ff.).

5 Nicht unter die besonderen Vorschriften des Tausches fällt ganz eindeutig etwa der Austausch von **Ware gegen Dienstleistung** (BK-BECKER, Art. 237/238 OR N 2). Undenkbar erscheint ferner die Anwendbarkeit der Tauschregeln auf das **Abzahlungsgeschäft** (ZK-OSER/SCHÖNENBERGER, N 3). Infolge des wesensnotwendigen **Kriteriums der Gegenseitigkeit** liegt ferner kein Tausch vor, wenn zwei Liegenschaften nicht im parteiinternen Austausch (A veräussert eine Liegenschaft an B, C eine andere an A) stehen (BK-BECKER, Art. 237/238 OR N 1). Das gleiche Subsumtionsschicksal trifft das wechselseitige Überlassen einzelner Teile als Alleineigentum an Mit- oder Gesamteigentümer (so BK-BECKER, Art. 237/238 OR N 2).

6 Probleme der Zuordnung entstehen dort, wo beim Austausch der Waren die **Gleichwertigkeit** fehlt. Das ist vorab der Fall bei einer Verabredung von **Tausch mit Aufgeld**. Beinahe alle in Doktrin und Rsp. vorkommenden Varianten sind bei näherer Betrachtung nur quantitativ unterschiedliche Spielformen des qualitativ einheitlichen Vertragstypus (Tausch mit Aufgeld): Hingabe der Sache an Zahlungs Statt auf eine Kaufpreisforderung (BK-BECKER, Art. 237/238 OR N 2), Kauf mit Hingabe der Sache unter Anrechnung des Kaufpreises (GUHL/KOLLER/SCHNYDER/DRUEY, N 146 ff.; ferner ALTHERR/BREM/BÜHLMANN, 241; TERCIER, Contrats spéciaux, 1995, 137; DERS. Contrats spéciaux, 2002, N 1326 f.) sowie Vorliegen von zwei Kaufverträgen mit Verrechnungseinrede (GAUCH/AEPLI/CASANOVA, 91; HONSELL, OR BT, 184). Stehen diese Vertragsvarianten nun unter dem Regime der Normen des Tausch- oder *Kaufrechts? Nicht immer* lässt sich diese Frage eindeutig beantworten. Es gibt zwar aus dem Innominatkontraktsrecht entlehnte Kriterien: Je nach der **Gewichtung** von Ware oder Geld liegt Tausch oder Kauf vor. Weist das «Aufgeld» Nebensächlichkeitscharakter auf, qua-

lifiziert sich die Abrede als Tausch und umgekehrt (AEBERSOLD, 8 f.; ALTHERR/BREM/BÜHLMANN, 241; CAVIN, SPR VII/1, 180 f.; GAUCH/AEPLI/CASANOVA, 88; HONSELL, OR BT 1997, 173; TERCIER, Contrats 1995, N 1095; DERS., Contrats, N 1326 f.; analog TERCIER/FAVRE, insb. N 1519 f.; ferner zur **Praxis**: BGE 81 II 221; JdT 1956 I 137): Daraus folgt, dass der «Kauf mit Hingabe von Sachen unter Anrechnung auf den Kaufpreis» nicht – wie GUHL/KOLLER/SCHNYDER/DRUEY, N 146 ff., behaupten – stets als **Kauf** behandelt werden muss. Das trifft dann nicht zu, wenn die geldwerte Leistung im Vergleich zur Sachübergabe quantitativ bedeutend geringer ist. Die gleichen Überlegungen gelten auch – dem logischen Prinzip folgend – für den Abschluss von zwei selbständigen Kaufverträgen mit Verrechnungsabrede, selbst wenn ihre Verbindung zur Einheit vorliegt (**a.M.** HONSELL, OR BT, 184; ferner BGE 45 II 442).

Vergleiche im Übrigen die Ausführungen bei BK-GIGER, N 15 ff. zur Analyse von Gewichtung und Verhältnis der einzelnen Kriterien samt Lösungskonzept.

III. Verweisung auf Kaufrecht: Besonderheiten

Der Gesetzgeber hat in Art. 237 grundsätzlich die Anwendbarkeit der kaufrechtlichen Normen auf den Tausch statuiert. Diese Verweisung bedeutet im Wesentlichen, dass für den Tausch nichts anderes gilt als Kaufrecht, allerdings mit der Besonderheit, dass es doppelseitig zur Anwendung gelangt (vgl. AEBERSOLD, 3 ff., 26 ff.; VON BÜREN, BT, 6; CAVIN, SPR VII/1, 180 sowie 181; TERCIER, Contrats 1995, N 1094; DERS., Contrats, N 1325; analog TERCIER/FAVRE, 205 ff., insb. N 1518 ff., vorab 1522 f.); ist doch jede Vertragspartei bezüglich der von ihr versprochenen Sache als Verkäufer, hinsichtlich des ihr zugesagten Kaufgegenstands als Käufer zu betrachten. Materiell liegt somit die **Abweichung** im Umstand, dass die legislatorische Anordnung zur Übertragung der kaufrechtlichen Normen auf den Tausch nur **sinngemäss und partiell** erfolgen kann (TERCIER, Contrats 1995, N 1099, DERS., Contrats, N 1330). Das hängt mit der Tatsache zusammen, dass beim Tausch die kaufrechtstypische Preiszahlung fehlt. Alle kaufpreisbezogenen Vorschriften finden daher beim Tausch keine Anwendung: Jede Partei hat mithin nur die Rechtsstellung als Sachgläubiger und Sachschuldner (AEBERSOLD, 26 ff.; BUCHER, BT, 136; CAVIN, SPR VII/1, 180; HONSELL, OR BT 185; TERCIER, Contrats 1995, N 1094; DERS., Contrats, N 1329; analog TERCIER/FAVRE, 205 ff., insb. N 1523). Folglich stehen jedem Vertragspartner nur die Rechte eines Käufers auf Besitz- und Eigentumsübertragung an der Sache und die Pflichten in seiner Eigenschaft als Verkäufer auf Leistung des Abmachungsinhalts, d.h. Übertragung des Kaufgegenstands samt Eigentumsverschaffung, zu (BK-GIGER, Art. 184 OR N 4 ff., Art. 216 OR N 8 ff.). Selbstverständlich finden auch die allgemeinen Normen des Vertragsrechts (Willensmängel, Täuschung, Übervorteilung, Verzugsregelung, Gefahrtragung usw.) entsprechende Anwendung. Mit dem Abschluss des Vertrags gehen demzufolge Nutzen und Gefahr der Sache auf den Erwerber über (Art. 185 Abs. 1). Das bedeutet etwa keine Befreiung von der eigenen Sachleistung bei zufälligem Untergang der Gegenleistung nach Kaufabschluss (so ebenfalls HONSELL, OR BT, 185). Besonderheiten gelten auch für den **Verzug**. Dem Geschädigten kommt ein Wahlrecht zu: Beharren auf dem Leistungsaustausch unter Geltendmachung des vollen Ersatzes in Geld oder Zurückbehaltung der eigenen Leistung samt Anspruch auf die Differenz (HONSELL, OR BT, 185). Im Übrigen gelten diese Regelungen auch bei Nichterfüllung (vgl. ZR 1927, 48 ff., 201). Die sich im Konfliktsfall infolge des Gegenseitigkeitscharakters des Tausches ergebende *Kompensation* bei gegenseitigen Vertragsverstössen ergibt sich vorab aus der besonderen Natur des Tausches (BGE 45 II 441). Anwendbar sind sodann problemlos die Regeln über Kauf auf Probe oder nach Muster (BK-BECKER, Art. 237/238 OR N 3) und beim Austausch von Grundstücken die im Kaufrecht vorgesehenen Formvorschriften (Art. 216; BGE 95 II 309; JdT 1970 I 243; dazu die Darlegungen über die Normanalyse bei BK-GIGER, N 19 ff.). 7

Art. 238

B. Gewährleistung	**Wird die eingetauschte Sache entwehrt oder wegen ihrer Mängel zurückgegeben, so hat die geschädigte Partei die Wahl, Schadenersatz zu verlangen oder die vertauschte Sache zurückzufordern.**
B. Garantie	Le copermutant qui est évincé de la chose par lui reçue ou qui l'a rendue en raison de ses défauts peut, à son choix, demander des dommages-intérêts ou répéter la chose qu'il a délivrée.
B. Garanzia	Ove la cosa permutata venga evitta o restituita pei suoi difetti, la parte danneggiata può chiedere, a sua scelta, o il risarcimento dei danni o la restituzione della cosa data in permuta.

Literatur

Vgl. die Literaturhinweise zu Art. 237.

I. Rechtsmängelhaftung

1 Gemäss Art. 238 steht der durch **Entwehrung** (BK-GIGER, Art. 192 OR N 5) geschädigten Partei die Wahl zu, die eingetauschte Sache zurückzufordern oder Schadenersatz zu verlangen (BUCHER, OR BT, 137; CAVIN, SPR VII/1, 181; HONSELL, OR BT 185; ZK-OSER/SCHÖNENBERGER, N 8 f.; TERCIER, Contrats 1995, N 1100, 1102 f.; DERS., Contrats, N 1331 ff.; analog TERCIER/FAVRE, 205 ff., insb. N 1524 ff.). Verzichtet sie auf den Rücktritt vom Vertrag, ist sie berechtigt, gestützt auf Art. 195 Abs. 2 das Erfüllungsinteresse zu verlangen. Allerdings bleibt der Gegenpartei der Exkulpationsbeweis vorbehalten. Gelingt er, muss sich der Entwehrte mit dem negativen Vertragsinteresse (Art. 195 Abs. 1) begnügen (vgl. ZK-OSER/SCHÖNENBERGER, N 8; vgl. ebenfalls TERCIER, Contrats 1995, N 1103; DERS. Contrats, N 1333). Im Übrigen gelten bei **teilweiser** Entwehrung die zu Art. 196 entwickelten Grundsätze: In aller Regel bleibt der Entwehrte auf die Möglichkeit beschränkt, nur Ersatz des Schadens zu verlangen, der ihm durch die Entwehrung verursacht wird. Ein **Rücktrittsrecht** steht ihm gem. Art. 196 Abs. 2 nur offen, wenn nach den Umständen angenommen werden muss, er hätte den Vertrag in Kenntnis einer teilweisen Entwehrung nicht abgeschlossen. Diese Annahme wird auf Grund der besonderen Natur des Tausches hier eher zu bejahen sein als etwa beim Kauf (ZK-OSER/SCHÖNENBERGER, N 9).

II. Sachmängelhaftung

1. Grundsätzliche Anwendbarkeit des Gewährleistungsrechts

2 Ausgangsbasis bildet hier die Tatsache, dass der Gesetzgeber im Zuständigkeitsbereich der Tauschvertragsregelung (Art. 237/238) nur die **Folgen** eines Verstosses gegen die Sachmängelordnung speziell regelt. Das bedeutet, dass hinsichtlich Begriff, Voraussetzung und Verfahren auch beim Tausch die Gewährleistungsregeln des Kaufs anwendbar sind (BK-GIGER, Art. 184 OR N 16 ff., 77 ff.; ferner Vor Art. 197–210 N 4 ff.; Art. 197 N 5 ff.; Art. 199 N 4 ff., vorab N 9 ff.; Art. 200 N 6 ff.; Art. 201 N 4 ff., 21 ff., 23 ff., 33 ff., 45 ff., 61 ff.; Art. 205 N 7 ff., 15 ff., 33 ff., 44, 45 ff.; Art. 207 N 9 ff., 45 ff.; Art. 210 N 9 ff., vgl. BIEGER, 17, FN 57; VISCHER, 109, 113). Besonderheiten konzentrieren sich vorab auf die Bestimmungen Art. 195 f. und 208 f. (vgl. AEBERSOLD, 90 ff., 94 ff. und 118 ff.).

2. Besonderheiten im Bereich der Rechtsfolgen

a) Rechtsfolgen bei Vertragsverletzung durch eine Partei

Der Gesetzestext spricht auch im Bereich der Sachmängelhaftung davon, dass der geschädigten Partei die Wahl zusteht, Schadenersatz zu verlangen oder die vertauschte Sache zurückzufordern (Art. 238). Diese Formulierung ist interpretationsbedürftig (CAVIN, SPR VII/1, 181; GUHL/KOLLER/SCHNYDER/DRUEY, N 146 ff.). Eine system- und normlogische Analyse zeigt, dass dem benachteiligten Vertragspartner **vier verschiedene Möglichkeiten** zur Verfügung stehen (vgl. AEBERSOLD, 129 ff.; BK-BECKER, Art. 237/238 OR N 4 ff.: Er spricht von einem dreifachen Wahlrecht; CAVIN, SPR VII/1, 181 f.; ferner GUHL/KOLLER/SCHNYDER/DRUEY, 375 ff., N 146 ff. und ebenfalls TERCIER, Contrats 1995, N 1101; DERS., Contrats, N 1332; analog TERCIER/FAVRE, 205 ff., insb. N 1526): 3

- Rückgabe der mangelhaften Sache im Austausch mit dem bereits übergebenen Leistungsgegenstand samt Ersatz eines allfälligen Rückabwicklungsschadens bzw. Zurückbehalten der noch nicht übertragenen Sache mit analogen Konsequenzen (statt vieler AEBERSOLD, 131; TERCIER, contrats 1995, N 1101; DERS., Contrats, N 1332, der von «Vertragsauflösung» spricht; analog TERCIER/FAVRE, 205 ff., insb. N 1526);
- Rückgabe der mangelhaften Sache und Verzicht auf Rücknahme der Eigenleistung unter Geltendmachung von Schadenersatz im Ausmass des positiven Vertragsinteresses (Erfüllungsinteresse; vgl. AEBERSOLD, 135 ff.; BK-BECKER, Art. 237/238 OR N 4; GUHL/KOLLER/SCHNYDER/DRUEY, 375 ff., N 146 ff.; ZK-OSER/SCHÖNENBERGER, N 5);
- Behalten der mangelhaften Sache unter Geltendmachung von Schadenersatz in der Höhe des Minderwertes (Art. 205: Minderung; dazu AEBERSOLD, 147 ff.; BUCHER, BT, 137; TERCIER, Contrats 1995, N 1101; DERS., Contrats, N 1332; analog TERCIER/FAVRE, 205 ff., insb. N 1526);
- Ersatz bzw. Nachlieferung mängelfreier Ware in Analogie zu Art. 206 (dazu AEBERSOLD, 158 f.; GUHL/KOLLER/SCHNYDER/DRUEY, N 146 ff.; ZK-OSER/SCHÖNENBERGER, N 6); eine Möglichkeit, die allerdings umstritten ist (BK-GIGER, N 3).

b) Rechtsfolgen bei Vertragsverletzung durch beide Parteien

Leiden **beide** Tauschobjekte an erheblichen Mängeln, steht jedem der Vertragsparteien das vierfache Wahlrecht zu. Infolge der vertragsschicksalshaften Verknüpfung muss jedoch im Hinblick auf die zu treffende Wahl eine **einheitliche** Entscheidung folgen: Es kann nicht die eine Partei am Vertrag festhalten und die andere ihn auflösen. Erklärt deshalb auch nur ein Vertragspartner den Rücktritt vom Vertrag, **muss** sich sein Partner dieser Lösungsvariante anschliessen (vgl. hierzu BK-BECKER, Art. 237/238 N 9f; ferner ZK-OSER/SCHÖNENBERGER, N 7 sowie ebenfalls BGE 45 II 446). Eine ausführliche Stellungnahme zu Normzweck, sachlichem Geltungsbereich, Norminhalt, Rechtsnatur und Normanalyse von Art. 238 findet sich bei BK-GIGER, N 4 ff. 4

Siebenter Titel: Die Schenkung

Art. 239

A. Inhalt der Schenkung

[1] Als Schenkung gilt jede Zuwendung unter Lebenden, womit jemand aus seinem Vermögen einen andern ohne entsprechende Gegenleistung bereichert.

[2] Wer auf sein Recht verzichtet, bevor er es erworben hat, oder eine Erbschaft ausschlägt, hat keine Schenkung gemacht.

[3] Die Erfüllung einer sittlichen Pflicht wird nicht als Schenkung behandelt.

A. Son objet

[1] La donation est la disposition entre vifs par laquelle une personne cède tout ou partie de ses biens à une autre sans contre-prestation correspondante.

[2] Le fait de renoncer à un droit avant de l'avoir acquis ou de répudier une succession ne constitue pas une donation.

[3] Il en est de même de l'accomplissement d'un devoir moral.

A. Contenuto della donazione

[1] Si considera donazione ogni liberalità tra i vivi con la quale taluno arricchisce un altro coi propri beni senza prestazione corrispondente.

[2] Non fa atto di donazione chi rinuncia ad un diritto prima di averlo acquisito o ad un'eredità.

[3] L'adempimento di un dovere morale non è considerato come donazione.

Literatur

AEBI-MÜLLER, Die optimale Begünstigung des überlebenden Ehegatten, 2. Aufl., Bern 2007; AUBERT, Procuration encore valable après décès, mandat post mortem, donation pour cause de mort et responsabilité de la banque après décès du client à l'égard des héritiers, SJ 1991, 285 ff.; BAUMGARTNER/GASSNER/SCHICK, Besteuerung von grenzüberschreitenden Schenkungen, ST 9/1989 ff.; BREITSCHMID, Trust und Nachlassplanung, in: FS für Anton Heini, Zürich 1995; BUCHER E., Hundert Jahre schweizerisches Obligationenrecht: Wo stehen wir heute im Vertragsrecht?, ZSR 1983 II, 251 ff., 277–279, 334 (zit. ZSR 1983 II); DERS., England und der Kontinent, Zur Andersartigkeit des Vertragsrechts – die Gründe, und zu consideration, ZVglRwiss 105/2006, insb. 178, 181 ff. (zit. ZVglRwiss 105/2006); CAVIN, Kauf, Tausch und Schenkung, in: Schweizerisches Privatrecht (SPR), Bd. VII/1, Basel 1977; CHAIX, La donation entre époux et par les époux, in: Baddeley/Foëx, Planification du Patrimoine, Genf 2009; DAWSON, Gifts and Promises, New Haven/London 1980; EITEL, Die Vormerkung nach Art. 247 Abs. 2 OR – konstitutiv oder deklaratorisch?, ZBGR 1992, 137 ff. (zit. ZBGR 1992); DERS., Darlehen – Schenkung – Vorempfang, successio 2013, 202 ff. (zit. successio 2013); DERS., Die Berücksichtigung lebzeitiger Zuwendungen im Erbrecht, Objekte und Subjekte von Ausgleichung und Herabsetzung, Bern 1998 (zit. Berücksichtigung); EMMENEGGER, Schenkung und Gutglaubensschutz, in: Pichonnaz/Vogt/Wolf (Hrsg.), FS für Bruno Huwiler, Bern 2007, 219 ff.; FARNSWORTH, Promise to Make a Gift, 43 American Journal of Comparative Law, 359–378; GASS, Noch einmal: Unterliegen Schenkungen der Ausgleichung und der Herabsetzung nach Art. 527 Ziff. 1 ZGB?, BJM 2001, 235–268; GRÜNINGER E., Schenkung unter Auflage, Diss. Basel 1941; GRÜNINGER H., Erbvorbezug, Schenkung und Ausgleich: vermeintlich einfache Vorgänge kompliziert gemacht?, Einige Tücken der erbrechtlichen Ausgleichung, ST 2008, 1044–1047; GRUNDLER, Willensmängel des Gegenkontrahenten beim entgeltlichen Erbvertrag, Diss. St. Gallen 1998; GRUNDMANN, Zur Dogmatik der unentgeltlichen Rechtsgeschäfte, AcP 1998, 547 ff.; GUTZWILLER, Die Stiftungen, in: Schweizerisches Privatrecht (SPR), Bd. II, 571 ff.; HAUSHEER, Die Abgrenzung der Verfügung von Todes wegen von den Verfügungen unter Lebenden, in: Breitschmid (Hrsg.), Testament und Erbvertrag, Bern/Stuttgart 1991, 79 ff.; HEGNAUER, Vormundschaftliche Mitwirkung bei Schenkungen von Eltern an ihre unmündigen Kinder, ZVW 1988, 106 ff.; HÜRLIMANN-KAUP, Die privatrechtliche Gefälligkeit und ihre Rechtsfolgen, Diss. Freiburg i.Ue. 1999; IZZO, Lebensversicherungsansprüche und Anwartschaften, Diss. Freiburg i.Ue. 1999; KOLLER A., Anfang und Ende einer Schenkung, in: Honsell/Huwiler/Schulin (Hrsg.), Liber amicorum Nedim Peter Vogt, Basel 2012, 199 ff. (zit. FS Vogt); DERS., Einem geschenkten Gaul schaut man nicht ins Maul, Bedeutung und Herkunft der Parömie und ihre Umsetzung in Art. 248 OR und den Nachbarrechten, in: Vogt/Zobl (Hrsg.), Der Allgemeine Teil und das Ganze, Liber Amicorum für Hermann Schulin, Zürich 2002, 97 ff. (zit. FS Schulin); MÄUSLI-ALLENSPACH, Erbschafts- und Schenkungssteuern in der Schweiz – ein Überblick, successio 2010, 179–192; MAISSEN, Der Schenkungsvertrag im schweizerischen Recht, Diss. Freiburg i.Ue. 1996; Mauss, Essai sur le don, L'Année sociologique, seconde serie, 1923–1924, Tome I, ‹http://classiques.uqac.ca/classiques/mauss_marcel/socio_et_anthropo/2_essai_sur_le_don/essai_sur_le_don.html›; Meier P., Droit de la tutelle et actes immobiliers, ZVW 2008, 251 ff. (zit. ZVW 2008); ders., Les dérogations apportées au droit de la tutelle et de la capacité civile par le droit de la donation, ZVW 1995, 81 ff., 121 ff. (zit. ZVW 1995); Meier W.H., Der Widerruf von Schenkungen im schweizerischen Recht, Diss. Zürich 1958; Merz, Schweizerisches Privatrecht (SPR), Bd. VI/1, Obligationenrecht – Allgemeiner Teil, Basel 1984; Moser, Die erbrechtliche Ausgleichung gemischter Schenkungen, 2. Aufl., Bern 1973; Müller K. H., Die Problematik der Abgrenzung von Rechtsgeschäften unter Lebenden und von Todes wegen, Diss. Bern 1973; Muscheler, Stiftung und Schenkung – Zum Kausalverhältnis in den Beziehungen zwischen Stifter, Stiftung, Destinatären, Anfallberechtigten, AcP 203, 469 ff.; Muster, Erbschafts- und Schenkungssteuerrecht, Diss. Bern 1990; Pfäffli, Das Rückfallsrecht bei der Schenkung eines Grundstücks, in: Jusletter vom 22.5.2006; Oehrli, Die gemischte Schenkung im Steuerrecht, Diss. Zürich 2000; Philipp, Rechtliche Schranken der Vereinsautonomie und der Vertragsfreiheit im Einzelsport, Diss. Zürich 2004; Piotet P., Les libéralités par contrat de mariage ou autres donations au sens large et le droit successoral, Bern 1997; ders., Schweizerisches Privatrecht (SPR), Bd. IV/1 – Erbrecht, Basel 2012; Richner/Frei, Kommentar zum Zürcher Erbschafts- und Schenkungssteuergesetz, Zürich 1996; Rivier, L'impôt sur les successions et les donations: ses caractéristiques, sa nature et son champ d'application, STR 1996, 149–161; Rochat, L'impôt sur les donations et la notion de donation, Diss. Lausanne 1953; Rossel, Des donations manuelles en droit suisse, spécialement entre époux, ZBJV 58 (1922), 345 ff., 401 ff.; Rothenfluh, Zur Abgrenzung der Verfügung von Todes wegen von den Rechtsgeschäften unter Lebenden, Diss. Bern 1984; Roulier, Die gemischten Schenkungen nach schweizerischem Recht unter besonderer Berücksichtigung des Erbrechts, Bern 1933; Rusch/Bornhauser, Schenkung und Beweis, AJP 2013, 1135 ff.; Rusch, Konten für Dritte, AJP 2007, 561 ff.; Schlinker, Sachmängelhaftung bei gemischter Schenkung, AcP 206, 26 ff.; Spiro, Die Begrenzung privater Rechte durch Verjährungs-, Verwirkungs- und Fatalfristen, Bd. II: Andere Befristungen und Rechte, Bern 1975; Stanislas, Préemption et prescription en cas de révocation d'une donation, SJZ 1978, 72 ff.; Sticher, Gemischte Schenkung – Zuwendungsabsicht als Bedingung der Herabsetzung?, successio 2013, 57 ff.; von Tuhr, Bemerkungen zur Schenkungslehre des Schweizerischen Obligationenrechts, SJZ 1921/22, 201 ff.; Vogt, Schenkungen und erbrechtliche Zuwendungen, in: Frank/Girsberger/Vogt/Walder-Bohner/Weber, Die eheähnliche Gemeinschaft (Konkubinat) im schweizerischen Recht, Zürich 1984, 107 ff.; Vogt/Leu, BGE 133 III 421, Widerruf der Schenkung, successio 2008, 239 ff.; Vogt/Liniger, The Survivor Takes All: Joint Tenancy-ähnliche Rechtsfiguren im schweizerischen Recht, in: von der Crone/Forstmoser/Weber/Zäch (Hrsg.), FS für Dieter Zobl, Zürich 2004; Wacke, Donner et retenir ne vaut: Kein Schenkungsvollzug ohne Aushändigung, AcP 201/2001, 262 ff.; ders., Donatio non preasumitur, AcP 1991, 1 ff. (zit. AcP 1991); Winistörfer, Die unentgeltliche Zuwendung im Privatrecht, insb. im Erbrecht, Diss. Zürich 2000; Zeiter, Die Erbstiftung, Diss. Freiburg i.Ue. 2001; Zoller, Schenkungen und Vorempfänge als herabsetzungspflichtige Zuwendungen, unter besonderer Berücksichtigung des Umgehungstatbestands, Diss. Zürich 1998; Zuppinger, Die Erhebung der Erbschafts- und Schenkungssteuern im internationalen Verhältnis, ASA 42, 289 ff.

I. Begriff

1 Bei der Schenkung verpflichtet sich der Schenker gegenüber dem Beschenkten, in **Schenkungsabsicht** aus seinem Vermögen eine Zuwendung unter Lebenden vorzunehmen, ohne dafür eine Gegenleistung erhalten zu wollen (vgl. auch Tercier/Favre, Rz 1758). Der Vermögensvorteil kann in einer Vermehrung der Aktiven, in einer Wertzunahme schon vorhandener Aktiven, in einer Verminderung von Passiven, in einer Wertabnahme schon vorhandener Passiven oder in der Verhinderung einer bevorstehenden Vermögensabnahme bestehen (Gass, BJM 2001, 268). Subjektive Elemente sind der Schenkungswille (animus donandi) des Schenkers sowie der «Schenkungsempfangswille» des Beschenkten, d.h. es muss zwischen den Parteien Einigung über die Zuwendung und über die Unentgeltlichkeit der Zuwendung bestehen (BGer, 2.4.2001, 5C.212/2000, E. 4b; BGE 126 III 171, 173 E. 3). Objektives Element ist die Bereicherung des Empfängers aus dem Vermögen des Schenkers (hinten N 42). Unerheblich ist der (kommerzielle) Wert der geschenkten Sache. Das **Motiv** (Dankbarkeit, Mitleid, Prahlerei, Eitelkeit, Berechnung usw.) ist i.d.R. ohne Bedeutung (BGE 42 II 503), solange mit der Schenkung keine Bedingungen oder Auflagen verbunden sind (von Tuhr/Peter, 202).

II. Schutz des Schenkers

2 Die Schenkung ist (wie der Kauf) ein auf Veräusserung gerichtetes Verpflichtungsgeschäft, wobei die Gegenleistung (Kaufpreis) entfällt. Dementsprechend besteht ein weitgehender **Schutz des Schenkers** und des Vermögens, aus welchem die Schenkung gemacht wird (ZK-OSER/SCHÖNENBERGER, Vorbem. N 3 ff.):

a) Möglichkeit, die noch nicht akzeptierte Schenkungsofferte zurückzuziehen, Art. 244;
b) Erschwerung des Abschlusses durch Formzwang, Art. 243;
c) qualifizierte Handlungs- und Verfügungsfähigkeit, Art. 240 und Art. 241;
d) abgeschwächte Gewährleistungspflicht des Schenkers, Art. 248 sowie Art. 171 Abs. 3 und Art. 99 Abs. 2, vgl. Art. 248 N 3 ff.;
e) gemilderte Verzugsfolgen, Art. 105, vgl. Art. 248 N 1 f.;
f) Wegfall der Sicherstellungspflicht gegenüber dem Nutzniessungsberechtigten, Art. 761 Abs. 1 ZGB;
g) erleichterte Anfechtungsmöglichkeit der durch die Schenkung benachteiligten Pflichtteilserben, Art. 527 Ziff. 3 (und Ziff. 4) ZGB, und Gläubiger, Art. 286 SchKG (Schenkungspauliana) und Art. 288 SchKG, ferner Art. 345 SchKG;
h) Unwirksamkeit der Schenkung aus fremdem Vermögen (N 42);
i) Möglichkeit des Schenkers, die Schenkung aufzuheben, Art. 249 und Art. 250, sowie auch Art. 91 ZGB;
j) Beweislast i.d.R. nicht beim Schenker (N 44);
k) eingeschränktes Klagerecht des Beschenkten gegenüber dem Schenker aufgrund der durch die Schenkung erlangten Rechtsposition (N 46 f.).

III. Zustandekommen des Schenkungsvertrags

3 Die Schenkung ist ein einseitig verpflichtender Vertrag, dessen Zustandekommen die Annahme (vgl. auch ENGEL, contrats, 110; TERCIER/FAVRE, Rz 1814) der Schenkungsofferte durch den Adressaten voraussetzt (BGE 114 II 36, 38 E. 2b). **Schweigen des Beschenkten** auf die Schenkungsofferte gilt i.d.R. («wegen der besonderen Natur des Geschäftes») als stillschweigende Annahme i.S.v. Art. 6 (BGE 110 II 156, 161 E. 2d = Pra 1984, 664); nicht aber das Schweigen des Schenkers auf die Schenkungsofferte des Beschenkten, wobei Voraussetzung ist, dass der Beschenkte die Schenkungsofferte empfangen hat. Dass er sie auch zur *Kenntnis* genommen hat, machte das BGer in BGE 69 II 309 (= Pra 1943, 387) im Sonderfall der Schenkung durch Vertrag zu Gunsten Dritter (vgl. N 12) zur Voraussetzung. Bei Schenkung unter einer Auflage oder unter einer Bedingung ist i.d.R. ausdrückliche Annahme der Schenkung erforderlich (BGE 69 II 309 = Pra 1943, 387; BGE 52 II 289). Ob eine gültige Schenkung vorliegt, ist Rechtsfrage (BGE 64 II 360). Beim **Schenkungsversprechen**, welches zu seiner Gültigkeit der Schriftform bzw. öffentlichen Beurkundung bedarf (Art. 243 Abs. 1 und 2), fallen Vertragsschluss (d.h. Verpflichtungsgeschäft) und Erfüllung (Verfügungsgeschäft, d.h. traditio, Zession oder **«Grundbuchanmeldung»** (recte: schriftliche Eintragungsbewilligung des Veräusserers, Art. 963 ZGB; vgl. BGE 115 II 221, 229 f. E. 5a sowie auch SCHULIN/VOGT, AT, Tafel 29, N 3 f.) zeitlich auseinander, während bei der Handschenkung (Schenkung von Hand zu Hand, Art. 242 Abs. 1) Verpflichtungs- und Verfügungsgeschäft zeitlich zusammenfallen (BGE 105 II 104, 107 E. 3a).

IV. Schenkungen unter Lebenden und von Todes wegen

4 Von der Schenkung unter Lebenden ist die Schenkung zu unterscheiden, die zwar zu Lebzeiten des Schenkers versprochen wird, deren Wirkungen aber erst mit dessen Tode eintreten sollen (Schenkung mit auf den Tod des Schenkers gestellter Vollziehbarkeit, Art. 245 Abs. 2; auch Schenkung «auf den Todesfall» oder Schenkung «von Todes wegen» genannt): Sie ist eine erbrechtliche Verfügung (Art. 245 N 8), auf welche kraft der Verweisung in Art. 245

Abs. 2 die Bestimmungen über die Verfügungen von Todes wegen, Art. 481 ff. ZGB, anwendbar sind. Dies gilt namentlich für den Inhalt, die Form, die Verfügungsfähigkeit, die Verfügungsfreiheit und den Widerruf des Schenkungsversprechens und die Reihenfolge der Herabsetzung (Art. 532 ZGB). Vgl. zum Ganzen Art. 245 N 6 ff. Zum Verhältnis Schenkung unter Lebenden und Ausgleichung vgl. ZOLLER, 11 ff.; BK-WEIMAR, Einleitung 14. Titel ZGB N 96 ff., zur Zuwendung unter Lebenden und von Todes wegen, WINISTÖRFER, 31 ff.; PIOTET, libéralités, 19 ff.

V. Gemischte Schenkung

5 **Gemischte Schenkung**, d.h. Mischung von entgeltlichen und unentgeltlichen Veräusserungsvertragselementen in einem Vertrag (negotium mixtum cum donatione/Kauf vermischt mit Schenkung), liegt dann vor, wenn die Parteien eine unentgeltliche Zuwendung in dem Sinne beabsichtigen, dass sie den (Kauf-)Preis **bewusst** unter dem Wert des Veräusserungsgegenstandes ansetzen, um die Differenz dem Erwerber (Käufer) unentgeltlich zukommen zu lassen (BGE 98 II 352, 358 E. 3b; BGer, 2.4.2001, 5C.212/2000, E. 4b; BGer, 30.1.2001, 5C.259/2000, E. 2b; BGE 128 II 231, 236 E. 2.4.2.1; BGer, 21.12.2009, 5A.662/2009, E. 2.2 f.), d.h. die Parteien müssen das **Leistungsmissverhältnis** kennen und auch wollen (BGer, 16.3.2001, 4C.346/2000, E. 1; vgl. auch Art. 286 Abs. 2 Ziff. 1 SchKG: «Rechtsgeschäfte, bei denen der Schuldner eine Gegenleistung angenommen hat, die zu seiner eigenen Leistung in einem Missverhältnis steht»; OGer ZH, ZR 1970, 72).

5a Der erforderliche Schenkungswille (N 1) wird vermutet, wenn sich die Vertragsparteien des erheblichen Wertunterschieds bewusst waren und diesen auch wollten (BGer, 21.12.2009, 5A.662/2009, E. 2.3; BGE 128 II 231, 236 E. 2.4.2.1; BGer, 30.1.2001, 5C.259/2000, E. 2c). Ob auch «Erkennbarkeit» für die Annahme einer unentgeltlichen Zuwendung genügt, hat das BGer bisher offen gelassen (BGer, 30.1.2001, 5C.259/2000, E. 2c/bb). Im Zusammenhang mit Schenkungen zwischen Ehegatten unter dem Güterstand der Errungenschaftsbeteiligung hat das BGer allerdings festgehalten, dass die «Auffassung, wonach der animus donandi vermutet werde, wenn die Wertdifferenz für die Parteien erkennbar war [...], für den ordentlichen Güterstand der Errungenschaftsbeteiligung abzulehnen» sei (BGer, 21.12.2009, 5A.662/2009, E. 2.3). In BGE 126 III 171, 175 E. 3b/cc hat es indes ausgeführt, dass «unbefriedigende Ergebnisse auftreten können, wenn zur Zeit des Vertragsabschlusses das Missverhältnis von Leistung und Gegenleistung für den [Schenker] nicht bloss erkennbar, sondern von diesem auch tatsächlich erkannt worden sein muss».

5b Preisvergünstigung im Sinne eines Freundschaftspreises begründet keine unentgeltliche Zuwendung (SCHLINKER, zit. vor N 48, 30): Soweit der Veräusserer die Veräusserung als durch den Kaufpreis gedeckt betrachtet, liegt keine unentgeltliche Zuwendung vor (BGE 128 II 231, 236 E. 2.4.2.1; 98 II 352, 358 E. 3b m.w.Nw. der reichhaltigen Rsp., die sich namentlich auf die erbrechtliche Herabsetzung und Ausgleichung solcher Schenkungen bezieht; BGE 82 II 430, 436 E. 5; MOSER, 15 f.; HONSELL, OR BT, 195).

5c Das BGer hat es offen gelassen, ob sich der Schenker, der das Missverhältnis nicht erkannte, weil er sich des Werts seiner eigenen Leistung nicht bewusst war, auf Grundlagenirrtum (Art. 24 Abs. 1 Ziff. 4) berufen kann (BGE 126 III 171), wie dies namentlich von PIOTET, JdT 121/1973 I, 334 f., vertreten wird (vgl. auch EITEL, Berücksichtigung, 174 ff.).

5d Wird z.B. eine Liegenschaft zu einem Drittel ihres Wertes veräussert, so liegt eine gemischte Schenkung vor (VON BÜREN, BT, 282). In der Regel stellt die gemischte Schenkung keinen Vorkaufsfall dar (BGE 101 II 59, 61 ff. E. 2f).

5e Zur gemischten Schenkung u. N 15; Art. 243 N 5; Art. 246 N 5; Art. 248 N 2, 5; Art. 249 N 6 und CR CO I-BADDELEY, N 51 ff.; TERCIER/FAVRE, Rz 1788 ff.; SCHLINKER, AcP 206, 28 ff.; STICHER, successio 2013, 57 ff.

VI. Gegenstand der Schenkung

Gegenstand eines Schenkungsversprechens oder einer Handschenkung können (gleich wie beim Kaufvertrag; Übersicht bei SCHULIN/VOGT, BT, Tafel B2) neben Fahrnis auch Forderungen oder Rechte sein. Grundstücke oder dingliche Rechte an Grundstücken können nach Art. 242 Abs. 2 und 3 nur Gegenstand eines Schenkungsversprechens sein. Im Einzelnen gilt Folgendes (s.a. Kasuistik bei VON BÜREN, BT, 272 ff.; zur Schenkung von Fahrnis Art. 242 N 2; zur Schenkung von Grundstücken bzw. beschränkten dinglichen Rechten an Grundstücken, Art. 243 N 2): 6

Begründet der Schenker eine Forderung des Beschenkten gegen sich selbst, so ist sowohl das (abstrakte) **Schuldbekenntnis**, Art. 17 (BGE 39 II 89), als auch die Ausstellung eines Eigenwechsels (ZK-OSER/SCHÖNENBERGER, N 40, 42) ein Schenkungsversprechen (Anwendbarkeit von Art. 243 Abs. 1 und Art. 250). Übergibt er gleichzeitig einen Inhaberschuldbrief, liegt eine Handschenkung vor. 7

Schenkung einer (bereits bestehenden) gegen einen Dritten gerichteten **Forderung** ist: 8
a) Schenkungsversprechen, wenn der Zedent dem Zessionar verspricht, ihm seine Forderung gegen den debitor cessus unentgeltlich abzutreten (das pactum de cedendo bedarf der Schriftform; Art. 243 Abs. 1 geht Art. 165 Abs. 2 als lex specialis vor);
b) Handschenkung, wenn die Zession (Verfügungsgeschäft) schenkungshalber erfolgt (oder ein Inhaberschuldbrief schenkungshalber übergeben wird).

Auch die Abtretung einer noch nicht angefallenen Erbschaft, Art. 636 ZGB, einer sonstigen Anwartschaft oder künftigen Forderung oder eines Versicherungsanspruchs (vgl. IZZO, 248, 336, 364) kann Gegenstand einer Schenkung sein.

Erlass einer Forderung nach Art. 115 ist stets Verfügungsgeschäft (VON TUHR/ESCHER, 177). Eine Schenkung von Hand zu Hand liegt daher vor, wenn eine Forderung schenkungsvertragsweise erlassen wird (vgl. auch GAUCH/SCHLUEP/SCHMID/EMMENEGGER, N 3123); ebenso wie die Rückgabe des Schuldscheins, Art. 89 Abs. 3, in Schenkungsabsicht. Hingegen ist das Versprechen, eine Schuld zu erlassen, formbedürftiges Schenkungsversprechen (BGE 44 II 181). 9

Im **Verzicht auf ein Rückgriffsrecht** (vgl. N 16/17) oder auf die **Ausübung eines (Gestaltungs-)Rechts** (vgl. N 33/39c) kann eine Schenkung liegen (vgl. aber N 29). 9a

Ein **unentgeltliches Befreiungsversprechen** (interne Schuldübernahme, Art. 175 Abs. 1) ist Schenkungsversprechen und bedarf der Schriftform nach Art. 243 Abs. 1 (BGE 110 II 340, 341 f. E. 1b = Pra 1985, 223). Ist die Schriftform bei einem unentgeltlichen Befreiungsversprechen nicht eingehalten worden und hat der Übernehmer an den Gläubiger geleistet, so ist das Befreiungsversprechen gegenüber dem Beschenkten (Schuldner) erfüllt worden und daher nach Art. 243 Abs. 3 wirksam (SCHULIN/VOGT, BT, Tafel D5). 10

Erfolgt Schenkung **durch privative** (externe) **Schuldübernahme** (Art. 176 Abs. 1) und schliesst der Übernehmer mit dem Gläubiger einen Schuldübernahmevertrag ab, um damit eine Schenkung gegenüber dem Schuldner vorzunehmen, so bedarf die Schenkung nicht der Schriftform des Art. 243 Abs. 1. Da durch den Schuldübernahmevertrag (zwischen dem Gläubiger und dem Übernehmer) der bisherige Schuldner befreit wird, ist die Schenkung zwischen dem Übernehmer (Schenker) und dem Schuldner (Beschenkten) mit Abschluss des Schuldübernahmevertrages eine Schenkung von Hand zu Hand und daher formfrei. Hiervon ist der Fall zu unterscheiden, dass der Übernehmer dem Schuldner *verspricht*, ihn durch eine privative Schuldübernahme von dessen Schuld gegenüber dem Gläubiger schenkungsweise zu befreien. Hier liegt ein Schenkungsversprechen vor, das zu seiner Gültigkeit der Schriftform bedarf. Ist das Schenkungsversprechen mündlich erfolgt, ist es erst mit Abschluss des Schuldübernahmevertrages zwischen dem Übernehmer (Schenker) und dem Gläubiger i.S.v. 11

Art. 243 Abs. 3 als Schenkung von Hand zu Hand zu beurteilen (SCHULIN/VOGT, BT, Tafel D5).

11a **Keine Schenkung** liegt vor, wenn jemand als **Geschäftsführer ohne Auftrag** die Schuld eines Dritten begleicht. Hingegen kann der Verzicht (durch Erlassvertrag) auf die Ansprüche des Geschäftsführers eine Schenkung sein.

12 Verspricht der Schenker dem Beschenkten, ihn durch einen **echten Vertrag zu Gunsten Dritter** (Art. 112 Abs. 2) begünstigen (vgl. Art. 112 N 4) zu wollen (vgl. BGE 69 II 309 = Pra 1943, 387, wo das BGer *Kenntnis* von der Schenkung verlangte, vgl. N 3), so ist das Schenkungsversprechen mit Abschluss des echten Vertrages zu Gunsten Dritter vollzogen (VON TUHR/ESCHER, 252; SCHULIN/VOGT, BT, Tafel D6A N 3). Demgegenüber sind VON BÜREN, BT, 272, und wohl auch HONSELL, OR BT, 195, der Auffassung, Vollzug der Schenkung sei erst im Zeitpunkt der Erklärung des Beschenkten gegenüber dem Promittenten, Art. 112 Abs. 3, anzunehmen (vgl. auch ENGEL, contrats, 105 f.).

13 Hat der Schenker als Versicherungsnehmer den Beschenkten als Begünstigten des von ihm mit der Versicherung (Promittent) abgeschlossenen **Versicherungsvertrags** bezeichnet, so erwirbt der Beschenkte erst dann ein unwiderrufliches Recht gegenüber der Versicherung, «wenn der Versicherungsnehmer in der Police auf den Widerruf unterschriftlich verzichtet und die Police dem Begünstigten übergeben hat», Art. 77 Abs. 2 VVG.

14 Erfolgt eine Schenkung durch **Anweisung**, Art. 466 ff., und hat der Anweisende (Schenker) den Angewiesenen aufgrund eines mündlichen Schenkungsversprechens (gegenüber dem Anweisungsempfänger) angewiesen, an den Anweisungsempfänger (Beschenkten) zu leisten, und hat daraufhin der Angewiesene nach Art. 468 Abs. 1 die Annahme ohne Vorbehalt gegenüber dem Anweisungsempfänger erklärt, so ist das dadurch vollzogene Schenkungsversprechen als Schenkung von Hand zu Hand zu beurteilen, Art. 243 Abs. 3, und daher formfrei (BGE 105 II 104, 109 E. 3c).

15 Die unentgeltliche **Einräumung** eines **Vorkaufsrechts** oder eines **Kaufrechts** (call option) bzw. Andienungsrechts (put option) wie auch der unentgeltliche **Verzicht** auf ein solches (bereits erworbenes!) Recht erfolgt häufig in Schenkungsabsicht. Getrennt zu beurteilen ist die Frage, ob mit der Vereinbarung eines zu niedrigen Kauf- bzw. Andienungspreises allenfalls eine gemischte Schenkung beabsichtigt war. Keine Schenkung liegt aber bei einer beim Käufer anfallenden Wertsteigerung vor, welche zwischen der Einräumung des Kaufrechts und dessen Ausübung eingetreten ist (BGE 50 II 373).

16 Wer durch **kumulativen Schuldbeitritt** einer Forderung als Schuldner beitritt, macht dem (Erst-)Schuldner i.d.R. erst dann eine Schenkung, wenn er – nach Inanspruchnahme durch den Gläubiger – auf seinen Rückgriffsanspruch gegenüber dem Erstschuldner (durch Erlassvertrag) verzichtet.

17 Auch bei Sicherheitsleistungen (wie Bürgschaft, Garantie, aber auch Drittpfandbestellung) kann i.d.R. erst im **Verzicht** (durch Erlassvertrag des Bürgen, Garanten oder Drittpfandbestellers mit dem Schuldner) auf den **Rückgriffsanspruch** gegenüber dem Schuldner eine Schenkung gesehen werden (ZK-OSER/SCHÖNENBERGER, N 10).

18 Im **Verzicht auf ein Bezugsrecht** (insb. bei einer Familien-AG) des einen Aktionärs zu Gunsten eines anderen (bisherigen) Aktionärs oder eines Dritten (Neuaktionär) kann immer dann eine Schenkung erblickt werden, wenn dem Dritten die neu emittierten Aktien deutlich unter dem inneren Wert angeboten werden und der verzichtende Aktionär sein Bezugsrecht nicht ausübt, um hierdurch dem Neuaktionär einen Vermögensvorteil zukommen zu lassen.

19 Sodann kann eine Schenkung auch dann vorliegen, wenn (1) der Neuaktionär ein **Agio** bezahlt, (2) der bezahlte Preis für die Aktien erheblich über dem inneren Wert der Aktien liegt

und (3) er hierdurch dem Altaktionär (indirekt) einen Vermögensvorteil zukommen lassen will.

Eröffnet jemand ein **Bankkonto** im Namen eines Dritten und mit dessen Einverständnis (BGE 52 II 289), so liegt eine Handschenkung vor (BGE 64 II 360). Stellt die Bank ein Sparheft aus, so ist die Schenkung erst mit dessen Übergabe an den Beschenkten (bzw. dessen gesetzlichen Vertreter) vollzogen (BGE 89 II 87, 90 E. 1 = Pra 1963, 330). Wer Geld und/oder Wertpapiere auf das Konto eines Dritten überweist, macht selbst dann eine Handschenkung, wenn er eine Vollmacht (über den Tod hinaus) über das Konto des Begünstigten hat (BGE 52 II 290; 96 II 145, 150 f. E. 3) oder wenn er sich die Verwaltung der Wertschriften im Depot des Dritten selbst vorbehält (BGE 57 II 517). Der Schenker, welcher aufgrund einer Vollmacht Bezüge vom Konto des Beschenkten macht, ist hierfür rückerstattungspflichtig (BGE 52 II 292). Behält sich jedoch der Einleger, der das Bankkonto im Namen eines Dritten eröffnet, das volle und alleinige Verfügungsrecht bis zu seinem Tode vor und verfügt er auch dementsprechend über das Konto, so liegt keine Schenkung, sondern eine Verfügung von Todes wegen vor (BGE 89 II 91 E. 1 u. 3 = Pra 1963, 330). Ausführlich zum Ganzen RUSCH, 561 ff. 20

Zahlt jemand bei einer Bank auf den **Namen eines Dritten** (in Schenkungsabsicht) Geld ein (echter Vertrag zugunsten Dritter), so erwirbt der Dritte (nach Empfang der Annahmeerklärung gem. Art. 468) unmittelbar eine Forderung gegenüber der Bank, ist aber, soweit kein Schenkungsvertrag zwischen Einzahler und Drittem zustande kommt, gegenüber dem Einzahler ungerechtfertigt bereichert (VON TUHR/ESCHER, 253; vgl. ferner Art. 62 N 31). 21

Die Eröffnung eines gemeinsamen Bankkontos **(joint account)** ist keine Schenkung (AppGer BS, BJM 1994, 231). Entnimmt eine Partei dem gemeinsamen Bankkonto (joint account) für eigene Zwecke mehr, als sie selbst einbezahlt hat, so liegt erst im Verzicht auf den Ausgleichsanspruch durch die andere Partei i.d.R. eine Handschenkung (durch Schulderlass) (vgl. VOGT/LINIGER, 323 ff.). 22

Nicht als Schenkung zu betrachten ist die Erteilung einer **Bankvollmacht**. Für eigene Bezüge ist der Bevollmächtigte rückerstattungspflichtig, erst im Verzicht des Kontoinhabers auf den Rückerstattungsanspruch durch Schulderlass liegt eine Schenkung. 23

Schenkung kann sodann auch in der Form eines **Verpfründungsvertrages** erfolgen, Art. 526 Abs. 1, ebenso in Form einer **Leibrente** (s. Art. 517 N 5, Art. 518 N 6), wobei im rev. SchKG die unter altem Recht bestehende Möglichkeit entfällt, neben dem ohnehin unpfändbaren Stammrecht (vgl. BGE 64 III 179; Art. 92 Abs. 1 Ziff. 7 SchKG) die einzelnen Renten einer unentgeltlich bestellten Leibrente dem Zugriff der Gläubiger ganz zu entziehen (vgl. Art. 519 Abs. 2 aOR, Art. 93 Abs. 1 SchKG). 24

In der unentgeltlichen Einräumung einer Nutzniessung oder eines Wohnrechts (vgl. auch BGE 109 II 15, 19 E. 2) ist i.d.R. eine Schenkung zu erblicken (vgl. auch den Wortlaut von Art. 286 Abs. 2 Ziff. 2 SchKG). 25

Wer eine Sache (oder Forderung) unter dem Vorbehalt der (z.B. lebenslänglichen) Nutzniessung des Schenkers geschenkt erhält, hat keinen Anspruch auf Sicherstellung, Art. 761 Abs. 1 ZGB. 25a

VII. Abgrenzungen und Nichtanwendbarkeit der schenkungsrechtlichen Bestimmungen

Neben der Schenkung gibt es eine Vielzahl von weiteren unentgeltlichen Rechtsgeschäften unter Lebenden, auf welche die schenkungsrechtlichen Vorschriften nicht angewandt werden, was namentlich auch bei der Frage der Anwendbarkeit von Art. 527 Ziff. 3 ZGB von Bedeutung sein kann. 26

27 **Gesetzlich geregelte unentgeltliche Rechtsgeschäfte** sind:
a) Preisausschreiben und Auslobung, Art. 8;
b) Leihe, Art. 305 (BGE 85 II 70 = Pra 1959, 294: Abgrenzung Leihe/Schenkung von Schmuck unter Ehegatten);
c) Darlehen unter Nichtkaufleuten, Art. 313 Abs. 1 (wobei das BGer in BGE 128 III 428, 431 E. 3b festhielt, dass zinslose Darlehen mit Laufzeiten von zehn und mehr Jahren sich von ihrer Funktion her einer Schenkung annähern würden, vgl. auch Art. 245 N 10 lit. f.; vgl. EITEL, successio 2013, 203 f.; BGer, 5.5.2010, 5A.87/2010, E. 3.1;
d) der unentgeltliche Auftrag, Art. 394;
e) die unentgeltliche Hinterlegung, Art. 472; wobei hier durch die Unentgeltlichkeit nur der hypothetische, nicht aber der aktuelle Vermögensstand des Gebers (VON BÜREN, BT, 269) berührt wird und der Unentgeltlichkeit durch mildere Haftung und raschere Beendigungsmöglichkeit der Dauerschuldverhältnisse Rechnung getragen wird.

28 Erfolgt eine **Arbeitsleistung** unentgeltlich bzw. wird eine Dienstleistung aus Gefälligkeit erbracht, so liegt keine Schenkung vor, sondern ein Auftrags- (Art. 394 ff.) oder Hinterlegungsverhältnis (Art. 472 ff.; GASS, BJM 2001, 243). Wer seine **Arbeitslohnforderung** dem Arbeitgeber gegenüber **erlässt**, macht demgegenüber i.d.R. eine Schenkung durch Erlass (so wohl auch BK-BECKER, N 9 a.E.; CR CO I-BADDELEY, N 68; HUGUENIN, OR AT/BT, Rz 2867). Gratifikationsleistungen oder die Zahlung eines sog. Bonus sind (soweit sie im Rahmen eines anderweitigen zwischen den Parteien bestehenden umfassenden Rechtsverhältnisses erfolgen) i.d.R. keine Schenkung (BUCHER, BT, 149; AGer ZH ZR 2002, 63). Demgegenüber kann eine freiwillig entrichtete einmalige Abgangsentschädigung in Würdigung langjähriger Verdienste u.U. als Schenkung qualifiziert werden (BGer, 27.3.2006, 4C.6/2006, E. 1.3).

28a Abzugrenzen ist die Schenkung von der **Gefälligkeit**, bei der eine *Leistung* (Aufwand zum Vorteil des Anderen) durch Tun, Dulden oder Unterlassen erfolgt und zwar *unentgeltlich* und *uneigennützig*, vgl. HÜRLIMANN-KAUP, Rz 4 ff. und 155 ff.

28b Beim **Sponsoring** liegt i.d.R. trotz der Verknüpfung mit Auflagen i.S.v. Art. 245 ff. keine Schenkung vor, da im Rahmen des Sponsorings stets eine Gegenleistung erbracht wird (vgl. PHILIPP, 154).

28c Keine Schenkung ist i.d.R. die sog. gekreuzte Nutzniessung, bei der sich zwei Miteigentümer an ihrer jeweiligen Hälfte gegenseitig die Nutzniessung einräumen; vgl. VOGT/LINIGER, 331 ff.

29 Keine Schenkung sind prekaristische Gestattung oder prekaristischer Anspruchsverzicht sowie Verzicht auf die Verjährungseinrede oder Stundung einer Forderung.

30 Die **Errichtung einer Stiftung** ist keine Schenkung (GUTZWILLER, SPR II, 581; BK-RIEMER, Art. 80 ZGB N 20 f.; ZEITER, 47 ff.; zur Stellung der Begünstigten einer Stiftung vgl. TABET, La situation juridique des bénéficiaires de la fondation, Lausanne 2006, 1 ff.). Immerhin spricht sich die h.L. in Deutschland für eine analoge Anwendung drittschützender Schenkungsnormen im Aussenverhältnis zu Dritten aus, da sich die Stiftungserrichtung für den Dritten im Ergebnis wie eine Schenkung auswirkt; vgl. zum Ganzen MUSCHELER, AcP 203, 469 ff.). Die Ertragsgarantie des Stifters einer Personalfürsorgestiftung für deren Vermögensanlagen ist Vermögenswidmung zu Stiftungszwecken und nicht Schenkung (BGE 108 II 254, 264 E. 3).

Ebenso ist die das Stiftungsvermögen einer Personalfürsorgestiftung begründende Forderung gegen den Stifter (Arbeitgeber) nicht Schenkungsversprechen (aber auch nicht vollzogene Schenkung), sondern Vermögenswidmung (BGE 83 III 147, 150 E. 3). Hingegen dürfte es sich bei der Ausschüttung an den Begünstigten in aller Regel um eine Schenkung handeln.

31 *Errichtung eines* **Trusts** (des anglo-amerikanischen oder liechtensteinischen Rechts) oder Zuwendungen an einen Trust wie auch die Zuwendung an eine bereits errichtete Familienstiftung des liechtensteinischen Rechts ist unentgeltliche Verfügung. Ob eine Schenkung vorliegt, muss im Einzelfall geprüft werden, setzt aber in jedem Fall voraus, dass der Settlor/Stifter selbst als Begünstigter ausgeschlossen ist, die einzelnen Begünstigten und die ihnen zustehenden Rechte klar und unwiderruflich festgelegt sind (CR CO I-BADDELEY, N 71) und insb. nicht im Ermessen der Trustees/Stiftungsräte liegen und die Begünstigten von ihrer Begünstigung Kenntnis haben (wobei auch Kenntnis des gesetzlichen Vertreters genügt, BGE 96 II 79, 95 E. 8c) und die jeweiligen Ausschüttungen auch annehmen (CR CO I-BADDELEY, N 71 FN 135).

Keine Schenkung ist die Übertragung von Vermögenswerten an die Trustees, die zwar das volle Eigentum an den übertragenen Vermögenswerten erlangen (fiduziarische Vermögensübertragung, BGE 96 II 79, 93 E. 8a), im Übrigen aber i.d.R. durch Auflagen über die weitere Verwendung der übertragenen Vermögenswerte (die in gewissen Fällen von den Begünstigten erzwungen werden können) belastet sind (vgl. auch BREITSCHMID, 57). Vgl. zum Ganzen auch LIMBURG/SUPINO, Disputes Involving Trusts: The Swiss Perspective, in: Vogt, Disputes Involving Trusts, Basel etc. 1999.

Fehlt es an der Unwiderruflichkeit eines Trusts oder hat sich der Errichter das Recht vorbehalten, die Begünstigungsordnung zu ändern, so liegt i.d.R. funktional eine Verfügung von Todes wegen vor. Die namentlich im Hinblick auf Art. 532 ZGB wichtige Qualifikation der Errichtung von (oder der Zuwendung an) ausländische(n) Rechtsinstitute(n) wie Trust, Stiftung (N 30) oder Anstalt als Verfügung unter Lebenden oder Verfügung von Todes wegen richtet sich nach schweizerischem Recht, wenn der Erbgang schweizerischem Recht unterliegt (vgl. BSK IPRG-VOGT/PANNATIER KESSLER, Vor Art. 149a–e N 178 f.).

VIII. Erfüllung einer unvollkommenen Obligation ist keine Schenkung

Wer eine **unvollkommene Obligation** (Naturalobligation) erfüllt, d.h. 32

a) eine verjährte Forderung;
b) eine Forderung, der die Einrede von Art. 265 Abs. 2 SchKG entgegengehalten werden kann;
c) eine Forderung, der die Einrede der Unklagbarkeit aus Art. 186 entgegengehalten werden kann;
d) eine Forderung aus Spiel und Wette;
e) eine Forderung aus Heiratsmäkelei;
f) eine Forderung, bezüglich derer ein Ausschluss der Klagbarkeit vereinbart wurde (MERZ, SPR VI/1, 268),

bezahlt, macht keine Schenkung (VON TUHR/PETER, 33 ff.).

IX. Verzicht auf ein noch nicht erworbenes Recht ist keine Schenkung

Anders als bei der Schenkung besteht beim **Verzicht auf ein noch nicht erworbenes Recht** 33
kein rechtlicher Zusammenhang zwischen der Entreicherung des Verzichtenden und der Bereicherung des Begünstigten (BGE 136 III 305, 308 E. 3.2; 102 II 313, 323 E. 4a). Bei der **Nichtausübung von Gestaltungsrechten** wie der Nichtannahme einer Vertragsofferte, dem Verzicht auf Anfechtung, Kündigung oder Widerruf und der Nichtausübung eines Kaufrechtes liegt daher keine Schenkung vor (ZK-OSER/SCHÖNENBERGER, N 8; GASS, 243). Hingegen fällt der Verzicht auf den Vorschlagsanteil bei Güterverbindung alten Güterrechts (BGE 102 II 313, 323 E. 4a) oder beim heutigen gesetzlichen Güterstand der Errungenschaftsbeteiligung selbst dann *nicht* unter Art. 239 Abs. 2, wenn er vor Auflösung des Güterstandes erklärt wird (d.h. es liegt eine erbrechtlich herabsetzbare Schenkung vor; vgl. N 39).

entfallen, s.a. N 39a 34, 34a

X. Erfüllung einer sittlichen Pflicht

35 Die Abgrenzung der **Erfüllung einer sittlichen Pflicht**, Art. 239 Abs. 3, von einer Schenkung ist aufgrund der Umstände des Einzelfalles vorzunehmen. Das Vorliegen einer sittlichen Pflicht setzt eine «konkrete Pflichtsituation … von einer gewissen Eindringlichkeit, nicht (eine) allgemeine Menschenpflicht, nach Möglichkeit vorhandene Not zu lindern» (VON BÜREN, BT, 275) voraus. Sowohl die schenkungsrechtlichen Formvorschriften (SJ 1950, 474) wie auch die Bestimmungen von Art. 249 und Art. 250 kommen im Rahmen von Art. 239 Abs. 3 nicht zur Anwendung (MERZ, SPR VI/1, 267), wobei sich bei **vollzogenem** Rechtsgeschäft die Frage der Erfüllung der Formvorschrift aufgrund von Art. 242 Abs. 1 und Art. 243 Abs. 3 ohnehin nicht stellt.

36 Trotz fehlender Schriftlichkeit ist nach Art. 239 Abs. 3 die Verpflichtung zur **freiwilligen Unterstützung** einer verwaisten Verwandten (BGE 53 II 199) oder die Verpflichtung zur Bezahlung einer Rente an das aussereheliche Kind (BGE 44 II 6) als rechtsverbindlich und als klagbare Obligation sui generis zu betrachten (nicht in Betracht gezogen wurde in BGE 129 III 646 die Frage der Erfüllung einer sittlichen Pflicht). Das Bestehen einer sittlichen Pflicht schliesst die Rückforderung des Geleisteten aus, Art. 63 Abs. 2. In BGE 45 II 291, 298 wurde im Ergebnis festgehalten, dass die formlose mündliche Zusage des Vaters, dem volljährigen Sohn Zahlungen zur Ermöglichung eines aufwändigen Lebensunterhalts zukommen zu lassen, nicht in Erfüllung einer sittlichen Pflicht erfolgte. Eine Leistung in Erfüllung einer sittlichen Pflicht kann insb. dann nicht angenommen werden, wenn der Empfänger selbst über ausreichende finanzielle Mittel verfügt (BGE 83 II 536 = Pra 1958, 99). Nicht in Erfüllung einer sittlichen Pflicht handelt, wer den einem Dritten auferlegten Bussenanteil zu zahlen verspricht (BGE 79 II 153) oder wer dem überlebenden Ehegatten den gesamten Vorschlag zuweist (BGE 102 II 313, 325 E. 4c f.).

36a Bei in Gütertrennung (nicht aber in Gütergemeinschaft oder Errungenschaftsbeteiligung) lebenden Ehegatten und bei Konkubinatspartnern kann i.d.R. eine **Ausgleichszuwendung** des arbeitstätigen Ehegatten an den haushaltsführenden und insb. kindererziehenden Ehegatten (konkurrenzierend zur Frage des Ersatzes für entgangene Karrierechancen oder den – durch Gütertrennung herbeigeführten – Verlust von Anwartschaften) als Erfüllung einer sittlichen Pflicht betrachtet werden. – Vgl. auch Art. 34 PartG.

36b In BGE 138 III 689, 693 E. 3.3.3 hat das BGer die Auffassung der Vorinstanz nicht beanstandet, wonach die monatlichen Zahlungen an die Mutter eines ausserehelichen Kindes durch den Kindsvater im Rahmen der güterrechtlichen Auseinandersetzung des Kindsvaters und dessen Ehefrau nicht als Erfüllung einer sittlichen Pflicht sondern als unentgeltliche Zuwendung (i.S.v. Art. 208 Ziff. 1 ZGB) zu qualifizieren seien. Etwas befremdlich mutet die Feststellung des BGer an, wonach dem Beschwerdeführer kein unsittliches Verhalten vorzuwerfen wäre, wenn er keine Zahlungen an die Kindsmutter für die Betreuung des über 5-jährigen gemeinsamen Kindes geleistet hätte, während er gleichzeitig mit seiner Ehefrau im ordentlichen Güterstand lebte.

XI. Schenkungen und Familienrecht

37 Schenkungen unter **Verlobten** können nach Aufhebung der Verlobung zurückgefordert werden, Art. 91 ZGB (vgl. BSK ZGB I-HUWILER, Art. 91 N 1 ff., Art. 90 N 40b) (lex specialis zu Art. 249), nicht aber nach Scheidung der Ehe (Rep 1971, 238). Wer seine Liegenschaft dem Verlobten seiner Tochter in Hinblick auf die Heirat zu einem niedrigen Preis veräussert, macht eine gemischte Schenkung (BGE 82 II 430, 436 E. 6). Stellt die Braut dem Bräutigam Geld für den Kauf einer Liegenschaft zur Verfügung, so ist dies (soweit keine anderslautende Vereinbarung vorliegt) weder Schenkung noch Darlehen, sondern Einbringung von Frauengut unter dem Güterstand der Güterverbindung (BGE 109 II 92, 94 E. 2b). Stellt die Braut dem

Bräutigam Geld zur Verfügung, damit dieser gegenüber ihren Eltern bessere Vermögensverhältnisse vorspiegeln kann, liegt Darlehen oder Auftrag, nicht aber Schenkung vor (BGE 54 II 286).

Grundsätzlich besteht keine Vermutung einer **Schenkung unter Ehegatten** (BGer, 6.8.2008, 5A.329/2008, E. 3.3, in: FamPra.ch 2009, 160), so insb. auch nicht bei Grundstücken, die im Grundbuch als Miteigentum beider Ehegatten eingetragen sind, aber vollständig durch den einen Ehegatten finanziert werden (BGer, 5.5.2010, 5A.87/2010, E. 3.1; im Allgemeinen zur Schenkung zwischen Ehegatten Chaix, 75 ff.). **37a**

Bei Hingabe von **Schmuckgegenständen** ist unter Ehegatten Schenkung zu vermuten. Der Schmuck ist im Fall der Scheidung nur dann dem Ehemann zurückzugeben, wenn dieser das blosse Anvertrauen (BGE 85 II 70 = Pra 1959, 295) oder Vereinbarung einer Rückgabepflicht bei Scheidung (BGE 71 II 256, wo angenommen wurde, die Schenkung von Familienschmuck sei unter der stillschweigenden Bedingung erfolgt, dass die Ehe nicht aus Verschulden des Beschenkten geschieden werde) nachzuweisen vermag (Art. 245 N 3; denkbar ist selbstverständlich eine ausdrückliche Bedingung, dass die Ehe nicht geschieden werde). **38**

Vereinbaren die Ehegatten, dass bei Errungenschaftsbeteiligung ein den gesetzlichen Anspruch übersteigender Teil des Vorschlags oder der gesamte Vorschlag dem **überlebenden Ehegatten** zufallen soll (d.h. dass der vorversterbende Ehegatte auf seinen Vorschlag teilweise oder ganz verzichtet), liegt eine Schenkung auf den Todesfall (vgl. Art. 245 N 6) nach Art. 245 Abs. 2 vor, welche der besonderen Herabsetzung nach Art. 216 Abs. 2 i.V.m. Art. 527 Ziff. 3 bzw. 4 ZGB unterliegt (zur altrechtlichen Güterverbindung BGE 102 II 313, 326 E. 4d, hierzu Vogt, 126 Anm. 94c, bestätigt in BGE 113 II 270, 273 E. 2b; 115 II 321, 322 E. 3; 116 II 243, 244 E. 3; 128 III 314 E. 3; zur Errungenschaftsbeteiligung: BK-Hausheer/Reusser/Geiser, Art. 216 ZGB N 34 ff.). Begünstigung eines Ehegatten nicht nur für den Todes-, sondern auch für den Scheidungsfall ist stets Schenkung unter Lebenden (BK-Hausheer/Reusser/Geiser, Art. 216 ZGB N 39 ff.). Zu den güter- und erbrechtlichen Schranken der Verfügungsfähigkeit Art. 240 N 2 f.; zu Schenkungen an Kinder Art. 241 N 4 (vgl. auch Art. 25 PartG). Zur Begünstigung des Ehegatten durch Schenkung, vgl. Piotet, libéralités, 30 ff.; Aebi-Müller, Rz 08.56 ff. Zuwendungen aus dem Gesamtgut der in Gütergemeinschaft lebenden Ehegatten ins Sondergut eines Ehegatten sind im Umfang des hälftigen Wertes Schenkungen von einem Ehegatten an den anderen. **39**

XII. Schenkungen und Erbrecht

1. Der Verzicht auf eine Erbschaft ist keine Schenkung

In BGE 138 III 497, 506 E. 6.2 hielt das BGer fest, «der Erbverzicht verhindert die zukünftige Entstehung des Erbrechts der verzichtenden Partei; er betrifft mithin nicht ein gegenwärtiges, sondern ein zukünftiges Recht. Er bewirkt daher als solcher keine Vermögensverschiebung, weshalb die Kriterien der Legaldefinition der Schenkung nicht erfüllt sind.» **39a**

2. Die Abtretung einer Erbschaft

Die Schenkung einer noch nicht angefallenen Erbschaft bedarf gem. Art. 636 Abs. 1 ZGB stets der Zustimmung des Erblassers. **39b**

3. Die Ausschlagung einer Erbschaft ist keine Schenkung

Die **Ausschlagung einer Erbschaft** ist – auch wenn sie in der Absicht erfolgt, einen Miterben zu begünstigen – kraft gesetzlicher Anordnung keine Schenkung (Art. 239 Abs. 2). **39c**

Der Verzicht auf ein **Vermächtnis** erfolgt (nach dem Wortlaut von Art. 577 ZGB) durch Ausschlagung, d.h. einseitige Erklärung des Gläubigers (Vermächtnisnehmers), der hierdurch ein aufhebendes Gestaltungsrecht ausübt (vgl. VON TUHR/ESCHER, 174), und ist daher nicht als (schenkungsweiser) Erlass(-vertrag, Art. 115) aufzufassen (**a.M.** ZK-OSER/SCHÖNENBERGER, N 8; vgl. auch BSK ZGB II-SCHWANDER, Art. 577 N 2; DRUEY, Grundriss des Erbrechts, 5. Aufl., Bern 2002, § 15 Rz 23).

4. Anrechnungswert einer Schenkung im Erbgang

39d Die Anrechnung einer Schenkung im Rahmen der Herabsetzung erfolgt zum Wert im Zeitpunkt des Todes des Schenkers (Art. 537 Abs. 2 ZGB; vgl. BGE 110 II 228, 233 f. E. 7d).

Indem der Schenker dem Beschenkten statt einer Sachschenkung (z.B. ein Bild) eine Geldschenkung macht, die es dem Beschenkten erlaubt, vom Schenker den Sachgegenstand zum vollen Verkehrswert entgeltlich zu erwerben, kann die Anrechnung des Sachwertes zum Verkehrswert im Zeitpunkt des Todes des Schenkers vermieden werden.

5. Schenkung und Erbvertrag

39e In BGE 140 III 193, 196 E. 2.1 hielt das BGer fest, dass «nach der Rechtsprechung […] Schenkungen im Prinzip mit dem Erbvertrag vereinbar (sind), soweit dieser nicht – explizit oder implizit – das Gegenteil vorsieht.»

XIII. Sittenwidrigkeit

40 Die ältere Rsp. hatte sich häufig mit Fällen von Schenkungen im Zusammenhang mit ausserehelichen Beziehungen zu befassen (zuletzt in BGE 109 II 15, 17 E. 1b; vgl. auch BGE 108 II 204, 208 E. 3b; SJ 1960, 180; vgl. auch BGE 93 II 161, 165 E. 2 und 85 II 378, 381 E. 2, wo als *pretium stupri* gedachte Schenkungen als ungültig erklärt wurden). Schenkungen unter **Konkubinatspartnern** gelten heute, gleichgültig, ob der Schenker (und/oder der Beschenkte) verheiratet ist oder nicht, nicht als sittenwidrig (BGE 109 II 15, 17 E. 1b).

41 Soweit eine Zuwendung als ganze oder teilweise Gegenleistung, z.B. für ein ehebrecherisches Verhalten, erfolgt, liegt ein **entgeltliches** Rechtsgeschäft vor, das nach Art. 20 **unsittlich** sein kann. Fehlt das Element der Gegenleistung oder Entgeltlichkeit, d.h. liegt eine echte Schenkung vor, so bleibt, unabhängig vom Beweggrund des Schenkers (BGE 109 II 15, 17 E. 1b), für eine Anwendung von Art. 20 (VON BÜREN, BT, 283) bzw. für eine Anfechtungsklage nach Art. 519 Abs. 1 Ziff. 3 ZGB (VOGT, 120) kein Raum.

41a Wer aufgrund seiner beruflichen Tätigkeit besonderen Standesregeln und/oder Verhaltenspflichten unterworfen ist (Anwälte, Notare, Ärzte etc.) und durch seine Tätigkeit für den Schenker dessen Vertrauen gewonnen hat, handelt bei Annahme einer Schenkung nur sittenwidrig, wenn er seine Stellung ausnützt, um den Schenker in unlauterer Weise zu beeinflussen oder gegen elementare Standesregeln, «deren Zweck gerade darin besteht, von vornherein Interessenkonflikte und Zweifel über mögliche unerwünschte Beeinflussungen zu verhindern», verstösst (BGer, 9.4.2014, 4A.3/2014, E. 3).

41b Das BGer hat die Sittenwidrigkeit einer Schenkung verneint in einem Fall, in dem der Beschenkte für den Schenker Liegenschaften verwaltete, Heiz- und Nebenkostenabrechnungen erstellte und Steuererklärungen ausfüllte (BGE 132 III 455, 458 ff. E. 4.1 ff.; vgl. auch BGE 132 III 305 und 136 III 142, 147 E. 3.5).

XIV. Die Zuwendung des Schenkers hat aus «seinem Vermögen» zu erfolgen

Nach Art. 239 Abs. 1 hat die Zuwendung des Schenkers aus «seinem Vermögen» zu erfolgen. 42
Wer eine ihm von einem Dritten (z.B. Leihgeber, Hinterleger) **anvertraute Sache** unentgeltlich veräussert, macht keine wirksame Schenkung, da die Zuwendung nicht aus dem Vermögen des Schenkers erfolgt (vgl. auch BGE 138 III 497, 506 E. 6.2). Das gilt m.E. auch für einen Trustee, der Vermögensgegenstände des Trustvermögens («in eigener Sache») an einen Dritten verschenkt (vgl. BSK IPRG-Vogt/Pannatier Kessler, Art. 149d N 18).

Die causa für die Eigentumsübertragung an den Empfänger ist unwirksam, ein Eigentumserwerb des Empfängers (gleichgültig, ob er gut- oder bösgläubig ist) ist demnach ausgeschlossen, was dem Eigentümer Vindikation vom Empfänger erlaubt (Schulin/Vogt, AT, Tafel 55D; von Tuhr/Peter, 497 N 143, 516; Vogt, Die Zustimmung des Dritten zum Rechtsgeschäft, 1982, 78; ebenso zustimmend CR CO I-Baddeley, N 41 mit dem zutreffenden Hinweis auf die Einschränkung durch Art. 935 ZGB [s. N 43]; Huguenin, OR AT/BT, Rz 2875; zum gleichen Ergebnis gelangt Honsell, OR BT, 205, durch eine restriktive Interpretation von Art. 933 ZGB, wonach der gutgläubige Eigentumserwerb auf entgeltliche Übertragungen zu beschränken sei). **A.A.** Cavin, SPR VII/1, 183 N 1, wobei u.E. fraglich ist, ob sich Cavin nicht auf den Fall zu beziehen scheint, bei dem der Schenker den Schenkungsgegenstand erst nach erfolgtem Schenkungsversprechen erwirbt und aus **seinem Vermögen** bezahlt, spricht er doch davon, dass «der Gegenstand der Schenkung *im Zeitpunkt* der Schenkung nicht notwendig im Eigentum des Schenkers zu stehen» hat.

Bei **gestohlenen Sachen** ist sowohl die Schenkung ungültig (fehlende causa) als auch der Eigentumserwerb des gutgläubigen Dritten nach Massgabe von Art. 934 ZGB ausgeschlossen. Zur Schenkung einer **ausgeliehenen Sache** Emmenegger, 219 ff.

Hingegen ist im Falle der Schenkung von **gestohlenen Banknoten** (wo Eigentumserwerb 43
durch Vermischung erfolgt) oder von **veruntreutem Buchgeld** von einer Zuwendung, die aus dem Vermögen des Schenkers (der das Geld gestohlen bzw. veruntreut hat) stammt, auszugehen. Zwischen dem Schenker und dem Empfänger gibt es daher eine gültige causa. Der Bestohlene (und Entreicherte) hat einen Bereicherungsanspruch gegenüber dem Schenker (aus Art. 62 i.V.m. Art. 64) und einen Bereicherungsanspruch gegenüber dem Empfänger bei fehlender Solvenz des Schenkers, weshalb der Bestohlene (und Entreicherte) nicht auf die einjährige Frist der Schenkungspauliana (Art. 286 SchKG) beschränkt ist (ebenso Bucher, AT, 678 N 97; Honsell, OR BT, 206).

Hingegen macht ein Gläubiger, der mit seinem (Darlehens-)Schuldner übereinkommt, dass 43a
dieser **an einen Dritten zu leisten** habe, eine Schenkung gegenüber dem Dritten insoweit, als sich sein Vermögen ohne Gegenleistung des Dritten zufolge der Zahlung des Schuldners an den Dritten (um den der Forderung entsprechenden Betrag) vermindert.

XV. Beweislast

Schenkungsabsicht wird i.d.R. **nicht vermutet** und ist daher vom Beschenkten nachzuweisen 44
(BK-Becker, Art. 239 OR N 7; ZK-Oser/Schönenberger, Vor Art. 239 OR ff. N 8; vgl. auch BGE 83 II 533, 536 E. 2 = Pra 1958, 98; KGer GR, PKG 1990, 9; BGer, 15.3.2011, 4A.592/2010, E. 3).

Bei Fahrnis kann sich der Beschenkte nicht auf die Vermutung von Art. 930 ZGB berufen 44a
(anders noch die Vorauflagen und CJ GE, SJ 1977, 609).

Die von Wacke (AcP 1991, 31) für das deutsche Recht postulierte Ablehnung der Anwendung der allgemeinen Grundsätze der Beweislastverteilung auch für den Fall der Schenkung ist auch für das schweizerische Recht zu übernehmen (ebenso Rusch/Bornhauser, AJP 2013, 1137 mit weiteren eingehenden Ausführungen), was im Ergebnis dazu führt, dass stets diejenige Partei, welche aus ihrer Behauptung des Vorliegens einer Schenkung Rechte ableitet, für die Schenkung beweispflichtig ist und sich nicht auf die Vermutung von Art. 930 Abs. 1 ZGB berufen kann (vgl. auch BK-Walter, Art. 8 ZGB N 414, der auch auf die Regel von Art. 931 Abs. 2 ZGB hinweist).

«Der Rechtsschutz, der sich im Besitzesschutz vollzieht, beruht auf einer Vermutung, die das Recht zu Gunsten dessen aufstellt, der eine Sache unter einem rechtlichen Anspruch innehat [...] Allein sie wird sich doch gegen den nicht richten dürfen, von dem der Besitzer die Sache zu unselbständigem Besitze erhalten hat» (Eugen Huber, Botschaft des Bundesrates zum ZGB von 1904, 92; zitiert nach BK-Reber/Hurni/Schwizer, Materialien Bd. III, N 11470). Ebenso hat das BGer im Ergebnis (und hierbei alle früheren Entscheide zur Frage des Korrelierens von behaupteter Schenkung und Art. 930 ZGB referierend) festgehalten, dass die Rechtsvermutung aus Art. 930 ZGB entfällt, «wenn der Besitz zweideutig ist [...]. Der Besitz ist namentlich zweideutig, wenn die Umstände fragwürdig sind, unter denen er begründet wurde [...]. Wo die Verhältnisse unklar sind, kann sich der Besitzer nicht einfach auf seinen Besitz berufen, sondern muss sich in weitgehender Weise hinsichtlich des behaupteten Rechts legitimieren [...]. Vom Besitzer kann verlangt werden, dass er über die Umstände seines Rechtserwerbs Auskunft gibt [...]. Die Partei, welche die Eigentumsvermutung bestreitet, hat zwar die Umstände, die der Vermutung entgegenstehen, zu behaupten und zu beweisen [...], aber an diesen Beweis sind keine strengen Anforderungen zu stellen [...].» (BGer, 2.12.2014, 4A.262/2014, E. 4.3).

44b Wer geltend macht, der erhaltene Geldbetrag sei geschenkt, hat dies zu beweisen (CJ GE, SJ 1948, 177). Bei kommentarloser Überweisung eines Geldbetrages ist von einem Darlehen auszugehen. Allerdings war das AppGer BS der Auffassung, der Überweisende habe das Vorliegen eines Darlehens zu beweisen, wenn der Empfänger Schenkung behauptet (SJZ 1945, 375). Soweit aufgrund der Umstände Schenkung ausser Betracht fällt und das Vorliegen eines Darlehensvertrages zu beweisen ist, sind an den Beweis «wesentlich verminderte Anforderungen zu stellen» (OGer ZH, SJZ 1950, 332). Finanzielle Hilfeleistung an eine Schulfreundin ist im Zweifelsfalle Darlehen und nicht Schenkung (ZBJV 1939, 55).

45 Unter **Ehegatten** ist bei Hingabe von **Schmuckgegenständen** Schenkung zu vermuten (N 38). Werden Verwandte unterstützt oder Zahlungen an Wohltätigkeitseinrichtungen vorgenommen, so wird sich die Schenkungsabsicht aus den Umständen ergeben. Krasses Missverhältnis zwischen Leistung und Gegenleistung, das beiden Parteien bekannt war (z.B. Abschluss eines Kaufvertrages weit unter dem Verkehrswert), kann ebenfalls Indiz für einen Schenkungswillen sein (BGE 98 II 352, 358 E. 3b; 82 II 430, 436 E. 6; BGer, 30.1.2001, 5C.259/2000, E. 2c/aa; vgl. auch N 5).

XVI. Eingeschränktes Klagerecht des Beschenkten gegenüber dem Schenker

46 In der Regel wird der Beschenkte **rechtsmissbräuchlich** handeln, wenn er aufgrund seiner durch die Schenkung erlangten Rechtsposition (klageweise) gegen den Schenker vorgehen will (vgl. auch Art. 245 N 3 und Art. 246 N 1).

47 Wer vom Schenker eine Wohnung im Stockwerkeigentum in dessen Liegenschaft geschenkt erhält, handelt i.d.R. rechtsmissbräuchlich, wenn er gestützt auf Art. 684 ZGB (z.B. wegen nächtlichem Klavierspiel) gegen den Schenker vorgeht.

47a Wohnen die Eltern weiterhin unentgeltlich in der von ihnen dem Sohn geschenkten Wohnung, so ist eine Beendigung der Leihe oder Gestattung (vgl. N 29) angesichts der Schenkung unter dem Gesichtspunkt des Rechtsmissbrauchs zu prüfen.

47b Hat der Beschenkte vom Schenker Aktien – insb. einer vom Schenker beherrschten oder gegründeten Familienaktiengesellschaft – erhalten, so ist eine **Verantwortlichkeitsklage**

(Art. 752 ff.) gegen den Schenker i.d.R. **rechtsmissbräuchlich** und in Anwendung von Art. 2 Abs. 2 ZGB abzuweisen.

XVII. IPR

Soweit die Parteien **keine Rechtswahl** (Art. 116 IPRG) getroffen haben, gilt bei Schenkung von Fahrnis (unter Vorbehalt von Art. 15 IPRG) nach Art. 117 IPRG das Recht des Staates, in dem der Schenker seinen gewöhnlichen Aufenthalt hat, wobei es genügt, wenn die Formerfordernisse des anwendbaren Rechts oder des Abschlussortes (Art. 124 IPRG) erfüllt sind (BGE 110 II 156, 159 E. 2c = Pra 1984, 663). Es genügt, wenn z.B. der in der Schweiz wohnhafte Schenker sein in Deutschland abgegebenes Schenkungsversprechen in Schriftform fasst (und somit das Formerfordernis von § 518 Abs. 1 BGB nicht erfüllt). Schenkungsverträge über Grundstücke unterstehen dem Recht des Staates, in dem das Grundstück gelegen ist, Art. 119 Abs. 1 IPRG. Für in der Schweiz gelegene **Grundstücke** ist stets das Formerfordernis von Art. 243 Abs. 2 zu wahren, Art. 119 Abs. 3 IPRG. Zudem untersteht die Schenkung eines Grundstückes stets den Vorschriften des BewG (dies gilt auch bei der grundsätzlich zulässigen Wahl ausländischen Rechts, Art. 119 Abs. 2 IPRG, vgl. auch Art. 18 IPRG) sowie des BGBB. **48**

Zur Handlungsfähigkeit Art. 240 N 8; zum Widerruf Art. 249 N 17. Die lex rei sitae bestimmt sowohl bei Fahrnis wie bei Grundstücken die Übertragungsform (d.h. das Verfügungsgeschäft, BK-BECKER, Art. 242 N 2). Bei Forderungen gilt für die Zession das auf die abgetretene Forderung anwendbare Recht (Art. 145 Abs. 1 IPRG).

Die Frage, ob durch eine Schenkung allenfalls **Pflichtteile verletzt** und demzufolge eine Herabsetzungsklage i.S.v. Art. 522 i.V.m. Art. 527 Ziff. 3 oder 4 ZGB möglich ist, beurteilt sich nach dem auf den Nachlass des Schenkers anwendbaren Recht, Art. 90 und Art. 91 IPRG, ebenso die Frage, ob eine Verfügung von Todes wegen oder unter Lebenden vorliegt, vgl. auch N 4 und 31 (**a.M.** IPRG-Kommentar-KELLER/KREN-KOSTKIEWICZ, Art. 117 N 78, nach denen die Qualifikation nach der lex fori vorzunehmen sei und das Erbstatut nur zur Anwendung gelangt, wenn die Qualifikation ergeben habe, dass es sich um eine Verfügung von Todes wegen handelt). Im Verhältnis zu den USA kann hierbei Art. VI des Staatsvertrages Schweiz/USA vom 25. 11. 1850 (SR 0.142.113.361) eine Rolle spielen (VOGT, 142 N 160). **49**

Soweit der Schenker aufgrund von Art. 90 Abs. 2 IPRG (nach erfolgter Schenkung) eine zulässige **professio iuris** ausländischen Rechts vornimmt, kann er auch Pflichtteilserben die Herabsetzungklage des schweizerischen Rechts abschneiden. Art. 90 Abs. 2 IPRG beschränkt den in BGE 102 II 136, 139 E. 4 festgehaltenen Grundsatz, wonach der Pflichtteilsanspruch nicht Bestandteil des schweizerischen Ordre public sei (VOGT, 140), allerdings auf in der Schweiz wohnhafte Ausländer, d.h. die entsprechende Rechtswahl steht schweizerisch/ausländischen Doppelbürgern seit dem 1. 1. 1989 (dem Inkraftreten des IPRG) nicht mehr zur Verfügung (was auch für eine vor dem 1. 1. 1989 getroffene professio iuris gilt, 196 IPRG). **50**

Bereits im sog. Harrison-Entscheid (BGE 96 II 79) hat das BGer die Wirksamkeit der Errichtung eines **Trusts** auch für das schweizerische Recht grundsätzlich anerkannt. Hierbei wurde offengelassen, ob die Errichtung eines inter-vivos-Trusts (mit fehlender Rechtswahl) den schenkungsrechtlichen oder den erbrechtlichen Bestimmungen zu unterstellen sei. Es wurde aber festgehalten, dass die Errichtung eines inter-vivos-Trusts anglo-amerikanischen Rechts auch aus schweizerischer Sicht wirksam sei, wenn die Schenkung nach dem anwendbaren (US-bundesstaatlichen) Recht gültig zustande gekommen ist (BGE 96 II 79, 99 E. 9a; vgl. auch N 31). Mit dem Inkrafttreten der Art. 149a–e IPRG und der Anwendbarkeit der Bestimmungen des Haager Trust Übereinkommens ist die im Harrison-Entscheid und in einer Flut von Sekundärliteratur erörterte Problematik (Folgen der fehlenden Rechtswahl und Einzwängen des angelsächsischen Trusts in sachen- und vertragsrechtliche Figuren des Zivilrechts) **51** weitestgehend gegenstandslos geworden, vgl. BSK IPRG-Vogt/Pannatier Kessler, Vor Art. 149a–e N 90 ff.

XVIII. Rechtsvergleichung

52 Im deutschen Recht bedarf das Schenkungsversprechen der **öffentlichen Beurkundung**, § 518 Abs. 1 BGB. Nach § 518 Abs. 2 BGB heilt (ebenso wie im schweizerischen Recht) Erfüllung den Formmangel. Im französischen Recht ist zum Abschluss eines gültigen Schenkungsvertrages stets notarielle Beurkundung erforderlich (Art. 931 CC fr.), der Schenker kann durch Vollzug der Schenkung den Formmangel nicht heilen, wohl aber seine Erben (Art. 1340 CC fr.).

XIX. Steuerrecht

53 Nahezu alle Kantone, nicht aber der Bund, erheben sowohl eine **Schenkungssteuer** (Ausnahmen: SZ, LU) als auch eine (als Erbanfallsteuer ausgestattete) Erbschaftssteuer (Ausnahme: SZ). Die Schenkungssteuer erfasst die unentgeltlich zugewendeten Vermögenswerte beim Beschenkten und wird von demjenigen Kanton erhoben, in dem der Schenker im Zeitpunkt der Schenkung seinen Wohnsitz hatte, mit Ausnahme des unbeweglichen Vermögens (Grundstücke), welches am Ort der gelegenen Sache von der Schenkungssteuer erfasst wird.

Während viele Kantone den Ehegatten, eingetragene Partner und die direkten Nachkommen (so z.B. ZH) als Beschenkte überhaupt nicht besteuert, unterliegen Dritte, die in keiner familienrechtlichen Beziehung zum Schenker stehen, dem jeweils höchsten kantonalen Steuersatz. Eine Übersicht über die Höhe kantonaler Schenkungssteuern findet sich in der von der Eidgenössischen Steuerverwaltung (jährlich) herausgegebenen Publikation «Steuermäppchen 2014: Vermögensgewinnsteuern sowie Erbschafts- und Schenkungssteuern» (abrufbar unter ‹www.estv.admin.ch/dokumentation/00079/00080/00734/01696/index.html?lang=de›).

54 In einigen Kantonen stimmt der steuerrechtliche Begriff der Schenkung mit dem zivilrechtlichen Schenkungsbegriff überein, so dass unentgeltliche Zuwendungen, die in Erfüllung einer **sittlichen Pflicht** erfolgen, steuerlich nicht erfasst werden (vgl. auch STR 1993, 557 f. = RB 1992, Nr. 52). Demgegenüber dehnen einige kantonale Steuergesetze (z.B. BL und BE) oder die steuerliche Praxis einiger Kantone (z.B. ZH, SG, TG) den steuerrechtlichen Begriff der Schenkung auch auf solche Zuwendungen aus, die in Erfüllung einer sittlichen Pflicht gemacht worden sind. Dies führt allerdings zu einer Benachteiligung von Konkubinatspaaren bei sog. Ausgleichszuwendungen (N 36a).

55 Der kantonale Gesetzgeber ist bundesrechtlich nicht verpflichtet, für die Besteuerung den Schenkungsbegriff des Zivilrechts zum Ausgangspunkt zu nehmen oder auf das zivilrechtliche Kriterium des animus donandi abzustellen (Pra. 87, Nr. 6; STR 1998, 677 ff.). Auch wenn die Formvorschriften von Art. 245 Abs. 2 nicht beachtet wurden, kann steuerrechtlich eine Qualifikation als Schenkung von Todes wegen erfolgen (BGE 98 Ia 258, 262 E. 2c). Rentenleistungen, durch welche ein Schenkungsversprechen erfüllt wird, sind auch steuerrechtlich als Schenkung zu betrachten und daher nicht vom Roheinkommen des Steuerpflichtigen abzugsfähig (BGE 100 Ib 287, 290 E. 4a).

XX. Simulation

56 Wird (z.B. um Schenkungssteuern zu vermeiden) ein **simuliertes** entgeltliches Rechtsgeschäft abgeschlossen, so bewirkt dies (nach allgemeinen Regeln) Nichtigkeit des simulierten Vertrages und bei nicht vollzogener Fahrnisschenkung (BGE 117 II 382, 385 E. 2a; von Tuhr/Peter, 294) sowie bei Grundstücken zufolge Formmangels Nichtigkeit der **dissimulierten Schenkung** (BGE 71 II 99, 100 E. 2; 66 II 34; 53 II 104; 45 II 31; BGer, Rep 1950,

26). Ebenfalls nichtig ist ein als Schenkung bezeichneter Verkauf eines Grundstückes (vgl. auch BGE 57 II 147).

Ist bei der unentgeltlichen Zuwendung eines Grundstückes die **Schenkung** durch Eintrag im Grundbuch **vollzogen**, so kann der Beschenkte dem Anspruch des Schenkers auf Rückübertragung (wegen Nichtigkeit der Schenkung) Rechtsmissbrauch entgegenhalten, Art. 2 Abs. 2 ZGB (**anders** noch BGE 45 II 30 = ZBGR 1926, 16), was zur Abweisung der rei vindicatio und der Grundbuchberichtigungsklage (vgl. zur ganzen Problematik, BSK ZGB I-HONSELL, Art. 2 N 46) führt (ebenso wohl VON BÜREN, BT, 270).

Davon zu unterscheiden ist der Fall des nachträglichen unentgeltlichen Erlasses der Kaufpreisforderung, der das öffentlich beurkundete Rechtsgeschäft (Kaufvertrag) nicht berührt, soweit er als Schenkung selbständiges Rechtsgeschäft ist.

Art. 240

B. Persönliche Fähigkeit
I. Des Schenkers

[1] Wer handlungsfähig ist, kann über sein Vermögen schenkungsweise verfügen, soweit nicht das eheliche Güterrecht oder das Erbrecht ihm Schranken auferlegen.

[2] Aus dem Vermögen eines Handlungsunfähigen dürfen nur übliche Gelegenheitsgeschenke ausgerichtet werden. Die Verantwortlichkeit des gesetzlichen Vertreters, bleibt vorbehalten.

[3] ...

B. Capacité
I. De disposer

[1] Toute personne ayant l'exercice des droits civils peut disposer de ses biens par donation, sauf les restrictions dérivant du régime matrimonial ou du droit des successions.

[2] Les biens d'un incapable ne peuvent être donnés que s'il s'agit de présents d'usage. La résponsabilité du représentant légal est réservée.

[3] ...

B. Capacità
I. Del donatore

[1] Chi ha l'esercizio dei diritti civili può disporre dei propri beni a titolo di donazione, entro i limiti che gli sono imposti dal regime dei beni matrimoniali o dal diritto successorio.

[2] I beni dell'incapace possono essere donati solamente per effettuare regali d'uso. È fatta salva la responsabilità del rappresentante legale.

[3] ...

Literatur

Vgl. die Literaturhinweise bei Art. 239.

I. Güterrecht und Erbrecht

Beschränkungen der **aktiven Schenkungsfähigkeit** können entweder zur Ungültigkeit der Schenkung oder zu deren Anfechtbarkeit führen. 1

Lebt der Schenker in **Gütergemeinschaft**, so kann er nur mit Zustimmung des Ehegatten über Vermögenswerte des Gesamtguts verfügen, Art. 228 Abs. 1 ZGB. Dabei muss die Zustimmung sowohl für das Verpflichtungsgeschäft (Schenkung) wie auch zum Verfügungsgeschäft erteilt werden (ZK-EGGER, Art. 217 ZGB N 2; VON TUHR/PETER, 196; VOGT, 130; DERS., op. cit. Art. 239 N 42, 69 Anm. 199; **a.M.** BK-LEMP, Art. 217 ZGB N 5), so dass bei fehlender Zustimmung und bei Kenntnis oder Kennenmüssen des Dritten (Art. 228 Abs. 2 ZGB) keine gültige Schenkung (causa) vorliegt, wodurch (auch der gutgläubige) Eigentumserwerb des Dritten ausgeschlossen ist (vgl. auch Art. 239 N 42). Unterstehen die Ehegatten dem Güter- 2 stand der Errungenschaftsbeteiligung, so unterliegen Schenkungen, die ein Ehegatte während der letzten fünf Jahre vor Auflösung des Güterstands zulasten der Errungenschaft vorgenommen hat, der güterrechtlichen Hinzurechnung, es sei denn, der andere Ehegatte hätte seine Zustimmung gegeben. Ausgenommen sind übliche Gelegenheitsgeschenke (Art. 208 Abs. 1 Ziff. 1 ZGB).

3 Schenkungen, die den Pflichtteil oder die Ansprüche eines durch Erbvertrag Begünstigten (Art. 494 Abs. 3 ZGB) verletzen, sind nicht ungültig, sondern unterliegen der Herabsetzung nach Art. 527 Ziff. 3 und 4 ZGB.

II. Fehlende Handlungsfähigkeit des Schenkers

4 Die Eltern in Vertretung eines Kindes (Art. 304 Abs. 3 ZGB) und der Beistand in Vertretung der betroffenen Person (412 Abs. 1 ZGB) dürfen keine Schenkungen vornehmen, mit Ausnahme der üblichen Gelegenheitsgeschenke.

5 Nach Art. 323 Abs. 1 ZGB kann das Kind über seinen **Arbeitsverdienst** durch Rechtsgeschäft – ohne Zustimmung des gesetzlichen Vertreters – frei verfügen; d.h. es entsteht «Handlungsfähigkeit im Bereich des durch seine Arbeit Erlangten» (VOGT, op.cit. Art. 239 N 42, 60 N 134) und damit diesbezüglich auch Schenkungsfähigkeit. Der gesetzliche Vertreter kann aber im Rahmen dieser besonderen Handlungsfähigkeit eingegangene mehrfache Schenkungsversprechen in Analogie zu Art. 250 Abs. 1 Ziff. 2 widerrufen, soweit die eingegangenen Verpflichtungen den monatlichen (Lehrlings-)Lohn übersteigen.

5a–7a *entfallen*

III. IPR

8 Die **Handlungsfähigkeit** beurteilt sich nach dem Recht des **Wohnsitzes** des Schenkers (Art. 35 IPRG).

Art. 241

II. Des Beschenkten

[1] Eine Schenkung entgegennehmen und rechtsgültig erwerben kann auch ein Handlungsunfähiger, wenn er urteilsfähig ist.

[2] Die Schenkung ist jedoch nicht erworben oder wird aufgehoben, wenn der gesetzliche Vertreter deren Annahme untersagt oder die Rückleistung anordnet.

II. De recevoir

[1] Une personne privée de l'exercice des droits civils peut accepter une donation et acquérir de ce chef, si elle est capable de discernement.

[2] Toutefois, la donation est non avenue ou révoquée dès que le représentant légal défend de l'accepter ou ordonne la restitution.

II. Del donatario

[1] Anche colui che non ha l'esercizio dei diritti civili può accettare ed acquistare validamente una donazione, purché sia capace di discernimento.

[2] La donazione non è però acquisita o viene annullata, se il rappresentante legale si oppone all'accettazione od ordina la restituzione.

Literatur

Vgl. die Literaturhinweise bei Art. 239.

Abs. 1 wiederholt den in Art. 19 Abs. 2 ZGB festgehaltenen Grundsatz, wonach die Urteilsfähigkeit zur Erlangung unentgeltlicher Vorteile genügt (passive Schenkungsfähigkeit des Beschenkten). **Schenkung unter Auflage** oder auch gemischte Schenkung (MAISSEN, Rz 273) erfüllt die Voraussetzungen der Unentgeltlichkeit i.S.v. Art. 19 Abs. 2 ZGB nicht (und bedarf daher der Zustimmung des gesetzlichen Vertreters). Ob die Schenkung einer Sache, die Unterhaltskosten verursacht, der Zustimmung des gesetzlichen Vertreters des Beschenkten bedarf, hängt vom Einzelfall ab. Übersteigt der Wert der Sache die Unterhaltskosten um ein Mehrfaches oder ist der Ertrag der geschenkten Sache höher als ihre Unterhaltskosten, ist m.E. keine Zustimmung notwendig (weitergehend BUCHER, BT, 151). 1

Der Urteilsunfähige kann keinen Schenkungsvertrag abschliessen. Allerdings sind gerade bei der Schenkung «geringste Anforderungen» an die Urteilsfähigkeit zu stellen (BK-BUCHER, Art. 16 ZGB N 91). So wurde die Urteilsfähigkeit eines 15-jährigen Mädchens hinsichtlich der schenkweisen Übernahme eines Grundstückes bejaht (ZBGR 1930, 216). Bei Ungültigkeit des Schenkungsvertrages wegen Urteilsunfähigkeit des Beschenkten besteht aber **kein Rückforderungsanspruch** des unentgeltlich Verfügenden aus Art. 62 ff., da letzterer i.d.R. keinem Irrtum unterliegt und damit eine «Nichtschuld freiwillig bezahlt» (Art. 63 Abs. 1), was insb. bei der Schenkung von Bargeld (Eigentumserwerb durch Vermischung) oder von Buchgeld eine Rolle spielt (BUCHER, BT, 151). Fahrnis kann demgegenüber vindiziert werden. 2

Der **gesetzliche Vertreter** kann den Urteilsunfähigen beim Schenkungserwerb vertreten. Auch die Schenkung an einen Nasciturus ist deshalb möglich. Ist der gesetzliche Vertreter selbst oder eine ihm nahestehende Person der Schenker, so ist (bei Unentgeltlichkeit i.S.v. Art. 19 Abs. 2 ZGB) Selbstkontrahieren (ausnahmsweise) zulässig (vgl. auch VOGT, op.cit. Art. 239 N 42, 61 N 141). In Einzelfällen kann eine Interessenskollision vorliegen, was zur Anwendung von Art. 306 und 403 ZGB führt. Eine Interessenskollision wird etwa bei Grundstückgeschäften bejaht, mit denen eine Belastung des Kindesvermögens einhergeht. Bringt das Rechtsgeschäft dem minderjährigen Kind ausschliesslich Vorteile, wird die Interessenskollision verneint (BGer, 4.3.2010, 5A.743/2009, E. 2.3). Eine Verbeiständung ist bereits bei der blossen Möglichkeit einer Gefährdung der Interessen des Vertretenen, d.h. bei abstrakter und nicht erst bei konkreter Gefährdung, angezeigt (BGer, 4.3.2010, 5A.743/2009, E. 3.2 f., SJZ 2010, 275 ff.; MEIER P., ZVW 2008, 253 ff., 256). 3

In Abs. 2 wird dem gesetzlichen Vertreter ein **«Vetorecht»** eingeräumt, wobei es sich um eine (familienrechtlich motivierte) auflösende Bedingung handelt (BK-BUCHER, Art. 19 ZGB N 163). Zweck dieser Bestimmung ist, Minderjährige vor Abhängigkeit gegenüber dem Schenker zu schützen. Dies bedeutet, dass der gesetzliche Vertreter insb. von seiner Befugnis dann Gebrauch machen soll, wenn moralische Verpflichtungen an den Schenkungsvertrag geknüpft oder mit der Zuwendung unlautere Zwecke verfolgt werden (MAISSEN, Rz 274 ff. m.w.H.). 4

Art. 242

C. Errichtung der Schenkung
I. Schenkung von Hand zu Hand

[1] Eine Schenkung von Hand zu Hand erfolgt durch Übergabe der Sache vom Schenker an den Beschenkten.

[2] Bei Grundeigentum und dinglichen Rechten an Grundstücken kommt eine Schenkung erst mit der Eintragung in das Grundbuch zustande.

[3] Diese Eintragung setzt ein gültiges Schenkungsversprechen voraus.

C. Forme
I. Donation

[1] La donation manuelle a lieu par la remise que le donateur fait de la chose au donataire.

[2] La donation d'immeubles ou de droits réels immobiliers n'est parfaite que par son inscription au registre foncier.

[3] L'inscription ne peut avoir lieu qu'en vertu d'une promesse de donner valablement faite.

C. Costituzione della donazione
I. Donazione manuale

[1] La donazione manuale si compie mediante la consegna della cosa donante al donatario.

[2] Trattandosi di proprietà fondiaria o di diritti reali su fondi, la donazione diventa efficace solo con l'iscrizione nel registro fondiario.

[3] L'iscrizione dev'essere fondata sopra una valida promessa di donazione.

Literatur

Vgl. die Literaturhinweise bei Art. 239.

1 Die Schenkung von Hand zu Hand ist ein **schuldrechtlicher** Vertrag (causa), dessen Abschluss mit der Erfüllung zusammenfällt (BGE 105 II 104, 107 E. 3a), wobei die Form des Verfügungsgeschäftes (Schriftlichkeit bei Forderungsabtretung, Art. 165 Abs. 1, Indossament bei der Übertragung von Ordre-Papieren und Zession bei Namenpapieren, Art. 967 Abs. 2) beachtet werden muss (vgl. auch Rep 1991, 461, bez. der Schenkung eines Sparhefts).

2 Übergabe (der Sache) umfasst alle Arten der Besitzesübergabe, insb. auch **Besitzesanweisung** (BGE 52 II 369: Anweisung an eine Bank, das Depot auf den Namen des Beschenkten zu überschreiben; ferner 105 II 104, 107 E. 3a) und **Besitzeskonstitut** (BGE 63 II 395: Schenkung von nichtversteuerten Wertpapieren unter Ehegatten; BGE 70 II 204; Rey, Die Grundlagen des Sachenrechts und das Eigentum, 1991, Nr. 1729; BK-Stark, Art. 924 ZGB N 78 m.w.H.), was namentlich bei Schenkung von Wertpapieren, Bankdepots und Sparheften (Art. 239 N 20) von Bedeutung ist (Cavin, SPR VII/1, 188).

Der Schenker kann das Eigentum auf den Beschenkten übertragen, den Schenkungsgegenstand selbst jedoch aufgrund eines besonderen Rechtsverhältnisses zurückbehalten. Dieses Besitzeskonstitut ist ausreichend, um dem Erfordernis der Sachübergabe i.S. von Art. 242 Abs. 1 Genüge zu tun (Maissen, Rz 287–289; krit. Wacke, AcP 201, 262 m.w.H.; von Tuhr, 201).

Im Fall der **brevi manu traditio** ist der Beschenkte bereits unselbständiger Besitzer des Schenkungsgegenstandes, weshalb eine blosse Erklärung des Schenkers zur Eigentumsübertragung (unter Vorbehalt der Zustimmung des Beschenkten) genügt. Zu Zession, Forderungserlass, Schuldübernahme und Anweisung als Handschenkung: Art. 239 N 8–10 und 14. Denkbar ist auch die Schenkung einer Kopie eines (vom Schenker erstellten) Computerprogrammes durch elektronische Datenübertragung zur individuellen Nutzung oder aber zur kommerziellen Verwertung durch den Beschenkten.

3 Abs. 2 wiederholt den in Art. 656 Abs. 1 ZGB aufgestellten Grundsatz, wobei der Ausdruck «Schenkung» hier auf das Verfügungsgeschäft Bezug nimmt. Abs. 3 wiederholt die in Art. 965 Abs. 1 und 3 ZGB festgehaltene Voraussetzung der gültigen causa für die Eintragung im Grundbuch. Zur *Simulation* bei der Grundstückschenkung Art. 239 N 56.

Art. 243

II. Schenkungsversprechen

[1] Das Schenkungsversprechen bedarf zu seiner Gültigkeit der schriftlichen Form.

[2] Sind Grundstücke oder dingliche Rechte an solchen Gegenstand der Schenkung, so ist zu ihrer Gültigkeit die öffentliche Beurkundung erforderlich.

[3] Ist das Schenkungsversprechen vollzogen, so wird das Verhältnis als Schenkung von Hand zu Hand beurteilt.

II. Promesse de donner [1] La promesse de donner n'est valable que si elle est faite par écrit.

[2] La promesse de donner un immeuble ou un droit réel immobilier n'est valable que si elle est faite par acte authentique.

[3] Dès que la promesse est exécutée, elle est assimilée à une donation manuelle.

II. Promessa di donazione [1] La promessa di donazione esige per la sua validità la forma scritta.

[2] Se l'oggetto donato è un fondo od un diritto reale immobiliare, la donazione dev'essere fatta per atto pubblico.

[3] Quando la promessa sia eseguita, le si applicano le norme della donazione manuale.

Literatur

Vgl. die Literaturhinweise bei Art. 239.

Die **Formvorschriften** beim Schenkungsversprechen dienen dem Schutz des Schenkers vor unüberlegtem Handeln (BGE 105 II 104, 107 E. 3b). Es genügt, wenn der Schenker die Urkunde unterzeichnet (BGE 110 II 156, 161 E. 2d = Pra 1984, 664; vgl. auch ENGEL, contrats, 112). Die Annahme durch den Beschenkten ist formfrei möglich, Art. 13 (GAUCH/SCHLUEP/SCHMID/EMMENEGGER, N 543; vgl. Art. 244 N 1). 1

Bei **Grundstücken** bedarf das Schenkungsversprechen bereits aufgrund von Art. 657 Abs. 1 ZGB der öffentlichen Beurkundung (ebenso die Unwiderruflichkeitserklärung bezüglich einer Liegenschaftenschenkung, BGE 113 II 252, 258 E. 5 = Pra 1988, 160). 2

Dasselbe gilt für alle beschränkten dinglichen Rechte (vgl. auch BGE 109 II 15, 19 E. 2). Hingegen genügt für das **Schenkungsversprechen** bezüglich (bereits errichteter) Schuldbriefe (Art. 858/864 ZGB) und Grundpfandverschreibungen (Art. 835 ZGB) die einfache Schriftlichkeit (ebenso GUHL/KOLLER/SCHNYDER/DRUEY, 397). Demgegenüber bedarf die schenkungsweise (Neu-)Errichtung von Schuldbriefen und Grundpfandverschreibungen der öffentlichen Beurkundung.

Im Übrigen genügt einfache Schriftlichkeit, wobei die schenkungsrechtliche Formvorschrift **lex specialis** zu Art. 165 Abs. 2 (pactum de cedendo) ist. Sodann gilt das Schriftformerfordernis auch für das **Versprechen** eines Schulderlasses (BGE 44 II 181) oder für das Versprechen ohne Gegenleistung ein abstraktes Schuldbekenntnis abzugeben (ZK-OSER/SCHÖNENBERGER, N 6; Art. 239 N 7–9). 3

Die vorgeschriebene Form muss neben der Bezeichnung der Parteien und dem Schenkungsgegenstand (BGer, 8.1.2009, 5A.641/2008, E. 4.2 f.; TERCIER/FAVRE, Rz 1817 ff.) auch das **Versprechen** des Schenkers erfassen, dem Beschenkten eine (unentgeltliche) Zuwendung zu machen (BGE 117 II 382, 385 E. 2b; 105 II 104, 107 E. 3b). Dabei genügt es, wenn die Schenkungsabsicht auf dem Wege der Auslegung ermittelt werden kann (BK-BECKER, N 1), wobei sie sich (i.d.R.) schon aus dem Verzicht auf eine Gegenleistung ergibt (SCHMID, AJP 1992, 913). Ebenfalls von der Form erfasst werden muss eine allfällige Bedingung, nicht aber eine Auflage (welche die Rechtswirkung der Schenkung nicht in Frage zu stellen vermag, ZK-OSER/SCHÖNENBERGER, N 3; BK-BECKER, N 3). 4

Bei **gemischten Schenkungen** ist bei Nichteinhaltung der schenkungsrechtlichen Formvorschriften Art. 20 Abs. 2 analog anzuwenden (BGE 117 II 382, 386 E. 2b, zu diesem Entscheid SCHMID, AJP 1992, 911 ff.; BGE 46 II 44). 5

6 Mit dem **Vollzug** wird das formungültige Schenkungsversprechen gültig, denn im Vollzug liegt regelmässig die Anerkennung oder Bestätigung der Schenkungsabsicht (BGE 136 III 142, 146 = Pra 2010, 690, E. 3.3; BGE 105 II 104, 108 E. 3c; BK-Becker, N 5). Der Vollzug kann auch als «neue Handschenkung» (Tercier/Favre, Rz 1815) angesehen werden (ebenso im Ergebnis Schöll, Die Konversion des Rechtsgeschäfts, Diss. Bern 2004, 185 bei N 743, der den Eintritt einer Konversion annimmt). Hingegen darf eine schriftlich vereinbarte, aber **nicht** vollzogene **Handschenkung** nicht als Schenkungsversprechen ausgelegt werden (BGE 47 II 121). Vollzogen – und demnach als Handschenkung zu beurteilen – ist eine Schenkung erst, wenn der Vermögenswert dem Beschenkten zugekommen ist, «also eine reale Wertbewegung stattgefunden hat» (BK-Becker, N 6). Lässt der Schenker den Gegenstand der Schenkung durch einen Dritten aufgrund eines Werkvertrags oder Auftrags herstellen, so ist die Schenkung erst mit dessen Übergabe an den Beschenkten vollzogen. Wer schriftlich seine Schenkungsabsicht äussert, sich jedoch die Freiheit der Übergabe vorbehalten hat, macht weder eine Handschenkung noch ein Schenkungsversprechen (BGE 42 II 59).

Zur Schenkung durch privative Schuldübernahme und echten Vertrag zu Gunsten Dritter vgl. Art. 239 N 11 und 12.

7 Der Vollzug der Schenkung erst **nach dem Tod** des Schenkers heilt die Formungültigkeit des Schenkungsversprechens nicht, weil beim formungültigen Schenkungsversprechen der Schenker erst im Vollzug des Schenkungsversprechens seinen Schenkungswillen rechtsgenügend zum Ausdruck bringt, was voraussetzt, dass der Schenker im Vollzugszeitpunkt (CR CO I-Baddeley, N 24) noch lebt (BGE 105 II 104, 109 E. 3d; **a.A.** Honsell, OR BT, 199, der den Entscheid des BGer als zu formalistisch kritisiert: Das BGer hatte den Fall zu entscheiden, bei dem eine vom Schenker vor seinem Tod in Auftrag gegebene Banküberweisung erst nach dessen Tod dem Konto des Beschenkten gutgeschrieben wurde. Das BGer hätte aufgrund von Art. 63 Abs. 1 die Bereicherungsklage [der Erben] abweisen müssen: Wer in Schenkungsabsicht verfügt, leistet – auch wenn formungültig – nicht im Irrtum über seine Schuldpflicht, vgl. auch Bucher, BT, 153; Bucher, ZSR 1983 II, 278).

8 Eine Schuldanerkennung unter der **Bedingung**, dass die Forderung beim Tode des Gläubigers erlösche, unterliegt nicht den schenkungsrechtlichen Vorschriften und ist daher formlos gültig (BGE 44 II 181).

Kein Schenkungsversprechen liegt vor, wenn der **Mäklerlohn** auch dann geschuldet wird, wenn ein Dritter den Käufer findet (BGE 100 II 361, 366 E. 4 = Pra 1975, 6).

Art. 244

III. Bedeutung der Annahme	**Wer in Schenkungsabsicht einem andern etwas zuwendet, kann, auch wenn er es tatsächlich aus seinem Vermögen ausgesondert hat, die Zuwendung bis zur Annahme seitens des Beschenkten jederzeit zurückziehen.**
III. Effets de l'acceptation	Celui qui, dans l'intention de donner, dispose d'une chose en faveur d'un tiers peut, même s'il l'a séparée effectivement du surplus de ses biens, revenir sur sa décision aussi longtemps que son offre n'a pas été acceptée par le donataire.
III. Effetto dell'accettazione	Chi elargisce una cosa ad altri con l'intenzione di donarla, può sempre ritirare l'elargizione fino all'accettazione da parte del donatario, anche se l'avesse già effettivamente separata dal suo patrimonio.

Literatur

Vgl. die Literaturhinweise bei Art. 239.

Nach Auffassung des BGer verankert Art. 244 den Grundsatz, wonach eine Schenkung nur und erst durch Annahme des Beschenkten zustande kommt (BGE 114 II 36, 38 E. 2b). Dabei werden m.E. die Bestimmungen über Offerte und Annahme, Art. 3 ff., in der Weise geändert (**a.M.** ZK-OSER/SCHÖNENBERGER, N 2), dass dem Schenker unter Abwesenden ein Widerrufsrecht nicht nur bis zum Empfang der Schenkungsofferte durch den Beschenkten, sondern bis zum Eintreffen der **Annahmeerklärung** des Beschenkten beim Schenker zusteht (ebenso BK-BECKER, N 1; CAVIN, SPR VII/1, 183; GAUCH/SCHLUEP/SCHMID/EMMENEGGER, N 475; KOLLER A., FS Vogt, 202), während unter Anwesenden Widerruf der Offerte zum Schenkungsversprechen bis zu deren Annahme möglich ist. 1

Die Annahme durch den Beschenkten kann stillschweigend erfolgen, setzt jedoch auf Seiten des Beschenkten **Kenntnis von der Schenkungsabsicht** des Schenkers voraus (BGE 49 II 99). Eine stillschweigende Annahme darf i.d.R. vermutet werden, soweit mit der Schenkung keine Auflagen oder Bedingungen verbunden sind (BGE 69 II 310; 110 II 156, 161 E. 2d). Stirbt der Schenker allerdings vor Ablauf der angemessenen Frist i.S.v. Art. 6, kommt keine Schenkung zustande (die Fiktion von Art. 6 greift nicht). Dies gilt auch für eine Schenkung an eine Gemeinde, nur diese ist den öffentlich-rechtlichen Bestimmungen unterworfen, nicht aber der Schenker (OGer ZH, ZR 1982, 20).

Das **Widerrufsrecht** (des Schenkers bis zur Annahme der Offerte durch den Beschenkten) geht mit dem Tod des Schenkers unter (damit unterscheidet sich das Widerrufsrecht nach Art. 244 vom Widerrufsrecht bzw. Rücktrittsrecht gem. Art. 249 ff.), was der CJ GE (in SJ 1939, 339) wohl verkannte.

Da allerdings eine Schenkung, um gültig zu sein, «zu **Lebzeiten des Schenkenden** vom Beschenkten angenommen worden sein muss, gleichgültig, ob es sich um eine Schenkung unter Lebenden oder um eine solche von Todes wegen» handelt (BGE 96 II 79, 95 E. 8c; ferner BGE 69 II 309 m.Hw.), ist, soweit der Schenker vor Annahme der Schenkungsofferte durch den Beschenkten stirbt, kein gültiger Schenkungsvertrag zustande gekommen, weshalb der Beschenkte keinen klagbaren Anspruch gegen die Erben des Schenkers hat.

Erfolgt die Offerte zum Schenkungsversprechen durch den **Beschenkten**, findet Art. 244 keine Anwendung (BK-BECKER, N 3). Mitwirkung des Beschenkten bei der Aussonderung des Schenkungsgegenstandes kann gleichzeitig (Real-)Annahme der Offerte zum Schenkungsversprechen sein, durch welche das Widerrufsrecht des Schenkers untergeht. 2

Art. 245

D. Bedingungen und Auflagen
I. Im Allgemeinen

[1] Mit einer Schenkung können Bedingungen oder Auflagen verbunden werden.

[2] Eine Schenkung, deren Vollziehbarkeit auf den Tod des Schenkers gestellt ist, steht unter den Vorschriften über die Verfügungen von Todes wegen.

D. Conditions et charges
I. En général

[1] La donation peut être grevée de conditions ou de charges.

[2] Les donations dont l'exécution est fixée au décès du donateur sont soumises aux règles concernant les dispositions pour cause de mort.

D. Condizioni ed oneri
I. In genere

[1] La donazione può essere gravata da condizioni e da oneri.

[2] La donazione da eseguirsi dopo la morte del donatore è regolata dalle norme sulle disposizioni a causa di morte.

Literatur

Vgl. die Literaturhinweise bei Art. 239.

I. Schenkung unter einer Bedingung

1 Eine Schenkung kann unter **aufschiebender** Bedingung (Art. 151) oder unter **auflösender** Bedingung (Art. 154 sowie Art. 247) erfolgen, allerdings stets unter der Einschränkung von Art. 157 und Art. 20 (GAUCH/SCHLUEP/SCHMID/EMMENEGGER, N 3988). Auch Schenkungen unter einer **Potestativbedingung** (VON TUHR/ESCHER, 257) sind grundsätzlich zulässig (BK-BECKER, Art. 247 N 1), der Schenker kann dann die Wirksamkeit bzw. die Auflösung des Schenkungsvertrages durch formlose Erklärung herbeiführen (VON TUHR/ESCHER, 258).

Eine Schenkung kann daher entweder unter der **aufschiebenden** Potestativbedingung des Unterbleibens eines Schenkungswiderrufs durch den Schenker erfolgen oder unter der **auflösenden** Potestativbedingung eines jederzeitigen Widerrufs durch den Schenker (BUCHER, BT, 157; MEIER W.H., 81; **abl**. CJ GE, SJ 1954, 94), wobei eine solche Bedingung verknüpft mit einem Widerrufsrecht zwar zeitlich beschränkt zu sein hat (vgl. N 5), aber auch über den Tod des Schenkers hinaus wirken (und damit nach seinem Tod von seinen Erben geltend gemacht werden) kann (anders wohl BGE 85 II 609, 617 E. 5).

2 Ist eine Schenkung unter der Bedingung erfolgt, dass der Beschenkte diese Gelder zum **Erwerb einer Rente** verwendet, so kann ein Gläubiger des Beschenkten in Bezug auf den Rentenbestellungsvertrag mit dem Versicherer nicht die Anfechtungsgründe von Art. 286 Abs. 2 Ziff. 2 SchKG (Schenkungspauliana) geltend machen (BGE 64 III 188).

Die Vereinbarung, wonach ein Grundstück bei Scheidung an den schenkenden Ehegatten zurückfalle, ist gültig, kann aber **nicht** im Grundbuch vorgemerkt werden (OGer LU, SJZ 1985, 233); dasselbe gilt für ein unentgeltlich eingeräumtes Wohnrecht, das im Scheidungs- oder Trennungsfall erlöschen soll (BGE 115 II 213, 216 E. 3).

Die Bezahlung eines **monatlichen Betrages** seitens eines Sportvereins an ein Mitglied, damit es als Amateur an Sportanlässen teilnimmt, stellt eine bedingte Schenkung dar, welche nur widerrufen werden kann, wenn der Beschenkte die mit der Schenkung verbundenen zusätzlichen Auflagen nicht erfüllt (nicht veröffentlichtes Urteil der II. ZK des OGer ZH, 31.5.1996; vgl. auch Art. 239 N 28b).

Zulässig ist die Bedingung, dass der Beschenkte nicht aufgrund der durch die Schenkung erlangte Rechtsposition klageweise gegen den Schenker vorgeht (vgl. Art. 239 N 46 f.), oder die Bedingung, dass der Beschenkte das ihm Zugewendete nach seinem Tod an X als Erben weitergibt.

2a Obwohl eine **bedingte Realschenkung** formlos gültig ist, liegt es aus Beweisgründen im Interesse des Schenkers, die Bedingung schriftlich festzuhalten oder im Verfügungsvertrag zu vermerken (ZK-OSER/SCHÖNENBERGER, Art. 247 OR N 3).

Eine Bedingung verknüpft mit einem Schenkungsversprechen unterliegt als subjektiv wesentlicher Vertragspunkt dem Formzwang und bedarf der einfachen Schriftlichkeit oder der Aufnahme in die öffentliche Urkunde (MAISSEN, Rz 463), da ihr Eintritt oder Ausfall für das Entstehen oder Nichtentstehen konstitutiv ist (ZK-OSER/SCHÖNENBERGER, Vor Art. 151–157 OR N 15).

3 Gegenüber der Annahme einer **stillschweigenden** Bedingung ist Zurückhaltung geboten (HONSELL, OR BT, 201). Bei Schenkungen unter Ehegatten (Art. 239 N 38, 45) kann nur in Ausnahmefällen (Schenkung des ererbten Familienschmuckes durch den Ehemann an die Ehefrau, BGE 71 II 256; nicht aber bei Schenkung von Aktien, SJ 1980, 261) vermutet werden, die Schenkung sei unter der auflösenden Bedingung erfolgt, dass die Ehe nicht geschieden werde (BGE 113 II 252, 255 E. 2b = Pra 1988, 157). Im Zusammenhang mit dem Konkubinat vgl. Art. 249 N 10.

3a Bei der **Schenkung von Aktien einer Familienaktiengesellschaft** (durch den Gründer) an Nachkommen und Verwandte ist häufig von einer stillschweigenden Bedingung auszugehen, nicht klageweise aufgrund der durch die Schenkung erlangten Rechtsposition gegen den Schenker vorzugehen (vgl. auch Art. 239 N 46 f. und Art. 246 N 1 a.E.).

Im Einzelfall ist zu prüfen, ob eine Schenkung nicht unter der **stillschweigenden Bedingung** erfolgt ist, dass der Beschenkte die geschenkte Sache nicht weiter verschenkt oder gar verkauft. 3b

Wird unter Brautleuten eine Schenkung unter der Bedingung der **Eheschliessung** gemacht, so kann nicht vermutet werden, die Schenkung stehe gleichzeitig unter der stillschweigenden Resolutivbedingung, die Ehe werde nicht durch Scheidung aufgelöst (BGE 42 II 503). 3c

Unter Ehegatten kann vereinbart werden, dass eine Schenkung unter der auflösenden Bedingung erfolgt, dass die Ehe nicht durch Scheidung aufgelöst wird. Wird dies mit einer **Substanzerhaltungspflicht** des beschenkten Ehegatten (bis zum Tode des Schenkers) verbunden, ist im Einzelfall zu prüfen, ob eine Verfügung von Todes wegen vorliegt. 3d

Eine in **Lebensgefahr** gemachte Schenkung ist als an die stillschweigende Bedingung geknüpft zu betrachten, der Schenker werde die Gefahr nicht überleben (BGE 58 II 427) und der Beschenkte werde sie überleben (d.h. auch, dass die Erben des nach dem Schenker in der gleichen Lebensgefahr zu Tode gekommenen Beschenkten sich nicht auf die Schenkung berufen können). 3e

Beim **suspensiv bedingten** Schenkungsvertrag erwirbt der Beschenkte erst mit Eintritt der Bedingung Eigentum an der bereits übergebenen geschenkten Sache (BGE 64 III 189; SCHULIN/VOGT, AT, Tafel 47). Verfügungen des Beschenkten vor dem Eintritt der Suspensivbedingung sind nach Art. 152 Abs. 3 unwirksam, soweit der Schenker nicht zustimmt (VOGT, op. cit. Art. 239 N 42, 52 ff.). Tritt die Suspensivbedingung nicht ein und ist die Rückerstattung zufolge Untergangs nicht möglich oder ist die geschenkte Sache beschädigt, so wird der Beschenkte nach Art. 97 ff. schadenersatzpflichtig, soweit ihn ein Verschulden trifft (BGE 80 II 260, 263 E. 1 = Pra 1955, 2). Mit Eintritt der auflösenden Bedingung fällt der **resolutiv bedingte** Schenkungsvertrag (wie der Kaufvertrag, SCHULIN/VOGT, AT, Tafel 46) rückwirkend (ex tunc) dahin, der Schenker kann bei vollzogener Schenkung die geschenkte Sache vindizieren bzw. geschenktes Geld kondizieren (CAVIN, SPR VII/1, 194; SCHULIN/VOGT, BT, Tafel D2 N 11; ebenso für den resolutiv bedingten Kauf: VON TUHR/ESCHER, 276; VON TUHR/PETER, 493 N 120a; GAUCH/SCHLUEP/SCHMID/EMMENEGGER, N 4006; **anders** BUCHER, BT, 157). Für die Beschädigung oder den Untergang der Sache haftet der Beschenkte aus Art. 41 ff., soweit ihn ein Verschulden trifft. 4

II. Zeitliche Aspekte

Nicht geregelt ist die Frage, wie lange der Schwebezustand der bedingten Schenkung andauern kann. Immerhin indiziert Art. 247, der sich mit dem Rückfall der Schenkung für den Fall befasst, dass der Schenker vor dem Beschenkten stirbt, die Zulässigkeit einer 60- bis 70-jährigen Dauer (vom Eintritt der Handlungsfähigkeit bis zum Tod), so dass von der Zulässigkeit einer **60 bis 70 Jahre dauernden Bedingung** ausgegangen werden kann. Vgl. auch die entsprechenden Ausführungen zur Auflage (Art. 246 N 3a). 5

III. Schenkung unter einer Auflage

Zur Schenkung unter einer Auflage vgl. Art. 246 N 1 ff. 5a

IV. Schenkung auf den Todesfall ist Verfügung von Todes wegen

6 Bei der Schenkung auf den Todesfall liegt ein **befristeter** Vertrag (VON TUHR/ESCHER, 46) vor, dessen Wirkungen mit dem Tode des Schenkers eintreten sollen und auf den kraft der schenkungsrechtlichen Verweisungsnorm sowohl in formeller als auch in materieller Hinsicht (CAVIN, SPR VII/1, 192) die Vorschriften über die Verfügungen von Todes wegen (Art. 481 ff. ZGB) zur Anwendung kommen: Die Sache fällt dem Beschenkten nicht durch ein Rechtsgeschäft unter Lebenden, sondern durch eine Verfügung von Todes wegen zu (BGE 89 II 87, 92 E. 5 = Pra 1963, 331), was auch im Hinblick auf Art. 532 ZGB eine Rolle spielen kann.

Der Beschenkte ist i.d.R. Legatar und nicht Erbe und erwirbt beim Tod des Schenkers kein Eigentum, sondern lediglich einen obligatorischen Anspruch gegen die Erben (vgl. auch AUBERT, 285 ff.). Die **ehevertragliche Vereinbarung**, wonach aufgrund von Art. 216 Abs. 1 ZGB der ganze Vorschlag des ehelichen Vermögens dem überlebenden Ehegatten zufallen (vgl. BSK ZGB I-HAUSHEER, Art. 216 N 27; Art. 239 N 39) bzw. eine Gesamtgutszuweisung nach Art. 241 Abs. 2 ZGB erfolgen soll, ist eine Schenkung auf den Todesfall (BSK ZGB I- HAUSHEER/AEBI-MÜLLER, Art. 241 N 14; **a.A.** BK-WEIMAR, Einl. 14. Titel ZGB, N 106).

7 Grundsätzlich unterliegt somit die Schenkung auf den Todesfall den Formerfordernissen des Erbvertrages (Art. 512 ZGB), wobei aber auch Konversion eines formnichtigen Erbvertrags in eine öffentliche letztwillige Verfügung (BGE 76 II 278) oder in ein eigenhändiges Testament (BGE 93 II 223, 228 E. 3; HONSELL, OR BT, 206; SCHULIN/VOGT, BT, Tafel D2 N 15) möglich ist. Formmangel führt aber – anders als bei Schenkung – nicht zur Nichtigkeit, sondern nur zur **Anfechtbarkeit** gem. Art. 520 ZGB (BGE 113 II 270, 274 E. 3a).

8 In der Lehre (Übersicht bei MÜLLER, 85 ff.; vgl. auch BK-WEIMAR, Einl. 14. Titel ZGB, N 118 ff.) ist umstritten, ob es eine **Schenkung auf den Todesfall** (neben der Schenkung unter Lebenden und der Verfügung von Todes wegen) gebe. Das BGer hat die Frage bisher (zuletzt BGE 89 II 87, 92 E. 4 = Pra 1963, 331) offen gelassen. Mit CAVIN (SPR VII/1, 193) ist ein selbständiges Rechtsinstitut der Schenkung auf den Todesfall oder der Schenkung von Todes wegen abzulehnen und **Art. 245 Abs. 2 als reine Verweisungsnorm** (ebenso CR CO I-BADDELEY, N 54) zu betrachten.

9 Bei der **Abgrenzung** zwischen der Schenkung unter Lebenden und der Verfügung von Todes wegen (BK-TUOR, Einl. 14. Titel ZGB, N 3a; ZK-ESCHER, Einl. 14. Titel ZGB N 6 ff.; HAUSHEER, 82 ff.; ROTHENFLUH, 6 ff., 20 ff.; BK-WEIMAR, Einl. 14. Titel ZGB N 96 ff.; ZEITER, 10 ff.) ist der Zeitpunkt massgebend, in dem das streitige Rechtsgeschäft seine Wirkung entfalten soll (DRUEY, Grundriss des Erbrechts, 5. Aufl., Bern 2002, § 8 N 31 ff.; WINISTÖRFER, 33), wobei auf den Willen der Parteien abzustellen ist, das Vermögen des Verpflichteten (zu seinen Lebzeiten) oder aber dessen Nachlass belasten zu wollen (BGE 113 II 270, 273 E. 2b); grundsätzlich ist eher ein gültiges Rechtsgeschäft unter Lebenden als ein ungültiges Rechtsgeschäft von Todes wegen anzunehmen (BGE 99 II 268, 274 E. 3f).

10 **Schenkungen auf den Todesfall oder Schenkung von Todes wegen** (und damit als Verfügungen von Todes wegen den Formvorschriften des Erbvertrags, Art. 512 ZGB, unterliegend) sind:

a) Der Versuch des Erblassers, einem Dritten nach seinem Tode bestimmte Vermögenswerte mittels einer über seinen Tod hinaus gültigen Vollmacht oder mittels Hinterlegung auf den Namen des Dritten, verbunden mit einem Vertrag (i.d.R. mit einer Bank) zu Gunsten dieses Dritten, zukommen zu lassen (BGE 96 II 79, 90 E. 7d).

b) Die Abfindungsklausel mit aleatorischem Charakter in einem **Gesellschaftervertrag** (BGE 113 II 270, 272 E. 2a, wo die sorgfältig begründete Rsp. des BGer in BGE 98 Ia 258, 264 E. 3 aufgegeben wurde im Bestreben, die rechtliche Behandlung von **aleatorischen Klauseln** in Gesellschafterverträgen mit solchen in Güterrechtsverträgen – welche nach altrechtlichem Güterrecht seit BGE 102 II 313, 323 E. 4a als Schenkung auf den Todesfall betrachtet wurden – in Einklang zu bringen), wobei im Einzelnen Folgendes gilt: Nach Auffassung des BGer in BGE 113 II 270, 273 E. 2b ist selbst eine gegenseitige Begünstigungsklausel in einem Gesellschaftsvertrag mit aleatorischem Charakter als reine Liberalität zu qualifizieren und nicht als ein Rechtsgeschäft mit Gegenleistung. Ob jedoch eine Begünstigungsklausel auch dann als Schenkung auf den Tod gilt, wenn sie nicht nur das Ausscheiden eines Gesellschafters infolge Todes regelt, sondern das Ausscheiden aus der Gesellschaft ganz grundsätzlich, ist dabei offen geblieben. Richtigerweise ist m.E. davon auszugehen, dass Abfindungsklausen zwar dann als Verfügungen von Todes wegen gelten und den strengen Formvorschriften unterliegen, wenn sie die verbleibenden Gesellschafter einzig im Todesfall begünstigen. Soweit jedoch eine Begünstigung der übrigen Gesellschafter im Fall des Ausscheidens ganz grundsätzlich erfolgt, liegt keine Verfügung von Todes wegen vor, sondern vielmehr ein Rechtsgeschäft unter Lebenden (VOGT/LINIGER, 336).

c) Die Errichtung eines Sparheftes auf den Namen eines Dritten unter Vorbehalt des alleinigen Verfügungsrechts des Zuwendenden zu dessen Lebzeiten (BGE 89 II 87, 90 E. 2 = Pra 1963, 329; OGer TG, SJZ 1982, 379; vgl. RUSCH, 561 ff., insb. zur Problematik der Formungültigkeit 573 f.).
d) Die Schuldanerkennung auf den Tod des Anerkennenden, soweit keine Gegenleistung erfolgte (BGE 46 II 43 = ZBGR 1941, 244).
e) Die Erklärung der Verfügenden: «Je donne à [...] le contenu de mon portefeuille. Cela est ma volonté.» (BGE 75 II 184).
f) Gewährung eines Darlehens bezüglich dessen die Rückzahlungspflicht mit dem Tod des Darlehensgebers erlischt (vgl. Art. 239 N 27 lit. c).

Nicht Schenkungen auf den Todesfall, sondern **unter Lebenden**; sind: **11**

a) Rentenleistungen, die bereits zu Lebzeiten des Schenkers ausgerichtet und nach dessen Tod fortgesetzt werden (BGE 110 II 156, 158 E. 2a = Pra 1984, 662).
b) Die Errichtung eines Bankkontos und Wertschriftendepots im Namen eines Dritten, bei dem sich der Schenker bloss eine Vollmacht vorbehalten hat (BGE 96 II 145, 151 E. 3).
c) Die Einräumung eines beim Tode des Grundstückeigentümers wirksam werdenden **Kaufrechts**, welches mit einem zu dessen Lebzeiten eingeräumten Vorkaufsrecht (BGE 84 II 247, 251 E. 6) bzw. mit einem Grundstückkaufvertrag über mehrere Grundstücke (BGE 99 II 268, 272 E. 3) in enger Verbindung steht oder welches im Grundbuch eingetragen wurde und damit die Verkäuflichkeit der Grundstücke empfindlich beeinträchtigt (BGE 50 II 374).
d) Eine Schenkung unter Vorbehalt der lebenslänglichen Nutzniessung am Schenkungsgegenstand (OGer VS, ZBGR 1931, 130; OGer BE, ZBJV 1937, 400).
e) Schenkung einer Forderung, wobei dem Schenker zu seinen Lebzeiten die Zinsen zukommen sollen und die Forderung erst nach dem Tod des Schenkers gekündigt werden darf (BGE 69 II 310 = Pra 1943, 388).

Art. 246

II. Vollziehung der Auflagen

1 Der Schenker kann die Vollziehung einer vom Beschenkten angenommenen Auflage nach dem Vertragsinhalt einklagen.

2 Liegt die Vollziehung der Auflage im öffentlichen Interesse, so kann nach dem Tode des Schenkers die zuständige Behörde die Vollziehung verlangen.

3 Der Beschenkte darf die Vollziehung einer Auflage verweigern, insoweit der Wert der Zuwendung die Kosten der Auflage nicht deckt und ihm der Ausfall nicht ersetzt wird.

II. De leur exécution

1 Le donateur peut exiger, dans les termes du contrat, l'exécution d'une charge acceptée par le donataire.

[2] L'autorité compétente peut, après la mort du donateur, poursuivre l'exécution d'une charge imposée dans l'intérêt public.

[3] Le donataire est en droit de refuser l'exécution d'une charge, en tant que la valeur de la libéralité ne couvre pas les frais et que l'excédent ne lui est pas remboursé.

II. Adempimento degli oneri

[1] Il donatore può pretendere, a termini del contratto, l'adempimento di un onere accettato dal donatario.

[2] Se l'adempimento dell'onere è d'interesse pubblico, può essere richiesto dopo la morte del donatore dall'autorità competente.

[3] Il donatario può rifiutarsi all'adempimento dell'onere, quando il valore della liberalità non ne compensi le spese e non gli venga offerto il rimborso della differenza.

Literatur

Vgl. die Literaturhinweise bei Art. 239.

I. Begriff

1 Durch die **Auflage** (modus qualificatus) wird der Beschenkte verpflichtet, eine Leistung gegenüber dem Schenker oder einem Dritten zu erbringen. Diese Leistung ist nicht Gegenleistung des Beschenkten (es besteht kein Synallagma): Durch die Auflage darf der «Charakter der Unentgeltlichkeit» nicht verloren gehen (BGer, 16.3.2001, 4C.346/2000, E. 1). Die Leistung des Beschenkten kann entweder in der Verwendung aller oder eines Teils der Vermögenswerte für einen bestimmten Zweck bestehen, in bestimmten Dienstleistungen gegenüber dem Schenker oder Dritten, in der Unterlassung gewisser Handlungen oder in der Erfüllung von Verpflichtungen gegenüber Dritten (BGE 101 II 25, 29 f. E. 2b; CAVIN, SPR VII/I, 189 f.; PIOTET P., SPR IV/1, 148; GUHL/KOLLER/SCHNYDER/DRUEY, 399). Die Auflage kann auch vom Beschenkten bestimmt werden (OGer ZH, ZR 1940, 264). Erst wenn der Schenkungsvertrag erfüllt ist, kann der Schenker die Vollziehung der Auflage auf dem Klageweg geltend machen. Vor der Erfüllung hat der Beschenkte das Recht, die Vollziehung der Auflage zu verweigern (MAISSEN, Rz 504; ZK-OSER/SCHÖNENBERGER, Art. 246 OR N 1; VON BÜREN, 278 f.). Ist die Auflage wegen widerrechtlichem, urspr. unmöglichem oder sittenwidrigen Inhalt nichtig und ihre Vollziehung nicht durchsetzbar, so bestimmt sich die Frage, ob die Nichtigkeit der Auflage das Dahinfallen des gesamten Schenkungsvertrages zur Folge hat, analog nach Art. 20 Abs. 2 OR (HONSELL, OR BT, 201; **a.M.** ZK-OSER/SCHÖNENBERGER, N 11). Zur Entstehung einer unselbständigen Stiftung durch Schenkung unter Auflage vgl. BK-RIEMER, syst. Teil N 421 ff. Zur erbrechtlichen Auflage, Art. 482 ZGB, vgl. BK-TUOR, Art. 482 ZGB N 4 («Die Auflage begründet keine Forderung auf Erfüllung, sondern nur ein Klagerecht auf Vollziehung»); ZK-ESCHER, Art. 482 ZGB N 13; PIOTET, SPR IV/1, 147 ff.

Gegenüber der Annahme einer **stillschweigenden** Auflage ist i.d.R. Zurückhaltung geboten, insb. ist die Äusserung eines blossen Wunsches, einer Hoffnung oder Empfehlung nicht als Auflage zu qualifizieren (HONSELL, OR BT, 201). Hingegen kann bei einer Schenkung von Aktien einer Familienaktiengesellschaft an Nachkommen oder sonstige Verwandte des Schenkers wohl häufig von einer stillschweigenden Auflage, die gemeinsamen Familieninteressen unter allen Umständen zu wahren, ausgegangen werden (vgl. Art. 239 N 46, Art. 245 N 3).

2 Als Schenkung unter einer Auflage sind (weitere Beispiele bei BK-RIEMER, syst. Teil, N 424) zu betrachten:

a) *Schenkung einer Statue an* eine Gemeinde durch den Künstler, wobei die Statue am Eingang des Gemeindesportplatzes aufgestellt werden sollte (BGE 80 II 260, 263 E. 2 = Pra 1955, 2);

b) Schenkung eines Grundstückes an eine zu gründende Freimaurerloge mit der Bestimmung, dass darauf innert fünf Jahren ein Freimaurertempel zu errichten sei (BGE 85 II 611);
c) Schenkung eines Grundstückes zum Zwecke der Errichtung eines Kunstmuseums (BGE 96 II 119, 125 E. 2 = Pra 1971, 86);
d) Vorbehalt der Verwaltung der geschenkten Wertpapiere (BGE 57 II 515);
e) Erlass einer Schuld gegen das Versprechen einer 5 %-igen Verzinsung für zehn Jahre (BK-Becker, N 8);
f) Schenkung von Kunstobjekten mit der Bestimmung, die Objekte seien dauernd und als Einheit auszustellen, die Weiterveräusserung sei zu unterlassen und es seien alle Vorkehren gegen Diebstahl oder Beschädigung der Kunstwerke zu treffen (BGE 133 III 421, 426 E. 3 = Pra 2008, 104).

II. Zeitliche Aspekte der Auflage

1. Keine Verjährung

Im Anschluss an die von ZK-Escher, Art. 482 N 22, und BSK ZGB II-Staehelin, Art. 482 N 31, zur Auflage bei Verfügungen von Todes wegen vertretenen Ansicht (das BGer hat die Frage in BGE 76 II 208 und 108 II 278, 287 E. 5a offen gelassen) erscheint es m.E. nicht gerechtfertigt, die Auflage bei einer Schenkung der **Verjährung** zu unterstellen. Eine genügende zeitliche Beschränkung ergibt sich aus der maximal zulässigen Dauer der Auflage (N 3a). 3

2. Dauer des Anspruchs auf Vollziehung

Das Gesetz nennt keine maximal zulässige **Dauer für den Anspruch auf Vollziehung**. Nach BGE 87 II 355, 362 E. 2b ist die Dauer bei den Auflagen in Verfügungen von Todes wegen auf zwei Generationen, also im Normalfall auf 50–70 Jahre beschränkt worden; vgl. dazu BSK ZGB II-Staehelin, Art. 482 N 32. Bei reinen Vermögensleistungen bestimmten Umfangs nimmt Spiro (§ 466, 1286) eine Dauer von 30 Jahren bei den Auflagen in Verfügungen von Todes wegen an. Nach Spiro (a.a.O., FN 16) gilt dies auch, wenn eine juristische Person Belastete der Auflage ist (vgl. auch BSK ZGB II-Staehelin, Art. 482 N 32). 3a

In einem neuen Entscheid (der allerdings nicht von Schenkung mit Auflage, sondern von einem Kaufvertrag – Teil der Gegenleistung des Käufers war Nutzung der Liegenschaft als Altersheim – ausging), hielt das BGer (unv. Entscheid vom 16.3.2001, 4C.346/2000) fest, dass sowohl für sachenrechtliche als auch für obligatorische Ansprüche eine Maximaldauer von 100 Jahren gelte.

Auch aufgrund der in Art. 245 N 5 gemachten Überlegungen ist m.E. von einer **Dauer der Auflage von 60–70 Jahren** auszugehen.

III. Abgrenzungen

Bei einem **bedingten Schenkungsversprechen** entsteht keine Verpflichtung des Beschenkten, wohl aber eine Abhängigkeit seines Erfüllungsanspruchs gegen den Schenker vom Eintritt der Bedingung. Demgegenüber wird bei der mit einer **Auflage** verbundenen Schenkung eine selbständige Verpflichtung des Beschenkten begründet (Merz, SPR VI/1, 153), ohne dass dadurch der Eintritt der Wirkung des Schenkungsvertrages von der Erfüllung der Auflage abhängt. Hat der Beschenkte eine Vorleistung zu erbringen, so liegt eine Bedingung vor, da die Erfüllungspflicht bezüglich der Auflage i.d.R. erst nach Schenkungsvollzug eintritt (Bucher, BT, 154). 4

5 Im Gegensatz zur **gemischten Schenkung** ist bei der Schenkung unter Auflage keine Gegenleistung des Beschenkten versprochen. Das mit der Auflage verbundene Verhalten des Beschenkten darf gerade nicht als Gegenleistung für das Empfangene erscheinen (BGer, 16.3.2001, 4C.346/2000, E. 1; ZEITER, 53; HUGUENIN, OR AT/BT, Rz 2851, 2874). Denkbar ist auch eine gemischte Schenkung unter Auflage, z.B. Verkauf einer Liegenschaft zu einem Drittel des Verkehrswerts mit der Bestimmung, der Gemeinde ein Wegrecht einzuräumen.

IV. Ansprüche des Schenkers bei Nichterfüllung der Auflage

6 Der Schenker kann auf **Erfüllung** der Auflage (sei diese eine Leistung an ihn selbst oder an einen Dritten) klagen (Realexekution) oder die Schenkung widerrufen (vgl. Art. 249 N 13; ausführlich zum Verhältnis zwischen der Klage des Schenkers auf Vollziehung einer Auflage und zum Widerruf der Schenkung BGE 133 III 421 = Pra 2008, 104; SCHMID, Die privatrechtliche Rsp. des BGer im Jahr 2006 und 2007 veröffentlicht in Bd. 132 und 133, Obligationenrecht, ZBJV 2010, 554 ff., 608 ff.; sodann in der amtlich nicht publizierten E. 2 zu Grundlagenirrtum und Erfüllungsrisiko, wonach die Bestimmungen zum Grundlagenirrtum keine Anwendung finden, wenn ein Beschenkter die Auflagen des Schenkers nicht erfüllt, BGer, 30.5.2007, 4A.28/2007, E. 2.3) und das Geschenkte zurückfordern. Hingegen stehen dem Schenker die Rechtsbehelfe der Art. 107 und 82 nicht zur Verfügung (SCHULIN/VOGT, BT, Tafel D2 N 3; vgl. Art. 248 N 2; so in Bezug auf Art. 107 auch BGE 133 III 421, 428 = Pra 2008, 104, E. 4.2).

Das BGer hat ohne nähere Begründung einen Schadenersatzanspruch aus Art. 97 (dem Schenker war durch das Nichtaufstellen der geschenkten Statue durch die Gemeinde ein Nachteil durch das Ausbleiben der Reklamewirkung entstanden, was m.E. einen Schadenersatzanspruch rechtfertigen kann) zugesprochen (BGE 80 II 260, 266 f. E. 4 = Pra 1955, 2, 5; obiter wiederholt in BGE 133 III 421, 428 E. 4.2; zustimmend CAVIN, SPR VII/1, 191; GUHL/KOLLER/SCHNYDER/DRUEY, 399), was von BUCHER, BT, 155 mit der Begründung abgelehnt wird, die Auflage sei keine normale Vertragspflicht, sondern eine **Obliegenheit** besonderer Art (HONSELL, OR BT, 201; MAISSEN, Rz 507, 518, die wohl dem lex specialis Argument – Widerruf ist abschliessender Rechtsbehelf bei Nichterfüllung der Auflage im Schenkungsrecht – Rechnung tragen wollen). Ob ein Schadenersatzanspruch der Erben des Schenkers besteht, hat das BGer mit der Formulierung «peut-être» offen gelassen (BGE 133 III 421, 428 = Pra 2008, 104, E. 4.2 i.f.).

M.E. kann aber in denjenigen Fällen, in denen die Auflage einen erheblichen Minderwert des geschenkten Gegenstands bewirkt (z.B. das geschenkte Gemälde muss jeweils im Monat Januar im Gemeindehaus öffentlich zugänglich gemacht werden), die **schuldhafte** Nichterfüllung der Auflage zu einer Schadenersatzpflicht nach Art. 97 führen.

6a Ist die Erfüllung der Auflage durch Umstände, die der Beschenkte **nicht zu verantworten** hat (vgl. WIEGAND, Art 119 N 5 ff.), unmöglich geworden, so gilt der Anspruch des Schenkers (auf Erfüllung der Auflage) als erloschen (Art. 119 Abs. 1; vgl. auch MAISSEN, Rz 507).

Bei unverschuldeter Unmöglichkeit, die Auflage zu erfüllen, ist Art. 119 Abs. 2 (zufolge fehlenden Synallagmas) **nicht** anwendbar (BUCHER, BT, 154).

6b Begünstigte **Dritte** können nicht selbständig auf Vollziehung klagen (MAISSEN, Rz 508, m.Hw.).

Nach dem Tod des Schenkers können dessen **Erben** bzw. der **Willensvollstrecker** (nicht aber Dritte) den Anspruch auf Vollziehung der Auflage durchsetzen (BGE 133 III 421 = Pra 2008, 104; BGE 96 II 119, 125 f. E. 3; CAVIN, SPR VII/1, 191; VON BÜREN, 278).

6c Sofern die Vollziehung der Auflage im **öffentlichen Interesse** liegt, hat nach dem Tod des Schenkers gem. Art. 246 Abs. 2 auch die zuständige Behörde das Recht, diesen Anspruch geltend zu machen. Die zur Vollziehungsklage berechtigten Behörden werden mehrheitlich in den kantonalen Einführungsgesetzen zum Zivilrecht bezeichnet. Fehlt ein solcher Vermerk, ist anzunehmen, dass analog zu den Regelungen über die Stiftungsaufsicht (Art. 84 ZGB) vorgegangen wird (MAISSEN, bei Rz 510 FN 801, findet sich eine detaillierte Auflistung der jeweiligen Vermerke in den kantonalen Gesetzen).

Übersteigen die **Kosten** der Auflage (nach Auffassung von BK-BECKER, N 12, sind hierbei lediglich Kostenerhöhungen bis zur Fälligkeit der Auflage, nicht aber danach, zu berücksichtigen) den Wert der Zuwendungen (blosse Neutralisierung genügt nicht, GUHL/KOLLER/SCHNYDER/DRUEY, 399), so kann der Beschenkte die Erfüllung verweigern, soweit ihm der Schenker (oder ein Dritter) die Kosten nicht ersetzt (vgl. auch ZK-OSER/SCHÖNENBERGER, Art. 245 N 4 ff.; MAISSEN, Rz 503). Umfangmässig darf der Vollzug nur für den den Wert des Schenkungsgegenstandes übersteigenden Betrag verweigert werden. Treten Wertveränderungen nach Fälligkeit des Auflagenvollzugs ein, so sind sie vom Beschenkten zu tragen (MAISSEN, Rz 512; ZK-OSER/SCHÖNENBERGER, N 8). Weiss der Beschenkte bereits bei Abschluss des Schenkungsvertrages um den Fehlbetrag, so hat er kein Recht auf Vollziehungsverweigerung, sondern es wird angenommen, dass er für den nicht gedeckten Betrag auf Ersatz des Ausfalles verzichtet (ZK-OSER/SCHÖNENBERGER, N 9). 7

V. Zweckschenkung

1. Im Allgemeinen

Bei der **Zweckschenkung** (modus simplex) hat der Beschenkte das Empfangene zu einem bestimmten eigenen Zweck zu verwenden (Bsp.: Geldschenkung zur Finanzierung des Studiums des Beschenkten). Dieser Zweck stellt den eigentlichen Rechtsgrund der Schenkung dar (**a.M.** MAISSEN, Rz 536). 8

Entfällt dieser Zweck, so ist die causa für das Verfügungsgeschäft nachträglich weggefallen. Der Schenker (bzw. seine Erben) hat daher bei vollzogener Schenkung gegenüber dem Beschenkten einen Rückerstattungsanspruch aus ungerechtfertigter Bereicherung, Art. 62 Abs. 2 (condictio ob causam finitam) (GUHL/KOLLER/SCHNYDER/DRUEY, 399 f.; HUGUENIN, OR AT/BT, Rz 2854, die ein Rückerstattungsanspruch aus vertraglichem Liquidationsverhältnis annimmt; SCHULIN/VOGT, BT, Tafel D2 N 6; demgegenüber argumentiert MAISSEN, Rz 536, m.E. zu Unrecht, dass der Fall der Nichterfüllung einer Auflage abschliessend durch die Widerrufsmöglichkeit (vgl. Art. 249 N 13) abgedeckt werde. (Vgl. auch die Entscheidung des BGer, 16.3.2001, 4C.346/2000, E. 1, wo festgehalten wird, dass der unmittelbare Grund einer Zuwendung nicht die Erfüllung der Auflage sein darf.)

2. Verjährung

Der bei **Wegfall des Zwecks** (ob causam finitam) entstehende Bereicherungsanspruch verjährt nach Art. 67 Abs. 1 mit Ablauf eines Jahres, nachdem der Verletzte von seinem Anspruch Kenntnis erhalten hat, in jedem Fall aber mit Ablauf von zehn Jahren seit der Entstehung des Anspruchs, wobei es bei der zehnjährigen absoluten Verjährungsfrist auf die **Kenntnis** des Schenkers bzw. der Erben des Schenkers **nicht** ankommt. 9

3. Zweckschenkung an juristische Personen

Erfolgt eine **Zweckschenkung an eine juristische Person**, so kann sie nur insoweit echte Zweckschenkung sein, als der Zweck der Schenkung sich mit dem Zweck der juristischen Person (insb. dem Zweck der Stiftung) deckt (es liegt gleichsam eine «Zweck-Zweck-Schenkung» vor, d.h. eine Schenkung deren Zweck die Erreichung (oder Mitwirkung bei der Erreichung) des Zwecks einer juristischen Person (i.d.R. einer Stiftung) ist. 10

Bezweckt eine Stiftung, z.B. Erholungsheime für Flüchtlingskinder zu betreiben, und wird in der Folge dieser (schenkungsrelevante) Zweck aus den Stiftungsstatuten gestrichen, so wird die Erfüllung des Zwecks unmöglich und der Zweck der Schenkung entfällt. Der Schenker (bzw. seine Rechtsnachfolger) kann die Schenkung wegen Wegfalls der causa zurückfordern (Bereicherungsanspruch ob causam finitam). Die einjährige relative Verjährungsfrist beginnt mit der **Kenntnis** vom Wegfall der causa zu laufen; die zehnjährige absolute Verjährungsfrist für den entsprechenden Bereicherungsanspruch beginnt in dem Zeitpunkt zu laufen, in dem die causa entfiel, hier mit der entsprechenden Anmeldung der Statutenänderung (durch die der relevante Zweck geändert wurde) im Handelsregister.

Art. 247

III. Verabredung des Rückfalls

[1] Der Schenker kann den Rückfall der geschenkten Sache an sich selbst vorbehalten für den Fall, dass der Beschenkte vor ihm sterben sollte.

[2] Dieses Rückfallsrecht kann bei Schenkung von Grundstücken oder dinglichen Rechten an solchen im Grundbuche vorgemerkt werden.

III. Droit de retour

[1] Le donateur peut stipuler à son profit le retour des objets donnés, pour le cas de prédécès du donataire.

[2] Ce droit de retour peut être annoté au registre foncier, lorsque la donation comprend des immeubles ou des droits réels immobiliers.

III. Patto di riversione

[1] Il donatore può riservarsi la riversione della cosa donata nel caso che il donatario premuoia.

[2] Trattandosi di donazione di fondi o di diritti reali sui medesimi, tale diritto di riversione può essere annotato nel registro fondiario.

Literatur

Vgl. die Literaturhinweise bei Art. 239.

1 Die Zulässigkeit der Verabredung des **Rückfalls** beim Vorversterben des Beschenkten ergibt sich schon aus der grundsätzlichen Zulässigkeit der bedingten Schenkung, wobei die Schenkung durch die Rückfallklausel mit einer auflösenden Bedingung versehen wird (Cavin, SPR VII/1, 193 f.; Engel, contrats, 122; Tercier/Favre, Rz 1893 ff.).

2 Das Gesetz erwähnt den Sonderfall des **Vorversterbens des Beschenkten** als Bedingung für den Rückfall nur deshalb ausdrücklich, «weil für diesen Fall – und nur für ihn – die Vormerkung des Rückfallrechts im Grundbuch gestattet wird» (BK-Becker, N 1; Cavin, SPR VII/1, 193); wird der Rückfall an eine andere Bedingung geknüpft, was grundsätzlich zulässig ist, so ist eine Vormerkung im Grundbuch nicht möglich (Handkomm-OR-Romelli, Art. 247 N 3). Die Rückfallklausel ist bei Fahrnis formlos gültig, bei Grundstücken bedarf sie der öffentlichen Beurkundung (Cavin, SPR VII/1, 194). Es wird angenommen, dass das für die Vormerkbarkeit persönlicher Rechte bestehende Prinzip des numerus clausus es verbietet, ein Rückfallrecht bei einer gemischten Schenkung im Grundbuch vorzumerken (ZBGR 81, 187 ff.; Pfäffli, Rz 3; **a.M.** BSK ZGB II-Schmid, Art. 959 N 41).

3 Tritt die auflösende Bedingung des Vorversterbens des Beschenkten (Schulin/Vogt, BT, Tafel D2 N 12) ein, so fällt der Schenkungsvertrag ex tunc dahin (vgl. Art. 245 N 4). Der Schenker hat bezüglich der geschenkten Sache einen Vindikationsanspruch und bezüglich des geschenkten und vermischten Geldes einen Kondiktionsanspruch gegenüber den Erben des *Beschenkten. Bei Grundstücken entsteht* durch die Vormerkung nach Art. 247 Abs. 2 ein besonderer Schutz des **dinglichen** Anspruchs des Schenkers gegenüber den Erben des Beschenkten (BGE 85 II 609, 616 E. 4). Cavin (SPR VII/1, 194) will durch eine analoge An-

wendung von Art. 152 Abs. 3 den Eigentumsübergang vom Beschenkten, der aufgrund des resolutiv bedingten Schenkungsvertrags Eigentum erworben hat, auf den bösgläubigen Dritten ausschliessen (ebenso i.E. beim Erwerb eines Schuldbriefes durch den bösgläubigen Dritten BK-Becker, N 2; ZK-Oser/Schönenberger, N 3 f.). Vgl. hierzu auch Eitel, ZBGR 1992, 137 ff.

Art. 248

E. Verantwortlichkeit des Schenkers

1 Der Schenker ist dem Beschenkten für den Schaden, der diesem aus der Schenkung erwächst, nur im Falle der absichtlichen oder der grobfahrlässigen Schädigung verantwortlich.

2 Er hat ihm für die geschenkte Sache oder die abgetretene Forderung nur die Gewähr zu leisten, die er ihm versprochen hat.

E. Responsabilité du donateur

1 Le donateur ne répond, envers le donataire, du dommage dérivant de la donation qu'en cas de dol ou de négligence grave.

2 Il n'est tenu que de la garantie promise pour la chose donnée ou la créance cédée.

E. Responsabilità del donatore

1 Il donatore non è responsabile verso il donatario per i danni cagionati dalla donazione se non in caso di dolo o di grave negligenza.

2 Per la cosa donata o per il credito ceduto egli non deve altra garanzia, se non quella che avesse promessa.

Literatur

Vgl. die Literaturhinweise bei Art. 239.

I. Nichterfüllung und Schlechterfüllung der Schenkung

1 Art. 248 Abs. 1 OR regelt die **Nicht- oder Schlechterfüllung** einer Schenkung und damit (neben der anfänglichen subjektiven Unmöglichkeit) «beliebige Leistungsstörungen, insb. Verzug, nachträgliche Unmöglichkeit und Schlechtleistung. Demgegenüber betrifft Abs. 2 von Art. 248 OR ausschliesslich die **Sachgewährleistung**. Genauer geht es um den Fall, dass der Schenker eine Sache liefert, welche bereits bei Vertragsabschluss einen Mangel aufwies. Ist der Mangel erst nach Vertragsabschluss entstanden, so richtet sich die Haftung des Schenkers nach Art. 248 Abs. 1; es liegt dann ein Fall von Schlechtleistung vor» (Koller A., FS Schulin, 101).

1a Die Frage der **Rechtsgewährleistung** kann sich bei der Schenkung nicht stellen, weil bei einem Fahrnisgegenstand, der nicht dem Schenker gehört, gar kein gültiger Schenkungsvertrag zustande kommt (Art. 239 N 42) und weil ein beschränktes dingliches Recht an einem Fahrnisgegenstand voraussetzt, dass (der Berechtigte im Besitz des Gegenstandes ist und) der Verpfänder (vgl. Art. 884 Abs. 3 ZGB) bzw. der eine Nutzniessung Einräumende (Art. 746 Abs. 2 ZGB) nicht die ausschliessliche Gewalt über die Sache hat. Sodann will das OR die Frage der Rechtsgewährleistung für Schenkung und Kauf verschieden regeln: Der gutgläubige Käufer hat für die abhanden gekommene bewegliche Sache einen Kaufpreis bezahlt. Wenn diese Sache vom Eigentümer herausverlangt worden ist, soll sich der Käufer nach Art. 195 Abs. 1 OR wegen der Rückerstattung des Kaufpreises an den Käufer halten können, falls ihm nach Art. 934 Abs. 2 ZGB das Lösungsrecht nicht zusteht. Hingegen hat der Beschenkte keine Gegenleistung für die abhanden gekommene bewegliche Sache erbracht. Wenn der Eigentümer sie von ihm herausverlangt, hat der Beschenkte nach Auffassung des OR gegen den Schenker keinen Anspruch auf Wertersatz.

1b Der Beschenkte hat stets einen Anspruch auf **Realerfüllung** des Schenkungsvertrages. Da das Schenkungsversprechen kein zweiseitiger Vertrag ist, finden die Vorschriften der Art. 107 ff.

keine Anwendung. Der Beschenkte hat daher nicht die Möglichkeit, statt der Erfüllung Schadenersatz (positives Interesse) zu verlangen oder vom Vertrag zurückzutreten und den Ersatz des negativen Interesses zu fordern (**a.A.** Handkomm-OR-ROMELLI, Art. 248 N 2; GUHL/KOLLER/SCHNYDER/DRUEY, 402). Ein allfälliger Verzugszins beginnt nach Art. 105 Abs. 1 erst nach Klageanhebung oder Betreibung zu laufen. Befindet sich der Schenker im Schuldnerverzug und geht der Schenkungsgegenstand durch Zufall unter, so haftet der Schenker dem Beschenkten (analog nach Art. 248 Abs. 1) nur dann nach Art. 103 Abs. 1 auf Schadenersatz, wenn er absichtlich oder grobfahrlässig in Schuldnerverzug geraten ist (SCHULIN/VOGT, BT, Tafel D7). Eine allenfalls bestehende Haftung des Schenkers ist i.d.R. nach Art. 99 Abs. 2 zu mildern. BUCHER (BT, 156) nimmt bei Schenkung eine stillschweigende Wegbedingung der Haftung aus Art. 103 – im Rahmen des Art. 100 Abs. 1 OR – an.

2 Liegt eine **gemischte Schenkung** vor, so sind i.d.R. die allgemeinen Verzugsregeln, Art. 102 ff., allenfalls besondere Verzugsvorschriften, wie z.B. Art. 214, anwendbar, solange das kaufrechtliche Element überwiegt. Soweit es um Fragen des Verzugsschadens geht (z.B. Art. 215), ist dieser höchstens proportional zum entgeltlichen Teil des Rechtsgeschäftes geschuldet. Art. 99 Abs. 2 findet keine Anwendung.

II. Mangelhaftigkeit der geschenkten Sache

3 Vorbehältlich einer entsprechenden Abrede (KOLLER A., FS Schulin, 103) besteht keine Haftung des Schenkers für Sach- oder Rechtsmängel [s. N 1a] der geschenkten Sache (Art. 248 Abs. 2) oder für Verität oder Bonität der Forderung (Art. 171 Abs. 3; MAISSEN, Rz 374). Eine allfällig vereinbarte kaufrechtsähnliche Gewährleistungspflicht bestimmt sich analog den entsprechenden kaufrechtlichen Vorschriften (Art. 192 ff. und Art. 197 ff., inkl. rev. Art. 210).

4 Soweit der Schenker **absichtlich (arglistig**; KOLLER A., FS Schulin, 104) **oder grobfahrlässig** gehandelt hat, haftet er für Schlechterfüllung wie auch für positive Vertragsverletzung (z.B. Mangelfolgeschäden) aus Art. 97 (krit. – und in erneuter Auseinandersetzung mit BGE 114 II 131, 136 E. 1b – KOLLER A., FS Schulin, 108 f.), wobei im Falle der Grobfahrlässigkeit Art. 99 Abs. 2 zur Anwendung kommt. Daneben besteht eine Haftung des Schenkers aus Art. 41 ff. (KOLLER A., FS Schulin, 105 und 109).

Hat der Schenker **leichtfahrlässig** gehandelt, ist sowohl eine vertragliche Haftung (Art. 97) wie auch ausservertragliche Haftung (Art. 41 ff.) ausgeschlossen (SCHULIN/VOGT, BT, Tafel D8, **a.A.** mit eingehender Begründung, KOLLER A., FS Schulin, 111).

5 Bei **gemischten Schenkungen** (vgl. auch SCHLINKER, AcP 206, 41 ff.) ist zunächst zu beachten, dass Art. 99 Abs. 2 (das Tatbestandselement «keinerlei Vorteil» fehlt) keine Anwendung findet. Für die Bestimmung der Schadenersatz- und Gewährleistungsansprüche ist zuerst eine Berechnung aufgrund der schadenersatzbegründenden Vorschriften des entsprechenden entgeltlichen Rechtsgeschäftes vorzunehmen und der so ermittelte Ersatzanspruch im Verhältnis, in welchem der Wert der Schenkung zum Wert des entgeltlichen Rechtsgeschäfts steht, zu kürzen (ROULIER, 34 ff., 48 f.; MOSER, 21). Danach sind z.B. bei einer Liegenschaft, welche im Rahmen einer gemischten Schenkung zu ⅓ des Verkehrswertes veräussert wurde, sämtliche nach kaufrechtlichen Grundsätzen ermittelten Schadenersatz- und Gewährleistungsansprüche i.d.R. um ⅔ zu reduzieren (vgl. auch HUGUENIN, OR AT/BT, Rz 2857 f.).

Art. 249

F. Aufhebung der Schenkung
***I. Rückforderung* der Schenkung**

Bei der Schenkung von Hand zu Hand und bei vollzogenen Schenkungsversprechen kann der Schenker die Schenkung widerrufen und das Geschenkte, *soweit* der Beschenkte noch bereichert ist, zurückfordern:

1. wenn der Beschenkte gegen den Schenker oder gegen eine diesem nahe verbundene Person eine schwere Straftat begangen hat;

2. wenn er gegenüber dem Schenker oder einem von dessen Angehörigen die ihm obliegenden familienrechtlichen Pflichten schwer verletzt hat;
3. wenn er die mit der Schenkung verbundenen Auflagen in ungerechtfertigter Weise nicht erfüllt.

F. Annulation
I. Restitution des biens donnés

Le donateur peut révoquer les dons manuels et les promesses de donner qu'il a exécutées et actionner en restitution jusqu'à concurrence de l'enrichissement actuel de l'autre partie:
1. lorsque le donataire a commis une infraction pénale grave contre le donateur ou l'un de ses proches;
2. lorsqu'il a gravement failli aux devoirs que la loi lui impose envers le donateur ou sa famille;
3. lorsqu'il n'exécute pas, sans cause légitime, les charges grevant la donation.

F. Annullamento della donazione
I. Ripetizione dei beni donati

Trattandosi di donazione manuale o di promessa già eseguita il donante può revocare la donazione e farsi restituire la cosa donata, in quanto il donatario ne sia ancora arricchito:
1. quando il donatario abbia commesso un grave reato contro il donante o contro una persona a lui intimamente legata;
2. quando abbia gravemente contravvenuto ai suoi obblighi di famiglia verso il donante o verso una persona appartenente alla famiglia del medesimo;
3. quando, senza legittimo motivo, lasci inadempiuti gli oneri della donazione.

Literatur

Vgl. die Literaturhinweise bei Art. 239.

I. Verhältnis von Art. 249, 250 und 251

Art. 249 regelt den Widerruf von Handschenkungen und vollzogenen Schenkungsversprechen, während Art. 250 Abs. 1 den Widerruf von noch nicht vollzogenen Schenkungsversprechen in weitergehendem Masse zulässt. Für beide Fälle regelt Art. 251 die Verwirkung des Widerrufsrechts und dessen Übergang auf die Erben des Schenkers sowie einen speziellen Widerrufsgrund der Erben. Art. 250 Abs. 2 betrifft ferner die Aufhebung des Schenkungsversprechens ex lege bei Konkurs des Schenkers. 1

II. Lösung vom vollzogenen Schenkungsvertrag ausserhalb des Schenkungsrechts

Der Schenker kann die vollzogene Schenkung bzw. die Handschenkung wegen **Willensmängeln**, Art. 23 ff. (vgl. ZR 1978, 270; CR CO I-Baddeley, N 5), – die gemischte Schenkung allenfalls auch wegen Übervorteilung (weitergehend Art. 21 N 3) – anfechten (vgl. auch Kramer, Der Irrtum beim Vertragsschluss, Zürich 1998, 116 f.), wobei im Zweifelsfall vom Grundsatz auszugehen ist, dass die Anfechtung bei einem unentgeltlichen Rechtsgeschäft eher zuzulassen ist als bei einem entgeltlichen (von Tuhr/Peter, 315; vgl. jedoch BGer, 30.5.2007, 4A.28/2007 = Pra 2008, Nr. 15, 104 ff., E. 2.3, wonach sich der Schenker bei fehlender Bereitschaft des Beschenkten zur Erfüllung von Auflagen nicht auf einen Willensmangel berufen kann). Durch die Anfechtung fällt die causa **ex tunc** dahin, der Schenker kann die geschenkte Sache vindizieren bzw. geschenktes Geld kondizieren. Zu Art. 249 Ziff. 3 vgl. Vor Art. 23–31 N 14 a. 2

Daneben unterliegen vollzogene Schenkungen den Ansprüchen der Pflichtteilserben aus Art. 527 Ziff. 3 und Ziff. 4 ZGB und des Ehegatten nach Art. 220 ZGB sowie der Schenkungsanfechtung durch die Gläubiger nach Art. 286 SchKG und den speziellen Rückforderungsansprüchen aus Art. 91 ZGB.

Zur Frage des Wegfalls der causa bei der Zweckschenkung vgl. Art. 246 N 8. Zur Schenkungspauliana vgl. BSK SchKG II-Staehelin, Art. 286 N 1 ff. und zuletzt BGE 132 III 489.

III. Widerruf der vollzogenen Schenkungen

3 Schenkung begründet i.d.R. (Ausnahme z.B. unbedeutende Schenkungen, Schenkungen zu Reklamezwecken) eine gewisse Verpflichtung des Beschenkten zur Dankbarkeit; Verletzung dieser Pflicht, also Undank, erlaubt es dem Schenker bzw. seinen Erben, im Rahmen von Art. 249 ff. die Schenkung zu widerrufen (BK-BECKER, N 1).

4 Der antizipierte Verzicht auf den Schenkungswiderruf hat in der gleichen Form wie die Schenkung zu erfolgen und ist sodann auch unter dem Gesichtspunkt von Art. 19/20 OR sowie Art. 27 ZGB zu prüfen (BGE 113 II 252, 258 E. 5 = Pra 1988, 160; MEIER W.H., 81).

5 Durch **Verzeihung** oder **Verzicht** auf Erfüllung der Auflage geht das Widerrufsrecht des Schenkers unter (BUCHER, BT, 159; SCHULIN/VOGT, BT, Tafel D9B); vgl. auch Art. 540 Abs. 2 ZGB. Eine Anfechtung der Verzeihung oder des Verzichts auf Erfüllung der Auflage wegen Willensmangels – wodurch das Widerrufsrecht wieder auflebt – ist grundsätzlich zuzulassen.

6 Wird eine vollzogene **gemischte Schenkung** widerrufen, so wird hierdurch der ganze Vertrag betroffen (ZK-OSER/SCHÖNENBERGER, N 5). Dem Rückforderungsanspruch des Schenkers aus Art. 249 stehen aber die bereicherungsrechtlichen Ansprüche auf Rückerstattung des an den Schenker Geleisteten gegenüber.

7 Der Widerruf ist **empfangsbedürftige** Gestaltungserklärung (VON TUHR/PETER, 167; TERCIER/FAVRE, Rz 1873), er kann auch durch konkludentes Verhalten erfolgen (ZBGR 1940, 273: Widerruf durch Abheben der Einlagen vom Sparheft, das der Schenker für den Beschenkten eröffnet hat, nachdem der Beschenkte die ihm obliegenden familienrechtlichen Pflichten schwer verletzt hat). Zum Fristenlauf Art. 251 N 1 f.

8 Die **Widerrufsgründe** von Art. 249 Ziff. 1 und 2 entsprechen im Wortlaut denjenigen des Art. 477 ZGB, was auch bewusst so beabsichtigt war (StenBull 16 1906, 1238, 17 1907, 364), wobei zu beachten ist, dass «durch Enterbung ein Vermögen entzogen wird, welches das Gesetz dem Erben zuspricht, während der Schenker nur das zurücknimmt, was er aus freiem Entschluss und Wohlwollen zugewendet hat» (VON TUHR, SJZ 1921/22, 206). Demzufolge genügen zum Schenkungswiderruf Verfehlungen des Beschenkten, welche als Enterbungsgrund gegenüber einem Pflichtteilserben **nicht** ausreichen würden.

Bei den Widerrufsgründen von Ziff. 1 und 2 ist auch zu berücksichtigen, ob der Schenker selbst oder die ihm nahe stehenden Personen bzw. die Angehörigen durch ihr Verhalten den Beschenkten provoziert oder gekränkt haben (BK-BECKER, N 2; PIOTET, SPR IV/1, 420).

IV. Die einzelnen Widerrufsgründe

1. Der Widerrufsgrund der schweren Straftat

9 Seit dem 1.1.2000 stellt das Gesetz nicht mehr auf den Begriff des schweren Verbrechens ab, sondern verwendet neu den Begriff **schwere Straftat**. Nach wie vor können unter Art. 249 Abs. 1 Verbrechen und Vergehen fallen, nicht aber Übertretungen, wobei der Begriff der schweren Straftat zivilrechtlich selbständig auszulegen ist. Voraussetzung ist aber, dass ein strafrechtlicher Tatbestand erfüllt wurde und dass rechtswidriges (d.h. z.B. keine Notwehr) und schuldhaftes (d.h. z.B. keine Geisteskrankheit) Verhalten des Beschenkten vorliegt (MEIER W.H., 63).

Nicht von Bedeutung ist, ob das Delikt von Amtes wegen oder auf Antrag hin verfolgt wird, oder ob der Beschenkte bestraft wurde, oder ob das Delikt verjährt ist. Der Beschenkte kann Täter, Mittäter, Gehilfe oder aber Anstifter der strafbaren Handlung sein (BGE 73 II 214 PIOTET, SPR IV/1, 418; MEIER W.H., 64; ZK-ESCHER, Art. 477 ZGB N 13).

Unter den Begriff der nahe verbundenen Personen können auch **Freunde** (BK-Tuor, Art. 477 ZGB N 24) – insb. auch der **Konkubinatspartner** – fallen. Wer wegen schwerer Vermögensdelikte zum Nachteil von Banken verurteilt wurde, kann von seinen Familienangehörigen deswegen nicht nach Art. 477 Ziff. 1 ZGB enterbt werden (BGE 106 II 304, 306 E. 2). Ebensowenig kann ein Schenker deswegen seine Schenkung nach Art. 249 Ziff. 1 widerrufen.

2. Der Widerrufsgrund der schweren Verletzung familienrechtlicher Pflichten

Schwere Verletzung der familienrechtlichen Pflichten liegt vor, wenn der Beschenkte (oder **10**
Erbe) schuldhaft (vorsätzlich oder fahrlässig) und widerrechtlich in gesinnungs- und wirkungsmässig schwerer Weise gegen seine **familienrechtlichen Pflichten** verstossen hat (BGE 106 II 304, 306 E. 3a).

Nicht widerrechtlich i.S.v. Art. 249 Ziff. 2 ist ein sittenwidriges Verhalten des Beschenkten oder ein Verhalten, das den Wünschen des Schenkers widerspricht, z.B. Heirat gegen den Willen des Vaters, Austritt aus der Kirche, welcher die Eltern angehören, Eintritt in eine politische Partei. Wegen Verletzung einer gesetzlichen Vorschrift einer Vertragspflicht (z.B. aus Darlehensvertrag) ist Widerruf der Schenkung (bzw. eine Enterbung) i.d.R. nicht zulässig. Ebensowenig genügt eine Verletzung bloss moralischer Pflichten (BGE 106 II 304, 306 E. 3a; Piotet, SPR IV/1, 418).

Widerrechtlichkeit ist vielmehr erst dann gegeben, wenn das Verhalten gegen eine **Gesetzesnorm des Familienrechts** verstösst (BGE 106 II 304, 307 E. 3a). Pflichtwidrige Handlungen i.S.v. Art. 477 Ziff. 2 ZGB bzw. Art. 249 Ziff. 2 sind solche, die geeignet sind, die Familiengemeinschaft zu untergraben, und die diese Wirkung im einzelnen Fall auch tatsächlich gehabt haben (BGE 106 II 304, 307 E. 3a; 76 II 272).

Die Schwere der Verletzung der familienrechtlichen Pflichten wird unter Berücksichtigung aller objektiven und subjektiven Umstände, des Verhaltens, namentlich eines allfälligen Mitverschuldens des Schenkers, des Milieus der Beteiligten und der effektiven Bedeutung der gegenüber der familiären Gemeinschaft begangenen Verletzung beurteilt (BGE 106 II 304, 307 E. 3b; CJ GE, SJ 1980, 257). Der Schenkungswiderruf wird (ebenso wie die Enterbung nach Art. 477 Ziff. 2 ZGB) im Ergebnis zu einem **Schutzinstitut des Familienrechts** (ZK-Escher, Art. 477 ZGB N 1).

Der Beschenkte selbst muss zum Schenker in einem **familienrechtlichen Verhältnis** stehen (Meier W.H., 65), welches familienrechtliche Pflichten (wie z.B. eheliche Treuepflicht, Unterstützungspflicht nach Art. 328 ZGB, Unterhaltspflicht gegenüber Ehegatte und Kindern) umfasst, deren Verletzung teilweise auch strafrechtlich relevant sein kann. Gegenüber dem **Konkubinatspartner** des Schenkers kommen die Widerrufsgründe von Ziff. 2 m.E. dann in Betracht, wenn – auch unter dem Gesichtswinkel von Art. 2 ZGB – den familienrechtlichen Pflichten ähnliche Pflichten aus Konkubinatsverhältnis entstanden sind. Diesfalls wäre es auch ungerechtfertigt, den Schenker bezüglich des Widerrufs im Falle des Konkubinats schlechter zu stellen (anders noch die 2. Auflage und Vogt, 133). Im Übrigen stellt sich in solchen Fällen auch die Frage, ob nicht von einer entsprechenden stillschweigenden Bedingung ausgegangen werden kann (vgl. Art. 246 N 1 a.E.). Gegenüber dem eingetragenen gleichgeschlechtlichen Partner des Schenkers ist Ziff. 2 uneingeschränkt anwendbar.

Scheidung (Art. 239 N 38, Art. 245 N 3) ist i.d.R. kein Grund, der zum Widerruf und damit **11**
zur Rückforderung von Geschenken unter den Ehegatten berechtigt (BGE 85 II 70, 72 = Pra 1959, 295). Ebensowenig können bei Scheidung die unter Verlobten gemachten Geschenke zurückgefordert werden (Rep 1971, 328). Verletzt aber der Beschenkte während der Ehe seine familienrechtlichen Pflichten durch eine ehebrecherische Beziehung auf das schwerste, so kann der Schenker die vollzogene Schenkung sowohl während der Ehe als auch im Schei-

dungsfalle widerrufen (BGE 113 II 252, 255 E. 2b = Pra 1988, 158, Liegenschaftenschenkung; CJ GE, SJ 1980, 262, Schenkung von Aktien).

12 **Schwere Verletzung** der familienrechtlichen Pflichten ist sodann zu bejahen (vgl. auch die Kasuistik bei BK-Tuor, Art. 477 ZGB N 28), wenn:

a) die Beschenkte böswillig eine Strafklage gegen ihren Vater erhebt (BGE 76 II 271);
b) der Beschenkte grundlos ein Entmündigungsverfahren gegen den Schenker einleitet (Honsell, OR BT, 202);
c) der Beschenkte – legitimiert durch die von der Mutter geschenkten Aktien – böswillig eine aktienrechtliche Verantwortlichkeitsklage gegen einen anderen Familienangehörigen einleitet.

Keine Verletzung familienrechtlicher Pflichten ist gegeben (vgl. auch die Kasuistik bei BK-Tuor, Art. 477 ZGB N 28), wenn:

a) eine Tochter statt sich auf ihr Zeugnisverweigerungsrecht zu berufen, wahrheitsgetreu – aber in einer für den Vater belastenden Weise – Zeugnis ablegt (BGE 72 II 349);
b) ein Sohn (der aber als leicht vermindert zurechnungsfähig betrachtet wurde) seine Mutter und seine Tante in eine finanzielle Notlage bringt, indem er sie veranlasst, ihre Liegenschaft zu verpfänden, um seine Schulden aus betrügerischer Darlehensaufnahme und Veruntreuung zu bezahlen (BGE 106 II 304).

3. Nichterfüllung einer Auflage

13 Die Nichterfüllung einer Auflage muss **ungerechtfertigt** sein (Meier W.H., 69; vgl. auch Maissen, Rz 516), damit der Widerruf nach Ziff. 3 zulässig ist (BGE 80 II 260, 263 E. 1 = Pra 1955, 2; BGE 42 II 504; ZR 1982, 21). Es handelt sich hierbei – im Vergleich zur Klage auf Erfüllung der Auflage – um eine äusserst schwerwiegende Sanktion (BGE 96 II 119, 126 E. 3 = Pra 1971, 86). Dem Beschenkten ist vor dem Widerruf eine Nachfrist (analog Art. 107) zur Erfüllung der Auflage anzusetzen (ZK-Oser/Schönenberger, N 7; Bucher, BT, 154).

Bei Nichterfüllung der Auflage richtet sich der Rückerstattungsanspruch nach erfolgtem Widerruf auf alles vom Beschenkten Empfangene, nicht nur auf den Betrag der zur Erfüllung der Auflage notwendigen Auslagen (BK-Becker, N 6). Im Falle der unverschuldeten Nichterfüllung der Auflage findet Art. 119 Abs. 2 keine Anwendung, da die Schenkung unter Auflage kein synallagmatischer Vertrag ist (vgl. BGE 133 III 421, 428 = Pra 2008, 104, E. 4.2; Vogt/Leu, successio 2008, 239 ff.).

V. Der Rückgabeanspruch aus Art. 249 Abs. 1

14 Mit dem Empfang des Widerrufs durch den Beschenkten fällt der Schenkungsvertrag **ex nunc** dahin (Schulin/Vogt, BT, Tafel D9B N 4; Bucher, BT, 159; **anders** Cavin, SPR VII/1, 196; Engel, contrats, 114, und ihnen folgend Handkomm-OR-Romelli, Art. 249 N 12, nach deren Ansicht der Schenkungsvertrag ex tunc dahinfällt), und es entsteht der Rückgabeanspruch des Schenkers aus Art. 249 Abs. 1.

Es handelt sich hierbei um einen gesetzlichen **Rückgabeanspruch** (JdT 1994, 122), der (da die Vorschrift des Art. 249 auf die beim Beschenkten noch vorhandene Bereicherung abstellt) dem Bereicherungsanspruch des Art. 62 Abs. 2 (condictio ob causam finitam) nachgebildet ist (von Tuhr/Peter, 493; Schulin/Vogt, AT, Tafel 55B). Der Beschenkte muss vom Zeitpunkt seiner Verfehlung an mit der Rückforderung des Schenkers rechnen und kann sich nicht auf den späteren Wegfall der Bereicherung berufen, Art. 249 i.V.m. Art. 64 (BK-Becker, N 5). Zum Fristenlauf vgl. Art. 251 N 3.

15 Da der Schenkungsvertrag auch im Falle einer schweren Verfehlung des Beschenkten bis zum Widerruf bestanden hat und daher das Eigentum an der geschenkten Sache auf den Beschenk-

ten übergegangen ist, richtet sich der Anspruch des Schenkers aus Art. 249 auf **Rückübertragung des Eigentums** an der geschenkten Sache. Ein Eigentumsherausgabeanspruch nach Art. 641 Abs. 2 ZGB ist daher ausgeschlossen (BUCHER, BT, 159; SCHULIN/VOGT, BT, Tafel D9B N 8). Hat der Beschenkte vor dem Widerruf die geschenkte Sache an einen Dritten verkauft und übereignet, so richtet sich der Anspruch des Schenkers aus Art. 249 auf Herausgabe des aus dem Verkauf erlangten Erlöses. Jedoch beschränkt sich die Höhe der Rückforderung auf die im Zeitpunkt der Entstehung des Anspruchs aus Art. 249 bestehende Entreicherung des Schenkers. Hat z.B. der Beschenkte vom Schenker Diamanten im Wert von CHF 10 000 erhalten, die er bei Beginn des Zerfalls der Diamantenpreise für CHF 8000 veräussert hat, und widerruft der Schenker zu einem Zeitpunkt, in welchem die Diamanten nur noch CHF 6000 wert sind, so hat der Schenker gegen den Beschenkten einen Anspruch auf Rückerstattung in Höhe von CHF 6000.

Der Schenker hat nach dem **Dahinfallen** des Schenkungsvertrages neben dem (gesetzlichen) Rückgabeanspruch keinen vertraglichen Schadenersatzanspruch gegenüber dem Beschenkten (BK-BECKER, N 8), vorbehalten bleiben ausservertragliche Schadenersatzansprüche und Genugtuungsansprüche. **16**

VI. IPR

Für den **Widerruf und Rückforderungsanspruch** gilt bei Immobilien das Recht der gelegenen Sache, während bei Fahrnis und Forderungen sowohl für den Widerruf wie für den Rückforderungsanspruch (vgl. Art. 128 IPRG; **anders** noch BK-BECKER, N 9) das auf den Schenkungsvertrag anwendbare Recht (vgl. Art. 239 N 48) Anwendung findet (OGer ZH, ZR 1928, 294). **17**

Art. 250

II. Widerruf und Hinfälligkeit des Schenkungsversprechens

[1] Bei dem Schenkungsversprechen kann der Schenker das Versprechen widerrufen und dessen Erfüllung verweigern:

1. aus den gleichen Gründen, aus denen das Geschenkte bei der Schenkung von Hand zu Hand zurückgefordert werden kann;

2. wenn seit dem Versprechen die Vermögensverhältnisse des Schenkers sich so geändert haben, dass die Schenkung ihn ausserordentlich schwer belasten würde;

3. wenn seit dem Versprechen dem Schenker familienrechtliche Pflichten erwachsen sind, die vorher gar nicht oder in erheblich geringerem Umfange bestanden haben.

[2] Durch Ausstellung eines Verlustscheines oder Eröffnung des Konkurses gegen den Schenker wird jedes Schenkungsversprechen aufgehoben.

II. Révocation de la promesse de donner et refus d'exécution

[1] L'auteur d'une promesse de donner peut révoquer sa promesse et en refuser l'exécution:

1. lorsqu'il existe des motifs qui permettraient d'exiger la restitution des biens dans le cas d'une donation manuelle;
2. lorsque, depuis sa promesse, sa situation financière s'est modifiée de telle sorte que la donation serait extraordinairement onéreuse pour lui;
3. lorsqu'il lui est survenu, depuis sa promesse, des devoirs de famille nouveaux ou sensiblement plus onéreux.

[2] La promesse de donner est annulée, lorsqu'un acte de défaut de biens est délivré contre le donateur ou lorsque ce dernier est déclaré en faillite.

II. Revoca e caducità della promessa

[1] In caso di donazione promessa il donatore può revocare la promessa e rifiutarne l'adempimento:

1. per gli stessi motivi per i quali potrebbe essere chiesta la restituzione della cosa trattandosi di donazione manuale;

2. se dopo la promessa le condizioni patrimoniali del donatore si fossero così modificate, che la donazione gli riuscirebbe straordinariamente gravosa;
3. se, dopo la promessa, fossero sorti per il donatore dei doveri di famiglia che prima non esistevano od erano molto meno gravosi.

[2] Ogni promessa di donazione cade a seguito di attestato di carenza di beni o dichiarazione di fallimento contro il donatore.

Literatur

Vgl. die Literaturhinweise bei Art. 239.

1 Art. 250 führt für den Fall des Schenkungsversprechens zwei weitere **Widerrufsgründe** – negative Veränderung der Vermögensverhältnisse und neue familienrechtliche Verpflichtungen – ein, die den Schenker zum Widerruf berechtigen. Denkbar ist in den Fällen von Ziff. 2 und 3 auch eine nur teilweise Reduktion der Verpflichtung des Schenkers (BK-Becker, N 1; ZK-Oser/Schönenberger, N 4).

Ziff. 2 ist eine **schenkungsrechtliche Sondernorm** und keinesfalls eine für das ganze Vertragsrecht anwendbare Bestimmung (AppGer BS, SJZ 1949, 43). Allerdings schränkt diese Sondernorm den schuldrechtlichen Grundsatz, wonach «man Geld schlechtweg zu haben hat und dass Geldmangel unter keinen Umständen ein Grund sein kann, eine Verbindlichkeit in Frage zu stellen» (von Büren, AT, 392), für das Schenkungsrecht (ausnahmsweise!) ein. Zwei Voraussetzungen müssen für die Anwendung des Art. 250 Abs. 1 Ziff. 2 erfüllt sein, nämlich (i) dass die Vermögensverhältnisse sich in objektiver Hinsicht verschlechtert haben, und (ii) dass der Schenker durch Erfüllung ausserordentlich schwer belastet wird (Meier W. H., 72), wobei auf die subjektive Situation des Schenkers abzustellen ist und ein Widerruf bereits dann gerechtfertigt ist, wenn der gewöhnliche Unterhalt nicht mehr möglich ist, und nicht erst, wenn eine Notlage eingetreten ist oder der Schenker auf dem Existenzminimum lebt (Grundler, 156 f.; Maissen, Rz 424; Meier W.H., 73; ZK-Oser/Schönenberger, Art. 250 N 5). Umstritten ist, ob nach erfolgtem Widerruf die Forderung des Beschenkten wieder auflebt, wenn sich die Vermögensverhältnisse des Schenkers gebessert haben (dafür: ZK-Oser/Schönenberger, N 4; dagegen: Maissen, Rz 438; Meier W.H., 109). Dagegen spricht primär, dass es sich beim Widerrufsrecht um ein rechtsaufhebendes Gestaltungsrecht handelt (ebenso Grundler, 157 m.Hw.).

2 Heirat oder **neu entstandene familienrechtliche** Pflichten gegenüber Nachkommen oder adoptierten Kindern (ZK-Oser/Schönenberger, N 6) berechtigen nicht allgemein zum Widerruf nach Ziff. 3. Ein Widerruf kommt nur dann in Frage, wenn die neuen oder umfangreicheren familienrechtlichen Pflichten zu einer starken finanziellen Mehrbelastung des Schenkers führen und er durch den Vollzug der Schenkung seine familienrechtlichen Pflichten nicht mehr in angemessenem Umfang bestreiten kann (Grundler, op.cit. N 1, 157).

3 Im Falle der Eröffnung des **Konkurses** über den Schenker oder der Ausstellung eines Verlustscheins fällt der Schenkungsvertrag **ex lege** (ex nunc) dahin. Hierdurch wird den übrigen Gläubigern eine Vorzugsstellung gegenüber den Gläubigern aus Schenkungsvertrag eingeräumt. Durch den Erwerb neuen Vermögens lebt die einmal untergegangene schenkungsvertragliche Verpflichtung **nicht** wieder auf (ZK-Oser/Schönenberger, N 7).

Art. 251

III. Verjährung und Klagerecht der Erben

[1] **Der Widerruf kann während eines Jahres erfolgen, von dem Zeitpunkt an gerechnet, wo der Schenker von dem Widerrufsgrund Kenntnis erhalten hat.**

[2] **Stirbt der Schenker vor Ablauf dieses Jahres, so geht das Klagerecht für den Rest der Frist auf dessen Erben über.**

[3] Die Erben des Schenkers können die Schenkung widerrufen, wenn der Beschenkte den Schenker vorsätzlich und rechtswidrig getötet oder am Widerruf verhindert hat.

III. Prescription et transfert de l'action aux héritiers

[1] La révocation peut avoir lieu dans l'année à compter du jour où le donateur a eu connaissance de la cause de révocation.

[2] Si le donateur décède avant l'expiration de l'année, son action passe à ses héritiers, qui peuvent l'intenter jusqu'à la fin de ce délai.

[3] Les héritiers peuvent révoquer la donation lorsque le donataire, avec préméditation et d'une manière illicite, a causé la mort du donateur ou a empêché ce dernier d'exercer son droit de révocation.

III. Prescrizione e azione degli eredi

[1] La revoca di una donazione può aver luogo entro un anno dal giorno in cui il donatore ne ha conosciuto la causa.

[2] Se il donatore muore prima del decorso di questo termine, l'azione si trasmette agli eredi fino al compimento del medesimo.

[3] Gli eredi del donatore possono revocare la donazione, quando il donatario abbia intenzionalmente ed illecitamente ucciso il donatore o l'abbia impedito di revocare la disposizione.

Literatur

Vgl. die Literaturhinweise bei Art. 239.

I. Verwirkungsfrist beim Widerruf

Die **einjährige** Verwirkungsfrist für die Abgabe der **Widerrufserklärung** beginnt zu laufen, sobald der Schenker sichere Kenntnis (vgl. hierzu BGE 108 II 102, 105 E. 2a und 82 II 411, 425 E. 8a: Entdeckung i.S.v. Art. 31) vom Widerrufsgrund hat (BGE 96 II 119, 126 E. 3a = Pra 1971, 87; BGE 85 II 504, 507 E. 2). 1

In BGE 113 II 252, 256 E. 3 = Pra 1988, 158 wurde der Zeitpunkt, in dem die Nichtaufgabe des ehebrecherischen Verhältnisses dem Widerrufenden zu Kenntnis kam, als massgeblich betrachtet und nicht der frühere Zeitpunkt des ersten Eingeständnisses der ausserehelichen Beziehung.

In welchem Zeitpunkt nach der erfolgten Schenkung der Beschenkte den Widerrufsgrund schafft, ist ohne Bedeutung. Auch eine zwanzig Jahre zurückliegende Schenkung kann, wenn die Voraussetzungen von Art. 249 oder Art. 250 gegeben sind, vom Schenker widerrufen werden. Hingegen unterliegt die **Kenntniserlangung** vom Widerrufsgrund der zehnjährigen absoluten Verjährungsfrist des Art. 67 (SCHULIN/VOGT, BT, Tafel D9B N 6), die mit der Schaffung des Widerrufgrunds zu laufen beginnt.

Der Widerruf der Schenkung muss dem Beschenkten bzw. seinen Erben vor Ablauf der einjährigen Verwirkungsfrist zukommen (empfangsbedürftige Willenserklärung, VON TUHR/PETER, 169). Kann dem Beschenkten der Widerruf nicht mitgeteilt werden, da er unauffindbar ist, so ruht die Verwirkungsfrist des Art. 251 Abs. 1 (ebenso BK-BECKER, N 2). Mit dem Empfang des Widerrufs fällt der Schenkungsvertrag **ex nunc** dahin und es entsteht – bei vollzogener Schenkung – der (obligatorische) Rückforderungsanspruch aus Art. 249 (Art. 249 N 14; SCHULIN/VOGT, BT, Tafel D9B). 2

II. Verjährung des Rückforderungsanspruches

Der Rückforderungsanspruch aus Art. 249 unterliegt der einjährigen Verjährungsfrist des Art. 67, welche m.E. im Zeitpunkt des **Empfangs** der Widerrufserklärung durch den Beschenkten zu laufen beginnt (ebenso Handkomm-OR-ROMELLI, Art. 251 N 8; **a.M.** BK- 3

BECKER, N 2; ZK-OSER/SCHÖNENBERGER, N 4; CAVIN, SPR VII/1, 198, die auf den Zeitpunkt der *Abgabe* des Widerrufs durch den Schenker abstellen; unzutreffend m.E. SPIRO, 973 N 4, sowie VON TUHR, SJZ 1921/22, 206 f., die der Ansicht sind, dass die Verjährungsfrist für den Rückforderungsanspruch aus Art. 249 im gleichen Zeitpunkt wie die Verwirkungsfrist des Art. 251 Abs. 1 zu laufen beginne). Anders teilweise GUHL/KOLLER/SCHNYDER/DRUEY, 403, die (auch im als lex specialis abschliessend geregelten Bereich der Schenkung) die Möglichkeit der Entstehung eines Rückforderungsanspruchs aus Art. 109 (vertragliche Rückabwicklung) in Betracht ziehen (vgl. aber GUHL/KOLLER/SCHNYDER/DRUEY, 259).

III. Stellung der Erben des Schenkers

4 Das Widerrufsrecht ist ein **höchstpersönliches Recht** des Schenkers und kann nicht **auf Dritte** übertragen werden (BGE 85 II 609, 617 E. 5). Stirbt der Schenker vor Ablauf der einjährigen Verwirkungsfrist, so geht das Widerrufsrecht auf dessen **Erben** über, die – auch wenn der Schenker selbst nicht widerrufen hat oder widerrufen hätte – die Schenkung ausschliesslich aus Gründen, die vor dem Tode des Schenkers eingetreten sind (BGE 96 II 119, 126 E. 3a = Pra 1971, 86), widerrufen können (BGE 133 III 421, 428 = Pra 2008, 104, E. 4.2; BK-BECKER, Art. 251 N 1; CAVIN, SPR VII/1, 197 f.). Dabei können die Erben (extensive Auslegung von Art. 251 Abs. 2) das Widerrufsrecht (soweit es vom Schenker noch nicht ausgeübt wurde) **längstens innert eines Jahres** nach dem Tod des Schenkers ausüben (ZR 1978, 268; BGE 96 II 119, 127 f. E. 3b = Pra 1971, 87 f.). Sind mehrere Erben vorhanden, so müssen sie gemeinsam handeln (Art. 602 ZGB), weshalb ein Widerruf ausgeschlossen ist, wenn sich die Erben nicht einigen können (Handkomm-OR-ROMELLI, Art. 251 N 7). Zur Sonderregelung bei der Zweckschenkung Art. 246 N 9.

5 Sind die **Erbunwürdigkeitsgründe** von Art. 540 Ziff. 1 (mit Ausnahme des Tötungsversuchs) und Ziff. 2 ZGB gegeben (MEIER W.H., 92), so haben die Erben das Widerrufsrecht gem. Art. 251 Abs. 3 (BGE 132 III 305; ZR 1978, 269), wobei für den Widerruf durch die Erben die gleichen Fristen wie für den Schenker (Widerruf ein Jahr nach Kenntnis) gelten (CAVIN, SPR VII/1, 198). Der Schenkungsvertrag fällt aber nicht von Gesetzes wegen dahin, sondern nur, wenn ein Widerruf durch die Erben erfolgt (MAISSEN, Rz 447).

Art. 252

IV. Tod des Schenkers	**Hat sich der Schenker zu wiederkehrenden Leistungen verpflichtet, so erlischt die Verbindlichkeit mit seinem Tode, sofern es nicht anders bestimmt ist.**
IV. Décès du donateur	Sauf disposition contraire, la donation qui a pour objet des prestations périodiques s'éteint au décès du donateur.
IV. Morte del donatore	Quando il donatore si sia obbligato ad una prestazione periodica, l'obbligazione si estingue con la sua morte, salvo convenzione contraria.

Literatur

Vgl. die Literaturhinweise bei Art. 239.

1 Art. 252 schliesst die **passive Vererblichkeit** (d.h. bei Tod des Schenkers) für den Fall einer wiederkehrenden Rente aus (soweit der Schenker nicht ausdrücklich etwas anderes verfügt, wie dies in BGE 110 II 156 = Pra 1984, 661 der Fall war). Hingegen besteht eine passive Vererblichkeit von einmaligen Leistungen (argumentum e contrario aus Art. 252) sowie von bereits vor dem Tod des Schenkers entstandenen Einzelansprüchen (ZK-OSER/SCHÖNENBERGER, N 2).

Nicht geregelt ist die **aktive Vererblichkeit** (d.h. bei Tod des Beschenkten) des Anspruches auf Ausrichtung einer Schenkung (verneint für Vermächtnis in Art. 543 ZGB). 2

Mit BUCHER, BT 158, muss (unter Hinweis auf Art. 543 ZGB) – der Nachweis besonderer Verhältnisse vorbehalten – bei einmaligen wie auch bei wiederkehrenden Leistungen «eine Vermutung des dahingehenden Willens angenommen werden, dass die aktive Vererblichkeit als ausgeschlossen zu gelten» hat, ähnlich CR CO I-BADDELEY, Art. 252 N 14. 3

Es ist daher im Einzelfall zu prüfen, ob Anhaltspunkte für eine konkludent vereinbarte aktive Vererblichkeit vorliegen.

Die **Abtretung** des Anspruchs des Beschenkten gegenüber dem Schenker (debitor cessus) an einen Dritten ist grundsätzlich zulässig (i.d.R. kein Fall von Art. 164 Abs. 1, «Natur des Rechtsverhältnisses»). 4

Stirbt aber der Beschenkte, bevor der Schenkungsvertrag erfüllt wurde, und wurde die Erfüllung der Schenkung von der Bedingung des Erlebens durch den Beschenkten selbst abhängig gemacht, so ist die entsprechende Abtretung unwirksam, wobei die Erben des Beschenkten dem Dritten (bei entgeltlicher Abtretung) aus Art. 171 OR haften, vgl. SCHULIN/VOGT, BT, Tafel 10B bei N 16.

Achter Titel: Die Miete

Vorbemerkungen zu Art. 253–273c

Allgemeine Literatur zum Mietrecht und zum Mietverfahren

Bärtschi/Ackermann, Fristberechnung im Mietrecht, Jusletter vom 3.2.2014; Bisang, Neuerungen im Schlichtungsverfahren bzw. Mietprozess unter besonderer Berücksichtigung der Ausweisung, MRA 2010, 102 ff.; Blumer, Gebrauchsüberlassungsverträge (Miete/Pacht), Schweizerisches Privatrecht (SPR), Bd. VII/3, Basel 2012; Bohnet, Les délais en droit du bail, 13e séminaire sur le droit du bail, Neuchâtel 2004; ders., Le droit du bail en procédure civile suisse, 16e séminaire sur le droit du bail, Neuchâtel 2010; Bohnet/Conod, Bail et procédure civile suisse: premiers développements, 17e séminaire sur le droit du bail, Neuchâtel 2012; Bohnet/Montini [Hrsg.], Droit du bail à loyer, Basel 2010 (zit. CPra-Bearbeiter); Brunner/Nideröst, Das Mietrecht im Überblick, 4. Aufl., Zürich 2013; Burkhalter/Grell, Schiedsgerichtsbarkeit der Schweizer Immobilienwirtschaft, Zürich 2005; Burkhalter/Martinez-Favre, Le droit suisse du bail à loyer, Zürich 2011; Byrde, Les mesures provisionelles en droit du bail à loyer, 13e séminaire sur le droit du bail, Neuchâtel 2004; dies., Vorsorgliche Massnahmen im Mietrecht, mp 2006, 157 ff. und 231 ff.; Cavin/Contini/de Dardel/Maillard/Recordon, Le guide pratique du locataire, 2. Aufl., Lausanne 2002; Dietschy, Le bail d'habitation des concubins, Basel 2014; Egli, Rechtsschutz in klaren Fällen, in: Dolge (Hrsg.), PraxiZ Bd. 2, Zivilprozessrecht aktuell, Zürich 2013, 1 ff.; Engler, Die Wohngenossenschaft im Mietrecht, Fachreihe Mietrecht, Zürich 1996; Gmür, Intertemporale Fragen, Fachheft Mietrecht Nr. 1, 1990; Foëx, Le leasing immobilier, 7e séminaire sur le droit du bail, Neuchâtel 1992; Hangartner, (Hrsg.), Das neue Mietrecht, St. Gallen 1991 (zit. Hangartner/Bearbeiter); Hediger, Mietrechtliche Entwicklungen unter der ZPO: Ein Erfahrungsbericht, mp 2013, 1 ff.; Heinrich, Die Untermiete, Diss. Zürich 2000; Heusi, Der Geschäftsmietvertrag, Diss. Zürich 1999; Higi, Kommentar zum schweizerischen Zivilgesetzbuch, Teilbd. V2b, Die Miete, 4 Lieferungen, Zürich 1994–1998; ders., Die Schlichtungsstellen und ihre Bewährtheit, Zürich 1996; Jacquemoud-Rossari, Jouissance et titularité du bail ou quelque questions choisies en rapport avec le bail commun, CdB 1999, 97 ff.; Kikinis, Benutzungsrechte an Sachen, Zürich 1996; Knoepfler, Le contrat de bail en droit international, 8e séminaire sur le droit du bail, Neuchâtel 1994; ders., Que reste-t-il de l'autonomie de la volonté en matière de bail immobilier international, FS für Anton Heini, Zürich 1995, 239 ff.; Lachat, Le bail à loyer, 4. Aufl., Lausanne 2008; ders., Procédure civile en matière de baux et loyers, Genève 2010; ders., Le bail des cafés et des restaurants, 18e séminaire sur le droit du bail, Neuchâtel 2014, 221 ff. (zit. restaurants); Lachat et al., Das Mietrecht für die Praxis, 8. Aufl., Zürich 2009 (zit. Lachat/Bearbeiter); Maag, Kündigungsschutz und Ausweisung – ausgewählte zivilprozessuale Aspekte, MRA 1/2014, 1 ff.; Macher/Trümpy, Das Mietrecht für Mieterinnen und Mieter, 7. Aufl., Zürich 2008; Micheli, Les colocataires dans le bail commun, 8e séminaire sur le droit du bail, Neuchâtel 1994; Mosca, Il nuovo diritto di locazione, Lugano 1991; Oberhammer/Kletecka/Wall (Hrsg.), Soziales Mietrecht in Europa, Wien 2010; Permann, Kommentar zum Mietrecht, 2. Aufl., Zürich 2007; ders., Der gemeinsame Mietvertrag unter Berücksichtigung der jüngsten Rechtsprechung des BGer, mp 1997, 191 ff.; Portner, Wegleitung zum neuen Mietrecht, 2. Aufl., Bern 1992; Prerost/Thanei, Das Mieterbuch, Zürich 1990; Püntener, Das mietrechtliche Schlichtungsverfahren nach der Zivilprozessordnung, mp 2011, 243 ff.; Roberti, Institut und Verfahren der Schlichtungsbehörde in Mietsachen, Diss. Zürich 1993; Rohrbach, Die Entwicklung des schweizerischen Mietrechts von 1911 bis zur Gegenwart, mp 2014, 89 ff.; Roncoroni, Zwingende und dispositive Bestimmungen im revidierten Mietrecht, mp 1990, 76 ff.; ders., Nochmals zur zwingenden oder dispositiven Natur der Mietrechtsbestimmungen des Obligationenrechts, mp 2006, 67 ff.; Bisang et al. (Hrsg.), SVIT-Kommentar, Schweizerisches Mietrecht, 3. Aufl., Zürich/Basel/Genf 2008 (zit. SVIT-Komm.); Schmid, Der gemeinsame Mietvertrag, SJZ 1991, 349 ff.; Seiler, Die Berufung nach ZPO, Zürich 2013; Trachsel, Leitfaden zum Mietrecht, Zürich 1991; Weber, Der gemeinsame Mietvertrag, Diss. Zürich 1993; Wessner/Richard, Die allgemeinen Bestimmungen des neuen Mietrechts, mp 1991, 39 ff. und 109 ff.; Winter, Anträge an die Schlichtungsbehörde, mp 2013, 177 ff.; Zihlmann, Das Mietrecht, 2. Aufl., Zürich 1995; Zihlmann/Strub, Mietrecht («Beobachter»-Ratgeber), 7. Aufl., Zürich 2010.

Zeitschriften: Mitteilungen des Bundesamtes für Wohnungswesen (Mitteilungen); Mietrechtspraxis (mp); Mietrecht Aktuell (MRA); Zürcher Mietrechtspraxis (ZMP); Cahiers du Bail (CdB); Droit du Bail (DdB).

Materialien

Botschaft zur Volksinitiative für Mieterschutz, zur Revision des Miet- und Pachtrechtes im Obligationenrecht und zum Bundesgesetz über Massnahmen gegen Missbräuche im Mietwesen, BBl 1985 I 1389 ff. (zit. Botschaft Mietrecht); Botschaft zur Schweizerischen Zivilprozessordnung, BBl 2006, 7221 f. (zit. Botschaft ZPO).

I. Charakterisierung der Miete

1 Miete ist die **Überlassung einer Sache zum Gebrauch** gegen Leistung eines **Mietzinses**. Mietgegenstände können Sachen oder Sachteile sein, nie aber Rechte (N 4). Da die Überlassung innerhalb eines bestimmten Zeitraumes erfolgt, liegt ein **Dauerschuldverhältnis** vor. Leistung und Gegenleistung stehen dabei im Austauschverhältnis zueinander, weshalb von einem vollkommen zweiseitigen Vertrag auszugehen ist.

2 Der Mietvertrag wird zwischen **zwei Parteien** abgeschlossen, dem *Vermieter* und dem *Mieter*. Dies schliesst nicht aus, dass auf einer oder auf beiden Seiten eine **Rechtsgemeinschaft** Vertragspartei ist; alsdann spricht man von einem **gemeinsamen Mietvertrag**. Zum mietrechtlichen Aussenverhältnis tritt ein Innenverhältnis hinzu, welches von den Regeln der kontrahierenden Rechtsgemeinschaft (schlichte Vertragsgemeinschaft, Mit- oder Stockwerkeigentümergemeinschaft, Gesamthandsgemeinschaft) beherrscht wird und Auskunft über die Willensbildung und Vertretung der Rechtsgemeinschaft bei *Abschluss, Abwicklung* und *Auflösung* des Vertrages (s. zur Kündigung Art. 266a N 1b und Art. 266o N 4; BGE 125 III 219 E. 1a und b; BGer, mp 1999, 135 ff.; BGer, 30.5.2001, 4C.37/2001, E. 2b/bb = mp 2001, 154 ff.; BGer, 10.9.2002, 4C.6/2002, E. 5), über die *Zuordnung von Forderungen und Schulden* und über die Möglichkeiten des *Personenwechsels* gibt (Weber, Diss., 14 ff.; ZK-Higi, Vor Art. 253–274g N 102 ff.; Blumer, SPR VII/3, Rz 837; CPra Bail-Bohnet/Dietschy, Art. 253 N 4 und 24; BK-Giger, Art. 253 N 33 f.; vgl. BGE 116 II 712 = Pra 1996 Nr. 240). Keineswegs sind mehrere Mieter oder Vermieter stets Solidarschuldner der versprochenen Leistungen, denn Art. 143 lässt Solidarschuldnerschaft immer nur aufgrund einer entsprechenden Abrede der Beteiligten entstehen (BGE 49 III 211; 116 II 707 E. 3; von Tuhr/Escher, 296). Soweit es um eine unteilbare Leistung, insb. eine Sachleistung geht, besteht zwar formale Solidarität i.S.v. Art. 70 (BGer, 3.7.2006, 4C.103/2006, E. 4.1). Ansonsten begründet allein das gemeinsame Halten und Verwalten einer Sache auf vertraglicher Basis jedenfalls keinen hinreichenden Gesellschaftszweck i.S.v. Art. 530, denn sonst gäbe es auch kein Miteigentum (BGE 108 II 204 E. 4a). Im Zweifel entstehen daher *Teilforderungen und Teilschulden* (BGE 140 III 150 E. 2.2.3 [für Miteigentümer als gemeinsame Verkäufer], mp 1997, 30 f.; Weber, Diss., 91 ff.; Honsell, OR BT, 203; CR CO I-Lachat, Art. 253 N 16, 18; ZK-Higi, Vor Art. 253–274g N 118; Permann, mp 1997, 192; CHK-Heinrich, Art. 253 N 12; für Ehegatten Hasenböhler, MRA 1995, 230, s. aber Art. 166 Abs. 3 ZGB; ähnlich KUKO OR-Blumer, Art. 253 N 8; **a.M.** Schmid, SJZ 1991, 349 ff.; CPra Bail-Bohnet/Dietschy, Art. 253 N 6 und 26). Das BGer misst dem *gemeinsamen Betrieb eines Geschäfts*, aber auch dem *gemeinsamen Wohnen* mindestens den Anschein eines hinreichenden Gesellschaftszwecks zu (Pra 1996 Nr. 240). Das wird in den meisten Fällen zutreffen, denn die gemeinsame Miete einer Wohnung oder eines Geschäftsraums geht in aller Regel über das blosse Halten und Verwalten einer Sache hinaus (BGE 108 II 204 E. 4b; BGer, 21.11.2012, 4A_352/2012, E. 3.1 [Zahnarztpraxis]). Für das Verhalten der Mitmieter ist jeder von ihnen dem Vermieter gestützt auf Art. 101 OR verantwortlich (BGer, 3.7.2006, 4C.103/2006, E. 4.2).

Dank Art. 261 und 263 OR sowie Art. 121 ZGB und Art. 32 PartG existieren heute gewisse Möglichkeiten, **Änderungen im Personenbestand** von Mieter- oder Vermietermehrheiten auch im mietrechtlichen Aussenverhältnis durchzusetzen (s. dazu Art. 261 N 1 ff.; Art. 263 N 1 ff. und 9 ff.). **Kündigungen** und andere **Gestaltungsrechte** sind immer von allen Partnern der einen Seite und gegenüber allen Beteiligten der anderen Seite auszusprechen (vgl. Art. 266a N 1b). Besondere Schwierigkeiten bereitet die Umsetzung der Sozialschutznormen im Rahmen der relativ starren rechtsgemeinschaftlichen Ordnung. Richtigerweise wurzeln **Sozialrechte** *in der Persönlichkeit* der Mieter. Sie dürfen nicht dadurch vereitelt werden, dass ihre Ausübung von der Zustimmung der Mitmieter abhängig gemacht wird, denn sie können wie die übrigen Persönlichkeitsrechte nicht Teil einer Rechtsgemeinschaft sein (vgl. dazu

Art. 7 URG und BK-Meier-Hayoz, Vor Art. 646 ZGB N 27). Wo ein solches Recht nur für das ganze Vertragsverhältnis einheitlich ausgeübt werden kann, besteht zwar eine **notwendige Streitgenossenschaft**. Zur Wahrung des Sozialrechts und einer einheitlichen Entscheidung über die ganze Vertragsbeziehung ist **jedem Mieter** jedoch in Abweichung von den allgemeinen Regeln zu gestatten, die abseits stehenden Mitmieter als **Beklagte** in den Prozess einzubeziehen (bestätigt in BGE 140 III 598; Weber, Diss., 70 ff.; gl.M. Dietschy-Martenet, 122 f.; KUKO OR-Blumer, Art. 270 N 8, Art. 271–271a N 5, Art. 272 N 3 und Art. 273 N 3 [ebenso schon Walter in der 1. Aufl.]; **anders** für den Kündigungsschutz nach Art. 271 f. noch Blumer, SPR VII/3, Rz 460, 967 und 1009 (gl.M. auch CHK-Heinrich, Art. 253 OR N 12; BK-Hausheer/Reusser/Geiser, N 68 Art. 169 ZGB; Koller Th., ZBJV 2005, 319 ff., 321; Leuenberger/Uffer-Tobler, Art. 44 N 3.b/cc; **a.M.** ZK-Higi, Vor Art. 253–274g N 124; Schmid, SJZ 1991, 375, 377; Maag, MRA 2004, 114; Bohnet/Conod, 17e séminaire, Rz 44 ff.). Daneben hat der Mitmieter, der sich am Verfahren nicht beteiligen will, die Möglichkeit sich dem Prozessergebnis vorbehaltlos zu **unterziehen**, d.h. die Erkärung abzugeben, er werde das Urteil gegen sich gelten lassen, wie auch immer es laute (dazu Weber, Diss., 187 f. und 191). Sozialrechte sind besonders sämtliche Ansprüche des *dritten und vierten Abschnitts* des Achten Titels, d.h. die Bestimmungen über den Schutz des Mieters vor missbräuchlichen Mietzinsen und den Kündigungsschutz (s. etwa Art. 271–271a N 2 und Art. 272 N 2; vgl. Weber, Diss., 184 ff., teilw. abweichend noch zur Mietzinsanfechtung, a.a.O., 124 ff.; Koller Th., a.a.O.).

Mit dem [zur Publ. vorgesehenen] Entscheid v. 2.12.2014, 4A_201/2014 hat das BGer auch die Unsicherheiten ausgeräumt, die in Zusammenhang mit einem Entscheid über die Mietzinsanfechtung entstanden waren (BGE 136 III 431 E. 3.3 = Pra 2011 Nr. 18, s. dazu die Voraufl.). Die nun erfolgte Klarstellung ist gut ins übrige Zivilrecht eingebettet, denn auch in anderen Bereichen betont das BGer die dienende Funktion des Prozessrechts (BGE 139 III 457 E. 4.4.3.3) und passt die Figur der notwendigen Streitgenossenschaft den Besonderheiten von Persönlichkeits- und Sozialrechten an. So hat es der Mutter des Kindes ein selbständiges Berufungsrecht gegen eine gutgeheissene Klage ihres Ehemannes auf Anfechtung seiner Vaterschaft eingeräumt, obwohl bei der Klage selber ob des Erfordernisses der einheitlichen Entscheidung zwischen Mutter und Kind eine notwendige passive Streitgenossenschaft besteht. Die Mutter hatte dabei die Berufung folgerichtig gegen den Ehemann und das Kind gerichtet (BGE 138 III 737; vgl. Art. 256 Abs. 2 ZGB). **2a**

Problematisch ist schon mit Blick auf die Zulässigkeit selbst der Untervermietung (Art. 262) die Auffassung, die vom Vermieter veranlasste **Mitunterzeichnung** des Vertrages durch einen Mieter, der die Sache mit Wissen des Vermieters nicht selber zu benützen gedenkt, sei als Umgehung des Bürgschaftsrechts nichtig (CPra Bail-Bohnet/Dietschy, Art. 253 N 27; Blumer, SPR VII/3, Rz 309). Die Interessenlage kann in solchen Fällen sehr vielfältig sein. Von einer Umgehung des Bürgschaftsrechts lässt sich erst sprechen, wenn der Mitunterzeichner einzig die Zahlungsfähigkeit des wahren Mieters sicherstellen soll. Sobald er ihm aber die Überlassung der Sache als solche ermöglichen will, insb. wenn er an der Benützung der Sache durch den anderen Mieter ein eigenes Interesse hat, ist die Verpflichtung gültig (ähnlich zum Garantievertrag s. Art. 111 N 21 ff.). **2b**

Eine Überlagerung unterschiedlicher Normenkomplexe ist aber auch möglich, wenn der Mieter gleichzeitig Mitglied der juristischen Person ist, welche das Objekt vermietet hat. Klassischer Anwendungsfall ist die **Wohnbaugenossenschaft**, bei welcher die genossenschaftlichen Rechte und Pflichten des Mieters und Genossenschaftsmitgliedes die mietvertraglichen Bestimmungen überlagern (dazu Art. 253a–253b N 18a sowie Art. 254 N 4). Wichtigste Konsequenz ist, dass einem Genossenschafter der Mietvertrag nur gekündigt werden darf, soweit ein wichtiger Grund zum Ausschluss aus der Genossenschaft nach Art. 846 vorliegt (BGE 136 III 65 = Pra 2010 Nr. 87; s. dazu Art. 266o N 4). **2c**

II. Abgrenzungen

3 Die Miete unterscheidet sich aufgrund ihres obligatorischen Charakters zunächst von sämtlichen **dinglichen Gebrauchsrechten**, namentlich von den Dienstbarkeiten (Grunddienstbarkeiten, Nutzniessung, Wohnrecht, Baurecht etc., Art. 730 ff. ZGB). Für diese Rechtsverhältnisse kann Mietrecht allenfalls analog angewandt werden, soweit eine Gesetzeslücke vorliegt. Bemerkenswert ist, dass die Miete aufgrund von Art. 261 jedenfalls für die wichtigsten Arten trotz ihrer obligatorischen Natur weitgehend mit dinglicher Wirkung ausgestattet wurde, ja dass die Wirkungen der mit der Miete verknüpften *Sozialrechte* in gewissen Bereichen über diejenigen der dinglichen Rechte hinausgehen (vgl. dazu Art. 261 N 2 und 15; ähnlich BK-GIGER, Art. 253 N 91 und 94).

4 Innerhalb des Vertragsrechtes entscheiden die Charakteristika über die Abgrenzung der Miete von den übrigen Vertragsarten. Überlassung einer Sache oder eines Rechts zum Gebrauch und **zur Nutzung** oder nur zur Nutzung ist **Pacht** (Art. 275 ff.). Beispiele sind etwa die Nutzung eines Unternehmens (Gesamtheit von Sachen und Rechten; zur Abgrenzung von der Miete vgl. BGE 103 II 247 E. 2b sowie BGE 128 III 419 E. 2.1, SJ 2001 I 541 E. 2b; BGer, 8.10.2002, 4C.167/2002, E. 3.2; dazu ausführlich LACHAT, restaurants, Rz 10 ff.), eines Quellenrechts oder eines Werkexemplars (Sache, welche der Verbreitung eines Werkes und damit dessen Nutzung dient; Art. 10 Abs. 3 und Art. 13 URG sprechen ungenau von Vermietung).

Ist die Gebrauchsüberlassung unentgeltlich, so liegt **Gebrauchsleihe** (Art. 305 ff.) vor. Herrscht bezüglich der Frage der Entgeltlichkeit Dissens, so kommt überhaupt kein Vertrag zustande, denn die entgeltliche wie die unentgeltliche Überlassung der Sache lässt sich einzig aufgrund übereinstimmender Willenserklärungen auf eine vertragliche Basis stellen (**a.M.** BLUMER, SPR VII/3, Rz 7, die Gebrauchsleihe annimmt, soweit kein Entgelt vereinbart ist; ähnlich auch ZMP 1991, 4 ff.). Lässt sich ein tatsächlicher oder normativer Konsens weder in die eine noch in die andere Richtung erstellen, kommen als Grundlage für die rechtliche Abwicklung nur das Bereicherungsrecht oder aber die Geschäftsführung ohne Auftrag in Betracht.

Dient die Überlassung einer beweglichen Sache lediglich der Erhaltung und Aufbewahrung, so spricht man von **Hinterlegung** (Art. 472 ff.). Entsprechend hat der *Übernehmer* der Sache Anspruch auf eine allenfalls verabredete Vergütung.

Darlehen (Art. 312 ff.) und **Kauf** (Art. 184 ff.) unterscheiden sich von der Miete hauptsächlich durch die vertragliche Verpflichtung zur *Eigentumsübertragung*. Im Verhältnis zum **Konsumgüterleasing** ist entscheidend, ob für den Fall einer Kündigung des Vertrages eine nachträgliche Erhöhung der Raten geschuldet ist oder nicht: Beim Mietvertrag ist dies zwingend ausgeschlossen, beim Konsumgüterleasing erstaunlicherweise nicht (vgl. Art. 266k OR und Art. 1 Abs. 2 lit. a KKG; dazu Art. 266k N 3 ff.).

Gemischte Verträge unterstehen den mietrechtlichen Schutzbestimmungen immer, sofern sich das mietrechtliche Element als wesentlich erweist (vgl. dazu Art. 253a und 253b N 17).

4a Die Gebrauchsüberlassung einer Sache kann auch auf **öffentlich-rechtlicher Grundlage** erfolgen (zur Abgrenzung vgl. mp 1995, 58 ff.). Alsdann kommen keine zivilrechtlichen Regeln zur Anwendung. Soweit Normen des OR dabei aufgrund einer Verweisung im öffentlichen Recht, als Ausdruck allgemeiner Rechtsgrundsätze oder aber zur Lückenfüllung, herangezogen werden, ändert das nichts am öffentlich-rechtlichen Charakter des Rechtsverhältnisses. Dies wirkt sich v.a. auf den zu beschreitenden Rechtsweg aus (vgl. mp 2000, 65 ff.).

III. Systematik des Gesetzes

5 Im Gesetzesaufbau spiegelt sich das unterschiedliche Bedürfnis nach zwingenden Normen bei den verschiedenen Arten von Mietgegenständen. Der Achte Titel des OR umfasst im Gegensatz zum alten Recht nur noch die Miete und gliedert sich in vier Abschnitte. In den allgemeinen Bestimmungen werden die Definitionen sowie Abschluss, Wirkungen und Beendigung des Mietvertrages behandelt. Bereits hier finden sich zahlreiche Differenzierungen nach der Art des vermieteten Objekts; im Vordergrund steht die *Miete von Wohn- und Geschäftsräumen*. Der zweite und dritte Abschnitt gilt *ausschliesslich* bei der Miete von Wohn- und Geschäftsräumen und ist dem Schutz des Mieters vor missbräuchlichen Mietzinsen und Kündigungen gewidmet.

IV. Verfahren in Mietsachen

1. Eidgenössische ZPO

6 Die früheren Bestimmungen des OR zum mietrechtlichen Verfahren in aArt. 274–274g wurden mit Inkrafttreten der eidg. ZPO per 1.1.2011 aufgehoben. Nachfolgend findet sich eine Darstellung des Verfahrens mit Hinweis auf die wichtigsten Änderungen. Spezifische Fragen werden durch bereits sehr umfangreiche Spezialliteratur abgedeckt.

2. Organisation der Behörden und Gerichte

7 Art. 3 ZPO überlässt die Gerichts- und Behördenorganisation grundsätzlich weiterhin den **Kantonen**. Ob sich spezialisierte Schlichtungsbehörden und Spezialgerichte mit Mietfragen befassen oder die ordentlichen Schlichtungs- und Gerichtsinstanzen, ist daher nach wie vor eine Frage des kantonalen Rechts, ebenso grundsätzlich die Frage, ob Einzelgerichte sachlich zuständig sind oder Kollegialgerichte. Mit der Bestimmung der **sachlichen Zuständigkeit** können die Kantone die Grundsätze des sozialen Mietprozesses nicht verändern, besonders was die Frage der zwingenden Vorschaltung der paritätischen Schlichtungsbehörde und die Anwendung des vereinfachten Verfahrens mit seiner schlanken Struktur (Art. 244 f. ZPO), dem Ziel einer raschen Erledigung (Art. 246 Abs. 1 ZPO), der Sachverhaltsfeststellung von Amtes wegen im Rahmen von Art. 247 Abs. 2 ZPO und dem erweiterten Novenrecht nach Art. 229 Abs. 3 ZPO angeht. Im Anwendungsbereich von Art. 243 Abs. 1 und 2 lit. b ZPO kommt daher nach einem überzeugenden Entscheid des BGer das allenfalls von einem Kanton eingesetzte **Handelsgericht** auch dann nicht zum Zug, wenn der Streit gleichzeitig die Kriterien für eine Handelssache nach Art. 6 Abs. 2 ZPO erfüllt, denn dies hätte nach Art. 198 lit. f und Art. 243 Abs. 3 ZPO die Ausschaltung der Schlichtungsbehörde und die Anwendung des ordentlichen Verfahrens zur Folge (BGE 139 III 457 E. 4.4.3; vgl. dazu KOLLER TH., ZBJV 2014, 949 ff.). Ausserhalb des Anwendungsbereichs des vereinfachten Verfahrens verdrängt dagegen die handelsgerichtliche Zuständigkeit diejenige selbst eines kantonalen Mietgerichts (BGE 140 III 155; 140 III 550 E. 2.3; dazu N 18). Für die **Schlichtung von Streitigkeiten aus Miete und Pacht von Wohn- und Geschäftsräumen** (also nicht mehr von unbeweglichen Sachen schlechthin; krit. dazu PÜNTENER, mp 2011, 265 f.) schreibt Art. 200 ZPO weiterhin **paritätisch zusammengesetzte Schlichtungsbehörden** vor. Damit bleibt das zentrale und sehr erfolgreiche Element des früheren Mietprozesses bestehen: Die möglichst niederschwellige Lösung von Problemen in der Vertragsbeziehung der Parteien mithilfe von Vertrauensleuten der beteiligten Interessengruppen, die zusammen mit einer neutralen vorsitzenden Person tätig werden (WINTER, mp 2013, 180). Der Begriff der **Mietstreitigkeit** ist nach wie vor eher weit auszulegen (s. BGE 120 II 112 [Beziehung Haupt-/Untermieter]; verneint aber für die Rechtsbeziehung zwischen Garantin und Vermieterin in BGer, 7.3.2012, 4A_719/2011, E. 1.1; weitere Bsp. bei PÜNTENER, mp 2011, 271 f.).

8 Art. 200 Abs. 1 ZPO stellt die Handlungsfähigkeit der paritätischen Schlichtungsbehörde durch die zwingende Mitwirkung eines (unabhängigen) Vorsitzenden sicher. Während die Beratungsaufgabe durchaus von einzelnen Mitgliedern der Behörde wahrgenommen werden kann, ist diese für Verhandlungen, Urteilsvorschläge und Entscheidungen stets vollständig zu besetzen. Die im Kanton Zürich vor Jahren als Horgemer Praxis bekannt gewordene Übung, Schlichtungsverhandlungen nur vor dem Vorsitzenden abzuhalten, erweist sich daher als bundesrechtswidrig.

Ihre Entsendung durch die Interessenverbände entbindet deren Vertreter bei der Schlichtungsbehörde nicht von der Pflicht zu Unparteilichkeit und Unabhängigkeit (vgl. auch ZK-Higi, aArt. 274a N 38, sowie Art. 29 Abs. 1 BV, welcher auch für Behörden gilt, die nicht *Gerichte* i.S.v. Art. 30 BV sind: BGer, mp 2001, 43; vgl. BGE 119 Ia 81 E. 4a sowie BGE 126 I 228; BGer, 27.6.2012, 4A_3/2012; Püntener, mp 2011, 264; zur erforderlichen Unabhängigkeit der Interessenvertreter an einem Mietgericht BGE 139 III 120).

Die Schlichtungsbehörde ist kein Gericht. Gelegentlich ist zu lesen, es handle sich bei ihr um eine «Verwaltungsbehörde», sie sei «ähnlich einer Verwaltungsbehörde», eine «Rechtsanwendungsinstanz eigener Art mit Elementen eines Quasi-Gerichts und einer Quasi-Verwaltungsbehörde» (ZK-Higi, aArt. 274a N 75, aArt. 274d N 129; vgl. Zihlmann, 250; Winter, mp 2013, 178; ZMP 1991, Nr. 9; OGer LU, LGVE 1990 I Nr. 29 sowie 1993 I Nr. 29). Diese Terminologie ist zumindest unglücklich. Weder wendet die Schlichtungsbehörde Verwaltungsrecht an noch ist sie bei der Anwendung des Mietrechts an irgendwelche Weisungen gebunden. Ihr Verfahren ist **typisch justizmässig** (ZK-Higi, aArt. 274a N 27) und hat daher trotz der Ausrichtung auf das Schlichtungsziel grundsätzlich den Anforderungen an ein Gerichtsverfahren zu genügen (vgl. BGE 119 Ia 267 E. 4).

9 Die Schlichtungsbehörde in Mietsachen behält gem. Art. 201 Abs. 2 ZPO ihre früher in Art. 274a OR verankerte und für die Prozessvermeidung und -optimierung wichtige **Rechtsberatungsfunktion**. Die Beratungspflicht umfasst vorab Rechtsauskünfte allgemeiner Art. Eine Beratung i.S. der Erteilung von Ratschlägen wie durch einen zur Interessenwahrung verpflichteten Mandataren kann und darf die Schlichtungsbehörde schon im Hinblick auf ihre Funktion in einem darauf folgenden Verfahren allerdings nicht bieten (vgl. Art. 21 Abs. 2 VMWG: «[...] Mietern und Vermietern behilflich sein, sich *selbst* ein Urteil zu bilden [...]»; ebenso ZK-Higi, aArt. 274a N 38; Lachat et al.-Püntener, 73 f.).

3. Gerichtsstand

10 Die 1990 im Mietrecht und hernach im GestG verankerten Gerichtsstandsnormen wurden per 1.1.2011 mit geringfügigen Änderungen in die ZPO überführt. Grundsätzlich gilt der übliche Vertragsgerichtsstand nach Art. 31 ZPO. Bei der Miete von **Immobilien** besteht dagegen nach Art. 33 ein Gerichtsstand am **Ort der gelegenen Sache**. Das Gesetz bezeichnet somit als Gerichtsstand den Ort, der für das Beweisverfahren am günstigsten ist (z.B. bei der Feststellung von Mängeln) und wo der Ortsgebrauch, auf den das Gesetz wiederholt verweist, am ehesten bekannt ist (so schon Botschaft Mietrecht, 1468). Für die Unterkategorie der **Miete von Wohn- und Geschäftsräumen** erklärt sodann Art. 35 Abs. 1 lit. b ZPO diesen Gerichtsstand als **teilzwingend** und bestimmt, dass die Mieterseite auf diesen Gerichtsstand nicht zum Voraus oder durch Einlassung verzichten kann. Erforderlich ist also in jedem Fall eine explizite Gerichtsstandsvereinbarung nach Entstehung der Streitigkeit. Die Gerichtsstandsvereinbarung kann dabei durchaus schon vor Prozesseinleitung getroffen werden (KUKO ZPO-Haas/Strub, Art. 35 N 8; BSK ZPO-Kaiser Job, Art. 35 N 18; Püntener, mp 2011, 247). Analog kann dem Mieter von **Konsumgütern** die **freie Wahl** zwischen den Gerichten am **Wohnsitz oder Sitz einer Partei** erst nach Entstehung des Streits durch eine Gerichtsstandsvereinbarung entzogen werden (Art. 32 i.V.m. Art. 35 Abs. 1 lit. a ZPO). Die gleichen Regeln gelten für das Schlichtungsverfahren. Unklar ist der Bezug der Gerichtsstände des SchKG zu den teilzwingenden Gerichtsständen der ZPO, insb. was die **Aberkennungsklage** betrifft. Art. 46 ZPO scheint zwar die SchKG-Gerichtsstände zu favorisieren, allerdings ist den Materialien kein Hinweis zu entnehmen, dass die schon unter altem Recht verfochtene Lehre und Rsp. keine Geltung mehr habe, wonach die zwingenden Zuständigkeitsbestimmungen des GestG (trotz dessen Art. 1 Abs. 2 lit. b) gegenüber dispositiven Gerichtsständen des SchKG Vorrang hatten (vgl. mp 2005, 180, 182 f.).

4. Schlichtungsverfahren

Im Gegensatz zur früheren Lösung geht der **Zwang zur Durchführung einer Schlichtung** 11
heute etwas weniger weit. So können die Parteien statt einer Schlichtung eine **Mediation** vereinbaren. Diese müssen sie jedoch selber organisieren und unter Vorbehalt abweichenden kantonalen Rechts auch finanzieren (Art. 215 und 218 Abs. 1 und 3 ZPO). Unter eingeschränkten Voraussetzungen ist auch ein **Verzicht** auf ein Schlichtungsverfahren möglich, insb. im gegenseitigen Einvernehmen der Parteien bei einem Streitwert von mehr als CHF 100 000 (Art. 199 ZPO). Von Gesetzes wegen gar nicht vorgesehen ist die Schlichtung in den Angelegenheiten des **summarischen Verfahrens** (insb. also auch beim Rechtsschutz in klaren Fällen nach Art. 257 ZPO) und bei **Aberkennungsklagen** (Art. 198 lit. a und e Ziff. 1 ZPO). Obsolet ist daher der sehr sorgfältig begründete BGE 133 III 645 E. 5, wo das BGer das Schlichtungsverfahren im Interesse eines raschen, einfachen und billigen Verfahrens auch bei Aberkennungsklagen in Mietstreitigkeiten über Wohn- und Geschäftsräume als obligatorisch erachtete. Es ist schwer zu verstehen, weshalb der Gesetzgeber diesen Wink mit dem Zaunpfahl nicht zur Kenntnis nahm, obwohl sich das BGer hier gestützt auf Art. 74 Abs. 2 lit. a BGG einer Rechtsfrage von grundsätzlicher Bedeutung annahm (krit. auch KOLLER/MAUERHOFER, ZBJV 2009, 853 und PÜNTENER, mp 2011, 263, FN 66).

Das **Schlichtungsverfahren** wird nach Art. 202 durch ein einfaches schriftliches oder mündliches 12
Gesuch eingeleitet, für welches der Bund und teilweise auch die Kantone im Internet Formulare zur Verfügung stellen. Die Sonderbestimmung von Art. 63 ZPO sorgt dafür, dass auch am falschen Ort oder im falschen Verfahren angehobene Klagen zur **Rechtshängigkeit** führen und eine Verwirkungsfrist damit trotz des Fehlers gewahrt bleibt. **Prozessvoraussetzungen** wird die Schlichtungsbehörde i.d.R. nicht selber prüfen, sondern solche Fragen entsprechend ihrer Schlichtungsfunktion den Gerichten überlassen (BGE 139 III 273 E. 2.3; BGer, 17.2.2014, 4A_387/2013, E. 3.2 [unpubl. Teil von BGE 140 III 70]; PÜNTENER, mp 2011, 270 f.; BOHNET, DdB 2013, 34 f.). Wo dies zur Sicherstellung eines gehörigen Verfahrensganges erforderlich ist, kann und soll sie jedoch selber prozessuale Fragen klären; tut sie dies, muss den Parteien dagegen ein Rechtsmittel offenstehen, jedenfalls wenn sonst ein Rechtsverlust droht (vgl. BGE 139 III 478 E. 6; näher dazu KOLLER TH., ZBJV 2014, 960 ff.; BOHNET, a.a.O.). Der sonst nur in Ausnahmefällen zulässige **Schriftenwechsel** kann theoretisch bei der Miete von Wohn- und Geschäftsräumen unbeschränkt angeordnet werden (Art. 202 Abs. 4 i.V.m. Art. 200 Abs. 1 ZPO). Von diesem Instrument sollte jedoch im Interesse der raschen und kostengünstigen Streiterledigung nur sehr zurückhaltend Gebrauch gemacht werden, zumal Rechtsschriften psychologisch oft die Gefahr bergen, dass sich der Graben zwischen den Parteien erst einmal vertieft. Die **Schlichtungsverhandlung** hat i.S. einer Ordnungsvorschrift innert zwei Monaten nach Eingang des Gesuchs stattzufinden (mit Recht krit. zu dieser kurzen Frist BLUMER, SPR VII/3, Rz 225). Die **Teilnahmepflicht** der Parteien nach Art. 204 darf durch kantonale Vorschriften nicht eingeschränkt werden (BGer, 25.6.2013, 4C_1/2013, E. 4.3). Wird sie durch eine Partei verletzt, so liegt ein Mangel vor, der zur Nichtigkeit des Schlichtungsversuchs führt, im konkreten Fall zu einem Nichteintreten auf die Klage der an der Schlichtungsverhandlung als säumig zu betrachtenden Klägerin (BGE 140 III 70 E. 4.3–4). Zu den **Säumnisfolgen** der Vorladung s. Art. 206 ZPO. Zur **Wiederherstellung** eines versäumten Termins und zum Rechtsmittel gegen einen ablehnenden Entscheid s. BGE 139 III 478 (s. aber zu den materiellen Verwirkungsfristen Art. 270b N 2

und Art. 273 N 3). Das Verfahren ist sodann spätestens nach 12 Monaten abzuschliessen; Sistierungen, die diesen Rahmen sprengen, sind daher zwar nicht ausgeschlossen, aber nur mit Zurückhaltung anzuordnen (BGE 138 III 705). Mehr als eine Verhandlung darf nur im Einvernehmen mit beiden Parteien angesetzt werden (Art. 203 Abs. 1 und 4 ZPO). Das Verfahren ist grundsätzlich **nicht öffentlich**, ja im Interesse des Schlichtungszwecks so **vertraulich**, dass nicht einmal ein Protokoll geführt werden darf (Art. 205 Abs. 1 ZPO; krit. auch HEDIGER, mp 2013, 4 f.; s. dazu auch N 14 ff.). Beibehalten wurden auch die – nach der hier vertretenen Auffassung integral zu verstehenden – (Behörden-) **Kostenlosigkeit** des Schlichtungsverfahrens und das Verbot von Parteientschädigungen (Art. 207 und 113 ZPO; dazu PÜNTENER, mp 2011, 251 f.; zur Möglichkeit der Zusprechung einer Parteientschädigung im nachfolgenden Gerichtsverfahren, wenn die Schlichtung scheitert, s. BGE 141 III 20; zum Gerichtsverfahren s. N 18).

13 Der Verfahrensbeschleunigung dient auch die **Beschränkung der zulässigen Beweismittel** in Art. 203 Abs. 2 ZPO. Auch wo ein Entscheid oder ein Urteilsvorschlag infrage kommt (dazu sogleich), sollte von der Möglichkeit umfassender Beweisabnahme, wie sie a.a.O. vorgesehen ist, nur sehr zurückhaltend Gebrauch gemacht werden – die Betonung ist auf den Nebensatz zu legen («[…] wenn dies das Verfahren nicht wesentlich verzögert»; gl.M. BLUMER, SPR VII/3, Rz 236). Interessanterweise nicht mehr im Gesetz verankert ist für das mietrechtliche Schlichtungsverfahren die **Untersuchungsmaxime** (zum Gerichtsverfahren s. Art. 247 ZPO). Wenn ein Entscheid oder ein Urteilsvorschlag nach Art. 212 bzw. 210 ZPO zur Debatte steht, ist aber anzunehmen, dass die Untersuchungsmaxime weiterhin gilt – allerdings immer im Lichte des Verbots von wesentlichen Verfahrensverzögerungen und des Primats des Einigungsversuchs (ähnlich BISANG, MRA 2011, 156 f.; PÜNTENER, mp 2011, 248). Die Schlichtungsbehörde darf auch bei der Miete von Wohn- und Geschäftsräumen im Anwendungsbereich von Art. 210 ZPO gestützt auf eine unvollständige Beweiserhebung einen Entscheid fällen (dazu sogleich N 14), denn dies liegt angesichts des definitionsgemäss tiefen Streitwerts im Interesse der Prozessökonomie und damit letztlich auch im wohlverstandenen Interesse der Parteien (**a.M.** KUKO ZPO-GLOOR/UMBRICHT, Art. 203 N 6).

14 Erheblich verändert worden ist die **Entscheidkompetenz** der Schlichtungsbehörde. Sie besteht nur noch bis zu einem Streitwert von CHF 2000, und selbst hier ist eine Entscheidung nur auf Antrag der klagenden Partei und nach Durchführung eines mündlichen Verfahrens möglich (Art. 212 ZPO). Im Entscheidverfahren ist eine gehörige Protokollierung trotz Art. 205 Abs. 1 ZPO unerlässlich (OGer TG, 28.11.2012, mp 2014, 79 ff.). Der Entscheid selbst ist mit Beschwerde nach Art. 319 ff. ZPO anfechtbar. Ob die Schlichtungsbehörde ein Entscheidverfahren durchführen will oder nicht, steht in ihrem Ermessen, wie die *kann*-Formulierung in Art. 212 ZPO zeigt (HEDIGER, mp 2013, 9).

15 Darüber hinaus hat die Schlichtungsbehörde bei einem Streitwert bis CHF 5000 oder bei Streitigkeiten über Kündigungsschutz, Erstreckung, Mietzinshinterlegung und neu auch den Schutz vor missbräuchlichen Mietzinsen die Möglichkeit, den Parteien unabhängig von deren Zustimmung einen **Urteilsvorschlag** zu unterbreiten (Art. 210 ZPO). Dieser muss nicht zwingend begründet werden (s. aber Art. 270b N 4a). Er ist mit den früheren Entscheiden der Schlichtungsbehörde nur noch indirekt vergleichbar (WINTER, mp 2013, 183: Mittelstellung zwischen Vergleichsvorschlag und Entscheid), denn er steht und fällt grundsätzlich nicht mit der Klage einer oder beider Parteien, sondern mit der (ausdrücklichen) **Ablehnung** durch eine Partei innert 20 Tagen (Art. 211 Abs. 1 ZPO; zum Fristenstillstand s. N 17). Die Ablehnung bildet den einzigen Rechtsbehelf gegen den Urteilsvorschlag, und zwar auch dann, wenn die Behörde eine präjudizielle formelle Frage wie die Verletzung der Teilnahmepflicht an der Schlichtungsverhandlung nicht beachtet hat (BGE 140 III 310). Die Ablehnung hat die Ausstellung der **Klagebewilligung** zur Folge, und zwar grundsätzlich an die klagende Partei. Im Falle von **Kündigungsschutz, Erstreckung, Mietzinshinterlegung** und (neu) **Schutz vor missbräuchlichen Mietzinsen** sieht das Gesetz einen **qualifizierten Urteilsvorschlag vor**, der bis zu einem gewissen Grade noch an das alte Recht erinnert, denn einerseits wird hier die Klagebewilligung stets an die **ablehnende Partei** ausgestellt (Art. 211 Abs. 2 ZPO) und andererseits beseitigt die blosse Ablehnung den Urteilsvorschlag noch nicht, sondern erst die **unterlassene Anrufung des Gerichts** (Art. 211 Abs. 3 ZPO; BGE 140 III 310). Ablehnende Partei können dabei durchaus Vermieter und Mieter sein. Die **Verwirkungsfristen** im OR bei den vier genannten Rechtsbereichen werden daher weiterhin in der Weise durchgesetzt, dass die ablehnende Partei es nicht bei der blossen Ablehnung eines Urteilsvorschlags bewenden lassen darf. Dies gilt auch bei Urteilsvorschlägen nach Mietzinserhöhungen: Art. 211 Abs. 3 ist gegenüber Art. 209 Abs. 1 lit. a ZPO lex specialis: Der Mieter muss also klagen, wenn er verhindern will, dass die von der Schlichtungsbehörde vorgeschlagene Mietzinserhöhung rechtskräftig wird.

Auch in der neuen Konstellation stellt sich die Frage, ob die mit dem Urteilsvorschlag einverstandene Partei im Gerichtsverfahren ihre **ursprünglichen Anträge** wieder stellen kann, wenn in den Fällen von Art. 211 Abs. 3 nur die Gegenseite von der Klagebewilligung Gebrauch macht, mithin ob eine Klage eine **actio duplex** darstellt (so HEDIGER, mp 2013, 8; KUKO ZPO-GLOOR/UMBRICHT, Art. 211 N 4; ähnlich SVIT-Komm., aArt. 259i N 15, aArt. 274f N 3a; **a.M.** noch ZK-HIGI, aArt. 259i N 31, wie hier aber aArt. 273 N 134 und aArt. 274f N 42 und 46). Das BGer hat unter altem Recht die Frage zwar grundsätzlich bejaht und dazu festgehalten, auch wer nicht selber geklagt habe, könne im Rahmen der Klageantwort oder einer Widerklage seine ursprünglichen Anträge wieder stellen (BGE 135 III 253 E. 2.4 = Pra 2009 Nr. 110; 136 III 90 E. 2.2 = Pra 2010 Nr. 99). Allerdings hat es in einem früheren Entscheid die Figur der actio duplex abgelehnt und in einem Kündigungsschutzverfahren eine von den Vorinstanzen nach einem Klagerückzug des Vermieters vorgenommene Abschreibung des Verfahrens gebilligt, obwohl der Mieter kurz nach dem Rückzug eigene Anträge formuliert hatte. Es erwog, zwar könne die beklagte Partei im Rahmen einer Widerklage oder auch nur der Klageantwort eigene Anträge stellen. Dieses Recht wahre sie sich aber nur, wenn sie selber rechtzeitig an das Gericht gelange (BGer, 7.3.2006, 4C.367/2005, E. 2; unkommentiert wiedergegeben in BGE 135 III 253 E. 2.3). Ein Urteilsvorschlag nach neuem Recht fällt (spätestens) dahin, wenn eine Partei ans Gericht gelangt (Art. 211 Abs. 1 und 3 ZPO). Er ist gegenüber dem altrechtlichen Entscheid der Schlichtungsbehörde daher klar ein Minus und darf so wenig wie ein altrechtlicher Entscheid keine irgendwie geartete Teilrechtskraft entfalten, die er als blosser *Vorschlag* jedenfalls nicht haben kann (ähnlich zum alten Recht ZK-HIGI, aArt. 274f N 46). Jede Partei muss ihre (ursprünglichen) Anträge anlässlich der Hauptverhandlung, aber auch schon vorher formulieren können. Erhält sie dazu nach einem Rückzug der Gegenseite keine Gelegenheit, wird ihr Gehörsanspruch verletzt. Das BGer hat betont, der altrechtliche Entscheid der Schlichtungsbehörde sei ein allerletzter Versuch, quasi durch Schweigen eine Einigung der Parteien zu erzielen. Wenn nun aber «l'une au moins des parties saisit le juge en temps utile, on doit en déduire que cette ultime proposition conciliatoire n'a pas rencontré le consentement de tous les plaideurs et que la conciliation a par conséquent définitivement [!] échoué». Man dürfe dann die nicht klagende Partei nicht für ihre konziliante Haltung bestrafen (BGE 135 III 253 E. 2.4): Genau das tut man aber, wenn man dieser Partei keine Gelegenheit gibt, ihre Anträge zu stellen, obwohl doch die Gegenseite mit ihrer Klage dem Urteilsvorschlag und damit den Einigungsbemühungen *endgültig* den Garaus gemacht hat («mettre à néant», a.a.O.; ähnlich KOLLER/SENNHAUSER, ZBJV 2011, 326 ff., die aber das Problem innerhalb des Instituts der Widerklage lösen möchten und dabei bereits die vom Urteilsvorschlag abweichenden Anträge der Gegenpartei im Schlichtungsverfahren als – mit der Hauptklage vor das Gericht getragene – Widerklage erachten).

Es steht im **Ermessen** der Schlichtungsbehörde, ob sie einen **Urteilsvorschlag** macht oder nicht (WINTER, mp 2013, 183; für eine ausgiebige Nutzung des Instruments HEDIGER, mp 2013, 8). Massgebliches Kriterium bei den Streitigkeiten i.S.v. Art. 210 Abs. 1 lit. b ZPO ist nicht allein, ob der Vorschlag von den Parteien mutmasslich akzeptiert wird. Entscheidender ist, ob eine Präjudizierung der Parteirollen nach den gesamten Umständen tunlich scheint, ob das Beweisfundament solide genug ist, aber auch etwa, ob eine Partei ein Interesse hat, dass sich der Zweck der Vertraulichkeit des Schlichtungsverfahrens nach Art. 205 Abs. 1 ZPO nicht gegen sie wendet. Kommen in der Schlichtungsverhandlung etwa schwer beweisbare Kündigungsgründe oder fehlende Suchbemühungen zur Sprache, ist ein Urteilsvorschlag nur schon wegen der damit verbundenen Beweissicherung angezeigt. Die Vertraulichkeit des Schlichtungsverfahrens und das damit zusammenhängende Beweisverwertungsverbot bezieht sich denn auch weder auf einen Entscheid oder einen Urteilsvorschlag noch auf dessen Kurzbegründung (Art. 205 Abs. 2 ZPO; ebenso Botschaft ZPO, 7332; vgl. dazu auch BGE 138 III 59 E. 2.3; ZR 110 [2011] Nr. 68, 214 ff.; Püntener, mp 2011, 275 f.; Hediger, mp 2013, 4 f.; Staehelin/Staehelin/Grolimund, § 20 Rz 23; wohl auch ZPO Komm-Honegger, Art. 205 N 4; **a.M.** BSK ZPO-Infanger, Art. 204 N 8 f., der fordert, die Parteien seien darauf hinzuweisen, dass ein Urteilsvorschlag im Erkenntnisverfahren nicht verwendet werden dürfe).

16 Die **Einigung vor Schlichtungsbehörde** hat eo ipso die Wirkungen eines rechtskräftigen Entscheids, unbekümmert darum, ob sie in einen **Vergleich**, einen **Rückzug** oder eine **Anerkennung** der Klage mündet (Art. 208 Abs. 2 ZPO). Auch im Bereich der Missbrauchsgesetzgebung hat der Vergleich über die Höhe des Mietzinses den Charakter eines **definitiven Rechtsöffnungstitels**, und zwar unabhängig von der Natur der dahinter stehenden Klage (Art. 270b N 3; **a.M.** noch unter altem Recht ZK-Higi, Art. 270b N 14). Die Abstandserklärung beendet das Verfahren wie auch im späteren Gerichtsverfahren unmittelbar; die Abschreibung des Verfahrens ist dazu nicht erforderlich (s.a. Art. 241 Abs. 2 und 3 ZPO). Einziges Rechtsmittel ist die **Revision** (BGE 139 III 133 E. 1.2; Art. 328 Abs. 1 lit. c ZPO; s. KUKO ZPO-Naegeli/Richers, Art. 241 N 11 und 15).

Da die blosse Nichtanrufung des Gerichts für gewöhnlich nicht zu einem Rechtsverlust führt (BGE 124 III 21), hat im Schlichtungsverfahren ein **Rückzug** nur dann endgültigen Charakter, wenn er **vorbehaltlos** erfolgt (Art. 208 Abs. 2 ZPO; Püntener, mp 2011, 250 f.). Dies ist zum Beispiel dann der Fall, wenn ein Schadenersatzbegehren aufgrund der Erläuterungen der Behörde zurückgezogen wird, die Klage erweise sich als unbegründet. Bei den Gestaltungsklagen (Kündigungsschutz, Anfechtung des Anfangsmietzinses oder einer Mietzinserhöhung) ergibt sich die Präklusivwirkung schon daraus, dass im Zeitpunkt des Rückzuges die 30-tägige Frist seit Empfang der angefochtenen Erklärung schon verstrichen ist, so dass die betroffene Partei ihre Ansprüche ohne Klagebewilligung nicht mehr fristgerecht geltend machen kann. Abgesehen davon ist der Rückzug einer Gestaltungsklage (unter Vorbehalt von Willensmängeln) wohl seinerseits als unwiderrufliches Gestaltungsrecht zu betrachten. Zum Rechtsverlust führt daher auch der Rückzug eines Mietzinsanpassungsbegehrens. Der Vermieter oder Mieter verliert dabei indessen nicht die Möglichkeit, die gleichen Gründe mittels eines neuen Mietzinsänderungsbegehrens *auf einen späteren Zeitpunkt* zu verlangen (BGE 124 III 245 = Pra 1998 Nr. 174; dazu auch Higi, AJP 1998, 1116 ff., sowie Vogel, ZBJV 1999, 449 f.; Lachat et al.-Püntener, 88 f.; SVIT-Komm., aArt. 274f N 14 ff.; ZK-Higi, aArt. 274f N 84 ff.). Nicht einmal ein neues Schlichtungsverfahren ist nötig, wenn der Mieter im hängigen Mietzinsgestaltungsprozess eine mittlerweile eingetretene Veränderung der massgeblichen Faktoren geltend machen will, denn Art. 270a erlaubt ihm jederzeit ein formloses Mietzinssenkungsbegehren. Allerdings kann auch in einem solchen Verfahren der Senkungsanspruch erst auf den nächstmöglichen Zeitpunkt geltend gemacht werden (BGE 122 III 20 E. 4a–c). Bei der Hinterlegung werden die hinterlegten Mietzinse nach dem Klagerückzug dem Vermieter herausgegeben; der Mieter verliert dadurch aber nicht das Recht, eine Klage auf Schadenersatz oder Mietzinssenkung erneut einzubringen, es sei denn, der Rückzug sei Ausdruck eines definitiven Verzichts auf den Anspruch.

Die Schlichtungsbehörde ist ihrer prozessualen Pflicht erst enthoben, wenn die entsprechende Abstandserklärung einer Partei **klar** ist. Empfehlenswert ist gerade bei Rückzug und Anerkennung die Klarstellung der Motive im Schlichtungsprotokoll – das grundsätzliche Protokollierungsverbot ändert nichts an der Pflicht der Behörde, für klare Verhältnisse zu sorgen. Die mit dem Verbot angestrebte Vertraulichkeit der Verhandlungen darf nicht dazu führen, dass der Gehörsanspruch der Parteien verletzt wird, dessen Ausfluss die Protokollierungspflicht ist. Art. 205 Abs. 1 ZPO ist wie jede Norm des Bundesrechts verfassungs- und EMRK-konform auszulegen (vgl. Art. 29 Abs. 1 BV und Art. 6 Ziff. 1 EMRK).

Zur Erledigung führt sodann auch die **Gegenstandslosigkeit** eines Verfahrens aus materiellen Gründen.

Kommt es weder zu einer Einigung noch zu einem Entscheid oder einem Urteilsvorschlag, so stellt die Schlichtungsbehörde der klagenden Partei die **Klagebewilligung** aus, mit welcher diese innert einer besonderen mietrechtlichen Klagefrist von 30 Tagen ans Gericht gelangen kann (Art. 209 Abs. 3 und 4 ZPO). Gegen die Klagebewilligung ist keine Beschwerde möglich. Mängel des Schlichtungsverfahrens werden stets im Rahmen der Prüfung der Prozessvoraussetzungen durch das erstinstanzliche Gericht behandelt (BGE 140 III 227; 140 III 310). Die Klagefrist ist systematisch betrachtet schon Teil des Gerichts- und nicht mehr des Schlichtungsverfahrens. Deswegen ist der **Fristenstillstand** nach Art. 145 Abs. 1 ZPO zu beachten (BGE 138 III 615 = Pra 2013 Nr. 36; zur analogen Rechtslage bei Urteilsvorschlag und Entscheid s. Leuenberger, ZBJV 2014, 16 f.; zur abweichenden übergangsrechtlichen Lage BGE 138 III 792). Klagende Partei können auch in dieser Konstellation durchaus beide Seiten sein, z.B. wenn der Vermieter eine Mietzinserhöhung, der Mieter dagegen eine Senkung anstrebt. Anders als im Falle des Urteilsvorschlags bleiben in diesem Fall die aufgeworfenen Rechtsfragen ungeregelt. Deshalb ist es derjenigen Partei, die von ihrer Klagebewilligung keinen Gebrauch gemacht hat, verwehrt, ihre ursprünglichen Anträge vor Gericht erneut zu stellen, denn es besteht anders als beim Urteilsvorschlag kein Bedürfnis, eine Benachteiligung der konzilianten Partei zu vermeiden, die sich nolens volens mit einer Regelung des Streitverhältnisses durch die Schlichtungsbehörde abgefunden hat (BGE 136 III 90 = Pra 2010 Nr. 99). Anders verhält es sich nur im Falle der Sonderbestimmung von Art. 270a Abs. 3, die den Mieter unabhängig vom Vorverfahren berechtigt, im Verfahren um eine Mietzinserhöhung eine Senkung des Mietzinses zu verlangen (s. Art. 270a N 6a). Soweit eine Schlichtung gesetzlich vorgesehen ist, ist ihre korrekte Durchführung im späteren Gerichtsverfahren **Prozessvoraussetzung**. Unbeachtlich ist ein Schlichtungsversuch vor einer offensichtlich unzuständigen Behörde (BGE 139 III 273 E. 2; bei der Miete von Mobilien ist jedoch zu beachten, dass bezüglich der örtlichen Zuständigkeit eine Einlassung auf die Schlichtung ohne weiteres möglich ist, vgl. Art. 18 und 35 ZPO), ebenso die Klagebewilligung, die einer an der Schlichtungsverhandlung säumigen Klägerin ausgestellt wurde (BGE 140 III 70 E. 4.3–4; 140 III 310). **17**

Unklar ist die Zuständigkeit für **vorsorgliche Massnahmen** während des Schlichtungsverfahrens. Art. 62 Abs. 1 ZPO verlegt die Rechtshängigkeit schon auf das Schlichtungsverfahren vor. Im Vergleich zur klassischen Prozessrechtstheorie hat die Rechtshängigkeit aber nur die beschränkten Wirkungen von Art. 64 ZPO. Die früher im kantonalen Recht oft ebenfalls mit der Rechtshängigkeit verknüpfte Fortführungslast tritt demgegenüber erst ein, wenn das Gericht der beklagten Partei die Klage zugestellt hat (Art. 65 ZPO). Zum Einfluss der Rechtshängigkeit auf die sachliche bzw. funktionelle Zuständigkeit für vorsorgliche Massnahmen äussert sich das Gesetz nicht. Sicher ist, dass ein Gericht die vorsorglichen Massnahmen zu erlassen hat (Art. 261 ff. ZPO). Die Schlichtungsbehörde kommt dafür nur noch in Betracht, soweit ihre Entscheidkompetenz reicht (N 14). Da Art. 4 ZPO die Regelung der sachlichen und funktionellen Zuständigkeit weiterhin den Kantonen überlässt, bleibt es diesen überlassen, welches Gericht sie mit dem Erlass vorsorglicher Massnahmen während des Schlichtungsverfahrens betrauen. Solange im entsprechenden kantonalen Recht keine eindeutige Regelung zu finden ist, sollte sowohl das für das spätere Verfahren zuständige erstinstanzliche Gericht als auch ein besonders für vorsorgliche Massnahmen eingesetztes Gericht angerufen werden können (vgl. dazu auch Hediger, mp 2013, 9 f.). **17a**

5. Gerichtsverfahren

18 Der Bundesgesetzgeber hat grundsätzlich dafür gesorgt, dass das Mietverfahren wie bis anhin im sozial relevanten Bereich der Miete von **Wohn- und Geschäftsräumen** auch vor Gericht einfach und rasch ausgestaltet wurde. So unterstehen entsprechende Streitigkeiten bis zu CHF 30 000 und unabhängig vom Streitwert sämtliche Kündigungsschutz-, Mietzinsanfechtungs- und Hinterlegungsprozesse dem **vereinfachten Verfahren** nach Art. 243 ff. ZPO, welches sich durch Mündlichkeit und Formlosigkeit auszeichnet (Art. 244 f. ZPO). Damit dieses Anliegen nicht unterlaufen werden kann, kommt im genannten Bereich ein allenfalls vom Kanton eingesetztes **Handelsgericht** nicht zum Zug (BGE 139 III 457 E. 4.4.3; s. N 7). Umgekehrt soll aber ausserhalb des vereinfachten Verfahrens die handelsgerichtliche Zuständigkeit nach Art. 6 ZPO diejenige eines vom kantonalen Recht vorgesehenen Spezialgerichts oder des ordentlichen Gerichts verdrängen (BGE 140 III 155; 140 III 550 E. 2.3). Richtig daran ist, dass das Bundesrecht die handelsrechtliche Streitigkeit abschliessend definiert. Dass die Kantone keine weiteren Spezialgerichte für Fälle einrichten dürfen, die innerhalb der handelsrechtlichen Streitigkeiten weitere Kriterien erfüllen, lässt sich dem Bundesrecht aber nicht direkt entnehmen (ebenso Maag, MRA 1/2014, 14 f.). Der Entscheid hat zur Folge, dass Bestimmungen wie die § 20 Abs. 2, Art. 21 Abs. 2 oder Art. 126 GOG/ZH sich als bundesrechtswidrig erweisen, soweit sie eine Handelssache dem Arbeits- oder Mietgericht zuweisen. Ob die Kann-Vorschrift von Art. 6 ZPO tatsächlich derart stark in die Gerichtsorganisationshoheit der Kantone eingreift, scheint fraglich (weitergehend die Kritik von Koller Th., ZBJV 2014, 955 f., der es generell als problematisch erachtet, Mietsachen als Handelsstreitigkeiten zu behandeln).

18a **Kostenlosigkeit** ist im Gerichtsverfahren jedoch bedauerlicherweise nicht vorgesehen, auch nicht bei einem Streitwert bis CHF 30 000 (vgl. Art. 114 ZPO). Immerhin können die Kantone nach Art. 116 ZPO entsprechende Vorschriften einführen; dabei dürfen sie auch die Zusprechung von Parteientschädigungen untersagen (BGE 139 III 182). Solche Vorschriften über den Ausschluss von Parteientschädigungen stellen – wie das frühere kantonale Zivilprozessrecht im Bereich der Parteientschädigungen – einen Restbestand kantonalen Privatrechts dar und verdrängen somit Schadenersatzansprüche gemäss OR. Es ist daher in Kantonen mit einer entsprechenden Regelung ausgeschlossen, eine Entschädigung gestützt auf Art. 97 OR geltend zu machen, soweit es um Aufwendungen im Rahmen von Art. 95 Abs. 3 ZPO geht (BGE 139 III 190 E. 4).

18b Die Kostenpflicht eröffnet den Gerichten auch die Möglichkeit, nach Art. 98 ZPO einen **Kostenvorschuss** zu verlangen. Dabei steht ihnen ein weites Ermessen zu. Im Lichte der sozialen Bedeutung des Mietprozesses sollte vom Instrument aber zurückhaltend Gebrauch gemacht werden, soweit eine Klage im vereinfachten Verfahren zu behandeln ist, und zwar unabhängig davon, wer klagt und wie die finanziellen Verhältnisse der Parteien aussehen (s. etwa Hediger, mp 2013, 6).

19 Ebenfalls weitgehend unangetastet lässt die ZPO die schon in aArt. 274d Abs. 3 statuierte **soziale Untersuchungsmaxime**. Art. 247 Abs. 2 ZPO verankert sie für alle Streitigkeiten aus Miete und Pacht von Wohn- und Geschäftsräumen bis zu einem Streitwert von CHF 30 000 und darüber hinaus unabhängig vom Streitwert für Kündigungsschutz-, Mietzinsanfechtungs- und Hinterlegungsstreitigkeiten (vgl. Art. 243 Abs. 2 lit. c ZPO; dazu BGer, 26. 3. 2014, 4A_1/2014, E. 2.3). Ihr Zweck besteht im **Schutz der schwächeren Vertragspartei**, in der **Sicherung der Gleichbehandlung** beider Seiten und in der **Beschleunigung** des Verfahrens (BGE 139 III 457 E. 4.4.3; so schon unter altem Recht BGer, 22. 11. 2005, 4C. 273.2005, E. 3.1; 23. 3. 2007, 4C.441/2006, E. 4). Die Parteien können daher dennoch über den **Streitgegenstand** *frei verfügen*, namentlich durch Rückzug, Anerkennung und Vergleich; durch ihre Anträge geben sie der Entscheidinstanz den Rahmen des Verfahrens vor (BGE 122 III 20 E. 4d).

Hauptsächlich bewirkt die Untersuchungsmaxime, dass Behörde und Gericht dem Urteil nur solche Tatsachen zugrunde legen dürfen, von deren Vorhandensein sie sich *überzeugt* haben.

Sie dürfen **Beweise von Amtes wegen** erheben und müssen auch Tatsachen berücksichtigen, die sich aus den **Akten** oder anderen ihnen zugänglichen Quellen wie dem Grundbuch ergeben, selbst wenn sie **von keiner Partei behauptet** worden sind (BGer, 26.3.2014, 4A_1/2014, E. 2.3–4). Den Parteien muss aber aus Gründen des rechtlichen Gehörs Gelegenheit geboten werden, zum amtlich festgestellten Sachverhalt **Stellung zu nehmen**. Durch Ausübung der **Fragepflicht** und Hinweis auf die **Mitwirkungsobliegenheit** der Parteien (Art. 160 und 163 f. ZPO; vgl. Art. 247 Abs. 1 ZPO) ist sicherzustellen, dass alle wesentlichen Sachverhaltselemente in den Entscheid bzw. den Vergleichsvorschlag einfliessen (s. Art. 247 Abs. 1 ZPO). Die Parteien haben sich – auch ausserhalb des Mietrechts – nicht nur an der Sammlung des Prozessstoffes zu beteiligen und alle Unterlagen vorzulegen, sondern sie müssen gegebenenfalls auf Aufforderung hin selbst aktiv werden, um nicht von den Folgen der *objektiven* Beweislast getroffen zu werden (BGE 140 III 264; 125 III 231 E. 4a; BGer, 15.5.2001, 4C.66/2001, E. 3b; 23.3.2007, 4C.441/2006; KOLLER/MAUERHOFER, ZBJV 2009, 829 ff.; BISANG, MRA 2011, 148 ff.; PÜNTENER, mp 2011, 248 f. und 256). Von besonderer Bedeutung ist dies etwa für die Beweisführung zum Kündigungsgrund (dazu BGE 120 II 105 sowie Art. 271–271a N 30) und beim Nachweis einer bestimmten Vergleichsmiete; nennt die beweisbelastete Partei trotz Aufforderung keine Vergleichsobjekte, so kann die Beweiserhebung unterbleiben (SJ 2001 I 278 E. 2b; BGer, 31.3.2002, 4C.65/2002, E. 2). Die Mitwirkungsobliegenheit ist auch verletzt, wenn der Vermieter dem Mieter, der einen übersetzten Ertrag behauptet hat, einen ungeordneten Berg Unterlagen zur Verfügung stellt (**a.M.** GUT, mp 2002, 11), wenn der Vermieter den Anfangsmietzins gestützt auf eine offensichtlich nicht plausible Vergleichsmiete stützt, ohne genügende Vergleichsobjekte zu nennen (BGE 139 III 13 E. 3.1.4 = Pra 2013 Nr. 105) oder wenn die Mieterin, die eine Minderung nach Art. 259d verlangt, dem Gericht zumutet, einen Berg von Briefen zu durchforsten, um herauszufinden, welche Mängel gemeint sind (BGer, 1.5.2006, 4C.11/2006, E. 2–4).

Verspätet vorgebrachte Behauptungen, Bestreitungen, Beweisanträge und Einreden können zwar berücksichtigt werden (Art. 247 Abs. 2 i.V.m. Art. 219 und 229 Abs. 3 ZPO; zum Recht vor 2011 s. BGE 117 II 559; 118 II 52; 119 II 146; 119 II 351; 122 III 20 E. 4a; 125 III 231 E. 4a; Pra 1997 Nr. 24). Dies schliesst aber nicht aus, Beweise **antizipiert zu würdigen** (s. z.B. BGer, 3.2.2006, 4C.383/2005 i.V.m. BGer, 3.2.2006, 4P.293/2005, je E. 2.1) oder die Parteien im Interesse der Verfahrensbeschleunigung anzuhalten, sämtliche **Beweismittel bis zu einem bestimmten Zeitpunkt** zu nennen und zu präsentieren, soweit ihnen dies möglich ist (vgl. Art. 246 Abs. 1 ZPO). Das BGer hat denn auch entschieden, dass sich auch bei Geltung der sozialen Untersuchungsmaxime nichts am grundsätzlichen Ausschluss von Noven im Rechtsmittelverfahrens ändert (BGE 138 III 625). Trotz Kritik in der Lehre ist dieser Entscheid zu begrüssen, denn ein erweitertes Novenrecht in zweiter Instanz stünde dem für einen effizienten Rechtsschutz zentralen Beschleunigungsanliegen im Weg (**a.M.** LEUENBERGER, ZBJV 2013, 252 ff. und ZBJV 2014, 23 f.; SEILER, N 1264a, m.Hw.) Die vom Gericht erhobenen Beweise sind nach *freier Überzeugung* zu würdigen (Art. 157 ZPO).

Eine scharfe Debatte hat sich zur Frage der **Säumnisfolgen im vereinfachten Verfahren** entwickelt. So möchte ein Teil der Lehre bei schriftlicher Klage Säumnisfolgen an die unterbliebene Stellungnahme des Beklagten nach Art. 245 Abs. 2 ZPO knüpfen, und zwar gestützt auf Art. 223 i.V.m. Art. 219 ZPO im Anschluss an eine kurze Nachfrist (BLUMER, SPR VII/3, Rz 263; PAHUD, in: Brunner/Gasser/Schwander, Art. 223 N 8 [30.8.13]; BK ZPO-KILLIAS, Art. 245 N 12 ff.). Andere halten die Androhung von Säumnisfolgen wegen der beschränkten Bedeutung der Stellungnahme für unzulässig (KUKO ZPO-FRAEFEL, Art. 245 N 4 und 8). Auf der anderen Seite gelangt ein Teil der Lehre zum Schluss, wenn die Klage ohne Begründung eingereicht werde und der Beklagte zur Verhandlung nicht erscheine, habe eine zweite Vorladung zu erfolgen – in sinngemässer Anwendung von Art. 223 ZPO und damit als Ausdruck eines Prinzips der zweiten Chance (BRUNNER, in: Brunner/Gasser/Schwander, Art. 245 N 9; BSK ZPO-MAZAN, Art. 245 N 15 [anders die Voraufl.]; BK ZPO-KILLIAS, Art. 245 N 8; KUKO ZPO-FRAEFEL, Art. 245 N 9 [anders die Voraufl.]). Eine erneute Vorladung wider- 19a spricht in diesem zweiten Fall aber schon Art. 234 ZPO, der solches selbst für die Hauptverhandlung im ordentlichen Verfahren nicht vorsieht. Richtigerweise hat man sich den Beschleunigungszweck des vereinfachten Verfahrens vor Augen zu halten. Ins Zentrum der Überlegungen gehört das (ehrgeizige) Ziel der Erledigung der Sache in einer einzigen Verhandlung, jedenfalls soweit sich nicht aufwändige Beweisabnahmen aufdrängen (Art. 246 Abs. 1 ZPO). Mit der geforderten zweiten Vorladung wird eine rasche Streitbeilegung stark erschwert und das vereinfachte Verfahren einer zentralen Funktion beraubt. Das ist daher abzulehnen (PAHUD, in: Brunner/Gasser/Schwander, Art. 223 N 9; BLUMER, SPR VII/3, Rz 271). Bleibt eine Partei aus, so entscheidet das Gericht sofort gestützt auf die vorhandenen Eingaben und die Stellungnahme der anwesenden Partei, soweit nicht Beweisabnahmen von Amtes wegen erforderlich werden. Fehlt es auf diese Weise auch nur ansatzweise an einer Begründung der Klage, hat ein Nichteintretensentscheid zu ergehen. Wird das Verfahren dagegen *schriftlich* eingeleitet, so muss das Gericht zunächst darüber entscheiden, ob die Klage den Anforderungen von Art. 221 ZPO genügt. Nur in diesem Fall ist es grundsätzlich verpflichtet, der beklagten Partei eine schriftliche Stellungnahme zu ermöglichen (BGE 140 III 450 E. 3.1). Diesfalls können mit der Fristansetzung auch Säumnisfolgen verbunden werden. Dabei spricht das Gebot der Laientauglichkeit dafür, dass schon ein kurzer Einwand gegen die Klage als Stellungnahme genügen muss, so dass Säumnisfolgen wenn immer möglich vermieden werden und es auf unkomplizierte Weise rasch zu einer Verhandlung kommt (BK ZPO-MAZAN, Art. 245 N 17; ähnlich BRUNNER, in: Brunner/Gasser/Schwander, Art. 245 N 3; BK ZPO-KILLIAS, Art. 245 N 12; HEDIGER, mp 2013, 6 f.). Umgekehrt sollte besonders bei dringenden Fällen die schriftliche Stellungnahme auch für fakultativ erklärt werden können. Dazu kann man statt auf Art. 223 auf die allgemeine Säumnisregel von Art. 147 Abs. 2 ZPO zurückgreifen. Demgemäss wird das Verfahren ohne die fragliche Rechtshandlung fortgesetzt, was bedeutet, dass nach versäumter Stellungnahme direkt zur Verhandlung vorgeladen wird (Art. 245 Abs. 1 ZPO; BOHNET, procédure, Rz 151; KUKO ZPO-FRAEFEL, Art. 245 N 4 und 8). Als Variante kann das Gericht gleichzeitig mit der Fristansetzung zur (fakultativen) Stellungnahme zur Verhandlung vorladen, wodurch eine Beschleunigung bewirkt wird. Wichtig ist bei allen Varianten, dass die Säumnisfolgen in der entsprechenden prozessleitenden Verfügung jeweils genau umschrieben werden (Art. 147 Abs. 3 ZPO). Eine flexible Handhabung des Gesetzes befürwortet auch das BGer: In BGE 138 III 483 führte es für das (summarische) Rechtsöffnungsverfahren aus, wegen des beschleunigt zu führenden Prozesses komme eine Nachfristansetzung gestützt auf Art. 223 nach einer versäumten schriftlichen Stellungnahme (s. Art. 253 ZPO) nicht in Betracht. Es betonte, der Verweis auf das ordentliche Verfahren in Art. 219 ZPO beziehe sich nur auf eine *sinngemässe* Anwendung der entsprechenden Bestimmungen (a.a.O. E. 3.2.4). Ähnliche Überlegungen kann man für das vereinfachte Verfahren anstellen: Beim Entscheid über die Vorgehensweise soll das Gericht sich von objektiven Kriterien leiten lassen: Dringlichkeit der Sache und Laienbeteiligung sprechen eher für die direkte Ansteuerung einer Verhandlung, komplexe Prozesse mit Beteiligung von Anwälten eher für die Betonung des schriftlichen Verfahrens.

19b Dem Gericht stehen demgemäss folgende Varianten zur Verfügung:

	Komplexe Fälle	Dringliche Fälle, Laienbeteiligung
Klage mit Begründung	– Fristansetzung zur schriftlichen Stellungnahme mit Androhung von Säumnisfolgen im Anschluss an eine Nachfristansetzung nach Art. 223 ZPO – Fristansetzung zur fakultativen schriftlichen Stellungnahme mit Androhung der Vorladung zur Verhandlung mit sofortigen Säumnisfolgen (Art. 147 Abs. 2 und Art. 234 ZPO).	– Fristansetzung zur fakultativen schriftlichen Stellungnahme mit Androhung der Vorladung zur Verhandlung mit sofortigen Säumnisfolgen (Art. 147 Abs. 2 und Art. 234 ZPO). – Fristansetzung zur fakultativen schriftlichen Stellungnahme mit paralleler Vorladung zur Verhandlung mit sofortigen Säumnisfolgen (Art. 147 Abs. 2 und Art. 234 ZPO)
Klage ohne Begründung	– Anordnung eines vorgängigen Schriftenwechsels (Art. 246 Abs. 2 ZPO) mit Androhung von Säumnisfolgen analog Art. 132 ZPO (Kläger) bzw. gem. Art. 223 ZPO (Beklagter); anschliessend Vorladung zur Verhandlung mit Säumnisfolgen	– Vorladung zur Verhandlung, mit Androhung sofortiger Säumnisfolgen

Eine **Widerklage** kann bei gleicher gleicher Verfahrensart ohne zusätzliches Schlichtungsverfahren auch erst vor Gericht erhoben werden, und zwar nach Art. 224 ZPO spätestens mit der Klageantwort. Konnexität ist dabei nur noch erforderlich, wenn für die Widerklage am Ort der Hauptklage nicht bloss ein Gerichtsstand nach Art. 14 Abs. 1 ZPO besteht (KUKO ZPO-NAEGELI/RICHERS, Art. 224 N 4). 20

Die **berufsmässige Vertretung vor Gericht** darf – unter Vorbehalt abweichender kantonaler Regelungen im engen Rahmen von Art. 68 Abs. 2 ZPO – nur durch Anwälte erfolgen. Diese müssen dem Unabhängigkeitsgebot nach Art. 8 BGFA genügen. Wer im kantonalen Verfahren eine Partei als Angestellter eines Interessenverbandes vertreten hat, darf im bundesgerichtlichen Verfahren nicht als Anwalt auftreten (BGE 139 III 249; dazu KOLLER TH., ZBJV 2014, 965 ff.). 20a

Nicht in die ZPO übernommen wurde die **Kompetenzattraktion** von Kündigungsschutzverfahren beim Ausweisungsgericht nach aArt. 274g (krit. dazu SVIT-Komm., aArt. 274 N 12). Art. 257 ZPO sieht zwar ein summarisches Verfahren zur Gewährung von **Rechtsschutz in klaren Fällen** vor, über welches i.d.R. auch Ausweisungsbegehren in Mietsachen abgewickelt werden können (Art. 267 N 3). Rechtsschutz wird jedoch nach Abs. 1 der genannten Bestimmung nur bei klarer Rechtslage und unbestrittenem oder sofort beweisbarem Sachverhalt gewährt. Der Kläger hat den vollen Beweis für ihre Darstellung zu erbringen. Können Einwendungen des Beklagten nicht sofort entkräftet werden, scheitert das Gesuch (BGE 138 III 620 E. 5.1.1; BGer, 16.4.2014, 4A_68/2014, E. 4.1 [unpubl. Teil v. BGE 140 III 315; näher zum Ganzen EGLI, 4f.]). Die Kantone können an dieser Rechtlsage nichts ändern und dürfen Ausweisungen nicht generell ins summarische Verfahren verweisen (BGE 139 III 38). Sind die Voraussetzungen von Art. 257 ZPO nicht gegeben, tritt das Gericht auf das Gesuch nicht ein (BGE 138 III 123; 141 III 23). Anschliessend muss die klagende Partei die Sache durch ein Schlichtungsgesuch vor die ordentlichen Gerichte bringen (s. dazu Art. 267 N 3). Selbst wenn der geltend gemachte Anspruch offensichtlich unbegründet ist, kann laut BGer im Ver- 21 fahren nach Art. 257 ZPO keine Klageabweisung erfolgen, sondern nur ein Nichteintretensentscheid (BGE 140 III 315) – mit Blick auf die Entstehungsgeschichte der Norm eine durchaus diskutable Rsp. (**a. M.** Egli, 7 f.). Der Beklagte, der gleichwohl einen materiellen Entscheid zu seinen Gunsten herbeiführen will, hat aber die Möglichkeit, eine Widerklage zu erheben (zur Zulässigkeit der Widerklage im summarischen Verfahren KUKO ZPO-Jent-Sørensen, Art. 252 N 6).

6. Schiedsgerichte

22 Streitigkeiten über Mietverhältnisse sind nach dem Wortlaut von Art. 354 ZPO unbeschränkt schiedsfähig. Das BGer legt die Bestimmung allerdings einschränkend aus und hat festgehalten, dass der Gesetzgeber an der nach aArt. 274c OR geltenden Rechtslage nichts ändern wollte. Die Miete von Wohnräumen ist daher nicht schiedsfähig, jedenfalls im nationalen Verhältnis (BGer, 18.5.2015, 4A_92/2015, E. 3.2.2–3 [zur Publ. vorgesehen], der zugleich Schiedsgutachten zur Mietzinsfestsetzung selbst bei der Miete von Luxuswohnungen für unzulässig erklärt). Das BGer schliesst dies zu Recht aus Art. 361 Abs. 4 ZPO, wonach bei der Miete von Wohnungen nur die paritätische Schlichtungsbehörde als Schiedsgericht gewählt werden darf. Die grundsätzlich freie Wahl auch eines ausländischen Rechts und das Fehlen der unentgeltlichen Rechtspflege im Schiedsverfahren bergen für die schwächere Vertragspartei erhebliche Gefahren (Staehelin/Staehelin/Grolimund, § 29 Rz 12 ff.). Im **internationalen** Verhältnis kommt Art. 361 Abs. 4 ZPO nach richtiger Betrachtung ebenfalls zur Anwendung, da die Bestimmung zum schweizerischen ordre public gehört, soweit das Mietobjekt in der Schweiz liegt und der Mieter Wohnsitz oder gewöhnlichen Aufenthalt in der Schweiz hat (vgl. ZK-Higi, aArt. 274c N 4 ff.; SVIT-Komm., aArt. 274c N 2; IPRG-Kommentar-Vischer, Art. 177 N 15; **a.M.** Gehri, AJP 2001, 1243; KUKO ZPO-Dasser, Art. 354 N 14, der die Möglichkeit des Opting-out zugunsten des IPRG nach Art. 353 Abs. 2 ZPO eher bejaht).

23 Für das **Verfahren** gelten die allgemeinen Regeln des **IPRG** bzw. der **ZPO**, wie deren Art. 353 nun bestimmt. Die Bestimmungen des vereinfachten Verfahrens über die soziale Untersuchungsmaxime gem. Art. 243 Abs. 2 lit. c und Art. 247 Abs. 2 ZPO finden auch auf das Schiedsverfahren **über Wohnräume** keine Anwendung. Gleiches gilt für die (Behörden-) Kostenfreiheit nach Art. 113 Abs. 2 lit. c ZPO und für die unentgeltliche Rechtspflege (Art. 117 ff. ZPO; s. Art. 380 ZPO). Die Kostenlosigkeit liesse sich nur schon deshalb nicht rechtfertigen, weil das Schiedsverfahren als umfassendes Erkenntnisverfahren einen viel grösseren Aufwand verursacht als ein Schlichtungsversuch oder ein Entscheid bzw. Urteilsvorschlag aufgrund eines nur mit beschränkten Beweismitteln festzustellenden Sachverhalts (vgl. ZK-Higi, aArt. 274c N 31 und 34).

24 Aus der ganzheitlichen Betrachtung der Schiedsklausel folgt, dass schon die Einlassung auf ein (gewöhnliches) Schlichtungsverfahren als **Verzicht auf die Schiedsabrede** auch für das nachfolgende Gerichtsverfahren zu werten ist, soweit die Schiedsabrede nichts anderes vorsieht (BGer, 10.11.2005, 4C.161/2005, E. 2.5.1; SVIT-Komm., N 2).

25 Unproblematisch sind die Bestimmungen der ZPO und des IPRG insofern, als sie allgemein das Verfahren, die Bestellung und die **zwingende Unparteilichkeit und Unabhängigkeit** des Gerichts betreffen (Art. 367 f. ZPO; Art. 179 f. IPRG). Problematisch sind dagegen Art. 381 Abs. 1 lit. b ZPO und Art. 187 Abs. 2 IPRG, wonach das Schiedsgericht von den Parteien zu einem Billigkeitsentscheid ermächtigt werden kann. Der zwingende Charakter einer Gesetzesvorschrift schliesst eine solche Abrede nicht aus, wohl aber die Zugehörigkeit der Norm zum schweizerischen **ordre public** (BGE 107 Ib 66). Dazu gehören zumindest sämtliche *Schutzvorschriften des zweiten und dritten* Abschnitts des Achten Titels des OR, denn der **Schutz vor missbräuchlichen Mietzinsen und der Kündigungsschutz** sind tragende Säulen unserer Rechtsordnung (vgl. Art. 109 Abs. 1 BV). Dies gilt jedenfalls für die Miete von

Wohn- und Geschäftsräumen durch Personen mit (Wohn-)Sitz oder gewöhnlichem Aufenthalt in der Schweiz (gl.M. nur für Wohnräume SVIT-Komm., aArt. 274c N 9).

V. Internationales Privat- und Zivilprozessrecht

1. Internationale Zuständigkeit

Im internationalen Verhältnis regelt primär das **IPRG** die Zuständigkeiten. Grundsätzlich sind die Gerichte am Wohnsitz, subsidiär am gewöhnlichen Aufenthalt des Beklagten international zuständig (Art. 112 Abs. 1 IPRG). In der seit 1.1.2011 gültigen Fassung sieht Art. 113 IPRG nun vor, dass generell auch vor den Gerichten des Ortes geklagt werden kann, an welchem die charakteristische Leistung eines Vertrages zu erbringen ist. Bei der Miete von unbeweglichen Sachen steht daher im Ergebnis stets ein Gerichtsstand am Ort der gelegenen Sache zur Verfügung. Gerichtsstandsvereinbarungen und Einlassung sind möglich (Art. 5 f. IPRG). Sondergerichtsstände gelten für Konsumentenverträge (Art. 114 IPRG). **26**

Nach der Intention des Gesetzgebers hat die Regelung des IPRG unter Vorbehalt von Staatsverträgen abschliessenden Charakter (vgl. Art. 1 IPRG und Art. 2 ZPO). Infolge der parallel zur Schaffung des IPRG verlaufenen Mietrechtsrevision von 1990 galt dieser Grundsatz für das Mietrecht zunächst jedoch nur beschränkt, da aArt. 274b Abs. 2 ausdrücklich («der in der Schweiz wohnhafte Mieter») auch im internationalen Verhältnis anwendbar war (Gross, in: Müller/Wirth [Hrsg.], Gerichtsstandsgesetz [GestG], Kommentar, Zürich 2001, Art. 23 aGestG N 104). Mit der Einführung des inzwischen von der eidg. ZPO abgelösten Gerichtsstandsgesetzes wurde diese Bestimmung jedoch aufgehoben, ohne dass das IPRG ergänzt worden wäre. Das revidierte IPRG stellt zwar in Art. 113 letztlich einen internationalen Gerichtsstand am Ort der gelegenen Sache zur Verfügung, erklärt diesen aber nicht für einseitig zwingend, und zwar obwohl die ZPO gleich wie zuvor das GestG im nationalen Verhältnis offensichtlich von einem Schutzbedürfnis des Mieters hinsichtlich des anwendbaren Gerichtsstands ausgeht (Art. 35 ZPO; dazu auch N 10). Dass nur die Mieter von Konsumgütern vor Gerichtsstandsklauseln geschützt sind, (Art. 114 IPRG), nicht aber die übrigen Mieter, insb. nicht diejenigen von **Wohnräumen**, ist schwer verständlich. Dass die Frage so brisant *nicht* ist, liegt erstens am LugÜ, welches Schutzbestimmungen für die Immobiliar- und Konsumgütermiete enthält (dazu sogleich N 28), zweitens wohl daran, dass die meisten ausländischen Rechtsordnungen den Mieter von Wohnräumen in prozessualer und materiellrechtlicher Hinsicht besser schützen als die schweizerische (dazu Oberhammer/Kletecka/Wall [Hrsg.], Soziales Mietrecht in Europa, Wien 2010). Drittens bietet die ZPO indirekt einen gewissen Schutz insofern, als gar kein internationaler Sachverhalt i.S.v. Art. 2 ZPO vorliegt, wenn beide Parteien in der Schweiz Wohnsitz oder Sitz haben und zudem das Mietobjekt in der Schweiz liegt (s. BGE 134 III 375 E. 4.1 für den Fall der subjektiven Klagehäufung). In allen übrigen Fällen ist stets zu prüfen, ob dem Mieter nicht i.S.v. Art. 5 Abs. 3 IPRG ein Gerichtsstand des schweizerischen Rechts in missbräuchlicher Weise entzogen wurde.

Verdrängt wird das IPRG indessen von Art. 361 Abs. 4 ZPO, wonach die Parteien eines Mietverhältnisses über Wohn- und Geschäftsräume ausschliesslich die Schlichtungsbehörde als Schiedsinstanz vorsehen dürfen. Dies gilt jedenfalls, soweit es sich um die Miete von in der Schweiz gelegenen Wohnräumen handelt (vgl. dazu N 22). **27**

Anders geregelt ist die Frage der internationalen Zuständigkeit im Geltungsbereich des **Lugano-Übereinkommens**, welches als Völkerrecht mit unmittelbar anwendbaren Bestimmungen dem Landesrecht vorgeht und damit die IZPR-Bestimmungen auch des IPRG verdrängt. Nach Art. 22 Ziff. 1 Abs. 1 LugÜ gilt für Miet- und Pachtverträge über unbewegliche Sachen ausschliesslich (und zwingend, Art. 23 Ziff. 5 und Art. 24 LugÜ) der (nationale) Gerichtsstand im **Belegenheitsstaat**. Hat folglich etwa der Vermieter einer in der Schweiz am Ort A gelege- **28** nen Sache Wohnsitz im Ausland, der Mieter jedoch im schweizerischen Ort B, so ergibt sich aufgrund des LugÜ die Zuständigkeit der Schweizer Gerichte. Innerstaatlich ist dann aber das IPRG heranzuziehen, welches in Art. 112 auf die Gerichte am Wohnsitz des Beklagten verweist (BGE 134 III 475). Der Entscheid ist insofern obsolet, als Art. 113 IPRG nun zusätzlich einen Gerichtsstand am Erfüllungsort vorsieht, so dass auf jeden Fall am Ort der gelegenen Sache geklagt werden kann (N 26). Für alle übrigen Verträge sehen Art. 5 Ziff. 1 LugÜ den Gerichtsstand des **Erfüllungsorts** und Art. 2 Ziff. 1 LugÜ denjenigen des **Wohnsitzstaates** des Beklagten vor. Hier sind allerdings Prorogation und Einlassung möglich (Art. 23 und 24 LugÜ). Vorbehalten bleiben jedoch Klagen betreffend Miete von Konsumgütern, welche (zugunsten des Konsumenten zwingend) im Staate des Wohnsitzes des Verbrauchers oder des Anbieters erhoben werden können (Art. 15 bis 17 LugÜ).

29 An dieser Stelle sei die **Aufforderung zuhanden des Gesetzgebers** wiederholt, sich des Problems anzunehmen. Naheliegend und sachgerecht wäre der Einbau des Gehalts des LugÜ in das IPRG.

2. Anwendbares Recht

30 Mangels Sonderbestimmungen im OR und mangels internationaler Verträge richtet sich die Anwendbarkeit des schweizerischen Mietrechtes allein nach dem IPRG. Danach untersteht der Mietvertrag wie jeder andere Vertrag grundsätzlich dem von den Parteien gewählten Recht (Prinzip der Parteiautonomie gem. Art. 116 Abs. 1 IPRG). Die **Rechtswahl** muss aber **ausdrücklich** getroffen sein oder sich aus dem Vertrag oder den Umständen eindeutig ergeben (Art. 116 Abs. 2 IPRG). Fehlt eine Rechtswahl, so ist nach Art. 117 IPRG das Recht mit dem engsten Bezug zum Vertrag anwendbar, vermutungsweise dasjenige, in welchem der Vermieter als **Schuldner der charakteristischen Leistung seinen gewöhnlichen Aufenthalt** hat. Ausgeschlossen ist eine Rechtswahl einzig mit Bezug auf die Miete von **Konsumgütern**, für welche zwingend das Recht am gewöhnlichen Aufenthalt des Mieters gilt (Art. 120 IPRG).

31 Auch bei **Mietverträgen über in der Schweiz gelegene Grundstücke** ist es möglich, die grundsätzlich anwendbare lex rei sitae (Art. 119 Abs. 1 IPRG) durch Wahl eines andern Rechts auszuschliessen (Art. 119 Abs. 2 IPRG). Der Ordre public (Art. 17 IPRG) steht einer solchen Rechtswahl nicht entgegen. Da jedoch die zwingenden Bestimmungen des schweizerischen Mietrechts mit Bezug auf die **in der Schweiz liegenden Wohn- und Geschäftsräume** schon aufgrund des entsprechenden verfassungsrechtlichen Auftrages (Art. 109 Abs. 1 BV) durchwegs einen besonderen Zweck verfolgen (vom Verbot des Koppelungsgeschäfts oder des Verrechnungsausschlusses über die Hinterlegung bis hin zum Kündigungsschutz), lässt Art. 18 IPRG die Anwendung einer ausländischen Rechtsordnung auf entsprechende Mietverträge nicht zu (ähnlich IPRG-Kommentar-VISCHER, Art. 18 N 14; BSK IPRG-MÄCHLER-ERNE, Art. 18 N 16; CR CO I-LACHAT, Vor Art. 253 N 12; BK-GIGER, Art. 253 N 125 f.; gl.M. wenigstens mit Bezug auf Kündigungsschutz und Mietzinsanfechtung ZK-HIGI, N 256; restriktiver CPra Bail-GUILLAUME, Art. 119 IPRG N 6; für Anwendung des für den Mieter günstigeren Rechts Lachat et al.-PÜNTENER, 53; **a.M.** BLUMER, SPR VII/3, Rz 126).

VI. Intertemporales Recht

32 Das geltende Mietrecht ist auf den 1.7.1990 in Kraft getreten (BRB vom 9.5.1990, AS 1990, 834). Intertemporalrechtliche Fragen stellen sich daher heute nur noch selten. In erster Linie ist der Grundsatz der **Nichtrückwirkung** des neuen Rechts (Art. 1 SchlT ZGB) massgebend. Dieser Grundsatz vermag sich auch gegenüber den zwingenden Normen des neuen Mietrechts *durchzusetzen, soweit unter* der alten Rechtsordnung bereits eingetretene Rechtswirkungen in Frage stehen. Im Dauerschuldverhältnis beurteilen sich deshalb alle Lebensvorgänge, die nach dem 1.7.1990 eingetreten sind, nach neuem Recht (gl.M. wohl BK-GIGER, Art. 253 N 114).

Eine Mietzinshinterlegung war erstmals am 1.7.1990 zulässig (im Ergebnis ähnlich, aber unter Heranziehung von Art. 3 SchlT ZGB CR CO I-LACHAT, Vor Art. 253 N 4). Gestaltungs- und Gestaltungsklagerechte sind nach Art. 5 Abs. 1 der Übergangsbestimmungen zum neuen Mietrecht (Kündigungsschutz) und nach Art. 26 Abs. 1 VMWG (Mietzinsgestaltungsklage) nach dem Recht zu beurteilen, welches im Zeitpunkt des Eintritts ihrer Wirkungen gilt. Für andere Gestaltungsrechte wie etwa eine Verrechnungserklärung ergibt sich das gleiche Resultat aus Art. 1 SchlT ZGB, da eine Rechtsausübung auf einen Zeitpunkt nach Inkrafttreten des neuen Rechts keine bereits entstandenen Rechte tangiert. Altrechtliche Forderungen und Schulden (Mietzinsforderungen, Retentionsrechte etc.), beurteilen sich weiterhin nach dem bisherigen Recht, können aber mit neuen oder alten Gegenforderungen verrechnet werden. Da Vergütungsansprüche für mieterseitige Umbauten nach Art. 260a OR erst am Ende des Mietverhältnisses entstehen, sind sie nach dem neuen Recht zu beurteilen (BGer, 29.3.2006, 4C.18/2006, E. 3.1; LACHAT, bail à loyer, 833). Vgl. zu altrechtlichen Index- und Staffelungsklauseln und zur Abgrenzung der neurechtlichen Überwälzungssätze bei Hypothekarzinsänderungen Art. 26 Abs. 3 und 4 VMWG. Zur Nichtrückwirkung der gelockerten Formvorschriften für Mietzinserhöhungen s. BGer, 26.5.2003, 4C.59/2003 = mp 2003, 120 ff.

Erster Abschnitt: Allgemeine Bestimmungen

Art. 253

A. Begriff und Geltungsbereich
I. Begriff

Durch den Mietvertrag verpflichtet sich der Vermieter, dem Mieter eine Sache zum Gebrauch zu überlassen, und der Mieter, dem Vermieter dafür einen Mietzins zu leisten.

A. Définition et champ d'application
I. Définition

Le bail à loyer est un contrat par lequel le bailleur s'oblige à céder l'usage d'une chose au locataire, moyennant un loyer.

A. Definizione e campo d'applicazione
I. Definizione

La locazione è il contratto per cui il locatore si obbliga a concedere in uso una cosa al conduttore e questi a pagargli un corrispettivo (pigione per gli immobili e nolo per i mobili).

Literatur

BURKHALTER, Rahmenmietverträge als neuer Lösungsansatz an der Mieter-Vermieterfront, SVZ 1994, 234 ff.; Empfehlungen des Eidg. Datenschutz- und Öffentlichkeitsbeauftragten vom 22.11.1994 betr. den bei Interessenten für Mietwohnungen erhobenen Daten, BBl 1994 V 412 ff.; EICHENBERGER; Der Flächenbegriff im Mietrecht, MRA 3/13, 3 ff.; ENGLER, Die Wohngenossenschaft im Mietrecht, Fachreihe Mietrecht, Zürich 1996; GASCHE, Die Mietfläche von Wohn- und Geschäftsräumen, mp 2001, 1 ff.; HESS/RUCKSTUHL, AGB-Kontrolle nach dem neuen Art. 8 UWG – eine kritische Auslegeordnung, AJP 2012, 1188 ff.; KNOEPFLER, Pourparlers précontractuels, promesse de conclure et droit d'option en matière du bail, 10e séminaire sur le droit du bail, Neuchâtel 1998; LACHAT, Nouveautés en droit du bail: Les contrats-cadres; le montant du loyer, SJ 2003 II 153 ff.; MAAG, Reservationsrecht, Vormietrecht und Option, MRA 2001, 37 ff.; MOSER, Wohnbaugenossenschaften, Diss. Zürich 1978; NORDMANN, Der Schutz des Mieters nach dem neuen Gesetz über den unlauteren Wettbewerb, mp 1989, 1 ff.; ROSSINELLI, Les contrats-cadres de baux à loyer: force obligatoire et champ d'application, 16e séminaire sur le droit du bail, Neuchâtel 2010; ROSENTHAL, Datenschutz im Mietrecht, mp 2012, 159 ff.; RUEDIN, Les cooperatives d'habitation et le bail à loyer, 8e séminaire sur le droit du bail, Neuchâtel 1994; STUCKI, AGB-Kontrolle im schweizerischen Recht und im UN-Kaufrecht unter besonderer Berücksichtigung des revidierten Art. 8 UWG, in: Magister, Editions Weblaw, Bern 2013; DERS., Art. 8 UWG: Die neue AGB-Inhaltskontrolle, Jusletter vom 10.3.2014; SULLIGER/ANSERMET, Le contrat-cadre romand de baux à loyer et les dispositions paritaires romandes et règles et usages locatifs du canton du Vaud, CdB 2002, 97 ff.; WESSNER, Der Abschluss von Mietverträgen über unbewegliche Sachen, mp 1988, 78 ff.; WETZEL/GRIMM/MOSIMANN, Die Anwendbarkeit von Art. 8 UWG auf AGB in Mietverträgen, MRA 1/2013, 3 ff.; vgl. ferner die Literaturhinweise bei den Vorbem. zu Art. 253–273c.

Materialien

Empfehlungen des Eidg. Datenschutz- und Öffentlichkeitsbeauftragten vom 22.11.1994 betr. den bei Interessenten für Mietwohnungen erhobenen Daten, BBl 1994 V 412 ff. (zit. Empfehlungen EDÖB).

I. Die Elemente des Mietvertrages

1 Miete ist entgeltliche Überlassung einer Sache zum Gebrauch. **Wesentliche Vertragspunkte** des Mietvertrages (essentialia negotii) sind daher die **Bestimmung der Mietsache** und die **entgeltliche Gebrauchsüberlassung** auf Zeit. Die Miete ist ein *Dauerschuldverhältnis*.

1. Mietgegenstand

2 Gegenstand des Mietvertrages kann eine bewegliche wie auch eine unbewegliche **Sache** (oder auch nur der Teil einer solchen) sein. Gattungsmässige Bestimmung der Mietsache ist möglich (z.B. Automobile). Hingegen scheidet ein Recht oder ein sonstiges Wirtschaftsgut als Vertragsgegenstand aus. In diesen Fällen liegt Pacht gem. Art. 275 ff. vor, ohne dass dies mit grossen Konsequenzen für die Rechtsfolgen verbunden wäre (vgl. Vor Art. 253 N 4 und Art. 253a–253b N 16).

2. Gebrauchsüberlassung

3 Die **Gebrauchsüberlassungsverpflichtung** des Vermieters ist eine dreifache: Er hat dem Mieter den Gebrauch zu verschaffen, i.d.R. durch *Besitzübertragung* oder ausnahmsweise durch Einräumung des Mitbesitzes (ZK-Higi, N 28; BK-Giger, N 61; CPra Bail-Bohnet/Dietschy, N 59). Ferner ist der Vermieter während der Dauer des Mietvertrages für die *Gebrauchstauglichkeit* der Mietsache verantwortlich (vgl. für beide Aspekte Art. 256). In diesem Sinne zählt auch die Unterhaltspflicht des Vermieters zu dessen Hauptleistungspflichten (BK-Giger, Art. 253 N 65 und 69), wenn auch nicht zu den essentialia negotii, mithin zum unabdingbaren Kerngehalt des Vertrages (s. N 1). Der Vermieter hat den Mieter überdies während der Dauer des Mietverhältnisses im *ungestörten Gebrauch* zu belassen (vgl. aber Art. 257h).

4 Über die **Art des Gebrauchs** gibt in erster Linie der Vertrag Auskunft (Art. 256); ergänzend kann (bzw. muss zwingend) auch auf die Zweckbestimmung der Mietsache abgestellt werden (zu Umfang und Grenzen des Gebrauchsrechts vgl. Art. 256 N 3 ff.).

Grenzen der Benützbarkeit können sich auch aus öffentlichem Recht ergeben (z.B. durch Zuordnung zur Wohn- oder Gewerbezone oder durch kantonale Zweckänderungsverbote zur Erhaltung von Wohnraum). Ein Verstoss gegen solche Bestimmungen führt nur dann zur Nichtigkeit des Mietvertrages i.S.v. Art. 20, soweit die betreffende Norm dies vorsieht (BGer, 27.8.1992, ZMP 1993, 19 ff.; vgl. auch BGE 111 II 54; 117 II 48 E. 2a; 117 II 287 E. 4a). In aller Regel ist dies nicht der Fall. Alsdann hat der Vertrag Bestand; allenfalls liegt indessen ein Kündigungsgrund i.S.v. Art. 259b lit. a vor. Ergeht ein öffentlich-rechtliches Verbot der Weiterbenützung, so entstehen nach den allgemeinen Regeln vertragliche Minderungs- und Schadenersatzansprüche (Art. 259d und 259e). Ausnahmsweise können öffentlich-rechtliche Beschränkungen auch zur **objektiven Unmöglichkeit** der weiteren Vertragserfüllung nach Art. 119 führen. Eine solche ist jedoch nicht leichthin anzunehmen und kommt erst in Frage, wenn der vereinbarte Gebrauch verboten wird oder wenn die behördlichen Auflagen nur durch ein unzumutbares Opfer des Mieters erfüllt werden können (BGE 57 II 534; 116 II 512 E. 2 = Pra 1991 Nr. 184). Auch eine **Teilunmöglichkeit** kommt in Betracht. Diese führt zu einer richterlichen Neufestsetzung des noch geschuldeten Mietzinses (vgl. SJ 2001 I, 445 ff. E. 3b, s. dazu Art. 259a N 1).

3. Die Entgeltlichkeit

5 Die Miete ist notwendigerweise **entgeltlich**; es ist ein Mietzins geschuldet. Haben sich die Parteien auf die entgeltliche Überlassung der Mietsache geeinigt, ohne die Höhe des Mietzin-

ses zu vereinbaren, so setzt der Richter den Mietzins jedenfalls dann fest, wenn der Mietvertrag vollzogen worden ist (BGE 108 II 113; 100 II 330; BGer, 31.1.2003, 4C.11/2002; vgl. GUHL/KOLLER/SCHNYDER/DRUEY, 406; ZIHLMANN, 28).

BGE 119 II 347 zufolge soll die blosse Vereinbarung der Entgeltlichkeit eine richterliche Vertragsergänzung nur noch für die Zeit der *bereits erfolgten Nutzung* zulassen (vgl. dazu auch die gesetzlich geregelten Anwendungsfälle in Art. 40f und 226i). Im Übrigen müsse der Mietzins **bestimmt oder wenigstens objektiv bestimmbar** sein, damit ein Vertrag (für die Zukunft) zustande komme (gl.M. HONSELL, OR BT, 203 f.; RICHARD, mp 1991, 42; CHK-HEINRICH, N 8; KUKO OR-BLUMER, N 6; ebenso für das alte Mietrecht MERZ, ZBJV 1976, 99 ff., und JEANPRÊTRE, JdT 123 [1975], 610 ff.). **6**

Nicht zuletzt angesichts der seit 1990 umfassend ausgestalteten Möglichkeit des Mieters, den *Anfangsmietzins* bei der Miete von Wohn- und Geschäftsräumen anzufechten, lässt sich fragen, ob der Höhe des Mietzinses für den Bestand des Vertrages unter geltendem Recht die Bedeutung eines essentiale zukommt. In Art. 269 und 269a lit. a bestehen Regeln, welche bei der Festsetzung des Mietzinses für Wohn- und Geschäftsräume (jedenfalls theoretisch) zwingend zu beachten sind (Botschaft Mietrecht, 1425) und damit auch eine **richterliche Vertragsergänzung** erlauben. In den schon recht zahlreichen Kantonen, die von ihrer Kompetenz Gebrauch gemacht haben, für die Festsetzung des *Anfangsmietzinses* bei der Miete von Wohnräumen die *Verwendung des amtlichen Formulars* vorzuschreiben (Art. 270 Abs. 2), gelten diese Überlegungen erst recht: Verzichten die Parteien auf das Formular, so ist die Mietzinsfestsetzung nichtig (Art. 269d Abs. 2 lit. a). Dies zieht selbstverständlich nicht die Nichtigkeit des ganzen Vertrages nach sich (Lachat et al.-DÖRFLINGER, 292; TRACHSEL, 92; ZK-HIGI, N 41). Vielmehr ist der Mietzins richterlich festzusetzen, und zwar nicht nur bis zur Grenze des Missbrauchs, sondern aufgrund der gesamten Umstände (BGE 120 II 341 E. 6c = Pra 1995 Nr. 252; 121 III 56 E. 2c = Pra 1995 Nr. 173; 124 III 62 E. 2b = Pra 1998 Nr. 53). In BGE 120 II 341 E. 5d erklärte das BGer den Widerspruch zu BGE 119 II 347 damit, Art. 20 Abs. 2 sei auch auf Fälle nichtiger essentialia anwendbar. Sogar ausserhalb der Missbrauchsgesetzgebung hält das BGer eine richterliche Mietzinsbestimmung analog Art. 20 Abs. 2 zu Recht für möglich und zulässig, so etwa bei Unverbindlichkeit des Vertrages zufolge Übervorteilung des Mieters i.S.v. Art. 21 (BGE 123 III 292 E. 2d und e). Den Einwand des Vermieters, er hätte den Vertrag ohne die wucherischen Konditionen nicht geschlossen, verwarf es mit der Begründung, Massstab für den hypothetischen Parteiwillen sei nicht die Sicht des Übervorteilers, sondern diejenige des loyalen Vertragspartners (E. 3; s. dazu auch Art. 270 N 1a). Auch wenn dieses normative Verständnis der modifizierten Teilnichtigkeit aufgrund des Schutzgedankens hinter Art. 20 Abs. 2 zu begrüssen ist (**a.M.** HUGUENIN, Art. 19–20 N 64), zeigt dies umso deutlicher, dass die exakte Fixierung des Mietzinses für den Bestand des Vertrages nicht die überragende Bedeutung hat, die in BGE 119 II 437 postuliert wird. Hinzu kommt, dass das BGer auch im Falle der nachträglichen *Teilunmöglichkeit* des Mietvertrages die richterliche Festlegung des (reduzierten) Mietzinses befürwortet (SJ 2001 I 541 E. 2e; s. Art. 259a N 1). Die Höhe des Mietzinses lässt sich also offensichtlich innerhalb wie ausserhalb der Missbrauchsgesetzgebung generell **anhand eines vom Parteikonsens unabhängigen Massstabs** bestimmen. Damit kann die Höhe des Mietzinses aber vernünftigerweise **nicht zum notwendigen Kerngehalt** des Vertrages gehören. Die Praxisänderung gem. BGE 119 II 347 *überzeugt daher nicht* (gl.M. BLUMER, SPR VII/3, Rz 314 und 332 ff.; BK-GIGER, Art. 253 N 73 ff.; SVIT-Komm., Art. 253 N 5, anders anscheinend aber Art. 257–257b N 6; vgl. auch ZK-HIGI, N 31; ZIHLMANN, 28, FN 14; GIAVARINI, MRA 2003, 190 f.). Das BGer versucht die Schwierigkeiten, in welche es seine Rsp. gebracht hat, durch eine ausgesprochen weite Auslegung des Begriffs der Bestimmbarkeit (dazu BK-GIGER, Art. 253 N 85 ff.) zu korrigieren, und lässt neuerdings die Klausel in einer Optionsvereinbarung genügen, der Mietzins richte sich nach dem am Ort der Mietsache üblichen Parzellenpreis (BGer, 12.5.2009, 4A_551/2008, E. 5.1–2; dazu auch Art. 255 N 7). Solcherart bestimmbar ist wohl nahezu jeder Mietzins für eine unbewegliche Sache.

II. Vertragsabschluss

7 Der Abschluss eines Mietvertrages folgt grundsätzlich den **allgemeinen Regeln** (Art. 1 ff.; s. z.B. BGer, 9.9.2005, 4C.195/2005), auch was **Vorverträge** nach Art. 22, **Simulation** i.S.v. Art. 18 (zu beidem BGer, 28.2.12, 4A_362/2012, sowie WESSNER, DdB 2013, 13 f.) sowie die Anfechtung wegen **Übervorteilung** (vgl. BGE 123 III 292, s.a. Art. 270 N 1a) oder wegen **Willensmängeln** betrifft (BGE 135 III 537 E. 2.2, insb. zur Möglichkeit der Teilanfechtung). Einer bestimmten Form bedarf er nicht (BGE 119 III 80; SVIT-Komm., N 8), wenngleich Schriftform für unbewegliche Sachen der Verkehrssitte entspricht (zum Stillschweigen auf ein Bestätigungsschreiben BGE 100 II 18; zum stillschweigenden Vertragsschluss BGer in mp 1995, 161 ff.; zum konkludenten Verzicht auf eine vertraglich vorbehaltene Form i.S.v. Art. 16 Abs. 1 s. BGer, 21.11.2012, 4A_416/2012). Zur allfälligen *Formbedürftigkeit der Zinsvereinbarung* bei der Miete von Wohnräumen vgl. Art. 270 Abs. 2. Zur Problematik des *Datenschutzes bei der Vertragsanbahnung* vgl. die Empfehlungen EDÖB, 412 ff., mp 1994, 211 ff., sowie mp 1997, 22; ferner auch ROSENTHAL, mp 2012, 159 ff. Zur Begründung oder Verlängerung eines Vertrages gestützt auf eine **vertragliche Option** vgl. Art. 255 N 7. Zum «faktischen Vertragsverhältnis» Art. 267 N 2b.

Bei der üblichen Konstruktion der Miete als Dauerschuldverhältnis bildet die **dauernde und unwidersprochene Handhabung der Vertragsbeziehung** ein – im Vergleich zu den Zielschuldverhältnissen bedeutsameres – Indiz für den ursprünglich vereinbarten Vertragsinhalt (vgl. Art. 256 N 3; BGE 128 III 419 E. 2.3; 129 III 675 E. 2.3; 136 III 186 E. 3.1.1 = Pra 2010 Nr. 113; BGer, 28.6.2013, 4A_582/2012, E. 3; ZMP 1992 Nr. 12 E. 2C; Bemerkungen HIGI zu BGE 125 III 120, in: AJP 1999, 891, Ziff. 2; s.a. Art. 18 N 36, m.Hw.). Das bedeutet allerdings nicht, dass die blosse Handhabung eines konkreten Vertragsverhältnisses Auswirkungen auf den Inhalt des Vertrags hat, denn es geht bei der Ermittlung des Vertragsinhalts immer um den (historischen) Konsens zwischen den Parteien.

8 **Formularverträge** fallen als Verträge mit vorgeformtem Inhalt unter den Begriff der AGB (ZK-JÄGGI, Art. 1 N 441; WETZEL/GRIMM/MOSIMANN, MRA 1/2013, 6). Für solche Vereinbarungen gelten im Mietrecht nicht nur die allgemeinen Beschränkungen von Art. 8 UWG (missbräuchliche Geschäftsbedingungen), sondern zusätzlich diejenigen von Art. 256 Abs. 2 lit. a. Dabei erstreckt sich der Schutz von Art. 8 UWG in seiner heutigen Fassung nur noch auf Konsumenten. Die Tragweite des Begriffs ist umstritten. Richtigerweise wird man ihn auf alle natürlichen Personen anzuwenden haben (STUCKI, Jusletter 2014, 2; ebenso SCHMID/RÜEGG, ZBJV 2014, 97; zum Übergangsrecht BGE 140 III 404). Unbestritten ist immerhin, dass jedenfalls alle Wohnungsmieter erfasst sind (WETZEL/GRIMM/MOSIMANN, MRA 1/2013, 8 f.). Zur besonderen Vereinbarung von Nebenkosten, die ähnlichen Regeln folgt, s. Art. 257a N 5. Betreffend Rahmenmietverträge vgl. RONCORONI, mp 2004, 1 ff.

9 **Das Recht, einen Mietvertrag abzuschliessen**, steht nicht nur dem Eigentümer zu, sondern kann auch auf einem beschränkten dinglichen Recht (Nutzniessung, Baurecht) oder auf vertraglicher Basis (Untermiete gem. Art. 262) beruhen. Theoretisch in Betracht kommt auch die indirekte Stellvertretung des Hauseigentümers durch die **Liegenschaftenverwaltung** (BGer, 19.4.1994, MRA 1995, 7 ff.). Ob der damit verbundenen Schwierigkeiten für beide Mietparteien (Bsp.: Wirkung der Veräusserung der Sache i.S.v. Art. 261 oder 269, s. GUT, mp 2002, 19 f.; Problematik des Eigenbedarfs als Kündigungsgrund; mangelhafter Kündigungsschutz des Mieters, der sein Recht nur von einem anderen obligatorisch Berechtigten ableitet, Art. 272b) ist für die Miete von Wohn- und Geschäftsräumen jedoch im Zweifel ein **Mietvertrag zwischen Eigentümer und Mieter** anzunehmen (**a.M.** [Korrektur nur in Konfliktsituationen] KUKO OR-BLUMER, N 7). Nach Treu und Glauben *kann und muss* der Verwalter, *der schon begrifflich* fremde und nicht eigene Geschäfte führt, im Zweifel als Anscheinsbevollmächtigter des Eigentümers gewertet werden, ohne dass zur Entstehung der direkten vertraglichen Beziehung zwischen Eigentümer und Mieter die unmittelbare Offenle-

gung des Vertretungsverhältnisses erforderlich wäre: Auf die Wohnung oder den Geschäftsraum kommt es (meist nur) an, nicht auf den Vermieter (vgl. Art. 32 Abs. 2).

Zur Beteiligung von **Rechtsgemeinschaften** auf Vermieter- oder Mieterseite s. Vor Art. 253 N 2. **10**

Art. 253*a*

II. Geltungsbereich
1. Wohn- und Geschäftsräume

1 Die Bestimmungen über die Miete von Wohn- und Geschäftsräumen gelten auch für Sachen, die der Vermieter zusammen mit diesen Räumen dem Mieter zum Gebrauch überlässt.

2 Sie gelten nicht für Ferienwohnungen, die für höchstens drei Monate gemietet werden.

3 Der Bundesrat erlässt die Ausführungsvorschriften.

II. Champ d'application
1. Dispositions concernant les baux d'habitations et de locaux commerciaux

1 Les dispositions concernant les baux d'habitations et de locaux commerciaux s'appliquent aussi aux choses dont l'usage est cédé avec ces habitations ou locaux commerciaux.

2 Elles ne sont pas applicables aux appartements de vacances loués pour trois mois ou moins.

3 Le Conseil fédéral édicte les dispositions d'exécution.

II. Campo d'applicazione
1. Disposizioni sulla locazione di locali d'abitazione e commerciali

1 Le disposizioni concernenti la locazione di locali d'abitazione e commerciali si applicano parimenti alle cose concesse in uso con questi locali.

2 Dette disposizioni non si applicano alle abitazioni di vacanza locate per tre mesi al massimo.

3 Il Consiglio federale emana le prescrizioni esecutive.

Art. 253*b*

2. Bestimmungen über den Schutz vor missbräuchlichen Mietzinsen

1 Die Bestimmungen über den Schutz vor missbräuchlichen Mietzinsen (Art. 269 ff.) gelten sinngemäss für nichtlandwirtschaftliche Pacht- und andere Verträge, die im Wesentlichen die Überlassung von Wohn- oder Geschäftsräumen gegen Entgelt regeln.

2 Sie gelten nicht für die Miete von luxuriösen Wohnungen und Einfamilienhäusern mit sechs oder mehr Wohnräumen (ohne Anrechnung der Küche).

3 Die Bestimmungen über die Anfechtung missbräuchlicher Mietzinse gelten nicht für Wohnräume, deren Bereitstellung von der öffentlichen Hand gefördert wurde und deren Mietzinse durch eine Behörde kontrolliert werden.

2. Dispositions concernant la protection contre les loyers abusifs

1 Les dispositions sur la protection contre les loyers abusifs (art. 269 et s.) s'appliquent par analogie aux baux à ferme non agricoles et aux autres contrats qui visent principalement la cession à titre onéreux de l'usage d'habitations ou de locaux commerciaux.

2 Elles ne s'appliquent pas aux baux d'appartements et de maisons familiales de luxe comprenant six pièces ou plus (cuisine non comprise).

3 Les dispositions relatives à la contestation des loyers abusifs ne s'appliquent pas aux locaux d'habitation en faveur desquels des mesures d'encouragement ont été prises par les pouvoirs publics et dont le loyer est soumis au contrôle d'une autorité.

2. Disposizioni sulla protezione da pigioni abusive

1 Le disposizioni sulla protezione dalle pigioni abusive (art. 269 segg.) sono applicabili per analogia agli affitti non agricoli e ad altri rapporti contrattuali il cui contenuto essenziale risieda nella concessione rimunerata di locali d'abitazione o commerciali.

[2] Esse non sono applicabili alle locazioni di appartamenti e case unifamiliari di lusso che comprendono 6 o più locali (cucina non compresa).

[3] Le disposizioni sulla contestazione delle pigioni abusive non si applicano ai locali d'abitazione in favore dei quali sono state prese misure di incoraggiamento da parte dei poteri pubblici e le cui pigioni sono sottoposte al controllo di un'autorità.

Literatur

BISANG, Fragen im Zusammenhang mit gemischten Verträgen mit mietrechtlichem Einschlag, mp 2010, 235 ff.; BLASER, Le logement de luxe, CdB 2004, 65 ff.; CONOD, L'art. 253b al. 3 CO et la protection des locataires contre les loyers abusifs dans les logements subventionnées, CdB 1998, 33 ff.; BREITSCHMID/STECK/WITTWER, Der Heimvertrag, FamPra 2009, 867 ff.; KNOEPFLER/RUEDIN, Regard circulaire sur le droit du bail commercial, 13e séminaire sur le droit du bail, Neuchâtel 2004; MÜNCH, Mieterstreckung: Hobby-Pferdestall als Geschäftsraum?, ZBJV 1995, 418 ff.; RUEDIN, Les cooperatives d'habitation et le bail à loyer, 8e séminaire sur le droit du bail, Neuchâtel 1994; SCHÖBI, Verfahrensrechtliche Fragen rund um den Schutz des Mieters bei subventionierten Wohungen, mp 1997, 75 ff.; SIEGRIST, Les loyers et les frais accessoires des logements subventionnés, 10e séminaire sur le droit du bail, Neuchâtel 1998; SOMMER, Zum Ausschluss der Anwendbarkeit der Mieterschutzbestimmungen bei staatlich geförderten Wohnräumen, MRA 1995, 167 ff.; TRUOG, Die Auswirkungen verwaltungsrechtlicher Normen zum sozialen Wohnungsbau auf die Miete, mp 1992, 103 ff.; vgl. ferner die Literatur- und Materialienhinweise bei den Vorbem. zu Art. 253–273c und zu Art. 253.

I. Gesetzliche Kategorien von Mietobjekten. Normzweck

1 Das Gesetz sieht je nach vereinbartem Gebrauchszweck unterschiedliche Rechtsfolgen für die verschiedenen Kategorien von Mietobjekten vor. Die Unterscheidungen sind reichlich unübersichtlich und nicht immer nachvollziehbar. Sie lassen sich teils damit erklären, dass das Parlament beim Einbau des einst geplanten BGMM (Botschaft Mietrecht, 1526 ff.) in die Systematik des OR nicht immer mit der nötigen Sorgfalt vorging.

2 Im zweiten und dritten Abschnitt des Achten Titels finden sich Normen, die ausschliesslich die Miete von **Wohn- und Geschäftsräumen** betreffen (wie hier ZK-HIGI, Vor Art. 271–273c N 42). Aber auch der erste Abschnitt (allgemeine Bestimmungen) enthält zahlreiche Normen, die nur für Wohn- und Geschäftsräume (z.B. Art. 254), nur für Wohnräume (z.B. Art. 257e Abs. 2) oder nur für Geschäftsräume (z.B. Art. 263, 268) gelten.

Darüber hinaus gelten Sonderregelungen für eine ganze Reihe unterschiedlich definierter Mietobjekte (z.B. unbewegliche Sachen: Art. 257f, 259b lit. a, 259g OR, Art. 33 ZPO; Grundstücke: Art. 261b; Wohnung der Familie: N 4; Konsumgüter: Art. 266k). Eine bemerkenswert vielfältige Differenzierung erfolgt hinsichtlich der Kündigungstermine und -fristen (vgl. Art. 266b–f).

3 Den vorliegenden Bestimmungen kommt die Funktion zu, die wichtige Kategorie der Mietverhältnisse über Wohn- und Geschäftsräume für das gesamte Miet- und Pachtrecht einheitlich (ZK-HIGI, Vor Art. 271–273c N 33) zu definieren (Art. 253a) und innerhalb dieser Kategorie im Hinblick auf den zweiten Abschnitt (Schutz vor missbräuchlichen Mietzinsen) die erforderlichen Unterscheidungen zu treffen (Art. 253b). Art. 253a Abs. 3 bildet überdies die gesetzliche Grundlage für die Verordnung des Bundsrates über die Miete von Wohn- und Geschäftsräumen (VMWG).

II. Wohn- und Geschäftsräume

1. Wohnräume

a) Definition

Für die Abgrenzung des **Wohnraumes** (Botschaft Mietrecht, 1421; zum Begriff des *Raumes* vgl. N 11 sowie BGE 124 III 108 E. 2b) kommt es nicht in erster Linie auf die äusserliche Gestalt des Mietobjektes, sondern auf den vereinbarten **Gebrauchszweck** und den damit verbundenen Schutzgedanken an. Dem Wohnen dient ein Mietobjekt, wenn es in erster Linie zum dauernden Aufenthalt von Personen vorgesehen ist (vgl. ZK-Higi, N 12 ff.; CHK-Heinrich, Art. 253a OR N 2). Vorauszusetzen sind daher eine Schlafgelegenheit und ein minimaler Schutz vor Umwelteinwirkungen (BGer, 12.6.2006, 4C.128/2006, E. 2). Regelmässiger Aufenthalt im Raum ist mangels einer Gebrauchspflicht aber ebenso wenig Voraussetzung wie die Aufbewahrung von Effekten. Vor diesem Hintergrund darf auch die entgeltliche Gebrauchsüberlassung eines Zeltes, eines Wohncontainers oder einer Schlafstelle in einem Mehrbettenzimmer einer Hütte oder eines Heimes (Parallelmiete, vgl. Weber, Diss., 12 f.) nicht von vornherein vom Begriff des Wohnraumes ausgeschlossen werden (Lachat et al.-Püntener, 55; zumindest f. Zelte und Heimplätze gl.M. BK-Giger, Art. 253a N 19 sowie Art. 253 N 144; ähnlich Blumer, SPR VII/3, Rz 139; gl.M. für Baracken und Container ZK-Higi, N 10 f. [vgl. aber Art. 271–271a N 101]; **a.M.** KUKO OR-Blumer, N 1 und 3). Wohnraum kann auch ein Einzelzimmer sein, ob möbliert oder nicht, ob es alle Funktionen des täglichen Bedarfs (Kochen, Waschgelegenheit) erfüllt oder nicht (SVIT-Komm., Art. 253a N 5). Es ist weder eine bestimmte Grösse noch eine bestimmte Beschaffenheit erforderlich (ZK-Higi, N 12 und 16). Der erforderliche Wohnzweck kann selbst dann gegeben sein, wenn das konkrete Objekt zum vorausgesetzten Gebrauch (vgl. Art. 256) nicht oder noch nicht taugt (mangelhafte Mietsache, *Rohbaumiete* [dazu Art. 256 N 6a]). Ein blosser Standplatz mit Versorgungsanschlüssen, auf dem der Mieter eine eigene Fahrnisbaute aufstellen kann, stellt jedoch noch keine Wohnraummiete dar (BGer, 11.12.2001, 4C.293/2001 = MRA 2004, 35 ff.). Nicht entscheidend ist, ob der Mieter seinen Lebensmittelpunkt i.S.v. Art. 23 ZGB im Mietobjekt hat (Lachat et al.-Püntener, 55). Zum Begriff der **Familienwohnung** und zu deren besonderem **Schutz** vgl. Art. 266m–266n N 2; Art. 257d N 4; Art. 263 N 10 ff.; Art. 266h N 4; Art. 266i N 6; Art. 270 N 3; Art. 271–271a N 22; Art. 272 N 3 und 9; Art. 273a N 1 ff.; Weber, AJP 2004, 30 ff. 4

b) Ferienwohnungen (Art. 253a Abs. 2)

Auch Ferienwohnungen fallen unter die soeben besprochene Wohnraumdefinition. Mangels eines entsprechenden Schutzbedürfnisses für den dauernden Aufenthalt zu Urlaubszwecken gelten jedoch die Sondervorschriften über die Miete von Wohnräumen **generell** nicht für Ferienwohnungen, sofern diese für höchstens 3 Monate gemietet werden. An der gesetzlichen Maximaldauer gibt es nichts zu rütteln. Es ist kaum vorstellbar, dass auf längere Dauer angelegte Mietverhältnisse noch einem (reinen) Erholungszweck dienen. Damit liegt die vom Gesetzgeber vorgenommene Abgrenzung innerhalb der ihm verfassungsrechtlich eingeräumten Gesetzgebungskompetenz (Art. 109 Abs. 1 und Art. 122 Abs. 1 BV). Eine direkte Drittwirkung von Grundrechten kennt unser Verfassungsrecht abgesehen davon nicht, so wenig wie eine konkrete oder gar abstrakte Kontrolle von Bundesrecht durch die Gerichte (Art. 190 BV). Fehl geht daher Gigers Forderung, die vorliegende Ausnahmebestimmung sei gestützt auf Art. 36 Abs. 3 BV ausdehnend zu interpretieren und auf Ferienwohnungen anzuwenden, die für mehr als drei Monate gemietet werden (BK-Giger, Art. 253a N 27). Der Begriff Ferienwohnungen umfasst auch Ferienhäuser (SVIT-Komm., Art. 253a N 6). Die Sondervorschriften *gelten* dagegen für alle übrigen Ferienwohnungen, namentlich für solche, die auf unbestimmte Zeit gemietet werden (Botschaft Mietrecht, 1482). 5

c) Luxuriöse Wohnungen und luxuriöse Einfamilienhäuser (Art. 253b Abs. 2)

6 Luxusobjekte, die zu Wohnzwecken genutzt werden (Wohnungen oder Einfamilienhäuser) sind **vom Schutz vor missbräuchlichen Mietzinsen** (Art. 269–270e) ausdrücklich **ausgenommen** (Art. 2 VMWG). Dahinter steckt die Überlegung, dass der Mieter einer Luxuswohnung aufgrund der beschränkten Zahl potentieller Nachfrager des gesetzlichen Schutzes nicht bedarf (krit. dazu ZK-Higi, Vor Art. 269–270e N 28). Hingegen gelten die übrigen Sondernormen für Wohnräume auch für diese Luxusobjekte. Namentlich sind die Bestimmungen über den Kündigungsschutz anwendbar (Art. 271 ff.; konsequenterweise allerdings nicht Art. 271a Abs. 1 lit. b), obwohl sich die ratio legis von Art. 253b Abs. 2 ohne weiteres auch auf diesen Bereich übertragen liesse.

7 Weder das Gesetz noch die Verordnung definiert den Begriff «Luxus». Immerhin legt das Gesetz fest, dass ein **Luxusobjekt** nur vorliegt, wenn es als Wohnung oder als Einfamilienhaus über sechs oder mehr Wohnräume verfügt (krit. zu diesem Kriterium BK-Giger, Art. 253b N 45). Kumulativ haben dazu weitere bauliche Luxuselemente hinzuzutreten (ZK-Higi, N 66). Entscheidend ist der Gesamteindruck des Mietobjektes im Zeitpunkt der Mietzinsanpassung, wobei ein Vergleich mit einem nach dem Entwicklungsstand durchschnittlich ausgestatteten Mietobjekt anzustellen ist (Blumer, SPR VII/3, Rz 142; CPra Bail-Montini/Wahlen, Art. 253b N 12; Lachat et al.-Püntener, 56 f.; SVIT-Komm., Art. 253b N 12 ff.; ZK-Higi, N 71 ff.; Zihlmann, 35). Das übliche Mass an Komfort muss gem. der wohlbegründeten Rsp. deutlich übertroffen werden (unpubl. E. 3 von BGE 123 III 317, dt. übersetzt in MRA 1997, 186 f.; BGer, 16.3.2004, 4C.5/2004, E. 4.2 = MRA 2004, 123 ff.; BJM 1983, 11; SVIT-Komm., Art. 253b N 12). Erforderlich ist «un confort et un raffinement certains, hors du commun» (CR CO I-Lachat, Art. 253b N 5). Der luxuriöse Charakter kann ausnahmsweise nachträglich entfallen, wenn einst raffinierte Einrichtungen zum gewöhnlichen Ausbaustandard werden. Nicht zu einer Veränderung des Charakters einer solchen Wohnung kann aber die blosse Alterung oder gar die Vernachlässigung des Unterhalts führen, denn Massstab für den Luxuscharakter muss der vertragskonforme Zustand sein, zu dessen Wiederherstellung der Vermieter nicht nur verpflichtet, sondern auch berechtigt ist (gl.M. BK-Giger, Art. 253b N 52; insofern zu präzisieren ist daher BGer, 16.3.2004, 4C.5/2004, E. 4.3 = MRA 2004, 123 ff.; **a.M.** ZK-Higi, Vor Art. 269–270e N 26 f.).

d) Von der öffentlichen Hand geförderte und behördlich kontrollierte Wohnräume

8 Das Mietrecht samt den Sonderbestimmungen über die Miete von Wohnräumen gilt auch für Mietverträge, welche die **öffentliche Hand abschliesst**, soweit der Staat *privatrechtlich* handelt (ZK-Higi, N 83; vgl. zur Gebrauchsüberlassung gestützt auf öffentliches Recht Vor Art. 253 N 4a).

9 Davon zu unterscheiden sind gem. Art. 253b Abs. 3 Mietverhältnisse über Wohnräume, welche zwar **privatrechtlich** (meist durch eine Genossenschaft, nicht aber durch den Staat selber, BGE 129 III 272 E. 2.2; CHK-Heinrich, Art. 253b OR N 6) vermietet werden, deren **Bereitstellung** aber von der öffentlichen Hand **gefördert** wird und deren **Mietzinse durch eine Behörde kontrolliert** werden.

Die **Förderung** kann in Form von verbilligten Darlehen, direkter Finanzierung, Einräumung eines unentgeltlichen Baurechts usw. erfolgen. An der Voraussetzung der Förderung fehlt es, sobald die Subventionen zurückerstattet sind (ZK-Higi, N 88; Engler, 64 f.; vgl. BGE 117 II 83; **anders** die vorwiegend rechtspolitisch begründete Auffassung v. Bezirksrat und MGer ZH, vgl. mp 1999, 23 ff.). Auf Bundesebene existieren dafür heute zwei Rechtsgrundlagen, einerseits das Wohnbau- und Eigentumsförderungsgesetz (WEG) und andererseits das Wohnbauförderungsgesetz (WFG). Das neuere WFG soll das WEG zwar ablösen. Das jeweilige Projekt untersteht aber der Regelung, unter deren Herrschaft es genehmigt wurde, so dass das WEG noch bis zum Ablauf der letzten, im Jahre 2001 beschlossenen Fördermassnahmen, also bis ca. 2026 relevant bleiben wird (Lachat et al.-Brutschin, 278).

Die **behördliche Mietzinskontrolle** ersetzt die richterliche Überprüfung des Mietzinses durch eine solche der zuständigen Verwaltungsbehörden und -gerichte (BGE 124 III 463 = Pra 1999 Nr. 35; SVIT-Komm., Art. 253b N 19 ff. sowie Art. 269d N 4; ZK-Higi, Vor Art. 269–270e N 33 ff. und 95; Higi, AJP 1999, 105; Bisang, MRA 1999, 11 ff.). Als Bsp. s. BGer, 3.12.2002, 2A.254/2002 = mp 2003, 5 ff.

Beide Elemente müssen **kumulativ** erfüllt sein (BGer, 1.6.2004, 4C.73/2004, E. 2= MRA 2004, 130). Fällt eines davon nachträglich weg, so gelangen die Art. 269 ff. zum Zuge. Dabei ist dann eine Berechnung des Mietzinses nach der absoluten Methode möglich (BGE 123 III 171, 129 III 272; dazu auch Art. 269 N 14 ff.). Die blosse Tatsache, dass die Vermietung durch eine **Wohnbaugenossenschaft** erfolgt, genügt zur Derogation der Missbrauchsgesetzgebung nicht (BGE 134 III 159 = Pra 2008 Nr. 104).

Auf Mietverhältnisse über von der öffentlichen Hand geförderte Wohnräume sind zur Vermei- **10**
dung einer doppelten Kontrolle die **Sonderbestimmungen über die Anfechtung missbräuchlicher Mietzinse** (2. Abschnitt des Gesetzes) **nicht anwendbar**. Art. 2 Abs. 2 VMWG stellt i.S. einer Auslegungshilfe klar, dass alle Bestimmungen ausserhalb des zweiten Abschnitts sowie die Art. 269, 269d Abs. 3 und Art. 270e (nicht aber die Verfahrensnorm in Art. 270b, dazu sogleich) auch auf Mietverhältnisse i.S.v. Art. 253b Abs. 3 anwendbar sind (ZK-Higi, Vor Art. 269–270e N 29; Zihlmann, 35; ZR 94 [1995] Nr. 13; vgl. auch Botschaft Mietrecht, 1482, zum klarer gefassten E BGMM). Die Anwendung der genannten Normen obliegt aber nicht etwa den Zivilgerichten, sondern den verwaltungsrechtlichen Instanzen. Unzulässig sind dabei insb. einkommensabhängige Mietzinse, die zu einem übersetzten Ertrag i.S.v. Art. 269 führen (Gmür/Thanei, 46). Die Kritik an dieser Regelung bei einem Teil der Lehre (vgl. SVIT-Komm., N 14) ist nicht stichhaltig (zutreffend ZK-Higi, N 86). Alle mietrechtlichen Streitigkeiten ausserhalb des Anwendungsbereichs der Art. 269–270e unterliegen auch bei subventionierten Mietverhältnissen der Zivilgerichtsbarkeit. Anwendbar sind auf solche Objekte insb. auch die Regeln von Art. 257a f. über die Nebenkosten. Kantonale Förderregelungen müssen deshalb die zwingende Definition der Nebenkosten gem. Art. 257a und 257b respektieren, und zwar wegen Art. 49 BV und Art. 6 ZGB unabhängig davon, ob sie privat- oder öffentlich-rechtlichen Charakter haben (BGE 137 I 135 E. 2.6.2 = Pra 2011 Nr. 81; dazu Koller Th., ZBJV 2013, 27 f.), und deren korrekte vertragliche Ausscheidung sowie die Abrechnung unterliegen der zivilgerichtlichen Überprüfung (BGE 135 III 591 E. 4.2 = Pra 2010 Nr. 53). Die Einführung neuer oder Erhöhung bestehender Nebenkosten untersteht bei Förderungen nach dem WFG in Abweichung von der Rsp. zum WEG (BGE 124 III 463 E. 4b/dd) gestützt auf den – systemwidrigen – Art. 54 Abs. 4 WFG ebenfalls der zivilgerichtlichen Kontrolle.

2. Geschäftsräume

Das Gesetz definiert den **Begriff des Geschäftsraumes** nicht. Der Gesetzgeber überliess die **11**
Abgrenzung der Geschäftsräume von den übrigen Mietobjekten ausdrücklich weiterhin der Rsp. (Botschaft Mietrecht, 1421). Primär sind darunter Räumlichkeiten zu verstehen, die **laut Mietvertrag einer wirtschaftlichen Tätigkeit, mithin dem Handel, dem Betrieb eines Gewerbes oder der Ausübung eines Berufes** dienen wie Büros, Verkaufsräume, Werkstätten, Magazine und Lagerräume (a.a.O.; ZK-Higi, Vor Art. 271–273c N 28). Der **Raumbegriff** ist – dem Schutzzweck entsprechend – *weit auszulegen*. Das BGer betrachtete zu Recht auch die Vorrichtungen zum Betrieb einer Autowaschanlage auf einem Grundstücksteil als Geschäftsräumlichkeiten, obwohl die Waschboxen nicht nach allen Seiten abgeschlossen waren (BGE 124 III 108). Gleiches gilt nach dem genannten Entscheid auch für einen Kiosk oder ein Marronihäuschen. Auch die sog. «Stuhlmiete» (Miete eines Arbeitsplatzes) in einem

Coiffeursalon ist als Miete (bzw. Pacht) eines Geschäftsraumes zu betrachten (ZMP 2005 Nr. 19; CHK-Heinrich, Art. 253a OR N 1; **a.M.** BK-Giger, Art. 253a OR N 19). Anders verhält es sich dagegen mit der Miete (vorwiegend) eines unbebauten Grundstücks, etwa eines Industrieareals (vgl. BGer, 26.8.2002, 4C.180/2002, E. 3.2; 25.6.2010, 4A_9/2010, E. 2.3), eines Wohnwagenabstellplatzes (BGer, 22.3.2005, 4C.317/2004; 12.6.2006, 4C.128/2006, E. 2) oder eines Grundstücks zum Zwecke der Errichtung und des Betriebs einer Handy-Funkantenne (BGer, 9.1.2006, 4C.345/2005, E. 1.3; BK-Giger, Art. 253 N 152; **a.M.** Blumer, SPR VII/3, Rz 146). Mutatis mutandis gilt für die Definition der Geschäftsräume das zu den Wohnungen Ausgeführte (N 4, insb. zur **Rohbaumiete** vgl. auch Art. 256 N 6a).

12 Die unter dem alten Recht begründete weite Fassung des Begriffes (BGE 110 II 51; 113 II 406) findet gemäss BGer entgegen dessen eigener Ankündigung in BGE 113 II 406, 412 auch unter dem geltenden Recht Anwendung. Danach ist ein Geschäftsraum jedes Mietobjekt, welches der Entfaltung der privaten oder wirtschaftlichen Persönlichkeit des Mieters dient (BGE 118 II 42). Richtig an dieser Praxis ist, dass als Geschäftsraum auch ein Lokal aufzufassen ist, in welchem ein Gemeinwesen, eine Stiftung oder eine religiöse, politische, wissenschaftliche, künstlerische, sportliche oder andere Vereinigung ihre Aktivitäten ausübt, sofern ein genügend enger Zusammenhang zwischen Gebrauch und dem von der Vereinigung verfolgten Zweck besteht. Deshalb sind nach wie vor Vereinslokale als Geschäftsräume i.S. des Gesetzes aufzufassen (ebenso wohl BGer, 6.2.1995, 4C.425/1994, referiert in ZBJV 1995, 148 f., sowie in SJZ 1997, 262 ff.; KUKO OR-Blumer, N 6; CR CO I-Lachat, Art. 253a N 3; ähnlich Lachat et al.-Püntener, 62 f.; Heusi, mp 1998, 156 f.; Blumer, SPR VII/3, Rz 147; für eine **engere** Umschreibung SVIT-Komm., Art. 253a N 8 ff.; Zihlmann, 33; ZK-Higi, Art. 253a–253b OR N 30 f. und 34, Art. 266d OR N 6, Vor Art. 271–273c OR N 41; CHK-Heinrich, Art. 253a OR N 2; BK-Giger, Art. 253 N 153, Art. 253a OR N 33).

13 Gleichwohl lässt sich die bundesgerichtliche Definition in einer Weise auslegen, die praktisch sämtliche Mietobjekte zu Geschäftsräumen werden liesse. Persönliche Interessen entfaltet nämlich auch, wer einen privaten Weinkeller anlegen oder eine Puppensammlung unterbringen will (ähnlich ZK-Higi, N 29 und 32; Zihlmann, 33 und 205 f.). Bei solchen Mietobjekten handelt es sich aber offensichtlich nicht um Geschäftsräume. Gleich verhält es sich unbestrittenermassen mit Lager- oder Abstellplätzen ohne bauliche Vorrichtungen, Parkplätzen (SJZ 1998, 141) und separat vermieteten Garagen (BGE 110 II 51, 98 II 202; vgl. jedoch auch N 15), ebenso mit Hobby- oder Bastelräumen (ZMP, 1991, Nr. 25; 1992, Nr. 1), jedenfalls soweit darin gemäss dem Vertrag keine **berufliche, auf** (Neben-)**Erwerb ausgerichtete Tätigkeit** ausgeübt werden darf (ungenau bezüglich der erforderlichen *vertraglichen Gestattung* dieses Gebrauchs BGE 118 II 42). Dass sich das BGer nicht etwa einer ausgesprochen weiten Interpretation des Geschäftsraumbegriffes verschrieben hat, machte es im Urteil BGer, 6.2.1995, 4C.425/1994, deutlich. Danach liegt es auf der Hand, dass Hobbyräume – wie von der Lehre gefordert – i.d.R. nicht als Geschäftsräume zu qualifizieren sind. Wer unter Berufung auf seine private Persönlichkeitsentfaltung sein Hobby der Pferdehaltung als Geschäftstätigkeit und damit den zu diesem Zweck gemieteten Reitstall als Geschäftsraum qualifizieren wolle, verkenne Sinn und Zweck der mietrechtlichen Schutzbestimmungen (vgl. ZBJV 1995, 148 f.; ebenso CR CO I-Lachat, Art. 253a N 3; Hediger, SJZ 1997, 262 ff.; eine ausdehnende Interpretation des *Wohnraumbegriffs* fordert für solche Objekte Heusi, mp 1998, 156 f.).

14 Liegt eine **gemischte Wohn- und Geschäftsraumnutzung** vor, so sind die unterschiedlichen Rechtsfolgen (vgl. Art. 257e Abs. 2, Art. 263, 266c ff., 266m, 272b) bezogen auf den konkreten Vertrag aufeinander abzustimmen (ähnlich ZK-Higi, N 40–42). Massgeblich ist der überwiegende Gebrauchszweck der Mietsache (BGer, 20.6.2001, 4C.43/2001, E. 3c; 7.2.2013, 4A_662/2012 E. 5.4; ZK-Higi, Vor Art. 271–273c OR N 37; Lachat et al.-Püntener, 64; Polivka, MRA 2002, 80 f.; SJ 1979, 587). Die Regeln über den Schutz der **Familienwohnung**

sind aber grundsätzlich auch anwendbar, wenn sich im vorwiegend als Geschäftsraum genutzten Objekt eine Familienwohnung befindet (BGE 137 III 208 E. 2.3 = Pra 2011 Nr. 106).

III. Erweiterte Geltung der Bestimmungen über Wohn- und Geschäftsräume

1. Mitvermietete Objekte

Werden mit den Wohn- und Geschäftsräumen dem Mieter andere Objekte, Mobilien, Immobilien oder auch nur Sachteile, z.B. Garagen, Abstellplätze oder Gärten (so ausdrücklich Art. 1 VMWG), zum Gebrauch überlassen, so fallen diese ebenfalls unter die Sonderbestimmungen (Art. 253a Abs. 1). Das Gesetz fordert ausdrücklich **Identität der Parteien** (mit Recht krit. LACHAT, 126) und einen nicht näher definierten Zusammenhang, der nicht zeitlich oder urkundenmässig, sondern **funktional** zu verstehen ist. Zwischen Wohn- und Geschäftsraum und der mitvermieteten Sache muss «ein innerer Zusammenhang bestehen, der sich aus der Nutzung der überlassenen Räume und Sachen ergibt» (BGE 125 III 231 E. 2; LACHAT, bail à loyer, 126; SVIT-Komm., Art. 253a N 12; vgl. auch BARBEY, mp 1988, 132; ZK-HIGI, N 51 ff.). **15**

Die Unterstellung mitvermieteter Sachen hat namentlich zur Folge, dass bei der Missbrauchsüberprüfung gem. Art. 269 die Gesamtleistung für den Wohn- oder Geschäftsraum zuzüglich mitvermieteter Sache zu beurteilen ist. Entsprechend erstreckt sich auch der Kündigungsschutz auf diese mitvermieteten Objekte, wobei nicht nur bei der Frage der Kündigungstermine (s. Art. 266e N 1a f.) und der Ungültigkeit der Kündigung, sondern auch mit Bezug auf eine allfällige Mieterstreckung eine **einheitliche Behandlung** der Verträge geboten ist (zutreffend ZK-HIGI, N 49 und 57; ähnlich KUKO OR-BLUMER, N 9; **a.M.** CHK-HEINRICH, Art. 253a OR N 5; wohl auch BK-GIGER, Art. 253a OR N 37). Das BGer betrachtete solche Verträge allerdings zunächst in einem besonders gelagerten Fall grundsätzlich **isoliert** vom Hauptvertrag und verlangte etwa für eine Kündigung lediglich ein schützenswertes Interesse bezogen auf die Rückgabe der *mitvermieteten Sache* (BGE 125 III 231 E. 3d, 3e und 4; s. dazu HIGI, AJP 2002, 220 ff.). Dadurch bestand die Gefahr, dass die Bestimmung für den damit angestrebten Zweck weitgehend wirkungslos geblieben wäre (zur Kritik im Einzelnen s. die Voraufl.). In einem neueren Urteil hat das BGer nun aber die einheitliche Behandlung der Haupt- und der mitvermieten Sache nach Massgabe der Interessenlage der Parteien zum Grundsatz erklärt (BGE 137 III 123 E. 2.2 und 2.3). Im konkreten Fall war die Mieterin allerdings mit der Zahlung der Parkplatzmiete in Rückstand geraten, nicht aber mit derjenigen für die Wohnungsmiete. Die Vermieterin hatte darauf beide Verträge gestützt auf Art. 257d gekündigt. Als Kriterium für ein separates rechtliches Schicksal der Verträge stellte sich das BGer die Frage, ob sich die vermieteten Sachen unabhängig voneinander nutzen lassen und ob die Parteien ein unterschiedliches rechtliches Schicksal der Verträge in Kauf genommen hätten. Hier sei das der Fall, da die Verträge unterschiedliche Kündigungstermine vorsähen und die Parkplätze erst zwei Jahre nach der Wohnung gemietet worden seien. Es bedürfe sodann keiner Erörterung, dass es die Mieterin besonders hart treffen würde, wenn sie wegen des Zahlungsrückstands einzig bezüglich der Abstellplätze nicht nur das Recht verlieren würde, die Plätze weiter zu benützen, sondern auch die Wohnung (a.a.O.; zustimmend BK-GIGER, Art. 253a OR N 38). **15a**

Vor allem das zuletzt genannte Argument überzeugt: Mit konsensualen Massstäben kommt man dem Schutzanliegen der Bestimmung kaum bei, ohne dass die Entscheidung von Nuancen der Vertragsgestaltung abhängig zu werden droht (vgl. nur DIETSCHY, die sich fragt, ob das BGer anders entschieden hätte, wenn der Zahlungsrückstand die Hauptsache betroffen hätte: DdB 2011, 21). Betrachtet man die Norm indessen *funktional*, so würde das bedeuten, dass sich ganz im Sinne des grundsätzlich teilzwingenden Charakters der Schutzbestimmungen über die Miete von Wohn- und Geschäftsräumen zwar der Mieter auf ein einheitliches Schicksal der separat geschlossenen Verträge berufen kann, nicht aber der Vermieter, insb. **15b** wenn es um den Kündigungsschutz und den Schutz vor missbräuchlichen Mietzinsen geht. So liesse sich der Zweck der Bestimmung anhand eines griffigen Kriteriums verwirklichen und es würde der Tatsache Rechnung getragen, dass sich eine allzu starre einheitliche Behandlung der Mietverhältnisse durchaus auch gegen den Zweck der Norm richten kann, wie der zit. BGE zeigt und das BGer in einem späteren Entscheid richtig ausführte (BGer, 20.8.2013, 4A_283/2013, E. 4.4.1). Schon 1991 erwog das Mietgericht ZH, dem Zweck der Bestimmung könnte an sich auch durch eine einheitliche Behandlung der separaten Verträge ausschliesslich auf Begehren des Mieters Rechnung getragen werden. Diese Lösung schien ihm damals aber zu einseitig, so dass es eine integrale Unterordnung des Vertrags über die Nebensache unter denjenigen über die Hauptsache befürwortete und in einem Streit um eine vorzeitige Sachrückgabe nach Art. 264 von vornherein nur Ersatzmieter als zumutbar erachtete, die bereit waren, auch die Nebensache zu den bisherigen Bedingungen zu übernehmen (MietGer ZH, 14.10.1991, Proz. 11913076 i.S. S. ca. R. = ZMP 1/1992 Nr. 3, S. 7 ff., 11; zu den damaligen Sorgen wegen eines möglichen Rosinenpickens des Mieters s. SVIT-Komm., 1. Aufl., Art. 253a N 16). Dass man sich mit der vorliegenden Bestimmung auch nach einem Vierteljahrhundert immer noch so schwer tut, stellt jedenfalls dem Gesetzgeber kein gutes Zeugnis aus.

2. Pachtrecht, gemischte und gekoppelte Verträge

a) Pacht

16 Gemäss Art. 253b Abs. 1 sind die Bestimmungen über den Schutz vor missbräuchlichen Mietzinsen (Art. 269 ff.) sinngemäss anwendbar auf *nicht landwirtschaftliche Pachtverträge*. Sachlich gehört diese Bestimmung zum Pachtrecht (Art. 275 ff.). Für *landwirtschaftliche* Pachtverhältnisse besteht eine umfassende spezialgesetzliche Regelung im Bundesgesetz über die landwirtschaftliche Pacht (LPG) inkl. Pachtzinskontrolle durch die entsprechenden kantonalen und eidgenössischen Behörden (Art. 36 LPG).

b) Gemischte Verträge

17 Art. 253b Abs. 1 unterstellt auch andere Verträge, die hauptsächlich die Überlassung von Wohn- und Geschäftsräumen gegen Entgelt regeln, den speziellen Bestimmungen über den Schutz des Mieters gegen missbräuchliche Mietzinse im zweiten Abschnitts des Achten Titels. Die Formulierung lässt nicht nur Raum für die *Schwerpunkt-* oder *Absorptionstheorie*, wonach bei gemischten Verträgen das überwiegende Element über die Zuordnung des Vertrages entscheidet (vor Art. 184 N 8; Schluep, SPR VII/2, 774), sondern auch für die zu favorisierende **Kombinationstheorie**, nach welcher gemischte Verträge **generell** den aufeinander abzustimmenden Vorschriften aller Vertragstypen unterliegen, deren Merkmale sie aufweisen. Eine Weiterentwicklung stellt die **«Blumenpflücktheorie»** dar, nach welcher für jedes Problem untersucht wird, welche Norm zur Anwendung gelangt (BGE 131 III 566 [Hauswartvertrag]; BGE 131 III 528 = Pra 2006 Nr. 43 [Hotelmanagement-Vertrag]; BGE 137 III 208, E. 2.1 = Pra 2011 Nr. 106; KUKO OR-Walter, Art. 253b N 11; Biber, mp 2014, 9 f.; Koller Th., ZBJV 2006, 409 ff., 412; ähnlich [funktionale Betrachtung] BK-Giger, Art. 253 OR N 147 und 157; KUKO OR-Blumer, N 11; Heusi, mp 1998, 158; s.a. Guhl/Koller/Schnyder/Druey, 335 f. sowie Blumer, SPR VII/3, Rz 151 ff., die bei solchen Verträgen auf den *Zweck* und die *Interessenlage* abstellen; **a.M.** ZK-Higi, Vor Art. 269–270e OR N 53 ff.; SVIT-Komm., N 3 f.: Absorption; deutlich in diese Richtung im Ergebnis auch BGE 118 II 157). Die individuelle Betrachtung der sich stellenden Rechtsfragen kann dazu führen, dass ein gekoppelter oder gemischter Vertrag in seine Teile zerlegt wird, um den zwingenden Schutzbestimmungen zum Durchbruch zu verhelfen (Biber, mp 2014, 24 f.; BGE 131 III 566 E. 3.1, *wo aber betont wird*, dass ausgerechnet die Kündigung des Gebildes einer einheitlichen Regel unterstellt werden soll; bestätigt in BGer, 17.10.2013, 4A_102/2013, E. 2.2, wo das BGer den Vorinstanzen gar Willkür unterstellte, weil sie alle von einer mietgerichtlichen

Zuständigkeit ausgegangen waren). Man mag dagegen einwenden, dies trage dem Parteiwillen nicht Rechnung, nach welchem die Interdependenz der verschiedenen Vertragsarten gerade beabsichtigt sei. Bei der Durchsetzung zwingenden Rechts geht es aber just darum, den Parteiwillen nur soweit zu berücksichtigen, wie das mit dem Sozialschutzgedanken zu vereinbaren ist.

Die vorliegende Bestimmung ist insofern zu eng gefasst, als sie nur die Vorschriften des zweiten Abschnitts erwähnt. Die Ausgrenzung des Kündigungsschutzes und der übrigen Schutzbestimmungen erfolgte nicht absichtlich. Vielmehr ist der Gesetz gewordene Wortlaut das Resultat des Einbaus von Art. 2 Abs. 2 E BGMM ins OR durch das Parlament. Ausserhalb des zweiten Abschnitts sind die mietrechtlichen Schutzbestimmungen auf gemischte Verträge gestützt auf die entsprechenden allgemeinen Regeln anwendbar. **17a**

Als **wesentlich** ist jede mietvertragliche Komponente zu erachten, ohne die das Vertragsgebilde nicht zustande gekommen wäre. Folglich geniesst der *Hauswart*, der in einer Dienstwohnung lebt, stets den Schutz der zwingenden Bestimmungen der jeweiligen Vertragsart, also auch derjenigen für die Miete von Wohn- und Geschäftsräumen (vgl. BGE 131 III 566 E. 3.1, wo allerdings der überwiegenden Vertragskomponente *für die Kündigung* Vorrang eingeräumt wird; ZK-Higi, Vor Art. 253–274g N 218 f.; BK-Giger, Art. 253 OR N 177; **a.M.** Cocchi, mp 1995, 52 f.). Gleiches muss für den Arzt gelten, der in Räumlichkeiten des ihn beschäftigenden Spitals gegen Entgelt Privatpatienten betreut, ebenso für den Franchisenehmer, der die Verkaufsräumlichkeiten als Bestandteil des ihm zur Verfügung gestellten Vertriebssystems benützt (**anders** allerdings das BGer für die privatärztliche Tätigkeit in Spitalräumen BGE 115 II 452 ff.; für das Franchising BGE 118 II 157 E. 3; für den Tankstellenvertrag SJ 1998, 320 ff.). Die gegenteilige Auffassung birgt die Gefahr der Gesetzesumgehung, während mittels der hier befürworteten ganzheitlichen Betrachtungsweise die *legitimen* Interessen der anderen Vertragspartei durchaus gewahrt werden können: Sicherlich soll es etwa bei den genannten Beispielen angesichts der betrieblichen Bedürfnisse des Vermieters keine allzu lange Erstreckung geben. Eine solche mittels Negierung der Gebrauchsüberlassungskomponente des Vertrages gänzlich auszuschliessen, missachtet aber den Schutzgedanken des geltenden Rechts (vgl. Art. 273c N 2; BGE 131 III 566 E. 3.1; Koller Th., ZBJV 2006, 407 f.; KUKO OR-Blumer, N 11; ZK-Higi, Vor Art. 253–274g OR N 202 und 218 f., Vor Art. 266–266o OR N 173 ff. und Vor Art. 269–270e OR N 53 ff., der die publ. BGE aber zumindest im Ergebnis billigt; **a.M.** Cocchi, mp 1995, 56 f.). Für den Hotelmanagementvertrag hat das BGer allerdings zu Recht eine wesentliche pachtrechtliche Komponente verneint, denn hier liegt der Akzent klar auf der Dienstleistungsebene und der Betrieb erfolgt auf Nutzen und Gefahr des Eigentümers (BGE 131 III 528 E. 7; vgl. auch Th. Koller, a.a.O., 411 ff.).

Zu gemischten Rechtsverhältnissen mit Gebrauchsüberlassungskomponente auf *öffentlich-rechtlicher Grundlage* vgl. Vor Art. 253 N 4a.

Verträge mit wesentlichem mietvertraglichen Anteil sind insb. das Immobilienleasing (vgl. Honsell, OR BT, 409; ZK-Higi, Vor Art. 269–270e OR N 60; vgl. auch BGE 132 III 549), der Hauswartvertrag (Miet- und Arbeitsvertrag; BGE 131 III 566; ZK-Higi, Vor Art. 269–270e OR N 60; zu den unterschiedlichen Vertragsgestaltungsmodellen s. aber BK-Giger, Art. 253 OR N 176;), die Miete einer Servicestation (Miete, Kauf und Auftrag; **a.M.** ZK-Higi, Vor Art. 269–270e OR N 65; zum alten Recht SJ 1979, 568) sowie der Heim-, Pensions- oder Beherbergungsvertrag (so implizit BGE 119 II 141, wo die Regeln über den Kündigungsschutz im Falle des sog. begleiteten Wohnens als anwendbar erachtet wurden; Blumer, SPR VII/3, Rz 20; BK-Giger, Art. 253 OR N 173, abw. allerdings z.T. bei Art. 253b N 27 [Schutz nur für Alterswohnungen mit gewissen Zusatzdienstlesitungen]; Lachat et al.-Püntener, 38; **a.M.** ZK-Higi, Vor Art. 269–270e OR N 66 f.) In BGer, 13.11.2012, 4A_113/2012, wurde indessen selbst dem Vertrag über eine unmöblierte Zweizimmer-Alterswohnung, der als echte Zusatzleistungen nur gerade die Mittagessen, eine wöchentliche Woh- **18** nungsreinigung und einen Notfallknopf vorsah, ein wesentliches mietrechtliches Element abgesprochen. Das BGer erwog wie das OGer ZH, aber anders als das Mietgericht ZH, diese Zusatzleistungen könnten zusammen mit einem Beratungsangebot sowie (zusätzlich zu entschädigenden) weiteren Leistungen nicht als nebensächlich abgetan werden (E. 2.2). Das ist zwar nicht falsch, verkehrt aber die Regel von Art. 253b Abs. 1 in ihr Gegenteil. Problematisch ist besonders der Schlusssatz von E. 2.3: «Dieses Gesamtangebot enthält wesentliche Teile, die nicht die blosse Überlassung von Wohn- oder Geschäftsräumen gegen Entgelt betreffen.» Die richtige Frage wäre gewesen, ob die zumeist optionalen Zusatzangebote die mietrechtliche Komponente des Vertrages zur unwesentlichen machen (vgl. dazu Biber, mp 2014, 7 f.). Dass es bei der Überlassung einer unmöblierten Wohnung zuallererst um ein Dach über dem Kopf geht, ist nun aber so offensichtlich wie die Schutzbedürftigkeit der Bewohner (s. nur a.a.O., E. 2.4; vgl. auch Biber, mp 2014, 11, 29). Nur die Dienstleistungskomponente untersteht daher dem Auftrags-, das Gebrauchsüberlassungselement aber dem Mietrecht (vgl. Bisang, mp 2010, 248 f., Ziff. 10.3, der dem konkreten Entscheid aber dennoch zustimmt, MRA 4/2013, 42 ff.). Man wird den Verdacht nicht los, dass die Anwendung des Mietrechts oft daran scheitert, dass die Gerichte eine klare Regel für die Ausscheidung der verschiedenen Preiskomponenten vermissen. Hier bietet sich ein Ermessensentscheid nach Art. 4 ZGB an (ZK-Higi, Vor Art. 269–270e OR N 69; BK-Giger, Art. 253b OR N 32). Das Gericht hat demzufolge in Würdigung aller Umstände vorab zu entscheiden, welcher Teil des Pensionspreises den mietrechtlichen Schutzbestimmungen unterliegt und welcher nicht (N 17 a.E.).

Auch die Vermietung eines Gastgewerbelokals unter gleichzeitiger Verpflichtung des Vermieters, die durch das öffentliche Recht geforderte Überwachungsfunktion gestützt auf seine Alkohollizenz wahrzunehmen, enthält eine wesentliche mietrechtliche Komponente (Miete und Auftrag, SJ 2001 I, 541 E. 2.e; vgl. dazu Art. 259a N 1).

c) Gekoppelte Verträge

18a Neben den gemischten Verträgen existieren gekoppelte Verträge, bei welchen mehrere an sich selbständige Vertragsverhältnisse, die je eine typische Leistung und Gegenleistung enthalten, miteinander in der Weise verbunden sind, dass sie ein einheitliches Ganzes bilden. Die Abgrenzung zum gemischten Vertrag ist oft nicht einfach und meist reichlich akademisch: Unabhängig von der gewählten Konstruktion muss bei der Beurteilung stets der **Interessenausgleich** im Vordergrund stehen (problematisch Cocchi, mp 1995, 56 f.; vgl. zur Unterstellung gemischter Verträge unter die Regelung für Koppelungsgeschäfte Art. 254 N 2).

Bei der Miete von Wohn- und Geschäftsräumen ist die objektive Vertragsverbindung (so die Bezeichnung bei Guhl/Koller/Schnyder/Druey, 334) nicht uneingeschränkt zulässig (vgl. Art. 254). Wichtigste Anwendungsfälle gekoppelter Verträge sind die Verbindung von Arbeits- und Mietvertrag beim Hauswartvertrag (wenn sowohl ein Lohn als auch ein Mietzins vereinbart wird; vgl. Cocchi, mp 1995, 55 f.; gemischte Konstruktion dagegen urspr. im Vertrag, der BGE 131 III 566 zugrunde lag) und von Miet- und Gesellschaftsvertrag bei Wohnbaugenossenschaften (dazu Vor Art. 253 N 2a, Art. 254 N 4 und Art. 266o N 4).

Jeder der miteinander gekoppelten Verträge folgt grundsätzlich seinen eigenen Regeln (Guhl/Koller/Schnyder/Druey, 335; problematisch deshalb die Genfer Praxis zur Hauswartung, mp 2000, 64). Schliessen die Parteien etwa einen Mietvertrag über Produktionsräumlichkeiten sowie einen zum integrierenden Vertragsbestandteil erklärten Energielieferungsvertrag ab, so verfügt der Mieter betr. Energielieferung nicht über ein Einsichtsrecht in *die Kalkulationsgrundlagen* des Vermieters, denn das Entgelt für die Energielieferung hat nichts mit Nebenkostenzahlungen i.S.v. Art. 257a zu tun (BGer, 25.5.2000, 4C.82/2000 = ZMP 2000 Nr. 3).

Wechselwirkungen stellen sich indessen zwangsläufig ein. So darf etwa ein genossenschaftlicher Mietvertrag nur aus wichtigen Gründen i.S.v. Art. 846 gekündigt werden (BGE 136 III 65 = Pra 2010 Nr. 87; vgl. Art. 266o N 4).

IV. Verordnungskompetenz

Entgegen dem Marginale zu Art. 253a bezieht sich die Verordnungskompetenz des Bundesrates nicht nur auf den *Geltungsbereich* der Bestimmungen über die Wohn- und Geschäftsräume. Vielmehr ist der Bundesrat ermächtigt, Ausführungsbestimmungen zur sozial und volkswirtschaftlich besonders bedeutsamen **Miete von Wohn- und Geschäftsräumen** schlechthin zu erlassen. Dies ist in der VMWG vom 9.5.1990 (SR 221. 213.11) geschehen. Die bundesrätlichen Vorschriften liegen grundsätzlich im Rahmen der gesetzlichen Delegation (so ausdrücklich BGer, 10.6.2002, 4C.85/2002, E. 2b; KUKO OR-Blumer, N 15; CR CO I-Lachat, Art. 253a N 9; CPra Bail-Bohnet/Dietschy, Art. 253a N 22; **a.M.** ZK-Higi, N 5; SVIT-Komm., N 13; zumindest krit. BK-Giger, Art. 253a N 44 f.). Darauf (und auf krit. Stimmen) ist im Einzelnen an geeigneter Stelle zurückzukommen. 19

Art. 254

B. Koppelungsgeschäfte

Ein Koppelungsgeschäft, das in Zusammenhang mit der Miete von Wohn- oder Geschäftsräumen steht, ist nichtig, wenn der Abschluss oder die Weiterführung des Mietvertrags davon abhängig gemacht wird und der Mieter dabei gegenüber dem Vermieter oder einem Dritten eine Verpflichtung übernimmt, die nicht unmittelbar mit dem Gebrauch der Mietsache zusammenhängt.

B. Transactions couplées

Une transaction couplée avec le bail d'habitations ou de locaux commerciaux est nulle lorsque la conclusion ou la continuation du bail y est subordonnée et que, par cette transaction, le locataire contracte envers le bailleur ou un tiers des obligations qui ne sont pas en relation directe avec l'usage de la chose louée.

B. Negozi abbinati

Un negozio abbinato, in rapporto con la locazione di locali d'abitazione o commerciali, è nullo se la conclusione o la continuazione della locazione viene subordinata a questo negozio e il conduttore vi contrae in favore del locatore o di un terzo un obbligo che non è in diretta connessione con l'uso della cosa locata.

Literatur

Hess/Ruckstuhl, AGB-Kontrolle nach dem neuen Art. 8 UWG – eine kritische Auslegeordnung, AJP 2012, 1188 ff.; Jeanprêtre, La protection contre les loyers abusifs ou d'autres prétentions abusives du bailleur, Rep 1990, 3 ff.; Lachat, Le bail des cafés et des restaurants, 18e séminaire sur le droit du bail, Neuchâtel 2014, 221 ff. (zit. restaurants); Micheli, Les transactions couplées avec le bail, 13e séminaire sur le droit du bail, Neuchâtel 2004; Stucki, AGB-Kontrolle im schweizerischen Recht und im UN-Kaufrecht unter besonderer Berücksichtigung des revidierten Art. 8 UWG, in: Magister, Editions Weblaw, Bern 2013; ders., Art. 8 UWG: Die neue AGB-Inhaltskontrolle, Jusletter vom 10.3.2014; Sulliger/Ansermet, Le contrat-cadre romand de baux à loyer et les dispositions paritaires romandes et règles et usages locatifs du canton du Vaud, CdB 2002, 97 ff.; Wessner, Der Abschluss von Mietverträgen über unbewegliche Sachen, mp 1988, 78 ff.; Wetzel/Grimm/Mosimann, Die Anwendbarkeit von Art. 8 UWG auf AGB in Mietverträgen, MRA 1/2013, 3 ff.; Wetzel/Mesek, Die Vereinbarung von Schlüsselgeld: Ein nichtiges Koppelungsgeschäft?, MRA 2008, 1 ff.

I. Anwendungsbereich und Zweck

Art. 254 ist ausdrücklich nur auf Mietverträge über **Wohn- und Geschäftsräume** anwendbar. 1
Der Begriff der Wohn- und Geschäftsräume in Art. 254 verweist zwar lediglich auf Art. 253a, nicht auch auf Art. 253b (ZK-Higi, N 3). Dies führt in der Lehre zur Annahme, die Bestim-

mung beziehe sich auch auf Luxuswohnungen. Seiner systematischen Stellung nach gehört der – nicht eben glücklich formulierte – Artikel gewiss zu den allgemeinen Bestimmungen, nach Massgabe ihres Zwecks jedoch zum spezifischen Schutz des Mieters vor missbräuchlichen Mietzinsen und andern missbräuchlichen Forderungen des Vermieters gemäss dem zweiten Gesetzesabschnitt (Art. 269 ff.; ZIHLMANN, 45 f.). Dem ist bei der Auslegung Rechnung zu tragen (CR CO I-LACHAT, N 3; GUHL/KOLLER/SCHNYDER/DRUEY, 406 f.; SVIT-Komm., N 18; KUKO OR-BLUMER, N 1; vgl. N 2 ff.; BK-GIGER, N 13). Die Überlegung wirkt sich aber auch auf den Anwendungsbereich aus, so dass die Norm nicht zum Zuge kommt bei der Miete von Luxuswohnungen i.S.v. Art. 253b Abs. 2 (**a.M.** SVIT-Komm., N 10; LACHAT, bail à loyer, 501; BLUMER, SPR VII/3, Rz 365; BK-GIGER, N 20 ff.; CPra Bail-MONTINI/BOUVERAT, N 4, die aber einräumen, dass bei besserer Respektierung der Systematik durch den Gesetzgeber keine Anwendung erfolgen dürfte; ähnlich CR CO I-LACHAT, N 3).

1a Tritt ein Konsument als Mieter auf, kann er sich unabhängig von der vorliegenden Norm auf Art. 8 UWG berufen, der ähnlich wie die vorliegende Bestimmung Fälle eines erheblichen Leistungsungleichgewichts erfasst (WETZEL/GRIMM/MOSIMANN, MRA 1/2013, 13; vgl. BGE 140 III 404 E. 4.5).

II. Begriff des nichtigen Koppelungsgeschäftes

2 Die Doktrin versteht unter einem Koppelungsgeschäft die Verknüpfung an sich selbständiger Verträge in der Weise, dass sie sich wie Leistung und Gegenleistung im zweiseitigen Vertragsverhältnis gegenüberstehen (SCHLUEP, SPR VII/2, 776; vgl. Art. 253a–253b N 18a). Art. 254 befasst sich streng genommen nicht mit dem Koppelungsgeschäft, sondern mit dem an einen Mietvertrag über Wohn- oder Geschäftsräume gekoppelten Rechtsgeschäft («transaction couplée», SVIT-Komm., N 13).

Vom Schutzgedanken her beansprucht Art. 254 auch Geltung für **gemischte Verträge** mit erheblichen mietrechtlichen Elementen (vgl. Vor Art. 184 N 8; MICHELI, 12 f.; SVIT-Komm., N 12; BK-GIGER, N 19; ähnlich ZK-HIGI, N 51 m.Hw. auf BGE 118 II 157 E. 3c, wo allerdings ein wesentliches mietrechtliches Element des Vertrages gerade verneint wurde) und für Klauseln innerhalb eines Mietvertrages, welche mit dem Gebrauch der Sache nichts zu tun haben: Die Frage des Missbrauchs kann nicht von der gewählten Form abhängen (vgl. Art. 2 Abs. 2 ZGB und Art. 18 Abs. 1; Lachat et al.-WYTTENBACH, 452 FN 13; SVIT-Komm., N 11; WEBER, Diss., 146 f.).

3 Nichtig i.S.v. Art. 254 ist eine Vereinbarung, deren Gegenstand **nicht mit dem Gebrauch der Sache zusammenhängt**, und von der der Abschluss oder Fortbestand des Mietvertrages abhängig gemacht wird. Ein Zusammenhang der atypischen Obligation mit dem Gebrauch der Mietsache ist im Zweifel zu **bejahen** (Lachat et al.-WYTTENBACH, 452). Die Abhängigkeit des Mietvertrages von der aussergewöhnlichen Verpflichtung des Mieters ist umso eher anzunehmen, je geringer die Gegenleistung ist (z.B. in Form einer Mietzinsreduktion; vgl. SVIT-Komm., N 17 f.; ZK-HIGI, N 13 ff.). Weiteres Indiz für eine verpönte Verquickung mag die vom Vermieter oder Dritten ausgehende Initiative zum Geschäft sein; ist hingegen der **Abschlusswille des Mieters** gerade auch auf das gekoppelte Geschäft gerichtet, scheidet die Anwendung von Art. 254 aus (ZK-HIGI, N 26 f.; vgl. SVIT-Komm., N 16 und 24; BGE 118 II 157 E. 3c).

3a Nach der begrüssenswerten Rsp. des BGer findet Art. 254 auch auf gekoppelte Rechtsgeschäfte Anwendung, bei welchen zwar die Verpflichtung des Mieters mit dem Gebrauch der *Sache zusammenhängt*, aber ein **erhebliches Ungleichgewicht** zwischen den Leistungen des Vermieters und des Mieters besteht (BGer in mp 1999, 38 ff. und 41 ff.; BK-GIGER, N 54; CHK-HEINRICH, N 4; KUKO OR-WALTER, Voraufl., N 3; GUHL/KOLLER/SCHNYDER/DRUEY,

407; Heusi, mp 1999, 16 f.; Lachat, restaurants, Rz 66 ff.). An sich ergäbe sich das gleiche Resultat auch aus der Missbrauchsgesetzgebung (Art. 269 ff.); die Lösung des BGer ist aber einfacher. Zentrale Bedeutung erlangt diese Praxis bei der Miete von Geschäftsräumen, namentlich für das Gastgewerbe, denn dadurch besteht eine Möglichkeit, die Verpflichtung zur Übernahme des Kleininventars zu überhöhten Preisen oder missbräuchliche Bierlieferverträge mietrechtlich zu ahnden. Illustrativ für eine nicht missbräuchliche Koppelung ist das BGer, 17.11.2004, 4C.255/2004: Nach dem konkreten Vertrag bestand eine Weinbezugsverpflichtung des Restaurateurs gegenüber der Vermieterin. Der Mieter hatte aber das Recht, vier weitere Weinsorten auszuschenken. Zudem führte die Bezugsverpflichtung zu einer (gestaffelten) Mietzinsreduktion. Nach Verletzung der Verpflichtung erwies sich die Kündigung der Vermieterin daher als gültig. Unausgewogene Bezugsverpflichtungen halten Art. 254 aber nicht stand (Blumer, SPR VII/3, Rz 369 f.).

Eine ähnliche Ausgangslage besteht bei den in Mode gekommenen **Mietkautionsversicherungen**. Wie die Mieterhaftpflichtversicherungen haben sie – wenn auch nur indirekt – zwar mit dem Gebrauch der Sache zu tun. Der Mieter erhält die Versicherungsprämien aber nicht zurück, wenn die Mietkaution vom Vermieter nicht beansprucht wird. Wegen der Risikokomponente der Versicherung und des oft stattlichen kalkulatorischen Zinses sind solche Versicherungen meist deutlich ungünstiger als die Barhinterlegung der Kaution, zumal der Versicherer auf den Mieter Rückgriff nimmt, wenn er vom Vermieter für die Kaution in Anspruch genommen wird. Laut einem Beispiel aus der Praxis betragen die Kosten einer solchen Kautionsversicherung inkl. Prämien und Gebühren bei einer fünfjährigen Mietdauer fast CHF 1700 (K-Tipp, 26.2.2014, 8). Mietkautionsversicherungen verstossen daher gegen die vorliegende Bestimmung, soweit der Abschluss des Mietvertrages von ihrem Abschluss abhängig gemacht wird. 3b

Gemäss Art. 3 VMWG gelten als Koppelungsgeschäfte insb. die Verpflichtung des Mieters, die Mietsache, Möbel oder Aktien zu kaufen oder einen Versicherungsvertrag abzuschliessen (vgl. auch Art. 271a Abs. 1 lit. c betr. congé-vente). Keine missbräuchliche Koppelung stellt ein **Konkurrenzverbot** in einem Mietvertrag dar, da es sich als Ausprägung der vom Mieter zu fordernden Rücksichtnahme i.S.v. Art. 257f verstehen lässt (ZK-Higi, Art. 257f OR N 25; BK-Giger, N 56) und sich darüber hinaus innerhalb der Schranken zulässiger Gebrauchsdefinitionen nach Art. 256 bewegt. Die Bezahlung des Mietzinses im Lastschriftverfahren fällt nicht unter Art. 254. Der Vermieter kann den Mieter aber nicht zur Zahlung auf diesem Weg zwingen, denn schon nach *zwingendem* allgemeinen Vertragsrecht kann der Mieter die Lastschriftermächtigung jederzeit widerrufen (Art. 34 Abs. 1 und 2). Entsprechend zog NR Leuenberger einen Antrag, die Zahlung des Mietzinses im Lastschriftverfahren in einem Abs. 3 von Art. 254 zu verbieten, nach einem Hinweis von BR Koller auf Art. 34 zurück (AB NR, 15.3.1989, 476 f.; wie hier SVIT-Komm., N 22; **a.M.** ohne Begründung und entgegen den Materialien KUKO OR-Blumer, N 2; CR CO I-Lachat, N 6). Im Lichte des Gesetzeszweckes verbietet Art. 254 nach einhelliger Auffassung nicht die Vermietung einer Wohnung unter der Bedingung der Übernahme einer (angemessen entschädigten) Hauswartung, obwohl sie in einem Mehrfamilienhaus Tätigkeiten mit sich bringt, die nicht durch den Gebrauch der gemieteten Sache bedingt sind (statt vieler ZK-Higi, N 16). Gültig ist auch die Verpflichtung zum Abschluss einer **Mieter-Haftpflichtversicherung** (zur Kautionsversicherung s. dagegen N 3b), solange damit nicht ein Kontrahierungszwang mit einem bestimmten Versicherer verbunden (Guhl/Koller/Schnyder/Druey, 407; SVIT-Komm., N 22; ZMP 1997 Nr. 2; BK-Giger, N 66 ff.; **a.M.** Zihlmann, 46) oder dem Vermieter mehr verschafft wird, als er vom Mieter fordern könnte (Neuwertversicherung; mp 2014, 297 ff.), die Pflicht zur Mitgliedschaft in einer Gesellschaft, deren Zweck in Zusammenhang mit dem Sachgebrauch steht (Bsp. Interessengemeinschaft der Ladenbesitzer, Genossenschaft oder AG als Eigentümerin des Mietobjektes, vgl. dazu SVIT-Komm., N 16), diejenige zur käuflichen Übernahme von Inventar und Warenvorräten von Gastwirtschaftsbetrieben (BGer in mp 1999, 41 ff.) oder die Verpflichtung zur Veräusserung eines Geschäftsbetriebes (vgl. Art. 263; BGer, mp 1999, 38 ff.). 4

5 Art. 254 ist auch anwendbar, wenn der Mieter die Verpflichtung aus dem mit dem Mietvertrag gekoppelten Geschäft nicht gegenüber dem Vermieter, sondern **gegenüber einem Dritten** übernimmt. Es widerspricht dem klaren Gesetzeswortlaut, zusätzlich eine Einflussnahme des Vermieters auf den Dritten zu fordern (zutreffend ZK-Higi, N 28; Lachat, bail à loyer, 550 FN 7; CPra Bail-Montini/Bouverat, N 22; **a.M.** SVIT-Komm., N 25b). Deshalb ist z.B. das Provisionsversprechen oder **Schlüsselgeld**, welches sich der vom Vermieter bevollmächtigte Liegenschaftsverwalter vom Mieter für den Abschluss des Mietvertrages geben lässt, ebenso ein nichtiges Koppelungsgeschäft wie die Vereinbarung einer Provision oder der entgeltlichen Übernahme wertloser Möbel (s. dazu N 3a) zwischen Vor- und Nachfolgemieter für den Fall einer Vertragsübertragung nach Art. 263 oder eines geglückten Angebots nach Art. 264. Allerdings soll von einer verpönten Verkoppelung nach Auffassung des BGer nur gesprochen werden können, wenn der Vermieter wenigstens von der Vereinbarung weiss und dieser zustimmt (BGer, 26.9.2001, 4C.161/2001, E. 3 = mp 2003, 54 f.; ebenso CHK-Heinrich, N 6; KUKO OR-Blumer, N 4; gl.M. bez. Kenntnis des Vermieters vom Geschäft CPra Bail-Montini/Bouverat, N 22). Richtig ist, dass eine direkte Verkoppelung zwischen dem Mietvertrag und der sachfremden Leistung nur bei einer Kenntnis des Vermieters vom Koppelungsgeschäft denkbar ist. Eine analoge Anwendung von Art. 254 ist m.E. in den genannten Konstellationen aber gleichwohl geboten, da hier der ausziehende Mieter seinen Einfluss auf die Entscheidung des Vermieters über den Nachfolger missbraucht, um sich durch ein verpöntes Geschäft Vorteile zu verschaffen (ebenso mit ausführlicher Begründung BK-Giger, N 39 ff., 50).

III. Nichtigkeitsfolge

6 Art. 254 erklärt Koppelungsgeschäfte als **nichtig** i.S.v. Art. 20 (ex tunc, irrtümlich wohl ZK-Higi, N 36 und 39). Die Nichtigkeit ist jederzeit von Amtes wegen zu berücksichtigen und unheilbar; sie berührt aber immerhin die Gültigkeit des Mietvertrages nicht (BGer in mp 1999, 41 ff.). Betrachtet man die von den Parteien getroffenen Vereinbarungen als Ganzes, kann man durchaus von einer Teilnichtigkeit nach Art. 20 Abs. 2 sprechen (SVIT-Komm., N 26; krit. ZK-Higi, N 38). Wegen des Schutzcharakters der Bestimmung kommt es nicht darauf an, ob der Vermieter den Vertrag auch ohne das gekoppelte Geschäft geschlossen hätte (s. BGE 123 III 292 E. 2e/aa; KUKO OR-Blumer, N 5; Weber, mp 2005, 20).

Entgegen der 3. A. und der h.L. und Rsp. ist der aus der Nichtigkeit resultierende **Rückforderungsanspruch** nicht bereicherungsrechtlicher, sondern vertraglicher Natur, denn er dient letztlich der Herstellung eines mit dem Missbrauchsverbot in Einklang stehenden Vertragsinhalts und beruht daher direkt auf dem zwingenden Vertragsrecht. Es ist daher nicht erforderlich, die Kondiktionssperren oder das Rechtsmissbrauchsverbot zu bemühen, wenn der *Vermieter* sich in missbräuchlicher Weise auf die Nichtigkeit beruft (Weber, mp 2005, 21 f.; ähnlich Micheli, 12 f., 26 f.; **a.M.** BGE 140 III 583 E. 3.2.3; 130 III 504; ZK-Higi, N 42 ff.; BK-Giger, N 78, vgl. aber N 80; SVIT-Komm., N 28; CHK-Heinrich, N 9; KUKO OR-Blumer, N 5; CPra Bail-Montini/Bouverat, N 45).

7 Der Gesetzgeber ist mit der Nichtigkeitsfolge eindeutig über das Ziel hinaus geschossen, hätte doch eine Anfechtbarkeit z.B. innerhalb eines Jahres nach dem Vorbild von Art. 21 und 31 (vgl. auch Art. 29) genügt (gl. M. BK-Giger, N 81; SVIT-Komm., N 8). Immerhin werden sich wegen der oft rechtsmissbräuchlichen Berufung des Vermieters auf die Nichtigkeit und der Möglichkeit einer Reduktion auf das erlaubte Mass durch Korrektur der Gegenleistung nach den Regeln über die **modifizierte Teilnichtigkeit** (Art. 20 Abs. 2) meist ähnliche Rechtsfolgen wie bei einer blossen Anfechtbarkeit finden lassen (CPra Bail-Montini/Bouverat, N 40 ff.; BGer, 13.1.1999, 4C.207/1998, mp 1999, 44). Giger geht mit guten Gründen einen Schritt weiter und versteht Art. 254 als relativ zwingende Norm (BK-Giger, N 16 und 77).

IV. Beweislast

Die Beweislast für die Voraussetzungen eines verpönten Koppelungsgeschäftes trägt diejenige Partei, welche die Nichtigkeit des an den Mietvertrag gekoppelten Rechtsgeschäftes behauptet (BGer, mp 1999, 40, 44). Die vorliegende Bestimmung ist letztlich ein Anwendungsfall von Art. 20, der eine Ausnahme von der in Art. 19 festgeschriebenen Vertragsfreiheit vorsieht. 8

Art. 255

C. Dauer des Mietverhältnisses

[1] Das Mietverhältnis kann befristet oder unbefristet sein.

[2] Befristet ist das Mietverhältnis, wenn es ohne Kündigung mit Ablauf der vereinbarten Dauer endigen soll.

[3] Die übrigen Mietverhältnisse gelten als unbefristet.

C. Durée du bail

[1] Le bail peut être conclu pour une durée déterminée ou indéterminée.

[2] Il est de durée déterminée lorsqu'il doit prendre fin, sans congé, à l'expiration de la durée convenue.

[3] Les autres baux sont réputés conclus pour une durée indéterminée.

C. Durata della locazione

[1] La locazione può essere a tempo determinato o indeterminato.

[2] È' a tempo determinato se destinata ad estinguersi, senza disdetta, alla scadenza pattuita.

[3] Le altre locazioni sono considerate a tempo indeterminato.

Literatur

Bohnet/Conod, La fin du bail et l'expulsion du locataire, 18e séminare sur le droit du bail, Neuchâtel 2014, 79 ff.; Knoepfler, Pourparlers précontractuels, promesse de conclure et droit d'option en matière du bail, 10e séminaire sur le droit du bail, Neuchâtel 1998; Maag, Reservationsrecht, Vormietrecht und Option, MRA 2001, 37 ff.; Saviaux, Le bail de durée déterminée, CdB 2006, 33 ff.; s.a. die Literaturhinweise zu Art. 253.

I. Allgemeines

Die vorliegende Bestimmung grenzt im Hinblick auf die unterschiedlichen Rechtsfolgen das unbefristete vom befristeten Mietverhältnis ab. Aussagen über die zulässige Maximaldauer der Miete oder über die Anforderungen an die Bestimmbarkeit der vereinbarten Dauer lassen sich ihr nicht entnehmen. Ein Teil ihres Inhaltes wird überflüssigerweise in Art. 266 wiederholt. 1

Die Mietdauer kann zum Voraus festgesetzt werden. In diesem Fall **endet** das Mietverhältnis mit Ablauf der **vereinbarten Dauer** und ist gemäss gesetzlicher Definition ein **befristetes**. Die übrigen Mietverhältnisse gelten als unbefristet. Bei den befristeten Mietverhältnissen scheidet eine ordentliche Kündigung oder eine Mietzinsanpassung aus, und zwar selbst bei der Miete von Wohn- und Geschäftsräumen (vgl. Art. 269d, s. aber Art. 269b und 269c). Die **unbefristeten** Mietverhältnisse werden durch **Kündigung** beendet (Art. 266a). Bei beiden Formen ist ausserdem eine **ausserordentliche Kündigung** oder ein **Aufhebungsvertrag** möglich, bei welchem die Parteien weder an Formvorschriften noch an Fristen oder Termine gebunden sind (Art. 115; vgl. dazu Art. 266a N 1e, Art. 272b N 5, Art. 273 N 3b; ZK-Higi, Vor Art. 266–266o N 12 ff.; SVIT-Komm., Vor Art. 266–266o N 16; ZMP 1991 Nr. 11). 2

II. Die Begriffe im Einzelnen

Unter dem Begriff **«vereinbarte Dauer»** ist nicht nur ein nach Zeiteinheiten (Tage, Monate, Jahre) festgelegter Zeitabschnitt oder kalendermässig bestimmter Anfangs- und Endtermin zu 3 verstehen, sondern jede andere Bestimmung der Dauer durch Vereinbarung eines Ereignisses, mit welchem das Mietverhältnis beginnen bzw. enden soll. Die Begrenzung der Miete kann sich aus ihrem Zweck ergeben, wenn z.B. ein Zimmer für die Dauer eines Kongresses oder ein Kran für den Bau eines Gebäudes gemietet wird (Botschaft Mietrecht, 1447). Bei der Miete von *Wohn- und Geschäftsräumen* ist als Folge des zwingenden Kündigungsschutzes und der gesetzlichen Fristen für die Mieterstreckung stets erforderlich, dass der Beendigungstermin schon beim Mietbeginn eindeutig bestimmt ist. Wo dies nicht der Fall ist, muss der Mietvertrag nach richtiger Ansicht in Anwendung von Art. 20 Abs. 2 als unbefristet gedeutet werden (Weber, Diss., 167 FN 5; ZK-Higi, N 35; ZMP 1991 Nr. 35; **a.M.** BK-Giger, N 81 f.). Die Parteivereinbarung hat dann immerhin noch die Bedeutung einer **unechten Befristung**, mithin einer Mindestdauer, so etwa bei der Miete auf **Lebenszeit** des Mieters (vgl. Art. 271a Abs. 1 lit. f sowie Weber, a.a.O.; ZK-Higi, N 36; **a.M.** KUKO OR-Blumer, N 2; Bohnet/Conod, 17e séminaire, Rz 8; BGE 56 II 190 ff., der unter altem Recht erging und eine echte Befristung annahm).

4 Ist ungewiss, ob das vereinbarte Ereignis überhaupt eintritt, handelt es sich um eine **auflösend bedingte Miete**. Diese Konstruktion genügt dem gesetzlichen Erfordernis der bestimmten Dauer von vornherein nicht, weshalb jedenfalls bei der Miete von *Wohn- und Geschäftsräumen* im Hinblick auf den *zwingenden Kündigungsschutz* stets ein kündbares Mietverhältnis mit einer **Mindestdauer** bis zum Eintritt der Bedingung anzunehmen ist (ähnlich Blumer, SPR VII/3 Rz 322; Bsp.: Miete bis zum Abbruch oder Umbau des Mietobjektes: Art. 272a lit. d i.V.m. Art. 273c; Miete bis zum Verkauf der Liegenschaft: Art. 261; Miete bis zur Liquidation der mietenden AG: N 8; Kündigung der arbeitsrechtlichen Komponente eines [gemischten] Hauswartvertrags: BGE 131 III 566, wo dieses Ergebnis aber nur durch Subsumtion unter die mietrechtliche Kündigungsregelung erreicht wurde; problematisch auf der anderen Seite die Absorption durch die arbeitsrechtliche Kündigungsregelung gem. BGer, 17. 10. 2013, 4A_102/2013, E. 2.2; s.a. Biber, mp 2014, 26 f.; Weber, Diss., 167 FN 5; ZK-Higi, N 43 ff.; **a.M.** vgl. N 3).

4a Das BGer deutete seine Auffassung zum Problem in BGE 121 III 260 = mp 1996, 59 ff. und im unveröffentlichten BGer, 7. 10. 1997, 4C.234/1997 an. Im ersten Fall erklärte es die Miete bis zum Verkauf bzw. bis zum Baubeginn als resolutiv bedingt und schloss eine Anwendung der Art. 271 f. aus. In einem obiter dictum bezeichnete es aber ein Erstreckungsbegehren innert 30 Tagen seit der Kenntnisnahme des Mieters vom Eintritt der auflösenden Bedingung als möglich. Dem zweiten Fall lag folgender Sachverhalt zugrunde: Über eine Restaurantliegenschaft war im Zuge von Zahlungsschwierigkeiten des Eigentümers mit Wirkung ab 1. 3. 1990 die betreibungsamtliche Zwangsverwaltung angeordnet worden. Der Betreibungsbeamte sah sich mit dem Wirt des Lokals konfrontiert, der behauptete, mit dem Eigentümer einen Mietvertrag geschlossen zu haben. In den Akten fanden sich aber zahlreiche Hinweise dafür, dass der Betreiber Gerant (Beauftragter) des Eigentümers gewesen war. Um die Eigentümer- und Gläubigerinteressen zu wahren und trotzdem die Rechtslage nicht zu präjudizieren, legte der Betreibungsbeamte dem Wirt einen Mietvertrag vor, der «bis zum Ende der betreibungsamtlichen Zwangsverwaltung» dauern sollte. Per 30. 4. 1991 wurde über den Eigentümer der Konkurs eröffnet. Während des Konkursverfahrens war die Rechtsnatur des Vertrages Gegenstand fortwährender Diskussionen zwischen dem Wirt und dem Konkursverwalter. Im Jahre 1994 ersteigerte schliesslich ein Dritter die Liegenschaft, widerrief den seiner Meinung nach bestehenden Auftrag und kündigte «sicherheitshalber» einen allfälligen Mietvertrag mit dem amtlichen Formular. Auf Kündigungsschutzklage des Wirtes hin erachtete das BGer die Phase während der betreibungsamtlichen Zwangsverwaltung zwar (entgegen den Zürcher Vorinstanzen) als Mietvertrag. Dieser sei jedoch durch den Eintritt der Resolutivbedingung auf das Datum der Konkurseröffnung hin als aufgelöst zu betrachten. Das erst Jahre später eingereichte Kündigungsschutzbegehren erweise sich damit als verspätet. In der Zulassung der resolutiv bedingten Miete liege keine Aushebelung der Kündigungsschutzvorschriften, denn der Mieter könne innert 30 Tagen seit der Mitteilung des Eintritts der auflösenden Bedingung eine Erstreckung verlangen (zustimmend CPra Bail-Bohnet/Dietschy, N 18).

Diese Rsp. verfolgt einen interessanten Weg, trägt aber dennoch dem Kündigungsschutz bei der Miete von Wohn- und Geschäftsräumen nur teilweise Rechnung. Wie überdies KOLLER/SENNHAUSER zu Recht erörtern, ist mittlerweile durch BGE 135 III 121 insofern ein Wertungswiderspruch entstanden, als das BGer bei Mieterstreckungen auf einer echten Befristung beharrt, und zwar aus Gründen der Rechtssicherheit (KOLLER/SENNHAUSER, ZBJV 2011, 322; s.a. Art. 272b N 1). Will man resolutiv bedingte Mietverhältnisse entgegen der hier vertretenen Auffassung dennoch zulassen, so muss zur Erstreckungsmöglichkeit zumindest das Recht hinzutreten, innert 30 Tagen seit der genannten Mitteilung mittels Klage geltend zu machen, der Vermieter habe den Eintritt der Bedingung wider Treu und Glauben herbeigeführt (dazu Art. 156 N 2; s.a. BGE 113 II 31 [Vereitelung einer Option]; gl.M. KUKO OR-WALTER, Voraufl., N 3, der allerdings eine Befristung analog Art. 273 nicht als zwingend erachtet, sondern allenfalls gestützt auf Art. 2 ZGB eine Verwirkung einer nach Treu und Glauben zu spät erhobenen Klage annimmt; **a.M.** BK-GIGER, N 83, 85 ff., der in unhaltbarer Weise ein befristetes Mietverhältnis annimmt, dessen Erstreckung er generell ablehnt, vgl. N 8 sowie Art. 272 N 1). Anfechtungsmassstab müsste dann – mutatis mutandis – die Regelung von Art. 271 f. sein. Da überdies die fragliche Mitteilung eine kündigungsähnliche Bedeutung hätte, müsste sie wohl auch der Formularpflicht unterstellt werden, damit der Mieter nicht – wie im zweiten Fall geschehen – sechs Jahre nach der Mitteilung des Vermieters vom BGer erfährt, wie er hätte vorgehen müssen, um seine Rechte zu wahren. Unter solchen Umständen erscheint es aber als sachgerechter, gleich eine *richtige* Kündigung zu verlangen (ähnlich ZK-HIGI, Art. 271 N 110 sowie Art. 273 N 90 ff.). 4b

Bisweilen sucht das BGer das Problem durch eine für die Mieterin wohlwollende Vertragsinterpretation zu lösen: Der Klausel, die Beendigung des Arbeitsvertrages «entraînera également la dénonciation du contrat de bail pour la même échéance» legte es nach Vertrauensprinzip so aus, dass das Mietverhältnis einer gesonderten Kündigung bedürfe (BGer, 6.1.2003, 4C.283/2002, E. 4).

Ein **befristetes Mietverhältnis** liegt vor, wenn die Parteien eine **Maximaldauer** unter dem Vorbehalt vereinbaren, das Mietverhältnis vorher zu kündigen. Ein unbefristetes Verhältnis liegt vor, wenn nach Ablauf der vereinbarten **Mindestdauer** das Verhältnis infolge einer sog. **Fortlaufsklausel** («frühestens kündbar auf [...]») erneuert wird (BGE 99 II 297; 114 II 165). Bei bewusster und widerspruchsloser Fortsetzung eines befristeten Mietverhältnisses kommt eine solche Vereinbarung stillschweigend zustande (BGer, mp 1995, 161 ff.; Art. 266 Abs. 2; SVIT-Komm., Art. 266 N 13 ff.). Trotz der Formulierung von Art. 266 Abs. 2 («gilt») handelt es sich bei der Bestimmung um die *widerlegbare Vermutung* einer unbefristeten **Fortsetzung des ursprünglich befristeten Vertrages** zu den zu den bisherigen Bedingungen (vgl. Art. 270 N 1; Botschaft Mietrecht, 1447 ff.; BLUMER, SPR VII/3, Rz 1012; SVIT-Komm., Art. 266 N 13; **a.M.** ZK-HIGI, Art. 266 OR N 39 und 50 ff. [konkludenter Abschluss eines neuen Vertrags, aber doch zu den bisherigen Bedingungen]; BK-GIGER, N 46, 72 [lehnt eine konkludente Vertragsfortsetzung als «unhaltbar» ab]). Widerspruchslose Fortführung ist etwa anzunehmen, wenn der Vermieter nach dem Mietende vorbehaltlos Zahlungen in Höhe des bisherigen Mietzinses oder gar in einem Umfang entgegennimmt, der über seinen Bereicherungsanspruch für den unberechtigten Gebrauch durch den Mieter hinausgeht (ebenso ZK-HIGI, Art. 266 N 41; als Beispiel für eine Entgegennahme von Zahlungen mit deutlichem Vorbehalt s. BGer, 16.6.2004, 4C.56/2004 = MRA 2004, 142 ff.). 5

Im Zweifel ist ein **unbefristetes Mietverhältnis** anzunehmen, wie sich aus der Formulierung von Art. 255 ergibt (ähnlich ZK-HIGI, N 23; vgl. BGer, 2.12.2011, 4A_379/2011 E. 2.5). **Kettenartig aneinander gereihte** befristete Verträge sind darauf zu untersuchen, ob nicht die Absicht einer Gesetzesumgehung und damit Rechtsmissbrauch vorliegt. Mit einem unbefristeten Mietverhältnis geht besonders bei der Miete von Wohn- und Geschäftsräumen für gewöhnlich ein weitaus stärkerer Schutz einher geht als mit mehreren aneinandergereihten befristeten Verträgen (CPra Bail-BOHNET/DIETSCHY, N 9; **a.M.** BLUMER, SPR VII/3 Rz 327; 6

BK-Giger, Art. 253a N 28): Zwar besteht auch beim befristeten Vertrag eine Erstreckungsmöglichkeit (Art. 272 N 1). Diese verschafft dem Mieter aber insofern eine schlechtere Position als bei einem unbefristeten Vertrag, als er grundsätzlich gehalten ist, sich von Beginn an um ein Ersatzobjekt für die Zeit nach dem Mietende zu kümmern, während ihn eine entsprechende Obliegenheit beim unbefristeten Vertrag erst mit der Kündigung des Vermieters trifft. Zum noch grösseren Problem eines Kettenvertrages wird die Abschwächung des Schutzes vor missbräuchlichen Mietzinsen infolge der erschwerten Anfechtung des Anfangsmietzinses (ZK-Higi, Art. 266 N 54; CR CO I-Lachat, N 6; zu diesen und weiteren Unterschieden s. BGE 139 III 145 E. 4.2.3 = Pra 2013 Nr. 96). Geht es dem Vermieter mit den Kettenverträgen daher darum, solche zwingenden Vorschriften auszuhebeln, hat das Gericht dem entgegenzuwirken und mangels eines legitimen Interesses an der Befristung von einem unbefristeten Vertrag auszugehen. Das BGer anerkennt dies zwar grundsätzlich, nimmt eine Umdeutung aber nur im Falle eines offensichtlichen **Rechtsmissbrauchs** vor (BGE 139 III 145 E. 4.2.4 = Pra 2013 Nr. 96, mit Analyse auch der arbeitsrechtlichen Rsp. in E. 4.1 und 4.2.2 f.; **anders** noch BGer, 3.11.2003, 4C.155/2003, E. 3.3; s.a. CPra Bail-Bohnet/Dietschy, N 9). Fraglich ist, ob das Problem der **Gesetzesumgehung** nicht statt beim Rechtsmissbrauch bei der Gesetzesanwendung nach Art. 1 ZGB, insb. bei der teleologischen Reduktion einzuordnen ist (BGE 117 II 290, 296; vgl. Hürlimann Kaup, ZBJV 2014, 582; BK-Emmenegger/Tschentscher, Art. 1 OR N 471; BK-Hausheer/Aebi-Müller, Art. 2 ZGB N 85 und 93; ZK-Baumann, Art. 2 ZGB N 53). Das BGer möchte jedenfalls die Umgehungsabsicht einzelfallweise prüfen und betont, auf der Sachverhaltsebene trage die Partei die Beweislast, die gegen den vertraglichen Konsens argumentiere. Prozessual wird man so vorgehen, dass die Motive der Parteien für die gewählte Konstruktion nach Art. 56 ZPO zu erfragen sind. Dabei ist das Augenmerk nicht nur auf die ganze Kette zu richten, sondern auch auf die einzelnen Glieder, besonders die neuesten. Je zahlreicher die Glieder sind, desto verdächtiger erscheint die Konstruktion. Zweifel an der Gesetzesumgehungsabsicht wirken sich zwar zum Nachteil der beweisbelasteten Partei aus. Allerdings dürfte für den Nachweis der Umgehungsabsicht als innere Tatsache das Beweismass der überwiegenden Wahrscheinlichkeit genügen, so dass schon das Fehlen eines plausiblen Motivs für die Kettenkonstruktion zur Bejahung der Gesetzesumgehung führen kann (ähnlich, gestützt auf die Mitwirkungspflicht des Vermieters Siegrist, DdB 2013, 17). Offensichtlich ist das Umgehungsmotiv etwa bei der (früher in Zürich bei einem bestimmten Vermieter anzutreffenden) Klausel, der Vertrag verlängere sich auf Bestätigung des Vermieters 30 Tage vor Ablauf eines Jahres jeweils um ein weiteres Jahr. Legitime Interessen verfolgen die Parteien mit einer mehrfachen Befristung jedoch etwa bei der saisonal geprägten Vermietung eines Ladens auf einem Campingplatz (vgl. BGer, 21.3.2000, 4C.455/1999 = MRA 2001, 69 ff.) oder bei der Zwischenvermietung von Abbruchobjekten. Gleich verhält es sich laut BGer, wenn der Mieter selber an der Kettenkonstruktion interessiert war, etwa weil er von seinem Arbeitgeber aus dem Ausland in die Schweiz entsandt wurde gestützt auf einen in der Folge zweimal verlängerten befristeten Arbeitsvertrag (s. BGE 139 III 145 E. 4.3.3 = Pra 2013 Nr. 96). Die Lösung des BGer im zit. Fall ist zwar vertretbar. Allerdings hat man mehr Verständnis für das gegenteilige Ergebnis der Genfer Vorinstanzen, die wegen des Argumentes der Vermieterin hellhörig wurden, sie vermiete ihre Objekte ganz generell nur befristet, um jeweils frei über den Abschluss eines neuen Vertrages entscheiden zu können (krit. zum Entscheid auch Koller Th., ZBJV 2014, 923 ff., der zu recht darauf hinweist, dass ein unbefristeter Vertrag den Interessen der Mieter trotz ihrer befristeten Anstellungen durchaus entsprochen hätte, so dass ihre Zustimmung zu befristeten Mietverträgen in Wahrheit aus der [Wohnungs-]Not geboren sei). Als gültig erachtet hat das BGer auch Befristungen zur Risikominimierung bei einem schon wiederholt in Zahlungsrückstand geratenen Mieter (BGer, 3.11.2003, 4C.155/2003, E. 3.2). Eine Gesetzesumgehung dürfte hier aber vorliegen, wenn die Kette über eine (durchaus auch längere) Bewährungsphase hinausreicht.

7 Ein Mietverhältnis kann infolge Einräumung einer vertraglichen **Option** (Gestaltungsrecht) durch Erklärung einer Partei verlängert werden (dazu BGE 138 III 123; 122 III 10 E. 4b; 113

II 31; Lachat et al.-THANEI, 500 f.; SVIT-Komm., Vor Art. 266–266o N 17 ff.; ZK-HIGI, N 54 ff.; MAAG, MRA 2001, 39 f.; SCHMID/RÜEGG, ZBJV 2014, 100 ff.). Eine echte Option liegt allerdings nur vor, wenn die Konditionen, zu denen die Verlängerung des Vertrags oder der festen Mindestdauer erfolgen soll, von vornherein genau bestimmt sind (dazu BGer, 9.7.2004, 4C.152/2004, s.a. ZMP 2005 Nr. 20–22). Ist dies nicht der Fall, spricht man von einer unechten Option. Nach der hier vertretenen Auffassung müsste jedenfalls der fehlende Mietzins einer richterlichen Bestimmung zugänglich sein. Nach der zitierten Rsp. des BGer läge hier aber mangels Einigung über den Mietzins kein Mietvertrag vor (krit. auch BK-GIGER, N 66). Diese Konsequenz scheint das BGer aber nun glücklicherweise doch zu vermeiden, hielt es doch im BGer, 12.5.2009, 4A_551/2008, fest, der Verweis auf den üblichen Mietzins für gleichartige Parzellen am Ort der Mietsache mache den Mietzins bestimmbar und die Option damit gültig (a.a.O., E. 5.1–2; dazu auch CHK-HEINRICH, N 12a). Das ist zu begrüssen und verhindert die unbefriedigende Situation, dass beim Scheitern der Fortführungsverhandlungen aus Verschulden der durch die Option belasteten Partei nur mehr Schadenersatzansprüche in Betracht kämen. Der Entscheid stellt zugleich die Auffassung des BGer in Frage, wonach die Mietzinshöhe ein essentiale negotii sein soll (vgl. Art. 253 N 5 f.). Es läge im Interesse der Rechtssicherheit, wenn das BGer das Thema bei Gelegenheit in einem in der amtlichen Sammlung publizierten Entscheid aufgreifen und die neuere Entscheidung als Präzisierung zu BGE 119 II 347 bezeichnen würde. Legt der Mietvertrag nichts anderes fest, kann die Option bis zum Ablauf der festen (Mindest-)Vertragsdauer ausgeübt werden, ungeachtet dessen ob es sich um ein befristetes oder unbefristetes Mietverhältnis handelt (BLUMER, SPR VII/3, Rz 325 und 792; LACHAT, bail à loyer, 607 f.; BK-GIGER, N 69). Zur Kündigung eines Vertrages trotz gültig ausgeübter Option vgl. Art. 266o N 4.

Gemäss Art. 2 und 27 Abs. 2 ZGB unzulässig ist die **«ewige» Miete**, d.h. das zeitlich nicht begrenzte, weder befristete noch kündbare Mietverhältnis (BGE 103 II 185; 96 II 129; 56 II 190). **8** Ein Beispiel wäre etwa ein Mietvertrag auf die Dauer des Bestehens einer juristischen Person (BOHNET/CONOD, 17e séminaire, Rz 8). Die übermässig lange Bindung ist teilnichtig und gem. Art. 20 Abs. 2 auf das zulässige Mass einzuschränken (vgl. ZIHLMANN, 103; SVIT-Komm., N 17). Ist eine Auflösung erst in völlig unabsehbarer Zeit zulässig, so gewährt die Praxis seit jeher frühere Auflösungsmöglichkeiten und zwar ohne Rücksicht darauf, ob es sich formell um einen (unecht) befristeten oder unbefristeten Vertrag handelt (vgl. BGE 96 II 129; MERZ, ZBJV 1972, 97 ff., Kündbarkeit erst bei Liquidation einer AG; OGer BE, ZBJV 1899, 419, Vertragsdauer bis zur Auflösung einer Genossenschaft). Die Kündigungsmöglichkeit genügt den Anforderungen von Art. 27 Abs. 2 ZGB aber auch völlig. Auch wenn die Parteien ihre Vereinbarung auf unabsehbare Dauer anlegen, handelt es sich um einen Mietvertrag. Eine Befristung ist daher keineswegs wesentlicher Vertragsbestandteil jedes Mietvertrages, denn eine Kündigung ist eine resolutive Potestativbedingung und damit gerade kein *dies certus an* (**a.M.** BK-GIGER, N 14, 28 ff., 60).

Art. 256

D. Pflichten des Vermieters
I. Im Allgemeinen

[1] Der Vermieter ist verpflichtet, die Sache zum vereinbarten Zeitpunkt in einem zum vorausgesetzten Gebrauch tauglichen Zustand zu übergeben und in demselben zu erhalten.

[2] Abweichende Vereinbarungen zum Nachteil des Mieters sind nichtig, wenn sie enthalten sind in:
a. vorformulierten Allgemeinen Geschäftsbedingungen;
b. Mietverträgen über Wohn- oder Geschäftsräume.

D. Obligations du bailleur
I. En général

[1] Le bailleur est tenu de délivrer la chose à la date convenue, dans un état approprié à l'usage pour lequel elle a été louée, et de l'entretenir en cet état.

[2] Les dérogations au détriment du locataire sont nulles si elles sont prévues:
a. dans des conditions générales préimprimées;
b. dans les baux d'habitations ou de locaux commerciaux.

D. Obblighi del locatore
I. In genere

[1] Il locatore deve consegnare la cosa nel momento pattuito, in stato idoneo all'uso cui è destinata e mantenerla tale per la durata della locazione.

[2] Sono nulle le clausole che derogano a svantaggio del conduttore previste in:
a. contratti sotto forma di condizioni generali preformulate;
b. contratti concernenti la locazione di locali d'abitazione o commerciali.

Literatur

AELLEN, Keine konkludente Vertragsänderung trotz langjährig geduldeter Nutzung, MRA 4/2013, 19 ff.; BIBER, Die Rohbaumiete, Freiburger Diss., Zürich/St. Gallen 2014; CARRON, Bail et travaux de construction: aménagement, entretien et rénovation des locaux, 17e séminaire sur le droit du bail, Neuchâtel 2012; GAUCH, Mängelhaftung des Vermieters und mangelhafte Mietsache – einige Gedanken zum neuen Mietrecht, ZBJV 1992, 189 ff.; GOETSCHEL/BOLLIGER, Auswirkungen der neuen Rechtsstellung von Tieren auf das Mietrecht, mp 2003, 91 ff.; HESS/RUCKSTUHL, AGB-Kontrolle nach dem neuen Art. 8 UWG – eine kritische Auslegeordnung, AJP 2012, 1188 ff.; NORDMANN, Der Schutz des Mieters nach dem neuen Gesetz über den unlauteren Wettbewerb, mp 1989, 1 ff.; PERMANN, Nicht geregeltes Sonderproblem Rohbaumiete bei Geschäftsräumlichkeiten, AJP 2007, 1525 ff.; PÜNTENER, Haustierhaltung in Mietwohnungen, mp 1999, 113 ff.; TSCHUDI M., Mietrechtliche Probleme bei Immissionen als Folge von Umgebungsveränderungen, Diss. Freiburg 2005; TSCHUDI J.-P., Die Rohbaumiete, MRA 2008, 43 ff.; URBACH/MOSKRIC, Die Zulässigkeit von Triple-Net-Mietverträgen im schweizerischen Mietrecht, AJP 2008, 995 f.; STUCKI, AGB-Kontrolle im schweizerischen Recht und im UN-Kaufrecht unter besonderer Berücksichtigung des revidierten Art. 8 UWG, in: Magister, Editions Weblaw, Bern 2013; DERS., Art. 8 UWG: Die neue AGB-Inhaltskontrolle, Jusletter vom 10.3.2014; VISCHER M., Die Rohbaumiete, Diss. Zürich 2014; DERS., Die Bedeutung von Art. 256 OR für das Mietvertragsrecht, AJP 2014, 1226 f.; WETZEL/GRIMM/MOSIMANN, Die Anwendbarkeit von Art. 8 UWG auf AGB in Mietverträgen, MRA 1/2013, 3 ff.; ZANETTI, Ausgewählte Aspekte der Rohbaumiete, mp 2011, 89 ff.

I. Normzweck, Terminologie und Systematik

1 Art. 256 umschreibt von seiner Stellung und seinem Wortlaut her die Hauptpflicht des Vermieters, dem Mieter die Sache zum **vertragsgemässen Gebrauch** zu *überlassen*. Dieser Pflicht steht indessen nicht nur ein entsprechendes Recht des Mieters gegenüber. Vielmehr ist auch er verpflichtet, die Sache (ausschliesslich) *vertragsgemäss zu gebrauchen*; diesen Aspekt bringt Art. 257f Abs. 1 und 2 zum Ausdruck. Richtig betrachtet handelt es sich immer nur um ein und dasselbe Problem. Was der Mieter darf, wie er es darf und was der Vermieter dazu beizutragen hat, lässt sich letztlich nicht vernünftig trennen (vgl. dazu GAUCH, ZBJV 1992, 189 f.) und soll daher nachfolgend einheitlich behandelt werden.

Nicht geregelt werden in Art. 256 die Folgen von Pflichtverletzungen mit Bezug auf den vertragsgemässen Gebrauch. Für den Mieter finden sie sich in den allgemeinen Bestimmungen des OR und in Art. 257f Abs. 3 und 4, für den Vermieter in Art. 258 und 259a ff.

2 Der Gesetzgeber vermeidet *bewusst* den Begriff des vertragsgemässen Gebrauchs und ersetzt ihn durch denjenigen des **vorausgesetzten Gebrauchs**, um damit – vorab im Hinblick auf die **zwingende Ausgestaltung in Abs. 2** (N 5) – zu verdeutlichen, dass die Mietsache bei der Übergabe und hernach während der gesamten Mietdauer **für den vereinbarten Zweck** zu taugen hat (Botschaft Mietrecht, 1423). In Art. 257f findet sich dagegen die Verpflichtung des Mieters zu **sorgfältigem Gebrauch**, wodurch die Grenzen des Gebrauchsrechts hervorgehoben werden sollen (Botschaft Mietrecht, 1428).

II. Vertragsgemässer Gebrauch der Mietsache

1. Parteivereinbarung

3 Was zum vertragsgemässen Gebrauch der Sache gehört, kann grundsätzlich vertraglich geregelt werden (ZIHLMANN, 49 f.; SVIT-KOMM., N 18 ff.; BK-GIGER, Art. 253 OR N 55; GAUCH, ZBJV 1992, 190 f.), auch im Rahmen einer *Hausordnung*. Namentlich sind besondere **Zusicherungen** und Zugeständnisse des Vermieters im Rahmen von Art. 19 f. ohne weiteres ver-

bindlich (zur Duldung der Prostitution: ZMP 1992, Nr. 12 und 13; zu unrichtigen Flächenangaben Gasche, mp 2001, 10; Eichenberger, MRA 3/2013, 9 ff.; BGE 113 II 25; 135 III 537 E. 2.2; s.a. Art. 258 N 9). Eine explizite Vereinbarung ist nicht erforderlich. Auch über längere Zeit befolgte, unwidersprochene Gebräuche lassen im Rahmen des Dauerschuldverhältnisses Rückschlüsse auf das Vereinbarte zu (BGE 136 III 186 E. 3.1.1 = Pra 2010 Nr. 113; zur konkludenten Fortführung der Untermiete trotz einer Übertragung der Miete auf einen Dritten BGE 139 III 353 E. 2.1.3 = Pra 2014 Nr. 38; illustrativ auch BGer, 28.6.2013, 4A_582/2012, E. 3; s.a. Art. 253 N 7); nicht leichthin anzunehmen sind jedoch Vertragsänderungen allein aufgrund solcher Gebräuche (vgl. SVIT-Komm., N 18b; Aellen, MRA, 4/2013, 19 ff.). Im Zweifel gilt der **übliche Gebrauch** als vereinbart (Gauch, 191; ZK-Higi, Art. 257f OR N 13 sowie N 10 f.). Änderungen des Gebrauchsrechts zu Lasten des Mieters müssen bei der Miete von Wohn- und Geschäftsräumen mit amtlichem Formular angezeigt werden (Art. 269d).

2. Konkretisierungen aufgrund des Gebrauchszwecks. Zwingendes Recht

Ob die Mietsache dem Mieter den vertragsgemässen Gebrauch tatsächlich gewährleistet, 4
hängt in erster Linie vom **Vertragszweck** ab und ist nach **objektiven Kriterien** zu beurteilen (Zihlmann, 49; Brunner, mp 2000, 170). Massgebend ist, was der Mieter unter den *konkreten Umständen* vernünftigerweise erwarten darf (BGE 135 III 345 E. 3.2 = Pra 2009 Nr. 135; BGer, 21.2.2005, 4C. 368/2004 = MRA 2005, 196 ff.; BGer, 2.12.2004, 4C.377/2004, E. 2.3 = mp 2005, 246 ff.). Dabei ist auch die Höhe des Mietzinses von Belang (BGer, 31.5.2002, 4C.65/2002, E. 3a = MRA 2003, 14 ff.; CHK-Heinrich, N 4; Brunner, mp 2000, 97 ff., 101; CPra Bail-Montini/Bouverat, N 28; Blumer, SPR VII/3, Rz 631; **a.M.** Tschudi M., 68 ff.; SVIT-Komm., N 18a). Die besonderen Bedürfnisse des Mieters sind nur relevant, wenn sie zum Vertragsinhalt gemacht werden (BGer, 11.4.2001, 4C.291/2000, E. 4b). Zum vorausgesetzten Gebrauch taugt ein Mietobjekt nur, wenn all seine **Bestandteile funktionieren** (vgl. ZK-Higi, N 33 ff.) und wenn seine Benützung **keine Gefahren** für Leib und Leben schafft. **Ästhetische Gesichtspunkte** sind von Belang, soweit es für den Gebrauchszweck auf die Schönheit ankommt; im Zweifel darf ein normaler Standard erwartet werden (Gauch, ZBJV 1992, 192; BGer in mp 1997, 211 ff. = MRA 1998, 9 ff.). Bei unbeweglichen Mietsachen ist zudem die Lage und das Umfeld von Bedeutung; übermässige Immissionen vereiteln den vertragsgemässen Gebrauch einer Mietwohnung (BGer, 23.4.2003, 4C.39/2003 = MRA 2003, 174 ff.; Gauch, ZBJV 1992, 193; ZMP 1997 Nr. 3; ZMP 1999 Nr. 15; SJZ 2002, 108 ff.). Das gilt auch, wenn der Mieter bei Vertragsschluss von bevorstehenden Umbauarbeiten wusste, es sei denn, die Beeinträchtigungen hätten Eingang in die Mietzinsgestaltung gefunden (BGer, 23.4.2003, 4C.39/2003, E. 4). Bei der Miete von Wohnräumen darf generell erwartet werden, dass das Objekt die Entfaltung der Persönlichkeit gewährleistet. Ein Geschäftsraum hat zur Ausübung der geschäftlichen Tätigkeit zu taugen. Die **Dauerverpflichtung** des Vermieters zur Instandhaltung (ZK-Higi, N 8) umfasst auch den **Schutz vor Störungen** (Unterlassung von Eingriffen; Abwehr von Störungen Dritter: SVIT-Komm., N 19 ff.; Brunner, mp 2000, 97 ff.; Tschudi M., 31 ff.; vgl. auch Art. 258 N 2 sowie Art. 259d N 1 ff.). Umgekehrt stellt nicht jede Inkonvenienz einen Mangel dar: Dass ein neu erstelltes Nachbargebäude dessen Bewohnern den Blick auf die Fenster des Mietobjekts erlaubt, charakterisiert jede Siedlung und ist vom Mieter hinzunehmen (BGE 135 III 345 E. 3.3 = Pra 2009 Nr. 135).

Nach Art. 256 Abs. 2 lit. b bildet die gesetzliche Regelung **zugunsten des Mieters zwingendes** 5
Recht, auch wenn ein Mietvertrag über *Wohn- oder Geschäftsräume* (dazu Art. 253a) oder vorformulierte Allgemeine Geschäftsbedingungen das Gegenteil vorsehen (ZK-Higi, N 15 und 56 ff.). Unter *AGB* i.S.v. Abs. 2 lit. a fällt jeder zum vielfachen Gebrauch vorgesehene, **vorformulierte Mietvertragsinhalt** (SVIT-Komm., N 35 ff.; ZK-Higi, N 61 ff.). AGB in Mietverträgen mit Konsumenten haben überdies Art. 8 UWG zu entsprechen (zum persönlichen und sachlichen Geltungsbereich s. Art. 253 N 8; zum Übergangsrecht BGE 140 III 404).

Als Folge der teilzwingenden Ordnung können die Mängelrechte des Mieters gem. Art. 258 und 259a ff. vertraglich nicht aufgehoben oder beschränkt werden. Unzulässig ist *jede Erschwerung der Position des Mieters*, etwa die Einführung einer Mängelrügeobliegenheit (vgl. Art. 257g N 9). Bezogen auf die Eigenschaften der Mietsache kann der Mieter den oben beschriebenen **Mindeststandard** auch dann durchsetzen, wenn der Mieter den unzureichenden Zustand der Sache **gekannt hat** (BGer, 23.4.2003, 4C.39/2003, E. 4; vgl. auch BGE 104 II 270; TRACHSEL, 96; CPra Bail-MONTINI/BOUVERAT, N 19; BLUMER, SPR VII/3, Rz 389; WEBER, Diss., 98; ZMP 2001 Nr. 8; ähnlich SVIT-Komm., N 18b; Lachat et al.-ROY, 140; ZK-HIGI, N 33; TSCHUDI M., 25 ff.). Da sich die Gebrauchstauglichkeit immer am *Zweck der Gebrauchsüberlassung* orientiert (BGE 135 III 345 E. 3.2 = Pra 2009 Nr. 135), liegt etwa selbst in einem Gebäude mit schlechter Schallisolation ein Mangel vor, wenn Heizungsgeräusche im Schlafzimmer den Mieter um seine Ruhe bringen (BGer, 31.3.2002, 4C.65/2002, E. 3). Eine abweichende Lehrmeinung möchte nicht zwischen dem vorausgesetzten Gebrauch und dem vertraglich Vereinbarten differenzieren und hält unter dem Strich alles für zulässig, was die Parteien einvernehmlich vorgesehen haben (VISCHER M., AJP 2014, 1228 f.). Problematisch an dieser Auffassung ist allerdings, dass dadurch der Rahmen des zwingenden Rechts, wie er von Art. 256 Abs. 2 abgesteckt wird, jede Bedeutung verlieren würde. VISCHER anerkennt das auch (a.a.O.), missachtet aber den gesetzgeberischen Willen, wenn er die Regelung einfach als untauglich hinnimmt.

Dennoch bleibt den Parteien ein erheblicher Gestaltungsspielraum, kann doch auch ein Objekt für den vorausgesetzten Gebrauch taugen, welches nicht mehr dem Stand der Technik entspricht, wie etwa ein Haus ohne Zentralheizung und ohne moderne Fenster. Selbst hier darf der Mieter aber erwarten, dass die beheizbaren Räume ohne warme Kleidung bewohnt werden können und nicht durch Zugluft beeinträchtigt sind (BGer, 15.5.2001, 4C.66/2001, E. 2b). Der Zustand bei Vertragsschluss spielt keine entscheidende Rolle. Der Mieter darf erwarten, dass Mängel bis zum Mietbeginn behoben werden (BGer, 22.3.2006, 4C.384/2005, E. 2.2).

6 Art. 256 Abs. 2 gibt dem Mieter keinen Anspruch auf Vornahme von **Unterhaltsarbeiten** vor Ablauf der Amortisationsdauer (KUKO OR-BLUMER, N 5; BLUMER, SPR VII/3, Rz 637; CPra Bail-MONTINI/BOUVERAT, N 48) und ändert nichts an der Zulässigkeit von besonderen Vereinbarungen, die dem Mieter neben dem Gebrauchsrecht das **Recht zum Endausbau** gegen volle Entschädigung spätestens beim Mietende einräumen (GUHL/KOLLER/SCHNYDER/DRUEY, 457 f.; GAUCH, ZBJV 1992, 194 f.; WEBER, Diss., 98 f.; SVIT-Komm., N 30 und 32; ZK-HIGI, N 70 ff.; BK-GIGER, Art. 253 N 64).

6a Bei dieser sogenannten **Rohbaumiete** und den neuerdings in Mode gekommenen **«Triple-Net»-Verträgen** ist zunächst zu beachten, dass der Gebrauchszweck immer in der *vereinbarten Benützung der Sache* liegt, demnach in der Benützung als Büro, Lager, Verkaufsraum, Montagehalle, Autowerkstatt usw. (gl.M. CHK-HEINRICH, N 2 und 7; s. BGE 135 III 345 E. 3.2 = Pra 2009 Nr. 135; zur Problematik der Nebenkosten bei Triple-Net-Verträgen s. Art. 257a N 6). Der Endausbau der Sache durch den Mieter hat mit dem vereinbarten Gebrauch nichts zu tun (ZK-HIGI, Art. 256 N 35 und 73; HEUSI, mp 1999, 4 f.; KUKO OR-BLUMER, N 9 [ebenso schon WALTER in der Voraufl.]; ZANETTI, mp 2011, 95 f.; **a.M.** J.-P. TSCHUDI, MRA 1998, 105; SVIT-Komm., N 32a; VISCHER M., Diss., 94).

Damit die bei der Geschäftsraummiete immer bedeutsamere Rohbaumiete nicht i.S.v. Abs. 2 *zum Nachteil des Mieters* von der gesetzlichen Ordnung abweicht, muss der Mieter für den Zeitwert seiner Installationen, die zur Schaffung der Gebrauchstauglichkeit *notwendig* waren, in irgendeiner Form – zwingend spätestens beim Ende des Mietverhältnisses – entschädigt werden (BGE 104 II 202 E. 3; URBACH/MOSKRIC, AJP 2008, 1001; ZANETTI, mp 2011, 97 f.). *Ausserdem kann er jedenfalls* nach Beendigung der Miete nicht verpflichtet werden, auf seine Kosten den ursprünglichen Zustand wiederherzustellen (gl.M. CR CO I-LACHAT, N 10; Lachat et al.-ROY, 166 und 701; HEUSI, mp 1999, 5; KUKO OR-BLUMER, N 9; CPra

Bail-MONTINI/BOUVERAT, N 18 und 51; BLUMER, SPR VII/3, Rz 386 und 643; WEBER, mp 1999, 63; teilw. anders SVIT-Komm., N 32a ff.; CHK-HEINRICH, N 7 sowie Art. 260a N 3; ZANETTI, mp 2011, 99 f.; **a.M.** J.-P. TSCHUDI, MRA 1998, 105; VISCHER M., Diss., 96 ff. und 143 ff.; BIBER, 33 ff.). Die von der Minderheitsmeinung verfochtene gegenteilige Ansicht beruht im Kern auf einer Unterscheidung zwischen Gebrauchszweck und Gebrauchsmodalitäten; mit letzteren sollen die Parteien den geschuldeten Ausbaustandard beliebig tief festlegen und dem Mieter frei die Verantwortung der Herrichtung der Sache für den vorgesehenen Zweck übertragen können. Diese Argumentation krankt indessen schon an der Identität der beiden genannten Ausdrücke (lat. modus = Art, Weise) und ist mit der bundesgerichtlichen Rsp. zur vorliegenden Norm nicht vereinbar (BGE 135 III 345 E. 3.2 = Pra 2009 Nr. 135). In der Praxis entstehen durch die hier vertretene Ansicht allerdings gewisse Schwierigkeiten, weil im Zeitalter der Corporate Identity die Inneneinrichtungen von Unternehmungen – selbst innerhalb der gleichen Branche – nicht einfach austauschbar, sondern für den Vermieter oder auch einen Mietnachfolger häufig uninteressant sind, obwohl sie objektiv noch einen erheblichen Wert aufweisen. Dem Problem kann dadurch begegnet werden, dass dem Geschäftsraummieter eine Mindestvertragsdauer eingeräumt wird, welche ihm die vollständige Abschreibung seiner Investitionen erlaubt. Eine solche Vereinbarung stellt den Mieter getreu Art. 256 Abs. 2 gleich wie bei einer Finanzierung der Investitionen durch den Vermieter, denn der Mietzins wird nur aufgrund der Investitionen des Vermieters kalkuliert und die Installationen des Mieters sind nach Ausnützung der Vertragsdauer wertlos. Dem Mieter können dabei durchaus vorzeitige Kündigungsmöglichkeiten eingeräumt werden. Macht er dann von diesem Recht Gebrauch, verschuldet er durch vertragswidriges Verhalten eine Kündigung des Vermieters oder gibt er die Sache ohne Stellung eines Ersatzmieters vorzeitig zurück, so hat er sich die unmöglich gewordene Ausschöpfung der Lebensdauer seiner Installationen selber zuzuschreiben und demnach keinen Anspruch auf Ersatz des Zeitwerts (vgl. BGer, 16.5.2013, 4A_11/2013 E. 3.5 a.E. und E. 4; **a.M.** wohl HEUSI, mp 1999 5 f.).

Ähnliche Lösungen bieten sich auch für Installationen des Mieters mit – bezogen auf den Gebrauchszweck – nur nützlichem oder gar luxuriösem Charakter an. Diese können zwar je nach der konkreten Vereinbarung Gegenstand von Zusicherungen des Vermieters sein und fallen dann unter Art. 256 Abs. 2. Es ist aber auch zulässig, sie vertraglich als Änderungen des Mieters i.S.v. Art. 260a zu definieren. Auch hier empfiehlt sich eine zur Amortisation ausreichende Vertragsdauer. Der Entschädigungsanspruch des Mieters gem. Art. 260a Abs. 3 kann dabei allerdings nach der Auffassung des BGer anders als derjenige nach Art. 256 Abs. 2 auch gänzlich wegbedungen werden (dazu Art. 260a N 2 und 6).

3. Konkretisierungen und Einschränkungen aufgrund von Sondernormen

Der Inhalt des vertragsgemässen Gebrauchs wird indirekt konkretisiert durch teils zwingende Sondernormen, die Rückschlüsse auf das vom Vermieter zu Gestattende zulassen. 7

Aus dem Recht zum vertragsgemässen Gebrauch ergibt sich, dass der Mieter auch zur normalen Abnützung berechtigt ist (Art. 267; ZK-HIGI, Art. 257f N 14). Ein generelles **Rauchverbot** in Wohnräumen erweist sich vor diesem Hintergrund als unzulässig, denn so schädlich das Rauchen auch ist, ist es grundsätzlich Teil der Persönlichkeitsentfaltung und damit einer zentralen Funktion des Wohnens (CPra Bail-MONTINI/BOUVERAT, N 34; zweifelnd KUKO OR-BLUMER, N 9). Im Zweifel unzulässig ist jedoch das Rauchen in einem Umfang, der zu sichtbaren Farbveränderungen an den Wänden führt. Vertragswidriger Gebrauch liegt auch vor, wenn ein Kettenraucher den ganzen Tag über das Fenster offen hält und dadurch störende Geruchsemissionen verbreitet (vgl. N 12 sowie Art. 257f Abs. 2). 8

Art. 262 erlaubt dem Mieter zwingend die Untervermietung unter bestimmten Voraussetzungen. Schon unter altem Recht war allgemein anerkannt, dass sich das früher zulässige Verbot der Untermiete nicht auf den Empfang von **Besuchen**, die **Aufnahme von Angehörigen der** 9

Kleinfamilie (Ehegatte, Kinder, Eltern; LACHAT, 567) oder die **Beherbergung von Personal** beziehen konnte (ZK-SCHMID, aArt. 261 N 5). Aus dem vertraglichen Gebrauchsrecht folgt im geltenden Recht daher erst recht **zwingend**, dass die entgeltliche oder unentgeltliche Überlassung der Sache an einen Dritten dem Mieter solange nicht verboten werden kann, als die Mietsache dadurch nicht übermässig beansprucht wird (vgl. für Familienangehörige auch Art. 271a Abs. 1 lit. f). Der Vermieter kann mithin dem Mieter die **Aufnahme des Konkubinatspartners**, den Empfang von Besuchen des andern Geschlechts oder die Verleihung der Mietsache nicht ohne weiteres verbieten oder von seiner Zustimmung abhängig machen (gl. M. wohl BGE 136 III 186 E. 3.2.1 und 3.2.3 = Pra 2010 Nr. 113; vgl. dazu auch Art. 262 N 1; LACHAT, bail à loyer, 567; ZIHLMANN, 24 f.; PERMANN, N 4a; KUKO OR-BLUMER, N 9; **a.M.** ZK-HIGI, Art. 262 N 11, Art. 257f N 18 a.E.; CHK-HEINRICH, N 3; SVIT-KOMM., N 7). Anders verhält es sich nur, soweit ihm durch diese Art des Gebrauchs der Sache wesentliche Nachteile entstehen (ähnlich HEINRICH, 55 ff.; CHK- HEINRICH, Art. 262 OR N 2 f.).

10 Für das **Halten von Haustieren** fehlt eine mit Art. 262 vergleichbare Regelung. Daraus wird allgemein geschlossen, dass die Tierhaltung grundsätzlich verboten werden kann (ZK-HIGI, Art. 257f N 12; mit Recht krit. GOETSCHEL/BOLLIGER, mp 2003, 101 ff.). Dies gilt jedenfalls dann nicht, wenn vom fraglichen Haustier keine weitergehende Beeinträchtigung der Mietsache als die erlaubte ausgehen kann (punkto Lärm, Beschädigung, Verschmutzung), da der Vermieter die normale Abnützung (wodurch auch immer) zu gestatten hat (mp 1997, 159 ff.; Lachat et al.-PÜNTENER, 24, FN 64; PÜNTENER, mp 1999, 117 ff., 120 f.; CR CO I-LACHAT, Art. 253 N 6; KUKO OR-BLUMER, N 9; CPra Bail-MONTINI/BOUVERAT, N 34; BLUMER, SPR VII/3, Rz 351 und 389; **a.M.** BGer, MRA 1995, 93 ff.; wie hier nun aber BGer, 6.2.2001, 4C.226/2000; dazu Art. 272 N 10). Die Praxis nimmt immerhin recht häufig die rechtserhebliche Duldung der Haustierhaltung an und betrachtet eine vertraglich vorbehaltene Zustimmung als erzwingbar, wenn wichtige Gründe für die Verweigerung fehlen (ZK-HIGI, Art. 257f N 12; Lachat et al.-PÜNTENER, 20; PÜNTENER, mp 1999, 114 f.). Zur Vertragsgestaltung vgl. das Muster bei PÜNTENER, mp 1999, 123 f.

11 Eine **Gebrauchspflicht** trifft den Mieter im Gegensatz zum Pächter grundsätzlich nicht (Miete ist Gebrauchs*überlassung* ZIHLMANN, 65; ZK-HIGI, N 21). Sie kann sich indessen als mitverstandener Vertragsinhalt etwa aus der Verabredung einer Umsatzmiete ergeben (vgl. dazu Art. 269b N 10). In beschränktem Umfang lässt sie sich aus der Obhutspflicht des Mieters ableiten (Heizung zur Vermeidung von Schäden; CPra Bail-BIERI, Art. 257 N 21). Zu weiteren Pflichten vgl. Art. 257g, 259, 260a.

4. Vertragswidriger Gebrauch

12 Vertragswidrig ist jeder Gebrauch, der ausserhalb des beschriebenen Rahmens liegt, sei es dass der Mieter mit dem Gebrauch einen andern Zweck verfolge als den vereinbarten, sei es dass er den Gebrauch nicht in sorgfältiger und rücksichtsvoller Weise ausübe (Art. 257f Abs. 1 und 2). Die gebotene Rücksicht hängt von den konkreten Umständen ab. So können Emissionen dem Mieter nicht zum Vorwurf gemacht werden, wenn ihre störende Wirkung letztlich auf der Mangelhaftigkeit der Mietsache beruht. Umgekehrt darf gerade in solchen Fällen vom Mieter wenigstens die Vermeidung unnötiger Emissionen erwartet werden (vgl. Pra 1998 Nr. 153: nächtliches Staubsaugen und Geschirrspülen). Zur Rücksichtnahme gehört ferner zwar zweifellos eine gewisse Duldsamkeit (ZK-HIGI, Art. 257f N 36) und die Unterlassung von Provokationen gegen andere Hausbewohner (vgl. BGer, 18.6.2002, 4C.106/2002, E. 3). Das Risiko miteinander unvereinbarer Gebrauchsrechte trägt im Zweifel aber der Vermieter, denn solche kommen einer teilweisen Doppelvermietung derselben Sache gleich (vgl. BGer in mp 1998, 21 ff.; zur Unmöglichkeit der Mangelbeseitigung in solchen Fällen vgl. Art. 259b N 4). Zum Schadenersatzanspruch des Vermieters bei vertragswidrigem Gebrauch der Sache s. Art. 257f N 2.

Art. 256*a*

II. Auskunftspflicht

[1] Ist bei Beendigung des vorangegangenen Mietverhältnisses ein Rückgabeprotokoll erstellt worden, so muss der Vermieter es dem neuen Mieter auf dessen Verlangen bei der Übergabe der Sache zur Einsicht vorlegen.

[2] Ebenso kann der Mieter verlangen, dass ihm die Höhe des Mietzinses des vorangegangenen Mietverhältnisses mitgeteilt wird.

II. Obligation de renseigner

[1] Si un procès-verbal a été établi lors de la restitution de la chose à la fin du bail précédent, le bailleur doit, sur demande, présenter ce document au nouveau locataire lors de la délivrance de la chose.

[2] De même, le locataire peut exiger que le montant du loyer fixé dans le contrat de bail précédent lui soit communiqué.

II. Obbligo d'informare

[1] Se alla fine della locazione precedente è stato steso un processo verbale sullo stato della cosa, il locatore deve darne visione al nuovo conduttore, a sua domanda, al momento della consegna della cosa.

[2] Il conduttore può altresì chiedere che gli sia comunicato l'ammontare del corrispettivo del precedente rapporto di locazione.

Literatur

Vgl. die Literatur- und Materialienhinweise bei den Vorbem. zu Art. 253–273c.

I. Zweck, Charakter und Anwendungsbereich der Norm

Im Rahmen eines hängigen Prozesses besteht eine Obliegenheit jeder Partei, richterlichen Editionsaufforderungen nachzukommen (vgl. Art. 160 Abs. 1 lit. b und Art. 163 f. ZPO). Zur Prozessvermeidung mittels *vorgängiger Information* griff der Bundesgesetzgeber in neuerer Zeit verstärkt auf sogenannte **materielle Einsichtsrechte** zurück, welche selbständig (u.U. auch in einem Verfahren zur Beweissicherung, vgl. Art. 158 Abs. 1 lit. a ZPO) *unabhängig* von der konkreten Streitfrage eingeklagt und vollstreckt werden können (vgl. etwa Art. 322a Abs. 2, Art. 322c Abs. 2). Im Mietrecht finden sich solche Bestimmungen in Art. 256a und 257b Abs. 2. Die vorliegende Bestimmung dient damit letztlich der Vermeidung unnötiger Prozesse über Mängel an der Mietsache (Abs. 1; vgl. Art. 258, 259a ff., 267 f.) und über den Anfangsmietzins bei Wohn- und Geschäftsräumen (Abs. 2; vgl. Art. 270 Abs. 1 lit. b und Abs. 2). Zum u.U. für den Mieter einfacheren Antrag auf vorsorgliches Beweisführung nach Art. 158 ZPO s. N 8. 1

Der Artikel hat zugunsten des Mieters **relativ zwingenden** Charakter (ZK-Higi, Art. 256a–256b N 6) und regelt zwei verschiedene materielle Editions- und Einsichtsansprüche des Mieters. In Abs. 1 wird der Vermieter verpflichtet, dem Mieter ein allenfalls vorhandenes Rückgabeprotokoll zur Einsicht vorzulegen; in Abs. 2 wird er zur Mitteilung des Mietzinses des vorangegangenen Mietverhältnisses verpflichtet. 2

Dem Wortlaut nach gelten die Auskunftspflichten für alle Mietverhältnisse. Praktisch sind sie auf die Immobiliarmiete, namentlich von *Wohn- und Geschäftsräumen*, beschränkt (SVIT-Komm., N 4). 3

II. Voraussetzungen und Umfang des Anspruchs

1. Voraussetzungen

Der Vermieter hat die Einsicht nicht von sich aus zu gewähren (anders noch der Entwurf, Botschaft Mietrecht, 1424). Vielmehr muss der Mieter ein entsprechendes **Begehren** stellen. Das 4 materielle Einsichtsrecht ist auf einen Zeitraum beschränkt, während dessen ein besonderes Interesse des Mieters an den entsprechenden Informationen besteht.

5 Das Begehren um Vorlage des **Rückgabeprotokolls** ist *sofort* nach **Übergabe der Mietsache** zu stellen, solange der Vermieter zur Sicherung seines Beweispensums – namentlich mit Blick auf die weggefallene Vermutung der Übergabe der Sache in gutem Zustand (vgl. Art. 267 und aArt. 271 Abs. 3) – die Aufnahme eines (im Gesetz nicht vorgesehenen) Antrittsprotokolls verlangen kann. Angesichts der fehlenden Prüfungspflicht des Mieters ist auf den Zeitrahmen abzustellen, der zur ordentlichen Prüfung der Sache üblicherweise nötig ist (KUKO OR-BLUMER, N 4; CHK-HEINRICH, N 2: 14 Tage ab Übergabe der Sache; s.a. ZK-HIGI, Art. 256a–256b N 27; SVIT-Komm., N 11 a.E.; CR CO I-LACHAT, N 2; Lachat et al.-ROY, 133; **a.M.** PERMANN, N 5). Später kommt immerhin noch eine Beweissicherung gestützt auf Art. 158 ZPO in Betracht (s. N 8).

6 Die **Bekanntgabe des früheren Mietzinses** kann **während der 30-tägigen Frist** zur Anfechtung des Anfangsmietzinses gem. Art. 270 Abs. 1 verlangt werden. Dies folgt aus dem engen Zusammenhang dieser Auskunftspflicht mit dem Recht des Mieters, den Anfangsmietzins anzufechten (vgl. ZIHLMANN, 52 f.; Lachat et al.-ROY, 134 f.; CR CR CO I-LACHAT, N 4 und 6; CHK-HEINRICH, N 4; KUKO OR-BLUMER, N 6; CPra Bail-MONTINI/BOUVERAT, N 18; BLUMER, SPR VII/3, Rz 612). Ein Teil der Lehre erblickt einen Bezug von Abs. 2 zu Abs. 1 und will die Auskunftspflicht auf den Zeitpunkt der Übergabe der Mietsache beschränken. Solche Geheimniskrämerei läuft indessen dem Gesetzeszweck offensichtlich zuwider (problematisch daher SVIT-Komm., N 18; ZK-HIGI, Art. 256a–256b N 35).

2. Gegenstand

7 Unter den Begriff des **Rückgabeprotokolls** fallen die von den Parteien des vorangegangenen Mietverhältnisses gemeinsam aufgenommenen Verzeichnisse über den Zustand und die Mängel der Mietsache im Zeitpunkt ihrer Rückgabe, im Lichte des Gesetzeszweckes aber auch amtliche Tatbestandsaufnahmen, ja sogar Fotos und einseitige schriftliche Äusserungen der früheren Vertragsparteien über den Zustand der Mietsache (ZK-HIGI, Art. 256a–256b OR N 17). Rückgabeprotokoll ist damit alles, was als urkundliches Beweismittel für den Zustand der Mietsache bei Mietbeendigung taugt.

Das Einsichtsrecht des Mieters umfasst auch das Recht, eine **Fotokopie** des Rückgabeprotokolls zu erstellen (ZIHLMANN, 51; SVIT-Komm., N 12).

8 Die Pflicht zur **Bekanntgabe des Mietzinses** umfasst selbstverständlich das **gesamte Entgelt** für den Gebrauch der Sache. Ein Teil der Lehre verneint dagegen eine Pflicht zur Bekanntgabe der früher erhobenen **Nebenkosten**. Zur Begründung wird angeführt, der Begriff des Mietzinses in Art. 257 stehe im Gegensatz zu demjenigen der Nebenkosten i.S.v. Art. 257a (dazu Art. 257 N 1). Dies ist nur schon deshalb nicht richtig, weil der Mietzins i.S.v. Art. 257 im Zweifel immer das gesamte Entgelt für die Sache darstellt, während die Ausscheidung von Nebenkosten nur in sachlich beschränktem Umfang zulässig ist und ausserdem einer ausdrücklichen Vereinbarung bedarf (Art. 257a N 5 f.). Wo das Gesetz den Begriff «Mietzins» verwendet, ist bei der Auslegung daher primär auf den *Zweck* der einzelnen Bestimmungen abzustellen (so für die Hinterlegung BGE 124 III 201, vgl. Art. 259g N 10). Im Rahmen der Anfangsmietzinsanfechtung kann auch die Missbräuchlichkeit der Nebenkosten ein Thema sein. Der Mieter hat daher Anspruch darauf, auch über die Höhe der vom Vormieter bezahlten Nebenkosten informiert zu werden (CPra Bail-MONTINI/BOUVERAT, N 16; BLUMER, SPR VII/3, Rz 607; KUKO OR-BLUMER, N 7; ebenso nun SVIT-Komm., N 19; **a.M.** ZK-HIGI, Art. 256a–256b OR N 37).

8a Der Vermieter hat nicht nur die zuletzt geltenden Mietzins- und Nebenkostenbeträge zu nennen, sondern auch die entsprechenden Belege vorzuweisen (Mietvertrag mit dem Vormieter, letzte Mietzinsanpassung; gl.M. TRACHSEL, 106; **a.M.** ZK-HIGI, Art. 256a–256b OR N 37; BLUMER, SPR VII/3, Rz 611; CPra Bail-MONTINI/BOUVERAT, N 16; Lachat et al.-ROY, 135; SVIT-Komm., N 19). In Kantonen mit Formularpflicht gem. Art. 270 Abs. 2 genügt die Vorlage des Formulars nicht, da die Einsichtnahme hier gerade der Überprüfung der Angaben des Vermieters dient (**a.M.** ZK-HIGI, Art. 256a–256b OR N 37; SVIT-Komm., N 19; CR CO I-LACHAT, N 4). Die Phalanx der h.M. überrascht ein wenig, auch wenn sie sich eng an den Wortlaut des Gesetzes lehnt: Soll das materielle Auskunftsrecht seine prozessvermeidende Wirkung entfalten können, muss es zu einem überprüfbaren Ergebnis führen und angesichts seiner Kurzlebigkeit und seines Kontextes zur Anfangsmietzinsanfechtung in einem summarischen Verfahren nach Art. 257 ZPO durchsetzbar sein. Kommt der Vermieter mit einer bloss mündlichen Auskunft ohne Belege durch, ist die Auskunft für den Mieter wertlos, so dass er gezwungen ist, es auf die Anfangsmietzinsanfechtung ankommen zu lassen, um zu einem Einsichtsrecht zu gelangen. Für den Vermieter ist dies kontraproduktiv, denn er riskiert, trotz Obsiegens im Anfangsmietzinsprozess (insb. wegen ungenügender Differenz zwischen altem und neuem Mietzins, s. Art. 270 N 5) zu Kosten- und Entschädigungsfolgen verurteilt zu werden, wenn der Mieter mangels Einsicht in die Belege in guten Treuen zur Prozessführung veranlasst war (Art. 107 Abs 1 lit. b ZPO). Das vom SVIT-Komm. (N 19) ins Spiel gebrachte Datenschutzanliegen erweist sich bei näherem Hinsehen als Krokodilsträne: Sollte ein Mietvertrag oder gar ein altes Erhöhungsformular tatsächlich einmal sensible Daten enthalten, kann dem durch Abdeckung des fraglichen Teils Rechnung getragen werden, im Gerichtsverfahren gestützt auf Art. 53 Abs. 2, Art. 156 und 163 ZPO. Hinzu kommt, dass der Mieter heute die Herausgabe der Belege auch auf andere Weise erzwingen kann, denn die **vorsorgliche Beweisführung** im summarischen Verfahren nach Art. 158 ZPO kann nach dem klaren Willen des Gesetzgebers auch zur Abklärung von Prozesschancen verlangt werden (BGE 138 III 76; Botschaft ZPO, 7315).

III. Verhältnis zu weiteren Informationspflichten und zur prozessualen Editionspflicht

Aus dem Grundsatz von Treu und Glauben können sich je nach Umständen **weitere Informationspflichten** ergeben, die i.d.R. allerdings blosse Obliegenheiten darstellen (ZK-HIGI, N 11). Geltend zu machen sind sie – wie bereits erwähnt – auf dem Wege der prozessualen Edition, mithin im Rahmen einer Klage über einen konkreten Anspruch, wobei die Verweigerung der Vorlage in die Beweiswürdigung einfliesst (vgl. Art. 160 und 163 f. ZPO). Diese Möglichkeit steht dem Mieter selbstverständlich in einem konkreten Rechtsstreit (z.B. Rückgabeprozess) immer auch dann offen, wenn er ein materielles Einsichtsrecht bereits verwirkt hat. 9

Art. 256*b*

III. Abgaben und Lasten	**Der Vermieter trägt die mit der Sache verbundenen Lasten und öffentlichen Abgaben.**
III. Contributions publiques et charges	Le bailleur supporte les contributions publiques et les charges qui grèvent la chose louée.
III. Tributi pubblici e oneri	Il locatore sottostà ai tributi pubblici e agli oneri che gravano sulla cosa locata.

Literatur

URBACH/MOSKRIC, Die Zulässigkeit von Triple-Net-Mietverträgen im schweizerischen Mietrecht, AJP 2008, 995 f.; vgl. ferner die Literatur- und Materialienhinweise bei den Vorbem. zu Art. 253–273c.

I. Tragung der Lasten und öffentlichen Abgaben

1 Unter den Begriff Lasten und öffentliche Abgaben fallen Grundsteuern, Gebäudeversicherungsprämien, Wasser-, Abwasser-, Meteorwasser- und Kehrichtabfuhrgrundgebühren, dingliche Lasten des privaten und öffentlichen Rechts (Grund- und Vorzugslasten) und ähnliche Verpflichtungen «aus dem ‹Haben› der Sache» (ZK-HIGI, zu Art. 256a–256b N 40; SVIT-Komm., N 3). Die Regel, wonach diese Kosten vom Vermieter zu tragen sind, ergibt sich aus dem Wesen der Miete als obligatorischen Rechts auf Gebrauchsüberlassung.

2 Das Gesetz setzt dabei voraus, dass solche Abgaben und Lasten den Eigentümer treffen sollen, weil sie mit dem Gebrauch der Sache nicht unmittelbar verbunden sind. Das Ausmass der Benützung kann aber z.B. bei Wasser- und Abwassergebühren die Höhe der Last mitbestimmen.

3 Der Mieter trägt – und zwar auch ohne Nebenkostenabrede (vgl. Art. 257a) – die sogenannten **Verbraucherkosten**, mithin die Kosten für **Leistungen Dritter** oder staatlicher Institute, die er anlässlich seines vertraglichen Gebrauchs in Anspruch nimmt (Kehrichtsackgebühr, Stromrechnung, Telekommunikationsgebühren, Gewerbe- und Wirtschaftspatente, Kosten des Treibstoffes eines gemieteten Automobils, SVIT-Komm., N 4).

II. Abweichende Vereinbarungen

4 Die Bestimmung hat grundsätzlich dispositiven Charakter (GUHL/KOLLER/SCHNYDER/DRUEY, 411; HONSELL, OR BT, 209; SVIT-Komm., N 6 f.; ZIHLMANN, 53; ZK-HIGI, Art. 256a–256b OR N 8; RONCORONI, mp 2006, 102 f.; **a.M.** CHK-HEINRICH, N 1). Die gesonderte Ausscheidung von Lasten und Abgaben ändert aber ob der **zwingenden Nebenkostendefinition** in Art. 257a nichts daran, dass die entsprechenden Beträge zum Nettomietzins gehören (vgl. Art. 257 N 1 sowie Art. 257a N 1 und 6). Es geht daher nicht an, jegliche Abgaben und Lasten auszuscheiden und dem Mieter diese wie Nebenkosten separat in Rechnung zu stellen (BGE 137 I 135 E. 2.4 = Pra 2011 Nr. 81; ZMP 1994 Nr. 32; OBERLE, 29 f.; CR CO I-LACHAT, N 3; Lachat et al.-BÉGUIN, 238; GUHL/KOLLER/SCHNYDER/DRUEY, 411; FERTIG, mp 1999, 70; CHK-HEINRICH, N 2 f.; KUKO OR-BLUMER, N 5; BLUMER, SPR VII/3, Rz 647; CPra Bail-BIERI, N 2; **a.M.** SVIT-Komm., N 7 [in Abweichung von der zutreffenden 1. A.]; ZK-HIGI, Art. 256a–256b OR N 8). Ob eine abweichende vertragliche Vereinbarung i.S.v. Art. 256 Abs. 2 dem Mieter einen hinreichenden finanziellen Ausgleich verschafft, hängt auch davon ab, ob der Vermieter bei Beendigung des Mietverhältnisses verpflichtet ist, dem Mieter pro rata temporis die zuviel bezahlten Abgaben zurückzuerstatten (unklar diesbezüglich URBACH/MOSKRIC, AJP 2008, 1005 f.).

Art. 257

E. Pflichten des Mieters **I. Zahlung des Mietzinses und der Nebenkosten** **1. Mietzins**	**Der Mietzins ist das Entgelt, das der Mieter dem Vermieter für die Überlassung der Sache schuldet.**
E. Obligations du locataire I. Paiement du loyer et des frais accessoires 1. Loyer	Le loyer est la rémunération due par le locataire au bailleur pour la cession de l’usage de la chose.

E. Obblighi del conduttore
I. Pagamento del corrispettivo e delle spese accessorie
1. Corrispettivo

Il corrispettivo è la remunerazione dovuta dal conduttore al locatore per la concessione in uso della cosa.

Literatur

ADDORISIO DE FEO, Fälligkeit und Verjährungsfristen im Mietrecht, mp 2001, 163 ff.; LUPI THOMANN, Die Anwendung des Konsumkreditgesetzes auf Miet-, Mietkauf- und Leasingverträge, Diss. Zürich 2003; vgl. ferner die Literatur- und Materialienhinweise bei den Vorbem. zu Art. 253–273c.

Art. 257 definiert den Mietzins in Übereinstimmung mit Art. 253. Nach einem Teil der Lehre dient Art. 257 der Abgrenzung des Nettomietzinses von den Nebenkosten i.S.v. Art. 257a (ZK-HIGI, Art. 259g OR N 53; vgl. Art. 256a N 8). «Mietzins» meint jedoch im Zweifel immer das gesamte Entgelt für die Überlassung der Sache (vgl. Art. 257a Abs. 2; BGE 124 III 201 E. 2d; 117 II 84; 111 II 71; 110 II 407; SVIT-Komm., Art. 257–257b N 4 sowie Art. 259g N 18; CR CO I-LACHAT, N 2; KUKO OR-BLUMER, N 1; Botschaft Mietrecht, 1425 f.). In verschiedenen Bestimmungen unterscheidet das Gesetz in der Folge zwar Mietzinse und Nebenkosten (vgl. etwa Art. 257d). Die entsprechenden Formulierungen haben aber keine besondere Bedeutung und werden auch nicht konsequent durchgehalten (vgl. etwa Art. 257e, 268 ff. sowie Art. 269 ff., namentlich Art. 269d Abs. 1 und 3: Eine strikte Auslegung würde zum widersinnigen Resultat führen, dass der Vermieter zwar neue Nebenkosten einführen, bestehende aber nicht erhöhen dürfte). Es verbietet sich jedenfalls, aus der Terminologie des Gesetzes Rechtsfolgen abzuleiten; stets ist der Zweck einer Bestimmung im Auge zu behalten (BGE 124 III 201; vgl. dazu Art. 259g N 10; s.a. Art. 256a N 8 und Art. 257e N 7). 1

Die Bezahlung des Mietzinses ist die **Hauptpflicht** des Mieters, welche mit der Erfüllungsklage durchzusetzen ist. Die **Erfüllungsmodalitäten** richten sich nach den allgemeinen Regeln. Hervorzuheben ist dabei Art. 68: Der Mieter ist nicht gehalten, persönlich zu erfüllen, denn bei der Zahlung kommt es nicht auf seine Persönlichkeit an. Daher hat der Vermieter auch die Zahlung eines Dritten zu akzeptieren, insb. des Sozialamtes (BGer, 16.4.2014, 4A_68/2014, E. 4.2 [unpubl. Teil v. BGE 140 III 315]). Die Verzugsfolgen richten sich nicht nach dem Allgemeinen Teil, sondern nach Art. 257d. Danach kann der Vermieter das Mietverhältnis nach Ansetzung einer Nachfrist ausserordentlich kündigen (Art. 257d N 1 ff.). 2

Die Höhe des Mietzinses kann in den allgemeinen Schranken frei bestimmt werden (Botschaft Mietrecht, 1425; ZK-HIGI, N 14 ff.). Auf dem Gebiet der *Wohn- und Geschäftsraummiete* gelten unter Vorbehalt von Art. 253b Abs. 2 die Sonderbestimmungen des zweiten Gesetzesabschnittes (Art. 269–270e) zum **Schutz vor missbräuchlichen Mietzinsen** und anderen missbräuchlichen Forderungen des Vermieters. Einschränkungen können sich – allerdings für dann atypische Mietverträge – auch aus den Vorschriften des Konsumkreditgesetzes ergeben (vgl. z.B. Art. 1 Abs. 2 lit. a sowie Art. 29 KKG; s. dazu Art. 266k N 3 ff.). Das «Entgelt» kann anstatt in Geld auch in anderer Form geleistet werden. Stets entsteht dadurch ein aus mehreren Elementen kombinierter Innominatkontrakt (anders ZK-HIGI, N 27). Zu den Zahlungsmodalitäten vgl. Art. 257c und Art. 257d N 3. 3

Die Vereinbarung der **Entgeltlichkeit** gehört zu den essentialia negotii. Zum notwendigen Kerngehalt zählt das BGer indessen auch die Festlegung der Höhe des Mietzinses (BGE 119 II 347; zur Kritik s. Art. 253 N 5 f.). Ist die Gebrauchsüberlassung bereits gewährt worden, so ist nach bundesgerichtlicher Rsp. der übliche Mietzins geschuldet, sofern eine entgeltliche Überlassung vereinbart war (BGE 100 II 330; 108 II 113; 119 II 347; s. dazu Art. 253 N 5). Zur **Umsatzmiete** vgl. Art. 269b N 10, zur Unzulässigkeit einseitiger Veränderungen des Mietzinses Art. 269 N 1 und Art. 269d N 1 f. 4

5 Die **Mietzinsforderung** (inklusive allfällig vereinbarter Nebenkosten) **verjährt** nach der Sondernorm von Art. 128 Ziff. 1 OR innert **fünf** Jahren, wenn *periodische Zahlung geschuldet* ist (ADDORISIO DE FEO, mp 2001, 177 f.; ZK-HIGI, N 34 f.). Die **Zession** von künftigen Mietzinsen stellt nach der Rsp. des BGer keine Abtretung einer bestehenden Forderung mit späterer Fälligkeit, sondern einer künftigen Forderung dar. Demzufolge steht im Konkurs des Vermieters das Verfügungsverbot von Art. 204 SchKG der Wirksamkeit einer Zession für die Zeit nach der Konkurseröffnung entgegen (BGE 115 III 65 E. 1b; s.a. BGE 130 III 248 und dazu KOLLER TH., ZBJV 2005, 327 f.).

Art. 257*a*

2. Nebenkosten
a. Im Allgemeinen

1 Die Nebenkosten sind das Entgelt für die Leistungen des Vermieters oder eines Dritten, die mit dem Gebrauch der Sache zusammenhängen.

2 Der Mieter muss die Nebenkosten nur bezahlen, wenn er dies mit dem Vermieter besonders vereinbart hat.

2. Frais accessoires
a. En général

1 Les frais accessoires sont dus pour les prestations fournies par le bailleur ou un tiers en rapport avec l'usage de la chose.

2 Ils ne sont à la charge du locataire que si cela a été convenu spécialement.

2. Spese accessorie
a. In genere

1 Le spese accessorie sono la remunerazione dovuta per le prestazioni fornite dal locatore o da un terzo in relazione all'uso della cosa.

2 Sono a carico del conduttore soltanto se specialmente pattuito.

Literatur

BÉGUIN, Klare Ausscheidung von Nebenkosten und Höhe der Akontozahlungen im Mietvertrag, mp 2004, 167 ff.; DERS., Grundsatz der Wirtschaftlichkeit von Nebenkosten, mp 2014, 179 ff.; CONOD/BROQUET La pratique récente en matière de loyers et de frais accessoires, 16e séminaire sur le droit du bail, Neuchâtel 2010; FERTIG, Offene Fragen bei den Nebenkosten, mp 1999, 67 ff.; HIGI, Akontovereinbarungen bei Nebenkosten, AJP 2006, 601 ff.; OBERLE, Nebenkosten-Heizkosten, Zürich 2007; PIOTET, La restitution des loyers ou d'accomptes de frais accessoires perçus à tort: un autre avis sur las question de la prescription et du transfert de la chose louée, CdB 2006, 1 ff.; PÜNTENER, Der Vertrauensschutz bei der Mietzins- und Nebenkostengestaltung, mp 2006, 1 ff.; RICHARD, Les frais accessoires au loyer dans les baux d'habitation et de locaux commerciaux, 12e séminaire sur le droit du bail, Neuchâtel 2002; ROHRER, Die «besondere Vereinbarung» von Nebenkosten, MRA 2006, 87 ff.; DERS., Nebenkosten, MRA 2008, 101 ff.; THANEI, Zu tief angesetzte Nebenkosten als absichtliche Täuschung, mp 2005, 232 ff.; WEBER, Rückforderungsansprüche im Mietrecht, mp 2005, 1 ff.; WESSNER, L'obligation du locataire de payer le loyer et les frais accessoires, 9e séminaire sur le droit du bail, Neuchâtel 1996; vgl. ferner die Literatur- und Materialienhinweise bei den Vorbem. zu Art. 253–273c.

I. Definition der Nebenkosten gemäss Abs. 1

1 Dass der Vermieter dem Mieter Leistungen schuldet, die **mit dem Gebrauch der Sache zusammenhängen** und deren **Entgelt** in Art. 257a Abs. 1 als Nebenkosten definiert ist, ergibt sich entweder ausdrücklich aus dem Mietvertrag oder aus der Verpflichtung des Vermieters gem. Art. 256, die Sache in einem zum vorausgesetzten Gebrauch tauglichen Zustand zu erhalten (z.B. Heizung, Warmwasser, Treppenhausreinigung bei Wohn- und Geschäftsmiete). Nicht zu den Nebenkosten zu zählen sind die sogenannten **Verbraucherkosten**. Diese sind zwar ebenfalls vom Mieter zu tragen; sie sind aber nicht von der Leistungspflicht des Vermieters erfasst, sondern beruhen auf einer direkten Rechtsbeziehung zwischen dem Mieter und dem Erbringer der Leistung (Bsp.: Kehricht*sack*gebühr, Telefongebühren, Rechnung für den Stromverbrauch in der Mietwohnung; SVIT-Komm., Art. 257–257b N 11; vgl. Art. 256b N 3).

2 Nebenkostenpositionen können neben den schon genannten sein: Kehricht*grund*gebühr, Kosten für Gartenpflege, Hauswartdienst, Betrieb und Service eines Lifts, Klimatisierung oder

einen Kabelnetzanschluss. Keine blossen *Nebenleistungen* umfasst ein zum integrierenden Bestandteil des Mietvertrages erklärter Energielieferungsvertrag zwischen Vermieter und Mieter von Produktionsräumlichkeiten (BGer, 24.5.2000, 4C.82/2000; s. Art. 253a–253b N 18a).

Weil der unmittelbare Zusammenhang mit dem Gebrauch der Mietsache fehlt, fallen z.B. Objektsteuern, Meteorwassergebühren, Gebäudeversicherungsprämien, Erschliessungskosten, Vorzugslasten, Hypothekarzinsen, Verwaltungskosten nicht unter die gesetzliche Definition der Nebenkosten (Lachat et al.-Béguin, 237 f.; ZK-Higi, N 8; Fertig, mp 1999, 70; Blumer, SPR VII/3, Rz 495; CPra Bail-Bieri, Art. 257a-257b N 87; **a.M.** [allerdings gestützt auf ein abweichendes Verständnis von Art. 256b] zur Meteorwassergebühr SVIT-Komm., Art. 257–257b N 29). Sie werden von Art. 256b erfasst (vgl. Art. 256b N 1). 3

Auch Leistungen des Vermieters oder Dritter für den **ordentlichen Unterhalt** der Mietsache fallen nicht unter die Nebenkosten, wie Aufwendungen für Reparaturen und Ersatzanschaffungen ausgedienter Teile (CHK-Heinrich, Art. 257–257c N 10; SVIT-Komm., Art. 257–257b N 14; Permann, Art. 257a–257b N 12). 4

II. Die «besondere Vereinbarung» gemäss Abs. 2

Der Bestimmung kommt Mieterschutzfunktion insofern zu, als der Vermieter ohne besondere, d.h. **ausdrückliche oder sich klar aus den Umständen ergebende** Abrede für Leistungen im Zusammenhang mit dem Gebrauch der Mietsache keine separate Abgeltung verlangen kann (BGE 117 II 84; 121 III 460, 462; CHK-Heinrich, Art. 257–257c OR N 7; Guhl/Koller/Schnyder/Druey, 429; SVIT-Komm., Art. 257–257b N 18 ff.; ZK-Higi, N 13; Fertig, mp 1999, 69; Béguin, mp 2004, 171). Aus der Nebenkostenabrede muss sich daher nicht nur die Leistungspflicht des Vermieters, sondern namentlich auch die zusätzliche Zahlungspflicht des Mieters, d.h. die **Regelung des besonderen Entgeltes** ergeben. Dies setzt die genaue Bezeichnung der mit Nebenkosten bestrittenen Aufwendungen und zumindest die Bestimmbarkeit der Höhe voraus. Formulierungen, wonach der Mieter «alle Nebenkosten» oder «Nebenkosten ohne Strom» zu bezahlen habe, sind nichtig und haben zur Folge, dass mit dem Nettomietzins alle Leistungen des Vermieters als abgegolten zu betrachten sind (BGer in mp 1999, 81 f.; **a.M.** Heinrich, MRA 2000, 245 f.: modifizierte Teilnichtigkeit). Der Hinweis auf einen standardisierten Vertragszusatz, namentlich auf AGB genügt nicht, denn dem Mieter kann nicht zugemutet werden, sich erst aufgrund einer sorgfältigen Konsultation der Vertragsbedingungen ein Bild zu machen, welche Nebenkosten von ihm zu tragen sind (BGE 135 III 591 E. 4.3 = Pra 2010 Nr. 53; Béguin, mp 2004, 176; CPra Bail-Bieri, Art. 257a–257b N 27 ff. und 170 ff.; Koller/Sennhauser, ZBJV 2011, 298 ff.; Blumer, SPR VII/3, Rz 485 und 668, die allerdings eine pauschale Bestätigung der Kenntnisnahme auf die AGB im Vertrag genügen lassen will, was abzulehnen ist). Ebenso wenig ist aus der blossen Bezahlung einer Nebenkostenabrechnung auf eine gesonderte Vereinbarung im Sinne des Gesetzes zu schliessen (BGer, 29.4.2002, 4C.24/2002, E. 3.2; CPra Bail-Bieri, Art. 257a–257b N 25). Anders verhält es sich im Falle der direkten Bezahlung von Rechnungen der Leistungserbringer durch den Mieter, denn darin kann ohne weiteres eine konkludente Nebenkostenabrede liegen (BGer, 20.7.2012, 4A_194/2012, E. 2.6). Zur **nachträglichen Einführung** neuer Nebenkosten vgl. Art. 269d Abs. 3. 5

Da die Legaldefinitionen von Art. 257 und 257a Abs. 1 **zwingenden Charakter** haben (Ronconi, mp 1990, 80), können die Parteien nur bestimmen, für welche Nebenleistungen der Vermieter eine gesonderte Entschädigung in Form von Nebenkosten fordern darf. Was nicht im Zusammenhang mit dem Gebrauch der Mietsache steht (N 3 f.), darf ausserhalb des Anwendungsbereichs des (verfehlten) Art. 38 Abs. 2 WEG **zwingend** nicht mittels Nebenkosten abgegolten werden (BGE 137 I 135 E. 2.4 = Pra 2011 Nr. 81; BGE 105 II 35; BGer, 24.5.2000, 4C.82/2000, E. 3a; ZMP 1994 Nr. 32; vgl. auch Art. 256b N 4; zu WEG und WFG s. Art. 253a–253b N 9). Die öffentlich-rechtliche Verpflichtung, den tatsächlichen Ver- 6 brauch für bestimmte Nebenkostenpositionen mit **Zählern** individuell zu erfassen, schlägt auch unter dem Blickwinkel von Art. 19 f. nicht auf den Mietvertrag durch. Eine Nebenkostenabrede, die einen anderen Verteilschlüssel vorsieht, erweist sich daher als gültig (BGer, 22.1.2013, 4A_502/2012), zumal die Wahl des konkreten Schlüssels in erster Linie dem Vermieter zusteht. Die Gerichte greifen nur ein, soweit sich der Verteiler als unhaltbar erweist (so für die Bestimmung des missbräuchlichen Mietzinses BGE 139 III 209 E. 2 = Pra 2014 Nr. 3).

7 Wo das Gesetz von Mietzinsen spricht, sind die Nebenkosten auch dort mitumfasst, wo sie nicht ausdrücklich erwähnt werden (s. Art. 257 N 1). Generell gelten für die Nebenkosten grundsätzlich die **gleichen Regeln** wie für die übrigen Teile des Mietzinses.

8 Für die Nebenkosten können **Pauschalen** oder **Akontozahlungen** mit nachträglicher Abrechnung aufgrund der tatsächlichen Kosten vereinbart werden. Möglich ist auch eine **direkte Bezahlung** der entsprechenden Rechnungen durch den Mieter. Bei einer **Akontovereinbarung** entsteht eine auf Abrechnung gestellte Forderung. Die **Abrechnung** hat auf den vereinbarten oder ortsüblichen Termin zu erfolgen und kann **gerichtlich erzwungen** werden (ähnlich SVIT-Komm., Art. 257–257b N 27: Wenn keine Akontozahlungen zu leisten sind, soll indessen nur eine Obliegenheit vorliegen). Legt der Vermieter die periodische Abrechnung nicht vor oder verweigert er die Einsicht in die Belege, so kann der Mieter die geleisteten Akontozahlungen zurückfordern oder mit offenen Mietzinsen verrechnen (Blumer, SPR VII/3, Rz 726, 728 und 775). Der aus einer Abrechnung resultierende Saldo führt zu einer **Forderung aus Mietvertrag**, nicht aus ungerechtfertigter Bereicherung (vgl. Art. 259d N 4; BGer, 29.4.2002, 4C.24/2002, E. 3.3.1; vgl. BGE 130 III 504 E. 6.4; wie hier Addorisio de Feo, mp 2001, 180; Permann, Art. 257a–257b N 19; CHK-Heinrich, Art. 257–257c N 15; Lachat et al.-Béguin, 258; SVIT-Komm., Art. 257c N 7; KUKO OR-Blumer, Art. 257a–257b N 8; Blumer, SPR VII/3, Rz 659 und 775; CPra Bail-Bieri, Art. 257a–257b N 155 f.; vgl. auch Komm. zu Art. 109 N 4; **a.M.** ZK-Higi, N 24). An sich werden Forderungen sofort fällig, wenn sich aus Vertrag oder aus der Natur des Rechtsverhältnisses nichts anderes ergibt (Art. 75). Bei der Nebenkostensaldoforderung entspricht aber eine **Zahlungsfrist** von 30 Tagen der besonderen Natur des Rechtsgeschäfts und damit dem Geiste der genannten Bestimmung. Erst danach kann der Vermieter nach Art. 257d vorgehen (BGer, 24.6.1998, 4C.479/1997, mp 1999, 83 f.).

8a Problematisch scheint eine Vertragsklausel, gemäss welcher der Saldo einer Abrechnung als *genehmigt* gilt, wenn der Mieter diese nicht innert einer bestimmten Frist bestreitet oder die Schlichtungsbehörde anruft: Wenn der Mieter für Nebenkosten zwingend nur im Rahmen der tatsächlichen Aufwendungen aufkommen muss (N 6), ist der Verzicht des Gesetzgebers auf eine Befristung des Widerspruchs gegen die Abrechnung als qualifiziertes Schweigen zu betrachten. Ausserdem verstösst eine solche Klausel gegen den zwingenden Art. 129, denn die Klagbarkeit einer Forderung darf vertraglich nicht im Voraus beschränkt werden (BGE 132 III 285 E. 2). An eine Genehmigung sind daher gerade bei AGBs und vorformulierten Vertragsklauseln hohe Anforderungen zu stellen – entscheidend ist eine aktive Willensbetätigung des Mieters (ausführlich dazu Weber, mp 2005, 17 f.; CPra Bail-Bieri, N 151 ff.; Blumer, SPR VII/3, Rz 776; **a.M.** SVIT-Komm., Art. 257–257b N 27). Das BGer betrachtete indessen eine entsprechende Klausel ohne Diskussion des zwingenden Charakters von Art. 257a und ohne Rücksicht auf Art. 129 als gültig und behandelte sie als Saldoziehung analog zu Art. 117 Abs. 2 (BGer, 29.4.2002, 4C.24/2002, E. 3.3.2). Gemäss dem genannten Entscheid können zuviel bezahlte Nebenkosten auch nach verstrichener Bestreitungsfrist zwar noch geltend gemacht werden. Der Anspruch untersteht dann aber *bereicherungsrechtlichen Kriterien*. Abgesehen davon, dass selbst bei einer ausdrücklichen Genehmigung die Analogie zum Kontokorrent nicht überzeugt (dazu Weber, mp 2005, 18 f.), erscheint diese Rsp. als inkonsequent. Die *Nähe zum Rückabwicklungs*verhältnis nach einem Vertragsrücktritt springt geradezu ins Auge. Es läge sicherlich auf der Linie der vom BGer doch nun befürworteten Ausweitung der vertraglichen Betrachtungsweise, auch fehlerhafte Saldoziehungen auf vertraglicher Basis zu prüfen, zumal in der Lehre auch beim Kontokorrentverhältnis der rein bereicherungsrechtliche Ansatz als unbefriedigend empfunden und statt dessen auf die Anfechtung der Saldoziehung wegen Willensmängeln zurückgegriffen wird (WEBER, a.a.O.; wie hier KOLLER TH., ZBJV 2005, 316; Lachat et al.-BÉGUIN, 256; BLUMER, SPR VII/3, Rz 776; vgl. auch Komm. zu Art. 117 N 13; BUCHER, recht 1994, 179 f.; **a.M.** CHK-HEINRICH, Art. 257–257c OR N 15). Da das zitierte Urteil nur im Internet publiziert wurde, besteht immerhin die Hoffnung, dass das BGer eine erneute Prüfung der Frage nicht ganz ausschliesst. Eine erste Chance dazu wurde zufolge mangelhafter Prozessführung verpasst (s. BGer, 31.8.2005, 4C.177/2005, E. 1 [unpubl. Teil v. BGE 132 III 24]). In BGer, 29.6.2011, 4A_267/2011 betonte das Gericht, die bereicherungsrechtliche Verjährung beginne jedenfalls erst mit der Kenntnis des Mieters vom korrekten Verteilschlüssel und nicht schon mit seinem Wissen darum, dass mit dem Schlüssel möglicherweise etwas nicht stimmt (a.a.O., E. 2.3.2). Für die Saldoziehung durch Zustellung einer Kreditkartenabrechnung hat das BGer am bereicherungsrechtlichen Ansatz festgehalten (BGE 133 III 356; krit. dazu SCHMID, ZBJV 2010, 567).

Bezüglich der Miete von Wohn- und Geschäftsräumen sind die Sonderbestimmungen von Art. 257b sowie von Art. 4–8 VMWG zu beachten. Zu bewusst zu tief angesetzten Akontobeträgen vgl. Art. 257b N 2. 9

Art. 257*b*

b. Wohn- und Geschäftsräume

[1] Bei Wohn- und Geschäftsräumen sind die Nebenkosten die tatsächlichen Aufwendungen des Vermieters für Leistungen, die mit dem Gebrauch zusammenhängen, wie Heizungs-, Warmwasser- und ähnliche Betriebskosten, sowie für öffentliche Abgaben, die sich aus dem Gebrauch der Sache ergeben.

[2] Der Vermieter muss dem Mieter auf Verlangen Einsicht in die Belege gewähren.

b. Habitations et locaux commerciaux

[1] Pour les habitations et les locaux commerciaux, on entend par frais accessoires les dépenses effectives du bailleur pour des prestations en rapport avec l'usage de la chose, telles que frais de chauffage, d'eau chaude et autres frais d'exploitation, ainsi que les contributions publiques qui résultent de l'utilisation de la chose.

[2] Le bailleur doit, à la demande du locataire, lui permettre de consulter les pièces justificatives.

b. Locali d'abitazione e commerciali

[1] Nel caso di locali d'abitazione o commerciali, le spese accessorie sono la remunerazione per i costi effettivamente sostenuti dal locatore per prestazioni connesse con l'uso, quali i costi di riscaldamento e di acqua calda e analoghe spese d'esercizio, come pure per tributi pubblici risultanti dall'uso della cosa.

[2] Il locatore deve dar visione, a domanda del conduttore, dei documenti giustificativi.

Literatur

Vgl. die Literaturhinweise zu Art. 257a.

I. Die Definition der Nebenkosten gemäss Abs. 1

Die Definition der Nebenkosten bei Wohn- und Geschäftsräumen – und demnach auch der Anwendungsbereich der vorliegenden Bestimmung (BGer, 24.5.2000, 4C.82/2000, E. 3a) – entspricht der allgemeinen Definition gem. Art. 257a Abs. 1 mit folgenden zwei Präzisierungen: 1

2 Der Vermieter ist nur berechtigt, die **tatsächlichen Aufwendungen**, d.h. die ihm effektiv entstehenden Kosten, zu überwälzen. Nach richtiger Ansicht gilt diese Regel auch ausserhalb der Miete von Wohn- und Geschäftsräumen, da sie sich bereits aus der zwingenden Nebenkostendefinition ergibt (ZK-Higi, N 26).

Aus der *Nebenkosten*überwälzung darf der Vermieter somit **keinen Gewinn** erzielen. Dies gilt auch bei Vereinbarung einer **Pauschale** (vgl. dazu N 9). In der neueren Literatur wird betont, die Überwälzung setze voraus, dass die Nebenkosten dem **Wirtschaftlichkeitsprinzip** genügen (Béguin, mp 2014, 179 ff.). Das Gesetz enthält zwar keine solche Einschränkung, denn es spricht von der Überwälzung der tatsächlichen Kosten. Immerhin lässt sich die genannte Auffassung auf eine analoge Anwendung der Schadenminderungsobliegenheit und auf die auftragsähnliche Stellung des Vermieters stützen (vgl. Art. 398 Abs. 2 und Art. 419). Zwar verleiht dies dem Mieter kein Mitspracherecht bei der Frage, auf welche Weise die mit den Nebenkosten verbundenen Leistungen eingekauft werden. Auch ist der Vermieter nicht gehalten, vor dem Einkauf umfassende Marktabklärungen zu tätigen. Hat eine Leistung aber einen stark überhöhten Preis oder wird sie mit unvernünftigem Aufwand erbracht, braucht der Mieter nur diejenigen Kosten zu bezahlen, die ein gewissenhafter Vermieter verursacht hätte (SVIT-Komm., Art. 257–257b N 26c; Rohrer, MRA 2008, 106, m.Hw. auf OGer ZH, 26. 8. 1999). Nach Béguin hat man sich die Arbeitsfrage zu stellen, ob der Vermieter gleich vorgegangen wäre, wenn er die Kosten am Ende selber hätte berappen müssen (mp 2014, 184 f.). Ein zu kleinlicher Massstab verbietet sich allerdings. Die Verletzung des Wirtschaftlichkeitsgebots ist nach Art. 8 ZGB durch den Mieter zu beweisen (Béguin, mp 2014, 196, **anders** aber 190, zur Frage der Beweislast für die Angemessenheit der Wartungsintervalle und der Kosten für grössere Anlagen), denn es handelt sich abei entweder um die Verletzung einer Nebenpflicht des Vermieters, die zu einem Schadenersatzanspruch des Mieters führt (so Béguin, mp 2014, 198), oder – m.E. vorzuziehen – um eine Ausnahme von der Pflicht des Mieters zur Vergütung der tatsächlich angefallenen Kosten und damit um eine rechtsaufhebende Tatsache.

2a Bei **Akontovereinbarungen** stellt sich die Frage, ob der Mieter sich darauf verlassen kann, dass *schon die Akontobeträge grundsätzlich den tatsächlichen Kosten entsprechen* müssen. Das BGer hat in BGE 132 III 24 festgehalten, dies hänge von den gesamten Umständen ab (a.a.O., Regeste). Im konkreten Fall schützte es allerdings den Standpunkt des Vermieters, obwohl die effektiven Nebenkosten sich jeweils auf mehr als das Doppelte (rund 210–260%) der vereinbarten Akontozahlungen beliefen. Zur Begründung führte es aus, nach Vertrauensprinzip setze die Vereinbarung von Akontoleistungen die spätere Ausgleichung der Differenz zwischen dem Geleisteten und dem tatsächlich Geschuldeten voraus, ohne dass damit eine Aussage zur maximalen Höhe der Nach- oder Rückzahlung verbunden sei. Der Vermieter könne die Höhe der tatsächlichen Kosten aufgrund der Instabilität der Nebenkosten wegen der variierenden Preise der Drittanbieter und des unterschiedlichen Verbraucherverhaltens gar nicht zuverlässig bestimmen. Umgekehrt sei es dem Mieter zuzumuten, sich nach der ungefähren Höhe der Kosten zu erkundigen (a.a.O., E. 5; ohne Diskussion der nachfolgenden Kritik bestätigt in BGer, 4. 2. 2010, 4A_268/2009, E. 2).

Die Begründung des Entscheides überzeugt nicht: Zunächst räumt das BGer ein, mancher Mieter möge beim Vertragsabschluss vermuten, dass die Akontozahlungen zur Bestreitung der Kosten ausreichten. Diese Erwartung erweist sich zumindest dann sehr wohl als vernünftig und korrekt, wenn man sie um die entscheidenden Worte «in etwa» ergänzt. Sie lässt sich nicht einfach unter Hinweis auf die für den Vermieter bestehenden Unsicherheiten als unberechtigt bezeichnen. Diese spielen genau betrachtet gar keine Rolle: Weil vertragliche Vereinbarungen immer im Lichte der historischen Kenntnisse der Parteien zu beurteilen sind, darf der Vermieter sich selbstverständlich darauf berufen, die Kosten für Drittleistungen hätten sich seither erhöht oder der neue Mieter verursache viel höhere Kosten als seine Vorgängerin (wie hier Koller Th., ZBJV 2007, 834 f.; CPra Bail-Bieri, Art. 257a–257b N 56). Wenn

Akontozahlungen schon – wie auch das BGer ausführt – zur Minimierung des Inkassorisikos des Gläubigers dienen, so darf der Schuldner nach Treu und Glauben auch annehmen, der Gläubiger werde diesen Zweck nicht selber durch viel zu tiefe Akontozahlungen unterlaufen, zumal dies bei der grossen Mehrzahl der Mietverhältnisse keineswegs üblich ist (vgl. nur die Schlussbemerkung von Tschudi J.-P., MRA 2005, 179). Hinzu kommt, dass das Erfordernis der besonderen Vereinbarung der Nebenkosten in Art. 257a Abs. 2 gerade dem Zweck dient, den Mieter vor unabsehbaren Forderungen unter dem Titel von *«Neben»*kosten (!) zu schützen. Vom Mieter eine Erkundigung nach den tatsächlichen Kosten zu verlangen (E. 5.1.1), obwohl doch der *Vermieter* über einen Wissensvorsprung verfügt, erscheint in Anbetracht der ungleichen Verhandlungsposition genauso unrealistisch wie eine Erkundigung nach der korrekten Anlage des Mietzinsdepots, besonders wenn zur Zeit des Vertragsschlusses Wohnungsnot herrscht (Art. 257e N 6b; ähnlich Püntener, mp 2006, 1 ff., 14 ff.; Koller Th., ZBJV 2007, 836 f.; CPra Bail-Bieri, Art. 257a–257b N 56; **a.M.** KUKO OR-Blumer, Art. 257a–257b N 8; Rohrer, MRA 2006, 151 ff.; Blumer, SPR VII/3, Rz 480). Den *berechtigten* Anliegen des Vermieters kann ohne weiteres durch eine grosszügige Marge Rechnung getragen werden, die durchaus höher sein darf als beim Kostenvoranschlag nach Art. 375 Abs. 1 (Vorschlag gemäss Voraufl.: 15 %; ebenso KGer BL, mp 2013, 121 ff.; ähnlich Koller Th., ZBJV 2007, 836: 20%).

Das BGer scheint immerhin eine Verantwortlichkeit des Vermieters für die korrekte Aufklärung aus culpa in contrahendo zumindest theoretisch in Betracht zu ziehen (E. 6.1.2; **a.M.** Tschudi J.-P., MRA 2005, 177 f.). Reichlich zynisch wirkt allerdings in diesem Zusammenhang die Bemerkung, es bedeute für den Mieter einen finanziellen Vorteil, geringe Akontozahlungen leisten zu müssen. Vielmehr ist für den Vertragsschluss der am Ende vielleicht 10 oder 20 % höhere *Bruttomietzins* bedeutsamer als die Höhe der vorläufigen Zahlungen. Ein Verbot der verschleierten Preisgestaltung folgt sodann schon aus der (vom BGer ebenfalls verworfenen) Anwendung von Art. 3 lit. b und f UWG (wie hier Koller Th., ZBJV 2007, 834 f.). Abgesehen davon schiene eine (teilweise) Rückerstattung der als Hauptleistung geschuldeten Nachzahlung unter dem Titel des Schadenersatzes angesichts des ja durchaus zustande gekommenen Mietvertrages als wenig sinnvoll. Wenn schon, müsste hier der culpa-Gedanke zu einer Vertragsmodifikation führen, (s.a. Fertig, mp 1999, 73 ff.). Eine Lösung des Problems über die absichtliche Täuschung ist in BGer, 4.2.2010, 4A_268/2009, am Nachweis der entsprechenden Absicht gescheitert.

Zuzugeben ist dem BGer allerdings, dass es dem Mieter zuzumuten ist, sofort gegen die erste überraschende Nebenkostenabrechnung vorzugehen. Mit einer Klage zu warten, bis die Summe der zurückgeforderten Nebenkostenbetreffnisse die Streitwertgrenze für eine Berufung ans BGer erreicht, darf sehr wohl mit dem Argument der Genehmigung quittiert werden (gl.M. Püntener, mp 2006, 21; Thanei, mp 2005, 235; Tschudi J.-P., MRA 2005, 178; Koller Th., ZBJV 2007, 833 f.; CPra Bail-Bieri, Art. 257a–257b N 56).

Beruht die zu tiefe Akontozahlung auf einer Vertragsänderung nach Art. 269d Abs. 3, so ist diese nichtig, wenn für den Mieter aus der Begründung der Anpassung nicht erkennbar ist, dass die aus dem Nettomietzins in die Nebenkosten verschobenen Beträge zur Bestreitung der fraglichen Aufwendungen nicht ausreichen (BGer, MRA 2000, 301 ff.; vgl. Art. 269d N 12). **2b**

Es wird ferner klargestellt, dass auch die **öffentlichen Abgaben**, welche nach Art. 257b den Vermieter treffen, als Nebenkosten ausgeschieden werden dürfen, sofern sie *mit dem Gebrauch der Sache zusammenhängen*. Dies ist z.B. bei Wasser-, Abwasser- und Kehrichtabfuhrgrundgebühren, nicht jedoch bei Grundsteuern, Hypothekarzinsen, Strassenbeiträgen oder Anschlussgebühren der Fall (vgl. Art. 257a N 3; s.a. Art. 256b N 4). **3**

Die Regel von Art. 257a Abs. 2, wonach Nebenkosten nur zu bezahlen sind, wenn dies mit dem Vermieter **besonders vereinbart** wird, gilt selbstverständlich auch bei der Miete von Wohn- und Geschäftsräumen. **4**

II. Das Recht des Mieters, in die Nebenkostenbelege Einsicht zu nehmen (Abs. 2)

5 Der **Zweck** der Bestimmung besteht darin, dem Mieter die Möglichkeit zu geben abzuklären, ob die ihm belasteten Kosten den **tatsächlichen Aufwendungen** i.S.v. Abs. 1 dieses Artikels entsprechen. Das Einsichtsrecht des Mieters besteht auch im Falle der Vereinbarung von Pauschalen (vgl. Art. 4 Abs. 2 VMWG sowie nachfolgend N 7). Es ist unbefristet und verjährt erst zusammen mit der Nebenkostenforderung des Vermieters (Lachat et al.-Béguin, 255).

6 Das **materielle Einsichtsrecht** unterscheidet sich von der prozessualen Editionspflicht des Vermieters dadurch, dass es selbständig ausserhalb eines Prozesses um die Bezahlung der Nebenkosten geltend gemacht werden kann (vgl. dazu Art. 256a N 1).

7 Die Verweigerung der Einsicht verhindert die Fälligkeit einer Nachforderung des Vermieters bei vereinbarter Akontozahlung (zur Rückforderung der Akontozahlungen Art. 257a N 8; ZK-Higi, N 33).

III. Die Nebenkostenregelungen der VMWG

8 Art. 4–8 VMWG enthalten detaillierte Bestimmungen über die Nebenkosten bei der Wohn- und Geschäftsraummiete. Erhebt der Vermieter die Nebenkosten aufgrund einer **Abrechnung**, muss er diese jährlich mindestens einmal erstellen und dem Mieter vorlegen (Art. 4 Abs. 1 VMWG). Zur Durchsetzbarkeit dieser Verpflichtung vgl. Art. 257a N 8. Bei der Festsetzung des **Verteilschlüssels** steht dem Vermieter ein Ermessensspielraum zu (s. mp 2005, 80 f.; gl.M. für die Missbrauchsgesetzgebung BGE 139 III 209 E. 2 = Pra 2014 Nr. 3).

9 Erhebt der Vermieter die Nebenkosten **pauschal**, muss er auf Durchschnittswerte dreier Jahre abstellen (Art. 4 Abs. 2 VMWG; BGE 132 III 24 E. 3.1). Eine zu tief angesetzte Pauschale bleibt aufgrund ihres vertraglichen Charakters bis zu einer Vertragsänderung i.S.v. Art. 269d massgebend, während die Überschreitung der dreijährigen Durchschnittswerte als Folge der zwingenden Beschränkung der Nebenkosten auf das Entgelt für die tatsächlichen Aufwendungen in Art. 257b Abs. 1 zu einem sofortigen Rückforderungsanspruch des Mieters führt.

10 Allzu perfektionistisch muten die Bestimmungen über anrechenbare Heizungs- und Warmwasserkosten an (Art. 5–7 VMWG).

11 Art. 8 VMWG bestimmt, dass der Mieter ausdrücklich darauf hinzuweisen ist, dass er eine detaillierte Heizkostenabrechnung verlangen kann, sofern diese nicht mit der jährlichen **Heizkostenabrechnung** geliefert wird. Der Mieter ist berechtigt, sachdienliche Originalunterlagen einzusehen und über den Anfangs- und Endbestand von Heizmaterialien Auskunft zu verlangen (Art. 8 Abs. 2 VMWG).

Art. 257c

3. Zahlungstermine	**Der Mieter muss den Mietzins und allenfalls die Nebenkosten am Ende jedes Monats, spätestens aber am Ende der Mietzeit bezahlen, wenn kein anderer Zeitpunkt vereinbart oder ortsüblich ist.**
3. Termes de paiement	Le locataire doit payer le loyer et, le cas échéant, les frais accessoires, à la fin de chaque mois, mais au plus tard à l'expiration du bail, sauf convention ou usage local contraires.
3. Termini di pagamento	Il conduttore è tenuto a pagare il corrispettivo e, se del caso, le spese accessorie alla fine di ogni mese, ma al più tardi alla fine della locazione, salvo patto o usi locali contrari.

Literatur

ADDORISIO DE FEO, Fälligkeit und Verjährungsfristen im Mietrecht, mp 2001, 163 ff.; BRACONI, L'exécution forcée des créances pécuniaires et en prestation de sûretés en matière de bail, 16e séminaire sur le droit du bail, Neuchâtel 2010; GILLIÉRON, Bailleur et locataire d'une chose immobilière dans l'exécution forcée, 7e séminaire sur le droit du bail, Neuchâtel 1992; WESSNER, L'obligation du locataire de payer le loyer et les frais accessoires, 9e séminaire sur le droit du bail, Neuchâtel, 1996; vgl. ferner die Literatur- und Materialienhinweise bei den Vorbem. zu Art. 253–273c.

Nach dieser dispositiven Norm ist der Vermieter vorleistungspflichtig. Die **Ortsüblichkeit** spielt in diesem Zusammenhang praktisch keine Rolle mehr (SVIT-Komm., N 3; vgl. ZMP 1994 Nr. 2). 1

Im Bereich der **Immobiliarmiete** werden regelmässig Zahlungstermine durch Vereinbarung i.S. der **Vorauszahlung des Mietzinses** in monatlichen oder vierteljährlichen Raten vereinbart. 2

Die vertraglichen Zahlungstermine haben – im Gegensatz zu den gesetzlichen – i.d.R. die Bedeutung eines **Verfalltages** i.S.v. Art. 102 Abs. 2, so dass der Mieter ohne Mahnung in Verzug gerät (Lachat et al.-BRUTSCHIN, 219; SVIT-Komm., N 5; ZK-HIGI, N 15; CHK-HEINRICH, Art. 257–257c OR N 5). Dies gilt auch für die Regelung bez. Bezahlung eines **Nebenkostensaldos**. Die Praxis befürwortet hier allerdings zum Schutze des Mieters in Abweichung von den allgemeinen Regeln eine Zahlungsfrist von mindestens 30 Tagen ab Zustellung der Nebenkostenabrechnung (CPra Bail-BIERI, Art. 257a–257b N 148; BGer, 24.6.1998, 4C.479/1997, mp 1999, 83).

Weder die gesetzlichen noch die vertraglichen Zahlungstermine oder eine allenfalls vereinbarte periodische Leistung enthalten eine schlüssige Aussage über die **Erfüllbarkeit** der Mietzinsschuld. Art. 81 Abs. 1 gestattet unter Vorbehalt einer klaren anderweitigen Abmachung selbstverständlich auch dem Mieter die jederzeitige Erfüllung. BGE 115 III 65 ff. kommt – prima vista – zwar zum gegenteiligen Schluss (ebenso gestützt darauf ZK-HIGI, N 9). Der Entscheid ist jedoch geprägt vom konkreten Fall der Gläubigerbenachteiligung durch die nur behauptete (von keiner Instanz zum Beweis verstellte) vorzeitige Verrechnung des Mieters, der gleichzeitig Mehrheitsaktionär und Kontokorrentgläubiger der in Konkurs gefallenen Vermieterin war (ähnlich AMONN, ZBJV 1989, 673, der mit Blick auf Art. 213 Abs. 2 Ziff. 2 SchKG nur den Fortbestand einer an sich gültigen Vorausverrechnung im Falle des Konkurses negiert). Es ist daher nicht anzunehmen, der Entscheid beschlage die vorzeitige Erfüllung generell (vgl. zum Falle des Konkurses des Vermieters Art. 261 N 14 ff.). 3

Zu den übrigen **Zahlungsmodalitäten** vgl. Art. 257d N 3; zur **Verjährung** Art. 257 N 5. 4

Art. 257*d*

4. Zahlungsrückstand des Mieters

[1] Ist der Mieter nach der Übernahme der Sache mit der Zahlung fälliger Mietzinse oder Nebenkosten im Rückstand, so kann ihm der Vermieter schriftlich eine Zahlungsfrist setzen und ihm androhen, dass bei unbenütztem Ablauf der Frist das Mietverhältnis gekündigt werde. Diese Frist beträgt mindestens zehn Tage, bei Wohn- und Geschäftsräumen mindestens 30 Tage.

[2] Bezahlt der Mieter innert der gesetzten Frist nicht, so kann der Vermieter fristlos, bei Wohn- und Geschäftsräumen mit einer Frist von mindestens 30 Tagen auf Ende eines Monats kündigen.

4. Demeure du locataire

[1] Lorsque, après la réception de la chose, le locataire a du retard pour s'acquitter d'un terme ou de frais accessoires échus, le bailleur peut lui fixer par écrit un délai de paiement et lui signifier qu'à défaut de paiement dans ce délai il résiliera le bail. Ce délai sera de dix jours au moins et, pour les baux d'habitations ou de locaux commerciaux, de 30 jours au moins.

[2] Faute de paiement dans le délai fixé, le bailleur peut résilier le contrat avec effet immédiat; les baux d'habitations et de locaux commerciaux peuvent être résiliés moyennant un délai de congé minimum de 30 jours pour la fin d'un mois.

4. Mora del conduttore [1] Quando, dopo la consegna della cosa, il conduttore sia in mora al pagamento del corrispettivo o delle spese accessorie scaduti, il locatore può fissargli per scritto un termine per il pagamento e avvertirlo che, scaduto infruttuosamente questo termine, il rapporto di locazione sarà disdetto. Detto termine è di dieci giorni almeno; nel caso di locali d'abitazione o commerciali, di 30 giorni almeno.

[2] Se il conduttore non paga entro il termine fissato, il locatore può recedere dal contratto senza preavviso; nel caso di locali d'abitazione o commerciali, con preavviso di 30 giorni almeno per la fine di un mese.

Literatur

Hulliger, Neuere Rechtsprechung zur Kündigung wegen Zahlungsverzugs, MRA 2012, 65 ff.; Koller Th., Die Tücken des Mietrechts beim Zahlungsverzug des Wohn- oder Geschäftsraummieters, Recht 1999, 25 ff.; Siegrist, Les congés inefficaces, CdB 1996, 1 ff.; Spirig, Ausserordentliche Kündigungen ausserhalb des mietrechtlichen Katalogs, mp 2012, 1 ff.; vgl. ferner die Literatur- und Materialienhinweise bei den Vorbem. zu Art. 253–273c.

I. Zweck, Charakter und Anwendungsbereich der Norm

1 Der Artikel behandelt den Verzug des Mieters mit der Zahlung des **Mietzinses** oder allenfalls vereinbarter **Nebenkosten**. Er bezweckt den – gegenüber Art. 82 aus Sozialschutzgründen eingeschränkten – Schutz des Vermieters als Gläubiger und ermöglicht ihm, mittels **ausserordentlicher Kündigung** seine künftige Leistung zu verweigern, wenn er in der Vergangenheit die Gegenleistung nicht, nicht rechtzeitig oder nicht vollständig erhalten hat. Das Gesetz stellt je nach der Art des Mietobjektes unterschiedliche *Mahn- und Kündigungsfristen* auf, die als **relativ zwingend** zugunsten des Mieters zu werten sind (SVIT-Komm., N 5; ZK-Higi, N 3 f.; (krit. zur vorliegenden Norm und v.a. zur Vorläuferin aArt. 265 BK-Giger, Grundsatzanalyse, N 44–159).

1a Die Bestimmung kommt auf **andere Fälle des Schuldnerverzuges** zwar nicht direkt zur Anwendung. Löst der Mieter in vertragswidriger Weise Bauhandwerkerpfandrechte nicht ab, deren Eintragung er oder seine Hilfspersonen durch Bauarbeiten veranlasst hat, gelten gemäss BGer die Art. 107–109. Da indessen im Dauerschuldverhältnis die Kündigung an die Stelle des Rücktrittsrechtes trete, seien die Kündigungsbestimmungen von Art. 257d Abs. 2 oder von Art. 266g auf diesen Fall analog anzuwenden (vgl. BGE 123 III 124 E. 3b; dazu N 11; vgl. ferner Art. 257f N 1 und Art. 266g N 1). Vorzuziehen ist es, stets nur die ausserordentlichen Kündigungsmöglichkeiten des Mietrechts zur Anwendung zu bringen. Sind die entsprechenden Voraussetzungen nicht erfüllt, kommt eine ausserordentliche Kündigung nicht infrage (Lachat et al.-Spirig, 538 f.; Blumer, SPR VII/3, Rz 789 und 845; CPra Bail-Wessner, N 4). Die Nichtablösung von Bauhandwerkerpfandrechten lässt sich am ehesten unter Art. 257f subsumieren (Art. 257f N 1).

II. Voraussetzungen der Vertragsauflösung infolge Zahlungsverzugs des Mieters

1. Übernahme des Mietobjektes

2 Die spezielle mietvertragliche Verzugsregelung gilt erst nach der **Übernahme des Mietobjektes** durch den Mieter, da erst dann der für Dauerschuldverhältnisse typische und mit den allgemeinen Regeln schwer zu fassende Fall des Verzuges nach korrekt erbrachten Teilleistungen entstehen kann. Was den Begriff der «Übernahme» angeht, gibt nach richtiger Ansicht der italienische Gesetzestext *(«dopo la consegna della cosa»)* den Sinn der Bestimmung rich-

tig wieder. Eine Zahlungsverzugskündigung kommt daher in Betracht, sobald der Vermieter die Erfüllung angeboten, insb. die unbewegliche Sache dem Mieter korrekt zur Verfügung gestellt hat (BGE 127 III 548 E. 3).

Ist die Miete noch nicht in diesem Sinne angetreten, so gelten die Verzugsregeln des Allgemeinen Teils des OR (Art. 107 ff.; vgl. SVIT-Komm., N 13; ZK-Higi, N 23 s. zum Antritt BGE 127 III 548). Überdies kann sich der Vermieter u.U. auf die Einrede des nicht erfüllten Vertrages berufen (Art. 82).

2. *Zahlungsrückstand des Mieters*

Unter **Rückstand** ist jede Form nicht termingerechter Zahlung fälliger **Mietzinse** oder **Nebenkosten** zu verstehen (BGer, 30.5.2002, 4C.67/2002, E. 3a; vgl. Lachat, bail à loyer, 664; SVIT-Komm., N 15; ZK-Higi, N 7 ff.). Der Rückstand mit *Verzugszinsen für ausstehende Mietzinse* wird von der Bestimmung zwar ebenfalls erfasst; bei der Miete von Wohn- und Geschäftsräumen kann eine entsprechende Kündigung aber als unverhältnismässig und daher i.S.v. Art. 271 Abs. 1 anfechtbar erscheinen, wenn sie sich nur auf einen geringfügigen Betrag bezieht (BGE 120 II 32 E. 4b; SVIT-Komm. N 16). 3

Die Leistung des Mietzinses (in Geld) ist eine **Bringschuld** (Art. 74). Bedient sich der Mieter zur Ausführung der Zahlung der Post oder einer Bank, so hat er für deren Verhalten einzustehen und namentlich Verspätungen zu verantworten, soweit das betreffende Institut als *Erfüllungsgehilfe* des Mieters tätig und nicht als *Zahlstelle* für den Vermieter eingesetzt ist (BGE 119 II 232 E. 2). Letzteres ist anzunehmen, wenn der Vermieter dem Mieter generell Einzahlungsscheine zur Verfügung stellt oder wenn er dies anlässlich einer konkreten Zahlungsaufforderung tut; eine Zahlung erweist sich demnach in diesem Fall als fristgerecht, wenn die Einzahlung am letzten Tag der vom Vermieter angesetzten Nachfrist am Postschalter erfolgt (BGE 124 III 145; BGer, 14.9.2005, 4C.172/2005, E. 2). Ist für den ausstehenden Betrag eine **Betreibung** hängig, wird die Schuld durch die Zahlung an das Betreibungsamt getilgt (Art. 12 Abs. 2 SchKG). Der **Erlass** der Schuld ist vom Mieter zu beweisen. Zur Beweisführung ist ihm gehörig Gelegenheit einzuräumen; erfolgt die Ansetzung der Zahlungsfrist nach Art. 257d erst Jahre nach der Entstehung des angeblichen Ausstands, bildet das ein Indiz für den Erlass (BGer, 8.12.2010, 4A_544/2010, E. 2). Eine allfällige **Verrechnung** ist fristgerecht zu erklären (BGE 119 II 241; SJ 2000, 78 f.; BGer, 22.8.2000, 4C.157/2000, E. 2; 30.5.2002, 4C.67/2002, E. 4; 28.9.2006, 4C.212/2006, E. 3.1; 14.8.2006, 4C.140/2006, E. 4). Eine (bösgläubige) Hinterlegung des Mietzinses vermag die Verrechnungserklärung nicht zu ersetzen (BGer, 3.4.2012, 4A_739/2011, E. 3). Zur Zahlungsfrist nach Zustellung einer **Nebenkostenabrechnung** s. Art. 257c N 2. Hat der Vermieter eine ihm geleistete Sicherheit entgegen Art. 257e nicht auf einem Sparkonto angelegt, so kann der Mieter das Geleistete zwar mit dem Mietzins verrechnen (s. Art. 257e N 5). Nicht in Betracht kommt jedoch die Behandlung der Sicherheit als vorausbezahlter Mietzins, denn die Kaution behält trotz des vertragswidrigen Verhaltens des Vermieters den Zweck, dem sie gewidmet ist (BGer, 30.5.2002, 4C.67/2002, E. 3c).

Jederzeit kann der Mieter jedoch gegenüber dem Auflösungsanspruch des Vermieters infolge Zahlungsrückstandes die Einwendung der Minderung des Mietzinses gestützt auf Art. 259d wegen Mängeln der Mietsache erheben, sofern der Vermieter nur rechtzeitig vom Mangel erfahren hat (vgl. dazu Art. 259d N 2 ff.; Blumer, SPR VII/3, N 848 f.; im Ergebnis gleich ZK-Higi, N 17; SVIT-Komm., N 22; **a.M.** BK-Giger, Grundsatzanalyse, N 147 ff., der in probl. Weise unabhängig von einem Herabsetzungsanspruch einen Zahlungsrückstand annimmt). Kein zur Kündigung berechtigender Zahlungsrückstand liegt bei der Miete unbeweglicher Sachen vor, wenn der Mieter den Mietzins **hinterlegt** hat (Art. 259g N 12; vgl. zur unzulässigen Hinterlegung N 10; ZBJV 1994, 92). Denkbar sind auch Fälle des Annahmeverzuges des Vermieters (vgl. BGE 103 II 255; ZK-Higi, N 14; SVIT-Komm., N 10).

3a Auch der Einwand des Mieters, der Anfangsmietzins sei nicht mit dem vom kantonalen Recht vorgesehenen Formular mitgeteilt worden und die Mietzinsfestsetzung damit nichtig, ist grundsätzlich beachtlich (Art. 270 Abs. 2). Rechtsmissbräuchlich verhält sich jedoch der Mieter, der die Höhe des Mietzinses trotz Kenntnis des Formmangels nie beanstandet, auch kein Verfahren zur richterlichen Mietzinsfestsetzung anstrengt und das Argument nur als Einwand gegen die ausserordentliche Kündigung benützt (BGE 137 III 547 E. 2.3 = Pra 2012 Nr. 40).

3. Fristansetzung

4 Die Mindestdauer der anzusetzenden Nachfrist beträgt **10**, bei der Miete von *Wohn- und Geschäftsräumen* **30 Tage**. Bei der Miete *beweglicher Sachen* sowie *möblierter Zimmer* greift der Vermieter daher mit Vorteil zur ordentlichen Kündigung (vgl. Art. 266e und 266f). Das Gesetz verlangt eine **schriftliche Androhung**, dass bei unbenütztem Ablauf der Frist das Mietverhältnis gekündigt werde. Es genügt, dass der Rückstand genau bezeichnet wird; beziffert zu werden braucht er nicht (BGer, 14.6.2000, 4C.123/2000, E. 3b; 23.5.2011, 4A_134/2011, E. 3). Im Schreiben muss die Kündigung explizit angedroht werden (BGE 136 III 196 = Pra 2010 Nr. 128). Handelt es sich bei der Mietsache um eine **Familienwohnung**, so ist die Fristansetzung separat auch dem Ehegatten des Mieters mitzuteilen (Art. 266m–266n N 7; vgl. dazu BGE 118 II 42; mp 2002, 22 f.).

5 Die herrschende Doktrin und Praxis geht für den **Fristbeginn** von einem *modifizierten Zugangsprinzip* aus und fingiert den Zugang einer Androhung mittels eingeschriebenem Brief aus Gründen der Rechtssicherheit in Abweichung von den allgemeinen Regeln erst mit der tatsächlichen Kenntnis des Mieters von der Androhung oder aber nach Ablauf der siebentägigen Abholfrist, wenn der Brief nicht abgeholt wird (BGE 119 II 147 E. 2; vgl. zum fehlenden Nachweis der Kenntnisnahme bei A-Post-plus-Sendungen KGer VD, mp 2013, 216 ff.). Seit der Liberalisierung des Postverkehrsrechts sehen die Allgemeinen Geschäftsbedingungen der Post vor, dass mit den Kunden auch eine längere Abholfrist vereinbart werden kann. Im Interesse der Rechtssicherheit darf auf solche Abreden nicht abgestellt werden; vielmehr ist in Analogie zur prozessualen Rsp. des BGer nach wie vor von einer Zugangsfiktion am 7. Tag der Frist auszugehen (vgl. BGE 127 I 31; 134 V 49; CHK-Heinrich, N 7; s.a. Art. 138 Abs. 3 ZPO und Art. 44 Abs. 2 BGG). Wird die Sendung abgeholt, so ist der Tag der Abholung massgebend (Guhl/Koller/Schnyder/Druey, 438). Das Gleiche gilt für die Zustellung an den Postfachinhaber (BGE 100 III 3). Im Übrigen gelten Art. 76–79. Der Vermieter trägt die **Beweislast** für Tatsache und Zeitpunkt der Zustellung (Art. 8 ZGB); dabei besteht allerdings in Analogie zur Rsp. betr. prozessuale Zustellungen eine natürliche Vermutung dafür, dass die Abholungseinladung vom Briefträger korrekt in den Kasten gelegt wurde (Hulliger, MRA 2012, 69; vgl. z.B. BGer, 29.1.2008, 5A_729/2007, E. 4 sowie KUKO ZPO-Weber, Art. 138 N 9). Setzt der Vermieter eine *zu kurze Frist* an, so ist diese (entgegen der 4. Aufl.) grundsätzlich wirkungslos, denn die gesetzliche Frist soll dem Mieter ausreichend Zeit zur Begleichung des Rückstands verschaffen und eine zu kurze Frist ist geeignet, ihn bei diesem Unterfangen zu entmutigen (Guhl/Koller/Schnyder/Druey, 438; Rajower, AJP 1998, 807; CHK-Heinrich, N 9; CPra Bail-Wessner, N 19; **anders** ZR 90 [1991] Nr. 54; Blumer, SPR VII/3, Rz 856). Das BGer hat allerdings entschieden, die Berufung auf die Nichteinhaltung der Frist erweise sich als rechtsmissbräuchlich, wenn der Mieter schon seit Monaten keine Mietzinse mehr bezahlt und auch gar nie die Absicht gehabt habe, die Nachfrist zur nachträglichen Leistung zu nutzen (BGer, 1.7.2003, 4C.88/2003, E. 3 = MRA 2004, 53 ff.; ähnlich BGer, 4.8.2006, 4C.196/2006, E. 2.3).

5a Laut BGer soll eine Nachfrist, die durch einen **nicht Bevollmächtigten** angesetzt wurde, noch anlässlich der Kündigung vom Vermieter i.S.v. Art. 38 Abs. 1 genehmigt werden können (*BGer, 3.5.2010*, 4A_107/2010, E. 2). Es anerkennt zwar, dass die Androhung nichtig sei, soweit sie vor der Genehmigung eine Unsicherheit beim Mieter schaffe, ob die Frist nun laufe oder nicht. Da im konkreten Fall aber nicht dargetan sei, dass der Mieter den Fehler vor der

Genehmigung der Fristansetzung bemerkt habe, sei diese als wirksam zu erachten (a.a.O., E. 2.5). Dem kann nicht gefolgt werden. Bis zur Genehmigung kann die Fristansetzung schlechterdings keine Wirkungen entfalten. Der Entscheid steht im Widerspruch etwa zur Zustimmung des Ehegatten zur Kündigung einer Familienwohnung: Hier ist unbestritten, dass die Kündigung ihre Wirkungen erst mit der Zustimmung entfalten kann, und zwar unbekümmert darum, ob der Vermieter den Fehler vor der Zustimmung bemerkt hat oder nicht (s. Art. 266m–266n N 4; ähnlich CHK-Heinrich, N 9a sowie Hulliger, MRA 2012, 68, die den Entscheid im Ergebnis aber dennoch zu billigen scheinen).

4. Die Kündigung nach Abs. 2

Erst wenn die genannten Voraussetzungen erfüllt sind und der Mieter zudem den Zahlungsrückstand innert Frist nicht getilgt hat, kann der Vermieter die ausserordentliche Kündigung aussprechen (vgl. BGE 119 II 147 E. 3a; BGer, 28.8.2014, 4A_240/2014, E. 3.1 [unpubl. Teil von BGE 140 III 491]; Zihlmann, 59; **a.M.** Guhl/Koller/Schnyder/Druey, 437, die entgegen dem Gesetzeswortlaut eine Kündigung schon mit der Fristansetzung für zulässig halten). Massgeblich ist nach der Rsp. des BGer der Zeitpunkt des **Zugangs** der Kündigung (BGer, 4.7.2006, 4C.96/2006, E. 2.2, weitergehend gar E. 2.3; zutreffend Rajower, AJP 1998, 811; Bisang, MRA 2000, 240). Bedenkt man, dass nach der absoluten Empfangstheorie dem Mieter nur «in der Regel» zugemutet werden kann, eine eingeschriebene Postsendung am Tage nach der Hinterlegung der Abholungseinladung bei der Post abzuholen (s. Art. 266a N 1d), erscheint diese Praxis diskutabel. Die Berufung auf eine verfrühte Kündigung kann u.U. rechtsmissbräuchlich sein (BGer, 2.2.2011, 4A_585/2010, E. 3.5); auch das sollte allerdings nur mit grösster Zurückhaltung angenommen werden, denn sonst würde eine gesetzliche Kündigungsvoraussetzung durch Richterrecht eliminiert. Ob der Mietzins **innert der Nachfrist bezahlt** wurde, bestimmt sich nach den Regeln für die *vertragskonforme* Bezahlung (N 3; vgl. BGE 124 III 145; zur fristgerechten Zahlung an das Betreibungsamt MRA 1995, 80 ff.). 6

Der Vermieter kann selbstverständlich auf die Ausübung seines ausserordentlichen Kündigungsrechtes verzichten und lediglich nachträgliche Erfüllung verlangen. Der **Verzicht** kann sich auch durch konkludentes Verhalten, namentlich durch Gewährung von Zahlungserleichterungen (s. mp 2005, 31 ff.) oder *längeres* Zuwarten mit der Kündigung trotz **Entgegennahme der ausstehenden Mietzinszahlungen** ergeben (vgl. aber BGE 119 II 232 E. 3). Eine Zahlungsverzugskündigung ein Jahr nach der Androhung braucht der Mieter jedenfalls nicht hinzunehmen (mp 1994, 33 ff.). Für das Kündigungsrecht krit. dürfte bei Fehlen besonderer Umstände bereits ein wesentlich kürzerer Zeitraum nach Ablauf der Nachfrist und nachträglicher Bezahlung des Mietzinses sein (vgl. ZK-Higi, N 46; CHK-Heinrich, N 11b; Hulliger, MRA 2012, 72; zu streng Guhl/Koller/Schnyder/Druey, 438, die nach Ablauf der Zahlungsfrist nur eine Kündigung auf den nächstmöglichen ausserordentlichen Termin zulassen). Das BGer liess bereits eine Kündigung erst drei Wochen nach Ablauf der Zahlungsfrist nur mehr knapp genügen (BGer, 25.11.2008, 4A_366/2008, E. 4: «Cette inaction est longue et elle correspond probablement à la limite de ce qui peut être admis, au regard des règles de la bonne foi.»). Umgekehrt verliert der Vermieter den Ausweisungsanspruch nicht, wenn er dem Mieter einen Aufschub unter der Bedingung gewährt, dass die rückständigen Mieten bis zu einem bestimmten Termin bezahlt werden (BGer, 28.7.2004, 4C.118/2004 = mp 2005, 37 ff.). 7

Die ausserordentliche Kündigung infolge Zahlungsrückstands des Mieters ist eine fristlose, d.h. der Vermieter hat weder eine Kündigungsfrist noch einen Kündigungstermin zu beachten. Bei der Miete von **Wohn- und Geschäftsräumen** (Art. 253a) ist aber eine zwingende minimale Kündigungsfrist von **30 Tagen**, verbunden mit dem zwingenden **Kündigungstermin** auf das Ende eines Monats vorgeschrieben (vgl. dazu auch N 12). Auch für diese ausserordentliche Kündigung ist das **amtliche Formular** gem. Art. 266*l* Abs. 2 zu verwenden und 8 die Zustellung an Ehegatten hat separat zu erfolgen (Art. 266n). Für den Empfang der Kündigungserklärung gelten die besonderen Regeln betreffend des Zugangs der Kündigungsandrohung nicht (BGE 118 II 42; vgl. Art. 266a N 1d; zum Beginn der Anfechtungsfrist s. Art 273 N 3a; zur Anfechtung vgl. N 10).

9 Erfüllt die Kündigung eine der genannten Voraussetzungen nicht, so ist sie nach richtiger Ansicht von allem Anfang an **nichtig**. Immerhin gelangt für den Fall eines zu frühen Termins Art. 266a Abs. 2 zur Anwendung (gl.M. ZK-Higi, Art. 266a N 48; CR CO I-Lachat, N 9; CHK-Heinrich, N 15). Die Nichtigkeitsfolge gilt unabhängig von der Art der vermieteten Sache (BGE 121 III 156; Guhl/Koller/Schnyder/Druey, 438; Eiholzer, 325 ff.; Gmür, 7 ff.; Futterlieb, MRA 1995, 87 ff.; Zihlmann, 60; ZK-Higi, N 47 und 57; Lachat et al.-Spirig, 537 f.; vgl. auch Calamo, 315). Anderer Meinung war das BGer noch in BGE 119 II 147 E. 4, wo es zumindest eine zu früh erfolgte Kündigung bei der Miete von Wohn- und Geschäftsräumen nur als anfechtbar betrachtete. Diese Auffassung trug der Unterscheidung zwischen einer Kündigung ohne jegliche Berechtigung und einer Kündigung, die trotz formeller Zulässigkeit in treuwidriger Weise eingesetzt wird, nicht genügend Rechnung (vgl. dazu Art. 266a N 1 ff. und Art. 266o N 2 ff.). Zur *Geltendmachung* der Nichtigkeit bei der Miete von Wohn- und Geschäftsräumen s. Art. 273 N 6.

10 Bei der Miete von *Wohn- und Geschäftsräumen* kommt überdies eine **Anfechtung** i.S. der Art. 271 f. in Frage (s. Art. 273 N 6; BGer, 1.7.2003, 4C.88/2003, E. 4 = MRA 2004, 53 ff.). Anfechtbar ist z.B. regelmässig eine Kündigung, welche auf eine *materiell unberechtigte Hinterlegung* des Mietzinses durch den *gutgläubigen* Mieter hin erfolgt, denn in diesem Falle besteht zwar materiell ein Zahlungsrückstand i.S.v. Art. 257d, nicht aber ein relevantes Vermieterinteresse an der Auflösung des Mietverhältnisses (vgl. Art. 259g N 14; s. BGE 125 III 120 E. 2b, wonach gar die *Zahlungsfiktion* von Art. 259g Abs. 2 eintritt, was zur *Nichtigkeit* der Kündigung führen würde; CHK-Heinrich, N 6; KUKO OR-Blumer, N 5; SVIT-Komm., Art. 257d N 21 sowie Art. 259g N 24 ff. [allerdings mit dem Vorbehalt, dass die formellen Hinterlegungsvoraussetzungen eingehalten sein müssten]; zu den Ausnahmefällen vgl. ZK-Higi, N 18; **a.M.** Züst, Diss., 304; Wey, 109). Bei bösgläubiger Hinterlegung ist die Kündigung dagegen gültig (BGer, 3.4.2012, 4A_739/2011, E. 4). Anfechtbar ist eine Kündigung, wenn der Vermieter einen Zahlungsrückstand von CHF 1375 moniert, den Mieter um Prüfung desselben bittet und hernach kündigt, obwohl der Ausstand in Tat und Wahrheit nur CHF 286 beträgt (BGE 120 II 32; vgl. auch AmtlBull NR vom 15.3.89, 480). Gleiches gilt für eine Kündigung trotz einer nur wenige Tage verspäteten Zahlung oder erst lange Zeit nach Ablauf der Nachfrist, obwohl der Rückstand inzwischen ausgeglichen ist (vgl. BGer, 23.9.2003, 4C.65/2003, E. 4.2.1). Der zitierte Fall liefert ein weiteres Beispiel: In einer Wohnung in Genf war ein Wasserschaden mit weitreichenden Auswirkungen entstanden. Die Mieterin hatte schriftlich ein beziffertes Begehren um Mietzinsreduktion gestellt und nach ausgebliebener Antwort und monatelang erduldetem Mangel zwei Monatsmieten nicht mehr bezahlt. Die Vermieterin griff zur Kündigungsandrohung. Erst im Anschluss daran beantwortete sie die Anfrage der Mieterin und unterbreitete ihr ein Angebot ihrer Versicherung. Kurz danach sprach sie die Kündigung aus (a.a.O., E. 4.2.2; ganz ähnlich das BGer, 24.10.2005, 4C.173/2005). Beruht der Zahlungsrückstand auf einer Nebenkostenabrechnung, kann sich die Treuwidrigkeit auch daraus ergeben, dass der Mieter im Zeitpunkt der Kündigung trotz entsprechenden Begehrens die ihm zustehenden Aufschlüsse über die Abrechnung nicht erhalten hat, und zwar selbst wenn sich später herausstellt, dass die Abrechnung betragsmässig korrekt war (BGE 140 III 591 E. 3.2; **a.M.** Hulliger, MRA 2012, 67). Nicht schützenswert ist demgegenüber der Mieter, der bei einer bestrittenen Nebenkostenabrechnung auch den Teil nicht bezahlt, den er gegenüber dem Vermieter anerkannt hat (BGer, 25.11.2008, 4A_366/2008, E. 3; 1.10.2010, 4A_325/2010, E. 5) und auch derjenige, der nur die Hälfte eines Nebenkostensaldos zu seinen Lasten bezahlt, ohne je einen konkreten Einwand gegen die Richtigkeit der Abrechnung zu erheben. Zu recht liess das BGer hier auch das Argument der Mieterseite nicht gelten, der Ausstand betrage lediglich CHF 164.60 (BGE 140 III 591 E. 2 und 3.2).

Die Sperrfristen gem. Art. 271a Abs. 1 lit. d und e gelten aufgrund von Art. 271a Abs. 3 lit. b im Falle der Kündigung nach Art. 257d nicht. Zur möglichen Auslösung einer Sperrfrist durch Ungültigerklärung einer Zahlungsverzugskündigung s. Art. 271–271a N 27. Zum Rechtsschutz in klaren Fällen und zur Abschaffung der bis Ende 2010 zulässigen Kombination von Anfechtungs- und Ausweisungsverfahren vgl. Vor Art. 253 N 21.

Die **Umdeutung** einer ausserordentlichen Kündigung in eine ordentliche – nach den Regeln über die modifizierte Teilnichtigkeit – ist grundsätzlich nicht möglich, da die ordentliche Kündigung als Gestaltungsrecht nur von Bedingungen abhängen darf, die allein im Machtbereich des Empfängers liegen. Muss über die ausserordentlichen Gründe zuerst entschieden werden, bevor eine ordentliche Kündigung auch nur in Betracht kommt, ist diese Voraussetzung nicht erfüllt, denn der Mieter bliebe sonst nicht nur bezüglich des Termins, sondern auch bezüglich weiterer Folgen der Kündigung bis zum Entscheid im Ungewissen, namentlich was die Frage der Erstreckbarkeit des Mietverhältnisses oder der Zuständigkeit der Ausweisungsbehörde betrifft (vgl. ZK-Higi, Art. 257f N 72 und Art. 266g N 16; SVIT-Komm., Art. 257f N 53; Weber, Diss., 174; ebenso BGE 123 III 124 E. 3d; 135 III 441 E. 3.3 = Pra 2010 Nr. 30). Eine scheinbare Ausnahme gilt nur dann, wenn die vorzeitige Kündigung nicht weiter begründet wird, denn diese ist als ausserordentliche Kündigung nicht erkennbar und daher als ordentliche zu betrachten (vgl. Art. 266*l* N 5; Gmür, 11). Ausserdem reicht der Umdeutungsausschluss nicht weiter als die Gebote der Klarheit, der Unbedingtheit und der Unwiderruflichkeit bei der Ausübung von Gestaltungsrechten. Im Lichte von Art. 18 schadet daher eine falsch bezeichnete rechtliche Grundlage dem Kündigenden dann nicht, wenn er gestützt auf einen klar umschriebenen Sachverhalt eine ausserordentliche Kündigung ausspricht (BGE 123 III 124 E. 3d). Im konkreten Fall schützte das BGer ein Ausweisungsbegehren des Vermieters, der wegen Unterlassung der Ablösung eines Bauhandwerkerpfandrechts eine Kündigung nach Art. 257f OR ausgesprochen hatte. Zur Begründung führte es aus, im Zeitpunkt des Ausweisungsentscheides habe sich der Mieter im Schuldnerverzug befunden. Das Rücktrittsrecht nach Art. 107 ff. sei im Dauerschuldverhältnis auf dem Wege einer Kündigung geltend zu machen. Für deren Modalitäten kämen die Auflösungsvoraussetzungen von Art. 257d oder Art. 266g in Betracht. Da diese in jedem Fall zur Zeit der Erklärung des Vermieters erfüllt gewesen seien, bestehe der Ausweisungsanspruch des Vermieters unabhängig von der anwendbaren Norm (BGE a.a.O.; s.a. BGE 132 III 109 E. 5; vgl. zur Favorisierung von Art. 266g s. Rohrer, MRA 2005, 51 ff.; mit Recht krit. zur Anwendung der Verzugsregelung auch Blumer, SPR VII/3, Rz 789). Für möglich erachtet das BGer bei entsprechend klarer Formulierung anscheinend auch die Aussprechung einer subsidiären ordentlichen Kündigung für den Fall, dass sich eine ausserordentliche als ungültig erweisen sollte (BGE 137 III 389 E. 8.4 = Pra 2012 Nr. 6). Dies ist problematisch, denn eine solche subsidiäre Kündigung hängt von einer Bedingung ab, die nicht allein im Machtbereich des Empfängers liegt. 11

Mangelt es an einer Kündigungsberechtigung *unter dem tatsächlich angerufenen Titel*, bleibt die Kündigung wirkungslos (ZK-Higi, Art. 266a N 44; Lachat et al.-Spirig, 537 f.). Art. 257d ist lex specialis zu Art. 257f und 266g; sind die Voraussetzungen von Art. 257d nicht erfüllt, kommt daher auch eine Umdeutung in eine andere ausserordentliche Kündigung nicht in Frage (vgl. Art. 257f N 9).

Die **Erstreckung** eines wegen Zahlungsrückstands des Mieters gekündigten Mietverhältnisses ist ausgeschlossen (vgl. Art. 272a Abs. 1 lit. a). Selbst wenn der Vermieter trotz gegebener Voraussetzungen von Art. 257d eine ordentliche Kündigung ausspricht, kann er sich auf den Erstreckungsausschlussgrund berufen (BGE 117 II 415). Das ist namentlich dort von Bedeutung, wo das Gesetz für die ordentliche Kündigung eine kürzere Frist vorsieht als für die ausserordentliche, wie bei der Vermietung einzelner Zimmer nach Art. 266e. 12

III. Rechtsfolgen der Zahlungsverzugskündigung

13 Auf den Kündigungstermin hin hat der Mieter die Sache zurückzugeben. Da ein Tatbestand der Vertragsverletzung vorliegt, hat der Mieter nicht nur sämtliche rückständigen Mieten zu bezahlen, sondern den Vermieter auch im Umfang des **positiven Interesses** schadlos zu halten (gl. BGE 127 III 548 E. 5; SVIT-Komm., N 45; ZK-HIGI, N 62 f.; LACHAT, bail à loyer, 674; GUHL/KOLLER/SCHNYDER/DRUEY, 437; CHK-HEINRICH, N 16; **a.M.** BK-GIGER, Grundsatzanalyse, N 122 und 128: Anwendung von Art. 102 ff. auf die Rechtsfolgen der Kündigung). Massgebend ist bei der Berechnung des Mietzinsausfalls der Zeitpunkt, auf den der Mieter erstmals ordentlich hätte kündigen können. Für die Schadenersatzbemessung kommen die allgemeinen Regeln zum Zuge. Als Folge der Schadenminderungspflicht hat sich der Vermieter *nach Rückgabe der Sache* um die Weitervermietung zu bemühen, wie das BGer grundsätzlich zu Recht festhielt (BGE 127 III 548 E. 5 und 6). Der genannte Entscheid bedarf jedoch einer Präzisierung: Im fraglichen Fall hatten die Mieter die Sache beim Mietbeginn gar nicht erst übernommen. Soweit sich dies dem Sachverhalt entnehmen lässt, war dem Vermieter von Anfang an klar, dass sie auf ihr Gebrauchsrecht definitiv verzichteten. Damit kommen aber die Regeln über die vorzeitige Rückgabe der Sache (Art. 264) zur Anwendung. Danach hängt die Befreiung des Mieters zwar grundsätzlich von der Nennung eines Ersatzmieters ab. Auch der Vermieter hat aber im Rahmen von Art. 264 Abs. 3 lit. b Weitervermietungsbemühungen zu unternehmen, sobald ihm klar wird, dass der Mieter keinen Ersatzmieter stellt (dazu Art. 264 N 10). Der kantonalen Vorinstanz wäre daher aufzutragen gewesen, auch die entsprechenden Anstrengungen des Vermieters *vor dem Kündigungstermin* in ihre Würdigung einzubeziehen.

14 Verzichtet der Vermieter nach erfolgter ausserordentlicher Kündigung auf die Rückgabe der Mietsache, so ist abzuklären, ob ein **stillschweigender Abschluss eines neuen Mietvertrages** vorliegt (SVIT-Komm., N 46). Selbst bei nachträglichen Zahlungen ist hingegen ein solcher konkludenter Vertragsschluss nicht ohne weiteres zu bejahen (BGE 119 II 241). Zu beachten ist namentlich, dass der Vermieter, der Zahlungen über den Kündigungstermin hinaus entgegennimmt, für die Dauer des unrechtmässigen Verbleibs des Mieters einen im Zweifel der Höhe des Mietzinses entsprechenden Schadenersatzanspruch hat. *Schlüssiges* Indiz für einen neuen Vertrag ist daher nur die Entgegennahme von regelmässigen Zinszahlungen oder gar Vorauszahlungen *nach Begleichung aller Rückstände*.

IV. Schleppende Mietzinszahlung

15 Art. 257d ist kein Instrument zur schleppenden Mietzinszahlung. Lässt sich der Mieter andauernd nur mittels Kündigungsdrohung zur Zahlung des Mietzinses bewegen, ist auch bei der Miete von Wohn- und Geschäftsräumen eine ordentliche Kündigung möglich (BGE 119 II 232 E. 3; vgl. für das Problem fester, befristeter und erstreckter Mietverträge Art. 266g N 3 f. sowie ZK-HIGI, N 30).

Art. 257*e*

II. Sicherheiten durch den Mieter

[1] Leistet der Mieter von Wohn- oder Geschäftsräumen eine Sicherheit in Geld oder in Wertpapieren, so muss der Vermieter sie bei einer Bank auf einem Sparkonto oder einem Depot, das auf den Namen des Mieters lautet, hinterlegen.

[2] Bei der Miete von Wohnräumen darf der Vermieter höchstens drei Monatszinse als Sicherheit verlangen.

[3] Die Bank darf die Sicherheit nur mit Zustimmung beider Parteien oder gestützt auf einen rechtskräftigen Zahlungsbefehl oder auf ein rechtskräftiges Gerichtsurteil herausgeben. Hat der Vermieter innert einem Jahr nach Beendigung des Mietverhältnisses keinen Anspruch gegenüber dem Mieter

rechtlich geltend gemacht, so kann dieser von der Bank die Rückerstattung der Sicherheit verlangen.

4 Die Kantone können ergänzende Bestimmungen erlassen.

II. Sûretés fournies par le locataire

1 Si le locataire d'habitations ou de locaux commerciaux fournit des sûretés en espèces ou sous forme de papiers-valeurs, le bailleur doit les déposer auprès d'une banque, sur un compte d'épargne ou de dépôt au nom du locataire.

2 Lorsqu'il s'agit de baux d'habitations, le bailleur ne peut exiger des sûretés dont le montant dépasse trois mois de loyer.

3 La banque ne peut restituer les sûretés qu'avec l'accord des deux parties ou sur la base d'un commandement de payer non frappé d'opposition ou d'un jugement exécutoire. Si, dans l'année qui suit la fin du bail, le bailleur n'a fait valoir aucune prétention contre le locataire dans le cadre d'une procédure judiciaire ou d'une poursuite pour dettes ou d'une faillite, celui-ci peut exiger de la banque la restitution des sûretés.

4 Les cantons peuvent édicter des dispositions complémentaires.

II. Garanzie prestate dal conduttore

1 Se il conduttore di locali d'abitazione o commerciali presta una garanzia in denaro o in cartevalori, il locatore deve depositarla presso una banca, su un conto di risparmio o di deposito intestato al conduttore.

2 Per la locazione di locali d'abitazione, il locatore non può pretendere una garanzia che superi l'equivalente di tre pigioni mensili.

3 La banca può devolvere la garanzia soltanto con il consenso di entrambe le parti o sulla base di un precetto esecutivo o di una sentenza passati in giudicato. Se entro un anno dalla fine della locazione il locatore non ha fatto valere giuridicamente diritto alcuno contro il conduttore, questi può pretendere dalla banca che la garanzia gli sia devoluta.

4 I Cantoni possono emanare disposizioni complementari.

Literatur

Braconi, L'exécution forcée des créances pécuniaires et en prestation de sûretés en matière de bail, 16e séminaire sur le droit du bail, Neuchâtel 2010; Foëx, Les sûretés et le bail à loyer, 12e séminaire sur le droit du bail, Neuchâtel 2002; Gilliéron, Bailleur et locataire d'une chose immobilière dans l'exécution forcée, 7e séminaire sur le droit du bail, Neuchâtel 1992; Higi, Kommentar zu BGE 127 III 273, AJP 2002, 85 ff.; Jacques, La libération des garanties locatives de l'art. 257e CO, JdT 2007 II 90 ff.; Jeandin, L'insolvabilité en relation avec les contrats de bail et de travail, ZSR 2005, 189 ff.; Jeanneret/Hari, Contrat de bail et insolvabilité du bailleur ou du locataire, JdT 2007 II 21 ff.; Stoll, Sicherheitsleistungen der Mieterschaft vor dem Hintergrund kantonalrechtlicher Bestimmungen, mp 2007, 65 ff.; vgl. ferner die Literatur- und Materialienhinweise bei den Vorbem. zu Art. 253–273c.

I. Zweck, Anwendungsbereich und Charakter der Norm

Die vom Mieter gestützt auf eine **besondere Abrede** mit dem Vermieter gestellte Sicherheit in Geld oder Wertpapieren, auch **Kaution oder Depot** genannt (vgl. Lachat et al.-Wyttenbach, 261), deckt im Zweifel sämtliche Ansprüche des Vermieters aus dem Mietverhältnis (SVIT-Komm., N 11; ZK-Higi, N 7). BGE 129 III 360 nimmt zu Recht eine Deckung auch der Schadenersatzansprüche aus einer unterlassenen Sachrückgabe nach Auflösung des Mietverhältnisses an. Die Sicherheit kann Real- oder Personalsicherheit sein. 1

Das Gesetz befasst sich mit den Sicherheiten nur auf dem Gebiet der **Wohn- und Geschäftsraummiete** (SVIT-Komm., N 9) und zudem nur, soweit sie **in Geld oder in Wertpapieren** geleistet werden. Keine Anwendung findet die Bestimmung daher etwa auf eine Sicherheitsleistung in Form von Investitionen des Mieters ins Mietobjekt oder in Form einer Bürgschaft oder eines Pfandrechts (vgl. dazu BGer, 4.9.2002, 4C.1/2002; 6.10.2003, 4C.154/2003 = MRA 2004, 21 ff.). Gewisse Erscheinungen, wie etwa die Mietkautionsversicherung, können allerdings ein missbräuchliches Koppelungsgeschäft nach Art. 254 darstellen (Art. 254 N 3b). 2

2a Ratio legis ist der Schutz des Mieters vor übermässigen Sicherheitsleistungen und vor Verlust seines Rückforderungsanspruchs im Falle des Konkurses des Vermieters. Die Bestimmung ist **zwingender Natur** (ZK-Higi, N 4).

II. Sicherheitsleistung in Geld oder Wertpapieren bei der Wohn- oder Geschäftsraummiete (Abs. 1)

3 Vereinbaren die Parteien eine Sicherheitsleistung in Geld oder in Wertpapieren des Mieters, so verpflichtet das Gesetz den Vermieter, die Sicherheit unverzüglich bei einer **Bank** auf einem **Sparkonto** oder auf einem **Depot**, das auf den Namen des Mieters lautet, zu hinterlegen (Lachat et al.-Wyttenbach, 264). Implizit ergibt sich aus dieser Regelung zwingend ein Anspruch des Mieters auf Verzinsung von hinterlegtem Geld (ZK-Higi, N 31 f.).

4 Rechtlich handelt es sich bei der vorliegenden Art der Sicherstellung um eine **Hinterlegung** ***sicherheitshalber*** bei einem Dritten unter Einräumung eines Pfandrechtes (an den Wertpapieren oder an der Forderung des Mieters auf Rückerstattung, vgl. Art. 884 Abs. 3 und Art. 900 ZGB) an den Vermieter (ZK-Higi, N 24 f.; vgl. auch Pietruszak, AJP 2001, 1231 f.). Dem Sicherungszweck entsprechend sind die Regeln des Hinterlegungsvertrages aber nur sehr beschränkt anwendbar (zutreffend Futterlieb, MRA 2001, 11 ff.).

4a Wie jede Verpflichtung zur Leistung einer Sicherheit ist auch die Sicherheit i.S. der vorliegenden Bestimmung auf dem Wege der **Betreibung auf Sicherheitsleistung**, gestützt auf das SchKG, zu vollstrecken (BGE 129 III 193). Im Anschluss an die Pfändung wird die Leistung des Mieters vom Betreibungsamt hinterlegt. Dieses hat die vom Vermieter bezeichnete Bank als Hinterlegungsstelle zu wählen.

5 Die **Bestimmung der Bank** ist nach der unglücklichen, aber klaren Formulierung des Gesetzes von Bundesrechts wegen Sache des Vermieters (SVIT-Komm., N 14; ZK-Higi, N 26; Lachat et al.-Wyttenbach, 264). Dieser ist indessen auch verpflichtet, für eine **korrekte Hinterlegung** zu sorgen und dem Mieter den Namen der Bank anzugeben (ZK-Higi, N 29). Weigert er sich, so ist anzunehmen, er mache von seinem Wahlrecht keinen Gebrauch und sei an einer korrekten Hinterlegung nicht interessiert. Der Mieter kann diesfalls selbst einen Hinterlegungsvertrag mit der Bank abschliessen, die Sicherheit hinterlegen und die grundlos gewordene Zahlung an den Vermieter mit künftigen Mietzinsen **verrechnen**. Mehr noch: Das Verrechnungsrecht steht dem Mieter bereits zu, wenn er den Vermieter bezüglich der korrekten Hinterlegung in Verzug gesetzt hat (Lachat et al.-Wyttenbach, 265; Guhl/Koller/Schnyder/Druey, 440; Weber, Diss., 134; SVIT-Komm., N 16 und 18; CHK-Heinrich N 6; KUKO OR-Blumer, N 9; CPra Bail-Marchand, N 23; Blumer, SPR VII/3, Rz 774; vgl. BGE 127 III 273 E. 4c/bb; Higi, AJP 2002, 87). Die Sicherheitsleistung kann jedoch nicht einfach als vorausbezahlter Mietzins behandelt werden, denn die Kaution behält trotz des vertragswidrigen Verhaltens des Vermieters den Zweck, dem sie gewidmet ist (BGer, 30.5.2002, 4C.67/2002, E. 3c; vgl. Art. 257d N 3). Zu den strafrechtlichen Konsequenzen der Vertragsverletzung für den Vermieter (Veruntreuung) vgl. SVIT-Komm., N 16 sowie BGE 101 IV 213.

6 Da die Sicherheit auf den Namen des Mieters lautet und damit dessen Vermögen zuzurechnen ist, wird sie vom **Konkurs des Vermieters** nicht berührt. Zum gleichen Ergebnis führt Art. 261, der bei der Zwangsverwertung der Mietsache den gesetzlichen Übergang des Mietvertrages anordnet. Im Konkurs des Mieters ist der Vermieter durch sein Pfandrecht an der Sicherheit privilegiert (ZK-Higi, N 24).

6a *Anders* verhält es sich nach der Rsp. des BGer, wenn der Vermieter in Konkurs fällt, nachdem er das Mietzinsdepot in gesetzwidriger Weise **nicht auf einem Sparkonto hinterlegt** hat. Da der Anspruch auf korrekte Errichtung des Depots vor der Konkurseröffnung entstanden sei, könne der Mieter gem. Art. 213 Abs. 2 Ziff. 2 SchKG den von ihm geleisteten Betrag nicht mit den nach der Konkurseröffnung entstandenen Mietzinsschulden verrechnen. Ein Aussonderungsrecht des Mieters komme nicht in Betracht, weil der Vermieter zufolge Vermischung der Gelder deren Eigentümer geworden sei und weder das Recht der Hinterlegung noch das Auftragsrecht ihm ein solches Recht verschaffen könne. Art. 261 OR ändere daran nichts. Zwar dauere der Mietvertrag gemäss dieser Bestimmung nach der Konkurseröffnung auch ohne Vertragseintritt der Konkursverwaltung i.S.v. Art. 211 Abs. 2 SchKG fort. Vertragspartner des Mieters bleibe aber formell der Schuldner, während die Konkursmasse «nicht eigentlich» in den Mietvertrag eintrete. Da aber die Vermieterin mit Eröffnung des Konkurses über das Mietobjekt nicht mehr verfügungsberechtigt sei, müsse der Erfüllungsanspruch als Masseschuld der Konkursverwaltung gegenüber geltend gemacht werden. Da das Mietverhältnis in der Folge auch auf einen Erwerber übergehe, müsse es dem Mieter zwar gestattet sein, die entsprechenden Vermieterpflichten auch bereits der Konkursmasse gegenüber geltend zu machen. Indessen könne der Mieter nicht alle Ansprüche, die er gegen den ehemaligen Vermieter besessen habe, auch gegen den Übernehmer geltend machen. Der Hinterlegungsanspruch richte sich gegen denjenigen Vermieter, dem der Mieter das Geld anvertraut habe. Dies sei durchaus gerechtfertigt, weil der Mieter die gesetzeskonforme Hinterlegung sofort zu fordern berechtigt sei und es nicht der Übernehmer zu vertreten habe, wenn der Mieter sich darum nicht gekümmert habe. Immerhin könne der Erwerber der Sache den Mieter nicht erneut zur Leistung des Depots anhalten, sondern müsse sich mit dem Veräusserer auseinandersetzen. Ob anders zu entscheiden wäre, wenn der Vermieter innerhalb des ihm für die korrekte Depoterrichtung zuzubilligenden Zeitraums in Konkurs falle, könne offen bleiben. Keine Rolle spiele auch, dass der Anspruch des Mieters auf Freigabe des Depots erst beim Mietende entstehe (BGE 127 III 273; ebenso SVIT-Komm., N 16).

Der Entscheid *überzeugt nicht*. Man muss sich fragen, ob angesichts des klaren Wortlauts von Art. 261 der Fortbestand einer krass verletzten Vermieterpflicht danach beurteilt werden kann, wie rasch sich der Mieter um die Wahrung seiner – offenbar auch nach Meinung des BGer nicht in allen Fällen vom Übergang der Rechte und Pflichten aus dem Mietvertrag auf den Erwerber ausgeschlossenen – Rechte kümmert. Gleich zu Mietbeginn findet sich der Mieter dadurch in der unangenehmen Situation, dem Vermieter sein Misstrauen kundtun zu müssen (so auch Higi, AJP 2002, 88; Wyttenbach, mp 2011, 11; feinfühliger diesbezüglich BGE 113 II 25 und 135 III 537 E. 2.2, zum Nachmessen der Grösse des Mietobjekts). Widersprüchlich scheint sodann die Erwägung, der Mieter müsse dem Erwerber das Depot kein zweites Mal leisten, obwohl es im Mietvertrag doch nach wie vor verankert ist und gerade bei Beendigung der Miete seine besondere Bedeutung hat. Könnte man dies noch damit erklären, dass der Mieter seine vertragliche Pflicht erfüllt habe, mutet sibyllinisch der bundesgerichtliche Hinweis an, der Erwerber müsse sich diesbezüglich mit dem Veräusserer auseinandersetzen. Mit welchen Konsequenzen bei der Auflösung der Miete? Gilt dann das Depot gleichwohl und selbst dann als vom Mieter geleistet, wenn der Veräusserer zur Erstattung des Empfangenen an den Erwerber nicht in der Lage ist? Anscheinend nicht. Schützen will das BGer schliesslich den *Erwerber* der Sache vor der Nachlässigkeit des Mieters: Genau genommen bedarf der Erwerber des gerichtlichen Schutzes aber gar nicht: Bestünde die Verpflichtung zur korrekten Depoterrichtung fort, so würde sich dies auf den Marktwert der Sache und damit auf den Steigerungspreis auswirken. Geschützt werden mit dem Entscheid entgegen der Meinung des BGer damit letztlich die *anderen Gläubiger* des Vermieters, **denen Art. 257e das vom Mieter Geleistete doch gerade vorenthalten soll** (problematisch daher Pietruszak, AJP 2001, 1229 u., sowie Giavarini, MRA 2002, 89 f.). Dass gemäss einem Teil der Lehre die Zuordnung der verschiedenen Obligationen aus dem Mietverhältnis nach Art. 261 auf den Stichtag der Eigentumsübertragung hin vorzunehmen sein soll (Guhl/Koller/Schnyder/Druey, 417 f.), lässt sich mit der genannten Bestimmung nicht vereinbaren (vgl. Art. 261 N 4). Abgesehen davon könnte das höchstens für periodische Leistungen, keinesfalls aber für andere Ansprüche gelten, wie etwa den unteilbaren Anspruch auf Reparatur der defekten Mietsache oder eben auf korrekte Depoterrichtung (vgl. SVIT-Komm., Art. 261–261a N 9; berechtigt daher die Zweifel von GUHL/KOLLER/SCHNYDER/DRUEY, a.a.O., an BJM 1998, 310; vgl. sodann ZK-HIGI, Art. 261 OR N 22; krit. zum BGE auch GASSER, ZBJV 2002, 272 ff.; zustimmend jedoch PIETRUSZAK, AJP 2001, 1228 ff.; KUKO OR-BLUMER, N 7).

III. Die maximale Höhe der Sicherheit bei der Miete von Wohnräumen gemäss Abs. 2

7 Die Höhe der Sicherheit bei der Miete von **Wohnräumen** wird zwingend auf maximal **drei Monatszinsen** begrenzt. Unter Monatszinsen sind Mietzinse einschliesslich **Nebenkosten** zu verstehen (SVIT-Komm., N 19; Lachat et al.-WYTTENBACH, 262 f.; PERMANN, N 5; vgl. dazu Art. 257 N 1 und Art. 257a N 7). Diese summenmässige Begrenzung bezieht sich nur auf Sicherheiten in Geld oder Wertpapieren (SVIT-Komm., N 20). Kautionen für **Geschäftsraummietverhältnisse** sind unbegrenzt zulässig.

8 Eine vertragliche Abrede, wonach die Sicherheit entsprechend den späteren **Erhöhungen** des Mietzinses vom Mieter zu ergänzen ist, ist unzulässig, da Vertragsänderungen ohne Gegenleistung bei Wohn- und Geschäftsräumen nur auf dem Wege der Formularmitteilung möglich sind (ähnlich Lachat et al.-WYTTENBACH, 265; LACHAT, bail à loyer, 359 f. [Klausel ist zwar zulässig, bedarf bei der Ausschöpfung aber der Verwendung des amtlichen Formulars]; **a.M.** SVIT-Komm., N 19; KUKO OR-BLUMER, N 6). Materiell hängt die Zulässigkeit der Änderung von der Existenz eines berechtigten Interesses des Vermieters ab; ein solches kann in der Verschlechterung der Solvenz des Mieters oder der Feststellung des unsorgfältigen Gebrauchs der Mietsache liegen (SVIT-Komm., N 10; CHK-HEINRICH N 2; PERMANN, N 2; CdB 1997, 52; ähnlich auch noch ZK-HIGI, N 8 und 34, **a.M.** aber Art. 269d N 58, wonach überhaupt keine nachträgliche Einforderung oder Erhöhung möglich ist; ebenso KUKO OR-BLUMER, N 6; vgl. dazu – insb. zur Position des BGer – Art. 269d N 10 f.).

Nach dem klaren Gesetzeswortlaut erweitern die Sparzinsen oder Wertschriftenerträge keinesfalls die Sicherheit, wie ein Teil der Lehre annimmt. Deshalb kann der Mieter Sparzinsen, Dividenden und dergleichen grundsätzlich jederzeit beanspruchen (KUKO OR-BLUMER, N 10; **a.M.** SVIT-Komm., N 19; ZK-HIGI, N 31; CHK-HEINRICH N 9; wie hier immerhin für Wertschriftenerträge SVIT-Komm., N 19; ZK-HIGI, N 32).

IV. Die Herausgabe der Sicherheit nach Abs. 3

9 Die Herausgabe der Sicherheit kann nur aufgrund einer Parteivereinbarung, eines rechtskräftigen **Zahlungsbefehls** oder **Urteils** oder dann erfolgen, wenn der Vermieter innert Jahresfrist seit Beendigung des Mietverhältnisses keinen Anspruch rechtlich geltend gemacht hat.

10 Ein «rechtskräftiger» **Zahlungsbefehl** liegt vor, wenn der Mieter dagegen innert Frist keinen Rechtsvorschlag erhoben hat. Es genügt, dass aus dem Zahlungsbefehl der mietrechtliche Charakter der Forderung hervorgeht (CHK-HEINRICH, N 11). Eine definitive Rechtsöffnung setzt stets ein rechtskräftiges Urteil voraus; mithin erübrigt sich eine Berufung des Vermieters auf den Zahlungsbefehl. Wieder anders verhält es sich mit der provisorischen Rechtsöffnung, auf die keine Aberkennungsklage folgt: Hier bildet der Rechtsöffnungsentscheid den Titel für die Herausgabe (ZK-HIGI, N 40).

11 Unter **rechtlichem Vorgehen des Vermieters** ist Klageerhebung (dazu zuletzt BGE 118 II 487) oder Einreichung eines Betreibungsbegehrens zu verstehen. Es ist Sache des Vermieters, die Auszahlung an den Mieter durch den Nachweis des rechtlichen Vorgehens zuhanden der *Depotbank zu verhindern*, sobald ihn diese über das Herausgabebegehren des Mieters orientiert hat (ZK-HIGI, N 51); ansonsten ist diese **berechtigt und verpflichtet**, das Depositum nach Ablauf der Jahresfrist gegen Vorlage einer Kündigung oder eines Rückgabeprotokolls

an den Mieter herauszugeben. Der Mieter kann vor Ablauf der Jahresfrist auf Freigabe der Sicherheit klagen (SVIT-Komm., N 26).

V. Der Vorbehalt des ergänzenden kantonalen Rechts gemäss Abs. 4

Die Kantone können namentlich über **andere Formen** von Sicherheitsleistungen wie Bürgschaften, (direkte) Pfandbestellungen und Bankgarantien ergänzende Vorschriften erlassen (ZIHLMANN, 64; s. zu den bestehenden Regelungen SVIT-Komm., N 29). Denkbar sind überdies Normen des kantonalen Übertretungsstrafrechts zur Eindämmung von unzulässigen Sicherheitsforderungen. **12**

Kantonale Vorschriften, wonach nur gewisse Banken **am Ort der gelegenen Sache** zur Entgegennahme von Sicherheiten befugt wären, sind richtigerweise angesichts der relativ bescheidenen Beträge, die zur Diskussion stehen können, als unverhältnismässig abzulehnen (**a.M.** GUHL/KOLLER/SCHNYDER/DRUEY, 440). Ohnehin stellt sich die Frage, ob das Bundesrecht hier nicht gerade eine abschliessende Regelung i.S.v. Art. 5 ZGB trifft, da Art. 6 BGMM, welcher die Bezeichnung einer Hinterlegungsbank durch den Kanton vorsah, nicht Gesetz geworden ist (so ZK-HIGI, N 26 und 52). **13**

Art. 257*f*

III. Sorgfalt und Rücksichtnahme

1 Der Mieter muss die Sache sorgfältig gebrauchen.

2 Der Mieter einer unbeweglichen Sache muss auf Hausbewohner und Nachbarn Rücksicht nehmen.

3 Verletzt der Mieter trotz schriftlicher Mahnung des Vermieters seine Pflicht zu Sorgfalt oder Rücksichtnahme weiter, so dass dem Vermieter oder den Hausbewohnern die Fortsetzung des Mietverhältnisses nicht mehr zuzumuten ist, so kann der Vermieter fristlos, bei Wohn- und Geschäftsräumen mit einer Frist von mindestens 30 Tagen auf Ende eines Monats kündigen.

4 Der Vermieter von Wohn- oder Geschäftsräumen kann jedoch fristlos kündigen, wenn der Mieter vorsätzlich der Sache schweren Schaden zufügt.

III. Diligence et égards envers les voisins

1 Le locataire est tenu d'user de la chose avec le soin nécessaire.

2 S'il s'agit d'un immeuble, il est tenu d'avoir pour les personnes habitant la maison et les voisins les égards qui leur sont dus.

3 Lorsque le maintien du bail est devenu insupportable pour le bailleur ou les personnes habitant la maison parce que le locataire, nonobstant une protestation écrite du bailleur, persiste à enfreindre son devoir de diligence ou à manquer d'égards envers les voisins, le bailleur peut résilier le contrat avec effet immédiat; les baux d'habitations et de locaux commerciaux peuvent être résiliés moyennant un délai de congé minimum de 30 jours pour la fin d'un mois.

4 Les baux d'habitations et de locaux commerciaux peuvent toutefois être résiliés avec effet immédiat, si le locataire cause volontairement un préjudice grave à la chose.

III. Diligenza e riguardo per i vicini

1 Il conduttore è tenuto alla diligenza nell'uso della cosa locata.

2 Il conduttore di un immobile deve usare riguardo verso gli abitanti della casa e verso i vicini.

3 Qualora la continuazione del rapporto di locazione non possa più essere ragionevolmente imposta al locatore o agli abitanti della casa perché, nonostante diffida scritta del locatore, il conduttore persiste nel violare l'obbligo di diligenza o di riguardo per i vicini, il locatore può recedere dal contratto senza preavviso; nel caso di locazione di locali d'abitazione o commerciali, con preavviso di 30 giorni almeno per la fine di un mese.

[4] Il locatore di locali d'abitazione o commerciali può però recedere dal contratto senza preavviso se il conduttore deteriora intenzionalmente e gravemente la cosa.

Literatur

GOETSCHEL/BOLLIGER, Auswirkungen der neuen Rechtsstellung von Tieren auf das Mietrecht, mp 2003, 91 ff.; HIGI, Ausserordentliche Kündigung einer Miete von Geschäftsraum wegen vertragswidrigen Gebrauchs, AJP 2006, 882 ff.; KRAMER, Haftung des Automieters, AJP 1994, 639 ff.; MAAG, Die Bundesgerichtspraxis zur ausserordentlichen Kündigung nach Art. 257f OR bei Vertragsverletzung, MRA 2006, 127 ff.; PÜNTENER, Haustierhaltung in Mietwohnungen, mp 1999, 113 ff.; SIEGRIST, Les congés inefficaces, CdB 1996, 1 ff.; SPIRIG, Ausserordentliche Kündigungen ausserhalb des mietrechtlichen Katalogs, mp 2012, 1 ff.; WESSNER, Sorgfaltspflichten des Mieters von Wohn- und Geschäftsräumen, mp 2007, 127 ff. und 197 ff.; vgl. ferner die Literatur- und Materialienhinweise bei den Vorbem. zu Art. 253–273c.

I. Inhalt der Pflicht zu Sorgfalt und Rücksichtnahme gemäss Abs. 1 und 2

1 Jeder Mieter ist zu **sorgfältigem** Gebrauch verpflichtet, der Mieter einer *unbeweglichen Sache* zudem zur Rücksichtnahme gegenüber Nachbarn und Hausbewohnern. Die Sorgfaltspflicht ist Bestandteil des von der vorliegenden Bestimmung insgesamt anvisierten *vertragsgemässen Gebrauchs*, mithin des Gebrauchs im Rahmen des Vertrages bzw. des Verwendungszweckes der Sache (BGE 123 III 124; vgl. Art. 256 N 1 ff., insb. N 12; vgl. auch Art. 257g, 259, 260a, 262 und 267). **Vertragswidriger Gebrauch** liegt vor, wenn der Mieter einen Wasserhahn offen lässt und dadurch einen immensen Wasserverbrauch verschuldet (BGer, 25.10.2000, 4C.175/2000, E. 2), wenn er die Sache trotz berechtigter Zustimmungsverweigerung des Vermieters untervermietet (BGE 134 III 300 E. 3; 134 III 446; s.a. N 6 und Art. 262 N 4a) oder wenn er sie überbelegt (MRA 1996, 69 ff.), wenn er die Sache zweckwidrig verwendet (BGE 132 III 109; zur Duldung solchen Verhaltens s. BGer, 11.11.2009, 4A_413/2009), wenn er korrekt angekündigte Renovationsarbeiten des Vermieters hintertreibt (BGer, 20.2.2004, 4C.306/2003 = MRA 2004, 177 ff.), wenn er Störungen anderer Hausbewohner verursacht (ZMP 1996 Nr. 2; BGer in MRA 1997, 166 ff.; Pra 1998 Nr. 153; BGer, 18.6.2002, 4C.106/2002; 22.11.2005, 4C.273/2005, E. 2.1) oder diese gar bedroht (ZMP 1993 Nr. 29), tätlich angreift oder schwer gefährdet (BGE 103 II 333; vgl. SVIT-Komm., N 59 ff.). Zur Tierhaltung im Besonderen vgl. Art. 256 N 10 und Art. 272 N 10.

Keine Anwendung soll die Norm auf Fälle des Schuldnerverzuges nach Art. 107–109 finden (vgl. BGE 123 III 124 E. 2; vgl. dazu Art. 257d N 1a sowie Art. 266g N 1). Beim zitierten Entscheid ging es um die Verletzung der vertraglichen Pflicht, ein durch Bauarbeiten des Mieters initiiertes Bauhandwerkerpfandrecht abzulösen. Dies hätte jedoch durchaus als Anwendungsfall von Art. 257f betrachtet werden können (LACHAT, bail à loyer, 676; SPIRIG, mp 2012, 14 ff.). BLUMER kann dagegen einer solchen Kündigung keinen vernünftigen Zweck abgewinnen und rückt sie gar in die Nähe einer Rachekündigung, weil dem Vermieter damit bezüglich des Bauhandwerkerpfandrechts nicht geholfen sei (BLUMER, SPR VII/3, Rz 871). Dass das Kind in den Brunnen gefallen ist, ändert allerdings nichts an der Vertragsverletzung des Mieters. Vorbehalten bleibt immerhin der Fall, dass die Einbauten, die zum Bauhandwerkerpfandrecht geführt haben, objektiv einen Mehrwert in einem der Pfandbelastung vergleichbaren Ausmass geschaffen haben, für welchen dem Mieter ein Entschädigungsanspruch nach Art. 256 oder 260a zustünde. Diesfalls scheinen die Interessen des Vermieters schon durch Art. 110 Ziff. 1 hinreichend gewahrt, denn der Vermieter kann den Werklohnanspruch, in den er im Falle einer Zahlung zur Abwendung der Pfandverwertung subrogiert, mit seiner Entschädigungsschuld gegenüber dem Mieter verrechnen, so dass eine ausserordentliche oder womöglich selbst eine ordentliche Kündigung sich tatsächlich als nichtig (vgl. N 5 ff.) bzw. anfechtbar (Art. 271 f.) erweisen könnte. Zur schwankenden Rsp. bezüglich des Geltungsbereichs von Art. 257f s.a. N 9.

II. Die Folgen der Verletzung der Pflicht

1. Die Folgen im Allgemeinen

Vor Mietantritt kann der Vermieter dem Mieter gestützt auf Art. 82 die Übergabe der Sache verweigern und nach Art. 97 ff. vorgehen, wenn dieser von vornherein nicht gewillt oder fähig ist, seiner Pflicht zu vertragsmässigem und sorgfältigem Gebrauch nachzukommen. Nicht statthaft ist eine Berufung auf Art. 82 jedoch i.d.R. zur Durchsetzung einer blossen Nebenpflicht (BGer, 11.10.2012, 4A_308/2012, E. 2.5). *Nach Mietantritt* kann sich der Vermieter gegenüber dem Mieter, der seine Sorgfaltspflicht verletzt, ebenfalls auf Art. 97 ff. berufen und auf vertragsgemässe Benützung, Unterlassung von Störungen und Schadenersatz klagen (ZK-Higi, N 43 ff.). **2**

Der Mieter haftet für eigenes Verhalten und gestützt auf Art. 101 für **Hilfspersonen**, Hausgenossen und Angestellte, welche die Mietsache gebrauchen (BGE 103 II 333; 98 II 290; 91 II 294; ZK-Higi, N 26; vgl. auch Art. 54 OR sowie Art. 333 ZGB). Auch für die von einem Haustier verursachte übermässige Abnützung haftet er aus Vertrag (vgl. auch Art. 56 sowie Art. 256 N 10). Gemäss Art. 267 sind dagegen Klauseln nichtig, welche dem Mieter ohne Rücksicht auf die Person des Verursachers eine Ersatzpflicht für Schäden an gemeinsam benützten Teilen einer Liegenschaft aufbürden (vgl. Art. 267 N 7). **3**

2. Die ausserordentliche Kündigung nach Abs. 3 und 4

Der Vertragsauflösung hat zwingend (unter Vorbehalt von Abs. 4) eine **schriftliche Mahnung** des Vermieters vorauszugehen (BGer, mp 1996, 7 ff.). Die Mahnung hat sich auf eine konkrete Pflichtverletzung zu beziehen. Die Androhung der ausserordentlichen Kündigung ist hingegen kein gesetzliches Erfordernis, ebensowenig eine Fristansetzung (ZK-Higi, N 50 ff.; CHK-Heinrich, N 8). Eine Zustellung an den Ehegatten des Mieters einer Familienwohnung ist – anders als bei einer Zahlungsverzugskündigung – *nicht* erforderlich (Art. 266n; ZK-Higi, N 54). Bei der gemeinsamen Miete kann die Androhung zwar für gewöhnlich gestützt auf eine im Innenverhältnis bestehende Ermächtigung einem Mitmieter zugestellt werden (z.B. Art. 543 Abs. 3 i.V.m. Art. 535 Abs. 3 OR; s. Weber, Diss., 37 ff.); stets muss die Androhung aber *an alle Mieter gerichtet* sein (mp 2005, 170 f.). **4**

Verletzt der Mieter erneut oder weiterhin eine Vertragspflicht, die in einem sachlichen und nicht allzu fernen zeitlichen Zusammenhang mit der gerügten Pflichtverletzung steht (BGer, 26.11.2001, 4C.270/2001, E. 3b/cc = MRA 2002, 59 ff.; ZK-Higi, N 56 f.; Lachat, bail à loyer, 678; CHK-Heinrich, N 8; Blumer, SPR VII/3, Rz 875; CPra Bail-Wessner, N 36 und 38), so kann der Vermieter fristlos, bei Wohn- und Geschäftsräumen mit einer Frist von mindestens 30 Tagen auf Ende eines Monats kündigen. Bei Wohn- und Geschäftsräumen ist dazu das **amtliche Formular** zu verwenden (vgl. dazu Art. 9 VMWG), bei **Familienwohnungen** die Kündigung dem Mieter und seinem Ehegatten separat zuzustellen (Art. 266*l–n*). Zur Zustellung der Kündigung vgl. Art. 266a N 1d. **5**

Die Vertragsauflösung ist nur möglich bei schwerer Vertragsverletzung i.S. des Vorliegens eines **wichtigen Grundes** (SVIT-Komm., N 34; ZK-Higi, N 58 ff.). Ein solcher ist gegeben, wenn die Fortsetzung des Mietverhältnisses aufgrund des Verhaltens des Mieters oder seiner Hilfspersonen aufgrund einer Würdigung aller Umstände für den Vermieter oder die Bewohner des Miethauses **objektiv als unzumutbar** erscheint. Dies ist nicht leichthin anzunehmen. So genügt etwa das vertragswidrige Anbringen einer Glasverschalung auf dem Balkon keineswegs (BGer, 8.8.2001, 4C.118/2001, E. 1b), ebenso wenig wie das vertragswidrige Halten eines kleinen Hundes (vgl. Art. 272 N 10). Unzumutbar ist die Fortsetzung des Mietverhältnisses, wenn wiederholte lärmige Ehestreitigkeiten jeweils den Beizug der Polizei erfordern und dem Vermieter Minderungsansprüche der übrigen Hausbewohner drohen (BGer, 26.11.2001, 4C.270/2001). Gegenüber Kinderlärm darf dagegen vom Vermieter und den **6**

Nachbarn eine gewisse Toleranz erwartet werden (Blumer, SPR VII/3, Rz 877 m.V. auf den [bau- und planungsrechtlichen] Entscheid BGer, 6.9.2010, 1C_148/2010, E. 2.2.3). Keine (gesonderte) Prüfung der Zumutbarkeit ist i.d.R. erforderlich, wenn der Mieter die Sache trotz bestehender Gründe zur Verweigerung der Zustimmung durch den Vermieter untervermietet (BGE 134 III 300 E. 3; 134 III 446 = Pra 2009 Nr. 21; s. Art. 262 N 4a) oder wenn der Mieter die Sache anhaltend **entgegen dem vertraglich vereinbarten Zweck** gebraucht (BGE 132 III 109, Verwendung von Räumlichkeiten als Massagesalon statt als Büro; allerdings wurde hier zu Unrecht die Unzumutbarkeit der Vertragsfortsetzung nicht geprüft, die man aber ohne weiteres hätte bejahen können; KUKO OR-Blumer, N 9; CHK-Heinrich, N 8; Spirig, mp 2012, 13 f.; ähnlich Higi, AJP 2006, 884 ff., der aber nur von einer analogen Anwendbarkeit der Norm ausgeht). Nicht jeder vertragswidrige Gebrauch begründet aber Unzumutbarkeit der Fortsetzung des Mietverhältnisses: So genügt etwa die Untervermietung eines Wohnungsteils an eine von einer Mitmieterin betriebene GmbH trotz Verstosses gegen Art. 22 RULV nicht, wenn die fragliche Mieterin als einzige Mitarbeiterin der GmbH eine Übersetzungstätigkeit ausübt (BGer, 1.4.2010, 4A_38/2010, E. 3). Unzumutbarkeit kann entfallen, wenn eine psychische Störung die Ursache für das vertragswidrige Verhalten bildet und sich der Gesundheitszustand des Mieters gebessert hat (BGer, 22.11.2005, 4C.273/2005).

Ganz generell, besonders aber bei Auseinandersetzungen, die die Persönlichkeitsrechte namentlich des Wohnungsmieters tangieren, darf erst zum Mittel der ausserordentlichen Kündigung gegriffen werden, wenn mildere Massnahmen versagen (vgl. auch ZK-Higi, N 61). Die Zeitspanne zwischen der letzten Mahnung des Vermieters und der Kündigung ist ein gewichtiges Indiz für die Unzumutbarkeit. So kann nicht mehr von Unzumutbarkeit ausgegangen werden, wenn eine Vermieterin drei Monate verstreichen lässt, bis sie wegen einer unbefristeten Untervermietung eine Abmahnung versendet, und weitere vier Monate mit der Kündigung zuwartet (**anders** offenbar BGE 134 III 446, der aber schon aus anderen Gründen der Kritik ruft, s. Art. 262 N 8). Erforderlich ist sodann, dass nach der erneuten Pflichtverletzung relativ rasch (wenn auch nicht unbedingt kurzfristig) gekündigt wird (BGer, 10.4.2012, 4A_87/2012 E. 5.3; Sohm, MRA 2012, 236; Futterlieb, MRA 2002, 64 f.; obsolet daher MRA 2001, 1 ff. [OGer ZG]).

7 Wenn der Mieter der Sache **vorsätzlich schweren Schaden** zufügt, kann auch der Vermieter von Wohn- und Geschäftsräumen fristlos kündigen. Fahrlässigkeit genügt nicht, wohl aber Eventualvorsatz. Auf die Motive der Schädigung kommt es nicht an (vgl. ZK-Higi, N 76). Die h.L. stellt mit Bezug auf Vorsatz und Verschulden auf die strafrechtliche Terminologie ab und kommt zum Schluss, auch der zurechnungsunfähige Mieter falle unter Abs. 4 (SVIT-Komm., N 38 ff., ZK-Higi, N 76). Im Zivilrecht ist jedoch der Begriff der Urteils(un)fähigkeit i.S.v. Art. 16 ZGB massgebend, welcher sowohl die Elemente des subjektiven Tatbestandes als auch diejenigen des Verschuldens im strafrechtlichen Sinne in sich vereinigt. Richtigerweise ist bei urteilsunfähigen Tätern die Lösung in Art. 54 zu suchen; die Gültigkeit einer fristlosen Kündigung nach Abs. 4 hängt mithin stets von der Billigkeit der Massnahme bzw. vom (zu vermutenden) Verschulden des Mieters an seiner vorübergehenden Urteilsunfähigkeit ab (vgl. Schnyder, Art. 54 N 1 ff.; s.a. BGer, 22.11.2005, 4C.273/2005).

Eine Mahnung des vorsätzlich handelnden Mieters ist nicht erforderlich (SVIT-Komm., N 41). Die Bestimmung findet auch Anwendung bei Handlungen von Personen, für die der Mieter einzustehen hat (Art. 101; Weber, Diss., 145), sowie bei schweren Angriffen auf die **Person** des Vermieters oder der Mitmieter.

8 Die **Beweislast** für sämtliche Voraussetzungen der Kündigung trägt der Vermieter (Art. 8 ZGB; illustrativ BGer, 22.11.2005, 4C.273/2005, E. 2). Den Beschwerdeschreiben anderer Hausbewohner ist dabei mit einer gewissen Zurückhaltung zu begegnen, besonders im Falle *von Sammelbeschwerden* (vgl. BGer, a.a.O., E. 3.2.1). Erfüllt die Kündigung die Anforderungen von Abs. 3 oder 4 nicht, so ist sie wie jede ausserordentliche Kündigung, deren Voraussetzungen nicht gegeben sind, **nichtig** – und zwar unabhängig von der Art der vermieteten Sache (vgl. Art. 257d N 9; BGE 121 III 156; GMÜR, 7 ff.; ZK-HIGI, Art. 257f N 49, 72 und 84 sowie Art. 257d N 47; Lachat et al.-SPIRIG, 537 f.; **anders** noch BGE 119 II 147 E. 4a).

Bei der Miete von *Wohn- und Geschäftsräumen* kommt daher nur in seltenen Ausnahmefällen eine Anfechtung i.S.v. Art. 271 f. in Betracht (Bsp.: Der Vermieter hat den Mieter zur Belästigung der Nachbarn aufgefordert); die Sperrfristen gem. Art. 271a Abs. 1 lit. d und e gelten jedoch aufgrund der Ausschlussbestimmung von Art. 271a Abs. 3 lit. c im Falle der Kündigung nach Art. 257f gerade nicht. Zu den Anfechtungsmodalitäten vgl. Art. 273. Zum Rechtsschutz in klaren Fällen und zur Abschaffung der bis Ende 2010 zulässigen Kombination von Anfechtungs- und Ausweisungsverfahren vgl. Vor Art. 253 N 21.

Die Umdeutung einer ausserordentlichen Kündigung in eine ordentliche, nach den Regeln über die modifizierte Teilnichtigkeit, ist grundsätzlich nicht möglich (BGE 135 III 441 E. 3.3 = Pra 2010 Nr. 30; s. Art. 257d N 11; ZK-HIGI, N 72 und 86; SVIT-Komm., N 53, WEBER, Diss., 174). Eine (scheinbare) Ausnahme gilt nur dann, wenn eine vorzeitige Kündigung nicht weiter begründet wird, da sie dann nicht als ausserordentliche Kündigung erkennbar ist und von vornherein nur als ordentliche verstanden werden muss und darf (vgl. Art. 257d N 11; s.a. Art. 266*l* N 5; GMÜR, 11). Zur Tragweite des Umdeutungsausschlusses im Lichte der falschen rechtlichen Qualifikation der Kündigung vgl. BGE 123 III 124 E. 3d, Art. 266o N 4 sowie Art. 257d N 11.

Art. 257f Abs. 3 und 4 ist lex specialis zu Art. 266g (ZK-HIGI, N 48 und 87; SVIT-Komm., N 34; BGer, 17. 11. 2004, 4C.255/2004, E. 5.3); eine Konversion einer die Voraussetzungen von Art. 257f nicht (ganz) erfüllenden Kündigung in eine Kündigung nach Art. 266g ist daher nicht möglich. Von der Frage der Konversion zu unterscheiden ist diejenige der falschen Bezeichnung der Kündigung (**a.M.** BISANG, MRA 1999, 151 f.). Hält etwa der nicht im Hause wohnende Vermieter Verunglimpfungen durch den Mieter fälschlicherweise für einen Anwendungsfall von Art. 257f, so ist Art. 266g anzuwenden (vgl. OGer ZH, MRA 1999, 146 ff.). **9**

Sodann ist Art. 257d Abs. 2 Sondernorm gegenüber der vorliegenden Bestimmung.

Das BGer schien phasenweise den **Anwendungsbereich** der Kündigung nach Art. 257f auf die Verletzung der Verpflichtung zu sorgfältigem Gebrauch zu beschränken. Jedenfalls hat es die Verletzung einer (nicht missbräuchlichen) Weinbezugsverpflichtung nicht unter die vorliegende Bestimmung, sondern unter 266g subsumiert (BGer, 17. 11. 2004, 4C.255/2004, E. 5.3; s. dazu ROHRER, MRA 2005, 51 ff.; krit. CR CO I-LACHAT, N 4). Umgekehrt hat es über die vertragswidrige Nutzung eines Büros als Massagesalon ohne weiteres gestützt auf die vorliegende Bestimmung entschieden (BGE 132 III 109; krit. zur schwankenden Rsp. SVIT-Komm., N 9). Richtigerweise ist der Bestimmung ein weiter Anwendungsbereich zuzugestehen, sowohl was den **vertragswidrigen Gebrauch** der Sache als auch was **andere Verletzungen von Nebenpflichten durch den Mieter** betrifft (CR CO I-LACHAT, N 4; HIGI, AJP 2006, 882 ff.; KOLLER TH., ZBJV 2007, 838 ff.; MAAG, MRA 2006, 127 ff.; SPIRIG, mp 2012, 14 ff.; einschränkend KUKO OR-BLUMER, N 4 und 7).

Eine **Erstreckung** des Mietverhältnisses über Wohn- und Geschäftsräume ist im Falle der ausserordentlichen Kündigung wegen Pflichtverletzungen gem. Art. 272a Abs. 1 lit. b ausgeschlossen. **10**

Selbstverständlich kann sich der Mieter mittels Vertragsverletzung nicht seiner Vertragspflichten entschlagen. Er hat dem Vermieter sämtlichen **Schaden** aus der vorzeitigen Vertragsauflösung zu ersetzen (Lachat et al.-SPIRIG, 547 f.; ZK-HIGI, N 88; vgl. für den analogen Fall der Zahlungsverzugskündigung Art. 257d N 13 sowie BGE 127 III 548 E. 5 und 6). **11**

Art. 257*g*

IV. Meldepflicht

[1] Der Mieter muss Mängel, die er nicht selber zu beseitigen hat, dem Vermieter melden.

[2] Unterlässt der Mieter die Meldung, so haftet er für den Schaden, der dem Vermieter daraus entsteht.

IV. Obligation d'aviser le bailleur

[1] Le locataire doit signaler au bailleur les défauts auxquels il n'est pas tenu de remédier lui-même.

[2] Le locataire répond du dommage résultant de l'omission d'aviser le bailleur.

IV. Avviso al locatore

[1] Il conduttore è tenuto a dare avviso al locatore dei difetti della cosa, sempreché non debba eliminarli egli stesso.

[2] Il conduttore è responsabile del danno cagionato al locatore in caso d'omissione dell'avviso.

Literatur

Vgl. die Literatur- und Materialienhinweise bei den Vorbem. zu Art. 253–273c.

I. Umfang der Meldepflicht des Mieters

1 Die Meldepflicht ist Folge der **Obhutspflicht**, die den Mieter mit der Übernahme der Mietsache i.S. einer **vertraglichen Nebenpflicht** trifft. Die Obhutspflicht umfasst neben der Meldepflicht auch die Verpflichtung des Mieters, bei Gefahr im Verzug Schäden selbständig auf Kosten des Vermieters zu beheben sowie die Sache sicher zu verwahren und zu warten. Abzulehnen ist dagegen eine allgemeine Pflicht zur Schadensabwehr, da dies der Ordnung der Art. 259 ff. zuwiderliefe (Weber, Diss., 143; ZK-Higi, N 21).

2 Der **Zweck** der Meldepflicht ist, dem Vermieter im Bereich, in dem er allein zur Erhaltung der Tauglichkeit der Mietsache berechtigt und verpflichtet ist, die zur Beseitigung von Mängeln erforderlichen Kenntnisse zu vermitteln und ihn so vor Schaden an der Mietsache zu bewahren (Botschaft Mietrecht, 1429). Auch **drohende Mängel** sowie Mängel an den **gemeinschaftlichen Teilen** einer Immobilie sind daher zu melden (CHK-Heinrich, N 3 f.).

3 Der Begriff des Mangels lehnt sich grundsätzlich an die Ordnung der Mängelbehebung an (vgl. Art. 258 N 1 ff.). Von der Meldepflicht **ausgenommen** sind die Mängel, die der Vermieter schon kennt oder kennen muss (Botschaft Mietrecht, 1429) oder die der Mieter selbst zu beheben hat, sei es, dass es sich um kleine Mängel gem. Art. 259 oder um solche handelt, die er selbst verursacht hat, jedenfalls wenn sich der Schaden nicht auf die Mietsache beschränkt, sondern – zeitlich oder räumlich – weitere Auswirkungen zu erwarten sind (so z.B. bei Wasserschaden: Botschaft Mietrecht, a.a.O.; vgl. auch ZK-Higi, N 14 ff.; CR CO I-Lachat, N 2). Generell steht bei allen Schäden, die mehr als nur kleine Mängel i.S.v. Art. 259 darstellen, primär dem Vermieter die Wahl der zu treffenden Massnahmen zu. Soweit der Mieter daher nicht zur Gefahrenabwehr sofort handeln muss, hat er den Vermieter zu konsultieren.

Ob die Meldung rechtzeitig erfolgt ist, hängt von den Umständen, namentlich vom Zeitpunkt der Kenntnisnahme durch den Mieter, sowie von der Art und Schwere des Mangels ab (ZK-Higi, N 22 ff.). Mängel, die keine weiteren Auswirkungen haben, braucht der Mieter gar nicht zu melden (Bsp.: Schönheitsmängel: Guhl/Koller/Schnyder/Druey, 428; ZK-Higi, N 21; CR CO I-Lachat, N 1).

4 Da die vorliegende Bestimmung **zwingender Natur** ist (Roncoroni, mp 1990, 82 und mp 2006, 80 f.), kann insb. eine darüber hinaus gehende Meldepflicht vertraglich nicht vereinbart und auch nicht aus Treu und Glauben abgeleitet werden.

II. Folgen der Verletzung der Meldepflicht des Mieters gemäss Abs. 2

Unterlässt der Mieter die Meldung oder erstattet er die Anzeige nicht rechtzeitig, so wird er gem. Abs. 2 **schadenersatzpflichtig**. Zu ersetzen ist nur der Schaden, der durch die Unterlassung oder Verspätung der Meldung verursacht worden ist (Züst, Diss., 64). Hat der Vermieter Schaden, schädigendes Verhalten und Kausalzusammenhang bewiesen, so kommt ihm hernach die Verschuldensvermutung von Art. 97 zugute. Für die Unterlassung einer rechtzeitigen Mängelmeldung trägt damit zwar der Vermieter die Beweislast. Allzu strenge Anforderungen an den Nachweis dürfen jedoch nicht gestellt werden (KG SG, Urteil VZ. 2004.35 vom 14. 2. 2004 [‹http://www.sg.ch›]). Insbesondere ist der Mieter gehalten, die Umstände der Meldung darzutun (Art. 160 und 247 Abs. 2 ZPO). 5

Die unterlassene Meldung kann den Vermieter von dessen eigener Schadenersatzpflicht gem. Art. 259e ganz oder teilweise entlasten (vgl. Art. 43 f.). Des Weiteren kann sie ihm im Rahmen des Verhältnismässigkeitsprinzips Anlass zur einer Kündigung bieten (vgl. Art. 257f Abs. 3 und 4 sowie Art. 271). 6

Die Meldung von Mängeln kann trotz fehlender Rügeobliegenheit des Mieters (N 9) insofern die Voraussetzung verschiedener Mängelrechte des Mieters bilden, als dafür die Kenntnis des Vermieters vom Mangel erforderlich ist (vgl. 259b lit. a betr. fristlose Kündigung, 259b lit. b betr. Beseitigung der Mängel auf Kosten des Vermieters, 259d betr. Minderung des Mietzinses, 259f betr. Übernahme des Rechtsstreites und 259g Abs. 1 betr. Hinterlegung des Mietzinses). Auf welchem Wege der Vermieter diese Kenntnis erlangt, ist allerdings für die Mängelrechte jeweils nicht von Belang. So muss er sich insb. das Wissen seiner Hilfspersonen oder eine anderweitig erlangte Kenntnis anrechnen lassen. 7

Aus einer **unterlassenen Meldung beim Mietantritt** kann nicht abgeleitet werden, der Mieter habe die Sache vermutungsweise in einem guten Zustand erhalten: Zwar hat der Vermieter gem. Art. 258 Abs. 3 bei der Übergabe der Mietsache alle Mängel zu beheben; gleichzeitig ist aber auch davon auszugehen, dass er bei der Übergabe sämtliche Mängel der Sache (mindestens) so gut kennt wie der Mieter. Im Übrigen wurde die noch in aArt. 271 Abs. 3 enthaltene Vermutung bewusst nicht ins geltende Recht übernommen (Botschaft Mietrecht, 1455); dies verbietet eine Rekonstruktion derselben auf dem Umweg über die Meldepflicht (CHK-Heinrich, N 5; Thanei, mp 1992, 60; vgl. BGE 115 II 479; 113 II 29; **a.M.** SVIT-Komm., N 14 [inzwischen allerdings mit vorsichtigerer Formulierung]; ursprünglich auch ZK-Higi, N 30, wie hier nun aber Art. 267 N 120). 8

Ebensowenig lässt sich bei Übernahme der Mietsache aus der Meldepflicht eine Rügeobliegenheit des Mieters ableiten, deren Missachtung die Verwirkung von Mängelrechten nach sich ziehen könnte. Vertraglich lässt sich eine solche Rügeobliegenheit im Anwendungsbereich von Art. 256 Abs. 2 nicht gültig vereinbaren (vgl. Art. 256 N 5 und Art. 267a N 1; KUKO OR-Blumer, N 6; Blum, MRA 1998, 86 f.; Blumer, SPR VII/3, Rz 630; CPra Bail-Aubert, N 12; verfehlt daher MRA 1998, 83 ff.). 9

Art. 257*h*

V. Duldungspflicht

[1] Der Mieter muss Arbeiten an der Sache dulden, wenn sie zur Beseitigung von Mängeln oder zur Behebung oder Vermeidung von Schäden notwendig sind.

[2] Der Mieter muss dem Vermieter gestatten, die Sache zu besichtigen, soweit dies für den Unterhalt, den Verkauf oder die Wiedervermietung notwendig ist.

[3] Der Vermieter muss dem Mieter Arbeiten und Besichtigungen rechtzeitig anzeigen und bei der Durchführung auf die Interessen des Mieters Rücksicht nehmen; allfällige Ansprüche des Mieters auf Herabsetzung des Mietzinses (Art. 259d) und auf Schadenersatz (Art. 259e) bleiben vorbehalten.

V. Obligation de tolérer les réparations et inspections de la chose

[1] Le locataire doit tolérer les travaux destinés à remédier aux défauts de la chose ainsi qu'à réparer ou à prévenir des dommages.

[2] Le locataire doit autoriser le bailleur à inspecter la chose dans la mesure où cet examen est nécessaire à l'entretien, à la vente ou à une location ultérieure.

[3] Le bailleur doit annoncer à temps au locataire les travaux et les inspections et tenir compte, lors de leur accomplissement, des intérêts de celui-ci; les prétentions éventuelles du locataire en réduction du loyer (art. 259d) et en dommages-intérêts (art. 259e) sont réservées.

V. Tolleranza

[1] Il conduttore è tenuto a tollerare i lavori necessari all'eliminazione dei difetti della cosa, ovvero alla rimozione o alla prevenzione dei danni.

[2] Il conduttore deve permettere al locatore l'ispezione della cosa nella misura necessaria alla manutenzione, alla vendita o a una locazione successiva.

[3] Il locatore deve annunciare tempestivamente al conduttore i lavori e le ispezioni e nell'eseguirli aver riguardo per gli interessi di quest'ultimo; sono salve eventuali pretese del conduttore di riduzione del corrispettivo (art. 259d) e risarcimento dei danni (art. 259e).

Literatur

Vgl. die Literatur- und Materialienhinweise bei den Vorbem. zu Art. 253–273c.

I. Zweck und Anwendungsbereich

1 Angesichts des ausschliesslichen Gebrauchsrechts des Mieters (s. Art. 258 N 6a) bedarf es besonderer Regeln, um dem Vermieter in angemessener Weise den Zugang zur Mietsache zwecks Wahrung seiner Rechte zu gewährleisten. Diesem Zweck dient die entsprechende Duldungspflicht des Mieters. Sie gilt für alle Arten von Mietverhältnissen, ist aber speziell auf die Miete von Wohn- und Geschäftsräumen zugeschnitten (SVIT-Komm., N 4).

II. Die Pflicht zur Duldung von Arbeiten gemäss Abs. 1

2 Der Mieter muss nicht nur dringende Ausbesserungen dulden, sondern auch Reparaturen, Überholungen und Instandstellungen an der Sache, soweit sie zur Erfüllung der **Unterhaltspflicht** des Vermieters gehören (SVIT-Komm., N 8). Von der **Duldungspflicht** mitumfasst sind daher namentlich auch präventive Massnahmen (ZK-Higi, N 15). Voraussetzung ist aber immer, dass sich die Arbeit aus der Sicht des vernünftigen und korrekten Vermieters als *notwendig* erweist (ZK-Higi, N 17 ff.); dies setzt bei präventiven Massnahmen insb. voraus, dass die entsprechende Vorrichtung ihre Lebensdauer erreicht hat. Wann dies der Fall ist, kann mit Hilfe einer gemeinsam vom Hauseigentümer- und vom Mieterverband entwickelten Lebensdauertabelle ermittelt werden (zu finden u.a. auf ‹http://www.mietrecht.ch›).

Inwieweit Änderungen oder Erneuerungen der Mietsache zu dulden sind, richtet sich nicht nach Art. 257h, sondern nach Art. 260 (ZK-Higi, N 10). Die Abgrenzung ist zwar nicht immer ganz einfach, aber die gesetzliche Unterscheidung der beiden Tatbestände macht deutlich, dass der Vermieter reine Unterhaltsarbeiten unter Vorbehalt entsprechender Rücksichtnahme auch nach einer Kündigung des Mietverhältnisses oder während einer Mieterstreckung vornehmen kann (s. dazu N 4 und Art. 260 N 3; Blumer, SPR VII/3, Rz 693).

III. Die Duldung von Besichtigungen durch den Vermieter gemäss Abs. 2

3 Besichtigungen zwecks Unterhalt der Mietsache setzen keinen Mangel oder Schadensfall voraus, sondern können **periodisch**, aber nur zurückhaltend, durchgeführt werden (SVIT-Komm., N 19; ZK-Higi, N 36). Besichtigungen, die der Wiedervermietung dienen, hat der Mieter erst nach Kündigung des Mietverhältnisses zu dulden, soweit nicht besondere Verhält-

nisse vorliegen (Botschaft Mietrecht, 1431; SVIT-Komm., N 20; ZK-Higi, N 38; CHK-Heinrich, N 5). Besichtigungen zwecks Verkaufs setzen ernsthafte Verhandlungen voraus (ZK-Higi, N 37).

IV. Die rechtzeitige Anzeige und die Rücksichtnahme auf die Interessen des Mieters gemäss Abs. 3

Die Rücksichtnahme gebietet dem Vermieter, Arbeiten und Besuche zeitlich und sachlich **möglichst schonend** durchzuführen. Sie sind insb. **rechtzeitig anzuzeigen** (CHK-Heinrich, N 4) und wenn immer möglich mit dem Mieter abzusprechen (Blumer, SPR VII/3, Rz 699). Die Überholung und Instandstellung einer Wohnung kann grundsätzlich nicht vorgenommen werden, wenn der Mieter in gekündigtem Verhältnis kurz vor dem Auszug steht (vgl. SVIT-Komm., N 13, zur Einschränkung dieses Grundsatzes bei Durchführung von Serienarbeiten). Besichtigungen mit Miet- und Kaufinteressenten sind infolge des Rücksichtnahmegebotes konzentriert durchzuführen, um die Störung des Mieters möglichst gering zu halten. 4

V. Durchsetzung des Duldungs- und Zutrittsrechts

Der Vermieter kann zur Durchsetzung des Anspruchs den Rechtsweg beschreiten. Ein Selbsthilferecht steht ihm nur bei Notstandssituationen (Art. 52 Abs. 3) zu, andernfalls macht er sich des Hausfriedensbruchs gem. Art. 186 StGB schuldig (Botschaft Mietrecht, 1431; SVIT-Komm., N 17; Weber, Diss., 116; Zihlmann, 262 f.). Für gewöhnlich wird das Zutrittsrecht recht einfach über ein summarisches Verfahren zum Rechtsschutz in klaren Fällen durchgesetzt werden können (Art. 257 ZPO). 5

Weigert sich der Mieter zu Unrecht, Arbeiten oder Besichtigungen zu dulden, so wird er infolge Verletzung seiner Vertragspflicht schadenersatzpflichtig. Im Rahmen des Verhältnismässigkeitsprinzips riskiert er zudem eine Kündigung (vgl. Art. 257f N 4 ff. sowie Art. 271–271a N 4 und 6; BGer, 20.2.2004, 4C.306/2003 = MRA 2004, 177 ff., Obstruktion gegen Unterhaltsarbeiten durch Weigerung, einen Store zu entfernen).

VI. Ansprüche des Mieters

Namentlich infolge der Ausführung von Arbeiten kann der vertragsmässige Gebrauch des Mieters geschmälert werden. Dem Mieter stehen jedoch – soweit die Duldungspflicht besteht – nach ausdrücklicher gesetzlicher Anordnung nicht sämtliche Mängelrechte zur Verfügung, sondern nur die Ansprüche auf Minderung des Mietzinses (Art. 259d) und auf Schadenersatz (Art. 259e). Schadenersatz ist grundsätzlich nicht schon infolge Zustimmung des Mieters ausgeschlossen, da diesen eine gesetzliche Duldungspflicht trifft (ZK-Higi, N 46; ähnlich SVIT-Komm., N 14). 6

Eine Kündigung von Wohn- und Geschäftsräumen, die ob zu Recht verweigerten Zutritts erfolgt, ist anfechtbar gem. Art. 271a lit. a.

VII. Abweichende Vereinbarungen

Die Norm ist **zwingender Natur**; die Parteien können einzig die Modalitäten und die Anzeigefristen im Rahmen schonungsvoller Rechtsausübung vertraglich festlegen (ZK-Higi, N 4; Züst, Diss., 66; Roncoroni, mp 2006, 103 f.). 7

Art. 258

F. Nichterfüllung oder mangelhafte Erfüllung des Vertrags bei Übergabe der Sache

[1] Übergibt der Vermieter die Sache nicht zum vereinbarten Zeitpunkt oder mit Mängeln, welche die Tauglichkeit zum vorausgesetzten Gebrauch ausschliessen oder erheblich beeinträchtigen, so kann der Mieter nach den Artikeln 107–109 über die Nichterfüllung von Verträgen vorgehen.

[2] Übernimmt der Mieter die Sache trotz dieser Mängel und beharrt er auf gehöriger Erfüllung des Vertrags, so kann er nur die Ansprüche geltend machen, die ihm bei Entstehung von Mängeln während der Mietdauer zustünden (Art. 259a–259i).

[3] Der Mieter kann die Ansprüche nach den Artikeln 259a–259i auch geltend machen, wenn die Sache bei der Übergabe Mängel hat:

a. welche die Tauglichkeit zum vorausgesetzten Gebrauch zwar vermindern, aber weder ausschliessen noch erheblich beeinträchtigen;

b. die der Mieter während der Mietdauer auf eigene Kosten beseitigen müsste (Art. 259).

F. Inexécution ou exécution imparfaite du contrat lors de la délivrance de la chose

[1] Si le bailleur ne délivre pas la chose à la date convenue ou qu'il la délivre avec des défauts qui excluent ou entravent considérablement l'usage pour lequel elle a été louée, le locataire peut invoquer les art. 107 à 109 concernant l'inexécution des contrats.

[2] Si, malgré de tels défauts, le locataire accepte la chose et réclame l'exécution parfaite du contrat, il ne peut faire valoir que les prétentions qu'il serait en droit d'élever si les défauts étaient apparus pendant le bail (art. 259a à 259i).

[3] Le locataire peut faire valoir les prétentions prévues aux art. 259a à 259i même si, au moment de la délivrance, la chose présente des défauts:

a. qui restreignent l'usage pour lequel elle a été louée, sans l'exclure ni l'entraver considérablement;

b. auxquels, pendant le bail, le locataire devrait remédier à ses propres frais (art. 259).

F. Inadempimento o non perfetto adempimento del contratto in occasione della consegna della cosa

[1] Se il locatore non consegna la cosa nel momento pattuito o la consegna con difetti che ne escludono o ne diminuiscono notevolmente l'idoneità all'uso cui è destinata, il conduttore può avvalersi degli articoli 107–109 relativi all'inadempimento del contratto.

[2] Il conduttore che, nonostante tali difetti, accetta la cosa e persiste nel chiedere il perfetto adempimento del contratto può far valere soltanto i diritti che gli competerebbero in caso di difetti della cosa sopravvenuti durante la locazione (art. 259a–259i).

[3] Il conduttore può far valere i diritti previsti negli articoli 259a–259i anche se al momento della consegna la cosa presenti difetti che:

a. ne diminuiscono l'idoneità all'uso cui è destinata, pur non escludendola né pregiudicandola notevolmente;

b. durante la locazione, sarebbero a carico del conduttore (art. 259).

Literatur

Aubert, Les défauts de la chose louée, 17e séminaire sur le droit du bail, Neuchâtel 2012; Bieri, La réparation du préjudice subi par le locataire en cas de défaut de la chose louée, 18e séminaire sur le droit du bail, Neuchâtel 2014, 59 ff.; Birrer, Nachbarrecht. Handbuch für Eigentümer und Mieter, Zürich 2003; Brunner, Störungen der Mieter durch Immissionen, insbesondere Bau- und Verkehrslärm – zivil- und öffentlich-rechtliche Rechtsbehelfe und deren Durchsetzung, mp 2000, 97 ff. und 153 ff.; Conod, Les défauts de la chose louée, CdB 1992, 1 ff.; Corboz, Les defauts de la chose louée, SJ 1979, 129 ff.; Dürr, Fluglärm und Mietvertrag, AJP 2001, 394 ff.; Eichenberger, Der Flächenbegriff im Mietrecht, MRA 3/2013, 3 ff.; Eiholzer, Anfechtung von ausserordentlichen Kündigungen im Mietrecht, SJZ 1992, 325 ff.; Gasche, Die Mietfläche von Wohn- und Geschäftsräumen, mp 2001, 1 ff.; Gauch, Mängelhaftung des Vermieters und mangelhafte Mietsache, ZBJV 1992, 189 ff.; Higi, Fluglärm und mietrechtlicher Mangel, *BauR 2002, 152 ff.*; *Hürlimann*-Kaup, Grundfragen des Zusammenwirkens von Miete und Sachenrecht, Zürich 2008; Reetz/Haefeli, Ansprüche von Mietern und Vermietern bei Störungen durch benachbarte Mieter, MRA 2009, 153 ff.; Roy, Mängelentscheide, mp 2011, 171 ff.; Terrapon, Les défauts de la chose louée et la consignation du loyer, 8e séminaire sur le droit du bail, Neuchâtel 1994; THANEI, Pflichten der Mietparteien betreffend die Übergabe der Mietsache bei Vertragsbeginn und -ende, mp 1992, 57 ff.; M. TSCHUDI, Mietrechtliche Probleme bei Immissionen als Folge von Umgebungsveränderungen, Diss. Zürich 2005; WESSNER, Le bail à loyer et les nuisances causées par des tiers en droit privé, 12e séminaire sur le droit du bail, Neuchâtel 2002; DERS., L'obligation de sécurité du bailleur à l'égard des usagers de l'immeuble, 16e séminaire sur le droit du bail, Neuchâtel 2010; WEY, La consignation du loyer, Diss. Lausanne 1995; WICHSER, Mangelhafte Mängelregelung im Mietrecht, SJZ 1993, 246 ff.; ZÜST, Die Mängelrechte des Mieters von Wohn- und Geschäftsräumen, Diss. Bern 1992; DERS., Neues über die Mängelrechte des Wohn- und Geschäftsmieters, mp 1994, 159 ff.; vgl. ferner die Literatur- und Materialienhinweise bei den Vorbem. zu Art. 253–273c.

I. Ordnung der Mängelhaftung im Mietrecht

1. Begriff des Mangels

1 Die Mietsache ist **mangelhaft**, wenn sie nicht oder nicht mehr zum **vorausgesetzten Gebrauch** taugt, wenn ihr mithin eine vertragliche Eigenschaft fehlt, die den Gebrauchswert beeinträchtigt. Es kann sich um vertraglich *zugesicherte* oder mit Rücksicht auf den vertraglichen *Gebrauchszweck* erforderliche Eigenschaften handeln (BGE 135 III 345 E. 3.2; GAUCH, ZBJV 1992, 197 ff.; ZIHLMANN, 70 f.; ZK-HIGI, N 27 f.; SVIT-KOMM., Vor Art. 258–259i N 18; vgl. zu *falschen Flächenangaben* GASCHE, mp 2001, 10; EICHENBERGER, MRA 3/2013, 9 ff.). Für nähere Ausführungen sei auf **Art. 256 N 3 ff.** verwiesen.

Mängel können sachbezogen oder auf das Verhalten von Personen zurückzuführen sein: Störungen sind vom Mangelbegriff erfasst, selbst wenn keine Partei auf das Verhalten des Störers einen Einfluss hat (SJ 1986, 195 ff.; Pra 2000 Nr. 49 E. 2c; SJZ [2002, 108 ff.; BRUNNER, mp 2000, 100 ff.; KUKO OR-BLUMER, N 6; ZÜST, mp 2003, 148 ff.). Rechtsmängel werden vom Gesetz wie Sachmängel behandelt (Hangartner-DAVID, 50). Letztere können körperlicher oder nicht körperlicher Natur sein (ZK-HIGI, N 30 ff.).

Da der Anspruch des Mieters auf ungeschmälerten Genuss seines Gebrauchsrechts *vertraglich genau definiert* ist, unterscheidet er sich im Bereich der Immobiliarmiete grundlegend von öffentlich-rechtlichen oder nachbarrechtlichen Schutzbestimmungen (vgl. dazu Art. 259d N 1a ff.).

2. Arten von Mängeln

2 Das Gesetz unterscheidet zwischen drei Arten von Mängeln:

- Mängel, die den Gebrauch der Sache ausschliessen oder erheblich beeinträchtigen (Art. 258 Abs. 1, Art. 259b lit. a), sog. **schwerwiegende Mängel**. Darunter sind Mängel zu verstehen, welche die vitalen Interessen, namentlich die Gesundheit des Mieters und seiner Familie gefährden oder die vereinbarte bzw. vorausgesetzte Nutzung der Mietsache bzw. wesentlicher Teile davon für eine gewisse Zeit völlig verunmöglichen. Relevant für die Beurteilung sind insb. die Reparaturkosten und die Dauer der Beeinträchtigung des vertraglichen Gebrauchs (Pra 2000 Nr. 49 E. 2d; BGer, 17.8.2001, 4C.168/2001, E. 4a; 22.3.2006, 4C.384/2005, E. 3.1; 16.5.2013, 4A_11/2013, E. 3.1; LACHAT, bail à loyer, 225; SVIT-Komm., Vor Art. 258–259b N 52; CHK-HEINRICH, N 7; Lachat et al.-ROY, 146).
  Beispiele: Mieter eines Wohnblocks greift regelmässig seine Nachbarn an (LACHAT, 226); ungenügende Heizung einer Wohnung (mp 1988, 110; BGE 97 II 58); Feuchtigkeit und Wassereinbrüche (mp 1988, 106); Baulärm und erschwerter Zugang bei einer Ferienwohnung (BGer in mp 1996, 23 f.); falsch eingestellte Skibindung (BGE 107 II 428); ungenügende Sicherheitsvorrichtung eines Safes (BGE 95 II 544); herunterfallende Staub- und Schlackenteilchen wegen undichter Decke eines Büro- oder Verkaufsraums (BGer, 17.8.2001, 4C.168/2001, E. 4b). Vgl. dazu auch ZÜST, Diss., 194 ff.
  Art. 258 Abs. 1 stellt die **verspätete Übergabe** der Mietsache ausdrücklich einem schweren Mangel gleich.

- Mängel, welche die Tauglichkeit der Sache höchstens vermindern, aber nicht erheblich beeinträchtigen (Art. 258 Abs. 3 lit. a, Art. 259b lit. b, Art. 259d): sog. **mittlere Mängel**. Dazu gehören alle Mängel, die sich weder als schwerwiegend erweisen noch durch Reinigung oder kleine Ausbesserung behoben werden können.
  Beispiele: Schmutziger Innenhof (BGer, mp 1997, 211 ff.); Überschwemmungsschaden, der mit relativ geringem Aufwand innert weniger Tage beseitigt wird (MRA 2000, 271 ff.); Störung durch Kinderlärm und Urin im Treppenhaus (Pra 2000 Nr. 49 E. 2d); Schwierigkeiten bei der Temperaturregulierung sowie störende Geräusche der Heizung (BGer, 11.4.2001, 4C.291/2000, E. 4); ungenügende Heizung und Zugluft in den beheizbaren Räumen eines Hauses ohne Zentralheizung (BGer, 15.5.2001, 4C.66/2001, E. 2b); stark erhöhter Fluglärm zufolge Umleitung des Flugverkehrs (SJZ 2002, 108 ff.); Waldabstand erfordert Entfernung des Asphaltbelags auf einem Teil des zur Materiallagerung vermieteten Geländes (BGer, 2.12.2011, 4A_483/2011, E. 2.4).
- Mängel, die durch kleine Ausbesserungen oder sogar nur durch Reinigung behoben werden können (Art. 259): sog. **kleine Mängel**.

3 Im Unterschied zu aArt. 254/5 spielt die Unterscheidung zwischen offenen und verborgenen Mängeln keine Rolle mehr, da der Mieter anders als der Käufer nicht verpflichtet ist, die Mietsache bei der Übernahme zu prüfen (BGE 113 II 29 zu aArt. 254/5; gl.M. für das neue Recht Hangartner-David, 62).

3. Anfänglich und nachträglich auftretende Mängel

4 Das Gesetz unterscheidet zwischen anfänglich auftretenden Mängeln (mangelhafte Erfüllung des Vertrages bei Übergabe der Sache) und nachträglich auftretenden Mängeln (Mängel, die während der Mietdauer entstehen). Im einen Fall gelangt Art. 258 zur Anwendung (N 5 ff.), im andern sind allein die Art. 259 ff. massgebend.

4. Zwingender Charakter der Mängelrechte

5 Die mietrechtliche Mängelordnung ist wesentliche Voraussetzung zur Vermeidung von Missbräuchen im Preis-Leistungsverhältnis. Der Gesetzgeber hat sie daher im Rahmen von Art. 256 Abs. 2 **zwingend** ausgestaltet (vgl. dazu Art. 256 N 5).

II. Die Ordnung bei mangelhafter Übergabe (Art. 258)

1. Allgemeines

6 Art. 258 trifft eine den Besonderheiten des Dauerschuldverhältnisses angepasste Ordnung von Verzug, nachträglicher objektiver Unmöglichkeit und Schlechterfüllung des Vermieters bei der Übergabe der Mietsache. Die Bestimmung setzt immer ein pflichtwidriges Verhalten des Vermieters voraus (vgl. Art. 119 sowie ZK-Higi, N 55). Zur unverschuldeten nachträglichen (Teil-)Unmöglichkeit vgl. Art. 253 N 4, Art. 256 N 4 und Art. 259a N 4).

6a Unter der **Übergabe** der Mietsache ist die **Einräumung des ungestörten Besitzes** zu verstehen. Bei der Miete von *Wohn- und Geschäftsräumen* geschieht dies durch Übergabe der *Schlüssel* zur Mietsache. Der Vermieter ist nicht berechtigt, ein Schlüsselduplikat zu behalten, denn ihm steht es nicht zu, die Räume ohne die Zustimmung des Mieters zu betreten. Immerhin kann er den Mieter anhalten, im Falle länger dauernder Abwesenheiten zur Gewährleistung des Zutrittsrechts gem. Art. 257h einen der übergebenen Schlüssel bei einer für den Vermieter leicht erreichbaren Vertrauensperson zu hinterlegen.

7 Bei anfänglichen **schwerwiegenden Mängeln** (N 2) oder bei **verspäteter Übergabe** (Bsp.: BGE 117 II 72) steht dem Mieter das Recht zu, nach Art. 107–109 über die Nichterfüllung von Verträgen vorzugehen (Art. 258 Abs. 1; Honsell, OR BT, 207; Guhl/Koller/Schny-

DER/DRUEY, 413). Übernimmt der Mieter die Sache trotz schwerwiegender Mängel, kann er selbstverständlich die speziellen Mängelrechte gem. Art. 259a–259i wahrnehmen («auf der Erfüllung beharren», Art. 258 Abs. 2).

Wird eine Wohnung nicht zum vereinbarten Zeitpunkt übergeben und schlägt der Vermieter dem Mieter mit dessen Einverständnis eine Verschiebung der Übergabe vor, so gilt dies als sinngemässe Nachfristansetzung und berechtigt anschliessend zum Rücktritt nach Art. 107 Abs. 2 (BGer, mp 1999, 125 ff. = MRA 1999, 159).

Bei **den übrigen Mängeln** stehen dem Mieter *ausschliesslich* die Rechte nach Art. 259a–259i zu (Art. 258 Abs. 3; krit. zur Annahmepflicht des Mieters ZK-HIGI, N 85; ZÜST, Diss., 24). Anders als im laufenden Mietverhältnis kann er diese Rechte aber selbst dann wahrnehmen, wenn die Mietsache **kleine** Mängel i.S.v. Art. 259 aufweist: Vor Mietbeginn hat der Vermieter die Sache daher zu reinigen und sämtliche Unzulänglichkeiten zu beseitigen, welche die Tauglichkeit der Sache zum vorausgesetzten Gebrauch beeinträchtigen (Art. 258 Abs. 3 lit. b). Nach Art. 8 ZGB hat der Vermieter zu beweisen, dass ein kleiner Mangel nachträglich entstanden ist, denn er leitet daraus seine Ansprüche auf Erfüllung der Reinigungs- bzw. Ausbesserungspflicht des Mieters bzw. Schadenersatz ab (**a.M.** Hangartner-DAVID, 67; BK-GIGER, Vor Art. 253–273c OR N 134). 8

2. Konkurrenz mit andern Rechtsbehelfen

Alternativ anwendbar sind zunächst die Bestimmungen über die Anfechtung wegen Willensmängeln, namentlich wegen **Grundlagenirrtums**, etwa wegen unrichtiger Flächenangaben (BGE 113 II 25; 135 III 537 E. 2.2 = Pra 2010 Nr. 40; ZIHLMANN, 73; SVIT-Komm., Vor Art. 258–259i N 74; KUKO OR-BLUMER, N 10; GASCHE, mp 2001, 1 ff.; EICHENBERGER, MRA 3/2013, 9 ff.; BIERI, Rz 8 ff.). Voraussetzung dafür ist zunächst die objektive Wesentlichkeit einer Flächenabweichung. Eine solche kann auch bei nur ungefähren Flächenangaben vorliegen und ist bei Wohnungen nach der zit. Rsp. schon bei einer Abweichung von der tatsächlichen Fläche um 13 m^2 zu bejahen. Weitere Voraussetzung für eine erfolgreiche Anfechtung ist allerdings auch die subjektive Wesentlichkeit der falschen Vorstellung des Mieters, mithin die Frage, ob die Abweichung conditio sine qua non für den Vertragsschluss war. Dabei geht es um eine Tatfrage, deren Beurteilung von den konkreten Umständen abhängt, namentlich von den (übrigen) Motiven des Mieters für den Vertragsschluss und der Evidenz der Abweichung, wenn der Mieter das Objekt vor dem Vertragsschluss besichtigt hat. Der Mieter darf sich auf die Flächenangaben des Vermieters nach Treu und Glauben aber verlassen und ist nicht etwa gehalten, die Räume nachzumessen (BGE 129 III 363 E. 5.3; 135 III 537 E. 2.2). Dem Mieter ist dabei analog Art. 20 Abs. 2 auch eine partielle Anfechtung gestattet, so dass er auf dem Weg der Irrtumsanfechtung etwa auch eine Reduktion des Mietzinses verlangen kann (so BGE 135 III 537 E. 2.2; KOLLER/SENNHAUSER, ZBJV 2011, 297; BIERI, Rz 8). Gemäss der neueren Rsp. zum Kaufrecht ist im Prozess aber **Vorsicht** geboten: Macht der Mieter als Hauptstandpunkt seine *Mängelrechte* geltend, so versagt ihm das BGer selbst bei Abweisung der entsprechenden Anträge die Berufung auf einen nach Klageeinleitung geltend gemachten Willensmangel. Die Anrufung der Mängelrechte sei zwangsläufig als sinngemässe Genehmigung des Vertrages gem. Art. 31 zu werten (BGE 127 III 83 E. 1b; vgl. dazu die ausführliche Kritik von GAUCH in recht 2001, 186 ff.; krit. auch BIERI, Rz 10 ff.; zur Übernahme dieser Praxis ins Mietrecht vgl. BGer, 14.12.2001, 5P.360/2001, E. 4). Immerhin verlangt das BGer für eine Genehmigung sichere Kenntnis vom Willensmangel (Pra 2003 Nr. 211 E. 3.2). Nach richtiger Ansicht bleibt die Geltendmachung eines Willensmangels im *Eventualstandpunkt* gleichwohl möglich: Im Rahmen der *Konzentrationsmaxime* ist es der klagenden Partei freigestellt, die ihr genehmste Lösung in den Vordergrund zu rücken. Zwischen Haupt- und Eventualantrag gibt es keine strikte Hierarchie, weil es letztlich *vom Gerichtsentscheid abhängt*, ob der Hauptantrag Erfolg hat. Nach Vertrauensprinzip steht damit die Berufung auf die Mängelrechte unter der Bedingung, dass das im Hauptantrag Gewünschte der klagenden Partei nach Meinung des Gerichts auch 9 tatsächlich in vollem Umfang zusteht. Eine bedingte Genehmigung des Vertrages ist aber wirkungslos (gl.M. wohl SVIT-Komm., N 74).

10 Konkurrenzen sind sodann möglich zu Art. 41 (ZR 44 [1945], 289 ff.), zu Art. 58 (mp 1989, 154 ff.; BGE 60 II 341), zu Art. 926 ZGB (BGE 114 II 230; mp 1987, 78), zu Art. 679/684 ff. ZGB (BGE 109 II 304 E. 2; 114 II 230; 119 II 411 E. 4a). Vgl. insb. zum Verhältnis zum sachen- und zum öffentlich-rechtlichen Immissionsschutz Art. 259a N 1a sowie Art. 259d N 1a f.

Art. 259

G. Mängel während der Mietdauer I. Pflicht des Mieters zu kleinen Reinigungen und Ausbesserungen	**Der Mieter muss Mängel, die durch kleine, für den gewöhnlichen Unterhalt erforderliche Reinigungen oder Ausbesserungen behoben werden können, nach Ortsgebrauch auf eigene Kosten beseitigen.**
G. Défauts pendant le bail I. Obligation du locataire de faire les menus travaux de nettoyage et de réparation	Le locataire doit, conformément à l'usage local, remédier à ses frais aux défauts qui peuvent être éliminés par les menus travaux de nettoyage ou de réparation indispensables à l'entretien normal de la chose.
G. Difetti durante la locazione I. Obbligo del conduttore di provvedere ai piccoli lavori di pulitura e di riparazione	Il conduttore è tenuto ad eliminare a proprie spese, secondo gli usi locali, i difetti rimediabili mediante piccoli lavori di pulitura o di riparazione necessari all'ordinaria manutenzione della cosa.

Literatur

Stoll, Die Unterhaltspflicht des Mieters, mp 1989, 47 ff.; Zucker/Kunz, Kleiner Unterhalt als Mieterpflicht – Inhalt und Schranken, mp 2009, 4; s.a. die Literaturhinweise zu Art. 258.

I. Zweck der Bestimmung

1 Diese Norm umschreibt die Unterhaltspflicht des Mieters und hebt so die Mängelrechte des Mieters für nachträglich auftretende sogenannte kleine Mängel auf. Dahinter steckt die Überlegung, dass die Abrechnung jeder Kleinigkeit zu hohem Aufwand und insgesamt zu einer Verteuerung der vertraglichen Beziehung zwischen den Parteien führt. Die für beide Seiten resultierenden Vorteile aus der vorliegenden Regelung überwiegen den Nachteil der unscharfen Abgrenzung zur Unterhaltspflicht des *Vermieters*.

II. Umfang der Pflicht des Mieters

2 Gemessen an der Instandhaltungsverpflichtung des Vermieters gem. Art. 259 Abs. 1 ist die Unterhaltspflicht des Mieters eine **sehr begrenzte**. Das Gesetz bringt dies dadurch zum Ausdruck, dass es von kleinen, für den gewöhnlichen Unterhalt erforderlichen Reinigungen oder Ausbesserungen spricht. Der Aufwand für Reinigung oder Ausbesserung – worunter auch *eine Reparatur oder ein* Ersatz fallen kann – muss objektiv betrachtet mit einem kleinen Aufwand verbunden sein (vgl. MRA 1997, 18 ff.). Als *Richtschnur* (nicht als unverrückbare Grenze) mag derzeit bei Wohnungen ein Wert von CHF 150 pro Reparatur dienen (ebenso

CR CO I-LACHAT, N 3; CHK-HEINRICH, N 4; KUKO OR-BLUMER, N 3; CPra Bail-AUBERT, N 14; BLUMER, SPR VII/3, Rz 688).

Im Zweifel obliegt die Unterhaltspflicht dem Vermieter (zutreffend ZK-HIGI, N 8). Von vornherein ausgeschlossen vom kleinen Unterhalt sind Mängel, deren Behebung *Fachwissen* erfordert oder nicht dem gewöhnlichen Unterhalt der Mietsache dient (ZK-HIGI, N 13).

Der Verweis des Gesetzes auf den Ortsgebrauch hat sich in der Praxis als unbehelflich erwiesen: Ein solcher müsste im Ergebnis auf einer Vielzahl gleichlautender Verträge beruhen; im Bereich der Miete von Wohn- und Geschäftsräumen zwingt jedoch Art. 256 Abs. 2 zu einer vom Parteiwillen unabhängigen Beurteilung. Selbst unter altem Recht zustande gekommene paritätische Vereinbarungen halten vor dem Gesetz meist nicht stand, da sie oft höchstens Ausdruck einer Handelsübung, nicht aber eines Ortsgebrauchs sind (MRA 1997, 18 ff.). **3**

Problematisch ist die These, Art. 259 regle indirekt auch die Pflicht des Mieters zur Beseitigung von Mängeln, die er zu verantworten habe. Der Mieter darf solche Mängel nur mit Zustimmung des Vermieters selber beheben, soweit es sich nicht um kleinen Unterhalt im Sinne der vorliegenden Bestimmung handelt. Bei allen anderen vom Mieter zu verantwortenden Mängeln steht die Auswahl der zu treffenden Massnahmen unter Vorbehalt von dringenden Sofortmassnahmen im Rahmen der Obhutspflicht des Mieters allein dem Vermieter zu (Art. 257g N 3). Art. 259a bestimmt zwar e contrario, dass der Mieter bei eigener Verantwortung für einen Schaden die Mängelrechte nicht in Anspruch nehmen kann. Muss er aber dem Vermieter den Entscheid über die zu treffenden Massnahmen überlassen, besteht als Korrelat dazu auch ein Beseitigungsanspruch des Mieters, allerdings nur gegen Kostenerstattung (so im Ergebnis wohl auch BLUMER, a.a.O.). **3a**

III. Abweichende Vereinbarungen

Vereinbarungen, welche die gesetzliche Unterhaltspflicht des Mieters zu dessen Nachteil erweitern, sind im Rahmen von Art. 256 Abs. 2 nichtig (ZK-HIGI, N 3 ff.). **Unzulässig** sind namentlich die in Formularverträgen für Wohnungen bisweilen anzutreffenden **Prozentklauseln**, welche den Umfang «kleinerer» Ausbesserungen auf 1 oder gar 2% des Jahresmietzinses beziffern (ebenso CHK-HEINRICH, N 4; CPra Bail-AUBERT, N 8; zweifelnd SVIT-Komm., N 21). Solchen Bestimmungen fehlt jeglicher Bezug zum Charakter des Mangels. Eine Mietzinserhöhung führt gleich auch noch zu einer Verminderung der Gegenleistung. Schon bei relativ tiefem Mietzins resultieren überdies hohe Beträge. Unzulässig ist es auch, generell einen **Selbstbehalt** für alle, auch grössere und ungewöhnliche Reparaturen festzusetzen (KUKO OR-BLUMER, N 5). Vor dem Gesetz nicht stand halten auch Formularverträge, die unabhängig von den Kosten dem Mieter **bestimmte Reparaturen** aufbürden, wie etwa den Ersatz und die Wartung von Spiegeln, Fenstern, Schlössern, Hausglocken und Gegensprechanlagen, Waschmaschinen, Telekommunikationsanschlüssen oder gar von elektrischen Kochplatten, Schaltern und Steckdosen. Da die Wahl der **Reinigungsmethode** dem Mieter überlassen ist, kann von ihm auch kein bestimmtes Reinigungsverfahren verlangt werden, wie etwa das Sprühextrahieren von Teppichen. **4**

Art. 259*a*

II. Rechte des Mieters
1. Im Allgemeinen

[1] Entstehen an der Sache Mängel, die der Mieter weder zu verantworten noch auf eigene Kosten zu beseitigen hat, oder wird der Mieter im vertragsgemässen Gebrauch der Sache gestört, so kann er verlangen, dass der Vermieter:

a. den Mangel beseitigt;
b. den Mietzins verhältnismässig herabsetzt;
c. Schadenersatz leistet;
d. den Rechtsstreit mit einem Dritten übernimmt.

[2] **Der Mieter einer unbeweglichen Sache kann zudem den Mietzins hinterlegen.**

II. Droits du locataire
1. En général

[1] Lorsque'apparaissent des défauts de la chose qui ne sont pas imputables au locataire et auxquels il n'est pas tenu de remédier à ses frais ou lorsque le locataire est empêché d'user de la chose conformément au contrat, il peut exiger du bailleur:

a. la remise en état de la chose;
b. une réduction proportionnelle du loyer;
c. des dommages-intérêts;
d. la prise en charge du procès contre un tiers.

[2] Le locataire d'un immeuble peut en outre consigner le loyer.

II. Diritti del conduttore
1. In genere

[1] Se sopravvengono difetti della cosa che non gli sono imputabili né sono a suo carico, oppure se è turbato nell'uso pattuito della cosa, il conduttore può esigere dal locatore:

a. l'eliminazione del difetto;
b. una riduzione proporzionale del corrispettivo;
c. il risarcimento dei danni;
d. l'assunzione della lite contro un terzo.

[2] Il conduttore di un immobile può inoltre depositare la pigione.

Literatur

Vgl. die Literaturhinweise zu Art. 258.

I. Zweck. Verhältnis der einzelnen Rechtsbehelfe

1 Die Bestimmung befasst sich – zusammen mit den acht folgenden Artikeln – mit den Fällen der **Nicht-** resp. der **nicht richtigen oder nicht vollständigen Erfüllung der Hauptleistungspflicht des Vermieters** während des laufenden Mietverhältnisses; sie regelt die allgemeinen Voraussetzungen der Mängelrechte des Mieters und gibt einen Überblick über das gegenüber den allgemeinen Regeln verfeinerte und den Erfordernissen eines Dauerschuldverhältnisses angepasste Instrumentarium bei nachträglich auftretenden Mängeln, die «der Mieter weder zu verantworten noch auf eigene Kosten zu beseitigen» hat. Vgl. zu Begriff und Arten der **Mängel** Art. 258 N 1 f.

Keine Anwendung findet die Regelung im Falle der **nachträglichen unverschuldeten Unmöglichkeit** der Vertragserfüllung i.S.v. Art. 119. Eine solche ist jedoch nicht leichthin anzunehmen (vgl. BGE 116 II 512 E. 2 = Pra 1991 Nr. 184; SJ 2001 I 445 ff. E. 3b; KUKO OR-Blumer, N 2). Einen Anwendungsfall sah das BGer in einer Änderung des kantonalen öffentlichen Rechts: Der Vermieter eines Gastgewerbebetriebes war zugleich Inhaber einer Alkoholausschanklizenz. Da der Mieter nicht über eine solche verfügte, verpflichtete sich der Vermieter zugleich, seine Lizenz zur Verfügung zu stellen, mithin für den korrekten Betrieb des Mieters die Verantwortung zu übernehmen. Die Parteien vereinbarten für diese – ob der damit verbundenen Überwachungspflicht auftragsähnliche – Komponente des Vertrages kein separates Entgelt, sondern setzten für die gesamten Leistungen des Vermieters einen einheitlichen Zins fest. Im Zuge der Liberalisierung des Gastgewerbes verlor die Lizenz des Vermieters ihre Bedeutung, so dass dieser seine besondere Leistung nicht mehr erbringen konnte bzw. musste. Dies führte zu einer richterlichen Neufestsetzung des Mietzinses (SJ 2001 I 541 E. 2e).

1a Hinsichtlich der einzelnen Rechtsbehelfe sind v.a. die nachfolgenden Normen zu beachten. Die gleichberechtigte Aufzählung in Art. 259a bringt immerhin zum Ausdruck, dass die Institute ***nebeneinander*** *anwendbar* sind (Blumer, SPR VII/3, Rz 744; CHK-Heinrich, N 1; Hangartner-David, 69). Selbstverständlich kann sich der Mieter überdies auf seine Rechte ausserhalb des Mietrechts berufen, namentlich auf diejenigen aus **Besitz** (Art. 926 ff. ZGB) sowie aus der Haftung des Vermieters als **Werkeigentümer** (Art. 58). Als Besitzer der Sache steht ihm auch das **nachbarrechtliche Instrumentarium** von Art. 679/684 ff. ZGB zur Verfügung (BGE 109 II 304 E. 2 [Fluoremissionen einer Aluminiumfabrik]; 114 II 230; 119 II 411 E. 4a [Betrieb eines Gassenzimmers]). Zu beachten ist jedoch, dass der sachenrechtliche Nachbarbegriff immer *mehrere beteiligte Grundstücke* i.S.v. Art. 655 Abs. 2 und 943 Abs. 1 ZGB voraussetzt (BGE 109 II 304 E. 2: «La notion de voisin [...] comprend le propriétaire, titulaire d'un autre droit réel, fermier et locataire, en règle générale chaque possesseur d'un fonds, qui subit un préjudice du fait que le propriétaire, fermier, locataire ou titulaire d'un autre droit réel *sur un autre fonds* excède son droit de propriété», H.v.Verf.). Die Mieter von (nicht zu Stockwerkeigentum ausgeschiedenen) Wohnungen derselben Liegenschaft können sich daher gegeneinander nicht auf nachbarrechtliche Normen berufen. Allgemein zum Verhältnis der Mängelrechte zum **sachen-** bzw. **öffentlich-rechtlichen Immissionsschutz** vgl. Art. 259d N 1a f.

II. Nicht vom Mieter zu behebender Mangel

Der Begriff des **nachträglichen Mangels** wurde bereits erläutert (Art. 258 N 1 und 4). Unter vom Mieter zu **verantwortenden Mängeln** sind Mängel zu verstehen, welche der Mieter oder Personen, für die er einstehen muss, vorsätzlich oder fahrlässig verursacht haben. Eine *erhebliche Mitverantwortung* des Mieters genügt u.U. bereits zum Ausschluss der Mängelrechte (s. dazu aber auch Art. 259 N 3a). So hat er Störungen und Belästigungen durch andere Hausbewohner i.S. des Gesetzes zu verantworten, wenn er nicht als blosses Opfer solcher Machenschaften erscheint («pas comme un simple victime des désagréments provoqués par les locataires en cause»), sondern sich selber an den wechselseitigen Provokationen beteiligt (BGer, 18.6.2002, 4C.106/2002, E. 3.2–4). 2

Daneben fallen darunter aber auch alle ausservertraglichen Kausalhaftungstatbestände; von besonderer Bedeutung sind hier die Haftung des Familienoberhauptes (Art. 333 ZGB) und des Tierhalters (Art. 56 f.). Mängel, die der Mieter auf eigene Kosten zu beseitigen hat, sind die **kleinen Mängel** gem. Art. 259. Ausserhalb der Miete von Wohn- und Geschäftsräumen können weitere Arten von Mängeln vom Mieter zu beheben sein (Art. 256 Abs. 2).

Die Mängelrechte des Mieters entstehen somit unter Vorbehalt obiger Ausführungen bei **mittleren** sowie bei **schwerwiegenden** Mängeln des Mietobjektes (dazu Art. 258 N 2). Diesen Mängeln setzt das Gesetz **Störungen des Mieters** im vertragsgemässen Gebrauch der Sache gleich, seien sie tatsächlicher oder rechtlicher Natur (ausführlicher Art. 259d N 1 ff.; Hangartner-David, 50; ZK-Higi, N 7; SVIT-Komm., Vor Art. 258–259i N 45; Brunner, mp 2000, 100 ff.). Störungen können auch von einem Dritten ausgehen, der ein obligatorisches oder dingliches Recht am Mietobjekt beansprucht, das mit dem Nutzungsrecht des Mieters kollidiert (SJ 1986, 195; Pra 2000 Nr. 49 E. 2c). 3

III. Beweislast

Die Beweislast für das Vorliegen eines Mangels trägt nach Art. 8 ZGB der **Mieter**, denn er leitet aus der Beeinträchtigung der Gebrauchstauglichkeit der Mietsache die nachfolgend zu erörternden Rechte ab (BK-Kummer, Art. 8 ZGB N 275; Bsp.: MRA 2001, 27 ff.: Schädliche Auswirkungen von Mobilfunkantennen). Hingegen hat der **Vermieter** die rechtshindernde Tatsache zu beweisen, dass ein Mangel vom Mieter zu verantworten ist (Bsp. BJM 2000, 141: Schimmelbefall; ZMP 2001 Nr. 19: Schädlingsbefall; vgl. auch Art. 267 N 5; BGer, 18.6.2002, 4C.106/2002, E. 3.4: gegenseitige Provokationen unter Nachbarn). 4

Art. 259*b*

2. Beseitigung des Mangels a. Grundsatz	**Kennt der Vermieter einen Mangel und beseitigt er ihn nicht innert angemessener Frist, so kann der Mieter:** **a. fristlos kündigen, wenn der Mangel die Tauglichkeit einer unbeweglichen Sache zum vorausgesetzten Gebrauch ausschliesst oder erheblich beeinträchtigt oder wenn der Mangel die Tauglichkeit einer beweglichen Sache zum vorausgesetzten Gebrauch vermindert;** **b. auf Kosten des Vermieters den Mangel beseitigen lassen, wenn dieser die Tauglichkeit der Sache zum vorausgesetzten Gebrauch zwar vermindert, aber nicht erheblich beeinträchtigt.**
2. Remise en état a. Principe	Lorsque le bailleur a connaissance d'un défaut et qu'il n'y a pas remédié dans un délai convenable, le locataire peut: a. résilier le contrat avec effet immédiat si le défaut exclut ou entrave considérablement l'usage pour lequel un immeuble a été loué ou si le défaut restreint l'usage pour lequel une chose mobilière a été louée; b. remédier au défaut aux frais du bailleur si le défaut restreint, sans l'entraver considérablement, l'usage pour lequel la chose a été louée.
2. Eliminazione del difetto a. Principio	Se il locatore è a conoscenza del difetto e non lo elimina entro un congruo termine, il conduttore può: a. recedere senza preavviso dal contratto, quando il difetto esclude o pregiudica notevolmente l'idoneità dell'immobile all'uso cui è destinato o, trattandosi di cosa mobile, ne diminuisce tale idoneità; b. farlo eliminare a spese del locatore, quando il difetto pregiudica l'idoneità della cosa all'uso cui è destinata, pur non pregiudicandola notevolmente.

Literatur

Spirig, Ausserordentliche Kündigungen ausserhalb des mietrechtlichen Katalogs, mp 2012, 1 ff.; s.a. die Literaturhinweise zu Art. 258.

I. Wiederherstellung

1 Die Pflicht des Vermieters zur Wiederherstellung des vertragskonformen Zustandes ist **relativ zwingender** Natur bei der Miete von **Wohn- und Geschäftsräumen**, bei anderen Mietgegenständen dagegen nur, soweit die Einschränkung mittels vorformulierter AGB erfolgt (vgl. Art. 256 Abs. 2).

2 Sobald der Vermieter von einem gem. Art. 259a zu behebenden **Mangel** (vgl. dazu Art. 258 N 1 ff.) vom Mieter oder auf anderem Weg **Kenntnis** erhält, muss er innert angemessener Frist für die Beseitigung des Mangels sorgen, soweit nicht das gesetzliche Selbsthilferecht des Mieters gem. lit. b für mittlere Mängel eingreift. Das Wissen einer Hilfsperson, etwa des Hauswartes, ist dem Vermieter gestützt auf Art. 101 zuzurechnen (SVIT-Komm., N 7). Die Verpflichtung des Vermieters zur Mängelbeseitigung setzt damit weder eine Meldung durch den Mieter, noch eine Aufforderung des Mieters voraus (Pra 2000 Nr. 49 E. 2d). Ebenso wenig ist ein Verschulden des Vermieters am Entstehen des Mangels Voraussetzung des Beseitigungsanspruchs (Hangartner-David, 70; ZK-Higi, N 6 ff.).

3 Die Behebung kann bei **schwerwiegenden Mängeln** (vgl. dazu Art. 258 N 2), bei denen Selbsthilfe gem. lit. b nicht zulässig ist, gem. Art. 98 durch – *vom Richter bewilligte* – Ersatzvornahme vollstreckt werden (SVIT-Komm., N 36 ff.).

4 Dem Beseitigungsanspruch können verschiedene Umstände entgegenstehen, so die objektive Unmöglichkeit (Art. 97 bzw. 119; vgl. BGer, mp 1998, 21 ff.: Doppelvermietung in Form miteinander nicht vereinbarer Gebrauchsrechte) oder die *nicht leichthin anzunehmende* Unzumutbarkeit der Mängelbehebung (vgl. Art. 259g N 4), eine Pflicht des Mieters zur Duldung des Mangels (Art. 257h, 260), ein vollwertiges Ersatzangebot des Vermieters (Art. 259c) oder eine fristlose Kündigung des Mieters nach Art. 259b lit. a (dazu ZK-Higi, N 13).

Zum mietrechtlichen Mangelbehebungsanspruch treten die Rechtsbehelfe des **öffentlichen Rechts** und des **Nachbarrechts des ZGB** hinzu (vgl. Art. 259a N 1a sowie Art. 259d N 1a f.). Der Mieter kann sich unabhängig von seinem vertraglichen Anspruch dieser Instrumente bedienen; gegebenenfaolls kommt eine Übernahme des Rechtsstreits durch den Vermieter in Betracht (vgl. Art. 259f N 3). 4a

II. Fristlose Auflösung des Mietverhältnisses gemäss lit. a

Das Recht zur fristlosen Kündigung steht dem Mieter einer unbeweglichen Sache nur zu, wenn es sich um **schwerwiegende Mängel** handelt, dem Mieter einer beweglichen Sache hingegen auch dann, wenn es sich um mittlere Mängel handelt (zur Abgrenzung vgl. Art. 258 N 2). 5

Bei der Immobiliarmiete müssen daher Beeinträchtigungen vorliegen, die **vitale Interessen**, namentlich die Gesundheit des Mieters und seiner Familie gefährden, oder Mängel, welche die **Nutzung wesentlicher Teile** der Sache für eine gewisse Zeit **verunmöglichen** (Pra 2000 Nr. 49 E. 2d; BGer, 22.3.2006, 4C.384/2005, E. 3.1; 16.5.2013, 4A_11/2013, E. 3.1).

Das Recht zur Kündigung entsteht, wenn der Vermieter **den Mangel kennt** und die **angemessene Frist** zu deren Behebung verstreichen lässt (ZK-Higi, N 19 f.). Diese Frist kann ihm zunächst vom Mieter angesetzt werden. Die Regeln von Art. 108 gelten dafür analog, namentlich diejenigen über den antizipierten Vertragsbruch (Lachat, bail à loyer, 267 FN 149; ZK-Higi, N 29; SVIT-Komm., N 19 und 21; Guhl/Koller/Schnyder/Druey, 413). Unbenützt verstrichen ist die Frist auch bei nur teilweiser Behebung des Mangels trotz ausreichender Frist (ZK-Higi, N 21). Das BGer erachtet darüber hinaus gestützt auf den Gesetzeswortlaut eine Fristansetzung als *entbehrlich*, wenn seit der Kenntnis der Vermieters vom Mangel die angemessene Frist zur Behebung bereits verstrichen ist (BGer, mp 1996, 24; Pra 2000 Nr. 49 E. 2d, m.Hw.; BGer, 17.8.2001, 4C.168/2001, E. 3b). Dies ist zu begrüssen, denn die Untätigkeit des Vermieters innert angemessener Behebungsfrist *im Bewusstsein* eines schwerwiegenden Mangels kann ohne weiteres als Anwendungsfall von Art. 108 betrachtet werden (ähnlich Lachat et al.-Roy, 182 f.; **a.M.** ZK-Higi, N 28; Züst, Diss., 151 f.; Blumer, SPR VII/3, Rz 692, 921). Der Mieter trägt ohne Kontaktnahme mit dem Vermieter immerhin das Risiko, dass er von dessen Bemühungen um Beseitigung des Mangels nicht erfährt und sich seine Kündigung später als nichtig erweist (Pra 2000 Nr. 49 E. 2d). 6

Wann ist die Beseitigungsfrist angemessen? Den Behörden und Gerichten steht ein Ermessensspielraum zu. Bei schwerwiegenden Leistungsstörungen (z.B. Wassereinbruch, defekte Heizung im Winter) muss die Behebung innert weniger Tage oder gar Stunden seit der Kenntnis vom Mangel erfolgen (Pra 2000 Nr. 49 E. 2d; BGer, 11.4.2001, 4C.291/2000, E. 4a; Lachat, bail à loyer, 252; vgl. SVIT-Komm., N 11; ZK-Higi, N 23 f.). In den übrigen Fällen genügt es, dass der Vermieter kurzfristig die Beseitigung des Mangels *in die Wege leitet* (Festsetzung eines Reparaturtermins, Nachweis eines Werkvertrages). Unternimmt der Vermieter, was in seiner Macht steht, um den Mangel zu beseitigen, so ist eine Kündigung ausgeschlossen. So ist es etwa nicht zu beanstanden, wenn der Vermieter die Beschwerden gegen eine Mietpartei im Haus untersucht und den Störer vor einer Kündigung – nicht zuletzt mit Blick auf Art. 257f und 271 – verwarnt. Dies gilt in besonderem Masse, wo die sofortige Kündigung eine schwierige soziale Situation schaffen würde (BGer, 11.4.2001, 4C.291/2000, E. 4a). 7

Reagiert der Vermieter auf einen Mangel jedoch nicht von sich aus, oder schiebt er nach Einleitung der Reparatur die Behebung des Mangels ohne vernünftigen Grund hinaus, kann nach Ablauf der insgesamt als angemessen zu betrachtenden Frist direkt gekündigt werden.

Nach Ablauf der Frist muss der Mieter nicht in allen Fällen sofort kündigen, namentlich wenn er Wohn- oder Geschäftsräume gemietet hat. Dies entspricht einem modernen Privatrechtsverständnis, denn solange der Mieter noch Hoffnung auf eine verspätete Reaktion des Vermieters 8 hat und diesem entgegenkommen will, besteht kein Grund, ihn zu übereiltem Handeln oder zur Ansetzung einer neuen Frist zu zwingen. Die Regelung erweist sich jedenfalls als sachgerechter als die vertraute Ordnung der Art. 107 ff., nach welcher nur der sofortige Rücktritt nach Ablauf der Nachfrist möglich ist (Botschaft Mietrecht, 1435; **a.M.** GUHL/KOLLER/SCHNYDER/DRUEY, 412 f.).

Ein Zuwarten des Mieters während längerer Zeit kann immerhin als Verzicht gewertet werden.

Die Kündigung hat bei der Miete von Wohn- und Geschäftsräumen schriftlich zu erfolgen (Art. 266*l*; SJ 2001 I 445 E. 3a).

9 Erfüllt die Kündigung die Voraussetzungen von Art. 259b lit. a nicht, so ist sie auch bei der *Miete von Wohn- und Geschäftsräumen* **nichtig** und nicht nur anfechtbar i.S.v. Art. 271 f. und 273 (ZK-HIGI, N 42; zur Problematik und zu *abweichenden Meinungen* vgl. Art. 257d N 9). Art. 259b lit. a *verdrängt* die Kündigung aus wichtigem Grund nach Art. 266g (Art. 266g N 3; ZK-HIGI, N 33 und 44; SOMMER, MRA 2002, 72; Pra 2000 Nr. 49 E. 2c; BGer, 17.8.2001, 4C.168/2001, E. 4a). Eine Umdeutung in eine ordentliche Kündigung oder in eine Kündigung aus wichtigem Grund ist wegen der Bedingungsfeindlichkeit von Gestaltungsrechten grundsätzlich ausgeschlossen (BGE 135 III 441 E. 3.3 = Pra 2010 Nr. 30; BGer, 22.3.2006, 4C.384/2005, E. 3.2; vgl. auch Art. 257d N 11 und die weiteren Verweise in Art. 266o N 4). Die explizite Bezeichnung als Kündigung nach Art. 259b lit. a ist nicht erforderlich. Es genügt, dass der Kündigungsempfänger aus den Umständen auf eine ausserordentliche Kündigung nach Art. 259b schliessen darf und muss. Dies ist etwa der Fall, wenn der Mieter fristlos oder sehr kurzfristig kündigt und die nicht weiter begründete Kündigung einen erkennbaren Bezug zu einem Mangel hat (vgl. Pra 2000 Nr. 49 E. 2c). Auch ein Bezeichnungsirrtum schadet dabei nicht (vgl. BGE 123 III 124 E. 3). Die nicht in einem Bezug zu einem Mangel stehende kurzfristige oder fristlose Kündigung ist dagegen als terminwidrige ordentliche Kündigung zu betrachten (vgl. Art. 266a Abs. 2 sowie Art. 257d N 11).

Die Frage der Nichtigkeit der Kündigung kann zum Gegenstand einer Feststellungsklage, aber auch eines Anfechtungsverfahrens nach Art. 273 gemacht werden (vgl. Art. 273 N 6). Auch soweit der Urteilsvorschlag der Schlichtungsbehörde sich diesfalls nur mit den Voraussetzungen von Art. 259b lit. a und nicht mit den Kriterien von Art. 271 f. befasst, verleiht die verpasste Klagefrist dem Vorschlag die Wirkungen eines rechskräftigen Entscheides (Art. 211 Abs. 3 ZPO). Alles andere würde eine nicht hinzunehmende Rechtsunsicherheit bewirken (problematisch insofern unter altem Recht BGer, 17.8.2001, 4C.168/2001, E. 3; vgl. Art. 273 N 6).

III. Ersatzvornahme gemäss lit. b

10 Im Unterschied zur Ersatzvornahme nach Art. 98 bedarf diejenige nach Art. 259b lit. b *keiner* richterlichen Ermächtigung. Im Gegenzug hat der Gesetzgeber den Anwendungsbereich auf **mittlere Mängel** (Art. 258 N 2) beschränkt, damit dem Vermieter die Gestaltungsfreiheit bezüglich des Mietobjekts erhalten bleibt und die Suche nach der kostengünstigsten Behebung ermöglicht wird. Gerade wegen der einschränkenden Definition der schwerwiegenden Mängel durch die Praxis erhält indessen die Ersatzvornahme erstaunlich grosses Gewicht (**a.M.** ROHRER, MRA 2000, 276). So erachtete das BGer zu recht die Ersatzvornahme einer vom Vermieter versäumten Abdichtung des Vordaches einer Terrasse als zulässig, deren Kosten sich auf etwas mehr als CHF 11 000 belaufen hatten (BGer, 23.2.2011, 4A_628/2010, E. 3.2). Mit Recht befürwortet TSCHUDI auch die Anwendung der Norm auf die Behebung *schwerer Mängel, soweit diese* mit verhältnismässig geringen Kosten verbunden ist (TSCHUDI M., 133; ebenso SVIT-Komm., N 39, m.Hw. auf BGer, 17.8.2001, 4C.168/2001, E. 4a). Die übrigen Voraussetzungen sind die gleichen wie bei der fristlosen Kündigung; insb. darf der

Mieter zur Ersatzvornahme erst greifen, wenn der Vermieter den Mangel kennt und ihn nicht innert angemessener Frist behebt (N 6 ff.; s. BGer, 23.2.2011, 4A_628/2010, E. 4).

Der Mieter ist in der Wahl der Mittel im Rahmen seiner Schadenminderungspflicht frei (SVIT-Komm., N 32; ZK-HIGI, N 52). Den Verwendungsersatz kann der Mieter nach Art. 265 mit künftigen Mietzinsen verrechnen.

IV. Konkurrenzen zu andern obligatorischen Rechtsbehelfen

Zur Berufung auf **Willensmängel**, namentlich zu den prozessualen *Tücken* vgl. Art. 258 N 9. 11

Ein **Minderungs-** (Art. 259d) oder **Schadenersatzanspruch** (Art. 259e) tritt – wenn die entsprechenden Voraussetzungen erfüllt sind – zum Beseitigungsanspruch hinzu. Der kündigende Mieter kann daher etwa bis zum Mietende zuviel bezahlte Mietzinse zurückfordern und gleichzeitig das Erfüllungsinteresse für die Zeit danach geltend machen. Speziell als Druckmittel im Hinblick auf die Beseitigung von Mängeln an unbeweglichen Sachen konzipiert ist die **Hinterlegung** (Art. 259g ff.; Botschaft Mietrecht, 1437).

Wie weit der Mieter befugt ist, die Sache **eigenmächtig zu reparieren**, bestimmt sich einzig 12
nach Art. 259b. Die Generalklausel von Art. 257f Abs. 1 (sorgfältiger Gebrauch der Mietsache) kann nicht als weitergehende Ermächtigung gedeutet werden; darauf weist indirekt auch die Meldepflicht (Art. 257g) hin.

Das schliesst aber die – in der Praxis recht häufige – **Geschäftsführung ohne Auftrag** durch den Mieter nicht aus. Ihrer wird sich der Mieter namentlich dann bedienen, wenn der Vermieter nicht erreichbar und eine rechtzeitige Behebung des Mangels nicht möglich ist. Berechtigte Geschäftsführung führt zum Anspruch auf Verwendungsersatz und auf Befreiung von eingegangenen Verbindlichkeiten (Art. 422; BGE 61 II 37); Geschäftsanmassung kann immerhin noch einen Bereicherungsanspruch zur Folge haben (Art. 423; vgl. dazu SVIT-Komm., N 33; WEBER, Diss., 104 ff.; ZÜST, Diss., 158; GUHL/KOLLER/SCHNYDER/DRUEY, 412). Formularverträge ermächtigen oft den Mieter zum Handeln; solche Abreden sind ohne weiteres zulässig und fallen unter das Auftragsrecht.

Art. 259*c*

b. Ausnahme	**Der Mieter hat keinen Anspruch auf Beseitigung des Mangels, wenn der Vermieter für die mangelhafte Sache innert angemessener Frist vollwertigen Ersatz leistet.**
b. Exception	Le locataire ne peut pas exiger la remise en état de la chose lorsque le bailleur remplace celle-ci, dans un délai convenable, par une chose sans défaut.
b. Eccezione	Il conduttore non può pretendere l'eliminazione del difetto se, entro un congruo termine, il locatore sostituisce la cosa con una equivalente.

Literatur

Vgl. die Literaturhinweise zu Art. 258.

I. Leistung vollwertigen Ersatzes

Die Bestimmung ist in erster Linie auf die Miete vertretbarer beweglicher Sachen zugeschnitten. Vollwertiger Ersatz ist bei beweglichen Mietsachen naturgemäss leichter zu beschaffen als bei unbeweglichen. **«Vollwertig»** ist der Ersatz, wenn die Sache zum bisherigen Mietzins angeboten wird, wenn sie überdies zumindest gleichwertig ist (vgl. dazu auch Art. 272a 1

Abs. 2), d.h. die vorausgesetzten und zugesicherten Eigenschaften der mängelfreien Mietsache aufweist, und wenn der Mieter auch sonst keine finanzielle Einbusse erleidet (Bsp.: Ersatz auch der Umzugskosten durch den Vermieter; vgl. zum Ganzen BGer, 9.10.2007, 4C.331/2006, E. 4.1 = mp 2007, 225 ff; CHK-Heinrich, N 3; ZK-Higi, N 22; Permann, N 2).

2 Der Vermieter «leistet» i.S. dieser Bestimmung, falls er den vollwertigen Ersatz *auf einen Zeitpunkt innert der angemessenen Frist hin* gehörig **anbietet** (ZK-Higi, N 31).

3 Die Frist ist **«angemessen»**, sofern unter den konkreten Umständen dem Mieter das Zuwarten zugemutet werden kann. Die angemessene Frist zur Behebung des Mangels gem. Art. 259b bildet dabei die Obergrenze (vgl. Art. 259b N 6 f.; gl.M. Hangartner-David, 71; ZK-Higi, N 33 und 37).

II. Wegfall der Mängelrechte

4 Soweit der Vermieter vollwertigen Ersatz leistet oder im erwähnten Sinne anbietet, entfallen alle Mängelrechte des Mieters, nicht nur der Anspruch auf Beseitigung des Mangels, wie im Gesetz ausdrücklich festgelegt; auch ein etwaiges Recht auf fristlose Kündigung oder Ersatzvornahme entfällt. **Für die Zeit bis zur Beschaffung des vollwertigen Ersatzes** hat der Mieter Anspruch auf Mietzinsminderung und Schadenersatz (Botschaft Mietrecht, 1436; SVIT-Komm., N 10; ZK-Higi, N 34).

5 Der Mieter kann auch ein verspätet angebotenes oder ein mängelbehaftetes Mietobjekt als Ersatz akzeptieren und so zum neuen Vertragsobjekt erheben. Ist die Ersatzsache bei der Übernahme mangelhaft oder entstehen später Mängel, so kommen auch bezüglich des Ersatzobjektes die Mängelrechte zur Anwendung.

III. Abweichende Vereinbarungen

6 Die Bestimmung ist im Rahmen von Art. 256 Abs. 2 **relativ zwingend**, da der Vermieter sich nicht durch ein minderwertiges Ersatzangebot der Pflicht zur Erhaltung der Sache in gebrauchstauglichem Zustand entschlagen kann (**a.M.** Roncoroni, mp 2006, 82 ff., der die Norm gar für absolut zwingend hält).

Art. 259d

3. Herabsetzung des Mietzinses	**Wird die Tauglichkeit der Sache zum vorausgesetzten Gebrauch beeinträchtigt oder vermindert, so kann der Mieter vom Vermieter verlangen, dass er den Mietzins vom Zeitpunkt, in dem er vom Mangel erfahren hat, bis zur Behebung des Mangels entsprechend herabsetzt.**
3. Réduction du loyer	Si le défaut entrave ou restreint l'usage pour lequel la chose a été louée, le locataire peut exiger du bailleur une réduction proportionnelle du loyer à partir du moment où le bailleur a eu connaissance du défaut et jusqu'à l'élimination de ce dernier.
3. Riduzione del corrispettivo	Se il difetto pregiudica o diminuisce l'idoneità della cosa all'uso cui è destinata, il conduttore può pretendere una riduzione proporzionale del corrispettivo a partire dal momento in cui il locatore ha avuto conoscenza del difetto fino all'eliminazione del medesimo.

Literatur

Conod, Action en répétition de l'indu. Qualité pour défendre et prescription, CdB 2005, 97 ff.; Hürlimann-Kaup, Grundfragen des Zusammenwirkens von Miete und Sachenrecht, Zürich 2008; Morin, La restitution des paiements en matière de bail 15e séminaire sur le droit du bail, Neuchâtel 2008; Studer,

Zum Anspruch des Mieters auf Herabsetzung wegen Bauimmissionen ab Nachbargrundstücken, MRA 2005, 93 ff.; WEBER, Rückforderungsansprüche im Mietrecht, mp 2005, 1 ff.; ZÜST, Die Mietzinsherabsetzung bei Mängeln am Beispiel des Fluglärms, mp 2003, 145 ff.; DERS., Kasuistik zur Mietzinsherabsetzung bei Mängeln, mp 2004, 69 ff.; s.a. die Literaturhinweise zu Art. 258.

I. Zweck und systematische Stellung der Mietzinsminderung

1 Weist die Mietsache einen **Mangel** (vgl. dazu Art. 258 N 1 ff.) auf, so sinkt ihr **objektiver Wert**. Wie die Gewährleistungspflicht des Verkäufers oder des Unternehmers für Sach- bzw. Werkmängel korrigiert die Mietzinsminderung das durch den Mangel entstandene Ungleichgewicht zwischen den vertraglichen Hauptleistungen der Parteien. Es ist daher nicht richtig, die Mietzinsminderung dem Recht des Schadenersatzes zuzurechnen. Die Minderung führt wohl zu einem **Wertausgleich** (ZK-HIGI, N 5). Dessen Grundlage ist aber nicht ein dem Vermieter zurechenbarer Eingriff in die Vermögenssphäre des Mieters, sondern die Überlegung, dass der Mieter nicht den vereinbarten Mietzins zahlen soll, solange er dafür nicht die volle Gegenleistung erhält (ZIHLMANN, 76; SVIT-Komm., N 14; vgl. N 8). Die vorliegende Bestimmung ist damit «Ausdruck des konditionellen Synallagmas» beim Mietvertrag (so TSCHUDI M., 39). Selbst Mängel, auf die der Vermieter keinen Einfluss nehmen kann, führen zu einer Mietzinsminderung, so etwa die negativen Auswirkungen einer benachbarten Baustelle auf das gemietete Geschäftslokal, die starke Zunahme des Fluglärms über einer Wohnung infolge der Umleitung des Flugverkehrs oder zusätzliche Immissionen aus dem Betrieb einer ausgebauten Bahnstrecke (BGer, 2.12.2004, 4C.377/2004, E. 2.1; 7.9.2009, 4A_244/2009, E 3.1; s. ZÜST, mp 2003, 157; CHK-HEINRICH, N 2 f.; CPRA BAIL-AUBERT, 13 f.; BLUMER, SPR VII/3, Rz 742 und 751; **a.M.** anscheinend HIGI, BauR 2002, 154).

1a Zum **Immissionsschutz** im **öffentlichen Recht** bestehen zwar gewisse Berührungspunkte. Der Grundsatz der Einheit der Rechtsordnung gebietet es insb., öffentlich-rechtliche Vorschriften bei der Prüfung des nach Lage, Beschaffenheit und Ortsgebrauch noch zu duldenden Masses von Einwirkungen zu berücksichtigen (**a.M.** TSCHUDI M., 39, 92 ff.). Anders als der öffentlich-rechtliche Immissionsschutz (dazu BRUNNER, mp 2000, 108 ff., 156 ff.) befasst sich indessen der zivilrechtliche nicht mit allgemein gültigen Mindeststandards, sondern allein mit den konkreten Auswirkungen von Immissionen im Einzelfall; unterschiedlich ist auch der Grad des Schutzes, namentlich was die ideellen Immissionen angeht (BGE 126 III 229 E. 3c). Wenn daher in der Literatur teilweise die Forderung erhoben wird, Mietzinsminderungen etwa wegen Fluglärms seien nur zu gewähren, soweit Anspruch auf eine Entschädigung nach den Grundsätzen der materiellen Enteignung bestehe (so DÜRR, AJP 2001, 394 ff. sowie ROHRER, MRA 2002, 31), kann dem nicht gefolgt werden (gl.M. BRUNNER, mp 2000, 167 f.; KUKO OR-BLUMER, N 2; ZÜST, mp 2003, 151 f. und 163). Es verhält sich eher umgekehrt: Mietzinsausfälle infolge von öffentlich-rechtlichen Beschränkungen können einen Einfluss auf die Entschädigung wegen formeller oder materieller Enteignung haben (BGE 132 II 427 E. 6.3; s.a. BGE 138 II 77).

1b Der Mietzinsminderungsanspruch weist aber auch zum **nachbarrechtlichen Immissionsschutz** von Art. 679 und 684 ff. ZGB Unterschiede auf. Zwar geht es hier wie dort um individuell zu schützende Rechtspositionen. Eine Differenz besteht aber hinsichtlich der *Nähe der Beziehung* der Parteien. Nachbarn im sachenrechtlichen Sinn (zu denen auch Mieter gehören: Art. 259a N 1a, Art. 259f N 3) stehen zueinander in keiner unmittelbaren Rechtsbeziehung. Als Eigentümer oder Besitzer ihrer Sache haben sie bei der Ausübung ihrer Rechte zwar aufeinander Rücksicht zu nehmen. Dazu gehört die Ermöglichung erlaubter Nutzungen, zumal sich langfristig die zu erduldenden Beeinträchtigungen unter Nachbarn in etwa die Waage halten dürften. Deshalb sind nur *übermässige* Einwirkungen verboten (BGE 126 III 229 E. 4b; vgl. auch BGE 126 III 452). Anders beim Mietvertrag: Hier schuldet der Vermieter dem Mieter eine vertraglich genau umschriebene Leistung, die *nur bei vollständiger Erfüllung* das volle Entgelt rechtfertigt (N 2; BRUNNER, mp 2000, 101 ff.; BGer, 2.12.2004, 4C.377/2004, E. 2.2 = mp 2005, 246 ff.).

1c Ein grundlegender Unterschied besteht sodann zur **missbrauchsrechtlichen Mietzinsherabsetzung** nach Art. 270 oder 270a, hier zur Unterscheidung von der Minderung als *Mietzinssenkung* bezeichnet. Die genannten Bestimmungen sind nur für die Miete von *Wohn- und Geschäftsräumen* anwendbar und regeln die Frage, ob die *einwandfreie* Mietsache das verlangte Entgelt nach den Missbrauchskriterien von Art. 269 und 269a rechtfertigt. Immerhin kann aber eine nachbar- oder enteignungsrechtliche Entschädigung zu einer Verminderung der Anlagekosten des Vermieters führen und damit eine Mietzinssenkung nach Art. 270 oder 270a rechtfertigen (BRUNNER, mp 2000, 172 f.; TSCHUDI M., a.a.O., 166 ff.), jedenfalls soweit die empfangene Leistung nicht schon durch die Verluste aus Mietzinsminderungen nach Art. 259 aufgebraucht ist.

II. Voraussetzungen des Minderungsanspruchs

2 Sämtliche **Mängel**, für welche der Vermieter gem. Art. 259a einzustehen hat (vgl. dazu Art. 256 N 3 f., Art. 258 N 1 f. sowie Art. 259a N 3), geben Anspruch auf Mietzinsminderung (BGer, 28.10.2003, 4C.97/2003, E. 3.3; ZK-HIGI, N 8; CHK-HEINRICH, N 2; Lachat et al.-ROY, 170 f.; WEBER, Diss., 106; **a.M.** Hangartner-DAVID, 74; SVIT-Komm., N 6; ZÜST, Diss., 175). Die Beschränkung des Minderungsanspruchs auf erhebliche Schmälerungen des vertragsgemässen Gebrauchs (dazu Art. 256 N 3 f. sowie CORBOZ, SJ 1979, 130), wie sie noch unter dem früheren Recht bestanden hatte (dazu SJ 1986, 195 ff.), wurde mit der Mietrechtsrevision fallengelassen (BGer, 2.12.2004, 4C.377/2004, E. 2.2 = mp 2005, 246 ff.). Damit wurde dem Aspekt Rechnung getragen, dass im Dauerschuldverhältnis veränderten Umständen eine andere Bedeutung zukommt als bei Zielschuldverhältnissen. Zur Vermeidung von gerichtlichen Auseinandersetzungen über jede Kleinigkeit ist es bei sehr untergeordneten Mängeln, die die Gebrauchstauglichkeit der Sache um weniger als 5% tangieren, zusätzlich erforderlich, dass sich die Beeinträchtigung über eine längere Dauer erstreckt (BGer, 28.10.2003, 4C.97/2003, E. 3.3, verschmutzter und löchriger Teppich im Eingangsbereich während $5^1/_2$ Jahren; s.a. CPra Bail-AUBERT, N 8 f.). Überhaupt keine hinreichende Beeinträchtigung stellt der Umstand dar, dass die Bewohner eines nach Mietbeginn errichteten Nachbargebäudes in die Wohnung der Mieter blicken können (vgl. BGE 135 III 345 E. 3.3 = Pra 2009 Nr. 135; mit Recht krit. zu den pauschalen Erwägungen betr. Umgebungsveränderungen KOLLER/SENNHAUSER, ZBJV 2011, 303 f.).

Da der Mieter gem. Art. 259 kleine Ausbesserungen selbst vorzunehmen hat, ist die Regelung durchaus noch mit der Sachmängelgewährleistung des Kaufrechts (Art. 197) vergleichbar.

2a Die Minderung greift erst ein, wenn der Vermieter vom Mangel erfahren hat. Die **Kenntnis** des Vermieters kann sowohl auf seiner eigenen Wahrnehmung wie auch auf jener seiner Hilfspersonen oder aber auf entsprechender Anzeige des Mieters beruhen (vgl. Art. 257g N 7). Ein Verschulden des Vermieters für das Auftreten des Mangels ist nicht erforderlich (s. BRUNNER, mp 2000, 102) – so wenig wie nach Art. 197 ein Verschulden des Verkäufers. Die Beweislast für die Voraussetzungen der Minderung liegt nach Art. 8 ZGB beim Mieter (vgl. aber zur Beweislast für ein Fehlverhalten des Mieters Art. 259a N 4).

III. Rechtsnatur des Minderungsbegehrens

3 Dem Gesetzeswortlaut lässt sich nur entnehmen, dass der Mieter einer im erwähnten Sinne mangelhaften Sache das Recht hat, vom Vermieter eine Minderung des Mietzinses zu verlangen. Damit sollte laut Bundesrat klargestellt werden, dass der Mieter zur Durchsetzung seines Anspruchs nicht den Richter anzurufen brauche (Botschaft Mietrecht, 1436). Mit Bezug auf *die Rechtsnatur scheidet daher* die bei der Kaufpreisminderung verwirklichte Figur des Gestaltungs*klage*rechts aus. Ein Teil der Lehre deutet die Formulierung in Art. 259d dahin, die Minderung sei als Gestaltungsrecht des Mieters zu qualifizieren (GUHL/KOLLER/SCHNYDER/

DRUEY, 414; Hangartner-DAVID, 74; ZK-HIGI, N 6 und 21 ff.; ZK-SCHMID, aArt. 254/5 N 29; ZÜST, Diss., 162 ff.; PERMANN, N 1).

Weder das eine noch das andere trifft zu: Beginn, Ende und Ausmass der Minderung werden nicht durch irgendeine Erklärung des Mieters, sondern *allein durch den konkreten Mangel und dessen Kenntnis seitens des Vermieters* fixiert. Ein Gestaltungsrecht bedürfte unbedingt der Bindung an eine – dem Gesetz nicht zu entnehmende – Frist (vgl. Art. 210 und 219 Abs. 3; für weitere Ungereimtheiten vgl. WEBER, mp 2005, 6 ff.; ZK-HIGI, N 22). **4**

Richtigerweise ist deshalb von einer **gesetzlichen Verminderung des geschuldeten Mietzinses** auszugehen, solange die Voraussetzungen der Minderung bestehen (WEBER, mp 2005, 10 f.). Im entsprechenden Umfang kann der Mieter die Mietzinszahlung verweigern oder das Geleistete mit seinen Schulden verrechnen. *Für die Minderung nicht erforderlich ist eine besondere Erklärung des Mieters.* Er kann seinen Anspruch jederzeit geltend machen, auch noch *nach Behebung des Mangels* und selbst *nach Beendigung des Mietverhältnisses*. Die gegenteilige Annahme findet im Gesetz keine Stütze (wie hier TH. KOLLER, ZBJV 2005, 315; ADDORISIO DE FEO, mp 2001, 184; CR CO I-LACHAT, N 3; Lachat et al.-ROY, 177 FN 121; OGer AG, mp 2000, 77 ff.; **a.M.** SVIT-Komm., N 8 und 24 ff.; ZÜST, Diss., 163 und 176; ZK-HIGI, N 6 und 21 f.). Gewisse Autoren nehmen eine vermittelnde Position ein: Sie befürworten zwar – eingestandenermassen im Widerspruch zum Wortlaut von Art. 259d – die Theorie des Gestaltungsrechts, nehmen bei Ausübung desselben jedoch eine Reduktion des Mietzinses von Gesetzes wegen an. Dies erlaubt ein Reduktionsbegehren jedenfalls auch noch nach Behebung des Mangels (Lachat et al.-ROY, 177 FN 121; GUHL/KOLLER/SCHNYDER/DRUEY, 414; CHK-HEINRICH, N 6; SVIT-Komm. N 8). Das BGer lässt die Frage offen, löst das Problem der Befristung durch eine analoge Anwendung von Art. 130 Abs. 2 und betont zu Recht, auch bei Annahme eines Gestaltungsrechtes bringe es schon der Gesetzeswortlaut mit sich, dass der Mieter die Minderung sehr wohl rückwirkend geltend machen könne (BGE 130 III 504 = Pra 2005 Nr. 6 E. 5.1; s.a. BGer, 23.9.2003, 4C.65/2003, E. 3.2–3 = MRA 2004, 60 ff.; ebenso BLUMER, SPR VII/3, Rz 754; CPra Bail-AUBERT, N 39 ff.). Schon zuvor hatte es an die Ausübung des «Gestaltungsrechts» keine hohen Anforderungen stellt. So liess es dafür die Begründung einer ausserordentlichen Kündigung genügen, in welcher die Mieter erklärt hatten, es sei ihnen als Folge von Mängeln aus gesundheitlichen Gründen nicht mehr zumutbar, im Hause zu leben. Den Anspruch selber erachtete es schon dadurch als genügend beziffert, dass die Mieter im nachfolgenden Verfahren die Abweisung der Mietzinsforderungsklage des Vermieters verlangt hatten (BGer, 15.5.2001, 4C.66/2001, E. 3c; **a.M.** SOMMER, MRA 2002, 72 f.). Zur erforderlichen Umschreibung von Art und Ausmass der Mängel s.a. BGer, 13.12.2002, 4C.248/2002, E. 4.

Der **Rückforderungsanspruch** für zuviel bezahlte Mieten ist eine verjährbare **mietrechtliche Forderung**, die auf Art. 259d beruht, zusammen mit der (periodischen) Mietzinsforderung entsteht und daher nicht nach Art. 67, sondern gestützt auf Art. 128 Ziff. 1 innert fünf Jahren verjährt (BGE 130 III 504 E. 6 = Pra 2005 Nr. 6; OGer AG, mp 2000, 80; CHK-HEINRICH, N 6; KOLLER TH., ZBJV 2005, 312 ff., 316; WETZEL, MRA 2004, 149 ff.; ADDORISIO DE FEO, mp 2001, 184; WEBER, Diss., 107 f.; DERS., mp 2005, 1 ff.; Lachat et al.-ROY, 177; KUKO OR-BLUMER, N 10; **anders** ZK-HIGI, N 25; ZÜST, Diss., 180, zur Rsp. beim Nebenkostensaldo und bei der Rückforderung von Mietzinsen gestützt auf eine nichtige Erhöhungsmitteilung vgl. Art. 257a N 8 f. sowie Art. 269 N 8 sowie WEBER, mp 2005, 12 ff.). Definiert werden die noch nicht verjährten Forderungen durch die Fälligkeit der entsprechenden Mietzinsbetreffnisse und nicht etwa durch das Minderungsbegehren des Mieters (KOLLER TH., a.a.O., 314). Im Ergebnis ist die Frage aber nicht von Belang, denn wenn es auf das Minderungsbegehren ankäme, wäre von einer auf Kündigung gestellten Forderung gem. Art. 130 Abs. 2 auszugehen (BGE 130 III 504). **4a**

Prozessual wird die Minderung entweder im Rahmen einer *Forderungsklage des Vermieters* oder einer *Rückforderungsklage des Mieters* geltend gemacht. Ob der zwischen den Parteien **5** bestehenden Rechtsunsicherheit ist auch eine *Feststellungsklage* zulässig (vgl. dazu BGE 110 II 354 und Art. 59 Abs. 2 lit. a ZPO): Da im Streitfall das Ausmass der Minderung vor richterlicher Feststellung nicht feststeht, riskiert der Mieter wegen Zahlungsverzugs die Kündigung des Mietverhältnisses (Art. 257d). Bei der Miete einer *unbeweglichen Sache* kann er indessen unter den Voraussetzungen von Art. 259 ff. seinen Minderungsanspruch im Hinterlegungsverfahren nach Art. 259g ff. durchsetzen und so seine Ansprüche sichern. Bei anderen Mietgegenständen wird er vorsichtigerweise weiterhin an den Vermieter leisten und anschliessend eine Rückforderungsklage anstrengen.

IV. Ausmass der Minderung

6 Die Grundsätze, welche bei der Preisminderung im Kaufrecht gelten, können sinngemäss auf das Mietverhältnis übertragen werden. Nach der **relativen Berechnungsmethode** ist daher der Wert der mangelhaften Sache ins Verhältnis zu setzen zu demjenigen der gebrauchstauglichen. Dabei ist auf objektive Kriterien abzustellen, namentlich auf *Art und Beschaffenheit des Mietobjektes und des Mangels* und auf den *Vertragsinhalt* (Brunner, mp 2000, 101; Bättig, MRA 2000, 289 f.; ZK-Higi, N 12 ff.; Lachat et al.-Roy, 173; SVIT-Komm., N 14 ff.; Züst, Diss., 187 und 190 f.; ders., mp 2003, 153 ff.). Besonders bei Mängeln von mittlerer Bedeutung führt diese Methode jedoch gelegentlich nicht zu einem überzeugenden Ergebnis, da die Inkonvenienzen für den Mieter in keinem Verhältnis stehen zum eher geringen Minderungsbetrag, was den gleichgültigen Vermieter im Ergebnis belohnt. Das BGer erachtet es in solchen Fällen zu Recht als mit dem Bundesrecht vereinbar, sich bei der Festsetzung des Minderungsbetrages von der allgemeinen Lebenserfahrung, dem gesunden Menschenverstand («bon sens») und der Kasuistik leiten zu lassen, mithin einen **Billigkeitsentscheid** i.S.v. Art. 4 ZGB zu treffen (BGE 130 III 504 E. 4.1; CHK-Heinrich, N 7).

6a Ob bei der Umlegung des resultierenden Prozentsatzes auf den Mietzins die **Nebenkosten** mit einbezogen werden oder nicht (vgl. dazu ZK-Higi, N 13; Züst, Diss., 189; Lachat et al.-Roy, 173), ist im Ergebnis nicht von grosser Bedeutung: Lässt man sie ausser Betracht, so fällt der Mangel im Verhältnis zur Gegenleistung für den Nettomietzins automatisch umso stärker ins Gewicht. Für einen Einbezug spricht immerhin die Praktikabilität: Wer die Nebenkosten ausser Acht lässt, ist zumindest insoweit zu Konzessionen gezwungen, als der Mangel Leistungen beschlägt, die mit Nebenkosten abgegolten werden (Bsp.: TV-Gebühr/defekte Antenne, ZK-Higi, N 13). Der Anspruch auf Minderung gilt nur für die Zeit bis zur Behebung des Mangels. Erfolgt die Behebung stufenweise, so ändert sich bis zur vollständigen Mangelbeseitigung das Ausmass der Minderung (ZK-Higi, N 19; SVIT-Komm., N 21). Hindert den Mieter den Vermieter an der Behebung des Mangels, verliert er für den entsprechenden Zeitraum den Minderungsanspruch, es sei denn die vom Vermieter beabsichtigten Massnahmen seien unzureichend (BGer, 23.2.2011, 4A_628/2010, E. 5.2).

6b Bei einer **umsatzabhängigen Mietzinsgestaltung (Umsatzmiete)**, wie sie bei der Miete von Geschäftsräumen anzutreffen ist (vgl. zur Zulässigkeit Art. 269b N 8), bleibt insofern kein Raum für eine (zusätzliche) Mietzinsminderung, als schon die Art der Mietzinsgestaltung dem Mieter für seine wirtschaftliche Einbusse vollen Ersatz verschafft. Da der Vermieter hier nicht nur das Risiko zufälliger Beeinträchtigungen der Sache, sondern ein Stück weit auch das Unternehmerrisiko des Mieters trägt, ist dieser daher an sich schon besser gestellt als mit der teilzwingenden gesetzlichen Regelung. Eine Minderung ist jedoch möglich, wenn ein Mindestmietzins vereinbart wurde und der Umsatz als Folge des Mangels unter die entsprechende Schwelle fällt (ZMP 2003 Nr. 1; gl.M. CHK-Heinrich, N 7; KUKO OR-Blumer, N 5). Lachat et al.-Roy sprechen sich dagegen für eine stets eingreifende zusätzliche Minderung aus (dies. 174). *Ihr Hinweis,* Umsatzmiete und Mietzinsminderung beruhten nicht auf derselben rechtlichen Grundlage, überzeugt allerdings nicht. Dass ein relevanter Mangel vorliegen kann, auch wenn etwa als Folge von Gegenmassnahmen des Mieters keine Umsatzeinbusse eintritt, ist zwar richtig. Hier zu diskutieren ist allerdings nur der Fall, wo die Umsatzeinbusse just auf die Verminderung der Gebrauchstauglichkeit der Sache zurück zu führen ist, wo also m.a.W. verschiedene Anspruchsgrundlagen den *gleichen* Lebenssachverhalt beschlagen. Abgesehen davon profitiert der Vermieter als Folge der umsatzabhängigen Mietzinsgestaltung auch vom Erfolg der Gegenmassnahmen des Mieters.

Kasuistik für Mietzinsreduktionen: Ausfall des Lifts: 10% für Mieter im 4. Stock (SJ 1979, 7 145); Wasserschaden in allen Zimmern, Küche unbenutzbar: 40% (CORBOZ, SJ 1979, 145 ff.); unzureichende Beheizung: 17% (BGE 42 II 349); Beeinträchtigung durch Lärm und Staub wegen benachbarter Baustelle: grundsätzlich 25% (SJ 1986, 195); Wasserflecken und abgerissene Tapeten in einer Wohnung: 8% (mp 1994, 189); schwere Beeinträchtigung durch Bauarbeiten: 50% (mp 1996, 21); verschmutzter Innenhof: 15% (BGer, mp 1997, 211); defekte Lüftung in einem Restaurant: 25% (mp 1998, 26); eingeschränkte Benützbarkeit eines Zimmers einer $4^1/_2$-Zimmerwohnung wegen Pilzbefalls in zwei Ecken: 10% (BJM 2000, 141); Störungen durch Geräusche der Heizung, verbunden mit Schwierigkeiten bei der Temperaturregulierung: 10% (BGer, 11.4.2001, 4C.291/2000, E. 4 und 5); Schlafstörung durch Heizungsgeräusche: 15% (BGer, 31.5.2002, 4C.65/2002); massive Störung durch Nachbarn: 25% (BGer in mp 2000, 50 ff.); verschmutzter und löchriger Teppich im Eingangsbereich: 2% (BGer, 28.10.2003, 4C.97/2003, E. 3.6); starke Zunahme des Fluglärms über einer Wohnung infolge der Umleitung des Flugverkehrs während eines Flughafenausbaus: 30% (SJZ 2002, 108 ff., krit. dazu ROHRER, MRA 2002, 30 ff.; zustimmend statt vieler ZÜST, mp 2003, 163 ff.); Lärm und Erschütterungen von zwei Baustellen beeinträchtigen Augenarztpraxis: 37% (BGer, 2.12.2004, 4C.377/2004 = mp 2005, 246 ff.); diverse, sich verschlimmernde Baumängel bei einem Hotel/Restaurant: 5%, dann 25% (BGer, 10.1.2005, 4C.334/2004 = MRA 2005, 189 ff.); massive Erschütterungen, Lärm- und Schmutzimmissionen durch Abbruch und Neubau eines Gemeinschaftsgebäudes stören den Betrieb einer Stellenvermittlung: 60%, dann 25% (BGer, 24.10.2005, 4C.219/2005); diverse Mängel schränken insb. die Benützbarkeit der Wohnung für Kleinkinder ein: 40% (BGer, 22.3.2006, 4C.384/2005); Belästigung durch Cheminée-Rauch, Lärm und Wasser in der Tiefgarage: je 5% (s. BGer, 1.5.2006, 4C.11/2006); defekte Heizung einer Bar im Winter und Zwang zur Benützung einer Aussentoilette: je 15% (BGer, 8.7.2009, 4A_174/2009, E. 4); ungerechtfertigte Aussperrung des Mieters durch den Vermieter im Anschluss an eine nichtige Kündigung nach Art. 257f Abs. 4: 100% (BGer, 2.2.2010, 4A_642/2009, E. 4.3–4.5); Betrieb einer Bar, in welcher Prostituierte auf Kundenfang gingen, im sous-sol eines Restaurants, mit entsprechender Beeinträchtigung des Rufs des Lokals: 15% (BGer, 25.1.2011, 4A_490/2010); eingeschränkte Benützbarkeit eines Geländes an einem Waldrand zur vertraglich vereinbarten Ablagerung von Material: 5% (BGer, 2.12.2011, 4A_483/2011, E. 2.4). Vgl. für weitere Beispiele ZÜST, mp 2004, 69 ff.; CPra Bail-AUBERT, N 67.

V. Verhältnis zu andern obligatorischen Rechtsbehelfen

Zur Berufung auf **Willensmängel** und zu den damit verbundenen prozessualen *Tücken* vgl. 8 Art. 258 N 9. Dogmatisch vorab unter altem Recht umstritten war das Verhältnis zwischen dem Minderungsanspruch und der **Einrede des nicht erfüllten Vertrages** (Art. 82; vgl. dazu ZK-SCHMID, N 28 zu aArt. 254/5). Seit der Revision von 1990 ist die Befugnis des Mieters zur eigenmächtigen (allerdings nur teilweisen) Leistungsverweigerung im Gesetz enthalten («[…] kann der Mieter *vom Vermieter* verlangen […]», vgl. Botschaft Mietrecht, 1436); Art. 259d kann daher als lex specialis zu Art. 82 bezeichnet werden (vgl. N 1; ähnlich ZK-HIGI, N 24; ZÜST, 170; GUHL/KOLLER/SCHNYDER/DRUEY, 414; SVIT-Komm., N 25). Nach einem Teil der Lehre kann sich indessen der *Mieter beweglicher Sachen* wegen der fehlenden Hinterlegungsmöglichkeit direkt auf Art. 82 berufen und seine Leistung *im Umfang des zur Mängelbeseitigung nötigen Betrages sowie eines Zuschlages* verweigern, um den Vermieter zur Behebung von Mängeln zu veranlassen (GUHL/KOLLER/SCHNYDER/DRUEY, 414 f.).

9 Einer **Verrechnung** des strittigen Minderungsanspruches mit künftigen Mietzinszahlungen (allenfalls gekoppelt mit einer Feststellungsklage) steht gem. Art. 265 OR nichts entgegen. Dies ist jedoch nach nunmehr unbestrittener Lehre und Praxis neben *Leistungsverweigerung*, Hinterlegung und Rückforderung nur *eine* der Möglichkeiten, welche dem Mieter offenstehen (ZK-Higi, N 29; SVIT-Komm., N 25, abweichend allerdings Art. 265 N 9 f.; Permann, N 8).

10 Da Art. 259a den Minderungsanspruch ohne Einschränkung *neben* die **Hinterlegungsmöglichkeit** gem. Art. 259g stellt, verbietet sich die Annahme, dieses Recht sei gegenüber der Hinterlegung subsidiär und könne nur angewandt werden, wenn die Hinterlegung nicht möglich sei (BGer, 15.5.2001, 4C.66/2001, E. 3; Guhl/Koller/Schnyder/Druey, 414; ZK-Higi, N 29; Züst, 165 und 180; Permann, N 8; SVIT-Komm., Art. 259d N 25, Art. 259g N 5; **a.M.** Blumer, SPR VII/3, Rz 665, unter Berufung den [versehentlich nicht bereinigten?] SVIT-Komm., Art. 265 N 9).

Art. 259*e*

4. Schadenersatz	**Hat der Mieter durch den Mangel Schaden erlitten, so muss ihm der Vermieter dafür Ersatz leisten, wenn er nicht beweist, dass ihn kein Verschulden trifft.**
4. Dommages-intérêts	Si, en raison du défaut, le locataire a subi un dommage, le bailleur lui doit des dommages-intérêts s'il ne prouve qu'aucune faute ne lui est imputable.
4. Risarcimento dei danni	Il locatore è tenuto a risarcire i danni cagionati al conduttore da un difetto della cosa, ove non provi che nessuna colpa gli incombe.

Literatur

Bieri, La réparation du préjudice subi par le locataire en cas de défaut de la chose louée, 18e séminaire sur le droit du bail, Neuchâtel 2014, 59 ff.; vgl. auch die Literaturhinweise zu Art. 258.

I. Schadenersatzpflicht des Vermieters nach den allgemeinen Regeln

1 Der Vermieter haftet dem Mieter für **Schaden**, den dieser infolge eines (nicht i.S.v. Art. 259 oder 259a vom Mieter zu verantwortenden oder zu behebenden, vgl. Art. 259a N 2) **Mangels** erleidet, soweit er sich nicht **exkulpieren** kann (BGer, 22.6.2010, 4A_173/2010, E. 5.3). Für Einzelheiten kann grundsätzlich auf die Kommentierung des Allgemeinen Teils verwiesen werden (vgl. insb. Art. 97, 99 Abs. 3, 101 und 43 f.). Auch die Verpflichtung zur Leistung einer **Genugtuung** ist möglich (Art. 47 und 49 i.V.m. Art. 99 Abs. 3; Bieri, Rz 18). Nicht ersatzfähig ist der **Frustrationsschaden**. Allerdings ist bezüglich der Miete von **Ferienwohnungen** eine weniger strenge Sichtweise angezeigt, da auch das Pauschalreisengesetz, welches zur Harmonisierung des schweizerischen mit dem Recht der EU geschaffen wurde, im Lichte der Rsp. des EuGH zu interpretieren ist (Bieri, Rz 25; EuGH, 12.3.2002, C-168/00, Leitner vs. TUI Deutschland).

Das **pflichtwidrige Verhalten des Vermieters** oder seiner Hilfspersonen kann auch in einer Unterlassung, namentlich in der Verletzung von Kontroll- und Unterhaltspflichten liegen (vgl. BGE 107 II 428 betr. falsch eingestellter Skibindung, BGE 60 II 346 betr. ungenügender Treppenhausbeleuchtung). Bei der Schadensberechnung sind die Vorteile einzubeziehen, die dem Mieter (namentlich durch eine Mietzinsminderung) entstanden sind (ZMP 2001 Nr. 18; CHK-Heinrich, N 3; Weber, Diss., 109; BGE 126 III 388 E. 11c). Wird etwa einem *Ladenbesitzer das Schaufenster* versperrt und deckt der eingeklagte Minderungsanspruch bereits die ganze, zufolge Verlusts von Laufkundschaft verursachte Gewinneinbusse, so bleibt für einen Schadenersatzanspruch kein Raum. Ob deshalb gleich gesagt werden kann, der Minderwert der mangelhaften Sache könne a priori nicht auf dem Weg von Art. 259e geltend gemacht werden (so BLUMER, SPR VII/3, Rz 755), scheint fraglich (vgl. nur Art. 208 Abs. 3, wo das Gesetz «weitern Schaden[ersatz]» neben die Ansprüche aus Wandelung [und Minderung] stellt). Natürlich darf dem Mieter insgesamt nicht mehr ersetzt werden als sein gesamter Schaden. Abgesehen davon sind die beiden Instrumente unabhängig voneinander anwendbar. In BGE 126 III 388 E. 11c hat das BGer nur festgehalten, die Grundsätze der Mietzinsminderung könnten nicht analog angewandt werden mit dem Ziel, einen Architekten zum Ersatz des (dort nur mittelbaren) Schadens für entgangene Nutzung infolge Schlechterfüllung des Auftrags zu verpflichten.

Praktisch bedeutsam ist die vorliegende Bestimmung aber jedenfalls besonders bei Mangelfolgeschäden (Lachat et al.-ROY, 178 f.; MÜLLER, MRA 2005, 194 f.; vgl. aber Pra 1999 Nr. 21: Keine Haftung für Einbruchsschaden mangels Obhuts- und Überwachungspflicht des Vermieters) und beim Erfüllungsschaden nach fristloser Kündigung gem. Art. 259b lit. a.

II. Abweichende Vereinbarungen und Konkurrenz zu anderen Rechtsbehelfen

Der Schadenersatzanspruch des Mieters darf nur *in den Schranken von Art. 256 Abs. 2 wegbedungen* werden. 2

Der mietrechtliche Schadenersatzanspruch lässt die **ausservertraglichen Kausalhaftungen** namentlich des Werkeigentümers gem. Art. 58 OR sowie des Fahrzeughalters nach Art. 58 SVG *unberührt* (BGE 118 II 50). Das ist besonders mit Blick auf die bei der vertraglichen Haftung mögliche Exkulpation des Vermieters von Bedeutung. 3

Mit Rücksicht auf Art. 58 OR erscheint die Figur des **Vertrages mit Schutzwirkungen zugunsten Dritter** für das schweizerische Mietrecht entbehrlich (HONSELL, OR BT, 208; **a.M.** GONZENBACH, Art. 112 N 22).

Zur Anfechtung wegen Willensmängeln vgl. Art. 258 N 9.

Auch zum Schadenersatzanspruch können sodann selbstverständlich die nachbarrechtlichen und die öffentlich-rechtlichen Entschädigungsbestimmungen in Konkurrenz treten (vgl. Art. 259a N 1a sowie Art. 259d N 1a f.). 4

Art. 259*f*

5. Übernahme des Rechtsstreits	**Erhebt ein Dritter einen Anspruch auf die Sache, der sich mit den Rechten des Mieters nicht verträgt, so muss der Vermieter auf Anzeige des Mieters hin den Rechtsstreit übernehmen.**
5. Prise en charge du procès	Si un tiers fait valoir sur la chose un droit incompatible avec celui du locataire, le bailleur est tenu de se charger du procès sur l'avertissement du locataire.
5. Assunzione della lite	Se un terzo fa valere sulla cosa un diritto incompatibile con quello del conduttore, il locatore è tenuto, dietro avviso del conduttore, ad assumere la lite.

Literatur

Vgl. die Literaturhinweise zu Art. 258.

I. Normzweck

Diese Norm ergänzt im Bereiche der **Rechtsmängel** den Mängelbeseitigungs- und damit den Erfüllungsanspruch des Mieters; die *ratio legis* entspricht jener der Gewährleistung des veräusserten Rechtes im Falle der Entwehrung im Kaufrecht (vgl. Art. 193). Wie schon 1 aArt. 258 ist die Bestimmung praktisch kaum von Bedeutung (vgl. immerhin BGE 90 I 137). Eine gewisse Aktualität gewinnt sie jedoch bei der Miete von Geschäftsräumen, wenn – vorab in Zeiten der Hochkonjunktur – die Raumplanungs- und Baubehörden die Zulässigkeit des vereinbarten Gebrauchs im Lichte von Bestimmungen zur Wohnraumerhaltung in Zweifel ziehen.

II. Voraussetzungen

2 **Anspruch** auf die Sache erhebt, wer ein dingliches Recht daran geltend macht. Darunter sind einerseits öffentlich-rechtliche Eingriffe des Staates und andererseits dinglich wirkende zivilrechtliche Ansprüche Dritter zu verstehen. Zu letzteren gehören **Eigentum, beschränkte dingliche Rechte** (namentlich Dienstbarkeiten) oder **Ansprüche aus Nachbarrecht**. Obligatorische Rechte Dritter gegen den Vermieter (etwa diejenigen eines anderen Mieters) berühren den Mieter nicht (ZK-Higi, N 8), es sei denn, sie sind durch Vormerkung im Grundbuch mit dinglicher Wirkung ausgestattet (vgl. Art. 261b Abs. 2; SVIT-Komm., N 6; **a.M.** ZK-Higi, N 8).

3 Ebenso wenig findet dieser Artikel Anwendung, wenn der Dritte **nachbarrechtliche Bestimmungen verletzt**. Der Mieter kann hier aber den Vermieter zur Störungsabwehr auffordern oder selbst gegen den Dritten nach den Regeln des Besitzesschutzes oder des Nachbarrechts vorgehen (vgl. Art. 259a N 1a sowie Art. 259d N 1b; mp 2005, 42 ff.; ZK-Schmid, N 5 zu aArt. 258; BGE 109 II 304 E. 2; 114 II 230; 119 II 411 E. 4a). Im zweiten Fall kann der Mieter immerhin nach Einleitung des Prozesses Art. 259f anrufen, wenn der Dritte ein dingliches Recht an der Sache oder eine nachbarliche Berechtigung zu seinem Tun behauptet (ZK-Higi, N 21). Die Veräusserung der Mietsache und die Einräumung beschränkter dinglicher oder im Grundbuch vorgemerkter obligatorischer Rechte durch den Vermieter *nach* dem Mietantritt beurteilen sich nach Art. 261 f.

3a Die **Anzeige** an den Vermieter bildet eine **Streitverkündung** i.S.v. Art. 78 ZPO. Sie kann schon erfolgen, bevor es zum Prozess zwischen Mieter und Drittem gekommen ist. Die h.L. scheint zwar einen hängigen Prozess vorauszusetzen (vgl. Lachat, bail à loyer, 271; SVIT-Komm., N 10). Aubert schliesst sich dem an, weist aber zu recht unter Hinweis auf BGE 100 II 24 darauf hin, dass im Kaufrecht eine solche Einschränkung nicht gilt (CPra Bail-Aubert, N 10). Im genannten Entscheid hat das BGer aber die kauf- und die mietrechtliche Rechtsgewährleistung einander gleichgesetzt (S. 29 E. 1c). Wie sich aus Art. 35 Abs. 2 ZPO ergibt, kann ein Rechtsstreit schon bestehen, bevor es zur Klage kommt, so dass eine Anzeige auch schon möglich ist, wenn sich der Streit erst abzeichnet, z.B. aufgrund von vorprozessualer Korrespondenz. Die Anzeige als solche ist im Übrigen kein prozessuales Institut. Das BGer hat unter Berufung auf die Botschaft des Bundesrates zur BZP festgehalten, die Streitverkündung entfalte ihre Wirkungen stets aufgrund des materiellen Rechts, und zwar in allen Fällen der Gewährleistung und Schadloshaltung, auch dort wo sie nicht explizit gesetzlich geregelt sei. Das Prozessrecht normiere einzig die verfahrensrechtlichen Folgen der Anzeige und allenfalls [nach damaligem kantonalem Recht] die Form der prozessualen Anzeige; das materielle Recht begnüge sich dagegen mit einer beliebigen Anzeige (BGE 100 II 24 E. 1c; vgl. BBl 1947 I 1005). Daraus folgt zugleich, dass die Streitverkündung auch während des Prozesses nicht nur über das Gericht, sondern auch durch direkte Anzeige an den Vermieter erfolgen kann (KUKO ZPO-Domej, Art. 78 N 8; **a.M.** Staehelin/Staehelin/Grolimund, § 13 N 65 und 68).

III. Wirkungen

4 Die **Übernahme** des Streites durch den Vermieter bewirkt aus materiellrechtlichen Gründen einen Parteiwechsel i.S.v. Art. 83 Abs. 4 ZPO (vgl. CHK-Heinrich, N 5; Schmid, SJZ 1991,

357; WEBER, Diss., 110; **a.M.** [Prozessbeitritt] SVIT-Komm. N 12; ZK-HIGI, N 19). Der Vermieter schuldet dem Mieter bei **rechtzeitiger Anzeige** den **Ersatz sämtlicher Kosten**. Übernimmt er den Streit nicht, so kann das Urteil zwischen Mieter und Drittem ihm in den Grenzen von Art. 77 ZPO entgegen gehalten werden (Art. 80 ZPO).

Art. 259f ist nach Massgabe von Art. 256 OR *relativ zwingend*. Die Bestimmung tritt zu den anderen Mängelrechten des Mieters hinzu, namentlich auch zur Hinterlegung (ZK-HIGI, N 23 ff.; PERMANN, N 6; **a.M.** betreffend Hinterlegung SVIT-Komm., N 16; CHK-HEINRICH, N 7). 5

Art. 259*g*

6. Hinterlegung des Mietzinses
a. Grundsatz

[1] Verlangt der Mieter einer unbeweglichen Sache vom Vermieter die Beseitigung eines Mangels, so muss er ihm dazu schriftlich eine angemessene Frist setzen und kann ihm androhen, dass er bei unbenütztem Ablauf der Frist Mietzinse, die künftig fällig werden, bei einer vom Kanton bezeichneten Stelle hinterlegen wird. Er muss die Hinterlegung dem Vermieter schriftlich ankündigen.

[2] Mit der Hinterlegung gelten die Mietzinse als bezahlt.

6. Consignation du loyer
a. Principe

[1] Le locataire d'un immeuble qui exige la réparation d'un défaut doit fixer par écrit au bailleur un délai raisonnable à cet effet; il peut lui signifier qu'à défaut de réparation dans ce délai, il consignera auprès d'un office désigné par le canton les loyers à échoir. Le locataire avisera par écrit le bailleur de son intention de consigner les loyers.

[2] Les loyers consignés sont réputés payés.

6. Deposito della pigione
a. Principio

[1] Il conduttore di un immobile, se esige la riparazione del difetto da parte del locatore, deve fissargli per scritto un congruo termine e può avvertirlo che, scaduto infruttuosamente questo termine, depositerà presso un ufficio designato dal Cantone le pigioni che giungeranno a scadenza. Lo avviserà per scritto anche del deposito.

[2] Le pigioni depositate sono reputate pagate.

Literatur

LACHAT, Die Hinterlegung des Mietzinses, mp 1993, 1 ff.; TERRAPON, Les défauts de la chose louée et la consignation du loyer, 8e séminaire sur le droit du bail, Neuchâtel 1994; WEY, La consignation du loyer, Diss. Lausanne 1995; s.a. die Literaturhinweise zu Art. 258.

I. Zweck und Anwendungsbereich der Hinterlegung

Mit der in ihrer Art zuvor unbekannten Hinterlegung wollte der Gesetzgeber die **Durchsetzung der Mängelrechte des Mieters erleichtern**. Dies geschieht in dreifacher Weise: Durch Entzug der Mietzinszahlungen soll der Vermieter im Hinblick auf die Beseitigung des Mangels unter **Druck** gesetzt werden (ZIHLMANN, 78; ZK-HIGI, N 9; ZÜST, 281 ff.). Gleichzeitig wird mit der **Zahlungsfiktion** von Art. 259g Abs. 2 der Mieter wirksam vor Gegendruck geschützt (vgl. Art. 257d). Schliesslich erzwingt die Hinterlegung ein Verfahren vor der Schlichtungsbehörde, in welchem dieser die Möglichkeit eines **qualifizierten Urteilsvorschlags** offen steht (Art. 259h–259i N 2); damit soll die **einfache und rasche Erledigung** des Streites sichergestellt werden (WEBER, Diss., 110 f.). 1

Die Hinterlegung ist möglich bei der Miete einer «unbeweglichen Sache», also nicht nur bei der Miete von «Wohn- und Geschäftsräumen». Wieso der Mietzins für einen Zeltplatz hinterlegt werden kann, nicht aber derjenige für einen (fahrbaren) Wohnwagen, bleibt unklar. 2

II. Voraussetzungen

1. Allgemeine Voraussetzungen

3 Voraussetzung der Hinterlegung ist zunächst das Bestehen eines **Mangels**, der *nicht vom Mieter zu beheben* ist (vgl. dazu Art. 259a N 2).

4 Entgegen der 2.–4. Aufl. ist die Hinterlegung unzulässig bei Mängeln, deren **Beseitigung unmöglich oder unzumutbar** ist (Hauptbeispiel: Immissionen durch rechtmässige Bautätigkeit auf dem Nachbargrundstück; BGer, 3.4.2012, 4A_739/2011, E. 2.3; SVIT-Komm., N 5 und 8 f.; ZK-Higi, N 9; CHK-Heinrich, Art. 259g–259i OR N 3; KUKO OR-Blumer, Art. 259g–259i N 2; Züst, Diss., 285 f.; CR CO I-Lachat, N 3; Lachat, bail à loyer, 275; CPra Bail-Aubert, N 21; krit. Lachat et al.-Roy, 190 FN 201; **a.M.** Blumer, SPR VII/3, Rz 763). Zwar führte der Bundesrat zu seinem ebenfalls auf die Beseitigung des Mangels Bezug nehmenden Art. 259f des Entwurfes ausdrücklich aus, die Hinterlegung diene der Durchsetzung der «Ansprüche auf Beseitigung von Mängeln, Herabsetzung des Mietzinses und Schadenersatz» (Botschaft Mietrecht, 1437). Die Verknüpfung mit dem Beseitigungsanspruch entspricht jedoch dem Wortlaut des Gesetzes. Der Schutz vor Zahlungsverzugskündigungen allein reicht als Grund für eine ausdehnende Interpretation der Norm nicht aus, da der Mieter sich durch eine Rückforderungsklage absichern kann. Vor allem aber hat der Unterschied bezüglich der Entscheidkompetenz der Schlichtungsbehörde seit Inkrafttreten der ZPO an Bedeutung verloren, weil die Schlichtungsbehörde den Parteien einen Urteilsvorschlag nur mehr unterbreiten *kann* (Art. 210 Abs. 1 lit. b ZPO).

Die praktische Bedeutung der Frage ist gering, da Unmöglichkeit oder Unzumutbarkeit der Beseitigung des Mangels jedenfalls *nicht leichthin anzunehmen* ist (vgl. Art. 259a N 1; ebenso wohl CPra Bail-Aubert, N 18).

2. Spezielle Voraussetzungen

a) Aufforderung zur Mängelbeseitigung und Androhung der Hinterlegung

5 Die **Aufforderung zur Mängelbeseitigung** wie auch die **Androhung** der Hinterlegung haben zu ihrer Gültigkeit **schriftlich** zu erfolgen. Beide Erklärungen können allerdings gleichzeitig erfolgen (Hangartner-David, 80; Zihlmann, 79).

6 Die **Frist** muss *angemessen* sein. Die Dauer richtet sich einerseits nach dem für die Behebung des Mangels erforderlichen Zeitbedarf, anderseits aber auch nach der Dringlichkeit der Mängelbehebung (für Einzelheiten vgl. Art. 259b N 7). Erachtet der Vermieter die gesetzte Frist als zu kurz, so hat er den Mieter um eine Verlängerung der Frist zu ersuchen, denn sonst gilt sie nach Vertrauensprinzip als ausreichend (BGer, 21.1.2010, 4A_565/2009, E. 4.2; ZK-Higi, N 28). Eine zu kurze Frist schliesst das Hinterlegungsrecht nur aus, wenn deren Unangemessenheit für den Mieter bei Anwendung üblicher Sorgfalt erkennbar war (BGer, a.a.O., E. 4.3; Hangartner-David, a.a.O., 79 FN 170, m.Hw. auf BGE 105 II 34, der in Anwendung von Art. 83 Abs. 2 erging).

Ist die Beseitigung unmöglich oder unzumutbar (vgl. N 4), so erübrigt sich eine Fristansetzung (Weber, Diss., 112). Das Gleiche gilt in den – vom Mieter darzulegenden – Fällen von Art. 108 (BGer, 3.12.2003, 4C.264/2003, E. 3.1–2 = MRA 2004, 10 ff.; Hangartner-David, 80 FN 172).

b) Fristablauf und Ankündigung der Hinterlegung

7 Vor der Hinterlegung muss die **Frist** zur Mängelbeseitigung abgelaufen sein (s. aber N 6). Ist der Mangel alsdann schon behoben, so ist die Hinterlegung unzulässig (Hangartner-David, 80; ZK-Higi, N 32).

Ausser der Androhung der Hinterlegung verlangt das Gesetz ausdrücklich die schriftliche **Ankündigung** der Hinterlegung. Es handelt sich um eine blosse Mitteilungspflicht i.S. einer Ordnungsvorschrift. (SVIT-Komm., N 19; CHK-HEINRICH, Art. 259g–259i OR N 4; GUHL/KOLLER/SCHNYDER/DRUEY, 416; Hangartner-DAVID, 80; Lachat et al.-ROY, 191; ZIHLMANN, 80; ebenso wohl BGer, 3.12.2003, 4C.264/2003, E. 3.1 = MRA 2004, 10 ff.; **a.M.** ZK-HIGI, N 41; PERMANN, N 13). Sinngemäss muss wohl ohnehin jede Androhung der Hinterlegung als Ankündigung derselben nach unbenützt verstrichener Frist gewertet werden (vgl. dazu auch Art. 259h–259i N 1). Dass der letzte Satz von Art. 259g Abs. 1 Gesetz geworden ist, dürfte auf einem Versehen beruhen: Der Entwurf des Bundesrates verzichtete auf eine Androhung der Hinterlegung, sah aber deren Ankündigung vor. Nachdem das Parlament das Erfordernis der Androhung eingefügt hatte, wurde der restliche Text nicht bereinigt. 8

Die **Beweislast** für das Vorliegen sämtlicher Voraussetzungen der Hinterlegung trifft den Mieter (Hangartner-DAVID, 81). 9

III. Gegenstand, Umfang und Ort der Hinterlegung

Hinterlegt werden kann nicht nur der Nettomietzins, sondern das **gesamte Entgelt** für den Gebrauch der Sache inklusive allenfalls vereinbarter **Nebenkosten**: Das Ausmass der Hinterlegung kann als Folge von Art. 256 nicht davon abhängen, ob und in welchem Umfang die Parteien Nebenkosten vereinbart haben (BGE 124 III 201 E. 2d; CHK-HEINRICH, Art. 259g–259i OR N 5; LACHAT, mp 1993, 13; LACHAT, bail à loyer, 278; Lachat et al.-ROY, 192; SVIT-Komm., N 18; WEBER, Diss., 112 f.; **a.M.** Hangartner-DAVID, 83; ZK-HIGI, N 53; WEY, 87 f.; ZÜST, Diss., 295). Die Vertreter der **a.M.** stütz(t)en sich hauptsächlich auf die terminologische Unterscheidung in Art. 257 und 257a (vgl. dazu Art. 257 N 1); sie sind indessen bei der Auslegung von Art. 257e, 268 und 269d bemerkenswert inkonsequent (z.B. ZK-HIGI, Art. 268–268b N 25). Hinterlegt werden kann nur der **künftige**, nicht der nach Mietvertrag bereits verfallene Mietzins. Verspätet hinterlegte Mietzinse fallen dem Vermieter zu (BGer, 10.1.2002, 4C.341/2001, E. 3 f.; CHK-HEINRICH, Art. 259g–259i OR N 6). Aus der ratio legis folgt, dass der Hinterlegungsanspruch nur **bis zur Beseitigung** des beanstandeten Mangels besteht (SVIT-Komm., N 11). 10

Hinterlegungsfähig ist der **ganze Mietzins**, ohne Rücksicht auf die Höhe einer etwaigen Mietzinsminderung, einer Kostenerstattungs- oder einer Schadenersatzforderung. Die Hinterlegung eines Teiles des Mietzinses ist jedoch zulässig (Hangartner-DAVID, 81). Zur Herausgabe eines Teils der hinterlegten Mietzinse auf dem Wege vorsorglicher Massnahmen s. Art. 259h–259i N 2. 11

Die Hinterlegungsstelle wird von den Kantonen bezeichnet. Eine Prüfung des Hinterlegungsanspruchs in formeller und materieller Hinsicht findet bei der Hinterlegung nicht statt (vgl. Art. 259h, i). 12

IV. Rechtsfolge der Hinterlegung gemäss Abs. 2

Nach der Fiktion von Art. 259g Abs. 2 gelten hinterlegte Mietzinse als **bezahlt**. Damit sind sämtliche an den Zahlungsverzug anknüpfenden Folgen mit einer formell und materiell korrekten Hinterlegung ausser Kraft gesetzt (Hangartner-DAVID, 84), und zwar auch dann, wenn der Mieter in der Folge kein Begehren um Beseitigung des Mangels stellt (BGer, 17.3.2005, 4C.331/2004). 13

Stellt sich im späteren Verfahren heraus, dass die Hinterlegung wegen Fehlens einzelner Voraussetzungen unzulässig war, so verliert der Mieter zwar – unter Vorbehalt von Art. 2 Abs. 2 ZGB sowie der in N 6 und 8 genannten Fälle – den Schutz der Zahlungsfiktion; die entsprechenden Mietzinse können daher ohne weiteres eingefordert werden (**a.M.** TRACHSEL, 124). 14

Hingegen berechtigt ein derartiger Zahlungsverzug den Vermieter jedenfalls bei der Miete von Wohn- und Geschäftsräumen **nicht ohne weiteres zur Kündigung** nach Art. 257d oder auch nur zu einer ordentlichen Kündigung: Da auch zu Unrecht hinterlegte Mietzinse letztlich dem Vermieter zufallen, sei es kraft Untätigkeit des Mieters (vgl. Art. 259h Abs. 1), sei es aufgrund des Entscheides in der Sache oder einer Parteivereinbarung (ZK-Higi, N 64), trägt der Vermieter *kein Verlustrisiko*. Unter Vorbehalt besonderer Umstände erweist sich eine gleichwohl ausgesprochene Kündigung daher als krass unverhältnismässig, mithin als anfechtbar i.S.v. Art. 271 (CHK-Heinrich, Art. 259g–259i OR N 7; zu wenig differenziert die **a.M.** bei ZK-Higi, N 43, SVIT-Komm., N 24 ff.; Wey, 109, sowie Züst, Diss., 304; *wie hier* Permann, N 20). Auch das BGer hat entschieden, eine materiell unberechtigte Hinterlegung schade dem Mieter nicht, solange sich dessen Vorgehen nicht als treuwidrig erweise (BGE 125 III 120 E. 2b; s.a. BGer, 17.3.2005, 4C.331/2004, E. 2). Nur der *bösgläubige Mieter* verdient damit keinen Schutz vor einer Zahlungsverzugskündigung (BGer, 3.4.2012, 4A_739/2011, E. 2.4; zustimmend Guhl/Koller/Schnyder/Druey, 436; Higi, AJP 1999, 890 ff.; **a.M.** Rohrer, MRA 1999, 70 f.). Das BGer geht gar noch einen Schritt weiter und lässt bei der gutgläubigen Hinterlegung die Zahlungsfiktion eintreten (BGE 125 III 120 E. 2b; unter dieser – durchaus plausiblen – Prämisse ist die Zahlungsverzugskündigung gestützt auf Art. 257d gar *nichtig*, vgl. dazu Art. 257d N 10).

Art. 259*h*

b. Herausgabe der hinterlegten Mietzinse

[1] Hinterlegte Mietzinse fallen dem Vermieter zu, wenn der Mieter seine Ansprüche gegenüber dem Vermieter nicht innert 30 Tagen seit Fälligkeit des ersten hinterlegten Mietzinses bei der Schlichtungsbehörde geltend gemacht hat.

[2] Der Vermieter kann bei der Schlichtungsbehörde die Herausgabe der zu Unrecht hinterlegten Mietzinse verlangen, sobald ihm der Mieter die Hinterlegung angekündigt hat.

b. Libération des loyers consignés

[1] Les loyers consignés sont acquis au bailleur si le locataire ne fait pas valoir, dans les 30 jours qui suivent l'échéance du premier loyer consigné, ses prétentions contre le bailleur auprès de l'autorité de conciliation.

[2] Dès que le locataire a avisé le bailleur qu'il consignera les loyers à échoir, le bailleur peut demander à l'autorité de conciliation d'ordonner le versement des loyers consignés à tort.

b. Liberazione delle pigioni depositate

[1] Le pigioni depositate sono devolute al locatore se il conduttore non fa valere innanzi l'autorità di conciliazione, entro 30 giorni dalla scadenza della prima pigione depositata, le proprie pretese contro il locatore.

[2] Non appena ricevuto dal conduttore l'avviso del deposito, il locatore può domandare all'autorità di conciliazione la liberazione delle pigioni depositate a torto.

Art. 259*i*

c. Verfahren **Das Verfahren richtet sich nach der ZPO.**

c. Procédure La procédure est régie par le CPC.

c. Procedura La procedura è retta dal CPC.

Literatur

Vgl. die Literaturhinweise zu Art. 258.

I. Zweck und Wirkungen der Bestimmungen

1 Die Bestimmungen wollen sicherstellen, dass die Hinterlegung eine **vorübergehende** Massnahme bleibt. Sie knüpfen einzig an die Tatsache an, dass der Mieter – korrekt oder nicht – Mietzinse hinterlegt hat. Verzichtet der Mieter auf die Anrufung der Schlichtungsbehörde innert der 30-Tagefrist, so fallen die hinterlegten Mietzinse dem Vermieter zu (Art. 259h Abs. 1). Der Vermieter braucht aber nicht abzuwarten, ob der Mieter seine Ansprüche geltend macht, sondern kann sich seinerseits an die Schlichtungsbehörde wenden, sobald ihm der Mieter die Absicht, die Mietzinse zu hinterlegen, mitgeteilt hat (Art. 259h Abs. 2; SVIT-Komm., N 8).

II. Verfahren

2 *Grundsätzlich unabdingbar* ist ein **Einigungsversuch** vor Schlichtungsbehörde nach Anhörung der Parteien (vgl. Art. 199 und 201 Abs. 1 ZPO; BGer, mp 1997, 175 f.; **a.M.** ZK-Higi, Art. 259h OR N 17). Vergleich, Anerkennung oder vorbehaltloser Rückzug der Klage haben die Wirkungen eines rechtskräftigen Entscheids (Art. 208 Abs. 2 ZPO). Der Schlichtungsbehörde eröffnen sich zwei Möglichkeiten, wenn keine **Einigung** zustande kommt: Entweder stellt sie nach Art. 209 Abs. 1 lit. b die Nichteinigung fest und der klagenden Partei – folglich dem Mieter – die **Klagebewilligung** aus oder sie unterbreitet den Parteien einen *Urteilsvorschlag* (Art. 210 Abs. 1 lit. b und Art. 211 ZPO). Gegenüber dem herkömmlichen Vorschlag handelt es sich bei demjenigen in Hinterlegungsstreitigkeiten insofern um einen **qualifizierten Urteilsvorschlag**, als nicht schon die Ablehnung durch eine Partei diesen umstösst, sondern erst die Klage mindestens einer Partei (Art. 211 Abs. 3 i.V.m. Art. 210 Abs. 1 lit. b ZPO. Aufgrund des prozessualen Zwecks der Hinterlegung (Art. 259g N 1) kann sich ein Urteilsvorschlag nicht nur auf die vom Mieter innert 30 Tagen eingeklagten Ansprüche, sondern auf **sämtliche Begehren** beziehen, die eine Partei auch noch in der Schlichtungsverhandlung stellt, soweit sie in **Zusammenhang mit Mängeln** an der Mietsache stehen (vgl. BGer, 8. 2. 2006, 4C.319/2005, E. 2.4.1; ZK-Higi, Art. 259i OR N 26). Während des laufenden Verfahrens kommt u.U. eine teilweise Herausgabe der hinterlegten Mietzinse an den Vermieter auf dem Wege vorsorglicher Massnahmen in Betracht (Art. 261 ff. ZPO; CHK-Heinrich, Art. 259g–259i OR N 10). Voraussetzung dafür ist einerseits ein Missverhältnis zwischen den hinterlegten Mietzinsen und den Ansprüchen des Mieters (BGer, 3. 6. 2003, 4C.35/2003, E. 2.2–4 = MRA 2004, 27 ff.; s. schon MRA 1997, 86 ff.). Andererseits ist erforderlich, dass dem Vermieter aus der fortdauernden ungerechtfertigten Blockierung des Mietzinses ein nicht leicht wieder gut zu machender Nachteil entsteht (Art. 261 ZPO). Zum Schlichtungs- und Gerichtsverfahren gilt im Übrigen das in den Vorbem. zu Art. 253 N 11 ff. und 18 ff. Ausgeführte.

3 Fehlt es an einem Depositum oder ist die Klagefrist unbenützt abgelaufen, so kann die Schlichtungsbehörde den Parteien keinen Urteilsvorschlag unterbreiten, soweit der Streitwert CHF 5000 übersteigt (Art. 210 Abs. 1 lit. c ZPO). Auf entsprechende Anträge ist diesfalls nicht einzugehen. Unzulässig ist es hingegen, das gesamte Verfahren abzuschreiben. Vielmehr hat die Behörde das Verfahren nach den Regeln für gewöhnliche Schlichtungsverfahren zu behandeln, mithin einen Einigungsversuch durchzuführen und im Falle des Scheiterns die Nichteinigung festzustellen (vgl. Art. 201 Abs. 1 und Art. 209 ZPO). Nicht korrekt hinterlegte Beträge sind auch in solchen Fällen durch die Schlichtungsbehörde dem Vermieter herauszugeben (Art. 259h Abs. 2).

Art. 260

H. Erneuerungen und Änderungen
I. Durch den Vermieter

[1] Der Vermieter kann Erneuerungen und Änderungen an der Sache nur vornehmen, wenn sie für den Mieter zumutbar sind und wenn das Mietverhältnis nicht gekündigt ist.

[2] Der Vermieter muss bei der Ausführung der Arbeiten auf die Interessen des Mieters Rücksicht nehmen; allfällige Ansprüche des Mieters auf Herabsetzung des Mietzinses (Art. 259d) und auf Schadenersatz (Art. 259e) bleiben vorbehalten.

H. Rénovation et modification
I. Par le bailleur

[1] Le bailleur n'a le droit de rénover ou de modifier la chose que si les travaux peuvent raisonnablement être imposés au locataire et que le bail n'a pas été résilié.

[2] Lors de l'exécution de tels travaux, le bailleur doit tenir compte des intérêts du locataire; les prétentions du locataire en réduction du loyer (art. 259d) et en dommages-intérêts (art. 259e) sont réservées.

H. Migliorie e modificazioni
I. Da parte del locatore

[1] Il locatore può procedere a migliorie o modificazioni della cosa soltanto se possono essere ragionevolmente imposte al conduttore e sempreché non sia già stata data disdetta.

[2] Nell'esecuzione dei lavori, il locatore deve aver riguardo per gli interessi del conduttore; sono salve eventuali pretese del conduttore di riduzione del corrispettivo (art. 259d) e risarcimento dei danni (art. 259e).

Literatur

CARRON, Bail et travaux de construction: aménagement, entretien et rénovation des locaux, 17e séminaire sur le droit du bail, Neuchâtel 2012; CORBOZ, Les travaux de transformation et de rénovation de la chose louée entrepris par le bailleur et leur répercussion sur les loyers, in 12e séminaire sur le droit du bail, Neuchâtel 2002; DÉFAGO GAUDIN, Les rénovations en droit public, 18e séminaire sur le droit du bail, Neuchâtel 2014, 175 ff.; FUTTERLIEB, Kündigung bei umfassender Überholung, MRA 2008, 28 f.; KUNZ, Kündigung wegen Sanierung, mp 2012, 237 ff.; RIZZOLIO, Les travaux de rénovation et de modification de la chose louée entrepris par le bailleur, Lausanne 1998; vgl. die ferner Literatur- und Materialienhinweise bei den Vorbem. zu Art. 253–273c.

I. Zweck und Abgrenzung der Norm. Abweichende Vereinbarungen

1 Art. 260 soll die massvolle Erneuerung oder Änderung der Mietsache während des laufenden Mietverhältnisses ermöglichen und ist insofern **zwingender** Natur, als der Mieter *nicht im Voraus* auf seine Rechte aus dieser Bestimmung verzichten kann (vgl. ZK-HIGI, N 6; Lachat et al.-WYTTENBACH, 210 f.; RONCORONI, mp 1990, 82 sowie mp 2006, 75; SVIT-Komm., Art. 260–260a N 6).

Soweit die *Beseitigung von Mängeln* in Frage steht, richtet sich deren Zulässigkeit nach der Duldungspflicht gem. Art. 257h. *Erneuerungen und Änderungen* bezeichnen **weitergehende Eingriffe**, die in der Gestalt von **Modernisierungen** (Renovationsarbeiten, die über die gewöhnliche Behebung eines bestehenden Mangels oder die Abwehr eines drohenden Schadens hinausgehen; vgl. HONSELL, OR BT, 214 f.; SVIT-Komm., Art. 260–260a N 16; ZIHLMANN, 84) und von **Eingriffen in die Substanz** der Mietsache auftreten (BGer, 27.5.2003, 4C.393/2002, E. 5.3 = mp 2004, 144 ff.; ZK-HIGI, N 8 ff.).

II. Voraussetzungen der Zulässigkeit von Änderungen und Erneuerungen durch den Vermieter

1. Zumutbarkeit

2 Durch die Erneuerung oder Änderung darf die Grundverpflichtung des Vermieters, die Mietsache dauernd im **vertraglichen Zustand** zu erhalten (Art. 256), nicht im Kernbereich beein-

trächtigt werden. Was **zumutbar** ist, ist eine Rechtsfrage (anders ZK-Higi, N 43) und hängt von objektiven Kriterien ab, namentlich von *Art und Dauer des Mietverhältnisses*, der *Nützlichkeit* einer Änderung, einer allfälligen Verknüpfung einer Erneuerung mit Unterhaltsarbeiten und von den *finanziellen Folgen* für den Mieter (dazu N 7 sowie Art. 269a lit. b; BGer, 4.3.2003, 4C.382/2002, E. 3.2–4 = MRA 2003, 75 ff.; ZK-Higi, N 29 ff.; CHK-Heinrich, N 5; KUKO OR-Blumer, Art. 260–260a N 6). Die Gerichte verfügen bei der Auslegung über ein weites Ermessen (BGer, a.a.O., E. 2; Corboz, 17e séminaire, 8 f.). Unzumutbar sind Modernisierungen mit *enormen Belastungen* durch Bauarbeiten (BGer, a.a.O., E. 3; Honsell, OR BT, 215), Grundrissveränderungen (CR CO I-Lachat, N 2; Lachat et al.-Wyttenbach, 203 f.; prakt. Bsp.: Schlafzimmer wird zum Liftschacht) oder luxuriöse bauliche Massnahmen (Weber, Diss., 118). Solche Eingriffe stellen das **Vertragsgefüge** in grundsätzlicher Weise **in Frage**, sei es durch massive Einschränkungen des Gebrauchsrechts, sei es durch aufgedrängte, teure Mehrleistungen. Sie dürfen deshalb gegen den Willen des Mieters nicht während des Mietverhältnisses erfolgen. Sie bilden andererseits – im Rahmen der Interessenabwägung – selbst bei der Miete von Wohn- und Geschäftsräumen einen gültigen Grund für eine ordentliche Kündigung. Zur Frage der Gültigkeit einer Kündigung, die mit zumutbaren Umbauarbeiten begründet wird s. Art. 271–271a N 6 sowie 30 f. und Art. 272 N 5.

2. Ungekündigtes Mietverhältnis

Das Erfordernis des ungekündigten Mietverhältnisses kann zunächst als **Anwendungsfall der unzumutbaren Erneuerung** oder Änderung verstanden werden. Der Mieter soll nicht nur die Unannehmlichkeiten, sondern auch den spätern Nutzen der Änderung oder Erneuerung erfahren können. Darüber hinaus schützt die Bestimmung den Mieter, der wegen der angezeigten Erneuerung oder Änderung die Kündigung ausspricht (SVIT-Komm., Art. 260–260a N 33 und 35). Entsprechend sind nur **ordentliche Kündigungen** einer Partei als Hinderungsgründe zu betrachten (ZK-Higi, N 46; SVIT-Komm., N 33; KUKO OR-Blumer, Art. 260–260a N 7; **a.M.** Lachat et al.-Wyttenbach, 205). 3

Das **erstreckte Mietverhältnis** bleibt während der Dauer der Erstreckung **grundsätzlich ein gekündigtes** i.S.v. Art. 260, denn auch nach Ablauf einer Mieterstreckung hat der Mieter keinen Nutzen mehr von einer Erneuerung oder Änderung (ebenso Permann, N 8; ähnlich Lachat et al.-Wyttenbach, 207; Blumer, SPR VII/3, Rz 577, 1002; problematisch die **a.M.** bei ZK-Higi, N 47; CR CO I-Lachat, N 5, CHK-Heinrich, N 4; KUKO OR-Blumer, Art. 260–260a N 7, jeweils ohne Diskussion des Problems unter dem Aspekt der Zumutbarkeit; differenzierter, aber zu large ZMP 2005 Nr. 23). Gemäss einem Teil der Lehre ist die Zumutbarkeit nach der Erstreckungsdauer zu differenzieren (SVIT-Komm., Art. 260–260a N 34: Unzumutbarkeit i.d.R. bis max. drei Monate Erstreckung). Dem ist entgegenzuhalten, dass jedenfalls bei der klassischen Erstreckung wegen der vom Mieter geforderten Suchbemühungen keineswegs sicher ist, dass dieser während der ganzen Erstreckungsdauer im Genuss der Sache verbleibt. Deshalb muss es grundsätzlich bei der Unzulässigkeit von Erneuerungen und Änderungen im erstreckten Mietverhältnis bleiben. Anders ist hingegen zu entscheiden, wenn die Erstreckung zur Überbrückung einer schon feststehenden Zeit dient (Neubau des Mieters ist in 18 Monaten bezugsbereit; Abschreibung der Mieterinvestitionen ist innert drei Jahren möglich; vgl. Art. 272 N 3b). Basierend auf der Wertung in Art. 272d ist für diese Spezialfälle anzunehmen, bei Erstreckungen *von mehr als einem Jahr* liege kein gekündigtes Mietverhältnis mehr vor, sondern quasi ein Mietvertrag mit fester Dauer, so dass zumutbare Erneuerungen und Änderungen zulässig sind. 4

III. Dauerhafte Einschränkungen des vertragsgemässen Gebrauchs

Bewirkt eine *Änderung* gleichzeitig eine dauerhafte Einschränkung des bisherigen vertragsgemässen Gebrauchs, so sind die Regeln über Vertragsänderungen zu beachten (Bsp.: Der Ver- 5 mieter will im zusammen mit der Wohnung vermieteten Garten Parkplätze erstellen; **anders** MRA 1995, 156 ff.).

Liegt ein auf **feste Dauer** abgeschlossener Mietvertrag vor, so ist eine Änderung überhaupt nicht möglich, weil der Vermieter den Inhalt seiner vertraglichen Leistung nicht einseitig ändern darf (vgl. ZIHLMANN, 76; **a.M.** SVIT-Komm., Art. 260–260a N 28).

Unbefristete Mietverträge erfordern eine **Änderungskündigung**, wenn der Mieter sich der Änderung widersetzt. Bei der Miete von *Wohn- und Geschäftsräumen* ist eine solche indessen unzulässig. An ihre Stelle treten die **Sondervorschriften von Art. 269 ff.**: Einzuhalten sind daher die Form- und Fristbestimmungen für einseitige Vertragsänderungen (Art. 269d; ZK-HIGI, N 20 ff.; CHK-HEINRICH, N 8). Zusätzlich zur Frage der Zumutbarkeit stellt sich dann die Frage der Missbräuchlichkeit zwischen Mietzins und (verminderter) Gegenleistung (vgl. Art. 269d N 10 ff.).

IV. Rücksichtnahme auf die Interessen des Mieters bei der Arbeitsausführung (Abs. 2)

6 Die Verpflichtung, bei der Ausführung der Arbeiten auf die Interessen des Mieters **Rücksicht** zu nehmen, ist eine Konkretisierung des Grundsatzes von *Treu und Glauben* i.S. der schonenden Rechtsausübung (vgl. ZIHLMANN, 85; SVIT-Komm., Art. 260–260a N 36 ff.). Das Ersetzen der Fenster oder der Heizung im Winter, die Missachtung der Ruhezeiten, die Benützung eines Zimmers als Materiallager (Botschaft Mietrecht, 1439) oder den Austausch der Warmwasseraufbereitungsanlage ohne Übergangslösung braucht der Mieter nicht zu dulden. Zudem trifft den Vermieter auch dann die Obliegenheit, den Mieter rechtzeitig über die geplanten Arbeiten zu informieren, wenn keine Vertragsänderung erforderlich ist (vgl. N 5; SVIT-Komm., Art. 260–260a N 39).

V. Rechtsbehelfe des Mieters

7 Das Gesetz verpflichtet den Mieter zur Duldung zumutbarer Erneuerungen und Änderungen und zählt die ihm zustehenden Ansprüche daher *abschliessend* auf: **Minderung des Mietzinses** und **Schadenersatz**. Diese Ansprüche bestehen jedoch nur, sofern durch die Änderung oder Erneuerung des Vermieters eine Beeinträchtigung oder Verminderung der Gebrauchstauglichkeit gem. Art. 259d eingetreten ist. Gegenüber der Schadenersatzforderung des Mieters steht dem Vermieter der Exkulpationsbeweis offen (s. Art. 259e N 1; BGer, 9.12.2005, 4C.288/2005, E. 2.3; ZMP 2001 Nr. 18). Gerade deswegen ist Unzumutbarkeit von Bauarbeiten umso eher anzunehmen, je grösser die zu erwartende finanzielle Einbusse des Mieters ist (zutreffend BRUNNER, mp 2000, 103 f.).

8 Die Einschränkung der Rechtsbehelfe gilt selbstverständlich nicht bei **unzumutbaren Eingriffen und rücksichtsloser Bauausführung**. Hier sind daher Hinterlegung, Zutrittsverweigerung und richterliche Verbote möglich (ZK-HIGI, N 53).

Art. 260*a*

II. Durch den Mieter

[1] Der Mieter kann Erneuerungen und Änderungen an der Sache nur vornehmen, wenn der Vermieter schriftlich zugestimmt hat.

[2] Hat der Vermieter zugestimmt, so kann er die Wiederherstellung des früheren Zustandes nur verlangen, wenn dies schriftlich vereinbart worden ist.

[3] Weist die Sache bei Beendigung des Mietverhältnisses dank der Erneuerung oder Änderung, welcher der Vermieter zugestimmt hat, einen erheblichen Mehrwert auf, so kann der Mieter dafür eine entsprechende Ent-

schädigung verlangen; weitergehende schriftlich vereinbarte Entschädigungsansprüche bleiben vorbehalten.

II. Par le locataire

[1] Le locataire n'a le droit de rénover ou de modifier la chose qu'avec le consentement écrit du bailleur.

[2] Lorsque le bailleur a donné son consentement, il ne peut exiger la remise en état de la chose que s'il en a été convenu par écrit.

[3] Si, à la fin du bail, la chose présente une plus-value considérable résultant de la rénovation ou de la modification acceptées par le bailleur, le locataire peut exiger une indemnité pour cette plus-value; sont réservées les conventions écrites prévoyant des indemnités plus élevées.

II. Da parte del conduttore

[1] Il conduttore può procedere a migliorie o modificazioni della cosa soltanto con il consenso scritto del locatore.

[2] Il locatore, se ha consentito, può esigere il ripristino dello stato anteriore soltanto se pattuito per scritto.

[3] Se, al termine della locazione, la cosa presenta un aumento di valore rilevante, risultante dalla miglioria o dalla modificazione consentita dal locatore, il conduttore può pretendere un'indennità per tale aumento di valore; sono salve le stipulazioni scritte prevedenti indennità più elevate.

Literatur

BARBEY, Les travaux de rénovation et de modification de las chose louée entrepris par le locataire, 10e séminaire sur le droit du bail, Neuchâtel 1998; BIBER, Die Rohbaumiete, Freiburger Diss., Zürich/St. Gallen 2014; CARRON, Bail et travaux de construction: aménagement, entretien et rénovation des locaux, 17e séminaire sur le droit du bail, Neuchâtel 2012; DÉFAGO GAUDIN, Les rénovations en droit public, 18e séminaire sur le droit du bail, Neuchâtel 2014, 175 ff.; MAAG, Erneuerungen und Änderungen durch den Mieter, MRA 2005, 75 ff.; PERMANN, Nicht geregeltes Sonderproblem Rohbaumiete bei Geschäftsräumlichkeiten, AJP 2007, 1525 ff.; PIOTET P., Kritik an BGE 116 II 677, SJZ 1992, 213 ff.; SCHUMACHER, Kommentar zu BGE 116 II 677, BauR 1992, 105; TSCHUDI J.-P., Die Rohbaumiete, MRA 2008, 43 ff.; URBACH/MOSKRIC, Die Zulässigkeit von Triple-Net-Mietverträgen im schweizerischen Mietrecht, AJP 2008, 995 ff.; ZANETTI, Ausgewählte Aspekte der Robhaumiete, mp 2011, 89 ff.; ZEHNDER, Die Bestimmung der Mehrwertentschädigung bei Mieterbauten, AJP 1996, 725 ff.; vgl. ferner die Literatur- und Materialienhinweise bei den Vorbem. zu Art. 253–273c.

I. Grundsätzliche Unzulässigkeit der Änderung oder Erneuerung durch den Mieter (Abs. 1)

Miete bedeutet *Gebrauchsüberlassung*; dies schliesst eine **Veränderung** oder **Erneuerung** 1
des Mietobjektes (zur Terminologie N 3) durch den Mieter grundsätzlich aus. Die Verletzung dieses **Verbots** begründet Wiederherstellungs- und Schadenersatzansprüche des Vermieters und berechtigt ihn zur ordentlichen (vgl. für die Miete von Wohn- und Geschäftsräumen Art. 271 und 271a Abs. 1 lit. a e contrario), bei schwerwiegenden oder trotz Abmahnung wiederholten Eingriffen gar zur ausserordentlichen Kündigung i.S.v. Art. 257 f.

Art. 260a verdrängt als *lex specialis* die Bestimmungen des ZGB über Bauten auf fremdem 2
Grund (Art. 671 ff. ZGB); die Regelungen sind im Ergebnis jedoch durchaus vergleichbar.

Von der Erneuerung oder Änderung der Sache zu unterscheiden ist die Herrichtung der Sache zum vorgesehenen Gebrauchszweck. Diese ist Sache des Vermieters, bei der Miete von Wohn- und Geschäftsräumen gar zwingend. Entsprechend stützt sich der Entschädigungsanspruch des Mieters für Investitionen, welche den Gebrauch der Sache überhaupt erst ermöglichen, auf Art. 256 (**Rohbaumiete**; vgl. Art. 256 N 6a; LACHAT, bail à loyer, 832 FN 45; ähnlich GUHL/KOLLER/SCHNYDER/DRUEY, 457 f.; HEUSI, mp 1999, 5 f.; BLUMER, SPR VII/3, Rz 587; **a.M.** SVIT-Komm., N 57; BIBER, 33 ff.; CHK-HEINRICH, N 3; PERMANN, N 12; TSCHUDI J.-P., MRA 2008, 51; ZK-HIGI, N 4 und 23, der die Rohbaumiete als speziell definierte Gebrauchsüberlassung behandelt). Der vorliegenden Bestimmung unterstellt werden können jedoch diejenigen Investitionen des Mieters, die der individuellen Anpassung der *gebrauchstauglichen* Sache an besondere Bedürfnisse des Mieters dienen (Heusi, mp 1999, 6 f.).

II. Bewilligte Erneuerung oder Änderung durch den Mieter (Abs. 2)

3 Der Mieter darf das Mietobjekt nur mit schriftlicher *Einwilligung des Vermieters* verändern oder erneuern. Unter **Veränderungen** und **Erneuerungen** sind jegliche über blosse Unterhaltsarbeiten hinausgehende Eingriffe in die Substanz der Sache zu verstehen, seien sie auch marginal oder leicht wieder rückgängig zu machen (vgl. BGer, 28.3.2012, 4A_453/2011: Einbetonieren eines Betonsockels zur Montage einer Satellitenschüssel). Der Vermieter ist in seinem Entscheid, die Zustimmung zu verweigern, durch das Mietrecht nicht beschränkt. Die Zustimmung ist unwiderruflich und kann vorgängig oder nachträglich erfolgen; sie kann auch bereits im Mietvertrag enthalten sein (SVIT-Komm., Art. 260–260a N 62). Dies zeigt zugleich, dass Abs. 1 und 2 der vorliegenden Bestimmung lediglich **relativ zwingenden Charakter** haben können. Läge eine absolut zwingende Bestimmung vor, wie die h.L. dies meint (Roncoroni, mp 2006, 75, 115; Lachat, bail à loyer, 827; Lachat et al.-Wyttenbach, 696; ZK-Higi, N 5 und 18; Permann, N 1), wäre es schwer vorstellbar, wie die Berufung auf die Schriftform der Zustimmung je rechtsmissbräuchlich sein könnte (dazu N 4). Kann im Mietvertrag jedwelche Änderung zugelassen werden, ist es selbstverständlich auch möglich, eine formlose Zustimmung zu vereinbaren.

4 Die Formvorschrift (Schriftlichkeit) hat lediglich **Beweisfunktion** (Botschaft Mietrecht, 1439; Lachat, bail à loyer, 827 FN 11). Da Art. 2 Abs. 2 ZGB auch die rechtsmissbräuchliche Berufung auf Formvorschriften erfasst, muss sich der Vermieter trotz Art. 11 Abs. 2 i.d.R. auch bei einer – in der Praxis allerdings schwer zu beweisenden – mündlichen Zustimmung behaften lassen (Lachat et al.-Wyttenbach, 696; Zihlmann, 86; Weber, Diss., 138; ZK-Higi, N 18 und 23; CHK-Heinrich, N 4; vgl. BGer, 27.5.2003, 4C.393/2002, E. 4 = mp 2004, 144 ff.; BGer, 28.9.2006, 4C.212/2006, E. 3.1; teilw. **anders** SVIT-Komm., Art. 260–260a N 65).

Durch die Zustimmung zur Erneuerung oder Änderung verliert der Vermieter zwar grundsätzlich sein Recht, bei der Beendigung der Miete die **Wiederherstellung des früheren Zustandes** zu verlangen. Der Vermieter kann sich aber dieses Recht schriftlich ausbedingen. Das BGer verlangt dafür zu Recht eine genaue und detaillierte Regelung. So umfasst etwa die vorbehaltene Wiederherstellung von Erneuerungen nicht auch diejenige von massiven Änderungen (BGer, 27.5.2003, 4C.393/2002 = mp 2004, 144 ff.). Wird die Wiederherstellung vereinbart, wirkt sich dies unmittelbar auf den geschuldeten Zustand der Sache bei der Rückgabe aus (BGer, 16.7.2013, 4A_81/2013, E. 6.2.2; ZK-Higi, N 35). Umgekehrt folgt aus der Zulässigkeit einer Wiederherstellungspflicht auch, dass der Mieter grundsätzlich ein **Wegnahmerecht** hat. Auch wenn als Folge des Akzessionsprinzips die Vorrichtungen ins Eigentum des Vermieters übergehen, kann so durch einen Mietvertrag ein baurechtsähnliches Institut geschaffen werden (BGer, 9.1.2006, 4C.345/2005, E. 1.1). Das Wegnahmerecht kann frei wegbedungen werden (BGer, 7.2.2005, 4C.457/2004; dazu Maag, MRA 2005, 75 ff.; Biber, 128 ff.). Der blosse vertragliche Verzicht des Vermieters auf die Wiederherstellung kann dabei aber i.d.R. nicht schon als sinngemässer Ausschluss der Wegnahme gedeutet werden. Nach der hier vertretenen Auffassung ist der Ausschluss der Wegnahme zudem jedenfalls dann problematisch, wenn zugleich jede Entschädigung ausgeschlossen wird und bei Beendigung der Miete ein erheblicher Mehrwert besteht (N 6).

III. Mehrwertentschädigungsanspruch des Mieters gemäss Abs. 3

5 Das Gesetz verlangt für den Entschädigungsanspruch des Mieters die schriftliche Zustimmung des Vermieters zur Änderung (Abs. 3 i.V.m. Abs. 1; zur Bedeutung der Form vgl. N 4).

Es genügt indessen auch der blosse Verzicht des Vermieters auf die ausbedungene Wiederherstellung (wie hier ZK-Higi, N 45 f.). Der Anspruch entsteht erst **bei Beendigung** des Mietverhältnisses.

Der **Mehrwert** ist nach objektiven Kriterien zu bestimmen, insb. nach dem Restwert der Aufwendungen des Mieters beim Mietende und der Nützlichkeit der Installationen für den Vermieter (BGer, 29.3.2006, 4C.18/2006, E. 3.1.1). Er muss **erheblich** sein. Sinn der Regelung ist es, Entschädigungsforderungen für «jede Kleinigkeit» auszuschliessen (AmtlBull NR 1989, 503). Welche Kriterien massgebend sind, ist umstritten (vgl. dazu Lachat et al.-Wyttenbach, 700 f.; SVIT-Komm., Art. 260–260a N 77 f.; Trachsel, 146; Weber, Diss., 139; Zihlmann, 87; ZK-Higi, N 50 ff. und 57 ff.). Richtigerweise ist darauf abzustellen, ob der Gebrauchswert der Sache oder eines Teils davon infolge der Vorrichtungen des Mieters zur Zeit der Rückgabe massgeblich als gesteigert erscheint. Der Einbau einer Dusche in eine Wohnung löst daher grundsätzlich ebenso einen Entschädigungsanspruch aus wie die Installation eines Radios in einem Mietwagen, einer neuen Eingangstüre in einem Geschäftshaus (ZMP 1998 Nr. 21) oder eines Wandschranks in einem Büro (i.E. gleich wohl Lachat et al.-Wyttenbach, 700; Weber, Diss., 139; Wessner, mp 1991, 121; Zihlmann, 87; ZK-Higi, N 52, 59 und 61; s.a. SVIT-Komm., Art. 260–260a N 78). Schematische Lösungen, etwa ein Vergleich der Kosten mit dem Wert der Mietsache (Barbey, 10e séminaire, 15: 3 %) oder mit einem Monatsmietzins (so Zehnder, AJP 1996, 725 ff.; Heusi, mp 1999, 9 f.) sind abzulehnen (offengelassen in BGer, 29.3.2006, 4C.18/2006, E. 3.1.1). Es ist nicht einzusehen, wieso ausgerechnet luxuriöse Vorrichtungen nicht zu einer Entschädigung führen sollen (so aber SVIT-Komm., N 77; ZK-Higi, N 51; Lachat et al.-Wyttenbach, 700 f.). Die **Bemessung** der Entschädigung hat, wie auch das BGer dies befürwortet, aufgrund der gesamten Umstände nach **Billigkeit** zu erfolgen (BGer, 27.5.2003, 4C.393/2002, E. 6, und 18.8.2005, 4C.97/2005, E. 2.4; ZK-Higi, N 61). Problematisch scheint es dabei allerdings, die Mietzinsersparnis zu berücksichtigen, von der der Mieter «profitiert», weil der Vermieter die Arbeiten nicht selber ausgeführt und auf den Mietzins geschlagen hat (missverständlich BGer, 29.3.2006, 4C.18/2006, E. 3.1.1 a.E.): Die Investition hat ja der Mieter vorausfinanziert. Dem von ihm im eigenen Interesse geschaffenen Mehrwert wird schon dadurch Rechnung getragen, dass nur der *beim Mietende noch vorhandene* Mehrwert zu entschädigen ist. Eine Mietzinsersparnis ist also nur dann zu berücksichtigen, wenn der Mietzins der Sache – wie im konkreten Fall (BGer, a.a.O., E. 4) – unabhängig von den Investitionen des Mieters vergünstigt wurde.

Abweichende Vereinbarungen über Entschädigungsansprüche des Mieters können schriftlich 6
getroffen werden. Die umstrittene Frage, ob die klare gesetzliche Beschränkung solcher Abmachungen auf «weitergehende» Ansprüche einen relativ zwingenden Charakter dieser Bestimmung zum Ausdruck bringe (so Lachat et al.-Stoll, 3. Aufl., 399 ff.; Prerost/Thanei, 100; Roncoroni, mp 1990, 89 und 93; Weber, Diss., 139; Wessner, mp 1991, 120; Zihlmann [2. Aufl.], 87; **a.M.** Lachat, bail à loyer, 834; CR CO I-Lachat, N 9; SVIT-Komm., Art. 260–260a N 83; CHK-Heinrich, N 1; Trachsel, 146 f.; ZK-Higi, N 5; Permann, N 1; Guhl/Koller/Schnyder/Druey, 457; Honsell, OR BT, 215; KUKO OR-Blumer, Art. 260–260a N 13), hat die Praxis zugunsten der *dispositiven Natur* entschieden (BGE 124 III 149 E. 4 und 5; vgl. BGer, 29.3.2006, 4C.18/2006, E. 3.1.1). Selbstverständlich besteht ein gewisser Widerspruch zwischen Abs. 3 und Abs. 2 insofern, als die zuletzt genannte Norm es dem Vermieter generell erlaubt, sich die Wiederherstellung der Sache auszubedingen. Dennoch erweist sich das Argument, der Mieter habe es in der Hand, sich vertraglich eine ausreichend lange Mietdauer zu sichern oder aber auf die Installation zu verzichten, als wenig überzeugend. Die weitgehend zwingende Ausgestaltung des Mietrechts für Wohn- und Geschäftsräume gründet sich auf das v.a. bei der Wohnraummiete evidente *wirtschaftliche Ungleichgewicht* zwischen den Vertragsparteien. Deshalb wirkt es reichlich künstlich, den Mieter auf vertragliche Gestaltungsmöglichkeiten zu verweisen, die dem Vermieter ebenso offen stünden – gerade was die Einräumung einer zur Amortisation der Installation ausreichenden Vertragsdauer angeht. Richtigerweise soll sich *der Vermieter* schon *bei seiner Zustim-*

mung zu den Arbeiten entscheiden, ob er die Wiederherstellung verlangt oder nicht. Verzichtet er darauf, besteht kein Anlass, ihn vom durch den Mieter geschaffenen Mehrwert profitieren zu lassen, insb. wenn er selber den Vertrag gekündigt hat. Besonders problematisch sind die Fälle, bei denen (oft im Kleingedruckten eines Formularmietvertrags) dem Vermieter das Recht eingeräumt wird, sich die Vorrichtungen des Mieters ohne Entschädigung anzueignen, denn hier verzichtet der Mieter von vornherein auf sein Wegnahmerecht (s. nur BGer, 17.2.2005, 4C.457/2004 = MRA 2005, 75 ff.). Zumindest der *Vorausverzicht* des Mieters auf eine Entschädigung verdient daher keinen Schutz (ähnlich die Kritik von RONCORONI, mp 2006, 108, FN 220). Vgl. zur beschränkten Bedeutung dieses Entscheides für die Rohbaumiete N 2 und Art. 256 N 6a.

Als *weitergehende Vereinbarung* ist insb. auch die Entschädigung sofort nach Vornahme der Änderung oder Erneuerung zu erachten.

IV. Bauhandwerkerpfandrecht als Folge des Mieterbaus

7 Auch für vom Mieter veranlasste bauliche Massnahmen verfügt der Unternehmer über einen Anspruch auf Errichtung eines **Bauhandwerkerpfandrechts** nach Art. 837 Abs. 1 Ziff. 3 ZGB. Voraussetzung ist nach dem revidierten Sachenrecht allerdings, dass der Vermieter als Grundeigentümer seine *Zustimmung* zur Ausführung der Arbeiten erteilt hat (Art. 837 Abs. 2 ZGB; vgl. zum alten Recht BGE 116 II 677; 126 III 505). Für die **Ablösung** des Pfandrechts durch Stellung einer hinreichenden Sicherheit ist ihm der Mieter verantwortlich (vgl. SVIT-Komm., Art. 260–260a N 64 und 90), und zwar nach richtiger Ansicht selbst dann, wenn dies nicht besonders vereinbart wurde, denn das Pfandrecht setzt die Mietsache der Gefahr der Zwangsverwertung aus. Das BGer betrachtete die Verletzung dieser Pflicht als Form des Schuldnerverzuges nach Art. 107–109, welche ein Rücktrittsrecht des Vermieters nach dem Vorbild einer ausserordentlichen Kündigung nach Art. 257d, eventuell 266g begründe (BGE 123 III 124 E. 3; vgl. dazu Art. 257d N 1a und *N 11*, Art. 257f N 1 und Art. 266g N 1).

Art. 261

J. Wechsel des Eigentümers
I. Veräusserung der Sache

[1] Veräussert der Vermieter die Sache nach Abschluss des Mietvertrags oder wird sie ihm in einem Schuldbetreibungs- oder Konkursverfahren entzogen, so geht das Mietverhältnis mit dem Eigentum an der Sache auf den Erwerber über.

[2] Der neue Eigentümer kann jedoch:

a. bei Wohn- und Geschäftsräumen das Mietverhältnis mit der gesetzlichen Frist auf den nächsten gesetzlichen Termin kündigen, wenn er einen dringenden Eigenbedarf für sich, nahe Verwandte oder Verschwägerte geltend macht;

b. bei einer anderen Sache das Mietverhältnis mit der gesetzlichen Frist auf den nächsten gesetzlichen Termin kündigen, wenn der Vertrag keine frühere Auflösung ermöglicht.

[3] Kündigt der neue Eigentümer früher, als es der Vertrag mit dem bisherigen Vermieter gestattet hätte, so haftet dieser dem Mieter für allen daraus entstehenden Schaden.

[4] Vorbehalten bleiben die Bestimmungen über die Enteignung.

J. Changement de propriétaire
I. Aliénation de la chose

[1] Si, après la conclusion du contrat, le bailleur aliène la chose louée ou si elle lui est enlevée dans le cadre d'une poursuite pour dettes ou d'une faillite, le bail passe à l'acquéreur avec la propriété de la chose.

[2] Le nouveau propriétaire peut cependant:

a. pour les habitations ou les locaux commerciaux, résilier le bail en observant le délai de congé légal pour le prochain terme légal s'il fait valoir un besoin urgent pour lui-même ou ses proches parents ou alliés;

b. pour une autre chose, résilier le bail en observant le délai de congé légal pour le prochain terme légal, à moins que le contrat ne permette d'y mettre fin plus tôt.

3 Si le nouveau propriétaire résilie le contrat plus tôt que ne le permettrait le bail, le bailleur précédent répond de tous les dommages ainsi causés au locataire.

4 Les dispositions relatives à l'expropriation sont réservées.

J. Mutamento di proprietari
I. Alienazione della cosa

1 Se, dopo la conclusione del contratto, la cosa è alienata dal locatore o gli è tolta nell'ambito di un procedimento di esecuzione o fallimento, la locazione passa all'acquirente con la proprietà della cosa.

2 Tuttavia, il nuovo proprietario può dare la disdetta per la prossima scadenza legale, rispettando il termine legale di preavviso:

a. in caso di locazione di abitazioni o locali commerciali, se fa valere un urgente bisogno personale, suo proprio o dei suoi stretti parenti od affini;
b. in caso di locazione di altre cose, se il contratto non consente più pronto scioglimento.

3 Se il nuovo proprietario dà la disdetta prima di quanto consentito dal contratto, il locatore precedente risponde verso il conduttore di tutti i danni che ne derivano.

4 Sono salve le disposizioni sull'espropriazione.

Literatur

Amberg, Der sichere Mietvertrag in der Zwangsvollstreckung, BlSchK 2001, 161 ff.; ders., Der Konkurs des Vermieters: Folgen für den Vermieter; Auswirkungen auf den Mietvertrag, in: Angst/Cometta/Gasser (Hrsg.), Schuldbetreibung und Konkurs im Wandel, Aarau/Zürich 2000, 173 ff.; Bise, La faillite du bailleur, 11e séminaire sur le droit du bail, Neuchâtel 2000; Dubach, Zur Anwendbarkeit des Doppelaufrufs bei Miet- und Pachtverhältnissen, BlSchK 1999, 41 ff.; Fellmann, Der Übergang des Mietverhältnisses nach Art. 261 OR – ein gesetzlicher Parteiwechsel mit Lücken und Tücken, AJP 1994, 539 ff.; Gilliéron, Bailleur et locataire d'une chose immobilière dans l'exécution forcée, 7e séminaire sur le droit du bail, Neuchâtel 1992; Henggeler, Die Beendigung der Baurechtsdienstbarkeit infolge Zeitablaufs und der vorzeitige Heimfall, Diss. Freiburg 2005; Hess-Odoni, Der Doppelaufruf nach Art. 142 SchKG und das neue Miet- und Pachtrecht, SJZ 1991, 145 ff.; Higi, Kommentar zu BGE 127 III 273, AJP 2002, 85 ff.; Hürlimann-Kaup, Grundfragen des Zusammenwirkens von Miete und Sachenrecht, Zürich 2008; Jacques, L'opposabilité des baux aux titulaires de droits de gage, SJZ 2000, 79 ff.; Jeandin, L'insolvabilité en relation avec les contrats de bail et de travail, ZSR 2005, 189 ff.; Jeanneret/Hari, Contrat de bail et insolvabilité du bailleur ou du locataire, JdT 2007 II 21 ff.; Jent-Sørensen, Das neue Mietrecht und seine zwangsvollstreckungsrechtlichen Konsequenzen, SJZ 1991, 410 ff.; Koller A., Probleme beim Verkauf vermieteter Wohnliegenschaften, ZBGR 1991, 193 ff.; Koller Th., Von welchem Zeitpunkt an kann der Erwerber einer Liegenschaft ein bestehendes Mietverhältnis kündigen, Recht 1993, 70 f.; Lachat, La résiliation du bail en cas d'aliénation de l'immeuble et d'insolvabilité du bailleur, CdB 1999, 65 ff.; Lorandi, Mietverträge im Konkurs des Vermieters, mp 1998, 111 ff.; ders., Doppelaufruf einer nicht im Grundbuch vorgemerkten landwirtschaftlichen Pacht/eines nicht im Grundbuch vorgemerkten Mietvertrages, AJP 1998, 843 ff.; Lüscher, Art. 261 OR – Eine besondere Kollisionsnorm, namentlich im Hinblick auf die Haftung des Vermieters, AJP 1997, 947 ff.; Lüthi, Le contrat de bail, son effet réel et la procédure de la double mise à prix lors de la réalisation forcée de l'immeuble, AJP 1998, 1119 ff.; Meyer, La fin du bail lors de la double mise à prix, FZR 1996, 10 ff.; Monnier, Schicksal des Mietverhältnisses an einer Baurechtsbaute bei Untergang des Baurechts, Jusletter vom 3.6.2013; Ott/Verardo, Kauf bricht (nicht) Miete, ZSR 1996, 29 ff.; Pietruszak/Zachariae, Der Schutz des Mieters von Wohn- und Geschäftsräumen in der Zwangsverwertung, Recht 2000, 41 ff.; Piotet D., Le bail en conflit avec les droits réels restreints sur la chose louée ou affermée, SJ 1997, 677 ff.; ders., Le principe «la vente ne rompe pas le bail» et le sytème générale des droits réels, Bern 1993 (ASR NF Heft 544) (zit. principe); Piotet P., Le bail et les droits réels, ZBGR 1996, 1 ff.; Probst, La double mise à prix face au principe «la vente ne rompt pas le bail» ou cohaerentia legislationis quo vadis, in: FS für Henri-Robert Schüpbach, Basel 2000, 81 ff.; Rohrer, Der Eigenbedarf im Mietrecht, MRA 2011, 133 ff.; Roncoroni, Die Auswirkungen des Eigentümerwechsels auf den Mietvertrag, mp 2005, 195 ff.; Saviaux, Le sort du bail en cas de changement de propriétaire, CdB 2003, 65 ff.; Spirig, Ausserordentliche Kündigungen ausserhalb des mietrechtlichen Katalogs, mp 2012, 1 ff.; Tschudi J.-P., Anwendung und Wirkung des Doppelaufrufs auf Miet- und Pachtverhältnisse, MRA 1999, 114 ff.; Wyttenbach, Zur Auswirkung der Spaltungstheorie auf die Ansprüche des Mieters, mp 2011, 1 ff.; vgl. ferner die Literatur- und Materialienhinweise bei den Vorbem. zu Art. 253–273c.

I. Zweck und Rechtsnatur der Bestimmung

1 Nach allgemeinen Grundsätzen kann der obligatorisch Berechtigte die Erfüllung der versprochenen Leistung nur vom Verpflichteten fordern. Büsst dieser sein Recht am Gegenstand der Obligation ein, so bleibt dem Gläubiger nur sein Schadenersatzanspruch (ungenau, aber eingängig daher der im alten Recht noch verwendete Satz «Kauf bricht Miete»). Art. 261 behebt für das Mietrecht die daraus resultierenden Unzulänglichkeiten und lässt (mit gewichtigen Ausnahmen) die Vermieterposition der dinglichen Berechtigung an der Sache folgen; damit erhält die Bestimmung einen besonderen **sozialrechtlichen Charakter**. Der Gesetzgeber ist von den allgemeinen Regeln über die Relativität vertraglicher Beziehungen bewusst abgewichen, um insb. dem Mieter von Wohn- und Geschäftsräumen Sozialrechte wie den Kündigungsschutz und die Erstreckung des Mietverhältnisses zu sichern (vgl. Botschaft Mietrecht, 1441; BGE 113 II 121 E. 3b, dazu Art. 261a N 2). Dogmatisch wurzelt ein Sozialrecht letztlich in der Persönlichkeit des Berechtigten und hat daher ebenso absoluten Charakter wie die dinglichen Rechte (Weber, Diss., 70 f.). Die Regelung passt deshalb durchaus ins Gefüge des Privatrechts und ist aus gutem Grund **zwingender** Natur.

II. Voraussetzung: Wechsel des Eigentümers des Mietobjektes

2 Als **Veräusserungsfall** gilt nicht nur ein Verkauf der Mietsache, sondern schlechthin jede Form des Eigentümerwechsels auf vertraglicher Basis. Mitumfasst sind daher Schenkung, Tausch, Einlage in eine Gesellschaft etc. sowie die Veräusserung im Verlaufe eines Schuldbetreibungs- und Konkursverfahrens (BGE 115 III 66). Der Mieter ist im Rahmen einer **Zwangsvollstreckung** nach h.L. und Praxis sogar besser geschützt als der Inhaber eines beschränkten dinglichen Rechts, welcher seine Position u.U. im Rahmen des Doppelaufrufverfahrens einbüsst (vgl. dazu N 14 ff.). *Nicht von Art. 261 erfasst* werden dagegen die Universalsukzession beim **Erbgang** (Art. 560 ZGB; s. zum Kündigungsrecht der Erben des Mieters Art. 266i), **güterrechtliche** oder **sachenrechtliche Eigentumszuweisungen** und die **Übertragungstatbestände des Fusionsgesetzes** (dazu Art. 263 N 2a; ebenso CHK-Heinrich, Art. 261–261b N 3; Roncoroni, mp 2005 197 f.; Conod, CdB 2005, 104; **a.M.** bezüglich des Erbgangs Blumer, SPR VII/3, Rz 884 f., Vorbehalte bezüglich Fusionstatbestände bei CPra Bail-Marchand, N 13). Der Grund für den Vorrang dieser Bestimmungen liegt jedoch einzig darin, dass die genannten Erscheinungen den Mieter besser schützen als Art. 261 ff.

Entgegen ihrem Wortlaut greift die Bestimmung nicht schon «nach Abschluss des Mietvertrages» (ZK-Higi, Art. 261–261a OR N 12 f.; Permann, Art. 261–261a N 4; **a.M.** CHK-Heinrich, Art. 261–261b N 4; Guhl/Koller/Schnyder/Druey, 420; Roncoroni, mp 2005, 198 f.). Vor allem Abs. 2 macht mit dem darin vorgesehenen Kündigungsrecht deutlich, dass der **Mietantritt** erfolgt sein muss, damit der Übergang der Rechte und Pflichten stattfindet. Erst mit der Übergabe der Mietsache entsteht denn auch für gewöhnlich das besondere Sozialschutzbedürfnis des Mieters. In der Zeit davor löst die Verletzung des mietvertraglichen Erfüllungsanspruchs immerhin die Schadenersatzpflicht des Vermieters aus.

III. Rechtsfolge: Gesetzlicher Vertragsübergang

3 Der Übergang des Mietverhältnisses findet im **Zeitpunkt des Eigentumswechsels** statt («mit dem Eigentum an der Sache»). Das BGer stellt bei der Veräusserung des Grundstückes aus Praktikabilitätsgründen auf den *Tagebucheintrag* ab (BGE 118 II 119, obiter bestätigt in BGE 128 III 82 E. 1b und c). Die Lösung ist zwar dogmatisch nicht ganz korrekt, da Entstehung, Rang und Datum der dinglichen Rechte sich gem. Art. 972 Abs. 1 ZGB nach dem Hauptbucheintrag richten. Nur unter der Voraussetzung des späteren Hauptbucheintrags wird die Wirkung nach Art. 972 Abs. 2 ZGB auf das Datum des Tagebucheintrags zurückbezogen (Koller Th., recht 1993, 70; Koller A., ZBJV 1993, 389 ff.; Wiegand, ZBJV 1994, 281 f.;

ZK-HIGI, Art. 261–261a OR N 25; LÜTHI/ZIRLICK, AJP 1999, 1333 f.; PERMANN, Art. 261–261a N 3). Das BGer hat seine Praxis allerdings auch auf andere Fälle übertragen und nimmt um der Praktikabilität und Rechtssicherheit willen wegen der eher seltenen Fälle, in denen es nach einem Tagebuch- nicht auch zu einem Hauptbucheintrag kommt, die theoretische Unschärfe in Kauf. Dabei stützt es sich auch auf die Überlegung, dass der Veräusserer bereits mit der Grundbuchanmeldung über die Sache verfügt, deren Protokollierung der Tagebucheintrag letztlich darstellt (BGE 138 III 512 E. 3.3–5; s.a. KOLLER A., Grundstückkauf, 385 ff., N 13–15; SVIT-Komm., N 2; RONCORONI, mp 2005, 200; KUKO OR-BLUMER, Art. 261–261a N 5).

Im Falle des Entzugs der Sache durch Versteigerung im Rahmen einer Zwangsvollstreckung tritt der Eigentumsübergang ex lege bereits mit dem **Zuschlag** ein (Art. 656 Abs. 2 ZGB; BGE 128 III 82 E. 1a).

Abs. 1 ordnet prinzipiell den **gesetzlichen Übergang des Mietverhältnisses** auf den Erwerber des Mietobjektes an. Damit gehen nach der hier vertretenen Auffassung **alle Rechte und Pflichten** mit dem Handwechsel integral auf den neuen Eigentümer über (HONSELL, OR BT, 215; ZIHLMANN, 88; RONCORONI, mp 2005, 201; PIOTET D., SJ 1997, 680; DERS., CdB 2006, 4 ff.; ZMP 2000 Nr. 25). Dies gilt auch für eine Kündigungssperrfrist aus einem Verfahren oder einem Vergleich (implizit in BGE 118 II 50; s. N 12; CHK-HEINRICH, Art. 261–261b OR N 6; ebenso nun SVIT-Komm., Art. 261–261a N 22). Kraft der Spezialbestimmung von Art. 269 bleibt allerdings bei Wohn- und Geschäftsräumen die Bindung des Vermieters an frühere vorbehaltlose Mietzinserhöhungen vom Übergang ausgenommen (vgl. Art. 269 N 16 ff.; **a.M.** CPra Bail-MARCHAND, N 21). Bei einer Interessenabwägung im Rahmen eines pendenten Mieterstreckungsverfahrens sind nach dem Parteiwechsel die Interessen des neuen Eigentümers massgeblich (N 13; vgl. auch Art. 272 N 5 sowie Art. 271–271a N 33a). 4

Nach h.L. und Praxis soll die Zuordnung der verschiedenen Obligationen aus dem Mietverhältnis ganz oder teilweise auf den *Stichtag der Eigentumsübertragung* hin vorzunehmen sein (ZK-HIGI, Art. 261–261a N 22 f., 27; SVIT-Komm., Art. 261–261a N 9 und 13 f.; CHK-HEINRICH, Art. 261–261b N 6; KUKO OR-BLUMER, Art. 261–261a N 5; CPra Bail-MARCHAND, N 26; GUHL/KOLLER/SCHNYDER/DRUEY, 417 f.; BJM 1998, 310; CONOD, CdB 2005, 108 f.; RONCORONI, mp 2005, 202 f.). Diese **Spaltungstheorie** widerspricht dem Wortlaut des Gesetzes («geht *das Mietverhältnis* [...] über») und schafft bei Veräusserung der Mietsache für den Mieter ein kaum zu entwirrendes Durcheinander, jedenfalls soweit sie nicht nur auf die *periodischen Leistungen* bezogen wird (s. Art. 257 N 5; krit. auch Lachat et al.-SPIRIG, 562; BLUMER, SPR VII/3, Rz 704 ff., 707; mit ausführlicher Begründung sodann auch WYTTENBACH, mp 2011, 8 ff. und 24 ff.). Bei den Gestaltungsrechten und den unteilbaren Leistungen ergeben sich geradezu kuriose Konsequenzen, wie etwa die Ansprüche aus den Mängelrechten des Mieters oder auf korrekte Depoterrichtung zeigen (s. nur PIETRUSZAK, AJP 2001, 1229 f., der zur Korrektur der problematischen Ergebnisse der Spaltungstheorie den Mangelbeseitigungsanspruch mit jeder Mietperiode neu entstehen lässt). Das BGer ist dieser Auffassung jedoch teilweise gefolgt, so für das nicht korrekt angelegte *Mietzinsdepot* (BGE 127 III 273; vgl. dazu die Kritik in Art. 257e N 6a). Gegenüber dem *bisherigen* Vermieter geltend zu machen sollen sodann Rückforderungsansprüche infolge nichtiger Mietzinserhöhungen sein. Dies soll allerdings nicht aus der Spaltungstheorie, sondern aus der bereicherungsrechtlichen Natur des Anspruchs folgen (Urteil des BGer in MRA 2000, 326 ff.; dazu auch Art. 269d N 8). Auch auf gemischte Verträge wendet das BGer die Norm nicht an (BGer, 5.7.2007, 4C.84/2007, E. 3.3 = mp 2007, 233 ff: Verpflichtung zur Rückzahlung einer Goodwill-Entschädigung im Falle der Kündigung).

Der Übergang des Vertrages bezieht sich selbstverständlich nur auf den Mietvertrag, nicht aber auf weitere Rechtsbeziehungen zwischen den Vertragsparteien, etwa die Verpflichtung des Vermieters, dem Mieter die von ihm angeschafften Möbel abzukaufen (BGer, 14.3.2006, 4C.418/2005, E. 3.4.1).

4a Gehen die Rechte und Pflichten aus dem Vertrag auf den Erwerber der Sache über, so kann der Veräusserer ohne entsprechende Vollmacht keinerlei gültige Rechtshandlungen mehr vornehmen, namentlich keine Kündigung mehr aussprechen. Dies gilt auch, wenn es sich bei der Erwerberin um eine AG handelt, deren einziger Aktionär der Veräusserer ist, der eine Eigenbedarfskündigung ausspricht. In BGE 132 III 737 schützte das BGer die Irrtumsanfechtung bez. eines Erstreckungsvergleichs, den die Mieter in Unkenntnis des Eigentumsübergangs mit dem Veräusserer geschlossen hatten. Die Zürcher Vorinstanzen hatten die Auffassung vertreten, der Unterschied in der Person des Vermieters habe keine entscheidende Rolle für die Erstreckungsdauer gespielt. KOLLER bezeichnet diese Begründung mit Recht als «reichlich krud» und hält fest, eine Anfechtung des Vergleichs sei gar nicht nötig gewesen, weil die Kündigung schlicht und einfach nichtig sei. Zu Recht verwirft er auch die vom BGer in Zusammenhang mit der Frage des Rechtsschutzinteresses angetönte Meinung, ein Verbleib der Mieter im Objekt ohne entsprechende Anfechtung des Vergleichs hätte möglicherweise gegen Treu und Glauben verstossen (KOLLER TH., ZBJV 2007, 846 und 848 f.; **a.M.** FUTTERLIEB, MRA 2006, 71 f.).

5 Die unter dem alten Recht bestehende solidarische Haftung des bisherigen Vermieters neben dem Erwerber besteht nicht mehr. Für Handlungen des Erwerbers haftet der ursprüngliche Vermieter nur noch im Rahmen der Schadenersatzpflicht gem. Abs. 3 (N 10; SVIT-Komm., Art. 261–261a N 11 ff.; GUHL/KOLLER/SCHNYDER/DRUEY, 419 f.).

IV. Ausserordentliche Kündigungsmöglichkeiten des Erwerbers gemäss Abs. 2

6 Abs. 2 räumt dem neuen Eigentümer zusätzlich zu den vertraglichen unterschiedlich weit gehende **gesetzliche Kündigungsrechte** ein. Der Erwerber kann mit der gesetzlichen Frist auf den nächsten gesetzlichen Termin kündigen, bei *Wohn- und Geschäftsräumen* jedoch nur, wenn er *dringenden Eigenbedarf* nachweist (lit. a). Die Kündigung kann wirksam erst nach dem **Eigentümerwechsel** ausgesprochen werden (N 3; ZIHLMANN, 89; Lachat et al.-SPIRIG, 560; ZK-HIGI, Art. 261–261a OR N 31). Die Formvorschriften von Art. 266*l*–266o sind einzuhalten. Unterlässt der Erwerber die Kündigung auf den *nächsten* gesetzlichen Termin, so verwirkt er die ausserordentliche Kündigungsmöglichkeit (ZIHLMANN, 89).

7 **Dringender Eigenbedarf** ist gegeben, wenn der Vermieter unmittelbare, ernsthafte und aktuelle Gründe für eine Selbstnutzung der Sache durch ihn oder nahe Angehörige hat, die ein Zuwarten als **unzumutbar** erscheinen lassen. Zwar genügen dafür auch triftige wirtschaftliche Motive, doch ist das Erfordernis der Dringlichkeit nicht nur *zeitlich*, sondern auch *sachlich* zu verstehen (BGE 118 II 50 E. 3c und d; BGer, 4.7.2011, 4A_189/2011, E. 3 [unpubl. Teil von BGE 137 III 389]; BGer, MRA 1997, 160 ff.; mit Recht krit. zum «gekauften Eigenbedarf» und generell zur gesetzlichen Zulassung der Eigenbedarfskündigung HONSELL, OR BT, 216). Zur **Kritik** an der vom Wortsinn und den vorstehenden Grundsätzen abweichenden, weiten Auslegung der Dringlichkeit durch das BGer vgl. Art. 271–271a N 28. Zur Überprüfung des Eigenbedarfs auf seine **Ernsthaftigkeit** s. Art. 272 N 11.

Bei einer Übernahme der Mietsache durch mehrere neue Eigentümer genügt es, dass *einer von ihnen* dringenden Eigenbedarf geltend machen kann (vgl. dazu WEBER, Diss., 163 und 183; ZK-HIGI, Vor Art. 266–266o OR N 91 f.; SCHMID, SJZ 1991, 353). Der Vermieter von Geschäftsräumen kann Eigenbedarf im technischen Sinne nur anrufen, wenn er rechtlich mit dem Betreiber des für die Benützung vorgesehenen Betriebes identisch ist (BGE 115 II 185; ZK-HIGI, Art. 271a OR N 191).

8 Die ausserordentliche Kündigungsmöglichkeit gemäss diesem Artikel ist nur bedeutsam im befristeten Mietvertrag oder im unbefristeten, soweit er eine längere Kündigungsfrist oder vom Gesetz abweichende Kündigungstermine vorsieht (zu den Aspekten der Kündigung s. Art. 266o N 4; zum Umdeutungsausschluss BGE 135 III 441 E. 3.3 = Pra 2010 Nr. 30; CHK-

Heinrich, Art. 261–261b OR N 7a; zur beschränkten Möglichkeit einer subsidären ordentlichen Kündigung BGE 137 III 389 E. 8.4 = Pra 2012 Nr. 6). Sie scheidet aus, soweit der Veräusserer mit dem Erwerber die Überbindung des Mietvertrages vertraglich vereinbart hat (Wessner, mp 1991, 123; Wyttenbach, mp 2011, 8). Das BGer bezeichnete eine solche Überbindung noch unter dem alten Recht zutreffend als echten Vertrag zugunsten des Mieters (BGE, 9.2.1988, mp 1988, 41; vgl. auch BGE 82 II 525; 79 II 382). Unter dem geltenden Recht stellen sich vermehrt Auslegungsfragen, da anders als in aArt. 259 der Vertragsübergang vom Veräusserer auf den Erwerber der Normalfall ist. Richtigerweise wird man im Zweifel in einer Vertragsklausel betr. Übernahme der bestehenden Mietverhältnisse eine integrale Vertragsübernahme inkl. Zeitbestimmungen erblicken müssen, denn bei einer objektivierten Auslegung darf einer solchen Klausel nicht bloss die Bedeutung einer Floskel beigemessen werden, zumal sich der Veräusserer dadurch i.d.R. vor Schadenersatzansprüchen i.S.v. Art. 261 Abs. 3 schützen will (KGer VD, mp 2013, 283 ff., 287).

Da obligatorische Rechte öffentlich-rechtlich wie Eigentum behandelt werden und von der Garantie des Art. 26 BV mitumfasst sind, werden Mietverträge separat enteignet und entschädigt; eine Schadenersatzpflicht des Vermieters entfällt (Abs. 4 i.V.m. Art. 119; SVIT-Komm., Art. 261–261a N 6). 9

V. Schadenersatzanspruch des Mieters gegenüber dem Veräusserer gemäss Abs. 3

Der Schadenersatzanspruch ist auf Fälle der vorzeitigen Vertragskündigung gem. Abs. 2 begrenzt (ZK-Higi, Art. 261–261a N 52 ff.). Für anderweitiges Verhalten des Erwerbers haftet der Veräusserer nicht (SVIT-Komm., Art. 261–261a N 13; Guhl/Koller/Schnyder/Druey, 419; Lachat et al.-Sprig, 563 f.). Der Veräusserer haftet auch nicht dafür, dass die in Art. 271a Abs. 1 lit. e und Abs. 2 angeordnete Sperrfrist gegenüber der *ausserordentlichen* Kündigung des Erwerbers nicht geltend gemacht werden kann, denn der Mieter müsste sich während der Sperrfrist ja auch dringenden Eigenbedarf des *bisherigen* Vermieters entgegenhalten lassen (Art. 271a Abs. 3 lit. a). Wird indessen ein Erwerber nur deshalb eingeschaltet, weil der Veräusserer keinen Eigenbedarf geltend zu machen vermag, so liegt eine anfechtbare Kündigung vor (ZK-Higi, Art. 261–261a N 57). 10

VI. Der Kündigungsschutz des Mieters bei Veräusserung von Wohn- und Geschäftsräumen

Der gesetzlich angeordnete Vertragsübergang bewirkt, dass eine Kündigung «wegen Veräusserung der Sache» eine Vereitelung von Ansprüchen des Mieters darstellt und daher nach Art. 271 anfechtbar ist. Die Veräusserung für sich allein ist mithin kein gültiger Kündigungsgrund; es müssen stets weitere Umstände hinzutreten, welche die Kündigung aus der Sicht eines vernünftigen, korrekten und loyalen Vertragspartners als schützenswert erscheinen lassen (vgl. zur Kündigung nach Doppelaufruf s. N 19; **a.M.** BGer, 18.11.2002, 4C.267/2002, E. 2; 9.3.2005, 4C.425/2004; ZK-Higi, Art. 261–261a OR N 28; s. sodann auch Art. 271–271a N 16 und 20). 11

Eine gegenüber dem Veräusserer laufende Sperrfrist i.S.v. Art. 271a Abs. 1 lit. d und e und Abs. 2 bindet auch den Erwerber (BGE 110 II 309; für das neue Recht implizit bestätigt in BGE 118 II 50; ZK-Higi, Art. 261–261a OR N 37; Roncoroni, mp 2005, 210). Sperrfrist und feste Vertragsdauer sind allerdings bei dringendem Eigenbedarf des Erwerbers unbeachtlich (Art. 271a Abs. 3 lit. d; für den Fall der Zwangsvollstreckung s. N 14 ff.). 12

Ein Erstreckungsentscheid gegenüber dem Veräusserer wirkt infolge des gesetzlichen Überganges des Mietverhältnisses auch gegenüber dem Erwerber. Findet der Parteiwechsel während eines Erstreckungsprozesses statt, so sind auf Seiten des Vermieters die Interessen des Erwerbers der Härte für den Mieter gegenüberzustellen. Ist das Erstreckungsverfahren zum 13

Zeitpunkt des Erwerbes jedoch bereits abgeschlossen, so muss sich der Erwerber grundsätzlich zwar als Folge der materiellen Rechtskraft des Gestaltungsurteils bei der Erstreckung behaften lassen. Da aber das Kündigungsrecht von Abs. 2 ausserordentlicher Natur ist, kann es auch in diesem Falle ausgeübt werden (vgl. Art. 272d N 3; gl.M. nun Lachat et al.-SPIRIG, 559; CPra Bail-MARCHAND, N 37; **a.M.** CHK-HEINRICH, Art. 261–261b OR N 8; SVIT-Komm., Art. 261–261a N 23, Art. 272c N 7 und Art. 272d N 6; widersprüchlich ZK-HIGI, Art. 261–261a N 39 f., Art. 272c N 19 und Art. 272d N 46; RONCORONI, mp 2005, 214 f.).

VII. Entziehung der Sache durch Zwangsvollstreckung gegen den Vermieter

14 Gegenstand mehrerer Bundesgerichtsentscheide sowie zahlreicher Stellungnahmen in der Lehre war die Frage, ob der Mieter Art. 261 auch dem Inhaber eines Pfandrechts an der Mietsache entgegenhalten könne. Der Wortlaut der vorliegenden Bestimmung ist an sich völlig klar: Dem Vermieter wird die Sache auch dann «durch Zwangsvollstreckung entzogen», wenn dies im Rahmen einer Betreibung auf Pfandverwertung oder eines Konkurses geschieht. Die Frage wurde daher in der 2. Aufl. dieses Buches mit Hinweis auf die überzeugenden Ausführungen von JENT-SØRENSEN in SJZ 1991, 410 ff. bejaht (a.a.O., N 2; gl.M. ZK-HIGI, Art. 261–261a OR N 66; **a.M.** HESS-ODONI, SJZ 1991, 145 ff.).

15 Ein Teil der Lehre befürwortete demgegenüber die schrankenlose Aufhebung von Mietverträgen im Wege der analogen Anwendung des in Art. 142 SchKG vorgesehenen Doppelaufrufverfahrens. Gegen die hier vertretene Auffassung wurde hauptsächlich eingewendet, sie stehe im Widerspruch zu Art. 812 ZGB und zur herkömmlichen Dogmatik zum Verhältnis zwischen relativen und absoluten Rechten (statt vieler PIOTET P., ZBGR 77, 1 ff.; SVIT-Komm., Art. 261–261a N 5; PERMANN, Art. 261–261a N 11; REY, ZBJV 1998, 267; LORANDI, mp 1998, 123 ff.). Ausserdem werde damit wirtschaftlich betrachtet die Qualität der Grundsicherheiten generell herabgesetzt (PIOTET D., AJP 1999, 1340 ff.).

Die Vertreter dieser Ansicht setzen in unzulässiger Weise voraus, dass sachenrechtliche Normen gegenüber den Sozialschutzbestimmungen des OR Vorrang haben. Richtig betrachtet wurzeln **Sozialrechte** in der Persönlichkeit ihrer Inhaber und sind daher ebenso **absoluter Natur** wie die dinglichen Rechte. Dem Gesetzgeber steht es frei, relative Rechte mit Sozialschutzansprüchen zu verstärken und ihnen damit eine Wirkung zu verleihen, welche diejenigen der gewöhnlichen Realobligationen, ja sogar der dinglichen Rechte, noch übertrifft (vgl. JENT-SØRENSEN, a.a.O.; STAEHELIN, AJP 1998, 369). Die Lösung für die *berechtigten* Gläubigerinteressen kann daher nur durch Interpretation von Art. 261 gefunden werden. Die generelle Anwendung der Regeln über den Doppelaufruf auf Mietverträge über Wohn- oder Geschäftsräume bewirkt nun aber offensichtlich eine Erlösoptimierung durch Umgehung der Vorschriften zur Mietzinsgestaltung: Bei einer Neuvermietung braucht der Ersteigerer nämlich kaum mit einer Mietzinsanfechtung zu rechnen. Falls doch eine solche erfolgt, gelten für die Anfangsmietzinsanfechtung höhere Hürden als für die Anfechtung einer auf den Kaufpreis gestützten Mietzinserhöhung (vgl. dazu Art. 269, 269d und 270a). Umgekehrt sind gerade wegen der Möglichkeit des Ersteigerers, den Mietzins gestützt auf den Kaufpreis zu erhöhen (vgl. dazu Art. 269 N 16), die *legitimen Interessen* der Pfandgläubiger nicht von einem Doppelaufruf abhängig. Dies gilt nur dann nicht, wenn ein langfristiger Mietvertrag mit tiefem Mietzins auf den Ersteigerer übergeht, denn diesfalls steht dem neuen Eigentümer der Sache der für eine Mietzinserhöhung erforderliche Kündigungstermin nicht zur Verfügung. *Volkswirtschaftlich* betrachtet verbietet sich geradezu ein zu intensiver Schutz des Grundpfandgläubigers: Wie das BGer an einem aktuellen Beispiel gezeigt hat, gerät dieser häufig durch unvernünftige Kreditgewährung in Schwierigkeiten und nicht etwa durch die Mieterschutzgesetzgebung (vgl. BGE 128 III 82 E. 1d/cc).

16 Das BGer hatte einen denkbar schwierigen Einstieg in die Materie, denn der erste ihm vorgelegte Fall gehörte letztlich zum Genre des *Rechtsmissbrauchs*: Nur gerade ein Jahr bevor seine

Bank die Betreibung auf Grundpfandverwertung einleitete, war der Eigentümer eines landwirtschaftlichen Grundstücks auf die Idee gekommen, dasselbe seiner Gemahlin für 15 Jahre zu verpachten. Die Gläubigerbank verlangte die Durchführung des Doppelaufrufverfahrens. Alle Instanzen schützten diesen Antrag. Die bundesgerichtliche Begründung orientierte sich allerdings nicht an Art. 2 Abs. 2 ZGB und erwog auch nicht die analoge Anwendung der (für vergleichbare Vorgänge bei Pfändung oder Konkurs konzipierten) Regeln der **paulianischen Anfechtung**. Vielmehr ging es von der viel weiter reichenden Überlegung aus, der Wortlaut von Art. 14 f. LPG und Art. 261 OR scheine zwar tatsächlich die Entwehrung der Sache im Zuge einer Zwangsvollstreckung dem Fall der Veräusserung der Sache durch den Verpächter oder Vermieter gleichzustellen. Der Gesetzgeber habe aber das Verhältnis zwischen Art. 14 f. LPG bzw. Art. 261 OR und dem Gläubigerschutz nach Art. 812 Abs. 2 ZGB nicht geklärt. Diese «Lücke» sei zugunsten des Gläubigerschutzes zu schliessen. Der Doppelaufruf sei damit zuzulassen, denn jede andere Lösung bevorzuge den Mieter bzw. Pächter gegenüber dem Inhaber eines beschränkten dinglichen Rechts (BGE 124 III 37 E. 2 = Pra 1998 Nr. 56).

Damit füllte das BGer aber angesichts des klaren Wortlauts von Art. 261 eine unechte Lücke und wurde insb. der sozialrechtlichen Komponente von Art. 14 f. LPG und Art. 261 OR nicht gerecht (krit. auch AMONN/GASSER, ZBJV 1999, 248 ff.; HONSELL, OR BT, 217). Ein Teil der Lehre betrachtete indessen damit die Kontroverse als erledigt und nahm an, beim Zuschlag der Sache auf den zweiten Aufruf sei der Ersteigerer an den Mietvertrag in keiner Weise gebunden und könne den Mieter ausweisen lassen (vgl. etwa LORANDI, AJP 1998, 843 ff.)

So weit ging das BGer dann aber zu Recht nicht. Zwar bestätigte es ein Jahr später im Rahmen einer staatsrechtlichen Beschwerde die analoge Anwendbarkeit des Doppelaufrufverfahrens auf langfristige Mietverträge. Erfolge der Zuschlag aber ohne den Mietvertrag, so bewirke dies angesichts der klaren Schutzfunktion von Art. 261 lediglich die – auch bei der Miete von Wohn- und Geschäftsräumen *nicht auf das Motiv des dringenden Eigenbedarfs beschränkte* – Kündbarkeit des Vertrages auf den nächsten gesetzlichen Termin. Zudem betonte das Gericht hinsichtlich der Voraussetzungen des Doppelaufrufs, dass nur das ältere Pfandrecht vor dem Mietvertrag Vorrang geniesse (BGE 125 III 123 E. 1d und e; vgl. PIOTET D., SJ 1997, 689). Ein Jahr später präzisierte es, dass als langfristig jedes Mietverhältnis zu betrachten sei, dessen verbleibende Mindestmietdauer im Zeitpunkt der Verwertung länger sei als die gesetzliche Kündigungsfrist (BGE 126 III 290 E. 2 = Pra 2001 Nr. 51; zustimmend CHK-HEINRICH, Art. 261–261b OR N 5; SVIT-Komm., Art. 261–261a N 5; GUHL/KOLLER/SCHNYDER/DRUEY, 421; GASSER, ZBJV 2001, 308 ff.; BLUMER, SPR VII/3, Rz 896; krit. PIOTET D., AJP 1999, 1339 ff.; vgl. zum Ganzen auch PIETRUSZAK/ZACHARIAE, Recht 2000, 41 ff.; JACQUES, SJZ 2000, 79 ff.; GILLIÉRON, RJN 2000, 329 ff.; BISE, 11e séminaire, 25). 17

Diese Lösung ist einigermassen erträglich, da es nur bei langfristigen Mietverträgen überhaupt zum Doppelaufruf kommt und der Mieter diesbezüglich zur **Beschwerde legitimiert** ist (BlSchK 2001, 177 ff.) und da grundsätzlich auch der langfristige Vertrag unter Vorbehalt des **einmaligen** ausserordentlichen Kündigungsrechts auf den Ersteigerer übergeht (krit. zur Privilegierung des Ersteigerers auch CPra Bail-MARCHAND, N 47). Sodann stehen dem Mieter von Wohn- oder Geschäftsräumen selbst im Falle der Kündigung deren **Anfechtung** *und* die **Erstreckung des Mietverhältnisses** offen (BGE 128 III 82 E. 1d/bb; bestätigt in BGer, 10.9.2002, 4C.6/2002, E. 4.2, sowie in BGer, 14.2.2011, 4A_656/2010, E. 4 [unpubl. Teil von BGE 137 III 208]). Ein Erstreckungsausschluss, wie er in der Literatur z.T. gefordert wird (z.B. LÜTHI/ZIRLICK, AJP 1999, 1336; DUBACH, BlSchK 1999, 48), kommt nur schon deshalb nicht in Frage, weil ein ungenügender Mietzins im Erstreckungsentscheid angepasst werden kann (Art. 272c) und weil sogar ein viel höherwertiges Vermieterinteresse an einer Kündigung (Bsp.: Eigenbedarf, wichtiger Grund) eine Erstreckung nicht ausschliesst (vgl. Art. 272a; BGE 128 III 82, E. 1d/bb und cc; OTTIGER, mp 1999, 97; TSCHUDI J.-P., MRA 2001, 63 f.; RONCORONI, mp 2005, 226 f. sowie MRA 1999, 115 f.; CHK-HEINRICH, Art. 261–261b OR N 5). 18

Daneben hat der Mieter die Möglichkeit, analog Art. 56 lit. a VZG die Differenz zwischen dem Zuschlag im ersten Aufruf und der Grundpfandschuld zu bezahlen, dadurch den zweiten Aufruf zu verhindern und sich so sein künftiges Gebrauchsrecht zu sichern (LÜTHI/ZIRLICK, AJP 1999, 1338).

19 Bei langfristigen Mietverträgen über *Wohn- und Geschäftsräume* stellt sich nun die Anschlussfrage nach der Möglichkeit einer **Mietzinserhöhung** und nach den Kriterien für eine **Anfechtung** der ausserordentlichen Kündigung. Die Missbrauchsgesetzgebung verbietet grundsätzlich eine Kündigung als Mittel zur Ertragsoptimierung (vgl. Art. 269d Abs. 2 lit. c und Art. 271a Abs. 1 lit. b sowie Art. 271–271a N 16). Richtigerweise hat der neuen Eigentümer deshalb bei solchen Mietverträgen *in erster Linie* die Möglichkeit, auf den Zeitpunkt des nächsten gesetzlichen Kündigungstermins den **Mietzins nach absoluter Methode** (insb. gestützt auf den Steigerungspreis als Anlagewert; vgl. Art. 269) zu **erhöhen**. Er muss dazu nach Art. 269d vorgehen und insb. die um 10 Tage verlängerte Kündigungsfrist einhalten, damit der Mieter seinerseits ausserordentlich kündigen kann, wenn er mit der Erhöhung nicht einverstanden ist. Im Falle der Anfechtung dürfte ein gewichtiges Indiz für einen *offensichtlich übersetzten Kaufpreis* etwa darin bestehen, dass der Pfandgläubiger das Grundstück zum Wert des früheren Pfandrechts ersteigert hat. Dem Mieter wird es aber nicht leicht fallen, den zur Entkräftung der Verlässlichkeit des Kaufpreises erforderlichen *Nachweis der Vergleichsmiete* zu führen (dazu Art. 269 N 8 und Art. 269a N 2 ff.).

Gestützt auf die vorstehenden Ausführungen erweist sich eine **Kündigung** als unnötig und damit nach den Kriterien von Art. 271 als **anfechtbar**, soweit sie nur die Renditeoptimierung bezweckt. Für eine gültige Kündigung muss der Ersteigerer daher ein *darüber hinaus gehendes Motiv* dartun (**a.M.** wohl J.-P. TSCHUDI, MRA 2001, 63 f.). Macht er geltend, er wolle durch *Vermietung an einen Dritten* einen höheren Ertrag erzielen, hat er nach der Rsp. des BGer darzulegen, dass der geplante Mietzins nach absoluter Methode nicht missbräuchlich ist (BGE 120 II 105; vgl. dazu Art. 271–271a N 16). Beruft er sich auf *Eigennutzung* der Sache (selbst eine nicht dringliche), dürfte sich sein Kündigungsinteresse regelmässig als schützenswert erweisen.

VIII. De lege ferenda

20 Ein Vergleich von Art. 261 mit der Haftungsregelung von Art. 263 und mit weiteren vergleichbaren Tatbeständen (Art. 121 ZGB, Art. 181 und 333 OR) zeigt eine wenig sachgerechte Ungleichbehandlung des Parteiwechsels auf Mieter- bzw. Vermieterseite (vgl. Art. 263 N 7; WYTTENBACH, mp 2011, 24 ff.). Der Grundsatz des Übergangs des Mietvertrages nach Art. 261 vermag nur dann zu überzeugen, wenn er mit der hier vertretenen Ansicht als integrale Übertragung des Mietverhältnisses interpretiert wird (vgl. N 4; ZMP 2000 Nr. 25). So wie die Rsp. sich heute präsentiert, scheint de lege ferenda die Einführung einer beschränkten Solidarhaftung zwischen Veräusserer und Erwerber der Sache unvermeidlich.

Art. 261*a*

II. Einräumung beschränkter dinglicher Rechte	**Die Bestimmungen über die Veräusserung der Sache sind sinngemäss anwendbar, wenn der Vermieter einem Dritten ein beschränktes dingliches Recht einräumt und dies einem Eigentümerwechsel gleichkommt.**
II. Droits réels limités	Lorsque le bailleur accorde à un tiers un droit réel limité et que cette opération équivaut à un changement de propriétaire, les dispositions sur l'aliénation de la chose louée sont applicables par analogie.
II. Diritti reali limitati	Se il locatore concede a un terzo un diritto reale limitato e quest'operazione equivale ad un mutamento di proprietario, le disposizioni sull'alienazione della cosa si applicano per analogia.

Literatur

Vgl. die Literaturhinweise zu Art. 261.

I. Zweck

1 Die Bestimmung stellt der Veräusserung der Sache durch den Vermieter die **Einräumung eines beschränkten dinglichen Rechts** gleich. Gewährt der Vermieter einem Dritten eine Nutzniessung, ein Wohnrecht oder ein Baurecht, das mit der Miete nicht vereinbar ist, findet daher grundsätzlich **ebenfalls ein Parteiwechsel** auf Vermieterseite statt (Botschaft Mietrecht, 1442; SVIT-Komm., Art. 261–261a N 7; vgl. BGer, 28.6.2013, 4A_582/2012, E. 1.2). Denkbar ist, dass nur ein *Teil der Mietsache* vom beschränkten dinglichen Recht betroffen ist. Alsdann wird der Erwerber des Rechts zwar Vermieter; der Eigentümer bleibt aber Vertragspartei, und es entsteht auf Vermieterseite ein gemeinsamer Mietvertrag (s. Vor Art. 253 N 2). Die Bestimmung wirkt auch in die umgekehrte Richtung: Veräussert der Vermieter die Sache und sichert sich zugleich eine Nutzniessung daran, bleibt er Partei des Mietvertrags (BGer, 26.3.2014, 4A_1/2014, E. 2.1).

II. Analoge Anwendung auf den Verlust eines beschränkten dinglichen Rechts

2 Mitumfasst sind infolge der identischen Problematik analog zur vorliegenden Bestimmung (oder auch zu Art. 261) selbstverständlich auch Fälle, bei denen der Vermieter als Inhaber eines beschränkten dinglichen Rechtes seine Position verliert, so beim Erlöschen eines Baurechts oder einer (in Testamenten recht häufigen) lebenslänglichen Nutzniessung (BGE 113 II 121 E. 3; **a.M.** ohne Begründung ZK-Higi, Art. 261–261a OR N 7; entgegen Higi *befürwortete* die h.L. zum alten Mietrecht mit dem BGer eine analoge Anwendung des Schutzes von aArt. 259 Abs. 2: ZK-Schmid, aArt. 259 OR N 10; wie hier auch BSK ZGB II-Isler/Costantini, Art. 779c N 4; CHK-Heinrich, Art. 261–261b N 2; Permann, N 13; SVIT-Komm., Art. 261–261a N 7; Pietruszak/Zachariae, recht 2000, 44, FN 30; gl.M. betr. ungewissem Zeitpunkt des Untergangs auch KUKO OR-Blumer, Art. 261–261a N 3; Hürlimann-Kaup, Grundfragen, 251 und 273 ff.). Bezüglich des Untergangs eines Baurechts wird gegen die hier vertretene Auffassung eingewendet, es sei stossend, dass der Grundeigentümer aus einem Vertrag verpflichtet werden soll, bei dessen Entstehung er nicht beteiligt war. Der fehlbare Baurechtsberechtigte, der seine Verfügungsbefugnis überschritten habe, müsse in die Pflicht genommen werden. Deshalb sei der Sachverhalt mit der Untermiete gleichzusetzen, die nicht länger dauern könne als der Hauptmietvertrag (Monnier, Jusletter 2013, 5; vgl. Henggeler, 89 f.; Piotet D., principe, Rz 175 ff.; CPra Bail-Marchand, N 5). Dies berücksichtigt den Sozialrechtscharakter der vorliegenden Regelung zu wenig. Der Gesetzgeber ist von den allgemeinen Regeln über den relativen Charakter vertraglicher Beziehungen bewusst abgewichen, um insb. dem Mieter von Wohn- und Geschäftsräumen Sozialrechte wie den Kündigungsschutz und die Erstreckung des Mietverhältnisses zu sichern (Art. 261 N 1). Solche Sozialrechte wurzeln in der Persönlichkeit des Berechtigten, sind daher wie dingliche Rechte absoluter Natur und damit gegen jedermann wirksam. Sie geniessen vor den dinglichen Rechten Vorrang. Mit der Einräumung des Baurechts geht der Baurechtsgeber ohne weiteres das Risiko ein, dass der Bauberechtigte, in dessen Eigentum die errichtete Baute aufgrund der Dienstbarkeit steht, die Sache vermietet. Es ist wohl richtig, den Bauberechtigten in die Pflicht zu nehmen (Monnier, a.a.O.). Dies geschieht aber sozusagen von Gesetzes wegen, denn die Höhe der Heimfallentschädigung nach Art. 779d ZGB hängt vom Wert der Sache ab und wird daher insb. durch einen unvorteilhaften Mietvertrag geschmälert. Die finanziellen Interessen des Grundeigentümers sind dadurch hinreichend gewahrt. Würde ein Mietvertrag ohne Kündigung einfach untergehen, würden die finanziellen Interessen des Grundeigentümers selbst über klassische Härtesituationen beim Mieter gestellt. Der Vergleich mit der Untermiete überzeugt nicht, denn Art. 273b lässt eine Erstreckung der Untermiete selbst beim be-

fristeten Hauptmietverhältnis zu, soweit letzteres erstreckt wird. Immerhin gilt wie immer der Vorbehalt des Rechtsmissbrauchs: Schliessen der Bauberechtigte und der Mieter kurz vor Ablauf der Baurechtsdauer einen langfristigen Mietvertrag ab, um den Heimfall zu hintertreiben, so verdient das keinen Rechtsschutz. Umgekehrt ist besonders bei unbefristeten Mietverträgen nicht einzusehen, weshalb dem Grundeigentümer trotz voller Schadloshaltung nicht zugemutet werden kann, die Kündigungsschutzvorschriften einzuhalten. Die in BGE 113 II 121 getroffene Wertung ist daher durchaus verallgemeinerungsfähig. Wie das Gericht in E. 3b ausführte, verfolgt es seine Rsp. schon seit 1892, damals noch zum aOR. Sogar wenn man Art. 259 aOR als Ausnahmebestimmung betrachte, bedeute dies nicht notwendigerweise eine restriktive Auslegung. «Le but de l'art. 259 al. 2 CO est de protéger le preneur». Selbst wenn sich der Eigentümer während der Dauer der Dienstbarkeit kaum um das Schicksal der Sache kümmere, könne ihm kaum verborgen bleiben, dass ein Mietvertrag über die von der Servitut betroffene Sache bestehe. Umgekehrt sei es nicht entscheidend («peu importe»), dass der Mieter um das (mögliche) Ende der Servitut wisse. Genau auf diesen Fall sei aArt. 259 zugeschnitten («[...] c'est alors précisement que les effets prévus à l'art. 259 CO s'appliquent.»). Soweit gegen die Tragweite des Entscheids eingewendet wird, dort sei es um den Untergang einer Nutzniessung durch den Tod des Nutzniessers und damit durch ein plötzliches Ereignis gegangen (Hürlimann-Kaup, Grundfragen, 285 f.), ist dem entgegen zu halten, dass auch das Ende des Baurechts keineswegs vorhersehbar ist: Trotz gesetzlicher Höchstdauer geht es nicht zwingend mit deren Ablauf unter, denn Art. 779*l* Abs. 2 ZGB sieht eine (nachträgliche) Verlängerung ausdrücklich vor. Von vornherein treuwidrig ist der Abschluss eines Mietvertrages also selbst in der Endphase des Baurechts nicht.

III. Beibehaltung der Vermieterposition trotz Veräusserung der Sache

3 Sinngemäss angewandt kann Art. 261a endlich sogar bewirken, dass mit einer **Veräusserung der Sache *gerade keine* Veränderung der Vermieterposition** einhergeht: Dies ist etwa der Fall, wenn sich der Veräusserer die Nutzniessung an der vermieteten Liegenschaft ausbedingt (BGer, 24.10.2005, 4C.235/2005, E. 3, allerdings ohne Hinweis auf die vorliegende Norm).

Art. 261*b*

III. Vormerkung im Grundbuch

[1] Bei der Miete an einem Grundstück kann verabredet werden, dass das Verhältnis im Grundbuch vorgemerkt wird.

[2] Die Vormerkung bewirkt, dass jeder neue Eigentümer dem Mieter gestatten muss, das Grundstück entsprechend dem Mietvertrag zu gebrauchen.

III. Annotation au registre foncier

[1] Les parties peuvent stipuler l'annotation de baux d'immeubles au registre foncier.

[2] L'annotation oblige tout nouveau propriétaire à laisser au locataire l'usage de l'immeuble en conformité du bail.

III. Annotazione nel registro fondiario

[1] Nella locazione di fondi, le parti possono convenire l'annotazione del contratto nel registro fondiario.

[2] Questa annotazione ha l'effetto d'obbligare ogni nuovo proprietario a lasciare al conduttore l'uso del fondo a norma del contratto.

Literatur

Pfaeffli, Zur Vormerkung von Mietverträgen und Vorkaufsrechten, Der bernische Notar 1990, 41 ff.; Pfaeffli/Santschi Kallay, Die Wirkung des im Grundbuch vorgemerkten Mietvertrags, Jusletter vom 3.11.2014; Zucker/Eichenberger, Die Vormerkung des Mietverhältnisses im Grundbuch, AJP 2010, 834 ff.; s.a. die Literaturhinweise zu Art. 261.

I. Zweck und Wirkungen der Vormerkung

1 Durch die Vormerkung der Miete im Grundbuch werden die vertraglichen Rechte des Mieters am Grundstück zu **Realobligationen**. Der Mietvertrag folgt damit ohne weiteres und **uneingeschränkt** dem Eigentum an der Sache (ZK-HIGI, N 13 ff.). Er nimmt an den Wirkungen des Grundbuchs teil (Publizität, Rangordnung etc.).

II. Voraussetzungen

2 Die Vormerkung bedarf eines **schriftlichen** Rechtsgrundausweises (Art. 71 Abs. 1 GBV); mündliche Vereinbarungen können gestützt auf ein richterliches Urteil eingetragen werden (Art. 665 ZGB). Die Vormerkung eines Miet-/Kaufvertrages ist unzulässig (BGE 89 I 547). Die Dauer der Vormerkung muss bestimmt sein, sie ist in zeitlicher Hinsicht aber nicht beschränkt (Art. 71 Abs. 2 GBV). Unbefristete Mietverträge mit Mindestvertragsdauer können nur für diese Zeit vorgemerkt werden; allerdings ist auf entsprechenden Antrag des Berechtigten eine Verlängerung der Vormerkung möglich, wenn sich eine weitere feste Vertragsdauer an die erste anschliesst (BGE 81 I 75 E. 2). Unter dieser Voraussetzung kann der Berechtigte selbst die Wiedereintragung einer Vormerkung verlangen, die mangels eines rechtzeitigen Gesuchs um Erneuerung von Amtes wegen gelöscht wurde (BGE 135 III 248 E. 4.3 = Pra 2009 Nr. 111; dazu, insb. zur Frage des Rangs der erneuerten Vormerkung, KOLLER/SENNHAUSER, ZBJV 2011, 307 ff.). Die Vormerkung von **Untermietverträgen** ist nur mit Einwilligung des Eigentümers zulässig, denn sie bewirkt nach h.L., dass derselbe dem Untermieter grundsätzlich den Gebrauch der Sache im vorgemerkten Umfange gestatten muss (HEINRICH, 169; SVIT-Komm., N 7).

III. Vorgemerkte Mietverträge in der Zwangsvollstreckung

3 Gelangt die Mietsache zur Zwangsverwertung, so sind die Regeln über den Doppelaufruf nach Art. 142 SchKG für die Vormerkung direkt anwendbar. Selbst wenn die Vormerkung aber im Zuge des Doppelaufrufs gelöscht wird, behält der Mietvertrag die Vorzugsstellung gestützt auf Art. 261. Mittels eines weiteren Aufrufs gestützt auf die analoge Anwendung von Art. 142 SchKG kann sich der Ersteigerer dann zwar ein ausserordentliches Kündigungsrecht verschaffen, bleibt aber ansonsten in seiner Eigenschaft als neuer Vermieter vollumfänglich an den Mietvertrag gebunden – auch was Kündigungsschutz und Erstreckung angeht (vgl. Art. 261 N 14 ff.).

Art. 262

K. Untermiete

1 Der Mieter kann die Sache mit Zustimmung des Vermieters ganz oder teilweise untervermieten.

2 Der Vermieter kann die Zustimmung nur verweigern, wenn:

a. der Mieter sich weigert, dem Vermieter die Bedingungen der Untermiete bekanntzugeben;

b. die Bedingungen der Untermiete im Vergleich zu denjenigen des Hauptmietvertrags missbräuchlich sind;

c. dem Vermieter aus der Untermiete wesentliche Nachteile entstehen.

3 Der Mieter haftet dem Vermieter dafür, dass der Untermieter die Sache nicht anders gebraucht, als es ihm selbst gestattet ist. Der Vermieter kann den Untermieter unmittelbar dazu anhalten.

K. Sous-location

1 Le locataire peut sous-louer tout ou partie de la chose avec le consentement du bailleur.

2 Le bailleur ne peut refuser son consentement que:

a. si le locataire refuse de lui communiquer les conditions de la sous-location;

b. si les conditions de la sous-location, comparées à celles du contrat de bail principal, sont abusives;
c. si la sous-location présente pour le bailleur des inconvénients majeurs.

[3] Le locataire est garant envers le bailleur que le sous-locataire n'emploiera la chose qu'à l'usage autorisé par le bail principal. Le bailleur peut s'adresser directement au sous-locataire à l'effet de l'y obliger.

K. Sublocazione

[1] Il conduttore può sublocare in tutto o in parte la cosa con il consenso del locatore.

[2] Il locatore può negare il consenso soltanto se:
a. il conduttore rifiuta di comunicargli le condizioni della sublocazione;
b. le condizioni della sublocazione, comparate con quelle del contratto principale di locazione, sono abusive;
c. la sublocazione causa al locatore un pregiudizio essenziale.

[3] Il conduttore è responsabile verso il locatore se il subconduttore usa della cosa locata in modo diverso da quello permesso al conduttore. A tale effetto, il locatore può rivolgersi direttamente al subconduttore.

Literatur

Blanc, La sous-location en pratique, SJ 2005 II 105 ff.; Cerutti, Der Untervertrag, Diss. Freiburg 1990; Ducrot, Des usagers indésirables dans les locaux d'habitations ou commerciaux: le locataire après la fin du bail et le sou-locataire non autorisé, 14e séminaire sur le droit du bail, Neuchâtel 2006; Heinrich, Die Untermiete, Diss. Zürich 2000; Hürlimann-Kaup, Grundfragen des Zusammenwirkens von Miete und Sachenrecht, Zürich 2008; Lachat, La sous-location, SJ 1992, 469 ff.; ders., La cession des loyers, 11e séminaire sur le droit du bail, Neuchâtel 2000; Montini/Wahlen, Die Untermiete: Unterlassene Kündigung des Hauptmieters – Folgen nach Art. 273b OR, mp 2008, 147 ff.; Mosca, La sous-location, 16e séminaire sur le droit du bail, Neuchâtel 2010; Nordmann, La sous-location, 10e séminaire sur le droit du bail, Neuchâtel 1998; Rollini, Le caractère provisoire de la sous-location et les limites imposées en matière au locataire, CdB 1995, 14 ff.; vgl. ferner die Literatur- und Materialienhinweise bei den Vorbem. zu Art. 253–273c.

I. Zweck und Anwendungsbereich. Abweichende Vereinbarungen

1 Die Bestimmung sichert dem Mieter das Recht zur gänzlichen oder teilweisen **Untervermietung**, mithin zum Abschluss eines Vertrages über die entgeltliche Überlassung der Sache zum Gebrauch durch einen Dritten, indem sie die Verweigerung der Zustimmung des Vermieters an bestimmte Voraussetzungen knüpft.

Keine Untermiete ist bei der Wohnungsmiete die zeitweilige Aufnahme von **Familienangehörigen**, der Empfang von **Besuchen** oder die Aufnahme eines **Lebenspartners**. Diese Erscheinungen *können* auf Gebrauchsleihe beruhen, wie das BGer dies in BGE 136 III 186 E. 3.2.3 = Pra 2010 Nr. 113 angenommen hat. Oft fehlt den Betroffenen aber ein rechtlicher Bindungswille. Besonders bei der Aufnahme von Verwandten und Freunden «dans le besoin» (a.a.O., E. 3 Ingress) liegt deshalb oft nur die Erfüllung einer **sittlichen Pflicht** vor. Soweit die Mietsache dafür taugt (Grösse etc.), sind solche Erscheinungen im Rahmen von Art. 256 *zwingend* (wie unter altem Recht) auch ohne Zustimmung des Vermieters zulässig (vgl. auch Art. 256 N 9; ähnlich CHK-Heinrich, N 2 f.; Blumer, SPR VII/3, Rz 590; **a.M.** ZK-Higi, N 11; unklar BGE 136 III 186 E. 3.2.1 = Pra 2010 Nr. 113, wo das BGer anzunehmen scheint, die Benützung der Wohnung einzig durch den Mieter allein sei nicht vereinbart worden, ohne die Frage anzusprechen, ob das gültig überhaupt möglich ist, während es in E. 3.2.3 festhält, selbst wenn der Bruder des Mieters einen Mietzins bezahlen würde, hätte der Vermieter die Gebrauchsüberlassung nicht erfolgreich untersagen können; s. dazu auch Koller Th., ZBJV 2011, 975 f.).

Die Untermiete ist praktisch sehr bedeutsam, da sie dem Mieter die Verwertung der Sache auch dann ermöglicht, wenn er sie selbst nicht gebrauchen kann oder will. Zu wenig beachtet hat der Gesetzgeber jedoch, dass bei der unbefristeten Untervermietung der ganzen Sache trotz der gesetzlichen Beschränkungen häufig Gewinne erzielt werden, denen keine Investitionen gegenüberstehen (s. immerhin N 7).

Die Bestimmung ist für sämtliche Arten von Mietverhältnissen anwendbar und **zugunsten des Mieters zwingender Natur** (Heinrich, 10 ff., 19 ff.; Honsell, OR BT, 218; ZK-Higi, N 4; Roncoroni, mp 2006 87). Sie ist analog auf die **Zession des Gebrauchsrechts** (Guhl/Koller/Schnyder/Druey, 422; **a.M.** Heinrich, 62) und – nach dem Grundsatz «e maiore minus» – mutatis mutandis **auch auf die Entlehnung einer vermieteten Sache** anwendbar (so wohl auch BGE 136 III 186 = Pra 2010 Nr. 113; gl.M. Heinrich, 51 f.; **a.M.** ohne Begründung ZK-Higi, Art. 262 N 12 und Art. 263 N 15). 2

II. Voraussetzungen im Hauptmietverhältnis

1. Zustimmung des Vermieters

Das Gesetz verlangt zwar die **Zustimmung** des Vermieters zur Untermiete, lässt aber deren Verweigerung nur unter besonderen Umständen zu. Die Zustimmung ist an keine spezielle Form gebunden und kann namentlich auch stillschweigend erteilt werden, z.B. wenn der Vermieter auf die Mitteilung der geplanten Untervermietung nicht reagiert und damit konkludent auf sein Weigerungsrecht verzichtet (so auch ZK-Higi, N 30 f.). Im Kanton Waadt verlangt allerdings mittlerweile eine verunglückte Bestimmung in einem allgemein verbindlich eklärten Rahmenmietvertrag («RULV») eine schriftliche Zustimmung (s. dazu BGer, 10.3.2009, 4A_487/2008) – nach richtiger Ansicht kann es sich dabei höchstens um eine Beweisform handeln (CPra Bail-Bise/Planas, N 4). Auch eine nachträgliche Zustimmung ist möglich. Mit der Zustimmung übt der Vermieter ein **Gestaltungsrecht** aus; ein Widerruf ist daher unzulässig (Heinrich, 94; vgl. aber zum nachträglichen Entzug der Bewilligung N 8a). Denkbar sind jedoch Willensmängel, vorab bei verschwiegenen Tatsachen, die einen Verweigerungsgrund gebildet hätten. Eine **Kündigung** wegen berechtigter Untervermietung verstösst gegen Art. 271a Abs. 1 lit. a und ist anfechtbar. 3

2. Untervermietung trotz fehlender Zustimmung

Erfolgt die Untervermietung ohne Zustimmung des Vermieters, so ist sie nicht ohne weiteres unzulässig. Zu prüfen ist vielmehr, ob Gründe für die Verweigerung der Zustimmung gem. Abs. 2 vorliegen (Honsell, OR BT, 218). Dazu wird der vorsichtige Mieter vor der Untervermietung eine entsprechende Feststellungsklage erheben (CPra Bail-Bise/Planas, N 46). Riskant, aber bei Fehlen eines Ablehnungsgrundes folgenlos ist daneben die eigenmächtige Vermietung: Im Kündigungsschutzverfahren bei der Miete von *Wohn- und Geschäftsräumen* geht es nicht an, eine ordentliche Kündigung nur schon deshalb für gültig zu erklären, weil der Vermieter nicht vor der Untervermietung um seine Zustimmung angegangen wurde, denn wenn der Vermieter die Zustimmung ohnehin nicht hätte verweigern können, liegt eine Kündigung aus geringfügigem Anlass nach Art. 271 Abs. 1 vor (CR CO I-Lachat, N 4 f.; Lachat et al.-Zahradnik, 472 f.; Prerost/Thanei, 123; Weber, Diss., 141; Zihlmann, 94 f.; CPra Bail-Bise/Planas, N 46, 59 und 62; **a.M.** ZK-Higi, N 57 ff.; SVIT-Komm., N 32; Heinrich, 136 f., 138 f.; ders., Art. 262 N 5). Neuerdings deutete das BGer allerdings an, dass es u.U. schon die blosse Tatsache für eine ordentliche Kündigung genügen lassen könnte, dass der Mieter vor der Untervermietung nicht um die Zustimmung des Vermieters ersucht hat, etwa wenn er dies wider besseres Wissen getan und dadurch das Vertrauensverhältnis zwischen den Parteien ins Wanken gebracht hat (BGE 138 III 59 E. 2.2.2). Umgekehrt hat es in Pra 1995 Nr. 143 zu Recht die Position eines Mieters geschützt, der trotz unbegründeter Zustimmungsverweigerung untervermietete; gleich entschied es in SJ 2001 I, 17 E. 2 = mp 2000, 181 ff.). 4

4a Die Untervermietung trotz *begründeter Verweigerung* der Zustimmung oder ohne Einholung der Zustimmung durch den Vermieter trotz *bestehender Verweigerungsgründe* stellt eine Pflichtverletzung dar, die einen ordentlichen, u.U. aber auch einen ausserordentlichen Kündigungsgrund gem. Art. 257f bilden kann (BGE 134 III 300 E. 3.1; 134 III 446; HEINRICH, 158 f.; BLUMER, SPR VII/3, Rz 595), letzteres aber erst nachdem sich der Vermieter nach den Modalitäten der Untermiete erkundigt und die Beendigung des rechtswidrigen Zustands abgemahnt hat (BGer, 26.8.2014, 4A_162/2014, E. 2). Die rechtswidrige Untervermietung kann sodann gestützt auf die Regeln über die **unechte Geschäftsführung ohne Auftrag** zu einer Abschöpfung des erzielten Gewinnes führen (so SCHMID, ZBJV 1995, 276 ff.; BGer, 28.2.2013, 4A_594/2012; BGE 129 III 422; 126 III 69 E. 2b und c.; s. dazu SCHMID, recht 2000, 205 ff.; SVIT-Komm., N 33a; WIEGAND, ZBJV 2002, 342 ff.; WEBER, AJP 2000, 1028 ff.). Hat der Untermieter den Mietvertrag in Unkenntnis des tiefen Hauptmietzinses geschlossen, kann er u.U. seinerseits gestützt auf Irrtum den Vertrag anfechten und sich im Rahmen der Vertragsrückabwicklung Ausgleich verschaffen (WEBER, a.a.O., 1030 f.).

3. Gründe für die Verweigerung der Zustimmung

5 Abs. 2 bestimmt **alternativ**, aber in **abschliessender** Weise, unter welchen Voraussetzungen der Vermieter seine Zustimmung für eine Untervermietung verweigern darf (**anders** anscheinend BGE 134 III 446 = Pra 2009 Nr. 21, dazu N 8). Die **Beweislast** für Verweigerungsgründe trägt der Vermieter (HEINRICH, 131). Gegenstück zum Zustimmungserfordernis des Vermieters bildet die Informationspflicht des Mieters betr. etwaiger wesentlicher Nachteile durch die Untermiete gem. lit. c.

6 Die Verpflichtung des Mieters, die **Bedingungen der Untermiete** gem. lit. a bekanntzugeben, steht in einem innern Zusammenhang mit lit. b, wonach diese Bedingungen im Vergleich zu denjenigen des Hauptmietvertrages nicht missbräuchlich sein dürfen. Die Auskunftspflicht bezieht sich jedoch nicht nur auf den Mietzins, sondern auf alle bedeutsamen Klauseln des Untermietvertrages, wie die Person des Untermieters, den Verwendungszweck, die Dauer und die Bezeichnung des untervermieteten Teils (HEINRICH, 85; SVIT-Komm., N 16). Zu den Modalitäten der Bekanntgabe s. BGer, 17.3.2005, 4C.331/2004, E. 1.1. Die Verweigerung der Auskunft über die Bedingungen einer ohne Zustimmung erfolgten Untervermietung kann zu einer ausserordentlichen Kündigung nach Art. 257f führen, denn die Weigerung als solche macht die Fortsetzung des Mietverhältnisses i.d.R. unzumutbar (BGE 134 III 300 E. 3.1; KOLLER/MAUERHOFER, ZBJV 2010, 64 ff.; s.a. BUDLIGER, MRA 2008, 176 f.; SOHM, MRA 2008, 131; krit. SPIRIG/GABATHULER, plädoyer 3/2008, 45). Erst recht gilt dies, wenn der Mieter dem Vermieter zur Verschleierung seines Missbrauchs einen gefälschten Untermietvertrag zustellt (vgl. BGer, 28.2.2013, 4A_594/2012 sowie MAAG, MRA 4/2013, 59 ff.).

7 Die **Missbräuchlichkeit der Bedingungen** der Untermiete gem. lit. b soll sich aus einem Vergleich mit jenen der Hauptmiete ergeben. Ratio legis ist die Verhinderung eines übermässigen Gewinnes durch die Untervermietung (BGE 134 III 300 = Pra 2008 Nr. 130). Die vorliegende Bestimmung gilt aber – anders als der zweite Abschnitt des Achten Titels – nicht nur für Wohn- und Geschäftsräume.

Massgebend für die Ertragsberechnung sind der Umfang des Gebrauchsrechts des Untermieters, der Zins des Hauptmietvertrages und die Investitionen des Untervermieters (ZMP 1991 Nr. 8 E. 2c; HEINRICH, 104 ff.; ZK-HIGI, N 42 ff.). Bei **Wohn- und Geschäftsräumen** ist alsdann nach der hier vertretenen Auffassung entgegen der h.L. in Anlehnung an die zu Art. 269 entwickelten Grundsätze der Nettogewinn auf den aufgewendeten *Eigenmitteln* als missbräuchlich zu erachten, wenn er den Referenzzinssatz für Hypotheken um mehr als $^1/_2$% übersteigt (gl.M. KUKO OR-BLUMER, N 4). HEINRICH geht demgegenüber von einer Missbräuchlichkeit des Untermietzinses aus, wenn dieser den Hauptmietzins um mehr als 3 % übersteigt (HEINRICH, 108). Es besteht kein Grund, den Untermietzins anders zu behandeln als den

Hauptmietzins (vgl. SVIT-Komm., N 17 sowie ZK-Higi, N 44, der den maximalen Untermietzins unter Vorbehalt von erheblichen geldwerten Eigenleistungen des Untervermieters auf die Höhe des Hauptmietzinses beschränkt). Das BGer hat festgestellt, dass weder der Wortlaut noch der Normzweck von Art. 262 einen gewinnträchtigen Charakter der Untermiete indiziere (BGE 119 II 353 E. 6b = Pra 1994 Nr. 57; ebenso Lachat et al.-Zahradnik, 468; ähnlich Heinrich, 107 ff., 115). Es setzte Haupt- und Untermietzins ins Verhältnis zu den vermieteten Zimmern, trug alsdann besonderen Umständen Rechnung (Möblierung bzw. beschränkter Zugang zur Küche, keine Waschmaschine, a.a.O., E. 5) und erklärte schliesslich mit Recht eine Differenz zwischen Unter- und Hauptmietzins pro Zimmer von 30% nicht nur als erheblich i.S. des Gesetzes, sondern als «manifestement abusif» (a.a.O., E. 6 f.). Umgekehrt bezweckt die Bestimmung nicht den Schutz des Untermieters, sondern denjenigen des Hauptvermieters. Bei mehreren Untermietverhältnissen genügt daher eine Gegenüberstellung der gesamten Untermietzinse und des untervermieteten Sachteils (BGer, 17.3.2005, 4C.331/2004, E. 1.2).

Bei **anderen Mietgegenständen** geht der Gesetzgeber an sich davon aus, dass der Markt den Preis bestimmen soll. Aufgrund der klaren Terminologie in Art. 262 gelten jedoch für die Frage der **Zulässigkeit der Untervermietung** auch für solche Mietobjekte die gleichen Grundsätze wie für Wohn- und Geschäftsräume (vgl. BGE 119 II 353 E. 6d; ebenso ZK-Higi, N 43).

Wesentliche Nachteile aus der Untervermietung gem. lit. c können dem Vermieter namentlich dann entstehen, wenn die Sache durch den Untermieter in erheblich intensiverer oder ihm selbst nachteiliger Weise genutzt wird (Heinrich, 118 ff., 124 f.; Honsell, OR BT, 218; Pra 1995 Nr. 143). Einzelne Stimmen in der Literatur wollen dem Vermieter ein Ablehnungsrecht auch aus moralischen und gar politischen Gründen zugestehen (ZK-Higi, N 47; SVIT-Komm., N 26). Solche Einschränkungen mögen zum Ancien Régime gepasst haben – in einem Rechtsstaat, welcher der Wahrung der Persönlichkeitsrechte und der indirekten Drittwirkung von Grundrechten verpflichtet ist, haben sie keinen Platz. Stets müssen die zu erwartenden Nachteile **objektiv** gewichtig sein (ebenso das BGer, mp 1999, 46 f.). Dies ist insb. der Fall, wenn sie sich *auf den vertragsgemässen Gebrauch* im Hauptmietvertrag oder auf *legitime Interessen* des Vermieters auswirken (Bsp.: Vereitelung des Zwecks einer Wohngenossenschaft: MRA 1997, 202 ff.; Konkurrenzbetrieb: Pra 1995 Nr. 143; SVIT-Komm., N 25; Heinrich, 124). Keine rechtserheblichen Nachteile entstehen dem Vermieter allein deshalb, weil die Untervermietung unbefristet erfolgt, denn eine solche Einschränkung sieht das Gesetz nicht vor (**anders** BGE 134 III 446 = Pra 2009 Nr. 21, wo das Gericht ohne Begründung eine ausserordentliche (!) Kündigung wegen unbefristeter Untervermietung an den Sohn der Mieterin schützte; anders noch SJ 2001 I, 17 E. 2b = mp 2000, 181 ff.; dem BGer zustimmend Sohm, MRA 2008, 21 ff.; wie hier Koller/Mauerhofer, ZBJV 2010, 68 ff.; Spirig/Gabathuler, plädoyer 3/2009, 49). In BGE 138 III 59 hielt das BGer aber ausdrücklich an seiner Auffassung fest. Zur Begründung führte es aus, die Untervermietung sei «an sich gedacht für Fälle, in denen der Mieter die Mietsache, beispielsweise wegen eines beruflich bedingten, zeitlich begrenzten Auslandaufenthalts, vorübergehend nicht nutzen kann und für die Zeit seiner Abwesenheit aus finanziellen Gründen einem Dritten überlässt, oder für Fälle, in denen eine Wohnung infolge Wegzuges oder Todes von Familienangehörigen zu gross geworden ist und deshalb teilweise Dritten überlassen wird» (E. 2.2.1). Dem Gesetz und den Materialien lässt sich eine solche Einschränkung nicht entnehmen (vgl. Botschaft Mietrecht, 1442 f.). Das weitere Argument, die unbefristete Untervermietung laufe auf die eigenmächtige Einsetzung eines Nachmieters hinaus und sei daher rechtsmissbräuchlich, überzeugt angesichts der deutlichen Unterschiede zwischen der Rechtsposition eines Nachmieters und derjenigen eines Untermieters nicht (N 10). Die Begrenzung des Rechtes zur dauernden Untervermietung war einmal Thema einer gescheiterten Mietrechtsrevision. Dass das Anliegen nun vom BGer auf dem Wege der Gesetzesinterpretation umgesetzt wird, ist nicht unproblematisch, auch wenn man das politische Ziel der Vermeidung von Spekulation gerade mit Blick auf die in jüngerer Zeit aufgetretenen Missbrauchsfälle (besonders krass BGer, 28.2.2013, 4A_594/2012) ohne 8 weiteres teilen kann (s. zum Entscheid auch KOLLER TH., ZBJV 2013, 910 ff.; BLUMER, recht 2012, 90 ff.; GIAVARINI, MRA 2012, 162 ff.; SIMEONI, Newsletter Mai 2012 auf ‹www.bail.ch›; THANEI, mp 2012, 96 f.; CARRON, DdB 2012, 23 f.; MAUERHOFER, ius.focus 2012, 7 f.; SPIRIG/GABATHULER, plädoyer 3/2012, 48 ff.; HEDIGER, SJZ 2013, 309 ff.). Immerhin scheint das BGer eine unbefristete Untermiete nicht als unzulässig zu betrachten, solange der Mieter konkrete Pläne hat, die Sache künftigwieder selber zu nutzen (BGE 138 III 59 E. 2.2.1–2; ähnlich schon BGer, 5.8.2009, 4A_265/2009, E. 2.5; so erstmals ROLLINI, CdB 1995, 14 ff.; s.a. KOLLER/MAUERHOFER, ZBJV 2010, 70 f.; KOLLER TH., ZBJV 2013, 910 ff.). De lege late sollte eine ordentliche Kündigung wegen unbefristeter Untervermietung im Lichte von Art. 271a Abs. 1 lit. a nur dann als gültig erachtet werden, wenn der Mieter jedes Interesse an der Mietsache verloren hat (ebenso LACHAT, bail à loyer, 567). Diese Voraussetzung ist jedenfalls nicht erfüllt, wenn zwischen Mieterin und Untermieter eine besondere Beziehung besteht (problematisch daher insofern KOLLER/MAUERHOFER, ZBJV 2010, 70). Ein Ausschluss der unbefristeten Untervermietung kann jedoch in Rahmenmietverträgen gültig vereinbart werden (s. BGer, 10.3.2009, 4A_487/2008). Nichts mit dem hier interessierenden Thema hat die Frage zu tun, ob der Vermieter mit einer ordentlichen Kündigung einer unbefristeten Untervermietung ein Ende setzen kann, weil er direkt mit dem Untermieter einen Vertrag schliessen will. Hier liegt der Kündigungsgrund nicht in der Tatsache der unbefristeten Untervermietung als solche, sondern im Umstand, dass der Vermieter – in durchaus legitimer Weise – die Mietsache neu einer Person überlassen will, die offensichtlich bessere Verwendung dafür hat als der bisherige Mieter.

4. Nachträglicher Entzug der Bewilligung?

8a Wie erwähnt (N 3) ist die Bewilligung zur Untermiete grundsätzlich unwiderruflich, und zwar insb. auch dann, wenn zur Zeit ihrer Erteilung Verweigerungsgründe bestanden, die der Vermieter kannte oder nach denen er nicht geforscht hat (vgl. WEBER, AJP 2000, 1029 f. [Ziff. 3]; Lachat et al.-ZAHRADNIK, 471). Entstehen indessen erst ***nach*** der Bewilligung Tatsachen i.S.v. Abs. 2, so bilden sie selbst bei der Miete von *Wohn- und Geschäftsräumen* regelmässig einen schützenswerten Kündigungsgrund nach Art. 271 f., allenfalls gar nach Art. 257f (vgl. SVIT-Komm., N 30 f.); u.U. wird der Kündigung eine Abmahnung vorausgehen müssen. Treuwidrig wäre allenfalls eine Kündigung wegen Umständen, die der Vermieter seit längerer Zeit kannte. Als *mildere Massnahme* ist dem Vermieter in solchen Fällen bei der Miete von Wohn- und Geschäftsräumen auch ein **Entzug der Bewilligung** zur konkreten Untervermietung gestützt auf Art. 269d Abs. 3 zuzugestehen (zu den Formalitäten eines Entzugs vgl. BGE 125 III 62 E. 2a und b sowie Art. 269d N 11). Zu weit geht es, schon bei jeder wesentlichen Änderung der Untermietbedingungen eine Erneuerung der Zustimmung zu verlangen, denn entscheidend ist einzig, ob nachträglich ein Verweigerungsgrund eingetreten ist (**a.M.** HEINRICH, 90, 94 f.).

III. Der Untermietvertrag

9 Der Untermietvertrag ist grundsätzlich ein **gewöhnlicher Mietvertrag** (s. BGE 120 II 206; HEINRICH, 164 ff.). Deshalb gelten etwa uneingeschränkt die Bestimmungen über den Schutz vor missbräuchlichen Mietzinsen bei der Miete von *Wohn- oder Geschäftsräumen* (vgl. BGE 124 III 62 E. 2a = Pra 1998 Nr. 53). Da die Untermiete von ihrer Konzeption her nicht gewinnträchtig sein soll (BGE 119 II 353, vgl. N 7), riskiert der Untervermieter, der bei der Anfangsmietzinsfestsetzung entgegen dem massgeblichen kantonalen Recht das amtliche Formular nicht verwendet, dass der Mietzins auf denjenigen Betrag festgelegt wird, der im entsprechenden Formular des Hauptmietvertrages als Mietzins des vorausgegangenen Mietverhältnisses angegeben ist (BGE 124 III 62 E. 2b).

Möglich sind auch kettenartige Untermietverhältnisse (Unter-Untermietverhältnis).

Der Untermieter ist nur Inhaber eines obligatorischen Rechts gegenüber dem Hauptmieter. **10**
Entsprechend bestehen grundsätzlich keine direkten Rechtsbeziehungen zwischen Vermieter und Untermieter. Gemäss Art. 268 Abs. 2 erstreckt sich etwa das Retentionsrecht des Vermieters von Geschäftsräumen nicht auf die Sachen des Untermieters, soweit dieser den Untermietzins bezahlt hat (dazu Art. 268–268b N 5). Zum Schicksal des Untermietvertrags bei Übertragung des Hauptmietvertrages auf einen Dritten s. Art. 263 N 6a.

Der Untermieter ist *Hilfsperson* des Mieters i.S.v. Art. 101 (SVIT-Komm., N 34). Für dessen Verhalten hat der Mieter dem Vermieter daher einzustehen (Abs. 3 Satz 1; vgl. BGE 117 II 65 E. 2 = Pra 1992 Nr. 81). Deshalb gerät der Mieter in Verzug, wenn er ein Bauhandwerkerpfandrecht nicht ablöst, welches auf Bauarbeiten des Untermieters zurückzuführen ist (vgl. BGE 123 III 124 E. 3a). Aber auch der *Hauptvermieter* kann als Hilfsperson des Untervermieters erscheinen (BGE 119 II 337 = Pra 1994 Nr. 117; Züst, Diss., 230).

Die aus dem Fehlen direkter Rechtsbeziehungen zwischen Untermieter und Hauptvermieter resultierenden Unvollkommenheiten korrigiert das Gesetz recht einseitig, indem es dem Hauptvermieter zwar einen direkten Anspruch gegenüber dem Untermieter auf Einhaltung des Gebrauchsrechts laut Hauptmietvertrag einräumt (Abs. 3 Satz 2, gesetzliche Solidargläubigerschaft; Heinrich, 202), auf der andern Seite aber die Erstreckung der Untermiete nur so weit und so lange zulässt, als auch der Mieter ein Recht auf die Sache hat (Heinrich, 225 ff.; zur Kritik vgl. Art. 273b N 4). Die Sonderbestimmungen über das Verfahren in Mietsachen finden gemäss der Rsp. des BGer auch auf die Rechtsbeziehungen zwischen Hauptvermieter und Untermieter Anwendung (BGE 120 II 112). Dies muss auch nach Einführung der eidg. ZPO gelten.

Art. 263

L. Übertragung der Miete auf einen Dritten

1 Der Mieter von Geschäftsräumen kann das Mietverhältnis mit schriftlicher Zustimmung des Vermieters auf einen Dritten übertragen.

2 Der Vermieter kann die Zustimmung nur aus wichtigem Grund verweigern.

3 Stimmt der Vermieter zu, so tritt der Dritte anstelle des Mieters in das Mietverhältnis ein.

4 Der Mieter ist von seinen Verpflichtungen gegenüber dem Vermieter befreit. Er haftet jedoch solidarisch mit dem Dritten bis zum Zeitpunkt, in dem das Mietverhältnis gemäss Vertrag oder Gesetz endet oder beendet werden kann, höchstens aber für zwei Jahre.

L. Transfert du bail à un tiers

1 Le locataire d'un local commercial peut transférer son bail à un tiers avec le consentement écrit du bailleur.

2 Le bailleur ne peut refuser son consentement que pour de justes motifs.

3 Si le bailleur donne son consentement, le tiers est subrogé au locataire.

4 Le locataire est libéré de ses obligations envers le bailleur. Il répond toutefois solidairement avec le tiers jusqu'à l'expiration de la durée du bail ou la résiliation de celui-ci selon le contrat ou la loi mais, dans tous les cas, pour deux ans au plus.

L. Trasferimento della locazione a un terzo

1 Il conduttore di un locale commerciale può trasferire la locazione ad un terzo con il consenso scritto del locatore.

2 Il locatore può negare il consenso soltanto per motivi gravi.

3 Se il locatore ha consentito, il terzo è surrogato al conduttore.

4 Il conduttore è liberato dai suoi obblighi verso il locatore. È tuttavia solidalmente responsabile con il terzo fino al momento in cui, per contratto o per legge, la locazione si estingue o può essere sciolta, ma al massimo per due anni.

Literatur

BARBEY, Le transfer du bail commercial, SJ 1992, 33 ff.; CONOD, Les incidences du nouveau droit du divorce sur le droit du bail, CdB 2000, 33 ff.; DIETSCHY, Le bail d'habitation des concubins, Basel 2014; HAUSHEER, Die Familienwohnung im neuen Scheidungsrecht, mp 1999, 159 ff.; HULLIGER, Mietrechtliche Aspekte des neuen Partnerschaftsgesetzes, MRA 2007, 1 ff.; LACHAT, La cession des loyers, 11e séminaire sur le droit du bail, Neuchâtel 2000; JACQUEMOUD-ROSSARI, Le transfert du bail commercial, 8e séminaire sur le droit du bail, Neuchâtel 1994; MINDER, Die Übertragung des Mietvertrags bei Geschäftsräumen, Diss. Zürich 2010; RUOSS, Der Einfluss des neuen Eherechts auf Mietverhältnisse an Wohnräumen, ZSR I 1998, 75 ff.; TERRAPON, Transfert du bail commercial et restitution anticipée de la chose louée, 17e séminaire sur le droit du bail, Neuchâtel 2012; WEBER, Der gemeinsame Mietvertrag, Diss. Zürich 1993; DERS., Der zivilrechtliche Schutz der Familienwohnung, AJP 2004, 30 ff.; WESSNER, Le divorce des époux et l'attribution judiciaire à l'un d'eux des droits et obligations résultant du bail portant sur le logement de la famille, 11e séminaire sur le droit du bail, Neuchâtel 2000; vgl. ferner die Literatur- und Materialienhinweise bei den Vorbem. zu Art. 253–273c.

I. Zweck und Anwendungsbereich

1 Das Gesetz räumt dem Mieter von **Geschäftsräumen** einen bedingten Anspruch auf Übertragung des Mietverhältnisses auf einen Dritten ein. Diese durch das neue Recht eingeführte Regelung geht über eine Abtretung der Gläubigerrechte des Mieters hinaus, da sowohl Rechte wie auch Pflichten des Mieters auf einen Dritten übertragen werden (BGE 121 III 408 E. 4 = Pra 1996 Nr. 151; vgl. zur Abtretung der Miete nach altem Recht BGE 116 II 512 E. 3 = Pra 1991 Nr. 184). Es handelt sich um eine **Vertragsübertragung** (Abs. 3). Nicht geregelt ist das zugrundeliegende Verpflichtungsgeschäft (dazu ZK-HIGI, N 5).

2 Hinter dieser für das schweizerische Privatrecht neuen Erscheinung steckt die Überlegung, dass der Geschäftsmieter die von ihm geschaffenen materiellen und immateriellen Werte (Bsp.: Ladeneinrichtung, Goodwill) als Ganzes frei solle verwerten können (Botschaft Mietrecht, 1443). Die Verpflichtung des Übernehmers zur Abgeltung dieser Werte kann daher grundsätzlich nicht als verbotenes Koppelungsgeschäft i.S.v. Art. 254 betrachtet werden (SVIT-Komm., N 34; CHK-HEINRICH, N 4; HEUSI, mp 1999, 16 f.; vgl. aber Art. 254 N 3a).

Die Norm kann ohne weiteres auch auf den Fall angewendet werden, dass einer von **mehreren Geschäftsmietern** aus dem Vertrag ausscheiden oder ausgetauscht werden soll. Zu beachten ist dabei jedoch, dass die gemeinsamen Mieter ihre Position nur gemeinsam auf einen Dritten übertragen können (BGer, 21.11.2012, 4A_352/2012, E. 3.3). Können sie untereinander keine Einigung erzielen, muss der austrittswillige Mieter zuerst die Liquidation des Innenverhältnisses herbeiführen, im Falle der einfachen Gesellschaft durch Kündigung des Gesellschaftsvertrages. Im Rahmen der Liquidation kann dann bei Uneinigkeit der Beteiligten das zuständige Gericht auf spezifizierte Klage hin einen Liquidator oder einen der Gesellschafter ermächtigen, dem Vermieter gestützt auf Art. 263 die Übertragung des Mietverhältnisses auf ihn allein vorzuschlagen (WEBER, Diss., 159 f. und 193 ff., 197 f.; s. BSK OR II-STAEHELIN, Art. 548/549 N 1). Kein Interesse besteht dagegen an der freien Handelbarkeit von anderen Mietverträgen, namentlich von solchen über **Wohnungen** (Botschaft Mietrecht, a.a.O.; ZK-HIGI, N 11 ff.); eine Übertragung auf einen Dritten folgt hier den allgemeinen Regeln der Vertragsübernahme und bedarf grundsätzlich der (freien) Zustimmung aller Beteiligten (SVIT-Komm., N 1; WEBER, Diss., 76 f.; zur Zession des Gebrauchsrechts vgl. Art. 262 N 2). Ausnahmen gelten nach der hier vertretenen Auffassung immerhin für die Übertragung eines solchen Mietverhältnisses bei Entlassung des Mitmieters einer Wohnung aus einem *gemeinsamen Mietvertrag* (N 9) und für die Übertragung des Mietvertrages über die *Familienwohnung* im Falle der Scheidung gestützt auf Art. 121 ZGB (N 10 ff.).

2a Das Verhältnis von Art. 263 zu den vom **Fusionsgesetz** vom 3.10.2003 (FusG, SR 221.301) erfassten Vorgängen ist unklar. Der Gesetzgeber hat es versäumt, diese Frage wie für den Arbeitsvertrag zu klären (vgl. Art. 27, 49, 68 Abs. 2 und Art. 76 FusG). In der Botschaft des

Bundesrates wird zur **Spaltung** festgehalten, die mit dem Handelsregistereintrag Platz greifende Übertragung von Aktiven und Passiven gelte nicht auch für die Übertragung ganzer Verträge. Vielmehr sei hier die Zustimmung aller Vertragsparteien erforderlich, unter Vorbehalt der Spezialbestimmungen bei einzelnen Vertragsverhältnissen. Dabei erwähnte der Bundesrat Art. 261 ausdrücklich (Botschaft FusG, BBl 2000, 4445). Dies würde zur Anwendbarkeit von Art. 263 führen. Ähnliche Konfusion herrscht bei der **Fusion**: Ursprünglich ging der Gesetzgeber davon aus, dass die Anwendbarkeit von Art. 333 bei Fusionen keine Frage sei. Dass die arbeitsrechtliche Regelung besondere Erwähnung fand, war anscheinend nur als eine auf alle Vertragsverhältnisse übertragbare Klarstellung gedacht (vgl. Botschaft FusG, 4364), so dass Art. 263 zur Anwendung käme. Dem steht aber das Prinzip der Universalsukzession entgegen, nach deren Konzeption gleich wie bei der erbrechtlichen Nachfolge durchaus auch ganze Vertragsverhältnisse übergehen (dazu Art. 22 FusG sowie Botschaft FusG, 4421 f.). Gleich muss es sich kraft der Verweisung in Art. 67 und 68 FusG bei der **Umwandlung** verhalten, denn hier ändert sich letztlich ja nur die Rechtsform der Mieterin (Botschaft FusG, 4458). Bei der **Vermögensübernahme** ähnelt die Situation hingegen derjenigen bei der (Ab)Spaltung, denn hier wie dort liegt eigentlich keine Universalsukzession vor (Botschaft FusG, 4464 f.).

Da das Fusionsgesetz Umstrukturierungen erleichtern soll, wird in der Lehre gefordert, dass **jegliche Veränderung im Rahmen des FusG zu einer Vertragsübernahme** führt (CHK-Heinrich, N 2 sowie Art. 261–261b OR N 3; Blumer, SPR VII/3, Rz 1052; SVIT-Komm., N 3; Beretta, SJZ 2002, 249 ff.; ZK-Vischer, Vor Art. 1 FusG N 24 ff. m.Hw.; zum Erfordernis der Aufnahme des Vertrages ins Inventar, a.a.O., N 45 f.). Eher in die gegenteilige Richtung weist Art. 111 Abs. 2 HRV, wo dem Handelsregisterführer verboten wird, eine Spaltung oder Vermögensübertragung ins Handelsregister einzutragen, wenn die erfassten Gegenstände offensichtlich nicht frei übertragbar sind. Die Chancen, dass sich der Vermieter hier auf Art. 263 berufen kann, sind also intakt. In jedem Fall ist er berechtigt, die im FusG vorgesehenen Mittel zum **Gläubigerschutz** in Anspruch zu nehmen (Art. 26, 45 ff., 68 und 75 FusG). Werden durch die Umstrukturierung andere als finanzielle Interessen des Vermieters beeinträchtigt, so kommt eine Kündigung in Betracht, bei langfristigen Verträgen eine solche nach Art. 266g.

II. Voraussetzungen

Der Vermieter muss der Übertragung zustimmen. Anders als bei der Zustimmung zur Untermiete wirkt diejenige zur Übertragung direkt auf das Rechtsgeschäft zwischen Mieter und Übernehmer. Die **Zustimmung** ist als unmittelbar rechtsgestaltende Erklärung grundsätzlich bedingungsfeindlich und (unter Vorbehalt von Willensmängeln) unwiderruflich (Lachat, 586). Sie bewirkt zugleich die unmittelbare Beteiligung des Vermieters an der Vertragsübertragung und lässt einen Vertrag mit drei Parteien entstehen. Das Erfordernis der *schriftlichen* Zustimmung des Vermieters wurde vom Gesetzgeber nur aus **Beweissicherungsgründen** statuiert (Botschaft Mietrecht, 1444). Die Abweichung von Art. 176 Abs. 3 ist wenig sinnvoll und erweist sich praktisch als bedeutungslos (illustrativ ist der Sachverhalt in BGE 121 III 408 = Pra 1996 Nr. 151), zumal das Ergebnis der Vertragsübertragung auch auf dem Wege des – für den Vermieter weit ungünstigeren – Abschlusses eines neuen Mietvertrages erreicht werden kann (s. BGer, 1.6.2006, 4C.401/2005, E. 8.2). Das BGer unterscheidet denn auch zu Recht zwischen der **Zustimmung** einerseits und der **Beweisform** andererseits und betrachtet beim Nachweis einer mündlichen Zustimmung den Einwand der nicht korrekten Übertragung des Mietverhältnisses als rechtsmissbräuchlich (BGE 125 III 226 E. 2b = Pra 1999 Nr. 152; gl. M. Barbey, SJ 1992, 51; Lachat, bail à loyer, 585; ZK-Higi, N 28; ähnlich SVIT-Komm., N 10). Blumer schlägt eine teleologische Reduktion der Formvorschrift auf das **Erfordernis eines klaren Beweises** vor (KUKO OR-Blumer, N 4). Immerhin sprechen unklare Verhältnisse immer gegen eine Übertragung (vgl. Pra 1996 Nr. 240, Wohnungsmiete). Vorauszuset- 3 zen ist ein entsprechender Antrag des Mieters sowie des Übernehmers. Keinesfalls genügen kann es, dass ein Dritter während längerer Zeit den Mietzins bezahlt hat: Da es bei dieser Leistung auf die Person des Schuldners nicht ankommt, kann der Vermieter die Entgegennahme der Zahlung nicht verweigern (Art. 68). Dies verbietet es zwangsläufig, aus dieser Art der Schuldtilgung einen Parteiwechsel auf Mieterseite anzunehmen (BGE 125 III 226 E. 2c). Auch eine Kündigungsdrohung zuhanden der vom Mieter beherrschten und im Mietlokal ihr Geschäft betreibenden AG ist für sich allein nicht schlüssig (BGE a.a.O.). Anders verhält es sich regelmässig, wenn der Vermieter etwa eine Mietzinserhöhung an die Partei richtet, welche seit längerem den Mietzins bezahlt hat. Dies muss und darf nach Treu und Glauben als Einverständnis zur Vertragsübernahme gewertet werden (vgl. für den umgekehrten Fall des Vermieterwechsels aufgrund einer von der einzigen Aktionärin der ursprünglichen Vermieterin ausgesprochenen Mietzinserhöhung mit anschliessender Zustimmung der Mieter SJ 2001 I, 541 E. 2c).

3a Erteilt der Vermieter die Zustimmung nicht innert tunlicher Frist, so ist jederzeit eine **Feststellungsklage** möglich, dass die Verweigerung ohne wichtigen Grund erfolgte (BGE 125 III 226 E. 2b). Die Zustimmung des Vermieters ist zwar eine Suspensivbedingung für die Vertragsübertragung (BGE 125 III 226 E. 2b; 139 III 353 E. 2.1.1 = Pra 2014 Nr. 38). Das Urteil bewirkt jedoch als Folge von Art. 156 den Vertragsübergang auf den Zeitpunkt hin, zu welchem der Vermieter die Zustimmung hätte erteilen müssen, denn bei Fehlen eines wichtigen Grundes dürfte die Verweigerung der Zustimmung regelmässig auch einen Verstoss gegen Treu und Glauben bedeuten (s. Art. 156 N 5 ff.; BGer, 15.12.2005, 4C.281/2005, E. 3.5 [Besteller, der sich weigerte, ein Bauprojekt zu unterzeichnen, was Voraussetzung gewesen wäre für den Erhalt einer Baubewilligung, an die wiederum Honorarzahlungen geknüpft waren]; WEBER, Diss., 153; SVIT-Komm., N 20; **a.M.** CHK-HEINRICH, N 7; ZK-HIGI, N 25, 43). Für allfällige Verzögerungen wird der Vermieter schadenersatzpflichtig.

4 Die Benützung der Mieträume durch den Erwerber *vor der gültigen Übertragung* ist nach den Grundsätzen der Untermiete zu beurteilen (Art. 262 N 3 ff.).

III. Die Zustimmungsverweigerung aus wichtigem Grund gemäss Abs. 2

5 Als **wichtige Gründe** fallen alle Umstände in Betracht, die nach den Regeln von Treu und Glauben ein Vertragsverhältnis mit dem Übernehmer für den Vermieter als *unzumutbar* erscheinen lassen, namentlich die *mangelnde Solvenz* des Übernehmers (BLUMER, SPR VII/3, Rz 1061; CPra Bail-BISE/PLANAS, N 53, 57), das *Fehlen einer behördlichen Bewilligung* zur Ausübung der mietvertraglich vorgesehenen Tätigkeit (Lachat et al.-ZAHRADNIK, 485) oder eine beabsichtigte *vertragswidrige Nutzung* (SVIT-Komm., N 14). Unzumutbar ist die Übertragung auch dann, wenn sie nicht der Veräusserung des Unternehmens, sondern der Verwertung der Mietsache durch den Mieter dient (ZK-HIGI, N 33), namentlich wenn die Übertragung von der Bezahlung eines missbräuchlichen **Schlüsselgeldes** abhängig gemacht wird (LACHAT, bail à loyer, 587). Im zuletzt genannten Fall ist jedoch die Abgrenzung von der Abgeltung eines sog. Goodwills i.d.R. schwierig, zumal die Ertragserwartung eines Geschäftsbetriebs sehr häufig auch von der Qualität des Geschäftslokals abhängt. Grundsätzlich keine Rolle spielen dürfen für den Zustimmungsentscheid wegen der Sachbezogenheit der Miete ausschliesslich subjektive Kriterien, wie politische oder moralische Vorstellungen des Vermieters oder die Freundschaft zwischen dem Vermieter und einem Konkurrenten des Übernehmers (vgl. dazu Art. 262 N 8; ähnlich ZK-HIGI, N 32 ff.; **a.M.** SVIT-Komm., N 18). Immerhin können sich Einschränkungen aus dem vereinbarten Verwendungszweck ergeben.

5a Der Vermieter hat zwar Anspruch auf eine angemessene **Prüfungsfrist** von ein bis zwei Monaten (CPra Bail-BISE/PLANAS, N 39; SVIT-Komm., N 11; Lachat et al.-ZAHRADNIK, 482 f.). Hingegen kann er nicht verlangen, vor dem Entscheid über die Zustimmung Einsicht in die Geschäftsbücher zu erhalten. Seine Interessen werden durch die beschränkte Solidarhaftung, das Retentionsrecht, die Möglichkeit von Sicherheiten nach Art. 257e und die öffentlichen Solvenzprüfungsmöglichkeiten hinreichend gewahrt (BLUMER, SPR VII/3, Rz 1058).

IV. Die Wirkung der vom Vermieter bewilligten Vertragsübertragung (Abs. 3 und 4)

6 Mit der Zustimmung des Vermieters (N 3) tritt der Dritte tel quel anstelle des Mieters in das Mietverhältnis ein (Abs. 3). Eine Rückgabe der Mietsache findet nicht statt (MRA 1997, 214 ff.). Der Dritte kann sämtliche vertraglichen und gesetzlichen Rechte aus dem Mietverhältnis beanspruchen. Dies muss auch für eine allfällige Sperrfrist nach Art. 271a Abs. 1 lit. e und Abs. 2 gelten, denn das Gesetz sieht eine integrale Vertragsübernahme vor (ebenso CR CO I-LACHAT, N 8; KUKO OR-BLUMER, N 7; Lachat et al.-ZAHRADNIK, 487; CPra Bail-BISE/PLANAS, N 68 [«la durée du bail […] ne subit aucune modification»]; **a.M.** SVIT-Komm., N 27; ZK-HIGI, N 49). Entsprechend treffen den Mieter sämtliche vertraglichen und gesetzlichen Pflichten nicht nur für die Zukunft, sondern auch *rückwirkend* (ZK-HIGI, N 46–48).

6a Da eine integrale Vertragsübertragung stattfindet, gilt die **Zustimmung zur Untervermietung** der Sache auch für den Übernehmer. Zu beachten ist allerdings, dass ein **Untermietvertrag** ohne entsprechende Vereinbarung zwischen allen Beteiligten nach allgemeinen Regeln nicht zusammen mit dem Hauptmietvertrag auf den neuen Mieter übergeht (BGE 139 III 353 E. 2.1.2 = Pra 2014 Nr. 38). Das BGer hat allerdings aus dem Verhalten der Beteiligten, namentlich den Mietzinszahlungen des Untermieters an den neuen Mieter auf eine Übernahme auch des Untermietvertrages geschlossen (E. 2.1.3). Oft wird die Vereinbarung zwischen altem und neuem Mieter ohnehin einen echten Vertrag zugunsten des Untermieters i.S.v. Art. 112 implizieren, soweit dem neuen Mieter die Existenz der Untermiete bekannt ist (vgl. zur analogen Situation beim Eigentümerwechsel Art. 261 N 8). Zu diskutieren ist darüber hinaus eine analoge Anwendung von Art. 261 auf den Wechsel des Untervermieters: Zunächst ist zu beachten, dass allein das Verpflichtungsgeschäft zwischen Mieter und Übernehmer (s. N 1) keinen Vorrang vor dem Untermietvertrag hat. Beides sind gleichrangige Verträge. Beide Vertragspartner des Untervermieters verfügen aber dabei auch über einen Erfüllungsanspruch, wobei der Untervermieter mit der Erfüllung des einen Vertrags wegen des Bruchs des anderen schadenersatzpflichtig wird. Unter diesem Aspekt könnte der Untermieter den Vollzug der Übertragungsverpflichtung des Untervermieters gegenüber dem Übernehmer durch Verweigerung der Sachrückgabe verhindern. Dass er bei einer Übertragung der Miete seine Position dennoch einbüsst, hängt einzig mit der Verfügungswirkung der Zustimmung des Vermieters zur Übertragung zusammen. Ähnlich wie bei einem Aufhebungsvertrag nach Art. 115 geht dadurch die Vertragsbeziehung zwischen Hauptvermieter und Untervermieter zu Ende (zu den Ausnahmen, s. N 7). Die Situation ist demnach vergleichbar mit dem Fall der Veräusserung der Sache durch den Hauptvermieter: Auch dort wird nicht das Verpflichtungsgeschäft zwischen Vermieter und Erwerber zum Problem für den Mieter, sondern die Verfügung des Vermieters über das Eigentum an der Sache. Das Gesetz korrigiert die unerwünschten Wirkungen der Veräusserung mit Art. 261 und regelt daher ein mit der vorliegenden Frage vergleichbares Problem. Mit der analogen Anwendung von Art. 261 auf das Schicksal des Untermietvertrages bei Übertragung des Mietverhältnisses auf einen Dritten lässt sich zugleich eine paradoxe Besserstellung des Untervermieters gegenüber dem Hauptvermieter vermeiden (gl. M. KOLLER TH., ZBJV 2014, 927 f.; s.a. CPra Bail-BISE/PLANAS, N 66; KUKO OR-BLUMER, N 7).

7 Der Mieter wird mit der Übertragung von seinen Verpflichtungen aus dem Mietvertrag nicht sofort befreit, sondern haftet (unter Vorbehalt einer vorzeitigen Befreiung durch den Vermieter) **solidarisch** mit dem Übernehmer bis zu dem gem. Abs. 4 bestimmten Zeitpunkt. Bei festen Mietverträgen ist die maximale Dauer der Haftung in Anlehnung an die Geschäftsübernahme (Art. 181 Abs. 2) auf zwei Jahre beschränkt. Die Haftung des ausscheidenden Mieters

ist nicht auf die vor der Übertragung entstandenen Schulden beschränkt, sondern hat als Kompensation für die Einschränkung der Vertragsfreiheit des Vermieters eine **garantieähnliche Funktion**. Sie umfasst daher namentlich auch die Haftung für die nach der Übertragung fällig werdenden Mietzinse, für vertragswidrigen Gebrauch der Sache durch den Übernehmer und selbst die Entschädigung für unrechtmässigen Verbleib des Übernehmers in der Mietsache nach einer von diesem veranlassten ausserordentlichen Kündigung des Vermieters (BGE 121 III 408 E. 3 und 4 = Pra 1996 Nr. 151). Die Wirkungen der Solidarhaftung bestimmen sich nach Art. 143 ff., namentlich was einen Schulderlass gegenüber nur einem der Schuldner i.S.v. nach Art. 147 Abs. 2 betrifft (BGE 140 III 344). Das Regressverhältnis richtet sich nach Art. 148. Dabei ist zu beachten, dass die Vertragsübertragung auch eine sinngemässe Regressordnung i.S.v. Art. 148 Abs. 1 enthält: Da sich die Haftung des austretenden Mieters allein auf den Übertragungsvertrag bzw. dessen Garantiefunktion stützt, hat ihn der übernehmende Mieter intern vollumfänglich schadlos zu halten. Der Ex-Mieter subrogiert folglich nach Art. 149 mit seiner Zahlung auch in die Ansprüche des Vermieters. Umgekehrt gehen die Gläubigerrechte des Vermieters nicht nach Art. 149 auf den zahlenden Übernehmer über, und eine Zession des Vermieters wäre unbeachtlich, denn beide Institute dürfen nicht dazu führen, dass die vertragliche Regressordnung aus den Angeln gehoben wird (vgl. [zu Art. 51] BGE 115 II 24 E. 2a; JAUN, ZBJV 2014, 760 f.). Das Regressverhältnis ist hier im Übrigen vertraglicher Natur, so dass die v.a. verjährungsrechtlich geprägte Debatte um die Subrogation im Kontext des Haftpflichtrechts keine Rolle spielt.

V. Abweichende Vereinbarungen

8 Da das Gesetz eine Verweigerung der Zustimmung nur aus wichtigem Grund zulässt, handelt es sich um **relativ zwingendes Recht** (GUHL/KOLLER/SCHNYDER/DRUEY, 422 f.; ZK-HIGI, N 4; KUKO OR-BLUMER, N 9; CPra Bail-BISE/PLANAS, N 5). Weshalb die Vereinbarung einer freien Vertragsübertragung unzulässig sein soll (so anscheinend RONCORONI, mp 2006, 88 f.), ist nicht einzusehen. Eine Vereinbarung, die dem Geschäftsmieter die Übertragung des Mietverhältnisses nicht gestattet, wäre nichtig (Lachat et al.-ZAHRADNIK, 488 f.; SVIT-Komm., N 6). Nur scheinbar noch eine abweichende Meinung vertritt der SVIT-Komm. bezüglich Abs. 4, dem er insofern dispositiven Charakter zuschreibt, als die Parteien eine längere Solidarhaftung des bisherigen Mieters vereinbaren können, wenn die Übertragung für den Vermieter sonst unzumutbar wäre (a.a.O., N 7). Wirklich von einer dispositiven Natur könnte aber nur gesprochen werden, wenn die Mithaftung *selbst bei gegebenen Übertragungsvoraussetzungen* verlängert werden dürfte.

VI. Analoge Anwendung von Art. 263 auf die Reduktion der Zahl gemeinsamer Wohnungsmieter

9 **Analog anwendbar** ist Art. 263 ausserhalb der Miete von Geschäftsräumen nach der hier vertretenen Auffassung auf den Fall des **Ausscheidens eines von mehreren Wohnungsmietern**, wobei sich die Modalitäten im Innenverhältnis nach den Regeln über die Liquidation der entsprechenden Rechtsgemeinschaft richtet, meist nach Art. 548 ff. (dazu N 2). Gemeinsame Mieter sind auf die analoge Anwendung von Art. 263 angewiesen, da Art. 264 wegen des Erfordernisses der vollständigen Sachrückgabe ihren Bedürfnissen nicht genügt. Die blosse Reduktion der Mieterzahl kann nicht zu einem unerwünschten Handel mit «Rechten» an Wohnungsmietverträgen führen. Sie konfrontiert den Vermieter nicht mit einem Dritten i.S.v. Art. 263, denn eine Aufnahme neuer Mieter bleibt von der analogen Anwendung der Bestimmung ausgeschlossen. Hat der Vermieter ein besonderes Interesse am Vertrag mit der *ursprünglichen Gemeinschaft*, so kann er die Übertragung auf einen bisherigen Mitmieter aus wichtigem Grund ablehnen. Finanziell ist er durch den zeitlich befristeten Fortbestand der Solidarhaftung hinreichend abgesichert (WEBER, Diss., 154 f.; LACHAT, bail à loyer, 638; PER-

MANN, N 1; KLEY, mp 2013, 276 f.; **a.M.** CHK-HEINRICH, N 2). BLUMER hält die hier vertretene Lösung nicht für gangbar, befürwortet erstaunlicherweise aber eine Befreiung des ausziehenden Mitmieters durch Angebot eines Ersatzmitmieters analog Art. 264 (BLUMER, SPR VII/3, Rz 837). Solange jemand nur überhaupt eine Lösung für das Problem anbietet, kann man m.E. gegen den Vorschlag nichts einwenden. Allerdings greift dieser viel stärker in die Rechte des Mitmieters *und* des Vermieters ein als die analoge Anwendung von Art. 263 auf das Ausscheiden eines Mitmieters. Insbesondere wird dem Vermieter auf diese Weise ein neuer Vertragspartner aufgezwungen, was Art. 264 gerade nicht erlaubt (KLEY, mp 2013, 276; s.a. KGer VD, 10. 1. 2103, mp 2014, 41 ff., wo das Gericht die Reduktion des Kreises der Mieter von drei auf zwei Personen nach Art. 264 nur deshalb annahm, weil der Vermieter auf ein Schreiben der Mitmieter nicht reagiert hatte, gemäss welchem ihm das Ausscheiden der dritten Mieterin angekündigt worden war).

VII. Übertragung der Wohnungsmiete im Falle der Scheidung oder der Auflösung einer registrierten Partnerschaft (Art. 121 ZGB, Art. 32 PartG)

1. Normzweck und Charakter

Mit der **Ehescheidung** oder **Auflösung einer registrierten Partnerschaft** verliert die Fami- 10
lienwohnung ihren besonderen Status (vgl. Art. 266m–266n N 2; s. immerhin auch Art. 266i N 6). Zwar bietet etwa Art. 271a Abs. 1 lit. f Schutz vor Kündigungen wegen familiärer Veränderungen (Art. 271–271a N 22). Bleibt der Mietvertrag indessen unverändert, so sind mannigfaltige Unzulänglichkeiten die Folge: Der mietende Partner haftet weiterhin für Mietzins und Mieterschäden, wenn er die Wohnung dem anderen nach der Scheidung zur Benützung überlässt. Kündigt der Vermieter die Wohnung, so ist eine Mieterstreckung faktisch ausgeschlossen, weil der mietende Partner sich – sofern er zu einem Mieterstreckungsbegehren überhaupt bereit ist – auf eine Härte «für ihn oder seine Familie» (Art. 272) nur berufen kann, soweit sich auch eigene Kinder in der ehemaligen Familienwohnung aufhalten. Bei gemeinsamen Mietverträgen kommt zwar nach der hier vertretenen Ansicht Art. 263 analog zum Zuge (N 9); dies ist aber noch nicht durch einen Gerichtsentscheid erhärtet. Art. 121 ZGB und Art. 32 PartG schaffen hier teilweise Abhilfe (zum Ganzen WEBER, AJP 2004, 33 ff. und 37 f.). Die Bestimmungen sind **zwingend** (BSK ZGB I-GLOOR, Art. 121 N 3; FamKomm-Scheidung-BÜCHLER, Art. 121 ZGB N 3; SUTTER/FREIBURGHAUS, Art. 121 ZGB N 12).

2. Voraussetzungen

Art. 121 ZGB und Art. 32 PartG sind **nur** im Rahmen einer **Scheidung und der Auflösung 11
einer registrierten Partnerschaft** anwendbar. Andere *Lebensgemeinschaften* können sich die Bestimmung in Anbetracht der Zurückhaltung von Lehre und Praxis zur analogen Anwendung eherechtlicher Regeln trotz identischer Interessenlage nicht zunutze machen (vgl. aber N 9). Darüber hinaus kommen aber auch Partner im genannten Sinne *nur in der Scheidungs- bzw. Auflösungssituation* in den Genuss der genannten Normen (BSK ZGB I-GLOOR, Art. 121 N 1 f.; WEBER, AJP 1999, 1640). Während der Ehe, und sei es anlässlich der Regelung des Getrenntlebens im Hinblick auf eine Auflösung der Beziehung nach Art. 114 ZGB/Art. 30 PartG oder im Rahmen einer Ehetrennung, wäre eine Präjudizierung der Wohnverhältnisse in den meisten Fällen auch gar nicht angezeigt (HAUSHEER, Scheidungsrecht, 164). Weniger verständlich ist dagegen, weshalb für den Fall der *Auflösung durch Tod* keine vergleichbare Regelung getroffen wurde (s. Art. 219 sowie Art. 244 Abs. 1 und 2 ZGB; der Fehler wurde nun in Art. 24 f. PartG wiederholt). Das führt zur paradoxen Situation, dass der überlebende Partner schlechter gestellt ist als der geschiedene, soweit nicht eine **analoge Anwendung** von Art. 121 ZGB und Art. 32 PartG auf den **Fall des Todes eines Partners** in Betracht gezogen wird (vgl. immerhin Art. 266i N 5 f.): Ob Art. 612a ZGB nicht nur auf Wohneigentum, sondern analog auch auf das Innenverhältnis der Erben hinsichtlich des Wohnungsmietvertrages

anwendbar ist, ist gerichtlich nicht geklärt. Abgesehen davon schreibt das BGer – allerdings in fragwürdiger Weise – Art. 612a ZGB dispositiven Charakter zu und ermöglicht damit dessen testamentarische Wegbedingung (BGE 119 II 323). Der jetzigen Lösung wäre eine umfassende Regelung des Problems in einem neuen Art. 263a OR vorzuziehen (WEBER, AJP 1999, 1640).

12 *Unerheblich* ist zunächst, wie der konkrete Mietvertrag bislang ausgestaltet war. Es kann sich um einen Mietvertrag handeln, der von beiden Partnern gemeinsam abgeschlossen wurde oder um einen, der nur denjenigen Scheidungspartner als Mieter ausweist, der keinen Anspruch auf die Familienwohnung hat (KLOPFER, 80; HAUSHEER, Scheidungsrecht, 166). Denkbar ist auch, dass der eine Partner bislang nur Solidarschuldner hinsichtlich des Mietzinses war, nicht aber Vertragspartei (WEBER, AJP 2004, 33).

13 Wer bei der Auflösung der Ehe oder Partnerschaft Anspruch auf den Mietvertrag erhebt, muss **wichtige Gründe** dartun. Nach der gängigen Umschreibung wäre danach erforderlich, dass das Absehen von einer Vertragsübertragung dem Ansprecher nicht zuzumuten wäre. Geboten ist indessen in Anwendung von Art. 4 ZGB eine weite Auslegung. Neben der im Gesetz ausdrücklich erwähnten Anwesenheit von **Kindern** sind daher nicht nur gesundheitliche, sondern auch berufliche Gründe wichtig i.S.v. Art. 121 Abs. 1 ZGB/Art. 32 Abs. 1 PartG (BSK ZGB I-GLOOR, Art. 121 N 5; FamKomm-Scheidung-BÜCHLER, Art. 121 ZGB N 9 ff.; KLOPFER, 80; HAUSHEER, Scheidungsrecht, 165). Selbst *finanzielle Überlegungen* können beachtlich sein, soweit ihnen nicht im Rahmen des Vorsorgeausgleichs und des Unterhalts Rechnung getragen werden kann. Insbesondere wenn das gemeinsame Existenzminimum der Partner nicht gedeckt ist, kann es sich rechtfertigen, als Ausgleich für das Verbot der Aufteilung des Fehlbetrages einen günstigen Mietvertrag demjenigen Partner zu übertragen, der nicht über eigenes Einkommen verfügt (WEBER, AJP 1999, 1641). Allerdings kommt dies nur in Betracht, soweit die Bezahlung des Mietzinses gesichert ist (HAUSHEER, Scheidungsrecht, 170).

14 Sodann muss **dem anderen Partner** die Vertragsübertragung **billigerweise zugemutet** werden können. Dabei stehen nicht die Höhe des Mietzinses oder die Grösse der Wohnung im Vordergrund, denn dieser Umstand braucht den anderen Partner als Folge des *Verrechnungsrechts* mit den geschuldeten Unterhaltsbeiträgen in Art. 121 Abs. 2 ZGB (dazu WEBER, AJP 1999, 1642 f.) nach der Scheidung nicht (mehr) zu kümmern, soweit einer Ungleichbehandlung im Bereich der Wohnkosten bei der Berechnung der Unterhaltsbeiträge angemessen Rechnung getragen wird. Anders verhält es sich nur, wenn die Wohnungsmiete sich nach der Auflösung als unerschwinglich erweist und auch nicht durch Dritte finanziert wird (HAUSHEER, Scheidungsrecht, 170). *Unzumutbar* ist die Vertragsübertragung hingegen insb. dann, wenn der Partner des Ansprechers *seinerseits* aus wichtigen Gründen *auf die Wohnung angewiesen* ist. Zurückhaltung zu üben ist bei subjektiven Verweigerungsgründen. Dass der Ansprecher beabsichtigt, in der Wohnung einen Konkubinatspartner zu beherbergen, bildet keinen wichtigen Grund gegen eine Wohnungszuteilung, denn die Treuepflicht hört mit der Auflösung der Ehe oder Partnerschaft auf (WEBER, AJP 1999, 1641; **a.M.** HAUSHEER, Scheidungsrecht, 165; BSK ZGB I-GLOOR, Art. 121 N 7; SUTTER/FREIBURGHAUS, Art. 121 ZGB N 25). Letztlich hat eine Interessenabwägung stattzufinden (KLOPFER, 80 sowie HAUSHEER, Scheidungsrecht, 165), wobei aber stets im Auge zu behalten ist, dass überhaupt nur wichtige Gründe des Ansprechers zur Gegenüberstellung der Interessen führen dürfen (WEBER, AJP 1999, 1641).

Haben die Partner die Wohnung hingegen **gemeinsam** gemietet, sind die Regeln über die Mit- bzw. Gesamteigentumszuweisung analog anzuwenden (vgl. Art. 205 Abs. 2, 245 und 251 ZGB, Art. 24 PartG). Hier genügt es somit, dass ein Partner ein *überwiegendes Interesse* an *der alleinigen Zuweisung* darzutun vermag, ohne dass ein wichtiger Grund des Ansprechers erforderlich wäre (vgl. WEBER, Diss., 203 f. sowie [für die Frage des Wohnrechts] FamKomm-Scheidung-BÜCHLER, Art. 121 ZGB N 17).

Art. 121 Abs. 1 ZGB und Art. 32 PartG statuieren letztlich zu Lasten des Vermieters einen **Kontrahierungszwang**. Die Vertragsfreiheit, namentlich deren Aspekt der freien Wahl des Vertragspartners, geniesst unter dem Titel der Wirtschaftsfreiheit (Art. 27 BV) grundrechtlichen Schutz. Es kann keinen Zweifel daran geben, dass mit der Überschreibung des Mietvertrages vom einen auf den anderen Ex-Ehegatten in «civil rights» des Vermieters i.S.v. Art. 6 Ziff. 1 EMRK eingegriffen wird. Mit dem Personenwechsel verändert sich der Vertragscharakter, weil trotz der sachbezogenen Natur der Miete wichtige Fragen von der Person des Mieters abhängen, etwa was die ordnungsgemässe Benutzung der Sache, die Bezahlung des Mietzinses oder die für eine Mieterstreckung bedeutsame soziale Situation angeht. Die **Anhörung des Vermieters** vor der Entscheidung ist damit unbesehen des Fehlens einer ausdrücklichen Regelung in Art. 121 ZGB *unverzichtbar* (Weber, AJP 1999, 1642; **a.M.** Hausheer, Scheidungsrecht, 166 f.; Wessner, séminaire, 11; BSK ZGB I-Gloor, Art. 121 N 11; Sutter/Freiburghaus, Art. 121 ZGB N 31). Wie der Gehörsanspruch prozessual durchgesetzt werden kann, ist allerdings nicht klar, denn die ZPO sieht kein Rechtsmittel zum Schutze der Rechte betroffener Dritter vor. Denkbar ist eine auf die Frage der Vertragsübetragung beschränkte Hauptintervention nach Art. 73 ZPO. Die hier vertretene Ansicht liegt im wohlverstandenen Interesse des Mieters, denn wenn der Vermieter sich übergangen fühlt, sind künftige Konflikte vorprogrammiert. 15

Eine umfassende Berücksichtigung seiner eigenen Interessen kann der Vermieter allerdings im Rahmen einer Anhörung nicht erreichen. Er kann aber immerhin bestreiten, dass es sich beim in Frage stehenden Mietobjekt um eine Familienwohnung handelt, oder auf Umstände hinweisen, welche gegen das Vorliegen wichtiger Gründe für die Überschreibung des Mietvertrages sprechen.

3. Wirkungen der Übertragung

Nach Art. 121 Abs. 1 ZGB und Art. 32 Abs. 1 PartG geht der Mietvertrag mit **Rechtskraft** des Scheidungs- oder Auflösungsurteils **mit allen Rechten und Pflichten** auf den Ansprecher über. Die **solidarische Mithaftung** des bisherigen Mieters bis zum nächsten Kündigungstermin, maximal während zwei Jahren, ist zwar derjenigen von Art. 263 Abs. 4 nachgebildet (N 6 f.), gilt aber ausdrücklich **nur für den Mietzins** (BSK ZGB I-Gloor, Art. 121 N 9; Hausheer, Scheidungsrecht, 166, FN 115). 16

Art. 121 Abs. 2 ZGB und Art. 32 Abs. 2 PartG enthalten nur eine Bestimmung über die zeitliche Beschränkung der Haftung der ausscheidenden Mietpartei für den Mietzins. Die Norm ist **keineswegs eine Einladung an den Vermieter zur Kündigung** zum Zwecke der Risikobeschränkung (problematisch daher Klopfer, 80; BSK ZGB I-Gloor, Art. 121 N 10; Sutter/Freiburghaus, Art. 121 ZGB N 41 und FamKomm-Scheidung-Büchler, Art. 121 ZGB N 14, je unter Berufung auf die Botschaft zum neuen Scheidungsrecht). Im Gegenteil: Art. 121 Abs. 2 ZGB verweist lediglich auf die Kündigungsmöglichkeiten «gemäss Vertrag oder Gesetz». Gemäss Art. 271a Abs. 1 lit. f OR ist aber eine ordentliche Kündigung des Vermieters wegen **Änderungen in den familiären Verhältnissen** (zu denen selbstverständlich insb. die Scheidung und auch die Auflösung einer registrierten Partnerschaft gehört) **anfechtbar**, soweit dem Vermieter daraus keine wesentlichen Nachteile entstehen (Art. 271–271a N 22). Nur wo ein *konkretes Risiko* für die korrekte Erfüllung der Vertragspflichten besteht, ist eine Kündigung überhaupt statthaft (Weber, AJP 1999, 1643). 17

Art. 264

M. Vorzeitige Rückgabe der Sache

[1] Gibt der Mieter die Sache zurück, ohne Kündigungsfrist oder -termin einzuhalten, so ist er von seinen Verpflichtungen gegenüber dem Vermieter nur befreit, wenn er einen für den Vermieter zumutbaren neuen Mieter vorschlägt; dieser muss zahlungsfähig und bereit sein, den Mietvertrag zu den gleichen Bedingungen zu übernehmen.

[2] Andernfalls muss er den Mietzins bis zu dem Zeitpunkt leisten, in dem das Mietverhältnis gemäss Vertrag oder Gesetz endet oder beendet werden kann.

[3] Der Vermieter muss sich anrechnen lassen, was er:

a. an Auslagen erspart und

b. durch anderweitige Verwendung der Sache gewinnt oder absichtlich zu gewinnen unterlassen hat.

M. Restitution anticipée de la chose

[1] Lorsque le locataire restitue la chose sans observer les délai ou terme de congé, il n'est libéré de ses obligations envers le bailleur que s'il lui présente un nouveau locataire qui soit solvable et que le bailleur ne puisse raisonnablement refuser; le nouveau locataire doit en outre être disposé à reprendre le bail aux mêmes conditions.

[2] A défaut, le locataire doit s'acquitter du loyer jusqu'à l'expiration de la durée du bail ou jusqu'au prochain terme de congé contractuel ou légal.

[3] Le bailleur doit admettre l'imputation sur le loyer:

a. de la valeur des impenses qu'il a pu épargner ainsi que

b. des profits qu'il a retirés d'un autre usage de la chose ou auxquels il a intentionnellement renoncé.

M. Restituzione anticipata della cosa

[1] Il conduttore che restituisce la cosa senza osservare i termini di preavviso o le scadenze è liberato dai suoi obblighi verso il locatore soltanto se gli propone un nuovo conduttore solvibile che non possa essere ragionevolmente rifiutato dal locatore; il nuovo conduttore deve essere disposto a riprendere il contratto alle medesime condizioni.

[2] Se non propone un nuovo conduttore con tali requisiti, il conduttore resta tenuto al pagamento del corrispettivo fino al momento in cui, per contratto o per legge, la locazione si estingue o può essere sciolta.

[3] Il locatore deve lasciarsi imputare nel corrispettivo:

a. le spese risparmiate e

b. ciò che ha guadagnato con una diversa utilizzazione della cosa o che ha omesso intenzionalmente di guadagnare.

Literatur

Bättig, Die vorzeitige Rückgabe der Mietsache – ausgewählte praktische Aspekte, MRA 2012, 121 ff. und 177 ff.; Blum, Vorzeitiger Auszug aus einer Genossenschaftswohnung im Spannungsfeld zwischen Miet- und Genossenschaftsrecht, mp 1995, 109 ff.; Chaix, L'article 264 CO: à la recherche du locataire de remplacement, SJ 1999 II 49 ff.; Huber, Die vorzeitige Rückgabe der Mietwohnung, Diss. St. Gallen 2000; Kley, Die vorzeitige Rückgabe der Mietsache – praktische Fragen, mp 2013, 257 ff.; Lachat, La réstitution anticipée de la chose loué (art. 264 CO): questions choisies, CdB 1998, 129 ff.; Lachat/Trümpy, Die vorzeitige Rückgabe der Mietsache, Zürich 1999; Terrapon, La restitution de la chose louée et l'offre d'un locataire de remplacement, 12e séminaire sur le droit du bail, Neuchâtel 2002; ders., Transfert du bail commercial et restitution anticipée de la chose louée, 17e séminaire sur le droit du bail, Neuchâtel 2012; vgl. ferner die Literatur- und Materialienhinweise bei den Vorbem. zu Art. 253–273c.

I. Zweck, Charakter und Anwendungsbereich

1 Die Zinszahlungspflicht hängt nicht von der tatsächlichen Benützung der Sache ab und trifft *den Mieter selbst dann, wenn* er sein Gebrauchsrecht nicht ausüben kann oder will (BGE 134 III 267). Zur Vermeidung nutzloser finanzieller Verpflichtungen berechtigt Art. 264 den Mieter in Erweiterung der allgemeinen Schadenminderungspflicht indessen zur vorzeitigen Rück-

gabe der Sache mit befreiender Wirkung, wenn er dem Vermieter einen zumutbaren Ersatzmieter vorschlägt. Der Sache nach lässt sich von einem – auch im internationalen Vergleich recht weitgehenden – *privilegierten Vertragsbruch* oder neutraler von einer **besonderen Beendigungsmöglichkeit** für den Mieter sprechen (Kley, mp 2013, 258; Bättig, MRA 2012, 122; zur Dogmatik nachfolgend N 6 f.). Obwohl sich der Artikel auf sämtliche Mietobjekte bezieht, spielt er eine dominierende Rolle im Bereich der Wohnungsmiete. In diesem Bereich garantiert er geradezu die Drittwirkung der Niederlassungsfreiheit des Mieters (Art. 24 BV). Für den *Vermieter* bewirkt die Bestimmung *nicht etwa einen Kontrahierungszwang*: Lehnt er einen zumutbaren Ersatzmieter ab, verliert er nur den Mietzinsanspruch bis zum ordentlichen Vertragsende. Er bleibt frei, die Sache einem beliebigen Dritten zu vermieten (zu relativieren ist insofern BK-Giger, Art. 253 OR N 133).

Die Bestimmung hat zugunsten des Mieters **einseitig zwingenden** Charakter (Honsell, OR BT, 221; SVIT-Komm., N 1; ZK-Higi, N 3; Lachat et al.-Spirig, 593; Blumer, SPR VII/3, Rz 1017; CPra Bail-Bise/Planas, N 5; Kley, mp 2013, 259). Im Rahmen des Wirkungsbereichs der vorliegenden Bestimmung erweist sich eine vertraglich vereinbarte **Konventionalstrafe** als widerrechtlich (CR CO I-Lachat, N 2; KUKO OR-Blumer, N 2; **a.M.** Polivka, MRA 2005, 218). Auch bei der Vermietung durch **Wohngenossenschaften** ist die Norm uneingeschränkt zu beachten (Blum, mp 1995, 117). Will eine Genossenschaft ihren Vermietungsgrundsätzen zum Durchbruch verhelfen, so hat sie die damit einhergehenden Mietzinsausfälle selber zu tragen, denn eine unterschiedliche Anwendung der vorliegenden Bestimmung je nach der Person des Vermieters sieht das Gesetz nicht vor (ebenso Koller/Mauerhofer, ZBJV 2010, 59; **anders** Blum, mp 1995, 118 ff.; CHK-Heinrich, N 5). 2

Voraussetzung für die Befreiung des Mieters ist, dass er dem Vermieter die Mietsache **vollständig zurückgibt** (BGE 119 II 36 = Pra 1994 Nr. 33; BGer in mp 2000, 32 ff.; SVIT-Komm., N 17 f.; **a.M.** CPra Bail-Bise/Planas, N 26, die eine Teilrückgabe als möglich erachten) und auf den entsprechenden Zeitpunkt hin einen **zumutbaren Ersatzmieter** vorschlägt. Die Rückgabe ist grundsätzlich nicht vollständig, wenn der Mieter dem Vermieter nicht alle Schlüssel zur Mietsache zurückgibt (BGer, 7.8.2008, 4A_220/2008, E. 3). Will er einen Schlüssel über den Zeitpunkt der Rückgabe hinaus behalten, um die Sache den Interessenten zeigen zu können, ist dafür das Einverständnis des Vermieters erforderlich (Kley, mp 2013, 261). Befinden sich nicht mehr alle Schlüssel in seinem Besitz, z.B. weil er sie verloren hat, hat er dies dem Vermieter bei der Rückgabe mitzuteilen (vgl. OGer LU, mp 2012, 279 ff.). Die Zurücklassung einzelner Gegenstände ändert an der Wirksamkeit der Rückgabe nichts, kann aber u.U. zu einer Schadenersatzpflicht führen (BGer, 7.1.2014, 4A_388/2013, E. 2.2). 3

Das Angebot **eines einzigen** Ersatzmieters genügt (CR CO I-Lachat, N 4; Prerost/Thanei, 133; Kley, mp 2013, 263). Der Vermieter darf an ihn keine höheren Anforderungen stellen als an den ausziehenden Mieter. Der Ersatzmieter muss sich als **zahlungsfähig** erweisen, wofür in jedem Fall genügt, dass sein Einkommen das Dreifache des Mietzinses beträgt (BGE 119 II 36 E. 3d = Pra 1994 Nr. 33; Honsell, OR BT, 220; Guhl/Koller/Schnyder/Druey, 439; Blumer, SPR VII/3, Rz 1034; CPra Bail-Bise/Planas, N 45 f.; Kley, mp 2013, 264 f.). Überdies muss er bereit und in der Lage sein, den Mietvertrag zu den **gleichen Bedingungen** wie der Vormieter zu übernehmen. Der Ersatzmieter darf keine günstigeren Bedingungen fordern, und zwar grundsätzlich auch dann nicht, wenn der bisherige Mieter bereit ist, die Mietzinsdifferenz bis zum nächsten Kündigungstermin zu bezahlen (BGE 117 II 156 E. 3b; BGer, MRA 1997, 205 ff.; BGer, mp 1998, 178 ff.; Guhl/Koller/Schnyder/Druey, 439; problematisch daher BGer in mp 1996, 10 ff.; **teilw. a.M.** SVIT-Komm., N 16 und 28; CHK-Heinrich, N 7; Blumer, SPR VII/3, Rz 1043; CPra Bail-Bise/Planas, N 82 f.; Kley, mp 2013, 267). Beschränkungen dürfen sich sodann nur aus dem *vertraglichen Gebrauchsrecht und den Mieterpflichten* ergeben. Dem Vermieter zum Nachteil gereicht es daher etwa, wenn er Konkubinatspaare aus moralischen Gründen ablehnt, wenn er einen grösseren (oder kleineren) Kreis von Benützern nicht akzeptiert, obwohl die Wohnung für deren Aufnahme geeignet 4 ist (BGE 119 II 36 E. 3d; Lachat et al.-Spirig, 585 f.; Guhl/Koller/Schnyder/Druey, 439; Blumer, SPR VII/3, Rz 1035; Kley, mp 2013, 264 [für Genossenschaften; inkonsequent aber 266 betr. Wohnungen, die vertraglich z.B. Alleinerziehenden mit mindestens einem Kind vorbehalten sind]; ähnlich SVIT-Komm., N 6d; teilw. **a.M.** ZK-Higi, N 35; für Wohngenossenschaften CHK-Heinrich, N 5; Blum, mp 1995, 118 f.), wenn er ein zahlungsfähiges, voraussichtlich für längere Dauer in der Schweiz verbleibendes Asylbewerber-Ehepaar als Ersatzmieter ausschlägt (unpubl. Teil v. BGE 121 III 56, mitgeteilt in mp 1997, 155 ff.) oder wenn er einen Ersatzmieter ablehnt, weil er in der Mietliegenschaft einen bestimmten «Nationalitäten-Mix» aufrechterhalten will (Kley, mp 2013, 263; **a.M.** Bättig, MRA 2012, 178). Nicht gefallen zu lassen braucht er sich jedoch einen Ersatzmieter, der in der Vergangenheit den Mietzins häufig unpünktlich bezahlt hat (BGer, MRA 1997, 205 ff.; SVIT-Komm., N 6a).

II. Voraussetzungen für die Befreiung des Mieters

5 Die Praxis räumt dem Vermieter eine **angemessene Frist zur Prüfung** der Zumutbarkeit des Ersatzmieters ein. Im Normalfall dürfte diese *etwa einen Monat* dauern, wobei diese Frist je nach Art des Mietverhältnisses, nach der Person des Vermieters und der Qualität der vom Mieter gelieferten Unterlagen kürzer oder länger sein kann (vgl. BGer in mp 2000, 32 ff.; Lachat et al.-Spirig, 584 f.; ZK-Higi, N 48; SVIT-Komm., N 10; CHK-Heinrich, N 6; ZMP 1992 Nr. 3; KUKO OR-Blumer, N 6; Blumer, SPR VII/3, Rz 1037; CPra Bail-Bise/Planas, N 85; Kley, mp 2013, 269). Abzulehnen ist die Auffassung, der Vermieter müsse mit der Prüfung der Ersatzmieter erst beginnen, wenn der Mieter ihm sämtliche dazu erforderlichen Unterlagen zugestellt habe (so aber Bättig, MRA 2012, 181 f.). Die Befreiung findet (unabhängig von einem bestimmten Termin) auf den Zeitpunkt statt, auf den der akzeptierte Ersatzmieter den Mietvertrag übernimmt bzw. im Falle der unberechtigten Ablehnung durch den Vermieter übernommen hätte. Der Vermieter hat die **Ablehnung** eines Ersatzmieters nach richtiger Ansicht auf Verlangen des Mieters **zu begründen**, damit dieser entscheiden kann, ob er sich um weitere Interessenten bemühen will (mp 2001, 206 f.; vgl. auch BGer, mp 2000, 34).

6 Akzeptiert der Vermieter den Ersatzmieter, so tritt dieser *«zu den bisherigen Bedingungen»* an die Stelle des bisherigen Mieters, und zwar mit allen Rechten und Pflichten. Es findet mithin ein **Parteiwechsel** statt (vgl. Art. 263 N 6; zutreffend ZK-Higi, N 40; Blumer, SPR VII/3, Rz 1040; CPra Bail-Bise/Planas, N 69 und 73 f.; **a.M.** CHK-Heinrich, N 2, der vom Abschluss eines neuen Mietvertrags ausgeht), allerdings mit der Besonderheit, dass es wie bei einer Neuvermietung zur **Sachrückgabe** des bisherigen Mieters und zum **Mietantritt** des Ersatzmieters kommt; Lachat et al.-Spirig, 587 f. und 592 f.; vgl. aber auch BGE 117 II 159 f.). Wohl mit Rücksicht auf diese Besonderheit sprechen Koller/Mauerhofer von einer ausserterminlichen Kündigung im technischen Sinn und schliessen eine Haftung des Ersatzmieters für Schulden des Vorgängers aus (ZBJV 2010, 61). Angesichts des klar anders lautenden Gesetzestexts ist diese Auffassung abzulehnen. Die Übernahme zu den gleichen Bedingungen hat denn auch bspw. zur Folge, dass Mietzinsanpassungen weiterhin unter Berücksichtigung der Erklärungen zwischen Vormieter und Vermieter erfolgen, etwa was die Kostenstände und die relative Methode betrifft – zu Recht betont Blumer, dass keine Anfangsmietzinsanfechtung infrage kommt (KUKO OR-Blumer, N 7; vgl. Kley, mp 2013, 267, 270; zur Problematik der Kündigungsfigur s.a. N 7 f.).

III. Fortdauer der Mietzahlungspflicht des Mieters bzw. Vertragsbeendigung gemäss Abs. 2

7 *Findet der Mieter keinen* Ersatzmieter, so muss er beim unbefristeten Mietverhältnis den Mietzins bis zum nächsten vertraglichen oder gesetzlichen Kündigungstermin entrichten. Auch vertragliche Nebenpflichten bestehen grundsätzlich fort, etwa eine Verpflichtung zur

Treppenhausreinigung oder zum Gartenunterhalt; diese wandeln sich aber in eine Schadenersatzpflicht für die entsprechenden Aufwendungen, soweit der Mieter sie mangels Zugangs zur Sache nicht mehr erfüllen kann (vgl. BÄTTIG, MRA 2012, 124 f., der dem Vermieter aber – mit «ungutem Gefühl» (a.a.O. 131) – das Recht einräumen will, die Rücknahme der Sache zu verweigern; dazu N 8).

Nach richtiger Ansicht beendet die **vorzeitige Rückgabe** der Mietsache ohne Stellung eines Ersatzmieters *sämtliche Wirkungen des Mietvertrages* auf den *nächsten Kündigungstermin* hin und bildet daher einen **unmittelbaren Beendigungsgrund** (KUKO OR-BLUMER, N 9; ZK-HIGI, Vor Art. 266–266o OR N 28 und 33; SVIT-Komm., N 3). Als Hilfskonstruktion kann man somit durchaus von einer (allein an die Rückgabe der Sache anknüpfenden und daher formfrei gültigen; BGer in mp 1998, 182 f.; **a.M.** KLEY, mp 2013, 258 f., die in dieser Konstellation eine Zustimmung des Ehegatten zur Rückgabe verlangt) *Quasi-Kündigung* des Mieters sprechen, welche unter der – nur vom Willen des Vermieters abhängigen und daher zulässigen – Bedingung ausgesprochen wird, dass das Mietverhältnis nicht mit einem der angebotenen Ersatzmieter fortgesetzt werde (vgl. auch CR CO I-LACHAT, N 11; ähnlich CHK-HEINRICH, N 2; MÜLLER, MRA 2001, 65 f.; HUBER, CdB 1998, 43). Die Beendigung der Mietzinszahlungspflicht (erst) auf den nächsten Kündigungstermin hin gem. Abs. 2 stellt klar, dass der Mieter nach wie vor den Mietzins schuldet, wenn er keinen Ersatzmieter findet. Entsprechend bildet der Mietvertrag weiterhin einen provisorischen Rechtsöffnungstitel (BGE 134 III 267). Auch eine vorzeitige Rückgabe ist andererseits eine Rückgabe im technischen Sinn und löst als solche die Rügeobliegenheit des Vermieters aus, die Voraussetzung für die Haftung des Mieters nach Art. 267 bildet (N 8).

Gerade wegen der wesentlichen Unterschiede zwischen der vorzeitigen Rückgabe und einer echten Kündigung verbietet es sich trotz der Verwandtschaft der beiden Institute für gewöhnlich, nach Treu und Glauben von einer Kündigung im technischen Sinne auszugehen, wenn der Mieter dem Vermieter schreibt, er «kündige» den Vertrag, und gleichzeitig die Bezeichnung von Ersatzmietern ankündigt (Lachat et al.-SPIRIG, 583 f.; CHK-HEINRICH, N 3). Eine wirkliche Kündigung des Mieters hätte nämlich zur Folge, dass der Ersatzmieter bereit sein müsste, in das gekündigte Mietverhältnis einzutreten, damit die Befreiung des Mieters eintritt. 7a

Da die vorliegende Regelung den Mieter an sich schon privilegiert, darf aus der blossen Rückgabe der Sache ohne Angebot eines Ersatzmieters nicht leichthin auf einen **Aufhebungsvertrag** geschlossen werden (vgl. BLUMER, SPR VII/3, Rz 1031; **a.M.** CPra Bail-BISE/PLANAS, N 17, die vom Vermieter bei der Entgegennahme der Schlüssel einen Hinweis auf die Terminwidrigkeit der Rückgabe verlangen). 7b

IV. Vorteilsanrechnung nach Abs. 3

Abs. 3 bewirkt zunächst, dass der Vermieter i.S. einer Obliegenheit die Sache **jederzeit zurückzunehmen** hat, sobald der Mieter endgültig auf deren Gebrauch – ausdrücklich oder konkludent – verzichtet (ZK-SCHMID, aArt. 257 N 9 ff.; KLEY, mp 2013, 261, 271; vgl. BGE 119 II 437; OGer LU, mp 2012, 279 ff.; s. Art. 267a N 3; teilw. **a.M.** ZK-HIGI, Art. 267 N 68; BÄTTIG, MRA 2012, 128; HUBER, CdB 1998, 119 f.), denn die Rücknahme ist Voraussetzung für die anderweitige Verwertung des Mietgegenstandes (so nun auch BGer, 7.1.2014, 4A_388/2013, E. 2.2). Zu den möglichen Konsequenzen der Weigerung bezüglich der Mängelhaftung s. Art. 267a N 3. 8

Eine **Ersparnis** an Auslagen tritt z.B. bezüglich der Nebenkosten ein, da diese sich nach dem Gebrauch der Mietsache richten (Kosten für Wasser, Kehricht, Strom, teilw. auch Heizung; SVIT-Komm., N 26; ZK-HIGI, N 89). 9

Aus der in lit. b vom Gesetz umschriebenen **Vorteilsanrechnung** lässt sich grundsätzlich keine Pflicht des Vermieters zur aktiven Mitwirkung bei der Ersatzmietersuche ableiten, weil 10 sich der Vermieter nur anrechnen lassen muss, was er durch anderweitige Verwendung der Sache gewinnt oder absichtlich zu gewinnen unterlässt (s. BGer, 31.8.2005, 4C.171/2005: «Il ne faut cependant pas inverser les rôles»; ähnlich BÄTTIG, MRA 2012, 123). Da die Stellung eines Ersatzmieters Recht und Pflicht des das Mietobjekt vorzeitig zurückgebenden Mieters ist, kann der Vermieter für solche Bemühungen auch keinen Ersatz verlangen (vgl. GUHL/KOLLER/SCHNYDER/DRUEY, 439; KLEY, mp 2013, 273). Hingegen wird sich der Vermieter im Rahmen von Treu und Glauben dann um einen Nachfolgemieter zu bemühen haben, wenn er dies dem Mieter in Aussicht gestellt hat oder wenn für ihn erkennbar wird, dass der Mieter keinen zumutbaren Ersatzmieter stellen kann (BGer, 19.8.2002, 4C.118/2002, E. 3; ZK-HIGI, N 30 f. und N 80 ff.; GUHL/KOLLER/SCHNYDER/DRUEY, 439; vgl. MRA 1997, 205 ff.; insofern ungenau daher BGE 127 III 548 E. 5 und 6, vgl. dazu Art. 257d N 13). In diesem Fall hat er dann auch Anspruch auf Ersatz der entsprechenden Kosten (BGer, mp 1996, 10 ff.; CHK-HEINRICH, N 9; SVIT-Komm., N 9a).

11 Wenn der Vermieter die Sache **nach der Rückgabe selber benützt**, etwa eigene Möbel in die zurückgegebene Wohnung stellt oder seine Waren in das abgegebene Lagerhaus, so verliert er ab diesem Zeitpunkt seine Ansprüche aus dem Mietverhältnis. Gleiches gilt demzufolge, wenn er im Mietobjekt vor dem nächsten Kündigungstermin Renovationsarbeiten ausführen lässt, denn dazu ist er auch in der Zeit zwischen einer vorzeitigen Rückgabe der Sache (zur Rechtsnatur vgl. N 7) und dem Kündigungstermin analog Art. 260 Abs. 1 ohne Zustimmung des Mieters nicht berechtigt, weshalb die von ihm veranlassten Arbeiten nur als Eigennutzung der Sache betrachtet werden können. Anders ist nur der Fall zu werten, wo die Instandstellungsarbeiten an der zurückgegebenen Mietsache ausschliesslich Schäden betreffen, die der Mieter zu verantworten hat (SVIT-Komm., N 29 f.; vgl. dazu Art. 259a N 2). Keine Fortdauer der Haftung besteht auch im Falle der Überlassung der Sache an einen Dritten, etwa im Zuge eines Verkaufs (ZK-HIGI, N 59). Zur Unzulässigkeit der **Abwerbung des Ersatzmieters** durch den Vermieter mittels eines anderen Mietangebots s. CR CO I-LACHAT, N 10.

Art. 265

N. Verrechnung **Der Vermieter und der Mieter können nicht im Voraus auf das Recht verzichten, Forderungen und Schulden aus dem Mietverhältnis zu verrechnen.**

N. Compensation Le bailleur et le locataire ne peuvent renoncer à l'avance au droit de compenser les créances découlant du bail.

N. Compensazione Il locatore e il conduttore non possono rinunciare anticipatamente al diritto di compensare i crediti e debiti derivanti dalla locazione.

Literatur

Vgl. die Literatur- und Materialienhinweise bei den Vorbem. zu Art. 253–273c.

I. Kein Verrechnungsverzicht im Voraus

1 Gemäss dieser **zwingenden** Bestimmung ist der **zum Voraus erklärte Verzicht** einer Partei auf die Verrechnung von Forderungen und Schulden aus dem Mietverhältnis **nichtig** (ZK-HIGI, N 11; SVIT-Komm., N 3; mp 1995, 77 f.), und zwar nicht nur bei einseitigem, sondern auch bei gegenseitigem Ausschluss der Kompensation (HONSELL, OR BT, 221). Zulässig ist es dagegen, wenn die Parteien einvernehmlich auf die Verrechnung bereits entstandener Forderungen und Gegenforderungen verzichten (SVIT-Komm., N 3). Die allgemeinen Voraussetzungen der Verrechnung richten sich nach Art. 120 ff.

II. Forderung aus dem Mietverhältnis

Das Verbot des Vorausverzichtes betrifft nur Forderungen und Schulden **aus dem Mietverhältnis**; es genügt daher nicht, dass nur *eine* Forderung mietrechtlicher Natur ist: Die Gültigkeit eines Verrechnungsverbotes etwa in einem Darlehensvertrag kann nicht davon abhängen, ob zwischen den Parteien auch noch ein Mietvertrag besteht (Pra 1995 Nr. 251; Lachat et al.-BRUTSCHIN, 223; GUHL/KOLLER/SCHNYDER/DRUEY, 441; ZK-HIGI, N 15 ff.; HONSELL, OR BT, 221; SVIT-Komm., N 7; CHK-HEINRICH, N 2; WEBER, Diss., 147; **a.M.** ZIHLMANN, 101 f.). 2

III. Verhältnis zur Mietzinsminderung nach Art. 259d

Soweit dem Mieter wegen Mängeln ein Minderungsanspruch zusteht, erweisen sich bereits geleistete Zahlungen als ganz oder teilweise unbegründet. Der Mieter kann seinen Rückforderungsanspruch nicht nur direkt geltend machen, sondern ihn auch mit später fälligen Mietzinszahlungen verrechnen (**a.M.** SVIT-Komm., N 9 f., wie hier allerdings SVIT-Komm., Art. 259d N 25; vgl. zur Rechtsnatur von Minderung und Rückforderung s. Art. 259d N 3 ff.). 3

Art. 266

O. Beendigung des Mietverhältnisses I. Ablauf der vereinbarten Dauer	**[1] Haben die Parteien eine bestimmte Dauer ausdrücklich oder stillschweigend vereinbart, so endet das Mietverhältnis ohne Kündigung mit Ablauf dieser Dauer.** **[2] Setzen die Parteien das Mietverhältnis stillschweigend fort, so gilt es als unbefristetes Mietverhältnis.**
O. Fin du bail I. Expiration de la durée convenue	[1] Lorsque les parties sont convenues expressément ou tacitement d'une durée déterminée, le bail prend fin sans congé à l'expiration de la durée convenue. [2] Si le bail est reconduit tacitement, il devient un contrat de durée indéterminée.
O. Fine della locazione I. Spirare del tempo previsto	[1] La locazione conclusa tacitamente o espressamente per un tempo determinato cessa senza disdetta con lo spirare del tempo previsto. [2] In caso di riconduzione tacita, la locazione è considerata a tempo indeterminato.

Die vorliegende Bestimmung steht in unmittelbarem **Zusammenhang mit Art. 255**. Vgl. dazu daher Art. 255 N 1 ff. 1

Art. 266*a*

II. Kündigungsfristen und -termine 1. Im Allgemeinen	**[1] Die Parteien können das unbefristete Mietverhältnis unter Einhaltung der gesetzlichen Fristen und Termine kündigen, sofern sie keine längere Frist oder keinen anderen Termin vereinbart haben.** **[2] Halten die Parteien die Frist oder den Termin nicht ein, so gilt die Kündigung für den nächstmöglichen Termin.**
II. Délais et termes de congés 1. En général	[1] Lorsque le bail est de durée indéterminée, une partie peut le résilier en observant les délais de congé et les termes légaux, sauf si un délai plus long ou un autre terme ont été convenus. [2] Lorsque le délai ou le terme de congé n'est pas respecté, la résiliation produit effet pour le prochain terme pertinent.
II. Termini di preavviso e scadenze di disdetta 1. In genere	[1] Nelle locazioni a tempo indeterminato, ciascuna delle parti può dare la disdetta osservando i termini legali di preavviso e le scadenze di disdetta, sempreché non abbiano pattuito un termine di preavviso più lungo o un'altra scadenza di disdetta. [2] Se il termine di preavviso o la scadenza di disdetta non è osservato, la disdetta produce effetto per la scadenza successiva di disdetta.

Literatur

BÄRTSCHI/ACKERMANN, Fristberechnung im Mietrecht, Jusletter vom 3.2.2014; BOHNET, Les délais en droit du bail, 13e séminaire sur le droit du bail, Neuchâtel 2004; BOHNET/CONOD, La fin du bail et l'expulsion du locataire, 18e séminare sur le droit du bail, Neuchâtel 2014, 79 ff.; COCCHI, Die Kündigung der Dienstwohnung, mp 1995, 51 ff.; CORBOZ, La nullité du congé dans le nouveau droit du bail, CdB 1994, 33 ff.; DERS., Les congés affectés d'un vice, 9e séminaire sur le droit du bail, Neuchâtel 1996; DIETSCHY, Le bail d'habitation des concubins, Basel 2014; ENGLER, Zur Kündigung genossenschaftlicher Mietverträge, mp 2000, 57 ff.; SIEGRIST, Les congés inefficaces, CdB 1996, 1 ff.; THANEI, Neues zum Kündigungsschutz, mp 2012, 85 ff.; TRUOG, Zur Kündigung genossenschaftlicher Mietverhältnisse am Beispiel des Urteils des Genfer Appellationsgerichts vom 3.6.1991, mp 1992, 37 ff.; WEBER, Der gemeinsame Mietvertrag, Diss. Zürich 1993; WESSNER, L'extinction ordinaire du bail à loyer, 7e séminaire sur le droit du bail, Neuchâtel 1992; vgl. ferner die Literatur- und Materialienhinweise bei den Vorbem. zu Art. 253–273c.

I. Wesen. Abgrenzung vom Aufhebungsvertrag. Normzweck

1 Art. 266a regelt die Grundsätze der **ordentlichen Kündigung** der Miete. Die Kündigung ist als **Gestaltungsrecht** grundsätzlich bedingungsfeindlich und unwiderruflich (z.B. BGer, 10.11.2004, 4C.308/2004, E. 3.2). Eine **Bedingung** ist aus Gründen der Rechtssicherheit nur zulässig, wenn ihr Eintritt allein vom Willen der Gegenpartei abhängt (BGE 118 II 123 E. 4; CHK-HEINRICH, Art. 266–266f OR N 2; CPra Bail-BOHNET/DIETSCHY, N 22); ebenso kann ein **Widerruf** nur im Einverständnis mit der Gegenpartei erfolgen (BGE 128 III 129 E. 2a; KUKO OR-BLUMER, Art. 266a–266f N 1; ZK-HIGI, Vor Art. 266–266o OR N 35 und 44; BLUMER, SPR VII/3, Rz 786). Ob bei einem Widerruf der alte Mietvertrag in Kraft bleibt oder ein neuer geschlossen wird, braucht nicht erörtert zu werden, solange die Lehre sich einig ist, dass die bisherigen Bedingungen weitergelten, namentlich was die Mietzinsanpassungen bei der Miete von Wohn- und Geschäftsräumen betrifft (ZK- ; BLUMER, SPR VII/3, Rz 786; CPra Bail-BOHNET/DIETSCHY, N 23). Bei der Miete von **Wohn- und Geschäftsräumen** ist die **«Wiederholung»** einer Kündigung, d.h. eine erneute Kündigung gestützt auf denselben Sachverhalt für den Fall, dass die erste Kündigung sich als anfechtbar erweise, nach der hier vertretenen Auffassung nichtig, denn das Schicksal der ersten Kündigung – und damit die Bedingung für die zweite – hängt von einer gerichtlichen Entscheidung ab und liegt daher nicht allein im Machtbereich des Kündigungsempfängers. Gleich verhält es sich mit parallel ausgesprochenen ordentlichen und ausserordentlichen Kündigungen (BLUMER, SPR VII/3, Rz 796). LACHAT vertritt demgegenüber die Auffassung, die subsidiär ausgesprochene ordentliche Kündigung sei nicht bedingt, weil sie keine Wirkung entfalte, wenn sich die ausserordentliche Kündigung als gültig erweise (LACHAT, bail à loyer, 650). Dieser Umstand zeigt aber gerade, dass die «subsidiäre» Kündigung sehr wohl unter einer Bedingung steht (vgl. THANEI, mp 2012, 91). Das BGer möchte subsidiäre ordentliche Kündigungen entgegen der hier vertretenen Auffassung zulassen, verlangt dafür aber, dass die Subsidiarität der zweiten Kündigung klar zum Ausdruck gebracht wird (BGE 137 III 389 E. 8.4 = Pra 2012 Nr. 6; krit. zu doppelten Kündigung auch KOLLER TH., ZBJV 2013, 37). Die Rechtsunsicherheit, die damit in Kauf genommen würde, zeigt sich besonders bei der Frage der Anfechtungsfrist (s. Art. 273 N 3c).

Weiter kann eine zweite (selbständige) Kündigung nicht als Teilrückzug einer ersten gedeutet werden, besonders wegen des zeitlichen Kündigungsschutzes nach Art. 271a Abs. 1 lit. d (BGE 131 III 33 E. 3). Gültig ist eine zweite Kündigung daher nur, wenn die erste *wegen eines Fehlers mit Bagatellcharakter*, z.B. wegen eines reinen Formfehlers nichtig ist (gl.M. CHK-HEINRICH, N 7; THANEI, mp 2012, 97; zum Problem der Sperrfrist s. BGE 131 III 33 E. 3 sowie Art. 271–271a N 24 ff., insb. N 27).

1a *Da die Kündigung den Vertrag* unmittelbar umgestaltet, ist bis zum Vertragsablauf keine weitere Kündigung mehr möglich. Vorbehalten bleibt der Fall einer ausserordentlichen Kündigung, z.B. wegen Zahlungsverzugs. Die Kündigung beschlägt das Mietverhältnis als Ganzes;

Teilkündigungen (z.B. nur eines Zimmers einer Wohnung oder nur einzelner Grundstücke bei der Vermietung eines sich über mehrere Grundstücke erstreckenden Hotelkomplexes, vgl. BGer, 10.9.2002, 4C.6/2002, E. 6) sind daher **nichtig** (weiterführend ZK-Higi, Vor Art. 266–266o OR N 96 ff.).

Aus dem gleichen Grund müssen **gemeinsame Mietverträge** einheitlich durch alle Vermieter oder Mieter bzw. allen von ihnen gekündigt werden (BGE 125 III 219; 136 III 431 E. 3.1 = Pra 2011 Nr. 18; BGE 140 III 491 E. 4.2.1; 10.9.2002, 4C.6/2002, E. 5; 21.11.2012, 4A_352/2012, E. 3.2; Weber, Diss., 171 ff.; ZK-Higi, Vor Art. 266–266o N 34). Laut BGE 140 III 491 kann die Berufung auf den Formmangel, den die nur an einen Mitmieter gerichteten Kündigung darstellt, rechtsmissbräuchlich sein (E. 4.2.3). In Zusammenhang mit dem Konkurs des Schwiegersohns hatten die Schwiegereltern dessen Liegenschaft erworben und an ihn und die Tochter vermietet. Als es zwischen den Mietern zu Spannungen kam, kündigten die Vermieter den Vertrag am 3.12.2011 per 30.6.2012. Diese Kündigung wurde später vom Kreisgericht Wil SG für unwirksam erklärt. Ende Februar 2012 verliess die Tochter das Mietobjekt. Am 30.6.2012 entliessen die Eltern diese in einer einseitigen Erklärung aus dem Mietvertrag (vgl. E. 4.2.2). Der Schwiegersohn zahlte darauf ab 1.7.2012 nur noch die Hälfte des Mietzinses; dabei scheinen die Vermieter es während eines bestimmten Zeitraums zuvor geduldet zu haben, dass die Mieter den Zins je zur Hälfte bezahlten (E. 3.2). Am 9.7.2012 setzten die Vermieter den Schwiegersohn für den Restbetrag in Verzug und sprachen nach unbenütztem Ablauf der Zahlungsfrist am 18.8.2012 per 30.9.2012 eine Kündigung nach Art. 257d aus, die sie ausschliesslich an den Schwiegersohn richteten. Das BGer hielt wie die Vorinstanzen zunächst fest, die einseitige Entlassung der Tochter durch ihre Eltern aus dem Vertrag sei mangels Zustimmung des Schwiegersohnes nichtig gewesen (E. 4.2.2). Den Zahlungsrückstand erachtete das Gericht demzufolge als gegeben (E. 3.2). Sodann zog es eine Parallele zu seiner Rsp. betr. Kündigung an Ehegatten nach Art. 266n (BGE 139 III 7) und erklärte den Einwand des Schwiegersohnes, die Kündigung sei nicht an alle Mieter gerichtet, als rechtsmissbräuchlich. Die Ehefrau habe sich nach dem Auszug aus der Familienwohnung nicht für die Kündigung interessiert, folglich mache ihr Gatte das (fehlende) Interesse seiner Mitmieterin geltend und verwende daher ein Rechtsinstitut zweckwidrig (E. 4.2.4). Zumindest die Begründung des Entscheids ist problematisch. Entgegen dem Randtitel vor Art. 266*l* handelt es sich beim Erfordernis der Kündigung auch an den Ehegatten nicht um eine blosse Formvorschrift. Beim gemeinsamen Mietvertrag gilt dies erst recht, denn die einheitliche Ausübung des Kündigungsrechts setzt eine Willenserklärung an alle Mieter voraus. Fehlt es an einer solchen, ist das Unteilbarkeitsprinzip verletzt und jeder Mieter, der sich darauf beruft, macht sehr wohl ein eigenes Recht geltend. Für die Annahme eines Rechtsmissbrauchs bedürfte es daher zusätzlicher Umstände, die hier nicht ersichtlich sind. Fraglich ist, ob der Entscheid nicht auf eine andere Begründung hätte gestützt werden können: Die Tochter hatte ihrer einseitigen Entlassung aus dem Mietvertrag offenbar zumindest konkludent zugestimmt. Wie das BGer zu Recht ausführte, konnte dies zwar nicht unmittelbar ihre Entlassung aus dem Mietvertrag bewirken. Im Sinne einer Reduktion der Vereinbarung zwischen Eltern und Tochter auf das erlaubte Mass (Art. 20 Abs. 2), kann aber angenommen werden, die Tochter habe sich sinngemäss und in gültiger Weise (vgl. Art. 273c) mit allen Schritten ihrer Eltern zur Beendigung des Mietverhältnisses einverstanden erklärt. Dies könnte man als Aufhebungsvertrag auf den Zeitpunkt der Wirksamkeit der Kündigung gegenüber dem Ehemann hin betrachten, so dass es hier ausnahmsweise als entbehrlich erschiene, die Mieterin in die Kündigung einzubeziehen. Voraussetzung müsste dabei aber sein, dass dem Schwiegersohn die Vereinbarung zwischen seiner Frau und deren Eltern spätestens zum Zeitpunkt der Zahlungsverzugskündigung bekannt war. Ob dies der Fall war, lässt sich aber aus den Sachverhaltsangaben im Entscheid nicht zuverlässig schliessen. Zudem bestünde das Problem, dass es aus Sicht des Schwiegersohns und selbst seines Anwalts schwierig war, diesen impliziten Gehalt der Vereinbarung zu erkennen. Das BGer hat im Entscheid die Frage offen gelassen, ob die Tochter nicht in den Prozess um die Anfechtung der Kündigung hätte einbezogen werden müssen 1b

(E. 4.3; vgl. zum entsprechenden Grundsatz bei der Anfechtung nach Art. 271 ff. BGE 140 III 598). Hier geht es allerdings nicht um eine Anfechtung nach Art. 273 (Gestaltungsklage), sondern um die blosse Festellung der Nichtigkeit der Kündigung, also eines Umstandes, der auch in einem Ausweisungsverfahren noch angerufen werden könnte. Die Feststellungsklage ist wie jeder Prozess über die Feststellung der Gültigkeit eines Rechtsgeschäfts ein Einzelrecht. Nach der hier vertretenen Auffassung genügt es sodann, auf als Beklagte nur diejenigen Parteien in das Verfahren einzubeziehen, welche die Gültigkeit der Kündigung behaupten, denn nur diesen gegenüber besteht ein Feststellungsinteresse (dazu WEBER, Diss., 32).

Können die Mieter im Innenverhältnis über eine von ihnen auszusprechende Kündigung keine Einigung erzielen, muss der austrittswillige Mieter zuerst die Liquidation des Innenverhältnisses herbeiführen, im Falle der einfachen Gesellschaft durch Kündigung des Gesellschaftsvertrages. Im Rahmen der Liquidation kann dann bei Uneinigkeit der Beteiligten das zuständige Gericht auf spezifizierte Klage hin einen Liquidator oder einen der Gesellschafter ermächtigen, dem Vermieter gestützt auf Art. 263 die Übertragung des Mietverhältnisses auf ihn allein vorzuschlagen (Art. 263 N 2; WEBER, Diss., 159 f. und 193 ff., 197 f.; s. Art. 548 f. N 1) oder aber das Mietverhältnis unter Berücksichtigung der Interessen aller Mitmieter auf einen bestimmten Termin hin zu kündigen (WEBER, Diss., 198 f.).

1c **Vor Mietbeginn** kann eine Kündigung nicht ausgesprochen werden, da noch kein kündbares Dauerschuldverhältnis vorliegt (vgl. BGE 127 III 548 E. 3); möglich ist aber in diesem Stadium eine Anfechtung des Vertrages wegen eines Willensmangels sowie ein Rücktritt, z.B. gestützt auf die Verzugsregeln oder wegen einer Leistungsstörung i.S.v. Art. 258 (ZK-HIGI, Vor Art. 266–266o OR N 6).

Zu den weiteren formellen und materiellen Anforderungen an eine gültige Kündigung vgl. Art. 266o N 2 ff.; zur Anfechtung der Kündigung bei der Miete von Wohn- und Geschäftsräumen Art. 271–271a N 1 ff.

1d Die Kündigung ist eine empfangsbedürftige Willenserklärung und entfaltet nach der (absoluten) **Empfangstheorie** ihre Wirkungen, sobald sie in den Machtbereich des Empfängers gelangt, sei es, dass sie dem Empfänger oder einem zum Empfang berechtigten Dritten übergeben oder dass sie in dessen Briefkasten gelegt wird (BGE 107 II 191; 118 II 44). Hinterlässt der Postbote bei Einschreibebriefen zuhanden des abwesenden Empfängers eine Abholungseinladung, so gilt die Kündigung als zugegangen, sobald es dem Empfänger zumutbar ist, der Abholungseinladung Folge zu leisten. Allgemein ist vom Tag auszugehen, an dem die Sendung auf dem Postamt erstmals abgeholt werden kann (BGE 137 III 208 E. 3.1.2 = Pra 2011 Nr. 106; ZIHLMANN, 105; GUHL/KOLLER/SCHNYDER/DRUEY, 443; ZK-HIGI, Vor Art. 266–266o OR N 37 ff.; **a.M.** BASELICE, MRA 1995, 101); zumutbar ist die Abholung spätestens am Tage danach, es sei denn, es lägen besondere Umstände (Krankheit, unvorhergesehene Abwesenheit etc.) vor.

Kündigungstermin ist der Tag, auf den die Kündigung wirksam wird, Kündigungsfrist die Dauer, die mindestens zwischen dem Zugang der Kündigung und dem Kündigungstermin liegen muss. Die Fristberechnung erfolgt nach den Art. 76 ff.

1e Anders als die Kündigung beruht der **Aufhebungsvertrag** auf dem Austausch übereinstimmender Willenserklärungen der Parteien. Wohl sind solche Vereinbarungen auch im Mietrecht uneingeschränkt zulässig und weder an eine bestimmte Form noch an die Beachtung von Fristen oder Terminen gebunden (Art. 115; vgl. dazu Art. 272b N 5, Art. 273 N 3b; ZK-HIGI, Vor Art. 266–266o OR N 12 ff.; SVIT-Komm., Vor Art. 266–266o OR N 16 [wo allerdings entgegen dem klaren Wortlaut von Art. 115 – s. Komm. zu Art. 115 N 9 – Schriftlichkeit gefordert wird, falls die Parteien für Vertragsänderungen die Schriftform vorbehalten haben]; ZMP 1991 Nr. 11). Eine einverständliche Beendigung des Mietverhältnisses ist aber nicht leichthin anzunehmen. Insbesondere kann das blosse Schweigen auf eine nichtige Kündigung nicht als

Aufhebung des Vertrages betrachtet werden (BGE 121 III 156), jedenfalls wenn mit der unwidersprochen gebliebenen Kündigungserklärung nicht die sofortige Einstellung der vertraglichen Hauptleistungen einhergeht (vgl. aber Art. 273 N 3b). Zum Verhältnis zwischen Aufhebungsvertrag und der zwingenden Regelung über die Erstreckung der Miete von Wohn- und Geschäftsräumen Art. 272b N 5, Art. 273c N 1.

Abs. 1 hat den **Zweck**, das Verhältnis zwischen den gesetzlichen und vertraglichen Kündigungsfristen beim unbefristeten Mietverhältnis zu klären. Abs. 2 erläutert i.S. einer Auslegungsregel allgemein die Folgen einer nicht frist- oder termingerechten Kündigung (ebenso ZK-Higi, N 5–7). 2

II. Charakter der gesetzlichen Kündigungsfristen und -termine in Art. 266b–266f

Art. 266b–266f bestimmen in vielfältiger Weise die gesetzlichen Kündigungsfristen und -termine. Nach dem Wortlaut von Art. 266a Abs. 1 ist nur die Vereinbarung *längerer* Kündigungsfristen oder *anderer* Termine als der im Gesetz genannten zulässig. Damit sind die gesetzlichen **Kündigungstermine** offensichtlich **dispositiver** Natur, während die **Kündigungsfristen** formell als für beide Parteien **zwingende Mindestfristen** erscheinen (Zihlmann, 106 f.; ZK-Higi, N 22). 3

Letzteres bedarf indessen der Präzisierung. Art. 264 erlaubt dem Mieter die Rückgabe der Mietsache ohne Einhaltung der Kündigungsfristen und -termine, wenn er dem Vermieter einen zumutbaren Ersatzmieter vorschlägt. Da diese Bestimmung nach einhelliger Meinung nur zugunsten des Mieters zwingend ist (Art. 264 N 2), bleiben weitergehende Parteivereinbarungen vorbehalten. Damit ist es aber **möglich, dem Mieter vertraglich die voraussetzungslose jederzeitige (oder kurzfristige) Rückgabe mit befreiender Wirkung zu gestatten** (KUKO OR [1. Aufl.]-Walter, Art. 266a–266f OR N 5). Die parteineutrale Formulierung in Art. 266a Abs. 1 hat denn auch dem Gesetzgeber zu Recht den Vorwurf eingetragen, er huldige «formaler Parteisymmetrie» (Zihlmann, 104, FN 228; ähnlich nun Roncoroni, mp 2006, 114). Das BGer nimmt zumindest an, dass der Einwand, die vereinbarte Kündigungsfrist sei kürzer als vom Gesetz erlaubt, rechtsmissbräuchlich sein kann (BGer, 30.9.2010, 4A_364/2010).

Art. 266a hindert die Parteien im Gegensatz zum Arbeitsvertragsrecht (Art. 335a Abs. 1) unter Vorbehalt von Art. 27 ZGB nicht daran, unterschiedliche Kündigungsfristen festzulegen; dabei kann dem Mieter auch die längere Kündigungsfrist auferlegt werden (BGE 114 II 339; ZK-Higi, N 23 f.; SVIT-Komm., N 5). 4

III. Die frist- oder terminwidrige Kündigung gemäss Abs. 2

Gemäss Abs. 2 ist eine Kündigung, welche die Frist oder den Termin nicht einhält, im Zweifel auf den **nächstmöglichen Termin gerichtet**. Dies gilt unabhängig davon, ob es sich um gesetzliche oder vertragliche Kündigungstermine oder -fristen handelt. Mit dieser Bestimmung sollte lediglich die frühere Praxis gestützt auf die Theorie der modifizierten Teilnichtigkeit kodifiziert werden (Botschaft Mietrecht, 1448 f.; Calamo, 209; Guhl/Koller/Schnyder/Druey, 443; SVIT-Komm., N 7 ff.). Weiterhin muss daher der Wille des Kündigenden unzweifelhaft dahin verstanden werden können, dass er die Kündigung auf den nächstmöglichen Zeitpunkt ausgesprochen hätte, wenn ihm die Nichteinhaltung der Frist oder des Termins bekannt gewesen wäre (vgl. Gmür, 3 f.; Menge, 44 f.; Zihlmann, 104 f.; ZK-Higi, N 41) – Higi spricht treffend von einer Erklärung, das Mietverhältnis sei **«à tout prix»** aufgelöst (a.a.O., N 42). Dies ist z.B. nicht der Fall, wenn eine Kündigung unter Einhaltung einer dreimonatigen Frist erfolgt und der nächste vertragliche Termin noch weit entfernt liegt (Zihlmann, 105, FN 230; Menge, 45; gl.M. nun Lachat et al.-Thanei, 530; ähnlich CR CO I-Lachat, N 12, der allerdings entgegen Art. 8 ZGB die Beweislast bezüglich des [fehlenden] 5 unbedingten Kündigungswillens beim Empfänger sieht). Die Bestimmung hilft dem Kündigenden nicht, wenn er gestützt auf den angerufenen Grund nicht zur Kündigung berechtigt ist, mithin eine nichtige Kündigung ausgesprochen hat (ZK-HIGI, N 44). Sie ist auch auf ausserordentliche Kündigungen anwendbar (so wohl auch BGE 135 III 441 E. 3.1 a.E. = Pra 2010 Nr. 30; vgl. aber zum Umdeutungsausschluss Art. 266o N 4 m.w.H.).

Art. 266*b*

2. Unbewegliche Sachen und Fahrnisbauten	**Bei der Miete von unbeweglichen Sachen und Fahrnisbauten können die Parteien mit einer Frist von drei Monaten auf einen ortsüblichen Termin oder, wenn es keinen Ortsgebrauch gibt, auf Ende einer sechsmonatigen Mietdauer kündigen.**
2. Immeubles et constructions mobilières	Une partie peut résilier le bail d'un immeuble ou d'une construction mobilière en observant un délai de congé de trois mois pour le terme fixé par l'usage local ou, à défaut d'un tel usage, pour la fin d'un semestre de bail.
2. Immobili e costruzioni mobiliari	Nella locazione di immobili e di costruzioni mobiliari, ciascuna delle parti può dare la disdetta con preavviso di tre mesi per la scadenza determinata dall'uso locale o, in mancanza di tale uso, per la fine di un semestre di locazione.

Literatur

Vgl. die Literaturhinweise zu Art. 266a.

1 **Unbewegliche Sachen** i.S. dieser Bestimmung sind im Wesentlichen Liegenschaften (Park-, Sport- und Campingplätze, Keller, Scheunen, Stallungen). Die Definition umfasst alle Grundstücke i.S. der Art. 655 und 943 ZGB (Liegenschaften, selbständige und dauernde Rechte, Bergwerke, Miteigentumsanteile an Grundstücken), die weder Wohn- oder Geschäftsräume (zur Abgrenzung ZK-HIGI, N 10 ff.), noch möblierte Zimmer, noch gesondert vermietete Einstellplätze oder ähnliche Einrichtungen sind (Botschaft Mietrecht, 1449).

2 Zum Begriff der **Fahrnisbaute** gehören die in Art. 677 Abs. 1 ZGB erwähnten Hütten, Buden und Baracken. Die Charakterisierung eines solchen Objektes als Fahrnis oder als Immobilienbestandteil hängt von der beabsichtigten (subjektiven) und der effektiv bewirkten (objektiven) Innigkeit der Verbindung mit dem tragenden Grundstück ab (Botschaft Mietrecht, 1449; BGE 105 II 266; ZK-HIGI, Vor Art. 253–274g OR N 60 ff.). Erfüllt die Fahrnisbaute gleichzeitig die Kriterien von Art. 266c, 266d oder 266e, so sind diese Bestimmungen anzuwenden (vgl. ZK-HIGI, Vor Art. 253–274g OR N 89).

3 Einen Ortsgebrauch hat derjenige nachzuweisen, der sich auf ihn beruft. Während die Verweisung zu den Zeiten des BMM angesichts der damals zwingenden Kündigungstermine eine gewisse Bedeutung hatte, dürfte sie im Rahmen des geltenden Rechts nur noch eine geringe Rolle spielen, da mit der Liberalisierung der Kündigungstermine vorab die grossen Liegenschaftenverwaltungen ihre Formularverträge landesweit (in recht unterschiedlicher Weise) vereinheitlicht haben. Bedauern hierüber ist fehl am Platz, zumal auch die früheren Aussagen der Rsp. zum herrschenden Lokalusus kaum je auf einer empirischen Erhebung beruhten (vgl. die bei ZK-SCHMID, N 34 zu aArt. 267 zitierte Judikatur sowie ZK-HIGI, N 22 und besonders N 9 mit der Frage, wo es wohl einen Ortsgebrauch für die Kündigung der Miete von Fahrnisbauten gebe).

Art. 266*c*

3. Wohnungen	**Bei der Miete von Wohnungen können die Parteien mit einer Frist von drei Monaten auf einen ortsüblichen Termin oder, wenn es keinen Ortsgebrauch gibt, auf Ende einer dreimonatigen Mietdauer kündigen.**
3. Habitations	Une partie peut résilier le bail d'une habitation en observant un délai de congé de trois mois pour le terme fixé par l'usage local ou, à défaut d'un tel usage, pour la fin d'un trimestre de bail.
3. Abitazioni	Nella locazione di abitazioni, ciascuna delle parti può dare la disdetta con preavviso di tre mesi per la scadenza determinata dall'uso locale o, in mancanza di tale uso, per la fine di un trimestre di locazione.

Literatur

Vgl. die Literaturhinweise zu Art. 266a.

Unter den Begriff der **Wohnung** fallen alle gemäss der vereinbarten vertraglichen Nutzung (ZK-Higi, N 7) dem Privatleben dienenden Räume, die nicht möblierte Zimmer i.S.v. Art. 266e sind, d.h. Einfamilienhäuser, möblierte oder nicht möblierte Wohnungen sowie nicht möblierte, zu Wohnzwecken vermietete Zimmer (vgl. zum Begriff des **Wohnraumes** Art. 253a–253b N 4). Die Einschränkungen von Art. 253b fallen ausser Betracht; auf unbestimmte Dauer gemietete Ferienwohnungen fallen gem. Art. 253a Abs. 2 («höchstens drei Monate») ebenfalls unter Art. 266c. Gesondert vermietete möblierte Zimmer sind indessen nach Art. 266e zu kündigen. 1

Zum Ortsgebrauch vgl. zunächst Art. 266b N 3 sowie die detaillierte Liste bei ZK-Higi, N 17. 2

Die Fristberechnung hat analog zu den Regeln über die prospektive Fristberechnung nach Art. 77 zu erfolgen. Eine auf den 30. Juni terminierte Kündigung muss daher spätestens am 31. März («Kündigungstag») bei der Gegenpartei eintreffen (ZK-Higi, N 10 f.; ZK-Schraner, Art. 77 N 18 f.; BK-Weber, Art. 77 N 12). 3

Art. 266*d*

4. Geschäftsräume	**Bei der Miete von Geschäftsräumen können die Parteien mit einer Frist von sechs Monaten auf einen ortsüblichen Termin oder, wenn es keinen Ortsgebrauch gibt, auf Ende einer dreimonatigen Mietdauer kündigen.**
4. Locaux commerciaux	Une partie peut résilier le bail d'un local commercial en observant un délai de congé de six mois pour le terme fixé par l'usage local ou, à défaut d'un tel usage, pour la fin d'un trimestre de bail.
4. Locali commerciali	Nella locazione di locali commerciali, ciascuna delle parti può dare la disdetta con preavviso di sei mesi per la scadenza determinata dall'uso locale o, in mancanza di tale uso, per la fine di un trimestre di locazione.

Zum Begriff des **Geschäftsraumes** vgl. Art. 253a–253b N 11 ff. Zum Ortsgebrauch: Art. 266b N 3. Zur Fristberechnung: Art. 266c N 3. Bei gemischter Wohn- und Geschäftsnutzung ist der überwiegende Zweck der Miete massgeblich (BGer, 7.2.2013, 4A_662/2012, E. 5.4; s.a. Art. 253a–253b N 14). 1

Art. 266*e*

5. Möblierte Zimmer und Einstellplätze	**Bei der Miete von möblierten Zimmern und von gesondert vermieteten Einstellplätzen oder ähnlichen Einrichtungen können die Parteien mit einer Frist von zwei Wochen auf Ende einer einmonatigen Mietdauer kündigen.**
5. Chambres meublées et places de stationnement	Une partie peut résilier le bail d'une chambre meublée, d'une place de stationnement ou d'une autre installation analogue louée séparément en observant un délai de congé de deux semaines pour la fin d'un mois de bail.
5. Camere mobiliate e posteggi	Nella locazione di camere mobiliate e di posteggi o analoghe installazioni locate separatamente, ciascuna delle parti può dare la disdetta con preavviso di due settimane per la fine di un mese di locazione.

Literatur

Vgl. die Literaturhinweise zu Art. 266a.

1 Von einer **Möblierung** eines (einzelnen) Zimmers ist auszugehen, wenn der Vermieter **zu Wohnzwecken** i.S.v. Art. 253a Abs. 1 Tisch, Bett, Stuhl und Schrank zur Verfügung stellt (wie hier MENGE, 36, und SVIT-Komm., Art. 266b–266f N 24). Einer **a.A.** zufolge soll sich der Anwendungsbereich der Bestimmung jedoch nicht auf Zimmer beschränken, die Wohnzwecken dienen (ZK-HIGI, N 21 ff. und N 49). Für diese – vom Gehalt des aArt. 267 Abs. 2 Ziff. 2 abweichende – Interpretation findet sich in den Materialien aber keine Stütze. Vielmehr hat der Bundesrat bei der Begründung für die Sonderregelung ausdrücklich auf die häufigen Wechsel und auf die lockere Bindung zwischen Mieter und Mietsache bei dieser Art von *Wohnraum*beschaffung hingewiesen (vgl. Botschaft Mietrecht, 1450).

Möblierte Wohnungen, die im Gegensatz zu möblierten Zimmern allen täglichen Bedürfnissen genügen, mithin alle Funktionen des Wohnens gewährleisten und insb. über Koch- und Waschgelegenheit verfügen, fallen nach einhelliger Meinung unter Art. 266c (statt vieler ZK-HIGI, N 35).

1a Der gesetzliche Hinweis auf die **gesonderte Vermietung** bezieht sich auf Art. 253a Abs. 1, wonach Sachen, die der Vermieter dem Mieter zusammen mit Wohn- oder Geschäftsräumen überlässt, unter die Bestimmungen für dieselben – für die Frage der Kündigungsfrist daher unter Art. 266c oder 266d fallen (s. Art. 253a–253b N 15; ZK-HIGI, N 20 und 44 f.).

Mit Blick auf die Missbrauchsgesetzgebung (Art. 269 ff. und 271 ff.) sind gesondert vermietete möblierte Zimmer den übrigen Arten von Wohnräumen ohnehin gleichzustellen (vgl. Art. 253a und 253b N 4, Art. 257d N 12 sowie Art. 272a N 3).

2 **Einstellplätze und «ähnliche Einrichtungen»** umfassen z.B. umgrenzte, offene oder gedeckte Parkplätze, Garagen, Plätze zum Aufstellen von Spielautomaten, Pferdeboxen oder Schaufenster- und -kästen (Botschaft Mietrecht, 1450). Auch hier greift Art. 266e nur, wenn eine *gesonderte* Vermietung vorliegt (vgl. N 1a).

Art. 266*f*

6. Bewegliche Sachen	**Bei der Miete von beweglichen Sachen können die Parteien mit einer Frist von drei Tagen auf einen beliebigen Zeitpunkt kündigen.**
6. Choses mobilières	Une partie peut résilier le bail de choses mobilières à n'importe quel moment, en observant un délai de congé de trois jours.
6. Cose mobili	Nella locazione di cose mobili, ciascuna delle parti può dare la disdetta con preavviso di tre giorni per una scadenza qualsiasi.

Literatur

Vgl. die Literaturhinweise zu Art. 266a.

1 Der Artikel regelt die Kündigungsbedingungen für die Miete von beweglichen Sachen mit Ausnahme von Fahrnisbauten (dazu Art. 266b) und von Sachen, die zusammen mit Wohn- und Geschäftsräumen vermietet werden (vgl. Art. 253a Abs. 1).

2 Zu beachten ist die Sonderbestimmung von **Art. 266k**, welche bei der Miete von Konsumgütern für die Kündigung des *Mieters* gegenüber dem gewerblichen Vermieter zusätzlich eine maximale Frist statuiert (dazu Art. 266k N 1 ff.).

3 Überlagert werden die mietrechtlichen Bestimmungen sodann bei der Vermietung von Konsumgütern im Rahmen von Haustürgeschäften und ähnlichen Verträgen durch das Widerrufsrecht gestützt auf die Art. 40a ff. (dazu Art. 40b N 11; HONSELL, AJP 1992, 66 ff.; ZK-HIGI, N 11 ff.). Die umstrittene Frage, ob der Widerruf eines solchen Mietvertrages nach dem Mietantritt ex nunc oder ex tunc wirke, ist i.S. der zuletzt genannten Lösung zu entscheiden (gl.M. vertreten in Art. 40b N 11 und Art. 40f N 2; **a.M.** ZK-HIGI, N 18), denn das Widerrufsrecht wird v.a. bei einem Leistungsungleichgewicht ausgeübt werden. Just diesem Ungleichgewicht wollte der Gesetzgeber aber bei der verdächtigen Art der Vertragsanbahnung, wie sie der Sonderregelung der Art. 40a ff. zugrunde liegt, gerade begegnen. Würde der Vertrag nur ex nunc aufgelöst, so würde dieses Ziel (zumal die tatsächliche Nutzungsdauer keineswegs kurz zu sein braucht, vgl. Art. 40e) zumindest teilweise beeinträchtigt. Soweit HIGI sich für seine Ansicht auf Art. 40f Abs. 2 beruft, der für die bereits erfolgte Nutzung bestimmt, der Kunde schulde dem Anbieter einen angemessenen Mietzins, spricht das Gesetz gerade gegen seine Auffassung: Als angemessen wird der im widerrufenen Vertrag vorgesehene Mietzins wohl eher selten zu qualifizieren sein. Besser wäre es allerdings gewesen, im Gesetz vom Mietwert der Sache zu sprechen, wie dies auch das BGer in Zusammenhang mit der bereicherungsrechtlichen Behandlung beendeter Mietverhältnisse tut (BGE 119 II 437).

Art. 266*g*

III. Ausserordentliche Kündigung 1. Aus wichtigen Gründen	**¹ Aus wichtigen Gründen, welche die Vertragserfüllung für sie unzumutbar machen, können die Parteien das Mietverhältnis mit der gesetzlichen Frist auf einen beliebigen Zeitpunkt kündigen.** **² Der Richter bestimmt die vermögensrechtlichen Folgen der vorzeitigen Kündigung unter Würdigung aller Umstände.**
III. Congé extraordinaire 1. Justes motifs	¹ Si, pour de justes motifs, l'exécution du contrat devient intolérable pour une partie, celle-ci peut résilier le bail à n'importe quel moment, en observant le délai de congé légal. ² Le juge statue sur les conséquences pécuniaires du congé anticipé, en tenant compte de toutes les circonstances.
III. Disdetta straordinaria 1. Motivi gravi	¹ Ciascuna delle parti può, per motivi gravi che le rendano incomportabile l'adempimento del contratto, dare la disdetta osservando il termine legale di preavviso per una scadenza qualsiasi. ² Il giudice determina le conseguenze patrimoniali della disdetta anticipata apprezzando tutte le circostanze.

Literatur

HULLIGER, Kündigung aus wichtigen Gründen, Überblick über Lehre und Rechtsprechung, MRA 2011, 1 ff.; WESSNER, La résiliation pour justes motives, 10ᵉ séminaire sur le droit du bail, Neuchâtel, 1998; s.a. die Literaturhinweise zu Art. 266a.

I. Zweck, Charakter und Anwendungsbereich der Bestimmung

1 Mit der gegenüber aArt. 269 wesentlich veränderten Norm sollte die Kündigung aus wichtigem Grund aus dem Dornröschenschlaf geweckt und beiden Parteien die Möglichkeit eröffnet werden, sich unter **ausserordentlichen Umständen** von ihrer vertraglichen Verpflichtung für die Zukunft zu befreien. Fallen gelassen wurden vorab die Beschränkung des Anwendungsbereichs auf befristete Mietverhältnisse über unbewegliche Sachen und die zwingende Mindestentschädigung in der Höhe von einem halben Jahresmietzins (Botschaft Mietrecht, 1450 f.). Ihrem **Ausnahmecharakter** entsprechend hat die Bestimmung in der Praxis aber immer noch verhältnismässig geringe Bedeutung. Im Ergebnis kann man sie als Umsetzung der **clausula rebus sic stantibus** im Dauerschuldverhältnis bezeichnen (ZIHLMANN, 109; ZK-HIGI, N 20 ff.). Allerdings muss für eine gültige Kündigung nicht zwingend ein Ungleichgewicht der vertraglichen Leistungen entstanden sein; vielmehr spielt auch der **Persönlichkeitsschutz** eine zentrale Rolle (BGE 128 III 428 E. 3c).

Nicht direkt zur Anwendung gelangt Art. 266g auf Fälle des *Schuldnerverzuges*. Das BGer hat aber die *analoge Heranziehung der entsprechenden Kündigungsmodalitäten* für die Umsetzung des Rücktrittsrechts gem. Art. 107–109 innerhalb eines Mietverhältnisses erwogen (BGE 123 III 124 E. 3b; vgl. Art. 257d N 1).

2 Art. 266g ist **zwingender Natur** (RONCORONI, mp 1990, 82 und mp 2006, 90 f.; SVIT-Komm., N 1). Ein Teil der Lehre erachtet die Vereinbarung kürzerer Kündigungsfristen und die freie vertragliche Definition «wichtiger Gründe» als zulässig (ZK-HIGI, N 7; CHK-HEINRICH, N 1). Im Nachhinein können die Parteien die Konsequenzen veränderter Verhältnisse zwar sehr wohl einvernehmlich regeln (vgl. a.a.O., N 9). Indessen erweist sich eine vorweg getroffene Vereinbarung als unzulässig, denn sonst könnten die Beschränkungen für ordentliche Kündigungen mittels ganz kurzer vertraglicher Fristen und exorbitanter Kündigungsgründe umgangen werden.

Die Bestimmung gilt für befristete wie für unbefristete Mietverhältnisse unabhängig von der Art des Mietobjekts. Die Kündigung aus wichtigen Gründen steht **beiden Parteien** offen.

3 Die gegenüber dem alten Recht offenere Formulierung schafft **Abgrenzungsprobleme** zu **anderen ausserordentlichen Kündigungen**, insb. zu den Kündigungen wegen Pflichtverletzungen des Mieters und des Vermieters (Art. 257d, 257f und 259b lit. a). Die genannten Bestimmungen setzen z.T. explizit für die Kündigung voraus, dass das entsprechende vertragwidrige Verhalten zur Unzumutbarkeit der Fortsetzung des Mietverhältnisses für den Vertragspartner führt. Ein Teil der Lehre nimmt aufgrund der unterschiedlichen Rechtsfolgen von Art. 266g im Verhältnis zu den anderen ausserordentlichen Kündigungen an, die verschiedenen Kündigungsmöglichkeiten konkurrierten echt miteinander (CALAMO, 279 f.).

4 Dies würde aber zum widersprüchlichen Resultat führen, dass man die Zumutbarkeit der Fortsetzung des Mietverhältnisses für den Kündigenden aufgrund desselben Verhaltens der Gegenpartei unter dem Aspekt von Art. 266g verneinen, unter demjenigen der übrigen ausserordentlichen Kündigungsgründe jedoch bejahen könnte – und umgekehrt. Richtigerweise sind daher die übrigen ausserordentlichen Kündigungsmöglichkeiten als **leges speciales** zu Art. 266g zu betrachten. Es verbietet sich mithin, Art. 266g anzuwenden, wenn die Voraussetzungen einer anderen ausserordentlichen Kündigung nicht oder nicht ganz erfüllt sind (vgl. Art. 266o N 4 sowie Art. 257d N 11; Lachat et al.-SPIRIG, 566 f.; WEBER, Diss., 168 f.; CHK-HEINRICH, N 4; ZK-HIGI, Art. 257f OR N 87, Art. 266g OR N 13 f.; SVIT-Komm., N 3 ff.; KUKO OR-BLUMER, N 3; BLUMER, SPR VII/3, Rz 910; BGE 123 III 124; Pra 2000 Nr. 49 E. 2c; BGer, 2.2.2010, 4A_536/2009, E. 2.2). Vorbehalten bleibt die falsche Bezeichnung *der Kündigung* (BGE 135 III 441 E. 3.1 = Pra 2010 Nr. 30). Auf Art. 266g kann in solchen Fällen lediglich zurückgegriffen werden, wo zusätzliche Elemente die Zumutbarkeit der Vertragsfortsetzung beeinflussen, etwa wenn eine ordentliche Kündigung vertraglich auf längere

Zeit ausgeschlossen ist (ähnlich Botschaft Mietrecht, 1451, wo die Fälle als selten bezeichnet werden, in denen der wichtige Grund in der Person der gekündigten Partei liegt). Nur in diesem Sinne lässt sich die vorliegende Bestimmung als Auffangtatbestand zu den übrigen ausserordentlichen Kündigungsmöglichkeiten begreifen (Spirig, mp 2012, 9). Beispiele wären etwa schleppende Mietzinszahlungen des Mieters oder die dauernd verletzte Unterhaltspflicht des Vermieters in einem Mietverhältnis, das erst drei Jahre später ordentlich gekündigt werden kann (BGer, 23.1.2007, 4C.395/2006; vgl. ZK-Higi, Art. 257d N 30, Art. 266g N 51; SVIT-Komm., N 16; krit. Spirig, mp 2012, 10). Das BGer grenzt die verschiedenen ausserordentlichen Kündigungen deutlich voneinander ab, räumt Art. 266g dabei allerdings insofern eine vorrangige Stellung ein, als es den Anwendungsbereich von Art. 257f auf unsorgfältigen und vertragswidrigen Gebrauch der Sache beschränkt (BGE 132 III 109, s. dazu Art. 257f N 6; BGer, 17.11.2004, 4C.255/2004, E. 5.3; Rohrer, MRA 2005, 51 ff.; Spirig, mp 2012, 9 ff). Richtigerweise sollten Vertragsverletzungen der einen wie der anderen Partei allerdings wenn immer möglich an den darauf zielenden ausserordentlichen Kündigungsmöglichkeiten des Gesetzes gemessen werden und nicht an der vorliegenden Norm (Spirig, mp 2012, 16 ff.; Koller A., AJP 2010, 847). Zum Sonderfall des Missbrauchs der Sperrfrist i.S.v. Art. 271a Abs. 1 lit. e durch den Mieter vgl. Art. 271–271a N 27.

II. Voraussetzungen

Die Kündigung aus wichtigem Grund setzt voraus, dass die Vertragserfüllung dem Kündigenden **unzumutbar** ist. Dies ist auch im langjährigen Mietverhältnis nicht leichthin anzunehmen. Abzuwägen sind im Lichte von Art. 4 ZGB nicht nur die Kündigungsmotive, sondern auch der Grundsatz der Verbindlichkeit der Verträge, die Rechtssicherheit und die Interessen der Gegenpartei (SVIT-Komm., N 10; Pra 2001 Nr. 177; BGer, 28.10.2003, 4C.201/2003, E. 2.2 = MRA 2004, 1 ff.). Als wichtige Gründe kommen ausschliesslich **im Moment des Vertragsschlusses unbekannte, nicht voraussehbare und ausserordentlich schwerwiegende Umstände** in Betracht (BGE 122 III 262 E. 2a/aa; Pra 1995 Nr. 142 E. 1a; BGer in mp 1996, 11 ff.; Pra 2001 Nr. 177 E. 3a). Dazu gehören etwa systematische Schikanen und andere Vertragsverletzungen durch die Vermieter eines Reitzentrums (BGer, 30.5.2006, 4C.35/2006), gesundheitliche Gründe wie panikartige Angstzustände der Mieterin nach einem Einbruch in die Wohnung (Pra 2001 Nr. 177 E. 3b–d; mit Recht krit. zur Nichtberücksichtigung der Weigerung der Mieterin, die ihr vom Arzt vorgeschlagene Therapie in Anspruch zu nehmen Bättig, MRA 2002, 57 ff.), gravierende Veränderungen in den wirtschaftlichen Verhältnissen (BGE 60 II 209; vgl. auch BGE 122 III 262; BGer, mp 1996, 17 f.; solche liegen aber nicht schon vor, wenn die Mietpreise sinken oder die Konjunktur schwankt; ebenso ZK-Higi, N 41), dienstliche Versetzungen des Mieters (**restriktiv** allerdings Pra 1995 Nr. 142) oder aber **persönliche Differenzen** der Vertragsparteien (BGE 113 II 31 E. 2c), die nichts mit der Erfüllung der Vertragspflichten als solchen zu tun haben (Weber, Diss., 169). Umgekehrt ist es voraussehbar, dass die Vermietung eines Grundstücks zwecks Errichtung einer Natel-Funkantenne den Vermieter öffentlich in Misskredit bringen kann (BGer, 9.1.2006, 4C.345/2005, E. 2). Nicht schwer genug wiegt eine nicht dringliche Sanierung des Gebäudes, schon gar nicht, wenn damit eine laufende Sperrfrist ausgehebelt werden soll (BGer, 12.1.2011, 4A_594/2010, E. 2.3). Nicht ausreichend ist selbstredend auch der Umstand, dass die Mieterin sich in vertretbarer Weise brieflich bei einem Aktionär der Vermieterin über eine Verwaltungsrätin beschwert, auch wenn dies mit harten Worten geschieht (BGer, 17.4.2012, 4A_142/2012, E. 3.3; Maag, MRA 2012, 244). Gleiches gilt für eine möglicherweise unbegründete Strafanzeige, die sich auf die erwiesene schwere Verletzung von Vertragspflichten des Vermieters bezieht (BGer, 4.1.2011, 4A_459/2010, E. 5.2 [unpubl. Teil von BGE 137 III 24]). Ausgeschlossen sind Gründe, die der Kündigende (massgeblich mit-)verschuldet hat (Botschaft Mietrecht, 1451; Calamo, 29; SVIT-Komm., N 10; Lachat et al.-Spirig, 568, vgl. auch 578; Menge, 98; ZK-Higi, N 36 ff.; CPra Bail-Wessner, N 21; Blumer, SPR VII/3, 5

Rz 912; BGE 116 II 512 E. 3 = Pra 1991 Nr. 184; 122 III 262 E. 2a/aa; Pra 1995 Nr. 142 E. 1a; Pra 2001 E. 3a; ZMP 1993 Nr. 22; zur parallelen Rechtslage beim Stockwerkeigentum BGE 137 III 534 E. 2.3.1) oder die von einer andern mietrechtlichen Bestimmung nicht als ausserordentliche Kündigungsgründe anerkannt würden – besondere weitere Umstände vorbehalten (N 3).

5a Beim *gemeinsamen Mietvertrag* genügt es, dass der wichtige Grund bei einem von mehreren Mitmietern bzw. Mitvermietern gegeben ist, denn entscheidend ist einzig die Unzumutbarkeit der Fortsetzung des Mietverhältnisses aus Sicht der kündigenden Partei (Weber, Diss., 177; gl.M. ZK-Higi, Vor Art. 266–266o N 90; **a.M.** Schmid, SJZ 1991, 376).

III. Rechtsfolgen

1. Kündigung

6 Ist ein wichtiger Grund gegeben, so kann der Mietvertrag mit der gesetzlichen Frist i.S. der Art. 266b ff. auf einen beliebigen Zeitpunkt gekündigt werden. Nach Auffassung des BGer genügt es, wenn der Kündigungserklärung entnommen werden kann, dass der Kündigende eine ausserordentliche Auflösung zufolge wichtiger Gründe beabsichtigt (BGer, 24.1.2001, 4C.16/2000; BGer, mp 1996, 10 ff.; strenger ZK-Higi, N 54; Müller, MRA 2001, 85). Grundsätzlich ist rasch nach Eintritt der Gründe zu kündigen, denn bei zu langem Zuwarten ist deren Wichtigkeit nicht mehr plausibel (BGer, 2.2.2010, 4A_536/2009, E. 2.4; ZK-Higi, N 33 und 59; KUKO OR-Blumer, N 5). Bei der Miete von *Wohn- und Geschäftsräumen* schliesst die Kündigung aus wichtigem Grund eine Erstreckung nicht zum vornherein aus (Art. 272a e contrario); der Grund fliesst aber selbstverständlich in die Interessenabwägung ein (Art. 272 N 5).

7 Besteht kein wichtiger Grund, so ist die Kündigung nichtig und das Mietverhältnis dauert fort; eine Anfechtung der Kündigung ist auch bei der Miete von Wohn- und Geschäftsräumen nicht erforderlich (BGE 121 III 156; Pra 1995 Nr. 142; vgl. zur Problematik und **zu abweichenden Meinungen** Art. 257d N 9). Denkbar, aber selten sind Fälle, in denen die Geltendmachung eines bestehenden wichtigen Kündigungsgrundes gegen Treu und Glauben verstösst und zur Anfechtbarkeit i.S.v. Art. 271 f. und 273 führt (wie hier ZK-Higi, N 72). Eine Konversion in eine ordentliche Kündigung ist infolge der Bedingungsfeindlichkeit von Gestaltungsrechten nicht möglich (BGE 135 III 441 E. 3.3 = Pra 2010 Nr. 30; 123 III 124 E. 3d; vgl. dazu Art. 257d N 10 f., Art. 266o N 4).

2. Vermögensrechtliche Folgen der gültigen Kündigung gemäss Abs. 2

8 Eine gültige Kündigung aus wichtigem Grund stellt eine Beeinträchtigung des ursprünglichen vertraglichen Gleichgewichts dar und zieht gem. Abs. 2 stets die Frage der Entschädigung nach sich. Die Bestimmung bezieht sich nur auf einen Entschädigungsanspruch des Kündigungsempfängers und sieht keine Entschädigung für die kündigende Partei vor. Dies ergibt sich aus dem Zusammenspiel der vorliegenden Bestimmung mit den Kündigungen wegen Verschuldens der Gegenpartei (so zutreffend, wenn auch krit. Spirig, mp 2012, 8 und 10 ff.; **a.M.** Koller A., OR AT I, § 29 Rz 70 ff.). Schliessen die Parteien über die Wirkungen der Kündigung einen Vergleich, ohne die Entschädigungsfrage anzusprechen, so ist nach Vertrauensprinzip davon auszugehen, der Empfänger der Kündigung habe auf Schadenersatz verzichtet (BGer, 25.10.2005, 4C.268/2005, E. 2).

9 Die Höhe des **Schadenersatzes** wird durch den Richter nach den Bestimmungen des Art. 99 Abs. 3 i.V.m. Art. 43 und 44 festgesetzt (BGE 61 II 259). Ausgangspunkt ist der konkrete Schaden, den die Partei, der gekündigt wird, erleidet (Mietzinsausfall für den Vermieter; Einbussen in der geschäftlichen Tätigkeit, Umzugskosten, höherer Mietzins im Ersatzobjekt für den Mieter; Calamo, 280; SVIT-Komm., N 20 ff.). Von besonderer Bedeutung ist die Schadenminderungspflicht, welche die geschädigte Partei trifft, sei dies der Vermieter (Wiedervermietungsbemühungen, Pra 2001 Nr. 177 E. 4a), sei es der Mieter (Suche nach Ersatz; SVIT-Komm., N 24). Der Verzicht auf die im alten Recht enthaltene Verpflichtung des Kündigenden zum «vollen Ersatz» und der Verweis auf die **Würdigung aller Umstände** erlauben bei der Schadenersatzbemessung auch die Berücksichtigung des Kündigungsmotivs sowie des Verhaltens und der finanziellen Verhältnisse der Beteiligten (Pra 2001 Nr. 177 E. 4a; BGer, 30.5.2006, 4C.35/2006; krit. BÄTTIG, MRA 2002, 57 f.) und machen den Umfang des zuzusprechenden Schadenersatzes – ähnlich wie im Arbeitsrecht gem. Art. 337b Abs. 2 oder bei der Haftung eines Urteilsunfähigen nach Art. 54 – zum Ermessensentscheid i.S.v. Art. 4 ZGB (BGE 122 III 262 E. 2.a/aa; Botschaft Mietrecht, 1451; Lachat et al.-SPIRIG, 570; CHK-HEINRICH, N 6; SVIT-KOMM., N 20; SPIRIG, mp 2012, 5; krit. ZK-HIGI, Art. 266g OR N 84 und Art. 297 OR N 24).

Art. 266*h*

2. Konkurs des Mieters

1 Fällt der Mieter nach Übernahme der Sache in Konkurs, so kann der Vermieter für künftige Mietzinse Sicherheit verlangen. Er muss dafür dem Mieter und der Konkursverwaltung schriftlich eine angemessene Frist setzen.

2 Erhält der Vermieter innert dieser Frist keine Sicherheit, so kann er fristlos kündigen.

2. Faillite du locataire

1 En cas de faillite du locataire après la délivrance de la chose, le bailleur peut exiger que des sûretés lui soient fournies pour les loyers à échoir. A cet effet, il s'adresse par écrit au locataire et à l'administration de la faillite en leur fixant un délai convenable.

2 Si ces sûretés ne lui sont pas fournies dans ce délai, le bailleur peut résilier le contrat avec effet immédiat.

2. Fallimento del conduttore

1 Se il conduttore cade in fallimento dopo la consegna della cosa, il locatore può esigere che gli venga prestata garanzia per i corrispettivi futuri. A tal fine assegna per scritto al conduttore e all'amministrazione del fallimento un congruo termine.

2 Se entro questo termine non gli viene prestata garanzia, il locatore può recedere dal contratto senza preavviso.

Literatur

GILLIÉRON, Bailleur et locataire d'une chose immobilière dans l'exécution forcée, 7e séminaire sur le droit du bail, Neuchâtel 1992; JEANDIN, L'insolvabilité en relation avec les contrats de bail et de travail, ZSR 2005, 189 ff.; JEANNERET/HARI, Contrat de bail et insolvabilité du bailleur ou du locataire, JdT 2007 II 21 ff.; LORANDI, Mietverträge im Konkurs des Mieters, mp 1998, 1 ff.; SPIRIG, Ausserordentliche Kündigungen ausserhalb des mietrechtlichen Katalogs, mp 2012, 1 ff.; s.a. die Literaturhinweise zu Art. 266a.

I. Normzweck, Charakter und Anwendungsbereich

Anders als der Konkurs des Pächters (Art. 297a) führt die **Konkurseröffnung** über den Mieter 1 von Gesetzes wegen **nicht zu einer Vertragsauflösung**. Selbst wenn der Konkurs über eine juristische Person oder über einen ausgeschlagenen Nachlass (Art. 266i N 8) eröffnet wird, wird der Mietvertrag erst mit Abschluss des Konkursverfahrens gegenstandslos (BGer, 6.2.2006, 4C.252/2005, E. 5.2–3). Die Forderungen des Vermieters sind grundsätzlich als **Konkursforderungen** zu behandeln. Die Konkursverwaltung hat aber nach Art. 211 Abs. 2 SchKG das **Recht, in den Vertrag einzutreten**. Äussert sich die Konkursverwaltung nicht über den Eintritt in den laufenden Vertrag (Art. 211 Abs. 2 SchKG), sorgt sie aber auch nicht für die Rückgabe der Mietsache, so ist das als konkludenter Eintritt zu werten (a.a.O., E. 5.2–3). Durch den Eintritt werden gemäss BGer nur die aus dem Mietvertrag fliessenden

Verpflichtungen *ab dem Zeitpunkt der Konkurseröffnung* zu Masseschulden (BGE 104 III 84 E. 3b; BGer, 6.2.2006, 4C.252/2005, E. 5.3; vgl. zum Fall der retentionsgesicherten Forderungen Art. 268–268b N 12a). Das BGer begründet diese Einschränkung einerseits mit dem Prinzip der Gleichbehandlung der Gläubiger und andererseits damit, dass der Rechtsgrund einer Masseschuld in Tatsachen liegen muss, die sich nach der Konkurseröffnung verwirklicht haben (BGer, 6.2.2006, 4C.252/2005, E. 5.3, m.Hw. auf BGE 120 III 153 E 2b). Beide Argumente überzeugen nicht: Rechtsgrund für die uneingeschränkte Fortführung des Mietverhältnisses ist der (ausdrückliche oder konkludente) Eintritt der Konkursverwaltung, mithin eine nach der Konkurseröffnung eintretende Tatsache. Wie beim Eintritt in jeden anderen Vertrag kann auch der Eintritt in den Mietvertrag aber nur zur Folge haben, dass dieser als Ganzes zu erfüllen ist und nicht nur hinsichtlich der Rosinen (Lorandi, mp 1998, 1 ff., 16; ZK-Higi, N 39; KUKO OR-Blumer, N 4; wohl auch SVIT-Komm. N 17; **a.M.** CR CO I-Lachat, N 8; Guhl/Koller/Schnyder/Druey, 448; Gilliéron, SchKG Kommentar, Basel 2001, Art. 211 N 32).

2 Die vorliegende Bestimmung strebt die **Aufrechterhaltung des Vertrages** unter **Sicherstellung** des Vermieters an. Sie ist **zwingender Natur** und unabhängig von der Art der vermieteten Sache anwendbar. Ihre besondere Bedeutung hat sie indessen offensichtlich v.a. bei der Miete von Wohn- und Geschäftsräumen.

Wird der Konkurs über den Mieter nach Abschluss des Mietvertrages, aber **vor Übergabe des Mietobjektes** eröffnet, so ist Art. 83 Abs. 1 anwendbar (Calamo, 281; SVIT-Komm., N 7 f.; Zihlmann, 110). Auch diese Bestimmung strebt grundsätzlich eine Aufrechterhaltung des Vertrages gegen Sicherheitsleistung an und verlangt vom Gläubiger vor einem Rücktritt die Ansetzung einer angemessenen Frist (vgl. BGE 111 II 156 E. 3a). Andererseits setzt sie im Gegensatz zu Art. 266h nicht eine Konkurseröffnung voraus, sondern lässt auch eine anderweitig dargetane Zahlungsunfähigkeit genügen, namentlich die fruchtlose Pfändung.

Zum Konkurs des **Vermieters** vgl. Art. 261.

II. Voraussetzungen der Kündigung zufolge Konkurses des Mieters

3 Bevor das Kündigungsrecht des Vermieters entsteht, muss dieser erfolglos Sicherstellung für die **künftigen**, d.h. die nach dem Begehren des Vermieters fällig werdenden **Mietzinse** verlangt haben. Die Sicherheit kann unabhängig davon gefordert werden, ob der Mieter für fällige Mietzinse bereits in Verzug ist oder nicht. Art. 266h ist indessen nicht anwendbar für rückständige Mietzinse; für diese gewöhnlichen Konkursforderungen steht dem Vermieter aber immerhin Art. 257d zur Seite.

4 Die **Fristansetzung** hat i.S. einer Gültigkeitsvoraussetzung schriftlich zu erfolgen. Nach dem klaren Wortlaut des Gesetzes ist die Frist dem Mieter **und** der Konkursverwaltung anzusetzen, denn auch der Mieter hat trotz des Konkursbeschlags die Möglichkeit, eine Sicherstellung durch Dritte in die Wege zu leiten (Lachat et al.-Spirig, 571; Lorandi, mp 1998, 7 ff.; SVIT-Komm., N 12; ZK-Higi, N 50; CHK-Heinrich, N 4; Weber, Diss., 179; **a.M.** Zihlmann, 110, FN 248). Bei der Miete einer Familienwohnung ist nach der Lehre analog Art. 266n eine separate Fristansetzung an den Ehegatten bzw. den registrierten Partner des Mieters erforderlich (vgl. dazu Art. 266m–266n N 8; Blumer, SPR VII/3, Rz 90, 809, 901; Calamo, 281, FN 416; CPra Bail-Bise/Planas, N 14; SVIT-Komm., Art. 266*l*–266o N 20; Lachat et al.-Spirig, 571.; ZK-Higi, N 50 [**anders** noch Vor Art. 253–274g N 135]; BK-Hausheer/Reusser/Geiser, Art. 169 ZGB N 71; Lorandi, mp 1998, 11).

5 Bei der gemeinsamen Miete besteht der Anspruch auf Sicherheitsleistung nur, wenn alle Mieter in Konkurs gefallen sind, wenn die Mieter für den Mietzins nur anteilmässig haften (s. dazu Vor Art. 253 N 2) *oder wenn* der Vermieter im Konkurs eines von mehreren solidarisch haftenden Mietern eine konkrete Gefährdung nachzuweisen vermag (Weber, Diss., 180; Lachat et al.-Spirig, 572; Blumer, SPR VII/3, Rz 92, 902; ähnlich ZK-Higi, Vor Art. 266–266o N 89).

Die Frist muss **schriftlich** angesetzt werden und **angemessen** sein. Die Dauer lässt sich nicht a priori bestimmen, sondern hängt von den Umständen ab (vgl. BGE 105 II 28 E. 3b; CPra Bail-BISE/PLANAS, N 15; **a.M.** SVIT-KOMM., N 12: i.d.R. höchstens 7–14 Tage; Lachat et al.-SPIRIG, 572: mind. zwei Wochen; BLUMER, SPR VII/3, Rz 905: 2–3 Wochen). Eine zu kurze Frist ist nicht unwirksam, sondern in eine genügende umzudeuten (s. BGE 105 II 28 E. 3b, zu Art. 83; Lachat et al.-SPIRIG, 572). Der Vermieter braucht die Frist nicht sofort anzusetzen, kann dies jedoch nur während der Dauer des Konkursverfahrens tun (SVIT-Komm., N 11). Gegenstand der Sicherstellung sind aber nur diejenigen Mietzinse, die nach der Fristansetzung fällig werden (ZK-HIGI, N 60). 6

Als Sicherheit in Betracht fallen Bankgarantie, Pfandbestellung, Hinterlegung von Geld- oder Wertpapieren etc. Soweit ein hinreichendes Retentionsrecht nach Art. 268 ff. besteht, kann der Vermieter keine weitere Sicherheit verlangen (ebenso BLUMER, SPR VII/3, Rz 94; **a.M.** CHK-HEINRICH, N 5). Ebenso kann der Eintritt der Konkursverwaltung in den Mietvertrag gestützt auf Art. 211 Abs. 2 SchKG der Leistung einer Sicherheit gleichgestellt sein, denn mit dem Eintritt werden auch die künftigen Mietzinsschulden zu Masseschulden (vgl. z.B. BGE 104 III 84 E. 3b), so dass je nach dem Wert der Konkursmasse von einem bürgschafts- oder garantieähnlichen Vorgang und damit von einer genügenden Sicherung der Forderungen des Vermieters auszugehen ist (**a.M.** ZK-HIGI, N 71; LORANDI, mp 1998, 11). Das Gesetz bestimmt im Übrigen das **Ausmass der Sicherheit** nicht. Bei befristeten Mietverträgen kann Sicherheit für die ganze Vertragsdauer gefordert werden, bei unbefristeten bis zum nächsten vertraglichen Kündigungstermin (CHK-HEINRICH, N 5). 7

Wird die Sicherheit von der Konkursverwaltung geleistet, so gilt dies als Eintritt in den Vertrag gem. Art. 211 Abs. 2 SchKG (BGer, 27.1.2011, 4A_630/2010, E. 3.2.2; SVIT-Komm., N 17). 8

Die Konkursverwaltung kann die von ihr geleistete Sicherheit vom Vermieter zurückfordern, wenn diese aus Mitteln unter Konkursbeschlag stammt oder nachträglich aus Mitteln Dritter, etwa in Form einer Bürgschaft, geleistet wird (SVIT-Komm., N 16; ZK-HIGI, N 79 und 81).

III. Fristlose Kündigung bei Ausbleiben der Sicherheitsleistung

Wird dem Vermieter die geforderte Sicherheit nicht fristgemäss geleistet, so kann er den Mietvertrag fristlos kündigen. Eine Erfüllungsklage ist dagegen ausgeschlossen, weil die Sicherheitsleistung nicht eine Vertragspflicht, sondern lediglich eine Obliegenheit darstellt (SVIT-Komm., N 19). 9

Die Kündigung ist fristlos, und es braucht auch bei Wohn- und Geschäftsräumen keine Kündigungsfrist und kein Kündigungstermin eingehalten zu werden (vgl. ZIHLMANN, 111, FN 250). Zur Nichtigkeit bzw. Anfechtbarkeit der Kündigung und zur Frage der Konversion in eine ordentliche Kündigung kann mutatis mutandis auf die Ausführungen zur Kündigung aus wichtigem Grund verwiesen werden (Art. 266g N 7). Eine Erstreckung ist laut Art. 272a Abs. 1 lit. c bei Kündigungen wegen Konkurses ausgeschlossen. 10

Art. 266*i*

3. Tod des Mieters	**Stirbt der Mieter, so können seine Erben mit der gesetzlichen Frist auf den nächsten gesetzlichen Termin kündigen.**
3. Décès du locataire	En cas de décès du locataire, ses héritiers peuvent résilier le contrat en observant le délai de congé légal pour le prochain terme légal.
3. Morte del conduttore	In caso di morte del conduttore, i suoi eredi possono dare la disdetta, osservando il termine legale di preavviso, per la prossima scadenza legale di disdetta.

Literatur

BOHNET/CONOD, La fin du bail et l'expulsion du locataire, 18e séminaire sur le droit du bail, Neuchâtel 2014, 79 ff.; GUNIAND, Décès du bailleur, décès du locataire, quelles consequences? 7e séminaire sur le droit du bail, Neuchâtel 1992; SPIRIG, Ausserordentliche Kündigungen ausserhalb des mietrechtlichen Katalogs, mp 2012, 1 ff.; s.a. die Literaturhinweise zu Art. 266a.

I. Tragweite der Bestimmung

1 Die Erben können beim Tode des **Mieters** ohne Rücksicht auf die vertraglich vereinbarte Dauer der Miete oder die festgelegte Kündigungsfrist den Mietvertrag unter Beobachtung der gesetzlichen Frist auf den nächsten gesetzlichen Termin vorzeitig kündigen. Sie können mittels dieser – bezüglich der Frist zugunsten der Erben des Mieters **relativ zwingenden** und auf alle Arten von vermieteten Sachen anwendbaren (ZK-HIGI, N 3 und 12) – Bestimmung verhindern, dass sie auf längere Zeit an einen für sie möglicherweise nutzlosen Vertrag gebunden bleiben. Es liegt ein Spezialfall der Kündigung aus wichtigem Grund vor, mit welcher die Wirkungen des Vertragsübergangs auf die Erben als Folge der Universalsukzession gem. Art. 560 Abs. 2 ZGB gemildert werden sollen (WEBER, Diss., 178; s.a. CR CO I-LACHAT, N 1).

2 Dem **Vermieter** wird ein spezielles *ausserordentliches Kündigungsrecht* beim Tod des Mieters konsequenterweise nicht eingeräumt. Eine *ordentliche Vermieterkündigung* wegen Todes des Mieters erweist sich bei der Miete von Wohn- und Geschäftsräumen regelmässig als anfechtbar, denn sie erfolgt allein zum Zweck, den Erben als neuen Mietern (Art. 560 ZGB) ihr Gebrauchsrecht zu nehmen, und ist daher als Vereitelungskündigung einer grundlosen Kündigung gleichgestellt (Art. 271–271a N 5). Darüber hinaus greift i.d.R. Art. 271a Abs. 1 lit. f, denn der Tod des Mieters stellt eine Änderung in den familiären Verhältnissen dar (Art. 271–271a N 21 ff.; als Bsp. für eine ungültige Kündigung nach Tod des Mieters BGer, 29.4.2010, 4A_64/2010, E. 2.1). Ausserhalb der Miete von *Wohn- und Geschäftsräumen* kann der Tod des Mieters indessen als unmittelbarer vertraglicher Beendigungsgrund vorgesehen werden (zur Rechtslage bei Wohn- und Geschäftsräumen und zu **a.M.** s. Art. 255 N 3).

II. Voraussetzungen der Kündigung der Erben

3 Die Kündigung bedarf eines **einstimmigen Beschlusses** der Erben (Art. 602 ZGB), kann aber auch vom Willensvollstrecker, Erbschaftsverwalter oder Erbenvertreter ausgesprochen werden (WEBER, Diss., 49, 172). Dabei ist auf das Interesse sämtlicher Erben Rücksicht zu nehmen. Namentlich ist einer allfälligen Härte eines Miterben auch durch den Erbenvertreter Rechnung zu tragen (BGE 125 III 219 E. 1d; vgl. BGer, 30.5.2001, 4C.37/2001, E. 2b/bb = mp 2001, 154 ff.; s.a. Vor Art. 253 N 2). Zur *Notvertretungsmacht* eines Miterben s. Vor Art. 253–274g N 2 a.E.)

4 Das Kündigungsrecht kann grundsätzlich nur auf den **nächstmöglichen** gesetzlichen Termin ausgeübt werden (Lachat et al.-SPIRIG, 581 f.; TRACHSEL, 200; ZK-HIGI, N 36 ff.). Den Erben ist jedoch eine angemessene **Überlegungsfrist** zuzubilligen, wenn der Mieter eines Wohn- und Geschäftsraumes verhältnismässig kurze Zeit vor dem Kündigungstermin stirbt, die Erben erst spät vom Tode des Erblassers und ihrer Berechtigung Kenntnis erhalten haben oder wenn kein bestimmter Kündigungstermin (z.B. für bewegliche Sachen gem. Art. 266f) vorhanden ist. Diesfalls ist auch eine ausserordentliche Kündigung auf einen späteren Termin zuzulassen (vgl. SVIT-Komm., N 7 f.; ZK-HIGI, N 34; CR CR CO I-LACHAT, N 3). Uneinigkeit unter den Erben vermag jedoch keine Verzögerung zu rechtfertigen, denn dafür steht das Institut der Erbenvertretung zur Verfügung (N 3).

5 Mittlerweile nur noch eine Minderheit der Lehre lehnt eine ausserordentliche Kündigungsmöglichkeit analog zu Art. 266i für den Fall ab, dass einer von mehreren **Mitmietern** stirbt

(SVIT-Komm., N 10 [wo aber eine Kündigungsmöglichkeit nach Art. 266g bejaht wird]; ZK-Schmid, aArt. 270 N 8). Sie stützt sich angeblich auf BGE 15, 282, übersieht dabei aber, dass das BGer in jenem Fall den Erben des verstorbenen Mitmieters in systemwidriger Weise gar eine Teilkündigung mit der Wirkung zubilligte, dass nur der überlebende Mieter an den Vertrag gebunden bleibe. Richtigerweise ist als Folge des Eintritts des Liquidationsstadiums im Innenverhältnis eine **vergleichbare Interessenlage** wie beim Tod des Einzelmieters anzunehmen, den Erben und dem überlebenden Mitmieter aber nur ein **einheitliches und** deshalb – unter Vorbehalt der Liquidation des Innenverhältnisses – **gemeinsam** auszuübendes **Kündigungsrecht** zuzugestehen (so BGE 125 III 219; Weber, Diss., 177 ff.; gl.M. ZK-Higi, Art. 266i N 27 sowie Vor Art. 266–266o N 88; CHK-Heinrich, N 5; Lachat et al.-Spirig, 581). Zur Möglichkeit der Übertragung des Mietverhältnisses auf den bisherigen Mitmieter oder auf einen von mehreren Erben vgl. Art. 263 N 9 und 11, sowie Weber, Diss., 154 f.

Hat der Ehegatte oder der registrierte Partner (vgl. Art. 462 nZGB) den Mietvertrag nicht mitunterzeichnet und handelt es sich um eine **Familienwohnung** (Art. 266m/266n N 2), so steht das Kündigungsrecht den Erben des verstorbenen Mieters zu, wobei jedoch der überlebende Partner auch dann zuzustimmen hat, wenn er erbrechtlich nur Nutzniessungsberechtigter ist, ohne über Erbenstellung zu verfügen (Lachat et al.-Spirig, 582; Weber, AJP 2004, 39; CHK-Heinrich, N 6; CR CO I-Lachat, N 2; KUKO OR-Blumer, N 2; **a.M.** SVIT-Komm., N 11; ZK-Higi, N 30; Blumer, SPR VII/3, Rz 930). Die Vertreter der gegenteiligen Auffassung verkennen zunächst, dass schon Art. 773 Abs. 2 ZGB für die Kündigung von nutzniessungsbelasteten Forderungen die Zustimmung des Nutzniessers verlangt. Selbst wenn aber diese Bestimmung mangels bereits erfolgter Ausrichtung des Nutzniessungsvermächtnisses (s. Art. 746 Abs. 1 ZGB) ausnahmsweise nicht angewendet werden könnte, müsste Art. 266m zum Zuge kommen. Zuzugeben ist zwar, dass mit dem Tode eines Partners das rechtliche Band aufgelöst ist und nicht mehr von einer Familienwohnung im engeren Sinne gesprochen werden kann (so ZK-Higi, a.a.O.). Es ist jedoch nicht einzusehen, weshalb der klaren Wertentscheidung des Gesetzgebers für eine möglichst weitgehende Erhaltung der Wohnverhältnisse während der Partnerschaft (Art. 121 und 612a ZGB, Art. 32 PartG; s. Art. 263 N 10 ff.) nicht durch eine bescheidene Nachwirkung des Schutzes für Familienwohnungen im Rahmen der Interpretation von Art. 266m zum Durchbruch verholfen werden sollte (s.a. Weber, AJP 2004, 39 und 40 f.). Nach der hier vertretenen Auffassung ist es sogar geboten, Art. 121 ZGB analog auf den Fall des Todes eines Ehegatten anzuwenden (dazu Weber, AJP 2004, 37 f.). Dies impliziert den Fortbestand des Zustimmungserfordernisses. Art. 266m ist auch anwendbar, wenn der Willensvollstrecker gestützt auf seine an sich unbeschränkte Verfügungsmacht über den Nachlass die Familienwohnung kündigen will. Selbst im Falle der Enterbung oder gar des vertraglichen Erbverzichts des überlebenden Partners ist seine Zustimmung zur Kündigung jedenfalls so lange nötig, bis die Einwendungen gegen die Gültigkeit der zugrunde liegenden Verfügung von Todes wegen gerichtlich geklärt sind. 6

Eine **Entschädigung** ist durch die kündigenden Erben im Gegensatz zur gewöhnlichen Kündigung aus wichtigem Grund nicht geschuldet (Lachat et al.-Spirig, 581: ZK-Higi, N 43; Permann, N 5; SVIT-Komm., N 12). 7

III. Ausschlagung der Erben

Statt den Mietvertrag zu kündigen, haben die Erben auch die Möglichkeit, den ganzen Nachlass auszuschlagen. Tun dies die eingesetzten und hernach auch alle nächsten gesetzlichen Erben des Mieters, so gelangt dieser zur konkursamtlichen Liquidation (Art. 573 ZGB, Art. 193 SchKG). Der Mietvertrag wird weder durch die Ausschlagung noch durch die Konkurseröffnung hinfällig (BGer, 6.2.2006, 4C.252/2005, E. 3 und 5.1; zur konkursrechtlichen Behandlung s. Art. 266h N 1). 8

IV. Unbekannte oder abwesende Erben

9 Oft treten Situationen auf, in denen seitens der Erben niemand zu erreichen ist oder zumindest niemand, der zum Handeln ermächtigt ist, wie etwa bei ungewisser Erbfolge, bei weit verzweigten Erbengemeinschaften oder Erben im Ausland. Wo kein Vermögen vorhanden ist, erweisen sich die kostspieligen staatlichen Eingriffsmöglichkeiten (Erbschaftsverwaltung, u.U. Erbenvertreter) als unverhältnismässig. Häufig bieten hier die Regeln über die **Geschäftsführung ohne Auftrag** (Art. 419 ff.) den einzigen Ausweg: Fehlt objektiv ein erkennbares Interesse der Erben an der Weiterbenützung der Mietsache, so kann jedermann – auch der Vermieter – die Rückgabe der Sache an die Hand nehmen und damit den Schaden in Form der fortdauernden Mietzinsschuld von der Gemeinschaft abwenden (vgl. Art. 264; gl.M. CR CO I-Lachat, N 2; CHK-Heinrich, N 3; CPra Bail-Montini/Wahlen, N 10; Bohnet/Conod, 17e séminaire, Rz 16).

Art. 266*k*

4. Bewegliche Sachen	**Der Mieter einer beweglichen Sache, die seinem privaten Gebrauch dient und vom Vermieter im Rahmen seiner gewerblichen Tätigkeit vermietet wird, kann mit einer Frist von mindestens 30 Tagen auf Ende einer dreimonatigen Mietdauer kündigen. Der Vermieter hat dafür keinen Anspruch auf Entschädigung.**
4. Chose mobilière	Le locataire d'une chose mobilière servant à son usage privé et louée par le bailleur dans l'exercice de son activité professionnelle peut résilier le bail en observant un délai de congé minimum de 30 jours pour la fin d'un trimestre de bail. Le bailleur n'a droit de ce chef à aucune indemnité.
4. Cose mobili	Il conduttore di una cosa mobile destinata al suo uso privato e locata dal locatore nell'ambito della sua attività professionale può dare la disdetta con preavviso di 30 giorni almeno per la fine di un trimestre di locazione. Il locatore non ha diritto ad alcuna indennità a questo titolo.

Literatur

Favre-Bulle, La résiliation anticipée d'un contrat de leasing – Le rôle du droit du bail à loyer (art. 266k CO), mélanges Assista, Genf 1998; Hess, Leasing unter dem Bundesgesetz über den Konsumkredit, in: Hess/Simmen (Hrsg.), Das neue Konsumkreditgesetz, Zürich 2002; Hess/Ruckstuhl, AGB-Kontrolle nach dem neuen Art. 8 UWG – eine kritische Auslegeordnung, AJP 2012, 1188 ff.; Krummenacher, Konsumentenleasing, Diss. Luzern 2007; Lupi Thomann, Die Anwendung des Konsumkreditgesetzes auf Miet-, Mietkauf- und Leasingverträge, Diss. Zürich 2004; Schatz, Das Leasing von Automobilen, AJP 2006, 1042 ff.; Stauder, Konsumkreditrecht, in: Kramer (Hrsg.), Konsumentenschutz im Privatrecht, Schweizerisches Privatrecht (SPR), Bd. X, Basel 2008; ders., Neues Leasingrecht und Art. 266k OR, plädoyer 3/2003, 30 ff.; Stucki, AGB-Kontrolle im schweizerischen Recht und im UN-Kaufrecht unter besonderer Berücksichtigung des revidierten Art. 8 UWG, in: Magister, Editions Weblaw, Bern 2013; ders., Art. 8 UWG: Die neue AGB-Inhaltskontrolle, Jusletter vom 10.3.2014; Werro, l'achat et le leasing d'un véhicule automobile, in: Werro/Stöckli (Hrsg.), Journées du droit de las cisulation routière, Bern 2006; Wetzel/Grimm/Mosimann, Die Anwendbarkeit von Art. 8 UWG auf AGB in Mietverträgen, MRA 1/2013, 3 ff.; vgl. ferner die Literatur- und Materialienhinweise bei den Vorbem. zu Art. 253–273c.

I. Art. 266k im Kontext des alten Konsumentenrechts

1 Art. 266k schloss bis Ende 2002 im Bereich der Konsumentenverträge die Lücke zum Abzahlungs- und Vorauszahlungsvertrag (aArt. 226a ff., 227a ff.) und zum Konsumkredit. Damit waren die verschiedenen Formen des Konsumkredits im schweizerischen Recht getreu dem *Auftrag von Art. 109 Abs. 1 BV* umfassend von zwingenden Minimalvorschriften abgedeckt, wenn auch je nach Qualifikation des Vertrages in recht unterschiedlicher Weise (vgl. dazu in der 2. Aufl. dieses Werks Stauder, aArt. 226m OR N 26; ZK-Higi, Vor Art. 253–274g OR

N 187 ff., Art. 266k OR N 3 ff.). Am weit gefassten Anwendungsbereich des Kaufrechts in diesem Bereich (vgl. aArt. 226m Abs. 1 sowie BGE 95 IV 101; 101 IV 98; 110 II 246; 113 II 169; BGer, 10.6.2002, 4C.54/2002) änderte die Norm indessen nichts; sie zielte nur auf Rechtsgeschäfte, die «nicht ohne weiteres» als Umgehungen des Abzahlungsrechts zu qualifizieren waren (Botschaft Mietrecht, 1453).

Eine gewisse – wenn auch vorab in der Lehre diskutierte – Bedeutung erlangte die Bestimmung im Bereiche des **Konsumgüterleasings**, ging doch die Autoleasing-Branche in ihren Vertragsmustern von langfristigen zu kündbaren Mietverträgen über, die sich nicht mehr so leicht als Umgehung des Abzahlungsrechts qualifizieren liessen. Für den Fall einer Kündigung sollte der Leasingnehmer verpflichtet sein, entweder rückwirkend einen höheren Leasingzins zu entrichten oder aber sich bei Veräusserung der Sache nach Vertragsbeendigung am Restwertrisiko zu beteiligen (dazu in der 2. Aufl. Stauder, aArt. 226m OR N 41). Hier hatte Art. 266k Satz 2 seine Bedeutung, welcher es untersagte, an die Kündigung des Mieters eine Entschädigungspflicht zu knüpfen, jedenfalls soweit diese sich nicht ausschliesslich an der Wertverminderung des Fahrzeugs während der effektiven Gebrauchsdauer orientierte (Stauder, a.a.O., N 42; s. BGer, 18.12.2008, 4A_404/2008, E. 5.4). 2

II. Anwendungsbereich, Zweck und Charakter

Mit dem Inkrafttreten des neuen KKG vom 23.3.2001 hat sich die Situation gewandelt. Art. 266k hat zwar – anders als die Bestimmungen über den Abzahlungs- und Vorauszahlungskauf – die Gesetzesrevision überstanden, wird aber durch die weitreichende Definition des **Konsumkreditvertrages** in Art. 1 KKG **marginalisiert**. Nach dessen Abs. 1 ist ein Konsumkreditvertrag die Vereinbarung, durch den eine kreditgebende Person einer Konsumentin oder einem Konsumenten einen Kredit in Form eines Zahlungsaufschubs, eines Darlehens *oder einer ähnlichen Finanzierungshilfe* gewährt oder zu gewähren verspricht. Nach Abs. 2 lit. a gelten als Konsumkredit auch (Kredit-)Leasingverträge über bewegliche, dem privaten Gebrauch des Leasingnehmers dienende Sachen, die vorsehen, dass die vereinbarten Leasingraten erhöht werden, falls der Leasingvertrag vorzeitig aufgelöst wird (BGer, 13.6.2006, 4C.58/2006, E. 2.1). Ohne dass dem in der parlamentarischen Debatte grosse Beachtung geschenkt wurde, verlangt Art. 11 Abs. 2 lit. g KKG vom Leasinggeber nur noch, dass die *Berechnung* der nachträglich erhöhten Leasingraten im Falle der vorzeitigen Kündigung des Vertrages durch den Leasingnehmer anhand einer in den Vertrag integrierten, nach anerkannten Grundsätzen kalkulierten Tabelle erfolgen muss. Entsprechend sieht Art. 17 Abs. 3 KKG zwar ein Kündigungsrecht analog zu Art. 266k vor, sichert dem Leasinggeber aber die für diesen Fall im Vertrag vereinbarten erhöhten Raten. Immerhin ist der Leasingnehmer in anderer Weise besser geschützt als der Mieter eines Konsumgutes: So wird der Leasinggeber anders als der Vermieter vor dem Vertragsschluss zur Prüfung der Kreditfähigkeit des Leasingnehmers gezwungen (vgl. Art. 8 Abs. 1 i.V.m. Art. 29 und 28 Abs. 2 und 3 KKG). Verletzt er diese Pflicht, so verliert er im Extremfall nicht nur die Zinsen und Kosten, sondern muss dem Kreditleasingnehmer gar ein unentgeltliches Gebrauchsrecht an der Sache zugestehen, soweit man nicht gar annehmen will, die geleaste Sache verfalle dem Leasingnehmer (vgl. Art. 32 KKG). Anders als der Mieter geniesst der Kreditleasingnehmer ein uneingeschränktes Widerrufsrecht (Art. 16 KKG). Im Vergleich zum Mieter besser gestellt ist er u.a. auch mit Bezug auf die Zahlungsverzugskündigung (vgl. Art. 257d OR und Art. 18 Abs. 2 KKG) sowie hinsichtlich seiner Informationsrechte (s. BGer, 23.6.2006, 4C.58/2006, Berechnung des effektiven Jahreszinses im Lichte der MWSt-Pflicht des Leasinggebers). 3

Aus Art. 1 Abs. 2 lit. a KKG ist zu folgern, dass ein Vertrag dem Mietrecht untersteht, wenn dieser **keine nachträgliche Erhöhung der Leasingraten** für den Fall einer Kündigung durch den Leasingnehmer vorsieht (CPra Bail-Montini, N 9; Frage offen gelassen in BGer, 18.12.2008, 4A_404/2008, E. 4.1). Diesfalls ist mit der Gebrauchsüberlassung keine erkenn- 4 bare Finanzierungshilfe i.S.v. Art. 1 Abs. 1 KKG verbunden, so dass auch die Anforderungen und Schranken der konsumentenschutzrechtlichen Regelung des KKG nicht zum Tragen kommen können. Theoretisch birgt dies die Gefahr der Gesetzesumgehung, denn im Mietzins können natürlich überhöhte Kreditzinsen enthalten sein. Wie aber noch zu zeigen ist, ist die mietrechtliche Regelung stark genug, dem entgegenzuwirken (N 9 f.).

Denkbar ist eine Anwendung des Mietrechts sodann auf Fälle, die zwar ein Kreditelement enthalten, aber aus anderen Gründen explizit vom Geltungsbereich des KKG ausgeschlossen sind (vgl. z.B. Art. 7 Abs. 1 lit. e und f). Hauptanwendungsfall wäre das Leasing eines Autos mit einem Wert von mehr als CHF 80 000. Allerdings ist unverkennbar, dass die analoge Anwendung von Art. 266k auf solche Verträge insofern in einem Wertungswiderspruch zur konsumkreditrechtlichen Regelung steht, als der Gesetzgeber für die genannten Fälle ein Schutzbedürfnis des Kreditnehmers verneint hat. Mietrecht kann folglich nur dann zur Anwendung kommen, wenn von einem echten Gebrauchsüberlassungsvertrag auszugehen ist.

5 Art. 266k ist zugunsten des Mieters **relativ zwingender Natur** und hat **Konsumentenschutzfunktion** (Botschaft Mietrecht, 1453; CPra Bail-Montini, N 20). Ergänzt wird die Norm durch das Widerrufsrecht des Kunden bei Haustürgeschäften und ähnlichen Verträgen (dazu Art. 266f N 3 sowie Komm. zu Art. 40a–f passim).

III. Voraussetzungen und Modalitäten der Kündigung

6 Voraussetzung für das ausserordentliche vorzeitige Kündigungsrecht ist neben der Miete einer **beweglichen Sache** zunächst der **private Verwendungszweck** des Mietobjektes. Geschäftsleute können sich daher im Rahmen ihrer Tätigkeit nicht auf die Bestimmung berufen (vgl. Art. 3 KKG); die Miete von Investitionsgütern bleibt demnach vom Schutz ausgeschlossen. Sodann muss die Vermietung im Rahmen der **gewerblichen Tätigkeit des Vermieters** erfolgen. Anders als das KKG greift der mietrechtliche Schutz daher nicht erst beim *gewerbsmässigen* Auftreten des Anbieters ein (s. Art. 2 KKG). Die Geschäftstätigkeit muss nicht auf Verträge mit einer Vielzahl von Kunden ausgerichtet sein. Es genügt, dass sie von der *auf Erwerb gerichteten Tätigkeit* des Anbieters *im weitesten Sinne erfasst* ist.

7 Trotz des missverständlichen Wortlautes folgt aus der ratio legis und der Systematik, dass die *30-tägige Kündigungsfrist* eine *Maximalfrist* und der jeweilige Termin am *Ende einer dreimonatigen Mietdauer* ein *Mindesttermin* ist (gl.M. ZK-Higi, N 19 f.; CHK-Heinrich, N 3). Vertraglich kann gem. Art. 266a und 266f ein beliebiger Termin und eine minimale Frist von drei Tagen vereinbart werden.

8 Fehlen die materiellen Voraussetzungen der Konsumgütermiete beim konkreten Mietvertrag (N 6), so ist die Kündigung *nichtig*. Die nicht frist- oder termingerechte Kündigung wirkt unter den Voraussetzungen von Art. 266a Abs. 2 auf den nächstmöglichen Termin.

9 Im Gegensatz zur Kündigung aus wichtigem Grund (Art. 266g) sowie zum Kreditleasingvertrag (Art. 17 Abs. 3 KKG) ist bei einer gültigen Kündigung *jeder Entschädigungsanspruch* des Vermieters vom Gesetz ausdrücklich *ausgeschlossen*.

IV. Weitere Schutznormen für die Konsumgütermiete

10 Art. 256 Abs. 2 lit. a verbietet die Überbindung der Eigentümerpflichten auf den Mieter und die Umgestaltung der **Mängelrechte** zum Nachteil desselben durch Vereinbarungen in vorformulierten Allgemeinen Geschäftsbedingungen. Dies bedeutet u.a., dass das Risiko für zufälligen Untergang der Sache *nicht mittels* **AGB** dem Mieter überbunden werden kann und dass *dieser ausser für die* **kleinen Reinigungen und Ausbesserungen** an der Sache i.S.v. Art. 259 für keinerlei Unterhaltsaufwendungen aufzukommen hat. Der Service am Mietwagen etwa ist daher stets vom Vermieter durchzuführen. Bei Beeinträchtigung des vertragsgemässen Ge-

brauchs hat der Mieter Anspruch auf Mietzinsminderung (Art. 259d) und bei Verschulden des Vermieters auf Schadenersatz (Art. 259e).

Eine Umgehung des Konsumkreditrechts lässt sich daher unabhängig vom – in jedem Fall bestehenden – Kündigungsrecht nach Art. 266k durch ein Ausweichen auf das Mietrecht betrieblich nicht vernünftig bewerkstelligen, denn die individuelle Vertragsgestaltung setzt einer rationellen Abwicklung solcher Geschäfte enge Grenzen.

Mehr noch: Wegen der zwingenden Definition der **Nebenkosten** in Art. 257a kann der Mieter nicht verhalten werden, Lasten und Abgaben zu tragen, die nicht mit dem Gebrauch der Sache zusammenhängen. Motorfahrzeugsteuern und Versicherungsprämien müssen daher in den Nettomietzins integriert werden. Zwingend ist auch das Recht des Mieters zur **vorzeitigen Sachrückgabe** gegen Stellung eines Ersatzmieters (Art. 264). Jede Form der Beteiligung am Restwertrisiko ist durch Art. 267 Abs. 2 ausgeschlossen, ganz zu schweigen von **Konventionalstrafen** und Reugeldern.

Art. 266k steht dem Mieter parallel zum **Widerrufsrecht** bei Haustür- und ähnlichen Geschäften nach Art. 40a ff. OR zur Verfügung (Art. 266f N 3). 11

Art. 266*l*

IV. Form der Kündigung bei Wohn- und Geschäftsräumen
1. Im Allgemeinen

[1] Vermieter und Mieter von Wohn- und Geschäftsräumen müssen schriftlich kündigen.

[2] Der Vermieter muss mit einem Formular kündigen, das vom Kanton genehmigt ist und das angibt, wie der Mieter vorzugehen hat, wenn er die Kündigung anfechten oder eine Erstreckung des Mietverhältnisses verlangen will.

IV. Forme du congé pour les habitations et les locaux commerciaux
1. En général

[1] Le congé des baux d'habitations et de locaux commerciaux doit être donné par écrit.

[2] Le bailleur doit donner le congé en utilisant une formule agréée par le canton et qui indique au locataire la manière dont il doit procéder s'il entend contester le congé ou demander la prolongation du bail.

IV. Forma della disdetta per locali d'abitazione e commerciali
1. In genere

[1] La disdetta per locali d'abitazione e commerciali deve essere data per scritto.

[2] Il locatore deve dare la disdetta mediante un modulo approvato dal Cantone, sul quale sia indicata al conduttore la procedura per contestare la disdetta o per domandare una protrazione della locazione.

Literatur

Vgl. die Literaturhinweise zu Art. 266a.

I. Normzweck

Die Kündigung der Miete von **Wohn- und Geschäftsräumen** hat gewöhnlich eine erhebliche Tragweite. Zu Warn- und Informationszwecken stellt das Gesetz für solche Mietverhältnisse den Parteien die Wahl der Form für ihre Willenserklärung (vgl. dazu Art. 266a N 1 ff.) nicht frei, sondern verlangt **Schriftlichkeit** (Abs. 1), für die Kündigung des Vermieters zudem die Verwendung eines **amtlichen Formulars** (Abs. 2). 1

II. Voraussetzungen

Zur Schriftform, sei es eine einfache oder eine qualifizierte, gehört immer auch die **eigenhändige Unterschrift** des Kündigenden oder eine qualifizierte elektronische Signatur (Art. 13 ff.; 2

BGer, 10.11.2004, 4C.308/2004, E. 2; CHK-HEINRICH, Art. 266*l*–266o OR N 2; KUKO OR-BLUMER, Art. 266*l*–266o N 2); die Unterzeichnung eines Begleitschreibens genügt, denn damit wird der Zurechungsfunktion der Unterschrift hinreichend Rechnung getragen (BGE 140 III 54; BGer, 10.7.1998, 4C.32/1998, E. 2 = mp 2000, 185). Zur digitalen Signatur s. Art. 14 Abs. 2bis. Mindestens zu bezeichnen sind der Kündigungstermin, die Parteien bzw. das Mietverhältnis und – unter Vorbehalt von Art. 32 Abs. 2 – ein allfälliges Vertretungsverhältnis (gl. M. ZK-HIGI, Vor Art. 266–266o OR N 121). Eine indirekte Parteibezeichnung ist genügend, solange für den Mieter nur klar ist, gegen wen er ein Kündigungsschutzverfahren einleiten muss. Illustrativ dazu ist BGer, 25.2.2010, 4A_12/2010, E. 3.4.2: Im Mietvertrag wurde als Vermieter der «Hauseigentümer gemäss Grundbuchauszug» bezeichnet, im Kündigungsformular als Absender der «Hauseigentümer vertreten durch X. AG». Das BGer liess das genügen. Der Kündigungstermin muss nach der strengen Praxis des BGer im Formular selber enthalten sein, nicht nur in einem Begleitbrief (BGer, 6.11.2012, 4A_374/2012, E. 3 und 4).

3 Mit dem Formular erhält der Mieter eine **Rechtsbelehrung** hinsichtlich Kündigungsschutz und Erstreckung. Art. 9 VMWG umschreibt den wesentlichen **Inhalt des amtlichen Formulars**: Es muss den Mietgegenstand (**a.M.** ZK-HIGI, N 21) und den Kündigungstermin bezeichnen und auf den *Begründungsanspruch* des Mieters sowie auf die gesetzlichen Voraussetzungen des Kündigungsschutzes im weiteren Sinne hinweisen. Enthalten muss es sodann ein Verzeichnis der Schlichtungsbehörden sowie Angaben zu deren örtlicher Zuständigkeit. Als gültiges amtliches Formular kommt daher nur dasjenige des Kantons am **Ort der gelegenen Sache** (Art. 33 i.V.m. Art. 35 Abs. 1 lit. b ZPO) in Frage. Vorbehalten bleibt immerhin der Fall, wo das von einem anderen Kanton genehmigte Formular alle Angaben enthält, welche das Recht des zuständigen Kantons verlangt (BGer in mp 2000, 186 ff.; vgl. Art. 269d N 2; ZK-HIGI, N 24). Gleiches gilt für veraltete Formulare: Eine Kündigung erweist sich als gültig, soweit das verwendete Formular alle nach dem geltenden Recht für eine wirksame Anfechtung erforderlichen Angaben enthält (BGE 140 III 244 E. 4). Zur geplanten **Revision** mit dem Ziel der Schaffung von Formularen des Bundes s. Art. 269 N 13b.

4 Die Norm gilt für alle Arten von Kündigungen, sowohl für **ordentliche** (Art. 255 Abs. 2 und 266a Abs. 1) wie für **ausserordentliche** (Art. 257d Abs. 2, Art. 257f Abs. 3 und 4, Art. 259b lit. a, Art. 261 Abs. 2 lit. a, Art. 266g–266i); **nicht anwendbar** ist sie hingegen auf den **Rücktritt vom Vertrag** gem. Art. 258 Abs. 1 i.V.m. Art. 107–109 (ähnlich ZK-HIGI, N 5).

5 Wie aus Art. 271 Abs. 2 OR und Art. 9 Abs. 1 lit. c VMWG hervorgeht, ist die **Begründung** der Kündigung kein Gültigkeitserfordernis. Da indessen die ausserordentlichen Kündigungen bei Nichtigkeitsfolge von einer bestimmten Begründung abhängig sind, bedürfen sie für ihre Wirksamkeit zumindest der klaren Umschreibung der besonderen, zur Kündigung berechtigenden Umstände, ansonsten sie als vorzeitige ordentliche Kündigungen verstanden werden dürfen und müssen (vgl. BGE 123 III 124; Pra 2000 Nr. 49 E. 2c; s.a. Art. 257d N 11 und Art. 266o N 4; zu large CHK-HEINRICH, Art. 266*l*–266o OR N 3).

6 Werden die Formvorschriften gem. Abs. 1 oder 2 verletzt, so ist die Kündigung gemäss ausdrücklicher Anordnung von Art. 266o **nichtig** (vgl. auch Art. 11 Abs. 2).

Art. 266*m*

2. Wohnung der Familie
a. Kündigung durch den Mieter

1 Dient die gemietete Sache als Wohnung der Familie, kann ein Ehegatte den Mietvertrag nur mit der ausdrücklichen Zustimmung des anderen kündigen.

2 Kann der Ehegatte diese Zustimmung nicht einholen oder wird sie ihm ohne triftigen Grund verweigert, so kann er den Richter anrufen.

3 Die gleiche Regelung gilt bei eingetragenen Partnerschaften sinngemäss.

2. Logement de la famille
a. Congé donné par le locataire

[1] Lorsque la chose louée sert de logement à la famille, un époux ne peut résilier le bail sans le consentement exprès de son conjoint.

[2] S'il n'est pas possible de recueillir ce consentement ou si le conjoint le refuse sans motif légitime, le locataire peut en appeler au juge.

[3] Le présent article s'applique par analogie aux partenaires enregistrés.

2. Abitazione familiare
a. Disdetta da parte del conduttore

[1] Se la cosa locata è adibita ad abitazione familiare, un coniuge può disdire il contratto soltanto con il consenso espresso dell'altro.

[2] Il coniuge che non può ottenere questo consenso, o cui il consenso è negato senza valido motivo, può ricorrere al giudice.

[3] Il presente articolo si applica per analogia ai partner registrati.

Art. 266*n*

b. Kündigung durch den Vermieter

Die Kündigung durch den Vermieter sowie die Ansetzung einer Zahlungsfrist mit Kündigungsandrohung (Art. 257d) sind dem Mieter und seinem Ehegatten, seiner eingetragenen Partnerin oder seinem eingetragenen Partner separat zuzustellen.

b. Congé donné par le bailleur

Le congé donné par le bailleur ainsi que la fixation d'un délai de paiement assorti d'une menace de résiliation (art. 257d) doivent être communiqués séparément au locataire et à son conjoint ou à son partenaire enregistré.

b. Disdetta da parte del locatore

La disdetta data dal locatore e l'imposizione di un termine di pagamento con comminatoria di disdetta (art. 257d) devono essere notificate separatamente al conduttore ed al suo coniuge o al suo partner registrato.

Literatur

Conod, Les incidences du nouveau droit du divorce sur le droit du bail, CdB 2000, 33 ff.; Dietschy, Le bail d'habitation des concubins, Basel 2014; Guichard, Les restrictions au droit de disposer du logement de la famille, Lausanne 2002; Hasenböhler, Die gemietete Familienwohnung, MRA 1995, 225 ff.; Hausheer, Die Familienwohnung im neuen Scheidungsrecht, mp 1999, 159 ff.; Hulliger, Mietrechtliche Aspekte des neuen Partnerschaftsgesetzes, MRA 2007, 1 ff.; Reymond, Résiliation du bail à loyer et logement de famille, CdB 1994, 1 ff.; Weber, Der zivilrechtliche Schutz der Familienwohnung, AJP 2004, 30 ff.; Wessner, Le divorce des époux et l'attribution judiciaire à l'un d'eux des droits et obligations résultant du bail portant sur le logement de la famille, 11e séminaire sur le droit du bail, Neuchâtel 2000; s.a. die Literaturhinweise zu Art. 266a.

I. Tragweite und Charakter der Bestimmungen

1 Laut Art. 162 ZGB bestimmen die Ehegatten gemeinsam die eheliche Wohnung und damit den Mittelpunkt des Familienlebens. Art. 169 ZGB schafft deswegen mit Bezug auf die **Familienwohnung** unabhängig vom Güterstand eine besondere Verfügungsgemeinschaft der Ehegatten; Art. 266 m und 266n verleihen zusammen mit Art. 273a dieser Gemeinschaft **zwingend** Aussenwirkung: Die Parteien haben sie zu beachten, und zwar *unabhängig* von der Frage, wer die Wohnung gemietet hat (BK-Hausheer/Reusser/Geiser, Art. 169 ZGB N 8 f.). Die genannten mietrechtlichen Bestimmungen wurden bereits im Zuge der Revision des Eherechts per 1.1.1988 ins OR aufgenommen und 1990 lediglich in das Mietrecht transponiert. Anders als der Randtitel zu Art. 266*l* vermuten liesse, handelt es sich bei Art. 266*m* und 266*n* nicht um blosse Formvorschriften. Die Bestimmungen wollen sicherstellen, dass die Rechte an einer Familienwohnung nicht preisgegeben werden können, ohne dass beide Ehegatten die Möglichkeit haben, sich dagegen zur Wehr zu setzen. Willenserklärungen, die nicht von beiden Ehegatten ausgehen oder nicht an beide gerichtet sind, sind daher unvollständig und somit nicht nur aus formellen, sondern aus inhaltlichen Gründen nichtig, genau gleich wie beim gemeinsamen Mietvertrag (dazu Art. 266a N 1b).

Eine *analoge Anwendung* der Bestimmungen über die Familienwohnung auf andere **Lebensgemeinschaften** wird von Lehre und Praxis abgelehnt (vgl. Art. 273a N 3). Immerhin wurde der Geltungsbereich der Regelung per 1.1.2007 durch das **Partnerschaftsgesetz (PartG)** ausgedehnt. Die analoge Bestimmung zu Art. 169 ZGB findet sich in Art. 14 PartG.

II. Begriff der Familienwohnung

2 Familienwohnung ist nach h.L. die Wohnung, in welcher die Ehegatten oder registrierten Partner dauernd den räumlichen Mittelpunkt ihres gemeinsamen Lebens, mithin ihren gemeinsamen Haushalt haben oder bestimmungsgemäss haben sollten (vgl. BGE 118 II 489 E. 2 = Pra 1994 Nr. 9; BK-HAUSHEER/REUSSER/GEISER, Art. 169 ZGB N 14; SUTTER/FREIBURGHAUS, Art. 121 ZGB N 14; FamKomm-Scheidung-BÜCHLER, N 6 zu Art. 121 ZGB; ZK-HIGI, N 12; HASENBÖHLER, MRA 1995, 227). Wegen des seit 1988 mehrfach erweiterten Schutzes und wegen dessen unterschiedlicher Wirkungsweise vermag diese Definition allerdings nicht mehr zu befriedigen. Vorzuziehen ist deshalb ein dynamischer Begriff. Danach gelangen die Sonderbestimmungen über den Schutz der Familienwohnung für alle Räumlichkeiten zur Anwendung, die während der Dauer der Ehe dem ständigen Aufenthalt von Familienmitgliedern dienen oder gedient haben, solange dafür ein schützenswertes Interesse eines Ehegatten besteht (WEBER, AJP 2004, 31). Zur gemischten Wohn- und Geschäftsnutzung s. Art. 253a–253b N 14.

Dass die Wohnung auch von Kindern benützt wird, ist für die Qualifikation als Familienwohnung nicht erforderlich, indiziert aber die Familienwohnung, wenn mehrere Objekte zur Auswahl stehen. Durchaus möglich ist, dass sich das Familienleben in mehr als einer Wohnung abspielt. Zwar muss eine Familienwohnung tatsächlich von den Partnern bezogen worden sein. Entsprechend ihrem Schutzzweck werden die vorliegenden Bestimmungen aber gerade bei Aufhebung des gemeinsamen Haushaltes aktuell. Sie gelten deswegen grundsätzlich auch während des Getrenntlebens i.S.v. Art. 175 ff. ZGB oder von Art. 17 PartG und des Scheidungs- oder Trennungsprozesses bzw. Auflösungsverfahrens nach Art. 29 ff. PartG (BGE 136 III 257 E. 2.1). Nach neuerer, begrüssenswerter Ansicht ändert daran insb. die Vereinbarung der Partner nichts, die Familienwohnung *einem* von ihnen zu überlassen; anders verhält es sich nur, wenn das Rechtsschutzinteresse etwa bei einverständlicher Aufgabe der Familienwohnung entfällt (BGE 114 II 396, 118 II 389 = Pra 1994 Nr. 9; BGE 136 III 257 E. 2.2; 139 III 7 E. 2.3.2 = Pra 2013 Nr. 65; BK-HAUSHEER/REUSSER/GEISER, Art. 169 ZGB N 11 ff.; BSK ZGB I-SCHWANDER, Art. 169 N 4 und 10; Lachat et al.-PÜNTENER, 60 f.; CPra Bail-BARRELET, Art. 266m N 11; WEBER, AJP 2004; **a.M.** noch ZK-HIGI, N 15; SVIT-KOMM., Art. 253 N 15). Wird zum Zwecke des Getrenntlebens eine zweite Wohnung hinzugemietet, weil sich ein Partner dem Scheidungswunsche des anderen widersetzt, müssen beide Wohnungen schon im Lichte von Art. 114 ZGB als Familienwohnungen betrachtet werden (**a.M.** CHK-HEINRICH, Art. 266*l*–266o OR N 5). Dies sichert die Anwendung von Art. 121 ZGB/Art. 32 PartG im gelegentlich anzutreffenden Fall, dass der Vermieter der Zweitwohnung die Mitunterzeichnung des Vertrages durch den in der ursprünglichen Familienwohnung verbleibenden Partner verlangt hat. Die **Beweislast** dafür, dass es sich beim Mietobjekt (nach wie vor) um eine Familienwohnung handelt, trägt diejenige Partei, die aus den besonderen Schutzbestimmungen Rechte ableitet (BGE 139 III 7 E. 2.2 = Pra 2013 Nr. 65; differenzierend KOLLER TH., ZBJV 2014, 931 f.).

Bei Auflösung der Ehe durch Tod eines Partners verliert die bisherige Familienwohnung an sich ihren besonderen Charakter. Das bedeutet aber so wenig wie im Falle des Getrenntlebens, dass die Schutzfunktion nicht zeitlich beschränkte Nachwirkungen hätte (s. Art. 266i N 6). Im Falle der Scheidung bzw. Partnerschaftsauflösung sorgen Art. 121 ZGB und Art. 32 PartG für die Fortdauer des während der Ehe bestehenden Schutzes (dazu Art. 263 N 10 ff.).

Eine Familienwohnung kann auch erst nach Abschluss des Mietvertrages durch **Zivilstandsänderung** entstehen. Den Mieter trifft die **Nebenpflicht**, Änderungen seines Zivilstandes wie

Heirat, Scheidung etc. dem Vermieter zu melden (ZK-HIGI, N 26 f.; HEGNAUER/BREITSCHMID, N 17.22). Dennoch darf dem Mieter nur mit grosser Zurückhaltung **Rechtsmissbrauch** entgegen gehalten werden, wenn er die Meldung versäumt, denn dies würde das Schutzanliegen der gesetzlichen Regelung unterlaufen (MONTINI, DdB 2013, 25, der insofern zu Recht Vorbehalte gegenüber dem i.E. durchaus richtigen BGE 139 III 7 anbringt; vgl. auch schon MONTINI, DdB 2011, 31). Zu den Voraussetzungen einer Schadenersatzpflicht s. N 7.

III. Kündigung durch die Mieterseite (Art. 266m)

Die Kündigung der Familienwohnung wird erst mit **ausdrücklicher Zustimmung des Partners** wirksam (Art. 266m Abs. 1 und 3, Art. 169 ZGB, Art. 14 PartG). Es handelt sich dabei um eine empfangsbedürftige Willenserklärung, die regelmässig schriftlich abgegeben wird, aber auch mündlich erfolgen kann (BK-HAUSHEER/REUSSER/GEISER, Art. 169 ZGB N 47; ZK-BRÄM/HASENBÖHLER, Art. 169 ZGB N 60; ZK-HIGI, N 21). Adressat ist der Vermieter (HASENBÖHLER, MRA 1995, 237 f.). 3

Die Zustimmung zur Kündigung muss dem Vermieter **nicht gleichzeitig** mit dieser zugehen, aber spätestens bis zum Beginn der Kündigungsfrist nachgereicht werden (HASENBÖHLER, MRA 1995, 238 f.). Trifft die Zustimmung verspätet ein, so gilt die Kündigung erst auf den nächstmöglichen Termin (Art. 266a Abs. 2 analog). Die Zustimmung darf nicht pauschal zum Voraus abgegeben werden (BK-HAUSHEER/REUSSER/GEISER, Art. 169 ZGB N 47; ZK-BRÄM/HASENBÖHLER, Art. 169 ZGB N 60; BSK ZGB I-SCHWANDER, Art. 169 N 17). 4

Abs. 2 stimmt mit Art. 169 Abs. 2 ZGB überein. Kann ein Partner die Zustimmung nicht einholen oder wird sie ihm ohne triftigen Grund verweigert, so kann er das Gericht anrufen. Das die Zustimmung ersetzende richterliche Urteil wirkt wie die Zustimmung selber **ex tunc**; dies ändert aber nichts daran, dass die Kündigung keine Wirkung entfalten kann, solange die richterliche Ermächtigung nicht vorliegt (BK-HAUSHEER/REUSSER/GEISER, Art. 169 ZGB N 51 und 64; BSK ZGB I-SCHWANDER, Art. 169 N 19; **a.M.** CHK-HEINRICH, Art. 266*l*–266o N 7 [*ex nunc*-Wirkung des Urteils]). Zuständig ist das **Eheschutzgericht** (ZK-BRÄM/HASENBÖHLER, Art. 169 ZGB N 9; ZK-HIGI, N 29; GUHL/KOLLER/SCHNYDER/DRUEY, 453). Bei Unmöglichkeit der Zustimmung kann die Kündigung zuweilen gestützt auf die **Notvertretungsmacht** des einen Partners (Art. 166 Abs. 2 Ziff. 2 ZGB, Art. 15 Abs. 2 lit. b PartG) wirksam sein, z.B. bei Eintritt dauernder Pflegebedürftigkeit oder Urteilsunfähigkeit kurz vor Beginn der Kündigungsfrist (BK-HAUSHEER/REUSSER/GEISER, Art. 169 ZGB N 66; ZK-HIGI, N 25; SVIT-KOMM., Art. 266*l*–266o N 19). 5

IV. Kündigung des Vermieters (Art. 266n)

Damit die Partner die ihnen nach Art. 273a unabhängig voneinander zustehenden Rechte im Zusammenhang mit Kündigungsschutz und Erstreckung wahren können, verlangt Art. 266n eine separate Zustellung der Kündigung der Familienwohnung an den Mieter und dessen Partner. Das Erfordernis der – nach Art. 8 ZGB vom Vermieter zu beweisenden – separaten Zustellung ist nur erfüllt, wenn zwei amtliche Formulare in **zwei getrennten Sendungen** an die Adresse des Mieters bzw. seines Partners versandt werden (ZK-HIGI, N 37; vgl. mp 2002, 22 f.). Soweit dem Vermieter die neue Adresse des ausziehenden Partners nicht bekannt gegeben worden ist, genügt die Zustellung der Kündigung an die bisherige Adresse, soweit der Vermieter die neue Adresse nicht kennt (BGer, 21.11.12, 4A_673/2012, E. 3.1; SVIT-Komm., Art. 266*l*–266o N 22; ZK-HIGI, N 52). Werden beide Briefe nach den Geschäftsbedingungen der Post dem einen Partner ausgehändigt, so hindert die fehlende tatsächliche Kenntnis des andern die Gültigkeit der Kündigung nicht (BGE 118 II 42 E. 3). Das Erfordernis der separaten Zustellung der Kündigung gilt auch bei gemischten Verträgen (ZMP 1991 Nr. 3), nicht aber bei der Pacht, welche eine Familienwohnung mitumfasst (Art. 300 Abs. 2; 6

BGE 125 III 425 E. 3b/cc = Pra 2000 Nr. 31), und mangels entsprechender gesetzlicher Grundlage im LPG erst recht nicht bei der landwirtschaftlichen Pacht (BGE, a.a.O., E. 3b).

7 Art. 266n gilt nicht nur für alle **ordentlichen und ausserordentlichen Kündigungen**, sondern ausdrücklich auch für die **Fristansetzung** nach Art. 257d (s. dort N 4; vgl. mp 2002, 22 f.) und gemäss der Lehre analog für diejenige nach Art. 266h (vgl. dazu die Hinweise bei Art. 266h N 4), nicht aber für weitere Erklärungen des Vermieters, namentlich für die Abmahnung nach Art. 257f und für Mietzinserhöhungen (vgl. auch ZK-Higi, N 32 ff.; SVIT-Komm., Art. 266*l*–266o N 20; Blumer, SPR/VII/3, Rz 90 und 809; CPra Bail-Barrelet, Art. 266n N 2).

Das Risiko einer **nichtigen Kündigung** hat allein der Vermieter zu tragen, auch wenn er den Zivilstand des Mieters nicht kennt oder von diesem über eine Änderung nicht informiert worden ist. Mit der Annahme von Rechtsmissbrauch des Mieters oder seines Partners ist Zurückhaltung zu üben (BGer, 23.3.2007, 4C.441/2006, E. 5; dazu Koller/Mauerhofer, ZBJV 2009, 829 ff.; **anders** aber BGE 137 III 208 E. 2.5 = Pra 2011 Nr. 106; zu recht krit. dazu Koller Th., ZBJV 2013, 43 f.). Keinen Rechtsmissbrauch kann der Umstand darstellen, dass der nicht in die Kündigung einbezogene Ehegatte sich am Verfahren desinteressiert zeigt, denn die nicht an beide Partner gerichtete Kündigung ist inhaltlich unvollständig (N 1), so dass die Partei, die sich darauf beruft, ein eigenes Recht geltend macht (Koller Th., ZBJV 2014, 932 ff. [lit. c], zum – mangels fortbestehender Familienwohnung aber im Ergebnis richtigen – BGE 139 III 7). Die Verletzung der Informationspflicht des Mieters über Änderungen im Zivilstand (N 2) kann zu einer Schadenersatzpflicht führen (so z.B. CHK-Heinrich, Art. 266*l*–266o OR N 10). Allerdings darf dadurch der Schutz der zwingenden Norm nicht ausgehöhlt werden. Insbesondere kann man nicht einfach voraussetzen, dass der Mieter sich über seine Pflicht im Klaren ist (Koller/Mauerhofer, ZBJV 2009, 832).

8 Will der Vermieter nach Vertragsbeendigung beide Partner aus der Familienwohnung ausweisen, so muss er sie nach der Praxis auch **beide ins Recht fassen** (SJZ 1990, 212; BGer, SJ 2000 I 6 E. 2b = mp 2000, 36 ff.; vgl. zur Ausweisung Art. 267 N 3).

In der kantonalen Praxis wird einem Ausweisungsbegehren bei einer Familienwohnung überdies schon gar nicht erst stattgegeben, wenn es sich nur *gegen einen Partner* richtet (SJZ 1990, 183). Diese Praxis verdient Zustimmung, denn sie entspricht zweifellos dem gesetzlichen Familienschutzgedanken (Guhl/Koller/Schnyder/Druey, 453; Hasenböhler, MRA 1995, 243; SVIT-Komm., aArt. 274g N 6a; KUKO OR-Blumer, Art. 266*l*–266o N 7). Natürlich setzt dies voraus, dass überhaupt ein gültiger Mietvertrag vorliegt (vgl. BGer, 18.4.2006, 4P.62/2004, E. 2).

Art. 266*o*

3. Nichtigkeit der Kündigung	**Die Kündigung ist nichtig, wenn sie den Artikeln 266l–266n nicht entspricht.**
3. Nullité du congé	Le congé qui ne satisfait pas aux conditions prévues aux art. 266 l à 266n est nul.
3. Nullità della disdetta	La disdetta che non osserva le condizioni previste dagli articoli 266l–266n è nulla.

Literatur

Corboz, La nullité du congé dans le nouveau droit du bail, CdB 1994, 33 ff.; ders., Les congés affectés d'un vice, 9e séminaire sur le droit du bail, Neuchâtel 1996; Engler, Zur Kündigung genossenschaftlicher Mietverträge, mp 2000, 57 ff.; Siegrist, Les congés inefficaces, CdB 1996, 1 ff.; Spirig, Ausserordentliche Kündigungen ausserhalb des mietrechtlichen Katalogs, mp 2012, 1 ff.; Thanei, Neues zum Kündigungsschutz, mp 2012, 85 ff.; s.a. die Literaturhinweise zu Art. 266a.

I. Gehalt der Bestimmung

Art. 266o erklärt Kündigungen für nichtig, die den gesetzlichen Formerfordernissen von Art. 266*l*–266n nicht entsprechen. Auf den ersten Blick wird damit nur der Inhalt von Art. 11 Abs. 2 wiederholt, was angesichts des zweifelhaften Charakters anderer mietrechtlicher Formerfordernisse (vgl. etwa Art. 260a N 4) aber durchaus von Bedeutung ist. Die Nichtigkeit der Kündigung kann auch dem gutgläubigen Vermieter entgegengehalten werden (BGE 115 II 365; ZMP 1991 Nr. 28; **a.M.** SJZ 1990, 182). 1

II. Nichtigkeit und Anfechtbarkeit einer Kündigung bei der Miete von Wohn- und Geschäftsräumen

1. Problem und Begriffe

Während bei den übrigen Mietobjekten alle möglichen Mängel einer Kündigung mangels Anwendbarkeit der Art. 271 ff. nur die völlige anfängliche Unwirksamkeit der Erklärung nach sich ziehen können, stellt sich bei der Miete von *Wohn- und Geschäftsräumen* die Frage nach der Abgrenzung der von Anfang an unwirksamen **(nichtigen)** von den vernichtbaren **(anfechtbaren)** Kündigungen. HIGI (Vor Art. 266–266o OR N 47 ff.) unterscheidet darüber hinaus noch zwischen der fehlenden Kündigungsberechtigung und der Nichtigkeit im engeren Sinn (die Fälle von Art. 20 und 266l–266n; a.a.O., N 54 f. und 133). Da Einigkeit darüber besteht, dass bei beiden Formen der Nichtigkeit im weiteren Sinn die Kündigungserklärung von Anfang an unbeachtlich ist, wird hier der Begriff der Nichtigkeit für alle Arten der anfänglichen, nicht an eine Anfechtung gebundenen Unwirksamkeit der Kündigung verwendet (krit. zur wenig sinnvollen sprachlichen Unterscheidung auch GUHL/KOLLER/SCHNYDER/DRUEY, 438; s.a. CHK-HEINRICH, Art. 257d OR N 12). 2

Der Abgrenzung von Nichtigkeit und Anfechtbarkeit kommt erhebliche praktische Bedeutung zu, denn während die Behörden und Gerichte die Nichtigkeit – unter Vorbehalt des Rechtsmissbrauchsverbots (BGer, mp 1995, 161 ff.) – unabhängig von einer Klage oder einem Parteiantrag jederzeit (also auch noch im Exmissionsverfahren) von Amtes wegen zu überprüfen haben, muss eine Anfechtung innerhalb der Verwirkungsfrist des Art. 273 erfolgen (vgl. BGE 121 III 156 E. 1c; 122 III 92 E. 2d; 133 III 175). Zur Umdeutung der nichtigen Kündigung in eine Offerte zum Aufhebungsvertrag s. Art. 266a N 1e.

2. Abgrenzung von Nichtigkeit und Anfechtbarkeit

Ausgangspunkt für die korrekte Abgrenzung ist vorab die Botschaft des Bundesrates, welche in der Einführung zum neuen Kündigungsschutz erklärt, Art. 271 verlange nicht mehr *offensichtlichen* Rechtsmissbrauch i.S.v. Art. 2 Abs. 2 ZGB, dafür werde die Rechtsfolge insofern abgeschwächt, als keine absolute Nichtigkeit der Kündigung, sondern deren Anfechtbarkeit vorgesehen sei (Botschaft Mietrecht, 1458). In der parlamentarischen Beratung wurde daran kritisiert, die Regelung bedeute einen Rückschritt im Vergleich zu den Art. 18 Abs. 3, Art. 24, 28 Abs. 3 und Art. 31 BMM, da diese (nur auf den Schutz des Mieters vor Vergeltungskündigungen nach *Mietzinsanfechtungen* ausgerichteten) altrechtlichen Kündigungsschutznormen als Sanktion stets Nichtigkeit der Kündigung vorgesehen hätten; eine weitergehende Beleuchtung der Tragweite des Anfechtungsprinzips fand nicht statt (AmtlBull NR 1989, 535 ff.). 3

Den Materialien lässt sich damit entnehmen, dass mit Bezug auf das Anfechtungsprinzip der (erheblich erweiterte) Kündigungsschutz i.S. des aufgehobenen BMM im Mittelpunkt stand. Richtigerweise ist deswegen der Anwendungsbereich der **Anfechtungsbedürftigkeit** auf Kündigungen zu beschränken, die **ausschliesslich Mängel i.S. der Art. 271 f.** aufweisen (BGE 121 III 156 E. 1c; 122 III 92 E. 2d). **Nichtig** (Synonym: **unwirksam**, BGE 133 III 4

175; CR CO I-Lachat, N 2; Corboz, 9e séminaire, 6 f.; CHK-Heinrich, Art. 266–266f OR N 4) sind daher – ungeachtet Art. 266o – Kündigungen, die allgemeinen Regeln des OR widersprechen, wie:

- Die Kündigung **ohne Vollmacht** aller Berechtigten, namentlich beim gemeinsamen Mietvertrag (BGer, mp 2000, 196 f.; BGer, 30.5.2001, 4C.37/2001 = mp 2001, 154 ff.; Gmür, 4; Zihlmann, 206; ZK-Higi, Vor Art. 266–266o OR N 52 f. und 69 ff. Eine nachträgliche **Genehmigung** ist nicht zulässig, denn dies würde zur Zulassung einer Bedingung führen, deren Eintritt nicht allein im Machtbereich des Empfängers liegt (Weber, Diss., 174; SJ 101 [1979] 574; ZK-Higi, Vor Art. 266–266o OR N 72; **anders** der arbeitsrechtliche BGE 128 III 129 E. 2, der den Aspekt der Bedingungsfeindlichkeit der Kündigung übergeht). Immerhin kann in der Genehmigung eine gültige Kündigung liegen, sofern jene den weiteren Voraussetzungen, namentlich den Formvorschriften genügt. Im Zeitpunkt des Zugangs der Kündigung muss nach Treu und Glauben sodann klar erkennbar sein, dass der Kündigende als Vertreter des Vertragspartners des Empfängers handelt (BGer, 2.6.2004, 4C.17/2004, E. 5.3.1 = MRA 2005, 11 ff.).
- Die **bedingte Kündigung**, soweit der Eintritt der Bedingung nicht ausschliesslich vom Empfänger abhängt, und die **Teilkündigung** (dazu jeweils Art. 266a N 1) in sachlicher oder personeller Hinsicht (BGE 125 III 219; SVIT-Komm., Vor Art. 266–266o N 15, Art. 266*l*–266o N 28a; vgl. Weber, Diss., 170). Werden sich **gemeinsame Mieter** über eine Kündigung nicht einig, kann die Beendigung der Gemeinschaft bzw. der Miete nur über eine Liquidation des Innenverhältnisses erreicht werden (dazu Art. 266a N 1b).
- Die **gesetz- oder abredewidrige Kündigung**, wie etwa die Kündigung, die vertraglichen Zeitbestimmungen widerspricht (vgl. Art. 266a Abs. 2) oder die Ausübung einer vereinbarten Option vereitelt (BGE 113 II 31; ZK-Higi, Art. 255 OR N 69, Vor Art. 266–266o OR N 57 ff.; CR CR CO I-Lachat, N 1; Blumer, SPR VII/3, Rz 326 und 792; BK-Giger, Art. 255 N 70; s.a. Komm. zu Art. 255 N 7).

  Nach traditioneller Auffassung wurde deshalb auch die Kündigung an einen **Wohnbaugenossenschafter** ohne dessen *vorgängigen Ausschluss* aus der Genossenschaft als nichtig betrachtet (BGE 118 II 168; 134 III 159 E. 5.2.3; BGer, 12.7.2011, 4A_258/2011, E. 2; ZR 78 [1979] Nr. 65; mp 1992, 34 ff.; ZMP 1992 Nr. 28; Gmür, 5; Moser, 86 und 164; Engler, 14 ff.; ders., mp 2000, 60 ff.; ZK-Higi, Vor Art. 266–266o OR N 65; CHK-Heinrich, Art. 266–266f OR N 5; vgl. auch SVIT-Komm., Art. 271 N 13; **anders** Sommer, MRA 1997, 199; ZMP 1993 Nr. 14). Neuerdings präzisierte das BGer, dass ein genossenschaftliches Mietverhältnis zwar nicht frei gekündigt werden darf, sondern nur aus wichtigen Gründen, die auch einen Ausschluss aus der Genossenschaft erlauben (s. Art. 846). Ist dies aber der Fall, so ist eine Kündigung ohne vorgängigen Ausschluss jedenfalls dann möglich, wenn die Mitgliedschaft nicht untrennbar mit dem Mietverhältnis gekoppelt ist. Darüber hinaus können die Statuten vorsehen, dass die Beendigung des einen Rechtsverhältnisses auch diejenge des anderen bewirkt (BGE 136 III 65 = Pra 2010 Nr. 87). Diese Praxis ist zu begrüssen, da sie den genossenschaftlichen Schutzgedanken mit dem Anliegen verbindet, schwere Pflichtverletzungen wirksam ahnden zu können (vgl. Koller Th., ZBJV 2011, 980 f.).
- Die **Kündigung vor Mietantritt** (Art. 266a N 1a; vgl. BGE 127 III 548 E. 3) oder durch den neuen Eigentümer vor dem Eigentumsübergang (vgl. Art. 261 N 6).
- Nach hier vertretener Auffassung auch die **offensichtlich** rechtsmissbräuchliche Kündigung (Art. 2 Abs. 2 ZGB). Das BGer hält allerdings im Gegensatz dazu offensichtlich rechtsmissbräuchliche Kündigungen bei der Miete von *Wohn- und Geschäftsräumen* unter Berufung auf zwei parlamentarische Voten nur für **anfechtbar** (BGE 133 III 175 E. 3; zustimmend CR CO I-Lachat, N 1). Wohl hat der Bundesrat in der Botschaft (1458 f.) erklärt, das neu eingeführte Anfechtungsprinzip bei der Kündigung der Miete von Wohn- *und Geschäftsräumen* sei das Gegenstück zum Verzicht auf das Erfordernis des Offensichtlichkeit des Missbrauchs. Dies bedeutet aber nicht, dass ein *offensichtlich* missbräuchliches Verhalten des Kündigenden nicht die gleiche Rechtsfolge zeitigt wie in der gesamten

übrigen Rechtsordnung (**a.M.** ZK-HIGI, Vor Art. 266–266o OR N 160 ff.; SVIT-Komm., Art. 271 N 19 ff.; MENGE, 54 und 62; BARBEY, N 296–300; KUKO OR-BLUMER, Art. 271–271a N 6).
Sicherlich *kann* die offensichtlich missbräuchliche Kündigung angefochten werden. Dies gilt aber für jede nichtige Kündigung und hat nichts mit der Frage zu tun, ob der Mangel auch später noch geltend gemacht werden kann (N 5; vgl. Art. 273 N 6; BGE 121 III 156 E. 1c; 122 III 92 E. 2d). Die Formularpflicht bei der Vermieterkündigung deckt entgegen BGE 133 III 175 nicht alle problematischen Fälle ab: In der Praxis kommt es vor, dass (etwa sprachlich) nicht besonders gewandte Mieter mit falschen Erläuterungen oder Versprechungen von einer rechtzeitigen Anfechtung abgehalten werden. Bisweilen wird sich eine Lösung über Art. 156 finden lassen – eine rechtzeitige Anfechtung ist auch dann anzunehmen, wenn die Gegenpartei diese wider Treu und Glauben verhindert hat (s.a. Art. 273 N 3). Ob der hier vorgeschlagene Ansatz wirklich sämtliche Probleme abzudecken vermag, bleibt abzuwarten. Es sprechen jedenfalls mehr als nur systematische Gründe für die hier vertretene Auffassung (PICHONNAZ, DdB 2008, 39 f.; **anders** KOLLER/MAUERHOFER, ZBJV 2009, 847 f.).

– Die **ausserordentliche Kündigung** (Art. 257d, 257f, 259b lit. a, 261, 266g–266i), deren **Voraussetzungen** nicht gegeben sind (BGE 121 III 156, 122 III 92 E. 2d; BARBEY, Art. 271–271a N 298; GMÜR, 8 ff.; SVIT-Komm., Art. 271 N 16; mp 1991 182 ff.; abweichend lediglich mit Bezug auf die Kündigung aus wichtigem Grund CALAMO, 314 bzw. 315; anders betr. der Fristen in Art. 257d der obsolete BGE 119 II 154 E. 4a).
  Zum grundsätzlichen **Ausschluss der Umdeutung** in eine ordentliche oder eine andere ausserordentliche Kündigung vgl. BGE 123 III 124 E. 3d; 135 III 441 E. 3.3 = Pra 2010 Nr. 30; Pra 2000 Nr. 49 E. 2c; BGer, 22.3.2006, 4C.384/2005, E. 3.2, sowie Art. 257d N 11, Art. 257f N 8, Art. 259b N 9 und Art. 266g N 3 f.

In all diesen Fällen hat die zuständige Behörde auch bei der Miete von Wohn- und Geschäftsräumen die Nichtigkeit der Kündigung **festzustellen**, selbst wenn nur deren Aufhebung (Ungültigerklärung) beantragt ist (Art. 273 N 6; gl.M. ZK-HIGI, Vor Art. 266–266o OR N 135). Dies gilt auch, wenn die Ausweisungsbehörde aufgrund der Kompetenzkonzentration gem. Art. 274g auf eine ausserordentliche Kündigung hin sowohl über ein Kündigungsschutz- wie auch über ein Ausweisungsbegehren zu befinden hat (BGE 122 III 92 E. 2d; GMÜR, 13; als Bsp. für eine lediglich treuwidrige ausserordentliche Kündigung vgl. Art. 257f N 8). 5

Dass die **nichtige Kündigung** so zu behandeln ist, wie wenn sie nie ausgesprochen worden wäre (ZK-HIGI, Vor Art. 266–266o OR N 135 f., Art. 266o OR N 6), gilt nur für die Frage nach ihren unmittelbaren Wirkungen. Dass sie keine **weiteren Rechtsfolgen** auslöst, kann indes entgegen HIGI (a.a.O., N 14, vgl. immerhin auch N 17) keineswegs angenommen werden, denn als Tatsache lässt sich die versuchte Kündigung nicht einfach als nicht geschehen betrachten (Lachat et al.-THANEI, 620; CHK-HEINRICH, Art. 266–266f OR N 7). Die versuchte Kündigung stellt ein *vertragswidriges Verhalten* dar, welches Schadenersatz-, ja gar Straffolgen i.S.v. Art. 325bis StGB nach sich ziehen kann. Ausserdem kann sie, wenn auch zurückhaltend, als *Offerte für einen Aufhebungsvertrag* verstanden werden, welche der Empfänger nach Auffassung des BGer u.U. gar ausdrücklich ablehnen muss, wenn er mit der Beendigung des Vertrages nicht einverstanden ist (Art. 266a N 1e). Weiter kann die *Berufung auf die Nichtigkeit treuwidrig* sein (BGE 121 III 156 E. 1c/bb). Besonders bedeutsam ist der tatsächliche Hintergrund einer nichtigen Kündigung auch bei der Frage, ob die versuchte Beendigung eines Mietvertrages über Wohn- oder Geschäftsräume eine **Sperrfrist** i.S.v. Art. 271a Abs. 1 lit. e bzw. Abs. 2 auslöst oder nicht. Dass dem im Regelfall nicht so ist, hängt nicht mit der Nichtigkeit der Kündigung zusammen, sondern damit, dass Nichtigkeitsgründe oft – wie etwa die besonders häufigen Formfehler – Bagatellcharakter haben und überdies selbst vom Kündigenden meist ohne weiteres als fehlerhaft anerkannt werden (ähnlich SVIT-Komm., Art. 266*l*–266o N 25 ff. und Art. 271 N 16; Lachat et al.-THANEI, 620 f. [«Formfehler»]; vgl. dazu Art. 271–271a N 27). Die Behauptung, eine nichtige Kündigung könne keine Folgen 6 haben, widerspricht im Übrigen nur schon der Logik, denn dies würde bedeuten, dass eine erfolgreich angefochtene Kündigung stets weiterreichende Konsequenzen hätte als eine nichtige, obwohl die Rechtsfolge der Nichtigkeit doch die strengere Sanktion ist als diejenige der Anfechtbarkeit. Das BGer hat denn auch zu Recht entschieden, dass eine nichtige ausserordentliche Kündigung die Sperrfrist nach Art. 271a Abs. 1 lit. d auslösen kann (BGE 131 III 33 E. 3; ebenso CHK-HEINRICH, Art. 266–266f OR N 7).

Art. 267

P. Rückgabe der Sache
I. Im Allgemeinen

1 Der Mieter muss die Sache in dem Zustand zurückgeben, der sich aus dem vertragsgemässen Gebrauch ergibt.

2 Vereinbarungen, in denen sich der Mieter im Voraus verpflichtet, bei Beendigung des Mietverhältnisses eine Entschädigung zu entrichten, die anderes als die Deckung des allfälligen Schadens einschliesst, sind nichtig.

P. Restitution de la chose
I. En général

1 A la fin du bail, le locataire doit restituer la chose dans l'état qui résulte d'un usage conforme au contrat.

2 Est nulle toute convention conclue avant la fin du bail et prévoyant que le locataire devra verser une indemnité destinée à couvrir autre chose qu'un dommage éventuel.

P. Restituzione della cosa
I. In genere

1 Il conduttore deve restituire la cosa nello stato risultante da un uso conforme al contratto.

2 Sono nulle le stipulazioni che obbligano anticipatamente il conduttore a pagare, alla fine della locazione, un'indennità che non sia destinata soltanto a garantire la copertura del danno eventuale.

Literatur

BISANG, Neuerungen im Schlichtungsverfahren bzw. Mietprozess unter besonderer Berücksichtigung der Ausweisung, MRA 2010, 102 ff.; BOHNET, Le droit du bail en procédure civile suisse, 16e séminaire sur le droit du bail, Neuchâtel 2010; BOHNET/CONOD, Bail et procédure civile suisse: premiers développements, 17e séminaire sur le droit du bail, Neuchâtel 2012; BOHNET/CONOD, La fin du bail et l'expulsion du locataire, 18e séminare sur le droit du bail, Neuchâtel 2014, 79 ff.; COLOMBINI, Note sure quelques questions liées à la procédure d'expulsion, JdT 2011 III 85; DUCROT, L'expulsion du locataire, 9e séminaire sur le droit du bail, Neuchâtel 1996; DERS., Des usagers indésirables dans les locaux d'habitations ou commerciaux: le locataire après la fin du bail et le sou-locataire non autorisé, 14e séminaire sur le droit du bail, Neuchâtel 2006; EGGER ROCHAT, Les squatters et autres occupants sans droit d'un immeuble, Diss. Lausanne 2000; HOHL, Die Ausweisung von Wohnungs- und Geschäftsmietern, mp 1997, 1 ff.; HESS/RUCKSTUHL, AGB-Kontrolle nach dem neuen Art. 8 UWG – eine kritische Auslegeordnung, AJP 2012, 1188 ff.; HÜRLIMANN-KAUP, Grundfragen des Zusammenwirkens von Miete und Sachenrecht, Zürich 2008; LACHAT, Procédure civile en matière de baux et loyers, Genf 2010; MAAG, Kündigungsschutz und Ausweisung – ausgewählte zivilprozessuale Aspekte, MRA 1/2014, 1 ff.; NORDMANN, Der Schutz des Mieters nach dem neuen Gesetz über den unlauteren Wettbewerb, mp 1989, 1 ff.; SAVIAUX, Expulsion du locataire et execution forcée, CdB 2004, 97 ff.; STUCKI, AGB-Kontrolle im schweizerischen Recht und im UN-Kaufrecht unter besonderer Berücksichtigung des revidierten Art. 8 UWG, in: Magister, Editions Weblaw, Bern 2013; DERS., Art. 8 UWG: Die neue AGB-Inhaltskontrolle, Jusletter vom 10.3.2014; TANNER, Die Ausweisung des Mieters im Rechtsschutz in klaren Fällen nach Art. 257 ZPO, SZZP 2010, 263 ff.; THANEI, Pflichten der Mietparteien betreffend die Übergabe der Mietsache bei Vertragsbeginn und -ende, mp 1992, 57 ff.; THÉVENAZ, La prétendue solidarité des colocataires lorsque la chose louée n'est pas restituée à l'echéance du bail, JdT 2001 I 374 ff.; WETZEL/GRIMM/MOSIMANN, Die Anwendbarkeit von Art. 8 UWG auf AGB in Mietverträgen, MRA 1/2013, 3 ff.; vgl. ferner die Literatur- und Materialienhinweise bei den Vorbem. zu Art. 253–273c.

I. Rückgabe der Sache

1. Rechtsgrundlage des Rückgabeanspruchs

1 Neben dem **vertraglichen Rückgabeanspruch** kann der Vermieter nach Beendigung der Miete gegebenenfalls auch direkt sein **Eigentumsrecht** geltend machen (Art. 641 Abs. 2 ZGB; HONSELL, OR BT, 226; ZK-HIGI, N 15). Ausgeschlossen ist dagegen eine Besitzesschutzklage nach Art. 926 ff. ZGB, denn der Besitz des Mieters beruht nicht auf verbotener Eigenmacht, sondern auf einer Übertragung durch den Vermieter (HOHL, 2 f.; RAJOWER, AJP 1998, 797 f.; **a.M.** CHK-HEINRICH, Art. 267–267a OR N 4). Ein obligatorischer Rückgabeanspruch steht nach der Rsp. auch dem Hauptvermieter gegen den Untermieter zu (BGE 120 II 112 E. 3b/cc/ddd; HOHL, 4).

2. Ort und Zeit der Rückgabe

2 Soweit die Parteien nicht etwas anderes vereinbart haben, ist die – bewegliche oder unbewegliche – Mietsache gem. Art. 74 Abs. 2 Ziff. 2 am **Ort** zurückzugeben, wo sie sich beim Vertragsabschluss befand (BGE 48 II 390; ZK-HIGI, N 42 ff.).

2a Ohne eine abweichende Abmachung der Parteien hat gem. Art. 79 die Rückgabe am **letzten Tag** des Mietverhältnisses während der üblichen **Geschäftszeit** zu erfolgen. In den Formularmietverträgen finden sich anders lautende Klauseln (z.B. Tag nach Beendigung des Mietverhältnisses bzw. am nächstfolgenden Werktag; SVIT-Komm., Art. 267–267a N 5; ZK-HIGI, N 49). Erfolgt die Rückgabe durch das Verschulden des Mieters verspätet, so hat der Vermieter Anspruch auf Schadenersatz, dessen Höhe i.d.R. dem bislang bezahlten Mietzins entspricht (vgl. BGE 63 II 368 E. 3; 117 II 65 E. 2b = Pra 1992 Nr. 81; 119 II 437 E. 3.b/bb; 121 III 408 E. 4c = Pra 1996 Nr. 151; 131 III 257 E. 2; BGer, 3.7.2006, 4C.103/2006, E. 4.1; Lachat et al.-ZAHRADNIK, 690 f.; SVIT-Komm., Art. 267–267a N 6; KUKO OR-BLUMER, Art. 267–267a N 6), und der Mieter haftet auch für weitere Schäden und für den zufälligen Untergang der Sache gem. Art. 103 Abs. 1 (SJ 1978, 312; ZR 53 [1954], 7 ff.). Lediglich den bisherigen Mietzins weiter zu bezahlen hat indessen der Mieter, der ein Kündigungsschutz- oder Erstreckungsbegehren stellt, denn das Mietverhältnis ist mit Einreichung des Begehrens als vorläufig erstreckt zu betrachten (s. Art. 273 N 4; vgl. auch WEBER, AJP 2000, 1028 f.). Die Kündigungsschutzklage von Anfang an aussichtslos war, so bei verpasster Anfechtungsfrist oder offensichtlich nicht bestehendem Mietverhältnis (BGer, 14.11.2001, 4C.256/2001 = mp 2004, 107 ff.).

2b Verlangt der Vermieter vom Mieter nach dessen Kündigung die Rückgabe nicht, so kommt für die Abgeltung der fortdauernden Benützung der Sache nur ein bereicherungsrechtlicher Anspruch in Höhe des objektiven Mietwerts (der nicht mit dem früheren Mietzins übereinzustimmen braucht) in Betracht (BGE 119 II 437; ZK-HIGI, N 61 ff.). Punkto Verjährung des Bereicherungsanspruchs ist zu beachten, dass die Frist nicht zu laufen beginnt, solange die unberechtigte Benützung andauert (BGE 86 II 26 f. E. 7 = Pra 1960 148). In keinem Fall gibt es Ansprüche aus einem sog. «faktischen Vertragsverhältnis», denn Fakten allein schaffen ohne gesetzliche Grundlage – genauer: ohne zumindest konkludente Einigung – keine Rechte (BK-KRAMER/SCHMIDLIN, Art. 1 OR N 238 ff.; **a.M.** z.B. BK-GIGER, Art. 253 OR N 78; CHK-HEINRICH, Art. 253 OR N 10; zur bedenkenlosen Übernahme einer Figur aus dunkler Zeit durch Lehre und Rsp. vgl. WÜRSCH/DALLAFIOR, Können Fakten Verträge begründen? SJZ 1989, 273 ff.). Vgl. zur stillschweigenden Fortsetzung des Mietverhältnisses Art. 255 N 5.

3. Ausweisung

3 Verweigert der Mieter einer Immobilie die (vollständige) Rückgabe (zur bloss teilweisen Rückgabe vgl. ZK-HIGI, N 25 ff.), so kann der Vermieter seinen Rückgabeanspruch im Rahmen des Verfahrensrechtes, im Falle der Immobiliarmiete durch **Ausweisung** (Exmission)

und **amtliche Räumung** vollstrecken lassen (BGE 104 II 216; 122 III 92). Erst nach Vollstreckung der Ausweisung endet das **Hausrecht** des Mieters nach Art. 186 StGB (BGE 112 IV 31). Ob der Prozess um ein Ausweisungsbegehren bei einem Streitwert (dazu ausführlich MAAG, MRA 1/2014, 2 f.) von mehr als CHF 30 000 im **ordentlichen Verfahren** zu behandeln ist oder ob er zum Kündigungsschutz i.w.S. zählt und daher nach Art. 243 Abs. 2 lit. c ZPO stets im **vereinfachten Verfahren** abläuft, ist umstritten (für Differenzierung BOHNET/CONOD, 17e séminaire, Rz 58 ff.; DIES., 18e séminaire, Rz 208 ff.; LACHAT, procédure, 133; BLUMER, SPR VII/3, Rz 183; **a.M.** [immer vereinfachtes Verfahren] HOHL, procédure civile, Bd. II, Bern 2010, Rz 1329; BSK ZPO-MAZAN, Art. 243 N 19a; COLOMBINI, JdT 2011 III 85; SOHM, MRA 2012, 235 f.). Das BGer hat die Frage offen gelassen (BGer, 10.4.2012, 4A_87/2012, E. 3). Ähnlich ist seine Praxis zur Prüfung der Nichtigkeit der Kündigung im Rahmen eines Anfechtungsverfahrens: Es lässt zwar die Prüfung der Nichtigkeit als selbständige Vorfrage zu, hatte aber bislang nicht zu beantworten, ob das vereinfachte Verfahren auch dann zur Anwendung gelangt, wenn sich der Prozess ausschliesslich um die Nichtigkeit dreht (BGE 139 III 457 E. 5.3; s. Art. 273 N 6). Zumindest wenn ein Ausweisungsbegehren im Kontext eines Kündigungsschutzverfahrens i.S.v. Art. 273 gestellt wird, würde durch die Annahme unterschiedlicher Verfahrensarten eine einheitliche Entscheidung über eng miteinander verknüpfte Fragen verunmöglicht (vgl. nur Art. 90 und 224 Abs. 1 ZPO). Dies birgt die Gefahr von Verzögerungen und widersprüchlichen Entscheiden. Mit Blick auf die dienende Funktion des Prozessrechts gilt es dies zu vermeiden, so dass Ausweisungsbegehren in dieser Konstellation im vereinfachten Verfahren zu behandeln sind (gl.M. MAAG, MRA 1/2014, 6). Ausserhalb eines Kontexts zum Kündigungsschutz führt nach geltendem Recht aber wohl nichts an einer Anwendung von Art. 243 Abs. 1 ZPO vorbei. Ob das BGer mit dem Urteil v. 29.11.11, 4A_451/2011, E. 2 etwas anderes angedeutet hat, wie TH. KOLLER annimmt (ZBJV 2013, 891), ist nicht klar: Aus dem Sachverhalt geht hervor, dass die Aargauer Instanzen die Auflösung des Mietverhältnisses festgestellt hatten, so dass neben der Ausweisung ursprünglich durchaus auch die Anfechtung der Zahlungsverzugskündigung Prozessthema gewesen sein kann. Wie auch immer: Eine Präzisierung in der ZPO wäre sinnvoll. Statt das Problem aber nur punktuell für Ausweisungen zu lösen, wie dies teils vorgeschlagen wird (MAAG, MRA 1/2014, 10), sollte der Gesetzgeber gleich sämtliche Verfahren über die Miete und Pacht von Wohn- und Geschäftsräumen dem vereinfachten Verfahren unterstellen. Dieses ist flexibel ausgestaltet und taugt durchaus auch für kompliziertere Fälle (s. etwa Art. 246 Abs. 2 ZPO). Der Kanton Zürich hat mit einer ähnlichen Regelung vor Einführung der Bundeszivilprozessordnung gute Erfahrungen gemacht (HEDIGER, mp 2013, 3).

Möglich ist u.U. auch ein Begehren um Gewährung von **Rechtsschutz in klaren Fällen**, welches im summarischen Verfahren ohne vorausgehendes Schlichtungsverfahren gestellt werden kann (zu den Voraussetzungen s. Art. 257 ZPO). Dieser Weg ist für den Vermieter allerdings oft riskant, denn ohne liquide Beweislage droht ihm ein Nichteintretensentscheid des Summargerichts, so dass er doch noch ein ordentliches oder vereinfachtes Verfahren mit vorgeschalteter Schlichtung angestrengen muss (s. dazu die Empfehlungen von MAAG, MRA 1/2014, 5; s.a. BGE 138 III 123, wo die gültige Ausübung einer Vertragsverlängerungsoption durch den Mieter zur Debatte stand; dazu SCHMID/RÜEGG, ZBJV 2014, 100 ff.; KOLLER TH., ZBJV 2013, 880 ff.; BOHNET/CONOD, 17e séminare, Rz 167 ff.).

Nicht übernommen wurde dagegen die Kompetenzattraktion beim Ausweisungsgericht für Kündigungschutzbegehren (Vor Art. 253 N 21; krit. BLUMER, SPR VII/3, Rz 257). Der Punkt kam in der parlamentarischen Debatte ausführlich zur Sprache; es geht daher nicht an, dass die Kantone ungeachtet der ZPO Ausweisungen generell ins summarische Verfahren verweisen (BGE 139 III 38). Das Begehren gegen den Mieter umfasst anerkanntermassen auch dessen minderjährige Kinder und dessen Besitzdiener, insb. Hausangestellte, nicht aber den Ehegatten oder registrierten Partner, besonders nicht, wenn dieser vom Mieter getrennt lebt. Will der Vermieter die vollständige Räumung sicherstellen, muss er diesen in sein Begehren einbeziehen (SJ 2000 I 6 E. 2b = mp 2000, 36 ff.; ZR 101 Nr. 37; RAJOWER, AJP 1998, 804 f.;

CHK-Heinrich, Art. 267–267a OR N 4; SVIT-Komm., N 17b zu Art. 267–267a und N 6a zu aArt. 274g; vgl. Art. 266m–266n N 7). Gleiches gilt für den im Mietobjekt verbliebenen Untermieter (CHK-Heinrich, Art. 267–267a OR N 4). Sofern der Mieter die Absicht des widerrechtlichen Verweilens bereits kundgetan hat, kann die Ausweisung vor Vertragsablauf begehrt werden (ZBJV 1959, 358; 1963, 399; OGer AG, mp 1997, 45 f.; vgl. auch BGer, mp 1998, 184 f. Zihlmann, 124; Rajower, a.a.O., 798). Ein richterlicher Exmissionsentscheid kann aus humanitären Gründen nur für relativ kurz bemessene Zeit ausgeschlossen werden (BGer, 17.12.2013, 4A_391/2013, E. 7). Kantonale Regelungen solcher Aufschübe sind nicht von vornherein bundesrechtswidrig (BGE 117 Ia 336 E. 2). Dies gilt auch nach Inkrafttreten der Schweizerischen ZPO noch, denn solche Regelungen beruhen letztlich auf kantonalem öffentlichen Recht und konkretisieren den allgemeinen Verhältnismässigkeitsgrundsatz, der auch im Rahmen einer Vollstreckung nach der ZPO zu beachten ist (BGer, 19.5.2014, 4A_207/2014, E. 3.1).

Der Vermieter ist nicht berechtigt, die ihm angebotene Rückgabe der Sache zu verweigern, auch nicht wegen Mängeln, die seiner Meinung nach der Mieter zu verantworten hat. Dies gilt auch dann, wenn der Mieter die Sache vorzeitig zurückgibt, denn dann besteht die Rücknahmeobliegenheit gestützt auf Art. 264 (Art. 264 N 8; ähnlich CHK-Heinrich, Art. 267–267a OR N 9; insofern zu präzisieren ZK-Higi, N 63 und 68). 3a

II. Zustand der Sache bei Rückgabe und Haftung des Mieters für Schaden

Das Gesetz definiert den geschuldeten **Zustand** des Mietobjektes bei der Rückgabe anhand des Gebrauchsrechts des Mieters. Art. 256 auferlegt grundsätzlich für alle Arten von Mietsachen – bei der Miete von Wohn- und Geschäftsräumen gar in zwingender Weise – die Instandhaltungsverpflichtung dem Vermieter (dazu Art. 256 N 3 ff.). Konsequenterweise haftet der Mieter nicht für die sich *aus der vertragsgemässen Benützung ergebende Abnützung* der Sache, denn dafür erhält der Vermieter den Mietzins (ZK-Higi, 79; CHK-Heinrich, Art. 267–267a OR N 6). Parteivereinbarungen sind nur zulässig, soweit sie sich an diesen Rahmen halten (Botschaft Mietrecht, 1455; ZK-Higi, N 87). Inkonsequenterweise gilt dies gar bei der Miete von Sachen, die nicht unter Art. 256 Abs. 2 fallen. 4

Der *Zustand der Sache bei Mietbeginn* kann höchstens noch insoweit als massgeblicher Rückgabezustand betrachtet werden, als nicht die normale Abnützung zur Debatte steht (Bsp.: Garten). Zudem spielt der ursprüngliche Zustand eine Rolle, wenn dem Mieter Erneuerungen oder Änderungen an der Sache nur unter Vorbehalt einer Wiederherstellungspflicht gestattet wurden (vgl. Art. 260a N 4).

Nagellöcher, Bildumrisse, Farbveränderungen, abgefahrene Reifen u.ä. führen somit nicht zu einem Ersatzanspruch des Vermieters. Andererseits haftet der Mieter für **Schäden aus vertragswidrigen** (vgl. z.B. Art. 257f, 259 und 262) **oder unsorgfältigen Handlungen**.

Die Praxis verwendet Tabellen für die gewöhnliche (durchschnittliche) **Lebensdauer der Einrichtungsgegenstände** (krit. dazu ZK-Higi, N 117 f.). Seit einiger Zeit existiert eine **paritätische Lebensdauertabelle**, die vom Hauseigentümer- und vom Mieterverband gemeinsam entwickelt wurde und daher verlässlich ist (zu finden u.a. auf ‹http://www.mietrecht.ch›; Lachat et al. (Anhang), 749 ff.; SVIT-Komm., Art. 267–267a N 24; Bohnet/Conod, 17e séminaire, Rz 82).

Ergibt sich bei Beendigung des Mietverhältnisses eine erhöhte Abnützung, so hat der Mieter verhältnismässig für die übermässige Abnützung Ersatz zu leisten; die obere Grenze der Haftung bildet daher bei Ersatzanschaffungen (nicht aber bei Reparaturkosten) der **Zustandswert** der Sache (vgl. ZK-Higi, N 103 ff.). Keinen Ersatz schuldet der Mieter für von ihm verschuldete Mängel, die im Zuge einer vom Vermieter durchgeführten Erneuerung ohnehin beseitigt werden (SVIT-Komm., Art. 267–267a N 27; ZK-Higi, N 119). Der Mieter haftet nicht nur für sein eigenes Verhalten, sondern auch für jenes von Drittpersonen, denen der Gebrauch der Mietsache gestattet war (Art. 101).

5 Die **Beweislast** für den geltend gemachten **Schaden** und die **adäquat kausale Verursachung** durch den Mieter liegt beim *Vermieter* (vgl. auch Art. 259a N 4). Dem *Mieter* steht der **Exkulpationsbeweis** gem. Art. 97 zu. Er haftet nicht für Zufall oder höhere Gewalt (vgl. auch BGer in AJP 1997, 93 ff.; Lachat et al.-ZAHRADNIK, 680 f.; teilw. anders BGE 103 II 330 E. 2a sowie GUHL/KOLLER/SCHNYDER/DRUEY, 411 und 456). Bewusst nicht mehr im Gesetz enthalten ist die altrechtliche Vermutung, der Mieter habe die Sache in gutem Zustand übernommen (Art. 271 Abs. 3 aOR; Botschaft Mietrecht, 1454 f.). Es geht daher nicht an, die Vermutung mittels ausdehnender Interpretation von Art. 257g zu restaurieren (vgl. Art. 257g N 8; CR CO I-LACHAT, N 6; Lachat et al.-ZAHRADNIK, 680 FN 62; CHK-HEINRICH, Art. 267–267a OR N 10; **a.M.** SVIT-Komm., Art. 257g N 14, Art. 267–267a N 32; ZK-HIGI, Art. 257g N 30; **wie hier** nunmehr aber ZK-HIGI, Art. 267 OR N 119 f.). Für die schädigende Handlung *während der Mietdauer* ist ein Rückgabeprotokoll für sich allein nicht aussagekräftig, vielmehr erst der Vergleich mit dem (vom Gesetz nicht erwähnten) Antrittsprotokoll (SVIT-Komm., N 30; GUHL/KOLLER/SCHNYDER/DRUEY, 456 f.); selbst hier bleibt allerdings der Einwand möglich, eines der Protokolle sei falsch. Im Gegensatz zum alten Recht ist daher nicht mehr der Mieter, sondern der Vermieter an der lückenlosen Protokollierung interessiert.

6 Eine Ausdehnung der Haftung des Mieters ergibt sich aus Art. 259, wonach dieser **kleine Reinigungen und Ausbesserungen** während der Mietdauer auf eigene Kosten vorzunehmen hat (GUHL/KOLLER/SCHNYDER/DRUEY, 456).

III. Entschädigungsvereinbarungen gemäss Abs. 2

7 Im Voraus, also namentlich auch im Mietvertrag selbst, kann sich der Mieter nicht verpflichten, bei Beendigung des Mietverhältnisses mehr als die Schadensdeckung zu übernehmen (BGE 107 II 256; BJM 1990, 193 ff.; ZK-HIGI, N 129 f.; SVIT-Komm., Art. 267–267a N 33; Lachat et al.-ZAHRADNIK, 682 f.). Die gesetzliche Regelung erweist sich damit zugunsten des Mieters als **relativ zwingend** (RONCORONI, mp 2006, 93; **a.M.** ZK-HIGI, N 9). *Unzulässig* sind namentlich Vereinbarungen, die Schäden an **gemeinsam benützten Einrichtungen** ohne Rücksicht auf den Verursacher den Parteien in einem Mehrfamilienhaus solidarisch aufbürden (Bsp.: Beschädigung der Waschmaschine; Ölfleck in der Garage; eingeschlagene Fensterscheibe im Treppenhaus). Anders als bei der Parallelmiete liegen die Dinge beim gemeinsamen Mietvertrag, soweit Schäden im Bereich der *ausschliesslich* von den gemeinsamen Mietern benutzten Sachteile zur Diskussion stehen, da hier Art. 101 anwendbar ist (WEBER, Diss., 137).

8 Der Mieter hat die Möglichkeit, *bei Beendigung des Mietverhältnisses* und in Kenntnis der Sachlage mit dem Vermieter eine **Schadensliquidationsvereinbarung** zu treffen, ohne dass der entstandene Schaden richterlich oder gutachtlich festzusetzen wäre. Eine solche Regelung kann auch Inhalt eines Rückgabeprotokolls sein (SVIT-Komm., N 37; ZK-HIGI, N 135). Unzulässig sind indessen die in der Praxis immer noch recht häufigen Protokollformulare, die unmittelbar nach den Spalten für die Auflistung von Mängeln und noch vor der Unterschriftenrubrik die oft kleingedruckte und unspezifizierte Erklärung enthalten, der Mieter anerkenne die Haftpflicht für die aufgelisteten Mängel und verpflichte sich zur Bezahlung der Reparaturkosten. Solche Protokolle widersprechen dem Zweck von Art. 267 Abs. 2 OR und erfüllen meist den Tatbestand von Art. 8 UWG, denn sie vermengen in **treuwidriger Weise** die im Vordergrund stehende gemeinsame Tatsachenfeststellung nicht nur mit der Mängelrüge des Vermieters, sondern gleich auch noch mit einer Haftungsanerkennung des Mieters. Damit *sind solche Klauseln nichtig*, jedenfalls soweit sie nicht auf einer konkreten Auseinandersetzung der Parteien mit der Haftungsfrage beruhen (vgl. STUCKI, Jusletter 2014, 6; vgl. zum Übergangsrecht betr. Art. 8 UWG BGE 140 III 404; zum Gehalt des neuen Rechts a.a.O.

E. 4.5). Wegen des neu eingeführten Konsumentenbegriffs in Art. 8 UWG schützt die Bestimmung allerdings wohl nur natürliche Personen; für juristische Personen wird man auf die Ungewöhnlichkeitsregel zurückgreifen müssen (dazu STUCKI, a.a.O., 2; ebenso SCHMID/RÜEGG, ZBJV 2014, 97.; **teilw. a.M.** [nur Schutz von Wohnungsmietern] WETZEL/GRIMM/MOSIMANN, MRA 1/2013, 8 f.). Nicht zu beanstanden sind Protokollformulare, die unmittelbar nach der Mängelliste eine Unterschriftenrubrik und darunter eine deutlich gekennzeichnete und separat zu unterzeichnende, vorformulierte Entschädigungsvereinbarung enthalten.

Art. 267*a*

II. Prüfung der Sache und Meldung an den Mieter

[1] Bei der Rückgabe muss der Vermieter den Zustand der Sache prüfen und Mängel, für die der Mieter einzustehen hat, diesem sofort melden.

[2] Versäumt dies der Vermieter, so verliert er seine Ansprüche, soweit es sich nicht um Mängel handelt, die bei übungsgemässer Untersuchung nicht erkennbar waren.

[3] Entdeckt der Vermieter solche Mängel später, so muss er sie dem Mieter sofort melden.

II. Vérification de l'état de la chose et avis au locataire

[1] Lors de la restitution, le bailleur doit vérifier l'état de la chose et aviser immédiatement le locataire des défauts dont celui-ci répond.

[2] Si le bailleur néglige de le faire, le locataire est déchargé de toute responsabilité, à moins qu'il ne s'agisse de défauts qui ne pouvaient pas être découverts à l'aide des vérifications usuelles.

[3] Si le bailleur découvre plus tard des défauts de ce genre, il doit les signaler immédiatement au locataire.

II. Verifica della cosa e avviso al conduttore

[1] Al momento della restituzione, il locatore deve verificare lo stato della cosa e, se vi scopre difetti di cui il conduttore deve rispondere, dargliene subito notizia.

[2] Diversamente, il conduttore è liberato dalla sua responsabilità, salvo che si tratti di difetti irriconoscibili mediante l'ordinaria verifica.

[3] Se il locatore scopre più tardi difetti di questo tipo, deve darne subito notizia al conduttore.

Literatur

KLEY, Die vorzeitige Rückgabe der Mietsache – praktische Fragen, mp 2013, 257 ff.; ZEHNDER, Die Mängelrüge im Kauf-, Werkvertrags- und Mietrecht, SJZ 2000, 545 ff.; s.a. die Literaturhinweise zu Art. 267.

I. Zweck der Mängelrüge

1 Um langwierige Beweisverfahren über die Behauptung zu vermeiden, ein Mangel sei erst nach der Rückgabe (z.B. bei Renovationsarbeiten) entstanden, verlangt das Gesetz in Kodifikation der früheren Praxis (BGE 47 II 91; REYMOND, SPR VII/1, 252; ZK-SCHMID, Art. 271 aOR N 34; ZK-HIGI, N 6) vom Vermieter **zwingend** eine *Mängelrüge*. Die Norm dient der Beweissicherung und damit der Prozessökonomie (Botschaft Mietrecht, 1456 f.; WEBER, Diss., 211). Eine Pflicht *des Mieters* zur Prüfung der Sache *bei der Übernahme* besteht dagegen nicht (vgl. Art. 256 N 5 und Art. 257g N 9).

II. Inhalt der Prüfungs- und Meldeobliegenheit

2 Die Erklärung des Vermieters ist an keine bestimmte Form gebunden, erfolgt aber meist schriftlich im Anschluss an ein **Rückgabeprotokoll**. Inhaltlich ist neben der detaillierten Bezeichnung der Mängel auch die zumindest sinngemässe Aussage erforderlich, der Mieter habe für den vorgefundenen Zustand einzustehen, d.h. den Schaden i.S.v. Art. 267 zu verantworten

(BGer, 11.1.2012, 4A_545/2011; ZK-Higi, N 26 f.). Zur Problematik von Entschädigungsvereinbarungen in Rückgabeprotokollen Art. 267 N 8.

3 Die Rüge kann frühestens bei der Rückgabe erfolgen, da erst dann feststeht, in welchem Zustand der Mieter die Sache zurückgibt (ZMP 1992 Nr. 3 E. 5C = mp 1992, 77; anders ZMP 1992 Nr. 27; wie hier ZK-Higi, N 14). Alsdann hat sie aber **«sofort»** zu erfolgen, soweit der Mangel bei übungsgemässer Untersuchung erkennbar war (sog. **offener Mangel**, mp 1987, 109). Eine Mängelrüge erst Wochen nach der Sachrückgabe ist unbeachtlich. Über die von Higi geforderte Bedenkfrist (von zwei bis drei Werktagen, ZK-Higi, N 33; Bohnet/Conod, 17e séminaire, Rz 90) lässt sich je nach der Beschaffenheit der Mietsache durchaus diskutieren, zumal auch im Kaufrecht sachspezifische Unterscheidungen getroffen werden (vgl. Honsell, Art. 201 N 9; CHK-Heinrich, Art. 267–267a N 9; KUKO OR-Blumer, Art. 267–267a N 14; Blumer, SPR VII/3, Rz 1090; CPra Bail-Aubert, N 17). Der anzulegende Massstab darf jedoch im Mietrecht nicht grosszügiger sein als im Kaufrecht, da der Vermieter für gewöhnlich eher als geschäftserfahren zu betrachten ist als ein Käufer. Die kurze Rügefrist beginnt auch zu laufen, wenn der Vermieter in pflichtwidriger Weise die Rücknahme der Sache – beim Mietende oder nach **vorzeitiger Rückgabe** durch den Mieter i.S.v. Art. 264 (vgl. dazu Art. 264 N 8) – verweigert (Gläubigerverzug, BGer, 7.1.2014, 4A_388/2013, E. 2.2 und 2.3; ZMP 1992 Nr. 3 E. 5C = mp 1992, 77; Kley, mp 2013, 261; Bohnet/Conod, 17e séminaire, Rz 92).

4 Bezüglich **nicht erkennbarer** Mängel ist die Rüge **sofort nach deren Entdeckung** anzubringen; Voraussetzung dafür ist auch die Kenntnis, dass der Mangel dem früheren Mieter zuzurechnen ist (so ZK-Higi, N 36). An der Beweislast für die Verursachung des Schadens während der Mietzeit ändert die Rüge nichts (wie hier ZK-Higi, Art. 267 N 120 und Art. 267a N 23; **a.M.** Züst, 90). Was erkennbar ist und was nicht, hängt nicht von der Existenz eines Rückgabeprotokolls ab, sondern ist aufgrund eines objektiven Massstabes unter Berücksichtigung der Umstände zu beurteilen (gl.M. ZK-Higi, N 9; ähnlich nun Guhl/Koller/Schnyder/Druey, 456). Dabei ist von normalen Rahmenbedingungen auszugehen; so hat etwa der Vermieter für die erforderliche Beleuchtung zu sorgen, wenn er nicht auf einer Rückgabe bei Tageslicht besteht (analog Art. 188).

4a Die Beweislast für den nach der Rückgabe liegenden Zeitpunkt der Erkennbarkeit eines Mangels trägt der Vermieter, denn die Rechtzeitigkeit der Mängelrüge ist i.S.v. Art. 8 ZGB Voraussetzung für die Geltendmachung seiner Mängelrechte (vgl. BGE 107 II 172 E. 1a; CHK-Heinrich, Art. 267–267a OR N 10; KUKO OR-Blumer, Art. 267–267a N 14; **a.A.** ZK-Higi, N 23 sowie BK-Giger, Vor Art. 253–273c N 135, die sich auf den – nur als Faustregel tauglichen – Satz «negativa non sunt probanda» stützen).

III. Konsequenzen einer verspäteten Mängelrüge

5 Versäumt der Vermieter bei Rückgabe der Mietsache die ihm gem. Abs. 1 und 3 auferlegte Prüfungs- und Meldepflicht, so **verwirkt** er nach Abs. 2 seine Ansprüche gegenüber dem Mieter. Dies kennzeichnet die Mängelrüge als Obliegenheit des Vermieters (zutreffend ZK-Higi, N 7).

Art. 268

Q. Retentionsrecht des Vermieters
I. Umfang

[1] Der Vermieter von Geschäftsräumen hat für einen verfallenen Jahreszins und den laufenden Halbjahreszins ein Retentionsrecht an den beweglichen Sachen, die sich in den vermieteten Räumen befinden und zu deren Einrichtung oder Benutzung gehören.

[2] Das Retentionsrecht des Vermieters umfasst die vom Untermieter eingebrachten Gegenstände insoweit, als dieser seinen Mietzins nicht bezahlt hat.

[3] Ausgeschlossen ist das Retentionsrecht an Sachen, die durch die Gläubiger des Mieters nicht gepfändet werden könnten.

Q. Droit de rétention du bailleur
I. Objet

[1] Le bailleur de locaux commerciaux a, pour garantie du loyer de l'année écoulée et du semestre courant, un droit de rétention sur les meubles qui se trouvent dans les locaux loués et qui servent soit à l'aménagement, soit à l'usage de ceux-ci.

[2] Le droit de rétention du bailleur grève aussi les meubles apportés par le sous-locataire dans la mesure où celui-ci n'a pas payé son loyer au locataire.

[3] Ne sont pas soumis au droit de rétention les biens qui ne pourraient être saisis par les créanciers du locataire.

Q. Diritto di ritenzione del locatore
I. Estensione

[1] Per la pigione annuale scaduta e per quella del semestre in corso, il locatore di locali commerciali ha un diritto di ritenzione sulle cose mobili che vi si trovano e servono al loro uso o godimento.

[2] Il diritto di ritenzione del locatore si estende agli oggetti introdotti dal subconduttore nella misura in cui questi non abbia pagato la pigione al sublocatore.

[3] Sono esenti dal diritto di ritenzione gli oggetti che non potrebbero essere pignorati dai creditori del conduttore.

Art. 268*a*

II. Sachen Dritter

[1] Die Rechte Dritter an Sachen, von denen der Vermieter wusste oder wissen musste, dass sie nicht dem Mieter gehören, sowie an gestohlenen, verlorenen oder sonstwie abhanden gekommenen Sachen gehen dem Retentionsrecht des Vermieters vor.

[2] Erfährt der Vermieter erst während der Mietdauer, dass Sachen, die der Mieter eingebracht hat, nicht diesem gehören, so erlischt sein Retentionsrecht an diesen Sachen, wenn er den Mietvertrag nicht auf den nächstmöglichen Termin kündigt.

II. Choses appartenant à des tiers

[1] Les droits des tiers sur des choses dont le bailleur savait ou devait savoir qu'elles n'étaient pas la propriété du locataire prévalent sur le droit de rétention; il en va de même pour les choses que le possesseur a perdues, qui lui ont été volées ou dont il est dessaisi de quelque autre manière contre sa volonté.

[2] Lorsque le bailleur apprend seulement au cours du bail que des meubles apportés par le locataire ne sont pas la propriété de ce dernier, son droit de rétention sur ces meubles s'éteint s'il ne résilie pas le contrat pour le prochain terme.

II. Cose di terzi

[1] I diritti dei terzi sulle cose che il locatore sapeva o doveva sapere non essere del conduttore, come pure quelli sulle cose rubate, smarrite o di cui il possessore è stato altrimenti privato sono poziori al diritto di ritenzione del locatore.

[2] Se il locatore apprende solo durante la locazione che le cose introdotte dal conduttore non gli appartengono, il suo diritto di ritenzione su queste cose si estingue, eccetto che dia la disdetta per la prossima scadenza.

Art. 268*b*

III. Geltendmachung

[1] Will der Mieter wegziehen oder die in den gemieteten Räumen befindlichen Sachen fortschaffen, so kann der Vermieter mit Hilfe der zuständigen Amtsstelle so viele Gegenstände zurückhalten, als zur Deckung seiner Forderung notwendig sind.

[2] Heimlich oder gewaltsam fortgeschaffte Gegenstände können innert zehn Tagen seit der Fortschaffung mit polizeilicher Hilfe in die vermieteten Räume zurückgebracht werden.

III. Exercice du droit

[1] Lorsque le locataire veut déménager ou a l'intention d'emporter les meubles qui se trouvent dans les locaux loués, le bailleur peut, avec l'assistance de l'autorité compétente, en retenir autant qu'il en faut pour garantir sa créance.

[2] Les objets emportés clandestinement ou avec violence peuvent être réintégrés avec l'assistance de la force publique dans les dix jours qui suivent leur déplacement.

III. Esercizio del diritto [1] Se il conduttore intende sgombrare o asportare le cose che si trovano nei locali, il locatore può, con l'assistenza dell'autorità competente, ritenerne tante quante necessarie per garantire il suo credito.

[2] Le cose asportate clandestinamente o con violenza possono essere reintegrate, entro dieci giorni dall'asportazione, con l'assistenza della polizia.

Literatur

Eugster, Das Retentionsrecht des Vermieters und Verpächters für Miet- und Pachtzinsforderungen, BlSchK 1990, 1 ff.; Gilliéron, Bailleur et locataire d'une chose immobilière dans l'exécution forcée, 7e séminaire sur le droit du bail, Neuchâtel 1992; Jeandin, L'insolvabilité en relation avec les contrats de bail et de travail, ZSR 2005, 189 ff.; Jeanneret/Hari, Contrat de bail et insolvabilité du bailleur ou du locataire, JdT 2007 II 21 ff.; Lorandi, Mietverträge im Konkurs des Mieters, mp 1998, 1 ff.; Pommaz/Crispin, Le droit de rétention du bailleur, JdT 2007 II 55 ff.; Studer, Das Retentionsrecht in der Zwangsvollstreckung, Diss. Zürich 2000; vgl. ferner die Literatur- und Materialienhinweise bei den Vorbem. zu Art. 253–273c.

I. Wesen und Geltungsbereich des Retentionsrechts

1 Das Retentionsrecht stellt ein atypisches gesetzliches Pfandrecht dar, das abweichend von Art. 895 ff. ZGB keinen Besitz des Pfandgläubigers voraussetzt. Die Regelung wird ergänzt durch die Art. 283 f. SchKG.

2 Nach neuem Recht ist das Retentionsrecht ob der zweifelhaften Verwertbarkeit von Wohnungseinrichtungen nur noch bei der **Geschäftsraummiete** zugelassen. Gerade die zunehmende Beliebtheit der Rohbaumiete (Art. 256 N 6a) zeigt, dass heute selbst die Ausstattung von Geschäftsräumen oft nur noch für den Mieter einen wirtschaftlichen Wert hat (dazu Art. 256 N 6a).

2a Ausserhalb des Mietrechts ist das Retentionsrecht für *Wohnräume* noch anwendbar beim Stockwerkeigentum, da die Verweisung in Art. 712k ZGB vom Gesetzgeber bei der Revision unbemerkt blieb (vgl. dazu Walder, SJZ 1991, 357 ff.). Gleiches gilt konsequenterweise für das Retentionsrecht des Gastwirtes (Art. 491; Abs. 2 dieser Bestimmung verlangt anders als Art. 712k ZGB ohnehin nur die *entsprechende* Anwendung des Mietrechts), nicht aber für dasjenige des Verpächters (s. Art. 299c).

2b Die Regelung ist zugunsten des Mieters **relativ zwingender Natur** (gl.M. CHK-Heinrich, N 1; KUKO OR-Blumer, N 3; ZK-Higi, N 7, der zwar zunächst ausführt, die Normen seien zugunsten des *Vermieters* relativ zwingend, dann aber klarstellt, dass das Retentionsrecht des Vermieters eingeschränkt oder wegbedungen, nicht aber ausgedehnt werden kann; **a.M.** SVIT-Komm., N 2: «zwingend»).

II. Retentionsgegenstände

1. Sachen des Mieters

3 Retentionsgegenstände sind gemäss Praxis neben den Einrichtungsgegenständen i.e.S. alle Sachen, die mittelbar oder unmittelbar zur (geschäftlichen) **Einrichtung oder Benutzung** der Mietsache gehören, z.B. Maschinen, Warenvorräte, das Heizöl im Tank eines Hotelbetriebs (BGE 109 III 42 E. 2 = Pra 1983 Nr. 97), Tiere, Gemälde einer Galerie, (Geschäfts-)Autos in der Garage oder auf dem Parkplatz, in den Mieträumlichkeiten gefertigte Maschinen (BGE 106 II 42 E. 1 = Pra 1980 Nr. 162; 120 III 52 E. 8 = Pra 1995 Nr. 43), Waren in einem

Lagerhaus, Baumaterialien in einem Lagerraum (vgl. auch ZK-Higi, N 38 ff.; SVIT-Komm., N 6).

Sachen, die nur vorübergehend von Kunden zur Reparatur oder von Besuchern in die Mieträume verbracht werden (ZR 79 [1980] 311), unterliegen dem Retentionsbeschlag nicht, ebenso wenig Kleider, Sportgeräte und Reisekoffer, allg. die persönlichen Effekten des Mieters (BGE 79 III 75 E. 2 für den Fall der Wohnungsmiete nach altem Recht; die Praxis bleibt für die Miete von Geschäftsräumen relevant).

Ausgeschlossen ist das Retentionsrecht an **unpfändbaren Gegenständen** gem. Art. 268 4
Abs. 3, somit an Kompetenzstücken gem. Art. 92 SchKG, namentlich auch an den zur Berufsausübung notwendigen Werkzeugen, Gerätschaften, Instrumenten und Büchern des Schuldners, wozu auch ein Auto eines Zeitungsverkäufers oder der Computer gehört, mit dem ein Landwirt seine Buchhaltung führt (BGE 60 III 222; 82 III 77; 110 III 53 E. 3a; 117 III 20 = Pra 1992 Nr. 167 [Zeitungsverkäufer]; OGer TG, RBOG 2000, 9 [Computer eines Landwirts]).

2. Sachen des Untermieters

Das Retentionsrecht des Vermieters erfasst Sachen des Untermieters insoweit, als dieser sei- 5
nen Untermietzins nicht bezahlt hat (Art. 268 Abs. 2). Es steht sodann unter den gleichen Voraussetzungen wie das Retentionsrecht gegenüber dem Mieter (ZK-Higi, N 46). Werden Sachen des Untermieters in die *Retentionsurkunde* aufgenommen, so erhält auch dieser eine Abschrift derselben und wird angewiesen, seine künftigen Mietzinszahlungen nur noch an das Betreibungsamt zu leisten (BGE 59 III 282 E. 3 und 4; 120 III 52 E. 7 = Pra 1995 Nr. 43).

Dagegen ist ein Untermieter als gewöhnlicher Dritter i.S.v. Art. 268a zu behandeln, wenn die Untermiete materiell unzulässig ist (Art. 262 Abs. 2; ZK-Schmid, aArt. 272 OR N 16; SVIT-Komm., N 10; **a.M.** CHK-Heinrich, N 4).

3. Sachen (anderer) Dritter (Art. 268a)

Das Retentionsrecht erstreckt sich auf Sachen, die Dritten gehören, soweit sie in die Ge- 6
schäftsräume eingebracht worden sind, allerdings nur, sofern der Vermieter *weder wusste noch wissen musste*, dass sie nicht dem Mieter gehören. In keinem Fall erfasst sind gem. Art. 268a Abs. 1 Sachen Dritter, die gestohlen oder abhanden gekommen sind (Guhl/Koller/Schnyder/Druey, 424; Art. 934 ZGB). Art. 268a statuiert nach richtiger Ansicht nur einen beschränkten Gutglaubensschutz: Dass der Vermieter ohne besonderen Anlass nicht verpflichtet sein soll, in das **Eigentumsvorbehaltsregister** Einsicht zu nehmen (BGE 106 II 42 E. 2 = Pra 1980 Nr. 162; BGE 42 II 578), ist angesichts der an sich schon fragwürdigen Ausweitung des Retentionsbeschlages auf Sachen Dritter (Honsell, OR BT, 222) problematisch (**a.M.** ZK-Higi, N 56 und 59; SVIT-Komm., N 8; CHK-Heinrich, N 4; KUKO OR-Blumer, N 8; Guhl/Koller/Schnyder/Druey, 425). Den Vertretern der gegenteiligen Auffassung ist entgegenzuhalten, dass das Eigentumsvorbehaltsregister gerade der Überprüfung der Kreditwürdigkeit dient. Deswegen verdient der bequeme Vermieter, der einem wachsamen Lieferanten des Mieters gegenübertritt, just keinen Schutz. Der Vergleich mit Art. 933 ist nicht statthaft, denn der Schutz des gutgläubigen *Erwerbers* eines dinglichen Rechts (vgl. Art. 714 Abs. 2 und Art. 884 Abs. 2 ZGB) knüpft an die *Besitzübertragung* an («Hand, wahre Hand»).

Dem Dritteigentümer stehen gegenüber dem Vermieter, der sein Retentionsrecht geltend 7
macht, die gleichen Einreden zu wie dem Mieter (BGE 70 II 226).

Nach Abs. 2 verliert der Vermieter für die vom **nächsten offenen Kündigungstermin** an ge- 8
schuldeten Mietzinse das Retentionsrecht an Sachen, von denen er erst während der Miet-

dauer erfährt, dass sie nicht dem Mieter gehören (BGE 42 II 578 E. 3; 101 II 91 E. 1). Das Gesetz scheint dem Vermieter damit nahezulegen, eine **ordentliche Kündigung** auszusprechen, wenn ihm der Verlust des Pfandrechts nicht genehm ist. In der Lehre wird daraus der Schluss gezogen, eine Kündigung «gestützt auf» Art. 268a Abs. 2 könne nicht treuwidrig sein (so ZK-Higi, N 62). Einzuräumen ist, dass die zitierte Bestimmung offensichtlich auf dem altrechtlichen Gedanken der (fast) schrankenlosen Kündigungsfreiheit beruht. Angesichts der Entstehungsgeschichte des geltenden Mietrechts (N 2) ist aber offenkundig, dass sich der Gesetzgeber des Widerspruchs zum neu eingeführten Kündigungsschutz nicht bewusst war. Dessen gewollte Verstärkung verdient gegenüber dem Fossil beliebiger Kündigungen Vorrang. Entgegen Higi verstösst daher eine Kündigung sehr wohl gegen Treu und Glauben i.S.v. Art. 271 Abs. 1, wenn der Vermieter die Kenntnisnahme vom Dritteigentum an gewissen Einrichtungsgegenständen zum Anlass für eine Kündigung nimmt, obwohl sein Erfüllungsanspruch aufgrund der offensichtlichen Solvenz des Mieters oder infolge anderweitiger Sicherheiten völlig ungefährdet ist (gl.M. KUKO OR-Blumer, N 8). Ebenso ist selbst bei einer gerechtfertigten Kündigung eine Erstreckung keineswegs «regelmässig» ausgeschlossen, wie Higi (a.a.O.) annimmt.

III. Retentionsgesicherte Forderungen

9 Das Retentionsrecht deckt den **verfallenen Jahreszins** und den noch nicht fälligen, **laufenden Halbjahreszins** (BGE 83 III 112). Solange die Miete dauert, wird die retentionsgesicherte Forderung laufend erneuert. Noch gemäss der 2. Aufl. dieses Werkes sollte zur Bestimmung des verfallenen Jahreszinses auf den letzten Zinstermin vor der Konkurseröffnung (BGE 104 III 84 E. 2; 124 III 41 E. 2b) oder dem Verwertungsbegehren (BGE 72 II 369; Guhl/Koller/Schnyder/Druey, 425) abgestellt werden. In der Lehre wird indessen mit überzeugender Begründung der Standpunkt vertreten, dass auf das Retentionsbegehren abzustellen ist, den Zeitpunkt, welchen das BGer ausserhalb eines Konkurses als massgeblich erklärte (BGE 97 III 43 E. 3; 129 III 395 E. 3.2). Ist daher monatliche Vorauszahlung des Mietzinses vereinbart, so berechnet sich die Jahresfrist ab Ende des dem Retentionsbegehren vorausgehenden Monats und die Halbjahresfrist von diesem Zeitpunkt an vorwärts. Sind Jahreszahlungen vereinbart, ist das Problem durch direkte Anknüpfung an den Zeitpunkt des Retentionsbegehrens – ohne Rücksicht auf die Zahlungstermine – zu lösen (vgl. ZK-Higi, N 33 ff.; SVIT-Komm., N 12). Bei der Berechnung des Zeitraumes ist bedeutungslos, ob der Mietzins prae- oder postnumerando zahlbar ist (BGE 97 III 43 E. 3). Das Retentionsrecht bleibt bei Beendigung des Mietverhältnisses für einen verflossenen Jahreszins so lange fortbestehen, bis die Forderung verjährt ist (BGE 72 II 364 E. 3; 79 III 75 E. 1).

10 Das Retentionsrecht kann auch für die **mietzinsähnliche Forderung** für die Weiterbenützung der Sache nach dem Mietende (BGE 73 III 77) und für **Nebenforderungen** (Heiz-, Warmwasserkosten etc.) geltend gemacht werden (BGE 111 II 71; 75 III 28 E. 2; ZK-Higi, N 25; Guhl/Koller/Schnyder/Druey, 426; CHK-Heinrich, N 5). Mit umfasst sind Betreibungs- und Retentionskosten (BGE 63 II 368 E. 11), nicht hingegen Schadenersatzansprüche wegen Beschädigung der Mietsache (BGE 104 III 84), Ausweisungskosten (BGE 85 III 54) oder Forderungen auf Sicherheitsleistung (BGE 111 II 71; ZK-Higi, N 27 und 30).

IV. Geltendmachung des Retentionsrechts (Art. 268b; Art. 283 f. SchKG)

1. Sachen in den Mietlokalitäten

11 Das *Retentionsrecht* **entsteht** *mit* dem Einbringen der retentionsfähigen Sachen in die Mieträume, selbst ohne Kenntnis des Vermieters (BGE 101 II 91 E. 1). Es **geht unter** mit dem Erlöschen der retentionsgesicherten Forderung oder durch Entfernung der Retentionsgegen-

stände aus den Mieträumen (vorbehaltlich des Verfolgungsrechtes des Vermieters, vgl. N 13; ZK-Higi, N 69 ff.).

So lange die materiellrechtlichen Voraussetzungen bestehen, kann der Vermieter jederzeit beim zuständigen Betreibungsamt nach Art. 283 Abs. 1 und 3 SchKG die **Aufnahme einer Retentionsurkunde** verlangen, auch wenn er eine frühere Retention nicht prosequiert hat (wie hier ZK-Higi, N 74). Für nicht fällige Mietzinsforderungen kann das Retentionsverzeichnis nur aufgenommen werden, wenn der Vermieter eine konkrete und unmittelbare Gefährdung *des Retentionsrechts* glaubhaft macht (BGE 97 III 43; SVIT-Komm., N 25; ZK-Higi, N 78). Eine blosse Gefährdung des Mietzinsanspruches genügt nicht. Der Vermieter muss also glaubhaft machen, dass die konkrete Gefahr der Wegschaffung von Retentionsgegenständen droht (BGE 129 III 395 E. 3). Bei besonderer Dringlichkeit kann sich der Vermieter direkt an die **Polizei** wenden (Art. 283 Abs. 2 SchKG). **Selbsthilfe des Vermieters** ist im Rahmen von Art. 52 möglich (SVIT-Komm., a.a.O.; **a.M.** ZK-Higi, N 102; CR CO I-Lachat, N 13). **12**

Das Betreibungsamt kann das Begehren um Aufnahme eines Retentionsverzeichnisses nur dann ablehnen, wenn die Voraussetzungen des Retentionsrechts *offensichtlich* nicht gegeben sind (BGE 86 III 36, 105 III 80). Weitergehende Sicherungsmassnahmen, etwa die Verschliessung der Mieträumlichkeiten, kommen erst in Frage, wenn in der anschliessenden Betreibung der Rechtsvorschlag beseitigt ist (BGE 127 III 111 E. 3a und b).

Die Wirkung des einzelnen Retentionsverzeichnisses ist gem. Art. 283 Abs. 3 SchKG befristet. Für verfallene Mietzinsforderungen ist innert zehn Tagen seit Zustellung der Retentionsurkunde Betreibung auf Pfandverwertung anzuheben (**Retentionsprosequierungsbetreibung**; Kreisschreiben des BGer vom 12. 7. 1909; ZK-Higi, N 89 ff.). Prosequiert werden kann die Forderung nur für den in der Urkunde aufgeführten Betrag (BGE 120 III 157). Die Forderung ist nach einem Rechtsvorschlag nnert 10 Tagen durch Klage bei der Schlichtungsbehörde zu prosequieren (BGE 124 III 215 E. 1b); für den Weiterzug gilt alsdann – auch mit Bezug auf die 30-tägige Frist – Art. 209 Abs. 4 ZPO (zum alten Recht SJZ 2001, 180; CHK-Heinrich, N 7).

Fällt der Mieter nach Aufnahme der Retentionsurkunde in **Konkurs**, so geht das Retentionsrecht nicht unter und der Vermieter kann sich im Konkurs auch für seine zukünftigen Mietzinsforderungen darauf berufen (BGE 104 III 84 E. 4; vgl. auch BGE 124 III 215). Auch die künftigen Mietzinsforderungen bis maximal sechs Monate nach der Konkurseröffnung stellen diesfalls gemäss der Rsp. des BGer *Konkursforderungen* dar, und zwar selbst dann, wenn der Mieter eine natürliche Person ist (BGE 124 III 41; krit. mit Bezug auf den nicht retentionsgesicherten Teil der Mietzinsforderungen Lorandi, AJP 1998, 738 ff.; **a.M.** ZK-Higi, Art. 266h OR N 37 f.). **12a**

2. Verfolgungsrecht

Gemäss Art. 268b Abs. 2 OR und Art. 284 SchKG steht dem Vermieter das Recht auf Rückschaffung heimlich oder gewaltsam fortgeschaffter retinierbarer Sachen (das sog. Verfolgungsrecht) zu. Das Gesuch um Rückschaffung ist binnen zehn Tagen seit der Entfernung der Sache zu stellen. Auf den Zeitpunkt der Kenntnis von der Wegschaffung kommt es nicht an. Zuständig ist das Betreibungsamt des Ortes, wo sich die Gegenstände vor der Wegschaffung befanden, auch wenn das Betreibungsamt eines andern Ortes zur Mithilfe ersucht werden muss (BGE 52 III 33 E. 5; ZK-Higi, N 106 ff.). Das Betreibungsamt muss vor Anordnung der Rückschaffung summarisch prüfen, ob dem Vermieter überhaupt ein Retentionsrecht zusteht (BGE 52 III 122). **13**

Heimlichkeit der Wegschaffung liegt vor, wenn der Mieter Retentionsgegenstände ohne Wissen des Vermieters fortschafft oder fortschaffen lässt und dabei nicht in guten Treuen annehmen darf, der Vermieter würde es dulden, wenn er davon Kenntnis hätte (BGE 101 II 91 **14**

E. 2a). Sie ist auch gegeben, wenn der Mieter den Vermieter im Glauben gelassen hat, sein Auszug werde erst später erfolgen (BGE 39 I 474). Veräussert der Mieter eine an sich dem Retentionsrecht unterliegende Sache und macht der neue Besitzer daran ein besseres Recht geltend, so hat das Betreibungsamt auf die Rückschaffung zu verzichten und dem Vermieter Frist zur Klage gegen den Dritten anzusetzen (PKG 1992, 50). Der gutgläubige Erwerb des Dritten wird in jedem Fall geschützt (BGE 69 III 65).

Zweiter Abschnitt: Schutz vor missbräuchlichen Mietzinsen und andern missbräuchlichen Forderungen des Vermieters bei der Miete von Wohn- und Geschäftsräumen

Art. 269

A. Missbräuchliche Mietzinse
I. Regel

Mietzinse sind missbräuchlich, wenn damit ein übersetzter Ertrag aus der Mietsache erzielt wird oder wenn sie auf einem offensichtlich übersetzten Kaufpreis beruhen.

A. Loyers abusifs
I. Règle

Les loyers sont abusifs lorsqu'ils permettent au bailleur d'obtenir un rendement excessif de la chose louée ou lorsqu'ils résultent d'un prix d'achat manifestement exagéré.

A. Pigioni abusive
I. Regola

Sono abusive le pigioni con le quali è ottenuto un reddito sproporzionato dalla cosa locata o fondate su un prezzo d'acquisto manifestamente eccessivo.

Literatur

Carron/Plattner, Contrat de bail et valorisation immobilière, 18e séminaire sur le droit du bail, Neuchâtel 2014, 3 ff.; Corboz, Les travaux de transformation et de rénovation de la chose louée entrepris par le bailleur et leur répercussion sur les loyers, in 12e Séminaire sur le droit du bail, 2002; Eichenberger; Der Flächenbegriff im Mietrecht, MRA 3/2013, 3 ff.; Fetter, La contestation du loyer initial, Diss. Bern 2005; Gasche, Die Mietfläche von Wohn- und Geschäftsräumen, mp 2001, 1 ff.; Gauch, Der Fussballclub und sein Mietvertrag: Ein markanter Entscheid zur Übervorteilung, recht 1998, 55 ff.; Gmür/Thanei, Rechtsprechung des Bundesgerichts zur Mietzinserhöhung, Fachheft Mietrecht, Zürich 1993; Gratz, Mietzinsgestaltung, Zürich 1995; Gut, Angemessener Ertrag, mp 1996, 177 ff. (zit. Ertrag); ders., Die Entwicklung der Rechtsprechung zum missbräuchlichen Mietzins, mp 2000, 1 ff. (zit. Mietzins); ders., Der Einwand des ungenügenden und des übersetzten Ertrages, mp 2002, 1 ff. (zit. Einwand); Gut/Higi, Die Berechnung des zulässigen Ertrages einer Mietwohnung, BauR 1996, 41 ff.; Habermacher-Droz, Die neuere Rechtsprechung zum Thema Mietzins, mp 1992, 155 ff.; Hediger, Die Entwicklung der Rechtsprechung zum missbräuchlichen Mietzins, mp 2005, 55 ff.; Jäger/Bühler, Marktmiete, Schweizer Wohnungsmieten zwischen Politik und Markt, Chur 1995; Jeanprêtre, La protection contre les loyers abusifs ou d'autres prétentions abusives du bailleur, Rep 1990, 3 ff.; Lachat, Missbräuchliche Mietzinse: Eine Bestandesaufnahme, mp 1995, 181 ff.; Oberhammer/Kletecka/Wall (Hrsg.), Soziales Mietrecht in Europa, Wien 2010; Püntener, Der Vertrauensschutz bei der Mietzins- und Nebenkostengestaltung, mp 2006, 1 ff.; Richard, Articles 269 et 269a CO; méthodes absolue et relative, CdB 1992, 65 ff.; ders., Le point sur la méthode absolue, CdB 1995, 33 ff.; Rohrer, Die sogenannte «relative Methode» als Beschränkung der Mietzinsgestaltungsrechte des Vermieters, SJZ 1994, 153 ff.; ders., Wie wird die Nettorendite im Sinne von Art. 269 OR berechnet, MRA 1996, 43 ff.; Roncoroni, La loi fédérale du 23 juin 1995 sur les contrats-cadres de baux à loyer et leur déclaration de force obligatoire générale, 9e séminaire sur le droit du bail, Neuchâtel 1996; ders., Zu den zwei ersten allgemeinverbindlich erklärten Rahmenmietverträgen der Schweiz, mp 2004, 1 ff.; Siegrist, Der missbräuchliche Mietzins, Diss. Zürich 1997; Thanei, Die Rechtsprechung des Bundesgerichts zur Mietzinsfestsetzung, Fachheft Mietrecht, Zürich 2000 (zit. Mietzinsfestsetzung); Walz, Die renditebezogene Missbrauchskontrolle nach Art. 269 OR, Diss. Zürich 2001; vgl. ferner die Literatur- und Materialienhinweise bei den Vorbem. zu Art. 253–273c.

I. Zweck, Geltungsbereich, Charakter und Konzeption der Missbrauchsgesetzgebung

1. Zweck

Das traditionelle Privatrecht überlässt die Preisgestaltung dem freien Spiel von Angebot und Nachfrage. Entsprechend sind in einem Dauerschuldverhältnis nach allgemeinen Regeln Mietzinsveränderungen nur aufgrund einer **Parteivereinbarung** möglich (HONSELL, OR BT, 235 f.). Die Parteien setzen sich ihren Handlungsspielraum mittels der vereinbarten Kündigungsfrist oder allenfalls mittels vertraglicher Anpassungsklauseln (ZK-HIGI, Vor Art. 269–270e OR N 120 und 136 ff.); indirekt ergibt sich damit für beide die Möglichkeit der Erzwingung einer Zinsanpassung durch **Änderungskündigung**. 1

Wo ein Marktgleichgewicht nicht besteht und Güter in Frage stehen, deren Verfügbarkeit für die eine Partei von existentieller Bedeutung ist, stellen sich zwangsläufig übersetzte Preise ein (ähnlich HONSELL, OR BT, 205 und 227). Dies gilt im besonderen Mass für *Wohn- und Geschäftsräume*, da hier einerseits Raumplanungs- und allgemeine Umweltschutzzielsetzungen einer steten Ausweitung des Angebotes entgegenstehen und andererseits die Nachfrage nicht nur durch Qualität und Preis des Produkts, sondern v.a. durch externe Faktoren (Umzugskosten, Wahl des Lebensmittelpunktes, Erhaltung der Laufkundschaft) bestimmt wird (BK-GIGER, Grundsatzanalyse, N 9, sowie Vor Art. 253–273c OR N 12 und 52). Die Regeln des allgemeinen Teils des OR, namentlich etwa Art. 21, können hier nur einen beschränkten Ausgleich schaffen (vgl. BGE 123 III 292, dazu Art. 270 N 1a). Die Bundesverfassung verlangt vom Gesetzgeber daher zusätzliche Massnahmen zur Korrektur von Ungleichgewichten (Art. 109 Abs. 1 BV). Unglücklich ist dabei die Terminologie, indiziert doch der Begriff des Missbrauchs ein anstössiges Verhalten des Vermieters (gl.M. GUT, Mietzins, 2). Davon dass das geltende Recht den Mieter bevorzugt und zur «teilweisen oder totalen Entmachtung» des Vermieters führt, zu einer «Mieterallmacht» gar oder zur «Aufhebung der Vertragsfreiheit» (BK-GIGER, Grundsatzanalyse, N 15, 19 und 31), kann nicht gesprochen werden. Vor allem wegen der statistisch seltenen (Anfangs-)Mietzinsanfechtung hat der Markt sehr wohl einen grossen Einfluss auf die Mietzinsgestaltung (vgl. nur BK-GIGER, Vor Art. 253–273c OR N 22). 2

2. Geltungsbereich und Charakter

Der zweite Abschnitt des Mietrechts gilt nur für **Wohn- und Geschäftsräume** (dazu und namentlich zu nicht mitumfassten Kategorien von Wohn- und Geschäftsräumen Art. 253a und 253b N 4 ff.; vgl. auch ZK-HIGI, Vor Art. 269–270e OR N 16 ff.). 3

Er beschränkt dabei den traditionellen Änderungsmechanismus einseitig zu Lasten *des Vermieters*. Die Änderungskündigung des Mieters ist demgegenüber nach wie vor zulässig (Art. 271a lit. b e contrario; WEBER, Diss., 125), ebenso der vertragliche Ausschluss jeglicher Mietzinserhöhung während der Mietzeit. Art. 269 ff. sind daher **zugunsten des Mieters zwingender Natur**; insb. wird die Änderungskündigung durch den Mieter durch die Missbrauchsgesetzgebung so nicht verboten (KOLLER/MAUERHOFER, ZBJV 2009, 841; im Grundsatz anders, aber im Ergebnis ähnlich LACHAT, bail à loyer, 385 und 556).

Nichtig ist etwa die Klausel, der Anfangsmietzins dürfe nicht unterschritten werden (BGE 125 III 358 E. 1; LACHAT, bail à loyer, 385). Dies schliesst immerhin **vertragliche Anpassungsklauseln** nicht ganz aus, wenn sie weder Index- noch Staffelungscharakter haben und sich nicht als Umgehung der Missbrauchsgesetzgebung darstellen, namentlich die **Umsatzmiete** bei Geschäftsräumen (dazu Art. 269b N 10). Unzulässig ist jedoch die vertragliche Vereinbarung, Mietzinsanpassungen könnten nach Gesetz, jedoch unter Ausschluss des Hypothekarzinses als Berechnungsfaktor erfolgen (BGE 133 III 61). Mit dem BG über die Rahmenmietverträge und deren Allgemeinverbindlicherklärung vom 23.6.1995 (GRA) wurde die Möglichkeit geschaffen, dass die Verbände von der Missbrauchsgesetzgebung abweichende Regelungen treffen. Insbesondere Art. 269 und 269d können aber auch durch Rahmenmietverträge nicht ausgehebelt werden (vgl. Art. 3 GRA; s. zu den beiden bestehenden allgemeinverbindlich erklärten Rahmenmietverträgen in der Westschweiz Roncoroni, mp 2004, 1 ff.).

3. Konzeption

4 Mehr als andere Bestimmungen sind diejenigen über das mietrechtliche pretium iustum das Resultat eines politischen Kompromisses, welcher zu einer auf fundamentalen Widersprüchen beruhenden Gesetzgebung geführt hat (statt vieler BGE 112 II 155; 118 II 130 E. 3a). Die in den Grundzügen seit 1972 bestehende Regelung wurde mit geringfügigen Modifikationen vom BMM ins OR übernommen und stellt (nebeneinander!) auf die Ertragslage, die Vergleichsmiete und auf die Veränderung der Kostenfaktoren seit der letzten Mietzinsfestsetzung ab. In der Botschaft findet sich das Eingeständnis, man habe nach anderen Lösungen gesucht, aber keine bessere gefunden (Botschaft Mietrecht, 1488). Zu bedauern ist zumindest, dass die bundesgerichtliche Praxis zum Verhältnis der doch recht unterschiedlichen Kriterien untereinander und namentlich zur Tragweite des Grundsatzes von Treu und Glauben innerhalb der Missbrauchsgesetzgebung nicht in angemessener Weise Eingang ins Gesetz gefunden hat. In der geltenden Form führen die alt-neuen Normen jedenfalls nicht nur bei Laien zu grundlegenden Missverständnissen und zu falschen Erwartungen (krit. auch ZK-Higi, Vor Art. 269–270e OR N 172 ff. sowie Komm. zu Art. 269 N 34).

II. Der missbräuchliche Mietzins im Sinne von Art. 269

1. Definitionen

5 Mit der zirkelschlussartigen Definition in Art. 269 ist ausser dem Bekenntnis zum Prinzip der **Kostenmiete** (BGE 124 III 310 E. 2b = Pra 1998 Nr. 173; 118 II 124 E. 4a; Lachat et al.-Brutschin, 322 f.; Gmür/Thanei, 29; Honsell, OR BT, 228; Zihlmann, 133; Botschaft Mietrecht, 1488; **a.M.** ZK-Higi, N 416, 418 ff.) nicht viel gewonnen. Art. 269 führt zusammen mit der Anpassung an die **Vergleichsmiete** (Art. 269a lit. a) und der Erzielung einer kostendeckenden Bruttorendite (Art. 269a lit. c) zu einer **absoluten**, d.h. zu einer von der früheren Mietzinsgestaltung unabhängigen **Berechnung** des zulässigen Mietzinses.

6 **Ertrag** i.S.v. Art. 269 ist die Summe, die dem Vermieter nach Abzug aller Unterhalts-, Betriebs-, Verwaltungs- und Fremdkapitalkosten von den Mietzinseinnahmen verbleibt. Ins Verhältnis gesetzt zu den investierten Eigenmitteln zeigt der Ertrag die **Nettorendite** (Eigenkapitalverzinsung) an, die der Vermieter aus einem bestimmten Mietobjekt zu einem bestimmten Zeitpunkt erzielt (BGE 123 III 171 E. 6a = Pra 1997 Nr. 123; 125 III 421 E. 2b = Pra 2000 Nr. 30; Zihlmann, 135 ff.). Die Eigenmittel errechnen sich aus der Differenz zwischen dem **Anlagewert** (N 8) und dem *zur Finanzierung desselben* aufgewendeten **Fremdkapital** (BGE 123 III 171 E. 6a = Pra 1997 Nr. 123). Nicht als Eigen- sondern als Fremdkapital zu behandeln sind Darlehen eines Aktionärs der vermietenden AG (BGE 123 III 171 E. 6a; 117 II 77 E. 3a/aa = Pra 1994 Nr. 12; BGer, mp 1995, 206 ff.).

Ob der Ertrag übersetzt, die Rendite missbräuchlich ist, hängt somit von der Bestimmung des zulässigen Renditesatzes und des Anlagewerts ab. Wenn Art. 269 neben dem übersetzten Ertrag den offensichtlich übersetzten Kaufpreis anspricht, besteht hierin kein grundlegender Unterschied: Das eine beeinflusst den Zähler der Renditerechnung, das andere den Nenner. Unterschiedlich ist jedoch die Methode der Missbrauchsfeststellung, denn übersetzte Investitionen können nur anhand von Vergleichsmietekriterien überprüft werden (BGE 116 II 594 E. 7b; 112 II 149; vgl. auch N 8).

Für die Überprüfung **massgeblicher Zeitpunkt** ist gemäss BGer die Sachlage zur Zeit der Mitteilung der Anpassung (vgl. BGer, 9.7.2002, 4C.291/2001, E. 5); berücksichtigt werden dürfen jedoch auch noch Veränderungen bis zum Zeitpunkt des Inkrafttretens der Anpassung, sofern sie im Zeitpunkt, in welchem das Änderungsbegehren der Gegenpartei spätestens hätte zur Kenntnis gebracht werden müssen, schon absehbar waren (BGE 122 III 20 E. 4b). Im Widerspruch dazu hat das BGer dagegen in einem Entscheid zur Orts- und Quartierüblichkeit wieder festgehalten, Veränderungen des Vergleichsniveaus bis zum Zeitpunkt des Inkrafttretens der Anpassung seien im Verfahren zu berücksichtigen (BGE 127 III 411 E. 5 = Pra 2002 Nr. 25). Da solche Veränderungen wohl niemand voraussehen kann, dürfen sie nicht zum Thema des Anpassungsverfahrens gemacht werden (krit. auch ZK-Higi, N 65; Habermacher-Droz, mp 1992, 175 f.; Zihlmann, 180 f.). Einreden aus Art. 269 sind auf den Zeitpunkt des Änderungsbegehrens der Gegenpartei zu beziehen, nicht auf denjenigen der Erhebung der Einrede (**a.A.** ZK-Higi, N 69 f.; Gut, mp 2002, 10, mit Berufung auf den nicht einschlägigen BGE 122 III 20 E. 4c). Die gegenteilige Auffassung würde dazu führen, dass ein für eine bestimmte Phase des Mietverhältnisses berechtigtes Begehren gestützt auf nachträglich eingetretene Veränderungen keinen Schutz fände. **6a**

2. Maximal zulässige Nettorendite

Gemäss ständiger Bundesgerichtspraxis ist der Ertrag aus dem Eigenkapital i.d.R. nicht übersetzt, so lange er den **Leitzinssatz** für erste Hypotheken nicht um mehr als ein halbes Prozent übersteigt (BGE 112 II 149; 116 II 184; 120 II 100 E. 6b; 122 III 257 E. 3a; 123 III 171 E. 6a = Pra 1997 Nr. 123). Seit dem 10.9.2008 wird dabei gem. Art. 12a VMWG auf einen vom Bundesamt für Wohnungswesen periodisch ermittelten, **geglätteten Referenzzinssatz** abgestellt (vgl. Art. 269a N 7). Ausgangspunkt ist die Überlegung, dass das Eigenkapital einem ähnlichen Risiko ausgesetzt ist wie eine zweite Hypothek (BGE 140 III 433 E. 3.5.2; Lachat et al.-Brutschin, 337 f.; SVIT-Komm., N 6.; Weber, Diss., 125; Zihlmann, 135 f.; ZK-Higi, N 41 ff.). Kaum zu erklären ist allerdings, weshalb die zulässige Nettorendite des Vermieters identisch sein soll mit der Bruttorendite einer Bank, die mit dem Hypothekarzins nicht nur ihr Eigenkapital verzinsen, sondern auch ihre gesamten Verwaltungskosten decken muss. Der vom BGer favorisierte Zinssatz hat immerhin für sich, dass er dem Vermieter für sein geringes bis mittleres Risiko eine durchaus attraktive Rendite verschafft und damit dem gesetzgeberischen Ziel der Verhinderung von Missbräuchen im Wesentlichen gerecht wird. Allerdings beurteilen sich die Vermietungsrisiken innerhalb der Schweiz sehr unterschiedlich, wie etwa die unterschiedlichen Leerstände in Pruntrut und Genf zeigen (krit. auch Blumer, SPR VII/3, Rz 424 und FN 392 sowie Rz 426, die aber im Widerspruch zur Marktsituation geradezu von einer Benachteiligung der Vermieter spricht). **7**

3. Massgeblicher Anlagewert

Bei der Bestimmung des **Anlagewerts** ist von den gesamten ursprünglich in die Mietsache investierten Fremd- und Eigenmitteln auszugehen (BGE 123 III 171 E. 6a = Pra 1997 Nr. 123; vgl. BGE 122 III 257, 120 II 100, 106 II 356; krit. Rohrer, MRA 1996, 44 ff.). Bei Neubauten sind dies neben den **Baukosten** (inklusive der zur Herrichtung der Sache *notwendigen* Abbruchkosten, BGE 125 III 421 E. 2b = Pra 2000 Nr. 30; s.a. Higi, AJP 2000, 487 ff.) die Kosten des **Landerwerbs** inklusive Handänderungssteuern, Notariats- und Grundbuchgebühren (Art. 12 Abs. 2 VMWG), aber richtiger Ansicht nach ohne Mäklergebühren, da diese Dienstleistung für den Erwerb nicht unabdingbar ist (Lachat et al.-Brutschin, 327 FN 29; Gut, mp 1996, 188 FN 41; offengelassen in BGer, 24.1.2001, 4C.293/2000, E. 1a; wie hier bez. geschäftsmässig nicht begründeter Beratungskosten bei wertvermehrenden Investitionen BGer, 20.1.2011, 4A_495/2010, E. 10.2.2; **a.M.** SVIT-Komm., N 7 und 20; ZK-Higi, N 178; CHK-Heinrich, Art. 269–269a N 14; CPra Bail-Bohnet, N 30). In den übrigen Fällen ist auf den **Kaufpreis**, erhöht um allfällige **wertvermehrende Investitionen** (dazu Art. 269a **8**

N 9) abzustellen (BGE 122 III 257; 123 III 171 = Pra 1997 Nr. 123). Korrekturen am Kaufpreis sind möglich, wenn der Erwerb der Liegenschaft auf einer gemischten Schenkung beruht. In solchen Fällen stellen sich allerdings schwierige Beweisfragen hinsichtlich des Marktwertes und der Existenz einer gemischten Schenkung. Das BGer nimmt jedenfalls Abweichungen vom Marktwert im Bereich von nur 10–20% nicht zum Anlass für eine Korrektur (BGer, 11.10.2011, 4A_276/2011, E. 5.2.4 und 5.5 = JdT 2012 II 113).

Ausser Betracht fallen Investitionen, die **offensichtlich übersetzt** sind (vgl. BGE 116 II 594 E. 7a; ZIHLMANN, 137; ZK-HIGI, N 356 ff.); der Hinweis von Art. 269 auf den **übersetzten Kaufpreis** erweist sich damit als zu eng (BGE 116 II 594 E. 7a; 117 II 77 E. 3a/aa = Pra 1994 Nr. 12; **a.M.** ZK-HIGI, N 355, der eine Überprüfung anhand der Vergleichsmiete nicht mehr zulassen will, wenn der Vermieter nach dem Erwerb der Sache wertvermehrende Investitionen vorgenommen hat). Übersetzt ist nach Art. 10 VMWG eine Investition, wenn der Ertragswert berechnet auf Grundlage der orts- und quartierüblichen Vergleichsmiete erheblich tiefer läge als bei den Mieten, die sich aus dem investierten Kapital ergeben (ZIHLMANN, 137; HONSELL, OR BT, 230 f.; BGE 116 II 594 E. 7a; BGer, mp 1996, 159 ff.; vgl. zu den Vergleichskriterien Art. 269a lit. a). Wann eine solche erhebliche Differenz besteht, ist unklar. In BGE 117 II 77 E. 3a/bb wurde ein Vergleich zwischen den Herstellungskosten und dem Kaufpreis angestellt und hernach eine Differenz von 11,14% als noch nicht erheblich bezeichnet. Der Entscheid gibt damit nichts her für die Frage, wann von einer erheblichen Überschreitung des auf der Vergleichsmiete beruhenden Ertragswerts gesprochen werden kann (**a.M.** ZK-HIGI, N 375). Zuschläge von mehr als 10% scheinen keinesfalls tolerabel, da die Vergleichsmiete angesichts der faktisch freien Gestaltung der Anfangsmietzinse schon Abbild des Verhaltens vernünftiger und korrekter Marktteilnehmer ist (ebenso CHK-HEINRICH, Art. 269–269a OR N 14).

Nicht schon von einem übersetzten Kaufpreis gesprochen werden kann aufgrund der Materialien zum BMM, wenn der Preis die vom Verkäufer kurz zuvor investierten Mittel erheblich übersteigt, wie etwa bei zahlreichen Wiederverkäufen kurz hintereinander. Ein entsprechender Antrag wurde seinerzeit im Parlament verworfen (vgl. BGE 116 II 594 E. 6b). Keine Rolle spielt auch der Bilanzwert, den der Vermieter der Liegenschaft beimisst (vgl. BGer, 21.5.2001, 4C.273/2000, E. 2).

9 Die Verlässlichkeit einer Investition bei der Bestimmung des Liegenschaftswertes nimmt mit zunehmendem Alter der Investition ab. Das BGer gestattet deswegen die Berechnung eines **Teuerungsausgleichs** auf den **investierten Eigenmitteln**. Allerdings dürfen in Anlehnung an Art. 269a lit. e selbst bei einem Eigenfinanzierungsgrad von 100% **höchstens 40 % der gesamten Investition** nach dem Landesindex der Konsumentenpreise der Teuerung angepasst werden, da der Ausgleich auf den übrigen 60% erfahrungsgemäss bei einem allfälligen Verkauf der Liegenschaft realisiert werden, dieser Teil der Investition mithin nicht als echtes Risikokapital betrachtet werden kann (BGE 120 II 100 E. 5b; vgl. auch BGE 122 III 257 E. 3.a sowie 123 III 171 E. 6a = Pra 1997 Nr. 123; zustimmend TSCHUDI J.-P., MRA 1994, 23; CHK-HEINRICH, Art. 269–269a OR N 15). Ein Teil der Lehre kritisiert diese Rsp. und fordert statt dessen mehr oder weniger deutlich einen vollen Teuerungsausgleich auf den gesamten Anlagekosten (ZK-HIGI, N 190 ff.; SVIT-Komm., N 26 f.; BLUMER, SPR VII/3, Rz 426) und einen «Risikozuschlag» bei vollständig fremdfinanzierten Objekten (so ZK-HIGI, N 294 ff.). Dem kann nicht gefolgt werden, denn damit würde dem Vermieter ein Teuerungsausgleich auf den gesamten investierten Eigen- und Fremdmitteln verschafft. Dass dies bei den Fremdmitteln dem Prinzip der Kostenmiete krass widerspräche, ist offensichtlich, ist doch die Kreditschuld des Eigentümers keineswegs eine indexierte. Bezüglich des Teuerungsausgleichs auf den Eigenmitteln überzeugt letztlich die bundesgerichtliche Überlegung, dass schon die Verkehrswertentwicklung dem Eigentümer langfristig mehr als nur einen Ausgleich auf den nicht risikobehafteten Eigenmitteln verschafft (CPra Bail-BOHNET, N 23 f.). Bei der vollständig fremdfinanzierten Baute wird das erhöhte Risiko des Kreditgebers sich in erhöhten

Schuldzinsen des Vermieters niederschlagen. Die hier von HIGI – zusätzlich zu den Betriebs- und Verwaltungskosten – geforderte Einberechnung eines «Unternehmerlohnes» würde daher klarerweise zu einem missbräuchlichen Mietzins führen (BGE 123 III 171 E. 6a; CPra Bail-BOHNET, N 18), ebenso wie diejenige eines Lohnes für einen Untervermieter (BGE 119 II 353 E. 6b; **a.M.** ZK-HIGI, N 307).

Fehlt es angesichts der langen Dauer zwischen Investition und dem Berechnungszeitpunkt an **verlässlichen Angaben zum Anlagewert**, so kann er nicht durch den Steuerwert, den Gebäudeversicherungswert oder eine Verkehrswertschätzung ersetzt werden, denn alle diese Kriterien beruhen auf Marktvergleichen oder gar auf den Mietzinseinnahmen und taugen daher für eine eigenständige Renditeüberprüfung nicht (BGE 114 II 365; 122 III 257 E. 3b/bb; ZK-HIGI, N 181 ff.; ZIHLMANN, 136 f.; CPra Bail-BOHNET, N 37 f.; **a.M.** SVIT-Komm., N 8 ff.; BLUMER, SPR VII/3, Rz 432). Massgeblich ist in diesen Fällen laut BGE 112 II 153 f. der Ertragswert von Liegenschaften mit vergleichbaren Mietobjekten – und damit im Ergebnis die Vergleichsmiete (vgl. BGE 122 III 257), was immerhin in Art. 10 VMWG eine Stütze findet. An dieser Praxis hat das BGer allerdings insofern nicht festgehalten, als es in BGE 120 II 100 E. 6a auf einen Kaufpreis aus dem Jahre 1959 und auf die Bilanz des Vermieters für das Jahr 1971 abstellte (vgl. BGE, a.a.O., Sachverhalt und E. 6a; s.a. ZK-HIGI, N 278 und 282; HIGI/GUT, BauR 1996, 43). Im Ergebnis ändert sich dadurch jedoch nichts, da die Ertragsberechnung wegen der erwähnten Beschränkung des Teuerungsausgleichs *auf den risikobelasteten Teil* des investierten Eigenkapitals (N 9) bei Altbauten schon tiefe Mieten als missbräuchlich erscheinen lässt, wie auch das BGer einräumt (BGE 122 III 257). Bei solchen Objekten wird sich der Vermieter daher stets auf die Orts- und Quartierüblichkeit berufen müssen (s. dazu N 15). 10

Beim Erwerb der Liegenschaft durch **Erbgang** oder **(gemischte) Schenkung** ist es immerhin möglich, auf den Marktpreis zur Zeit des Erwerbs abzustellen (BGer, 6.12.1994, 4C.234/1994, E. 3a; 18.1.2006, 4C.285/2005, E. 2.5).

4. Bestimmung des Nettoertrages

Der Bestimmung des Nettoertrages sind die **Mietzinseinnahmen** zugrunde zu legen. Sind Nebenkosten ausgeschieden, so sind diese sowohl bei den Einnahmen als auch bei den Ausgaben zu eliminieren (ZK-HIGI, N 79). Lässt die Liegenschaftenrechnung des Vermieters eine Ausscheidung nur mit grossem Aufwand zu, kann auf die Bruttomietzinsen und den Gesamtaufwand abgestellt werden (vgl. GUT, Ertrag, 186). Vom massgeblichen Betrag sind sodann die *tatsächlich bezahlten* **Fremdkapitalkosten** – soweit das Fremdkapital wirklich in die Liegenschaft investiert ist (BGE 123 III 171 E. 6a = Pra 1997 Nr. 123; vgl. auch BGE 121 III 324) – sowie die *stets konkret nachzuweisenden* (BGE 122 III 257 E. 3b/bb) und vom Vermieter bereits bezahlten **Unterhalts-, Betriebs- und Verwaltungskosten** im Umfang der durchschnittlichen Aufwendungen der letzten fünf – mindestens jedoch drei – Jahre abzuziehen (BGE 117 II 77 E. 3c/bb = Pra 1994 Nr. 12; 120 II 100 E. 6c; BGer, 21.1.2001, 4C.293/2000, E. 1b; 21.5.2001, 4C.273/2000 = mp 2001, 149 f.; BGer, 17.12.12., 4A_530/2012, E. 3.1; vgl. GUT, mp 1996, 194; HEDIGER, mp 2005, 64 f.; SVIT-Komm., N 29 ff.; Lachat et al.-BRUTSCHIN, 340 ff.; ZK-HIGI, N 80–151; CPra Bail-BOHNET, N 57 ff.). Kein Abzug ist möglich unter dem Titel einer Risikoprämie (etwa für Leerstände), da das Vermieterrisiko schon beim zulässigen Renditesatz berücksichtigt ist (BGE, 120 II 100 E. 6c; 122 III 257; BGer, mp 1999, 144 ff.; CHK-HEINRICH, Art. 269–269a OR N 13). Ebenso dürfen **keine Rückstellungen oder Amortisationen (Abschreibungen)** eingerechnet werden, da nur der bereits angefallene Aufwand in die Rechnung aufzunehmen ist und die vollständige Berücksichtigung gehöriger Unterhaltsaufwendungen in der Ertragsrechnung (s. N 11a) nicht zu einem zusätzlichen Abschreibungsbedarf auf der gesamten Liegenschaft führt (zutreffend BGE 123 III 171 E. 6d; GUT, Ertrag, 195; CHK-HEINRICH, Art. 269–269a OR N 13; Lachat et al.-BRUTSCHIN, 342; CPra Bail-BOHNET, N 58, 68; **a.M.** SVIT-Komm., N 31 ff.; ROHRER, MRA 1996, 50 ff.; BLUMER, SPR VII/3, Rz 424 und FN 396). Wollte man Abschreibungen 11 auf dem Anlagewert einberechnen, so wäre auf der anderen Seite der massgebliche Zinssatz für die Investition zu halbieren, da mit fortschreitender Amortisation das noch zu verzinsende Kapital im Laufe der Zeit abnimmt (wie hier BGE 123 III 171 E. 6d; 125 III 241 E. 2d = Pra 2000 Nr. 30; vgl. die entsprechende Berechnungsweise bei ausserordentlichen Unterhaltskosten, vgl. N 11a, und bei wertvermehrenden Investitionen, Art. 269a N 10; deshalb überzeugt auch BLUMERS diesbezügliche Kritik nicht, a.a.O.). Ein solches Vorgehen kann sich etwa bei der Miete einer Fahrnisbaute rechtfertigen, da diese im Gegensatz zur Substanz eines festen Gebäudes einer raschen Altersentwertung ausgesetzt ist (vgl. ZK-HIGI, N 340).

Ein Vorschuss des Mieters auf *künftige Investitionen* kommt hingegen nur schon deshalb nicht in Betracht, weil der Mieter sonst u.U. für Leistungen bezahlt, in deren Genuss er im Falle eines Auszugs vor der Ersatzanschaffung nicht mehr käme (zutreffend BGE 125 III 241 E. 2d; 123 III 171 E. 6d; 117 II 77 E. 3c/aa; gl.M. wohl ZK-HIGI, N 99, vgl. aber N 100 f.).

11a Nicht die Frage nach der Zulässigkeit von Abschreibungen auf dem Anlagewert betrifft die Behandlung **tatsächlich angefallener Unterhaltskosten**, die über die laufenden Aufwendungen hinausgehen, sehr **kostspielig** sind und nur **in grossen Zeitabständen** anfallen (CPra Bail-BOHNET, N 67; von HIGI mit «Amortisationen» gleichgesetzt, a.a.O., N 94 ff.). Würde man solche Ausgaben im vollen Betrage in die Ertragsrechnung einsetzen, so resultierte in den meisten Fällen zunächst (in den ersten fünf Jahren nach ihrer Vornahme) ein ohne weiteres zulässiger, danach jedoch ein offensichtlich missbräuchlicher Mietzins. Solche bereits angefallenen Kosten sind deshalb zwar grundsätzlich vom Mietertrag abziehbar. Zu berücksichtigen ist jedoch einerseits die lange Lebensdauer der entsprechenden Einrichtungen (vgl. dazu die paritätische Tabelle auf ‹http://www.mietrecht.ch›) und andererseits die Verzinsung während dieser Zeit. Das BGer wandte in den ersten Entscheiden zu dieser Frage einen Zinssatz von 5 % an. In BGE 140 III 433 präzisierte es dann allerdings, bei den früheren Fällen sei der Zinssatz nicht umstritten gewesen, und stützte sodann den Entscheid der Vorinstanz, die für die Verzinsung des noch nicht amortisierten Teils der Kosten den um $^1/_2$% erhöhten Referenzzinssatz angewandt hatte (a.a.O., E. 3.5.2; vgl. dazu auch Art. 269a N 10). Entstehen daher z.B. ausserordentliche Unterhaltsaufwendungen von CHF 100 000 und haben die damit finanzierten Installationen eine Lebensdauer von durchschnittlich 25 Jahren, so beträgt der Abschreibungssatz 4 % und die angefallenen Ausgaben müssen während der gesamten Abschreibungsdauer durchschnittlich zum Prozentsatz verzinst werden, der sich aus der Halbierung des um ½% erhöhten Referenzzinssatzes ergibt. In die Renditeberechnung fliessen dann unter dem Titel der ausserordentlichen Unterhaltsaufwendungen **fünf der aus dieser Rechnung resultierenden Jahresbetreffnisse** ein, bei einem Referenzzinssatz von 2 % also CHF 5250 (4 % plus 1¼%; BGE 140 III 433 E. 3.5.3.2; s.a. BGer, mp 1996, 140 ff.; BGer, 24.1.2001, 4C.293/2000, E. 1b; BGer, 17.12.12., 4A_530/2012, E. 3.1; vgl. auch Art. 269a N 8; GUT, mp 1996, 191; ZK-HIGI, N 95; CHK-HEINRICH, Art. 269–269a OR N 13). Das Vorgehen ähnelt demjenigen bei wert- bzw. investitionsvermehrenden Ausgaben des Vermieters (vgl. dazu Art. 269a N 10 ff.).

5. Konkrete Berechnungsweise

12 Sind die massgeblichen Grössen ermittelt, so genügt eine pauschale Rechnung für die gesamte Liegenschaft nicht. Entsprechend dem Gesetzeswortlaut beurteilt sich die Missbräuchlichkeit nur nach dem Ertrag «aus der Mietsache»; erforderlich ist also eine **individuelle Ertragsberechnung** (BGE 116 II 184; 120 II 100 E. 6c; 123 III 171 E. 6b = Pra 1997 Nr. 123; 125 III 421 E. 2d = Pra 2000 Nr. 30; CR CO I-LACHAT, N 2; GUT, mp 2000, 22). Als Aufteilungsschlüssel taugen z.B. die Nutzungsflächen und die Rauminhalte (so BGE 120 II 100 E. 6c; BGer, mp 1997, 88 ff.; vgl. CPra Bail-BOHNET, N 12 f.; SVIT-Komm., N 42 f.; ZIHLMANN, 137 f.; ZK-HIGI, N 232 ff.; HIGI/GUT, BauR 1996, 43 f.; GRATZ, 74; Lachat et al.-BRUTSCHIN, 345 ff.). Dabei liegt die Wahl des anzuwenden Schlüssels in erster Linie beim Vermieter. Die Gerichte greifen erst ein, wenn sich die Aufteilung als unhaltbar erweist, etwa weil gewisse Kosten nicht das Mietobjekt betreffen oder weil persönliche Kriterien in den

Schlüssel eingeflossen sind (BGE 139 III 209 E. 2 = Pra 2014 Nr. 3). Befinden sich gleichartige Objekte in einer Liegenschaft, ist auch bereits die Anzahl der Räume aussagekräftig (gl. M. BGer, MRA 1995, 77). In der Praxis müsste diese Individualisierung – strikt durchgeführt – v.a. bei unterschiedlichem Ausbaustandard verschiedener Wohn- und/oder Geschäftsräume in grösseren Überbauungen zu einen gewaltigen Beweisproblem führen, existieren doch oft auch hinsichtlich des Aufwands nur Abrechnungen über ganze Liegenschaften, nicht aber über einzelne Mietobjekte (SVIT-Komm., N 44). Mit Recht gesteht das BGer den kantonalen Instanzen bei der Festlegung des Verteilschlüssels einen Ermessensspielraum zu. Die Kosten eines neuen Lifts können etwa ohne weiteres «schematisch» auf Wohnräume und eine im ersten Stockwerk gelegene Arztpraxis umgelegt werden, wenn die Wohnungsmieter den Aufzug im Gegensatz zum Geschäftsmieter auch ausserhalb der Geschäftszeiten, während derselben aber weniger intensiv benützen und ausserdem am Lift ein grösseres Interesse haben, weil ihre Wohnungen höher liegen als der Geschäftsraum (BGE 125 III 421 E. 2d = Pra 2000 Nr. 30; krit. zum uneinheitlichen Verteilschlüssel ZK-Higi, N 250; ders., in AJP 2000, 489). In BGE 139 III 209 = Pra 2014 Nr. 3 hat das BGer in Zusammenhang mit der Umlegung von Mehrleistungen präzisiert, dass die Wahl des Schlüssels in erster Linie dem Vermieter obliegt. Nur wenn dieser keine eigene Wahl trifft oder wenn der von ihm gewählte Schlüssel unhaltbar ist, dürfen die Gerichte eingreifen (vgl. Corboz, 22).

6. Beweislast

Im Streitfall hat nach Art. 8 ZGB diejenige Partei die tatsächlichen Grundlagen der Ertragsberechnung nachzuweisen, die sich auf die Berechnung beruft (CPra Bail-Bohnet, N 72). Das ist der *Vermieter*, wenn er im Zuge veränderter Verhältnisse eine Erhöhung verlangt (s. BGE 112 II 153) oder wenn er gegenüber einem Senkungsbegehren den Einwand des ungenügenden Ertrags erhebt (Bsp.: BGer, mp 1996, 165 ff. sowie mp 1997, 239 ff.; BGer, 18.1.2006, 4C.285/2005, E. 2.5; vgl. zur Beweislast bei einer Kündigung wegen Vermietung an einen Dritten zu einem höheren Mietzins Art. 271–271a N 30). Der *Mieter* trägt die **Beweislast** für die genannten Tatsachen, wenn er eine Senkung verlangt, sei es im laufenden Mietverhältnis gestützt auf eine Ertragsüberprüfung bei veränderten Verhältnissen, sei es bei der Anfechtung des Anfangsmietzinses, oder wenn er gegen eine Erhöhung gestützt auf relative Anpassungsgründe den Einwand des übersetzten Ertrages erhebt (dazu N 14 ff.). Dabei kommt ihm jedoch die **Mitwirkungspflicht** des Vermieters nach Art. 160 und 164 ZPO zu Hilfe; eine Verletzung derselben – etwa durch Vorlage eines «ungeordneten Bergs von Dokumenten» – kann dazu führen, dass die Behauptungen des Mieters als bewiesen betrachtet werden (problematisch daher Gut, mp 2002, 11 f.; s.a. BGE 139 III 13 = Pra 2013 Nr. 105 [Nachweis Vergleichsmiete bei Anfangsmietzinsanfechtung]). Der Mieter trägt sodann die Beweislast hinsichtlich der Vergleichsmiete, wenn er sich auf einen übersetzten Kaufpreis beruft (ZMP 1994 Nr. 34; MRA 1995, 3 ff.; ZK-Higi, N 262 ff., 402). **12a**

Die Folgen der Beweislosigkeit sind die üblichen. Fehlt es am Nachweis einzelner Rechnungselemente, so scheitert die gesamte Ertragsrechnung, soweit dem nicht mit einer richterlichen Ermessensbetätigung begegnet werden kann (vgl. BGE 122 III 257 E. 3b; 125 III 421 E. 2d = Pra 2000 Nr. 30; ZK-Higi, N 272 ff.)

7. Kritik

Vorab bei neueren Bauten gestattet die Nettorenditerechnung Mieten, die selbst auf unausgeglichenem Markt i.d.R. schlicht nicht zu erzielen sind (Honsell, OR BT, 230), während bei älteren Bauten mit vergleichbarer Ausstattung ohne einen zwischenzeitlichen Handwechsel schon tiefe Mieten zu einem übersetzten Ertrag führen. Auf den Kaufpreis abzustellen, erscheint überdies wenig sinnvoll, weil dieser den freien Marktkräften unterliegt (Honsell, OR BT, 230 f.). **De lege ferenda** ist eine modifizierte Vergleichsmiete zu fordern, die in erster Linie auf standardisierten Statistiken (vorab Lage und Grösse) basiert (wie hier Honsell, OR **13**

BT, 228; ZK-Higi, Vor Art. 269–270e N 176 sowie Art. 269 N 348; Bisang, MRA 2004, 49 ff.). Auch Liegenschaftenschätzer bedienen sich u.a. entsprechender Vergleiche und bewerten dabei Grösse und Standortkriterien (Verkehrslage, Nähe zu Arbeitsplätzen, Schulen, Einkaufsmöglichkeiten, Naherholungsgebieten, bei Geschäftsräumen zu potentiellen Kunden etc.) ungleich höher als etwa die vergängliche und austauschbare Ausstattung (**hedoni[sti]-sches Modell**, vgl. Carron/Plattner, Rz 7 ff.). Sichergestellt muss in einer neuen Regelung – mittlerweile unbestrittenermassen – zudem deren Praktikabilität sein. Wie sich aus den folgenden Ausführungen zeigt, können absolute Missbrauchskriterien gemäss der aktuellen Praxis des BGer praktisch in jedem Anfechtungsverfahren zum Thema werden. Dies verursacht einen Aufwand, der sachlich durch nichts gerechtfertigt ist (gl.M. ZK-Higi, N 56 f.). Die Überprüfung des Mietzinses nach absoluten Kriterien (Rendite, Vergleichsmiete) sollte daher nur bei der Anfangsmietzinsanfechtung und danach in grossen Abständen, zur Korrektur von Fehlentwicklungen, zugelassen werden.

13a Ein gangbarer Weg wäre hierbei zweifellos die Anpassung der Mieten an den Landesindex der Konsumentenpreise gewesen. Gescheitert ist der Versuch trotz eines zwischenzeitlichen Kompromisses unter den Verbänden an der mangelnden Gestaltungsfähigkeit des Parlaments: Die Linke machte ihre Zustimmung von einer faktisch nicht besonders relevanten Verbesserung des Schutzes vor überhöhten Anfangsmieten abhängig. Auf der rechten Seite wurde eine 100%ige Anpassung auch der Wohnungsmieten an den Index gefordert, obwohl diese zusammen mit den Energiekosten im Warenkorb des Indexes mit mehr als 26% gewichtet sind (BK-Giger, Vor Art. 253–273c OR N 25, 29 und 31; dieser Umstand wird allerdings a.a.O. erstaunlicherweise ausgeblendet in der vorgängigen Grundsatzanalyse N 166). Das hätte zur Folge gehabt, dass mit jeder Anpassung der Mieten gleich auch der Gesamtpreis des Warenkorbs verändert und eine Indexsteigerung bewirkt worden wäre. Dass renommierte Statistiker auf dieses Problem hinwiesen, kümmerte das Parlament nicht (s. Brachinger, Teures Öl darf den Mietzins nicht verändern, Tagesanzeiger vom 19.12.2008, 25). Trotz mahnender Worte aus dem Volkswirtschaftsdepartement blieben beide Seiten bei ihrer Haltung und versenkten die Vorlage. Mittlerweile kann man wohl nur noch auf eine Hypothekarkrise hoffen, damit die Schweizer Politik zur Vernunft kommt, denn die Indexmiete hätte die unbestreitbaren Vorteile der Transparenz, Einfachheit und Verlässlichkeit.

13b Vorderhand bemüht sich der Gesetzgeber um eine punktuelle **Revision**, insb. die Einführung der generellen Formularpflicht für die Festsetzung des Anfangsmietzinses von Wohnungen, die bundesweite Vereinheitlichung der Formulare und die Lockerung der damit verbundenen Formvorschriften (Zulassung faksimilierter Unterschriften auf Mietzinserhöhungen) sowie den Aufschub von Erhöhungen wegen wertvermehrender Investitionen bis ein Jahr nach Mietbeginn (‹http://www.news.admin.ch/NSBSubscriber/message/attachments/35095.pdf›).

13c Unterdessen bleibt Kantonen und Gemeinden die Möglichkeit der Förderung des gemeinnützigen Wohnbaus. Zwar schafft auch dieser angesichts der hohen Land- und Baukosten keine Wunder. Wenigstens haben hier die Mieter und die Standortförderer aber die Gewissheit, dass das Ziel jeder Investition die Verbesserung der Wohnqualität und nicht die Erzielung einer möglichst hohen Eigenkapitalrendite ist. Ähnlich wie bei Kapitalmarktauftritten von Anlagefonds bieten Wohnbaugenossenschaften den Betroffenen die Vorteile, die sonst nur ein finanzkräftiger Investor hat, wenn er sich ein knappes Gut sichern will.

III. Verhältnis des zulässigen Ertrages zu den Kriterien in Art. 269a

1. Verhältnis zu den anderen absoluten Erhöhungsgründen

14 *Der Berufung* auf die Erzielung einer **kostendeckenden Bruttorendite** (Art. 269a lit. c) liegen die gleichen Überlegungen zugrunde wie der Nettorenditerechnung (vgl. BGE 116 II 594 E. 7b). Sie ist jedoch nur bei neueren Bauten möglich und verdrängt dort die Vergleichsmiete, weil erfahrungsgemäss die bei Neubauten anfallenden Investitionen höhere Erträge erheischen, als die Vergleichsmiete erlauben würde. Häufig ist der Vermieter gezwungen, Neubauten zunächst nicht kostendeckend zu vermieten und sich eine Mietzinsanpassung vorzubehalten (vgl. BGE 118 II 124 E. 4a und 5a sowie Art. 269a N 13 ff.).

Zur **Vergleichsmiete** i.S.v. Art. 269a lit. a weist Art. 269 zwar gewisse Berührungspunkte auf (vgl. Art. 10 VMWG); die beiden Argumente schliessen einander jedoch grundsätzlich aus. **15**

In der Schwierigkeit, die Nettoertragsüberprüfung (Kostenmiete) von den Kriterien des Art. 269a, namentlich von der Orts- und Quartierüblichkeit (Vergleichsmiete) abzugrenzen, kommt der **Methodendualismus des Gesetzgebers** zum Ausdruck. Nach der **Gesetzessystematik** ist der **Grundformel von Art. 269** – die allerdings punkto Überprüfung übersetzter Investitionen selber auf Vergleichsmietekriterien zurückgreift – der **Vorzug** zu gewähren, weil der Kriterienkatalog gem. Art. 269a nur Vermutungen («in der Regel»; BGE 114 II 366) begründet. Das BGer misst der Grundnorm von Art. 269 denn auch eine selbständige Bedeutung zu und erlaubt dem Vermieter *neben* der Anführung der Vergleichsmiete eine Berufung auf einen ungenügenden Ertrag, und zwar sowohl im Senkungs- (BGE 116 II 73) als auch im Mietzinserhöhungsprozess (BGE 116 II 594, 603). Andererseits ist gemäss seiner Rsp. auch eine Anpassung gestützt auf die **Vergleichsmiete** als selbständigen Anpassungsgrund zulässig (BGE 112 II 149, 155), so dass die beiden Kriterien grundsätzlich alternativ anwendbar sind (BGE 118 II 124 E. 4a; 122 III 257 E. 4a/aa; SVIT-Komm., Vor Art. 269a N 6 f.; ZK-Higi, N 21). Wegen des systematisch zu begründenden **Vorrangs der Kostenmiete** liess das BGer auch den Einwand zu, mit der verlangten Anpassung an die Vergleichsmiete erziele der Vermieter einen übersetzten Ertrag (BGE 124 III 310 E. 2 = Pra 1998 Nr. 173; Gut, mp 2000, 4 f.). Das BGer verstand im genannten Entscheid anscheinend die in früheren Entscheiden zu findende Erwägung, der Gesetzgeber nehme mit der Zulassung der Vergleichsmiete bei Altbauten eine übersetzte Rendite hin (BGE 112 II 149, 155), **nicht als Umschreibung des Gesetzeszwecks**, sondern als Ausdruck der **Beweisschwierigkeiten** insb. des Mieters, der bei Altbauten einen übersetzten Ertrag nachzuweisen hat (BGE 124 III 310 E. 2b = Pra 1998 Nr. 173). Später schien es die Berufung auf einen übersetzten Ertrag nur als zulässig zu erachten, wenn dem Vermieter der **Nachweis der Vergleichsmiete misslingt** oder wenn er sich nur auf **relative Anpassungsgründe beruft** (BGer, 9.4.2002, 4C.323/2001, E. 3a, auszugsweise übersetzt in mp 2002, 153 ff.; CHK-Heinrich, Art. 269–269a OR N 5). Die Rangordnung zwischen Kosten- und Vergleichsmiete kann nicht davon abhängen, ob einer Partei der Nachweis für das von ihr angerufene Kriterium gelingt. Nicht einzusehen ist auch, weshalb der Mieter einer Altbaute eine auf relative Gründe gestützte Erhöhung unter Berufung auf die Nettorendite soll in Frage stellen können, während ihm dies verwehrt ist, wenn dem Vermieter der Nachweis der Vergleichsmiete gelingt: In beiden Fällen steht doch der Vermieter vor dem Problem, dass eine Ertragsrechnung zu historischen Anlagekosten bei einer Altbaute einen übersetzten Ertrag ergibt, obwohl der Gebrauchswert des Mietobjekts auch nach der Wertung des Gesetzes deutlich über dieser «Kostenmiete» liegt (s.a. Art. 269a N 4a). Die neuere Rsp. geht nun wieder sehr deutlich vom Vorrang der Vergleichsmiete bei **Altbauten** aus, jedenfalls soweit nicht eine Renditerechnung gestützt auf einen aktuellen Kaufpreis möglich ist (BGE 139 III 13 E. 3.1.2 = Pra 2013 Nr. 105; BGer, 27.1.2012, 4A_645/2011, E. 3.2 = SJ 2012 I 377; BGer, 11.10.2011, 4A_276/2011, E. 5.2.3 = JdT 2012 II 113). Das BGer erachtet es als mit dem Bundesrecht vereinbar, eine 27-jährige Baute noch nicht als Altbaute zu behandeln (BGE 140 III 433 E. 3.1).

2. Verhältnis zu den relativen Erhöhungsgründen

Nach der sogenannten **relativen Berechnungsmethode**, welche sich auf die konsensuale Natur der Mietzinsveränderungen bzw. auf die Wirkungen des Urteils im Falle der Gestaltungsklage stützt (dazu Art. 269d N 1a, Art. 270 N 7 und Art. 270a N 5) sind der Berufung auf die genannten **absoluten Gründe** im laufenden Mietverhältnis Grenzen gesetzt. Nach **Treu und** **16**

Glauben ist davon auszugehen, dass der zuletzt festgesetzte Mietzins (vgl. dazu Art. 269d N 13a) dem Vermieter sowohl einen **zulässigen als auch einen genügenden Ertrag** verschafft. Haben sich die Verhältnisse seit der letzten Mietzinsanpassung, in welcher sich kein Vorbehalt i.S.v. Art. 18 VMWG findet, nicht innerhalb einer statistisch relevanten Periode verändert, so können beide Parteien keine von Grund auf neue Mietzinsberechnung verlangen, sondern sich nur auf die **inzwischen eingetretenen Veränderungen** berufen, primär also auf die *relativen Anpassungsgründe*, d.h. auf Kostenveränderungen i.S.v. Art. 269a lit. b und d–f (BGE 106 II 73; 106 II 356; 117 II 161; 117 II 452 E. 4 und 5; 117 II 458; 118 II 124; 118 II 130; 120 II 100 E. 2; 120 II 304 f.; 121 III 163 E. 2c und d; 122 III 257; 124 III 67 E. 3; 126 III 124 E. 2a = Pra 2000 Nr. 186; BGer, 9.7.2002, 4C.291/2001, E. 2b und 3b; vgl. ZK-Higi, Vor Art. 269–270e OR N 162 ff., Art. 269 N 462 ff.; Lachat et al.-Dörflinger, 300; Lachat et al.-Brutschin, 436 ff.). Als statistisch relevant genügt jedenfalls ein Intervall von nur neun Monaten seit der letzten Mietzinsfestsetzung nicht (BGE 118 II 130); auch ein solches von $4^1/_2$ Jahren erweist sich nach der zutreffenden Auffassung des BGer als unzureichend (BGer, 9.7.2002, 4C.291/2001, E. 3b), ja u.U. selbst ein solches von acht Jahren (BGer, 15.5.2007, 4C.34/2007, E. 3.1.2; CPra Bail-Bohnet/Broquet, Art. 269a N 9). Als hinreichend erachtet wurde aufgrund der konkreten Umstände aber auch schon ein Zeitraum von gut sieben Jahren (BGer, 28.4.2011, 4A_669/2010, E. 5.2). Massgeblich mag bei der Berufung auf die Vergleichsmiete eine Periode von fünf bis sieben Jahren (Barbey, mp 1988, 136), bei einer kostenmässigen Fehlberechnung eine wesentlich längere Zeit sein (BGE 118 II 124 E. 6; CHK-Heinrich, Art. 269–269a OR N 6; vgl. Habermacher-Droz, mp 1992, 171 f., sowie BGer, 9.7.2002, 4C.291/2001, E. 3b: 13 Jahre sind ausreichend).

Die relative Methode gilt grundsätzlich nur zwischen den konkreten Vertragsparteien bzw. deren Universalsukzessoren (dazu BGer, 9.7.2002, 4C.291/2001, E. 3b) und nur, soweit die gültige Mietzinsgestaltung auf den Parteierklärungen bei früheren Mietzinsfestsetzungen und damit nach der hier vertretenen Auffassung auf deren **konsensualem Charakter** bzw. auf der **materiellen Rechtskraft** des entsprechenden Gestaltungsurteils beruht (vgl. BGE 106 II 356 E. 3c; 124 III 67 E. 3; 126 III 124 E. 2a = Pra 2000 Nr. 186; Art. 269d N 1a und 4 sowie Art. 270a N 2 und 7). Eine uneingeschränkte Neuberechnung nach absoluter Methode ist nach der Rsp. des BGer daher möglich oder gar nötig bei einer **Neuvermietung** (BGE 120 II 240; vgl. aber BGE 121 III 364 E. 3b), bei der **Entlassung aus der Mietpreiskontrolle** (BGE 117 II 77; 123 III 171 E. 6a = Pra 1997 Nr. 123), beim Übergang von der Objekts- zur **Subjektshilfe** im sozialen Wohnungsbau (BGE 129 III 272; BGer, 31.1.2003, 4C.330/2002, E. 3.1, beim **Verkauf der Mietsache** (BGE 120 II 302; BGer, 9.7.2002, 4C.291/2001, E. 2b/gg; vgl. Art. 261 N 4) sowie – systemwidrig – nach Ablauf der festen Vertragsdauer, während derer eine **Index- oder Staffelungsklausel** in Kraft stand (BGE 121 III 397, 403 f.; 123 III 76, 84; dazu Art. 269b N 7 und Art. 269c N 4). **Kein Ausnahmetatbestand** liegt indes vor beim *Auslaufen einer Festhypothek* (BGE 120 II 302). Das Gleiche gilt für *veräusserungsähnliche Veränderungen* seitens der Eigentümer, namentlich bei *Erbteilungen*, denn der hier festgelegte Anrechnungswert beruht häufig auf der vergleichsweisen Regelung des gesamten Nachlasses und hat deshalb nicht die gleiche Aussagekraft wie ein Kaufpreis (Mietgericht ZH, mp 1994, 126 ff.; auf eine vorbehaltlose Erhöhung *vor* einer Erbteilung stellte auch BGE 118 II 130 ab; offengelassen vom BGer, mp 1999, 139 ff. = MRA 1999, 189 ff.; voreilig daher Gut, Mietzins, 9; zweifelnd ZK-Higi, N 350; **a.M.** Müller, MRA 1999, 193 ff. [der freimütig zugibt, dass die Erben den Anrechnungswert beliebig zum Nachteil des Mieters bestimmen können]; Siegrist, 51 f.; Lachat et al.-Brutschin, 441 FN 81; CHK-Heinrich, Art. 269–269a N 7; mp 2001, 29 ff.), bei *Verkauf der Aktien einer Liegenschaften-AG* und bei der Veräusserung einer Liegenschaft, die durch den *Liegenschaftenverwalter* in eigenem Namen vermietet worden ist (BGer, MRA 1995, 7 ff.; vgl. aber Art. 253 N 9).

17 Eine weitere, allerdings in ihren Wirkungen geringfügige **Durchbrechung** der relativen Methode ist durch Art. 13 Abs. 4 VMWG angeordnet für den Fall, dass Mietzinsanpassungen infolge von **Hypothekarzinsänderungen** verlangt werden (mp 1990, 117; krit. zu diesem opportunistischen Methodenwechsel: ZIHLMANN, 178). Ein **Urteil** oder ein **Vergleich** über die Mietzinsfestsetzung bildet gegenüber Art. 13 Abs. 4 VMWG eine absolute **Schranke**, so dass frühere Hypothekarzinsveränderungen, die vom Urteil oder vom Vergleich bereits erfasst worden sind, nicht mehr berücksichtigt werden können (CPra Bail-BOHNET/BROQUET, Art. 269a N 42). Ebenso verhält es sich, wenn eine Erhöhung zufolge Hypothekarzinsveränderung unangefochten blieb oder wenn eine Anpassung aufgrund eines Arguments erfolgte, das zu einer Neuberechnung nach der absoluten Methode führte (BGE 118 II 425; 119 II 348 E. 4b; 124 III 67 E. 3; vgl. auch ZK-HIGI, Art. 269a OR N 264 ff.).

18 Vermieter und Mieter können die **absoluten Anpassungsgründe**, d.h. eine ungenügende Netto- oder Bruttorendite oder die Vergleichsmiete nach der Rsp. des BGer gegenüber einem auf relative Gründe gestützten Anpassungsbegehren der Gegenpartei ohne weiteres **einwenden** (BGE 121 III 163 = Pra 1996 Nr. 53; 122 III 257 E. 4; 140 III 433 E. 3.1; BGer in mp 1997, 239 ff. = MRA 1998, 1 ff.; z.B. BGer, 18.1.2006, 4C.285/2005, E. 2.3). Damit schiebt das BGer einen wichtigen Aspekt der relativen Methode und des Grundsatzes von Treu und Glauben beiseite – wenn auch wenigstens in parteineutraler Weise (s.a. BGE 123 III 76; 124 III 310 E. 2b; GUT, mp 2000, 6). Befriedigen kann diese Rsp. nicht: Wenn schon aus der unbestritten gebliebenen letzten Festsetzung des Mietzinses grundsätzlich i.S. einer **Fiktion** anzunehmen ist, derselbe führe zu einem genügenden und nicht missbräuchlichen Ertrag, dann müssen zwangsläufig Veränderungen der relativen Kostenfaktoren auch zu einer Mietzinsanpassung führen, solange nicht die Voraussetzungen für eine Neuberechnung nach absoluter Methode vorliegen. Die sachlichen Konsequenzen der Bundesgerichtspraxis sind denn auch kurios: So ist etwa der Mieter, der ein Senkungsbegehren gestützt auf eine Hypothekarzinsreduktion gestellt hat und damit nicht durchgedrungen ist, schlechter gestellt, als wenn er sein Begehren unterlassen hätte, denn nach dem (*Gerichts*-, vgl. Art. 270a N 6a) Verfahren beruht sein (gleich gebliebener) Mietzins auf dem tieferen Hypothekarzinssatz (**a.M.** freilich NIDERÖST, mp 1996, 52 ff.; SPIRIG, mp 1999, 181 f.). Steigt dieser in der Folge wieder auf das alte Niveau, hat der Vermieter – als direkte Folge der Ertragsüberprüfung im Senkungsverfahren – Anspruch auf eine entsprechende Mietzinserhöhung. Eine solche hätte er im Lichte der relativen Methode nicht verlangen können, wenn der Mieter zuvor kein Senkungsverfahren angestrengt hätte. Aber auch der Vermieter bekommt die Folgen zu spüren: Weil der Mieter bei einer Mietzinserhöhung ebenfalls voraussetzungslos eine Ertragsüberprüfung verlangen kann, ist er schon bei einer geringfügigen Anpassung gezwungen, sich entsprechend zu wappnen, um im Streitfall sämtliche Belege produzieren zu können. Letztlich wirkt sich also auch hier Akribie für *alle* Betroffenen nachteilig aus, denn auf der Strecke bleiben die Prozessökonomie und die vom Gesetzgeber angestrebte Entspannung zwischen den Parteien (s.a. HEDIGER, SJZ 2001, 296 und CHK-HEINRICH, Art. 269–269a OR N 9).

3. Kritik

19 Mit der vom BGer entwickelten relativen Berechnungsmethode wird (bei konsequenter Handhabung) eine praktikable, aufwendige Beweisverfahren in Zusammenhang mit der Ertragsüberprüfung vermeidende und der Rechtssicherheit zuträgliche Lösung der Mietzinsproblematik erreicht. Im Ergebnis führt sie dazu, dass ganz i.S. des **Vertrauensprinzips** eine Lockvogelpolitik («politique du miroir aux alouettes», BGer, 9.7.2002, 4C.291/2002, E. 2b/cc) wirksam verhindert und der ursprüngliche Vertragskonsens in die Zukunft übertragen wird. In Verbindung mit der in der Praxis (ungeachtet Art. 270) nach wie vor üblichen freien Mietzinsfestsetzung beim Mietbeginn sichert die Methode auch die Attraktivität von Investitionen in Immobilien. *Systemwidrig* ist allerdings die Negierung der offensiven Komponente der relativen Methode durch das BGer (N 18). Zu Revisionsideen s. N 13 f.

Art. 269*a*

II. Ausnahmen

Mietzinse sind in der Regel nicht missbräuchlich, wenn sie insbesondere:
a. im Rahmen der orts- oder quartierüblichen Mietzinse liegen;
b. durch Kostensteigerungen oder Mehrleistungen des Vermieters begründet sind;
c. bei neueren Bauten im Rahmen der kostendeckenden Bruttorendite liegen;
d. lediglich dem Ausgleich einer Mietzinsverbilligung dienen, die zuvor durch Umlagerung marktüblicher Finanzierungskosten gewährt wurde, und in einem dem Mieter im Voraus bekanntgegebenen Zahlungsplan festgelegt sind;
e. lediglich die Teuerung auf dem risikotragenden Kapital ausgleichen;
f. das Ausmass nicht überschreiten, das Vermieter- und Mieterverbände oder Organisationen, die ähnliche Interessen wahrnehmen, in ihren Rahmenverträgen empfehlen.

II. Exceptions

Ne sont en règle générale pas abusifs les loyers qui, notamment:
a. se situent dans les limites des loyers usuels dans la localité ou dans le quartier;
b. sont justifiés par des hausses de coûts ou par des prestations supplémentaires du bailleur;
c. se situent, lorsqu'il s'agit de constructions récentes, dans les limites du rendement brut permettant de couvrir les frais;
d. ne servent qu'à compenser une réduction du loyer accordée antérieurement grâce au report partiel des frais usuels de financement et sont fixés dans un plan de paiement connu du locataire à l'avance;
e. ne compensent que le renchérissement pour le capital exposé aux risques;
f. n'excédent pas les limites recommandées dans les contrats-cadres conclus entre les associations de bailleurs et de locataires ou les organisations qui défendent des intérêts semblables.

II. Eccezioni

Di regola non sono abusive segnatamente le pigioni che:
a. sono nei limiti di quelle in uso nella località o nel quartiere;
b. sono giustificate dal rincaro dei costi o da prestazioni suppletive del locatore;
c. ove trattasi di costruzioni recenti, sono nei limiti del reddito lordo compensante i costi;
d. servono esclusivamente a compensare una riduzione della pigione accordata precedentemente nell'ambito di una ridistribuzione dei costi usuali di finanziamento e sono fissate in un piano di pagamento previamente comunicato al conduttore;
e. garantiscono unicamente il potere d'acquisto del capitale, sopportante i rischi;
f. non eccedono i canoni raccomandati nei contratti-quadro di locazione di associazioni di locatori e inquilini o di organizzazioni che tutelano analoghi interessi.

Literatur

BÄTTIG, Die Überwälzung der Kosten von umfassenden Überholungen auf den Mietzins, MRA 2009, 1 ff.; BLASER, La prise en considération des loyers usuels dans la fixation du loyer, CdB 2001, 1 ff.; DERS., La prise en compte des variations antérieures du taux hypothécaire lors d'une modification du loyer, CdB 2000, 65 ff.; BRUTSCHIN, Die Überwälzung von Mehrleistungen auf den Mietzins, mp 2005, 129 ff.; DIES., Die Mietzinsgestaltung bei energetischen Verbesserungen gemäss Art. 14 VMWG unter besonderer Berücksichtigung der Förderbeiträge von Bund und Kantonen, mp 2010, 1 ff.; DIES., Ausgewählte Fragen zur Überwälzung von Mehrleistungen auf den Mietzins, mp 2013, 81 ff.; BURKHALTER, Rahmenmietverträge als neuer Lösungsansatz an der Mieter-Vermieterfront, SVZ 1994, 234 ff. (zit. Rahmenmietverträge); DERS., Energetische Sanierungen und Mietrecht im Kontext energiepolitischer Herausforderungen, Jusletter vom 24.2.2014 (zit. Sanierungen); CORBOZ, Les travaux de transformation et de rénovation de la chose louée entrepris par le bailleur et leur répercussion sur les loyers, in 12e Séminaire sur le droit du bail, 2002; LACHAT, Die Mietzinsgestaltung bei Mehrleistungen des Vermieters, mp 1993, 135 ff.; DERS., Nouveautés en droit du bail: Les contrats-cadres; le montant du loyer, SJ 2003 II, 153 ff.;

MAAG, Unterhaltskostenpauschale (Art. 269a OR und Art. 12 VMWG), MRA 2005, 149 ff.; NIDERÖST, Auf welchem Hypothekarzinssatz basiert der nicht oder nur teilweise gesenkte Mietzins, mp 1996, 47 ff.; RICHARD, Illicéité ou non de la renonciation conventionelle au taux hypothécaire comme facteur de fixation de loyer, CdB 2007, 37 ff.; ROHRER, Anpassung der Anlagekosten an die Teuerung bei der Berechnung der kostendeckenden Bruttorendite, MRA 1999, 131 ff.; DERS., Mietzinserhöhungen aufgrund steigender Hypothekarzinsen, MRA 1999, 173 ff.; DERS., Mietzinsgestaltung nach energetischen Verbesserungen, MRA 2011, 41 ff.; ROSSINELLI, Les contrats-cadres de baux à loyer: force obligatoire et champ d'application, 16e séminaire sur le droit du bail, Neuchâtel 2010; SAVIAUX, Liberté contractuelle et droit du bail, AJP 2007, 424 ff.; SCHIESS RÜTIMANN, Mietzinserhöhung wegen wertvermehrender Verbesserungen, mp 2002, 67 ff.; SULLIGER/ANSERMET, Le contrat-cadre romand de baux à loyer et les dispositions paritaires romandes et règles et usages locatifs du canton du Vaud, CdB 2002, 97 ff.; s.a. die Literaturhinweise zu Art. 269.

I. Die Bedeutung des Negativkataloges

1 Das Gesetz nennt beispielhaft sechs Gründe, welche einen Mietzins als *nicht missbräuchlich* erscheinen lassen. Statt von «Ausnahmen» wie im Marginale spricht das BGer treffender von Sondertatbeständen (BGE 120 II 302 E. 6). Den Kriterien kommt nach der Praxis zwar grundsätzlich nur die Bedeutung einer widerlegbaren Vermutung zu. Die Orts- und Quartierüblichkeit und die kostendeckende Bruttorendite als **absolute Anpassungsgründe** stehen aber mindestens im Ergebnis grundsätzlich gleichberechtigt neben der Ertragsüberprüfung nach Art. 269 (BGE 112 II 149 E. 3d; 116 II 594 E. 6a; 121 III 163; 122 III 257 E. 4; BGer, mp 1997, 239 ff.). Im Falle der Brutto- und der Nettorendite folgt dies daraus, dass mit zwei verschiedenen Methoden dasselbe Ziel angestrebt wird (N 13, 15). Die **Vergleichsmiete** sollte laut einem Entscheid des BGer aus dem Jahre 1998 der Kostenmiete dagegen insofern **untergeordnet** sein, als selbst beim Nachweis eines bestimmten Vergleichsniveaus durch den Vermieter dem Mieter der Einwand des übersetzten Ertrages offensteht (BGE 124 III 310 = Pra 1998 Nr. 173; vgl. aber N 4a).

Die **relativen Anpassungsgründe** von lit. b und d-f haben sodann nach ständiger Praxis und fast einhelliger Lehre gegenüber den absoluten gem. lit. a und c bzw. Art. 269 im laufenden Mietverhältnis grundsätzlich **Priorität**, soweit die **relative Berechnungsmethode** reicht (vgl. Art. 269 N 16 ff., m.Hw.). Die praktische Bedeutung von Art. 269a ist nach wie vor gross – obwohl die Ertragsüberprüfung nach Art. 269 in neuerer Zeit vermehrte Beachtung findet (vgl. ZIHLMANN, 132, 136).

II. Orts- oder quartierüblicher Mietzins (lit. a)

1. Bedeutung und Zweck

1a Das Kriterium der Orts- und Quartierüblichkeit stellt auf einen Mietzinsvergleich mit ähnlichen Objekten ab und heisst deswegen auch **Vergleichsmiete**. Die häufig anzutreffende Bezeichnung als «Marktmiete» (z.B. BLUMER, SPR VII/3, Rz 40 8 ff.) wird dem vorliegenden Anpassungsgrund dagegen nicht gerecht, da mit der Vergleichsmiete gerade nicht die Miete gemeint ist, die bei freiem Spiel der Marktkräfte zu erzielen wäre (vgl. Art. 269 N 1 f.; ebenso CPra Bail-BOHNET/BROQUET, N 5; ZK-HIGI, Art. 269 OR N 420 f.; BK-GIGER, Grundsatzanalyse, N 169 ff. sowie Vor Art. 253–273c OR N 35; GRATZ, 82). Die Vergleichsmiete eignet sich (zumindest vom Konzept her) für die Mietzinsgestaltung nach **absoluter Methode** bei **älteren Bauten**, denen Renditerechnungen nach Art. 269 oder 269a lit. c ob der Massgeblichkeit der historischen Kosten und der mit ihrer Eruierung verbundenen Beweisschwierigkeiten nicht gerecht zu werden vermögen (BGer, 9.4.2002, 4C.323/2001, E. 3a = mp 2002, 153 ff.; BGer, 30.1.2004, 4C.236/2004, E. 3; 28.4.2011, 4A_669/2010, E. 4; BGE 124 III 310 E. 2b = Pra 1998 Nr. 173; BGE 122 II 257 E. 4a/bb; vgl. CPra Bail-BOHNET/BROQUET, N 7 und 27; ZIHLMANN, 144 f.; ZK-HIGI, N 21; SVIT-KOMM., N 6). Sie steht sowohl dem Vermieter als auch dem Mieter als Anpassungsgrund zur Verfügung (BGer, 9.7.2002, 4C.291/2001, E. 2b/ff.).

2. Voraussetzungen

2 Nach der Rsp. des BGer hat ein **konkreter Vergleich** stattzufinden, der mindestens **fünf vergleichbare Objekte** in derselben Ortschaft oder im gleichen Stadtquartier erfassen soll (BGE 123 III 317 E. 4b/ee; 136 III 74 E. 3.1 = Pra 2010 Nr. 86 [zum Ende der Geschichte s. BGer, 19.2.2013, 4A_612/2012]; BGE 139 III 13 E. 3.4 = Pra 2013 Nr. 105). Dieses Vorgehen hat zwar einen gewissen Bezug zur professionellen Liegenschaftenschätzung; es kann aber im Mietrecht nicht durch ein – stets von Hypothesen geprägtes – Gutachten über den Mietwert der Wohnung oder des Geschäftsraumes ersetzt werden (BGE 114 II 361; 118 II 130; 123 III 317 E. 4a und c/aa; Lachat et al.-Brutschin, 356; Zihlmann, 145; Gratz, 82; ZK-Higi, N 27 ff. und 56 ff.; SVIT-Komm., N 20 ff.).

Der Beizug von **Mietzinsstatistiken**, wie sie die frühere Praxis bereits zugelassen hatte, wird in Art. 11 Abs. 4 VMWG ausdrücklich verankert, genügt aber für sich allein nicht; untauglich sind insb. Statistiken, die nicht den erforderlichen Detaillierungsgrad bezüglich der massgeblichen Kriterien (dazu N 2a) aufweisen (vgl. BGE 114 II 361 E. 3; 123 III 317 E. 4a und c/cc; BGer, 19.2.2013, 4A_612/2012, E. 3.3.2; zur beschränkten Tauglichkeit des «Basler Mietpreisrasters» BGer, 28.4.2011, 4A_669/2010, E. 5.3 und 6). Immerhin kann eine Statistik auch bei nicht ganz hinreichendem Detaillierungsgrad beweisbildend sein, etwa wenn der vom Vermieter verlangte Mietzins weit unter dem von der Statistik für gleichartige Objekte ausgewiesenen Wert liegt (BGer, 13.1.2004, 4C.176/2003, E. 3.2.2; dazu Bisang, MRA 2004, 45 ff.; Lachat, DdB 2004, 26 f.; Koller Th., ZBJV 2005, 317 ff.; BGer, 28.8.12, 4A_250/2012, E. 2.4; SVIT-Komm., N 30; CPra Bail-Bohnet/Broquet, N 25).

2a Art. 11 Abs. 1 und 2 VMWG nennt fünf Elemente, die bez. der Vergleichbarkeit der Wohnung oder des Geschäftsraums im konkreten Fall gegeben sein müssen (Lage, Grösse, Ausstattung, Zustand und Bauperiode). Die Vergleichskriterien werden äusserst streng gehandhabt. Eine vergleichbare **Lage** (im **Ort** bzw. **Quartier**, d.h. in einer historischen und administrativen Einheit innerhalb einer Stadt, vgl. BGE 136 III 74 E. 2.2.1 = Pra 2010 Nr. 86) hängt von der Verkehrslage und der übrigen Infrastruktur (Schulen, Einkaufs- und Naherholungsmöglichkeiten; Passantenlage usw.), den Immissionen, aber auch etwa der Aussicht und Besonnung ab (vgl. BGE 123 III 317 E. 4/b/ee; SJ 2001 I, 247 E. 4b/dd = mp 2001, 33 ff.; BGer, 9.4.2002, 4C.323/2001, E. 3b; Lachat et al.-Brutschin, 356 f.; z.T. **a.A.** ZK-Higi, N 89 f.). Bei der **Grösse** von Wohnungen spielt die Zimmerzahl die Hauptrolle, daneben ist aber stets auch die Fläche festzustellen und in die Würdigung mit einzubeziehen. Eine Flächenabweichung über 15 % ist auch bei ähnlicher Zimmerzahl kritisch, eine solche von 25 % nicht hinzunehmen (vgl. BGE 123 III 317 E. 4b/cc; SJ 2001 I, 247 E. 4b/bb; BGer, 4.7.2001, 4C.55/2001, E. 4b/ff [unpubl. Teil von BGE 127 III 411, abgedruckt in MRA 2002, 9 ff.]; Zihlmann, 146; vgl. Gratz, 84). Zur eingeschränkten Bedeutung der Zimmerzahl bei grossen Wohnungen s. BGE 136 III 74 E. 3.2.2 = Pra 2010 Nr. 86. Bei Geschäftsräumen kann gem. Art. 11 Abs. 2 VMWG auf die Quadratmeterpreise gleichartiger – d.h. vergleichbar genutzter (vgl. ZK-Higi, N 52) – Objekte abgestellt werden. Unter dem Titel der schwer voneinander zu trennenden Kriterien des **Zustandes** und der **Ausstattung** hängt die Vergleichbarkeit von Wohnungen hauptsächlich von der technischen Funktionsfähigkeit der Einrichtungen ab. Solange eine Heizung oder ein Lift funktioniert, spielt es keine Rolle, aus welchem Jahrzehnt die Installation stammt. Nicht vergleichbar sind jedoch moderne Einrichtungen auf der einen Seite (neue Fenster, Badezimmer und Küchen, hoher Komfort, Kabel-TV-Anschluss [!], guter äusserer Zustand) mit veralteten Installationen auf der anderen (Einfach-Verglasung, verblichene Tapeten, nur brusthohe Wandplattenbeläge in den Badezimmern, veraltete Küchen, Elektro- und Warmwasseranlagen, spartanische Gestaltung, veraltete Erscheinung des Gebäudes; BGE 123 III 317 E. 4b/bb und dd; SJ 2001 I, 247 E. 4b/ee). Punkto **Bauperiode** ist auf eine bestimmte Epoche mit vergleichbarer Bauweise und -technik abzustellen. In neuerer Zeit wird sich die relevante Spanne innerhalb einer Dekade bewegen müssen, um die vorletzte Jahrhundertwende kann sie sich auch auf zwei erstrecken (vgl. BGE 123 III 317 E. 4b/aa;

136 III 74 E. 3.2.1 = Pra 2010 Nr. 86; SJ 2001 I 247 E. 4b/aa; vgl. Zihlmann, 147; Prerost/Thanei, 105; SVIT-Komm., N 18 f.; ZK-Higi, N 122 ff.).

Relevante Unterschiede bei einzelnen Kriterien dürfen nicht durch Zu- oder Abschläge ausgeglichen werden. Dies widerspräche klarerweise dem vom Gesetz und von der Praxis geforderten konkreten Vergleich, der weder durch eine Wertung eines Experten noch durch eine solche des Gerichts ersetzt werden kann (vgl. N 2; deutlich genug BGE 123 III 317 E. 4a und b; gl. M. ZK-Higi, N 64 f.; **a.M.** SVIT-Komm., N 25).

Nicht in Betracht fallen Mieten, die auf einer **Marktbeherrschung** durch den Vermieter oder eine Vermietergruppe beruhen (Art. 11 Abs. 3 VMWG). Eigene Vergleichsobjekte kann der Vermieter dann zum Vergleich nicht heranziehen. Das BGer fordert im Interesse der Verlässlichkeit des – auf einer eher geringen Anzahl Vergleichsobjekten beruhenden – Vergleiches überdies *mit Recht*, dass der Mietsache nicht nur Objekte **desselben** (Dritt-)**Vermieters** gegenübergestellt werden. So hat es etwa bemängelt, dass sich von sieben Vergleichsobjekten je drei in zwei Liegenschaften fanden, welche nicht zu Stockwerkeigentum aufgeteilt waren, sondern jeweils nur einem einzigen Eigentümer gehörten (BGE 123 III 317 E. 4b und c/aa; krit. zum Ausschluss von Objekten unter gleicher Verwaltung ZK-Higi, N 83). Als zulässig erachtete es jedoch in problematischer Weise einen Vergleich mit Objekten verschiedener Eigentümer, die durch **dieselbe Liegenschaftsverwaltung** verwaltet werden (BGer, 24.4.2009, 4A_573/2008, E. 2.3 = mp 2009, 261 ff.). **2b**

Nach ständiger Rsp. des BGer ist sodann als Ausfluss des Primates der Kostenmiete (vgl. BGE 124 III 310 E. 2b = Pra 1998 Nr. 173) zu berücksichtigen, ob die Vergleichsmieten bereits auf den **aktuellen Kostenständen** (insb. Teuerung und Hypothekarzins) beruhen (BGE 123 III 317 E. 4d; 114 II 361 E. 3; 108 II 135 E. 1; 106 II 356 E. 5d; krit. ZK-Higi, N 68, Rohrer, MRA 1997, 194 und Blumer, SPR VII/3, Rz 443). Dabei ist es immerhin zulässig, die präsentierten Vergleichsmieten theoretisch an die seit der letzten Mietzinsanpassung für die Vergleichsobjekte eingetretene Kosten- und Teuerungsentwicklung anzupassen. Den Parteien bleibt aber der Nachweis vorbehalten, dass die letzte Mietzinsfestsetzung bei den Vergleichsobjekten zu einem missbräuchlichen bzw. ungenügenden Ertrag führte und dass es deswegen den entsprechenden Mietzinsen an Vergleichstauglichkeit mangelt (BGE 127 III 411 = Pra 2002 Nr. 25; BGE 123 III 317 E. 4d). Zu berücksichtigen sind gemäss dem zuerst zitierten Entscheid sämtliche Faktoren, die **bis zum Inkrafttreten der zu beurteilenden Anpassung** eingetreten sind (dazu und zur abweichenden Praxis gem. BGE 122 III 20 vgl. Art. 269 N 6a sowie ZK-Higi, N 55). **2c**

Selbst wenn die Vergleichsobjekte allen geschilderten Kriterien standhalten, kann von einer Orts- oder Quartier*üblichkeit* nur gesprochen werden, wenn sich die Vergleichsmieten innerhalb einer bestimmten **Bandbreite** halten (Gmür/Thanei, 19; krit. Blumer, SPR VII/3, Rz 443). Von einer üblichen Miete nicht gesprochen werden kann bei Unterschieden zwischen CHF 17 424 bis zu CHF 29 016 pro Jahr, besonders nicht, wenn massive Unterschiede sich objektiv nicht erklären lassen und daher Indizien für einen Missbrauch bilden (BGE 123 III 317 E. 4c/bb; ZMP 1995 Nr. 20, 21; vgl. ZK-Higi, N 70 f.). **2d**

Weicht dann der verlangte Mietzins nicht von der Bandbreite ab oder liegt er gar darunter, so erweist er sich als nicht missbräuchlich unter dem Vorbehalt des (bei Altbauten allerdings nicht zulässigen) Nachweises eines übersetzten Ertrages (BGE 124 III 310 E. 2b = Pra 1998 Nr. 173; BGer, 9.4.2002, 4C.323/2001, E. 3a; vgl. ZK-Higi, N 43).

3. Verhältnis zu anderen relativen und absoluten Anpassungsgründen

Eine Berufung auf die Quartierüblichkeit schliesst eine **Kumulation** mit andern Anpassungsfaktoren dieses Artikels aus (Lachat et al.-Brutschin, 355; SVIT-Komm., N 7; ZK-Higi, Art. 269 N 463). **3**

4 Gemäss Higi (Art. 269 N 436 ff.) ist der Vermieter an seine Wahl, die Mietzinse nach dem Prinzip der Kostenmiete oder der Vergleichsmiete auszurichten, gebunden. Dem Gesetz lässt sich indessen nur eine Bindung an die Begründung der konkreten Mietzinserhöhung (und auch hier nicht etwa i.S. eines Verbotes von – klar formulierten – *Eventualbegründungen*: vgl. BGE 123 III 317 E. 4e; 118 II 130 E. 2a; BGer, 3.1.2000, 4C.245/1999 = mp 2000, 27 ff.; zu alternativen Einwänden gegen Senkungsbegehren BGE 106 II 256 E. 4 und 5; SVIT-Komm., Art. 269d N 40), nicht aber an ein System für die gesamte Mietdauer entnehmen. Untersagt wird nur eine missbräuchliche Mietzinsgestaltung; die Kriterien dafür stehen zwar zueinander in einem Spannungsverhältnis. Erweist sich die konkrete Mietzinsanpassung aufgrund der *geltend gemachten* Voraussetzungen aber als zulässig, so besteht klarerweise kein Raum für einen richterlichen Eingriff (BGE 122 III 257 E. 4b).

4a Zwar hat die **Kostenmiete** gegenüber der Vergleichsmiete grundsätzlich Vorrang (vgl. BGE 124 III 310 E. 2b = Pra 1998 Nr. 173; **a.M.** Blumer, SPR VII/3, Rz 458). Bei **Altbauten** kommt dem Vergleichsmietekriterium allerdings insofern eine überragende Bedeutung zu, als die historischen Anlagekosten mit zunehmender Dauer an Aussagekraft verlieren. Gemessen am Gebrauchswert der Sache führt dies sehr rasch zur Annahme eines missbräuchlichen Mietzinses. Das Vergleichsmietekriterium hat hier eine **ausgleichende Funktion** gegenüber den Mietpreisen bei Neubauten (BGE 139 III 13 E. 3.1.2 = Pra 2013 Nr. 105; CPra Bail-Bohnet/Broquet, N 7; KUKO OR-Blumer, Vor Art. 269–270e N 5; zum Ganzen auch Art. 269 N 15). Wann eine Altbaute vorliegt, sagt das Gesetz nicht. Das BGer hat es als mit dem Bundesrecht vereinbar erachtet, eine 27-jährige Liegenschaft nicht als solche zu qualifzieren (BGE 140 III 433 E. 3.1).

4b Mietzinsanpassungen gestützt auf die Vergleichsmiete sind im laufenden Mietverhältnis infolge der **relativen Berechnungsmethode** nur zulässig, wenn die örtlichen Marktverhältnisse sich seit der letzten vorbehaltlosen Mietzinsfestsetzung innerhalb eines statistisch relevanten Zeitraums verändert haben (vgl. dazu Art. 269 N 16 ff.; BGE 126 III 124 E. 2a = Pra 2000 Nr. 186). Deswegen darf die **Bedeutung des Vergleichsmietekriteriums** für die Praxis **nicht überschätzt werden**. Voraussetzungslos zulässig ist die Berufung auf die Vergleichsmiete nach bundesgerichtlicher Rsp. immerhin zur Abwehr eines Senkungs- oder Erhöhungsbegehrens gestützt auf relative Anpassungsgründe (BGE 122 III 257 E. 4; vgl. Art. 269 N 16 ff.).

4. Beweislast

5 Die Beweislast für die Höhe der Vergleichsmiete trägt nach Art. 8 ZGB diejenige Partei, die daraus Rechte ableitet, mithin diejenige, welche das **Kriterium für sich beansprucht**. In Zusammenhang mit einer Mietzinserhöhung gestützt auf die Vergleichsmiete oder mit der Abwehr eines Senkungsbegehrens unter Berufung auf die Vergleichsmiete ist dies der Vermieter (vgl. BGE 127 III 411 = Pra 2002 Nr. 25). Bei der Überprüfung von übersetzten Investitionen gestützt auf Art. 269, Halbsatz 2, oder bei der Bekämpfung eines relativ begründeten Erhöhungsbegehrens mittels der Vergleichsmiete trägt jedoch der Mieter die Folgen der Beweislosigkeit (vgl. als Bsp. Art. 261 N 19). Verlangt der Vermieter eine Erhöhung gestützt auf relative Gründe und wendet der Mieter mit Erfolg einen übersetzten Ertrag ein, so liegt die Beweislast für die Vergleichsmiete hingegen beim Vermieter (BGer, 12.11.2004, 4C.236/2004; krit. Rohrer in MRA 2005, 167 f.). Die Gegenpartei trifft jeweils eine Mitwirkungsobliegenheit nach Art. 160 und 164 ZPO (dazu und zur Beweislast bei der Anfangsmietzinsanfechtung Art. 270 N 8 und 13a sowie BGE 139 III 13 = Pra 2013 Nr. 105; BGE 140 III 264).

Die Beweislast ist sehr häufig prozessentscheidend, denn wie die vorstehenden Ausführungen zeigen, ist der – wahrhaft *teuflische* – Nachweis des entsprechenden Mietzinsniveaus infolge der strengen Vergleichskriterien oft schlicht nicht oder dann nur mit grossem Aufwand zu erbringen (BGE, a.a.O.; vgl. SVIT-Komm., N 23; Bättig, MRA 2002, 19; CR CO I-Lachat, N 3; KUKO OR-Blumer, N 5; Blumer, SPR VII/3, Rz 445; BK-Giger, Vor Art. 253–273c

OR N 40). Conod spricht in diesem Zusammenhang von einer «inapplicabilité dans les faits de la méthode des loyers usuels du quartier» (DdB 2013, 29 f., Komm. zu BGE 139 III 13; vgl. dazu Art. 270 N 13a).

Die **soziale Untersuchungsmaxime** (Art. 247 ZPO) hat an den Beweisschwierigkeiten für die Betroffenen nichts geändert, da nach Lehre und einhelliger Rsp. *die Parteien* die notwendigen Unterlagen vorlegen müssen und damit die Verantwortung für die Sachverhaltermittlung weiterhin beim Beweisbelasteten liegt (BGE 127 III 411 = Pra 2002 Nr. 25; 124 III 310 E. 2b = Pra 1998 Nr. 173; SJ 2001 I 278 E. 2b; BGer in mp 2001, 99 f.; CPra Bail-Bohnet/Broquet, N 28; Brönnimann, ZBJV 1990, 329 ff., 347).

5. Kritik

5a Selbst wenn der Beweis eines Vergleichsmietenniveaus je einmal gelingt, erscheint die statistische Reliabilität von einigen wenigen zum Vergleich herangezogenen Objekten jedenfalls als *fragwürdig* (vgl. Gmür/Thanei, 19; ZK-Higi, N 58). Der Gesetzgeber sollte die Lösung wie erwähnt (Art. 269 N 13) in verbindlichen Statistiken für die ganze Schweiz suchen und den Katalog der Vergleichskriterien den statistischen Erfassungsmerkmalen anpassen. Bis dahin erscheint eine Lockerung der Anforderungen an die Qualität der Vergleichsobjekte solange als problematisch, als nicht annähernd auf eine statistisch relevante Zahl von Vergleichsobjekten zurückgegriffen werden kann, denn sonst bestünde die Gefahr zufälliger Prozessergebnisse (vgl. Art. 269 N 13). Die Praxis des BGer wird daher in der Lehre zu Unrecht kritisiert (z.B. Blumer, SPR VII/3, Rz 446, mit der Forderung nach Zulassung praktisch beliebiger Daten wie Statistiken von Interessenverbänden).

III. Kostensteigerungen und -senkungen. Mehrleistungen des Vermieters (lit. b)

1. Kostensteigerungen und -senkungen

6 Kostenveränderungen bilden zusammen mit dem Teuerungsausgleich auf dem risikotragenden Kapital nach lit. e die sogenannten **relativen Anpassungsgründe**. Dahinter steckt die Überlegung, dass ein zuvor angemessener Mietzins nicht missbräuchlich werden kann, solange er sich im Rahmen der allgemeinen Veränderungen **seit der letzten Mietzinsfestsetzung** (vgl. dazu Art. 269 N 6a, Art. 269d N 13a) hält, während zwangsläufig ein Missbrauchsverdacht aufkommt, wenn ein allgemein gesunkenes Kostenniveau nicht auf den Mietzins durchschlägt (ZK-Higi, N 196). Die relativen Anpassungsgründe haben besondere Tragweite innerhalb der Reichweite der **relativen Methode**, gemäss welcher der Grundsatz von Treu und Glauben während der Dauer des Mietverhältnisses einer Neufestsetzung des Mietzinses gestützt auf absolute Anpassungsgründe Schranken setzt (dazu, insb. zum Gehalt von Art. 13 Abs. 4 VMWG, vgl. Art. 269 N 16 ff.).

6a Der wichtigste **Kostensteigerungs- bzw. -senkungsfaktor** ist der **Hypothekarzins**. Die Praxis lässt eine **standardisierte Überwälzung** zu den in Art. 13 VMWG festgelegten Höchstsätzen zu, die unter Berücksichtigung der kalkulatorischen Ausgangslage je nach effektiver Höhe des **Referenzzinssatzes** (N 7) degressiv von 3–2% Mietzinserhöhung pro $^1/_4$% Hypothekarzinsfusserhöhung ausgestaltet sind. Die Sätze beruhen auf einem Berechnungs**modell**, bei welchem angenommen wird, ein typischer (Netto-)Mietzins diene zu 70% der Kapitalfinanzierung (davon 60% Fremdkapital und 40% Eigenkapital) und zu 30% für Unterhalt, Abgaben und Amortisation (BGE 118 II 45 E. 2a/aa = Pra 1993 Nr. 57; SVIT-Komm., Vor Art. 269–270e N 17; BK-Giger, Vor Art. 253–273c OR N 18). Steigt z.B. der Hypothekarzinssatz von 5 auf $5^1/_4$ %, so nehmen die Fremdkapitalkosten um 5% zu; da nur 42% des Mietzinses der Fremdkapitalfinanzierung dienen, ergibt sich ein Überwälzungssatz von 2,08%, oder nach der Rundung des Bundesrates in Art. 13 VMWG ein solcher von 2%.

Bei **Hypothekarzinssenkungen** sind die Sätze in der Verordnung entsprechend anzupassen. Eine Senkung des Hypothekarzinses von $6^1/_2$ auf 6% bewirkt daher nicht eine Mietzinssenkung um 4, sondern um 3,85% (Erhöhungssatz x 100: [Erhöhungssatz + 100]; vgl. BGE 106 II 356 E. 4a = Pra 1981 Nr. 102, noch zur aVMM).

Ein **Programm zur Berechnung** der unter diesem Titel zulässigen Mietzinsanpassung findet sich auf der Website der Zürcher Gerichte (‹http://www.gerichte-zh.ch/themen/miete/mietzinsgestaltung/mietzinsrechner›).

7 Die Praxis gewährt den Ausgleich auf dem Nettomietzins in Durchbrechung des Kostenprinzips ohne Rücksicht auf die Höhe des in der Mietsache investierten Fremdkapitalanteils auch für **hypothekarfreie Objekte** (BGE 101 II 338; 103 II 263; 118 II 45 E. 2a = Pra 1993 Nr. 57; CPra Bail-Bohnet/Broquet, N 36 f.). In Fortführung dieser Standardisierung wird seit 10.9.2008 nicht mehr auf den jeweiligen kantonalen Leitzinsfuss abgestellt, sondern gem. Art. 12a VMWG auf einen vom Bundesamt für Wohnungswesen alle drei Monate ermittelten, geglätteten **Referenzzinssatz** (‹http://www.bwo.admin.ch/themen/mietrecht/00282/›; Lachat et al.-Brutschin, 337 und 366; BK-Giger, Vor Art. 253–273c OR N 71; vgl. auch Komm. zu Art. 269 N 7). Die unerwünschten volkswirtschaftlichen Folgen der Koppelung zwischen Miet- und Hypothekarzins werden dadurch erheblich gemildert, denn jetzt hat nicht mehr jeder konjunkturelle Ausschlag umittelbare Folgen für die Immobiliarmieten.

Nach der Rsp. des BGer können die Parteien die Anpassung des Mietzinses an den Hypothekarzins nicht gültig ausschliessen (BGE 133 III 61).

Eine Kalkulation der Mietzinsanpassungen anhand der gesamten Mehr- oder Minderbelastung des investierten Kapitals durch Hypothekarzinsveränderungen sieht Art. 13 Abs. 3 VMWG für den Fall vor, dass die Mietzinsgestaltung **dauernd nach der reinen Kostenmiete** erfolgt. Nach einem Teil der Lehre soll diese Verordnungsbestimmung gesetzwidrig sein (ZK-Higi, N 298 ff.). Das ist nicht einzusehen, denn eine Mietzinsgestaltung nach dieser Vorgabe liegt klar innerhalb des Rahmens von Art. 269 und fällt für den Mieter ob der – langfristig gesehen – konstanten Hypothekarzinsen offensichtlich günstiger aus als die gesetzliche Regelung (gl.M. SVIT-Komm., N 55 f.).

8 Der **Nachweis der übrigen Kostensteigerungen für Betrieb, Gebäudeunterhalt, Gebühren, Versicherungsprämien und Steuern** (vgl. Art. 12 Abs. 1 VMWG) kann grundsätzlich nur **individuell**, d.h. nicht auf der Basis von Kostenindizes (Baukostenindex), sondern aufgrund des Vergleichs von Durchschnittswerten der *tatsächlichen Aufwendungen* über mehrere (mind. drei) Jahre erfolgen (Art. 20 VMWG; BGE 106 II 356 E. 5 = Pra 1981 Nr. 102; 111 II 378 E. 2; BGer in mp 1996, 140 ff.; CPra Bail-Bohnet/Broquet, Art. 269a N 51; zur Behandlung *ausserordentlich hoher Kosten* vgl. Art. 269 N 11a). *Besonders hohe ausserordentliche* Kosten werden geglättet in den Mehrjahresvergleich einbezogen und zwar anhand eines Amortisationssatzes gemäss ihrer Lebensdauer und einer jährlichen Verzinsung des noch nicht amortisierten Betrages (BGE 140 III 433 E. 3.5; s.a. BGer, 24.1.2001, 4C.293/2000, E. 1b; 17.12.12., 4A_530/2012 E. 3.1; für ein Berechnungsbeispiel s. Art. 269 N 11a). Das BGer hat dabei klargestellt, dass in eine solche Rechnung nicht einfach jegliche Unterhaltskosten einbezogen werden dürfen. Angepeilt sind insb. im Kontext umfassender Überholungen nur ausserordentliche, aperiodisch anfallende Aufwendungen. Ausgeschlossen sind dagegen Aufwendungen, die zum laufenden Unterhalt gehören oder die durch Vernachlässigung desselben entstanden sind (BGer, 17.12.12., 4A_530/2012, E. 3.2; s.a. BGE 110 II 404 E. 3a; 118 II 315 E. 3a). In der Lehre wurde diese Einschränkung kritisiert (Bättig, MRA 1/2014, 40). Sie ist aber vor dem Hintergrund des konkreten Falles zu sehen, bei welchem der Vermieter ausserordentliche Unterhaltskosten parallel zu einer Erhöhung wegen umfassender Sanierung geltend machen wollte. Mit seiner Präzisierung hat das BGer nur dem Umstand Rechnung getragen, dass der *investitionsvermehrende* Anteil einer Sanierung, den Art. 14 VMWG auf 50–70% der Gesamtkosten veranschlagt, nicht nur echte Mehrleistungen erfasst,

sondern auch die mit der Sanierung verbundene Steigerung der ordentlichen Unterhaltskosten (dazu N 12).

Eine **pauschale** Überwälzung allgemeiner Kostensteigerungen ist nach dem Gesagten grundsätzlich unzulässig. Beweisprobleme löst das BGer nicht mittels Pauschalen. Stattdessen erlaubt es dem Vermieter, auf vorhandene neuere Belege abzustellen, wenn er bei der letzten Mietzinsfestsetzung noch nicht Eigentümer der Mietsache war und daher nicht über die massgeblichen Belege verfügt (BGer, 17.7.2013, 4A_88/2013, E. 4.5). Pauschalen können immerhin nach der Rsp. zur Anwendung gebracht werden, wenn die individuelle Berechnung etwa wegen angefallener **ausserordentlicher Kosten** ein unrichtiges Resultat ergäbe (BGE 111 II 378 E. 2; BGer, 1.10.2001, 4C.157/2001, E. 2; 17.7.2013, 4A_88/2013, E. 4.1 und 4.6.2). Indirekt ist sodann eine **pauschale** Überwälzung allgemeiner Kostensteigerungen anzunehmen, wenn der Vermieter unter dem Titel der Kaufkraftsicherung des investierten Eigenkapitals mehr als **28 %** geltend macht (BGE 120 II 100 E. 5a; vgl. dazu N 6a und 18; krit. ZK-Higi, N 215). Da dies aber nur bis zu maximal 40% der Indexveränderung möglich ist (N 18), gleicht das entsprechende Argument für sich alleine die tatsächlichen allgemeinen Kostensteigerungen kaum je vollständig aus.

Die zum Teil weitergehende Praxis der **Schlichtungsbehörden**, welche Pauschalen von bis zu 1 % pro Jahr für solche Kostensteigerungen vorsehen (zur Praxis im Einzelnen vgl. ‹http://www.mietrecht.ch›, Schlichtungsbehörden), ist unter dem Aspekt der Vergleichsförderung nicht zu beanstanden, soweit sie differenziert gehandhabt wird (krit. CPra Bail-Bohnet/Broquet, Art. 269a N 54). Dabei ist vorab darauf zu achten, ob und in welchem Ausmass Betriebskosten mit Nebenkosten abgegolten werden. Je mehr Nebenkosten ausgeschieden sind, umso weniger schlagen Kostenveränderungen noch auf den Nettomietzins durch. Auch die absolute Mietzinshöhe ist entscheidend, denn die Kosten steigen nicht proportional zur Mietzinshöhe, so dass von einer geringeren prozentualen Kostensteigerung auszugehen ist, je höher der Nettomietzins ist (ähnlich Rohrer, MRA 2002, 50 ff.). Eine geringe allgemeine Teuerung erfordert auch eine Reduktion der Pauschale (zutreffend Gut, mp 2000, 16; für eine langfristige Betrachtungsweise Maag, MRA 2005, 156 f.). Im **Gerichtsverfahren** darf auf Pauschalen nach der bislang klaren, möglicherweise aber nicht mehr unumstösslichen Rsp. des BGer grundsätzlich nicht abgestellt werden (BGE 106 II 356 E. 5 = Pra 1981 Nr. 102; BGer, 1.10.2001, 4C.157/2001, E. 2; CHK-Heinrich, Art. 269–269a OR N 19; Gmür/Thanei, 21; Gut, mp 2000, 16; Hediger, mp 2005, 63 f. **a.M.** Rohrer, MRA 2002, 50 ff.; Maag, MRA 2005, 158; ZK-Higi, N 216; vgl. ZMP 1997 Nr. 9). Eine Standardisierung wäre hier auch problematisch, denn sie nähme dem Vermieter den Anreiz zur Erfüllung seiner Unterhaltsverpflichtung.

2. *Mehrleistungen*

Unter den Begriff der **Mehrleistung** des Vermieters fallen sowohl Investitionen für wertver- 9
mehrende Verbesserungen wie auch Vergrösserungen der Mietsache oder andere zusätzliche Nebenleistungen. Ein direkter **Nutzen** braucht für den Mieter mit der «Mehrleistung» nicht verbunden zu sein, wenn ein gemeinsamer Teil des Gebäudes wertvermehrend neu gestaltet wird (Bsp.: Dach, Fassade; BGE 110 II 404 E. 3a = Pra 1985 Nr. 56; Gut, mp 1996, 190 ff.; Zihlmann, 161; ZK-Higi, N 319). Die Investition muss hingegen unmittelbar mit den vorgenommenen Arbeiten an der Sache zusammenhängen. Eine Überwälzung von Mietzinsreduktionen als Folge der Beeinträchtigung der Gebrauchstauglichkeit der Sache während der Bautätigkeit (Art. 259d) scheidet daher aus (ZMP 2001 Nr. 24; gl.M. Brutschin, mp 2005, 135 f.). Auch Bauberatungsdienstleistungen dürfen in die Rechnung nur einbezogen werden, soweit sie für die gehörige Durchführung der Arbeiten nötig sind (BGer, 20.1.2011, 4A_495/2010, E. 10.2.2; krit. dazu Müller, MRA 2011, 105 f.).

Gemäss Art. 14 Abs. 4 VMWG sind Mietzinserhöhungen nicht missbräuchlich, wenn sie den 10
angemessenen Satz für **Verzinsung, Amortisation** und **Unterhalt** der Investition nicht über-

schreiten. Als Zinssatz ist jeweils die **Hälfte des Kapitalzinssatzes** (bei Bauten der um ½% erhöhte Hypothekar- bzw. heute **Referenzzinssatz** [N 7], BGE 118 II 415 E. 3c = Pra 1993 Nr. 144) einzusetzen, da mit der Abschreibung der Investition der Verzinsungsbedarf abnimmt. Die **Amortisation** wird i.d.R. **linear** vorgenommen und hängt so lediglich von der Lebensdauer der Investition ab (CPra Bail-BOHNET/BROQUET, Art. 269a N 84). Diese kann mit Hilfe der **paritätischen Lebensdauertabelle** von Hauseigentümer- und Mieterverband ermittelt werden. Unter dem Titel Unterhalt ist 1% der Gestehungskosten pro Jahr (alternativ dazu 10% des kumulierten Zins- und Amortisationssatzes; CPra Bail-BOHNET/BROQUET, Art. 269a N 87) zu veranschlagen (BGE 111 II 378 E. 5; 118 II 415 E. 3c = Pra 1993] Nr. 144); BGer, 26.3.2002, 4C.287/2001, E. 3.4; Bsp.: Einbau eines Tiefkühlers, Kosten CHF 1500, Lebensdauer 15 Jahre, Referenzzins 3½%: Verzinsung = 2% (½ × [3½% + ½%]) oder CHF 30, Amortisation = CHF 100 (CHF 1500: 15), Unterhalt = CHF 15 pro Jahr; monatliche Mietzinserhöhung = CHF 12.10). Zum **Berechnungsprogramm** der Zürcher Gerichte s. N 6.

11 Wird eine im Mietobjekt **vorhandene Einrichtung** (z.B. Wärmeisolation, Haushaltapparat) durch eine andere von deutlich besserer Qualität oder Funktion ersetzt, so wird nur durch einen Teil der Investition ein Mehrwert geschaffen und es darf nur dieser Teil auf den Mieter überwälzt werden (BGE 110 II 404 E. 3a = Pra 1985 Nr. 56; BGE 118 II 415 E. 3a; BGer in mp 1998, 137 ff.; BGer, 26.3.2002, 4C.287/2001, E. 3.2; LACHAT, 479). Dabei kommt es allerdings nicht entscheidend auf die Erhöhung des Gebrauchswertes der Sache an, sondern darauf, inwieweit die Kosten für die Investition im bisherigen Anlagewert der Sache und damit im bisherigen Mietzins schon enthalten sind, wie Art. 14 Abs. 3 VMWG klarstellt (CPra Bail-BOHNET/BROQUET, Art. 269a N 63; insofern zutreffend BURKHALTER, Jusletter 2014, 3). Überwälzbar sind letztlich alle **investitionsvermehrenden** Ausgaben des Vermieters, mithin die Differenz zwischen den Kosten einer neuen Vorrichtung zu den teuerungsbereinigten Kosten der bisher vorhandenen Installation.

Daraus folgt umgekehrt, dass *trotz einer Mehrleistung* keine Mietzinserhöhung gerechtfertigt ist, wenn die neue Vorrichtung den Vermieter (teuerungsbereinigt) nicht teurer zu stehen kommt als die alte, denn die alte Installation ist im Anlagewert der Sache und damit im Mietzins bereits enthalten (CPra Bail-BOHNET/BROQUET, Art. 269a N 66; **a.M.** ZK-HIGI, N 366 f.; GRATZ, 99 ff.). Die abweichende Lösung widerspricht dem Prinzip der Kostenmiete. Oft lässt sich allerdings nicht mehr bestimmen, was die ersetzte Einrichtung seinerzeit gekostet hat. Die Praxis behilft sich hier mit einer **Ermessensbetätigung**. Beim Ersatz einfach verglaster Fenster durch solche mit Isolierverglasung erwog das BGer, die neuen Fenster seien leichter zu reinigen, verbesserten das Wohnklima, sparten Heizkosten und ersparten den Hausbewohnern die Anbringung von Vorfenstern im Winter. Vor diesem Hintergrund setzte es den investitionsvermehrenden Anteil auf 40% fest (BGer, 26.3.2002, 4C.287/2001, E. 3.3; krit. dazu THANEI, mp 2003, 1 ff.; HEDIGER, mp 2005, 63 sowie BRUTSCHIN, mp 2005, 142 f.). Unter dem Blickwinkel des seit dem genannten Entscheid revidierten Art. 14 Abs. 3 VMWG sollte der wertvermehrende Anteil nur noch aufgrund eines Kostenvergleichs bestimmt werden (BRUTSCHIN, mp 2010, 6; **a.M.** ROHRER, MRA 2011, 42 f.). Der Verordnungsgeber hat dieses Prinzip in der seit 1.7.2014 geltenden Fassung noch unterstrichen und präzisiert, dass der Vermieter sich auch Fördergelder anrechnen lassen muss, die er für energetische Verbesserungen erhalten hat (Art. 14 Abs. 3bis VMWG; zum Problem der besonderen Begründungspflicht bei der Erhöhungsmitteilung nach Art. 19 Abs. 1 VMWG s. Art. 269d N 7b; gl.M. schon BGer, 2.11.2011, 4A_484/2011, E. 4). Die Förderbeiträge sind dabei vom Betrag der *Mehrleistungen* abzuziehen, wie die genannte Bestimmung dies klar festlegt, und nicht etwa von den gesamten Investitionen des Vermieters vor Festlegung des wertvermehrenden Anteils (BRUTSCHIN, mp 2010, 13, 17; **a.M.** ROHRER, MRA 2011, 46) Daher geht es auch nicht an, jede energetische Verbesserung ohne konkreten Kostenvergleich zwischen alter und neuer Installation mit einem Mehrwert von mindestens 40% zu veranschlagen (gl.M. BK-GIGER, Vor Art. 253–273c OR N 72; **a.M.** BURKHALTER, Jusletter 2014, 4).

Für die sog. **umfassende Überholung**, mithin die *kostspielige Erneuerung mehrerer wesentlicher Gebäudeteile* (vgl. BGE 110 II 404; 118 II 415 E. 3a; SVIT-Komm., N 64; ZIHLMANN, 162 f.; GRATZ, 99; ZK-HIGI, N 350), konkretisiert Art. 14 Abs. 2 VMWG das Gesetz dahin, dass i.S. einer *widerlegbaren Vermutung* 50–70% der Kosten als wertvermehrende Investitionen zu betrachten sind (BGE 118 II 415 = Pra 1993 Nr. 144; BGer, 9.12.2005, 4C.328/2005, E. 2.5; CR CO I-LACHAT, N 12; LACHAT, bail à loyer, 481 f.). Der Wortlaut ist insofern missverständlich, als damit ausgedrückt werden soll, eine solche Investition diene i.d.R. zu 30–50% nur der Wiederherstellung des Gegenwerts des schon bisher bezahlten (und unabhängig von der Erhöhung auch künftig zu bezahlenden) Mietzinses (vgl. dazu Art. 269 N 11 f.). Genauer ist daher von 50–70% **investitionsvermehrenden Ausgaben** zu sprechen (gl.M. GUT, mp 1996, 190; ZK-HIGI, N 322, 331; CPra Bail-BOHNET/BROQUET, Art. 269a N 69; vgl. auch BGE 110 II 404 E. 3a = Pra 1985 Nr. 56; BGE 118 II 415 E. 3a = Pra 1993 Nr. 144). Zu den anrechenbaren Kosten gehören nur die effektiven Ausgaben für die Schaffung der Investitionsvermehrung. Keine Rolle spielen Mietzinsminderungen und Entschädigungen für den Mieter oder seine Nachbarn während der Bauarbeiten oder Baukreditzinsen (CPra Bail-BOHNET/BROQUET, Art. 269a N 82; **a.M.** SVIT-Komm. N 67; OGer ZH, MRA 2001, 137). Gleiches gilt für geschäftsmässig nicht begründete Bauberatungsdienstleistungen (N 9). Derjenige Teil der angefallenen Kosten, der keinen investitionsvermehrenden Charakter hat, gehört zu den Unterhaltsaufwendungen und wird bei der Ermittlung der Liegenschaftskosten berücksichtigt (vgl. dazu N 8 sowie Art. 269 N 11a; BGer, mp 1996, 140 ff.; BGer, 24.1.2001, 4C.293/2000, E. 1b; 17.12.12., 4A_530/2012, E. 3.1). Die oft zu hörende Behauptung, der Vermieter könne einen Teil der Kosten von umfassenden Überholungen nicht über den Mietzins finanzieren (so etwa BLUMER, SPR VII/3, Rz 424; SVIT-Komm., Art. 269 N 31), entbehrt daher jeder Grundlage. Im Gegenteil: Die Pauschale deckt den investitionsvermehrenden Anteil mehr als nur ab und schafft einen Anreiz für die Pflege der Bausubstanz durch den Vermieter (so auch ROHRER, MRA 2011, 43). Diejenige Partei, die vom Pauschalsatz abweichen will, hat für jede einzelne Investition den wertvermehrenden bzw. werterhaltenden Anteil nachzuweisen, ein Unterfangen, dass bei grösseren Arbeiten regelmässig zum Scheitern verurteilt sein dürfte (vgl. BGer, 20.1.2011, 4A_495/2010, E. 9.2). 12

Der Mieter kann nach Art. 20 VMWG verlangen, dass der Vermieter den Erhöhungsbetrag «zahlenmässig» begründet. In der Regel gewähren die Gerichte einen Überwälzungssatz von 60%. Tiefer muss er liegen, wenn die Überholung mit Blick auf die Amortisationsdauer in zu grossem (aufgeschobener Unterhalt, BGE 118 II 415) oder zu kleinem Abstand von der letzten Renovation (teilw. unnütze Investition) erfolgt. Darüber liegt er dann, wenn nach Ablauf der normalen Lebensdauer der bisherige Standard erheblich angehoben wird (ähnlich CPra Bail-BOHNET/BROQUET, Art. 269a N 71 ff.; GMÜR/THANEI, 24 f.; ZK-HIGI, N 385 ff., problematisch aber N 388, wonach der investitionsvermehrende Anteil *grösser* ausfallen soll, wenn noch nicht amortisierte Teile ersetzt werden. Nicht ankommen kann es auch auf die Ertragslage des Vermieters, wie in N 389 ausgeführt wird). Keine Rolle bei der Bestimmung des anwendbaren Satzes können energiepolitische Überlegungen spielen. Es ist nicht Sache des Mieters, durch eine Doppelzahlung Anreize für ein volkswirtschaftlich erwünschtes Verhalten des Vermieters zu schaffen (**a.M.** BURKHALTER, Jusletter 2014, 4). Selbstverständlich wirken sich aber energetische Massnahmen durchaus positiv auf die Mietsache aus, was sich etwa in tieferem Energieverbrauch oder höherem Komfort spiegelt. Insoweit ist die Annahme einer Investitionsvermehrung ohne weiteres berechtigt (Art. 14 Abs. 2 VMWG; CPra Bail-BOHNET/BROQUET, Art. 269a N 77).

Keine umfassende Überholung liegt vor, wenn nur einzelne Arbeiten ausgeführt werden, deren wertvermehrender Anteil ohne grosse Schwierigkeiten konkret bestimmt werden kann. Diesfalls ist die Anwendung des Pauschalsatzes von 50–70% *unzulässig*, denn die **konkrete Berechnungsweise** (N 11) hat gegenüber der pauschalen **Vorrang** (BGer, 26.3.2002, 4C.287/2001, E. 3: Ersatz der Küche und der Fenster).

12a Zum Verteilschlüssel vgl. Art. 269 N 12 sowie BGE 139 III 209 E. 2 = Pra 2014 Nr. 3; BGer, 14.2.2010, 4A_470/2009, E. 7. **In zeitlicher Hinsicht** kann die Erhöhung erst geltend gemacht werden, wenn die entsprechenden Arbeiten ausgeführt sind und die sachdienlichen Belege zur Überprüfung der Kosten vorliegen (Art. 14 Abs. 3 VMWG; vgl. auch Art. 269 N 6a sowie BGer, 9.12.2003, 4C.328/2005, E. 1.3; CPra Bail-BOHNET/BROQUET, Art. 269a N 91). Zur geplanten **Revision** [Aufschub der Erhöhung bis ein Jahr nach Mietbeginn] s. Art. 269 N 13b. Immerhin gestattet die erwähnte Verordnungsbestimmung bei grösseren Arbeiten gestaffelte Mietzinserhöhungen nach Massgabe bereits erfolgter Zahlungen (BGer, a.a.O.; ALVAREZ, mp 1996, 136). Diesen Erhöhungen stehen allerdings während der Bauarbeiten regelmässig Minderungsansprüche des Mieters im Umfang der Beeinträchtigung durch die Bauimmissionen gegenüber (Art. 259d).

3. Kumulation mit anderen Erhöhungsgründen

12b Kostenveränderungen und Mehrleistungen können mit Anpassungsgründen nach lit. e (Teuerungsausgleich auf dem investierten Eigenkapital), aber auch nach lit. d (Ausgleich einer anfänglichen Mietzinsverbilligung) kombiniert werden, nicht aber mit absoluten Anpassungsgründen oder Empfehlungen nach lit. f (vgl. N 17).

IV. Kostendeckende Bruttorendite (lit. c)

13 Die **Bruttorendite** ist das in Prozenten ausgedrückte Verhältnis des **Nettomietzinses** (Bruttoertrag der Liegenschaft) zum gesamten **Anlagekapital** (**Eigen- und Fremdkapital**; vgl. Art. 269 N 8). Gemäss Schätzungspraxis ist bei Neubauten eine Bruttorendite kostendeckend, wenn sie etwa 2 % über dem Zinssatz für Erstranghypotheken liegt (BGE 118 II 124 E. 5; vgl. dazu auch Lachat et al.-BRUTSCHIN, 388; KUKO OR-BLUMER, N 10; BLUMER, SPR VII/3, Rz 453 f.; CPra Bail-BOHNET/BROQUET, Art. 269a N 106; **a.M.** [für 2–3 %] SVIT-KOMM., N 99; ZIHLMANN, 166; ZK-HIGI, N 161 ff.). Zum massgeblichen Hypothekarzinssatz vgl. Art. 269 N 7. Zum Verhältnis zu anderen Anpassungsgründen Art. 269 N 14 ff.

14 Die Bruttorendite ist gemäss ausdrücklicher Gesetzesanordnung nur massgebend für **neuere und von Grund auf sanierte Bauten**, die nach richtiger Ansicht maximal 10-jährig sein dürfen (gl.M. ZK-HIGI, N 146 ff.; Lachat et al.-BRUTSCHIN, 387; KUKO OR-BLUMER, N 10; CPra Bail-BOHNET/BROQUET, Art. 269a N 101; **a.M.** SVIT-Komm., N 88; auch noch BLUMER, SPR VII/3, Rz 459: 15-jährig; GRATZ, 78: bis 25 Jahre; für mehr als 10 Jahre: ZIHLMANN, 164). Danach steigt der Unterhaltsbedarf stark an, so dass nur noch die konkrete Berechnungsweise gestützt auf Art. 269 verlässliche Resultate zeigt. Die Zulassung der Mietzinsüberprüfung anhand der Bruttorendite basiert auf der Überlegung, dass eine kostendeckende Vermietung von Neubauten erfahrungsgemäss nicht möglich ist (vgl. Art. 269 N 14; BGE 118 II 124 E. 4a; ZIHLMANN, 164; ZK-HIGI, N 138 ff.).

14a Unter den **Anlagekosten** sind die **Investitionen des Erstellers eines Neubaus oder des Ersterwerbers** unmittelbar nach der Fertigstellung zu verstehen (BGE 116 II 594 E. 5d; vgl. dazu mutatis mutandis Art. 269 N 8). Wie bei der Nettorenditerechnung fallen auch hier übersetzte Investitionen ausser Betracht (Art. 15 Abs. 2 VMWG); ein Rückgriff auf die Vergleichsmiete ist hier aber nicht möglich, weil das Kriterium der Bruttorendite Mietzinse erlaubt, welche über dem orts- und quartierüblichen Niveau liegen (HABERMACHER-DROZ, 168). Richtigerweise will die Bestimmung Absprachen verhindern und greift daher insb. ein, wenn Land mehrfach kurz hintereinander den Eigentümer gewechselt hat oder wenn Hinweise auf Absprachen mit den Bauunternehmern bestehen. Dies wird kaum je der Fall sein, da schon die gerechtfertigten Kosten für den Vermieter am Mietmarkt ein Problem darstellen (Art. 269 N 14).

In BGE 116 II 594 wurde die Frage offengelassen, ob die Anlagekosten der **Teuerung** anzupassen sind. Richtigerweise ist aus den gleichen Überlegungen wie bei der Berechnung der

Nettorendite die Teuerung nur auf dem **investierten Eigenkapital** zuzulassen, soweit dieses maximal 40% des investierten Gesamtkapitals ausmacht (vgl. BGE 120 II 100 E. 5b sowie Art. 269 N 9; gl.M. ROHRER, MRA 1999, 131 ff.; **a.A.** ZIHLMANN, 165; ZK-HIGI, N 175 f.; KGer FR, CdB 2001, 111 ff. [keine Anpassung]; SVIT-Komm., N 96 i.V.m. Art. 269 N 24 f. [Anpassung der gesamten Anlagekosten]).

Die **Beweislast** für die Höhe der Anlagekosten trägt bei einer Mietzinserhöhung gestützt auf die Bruttorendite oder beim entsprechenden Einwand gegen ein Senkungsbegehren der Vermieter. Dies kann ihm insb. dann zum Verhängnis werden, wenn er auf einer Schätzung des Werts seines vor Jahrzehnten erworbenen Landes beharrt und den tatsächlichen Kaufpreis nicht offenlegen will (BGer, mp 1997, 239 ff. = MRA 1998, 1 ff. = ZMP 1997 Nr. 26).

Auch bei der Überprüfung der Bruttorendite ist eine **individuelle Berechnung** für das fragliche Mietobjekt erforderlich (vgl. Art. 269 N 12; BGer, mp 1997, 239 ff. = MRA 1998, 1 ff. = ZMP 1997 Nr. 26).

Als **absoluter Erhöhungsgrund** unterliegt das Argument der ungenügenden Bruttorendite **14b** der **relativen Berechnungsmethode** (N 1; Art. 269 N 16 und 18; BGE 118 II 124 E. 4b und 6; ZIHLMANN, 165; ZK-HIGI, N 143). Damit der Mieter sich nicht darauf berufen kann, die ursprüngliche Mietzinsfestsetzung habe nach Treu und Glauben zur Erzielung eines angemessenen Ertrages geführt, bedarf es demzufolge eines ausdrücklichen, zahlenmässig bestimmten und ausreichend begründeten Vorbehalts i.S.v. Art. 18 VMWG im Mietvertrag und in allfälligen späteren Mietzinsanpassungen (vgl. Art. 269d N 4 und Art. 270 N 9). Stets angerufen werden kann die ungenügende bzw. übersetzte Bruttorendite zur Abwehr eines Erhöhungs- oder Senkungsbegehrens gestützt auf relative Anpassungsgründe (vgl. Art. 269 N 16 und 18; BGer, mp 1997, 239 ff. = MRA 1998, 1 ff. = ZMP 1997 Nr. 26).

Der Vermieter hat die Möglichkeit, sich auf die **Grundregel** von Art. 269 zu berufen, auch **15** wenn er die Erhöhung mit der kostendeckenden Bruttorendite begründet hat (BGE 116 II 594; 118 II 124; vgl. auch N 1). Zum massgeblichen Zeitpunkt für die Renditeberechnung vgl. Art. 269 N 6a.

V. Ausgleich einer Mietzinsverbilligung (lit. d)

Diese 1990 eingeführte Bestimmung soll den **neueren Finanzierungsmodellen** zum Durch- **16** bruch verhelfen, welche der Markt geschaffen hat (z.B. Zinsstufenhypothek, kompensatorische Anfangsmietzinsverbilligung; vgl. Art. 37 WFG; SVIT-Komm., N 101 ff.; ZK-HIGI, N 416 ff.). Sie ist bislang praktisch toter Buchstabe geblieben, da ihre Anwendung namentlich bei einer Beendigung des Mietverhältnisses vor Ablauf der Plandauer Probleme schaffen würde. Es empfiehlt sich aus diesem Grunde, stattdessen auf eine echte Staffelungsklausel i.S.v. Art. 269c zurückzugreifen. Zur Kombination mit anderen relativen Anpassungsgründen vgl. N 17.

VI. Teuerungsausgleich (lit. e)

Der Teuerungsausgleich auf dem risikotragenden Kapital des Vermieters stellt einen **relativen** **17** **Anpassungsgrund** dar (vgl. N 6) und bezieht sich daher auf die Veränderungen seit der letzten Mietzinsfestsetzung (zum massgeblichen **Zeitpunkt** vgl. Art. 269 N 6a).

Die Teuerung ist aufgrund des entsprechenden **Indexes des Bundesamtes für Statistik** zu berechnen und darf **höchstens zu 40 %** der festgestellten Steigerung auf den Mieter überwälzt werden (Art. 16 VMWG). Der Teuerungsausgleich kann mit Kostensteigerungen und auch mit Mehrleistungen **kumuliert** sowie mit Kostensenkungen verrechnet werden (vgl. z.B. ZK-HIGI, N 404). Denkbar ist weiter eine Kumulation mit dem Grund von lit. d, nicht aber mit absoluten Anpassungsgründen. Zum **Berechnungsprogramm** des Bezirksgerichts Zürich s. N 6.

18 Der Anpassungssatz beruht auf dem Berechnungsmodell, welches der Verordnung zum aufgehobenen BMM zugrunde lag und davon ausging, der Mietzins diene zu 60% der Fremd- und zu 40% der Eigenkapitalfinanzierung. Nachdem das neue Berechnungsmodell zur VMWG augrund der Erläuterungen des Bundesrates aber zusätzlich berücksichtigt, dass nur 70% des Mietzinses zur Kapitalfinanzierung, die restlichen 30% aber zur Bestreitung der Kosten für Unterhalt und Abgaben verwendet werden (N 6a), hätten konsequenterweise nicht nur die Überwälzungssätze für Hypothekarzinsveränderungen, sondern auch derjenige für den Teuerungsausgleich im Vergleich zur VMM nach unten korrigiert werden müssen. Auf entsprechende Kritik der Lehre hin (Lachat et al.-MICHELI, 2. Aufl., 237; HABERMACHER-DROZ, mp 1992, 169) hat das BGer dieses Versehen zutreffend dahingehend korrigiert, dass eine pauschale Abgeltung **allgemeiner Kostensteigerungen** anzunehmen ist, soweit der Vermieter unter dem Titel des Teuerungsausgleiches **mehr als 28%** (40% von 70%) geltend macht (BGE 120 II 100 E. 5a; vgl. N 8; krit. ZK-HIGI, N 402; SVIT-KOMM., N 109).

Sogar dieser Satz ist nicht frei von Ungereimtheiten: Da die Mietzinsen und Energiekosten im Warenkorb, der dem Landesindex der Konsumentenpreise des Bundesamtes für Statistik zugrunde gelegt ist, mit mehr als 26% gewichtet sind, hat der volle Teuerungsausgleich auf dem Eigenkapital einen preistreibenden Effekt, weil jede Mietzinserhöhung auf die Mieten im Warenkorb durchschlägt. Dies war auch der Grund dafür, weshalb der Bundesrat in der VMM und anschliessend bis 1996 auch in der VMWG bei mittels einer Anpassungsklausel nach Art. 269b indexierten Wohnungsmietzinsen eine Anpassung zu maximal 80% erlaubte (vgl. Art. 269b N 4; ALVAREZ, mp 1996, 136 f.).

18a Eine Rolle spielt der volle 40%-Anteil noch in Zusammenhang mit dem Teuerungsausgleich auf dem investierten Eigenkapital bei der Renditeberechnung nach Art. 269, lässt doch das BGer den Ausgleich auch dann nur auf 40% des Anlagewertes zu, wenn der Eigentümer einen höheren Eigenkapitalanteil in die Liegenschaft investiert hat (BGE 120 II 100; weiterführend Art. 269 N 9). Die Höhe des Anteils ist dort sachgerecht, weil nur die Art der Kapitalfinanzierung zur Debatte steht; die Unterhalts-, Betriebs- und Verwaltungskosten werden nämlich separat (durch Abzug vom Mietertrag) in die Berechnung einbezogen (Art. 269 N 11). Auch hier stellt sich allerdings das Problem der Berücksichtigung der Wohnungsmieten im Warenkorb des BfS-Indexes (N 18).

VII. Empfehlungen in den Rahmenmietverträgen (lit. f)

19 Diese Bestimmung kann nur angerufen werden, wenn der geforderte Mietzins sich auf einen Rahmenmietvertrag stützen kann. Zurzeit bestehen in der Westschweiz zwei solcher Verträge, welche allerdings das heisse Eisen der Mietzinsgestaltung nicht thematisieren (CHK-HEINRICH, Art. 269–269a OR N 24; Lachat et al.-BRUTSCHIN, 398). Mit HIGI ist zu hoffen, dies möge auch so bleiben (ZK-HIGI, N 429). Dessen ungeachtet hat es der Bundesgesetzgeber auch noch für nötig befunden, ein besonderes **Bundesgesetz über Rahmenmietverträge** und deren Allgemeinverbindlicherklärung (GRA) zu schaffen, welches nur einer unsinnigen Rechtszersplitterung Vorschub leistet (krit. auch TRÜMPY, mp 1995, 45 f.; ZK-HIGI, Vor Art. 269–270e OR N 181 ff.; RONCORONI, mp 2004, 21 ff. und BLUMER, SPR VII/3, Rz 63 ff.).

Art. 269*b*

B. Indexierte Mietzinse	**Die Vereinbarung, dass der Mietzins einem Index folgt, ist nur gültig, wenn der Mietvertrag für mindestens fünf Jahre abgeschlossen und als Index der Landesindex der Konsumentenpreise vorgesehen wird.**
B. Loyers indexés	*Les conventions prévoyant que le loyer est adapté en fonction d'un indice ne sont valables que si le bail est conclu pour une durée minimale de cinq ans et que la référence est l'indice suisse des prix à la consommation.*

B. Pigioni indicizzate La pattuizione di pigioni soggette all'adeguamento ad un indice è valida soltanto se la locazione è conclusa per cinque anni almeno e l'indice cui è fatto riferimento è quello nazionale dei prezzi al consumo.

Literatur

EGGENSCHWILER SUPPAN, Folgen von ungültigen Staffel- und Indexmieten, Jusletter vom 5.11.2007; ROHRER, Der indexierte Mietzins, MRA 2012, 1 ff.; WETTSTEIN, Der indexierte Mietzins, mp 2003, 49 ff.; s.a. die Literaturhinweise zu Art. 269.

I. Voraussetzungen und Wirkungen der Indexierung

1. Minimaldauer

1 Die Indexierung des Mietzinses ist nur möglich, wenn der Mietvertrag auf die Dauer von mindestens fünf Jahren abgeschlossen ist. Entscheidend ist die **fünfjährige Bindung des Vermieters ab Mietbeginn** (Art. 17 Abs. 4 VMWG; vgl. ZK-HIGI, N 59 f., 68 ff.). Die Indexierung ist somit auch möglich, wenn während der fünfjährigen Dauer nur dem Mieter ein Kündigungsrecht zusteht (BGE 112 II 69; 123 III 76, 125 III 358; ZIHLMANN, 197; GMÜR/THANEI, 43; CPra Bail-DIETSCHY, N 6; ZK-HIGI, N 68; SVIT-Komm., N 3; Lachat et al.-BRUTSCHIN, 406 f.; BLUMER, SPR VII/3, Rz 519). In dieser von der Rsp. entwickelten und mittlerweile auch in Art. 17 Abs. 4 VMWG verankerten Präzisierung liegt eine begrüssenswerte teleologische Reduktion einer Schutzbestimmung und damit eine Ausdehnung der vertraglichen Gestaltungsmöglichkeiten der Parteien (ROHRER, MRA 2012, 2; **a.M.** BK-GIGER, Art. 255 N 53, der die Praxis als ausdehnende Interpretation einer zwingenden Bestimmung ablehnt).

2. Zulässiger Index

2 Einziger zulässiger Index ist im Gegensatz zum alten Recht, welches noch von einem weiteren Indexbegriff ausging, der vom **Bundesamt für Statistik** monatlich veröffentlichte **Landesindex der Konsumentenpreise** (Pra 1997 Nr. 171 E. 2; ZIHLMANN, 197, 201; Lachat et al.-BRUTSCHIN, 406; vgl. zu anderen Anpassungsklauseln und zu Kombinationen mit der Indexklausel N 8 ff.). Trotz Art. 17 Abs. 1 VMWG gilt dies sowohl für Wohn- als auch für Geschäftsräume; die scheinbare Beschränkung auf Wohnräume in der Verordnung ist historisch begründet, denn bis 1996 durften Wohnungsmieten gemäss der genannten Bestimmung nur zu 80% der Teuerung angepasst werden (N 3; ROHRER, MRA 2012, 1).

Der von den Parteien vereinbarte **Anfangsmietzins** unterliegt der **Anfechtung** nach Art. 270 (vgl. Art. 270d). Das Gericht legt seiner Überprüfung des Mietzinses die absoluten Mietzinsfestsetzungskriterien gem. Art. 269 und 269a lit. a und c sowie die mutmassliche Entwicklung der Erhöhungsfaktoren zugrunde. Zur Rechtslage bei Einführung einer Indexklausel im Zuge einer einseitigen Vertragsänderung oder einer Vereinbarung vgl. Art. 270c–270d N 2a.

Basisindex ist immer der beim **Vertragsabschluss** massgebliche Stand (ZK-HIGI, N 76 f.; ähnlich Lachat et al.-BRUTSCHIN, 408 und LACHAT, bail à loyer, 508), denn sonst «folgt» der Mietzins dem Index nicht i.S.v. Art. 269b. Nicht ausgeschlossen ist immerhin, dass die Parteien eine nur **teilweise** Anpassung an den Landesindex vorsehen, da die gesetzliche Regelung *zugunsten des Mieters* zwingender Natur ist (vgl. dazu den BGE a.a.O., E. 3; gl.M. ZK-HIGI, N 41; RONCORONI, mp 2006, 110; CPra Bail-DIETSCHY, N 10). Zur Anpassung wegen **Mehrleistungen** des Vermieters s. N 13.

3 Gemäss aArt. 17 Abs. 1 VMWG konnten für die Miete einer Wohnung höchstens 80% der Indexsteigerung auf den Mieter überwälzt werden. Der Bundesrat hat diese Vorschrift per 1.8.1996 aus der Verordnung gestrichen (vgl. dazu ALVAREZ, mp 1996, 136 f.). Dies erweist

sich als **verfehlt**, sind doch die **Wohnungsmietzinsen im Warenkorb** des BfS-Indexes enthalten, und zwar zusammen mit den Energiekosten mit einem Anteil von mehr als 26%. Jede Mietzinsanpassung bei einer Wohnungsmiete wirkt sich daher auf den Index aus, wenn der konkrete Mietzins statistisch erfasst wird. Dies kann postwendend wieder zu einer Mietzinsanpassung führen. Solange die Indexmiete im Bereich der Wohnungen nur eine geringe Rolle spielt, mag das Problem vernachlässigbar sein (vgl. aber immerhin Art. 269a N 18 f.). Bei Lichte besehen erweist sich Art. 17 Abs. 1 VMWG als **gesetzwidrig**, weil die Bestimmung nach dem Gesagten (bei *richtiger* Lektüre des Landesindexes, auf den Art. 269b verweist) für Wohnungsmietverhältnisse indirekt *mehr* als nur den Teuerungsausgleich erlaubt (krit. auch KUKO OR-BLUMER, N 3).

4 Art. 17 Abs. 2 VMWG bestimmt, dass im Falle der Senkung des Landesindexes der Mietzins entsprechend anzupassen ist. Diese Bestimmung ergibt sich aus Art. 269b, wonach der Mietzins einem Index «folgt» und findet im Wortlaut von Art. 270c («dass die [...] verlangte [...] Herabsetzung des Mietzinses durch keine entsprechende Änderung des Indexes gerechtfertigt sei») eine Bestätigung. Nichtig ist daher – anders als im alten Recht, welches den Begriff der Indexklausel weiter fasste als das neue – insb. die Klausel, wonach der Mietzins trotz Indexierung nicht unter das anfängliche Niveau sinken dürfe (deutlich in diese Richtung BGE 125 III 358 E. 1b/aa; gl.M. Lachat et al.-BRUTSCHIN, 414 FN 63; HONSELL, OR BT, 233; CHK-HEINRICH, N 6; CPra Bail-DIETSCHY, N 20; **a.M.** SVIT-Komm., N 22 [mit dem unzutreffenden Hinw., hier werde BGE 125 III 358 als direkt einschlägig bezeichnet]; ZK-HIGI, N 2 ff.; GRATZ, 112 f.; BLUMER, SPR VII/3, Rz 521; sowie unter altem Recht BGE 108 II 321).

3. Modalitäten der Indexanpassung

5 Für die Anpassung ist das **amtliche Formular** zu verwenden (Art. 269d; Art. 19 Abs. 2 VMWG). Eine *rückwirkende Geltendmachung* einer eingetretenen Indexveränderung ist *nicht möglich*, da die Mietzinsveränderung erst durch die Ausübung eines vertraglichen Gestaltungsrechts, mithin aufgrund einer empfangsbedürftigen Willenserklärung erfolgt (vgl. insb. den Wortlaut von Art. 270c; gl.M. CPra Bail-DIETSCHY, N 21; CHK-HEINRICH, N 2; Lachat et al.-BRUTSCHIN, 411 f.; ZIHLMANN, 198; ZK-HIGI, N 18 und 34, unter Berufung auf BGE 110 II 494; WETTSTEIN, mp 2003, 53; **a.M.** SVIT-Komm., N 20; vgl. zur teilw. Berechtigung der Kritik *de lege ferenda* Art. 270c–270d N 3).

6 Die Kündigungs- und Bedenkfrist gem. Art. 269d ist nicht einzuhalten; die Parteien können die zeitlichen Modalitäten und die sachlichen Voraussetzungen der Anpassung frei regeln (ZK-HIGI, N 33, 36; SVIT-KOMM., N 19). Allerdings hat der Bundesrat per 1.1.2008 den Art. 17 Abs. 3 VMWG in Kraft gesetzt. Danach können Anpassungen mit einer Frist von mindestens 30 Tagen auf ein Monatsende angekündigt werden. Da Art. 269b eine entsprechende Einschränkung der Vertragsfreiheit nicht vorsieht, kann die (Ausführungs-)Vorschrift (s. Art. 253a Abs. 3) nur dispositiven Charakter haben (SVIT-Komm., N 19a f.; **a.M.** Lachat et al.-BRUTSCHIN, 408). Fraglich ist, ob sich der Mieter an die Anfechtungsfrist von Art. 270b halten muss, wenn er sich gegen eine Erhöhung zur Wehr setzt; Art. 270c lässt zwar ein entsprechendes Begehren zu. **Beide Parteien** können sich aber jederzeit darauf berufen, die verlangte Indexanpassung sei vertragswidrig (ZK-HIGI, N 33; CHK-HEINRICH, N 1; Lachat et al.-BRUTSCHIN, 412 f.; **a.M.** SVIT-Komm., N 8). Daher kann auch die Frage der richtigen Indexanpassung zum Gegenstand einer **Feststellungsklage** gemacht werden. Die gegenteilige Auffassung würde den Mieter benachteiligen, denn eine Regel nach dem Vorbild von Art. 270b, welche den Vermieter bei einer Senkung zu einer Anfechtung zwingen würde, existiert nicht (vgl. Art. 270a; CHK-HEINRICH, N 1; **a.M.** SVIT-KOMM., Art. 270c N 6; BLUMER, SPR VII/3, Rz 519).

4. Vertragsfortsetzung nach Ablauf der Klausel

Vereinbaren die Parteien nach Ablauf der ersten Mindestdauer eine *weitere mindestens fünfjährige Vertragsdauer,* so kann auch die Indexklausel beibehalten werden. Diesfalls bildet (selbstverständlich) die letzte Mietzinsfestsetzung während der ersten festen Mindestdauer den Ausgangspunkt für die nächste Indexanpassung (BGE 137 III 580 E. 2 = Pra 2012 Nr. 51; ROHRER, MRA 2012, 13; KOLLER TH., ZBJV 2013, 49 f.). Wird das anfänglich befristete Mietverhältnis dagegen gem. Art. 266 Abs. 2 als *unbefristetes weitergeführt,* so verliert die Indexklausel ihre Gültigkeit (SVIT-Komm., N 5; CHK-HEINRICH, N 4; krit. ROHRER, MRA 2012, 3). Wird die Indexklausel dennoch weiterhin angewandt, sind die darauf beruhenden Erhöhungen vertragswidrig und daher nichtig, soweit sie über den Rahmen von Art. 269a lit. e hinausgehen. Dass gehörig begründete Mietzinserhöhungen nach Art. 269d für gewöhnlich nur anfechtbar sind, ändert daran nichts (N 8; CHK-HEINRICH, N 1; **a.M.** ROHRER, MRA 2012, 4 f.). 7

Für die weitere Mietzinsberechnung nach der relativen Methode im Anschluss an eine ausgelaufene Indexklausel ist nach der hier vertretenen Auffassung auf den Kostenstand im Zeitpunkt der letzten Indexanpassung abzustellen. Auf den Stand zu Beginn der festen Vertragsdauer zurückzugreifen, hiesse die Bindungswirkung einer gültigen Vertragsklausel für die Zukunft zu negieren. Das BGer hat dem allerdings *widersprochen.* Nach seiner Rsp. weist eine Indexklausel insofern einen aleatorischen Charakter auf, als der zulässige Mietzins sich nach Kostenmietekriterien in erster Linie am Hypothekarzins orientiere, wie eine Darstellung von GRATZ über die unterschiedliche Entwicklung 1988–1993 bzw. 1990–1995 zeige. Da demnach die Indexklausel bei keiner Partei berechtigtes Vertrauen in einen genügenden bzw. nicht missbräuchlichen Ertrag *i.S.v. Art. 269f.* auszulösen vermöge, könne auf das Ende der festen Vertragsdauer eine Anpassung des Mietzinses nach der **relativen oder absoluten Methode** erfolgen, wenn eine Partei dies verlange (zum Zeitpunkt vgl. BGer, 1.10.2001, 4C.157/2001, E. 1; s. dazu ROHRER, MRA 2002, 48 ff.). Ein Vorbehalt sei dazu nicht erforderlich, denn ein solcher sei nur sinnvoll, wenn der Vermieter einstweilen einen Erhöhungsfaktor nicht geltend mache; dies könne sich bei der Indexmiete nur auf den allenfalls nicht voll ausgeschöpften Teuerungsausgleich beziehen. Eine etwaige Anpassung nach der **relativen Methode** sei mangels Bezugs der Indexklausel zu Art. 269 f. auf den Kostenstand zu *Beginn der festen Vertragsdauer* und nicht auf deren Ende zu berechnen. Vertrauensbegründend könne das Verhalten der Parteien nach Ablauf der Klausel erst wieder sein, wenn keine von ihnen auf den nächstmöglichen Termin eine Mietzinsanpassung verlange, so dass diesfalls nur mehr nach der relativen Methode vorgegangen werden könne. Die hier in der 2. Aufl. dieses Werks (N 2) vertretene abweichende Ansicht stütze sich auf die Fiktion, dass die Parteien von vornherein auf die Möglichkeit verzichteten, nach Ablauf der festgesetzten Dauer eines indexierten Vertrags konjunkturelle und daher unvorhersehbare Schwankungen – nach oben wie nach unten – geltend zu machen (BGE 123 III 76 E. 4c = Pra 1997 Nr. 111, unter Hinw. auf GRATZ, 114 ff.; ROHRER, MRA 1996, 147 f., sowie BGE 121 III 397 [s. dazu Art. 269c N 4]). 7a

Zweifellos weist die Indexklausel einen Unsicherheitsfaktor auf. Allerdings nehmen die Parteien diesen gerade beim *Vertragsschluss* in Kauf. Damit gerät die Indexklausel in die Nähe einer gestreckten Anfangsmietzinsfestsetzung. Wie den Anfangs- kann *der Mieter* auch den Indexmietzins nur beim Mietbeginn anfechten. In diesem Zeitpunkt hat ein Vorbehalt *des Vermieters* sodann durchaus einen Sinn; ein solcher ist von ihm auch zu fordern, wenn er etwa geltend machen will, seine Bruttorendite gestützt auf den Anfangsindexmietzins sei nicht kostendeckend (vgl. BGE 118 II 124 E. 4; gl.M. HEUSI, mp 1998, 165). GRATZENS Beispiel basiert auf der Extremsituation am Ende der 80er-Jahre. Wählt man eine längere Zeitspanne oder nimmt man nur schon die beiden Perioden zusammen, so bestätigt sich die Feststellung der beiden im Vorfeld zu BGE 123 III 76 mit dem Fall befassten jurassischen Vorinstanzen, dass die volle Indexierung für den Vermieter wesentlich günstiger ist als Anpassungen gestützt auf relative Gründe.

Da nun aber die Mindestdauer von Verträgen mit Indexklauseln zweifellos so lang ist, dass veränderte Verhältnisse eintreten *können*, sollte beim Ablauf der festen Vertragsdauer *nach relativer Methode* geprüft werden, ob sich *ein von der Indexierung erheblich abweichendes Resultat* ergibt. Ist dies der Fall, so könnte auch eine Überprüfung nach absoluter Methode erfolgen. Wenn nicht, gibt es keinen Grund, nicht vom zuletzt gültigen Mietzins auszugehen. Es entspricht durchaus dem Charakter von Wertsicherungsklauseln, dass ihr Ergebnis nicht immer vollständig mit den konkreten Umständen übereinstimmt. Nur bei einer **erheblichen Abweichung** rechtfertigt sich aber ein Eingriff in das – durch Art. 269b mitbestimmte – Vertragsgefüge, zu dem die Indexklausel auch dann noch gehört, wenn nur noch ihr Endresultat in Kraft steht (gl.M. CPra Bail-DIETSCHY, N 37; ähnlich insofern ZK-HIGI, N 9, 19, 23 ff. sowie 118 ff., allerdings i.E. für voraussetzungslose Zulassung der Neufestsetzung nach absoluter Methode; ebenso CR CO I-LACHAT, N 2). Die bundesgerichtliche Rsp. ist jedoch inzwischen gefestigt (BGer, 12.11.2004, 4C.236/2004, E. 2.3; 6.1.2011, 4A_489/2010, E. 4).

II. Nichtigkeitsfolge bei gesetzwidrigen Verträgen

8 Fehlen die Zulässigkeitsvoraussetzungen, so ist die Indexklausel **nichtig**, der Mietvertrag mithin teilnichtig (zutreffend ZK-HIGI, N 86). Eine Anfechtung einer darauf gestützten Anpassung ist deshalb nicht erforderlich. Dieses Prinzip war unter dem alten Recht kodifiziert (Art. 11 BMM) und für den Gesetzgeber dermassen klar, dass er auf eine Transponierung ins neue Recht verzichtete (Botschaft Mietrecht, 1480; ZIHLMANN, 197; Lachat et al.-BRUTSCHIN, 407; ZK-HIGI, N 93). Eine auf amtlichem Formular mitgeteilte Anpassung zeitigt keine Wirkungen, da sie vertragswidrig ist (vorn N 6 f.; CHK-HEINRICH, N 1; **a.M.** ROHRER, MRA 2012, 4 f.).

9 Die **Konversion** eines **unzulässigen Indexes** in den Landesindex kommt nur im Rahmen der **modifizierten Teilnichtigkeit** analog Art. 20 Abs. 2 in Betracht, wobei im Einzelfall zu prüfen ist, ob dies dem hypothetischen Parteiwillen entspricht (vgl. BGE 124 III 57 E. 3c; 108 II 470; CPra Bail-DIETSCHY, N 9; SVIT-Komm., N 13; HONSELL, OR BT, 233; ZIHLMANN, 197; GUHL/KOLLER/SCHNYDER/DRUEY, 430; Lachat et al.-BRUTSCHIN, 407 f.; CHK-HEINRICH, N 1; **a.M.** ZK-HIGI, N 90).

Ist der Landesindex als Anpassungsgrundlage gewählt worden und erweist sich die **vereinbarte Vertragsdauer als zu kurz**, so kommt einerseits die Konversion in einen Vertrag mit fünfjähriger Mindestdauer samt Indexklausel und andererseits diejenige in einen kündbaren Vertrag mit normalen Anpassungsmöglichkeiten in Betracht. Entscheidend wird sein, ob die vereinbarte Vertragsdauer eher in der Nähe der fünfjährigen Mindestdauer oder einer ordentlichen Kündigungsfrist liegt (CPra Bail-DIETSCHY, N 8). Kaum je wird der hypothetische Konsens bei einer mehrjährigen festen Vertragsdauer ohne Anpassungsmöglichkeit zu suchen sein. In einen gesetzeskonformen Vertrag mit Indexklausel und fünfjähriger Mindestdauer zu konvertieren ist wie erwähnt die Vereinbarung, wonach der indexierte Mietzins nicht unter das Anfangsniveau sinken dürfe (N 4; CPra Bail-DIETSCHY, N 8; vgl. BGE 125 III 358).

III. Andere Anpassungsklauseln

10 Anpassungsklauseln **ohne Indexcharakter** bleiben, obwohl vom Gesetz nicht ausdrücklich erwähnt, nach dem Prinzip der Vertragsfreiheit zulässig, soweit es sich nicht um indexähnliche Klauseln (BGE 108 II 468; 109 II 58) handelt oder die Minimaldauer des Vertrages von fünf Jahren nicht eingehalten wird (ZIHLMANN, 201 f.). Zu beachten ist indessen der zugunsten des Mieters zwingende Charakter der allgemeinen Missbrauchsgesetzgebung nach Art. 269 f. Unzulässig ist vor diesem Hintergrund die *einkommensabhängige Miete* bei Wohnräumen (wobei eine Kombination der Missbrauchsgesetzgebung mit zusätzlichen einkommensabhängigen Einwendungen des Mieters möglich sein muss; gl.M. Lachat et al.-BRUT-

SCHIN, 400 f.), zulässig hingegen als partiarisches Rechtsgeschäft – und unter Vorbehalt der Anfechtung des Anfangsmietzinses – die **Umsatzmiete**, d.h. die bei Geschäftsräumen anzutreffende Vereinbarung eines Mietzinses in Prozenten des Jahresumsatzes (BGE 116 II 184 E. 3 und 4; 116 II 587; 133 III 61 E. 3.2.3; SJ 1991, 129; Lachat et al.-BRUTSCHIN, 398 f.; GUHL/KOLLER/SCHNYDER/DRUEY, 429 f.; ZIHLMANN, 201 f.; HONSELL, OR BT, 233; HEUSI, mp 1998, 162; CHK-HEINRICH, Art. 269–269a N 25; BLUMER, SPR VII/3, RZ 414; BK-GIGER, Vor Art. 253–273c OR N 47; ZK-HIGI, Vor Art. 269–270e OR N 146; Art. 269 N 316 ff., der allerdings auch die Umsatzmiete unter Berufung auf die abschliessende gesetzliche Regelung an die Obergrenze eines Missbrauchs nach Art. 269 koppelt).

Obwohl Art. 269a lit. b OR und Art. 13 Abs. 1 VMWG ein Junktim zwischen Hypothekar- und Mietzins fördern, ist es aufgrund des Wortlautes von Art. 269b **ausgeschlossen**, im langfristigen Mietvertrag den Mietzins den **Hypothekarzinsänderungen** folgen zu lassen. Der Gesetzgeber will im langfristigen Mietvertrag als «vertragsfremden Anpassungsfaktor» (**«facteur de variation étranger au bail»** gem. BGE 116 II 592) ausser der Staffelung nur den BfS-Index zulassen (Pra 1997 Nr. 171 E. 2 und 3). Offengelassen hat das BGer im fraglichen Entscheid, ob die Auffassung der Vorinstanz richtig war, der Vertrag sei in einen festen Vertrag mit Anpassung an den Landesindex zu 40% umzudeuten (a.a.O., E. 3; leider diesbezüglich unergiebig der Auszug aus dem entsprechenden Entscheid des KGer SG in GVP 1996 Nr. 47). 11

Im Ergebnis unzulässig ist auch der Verweis auf die **gesetzlichen Anpassungsmöglichkeiten** während einer **festen Vertragsdauer**, da gem. Art. 269d und 270a OR eine entsprechende Vertragsänderung immer nur auf den nächsten Kündigungstermin herbeigeführt werden kann. Mindestens dem Mieter muss daher eine Kündigungsmöglichkeit eingeräumt werden.

Eine **Kumulation** der Indexierung mit einer **Staffelungsklausel** ist nach geltendem Recht ausgeschlossen (BGE 124 III 57 E. 3a; LACHAT, bail à loyer, 510 f.; Lachat et al.-BRUTSCHIN, 410 f.; ZK-HIGI, N 54; CPra Bail-DIETSCHY, N 25; **a.M.** PORTNER, 137; teilw. **a.M.** SVIT-KOMM., Art. 269c N 11 f.; ROHRER, MRA 2012, 7). Als kombinierte Index- und Staffelungsklausel ist selbstverständlich auch die Vereinbarung zu werten, wonach dem Mieter während der gesamten festen Dauer eine Reduktion des an den Landesindex geknüpften, angeblich kostendeckenden Mietzinses gewährt wird (BGE 124 III 57 E. 3b). In Anwendung von Art. 20 Abs. 2 betrachtete das BGer den Mietzins als indexiert, weil nach seiner Rsp. zur Index- und zur Staffelungsklausel (BGE 123 III 76 E. 4c; 121 III 397 E. 2b/bb) mit dem Ablauf der festen Dauer ohnehin eine Überprüfung des Mietzinses nach absoluter Methode möglich wird, so dass der Vermieter bei Annahme einer Staffelungsklausel mit der ersten und einzigen Staffelung auf das Ende der Mindestdauer hin überhaupt keinen Anspruch auf Erhöhung während dieser Dauer gehabt hätte (E. 3c). 12

Überdies nicht in Betracht kommt die Kombination der Indexklausel mit andern **Anpassungsklauseln** (BGE 124 III 57 E. 3a). Davon ausgenommen hat das BGer einzig eine Mietzinserhöhung wegen Mehrleistungen des Vermieters, wenn diese Möglichkeit **im Vertrag** bereits vorgesehen ist (SJ 1994, 487, E. 2d/bb; CR CO I-LACHAT, N 1; LACHAT, bail à loyer, 336 und 338 f.; HEUSI, mp 1998, 162; GRATZ, 112; SVIT-KOMM., N 25 ff.; ZK-HIGI, N 51; BK-GIGER, Vor Art. 253–273c OR N 24; CPra Bail-DIETSCHY, N 28; Botschaft Mietrecht, 1486). Eine entsprechende Klausel muss dem Mieter aber das entsprechende Anfechtungsrecht gewährleisten (ebenso CHK-HEINRICH, N 3); der Mietvertrag muss daher auf den Zeitpunkt einer solchen Erhöhung eine Kündigungsmöglichkeit für den Mieter vorsehen (vgl. Art. 269d Abs. 1; gl.M. LACHAT, 510 und 512 f. [«en bonne logique»]; CPra Bail-DIETSCHY, N 31; **a.M.** SVIT-Komm., N 27; CHK-HEINRICH, a.a.O.; ROHRER, MRA 2012, 6). 13

Art. 269c

C. Gestaffelte Mietzinse	**Die Vereinbarung, dass sich der Mietzins periodisch um einen bestimmten Betrag erhöht, ist nur gültig, wenn:** **a. der Mietvertrag für mindestens drei Jahre abgeschlossen wird;** **b. der Mietzins höchstens einmal jährlich erhöht wird; und** **c. der Betrag der Erhöhung in Franken festgelegt wird.**
C. Loyers échelonnés	Les conventions prévoyant que le loyer sera majoré périodiquement d'un montant déterminé ne sont valables que si: a. le bail est conclu pour une durée minimale de trois ans; b. le loyer n'est pas augmenté plus d'une fois par an; et c. le montant de l'augmentation est fixé en francs.
C. Pigioni scalari	La pattuizione di pigioni soggette a un determinato aumento periodico è valida soltanto se: a. la locazione è conclusa per tre anni almeno; b. la pigione è aumentata una volta all'anno al massimo; e c. l'aumento è fissato in franchi.

Literatur

BÄTTIG, Staffelung – Mietzinsvergünstigung – Vorbehalt, MRA, 2/2013, 3 ff.; EGGENSCHWILER SUPPAN, Folgen von ungültigen Staffel- und Indexmieten, Jusletter vom 5.11.2007; s.a. die Literaturhinweise zu Art. 269.

I. Voraussetzungen und Wirkungen einer Staffelungsklausel

1. Definition. Minimaldauer

1 Staffelungsklauseln sind *von vornherein für die gesamte (Mindest-)Mietdauer durch Stufen und Perioden bestimmte Mietzinse* (BGE 121 III 397 E. 2b/aa m.Hw. auf Lachat et al.-MICHELI, 2. Aufl., 254).

Die Vereinbarung gestaffelter Mietzinse hängt wie die Indexierung von einer festen Minimaldauer ab; diese beträgt bei der Staffelung jedoch nicht fünf, sondern **drei Jahre** (lit. a). Wie bei der Indexierung kommt es in erster Linie auf die feste Bindung *des Vermieters* an (SVIT-Komm., N 4; ZIHLMANN, 198 f.; ZK-HIGI, N 57). Indessen werden die Parteien kaum je eine vorzeitige Auflösungsmöglichkeit für den Mieter vereinbaren, jedenfalls soweit die Klausel auf einem besonderen Zugeständnis des Vermieters beruht, wie etwa bei einer zahlungsplanähnlichen Staffelungsklausel (vgl. auch BGE 121 III 397 E. 2b/aa; ZK-HIGI, N 11, 19 f., der allerdings Art. 269a lit. d als lex specialis zu Art. 269c versteht). Eine Staffelungsklausel kann auch **während der Dauer des Mietverhältnisses** vereinbart werden. Geschieht dies etwa in einem Vergleich vor Schlichtungsbehörde, ist die Klausel nach Meinung des BGer gleich zu behandeln wie eine vertragliche Klausel, mit dem Unterschied, dass sie als Folge der Rechtskraftwirkung des Vergleichs gem. Art. 274e Abs. 1 nicht anfechtbar ist (BGE 121 III 397 E. 2b/aa und 2c; vgl. dazu auch Art. 270c–270d N 2a). Zu präzisieren ist immerhin, dass der Gestaltungsspielraum der Parteien bei gerichtlichen oder behördlichen Vergleichen ob deren retrospektiver Ausrichtung nicht durch die Voraussetzungen von Art. 269c beschränkt ist (für in die Vergangenheit *wirkende* Klauseln gl.M. ZK-HIGI, N 36 f.).

2. Modalitäten der Staffelung

2 Eine Erhöhung darf höchstens **einmal pro Jahr** erfolgen (lit. b). Eine Staffelungsklausel liegt *aber auch vor, wenn während* der ganzen festen Vertragsdauer nur eine einzige Erhöhung stattfindet (BGE 113 II 299 E. 2d; 121 III 397 E. 2b/aa; 124 III 57 E. 3b). Die Parteien können wählen, ob sie pro **Kalenderjahr** oder pro **Vertragsjahr** eine Erhöhung zulassen wollen

(SVIT-Komm., N 7 f.). Den gesetzlichen Beschränkungen unterliegen nur Erhöhungen, nicht auch Senkungen von Mietzinsen im Rahmen von Staffelungsvereinbarungen; diese sind unter Vorbehalt der Anfangsmietzinsanfechtung durch den Mieter ob der relativ zwingenden Natur der Missbrauchsgesetzgebung frei vereinbar (CPra Bail-DIETSCHY, N 13; **a.M.** ZK-HIGI, N 29).

Der **Erhöhungsbetrag** ist in Franken festzulegen (lit. c). Dass die Angabe in **Prozenten** des Basismietzinses Nichtigkeit zur Folge haben soll, lässt sich nicht vernünftig begründen; das Gesetz fordert Klarheit, nicht überspitzten Formalismus (ähnlich SVIT-Komm., N 9; ZK-HIGI, N 56; LACHAT, bail à loyer, 517; CPra Bail-DIETSCHY, N 17).

Eine Anfechtung des gestaffelten Mietzinses ist nur im Rahmen der **Anfangsmietzinsanfechtung** nach Art. 270 möglich (vgl. Art. 270d). Das Gericht legt seiner Überprüfung des Mietzinses und der Höhe der Staffeln dann die absoluten Mietzinsfestsetzungskriterien gem. Art. 269 und 269a lit. a und c sowie die mutmassliche Entwicklung der Erhöhungsfaktoren zugrunde (BGE 121 III 297 E. 2b/aa; ZK-HIGI, N 8 f.; Lachat et al.-BRUTSCHIN, 418; SVIT-Komm., Art. 270d N 5). Entsprechend sind die vorgesehenen Staffeln mit einer klaren Begründung zu versehen, soweit für die Anfangsmietzinsfestsetzung nach Art. 270 das amtliche Formular zu verwenden ist (BGer, 26. 1. 2012, 4A_647/2011, E. 2.1).

Die Anpassungsmodalitäten *unterscheiden* sich nach richtiger Ansicht von denjenigen bei Indexklauseln (vgl. Art. 269b N 5 f.). Die Parteien müssen den genauen Zeitpunkt der jeweiligen Erhöhung schon im Vertrag festhalten (vgl. immerhin SVIT-Komm., N 7). Gleichwohl soll es zur Inkraftsetzung der jeweils nächsten Staffelung – trotz der **exakten vertraglichen Fixierung von Zeitpunkt und Betrag** der Erhöhung – nach h.L. noch einer **Gestaltungserklärung** des Vermieters bedürfen (ZK-HIGI, N 16, 39; Lachat et al.-BRUTSCHIN, 419; mit guten Gründen **a.M.** SVIT-KOMM., N 13 ff.). Art. 19 Abs. 2 VMWG verlangt – wie unter altem Recht, als die einzelnen Staffelungen noch angefochten werden konnten – für die Erhöhung gar die Verwendung des amtlichen Formulars und die Einhaltung einer viermonatigen Voranzeigefrist. All dies fordern Wortlaut, Sinn und Zweck von Art. 269c, 269d Abs. 2 und 270d (der sich von Art. 270c deutlich abhebt) in keiner Weise, von der Natur der neurechtlichen Staffelungsklausel ganz zu schweigen (krit. auch ZK-HIGI, N 40 und 43; ZIHLMANN, 199; SVIT-Komm., N 14). LACHAT vertritt mit guten Gründen die Auffassung, zumindest in einem Vergleich vor Schlichtungsbehörde könne der Vermieter von der Anzeige der Staffelungen mit Formular dispensiert werden (LACHAT, 518). Zur geplanten **Revision** mit dem Ziel der nur noch schriftlichen Anzeige einer Staffel s. Art. 269 N 13b. 3

Eine **Anfechtung** der Anpassung ist im Gegensatz zur indexbedingten überhaupt **ausgeschlossen** (Art. 270d). Die Unterscheidung leuchtet ohne weiteres ein, denn wenn sich die Staffelungen aus dem Vertrag ergeben, braucht es unter Vorbehalt der Anfangsmietzinsanfechtung auch keinen Rechtsbehelf gegen abweichende Forderungen. Selbst wenn die Staffelungsklausel dem Vermieter tatsächlich ein Gestaltungsrecht vermitteln würde, hätte eine Anfechtung wenig Sinn, da dann wie bei der Indexklausel die vertragswidrige Ausübung des Gestaltungsrechts nichtig wäre. In jedem Fall kann daher nach der hier vertretenen Ansicht auch eine abredewidrige Anpassung auf dem Wege der Feststellungsklage gerügt werden. Immerhin muss der Mieter u.U. auf eine Formularmitteilung reagieren, damit ihm später nicht eine konsensuale Änderung von Mietvertrag und Staffelungsklausel entgegengehalten wird (vgl. Art. 269b N 6).

3. Vertragsfortsetzung nach Ablauf der Klausel

Ähnlich wie zur Situation bei Ablauf einer Indexklausel (vgl. Art. 269b N 7) hat das BGer zur Rechtslage nach Ablauf der Mindestdauer eines Vertrages mit Staffelungsvereinbarung Stellung genommen. Zwar mass es auch einer Staffelungsklausel aleatorischen Charakter zu. Das Gericht betonte aber die vertragliche Natur der Vereinbarung und schloss daraus, dass es 4 den Parteien verwehrt sei, auf die von ihnen gebilligten Folgen ihres Konsenses zurückzukommen. Würden daher **relative Anpassungsgründe** geltend gemacht, so sei als Berechnungsbasis auf das Datum des *Auslaufens der Staffelungsklausel* abzustellen. Auch eine Anpassung gestützt auf **absolute Gründe** sei indessen *ohne Nachweis veränderter Verhältnisse* möglich, denn der Charakter der Staffelung als vertragliche Vorwegnahme der wahrscheinlichen künftigen Entwicklung erlaube keine Rückschlüsse auf die tatsächliche Ertragslage beim Auslaufen der Klausel. Ein Vorbehalt des Vermieters sei zur Anrufung absoluter Gründe weder nötig noch möglich, da die Höhe der einzelnen Staffeln nach dem Vertragsschluss nicht mehr in Frage gestellt werden könne. Erst wenn nach Ablauf des Staffelungsregimes keine der Parteien auf den nächstmöglichen Kündigungstermin hin eine Mietzinsänderung verlange, spiele die Vermutung des zulässigen und genügenden Ertrages wieder (BGE 121 III 397, 402, E. 2b/bb und 2c; vgl. aber auch MRA 2000, 253 ff.; s.a. Art. 269b N 7).

Positiv am genannten Entscheid ist die Betonung des vertraglichen Charakters der Staffelung, welche auch nach Auslaufen der Klausel verbietet, den vertraglichen Konsens in Frage zu stellen; entsprechend ist den Überlegungen des BGer zu den Auswirkungen auf die Berechnung nach relativer Methode zuzustimmen (anders der Parallelentscheid BGE 123 III 76 zur Indexklausel, vgl. Art. 269b N 7; ebenso ZK-HIGI, N 75). Sie ist immerhin insofern zu präzisieren, als wohl eher auf den Anfang der Staffelung zurückzugreifen ist, wenn die Klausel dazu diente, eine an sich ausgewiesene Mietzinserhöhung für den Mieter erträglicher zu gestalten (so nun auch BGer, MRA 2000, 257 f.; CPra Bail-DIETSCHY, N 38). Nicht schlüssig scheint hingegen auch hier die Argumentation zur Notwendigkeit des Vorbehalts des Vermieters. Gewiss kann sich ein solcher nicht auf die Höhe der Staffelungen beziehen, denn diese stehen nach Ablauf der Frist zur Anfechtung des Anfangsmietzinses fest. Sinnvoll und notwendig ist ein Vorbehalt aber im Zeitpunkt der Vereinbarung der Klausel: Es ist nicht einzusehen, weshalb der Vermieter auf einen Vorbehalt soll verzichten können, wenn er der Meinung ist, das Ergebnis der Staffelung werde ihm aufgrund des Kenntnisstandes zur Zeit des Vertragsschlusses selbst dann keinen genügenden Ertrag verschaffen, wenn die Prognosen der Parteien zur künftigen Entwicklung sich bewahrheiten sollten (gl.M. HEUSI, mp 1998, 165).

Auch hier sei daher *vorgeschlagen*, eine Neuberechnung nach absoluter Methode nur zuzulassen, wenn der zuletzt gültige Mietzinses gemäss Staffelungsklausel *erheblich von demjenigen abweicht, der sich aufgrund der Anwendung der relativen Anpassungsgründe ergäbe*. Das Anliegen des BGer, die Arbeit der Behörden und Gerichte «dans un domaine du droit déjà suffisamment complexe» zu erleichtern (BGE 121 III 397, 406 E. 3c, freilich in anderem Zusammenhang), würde dadurch gewiss gefördert, denn eine Neuberechnung nach absoluter Methode bringt regelmässig einen nicht zu unterschätzenden Aufwand mit sich (wie das BGer für voraussetzungslose Zulässigkeit der Anpassung nach absoluter Methode ZK-HIGI, N 76).

II. Behandlung nichtiger Klauseln

5 Für die Behandlung gesetzeswidriger und daher nichtiger Klauseln kann vorab auf die Ausführungen zur Indexklausel verwiesen werden (Art. 269b N 8 f.). Welches Ergebnis man nach den Regeln über die modifizierte Teilnichtigkeit analog Art. 20 Abs. 2 erhält, hängt auch hier von den Umständen ab. Bei einer nur *unwesentlich zu kurzen* festen Vertragsdauer wird der hypothetische Konsens bei einer *Ausdehnung dieser Dauer auf drei Jahre* zu suchen sein. Ansonsten wird man einem *normal kündbaren Mietverhältnis ohne Staffelungsklausel* den Vorzug geben, wie auch bei einer *fehlenden Bezifferung* der Staffelungen. Sieht der Vertrag *zu häufige* Anpassungen vor, drängt sich eine Reduktion auf *eine Anpassung pro Vertrags- oder Kalenderjahr* auf (ZK-HIGI, N 53, 63; CPra Bail-DIETSCHY, N 8, 11 und 15).

III. Kumulation mit andern Anpassungsklauseln

Aus Systematik und Funktion des **indexierten Mietzinses** und des Staffelmietzinses ist eine gleichzeitige Anwendung dieser Vorschriften im gleichen Vertrag **abzulehnen** (BGE 124 III 57 E. 3a; LACHAT, bail à loyer, 510 f.; Lachat et al.-BRUTSCHIN, 410 f.; ZK-HIGI, Art. 269b OR N 54; **a.M.** PORTNER, 137; teilw. auch SVIT-Komm., N 11). Eine solche Kombination liegt auch vor, wenn grundsätzlich ein indexierter Mietzins vereinbart, dem Mieter aber für eine beschränkte Dauer eine Reduktion des «Anfangsmietzinses» gewährt wird (BGE 124 III 57 E. 3b; dazu auch Art. 269b N 12). 6

Ebenso ausgeschlossen ist die Kombination gestaffelter Mietzinse mit **anderen Anpassungsmöglichkeiten**. Entgegen der Voraufl. ist aber eine Kombination mit der **Umsatzmiete** als zulässig zu erachten, z.B. um eine minimale Entwicklung des Mietzinses sicherzustellen (CHK-HEINRICH, N 5; SVIT-Komm., N 10; CPra Bail-DIETSCHY, N 18). Während der festen Vertragsdauer kommt selbst eine Erhöhung wegen **Mehrleistungen** ohne besondere Vereinbarung gem. Art. 269a lit. b nicht in Betracht (SVIT-Komm., N 10). Möglich ist es immerhin, im Vertrag eine Erhöhung unter diesem Titel vorzusehen (vgl. BGE 124 III 57 E. 3a; SJ 1994, 487 E. 2d/bb; HEUSI, mp 1998, 162; CPra Bail-DIETSCHY, N 30; **a.M.** CR CO I-LACHAT, N 2). Diesbezüglich muss dem Mieter aber eine Anfechtungsmöglichkeit offenstehen, was voraussetzt, dass er auf den Änderungszeitpunkt hin über eine Kündigungsmöglichkeit verfügt (vgl. Art. 269d Abs. 1; **a.M.** SVIT-Komm., N 10; unklar ZK-HIGI, N 24; s. aber dessen Art. 269d N 74). 7

Art. 269*d*

D. Mietzinserhöhungen und andere einseitige Vertragsänderungen durch den Vermieter

1 Der Vermieter kann den Mietzins jederzeit auf den nächstmöglichen Kündigungstermin erhöhen. Er muss dem Mieter die Mietzinserhöhung mindestens zehn Tage vor Beginn der Kündigungsfrist auf einem vom Kanton genehmigten Formular mitteilen und begründen.

2 Die Mietzinserhöhung ist nichtig, wenn der Vermieter:
a. sie nicht mit dem vorgeschriebenen Formular mitteilt;
b. sie nicht begründet;
c. mit der Mitteilung die Kündigung androht oder ausspricht.

3 Die Absätze 1 und 2 gelten auch, wenn der Vermieter beabsichtigt, sonstwie den Mietvertrag einseitig zu Lasten des Mieters zu ändern, namentlich seine bisherigen Leistungen zu vermindern oder neue Nebenkosten einzuführen.

D. Augmentations de loyer et autres modifications unilatérales du contrat par le bailleur

1 Le bailleur peut en tout temps majorer le loyer pour le prochain terme de résiliation. L'avis de majoration du loyer, avec indication des motifs, doit parvenir au locataire dix jours au moins avant le début du délai de résiliation et être effectué au moyen d'une formule agréée par le canton.

2 Les majorations de loyer sont nulles lorsque:
a. elles ne sont pas notifiées au moyen de la formule officielle;
b. les motifs ne sont pas indiqués;
c. elles sont assorties d'une résiliation ou d'une menace de résiliation.

3 Les al. 1 et 2 sont aussi applicables lorsque le bailleur envisage d'apporter unilatéralement au contrat d'autres modifications au détriment du locataire, par exemple en diminuant ses prestations ou en introduisant de nouveaux frais accessoires.

D. Aumenti di pigione e altre modificazioni unilaterali del contratto da parte del locatore

1 Il locatore può aumentare in qualsiasi momento la pigione per la prossima scadenza di disdetta. Deve comunicare, motivandolo, l'aumento al conduttore almeno dieci giorni prima dell'inizio del termine di preavviso su un modulo approvato dal Cantone.

2 L'aumento è nullo se il locatore:
a. non lo comunica mediante il modulo prescritto;
b. non lo motiva;
c. lo comunica con la minaccia di disdetta o dando la disdetta.

[3] I capoversi 1e 2 si applicano anche se il locatore intende in altro modo modificare unilateralmente il contratto a svantaggio del conduttore, segnatamente diminuendo le sue prestazioni o introducendo nuove spese accessorie.

Literatur

BÄRTSCHI/ACKERMANN, Fristberechnung im Mietrecht, Jusletter vom 3.2.2014; BOHNET, Les délais en droit du bail, 13e séminaire sur le droit du bail, Neuchâtel 2004; BRUNNER/STOLL, Mietzinserhöhungen ohne Formular?, Bemerkungen zur konsensualen Mietzinserhöhung, mp 1996, 1 ff.; CONOD, Action en répétition de l'indu. Qualité pour défendre et prescription, CdB 2005, 97 ff.; GUT, Der Einwand des ungenügenden und des übersetzten Ertrages, mp 2002, 1 ff. (zit. Einwand); HIGI, Die Vertragsänderung und Art. 269d OR, AJP 1998, 767 ff.; KLEY-STRULLER, Mietzinserhöhung ohne Formular? (Besprechung von BGE 123 III 70), AJP 1997, 896 ff.; MORIN, La restitution des paiements en matière de bail, 15e séminaire sur le droit du bail, Neuchâtel 2008; PÜNTENER, Der Vertrauensschutz bei der Mietzins- und Nebenkostengestaltung, mp 2006, 1 ff.; RICHARD, Nécessité ou non de la signature par le bailleur, a fortiori autographe, de la formule de notification de hausse de loyer ou de nouvelles prétentions et de la formule de résiliation, CdB 2004, 1 ff.; ROHRER, Die sogenannte «relative Methode» als Beschränkung der Mietzinsgestaltungsrechte des Vermieters, SJZ 1994, 153 ff.; DERS., Konsensuale Mietzinserhöhung, MRA 1995, 259 ff.; DERS., Vertragsänderungen und Mietzinsanpassungen im gegenseitigen Einvernehmen ohne Verwendung des amtlichen Formulars, MRA 4/2013, 3 ff.; WEBER, Rückforderungsansprüche im Mietrecht, mp 2005, 1 ff.; ZIMMERMANN OERTLI, Die Unterschrift auf Formularen zur Mitteilung von Mietzinserhöhungen und anderen Vertragsänderungen, mp 1998, 55 ff.; s.a. die Literaturhinweise zu Art. 269.

I. Normzweck. Charakter der Mietzinserhöhung

1 Der Artikel regelt **zugunsten des Mieters zwingend** (dazu RONCORONI, mp 2006, 93 ff.) das bei Mietzinserhöhungen und bei andern «einseitigen» Vertragsänderungen durch den Vermieter zu beobachtende Prozedere. Er ist nur anwendbar auf unbefristete oder vorzeitig kündbare befristete Mietverhältnisse (BGE 128 III 419 E. 2.4.1; HONSELL, OR BT, 235; SVIT-Komm., N 7; ZK-HIGI, Vor Art. 269–270e OR N 148, Art. 269d OR N 9, 12, 69 ff.). Damit der Mieter nicht unter dem Druck einer Kündigungsdrohung zu entscheiden hat, wird durch das soziale Mietrecht eine Kündigung wie auch eine Kündigungsandrohung für den Fall einer vom Vermieter angestrebten Vertragsänderung ausgeschlossen (Abs. 2 lit. c). Der Vermieter hat die Mietzinserhöhung oder die einseitige Änderung des Vertrages zu Lasten des Mieters auf **amtlichem Formular** anzuzeigen, zu **begründen** und die **Kündigungsfrist** sowie zusätzlich eine zehntägige **Bedenkfrist** (Abs. 1) zu beachten. Gemäss dieser Regelung führt Stillschweigen des Mieters zur **Annahme** der gewünschten Änderung (BGE 106 II 356 E. 3c; HONSELL, OR BT, 236; TRACHSEL, 185; WEBER, Diss., 128). Dem Mieter steht jedoch das Recht zu, innert der Bedenkfrist zu kündigen oder innert der 30-Tage-Frist **gem. Art. 270b** die Änderung **anzufechten**. Zur Anfechtung durch *gemeinsame Mieter*, insb. zur beschränkten Aussagekraft von BGE 136 III 441 vgl. Vor Art. 253 N 2.

Kommt vor der Schlichtungsbehörde keine Einigung zustande, so kann der Vermieter das Gericht anrufen. Nach einer nicht angefochtenen Mietzinserhöhung kann grundsätzlich nicht auf den gleichen Termin die Kündigung ausgesprochen werden, da durch die Vertragsänderung eine Fortsetzung des Mietverhältnisses mindestens bis zum nächsten Kündigungstermin vereinbart worden ist (mp 1991, 137 f.). Aus den gleichen Gründen ist auch eine zweite Mietzinserhöhung auf den gleichen Termin nicht möglich. Dies gilt nach der Rsp. auch dann, wenn der Vermieter die angefochtene Erhöhung nicht weiterverfolgt (BGE 124 III 245 = Pra 1998 Nr. 174; vgl. dazu Art. 270b N 4), denn dies ist als Einverständnis des Vermieters mit dem Antrag des Mieters zu werten, den Mietzins einstweilen auf der bisherigen Höhe und Grundlage zu belassen.

1a Mit dieser Konstruktion wird am grundsätzlichen **Vereinbarungscharakter** der Mietzinserhöhung festgehalten. An die Stelle der vorgängigen Änderungskündigung durch den Vermieter tritt dabei ein Recht zur Einleitung eines gesetzlich geregelten Verhandlungsstadiums, dem im Falle fehlender Einigung eine **Gestaltungsklage des Vermieters** folgt (vgl. KUKO OR-BLUMER, N 2; SVIT-Komm., N 3; ZIHLMANN, 170 f.; LACHAT, 408; DÜRR, MRA 1997, 55 ff.). Trefflich bringt dies BGE 106 II 356 E. 3c zum Ausdruck. Danach ist die Begründung in der Mitteilung des Vermieters die Basis für den Entscheid des Mieters, ob er die Erhöhung akzeptieren will oder nicht. «**L'acceptation** de la hausse par le locataire **entraîne une modification du contrat liant les parties** sur la base des motifs invoqués par le bailleur» (a.a.O.; vgl. Lachat et al.-BRUTSCHIN, 295). Einer **a.A.** zufolge stellt die Mietzinserhöhung indessen ein Gestaltungsrecht des Vermieters dar, dem im Falle einer Einsprache des Mieters eine Feststellungsklage des Vermieters folge (ZK-HIGI, Vor Art. 269–270e OR N 126 f., Art. 269d OR N 42 und 58, Art. 270b OR N 30, unter Berufung auf BGE 121 III 6, 10, wo aber nur das Recht des Vermieters zur Einleitung des Verhandlungsstadiums angesprochen ist; CHK-HEINRICH, N 1). Der – allerdings gegenüber Art. 20 BMM gewiss missratene (vgl. WEBER, Diss., 128 f.) – Wortlaut von Art. 269d Abs. 1 ist für die Entscheidung der Frage nicht von Belang, denn aus dem Zusammenhang mit Art. 270b und 270e ergibt sich, dass der Mieter die Erhöhung schon durch blossen Widerspruch ihrer Wirkungen berauben und dadurch im Streitfall den Vermieter zu einer Klage zwingen kann. Erst das Urteil bewirkt dann die Vertragsänderung (BGE 124 III 67 E. 3). Die Frage nach der Rechtsnatur der Mietzinserhöhung ist entgegen HIGI (a.a.O., N 129) von praktischer Bedeutung. Ihr konsensualer Charakter bildet nämlich – wie BGE 106 II 356 zeigt – die Grundlage für die sogenannte **relative Methode**, mithin die aus Treu und Glauben fliessende Beschränkung *beider* Parteien, die Mietzinsgestaltung nach einer akzeptierten Mietzinserhöhung ohne eine wesentliche Veränderung der Verhältnisse gestützt auf absolute Anpassungsgründe wieder in Frage zu stellen (dazu N 4 und 13a sowie Art. 269 N 16 und 18). Nicht zufällig spricht daher das BGer auch in neuerer Zeit noch von der Massgeblichkeit einer «vorbehaltlos verlangten *und erreichten* Mietzinserhöhung» (BGE 124 III 67 E. 3). Im genannten Entscheid wird die Frage nach der Rechtsnatur allerdings (mit einer Tendenz zur Annahme eines Gestaltungsrechts) offengelassen mit dem Hinweis, die grundsätzliche Bindung des Mieters an den Stand nach der erfolgreichen Erhöhung könne statt auf einem Konsens auch auf der Verwirkung des Anfechtungsrechts beruhen (a.a.O.). Dies ist aber fraglich: Die Geltung des verlangten Mietzinses könnte sich zwar noch auf ein blosses Gestaltungsrecht stützen, ebenso wie die Bindung des Vermieters an die von ihm angegebenen Gründe. Das *Zugeständnis*, der dadurch erreichte Mietzins sei nicht missbräuchlich, kann aber nur auf der Zustimmung des Mieters basieren (richtigerweise konsensual deshalb auch die Betrachtungsweise in Pra 1997 Nr. 171 E. 3; vgl. dazu Art. 269b N 6 sowie 7b). Ähnlich wie beim Kündigungsschutz gilt es zu unterscheiden zwischen Anspruch und Klage: Der Missbrauch wird nach der Konzeption des Gesetzes behoben durch die – gegenüber der Regelung nach Art. 6 stark begünstigte – Zustimmung des Mieters (vgl. Art. 271–271a N 1a).

II. Formularpflicht

Der Inhalt des vom Vermieter **grundsätzlich zwingend** (dazu N 7 ff. und 13a) zu verwendenden amtlichen Formulars ist in Art. 19 VMWG festgelegt. Die Formularpflicht soll **klare Mitteilungen** sicherstellen und dem Mieter die erforderliche **Rechtsbelehrung** vermitteln. Nach der begrüssenswerten Praxis des BGer ist die Formularpflicht aus Gründen der Klarheit, der einheitlichen Rechtsanwendung und der Rechtssicherheit streng zu handhaben. Immerhin ist der Zweck des Formulars (Information des Mieters über die Gründe der Erhöhung und die Anfechtungsmöglichkeiten) im Auge zu behalten (BGE 121 III 214 E. 3b; vgl. Pra 1997 Nr. 151). Zuständig für die Genehmigung des Formulars ist der Kanton, in welchem das Mietobjekt liegt. Ein vom nicht zuständigen Kanton genehmigtes Formular kann auch in einem anderen Kanton verwendet werden, sofern es sämtliche Voraussetzungen erfüllt, die dieser Kanton als Bedingung für die Genehmigung verlangt hätte (vgl. BGE 121 III 214 E. 3b; Pra 2

1997 Nr. 151; HEINRICH, MRA 1997, 173; SVIT-Komm., N 21; CPRA BAIL-MARCHAND, N 19; **a.M.** ZK-HIGI, N 200; vgl. auch Art. 266*l* N 3). Ebenso braucht ein Vermieter keine neue Genehmigung einzuholen, wenn er gegenüber einem ihm von der zuständigen Stelle bewilligten Formular nach einer Firmenänderung nur die Absenderadresse angepasst und die neue Adresse der Schlichtungsbehörde eingefügt hat (BGE 135 III 220 E. 1.5; CPRA BAIL-MARCHAND, N 19;). Das Formular hat die **Unterschrift** des Vermieters zu tragen (BGE 138 III 401; zur darin ausführlich diskutierten Frage des Rechtsmissbrauchs s. N 8 f.). Dass der Vermieter aus der Erklärung nicht i.S.v. Art. 13 Abs. 1 verpflichtet werde, kann angesichts der Wirkungen seiner Begründung für die künftige Mietzinsgestaltung als Folge der *relativen Methode* kaum ernsthaft vertreten werden (BGer, 8.7.2003, 4C.110/2003 = mp 2003, 115 ff. = SJZ 2003, 569 ff.; gl.M. Lachat et al.-DÖRFLINGER, 296 f.; ZIMMERMANN OERTLI, mp 1998 55 f.; KOLLER TH., ZBJV 2004, 495 f.; krit. SVIT-Komm., N 30; **a.M.** ZK-HIGI, N 206 und 212). Das Unterschriftserfordernis schliesst eine Nachbildung auf mechanischem Wege nicht aus (vgl. Art. 14 Abs. 2). Voraussetzung ist aber der Nachweis einer entsprechenden Verkehrsübung und eine grosse Zahl gleichzeitig zu bearbeitender Formulare (BGer, a.a.O.; ZIMMERMANN OERTLI, mp 1998, 57 ff., 61 und 63: mind. 250–500 Formulare; im SVIT-Komm. wird eine solche Übung mit Recht als kaum nachweisbar bezeichnet, N 30). Ungenügend ist es, das Formular einem Begleitschreiben nur *beizuheften*, denn dies schafft die Gefahr missverständlicher Mitteilungen (BGE 121 III 214 E. 3c; GUT, mp 2000, 10; zu Art. 19 Abs. 1bis VMWG vgl. N 3). Zur **digitalen Signatur** s. Art. 14 Abs. 2bis. Zur geplanten **Revision** mit dem Ziel der Schaffung von Formularen des Bundes und der Ermöglichung faksimilierter Unterschriften s. Art. 269 N 13b.

III. Begründung

3 Die Begründung soll es dem Mieter und im Streitfall dem Gericht ermöglichen, die Berechtigung der geltend gemachten Mietzinserhöhung zu überprüfen. Die **Begründungsobliegenheit** des Vermieters ist Ausfluss des Grundsatzes von Treu und Glauben nach Art. 2 Abs. 1 ZGB (N 4; ZK-HIGI, N 26). Gemäss Art. 19 lit. a, b Ziff. 3 bzw. Ziff. 4 VMWG hat die Begründung «klar» zu sein (BGE 117 II 460 E. 2a); widersprüchliche Begründungen oder die formelhafte Anführung sämtlicher gesetzlichen Anpassungsgründe ohne weitere Erläuterung genügen diesem Erfordernis nicht (BGE 106 II 168; BGE 121 III 6 E. 3b; BGE 139 III 13 E. 3.1.2 = Pra 2013 Nr. 105; BGer, 3.1.2000, 4C.245/1999 = mp 2000, 27 ff.; BGer, 31.1.2003, 4C.330/2002, E. 3). Art. 19 Abs. 1 lit. a Ziff. 4 VMWG verlangt überdies die Angabe der einzelnen Teilbeträge, wenn mehrere Erhöhungsgründe geltend gemacht werden. Seit dem 1.7.2014 verlangt Art. 19 Abs. 1 VMWG zusätzlich, dass der Vermieter im Formular deklariert, ob er für eine Sanierungsmassnahme Fördergelder erhalten hat oder nicht. Diese Verpflichtung geht sehr weit, denn ob die netto investierte Summe korrekt berechnet ist, lässt sich problemlos auch noch im Anfechtungsverfahren klären. Zu den Folgen einer mangelhaften Begründung s. N 7b.

Grundsätzlich müssen sich die angegebenen Gründe zur Zeit der Mitteilung schon verwirklicht haben (vgl. aber Art. 269 N 6a). Der Vermieter ist im Streitfall an die im Formular angegebene Begründung gebunden (**Grundsatz der Unabänderlichkeit der Begründung**, ZK-HIGI, N 94 ff.; LACHAT, 403; CHK-HEINRICH, N 3). Die Begründung muss dabei im Formular selbst enthalten sein; Erläuterungen auf einem Beiblatt können nur berücksichtigt werden, soweit sie im Formular aufgeführte Gründe verdeutlichen oder soweit gemäss dem neuen Art. 19 Abs. 1bis VMWG im Formular auf das Beiblatt verwiesen wird (BGer, 3.1.2000, 4C.245/1999 = mp 2000, 27 ff.; anders die frühere Praxis: BGE 118 II 130; 120 II 206 E. 3a; 121 III 6 E. 3a). Die Verordnungsbestimmung hält sich innerhalb der Konkretisierungskompetenz des Bundesrates und ist daher gültig (SVIT-Komm., N 19).

Es genügt nicht, dass der Untervermieter seinem Formular anstelle einer Begründung eine Kopie des Formulars beilegt, welches er vom Hauptvermieter erhalten hat (BGE 120 II 206).

Der Vermieter hat sich die geltend gemachte Begründung auch in einem späteren Mietzinsanfechtungsverfahren entgegenhalten zu lassen. Der Einwand, eine frühere Mietzinserhöhung habe nicht zu einem genügenden Ertrag geführt oder in anderer Weise nicht sämtliche möglichen Erhöhungsfaktoren ausgeschöpft, ist als Folge der **relativen Methode** nur dann zu hören, wenn der Vermieter in seiner Begründung einen in Franken oder Prozenten ausgedrückten **Vorbehalt** unter Angabe der Gründe für eine weitere Erhöhung angebracht hat; der Mieter darf darauf vertrauen, dass der Mietzins dem Vermieter einen genügenden Ertrag verschafft, selbst wenn in der Mitteilung nur bestimmte Erhöhungsgründe angegeben sind. Der Vermieter allein kennt insb. die konkrete Ertragslage; eine **genaue und vollständige Information** auch über nicht ausgeschöpfte Erhöhungsmöglichkeiten kann von ihm daher im Lichte von Treu und Glauben mit Fug verlangt werden (Art. 2 ZGB und Art. 18 VMWG; krit. CHK-HEINRICH, N 4). Zur relativen Methode, insb. zu den *Ausnahmen* s. Art. 269 N 16 ff.; BGE 106 II 356; 117 II 161; 117 II 452; 117 II 458; 118 II 124; 118 II 130; 120 II 100; 121 III 163 E. 2c und d; 122 III 257; 124 III 67 E. 3; 126 III 124 E. 2c = Pra 2000 Nr. 186; BGer in mp 1997, 236 ff.; ZIHLMANN, 173 ff.; LACHAT, bail à loyer, 403 und 532 ff.; ZK-HIGI, N 101 ff. 4

Der Vorbehalt *allein* ist indessen **nicht anfechtbar**; ein Rechtsschutzinteresse des Mieters besteht diesbezüglich erst bei der Ausschöpfung in einem späteren Anpassungsverfahren (Lachat et al.-BRUTSCHIN, 435; GUT, mp 2000, 13; CHK-HEINRICH, N 4; vgl. generell zur Unanfechtbarkeit von Mitteilungen, die den Mieter nicht unmittelbar belasten, N 13a). Ein Vorbehalt muss u.U. schon im Mietvertrag angebracht werden, damit der entsprechende absolute Erhöhungsgrund später angerufen werden kann (BGE 118 II 124 E. 4; BGer, mp 1995, 212; vgl. Art. 269a N 14b). Auch dann ist er aber erst bei der Ausschöpfung anfechtbar (vgl. Art. 270 N 9).

IV. Kündigungs- und Bedenkfrist. Kündigungstermin

Ganz i.S. der Änderungskündigung ausserhalb der Miete von Wohn- und Geschäftsräumen hat der Vermieter mit seiner Formularerklärung die vertraglich vereinbarten **Kündigungsfristen**, subsidiär die gesetzlichen Kündigungsfristen gem. Art. 266a ff. und entsprechend die vertraglichen bzw. gesetzlichen **Kündigungstermine** einzuhalten (ZIHLMANN, 170 f.; Lachat et al.-DÖRFLINGER, 301 f.; ZK-HIGI, N 72, 137; BGE 112 II 69). Während einer festen Vertragsdauer sind daher allfällig vereinbarte «Änderungen nach den gesetzlichen Vorschriften» mangels Kündigungsterminen nicht zulässig; entsprechende Vertragsklauseln sind unwirksam (BGE 128 III 419 E. 2.4.1; CHK-HEINRICH, N 2; ebenso nun SVIT-Komm., N 7 f.; **a.M.** ZK-HIGI, N 134; vgl. immerhin Art. 269b N 13 und Art. 269c N 7 zur Erhöhung wegen Mehrleistungen in Verträgen mit Index- oder Staffelungsklausel). Daraus erhellt zugleich, dass bei unterschiedlich langen Kündigungsfristen für Mieter und Vermieter stets die längere Frist massgeblich ist: Der Vermieter kann ohne Einhaltung seiner Frist keine Vertragsänderung herbeiführen, der Mieter den Vertrag ohne Einhaltung seiner Frist nicht kündigen, wenn er auf die Erhöhung nicht eingehen will (gl.M. ZK-HIGI, N 153; **a.M.** [Kündigungsfrist des Mieters] SVIT-Komm., N 10; BLUMER, SPR VII/3, Rz 547). 5

Die zehntägige Notifikationsfrist berechnet sich wie eine erstreckte Kündigungsfrist (SVIT-Komm., N 9; LACHAT, bail à loyer, 404 f.; **a.M.** ZK-HIGI, N 149). Sie soll dem Mieter eine **Bedenkfrist** verschaffen, um das Mietverhältnis selbst zu kündigen, wenn er mit der vom Vermieter verlangten Vertragsänderung nicht einverstanden ist (berechtigte Kritik zur Kürze der Überlegungsfrist bei SVIT-Komm., N 9). Die Erhöhungsanzeige stellt eine empfangsbedürftige Willenserklärung dar. Gemäss BGE 107 II 189 gilt der Einschreibebrief über die Mitteilung der Mietzinserhöhung nach der sog. relativen Empfangstheorie erst dann als zugestellt, wenn der Mieter den **Brief bei der Post tatsächlich abholt, spätestens aber nach Ablauf der siebentägigen postalischen Abholfrist** (LACHAT, bail à loyer, 404; ZK-HIGI, N 147; ZIHLMANN, 171; vgl. zur absoluten Empfangstheorie Art. 266a N 1d). Seit der Libera- 6 lisierung des Postverkehrsrechts sehen die Allgemeinen Geschäftsbedingungen der Post vor, dass mit den Kunden auch eine längere Abholfrist vereinbart werden kann. Im Interesse der Rechtssicherheit darf auf solche Abreden nicht abgestellt werden; vielmehr ist in Analogie zur prozessualen Rsp. des BGer nach wie vor von einer Zugangsfiktion am 7. Tag der Frist auszugehen (SVIT-Komm., N 12a; LACHAT, bail à loyer, 404 FN 156; vgl. BGE 127 I 31; 134 V 49; s.a. Art. 138 Abs. 3 ZPO und Art. 44 Abs. 2 BGG). Ist die Mitteilung des Vermieters nicht fristgerecht erfolgt, so gilt Art. 266a Abs. 2 analog (BGE 107 II 189 E. 3, 131 III 566 E. 3.3; LACHAT, bail à loyer, 405; ZK-HIGI, N 139; ZIHLMANN, 171).

V. Rechtsfolgen fehlerhafter Erhöhungsmitteilungen

7 Verwendet der Vermieter das **amtliche Formular** nicht oder fehlt in der Mitteilung eine **Begründung**, so ist die Mietzinserhöhung **nichtig** (Abs. 2; zum Rückforderungsanspruch des Mieters vgl. N 8). Das gleiche gilt für den Fall, dass eine Kündigung angedroht oder ausgesprochen wird (Abs. 2 lit. c). Der Prozess um die Nichtigkeit fällt wie die materielle Überprüfung einer Mietzinserhöhung in den Anwendungsbereich von Art. 243 Abs. 2 lit. c ZPO, ist daher stets im vereinfachten Verfahren zu führen und gem. Art. 247 Abs. 2 lit a ZPO von der sozialen Untersuchungsmaxime beherrscht (BGer, 26.3.2014, 4A_1/2014, E. 2.3).

7a Die Pflicht zur Verwendung des **amtlichen Formulars** für die Erhöhungsmitteilung schliesst nach Auffassung des BGer eine **vertragliche Mietzinsanpassung** durch die Parteien **ohne Formular** nicht aus, da die Vertragsfreiheit in der Missbrauchsgesetzgebung insofern noch zum Ausdruck kommt, als der Mieter durch Unterlassung der Anfechtung des Mietzinses ein objektiv übersetztes Entgelt für die Mietsache freiwillig und bewusst hinnehmen kann. Ein Konsens der Vertragsparteien, der einen Verzicht auf die Einhaltung der Formularpflicht rechtfertigt, kann sich aber jedenfalls nicht allein aus der Unterschrift des Mieters unter eine vom Vermieter vorbereitete Vertragsänderung ergeben. Voraussetzung für eine formularlose einverständliche Erhöhung ist vielmehr, dass der Mieter über sein Anfechtungsrecht **anderweitig informiert** ist und **nicht unter Druck steht**, namentlich nicht unter Kündigungsdruck. Nur wenn der Mieter mit dem Verzicht auf das Formular bewusst zum Voraus auf die Anfechtung verzichtet hat, rechtfertigt sich ein Verzicht auf den formellen Schutz (BGE 123 III 70 E. 3a und b, bestätigt in BGE 128 III 419 E. 2.4.2 = Pra 2003 Nr. 7; s.a. Pra 1999 Nr. 8 E. 2; BGer, 18.10.2001, 4C.134/2001 = mp 2002, 55 ff.; BGer, 6.1.2003, 4C.283/2002, E. 5; BGer, 26.5.2003, 4C.59/2003 = mp 2003, 120 ff.; BGer, 20.6.2005, 4C.96/2005; BGer, 7.7.2008, 4A_198/2008; KOLLER TH., ZBJV 2004, 497 f. und ZBJV 2006, 414 ff.; Lachat et al.-DÖRFLINGER, 298; CR CO I-LACHAT, N 3; CHK-HEINRICH, N 10; **a.A.** offenbar ZK-HIGI, N 185; FUTTERLIEB, MRA 1999, 30 f.). Das BGer präzisierte mit dem zuerst genannten Entscheid ein unpubliziertes Urteil vom 28.3.1995 (mp 1995, 145 ff. = MRA 1995, 256 ff.), welches die Formularpflicht in Frage gestellt hätte (s. ZIHLMANN, 182). Der geneigte Vermieter tut jedenfalls gut daran, sich auch dann des Formulars zu bedienen, wenn er eine einvernehmliche Lösung mit dem Mieter sucht (gl.M. GUHL/KOLLER/SCHNYDER/DRUEY, 431; FUTTERLIEB, MRA 1999, 33). Man darf sich nämlich bei der Frage nach der Kenntnis des Mieters von der Anfechtungsmöglichkeit nicht damit begnügen, dass dieser um die Existenz gesetzlicher Regelungen auf diesem Gebiete weiss (insofern zutreffend ZK-HIGI, Vor Art. 269–270e OR N 141), denn die Formularpflicht setzt die Rechtsunkenntnis des Mieters voraus, wie das BGer schon mehrmals zu recht erwog (BGE 140 III 583 E. 3.2.2; 113 II 187 E. 1b; vgl. überdies Pra 1997 Nr. 171 E. 3, wo das BGer eine einvernehmliche Mietzinserhöhung selbst bei Rechtsanwälten als Mietern an die Verwendung des amtlichen Formulars zu knüpfen scheint). Die gegenteilige Annahme stünde zudem in einem Wertungswiderspruch zur Praxis betr. der grundsätzlich unzulässigen Verwendung ausserkantonaler Formulare *(N 2). Richtig betrachtet,* ist die zitierte Praxis lediglich Ausfluss des **Rechtsmissbrauchsverbots**, welches auch für den Mieter gilt, der sich auf die Formularpflicht beruft (vgl. BGE 137 III 547 E. 2.3 = Pra 2012 Nr. 40; LACHAT, bail à loyer, 401).

Eine **fehlende Begründung** macht die Mietzinserhöhung **nichtig** (Abs. 2 lit. b). Bei einer zwar vorhandenen, aber *unklaren* Begründung ist hingegen nach der hier vertretenen Auffassung aus Gründen der Rechtssicherheit zumindest im Zweifel nicht völlige Nichtigkeit, sondern blosse **Anfechtbarkeit** der Erhöhung anzunehmen, da Abs. 2 lit. b die Nichtigkeitsfolge dafür nicht vorsieht. Das sollte auch für die per 1.7.2014 revidierte Fassung von Art. 19 Abs. 1 VMWG gelten, wonach der Vermieter bei der Begründung einer wertvermehrenden Investition im Formular auch anzugeben hat, ob er für eine Sanierung Fördergelder bezogen hat (dazu Art. 269a N 11). Das BGer betrachtet unklare Begründungen in konstanter Rsp. als nichtig, da es die Klarheit der Begründung als Voraussetzung für eine wirksame Wahrnehmung des Anfechtungsrechts durch den Mieter betrachtet (BGE 121 III 6 E. 3b; 121 III 460; MRA 1999, 41 ff.; BGE 137 III 362 E. 3.2.2 und 3.3 = Pra 2012 Nr. 5: «Si le locataire renonce à faire valoir le caractère abusif de la modification, il doit le faire en connaissance de cause. Tel ne peut pas être le cas lorsque la portée même de la modification n'est pas discernable»). Was noch klar genug ist, hängt von den Kenntnissen der Parteien und den übrigen Umständen ab (vgl. ZK-Higi, N 82 ff.) und ist im Streitfall gestützt auf eine objektivierte Auslegung zu ermitteln. Dies kann auch noch in einem späteren Anpassungsverfahren geschehen. Unklarheiten werden sich regelmässig zu Lasten des Vermieters auswirken (s. nur BGE 126 III 124 E. 2b = Pra 2000 Nr. 186, für den Fall des unveränderten Bruttomietzinses bei Einführung neuer Nebenkosten). Unter diesen Prämissen ist aber die Rechtsfolge der gänzlichen Nichtigkeit unklar begründeter Erhöhungen unter Vorbehalt geradezu widersprüchlicher Angaben nicht angemessen (krit. auch Sommer, MRA 1999, 44 f.; vgl. SVIT-Komm., N 35 f.; ZK-Higi, N 117 f.; **a.M.** Lachat, bail à loyer, 406 und dort FN 164). 7b

Zahlt der Mieter trotz nichtiger Mietzinserhöhungsanzeige, so steht ihm gem. BGE 113 II 187 E. 1b ein **Rückforderungsanspruch** zu. Dass er sich über die Schuldpflicht in einem Irrtum befunden hat, braucht er trotz Art. 63 Abs. 1 nicht besonders nachzuweisen, denn Formular- und Begründungspflicht setzen das Unwissen des Mieters geradezu voraus (BGE, a.a.O.; vgl. auch BGE 140 III 583 E. 3.2.2; Vogel, ZBJV 1989, 273 f.; ZK-Higi, N 227; Koller Th., ZBJV 2006, 415 f.; **a.M.** SVIT-Komm., N 56). Gerade wegen dieser spezifisch mietrechtlichen Besonderheit ist der Rückforderungsanspruch nach der hier vertretenen Auffassung ähnlich wie derjenige gem. Art. 259d entgegen der – allerdings konstanten – Rspr. **vertraglicher**, nicht **bereicherungsrechtlicher Natur** (vgl. zur Dogmatik Weber, mp 2005, 12 ff.; gl.M. KUKO OR [1. Aufl.]-Walter, N 11 sowie Art. 270 N 12; Koller Th., ZBJV 2005, 316; vgl. Art. 259d N 4 m.Hinw.; Muller, CdB 1995, 12; CR CO I-Lachat, Art. 257c N 6, vgl. aber auch a.a.O., Art. 269d N 12; **a.M.** BGE 140 III 583 E. 3.2.3; BGer, MRA 2000, 326 ff., sowie BGer, 18.10.2001, 4C.134/2001 = mp 2002, 55 ff.; BGE 130 III 504 E. 6.2, und BGer, 31.8.2005, 4C.177/2005 [unpubl. E. 1 von BGE 132 III 24]; ZK-Higi, N 227; SVIT-Komm., N 56; Guhl/Koller/Schnyder/Druey, 432; Lachat, bail à loyer, 407). 8

Immerhin kann die Berufung auf den Formmangel **offensichtlich rechtsmissbräuchlich** sein, etwa wenn der über seine Rechte *vollständig informierte Mieter* den auf eine nichtige Erhöhung gestützten Mietzins jahrelang widerspruchslos bezahlt (BGE 137 III 547 E. 2.3 = Pra 2012 Nr. 40; BGE 123 III 70 E. 3c und d; BGer, 18.10.2001, 4C.134/2001 = mp 2002, 59 f.). Die blosse Erfüllung reicht folglich nicht, wenn sie in Unkenntnis des Formmangels erfolgt, denn nur bei Kenntnis desselben leistet der Mieter irrtumsfrei (BGE 138 III 401 E. 2.3). Andererseits kann diesfalls Rechtsmissbrauch als Folge der zweckwidrigen Anrufung des Formerfordernisses vorliegen, etwa wenn der Mieter aufgrund der faksimilierten Unterschrift auf dem Formular keine Zweifel über den Absender hat und in der Folge sechs Jahre lang den erhöhten Mietzins bezahlt (BGE 138 III 401 E. 2.4). Kritisch am genannten Entscheid ist, dass er das Formerfordernis letztlich als solches in Frage stellt (Koller Th., ZBJV 2013, 901 ff.; Schmid/Rüegg, ZBJV 2014, 98 ff.; s. allerdings zu den laufenden Revisionsbestrebungen Art. 269 N 13b). Koller weist überdies auf die Solennitätsfunktion der Unterschrift hin (a.a.O., 906) und schlägt zur Korrektur des Problems wie Schmid/Rüegg vor, den 8a

Rechtsmissbrauch einzig an der Dauer der vorbehaltlosen Mietzinszahlung messen. Nach SCHMID/RÜEGG wäre dabei im Sinne einer Faustregel nach einer Dauer von drei Jahren die Berufung auf den Formmangel rechtsmissbräuchlich sei (a.a.O., 100). Als dritte Lösung bietet sich die hier vertretene vertragliche Konstruktion des Rückforderungsanspruchs an (N 8): Danach verjährt dieser gleichzeitig wie die Mietzinsforderung innert fünf Jahren, und die Probleme aufgrund der zehnjährigen absoluten Frist bei bereicherungsrechtlicher Konstruktion nach Art. 67 sind behoben, ohne dass man zu Art. 2 Abs. 2 ZGB greifen und dabei über eine richterliche Verwirkungsfrist eine Alles-oder-nichts-Regel schaffen muss (vgl. zum BGE auch ROHRER, MRA 2012, 139 ff., und SPIRIG/GABATHULER, plädoyer 3/2013, 40 ff.).

9 Die zur Durchsetzung einer Mietzinserhöhung oder andern Vertragsänderung des Vermieters ausgesprochene **Kündigung** ist gem. Art. 271a lit. b **anfechtbar** (dazu zu Art. 271–271a N 14 ff.); überdies führt die Kündigung oder auch nur deren Androhung zur **Nichtigkeit der Mietzinserhöhung** (Abs. 2 lit. c; SVIT-Komm., N 52).

VI. Einseitige Vertragsänderungen gemäss Abs. 3

10 Mit dem Begriff der einseitigen Vertragsänderung meint das Gesetz nicht Vertragsänderungen *ohne Zustimmung* des Mieters, sondern solche **ohne Gegenleistung**. Derartige Vertragsänderungen werden, wenn sie sich zu Lasten des Mieters auswirken, samt und sonders den **Regeln über die Mietzinserhöhung** gleichgestellt, um die Änderungskündigung zu verhindern (SVIT-Komm., N 60; ZIHLMANN, 141 f.; teilw. **a.M.** ZK-HIGI, N 51 ff., 169, 172).

11 Wann einseitige Vertragsänderungen **materiell zulässig** sind, sagt das Gesetz nicht direkt. Ermöglicht werden sollen nach Abs. 3 «namentlich» die Einführung neuer Nebenkosten und die Verminderung bisheriger Leistungen des Vermieters. **Mietzinsumgestaltungen** bezogen auf die Nebenkosten und dergleichen sind voraussetzungslos möglich. Ihre allfällige Missbräuchlichkeit lässt sich anhand der Art. 269 und 269a ohne weiteres überprüfen (dazu N 12; vgl. BGE 121 III 460 E. 2 und 3 = Pra 1996 Nr. 152).

Ein Teil der Lehre schloss aus Art. 269d Abs. 3 überdies, auch *jegliche* **Leistungsverminderung** sei auf diesem Wege voraussetzungslos möglich und im Falle einer Anfechtung sei nur die Angemessenheit des reduzierten Mietzinses zu prüfen (SVIT-Komm., 1. Aufl., N 45 f.; ähnlich Lachat et al.-STOLL, 3. Aufl., 271, unter dem Vorbehalt von Art. 2 Abs. 2 und Art. 27 ff. ZGB). Nach HIGI ist hingegen jegliche Art einseitiger Vertragsänderung – soweit sie nicht hauptsächlich den Mietzins oder die Nebenkosten betrifft – mit den allgemeinen Grundsätzen des Vertragsrechts unvereinbar und widerspricht auch dem Zweck der Regelung, dem Vermieter einen Ersatz für die Änderungskündigung zu verschaffen (ZK-HIGI, Vor Art. 269–270e OR N 156 sowie Art. 269d OR N 48 ff.). Das BGer hat zwar dieser engen Interpretation von Abs. 3 eine Absage erteilt und für den Entzug der Bewilligung zur Untermiete die Verwendung des Formulars sowie nach gescheiterter Einigung die Anrufung des Gerichts verlangt. Nicht näher erörtert hat es jedoch zunächst die Frage, inwieweit Beschränkungen der bisherigen Leistungen des Vermieters materiell zulässig sind (BGE 125 III 62 E. 2a und b; s. zur materiellrechtlichen Seite Art. 262 N 8a). Im Rahmen eines Verfahrens um die Kündigung eines Vertrages über einen in Zusammenhang mit einer Wohnung vermieteten Autoeinstellplatz hat es am Rande jedoch die Beurteilung der Zulässigkeit von einseitigen Vertragsänderungen anhand der Grundsätze von Art. 271 f. befürwortet, soweit keine Störung des Leistungsgleichgewichtes vorliegt (BGE 125 III 231 E. 3a–c, vgl. zum Interessenmissverhältnis E. 4b).

Richtigerweise ist an den Begriff der **Zumutbarkeit einer Änderung** anzuknüpfen (vgl. *Art. 260 N 2 und 5), weshalb* das Mietverhältnis nicht gekündigt sein darf, die Änderung sich auf sachliche Gründe stützen muss und nur untergeordnete Leistungsschmälerungen möglich sind (Bsp.: Rückgabe eines Kellerraumes, nicht aber Entzug eines Zimmers einer Wohnung).

Da Art. 269d Abs. 3 an die Stelle des ordentlichen (unteilbaren) Kündigungsrechts tritt und damit dem Vermieter keine weitergehenden Rechte verschaffen kann, als er ohne die Missbrauchsgesetzgebung hätte, darf die Vertragsänderung nicht zu einer *unzumutbaren Änderung des Gebrauchsrechts*, mithin zu einer unzulässigen Teilkündigung führen (ZIHLMANN, 142 f.; WEBER, Diss., 127, FN 159; Lachat et al.-WYTTENBACH, 459; BLUMER, SPR VII/3, Rz 793 f.; CPra Bail-MARCHAND, N 13; CPra Bail-WESSNER, Art. 266a N 21; BISANG, MRA 1997, 164; SVIT-Komm., N 62 ff. [Grenze der Zumutbarkeit liegt bei Attributen des Mietobjekts, die für den Vertragsentschluss des Mieters entscheidend waren]; vgl. auch LACHAT, bail à loyer, 559; CHK-HEINRICH, N 8). Kann der Vermieter auf die Selbstnutzung eines wesentlichen Teils der Sache nicht verzichten, so hat er das ganze Mietverhältnis zu kündigen, unter Wahrung des Kündigungsschutzes des Mieters (gl.M. LACHAT, bail à loyer, 559; SVIT-Komm., N 62, vgl. auch SVIT-Komm., Art. 257e N 10).

Ist die Änderung zulässig, so hat der Mieter grundsätzlich Anspruch auf **angemessene Mietzinsreduktion**. Dies gilt nicht, wenn der Mieter für die Leistungsschmälerung verantwortlich ist wie im Falle des begründeten Entzugs einer konkreten Untervermietungsbewilligung. 12

Im Falle der **Einführung neuer Nebenkosten** ist zu beachten, dass der bisherige Mietzins das gesamte Entgelt für den Gebrauch der Sache darstellte und die Einführung neuer Nebenkosten **nicht zur Umgehung der relativen Berechnungsmethode** missbraucht werden darf. Unter Vorbehalt veränderter Verhältnisse sind deshalb der alte und der neue *Gesamtmietzins* miteinander zu vergleichen (vgl. FERTIG, mp 1999, 71 ff.). Das BGer nimmt es denn auch mit dem Erfordernis der klaren Begründung so streng wie bei den Mietzinserhöhungen im engeren Sinne (vgl. BGE 121 III 460 E. 4 = Pra 1996 Nr. 152; vgl. auch BGE 126 III 124 E. 2a = Pra 2000 Nr. 186; BGE 137 III 362 E. 3.2.1 = Pra 2012 Nr. 5; *problematisch* ZK-HIGI, N 175, der den neuen Gesamtmietzins nur anhand der Nettorendite überprüfen will). Immerhin steht dem Vermieter der Nachweis offen, dass im Umfang der von ihm zusätzlich verlangten Nebenkosten Mehrleistungen erbracht werden oder eine tatsächliche Kostensteigerung eingetreten ist. Verlangt der Vermieter für die neuen Nebenkosten Akontozahlungen, so hat er die mutmassliche effektive Höhe der Kosten nachzuweisen (vgl. BGE 121 III 460 E. 4a; 126 III 124 E. 2b = Pra 2000 Nr. 186; vgl. auch Art. 257b N 2). Weiter hat er die neuen Nebenkosten klar zu bezeichnen und auch anzugeben, ob die entsprechenden Kosten bislang im Nettomietzins enthalten waren oder ob es sich um neue Kosten handelt (BGE 137 III 362 E. 3.3 = Pra 2012 Nr. 5).

VII. Vertragsänderungen ohne Formular

Nicht verwendet werden muss das Formular, wenn wesentliche Änderungen mittels Vereinbarung geregelt werden, oder wenn es um Anpassungen geht, welche den Mieter nicht belasten, denn solche Vereinbarungen haben keine *einseitigen* Veränderungen zur Folge (vgl. BGE 126 III 124 E. 2a; 124 III 67; ZK-HIGI, Vor Art. 269–270e OR N 148, Art. 269d OR N 45 und 53 ff.). Wenn also der Mietzins gesenkt oder die Mietsache grundlegend verändert oder erweitert wird, kann an die Stelle einer Formularmitteilung auch ein neuer Mietvertrag treten (vgl. zum zweiten Fall etwa BGer, 19.2.2009, 4A_576/2008, sowie ROHRER, MRA 4/2013, 8 ff.; BGer, 17.7.13, 4A_88/2013). Als *Gesetzesumgehung* zieht die Aufhebung des früheren Vertrages nebst Unterzeichnung eines neuen jedoch dann Nichtigkeitsfolge nach sich, wenn das Konstrukt zu einer Mietzinserhöhung oder einer anderen «einseitigen» Vertragsänderung führt. Dies ist bei jeder Veränderung des Leistungsgleichgewichts zu Lasten des Mieters anzunehmen (vgl. BGE 125 III 62: Entzug der Bewilligung zur Untervermietung). Vorbehalten bleibt die – strenge – Rsp. des Bundesgerichts zu formlosen Vertragsänderungen des über seine Rechte informierten und nicht unter Druck gesetzten Mieters (N 7a). 13

Wo das Formular nicht verwendet werden muss, namentlich bei Mietzinssenkungen oder bei der «Verrechnung» von Senkungsgründen mit früheren Vorbehalten, hat die unwidersprochen 13a gebliebene Formularmitteilung des Vermieters auch nicht die *Wirkungen* einer akzeptierten Erhöhungsmitteilung, sondern nur diejenigen des stillschweigenden Akzeptes einer begünstigenden Offerte gem. Art. 6. Die Anzeige kann wie ein Vorbehalt (N 4) daher nicht angefochten werden, und der Mieter ist in einem späteren Mietzinsanpassungsverfahren nicht an die vom Vermieter angeführten Senkungsgründe gebunden (BGE 124 III 67; 126 III 124 E. 2a = Pra 2000 Nr. 186; s.a. BGE 132 III 702 E. 4.2 a.E.; vgl. Art. 270a N 7; CPra Bail-Bohnet/Broquet, Art. 269a N 42; ZK-Higi, Art. 269d N 104 ff., Art. 270a N 61; CHK-Heinrich, N 7; gl. nun auch SVIT-Komm., Art. 270a N 42).

Art. 270

E. Anfechtung des Mietzinses
I. Herabsetzungsbegehren
1. Anfangsmietzins

1 Der Mieter kann den Anfangsmietzins innert 30 Tagen nach Übernahme der Sache bei der Schlichtungsbehörde als missbräuchlich im Sinne der Artikel 269 und 269a anfechten und dessen Herabsetzung verlangen, wenn:

a. er sich wegen einer persönlichen oder familiären Notlage oder wegen der Verhältnisse auf dem örtlichen Markt für Wohn- und Geschäftsräume zum Vertragsabschluss gezwungen sah; oder

b. der Vermieter den Anfangsmietzins gegenüber dem früheren Mietzins für dieselbe Sache erheblich erhöht hat.

2 Im Falle von Wohnungsmangel können die Kantone für ihr Gebiet oder einen Teil davon die Verwendung des Formulars gemäss Artikel 269d beim Abschluss eines neuen Mietvertrags obligatorisch erklären.

E. Contestation du loyer
I. Demande de diminution du loyer
1. Loyer initial

1 Lorsque le locataire estime que le montant du loyer initial est abusif au sens des articles 269 et 269a, il peut le contester devant l'autorité de conciliation dans les 30 jours qui suivent la réception de la chose et en demander la diminution:

a. s'il a été contraint de conclure le bail par nécessité personnelle ou familiale ou en raison de la situation sur le marché local du logement et des locaux commerciaux; ou

b. si le bailleur a sensiblement augmenté le loyer initial pour la même chose par rapport au précédent loyer.

2 En cas de pénurie de logements, les cantons peuvent rendre obligatoire, sur tout ou partie de leur territoire, l'usage de la formule officielle mentionnée à l'article 269d pour la conclusion de tout nouveau bail.

E. Contestazione della pigione
I. Domanda di riduzione
1. Pigione iniziale

1 Il conduttore può contestare innanzi l'autorità di conciliazione, entro 30 giorni dalla consegna della cosa, la liceità della pigione iniziale a' sensi degli articoli 269 e 269a e domandarne la riduzione se:

a. è stato costretto a concludere il contratto per necessità personale o familiare oppure a causa della situazione del mercato locale di abitazioni e di locali commerciali; o

b. il locatore ha aumentato in modo rilevante la pigione iniziale rispetto a quella precedente per la stessa cosa.

2 In caso di penuria di abitazioni, i Cantoni possono dichiarare obbligatorio, in tutto o parte del loro territorio, l'uso del modulo ufficiale di cui all'articolo 269d per la conclusione di un nuovo contratto di locazione.

Literatur

Fetter, La contestation du loyer initial, Bern 2005; Jornod, La contestation du loyer initial, ZSR 2006, 37 ff.; dies., La limite inférieure de la diminution du loyer initial lors du changement du locataire, CdB 2005, 1 ff.; Müller, La contestation du loyer initial et sa notification sur fomule officielle, CdB 1995, 1 ff.; Schwaab, La fixation et la contestation du loyer initial, 15e séminaire sur le droit du bail, Neuchâtel 2008; Zahradnik, Fragen im Zusammenhang mit der Anfechtung der Anfangsmiete und der Formularpflicht, mp 2014, 267 ff.; s.a. die Literaturhinweise zu Art. 269.

I. Gegenstand, Normzweck und Anwendungsbereich

Art. 270 umschreibt die **besonderen Voraussetzungen** der Anfangsmietzinsanfechtung und -festsetzung. Die drei in Abs. 1 lit. a und b genannten Kriterien sind – wie schon der Gesetzeswortlaut deutlich macht – **alternativ** anwendbar (BGer, 12. 3. 2002, 4C.367/2001, E. 3a). **Anfangsmietzins** ist jeder beim Abschluss eines neuen Mietvertrages vereinbarte Mietzins, nicht aber der später neu festgelegte, etwa derjenige, der bei stillschweigender Fortsetzung des Mietverhältnisses i.S.v. Art. 266 Abs. 2 gilt (LACHAT, bail à loyer, 388 FN 27; vgl. Art. 255 N 5; CHK-HEINRICH, N 1; **a.M.** SVIT-Komm., N 5; ZK-HIGI, N 24 ff.; BLUMER, SPR VII/3, Rz 402). Vorbehalten bleibt der Abschluss eines neuen Vertrages mit wesentlich veränderten Konditionen (Umfang des Mietobjekts, Gebrauchszweck etc.; s. BGer, 19. 2. 2009, 4A_576/2008, E. 2.2). Von einer mit der Anfangsmietzinsfestsetzung vergleichbaren Situation sprach das BGer allerdings auch in einem Fall, in welchem die Parteien während einer festen Mindestvertragsdauer nur einvernehmlich den Mietzins erhöhten (BGE 128 III 419 E. 2.4.3; ebenso bei der Neufestsetzung nach Ablauf einer Staffelmiete BGE 121 III 397 E. 2b/bb). Der Vergleich überzeugt nicht, denn wo ausnahmsweise eine formularlose Mietzinsanpassung zulässig ist (vgl. dazu Art. 269d N 7a), bringt der Konsens der Parteien auch einen Verzicht des Mieters auf seine Anfechtungsrechte mit sich (**a.M.** BLUMER, SPR VII/3, Rz 402). In allen anderen Fällen ist von einer Mietzinsanpassung nach Art. 269d bzw. 270a auszugehen (BGE 131 III 566 E. 3.1–2; ähnlich KUKO OR [1. Aufl.]-WALTER, N 5). 1

Ob der Anfangsmietzins *missbräuchlich* ist, beurteilt sich einzig nach den Art. 269 und 269a. Die Bestimmung lässt sich gleichwohl nicht nur dem formellen Missbrauchsrecht zuordnen (**a.M.** ZK-HIGI, N 14, 30), denn sie normiert zusätzliche *inhaltliche* Anforderungen an die Überprüfung des Anfangsmietzinses und beschlägt (allerdings ohne direkte Antwort im Gesetz) auch die Frage, was zu geschehen hat, wenn das *Formular zur Festsetzung des Anfangsmietzinses* nicht verwendet wurde, welches die Kantone für ihr Gebiet gestützt auf Abs. 2 einführen können (BGE 124 III 62 E. 2b = Pra 1998 Nr. 53).

Die Ausdehnung der schon in Art. 17 BMM vorgesehenen Anfangsmietzinsanfechtung wurde bei der parlamentarischen Beratung als Einbruch in das Prinzip der Vertragstreue kritisiert. Gleich äussern sich Teile der Lehre (HONSELL, OR BT, 235; SVIT-Komm., N 1; BLUMER, SPR VII/3, Rz 468; BK-GIGER, Art. 253 OR N 206). Anwendungsfälle sind aber gerade wegen der Ausgestaltung des Anfechtungsrechts eher selten, selbst in der Romandie (LACHAT, bail à loyer, 387). Abgesehen davon setzt effektive Missbrauchsbekämpfung entsprechende Gegenmassnahmen geradezu voraus, auch schon in der Abschlussphase des Vertrages. Auch in diesem Stadium bleibt ein Missbrauch ein Missbrauch. Wer hier mit Treu und Glauben argumentiert, muss beachten, dass der Grundsatz auch von denjenigen missachtet wird, welche schonungslos ein Marktungleichgewicht zur Erzielung ungerechtfertigter Vorteile nutzen (ähnlich ZAHRADNIK, mp 2014, 267). Dabei kann man über das zu tolerierende Mass natürlich streiten. Die Sanktionierung solcher Erscheinungen ist aber auch dem traditionellen Vertragsrecht nicht fremd (vgl. Art. 21; wie hier ZK-HIGI, Vor Art. 269–270e N 152; ZIHLMANN, 185 f.; Lachat et al.-DÖRFLINGER, 284; KUKO OR-BLUMER, N 1; auch GIGER anerkennt dies in anderem Zusammenhang, s. BK-GIGER, Art. 254 OR N 14). Dies hat nun auch das BGer im *in jeder Hinsicht überzeugenden* BGE 123 III 292 ausdrücklich bestätigt und betont, gerade im Dauerschuldverhältnis fordere schon der Gerechtigkeitsgedanke selbst bei nichtiger Preisgestaltung die Aufrechterhaltung des Vertrags nach den Regeln über die **modifizierte Teilnichtigkeit**: «Im sozialrelevanten Bereich von Dauerschuldverhältnissen ist […] zu beachten, dass der Übervorteilte, namentlich wenn er sich bei Abschluss des Vertrags in einer Notlage befand, auf die gegnerische Vertragsleistung in aller Regel angewiesen ist. Wäre aber auch diesfalls die Folge der Anfechtung unausweichlich die totale Unverbindlichkeit des Vertrages, stünde der Übervorteilte allein vor der Wahl, entweder durch Anfechtung die frühere Notlage wiederum herbeizuführen, oder den wucherischen Vertrag als solchen zu konvaleszieren. Dies kann nicht richtig verstandener Zweck einer auf materielle Vertragsge- 1a rechtigkeit mitausgelegten Rechtsordnung sein» (a.a.O., E. 2e/cc). Der hypothetische Parteiwille, so das BGer weiter, könne ungeachtet der Position des – bösgläubigen und daher auch im Lichte von Art. 28 nicht zu schützenden – Übervorteilenden nicht zu einer gänzlichen Aufhebung des Vertrages führen, da Massstab für den hypothetischen Konsens der redliche Vertragspartner sein müsse (a.a.O., E. 3). In einer Notlage i.S. des Gesetzes könne sich auch derjenige befinden, der über die Mittel verfüge, das von ihm geforderte Übermass zu leisten (E. 5; s. zum Problem der nichtigen Zinsabrede auch Art. 253 N 6). Wie schon Walter in der 1. Aufl. (KUKO OR) bezeichnet Blumer die Anfangsmietzinsanfechtung einleuchtend als besonderen Übervorteilungstatbestand (KUKO OR-Blumer, N 1).

1b Das BGer hat die Forderung nach einer restriktiven Auslegung der vorliegenden Bestimmung **zu Recht abgelehnt** (BGE 114 II 74 = Pra 1988 Nr. 254; ebenso BGer, 16.10.2002, 4C.169/2002, E. 2.1; insoweit gl. nun die 3. Aufl. des SVIT-Komm., N 8).

1c Zu den Anfechtungsmöglichkeiten des **allgemeinen Teils** sind die Bestimmungen über die Anfechtung des Anfangsmietzinses **alternativ** anwendbar. Selbst bei verpasster Anfechtungsfrist ist daher immer noch eine Anfechtung wegen Übervorteilung oder wegen eines Willensmangels möglich (vgl. BGE 135 III 537 E. 2.2 = Pra 2010 Nr. 40, zur Anfechtung der Mietzinshöhe wegen Grundlagenirrtums infolge falscher Flächenangabe des Vermieters; **a.M.** CHK-Heinrich, N 8). In beiden Fällen ist das mit Blick auf die nunmehr vom BGer klar befürwortete Anwendbarkeit der Regeln über die modifizierte Teilnichtigkeit von nicht zu unterschätzender Bedeutung (s. BGE, a.a.O., und N 1a), denn mit einer Berufung auf die genannten Instrumente lässt sich im Ergebnis das Gleiche erreichen wie mit einer Mietzinsminderung nach Art. 259d oder einer Mietzinssenkung nach Art. 270a. Zu beachten ist aber, dass die Berufung auf die vorliegende Bestimmung vom BGer sicherlich als Genehmigung des Vertrages i.S.v. Art. 31 betrachtet werden wird. Im Prozesse ist daher besonders sorgfältig zu operieren (vgl. dazu Art. 258 N 9).

II. Anfechtungsvoraussetzungen

1. Persönliche oder familiäre Notlage sowie besondere Marktverhältnisse gemäss lit. a

2 Die persönliche oder familiäre Notlage des Mieters oder die Verhältnisse auf dem lokalen Wohnungs- oder Geschäftsraummarkt müssen dergestalt sein, dass der Mieter sich **gezwungen** sieht, einen Mietvertrag abzuschliessen. Dies ist der Fall, wenn der Mieter gute Gründe für einen Wohnungswechsel oder einen Wechsel der Geschäftslokalitäten hat und man von ihm nicht erwarten kann, dass er auf eine sich bietende Gelegenheit verzichtet (BGE 114 II 74 = Pra 1988 Nr. 254; 120 II 341 E. 5a = Pra 1995 Nr. 252; BGE 136 III 82 E. 2 = Pra 2010 Nr. 98; BGer, 12.3.2002, 4C.367/2001, E. 3a; ähnlich nun SVIT-Komm., N 8: Fehlen einer anderen zumutbaren Lösung).

3 **Notlagen** entstehen namentlich, wenn der Mieter sich aufgrund einer Verlegung des Lebensmittelpunktes an einem neuen Ort um eine **Wohnung** bemühen muss oder wenn er seine frühere Wohngelegenheit am gleichen Ort durch eine **Kündigung des** früheren **Vermieters** eingebüsst hat. Eine Notlage kann sich aber auch im Falle der **Kündigung durch den Mieter** ergeben, wenn ernsthafte Gründe für einen Wohnungswechsel sprechen, wie Vergrösserung der Familie oder das Verhalten des früheren Vermieters (BGE 114 II 74 E. 3c; Lachat et al.-Dörflinger, 286 f.; Lachat, bail à loyer, 389 FN 41; ZK-Higi, N 38 f.; **a.M.** SVIT-Komm., N 10). Eine besondere Dringlichkeit begründet zweifellos eine Notlage, ist für eine solche aber so wenig erforderlich wie die völlige Aufhebung der Entscheidfreiheit (BGE 114 II 74 E. 3d). Eine selbstverschuldete und damit unbeachtliche Notlage liegt vor, wenn die Mieterin *in eine offensichtlich zu kurze* Erstreckung eingewilligt und sich erst vier Monate nach Erhalt der Kündigung um Ersatz bemüht hat (BGer, 16.10.2002, 4C.169/2002, E. 2 = Pra 2003 Nr. 124).

Als persönliche Notlage ist auch die Notlage des Inhabers oder Mitinhabers eines Geschäftes, der zum Abschluss eines Mietvertrages über **Geschäftsräume** gezwungen ist, zu verstehen.

Die **Knappheit an Wohnungen oder Geschäftsräumen** auf dem örtlichen Markt für Wohn- und Geschäftsräume führt ebenfalls zur Möglichkeit der Anfechtung des Anfangsmietzinses *ohne Rücksicht* darauf, ob der Mieter eine persönliche oder familiäre bzw. betriebliche Notlage nachzuweisen vermag (BGE 136 III 82 E. 2 = Pra 2010 Nr. 98; BGer, 4C.367/2001, E. 3a). Dass sich die Marktlage für den Mieter beim Vertragsabschluss konkret bemerkbar gemacht hat, wird vom Gesetz vorausgesetzt. Teile von Lehre und kantonaler Rsp. verlangten indessen vom Mieter – ähnlich wie bei Erstreckungen – zusätzlich den Nachweis von Suchbemühungen und berücksichtigten daneben seine persönliche Situation und sein Einkommen (ZMP 1993 Nr. 8, bestätigt vom OGer ZH, ZMP 1993 Nr. 9 = ZR 91/92 [1992/3] Nr. 73; ZK-Higi, N 41 ff.; SVIT-Komm., N 13 f.). Vorab das Kriterium der Leistungsfähigkeit des Mieters steht im Widerspruch zum blossen Verweis des Gesetzes auf die Marktlage und würde dazu führen, dass auch offensichtlich missbräuchliche Anfangsmieten keiner Überprüfung zugänglich wären. Das BGer hat in Zusammenhang mit der Übervorteilung zu Recht festgehalten, dass sich in einer Zwangssituation auch derjenige befinden kann, der an sich in der Lage ist, das von ihm geforderte Übermass zu bezahlen (vgl. BGE 123 III 292 E. 5). Übertragen auf Art. 270 bedeutet dies, dass der Mieter neben den guten Gründen für seinen Umzug (N 2) **lediglich den Mangel an Wohn- und Geschäftsräumen auf dem örtlichen Markt nachzuweisen** hat (BGE 136 III 82 E. 2 = Pra 2010 Nr. 98; Lachat, bail à loyer, 390; KUKO OR-Blumer, N 8; Fetter, 169 f.; Zahradnik, mp 2014, 276; **a.M.** SVIT-Komm., N 13 f.; ZK-Higi, N 41). Wie das BGer mit Recht festgestellt hat, beachtet die gegenteilige Auffassung zu wenig, dass zwischen der mittels einer detaillierten Statistik erhobenen Leerstandsziffer und den Schwierigkeiten bei der Suche nach geeigneten Räumlichkeiten ein untrennbarer Zusammenhang besteht (BGer, 12.3.2002, 4C.367/2001, E. 3b/dd). Dass eine solche Mangelsituation vorliegt, kann zunächst amtlich festgestellt sein, etwa wenn die Behörden eines Kantons i.S.v. Abs. 2 für die Festsetzung des Anfangsmietzinses die **Verwendung des amtlichen Formulars** vorsehen. Zu Recht hat allerdings das BGer festgehalten, dass die Aktualität der zugrunde liegenden kantonalen Erhebungen im Anfechtungsverfahren überprüft werden kann. Es verneinte trotz Formularpflicht im Kanton Freiburg eine relevante Notlage, weil der entsprechende Staatsratsbeschluss veraltet war, nicht auf genügend detaillierten Statistiken beruhte und weil nach den Feststellungen der kantonalen Vorinstanz der Leerwohnungsbestand am Ort der gelegenen Sache mittlerweile einen Wert erreicht hatte, der nach den kantonalrechtlichen Vorgaben eigentlich die Abschaffung des Mietzinsfestsetzungsformulars gerechtfertigt hätte (BGE 136 III 82 E. 2 = Pra 2010 Nr. 98). Wo keine tauglichen kantonalrechtlichen Grundlagen für die Annahme einer Mangelsituation bestehen, ist eine relevante Verknappung der Wohn- oder Geschäftsräume bei einer **Leerstandsziffer von weniger als 1,5 %** anzunehmen (ebenso BGer, 12.3.2002, 4C.367/2001, E. 3; vgl. BGE 114 II 74 E. 3d = Pra 1988 Nr. 254; Lachat, 390; Müller, CdB 1995, 6; CHK-Heinrich, N 3; Blumer, SPR VII/3, Rz 464). Existieren keine Statistiken, kann der Nachweis der Mangellage auch auf andere Weise erfolgen (BGer, 28.8.12, 4A_250/2012, E. 2.2). 4

2. *Erhebliche Erhöhung gegenüber dem bisherigen Mietzins*

Abs. 1 lit. b ermöglicht eine Anfangsmietzinsüberprüfung, wenn der neue Mietzins gegenüber einem früheren erheblich erhöht wurde. Dabei ist nach der Lehre eine Erhöhung von weniger als 10 % i.d.R. nicht erheblich (SVIT-Komm., N 16; Lachat et al.-Dörflinger, 287; ZK-Higi, N 50 f.; CHK-Heinrich, N 3; Blumer, SPR VII/3, Rz 465; zu recht krit. punkto allzu schematischer Anwendung der Marge CPra Bail-Dietschy, N 42 sowie Koller Th., ZBJV 2014, 990). Massgeblich sind allein die Beträge der beiden (Brutto-)Mietzinse, nicht etwa die Berechnungsgrundlagen (BGE 136 III 82 E. 3.3 = Pra 2010 Nr. 98; SVIT-Komm., N 20; ZK-Higi, N 53; Lachat et al.-Dörflinger, 287; Schwaab, 23; **a.M.** Fetter, 195 f.). Leer- 5 stände ändern an der Massgeblichkeit des früheren Mietzinses nichts (wie hier ZK-Higi, N 56). Im Sinne des Gesetzes «dieselbe Sache» liegt auch nach einer umfassenden Überholung und bei anderen wertvermehrenden Investitionen noch vor, v.a. solange sich an der nutzbaren Fläche nichts ändert (BGer, 16.10.2002, 4C.169/2002, E. 3; ZK-Higi, N 49; krit. Hediger, mp 2005, 62, sowie CHK-Heinrich, N 3). Unbeachtlich ist ein früheres Mietverhältnis, das zur Umgehung der Anfechtungsvoraussetzungen mit einem Strohmann abgeschlossen wurde (Art. 2 Abs. 2 ZGB); alsdann ist auf den davor bezahlten Mietzins zurückzugreifen.

6 Gemäss Art. 256a Abs. 2 kann der Mieter verlangen, dass ihm die **Höhe des Mietzinses aus dem früheren Mietverhältnis mitgeteilt** wird. Dies gilt unabhängig davon, ob in einem bestimmten Kanton für die Festsetzung des Anfangsmietzinses die Formularpflicht nach Art. 270 Abs. 2 besteht.

3. Verfahren

7 Der Mieter kann **bis spätestens 30 Tage nach Antritt der Miete** den Anfangsmietzins bei der zuständigen Schlichtungsbehörde anfechten, auch wenn der Abschluss des Mietvertrages weiter zurückliegt (zu Charakter und Wirkungen der Frist vgl. Art. 270b N 2 sowie Art. 273 N 3 f.). *Gemeinsamen Mietern* steht das Anfechtungsrecht als Sozialrecht *einzeln* zu. Der Mitmieter, der sich der Klage nicht vorbehaltlos unterzieht, ist als Beklagter ins Verfahren einzubeziehen (BGE 140 III 598; dazu Vor Art. 253 N 2; gl.M. KUKO OR-Blumer, N 11). Zufolge mangelhafter Prozessführung im konkreten Fall liess das BGer in BGE 136 III 441 die Frage ausdrücklich offen, ob auf diesem Weg dem Sozialrechtscharakter der Anfechtung einerseits und der notwendigen Streitgenossenschaft zwischen den Mietern andererseits Rechnung getragen werden kann, wie dies hier gefordert wird (E. 3.3; vgl. Vor Art. 253 N 2). Dass eine Anfechtung vor Mietantritt unzulässig wäre, lässt sich mit der Bestimmung keineswegs vereinbaren, zumal damit die Regelung von Art. 17 BMM (Anfechtung innert 30 Tagen seit *Vertragsschluss*) zugunsten des Mieters verbessert werden sollte (vgl. Botschaft Mietrecht, 1491; Zihlmann, 186; SVIT-Komm., N 43 f.; Fetter, 281; Jornod, contestation, 52 f.; Lachat, bail à loyer, 392; **a.M.** ZK-Higi, N 21 ff.). Kommt bei der Schlichtung keine Einigung zustande, so verfügt die Bbehörde über zwei Möglichkeiten: Entweder stellt sie nach Art. 209 Abs. 1 lit. b die Nichteinigung fest und der klagenden Partei – folglich dem Mieter – die **Klagebewilligung** aus oder sie unterbreitet den Parteien einen **Urteilsvorschlag** (Art. 210 Abs. 1 lit. b und Art. 211 ZPO). Mit dieser durch die ZPO eingeführten zweiten Variante wurde das Schlichtungsverfahren um ein wichtiges Element bereichert, denn gerade im Bereich der Mietzinsfestsetzung stehen die Chancen recht gut, dass den Parteien die verbleibende Meinungsverschiedenheit nicht gross genug scheint, als dass sich ein kostenpflichtiges Verfahren vor Gericht lohnen würde. Die ZPO sieht gar einen gegenüber dem herkömmlichen **qualifizierten Urteilsvorschlag** vor, denn selbst bei Ablehnung durch beide Parteien erlangt dieser die Wirkungen eines rechtskräftigen Entscheids, wenn nicht mindestens eine ablehnende Partei von der ihr ausgestellten Klagebewilligung auch tatsächlich innert 30 Tagen Gebrauch macht (Art. 211 Abs. 3 i.V.m. Art. 210 Abs. 1 lit. b und Art. 209 Abs. 4 ZPO). Macht die Behörde einen Urteilsvorschlag, so kann anders als im alten Recht auch der Vermieter zur Klage gezwungen sein, soweit der Vorschlag den Anträgen des Mieters ganz oder teilweise entspricht. Entsprechend ist in solchen Fällen u.U. beiden Parteien eine Klagebewilligung auszustellen (Hediger, mp 2013, 8). Nach der hier vertretenen Auffassung stellt die Klage nach einem Urteilsvorschlag i.d.R. eine **actio duplex** dar: Eine Partei kann ihre ursprünglichen Anträge vor Gericht wieder einbringen, auch wenn nur die Gegenseite von der Klagebewilligung Gebrauch gemacht hat, denn die Klage macht den Urteilsvorschlag hinfällig (Hediger, mp 2013, 8; s. dazu **aber**, Vor Art. 253 N 15). Entsprechend geht es nicht an, *eine Klage als durch* Rückzug erledigt abzuschreiben, bevor die Gegenpartei Gelegenheit hatte, im Gerichtsverfahren ihre Anträge zu formulieren. Weitere Hinweise zum Verfahren vor Schlichtungsbehörde und Gericht s. Art. 270b N 2 ff. und Vor Art. 253 N 11 ff. und 18 ff.

Der Mieter kann den Anfangsmietzins auch bei einer späteren Mietzinsfestsetzung grundsätzlich nicht wieder in Frage stellen (SVIT-Komm., N 48), und der Kostenstand beim Vertragsschluss bildet die *Basis für eine künftige Berechnung nach relativer Methode*. Das heisst aber nicht, dass der Anfangsmietzins künftig nicht unterschritten werden könnte. Treten später veränderte Verhältnisse ein, so ist gar eine Neuberechnung nach absoluter Methode möglich, denn die Momentaufnahme zur Zeit des Anpassungsbegehrens hat eine andere tatsächliche Grundlage als diejenige beim Mietbeginn (BGE 125 III 358 E. 1b; **a.M.** SVIT-Komm., N 48). 7a

Zur **Rechtsnatur** des Senkungsbegehrens s. Art. 270a N 5.

III. Missbräuchlicher Anfangsmietzins

Eine formell zulässige Anfechtung führt noch nicht zu einer Reduktion des Mietzinses. Art. 270 regelt die **materiellen Voraussetzungen** einer Anfechtung des Anfangsmietzinses nicht. Die entsprechenden Kriterien sind einzig Art. 269 und 269a zu entnehmen (BGE 136 III 82 E. 3.3 = Pra 2010 Nr. 98; ZIHLMANN, 184; SVIT-Komm., N 27 ff.; ZK-HIGI, N 59). Der vom Vormieter bezahlte Mietzins bildet nicht etwa die Untergrenze für die richterliche Mietzinsüberprüfung (BGer, 11.10.2011, 4A_276/2011, E. 5.6). Klauseln, wonach eine Mietzinssenkung unter den Anfangsmietzins oder den vom Vormieter zuletzt bezahlten Mietzins ausgeschlossen wird, sind nichtig (vgl. BGer, 17.11.2006, 4C.281/2006, E. 2.2; **a.M.** JORNOD, CdB 2005, 1 ff.). *Keine* Geltung hat bei der Überprüfung des Mietzinses die **relative Methode** (Art. 269 N 16 ff.), da diese als Folge der Bindung von Parteierklärungen zwischen zwei bestimmten Parteien nur im laufenden Mietverhältnis gilt. Entgegen einem Teil der Lehre ist es aber durchaus zulässig, dass der Vermieter sich auf relative Anpassungsgründe beruft und sich dabei auf den zuletzt gültigen Mietzins des Vormieters bezieht (BGE 121 III 364; SVIT-Komm., N 27; CHK-HEINRICH, N 4; BLUMER, SPR VII/3, Rz 416; **a.A.** ZK-HIGI, N 60, mit irrtümlicher Berufung auf die 2. Aufl. dieses Buchs). Besteht für die Festsetzung des Anfangsmietzinses die Formularpflicht, so bleibt er an die entsprechenden Gründe im gesamten Verfahren gar gebunden (N 13). Ansonsten kann aber jede Partei **absolute Anpassungsgründe** anrufen. Eine Senkung kann daher vorab verlangt werden, wenn der Vermieter mit dem vertraglichen Mietzins eine **übersetzte Rendite** aus der Sache erzielt bzw. wenn die **orts- und quartierübliche Vergleichsmiete** tiefer als die vereinbarte Miete liegt (BGE 120 II 240; 120 II 341; 136 III 82 E. 3.3 = Pra 2010 Nr. 98; BGer, 28.2.2011, 4A_3/2011, E. 2; zu den Ausnahmen bei kantonaler Formularpflicht nach Abs. 2 vgl. N 12 f.). **Beweisbelastet** für die Voraussetzungen einer Senkung des Mietzinses ist der **Mieter**, da er aus diesen Umständen seinen Anspruch auf Senkung der Anfangsmiete ableitet (Art. 8 ZGB; ZK-HIGI, N 79; SVIT-Komm., N 47). Dies ändert allerdings nichts an der Mitwirkungsobliegenheit des Vermieters (Art. 160, 164 und 247 Abs. 2 ZPO; BGE 139 III 13 = Pra 2013 Nr. 105; dazu N 13a). Dem Mieter steht der Nachweis des übersetzten Ertrags als Folge des Vorrangs der Kostenmiete auch dann offen, wenn der Vermieter dartut, dass sich der Mietzins innerhalb der orts- und quartierüblichen Vergleichsmiete bewegt (BGE 124 III 310 E. 2b und c = Pra 1998 Nr. 173; vgl. LACHAT, 457 und 541; **a.M.** ZK-HIGI, N 59; SVIT-Komm., N 29). Bei der Miete einer **Altbaute** ist ihm dieser Nachweis indessen verwehrt (BGer, 9.4.2002, 4C.323/2001, E. 3a = mp 2002, 153 ff.; CHK-HEINRICH, N 4). 8

Erweist sich der Mietzins als missbräuchlich, so wird **nur dieser** angepasst. Eine Modifikation der Vertragsbedingungen als Folge des fehlenden mutmasslichen Einverständnisses des Vermieters, den Mietvertrag zu schlechteren Konditionen abzuschliessen, kommt so wenig in Frage wie eine Berufung auf Grundlagenirrtum oder einen wichtigen Grund nach Art. 266g (ZK-HIGI, N 75; Lachat et al.-DÖRFLINGER, 293; CHK-HEINRICH, N 8; BLUMER, SPR VII/3, Rz 395; **a.M.** SVIT-Komm., N 49 ff.). Das BGer hat abweichenden Ideen eine Absage erteilt: Der hypothetische Konsens misst sich wie bei der Übervorteilung oder Irrtumsanfechtung durch den Mieter stets am redlichen Vertragspartner (vgl. BGE 123 III 292 E. 3 und 4; 135 III 537 E. 2.2). Missbräuchliche Motive können sodann nie wichtig i.S.v. Art. 266g sein. Der 8a

Vermieter, der sich um die gesetzlichen Regeln zur Mietpreisbestimmung nicht kümmert, verdient so wenig den Schutz des Gesetzes wie der Übervorteiler.

Zum **Rückforderungsanspruch** für zuviel bezahlte Mietzinse vgl. Art. 269d N 8.

9 Nicht angefochten werden kann ein **Vorbehalt** i.S.v. Art. 18 VMWG, der im Mietvertrag enthalten ist (vgl. auch Art. 269a N 14b, Art. 269d N 4 und 13a). Der Vorbehalt ist jedoch im Rahmen *seiner späteren Ausschöpfung* nur zu beachten, soweit sich der vereinbarte Mietzins am vom Vormieter bezahlten orientiert (N 8) und *tatsächlich* bei Vertragsabschluss nicht alle relativen Kostenfaktoren ausgeschöpft waren (BGer in mp 1995, 212 ff.). Insofern werden dann allerdings die Erklärungen gegenüber dem früheren Mieter zum Vertragsbestandteil. **Unzulässig** sind dagegen Vorbehalte, die auf unrichtigen Kostenfaktoren (zu tiefer Hypothekarzinssatz oder Indexstand) beruhen oder die sonst keinerlei Bezug zum früheren Mietzins haben (gl.M. SVIT-Komm., N 31; ROHRER, MRA 1999, 173 f.; CHK-HEINRICH, N 6; **a.M.** LAHMADI-SUTTER, MRA 1996, 67 f.). Im zweiten Fall ist davon auszugehen, dass der Vermieter *den zu einem genügenden Ertrag führenden Mietzins nach der absoluten Methode neu berechnet* hat. Da ab Mietbeginn die relative Methode gilt, sind weitere Anpassungen nach der absoluten Methode selbst bei genügendem Vorbehalt *erst wieder bei veränderten Verhältnissen*, d.h. nach Ablauf einer statistisch relevanten Periode möglich (BGer in mp 1995, 212 ff.; gl.M. ZK-HIGI, N 66; krit. SVIT-Komm., N 31).

IV. Formularpflicht gemäss Abs. 2

1. Ermächtigender Vorbehalt des kantonalen Rechts

10 Die Kantone *können* gem. Abs. 2 für ihr Gebiet oder einen Teil davon im Falle von **Wohnungsmangel** für den Abschluss von Mietverträgen über Wohnungen ein amtliches Formular einführen, welches analoge Angaben enthalten muss wie das Formular für Mietzinserhöhungen (vgl. Art. 19 Abs. 3 VMWG). Die Bestimmung enthält damit **ermächtigenden Vorbehalt** zugunsten des kantonalen Rechts (BGE 124 I 127 E. 2a; 120 II 341 E. 2b = Pra 1995 Nr. 252). Zur geplanten **Revision** mit dem Ziel einer einheitlichen bundesrechtlichen Regelung s. Art. 269 N 13b.

10a Die Kantone können nach geltendem Recht selbst bei eigentlicher Wohnungsnot auf die Einführung der Formularpflicht verzichten. Den Begriff des Wohnungsmangels dürfen sie von Bundesrechts wegen zwar eingrenzen, nicht aber ausdehnen (BGE 124 I 127 E. 2b). Das BGer hat es offengelassen, bei welcher Leerwohnungsquote Wohnungsmangel einsetzt; erwogen hat es unter Hinweis auf die Verfassungsrechtsprechung zu den Genfer Enteignungsregelungen Quoten von 1,5 bzw. 2 % (a.a.O., E. 2c; vgl. BGE 119 Ia 348 E. 4a). Später erachtete es die frühere Zürcher Regelung, welche eine Grenze von 1 % als massgeblich bezeichnete, als mit dem Bundesrecht vereinbar (BGE 124 I 127 E. 2d).

Eine Ausdehnung der Formularpflicht auf **Geschäftsmietverträge** ist nicht möglich (BGE 117 Ia 328 E. 3; BGer, 20.6.2001, 4C.43/2001, E. 3c = MRA 2002, 74 ff.).

2. Wirkungen der Formularpflicht

11 Wie das BGer in sämtlichen bisherigen Entscheidungen zu Recht festhielt, richten sich die Wirkungen der Formularpflicht wegen des von Abs. 2 vorgegebenen engen Spielraums der Kantone nach **Bundesrecht** (BGE 124 I 127 E. 2a; vgl. BGE 120 II 240; 120 II 341 E. 2 = Pra 1995 Nr. 252; 121 III 56 = Pra 1995 Nr. 173; 121 III 364; 124 III 62 = Pra 1998 Nr. 53; 124 III 310 = Pra 1998 Nr. 173; **a.M.** ZK-HIGI, N 11, 87, 99 ff.). Den Kantonen ist es nur vorbehalten, den *Umfang* der Geltung des Bundesrechts in örtlicher Hinsicht zu bestimmen, nicht aber den Inhalt (so wohl auch SVIT-Komm., N 36 ff.).

Vom Gesetzgeber wurden die Wirkungen der Formularpflicht im Einzelnen nicht näher erwogen (vgl. ZK-Higi, N 12 ff.). Dies ist umso bedauerlicher, als die Verwendung eines Formulars bei der Anfangsmietzinsfestsetzung ganz unterschiedlichen Zwecken dienen kann. Soll das Formular nur Erläuterungen zur Rechtslage beim Mietbeginn enthalten? Oder verknüpft das Gesetz mit der Formularpflicht gar die Anwendung von Grundsätzen für die Mietzinsanpassung im laufenden Mietverhältnis auf den Fall des Mieterwechsels? Das BGer hat die echte Gesetzeslücke in einleuchtender Weise gefüllt, wie nachfolgend zu zeigen ist. **11a**

Formell ändert das fehlende Formular bezüglich der Anfechtung vorab den Fristenlauf. Klarzustellen war zunächst, bis zu welchem Zeitpunkt der Formularpflicht genüge getan werden kann. In Anlehnung an die Frist gem. Abs. 1 kann der Vermieter das Formular nach der Rsp. des BGer innerhalb von 30 Tagen seit dem Einzug des Mieters nachreichen. Alsdann läuft die Anfechtungsfrist ab der Formularübergabe. Wird das Formular indessen erst später nachgereicht, ist die Mietzinsfestsetzung nichtig (BGE 121 III 56 = Pra 1995 Nr. 173). Eine Berufung auf die (Teil-)Nichtigkeit des ohne Formular vereinbarten Mietzinses ist jederzeit möglich. Dem Rückforderungsanspruch für zuviel bezahlte Mieten kann aber das Rechtsmissbrauchsverbot entgegenstehen, namentlich wenn der Mieter nach Kenntnis des Mangels nicht innert vernünftiger Frist vorgeht (BGE 137 III 547 = Pra 2012 Nr. 40; vgl. Art. 269d N 8). Das ist aber nicht leichthin anzunehmen, so dass der Mieter u.U. auch noch nach Beendigung des Mietverhältnisses auf Festsetzung des Anfangsmietzinses klagen kann (BGE 140 III 583 E. 3.2 und 3.3; BGer, 12.4.2013, 4A_38/2013, E. 2). **11b**

Materiell wird eine richterliche Vertragsergänzung fällig, wenn der Vermieter das Formular *nicht verwendet* oder den Mietzins *nicht begründet*, denn wie aus dem Verweis von Abs. 2 auf Art. 269d Abs. 2 lit. a hervorgeht, ist in diesem Fall die Mietzinsabrede **nichtig** (BGE 120 II 341 E. 3 und 4; 124 III 62 E. 2b). Dabei ist zwar der Mietzins primär ebenfalls nach der **absoluten Methode** zu berechnen (a.a.O.; s. N 8). Indessen sind bei der Mietzinsfestsetzung auch alle übrigen Umstände zu würdigen, so die im Quartier oder in der Liegenschaft bezahlten Mietzinse, der Ertrag aus der Sache, der zuvor geltende Mietzins, allfällige Mehrleistungen usw. Selbst Studien aus Zeitschriften und Statistiken, die nicht als Grundlage für die Festlegung eines orts- und quartierüblichen Mietzinses dienen könnten, dürfen berücksichtigt werden (BGer, 11.4.2014, 4A_623/2013, E. 2.2.3). Der richterliche Entscheid darf sich – im Gegensatz zur Rechtslage bei der formell korrekten Mietzinsvereinbarung – nicht auf eine Missbrauchskontrolle beschränken, sondern muss zu einem *angemessenen Mietzins* führen. Absolute Obergrenzen bilden einerseits der formungültig vereinbarte Mietzins und andererseits der übersetzte Ertrag. Verwendet der Vermieter das Formular absichtlich nicht, um einer Anfechtung auszuweichen, so darf auf den früheren Mietzins abgestellt werden (instruktiv BGE 120 II 341 E. 6c; ähnlich die Festsetzung eines Untermietzinses anhand des Hauptmietzinses: BGE 124 III 62 E. 2b sowie BGer, 10.1.2012, 4A_490/2011, E. 4). Enthält die Mietzinsfestsetzung keine genügende Begründung, sollte ein weniger strenger Massstab gelten. Insbesondere sollten hier wertvermehrende Investitionen seit der Festsetzung des früheren Mietzinses in die richterliche Vertragsergänzung einfliessen (zutreffend Bisang, MRA 2012, 217 f., [Kommentar zu BGer, 26.1.2012, 4A_647/2011]). **12**

Verwendet der Vermieter aber das Formular, so folgt die Überprüfung des Anfangsmietzinses materiell grundsätzlich den allgemeinen Regeln (N 2 ff.). Formell gelten jedoch die strengen Grundsätze gem. Art. 269d, namentlich was die **Begründungsobliegenheit**, das *Klarheitsgebot* und die *Bindung des Vermieters an seine Begründung* betrifft (BGer, 28.2.2011, 4A_3/2011, E. 2; vgl. Art. 269d N 2 ff., 7 und 7b). Obwohl ein Anfangsmietzins also grundsätzlich nach **absoluter Methode** zu berechnen ist (BGE 120 II 240 E. 2), kann der Mieter demnach eine Anfangsmietzinsfestsetzung gestützt auf **relative Anpassungsgründe** überprüfen lassen, wenn der Vermieter nur relative Anpassungsgründe im Formular aufgeführt hat; Einwendungen des Vermieters gestützt auf absolute Gründe sind im Verfahren nicht mehr zu hören (BGE 121 III 364 E. 3b; SVIT-Komm., N 28). Der Vermieter ist verpflichtet, im Formular die Berechnungsgrundlagen für den Mietzins und gem. Art. 256a auch den Mietzins im vorausge- **13** gangenen Mietverhältnis offenzulegen. Aus dem Verweis von Abs. 2 auf Art. 269d folgt ferner die Obliegenheit zu umfassender Information. Dass demnach auch ein Vorbehalt ins Formular aufgenommen werden muss, ist selbstverständlich, denn dieser gehört als Ausfluss der relativen Methode und damit des Grundsatzes von Treu und Glauben zur klaren Mietzinsfestsetzung und ist auch dort (im Mietvertrag) anzubringen, wo das Formular nicht verwendet werden muss (BGE 118 II 124 E. 4; *unberechtigt* daher die Kritik am BGer bei ZK-HIGI, N 110 ff.).

13a Die Begründungsobliegenheit wirkt sich zwar nicht auf die **Beweislast** aus: Im Streitfall hat der Mieter nach der Rsp. des BGer das Fehlen der Gründe zu beweisen, die der Vermieter im Formular genannt hat, insb. die Höhe der von ihm behaupteten orts- und quartierüblichen Vergleichsmiete. Allerdings trifft den Vermieter eine Mitwirkungspflicht. Kann eine Erhöhung des Anfangsmietzinses gegenüber dem zuletzt vom Vormieter bezahlten Betrag mit der Veränderung der relativen Kostenfaktoren offensichtlich nicht in Einklang gebracht werden und bleibt der angegebene Erhöhungsgrund beweislos, kann dies zur Gutheissung der Anfechtungsklage führen (BGE 139 III 13 = Pra 2013 Nr. 105 [Festsetzung des Anfangsmietzinses auf den vom Vormieter bezahlten Betrag]). Der Entscheid ist umstritten. ROHRER erachtet es als unzulässig, die relativen Kostenfaktoren zur Überprüfung einer Anfangsmietzinsfestsetzung heranzuziehen. Zudem dürfe die Mitwirkungspflicht der Parteien nicht zu einer Beweislastumkehr führen, zumal sich in der ZPO keine mit aArt. 274d OR vergleichbare Bestimmung mehr finde. Wenn es schon zur richterlichen Mietzinsfestsetzung komme, hätten die vom Vermieter in einem separaten Formular geltend gemachten wertvermehrenden Investitionen berücksichtigt werden müssen (ROHRER, MRA 2/2013, 24 ff.). Eine Mitwirkungsobliegenheit des Vermieters bei der Beweisführung ergibt indessen sich trotz Aufhebung von aArt. 274d durchaus weiterhin aus dem Gesetz. Sie gilt heute unabhängig von der Verfahrensart für alle Prozessparteien in allgemeiner Weise (Art. 160 ZPO; s. den – scheidungsrechtlichen – BGE 140 III 264). Art. 164 ZPO hält das Gericht an, die unterlassene Mitwirkung einer Partei bei der Beweiswürdigung zu berücksichtigen. Dies hat das BGer im zit. Entscheid letztlich getan. Der Rückgriff auf die relativen Kostenfaktoren diente ihm dabei nur zur Plausibilisierung der vom Vermieter ins Spiel gebrachten gemachten Vergleichsmiete. Es konnte zu recht nicht nachvollziehen, wie sich bei sinkendem Referenzzinssatz und minimaler Teuerung eine Erhöhung des Nettomietzinses von CHF 1323 auf CHF 1900 ergeben sollte (a.a.O., E. 3.1.4). Das Beweisverfahren hatte nur ein einziges taugliches Vergleichsobjekt produziert. Daraus ergab sich, dass der Vermieter die Vergleichsmiete ohne seriöse Abklärungen angerufen hatte. Letztlich wurde ihm also nicht in erster Linie die Mitwirkungsobliegenheit zum Verhängnis, sondern deren Verbindung mit der aus der Formularpflicht fliessenden Begründungspflicht (ähnlich CONOD, DdB 2013, 28 f. sowie KOLLER TH., ZBJV 2014, 938 ff., die dem Entscheid zustimmen, aber wie ROHRER eine echte Beweislastumkehr annehmen; ZAHRADNIK spricht ebenfalls von einer Beweislastumkehr, die unabhängig von der Formularpflicht gelte, mp 2014, 267 f.). Auch dass das Gericht sich mangels genügender Vergleichsobjekte ausserstande sah, die Vergleichsmiete zu bestimmen, kann man ihm nicht ankreiden. Allerdings wäre es besser gewesen, in die Mietzinsfestsetzung nach freiem richterlichem Ermessen auch die Investitionen des Vermieters in Höhe von CHF 51 000 mindestens teilweise einfliessen zu lassen, ob sie nun korrekt geltend gemacht wurden oder nicht. Wie ROHRER zu recht ausführt, hätte eine volle Anrechnung bei Annahme eines investitionsvermehrenden Anteils von 60 % und einer Lebensdauer von 20 Jahren zu einer monatlichen Mietzinserhöhung von CHF 188 (genauer CHF 172, bei einer Lebensdauer von 25 Jahren) geführt und damit einen neuen Mietzins von rund CHF 1500 zu rechtfertigen vermocht (Annahme: Letzte Mietzinsfestsetzung Vormieter per 1.4.2000, Mietbeginn 1.5.2006). Auch wenn der Vermieter durchaus nicht erwarten kann, mit der richterlichen Mietzinsfestsetzung immer das zu bekommen, was er bei korrekter Anzeige des Anfangsmietzinses hätte erhältlich machen können, schafft man mit einer zu strengen Handhabung des Gesetzes *nur* Anreize für Kündigungen aus finanziellem Interesse. Dies ist gerade wegen der bisweilen zu grosszügigen Praxis des BGer in diesem Bereich kontraproduktiv für den Mieterschutz (vgl. Art. 271–271a N 7a und 20).

Art. 270*a*

2. Während der Mietdauer

[1] Der Mieter kann den Mietzins als missbräuchlich anfechten und die Herabsetzung auf den nächstmöglichen Kündigungstermin verlangen, wenn er Grund zur Annahme hat, dass der Vermieter wegen einer wesentlichen Änderung der Berechnungsgrundlagen, vor allem wegen einer Kostensenkung, einen nach den Artikeln 269 und 269a übersetzten Ertrag aus der Mietsache erzielt.

[2] Der Mieter muss das Herabsetzungsbegehren schriftlich beim Vermieter stellen; dieser muss innert 30 Tagen Stellung nehmen. Entspricht der Vermieter dem Begehren nicht oder nur teilweise oder antwortet er nicht fristgemäss, so kann der Mieter innert 30 Tagen die Schlichtungsbehörde anrufen.

[3] Absatz 2 ist nicht anwendbar, wenn der Mieter gleichzeitig mit der Anfechtung einer Mietzinserhöhung ein Herabsetzungsbegehren stellt.

2. En cours de bail

[1] Le locataire peut contester le montant du loyer et en demander la diminution pour le prochain terme de résiliation, s'il a une raison d'admettre que la chose louée procure au bailleur un rendement excessif au sens des art. 269 et 269a, à cause d'une notable modification des bases de calcul, résultant en particulier d'une baisse des frais.

[2] Le locataire doit adresser par écrit sa demande de diminution au bailleur, qui a un délai de 30 jours pour se déterminer. Si le bailleur ne donne pas suite à la demande, qu'il ne l'accepte que partiellement ou qu'il ne répond pas dans le délai prescrit, le locataire peut saisir l'autorité de conciliation dans un délai de 30 jours.

[3] L'al. 2 n'est pas applicable lorsque le locataire qui conteste une augmentation de loyer en demande simultanément la diminution.

2. Durante la locazione

[1] Il conduttore può contestare la liceità della pigione e domandarne la riduzione per la prossima scadenza di disdetta ove abbia motivo di credere che il locatore ottenga dalla cosa locata un reddito sproporzionato a' sensi degli articoli 269 e 269a a causa di una modificazione essenziale delle basi di calcolo, segnatamente a causa di una diminuzione dei costi.

[2] Il conduttore deve presentare per scritto la richiesta di riduzione al locatore, che deve pronunciarsi entro 30 giorni. Se il locatore non accondiscende, in tutto o in parte, alla richiesta, oppure non risponde entro il termine, il conduttore può adire entro 30 giorni l'autorità di conciliazione.

[3] Il capoverso 2 non è applicabile se il conduttore chiede la riduzione simultaneamente alla contestazione della liceità di un aumento.

Literatur

Brunner/Stoll, Die Mietzinsherabsetzung, mp 1993, 97 ff.; Debaz, Baisse de loyer: mise au point, CdB, 1993, 97 ff.; Dürr, Mietzinsherabsetzung und Einrede des nicht übersetzten Ertrags, SJZ 1995, 265 ff.; Gut, Der Einwand des ungenügenden und des übersetzten Ertrages, mp 2002, 1 ff. (zit. Einwand); Jornod, La limite inférieure de la diminution du loyer initial lors du changement du locataire, CdB 2005, 1 ff.; Münch, Mietzinsherabsetzung: Voraussetzungen der Berücksichtigung nachträglich eingetretener Herabsetzungsgründe, ZBJV 1996, 350 f.; Rohrer, Bindung an langfristige Mietverträge, «Schweizerischer Hauseigentümer» vom 1.1.1994; s.a. die Literaturhinweise zu Art. 269.

I. Normzweck und Charakter

Als Gegenstück zur Möglichkeit des Vermieters, den Mietzins namentlich bei Kostensteigerungen zu erhöhen, gibt das Gesetz dem Mieter Anspruch auf Mietzinssenkung, wenn sich die massgeblichen Indikatoren entsprechend verändert haben, namentlich bei einer Senkung der Kosten des Vermieters. 1

Das **besondere Senkungsverfahren** ist wie dasjenige zur Erhöhung des Mietzinses *während der Mietdauer* anwendbar, also auch bei Fortführung des befristeten Mietvertrages nach Ablauf einer Index- oder Staffelungsklausel (BGE 121 III 397; 123 III 76 = Pra 1997 Nr. 111; **a.M.** ZK-Higi, N 12, 25 f.).

1a Da die Missbrauchsgesetzgebung **zugunsten des Mieters zwingenden** Charakter hat, kann ein Senkungsbegehren nicht vertraglich ausgeschlossen werden, auch nicht durch eine Klausel, wonach eine Mietzinssenkung unter den Anfangsmietzins oder den vom Vormieter zuletzt bezahlten Mietzins ausgeschlossen sei (vgl. BGer, 17.11.2006, 4C.281/2006, E. 2.2; **a.M.** Jornod, CdB 2005, 1 ff.). Gemeinsamen Mietern steht dieses Recht nach richtiger Auffassung daher einzeln zu (KUKO OR [1. Aufl.]-Walter, N 3; vgl. zu **a.A.** und zu den Modalitäten Vor Art. 253 N 2; zur identischen Rechtslage beim Kündigungsschutz BGE 140 III 598). Wohl besteht mit der *festen Vertragsdauer* indirekt eine Möglichkeit zur Petrifizierung des Mietzinses. Der vertragliche *Ausschluss der Senkung* des Mietzinses **unter den Anfangsmietzins** widerspricht aber der teilzwingenden Natur der Regelung, die nur eine Ausnahme vorsieht, soweit der Mieter dafür in den Genuss einer festen Vertragsdauer kommt (zutreffend BGE 125 III 358 E. 1; vgl. auch 133 III 61; Lachat et al.-Dörflinger, 283, 310 und 319; KUKO OR-Blumer, N 1; Blumer, SPR VII/3, Rz 560; **a.M.** ZK-Higi, N 42; ebenso SVIT-Komm., N 2, wo die Tragweite von BGE 125 III 358 möglicherweise unterschätzt wird; nicht einschlägig ist überdies der dort aufgeführte BGE 108 II 135).

II. Materielle Voraussetzungen der Mietzinssenkung

1b *Materielle*, aber kaum selbständige Tragweite aufweisende Voraussetzung ist nach Abs. 1 eine **wesentliche Änderung der Berechnungsgrundlagen**, aufgrund welcher der Mieter Grund zur Annahme hat, der Vermieter erziele dadurch einen gem. **Art. 269 und 269a** übersetzten Ertrag (Abs. 1; gl.M. BGE 125 III 358 E. 1a; SVIT-Komm. N 4 ff.; Zihlmann, 189; Lachat, bail à loyer, 412 ff. und 423 ff.; **a.M.** ZK-Higi, N 16, 22 und 43, der die Änderung der Berechnungsgrundlagen als «Prozessvoraussetzung» betrachtet). Die Voraussetzung bezweckt einzig, die Umgehung der Frist zur Anfechtung der Anfangsmiete zu verhindern. Die allgemeine Senkung des Kostenniveaus, aber auch Veränderungen bei der – allerdings schwer fassbaren – orts- und quartierüblichen Vergleichsmiete (BGer, 9.7.2002, 4C.291/2001, E. 2b/ff; 15.5.2007, 4C.34/2007; CHK-Heinrich, N 4; Lachat, bail à loyer, 412 413; **a.M.** bezüglich der Relevanz dieses Faktors SVIT-Komm., N 5) indizieren einen **nachträglich missbräuchlich gewordenen Mietzins** (Lachat et al.-Dörflinger, 311 f.). Das dem Mieter zugestandene Recht auf Minderung seiner Leistungspflicht ist für einen wirksamen Missbrauchsschutz unabdingbar (**anders** anscheinend ZK-Higi, N 16). Zur Rechtsnatur der Senkung vgl. N 5.

Der **wichtigste** Fall ist die Kostensenkung infolge **Hypothekarzinssenkung**. Die Wesentlichkeit einer solchen Veränderung kann aus der konkretisierenden Bestimmung in Art. 13 Abs. 2 VMWG abgeleitet werden (Brunner/Stoll, 110 f.; Lachat, bail à loyer, 412 412 f.; Zihlmann, 189; ZK-Higi, N 59; KUKO OR-Blumer, N 6; **a.M.** nunmehr SVIT-Komm., N 7, wo die Meinung vertreten wird, eine Hypothekarzinssenkung müsse ein bestimmtes, nicht näher umschriebenes Ausmass erreichen, um eine Senkung zu rechtfertigen). Ob und zu welchem Grad die Liegenschaft fremdfinanziert ist, spielt keine Rolle, anwendbar ist auch hier der Leit- heute also der **Referenzzinssatz** (Art. 269a N 7; SVIT-Komm., Art. N 8 und Art. 269a N 48 ff.).

Der Mieter ist in der **Wahl** des von ihm angerufenen **Senkungsgrundes** frei. Insbesondere ist er nicht an irgendein von den Parteien beim Vertragsschluss zu wählendes Anpassungssystem gebunden – so wenig wie der Vermieter bei seinen Erhöhungen (**anders** ZK-Higi, N 48 f., der interessanterweise BGE 122 III 257, 261 eine derartige Aussage unterstellt, obwohl das BGer dort die Berufung des Vermieters auf die Vergleichsmiete nur deswegen als unzulässig erachtete, weil der Vermieter das entsprechende Argument nicht vorgebracht hatte; vgl. dazu schon Art. 269a N 4). Für die von ihm geltend gemachten Senkungsgründe ist der **Mieter** beweispflichtig (Lachat, mp 1995, 199).

Auch im Senkungsverfahren ist grundsätzlich vom zuletzt festgesetzten Mietzins auszugehen. Dies gilt auch für die vom Vermieter zur Kompensation des Senkungsanspruchs vorgebrachten Erhöhungsgründe (BGE 111 II 203; 116 II 73; 121 III 163; 122 III 257; 124 III 67; 126 III 124 E. 2a = Pra 2000 Nr. 186; BGer, 17.12.2012, 4A_530/2012, E. 2). Grundsätzlich gilt also auch im Senkungsverfahren die **relative Methode** (vgl. dazu Art. 269 N 16 ff.), so dass der Mieter unter Vorbehalt veränderter Verhältnisse nicht geltend machen kann, der bei der letzten Mietzinsfestsetzung erzielte Mietzins sei schon missbräuchlich gewesen und es müsse daher eine Senkung über das Ausmass der Veränderung der relativen Faktoren hinaus erfolgen (CHK-Heinrich, Art. 269–269a OR N 18). Veränderte Verhältnisse liegen etwa vor bei einer **Entlassung aus der Mietpreiskontrolle** oder beim Ablauf einer Periode mit indexiertem oder gestaffeltem Mietzins. Ein **Verkauf der Liegenschaft** ist nach der Auffassung des BGer nur massgeblich, wenn er veränderte Berechnungsgrundlagen zur Folge hat, so wenn der bezahlte Marktpreis wesentlich unter demjenigen liegt, der zur Berechnung des aktuellen Mietzinses gedient hat (BGer, 9.7.2002, 4C.291/2001, E. 2b/gg; 15.5.2007, 4C.34/2007). Soweit das BGer mit der genannten Formulierung generell Mietzinse von der Überprüfung ausnehmen sollte, die ohne Rücksicht auf die Ertragslage vor dem Verkauf festgelegt wurden, wäre seine Auffassung schon aus Gründen der Gleichbehandlung der Mietparteien abzulehnen. Zum massgeblichen Zeitpunkt für die Berechnung vgl. Art. 269 N 6a; zum Begriff der Mietzinsfestsetzung s. Art. 269d N 13a. 2

Die Frage, ob der Vermieter **einem Senkungsbegehren** gestützt auf relative Anpassungsgründe die **absoluten Mietzinsfestsetzungsgründe entgegenhalten** kann, **bejaht das BGer** in *ständiger Rsp.* (dazu und zur Kritik vgl. Art. 269 N 18 f.). Für die bis zur bundesgerichtlichen Klärung der Frage ergangene, obsolete kantonale Rsp. sei auf die 2. Aufl. dieses Werks verwiesen (s.a. Gut, mp 2002, 4 ff.). Als rechtshindernde Tatsachen sind solche Gründe vom **Vermieter** zu beweisen (BGE 122 III 257 E. 4b; BGer, mp 1996, 167 f.). 3

III. Formelle Voraussetzungen

1. Zeitpunkt der Senkung (Abs. 1)

Der Mieter kann die Senkung des Mietzinses nur auf den **nächstmöglichen Kündigungstermin** verlangen. Dies bedingt die Einhaltung der vertraglichen Kündigungsfrist. Der nächstmögliche Kündigungstermin gem. Abs. 1 bestimmt sich nach dem **Empfang des Senkungsbegehrens** durch den Vermieter (BGE 119 II 32; SVIT-Komm., N 23; zur absoluten Empfangstheorie Art. 266a N 1d). Heinrich möchte die eingeschränkte Empfangstheorie zur Anwendung bringen (CHK-Heinrich, N 1). Dem steht aber entgegen, dass das Begehren keine Klagefrist auslöst (gl.M. ZK-Higi, N 70 und 94), ganz abgesehen davon dass das BGer beim Kündigungsschutz die (allerdings dort verfehlte) gegenteilige Ansicht vertritt (Art. 273 N 3a). Der Empfang ist auch dann massgeblich, wenn der Mieter die Senkung nach Abs. 3 in einem laufenden Erhöhungsverfahren verlangt (BGer, 9.7.2002, 4C.291/2001, E. 4b). Für verspätete Begehren gilt Art. 266a Abs. 2 analog (mp 1998, 41 ff.). Beim befristeten Mietvertrag kann während der festen Vertragsdauer keine Senkung geltend gemacht werden (Zihlmann, 193 f.; SVIT-Komm., N 26; Guhl/Koller/Schnyder/Druey, 435; Rohrer, Bindung, 2). Entscheidend ist die Kündigungsmöglichkeit für den *Mieter*, denn das Senkungsbegehren verschafft dem Vermieter keinesfalls einen gültigen Kündigungsgrund (vgl. Art. 271a lit. a; BGE 112 II 69 E. 1 und 2). 4

2. Senkungsverfahren (Abs. 2 und 3)

Der Mieter hat sich **zuerst an den Vermieter zu wenden** und ihm schriftlich ein Senkungsbegehren zu unterbreiten (Abs. 2), es sei denn, er handle einredeweise im Anfechtungsprozess gegen eine Mietzinserhöhung (Abs. 3). Der Vermieter muss innert 30 Tagen Stellung nehmen. Entspricht der Vermieter dem Begehren nicht (wozu auch die Vertröstung auf eine «spätere 5

Überprüfung der Ertragslage» und ähnliches gehört; vgl. N 6) oder antwortet er nicht fristgemäss, so kann der Mieter innert 30 Tagen die Schlichtungsbehörde anrufen. Der **konsensuale Charakter** der Mietzinssenkung in diesem Stadium ist offensichtlich und unbestritten (vgl. dazu Art. 269d N 1 f.; ZK-Higi, Vor Art. 269–270e OR N 132 ff.; Art. 270a N 68 und 75).

5a Im **Einleitungsverfahren** trifft den Vermieter zwar nicht die gleiche, strenge Begründungspflicht wie bei Mietzinserhöhungen. Indessen hat er sich auch hier nach **Treu und Glauben** zu verhalten. Eine Stellungnahme hat der **Wahrheit** zu entsprechen und vollständig zu sein. Eine **unterlassene oder unrichtige Antwort** oder die **Zurückhaltung der Unterlagen** im Schlichtungsverfahren bleibt u.U. im späteren Anfechtungsverfahren bezüglich der **Kosten** nicht folgenlos, da auch bei Mietzinssenkungen das Vorverfahren den Zweck hat, gerichtliche Auseinandersetzungen zu vermeiden und dem Mieter die Beurteilung der Anfechtungschancen zu ermöglichen (mp 1996, 101 ff.). In der 3. Aufl. sieht das nun allerdings der SVIT-Komm. anders. Zur Begründung wird behauptet, das Gesetz sehe keine Sanktionen für eine unterlassene Antwort vor (N 29; **anders** noch die Vorauflage, N 37). Dazu ist in Erinnerung zu rufen, dass das BGer in BGE 132 III 702 der Prozessvermeidung bei der Frage nach der Notwendigkeit des Vorverfahrens einen hohen Stellenwert beimass. Der Vermieter, der die Anfrage seines Vertragspartners unbeantwortet lässt, provoziert mutwillig einen unnötigen Zivilprozess, ganz besonders wenn er gute Gründe für die Verweigerung der Senkung hat. Solches Verhalten ist darüber hinaus selbst mit Blick auf die Interessen des Vermieters unvernünftig. Es zieht *wohl stets* Kostenfolgen nach sich (vgl. Art. 108 und 115 ZPO).

In der Praxis kommen sodann gelegentlich **hinhaltende Antworten** des Vermieters vor, etwa des Inhalts, man prüfe die Angelegenheit, es werde aber kaum möglich sein, das Senkungsbegehren innert Frist zu beantworten (vgl. als Bsp. den Sachverhalt in BGE 121 III 266). Richtigerweise ist der Vermieter in solchen Fällen beim Wort zu nehmen: Erteilt er innert der von ihm nachgesuchten Fristerstreckung dem Senkungsbegehren ganz oder teilweise abschlägigen Bescheid, so kann der Mieter gleichwohl durch Anrufung der Schlichtungsbehörde innert 30 Tagen seit der verzögerten Antwort auf den **ursprünglich anvisierten Kündigungstermin** eine Senkung verlangen, denn mit dem Ersuchen um eine längere Beantwortungsfrist ist nach Treu und Glauben das Einvernehmen der Parteien verbunden, die verspätete Antwort sei wie eine fristgerechte zu behandeln und löse daher die 30-tägige Frist erst aus (ZMP 1999 Nr. 3; Lachat, bail à loyer, 417; offengelassen bei SVIT-Komm., N 28; ZK-Higi, N 98).

5b Das **Einleitungsverfahren** zur Mietzinssenkung hat im Gegensatz zum Erhöhungsverfahren primär **informellen Charakter** mit dem Zweck, einen Meinungsaustausch zwischen den Parteien anzuregen (Ordnungsvorschrift gem. BGE 122 III 20 E. 4c; BGer, mp 1995, 221 ff.; Brunner/Stoll, 124; **a.M.** SVIT-Komm., N 27). Der Mieter muss hauptsächlich die **Kündigungsfrist** und die **Frist zur Einreichung** seines Senkungsbegehrens bei der Schlichtungsbehörde und hernach bei Gericht beachten (BGE 122 III 20 E. 4c). Das bedeutet zwar nicht, dass das Einleitungsverfahren fakultativ wäre (BGE 132 III 702 E. 4.2). Hingegen braucht der Mieter sich etwa vor dem Schlichtungsverfahren nicht an den Vermieter zu wenden, wenn dieser in irgendeiner Form seiner Ablehnung der Senkung schon Ausdruck verliehen hat (vgl. Art. 108 Ziff. 1 OR; BGE 132 III 702 E. 4.3; Lachat, bail à loyer, 416; KUKO OR-Blumer, N 9; ZK-Higi, N 7, *ungereimt* aber N 69, wonach eine mündliche Ablehnung des Vermieters nicht ausreichen soll; unklar SVIT-Komm., N 27).

6 Eine **Einigung** im Schlichtungsverfahren, sei es in Form eines Vergleichs, einer Anerkennung des Senkungsbegehrens oder eines *vorbehaltlosen* Rückzugs, hat die Wirkungen eines rechtskräftigen Entscheids (Art. 208 Abs. 2 ZPO). Kommt im Schlichtungsverfahren keine Einigung zustande, so verfügt die Schlichtungsbehörde über zwei Möglichkeiten: Entweder stellt sie nach Art. 209 Abs. 1 lit. b die Nichteinigung fest und der klagenden Partei – folglich dem *Mieter* – *die* **Klagebewilligung** aus oder sie unterbreitet den Parteien einen **Urteilsvorschlag** (Art. 210 Abs. 1 lit. b und Art. 211 ZPO). In allen Fällen handelt es sich bei der Klage im Anschluss an die gescheiterte Schlichtung wie bei der Mietzinserhöhung um eine **Gestaltungs-**

klage (ebenso ZK-HIGI, Art. 270 OR N 57 und 84, Art. 270a OR N 15 und 18). Zum Schlichtungs- und Gerichtsverfahren gilt das unter Art. 270b N 2 ff. Ausgeführte sinngemäss (vgl. überdies Vor Art. 253 N 11 ff. und 18 ff.).

Der Mieter kann sowohl im Verfahren um eine Mietzinserhöhung (vgl. Abs. 3) – oder um eine andere einseitige Vertragsänderung – als auch im hängigen Senkungsverfahren vor Gericht **bis zur letzten kantonalen Instanz** im Rahmen des Novenrechts nach Art. 317 Abs. 1 ZPO ein (weiteres) Senkungsbegehren stellen, wenn sich die Berechnungsgrundlagen während des Prozesses zu seinen Gunsten verändert haben (BGE 122 III 20 E. 4c; CHK-HEINRICH, N 10; **a.M.** ZK-HIGI, N 7, 86 ff.). Daraus folgt zugleich, dass er *ohne weiteres* ein von ihm parallel zu einem Vertragsänderungsbegehren des Vermieters gestelltes Senkungsbegehren, welches er nach Feststellung der Nichteinigung der Schlichtungsbehörde nicht weiterverfolgt hat, erneut stellen kann, wenn der Vermieter mit seiner Erhöhung oder anderen einseitigen Vertragsänderung nach Ausstellung der Klagebewilligung gestützt auf Art. 209 ZPO an das Gericht gelangt (vgl. BGE 124 III 67 E. 3b; gl.M. ZK-HIGI, N 105). Art. 270a Abs. 3 macht somit die Klage des Vermieters zur **actio duplex** (s. dazu, insb. zur abweichenden Rsp. des BGer zum alten Recht, Vor Art. 253 N 15; ähnlich wie hier CHK-HEINRICH, N 11; zweifelnd mit Blick auf BGE 136 III 90 KOLLER TH., ZBJV 2011, 1006; **a.M.** zum alten Recht SVIT-Komm., N 41; ZK-HIGI, N 19). Der Mieter verliert durch die Nichteinhaltung der Klagefrist allerdings *möglicherweise* den von ihm zunächst anvisierten Senkungstermin, weil die Kündigungsfrist nicht mehr eingehalten ist (vgl. BGE 122 III 20 E. 4; BGer, 9.7.2002, 4C.291/2001, E. 4b; s. Art. 269 N 6a). Keine actio duplex liegt jedoch im Fall vor, wo zuerst nur der Mieter mit einem Senkungsbegehren ans Gericht gelangt, der Vermieter hingegen seine Mietzinserhöhung nicht weiter verfolgt, denn in dieser Konstellation fehlt es dem Vermieter an einer gesetzlichen Grundlage analog Abs. 3 (BGE 136 III 90 = Pra 2010 Nr. 99; s. dazu auch Vor Art. 253 N 17). **6a**

Auch eine Bindung des Mieters an die in einem früheren Prozessstadium angeführten Senkungsgründe ist aufgrund der genannten Rsp. – unter Vorbehalt der prozessualen Beschränkungen neuer Sachvorbringen (BGer, 9.12.2005, 4C.328/2005, E. 3) – *abzulehnen*: Eine strikte Begründungspflicht des Mieters analog zu derjenigen des Vermieters nach Art. 269d existiert im Senkungsverfahren nicht (BGE 122 III 20 E. 4c; LACHAT, bail à loyer, 415; **a.M.** ZK-HIGI, N 85 ff.). Auch der Vermieter kann seine Einwendungen noch im Gerichtsverfahren auf eine neue Grundlage stellen (SVIT-Komm., N 33 ff.; **a.M.** BRUNNER/STOLL, 97 ff.; LACHAT, bail à loyer, 416).

Zur vertraglichen Natur der **Rückforderung** zuviel bezahlter Mietzinse vgl. Art. 269d N 8 sowie PIOTET D., CdB 2006, 1 f.; **a.M.** FETTER, 264 f. **6b**

IV. Senkungen mittels Formular des Vermieters und andere vertragliche Senkungen

Teilt der Vermieter dem Mieter eine Mietzinssenkung auf dem **amtlichen Formular** mit, so hat dies mangels einer gesetzlichen Grundlage nach dem Vorbild von Art. 269d und 270b keine über das allgemeine Vertragsrecht hinaus gehenden Wirkungen. Der Mieter kann eine solche Senkung daher nicht wie eine Erhöhung anfechten; sein Schweigen kann daher – anders als das Schweigen auf eine Formularmitteilung des Vermieters bei einer Erhöhung, wo eine nachträgliche Berufung auf einen übersetzten Ertrag als Folge der besonderen Regelung der Wirkungen des Schweigens ausgeschlossen ist (Art. 269d N 2 und 4) – damit nach Treu und Glauben zwar als Akzept des neuen Mietzinses, nicht aber als Zugabe gewertet werden, die Senkung schöpfe sämtliche entsprechenden Senkungsgründe vollumfänglich aus. Dem Mieter bleibt es daher unbenommen, auf einen der folgenden Kündigungstermine hin in einem Verfahren nach Art. 270a eine **weitergehende Senkung** zu verlangen (BGE 124 III 67 E. 3a und b; vgl. Art. 269d N 13a; ZK-HIGI, N 61; CHK-HEINRICH, N 6; SVIT-Komm., N 30; KUKO OR-BLUMER, N 12). Die bundesgerichtliche Lösung verdient Zustimmung, **7** auch wenn der im genannten Entscheid zusätzlich gezogene Vergleich mit der Annahme einer Teilleistung nach Art. 69 auf die konkrete Frage nicht passt, denn Art. 69 befasst sich mit der *Erfüllung von Obligationen* und nicht mit Vertragsänderungen. Es hätte genügt, einzig an die beschränkten Wirkungen des blossen Schweigens im Kontext der Missbrauchsgesetzgebung anzuknüpfen.

Anders verhält es sich, wenn der Mieter das mit einer Begründung versehene Formular des Vermieters *unterzeichnet und zurücksendet* (dazu sogleich).

8 Selbstverständlich sind die Parteien frei, jederzeit eine Senkung durch Austausch entsprechender Erklärungen zu **vereinbaren**. Diese ist – der Konzeption der Missbrauchsgesetzgebung entsprechend – nicht anfechtbar (Art. 269d N 13). Kommt in der Vereinbarung nur die Mietzinsänderung, nicht aber deren Berechnungsgrundlage zum Ausdruck, ist der Mieter gleichwohl berechtigt, trotz der Einigung eine weitere Senkung zu verlangen, denn ein Verzicht auf die Rechte aus der Missbrauchsgesetzgebung muss ausdrücklich erfolgen (vgl. BGE 124 III 67 E. 3a). Indessen strebt gerade das Senkungsverfahren eine Einigung der Parteien an, was nach der hier vertretenen *konsensualen Betrachtungsweise sämtlicher Mietzinsanpassungen* dazu führen muss, jede nicht nur durch Stillschweigen des Mieters zustande gekommene Einigung auch auf die **Aktualisierung der Kostenstände** zu beziehen, soweit diese **von der Vereinbarung klar erfasst** sind (so wohl auch BGE 124 III 67 E. 3a; BRUNNER/STOLL, 127; KUKO OR-BLUMER, N 12).

Art. 270*b*

II. Anfechtung von Mietzinserhöhungen und andern einseitigen Vertragsänderungen

1 Der Mieter kann eine Mietzinserhöhung innert 30 Tagen, nachdem sie ihm mitgeteilt worden ist, bei der Schlichtungsbehörde als missbräuchlich im Sinne der Artikel 269 und 269a anfechten.

2 Absatz 1 gilt auch, wenn der Vermieter sonstwie den Mietvertrag einseitig zu Lasten des Mieters ändert, namentlich seine bisherigen Leistungen vermindert oder neue Nebenkosten einführt.

II. Contestation des augmentations de loyer et des autres modifications unilatérales du contrat

1 Si le locataire estime qu'une majoration de loyer est abusive au sens des art. 269 et 269a, il peut la contester devant l'autorité de conciliation dans les 30 jours qui suivent l'avis de majoration.

2 L'al. 1 est aussi applicable lorsque le bailleur apporte unilatéralement au contrat d'autres modifications au détriment du locataire, par exemple en diminuant ses prestations ou en introduisant de nouveaux frais accessoires.

II. Contestazione dell'aumento della pigione e di altre modificazioni unilaterali del contratto

1 Il conduttore può contestare innanzi l'autorità di conciliazione, entro 30 giorni dalla comunicazione, la liceità dell'aumento della pigione a sensi degli articoli 269 e 269a.

2 Il capoverso 1 si applica anche se il locatore modifica in altro modo unilateralmente il contratto a svantaggio del conduttore, segnatamente diminuendo le sue prestazioni o introducendo nuove spese accessorie.

Literatur

Vgl. die Literaturhinweise zu Art. 269.

I. Bedeutung des Schlichtungsverfahrens bei Mietzinserhöhungen

1 Die vorliegende **Vorschrift** steht (systematisch nicht ganz ausgereift) in Zusammenhang mit Anschluss an Art. 269d. Verzichtet der Mieter auf Anrufung der Behörde, so kommt durch Stillschweigen eine Vereinbarung über die Mietzinserhöhung oder die andere einseitige Vertragsänderung zustande (Art. 269d N 1a; mit Hinw. zur Rsp. und zu abweichenden Meinungen). Da die Anfechtung ein Sozialrecht darstellt, kommt es bei der *gemeinsamen Miete* jedem Mitmieter einzeln zu (zu **a.A.**, zum Einbezug des abseits stehenden Mieters auf Beklagtenseite vgl. Vor Art. 253 N 2; zur beschränkten Tragweite von BGE 136 III 441 und zur identischen Rechtslage beim Kündigungsschutz BGE 140 III 598). Nicht nach Art. 270b angefochten werden können Vereinbarungen und Mitteilungen, welche den Mieter nicht unmittelbar belasten (Art. 269d N 4 und 13 f.; BGE 124 III 67; 126 III 124 E. 2 = Pra 2000 Nr. 186). *Materiell* beurteilt sich die Frage des Missbrauchs nach den **Kriterien von Art. 269 und 269a bzw. 269d Abs. 3** (ZK-Higi, N 6). Infolge der relativen Methode ist – unter Vorbehalt veränderter Verhältnisse – bei jedem späteren Antrag auf Mietzinsänderung davon auszugehen, der so vereinbarte Mietzins habe zu einem genügenden bzw. zu einem nicht missbräuchlichen Ertrag geführt; der Mieter kann jedoch ohne besondere Voraussetzungen einwenden, der neu verlangte Mietzins sei nach absoluter Methode berechnet missbräuchlich (vgl. dazu Art. 269 N 16 ff., zum massgeblichen Zeitpunkt Art. 269 N 6a, zum Begriff der Mietzinsfestsetzung Art. 269d N 13a).

II. Anfechtungsverfahren

Die **30-tägige Frist** nach Art. 270b stellt eine **Verwirkungsfrist** dar (BGE 131 III 566 E. 3.2) 2
und wird wie die Frist zur Anfechtung einer Mietzinserhöhung durch den Empfang der Erhöhungsmitteilung ausgelöst (s. Art. 269d N 6). Anwendbar ist dabei nach der hier vertretenen Auffassung die sog. modifizierte Empfangstheorie. Seit BGE 140 III 244 E. 5.2 ist das allerdings unklar, denn dort wurde – in offenem, aber vom BGer nicht bemerkten Widerspruch zu BGE 107 II 189 entschieden, die Frist zur Anfechtung einer Kündigung werde durch deren Zugang im Sinne der absoluten Empfangstheorie ausgelöst (vgl. Art. 273 N 3a); es ist daher ratsam, bei der Berechnung der Frist auf den Tag nach der Hinterlegung der Abholungseinladung für die eingeschriebene Postsendung im Briefkasten abzustellen. Jedenfalls ist die Anfechtungsfrist entgegen der Vorauflage seit Inkrafttreten der ZPO nicht mehr **prozessualer**, sondern **matriellrechtlicher** Natur, denn Art. 270b erweist sich als parallel zu Art. 273, dessen Randitel mit Einführung der ZPO geändert wurde. Gerichtsferien gelten damit nicht (vgl. ohnehin Art. 145 Abs. 2 lit. a ZPO; zum früheren Prozessrecht BGE 123 III 67 E. 2a). Auch eine Fristwiederherstellung gestützt auf Art. 148 ZPO kommt damit nicht in Betracht (vgl. Art. 273 N 3 mit Hinweisen). Immerhin konserviert Art. 63 ZPO die Rechtshängigkeit des Verfahrens, wenn der Mieter im Anschluss an einen Nichteintretensentscheid oder eines Rückzugs zufolge fehlender Zuständigkeit innert Monatsfrist an die zuständige Behörde gelangt (CR CO I-Lachat, N 2). Art. 63 hilft indessen nicht bei anderen prozessualen Mängeln. So hat etwa der an der Schlichtungsverhandlung säumige Kläger als Folge von Art. 206 Abs. 1 ZPO nur die Möglichkeit, ein neues Gesuch zu stellen. Die materiellrechtliche Verwirkungsfrist dürfte hier aber jeweils schon abgelaufen sein (vgl. dazu BGer, 17. 9. 2014, 4A_293/2014, E. 4).

Das **Schlichtungsverfahren** hat im Bereich der Mietzinsänderung wie bei Hinterlegung und 3
Kündigungsschutz vorwiegend Vermittlungsfunktion. Dabei ist der Inhalt einer allfälligen Vereinbarung nicht auf die Frage des Mietzinses beschränkt (Art. 21 Abs. 1 VMWG; **a.A.** ZK-Higi, N 16). Auf Antrag einer Partei sind allerdings als Ausfluss des verfassungsrechtlichen Gehörsanspruchs Begehren gestützt auf Art. 125 lit. b ZPO abzutrennen, welche nicht schon mit der Vorladung angekündigt waren. Die **Einigung** in Form einer Vereinbarung, einer Anerkennung oder eines vorbehaltlosen Rückzugs der Anfechtung hat die Wirkungen eines rechtskräftigen Entscheids und damit den Charakter eines **definitiven Rechtsöffnungstitels** (Art. 208 Abs. 2 ZPO). Der Mieter kann vor der Schlichtungsbehörde die Erhöhung teilweise anerkennen (vgl. Pra 1997 Nr. 171 E. 3b). Bei einer Anrufung des Gerichts hat das zur Folge, dass der Prozess mit einem geringeren Streitwert vor das Gericht getragen wird.

Kommt eine einvernehmliche Lösung nicht zustande, so verfügt die Schlichtungsbehörde 4
über zwei Möglichkeiten: Sie kann zunächst nach Art. 209 Abs. 1 lit. a ZPO die Nichteini-

gung fest- und die **Klagebewilligung** ausstellen. Adressat ist nach der genannten Sondernorm stets der Vermieter, denn dieser hat letztlich mit der Mietzinserhöhung das Verfahren ausgelöst. Unterbleibt in diesem Fall die fristgerechte Anrufung des Richters, hat dies für den Vermieter nur insofern Verwirkungsfolge, als er **nicht auf den gleichen Termin eine weitere Erhöhung** anzeigen kann. Das BGer hat den Gehalt von Art. 28 Abs. 1 aBMM, wonach das ursprüngliche Begehren mangels Anrufung des Richters nach gescheiterter Einigung als unzulässig galt, nicht dem geltenden Recht zugeordnet (vgl. Art. 270e N 3). Die Mietzinsgestaltung verharrt auf der Berechnungsgrundlage, die vor der versuchten Erhöhung galt, und der Vermieter kann auf den nächsten Termin hin einen neuen Versuch unternehmen (BGE 124 III 245 = Pra 1998 Nr. 174, unter Berufung auf ZK-HIGI, Art. 274f N 85; dazu auch ZK-HIGI, N 36 f.; HIGI, AJP 1998, 1116 ff.; VOGEL, ZBJV 1999, 449 f.; Lachat et al.-DÖRFLINGER, 306 und 309; **a.M.** ZIHLMANN, 196). Auch wenn der zitierte BGE die Differenz zur Regelung unter dem BMM nicht anspricht, kann dem Ergebnis durchaus zugestimmt werden (gl.M. auch GUHL/KOLLER/SCHNYDER/DRUEY, 459), denn die gegenteilige Auffassung leidet an der Schwäche, dass der gescheiterte Vermieter durch ungeschicktes Vorgehen Rechte verlöre, die ihm materiell zustehen. Dies liesse sich höchstens bei klassischen Missbrauchsfällen rechtfertigen, nicht aber z.B. bei blossen Formmängeln.

4a Seit Inkrafttreten der ZPO kann die Schlichtungsbehörde den Parteien aber auch einen **Urteilsvorschlag** unterbreiten (Art. 210 Abs. 1 lit. b und Art. 211 ZPO). Mit dieser zweiten Variante wurde das Schlichtungsverfahren um ein wichtiges Element bereichert, denn gerade im Bereich der Mietzinsfestsetzung stehen die Chancen recht gut, dass den Parteien die verbleibende Meinungsverschiedenheit nicht gross genug scheint, als dass sich ein kostenpflichtiges Verfahren vor Gericht lohnen würde. Die ZPO sieht gar einen gegenüber dem herkömmlichen **qualifizierten Urteilsvorschlag** vor, denn selbst bei Ablehnung durch beide Parteien erlangt dieser die Wirkungen eines rechtskräftigen Entscheids, wenn nicht mindestens eine ablehnende Partei von der ihr ausgestellten Klagebewilligung auch tatsächlich innert 30 Tagen Gebrauch macht (Art. 211 Abs. 3 i.V.m. Art. 210 Abs. 1 lit. b und Art. 209 Abs. 4 ZPO). Im Hinblick auf die spätere Mietzinsgestaltung muss der Urteilsvorschlag eine Begründung enthalten, die zumindest angibt, welchen Kosten- und Indexstand die Behörde bei ihrer Mietzinsfestsetzung als massgeblich erachtet hat.

Im Anschluss an einen Urteilsvorschlag kann anders als im alten Recht auch der Mieter zur Klage gezwungen sein, soweit nämlich der Vorschlag den Anträgen des Vermieters ganz oder teilweise entspricht. Nach der hier vertretenen Auffassung stellt die Klage nach einem Urteilsvorschlag i.d.R. eine **actio duplex** dar: Eine Partei kann ihre ursprünglichen Anträge vor Gericht wieder einbringen, auch wenn nur die Gegenseite von der Klagebewilligung Gebrauch gemacht hat, denn die Klage macht den Urteilsvorschlag hinfällig (HEDIGER, mp 2013, 6 f.; s. dazu Vor Art. 253 N 15). Entsprechend geht es nicht an, eine Klage als durch Rückzug erledigt abzuschreiben, bevor die Gegenpartei Gelegenheit hatte, im Gerichtsverfahren ihre Anträge zu formulieren.

4b Bei der Klage handelt es sich um eine **Gestaltungsklage** (vgl. Art. 269d N 1a; **a.M.** ZK-HIGI, N 13 f.). Die Gestaltungswirkung tritt zwar auf den ursprünglich anvisierten Kündigungstermin ein. Als Folge von Art. 270e ist der Betrag der Erhöhung aber vor der Rechtskraft des Urteils nicht fällig, so dass der Mieter für die Zeit davor **nicht zur Bezahlung von Verzugszins verpflichtet** ist (vgl. BGer, 9.7.2002, 4C.291/2001, E. 6c, für den umgekehrten Fall des Senkungsbegehrens des Mieters).

5 Der **Streitwert** bemisst sich bei unbefristeten Mietverhältnissen nach ständiger Praxis aufgrund der 20-fachen Jahresmietzinsdifferenz (vgl. Art. 92 Abs. 2 ZPO und Art. 51 Abs. 4 BGG; BGE 120 II 100 E. 1a; 121 III 397 E. 1), mithin aufgrund des Kapitalwerts der zu 5% verzinsten Erhöhung im ewigen Mietverhältnis. Dies hat immerhin den Vorteil, dass das BGer *im Rahmen der Beschwerde in* Zivilsachen nach Art. 72 ff./90 ff. BGG in vielen Fällen für eine einheitliche Anwendung dieses wichtigen Rechtsgebiets sorgen kann. Für weitere Hinweise zum Verfahren vor Schlichtungsbehörde und Gericht s. Vor Art. 253 N 11 ff. und 18 ff.

Art. 270*c*

III. Anfechtung indexierter Mietzinse	**Unter Vorbehalt der Anfechtung des Anfangsmietzinses kann eine Partei vor der Schlichtungsbehörde nur geltend machen, dass die von der andern Partei verlangte Erhöhung oder Herabsetzung des Mietzinses durch keine entsprechende Änderung des Indexes gerechtfertigt sei.**
III. Contestation des loyers indexés	Sous réserve de la contestation du loyer initial, une partie peut seulement faire valoir devant l'autorité de conciliation que l'augmentation ou la diminution du loyer demandée par l'autre partie n'est pas justifiée par une variation de l'indice ou qu'elle ne correspond pas à l'ampleur de celle-ci.
III. Contestazione di pigioni indicizzate	Fatta salva la contestazione della pigione iniziale, ciascuna delle parti può contestare innanzi l'autorità di conciliazione soltanto che l'aumento o la riduzione della pigione domandato dalla controparte è fondato su una variazione dell'indice o corrisponde a tale variazione.

Art. 270*d*

IV. Anfechtung gestaffelter Mietzinse	**Unter Vorbehalt der Anfechtung des Anfangsmietzinses kann der Mieter gestaffelte Mietzinse nicht anfechten.**
IV. Contestation des loyers échelonnés	Sous réserve de la contestation du loyer initial, le locataire ne peut pas contester le loyer pendant le bail.
IV. Contestazione di pigioni scalari	Fatta salva la contestazione della pigione iniziale, il conduttore non può contestare la pigione scalare.

Literatur

BÄTTIG, Staffelung – Mietzinsvergünstigung – Vorbehalt, MRA, 2/2013, 3 ff.; vgl. auch die Literaturhinweise zu Art. 269, 269b und 269c.

I. Beschränkung der Anfechtungsgründe bei indexierten und gestaffelten Mieten

1 Indexierte Mietzinse (Art. 269b) sind am **Anfang des Mietverhältnisses** gem. Art. 270 **anfechtbar**; **spätere Erhöhungen** können nur noch auf ihre **Übereinstimmung** mit der Indexentwicklung überprüft werden. Für Einzelheiten zu Indexklausel und Anpassungsmodalitäten vgl. Art. 269b N 1 ff.

2 Im Falle einer Staffelungsklausel gem. Art. 269c kann ebenfalls nur der **Anfangsmietzins, nicht aber eine spätere Erhöhung** aufgrund der Staffelung angefochten werden. Unter die Anfechtung des Anfangsmietzinses fällt auch die **Vereinbarung zu hoher Zinsstaffeln** (BGE 121 III 397 E. 2b/bb: «[...] le locataire peut contester, dans le délai prévu à cette fin, le résultat de l'analyse prospective de la situation conjoncturelle effectuée par le bailleur»; LACHAT, bail à loyer, 518; SVIT-Komm., Art. 270d N 4 ff.; **a.M.** BÄTTIG, MRA 2/2013, 6). Entsprechend sind die vorgesehenen Staffeln mit einer klaren Begründung zu versehen, soweit für die Anfangsmietzinsfestsetzung nach Art. 270 das amtliche Formular zu verwenden ist (BGer, 26.1.2012, 4A_647/2011, E. 2.1). Für weitere Einzelheiten zu Staffelungsklauseln vgl. Art. 269c N 1 ff.

2a Wird eine Index- oder Staffelungsklausel **nachträglich eingeführt**, so gilt für die Missbrauchsüberprüfung Art. 269d Abs. 3 (vgl. BGE 125 III 62 E. 2b; **a.M.** ZK-HIGI, N 6). Danach ist das amtliche Formular zu verwenden. Materiell ist anhand der Grundsätze über die Mietzinsgestaltung nach Art. 269 und 269a sowie aufgrund einer Prognose über die zukünftige Entwicklung zu prüfen, ob die Änderung zulässig ist. Zu berücksichtigen ist dabei auch, inwiefern sich die Verhältnisse seit der letzten Mietzinsfestsetzung geändert haben. Die Anfechtung richtet sich nach Art. 270b (vgl. BGE 121 III 397 E. 2b/aa sowie den Verweis darauf in BGE 123 III 76 E. 4c = Pra 1997 Nr. 111).

Ist die nachträglich eingeführte Klausel nicht missbräuchlich, so gelten für die Dauer ihrer Gültigkeit die Anfechtungsbeschränkungen nach Art. 270c und 270d.

II. Geltendmachung vertragswidriger Anpassungen

3 So begrüssenswert der Verzicht auf die Missbräuchlichkeitsüberprüfung bei gesetzlich vorgesehenen Anpassungsklauseln auch ist, so bedauernswert ist die Beibehaltung des Erfordernisses einer **Gestaltungserklärung** des Vermieters. Dieses erweist sich bei der **Staffelungsklausel** als völlig nutzlos, wie gerade der Wortlaut von Art. 270d zeigt. Wenn die Anfechtung der Staffelungen nicht möglich ist, wie das Gesetz zutreffend statuiert, dann weil ein vertragliches Recht zur Geltendmachung anderer als der im Vertrag genau fixierten Beträge gar nicht besteht. Dies könnte an sich jederzeit auf dem Wege der Feststellungsklage geltend gemacht werden, soweit eine Leistungsklage nicht in Betracht kommt (vgl. dazu Art. 269c N 3; gl.M. CPra Bail-DIETSCHY, Art. 269c N 26). Das BGer scheint sich zumindest der Auffassung nicht zu verschliessen, dass die Berufung auf eine mangelhafte Staffelungsanzeige gegen Treu und Glauben verstossen kann, soweit nur die Staffelungsklausel als solche sich als gültig erweist (BGer, 26.1.2012, 4A_647/2011, E. 4.2). Zur geplanten **Revision** mit dem Ziel der blossen schriftlichen Mitteilung einer Staffel s. Art. 269 N 13b.

Dagegen hat die förmliche Erhöhungsmitteilung bei der **Indexklausel** und die damit verbundene Anfechtungsmöglichkeit angesichts der Ungewissheit der Indexentwicklung immerhin bei nicht von vornherein bestimmten Anpassungszeitpunkten durchaus noch ihre Berechtigung. Zuzulassen ist aber daneben auch hier eine jederzeitige Feststellung der Vertragswidrigkeit einer konkreten Anpassung (vgl. Art. 269b N 6). Anders liegen die Dinge bei im Voraus fixierten Anpassungsterminen: Hier scheint die Gestaltungserklärung ein sinnentleerter Formalismus (gl.M. CPra Bail-DIETSCHY, Art. 269b N 23). Da Art. 197 und 200 ZPO (früher Art. 274a OR) grundsätzlich zwingend die umfassende Zuständigkeit der Schlichtungsbehörde vorsehen (dazu Vor Art. 253 N 11), ist das vom Gesetzgeber für die Anfechtungsbedürftigkeit falscher Indexberechnungen ins Feld geführte Argument der Entlastung der Gerichte durch Vorschaltung der Schlichtungsbehörde nicht stichhaltig (Botschaft Mietrecht, 1486). Vor allem aber ist nicht einzusehen, weshalb Vertragswidrigkeiten ähnlicher Art unterschiedliche Rechtsfolgen haben sollten.

Art. 270*e*

F. Weitergeltung des Mietvertrages während des Anfechtungsverfahrens	**Der bestehende Mietvertrag gilt unverändert weiter:** **a. während des Schlichtungsverfahrens, wenn zwischen den Parteien keine Einigung zustandekommt, und** **b. während des Gerichtsverfahrens, unter Vorbehalt vorsorglicher Massnahmen des Richters.**
F. Validité du bail pendant la procédure de contestation	Le bail reste en vigueur sans changement: a. pendant la procédure de conciliation, si les parties ne sont pas parvenues à un accord; b. pendant la procédure judiciaire, sous réserve des mesures provisionnelles ordonnées par le juge.
F. Validità ulteriore della locazione durante la procedura di contestazione	Il contratto di locazione permane valido senza alcun cambiamento: a. durante il procedimento di conciliazione, se le parti non raggiungono un'intesa, e b. durante il procedimento giudiziario, fatti salvi i provvedimenti cautelari ordinati dal giudice.

Literatur

Vgl. die Literaturhinweise zu Art. 269.

I. Weitergeltung des Vertrages während des Verfahrens

Die vorliegende Norm war im Kern schon seit je her angesichts der *allgemeinen prozessualen Regeln* überflüssig (wie hier ZK-Higi, N 7; KUKO OR-Blumer, N 1; **a.A.** anscheinend SVIT-Komm., N 4). Seit Inkrafttreten der Schweizerischen ZPO hat sich daran nichts geändert, denn nach wie vor handelt es sich bei Mietzinsanpassungsbegehren um Gestaltungsklagen, so dass eine Vertragsmodifikation erst mit dem Urteil eintreten kann. Es liegt denn auch nach Art. 209 Abs. 1 ZPO grundsätzlich an der klagenden Partei (bei einer Mietzinserhöhung am Vermieter), von der Klagebewilligung der Schlichtungsbehörde auch wirklich Gebrauch zu machen. Hat die Schlichtungsbehörde den Parteien bei einer Anfangsmietzinsanfechtung oder einem Mietzinssenkungsbegehren des Mieters einen Urteilsvorschlag unterbreitet, so muss die ablehnende Partei Klage erheben, wenn es nicht beim Vorschlag der Schlichtungsbehörde bleiben soll (Art. 211 Abs. 1 lit. a ZPO; dazu Vor Art. 253 N 15 f.). Die **vorsorglichen Massnahmen** sind in Art. 261 ff. ZPO geregelt. Solche Anordnungen rechtfertigen sich nur, wenn ein nicht leicht wieder gutzumachender Nachteil droht, namentlich bei Gefährdung des Zahlungs- bzw. Rückforderungsanspruchs der mutmasslich obsiegenden Partei (ZK-Higi, N 19; SVIT-Komm., N 7 ff.). Auch der Mieter kann nach nunmehr einhelliger Ansicht vorsorgliche Massnahmen verlangen (vgl. SVIT-Komm., N 7 ff.). 1

Die Weitergeltung des Mietvertrages während des Anfechtungs*verfahrens* steht der Rückwirkung des **Gestaltungsurteils** nicht entgegen. Sowohl bei der **Mietzinserhöhung** gestützt auf Art. 269a als auch im Falle der **Mietzinssenkung** gem. Art. 270a wird der Zeitpunkt des Inkrafttretens regelmässig vor dem Eintritt der Rechtskraft des Urteils liegen (ZK-Higi, N 9; SVIT-Komm., N 5). Da die Fälligkeit der Mietzinsänderung aber von der gestaltenden Wirkung des Urteils abhängt, kann die obsiegende Partei für die ihr während des Verfahrens entgangene Mietzinsdifferenz **keinen Verzugszins** fordern (BGer, 9.7.2002, 4C.291/2001, E. 6c). 2

Entstehen aus dem Ergebnis des Verfahrens Nach- oder Rückforderungsansprüche der einen oder anderen Partei, so sind sie nach hier vertretener Ansicht in jedem Falle vertraglicher und nicht bereicherungsrechtlicher Natur (vgl. dazu Art. 259d N 4, m.Hw., sowie Art. 269d N 8). Das BGer behandelt Rückforderungsansprüchen in Zusammenhang mit fehlerhaften Mietzinsanpassungen jedoch bereicherungsrechtlich (BGE 140 III 583 E. 3.2.3; 130 III 504; gl. M. KUKO OR-Blumer, N 4; CHK-Heinrich, Art. 270b–270e OR N 5; CR CO I-Lachat, Art. 257c N 6; **a.M.** ZK-Higi, N 16; SVIT-Komm., N 5; BGer, 9.7.2002, 4C.291/2001, E. 6c).

II. Keine materiellen Auswirkungen der Norm

Nicht ins OR übernommen hat der Gesetzgeber Art. 28 Abs. 1 BMM, wonach das ursprüngliche Begehren mangels Anrufung des Richters nach gescheiterter Einigung als unzulässig gilt. Das BGer hat in neuerer Zeit die Verwirkungsfolge bei nicht weiterverfolgten Anpassungsbegehren auf die konkrete Anpassung beschränkt. Damit stellt sich nach einer unterlassenen Klage die Rechtslage grundsätzlich so dar, wie wenn kein Anpassungsbegehren gestellt worden wäre (vgl. BGE 124 III 245 = Pra 1998 Nr. 174). Vermieter und Mieter können nicht ausgeschöpfte Anpassungsgründe im Rahmen eines neuen Begehrens geltend machen, allerdings erst auf einen späteren Zeitpunkt hin (vgl. Art. 269d N 1 f., Art. 270b N 4). 3

Dritter Abschnitt: Kündigungsschutz bei der Miete von Wohn- und Geschäftsräumen

Art. 271

A. Anfechtbarkeit der Kündigung
I. Im Allgemeinen

[1] Die Kündigung ist anfechtbar, wenn sie gegen den Grundsatz von Treu und Glauben verstösst.

[2] Die Kündigung muss auf Verlangen begründet werden.

A. Annulabilité du congé
I. En général

[1] Le congé est annulable lorsqu'il contrevient aux règles de la bonne foi.

[2] Le congé doit être motivé si l'autre partie le demande.

A. Contestabilità della disdetta
I. In genere

[1] La disdetta può essere contestata se contraria alle regole della buona fede.

[2] La parte che dà la disdetta deve motivarla a richiesta dell'altra.

Art. 271*a*

II. Kündigung durch den Vermieter

[1] Die Kündigung durch den Vermieter ist insbesondere anfechtbar, wenn sie ausgesprochen wird:

a. weil der Mieter nach Treu und Glauben Ansprüche aus dem Mietverhältnis geltend macht;

b. weil der Vermieter eine einseitige Vertragsänderung zu Lasten des Mieters oder eine Mietzinsanpassung durchsetzen will;

c. allein um den Mieter zum Erwerb der gemieteten Wohnung zu veranlassen;

d. während eines mit dem Mietverhältnis zusammenhängenden Schlichtungs- oder Gerichtsverfahrens, ausser wenn der Mieter das Verfahren missbräuchlich eingeleitet hat;

e. vor Ablauf von drei Jahren nach Abschluss eines mit dem Mietverhältnis zusammenhängenden Schlichtungs- oder Gerichtsverfahrens, in dem der Vermieter:

1. zu einem erheblichen Teil unterlegen ist;

2. seine Forderung oder Klage zurückgezogen oder erheblich eingeschränkt hat;

3. auf die Anrufung des Richters verzichtet hat;

4. mit dem Mieter einen Vergleich geschlossen oder sich sonst wie geeinigt hat;

f. wegen Änderungen in der familiären Situation des Mieters, aus denen dem Vermieter keine wesentlichen Nachteile entstehen.

[2] Absatz 1 Buchstabe e ist auch anwendbar, wenn der Mieter durch Schriftstücke nachweisen kann, dass er sich mit dem Vermieter ausserhalb eines Schlichtungs- oder Gerichtsverfahrens über eine Forderung aus dem Mietverhältnis geeinigt hat.

[3] Absatz 1 Buchstaben d und e sind nicht anwendbar bei Kündigungen:

a. wegen dringenden Eigenbedarfs des Vermieters für sich, nahe Verwandte oder Verschwägerte;

b. wegen Zahlungsrückstand des Mieters (Art. 257d);

c. wegen schwerer Verletzung der Pflicht des Mieters zu Sorgfalt und Rücksichtnahme (Art. 257f Abs. 3 und 4);

d. infolge Veräusserung der Sache (Art. 261);

e. aus wichtigen Gründen (Art. 266g);

f. wegen Konkurs des Mieters (Art. 266h).

II. Congé donné par le bailleur

[1] Le congé est annulable lorsqu'il est donné par le bailleur, notamment:

a. parce que le locataire fait valoir de bonne foi des prétentions découlant du bail;

b. dans le but d'imposer une modification unilatérale du bail défavorable au locataire ou une adaptation de loyer;

c. seulement dans le but d'amener le locataire à acheter l'appartement loué;

d. pendant une procédure de conciliation ou une procédure judiciaire en rapport avec le bail, à moins que le locataire ne procède au mépris des règles de la bonne foi;
e. dans les trois ans à compter de la fin d'une procédure de conciliation ou d'une procédure judiciaire au sujet du bail et si le bailleur:
   1. a succombé dans une large mesure;
   2. a abandonné ou considérablement réduit ses prétentions ou conclusions;
   3. a renoncé à saisir le juge;
   4. a conclu une transaction ou s'est entendu de toute autre manière avec le locataire.
f. en raison de changements dans la situation familiale du locataire, sans qu'il en résulte des inconvénients majeurs pour le bailleur.

2 La let. e de l'al. 1 est également applicable lorsque le locataire peut prouver par des écrits qu'il s'est entendu avec le bailleur, en dehors d'une procédure de conciliation ou d'une procédure judiciaire, sur une prétention relevant du bail.

3 Les let. d et e de l'al. 1 ne sont pas applicables lorsqu'un congé est donné:
a. en raison du besoin urgent que le bailleur ou ses proches parents ou alliés peuvent avoir d'utiliser eux-mêmes les locaux;
b. en cas de demeure du locataire (art. 257d);
c. pour violation grave par le locataire de son devoir de diligence ou pour de graves manques d'égards envers les voisins (art. 257f, al. 3 et 4);
d. en cas d'aliénation de la chose louée (art. 261, al. 2);
e. pour de justes motifs (art. 266g);
f. en cas de faillite du locataire (art. 266h).

II. Disdetta da parte del locatore

1 La disdetta può essere contestata in particolare se data dal locatore:
a. poiché il conduttore fa valere in buona fede pretese derivantigli dalla locazione;
b. allo scopo di imporre una modificazione unilaterale del contratto sfavorevole al conduttore o un adeguamento della pigione;
c. esclusivamente per indurre il conduttore ad acquistare l'abitazione locata;
d. durante un procedimento di conciliazione o giudiziario in relazione con la locazione, sempreché il conduttore non l'abbia intrapreso in maniera abusiva;
e. nei tre anni susseguenti alla fine di un procedimento di conciliazione o giudiziario in relazione con la locazione e nel corso del quale il locatore:
   1. è risultato ampiamente soccombente;
   2. ha ritirato o sensibilmente ridotto le sue pretese o conclusioni;
   3. ha rinunciato ad adire il giudice;
   4. ha concluso una transazione con il conduttore o si è comunque accordato con lui.
f. per mutamenti nella situazione familiare del conduttore che non comportano svantaggi essenziali per il locatore.

2 Il capoverso 1 lettera e si applica anche quando il conduttore può provare con documenti scritti di essersi accordato con il locatore, fuori di un procedimento di conciliazione o giudiziario, circa una pretesa derivante dalla locazione.

3 Le lettere d ed e del capoverso 1 non si applicano se è stata data disdetta:
a. perché la cosa locata occorre al fabbisogno personale urgente del locatore, dei suoi stretti parenti o affini;
b. per mora del conduttore (art. 257d);
c. per violazione grave dell'obbligo di diligenza e di riguardo per i vicini (art. 257f cpv. 3 e 4);
d. in seguito all'alienazione della cosa locata (art. 261 cpv. 2);
e. per motivi gravi (art. 266g);
f. per fallimento del conduttore (art. 266h).

Literatur

Barbey, Commentaire du droit du bail, chap. III, Protection contre les congés concernant les baux d'habitation et de locaux commerciaux, Genf 1991; Calamo, Die missbräuchliche Kündigung der Miete von Wohnräumen, Diss. Bern 1994; Baumann, Mietrechtliche Stolpersteine bei der Umnutzung von Liegenschaften, Jusletter vom 25.11.2013; Conod, La protection du locataire en matière de congés, 15e séminaire sur le droit du bail, Neuchâtel 2008; Corboz, La nullité du congé dans le nouveau droit du bail,

CdB 1994, 33 ff.; DERS., Les congés affectés d'un vice, 9e séminaire sur le droit du bail, Neuchâtel 1996; EIHOLZER, Anfechtung von ausserordentlichen Kündigungen im Mietrecht, SJZ 1992, 325 ff.; FUTTERLIEB, Kündigung bei umfassender Überholung, MRA 2008, 28 f.; GIGER, Die Erstreckung des Mietverhältnisses, Diss. Zürich 1995; GIRÓN, Die missbräuchliche Kündigung von Wohn- und Geschäftsraummiete, Jusletter vom 25.8.2014; HASENBÖHLER, Die gemietete Familienwohnung, MRA 1995, 225 ff.; KOLLER/BÜHLER, Ertragsoptimierung als Motiv einer Mietvertragskündigung – Gedanken zu einer Inkohärenz in der Rechtsprechung des Bundesgerichts, ZBJV 1995, 412 ff.; KUNZ, Kündigung wegen Sanierung, mp 2012, 237 ff.; LACHAT, La motivation de la résiliation du bail, CdB 2008, 65 ff.; MENGE, Kündigung und Kündigungsschutz bei der Miete von Wohn- und Geschäftsräumlichkeiten, Diss. Basel 1993; MÜNCH, Tragweite des Schutzes vor treuwidriger Kündigung des Mietverhältnisses, ZBJV 1994, 411 ff.; OBERHAMMER/KLETECKA/WALL (Hrsg.), Soziales Mietrecht in Europa, Wien 2010; PICHONNAZ, L'abus de droit dans le contrat de bail à loyer, 18e séminaire sur le droit du bail, Neuchâtel 2014, 143 ff.; REYMOND, Résiliation du bail à loyer et logement de famille, CdB 1994, 1 ff.; RIZZOLIO, Les travaux de rénovation et de modification de la chose louée entrepris par le bailleur; analyse de l'article 260 OR, Diss. Lausanne 1998; ROHRER, Der Eigenbedarf im Mietrecht, MRA 2011, 133 ff.; SAVIAUX, Abus de droit et droit du bail, CdB 2007, 1 ff.; SIEGRIST, Les congés inefficaces, CdB 1996, 1 ff.; THANEI, Die Erstreckung des Mietverhältnisses, Fachheft Mietrecht, Zürich 1990 (zit. Thanei, Erstreckung); DIES., Ausgewählte Entscheide zum Kündigungsschutz, Fachheft Mietrecht, Zürich 1996 (zit. Thanei, Kündigungsschutz); DIES., Neues zum Kündigungsschutz, mp 2012, 85 ff.; WEBER, Der zivilrechtliche Schutz der Familienwohnung, AJP 2004, 30 ff.; DERS., Die Kündigung nach Treu und Glauben, mp 2008, 1 ff.; vgl. ferner die Literatur- und Materialienhinweise bei den Vorbem. zu Art. 253–273c.

I. Zweck und Anwendungsbereich der Bestimmungen

1 Die Einführung der **Anfechtbarkeit der Kündigung** war das **Kernstück** der Mietrechtsrevision von 1990 und diente der Erfüllung des entsprechenden Verfassungsauftrags (heute Art. 109 Abs. 1 BV). Anlass dazu war die auch im internationalen Vergleich übermässige Zurückhaltung der früheren Lehre und Praxis mit der Anwendung des Vertrauensprinzips bei der Beurteilung von Kündigungen. Leitsatz war vor der Revision, dass man nicht missbräuchlich ausüben könne, was man sich voraussetzungslos ausbedungen habe (BGE 109 II 158 f.; BK-MERZ, Art. 2 ZGB N 315 und 389; vgl. als Relikt dieser Idee Art. 268a Abs. 2). Der geltende Kündigungsschutz trägt dem Gesichtspunkt Rechnung, dass auch das Recht zur Kündigung nicht «ausbedungen», sondern vereinbart ist und daher nach Treu und Glauben nicht als antizipiertes Einverständnis zu illoyalem Verhalten des Vertragspartners verstanden werden darf (ähnlich ZK-HIGI, Vor Art. 271–273c OR N 45). Die Regelung geht aber einen Schritt weiter: Das Kündigungsrecht steht nicht mehr nur unter dem Verbot *offensichtlichen* Rechtsmissbrauchs (Art. 2 Abs. 2 ZGB). Vielmehr ist aufgrund des bewussten Verzichts auf dieses Kriterium (Botschaft Mietrecht, 1458) dem Prinzip von Treu und Glauben i.S.v. Art. 2 *Abs. 1* ZGB bei einer Kündigung umfassend Rechnung zu tragen. Leitbild des Gesetzgebers ist der Ausschluss von Kündigungen, denen kein schützenswertes Motiv zugrunde liegt (ZK-HIGI, Vor Art. 271–273c OR N 46; HONSELL, OR BT, 237; GUHL/KOLLER/SCHNYDER/DRUEY, 443 f.; ZIHLMANN, 209 f.; WEBER, Diss., 186). Die beispielhafte Aufzählung anfechtbarer Kündigungen in Art. 271a zeigt aber darüber hinaus, dass das Gesetz weit eher von positiven Loyalitätskriterien und vom Sozialschutzgedanken ausgeht denn vom negativ geprägten Missbrauchsbegriff (BGE 131 III 33 E. 3.2). Besonders deutlich wird dies bei den Sperrfristen von Art. 271a Abs. 1 lit. d und e sowie Abs. 2 und beim Familienschutz gem. Art. 271a Abs. 1 lit. f: Während bei der Kündigung während einer Sperrfrist ein missbräuchliches Motiv unter Vorbehalt von Abs. 3 schlechterdings fingiert wird, verlangt das Gesetz bei einer Kündigung wegen Änderungen in den familiären Verhältnissen ausdrücklich eine Interessenabwägung (vgl. ZK-HIGI, Vor Art. 271–273c OR N 50).

1a Die **Anfechtbarkeit** einer Kündigung bedeutet, dass deren Wirkungen **auf dem Wege einer Gestaltungsklage vernichtet** werden können (Art. 273: vgl. CR CO I-LACHAT, N 2; ZK-HIGI, Vor Art. 271–273c OR N 8, Art. 271 N 92 ff.; KUKO OR-BLUMER, N 4). Eine Anfechtung setzt voraus, dass überhaupt ein Anfechtungsobjekt vorhanden ist. Dies ist nicht der Fall, wo die Kündigungserklärung sich von vornherein als nichtig erweist (ZK-HIGI, Art. 271 OR

N 40). Der Hauptunterschied zwischen **nichtigen** und **anfechtbaren** Kündigungen liegt darin, dass die **Nichtigkeit jederzeit geltend gemacht** werden kann, insb. also im Anfechtungs- und selbst noch im Ausweisungsverfahren zu prüfen ist (BGE 121 III 56 E. 1c; 122 III 92 E. 2d; 133 III 175), während die nur anfechtbare Kündigung nach verstrichener Anfechtungsfrist ihre vollen Wirkungen entfaltet. Zu **nichtigen Kündigungen** vgl. N 29 sowie Art. 266a N 1 ff. und Art. 266o N 2 ff. Zur Anwendbarkeit des besonderen Anfechtungsverfahrens auch bei nichtigen Kündigungen vgl. Art. 273 N 6.

Das Anfechtungserfordernis bei den von Art. 271 und 271a erfassten Kündigungen darf nicht zu Folgerungen materiellrechtlicher Art verleiten wie etwa zur Aussage, jede nicht an einem Nichtigkeitsgrund leidende Kündigung sei «grundsätzlich» gültig (so ZK-HIGI, Vor Art. 271–273c OR N 61 und Art. 271 OR N 22, 28 ff., der für seine Meinung zu Unrecht GUHL/MERZ/KOLLER, 8. Aufl., 407, und BARBEY, N 4 [der nur von einer Vermutung der Gültigkeit spricht] in Anspruch nimmt). Solche Vor-Urteile vermischen, vulgärrechtlichem Aktionendenken nicht unähnlich (so selbst ZK-HIGI, Art. 271 OR N 33), die materielle Rechtslage mit dem Klageerfordernis. Gleich wie etwa bei der Testamentsanfechtung oder bei der Berufung auf einen Willensmangel hebt das sogenannte **Anfechtungsprinzip** einen materiellen Mangel nicht auf, sondern stellt es dem Betroffenen anheim, sich auf diesen zu berufen (vgl. GUHL/KOLLER/SCHNYDER/DRUEY, 444). Kommt es in der Folge zu einer Aufhebung des angefochtenen Aktes, so wird dieser **ex tunc** vernichtet (BGE 122 III 92; ebenso ZK-HIGI, Art. 271 OR N 44), was die anfängliche Mangelhaftigkeit unterstreicht. Wenn man schon dem Anfechtungserfordernis eine materielle Bedeutung zuerkennen will, dann eher i.S. einer – allerdings gegenüber den allgemeinen Erfordernissen massiv begünstigten – Zustimmung des Betroffenen zur anfechtbaren Handlung, wie gerade die von HIGI zitierte Stelle in BGE 121 III 156 E. C1b sehr schön zeigt: Wenn der Mieter «[...] aurait dû agir dans les 30 jours s'il ne voulait pas que le congé **devînt** efficace» [Hervorhebung d. Verf.], mithin hätte klagen müssen, damit die Kündigung nicht wirksam **geworden wäre**, dann wird daraus klar, dass der Mieter der materiell mangelhaften Kündigung erst durch seine Untätigkeit Wirkung verschafft (vgl. auch Art. 269d N 1a).

Der Kündigungsschutz im engeren Sinne bildet zusammen mit dem **Erstreckungsrecht** (Art. 272 ff.) die Pfeiler des **Kündigungsschutzes im weiteren Sinn** (RONCORONI, 117; ZK-HIGI, Vor Art. 271–273c OR N 7). Beide Institute sind nur anwendbar auf die Miete von **Wohn- und Geschäftsräumen** (vgl. zur Definition Art. 253a–253b N 4 ff.), wie aus dem Titel des Dritten Abschnitts zum Mietrecht hervorgeht (nur im Ergebnis richtig daher BK-GIGER, Art. 255 OR N 49). 2

Als **Sozialrecht** kann der Kündigungsschutz bei **gemeinsamen Mietverhältnissen** von jedem Mieter einzeln geltend gemacht werden, denn wie alle Persönlichkeitsrechte kann dieser nicht einer Rechtsgemeinschaft, sondern stets nur den einzelnen Mitgliedern zustehen (vgl. Vor Art. 253 N 2). Da über das Rechtsverhältnis aber nur einheitlich entschieden werden kann, muss der Mitmieter, der sich dem Prozessergebnis nicht vorbehaltlos unterzieht, als Beklagter in den Prozess einbezogen werden (BGE 140 III 598; WEBER, Diss., 184 ff.; BK-HAUSHEER/REUSSER/GEISER, Art. 169 ZGB N 68; KOLLER TH., ZBJV 2005, 319 ff., 321; KUKO OR-BLUMER, N 5; **a.M.** ZK-HIGI, Vor Art. 253–274g OR N 124; SCHMID, SJZ 1991, 375, 377; MAAG, MRA 2004, 114; *Frage noch offen gelassen* in den BGer, 30.1.2004, 4C.236/2003 = mp 2004, 60 ff., sowie BGer, 30.5.2001, 4C.37/2001, E. 2b/bb = mp 2001, 154 ff.). Zufolge mangelhafter Prozessführung im konkreten Fall liess das BGer in BGE 136 III 441 die sich bei der Mietzinsanfechtung gleich stellende Frage ausdrücklich offen, ob auf diesem Weg dem Sozialrechtscharakter einer Anfechtung einerseits und der notwendigen Streitgenossenschaft zwischen den Mietern andererseits Rechnung getragen werden kann (E. 3.3; vgl. Vor Art. 253 N 2).

II. Die Kündigung wider Treu und Glauben

1. Gemäss der Grundnorm (Art. 271 Abs. 1)

3 Art. 271 Abs. 1 nimmt unmittelbar Bezug auf den Begriff von Treu und Glauben nach Art. 2 ZGB. Ungültig und anfechtbar ist daher jede Kündigung, welche dem allgemeinen Gebot zu loyalem und lauterem Verhalten widerspricht, ob sie nun vom **Vermieter oder vom Mieter** ausgeht (Zihlmann, 206; ZK-Higi, Art. 271 OR N 15 und 24). Die Besonderheit gegenüber Art. 2 ZGB liegt darin, dass Art. 271 Abs. 1 **keinen offensichtlichen Rechtsmissbrauch** verlangt, damit eine Kündigung angefochten werden kann (BGer, 18.11.2002, 4C.267/2002, E. 2.2; ZK-Higi, Art. 271 OR N 11). Zur Bestimmung des Gehaltes der Norm ist ein Hinweis auf die Bedeutung des allgemeinen Verbots *offensichtlichen* Rechtsmissbrauchs gem. Art. 2 Abs. 2 ZGB dennoch hilfreich, denn dadurch lässt sich der Mindestgehalt von Art. 271 Abs. 1 bestimmen (Barbey, N 21 ff.; Calamo, 288 f.; SVIT-Komm., Art. 271 N 20; ZK-Higi, Art. 271 OR N 56; BGE 136 III 190 = Pra 2010 Nr. 112, 120 II 105). Anfechtbar (vgl. dazu N 29) ist in jedem Fall eine Kündigung, die *keinem schützenswerten Interesse* entspricht (Schikaneverbot), worunter namentlich die Kündigung ohne jeden Grund und die zweckwidrige Verwendung des Kündigungsrechts fällt (ZK-Higi, N 65 ff.). Klassischer Anwendungsfall ist der nur ***vorgeschobene* Kündigungsgrund** (z.B. BGer, 24.2.2014, 4A_484/2013, E. B und 2.2). Anfechtbar ist sodann die Kündigung im Widerspruch zu früherem Verhalten des Kündigenden (Bsp.: Kündigung wegen – vom Vermieter ausdrücklich erlaubter – Prostitution: mp 1992, 132 f.) und auch eine Kündigung, bei der Zweck und Wirkung zueinander in krassem Missverhältnis stehen (BGE 136 III 190 E. 2 = Pra 2010 Nr. 112).

4 Infolge des **Verzichts auf das Merkmal** des **offensichtlichen** Rechtsmissbrauchs ist aus dem erweiterten *Schikaneverbot* zu schliessen, dass die Kündigung nicht nur anfechtbar ist, wenn sie grundlos erfolgt (vgl. Guhl/Koller/Schnyder/Druey, 443 f.); «le congé doit être considéré comme abusif s'il ne répond à aucun intérêt objectif, sérieux et digne de protection» (BGer, 18.11.2002, 4C.267/2002, E. 2.2). Vielmehr ist zur Gültigkeit ein **vernünftiger Grund** erforderlich, der auch einen gewissenhaften, rücksichtsvollen und korrekten Vertragspartner in der gleichen Situation zur Kündigung veranlassen würde (Honsell, OR BT, 237; Menge, 59 f.; Weber, Diss., 186; Trachsel, 218; Zihlmann, 209 ff.; CHK-Heinrich, N 3). Dies ist z.B. nicht der Fall, wenn der Vermieter auf einen blossen *Verdacht* eines bestimmten Verhaltens des Mieters hin kündigt oder wenn er in einem Mehrfamilienhaus bei Streitigkeiten unter den Mietern eine Kündigung ausspricht, ohne die Ursache der Missstimmung zu untersuchen, soweit ihm dies zumutbar ist (Calamo, 296, FN 465; Girón, Jusletter 2014, 19; vgl. als Beispiele für *vorbildliche Vermieter* BGer, 18.6.2002, 4C.106/2002 sowie BGer, 16.1.12, 4A_735/2011, E. 2.3–4; **a.M.** ZK-Higi, Art. 271 N 60; Müller, MRA 1995, 253 f.; Tschudi M., MRA 1/2013, 19 ff.; CHK-Heinrich, N 3), wenn er Bagatellen zum Anlass einer Kündigung nimmt (AppGer TI in mp 1998, 89 ff. und 98 ff.), wenn er wegen eines Mietzinsausstandes kündigt, dessen Höhe er nicht einmal ansatzweise ermittelt hat (BGE 120 II 32 E. 4) oder wenn er wegen eines nicht bewilligungsfähigen Bauprojekts kündigt (s. BGer, 24.3.2005, 4P.274/2004 = mp 2005, 172 ff.). Treuwidrig ist mangels eines konkreten Bezugs zum Gebrauch der Sache auch die Kündigung wegen persönlicher Abneigungen und Feindschaften zwischen Vermieter und Mieter, die nicht im gleichen Haus wohnen (Calamo, 291), persönlicher Eigenschaften des Kontrahenten (Hautfarbe, Religion etc.; BGE 120 II 105 E. 3a) oder wegen Ausübung verfassungsmässiger Rechte (Calamo, 295 f.; Girón, Jusletter 2014, 16 f.).

Einen etwas anderen Ansatz verfolgt demgegenüber Higi, der von der kündigenden Partei nur «Anstand bezüglich der Vertragsauflösung» verlangt «im Lichte der ihr zustehenden Befugnis *zur ordentlichen oder ausserordentlichen* Kündigung» (ZK-Higi, Art. 271 N 59). Unter einer solchen Prämisse wäre eine Überprüfung der Kündigung im Hinblick auf ihren Zweck und ihre Wirkungen generell ausgeschlossen, wo doch die Abwägung zwischen der Nutzung eines an sich bestehenden Rechtes gegen die damit verbundenen Konsequenzen das Kernstück der Missbrauchsüberprüfung im Privatrecht ausmacht. Auch HIGI verschliesst sich indessen einer Gegenüberstellung von Kündigungsgrund und Kündigungswirkung nicht ganz, erachtet er doch die grundlose Kündigung ebenso als treuwidrig wie die Kündigung aus geringfügigem Anlass (ZK-HIGI, N 75 und 86). Gültig ist aber seiner Ansicht nach – im Widerspruch zu Art. 271a Abs. 1 lit. f – etwa die Kündigung eines Vermieters, der gemäss seinen «implizit» in den Vertrag eingeflossenen Moralvorstellungen nur an Familien vermieten will und deshalb die Scheidung der Mietparteien nicht billigt (ZK-HIGI, Art. 271 OR N 61), oder die Kündigung zur Wiederherstellung des Hausfriedens, ohne dass der Vermieter sich auch nur im Ansatz um den Anlass des Streites gekümmert hat. Beide Beispiele lassen eine *objektivierte* Wertung des von einem loyalen Vertragspartner zu fordernden Verhaltens vermissen.

Ist *widersprüchliches Verhalten* i.d.R. schon krass rechtsmissbräuchlich, so können auch mindere Formen bereits die Anfechtbarkeit der Kündigung bewirken. Beispiele sind etwa die Kündigung des Mieters ohne handfesten Grund, nachdem Änderungen am Mietobjekt auf seinen Wunsch hin ausgeführt wurden, die Kündigung wegen eines Zahlungsrückstandes, der sich wegen einer nachlässigen Berechnung des Vermieters als viel geringer erweist als behauptet (BGE 120 II 32 E. 4 = MRA 1994, 30) oder die Kündigung des Vermieters kurz nach der Vermietung von Zusatzräumlichkeiten zum Zwecke der Betriebsvergrösserung. Man spricht in solchen Fällen auch von **Vereitelungskündigungen**, weil hier die Kündigung den berechtigten Erwartungen des Vertragspartners widerspricht und damit einzig darauf abzielt, dem Mieter den weiteren Gebrauch der Sache zu verunmöglichen. Ein Anwendungsfall stellt auch die (Vermieter-)Kündigung wegen Todes des Mieters dar (dazu Art. 266i N 2). Aus dem erweiterten Verbot des *venire contra factum proprium* folgt sodann, dass eine Kündigung wegen Umständen, die zum Zeitpunkt des Vertragsabschlusses bekannt waren oder schon seit langer Zeit hingenommen wurden, unzulässig ist (CALAMO, 296 f.; vgl. ZK-HIGI, N 68 ff.; BGE 120 II 31; 120 II 105 E. 3a und b = Pra 1995 Nr. 144; mp 1992, 132 ff.; BGer, 23.3.2009, 4A_583/2008, E. 5.1). Im Falle von Vertragsverletzungen des Kündigungsempfängers ist mit der Annahme widersprüchlichen Verhaltens des Kündigenden eine gewisse Zurückhaltung am Platz: Der Vermieter, der dem Mieter viel Zeit lässt, um fehlende öffentlichrechtliche Bewilligungen für seinen Betrieb einzuholen, verhält sich nicht wider Treu und Glauben, wenn er nach mehreren Fristerstreckungen die Kündigung ausspricht (BGer, 13.4.2010, 4A_62/2010, E. 3). 5

Nicht nur ein *krasses* Interessenmissverhältnis führt zur Anfechtbarkeit der Kündigung. 6
Zwar ist es mit Treu und Glauben i.S.v. Art. 271 Abs. 1 durchaus noch vereinbar, dass der Kündigende geringere Eigeninteressen über die gewichtigeren des Vertragspartners stellt (BGer, 9.12.2009, 4A_414/2009: Vermieter will die vom Mieter kaum benützte Wohnung lieber an eine Familie vermieten). Sobald das **Interessenmissverhältnis** jedoch als **erheblich** zu qualifizieren ist, erweist sich die Kündigung auch im Lichte des gegenüber Art. 2 Abs. 2 ZGB erweiterten **Gebots zur schonenden Rechtsausübung** als anfechtbar (BGE 125 III 231 E. 4b; BGer, mp 1999, 196 f.; BGer, 9.12.2009, 4A_414/2009, E. 3.1; THANEI, mp 2012, 93 f.; WEBER, Diss., 187; GIRÓN, Jusletter 2014, 17 ff.; ähnlich SVIT-Komm., Art. 271 N 37 [vgl. aber auch N 21]; CHK-HEINRICH, N 4). Zur Konkretisierung kann man sich eine Interessenskala von 0–10 vorstellen. Fehlt es an einem schutzwürdigen Kündigungsinteresse oder ist dieses nur gering (Werte von 0 oder 1 auf der Skala), so ist die Kündigung ungültig. Gleiches gilt, wenn die Differenz der auf dem Spiele stehenden Interessen aufgrund der gesamten Umstände mindestens einen Wert von 5 erreicht, denn diesfalls liegt ein erhebliches Interessenmissverhältnis vor. Die **Interessenabwägung** ist unabhängig von einer allfälligen Härte für den Mieter i.S. des Erstreckungsrechts vorzunehmen und kann daher durch diejenige nach Art. 272 nicht ersetzt werden (BGer, 19.2.2009, 4A_575/2008, E. 2.2 und 4.3; ähnlich KUNZ, mp 2012, 247 f.; ZK-HIGI, N 79 f.; **a.M.** CALAMO, 289; ROHRER, MRA 2011, 135 f.). Immerhin liefert das Erstreckungsrecht Anhaltspunkte für die Interessenabwägung nach Art. 271, da der Gesetzgeber selbst eine soziale Notlage als klassisches Mieterinteresse i.d.R.

durch eine Verlängerung des Mietverhältnisses und nicht durch eine Aufhebung der Kündigung beheben will. Das ändert aber nichts am Erfordernis einer vom Erstreckungsrecht unabhängigen Interessenabwägung. Gestützt wird dies namentlich durch Art. 271a Abs. 1 lit. f, der eine Abwägung des Bestandesinteresses des Mieters gegen die mit den veränderten Familienverhältnissen verbundenen Nachteile gebietet. Zur Prüfung der Interessenlage gehören auch die weiteren Kriterien der Verhältnismässigkeit. So muss die Kündigung für den angestrebten Zweck **geeignet und erforderlich** sein (WEBER, Diss., 186 f.; **a.M.** ohne Begründung CALAMO, 293 f.). Dies ist nicht der Fall, wenn kleinere **Vertragsverletzungen oder Unstimmigkeiten** ohne Abmahnung mit der Kündigung quittiert werden (ähnlich ZK-HIGI, Art. 257d OR N 8 und 30, Art. 271 OR N 82 ff.), wenn das Bau- oder Umnutzungsvorhaben des Vermieters aus öffentlich-rechtlichen Gründen in den Sternen steht (mp 2000, 194 f.; BGE 136 III 190 E. 4 = Pra 2010 Nr. 112; BGE 140 III 496 E. 4.1 und 4.2.2; BGer, 23.11.2010, 4A_528/2010; 26.2.2014, 4A_484/2013, E. B und E. 2.2; KUNZ, mp 2012, 248 f.; **a.M.** BAUMANN, Jusletter 2013, Rz 12) oder wenn ein Haus für **Umbau- oder Renovationsarbeiten** leergekündigt wird, die durch den Verbleib der Mieter nicht erheblich erschwert oder verzögert werden (vgl. Art. 260 N 2; BGE 135 III 112 E. 4; (BGE 140 III 496 E. 4.1; BGer, 25.6.2008, 4A_131/2008; 16.12.2010, 4A 518/2010, E. 2.4.2; MENGE, 63 f.; Lachat et al.-WYTTENBACH, 206; ZK-HIGI, N 87; KUNZ, mp 2012, 241 f.). Ob Umbauarbeiten einen gültigen Kündigungsgrund abgeben, hängt nicht allein von der Zumutbarkeit der Arbeiten für den Mieter i.S.v. Art. 260 ab: Führen an sich zumutbare Arbeiten bei einem Verbleib des Mieters im Objekt zu erheblichen Verzögerungen oder Mehrkosten, so kann dies als legitimer Kündigungsgrund betrachtet werden, soweit dem nicht ausserordentlich gewichtige Mieterinteressen gegenüberstehen (BGE 135 III 112 E. 3 [Totalsanierung]; 140 III 496 E. 4.1; BGer, 26.6.2006, 4C.28/2006, E. 2; 1.7.2010, 4A_227/2010; 3.8.2012, 4A_126/2012; krit. zum unzureichenden Einbezug des Zwecks von Art. 260 in die Beurteilung der Kündigung durch das BGer GIRÓN, Jusletter 2014, 22; für Zulassung nahezu beliebiger Kündigungen in Zusammenhang mit Umbauarbeiten SVIT-Komm., N 32; FUTTERLIEB, MRA 2008, 28 f.; RIZZOLIO, 200). Zumutbare Arbeiten sind allerdings wohl meist auch solche, bei denen der Verbleib des Mieters im Objekt auch nicht zu grossen Mehrkosten oder Verzögerungen führt (vgl. Lachat et al.-WYTTENBACH, 206; zur Frage der Relevanz der Haltung der Mieter zu den geplanten Arbeiten s. BGer, 9.12.2009, 4A_414/2009; Cpra Bail-CONOD, Art. 271 N 10: GABATHULER/SPIRIG, plädoyer 3/10, 44; KOLLER/SENNHAUSER, ZBJV 2011, 317). Der Vermieter hat bei der Begründung der Kündigung jedenfalls genaue Angaben zum geplanten Projekt zu machen, da nur so überprüft werden kann, ob die Anwesenheit von Mietern die Arbeiten stört, verlängert oder verteuert, und da nur so entschieden werden kann, ob eine Kündigung gegen den Grundsatz von Treu und Glauben verstösst oder nicht. Dies setzt zwangsläufig voraus, dass der Stand des Projekts schon im Zeitpunkt der Kündigung so ausgereift ist, dass dieser Aspekt durch den Mieter bei seinem Entscheid über die Anfechtung beurteilt werden kann (BGE 140 III 496 E. 4.2.2; hier genügte die lapidare Begründung «rénovation, transformation, restructuration de l'étage» diesen Anforderungen nicht). Der Entscheid zeigt zugleich, dass auch an sich legitime Kündigungsinteressen zur Aufhebung der Kündigung führen können, wenn sie nicht gehörig offen gelegt werden (dazu N 30 f.).

Einem erheblichen Interessenmissverhältnis nicht Rechnung trägt auch der Vermieter von Geschäftsräumen, der erfährt, dass ein Einrichtungsgegenstand im Mietobjekt einem Dritten gehört, und zur Wahrung seines Retentionsrechtes gem. Art. 268a Abs. 2 eine Kündigung ausspricht, obwohl seine Mietzinsforderungen nicht im Geringsten gefährdet sind (s. Art. 268–268b N 8; gl.M. KUKO OR-BLUMER, Art. 268–268b N 8).

7 Selbst an sich legitime Interessen des Kündigenden können damit je nach den im Spiele stehenden Interessen seines Kontrahenten u.U. als schonungslose Rechtsausübung erscheinen und daher einer Anfechtung nicht standhalten (BGer, 19.2.2009, 4A_575/2008, E. 2.2 und 4.3; 2.9.2010, 4A_300/2010, E. 4; vgl. auch das arbeitsrechtliche Beispiel in BGE 132 III 115 E. 2.2). So wird sich etwa der Vermieter, der seine Liegenschaft ohne zeitliche Dringlichkeit umfassend überholen will (vgl. dazu N 6 sowie Art. 260 N 2), das erheblich überwiegende Interesse sehr alter Hausbewohner am Fortbestand des Mietvertrages entgegenhalten lassen müssen, da diese durch eine Verlegung ihres Lebensmittelpunktes erfahrungsgemäss in besonders starker Weise beeinträchtigt werden (**a.M.** Calamo, 294). Ebenso kann der Vermieter nicht wegen erhöhter Abnützung kündigen, wenn sich beim Mieter Familienzuwachs eingestellt hat (vgl. Art. 271a Abs. 1 lit. f). Weitere Beispiele liefern zwei nur im Internet publizierte Entscheide des BGer. Im Urteil BGer, 2.9.2010, 4A_300/2010, erklärte das Gericht eine Kündigung für ungültig, die der Vermieter zum Zwecke des Verkaufs der Wohnung bzw. zur Steigerung des erhofften Gewinns daraus ausgesprochen hatte. Die 77-jährigen verheirateten Mieter, der Ehemann krebskrank, lebten dagegen seit 38 Jahren in der Wohnung und pflegten dort auch ihren behinderten Sohn. Das BGer nahm hier zu recht ein krasses Interessenmissverhältnis an. Im – interessanteren – Urteil BGer, 6.10.2010, 4A_297/2010, schützte das Gericht selbst einen eigenbedarfsähnlichen Kündigungsgrund der Vermieterin nicht, welche die fragliche Wohnung dem in Genf wohnenden und studierenden Sohn ihres einzigen Aktionärs überlassen wollte, welcher seine dortige Wohnung wegen seines Hundes gegen eine solche mit Garten eintauschen und zudem seinen Pendelweg verkürzen wollte. Diesem Kündigungsmotiv standen die Interessen einer herzkranken, depressiven, stark in ihrer Mobilität eingeschränkten und finanziell schlecht gestellten Mieterin gegenüber. Das BGer erklärte die Kündigung entgegen der zweiten Instanz, aber gleich wie die erste für ungültig – völlig zu Recht.

Das BGer trägt dem Erfordernis der Interessenabwägung dennoch bisweilen zu wenig Rechnung und schöpft damit das Potential von Art. 271 Abs. 1 nicht voll aus (so Girón, Jusletter 2014, 18 ff., 20). So schützte es in BGE 136 III 190 = Pra 2010 Nr. 112 entgegen der Genfer Appellationskammer in Mietsachen eine Kündigung gegenüber dem langjährigen Mieter eines Restaurants, die der Vermieter damit begründet hatte, er wolle die Sache einer anderen, noch dazu nicht einmal näher spezifizierten Nutzung zuführen. Gleichzeitig musste das Gericht einräumen, dass der Mieter wohl kaum ein geeignetes Ersatzobjekt im Zentrum von Genf finden würde. Besonders die Erwägung, der Eigentümer habe eine dauerhafte Beziehung zur Sache und daher ein vorrangiges Recht, deren Nutzung nach Belieben zu ändern, während die Beziehung eines – die Sache gestützt auf einen auf unbestimmte Zeit geschlossenen Mietvertrags nutzenden – Mieters zur Sache stets nur eine temporäre sei (a.a.O., E. 5), ist problematisch, denn ein unbefristetes Mietverhältnis sichert dem Mieter nicht nur temporär das Dach über dem Kopf. Deshalb hat der Gesetzgeber den Kündigungsschutz i.e.S. nicht auf Fälle offensichtlicher Treuwidrigkeiten begrenzt. Richtig ist daher zwar, dass eine Nutzungsänderung grundsätzlich ein legitimes Kündigungsinteresse darstellt (so Koller Th., ZBJV 2011, 1001 f.). Dies bedingt aber, dass der Vermieter konkret die geplante neue Nutzungsart nennt und nicht bloss erklärt, er möchte der bisherigen ein Ende setzen (ähnlich Girón, Jusletter 2014, 21). Auch die maximale Erstreckungsdauer von sechs Jahren, die das BGer dem Mieter gewährt hat, vermag dies nicht zu kompensieren. Ähnlich ist der Entscheid des BGer, 28.2.2013, 4A_484/2012 zu bewerten. Hier räumte das BGer entgegen den beiden Vorinstanzen unter Berufung auf Art. 27 BV dem reinen Spekulationsinteresse der Vermieterin gegenüber dem Bestandsinteresse der Mieterin und ihrer betagten Mutter nach einem 18-jährigen Mietverhältnis den Vorrang ein und kompensierte die Konsequenzen lediglich mit einer Maximalerstreckung. Immerhin deutete es hier an, dass es anders entschieden hätte, wenn die Mieterin nicht eine gut verdienende Ärztin und ihre (gesunde) Mutter nicht vermögend gewesen wäre (E. 2.3.3). **7a**

Diese neueren Entscheide zeigen jedenfalls, dass die gelegentlich anzutreffende Auffassung, der Trend zur steten Verschärfung der Auslegung von Mieterschutznormen behindere die Gestaltungsfreiheit der Grundeigentümer, jedenfalls in dieser allgemeinen Form nicht zutrifft (so aber Baumann, Jusletter 2013, Rz 4).

2. Gestützt auf den Katalog von Art. 271a

a) Allgemeines

8 Art. 271a enthält einen Katalog von Fallgruppen, der beispielhaft die Voraussetzungen der Anfechtbarkeit einer *Vermieterkündigung* aufzählt. Er soll die Grundnorm von Art. 271 Abs. 1 für die **Vermieterkündigung** konkretisieren. Der Katalog geht in lit. d und e über das Gebot zur Kündigung nach Treu und Glauben i.S.v. Art. 271 Abs. 1 und Art. 2 Abs. 1 ZGB hinaus (GUHL/KOLLER/SCHNYDER/DRUEY, 444; ZK-HIGI, Art. 271a OR N 9).

9 Der Kündigungsschutz dieses Artikels definiert die Kündigungsvoraussetzungen auf zwei verschiedene Arten: Gemäss Abs. 1 lit. a, b, c und f besteht ein **sachlicher Kündigungsschutz**, der bestimmte Kündigungsmotive des Vermieters verpönt. Abs. 1 lit. d und e sowie Abs. 2 statuieren einen **zeitlichen Kündigungsschutz** und schliessen die Vermieterkündigung (mit den Ausnahmen gem. Abs. 3) innerhalb einer **Sperrfrist** gänzlich aus. Das Gesetz schafft dadurch eine **Fiktion** der treuwidrigen Kündigung (BGE 131 III 33 E. 3.2; Hangartner-RONCORONI, 135; SVIT-Komm., Art. 271a N 2; ZK-HIGI, Art. 271a OR N 18; KOLLER TH., ZBJV 2006, 422). Der Ablauf der Sperrfrist wiederum schliesst nicht aus, dass die Kündigung des Vermieters gestützt auf Art. 271a Abs. 1 lit. a–c bzw. f oder gem. Art. 271 Abs. 1 anfechtbar ist (Hangartner-RONCORONI, a.a.O., für den Fall einer Rachekündigung nach Ablauf der Sperrfrist).

9a In der Lehre wird angeführt, der Katalog von Art. 271a enthalte «Vermutungen» treuwidriger Kündigungsmotive, die teils unwiderlegbar (mithin Fiktionen), teils in engen Grenzen widerlegbar (wie etwa bei den gesetzlichen Kündigungsmöglichkeiten während laufender Sperrfrist oder durch den Nachweis von wesentlichen Nachteilen beim Familienschutz) seien (ZK-HIGI, Art. 271a OR N 13 ff.). Bei Lichte besehen handelt es sich indessen schlicht um die Definition bestimmter anfechtbarer Kündigungen. Fällt der tatsächliche Kündigungsgrund darunter, so erweist sich die Kündigung als ungültig. Eine «Widerlegung» dieser Konsequenz ist nur durch den Nachweis möglich, dass der Kündigung keine von Art. 271a erfassten Motive zugrunde liegen oder dass ein gesetzlich definierter Ausnahmetatbestand erfüllt ist (zur Beweislast vgl. N 30).

b) Die Vergeltungskündigung (lit. a)

10 Unter **Ansprüchen aus dem Mietverhältnis** sind die sich aus dem Vertrag und den zwingenden gesetzlichen Bestimmungen ergebenden Ansprüche des Mieters zu verstehen. Darunter fallen etwa das Recht zur Untervermietung (SJ 2001 I, 17 E. 2) oder die Übertragung des Mietvertrages im Rahmen einer Scheidung (vgl. Art. 263 N 17). Auch die Mängelrechte sind davon erfasst (probl. daher BGer, 24.11.2010, 4A_643/2010, wo das Gericht eine Kündigung schützte, welche eine Gemeinde ausgesprochen hatte, nachdem der Mieter sich über den immer stärker werdenden Lärm in den benachbarten Sälen beschwert hatte). Die geschützten Ansprüche sind somit nicht auf Geldforderungen beschränkt (ebenso CALAMO, 232; Lachat et al.-THANEI, 625 FN 195; ZIHLMANN, 212; ZK-HIGI, Art. 271a OR N 24 f.; GIRÓN, Jusletter 2014, 7; **a.M.** BARBEY, N 54 ff., der aber viele andere Ansprüche unter dem Titel der «prétention d'un caractère indirectement pécuniaire» [N 62] anerkennt). Enthält der Vertrag Klauseln nichtmietvertraglicher Natur, so sind sie aufgrund des Schutzcharakters der Norm den mietvertraglichen gleichzustellen (gl.M. CALAMO, 233; ähnlich ZK-HIGI, Art. 271a OR N 29 und 33; zweifelnd BARBEY, N 66). Äussert der Mieter einen Wunsch und wird ihm deswegen gekündigt, so kann die Kündigung zwar nicht unter Art. 271a Abs. 1 lit. a, wohl aber unter Art. 271 Abs. 1 subsumiert werden (ZK-HIGI, Art. 271a OR N 27), ebenso wenn der Vermieter kündigt, um den Mieter an der Geltendmachung von Rechten zu hindern (Vereitelungskündigung, N 5; GIRÓN, Jusletter 2014, 7, subsumiert solche Kündigungen unter die vorl. Bestimmung). Die Kündigung wegen Geltendmachung von Rechten aus anderen Verträgen oder aus öffentlichem Recht fällt ebenfalls unter Art. 271 Abs. 1, denn Rache stellt nie ein taugliches

Kündigungsmotiv dar, selbst wenn die «gerächte» Aktion keinen mietrechtlichen Bezug hat (diesbezüglich offenbar **a.M.** ZK-Higi, Art. 271a OR N 31 f.).

Dass der Mieter seine Ansprüche – in Form und Inhalt (ZK-Higi, Art. 271a OR N 40 ff.) – **nach Treu und Glauben** geltend zu machen hat, versteht sich von selbst, denn Treuwidrigkeiten stehen nicht unter dem Schutz von Treu und Glauben (BGE 114 II 80; weitere Kasuistik zu Art. 31 BMM: Barbey, N 70 ff.; Hangartner-Roncoroni, 137). Andererseits versagt lit. a nur dem **bösgläubigen Mieter** den Schutz. Der Mieter kann sich dabei auf die **Vermutung des guten Glaubens** nach Art. 3 Abs. 1 ZGB berufen (BGer, 2.2.2010, 4A_536/2009, E. 2.6). Dass er mit einem Begehren nicht durchgedrungen ist, schadet ihm für sich allein noch nicht (Calamo, 230; Lachat et al.-Thanei, 613; SVIT-Komm., Art. 271a N 12; ebenso ZK-Higi, Art. 271 OR N 46 ff., allerdings mit im Lichte von Art. 271 Abs. 1 z.T. problematischen Beispielen: Eine Kündigung etwa, weil der Mieter die unverzügliche Behebung eines Mangels gefordert hat, obwohl er dazu eine Frist hätte ansetzen müssen, basiert nachgerade auf einer Lappalie). 11

Das Gesetz fordert zwischen dem Verhalten des Mieters und der Kündigung einen **Kausalzusammenhang** (SJ 2001 I, 17 E. 2a). Der Mieter kann durch Beibringung entsprechender Indizien den Hauptbeweis des Vermieters bezüglich des behaupteten Kündigungsgrundes zum Scheitern bringen (vgl. zur **Beweislast** N 30). Es genügt dabei, dass er im Rahmen seines Gegenbeweises Umstände dartut, die mit grosser Wahrscheinlichkeit auf einen Kausalzusammenhang hindeuten (mp 1989, 116, 119; mp 1987, 68 ff.; ZR 77 [1978] Nr. 119; SVIT-Komm., Art. 271a N 13). Gewichtiges Indiz ist der nahe zeitliche Zusammenhang zwischen der Wahrnehmung von Mieterrechten oder dem Ablauf der Sperrfrist und der Kündigung (Lachat, 740 f.; Barbey, N 76 ff.; Calamo, 234; ZK-Higi, Art. 271a OR N 59; BGE 111 II 384 ff.; 113 II 460 ff.; 115 II 484 ff.). Haben verschiedene Motive zur Kündigung beigetragen, von denen ein Teil einen verpönten Charakter aufweist, so ist eine Gewichtung vorzunehmen. Ergibt sich, dass auch ein loyaler Vermieter unter den gleichen Umständen (d.h. unter Ausblendung der verpönten Elemente) eine Kündigung ausgesprochen hätte, so ist die Kündigung gültig (ähnlich ZK-Higi, Art. 271 OR N 62 ff.). 12

Zeitlich wirkt der Schutz gem. lit. a früher als die Sperrfrist gem. lit. d (Hangartner-Roncoroni, 136). Zur **Strafbarkeit** der Vergeltungs- oder Sanktionskündigung vgl. Art. 325bis StGB. 13

c) Änderungskündigung (lit. b)

Nach Art. 269d Abs. 2 lit. c und Abs. 3 sind einseitige Vertragsänderungen zu Lasten des Mieters nichtig, sofern der Vermieter zugleich die Kündigung ausspricht oder androht. In Ergänzung dazu ist gemäss der vorliegenden Bestimmung eine Kündigung anfechtbar, die mit dem **Ziel** erfolgt, eine Mietzinserhöhung oder eine andere einseitige Vertragsänderung, mithin eine **Veränderung der bisherigen Vertragsbedingungen** zum Nachteil des Mieters **durchzusetzen** (Zihlmann, 212 f.; ZK-Higi, Art. 271a OR N 74 ff.). Nicht erforderlich ist, dass die verlangte Vertragsänderung «gesetzwidrige Bedingungen» enthält (**a.M.** Hangartner-Roncoroni, 137). 14

Zweck von Art. 271a Abs. 1 lit. b ist zu verhindern, dass der Mieter vor die Wahl gestellt ist, entweder die Forderung des Vermieters anzunehmen, oder aber auszuziehen (BGE 111 II 387; 106 IV 69; ZMP 1991 Nr. 18; ZK-Higi, Art. 271a OR N 81). Die **Absage an die Änderungskündigung** steht in Zusammenhang mit Art. 269d und 270b, wo ein besonderes Verfahren zur **Herbeiführung von Vertragsänderungen ohne Gegenleistung** geregelt ist. Ein **Kausalzusammenhang** zwischen Kündigung und Vertragsänderung ist umso eher anzunehmen, je näher beide Ereignisse zeitlich liegen. Dabei spielt es keine Rolle, in welcher zeitlichen Abfolge Änderungsbegehren und Kündigung zueinander stehen (BGE 115 II 83; BGer, mp 1996, 104 ff.; ZK-Higi, Art. 271a OR N 87 f.; vgl. allgemein zur Beweislast nachstehend N 30). 15

16 Umstritten ist in diesem Kontext die Zulässigkeit der **Kündigung mit dem Zwecke der Weitervermietung an einen Dritten** zu einem höheren Mietzins (pauschal für Zulässigkeit SVIT-Komm., Art. 271a N 17; BLUMER, SPR VII/3, Rz 977; differenzierend BARBEY, N 233; CALAMO, 299 ff.; KUKO OR-BLUMER, N 6). Das BGer hat die Frage im Grundsatz zugunsten der Gültigkeit entschieden, jedoch vom Vermieter den Nachweis gefordert, dass der Mietzins berechnet nach der absoluten Methode (vgl. dazu Art. 269 N 5) tatsächlich erhöht werden kann und dass auch kein anderer Verstoss gegen Treu und Glauben, namentlich gegen das Verbot widersprüchlichen Verhaltens vorliege (BGE 120 II 105 = Pra 1995 Nr. 144; bestätigt in BGE 136 III 74 E. 3.1 = Pra 2010 Nr. 86 [zum Ende der Geschichte s. BGer, 19.2.2013, 4A_612/2012]; s.a. BGer, 18.11.2002, 4C.267/2002; 23.12.2004, 4C.343/2004; 27.5.2005, 4C.61/2005; 11.3.2008, 4A_472/2007; 1.2.2009, 4A_448/2009, E. 2.3; gl.M. ZK-HIGI, Art. 271 N 60; SVIT-Komm., Art. 271a N 17). Diese Rsp. ergänzt ein falsches Prinzip durch eine inkonsequente Ausnahme (krit. auch BISANG, MRA 1994, 28; KOLLER/BÜHLER, ZBJV 1995, 412 ff., 417). Geht es dem Vermieter nur um den Mietzins, so hat er den Weg der Erhöhung zu beschreiten; eine Kündigung dient sonst allein der **Gesetzesumgehung** und ist daher anfechtbar i.S.v. Art. 271 (KOLLER TH., ZBJV 2006, 417 ff.; KOLLER/MAUERHOFER, ZBJV 2010, 71 ff.; GIRÓN, Jusletter 2014, 27 f.; vgl. auch CALAMO, 239 f. und 299 ff.; **a.M.** BÄTTIG, MRA 2005, 120 ff.; SVIT-Komm., N 17; BAUMANN, Jusletter 2013, 4). Der Schutz des Mieters, dessen Mietzins auf der relativen Methode beruht, scheint mit dem Entscheid in Frage gestellt. Das Verhalten des Vermieters erscheint zumindest dann als widersprüchlich und damit treuwidrig, wenn er mangels genügender Vorbehalte zum Ausdruck gebracht hat, er erziele aus der Sache einen genügenden Ertrag, und alsdann die Kündigung dazu verwendet, um von einem Dritten einen höheren Mietzins (und sei es konform zur absoluten Methode) zu verlangen (vgl. BGE 120 II 105, 109 o.). Immerhin stellt der nach der bundesgerichtlichen Rsp. letztlich vom Vermieter zu führende Nachweis der Erhöhungsmöglichkeit nach absoluter Methode (dazu N 30) einen recht starken Schutz vor Auswüchsen dar (s. nur BGE 136 III 74 E. 3.1 = Pra 2010 Nr. 86 [zum Ende der Geschichte s. BGer, 19.2.2013, 4A_612/2012]; BGer, 27.5.2005, 4C.61/2005, und 11.3.2008, 4A_472/2007, wo der Vermieter mit seiner Kündigung jeweils nicht durchdrang). Zur Kündigung zwecks **Veräusserung der Sache in unvermietetem Zustand** s. N 20 sowie Art. 261 N 11. Zur Kündigung im Anschluss an eine **Versteigerung** im Rahmen der Zwangsvollstreckung gegen den Vermieter s. Art. 261 N 19.

d) Congé vente (lit. c)

17 Die Kündigung ist anfechtbar, wenn sie als **Druckmittel** eingesetzt wird, um das Mietobjekt dem Mieter zu verkaufen (ZK-HIGI, Art. 271a N 97). Die Bestimmung ist nur auf **Wohnungen** anwendbar, doch wird durch das Verbot der Erzwingung einer einseitigen Vertragsänderung (lit. b) bzw. das Verbot des Koppelungsgeschäftes (Art. 254) i.V.m. Art. 271a Abs. 1 lit. a für die Miete von Geschäftsräumen ein ähnlicher Schutz erreicht (Hangartner-RONCORONI, 138; Lachat et al.-THANEI, 616; ZK-HIGI, Art. 271a OR N 98; vgl. Art. 3 VMWG).

18 Voraussetzung für die Ungültigkeit ist der **Kausalzusammenhang** zwischen der Kündigung und der Absicht des Vermieters, den Mieter bei den Verkaufsverhandlungen unter Druck zu setzen. Der Gesetzgeber bringt dies durch die Wendung «allein um den Mieter [...] zu veranlassen» zum Ausdruck (BARBEY, N 168; CALAMO, 243f; ZIHLMANN, 213 f.; SVIT-Komm., Art. 271a N 25; ZK-HIGI, Art. 271a OR N 110). Ein solcher Zusammenhang besteht nach der diskutablen Auffassung des BGer nicht, solange nur der Mieter Kaufangebote gemacht hat, und zwar selbst dann nicht, wenn der Vermieter die Kündigung damit begründet hat, er könne für das unvermietete Objekt einen höheren Kaufpreis erzielen (BGer, 18.11.2002, 4C.267/2002, E. 2.3; krit. auch KOLLER TH., ZBJV 2006, 417; CR CO I-LACHAT, Art. 271a N 12; **a.M.** SVIT-Komm. sowie ZK-HIGI, je a.a.O.). Wiederum ist die zeitliche Nähe von Angebot und Kündigung gewichtiges Indiz. Zur Beweislast allgemein vgl. N 30.

Kündigt der Vermieter, **weil der Mieter sein Verkaufsangebot abgelehnt** hat, so liegt ein Verstoss gegen Art. 271a Abs. 1 lit. a vor, denn der Mieter hat mit seiner Weigerung nach Treu und Glauben Rechte ausgeübt (ähnlich CALAMO, 243 f.). 19

Keine Anwendung findet Art. 271 Abs. 1 lit. c auf Kündigungen wegen **Verkaufs an einen Dritten in unvermietetem Zustand**. Nicht zuletzt angesichts von Art. 261, der dem Mieter den Übergang der Mieterrechte beim Verkauf der Liegenschaft sichern will, muss jedoch in solchen Fällen von einem nach Art. 271 gewichtigen Interesse des Mieters am Fortbestand des Vertrages ausgegangen werden. Dies zwingt den verkaufswilligen Vermieter jedenfalls, gute Gründe für eine Kündigung vor dem Verkauf darzutun, wobei die Erzielung eines höheren Verkaufspreises für sich allein i.d.R. nicht genügen darf (vgl. dazu Art. 261 N 11 und 19; KOLLER TH., ZBJV 2006, 416 f.; MENGE, 74; s.a. ZIHLMANN, 213, FN 39; GIRÓN, Jusletter 2014, 25 f.; **a.M.** CALAMO, 243; ZK-HIGI, Art. 271a N 115, der allerdings von einem «angemessenen» Verkaufspreis spricht). Das BGer anerkennt die Erzielung eines höheren Kaufpreises unter Hinweis auf die Wirtschaftsfreiheit nach Art. 27 BV und die Massgeblichkeit des Kaufpreises für die Mietzinsgestaltung nach Art. 269 zwar als legitimen Kündigungsgrund. Je nach den auf dem Spiele stehenden Interessen des Mieters kann die Kündigung nach seiner Rsp. aber immerhin (krass) unverhältnismässig und damit treuwidrig sein (BGer, 18.11.2002, 4C.267/2002, E. 2.3; 9.3.2005, 4C.425/2004; 28.2.2013, 4A_484/2012 E. 2.3.3, mit ausdrücklicher Bestätigung von BGer, 2.12.2010, 4A_300/2010, E. 4.3). 20

e) Familienschutz gemäss lit. f

Die erst in der parlamentarischen Beratung eingefügte Bestimmung bringt deutlich zum Ausdruck, bis zu welchem Grad eine umfassend zu verstehende Vertragstreue die Kündigungsfreiheit einschränkt (GUHL/KOLLER/SCHNYDER/DRUEY, 446; Hangartner-RONCORONI, 139; vgl. N 4 und 6; teilw. **a.M.** ZK-HIGI, Art. 271a OR N 124 ff., der nicht durchwegs einen Bezug der Bestimmung zu Art. 2 ZGB sieht). 21

Die Bestimmung ist nicht nur auf Familienwohnungen anwendbar (dazu Art. 266m–266n N 2), sondern bezieht sich auf jede Art familiärer Veränderung seitens des Mieters. Umstritten ist, ob der Schutz der Norm nur Wohn- oder aber auch Geschäftsräume erfasst (für letzteres ZK-HIGI, Art. 271a OR N 137; BARBEY, N 175; **a.M.** MENGE, 86). Zumindest wäre auch unter dem Regime von Art. 271 Abs. 1 die Interessenabwägung für eine Kündigung eines Geschäftsraum-Mietverhältnisses in gleicher Weise vorzunehmen wie bei direkter Anwendung von Art. 271a Abs. 1 lit. f.

Eine **Änderung in der familiären Situation** des Mieters kann in Tod, Eheschluss, Scheidung bzw. Auflösung einer eingetragenen Partnerschaft nach Art. 29 ff. PartG (s. dazu auch N 10 und Art. 263 N 17), Trennung, Getrenntleben, Kinderzuwachs oder Wegzug einer Generation, Aufnahme einer verwandten Person und ähnlichen dauerhaften Veränderungen bestehen (BARBEY, N 179; Lachat et al.-THANEI, 627; WEBER, Diss., 182; ZIHLMANN, 214; ZK-HIGI, Art. 271 OR N 140 ff.). Liegen nur vorübergehende Veränderungen vor wie etwa beim Empfang eines Ferienbesuches, so gelangt die Bestimmung zwar nicht direkt zur Anwendung; gestützt auf Art. 271 Abs. 1 erweist sich eine Kündigung mit einer solchen Begründung indessen erst recht als treuwidrig (vgl. ZK-HIGI, Art. 271 OR N 145). Zum Familienkreis gehören gem. Art. 331 ZGB auch die in Hausgemeinschaft lebenden Arbeitnehmer des Mieters (ZK-HIGI, Art. 271a OR N 130). Wenngleich der Begriff Familie Konkubinatspartner nicht erfasst (vgl. BGE 105 II 197; vgl. zur Kritik an dieser Rsp. Art. 272 N 4), muss eine Kündigung des Vermieters ob der identischen Interessenlage zumindest gestützt auf Art. 271 anfechtbar sein (CALAMO, 245; ZK-HIGI, Art. 271a OR N 132; CHK-HEINRICH, N 13; SVIT-Komm., Art. 271a N 63; PERMANN, Art. 271a N 50; GIRÓN, Jusletter 2014, 10; für analoge Anwendung von lit. f Lachat et al.-THANEI, 627). Abgesehen davon macht der Mieter mit der Aufnahme des Partners oder dem Empfang von Besuchen schlicht sein Gebrauchsrecht geltend (vgl. Art. 256 N 9), so dass eine Anfechtung der Kündigung nach Art. 271 Abs. 1 lit. a in Betracht 22 kommt. Ebenso ist bei Scheidungen mit Blick auf Art. 121 ZGB und bei registrierten Partnerschaften mit Rücksicht auf Art. 32 PartG (dazu Art. 263 N 10 ff.) von einer Vereitelungskündigung (N 5) auszugehen, wenn der Vermieter kündigt, um den Wirkungen einer richterlichen Vertragsübertragung zu entgehen.

23 Wichtigstes Indiz für den Zusammenhang zwischen der Veränderung in den familiären Verhältnissen und der Kündigung ist auch bei lit. f. deren zeitliche Nähe zu den sich abzeichnenden Änderungen (vgl. ZK-Higi, Art. 271a OR N 147).

Inwieweit dem Vermieter **wesentliche Nachteile** erwachsen, ist im Einzelfall aufgrund aller Umstände (Art. 4 ZGB) zu bestimmen (Zihlmann, 215 o.). Anwendungsfälle sind die Überbelegung der Wohnung (vgl. Art. 262 N 8) und die mangelnde Gewähr einer aufzunehmenden Person für sorgfältigen Sachgebrauch. Stärkere Abnützung oder üblicher Kinderlärm sind dagegen stets zu dulden (Calamo, 246). Generell ist ein objektiver Massstab anzulegen. Moralvorstellungen des Vermieters spielen selbst dann keine Rolle, wenn sie in den Mietvertrag Eingang gefunden haben, denn sie haben mit der Benützung der Sache nichts zu tun (gl.M. Girón, Jusletter 2014, 10; **a.M.** ZK-Higi, Art. 271a OR N 170).

f) Sperrfristen gemäss lit. d und e einschliesslich Abs. 2

aa) Voraussetzungen

24 Der zeitliche Kündigungsschutz **während des mietrechtlichen Schlichtungs- oder Gerichtsverfahrens** setzt gemäss dem BGer keine missbräuchliche Ausübung des Kündigungsrechtes durch den Vermieter voraus (BGE 141 III 101 E. 2.2; 131 III 33 E. 3.3–5; BGer, 12.1.2011, 4A_594/2010, E. 2.2; Thanei, mp 2012, 97). Er beginnt grundsätzlich mit der **Klageanhebung**. Die frühere Diskussion, ob allenfalls die Rechtshängigkeit des Streites massgeblich sei (dazu Barbey, N 128 f.; Calamo, 249; Lachat et al.-Thanei, 618 FN 154; ZK-Higi, Art. 271a OR N 246 ff.; SVIT-Komm. Art. 271a N 37), ist seit Inkrafttreten der ZPO obsolet, da nach Art. 62 Abs. 1 ZPO die Einreichung eines Schlichtungsgesuchs die Rechtshängigkeit bewirkt. Zwar steht die Kündigung während einer Sperrfrist zumindest vom Zweck der Bestimmung her in Zusammenhang mit dem Rachegedanken i.S.v. Art. 271a Abs. 1 lit. a. Andererseits knüpft das Gesetz auch aus Praktikabilitätsüberlegungen an einen leicht bestimmbaren Zeitpunkt an. Es ist daher unerheblich, ob der Vermieter von der Rechtshängigkeit des Verfahrens weiss oder nicht (BGE 141 III 101 E. 2.4–10).

Der Schutz endet mit **rechtskräftiger Erledigung des Verfahrens**. Auch dieser Zeitpunkt ist seit der Schaffung der ZPO schweizweit einheitlich definiert (s. insb. zur unmittelbaren Beendigung der Rechtshängigkeit durch Abstandserklärungen Art. 241 Abs. 2 ZPO).

Zur Bestimmung des Zeitpunkts der Kündigung ist auf den Zugang der Erklärung abzustellen, denn erst damit entfaltet diese überhaupt Wirkungen (ZK-Higi, Art. 271a OR N 253; Lachat, bail à loyer, 747; **a.M.** Lachat et al.-Thanei, 618 [Versanddatum]). Nicht von Bedeutung für die Sperrwirkung sind die Parteirollenverteilung im Verfahren und – unter Vorbehalt des Rechtsmissbrauchs, d.h. der mutwilligen Prozessführung – die Prozesschancen (Calamo, 251; Menge, 76; Hangartner-Roncoroni, 141 f.; ZK-Higi, Art. 271a OR N 240 und 254; Lachat et al.-Thanei, 618).

25 Die dreijährige **Kündigungssperrfrist nach Abschluss eines Mietrechtsstreites** erfordert anders als die Sperrfrist während des Verfahrens zusätzlich einen Teilerfolg des Mieters im **abgeschlossenen Verfahren** (dazu N 24). Es kann sich dabei auch um ein Verfahren darüber gehandelt haben, ob überhaupt ein Mietvertrag vorliege (BGE 137 III 24 E. 3.4).

Ein *Unterliegen des Vermieters zu einem erheblichen Teil* i.S.v. Abs. 1 lit. e Ziff. 1 darf nicht an allzu strenge Anforderungen geknüpft werden. Nicht mehr als eine Richtschnur können die in der Lehre anzutreffenden Prozentzahlen bilden (Zihlmann, 216: 20–30%; Calamo, 256:

ca. ein Viertel bis ein Drittel; Barbey, N 115, und CHK-Heinrich, N 11: 35–40%). Bei der Festlegung der Grenze sind in erster Linie qualitative Aspekte massgeblich, mithin sind der Streitgegenstand, das vorprozessuale Verhalten der Parteien, ihre Möglichkeiten zur Abschätzung der Prozesschancen und die Erheblichkeit der Streitsache im Einzelfall zu gewichten (Zihlmann, 216; ZK-Higi, Art. 271 OR N 278; Lachat et al.-Thanei, 622; Thanei, mp 2012, 97; Probst, DdB 2011, 43). Hat der Mieter im Streit um den Bestand des Mietvertrags Erfolg gehabt, so ist der Vermieter unabhängig vom Gewicht einzelner Forderungen aus dem Vertrag zu einem erheblichen Teil unterlegen, auch wenn er bezüglich der Forderungen Recht bekommen hat (BGE 137 III 24 E. 3.3–4). Der Erfolg des Mieters darf aber jedenfalls nicht nur marginal sein (a.a.O., E. 3.3): Die Sperrfrist soll der Beruhigung der Gemüter dienen und nicht der Prozesslust Vorschub leisten. Ein blosser Nichteintretensentscheid wegen Illiquidität eines Ausweisungsbegehrens gestützt auf Art. 257 Abs. 3 ZPO lässt letztlich sämtliche Rechtsfragen offen und bildet grundsätzlich kein relevantes Obsiegen des Mieters (BGer, 15.4.2014, 4A_588/2013, E. 2.4; s. dazu aber auch N 27). Umgekehrt kann u.U. gar ein Klagerückzug *des Mieters* die Sperrfrist auslösen: Stellt z.B. der Mieter aufgrund einer Senkung des allgemeinen Kostenniveaus ein Senkungsbegehren nach Art. 270a und legt der Vermieter, der sich auf einen ungenügenden Ertrag beruft (vgl. dazu Art. 270a N 3), eine taugliche Renditeberechnung erst im Laufe des Verfahrens vor, so liegt schon wegen des obstruktiven Verhaltens des Vermieters keine Bagatelle mehr vor (N 27) und muss selbst bei einem Klagerückzug mindestens prozessual von einem Teilerfolg des Mieters gesprochen werden (offen gelassen in BGE 116 II 719 a.E., noch zu Art. 28 Abs. 3 BMM).

Gemäss Abs. 1 lit. e Ziff. 2 und 3 wird die Sperrfrist auch ausgelöst, wenn der Vermieter zu einem erheblichen Teil von seinem Standpunkt Abstand genommen hat. Ziff. 3 ist daher nicht anwendbar, wenn der Verzicht auf die Anrufung des Gerichts nicht als Abstandnahme gewertet werden kann, wie etwa nach der Feststellung der Nichteinigung nach einem Mietzinssenkungsbegehren des Mieters gem. Art. 270a (vgl. ZK-Higi, Art. 271a OR N 290 ff.; Hangartner-Roncoroni, 144).

Kommt es zu einem *Vergleich* (Abs. 1 lit. e Ziff. 4) vor der Schlichtungsbehörde oder dem Gericht, so kommt die Sperrfrist ohne Rücksicht auf den Umfang des jeweiligen Nachgebens zum Tragen (vgl. aber zu Einigungen in Bagatellstreitigkeiten N 27). Das lässt sich zwar mit dem Rechtsfriedensziel begründen, welches dem Vergleich eigen ist. Gelegentlich erschwert die gesetzliche Regelung aber eine vergleichsweise Bereinigung einer Streitsache, weil der Vermieter bei einem Zugeständnis u.U. die Möglichkeit verliert, eine ansonsten legitime Kündigung (z.B. wegen einer dringenden umfassenden Sanierung der Liegenschaft) auszusprechen.

Der Kündigungsschutz wird gem. Abs. 2 ausdrücklich auch auf **Vergleiche ausserhalb eines Verfahrens** ausgedehnt (vgl. zum Begriff des Vergleichs BGE 100 II 144). Der Beweis, dass ein Vergleich geschlossen wurde, muss mit **Schriftstücken** geführt werden, obwohl die Schriftlichkeit nicht den Charakter einer Formvorschrift hat (Zihlmann, 217). Eine Beschränkung auf Einigungen über **Geldforderungen** lässt sich dem Gesetz nicht entnehmen; die Einigung muss nur einen wirtschaftlichen Wert haben, mithin einen *im weitesten Sinne geldwerten* Anspruch betreffen (BGer, MRA 1995, 39 ff., E. 4; ZK-Higi, Art. 271 OR N 93 und Art. 271a N 307 [wo allerdings in problematischer Weise der Streit über die Zulässigkeit der Untermiete als nicht geldwert bezeichnet wird]; Guhl/Koller/Schnyder/Druey, 447; vgl. Zihlmann, 217 f.; Girón, Jusletter 2014, 13 f.; teilw. **a.M.** CHK-Heinrich, N 11; SVIT-Komm., Art. 271a N 68 f.). Auch eine aussergerichtliche Einigung über die Kündigung des Mietverhältnisses löst daher die Sperrfrist aus, ebenso wie die Verständigung über die zuvor umstrittene Haltung eines Haustieres (OGer TG in mp 1998, 101 ff.). Zu Vergleichen über Bagatellen und solchen ohne das charakteristische gegenseitige Nachgeben zur Bereinigung einer unklaren Rechts- oder Sachlage vgl. N 27. 26

Nach Ablauf der Sperrfrist erweist sich eine Rachekündigung selbstverständlich gestützt auf Art. 271a Abs. 1 lit. a oder 271 Abs. 1 als anfechtbar. Gewichtiges Indiz für das entsprechende 26a

Motiv ist der enge zeitliche Zusammenhang zwischen dem Ende der Sperrfrist und der Kündigung (CALAMO, 255; Hangartner-RONCORONI, 143; ZK-HIGI, Art. 271a OR N 271).

bb) Ausnahmen von der Sperrfrist

27 Die Berufung auf die Sperrfrist kann zunächst ihrerseits **rechtsmissbräuchlich** sein (vgl. BGE 130 III 563 E. 2.3 a.E.; ebenso ZK-HIGI, Art. 271a OR N 182). Dies ist etwa dann der Fall, wenn der Vermieter im Anfechtungsverfahren mit dem Mieter, der einen gültigen Kündigungsgrund gesetzt hat, einen Vergleich über die Fortsetzung des Mietverhältnisses schliesst, und letzterer sich danach erhebliche Vertragsverletzungen zuschulden kommen lässt, die aber nicht zu einer weiteren ausserordentlichen Kündigung berechtigen (MRA 1997, 6 ff.; gl.M. ZK-HIGI, Art. 271a OR N 211). Das BGer subsumiert darunter mit Recht auch die Fälle, dass der Mieter übersetzte Forderungen stellt oder ohne Konsultation des Vermieters einen Rechtsstreit vom Zaun bricht, einzig um in den Genuss der Sperrfrist zu gelangen (a.a.O.).

Weiter ist eine Kündigung trotz laufenden Verfahrens und auch nach dessen Abschluss möglich, soweit eine vorausgegangene Kündigung wegen eines **Fehlers mit Bagatellcharakter** (meist wegen eines Formfehlers) sich als **nichtig** erwiesen hat (s. dazu BGer in mp 2000, 196 f.; BGer, 8.5.2007, 4C.432/2006, E. 4.4; BARBEY, N 106; Lachat et al.-THANEI, 600; SVIT-Komm., Art. 271a N 9 sowie Art. 266*l*–266o N 27; ZK-HIGI, Art. 271a OR N 259; ZIHLMANN, 220; CHK-HEINRICH, N 10; zweifelnd KOLLER TH., ZBJV 2006, 423 f.; KOLLER/MAUERHOFER, ZBJV 2009, 834 ff.). Immerhin kann auch ein solcher Fehler Ausdruck einer Treuwidrigkeit sein, etwa wenn der Vermieter absichtlich eine Kündigung ohne Formular ausspricht in der Hoffnung, der sprachunkundige Mieter werde sich nicht über seine Rechte informieren können und ausziehen (offengelassen in BGer, 15.4.2014, 4A_588/2013, E. 2.7: Formfehler beruhte auf Unbeholfenheit des Vermieterin). Auch wenn über die Wirksamkeit einer nichtigen Kündigung Streit entstanden ist, kann dies durchaus eine Sperrfrist auslösen, insb. wenn der Streit nicht auf einen Irrtum oder ein Missverständnis zurückzuführen ist (BGE 131 III 33: Kündigung nach Art. 266g trotz Fehlens eines wichtigen Grundes; BGer, 30.5.2002, 4C.67/2002, E. 1; 29.3.2006, 4C.8/2006, E. 1.1, sowie 4.7.2006, 4C.96/2006, E. 1.2: Nichtige Zahlungsverzugskündigung; vgl. auch KOLLER TH., ZBJV 2006, 423 f.; Lachat et al.-THANEI, 600; CHK-HEINRICH, N 10; CR CO I-LACHAT, Art. 271a N 20c f.; GIRÓN, Jusletter 2014, 10, FN 70). Die abweichende Auffassung HIGIS, nach welcher eine nichtige Kündigung schlechterdings als nicht geschehen zu betrachten sei und daher auch keine Sperrfrist herbeizuführen vermöge (ZK-HIGI, Vor Art. 266–266o OR N 132 ff., Art. 271a OR N 24, 233, 267 und 303), kann nicht geteilt werden (dazu Art. 266o N 6). Gemäss der bundesgerichtlichen Rsp. kann, ja muss der Mieter denn auch eine nichtige Kündigung anfechten, wenn er sich darauf berufen will, sie sei überdies treuwidrig (BGE 122 III 92 E. 2d).

Keine Sperrfrist läuft schliesslich, wenn eine aussergerichtliche Einigung nicht durch **gegenseitiges Nachgeben** der Parteien in einer unklaren Rechtssituation zustande kommt (Bsp.: unangefochtene Mietzinserhöhung, sofortige Gewährung einer Mietzinsminderung oder -senkung; Bewilligung einer vertraglich verbotenen Haustierhaltung; diskussionsloser Ersatz von Schäden im Rahmen von Renovationsarbeiten; vgl. BGE 130 III 563; Pra 2000 Nr. 29 E. 4; BGer, mp 1999, 196; Gegenbeispiel: BGer, 6.3.2013, 4A_671/2012, E. 3) oder wenn die **Einigung Bagatellstreitigkeiten** betrifft (BGer in MRA 1995, 39 ff.; BGE 118 II 365 E. 1; 117 II 273 E. 5a; 130 III 563 E. 2.1; BGer, 27.4.2010, 4A_46/2010, E. 4.2; GUHL/KOLLER/SCHNYDER/DRUEY, 446; ZK-HIGI, Art. 271a OR N 294 f. und 306). All dies ist jedoch nicht leichthin anzunehmen. Keine Bagatelle liegt bspw. bei einer Nebenkostennachzahlung von CHF 675 vor (BGer, 1.4.2010, 4A_38/2010, E. 6.2).

cc) Kündigung während laufender Sperrfrist

Abs. 3 regelt im Übrigen die Ausnahmen zu den Sperrfristen gem. Abs. 1 und 2. Die in **Abs. 3 lit. b–f** aufgeführten Fälle, in denen eine Vermieterkündigung während der Sperrfrist zulässig ist, sind vom Gesetz unter Vorbehalt von Art. 2 Abs. 2 ZGB **abschliessend** aufgezählt (BGE 131 III 33 E. 3.4). Es handelt sich um Tatbestände, die alle an anderer Stelle als Gründe der ausserordentlichen Vertragsauflösung und teilweise auch als Gründe für den **Ausschluss der Erstreckung** (Art. 272a) aufgeführt sind. Eine Kündigung während der Sperrfrist ist in diesen Fällen auch möglich, wenn der Vermieter statt einer ausserordentlichen eine ordentliche Kündigung ausspricht (vgl. BGE 117 II 415 zum Fall der Kündigung wegen Zahlungsverzugs). Abs. 3 lit. d hat keine selbständige Bedeutung, sondern verweist integral auf das Kündigungsrecht des Erwerbers nach Art. 261 Abs. 2 lit. a, welches grundsätzlich nur bei dringendem Eigenbedarf besteht (s. aber Art. 261 N 16 ff.). **28**

Die genannten Kündigungsgründe werden in **lit. a** ergänzt durch den **dringenden Eigenbedarf** des Vermieters für sich, nahe Verwandte oder Verschwägerte. *Dringlichkeit* hat eine zeitliche und eine sachliche Bedeutung. Gemäss BGer liegt sie vor, wenn der Eigenbedarf **unmittelbar, konkret und aktuell** ist und ein weiteres Zuwarten für den Vermieter als **unzumutbar** erscheint (BGE 118 II 50 E. 3c; BGer, MRA 1997, 160 ff.; BGer, 4.3.2002, 4C.400/2001, E. 3a; Lachat et al.-Thanei, 619, 650 ff.; Prerost/Thanei, 152; Weber, Diss., 182 f.; ZK-Higi, Art. 271a OR N 188 ff.). Der Eigenbedarf ist zwar ein *klassisches Kündigungsmotiv* des Vermieters. Gerade weil er aber in der Rechtsmythologie von Laien stark verankert und schwer auf seine Ernsthaftigkeit überprüfbar ist, wird er häufig bei Querelen als Instrument eingesetzt. Aus diesem Grunde beschnitt der Gesetzgeber ganz bewusst die Bedeutung dieses Kündigungsgrundes, indem er selbst bei nachgewiesenem und sogar bei dringendem Eigenbedarf die Erstreckung nicht mehr ausschloss (vgl. demgegenüber aArt. 267c lit. c) und für Kündigungen während der Sperrfrist sowie nach einer Veräusserung der Mietsache die Dringlichkeit als Voraussetzung einführte. Mit «dringend» oder «dringlich» ist laut Duden aber keineswegs nur gemeint, etwas «unmittelbar, konkret und aktuell» zu benötigen, sondern **«unbedingt und rasch»**. Von einer solchen *Bedrängnis des Vermieters* kann nicht gesprochen werden, wenn dessen Tochter, die mit ihrem Freund zusammenwohnen möchte, aus völlig irrationalen Einbruchsängsten nicht in die leerstehende Parterrewohnung unterhalb der gekündigten Mietwohnung einziehen will (anders BGer, 4.3.2002, 4C.400/2001, E. 3). Mit Recht wurde auf der anderen Seite eine Kündigung bezüglich einer Wohnung aufgehoben, die von der Vermieterin zur Benützung durch ihren Sohn gekündigt worden war, obwohl zur Zeit der Kündigung eine weitere Wohnung im Haus leer gestanden war und es für die Bedürfnisse des Sohnes ausgereicht hätte, das von ihm bewohnte Atelier mit einer Waschgelegenheit auszustatten (BGer, 16.5.2013, 4A_78/2013; vgl. auch BGer, 21.11.2011, 4A_332/2011; 27.3.2006, 4C.17/2006, sowie vorn Art. 261 N 7. Zur Überprüfung der **Ernsthaftigkeit** des Eigenbedarfs s. Art. 272 N 11).

III. Einzelfragen

1. Anfechtbarkeit und Nichtigkeit

Entspricht eine Kündigung den allgemeinen Gültigkeitsvoraussetzungen nicht, wie etwa die vertragswidrige Kündigung, die Teilkündigung, die Kündigung eines vollmachtlosen Dritten, die Kündigung vor Mietantritt oder diejenige des Erwerbers der Mietsache vor dem Eigentumsübergang, so ist die Kündigung nicht nur anfechtbar, sondern **nichtig**. Gleiches gilt auch für die ausserordentliche Kündigung, deren Voraussetzungen nicht erfüllt sind (s. zu diesen Fragen Art. 266a N 1 sowie Art. 266o N 2 ff.). Immerhin kann auch eine **ausserordentliche Kündigung** nur **anfechtbar** sein, nämlich dann, wenn zwar ihre Voraussetzungen erfüllt sind, die Kündigungsberechtigung aber wider Treu und Glauben eingesetzt wird (offen gelassen in BGE 121 III 156 E. 1c; 122 III 92 E. 2d). Paradebeispiel ist die Zusicherung, man **29** werde trotz erfüllter Voraussetzungen die Kündigung nicht aussprechen (dazu ZK-HIGI, Vor Art. 266–266o OR N 47 ff., Vor Art. 271–273c OR N 55 f. und Art. 271 OR N 25).

Nach der hier vertretenen Ansicht ist entgegen BGE 133 III 175 auch die ***offensichtlich*** missbräuchliche Kündigung nicht nur anfechtbar, sondern **nichtig** (ebenso CALAMO, 135 und 205; ZIHLMANN, 207; Lachat et al.-THANEI, 599; **a.M.** ZK-HIGI, Vor Art. 271–273c N 64, sowie Art. 271 N 12 f.; SVIT-Komm., Art 271 N 10; CHK-HEINRICH, N 2; KUKO OR-BLUMER, N 6; CORBOZ, 9e séminaire, 25; CR CO I-LACHAT, Art. 266o N 1). Wohl wurde im Rahmen der Vorbereitungsarbeiten zur Mietrechtsrevision erklärt, der Verzicht auf die Offensichtlichkeit des Rechtsmissbrauchs sei das Gegenstück dazu, dass vom Kündigungsempfänger eine Anfechtung verlangt werde (statt vieler ZK-HIGI, Vor Art. 271–273c N 47). Darin ist streng genommen nun aber gar keine Aussage über das Schicksal einer *offensichtlich* missbräuchlichen Kündigung enthalten. Entgegen der h.L. lässt sich damit gerade nicht sagen, die blosse Anfechtbarkeit offensichtlich missbräuchlicher Kündigungen entspreche dem klaren Willen des Gesetzgebers (so z.B. GIRÓN, Jusletter 2014, 5, der diesem angeblich klaren Willen aber durchaus kritisch gegenübersteht). Die blosse Anfechtbarkeit führt dazu, dass die offensichtlich missbräuchliche Kündigung bei der Miete von **Wohn- und Geschäftsräumen** weniger weit gehende Konsequenzen hat als bei der Miete anderer Sachen. Zudem ist der Kündigende besser gestellt als bei jeder anderen Form offensichtlichen Rechtsmissbrauchs, wo die in jedem Verfahrensstadium von Amtes wegen zu beachtende Nichtigkeitsfolge selbstverständlich ist. Praktikabilitäts- und Rechtssicherheitsüberlegungen (vgl. ZK-HIGI, Vor Art. 271–273c OR N 66 ff.) dürfen bei dieser Frage keine Rolle spielen: Wer sich offensichtlich rechtsmissbräuchlich verhält, verdient auch unter dem Blickwinkel der Rechtssicherheit keinen Rechtsschutz. Die Formularpflicht bei der Vermieterkündigung deckt entgegen der zu kurz greifenden Begründung in BGE 133 III 175 bei weitem nicht alle problematischen Fälle ab: In der Praxis kommt es vor, dass (etwa sprachlich) nicht besonders gewandte Mieter mit falschen Erläuterungen oder Versprechungen von einer rechtzeitigen Anfechtung abgehalten werden. Was soll in den Fällen geschehen, in denen die kündigende Partei die Gegenseite gar mit List, Gewalt oder Drohungen von einer Anfechtung abhält? Meist wird sich eine Lösung über Art. 156 OR finden lassen – eine rechtzeitige Anfechtung ist auch dann anzunehmen, wenn die Gegenpartei diese wider Treu und Glauben verhindert hat (Art. 273 N 3). Ob der hier vorgeschlagene Ansatz wirklich sämtliche Probleme abzudecken vermag, bleibt abzuwarten. Es sprechen jedenfalls mehr als nur systematische Gründe für die hier vertretene Auffassung (PICHONNAZ, DdB 2008, 39 f.; DERS., 18e séminaire, Rz 68; **anders** KOLLER/MAUERHOFER, ZBJV 2009, 847 f.). Entgegen den genannten Autoren überzeugt auch der Vergleich mit dem Arbeitsrecht nicht: Erstens hatte der Gesetzgeber gute Gründe, die käufliche Treulosigkeit nach Art. 336 f. nicht ins Mietrecht zu übernehmen. Zweitens kann man den zeitlichen Kündigungschutz nach Art. 336c durchaus auch als (gewiss etwas willkürlichen) Katalog qualifizierter Treuwidrigkeiten begreifen, welche die Nichtigkeitsfolge nach sich ziehen. Besonders bedauerlich ist, dass das BGer seine Entscheidung in einem Fall getroffen hat, bei welchem der Kündigungsgrund aus dem Sachverhalt nicht ersichtlich ist. Es wäre vorzuziehen gewesen, mit der Publikation eines Leitentscheides zu warten, bis sich die Frage des offensichtlichen Rechtsmissbrauchs auch wirklich stellt. Gegen eine zurückhaltende Annahme einer Nichtigkeit nach Art. 2 Abs. 2 ZGB wäre nichts einzuwenden.

2. Gleichzeitiges Vorliegen von legitimen und treuwidrigen Kündigungsgründen

29a Liegen der Kündigung **sowohl legitime als auch treuwidrige Motive** (vgl. zu letzteren insb. Art. 271a) zugrunde, so hängt die Gültigkeit von einer Gesamtwürdigung der Umstände ab (gl.M. KUKO OR-BLUMER, N 12; problematisch daher das BGer in mp 1999, 196 f., wonach sich eine Prüfung der weiteren Gründe erübrigt, wenn ein einziger stichhaltig ist). Gibt der Vermieter Eigenbedarf sowie ein Bauvorhaben als Grund an, während er in Wahrheit nur das Bauvorhaben so rasch wie möglich verwirklichen will, liegt eine ungültige Kündigung vor, denn der angegebene Kündigungsgrund ist in einem wesentlichen Punkt vorgeschoben und die versuchte Vereitelung des Kündigungsschutzes im weiteren Sinn wiegt schwerer als das finanzielle Interesse am Umbau. Anders ist zu entscheiden, wenn eine dringliche Sanierung das wahre Kündigungsmotiv ist, denn der Vermieter hätte hier selbst bei korrektem Vorgehen sein Ziel erreicht.

3. Beweislast hinsichtlich des Kündigungsgrundes

Teile von Lehre und Praxis gehen davon aus, dass der Anfechtende die Missbräuchlichkeit der Kündigung zu beweisen habe (z.B. BÄTTIG, MRA 2005, 120; BARBEY, N 80, 154, 173, 186 und 202; CALAMO, 289 und 336, anders dagegen auf Seite 306 in FN 487; PREROST/THANEI, 137; SVIT-Komm., Art. 271 N 38; ähnlich auch KUKO OR-BLUMER, N 14). Diese Aussage beruht auf einem unrichtigen Ansatz, da die Frage der Missbräuchlichkeit nicht Tat-, sondern Rechtsfrage ist. Auszugehen ist vielmehr von Art. 8 ZGB. Die Tatsache, aus der sich das Recht zur Kündigung ableitet, ist allein der Kündigungsgrund, denn die grundlose Kündigung ist, wie bereits erwähnt, treuwidrig (N 4). Der **Kündigende hat** demzufolge **den Kündigungsgrund zu beweisen** (so auch Lachat et al.-THANEI, 604 und 632 f.; CR CO I-LACHAT, Art. 271 N 13; ZK-HIGI, Art. 271 OR N 163; BK-GIGER, Vor Art. 253–273c OR N 137; ähnlich PERMANN, Art. 271a N 62). Wendet der Mieter gegen eine Kündigung des Vermieters Umstände ein, die auf einen anderen oder weiteren Grund als den vom Vermieter behaupteten schliessen lassen (namentlich auf einen in Art. 271a erwähnten), so offeriert er damit lediglich den Gegenbeweis, um das Kündigungsfundament des Vermieters – konkret dessen Behauptung der Ernsthaftigkeit des angegebenen Grundes – zu erschüttern (Lachat et al.-THANEI, 633; **a.M.** CR CO I-LACHAT, Art. 271 N 9 und Art. 271a N 4; LACHAT, bail à loyer, 733; ZK-HIGI, Art. 271 OR N 165; PERMANN, 271a N 62; CPra Bail-CONOD, Art. 271 N 25; vgl. auch CHK-HEINRICH, N 14 ff. und SVIT-Komm., Art. 271 N 40a, die vom Kündigenden die Glaubhaftmachung des Kündigungsgrunds verlangen und hernach den Hauptbeweis dem Gekündigten zuschieben – eine unzulässige Vermengung von Beweislast und Beweismass). Bleibt in der Folge der Kündigungsgrund unbewiesen, so ist von einer (zumindest) grundlosen und daher treuwidrigen (insofern gl. BGer, 18.3.1992, 4C.271/1991 = mp 1993, 28 ff.) Kündigung auszugehen (ebenso HONSELL, OR BT, 237; TRACHSEL, 218; WEBER, Diss., 186 FN 112; ZIHLMANN, 208; Lachat et al.-THANEI, 602; **a.M.** BK GIGER, Vor Art. 253–273c N 137). Nichts anderes folgt letztlich auch aus der Begründungspflicht in Art. 271 Abs. 2 (insofern ähnlich BARBEY, N 280; CR CO I-LACHAT, Art. 271 N 13). 30

Das BGer nimmt eine vermittelnde Position ein und trägt den aufgeführten Bedenken gegenüber der Mehrheitsmeinung zumindest teilweise Rechnung. Einerseits bezeichnet es als «principe intangible», dass der Anfechtende die Beweislast «d'un congé contraire aux règles de la bonne foi» trage. Damit verstellt es eine Rechtsfrage zum Beweis und äussert sich letztlich nicht über die Beweislast für den Kündigungsgrund (z.B. BGer, 11.3.2008, 4A_472/2007, E. 2.1). Bei einer Kündigung zur Erzielung eines höheren Mietzinses durch Vermietung an einen Dritten gab das BGer der Vorinstanz in «Umkehr der Beweislast» auf, vom Vermieter den Nachweis zu verlangen, dass er mit dem vom Dritten verlangten Mietzins keinen missbräuchlichen Ertrag erziele. Zur Begründung führte es aus, es sei normal und entspreche aArt. 274d Abs. 3 (heute Art. 160, 164 und 247 Abs. 2 ZPO), dass der Vermieter sämtliche Beweismittel offenlegen und sich im Weigerungsfall das Fehlen des von ihm behaupteten Kündigungsgrundes entgegenhalten lassen müsse (BGE 120 II 105 = Pra 1995 Nr. 144: «Il est normal, et du reste conforme aux prescriptions de l'art. 274d al. 3 CO, que le bailleur produise toutes les pièces pertinentes et, s'il ne le fait pas, qu'il doive se laisser opposer l'absence de preuve du motif de congé allégué par lui.»). In jüngerer Zeit präzisierte das Gericht, die Begründungsobliegenheit in Art. 271 Abs. 2 müsse ernst genommen werden. Damit diese nicht jeder Bedeutung beraubt werde, sei vom Kündigenden zu verlangen, dass er – trotz prinzipieller Beweislast des Kündigungsempfängers – zur Beweisführung über die Hintergründe der

Kündigung beitrage, «en donnant les raisons de cette mesure et en les rendant au moins vraisemblables» (BGer, 27.8.2004, 4C.170/2004, E. 2.1; ähnlich BGer, 27.5.2005, 4C.61/2005, E. 4.3.2, und 11.3.2008, 4A_472/2007, E. 2.1 und 2.4). Ein Jahr vor dem zuerst zitierten Entscheid hatte es noch (zutreffend) ausgeführt: «La partie qui résilie doit prouver la réalité des motifs s'ils sont contestés» (BGer, 6.8.2003, 4C.131/2003, E. 3.1). Für die Existenz eines dringenden Eigenbedarfs als Grundlage für eine Kündigung während einer Sperrfrist nahm es auch in neuester Zeit an, die Beweislast liege beim Vermieter (BGer, 16.5.2013, 4A_78/2013, E. 4.3). Auch dem Vermieter, der unter vager Berufung auf ein Bauprojekt gekündigt hatte, schrieb es ins Stammbuch, eine trotz Begehrens des Mieters unvollständig gebliebene oder falsche Begründung der Kündigung stütze sich im Allgemeinen nicht auf ein schutzwürdiges Interesse (BGE 140 III 496 E. 4.1). Insgesamt gelangt es zumindest auf dem Wege der – heute allgemein gültigen (BGE 140 III 264) – Mitwirkungsobliegenheit des Kündigenden bzw. der Beweishilfe (dazu BGE 119 II 305) zum Resultat, dass der Kündigende seine Motive darzutun hat (BGE 132 III 737 E. 3.4.2; 135 III 112 E. 4.1; 136 III 190 E. 2 = Pra 2010 Nr. 112; 138 III 59 E. 2.1; BGer, 2.2.2011, 4A_629/2010, E. 3.2; vgl. auch VOGEL, ZBJV 1996, 140 f.; SVIT-Komm., Art. 271 N 38; KOLLER TH., ZBJV 2006, 419 ff.; KOLLER/MAUERHOFER, ZBJV 2010, 71 ff.; krit. FUTTERLIEB, MRA 2008, 119). Geschieht dies nicht in präziser oder nachvollziehbarer Weise, geht das BGer von einem fehlenden aktuellen und schützenswerten Interesse an der Kündigung aus (BGer, 10.1.2014, 4A_431/2013, E. 3.2).

Die Beweislast des Kündigenden für den Kündigungsanlass und den Motivationszusammenhang folgt indessen unmittelbar aus dem Gehalt von Treu und Glauben. Daraus entsteht keineswegs eine Vermutung der missbräuchlichen Kündigung: Nach wie vor gibt es keine Beschränkung auf bestimmte Kündigungsgründe, sondern höchstens eine Vermutung der Grundlosigkeit. Für Erleichterungen i.S. einer Beschränkung der Beweisstrenge auf blosses Glaubhaftmachen (rendre «vraisemblable») besteht kein Anlass, weder beim Kündigenden, der überhaupt keinen Grund genannt hat, noch bei jenem, der das Gericht nicht voll von der Ernsthaftigkeit seiner angeblichen Motive zu überzeugen vermag. Deshalb hat richtigerweise insb. der Vermieter auf Verlangen nicht nur den Grund der Kündigung zu nennen (Art. 271 Abs. 2), sondern *darüber hinaus umfassend* den Nachweis für seine Motive zu erbringen (gl. wohl KOLLER TH., ZBJV 2007, 852).

Gegenüber der h.L. hat die hier vertretene Ansicht *einzigartige* Vorteile, weil sie Sachverhalts- und Rechtsfragen sowie Beweismass und Beweislast sauber voneinander trennt und überdies Beweisrisiko und Beweisherrschaft miteinander in Einklang bringt; in diesem Sinne ist sie tatsächlich «singulär», wie HIGI sich ausdrückt (ZK-HIGI, Art. 271 OR N 165; Art. 271a OR N 66, 90).

30a Einzig wenn der Mieter die Kündigung unter Berufung auf eine Sperrfrist anficht, trifft ihn die Beweislast für das Ereignis, welches die Sperrfrist ausgelöst hat, denn während einer Sperrfrist gilt ein gegenüber Art. 271 Abs. 1 erweiterter Kündigungsschutz. Für die Gründe i.S.v. Art. 271a Abs. 3, die den Vermieter in solchen Fällen gleichwohl zur Kündigung berechtigen, ist dann aber selbstverständlich wieder der Vermieter beweisbelastet (ebenso ZK-HIGI, Art. 271a OR N 229 ff.).

4. Die Begründungsobliegenheit gemäss Art. 271 Abs. 2

31 Da im Anfechtungsverfahren eine Überprüfung der Kündigungsgründe stattfindet, sind die Gründe vom Kündigenden offenzulegen. Die Begründungspflicht setzt gemäss gesetzlicher Anordnung ein Begehren der Gegenseite voraus. Ein solches liegt sinngemäss bereits in der Anfechtung bei der Schlichtungsbehörde (wie hier ZK-HIGI, Art. 271 OR N 135). Das *Ausbleiben der kündigenden Partei* bei der Schlichtungsverhandlung ist damit gleich zu behandeln wie die Verweigerung einer Begründung trotz entsprechendem Begehren (zutreffend ZK-HIGI, Art. 271 OR N 137; **a.M.** BARBEY, N 276).

Aus dem Erfordernis eines Begründungsbegehrens erhellt, dass von der Begründung der Kündigung weder der Fristenlauf für die Anfechtungsklage noch die Gültigkeit der Kündigung selber abhängt (BGer, 6.8.2003, 4C.131/2003, E. 2; ZK-HIGI, Art. 271 OR N 113; TERCIER/FAVRE, N 2451; vgl. immerhin zum Begründungserfordernis bei ausserordentlichen Kündigungen Art. 266*l* N 5).

Unterbleibt die Begründung trotz Verlangen und wird auch im Prozess der Kündigungsgrund nicht nachgeliefert, bleibt die Begründung lückenhaft oder erweist sich der vorgebrachte Grund als vorgeschoben (dazu BGer, 24.2.2014, 4A_484/2013, E. B und 2.2), so wird die entscheidende Instanz die Anfechtungsklage mangels eines zureichenden Kündigungsgrundes wegen Verstosses gegen den Grundsatz von Treu und Glauben gutheissen (BGE 140 III 496 E. 4.1). Art. 271 Abs. 2 statuiert damit keine Rechtspflicht, sondern nur eine Obliegenheit (ZK-HIGI, Art. 271 OR N 160; Lachat et al.-THANEI, 601 f.; vgl. BARBEY, N 281). Eine Begründung empfiehlt sich immer. Das BGer hat zu Recht festgehalten, dass auch eine allfällige Verzögerung einleuchtend zu begründen ist, damit der Kündigende glaubhaft bleibt (BGE, 18.3.1992 = mp 1993, 28 ff. E. 3; so auch die Lehre: BARBEY, N 290; CALAMO, 226; Lachat et al.-THANEI, 602 f.; ZIHLMANN, 210; ZK-HIGI, Art. 271 OR N 127 und 140 ff.; CPra Bail-CONOD, Art. 271 N 18; ähnlich BLUMER, SPR VII/3, Rz 962). Variieren die angegebenen Gründe im Laufe des Verfahrens stark, so kann dies ein Indiz dafür sein, dass ein treuwidriger Grund verschleiert werden soll (BGE 138 III 59 E. 2.3; BGer, 29.4.2010, 4A_64/2010, E. 2.3). 32

Das geltende Recht lässt im Prinzip das **Nachschieben von Kündigungsgründen** im Prozess zu (CALAMO, 226 f.). Ausnahmen gelten einerseits für **ausserordentliche Kündigungen**, da für den Empfänger aus der Kündigungsbegründung ersichtlich sein muss, aufgrund welcher Tatsachen ihm fristlos bzw. mit verkürzter Frist gekündigt wird (s. Art. 266*l* N 5), und andererseits für **ordentliche Kündigungen**, die *bereits mit einer Begründung versehen* sind. Im zweiten Fall sind neue Gründe im Anfechtungsverfahren nur noch zu hören, soweit sie die gegebene **Begründung** erhärten (BGer, 27.5.2005, 4C.61/2005, E. 4.3.2; Lachat et al.-THANEI, 604; MENGE, 57 f.; ZK-HIGI, Art. 271 OR N 117, 120 f., 126 f. sowie 151 ff.; CHK-HEINRICH, N 6; BLUMER, SPR VII/3, Rz 835, 963; CPra Bail-CONOD, Art. 271 N 26), denn eine Begründung muss nach Treu und Glauben erfolgen und daher auch vollständig und klar sein. Wer etwa vor Schlichtungsbehörde die Vermietung an einen Dritten und anschliessend vor Mietgericht den Verkauf der Liegenschaft als Kündigungsgrund angibt, verhält sich treuwidrig (BGer, 6.8.2003, 4C.131/2003, E. 3). Zwischenzeitlich schien das BGer allerdings «unter Vorbehalt rechtsmissbräuchlichen Verhaltens» ein späteres Nachschieben neuer Gründe nach bereits gegebener Begründung nicht mehr ohne weiteres auszuschliessen (BGE 138 III 59 E. 2.3, wo allerdings der Fokus auf nachgeschobenen Gründen lag, welche durchaus im Kontext zum ursprünglich angegebenen Grund der Störung des Vertrauensverhältnisses durch Untervermietung ohne vorgängige Zustimmung des Vermieters standen, s.a.a.O., Sachverhalt lit. C). Das Verschweigen einzelner Gründe trotz entsprechender Frage des Mieters oder gar der Schlichtungsbehörde bzw. des Gerichts stellt indessen ein qualifiziert unlauteres Verhalten dar, das nicht erst auf der Ebene der Kostenfolgen sanktioniert werden sollte, denn sonst verlieren die Begründungsobliegenheit und damit der Kündigungsschutz erheblich an Bedeutung und die Tatsacheninstanzen wären angesichts des grosszügigen Novenrechts im vereinfachten Verfahren vor grosse Probleme gestellt (s. Art. 247 Abs. 2 lit. a i.V.m. Art. 229 Abs. 3 ZPO; krit. auch KOLLER TH., ZBJV 2013, 912 ff.; vgl. zum Entscheid auch BLUMER, recht 2012, 90 ff.; GIAVARINI, MRA 2012, 162 ff.; SIMEONI, Newsletter Mai 2012 auf ‹www.bail.ch›; THANEI, mp 2012, 96 f.; CARRON, DdB 2012, 23 f.; MAUERHOFER, ius.focus 2012, 7 f.; GABATHULER/SPIRIG, plädoyer 3/2012, 48 ff.; HEDIGER, SJZ 2013, 309 ff.). Seither hat unser höchstes Gericht klar gestellt, dass jedenfalls die von der gekündigten Partei verlangte Begründung so klar sein muss, dass sie jener den Entscheid über die Anfechtung innert der kurzen 30-tägigen Frist erlaubt (BGE 140 III 496 E. 4.2.2; s.a dazu N 6). Dass die Nichtnennung eines Grundes ausnahmsweise der Schonung des Vertragspartners dient (Botschaft Mietrecht, 33

1459), ist stets vom Kündigenden darzutun (CALAMO, 227; ZMP 1993 Nr. 10 und 11). Eine entsprechende Konstellation wird sich kaum je finden, da auch eine wahre Begründung Dritten nicht ohne weiteres zu Gesicht kommt und die Schonung damit keiner unwahren Begründung bedarf (ebenso ZK-HIGI, Art. 271 OR N 73 und 114 ff.; CHK-HEINRICH, N 6; vgl. immerhin BGer, 24.7.2006, 4C.85/2006, E. 2, wo die ungenaue Begründung Folge eines extremen Familienkonflikts war). Nicht nachgeschoben werden können Kündigungsgründe, die sich erst **nach der Kündigung** verwirklicht haben, denn dann können sie schlechterdings nicht Anlass zur Kündigung gegeben haben (CALAMO, 227; MENGE, 57 f.; Lachat et al.-THANEI, 604; ZK-HIGI, Art. 271 OR N 119; MRA 1999, 49 f.; BLUMER, SPR VII/3, Rz 835; CPra Bail-CONOD, Art. 271 N 31). In aller Regel sind wahrheitswidrige Begründungen Ausdruck treuwidrigen Verhaltens und die darauf beruhenden Kündigungen deshalb für ungültig zu erklären (BGE 125 III 231 E. 4b; BGer, 2.2.2011, 4A_623/2010, E. 2.4; 2.2.2011, 4A_629/2010, E. 3; ZK-HIGI, Art. 271 OR N 115 und 119).

33a Umstritten ist die Behandlung von **nachträglich weggefallenen Gründen**. Während CALAMO für eine Ungültigerklärung der Kündigung plädiert (CALAMO, 227), hält HIGI dem entgegen, eine nach Treu und Glauben ausgesprochene Kündigung könne nicht nachträglich zur treuwidrigen werden (ZK-HIGI, Art. 271 N 153; ebenso das BGer in MRA 1999, 46 ff. E. 3b).

HIGIS Einwand ist zwar beachtlich, aber unvollständig: Treuwidrig ist *die Kündigung* normalerweise nicht (BGE 138 III 59 E. 2.1 a.E.). Regelmässig als rechtsmissbräuchlich erweist sich jedoch das *Festhalten* daran, denn ein loyaler Vertragspartner beharrt nicht zum Schaden seines Kontrahenten auf einer Rechtsausübung, an der er das Interesse verloren hat (gl.M. Lachat et al.-THANEI, 604; CHK-HEINRICH, N 6; **a.M.** BLUMER, SPR VII/3, Rz 835, 964). Da der Zweck des Kündigungsschutzes im engeren Sinne gerade darin besteht, das Bestandesinteresse der Gegenpartei gegenüber nutzloser Rechtausübung durch den Kündigenden zu schützen (N 1 und 6), sind der ursprünglich gültigen Kündigung nach Wegfall ihres Anlasses **die rechtlichen Wirkungen zu versagen**. Das BGer vertritt dazu allerdings eine abweichende Auffassung. Zur Begründung hat es bislang aber nur ausgeführt, der kündigende Vermieter müsse sich nach weggefallenem Grund nicht vorwerfen lassen, eine treuwidrige Kündigung ausgesprochen zu haben (BGer, 10.10.2012, 4A_454/2012, E. 2.5). Dies beantwortet die Frage der Rechtsmissbräuchlichkeit des Verhaltens nach der Kündigung nicht. Durch die entsprechende Feststellung eines solchen Missbrauchs wird das Anfechtungsverfahren gegenstandslos. Stellt sich *nach Abschluss des Kündigungsschutzverfahrens* heraus, dass der Kündigende seinem Vertragspartner im Prozesse *verschwiegen* hat, dass die Kündigung für ihn nutzlos geworden ist, bildet dies nach richtiger Ansicht einen *Revisionsgrund*; Vergleiche auf einer solchen Basis sind wegen *absichtlicher Täuschung* anfechtbar (zum Ganzen Art. 328 Abs. 1 lit. a und c ZPO).

Unabhängig davon kann das Festhalten an einer nutzlos gewordenen Kündigung ein *Indiz für die Treuwidrigkeit* derselben bilden: Wer sich derart unvernünftig verhält, setzt sich dem Verdacht aus, das angegebene Kündigungsmotiv sei nicht das wirkliche oder zumindest nicht das einzige gewesen (BGer, 10.8.2010, 4A_241/2010, E. 2.1.6; 2.2.2011, 4A_623/2010, E. 2.4 a.E.; THANEI, mp 2012, 99).

5. *Schadenersatz oder Genugtuung bei treuwidriger Kündigung*

34 Die treuwidrige Kündigung stellt eine Vertragsverletzung i.S.v. Art. 97 dar, die grundsätzlich Schadenersatz- und u.U. gar Genugtuungsansprüche auslösen kann (ZK-HIGI, Art. 271 OR N 98 ff. und 106; Lachat et al.-THANEI, 634). Zu beachten ist immerhin, dass der mietrechtliche Kündigungsschutz in weiten Teilen Verhaltensregeln aufstellt, welche über das im allgemeinen Vertragsrecht Gebotene hinausgehen. Entsprechend sollte vom richterlichen Ermessen bei der Bemessung des geschuldeten Ersatzes gestützt auf Art. 99 Abs. 3 i.V.m. Art. 43 und 44 Gebrauch gemacht werden. In den meisten Fällen wird das Prozessergebnis dem Kündigungsempfänger ohnehin das bei korrekter Erfüllung Geschuldete verschaffen, so dass die Bedeutung dieser Frage nicht überschätzt werden darf (zutreffend ZK-HIGI, Art. 271 OR N 102).

Zweifelhaft ist, ob der Verzicht auf eine Anfechtung der Kündigung stets auch einen Schadenersatzanspruch ausschliesst (so ZK-HIGI, Art. 271 OR N 100). Art. 31 Abs. 3, wonach der Verzicht auf eine Anfechtung eines auf Täuschung oder Furcht gegründeten Vertrages einen Anspruch auf Schadenersatz nicht ohne weiteres ausschliesst, indiziert vielmehr eine Würdigung aller konkreten Umstände. BARBEY (N 312) hält zumindest einen Schadenersatzanspruch im Falle der unterlassenen Anfechtung von krass treuwidrigen Kündigungen für möglich; dieselben sind allerdings nach der hier vertretenen Ansicht ohnehin nichtig (N 29).

Art. 272

B. Erstreckung des Mietverhältnisses
I. Anspruch des Mieters

[1] Der Mieter kann die Erstreckung eines befristeten oder unbefristeten Mietverhältnisses verlangen, wenn die Beendigung der Miete für ihn oder seine Familie eine Härte zur Folge hätte, die durch die Interessen des Vermieters nicht zu rechtfertigen wäre.

[2] Bei der Interessenabwägung berücksichtigt die zuständige Behörde insbesondere:
a. die Umstände des Vertragsabschlusses und den Inhalt des Vertrags;
b. die Dauer des Mietverhältnisses;
c. die persönlichen, familiären und wirtschaftlichen Verhältnisse der Parteien und deren Verhalten;
d. einen allfälligen Eigenbedarf des Vermieters für sich, nahe Verwandte oder Verschwägerte sowie die Dringlichkeit dieses Bedarfs;
e. die Verhältnisse auf dem örtlichen Markt für Wohn- und Geschäftsräume.

[3] Verlangt der Mieter eine zweite Erstreckung, so berücksichtigt die zuständige Behörde auch, ob er zur Abwendung der Härte alles unternommen hat, was ihm zuzumuten war.

B. Prolongation du bail
I. Droit du locataire

[1] Le locataire peut demander la prolongation d'un bail de durée déterminée ou indéterminée lorsque la fin du contrat aurait pour lui ou sa famille des conséquences pénibles sans que les intérêts du bailleur le justifient.

[2] Dans la pesée des intérêts, l'autorité compétente se fondera notamment sur:
a. les circonstances de la conclusion du bail et le contenu du contrat;
b. la durée du bail;
c. la situation personnelle, familiale et financière des parties ainsi que leur comportement;
d. le besoin que le bailleur ou ses proches parents ou alliés peuvent avoir d'utiliser eux-mêmes les locaux ainsi que l'urgence de ce besoin;
e. la situation sur le marché local du logement et des locaux commerciaux.

[3] Lorsque le locataire demande une deuxième prolongation, l'autorité compétente examine en outre si le locataire a entrepris toutes les démarches qui pouvaient raisonnablement être exigées de lui afin de remédier aux conséquences pénibles du congé.

B. Protrazione della locazione
I. Diritto del conduttore

[1] Il conduttore può esigere la protrazione della locazione se la fine della medesima produce per lui o per la sua famiglia effetti gravosi che nemmeno si giustificano tenendo conto degli interessi del locatore.

[2] L'autorità competente pondera gli interessi delle parti tenendo segnatamente conto:
a. delle circostanze che hanno determinato la conclusione del contratto e del contenuto del contratto;
b. della durata della locazione;
c. della situazione personale, familiare ed economica delle parti e del loro comportamento;
d. dell'eventuale fabbisogno del locatore o dei suoi stretti parenti od affini, come pure dell'urgenza di siffatto fabbisogno;
e. della situazione sul mercato locale degli alloggi e dei locali commerciali.

[3] Se è chiesta una seconda protrazione, l'autorità competente considera anche se il conduttore ha intrapreso quanto si poteva ragionevolmente pretendere da lui per porre rimedio agli effetti gravosi.

Literatur

DIETSCHY, Le bail d'habitation des concubins, Basel 2014; GIGER, Die Erstreckung des Mietverhältnisses, Diss. Zürich 1995; MENGE, Kündigung und Kündigungsschutz bei der Miete von Wohn- und Geschäftsräumlichkeiten, Diss. Basel 1993; MOSER, Die Erstreckung des Mietverhältnisses, Diss. Freiburg 1975; OBERHAMMER/KLETECKA/WALL (Hrsg.), Soziales Mietrecht in Europa, Wien 2010; REYMOND, Résiliation du bail à loyer et logement de famille, CdB 1994, 1 ff.; ROHRER, Der Eigenbedarf im Mietrecht, MRA 2011, 133 ff.; THANEI, Die Erstreckung des Mietverhältnisses, Fachheft Mietrecht, Zürich 1990 (zit. Thanei, Erstreckung); WEBER, Der gemeinsame Mietvertrag, Diss. Zürich 1993; DERS., Der zivilrechtliche Schutz der Familienwohnung, AJP 2004, 30 ff.; s.a. die Literaturhinweise zu Art. 271 und 271a.

I. Zweck und Geltungsbereich

1 Die Erstreckung (zur Rechtsnatur vgl. Art. 272c N 5) stellt – stärker noch als der Kündigungsschutz im engeren Sinn – ein wesentliches **Sozialrecht** des Mieters dar. Als zweite Säule des *Kündigungsschutzes im weiteren Sinne* wird sie auch als **nachträglicher Kündigungsschutz** bezeichnet, denn die Erstreckung setzt beim **unbefristeten** (d.h. auf Kündigung gestellten) **Mietverhältnis** eine gültige oder zumindest unangefochten gebliebene Kündigung des Vermieters voraus (ZK-HIGI, N 6, 55 und 57 ff.; KUKO OR-BLUMER, N 1). Auch das **befristete Mietverhältnis** ist aber nach dem klaren Wortlaut von Abs. 1 der vorliegenden Bestimmung («[...] eines befristeten oder unbefristeten Mietverhältnisses ...») und von Art. 273 Abs. 2 lit. b erstreckbar (ZK-HIGI, N 212 ff.; CPra Bail-CONOD, Art. 273 N 2 und 6 f.; SVIT-Komm., N 9; CR CO I-LACHAT, N 2; LACHAT, bail à loyer, 765; PERMANN, N 1; KUKO OR-BLUMER, N 2). GIGER bestreitet das, beschränkt sich dabei allerdings allein auf die ausführliche Deutung des Ausdrucks «befristet» in Art. 255. Dabei übersieht er Art. 272 Abs. 1 und spricht Art. 273 Abs. 2 lit. b die Geltung ab (BK-GIGER, Art. 255 OR N 52, 77). Diese Art von Hermeneutik lässt den Leser staunend zurück (s. im Übrigen zur Erstreckung befristeter Mietverhältnisse N 7).

Die Erstreckung gehört zum dritten Abschnitt des Achten Titels des OR und ist daher nur anwendbar bei der Miete von **Wohn-** und **Geschäftsräumen** (ZK-HIGI, Art. 272 OR N 3 und Vor Art. 271–273c OR N 74; zum Begriff Art. 253a–253b N 4 ff.; zur Abweichung gegenüber aArt. 267d Abs. 2 betr. möblierter Einzelzimmer SVIT-Komm., N 4, sowie Art. 266e N 1 f.). Während der Sozialschutzgedanke bei der Miete von *Wohnräumen* ohne weiteres einleuchtet, ist er bei *Geschäftsraummietverhältnissen* nicht immer leicht auszumachen, besonders wenn man berücksichtigt, dass der gesetzliche *Erstreckungsrahmen* gem. Art. 272b Abs. 1 eineinhalbmal so gross ist wie bei der Wohnraummiete. Hinzu kommt, dass gemäss der bisherigen Rsp. ausgerechnet das am ehesten mit dem Sozialschutz zu verbindende Anliegen der Erhaltung von Arbeitsplätzen häufig ausser Betracht bleibt (N 4a). Insgesamt ist der (privatrechtliche) Interessenausgleich aber durchaus ausgewogen und trägt keineswegs «enteignungsähnliche Züge» (**a.M.** BK-GIGER, Art. 253 OR N 139, zu aArt. 267a ff.).

2 Der Mieter macht die Erstreckung auf dem Wege der gesetzlich vorgesehenen **Gestaltungsklage** geltend, welche entweder zu einem Entscheid oder zu einer Vereinbarung führt (Art. 273 Abs. 4). Zulässig ist selbstverständlich auch die **aussergerichtliche** Erstreckungsvereinbarung (vgl. Art. 272b Abs. 2). Zur Unterscheidung vom Abschluss eines neuen (seinerseits erstreckbaren) Vertrages muss sich diese aber hinreichend klar als Vertrag zur Regelung des gesetzlichen Erstreckungsanspruchs des Mieters darstellen. Wohl stets als blosse Erstreckungsvereinbarung zu qualifizieren ist eine befristete Vertragsverlängerung, die dem *Mieter den vorzeitigen Auszug* ohne Nennung eines Ersatzmieters bzw. eine kurzfristige Kündigung ermöglicht (vgl. Art. 272d), denn dadurch wird der vertragliche *Zweck der Milderung der Kündigungsfolgen* durch Erleichterung der Ersatzbeschaffung deutlich. Zur Erstreckung

resolutiv bedingter Mietverhältnisse vgl. Art. 255 N 4 f., Art. 272a N 6 sowie ZK-Higi, N 66 ff.).

Als Sozialrecht kann der Erstreckungsanspruch nicht einer Rechtsgemeinschaft als solcher zustehen, denn er wurzelt letztlich in der Persönlichkeit jedes Mitmieters (vgl. BK-Meier-Hayoz, Vor Art. 646 ZGB N 27). Beim **gemeinsamen Mietvertrag** steht das Klagerecht daher jedem einzelnen Mieter zu. Da das Mietverhältnis jedoch nur als Ganzes erstreckt werden kann, ist der abseits stehende Mitmieter auf Beklagtenseite in den Prozess einzubeziehen, soweit er sich dem Prozessergebnis nicht vorbehaltlos unterzieht (bestätigt in BGE 140 III 598; gl.M. KUKO OR-Blumer, N 3; offen gelassen für die Mietzinsanfechtung in BGE 136 III 441 E. 3.3; s. dazu Vor Art. 253 N 2). Widersetzt er sich einer Erstreckung, so treten seine Interessen an einem raschen Ende des Mietvertrages zu den Vermieterinteressen hinzu und führen so zu einer kürzeren, *aber für alle Vertragspartner wirksamen* Erstreckung (vgl. Vor Art. 253 N 2; Weber, Diss., 191 ff.; KUKO OR-Blumer, N 3, der zwar ebenfalls ein Einzelrecht jedes Mieters annimmt, jedoch dem sich widersetzenden Mieter ein vorzeitiges Ausscheiden aus dem Vertrag erlauben möchte).

II. Voraussetzungen

1. Die Härte für den Mieter

Eine Erstreckung setzt zunächst voraus, dass die Beendigung der Miete für den Mieter oder seine Familie eine **Härte** zur Folge hätte. Als Härte fallen **bei der Miete von Wohnräumen** Umstände in Betracht, die es dem Mieter oder seiner Familie verunmöglichen, in der bis zur Vertragsbeendigung verbleibenden Zeit ein Ersatzobjekt zu beschaffen. Die Erstreckung soll eine **Milderung der nachteiligen Folgen der Kündigung** bewirken, welche der Verlust des bisherigen Lebensmittelpunktes mit sich bringen kann (BGE 105 II 198, 116 II 448; Thanei, Erstreckung, 19 f.; ZK-Higi, Vor Art. 271–273c OR N 77; Art. 272 OR N 19 und 83 ff.). Die unangenehmen Konsequenzen, die mit einem Domizilwechsel *an sich schon* verbunden sind, reichen dafür nicht aus, da eine gültige Kündigung den Wechsel über kurz oder lang unausweichlich macht (Art. 272b; vgl. BGer, 7.2.2013, 4A_662/2012, E. 7.4–5). Die Erstreckung hat nicht den Zweck, den Mieter möglichst lange von günstigem Mietraum profitieren zu lassen (BGE 105 II 197). Dies darf allerdings nicht dazu führen, bei extremer Härte (hohes Alter, Invalidität) eine Erstreckung abzulehnen, weil eine Problemlösung sich im Moment des Entscheides noch nicht konkret abzeichnet (ähnlich ZK-Higi, N 83). 3

Bei der Geschäftsraummiete kann von einer **sozialen Notlage** nach der Praxis nur gesprochen werden, wenn die Existenz des ganzen Unternehmens in Frage gestellt ist. Ist von der Kündigung nur eine *Filiale* betroffen, kann es an dieser Voraussetzung bereits fehlen. Eine erhebliche Härte besteht andererseits etwa, wenn die Fortführung des Betriebes an einem anderen Ort einer *behördlichen Bewilligung* bedarf und der Mieter zudem Bedarf nach *besonders ausgestalteten Räumen* hat (Höhe 7m, Tragfähigkeit 100 Tonnen; unpubl. E. 3b von BGE 128 III 82 = 4C.240/2001, 26.11.2001), denn hier ist die Ersatzbeschaffung schwierig und beansprucht naturgemäss viel Zeit. Zu den Interessen der Beschäftigten eines Betriebes an der Erhaltung ihrer Arbeitsplätze vgl. N 4a. 3a

In besonderen Fällen können die Folgen einer Kündigung durch eine Erstreckung auch gemildert werden, wenn eine **Ersatzbeschaffung nicht möglich oder nicht zumutbar** ist, so etwa wenn für einen betagten Mieter nur noch ein Platz im Altersheim in Frage kommt oder wenn die Erben des Inhabers eines Geschäftsbetriebes bei einer Verlängerung des Mietverhältnisses ein günstigeres Liquidationsergebnis erzielen können (BGer, 27.9.1989 i.S. B. vs. M., E. 4a; BGE 116 II 448 f.; BGer, 23.12.2004, 4C.343/2004, E. 4 = mp 2005, 100 ff.; ZK-Higi, N 175; CHK-Heinrich, N 3). 3b

3c Massgeblich sind stets die Verhältnisse zum **Zeitpunkt des Erstreckungsentscheides**, denn anders als bei der Überprüfung der Kündigung selber hat die Erstreckung die Milderung der Kündigungs*wirkungen* und damit letztlich eine Zukunftsprognose zum Gegenstand (ähnlich ZIHLMANN, 230; SVIT-Komm., N 26; ZK-HIGI, N 169).

4 Die Rechtssprechung definiert den Begriff der **Familie** mittels der Umschreibung in Art. 331 ZGB. Danach gehören dazu alle Personen, die als Verwandte, Verschwägerte oder aufgrund eines Vertragsverhältnisses als Arbeitnehmer oder in ähnlicher Stellung in einem gemeinsamen Haushalt leben. Nach BGE 105 II 199 soll dies auf die Gemeinschaft von Partnern, die in einem *eheähnlichen Verhältnis* leben, nicht zutreffen (ebenso ZK-HIGI, N 95 ff.; zu Recht krit. zur Praxis des BGer FRANK, in: Frank/Girsberger/Vogt/Walder/Weber, Die eheähnliche Gemeinschaft im schweizerischen Recht, Zürich 1984, 30 ff.; MENGE, 116 FN 317). Die praktische Bedeutung dieser Frage hat erheblich abgenommen, seit durch das am 1.1.2007 in Kraft getretene *Partnerschaftsgesetz* wenigstens die registrierten Partner den Ehegatten in Bezug auf die Familienwohnung gleichgestellt wurden. Hinzu kommt, dass die gemeinsame Miete zur Absicherung des finanziellen Risikos für die Vermieter an Attraktivität gewonnen hat. Zur Rechtslage bei der *gemeinsamen Miete* vgl. N 2.

4a Keine Berücksichtigung findet grundsätzlich die **Härte für einen** (andern) **Dritten** (ZK-HIGI, N 98). Dies erweist sich bisweilen als stossend, so wenn ein (korrekt einquartierter) Untermieter von einer Härte betroffen ist (vgl. Art. 262 und 273b), wenn der Alleinaktionär die Geschäftsräumlichkeiten für die AG gemietet hat oder wenn die Arbeitnehmer einer Filiale infolge der Schliessung entlassen werden müssen.

Eine Aufweichung erfuhr dieser Grundsatz zunächst in BGE 113 II 413 E. 4 (Berücksichtigung der Interessen der Quartierbevölkerung bei der Miete eines Raumes durch die Gemeinde) geblieben. Eine Weiterentwicklung der Rsp. in Richtung des *Einbezuges der Arbeitnehmerinteressen bei der Kündigung eines Geschäftsraummietvertrages* ist im Gange: Wenn der Begriff der «Familie» eines Mieters auch dessen Hausangestellte erfasst (N 4), sind zumindest die Interessen einer Kategorie von Arbeitnehmern des Mieters für die Härte von Belang (vgl. im Übrigen zur Anwendung von Art. 271a Abs. 1 lit. f auf Geschäftsmietverhältnisse zu Art. 271–271a N 21). Das BGer berücksichtigt daher in neuerer Zeit für die Beurteilung der Härte zu Recht auch die Gefährdung von Arbeitsplätzen (BGer, 23.12.2004, 4C.343/2004, E. 4 = mp 2005, 100 ff.; BGer, 13.4.2010, 4A_62/2010, E. 6.1.1; krit. CHK-HEINRICH, N 4).

4b Zur Bedeutung der **Suchbemühungen des Mieters** als Beweismittel für die Härte vgl. N 13.

2. *Vermieterinteressen*

5 Als Vermieterinteresse an einer vertragskonformen Mietbeendigung kommt in erster Linie der **Kündigungsgrund** in Betracht (ZK-HIGI, Vor Art. 271–273c OR N 80; Art. 272 OR N 107 ff.; WEBER, Diss., 190). Da das Vermieterinteresse jedoch im Zeitpunkt der Interessenabwägung dargetan werden muss, sind – anders als beim Kündigungsschutz im engeren Sinne – auch Tatsachen zu berücksichtigen, die zwischen Kündigung und Erstreckungsentscheid eingetreten sind (vgl. N 2). Namentlich sind bei einem Verkauf der Liegenschaft während des Prozesses die Interessen des neuen Eigentümers massgebend (Art. 261 N 4 und 13). Relevant ist grundsätzlich **jedes Interesse** des Vermieters (BAUMANN, Jusletter 2013, Rz 14 ff.); finanzielle Anliegen haben indes gegenüber verhaltensbedingten Kündigungen oder Kündigungen infolge von Zwangslagen seitens des Vermieters erheblich geringeres Gewicht (ZK-HIGI, N 177). In der neueren Rsp. lässt sich beobachten, dass insb. ein blosses **Spekulationsinteresse** des Vermieters zu einer Maximalerstreckung führen kann, ohne dass auf Seiten des Mieters eine finanzielle Notlage besteht (BGer, 28.2.2013, 4A_484/2012, E. 2.3.4; zur Anfechtbarkeit solcher Kündigungen vgl. Art. 271–271a N 7a und 20). Soweit ein bestimmtes Kündigungsmotiv i.S.v. Art. 271 f. gegen Treu und Glauben verstösst, ist ihm auch bei der Interessenabwägung keine Rechnung zu tragen. Relevant wird dies dort, wo eine Anfechtung der Kündigung innert Frist unterblieben ist (Lachat et al.-Spirig, 652).

3. Elemente der Interessenabwägung

Abs. 2 versucht, die einzelnen Interessen, die gegeneinander abgewogen werden sollen, in einem exemplarischen Katalog zu umschreiben. Sie entbindet die entscheidende Instanz nicht davon, im Einzelfall die Interessenabwägung nach allen im konkreten Fall massgebenden Kriterien i.S. eines Billigkeitsentscheides gem. Art. 4 ZGB vorzunehmen (BGer, 31.8.2006, 4C.138/2006, E. 2; dazu Art. 272b N 1; Zihlmann, 231; SVIT-Komm., N 14 ff.; ZK-Higi, N 116). Unbefriedigend ist mitunter die Zurückhaltung, die sich das BGer bei der Überprüfung kantonaler Ermessensentscheide auferlegt. Dies führt dazu, dass sich in Genf bisweilen begüterte Villenbewohner unter Berufung auf die Knappheit von Latifundien im Kanton über mehrjährige Erstreckungen freuen können, während sich in Frauenfeld IV-Rentner trotz klassischer Härtesituation und zu verkraftenden Todesfalls der Ehefrau mit wenigen Monaten Erstreckung begnügen müssen, ohne dass der gehörig offerierte Gegenbeweis darüber abgenommen wird, dass das Mietverhältnis mit den Nachbarn keineswegs so schlecht ist wie vom Vermieter behauptet (vgl. BGer, 18.11.2002, 4C.267/2002, E. 3 mit BGer, 4.3.2010, 4A_577/2009). 6

a) Umstände des Vertragsabschlusses und Inhalt des Vertrages gemäss lit. a

Bei der Interessenabwägung zu berücksichtigen sind die zum Ausdruck gebrachten Voraussetzungen des Vertragsabschlusses, namentlich allfällige vorbestandene Rechtsbeziehungen und die Kenntnisse jeder Seite über die Hintergründe der Miete. Klassisches Beispiel ist die **befristete Miete**. Sie gibt dem Mieter vom ersten Tag an Anlass dazu, das Ende des Vertrages im Auge zu behalten und sich rechtzeitig um Ersatz zu bemühen (BGer, 1.2.2010, 4A_552/2009, E. 2.5.1; 11.6.2010, 4A_420/2009; 22.11.2010, 4A_452/2010, E. 3 und 4; Thanei, Erstreckung, 26 ff.; ZK-Higi, N 212 ff.). Immerhin ist die Ersatzbeschaffung bisweilen nicht einfach, solange der Mieter an einen festen Vertrag gebunden ist. Wesentlich ist hierbei auch das Verhalten des Vermieters: Stimmt er einer vorzeitigen Vertragsbeendigung nicht zu, wenn der Mieter ein Ersatzobjekt gefunden hat, trägt er zur fortbestehenden Härtesituation bei, denn vor Vertragsablauf verfügt der Mieter nicht über ein Künidgungsrecht nach Art. 272d. Gelegentlich ist auch umstritten, ob der Vertrag echt oder unecht befristet ist (dazu Art. 255 N 3). Alsdann kann es dem Mieter nicht zum Vorwurf gemacht werden, dass er sich vor der Klärung der Frage nicht um Ersatz bemüht hat (BGer, 16.12.2010, 4A_567/2010, E. 3; zu recht krit. betr. der konkreten Erstreckungsdauer von mehr als drei Jahren allerdings Futterlieb, MRA 2012, 31 ff.). Unter die Umstände des Vertragsschlusses fallen sodann nicht vom Vermieter zu entschädigende Investitionen des Mieters, die infolge der Kündigung nur während sehr kurzer Zeit genutzt werden können (BGer, 7.9.2004, 4C.251/2004, E. 2.3.1; Thanei, Erstreckung, 22; Lachat et al.-Spirig, 645; Giger, 89 f.; **a.M.** SVIT-Komm., N 28), aber andererseits z.B. auch die Untervermietung der Sache für die Dauer eines nicht exakt terminierten, aber doch zeitlich absehbaren Auslandaufenthaltes (ZK-Higi, N 143). Bei kombinierten Verträgen wie der Überlassung von Wohnräumen in Zusammenhang mit einem **Arbeitsvertrag** (Dienstwohnung) oder von Geschäftsräumen im Rahmen eines **Franchisingvertrages** muss die Erstreckung kurz ausfallen oder gar ganz verweigert werden, wenn die Mietlokalitäten für den Nachfolger des ausscheidenden Gebrauchsberechtigten benötigt werden. Abzulehnen ist hingegen ein genereller Erstreckungsausschluss gestützt auf die fragwürdige Absorptionstheorie jedenfalls dann, wenn die mietrechtliche Komponente des Vertrages nicht als nebensächlich erscheint (**anders aber** BGE 115 II 452 zu aArt. 267a; BGE 118 II 157; weitergehend als hier Thanei, Erstreckung, 4; für Ermittlung des Vertragsschwerpunktes ZK-Higi, N 39 f.; SVIT-Komm., N 18a; s. dazu auch Art. 253a–253b N 17). 7

b) Dauer des Mietverhältnisses gemäss lit. b

8 Das jahrzehntealte Mietverhältnis führt wegen der Verbundenheit des Mieters mit dem Mietobjekt oft zu Härtesituationen (BGer, 26.6.2006, 4C.28/2006, E. 3 [Verwurzelung im Quartier]), und zwar unabhängig von den finanziellen Verhältnissen des Mieters (vgl. BGer, 28.2.2013, 4A_484/2012, E. 2.3.4). Aber auch eine sehr kurze Mietdauer kann ob der damit verbundenen finanziellen Einbussen zu einer Härte führen (Thanei, Erstreckung, 23; Giger, 91; ZK-Higi, N 145). Keinesfalls dürfen Überlegungen der Mietzinsoptimierung – die bei langdauernden Mietverhältnissen als Kündigungsmotiv wohl häufiger als zugegeben eine Rolle spielen – in die Interessenabwägung einfliessen (**a.M.** ZK-Higi, N 148). Richtig betrachtet ist schon die Kündigung selber in solchen Fällen anfechtbar (mit Einschränkung gl. BGE 120 II 105; s.a. Art. 271–271a N 7a, 14 ff. und 20), so dass dieses Element bei der Erstreckung nur dann eine Rolle spielt, wenn die Kündigung selber unangefochten geblieben ist.

c) Persönliche, familiäre und wirtschaftliche Verhältnisse sowie Verhalten der Parteien gemäss lit. c

9 Zu den praktisch bedeutsamen **persönlichen Verhältnissen** des **Mieters** zählen namentlich die Gesundheit, das Alter, die Nationalität und der Arbeits- oder Ausbildungsort des Mieters oder seiner Familie. Auch Veränderungen wie Geburt, Examina, Stellenverlust, Scheidung, Krankheit oder Tod eines Angehörigen können entweder das in Frage kommende Marktsegment infolge Ortsgebundenheit einschränken oder aber die Chancen auf dem Mietmarkt generell beeinträchtigen und damit zu Härten führen (zu weitgehend allerdings BGer, 18.11.2002, 4C.267/2002, E. 3, wo die Schwierigkeiten bei der Ersatzbeschaffung für ein Luxusobjekt als Härtefaktor genannt wurden; krit. auch CHK-Heinrich, N 4). Auf Seiten des **Vermieters** haben die persönlichen und familiären Verhältnisse meist eigenbedarfsähnlichen Charakter. Nicht zu berücksichtigen sind i.d.R. blosse Vorlieben, Überzeugungen und Moralvorstellungen des Vermieters, die mit der Benützung der Sache keinen unmittelbaren Zusammenhang haben, denn der Sozialschutzgedanke erfordert eine objektivierte Betrachtung solcher «Interessen» (zutreffend Thanei, Erstreckung, 32; **a.M.** ZK-Higi, N 164).

Zu den massgeblichen **wirtschaftlichen Verhältnissen** gehören namentlich Einkommen und Vermögen des Mieters, denn beides beeinflusst die Chancen auf dem Markt erheblich (Thanei, Erstreckung, 23). Zur Problematik der Berücksichtigung pekuniärer Interessen des Vermieters vgl. BGE 110 II 254, 118 II 50, 120 II 105 sowie N 8. Keine Rolle spielen darf die drohende Schadenersatzpflicht des Vermieters wegen Doppelvermietung, weil dieser die Möglichkeit einer Erstreckung bei seinen Überlegungen nicht berücksichtigt hat (BGE 117 II 71).

10 Unter dem **Verhalten** der Parteien wird namentlich jenes des Mieters zu berücksichtigen sein, sofern es **zu Klagen Anlass** gegeben hat, wie etwa im Falle von Vandalenakten (vgl. BGer, 16.10.2002, 4C.224/2002, E. 2.2, wo leider nur die Mieter Berufung einlegten und die Stirn hatten, eine zweijährige Erstreckung als zu kurz zu bezeichnen). Entscheidend sind aber auch hier die konkreten Umstände. So schliesst etwa das vertragswidrige Halten eines kleinen Hundes, der niemanden gestört und keine Schäden verursacht hat, selbst eine lange Erstreckung nicht aus (BGer, 6.2.2001, 4C.226/2000; vgl. Art. 257f N 6). Milder zu beurteilen sind weit zurückliegende Vertragsverletzungen; bei einer Duldung durch den Vermieter über längere Zeit dürfen sie in die Interessenabwägung nicht einfliessen (BGer, 13.4.2010, 4A_62/2010, E. 6.4). Bei schweren Pflichtverletzungen des Mieters ist die Erstreckung gem. Art. 272a lit. a und b ausgeschlossen und zwar selbst dann, wenn der Vermieter statt einer ausserordentlichen Kündigung eine ordentliche ausspricht (BGE 117 II 415 ff.; ZK-Higi, N 180 ff.). Selbstverständlich hat der Vermieter solche Pflichtverletzungen zu beweisen. Namentlich bei behaupteter Störung des Hausfriedens stellt es grundsätzlich eine Verletzung des Rechts auf den Beweis dar, die offerierten Zeugenaussagen der übrigen Hausbewohner einfach nicht abzunehmen (BGer, 4.3.2010, 4A_577/2009, E. 3.2).

d) Eigenbedarf des Vermieters gemäss lit. d

Eigenbedarf ist das klassische Interesse des Vermieters. Unter dem alten Recht war diesfalls eine Erstreckung gänzlich ausgeschlossen. Nach der Praxis des BGer werden für die Bejahung von Eigenbedarf **«ernsthafte, nach den Umständen einleuchtende Gründe»** des **Vermieters** oder seiner **nahen Verwandten** oder **Verschwägerten** vorausgesetzt, die Sache künftig selber zu benützen (BGE 99 II 53). Vom Verwandtschaftsbegriff mitumfasst sind registrierte Partnerschaften i.S. des PartG. Nicht erforderlich ist eine eigentliche Härte, ebenso wenig braucht der Vermieter Eigentümer der Sache zu sein. Dringlichkeit setzt zusätzlich zu den ernsthaften Gründen voraus, dass ein Zuwarten mit der Selbstnutzung als **unzumutbar**, mithin als ernsthaft, konkret und aktuell erscheint (BGE 118 II 50 E. 3c und d; BGer, 31.8.2006, 4C.138/2006, E. 2; vgl. auch Art. 261 N 7). So erhöht sich etwa das Vermieterinteresse an der Umsetzung eines Bauprojekts im Hinblick auf die spätere Eigennutzung deutlich, sobald der Vermieter die erforderliche Bewilligung erhalten hat (BGE 135 III 121 E. 5 = Pra 2009 Nr. 88, konkret für ein Projekt des öffentlichen Verkehrs). Entgegen der missverständlichen Regeste des Entscheids bedeutet dies indessen keineswegs, dass ab diesem Zeitpunkt eine Erstreckung ausgeschlossen wäre (s. nur a.a.O., E. 5). Zur **Kritik** an der vom Wortsinn abweichenden, weiten Auslegung der Dringlichkeit des Eigenbedarfs durch das BGer vgl. Art. 271–271a N 28. 11

Bei der **gemeinsamen Vermietung** genügt der Eigenbedarf nur eines einzigen Mitvermieters, da ja bereits der Bedarf naher Verwandter oder Verschwägerter unter diesen Begriff fällt (SVIT-Komm., N 52; Weber, Diss., 183; zum gemeinsamen Mietvertrag s. Vor Art. 253 N 2).

Den Problemen mit der Überprüfung innerer Tatsachen lässt sich dadurch begegnen, dass dem Vermieter ein Vergleich vorgeschlagen wird, der ihn zur Bezahlung einer *Konventionalstrafe* verpflichtet, wenn nach Auszug des Mieters nicht die von ihm bezeichnete Person das Mietobjekt bezieht (vgl. ZK-Higi, N 190). Die Effektivität solcher Klauseln wird demonstriert im bundesgerichtlichen BGer, 26.9.2006, 4C.253/2006. Nach der Rsp. des BGer hat der Mieter ein rechtlich geschütztes Interesse zur **Einsichtnahme in das Grundbuch**, um den Umfang des Liegenschaftenbesitzes des Vermieters abzuklären (BGer, mp 1999, 104 ff.).

e) Die örtlichen Marktverhältnisse für Wohn- und Geschäftsräume gemäss lit. e

Erste Kennziffer zur Beurteilung des lokalen Wohnungsmarktes ist die **Leerwohnungsziffer**, wie sie für eine Grosszahl von Städten und Ortschaften in der Schweiz jährlich publiziert wird (z.B. in mp). Man spricht von **Wohnungsmangel** bei einem Leerwohnungsbestand von 1 % bis 1,5 %, von **Wohnungsnot** bei einem Leerwohnungsbestand von unter 0,5 % (vgl. auch Lachat et al.-Spirig, 6471). Selbstverständlich vermögen entsprechende Daten aber den Nachweis der individuellen Härte anhand von Suchbemühungen (dazu sogleich) nicht ohne weiteres zu ersetzen, denn je nach den wirtschaftlichen Verhältnissen des Mieters, nach dem Grad seiner Ortsgebundenheit und der Art seiner Bedürfnisse wirkt sich die Marktlage sehr unterschiedlich auf seine Situation aus (vgl. dazu Thanei, Erstreckung, 25 f.; Lachat et al.-Spirig, 648 f.; Menge, 135 f.; ZK-Higi, N 200). 12

f) Weitere Elemente, insb. Suchbemühungen

Die Praxis verlangt *auch im Rahmen eines ersten Erstreckungsverfahrens* vom Mieter, dass er sich nach Erhalt der Kündigung **ernsthaft um Ersatzraum** bemüht (BGE 116 II 448; 110 II 249; 102 II 256; Menge, 116; Zihlmann, 230 f.; ZK-Higi, N 102 ff., 215; SVIT-Komm., N 33 ff.; CHK-Heinrich, N 4; CPra Bail-Conod, N 33; Blumer, SPR VII/3, Rz 990). Anders als bei einer Zweiterstreckung stellen Suchbemühungen zwar keine Erstreckungsvoraussetzung dar. So hat das BGer eine langjährige Erstreckung für zulässig erklärt, obwohl der Mieter sich in der langen Zeit, die ihm schon aufgrund der frühzeitigen Kündigung des Vermieters zur Verfügung stand, kaum ernsthaft um Ersatz bemüht hatte (BGE 125 III 226 E. 4c = Pra 13

1999 Nr. 152: «pas […] de démarches sérieuses»). Andererseits folgt schon aus dem Charakter der Erstreckung als Sozialrecht und aus der allgemeinen Schadenminderungspflicht, dass der Mieter alles zu unternehmen hat, um die Härte selbst abzuwenden. Zudem trägt er für seine Härte die **Beweislast**. Es gibt kein besseres Beweismittel für eine konkrete Härte als umfassend belegte und ernsthafte Suchbemühungen innerhalb des in Frage kommenden Marktsegments. Im Rahmen einer ersten Erstreckung darf der Mieter allerdings nach einem **gleichwertigen Mietobjekt** bezüglich Preis, Lage, Grösse, Zustand und Ausstattung suchen (BGE 116 II 448; ZK-Higi, N 102). Abweichungen von der Gleichwertigkeit können bei besondern Verhältnissen als zumutbar erscheinen.

Suchbemühungen können jedoch nicht in allen Fällen verlangt werden, so namentlich nicht von Personen, die infolge Alter, Krankheit oder Invalidität hilflos sind (SVIT-Komm., N 34a). Sinnlos sind Bemühungen sodann, wenn die Erstreckung ausnahmsweise nicht der Erleichterung der Ersatzbeschaffung dienen soll, weil Ersatz im herkömmlichen Sinne gar nicht beschaffbar ist (Bsp.: Umzug in ein Alters- oder Pflegeheim; vgl. auch N 3, BGE 116 II 448, BGer, 23.12.2004, 4C.343/2004, E. 4 = mp 2005, 100 ff. sowie ZK-Higi, N 205; SVIT-Komm., N 11 und 34b). Milder zu beurteilen sind die Suchbemühungen – zumindest bis zum Entscheid der Schlichtungsbehörde – auch dann, wenn der Mieter mit dem Erstreckungsbegehren ein Begehren um Kündigungsschutz im engeren Sinne gestellt hat, welches nicht von vornherein aussichtslos war, denn bei gegenteiliger Betrachtungsweise wäre der Mieter gezwungen, nicht ernst gemeinte Vertragsverhandlungen mit Dritten zu führen (Zihlmann, 231; CHK-Heinrich, N 4; SVIT-Komm., N 35; ebenso BGer, 18.11.2002, 4C.267/2002, E. 3; 13.4.2010, 4A_62/2010, E. 6.1.1 und 6.4; 10.10.2012, 4A_454/2012, E. 3.4; **a.M.** offenbar ZK-Higi, Art. 271 N 96 und Art. 272 N 215). Erweisen sich die Suchbemühungen als ungenügend, kann sich dies bei anderweitig dargetaner Härte in einer verhältnismässig kurzen, erstmaligen Erstreckung niederschlagen (BGer, 13.1.2010, 4A_522/2009, E. 3.3; s.a. BGE 125 III 226 E. 4c).

14 Bei der Beurteilung der Interessenlage ist auch der **Zeitpunkt der Kündigung** von grosser Bedeutung. Der Vermieter, welcher dem Mieter **freiwillig** mehr Zeit als bis zum nächsten ordentlichen Kündigungstermin einräumt, kann sich im Rahmen der Interessenabwägung auf diesen Umstand berufen (BGE 125 III 226 E. 4c = Pra 1999 Nr. 152; Lachat, bail à loyer, 784; KUKO OR-Blumer, N 7). Entsprechend werden **befristete Mietverhältnisse** eher zurückhaltend erstreckt werden können (N 7). In beiden Fällen ist immerhin zu berücksichtigen, dass der Mieter vor dem Beendigungstermin ein Ersatzobjekt nur mit dem Risiko einer doppelten Mietzinsbelastung beschaffen kann. Die erforderliche Punktlandung auf das Mietende hin erschwert damit seine Suchbemühungen. Kommt ihm der Vermieter nicht mit einer grosszügigen Kündigungsregelung nach dem Vorbild von Art. 272d entgegen, dürfen an die Suchbemühungen vor dem Mietende keine allzu strengen Anforderungen gestellt werden (Thanei, Erstreckung, 25).

Beim unbefristeten Mietverhältnis ist der Mieter sodann zu Suchbemühungen erst gehalten, wenn der Vermieter die Kündigung auch ausgesprochen hat, denn vom Vermieter ist zu fordern, dass er klare Verhältnisse schafft und die Risiken seiner Pläne – namentlich etwa dasjenige eines Leerstandes für den Fall, dass deren Realisation sich verzögert – selber trägt (Thanei, Erstreckung, 25; einschränkend ZK-Higi, N 219).

4. Zusätzliche Voraussetzungen für eine zweite Erstreckung gemäss Abs. 3

15 Da die Erstreckung von der Entscheidungsinstanz auch als **einmalige** Erstreckung gewährt werden kann (vgl. Art. 272b Abs. 1), setzt ein Gesuch um eine zweite Erstreckung negativ voraus, dass die Schlichtungsbehörde oder das Gericht die zweite Erstreckung nicht im ersten Erstreckungsentscheid ausgeschlossen hat. Eine einmalige Erstreckung ist vorab dann in Betracht zu ziehen, wenn im Zeitpunkt des Entscheides eine einigermassen zuverlässige Prognose hinsichtlich der Schwierigkeiten des Mieters bei der Ersatzbeschaffung möglich ist oder das Vermieterinteresse von vornherein keinen weiteren Aufschub der Vertragsbeendigung duldet (dazu Art. 272b N 2).

Die Voraussetzungen einer Zweiterstreckung sind im Übrigen zunächst **die gleichen wie für eine erste** (vgl. Abs. 1, 2; ZK-HIGI, N 226). Zusätzlich hat der Mieter jedoch seinen persönlichen Verhältnissen entsprechende, angemessene *Suchbemühungen* nachzuweisen (BGer in mp 1996, 211 ff. = MRA 1996, 202 ff.). Er hat diese während der ganzen Dauer der ersten Erstreckung intensiv zu betreiben und ist auch verpflichtet, ein zumutbares Ersatzobjekt vor Ablauf der ersten Erstreckung anzunehmen. Art. 272d räumt ihm für solche Fälle ausdrücklich ein Kündigungsrecht während der Erstreckung ein. Nicht verlangt werden können dagegen Veränderungen in den Lebensumständen, etwa ein Stellenwechsel zur Verbesserung der Marktchancen oder zur Ausweitung des Marktsegmentes (GIGER, 126; THANEI, Erstreckung, 40; ZK-HIGI, N 237 ff.). **16**

An **Suchbemühungen** sind i.d.R. Anfragen auf Inserate, aber auch schriftliche Bewerbungen bei Liegenschaftsverwaltungen zu fordern, nicht jedoch eigene Inserate in Tageszeitungen, weil diese gerade bei Wohnungsmangel erfahrungsgemäss wenig aussichtsreich sind (gl.M. ZK-HIGI, N 244; **a.M.** SVIT-Komm., N 61). Der Mieter muss im Rahmen einer Zweiterstreckung seine Erwartungen bezüglich des Ersatzobjektes erheblich einschränken; er hat jedes Angebot anzunehmen, das nicht aus **triftigen Gründen** untauglich erscheint. **17**

Auch im Rahmen einer Zweiterstreckung sind die Suchbemühungen allerdings nicht Selbstzweck. Mängel wirken sich vorab auf die *Dauer* der neuerlichen Erstreckung aus (ZMP 2000 Nr. 26; Lachat et al.-SPIRIG, 655; ZK-HIGI, N 246 f.; CHK-HEINRICH, N 6; **a.M.** SVIT-Komm., N 64).

Art. 272*a*

II. Ausschluss der Erstreckung

[1] Die Erstreckung ist ausgeschlossen bei Kündigungen:
a. wegen Zahlungsrückstand des Mieters (Art. 257d);
b. wegen schwerer Verletzung der Pflicht des Mieters zu Sorgfalt und Rücksichtnahme (Art. 257f Abs. 3 und 4);
c. wegen Konkurs des Mieters (Art. 266h);
d. eines Mietvertrages, welcher im Hinblick auf ein bevorstehendes Umbau- oder Abbruchvorhaben ausdrücklich nur für die beschränkte Zeit bis zum Baubeginn oder bis zum Erhalt der erforderlichen Bewilligung abgeschlossen wurde.

[2] Die Erstreckung ist in der Regel ausgeschlossen, wenn der Vermieter dem Mieter einen gleichwertigen Ersatz für die Wohn- oder Geschäftsräume anbietet.

II. Exclusion de la prolongation

[1] Aucune prolongation n'est accordée lorsqu'un congé est donné:
a. en cas de demeure du locataire (art. 257d);
b. pour violation grave par le locataire de son devoir de diligence ou pour de graves manques d'égards envers les voisins (art. 257f, al. 3 et 4);
c. en cas de faillite du locataire (art. 266h);
d. si, en prévision d'une transformation ou d'une démolition, le contrat de bail a expressément été conclu pour une période expirant au début des travaux ou à la réception de l'autorisation requise.

[2] En règle générale, aucune prolongation n'est accordée lorsque le bailleur offre au locataire des locaux d'habitation ou des locaux commerciaux équivalents.

II. Esclusione della protrazione

[1] La protrazione è esclusa se è stata data disdetta:
a. per mora del conduttore (art. 257d);
b. per violazione grave dell'obbligo di diligenza e di riguardo per i vicini (art. 257f cpv. 3 e 4);
c. per fallimento del conduttore (art. 266h);

d. di un contratto di locazione che, in vista di imminenti lavori di trasformazione o demolizione, è stato espressamente concluso soltanto per il tempo intercorrente fino all'inizio della costruzione o fino all'ottenimento della relativa licenza.

[2] Di regola, la protrazione è esclusa se il locatore offre al conduttore altri locali d'abitazione o commerciali equivalenti.

Literatur

Vgl. die Literaturhinweise zu Art. 271, 271a und 272.

I. Erstreckungsausschluss gemäss Abs. 1

1 Das Gesetz nennt in lit. a–d einen **abschliessenden Katalog** von vier Ausschlussgründen. In diesen Fällen hat keine Interessenabwägung im Einzelfall stattzufinden. Eine allfällige Härte für den Mieter ist unbeachtlich.

2 Die drei unter lit. a–c genannten **Ausschlussgründe** (Kündigung wegen qualifizierten Zahlungsverzugs, schwerer Pflichtverletzungen oder Konkurses des Mieters) sind zugleich auch **ausserordentliche Kündigungsgründe**. Ausschlussgründe bleiben sie auch für den Fall, dass der Vermieter auf eine vorzeitige Kündigung verzichtet und es *bei einer ordentlichen Kündigung bewenden* lässt (Hangartner-Roncoroni, 154; SVIT-Komm., N 6; Lachat et al.-Spirig, 638; ZK-Higi, N 16; ders., Art. 271a ORN 208; BGE 117 II 415). Dies wird er nicht nur aus besonderer Rücksichtnahme tun, sondern auch dann, wenn die ordentliche Kündigungsfrist kürzer ist als die ausserordentliche wie im Falle der Vermietung möblierter Zimmer (Art. 266e).

Hingegen ist auch für einen Erstreckungsausschluss bei einer ordentlichen Kündigung erforderlich, dass die *materiellen und formellen Voraussetzungen* für eine ausserordentliche Kündigung vorliegen (SVIT-Komm., N 6; ZK-Higi, N 18, 22 und 27).

II. Die einzelnen Erstreckungsausschlussgründe

1. Zahlungsverzug gemäss lit. a

3 Erforderlich ist sowohl der Rückstand mit der Mietzinszahlung gem. Art. 257d wie auch die erfolglose Fristansetzung gem. Art. 257d (SVIT-Komm., N 8; BGE 117 II 415 ff.; vgl. für Einzelheiten Art. 257d N 2 ff. und N 10).

2. Verletzung von Mieterpflichten gemäss lit. b

4 Voraussetzung ist eine **schwere Verletzung** der Verpflichtung des Mieters zu Sorgfalt und Rücksichtnahme gem. Art. 257f, welche die Fortsetzung des Vertragsverhältnisses als **unzumutbar** erscheinen lässt (s. Art. 257f N 1 ff.; SVIT-Komm., N 9 f.). Weiter erforderlich ist die erfolglose **schriftliche Mahnung** des Vermieters (Ausnahme: Art. 257f Abs. 4).

3. Konkurs des Mieters gemäss lit. c

5 Durch den Verweis auf Art. 266h ist klargestellt, dass der Erstreckungsausschluss nur gilt, sofern der Vermieter im Falle des Konkurses des Mieters innert gesetzter Frist für künftige Mietzinse keine Sicherheit erhält.

4. Bevorstehender Abbruch oder Umbau gemäss lit. d

Durch den entsprechenden Erstreckungsausschluss sollte die **Zwischennutzung** einer zum Umbau oder Abbruch vorgesehenen Liegenschaft ermöglicht werden (vgl. GIGER, 68, FN 32). Nach dem Wortlaut des Gesetzes kann der Ausschluss aber nur vereinbart werden, wenn das Mietverhältnis **im Hinblick auf ein bestehendes und hinreichend konkretisiertes, der Bewilligungspflicht unterliegendes Bauvorhaben** eingegangen wird. Nur in dieser Situation duldet das Vermieterinteresse keine Erstreckung mehr (ZK-HIGI, N 64; Lachat et al.-SPIRIG, 639; MENGE, 146; SVIT-Komm., N 13 f.). Die nachträgliche Vereinbarung im Verlaufe des Mietverhältnisses ist als zulässig zu erachten. Eine entsprechende Vereinbarung, auf das Mietende hin geschlossen, kommt einer Erstreckungsvereinbarung nahe. Vorher kann eine entsprechende Klausel dem Mieter – selbst auf dem Wege von Art. 269d – nicht aufgezwungen werden; stimmt dieser dennoch zu, so kann das als besondere Aufhebungs- bzw. Erstreckungsvereinbarung betrachtet werden (SVIT-Komm., N 17; ZK-HIGI, N 34 f. und 41; **a.M.** Lachat et al.-SPIRIG, 639; ZIHLMANN, 228; MENGE, 146 f.). 6

Treibt der Vermieter sein Projekt nicht in gehöriger Weise voran, so verliert die Klausel ihre Wirkung (MENGE, 147; BAUMANN, Jusletter 2013, Rz 28, vgl. auch die Empfehlung zur Vertragsgestaltung a.a.O., Rz 29).

Das Mietverhältnis erhält nach der hier vertretenen Auffassung durch den geplanten Baubeginn bzw. die rechtskräftige Baubewilligung keinen hinreichend bestimmten Endtermin und bedarf daher einer *Kündigung*. Laut BGer liegt dagegen ein *befristetes Mietverhältnis* vor, dessen Beendigung lediglich von der Information des Mieters über den Eintritt der Resolutivbedingung abhängt (BGE 121 III 260 = mp 1996, 59 ff.; vgl. dazu Art. 255 N 4 ff.; ebenso SVIT-Komm., N 15 ff.; Lachat et al.-SPIRIG, 639; CHK-HEINRICH, N 3; wie hier MENGE, 146; ZK-HIGI, Art. 255 OR N 43 ff. und Art. 272a OR N 39 f.; Lachat et al.-THANEI, 499; BAUMANN, Jusletter 2013, Rz 27, empfiehlt dem vorsichtigen Vermieter im Zweifel eine Kündigung).

5. Ersatzangebot des Vermieters gemäss Abs. 2

Der zweite Absatz der vorliegenden Bestimmung soll wohl eher die Phantasie der Parteien mit Blick auf eine einvernehmliche Konfliktlösung anregen denn zur Rechtsfindung beitragen. Zu letzterem ist sie weder besonders geeignet noch erforderlich. Bietet sich dem Mieter irgendeine angemessene Gelegenheit, die durch die Kündigung verursachten Konsequenzen zu vermeiden, so muss er sie schon nach den allgemeinen Grundsätzen ob der reinen Sozialschutzfunktion des Erstreckungsrechts nutzen. Auf der anderen Seite lässt sich nicht nur bei einem Ersatzangebot *des Vermieters* trefflich darüber streiten, ob eine bestimmte Ausweichmöglichkeit das Kriterium der Gleichwertigkeit erfüllt oder nicht. Gleiches gilt für die daran anschliessende Frage, ob es sich um einen Regelfall handle oder nicht. 6a

Ist ein Ersatzangebot nach Preis, Kündigungsbestimmungen, Lage, Grösse, Zustand und Ausstattung für den vorausgesetzten und vertraglich vereinbarten Gebrauch tauglich und damit **gleichwertig** (MENGE, 148; ZK-HIGI, N 70 ff.; ZIHLMANN, 226; SJ 1979, 583), so schliesst es eine Härte für den Mieter als Voraussetzung jeder Erstreckung aus. Ein höherer Mietzins spricht nicht gegen die Gleichwertigkeit, solange sich der Mieter dadurch nicht erheblich einschränken muss. Selbstverständlich hängt die Äquivalenz aber auch vom Preis ab. Vom Mieter darf daher jedenfalls im Rahmen einer Ersterstreckung nicht verlangt werden, dass er bei seinen Suchbemühungen sogleich an seine Belastungsgrenze geht. Danach muss sich auch das Ersatzangebot des Vermieters richten (ZK-HIGI, N 74; GIGER, 70; ähnlich SVIT-Komm., N 19; KUKO OR-BLUMER, N 2). 7

Dem Mieter muss zeitlich und sachlich die Möglichkeit geboten werden, das Ersatzobjekt auf seine Tauglichkeit hin zu prüfen.

8 Der Vermieter muss nicht über die Ersatzlokalitäten verfügen können. Es genügt, den Mieter auf die konkrete Möglichkeit zum Abschluss eines Mietvertrages hinzuweisen. Hingegen ist eine **verbindliche Offerte** erforderlich, so dass der Vertragsschluss *nur noch von der Zustimmung des Mieters abhängt* (Menge, 149; Thanei, Erstreckung, 16; Zihlmann, 226; ZK-Higi, N 81; SVIT-Komm., N 23; mp 1991, 156).

9 Eine Erstreckung trotz Angebot eines Ersatzobjektes erscheint unter diesen Prämissen nur noch – als Ausnahme von der «Regel» – unter besonderen Umständen möglich, etwa wenn der angebotene Ersatz nicht auf den **Zeitpunkt** der Vertragsbeendigung zur Verfügung gestellt werden oder wenn die Härte des Mieters durch einen Wechsel des Mietobjekts gerade nicht abgewendet werden kann, wie bei gesundheitlichen Problemen des Mieters oder ungenügender Nutzungsdauer von Investitionen (vgl. Zihlmann 226; ZK-Higi, N 82 ff.; CHK-Heinrich, N 4).

III. Beweislast

10 Als rechtshindernde Tatsachen sind die Voraussetzungen von Erstreckungsausschlussgründen gem. Art. 8 ZGB vom Vermieter zu beweisen. Dies gilt selbstverständlich auch für die Gleichwertigkeit des Ersatzobjekts. Immerhin trägt der Mieter die Beweislast für die tatsächlichen Grundlagen eines von ihm geltend gemachten Ausnahmetatbestandes, wenn er trotz eines gleichwertigen Angebotes auf einer Erstreckung besteht (ZK-Higi, N 90; Lachat et al.-Spirig, 641 FN 27).

Art. 272*b*

III. Dauer der Erstreckung

[1] Das Mietverhältnis kann für Wohnräume um höchstens vier, für Geschäftsräume um höchstens sechs Jahre erstreckt werden. Im Rahmen der Höchstdauer können eine oder zwei Erstreckungen gewährt werden.

[2] Vereinbaren die Parteien eine Erstreckung des Mietverhältnisses, so sind sie an keine Höchstdauer gebunden, und der Mieter kann auf eine zweite Erstreckung verzichten.

III. Durée de la prolongation

[1] Le bail d'habitations peut être prolongé de quatre ans au maximum, celui de locaux commerciaux de six ans. Dans ces limites, une ou deux prolongations peuvent être accordées.

[2] Lorsque les parties conviennent d'une prolongation du bail, elles ne sont liées à aucune durée maximale et le locataire peut renoncer à une deuxième prolongation.

III. Durata della protrazione

[1] La locazione di abitazioni può essere protratta per quattro anni al massimo, quella di locali commerciali per sei anni. Entro questi limiti possono essere accordate una o due protrazioni.

[2] Se la protrazione è pattuita dalle parti, questi limiti non valgono e il conduttore può rinunciare a una seconda protrazione.

Literatur

Vgl. die Literaturhinweise zu Art. 271, 271a und 272.

I. Einmalige oder erstmalige Erstreckung gemäss Abs. 1

1 Das Gesetz legt die maximale Erstreckungsdauer für **Wohnräume** auf **vier** und für **Geschäftsräume** auf **sechs** Jahre fest. Je nach Entscheid der Erstreckungsbehörde anlässlich des ersten Erstreckungsgesuchs des Mieters kann eine erst- oder eine einmalige Erstreckung gewählt werden. Fehlt im Urteil eine Angabe, so ist eine zweite Erstreckung nicht ausgeschlossen (Zihlmann, 237; SVIT-Komm., N 8). Die **konkrete Dauer** der Erstreckung ist aufgrund der in Art. 272 ent-

haltenen Kriterien unter **Würdigung aller Umstände** (Art. 4 ZGB) zu bestimmen (BGE 135 III 121 E. 2 = Pra 2009 Nr. 88). Schlichtungsbehörde (im Falle eines Urteilsvorschlags, vgl. Art. 209 und 210 f. ZPO) und Gerichte verfügen entsprechend über einen weiten Ermessensspielraum. Dieser ist nur verletzt, wenn die entscheidende Instanz die Grenzen des Gesetzes verlässt, wenn sie sich auf Kriterien stützt, die für die Entscheidung keine Rolle spielen dürfen, wenn sie massgebliche Faktoren ausser acht lässt oder wenn die daraus gezogenen Folgerungen in einer Weise unvertretbar sind, dass von einem Ermessensmissbrauch gesprochen werden muss (BGE 118 II 50 E. 4; 125 III 226 E. 4b = Pra 1999 Nr. 152; BGer, 16.10.2002, 4C.224/2002, E. 2; LACHAT, bail à loyer, 782). Unzulässig ist es, die Erstreckungsdauer an den Eintritt eines ungewissen Ereignisses zu knüpfen; erforderlich ist damit eine **echte Befristung** der Erstreckung (BGE 135 III 121 E. 4 = Pra 2009 Nr. 88; CPra Bail-CONOD, N 5 ff.).

Die Behörde, welche über die Erstreckung entscheidet, wird eine Zweiterstreckung nur ausschliessen, wenn eine **zuverlässige Prognose** über alle massgeblichen Faktoren schon im Zeitpunkt des erstmaligen Erstreckungsverfahrens möglich ist (vgl. Art. 272 N 15). Zeichnet sich zum Zeitpunkt des Entscheides eine Ersatzlösung für den Mieter noch nicht ab, so ist eine einzige Erstreckung bundesrechtswidrig (BGer, 13.4.2010, 4A_62/2010, E. 6.4). Eine erstmalige Erstreckung ist auch vorzuziehen, wenn nicht klar ist, wann der Vermieter über die erforderliche Bewilligung für sein Bauprojekt verfügen wird (BGE 135 III 121 E. 5 = Pra 2009 Nr. 88). Auf eine einzige Erstreckung ist dagegen zu erkennen, wenn der Mieter im Moment der Ersterstreckung bereits über eine Ersatzlösung auf einen bestimmten Zeitpunkt verfügt (CR CO I-LACHAT, N 2; SVIT-Komm., N 4; GIGER, 125; THANEI, Erstreckung, 36; ZK-HIGI, N 35 und 42), wenn eine Interessenabwägung gem. Art. 272 ergeben hat, dass eine weitere Erstreckung dem Vermieter selbst im Falle des Fortbestandes der Härte nicht mehr zumutbar wäre, z.B. bei dringlichem Eigenbedarf des Vermieters (BGer, 5.1.1994, 4C.266/93, E. 5b = MRA 1995, 39 ff.) oder wenn es zu – nicht schlechterdings zur Unzumutbarkeit der Fortsetzung der Miete führenden – Vandalenakten des Mieters gekommen ist (vgl. BGer, 16.10.2002, 4C.224/2002, E. 2.2). Indirekt ist eine Zweiterstreckung ausgeschlossen, wenn die erste weniger als 60 Tage dauert (vgl. Art. 273 Abs. 3). Insgesamt ist die nur einmalige Erstreckung eher die Ausnahme (CHK-HEINRICH, N 4; KUKO OR-BLUMER, N 2; **a.M.** SVIT-Komm., N 4, unter Berufung auf BGer, 7.6.2007, 4C.445/2006, E. 5.2.3, wo das BGer aber gerade eine *erstmalige* Erstreckung der Tessiner Vorinstanzen bestätigte). 2

Obwohl die Erstreckungsdauer gegenüber dem alten Mietrecht verlängert wurde, verbietet der Gesetzeszweck eine «lineare Streckung» der nach alter Praxis gewährten Dauer. Entscheidend ist primär, wieviel Zeit der Mieter voraussichtlich für die Ersatzbeschaffung benötigt (BGE 125 III 226 E. 4b; ZIHLMANN, 238; ZK-HIGI, N 38; **a.M.** MENGE, 150). Dass im Rechtsalltag gleichwohl erheblich längere Erstreckungen als früher gewährt werden, hängt nur mit dem zu engen Rahmen des alten Rechts zusammen. 3

II. Erstreckungsvereinbarungen gemäss Abs. 2

Der Vergleich der Parteien über eine Erstreckung des Mietverhältnisses ist an **keine Form** gebunden, namentlich kann die Vereinbarung auch aussergerichtlich getroffen werden (SVIT-Komm., N 13). Beim gerichtlichen oder behördlichen Vergleich sind indessen wegen dessen zivil- und prozessrechtlicher Doppelnatur selbstverständlich die prozessualen Formvorschriften zu beachten (ZK-HIGI, N 38 und 80; vgl. Art. 208 Abs. 1 und Art. 241 Abs. 1 ZPO). Vgl. zum Erfordernis der Zustimmung des Ehegatten bzw. des registrierten Partners zur Erstreckungsvereinbarung bei der Miete von Familienwohnungen Art. 273a N 2. 4

Eine gültige Erstreckungsvereinbarung liegt nur vor, wenn das unbefristete Mietverhältnis **gekündigt** und das befristete ins **Endstadium** getreten ist (Botschaft Mietrecht, 1463; Lachat et al.-SPIRIG, 656; ZK-HIGI, N 61 f.; CHK-HEINRICH, N 5; ZBJV 1983, 247 f.; SVIT-Komm., N 16). Ein **Vorausverzicht** auf das Erstreckungsrecht ist laut Art. 273c ausgeschlossen. Kei- 5 nen Fall des Vorausverzichts bildet der **Aufhebungsvertrag**, denn diesfalls fallen die Vereinbarung über die Beendigung der Miete und der Erstreckungsverzicht auf den **gleichen** Zeitpunkt (vgl. Art. 255 N 2, Art. 266a N 1e; ähnlich SVIT-Komm., N 17 und 21).

Eine Erstreckungsvereinbarung liegt auch vor, wenn ein gekündigtes Mietverhältnis z.B. nach versäumter Frist für eine Zweiterstreckung vertraglich verlängert wird. Ein weiterer Kündigungsschutz ist dadurch ausgeschlossen. Entgegen einem Teil der Lehre ist nicht einzusehen, weshalb die Parteien nicht auch Dritterstreckungen oder Zweiterstreckungen im Anschluss an eine ausdrücklich als einzige bezeichnete erste Erstreckung sollten vereinbaren können. Lehnt man dies ab, so wäre die weitere Erstreckung als befristetes Mietverhältnis aufzufassen, welches seinerseits wieder erstreckbar wäre. Damit würde dem Vermieter – letztlich zum Nachteil des Mieters, der entgegen der ursprünglichen Prognose kein Ersatzobjekt gefunden hat – jeder Anreiz genommen, auf das Ansinnen einer weiteren Erstreckung einzugehen. Dies widerspricht dem klar in Abs. 2 enthaltenen **Normzweck**, dem Vermieter **grosszügige Lösungen** schmackhaft zu machen (**a.M.** Thanei, Erstreckung, 35; ZK-Higi, N 31 ff., der solche Vereinbarungen jedoch dann doch als gültige Quasi-Erstreckungen mit der Rechtsfolge des Ausschlusses einer [weiteren] Erstreckung betrachtet: N 63). Natürlich bergen solche Mehrfacherstreckungen die Gefahr von **Kettenverträgen**, mit denen der Vermieter den Mieter quasi stets in der Nähe der Türschwelle hält. Dies kann durchaus zur Deutung der getroffenen Vereinbarung als neues befristetes oder gar unbefristetes Mietverhältnis führen (dazu Art. 255 N 6 sowie Art. 272 N 2). Abzustellen ist primär auf den beabsichtigten **Zweck der Vereinbarung**; sie muss der Abwendung einer Härte dienen und darf sich nicht als Umgehung des Erstreckungsrechts erweisen (grundlegend dazu BGE 139 III 145 E. 4.2.4 = Pra 2013 Nr. 96). Nie von einer Umgehungsabsicht ausgegangen werden kann, wenn die Vereinbarung auf einem *Vorschlag der Schlichtungsbehörde, des Gerichtes oder des Mieters* beruht.

6 Die positive Formulierung des Gesetzes führt nicht dazu, dass eine Vereinbarung in jedem Fall zu einer Erstreckung führen muss. Der Verzicht auf das Erstreckungsrecht gegen eine **Geldentschädigung** oder anderweitige Leistung ist daher durchaus zulässig (vgl. BGer, 26.9.2006, 4C.253/2006; gl.M. SVIT-Komm., N 16; Zihlmann, 237, 239 f.; ZK-Higi, N 73; Lachat et al.-Spirig, 656 f.; CR CO I-Lachat, N 4; KUKO OR-Blumer, N 3; **a.M.** Giger, 131 f.; Menge, 155 f.; Thanei, Erstreckung, 41): Es ist nicht einzusehen, wieso dem Mieter ein entgeltlicher oder unentgeltlicher Verzicht über die Ersterstreckung verwehrt sein sollte, während er auf eine Zweiterstreckung gemäss ausdrücklicher Gesetzesanordnung verzichten kann. Der «golden handshake» ist möglicherweise eine Spur unmoralisch; gesetzwidrig ist er nicht. Häufig schafft er die geeignete Lösung zur Erzielung eines Interessenausgleichs und zur Vermeidung langwieriger Prozesse in Fällen, bei denen sich beide Parteien in einer Zwangslage befinden.

7 Zur Zulässigkeit der freien Vereinbarung der Kündigungsfristen und -termine, die der Mieter bei der vorzeitigen Beendigung des Mietvertrages während der Erstreckung einzuhalten hat vgl. Art. 272d.

Art. 272c

IV. Weitergeltung des Mietvertrags

[1] Jede Partei kann verlangen, dass der Vertrag im Erstreckungsentscheid veränderten Verhältnissen angepasst wird.

[2] Ist der Vertrag im Erstreckungsentscheid nicht geändert worden, so gilt er während der Erstreckung unverändert weiter; vorbehalten bleiben die gesetzlichen Anpassungsmöglichkeiten.

IV. Validité du bail

[1] Une partie peut demander que la décision de prolongation modifie le contrat en l'adaptant à la nouvelle situation.

[2] Si la décision de prolongation n'a pas modifié le contrat, celui-ci reste en vigueur sans changements pendant la prolongation; sont réservées les possibilités d'adaptation légales.

IV. Validità ulteriore della locazione

[1] Ciascuna parte può chiedere che, nella decisione di protrazione, il contratto venga adeguato alla nuova situazione.

[2] Se non è stato modificato nella decisione di protrazione, il contratto permane valido senza alcun cambiamento durante la protrazione; sono salve le possibilità legali d'adeguamento.

Literatur

Vgl. die Literaturhinweise zu Art. 271, 271a und 272.

I. Vertragsänderungen im Erstreckungsverfahren

Mieter wie Vermieter können im Rahmen des Erstreckungsprozesses Antrag auf Änderung des Vertrages stellen. **Zweck** dieser ansatzweise schon in aArt. 267a Abs. 4 enthaltenen Bestimmung ist vorab, dem Vermieter Vertragsanpassungen zu gestatten, die ihm nur aus formellen Gründen auf anderem Wege nicht möglich sind (Botschaft Mietrecht, 1463; vgl. Art. 269d Abs. 2 lit. c). 1

Voraussetzung für eine Vertragsanpassung durch **Schlichtungsbehörde** (zum Urteilsvorschlag s. Art. 273 N 6b; vgl. MENGE, 157 f.) oder **Gericht** ist die **Veränderung der Verhältnisse**. In Frage kommen vorab **Mietzinsanpassungen** wegen **veränderter Kostenfaktoren** i.S.v. Art. 269a lit. b und e (MENGE, 157). Absolute Anpassungsgründe sollten vorab bei kürzeren Erstreckungen wie schon unter altem Recht (ZK-SCHMID, N 25 zu aArt. 267a) nur zurückhaltend anerkannt werden, denn das Interesse der Parteien an einer grundlegend veränderten Mietzinsgestaltung ist während einer Erstreckung weit geringer als bei einem zeitlich nicht begrenzten Mietverhältnis. Ausserdem gefährdet besonders eine massive Mietzinserhöhung den sozialen Zweck der Regelung und verursacht die Abklärung veränderter Berechnungsgrundlagen einen angesichts der zwangsläufig befristeten Erstreckung nicht zu rechtfertigenden Aufwand (zutreffend MENGE, 159 f.; CR CO I-LACHAT, N 4). Dies ruft primär nach einer *Anwendung der relativen Methode* (ähnlich LACHAT, 792 und CHK-HEINRICH, Art. 272c–272d OR N 2, der Erhöhungen nach absoluter Methode auf ein tragbares Mass beschränkt; **a.M.** BGer, MRA 1995, 195 ff.; SVIT-Komm., N 12, vgl. aber immerhin N 13; ZK-HIGI, N 44). 2

Die Parteien können auch **andere inhaltliche Änderungen** beantragen. Solche Anpassungen dürfen aber – wie auch diejenigen gestützt auf Art. 269d Abs. 3 – den Charakter des Mietverhältnisses nicht verändern und sind zudem aus den gleichen Gründen wie die Veränderung des Mietzinses aufgrund absoluter Anpassungsgründe zurückhaltend zu handhaben. Namentlich ist es nicht möglich, das Gebrauchsrecht des Mieters während der Erstreckung derart einzuschränken, dass der ursprünglich vereinbarte Inhalt des Vertrages geändert wird (gl.M. MENGE, 159; ZK-HIGI, Art. 272 OR N 41 ff., sowie Art. 272c OR N 34, der sich gegen eine sachliche oder persönliche Teilerstreckung ausspricht und die Anpassungsmöglichkeit gar als Fall der clausula rebus sic stantibus auffasst; ähnlich nun SVIT-Komm., N 17 [Betonung der Zumutbarkeit der Anpassung]; CHK-HEINRICH, Art. 272c–272d OR N 3; Hangartner-RONCORONI, 157). 3

Eine analoge Anwendung von Art. 272c auf den Fall der Ungültigerklärung einer Kündigung kommt nach der Systematik des Gesetzes nicht in Frage (MENGE, 159; gl. nunmehr SVIT-Komm., N 16; **a.M.** GUHL/KOLLER/SCHNYDER/DRUEY, 444). 4

II. Weitergeltung des Vertrages und gesetzliche Anpassungsmöglichkeiten gemäss Abs. 2

5 Dass der Vertrag während der Erstreckung **unverändert weiter gilt**, soweit er im Erstreckungsentscheid nicht geändert worden ist, folgt schon aus dem Begriff der Erstreckung als Verlängerung des ursprünglichen Vertrages (dazu ZK-HIGI, Vor Art. 271–273c OR N 84 f. sowie Art. 272c OR N 22). Damit bleiben etwa *ausserordentliche Kündigungen* auch während der Erstreckungsdauer möglich (s. Art. 272d N 3). Da das erstreckte Mietverhältnis ein gekündigtes bleibt, sind Erneuerungen und Änderungen des Vermieters während der Erstreckungsdauer grundsätzlich unzulässig (Art. 260 N 4). Zu den Auswirkungen der Natur der Erstreckung auf ein vertragliches Vormietrecht vgl. MRA 2001, 43 ff.

5a In Kraft bleiben nach Abs. 2 die **«gesetzlichen Anpassungsmöglichkeiten»**. Diese können an sich gem. Art. 269d (Mietzinserhöhungen und andere einseitige Vertragsänderungen durch den Vermieter; vgl. dazu Art. 269d N 11) und Art. 270a (Mietzinssenkung) nur auf den «nächstmöglichen Kündigungstermin» geltend gemacht werden. Der Vermieter hat bereits gekündigt, und die verfügte Erstreckung erlaubt ihm keine erneute Kündigung. Seitens des Mieters bestehen indes Kündigungsmöglichkeiten während der Erstreckung aufgrund von Art. 272d, die allerdings nur die Beschaffung eines Ersatzobjekts erleichtern sollen.

Richtigerweise ist dem **Mieter** wie dem **Vermieter** während der Erstreckung die Möglichkeit zu geben, auf den **nächsten gesetzlichen Kündigungstermin** gem. Art. 266c bzw. 266d unter Einhaltung der dort festgesetzten Mindestfristen eine Anpassung des Mietzinses gestützt auf Art. 269d/270b bzw. Art. 270a zu verlangen (gl.M. KUKO OR-BLUMER, N 1; ähnlich, z.T. aber unter Berücksichtigung der *vertraglichen* Fristen und Termine SVIT-Komm., N 9; Hangartner-RONCORONI, 158; MENGE, 160 f.; GIGER, 134; CR CO I-LACHAT, N 6; CHK-HEINRICH, Art. 272c–272d OR N 4). HIGI möchte dagegen auf die Termine gem. Art. 272d abstellen (ZK-HIGI, N 28 f.). Dies überzeugt zum einen deshalb nicht, weil Anpassungen so in kürzerer Abfolge durchgeführt werden könnten als vor dem Kündigungstermin, was der Idee der Weitergeltung des Mietvertrages widerspricht. Zum andern tritt die Vertragsanpassung nach Art. 269d an die Stelle der Änderungskündigung und bedingt daher an sich nicht nur eine Kündigungsmöglichkeit des Mieters, sondern auch eine solche des Vermieters. Im erstreckten Mietverhältnis steht dem Vermieter eine solche aber gerade nicht mehr offen. Ausserdem erscheint es nicht als sachgerecht, ausgerechnet in der kurzen Schlussphase des Vertrages einen ausgesprochen hohen Anpassungsrhythmus zu favorisieren (nicht empfehlenswert daher auch die Mischform bei GUHL/KOLLER/SCHNYDER/DRUEY, 451 sowie bei ZIHLMANN, 241).

Im Gegensatz zu Vertragsanpassungen im Erstreckungsentscheid gelten im Übrigen die normalen Formvorschriften, namentlich diejenigen von Art. 269d (Lachat et al.-SPIRIG, 661; MENGE, 158; ZK-HIGI, N 32). Der Vermieter wird mit Vorteil im Formular einen Hinweis auf das erstreckte Mietverhältnis anbringen, um den Anschein einer Vertragsfortsetzungsofferte zu vermeiden (vgl. aber immerhin MRA 1999, 46 ff.).

6 **Inhaltlich** stellt der Hinweis auf Abs. 1 klar, dass Änderungen **primär im Erstreckungsentscheid** zu treffen sind. Trotz des (wie gezeigt wenig durchdachten) Verweises auf die gesetzlichen Anpassungsmöglichkeiten ist daher auch bei späteren Vertragsänderungen materiell die gleiche Zurückhaltung zu üben wie bei Änderungen im Erstreckungsentscheid selbst (N 2 f.; gl.M. LACHAT, bail à loyer, 790 und 792, FN 168 und 178; KUKO OR-BLUMER, N 2 [erforderlich sind veränderte Umstände]).

Nicht zu den gesetzlichen Anpassungsmöglichkeiten gehören **Index- und Staffelungsklauseln**, *denn solange sie gelten*, ist das Mietverhältnis ja unecht befristet, und nach der Kündigung fehlt es nicht nur meist an der erforderlichen Mindestdauer, sondern v.a. am erforderlichen Konsens über die Erneuerung der Klausel (ähnlich MENGE, 161; **a.M.** LACHAT,

791; SVIT-Komm., N 11; ZK-Higi, N 18; CHK-Heinrich, Art. 272c–272d OR N 4). Denkbar ist eine Erstreckungs*vereinbarung* mit einer solchen Klausel, wenn die Erstreckung die erforderliche Mindestdauer erreicht.

III. «Kalte» Erstreckung: Weitergeltung des Vertrages während des Kündigungsschutzverfahrens

Häufig kommt es vor, dass der Kündigungstermin verstreicht, ohne dass über ein Kündigungsschutz- oder Erstreckungsbegehren des Mieters schon rechtskräftig entschieden ist. Da eine Ausweisung des Mieters während des Verfahrens von der Prüfung der Gültigkeit der Kündigung bzw. von der richterlich festgestellten Beendigung der Miete abhängt, kommt der Mieter allein durch das pendente Verfahren in den Genuss einer Weitergeltung des Mietvertrages – man spricht in solchen Fällen von einer **«kalten» Erstreckung** (Art. 273 N 4). Ein Schadenersatzanspruch des Vermieters besteht i.d.R. selbst dann nicht, wenn der Mieter den Erstreckungsprozess verliert, denn die Führung eines Verfahrens verstösst insb. nicht i.S.v. Art. 41 Abs. 2 gegen die guten Sitten. Vorbehalten sind Fälle des Rechtsmissbrauchs (BGer, 14. 11. 2001, 4C.256/2001 = mp 2004, 107 ff.; **a.M.** Chappuis, DdB 2003, 29 ff.; Baumann, Jusletter 2013, Rz 23). Dem BGer ist beizupflichten, denn die vorschnelle Bejahung einer Entschädigungspflicht brächte wegen des unwägbaren Ersatzrisikos eine Aushöhlung der Erstreckung mit sich. Für die seltenen Missbrauchsfälle bietet die bundesgerichtliche Rsp. ohne weiteres eine genügende Handhabe. 7

Art. 272*d*

V. Kündigung während der Erstreckung

Legt der Erstreckungsentscheid oder die Erstreckungsvereinbarung nichts anderes fest, so kann der Mieter das Mietverhältnis wie folgt kündigen:

a. bei Erstreckung bis zu einem Jahr mit einer einmonatigen Frist auf Ende eines Monats;

b. bei Erstreckung von mehr als einem Jahr mit einer dreimonatigen Frist auf einen gesetzlichen Termin.

V. Congé donné pendant la prolongation

A défaut d'un jugement ou d'un accord contraires, le locataire peut résilier le bail:

a. en observant un délai de congé d'un mois pour la fin d'un mois lorsque la prolongation ne dépasse pas une année;

b. en observant un délai de congé de trois mois pour un terme légal lorsque la prolongation dépasse une année.

V. Disdetta durante la protrazione

Se la decisione di protrazione o le parti non dispongono altrimenti, il conduttore può dare la disdetta:

a. con preavviso di un mese per la fine di un mese, se la protrazione non è superiore a un anno;

b. con preavviso di tre mesi per una scadenza legale, se la protrazione è superiore a un anno.

Literatur

Vgl. die Literaturhinweise zu Art. 271, 271a und 272.

I. Zweck und Inhalt des vorzeitigen Kündigungsrechts des Mieters

Die erstreckte Miete führt zu einem für beide Teile befristeten Mietvertrag (Hangartner-Ronconi, 159). Trotzdem räumt das neue Mietrecht dem Mieter ausdrücklich ein **vorzeitiges Kündigungsrecht** ein. Das Kündigungsrecht soll sicherstellen, dass die **Ersatzsuche** des 1

Mieters **nicht** durch seine Bindung an den erstreckten Vertrag **erschwert** wird (GIGER, 138; ZK-HIGI, N 5).

1a Die Kündigungsmodalitäten sind nach der Dauer der gewährten Erstreckung abgestuft. Bei Erstreckungen bis zu einem Jahr kann eine Kündigung auf jedes Monatsende unter Einhaltung einer Monatsfrist erfolgen. Dauert die Erstreckung indessen insgesamt mehr als ein Jahr, so beträgt die Frist drei Monate und es sind die gesetzlichen Kündigungstermine einzuhalten. Mit denselben sind auch die ortsüblichen Termine gem. Art. 266c und 266d gemeint (ZK-HIGI, N 35; **a.M.** GIGER, 139 f., und MENGE, 163).

II. Anpassung des vorzeitigen Kündigungsrechts durch Vereinbarung oder Entscheid

2 Der Mieter kann auf dieses Kündigungsrecht nicht im Voraus verzichten, indessen kann er im Rahmen einer *Erstreckungsvereinbarung* anderen als im Gesetz vorgesehenen Fristen oder Terminen zustimmen.

Schlichtungsbehörde und Gericht werden von ihrer Änderungsmöglichkeit – auf Antrag einer Partei hin – Gebrauch machen, um **besonderen Umständen** Rechnung zu tragen. Kurzfristige Kündigungsmöglichkeiten rechtfertigen sich etwa bei der überjährigen Erstreckung, wenn dem Mieter nur ein sehr kleines Marktsegment offensteht (MENGE, 163; vgl. ZK-HIGI, N 11). Vor allem bei überjährigen Erstreckungen hat sich die gesetzliche Regelung von lit. b in keiner Weise bewährt, denn die vom Mieter benötigte Flexibilität bei der Ersatzbeschaffung hängt in keiner Weise von der Dauer der Erstreckung ab. Eine Anpassung ist daher fast in jedem Fall – im Interesse beider Parteien – zu empfehlen (SVIT-Komm., N 1 und 5; teilw. anders ZK-HIGI, N 34).

III. Verhältnis zu ausserordentlichen Kündigungen

3 Vermieter wie Mieter können auch während der Dauer der Erstreckung eine **ausserordentliche Kündigung** etwa wegen qualifizierten Zahlungsverzugs, schwerer Pflichtverletzungen oder Konkurses des Mieters oder wegen schwerer Verletzung der Instandhaltungsverpflichtung des Vermieters aussprechen (MENGE, 158; SVIT-Komm., Art. 272c N 6; ZK-HIGI, N 44 ff.). Dies gilt auch für die Kündigung des Erwerbers wegen dringenden Eigenbedarfs i.S.v. Art. 261 Abs. 2 lit. a, denn trotz der Gestaltungswirkung des Erstreckungsentscheides ist auch die besondere Kündigungsbefugnis des Erwerbers ausserordentlicher Natur (vgl. Art. 261 N 13; **a.M.** MENGE, 158 f.; CHK-HEINRICH, Art. 272c–272d OR N 5; SVIT-Komm., Art. 261–261a N 23, Art. 272c N 7, Art. 272d N 6; widersprüchlich ZK-HIGI, Art. 261–261a OR N 39 f., Art. 272c OR N 19, Art. 272d OR N 46). Im zuletzt genannten Fall hat allerdings der Veräusserer dem Mieter den Schaden zu ersetzen, den dieser durch eine allfällige Verkürzung der ursprünglichen Erstreckungsdauer erleidet (Art. 261 Abs. 3).

Art. 273

C. Fristen und Verfahren

[1] Will eine Partei die Kündigung anfechten, so muss sie das Begehren innert 30 Tagen nach Empfang der Kündigung der Schlichtungsbehörde einreichen.

[2] Will der Mieter eine Erstreckung des Mietverhältnisses verlangen, so muss er das Begehren der Schlichtungsbehörde einreichen:
a. bei einem unbefristeten Mietverhältnis innert 30 Tagen nach Empfang der Kündigung;
b. bei einem befristeten Mietverhältnis spätestens 60 Tage vor Ablauf der Vertragsdauer.

[3] Das Begehren um eine zweite Erstreckung muss der Mieter der Schlichtungsbehörde spätestens 60 Tage vor Ablauf der ersten einreichen.

[4] Das Verfahren vor der Schlichtungsbehörde richtet sich nach der ZPO.

[5] Weist die zuständige Behörde ein Begehren des Mieters betreffend Anfechtung der Kündigung ab, so prüft sie von Amtes wegen, ob das Mietverhältnis erstreckt werden kann.

C. Délais et procédure

[1] La partie qui veut contester le congé doit saisir l'autorité de conciliation dans les 30 jours qui suivent la réception du congé.

[2] Le locataire qui veut demander une prolongation du bail doit saisir l'autorité de conciliation:
a. lorsqu'il s'agit d'un bail de durée indéterminée, dans les 30 jours qui suivent la réception du congé;
b. lorsqu'il s'agit d'un bail de durée déterminée, au plus tard 60 jours avant l'expiration du contrat.

[3] Le locataire qui demande une deuxième prolongation doit saisir l'autorité de conciliation au plus tard 60 jours avant l'expiration de la première.

[4] La procédure devant l'autorité de conciliation est régie par le CPC.

[5] Lorsque l'autorité compétente rejette une requête en annulabilité du congé introduite par le locataire, elle examine d'office si le bail peut être prolongé.

C. Termini e procedura

[1] La parte che intende contestare la disdetta deve presentare la richiesta all'autorità di conciliazione entro 30 giorni dal ricevimento della disdetta.

[2] Il conduttore che intende domandare la protrazione della locazione deve presentare la richiesta all'autorità di conciliazione:
a. per le locazioni a tempo indeterminato, entro 30 giorni dal ricevimento della disdetta;
b. per le locazioni a tempo determinato, al più tardi 60 giorni prima della scadenza del contratto.

[3] Il conduttore che intende domandare una seconda protrazione deve presentare la richiesta all'autorità di conciliazione al più tardi 60 giorni prima della scadenza della protrazione iniziale.

[4] La procedura davanti all'autorità di conciliazione è retta dal CPC.

[5] L'autorità competente, qualora respinga una richiesta del conduttore concernente la contestazione della disdetta, esamina d'ufficio se la locazione possa essere protratta.

Literatur

Bärtschi/Ackermann, Fristberechnung im Mietrecht, Jusletter vom 3.2.2014; Bohnet, Les délais en droit du bail, 13e séminaire sur le droit du bail, Neuchâtel 2004; ders., Le droit du bail en procédure civile suisse, 16e séminaire sur le droit du bail, Neuchâtel 2010; ders., (Faux) départ du délai pour contester le congé, Newsletter Bail.ch, Januar 2014; Bohnet/Conod, Bail et procédure civile suisse: premiers développements, 17e séminaire sur le droit du bail, Neuchâtel 2012; Bohnet/Conod, La fin du bail et l'expulsion du locataire, 18e séminare sur le droit du bail, Neuchâtel 2014, 79 ff.; Carron, Départ du délai pour contester un congé et théorie de la réception: une méthodologie (relativement) peu convaincante pour un résultat (absolument?) convaicant, Newsletter Bail.ch, Juli 2014; ders., Kommentar zu BGE 140 III SZZP 2014, 437 ff.; Colombini, Note sure quelques questions liées à la procédure d'expulsion, JdT 2011 III 85; Koller Th., Wenn mir Mon-Repos die Ruhe raubt, Jusletter vom 3.2.2014; Lachat, Procédure civile en matière de baux et loyers, Genf 2010; Maag, Kündigungsschutz und Ausweisung – ausgewählte zivilprozessuale Aspekte, MRA 1/2014, 1 ff.; Thanei, Neues zum Kündigungsschutz, mp 2012, 85 ff.; s.a. die Literaturhinweise zu Art. 271, 271a und 272.

I. Allgemeines

Die Bestimmung regelt in Abs. 1 die Frist für die **Anfechtung** der Kündigung gem. Art. 271 f. 1
sowie in Abs. 2 und 3 diejenige für die **Erstreckung** des Mietverhältnisses gem. Art. 272. Entgegen dem Randtitel behandelt sie das Verfahren nur in rudimentärer Weise; für dieses verweist Abs. 4 auf die Bestimmungen der ZPO.

II. Voraussetzungen des Anfechtungs- bzw. Erstreckungsbegehrens

2 Anfechtungs- oder Erstreckungsbegehren können **formlos** bei der zuständigen Schlichtungsbehörde eingereicht werden (ZK-Higi, N 19). Insbesondere ist schon von Bundesrechts wegen keine Begründung erforderlich. Bei mangelhafter Klageeinleitung i.S.v. Art. 63 Abs. 1 und 2 ZPO bleibt die Rechtshängigkeit erhalten, sofern der Mieter seine Eingabe innert eines Monats seit dem Rückzug oder dem Nichteintretensentscheid bei der zuständigen Schlichtungsbehörde oder beim zuständigen Gericht neu einreicht.

2a Die Frage der **Legitimation** richtet sich allein nach dem materiellen Recht, mithin nach Art. 271 f. und Art. 272 ff. (vgl. zur Klage des Ehegatten oder des registrierten Partners des Mieters Art. 273a).

Bei der *gemeinsamen Miete* ist der abseits stehende Mieter auf Beklagtenseite in den Prozess einzubeziehen (zur Theorie s. Vor Art. 253 N 2; BGE 140 III 598; Weber, Diss., 187 ff. und 191 ff.; BK-Hausheer/Reusser/Geiser, Art. 169 ZGB N 68; Koller Th., ZBJV 2005, 319 ff., 321; KUKO OR-Blumer, N 3; **a.M.** ZK-Higi, Vor Art. 253–274g OR N 124; Schmid, SJZ 1991, 375, 377; Maag, MRA 2004, 114; Bohnet/Conod, 17e séminaire, Rz 44 ff.). Nicht notwendig ist dieser Einbezug als Folge von Art. 273a bei der *gemeinsamen Miete durch Ehegatten oder registrierte Partner* (s. Art. 273a N 4) und – BGE 118 II 170 zufolge – generell bei der *Solidarmiete*. Das erwähnte (obiter) dictum des BGer erscheint auf den ersten Blick nicht unproblematisch, sagt doch die Vereinbarung von Solidarschuldner- (Art. 143) oder Solidargläubigerschaft (Art. 150) nichts aus über die Art der Ausübung von Gestaltungs(klage)rechten. Über dieselben kann an sich auch dann nur einheitlich entschieden werden, wenn die aus dem Vertragsverhältnis fliessenden Forderungen mehreren Gläubigern einzeln zustehen. Immerhin kann in diesen Fällen sinngemäss von einer Unterziehung des nicht an der Klage beteiligten Solidarmieters ausgegangen werden, denn wer dem Partner einer Rechtsgemeinschaft so sehr vertraut, dass er ihm die selbständige Geltendmachung von Forderungsrechten erlaubt, ist regelmässig auch mit der Prozessführung über eine Gestaltungsklage einverstanden (vgl. Weber, Diss., 192).

Der *Wechsel des Eigentümers* i.S.v. Art. 261 führt zu einem bundesrechtlich angeordneten Parteiwechsel (Calamo, 5 f.; vgl. nun auch ZK-Higi, N 35).

Irrtümliche Bezeichnungen (Bsp.: Verwechslung des Vertreters mit der Partei) sind nach Art. 56 und 132 ZPO von Amtes wegen zu korrigieren (ZMP 2001 Nr. 13; mp 2005, 186 ff.; vgl. ZK-Higi, N 38). Klagt ein Mieter im Namen aller, so haben ihm Schlichtungsbehörde und Gericht trotz verstrichener Anfechtungsfrist die Möglichkeit einzuräumen, eine Vollmacht nachzureichen (BGer, 30.1.2004, 4C.236/2003).

2b Der **Streitwert** des Kündigungsschutzverfahrens berechnet sich aufgrund des Mietzinses bis zum nächsten ordentlichen Kündigungstermin mit Rücksicht auf die Sperrfrist, die das Verfahren im Falle eines Obsiegens des Mieters auslöst (BGE 137 III 389 E. 1 = Pra 2012 Nr. 6; ausführlich dazu Koller Th., ZBJV 2013, 32 ff.). Bei einem reinen Erstreckungsbegehren ist der Mietzins während der strittigen Erstreckungsdauer massgeblich.

3 Die im Gesetz genannten Fristen sind **Verwirkungsfristen des Bundesrechts**, die von der entscheidenden Instanz ex officio zu beachten sind und nicht verlängert oder wiederhergestellt werden können (BGE 114 II 166; Lachat et al.-Thanei, 629; vgl. auch BGE 117 II 410, 121 III 156 und 123 III 67 E. 2a). Seit Inkrafttreten der ZPO scheint eine Wiederherstellung nach Art. 148 f. ZPO zwar nicht völlig ausgeschlossen. Zu beachten ist dabei jedoch, dass mit der Schaffung der ZPO der Randtitel der vorliegenden Bestimmung geändert wurde. Lautete er zuvor: «C. Verfahren: Behörden und Fristen», ist neu von «C. Fristen und Verfahren» die Rede. Damit scheint der Gesetzgeber die Fristen bewusst wieder in *materielle* Verwirkungsfristen zurückverwandelt zu haben, wie das schon vor der Mietrechtsrevision von 1990 bei aArt. 267a ff. der Fall war (insofern zutreffend BGE 140 III 244 E. 5.2). Dies

schliesst eine Erstreckung oder Wiederherstellung gestützt auf das Prozessrecht entgegen der Vorauflage eher aus; infrage käme somit höchstens eine analoge Anwendung (zur Wiederherstellung *prozessualer* Fristen und Termine vgl. BGE 139 III 478). Die Berufung auf die Verwirkungsfrist kann allerdings ihrerseits **rechtsmissbräuchlich** sein. Die Frage ist von besonderer Bedeutung, seit das BGer in BGE 133 III 175 entschieden hat, auch die offensichtlich rechtsmissbräuchliche Kündigung müsse stets angefochten werden (s. Art. 266o N 4). Hält daher etwa die Vermieterin den Mieter mit falschen Erläuterungen oder Versprechungen, List, Gewalt oder einer Drohung von einer rechtzeitigen Anfechtung ab, so ist in Anwendung von Art. 156 OR eine rechtzeitige Anfechtung zu fingieren.

Die Frist nach Abs. 1 sowie Abs. 2 lit. a **beginnt** beim unbefristeten Mietverhältnis an dem Tag, der auf den Empfang der Kündigung folgt. Da eine Eingabe an eine Behörde zur Diskussion steht, müssten nach der hier vertretenen Ansicht für den Empfangsbegriff– anders als für die Frage nach der Rechtzeitigkeit der Kündigung – nicht die allgemeinen Regeln über empfangsbedürftige Willenserklärungen gelten (vgl. N 1a Art. 266a), sondern die auch für die Zustellung des amtlichen Formulars bei Mietzinserhöhungen geltenden Regeln der eingeschränkten Empfangstheorie (Blumer, SPR VII/3, N 828 f., 965 und 1007; Bohnet, délais, 26 f.; Calamo, 315 ff.; Koller Th., Jusletter 3.2.2014, 2 f.; SVIT-Komm., N 19; ZK-Schmid, aArt. 267a N 12; Zihlmann, 243 FN 121; Lachat et al.-Thanei, 628 i.V.m. 520 f.; CHK-Heinrich, N 1; KUKO OR-Blumer, N 2 [ebenso in der 1. Aufl. Walter]; Baselice, MRA 1995, 101 ff.; ZMP 1994 Nr. 17; CPra Bail-Conod, N 5; **a.M.** Menge, 168; ZK-Higi, N 45 ff.). Dem hat das BGer allerdings widersprochen und unter Berufung auf BGE 137 III 208 = Pra 2011 Nr. 106 dafür gehalten, um der Einheitlichkeit der Rechtsordnung willen müsse sich die Berechnung der Frist nach dem Recht richten, welches die Frist ausgelöst habe («la computation d'un délai doit se faire selon le droit qui fixe ce délai»; BGer, 11.11.2013, 4A_471/2013, E. 2; zustimmend Bättig, MRA 1/2014, 53 ff.). Demzufolge beginnt die Anfechtungsfrist bei gescheiterter Übergabe der Postsendung i.d.R. schon am Tag nach der Hinterlegung der Abholungseinladung im Briefkasten. Der Entscheid widerspricht den durchaus subtilen Unterscheidungen, die das BGer in der Vergangenheit bei der Frage der Auslösung von Fristen im Mietrecht unter Berücksichtigung des Zwecks der jeweiligen Regelung getroffen hat (dazu Art. 257d N 5 und Art. 269d N 6). Wie bei der Nachfristansetzung bei Zahlungsverzug und bei der Anfechtung einer Mietzinserhöhung geht es – gerade in Zeiten erhöhter beruflicher und privater Mobilität der Bevölkerung – auch bei der Anfechtung der Kündigung darum, dem Mieter die volle Frist für den Entscheid über die Anfechtung zu sichern. Wie bei einer Mietzinserhöhung dient die zwingende Verwendung des Formulars auch beim Kündigungsschutz dazu, den Mieter über seine Rechte zu informieren und ihn im Hinblick auf den bevorstehenden Prozess gleich zu stellen, wie wenn die Frist von einer Behörde ausgelöst worden wäre. Noch in BGE 107 II 189 E. 2 war just dies die entscheidende Überlegung auch für die Frage, wie die **30-tägige Anfechtungsfrist** bei einer Mietzinserhöhung zu berechnen sei. Dort führte das BGer wörtlich aus: «D'autre part, la réception de cet avis détermine le point de départ du délai de trente jours dont dispose le locataire pour contester le montant du loyer [...]. Considérer la majoration de loyer notifiée sous pli recommandé comme reçue dès l'instant où elle peut être retirée au bureau de poste reviendrait à priver le locataire d'une partie du délai de réflexion – déjà extrêmement bref – qui lui est accordé, lorsqu'il ne retire pas ou ne peut pas retirer le pli dès le dépôt de l'avis de retrait; le locataire ne saurait pourtant être tenu de prendre des dispositions particulières à chaque terme de résiliation [heute also praktisch jedes Monatsende, Anm. d. Verf.], en vue de la réception d'un éventuel avis de majoration. [...] *Par ailleurs, il ne disposerait pas pleinement du* **délai de péremption de trente jours prévu pour la contestation** du montant du loyer [H.v.Verf.]. L'application du système de la réception aboutirait donc à des conséquences incompatibles avec le but de protection du locataire visé par l'arrêté fédéral du 30 juin 1972.» Innerhalb von gut 30 Jahren Rsp. scheint nun also eine als «extrêmement bref» erachtete Frist zu einer bei weitem ausreichenden geworden zu sein, und zwar ohne dass der Gesetzgeber die bewährte 3a und allseits anerkannte Praxis je infrage gestellt hätte. Natürlich muss die Rsp. zur Mietzinsanfechtung erst recht gelten für den Kündigungsschutz, denn eine Kündigung ist von weit grösserer Tragweite als eine Mietzinserhöhung und muss anders als diese erst auf Verlangen nachträglich begründet werden, so dass dem Mieter für den Entscheid über die Anfechtung während laufender Frist zunächst oft die Grundlagen fehlen. Wie meinte einst ANDREAS VON TUHR: Sachlich nicht gerechtfertigte Verschiedenheiten machen die Rechtsordnung bunter, nicht reicher.

Das Urteil 4A_471/2013 ist in der Lehre fast durchwegs Ablehnung gestossen. BÄRTSCHI/ACKERMANN stellten dabei die Rechtssicherheit ins Zentrum und schlugen einen gut begründeten Kriterienkatalog für die Abgrenzung der absoluten von der relativen Empfangstheorie vor. Die relative Theorie soll danach zur Anwendung gelangen, wenn der Empfang einer Erklärung eine relativ kurze gesetzliche Frist auslöst, innert welcher der Adressat bestimmte Vorkehrungen zu treffen hat, um einen Rechtsverlust von gewisser Schwere zu vermeiden (BÄRTSCHI/ACKERMANN, 9). Andere Autoren übten darüber hinaus auch methodische Kritik und stellen fest, dass sich das BGer ohne Konsultation von Lehre und Rsp. einzig unter Bezug auf ein nicht einschlägiges Präjudiz in einem nicht zur Publikation bestimmten Entscheid zu einer für den Entscheid nicht erheblichen Frage geäussert habe (BOHNET, départ, 2 f.; KOLLER TH., 2 f.; s.a. DERS., ZBJV 2013, 45 ff.). In der Tat hatten beide Waadtländer Vorinstanzen trotz unterschiedlicher Auffassung zur anwendbaren Theorie auf eine verspätete Klage erkannt. Zudem erachtete das BGer die Beschwerde im Hauptstandpunkt als unzureichend begründet. Richtig an der vorgetragenen Kritik ist auch, dass sich der vom BGer zitierte BGE 137 III 208 = Pra 2011 Nr. 106 nicht zum Problem der Anfechtungsfrist äussert, sondern nur zur Rechtzeitigkeit der Kündigung.

Ungeachtet dessen hat das BGer dann allerdings seine problematische Rsp. bestätigt (BGE 140 III 244 E. 5.2). Das Gericht begnügte sich mit einem simplen Zitat aus dem Werk einer am Entscheid beteiligten Bundesrichterin (krit. dazu auch CARRON, SZZP 2014, 438; KOLLER spricht von höchstrichterlichem Autismus, ZBJV 2014, 949), ging erneut mit keinem Wort auf BGE 107 II 189 ein, hielt lakonisch dafür, es bestehe kein Anlass, an der (angeblich) mit BGE 137 III 308 eingeleiteten Rsp. etwas zu ändern und berücksichtigte auch die fast durchweg ablehnenden Stellungnahmen in der Lehre zum Entscheid 4A_471/2013 nicht, so wenig wie die von der Beschwerdeführerin angeführten Lehrmeinungen. Natürlich ist es das Vorrecht insb. des BGer, bei der Gesetzesinterpretation frei darüber befinden, was es als bewährte Lehre und Überlieferung betrachten will und was nicht (vgl. Art. 1 Abs. 3 ZGB). Dass es dem wissenschaftlichen Diskurs bei der vorliegenden Frage ausgewichen ist, erstaunt aber (krit. v.a. zur Methode auch KOLLER TH., ZBJV 2014, 947 ff.). Entweder hat man schlicht den Mut nicht aufgebracht, einen – nun weiss Gott lässlichen – Fehler zuzugeben. Oder dann ist der Entscheid Ausdruck einer neueren, paradoxen Tendenz, den Schutz etwa von Kapitalanlegern, selbst professionellen, stark zu betonen (z.B. BGE 137 III 393), während im Kernbereich des sozialen Privatrechts einer Aufweichung das Wort geredet wird (ähnlich KOLLER TH., ZBJV 2014, 943, zur Verwendung des Rechtsmissbrauchsarguments durch das BGer). Soweit ein Teil der Lehre den Entscheid unter Hinweis auf die Einheit der Rechtsordnung im Ergebnis stützt (z.B. CARRON, SZZP 2014, 438; DERS., Newsletter Bail.ch Juli 2014, 5 ff.), ist dem entgegenzuhalten, dass sich die Anfechtung eines Generalversammlungs- oder Vereinsbeschlusses doch stark von der Kündigungsanfechtung unterscheidet, denn wer eine (ordentliche) Kündigung ausspricht, muss vorher nicht eine Versammlung mit Traktandenliste abhalten und so den Partner vor den möglichen Folgen von Absenzen warnen. Andere Verwirkungsfristen sind wesentlich länger wie etwa die erbrechtlichen Anfechtungsfristen. Man erkennt schnell: Das Prinzip der Einheit der Rechtsordnung ist hier nur ein Prokrustes-Bett – wenn überhaupt wäre die Einheit bei der relativen Empfangstheorie zu suchen.

Wie dem auch sei: Aufgrund des Entscheids ist mit einem Kündigungsschutzbegehren Eile geboten, ganz anders als etwa bei den weit weniger kritischen Fristen im weiteren Verfahren wie etwa für die Einreichung der Klagebewilligung: Hier gelten nach der (zutreffenden) Rsp. selbst die Fristenstillstände nach Art. 145 ZPO (Vor Art. 253–273c N 17).

Keine Frist ist einzuhalten, wenn die Kündigung sich als nichtig erweist, denn diesfalls steht dem Empfänger jederzeit eine Feststellungsklage offen (BGer, 10.9.2002, 4C.6/2002, E. 3; CORBOZ, CdB 1994, 33 ff., 37; s.a. Art. 266o N 2 ff. und Art. 271–271a N 29). Der Kündigungsempfänger ist grundsätzlich nicht einmal zu einer Bestreitung der Kündigung verpflichtet. Anders als bei der fristlosen Kündigung eines Arbeitsvertrages kann aus dem Schweigen des Empfängers kein konkludentes Akzept eines Aufhebungsangebotes abgeleitet werden, da beide Parteien ihre vertraglichen Hauptleistungen einstweilen weiterhin erbringen (Art. 266a N 1e). Eine unterlassene Reaktion kann aber u.U. rechtsmissbräuchlich sein, so wenn der Empfänger die kündigende Partei im Glauben lässt, er betrachte die Kündigung als gültig (vgl. BGE 121 III 156 E. 1c/bb; BGer in mp 1995, 161 ff.). Die Frage der Nichtigkeit kann nach der Rsp. zum Gegenstand eines Anfechtungsverfahrens gemacht werden (dazu N 6). 3b

Gemäss einem – allerdings in der amtlichen Sammlung publizierten – obiter dictum möchte das BGer es zulassen, dass die kündigende Partei neben einer ausserordentlichen Kündigung eine ordentliche ausspricht für den Fall, dass sich die ausserordentliche Kündigung als nichtig oder anfechtbar erweist (BGE 137 III 389 E. 8.4 = Pra 2012 Nr. 6). Entgegen allgemeinen Regeln lässt es damit eine bedingte Kündigung zu. Dies ist aus Gründen der Rechtssicherheit abzulehnen (Art. 266a N 1). Die Probleme zeigen sich besonders bei der Auslösung der Anfechtungsfrist: Der Anfechtungsprozess über die Eventualkündigung erhält ein aktuelles Rechtsschutzinteresse erst, wenn die Ungültigkeit der ausserordentlichen Kündigung rechtskräftig festgestellt ist. Dennoch scheint der Kündigungsempfänger gehalten, die bedingte Kündigung schon nach deren Erhalt anzufechten (THANEI, mp 2012, 91). Sollte das BGer den vorgezeichneten Weg tatsächlich beschreiten, dürften jedenfalls an die Anfechtung der Eventualkündigung keine hohen Anforderungen gestellt werden, sei es dass man schon die Anfechtung der ausserordentlichen Kündigung im Zweifel auf beide Erklärungen bezieht oder dass man dem Kündigungsempfänger mit dem Entscheid über die Ungültigkeit der ausserordentlichen Kündigung eine Frist zur Anfechtung der erst dadurch in Kraft tretenden Eventualkündigung ansetzt. Besser wäre es allerdings, den Grundsatz nochmals zu überdenken. Ist sich die kündigende Partei nicht sicher, ob der ins Auge gefasste ausserordentliche Kündigungsgrund einer Überprüfung standhält, kann ihr ohne weiteres eine ordentliche Kündigung zugemutet werden, denn sie profitiert auch in diesem Fall zumindest vom Gewicht des angerufenen Grundes, wenn sich dieser nachweisen lässt. Beispielsweise führt ein Zahlungsverzug nach Art. 257d auch dann zum Erstreckungsausschluss, wenn der Vermieter statt einer ausserordentlichen eine ordentliche Kündigung ausspricht. 3c

Beim **befristeten Mietverhältnis** ist das Erstreckungsbegehren nach Abs. 2 lit. b spätestens 60 Tage vor dem Ablauf der Vertragsdauer zu stellen (zur Berechnung s. LACHAT, bail à loyer, 796; zur Erstreckung befristeter Mietverhältnisse vorn Art. 272 N 1). Da unter diesen Umständen die Zulassung von **Resolutivbedingungen** (neben der resolutiven Potestativbedingung der Kündigung) den Kündigungsschutz vereiteln würde, ist nach der hier vertretenen Auffassung die Vereinbarung von anderen Resolutivbedingungen als der Kündigung **unzulässig**. Das BGer hat demgegenüber in BGE 121 III 260 = mp 1996, 59 ff. solche Resolutivbedingungen zwar als **zulässig** erklärt; dem Mieter steht dann aber immerhin auch gemäss BGer das Recht zu, innert 30 Tagen seit Kenntnis des Eintritts der Bedingung eine Erstreckung des Mietverhältnisses zu verlangen. Möglich muss es sodann sein, innert der gleichen Frist geltend zu machen, der Vermieter habe den Eintritt der Resolutivbedingung i.S.v. Art. 156 wider Treu und Glauben herbeigeführt (dazu und zu weiteren Lehrmeinungen Art. 255 N 4 f.; vgl. auch ZK-HIGI, N 90 ff. sowie BGE 113 II 31 [Vereitelung einer Option]). 3d

Da das Begehren um eine **Zweiterstreckung** nach Abs. 3 ebenfalls innert 60 Tagen vor dem Ende der ersten Erstreckungsdauer gestellt werden muss, ist der Mieter berechtigt, ja gehalten, zur Sicherung seiner Rechte vorsorglich schon während des ersten Erstreckungsverfahrens ein 3e entsprechendes Begehren zu stellen (ZK-Higi, Art. 272b N 41; **a.M.** CR CO I-Lachat, N 9, der vom Richter im Urteil über die Ersterstreckung die Ansetzung einer Klagefrist erwartet).

III. Wirkungen des Anfechtungs- bzw. Erstreckungsbegehrens

4 Nach wie vor nicht ausdrücklich geregelt ist die Frage, ob während der Dauer des hängigen Kündigungsschutz- bzw. Erstreckungsverfahrens das Mietverhältnis als vorläufig erstreckt zu gelten hat, wenn vor Vertragsende kein rechtskräftiger Entscheid vorliegt. Hilfreich ist immerhin Art. 62 ZPO, wonach die Rechtshängigkeit bereits ins Schlichtungsverfahren vorverlegt wird. Nach Art. 64 Abs. 1 lit. a ZPO hat dies die Sperrwirkung der Litispendenz zur Folge. Dies wiederum bewirkt, dass eine vom Vermieter angestrengte Ausweisungsklage nicht durchdringen kann, bevor nicht feststeht, ob und auf wann die ausgesprochene Kündigung ihre Wirkungen entfaltet (KUKO OR [1. Aufl.]-Walter, N 5). Da separat eingeleitete Ausweisungsverfahren mangels einer Übernahme von aArt. 274g in die ZPO hinsichtlich des Kündigungsschutzbegehrens keine Kompetenzattraktion mehr zur Folge haben, kann der Vermieter die Ausweisung sinnvoll nur noch auf dem Weg der Widerklage zum Kündigungsschutz- oder Erstreckungsbegehren verlangen – soweit denn die Voraussetzungen erfüllt sind. Damit ist die Gefahr einer Ausweisung vor Abschluss des Kündigungsschutzverfahrens gebannt, soweit der Vermieter nicht erfolgreich vorsorgliche Massnahmen nach Art. 261 ff. ZPO beantragt. Mit dem Erlass solcher Massnahmen werden sich die Gerichte angesichts des Sozialrechtscharakters von Kündigungsschutz und Erstreckung eine gewisse Zurückhaltung aufzuerlegen haben (vgl. auch Zihlmann, 245). Damit kann aber die eingangs gestellte Frage weiterhin bejaht werden (s.a. Art. 267 N 3). Immerhin stellt sich bei offensichtlich aussichtslosen Kündigungsschutzbegehren die Frage nach einer über die bisherige Mietzinshöhe hinaus gehenden Schadenersatzpflicht des Mieters (BGer, 14.11.2001, 4C.256/2001 = mp 2004, 107 ff.; vgl. Art. 267 N 2 sowie Weber, AJP 2000, 1029 f.).

5 Wird ein Anfechtungsbegehren gestellt, so ist es gem. Abs. 5 der vorliegenden Bestimmung (früher Art. 274e Abs. 3 und Art. 274f Abs. 3) nicht erforderlich, eventualiter ein **Erstreckungsbegehren** einzureichen, da bei Abweisung eines Anfechtungsbegehrens von Amtes wegen zu prüfen ist, ob das Mietverhältnis erstreckt werden kann.

Hingegen kann ein Erstreckungsbegehren nur im Rahmen einer Klageänderung (soweit die Frist dafür noch nicht abgelaufen ist) in ein Anfechtungsbegehren umgewandelt werden (Lachat et al.-Thanei, 629 f.; Lachat et al.-Spirig, 666; ZK-Higi, N 68 und 112 ff.; SVIT-Komm., N 22; CHK-Heinrich, N 3). Bei der Deutung eines Kündigungsschutzbegehrens dürfen allerdings keine strengen Anforderungen gestellt werden (Menge, 168). Behördliche Anfechtungsformulare sollten nur Kündigungsschutzbegehren im weiteren Sinne enthalten, da gerade bei Laien Missverständnisse vorprogrammiert sind. Prozesstaktisch kommt es einem Kunstfehler der Mieterseite gleich, kein Begehren um Kündigungsschutz im engeren Sinne zu stellen, da sich Anfechtungsgründe häufig erst im Verfahren herauskristallisieren.

6 Zumindest **vorfrageweise** ist stets die **Nichtigkeit** der Kündigung zu prüfen (BGE 132 III 65 E. 3.2; 139 III 457 E. 5.3; vgl. zur Frage der Abgrenzung von Nichtigkeit und Anfechtbarkeit Art. 266o N 2 ff. sowie Art. 271–271a N 29). Die Berufung auf die Nichtigkeit einer Kündigung ist zwar grundsätzlich jederzeit möglich (N 3b), wobei es ausserhalb eines Anfechtungsverfahrens vom Streitwert abhängt, ob eine entsprechender Prozess im ordentlichen oder im vereinfachten Verfahren durchzuführen ist (Art. 267 N 3; Bohnet/Conod, 17e séminaire, Rz 58 ff.; Lachat, procédure, 133; s.a. Maag, MRA 1/2014, 6; **a.M.** [immer vereinfachtes Verfahren] Hohl, procédure civile, Bd. II, Bern 2010, Rz 1329; BSK ZPO-Mazan, Art. 243 N 19a; Colombini, JdT 2011 III, 85; offen gelassen in BGE 139 III 457 E. 5.3). Das BGer *vertritt aber jedenfalls mit* Recht die Ansicht, dass die Frage der Nichtigkeit auch **zum Gegenstand eines Anfechtungsverfahrens** gemacht werden *kann* (BGE 139 III 457 E. 5.3; 121 III 156 E. 1c; 122 III 92 E. 2d; 132 III 65 E. 3.2; in diesem Sinne auch BSK ZPO-Mazan,

Art. 243 N 19a; BOHNET/CONOD, 17e séminaire, Rz 58 ff.; BISANG, MRA 1999, 150; SVIT-KOMM., N 7). Entsprechend verfügt die Schlichtungsbehörde nach Art. 210 Abs. 1 lit. b ZPO auch über die Befugnis, den Parteien dazu einen Urteilsvorschlag zu unterbreiten (**a.M.** zum alten Recht ZK-HIGI, aArt. 274e N 69; RAJOWER, AJP 1998, 803; wohl auch GUHL/KOLLER/SCHNYDER/DRUEY, 444 f.). Von dieser Befugnis sollte die Schlichtungsbehörde im Zweifelsfalle auch Gebrauch machen, denn so kann mit Blick auf die Auslösung einer Sperrfrist später besser eruiert werden, ob eine nichtige Kündigung zusätzlich ein treuwidriges Element enthielt oder nicht. Auch soweit sich ein Urteilsvorschlag der Schlichtungsbehörde auf das Thema der Nichtigkeit bezieht, muss er aus Gründen der Rechtssicherheit die *gleichen Wirkungen* haben wie ein solcher über die blosse Anfechtbarkeit, insb. was die Rechtskraft bei versäumter Anrufung des Gerichts betrifft. Alles andere würde zu einer nicht hinzunehmenden Rechtsunsicherheit führen. Folgerichtig muss dem Vermieter hierauf gestattet werden, die Frage zum Thema einer Klage im vereinfachten Verfahren gem. Art. 243 Abs. 2 lit. c ZPO zu machen (BGE 132 III 65 E. 3; 139 III 457 E. 5.3; s.a. Art. 259b N 9).

Erweist sich im Verfahren die Kündigung als nichtig oder als anfechtbar, so wird das Erstreckungsbegehren gegenstandslos, und es hat diesbezüglich ein Prozessentscheid zu ergehen. Ein Irrtum über die Nichtigkeit der Kündigung kann zur Anfechtung eines Erstreckungsvergleichs auf dem Wege der Revision führen (BGE 132 III 737; s. dazu auch Art. 261 N 4a). **6a**

IV. Verfahren gemäss ZPO

Gelingt der Schlichtungsbehörde eine **Einigung** oder kommt es zu einer **Klageanerkennung** oder einem **vorbehaltlosen Rückzug**, so steht die entsprechende **Abstandserklärung** nach Art. 208 Abs. 2 ZPO einem **rechtskräftigen Entscheid** gleich. Ist eine Einigung nicht möglich, so kann die Behörde den Parteien einen Urteilsvorschlag unterbreiten (Art. 210 Abs. 1 lit. b ZPO) oder aber der klagenden Partei die Klagebewilligung ausstellen (Art. 209 Abs. 1 lit. b ZPO). Im Falle eines Urteilsvorschlags haben beide Parteien das Recht, diesen innert 20 Tagen seit der schriftlichen Eröffnung abzulehnen (Art. 211 Abs. 1 ZPO). Anders als im herkömmlichen Schlichtungsverfahren ist im mietrechtlichen Kündigungsschutzverfahren in der Folge die Klagebewilligung stets der ablehnenden Partei auszustellen (Art. 211 Abs. 2 lit. a ZPO). Lehnt keine Partei den Vorschlag ab, so erhält dieser die Wirkungen eines rechtskräftigen Entscheids (Art. 211 Abs. 1 ZPO). Lehnt nur eine Partei den Vorschlag ab, so verliert dieser jede Wirkung, allerdings nicht etwa schon mit der Ablehnung, sondern erst im Zeitpunkt, in welchem mindestens eine Partei das Gericht anruft, mithin von der Klagebewilligung auch tatsächlich Gebrauch macht (Art. 211 Abs. 3 ZPO). Insofern kann man von einem **qualifizierten Urteilsvorschlag** sprechen. Für weitere Hinweise zum Schlichtungsverfahren s. Vor Art. 253 N 11 ff. **6b**

Je nach Erledigung vor Schlichtungsbehörde gestaltet sich die Überleitung ins **Gerichtsverfahren** anders. Verzichtet sie auf einen Urteilsvorschlag, so stellt sie der klagenden Partei die Klagebewilligung aus (Art. 209 Abs. 1 lit. b ZPO). Unterbreitet sie den Parteien hingegen einen solchen, so können beide sich durch eine Ablehnung desselben zu einer Klagebewilligung verhelfen und erhalten so die Möglichkeit, innert der Frist von 30 Tagen gem. Art. 209 Abs. 4 ZPO das Gericht anzurufen. Mit der Anrufung des Gerichts ist der Urteilsvorschlag definitiv aus der Welt geschafft. Beide Parteien sind daher frei, im Gerichtsverfahren ihre ursprünglichen Anträge (z.B. betr. Anfechung, Dauer der Erstreckung, Vertragsanpassung nach Art. 272c) erneut zu stellen, und zwar auch dann, wenn nur eine Seite geklagt hat. Nach der hier vertretenen Auffassung macht dies die Anrufung des Gerichts stets zur **actio duplex**. Es geht daher nicht an, eine Klage als durch Rückzug erledigt abzuschreiben, bevor der Gegenpartei Gelegenheit geboten wurde, ihre Anträge zu stellen (vgl. dazu Vor Art. 253 N 15). Da das Gericht auch über Vorfragen einen selbständigen Entscheid zu fällen hat, ist es auch gehalten, etwa den Einwand des Vermieters zu prüfen, es bestehe gar kein gültiger Mietvertrag (BGE 132 III 65 E. 3.4). Für weitere Hinweise zum Gerichtsverfahren s. Vor Art. 253 N 18 ff. **7**

Art. 273*a*

D. Wohnung der Familie

[1] Dient die gemietete Sache als Wohnung der Familie, so kann auch der Ehegatte des Mieters die Kündigung anfechten, die Erstreckung des Mietverhältnisses verlangen oder die übrigen Rechte ausüben, die dem Mieter bei Kündigung zustehen.

[2] Vereinbarungen über die Erstreckung sind nur gültig, wenn sie mit beiden Ehegatten abgeschlossen werden.

[3] Die gleiche Regelung gilt bei eingetragenen Partnerschaften sinngemäss.

D. Logement de la famille

[1] Lorsque la chose louée sert de logement à la famille, le conjoint du locataire peut aussi contester le congé, demander la prolongation du bail et exercer les autres droits du locataire en cas de congé.

[2] Les conventions prévoyant une prolongation du bail ne sont valables que si elles sont conclues avec les deux époux.

[3] Le présent article s'applique par analogie aux partenaires enregistrés.

D. Abitazioni familiari

[1] Se la cosa locata funge da abitazione familiare, anche il coniuge del conduttore può contestare la disdetta, chiedere la protrazione della locazione ed esercitare tutti gli altri diritti che competono al conduttore in caso di disdetta.

[2] Le convenzioni concernenti la protrazione della locazione sono valide soltanto se concluse con ambedue i coniugi.

[3] Il presente articolo si applica per analogia ai partner registrati.

Literatur

BARRELET, La protection du conjoint et du partenaire non signataires du bail, 17e séminaire sur le droit du bail, Neuchâtel 2012; DIETSCHY, Le bail d'habitation des concubins, Basel 2014; GUICHARD, Les restrictions au droit de disposer du logement de la famille, Lausanne 2002; HASENBÖHLER, Die gemietete Familienwohnung, MRA 1995, 225 ff.; HAUSHEER, Die Familienwohnung im neuen Scheidungsrecht, mp 1999, 159 ff.; HULLIGER, Mietrechtliche Aspekte des neuen Partnerschaftsgesetzes, MRA 2007, 1 ff.; REYMOND, Résiliation du bail à loyer et logement de famille, CdB 1994, 1 ff.; WEBER, Der zivilrechtliche Schutz der Familienwohnung, AJP 2004, 30 ff.; s.a. die Literaturhinweise zu Art. 266m, 266n, 271, 271a und 272.

I. Die Rechte des Partners bei Kündigung der Familienwohnung gemäss Abs. 1

1 Grundsätzlich können die Rechte aus dem Mietvertrag nur von der Vertragspartei geltend gemacht werden. Dies hätte zur Folge, dass der Ehegatte oder registrierte Partner, welcher die **Familienwohnung** (vgl. dazu Art. 266m–266n N 2) gemietet hat, die Rechte daran durch Unterlassung eines Begehrens i.S.v. Art. 273 eigenmächtig preisgeben könnte. Der **Partner** des Mieters, welcher selber den Mietvertrag über die Familienwohnung nicht als Vertragspartei unterzeichnet hat, kann daher gestützt auf die vorliegende Bestimmung die Kündigung anfechten, die Erstreckung des Mietverhältnisses begehren oder die übrigen **Rechte ausüben**, welche dem Mieter **bei einer Kündigung des Vermieters** zustehen (z.B. Art. 271 Abs. 2, 272c Abs. 1; ZIHLMANN, 244 f.; ZK-HIGI, N 12). Ein Einbezug des anderen Partners in das Verfahren ist möglich, aber nicht nötig (BGE 115 II 365). Möglich ist selbstverständlich auch der nachträgliche Einbezug des Mieters, wenn zunächst nur dessen Partner geklagt hat, denn auch das entspricht dem Schutzgedanken der Norm (BK-HAUSHEER/REUSSER/GEISER, Art. 169 ZGB N 82; **a.M.** mit formalistischer Begründung ZK-HIGI, N 16).

Die Klage des nicht mietenden Partners stellt einen Anwendungsfall der **Prozessstandschaft** dar. Führen beide Partner den Prozess, so sind sie **einfache Streitgenossen** i.S.v. Art. 71 ZPO (BGE 118 II 170; BK-HAUSHEER/REUSSER/GEISER, Art. 169 ZGB N 81; ZK-HIGI, N 15; CHK-HEINRICH, Art. 273a–273c OR N 1; WEBER, Diss., 188 f.; KUKO OR-BLUMER, N 2; **a.M.** SCHMID, SJZ 1991, 377).

Die Bestimmung ist nach dem klaren Gesetzeswortlaut nicht anwendbar auf **Mietzinsanfechtungen** (BGE 136 III 441 E. 3.3).

II. Erstreckungsvereinbarungen bezüglich der Familienwohnung gemäss Abs. 2

Ein Partner kann ohne weiteres mit dem Vermieter einen Vergleich über die **unbefristete** Fortsetzung der Miete abschliessen. Anders bei einer Erstreckungsvereinbarung: Da diese letztlich zum Entzug der Familienwohnung führt, muss das Einverständnis beider Partner sichergestellt werden. Unklar ist indessen, weshalb Abs. 2 verlangt, entsprechende Vereinbarungen seien mit beiden Partnern *abzuschliessen*. Dem Schutzgedanken der Norm wird schon durch eine blosse Zustimmung des Partners des Mieters Rechnung getragen, welche ja auch für eine Kündigung durch die Mieterseite genügt (Art. 266m; Art. 169 ZGB; Art. 14 PartG). Auch die selbständige Legitimation des Mieters zur Kündigungsschutzklage impliziert keineswegs den Einbezug beider Partner in den Prozess. Bezieht man nun aber den bisher abseits stehenden Partner in den Abschluss der Erstreckungsvereinbarung ein, so wird er – entgegen den Intentionen aller Beteiligten beim ursprünglichen Mietverhältnis – zur Vertragspartei. Richtigerweise genügt daher eine blosse **Zustimmung des Partners**. Mehr kann weder von ihm noch von den Vertragsparteien gegen ihren Willen verlangt werden (SVIT-Komm., N 5; KUKO OR-Blumer, N 3; CPra Bail-Barrelet, N 8; Blumer, SPR VII/3, Rz 1005; **a.M.** ZK-Higi, N 24; CR CO I-Lachat, N 4). 2

Die Bestimmung gilt sowohl für gerichtliche wie aussergerichtliche Vergleiche und selbstverständlich auch für den Rückzug eines Kündigungsschutzbegehrens im weiteren Sinne (Menge, 175 f.; SVIT-Komm., N 5 f.; vgl. BGE 115 II 362). Art. 166 Abs. 2 und Art. 169 Abs. 2 ZGB bzw. Art. 14 Abs. 2 und Art. 15 Abs. 2 PartG sorgen dafür, dass der eine Partner in Notsituationen allein handeln und dass die Zustimmung nicht ohne triftigen Grund verweigert werden kann.

III. Rechtslage beim gemeinsamen Mietvertrag

Art. 273a gilt (wie auch Art. 266 m und 266n) ausschliesslich für Ehegatten und registrierte Partner (Calamo, 212; ZK-Bräm/Hasenböhler, Art. 169 ZGB N 19; BK-Hausheer/Reusser/Geiser, Art. 169 ZGB N 10a). 3

Soweit ein *gemeinsam abgeschlossener Mietvertrag* vorliegt, stehen Kündigungsschutz und Erstreckung als letztlich in der Persönlichkeit wurzelnde Sozialrechte jedem Mieter einzeln zu (BGE 140 III 598; Weber, Diss., 184 ff. und 190 ff.; gl.M. BK-Hausheer/Reusser/Geiser, Art. 169 ZGB N 68; KUKO OR-Blumer, N 1; **a.M.** wohl ZK-Higi, N 17). Nach den allgemeinen Regeln besteht aber zwischen den Mietern eine *notwendige Streitgenossenschaft*, so dass stets alle von ihnen in den Prozess einzubeziehen sind und ein Kündigungsschutz- oder Erstreckungsbegehren sich gegen den Vermieter *und* die abseits stehenden Mieter zu richten hat (s. Art. 273 N 2a; Weber, a.a.O.; vgl. auch BGE 125 III 219). Zufolge mangelhafter Prozessführung im konkreten Fall liess das BGer in BGE 136 III 441 die Frage ausdrücklich offen, ob auf diesem Weg dem Sozialrechtscharakter der Anfechtung einerseits und der notwendigen Streitgenossenschaft zwischen den Mietern andererseits Rechnung getragen werden kann, wie dies hier gefordert wird (E. 3.3; vgl. Vor Art. 253 N 2).

Nicht notwendig ist dieser Einbezug des Mitmieters in das Verfahren bei der **gemeinsamen Miete durch eingetragene Partner**, denn Art. 273a verleiht auch ihnen den gleichen Schutz, wie wenn nur ein Partner Vertragspartei des Vermieters ist (N 1; BGer, 30.5.2001, 4C.37/2001, E. 2b/cc; BK-Hausheer/Reusser/Geiser, Art. 169 ZGB N 81; Zihlmann, 244 f.). 4

Art. 273*b*

E. Untermiete

[1] Dieser Abschnitt gilt für die Untermiete, solange das Hauptmietverhältnis nicht aufgelöst ist. Die Untermiete kann nur für die Dauer des Hauptmietverhältnisses erstreckt werden.

[2] Bezweckt die Untermiete hauptsächlich die Umgehung der Vorschriften über den Kündigungsschutz, so wird dem Untermieter ohne Rücksicht auf das Hauptmietverhältnis Kündigungsschutz gewährt. Wird das Hauptmietverhältnis gekündigt, so tritt der Vermieter anstelle des Mieters in den Vertrag mit dem Untermieter ein.

E. Sous-location

[1] Les dispositions du présent chapitre s'appliquent à la sous-location jusqu'à l'extinction du bail principal. La prolongation n'est possible que pour la durée du bail principal.

[2] Lorsque la sous-location a pour but principal d'éluder les dispositions sur la protection contre le congé, le sous-locataire bénéficie de cette protection sans égard au bail principal. Si ce dernier est résilié, le bailleur principal est subrogé au sous-bailleur dans le contrat avec le sous-locataire.

E. Sublocazione

[1] Le disposizioni del presente capo sono applicabili alla sublocazione, sempreché non sia sciolta la locazione principale. La protrazione è possibile soltanto per la durata della locazione principale.

[2] Se la sublocazione è intesa principalmente ad eludere le disposizioni sulla protezione dalle disdette, il subconduttore beneficia di questa protezione senza riguardo alla locazione principale. In caso di disdetta della locazione principale, il locatore è surrogato al conduttore nel contratto con il subconduttore.

Literatur

MONTINI/WAHLEN, Die Untermiete: Unterlassene Kündigung des Hauptmieters – Folgen nach Art. 273b OR, mp 2008, 147 ff.; PICHONNAZ, L'abus de droit dans le contrat de bail à loyer, 18e séminaire sur le droit du bail, Neuchâtel, 2014, 143 ff.; s.a. die Literaturhinweise zu Art. 262, 271, 271a und 272.

I. Der Kündigungsschutz des Untermieters

1 Das Erstreckungsrecht gilt auch für das Untermietverhältnis (dazu Art. 262 N 9 f.), aber nur solange das Hauptmietverhältnis nicht aufgelöst ist. Das **Ende des Hauptmietverhältnisses** setzt dem Erstreckungsrecht des Untermieters ein **absolutes Ende**, da der Untervermieter die Möglichkeit der Vertragserfüllung gegenüber dem Untermieter nach Beendigung des Hauptmietverhältnisses einbüsst (vgl. BGE 120 II 112, 116; zum Schicksal der Untermiete bei Übertragung des Hauptmietverhältnisses auf einen Dritten s. Art. 263 N 6a). Dies entspricht zwar aus Sicht des Vertragsrechts der Unabhängigkeit von Haupt- und Untermietverhältnis, führt aber zu folgenden, z.T. stossenden Konsequenzen:

- Bei der Überprüfung der Kündigungsgründe und der für eine Erstreckung relevanten Interessen sind nur die Verhältnisse zwischen den Parteien des Untermietvertrages von Belang (ZK-HIGI, N 15 ff.). Immerhin kann das Verhalten des Hauptvermieters dem Untervermieter gestützt auf Art. 101 zurechenbar sein.
- Die Erstreckung des Untermietverhältnisses kann längstens bis zu dem Tag gewährt werden, an dem der Hauptmietvertrag endet (HEINRICH, 223 f.). Letzteres kann rascher geschehen, als dem Untermieter lieb ist, denn der Hauptmietvertrag kann auch durch Aufhebungsvereinbarung zu Ende gehen (allerdings hat der Untervermieter diesfalls u.U. Schadenersatz zu leisten: Lachat et al.-SPIRIG, 663). Und selbst wenn der Mieter/Untervermieter eine Kündigung des Hauptvermieters anficht, kann er sich nicht auf die Interessen- bzw. Notlage des Untermieters berufen (ZIHLMANN, 242 f.; SVIT-Komm., N 5; ZK-HIGI, N 18; Lachat et al.-SPIRIG, 663 f.; **a.M.** MENGE, 177, mit der unrichtigen Begründung, dem Vermieter entstünden daraus keine Nachteile).

- Steht im Moment des Entscheides über die Erstreckung des Untermietverhältnisses der Endtermin noch nicht fest, was bei einem unbefristeten Mietverhältnis die Regel ist, so kann eine Erstreckung im Rahmen der gesetzlichen Möglichkeiten durch behördlichen Entscheid oder Vereinbarung getroffen werden. Dies schliesst jedoch nicht aus, dass nach gewährter Erstreckung das Hauptmietverhältnis vorzeitig zu Ende geht. Der Hauptvermieter verfügt diesfalls über einen Ausweisungsanspruch gegenüber dem Untervermieter wie auch gegenüber dem Untermieter (CHK-Heinrich, Art. 273a–273c OR N 4; SVIT-Komm., N 8).

II. Die Umgehung der Kündigungsschutzvorschriften durch Untervermietung gemäss Abs. 2

Die an sich schon stossenden Ergebnisse aus der geltenden Rechtslage machen die Untervermietung natürlich attraktiv für die Umgehung des Kündigungsschutzes. Abs. 2 versucht eine Korrektur, kommt jedoch über eine Wiederholung von Art. 2 Abs. 2 ZGB kaum hinaus (vgl. nur BGer, 21.3.2001, 4C.300/2000, E. 3c/bb; Zihlmann, 243; Heinrich, 238 ff.; CR CO I-Lachat, N 4; Pichonnaz, Rz 29; s.a. BGE 87 I 445). Im Visier des Gesetzes liegt einzig der Tatbestand, dass der **Abschluss** des Untermietvertrages «hauptsächlich» zur Umgehung des Kündigungsschutzes erfolgt. Die Norm greift auch, wenn zwar nicht der Vertragsschluss, sondern nur die Art der Ausübung der vertraglichen Rechte zwischen Hauptvermieter und -mieter der Ausschaltung des Kündigungsschutzes des Untermieters dient (CHK-Heinrich, Art. 273a–273c OR N 6). 2

Das Gesetz ordnet dann den **Eintritt** des Vermieters in den Vertrag mit dem Untermieter an. Ergibt sich im Verlaufe eines Kündigungsschutzverfahrens (Anfechtung oder Erstreckung) ein Umgehungstatbestand, erfolgt von Bundesrechts wegen ein **Parteiwechsel** auf Seiten des Untervermieters und der Prozess ist vom Hauptvermieter fortzuführen (SVIT-Komm., N 15; ZK-Higi, N 46).

Sicherlich ist der Verzicht auf das Kriterium des *offensichtlichen* Missbrauchs nicht ganz wertlos (vgl. ZK-Higi, N 40). Das kann aber nicht darüber hinweg täuschen, dass die Beweisschwierigkeiten des Untermieters erheblich sind und dass *nachträgliches* böswilliges Zusammenwirken von Haupt- und Untervermieter nur unter Art. 2 Abs. 2 ZGB fällt (s. das hässliche Beispiel in BGer, 21.3.2001, 4C.300/2000, E. 3).

Von einer **Umgehungsabsicht** ist auszugehen, wenn der Eigentümer eine Liegenschaftenverwaltung zwischen sich und den «Untermieter» schaltet (gl.M. ZK-Higi, N 42; KUKO OR-Blumer, N 3; **anders** SVIT-Komm., N 11). Der Liegenschaftenverwaltungs*auftrag* bewirkt hingegen normalerweise schon auf vertragsrechtlicher Basis einen Mietvertrag zwischen Eigentümer und Mieter, denn nach Treu und Glauben kann und muss der Verwalter, der schon begrifflich fremde und nicht eigene Geschäfte führt, im Zweifel als Anscheinsbevollmächtigter des Eigentümers gewertet werden, ohne dass zur Entstehung der direkten vertraglichen Beziehung zwischen Eigentümer und Mieter die unmittelbare Offenlegung des Vertretungsverhältnisses erforderlich wäre (vgl. Art. 32 Abs. 2). Schon die Interessenlage (s. dazu Art. 253 N 9) zeigt daher, dass in aller Regel ein Umgehungsgeschäft vorliegt, wenn eine Liegenschaftenverwaltung in eigenem Namen vermietet. 2a

Keine Umgehung liegt vor, wenn gemeinnützige Organisationen oder Fürsorgebehörden zwecks Untervermietung Wohnräume in Abbruchliegenschaften mieten (Menge, 180). Zwar erleichtern solche Verträge häufig gerade auch im Hinblick auf den Kündigungsschutz dem bau- oder abbruchwilligen Eigentümer den Entschluss zur Vermietung. Dies wird aber in Art. 272a Abs. 1 lit. d ausdrücklich für legitim erklärt (ebenso ZK-Higi, N 43; SVIT-Komm., N 12; CHK-Heinrich, Art. 273a–273c OR N 5). 3

III. De lege ferenda

4 Die bestehende gesetzliche Regelung überzeugt einzig für den Kündigungsschutz im engeren Sinn. Sie lässt jedoch unberücksichtigt, dass mit dem Zustimmungserfordernis in Art. 262 durchaus eine hinreichende Basis für eine vermieterwirksame *Erstreckung* des Untermietverhältnisses bestünde, zumal es um die Abwendung einer sozialen Notlage des Untermieters geht, der nur ein echtes **Sozialrecht** gerecht zu werden vermöchte (vgl. dazu Art. 261 N 15). Die Interessen des Vermieters könnten im Zeitpunkt der Zustimmung zur Untermiete gewahrt werden, wobei Art. 262 Abs. 2 lit. c die Grundlage für ein Zustimmungsverweigerungsrecht böte, wenn der einzuquartierende Untermieter im Hinblick auf eine Erstreckung wesentlich andere persönliche Verhältnisse aufwiese als der Mieter.

Art. 273*c*

F. Zwingende Bestimmungen	[1] **Der Mieter kann auf Rechte, die ihm nach diesem Abschnitt zustehen, nur verzichten, wenn dies ausdrücklich vorgesehen ist.** [2] **Abweichende Vereinbarungen sind nichtig.**
F. Dispositions impératives	[1] Le locataire ne peut renoncer à des droits que lui confère le présent chapitre que si ce dernier le prévoit expressément. [2] Les conventions contraires sont nulles.
F. Disposizioni imperative	[1] Il conduttore può rinunciare ai diritti conferitigli dal presente capo soltanto se previsto espressamente da quest'ultimo. [2] Le convenzioni contrarie sono nulle.

Literatur

RONCORONI, Zwingende und dispositive Bestimmungen im revidierten Mietrecht, mp 1990, 76 ff.; s.a. die Literaturhinweise zu Art. 271 und 271a.

1 Die vorliegende Norm erklärt sämtliche Bestimmungen des dritten Gesetzesabschnittes, somit des besonderen mietrechtlichen Kündigungsschutzes als ***einseitig*** zwingend (ZK-HIGI, Vor Art. 271–273c N 86 f.; KUKO OR-BLUMER, N 1; **a.M.** MENGE, 183). Die dem Mieter gewährten Rechte sind unverzichtbar, soweit *das Gesetz* keine Ausnahme vorsieht (vgl. ZK-HIGI, Art. 271 OR N 16 ff., Art. 271a OR N 10 f., Art. 272 OR N 13, Art. 273c OR N 9 ff.). Ein solcher Vorbehalt findet sich in Art. 272b Abs. 2, wo die Möglichkeit des Verzichtes auf die Zweiterstreckung ausdrücklich festgehalten ist. Gemäss jener Bestimmung sind im Endstadium des Mietverhältnisses generell Vergleiche über die Erstreckung möglich. Auch der **Aufhebungsvertrag** verstösst nicht gegen Art. 273c, weil hier die Vertragsauflösung und der Erstreckungsausschluss zeitlich zusammentreffen und damit kein Vorausverzicht vorliegt (Art. 272b N 4 ff.; BLUMER, SPR VII/3, Rz 1015).

2 Die in Abs. 2 erwähnten abweichenden Vereinbarungen umfassen sämtliche vertraglichen Formen des Vorausverzichts auf Kündigungsschutz und Erstreckung (ZK-HIGI, N 16), z.B. eine Klausel, wonach der Mieter einer Dienstwohnung die Beendigung des Mietverhältnisses zusammen mit dem Ende seines Arbeitsverhältnisses akzeptiert. Diese Vereinbarung ist als ungesetzlicher Verzicht auf das Erstreckungsrecht des Mieters nichtig (vgl. Art. 253a–253b N 17; ZMP 1991 Nr. 35; BGE 131 III 566; vgl. BIBER, mp 2014, 26 f.). Vom BGer zu Recht als nichtig beurteilt wurde auch eine Klausel, mit welcher die Mieter *sich verpflichteten*, für den Fall der Nichtausübung des ihnen eingeräumten Vorkaufsrechts das Mietobjekt innert sechs Monaten zu verlassen (BGer, 18.11.2002, 4C.267/2002, E. 2.3).

Beidseitig zwingend ist selbstverständlich das allgemeine Verbot des *offensichtlichen* Rechtsmissbrauchs. Da dieser Fall der missbräuchlichen Kündigung nach der hier vertretenen Auffassung gar nicht unter die mietrechtlichen Sonderbestimmungen fällt (Art. 271 N 29), erleidet Art. 273c diesbezüglich keine echte Einschränkung (anders ZK-Higi, Art. 271 N 17 und 21, der den Fall der offensichtlich rechtsmissbräuchlichen Kündigung unter Art. 271 subsumiert). 3

Vierter Abschnitt: …

Art. 274–274*g*

aufgehoben

abrogés

abrogati

Die Bestimmungen zum mietrechtlichen Verfahren wurden mit der Einführung der Schweizerischen ZPO per 1. 1. 2011 aufgehoben. Eine kurze Darstellung des Mietverfahrens findet sich in den Vorbem. zu Art. 253 (N 6 ff.). Zum Verfahren bei Kündigungsschutz und Mietzinsanfechtung vgl. Art. 273 N 1 ff., Art. 269d N 5 ff., Art. 270 N 7, Art. 270a N 5 ff. und Art. 270b N 1 ff., zum Ausweisungsverfahren s. Art. 267 N 3. 1

Achter Titel^bis: Die Pacht

Vorbemerkungen zu Art. 275–304

Literatur

BÜSSER/GOLDENBERGER/HERRENSCHWAND/HOFER/MÜLLER/RYSER/SCHMID-TSCHIRREN/STALDER/STREBEL/STUDER, Das bäuerliche Bodenrecht, Kommentar zum Bundesgesetz über das bäuerliche Bodenrecht vom 4.10.1991, 2. Aufl., Brugg 2011 (zit. BGBB Komm-Autor); STUDER, Die Integralzuweisung landwirtschaftlicher Gewerbe, Diss. Freiburg, 2. Aufl., Frick 1979; STUDER/HOFER/BERGLAS/BERNER/FRICKER/GOLDENBERGER/MÜLLER/RYSER/STIEGER/STREBEL/WALDER, Das landwirtschaftliche Pachtrecht, Kommentar zum Bundesgesetz über die landwirtschaftliche Pacht vom 4.10.1985, 2. Aufl., Brugg 2014 (zit. Studer et al., LPG Komm).

Materialien

Botschaft zur Revision des Miet- und Pachtrechts vom 27.3.1985, BBl 1985 I 1389 (zit. Botschaft Miet- und Pachtrecht); Botschaft zur Reform der Agrarpolitik (Agrarpolitik 2002) vom 26.6.1996, BBI 1996 IV 1 (zit. Agrarpolitik 2002); Botschaft zur Weiterentwicklung der Agrarpolitik (Agrarpolitik 2007) vom 29.5.2002, BBl 2002 4721 (zit. Botschaft Agrarpolitik 2007); Botschaft zur Weiterentwicklung der Agrarpolitik (Agrarpolitik 2011) vom 17.5.2006, BBl 2006 6337 (zit. Botschaft Agrarpolitik 2011); Botschaft zur Weiterentwicklung der Agrarpolitik (Agrarpolitik 2014–2017) vom 1.2.2012, BBl 2012 2075 (zit. Botschaft Agrarpolitik 2014–2017); Botschaft zu einem Bundesgesetz über die landwirtschaftliche Pacht (LPG) vom 11.11.1981, BBl 1982 I 257 (zit. Botschaft LPG).

I. Einleitende Bemerkung

Durch das BG vom 15.12.1989 über die Änderung des OR wurde das gesamte Miet- und Pachtrecht geändert (in Kraft seit 1.7.1990, AS 1990 802). Während im alten Recht Miete und Pacht im Achten Titel (1. Abschnitt: Miete; 2. Abschnitt: Pacht) behandelt worden waren, wurde für die Pacht neu ein Achter Titel^bis geschaffen. Am inneren Zusammenhang der beiden Rechtsinstitute hat sich dadurch nichts geändert. Deutlich wird dies durch die zahlreichen Verweisungen im Gesetzestext selber (z.B. Art. 281 Abs. 2 auf Art. 257a; Art. 287 Abs. 3 auf Art. 259d und e; Art. 290 auf Art. 261–261b; Art. 292 auf Art. 263). Bei direkten Verweisungen im Gesetzestext erfolgt die Kommentierung ausschliesslich bei der Miete.

II. Allgemeines

Zusammen mit dem Mietrecht hat der Gesetzgeber auch das Pachtrecht reformiert. Neuerun- 1
gen finden sich bei der **Nichterfüllung**, bei den **Sachmängeln**, beim **Eigentümerwechsel**, bei der **Unterverpachtung** und beim **Retentionsrecht**. Hauptziel der Revision war jedoch ein verstärkter **Kündigungsschutz**.

Die landwirtschaftliche Pacht wurde bereits in einem separaten BG vom 4.10.1985 (SR 221.213.2), in Kraft seit 20.10.1986, geregelt (vgl. dazu speziell Art. 276a).

III. Abgrenzungen

Zur Miete: Vertragsgegenstand bei der Miete ist nur der **Gebrauch** der Mietsache. Als Be- 2
griffsmerkmal der Pacht tritt neben dem Gebrauch die **Nutzung** hinzu (vgl. BGE 128 III 419

E. 2.1). Gegenstand der Miete kann nur eine Sache sein, bei der Pacht hingegen eine nutzbare Sache, ein nutzbares Recht (HONSELL, OR BT, 253 f.). Die Nutzung einer Wiese zwecks Heugewinnung ist Pacht; der Gebrauch als Reitplatz muss als Miete qualifiziert werden. Bei der Überlassung von Geschäftsräumen ist zu unterscheiden: Miete liegt vor, wenn lediglich die Räume überlassen werden. Gemäss früherer Rsp. hat das BGer bei der Überlassung von Geschäftsräumen nebst Inventar Miete angenommen, wenn der Unternehmer mit und in den ihm überlassenen Räumen zu Erträgnissen gelangt, welche vor allem auf seine Tätigkeit und nicht auf den blossen Gebrauch der Sache zurückzuführen waren; so für ein Gastronomiebetrieb (BGE 103 II 247 E. 2) oder ein eingerichtetes Motel (BGE 97 II 58 E. 1a). Gemäss der neuen Rsp. des Bundesgerichts ist ein Vertrag allerdings als Pacht und nicht als Miete zu qualifizieren, wenn neben den Räumen die vollständige Einrichtung eines Geschäfts oder Gewerbebetriebs überlassen wird (BGE 128 III 419 E. 2.1; BGer, 21.5.2001, 4C.43/2000, E. 2a).

3 **Zum Kauf**: Ein Abbauvertrag mit grossem Abbauvorkommen, welcher sich über eine längere Zeitdauer erstreckt, ist als Pacht zu qualifizieren (BGE 86 I 229 E. 2). Handelt es sich um ein begrenztes Vorkommen, das der Berechtigte vollständig abbauen darf, ist **Kauf** anzunehmen (BGE 86 I 229 E. 2).

4 **Zur Gebrauchsleihe**: Begriffsmerkmal der Gebrauchsleihe ist die Unentgeltlichkeit im Gegensatz zur Pacht, die ein **Entgelt** vorsieht. Der Pachtzins ist grundsätzlich in Geld zu entrichten, möglich ist jedoch auch die Vereinbarung eines Naturalzinses, z.B. durch Ablieferung eines Prozentsatzes der Ernte oder des Gewinns (sog. Teilpacht; HONSELL, OR BT, 254).

5 **Zum Lizenzvertrag**: Wenn ein Gebrauchsmuster oder ein Patent gegen Entgelt zur Nutzung überlassen wird, liegt nach der bundesgerichtlichen Rsp. (BGE 92 II 299 E. 3a) im Hinblick auf die verkehrstypische Ausprägung ein Innominatkontrakt vor.

6 **Zur einfachen Gesellschaft**: Besteht der Pachtzins in einem Anteil am Gewinn, liegt Teilpacht vor. Wurde auch eine Verlustbeteiligung vereinbart oder haben sich die Parteien zur Förderung eines gemeinsamen Zwecks zusammengeschlossen, ist eine einfache Gesellschaft (Art. 530 ff.) anzunehmen.

7 **Zum Agenturvertrag**: Wird eine Annoncenverwaltung einer Zeitschrift übertragen, ist zu unterscheiden, ob der Verpflichtete die Verträge mit dem Dritten im Namen und auf Rechnung des Herausgebers abschliesst (= Agenturvertrag) oder ob er im eigenen Namen und auf eigene Rechnung Verpflichtungen eingeht (= Pacht; BGE 83 II 32 E. 1a).

8 **Zum öffentlichen Recht**: Werden dem öffentlichen Recht angehörende Rechte wie Jagd-, Fischerei-, Schürf- und Wasserrechte zur Nutzung überlassen, liegt keine Verpachtung im zivilrechtlichen Sinne, sondern eine öffentlich-rechtliche Verleihung oder Konzession vor (BGE 88 I 18 E. 6).

Art. 275

A. Begriff und Geltungsbereich I. Begriff	**Durch den Pachtvertrag verpflichten sich der Verpächter, dem Pächter eine nutzbare Sache oder ein nutzbares Recht zum Gebrauch und zum Bezug der Früchte oder Erträgnisse zu überlassen, und der Pächter, dafür einen Pachtzins zu leisten.**
A. Définition et champ d'application I. Définition	Le bail à ferme est un contrat par lequel le bailleur s'oblige à céder au fermier, moyennant un fermage, l'usage d'un bien ou d'un droit productif et à lui en laisser percevoir les fruits ou les produits.
A. Definizione e *campo d'applicazione* I. Definizione	L'affitto è il contratto per cui il locatore si obbliga a concedere all'affittuario una *cosa o un diritto* produttivi di utilità perché ne usi e raccolga i frutti ed i proventi, e l'affittuario si obbliga a pagargli in corrispettivo un fitto.

Literatur

Vgl. die Literaturhinweise bei den Vorbem. zu Art. 275–304.

I. Allgemeines und Normzweck

Durch die Pacht wird eine nutzbare Sache oder ein nutzbares Recht zu Nutzung und Gebrauch gegen Entgelt überlassen (vgl. etwa BGer, 8.10.2002, 4C.167/2002, E. 2.3). Bei den **nutzbaren Sachen** handelt es sich zumeist um Grundstücke (Art. 655 ZGB), bei den **nutzbaren Rechten** kommen Immaterialgüterrechte (vgl. BGer, 9.3.2004, 4C.313/2002, E. 5.2), Forderungen, Nutzniessungs-, aber auch Jagd- und Fischereirechte in Betracht (HONSELL, OR BT, 252; vgl. Vor Art. 275–304 N 2). 1

Begriffsmerkmal der Pacht ist der Eigentumserwerb der Früchte und Erträgnisse durch den Pächter. Soweit durch den Nichtbezug der Früchte die Ertragsfähigkeit der Pachtsache beeinträchtigt wird, besteht für den Pächter nicht nur ein Recht, sondern eine Pflicht zum Bezug (vgl. Art. 283). Mit den Früchten sind die **Naturalfrüchte** angesprochen, wie z.B. Obst, Gemüse, Milch etc., mit den Erträgnissen die **Zivilfrüchte**, wie z.B. Mietzinse, Dividenden, Lizenzgebühren etc. 2

Die Pacht kann auf eine bestimmte (einmalige) oder unbestimmte Dauer abgeschlossen werden. Unbefristete Pachtverhältnisse sind kündbar (Art. 296 ff.). 2a

II. Geltungsbereich

Die gesetzlichen Bestimmungen der Pacht finden auf alle Vertragsverhältnisse Anwendung, die die **typischen** Vertragsmerkmale der Pacht aufweisen. 3

Fehlt ein Vertragselement, z.B. das Entgelt, ist anhand der konkreten Verhältnisse zu prüfen, ob eine Subsumtion unter die Pachtbestimmungen geboten ist (vgl. Art. 1 Abs. 2 LPG zum Umgehungsgeschäft).

Bezüglich der Abgrenzung zu anderen Vertragstypen vgl. Vor Art. 275–304 N 2 f.

Pachtverträge über landwirtschaftliche Gewerbe oder über Grundstücke zur landwirtschaftlichen Nutzung sind im BG vom 4.10.1985 über die landwirtschaftliche Pacht geregelt (LPG, SR 221.213.2). Das LPG stellt eine lex specialis zu den Art. 275–304 dar (vgl. Art. 1 Abs. 4 LPG). 4

Von der Pacht bei Wohn- und Geschäftsräumen miterfasst sind **Sachen**, die dem Pächter zur Benutzung mit diesen Räumen überlassen werden (Art. 276).

III. Abgrenzung zum LPG

Auf Pachtverträge über landwirtschaftliche Gewerbe oder über Grundstücke zur landwirtschaftlichen Nutzung findet das BG über die landwirtschaftliche Pacht (LPG) vom 4.10.1985 (SR 221.213.2) Anwendung. Subsidiär gilt das Obligationenrecht (Art. 276a Abs. 2). In drei vom LPG statuierten Fällen finden allerdings die allgemeinen Normen des OR ebenfalls Anwendung auf landwirtschaftliche Grundstücke. 5

Gemäss Art. 2 Abs. 1 lit. a LPG gilt das LPG nicht für die Pacht von Rebgrundstücken unter 15 Aren und zwar ungeachtet, ob ein Gebäude darauf steht oder nicht. Wenn Grundstücke im Rebkataster liegen, aber nicht zum Zwecke der Traubenproduktion verpachtet sind, findet nicht die Flächenbegrenzung von 15 Aren, sondern jene von 25 Aren nach Art. 2 Abs. 1 lit. b LPG Anwendung. 5a

5b Ebenfalls finden die allgemeinen Normen des OR Anwendung auf andere landwirtschaftliche Grundstücke ohne Gebäude und unter 25 Aren (Art. 2 Abs. 1 lit. b LPG).

5c Seit dem Inkrafttreten von Art. 2a LPG am 1.9.2008 fallen auch landwirtschaftlich genutzte **Grundstücke**, die sich vollständig in einer **Bauzone** befinden, nicht mehr in den Anwendungsbereich des LPG (Art. 2a Abs. 1 LPG). Wird der Pachtgegenstand erst während der Vertragsdauer einer Bauzone nach Art. 15 RPG zugeteilt, bleibt dieser dem landwirtschaftlichen Pachtrecht während der laufenden gesetzlichen Pachtdauer oder einer längeren vertraglichen Dauer oder einer allfälligen gerichtlich erstreckten Pachtdauer unterstellt (Art. 2a Abs. 2 LPG). Das LPG bleibt für Grundstücke, die nur teilweise in einer Bauzone liegen, weiterhin anwendbar (STUDER et al., LPG Komm, Nr. 139 ff.; BBl 2006 6490). Vgl. aber Art. 16 Abs. 4 LPG, welcher Art. 2a LPG ergänzt (Art. 16 Abs. 4 LPG wurde im Rahmen der Agrarpolitik 2014–2017 per 1.1.2014 präzisiert).

6 Nicht unter das OR, sondern unter das LPG fallen auch Betriebe mit bodenunabhängigen Produktionsformen (Hors-sol-Gemüse, Intensivtierhaltung). Die Bodenbewirtschaftung ist nicht mehr unerlässliche Voraussetzung der landwirtschaftlichen Tätigkeit (STUDER et al., LPG Komm, Nr. 13).

7 Waldgrundstücke liegen grundsätzlich nicht im sachlichen Geltungsbereich des LPG, ausser sie werden als Bestandteil eines landwirtschaftlichen Gewerbes verpachtet (STUDER et al., LPG Komm, Nr. 36).

IV. Der Pachtzins

8 Die Gebrauchsüberlassung erfolgt gegen Entgelt. Im Gegensatz zur Miete (Art. 253), die grundsätzlich in Geld zu entrichten ist, kann bei der Pacht die Bezahlung ganz oder teilweise in natura (z.B. Überlassung eines Teils der Ernte) erfolgen. Im letzteren Fall spricht man von **Teilpacht** (BGE 83 II 32 E. 1a). Nach altem Recht bestand die Verpflichtung des Pächters, einen Pachtzins zu **bezahlen**. Diese Zahlungspflicht wurde durch die Wendung *«... einen Pachtzins zu leisten»* ersetzt. Dafür wurde der bisherige Abs. 2, der ausdrücklich statuierte, dass die Pacht in Geld oder in einem Bruchteil der Früchte oder Erträgnisse bestehen könne, gestrichen. Inhaltlich entspricht diese neue Begriffsbestimmung dem alten Wortlaut (Botschaft Miet- und Pachtrecht, 1470).

9 Obwohl der Pachtzins einen objektiv wesentlichen Bestandteil der Pacht bildet, darf daraus nicht geschlossen werden, dass jedes Mal, wenn die Parteien übereinkommen, den Pachtzins abzuändern, ein neuer Pachtvertrag (mit den entsprechenden Rechtsfolgen) vorliege (BGE 103 II 149 E. 4).

V. Abweichende Regelungen

10 Im Rahmen der Privatautonomie sind die Parteien bei der Ausgestaltung des Vertragsverhältnisses frei. Zum Schutze des Pächters erliess der Gesetzgeber jedoch verschiedene zwingende Vorschriften (z.B. Art. 298).

VI. IPR

11 Es gelten die gleichen Grundsätze wie bei der Miete (vgl. dazu Vor Art. 253–273c N 26 ff.).

Art. 276

II. Geltungsbereich
1. Wohn- und Geschäftsräume

Die Bestimmungen über die Pacht von Wohn- und Geschäftsräumen gelten auch für Sachen, die der Verpächter zusammen mit diesen Räumen dem Pächter zur Benutzung überlässt.

II. Champ d'application
1. Habitations et locaux commerciaux

Les dispositions concernant les baux à ferme portant sur des habitations ou des locaux commerciaux s'appliquent aussi aux choses dont l'usage et la jouissance sont cédés avec ces habitations ou locaux commerciaux.

II. Campo d'applicazione
1. Locali d'abitazione e commerciali

Le disposizioni concernenti l'affitto di locali d'abitazione e commerciali si applicano parimenti alle cose concesse in uso e godimento con questi locali.

I. Inhalt, Umfang und Geltungsbereich

Diese Bestimmung ist dem mietrechtlichen Art. 253a Abs. 1 nachgebildet, weshalb v.a. bei der Auslegung dieser systematische Bezug zu beachten ist. Ist ein **Wohn- oder Geschäftsraum** (vgl. zur Definition Art. 253a N 4 ff.) Hauptgegenstand eines Pachtvertrages, finden auch auf die damit zusammenhängenden **Nebensachen** die besonderen Vorschriften für Wohn- und Geschäftsräume Anwendung (vgl. zum Begriff der Nebensache sowie deren Zusammenhang mit der Hauptsache als Voraussetzungen der ausgedehnten Geltung Art. 253a N 15). Die Kategorie der Bestimmungen über die Pacht von Wohn- und Geschäftsräumen erfasst Art. 282 Abs. 2, Art. 285, 288 Abs. 2, Art. 289a Abs. 3, Art. 290, 292, 296 Abs. 2, Art. 298, 299c und 300. 1

Ausserhalb des Geltungsbereichs von Art. 276 liegen die Sachpacht, die nicht als Pacht von Wohn- und Geschäftsraum qualifiziert werden kann, die landwirtschaftliche Pacht (Art. 276a Abs. 2), die Rechtspacht (zum Begriff vgl. Art. 275 N 1), grundsätzlich auch die sog. gemischte Pacht, also eine Pacht, deren Objekt Sache und Recht(e) vereinigt sowie die Unternehmenspacht. Bei Letzterer ist nicht primär ein Geschäftsraum, sondern ein Unternehmen oder ein Unternehmensteil als wirtschaftliche Einheit Pachtgegenstand, welche Kapital, Arbeitskraft, Know-how etc. miteinschliesst (ZK-Higi, Vor Art. 275–304 OR N 97 ff.; zum Begriff der Unternehmenspacht s. BGE 131 III 257 E. 3). 2

Zusätzlich zu den in N 1 aufgeführten Bestimmungen sind gem. Art. 253b Abs. 1 bei nichtlandwirtschaftlichen Pachtverhältnissen sowie bei anderen Verträgen, die im Wesentlichen die Überlassung von Wohn- und/oder Geschäftsraum zum Gegenstand haben, die Bestimmungen über den **Schutz vor missbräuchlichen Mietzinsen** (Art. 269–270e) *sinngemäss* anwendbar. Sinngemäss wohl deshalb, weil die auf die Miete zugeschnittenen Normen des Art. 269 und Art. 269a–c keine Kriterien enthalten, die es gestatten würden, direkt einen missbräuchlichen Pachtzins zu ermitteln, der auch die Abgeltung von Nutzungsrechten erfasst. Vgl. zu den theoretischen Grundlagen der sinngemässen Anwendung des Missbrauchsrechts und der praktikablen Umsetzung dieser Grundlagen ZK-Higi, N 73 ff.). 3

Art. 276*a*

2. Landwirtschaftliche Pacht

[1] Für Pachtverträge über landwirtschaftliche Gewerbe oder über Grundstücke zur landwirtschaftlichen Nutzung gilt das Bundesgesetz vom 4. Oktober 1985 über die landwirtschaftliche Pacht, soweit es besondere Regelungen enthält.

[2] Im Übrigen gilt das Obligationenrecht mit Ausnahme der Bestimmungen über die Pacht von Wohn- und Geschäftsräumen.

2. Bail agricole

[1] Les baux à ferme portant sur des exploitations agricoles ou sur des immeubles affectés à l'agriculture sont régis par la loi fédérale du 4 octobre 1985 sur le bail à ferme agricole, en tant qu'elle contient des dispositions spéciales.

[2] Au surplus, le code des obligations est applicable, à l'exception des dispositions relatives aux baux à ferme portant sur des habitations ou des locaux commerciaux.

2. Affitto agricolo

[1] In quanto preveda disposizioni speciali, la legge federale del 4 ottobre 1985 sull'affitto agricolo si applica all'affitto di aziende agricole o di fondi adibiti all'agricoltura.

[2] Per il resto si applica il presente Codice, ad eccezione delle disposizioni concernenti l'affitto di locali d'abitazione e commerciali.

Literatur

Vgl. die Literaturhinweise bei den Vorbem. zu Art. 275–304.

I. Allgemeines

1 Zusammen mit Art. 275, 276 und 302 bestimmt Art. 276a den Geltungsbereich des Pachtrechts des OR. Dabei kommt Art. 276a in Übereinstimmung mit Art. 1 Abs. 4 LPG die Aufgabe zu, das Verhältnis zwischen den Normen des LPG und des OR zu regeln.

1a Für die landwirtschaftliche Pacht gilt seit dem 4.10.1985 das **Bundesgesetz über die landwirtschaftliche Pacht – LPG** (SR 221.213.2) und wurde somit aus dem Pachtrecht des OR herausgelöst. Was landwirtschaftliche Pacht ist, definiert deshalb ausschliesslich das LPG. Gemäss Abs. 2 von Art. 276a und Art. 1 Abs. 4 LPG kommen nur dort, wo das LPG keine eigene Regelung aufstellt, die Normen des OR zur Anwendung (sog. subsidiäre Geltung der Bestimmungen des OR; vgl. Botschaft Miet- und Pachtrecht, 1470).

1b Das Rechtsinstitut der Pacht hat v.a. in der Landwirtschaft grosse Bedeutung. Aus diesem Grund werden die Bestimmungen des LPG parallel zu den OR-Artikeln kommentiert (z.B. Veräusserung des Pachtgegenstandes Art. 290, Art. 14 LPG). Hingegen werden die zahlreichen Bestimmungen des LPG über Verfahren und Behörden nicht behandelt (vgl. dazu STUDER et al., LPG Komm).

II. Normzweck LPG

2 Das LPG enthält keinen eigenen Zweckartikel. Es ist jedoch eingebunden in die allgemeine Zielsetzung der schweizerischen Landwirtschaft, deren Aufgabe in der Nahrungsmittelproduktion und -versorgung sowie im Schutz und in der Pflege von Landschaft und Umwelt besteht (STUDER et al., LPG Komm, Nr. 46 f.). Die landwirtschaftliche Pacht bildet – im Rahmen dieser Zielsetzung – ein Mittel zur Erhaltung der bäuerlichen Agrarstruktur in Form leistungsfähiger **Familienbetriebe**.

3 Das öffentliche Interesse an der Erhaltung der Bodenfruchtbarkeit durch eine langfristige Bindung zwischen Pächter und Pachtgegenstand erfordert **Pächterschutzbestimmungen**. Diese beschlagen hauptsächlich die Bereiche der (Mindest-)Dauer von Pachtverhältnissen (Art. 7 LPG), des Kündigungsschutzes und der Pachtzinsgestaltung (vgl. STUDER et al., LPG Komm, Nr. 48 f.).

III. Verhältnis zwischen dem LPG und dem OR

3a Gemäss Art. 276a Abs. 1 OR und Art. 1 Abs. 4 LPG gelten die **Bestimmungen des Obligationenrechts subsidiär**, soweit das LPG keine eigene oder nur eine ergänzende Regelung *aufstellt (Botschaft Miet- und Pachtrecht,* 1470). Der Verweis auf das Obligationenrecht will und kann einerseits innerhalb des LPG nur dessen privatrechtliche Normen, also dessen pachtvertragliche Bestimmungen erfassen. Andererseits werden vom Verweis auf das OR nicht bloss die pachtrechtlichen Bestimmungen der Art. 275 ff. erfasst. Gegenstand des Verweises sind alle allgemeinen vertraglichen Regeln und Grundsätze des OR sowie all die Vorschriften des Bundeszivilrechts, denen direkt oder indirekt pachtvertragliche Relevanz zukommt. Lediglich die der Rechtspacht gewidmeten Normen des OR sind vom Vorrang der Normen des LPG direkt nicht berührt, weil die landwirtschaftliche Pacht einen besonderen Typ der Sachpacht darstellt.

Zusätzlich wird gem. Art. 276a Abs. 2 OR und Art. 1 Abs. 4 LPG die subsidiäre Anwendung der Bestimmungen über die sog. Pacht von Wohn- und Geschäftsräumen und der damit verbundenen Vorschriften über die Behörden und das Verfahren ausgeschlossen (vgl. Botschaft Miet- und Pachtrecht, 1470). Weder direkt noch indirekt anwendbar sind somit die in Art. 276 N 1 aufgezählten Bestimmungen (vgl. dazu auch BGE 125 III 425, 428 ff.). Ausgeschlossen sind zudem die im Rahmen des Art. 253b Abs. 1 nur bei einem Teil der Pacht von Wohn- und Geschäftsräumen zusätzlich geltenden missbrauchsrechtlichen Bestimmungen der Art. 269–270e (vgl. Art. 276 N 3). **3b**

IV. Geltungsbereich

Die landwirtschaftliche Nutzung eines Objekts ist das grundlegende Element landwirtschaftlicher Pacht. Landwirtschaftliche Pacht ist allerdings nicht an jedem landwirtschaftlich genutzten Objekt möglich. Art. 1 LPG hält fest, für welche Pacht das LPG gilt: **4**

a) von Grundstücken zur landwirtschaftlichen Nutzung (Abs. 1 lit. a);
b) von landwirtschaftlichen Gewerben (Abs. 1 lit. b);
c) nichtlandwirtschaftlicher Nebengewerbe, die mit einem landwirtschaftlichen Gewerbe eine wirtschaftliche Einheit bilden (Abs. 1 lit. c);
d) für Rechtsgeschäfte, die das Gleiche bezwecken wie die landwirtschaftliche Pacht und die ohne Unterstellung unter das Gesetz den von diesem angestrebten Schutz vereiteln würden (Abs. 2);
e) von Allmenden, Alpen und Weiden sowie von Nutzungs- und Anteilsrechten (Abs. 3).

Das LPG gilt nur für Grundstücke in der Schweiz. Auch wenn Landwirte mit Wohnsitz in der Schweiz Grundstücke im Ausland gepachtet haben, fällt dieses Land nicht unter die Bestimmungen des LPG. **5**

Unter die landwirtschaftliche Pacht fallen zunächst unbebaute Grundstücke (Art. 1 Abs. 1 lit. a LPG), wozu auch Allmenden, Alpen und Wiesen sowie Anteile an diesen zählen (Art. 1 Abs. 3 LPG; Ausnahmeregelung in Art. 4 LPG). Diese Grundstücke müssen grundsätzlich eine Fläche von wenigstens 25 Aren aufweisen oder, sofern es sich um Rebberge handelt, eine solche von wenigstens 15 Aren (Art. 2 Abs. 1 LPG). Bei Allmenden, Alpen und Wiesen spielt eine Mindestgrösse hingegen keine Rolle. Möglich sind bei unbebauten Grundstücken auch die parzellenweise Pacht sowie die Zupacht von kleineren Einheiten (vgl. dazu N 13 ff.). **6**

Das grundlegende Element landwirtschaftlicher Pacht ist die **landwirtschaftliche Nutzung**. Die Zoneneinteilung nach dem Raumplanungsgesetz spielt jedoch insofern eine Rolle, als das LPG für landwirtschaftlich genutzte Grundstücke, die vollständig in einer Bauzone liegen, nach Art. 2a Abs. 1 keine Anwendung findet. **6a**

Eine Legaldefinition der landwirtschaftlichen Nutzung findet sich weder im BGBB noch im LPG. Hingegen wird der Begriff «Landwirtschaft» in Art. 3 LwG definiert. Danach umfasst die Landwirtschaft die Produktion verwertbarer Erzeugnisse aus Pflanzenbau und Nutztierhaltung, die Aufbereitung, die Lagerung und den Verkauf der entsprechenden Erzeugnisse auf den Produktionsbetrieben sowie die Bewirtschaftung von naturnahen Flächen. Gemäss der Botschaft zur Reform der Agrarpolitik (Agrarpolitik 2002) definiert sich die Landwirtschaft als Tätigkeit, die sich durch die hergestellten Produkte von anderen Tätigkeiten abgrenzt (BBl 1996 IV 85). Damit erfolgte der Übergang vom Produktions- zum **Produkte-** **6b**

modell (STUDER et al., LPG Komm, Nr. 8). Aus dem Produktemodell folgt sodann, dass für die landwirtschaftliche Nutzung nicht mehr zwingend die Bodenbewirtschaftung vorausgesetzt wird. Damit fallen unter die landwirtschaftliche Nutzung und somit unter das LPG z.B. auch Baumschulen sowie die Gewinnung von Nutz- und Zierpflanzen (vgl. STUDER et al., LPG Komm, Nr. 8 ff.).

7 Pacht i.S. des LPG ist zwingend gegeben, wenn das Pachtobjekt ein sog. **landwirtschaftliches Gewerbe** darstellt (Art. 1 Abs. 1 lit. b LPG). Zur Bestimmung, was als landwirtschaftliches Gewerbe gilt, verweist das LPG auf die einschlägigen Normen des BGBB. Der Begriffsinhalt des «landwirtschaftlichen Gewerbes» im Bereich des LPG ist jenem des BGBB allerdings noch nicht vollständig angeglichen (zu den Abweichungen und Besonderheiten des Begriffs im Anwendungsbereich des LPG vgl. STUDER et al., LPG Komm, Nr. 27 ff.). Im Allgemeinen liegt ein landwirtschaftliches Gewerbe dann vor, wenn eine Gesamtheit von Land und Gebäuden, ein gewisser Betriebsumfang (Landfläche) sowie eine Bewirtschaftungsweise, die durch Gewinnung und Verwertung organischer Stoffe des Bodens gekennzeichnet ist, vorhanden sind (vgl. Art. 7 BGBB und die Ausführungen von BGBB Komm-HOFER, Art. 7 N 1 ff.; vgl. auch den in Art. 5 BGBB aufgestellten Vorbehalt zugunsten der Kantone). Dabei muss das Land zumindest einen ins Gewicht fallenden Beitrag (ca. 20–30%) zum Einkommen des Bewirtschafters bilden (BGE 92 I 314, 316). Je nach Art der Nutzung genügt eine grössere oder kleinere Fläche. Zupachten von Einzelgrundstücken sind bei der Grössenermittlung des Gewerbes zwangsläufig nicht mitzurechnen (BGBB Komm-HOFER, Art. 7 N 15a).

8 Gemäss Art. 1 Abs. 1 lit. c LPG gilt das LPG auch für nichtlandwirtschaftliche Nebengewerbe, die mit einem landwirtschaftlichen Gewerbe in einer engen Verbindung stehen. Diese kann sachlich oder räumlich begründet sein (BGBB Komm-HOFER, Art. 7 N 132–134). Für solche Nebenbetriebe gilt die gleiche Pachtdauer wie für das landwirtschaftliche (Haupt-)Gewerbe. Damit es sich noch um einen Nebenbetrieb handelt, darf sein Einkommen jenes aus dem Landwirtschaftsbetrieb nicht übersteigen. Als Nebenbetriebe können in Frage kommen: Brennerei, Mosterei, Fischzucht, Gastwirtschaft, Sägerei, Transportgewerbe, Reitbetrieb usw. (vgl. STUDER, 150; BGBB Komm-HOFER, Art. 15 N 11).

9 Das LPG gilt auch für Umgehungsgeschäfte, also für Rechtsgeschäfte, die das Gleiche bezwecken wie die landwirtschaftliche Pacht und ohne Unterstellung unter das Gesetz den von diesem angestrebten Schutz vereiteln würden (Art. 1 Abs. 2 LPG). Ob ein Umgehungsgeschäft vorliegt, beurteilt sich anhand des Einzelfalles unter Würdigung sämtlicher Vertragselemente. Entscheidende Bedeutung kommt dabei in jedem Fall der Rechtsstellung des Bewirtschafters zu. Zur Abgrenzung von Arbeitsvertrag, Auftrag, Verkauf der Ernte, Bewirtschaftungsvertrag, Gesellschaftsvertrag und Gebrauchsleihe vgl. STUDER et al., LPG Komm, Nr. 59 ff.

10 *entfällt*

V. Das Vorpachtrecht (Art. 5 und 6 LPG)

11 Das Rechtsinstitut des Vorpachtrechtes findet sich nur im LPG. Es steht Nachkommen des Verpächters eines landwirtschaftlichen Gewerbes zu. Voraussetzungen sind der Wille und die Eignung zur Selbstbewirtschaftung. Die Anforderungen dieser subjektiven, in der Person des Pächters liegenden Anforderungen sind die gleichen wie Art. 11 Abs. 1 BGBB an den Erben stellt, der das Recht für die Hofübernahme beansprucht (STUDER et al., LPG Komm, Nr. 188). Gemäss Art. 5 Abs. 2 LPG kann das Vorpachtrecht einem Dritten nur dann entgegengehalten werden, wenn es im Grundbuch **angemerkt** wurde.

Die Einführung des Vorpachtrechtes liegt in der Kompetenz der Kantone. Machen die Kantone keinen Gebrauch davon, besteht für ihr Gebiet kein Vorpachtrecht. Der Bundesgesetzgeber hat sich mit einigen wegleitenden Rahmenbestimmungen begnügt, die aber für die Kantone **zwingend** sind.

Nach Art. 5 Abs. 2 LPG kann ein Vorpachtrecht den Dritten nur dann entgegengehalten werden, wenn es im Grundbuch **angemerkt** wurde. Dies bedingt, dass jeder Nachkomme auch ohne Zustimmung des Vaters oder der Mutter die Anmerkung im Grundbuch verlangen kann. Voraussetzung ist das vollendete 18. Altersjahr des Nachkommen.

Die Kantone können zudem für Landwirte in Berggegenden ein Vorpachtrecht an benachbarten Alpweiden vorsehen. Der Sinn dieser Bestimmung liegt in der Bevorzugung der einheimischen Bergbevölkerung. An das Kriterium der benachbarten Parzelle sind keine strengen Anforderungen zu stellen; **mittelbare Nachbarschaft genügt** (Botschaft LPG, 274). 12

VI. Parzellenweise Verpachtung und Zupacht (Art. 30–32 LPG)

Unter Zupacht versteht man den Abschluss eines Pachtvertrages über ein Grundstück zur landwirtschaftlichen Nutzung durch einen Pächter, der bereits ein landwirtschaftliches Gewerbe bewirtschaftet (STUDER et al., LPG Komm, Nr. 719). Die Art. 33–35 LPG enthielten früher Einschränkungen für die Zupacht. Im Rahmen der Weiterentwicklung der Agrarpolitik 2011 (Botschaft Agrarpolitik 2011, 6337) wurden diese per 1. 9. 2008 allerdings wieder gestrichen, um den Bewirtschaftern mehr Handlungsspielraum einzuräumen. 13

Die Verpachtung landwirtschaftlicher Gewerbe ist mit einer **Bewilligungspflicht** verbunden. Ein Gewerbe wird i.d.R. parzellenweise verpachtet, indem alles Land an verschiedene Bauern als Grundstücke zur landwirtschaftlichen Nutzung i.S.v. Art. 1 Abs. 1 lit. a LPG verpachtet wird (STUDER et al., LPG Komm, Nr. 639). Mit einer Bewilligungspflicht soll einerseits die Auflösung lebensfähiger Landwirtschaftsbetriebe verhindert und andererseits ein Beitrag zur Existenzsicherung kleinerer Betriebe geleistet werden. Eine Bewilligung ist bereits erforderlich, wenn das Gewerbe nicht ganz aufgelöst, sondern nur einzelne Grundstücke abgetrennt werden, sofern deren Fläche mehr als 10% der ursprünglichen Nutzfläche ausmacht oder wenn der Pachtgegenstand Gebäude umfasst (Art. 30 LPG). Die Bewilligung für die parzellenweise Verpachtung muss **vor** Pachteintritt eingeholt werden. Das Gesetz enthält einen ganzen Katalog (Art. 31 Abs. 2 lit. c–g und Abs. 2bis LPG) von Bewilligungsgründen, die z.T. im Betrieb selber (z.B. lit. c: Betrieb nicht mehr erhaltungswürdig) oder in der Person des Verpächters (z.B. lit. f: Krankheit) liegen. Rechtsfolge einer Bewilligungsverweigerung ist die behördliche Auflösung des Pachtvertrages ohne Anspruch auf Schadenersatz. 14

VII. Intertemporales Recht (Art. 60–60b LPG)

Das LPG wurde am **20. 10. 1986** in Kraft gesetzt. Die Bestimmungen über die Festsetzung des Pachtzinses wurden am 25. 2. 1987 ins Gesetz aufgenommen. Weitere Änderungen erfolgten per 1. 1. 2004 im Rahmen der Agrarpolitik 2007 (Botschaft Agrarpolitik 2007), per 1. 9. 2008 (Botschaft Agrarpolitik 2011) und per 1. 1. 2014 (Botschaft Agrarpolitik 2014–2017). Für alle nach dem Inkrafttreten der neuen Regelungen abgeschlossenen Verträge gilt ausnahmslos das neue Recht. 15

Bei Verträgen, die bereits am 20. 10. 1986 bestehen, richtet sich die Fortsetzung des Pachtverhältnisses nach neuem Recht. Endete bspw. ein Pachtverhältnis auf Frühjahr 1988, hat sich dieses nicht um drei Jahre (nach altem Recht), sondern um sechs Jahre verlängert mit einer weiteren Verlängerungsdauer um jeweils 6 Jahre. Für die Kündigungsfrist gilt die Einjahresfrist nach neuem Recht. Eine spezielle Regelung gilt für Pachtverträge mit unbekanntem Pachtantritt (Art. 60 Abs. 2). Um – vor allem bei mündlichen Pachtverträgen – langwierige Beweisverfahren zu vermeiden, stellte der Gesetzgeber eine gesetzliche Vermutung auf: Lässt sich der Zeitpunkt nicht mehr eruieren, gilt der Frühjahrstermin 1973 von Gesetzes wegen als 16

Pachtantritt. Diese Vorschrift gilt grundsätzlich nur für Pachtverträge, welche vor 1973 abgeschlossen wurden. Ein solches Pachtverhältnis wäre somit auf Frühling 2018 kündbar. Begann das Pachtverhältnis nach 1973 und kann das Datum nicht mehr eruiert werden, sei es mit dem Gedanken von Art. 60 Abs. 2 LPG vertretbar, wenn das Datum des Inkrafttretens (20.10.1986) des LPG als Pachtantritt angenommen werde (vgl. BGer, 25.10.2012, 4D_76/2012).

17 Ein Pachtvertrag über ein landwirtschaftliches Gewerbe, das den Anforderungen hinsichtlich der Mindestgrösse nach Art. 1 Abs. 1 lit. b, die sich im Zuge der Agrarpolitik 2007 und 2011 verändert haben, nicht mehr genügt, bleibt gem. Art. 60a Abs. 1 und Art. 60b Abs. 2 LPG während der laufenden gesetzlichen, einer längeren vertraglichen oder einer richterlich erstreckten Pachtdauer bestehen.

18 Für die gleiche Dauer bleiben Verträge über die Pacht von Grundstücken zur landwirtschaftlichen Nutzung dem LPG unterstellt, deren Pachtgegenstand sich vollständig in einer Bauzone nach Art. 15 RPG befindet (Art. 60b Abs. 1 LPG).

Art. 277

B. Inventaraufnahme **Umfasst die Pacht auch Geräte, Vieh oder Vorräte, so muss jede Partei der andern ein genaues, von ihr unterzeichnetes Verzeichnis dieser Gegenstände übergeben und sich an einer gemeinsamen Schätzung beteiligen.**

B. Inventaire Si des ustensiles, du bétail ou des provisions sont compris dans le bail, chacune des parties est tenue d'en remettre à l'autre un inventaire exact, signé, et de participer à une estimation contradictoire.

B. Inventario Se l'affitto comprende attrezzi, bestiame o provvigioni (scorte), ciascuna delle parti deve rilasciare all'altra un esatto inventario con la propria firma e partecipare ad una stima comune di tali oggetti.

Literatur

Vgl. die Literaturhinweise bei den Vorbem. zu Art. 275–304.

I. Normzweck/Definition

1 Unter Inventar versteht man die Gesamtheit der Sachen, die zur vereinbarten Bewirtschaftung des Pachtobjektes nötig sind und zu diesem Zweck vom Verpächter dem Pächter zu Gebrauch und Verbrauch (Vorräte) überlassen werden.

Die Errichtung des Inventars dient **Beweiszwecken**. Vor allem bei Auflösung der Pacht bildet das Inventar Grundlage der Auseinandersetzung (vgl. Art. 299b). Dem Inventar kommt daher materiellrechtliche Bedeutung zu.

II. Anwendungsbereich

2 Art. 277 verpflichtet beide Parteien, der anderen Partei ein Verzeichnis zu übergeben und gemeinsam die Schätzung vorzunehmen. Die Parteien können eine eigene Schätzung vornehmen. Sie können aber auch beides durch einen Dritten erstellen lassen oder die Aufstellung eines Vorpächters übernehmen (ZK-Higi, N 28). Die Schätzung ist notwendig, weil die von der Inventaraufnahmepflicht erfassten Gegenstände – Geräte, Vieh und Vorräte – grossen *Wertschwankungen* unterliegen. Mit Blick auf Art. 299b empfiehlt es sich aber, auch für andere Gegenstände die Aufnahme eines Inventars zu vereinbaren (CHK-Kessler, N 1). Die Aufnahme erstreckt sich einerseits auf die zahlenmässige, quantitative Erfassung durch ein genaues **Verzeichnis**, andererseits auf den **Wert** des Inventars durch eine **Schätzung**. Inventarstücke, die Bestandteil oder Zugehör des Pachtobjekts sind, verbleiben regelmässig im Eigentum des Verpächters; die übrigen beweglichen Inventarstücke wie z.B. Vorräte oder ein Warenlager gehen i.d.R. ins Eigentum des Pächters über (ZK-Higi, N 9 ff.).

Die Pflicht zur Inventaraufnahme gilt für die landwirtschaftliche Pacht nur in Bezug auf die selbst produzierten Vorräte (Futter, Stroh, Dünger) (vgl. Art. 25 Abs. 2 LPG; Studer et al., LPG Komm, Nr. 531, m.w.H.).

III. Rechtsfolgen

Das Inventar ist **nicht** Gültigkeitserfordernis für die Pacht. Bei Beweislosigkeit gilt somit Art. 8 ZGB. 3

Werden sich die Parteien über die Schätzung nicht einig oder weigert sich eine Partei, das Inventar zu unterzeichnen, kann im Sinne einer Ersatzvornahme ein amtliches Verzeichnis oder eine gerichtliche Schätzung der Inventarstücke verlangt werden (Handkomm-OR-Fricker/Seiler, N 6).

Mit der Inventarisierung übernimmt der Pächter die Gefahr für Untergang und Beschädigung aus gewöhnlichem Zufall, auch wenn das Eigentum beim Verpächter verbleibt (ZK-Higi, N 33). 4

Art. 278

C. Pflichten des Verpächters
I. Übergabe der Sache

1 Der Verpächter ist verpflichtet, die Sache zum vereinbarten Zeitpunkt in einem zur vorausgesetzten Benutzung und Bewirtschaftung tauglichen Zustand zu übergeben.

2 Ist bei Beendigung des vorangegangenen Pachtverhältnisses ein Rückgabeprotokoll erstellt worden, so muss der Verpächter es dem neuen Pächter auf dessen Verlangen bei der Übergabe der Sache zur Einsicht vorlegen.

3 Ebenso kann der Pächter verlangen, dass ihm die Höhe des Pachtzinses des vorangegangenen Pachtverhältnisses mitgeteilt wird.

C. Obligations du bailleur
I. Délivrance de la chose

1 Le bailleur est tenu de délivrer la chose à la date convenue dans un état approprié à l'usage et à l'exploitation pour lesquels elle a été affermée.

2 Si un procès-verbal a été établi lors de la restitution de la chose à la fin du bail précédent, le bailleur doit, sur demande, présenter ce document au nouveau fermier lors de la délivrance de la chose.

3 De même, le fermier peut exiger que le montant du fermage fixé dans le contrat de bail précédent lui soit communiqué.

C. Obblighi del locatore
I. Consegna della cosa

1 Il locatore deve consegnare la cosa nel momento pattuito, in stato idoneo all'utilizzazione e allo sfruttamento cui è destinata.

2 Se alla fine dell'affitto precedente è stato steso un processo verbale sullo stato della cosa, il locatore deve darne visione al nuovo affittuario, a sua domanda, al momento della consegna della cosa.

3 L'affittuario può altresì chiedere che gli sia comunicato l'ammontare del fitto del precedente contratto.

Literatur

Vgl. die Literaturhinweise bei den Vorbem. zu Art. 275–304.

I. Verweisung

1 Abs. 1 von Art. 278 entspricht in etwa dem Art. 256 Abs. 1 des Mietrechts. Es wird ansatzweise die vertragliche Hauptleistungspflicht des Verpächters umschrieben, ergänzt insofern als Legaldefinition bzw. Gewährleistungsnorm Art. 275 und hat in diesem Umfang zwingenden Charakter. Den genauen Inhalt der Hauptleistung des Verpächters bestimmen die Parteien und/oder ergänzend kommen andere pachtrechtliche und allgemein vertragsrechtliche Normen zur Anwendung (ZK-Higi, N 5).

1a Art. 278 Abs. 2 und 3 entsprechen sprachlich und inhaltlich Art. 256a des Mietrechts. Sie können nicht zu Ungunsten des Pächters eingeschränkt oder gar wegbedungen werden (relativ zwingender Charakter).

II. Gewährleistung

2 Art. 278 Abs. 1 statuiert die **Pflicht** zur **Übergabe** der Pachtsache an den Pächter. Ebenfalls geregelt ist die **Gewährleistungspflicht**. Der Verpächter hat für das Vorhandensein der zugesicherten Eigenschaften (z.B. Grösse des Pachtgrundstückes) einzustehen; ebenfalls haftet er dafür, dass die Sache sich in einem zur vorausgesetzten Benutzung und Bewirtschaftung tauglichen Zustand befindet. Dies bedeutet, dass bei Geräten die Funktionstauglichkeit gewährleistet sein muss.

Der Verpächter haftet grundsätzlich bei Beginn der Pacht auch für die Ertragsfähigkeit. Diese Pflicht ergibt sich e contrario aus Art. 283. Für einen bestimmten Ertrag haftet er jedoch nur, wenn er ihn ausdrücklich zugesichert hat.

3 Ausdrücklich im Gesetz erwähnt ist die **rechtzeitige Übergabe** der Pachtsache (bez. Rechtsfolgen der verspäteten Übergabe vgl. Ziff. IV).

Soweit die Pflicht nicht dem Pächter überbunden wurde, hat der Verpächter ferner über den Zeitpunkt der Übergabe hinaus als Dauerverpflichtung für die **Erhaltung** des gesetzlich und vertraglich geforderten Zustands während des gesamten Pachtverhältnisses zu sorgen. Abweichende Vereinbarungen sind allerdings nur innerhalb der Schranken, die bei der Mängelhaftung aufgestellt wurden, zulässig (Botschaft Miet- und Pachtrecht, 1470).

3a Als weitere Auskunftspflichten des Verpächters bestehen Art. 278 Abs. 2 und 3. Sie entsprechen inhaltlich Art. 256a Abs. 1 und 2 des Mietrechts. Insoweit ist auf die dortigen Ausführungen zu verweisen. Als pachtrechtliche Besonderheit ist allerdings zu beachten, dass vom Rückgabeprotokoll, welches in Abs. 2 erwähnt ist, das Pachtobjekt und die weiteren damit überlassenen Sachen nur soweit erfasst werden, als es sich dabei nicht um Inventar handelt. Soweit Art. 277 eine Inventaraufnahmepflicht vorschreibt oder die Parteien eine darüber hinausgehende Inventaraufnahme vereinbaren, richten sich die Rechtsfolgen von deren Verletzung nie nach Art. 278, sondern nach jener Norm (ZK-Higi, N 39 f.).

III. Anwendungsbereich

4 Der Geltungsbereich der Norm beschränkt sich auf die Sachpacht (vgl. zum Begriff der Sachpacht Art. 275 N 1). Von Art. 278 sind somit ebenfalls die landwirtschaftliche Pacht (vgl. Studer et al., LPG Komm, Nr. 156) als auch die sog. Pacht von Wohn- und Geschäftsraum erfasst.

IV. Rechtsfolgen

5 Die Rechtsfolgen bei Verletzung der genannten Pflichten sind gem. Art. 288 Abs. 1 lit. a dieselben wie bei der Miete. Der Pächter kann also auf Erfüllung, d.h. Herstellung des vertrags-

mässigen Zustands, klagen oder nach Fristansetzung vom Vertrag zurücktreten. Bei Verschulden des Verpächters hat der Pächter zudem einen Anspruch auf Schadenersatz.

Art. 279

II. Hauptreparaturen **Der Verpächter ist verpflichtet, grössere Reparaturen an der Sache, die während der Pachtzeit notwendig werden, auf eigene Kosten vorzunehmen, sobald ihm der Pächter von deren Notwendigkeit Kenntnis gegeben hat.**

II. Grosses réparations Le bailleur est tenu d'exécuter à ses frais les grosses réparations qui s'imposent pendant la durée du bail, dès que le fermier lui en a communiqué la nécessité.

II. Grandi riparazioni Il locatore deve eseguire a sue spese le grandi riparazioni che durante l'affitto si rendono necessarie alla cosa affittata, appena l'affittuario gliene ha indicata la necessità.

Literatur

Vgl. die Literaturhinweise bei den Vorbem. zu Art. 275–304.

I. Allgemeines

1 Der Geltungsbereich der Bestimmung beschränkt sich auf die Sachpacht des OR. Für die landwirtschaftliche Pacht gilt ausschliesslich die dem Art. 279 ähnliche Regelung des Art. 22 LPG (vgl. N 7 f.; Studer et al., LPG Komm, Nr. 461 ff.).

Die Pflicht des Verpächters zur Tragung der Hauptreparaturen ist **Ausfluss der Gewährleistungspflicht**, den Pachtgegenstand in einem vertragsgemässen Zustand zu halten. Grundlage dieser Bestimmung bildet die Überlegung, dass durch den Pachtzins die Bildung von Rückstellungen für derartige Reparaturen möglich sein soll.

2 In dringenden Fällen zur Schadensminderung (z.B. bei Maschinen) oder verabredungsweise zulässig ist die Veranlassung der Hauptreparatur auf Rechnung des Verpächters durch den Pächter selbst (ZK-Higi, N 21, m.w.H., vgl. auch BGE 93 II 109: Rückerstattung der Kosten für eine durch Forst vernichtete Baumkultur).

3 Von der gesetzlichen Regelung abweichende Vereinbarungen sind nur im Rahmen von Art. 288 Abs. 2 zulässig (Botschaft Miet- und Pachtrecht, 1470). Kraft ausdrücklicher gesetzlicher Regelung können die Parteien im LPG (Art. 22 Abs. 4) vereinbaren, dass der Pächter für Hauptreparaturen aufzukommen hat. Eine solche Überwälzung von Verpächterkosten zieht eine angemessene Reduktion des Pachtzinses nach sich (Studer et al., LPG Komm, Nr. 482 f.).

II. Voraussetzungen

4 Voraussetzung der Pflicht des Verpächters zur Veranlassung bzw. Vornahme der Hauptreparatur ist eine erhebliche oder drohende erhebliche Beeinträchtigung der Benutzbarkeit des Pachtgegenstandes (ZK-Higi, N 23). Als Indiz für die Erheblichkeit einer Reparatur gilt der Pachtzins. Je mehr der Pachtzins den Gebrauch der Sache abgilt, desto mehr Unterhalt hat der Verpächter zu leisten. Umgekehrt erhöht sich die Erheblichkeitsschwelle für Hauptreparaturen, die vom Verpächter übernommen werden müssen, wenn mit dem Pachtzins vor allem das Fruchtziehungsrecht abgegolten wird (ZK-Higi, N 13 ff.).

5 Voraussetzung ist ferner, dass der Pächter dem Verpächter **Kenntnis** von der Notwendigkeit der Hauptreparatur gibt. **Sobald** der Verpächter benachrichtigt wurde, hat er die Reparatur

vorzunehmen (vgl. auch Art. 22 Abs. 1 LPG). Der Verpächter muss die Reparatur demnach mit der Unverzüglichkeit in Angriff nehmen, die bei der Art des jeweils konkret vorliegenden Defekts sowie der weiteren Umstände im Verständnis vernünftiger und korrekter Menschen geboten ist (ZK-HIGI, N 26). Unterlässt der Pächter die Benachrichtigung und erleidet der Pachtgegenstand dadurch (zusätzlichen) Schaden, hat er für den entstandenen Schaden einzustehen (Art. 97, Art. 286 Abs. 1).

6 Nach dem Gesetzeswortlaut handelt es sich um «grössere Reparaturen». Den Verpächter trifft somit eine geringere Unterhalts- und Erhaltungspflicht als den Vermieter, der – mit Ausnahme der kleinen – für alle Reparaturen aufzukommen hat (ZK-HIGI, N 8). Dies liegt daran, dass der Pächter oft selber in der Lage ist, mit seinen Bewirtschaftungsmitteln und/oder den Früchten bzw. Nebenprodukten seiner Bewirtschaftung, die Sache zu reparieren (ZK-HIGI, N 8).

III. Hauptreparaturen nach LPG

7 Art. 279 entspricht materiellrechtlich dem Art. 22 Abs. 1 LPG. Im Gegensatz zum OR regelt das LPG (Art. 22 Abs. 2 LPG) die **ersatzweise Vornahme** der Hauptreparatur durch den Pächter. Die Ersatzvornahme darf allerdings erst ausgeführt werden, wenn der Verpächter nach erfolgter Anzeige die Reparatur **nicht innert nützlicher Frist** vornimmt und seine Pflicht zur Behebung auch nicht bestreitet.

7a Die nützliche Frist hängt vom Einzelfall ab. Sie richtet sich einerseits nach dem für die Behebung des Mangels erforderlichen Zeitbedarf, andererseits aber auch nach der Dringlichkeit der Mangelbehebung (STUDER et al., LPG Komm, Nr. 471, m.w.H.). Bei schwerwiegenden Störungen, wie z.B. Wassereinbruch, Ausfall der Abladevorrichtung mitten in der Heuernte oder defekter Heizung im Winter muss die Behebung des Schadens unverzüglich erfolgen (STUDER et al., LPG Komm, Nr. 471). Bei Reparaturen am Gebäude (z.B. Ersatz des defekten Stallbodens) ist eine entsprechende Planungsphase zuzugestehen. Die Frist ist zumindest so zu bemessen, dass noch Vergleichsofferten eingeholt werden können.

Bestreitet der Verpächter das Vorliegen einer Hauptreparatur oder seine Verpflichtung, eine solche ausführen zu müssen, darf die Vornahme nur mit **richterlicher Ermächtigung** erfolgen (STUDER et al., LPG Komm, Nr. 473).

8 Für die durch die Ersatzvornahme entstandenen Kosten kann der Pächter volle Entschädigung verlangen. Diese hat den effektiven Aufwand des Pächters (Material, Handwerkerrechnungen, eigener Arbeitseinsatz) zu decken.

Der Anspruch des Pächters ist spätestens bei Beendigung der Pacht geltend zu machen (Art. 22 Abs. 2 LPG). Aus dem Grundsatz der vollen Entschädigung ergibt sich auch der Anspruch des Pächters auf eine angemessene Verzinsung seines Aufwandes (STUDER et al., LPG Komm, Nr. 474).

IV. Rechtsfolgen

9 Bestreitet der Verpächter das Vorliegen der Hauptreparatur oder die Notwendigkeit, diese vorzunehmen, darf die ersatzweise Vornahme durch den Pächter nur mit richterlicher Ermächtigung erfolgen (**a.M.** Handkomm-OR-FRICKER/SEILER, N 5). Nimmt der Verpächter die Hauptreparatur nicht vor, stehen dem Pächter die Mängelrechte gem. Art. 288 Abs. 1 lit. b zu. Unter anderem hat er Anspruch auf Ersatz des Schadens, der aus der Beeinträchtigung der Bewirtschaftung erfolgt ist.

Art. 280

III. Abgaben und Lasten — **Der Verpächter trägt die mit der Sache verbundenen Lasten und öffentlichen Abgaben.**

III. Contributions publiques et charges — Le bailleur supporte les contributions publiques et les charges qui grèvent la chose affermée.

III. Tributi pubblici e oneri — Il locatore sottostà ai tributi pubblici e agli oneri che gravano sulla cosa affittata.

Art. 280 entspricht dem früheren Art. 288 (Botschaft Miet- und Pachtrecht, 1470) und gilt auch für die landwirtschaftliche Pacht (vgl. STUDER et al., LPG Komm, Nr. 469). Es handelt sich um eine dispositive Vorschrift (ZK-HIGI, N 4). Sie stimmt materiell mit dem Art. 256b aus dem Mietrecht überein, weshalb auf die dortigen Ausführungen verwiesen wird. 1

Art. 281

D. Pflichten des Pächters
I. Zahlung des Pachtzinses und der Nebenkosten
1. Im Allgemeinen

1 Der Pächter muss den Pachtzins und allenfalls die Nebenkosten am Ende eines Pachtjahres, spätestens aber am Ende der Pachtzeit bezahlen, wenn kein anderer Zeitpunkt vereinbart oder ortsüblich ist.

2 Für die Nebenkosten gilt Artikel 257a.

D. Obligations du fermier
I. Paiement du fermage et des frais accessoires
1. En général

1 Le fermier doit payer le fermage et, le cas échéant, les frais accessoires à la fin de chaque année de bail, mais au plus tard à l'expiration du bail, sauf convention ou usage local contraires.

2 En ce qui concerne les frais accessoires, l'art. 257a est applicable.

D. Obblighi dell'affittuario
I. Pagamento del fitto e delle spese accessorie
1. In genere

1 L'affittuario è tenuto a pagare il fitto e, se del caso, le spese accessorie alla fine di un anno di affitto, ma al più tardi alla fine dell'affitto, salvo patto o usi locali contrari.

2 Per le spese accessorie si applica l'articolo 257a.

Literatur

Vgl. die Literaturhinweise bei den Vorbem. zu Art. 275–304.

I. Verweisungen

Regelungsgegenstand von Art. 281 Abs. 1 ist die zeitlich richtige Erfüllung der Pachtzinsschuld. Die Norm entspricht im Wesentlichen der Bestimmung des Mietrechts (Art. 257c). Ein Unterschied liegt im gesetzlichen Zahlungstermin, welcher erst dann zum Zuge kommt, wenn weder eine Vereinbarung der Parteien noch eine Ortsübung den Termin festlegen (vgl. Art. 257c N 1 ff.): bei der Pacht ist die **jährliche** Zahlung am Ende eines Pachtjahres, spätestens am Ende der Pachtzeit, vorgesehen, während der Mietzins **monatlich** zu entrichten ist. Das Ende des Pachtjahres i.S.v. Art. 281 Abs. 1 wird gem. Art. 77 Abs. 1 Ziff. 3 i.V.m. Art. 77 Abs. 2 berechnet. Nicht der Vertragsschluss ist Ausgangspunkt der Berechnung, sondern der vereinbarte bzw. tatsächliche Pachtantritt (ZK-HIGI, N 12). Abs. 1 ist auf alle Formen der Pacht inkl. landwirtschaftliche Pacht anwendbar. 1

Der Begriff der Nebenkosten i.S.v. Art. 281 Abs. 2 entspricht demjenigen von Art. 257a. Unter Nebenkosten ist das Entgelt zu verstehen, welches der Pächter dem Verpächter nebst dem Pachtzins für Kosten zu leisten hat, die diesem aus dem Gebrauch der Pachtsache durch den Pächter entstanden sind (vgl. Art. 257a N 1 ff.). Abs. 2 des Art. 281 gilt nur für die Sach- 1a pacht des OR ohne Viehpacht und landwirtschaftliche Pacht und ist weitgehend zwingend (Handkomm-OR-FRICKER/SEILER, N 3). Aufgrund des Verweises in Art. 281 Abs. 2 auf Art. 257a kann i.Ü. auf die Kommentierung von Art. 257a verwiesen werden.

II. Der Pachtzins im LPG

2 In Bezug auf landwirtschaftliche Pachtzinse gelten verschiedene Sondervorschriften. Diese betreffen die Höhe des Pachtzinses (Art. 35a–41 LPG), die Pachtzinsbewilligung für Gewerbe und die Einsprache gegen den Pachtzins für Grundstücke (Art. 42–46 LPG) sowie die Anpassung des Pachtzinses an veränderte Verhältnisse (Art. 10 und 11 LPG). Weiter ist die Pachtzinsverordnung zu beachten.

3 Für die Bemessung des Pachtzinses gilt im Prinzip der **Ertragswert** als Basis. Dieser Grundsatz ergibt sich insb. aus Art. 11 LPG, demgemäss eine Anpassung des Pachtzinses insb. verlangt werden kann, *«wenn die allgemeinen Grundlagen für die Schätzung des Ertragswertes ändern»*. Bei landwirtschaftlichen Gewerben setzt sich der Pachtzins aus zwei Komponenten, nämlich der angemessenen Verzinsung des Ertragswertes nach Art. 10 BGBB (Art. 37 lit. a LPG) und der Abgeltung der mittleren Aufwendungen für Verpächterkosten (Art. 37 lit. b LPG), zusammen (STUDER et al., LPG Komm, Nr. 759 ff.). Bei einzelnen Grundstücken können zusätzlich Zuschläge erhoben werden, wenn sich für den Pächter durch die Zupacht Vorteile ergeben (Art. 38 LPG). Ein genereller Zuschlag von 15 % – sowohl bei Einzelgrundstücken wie bei ganzen Gewerben – ist zulässig, wenn als Fortsetzungsdauer mindestens neun Jahre (statt der gesetzlichen sechs Jahre) vereinbart werden (Art. 41 LPG).

4 Bei landwirtschaftlichen Gewerben und Grundstücken besteht eine Pachtzinskontrolle, wobei diese unterschiedlich gestaltet ist (STUDER et al., LPG Komm, Nr. 739). Während für Gewerbe ein Bewilligungsverfahren gilt, nach dem alle Pachtzinse von der zuständigen Behörde überprüft werden müssen (vgl. Art. 42 LPG), wird der Pachtzins bei Einzelgrundstücken nur auf Einsprache hin überprüft (vgl. Art. 43 LPG).

5 Ist der vereinbarte Pachtzins höher als der durch die Bewilligungsbehörde errechnete, wird er auf das erlaubte Mass herabgesetzt (Art. 44 Abs. 2 LPG). Der herabgesetzte Pachtzins ist für beide Parteien nicht nur privatrechtlich, sondern auch öffentlich-rechtlich verbindlich. Nach der Meinung des Gesetzgebers reichen die zivilrechtlichen Massnahmen des LPG aus, weshalb im Zuge der Agrarpolitik 2011 die Strafbestimmungen der Art. 54–57 LPG gestrichen wurden (Botschaft Agrarpolitik 2011, 6494). In zivilrechtlicher Hinsicht ist die Vereinbarung über den Pachtzins **nichtig**, soweit dieser das durch die Behörde festgesetzte Mass übersteigt (Art. 45 Abs. 1 LPG). Rechtsfolge ist, dass der behördlich nicht bewilligte Teil nicht geschuldet ist (STUDER et al., LPG Komm, Nr. 838). Bei bereits erfolgter Bezahlung besteht ein Rückforderungsrecht (Art. 45 Abs. 2 LPG).

Art. 282

2. Zahlungsrückstand des Pächters	**1 Ist der Pächter nach der Übernahme der Sache mit der Zahlung fälliger Pachtzinse oder Nebenkosten im Rückstand, so kann ihm der Verpächter schriftlich eine Zahlungsfrist von mindestens 60 Tagen setzen und ihm androhen, dass bei unbenütztem Ablauf der Frist das Pachtverhältnis gekündigt werde.** **2 Bezahlt der Pächter innert der gesetzten Frist nicht, so kann der Verpächter das Pachtverhältnis fristlos, bei Wohn- und Geschäftsräumen mit einer Frist von mindestens 30 Tagen auf Ende eines Monats kündigen.**
2. Demeure du fermier	1 Lorsque, après la réception de la chose, le fermier a du retard pour s'acquitter d'un terme ou de frais accessoires échus, le bailleur peut lui fixer par écrit un délai de 60 jours au moins et lui signifier qu'à défaut de paiement dans ce délai, il résiliera le bail.

[2] Faute de paiement dans le délai fixé, le bailleur peut résilier le contrat avec effet immédiat; les baux à ferme portant sur des habitations ou des locaux commerciaux peuvent être résiliés moyennant un délai de congé minimum de 30 jours pour la fin d'un mois.

2. Mora dell'affittuario [1] Quando, dopo la consegna della cosa, l'affittuario sia in mora al pagamento del fitto o delle spese accessorie scaduti, il locatore può fissargli per scritto un termine di 60 giorni almeno per il pagamento e avvertirlo che, scaduto infruttuosamente questo termine, il rapporto d'affitto sarà disdetto.

[2] Se l'affittuario non paga entro il termine fissato, il locatore può recedere dal contratto senza preavviso; nel caso di locali d'abitazione o commerciali, con preavviso di 30 giorni almeno per la fine di un mese.

Literatur

Vgl. die Literaturhinweise bei den Vorbem. zu Art. 275–304.

I. Verweisung

Art. 282 regelt die ausserordentliche Kündigung des Verpächters, sofern der Zahlungsverzug des Pächters die Pachtzinsleistung und/oder allfällige Nebenkostenentschädigungen (vgl. Art. 281 N 1a) betrifft. Analog zum Urteil des BGer vom 19.11.2014 (4A_271/2014) über den Zahlungsrückstand des Mieters, ist eine Kündigung des Verpächters bereits bei geringfügigem Ausstand gerechtfertigt. Die Bestimmung stellt eine Sonderregel des Verzugsrechts dar und entspricht Art. 257d des Mietrechts, wobei die anzusetzende Zahlungsfrist bei der Pacht – anders als bei der Miete mit mindestens 10 bzw. bei Wohn- und Geschäftsräumen 30 Tagen – **mindestens 60 Tage** betragen muss. Bezahlt der Pächter innert der gesetzten Frist nicht, so kann der Verpächter das Pachtverhältnis fristlos, bei Wohn- und Geschäftsräumen mit einer Frist von mindestens 30 Tagen auf Ende eines Monats kündigen. 1

Das BGer hat im BGE 136 III 196 festgelegt, welche Anforderungen an die Kündigungsandrohung gestellt werden. Laut E. 2.4 reicht es für eine Kündigungsandrohung nicht aus, wenn im Schreiben lediglich auf Art. 282 oder auf eine den Gesetzestext übernehmende Vertragsklausel verwiesen wird. Die Rsp. verlangt eine explizite Androhung der Kündigung. 1a

Zu beachten ist zudem, dass die Androhung von Kündigung und Ausweisung nicht in den Zahlungsbefehl aufgenommen werden darf, sondern getrennt von einer Betreibung ausgesprochen werden muss (BGE 116 III 49, 50). Zu der Kündigung selbst und den Rechtsfolgen der Kündigung kann im Übrigen auf die Ausführungen zu Art. 257d verwiesen werden. 1b

Bleibt bei einer **Teilpacht** die vereinbarte Sachleistung seitens des Pächters aus, liegt ebenfalls ein Zahlungsrückstand vor. Dies berechtigt den Verpächter jedoch nicht, die Annahme der zugleich geschuldeten Geldleistung zu verweigern. Im Rahmen der Erfüllungsklage steht ihm die Möglichkeit der Realexekution offen bzw. dort, wo diese scheitert, die Umwandlung der Sachleistung in eine dem Schadenersatz entsprechende Geldleistung (ZK-Higi, N 13 f.). 1c

II. Zahlungsrückstand des Pächters im LPG

Art. 21 LPG regelt den Zahlungsrückstand des Pächters bei landwirtschaftlichen Verhältnissen. Ist der Pächter mit einer Zinszahlung in Verzug, kann ihm der Verpächter schriftlich androhen, dass der Pachtvertrag in **sechs Monaten** aufgelöst sei, wenn der ausstehende Zins bis dahin nicht bezahlt sei. Der Verzug setzt die Fälligkeit der Forderung voraus. Pächterverzug liegt nicht vor, wenn eine Gegenforderung vorliegt und der Pächter Verrechnung geltend macht (Studer et al., LPG Komm, Nr. 436). Befindet sich der Pächter auch nur mit einer Teilzahlung in Verzug, kann sich der Verpächter gleichwohl auf Art. 21 LPG und dessen Rechtsfolgen berufen (Studer et al., LPG Komm, Nr. 432). 2

3 Im Gegensatz zu Art. 282 regelt das LPG den Rückstand bei der Bezahlung der **Nebenkosten** nicht. Art. 282 findet auf den genannten Fall keine Anwendung, weil der landwirtschaftliche Pächter in einem solchen Fall wegen der kürzeren Zahlungsfrist schlechter gestellt würde als bei Anwendung von Art. 21 LPG. Art. 21 LPG findet daher auch bei einem Rückstand des Pächters mit der Bezahlung von Nebenkosten Anwendung.

4 Mit der Setzung der Zahlungsfrist kann im LPG gleichzeitig die Androhung verbunden werden, dass der Pachtvertrag in sechs Monaten aufgelöst sei, wenn nicht bezahlt werde. Die Mitteilung hat schriftlich zu erfolgen, wobei einfache Schriftlichkeit genügt (vgl. zur Form der Androhung STUDER et al., LPG Komm, Nr. 439). Diese Regelung steht im Gegensatz zu Art. 282, gemäss welchem zuerst eine Zahlungsfrist gesetzt werden muss und erst bei ungenutztem Ablauf gekündigt werden kann. Die unterschiedliche Regelung ist gerechtfertigt, weil beim LPG die Frist mit sechs Monaten grosszügig angesetzt ist.

5 Läuft die sechsmonatige Nachfrist ungenutzt ab und wurde dem Pächter die Auflösung des Vertrages in der Nachfristsetzung angedroht, ist damit der Pachtvertrag ohne weiteres Zutun des Verpächters aufgelöst (STUDER et al., LPG Komm, Nr. 440). Zusätzlich statuiert Art. 21 Abs. 2 LPG eine Schadenersatzpflicht des Pächters, sofern dieser nicht beweist, dass ihn kein Verschulden trifft (zur Exkulpation vgl. STUDER et al., LPG Komm, Nr. 443).

Art. 283

II. Sorgfalt, Rücksichtnahme und Unterhalt
1. Sorgfalt und Rücksichtnahme

[1] Der Pächter muss die Sache sorgfältig gemäss ihrer Bestimmung bewirtschaften, insbesondere für nachhaltige Ertragsfähigkeit sorgen.

[2] Der Pächter einer unbeweglichen Sache muss auf Hausbewohner und Nachbarn Rücksicht nehmen.

II. Diligence, égards envers les voisins et entretien de la chose
1. Diligence et égards envers les voisins

[1] Le fermier est tenu d'exploiter la chose affermée avec le soin nécessaire, conformément à l'usage auquel elle est destinée; il doit notamment en maintenir la productivité à long terme.

[2] S'il s'agit d'un immeuble, il est tenu d'avoir pour les personnes habitant la maison et les voisins les égards qui leur sont dus.

II. Diligenza, riguardo per i vicini e tolleranza
1. Diligenza e riguardo per i vicini

[1] L'affittuario deve amministrare diligentemente la cosa in conformità alla sua destinazione, e specialmente aver cura della produttività avvenire.

[2] L'affittuario di un immobile deve usare riguardo verso gli abitanti della casa e verso i vicini.

Literatur

Vgl. die Literaturhinweise bei den Vorbem. zu Art. 275–304.

I. Verweisungen

1 Art. 283 Abs. 1 gilt nur für die Sachpacht des OR. Seit Art. 21a LPG in Kraft gesetzt worden ist, bleibt in der landwirtschaftlichen Pacht für die Anwendung von Art. 283 Abs. 1 kein Platz mehr (STUDER et al., LPG Komm, Nr. 91). Die Norm gilt als relativ zwingend. Dies weil der Pächter nicht zu mehr als zum sorgsamen Umgang angehalten werden kann (ZK-HIGI, N 8). Der Grundsatz der sorgfältigen Behandlung des Vertragsgegenstandes ist ebenfalls im Mietrecht in Art. 257f Abs. 1 ausgesprochen.

1a Art. 283 Abs. 2 schreibt die Rücksichtnahme auf Hausbewohner und Nachbarn vor. Die Norm *gilt für Sachpachtverhältnisse*, deren Objekt zumindest eine unbewegliche Sache umfasst und verfügt ebenfalls über einen relativ zwingenden Charakter (ZK-HIGI, N 26). Auch auf landwirtschaftliche Pachtverhältnisse findet Abs. 2 von Art. 283 OR Anwendung (STUDER et al.,

LPG Komm, Nr. 91). Von der Sache her weicht die Norm nicht von der Regelung des mietrechtlichen Art. 257f Abs. 2 ab, weshalb auf die Kommentierung dieser Bestimmung verwiesen werden kann.

II. Sorgfältige Bewirtschaftung

Die **Bewirtschaftung** umfasst einerseits den Gebrauch (die Benutzung) der Pachtsache, andererseits die Fruchtziehung an bzw. aus der Sache sowie die dazu nötigen Vorkehren und Nacharbeiten (ZK-Higi, N 9). Das Mass der Sorgfalt in der Bewirtschaftung richtet sich nach dem vereinbarten bzw. vorausgesetzten Gebrauchs- bzw. Bewirtschaftungszweck (ZK-Higi, N 10). Die Pflicht des Pächters zur Bewirtschaftung besteht nur dann und nur soweit sie vereinbart ist oder im Fall fehlender Vereinbarung die Unterlassung der Bewirtschaftung die Pachtsache schädigt (BGE 44 II 270; ZK-Higi, N 22). 2

Die **Sorgfalt im Gebrauch** bezieht sich auf die Pachtsache selbst sowie die Nebensachen, namentlich das Inventar wie z.B. Installationen, Maschinen, Geräte usw. Das vom Pächter zu beachtende Mass der Sorgfalt wird vom Umfang der Pflicht des Pächters zum ordentlichen Unterhalt (vgl. Art. 284 OR) und durch die Art der gebrauchten Sache bestimmt. Unsachgemässer und vertragswidriger Gebrauch stellt Unsorgfalt dar, wenn die Folgen vom Pächter nicht im Rahmen des ordentlichen Unterhaltes behoben werden können (ZK-Higi, N 16). 2a

Die Sorgfalt in der Fruchtziehung, insb. die **nachhaltige Ertragsfähigkeit** des Pachtgegenstandes, hat nach dem vereinbarten bzw. vorausgesetzten Bewirtschaftungszweck zu erfolgen. So hat sich z.B. der Pächter eines Restaurants dem Vorwurf der Unsorgfalt auszusetzen, wenn er ein «Raucherstübli» einrichtet, obwohl dies im Vertrag untersagt ist. Untersagt sind ebenso Änderungen in der Bewirtschaftung, die sich über die Pachtdauer hinaus auswirken (vgl. Art. 289a OR). Bei einem landwirtschaftlichen Grundstück kann die Ertragsfähigkeit sowohl durch zu intensive Nutzung (Raubbau, exzessive Verwendung von chemischen Hilfsstoffen, Monokulturen) wie auch durch mangelhafte Bewirtschaftung (Verunkrautung, zu lange Brache) beeinträchtigt werden (vgl. Studer et al., LPG Komm, Nr. 447 ff.). 2b

III. Rechtsfolgen

Die Folgen der Unsorgfalt sind ein ausserordentliches Kündigungsrecht des Verpächters (Art. 285 und 289a Abs. 3) und Schadenersatzpflicht des Pächters (Art. 97 und 99). Kumulativ kann – wo das von der Sache her möglich ist – eine Ersatzvornahme dazu kommen (Art. 98 Abs. 1), bzw. die Beseitigung des vertragswidrigen Zustandes auf Kosten des Pächters (Art. 98 Abs. 3; ZK-Higi, N 24). 3

Für landwirtschaftliche Pachtverhältnisse gilt Art. 22b LPG, wonach der Verpächter mit einer Frist von sechs Monaten die Pacht schriftlich auf den folgenden Frühjahrs- oder Herbsttermin kündigen kann, wenn der Pächter trotz schriftlicher Ermahnung bzw. Aufforderung seine Bewirtschaftungspflicht weiter verletzt (vgl. BGer, 15.4.2013, 4A_623/2012, wonach die Kündigung bei einer vom Gesetz aufgezählten Pflichtverletzung des Pächters nach Art. 22b LPG klar von der ausserordentlichen Kündigung aus wichtigem Grund zu unterscheiden ist; Studer et al., LPG Komm, Nr. 493). Bezüglich der finanziellen Folgen vgl. Studer et al., LPG Komm, Nr. 497a. 4

Art. 284

2. Ordentlicher Unterhalt

[1] Der Pächter muss für den ordentlichen Unterhalt der Sache sorgen.

[2] Er muss die kleineren Reparaturen nach Ortsgebrauch vornehmen sowie die Geräte und Werkzeuge von geringem Wert ersetzen, wenn sie durch Alter oder Gebrauch nutzlos geworden sind.

2. Entretien de la chose

[1] Le fermier doit pourvoir au bon entretien de la chose.

[2] Il doit, conformément à l'usage local, effectuer les petites réparations et remplacer les ustensiles et outils de peu de valeur qui ont péri de vétusté ou par l'usage.

2. Manutenzione ordinaria

[1] L'affittuario deve provvedere all'ordinaria manutenzione della cosa.

[2] Egli deve provvedere alle piccole riparazioni in conformità degli usi locali e sostituire gli utensili e le attrezzature di poco valore periti per vetustà o per l'uso.

Literatur

Vgl. die Literaturhinweise bei den Vorbem. zu Art. 275–304.

I. Allgemeines und Verweisungen

1 Art. 284 gilt für die Sachpacht des OR (ohne Viehpacht). Im Bereich der landwirtschaftlichen Pacht regelt Art. 22 LPG als lex specialis zu Art. 284 Abs. 1 OR den ordentlichen Unterhalt (Studer et al., LPG Komm, Nr. 92). Materiell entspricht Art. 22 LPG Art. 284.

1a Der Bestimmung kommt – soweit sie Definitionen enthält («ordentlicher Unterhalt») – zwingenden Charakter zu. Im Übrigen ist sie relativ zwingend, d.h. zulasten des Pächters kann nur im Rahmen von Art. 288 Abs. 2 abgewichen werden (ZK-Higi, N 4).

1b Im Unterschied zur Miete (Art. 259) ist nicht nur der «kleine» bzw. «gewöhnliche» Unterhalt durch den Pächter vorzunehmen, sondern der «ordentliche». Was darunter zu verstehen ist, ergibt sich aus der Pflicht zur sorgfältigen Bewirtschaftung, der Erheblichkeit der Kosten der Unterhaltsmassnahmen sowie der Natur der Pachtsache (ZK-Higi, N 7 ff.).

1c **Zusätzlich** statuiert Art. 284 die Pflicht des Pächters, Geräte und Werkzeuge von geringem Wert auf eigene Kosten zu ersetzen. Diese gilt auch für die landwirtschaftliche Pacht (Studer et al., LPG Komm, Nr. 92).

II. Der ordentliche Unterhalt

2 Die Unterhaltspflicht bedeutet, dass der Pächter das Pachtobjekt mindestens in dem Zustand, in dem es sich bei Pachtantritt befunden hat, während der Dauer des Pachtverhältnisses zu erhalten hat. Die konkrete Aufgabenteilung zwischen dem Verpächter für Hauptreparaturen (Art. 279) und dem Pächter für den ordentlichen Unterhalt richtet sich in erster Linie nach dem Vertrag, subsidiär nach einem allenfalls bestehenden Ortsgebrauch (ZK-Higi, N 11). Ansonsten ist das in Art. 279 N 4 ff. zur Grenzziehung Ausgeführte zu beachten. Im Allgemeinen gehören zum ordentlichen Unterhalt des Pächters z.B. periodische Serviceleistungen wie Boilerentkalkung, Liftwartung, Maschinenwartung oder periodische Unterhaltsarbeiten wie das Weisseln von Räumen, Reinigung und Ausbesserung der Zufahrtsstrasse (ZK-Higi, N 19).

3 Abs. 2 konkretisiert die Unterhaltspflicht des Pächters, indem dieser verpflichtet wird, **kleine Reparaturen** auszuführen. Damit ist die Beseitigung all der Schäden auf Kosten des Pächters gemeint, welche dieser durch Unsorgfalt in der Benutzung/Bewirtschaftung verursacht hat, sofern diese Beschädigungen nicht den Umfang haben, welcher eine Anzeige an den Verpächter erfordert (vgl. Art. 287 Abs. 1; z.B. Ersatz einer beschädigten Lifttür, nicht aber des Lifts; ZK-Higi, N 20). Die kleineren Reparaturen stehen im Gegensatz zu den Hauptreparaturen (Art. 22 LPG) oder grösseren Reparaturen (Art. 279), die grundsätzlich zu Lasten des Verpächters gehen. Eine kleinere Reparatur kann (unter Berücksichtigung der Arbeit) bis zu CHF 1000 betragen, wobei Grösse und Wert des Pachtobjektes bei der Abwägung mit zu berücksichtigen sind.

Neben der Vornahme von kleineren Reparaturen hat der Pächter die Geräte und Werkzeuge von geringem Wert zu ersetzen. Diese Bestimmung gilt selbstverständlich nur dann, wenn die Gegenstände mitverpachtet wurden und sich nicht im Eigentum des Pächters befanden. Die obere Grenze eines Gegenstandes mit geringem Wert dürfte bei CHF 50 liegen (STUDER et al., LPG Komm, Nr. 480). 4

III. Rechtsfolgen

Kommt der Pächter seiner Unterhalts- und Reparaturpflicht nicht nach, richten sich die Rechtsfolgen nach Art. 285. 5

Art. 285

3. Pflichtverletzung

1 Verletzt der Pächter trotz schriftlicher Mahnung des Verpächters seine Pflicht zu Sorgfalt, Rücksichtnahme oder Unterhalt weiter, so dass dem Verpächter oder den Hausbewohnern die Fortsetzung des Pachtverhältnisses nicht mehr zuzumuten ist, so kann der Verpächter fristlos, bei Wohn- und Geschäftsräumen mit einer Frist von mindestens 30 Tagen auf Ende eines Monats kündigen.

2 Der Verpächter von Wohn- oder Geschäftsräumen kann jedoch fristlos kündigen, wenn der Pächter vorsätzlich der Sache schweren Schaden zufügt.

3. Violation de ses devoirs par le fermier

1 Lorsque le maintien du bail est devenu insupportable pour le bailleur ou les personnes habitant la maison parce que le fermier, nonobstant une protestation écrite du bailleur, persiste à enfreindre son devoir de diligence, à manquer d'égards envers les voisins ou à négliger son devoir d'entretien, le bailleur peut résilier le contrat avec effet immédiat; les baux à ferme portant sur des habitations ou des locaux commerciaux peuvent être résiliés moyennant un délai de congé minimum de 30 jours pour la fin d'un mois.

2 Les baux à ferme portant sur des habitations ou des locaux commerciaux peuvent toutefois être résiliés avec effet immédiat si le locataire cause volontairement un préjudice grave à la chose.

3. Violazione degli obblighi

1 Qualora la continuazione del rapporto d'affitto non possa più essere ragionevolmente imposta al locatore o agli abitanti della casa perché, nonostante diffida scritta del locatore, l'affittuario persiste nel violare l'obbligo di diligenza, di riguardo per i vicini o di manutenzione, il locatore può recedere dal contratto senza preavviso; nel caso di affitto di locali d'abitazione o commerciali, con preavviso di 30 giorni almeno per la fine di un mese.

2 Il locatore di locali d'abitazione o commerciali può però recedere dal contratto senza preavviso se l'affittuario deteriora intenzionalmente e gravemente la cosa.

Literatur

Vgl. die Literaturhinweise bei den Vorbem. zu Art. 275–304.

I. Verweisungen

Art. 285 regelt ausschliesslich die Voraussetzungen der ausserordentlichen Kündigung des Verpächters, wenn der Pächter seine Pflicht zu Sorgfalt, Rücksichtnahme oder Unterhalt verletzt. Nicht Gegenstand der Norm sind die Rechtsfolgen der ausserordentlichen Kündigung. Diese – namentlich Schadenersatz- und Wiederherstellungsansprüche des Verpächters – bestehen unabhängig vom Kündigungsrecht (ZK-HIGI, N 8). 1

Die Bestimmung entspricht inhaltlich Art. 257f Abs. 3 und 4 des Mietrechts und ist wie diese eine lex specialis zur Regelung der ausserordentlichen Kündigung aus wichtigem Grund 1a

(Art. 297). Angesichts des Vorbildcharakters des mietrechtlichen Art. 257f kann auf die entsprechende Kommentierung verwiesen werden. Bei der Kündigung eines Pachtverhältnisses über sog. Wohn- oder Geschäftsräume sind die Formvorschriften gem. Art. 298 OR zu beachten (Schriftlichkeit, Formular; Botschaft Miet- und Pachtrecht, 1471).

II. Verhältnis zum LPG

2 Bei andauernder Pflichtverletzung trotz Abmahnung kann das Pachtverhältnis **fristlos** aufgelöst werden. Bei Wohn- und Geschäftsräumen ist – ausser bei vorsätzlicher Schädigung – zusätzlich eine Kündigungsfrist von 30 Tagen auf Ende eines Monats einzuhalten. Dieses einseitige Rücktrittsrecht wurde im LPG durch ein beidseitiges Kündigungsrecht ersetzt. Nach Art. 17 LPG kann die Pacht auf den folgenden Frühjahrs- oder Herbsttermin – unter Einhaltung einer sechsmonatigen Kündigungsfrist – gekündigt werden, wenn die Vertragserfüllung für eine Partei aus wichtigen Gründen unzumutbar geworden ist.

3 Die Unzumutbarkeit der Vertragsfortsetzung findet sich sowohl in Art. 285 wie in Art. 17 LPG. Mit dem Inkrafttreten von Art. 22b LPG per 1.1.2004, welcher die Sanktionen bei einer Pflichtverletzung des Pächters nunmehr explizit für das landwirtschaftliche Pachtrecht regelt, stellt sich die Frage nach der Anwendbarkeit von Art. 285 auf die landwirtschaftliche Pacht nicht mehr. Im Unterschied zur Situation vor dem Inkrafttreten von Art. 22b LPG ist im landwirtschaftlichen Pachtrecht eine fristlose Kündigung auch bei vorsätzlicher Zufügung von Schaden ausgeschlossen. Zu kündigen ist jeweils mit einer sechsmonatigen Frist auf den nächsten Frühjahrs- oder Herbsttermin (vgl. STUDER et al., LPG Komm, Nr. 93; KGer SG, 7.2.2008).

Art. 286

III. Meldepflicht

1 Sind grössere Reparaturen nötig oder masst sich ein Dritter Rechte am Pachtgegenstand an, so muss der Pächter dies dem Verpächter sofort melden.

2 Unterlässt der Pächter die Meldung, so haftet er für den Schaden, der dem Verpächter daraus entsteht.

III. Obligation d'aviser le bailleur

1 Si de grosses réparations deviennent nécessaires, ou si un tiers élève des prétentions sur la chose affermée, le fermier est tenu d'en aviser immédiatement le bailleur.

2 Le fermier répond du dommage résultant de l'omission d'aviser le bailleur.

III. Avviso al locatore

1 Se si rendono necessarie grandi riparazioni alla cosa affittata, od un terzo accampi diritti sulla stessa, l'affittuario è tenuto a darne pronto avviso al locatore.

2 L'affittuario è responsabile del danno cagionato al locatore in caso d'omissione dell'avviso.

Literatur

Vgl. die Literaturhinweise bei den Vorbem. zu Art. 275–304.

1 Die Meldepflicht des Pächters ergibt sich aus der Obhutspflicht des Pächters über das Pachtobjekt. Gegenstand der Anzeigepflicht sind die Notwendigkeit grösserer Reparaturen und die Anmassung von Rechten durch Dritte; dazu gehören auch nachbarrechtliche Beeinträchtigungen durch Dritte i.S.v. Art. 684 ff. ZGB (ZK-HIGI, N 21). Die Pflicht zur Anzeige besteht *unabhängig von einer bereits* vorhandenen Beeinträchtigung. Es genügt, wenn der Dritte dingliche oder obligatorische Rechte auf das Pachtobjekt ernsthaft erhebt oder wenigstens zu erheben gedenkt (ZK-HIGI, N 20).

Die Anzeige des Pächters hat «sofort» nach Entdeckung des Mangels zu erfolgen. «Sofort» bedeutet innerhalb von wenigen Tagen (Handkomm-OR-FRICKER/SEILER, N 4). Das BGer hat entschieden, dass die Meldung an den Vermieter, die drei Wochen nach einem Wasserbruch im Haus erfolgt ist, zu spät sei (BGE 107 II 77). Eine bestimmte Formvorschrift ist nicht einzuhalten. Da es sich um eine empfangsbedürftige Erklärung handelt und den Pächter dafür die Beweislast trifft, empfiehlt sich jedoch Schriftlichkeit. 2

Bei Unterlassung oder Verspätung der Anzeige, aber auch bei inhaltlich ungenügender Anzeige, ist die Rechtsfolge gem. Art. 286 Abs. 2 eine Schadenersatzpflicht (ZK-HIGI, N 24). Zudem ist bei Vorliegen der Voraussetzungen eine Kündigung nach Art. 285 möglich (vgl. dazu die Komm. zu Art. 285). Weiter verliert der Pächter soweit, wie die Unterlassung bzw. Pflichtverletzung adäquate Ursache der Beeinträchtigung in der Bewirtschaftung ist, allfällige Mängelrechte gem. Art. 288 (ZK-HIGI, N 24). 3

Im Übrigen entspricht Art. 286 dem Art. 257g des Mietrechts (vgl. die Komm. zu Art. 257g).

Die Meldepflicht nach Art. 286 und die Rechtsfolgen bei Unterlassung finden auch für das LPG Anwendung (STUDER et al., LPG Komm, Nr. 94). 4

Art. 287

IV. Duldungspflicht

[1] Der Pächter muss grössere Reparaturen dulden, wenn sie zur Beseitigung von Mängeln oder zur Behebung oder Vermeidung von Schäden notwendig sind.

[2] Der Pächter muss dem Verpächter gestatten, die Sache zu besichtigen, soweit dies für den Unterhalt, den Verkauf oder die Wiederverpachtung notwendig ist.

[3] Der Verpächter muss dem Pächter Arbeiten und Besichtigungen rechtzeitig anzeigen und bei der Durchführung auf die Interessen des Pächters Rücksicht nehmen; für allfällige Ansprüche des Pächters auf Herabsetzung des Pachtzinses und auf Schadenersatz gilt das Mietrecht (Art. 259d und 259e) sinngemäss.

IV. Obligation de tolérer les réparations et inspections de la chose

[1] Le fermier doit tolérer les grosses réparations destinées à remédier aux défauts de la chose ainsi qu'à réparer ou à prévenir des dommages.

[2] Le fermier doit autoriser le bailleur à inspecter la chose dans la mesure où cet examen est nécessaire à l'entretien, à la vente ou à un affermage ultérieur.

[3] Le bailleur doit annoncer à temps au fermier les travaux et les inspections et tenir compte, lors de leur accomplissement, des intérêts de celui-ci; les dispositions sur le bail à loyer (art. 259d et 259e) sont applicables par analogie en ce qui concerne les prétentions éventuelles du fermier en réduction du fermage et en dommages-intérêts.

IV. Tolleranza

[1] L'affittuario è tenuto a tollerare le grandi riparazioni necessarie all'eliminazione dei difetti della cosa, ovvero alla rimozione o alla prevenzione dei danni.

[2] L'affittuario deve permettere al locatore l'ispezione della cosa nella misura necessaria alla manutenzione, alla vendita o a un affitto successivo.

[3] Il locatore deve annunciare tempestivamente all'affittuario i lavori e le ispezioni e nell'eseguirli aver riguardo per gli interessi di quest'ultimo; alle eventuali pretese dell'affittuario di riduzione del fitto e risarcimento dei danni sono applicabili per analogia le disposizioni in materia di locazione (art. 259d e 259e).

Literatur

Vgl. die Literaturhinweise bei den Vorbem. zu Art. 275–304.

I. Allgemeines/Duldungspflichten des Pächters

1 Art. 287 gilt sowohl für die Sachpacht des OR als auch für die landwirtschaftliche Pacht (STUDER et al., LPG Komm, Nr. 95). Ebenfalls findet Art. 287 sinngemässe Anwendung bei der Viehpacht (ZK-HIGI, N 8). Die Norm hat relativ zwingenden Charakter (Handkomm-OR-FRICKER/SEILER, N 5).

1a Die Duldungspflicht des Pächters entspricht inhaltlich im Wesentlichen jener des Mieters nach Art. 257h. Die Regelung des Abs. 1 betrifft die **Duldungspflicht bei Hauptreparaturen** i.S.v. Art. 279. Der Unterschied in der Formulierung des Abs. 1 beruht lediglich auf der unterschiedlichen Verteilung der Lasten im Miet- und Pachtrecht. Weil der Pächter nach Art. 284 für den ordentlichen Unterhalt ohnehin allein aufzukommen hat, ist die Mitwirkung des Verpächters – und damit die gegenseitige Rücksichtnahme – nicht erforderlich. Ob im Einzelfall eine Duldungspflicht des Pächters vorliegt, hängt vor allem von der konkreten Aufgabenteilung zwischen den Parteien ab und nicht von irgendwelchen objektiven Notwendigkeiten (ZK-HIGI, N 14). Fehlt es an einer Vereinbarung, ergibt sich der Umfang der Hauptreparatur und damit auch der Duldungspflicht nach Ortsgebrauch und/oder nach den weiteren dispositiven Anordnungen des Gesetzes. Die Duldungspflicht besteht aber immer dann, wenn die Reparatur einen erheblichen Mangel zum Gegenstand hat und dessen Reparatur zur Erhaltung der Sache notwendig erscheint (ZK-HIGI, N 16).

2 Abs. 2 gestattet dem Verpächter, den Pachtgegenstand zu besichtigen, soweit dies für den Unterhalt, den Verkauf oder die Wiederverpachtung notwendig ist. Das Recht des Verpächters besagt nicht, dass er **persönlich** die Besichtigung vorzunehmen hat. Der Pächter darf jedoch eine schriftliche Vollmacht verlangen. Die Schranke einer überbordenden Besichtigungswelle (z.B. bei Wiederverpachtung oder Verkauf) findet sich in Abs. 3.

Obwohl im Gesetzestext nicht ausdrücklich erwähnt, beinhaltet das Besichtigungsrecht des Verpächters auch das Recht, mit Dritten, seien es Handwerker, mit denen der Umfang der vorzunehmenden Arbeiten abgesprochen werden muss, seien es Pacht- oder Kaufinteressenten, einen Augenschein vorzunehmen.

3 Art. 287 Abs. 2 ist genau Art. 257h Abs. 2 nachgebildet. Dabei dürfte es sich um eine unsorgfältige Gesetzgebungsarbeit handeln, denn das Besichtigungsrecht für die Vornahme des **Unterhalts beim Pachtrecht** ergibt – im Gegensatz zum Mietrecht – keinen Sinn. Das Besichtigungsrecht müsste sich – abgeleitet aus Abs. 1 – folgerichtig auf die grösseren Reparaturen beziehen (gl.M. ZK-HIGI, N 20). Auch wenn dies nicht ausdrücklich erwähnt ist, gilt das Recht auf Besichtigung auch für Hauptreparaturen. Diese Interpretation ergibt sich auch aus Abs. 3, der generell von «Arbeiten» spricht.

Da der Pächter für den Unterhalt aufzukommen hat, kann dem Besichtigungsrecht des Verpächters die Funktion eines **Kontrollrechts** zukommen, mit dem der Verpächter prüft, ob der Pächter den Pachtgegenstand ordnungsgemäss unterhält (gl.M. ZK-HIGI, N 20; **a.M.** Handkomm-OR-FRICKER/SEILER, N 2).

3a Die Verletzung der Duldungspflichten ist eine Vertragsverletzung gem. Art. 97, welche im Wiederholungsfall oder bei schwerwiegenden Verstössen zur Kündigung nach Art. 285 berechtigen kann (ZK-HIGI, N 11).

II. Rücksichtnahmepflicht des Verpächters

4 Abs. 3 von Art. 287 regelt die Pflicht des Verpächters zur **rechtzeitigen Anzeige und zur Rücksichtnahme** bei der Durchführung der Arbeiten und Besichtigungen. Die Bestimmung ist dem Mietrecht nachgebildet, weshalb auf die Kommentierungen zu Art. 257h Abs. 3 verwiesen wird. Bei der Pacht sind zudem die konkreten betrieblichen Gegebenheiten und die sich daraus allenfalls ergebenden Einschränkungen in der Bewirtschaftung zu berücksichtigen.

Art. 288

E. Rechte des Pächters bei Nichterfüllung des Vertrags und bei Mängeln

[1] Das Mietrecht (Art. 258 und Art. 259a–259i) gilt sinngemäss, wenn:
a. der Verpächter die Sache nicht zum vereinbarten Zeitpunkt oder in einem mangelhaften Zustand übergibt;
b. Mängel an der Sache entstehen, die der Pächter weder zu verantworten noch auf eigene Kosten zu beseitigen hat, oder der Pächter in der vertragsgemässen Benutzung der Sache gestört wird.

[2] Abweichende Vereinbarungen zum Nachteil des Pächters sind nichtig, wenn sie enthalten sind in:
a. vorformulierten allgemeinen Geschäftsbedingungen;
b. Pachtverträgen über Wohn- und Geschäftsräume.

E. Droits du fermier en cas d'inexécution ou de défauts

[1] Les dispositions sur le bail à loyer (art. 258 et 259a à 259i) sont applicables par analogie:
a. lorsque le bailleur ne délivre pas la chose à la date convenue ou qu'il la délivre avec des défauts;
b. lorsque apparaissent des défauts de la chose qui ne sont pas imputables au fermier et auxquels il n'est pas tenu de remédier à ses frais ou que le fermier est empêché d'user de la chose conformément au contrat.

[2] Les dérogations au détriment du fermier sont nulles si elles sont prévues:
a. dans des conditions générales préimprimées;
b. dans les baux à ferme portant sur des habitations ou des locaux commerciaux.

E. Diritti dell'affittuario in caso di inadempimento del contratto o di difetti della cosa

[1] Le disposizioni in materia di locazione (art. 258 e 259a–259i) sono applicabili per analogia se:
a. il locatore non consegna la cosa nel momento pattuito o la consegna con difetti;
b. sopravvengono difetti della cosa che non sono imputabili all'affittuario né sono a suo carico, oppure questi è turbato nell'uso pattuito della cosa.

[2] Sono nulle le clausole che derogano a svantaggio dell'affittuario previste in:
a. contratti sotto forma di condizioni generali preformulate;
b. contratti concernenti l'affitto di locali d'abitazione o commerciali.

Literatur

Vgl. die Literaturhinweise bei den Vorbem. zu Art. 275–304.

I. Verweisungen

Art. 288 gilt bei der Sachpacht und der Rechtspacht (Handkomm-OR-Fricker/Seiler, N 6). 1
Zur landwirtschaftlichen Pacht vgl. N 2 ff. Die Norm hat zwingenden Charakter.

Das Gesetz selber verweist auf die sinngemässe Anwendung des Mietvertragsrechts, wenn der Verpächter den Vertrag nicht erfüllt oder wenn die Pachtsache Mängel aufweist (Art. 258 und Art. 259a–259i).

«Sinngemäss» bedeutet, dass die mietrechtlichen Bestimmungen nicht unbesehen übernommen werden können. Vielmehr haben die spezifisch pachtrechtlichen Elemente (Pachtzinsgestaltung, Unterhaltspflicht, Nutzung) Berücksichtigung zu finden (ZK-Higi, N 5).

Abs. 1 lit. a regelt die anfängliche Nicht- oder Schlechterfüllung. Entgegen dem Wortlaut der 1a
Bestimmung kommt diese nicht nur in Bezug auf die Pachtsache selbst zur Anwendung, sondern sie kommt auch dann zum Zuge, wenn der Mangel das Fruchtziehungsrecht bzw. die Bewirtschaftungsmöglichkeiten des Pächters beschlägt (ZK-Higi, N 28). Dem Pächter stehen gem. Art. 258 Abs. 1 die Rechtsbehelfe von Art. 107–109 OR zur Verfügung.

Bei der gesetzlich geforderten sinngemässen Anwendung der mietrechtlichen Mängelrechte in 1b
Abs. 1 lit. b sind die **unterschiedlichen Unterhaltspflichten** des Mieters und des Pächters zu

berücksichtigen. Das Mietrecht unterscheidet zwischen schwerem Mangel (Art. 259b lit. a), mittlerem Mangel (Art. 259b lit. b) und kleinem Mangel (Art. 259). Eine im Pachtrecht auf schwere und leichte Mängel vorgenommene Beschränkung hätte zur Folge, dass alle vom Verpächter nicht rechtzeitig vorgenommenen Hauptreparaturen als schwere Mängel gelten würden. Der Pächter hätte so keine Möglichkeit, die Reparaturen auf Kosten des Verpächters durchführen zu lassen (Art. 259b lit. b). Er könnte in diesem Fall nur fristlos kündigen (Art. 259b lit. a). Deshalb ist es sinnvoll im Pachtrecht so zu unterscheiden, dass Mängel, deren Behebung für den Verpächter zumutbar sind (mittlere Mängel), von diesem beseitigt werden müssen. Kommt dieser seiner Pflicht nicht nach, kann der Pächter die Mängel auf Kosten des Verpächters beheben. Mängel, deren Behebung Reparaturen voraussetzen, die dem Verpächter nicht zugemutet werden können (grosse Mängel), geben dem Pächter einen Anspruch auf fristlose Kündigung des Pachtverhältnisses (zum Ganzen Handkomm-OR-FRICKER/SEILER, N 3 f., m.w.V.). Die Nichtigkeit abweichender Vereinbarungen zum Nachteil des Pächters gem. Abs. 2 entspricht Art. 256 Abs. 2 des Mietrechts (vgl. dazu die Komm. zu Art. 256 Abs. 2).

II. Verhältnis zum LPG

2 Bestreitet der Verpächter seine Verpflichtung zur Hauptreparatur nicht, nimmt sie aber trotz Anzeige nicht innert nützlicher Frist vor, sieht das LPG gem. **Art. 22 Abs. 2** bei Hauptreparaturen als Verzugsfolge die Ersatzvornahme durch den Pächter vor (vgl. Art. 279 N 7). Insoweit ist Art. 288 Abs. 1 lit. b im LPG von der Anwendung ausgeschlossen (ZK-HIGI, N 9). Bestreitet hingegen der Verpächter seine Verpflichtung, ist mit den Rechtsmitteln nach Art. 288 vorzugehen.

Eine Vertragsverletzung nach Art. 288 Abs. 1 wird i.d.R. auch einen wichtigen Grund nach **Art. 17 Abs. 1 LPG** (vorzeitige Auflösung) darstellen. Der Pächter kann sich daher sowohl auf Art. 17 als auch auf die **Rechtsbehelfe des allgemeinen Miet- und Pachtrechts** berufen. Bezüglich Hinterlegung der Pachtzinse wird auch für die landwirtschaftliche Pacht in der Botschaft Miet- und Pachtrecht, 1482, die Regelung des Mietrechts ausdrücklich bejaht.

3 Bei Mängeln des Pachtvertrages oder bei Nichterfüllung handelt es sich um zivilrechtliche Klagen nach ZPO. Für das Schlichtungsverfahren gelten insb. die Art. 197 ff. ZPO.

Gemäss Art. 29 LPG kann der Pächter auf die Rechte, die ihm oder seinen Erben dem 1. Kapitel entsprechend (Art. 1–28 LPG) zustehen, nicht zum Voraus verzichten. **Abweichende Vereinbarungen sind nichtig** (STUDER et al., LPG Komm, Nr. 615 ff.). Die Nichtigkeit von abweichenden Vereinbarungen richtet sich daher nach den Vorschriften des LPG. Damit besteht kein Raum für die Anwendung von Art. 288 Abs. 2 OR im LPG (**a.A.** ZK-HIGI, N 14, welcher Art. 288 Abs. 2 OR im LPG in Bezug auf Art. 288 Abs. 1 lit. a gelten lassen will).

Art. 289

F. Erneuerungen und Änderungen
I. Durch den Verpächter

[1] Der Verpächter kann Erneuerungen und Änderungen an der Sache nur vornehmen, wenn sie für den Pächter zumutbar sind und wenn das Pachtverhältnis nicht gekündigt ist.

[2] Der Verpächter muss bei der Ausführung der Arbeiten auf die Interessen des Pächters Rücksicht nehmen; für allfällige Ansprüche des Pächters auf Herabsetzung des Pachtzinses und auf Schadenersatz gilt das Mietrecht (Art. 259d und 259e) sinngemäss.

F. Rénovation et *modification*
I. Par le bailleur

[1] Le bailleur n'a le droit de rénover ou de modifier la chose que si les travaux peuvent raisonnablement être imposés au fermier et que le bail n'a pas été résilié.

[2] Lors de l'exécution de tels travaux, le bailleur doit tenir compte des intérêts du fermier; les dispositions sur le bail à loyer (art. 259d et 259e) sont applicables

par analogie en ce qui concerne les prétentions éventuelles du fermier en réduction du fermage et en dommages-intérêts.

F. Migliorie e modificazioni
I. Da parte del locatore

[1] Il locatore può procedere a migliorie o modificazioni della cosa soltanto se possono essere ragionevolmente imposte all'affittuario e sempreché non sia già stata data disdetta.

[2] Nell'esecuzione dei lavori, il locatore deve aver riguardo per gli interessi dell'affittuario; alle eventuali pretese dell'affittuario di riduzione del fitto e risarcimento dei danni sono applicabili per analogia le disposizioni in materia di locazione (art. 259d e 259e).

Literatur

Vgl. die Literaturhinweise bei den Vorbem. zu Art. 275–304.

I. Verweisungen

Art. 289 entspricht materiellrechtlich Art. 260 des Mietrechts und ist teilweise zwingend (vgl. dazu Art. 260 N 1). Die Norm gilt für die Sachpacht des OR ohne Viehpacht. Im landwirtschaftlichen Pachtrecht gilt Art. 22a LPG als Spezialnorm (s. N 2). 1

Im Gegensatz zu Art. 287, demgemäss der Pächter grössere Reparaturen dulden muss, hat er Erneuerungen und Änderungen gem. Art. 289 Abs. 1, als Schutzvorschrift zugunsten des Pächters, nur hinzunehmen, wenn die Einschränkungen zumutbar sind und das Pachtverhältnis ungekündigt ist (s. zur Zumutbarkeit N 3). 1a

Die **Rücksichtnahme** auf die Interessen des Pächters bei der Ausführung der Arbeiten ist sowohl bei notwendigen Reparaturen (Art. 287 Abs. 3) wie auch bei Erneuerungen und Änderungen (Art. 289 Abs. 2) die gleiche. Art. 289 Abs. 2 ist Art. 260 Abs. 2 des Mietrechts nachgebildet und Ausfluss des Gebots schonender Rechtsausübung. Für allfällige Ansprüche des Pächters auf Herabsetzung des Pachtzinses und auf Schadenersatz gelten Art. 259d und Art. 259e des Mietrechts sinngemäss. 1b

II. Verhältnis zum LPG

Mit der Inkraftsetzung von Art. 289 OR wurde gleichzeitig Art. 22a LPG ins landwirtschaftliche Pachtgesetz aufgenommen. 2

Während sich Art. 22a LPG mit den Erneuerungen und Änderungen des Pächters befasst, regelt Art. 289 deren Vornahme durch den Verpächter. Entgegen der in der letzten Auflage vertretenen Meinung, wonach die Anwendbarkeit von Art. 289 im LPG verneint wurde, weil die Zulässigkeit der Vornahme durch den Verpächter nicht ausdrücklich im LPG erwähnt ist, wird nach neuer Meinung die Anwendbarkeit von Art. 289 im LPG bejaht. Mit Blick auf die subsidiäre Anwendbarkeit des Obligationenrechts muss Art. 289, der das Gegenstück zu Art. 22a LPG darstellt, anwendbar sein (STUDER et al., LPG Komm, Nr. 97; **a.M.** ZK-HIGI, N 4). 2a

III. Die Zumutbarkeit von Änderungen

Erneuerungen oder Änderungen bei der Pacht können einschneidender sein als bei der Miete, weil nicht nur der Gebrauch, sondern auch die Nutzung tangiert wird. 3

Unter den Begriff der Erneuerung fällt jeder planmässig über den Unterhalt hinausgehend gewollte Eingriff in die Pachtsache, der auf eine Verbesserung des aktuellen Zustands der Sache abzielt. Die bisherige Gestaltung wird gleichzeitig beibehalten. Dies im Unterschied zu einer **Änderung** der Pachtsache, wonach die Sache im Ergebnis in Zustand und Gestalt vom Bisherigen abweicht (ZK-HIGI, N 8). 4

5 Entgegen der in der letzten Auflage vertretenen Meinung regelt Art. 289 analog dem Art. 260 des Mietrechts nur die Erneuerung und Änderung des Verpächters an der Pachtsache. Nicht Gegenstand der Norm sind Änderungen in der Bewirtschaftungsweise (gl.M. ZK-HIGI, N 13). Die Erneuerungen oder Änderungen gem. Art. 289 haben während des Pachtverhältnisses zu erfolgen. Sind sie vor Beginn des Pachtverhältnisses begonnen und bei Pachtantritt noch nicht beendet worden, findet Art. 288 Anwendung (ZK-HIGI, N 12).

6 Erneuerungen und Änderungen durch den Verpächter sind zudem nur möglich, wenn sie für den Pächter zumutbar sind. Die Zumutbarkeit wird nach objektiven und subjektiven Kriterien beurteilt (Handkomm-OR-FRICKER/SEILER, N 1 m.w.V.). Zu prüfen ist vor allem, welche Auswirkungen die Änderungen bzw. Erneuerungen auf die hergebrachte (vertragsgemässe) Bewirtschaftung des Pächters haben. Objektiv gesehen können Änderungen bzw. Erneuerungen, die der Verpächter in Erfüllung einer öffentlich-rechtlichen Vorschrift vornehmen muss, nicht unzumutbar sein. Dasselbe gilt für Änderungen bzw. Erneuerungen, die der Pächter selbst wünscht oder die er als vernünftiger und korrekter Unternehmer vernünftigerweise nicht als untauglich oder als den Betriebsablauf hemmend oder komplizierend ablehnen kann (zum Ganzen ZK-HIGI, N 15).

Art. 289*a*

II. Durch den Pächter

[1] Der Pächter braucht die schriftliche Zustimmung des Verpächters für:

a. Änderungen in der hergebrachten Bewirtschaftung, die über die Pachtzeit hinaus von wesentlicher Bedeutung sein können;

b. Erneuerungen und Änderungen an der Sache, die über den ordentlichen Unterhalt hinausgehen.

[2] Hat der Verpächter zugestimmt, so kann er die Wiederherstellung des früheren Zustandes nur verlangen, wenn dies schriftlich vereinbart worden ist.

[3] Hat der Verpächter einer Änderung nach Absatz 1 Buchstabe a nicht schriftlich zugestimmt und macht der Pächter sie nicht innert angemessener Frist rückgängig, so kann der Verpächter fristlos, bei Wohn- und Geschäftsräumen mit einer Frist von mindestens 30 Tagen auf Ende eines Monats kündigen.

II. Par le fermier

[1] Sans le consentement écrit du bailleur, le fermier ne peut:

a. apporter au mode d'exploitation de la chose un changement essentiel dont les effets s'étendraient au-delà de la durée du bail;

b. entreprendre des travaux de rénovation ou de modification de la chose qui dépassent le bon entretien de celle-ci.

[2] Lorsque le bailleur a donné son consentement, il ne peut exiger la remise en état de la chose que s'il en a été convenu par écrit.

[3] Si le bailleur n'a pas donné son consentement écrit à un changement, au sens de l'al. 1 let. a, et que le fermier n'a pas remis la chose en état dans un délai convenable, le bailleur peut résilier le contrat avec effet immédiat; les baux à ferme portant sur des habitations ou des locaux commerciaux peuvent être résiliés moyennant un délai de congé minimum de 30 jours pour la fin d'un mois.

II. Da parte dell'affittuario

[1] Senza il consenso scritto del locatore l'affittuario non può:

a. introdurre nel governo della cosa un cambiamento che possa assumere un'importanza essenziale oltre la durata dell'affitto;

b. intraprendere lavori di miglioria o modificazione che oltrepassino la manutenzione ordinaria della cosa.

[2] Il locatore, se ha consentito, può esigere il ripristino dello stato anteriore soltanto se pattuito per scritto.

[3] Se il locatore non ha consentito per scritto a un cambiamento a' sensi del capoverso 1 lettera a e l'affittuario non ha ripristinato lo stato anteriore entro congruo termine, il locatore può recedere dal contratto senza preavviso; nel caso di locali d'abitazione e commerciali, con preavviso di 30 giorni almeno per la fine di un mese.

Literatur

Vgl. die Literaturhinweise bei den Vorbem. zu Art. 275–304.

I. Verweisungen/Geltungsbereich

Art. 289a wurde mit der Revision des Miet- und Pachtrechts am 1.7.1990 in Kraft gesetzt. Die Norm ist dem Art. 260a des Mietrechts nachgebildet, berücksichtigt jedoch die pachtspezifischen Eigenheiten. 1

Art. 289a gilt für die Sachpacht des OR ohne die Viehpacht (ZK-Higi, N 3). Auf die landwirtschaftliche Pacht findet die Norm keine Anwendung, weil Art. 22a LPG bereits eine abschliessende Regelung der gleichen Fragen enthält (s. dazu N 3 ff.). 1a

II. Normzweck/Allgemeines

Die **hergebrachte Bewirtschaftung** gem. lit. a meint die Fruchtziehung gemäss Vertrag oder gemäss Bestimmung der Sache, allenfalls ergänzt durch den Ortsgebrauch oder die Üblichkeit. Änderungen in der hergebrachten Bewirtschaftung können über die Vertragsdauer hinaus einen Einfluss haben. So können die Chancen der Wiederverpachtung, aber auch jene des Verkaufs beeinträchtigt werden. Die Vornahme solcher Änderungen muss daher von der Zustimmung des Verpächters abhängig sein. Dem Normzweck entsprechend ist die Zustimmung des Verpächters nur notwendig, wenn die Änderungen **über die Pachtzeit hinaus** von wesentlicher Bedeutung **sein können**. Lit. a verlangt demnach einen Kausalzusammenhang, wonach aufgrund der konkreten Umstände und der allgemeinen Lebenserfahrung davon ausgegangen werden darf, dass die Änderungen auch nach Pachtende weiter bestehen können. Richtet der Pächter einer Wirtschaft bspw. in einem bisher als Vereinssaal benutzten Raum einen Spielsalon oder einen Billardraum ein, wäre eine solche Änderung u.E. wesentlich und über die Vertragsdauer hinaus bestimmend. Dies ist deshalb der Fall, weil sich durch derartige Aktivitäten das Umfeld einer Wirtschaft ändert (z.B. andere Kundschaft, Immissionen). 2

Der Verpächter als Eigentümer hat auch Anspruch darauf mitzubestimmen, wenn an seinem Eigentum Erneuerungen oder Änderungen, die über den ordentlichen Unterhalt hinausgehen, vorgenommen werden sollen (lit. b). Die Begriffe der Änderung und Erneuerung entsprechen denjenigen des Art. 289, weshalb auf die Ausführungen zu dieser Bestimmung verwiesen werden kann (s. Art. 289 N 3). Die Ansichten von Verpächter und Pächter über eine zu treffende bauliche Massnahme und deren Nutzen können durchaus unterschiedlicher Natur sein. In diesem Fall soll dem Eigentümer das Entscheidungsrecht zustehen. Die Notwendigkeit der Zustimmung ergibt sich auch im Hinblick auf die Auflösung des Pachtvertrages: Nach Art. 299 Abs. 2 lit. b kann der Pächter für derartige Aufwendungen Ersatz fordern. Dass es sich nur um Erneuerungen und Änderungen handeln kann, die nicht den ordentlichen Unterhalt betreffen, ergibt sich aus Art. 284 (Unterhaltspflicht des Pächters). Die Zustimmung zur Vertragsänderung kann der Verpächter ohne weiteres verweigern. Der Pächter hat kein Recht auf Vertragsänderung, vorbehalten bleibt Art. 2 Abs. 2 ZGB (für Bsp. vgl. ZK-Higi, N 19). 2a

III. Die Regelung des LPG

Art. 22a LPG entspricht inhaltlich Art. 289a OR und ist seit dem 1.1.2004 in Kraft. Die Bestimmung regelt zwei Sachverhalte, für welche die Zustimmung des Verpächters erforderlich ist: Die Änderung in der hergebrachten Bewirtschaftung, die über die Pachtzeit hinaus von wesentlicher Bedeutung sein kann sowie die Erneuerung und Änderung an der Sache, die über den ordentlichen Unterhalt hinausgehen. 3

4 Die Begriffe der **Änderung und Erneuerung am Pachtgegenstand** stammen aus dem Mietrecht und dem allgemeinen Pachtrecht (s. Art. 289 N 3). Beide Begriffe erfassen Handlungen des Pächters, die über den ordentlichen Unterhalt hinausgehen, also nicht zu seinen Pflichten gehören, sondern grundsätzlich dem Verpächter obliegen. Gemeint sind somit Hauptreparaturen und Investitionen (s. dazu STUDER et al., LPG Komm, Nr. 488). Als Ausnahme vom Prinzip des Art. 22a Abs. 1 LPG sieht das Gesetz zwei Möglichkeiten zur Durchführung einer Erneuerung durch den Pächter vor, welche nicht der schriftlichen Zustimmung des Verpächters bedürfen: Die Ersatzvornahme durch den Pächter gem. Art. 22 Abs. 2 LPG und die weitergehende Unterhaltspflicht nach Art. 22 Abs. 4 LPG. Die Spezialregelungen von Art. 22 Abs. 2 und 4 LPG gehen den allgemeinen Bestimmungen zu Erneuerungen und Änderungen vor (STUDER et al., LPG Komm, Nr. 488).

4a Ändert der Pächter die Bewirtschaftung, so kann dies Auswirkungen haben über die Pachtzeit hinaus und bedarf der Zustimmung des Verpächters. Dies ist auch dann der Fall, wenn die Änderung den Ertrag erhöht (STUDER et al., LPG Komm, Nr. 486). Möglich ist aber auch, dass die Nutzungsänderung über die Pachtzeit hinaus ohne Einfluss bleibt, sodass eine Zustimmung des Verpächters nicht erforderlich ist. Dies ist bspw. der Fall, wenn ein Betrieb nach der Käsereischliessung von einer Fütterung ohne auf eine Fütterung mit Silage umstellt (STUDER et al., LPG Komm, Nr. 486). **Änderungen in der hergebrachten Bewirtschaftungsweise** können sich v.a. bei Landwirtschaftsbetrieben aufdrängen, sei es durch behördliche Lenkungsmassnahmen oder durch die Anpassung an die Marktverhältnisse.

4b Art. 22a Abs. 2 LPG entspricht Art. 289a Abs. 2 OR des allgemeinen Pachtrechts (vgl. N 5); das LPG geht damit vor. In der Botschaft zur Agrarpolitik 2007 wird ausgeführt, die OR-Bestimmung sei deshalb ausdrücklich in Art. 22a Abs. 2 LPG aufzunehmen, um dem Benutzer die in engem Zusammenhang stehenden Regeln an einem Ort zu präzisieren (Botschaft Agrarpolitik 2007, 4950).

Als Pendant zur Pflichtverletzung des Pächters nach Art. 289a Abs. 3 und Art. 285 Abs. 1 regelt Art. 22b LPG, dass der Verpächter bei Vorliegen einer vom Gesetz aufgezählten Pflichtverletzung durch den Pächter kündigen kann. Das Bundesgericht hat dementsprechend zu Recht entschieden, dass eine vorzeitige Kündigung durch den Verpächter, gestützt auf Art. 22a Abs. 1 i.V.m. Art. 22b lit. c LPG infolge unbewilligter Änderung des Pachtgegenstandes durch den Pächter und einer erfolglosen schriftlichen Ermahnung, erfolgen darf (BGer, 15.4.2013, 4A_623/2012). Eines zusätzlichen wichtigen Grundes bedarf es nicht.

IV. Rechtsfolgen

5 Art. 289a Abs. 2 entspricht materiell Art. 260a Abs. 2 des Mietrechts. Die Regelung des Abs. 2 bezieht sich in gegenständlicher Hinsicht sowohl auf die Zustimmung gem. lit. a als auch auf jene gem. lit. b von Art. 289a Abs. 1. Aus Art. 289a Abs. 2 ergibt sich e contrario, dass der Verpächter spätestens bei Auflösung des Vertragsverhältnisses die Wiederherstellung des früheren Zustandes verlangen kann, wenn er einer Veränderung des Pachtgegenstandes nicht zugestimmt hat. Eine Verpflichtung des Verpächters zur Erstattung eines allfälligen Mehrwertes enthält die Bestimmung im Unterschied zum Mietrecht (Art. 260a Abs. 3) nicht (s. dazu jedoch Art. 299 Abs. 2 im Zusammenhang mit der Rückgabe des Pachtobjekts).

6 Speziell im Gesetz erwähnt ist die Sanktion, die eintritt, wenn der Pächter ohne Zustimmung des Verpächters Änderungen in der hergebrachten Bewirtschaftung vornimmt (Abs. 3). Dies stellt eine spezielle Art der Pflichtverletzung des Pächters i.S.v. Art. 285 dar. Die Sanktion ist die gleiche wie bei einer schweren Pflichtverletzung: die fristlose Auflösung des Pachtverhältnisses bei Wohn- und Geschäftsräumen mit einer Frist von mindestens 30 Tagen auf Ende eines Monats. Bevor der Verpächter sein ausserordentliches Kündigungsrecht jedoch ausübt, muss er dem Pächter die Möglichkeit geben, diese Änderung innert angemessener Frist rück-

gängig zu machen. Kündigt der Verpächter, ohne dass die Voraussetzungen nach Abs. 3 vorliegen, ist die Kündigung unwirksam bzw. nichtig (Handkomm-OR-FRICKER/SEILER, N 6). Die Anwendung von Art. 285 Abs. 2, der bei vorsätzlicher Schadenszufügung die fristlose Auflösung des Pachtverhältnisses auch bei Wohn- und Geschäftsräumen vorsieht, wird durch Art. 289a Abs. 3 nicht ausgeschlossen. Diese Annahme ist gerechtfertigt, weil eine Änderung in der hergebrachten Bewirtschaftung regelmässig eine Verletzung der Pflicht zur Sorgfalt und Rücksichtnahme gem. Art. 285 darstellt.

Art. 290

G. Wechsel des Eigentümers	**Das Mietrecht (Art. 261–261b) gilt sinngemäss bei:** **a. Veräusserung des Pachtgegenstandes;** **b. Einräumung beschränkter dinglicher Rechte am Pachtgegenstand;** **c. Vormerkung des Pachtverhältnisses im Grundbuch.**
G. Changement de propriétaire	Les dispositions sur le bail à loyer (art. 261 à 261b) sont applicables par analogie: a. en cas d'aliénation de la chose; b. en cas d'octroi d'un droit réel limité; c. en cas d'annotation du bail au registre foncier.
G. Mutamento di proprietario	Le disposizioni in materia di locazione (art. 261–261b) sono applicabili per analogia in caso di: a. alienazione della cosa; b. concessione di un diritto reale limitato sulla cosa; c. annotazione dell'affitto nel registro fondiario.

I. Geltungsbereich/Verweisung

Art. 290 umfasst inhaltlich die Regelung dreier mietrechtlicher Bestimmungen, indem sie ausdrücklich auf diese verweist. Die Norm ist auf die Sachpacht beschränkt (ZK-HIGI, N 3, **a.M.** Handkomm-OR-FRICKER/SEILER, N 7, welche die Anwendung der Verweisungsnorm für die Rechtspacht bejahen). Für die landwirtschaftliche Pacht finden Art. 290 lit. a und b keine Anwendung. Art. 290 lit. c OR ist auch im Geltungsbereich des LPG anwendbar (vgl. dazu N 2 ff.). 1

Art. 290 verweist im Gesetzestext zum Problem des Eigentümerwechsels auf die **sinngemässe** Anwendung des Mietrechts (Art. 261–261b). Die bloss sinngemässe Anwendung ist aus dem Grund geboten, dass es neben dem Gebrauchs- auch das Nutzungsrecht zu berücksichtigen gilt. Lit. a regelt, unter Verweis auf Art. 261, die **Veräusserung** des Pachtgegenstandes. Nebst der rechtsgeschäftlichen Eigentumsübertragung fällt, in Ergänzung des zu engen Wortlautes der verweisenden Norm, auch die Eigentumsübertragung im Zuge eines Schuldbetreibungs- oder Konkursverfahrens darunter (vgl. BGE 131 III 528 E. 7). Nicht als Veräusserung gilt dagegen jede Art von Universalsukzession. Im Falle einer Veräusserung im oben umschriebenen Sinne geht das Pachtverhältnis mit dem Eigentumserwerb über (s. dazu Art. 261 N 3 ff.). Zur ausserordentlichen Auflösung des Pachtverhältnisses infolge Erwerbs s. Art. 261 N 6 ff. Zu beachten ist, dass, wenn Inventar in das Eigentum des Pächters übergegangen ist (vgl. dazu Art. 277 N 2), der Erwerber bei Beendigung des Pachtverhältnisses gegenüber dem Pächter lediglich einen obligatorischen Rückerstattungsanspruch hat (ZK-HIGI, N 10). 1a

Der Verweis in lit. b von Art. 290 bezieht sich auf Art. 261a des Mietrechts, wonach auch die Berechtigten aus **beschränkten dinglichen Rechten** am Pachtgegenstand sinngemäss der Regelung von Art. 261 unterstellt sind. Als beschränktes dingliches Recht kommt namentlich die Nutzniessung an der Pachtsache in Frage (ZK-HIGI, N 14). Soweit der Nutzniessungsbe- 1b rechtigte von seinem dinglichen Recht selbst Gebrauch machen will, gilt das ausserordentliche Kündigungsrecht gem. Art. 261 Abs. 2. Der Verpächter wird in diesem Fall gegenüber dem Pächter aus Art. 261 Abs. 3 schadenersatzpflichtig.

1c Der Verweis in lit. c von Art. 290 bezieht sich auf Art. 261b des Mietrechts. Durch die **Vormerkung** der Pacht im Grundbuch werden die vertraglichen Rechte des Mieters am Grundstück zur Realobligation, sodass der Pachtvertrag auch bei Verkauf des Pachtgegenstandes unverändert bestehen bleibt (vgl. Art. 261b N 1). Siehe zu den Voraussetzungen der Vormerkung und zu dem vorgemerkten Pachtvertrag in der Zwangsvollstreckung Art. 261b N 2 f.

II. Die Veräusserung des Pachtgegenstandes im LPG

2 Das LPG regelt die Veräusserung des Pachtgegenstandes in den Art. 14 und 15. Art. 290 lit. a findet daher auf das LPG keine Anwendung.

Gemäss Art. 290 lit. b wird die Einräumung beschränkter dinglicher Rechte am Pachtgegenstand der Veräusserung gleichgestellt, wenn die Einräumung einem Eigentümerwechsel gleichkommt (Art. 261a). Dieser Tatbestand ist für das LPG ohne Belang, weil nur der **Eigentumswechsel** die Rechtsfolgen der Art. 14 und 15 LPG nach sich zieht. Die Einräumung beschränkter dinglicher Rechte, z.B. einer Nutzniessung, berührt den Pächter nicht, weil er das «bessere Recht» an der Sache hat und sich eine Einschränkung in der Bewirtschaftung nicht gefallen lassen muss (Art. 278 Abs. 1). Die landwirtschaftliche Pacht hat einen Rang, der mit Abschluss des Pachtvertrages entsteht und dem Rang später begründeter beschränkter dinglicher Rechte wie bspw. einer Nutzniessung, vorgeht (zum Ganzen Studer et al., LPG Komm, Nr. 99). Masst sich ein Dritter Rechte am Pachtgegenstand an, stehen dem Pächter daher die Rechtsbehelfe des Art. 259a zur Verfügung.

Art. 14 LPG enthält den Grundsatz, dass der **Kauf die Pacht nicht bricht**. Der Erwerber tritt zu den Bedingungen, wie sie für den bisherigen Eigentümer und Verpächter gegolten haben, in den Pachtvertrag ein. Als Veräusserung ist nicht der obligationenrechtliche Vertrag zu betrachten, sondern der dingliche Akt, mit dem das Eigentum übergeht (BGer, 27.4.2001, 4P.1/2001, E. 5.c; Studer et al., LPG Komm, Nr. 298).

3 Art. 15 LPG statuiert die Ausnahme vom Grundsatz des Art. 14 LPG. Drei Gründe erlauben dem Erwerber, den Pachtvertrag aufzulösen:

- Der unmittelbare **Erwerb zu Bauzwecken**: Hauptanwendungsfall wird der Erwerb von Bauland sein, das baureif ist (Studer et al., LPG Komm, Nr. 319).
- Der Erwerb für öffentliche Zwecke: Zur Beantwortung der Frage, ob ein öffentlicher Zweck vorliegt, können die Anforderungen, die an das **Enteignungsrecht** gestellt werden, als Leitlinie dienen (vgl. Studer et al., LPG Komm, Nr. 320).
- Der Erwerb zur **Selbstbewirtschaftung**: Selbstbewirtschaftung liegt vor, wenn der Käufer das Gewerbe persönlich leitet und überdies in erheblichem Umfange auch selber darin mitarbeitet (Studer et al., LPG Komm, Nr. 321).

4 Die **Auflösung des Pachtverhältnisses** ist – trotz Vorliegens einer der drei Gründe – nur möglich, wenn der Verpächter dem Erwerber im Veräusserungsvertrag nicht die Pflicht auferlegt hat, den Pachtvertrag zu übernehmen (Studer et al., LPG Komm, Nr. 323).

Wurde dem Erwerber das Vertragsverhältnis nicht überbunden und will er den Pachtvertrag nicht übernehmen, so muss er dem Pächter innert dreier Monate seit Abschluss des Veräusserungsvertrages schriftlich, unter Einhaltung einer einjährigen Kündigungsfrist, auf den folgenden Frühjahrs- oder Herbsttermin kündigen (Art. 15 Abs. 2 LPG). Massgebend ist die Unterzeichnung des Veräusserungsvertrages (Studer et al., LPG Komm, Nr. 329).

4a Dem Pächter steht das Recht zu, innert 30 Tagen seit Empfang der Kündigung eine **Pachterstreckung** um höchstens zwei Jahre zu verlangen. Der Richter hat bei seinem Entscheid sowohl die Interessen des Verpächters als auch die des Pächters zu würdigen (Art. 15 Abs. 3 LPG). Der aus der vorzeitigen Vertragsauflösung entstehende Schaden muss der Verpächter dem Pächter ersetzen (Art. 15 Abs. 4 LPG). Der Pächter hat den Pachtgegenstand erst zu verlassen, wenn ihm Schadenersatz oder hinreichende Sicherheit geleistet wurde (STUDER et al., LPG Komm, Nr. 347 ff.).

Gemäss Art. 15 Abs. 5 LPG kann die vorzeitige Beendigung der Pacht mit schriftlicher Zustimmung des Pächters im Veräusserungsvertrag geregelt werden.

Die **Vormerkung** gem. Art. 290 lit. c i.V.m. Art. 261b hat sowohl im OR wie im LPG die gleiche Rechtswirkung: Sie bewirkt, dass der Pächter auch gegenüber dem neuen Eigentümer seine Rechte aus dem Pachtvertrag geltend machen kann. Er hat daher kein Recht, den vorgemerkten Pachtvertrag nach Art. 15 Abs. 2 LPG aufzulösen, selbst wenn ein Ausnahmefall gem. Art. 15 Abs. 1 LPG gegeben wäre. **5**

Art. 291

H. Unterpacht

¹ Der Pächter kann die Sache mit Zustimmung des Verpächters ganz oder teilweise unterverpachten oder vermieten.

² Der Verpächter kann die Zustimmung zur Vermietung einzelner zur Sache gehörender Räume nur verweigern, wenn:
a. der Pächter sich weigert, dem Verpächter die Bedingungen der Miete bekanntzugeben;
b. die Bedingungen der Miete im Vergleich zu denjenigen des Pachtvertrages missbräuchlich sind;
c. dem Verpächter aus der Vermietung wesentliche Nachteile entstehen.

³ Der Pächter haftet dem Verpächter dafür, dass der Unterpächter oder der Mieter die Sache nicht anders benutzt, als es ihm selbst gestattet ist. Der Verpächter kann Unterpächter und Mieter unmittelbar dazu anhalten.

H. Sous-affermage

¹ Le fermier peut sous-affermer ou sous-louer tout ou partie de la chose avec le consentement du bailleur.

² Le bailleur ne peut refuser son consentement à la sous-location de locaux qui font partie de la chose affermée que:
a. si le fermier refuse de lui communiquer les conditions de la sous-location;
b. si les conditions de la sous-location, comparées à celles du contrat de bail principal, sont abusives;
c. si la sous-location présente pour le bailleur des inconvénients majeurs.

³ Le fermier est garant envers le bailleur que le sous-fermier ou le sous-locataire n'utilisera ou n'exploitera la chose que conformément au bail principal. Le bailleur peut s'adresser directement au sous-fermier ou au sous-locataire à l'effet de les y obliger.

H. Subaffitto

¹ L'affittuario può subaffittare o locare in tutto o in parte la cosa con il consenso del locatore.

² Il locatore può negare il consenso alla locazione di singoli locali facenti parte della cosa soltanto se:
a. l'affittuario rifiuta di comunicargli le condizioni della locazione;
b. le condizioni della locazione, comparate con quelle del contratto principale d'affitto, sono abusive;
c. la locazione causa al locatore principale un pregiudizio essenziale.

³ L'affittuario è responsabile verso il locatore se il subaffittuario o il conduttore utilizza la cosa in modo diverso da quello permesso all'affittuario. A tale effetto, il locatore può rivolgersi direttamente al subaffittuario o al conduttore.

Literatur

Vgl. die Literaturhinweise bei den Vorbem. zu Art. 275–304.

I. Geltungsbereich/Verweisungen

1 Art. 291 regelt sowohl die Unterverpachtung als Überlassung zu Gebrauch und Nutzung als auch die Vermietung als reine Gebrauchsüberlassung der Pachtsache. Die Bestimmung gilt auch für die landwirtschaftliche Pacht (s. dazu N 4 f.). Nicht anwendbar ist Art. 291 auf die unentgeltliche Gebrauchsleihe, welche unter Vorbehalt abweichender Vereinbarung i.d.R. als ausgeschlossen gilt (ZK-Higi, N 13).

1a Der Pächter darf den Pachtgegenstand nur mit Zustimmung des Verpächters ganz oder teilweise unterverpachten oder vermieten, wobei der Pächter keinen Anspruch auf Erteilung einer Zustimmung hat (ZK-Higi, N 21). Eine Ausnahme gilt gem. Art. 291 Abs. 2 für die Vermietung einzelner, zur Pachtsache gehörender Räume, wofür der Verpächter die Zustimmung nur aus bestimmten, dem Art. 262 Abs. 2 des Mietrechts entsprechenden Gründen, verweigern darf. Die Regelung des Abs. 2 ist (relativ) zwingend ausgestaltet, und zwar zu Gunsten des Pächters (ZK-Higi, N 6). Schliesst der Pächter ohne Zustimmung des Verpächters eine Unterpacht ab, so liegt eine Pflichtverletzung gem. Art. 285 Abs. 1 vor. Verweigert der Verpächter dagegen zu Unrecht i.S.v. Abs. 2 seine Zustimmung, so ist der Pächter – ohne eine vertragliche Pflicht zu verletzen – befugt, einen Pachtvertrag abzuschliessen (Handkomm-OR-Fricker/Seiler, N 5).

1b Der Pächter haftet seinen Vertragspartnern für eigenes Verschulden gem. Art. 97. Zudem hat er dem einen Vertragspartner für vertragswidriges Verhalten des anderen Vertragspartners nach Art. 101 einzustehen. Art. 291 Abs. 3, der Art. 262 Abs. 3 des Mietrechts entspricht, regelt, dass der Pächter dem Verpächter dafür haftet, dass der Unterpächter oder der Mieter als sein **Ausübungsgehilfe** die Sache nicht anders benützt, als es ihm selbst gestattet ist (vgl. dazu BGE 117 II 65). In analoger Anwendung des BGE 119 II 337 zur Untermiete hat Art. 291 Abs. 3 auch umgekehrt zu gelten, sodass der Pächter dem Unterpächter für das Verhalten des Verpächters als Erfüllungsgehilfe i.S.v. Art. 101 einzustehen hat (Handkomm-OR-Fricker/Seiler, N 6; vgl. auch BGE 112 II 235).

II. Normzweck

2 Unterpacht ist der Abschluss eines Pachtvertrages durch den Pächter über den ihm vom Verpächter überlassenen Pachtgegenstand mit einem Dritten. Im Gegensatz zum Mietrecht liegt der Entscheid über die Zustimmung zur Unterpacht allein im Ermessen des Verpächters. Die ratio legis dieser Bestimmung liegt darin, dass einerseits der Pachtgegenstand durch die Nutzung intensiv in Anspruch genommen wird und andererseits die Person des Pächters und seine persönlichen Leistungspflichten, nämlich die Bewirtschaftung und der ordentliche Unterhalt, im Vordergrund stehen (Handkomm-OR-Fricker/Seiler, N 3). Dem Verpächter kann daher der Einbezug von Dritten ins Rechtverhältnis weniger zugemutet werden als dem Vermieter im Mietverhältnis. Auch wenn keine wesentlichen Nachteile zu befürchten sind, kann der Verpächter somit die Zustimmung verweigern (Botschaft Miet- und Pachtrecht, 1473).

III. Anwendungsbereich

3 Entgegen der in der letzten Auflage vertretenen Meinung, wonach der Anwendungsbereich von Art. 291 Abs. 2 OR nicht bloss auf die Vermietung von einzelnen Räumen zu beschränken sei, gilt die Ausnahme gem. Art. 291 Abs. 2 OR nach neuer Meinung nur für jene Einzelräume, die im Lichte des Hauptvertrages von untergeordneter Bedeutung sind, wie z.B. die Pächterwohnung oder ein Lagerraum eines grösseren Werkstattbetriebs (gl.M. ZK-Higi, N 30 und CHK-Kessler, N 2).

3a Die Unterpacht findet nur Anwendung, wenn sie der Verpächter ausdrücklich erlaubt hat. Als Grundsatz kann gelten, dass der Pächter nicht mehr Rechte weitergeben kann, als ihm selber aus dem Pachtvertrag zustehen (vgl. dazu BGer, 10.6.2008, 5A_35/2008; BGE 117 II 65). Dies wird v.a. die **Dauer** des Unterpachtverhältnisses betreffen. Darüber hinaus **haftet** der Pächter bei der Unterpacht und der Vermietung dem Verpächter gegenüber für die vertragsgemässe Nutzung des Pacht- oder Mietgegenstandes (Abs. 3; s. dazu N 1b). Der Verpächter kann seine Zustimmung von Bedingungen und Auflagen abhängig machen, wie sie beisielsweise bei der Vermietung einzelner Räume in Abs. 2 erwähnt werden.

IV. Unterpacht und LPG

Das LPG enthält keine eigene Bestimmung für die Unterpacht, weshalb Art. 291 auch für landwirtschaftliche Pachtverhältnisse gilt. Spezielle Probleme ergeben sich bei der Unterpachtdauer. Da die Mindestdauer bei einzelnen Grundstücken nach Art. 7 Abs. 1 LPG mindestens sechs Jahre beträgt, kann diese Frist beim Unterpachtverhältnis, wenn es nicht gleichzeitig mit dem Pachtvertrag abgeschlossen werden kann, nicht eingehalten werden. Der Pächter kann dem Unterpächter nicht eine längere Pachtdauer einräumen, als ihm selbst zugestanden wurde. In diesem Fall bedarf der Unterpachtvertrag der behördlichen Bewilligung i.S.v. Art. 7 Abs. 2 LPG (s. dazu Studer et al., LPG Komm, Nr. 219 ff.). 4

Pachttauschverträge stellen eine spezielle Art von Unterpacht dar und bedürfen der Zustimmung des Verpächters.

Bei kurzfristigen landwirtschaftlichen Nutzungen eines Pachtgrundstückes durch Dritte (z.B. Anbau einer Zweitkultur) oder Überlassung zu einer nichtlandwirtschaftlichen Nutzung (z.B. als Festplatz) kann noch nicht auf eine Unterpacht geschlossen werden (Studer et al., LPG Komm, Nr. 166–170). Bei der Beurteilung, ob eine Unterpacht vorliegt, dürfte mitentscheidend sein, ob der Pachtgegenstand in seinem Wert beeinträchtigt wird. 5

Das LPG kennt ebenfalls den Tatbestand der Vermietung im Rahmen der landwirtschaftlichen Pacht. E contrario kann dies aus Art. 1 Abs. 1 lit. c LPG abgeleitet werden, demgemäss nur nichtlandwirtschaftliche Nebengewerbe, die mit einem landwirtschaftlichen Gewerbe eine wirtschaftliche Einheit bilden, dem LPG unterstellt sind. Fehlt es an der Voraussetzung des engen Zusammenhangs und der wirtschaftlichen Einheit, gelten für das Nebengewerbe die Bestimmungen über die Miete oder über die Pacht gemäss OR (Art. 1 Abs. 4 LPG). Zudem sieht Art. 36 Abs. 4 LPG bei der Bemessung des Pachtzinses vor, dass berücksichtigt wird, was der Pächter dem Verpächter für **eine Mietsache** oder einen **nichtlandwirtschaftlichen Pachtgegenstand** bezahlt. Auch für die Untermiete im Rahmen einer landwirtschaftlichen Pacht findet Art. 291 Abs. 2 Anwendung.

Art. 292

J. Übertragung der Pacht auf einen Dritten	**Für die Übertragung der Pacht von Geschäftsräumen auf einen Dritten gilt Artikel 263 sinngemäss.**
J. Transfert du bail à un tiers	L'article 263 est applicable par analogie au transfert à un tiers du bail à ferme de locaux commerciaux.
J. Trasferimento dell'affitto a un terzo	L'articolo 263 è applicabile per analogia al trasferimento dell'affitto di locali commerciali a un terzo.

Literatur

Vgl. die Literaturhinweise bei den Vorbem. zu Art. 275–304.

I. Verweisung

1 Durch die Verweisung von Art. 292 auf Art. 263 wird wie beim Mietrecht für den Pächter von Geschäftsräumen die Möglichkeit geschaffen, den laufenden Vertrag auf einen Nachfolger zu übertragen. Die Begründung für die Schaffung von Art. 292 liegt darin, dass es in diesem Bereich oft schwierig ist, Miete und Pacht voneinander abzugrenzen (Botschaft Miet- und Pachtrecht, 1474; BGer, 8.10.2002, 4C.167/2002, E. 2.4.1).

1a Art. 292 verlangt allerdings lediglich die **sinngemässe** Anwendung von Art. 263. Sinngemäss bedeutet etwa, dass bei der Frage, ob ein wichtiger Grund für die Verweigerung der Zustimmung zur Übertragung vorliegt, der Person des Betreibers in Bezug auf Eignung und Fähigkeit grosse Bedeutung zukommt.

II. Geltungsbereich

2 Die Bestimmung ist nur auf Pachtverhältnisse anwendbar, die **Geschäftsräume zum Gegenstand** haben. Nicht anwendbar ist Art. 292 auf die Betriebs- bzw. Unternehmenspacht, welche eine gemischte Pacht von nutzbaren Sachen und nutzbaren Rechten ist (ZK-Higi, N 3). Die Norm gilt zudem weder für landwirtschaftliche Pachtverhältnisse (Studer et al., LPG Komm, Nr. 101) noch für die übrige Sachpacht (Botschaft Miet- und Pachtrecht, 1474).

Art. 293

K. Vorzeitige Rückgabe der Sache

[1] Gibt der Pächter die Sache zurück, ohne Kündigungsfrist oder -termin einzuhalten, so ist er von seinen Verpflichtungen gegenüber dem Verpächter nur befreit, wenn er einen für den Verpächter zumutbaren neuen Pächter vorschlägt; dieser muss zahlungsfähig und bereit sein, den Pachtvertrag zu den gleichen Bedingungen zu übernehmen.

[2] Andernfalls muss er den Pachtzins bis zu dem Zeitpunkt leisten, in dem das Pachtverhältnis gemäss Vertrag oder Gesetz endet oder beendet werden kann.

[3] Der Verpächter muss sich anrechnen lassen, was er:
a. an Auslagen erspart und
b. durch anderweitige Verwendung der Sache gewinnt oder absichtlich zu gewinnen unterlassen hat.

K. Restitution anticipée de la chose

[1] Lorsque le fermier restitue la chose sans observer le délai ou terme de congé, il n'est libéré de ses obligations envers le bailleur que s'il lui présente un nouveau fermier qui soit solvable et que le bailleur ne puisse raisonnablement refuser; le nouveau fermier doit en outre être disposé a reprendre le bail aux mêmes conditions.

[2] A défaut, le fermier doit s'acquitter du fermage jusqu'à l'expiration de la durée du bail ou jusqu'au prochain terme de congé contractuel ou légal.

[3] Le bailleur doit admettre l'imputation sur le fermage:
a. de la valeur des impenses qu'il a pu épargner ainsi que
b. des profits qu'il a retirés d'un autre usage de la chose ou auxquels il a intentionnellement renoncé.

K. Restituzione anticipata della cosa

[1] L'affittuario che restituisce la cosa senza osservare i termini di preavviso o le scadenze è liberato dai suoi obblighi verso il locatore soltanto se gli propone un nuovo affittuario solvibile che non possa essere ragionevolmente rifiutato dal locatore; il nuovo affittuario deve essere disposto a riprendere il contratto alle medesime condizioni.

[2] Se non propone un nuovo affittuario con tali requisiti, l'affittuario resta tenuto al pagamento del fitto fino al momento in cui, per contratto o per legge, l'affitto si estingue o può essere sciolto.

[3] Il locatore deve lasciarsi imputare nel fitto:

a. le spese risparmiate e
b. ciò che ha guadagnato con una diversa utilizzazione della cosa o che ha omesso intenzionalmente di guadagnare.

Literatur

Vgl. die Literaturhinweise bei den Vorbem. zu Art. 275–304.

I. Verweisung

1 Die vorzeitige Rückgabe des Pachtobjekts gem. Art. 293 ist eine fast wörtliche Reproduktion des mietrechtlichen Art. 264. Sein Charakter entspricht daher im Wesentlichen demjenigen des Art. 264. Eine Rückgabe der Sache i.S. der Bestimmung liegt nur vor, wenn das **Pachtobjekt als Ganzes** zurückgegeben wird (ZK-Higi, N 8 ff.). Die Gründe, die zu einer Rückgabe der Pachtsache führen, sind unerheblich. Sowohl schuldhaft herbeigeführte Verhinderung als auch Zufall lassen die Rechtsfolgen des Art. 293 eintreten. Dem Pächter steht allenfalls die Berufung auf Art. 297 offen, der einen Rücktritt vom Vertrag aus wichtigen Gründen vorsieht. Sofern ein ausserordentlicher Beendigungsgrund i.S.v. Art. 297 gegeben ist, dürfte die Berufung darauf für den Pächter auf jeden Fall finanziell vorteilhafter sein. Art. 293 setzt für die vorzeitige Rückgabe der Sache die Zustimmung des Verpächters nicht voraus, sondern verlangt nur, dass der Pächter einen für den Verpächter zumutbaren neuen Pächter vorschlägt, d.h. die Sache kann auch gegen den Willen des Verpächters zurückgegeben werden (BGer, 4.11.2004, H 297/03). Ist die Benützung objektiv unmöglich, hat der Verpächter in Anwendung von Art. 119 den Ausfall zu tragen.

1a Grundsätzlich gleich geregelt wie im Mietrecht sind die Voraussetzungen des Tatbestandes von Art. 293 Abs. 1. Angesichts der persönlichen Leistungspflichten des Pächters (Art. 283 und 284) werden jedoch an die Qualität bzw. Zumutbarkeit des Ersatzpächters **höhere Anforderungen** gestellt als bei der Miete. Entscheidend sind neben der Zahlungsfähigkeit und der Bereitschaft, den Vertrag zu den gleichen Bedingungen zu übernehmen, auch die persönliche Eignung und Fachkunde sowie der wirtschaftliche Hintergrund des Ersatzpächters (Handkomm-OR-Fricker/Seiler, N 5).

1b In Abs. 2 und 3 werden die Grundsätze der Schadenersatzberechnung für den Fall geregelt, dass der Pächter die Sache vorzeitig zurückgibt, ohne dem Verpächter einen zumutbaren neuen Pächter angeboten zu haben. Pachtspezifisch trifft den Pächter zudem i.d.R. eine Bewirtschaftungs- (Art. 283 Abs. 1) und Unterhaltspflicht (Art. 284). Zur Minderung des Schadens gem. Abs. 3 obliegt dem Verpächter nicht nur die Mitwirkung bei der Suche des Pächters, sondern soweit dies dem Verpächter möglich und zumutbar ist, auch den anfallenden Nutzen des Pachtobjekts selbst einzuheimsen, falls der Pächter dies unterlässt (Handkomm-OR-Fricker/Seiler, N 4).

1c Der Vorschlag des Pächters hat vom Verpächter innerhalb angemessener Frist geprüft zu werden, andernfalls wird der Pächter frei. Für die Festsetzung der Frist sind die Tragweite des Pachtverhältnisses sowie die Verfügbarkeit der notwendigen Information zu berücksichtigen. Mangelnde Kooperation von Vor- oder Nachpächter ist Ersterem anzulasten (zum Ganzen Handkomm-OR-Fricker/Seiler, N 6).

II. Geltungsbereich

2 Der Geltungsbereich von Art. 293 erfasst die Sachpacht des OR und gilt ferner bei der landwirtschaftlichen Pacht, weil das LPG keine abweichende Regelung aufstellt (s. dazu N 3).

Art. 293 regelt die **vorzeitige Rückgabe** der Pachtsache. Der Wortlaut des Gesetzes lässt darauf schliessen, dass die Pacht angetreten wurde und hierauf die vorzeitige Rückgabe der

Pachtsache erfolgt. Der Anwendungsbereich erstreckt sich u.E. jedoch auch auf den Tatbestand, dass die Pacht überhaupt nicht angetreten wurde. Dies ergibt sich daraus, dass die vorliegende Norm eine lex specialis zum Gläubigerverzug gem. Art. 91 ff. ist. Die problemgerechtere Lösung von Art. 293 soll nicht nur auf den Fall angewendet werden, wo die Pacht bereits angetreten wurde, sondern auch dann, wenn sich das Pachtobjekt noch beim Verpächter befindet (gl.M. Handkomm-OR-Fricker/Seiler, N 3; **a.A.** unter Verweis auf den strikten Wortlaut ZK-Higi, N 13).

III. Verhältnis zum LPG

3 Art. 293 findet ebenfalls auf die landwirtschaftlichen Pachtverhältnisse Anwendung. Da dem landwirtschaftlichen Pächter eine Bewirtschaftungspflicht obliegt, kommt zu den Rechtsfolgen dieses Artikels noch die Schadenersatzpflicht hinzu. Sie entsteht aufgrund teilweiser oder völliger Unterlassung der Bewirtschaftung (Studer et al., LPG Komm, Nr. 102).

Der Berufung des Pächters auf Art. 297 (vgl. N 1) entspricht die Anrufung des landwirtschaftlichen Pächters von Art. 17 LPG (Studer et al., LPG Komm, Nr. 106).

Das LPG sieht zudem für den Pächter Erleichterungen in der Vertragserfüllung vor, wenn er durch Naturereignisse oder ausserordentliche Unglücksfälle (Art. 11, 13 LPG) getroffen wurde. Ausdrücklich sieht Art. 12 LPG die Anpassung anderer Vertragsbestimmungen (nicht nur des Pachtzinses) vor, wenn infolge veränderter Verhältnisse der Vertrag für eine Partei unzumutbar geworden ist (Studer et al., LPG Komm, Nr. 276 ff.).

Art. 294

L. Verrechnung	**Für die Verrechnung von Forderungen und Schulden aus dem Pachtverhältnis gilt Artikel 265 sinngemäss.**
L. Compensation	L'article 265 est applicable par analogie à la compensation de créances découlant du bail à ferme.
L. Compensazione	L'articolo 265 è applicabile per analogia alla compensazione di crediti e debiti derivanti dall'affitto.

Literatur

Vgl. die Literaturhinweise bei den Vorbem. zu Art. 275–304.

1 Zur Verrechnung von Forderungen und Schulden aus dem Pachtverhältnis verweist Art. 294 auf Art. 265 des Mietrechts und gilt daher nur für die Sachpacht (ZK-Higi, N 3 f.; **a.A.** Handkomm-OR-Fricker/Seiler, N 2). Demgemäss können die Parteien nicht im Voraus auf das Recht verzichten, Forderungen und Schulden aus dem Vertragsverhältnis zu verrechnen.

Im Übrigen gelten die materiellrechtlichen Bestimmungen über die Verrechnung nach Art. 120 ff.

2 Art. 294 ist insoweit absolut zwingend, als der Verweis auf das Mietrecht nicht wegebedungen werden kann. Der nachträgliche Verzicht auf das Verrechnungsverbot ist aber im Pachtrecht ebenso wie im Mietrecht zulässig (Handkomm-OR-Fricker/Seiler, N 3).

Art. 294 gilt in Anwendung von Art. 1 Abs. 4 LPG auch für landwirtschaftliche Pachtverhältnisse (Studer et al., LPG Komm, Nr. 103, Nr. 436).

Art. 295

M. Beendigung des Pachtverhältnisses
I. Ablauf der vereinbarten Dauer

1 Haben die Parteien eine bestimmte Dauer ausdrücklich oder stillschweigend vereinbart, so endet das Pachtverhältnis ohne Kündigung mit Ablauf dieser Dauer.

2 Setzen die Parteien das Pachtverhältnis stillschweigend fort, so gilt es zu den gleichen Bedingungen jeweils für ein weiteres Jahr, wenn nichts anderes vereinbart ist.

3 Die Parteien können das fortgesetzte Pachtverhältnis mit der gesetzlichen Frist auf das Ende eines Pachtjahres kündigen.

M. Fin du bail
I. Expiration de la durée convenue

1 Lorsque les parties sont convenues expressément ou tacitement d'une durée déterminée, le bail prend fin sans congé à l'expiration de la durée convenue.

2 Si le bail est reconduit tacitement, il se renouvelle d'année en année, aux mêmes conditions, sauf convention contraire.

3 Une partie peut résilier le bail renouvelé en observant le délai de congé légal pour la fin d'une année de bail.

M. Fine dell'affitto
I. Spirare del tempo previsto

1 L'affitto concluso tacitamente o espressamente per un tempo determinato cessa senza disdetta con lo spirare del tempo previsto.

2 In caso di riconduzione tacita, l'affitto s'intende rinnovato d'anno in anno alle stesse condizioni, salvo patto contrario.

3 Nell'affitto ricondotto tacitamente, ciascuna delle parti può dare la disdetta osservando i termini legali di preavviso per la fine di un anno d'affitto.

Literatur

Vgl. die Literaturhinweise bei den Vorbem. zu Art. 275–304.

I. Geltungsbereich/Verweisungen

Art. 295 findet sowohl auf die Sachpacht als auch auf die Rechtspacht Anwendung. Ausgenommen ist die landwirtschaftliche Pacht, für welche das LPG in Art. 7–9 besondere Bestimmungen enthält (s. N 5 f.). Zudem gilt für die Viehpacht angesichts der vom Gesetzgeber gewollten speziellen Regelung (vgl. 304) wohl nur Abs. 1 von Art. 295, nicht aber die Abs. 2 und 3 (Handkomm-OR-Fricker/Seiler, N 7). **1**

Art. 295 Abs. 1 regelt in analoger Formulierung zu Art. 266 Abs. 1 des Mietrechts, dass die **Fixpacht** ohne Kündigung mit Ablauf der vereinbarten Dauer endet. **1a**

II. Fortsetzung der Pacht

Die Abs. 2 und 3 regeln die stillschweigende Fortsetzung **echt befristeter Pachtverhältnisse**. Diese stehen im Gegensatz zu den unbefristeten, die in Art. 296 angesprochen sind. Als Fixpacht i.S.v. Art. 295 Abs. 1 gelten befristete Pachtverhältnisse mit Verlängerungsoption nur, wenn die Verlängerung nicht automatisch erfolgt. Die Verlängerungsdauer gilt ihrerseits wieder als bestimmte Dauer gem. Abs. 1 von Art. 295, wenn sich diese nicht automatisch erweitert (CHK-Kessler, N 2). Ob die Bestimmung auch für Dauerverhältnisse gilt, deren Auflösung an eine Resolutivbedingung geknüpft ist, ist umstritten (befürwortend BGE 121 III 260 E. 5a; CHK-Kessler, N 2; **abl.** ZK-Higi, N 18). **2**

Ausgangspunkt für die **stillschweigende Fortsetzung** ist die Fixpacht des Abs. 1. Obwohl das Pachtverhältnis endet, setzt der Pächter die Bewirtschaftung fort, und der Verpächter akzeptiert dieses Vorgehen. Das Gesetz regelt die stillschweigende Fortsetzung, d.h. den Fall, in dem unter den Parteien keine weitere ausdrückliche Regelung getroffen wurde. Allein die Zahlung eines Zinses durch den Pächter genügt für die stillschweigende Fortsetzung jedoch **2a** nicht (BGer, 25.10.2012, 4D_76/2012). Einigen sich die Parteien vor Ablauf der Fixpacht erneut, liegt der Abschluss einer neuen Fixpacht oder die Umwandlung in ein unbefristetes Pachtverhältnis vor. Die widerlegbare gesetzliche Vermutung, die stillschweigende Fortsetzung der Pacht entspreche dem Willen beider Parteien, darf nicht zu leicht angenommen werden. Art. 295 kann nicht zur Folge haben, dass der Verpächter gezwungen wird, auf ein Verharren des Pächters sofort zu reagieren (Handkomm-OR-Fricker/Seiler, N 4).

III. Rechtsfolgen

3 Bei der Fixpacht des Abs. 1 hat der Pächter auf den Zeitpunkt des Vertragsablaufs ohne weitere Aufforderung den Pachtgegenstand zurückzugeben und auf den bereits bei Vertragsabschluss festgesetzten Termin zu verlassen.

Setzen die Parteien die Fixpacht stillschweigend fort, ist das Pachtverhältnis zu den gleichen Bedingungen für ein weiteres Jahr erneuert (Abs. 2). An der einjährigen Fortsetzungsdauer, die einem Wirtschaftsjahr entspricht, wurde v.a. festgehalten, weil auch kleine landwirtschaftliche Grundstücke unter diese Bestimmung fallen (Botschaft Miet- und Pachtrecht, 1474). Nach Art. 2 Abs. 1 LPG trifft dies für Rebgrundstücke unter 15 Aren, für andere landwirtschaftliche Grundstücke ohne Gebäude und unter 25 Aren zu und für Grundstücke in der Bauzone nach Art. 2a LPG.

4 Nach dem Gesetzeswortlaut kommt nicht nur eine einmalige Pachtfortsetzung um ein Jahr in Frage. Vielmehr sind mehrere Fortsetzungen *(… jeweils für ein weiteres Jahr)* möglich (vgl. auch BGer, 3.11.2003, 4C.155/2003, E. 3, wonach die zu Kettenverträgen entwickelte Rsp. nicht auf Miet- oder Pachtverträge zu übertragen sei). Die Pachtbedingungen bleiben während der (stillschweigenden) Fortsetzungsdauer unverändert.

Da sich das Pachtverhältnis des Abs. 2 **unbefristet** fortsetzt, ist für die Beendigung eine **Kündigung** erforderlich. Diese richtet sich nach den Vorschriften des Art. 296, d.h. das Pachtverhältnis kann unter Einhaltung einer Frist von sechs Monaten auf das Ende eines Pachtjahres gekündigt werden (Botschaft Miet- und Pachtrecht, 1474).

IV. Fixpacht und Fortsetzung im LPG

5 Art. 295 Abs. 1 ist bei der landwirtschaftlichen Pacht insofern anwendbar, als damit die Fixpacht umschrieben wird (Studer et al., LPG Komm, Nr. 104). Das Pachtverhältnis endet ohne Kündigung mit Ablauf der vereinbarten Dauer. Im Gegensatz zu Art. 295 Abs. 1, wonach die Parteien bei der Festlegung der Pachtdauer frei sind, legt das LPG in Art. 7 Mindestdauern fest. Für landwirtschaftliche Gewerbe betragen sie mindestens neun Jahre und für einzelne Grundstücke mindestens sechs Jahre (Abs. 1). Eine kürzere Pachtdauer bedarf der behördlichen Bewilligung (Abs. 2). Sie wird nur bewilligt, wenn persönliche oder wirtschaftliche Verhältnisse einer Partei oder andere sachliche Gründe die Verkürzung rechtfertigen (Abs. 3; Studer et al., LPG Komm, Nr. 219 ff.). Wird das Gesuch für eine Verkürzung nicht bewilligt oder zu spät eingereicht (Abs. 4), gilt automatisch die gesetzliche Mindestpachtdauer.

6 Das landwirtschaftliche Pachtrecht enthält in Art. 7 und 8 LPG eigene Regeln für die Fortsetzung einer abgelaufenen Fixpacht. Diese tragen dem erhöhten Schutzbedürfnis des landwirtschaftlichen Pächters Rechnung (Studer et al., LPG Komm, Nr. 104). Die Erneuerungsdauer beträgt sowohl bei Einzelgrundstücken wie bei landwirtschaftlichen Gewerben **sechs Jahre** *(Studer et al., LPG* Komm, Nr. 233 ff.). Mehrmalige Erneuerung ist möglich. Bei Verkürzung gelten die gleichen Voraussetzungen und Bedingungen wie bei der erstmaligen Verpachtung (Art. 8 Abs. 2, 3 LPG).

Art. 296

II. Kündigungsfristen und -termine

1 Die Parteien können das unbefristete Pachtverhältnis mit einer Frist von sechs Monaten auf einen beliebigen Termin kündigen, sofern durch Vereinbarung oder Ortsgebrauch nichts anderes bestimmt und nach Art des Pachtgegenstandes kein anderer Parteiwille anzunehmen ist.

2 Bei der unbefristeten Pacht von Wohn- und Geschäftsräumen können die Parteien mit einer Frist von mindestens sechs Monaten auf einen ortsüblichen Termin oder, wenn es keinen Ortsgebrauch gibt, auf Ende einer dreimonatigen Pachtdauer kündigen. Sie können eine längere Frist und einen anderen Termin vereinbaren.

3 Halten die Parteien die Frist oder den Termin nicht ein, so gilt die Kündigung für den nächstmöglichen Termin.

II. Délais et termes de congé

1 Lorsque le bail est de durée indéterminée, une partie peut le résilier en observant un délai de congé de six mois pour n'importe quel terme, s'il n'existe ni convention ni usage local contraires et si la nature de la chose ne laisse présumer aucune autre volonté des parties.

2 Une partie peut résilier le bail à ferme portant sur des habitations ou des locaux commerciaux conclu pour une durée indéterminée en observant un délai de congé minimum de six mois pour le terme fixé par l'usage local ou, à défaut d'un tel usage, pour la fin d'un trimestre de bail. Les parties peuvent convenir d'un délai plus long ou d'un autre terme.

3 Lorsque le délai ou le terme de congé n'est pas respecté, la résiliation produit effet pour le prochain terme pertinent.

II. Termini di preavviso e scadenze di disdetta

1 Nell'affitto a tempo indeterminato, ciascuna delle parti può dare la disdetta con preavviso di sei mesi per una scadenza qualsiasi, salvo patto od uso locale contrario e sempreché la natura della cosa non faccia presumere una volontà contraria delle parti.

2 Nell'affitto a tempo indeterminato di locali d'abitazione e commerciali, ciascuna delle parti può dare la disdetta con preavviso di sei mesi almeno per la scadenza determinata dall'uso locale o, in mancanza di tale uso, per la fine di un trimestre d'affitto. Può essere pattuito un termine di preavviso più lungo o un'altra scadenza di disdetta.

3 Se il termine di preavviso o la scadenza di disdetta non è osservato, la disdetta produce effetto per la scadenza successiva.

Literatur

Vgl. die Literaturhinweise bei den Vorbem. zu Art. 275–304.

I. Geltungsbereich/Verweisungen

1 Grundsätzlich erstreckt sich der Geltungsbereich von Art. 296 auf alle Arten der Pacht. Davon ausgenommen sind die unbefristeten Viehpachtverhältnisse, die von Art. 304 abschliessend geregelt werden (ZK-Higi, N 14). In der landwirtschaftlichen Pacht hat nur Art. 296 Abs. 3 eigenständige Bedeutung (s. N 5).

1a Unbefristete Pachtverhältnisse müssen mit einer **Kündigung** beendet werden. Diese Regelung entspricht auch der Beendigung unbefristeter Mietverhältnisse (Art. 266a).

Die Beendigung der Pacht von Wohn- und Geschäftsräumen ist – mit pachtspezifischen Eigenheiten – der Auflösung von Wohn- und Geschäftsräumen bei der Miete nachgebildet (Art. 266c und d).

II. Anwendungsbereich

2 Art. 296 regelt die Kündigungsfristen und -termine bei unbefristeten Pachtverhältnissen, welche – im Unterschied zu Art. 295 – nicht nach Ablauf einer bestimmten Dauer enden. Die in Abs. 1 vorgesehene Kündigungsfrist von sechs Monaten ist dispositiv. Die Kündigung auf einen beliebigen Termin ist zulässig, wenn nicht ein spezieller Zeitpunkt vereinbart wurde und kein subsidiär anwendbarer Ortsgebrauch (Art. 5 Abs. 2 ZGB) oder je nach Art des Pachtgegenstandes kein anderer **mutmasslicher Parteiwille** anzunehmen ist (bez. analoger Nichtanwendung vgl. BGE 107 II 415). Ein solcher Parteiwille ist vor allem bei kleinen landwirtschaftlichen Grundstücken oder Bauland anzunehmen, die nicht dem LPG (Art. 2, 2a), sondern dem Obligationenrecht unterstellt sind. Bei diesen wird auf das Vegetationsende abzustellen sein (Botschaft Miet- und Pachtrecht, 1474). Mit der Art des Pachtgegenstandes sind zudem jene Vertragsverhältnisse angesprochen, die eine Ausbeutung von Bodenbestandteilen zum Inhalt haben. Durch unvorhersehbare Schwierigkeiten können im Abbau Verzögerungen eintreten, die eine längere Kündigungsfrist oder einen anderen Termin geboten erscheinen lassen.

3 Gemäss Art. 296 Abs. 2 gilt für **Wohn- und Geschäftsräume zwingend** eine **Mindestkündigungsfrist** von sechs Monaten. Dies ergibt sich aus dem letzten Satz von Abs. 2, wonach die Parteien eine längere Frist vereinbaren können. E contrario ist eine kürzere Frist nicht zulässig.

Bezüglich des Kündigungstermins ist auf den Ortsgebrauch abzustellen (Art. 5 Abs. 2 ZGB). Fehlt ein solcher, ist die Kündigung auf das Ende einer dreimonatigen Pachtdauer möglich. Diese Bestimmung ist dispositiver Natur, überlässt es doch der letzte Satz von Abs. 2 den Parteien, einen anderen Termin zu vereinbaren (Botschaft Miet- und Pachtrecht, 1475).

III. Rechtsfolgen

4 Abs. 3 von Art. 296 regelt, als gesetzliche Auslegungsregel, die Rechtsfolge einer Kündigung, die nicht auf den richtigen Zeitpunkt oder unter Einhaltung der Kündigungsfrist ausgesprochen wurde. Die mangelhafte Kündigung ist nicht nichtig, sondern entfaltet ihre Rechtswirkung erst auf den nächstmöglichen zulässigen Termin. Damit ist gleichzeitig ausgesagt, dass eine nochmalige Kündigung nicht notwendig ist.

IV. Das unbefristete Pachtverhältnis im LPG

5 Die Mindestdauer von neun Jahren bei landwirtschaftlichen Gewerben und sechs Jahren bei einzelnen Grundstücken nach Art. 7 LPG gilt auch bei unbefristeten Pachtverhältnissen. Die Gründe für eine kürzere Pachtdauer unterscheiden sich nicht von der Fixpacht (vgl. Art. 295 N 5).

Gemäss Art. 8 lit. a LPG gilt der Pachtvertrag unverändert für jeweils weitere sechs Jahre, wenn er auf **unbestimmte Zeit** abgeschlossen und nicht ordnungsgemäss gekündigt worden ist. Eine ordnungsgemässe Kündigung liegt nach Art. 16 Abs. 1 LPG nur vor, wenn sie **schriftlich** erfolgt. Eine mündlich ausgesprochene Kündigung ist gem. Art. 11 Abs. 2 OR ungültig (STUDER et al., LPG Komm, Nr. 371).

6 Die Kündigung ist auf Verlangen zu begründen (Art. 16 Abs. 1 LPG). Dabei handelt es sich um eine **Ordnungsvorschrift**. Die Kündigung ist daher auch gültig, wenn der Kündigende der Aufforderung zur Begründung nicht nachkommt (Botschaft LPG, 280). Da die Begründung ein Abwägen der Chancen bei einer Pachterstreckung bezweckt, kann ihre Verweigerung Kostenfolgen nach sich ziehen (Botschaft LPG, 281; STUDER et al., LPG Komm, Nr. 373).

Die **minimale Kündigungsfrist** sowohl für landwirtschaftliche Gewerbe wie für Grundstücke beträgt ein Jahr, wenn das Gesetz nichts anderes bestimmt. Den Parteien steht es frei, sie zu verlängern (nicht aber zu verkürzen). Bezüglich verspäteter Kündigung gilt in Anwendung von Art. 1 Abs. 4 LPG die Regelung des Art. 296 Abs. 3 (STUDER et al., LPG Komm, Nr. 105). Sofern nichts anderes vereinbart wurde, ist auf den ortsüblichen Frühjahrs- oder Herbsttermin zu kündigen (Art. 16 Abs. 3 LPG).

Art. 297

III. Ausserordentliche Beendigung
1. Aus wichtigen Gründen

1 Aus wichtigen Gründen, welche die Vertragserfüllung für sie unzumutbar machen, können die Parteien das Pachtverhältnis mit der gesetzlichen Frist auf einen beliebigen Zeitpunkt kündigen.

2 Der Richter bestimmt die vermögensrechtlichen Folgen der vorzeitigen Kündigung unter Würdigung aller Umstände.

III. Congé extraordinaire
1. Justes motifs

1 Si, pour de justes motifs, l'exécution du contrat devient intolérable pour une partie, celle-ci peut résilier le bail à n'importe quel moment, en observant le délai de congé légal.

2 Le juge statue sur les conséquences pécuniaires du congé anticipé, en tenant compte de toutes les circonstances.

III. Disdetta straordinaria
1. Motivi gravi

1 Ciascuna delle parti può, per motivi gravi che le rendano incomportabile l'adempimento del contratto, dare la disdetta osservando il termine legale di preavviso per una scadenza qualsiasi.

2 Il giudice determina le conseguenze patrimoniali della disdetta anticipata apprezzando tutte le circostanze.

Literatur

Vgl. die Literaturhinweise bei den Vorbem. zu Art. 275–304.

I. Verweisung

Art. 297 entspricht inhaltlich Art. 266g des Mietrechts, auf den im Grundsatz zu verweisen ist (vgl. BGer, 25.10.2005, 4C.268/2005). Hinzuweisen ist hier einzig auf pachtrechtliche Besonderheiten beim «wichtigen Grund» bei der Kündigung und bei den vermögensrechtlichen Folgen. 1

Art. 297 enthält einen sog. Auffangtatbestand, der beide Parteien dann zur vorzeitigen und daher ausserordentlichen Kündigung berechtigt, wenn ein wichtiger Grund vorliegt, der ihnen die Vertragserfüllung unzumutbar macht. 1a

II. Anwendungsbereich

Die vorzeitige Kündigung aus wichtigen Gründen steht sowohl Pächter wie Verpächter offen. Die **Kündigungsfrist** richtet sich nach Art. 296 Abs. 1 und beträgt sechs Monate. Sie gilt auch für Pachtverhältnisse mit bestimmter Dauer i.S.v. Art. 295. Im Gegensatz zu Art. 296 Abs. 2, *der bez.* **Kündigungstermin** Vorschriften enthält, ist die vorzeitige Kündigung auf «einen beliebigen Zeitpunkt» möglich. 2

Voraussetzung einer vorzeitigen Auflösung des Pachtverhältnisses ist das Vorliegen **wichtiger Gründe**, die ihnen die Vertragserfüllung unzumutbar machen. Bei der Beurteilung, ob ein wichtiger Grund vorliegt, ist die wirtschaftliche Ausrichtung der Pacht besonders zu berücksichtigen. Einen wichtigen Grund stellt die qualitativ oder quantitativ ungenügende Bewirtschaftung durch den Pächter dar, welche dem Verpächter nach Ablauf der ordentlichen Pacht- 2a dauer erhebliche Aufwendungen verursacht, um die frühere Ertragsfähigkeit des Pachtobjekts wieder zu erreichen. Weiter kann ein wichtiger Grund vorliegen, wenn dem Verpächter ein erheblicher Mehraufwand entstehen würde, müsste der Vertrag fortgeführt werden. Seitens des Pächters liegt ein wichtiger Kündigungsgrund vor, wenn der Verpächter sich weigert, einer wegen des wirtschaftlichen Umfelds gebotenen und nicht bloss wünschenswerten Änderung der Bewirtschaftungsweise zuzustimmen. Zudem hat der Pächter einen wichtigen Grund zur Kündigung, wenn sich die Fruchtziehungsmöglichkeit aus dem Pachtobjekt unvorhersehbar erheblich vermindert. Demgegenüber besteht grundsätzlich kein wichtiger Grund in der blossen Feindschaft zwischen den Vertragsparteien, ausser diese wohnen im gleichen Haus oder die Durchführung des Pachtvertrages erfordert ein auf gegenseitigem Vertrauen basierendes Zusammenwirken. Kein wichtiger Grund liegt zudem vor, wenn die vorzeitige Vertragsauflösung einzig im Hinblick auf die wirtschaftlichen Vorteile einer Partei erfolgt. Auch alle von der kündigenden Partei selbst verschuldeten wirtschaftlichen Unzukömmlichkeiten stellen keine wichtigen Kündigungsgründe dar (zum Ganzen ZK-Higi, N 8 ff.).

2b Liegt kein wichtiger Grund i.S.v. Art. 297 Abs. 1 vor, ist die Kündigung unzulässig, sodass ein befristetes Pachtverhältnis fortdauert, während bei einem unbefristeten Art. 296 Abs. 3 zur Anwendung kommt. Hat der kündigende Pächter das Pachtobjekt bereits zurückgegeben, gilt Art. 293 (Handkomm-OR-Fricker/Seiler, N 3).

III. Rechtsfolgen

3 Art. 297 Abs. 2 regelt die vermögensrechtlichen Folgen der vorzeitigen Kündigung. Die Norm soll verhindern, dass die kündigende Partei zum Ersatz des Erfüllungsinteresses der gekündigten Partei verpflichtet werden kann. Dem Richter steht in der Festlegung des finanziellen Anspruchs ein sehr grosser Ermessensspielraum zu. Bei der Schadenersatzbemessung zu berücksichtigen sind neben dem Erfüllungsinteresse der gekündigten Partei auch Art und Ursache der wichtigen Gründe, Zeitpunkt der Kündigung und die wirtschaftlichen Verhältnisse der Parteien (ZK-Higi, N 20 ff.).

IV. Die vorzeitige Auflösung im LPG

4 Art. 17 Abs. 1 LPG entspricht inhaltlich Art. 297 Abs. 1, wonach bei Vorliegen wichtiger Gründe ebenfalls unter Einhaltung einer Frist von sechs Monaten gekündigt werden kann. Letzterer findet keine Anwendung im Bereich der landwirtschaftlichen Pacht (Studer et al., LPG Komm, Nr. 106). Im Gegensatz zum OR ist im LPG der Kündigungstermin, als Folge des landwirtschaftlichen Wirtschaftsjahres, auf den folgenden Frühjahrs- oder Herbsttermin festgelegt. Die Kündigung hat schriftlich zu erfolgen, während nach dem OR die Schriftlichkeit nur bei der Pacht von Wohn- und Geschäftsräumen notwendig ist (Art. 298).

Art. 17 LPG bietet eine Art Generalklausel für eine Vertragsauflösung aus wichtigen Gründen. Abzugrenzen ist die Bestimmung gegenüber den Auflösungsgründen in den Art. 18, Art. 20, Art. 21 und Art. 22b LPG sowie Art. 297a OR (Konkurs des Pächters). Ebenso ist eine Abgrenzung gegenüber jenen Fällen notwendig, in denen die Probleme durch eine Vertragsanpassung gelöst werden können (Art. 10–12 LPG; Studer et al., LPG Komm, Nr. 389 ff.).

5 Gemäss Art. 17 Abs. 2 LPG bestimmt der Richter die vermögensrechtlichen Folgen der vorzeitigen Auflösung unter Würdigung aller Umstände (vgl. dazu Studer et al., LPG Komm, Nr. 404 f.).

Art. 297*a*

2. Konkurs des Pächters

[1] Fällt der Pächter nach Übernahme der Sache in Konkurs, so endet das Pachtverhältnis mit der Konkurseröffnung.

[2] Erhält jedoch der Verpächter für den laufenden Pachtzins und das Inventar hinreichende Sicherheiten, so muss er die Pacht bis zum Ende des Pachtjahres fortsetzen.

2. Faillite du fermier

[1] En cas de faillite du fermier après la délivrance de la chose, le bail prend fin à l'ouverture de la faillite.

[2] Toutefois, si des sûretés suffisantes sont fournies au bailleur pour le fermage courant et pour les objets portés à l'inventaire, le bailleur est tenu de laisser subsister le contrat jusqu'à la fin de l'année de bail.

2. Fallimento dell'affittuario

[1] Se l'affittuario cade in fallimento dopo la consegna della cosa, il rapporto d'affitto termina con la dichiarazione di fallimento.

[2] Tuttavia, se l'affittuario presta garanzia sufficiente per il fitto in corso e per l'inventario, il locatore deve continuare il contratto fino al termine dell'anno d'affitto.

Literatur

Vgl. die Literaturhinweise bei den Vorbem. zu Art. 275–304.

I. Geltungsbereich/Verweisungen

1 Art. 297a ist gemäss klarem Wortlaut nur auf die Sachpacht anwendbar (ZK-Higi, N 3). Nachdem das LPG keine Regelung bez. Konkurs des Pächters enthält, findet Art. 297a auch auf landwirtschaftliche Verhältnisse Anwendung (Studer et al., LPG Komm, Nr. 107). Dasselbe gilt für die Viehpacht.

1a Art. 297a befasst sich gemäss ausdrücklichem Wortlaut – analog dem mietrechtlichen Art. 266h – nur mit den Auswirkungen des **Konkurses des Pächters** auf den Bestand des Pachtvertrages **nach dem Pachtantritt**. Der Konkurs des Verpächters wirkt weder vertragsauflösend noch eröffnet er dem Pächter ein vorzeitiges Kündigungsrecht (ZK-Higi, N 6). Fällt der Pächter vor Antritt in Konkurs, kommt Art. 83 zur Anwendung. Wird der Pachtzins nicht sichergestellt, kann der Verpächter den Pachtantritt verweigern und – bei Ausbleiben der Sicherheit – vom Vertrag zurücktreten.

II. Allgemeines

2 Anders als das Mietverhältnis wird das Pachtverhältnis mit der Konkurseröffnung über den Pächter automatisch aufgelöst; eine Kündigung ist nicht erforderlich. Diese Differenz lässt sich aus der grossen Bedeutung der Persönlichkeit des Pächters erklären (Handkomm-OR-Fricker/Seiler, N 2). Der Pächter kann jedoch die Vertragsauflösung auf das Ende des Pachtjahres hinausschieben, wenn er für den laufenden Pachtzins und das Inventar innerhalb der Rechtsmittelfrist gegen das Konkursdekret (zehn Tage gem. Art. 174 Abs. 1 SchKG), längstens aber innerhalb von zwei Wochen seit Konkurseröffnung, hinreichende Sicherheit leistet (CHK-Kessler, N 1). Eine Fristansetzung durch den Verpächter ist nicht erforderlich (ZK-Higi, N 20). Die Sicherheiten müssen den bis zum Ablauf des Pachtjahres noch ausstehenden Pachtzins inkl. Nebenkosten und den Schätzwert des gesamten Inventars i.S.v. Art. 277 abdecken (ZK-Higi, N 17). Bestehen Differenzen hinsichtlich der ausreichenden Sicherheit, entscheidet die mit der Ausweisung des Pächters beauftragte Behörde.

III. Rechtsfolgen

3 Weil die gesetzliche Folge der Konkurseröffnung die automatische Auflösung des Vertragsverhältnisses ist, kann der Verpächter keinen Schadenersatz wegen Nichterfüllung des Pachtvertrages geltend machen. Mit der Auflösung des Pachtvertrages entsteht allerdings ein unmittelbarer **Rückgabeanspruch** des Verpächters. Allfällige Unterpachtverhältnisse oder untervertragliche Mietverhältnisse sind ebenfalls automatisch aufgelöst (ZK-HIGI, N 9). Sodann kann die Konkursmasse nach den Regeln über die Unterpacht (Art. 291), wonach diese nur mit Zustimmung des Verpächters zulässig ist, lediglich mit Zustimmung des Verpächters in den Vertrag eintreten. Solange die Konkurseröffnung nicht rechtskräftig ist, bleibt die Liquidation des Pachtverhältnisses bzw. deren Vollstreckung gehemmt. Der Pächter schuldet dem Verpächter für die Zeit dieses Aufschubs (wie in jedem Fall verzögerter Rückgabe) einen dem bisherigen Pachtzins entsprechenden Schadenersatz inklusive Nebenkostenentschädigung (ZK-HIGI, N 12).

Art. 297*b*

3. Tod des Pächters	**Stirbt der Pächter, so können sowohl seine Erben als auch der Verpächter mit der gesetzlichen Frist auf den nächsten gesetzlichen Termin kündigen.**
3. Décès du fermier	En cas de décès du fermier, ses héritiers, de même que le bailleur, peuvent résilier le contrat en observant le délai de congé légal pour le prochain terme légal.
3. Morte dell'affittuario	In caso di morte dell'affittuario, i suoi eredi e il locatore possono dare la disdetta, osservando il termine legale di preavviso, per la prossima scadenza legale di disdetta.

Literatur

Vgl. die Literaturhinweise bei den Vorbem. zu Art. 275–304.

I. Geltungsbereich/Verweisungen

1 Art. 297b entspricht Art. 266i des Mietrechts. Der Tod des Pächters stellt sowohl bei der Pacht wie bei der Miete einen **vorzeitigen Auflösungsgrund** dar mit dem Unterschied, dass der Vermieter, im Gegensatz zum Verpächter, den Vertrag nicht vorzeitig kündigen kann. Der Grund liegt darin, dass der Pächter Bewirtschaftungspflichten übernommen hat, die seine Rechtsnachfolger nicht ohne weiteres erbringen können (Botschaft Miet- und Pachtrecht, 1475).

1a Art. 297b gilt für alle Pachtformen mit Ausnahme der landwirtschaftlichen Pacht, für die Art. 18 Abs. 1 LPG eine besondere Regelung enthält (s. N 3).

II. Allgemeines

2 Die vorzeitige Auflösung richtet sich nach Art. 296 und zwar sowohl bez. Fristen als auch bez. Terminen. Dies ist dort von praktischer Bedeutung, wo der Vertrag eine längere Vertragsdauer, eine längere Kündigungsfrist oder einen weiter entfernten Kündigungstermin vorsieht. Da der Gesetzgeber den Parteien ermöglichen will, vorzeitig aus einem langfristigen Vertrag auszusteigen, kann jede Partei, wenn der Pachtvertrag ein Kündigungsrecht auf einen früheren Zeitpunkt gestattet, von diesem Gebrauch machen (ZK-HIGI, N 15). Die sechsmonatige Mindestfrist von Art. 296 Abs. 2 darf allerdings bei der Pacht von Wohn- und Geschäftsräumen nicht unterschritten werden. Anstelle einer Kündigung haben die Parteien aber auch die *Möglichkeit, einen Aufhebungs*vertrag ohne Rücksicht auf gesetzliche oder vertragliche Kündigungsfristen und -termine zu treffen (ZK-HIGI, N 6). Eine Entschädigung ist bei vorzeitiger Vertragsauflösung nicht geschuldet.

Erfolgt keine Kündigung, wird das Pachtverhältnis mit den Erben fortgesetzt, welche kraft Universalsukzession in das Pachtverhältnis eintreten. Das Gesetz enthält keine Bestimmung, innert welcher Frist die Kündigung zu erfolgen hat. Aus Gründen der Rechtssicherheit ist eine kurze Frist anzunehmen. Vom erbrechtlichen Gesichtspunkt aus bietet sich die Ausschlagungsfrist von drei Monaten nach Art. 567 ZGB an. **2a**

Der Tod des Verpächters stellt keinen ausserordentlichen Beendigungsgrund der Pacht dar. Seine Erben treten ohne Weiteres in den laufenden Vertrag ein. **2b**

III. Der Tod des Pächters im LPG

Die Regelung des Art. 18 Abs. 1 LPG entspricht Art. 297b mit dem Unterschied, dass die Kündigung auf den folgenden Frühjahrs- oder Herbsttermin zu erfolgen hat. Die Eignung und Fähigkeiten des Pächters sind insb. zur Erhaltung der Ertragsfähigkeit von Bedeutung, weshalb die Kündigung durch den Verpächter auch im LPG sinnvoll ist (STUDER et al., LPG Komm, Nr. 406). **3**

Im Gegensatz zum OR enthält das LPG in Art. 18 Abs. 2 ein Eintrittsrecht der Nachkommen oder des überlebenden Ehegatten. Spricht der Verpächter die Kündigung aus, kann innert 30 Tagen der Eintritt in den Pachtvertrag mündlich oder schriftlich erklärt werden. Sind mehrere Bewerber vorhanden, entscheidet der Verpächter über die Person des künftigen Bewirtschafters. **4**

Lehnt der Verpächter alle (oder den) Bewerber ab, weil keiner Gewähr für die ordnungsgemässe Bewirtschaftung des Gewerbes oder des Grundstückes bietet oder liegen andere Gründe der Unzumutbarkeit für den Verpächter vor, kann der Verpächter gem. Art. 18 Abs. 3 LPG innert 30 Tagen seit der Eintrittserklärung auf Auflösung des Pachtvertrags klagen. Wird der Pachtvertrag (durch freiwillige Anerkennung eines Bewerbers oder richterliches Urteil) weitergeführt, beginnt nicht ein neues Pachtverhältnis, sondern das alte wird gem. Art. 8 LPG fortgesetzt. Von rechtlicher Bedeutung ist dies u.a. wegen des Pächtervorkaufsrechts nach Art. 47 BGBB, welches erst nach Ablauf der Mindestpachtdauer von Art. 7 LPG auflebt (STUDER et al., LPG Komm, Nr. 415). **5**

Art. 298

IV. Form der Kündigung bei Wohn- und Geschäftsräumen

[1] Verpächter und Pächter von Wohn- und Geschäftsräumen müssen schriftlich kündigen.

[2] Der Verpächter muss mit einem Formular kündigen, das vom Kanton genehmigt ist und das angibt, wie der Pächter vorzugehen hat, wenn er die Kündigung anfechten oder eine Erstreckung des Pachtverhältnisses verlangen will.

[3] Die Kündigung ist nichtig, wenn sie diesen Anforderungen nicht entspricht.

IV. Forme du congé pour les habitations et les locaux commerciaux

[1] Le congé des baux à ferme portant sur des habitations ou des locaux commerciaux doit être donné par écrit.

[2] Le bailleur doit donner le congé en utilisant une formule agréée par le canton et qui indique au fermier la manière dont il doit procéder s'il entend contester le congé ou demander la prolongation du bail.

[3] A défaut, le congé est nul.

IV. Forma della disdetta per locali d'abitazione o commerciali

[1] La disdetta per locali d'abitazione o commerciali deve essere data per scritto.

[2] Il locatore deve dare la disdetta mediante un modulo approvato dal Cantone, sul quale sia indicata all'affittuario la procedura per contestare la disdetta o per domandare una protrazione dell'affitto.

[3] La disdetta che non osserva le condizioni previste nel presente articolo è nulla.

Literatur

Vgl. die Literaturhinweise bei den Vorbem. zu Art. 275–304.

I. Verweisung/Geltungsbereich

1 Art. 298 Abs. 1 und 2 entsprechen Art. 266l und Art. 298 Abs. 3 entspricht Art. 266o des Mietrechts.

1a Der Geltungsbereich ist auf Pachtverhältnisse beschränkt, wo die Überlassung und Benutzung von Wohn- und Geschäftsräumen ein wesentlicher Vertragszweck ist (ZK-HIGI, N 15). Erstreckt sich der Vertrag auf weitere Objekte, ist wegen der unzulässigen Teilkündigung gesamthaft die Form gem. Art. 298 OR einzuhalten (Handkomm-OR-FRICKER/SEILER, N 4). Zur Vermeidung von Unsicherheiten über den wesentlichen Vertragszweck empfiehlt sich, die Formvorschriften von Art. 298 immer anzuwenden, wenn ein Wohn- oder Geschäftsraum zu einem Pachtobjekt gehört (ZK-HIGI, N 16).

1b Für die landwirtschaftliche Pacht sieht Art. 16 LPG eine besondere Regelung vor, weshalb Art. 298 dort keine Anwendung findet (s. N 4).

II. Allgemeines

2 In Art. 298 wird die Form, in der Pachtverträge über Wohn- und Geschäftsräume zu kündigen sind, ausdrücklich geregelt. Bei allen übrigen Pachtarten ist die Kündigung grundsätzlich formfrei möglich. Das Schriftformerfordernis für die Kündigung gem. Art. 298 Abs. 1 gilt für beide Parteien, die Formularpflicht gem. Art. 298 Abs. 2 trifft nur den Verpächter. Diese Formvorschriften sind sowohl für ordentliche als auch für ausserordentliche Kündigungen massgebend (ZK-HIGI, N 10).

2a Im Unterschied zum Mietrecht, das bei Kündigungen von Familienwohnungen auch die Zustimmung des anderen Ehegatten und seitens des Vermieters die Zustellung der Kündigung an beide Ehegatten verlangt, fehlt es im Pachtrecht an einer solchen Bestimmung. Die Botschaft Miet- und Pachtrecht, 1474, hält dazu denn auch ausdrücklich fest, dass die Formvorschrift des Mietrechts für die Kündigung von Familienwohnungen nicht übernommen wurde.

III. Rechtsfolgen

3 Entspricht die Kündigung nicht den Anforderungen der Abs. 1 und 2, ist sie **nichtig**. Im Gegensatz zu Art. 296 Abs. 3, der eine Heilung des Mangels durch Zeitablauf vorsieht, entfaltet die fehlerhafte Kündigung keinerlei Rechtswirkung. Für ihre Gültigkeit bedarf sie der nochmaligen Zustellung in korrekter Form.

IV. Die Formvorschrift des LPG

4 Art. 298 ist bei der Pacht eines landwirtschaftlichen Gewerbes nicht anwendbar. Die zum Schutz des landwirtschaftlichen Pächters einzuhaltenden formellen Erfordernisse sind im Geltungsbereich des LPG abschliessend geregelt. Zwar hat die Kündigung auch nach Art. 16 Abs. 1 LPG **schriftlich** zu erfolgen. Nicht erforderlich ist hingegen, dass sie auf einem speziellen Formular i.S.v. Art. 298 Abs. 2 zugestellt wird. Es wird zudem nicht verlangt, dass der Verpächter die Kündigung auch dem Ehegatten des Pächters zustellen muss oder dass der Pächter nur mit Zustimmung des anderen Ehegatten kündigen darf. Hauptinhalt des Pachtvertrages ist die landwirtschaftliche Nutzung und nicht die Nutzung der Familienwohnung. *Wurde der Pachtvertrag von mehreren Personen* (z.B. Ehegatten) unterzeichnet, ist die Kündigung aber auch im Geltungsbereich des LPG grundsätzlich an jede Vertragspartei einzeln zu richten (zum Ganzen STUDER et al., LPG Komm, Nr. 109).

Art. 299

N. Rückgabe der Sache
I. Im Allgemeinen

1 Der Pächter gibt die Sache und das gesamte Inventar in dem Zustand zurück, in dem sie sich zum Zeitpunkt der Rückgabe befinden.

2 Für Verbesserungen kann der Pächter Ersatz fordern, wenn sie sich ergeben haben aus:
a. Anstrengungen, die über die gehörige Bewirtschaftung hinausgehen;
b. Erneuerungen oder Änderungen, denen der Verpächter schriftlich zugestimmt hat.

3 Für Verschlechterungen, die der Pächter bei gehöriger Bewirtschaftung hätte vermeiden können, muss er Ersatz leisten.

4 Vereinbarungen, in denen sich der Pächter im Voraus verpflichtet, bei Beendigung des Pachtverhältnisses eine Entschädigung zu entrichten, die anderes als die Deckung des allfälligen Schadens einschliesst, sind nichtig.

N. Restitution de la chose
I. En général

1 A la fin du bail, le fermier doit restituer la chose, avec tous les objets portés à l'inventaire, dans l'état où ils se trouvent.

2 Il a droit à une indemnité pour les améliorations qui résultent:
a. de soins dépassant une administration diligente de la chose;
b. de rénovations ou de modifications auxquelles le bailleur a donné son consentement écrit.

3 Il doit indemniser le bailleur des dégradations qu'il aurait pu prévenir par une administration diligente de la chose.

4 Est nulle toute convention conclue avant la fin du bail et prévoyant que le locataire devra verser une indemnité destinée à couvrir autre chose qu'un dommage éventuel.

N. Restituzione della cosa
I. In genere

1 L'affittuario deve restituire la cosa e tutti gli oggetti inventariati nello stato in cui si trovano.

2 Egli ha diritto a un'indennità per i miglioramenti derivanti da:
a. attività che oltrepassano la debita gestione della cosa;
b. migliorie o modificazioni alle quali il locatore ha consentito per scritto.

3 L'affittuario deve risarcire quei deterioramenti che sarebbero stati evitati con una debita gestione della cosa.

4 Sono nulle le stipulazioni che obbligano anticipatamente l'affittuario a pagare, alla fine dell'affitto, un'indennità che non sia destinata soltanto a garantire la copertura del danno eventuale.

Literatur

Vgl. die Literaturhinweise bei den Vorbem. zu Art. 275–304.

I. Verweisungen/Geltungsbereich

Art. 299 Abs. 1 stellt eine Nachbildung des mietrechtlichen Art. 267 Abs. 1 dar und berücksichtigt die Eigenheiten der Pacht. Der Abs. 4 von Art. 299 entspricht im Wesentlichen dem mietrechtlichen Art. 267 Abs. 2. Sachpachtlichen Besonderheiten tragen mit eigenständigen Regelungen die Abs. 2 und 3 von Art. 299 Rechnung (ZK-Higi, N 4). 1

Der Geltungsbereich der Norm erfasst die Sachpacht und findet, unter Vorbehalt von Art. 303, auch für die Viehpacht Anwendung (ZK-Higi, N 8). Im Bereich der landwirtschaftlichen Pacht enthält das LPG in Art. 23 ff. eigene Regelungen (s. N 4 f.). Einzig Art. 299 Abs. 3 kommt in den Fällen zur Anwendung, in denen der Pächter, aufgrund unsachgemässer Bewirtschaftung, Vorräte minderwertiger Qualität zurücklässt (Studer et al., LPG Komm, Nr. 110). 1a

II. Allgemeines

2 Art. 299 regelt die **Rückgabe des Pachtobjekts** und die **Entschädigungsfrage** für dessen Veränderung im Wert während der Pachtdauer. Der Ersatz für das Inventar i.S.v. Art. 277 ist in Art. 299b separat geregelt. Der Ort der Rückgabe bestimmt sich nach Art. 74 Abs. 2 Ziff. 2 und 3.

2a Die Rückgabepflicht des Pachtgegenstandes ergibt sich aus dem Wesen des Pachtvertrages und erfasst die Pachtsache inklusive Nebensachen und Inventar. Zurückzugeben sind auch allfällige Ersatzstücke gem. Art. 284 Abs. 2. Ebenfalls ist – bei Verpachtung einer Herde – das abgegangene Vieh zu ersetzen. Der Verpächter hat das Objekt so zurückzunehmen, wie es ihm vom Pächter am Ende des Pachtverhältnisses angeboten wird (vgl. Abs. 1). Liegt eine Abweichung vom gehörigen Zustand vor, welcher sich aus der vertragsgemässen Nutzung unter Berücksichtigung von üblicher Abnützung und ordentlichem Unterhalt ergibt, hat der Verpächter einen Ersatzanspruch nach Abs. 3 (Handkomm-OR-Fricker/Seiler, N 2).

Der Pächter hat dem Verpächter den Pachtgegenstand in seiner Gesamtheit, d.h. sowohl mit den materiellen wie auch den immateriellen Werten, zurückzugeben. Im Widerhandlungsfall trifft ihn die Pflicht, i.S.v. Art. 97 Abs. 1 dem Verpächter den bewiesenen Schaden zu ersetzen (BGE 131 III 257).

2b Der Pächter hat gem. Art. 299 Abs. 3 für Verschlechterungen, die er bei gehöriger Bewirtschaftung hätte vermeiden können, aufzukommen. Abs. 3 spricht einerseits die Verschlechterung der Ertragsfähigkeit des Pachtobjekts an und andererseits auch die Mängel im Bestand gem. Abs. 1 (Handkomm-OR-Fricker/Seiler, N 5).

2c Der Pächter hat sowohl die Kosten für die Wiederherstellung der vorherigen Ertragskraft als auch die Kosten für die Ertragsausfälle bis dahin zu übernehmen (ZK-Higi, N 42). Befindet sich die Pachtsache bei der Rückgabe in qualitativer oder quantitativer Hinsicht nicht in vertragsgemässem Zustand (Abs. 1), weil der Pächter den ordentlichen Unterhalt gem. Art. 284 Abs. 1 unterlassen oder vernachlässigt hat, kann der Verpächter auf Kosten des Pächters den vertragsgemässen Zustand wiederherstellen (Handkomm-OR-Fricker/Seiler, N 6). Die Beweislast für die ungehörige Bewirtschaftung und den daraus folgenden Schaden obliegt dem Verpächter (ZK-Higi, N 39).

III. Die Verbesserungen an der Pachtsache

3 Weist die Pachtsache inklusive Nebensache bei der Rückgabe eine Verbesserung, d.h. eine Wertsteigerung, gegenüber dem Pachtantritt auf, kann der **Pächter in zwei Fällen einen Ersatz fordern**. Ein Ersatzanspruch besteht gem. Art. 299 Abs. 2 lit. a einerseits für Verbesserungen aus Anstrengungen des Pächters, die über die gehörige Bewirtschaftung i.S.v. Art. 283 Abs. 1 hinausgehen. Der Massstab der gehörigen Bewirtschaftung richtet sich nach Art. 283 Abs. 1. Der Umfang des Ersatzes bemisst sich daher nach den Grundsätzen der ungerechtfertigten Bereicherung (Art. 62; Botschaft Miet- und Pachtrecht, 1476).

3a Zusätzlich kann der Pächter für Erneuerungen oder Änderungen, die mit schriftlicher Zustimmung des Verpächters erfolgten, gestützt auf Art. 299 Abs. 2 lit. b Ersatz fordern. Gemäss Art. 299 Abs. 1 lit. a kann es sich dabei nur um Aufwendungen handeln, die ebenfalls über den ordentlichen Unterhalt hinausgehen. Indem der Verpächter gem. Art. 289a Abs. 2 die Wiederherstellung des früheren Zustandes verlangen kann, wenn er nicht schriftlich zugestimmt hat, ist auch gleichzeitig ausgesagt, dass für derartige Aufwendungen kein Ersatzanspruch des Pächters besteht.

3b Für Verbesserungen am Inventar ist Art. 299b Abs. 3 anwendbar (ZK-Higi, N 28).

IV. Die Rückgabe des Pachtgegenstandes im LPG

Art. 23 ff. LPG regeln die Rückgabe eines landwirtschaftlichen Pachtgegenstandes so wie die Frage, wie es sich bei Verbesserungen oder Verschlechterungen desselben verhält, abschliessend. **4**

Eine materielle Differenz zwischen OR und LPG liegt unter anderem in der Regelung der Entschädigung. Nach Art. 299 Abs. 2 kann der Pächter Ersatz fordern, während ihm nach Art. 23 Abs. 2 LPG bloss eine **angemessene Entschädigung** zusteht. Dies bedeutet, dass auch die Interessen des Verpächters berücksichtigt werden können (STUDER et al., LPG Komm, Nr. 110). **4a**

Verpachtetes Inventar fällt, mit Ausnahme **der selbst produzierten Vorräte** (Art. 25 LPG), nicht in den Geltungsbereich des LPG. Qualitative Differenzen zwischen den Vorräten bei Pachtantritt und denen bei Pachtende sind nicht auszugleichen, wenn die Qualität der zurückgelassenen Vorräte dem Ergebnis einer ordentlichen Bewirtschaftung im letzten Pachtjahr entspricht. Zur Anwendung kommt einzig Art. 299 Abs. 3 und zwar in Fällen, in denen der Pächter aufgrund unsachgemässer Bewirtschaftung Vorräte minderwertiger Qualität zurücklässt (STUDER et al., LPG Komm, Nr. 110; vgl. 299b N 1). **5**

Art. 299*a*

II. Prüfung der Sache und Meldung an den Pächter

1 Bei der Rückgabe muss der Verpächter den Zustand der Sache prüfen und Mängel, für die der Pächter einzustehen hat, diesem sofort melden.

2 Versäumt dies der Verpächter, so verliert er seine Ansprüche, soweit es sich nicht um Mängel handelt, die bei übungsgemässer Untersuchung nicht erkennbar waren.

3 Entdeckt der Verpächter solche Mängel später, so muss er sie dem Pächter sofort melden.

II. Vérification de l'état de la chose et avis au fermier

1 Lors de la restitution, le bailleur doit vérifier l'état de la chose et aviser immédiatement le fermier des défauts dont celui-ci répond.

2 Si le bailleur néglige de le faire, le fermier est déchargé de toute responsabilité, à moins qu'il ne s'agisse de défauts qui ne pouvaient pas être découverts à l'aide des vérifications usuelles.

3 Si le bailleur découvre plus tard des défauts de ce genre, il doit les signaler immédiatement au fermier.

II. Verifica della cosa e avviso all'affittuario

1 Al momento della restituzione, il locatore deve verificare lo stato della cosa e, se vi scopre difetti di cui l'affittuario deve rispondere, dargliene subito notizia.

2 Diversamente, l'affittuario è liberato dalla sua responsabilità, salvo che si tratti di difetti irriconoscibili mediante l'ordinaria verifica.

3 Se il locatore scopre più tardi difetti di questo tipo, deve darne subito notizia all'affittuario.

Literatur

Vgl. die Literaturhinweise bei den Vorbem. zu Art. 275–304.

I. Verweisung/Geltungsbereich

Art. 299a regelt die **Prüfungs- und Rügeobliegenheit des Verpächters** bei der Rückgabe des Pachtobjekts und entspricht materiell Art. 267a des Mietrechts. Im Grundsatz kann deshalb auf Lehre und Rsp. im Mietrecht verwiesen werden. **1**

Der Geltungsbereich der Norm erfasst die Sachpacht des OR (ZK-HIGI, N 3). Da das LPG keine eigene Regelung enthält, gilt Art. 299a, in Anwendung von Art. 1 Abs. 4 LPG, auch für landwirtschaftliche Pachtverhältnisse (STUDER et al., LPG Komm, Nr. 111). **1a**

II. Pachtrechtliche Besonderheiten

2 Im Gegensatz zum Mietrecht ist in gewissen Fällen bei der Rückgabe die **aktive Mitwirkung des Pächters** erforderlich. Dies kommt etwa vor bei der Rückabtretung von Rechten und der Weitergabe von Know-how oder des Kundenstamms, wo eine ordnungsgemässe Rückgabe der Pachtsache ohne Teilnahme des Pächters unmöglich ist. Zudem trifft den Pächter auf Verlangen des Verpächters die Pflicht zu wahrheitsgemässen Auskünften sowie zur Vorlage wahrheitsgemässer Bewirtschaftungsunterlagen, soweit ein übungsgemässer Augenschein für die Prüfung der Fruchtziehungsmöglichkeiten bzw. der Ertragsfähigkeit der Pachtsache nicht ausreicht. Verletzt der Pächter seine Mitwirkungspflicht, entfällt die Obliegenheit des Verpächters zur sofortigen Meldung gem. Art. 299a Abs. 1. Die Feststellung der Pflichtverletzung ist jedoch nach deren Entdeckung durch den Verpächter sofort zu melden (zum Ganzen ZK-Higi, N 11 f.).

3 Die mietrechtliche Rügefrist für eine sofortige Anzeige von erkennbaren Mängeln bzw. Verschlechterungen der Pachtsache und der Fruchtziehungsmöglichkeiten sind für die Pacht, wo es nicht bloss um den Gebrauch von Raum geht, i.d.R. zu knapp bemessen. In der Pacht sollte – insb. bei der Pacht ganzer Gewerbe – eine Frist von einer Woche noch als genügend angesehen werden (Studer et al., LPG Komm, Nr. 111). Bei nicht leicht überschaubaren Verhältnissen muss der Verpächter die Möglichkeit haben, sich einen Überblick darüber zu verschaffen, was er als Mangel geltend machen darf, kann und will (vgl. ZK-Higi, N 14). Bei erkennbaren Mängeln beginnt die Frist sofort zu laufen, bei versteckten Mängeln gilt die mietrechtliche Regelung grundsätzlich analog: Die Frist läuft ab Kenntnisnahme des Mangels und der erheblichen Wahrscheinlichkeit, dass dieser vom Pächter zu vertreten ist (ZK-Higi, N 17).

Art. 299*b*

III. Ersatz von Gegenständen des Inventars

1 Wurde das Inventar bei der Übergabe der Sache geschätzt, so muss der Pächter bei Beendigung der Pacht ein nach Gattung und Schätzungswert gleiches Inventar zurückgeben oder den Minderwert ersetzen.

2 Der Pächter muss für fehlende Gegenstände keinen Ersatz leisten, wenn er nachweist, dass der Verlust auf ein Verschulden des Verpächters oder auf höhere Gewalt zurückzuführen ist.

3 Der Pächter kann für den Mehrwert, der sich aus seinen Aufwendungen und seiner Arbeit ergeben hat, Ersatz fordern.

III. Remplacement des objets portés à l'inventaire

1 Si, lors de la délivrance de la chose, les objets portés à l'inventaire ont été estimés, le fermier doit, à la fin du bail, les restituer de même espèce et valeur ou payer la moins-value.

2 Il ne doit aucune indemnité s'il prouve que les objets non représentés ont péri par la faute du bailleur ou par force majeure.

3 Il a droit à une indemnité pour la plus-value provenant de ses impenses et de son travail.

III. Sostituzione degli oggetti inventariati

1 Se all'atto della consegna fu fatta la stima degli oggetti inventariati, l'affittuario, alla fine dell'affitto, deve restituirli della medesima specie e valore di quelli ricevuti o risarcire la differenza di prezzo.

2 L'affittuario non è tenuto al risarcimento se prova che gli oggetti mancanti sono periti per colpa del locatore o per forza maggiore.

3 L'affittuario può chiedere rifusione del maggior valore che derivi dalle sue spese e dal suo lavoro.

Literatur

Vgl. die Literaturhinweise bei den Vorbem. zu Art. 275–304.

I. Verweisung/Geltungsbereich

Art. 299b bezieht sich auf Art. 277, der die Inventaraufnahme bei Pachtantritt regelt. Bedingt durch die enge Verknüpfung entspricht der Geltungsbereich demjenigen von Art. 277 und gilt deshalb für die Sachpacht und die gemischte Pacht, soweit ein Inventar zu deren Vertragsgegenstand gehört. Auf landwirtschaftliche Pachtverhältnisse ist Art. 299b nur teilweise anwendbar. Während Art. 299b den Ersatz gepachteter Gegenstände und gepachteten Inventars regelt, betrifft das LPG die Pacht von Land und Gebäuden. Verpachtete Gegenstände und Inventar fallen, mit Ausnahme der selbst produzierten Vorräte (Art. 25 LPG), nicht in den Geltungsbereich des LPG (vgl. Art. 299 N 5). 1

II. Allgemeines

Ausgangspunkt dieses Artikels bildet Art. 277. Danach besteht bei Pachtbeginn die Pflicht, ein Inventar zu erstellen und eine Schätzung vorzunehmen. Dem Inventar kommt somit die Bedeutung einer **Beweisurkunde** für den Bestand und Zustand der Pachtsache zu (Art. 277 N 1). Gemäss dem Geltungsbereich von Art. 277 bezieht sich der Begriff Inventar lediglich auf Geräte, Vieh und Vorräte. Für das übrige Zubehör des Pachtobjektes gilt Art. 299. 2

Indem der Pächter bei Beendigung **ein der Gattung und Schätzung nach gleiches Inventar** zurückzugeben hat, trägt er die Gefahr für Beschädigungen und Untergang, die die Folge eines gewöhnlichen Zufalls sind. Entscheidend ist also nicht die gehörige Bewirtschaftung, sondern die Angabe im Inventar. Fehlen Inventargegenstände, so hat er die Wahl, das Fehlende auf eigene Rechnung zu beschaffen oder den Minderwert zu erstatten (ZK-Higi, N 11 ff.). Dabei sind die Preise im Zeitpunkt der Rückgabe heranzuziehen. 2a

Ist der Verlust auf ein Verschulden des Verpächters oder auf höhere Gewalt zurückzuführen, haftet der Pächter nach Abs. 2 nicht für fehlende Gegenstände. Der Nachweis, dass den Verpächter ein Verschulden trifft, richtet sich nach den allgemeinen Regeln der Art. 97 und 99 Abs. 1. Die Haftungsbeschränkung bezieht sich sowohl auf den Untergang wie auch auf die Beschädigung von Inventar. Art. 299b Abs. 1 und 2 sind nur relativ zwingend zugunsten des Pächters, d.h. die Parteien können eine abweichende Regelung zugunsten des Pächters, nicht aber zugunsten des Verpächters treffen (ZK-Higi, N 4). 2b

III. Der Mehrwert des Abs. 3

Bereits Art. 299 Abs. 2 lit. a bestimmt, dass der Pächter für Anstrengungen, die über die gehörige Bewirtschaftung der Pachtsache hinausgehen, Ersatz fordern kann. Dieser Grundsatz gilt auch für das Inventar. Ersatz kann nur für den Mehrwert als Folge von Arbeitsleistung und Aufwendungen gefordert werden. Der Nachweis dürfte allerdings schwierig zu erbringen sein, da das heutige landwirtschaftliche Inventar rasch veraltet. Dagegen kann der Pächter für neu angeschaffte Inventarstücke, die nicht bloss einen Ersatz für abgegangene bilden, die Preise bei Beendigung der Pacht einsetzen (ZK-Higi, N 25). 3

Art. 299*c*

O. Retentionsrecht	**Der Verpächter von Geschäftsräumen hat für einen verfallenen und einen laufenden Pachtzins das gleiche Retentionsrecht wie der Vermieter für Mietzinsforderungen (Art. 268 ff.).**
O. Droit de rétention	Le bailleur a, pour la garantie du fermage de l'année écoulée et de l'année courante, le même droit de rétention qu'en matière de bail à loyer (art. 268 et s.).

O. Diritto di ritenzione	Per il fitto annuale scaduto e per quello in corso il locatore di locali commerciali ha lo stesso diritto di ritenzione come in materia di pigioni (art. 268 segg.).

Literatur

Vgl. die Literaturhinweise bei den Vorbem. zu Art. 275–304.

1 Art. 299c verweist auf Art. 268–268b des Mietrechts. Dem Verpächter von **Geschäftsräumen** steht demnach das gleiche **Retentionsrecht** zu wie dem Vermieter. Soweit keine pachtspezifischen Besonderheiten zu beachten sind, kann auf die entsprechenden mietrechtlichen Bestimmungen verwiesen werden.

1a Der Geltungsbereich der Norm beschränkt sich auf die sog. Pacht von Geschäftsräumen i.S. des OR. Für landwirtschaftliche Pachtverhältnisse gilt Art. 25b LPG, welcher wie Art. 299c auf das Retentionsrecht des Vermieters von Geschäftsräumen verweist (Studer et al., LPG Komm, Nr. 113).

1b Das Retentionsrecht des Verpächters weicht im Umfang von demjenigen des Vermieters ab. Art. 299c ist dahingehend zu präzisieren, dass unter Berücksichtigung von Art. 25b LPG wie auch des französischen und italienischen Gesetzeswortlauts ein Retentionsrecht bis zur Höhe der Summe des Pachtzinses für das vergangene und das ganze laufende Jahr besteht (Handkomm-OR-Fricker/Seiler, N 2).

Art. 300

P. Kündigungsschutz bei der Pacht von Wohn- und Geschäftsräumen	**1 Für den Kündigungsschutz bei der Pacht von Wohn- und Geschäftsräumen gilt das Mietrecht (Art. 271–273c) sinngemäss.** **2 Nicht anwendbar sind die Bestimmungen über die Wohnung der Familie (Art. 273a).**
P. Protection contre les congés concernant les baux d'habitations ou de locaux commerciaux	1 Les dispositions sur le bail à loyer (art. 271 à 273c) sont applicables par analogie pour ce qui est de la protection contre les congés concernant les baux à ferme portant sur des habitations ou des locaux commerciaux. 2 Les dispositions relatives au logement de la famille (art. 273a) ne sont pas applicables.
P. Protezione dalle disdette in caso d'affitto di locali d'abitazione e commerciali	1 Alla protezione dalle disdette in caso d'affitto di locali d'abitazione e commerciali sono applicabili per analogia le disposizioni in materia di locazione (art. 271–273c). 2 Non sono applicabili le disposizioni sulle abitazioni familiari (art. 273a).

Literatur

Vgl. die Literaturhinweise bei den Vorbem. zu Art. 275–304.

I. Verweisung

1 Das Gesetz selber verweist in Art. 300 Abs. 1 auf die Bestimmungen des Mietrechts (Art. 271–273c; hierzu BGer, 3.11.2003, 4C.155/2003, E. 4.1). Abs. 2 von Art. 300 schliesst die Bestimmungen über die Wohnung der Familie von der Anwendung im Pachtrecht aus (Art. 273a; s. N 3). Somit kann grundsätzlich auf die Komm. zu Art. 271–273 sowie 273b–c OR *verwiesen werden.* ***Sinngemässe*** Anwendung des Mietrechts bedeutet, dass bei der Anwendung dieser mietrechtlichen Vorschriften die wirtschaftliche Ausrichtung der Pacht berücksichtigt werden muss.

Für die landwirtschaftliche Pacht enthalten Art. 26 ff. LPG spezielle Normen, die den Bedürfnissen des landwirtschaftlichen Pächters Rechnung tragen. Art. 300 findet keine Anwendung (s. N 4; STUDER et al., LPG Komm, Nr. 114). 1a

II. Normzweck

Abs. 1 von Art. 300 erklärt den Kündigungsschutz des Mietrechts auf die Pacht von Wohn- und Geschäftsräumen sinngemäss anwendbar. Der Kündigungsschutz soll gelten, wenn Geschäftsräume gepachtet werden oder wenn die Benutzung einer Wohnung im Pachtvertrag inbegriffen ist (Botschaft Miet- und Pachtrecht, 1476, krit. dazu ZK-HIGI, N 8). Daraus ergibt sich, dass bspw. der Pächter eines Steinbruchs keinen Kündigungsschutz beanspruchen kann (Botschaft Miet- und Pachtrecht, 1476). Die Rechtsfolge des Kündigungsschutzes besteht für den geschützten Pächter darin, dass er – wie der Mieter – die Unwirksamkeit der Kündigung geltend machen oder die Erstreckung des Pachtverhältnisses verlangen kann (Botschaft Miet- und Pachtrecht, 1476). 2

Der wirtschaftlichen Ausrichtung der Pacht entsprechend sind bei der Beurteilung einer **Kündigung** des Verpächters oder Pächters auf Treuwidrigkeit i.S.v. Art. 271 Abs. 1 hin besonders wirtschaftliche Gesichtspunkte massgebend, wie sie ebenfalls bei der Geschäftsraummiete zu beachten sind. Eine Kündigung zur Verpachtung an einen Konkurrenten des Pächters ist ebenso wenig treuwidrig wie die Kündigung infolge mangelnder Rendite einer Partei sowie die Kündigung infolge ungenügender Bewirtschaftungsqualität oder fachlicher Eignung des Pächters (zum Ganzen ZK-HIGI, N 23 f.). 2a

Bei der **Erstreckung** des Pachtverhältnisses ist von einer ähnlichen Interessenabwägung auszugehen wie bei der Miete von Geschäftsräumen. Wesentlicher Gesichtspunkt ist das Interesse des Verpächters an der Eigenbetriebsführung oder die Umwandlung des Pachtobjekts aus wirtschaftlichen Gründen sowie Vertragsverletzungen beider Parteien. Vertragsverletzungen des Pächters schliessen eine Erstreckung tendenziell aus, Vertragsverletzungen des Verpächters rechtfertigen tendenziell eine längere Erstreckung (zum Ganzen ZK-HIGI, N 30). 2b

III. Wohnung der Familie

Art. 300 Abs. 2 bestimmt ausdrücklich, dass Art. 273a, der dem Ehegatten des Mieters die gleichen Rechte wie dem Mieter selber verschafft, bei der Pacht keine Anwendung finden soll. Der Grund für diese unterschiedliche Behandlung liegt darin, dass die Pacht die geschäftliche Tätigkeit des Pächters zum Hauptinhalt hat. Selbst wenn die Benutzung einer Wohnung zur Pacht gehört, ändert sich an dieser Beurteilung nichts. Nur wenn das Schwergewicht des Vertragsinhaltes auf der Wohnnutzung liegt, finden die Bestimmungen über die Familienwohnung Anwendung (Botschaft Miet- und Pachtrecht, 1476). Ist mit dem Pachtvertrag eine Wohnung verbunden, kann für die Wohnung auch ein separater Mietvertrag abgeschlossen werden. Auf diesen finden selbstredend die Schutzbestimmungen über die Familienwohnung Anwendung (Botschaft Miet- und Pachtrecht, 1476). 3

IV. Kündigungsschutz im LPG

Das LPG beinhaltet eine Sonderregelung, die den Bedürfnissen des landwirtschaftlichen Pächters Rechnung trägt. Die **Erstreckung** des Pachtverhältnisses wird dem Pächter zugestanden, wenn dies dem Verpächter zumutbar ist. Die Beweislast liegt beim Verpächter, d.h. der Pächter darf mit einer Erstreckung rechnen, wenn der Verpächter nicht besondere Gründe für die Kündigung nachweist (STUDER et al., LPG Komm, Nr. 541). 4

Gemäss Art. 26 LPG kann der Pächter innert drei Monaten seit Empfang der Kündigung auf Erstreckung klagen. Die von der Kündigung betroffene Partei hat das Recht, von der anderen 4a die Gründe der Kündigung zu erfahren (Art. 16 Abs. 1 LPG). Dies erlaubt dem Pächter, die Erfolgsaussichten seiner Klage abzuwägen. Liegt die Begründung in einer nachweisbaren Pflichtverletzung des Pächters, wird das Gericht die Erstreckung nicht gewähren. Liefert die kündigende Partei trotz Aufforderung keine Begründung, kann dies die Regelung der Prozesskosten beeinflussen. Dasselbe gilt im umgekehrten Sinn, wenn aus der Begründung hervorgeht, dass die Klage aussichtslos ist (STUDER et al., LPG Komm, Nr. 548).

4b Bei Fixpachten, d.h. Verträgen mit bestimmter Dauer, kann spätestens neun Monate vor Ablauf der Pacht auf Pachterstreckung geklagt werden (Art. 26 Abs. 2 LPG).

5 Art. 27 Abs. 2 LPG zählt die Gründe auf, die dem Verpächter die Fortsetzung der Pacht unzumutbar machen. Im Wesentlichen handelt es sich um Gründe, die in der Person der Parteien liegen wie Selbstnutzung, vertragswidriges Verhalten, Zahlungsunfähigkeit oder Gründe, die in der Pachtsache selber (Bauland, nicht erhaltenswürdiges Gewerbe) liegen. Die Aufzählung in Art. 27 Abs. 2 lit. a–e LPG ist nicht abschliessend (STUDER et al., LPG Komm, Nr. 569; BGer, 13.9.1994, 4C.463/1993). Die Erstreckungsdauer beträgt drei bis sechs Jahre. Der Richter würdigt dabei die persönlichen Verhältnisse sowie die Art des Pachtgegenstandes (Art. 27 Abs. 4 LPG; STUDER et al., LPG Komm, Nr. 602 ff.). Wird die Pachterstreckung bewilligt, kann der Vertrag den veränderten Bestimmungen angepasst werden (Art. 28 LPG).

Art. 301

Q. Verfahren	**Das Verfahren richtet sich nach der ZPO.**
Q. Procédure	La procédure est régie par le CPC.
Q. Procedura	La procedura è retta dal CPC.

1 Die **örtliche Zuständigkeit** für Klagen aus Miete und Pacht unbeweglicher Sachen bestimmt sich nach Art. 33 ZPO. Unter diesen Artikel fallen sowohl Klagen aus nichtlandwirtschaftlicher Pacht unbeweglicher Sachen als auch solche aus landwirtschaftlicher Pacht. Diese Klagen sind allesamt am Ort der gelegenen Sache zu erheben (ZPO Komm-FELLER/BLOCH, Art. 33 N 1 ff.). Der Gerichtsstand nach Art. 33 ZPO ist teilzwingend, d.h. die pachtende Partei kann nicht zum Voraus – namentlich in Gerichtsstandsklauseln – oder durch Einlassung auf den Gerichtsstand am Ort der gelegenen Sache verzichten (Art. 35 Abs. 1 lit. b, c und Abs. 2 ZPO; ZPO Komm-FELLER/BLOCH, Art. 33 N 6). Für die Pacht von beweglichen Sachen oder Rechten bestimmt sich die örtliche Zuständigkeit nach Art. 31 ZPO.

2 Für Streitigkeiten aus Pacht von Wohn- und Geschäftsräumen sowie aus landwirtschaftlicher Pacht findet das vereinfachte **Verfahren** nach Art. 243 ff. ZPO Anwendung. Unabhängig vom Streitwert ist das vereinfachte Verfahren auf die Hinterlegung von Pachtzinsen, den Schutz vor missbräuchlichen Pachtzinsen, den Kündigungsschutz oder die Erstreckung des Pachtverhältnisses anwendbar (Art. 243 Abs. 2 lit. c ZPO). Liegt keine der vorgenannten Streitigkeiten aus Pacht vor oder handelt es sich nicht um die Pacht von Wohn- und Geschäftsräumen bzw. landwirtschaftliche Pacht, so findet das vereinfachte Verfahren nur Anwendung, wenn der Streitwert CHF 30 000 nicht übersteigt (ZPO Komm-HAUCK, Art. 243 N 4). Andernfalls findet das ordentliche Verfahren nach Art. 219 ff. ZPO Anwendung. Bezüglich der **Klagebewilligung** gilt es zu beachten, dass die Klagefrist bei Streitigkeiten aus Pacht von Wohn- und Geschäftsräumen sowie aus landwirtschaftlicher Pacht 30 Tage beträgt (Art. 209 Abs. 4 ZPO). Sie beträgt jedoch drei Monate bei der Pacht von Bauland oder Land, das nicht landwirtschaftlich genutzt wird.

3 Für die **Pachtausweisung (Exmission)** eines Pächters von Wohn- und Geschäftsräumen infolge ausserordentlicher Kündigung, bei welcher eine Erstreckung nicht mehr möglich ist (vgl. Art. 300 i.V.m. Art. 272a), empfiehlt sich bei liquiden Verhältnissen das Summarverfahren des Rechtsschutzes in klaren Fällen (vgl. ZPO Komm-SUTTER-SOMM/LÖTSCHER, Art. 257 N 38). Diesfalls kann der Verpächter das Begehren um Pachtausweisung ohne vorgängiges Schlichtungsverfahren direkt beim zuständigen Gericht anhängig machen (Art. 248 lit. b i.V.m. Art. 198 lit. a ZPO). Falls liquide Verhältnisse vorliegen, gilt dasselbe auch für die unangefochtene ordentliche Kündigung (BGer, 15.10.2012, 4A_349/2012). Dem Verpächter bleibt es jedoch anheimgestellt, die Exmission im vereinfachten bzw. im ordentlichen Verfahren einzuleiten.

Gemäss Art. 348 lit. b ZPO können Leistungen aus Miete und Pacht nicht der direkten Vollstreckbarkeit unterworfen werden. Hinsichtlich der Parteiautonomie bei der Ernennung der Schiedsrichter macht das Gesetz in Art. 361 Abs. 4 ZPO für den Bereich «Miete und Pacht von Wohnräumen in der Schweiz» eine Einschränkung: Ausschliesslich die staatliche paritätische Schlichtungsbehörde kann als Schiedsgericht eingesetzt werden. 4

Art. 302

R. Viehpacht und Viehverstellung
I. Rechte und Pflichten des Einstellers

[1] Bei der Viehpacht und Viehverstellung, die nicht mit einer landwirtschaftlichen Pacht verbunden sind, gehört die Nutzung des eingestellten Viehs dem Einsteller, wenn Vertrag oder Ortsgebrauch nichts anderes bestimmen.

[2] Der Einsteller muss die Fütterung und Pflege des Viehs übernehmen sowie dem Verpächter oder Versteller einen Zins in Geld oder einen Teil des Nutzens entrichten.

R. Bail à cheptel
I. Droits et obligations du fermier

[1] Dans le bail à cheptel qui ne se rattache pas à un bail agricole, tous les profits tirés du bétail loué appartiennent au fermier, sauf convention ou usage local contraires.

[2] Le fermier nourrit et soigne le bétail; il paie au bailleur un fermage consistant soit en espèces soit en une part des profits.

R. Affitto di bestiame e soccida
I. Diritti e obblighi dell'affittuario

[1] Nell'affitto di bestiame e nella soccida non compresi nell'affitto di un fondo agricolo, gli utili del bestiame appartengono, ove non sia diversamente stabilito dal contratto o dall'uso locale, all'affittuario.

[2] Il nutrimento e la cura del bestiame sono a carico dell'affittuario, che deve corrispondere al locatore il fitto in denaro o in una parte degli utili.

Viehpacht und Viehverstellung stellen eine eigenständige Unterart der Pacht dar. Der Versteller (Verpächter) überlässt dem Einsteller (Pächter) den Besitz an nutzbarem Vieh zur Haltung auf Zeit. Eigentümer des Viehs bleibt der Versteller. Die Gegenleistung besteht einerseits in der **Fütterung und Pflege des Viehs** und andererseits in der **Bezahlung eines Zinses** oder Ablieferung eines Teils der Nutzungen (Teilpacht). Neben artgerechter und ausreichender Fütterung und üblicher Pflege gehören auch notwendige Stall- und Weideplätze zu den Unterhaltspflichten (Handkomm-OR-FRICKER/SEILER, N 3). Der Pächter ist analog zu Art. 283 zur Nutzung nicht nur berechtigt, sondern verpflichtet, wenn das Vieh sonst zu Schaden käme (ZK-HIGI, N 20). 1

Die **Viehpacht** und die **Viehverstellung** beziehen sich auf die jeweilige Interessenlage der Parteien: Bei der Viehpacht liegt das Interesse an einer Einstellung und Nutzung des Viehs beim Pächter, während die Viehverstellung im Interesse des Verpächters erfolgt. Die Begriffe haben aber keine unterschiedlichen rechtlichen Bedeutungen (ZK-HIGI, N 11). 1a

Gegenstand der Viehpacht ist Vieh, wobei dieses den zentralen Vertragsgegenstand darstellt. Unter den Begriff des Viehs fallen alle Haustiere, die einen bestimmten Nutzen (Fruchtziehung) abwerfen (Milch, Wolle, Junge, Dünger usw.) und gemeinhin deswegen gehalten wer- 1b den, also z.B. Schafe, Kühe, Ziegen, Esel, Schweine und Federvieh (ZK-HIGI, N 15 ff.). Ist lediglich Gebrauch oder Verbrauch vorgesehen, liegt keine (Vieh-)Pacht vor.

2 Art. 302 selber beinhaltet drei **Einschränkungen der allgemeinen Regelung**:
- Die Viehverstellung bezieht sich nur auf jene Verhältnisse, die nicht mit einer landwirtschaftlichen Pacht verbunden sind.
- Durch **Vertrag** kann eine abweichende Vereinbarung getroffen werden. Der Umfang der Nutzung wie auch jener der vom Einsteller zu erbringenden Gegenleistung kann also frei vereinbart werden.
- Schliesslich kann ebenfalls **Ortsgebrauch** für den Umfang der Nutzung massgebend sein (ZK-HIGI, N 5, m.w.V.).

Da der Einsteller (Pächter) seinen Verdienst über die Nutzung des Viehs erzielt, hat der Versteller (Verpächter), entgegen den allgemeinen sachpachtlichen Grundsätzen, den Ertrag und nicht bloss die Ertragsfähigkeit zu garantieren (ZK-HIGI, N 24, m.w.V.).

Art. 303

II. Haftung

[1] Bestimmen Vertrag oder Ortsgebrauch nichts anderes, so haftet der Einsteller für Schäden am eingestellten Vieh, wenn er nicht beweist, dass er die Schäden trotz sorgfältiger Hut und Pflege nicht vermeiden konnte.

[2] Für ausserordentliche Pflegekosten kann der Einsteller vom Versteller Ersatz verlangen, wenn er sie nicht schuldhaft verursacht hat.

[3] Der Einsteller muss schwerere Unfälle oder Erkrankungen dem Versteller so bald als möglich melden.

II. Responsabilité

[1] Sauf convention ou usage local contraires, le fermier répond du dommage subi par le cheptel, s'il ne prouve que le dommage s'est produit malgré toute la diligence déployée dans les soins et la garde du bétail.

[2] Les frais extraordinaires d'entretien qui n'ont pas été causés par la faute du fermier sont à la charge du bailleur.

[3] Le fermier est tenu de signaler dès que possible au bailleur les accidents ou maladies d'une certaine gravité.

II. Responsabilità

[1] Ove non diversamente stabilito dal contratto o dall'uso locale, l'affittuario risponde del danno patito dal bestiame affittato, salvo ove provi che il danno non avrebbe potuto essere evitato malgrado ogni debita custodia e cura.

[2] L'affittuario può pretendere dal locatore il rimborso delle spese straordinarie di cura che non siano state cagionate per sua colpa.

[3] Egli deve inoltre dare il più presto possibile avviso al locatore di accidenti o di malattie di una certa gravità.

1 Die Haftung des Pächters (Einstellers) ist eine Verschuldenshaftung i.S.v. Art. 97. Folglich steht ihm die Möglichkeit der Exkulpation offen (ZK-HIGI, N 4). Die Haftungsregeln des Art. 303 Abs. 1 sind dispositiver Natur. Durch vertragliche Vereinbarung oder Ortsgebrauch kann eine andere Regelung getroffen werden. Beispielsweise in Bezug auf Alpunfälle gibt es Ortsgebräuche, die als primäre gesetzliche Regeln der Ordnung des Art. 303 Abs. 1 vorgehen (ZK-HIGI, N 4).

2 Für die ordentliche Pflege und Fütterung sowie die ordentliche Haltung des Viehs hat der Pächter auf seine Kosten aufzukommen. Weiter treffen ihn die Kosten, die er durch eigenes schuldhaftes Verhalten verursacht hat. Entspricht das dem Pächter überlassene Vieh hingegen *nicht dem vertragsgemässen* Gesundheitszustand oder der vertragsgemässen Ertragskraft, so ist der Pächter zwar verpflichtet, die notwendigen Pflegemassnahmen zu leisten oder zu veranlassen. Der Verpächter (Versteller) hat ihm aber die entstandenen Kosten zu ersetzen, und

zwar auch dann, wenn die Behandlung letztlich nicht zum erhofften Erfolg geführt hat (ZK-Higi, N 9).

3 Die Meldepflicht des Pächters über schwere Unfälle oder Erkrankungen des Viehs gem. Abs. 3 entspricht der Meldepflicht, wie sie in Art. 286 besteht. Dem Verpächter soll so die Möglichkeit offen stehen, selbst Massnahmen zum Schutz seines Viehs zu ergreifen und die ausserordentlichen Aufwendungen des Pächters i.S.v. Abs. 2 zu beurteilen (Handkomm-OR-Fricker/Seiler, N 3). Unterlässt der Pächter die Meldung, haftet er für den Schaden, der dem Versteller erwächst (Art. 286 Abs. 2).

Art. 304

III. Kündigung

[1] Ist der Vertrag auf unbestimmte Zeit abgeschlossen, so kann ihn jede Partei auf einen beliebigen Zeitpunkt kündigen, wenn Vertrag oder Ortsgebrauch nichts anderes bestimmen.

[2] Die Kündigung soll jedoch in guten Treuen und nicht zur Unzeit erfolgen.

III. Résiliation

[1] Lorsque le bail est de durée indéterminée, une partie peut le résilier pour n'importe quel terme, sauf convention ou usage local contraires.

[2] La résiliation doit être faite de bonne foi et ne doit pas avoir lieu en temps inopportun.

III. Disdetta

[1] Se il contratto è concluso a tempo indeterminato, ciascuna delle parti, ove non diversamente stabilito dal contratto o dall'uso locale, può dare la disdetta per una scadenza qualsiasi.

[2] La disdetta deve però essere data in buona fede e non intempestivamente.

1 Gemäss Art. 304 Abs. 1 gilt mangels abweichender Parteivereinbarung oder Ortsgebrauch, dass jede Partei einen auf unbestimmte Zeit abgeschlossenen Viehpachtvertrag **jederzeit**, d.h. fristlos und ohne Rücksicht auf einen bestimmten Beendigungstermin, **kündigen** kann. Diese freizügige Regelung rechtfertigt sich, weil sich die Vorteile beider Parteien jederzeit das Gleichgewicht halten (ZK-Higi, N 10, m.w.V.). Zum Schutze der gekündigten Partei hat der Gesetzgeber in Abs. 2 von Art. 304 den **Vorbehalt** statuiert, dass die Kündigung in guten Treuen und, wie bei der jederzeitig zulässigen Beendigung eines Auftrags nach Art. 404 Abs. 2, nicht zur Unzeit erfolgen soll. Im Unterschied zu Art. 404 Abs. 2 ist aber eine unzeitige Kündigung des Viehpachtvertrages nicht mit einer Schadenersatz-, sondern mit einer Nichtigkeitsfolge verknüpft. Dies hat zur Folge, dass sich die gekündigte Partei nicht an die Kündigung zu halten braucht. Die nichtige Kündigung kann jedoch jederzeit durch eine gültige, zeitgerechte Kündigung ersetzt werden (ZK-Higi, N 14; **a.A.** Handkomm-OR-Fricker/Seiler, N 5, welche die Umdeutung in eine Kündigung auf den nächsten zulässigen Zeitpunkt befürwortet).

2 Neben den Fällen des offenbaren Rechtsmissbrauchs gemäss Rsp. zu Art. 2 Abs. 2 ZGB ist die Kündigung auch unzulässig, wenn dem Vertragspartner in diesem Zeitpunkt die Rückgabe oder Rücknahme des Viehs unmöglich ist, z.B. wenn der Verpächter das Vieh momentan nicht übernehmen kann, weil er abwesend, das Vieh krank oder der Stall noch im Umbau ist. Unzeitig ist eine Kündigung zudem, wenn diese bewusst ein Ungleichgewicht zwischen Aufwand und Ertrag der Parteien herbeiführt. Steht bspw. der Anfall des nur sporadisch erfolgenden Nutzens kurz bevor (z.B. in Form der Geburt eines Jungtiers), soll also der Verpächter dem Pächter den Nutzen nicht entziehen können (Handkomm-OR-Fricker/Seiler, N 4, m.w.V.).

Neunter Titel: Die Leihe

Vorbemerkungen zu Art. 305–318

Literatur

ABEGG et al., Schweizerisches Bankenrecht, Handbuch für Finanzfachleute, 3. Aufl., Zürich/Basel/Genf 2012; ABEGGLEN, Die Aufklärungspflichten in Dienstleistungsbeziehungen, insbesondere im Bankgeschäft. Diss. Bern 1995: ABEGGLEN/COENDET/GROSS, Aspekte der AGB-Kontrolle im Bankbereich – Insbesondere zur Inhaltskontrolle nach dem neuen Art. 8 UWG, in: Emmenegger (Hrsg.), Schweizerische Bankrechtstagung 2013, Basel 2013, 83 ff.; AESCHLIMANN, Der Krediteröffnungsvertrag nach schweizerischem Recht, Diss. Bern 1925; AFFENTRANGER-BRUNNER, Verarrestierbarkeit der Rechte des Kreditnehmers aus einem Krediteröffnungsvertrag bei einer Bank, Diss. Zürich 1989; ARPAGAUS, Die Besicherung von Anleihen, Diss. Zürich 1995; ARTER/JÖRG, Kreditkartenverträge – unter besonderer Berücksichtigung von Rückbelastungsklauseln, AJP 2004, 425 ff.; BALMER, Les clauses négatives dans les crédits bancaires, Diss. Lausanne 2004; BAUMANN D., Der Baukredit, 2. Aufl., Zürich 1997 (zit. Baukredit); BAUMANN S., Crowdinvesting im Finanzmarktrecht, Diss. Zürich 2014 (zit. Crowdinvesting); BERNHEIM, Die Finanzierung von Grundstückskäufen durch Personen im Ausland, Diss. Zürich 1993; BERTHEAU, Die Haftung der Kreditgeberbank gegenüber dem Kreditnehmer, Diss. Zürich 1998; BERTSCHINGER, Rechtsprobleme des Securities Lending and Borrowing, Bd. 1, Grundlagen und Analyse der Geschäftsformen, Zürich 1994 (zit. Rechtsprobleme,); DERS., Die Kündigung des verzinslichen Darlehensvertrages aus wichtigem Grund, SJZ 1996, 371 ff.; BLAESER, Die Zinsen im schweizerischen Obligationenrecht – Geltendes Recht und Vorschlag für eine Revision, Diss. St. Gallen 2011; BLUM, Die Wirkung von Konzerndarlehen auf die Ausschüttungsfähigkeit, GesKR 2014, 463 ff.; BOCHUD, Darlehen an Aktionäre aus wirtschaftlicher, zivil- und steuerrechtlicher Sicht, Diss. Bern 1991; BÖCKLI, Schweizerisches Aktienrecht, 4. Aufl., Zürich 2009 (zit. Aktienrecht); DERS., Aktienrechtliches Sondervermögen und Darlehen an Aktionäre, in: FS für Frank Vischer, Zürich 1983, 527 ff. (zit. Sondervermögen); DERS., Der Rangrücktritt im Spannungsfeld von Schuld- und Aktienrecht, in: FS für Walter R. Schluep, Zürich 1988, 339 ff. (zit. Rangrücktritt); BOEMLE/STOLZ, Unternehmensfinanzierung, 2 Bde., 14. Aufl., Zürich 2010/2012; BOEMLE et al., Geld-, Bank- und Finanzmarktlexikon der Schweiz, Zürich 2002; BÖSCH, Die Emission von Schuldverschreibungen nach schweizerischem Recht – ein Rechtsvergleich mit dem geplanten deutschen Schuldverschreibungsrecht, in: Die Reform des Schuldverschreibungsrechts, Berlin 2004 (zit. Schuldverschreibungen); DERS., Hybride Finanzinstrumente, in: Reutter/Werlen (Hrsg.), Kapitalmarkttransaktionen III, Zürich 2008, 39 ff. (zit. Finanzinstrumente); BÖSCH/HUYNH, Neue Rahmenbedingungen für bankenregulatorische Eigenmitteltransaktionen – CoCos, Write-Down-Anleihen und Aktienemissionen aus Vorratskapital, in: Reutter/Werlen (Hrsg.), Kapitalmarkttransaktionen VII, Zürich 2012, 89 ff.; BRAND, Swissair Cash Pool, AJP 2015, 135 ff.; BÜRGI/MOSKRIC, Pfandbriefbasierte Kreditfinanzierungen, in: Emmenegger (Hrsg.), Schweizerische Bankrechtstagung 2010, Basel 2010, 103 ff. (zit. Kreditfinanzierungen); DIES., Asset-Backed Securitisation in der Schweiz, in: Reutter/Werlen (Hrsg.), Kapitalmarkttransaktionen IX, Zürich 2014, 165 ff. (zit. Securitisation); CERUTTI, Der Untervertrag, Diss. Freiburg 1990; CHRIST, Der Darlehensvertrag, in: Schweizerisches Privatrecht (SPR), Bd. VII/2, Basel 1979; CHRISTEN, Der Kollektivanlagevertrag (Art. 6 AFG), Diss. Zürich 2002; COENDET, Gesetzgebungsstrategie des neuen AGB-Rechts, ZSR 2014 I, 45 ff.: DAENIKER, Anlegerschutz bei Obligationenanleihen, Diss. Zürich 1992; DEGRANDI, Rechtsprobleme des Lombardkredites, SZW 1990, 2 ff.; DESSEMONTET, La responsabilité de la banque dispensatrice de crédits comme organe de fait de son débiteur, in: FS für Karl Heinz Neumayer, Basel 1997, 403 ff.; EITEL, Darlehen – Schenkung – Vorempfang, successio 2013, 202 ff.; EMCH/RENZ/ARPAGAUS, Das Schweizerische Bankgeschäft, 7. Aufl., Zürich 2011; EMMENEGGER, Das Sanierungsdarlehen, in: Emmenegger (Hrsg.), Schweizerische Bankrechtstagung 2010, Basel 2010, 153 ff. (zit. Sanierungsdarlehen); DIES., Haftungsrisiken bei Immobiliarkrediten, in: Emmenegger (Hrsg.), Schweizerische Bankrechtstagung 2012, Basel 2012, 39°ff. (zit. Haftungsrisiken); ERNI, Factoring nach schweizerischem Recht, Diss. Zürich 1974; FÄSSLER, Der Factoringvertrag im schweizerischen Recht, Diss. Zürich 2010; FRIZ, Darlehen an Konzerngesellschaften, GesKR 2006, 325 ff.; FURRER, Der gemeinsame Zweck als Grundbegriff und Abgrenzungskriterium im Recht der einfachen Gesellschaft, Diss. Zürich 1996; GASSER, Neues Nachlassverfahren – praktische Konsequenzen für die Betreibungs- und Konkursämter, BlSchK 2014, 1 ff.; GAUCH, System der Beendigung von Dauerverträgen, Diss. Freiburg 1968 (zit. System); GEIGER, Die Rechtsbeziehungen im Hypothekarkreditgeschäft, Diss. Zürich 1939; GEISSMANN/HUBER/WETZEL, Grundstückserwerb in der Schweiz durch Personen im Ausland, Zürich 1998; GIGER, Kreditkartensysteme, Eine ökonomisch-juristische Studie, 2. Aufl., Zürich 1985; GIO-

VANOLI L., Rechtsprobleme von Repurchase Agreements (Repos), Diss. Zürich 2003 (zit. Repos); GIOVANOLI M., Bargeld – Buchgeld – Zentralbankgeld: Einheit oder Vielfalt im Geldbegriff? in: FS für Beat Kleiner, Zürich 1993, 87 ff. (zit. Geldbegriff); GLANZMANN, Der Darlehensvertrag mit einer Aktiengesellschaft aus gesellschaftsrechtlicher Sicht, Diss. St. Gallen 1996 (zit. Darlehensvertrag); DERS., Rangrücktritt oder Nachrangvereinbarung?, Anwendungsbereiche, Ausgestaltung und Grenzen zweier ungleicher Instrumente der Mezzanine-Finanzierung, GesKR 2007, 6 ff. (zit. GesKR 2007); DERS., Das Zinseszinsverbot beim Darlehen, in: Rechtliche Rahmenbedingungen des Wirtschaftsstandortes Schweiz, Zürich 2007, 433 ff. (zit. Zinseszinsverbot); DERS., Sanierungsdarlehen, ZBJV 2010, 261 ff. (zit. ZBJV 2010); DERS., Das Zinseszinsverbot beim Darlehen, in: Rechtliche Rahmenbedingungen des Wirtschaftsstandortes Schweiz, Zürich 2007, 433 ff. (zit. Zinseszinsverbot); GRAF, Das Darlehen mit Gewinnbeteiligung oder das partiarische Darlehen, Diss. Aarau 1951; VON GREYERZ, Kapitalersetzende Darlehen, in: FS für Frank Vischer, Zürich 1983, 547 ff.; GUERY, Die Abgrenzung des partiarischen Darlehens von der Gesellschaft, Diss. Zürich 1999; GUGGENHEIM/GUGGENHEIM, Les contrats de la pratique bancaire suisse, 5. Aufl., Bern 2014; GUGLER, Wandel- und Optionsanleihen nach schweizerischem Recht, Diss. Zürich 1991; HEINZER, La responsabilité de la banque dispensatrice de crédit envers les tiers créanciers de son client, Diss. Basel 2001; HOLD, Das kapitalersetzende Darlehen im schweizerischen Aktien- und Konkursrecht, Diss. Bern 2000; HONGLER, Hybride Finanzierungsinstrumente im nationalen und internationalen Steuerrecht der Schweiz, Diss. Zürich 2012; HONSELL, Die Abwicklung sittenwidriger Darlehensverträge in rechtsvergleichender Sicht, in: FS für Hans Giger, Bern 1989, 287 ff. (zit. FS Giger); HUBER, Umqualifizierung von Darlehen im Konkurs einer Konzerngesellschaft, SZW 2006, 282 ff.; HÜRLIMANN-KAUP, Die privatrechtliche Gefälligkeit und ihre Rechtsfolgen, Diss. Freiburg i.Ue. 1999; JAGMETTI, Cash Pooling im Konzern, Diss. Zürich 2007; KLEINER, Internationales Devisen-Schuldrecht, Zürich 1985; KOLLER, Art. 8 UWG, Eine Auslegeordnung, in: Emmenegger (Hrsg.), Schweizerische Bankrechtstagung 2013, Basel 2013, 17 ff.; KNOBLOCH, Die zivilrechtlichen Risiken der Banken in der sanierungsbedürftigen Unternehmung, Diss. Zürich 2006; KRAMER, Neue Vertragsformen der Wirtschaft: Leasing, Factoring, Franchising, 2. Aufl., Bern 1992; KUHN, Schweizerisches Kreditsicherungsrecht, Bern 2011; KUT/STAUBER, Die UWG-Revision vom 17.6.2011 im Überblick, Jusletter vom 20.2.2012; LÄNZLINGER, Die Haftung des Kreditgebers, Diss. Zürich 1992; LOMBARDINI, Droit bancaire suisse, 2. Aufl., Zürich 2008; LORANDI, Dauerschuldverhältnisse im neuen Sanierungsrecht, AJP 2014, 292 ff.; MALACRIDA, Wie verhandelt man Finanzierungsverträge – insb. Aktienplatzierungs-, Anleihe- und Kreditverträge, in: Reutter/Werlen (Hrsg.), Kapitalmarkttransaktionen VIII, Zürich 2014, 101 ff.; MAURENBRECHER, Das verzinsliche Darlehen im schweizerischen Recht, Diss. Bern 1995 (zit. Diss.); DERS., Die Stellung der Banken in Verantwortlichkeitsprozessen, AJP 1998, 1327 ff. (zit. AJP 1998); DERS., Das Darlehen als Dauerschuldverhältnis, recht 2003, 180 ff. (zit. recht 2003); MEIER, Das partiarische Darlehen, Diss. Basel 1988; MEIER-HAYOZ/VON DER CRONE, Wertpapierrecht, 2. Aufl., Bern 2000; MOSER/BERGER, Vertrauenshaftung auch im Bankgeschäft, AJP 1999, 541 ff.; MOSKRIC, Der Lombardkredit, Diss. Zürich 2003; MÜHLEBACH/GEISSMANN, Kommentar zum Bundesgesetz über den Erwerb von Grundstücken durch Personen im Ausland, Brugg 1986; MÜLLER, Wesen und Bedeutung des Rangrücktritts, ST 1988, 105 ff.; NOBEL, Devisenschuld: Realschuld oder Innominatschuld, in: FS für Walter R. Schluep, Zürich 1988, 285 ff. (zit. Devisenschuld); PFISTER, Das Darlehensgeschäft, Diss. Zürich 1924; PLENIO, Das Erfüllungsrecht der Konkursverwaltung und schuldrechtliche Verträge im Konkurs, Diss. Bern 2002; RAYROUX, Securities Lending, in: Journée 2002 de droit bancaire et financier, Bern 2003, 81 ff.; REHM, Projektfinanzierungen nach schweizerischem Recht, Diss. Zürich 2002; REUTTER/BAZZI, Konzerninnenfinanzierung, in: Kunz/Arter/Jörg (Hrsg.), Entwicklungen im Gesellschaftsrecht VIII, Bern 2013, 201 ff.; RICHA, Pensions de titres (repos) et autres cessions temporaires, Diss. Genf 2008; ROBERTO, Die Haftung der Bank als Kreditgeberin, in: Bankhaftungsrecht, Basel 2006, 93 ff.; ROHN, Zivilrechtliche Verantwortlichkeit der Internet Provider nach schweizerischem Recht, Diss. Zürich 2004; ROHR, Grundzüge des Emissionsrechts, Diss. Zürich 1990; ROTH, Sanierungsdarlehen, Diss. Basel 2009; RÜETSCHI/STAUBER, Die Durchsetzung von Fremdwährungsforderungen in der Praxis, BlSchK 2006, 41 ff.; SCHMID J.-D., Die paulianische Anfechtung von Darlehensrückzahlungen und Darlehensbesicherungen, Diss. St. Gallen 2014 (zit. Anfechtung); SCHMID J., Kollisionsrechtliche Probleme bei internationalen Darlehen und Anleihen, Diss. Zürich 1954 (zit. Diss.); DERS., Die privatrechtliche Rechtsprechung des Bundesgerichts im Jahr 2008 (Obligationenrecht), ZBJV 2011, 876 ff. (zit. ZBJV 2011); DERS., Die Inhaltskontrolle Allgemeiner Geschäftsbedingungen: Überlegungen zum neuen Art. 8 UWG, ZBJV 2012, 1 ff. (zit. ZBJV 2012); DERS., Grundpfandrechte und der neue Art. 8 UWG, in: Emmenegger (Hrsg.), Schweizerische Bankrechtstagung 2012, Basel 2012, 71 ff. (zit. Grundpfandrechte); J. SCHMID/HÜRLIMANN-KAUP, Sachenrecht, 4. Aufl., Zürich 2012; SCHNEUWLY, Crowdfunding aus rechtlicher Sicht, AJP 2014, 1610 ff.; SCHULTZ, Darlehen als anvertraute Vermögenswerte, in: FS für Jean Gauthier, Bern 1996, 81 ff.; SPIRO, Die Begrenzung privater Rechte durch Verjährungs-, Verwirkungs- und Fatalfristen, Bern 1975; STAEHELIN, Der Schuldbrief in der laufenden Revision des ZGB, BJM 2006, 1 ff. (zit. BJM 2006); DERS., Der sicherungseingetragene vinkulierte zinstragende Register-Schuldbrief mit separaten Nebenvereinbarungen, in: FS für Ivo Schwander, Zürich/St. Gallen 2011, 209 ff. (zit. Register-Schuldbrief); STAUDER, Der bankgeschäftliche Krediteröffnungsvertrag nach deutschem Recht unter Berücksichtigung der in der Schweiz und in Frankreich vertretenen Theorien zu seiner Qualifikation, Diss. Bielefeld 1968; STÖCKLI, Das Synallagma im Vertragsrecht, Diss. Zürich 2008 (zit. Synallagma); DERS., Der Kreditvertrag, in: Emmenegger (Hrsg.), Schweizerische Bankrechtstagung 2010, 1 ff. (zit. Kreditvertrag); STÜCHELI, Die Rechtsöffnung, Diss. Zürich 2000; THÉVENOZ, La responsabilité fondée sur la confiance dans les services bancaires et financiers, in: Chappuis/Winiger (Hrsg.), La responsabilité fondée sur la confiance, Zürich 2001, 37 ff.; VON USSLAR, Management problematischer Kreditbeziehungen in rechtlicher Hinsicht, Diss. Luzern 2006; VISCHER, Probleme des Währungsrechts nach dem Entwurf des schweizerischen IPR-Gesetzes, in: von Graffenried (Hrsg.), Beiträge zum schweizerischen Bankenrecht, Bern 1987, 425 ff. (zit. Probleme); DERS., Geld- und Währungsrecht im nationalen und internationalen Kontext, Basel 2010 (zit. Währungsrecht); VISCHER/HUBER/OSER, Internationales Vertragsrecht, 2. Aufl., Bern 2000; VOGEL, Kapitalersetzende «Sanierungs»-Darlehen im Konzern, in: SZW 1993, 299 ff.; WALLER, Das Underwriting Agreement, Diss. Zürich 2010; WEBER, Swap-Geschäfte, in: FS für Walter R. Schluep, Zürich 1988, 301 ff. (zit. Swap-Geschäfte); DERS., Neukonzeption der Verzugszinsregelung, in: FS für Eugen Bucher, Bern 2009, 781 ff. (zit. Neukonzeption); WENZEL, Arrestprobleme bei Banken, in: SAV (Hrsg.), Der Arrest im SchKG, Schriftenreihe SAV, Bd. 4, Zürich 1989, 31 ff.; WIDMER, Missbräuchliche Geschäftsbedingungen nach Art. 8 UWG, Diss. Zürich 2014; WIDMER, Die rechtliche Natur des Sparkassenvertrages unter besonderer Berücksichtigung der Verjährungsbestimmungen, Diss. Bern 1951; WIEGAND/GEIGER, Der Kreditvertrag vor und nach Basel II, in: Berner Bankrechtstag, Basel II – die rechtlichen Konsequenzen, Bern 2006, 99 ff.; WITMER, Der Rangrücktritt im schweizerischen Aktienrecht, Diss. Zürich 1999; WOLF, Stillhalteabkommen kreditgebender Banken, Diss. Zürich 2012; ZOBL, Zur Sicherungsübereignung von Schuldbriefen, ZBGR 1987, 281 ff. (zit. ZBGR 1987); DERS., Zur Verbriefung von Hypothekarforderungen, in: FS für Jean Nicolas Druey, Zürich 2002, 289 ff. (zit. FS Druey); ZOBL/KRAMER, Schweizerisches Kapitalmarktrecht, Zürich 2004.

Besonders zu *Konsortialkrediten*: BIERI, Kredit und Konsortium, Diss. Zürich 1987; BOVET, La nature juridique des syndicats de prêt et les obligations des banques dirigeantes et gérantes, Diss. Freiburg 1991; FRANCIONI, Konsortialverträge bei Konsortialdarlehen im schweizerischen Recht, Diss. Zürich 1987; HAEBERLI, Pfandrechtliche Probleme bei der Besicherung von Konsortialkrediten, GesKR 2007, 355 ff.; KOHLER, Das Konsortium im schweizerischen Kreditgeschäft, Diss. Bern 1990; MALACRIDA, Der Konsortialvertrag, in: Reutter/Werlen (Hrsg.), Kapitalmarkttransaktionen III, Zürich 2008, 191 ff.; MAURENBRECHER/FRICK, Konsortialkredite, in: Emmenegger (Hrsg.), Schweizerische Bankrechtstagung 2010, Basel 2010, 47 ff.; WEBER/HÄUSERMANN, Konsortialkredite, in: Reutter/Werlen (Hrsg.), Kapitalmarkttransaktionen V, Zürich 2010, 1 ff.

Besonders zum *Konsumkredit*: Botschaft betreffend die Änderung des Bundesgesetzes über den Konsumkredit, BBl 1999, 3155 ff. (zit. Botschaft rev. KKG); FAVRE-BULLE, La nouvelle loi fédérale sur le crédit à la consommation: présentation générale et champ d'application, in: La nouvelle loi fédérale sur le crédit à la consommation, Lausanne 2002, 27 ff.; DERS., Loi fédérale sur le crédit à la consommation (LCC), in: Stauder/Favre-Bulle (Hrsg.), Commentaire Romand, Droit de la consommation, Basel 2004 (zit. CR LCC); HASELBACH, Überziehungskredit auf laufendem Konto gemäss neuem Konsumkreditgesetz, in: Hess/Simmen (Hrsg.), Das neue Konsumkreditgesetz, Zürich 2002, 113 ff.; HAUSHEER, Anwendungsbereich und Abgrenzungsprobleme des KKG, insbesondere Leasing und Kreditkartengeschäfte, in: Wiegand (Hrsg.), Berner Bankrechtstag 1994, Bern 1994; KILGUS, Kredit- und Kundenkarten als Zahlungs- und Kreditinstrumente unter dem revidierten Konsumkreditgesetz, in: Jahrbuch des Schweizerischen Konsumentenrechts 2002, Bern 2003, 127 ff.; KOLLER, Das Sanktionensystem des Konsumkreditrechts, in: Wiegand (Hrsg.), Das neue Konsumkreditgesetz (KKG), Bern 1994, 51 ff.; KOLLER-TUMLER, Konsumkreditverträge nach revidiertem KKG – eine Einführung, in: Jahrbuch des Schweizerischen Konsumentenrechts 2002, Bern 2003, 3 ff.; DIES., Konsumkredite – eine kleine Tour d'Horizon mit Blick auch auf die EU, in: Emmenegger (Hrsg.), Schweizerische Bankrechtstagung 2010, Basel 2010, 19 ff.; KÖNDGEN, Zur neuen Konsumkreditgesetzgebung, in: Aktuelle Rechtsprobleme des Finanz- und Börsenplatzes Schweiz, Bd. 2, Bern 1994, 31 ff.; KÜNG, Kredit- und Kundenkarten, in: Hess/Simmen (Hrsg.), Das neue Konsumkreditgesetz, Zürich 2002, 89 ff.; PIOTET, L'intégration de la nouvelle LCC dans le système générale du droit privé et public, in: La nouvelle loi fédérale sur le crédit à la consommation, Lausanne 2002, 67 ff.; SCHÖBI, Das Bundesgesetz vom 8.10.1993 über den Konsumkredit – Entstehungsgeschichte sowie Verhältnis zum Obligationenrecht und zur kantonalen Gesetzgebung, in: Wiegand (Hrsg.), Das neue Konsumkreditgesetz (KKG), Bern 1994, 25 ff. (zit. Konsumkredit); DERS., Die Bedeutung des Konsumkreditgesetzes für grundpfandgesicherte Kredite, in: Jahrbuch des Schweizerischen Konsumentenrechts 2002, 157 ff. (zit. Bedeutung); DERS., Das Bundesgesetz vom 23.3.2001 über den Konsumkredit im Überblick, in: Hess/Simmen (Hrsg.), Das neue Konsumkreditgesetz, Zürich 2002, 7 ff. (zit. Bundesgesetz); SIMMEN, Barkredit und Teilzahlungsverträge unter dem neuen Konsumkreditgesetz, in: Hess/Simmen (Hrsg.), Das neue Konsumkreditgesetz, Zürich 2002, 35 ff.; STAUDER, Konsumkreditrecht, AJP 1994, 675 ff.; TREPP, Der Begriff des Kleinkreditvertrages, Diss. Zürich 1986; WASSERFALLEN, Probleme der Zinsberechnung, in: Hess/Simmen (Hrsg.), Das neue Konsumkreditgesetz, Zürich 2002, 73 ff.; WIEGAND, Die zentralen Elemente des Konsumkreditgesetzes, in: Wiegand (Hrsg.), Das neue Konsumkreditgesetz (KKG), Bern 1994, 37 ff.

Besonderes zur *Leihe*: BÜCHI/GEHRIG, Erstreckung ausgeschlossen: Die Gebrauchsleihe als ideale Vertragsform für die Zwischennutzung von Liegenschaften, Jusletter vom 10.2.2014; CHRISTENSEN, Schwangerschaft als Dienstleistung – Kind als Ware? Eine rechtliche Annäherung an das komplexe Phänomen der sogenannten Leihmutterschaft, hill 2013, Nr. 86; EITEL, Bricht Kauf Miete und Leihe bei Fahrnis? in: FS für Eugen Bucher, Bern 2009, 69 ff. (zit. FS Bucher); KRAMER, Besprechung der Entscheidung des BGer vom 27.2.1999 (in Sachen Association Maison du Bout-du-Monde c. Stadt Genf) zur Beendigung einer nicht befristeten Gebrauchsleihe, AJP 2000, 335 ff.; REYMOND, Die Gebrauchsleihe, in: Schweizerisches Privatrecht (SPR), Bd. VII/1, Basel 1977; SCHWENZER/BÜCHLER/COTTIER, Leihmutterschaft, Theorie, Praxis und rechtliche Perspektiven in der Schweiz, den USA und Indien, Bern 2014; SKRIPSKY, Die Online-Kunstauktion, Diss. Zürich 2006; TOBLER, Das Recht der kommerziellen Galerien, Diss. Zürich 1978; WIDMER/JÄGGI, Der Leihmutterschaftsvertrag, in: FS für Walter R. Schluep, Zürich 1988, 61 ff.

I. Terminologie

1 Die Terminologie des Gesetzes, das **Leihe** als Oberbegriff für Gebrauchsleihe und Darlehen verwendet, hat sich nicht durchgesetzt. Nachfolgend werden die Begriffe Leihe und Gebrauchsleihe alternativ für die in den Art. 305–311 geregelte Gebrauchsleihe verwendet. Die Parteien werden wie im Gesetz als Verleiher und Entlehner bzw. Darleiher und Borger bezeichnet. Wie im allgemeinen Sprachgebrauch kann dabei der Begriff «Leihe» bzw. «Darlehen» sowohl das schuldrechtliche Verhältnis (also den Vertrag) als auch dessen Inhalt (also die ausgehändigte Sache oder Summe) bezeichnen (vgl. BK-WEBER, Art. 312 OR N 7).

II. Abgrenzung

2 Während bei der Leihe nur der **Besitz** übergeht, wird der Borger beim Darlehen begriffsnotwendig **Eigentümer** (vgl. BK-WEBER, Vor Art. 312 OR N 58 ff. m.w.H.). Gegenstand der Leihe sind i.d.R. unvertretbare, unverbrauchbare, spezifische Sachen, die der Entlehner i.S. einer **Stückschuld** zurückzugeben hat. Der Entlehner darf die geliehene Sache nur gebrauchen, nicht verbrauchen. Dem Verleiher stehen neben dem obligatorischen **Rückforderungsanspruch** (Art. 305) auch Ansprüche aus seiner sachenrechtlichen Stellung zu, und zwar nicht nur gegen den Entlehner, sondern auch gegen Dritte. Die Leihe setzt jedoch nicht voraus, dass der Verleiher Eigentümer ist.

3 Dagegen können nur **vertretbare** (fungible) **Sachen** (verbrauchbare und unverbrauchbare) und (Bar- oder Buch-)Geld (MAURENBRECHER, Diss., 49) sowie Bucheffekten (Art. 312 N 2) Gegenstand eines Darlehens sein. Die **Rückgabeverpflichtung** des Borgers ist **Gattungs- bzw. Geldsummenschuld**. Nicht dieselben Sachen (Geldstücke), sondern Sachen gleicher Art, Menge und Güte (dieselbe Geldsumme) sind zurückzugeben. Der Borger darf die geborgte Sache (Summe) verbrauchen.

III. Weiteres

4 Leihe und Darlehen gehörten ursprünglich zu den sog. **Realkontrakten**, d.h. für das Zustandekommen des Vertrages war die Übergabe konstitutives Erfordernis (MAURENBRECHER, Diss., 31 ff.). Nach OR sind beides **Konsensualverträge**, bei denen der Vertrag durch gegenseitige Willensäusserung zustande kommt und die Übergabe der Sache Vertragserfüllung ist.

Fällt beides zeitlich zusammen, liegt eine sog. **Handleihe** bzw. ein **Handdarlehen** vor (vgl. BK-WEBER, Vor Art. 312 OR N 48 f.).

Mit Ausnahme von Art. 314 Abs. 3 und Art. 317 sind die Art. 305–318 dispositiver Natur. Neben den allgemeinen Schranken der **Vertragsfreiheit** sind aber für Darlehen die besonderen Bestimmungen für Konsumkredite (Art. 312 N 30 f., Art. 313 N 10 f.) zu beachten. 5

Erster Abschnitt: Die Gebrauchsleihe

Art. 305

A. Begriff	**Durch den Gebrauchsleihevertrag verpflichtet sich der Verleiher, dem Entlehner eine Sache zu unentgeltlichem Gebrauche zu überlassen, und der Entlehner, dieselbe Sache nach gemachtem Gebrauche dem Verleiher zurückzugeben.**
A. Définition	Le prêt à usage est un contrat par lequel le prêteur s'oblige à céder gratuitement l'usage d'une chose que l'emprunteur s'engage à lui rendre après s'en être servi.
A. Definizione	Il comodato è un contratto per cui il comodante si obbliga a concedere al comodatario l'uso gratuito di una cosa, e questi a restituirgli la cosa stessa dopo essersene servito.

Literatur

Vgl. die Literaturhinweise bei den Vorbem. zu Art. 305–318.

I. Definition und Abgrenzungen

1 Leihe ist die durch Vertrag begründete Pflicht zur unentgeltlichen Überlassung einer Sache zum Gebrauch (und – sofern vereinbart oder üblich – zur Nutzung) auf (bestimmte oder unbestimmte) Zeit. Sie bildet zusammen mit Miete (Art. 253 ff.), Pacht (Art. 275 ff.) und Darlehen (Art. 312 ff.) die Gruppe der gesetzlich geregelten **Gebrauchsüberlassungsverträge** (MAURENBRECHER, Diss., 57 ff.; vgl. Art. 117 Abs. 3 lit. b IPRG). Bei allen vier Verträgen geschieht die Überlassung im Interesse des Empfängers (z.B. des Entlehners). Dagegen erfolgt bei **Auftrag** und **Hinterlegung** der Gebrauch der Sachen im Interesse des Auftraggebers (ZK-HIGI, Vor Art. 305 OR N 56 f.) bzw. des Hinterlegers (HUGUENIN, OR AT/BT, Rz 3041). Zudem darf der Aufbewahrer im Gegensatz zum Entlehner die Sache i.d.R. nicht gebrauchen (Art. 474 Abs. 1; vgl. BGE 98 II 211; ZBJV 1974, 82).

1a Ist die unentgeltlich überlassene Sache auf natürliche Weise fruchttragend, wird auch die Bezeichnung **«Genussleihe»** verwendet; auf diese finden die Bestimmungen der Gebrauchsleihe (Art. 305 ff.) ebenfalls Anwendung (BVGer, 3.9.2008, B-6867/2007, E. 5.5.2; CR CO I-BOVET/RICHA, N 2a; vgl. Art. 306 N 1b).

1b Der Entlehner wird nicht Eigentümer, sondern erhält nur ein **vertragliches Nutzungsrecht**. Als unselbständigem Besitzer stehen ihm aber die **Besitzesschutzrechte** von Art. 926 ff. ZGB und die Vermutung von Art. 931 ZGB zur Verfügung, bei der Leihe von Grundstücken auch die Rechte von Art. 679 und 684 ZGB (CR CO I-BOVET/RICHA, N 2 m.Nw.).

2 Die Leihe ist ein formlos gültiger **Dauervertrag**. Die Übergabe der Sache begründet demnach ein Dauerschuldverhältnis (BGE 125 III 365 E. 2e = Pra 2000, 700). Da der Entlehner zwar zur Rückgabe der empfangenen Sache, nicht aber zur Erbringung einer Gegenleistung verpflichtet ist, fehlt es an einem Austauschverhältnis, so dass die Leihe als unvollkommen zweiseitiger Vertrag qualifiziert wird.

3 Im Gegensatz zu **Miete** und **Pacht** ist die Leihe zwingend unentgeltlich (vgl. BGE 136 III 189 E. 3.2; BGer, 15.4.2010, 4A_55/2010, E. 3 f.; BÜCHI/GEHRIG, Jusletter 2014, Rz 20 f.). Entgeltliche Leihe gibt es nicht (SJZ 1999, 440); das ist Miete (z.B. «Ausleihe» von Büchern gegen eine Gebühr) oder Pacht. Unentgeltlichkeit bedeutet nicht kostenlos, insb. schliesst sie nicht aus, dass der Entlehner Unterhalts- und sonstige Lasten übernimmt oder dass die Leihe auch sonst im wirtschaftlichen Interesse des Verleihers liegt (ZBJV 1948, 238; RBOG TG 2006, 99; CR CO I-BOVET/RICHA, N 10; vgl. auch ZK-HIGI, N 72 ff. sowie BÜCHI/GEHRIG, Jusletter 2014, Rz 19 ff.). Soweit sich aus der Unentgeltlichkeit der Leihe nichts anderes ergibt, kommen aber zur Lückenfüllung die miet- und pachtrechtlichen Regeln in Frage, so z.B. Art. 261 Abs. 1, Art. 257f Abs. 2, Art. 278 Abs. 1 und Art. 283 (ZK-HIGI, Vor Art. 305 OR N 11 f.). Dagegen ist das LPG bei Gebrauchsleihe nicht anwendbar (RBOG TG 2006, 100 f.).

4 Von der **Schenkung** unterscheidet sich die Gebrauchsleihe durch das Fehlen von **Schenkungswillen** und **Eigentumsübertragung** (ZK-HIGI, Vor Art. 305 OR N 50 ff.). Dabei macht der Umstand, dass der Verleiher dem Entlehner die entgeltliche Weiterüberlassung der Sache gestattet, die Leihe nicht zu einem schenkungsähnlichen Vertrag (**a.M.** ZK-HIGI, Art. 306 OR N 39). In der Praxis ist die Abgrenzung häufig schwierig. So bezeichnete das BGer die Überlassung des von der Mutter geerbten Familienschmuckes an die Ehefrau als Leihe (BGE 71 II 255). Dagegen qualifizierte es die Übergabe von neu gekauftem Schmuck an die Ehefrau als Schenkung, da der Schmuck seiner Natur nach zum ausschliesslichen Gebrauch der Ehefrau bestimmt war und vom Ehemann nicht als Kapitalanlage erworben wurde (BGE 85 II 71 = Pra 1959, 294). Unerheblich, weil zwischen zusammenlebenden Ehegatten nicht anwendbar, war in beiden Fällen die gesetzliche Vermutung der Eigentümerstellung des Besitzers (Art. 930 ZGB).

5 Wie bei der **Nutzniessung** kann bei der Leihe eine Sache unentgeltlich zu Gebrauch und Nutzung überlassen werden. Im Unterschied zum Nutzniesser ist der Entlehner nicht dinglich, sondern nur obligatorisch berechtigt (BGE 75 II 45; ZBJV 1948, 237), wobei der Empfänger der Sache eine behauptete dingliche Berechtigung zu beweisen hat. Analoges gilt für die Abgrenzung zum dinglichen **Wohnrecht** i.S.v. Art. 776 ZGB (CR CO I-BOVET/RICHA, N 3; ZK-HIGI, Vor Art. 305 OR N 76). Mangels (Nachweises) einer dinglichen Berechtigung ist – «wohnrechtstypische» Abreden (z.B. Dauer auf Lebenszeit) vorbehalten – nicht von einem obligatorischen Wohnrecht (dazu BSK ZGB II-MOOSER, Art. 776 N 13), sondern von einer Gebrauchsleihe auszugehen.

5a Auch beim **Kauf auf Probe** (Art. 223 ff.) besteht ein unentgeltliches Gebrauchsrecht an der Sache. Allerdings erlaubt dieses nur den zur Prüfung notwendigen Gebrauch (Art. 225 Abs. 2) und setzt zudem im Gegensatz zur Leihe ein entgeltliches Grundgeschäft i.S. eines Kaufvertrags voraus (BGer, 24.2.2004, 4C.307/2003; vgl. auch ZK-HIGI, Vor Art. 305 OR N 83 ff.).

5b Strittig ist angesichts der begriffsimmanenten Unentgeltlichkeit der Leihe die Abgrenzung zu reinen **Gefälligkeitsverhältnissen** (eingehend ZK-HIGI, Vor Art. 305 OR N 19 ff.; vgl. auch BGE 75 II 38 E. 1), welche keine vertragliche Bindung zwischen den Parteien begründen (dazu GAUCH/SCHLUEP/SCHMID/EMMENEGGER, Rz 353a f.; HÜRLIMANN-KAUP, 6 ff., 115 ff.). Ein solches (unklagbares; vgl. N 11) Gefälligkeitsverhältnis liegt vor, wenn der Verleiher durch seine erklärte Bereitschaft zur Überlassung der Sache nicht gebunden sein will, was sich im Streitfall nach dem Vertrauensprinzip aus dem Inhalt seiner Erklärung oder aus den Umständen ergeben muss (vgl. dazu BGE 116 II 695; BK-KRAMER, Allg. Einl. in das schweizerische OR, N 62). Dabei spricht im Wirtschaftsleben die natürliche Vermutung gegen das Vorliegen eines blossen Gefälligkeitsverhältnisses, während im privaten Verkehr ein Leihversprechen nur mit Zurückhaltung anzunehmen ist. Wird dann aber die Sache in der Meinung, dass sie zurückgegeben werden solle, übergeben, sind die Voraussetzungen von Art. 305 erfüllt, und es ist in aller Regel auch im Privatbereich von einer Gebrauchsleihe i.S.v. Art. 305 ff. auszugehen – mit der Folge, dass der Entlehner vertraglich zum sorgsamen Umgang mit der Sache und zur Rückgabe verpflichtet ist (ZK-Higi, N 26 ff.; Huguenin, OR AT/BT, Rz 3038; vgl. auch Gauch/Schluep/Schmid/Emmenegger, Rz 1190a; Hürlimann-Kaup, 76; **a.M.** Engel, Contrats, 257 ff.). Allerdings erfolgt in Fällen der sog. **«Bittleihe»** (insb. kleine Leihgaben des täglichen Verkehrs wie z.B. kurzfristiges Überlassen von Kugelschreibern, Büchern, Motorfahrzeugen) die Gebrauchserlaubnis häufig auf blosses Zusehen hin (d.h. mit jederzeitiger Rückforderungsmöglichkeit) und ohne jede weitere Verpflichtung des Verleihers.

II. Gegenstand

Gegenstand der Leihe können alle beweglichen und unbeweglichen Sachen sein, welche auch vermietet oder verpachtet werden können (also z.B. auch Grundstücke [BGE 75 II 38 = Pra 1949, 409; ZR 1988, 33], Vieh [ZK-Higi, N 23] und – im Rahmen des öffentlichen Rechts – Gegenstände des Finanz- und Verwaltungsvermögens der öffentlichen Hand [teilweise **a.M.** ZK-Higi, N 25]). Auch **Wertpapiere** und andere vertretbare Sachen können ausgeliehen werden, soweit sie nicht vermischt werden, wobei aber das sog. **«Securities Lending»** gerade keine Leihe ist (vgl. Art. 312 N 31). Nach h.L. können – trotz des engen Wortlautes von Art. 305 – auch **Rechte** Gegenstand der Leihe sein, insoweit diese nutzbar sind (z.B. Zugriffsrechte auf Datensammlungen), so dass die Art. 305 ff. direkt (Huguenin, OR AT/BT, Rz 3033; Schwenzer/Büchler/Cottier, 28; **a.M.** Skripsky, 132, wonach die Bestimmungen analog angewendet werden sollen) anwendbar sind (im Einzelnen strittig; vgl. ZK-Higi, Vor Art. 305 OR N 13 ff.; CR CO I-Bovet/Richa, N 7 mit dem Hinweis, dass die «Leihe» von Immaterialgüterrechten i.d.R. als Lizenzvertrag qualifiziert wird). Dagegen können **Forderungen** nicht verliehen werden, weil sie nicht «gebraucht» werden können (CR CO I-Bovet/Richa, N 8). Dasselbe dürfte für **Bucheffekten** gelten. Auch der **Leihmutterschaftsvertrag** ist keine Leihe. Der menschliche Körper bzw. dessen Teile (die Gebärmutter) sind keine Sachen (vgl. Christensen, hill 2013, Rz 19 ff., 34; Schwenzer/Büchler/Cottier, 29 ff.; Widmer/Jäggi, 61 ff., die den Leihmutterschaftsvertrag i.E. übereinstimmend als rechtswidrig bzw. nichtig bezeichnen). Der **Personalverleih** ist keine Leihe i.S.v. Art. 305 ff. und untersteht den besonderen Vorschriften des BG über die Arbeitsvermittlung und den Personalverleih (Arbeitsvermittlungsgesetz, AVG; SR 823.11). 6

Nicht vorausgesetzt ist, dass die verliehenen Sachen dem Verleiher gehören, so dass auch **fremde Sachen** (z.B. ein der Leasinggesellschaft gehörendes Auto) verliehen werden können (KUKO OR-Schwaibold, N 5). Allerdings soll diesfalls der Entlehner bei Schäden am Leihgut nur dann zu Schadenersatz verpflichtet sein, wenn der Verleiher seinerseits vom Eigentümer in Anspruch genommen wird (BGer, 27.11.2012, 4A_71/2012). 6a

III. Anwendungsbereich

Die wirtschaftliche Bedeutung der Leihe ist gering. Im täglichen Leben dagegen kommt sie häufig vor; so werden z.B. Ferienwohnungen, Kleider, Autos, Bücher und andere Gebrauchsgegenstände verliehen, nicht dagegen Lebensmittel. Diese werden verbraucht, weshalb es sich um **Naturaldarlehen** handelt. In ZR 1988, 33, qualifizierte das OGer ZH die Mitbenützung einer Wohnung im Rahmen eines Konkubinatsverhältnisses als Gebrauchsleihe (ebenso BGer, 15.4.2010, 4A_55/2010, E. 3 f.). 7

Ausserhalb des Alltagslebens kommt die Leihe im Kunstbereich vor, nämlich als sog. **Leihgabe** zu Ausstellungszwecken (Tobler, 82). Auch Anbieter dauerhafter Konsumgüter verleihen häufig Musterexemplare (z.B. Vorführwagen für eine Probefahrt). Im Dienstleistungssektor kommen Leihe oder leiheähnliche Vertragsverhältnisse in zunehmender Zahl vor. So sind z.B. Anbieter von Dienstleistungen oft bereit, ihren Hauptkunden Ausrüstungsgegenstände 8 oder Nutzungsrechte, welche mit der angebotenen Dienstleistung im Zusammenhang stehen (z.B. Speicherplatz für private Websites [ROHN, 175] oder EDV-Terminals), unentgeltlich zum Gebrauch zur Verfügung zu stellen, als Anreiz zur vermehrten Benützung der vom Verleiher angebotenen Dienstleistung (vgl. zur Einbettung solcher Leihen in umfassende Leistungspakete auch ZK-HIGI, Vor Art. 305 OR N 30 ff.). Schliesslich wird auch die unentgeltliche Überlassung von Gegenständen (z.B. Maschinen) zu Ausstellungszwecken häufig als Leihe qualifiziert.

9 In ZR 1946, 210, wurde die Übergabe von Kassenobligationen an den Schuldner zwecks Verpfändung zu Recht als Leihe qualifiziert, da dort die Sache zu diesem Zweck vom Eigentümer zuerst dem Schuldner übergeben wurde. In der Regel erfolgt jedoch bei **Drittpfandbestellungen** die Übergabe direkt vom Eigentümer an den Gläubiger. Alsdann liegt nicht Leihe, sondern Auftrag, einfache Gesellschaft oder Geschäftsführung ohne Auftrag vor (BK-ZOBL/THURNHERR, Art. 884 ZGB N 986 ff.). Keine Leihe, sondern ein primär dem Auftragsrecht unterstehendes **Treuhandverhältnis** ist die Übergabe von Aktien an Verwaltungsräte zur Erfüllung statutarischer Vorschriften über Pflichtaktien.

IV. Verpflichtung und Haftung des Verleihers

10 Der Verleiher hat die primäre Verpflichtung, dem Entlehner die Sache zum (unentgeltlichen) Gebrauch zu überlassen. Dies beinhaltet zum einen die **Pflicht zur Übergabe**, regelmässig i.S. einer Verpflichtung, dem Entlehner den **Besitz** an der Sache zu verschaffen (ZK-HIGI, N 43 ff.). Diese ist mangels anderer Abrede sogleich (Art. 75) zu erfüllen, und zwar am Ort, wo sich die Sache zur Zeit des Vertragsabschlusses befindet (Art. 74 Abs. 2 Ziff. 2), so dass allfällige Transportkosten an den Ort des Gebrauchs zu Lasten des Entlehners gehen (ZK-HIGI, N 73, 92). Bei der Übergabe lässt sich der Verleiher mit Vorteil eine Empfangsbestätigung ausstellen, auf der neben der überlassenen Sache auch der Leihcharakter und allenfalls der vereinbarte Gebrauch bzw. die Leihdauer vermerkt werden sollte. Zum anderen umfasst die Überlassung die Pflicht des Verleihers, den Besitz des Entlehners bis zum Vertragsende zu gewähren bzw. zu dulden (**Belassungspflicht**).

11 Nur bei blossen **Gefälligkeitsverhältnissen** bzw. der **Bittleihe** (N 5b) ist der Anspruch des Entlehners auf Überlassung der Sache bzw. Schadenersatz unklagbar. Die **Beweislast** für die rechtlich verpflichtende Erklärung trägt der Entlehner, der die Sache zum Gebrauch beansprucht.

12 Der Verleiher haftet nach Art. 97 ff. für Nicht- oder Schlechterfüllung, insb. bei Überlassung einer mangelhaften oder gefährlichen Sache (**positive Vertragsverletzung**). Als Folge der Unentgeltlichkeit sowie gestützt auf Art. 99 Abs. 2 und in Analogie zu Art. 248 Abs. 1 haftet der Verleiher auch bei versteckten Mängeln nur für grobe Fahrlässigkeit und Vorsatz (ZK-HIGI, N 49 ff.). Diese Haftung für Grobfahrlässigkeit greift z.B. dann, wenn der Verleiher nicht über ihm bekannte Mängel aufklärt, die den Entlehner naheliegenderweise im Gebrauch der Sache beeinträchtigen können (z.B. fehlender Hinweis auf Unzuverlässigkeit von Bremsen; vgl. BK-BECKER, N 8). Für Schäden des Entlehners wegen erst nach der Übergabe auftretender Mängel trifft den Verleiher mangels Unterhaltspflicht (N 13) keine Haftung. Dies gilt auch dann, wenn z.B. ein plötzlich auftretendes Bremsversagen durch rechtzeitige Wartung hätte vermieden werden können (unklar ZK-HIGI, N 60). Eine **Gewährleistungspflicht** i.S. einer verschuldensunabhängigen Haftung für vorausgesetzte Eigenschaften trifft den Verleiher nicht (so zu Recht ZK-HIGI, N 54; REYMOND, 277; vgl. auch KUKO OR-SCHWAIBOLD, N 9). Hat der Verleiher bestimmte Eigenschaften zugesichert, haftet er nach h.L. dafür nach Art. 97 Abs. 1 i.V.m. Art. 99 Abs. 2 (**a.M.** CR CO I-BOVET/RICHA, Art. 306 N 7 [Haftung analog Art. 248 Abs. 2]).

13 Nach Übertragung der Sache an den Entlehner hat der Verleiher keinerlei **Unterhalts- bzw. Obhutspflichten**. Der Verleiher eines Autoabstellplatzes ist also nicht verpflichtet, den Ab-

stellplatz auszubessern, zu beobachten oder Nachforschungen anzustellen, ob der Abholer des darauf parkierten Autos berechtigt war (vgl. SJZ 1972, 222).

V. Rückgabepflicht des Entlehners

Nach Gebrauch bzw. Beendigung des Leihvertrages ist der Entlehner verpflichtet, die Sache dem Verleiher in natura zurückzugeben (**Stückschuld**), und zwar in demjenigen Zustand, der sich aus dem ordnungsgemässen Gebrauch ergibt (ZK-Higi, Art. 309 OR N 46). Neben der obligatorischen Verpflichtung zur Rückgabe hat der Entlehner die geliehene Sache auch gestützt auf **Sachenrecht** (vgl. Art. 641 Abs. 2, Art. 927 ff. ZGB; SJZ 1999, 440) herauszugeben, wenn der Verleiher Eigentümer, Nutzniesser oder Inhaber eines anderen beschränkten dinglichen Rechts (z.B. Wohnrecht) ist. Ist der Entlehner dazu nicht in der Lage, haftet er nach Art. 97 ff., d.h. er hat dem Verleiher den dadurch entstandenen **Schaden** zu ersetzen (ZR 1946, 210). Dabei haftet der Entlehner für jedes Verschulden (Art. 306 N 2). Da die Leihe kein vollkommen zweiseitiger Vertrag ist, kann der Verleiher nicht nach Art. 107 ff. vorgehen. Dagegen kann der Entlehner einer Wohnung wie ein Mieter ausgewiesen werden (vgl. Art. 274*g* i.V.m. Art. 343 Abs. 1 lit. d ZPO; BSK ZPO-Zinsli, Art. 343 N 24). 14

Soweit die Parteien nichts Besonderes vereinbaren, ist der **Erfüllungsort** für die Rückgabeverpflichtung nach zutreffender Auffassung der Ort, wo sich die Sache zur Zeit des Vertragsabschlusses befand, was i.d.R. beim Verleiher sein dürfte (**a.M.** ZK-Higi, N 94, der mit der h.L. eine Bringschuld annimmt). Die entsprechenden Transportkosten gehen zu Lasten des Entlehners. Ist die Leihsache beschädigt, steht dem Verleiher kein Recht auf Annahmeverweigerung zu, sondern er ist auf seinen Schadenersatzanspruch verwiesen (ZK-Higi, Art. 309 N 49). Bei Grundstücken und Wohnungen ist der Verleiher im Verzugsfall des Entlehners berechtigt, die Räumung des Grundstückes bzw. der Wohnung zu verlangen (KGer GR, 29.8.2011, ZK1 11 47, E. 5a). 15

VI. IPR

Im internationalen Verhältnis bestimmt sich das anwendbare Recht nach der charakteristischen Leistung. Bei der Leihe als **Gebrauchsüberlassungsvertrag** ist dies die Leistung des Verleihers (Art. 117 Abs. 3 lit. b IPRG). Eine Rechtswahl ist zulässig (Art. 116 IPRG). Bei Verträgen mit Privaten ist eine Anwendung von Art. 120 IPRG ausgeschlossen (Vischer/Huber/Oser, 210). 16

VII. IZPR

Der Gerichtsstand richtet sich nach dem LugÜ, sofern der Beklagte Wohnsitz in einem Vertragsstaat hat oder der Erfüllungsort der Leihe in einem Vertragsstaat liegt (vgl. BSK IPRG-Schnyder/Grolimund, Art. 1 N 36 ff.). Findet das LugÜ Anwendung, so liegt der Gerichtsstand – vorbehältlich einer abweichenden Gerichtsstandsvereinbarung – am Wohnsitz der beklagten Partei (Art. 2 LugÜ) oder am Erfüllungsort (Art. 5 Ziff. 1 LugÜ). Kommt subsidiär das IPRG zur Anwendung, so ist in erster Linie das Gericht am Wohnsitz des Beklagten zuständig (Art. 112 Abs. 1 IPRG). Liegt dieser Wohnsitz nicht in der Schweiz, so ist subsidiär das Gericht am Erfüllungsort zuständig (Art. 113 IPRG). Eine Besonderheit der Leihe im Bezug auf das (internationale) Prozessrecht ist, dass sie aufgrund der zwingenden Unentgeltlichkeit keinen Konsumentenvertrag begründen kann (vgl. ZK-Higi, Vor Art. 305 OR N 104). 17

Art. 306

B. Wirkung
I. Gebrauchsrecht des Entlehners

1 Der Entlehner darf von der geliehenen Sache nur denjenigen Gebrauch machen, der sich aus dem Vertrage oder, wenn darüber nichts vereinbart ist, aus ihrer Beschaffenheit oder Zweckbestimmung ergibt.

2 Er darf den Gebrauch nicht einem andern überlassen.

3 Handelt der Entlehner diesen Bestimmungen zuwider, so haftet er auch für den Zufall, wenn er nicht beweist, dass dieser die Sache auch sonst getroffen hätte.

B. Effets
I. Droits de l'emprunteur

1 L'emprunteur ne peut employer la chose prêtée qu'à l'usage déterminé par le contrat ou, à défaut, par la nature de la chose ou sa destination.

2 Il n'a pas le droit d'autoriser un tiers à se servir de la chose.

3 L'emprunteur qui enfreint ces règles répond même du cas fortuit, à moins qu'il ne prouve que la chose en eût été atteinte également s'il les avait observées.

B. Effetti
I. Diritto d'uso del comodatario

1 Il comodatario può servirsi della cosa prestata soltanto per l'uso determinato dal contratto, in difetto di stipulazioni relative, dalla natura della cosa o dallo scopo cui essa è destinata.

2 Il comodatario non può concederne l'uso ad altri.

3 Contravvenendo a queste disposizioni, il comodatario risponde anche del caso fortuito, sempreché non provi che questo avrebbe egualmente colpito la cosa.

Literatur

Vgl. die Literaturhinweise bei den Vorbem. zu Art. 305–318.

I. Normzweck

1 Art. 306 regelt den **sachlichen Umfang des Gebrauchsrechts** des Entlehners, dessen Modalitäten und die Haftung des Entlehners. Dagegen wird der zeitliche Umfang der Leihe in Art. 309–311 geregelt.

II. Gebrauchsrecht des Entlehners (Abs. 1)

1a Der Entlehner darf – wie der Mieter – die geliehene Sache nur vertragsgemäss gebrauchen. Was **vertragsmässiger Gebrauch** ist, ergibt sich primär aus der Abrede der Parteien und subsidiär aus dem Zweck der Leihe und der Beschaffenheit bzw. Zweckbestimmung der Sache (ZK-Higi, Art. 305 OR N 30 ff.). Der Entlehner darf mangels besonderer Erlaubnis nur denjenigen Gebrauch von der Sache machen, «den jedermann unter den gegebenen Umständen von der Sache gewöhnlich macht» (ZK-Higi, N 16). Ohne besondere Abrede darf deshalb der Entlehner z.B. einen ausgeliehenen Oldtimer nicht für Werbefotos gebrauchen. Zudem hat er sich an die vereinbarten bzw. üblichen **Gebrauchsmodalitäten** zu halten (z.B. keine Fahrten mit geliehenem Oldtimer bei Schnee). Dazu gehört auch der Verzicht auf übermässigen Gebrauch (z.B. keine Fahrten nach Spanien bei Leihe eines Autos für ein Wochenende).

1b Der Entlehner darf die Sache nicht verbrauchen. Ähnlich wie bei der Nutzniessung umfasst der Gebrauch von landwirtschaftlichen Grundstücken usw. aber üblicherweise auch die **Nutzung**. Die **Erträge** (Früchte etc.), die während der Dauer der Leihe anfallen, gehören mangels anderer Abrede analog Art. 756 Abs. 1 ZGB dem Entlehner (BGE 75 II 38 = Pra 1949, 409).

2 Bei der Ausübung des Gebrauchsrechts hat der Entlehner **alle Sorgfalt** walten zu lassen, die vom Empfänger der betreffenden Sache erwartet werden darf (ZK-Higi, N 43). Das stellt gegenüber der mietrechtlichen Regelung von Art. 257f Abs. 1 eine Verschärfung dar, welche sich durch die Unentgeltlichkeit der Leihe rechtfertigt (ZK-Higi, N 18). Deshalb ist der Entlehner verpflichtet, den geliehenen Oldtimer nicht tagelang im Regen stehen zu lassen, das ge-

liehene Bild fachgerecht transportieren zu lassen und sicher aufzubewahren usw. Weiter ergibt sich daraus die Pflicht zum schonenden Gebrauch des Leihguts (z.B. keine Fahrten mit Strassenfahrzeugen über «Stock und Stein»).

Schliesslich trifft den Entlehner in analoger Anwendung der miet- bzw. pachtrechtlichen Regeln (vgl. Art. 257g und 257h Abs. 1 und 2 bzw. Art. 286 und 287 Abs. 1 und 2) eine **Anzeige- und Duldungspflicht** (ZK-Higi, N 27): nämlich einerseits die Pflicht, auftretende Mängel der Leihsache, die er nicht nach Art. 307 Abs. 1 selber behebt, sowie Drittansprüche dem Verleiher sofort zu melden (Art. 307 N 7); und andererseits die Pflicht, die Behebung solcher Mängel durch den Verleiher zu dulden. **2a**

Eine **Prüfungspflicht** des Entlehners ist vom Gesetz nicht ausdrücklich vorgesehen. Eine beschränkte Prüfungspflicht ergibt sich aber aus Treu und Glauben und der dem Entlehner obliegenden Sorgfaltspflicht im Hinblick auf den Gebrauch der Sache. Eine Prüfung hat nicht sofort, aber vor Gebrauch zu erfolgen. **2b**

Dagegen hat der Entlehner keine **Gebrauchspflicht**, ausser eine solche sei verabredet oder ergebe sich aus der Beschaffenheit der Sache (z.B. ein Rennpferd muss bewegt werden). Auch eine **Annahmeverpflichtung** ist nur insoweit denkbar, als eine Gebrauchspflicht besteht und eine Annahmeverweigerung eine Kündigung zur Unzeit darstellen würde (vgl. Art. 309 N 1b). Eine Ablehnung der Sache durch den Entlehner beendigt aber den Leihvertrag und entbindet den Verleiher von der Verpflichtung zur Gebrauchsüberlassung; dieser muss die Sache nicht weiter zur Verfügung halten. **3**

III. Unzulässiger Gebrauch durch Dritte (Abs. 2 und 3)

Die Leihe ist grundsätzlich eine persönliche Gefälligkeit an den Entlehner (vgl. Tercier/Favre, Rz 2947, 2969). Ohne anderslautende Abrede darf deshalb der Entlehner die geliehene Sache **keinem Dritten zum Gebrauch** überlassen, insb. das Leihgut nicht weiterverleihen (sog. «Unterleihe»; vgl. Art. 308 N 2) oder gar vermieten (Büchi/Gehrig, Jusletter 2014, Rz 31). Zulässig dagegen ist der Mitgebrauch durch Dritte im Rahmen des vereinbarten Leihzwecks (z.B. durch Familienangehörige bei Leihe einer Ferienwohnung; vgl. ZK-Higi, N 34) sowie der Beizug von Hilfspersonen zur Obhut und Erhaltung der Sache. Für solche Dritte hat der Entlehner nach Art. 101 einzustehen (BGer, 19.2.2004, 4C.307/2003, E. 5). **3a**

IV. Haftung des Entlehners (Abs. 3)

Wird die Leihsache während der Leihdauer beschädigt bzw. entwertet, hat der Entlehner nach Art. 97 Abs. 1 den Schaden zu ersetzen, welcher dem Verleiher durch einen unsorgfältigen bzw. pflichtwidrigen Gebrauch der Sache oder die Verletzung der Erhaltungspflicht entstanden ist (Reparaturkosten, übermässige Abnützung usw.). Dabei haftet er nach Art. 99 Abs. 1 für **jedes Verschulden**, bei **vertragsgemässem Gebrauch** – e contrario Abs. 3 – aber nicht für den Zufall (ZK-Higi, N 43 ff.). Eine Instandstellungspflicht trifft den Entlehner i.d.R. nicht (ZK-Higi, Art. 309 OR N 47). **4**

Bei **vertragswidrigem Gebrauch**, einschliesslich der unberechtigten Weitergabe an Dritte, hat der Entlehner auch für den **Zufall** einzustehen, ausser er beweist, dass die Sache auch bei vertragsgemässem Gebrauch untergegangen oder beschädigt worden wäre. So haftet der Entlehner bei **vertragswidrigem Gebrauch** eines Autos grundsätzlich auch für Diebstahl oder unverschuldete Kollisionen (ZK-Higi, N 47 f.). Zieht der Entlehner aus dem vertragswidrigen Gebrauch einen Gewinn (z.B. bei unberechtigter Weitervermietung der Leihsache), hat er diesen nach Art. 423 Abs. 1 abzuliefern (ZK-Higi, N 38; vgl. auch BGE 126 III 69). **5**

Art. 307

II. Kosten der Erhaltung

[1] Der Entlehner trägt die gewöhnlichen Kosten für die Erhaltung der Sache, bei geliehenen Tieren insbesondere die Kosten der Fütterung.

[2] Für ausserordentliche Verwendungen, die er im Interesse des Verleihers machen musste, kann er von diesem Ersatz fordern.

II. Frais d'entretien

[1] L'emprunteur supporte les frais ordinaires d'entretien; il doit notamment nourrir les animaux prêtés.

[2] Il peut répéter les dépenses extraordinaires qu'il a dû faire dans l'intérêt du prêteur.

II. Spese di conservazione

[1] Sono a carico del comodatario le spese ordinarie per la conservazione della cosa, in ispecie le spese di nutrimento ove si tratti di animali.

[2] Egli ha diritto al rimborso delle spese straordinarie che ha dovuto sostenere nell'interesse del comodante.

Literatur

Vgl. die Literaturhinweise bei den Vorbem. zu Art. 305–318.

I. Normzweck

1 Art. 307 ist nach seinem Wortlaut eine **Kostentragungsregel**, welche die mit dem Gebrauch der Leihsache zusammenhängenden Aufwendungen auf Entlehner (im Umfang der «gewöhnlichen Kosten») und Verleiher (im Umfang der darüber hinausgehenden «ausserordentlichen Verwendungen») verteilt. Gleichzeitig ist er Ausdruck der gesetzlich vorausgesetzten **Unterhaltsordnung** und impliziert damit eine Erhaltungspflicht des Entlehners (ZK-Higi, N 4, 27; vgl. N 5).

2 Art. 307 regelt nur die Beziehungen der Parteien während der **Dauer** der Leihe, nicht aber das **Abrechnungsverhältnis** (Art. 309 N 1) nach deren **Beendigung** (BGE 75 II 38 = Pra 1949, 409), die Tragung von Transportkosten bei Übergabe bzw. Rückgabe der Leihsache usw.

II. Kosten des gewöhnlichen Unterhalts und Erhaltungspflicht (Abs. 1)

3 Der Entlehner trägt gem. Abs. 1 neben den **unmittelbaren Gebrauchskosten** (z.B. Benzin bei Autos, Bewachung der Leihgabe für eine Ausstellung) die gewöhnlichen Kosten für die Erhaltung der Sache, d.h. also die Kosten für den gewöhnlichen Unterhalt, nicht aber die über den gewöhnlichen Unterhalt hinausgehenden Kosten, die gem. Abs. 2 zu Lasten des Verleihers gehen (ZK-Higi, N 23). Dies entspricht im Wesentlichen dem pachtrechtlichen Kostentragungsregime (vgl. dazu ZK-Higi, Art. 279 OR N 11 f., 17; Art. 284 N 17 ff.). Stets zu Lasten des Entlehners gehen dabei **Erhaltungskosten**, die mit dem Gebrauch der Sache durch den Entlehner notwendig einhergehen, und die verhältnismässigen Kosten für die Behebung von beim Gebrauch entstandenen Schäden (bspw. Futterkosten und gewöhnliche Tierarztrechnungen für ein geliehenes Pferd). Was zum **gewöhnlichen Unterhalt** gehört, hängt im Übrigen von Gegenstand, Zweck und Dauer der Leihe ab (z.B. Bewirtschaftungskosten eines Bauernhofs BGE 75 II 45 = Pra 1949, 409, Reinigungskosten bei Leihe von Oldtimer zu Ausstellungszwecken, ordentlicher Service bei Benützung eines Autos über mehrere Monate und nicht nur für ein paar Tage). Im Vergleich zur Miete obliegen dem Entlehner somit weitergehende Pflichten als dem Mieter, der nur «Mängel, die durch kleine, für den gewöhnlichen Unterhalt erforderliche Reinigungen oder Ausbesserungen behoben werden können», auf eigene Kosten beseitigen muss (Art. 259; Honsell, OR BT, 262; **a.M.** Reymond, 277). Dieser Unterschied folgt aus der Unentgeltlichkeit der Leihe. Dementsprechend rechtfertigt es sich, bei der Festsetzung der vom Entlehner zu übernehmenden Kosten im Einzelfall die

Dauer der Leihe und den (Gebrauchs-)Wert der Sache zu berücksichtigen. Damit wird auch verhindert, dass der Verleiher aus der Kostentragungspflicht des Entlehners ungerechtfertigte wirtschaftliche Vorteile zieht (z.B. mittels Abschiebens von Wartungsarbeiten auf den Entlehner). Auch wenn die vertragliche Kostenübernahme durch den Entlehner dem Verleiher erhebliche wirtschaftliche Vorteile einbringt, führt dies i.d.R. nicht zu einer Umqualifikation des Vertragsverhältnisses (OGer ZH, 1.11.2012, NP120001, E. 8; KGer GR, 29.8.2011, ZK1 11 47, E. 4c; **a.M.** ZK-Higi, N 44). Allerdings kann sich mit Bezug auf die Ersatzpflicht des Verleihers für freiwillige Verbesserungen oder andere Sachleistungen des Entlehners die analoge Anwendung miet- bzw. pachtrechtlicher Regeln rechtfertigen (vgl. N 8).

Im Dienstleistungssektor übernimmt der Verleiher von Gebrauchsgegenständen, die mit der von ihm angebotenen **Dienstleistung** im Zusammenhang stehen (z.B. EDV-Terminals), oft vertraglich eine weitreichende Wartungs- und Entstörungsverpflichtung. 4

Soweit den Entlehner eine Pflicht zur Übernahme von Unterhaltskosten trifft, hat er – soweit nichts anderes vereinbart – eine parallele Pflicht, die entsprechenden Unterhaltsarbeiten vornehmen zu lassen. Weiter hat er alle zumutbaren Massnahmen zu ergreifen, um die Leihsache vor Schäden oder Wertverlust zu bewahren (BGer, 24.2.2004, 4C.307/2003, E. 5.2; Tercier/Favre, Rz 2970). Verletzt der Entlehner diese **Erhaltungspflicht**, haftet er dem Verleiher für den daraus entstandenen **Schaden**, insb. für den über die gewöhnliche Abnutzung hinaus entstandenen **Wertverlust** der Sache. Allerdings bestehen Kostentragungs- und Erhaltungspflicht nur für die Dauer des Leihverhältnisses, weshalb sich ihrer der Entlehner mittels der – grundsätzlich jederzeit möglichen (Art. 309 N 1b) – Rückgabe der Leihsache für die Zukunft entledigen kann. 5

III. Ausserordentliche Aufwendungen (Abs. 2)

«Ausserordentliche Verwendungen» **(Aufwendungen)** hat der Verleiher zu tragen. Gemeint sind Aufwendungen, die dem Interesse des Verleihers zur Erhaltung der Sache dienen und über den gewöhnlichen Unterhalt hinausgehen, also insb. grosse Reparaturen (z.B. wenn der Motor eines geliehenen Autos ausgewechselt werden muss). Im Interesse des Verleihers gebotenen sind v.a. Massnahmen, die den Bestand der Sache sichern oder deren (weitere) Beschädigung verhindern. 6

Wie der Mieter muss der Entlehner in analoger Anwendung von Art. 259a Abs. 1 zunächst dem Verleiher anzeigen, wenn ausserordentliche Aufwendungen notwendig werden (Art. 306 N 2a). Erst wenn der Verleiher die erforderlichen Massnahmen nicht rechtzeitig veranlasst, ist der Entlehner berechtigt, diese selber vorzunehmen bzw. vornehmen zu lassen, und zwar im Gegensatz zu Art. 98 Abs. 1 **ohne richterliche Ermächtigung**. Nur wenn sofortige Behebung erforderlich bzw. eine rechtzeitige Behebung durch den Verleiher nicht möglich ist, kann auf die **Anzeige** verzichtet werden. Soweit die Aufwendung im Interesse des Verleihers geboten ist, ist dieser gestützt auf Abs. 2 ersatzpflichtig. Insoweit besteht inhaltlich ein Gleichlauf zur Regelung der fremdnützigen Geschäftsführung ohne Auftrag (Art. 422), die bei der Auslegung von Abs. 2 deshalb ergänzend beigezogen werden kann (Bucher, BT, 193). 7

Für weitergehende Aufwendungen, insb. **Verbesserungen**, kann der Verleiher u.U. nach Beendigung der Leihe (im Rahmen der Abrechnung) nach den Regeln über die eigennützige Geschäftsführung ohne Auftrag (Art. 423; so ZK-Higi, N 41 ff.) oder unter analoger Anwendung des Miet- oder Pachtrechts (Art. 260a Abs. 3; Art. 299 Abs. 2 lit. a bzw. Art. 299b Abs. 3; so BGE 75 II 38 E. 4 = Pra 1949, 28 ff.; CR CO I-Bovet/Richa, N 6) ersatzpflichtig sein. Dabei ist der Verleiher nicht berechtigt, allfällige durch den Entlehner zulässigerweise gezogenen Früchte auf seine Ersatzpflicht anrechnen zu lassen, selbst wenn gewisse Erträge gerade durch weitergehende Aufwendungen verursacht worden sind (BGer, a.a.O.). 8

Für seine Ersatzansprüche steht dem Entlehner das **Retentionsrecht** (Art. 895 ff. ZGB) zu. 9

IV. IPR

10 Anknüpfungspunkt für das ganze Vertragsverhältnis ist grundsätzlich die charakteristische Leistung, welche bei der Gebrauchsleihe durch den Verleiher erbracht wird (Art. 117 Abs. 3 lit. b IPRG). Eine **Sonderanknüpfung** besteht lediglich für **Untersuchungsmodalitäten**, die nach Art. 125 IPRG dem Recht des Ortes unterstehen, an dem sie tatsächlich erfolgen. Der Umfang dieser Sonderanknüpfung ist eng; er beschlägt lediglich Art und Umfang der Prüfungspflicht des Entlehners.

Art. 308

III. Haftung mehrerer Entlehner	**Haben mehrere eine Sache gemeinschaftlich entlehnt, so haften sie solidarisch.**
III. Responsabilité solidaire	Ceux qui ont conjointement emprunté la même chose en sont solidairement responsables.
III. Responsabilità di più comodatari	Se più persone hanno insieme preso a prestito una cosa, ne sono responsabili solidalmente.

Literatur

Vgl. die Literaturhinweise bei den Vorbem. zu Art. 305–318.

1 Art. 308 stellt die gesetzliche Vermutung auf, dass mehrere Entlehner für die Erfüllung der Pflichten unter dem Leihvertrag solidarisch haften (ZK-Higi, N 1 ff.). Die solidarische Haftung mehrerer Entlehner bezieht sich somit nicht nur auf die **Rückgabepflicht** (Art. 305), sondern auf sämtliche Entlehner-Pflichten, namentlich auch auf die **Erhaltungspflicht** (Art. 307 N 5; vgl. Tercier/Favre, Rz 2960). Damit ist jeder Entlehner dem Verleiher für den vertragsgemässen und sorgfältigen Gebrauch der Leihsache, für deren Erhaltung und korrekte Rückgabe sowie für die Erfüllung einer allfälligen Gebrauchspflicht verantwortlich (CR CO I-Bovet/Richa, N 1). Für die Modalitäten der Solidarität verweist Art. 308 nach h.L. auf Art. 143 ff. (BK-Becker, N 1). Abweichend von Art. 146 kann allerdings ein Entlehner die Stellung der übrigen faktisch verschlechtern, z.B. durch vertragswidrigen Gebrauch (ZK-Higi, N 15).

2 Kein Fall von gemeinschaftlicher Leihe und damit keine solidarische Haftung liegt vor, wenn der Dritte nicht Vertragspartner des Verleihers ist, so z.B. wenn der Mitgebrauch der Leihsache durch Dritte gestattet ist oder wenn der Entlehner beim Gebrauch Hilfspersonen beizieht (Art. 306 N 3a). Dasselbe gilt, wenn der Erstentlehner die Sache einem Dritten (dem Zweitentlehner) weitergibt, was nach Art. 306 Abs. 2 ohne Zustimmung des Verleihers unzulässig ist. Der Zweitentlehner steht in keinem Vertragsverhältnis zum Verleiher, sondern lediglich zum Erstentlehner. Das Verhältnis zwischen Erst- und Zweitentlehner ist ein **Unterleihvertrag**. Da bei der Leihe eine dem Mietrecht (Art. 262 Abs. 3 i.f.) oder dem Auftragsrecht (Art. 399 Abs. 3) entsprechende Vorschrift fehlt, hat der Verleiher mangels gegenteiliger Abrede keine vertraglichen Ansprüche gegen den Zweit- bzw. Unterentlehner. Solange der Unterentlehner die Sache in Übereinstimmung mit dem Hauptvertrag hat, ist dem Verleiher auch eine Berufung auf Art. 641 ZGB verwehrt (BK-Meier-Hayoz, Art. 641 ZGB N 64). Die Unterleihe ist somit ein sog. einfacher Untervertrag (Cerutti, Rz 93 ff.). Hat der Erstentlehner den Unterleihvertrag nicht an den Hauptvertrag gebunden, wird seine Unterverleiherpflicht bei Auflösung des Hauptvertrages subjektiv unmöglich. In diesem Fall ist der Zweit- bzw. Unterentlehner berechtigt, nach den Regeln des Schuldnerverzuges (Art. 102 ff.) vorzugehen (Cerutti, Rz 289; Gauch/Schluep/Schmid/Emmenegger, Rz 2826 ff.; **a.M.** BGE 82 II 332). Dem Erstentlehner, der die beiden Verträge nicht aufeinander abgestimmt hat, dürfte

i.d.R. der Entlastungsbeweis nach Art. 102 Abs. 2 bzw. 106 Abs. 1 nicht gelingen, mit der Folge, dass er für den Zufall haftet und schadenersatzpflichtig wird (CERUTTI, Rz 295 ff.). Unabhängig davon, ob die Zulässigkeit der Unterleihe verabredet war, haftet der Erstentlehner gegenüber dem Verleiher für das Verhalten des Zweitentlehners wie für eine Hilfsperson (Art. 101; vgl. ZK-HIGI, Art. 306 OR N 55).

Art. 309

C. Beendigung
I. Bei bestimmtem Gebrauch

[1] Ist für die Gebrauchsleihe eine bestimmte Dauer nicht vereinbart, so endigt sie, sobald der Entlehner den vertragsmässigen Gebrauch gemacht hat oder mit Ablauf der Zeit, binnen deren dieser Gebrauch hätte stattfinden können.

[2] Der Verleiher kann die Sache früher zurückfordern, wenn der Entlehner sie vertragswidrig gebraucht oder verschlechtert oder einem Dritten zum Gebrauche überlässt, oder wenn er selbst wegen eines unvorhergesehenen Falles der Sache dringend bedarf.

C. Extinction
I. En cas de prêts pour un usage convenu

[1] Lorsque la durée du contrat n'a pas été fixée conventionnellement, le prêt à usage prend fin aussitôt que l'emprunteur a fait de la chose l'usage convenu, ou par l'expiration du temps dans lequel cet usage aurait pu avoir lieu.

[2] Le prêteur peut réclamer la chose, même auparavant, si l'emprunteur en fait un usage contraire à la convention, s'il la détériore, s'il autorise un tiers à s'en servir, ou enfin s'il survient au prêteur lui-même un besoin urgent et imprévu de la chose.

C. Fine
I. In caso di uso determinato

[1] Ove non sia stipulato un termine fisso, il comodato cessa tosto che il comodatario abbia fatto della cosa l'uso determinato dal contratto o sia spirato il tempo entro il quale quest'uso avrebbe potuto farsi.

[2] Il comodante può richiedere anche prima la restituzione della cosa, qualora il comodatario ne faccia un uso diverso dal convenuto, o la deteriori, o ne conceda l'uso ad un terzo, ovvero quando per casi impreveduti lo stesso comodante ne abbia urgente bisogno.

Literatur

Vgl. die Literaturhinweise bei den Vorbem. zu Art. 305–318.

I. Allgemeines zur Beendigung der Leihe

Während Art. 309–311 die **Beendigungsgründe** der Leihe regeln, ergeben sich die **Folgen der Vertragsbeendigung** aus dem allg. Vertragsrecht. Mit Ablauf der bestimmten Leihdauer (Abs. 1), Wirksamwerden der ordentlichen (Art. 310) oder ausserordentlichen (Abs. 2) Kündigung oder dem Tod des Entlehners (Art. 311) endet die Überlassungspflicht des Verleihers und das entsprechende Gebrauchsrecht des Entlehners (vgl. Art. 305 N 10), womit sich die Rückgabepflicht des Entlehners aktualisiert. Diese wird zusammen mit den während der Dauer des Leihverhältnisses entstehenden Ansprüchen auf Schadenersatz (vgl. Art. 306 N 4), Verwendungsersatz (Art. 307 Abs. 2) usw. im Rahmen des bei Beendigung von Dauerverträgen entstehenden **Liquidationsverhältnisses** abgewickelt (ZK-HIGI, N 38 ff.). 1

Obwohl die gesetzlichen Beendigungsgründe von Art. 309–311 nach ihrem Wortlaut vom Normalfall ausgehen, dass die Leihsache bereits übergeben wurde, sind sie – soweit einschlägig – bereits vor diesem Zeitpunkt anwendbar, z.B. bei Eigengebrauch des Verleihers oder Tod des Entlehners **vor Übergabe** (vgl. MAURENBRECHER, Diss., 233 ff. [für das Darlehen]; **a.M.** ZK-HIGI, N 4). 1a

Allerdings ist die gesetzliche Regelung der Beendigungsgründe unvollständig und ungenau. Nicht geregelt ist insb. das **vorzeitige Beendigungsrecht des Entlehners**. Dennoch ist dieser 1b gestützt auf Art. 81 Abs. 1 bei Verträgen auf bestimmte und unbestimmte Dauer berechtigt, jederzeit die geliehene Sache zurückzugeben und durch eine solche Kündigung die Leihe zu beenden (vgl. auch GAUCH, System, 39 Anm. 5, 59 Anm. 4; MAURENBRECHER, Diss., 180 ff. [zum Darlehen]). Vorbehalten bleiben gegenteilige vertragliche Abreden bzw. Umstände (welche sich insb. auch aus der Vereinbarung einer Gebrauchspflicht ergeben können) und eine Rückgabe/Kündigung des Entlehners zur Unzeit (ähnlich i.E. ZK-HIGI, N 21 ff.).

1c Weiter schliesst der Charakter der Leihe als Gebrauchsüberlassungsvertrag die **ewige Leihe** aus (BGE 125 III 363 = Pra 2000, 698; CR CO I-BOVET/RICHA, N 1).

II. Leihe auf bestimmte Dauer (Abs. 1)

2 Entgegen der zu engen Marginalie (ZK-HIGI, N 64) und der h.L. (ZK-HIGI, N 54 m.w.H.) beschlägt Abs. 1 allgemein die Beendigung von Leihen, die auf **bestimmte Dauer** abgeschlossen wurden. Dabei kann die zeitliche Befristung unmittelbar durch Bestimmung der Leihdauer (z.B. zwei Monate) bzw. deren Endtermin (z.B. 31.12.1995) oder mittelbar durch die Vereinbarung eines bestimmten, zeitlich beschränkten Gebrauchs (sog. **Leihzweck**, z.B. Leihe eines Schmuckstücks für einen Empfang, eines Kastenwagens für einen Umzug, eines Kinderwagens für die Babyzeit) erfolgen (BGE 125 III 363 = Pra 2000, 698; ZR 1982, 81; ZK-HIGI, Art. 305 OR N 33 ff., 66 ff.). Auch eine Kombination einer zeitlichen und inhaltlichen Beschränkung der Leihdauer kommt vor (z.B. Leihe des Kastenwagens für Umzug «am nächsten Wochenende»). Im Sinne einer einschränkenden teleologischen Auslegung ist dagegen Art. 309 nicht anwendbar, wenn sich die Leihdauer weder durch Übereinkunft der Parteien noch durch den vertragsmässigen Gebrauch begrenzen lässt. Wird z.B. eine Villa einem Verein zur Erfüllung seines gemeinnützigen (zeitlich unlimitierten) Zwecks zur Verfügung gestellt, handelt es sich um eine Leihe auf unbestimmte Dauer, deren Beendigung sich nach Art. 310 richtet (BGE 125 III 363 = Pra 2000, 698).

2a Sofern die Parteien die Leihdauer nicht unmittelbar bestimmt haben, endet die Leihe zunächst mit **Abschluss des vertragsmässigen Gebrauchs**, und zwar unabhängig davon, ob sich der Entlehner dafür noch mehr Zeit hätte nehmen können (z.B. Rückgabe des für einen Umzug entlehnten Kastenwagens nach dessen Abschluss, auch wenn der Umzug früher als geplant stattfindet). Bei Nichtgebrauch endet die Leihe mit Ablauf der Frist, binnen deren der Entlehner den vertragsmässigen Gebrauch objektiv vernünftigerweise hätte machen können (z.B. ein Tag bei Leihe eines Autos für einen Transport in die Nachbarstadt).

2b Im Anwendungsbereich von Abs. 1 endet die Leihe nach Ablauf der so bestimmten Dauer automatisch, also **ohne entsprechende Erklärung** (z.B. Kündigung). Insoweit werden allfällige Aufforderungen des Verleihers zur Rückgabe der Sache als Mahnung qualifiziert.

III. Ausserordentliches Kündigungsrecht (Abs. 2)

3 Abs. 2 statuiert **ausserordentliche Beendigungsrechte** des Verleihers, die für sämtliche Leihverträge – ob bestimmter oder unbestimmter Dauer – gelten. Das Gesetz erklärt den Verleiher für berechtigt, die Sache in folgenden Fällen «früher» (gemeint ist jederzeit und sofort) zurückzufordern:

– bei unsorgfältigem oder sonst **vertragswidrigem Gebrauch**, einschliesslich der unbefugten Überlassung an einen Dritten (Art. 306 N 1a ff.), ohne dass es einer vorgängigen Mahnung bedürfte (ZK-HIGI, N 69);
– im Falle jedweder **Verschlechterung der Sache**, die über den gewöhnlichen Verschleiss *hinausgeht, und zwar* unabhängig davon, ob diese auf einen vertragswidrigen Gebrauch des Entlehners zurückzuführen ist (CR CO I-BOVET/RICHA, N 6; unklar ZK-HIGI, N 67); und

- bei dringendem **unvorhergesehenem Eigengebrauch**. Dringlichkeit liegt vor, wenn der Verleiher die Sache nächstens selber benötigt und ihm unter den gegebenen Umständen nicht zugemutet werden kann, auf den Gebrauch der eigenen Sache (länger) zu verzichten. Dabei können die Interessen des Entlehners ausnahmsweise die sofortige Rückforderbarkeit ausschliessen (z.B. keine Rückgabe des schon beladenen Transporters). Unvorgesehen ist der Eigengebrauch, wenn bei Vertragsschluss kein Anlass für die Annahme einer ernsthaften Möglichkeit des Eigenbedarfs besteht (ZK-Higi, N 78 f.).

Der Verleiher ist über den zu engen Wortlaut des Gesetzes hinaus auch aus anderen, in Abs. 2 nicht erwähnten **wichtigen Gründen** jederzeit berechtigt, das Vertragsverhältnis sofort zu kündigen, d.h. mit Wirkung für die Zukunft zu beenden (ZR 1946, 210; Gauch, System, 188 f., 194 f.; vgl. aber BGE 125 III 363 = Pra 2000, 698; ZR 1982, 81 f.). Im Gegensatz zu den aussergesetzlichen wichtigen Gründen verwirkt aber der Verleiher in den Fällen von Abs. 2 sein Kündigungsrecht u.E. grundsätzlich nicht, wenn er nach Kenntnis des Beendigungsrechts mit der Kündigung zuwartet (**a.M.** CR CO I-Bovet/Richa, N 8; ZK-Higi, N 81, 83). **3a**

IV. Veräusserung des Leihgegenstandes

Veräussert der Verleiher den Leihgegenstand vor Ablauf der Leihdauer, ohne sich auf ein ausserordentliches Kündigungsrecht berufen zu können, kann der neue Eigentümer den Leihgegenstand trotzdem nach dem Grundsatz **«Kauf bricht Leihe»** vom Entlehner herausverlangen. Denn nach h.L. kann der Entlehner unter Art. 924 Abs. 3 ZGB nur dringliche Einreden geltend machen (BK-Stark, Art. 924 ZGB N 37; **a.M.** Eitel, FS Bucher, 87 f. m.w.H. zum Meinungsstand). Vorbehalten bleibt immer das **Retentionsrecht** des Entlehners, solange der Verleiher den wegen der Vertragsverletzung geschuldeten Schadenersatz nicht gezahlt hat (Eitel, FS Bucher, 87). **3b**

V. Verjährung

Bei Leihen auf **bestimmte Dauer** verjährt der obligatorische Rückforderungsanspruch innert zehn Jahren (Art. 127) nach Ablauf der bestimmten Dauer, d.h. nach Ablauf des Endtermins oder nach gemachtem bzw. präsumtivem Gebrauch i.S.v. Abs. 1. Allfällige dingliche Restitutionsansprüche bleiben vom Ablauf der Verjährung unberührt. **4**

VI. Beweislast

Die Beweislast für die Vereinbarung und den Ablauf einer bestimmten Vertragsdauer trifft den **Entlehner**, der dem sonst jederzeit zulässigen Rückforderungsanspruch des Verleihers (vgl. dazu Art. 310 N 2) die Einrede der bestimmten Vertragsdauer entgegenhält (gl.M. ZK-Higi, N 16). Dagegen hat der Verleiher die Voraussetzungen eines ausserordentlichen Beendigungsrechts zu beweisen. **5**

Art. 310

II. Bei unbestimmtem Gebrauch	**Wenn der Verleiher die Sache zu einem weder der Dauer noch dem Zwecke nach bestimmten Gebrauche überlassen hat, so kann er sie beliebig zurückfordern.**
II. En cas de prêt pour un usage indéterminé	Si le prêt a été fait pour un usage dont le but ni la durée ne sont déterminés, le prêteur est libre de réclamer la chose quand bon lui semble.

II. In caso di uso non determinato	Se l'uso per cui la cosa fu concessa non sia determinato né quanto al tempo, né quanto allo scopo, il comodante può chiederne la restituzione a suo gradimento.

Literatur

Vgl. die Literaturhinweise bei den Vorbem. zu Art. 305–318.

I. Anwendungsbereich

1 Art. 310 regelt die Beendigung der Leihen, die auf **unbestimmte Dauer** vereinbart wurden. Er ist unglücklich formuliert; der erste Satzteil erweckt nämlich den Eindruck, das Gesetz unterscheide zwischen Verträgen, die nach der «Dauer», und solchen, die nach dem «Zweck» bestimmt sind. Tatsächlich enthält Art. 310 eine Regel für alle Leihen, deren Ende sich weder durch Vereinbarung des Endzeitpunktes noch durch Ablauf des vertragsgemässen Gebrauches festlegen lässt (vgl. BGE 125 III 363 E. 2h = Pra 1999, 190; BGer, 11.2.2011, 4D_136/2010, E. 4.3.1; ZBJV 1948, 238; ZK-Higi, N 4; Art. 309 N 2). Art. 310 ist auch einschlägig, wenn eine Sache mit dem Recht jederzeitiger Kündigung («auf Zusehen hin») oder sonst ohne weitere Verpflichtung des Verleihers überlassen wurde, was insb. bei der Bittleihe häufig der Fall ist (vgl. Art. 305 N 5b).

2 Bei Leihen auf **unbestimmte Dauer** ist der Verleiher berechtigt, die Sache jederzeit («beliebig») zurückzufordern, d.h. den Leihvertrag mit sofortiger Wirkung zu kündigen. Dies gilt auch für die Wohnungsleihe (keine analoge Anwendung mietrechtlicher Bestimmungen; vgl. SJZ 2001, 16). Die Frist für die Rückgabe ist nicht bestimmt. Auch wenn die Rückgabe grundsätzlich sofort verlangt werden kann (SJZ 2001, 16), ist dem Entlehner aber eine nach den konkreten Umständen angemessene Frist einzuräumen (ZR 1946, 210; CR CO I-Bovet/Richa, N 1). Ausser bei besonderen Umständen, z.B. wenn die Sache sich berechtigterweise nicht im Gewahrsam des Entlehners befindet (ZR 1946, 210, wo für diesen Fall 30 Tage zugestanden wurden), ist i.d.R. eine Frist von zehn Tagen angemessen. Bei der Wohnungsleihe kann die angemessene Frist u.U. länger sein (vgl. Kramer, AJP 2000, 337).

3 Erfolgt die Rückgabe nicht innerhalb der vom Verleiher angesetzten, angemessenen (N 2) Frist, gerät der Entlehner ohne weiteres in **Verzug**. Setzt der Verleiher keine oder eine zu kurze Frist an, tritt Verzug erst nach erfolgter Mahnung bzw. mit Ablauf der entsprechenden Frist ein (teilweise abw. ZK-Higi, N 9 ff.).

II. Verjährung

4 Bei Leihen auf unbestimmte Dauer **verjährt** der obligatorische Rückforderungsanspruch innert zehn Jahren (Art. 127) nach Rückforderung der Sache durch den Verleiher. Allfällige dingliche Restitutionsansprüche bleiben vom Ablauf der Verjährung unberührt.

Art. 311

III. Beim Tod des Entlehners	**Die Gebrauchsleihe endigt mit dem Tode des Entlehners.**
III. Mort de l'emprunteur	Le prêt à usage finit par la mort de l'emprunteur.
III. Morte del comodatario	Il comodato cessa con la morte del comodatario.

Literatur

Vgl. die Literaturhinweise bei den Vorbem. zu Art. 305–318.

1 Die Leihe endigt mit dem **Tod des Entlehners**. Soweit die Sache noch nicht übergeben wurde, fällt diesfalls der Anspruch auf Aushändigung dahin (KUKO OR-SCHWAIBOLD, N 2). Diese Vorschrift liegt wohl darin begründet, dass der Gesetzgeber davon ausgegangen ist, dass eine Sache i.d.R. mit Rücksicht auf die Person des Entlehners verliehen wird. Eine sofortige Beendigung kann aber durch explizite Abrede der Parteien oder implizit durch Vereinbarung eines von der Person des Entlehners unabhängigen Leihzwecks (Art. 309 N 2) ausgeschlossen sein (BK-BECKER, Art. 309 ff. OR N 6).

1a Auf den **Konkurs des Entlehners** ist Art. 311 nicht analog anwendbar (PLENIO, 177 f.). Dagegen kann mit dem Konkurs der vereinbarte Zweck der Leihe dahinfallen (Art. 309 Abs. 1) oder (z.B. bei gefährdender Erfüllung der Rückgabeverpflichtung) ein wichtiger Grund zur ausserordentlichen Kündigung des Leihvertrags (vgl. Art. 309 N 3a) gegeben sein.

2 Der **Tod des Verleihers** berührt den Fortbestand der Leihe nicht. Allerdings kann sich daraus ein wichtiger Grund zur sofortigen Auflösung ergeben (z.B. unvorhergesehener dringender Eigenbedarf; vgl. Art. 309 Abs. 2).

3 Der **Konkurs des Verleihers** berührt die Leihe – vorbehältlich einer Anwendbarkeit der Art. 285 ff. SchKG – nicht (PLENIO, 179; **a.M.** GAUCH, System, 109 f.; ZK-HIGI, N 15: analoge Anwendung von Art. 250 Abs. 2).

Zweiter Abschnitt: Das Darlehen

Art. 312

A. Begriff — **Durch den Darlehensvertrag verpflichtet sich der Darleiher zur Übertragung des Eigentums an einer Summe Geldes oder an andern vertretbaren Sachen, der Borger dagegen zur Rückerstattung von Sachen der nämlichen Art in gleicher Menge und Güte.**

A. Définition — Le prêt de consommation est un contrat par lequel le prêteur s'oblige à transférer la propriété d'une somme d'argent ou d'autres choses fongibles à l'emprunteur, à charge par ce dernier de lui en rendre autant de même espèce et qualité.

A. Definizione — Il mutuo è un contratto per cui il mutuante si obbliga a trasferire al mutuatario la proprietà di una somma di denaro o di altre cose fungibili, e questi a restituirgli cose della stessa specie in eguale qualità e quantità.

Literatur

Vgl. die Literaturhinweise bei den Vorbem. zu Art. 305–318.

I. Allgemeines

1 Art. 312 enthält die gesetzliche Umschreibung des Darlehens. Er statuiert die vertragstypischen Verpflichtungen der Parteien: die Pflicht des Darleihers zur Übertragung des Eigentums an einer Summe Geldes oder vertretbarer Sachen (Vor Art. 305 N 3) zum zeitlich begrenzten **Wertgebrauch** (ZK-HIGI, N 9; BK-WEBER, Vor Art. 312 OR N 14) und die daran anschliessende **Rückerstattungspflicht** des Borgers. Nicht begriffsnotwendig für das Darlehen ist der Zins. Deshalb werden unentgeltliche Darlehen nicht als blosse privatrechtliche Gefälligkeit qualifiziert (vgl. OGer ZH, 12.7.2011, NG110001, E. 5.1; ZK-HIGI, Vor Art. 312 OR N 32 ff.; HÜRLIMANN-KAUP, 81). Ist aber ein **Zins** vereinbart oder üblich, begründet er das **Synallagma** zu den Pflichten des Darleihers, die Darlehenssumme auszuhändigen und zur Verfügung zu halten (so die h.L.: CHRIST, 225; ZK-HIGI, N 10; MAURENBRECHER, Diss., 67 ff.; BK-WEBER, Vor Art. 312 OR N 19; nun auch BGE 136 III 252; **a.M.** noch BGE 80 II

334; 93 II 189; Bucher, BT, 192). Neben dem verzinslichen Darlehen gibt es andere entgeltliche Darlehen (Art. 313 N 4b), namentlich partiarische Darlehen (N 37 ff.).

1a Neben Darlehensgewährungspflicht einerseits und Zinspflicht andererseits können durch entsprechende Vereinbarung der Parteien weitere Pflichten ins **Synallagma** einbezogen sein. Dies gilt insb. für eine allfällige Pflicht des Borgers, **Personal- oder Realsicherheiten** zu stellen. Zu diesem Zweck schliesst der Darleiher mit dem Borger oder einem Drittsicherungsgeber einen gesonderten Sicherungsvertrag (dazu eingehend Kuhn, § 5 N 1 ff.). Dann bilden Darlehens- und Sicherungsvertrag einen **zusammengesetzten Vertrag**, in welchem die für gegenseitige Verträge zur Verfügung stehenden Rechtsbehelfe (Art. 82 f., 107 ff.) auch «über das Kreuz» geltend gemacht werden können (N 30h; Art. 313 N 8; vgl. zu diesem Gegenseitigkeitsverhältnis und seinen Auswirkungen im Einzelnen Maurenbrecher, Diss., 70 ff., 129 ff., 194 f., 197 f., 227 ff. m.Nw.). Ebenso kann der Darlehensvertrag mit **Austauschverhältnissen** (z.B. einem Bierlieferungsvertrag) zu einem zusammengesetzten Vertrag verkoppelt werden (Maurenbrecher, Diss., 74 f. m.Nw.). Schliesslich besteht regelmässig auch bei Vereinbarung einer ratenweisen Rückzahlung des Darlehens durch **Amortisationen** (z.B. bei Unternehmenskrediten) oder **Annuitäten** (gemischte Zins- und Kapitalzahlungen, z.B. bei Konsumkrediten) ein Synallagma, und zwar zwischen der Belassungspflicht des Darleihers (vgl. N 6) und der Ratenzahlung (vgl. Art. 318 N 22; Maurenbrecher, Diss., 74).

2 Zu Recht hebt der Gesetzestext den Hauptfall des Darlehens, nämlich das Gelddarlehen, hervor, erklärt aber zugleich Naturaldarlehen als zulässig (Vor Art. 305 N 3). Bei **Gelddarlehen** wird gemeinhin unterschieden zwischen «gewöhnlichen» Gelddarlehen in Schweizer Franken und Fremdwährungsdarlehen (z.B. ZK-Higi, Vor Art. 312 OR N 13). Im internationalen Kreditgeschäft sind auch sog. Mehrwährungsdarlehen üblich, die dem Borger mittels einer «multicurrency option» das Recht einräumen, die Währung(en) der ausstehenden Darlehen für jede Zinsperiode neu festzulegen (Maurenbrecher, Diss., 51 m.w.H.). Gegenstand von **Naturaldarlehen** (dazu im Einzelnen BK-Weber, Vor Art. 312 OR N 28 ff.) sind insb. Gold, Rohstoffe, Lebensmittel und Wertpapiere. Dabei ist seit Inkrafttreten des Bucheffektengesetzes klar, dass unter den Begriff der «vertretbaren Sache» auch **Bucheffekten** i.S.v. Art. 3 BEG fallen, und zwar unabhängig davon, ob die eingebuchten Vermögenswerte Wertpapiere oder Wertrechte sind (vgl. auch BK-Weber, Nach Art. 318 OR N 378; ferner N 31).

3 Obwohl dem Gesetzeswortlaut nicht zu entnehmen, ist das Darlehen ein **Dauerschuldverhältnis**. Es verpflichtet den Darleiher, die Darlehenssumme, genauer deren Kapitalwert, während der Dauer des Vertrages beim Borger zu belassen (BGE 128 III 428; Christ, 223; Gauch, System, 11; Maurenbrecher, Diss., 140 ff.; Tercier/Favre, Rz 3003).

3a Mit der Überlassung der Darlehenssumme soll der Borger eine zeitlich begrenzte Nutzungsbefugnis über einen wirtschaftlich fremden Kapitalwert erhalten. Dieser **Geschäftszweck** ist für den Begriff des Darlehens wesentlich, obwohl dies aus dem Gesetzestext nicht hervorgeht. Denn er grenzt das Darlehen vom (unregelmässigen) Hinterlegungsvertrag und vom Auftrag ab (N 34, 49a).

4 Darlehensverträge sind **grundsätzlich formfrei** gültig. Dies gilt auch, wenn ein zu marktüblichen Bedingungen gewährtes Darlehen entscheidender Beweggrund für den Abschluss eines formbedürftigen Vertrages, z.B. eines Kaufrechtsvertrages über ein Grundstück, ist (BGE 113 II 402). Allerdings gehören Aufnahme und Gewährung von Darlehen zu den vom Gesetz als besonders risikoreich qualifizierten Geschäften, die bei Beistandschaft nur mit Zustimmung der **Erwachsenenschutzbehörde** zulässig sind (Art. 416 Abs. 1 Ziff. 6 ZGB). **Handlungsbevollmächtigte** bedürfen einer ausdrücklichen Ermächtigung (Art. 462 Abs. 2). **Schriftform** ist gem. Art. 9 Abs. 1 KKG erforderlich, wenn das Darlehen gleichzeitig als **Konsumkredit** *dem KKG unterfällt (vgl. N 30;* Schöbi, Bundesgesetz, 45 ff.; zu den einzelnen Erfordernissen vgl. CR LCC-Favre-Bulle, Art. 9 N 2, 5 ff.; Wiegand, 40 ff.), ansonsten der Darlehensvertrag nichtig ist und die besonderen Nichtigkeitsfolgen von Art. 15 KKG eintreten (dazu CR

LCC-FAVRE-BULLE, Art. 15 N 4 ff.; KOLLER, 88 ff., ZK-HIGI, Vor Art. 312 OR N 126 ff.). Zusätzlich ist beim Konsumkredit das Erfordernis der vorgängigen Zustimmung des gesetzlichen Vertreters Minderjähriger (vgl. Art. 13 KKG) und das siebentägige Widerrufsrecht nach Art. 16 KKG (dazu Botschaft rev. KKG, 3177, 3179) zu beachten. Allgemein zum Konsumkredit vgl. N 30 f.

Mit Ausnahme von Art. 314 Abs. 3 und 317 sind alle Gesetzesbestimmungen dieses Abschnittes dispositiver Natur. Zusätzlich sind die übrigen **privatrechtlichen Schranken** zu beachten (neben dem KKG Art. 19–21, Art. 27 ZGB etc.). **5**

Die Verwendung vorformulierter Vertragsklauseln in Darlehensverträgen mit Konsumenten kann überdies der Inhaltskontrolle nach Art. 8 UWG unterliegen. Aufgrund des ungeklärten Konsumentenbegriffs des **Art. 8 UWG** (dazu COENDET, ZSR 2014 I, 55 ff.; BSK UWG-THOUVENIN, Art. 8 N 80) ist dabei unklar, ob sich die entsprechende AGB-Kontrolle auf sämtliche Darlehensverträge mit Privaten erstreckt oder ob nur Konsumentenverträge i.S.v. Art. 32 Abs. 2 ZPO erfasst sind. Nicht der Inhaltskontrolle unterstehen dürften jedenfalls dem KKG unterfallende Konsumkredite, da hier die Schranken der Gestaltungsfreiheit der Vertragsparteien öffentlich-rechtlich vorgegeben sind. Ungeklärt ist neben dem Anwendungsbereich auch die Frage, wann die Schranken von Art. 8 UWG verletzt sind. Unlauter sind nach diesem Artikel Geschäftsbedingungen, die in Treu und Glauben verletzender Weise zum Nachteil der Konsumentinnen ein erhebliches und ungerechtfertigtes Missverhältnis zwischen den vertraglichen Rechten und den vertraglichen Pflichten der Parteien vorsehen. Vorausgesetzt wird also – entsprechend dem Marginale («Verwendung missbräuchlicher Geschäftsbedingungen») – ein qualifiziertes Missverhältnis, das nicht in berechtigten Interessen des Verwenders gründet (strittig; vgl. COENDET, ZSR 2014 I, 64 ff.; KUT/STAUBER, Jusletter 2012, 19 ff.; ABEGGLEN/COENDET/GROSS, 103 f.; **a.M.** z.B. KOLLER, 43 f.; SCHMID, ZBJV 2012, 11 «fühlbare Abweichung vom dispositiven Recht»). **5a**

Die hauptsächlichen **öffentlich-rechtlichen Schranken** der Privatautonomie sind bereits entfallen oder stehen kurz vor der Aufhebung: So ist das **interkantonale Konkordat** der Kantone BE, ZG, FR, SH, VD, VS, NE, JU und GE über Massnahmen zur Bekämpfung von Missbräuchen im Zinswesen vom 8.10.1957 aufgelöst worden. Ebenso haben die Kantone ihre diversen **Gesetze betreffend Konsumkredite** (insb. ZH, BE, BS, BL, NE und SH; vgl. die Übersicht in Botschaft rev. KKG, 3163 f.) aufgehoben. Infolge der abschliessenden Regelung der Konsumkreditverträge im revidierten KKG (Art. 38 KKG) wären diese Vorschriften auf Darlehensverträge mit Konsumenten ohnehin nicht mehr anwendbar (SCHÖBI, Bundesgesetz, 25 f.). Aufgrund von Art. 38 i.V.m. Art. 1 KKG gilt dies auch für Konsumkreditverträge, die gem. Art. 7 vom Anwendungsbereich des KKG ausgenommen sind. Andernfalls würde die angestrebte Beseitigung der Rechtszersplitterung (Botschaft rev. KKG, 3166, 3188) wieder zunichte gemacht. Soweit die kantonalen Gesetze allerdings auch die Kreditvergabe an Nicht-Konsumenten erfassen, stellt sich die Frage, ob diese bis zur (geplanten) Aufhebung sinnwidrigerweise anwendbar bleiben (so SCHÖBI, a.a.O.; TERCIER/FAVRE, Rz 2989 ff., 3088). Dies ist, nachdem bundesrechtlich sowohl für Konsumkredite als auch für andere Darlehen Höchstzinssätze gelten (vgl. Art. 313 N 9 ff.), abzulehnen (in diesem Sinne zu Recht ZK-HIGI, Art. 313 OR N 23; vgl. aber BGE 119 Ia 59; BK-WEBER, Art. 313 OR N 43). **5b**

II. Verpflichtungen des Darleihers

Hauptverpflichtungen des Darleihers sind die Verpflichtung, dem Borger die vereinbarte **Darlehenssumme** (vgl. Art. 317 Abs. 1; häufig auch als **[Darlehens-]Valuta** bezeichnet) rechtsgültig zu verschaffen (sog. **Aushändigungspflicht**; vgl. Art. 315), und die Verpflichtung, dem Borger den **Wertgebrauch** an der Darlehenssumme während der Dauer des Vertrages zu erhalten (sog. **Belassungspflicht**; BGE 128 III 428 E. 3b; GAUCH, System, 103; HUGUENIN, OR AT/BT, Rz 3067; KUHN, § 3 Rz 22; MAURENBRECHER, Diss., 140 ff.; WIEGAND/GEI- **6**

GER, 110 f.; **a.M.** BUCHER, BT, 192; CHRIST, 236). Die Aushändigungspflicht entfällt beim Vereinbarungsdarlehen (N 46).

7 Die Erfüllung der Aushändigungspflicht ist die sog. **Valutierung** des Darlehens. Aufgrund des sog. Nennwertprinzips (N 21) sind dabei Wertschwankungen der Valuta zwischen Vertragsabschluss und Valutierung unbeachtlich. Massgebend für die Frage, wie, wann und wo der Darleiher zu erfüllen hat, sind primär die vertraglichen Vereinbarungen. Sekundär anwendbar sind die allgemeinen Regeln von Art. 68 ff. OR (BK-WEBER, N 28). Im Einzelnen gilt dabei für das **Gelddarlehen** Folgendes:

- Ausser bei Darlehen an Banken ist die Verschaffung der Darlehensvaluta mangels anderer Abrede **Holschuld** (vgl. Art. 313 N 5).
- Da Buchgeld noch nicht als gesetzliches Zahlungsmittel gilt, ist die **Darlehenssumme** nach den allgemeinen Regeln grundsätzlich in **bar** zu übergeben. Ausserhalb von kleineren Darlehen zwischen Privaten kann die Valutierung heute i.d.R. aber selbst dann durch Verschaffen einer **Gutschrift** auf dem Bank- oder Postcheckkonto des Borgers erfolgen, wenn der Borger dem Darleiher die Kontonummer nicht besonders angezeigt hat (vgl. auch ZK-HIGI, N 48, 55). Denn die Eröffnung namentlich von Postcheckkonti gilt nach h.M. als stillschweigendes Einverständnis zu dessen Benutzung (im Einzelnen BK-WEBER, N 39 ff. m.w.H.). Erfolgt die Gutschrift auf ein falsches Bank- oder Postcheckkonto, so stellt dies keine Nichterfüllung, sondern eine nicht richtige Erfüllung dar, weshalb der Darleiher die Gefahr einer Leistungsstörung trägt (BGer, 2.5.2007, I 83/07, E. 3.4).
- Valutierung durch Kontogutschrift gilt insb. im **Bankverkehr**. Nimmt die Bank z.B. ein Festgeld entgegen, erfolgt die Hingabe durch Übertrag bzw. Gutschrift auf ein Festgeldkonto des Kunden. Ist die Bank Darleiherin, erfolgt die Hingabe der Darlehenssumme i.d.R. entweder durch Gutschrift auf dem Konto des Borgers oder dadurch, dass die Bank eine Belastung des Kontos des Borgers in Darlehenshöhe zulässt. Dabei kann eine Änderung des Darlehens- oder Kreditvertrages i.S. einer **Erhöhung der Darlehenssumme** auch stillschweigend erfolgen, indem z.B. eine Bank Belastungen des Kontos über die vereinbarte Kreditlimite hinaus zulässt (BGer, 27.8.2007, 4.C_447/2006, E. 3; BERTHEAU, 27 f.; LOMBARDINI, 839). Eine solche Vertragsänderung wirkt bei Ausbleiben eines Protests auch dann gegen Solidarschuldner, wenn der entsprechende Kontoauszug vertragsgemäss nur einem Borger zugestellt wird (JDBF, 1994, 12 und 27).
- Sofern vereinbart, kann die Darlehenssumme auch mittelbar übertragen werden, so durch **Zahlung an einen Dritten**, z.B. einen Gläubiger des Borgers (BGer, 14.4.2009, 4A_17/2009, E. 4.1), ferner regelmässig i.S. einer **Erfüllung zahlungshalber** (CHRIST, 237; MAURENBRECHER, Diss., 136) durch Übergabe eines Checks oder eines Wechsels. Zur Übergabe von Waren oder Wertpapieren an Erfüllungs statt vgl. Art. 317 N 3 ff.; zu den Rechtsfolgen von Teilleistungen vgl. BK-WEBER, N 48 ff.; zum Annahmeverzug Art. 315 N 3.

8 Bei Sach- oder **Naturaldarlehen** hat der Darleiher dem Borger das Eigentum an vertretbaren Sachen in der vereinbarten Qualität (bzw. subsidiär zumindest in mittlerer Qualität [Art. 71 Abs. 2]) zu verschaffen (im Einzelnen BK-WEBER, N 36). Der gutgläubige Borger ist nach Art. 933 ZGB (bei Geld und Inhaberpapieren nach Art. 935 ZGB) geschützt. Dabei ist der Borger gehalten, die Sache analog Art. 201 zu prüfen und allfällige Mängel zu rügen. Bestehen Rechts- oder Sachmängel, sind nach h.L. die Art. 97 ff. (im Falle der Annahme der mängelbehafteten Valuta) bzw. 102 ff. (im Falle deren Rückweisung) anwendbar (ZK-HIGI, N 60 f.; MAURENBRECHER, Diss., 133, 146 f.; BK-WEBER, N 37; **a.M.** CHRIST, 236 [analoge Anwendung von Art. 192 ff.]).

9 Bei der **Gefahrtragung** rechtfertigt sich keine analoge Anwendung des Kaufrechts. Bei Geld- *und Naturaldarlehen geht* die Gefahr erst mit **Eigentumsübertragung** über (CHRIST, 237). Entgegen der h.L. (CHRIST, 237; VON TUHR/ESCHER, 75) geht allerdings die Gefahr bei Annahmeverzug des Borgers analog Art. 103 auf den Borger über (MAURENBRECHER, Diss., 139).

Die Forderung des Borgers auf Aushändigung der Darlehenssumme ist eine gewöhnliche Forderung. Sie kann abgetreten, verrechnet (BGer, 28.1.2009, 4A_482/2008, E. 2.3; **a.M.** VON BÜREN, BT, 111), vererbt und verpfändet werden. Sie ist unter dem Vorbehalt der Zweckbindung (und im Gegensatz zur **Kreditlimite**) sowohl pfändbar als auch verarrestierbar (ZK-HIGI, N 24; MAURENBRECHER, Diss., 267 ff. m.Nw.; **a.M.** AFFENTRANGER-BRUNNER, 98; WENZEL, 43). **10**

Mangels anderer Abrede (die sich – wie z.B. bei einem besonderen Verwendungszweck des Darlehens – auch aus den Umständen ergeben kann) tritt die **Fälligkeit** der Hingabepflicht nach Art. 75 sofort ein. Kommt der Darleiher mit der Auszahlung ganz oder teilweise (vgl. dazu Art. 69) in Verzug, so sind die Regeln über den **Schuldnerverzug** (Art. 102 ff.) anwendbar. Der Darleiher schuldet also zunächst **Verzugszinsen**, die unter Privaten einheitlich 5% betragen (Art. 104 Abs. 1), während unter Kaufleuten ein allfällig höherer Bankdiskont (Art. 104 Abs. 3) massgebend ist (MAURENBRECHER, Diss., 204 f. m.Nw.). Dagegen findet Art. 104 Abs. 2 auf den Verzug des Darleihers keine Anwendung, sofern sich die Vereinbarung eines Zinssatzes nicht ausnahmsweise auch auf den Verzug des Darleihers erstreckt (**a.M.** ZK-HIGI, N 69). Nicht zulässig ist es, den vereinbarten Darlehenszins von dem vom Darleiher geschuldeten Verzugszins abzuziehen, da ersterer bis zur Aushändigung der Darlehenssumme gar nicht geschuldet ist. Weiter hat der Darleiher gem. Art. 106 grundsätzlich sämtliche **Folgeschäden** aus der verzögerten Valutierung zu ersetzen (MAURENBRECHER, Diss., 213 ff.; **a.M.** HONSELL, OR BT, 269). Schliesslich kann der Borger bei Verletzung der synallagmatischen Auszahlungspflicht nach **Art. 107 ff.** vorgehen (ZK-HIGI, N 57; MAURENBRECHER, Diss., 220, 226 m.Nw. zur Schadensberechnung). **10a**

Im kommerziellen Kreditgeschäft der Banken wird die Valutierungspflicht (oder sogar die Wirksamkeit des gesamten Vertrages) häufig von aufschiebenden **Bedingungen** (sog. «Conditions Precedent») abhängig gemacht. Typische Bedingungen sind etwa die Einhaltung der vertraglichen Zusicherungen bzw. Verpflichtungen, die Beibringung von gewissen Dokumenten (z.B. HR-Auszüge, Statuten und VR-Beschlüsse), das Vorliegen von sog. «Opinions» von Rechtsanwälten bezüglich Durchsetzbarkeit von Verträgen, steuerliche Behandlung usw. sowie die gültige Bestellung der vereinbarten Sicherheiten. **10b**

Sind dem Darleiher zwecks Sicherung des Darlehens **Sicherheiten** gegeben worden, darf sie dieser nur dann zur Deckung anderer Schulden des Borgers verwenden, wenn dies besonders vereinbart ist. Sachgemässe Erweiterungen des Kreises der gesicherten Forderungen (z.B. auf sämtlichen gegenwärtigen und zukünftigen Forderungen aus der Geschäftsbeziehung), wie sie die Bankpraxis in den AGB, den allgemeinen Pfandverträgen und im Hypothekarbereich regelmässig vorsieht, sind aber auch AGB-rechtlich zulässig (vgl. BGE 91 III 108; 106 II 263 f.; 108 II 49; 120 II 40 = Pra 1995, 474 f.; BSK ZGB II-BAUER, Art. 884 N 81 ff.; BK-ZOBL/THURNHERR, Art. 884 ZGB N 423 ff., 445 ff.; missverständlich ZK-HIGI, N 80). Insbesondere ist keine treuwidrige und ungerechtfertigte Benachteiligung des Kunden i.S.v. Art. 8 UWG ersichtlich, wenn eine Bank z.B. das Recht hat, bei entsprechender Vereinbarung ihr Pfandrecht an den Depotwerten des Kunden nicht nur zur Deckung des Lombardkredits, sondern auch zur Deckung von Kontokorrent- und anderen Schulden geltend zu machen. **10c**

Der Darlehensvertrag ist – wie der Kaufvertrag und im Gegensatz etwa zum Auftrag – durch den Interessengegensatz der Parteien gekennzeichnet. Deshalb treffen den Darleiher gegenüber dem Borger keine allgemeinen **Interessenwahrungs- und Loyalitätspflichten**; etwa dahingehend, die Kreditwürdigkeit des Borgers herabsetzende Äusserungen zu unterlassen (**a.M.** ROBERTO, 118 f.). Vorbehältlich der durch das Verbot treuwidrigen bzw. rechtsmissbräuchlichen Handelns (Art. 2 ZGB) und das Verbot kreditschädigender Äusserungen (Art. 3a i.V.m. 23 UWG) gezogenen Grenzen ist es deshalb grundsätzlich der kreditgebenden Bank darlehensvertraglich nicht verboten, sich in Analystenberichten oder sonst negativ über die finanzielle Lage oder die Zukunftsaussichten des Kreditnehmers zu äussern. Zusätzliche Schranken können sich aus dem Bankgeheimnis und den übrigen vertraglichen Beziehungen **10d** mit dem Kunden ergeben, was z.B. bei herabsetzenden Äusserungen eines Geschäftsleitungsmitglieds trotz laufendem Sanierungsmandat, nicht aber bei einem negativen Analysebericht der durch **«Chinese Walls»** abgeschotteten (dazu MAURENBRECHER, AJP 1998, 1339 f.) Research-Abteilung der Fall sein dürfte.

III. Verpflichtungen des Borgers

10e **Hauptpflicht** des Borgers aus dem Darlehensvertrag ist – neben einer allfälligen Zinspflicht (Art. 313 N 1 ff.) – die Rückerstattungspflicht (N 11 ff.). Daneben haftet der Borger ggf. für die Richtigkeit von Zusicherungen (Art. 316 N 13) und für die Einhaltung von Verpflichtungen (N 18a; Art. 318 N 20). Er hat aber – wie der Darleiher (N 10d) – aus dem Darlehensvertrag keine allgemeinen Loyalitätspflichten.

11 Da das Darlehen den Borger nur zu zeitlich begrenztem Wertgebrauch berechtigt (N 1), hat er bei Vertragsende eine **Rückerstattungspflicht**. Diese Pflicht zur «Rückerstattung von Sachen der nämlichen Art in gleicher Menge und Güte» ist für den Darlehensvertrag typisch und wird häufig als begriffsnotwendig bezeichnet (so z.B. ZK-HIGI, N 22; MEIER, 23 ff. m.w.H.; **a.M.** MAURENBRECHER, Diss., 125 f.). Sie kann aber durch Abrede der Parteien modifiziert werden (vgl. auch BUCHER, BT, 196; BK-WEBER, N 64). So hat das BGer festgehalten, dass die Vereinbarung einer **Verlustbeteiligung** der Annahme eines partiarischen Darlehens nicht entgegenstehe (BGE 99 II 303 = Pra 1974, 98). Vgl. ferner N 41a ff. zu Wandeldarlehen, «Write-down bonds» u.ä.

11a Die Rückerstattungspflicht des Borgers entsteht latent mit Vertragsschluss, ist aber durch die Valutierung bedingt und wird bei **Vertragsende fällig** (vgl. BGE 83 II 210; 91 II 451; 100 II 350 ff.; 134 III 455; GAUCH, System, 217; BK-WEBER, N 27 m.w.H.). Tritt z.B. ein Darleiher eine Rückzahlungsforderung samt den nach Art. 170 Abs. 1 zugehörigen Nebenrechten, zu denen namentlich Ansprüche aus Vertrags- und Verzugszinsen gehören (vgl. BGE 77 II 360 E. 3; BK-WEBER, Art. 73 OR N 57 m.w.H.), an einen Dritten ab, ist der Forderungsübergang durch einen allfälligen Konkurs des Zedenten nicht berührt. Auf diesem Mechanismus beruht nicht nur die Übertragung von Anteilen an Konsortialkrediten im Kommerzkreditgeschäft der Banken (dazu MAURENBRECHER/FRICK, 84 f.), sondern auch die Übertragung der Zins- und Rückzahlungsforderungen aus Anleihensobligationen (N 41 f.).

11b Rückerstattungspflichtig ist nur der Borger als Vertragspartei, nicht aber Dritte, für deren Rechnung oder Nutzen die Valuta verwendet wird; vorbehalten sind Fälle der Solidarschuldnerschaft mehrerer Borger (LOMBARDINI, 836 ff.). Ist die Rückerstattungspflicht strittig, besteht weder eine Vermutung für noch eine solche gegen die Rückerstattungspflicht (SJZ 1950, 332; SJZ 1984, 250 f.). Wer sich auf diese Verpflichtung beruft und Rechte daraus ableitet, den trifft die **Beweislast** (Art. 8 ZGB; BGE 83 II 210 = Pra 1957, 267 f.; BGer, 27.6.2013, 4A_12/2013, E. 2.1; unv. Urteil des EVG vom 8.2.2001; BK-WEBER, N 90; unrichtig dagegen BGE 54 II 283, wo das BGer den Beweis für den Verzicht auf Rückzahlung als nicht erbracht ansah). Dies gilt auch für die Voraussetzungen der Entstehung der Rückerstattungspflicht, namentlich die Erfüllung der Hingabepflicht und die Kündigung (ZK-HIGI, N 125 ff., mit dem zutreffenden Hinweis, dass geleistete Zins- und ähnliche Zahlungen i.d.R. Beweis für die Erfüllung der Hingabepflicht erbringen).

12 Keine Rückzahlungsverpflichtung besteht für Darlehen, welche vom Darleiher wissentlich für **Spiel und Wette** des Borgers gewährt werden (Art. 513 Abs. 2; vgl. BGE 129 IV 257 E. 2.3). Dabei hat derjenige, der die Spieleinrede erhebt, den Spielcharakter des Geschäfts zu behaupten und zu beweisen (vgl. Art. 513 N 13; BGE 20 462; SJZ 1981, 149; BK-GIOVANOLI, Art. 513 OR N 34; **a.M.** BGE 39 II 527 E. 1; ZK-HIGI, N 86). Sodann besteht bei den dem KKG *unterstehenden* ***Drittfinanzierungsgeschäften*** unter bestimmten Voraussetzungen ein **Einwendungsdurchgriff** (Art. 21 KKG; dazu WIEGAND, 46 f. und die Komm. bei CR LCC-FAVRE-BULLE).

Vorbehältlich des Vorstehenden (N 11) entspricht die Pflicht zur Rückgabe inhaltlich der Pflicht zur Hingabe. Vereinbaren die Parteien bei Abschluss des Darlehensvertrags, der Borger habe unabhängig vom Eintritt besonderer Bedingungen mehr oder weniger zurückzugeben, als hingegeben werden musste, ist das Mehr als Vergütung für den Kapitalgebrauch und das Weniger als Schenkung zu qualifizieren (vgl. CHRIST, 225; ferner zu Negativzinsen Art. 314 N 1c). Sachlich ungenügende Erfüllung der Rückerstattungspflicht fällt unter Art. 69 und 102 ff., wobei den Darleiher bei Naturaldarlehen in Analogie zum Borger (N 8) eine Prüfungs- und **Rügeobliegenheit** trifft (ZK-HIGI, N 93 ff.). 12a

Die Rückerstattung stellt bei Gelddarlehen mangels anderer Abrede nach Art. 74 Abs. 2 Ziff. 1 eine **Bringschuld**, bei Naturaldarlehen nach Art. 74 Abs. 2 Ziff. 3 eine **Holschuld** dar (ZK-HIGI, N 111 ff.). 12b

Mangels anderer Vereinbarung oder spezieller Interessen (wie z.B. beim partiarischen und nachrangigen Darlehen) ist **vorzeitige Rückzahlung** zulässig (CHRIST, 255; MAURENBRECHER, Diss., 176 f., 182 ff.; **a.M.** BGE 52 II 234; VON TUHR/ESCHER, 51 f.). Ausser im Konsumkreditbereich (Art. 12 Abs. 2 KKG) muss der Borger allerdings beim verzinslichen Darlehen den Zins für die ganze vereinbarte Dauer bzw. bis zum frühestmöglichen ordentlichen Vertragsende bezahlen (SJ 2008, 168, E. 4.1; BGer, 16.12.2011, 4A_409/2011, E. 3.2.2; ZK-HIGI, N 103 ff.; MAURENBRECHER, Diss., 160 ff.; TERCIER/FAVRE, Rz 3068; WIEGAND/GEIGER, 112), ggf. unter Abzug eines angemessenen Diskontes (Art. 313 N 6). 13

Kommt der Borger mit seiner Rückerstattungspflicht in **Verzug**, hat er **Verzugszins** zu bezahlen (Art. 313 N 7). Eine Addition des Verzugszinses (z.B. nach Art. 104 Abs. 1) mit dem vereinbarten Darlehenszins findet nicht statt. Ausserhalb des Anwendungsbereichs des KKG (Art. 18 Abs. 3 KKG) ist aber unter dem Vorbehalt der Vorschriften über die Konventionalstrafe (MAURENBRECHER, Diss., 98 Anm. 51) die Vereinbarung eines höheren Verzugszinssatzes zulässig. Insbesondere bei steigenden Marktzinssätzen ist der Darleiher zudem gestützt auf Art. 106 berechtigt, den übersteigenden **Verzugsschaden** geltend zu machen (vgl. BGE 130 III 320), wobei auch eine abstrakte Schadensberechnung nach Massgabe der auf dem Kapitalmarkt erzielbaren Renditen zulässig ist (BGE 123 III 241; MAURENBRECHER, Diss., 214 f.; WEBER, Neukonzeption, 791 ff.). Nach dem Grundsatz «Geld muss man haben» entlastet unverschuldeter Geldmangel den Borger nicht (HONSELL, OR BT, 269, 273). 14

Soweit die entsprechenden Voraussetzungen gegeben sind, kann die Rückzahlung des Darlehens durch einen Borger ausnahmsweise der **Absichtsanfechtung** von Art. 288 SchKG unterliegen (vgl. BGE 134 III 452 E. 3.1). Dabei ist die Praxis des BGer, die notwendige (Erkennbarkeit der) Schädigungsabsicht des Schuldners schon bei Vorliegen bzw. Kenntnis erheblicher finanzieller Schwierigkeiten des Borgers zu bejahen, zu Recht auf breite Kritik gestossen, da damit die Sanierung von Unternehmen erheblich erschwert wird (vgl. z.B. GLANZMANN, ZBJV 2010, 275 f.; LORANDI, Neuere Rechtsprechung zur insolvenzrechtlichen Anfechtung, BlSchK 2009, 224; VOGT, Krisenmanagement unter dem Damoklesschwert der paulianischen Anfechtung, GesKR 2009, 174 ff.). Nicht anfechtbar sind Rückzahlungen an einen Darleiher, dem eine werthaltige Sicherheit oder ein Konkursprivileg zusteht (BGE 134 III 455; EMMENEGGER, Sanierungsdarlehen, 161), z.B. wenn die Rückzahlung gegen Rückgabe von werthaltigen Sicherheiten des Schuldners bzw. seiner Konzerngesellschaften erfolgt (vgl. GLANZMANN, a.a.O., 268 f.). Nicht anfechtbar sind i.d.R. auch Zinszahlungen des Borgers, da sie die synallagmatische Gegenleistung für die fortgesetzte Zurverfügungstellung des Kredits sind (vgl. BGer, 24.2.2010, 5A_758/2008, E. 4 ff., und z.B. VOGT, Die neue bundesgerichtliche Rechtsprechung und ihre Bezüge zur aktienrechtlichen Sorgfaltspflicht der Organe, AJP 2010, 1083 ff.; WOLF, FS Druey, Rz 145). Entgegen der bundesgerichtlichen Rechtsprechung (BGE 134 III 452 E. 3.2) soll die (teilweise) Rückzahlung von Darlehen nach einem Teil der Lehre nicht der Absichtsanfechtung unterliegen, wenn der Darleiher im Gegenzug auf die Fälligkeit des restlichen Kreditbetrags verzichtet oder er noch nicht benützte Kreditlinien offen lässt (WOLF, FS Druey, Rz 160; GLANZMANN, ZBJV 2010, 267; **a.M.** SCHMID, Anfechtung, Rz 438). 14a

14b Andererseits kann unter gewissen Voraussetzungen mangels Schädigung(-sabsicht) ein anfechtungsfestes **Sanierungsdarlehen** vorliegen, sofern das Darlehen zum besonderen Zweck der Sanierung gewährt wurde (BGE 134 III 452 E. 5.3; bestätigt u.a. mit BGer, 6.4.2008, 5A_386/2008, und BGer, 28.9.2009, 5A_116/2009). Damit von einem anfechtungsfesten Sanierungsdarlehen ausgegangen werden kann, muss nach BGer eine «berechtigte, die Wahrscheinlichkeit einer günstigen Prognose hinsichtlich der Vermögensentwicklung des Schuldners eindeutig rechtfertigende Hoffnung gegeben sein». Gerade angesichts dieser schwammigen Voraussetzungen wird es auch künftig für sanierungsbedürftige Unternehmen mit erheblichen Schwierigkeiten verbunden sein, neue Kreditgeber zu finden (vgl. GLANZMANN, ZBJV 2010, 289 ff.; EMMENEGGER, Sanierungsdarlehen, 176; WOLF, FS Druey, Rz 186 ff.). Um dem entgegenzuwirken, soll nach dem Vorentwurf zur Revision des Aktienrechts neben dem Nachlassgericht und dem Gläubigerausschuss neu auch der Sachwalter Darlehen für anfechtungsfest erklären können (Art. 285 Abs. 4 VE-SchKG, vgl. Erläuternder Bericht zur Änderung des Obligationenrechts [Aktienrecht], 53).

15 Verändert wird die Rückerstattungspflicht durch eine Rangrücktrittserklärung bzw. Rangrücktrittsvereinbarung (GLANZMANN, Darlehensvertrag, 123 ff. m.w.H.; DERS., GesKR 2007, 7 ff.). Der (häufig als «qualifiziert» bezeichnete) **Rangrücktritt** kommt hauptsächlich bei der AG vor. Sein Kerngehalt ist die Erklärung des Gläubigers, meistens zugleich Haupt- oder Mehrheitsaktionär der Schuldnergesellschaft, mit allen oder einem Teil seiner (häufig aus Darlehensgewährung entstandenen) Forderungen hinter alle Forderungen anderer Gläubiger zurückzutreten (echter Vertrag zugunsten Dritter i.S.v. Art. 112 Abs. 2; vgl. BÖCKLI, Aktienrecht, § 13 Rz 798). Damit verbunden ist neben einem Besicherungs- und Verrechnungsverzicht eine **Stundung** der Kapitalrückzahlungspflicht, nämlich der Verzicht, diese Forderungen geltend zu machen, solange noch ungedeckte Verpflichtungen gegenüber Dritten bestehen. Entgegen einer in der Literatur verbreiteten Meinung (VON GREYERZ, 547 ff.; ROTH, 258 ff. m.w.H.; VOGEL, SZW 1993, 299 ff.) gibt es im Schweizer Recht **keine kapitalersetzenden Darlehen** (BGer, 2.3.2006, 5C.230/2005, E. 3; vgl. auch HUBER, SZW 2006, 283). Dagegen soll die Fiktion eines **stillschweigenden Rangrücktritts** nach der Lehre möglich sein (vgl. z.B. GLANZMANN, Darlehensvertrag, 139 ff.; VOGEL, SZW 1993, 299 ff.; offen gelassen vom BGer, a.a.O.). Ein solcher kann als Folge des Rechtsmissbrauchsverbots dann Platz greifen, wenn ein Aktionär oder eine Konzerngesellschaft einer i.S.v. Art. 725 Abs. 1 unterkapitalisierten AG in Kenntnis der Unterkapitalisierung ein neues Darlehen gibt, ohne dass gleichzeitig die dort geforderten Sanierungsschritte unternommen werden. Ob ein aussenstehender Dritter einen Kredit zu den gleichen Konditionen gewährt hätte (Drittmanntest), ist nach richtiger Auffassung nicht massgeblich (so wohl auch das BGer, a.a.O.; HUBER, a.a.O.; **a.M.** OGer ZH, SZW 1993, 299; GLANZMANN, a.a.O.). Entgegen ZR 2005, 80 kann eine Umqualifizierung von Darlehen in Eigenkapital mangels einer Sonderverbindung des Darleihers zu den Drittgläubigern des Borgers jedenfalls nicht auf eine **Vertrauenshaftung** gestützt werden (HUBER, SZW 2006, 284; WITMER, 255 f.).

16 Durch Rangrücktritt wird der Schuldnergesellschaft die Weiterführung des Geschäfts bei **Überschuldung** ermöglicht. Nach Art. 725 Abs. 2 entbindet der Rangrücktritt den Verwaltungsrat einer AG von der Pflicht, den Richter zu benachrichtigen (DUC, Rangrücktritt und kapitalersetzendes Darlehen im Konkurs- und Nachlassverfahren, zzz 2011/2012, 205; vgl. auch Art. 6 FusG). Die Erfüllbarkeit der Kapitalrückzahlungsforderung aus Darlehen wird durch den Rangrücktritt suspensiv bedingt, nämlich von der vorgängigen Befriedigung der vorrangigen Mitgläubiger abhängig gemacht (BÖCKLI, Aktienrecht, § 13 Rz 792; CHRIST, 243; MAURENBRECHER, Diss., 116; **a.M.** WITMER, 240 ff.: suspensiv bedingter Erlassvertrag). Die Zinspflicht als nicht-akzessorische Verpflichtung (vgl. Art. 313 N 1a) besteht weiter, und auch der **Zinsenlauf** ist nicht gehemmt. Allerdings ist mangels anderer Abrede anzunehmen, *dass auch die auflaufenden* Zinsen dem Rangrücktritt unterliegen. Auch ist die Forderung weiterhin beim Schuldner unter den Passiven zu bilanzieren. Dem Rangrücktritt kommt somit keine **Sanierungswirkung** zu. Im Konkursfall wird die Forderung des Darleihers zwar kolloziert (Art. 210 SchKG), der Darleiher nimmt aber nicht an der **Verteilung** teil, sofern und solange andere nicht-nachrangige Gläubiger nicht voll befriedigt sind. Unter dem Gesichtspunkt von Art. 725 ist ein Rangrücktritt dann wirksam, d.h. befreit den Verwaltungsrat vom Gang zum Richter, wenn der Rangrücktritt auch im Konkursfall gilt, was nach Art. 725 auch ohne ausdrückliche Vereinbarung anzunehmen ist. Weiter muss der Rangrücktritt Forderungen in genügender Höhe umfassen, so dass in gewissem Rahmen auch zukünftig zu erwartende Verluste vom Rangrücktritt gedeckt sein werden (strittig; vgl. GLANZMANN, Darlehensvertrag, 125 f.). Schliesslich muss der Rangrücktritt für den Gläubiger verkraftbar sein (vgl. MÜLLER, ST 1988, 105 ff.). Ist dies nicht der Fall, kann der Rangrücktritt paulianisch anfechtbar sein (BÖCKLI, Aktienrecht, § 13 Rz 810) oder bei der AG zu Rückforderungsansprüchen nach Art. 678 Abs. 2 führen (BÖCKLI, Aktienrecht, § 12 Rz 553 f.; VOGEL, SZW 1993, 303 f.).

Vom Rangrücktritt zu unterscheiden ist die blosse **Nachrangigkeit**. Sie bedeutet, dass der Gläubiger (der Darleiher) erklärt, im Konkurs des Schuldners (des Borgers) erst befriedigt werden zu wollen, wenn alle (oder ggf. nur einzelne) anderen nicht-nachrangigen Gläubiger voll befriedigt worden sind (BÖCKLI, Rangrücktritt, 340 f.). Im Gegensatz zum Rangrücktritt enthält also die Nachrangigkeit nicht notwendigerweise eine **Stundung** (**a.M.** GLANZMANN, GesKR 2007, 19), wohl aber ist das Entstehen einer **Konkursforderung** auch hier suspensiv bedingt. Solange über den Schuldner (den Borger) nicht der Konkurs eröffnet wird, ist das nachrangige Darlehen bei **Fälligkeit** wie ein gewöhnliches Darlehen rückforderbar bzw. vor allen bisher vorrangigen, aber später fällig werdenden Verpflichtungen rückzahlungspflichtig. Auch die Zinspflicht besteht weiter. Nachrangigkeitsklauseln sind gültig und vollstreckbar, d.h. im Konkursfall bilden die nachrangigen Forderungen eine imaginäre zusätzliche Gläubigerklasse (BÖCKLI, a.a.O.). Gebräuchlich sind Nachrangigkeitsklauseln bei **Anleihen**, wobei als Gegenleistung häufig höhere Zinsen versprochen oder Nebenabreden (z.B. über Wandel- oder Optionsrechte) getroffen werden. Bei Banken ist die Begebung von nachrangigen Anleihen bzw. die Aufnahme nachrangiger Darlehen darum besonders vorteilhaft, weil solche Verbindlichkeiten nach den Eigenmittelvorschriften unter bestimmten Voraussetzungen als **regulatorisches Eigenkapital** qualifiziert werden (Art. 27 ff. ERV). 17

In gewissem Sinne das Gegenteil der Nachrangigkeitsklausel ist die bei ungesicherten Darlehen im kommerziellen Bankgeschäft und bei Anleihen häufig anzutreffende **Pari-Passu-Klausel** (Gleichrangigkeitsklausel). Sie bedeutet, dass die Rückzahlungs- und Zinsschulden des Borgers allen anderen bestehenden und künftigen ungesicherten, nicht nachrangigen Anleihens- und Darlehensschulden des Borgers gleichgestellt sind. Meistens ist die Pari-Passu-Klausel mit einer sog. **Negativklausel** verbunden (vgl. Art. 318 N 18). In der Regel sehen die Verträge vor, dass bei Verletzung der Pari-Passu-Klausel das Darlehen samt Zinsen vom Darleiher sofort fällig gestellt werden kann, mitunter wird auch die automatische Fälligkeit angeordnet. Nicht verletzt ist die Pari-Passu-Klausel, wenn der Borger mit der Zins- oder Rückzahlung einer anderen Kreditschuld in Verzug gerät (unklar ROHR, 330). Nach anderer Meinung werden bei Zahlungsverzug einer Anleihe oder eines Kredites alle übrigen mit einer Pari-Passu-Klausel ausgestatteten Verpflichtungen des Schuldners ebenfalls fällig (BOEMLE et al., 829). Eine derart weitreichende Folge lässt sich ohne entsprechende ausdrückliche Vereinbarung (sog. **Cross-Default-Klausel**, vgl. Art. 318 N 19) der blossen Gleichstellungsverpflichtung, wie sie üblicherweise in den Pari-Passu-Klauseln enthalten ist, nicht entnehmen. 18

Ausser zur Rückzahlung kann der Borger bei besonderer Abrede ausnahmsweise (BGE 54 II 287) verpflichtet sein, die Valuta nur zu einem bestimmten Zweck zu verwenden (sog. **Zweckbindung** des Darlehens; in BGE 120 IV 117; 124 IV 9 aus strafrechtlicher Optik [missverständlich] als «Pflicht zur ständigen Werterhaltung» bezeichnet). Die Zweckbindung begründet die selbständige (so BAUMANN, Baukredit, 93; BGer, a.a.O.) Nebenpflicht des Borgers, die Valuta nur zu einem bestimmten, normalerweise auch im (Sicherungs-)Interesse des Darleihers liegenden Zweck zu verwenden, und besteht namentlich beim **Baukredit** (BAUMANN, Baukredit, 93 ff.), beim **Exportkredit** (MAURENBRECHER, Diss., 270) sowie beim 18a

partiarischen Darlehen (dazu N 37 ff.) und häufig auch beim «social lending» (SCHNEUWLY, AJP 2014, 1616). Eine solche Zweckbindung macht den Auszahlungsanspruch in Abweichung von der allgemeinen Regel (N 10) **unpfändbar** (MAURENBRECHER, Diss., 279; ferner BK-WEBER, N 23). Bei vereinbarungswidriger Verwendung der Valuta kann der Darleiher nach Art. 107 vorgehen (MAURENBRECHER, Diss., 73 Anm. 143; **a.M.** SCHNEUWLY, AJP 2014, 1616: Kündigung aus wichtigem Grund), und der Borger macht sich u.U. der **Veruntreuung** (Art. 138 StGB) schuldig (BGer, a.a.O.; krit. SCHULTZ, 88). Ob eine Zweckbindung vorliegt, ist durch Auslegung des Vertrags im Einzelfall zu ermitteln (BGer, a.a.O.). Allerdings kann eine eigentliche Zweckbindung nur ausnahmsweise angenommen werden. Insbesondere wird sie nicht schon dadurch begründet, dass der Borger dem Darleiher vor Vertragsabschluss Angaben zur vorgesehenen Verwendung des Darlehens (Begleichung von Schulden, Kauf eines Investitionsguts etc.) macht (vgl. BGE 86 IV 167; SCHNEUWLY, AJP 2014, 1616; zu weit gehend dagegen BGE 120 IV 117). Keinesfalls kann aber die Zweckbindung dazu führen, dass für das Darlehen gestellte Sicherheiten trotz entsprechender Abrede nicht für andere Schulden verwendet werden dürfen (**a.M.** ZK-HIGI, N 80). Denn zweckgebunden ist nur die Verwendung der Valuta, während die Parteien z.B. den Kreis der gesicherten Forderungen im Sicherungsvertrag frei umschreiben können (vgl. N 10c).

IV. Zur Rückerstattungspflicht bei Fremdwährungsdarlehen

19 In Bezug auf die Rückzahlungsverpflichtung bei **Fremdwährungsdarlehen** stellen sich vier zusätzliche Fragen, nämlich in welcher Währung der Darleiher Rückzahlung fordern kann (N 19a), in welcher Währung der Borger die Rückzahlung leisten kann (N 20), ob bei der Rückzahlung in Fremdwährung auch – wie bei Schulden in Landeswährung – die Nennwerttheorie gilt (vgl. N 21) und welchen Einfluss ausländische Devisenmassnahmen auf die Rückerstattungspflicht haben (vgl. N 21a).

19a Nach Art. 84 Abs. 1 sind Geldschulden in gesetzlichen Zahlungsmitteln der geschuldeten Währung zu bezahlen. Dabei gilt die gesetzliche **Alternativermächtigung** von Art. 84 Abs. 2 nur für den Schuldner, nicht aber für den Gläubiger (vgl. BK-WEBER, N 69 m.w.H.). Sofern sich der **Darleiher** kein vertragliches Umrechnungsrecht vorbehalten hat, geht somit seine Forderung ausschliesslich auf **Zahlung in der geschuldeten Fremdwährung** und das Gericht kann ihm im Erkenntnisverfahren nur eine Zahlung in der geschuldeten Fremdwährung zusprechen. Daran ändert mangels Novation auch die betreibungsrechtliche Befugnis nichts, Fremdwährungsforderungen nach Art. 67 Abs. 1 Ziff. 3 SchKG zum Zwecke der Zwangsvollstreckung nach SchKG in Schweizer Franken umzurechnen und – bei bereits eingeleiteter Betreibung – Beseitigung des Rechtsvorschlags in Höhe des in Betreibung gesetzten Betrags zu verlangen (vgl. BGE 125 III 449 E. 5a; 134 III 151 E. 2). Soweit eine sog. Effektivklausel vereinbart wurde, ist allerdings eine Fremdwährungsschuld nicht durch Schuldbetreibung, sondern nach Art. 335 ZPO zu vollstrecken (vgl. BGer, 4.6.2002, 4P.47/2002, E. 2.2 = Pra 2002, 946 f.; BSK ZPO-DROESE, Art. 335 N 24; **a.M.** RÜETSCHI/STAUBER, BlSchK 2006, 48 m.w.H.).

20 Macht der **Borger** eines in der Schweiz erfüllbaren Fremdwährungsdarlehens von der **Alternativermächtigung** Gebrauch, seine Fremdwährungsschuld zum Umrechnungskurs am Fälligkeitstermin in Schweizer Franken umzurechnen und zu erfüllen, bedeutet diese keine Novation (BGE 51 III 180; 72 III 100); dies selbst dann nicht, wenn im Darlehensvertrag eine andere Währung vereinbart ist, die am **Zahlungsort** – also i.d.R. (Art. 74 Abs. 2 Ziff. 1) am Wohnsitz des Darleihers – keinen «gesetzlichen Kurs» hat (Art. 84 Abs. 2). Rückzahlung in fremder Währung ist somit nur geschuldet, wenn die am ausländischen Zahlungsort gültige Währung vereinbart ist, also der Zahlungsort im Fremdwährungsgebiet liegt, oder wenn der Zahlungsort zwar in der Schweiz liegt, aber die Rückzahlungsverpflichtung des Fremdwährungsdarlehens mit einer **Effektivklausel** versehen, also «wortgetreue Erfüllung» vereinbart ist (Art. 84 Abs. 2; vgl. BK-WEBER, N 73). Der Zahlungsort ist nach schweizerischem Recht (Art. 74 Abs. 2 Ziff. 1) grundsätzlich der Ort, an dem der Darleiher zum Zeitpunkt der Erfüllung Wohnsitz hat, was bei sog. **Schickschulden** von Bedeutung ist (zum Ganzen: KLEINER, 53 ff.; NOBEL, Devisenschuld, 285 ff.; VISCHER, Probleme, 425 ff.; BK-WEBER, N 76 f. m.w.H.).

21 Grundsätzlich gilt in der Schweiz nicht die **Kurswerttheorie**, sondern die sog. **Nennwerttheorie** (VISCHER, Währungsrecht, 49 ff.), wonach Geldschulden durch Hingabe von Geldwertzeichen, die nach ihrem Nennwert den betreffenden Betrag zur Zeit der Zahlung ergeben, getilgt werden («ein Franken ist ein Franken»). Diese Nennwerttheorie gilt nach Art. 84 Abs. 2 auch bei Fremdwährungsdarlehen (BGE 51 II 303; 109 II 440; 134 III 153; BK-WEBER, Art. 84 OR N 340 f.). Dementsprechend trägt der Darleiher das Risiko eines Kurs- bzw. Wertzerfalls, der Borger dasjenige einer Aufwertung der geschuldeten Währung (ZK-HIGI, N 46 f., 87 ff.). In einigen krassen Fällen, die soweit ersichtlich alle im Zusammenhang mit der vollständigen Geldentwertung in Deutschland nach dem 1. Weltkrieg standen, entschied das BGer, dass trotz Geltung der Nennwerttheorie auf den Parteiwillen abzustellen ist (vgl. BGE 54 II 314; 57 II 596). Da der Währungszerfall nicht voraussehbar war, nahm das BGer eine **Vertragslücke** an, die vom Richter so auszufüllen ist, wie die Parteien die fehlende Regelung vernünftigerweise getroffen hätten (**a.M.** die h.L.: Anwendungsfall der clausula rebus sic stantibus; vgl. BLAESER, 27 m.w.H.; ZK-SCHRANER, Art. 84 OR N 136). Dies führte in allen Fällen zur Anwendung des deutschen Aufwertungsrechts als ergänzender Vertragsbestandteil und damit zur Erhöhung der Rückzahlungsverpflichtungen bzw. deren Umwandlung in Goldmark (BGE 51 II 303; vgl. auch BGE 54 II 314; 57 II 368; 57 II 596; BK-WEBER, Art. 84 OR N 274 ff.; ferner N 59 f.).

21a Wird dem Borger die Rückerstattung der Valuta aufgrund ausländischer öffentlich-rechtlicher **Devisenmassnahmen** erschwert oder verunmöglicht, so ändert dies an Bestand und Fälligkeit der Kapitalforderung des Darleihers grundsätzlich nichts, und der Borger kann – ungeachtet einer allfälligen Effektivklausel – verpflichtet sein, in Landeswährung zu bezahlen (VISCHER, Währungsrecht, 34 f.). Er haftet zudem nach den Art. 97 ff. für die Folgen der Nichterfüllung (ZR 1984, 46; vgl. auch BGE 104 Ia 367; 118 II 348; KLEINER, 96 ff., 129 ff.; MAURENBRECHER, Diss., 227 Anm. 196).

22 Umstritten ist sodann, ob **Fremdwährungsschulden Geldschulden** sind. Nach der hier vertretenen Meinung sind Fremdwährungsschulden auch Geldschulden und nicht blosse Verpflichtung zur Verschaffung einer Kontogutschrift im Währungsland (gl.M. BK-WEBER, N 78). Die direkte Vollstreckbarkeit in das Vermögen des Schuldners ist nach schweizerischem Recht kein taugliches Unterscheidungskriterium, da nach Art. 67 Abs. 3 SchKG auch Fremdwährungsschulden vollstreckbar sind (NOBEL, Devisenschuld, 297; BK-WEBER, Art. 84 OR N 348 ff.; vgl. auch BGE 110 II 283; **a.M.** KLEINER, 66 ff.).

V. Anwendungsbereich

23 Die wenigen, allgemein gehaltenen und (mit Ausnahme von Art. 314 Abs. 3 und Art. 317) dispositiven Gesetzesvorschriften finden auf viele Sachverhalte ganz oder teilweise direkt oder analog Anwendung:

1. Kredit

24 Im Rechtsalltag, insb. im Bankgeschäft, spricht man häufig von **Kreditgeschäften** (eingehend KUHN, § 1 Rz 7 ff.). Darlehen und Kredit bzw. Kreditgeschäfte sind aber nicht deckungsgleich (vgl. Art. 1 KKG). Zu den Kreditgeschäften gehören alle Geschäfte, welche die «zeitweilige Überlassung von Kaufkraft im Vertrauen auf die Rückzahlungswilligkeit des Kreditierten» (MAURENBRECHER, Diss., 77) beinhalten, sei es in Formen der **effektiven Kreditgewährung**,

sei es als **Kreditleihe** (vgl. N 27). Zu den Kreditgeschäften gehören neben dem Darlehen insb. alle Verträge, die das Zur-Verfügung-Stellen von Geld oder Geldsurrogaten beinhalten. Dazu gehören auch solche, bei denen der Geldbetrag nicht durch Hingabe zur Verfügung gestellt wird, sondern z.B. durch Bevorschussung, Stundung oder Umwandlung einer anderen Forderung, z.B. einer Lieferantenforderung etc. (vgl. BOEMLE/STOLZ, Bd. 1, 511 ff.; vgl. auch EMCH/RENZ/ARPAGAUS, Rz 868 ff.).

25 Das eigentliche Darlehen wird im Bankverkehr auf der Aktivseite (also bei Darlehen der Bank an ihre Kunden) als **fester Vorschuss** oder **Festkredit** bezeichnet (SJZ 1985, 306; ABEGG et al., 137; BOEMLE et al., 431). Je nach Sicherheit unterscheidet man im Bankgeschäft zwischen **Blankokredit** (ohne Sicherheit), **Hypothekarkredit** (Sicherheit: Grundpfandverschreibungen oder Schuldbriefe; dazu N 30b ff.), **Zessionskredit** (Sicherheit: abgetretene Forderungen), **Faustpfandkredit** (Sicherheit: Wertpapiere oder andere beweglichen Sachen) und als besonderer Form dem **Lombardkredit** (Sicherheit: Wertpapiere und andere Depotwerte; dazu N 30i ff.). Bei diesen und anderen Krediten, die von der Leistung von Sicherheiten abhängig gemacht werden, wird (im Bankverkehr) für den Fall, dass der Belehnungswert der Sicherheiten die Summe der ausstehenden Kredite nicht mehr deckt, häufig eine **Nachdeckungspflicht** vereinbart (dazu SJ 1994, 737; MOSKRIC, 165; MAURENBRECHER, Diss., 71, 228). Kommt der Kreditnehmer dieser Pflicht nicht innert vereinbarter Frist nach, ist der Kreditgeber zur Verwertung der Sicherheiten berechtigt (MOSKRIC, 225). Zum Teil wird durch die Geschäftsbezeichnung auch etwas anderes ausgedrückt, z.B. bei der **Zwischenfinanzierung** («bridge loan») oder beim **Baukredit** (dazu BAUMANN, Baukredit, passim) der Zweck; beim **Wandeldarlehen** die Besonderheit, dass der Darleiher berechtigt ist, das Darlehen mittels Verrechnung in Eigenkapital des Borgers umzuwandeln (BOEMLE/STOLZ, Bd. 2, 9, 57 ff.); beim **Treuhandkredit** die Besonderheit, dass der Handelnde (meistens eine Bank) einem Dritten im eigenen Namen, aber auf Rechnung und Risiko des Kunden ein Darlehen gewährt (wobei der Kunde normalerweise die Darlehenssumme der Bank zur Verfügung halten muss); beim **Exportkredit** die Besonderheit, dass er vom ausländischen Borger ausschliesslich zur Finanzierung von Lieferungen inländischer Exporteure benutzt werden darf (MAURENBRECHER, Diss., 267); schliesslich beim **Konsortial-** oder **Syndikatskredit** die Besonderheit, dass mehrere Darleiher ein Konsortium bilden (N 66b).

26 Auf der Passivseite, also bei Darlehen von Kunden (oder anderen Banken) an eine Bank (sog. **Kreditoren auf Zeit**), wird das Darlehen als **Festgeld** oder **Termingeld** (sog. **time deposit**) bezeichnet. Das BGer hat diese Geschäfte zu Recht als Darlehen und nicht als (unregelmässige) Hinterlegung qualifiziert (BGE 104 Ia 367 E. 4a; 118 II 348 E. 3; zur Abgrenzung zwischen Darlehen und Hinterlegung vgl. N 34, zu Negativzinsen Art. 314 N 1c). Eine andere Form der Fremdmittelaufnahme durch Banken ist die Ausgabe von **Kassenobligationen** (auch **Kassenscheine** genannt). Dies sind Darlehen, bei denen die Zins- und Rückzahlungsverpflichtung der Bank (des Borgers) teilweise heute noch in **Wertpapieren** (sog. **Schuldverschreibungen**, meistens **Inhaberpapiere**) verkörpert sind (BOEMLE et al., 644 f.), die aber immer häufiger bloss kontomässig geführt werden. Ihre Laufzeit beträgt meist zwischen drei und acht Jahren. Die Ausgabe von Kassenobligationen erfolgt laufend.

2. Krediteröffnungsvertrag

27 Der **Krediteröffnungsvertrag** (auch **Kreditvertrag** genannt) ist ein **Rahmenvertrag sui generis**, der als Innominatkontrakt qualifiziert wird und in vielfacher Ausgestaltung vorkommt (zum Ganzen: CHRIST, 267; GUGGENHEIM/GUGGENHEIM, Rz 983 ff.; KUHN, § 3 Rz 3 ff.; MAURENBRECHER, Diss., 79 ff., 86; STÖCKLI, Kreditvertrag, 4 ff.; **a.M.** GUHL/KOLLER/SCHNYDER/DRUEY, § 45 Rz 27 [Vorvertrag]; HONSELL, OR BT, 267 f. [Darlehen]; offen gelassen *in BGer, 23.6.1998, 4C.410/1997, E. 3* = Pra 1998, 828; ZWR 1996, 288). Der Kreditgeber (typischerweise eine **Bank**) verpflichtet sich, dem Kreditnehmer zu bestimmten Bedingungen und bis zu einer bestimmten Höhe Kredit durch Hingabe von **Bar-** oder **Buchgeld**

und Geldsurrogaten zu gewähren, je nach Vereinbarung als **feste Vorschüsse** oder **Kontokorrentkredit**, oder seinen Kredit zugunsten des Kreditnehmers zu verwenden (sog. **Verpflichtungskreditvertrag** oder **Kreditleihe**), z.B. vom Kreditnehmer auf ihn gezogene Wechsel zu akzeptieren (**Akzeptkredit** oder **Akzeptkrediteröffnungsvertrag**).

Im Unterschied zum Darlehen begründet der **Krediteröffnungsvertrag** als **Rahmenvertrag** **28** noch keine unmittelbare Hingabepflicht (vgl. KUHN, § 3 Rz 6). Der Kreditgeber ist vielmehr verpflichtet, dem Kreditnehmer wiederholt und laufend bis zur **Kreditlimite** (oder **Kreditlinie**) Geld oder Geldsurrogate zur Verfügung zu halten (vgl. BGE 136 III 629). Ebenso hat er grundsätzlich jederzeit Rückzahlungen entgegenzunehmen, wodurch seine Pflicht zur Kreditgewährung wieder auflebt. Dagegen ist der Kreditnehmer i.d.R. nicht zur Beanspruchung verpflichtet. Die Beanspruchung des Kredits in der vereinbarten Form ist die Ausübung eines rechtsbegründenden (MAURENBRECHER, Diss., 83; **a.M.** BIERI, 32) **Gestaltungsrechts**, mit welcher die Leistungspflicht der Bank konkretisiert wird und ein **separater Vertrag** (z.B. ein Darlehensvertrag im Falle eines festen Vorschusses [N 25]) im Rahmen des Krediteröffnungsvertrages zustande kommt (ZK-HIGI, Vor Art. 312 OR N 90; LOMBARDINI, 835 f.; WIEGAND/GEIGER, 108; **a.M.** z.B. BERTHEAU, 44). Neben dem Zins für den beanspruchten Kredit hat der Kreditnehmer üblicherweise ein besonderes Entgelt (**Bereitstellungskommission** oder **Committment Fee** genannt) für die Einräumung der Kreditlinie zu bezahlen (vgl. EMCH/RENZ/ARPAGAUS, Rz 873 f.).

Nach h.L. sind zumindest die Art. 316–318 auf den **Krediteröffnungsvertrag** (N 27 f.) (analog) anwendbar (CHRIST, 266; GUGGENHEIM/GUGGENHEIM, Rz 1014). Zu beachten ist allerdings, dass die einzelnen unter einem Krediteröffnungsvertrag vereinbarten Geschäfte nicht notwendigerweise Darlehen sind (vgl. auch WIEGAND/GEIGER, 105 ff.). Während z.B. der Saldo unter einem **Kontokorrentkredit** als Darlehen qualifiziert wird (BGE 130 III 694 E. 2.2.1 = Pra 2005, 492; ZWR 1996, 175, 288; BK-WEBER, Nach Art. 318 OR N 11), untersteht etwa der **Diskontkredit** dem Kaufsrecht (differenzierend ABEGG et al., 142 und der **Kautionskredit** dem Auftragsrecht (AFFENTRANGER-BRUNNER, 30 ff.). Überdies dominieren bei Bankgeschäften Vertrag, **AGB** und die **Verkehrssitte**, so dass häufig wenig Raum für die Anwendung der gesetzlichen Vorschriften bleibt. **29**

3. Konsumkredit

Nach Art. 1 Abs. 1 KKG ist der **Konsumkreditvertrag** ein Vertrag, durch den ein Kreditgeber einem Konsumenten einen Kredit in Form eines Zahlungsaufschubs, eines Darlehens oder einer ähnlichen Finanzierungshilfe gewährt oder zu gewähren verspricht. Dabei sind zu den Darlehen insb. das klassische **Teilzahlungsdarlehen** (Kleinkredit) mit sofortiger Auszahlung an den Borger (bzw. an den Verkäufer bei Drittfinanzierungen) und gleichbleibenden Ratenzahlungen als kombinierte Zins- und Rückzahlungen über eine feste Vertragsdauer von mehr als drei Monaten zu zählen (Art. 7 Abs. 1 lit. f KKG). Dasselbe gilt nach Art. 1 Abs. 2 KKG grundsätzlich für **Überziehungskredite**, sofern sie eine Kreditoption enthalten, d.h. dem Kreditnehmer die Möglichkeit geben, den Kredit in Raten zurückzuzahlen. Nach dem KKG kommt es für die Anwendbarkeit der Bestimmungen dieses Gesetzes auf Darlehen in **persönlicher** Hinsicht darauf an, dass der Kreditgeber den Kredit in Ausübung seiner gewerblichen oder beruflichen Tätigkeit gewährt (Art. 2 KKG) und dass der Borger Konsument i.S.v. Art. 3 KKG ist, also eine natürliche Person, die den Kredit nicht für gewerbliche oder berufliche Zwecke aufnimmt (dazu im Einzelnen die Komm. bei CR LCC-FAVRE-BULLE zu Art. 2 f. KKG sowie HAUSHEER, 56 ff.). Auch bei gewerblicher Kreditvergabe an Konsumenten ist aber die Anwendbarkeit des KKG aufgrund des **Ausnahmekatalogs** von Art. 7 KKG häufig **sachlich** ausgeschlossen. Praktisch wichtigste Ausnahme sind die Gewährung von Darlehen und der Abschluss von Kredit(eröffnungs)verträgen, die direkt oder indirekt (mittels Verpfändung oder Sicherungsübertragung von Schuldbriefen) grundpfandgesichert sind (lit. a) oder die durch bei der Kreditgeberin hinterlegte bankübliche Sicherheiten oder Vermögenswerte **30** bzw. entsprechende Guthaben gedeckt sind (lit. b; SIMMEN, 41 f.). Letztere Ausnahme greift aber nur, wenn der Kreditbetrag bei Vertragsschluss oder im Zeitpunkt der Kreditgewährung nach dem objektiven Wert der Sicherheiten (Verkehrswert von Grundstücken, Effekten etc.) effektiv gedeckt ist. Die Sicherheit kann auch aufgrund der Pfandklausel in den AGB der Bank bestehen (KUHN, § 4 Rz 16; **a.M.** CR LCC-FAVRE-BULLE, Art. 7 N 13). Weitere Ausnahmen greifen bei unentgeltlichen Darlehen (lit. c und d), bei Überziehungskrediten und anderen Darlehen, die jederzeit fällig werden können oder innert maximal drei Monaten rückzahlbar sind, bei Ratendarlehen, die innert zwölf Monaten in nicht mehr als vier Raten zurückzuzahlen sind (lit. f), sowie bei Krediten von weniger als Fr. 500.– oder mehr als CHF 80 000 (lit. e). Überdies ist die Anwendbarkeit des KKG bei Überziehungskrediten beschränkt (Art. 8 Abs. 2 KKG; HASELBACH, 120 ff.; ZK-HIGI, Vor Art. 312 OR N 112 ff.).

30a Wird ein Konsumkredit als Darlehen i.S.v. Art. 312 ff. qualifiziert, so sind die (Schutz-)Bestimmungen beider Erlasse grundsätzlich kumulativ anwendbar (ausführlich ZK-HIGI, Vor Art. 312 OR N 117 ff.; SCHÖBI, Konsumkredit, 26). Das revidierte KKG verpflichtet den Kreditgeber in Art. 22 ff., zwecks Vermeidung der Überschuldung von Konsumenten vor Abschluss des Konsumkreditvertrages eine **Kreditfähigkeitsprüfung** durchzuführen (dazu Botschaft rev. KKG, 3180 ff.; KUHN, § 4 Rz 32 f.). Danach muss der Kredit mit Zinsen und Kosten aus dem nicht pfändbaren Teil des Einkommens innert 36 Monaten zurückbezahlt werden können (Art. 28 KKG). Eine Verletzung dieser Pflicht zieht für den Kreditgeber den Verlust von Zinsen und Kosten, in schwerwiegenden Fällen auch des Kapitals nach sich (Art. 32 KKG).

4. Hypothekarkredit

30b Der Hypothekarkredit stellt das quantitativ wichtigste Kreditgeschäft der Schweizer Banken dar. Dabei wird die Gewährung eines Kredits mit der Gewährung eines Sicherungsrechts bezüglich einer unbeweglichen Sache verknüpft, welches dem Kreditgeber Deckung für seine Zins- und Kapitalforderungen bietet (vgl. zum Hypothekarkredit ZK-HIGI, Vor Art. 312 OR N 99 f.; LOMBARDINI, 878 ff.; BK-WEBER, Nach Art. 318 OR N 278 ff.). Charakteristisch für den Hypothekarkreditvertrag ist somit die **Kombination** des **Kreditgeschäfts** mit einem **Sicherungsrecht an einem Grundstück** (vgl. BK-WEBER, Nach Art. 318 OR N 364).

30c Die Gewährung des Hypothekarkredits erfolgt regelmässig unter einem **Darlehensvertrag**. Dieser hat i.d.R. eine feste Laufzeit, und zwar unabhängig davon, ob die Zinshöhe zum Vornherein für die ganze Laufzeit festgelegt wird (sog. Festhypothek) oder nach Massgabe von Marktentwicklungen periodisch neu festgelegt wird (LIBOR-Hypotheken sowie variable Hypotheken). Mit Ausnahme von ersten Hypotheken wird regelmässig eine ratenweise Rückzahlung des Darlehens durch **Amortisationen** vereinbart, bei deren Nichtleistung der Darleiher ebenfalls sein Sicherungsrecht wahrnehmen und/oder nach Art. 107 ff. vorgehen kann (vgl. N 1a). Weiter kann der Vertrag einen Kunden, der seine Kreditbelastung vermindern möchte, auch zu ausserordentlichen Amortisationen berechtigen. Die Hypothekarkreditverträge der Banken sehen darüber hinaus regelmässig ausserordentliche Kündigungsrechte vor, wie z.B. für den Kunden bei einem Hausverkauf oder für die Bank bei einer erheblichen Wertverminderung der Liegenschaft. Da eine **vorzeitige Rückzahlung bzw. Kündigung** die Laufzeit des Darlehens verkürzt, entsteht dem Darleiher häufig ein Zinsschaden, mitunter (bei einem erheblichen Zinsanstieg seit Vertragsschluss) auch ein Zinsgewinn. Deshalb sehen die Hypothekarkreditverträge regelmässig eine Entschädigungs- bzw. Ausgleichsforderung vor, die sich anhand der Differenz zwischen dem vereinbarten Kreditzinssatz und dem bei Beendigung des Vertrags erzielbaren Zinssatz für eine Wiederanlage des Geldes errechnet (vgl. auch N 14).

30d Charakteristisch für das schweizerische Hypothekargeschäft ist, dass der Schuldner den Kreditbetrag häufig auf verschiedene Tranchen aufteilt, z.B. eine oder mehrere Festhypotheken mit einer LIBOR-Hypothek kombiniert. Um diesem Umstand Rechnung zu tragen, dokumentieren einige Banken ihre Hypotheken unter **Rahmenvereinbarungen**. Diese erlauben es dem Kreditnehmer, im Rahmen des verfügbaren Kreditbetrags und in Absprache mit der Bank Art, Höhe, Laufzeit und Zinssatz bzw. Marge der einzelnen Hypothek festzulegen. Auch hier stellt aber jede dieser Hypotheken einen separaten, durch die gemeinsame(n) Sicherheit(en) besicherten Darlehensvertrag dar, in den die Bestimmungen der Rahmenvereinbarung – soweit einschlägig – übernommen werden (MAURENBRECHER, ZSR 1990 I, 203 f.) und der ein von der Rahmenvereinbarung und von den anderen Darlehensverträgen unabhängiges rechtliches Schicksal haben kann (MAURENBRECHER, Diss., 84 m.w.H.). Dies zeigt sich etwa darin, dass eine Kündigung der Rahmenvereinbarung den Bestand eines darunter abgeschlossenen Festhypothekenvertrags ebensowenig berührt wie das Auslaufen eines unter derselben Rahmenvereinbarung abgeschlossenen Vertrags über eine LIBOR-Hypothek. Etwas anderes gilt nur, wenn die Einzelverträge vertraglich verbunden sind, sich die Bank also in der Rahmenvereinbarung etwa vorbehält, bei einem Zahlungsverzug unter einer Hypothek auch die anderen Hypotheken fällig zu stellen.

Ein weiteres Charakteristikum des Schweizer Hypothekarmarkts ist der hohe Bestand an Hypothekarkrediten. Zusammen mit dem intensiven Preis- und Konditionenwettbewerb erfordert dies eine günstige **Refinanzierung der Bank**. Dies wiederum bedingt die Möglichkeit die ausstehenden Hypothekarforderungen samt den als Sicherheit dienenden Schuldbriefen für die Refinanzierung der Bank nutzbar zu machen, namentlich indem sie als Sicherheit für Pfandbriefe oder indirekt hypothekarisch gedeckte Schuldverschreibungen (sog. «Covered Bonds») dienen (vgl. BÜRGI/MOSKRIC, Kreditfinanzierungen, 107 ff.; KUHN, § 36 Rz 1 ff.). Die damit verbundene Weiterübertragung von Hypothekarforderungen und Schuldbriefen setzt eine entsprechende Zustimmung des Kunden voraus, welche regelmässig in den Hypothekarkredit- und Sicherungsübereignungsverträgen enthalten ist. Solche Klauseln sind auch nach Inkrafttreten des rev. Art. 8 UWG grundsätzlich zulässig. Zum einen entspricht die Übertragbarkeit von Forderungen und der zugehörigen Sicherheiten nach Art. 164 ff. OR der gesetzgeberischen Regel und ist gerade im Hypothekarbereich durch das PfG gesetzlich vorgesehen. Soweit der Hypothekarschuldner der Übertragung zustimmt, steht dieser auch das Bankgeheimnis nicht entgegen, zumal Art. 857 ZGB ohnehin davon ausgeht, dass der Name der kreditgebenden Bank aus dem Grundbuch hervorgeht (**a.M.** SCHMID, Grundpfandrechte, 119 f.). Zum anderen dienen diese Klauseln der Versorgung mit günstigen Hypothekarkrediten (vgl. Art. 1 Abs. 1 PfG) und können – gerade in schwierigen Zeiten – einen wichtigen Beitrag zur Stabilisierung des Finanzsystems leisten (BÜRGI/MOSKRIC, Kreditfinanzierungen, 107 m.w.H.). Insoweit dient die Übertragbarkeit von Hypothekarkrediten nicht nur privaten, sondern auch öffentlichen Interessen. Eine Missbräuchlichkeit im Sinne eines treuwidrigen und ungerechtfertigten Missverhältnisses liegt nicht vor, zumal dem Hypothekarschuldner bzw. Sicherungsgeber bestehende Einreden gegenüber der übertragenden Bank nach Art. 169 bzw. Art. 842 Abs. 3 ZGB auch im Falle einer Übertragung erhalten bleiben. **30e**

Früher erfolgte die Sicherung der Hypothek regelmässig durch Grundpfandverschreibung (Art. 824 ff. ZGB; sog. direktes Hypothekargeschäft) oder durch Begründung eines Faustpfandes an Inhaber- oder Namenschuldbriefen (Art. 884 ff. i.V.m. Art. 860 ff. ZGB; indirektes Hypothekargeschäft) (EMCH/RENZ/ARPAGAUS, Rz 992 f.). Diese Sicherungsformen wurden in der Praxis schon vor der Jahrtausendwende aus praktischen Überlegungen weitgehend durch die **Sicherungsübereignung von Schuldbriefen** abgelöst (ZOBL, ZBGR 1987, 282 ff.; BK-ZOBL/THURNHERR, Systematischer Teil Vor Art. 884 ZGB N 1500 ff.). Dabei überträgt der Hypothekarschuldner oder ein Dritter dem Kreditgeber einen oder mehrere Schuldbriefe treuhänderisch zu Eigentum. Entscheidend ist dabei, dass sich der Kreditgeber im Sicherungsübereignungsvertrag dazu verpflichtet, die sich im Aussenverhältnis ergebende Verfügungsmacht als Eigentümer nur zum Zweck der Sicherung des im Rahmen des im Sicherungsübereignungsvertrags umschriebenen Kreises der besicherten Forderungen (N 10c, 30g) zu verwenden (ABEGG et al., 238; ZOBL, ZBGR 1987, 284). Diese Sicherungsabrede beschränkt **30f** im Innenverhältnis die überschiessende Rechtsmacht des Darleihers aus dem fiduziarischen Eigentum (KUHN, § 2 Rz 53). Mit der Einführung des Registerschuldbriefs (Art. 857 ff. ZGB) im Jahre 2012 und der Einführung des sog. «SIX Nominee System» (dazu ZOBL/KRAMER, ZBGR 2013, 237) im Jahre 2013 wurde eine weitere Möglichkeit zur Effizienzsteigerung im Hypothekarbereich geschaffen. Im Rahmen dieses Systems zur Verwaltung und Übertragung von Registerschuldbriefen tritt die SIX SIS AG als Verwaltungstreuhänderin für die am System teilnehmenden Banken auf und lässt sich in dieser Funktion als Gläubigerin der von einem Teilnehmer entgegen genommenen Registerschuldbriefe im Grundbuch eintragen. Dies ermöglicht z.B. die unkomplizierte und kostengünstige Übertragung von Schuldbriefen, wenn die finanzierende Bank im Rahmen der Ablösung einer Hypothek durch eine andere Bank ersetzt wird.

30g Kennzeichnend für das indirekte Hypothekargeschäft ist das **Nebeneinander** von **Rückzahlungsforderung** aus dem Darlehensvertrag und **grundpfandgesicherter Forderung** aus dem Schuldbrief. Dabei bestehen die beiden Forderungen rechtlich unabhängig voneinander (vgl. Art. 842 Abs. 2 ZGB; BGE 134 III 73; STAEHELIN, BJM 2006, 13 ff.; ZOBL, ZBGR 1987, 285). Allerdings hat aufgrund der Sicherungsabrede im Verhältnis zwischen Darleiher und Borger das Kreditverhältnis Vorrang (BGE 132 III 166 E. 6.2 = Pra 2006, 996; SCHMID/HÜRLIMANN-KAUP, Rz 1845a). Insbesondere kann der Darleiher aus dem Schuldbrief nicht mehr fordern, als ihm unter dem Kreditverhältnis zusteht (vgl. z.B. BGer, 16.2.2012, 5A_32/2011, E. 2; KUHN, § 32 Rz 54 m.w.H.). Auch sonst stehen dem Schuldner alle Einreden, die er aus dem Darlehensvertrag gegenüber dem Gläubiger hat, auch gegen die Schuldbriefforderung zu (STAEHELIN, BJM 2006, 11). Da im heutigen Rechtsverkehr ein gutgläubiger Erwerb von Schuldbriefen vom Nichtberechtigten praktisch ausgeschlossen ist (vgl. SCHMID/HÜRLIMANN-KAUP, N 1845k; STAEHELIN, Register-Schuldbrief, 212 f.), gilt dies aufgrund von Art. 842 Abs. 3 ZGB selbst für den Fall, dass der Darleiher den Schuldbrief unzulässigerweise einem Dritten verkaufen würde, ohne die Sicherungsabrede mitzuübertragen. Vorbehältlich einer gegenteiligen Vereinbarung muss die Schuldbriefforderung zuerst im Rahmen einer Betreibung auf Pfandverwertung (Art. 41 Abs. 1 SchKG) verwertet werden, bevor die Rückzahlungsforderung aus dem Darlehensvertrag geltend gemacht werden kann (BGer, 31.1.2014, 5A_686/2013, E. 5.1.4).

30h Entsprechend der für das Hypothekargeschäft charakteristischen Verknüpfung von Kreditgeschäft und Sicherungsgeschäft bilden **Kreditvertrag und Sicherungsvertrag** einen **zusammengesetzten Vertrag**, in welchem die bei Leistungsstörungen zur Verfügung stehenden Rechtsbehelfe (namentlich Art. 82 f. und 107 ff.) auch «über das Kreuz» geltend gemacht werden können (N 1a; **a.M.** offenbar BK-WEBER, Nach Art. 318 OR N 364, der von einem einheitlichen «Hypothekenvertrag» auszugehen scheint). Denn die Pflicht des Kreditnehmers zur Bestellung bzw. Werterhaltung der Sicherheit steht beim Hypothekarkreditvertrag im Synallagma zur Pflicht des Darleihers zur Auszahlung bzw. Belassung der Darlehenssumme. Dementsprechend kann die Auszahlung der Hypothek verweigert werden, solange das Eigentum bzw. die Berechtigung an den Schuldbriefen nicht gehörig bestellt ist. Ebenso hat der Darleiher z.B. auch ohne besondere vertragliche Vereinbarung ein Recht zur Kündigung der Hypothek, wenn der Borger es unterlässt, seine Liegenschaft vereinbarungsgemäss zu versichern. Und schliesslich muss der Borger das Darlehen nur Zug-um-Zug gegen Freigabe der Schuldbriefe zurückzahlen.

5. Lombardkreditvertrag

30i Der Lombardkredit bezeichnet einen Bankkredit, der durch die Verpfändung von Wertschriften, Edelmetallen oder Ansprüchen aus Lebensversicherungen als marktgängige, wertbeständige und depotfähige Mobilien oder Rechte gedeckt ist (MOSKRIC, 6). Charakteristisch für den Lombardkredit ist somit die **Kreditgewährung** durch eine Bank **gegen Einräumung eines Sicherungsrechts an Wertschriften oder anderen leicht verwertbaren Sicherheiten**.

Hauptzweck des Lombardkredits im privaten Vermögensverwaltungsgeschäft ist die Schaffung eines grösseren Hebels zum Kauf von Wertschriften. Im institutionellen Geschäft wird er häufig zur Beschaffung von Liquidität eingesetzt (Moskric, 5). Die Aufnahme eines Lombardkredits im Rahmen eines Vermögensverwaltungsvertrags bedarf der besonderen schriftlichen Zustimmung des Kunden (vgl. RL für Vermögensverwaltungsaufträge der SBVg vom Dezember 2013, 10).

Das Sicherungsrecht an den Mobilien und Wertschriften wird i.d.R. als **Faustpfand** bestellt, wobei der Sicherungsvertrag in der Bankpraxis häufig als Faustpfandverschreibung bezeichnet wird. Da Wertschriften, Edelmetalle usw. Wertschwankungen oder anderen Risiken unterliegen, belehnen die Banken die verpfändeten Werte nicht zu 100%, sondern nur unter Abzug einer sog. Marge. Dabei ist der maximale Belehnungswert durch die bankinternen Belehnungsgrenzen beschränkt. Genügt der Belehnungswert den Anforderungen nicht mehr, ist der Kreditnehmer unter den Faustpfandverschreibungen verpflichtet, die Marge entweder durch Beibringung zusätzlicher Sicherheiten (Nachdeckungspflicht, vgl. N 25) oder durch teilweise Rückzahlung des Kredits wiederherzustellen (Moskric, 114 ff.; BK-Weber, Nach Art. 318 OR N 231 f.). 30j

Der unter dem Lombardkreditvertrag gewährte Betrag qualifiziert rechtlich als **Darlehen** (BK-Weber, Nach Art. 318 OR N 261). Dabei erfolgt die Kreditierung häufig durch Einräumung einer Kreditlinie unter einem Krediteröffnungsvertrag. Anders als im kommerziellen Kreditgeschäft (N 27 f.) unterliegt die Benützung einer Kreditlinie im Lombardgeschäft stets der Bedingung ausreichender Deckung der einzelnen Kreditbezüge im Sinne der Margenbestimmungen der Bank (Degrandi, SZW 1990, 3). 30k

Entsprechend der für das Lombardgeschäft charakteristischen Verknüpfung von Kreditgeschäft und Sicherungsgeschäft bilden Darlehen bzw. Kreditvertrag und Sicherungsvertrag einen **zusammengesetzten Vertrag**, in welchem die bei Leistungsstörungen zur Verfügung stehenden Rechtsbehelfe (namentlich Art. 82 f. und 107 ff.) auch «über das Kreuz» geltend gemacht werden können (N 1a; Moskric, 23 f.). 30l

6. Wertschriftendarlehen (Securities Lending)

Das aus dem angelsächsischen Rechtskreis stammende **Wertschriftendarlehen (Securities Lending)** spielt im nationalen und im internationalen Bankgeschäft auch in der Schweiz seit längerer Zeit eine bedeutende Rolle. Beim **Securities Lending** überlässt der Darleiher (Lender) dem Borger (Borrower) für eine bestimmte Zeit eine bestimmte Anzahl von – i.d.R. als Bucheffekten ausgestalteten – Wertpapieren oder Wertrechten gegen Bezahlung einer Summe Geldes (**Kommission** oder **Lending-fee**) und mit der Verpflichtung, nach Ablauf der vereinbarten Dauer Wertschriften gleicher Art und Menge zurückzugeben. Zusätzlich sehen die entsprechenden Verträge einen Ausgleich für die während der Laufzeit auf den Titeln bezahlten Ausschüttungen und die Abtretung von Bezugsrechten usw. vor. Diese Transaktionen sind als **Wertschriftendarlehen** zu qualifizieren und fallen unter die Bestimmungen der Art. 312 ff. (vgl. Bertschinger, Rechtsprobleme, 20 ff.; Kuhn, § 28 Rz 24). Rechtlich ist die Kommission ein **Zins** (Bertschinger, Rechtsprobleme, 32 ff.; Rayroux, 87). 31

Mitunter schliessen die Parteien vorgängig standardisierte **Rahmenvereinbarungen** ab, in welchen sie die Modalitäten der entsprechenden Darlehen generell festlegen (BK-Weber, Nach Art. 318 OR N 384) und die rechtlich als Krediteröffnungsverträge (N 27) qualifizieren können. Soweit es sich um Bucheffekten handelt, räumt der Darleiher dem Borger im Rahmenvertrag ein Nutzungsrecht i.S.v. Art. 22 BEG ein, was bei nicht qualifizierten Anlegern einen schriftlichen Vertrag voraussetzt (Art. 22 Abs. 2 BEG). Macht der Borger von seinem Nutzungsrecht Gebrauch, indem er Wertschriften auf sein eigenes Konto umbucht, kommt jeweils ein separates Darlehen zustande (Kuhn, § 28 Rz 27). Zentraler Inhalt der Rahmenverträge ist die Möglichkeit, beim Eintritt des Verzugs oder der Insolvenz einer Partei die aus 31a den einzelnen Wertschriftendarlehen entstandenen gegenseitigen Forderungen im Rahmen eines sog. Netting zu verrechnen und so das Kreditrisiko zu reduzieren (vgl. BK-WEBER, Nach Art. 318 OR N 396). Weiter kann das Kreditrisiko dadurch verringert werden, dass Wertschriftendarlehen auf besicherter Basis vergeben werden (BK-WEBER, Nach Art. 318 OR N 410 ff.). In diesem Fall bilden Darlehensvertrag und Sicherungsvertrag einen zusammengesetzten Vertrag (N 1a).

31b Wertschriftendarlehen sind insb. im Interbankverkehr und im Geschäft mit **institutionellen Kunden** verbreitet. Sie kommen aber auch zwischen Banken und **Privatkunden** vor, auch wenn das FINMA-RS 2010/2 die Ausleihe von Wertschriften durch Private in verschiedener Hinsicht einschränkt (KUHN, § 28 Rz 29; BK-WEBER, Nach Art. 318 OR N 384 ff., 389 f.). Je nachdem tritt die Bank beim Wertschriftendarlehen in eigenem Namen und auf eigene Rechnung (als sog. «Principal») auf, oder sie ist blosse Vermittlerin und schliesst den Vertrag (als sog. «Agent») als Vertreterin des Kunden in dessen Namen und auf dessen Rechnung ab (BK-WEBER, Nach Art. 318 OR N 391 ff.).

31c Wertschriftendarlehen werden hauptsächlich in zwei Konstellationen eingesetzt: Zunächst wenn der Borger **Leerverkäufe** getätigt hat und im Zeitpunkt, in dem er die verkauften Wertschriften abliefern muss, diese im Markt sehr teuer sind, er aber mit einer Verbilligung rechnet. Dann borgt er sich die Wertschriften, um sie später verbilligt auf dem Markt aufkaufen und abliefern zu können. Ebenso häufig sind **Verzugsfälle**: Der Verkäufer kann die Wertschriften nicht liefern, z.B. weil sein Verkäufer seinerseits in Verzug ist. Um bereits eingegangene Verkaufspflichten erfüllen zu können, borgt sich der Verkäufer die Wertschriften bis zur Lieferung. Daneben kommen Wertschriftendarlehen auch zur Abdeckung von Mehrzuteilungsoptionen bei Börsengängen (sog. **Greenshoe**) u.ä. zum Einsatz (WALLER, 131 ff.). Ähnlichen wirtschaftlichen Zwecken wie das Securities Lending dienen sog. **Repo-Transaktionen**, bei denen eine Vertragspartei Wertschriften komptant kauft (bzw. verkauft) und gleichzeitig dieselben oder gleichartige Wertschriften auf Termin verkauft (bzw. kauft). Eine solche (Reverse) Repo-Transaktion besteht nach herkömmlicher Lehre aus zwei Kaufverträgen (BERTSCHINGER, Rechtsprobleme, 144 ff.). Nach der (besser begründeten) Gegenmeinung (GIOVANOLI, Repos, 69 ff.; KUHN, § 28 Rz 5; RICHA, 105 f.) handelt es sich um einen Innominatvertrag.

7. Sparkassenvertrag

32 Beim **Sparkassen-** oder **Spareinlagevertrag** nimmt eine gem. Art. 15 BankG zur Entgegennahme solcher Einlagen berechtigte **Bank** oder Sparkasse von einem Einleger eine Geldsumme entgegen, die i.d.R. verzinst wird und vom Einleger jederzeit oder – bei grösseren Beträgen – nach Ablauf einer Kündigungsfrist zurückgefordert werden kann (vgl. BK-WEBER, Nach Art. 318 OR N 81). Häufig werden den Einlegern zur Abgeltung der Kosten und Aufwände des Finanzinstituts Gebühren und Aufwände in Rechnung gestellt, welche üblicherweise durch Verrechnung von der Spareinlage in Abzug gebracht werden (BK-WEBER, Nach Art. 318 OR N 92 ff.).

32a Charakteristisch für den Sparkassenvertag ist die **variable Höhe der Spareinlage**. Denn der Einleger ist i.d.R. nicht zur Leistung einer Einlage in einer bestimmten Höhe verpflichtet. Vielmehr hat sich das Finanzinstitut mit Abschluss des Sparkassenvertrags verpflichtet, allgemein oder bis zu einer bestimmten oder bestimmbaren Obergrenze Gelder entgegenzunehmen (BK-WEBER, Nach Art. 318 OR N 83 ff., 89 ff.), die der Kunde auch wieder abziehen kann. Anders verhält es sich bei Einlagen mit fester Laufzeit, bei denen es sich um Fest- oder Termingelder handelt (vgl. N 26).

33 Sparkassenverträge kommen als **Sparkonten** oder **Sparhefte** vor. Letztere sind entweder **Inhabersparhefte** (also **Inhaberpapiere**, Art. 978 ff.) oder **Namenssparhefte**, meistens als sog. **hinkende Wertpapiere** (Art. 976), seltener als echte **Namenpapiere** (mit einfacher

Wertpapierklausel) ausgestaltet (BOEMLE et al., 971 ff.). In den letzten Jahren wurden die Sparhefte sukzessive von den Sparkonten abgelöst. Diesfalls besteht nicht nur eine Kontokorrentabrede (CHRIST, 272). Vielmehr werden dem Sparkonto häufig noch weitere Kontofunktionen, namentlich Überweisungsmöglichkeiten, angegliedert (vgl. BK-WEBER, Nach Art. 318 OR N 191).

Die **Rechtsnatur** des Sparkassenvertrages ist kontrovers. Gemäss BGE 100 II 153 und h.L. (CHRIST, 268 ff.; ZK-HIGI, Vor Art. 312 OR N 55) kommt es auf den Einzelfall an. Zuletzt wurde ein solcher Vertrag vom BGer (BGE 100 II 153) als **unregelmässiger Hinterlegungsvertrag** (Art. 481) qualifiziert, weil das Interesse des Einlegers an der sicheren Verwahrung als entscheidend beurteilt wurde. Nach anderer Auffassung untersteht der Sparkassenvertrag den **Darlehens**vorschriften, da das Kreditinteresse der Bank und das Interesse des Einlegers an der Verzinsung dem Verwahrungsinteresse zumindest gleichwertig sei (BUCHER, BT, 199; HONSELL, OR BT, 267; MAURENBRECHER, Diss., 147; **a.M.** BK-GAUTSCHI, Art. 481 OR N 6a ff.). Diese typische Interessenlage ist aber im heutigen Tiefzinsumfeld, in dem die Spareinlagen trotz niedriger Zinsen angestiegen sind (dazu BK-WEBER, Nach Art. 318 OR N 94), in Frage gestellt. Vor diesem Hintergrund überzeugt die neuere Auffassung, den Sparkassenvertrag als eigenständigen **Innominatvertrag** mit Elementen des Darlehens (Verzinsungs- und Rückerstattungspflicht), der Hinterlegung (Höhe der Einlage mangels Hingabepflicht im Ermessen des Einlegers, allfällige Aufbewahrungsgebühren i.S.v. prozentual berechneten «Negativzinsen») und Auftragsrecht (Kontoführungsgebühren, Rechenschafts- und Verschwiegenheitspflicht) zu begreifen (eingehend BK-WEBER, Nach Art. 318 OR N 143 ff.). 34

In vielen Fällen ist allerdings die Qualifikationsfrage von untergeordneter Bedeutung, da die relevanten Fragen – anwendbares Recht (vgl. N 50), **Verjährung** (Art. 315 N 4), Gebühren, **Verrechnung** und Zeitpunkt der **Rückerstattung** (Art. 318, 475) – vertraglich geregelt werden. Entsprechende Abreden sind auch in AGB zulässig, da sie weder ungewöhnlich noch missbräuchlich i.S.v. Art. 8 UWG sind: 35

- Beschränkungen der Rückzugsmöglichkeiten gerade für grössere Beträge sind eine Voraussetzung für eine sinnvolle Verwendung von Spargeldern im Hypothekargeschäft der Bank und auch durch die bankgesetzlichen Liquiditätsvorschriften (vgl. Art. 4 BankG und Art. 5 ff. LiqV) motiviert.
- Die Verrechnung von Gebühren im kommerziellen Verkehr ist im Auftrags- und Hinterlegungsrecht gesetzlich angelegt (vgl. BGE 98 II 218; BK-FELLMANN, Art. 394 OR N 380; HUGUENIN, OR AT/BT, Rz 3283).
- Qualifiziert man den Sparkassenvertrag als (reinen) Hinterlegungsvertrag, ist die Tilgung der Rückgabe durch Verrechnung mangels anderer Abrede ausgeschlossen (Art. 125 Abs. 1; BGE 100 II 153). Eine Beschränkung solcher abweichender Abreden ist nicht angezeigt. Zum einen ergibt sich die Verrechnungsmöglichkeit beim Sparkonto aus der Kontokorrentabrede (N 33). Zum anderen begründet es auch kein treuwidriges und ungerechtfertigtes Missverhältnis der vertraglichen Rechte und Pflichten i.S.v. Art. 8 UWG, wenn eine Bank bei entsprechender Abrede das Recht hat, fällige Hypothekar- oder sonstige Schulden des Einlegers (z.B. in dessen Konkurs) mit seinen Sparguthaben zu verrechnen (so implizit auch BK-WEBER, Nach Art. 318 OR N 115).

Einlagen bei Banken, die mit der Bezeichnung **Sparen**, sei es als Bezeichnung des Kontos oder in der Schuldurkunde, versehen sind, gelten als **Spareinlagen** i.S.v. Art. 15 Abs. 1 BankG. Solchen Spareinlagen steht ein **Konkursprivileg** zu. Nach Art. 37*a* BankG werden Spar- und andere Einlagen bei Banken bis zum Maximalbetrag von CHF 100 000 in der zweiten Klasse kolloziert. Verfügt die Bank nicht über eine Bewilligung i.S.v. Art. 3 BankG, so sind die Einlagen bei dieser nicht privilegiert (Art. 37*a* Abs. 3 BankG). Zudem droht demjenigen, der ohne Bewilligung Spareinlagen entgegennimmt, eine strafrechtliche Sanktion (Art. 46 Abs. 1 lit. a BankG). 36

8. Partiarische Darlehen

37 Das **partiarische Darlehen** ist ein (echtes) synallagmatisches (BGE 94 II 127) Darlehen mit Rückerstattungsverpflichtung des Borgers, aber besonderer Abrede hinsichtlich der Vergütung für den Wertgebrauch. Letztere ist **erfolgsabhängig** und besteht typischerweise in einem Teil des Ertrages, den der Borger mit dem vertraglich bestimmten Gebrauch (vgl. N 39a) der Darlehenssumme erwirtschaftet. Sie ist somit nur bedingt geschuldet, nämlich unter der meistens nur konkludent vereinbarten **Bedingung**, dass überhaupt ein Ertrag erwirtschaftet wird. Kombinationen mit einer festen, d.h. unbedingt geschuldeten Vergütung (Zins) sind möglich und zulässig, indem z.B. neben dem Zins noch eine Gewinnbeteiligung versprochen wird oder vertraglich von Anfang an vorgesehen ist, dass ein fester Zinsanspruch in bestimmten Fällen (wie z.B. im Gefolge einer Verlustbeteiligung des Darleihers [vgl. N 39]) von einer erfolgsabhängigen Vergütung abgelöst wird. Da hier die (bedingte) Erfolgsbeteiligung des Darleihers Teil der ursprünglich versprochenen Gegenleistung des Borgers ist, sind auch solche Verträge als partiarische Darlehen und nicht als sog. Besserungsscheine zu qualifizieren. Das partiarische Darlehen ist weiter abzugrenzen von der einfachen, insb. der **stillen Gesellschaft** (vgl. N 43).

37a Für die Berechnung der Vergütung gilt mangels anderer Abrede Art. 322a analog (CHRIST, 261 f.; BK-WEBER, Vor Art. 312 OR N 42). Massgeblich ist insoweit der **Betriebsgewinn** (und nicht der Bilanzgewinn) eines Geschäftsjahres. Das bedeutet, dass der Darleiher keine Vergütung für ein Geschäftsjahr verlangen kann, in dem kein Betriebsgewinn erwirtschaftet wurde. Dies gilt auch, wennn im nachfolgenden Geschäftsjahr ein überdurchschnittlicher Gewinn anfällt. Kraft Vertragsfreiheit sind die Parteien aber bei der Wahl der **Bemessungsgrundlage** weitgehend frei, solange ein Bezug zum unternehmerischen Erfolg des Borgers gewahrt bleibt. Insbesondere ist nicht erforderlich, dass die Erfolgsbeteiligung direkt an den mit dem Einsatz des darlehensweise zur Verfügung gestellten Kapitals erwirtschafteten Ertrag gekoppelt ist, was insb. bei partiarischen Darlehen an grössere Kapitalgesellschaften kaum praktikabel wäre. Denkbar und zulässig sind somit auch Erfolgsbeteiligungen, die sich an der Umsatzentwicklung, am Bilanzgewinn oder an der Dividende des Borgers oder der entsprechenden Unternehmensgruppe orientieren.

38 Auch für die **Fälligkeit** der Vergütung sowie für die **Abrechnungspflicht** des Borgers und die **Kontrollrechte** des Darleihers sind die arbeitsrechtlichen Bestimmungen (Art. 322a Abs. 2, Art. 323 Abs. 3, Art. 339 Abs. 3) analog anzuwenden (CHRIST, 261 f.), wobei beim partiarischen Darlehen auch die Kontrollrechte vertraglich modifiziert werden können. Fällig ist die Vergütung somit (mangels anderer Vereinbarung) innert sechs Monaten nach Ablauf des entsprechenden Geschäftsjahres (**a.M.** BK-WEBER, Vor Art. 312 OR N 40: sechs Monate nach Ablauf der Abrechnungsperiode, die bei überjährigen Darlehen analog Art. 314 Abs. 2 am Jahrestag der Auszahlung endet).

38a Die Abrechnungspflicht des Borgers und die diesbezüglichen Informations- und Kontrollrechte des Darleihers müssen es dem Darleiher erlauben, die korrekte Berechnung der Erfolgsbeteiligung zu überprüfen. Je nach Bemessungsgrundlage der Erfolgsbeteiligung kann dies eine Abschrift der Gewinn- und Verlustrechnung oder eine andere Abrechnung erfordern (BK-WEBER, Vor Art. 312 OR N 41). Dagegen hat der Darleiher kein Recht, die Geschäftstätigkeit des Borgers auf Zweckmässigkeit und Sorgfalt zu überprüfen (vgl. ZK-HIGI, Vor Art. 312 OR N 26). Als Ausfluss seiner **Informations-** und **Kontrollrechte** (BGE 99 II 303 = Pra 1974, 98) trifft den Darleiher eine **Geheimhaltungspflicht** hinsichtlich der Geschäftsgeheimnisse des Borgers, nicht jedoch ein **Konkurrenzverbot** (CHRIST, 262).

39 Eine **Verlustbeteiligung** des Darleihers steht der Qualifikation als partiarisches Darlehen nicht entgegen (vgl. N 43). Dabei können die Ansprüche auf Zins bzw. Gewinnbeteiligung als eigenständige Forderungen unabhängig von einer allfälligen Reduktion der Rückzahlungspflicht fortbestehen (vgl. ZK-HIGI, Art. 314 OR N 15; MAURENBRECHER, Diss., 115 f., 122 ff.) oder ihrerseits bedingt sein bzw. einer Verlustbeteiligung unterstehen.

Erforderlich ist dagegen, dass die Parteien ausdrücklich oder stillschweigend den Verwendungszweck des Darlehens vereinbaren (**Zweckbindung**, vgl. dazu N 18a). Dabei ist allerdings nicht erforderlich, dass ein bestimmtes Geschäft oder Projekt finanziert wird; es genügt, wenn das Fremdkapital für allgemeine Unternehmenszwecke eingesetzt wird. **39a**

Höchstzinsvorschriften (dazu Art. 313 N 9 ff.) sind auf die Gewinnbeteiligung beim partiarischen Darlehen nicht anwendbar (ZK-Higi, Vor Art. 312 OR N 22; BK-Weber, Vor Art. 312 OR N 38). Ausserhalb des Anwendungsbereichs des KKG kann das Entgelt im Rahmen der übrigen Schranken des allg. Vertragsrechts (insb. Art. 21) frei bestimmt werden. **40**

9. Anleihe

Die **Anleihe** ist ein in Teilbeträge aufgeteiltes Grossdarlehen auf einer einheitlichen Rechtsgrundlage (sog. **Anleihensbedingungen**), aufgrund derer der Emittent (Borger) mit einer Vielzahl von Anleihensgläubigern (Darleiher) selbständige Darlehensverträge abschliesst (BGE 113 II 288). Dabei werden die Zins- und Rückzahlungsverpflichtungen des Emittenten heutzutage i.d.R. als Bucheffekten (**Anleihensobligationen**, Art. 1156 ff.; auch **Obligationen** genannt) ausgestaltet, womit die Übertragung der Zins- und Rückzahlungsforderungen durch blosse Umbuchung erfolgt (vgl. Art. 24 BEG). Die entsprechenden Forderungen der **Obligationäre** unterstehen den Anleihensbedingungen, den Art. 1156 ff. und subsidiär den Darlehensvorschriften. Bei den in der Schweiz (ausser bei Banken) seltenen **Selbstemissionen** durch den **Emittenten** (Schuldner) wird der Darlehensvertrag direkt bei der ersten Ausgabe (sog. **Emission**) der Anleihe geschlossen. Bei der gebräuchlichen **Festübernahme** durch eine Bank mit anschliessender Platzierung im Publikum kommt der Darlehensvertrag zwischen dem Emittenten als Borger und dem Anleihensgläubiger als Darleiher indirekt über den Erwerb des durch die Bucheffekten repräsentierten Wertpapiers oder Wertrechts zustande. Der Festübernahme- oder **Anleihensvertrag** zwischen dem **Emittenten** und der Bank ist ein **gemischter Vertrag** mit Elementen des Darlehens und des Auftrages. Die Verpflichtung zur Übertragung des Anleihensbetrages an den Emittenten beruht auf Darlehen; die Verpflichtung zur Übernahme und Platzierung der Anleihe ist auftragsrechtlicher Natur (gl.M. Zobl/Kramer, 406; **a.M.** Daeniker, 42 ff., der die Festübernahme als gemischten Vertrag zwischen Kauf und Auftrag qualifiziert). Die Platzierung der Wertpapiere durch die Bank beim Obligationär ist ein Kaufvertrag (Meier-Hayoz/von der Crone, 291). **41**

Sonderformen von Anleihen sind Finanzierungsinstrumente, bei denen die Rückerstattung gemäss den Anleihensbedingungen nicht unbedingt in Geld, sondern je nachdem wahlweise oder zwingend in Bucheffekten, Wertpapieren oder anderen vertretbaren Sachen erfolgt (ZK-Higi, Vor Art. 312 OR N 68). Beispiele sind **Wandelanleihen**, bei denen der Gläubiger bei Ausübung des Wandelrechts statt Geld Aktien erhält (dazu Gugler, 25; BK-Weber, Nach Art. 318 OR N 452 ff.), sowie Zwangswandelanleihen (sog. Mandatory Convertible Securities), bei denen die Rückerstattung zwangsweise in Aktien erfolgt (dazu Maurenbrecher, recht 2003, 190). Dagegen sind sog. Aktienanleihen oder «Reverse Convertible Securities», bei denen der Anleger bei sinkendem Kurswert am Ende der Laufzeit statt des geleisteten Nominalbetrags Aktien oder andere Basiswerte erhält, strukturierte Produkte und damit Innominatkontrakte (vgl. auch Lombardini, 639). **41a**

Im Gegensatz zu Zwangswandelanleihen und Reserve Convertible Securities erhält der Gläubigeranleger bei **Optionsanleihen** bzw. entsprechenden Darlehen den Nominalbetrag in jedem Fall zurück. Als Gegenleistung für eine tiefere Verzinsung erhält er aber das Recht, während eines bestimmten Zeitraums zu einem bestimmten Kurs Aktien oder Partizipationsscheine des Emittenten zu erwerben (BK-Weber, Nach Art. 318 OR N 434). Auch bei den **Zero-Bonds**, die ohne Coupons unter dem Nominalbetrag ausgegeben, aber zu 100% des Nominalbetrags zurückgezahlt werden, liegt die Besonderheit in der Entschädigung des Anlegers. **41b**

41c Eine weitere Sonderform von Darlehen bzw. Anleihen sind **hybride Finanzinstrumente**. Dabei handelt es sich um den Art. 312 ff. unterfallende Fremdkapitalinstrumente, denen ökonomisch und teilweise unter den massgeblichen Erlassen wie der ERV (für Banken) und der AVO (für Versicherungen) aufsichtsrechtlich mittels spezieller vertraglicher Vorkehrungen Eigenkapitalcharakter verliehen wird (vgl. BÖCKLI, SZW 2012, 185). Dabei wird unterschieden zwischen «ewigen» Anleihen ohne Rückforderungsrecht, die als zusätzliches Kernkapital («Additional Tier 1») qualifizieren, und mindestens fünfjährigen Anleihen, die Ergänzungskapital («Tier 2») darstellen (vgl. Art. 27 ERV ff.). Insbesondere bei Grossbanken sind die Instrumente i.d.R. verlustabsorbierend, d.h. sie werden bei Unterschreiten bestimmter Eigenmittelschwellen automatisch in Aktienkapital gewandelt (sog. «Contingent Convertible Securities» oder «CoCos») oder durch Forderungsverzicht abgeschrieben (sog. «Write-down bonds»). Vgl. Zum Ganzen BÖCKLI, «CoCos, write-offs: Eigenkapitalschaffung mit dem Zauberstab», SZW 2012, 181 ff.; BÖSCH/HUYNH, 99 ff.

10. «Crowdlending»

41d «Crowdlending» ist eine Unterform des «Crowdfunding». Diese zeichnet sich dadurch aus, dass Kapitalsuchende ihre Projekte oder Finanzierungsbedürfnisse auf einer Internet-Plattform darstellen und (i.d.R. mehrere) Geldgeber sich an der Finanzierung des von ihnen ausgewählten Projekts beteiligen können (vgl. SCHNEUWLY, AJP 2014, 1610 f.). Die Betreiberin der Internet-Plattform handelt dabei als Kreditvermittlerin i.S. des KKG, die Darlehensgesuche von Benutzern überprüft und aufschaltet und die Gebote der Geldgeber entgegennimmt. Im Erfolgsfall kommt zwischen dem Kreditnehmer und jedem einzelnen Kreditgeber ein separater **Darlehensvertrag** zustande (SCHNEUWLY, AJP 2014, 1613 ff.). Dabei darf der Darleiher nicht gewerbsmässig i.S.v. Art. 2 KKG handeln (dazu CR LCC-FAVRE-BULLE, Art. 2 N 3 ff.), ansonsten es sich um einen Konsumkredit handelt. Da die Darlehenssumme aufgrund der öffentlichen Publikation des Finanzierungsgesuchs als Publikumseinlage gilt, darf ein Borger nach Art. 3a Abs. 2 BankV zu keinem Zeitpunkt mehr als 20 Darlehen bei «Crowdlenders» ausstehend haben (SCHNEUWLY, AJP 2014, 1621).

11. «Cash Pooling»

41e Unter «Cash Pooling» versteht man eine besondere Form der konzerninternen gegenseitigen Darlehensgewährung. Cash Pooling kommt in verschiedenen Ausgestaltungen vor; zwei Formen stehen im Vordergrund: Das sog. «Notional Cash Pooling», bei welchen die teilnehmenden Konzerngesellschaften je ein separates Konto bei der gleichen Bank unterhalten und die Bank sich verpflichtet, für Zwecke der Modalitäten (Saldoziehung, Zinskonditionen etc.) alle teilnehmenden Konten konsolidiert zu betrachten (vgl. dazu HGer ZH, 20.1.2014, HG 130015-O, E. IV.1; BLUM, Cash Pooling: gesellschaftsrechtliche Aspekte, AJP 2005, 705; JAGMETTI, 62). Beim Notional Cash Pooling findet unter den teilnehmenden Konzerngesellschaften keine Darlehensgewährung statt. Beim weitergehenden, sog. «Zero Balancing Cash Pooling» unterhalten die teilnehmenden Konzerngesellschaften ebenfalls mindestens je ein Konto bei derselben Bank, wobei eine Konzerngesellschaft, i.d.R. eine nichtschweizerische Finanzierungsgesellschaft, als Pool-Führerin fungiert, welche ein Konto unterhält, das ausschliesslich der Abwicklung des Cash Pools dient. Täglich werden positive Saldi der teilnehmenden Konzerngesellschaften auf das Konto der Pool-Führerin überwiesen und dort saldiert, wobei die Konti der Pool-Mitglieder täglich auf Null gestellt werden. Basis dieses «Zero Balancing Cash Poolings» ist i.d.R. ein Mehrparteienvertrag, mit welchem die Pool-Teilnehmer und die Pool-Führerin sich gegenseitig zur täglichen Darlehensgewährung verpflichten (ein anschauliches Beispiel findet sich im sog. Swisscargo-Entscheid des Bundesgerichtes [BGer, 16.10.2014, 4A_138/2014, E. A.b.]) sowie im Entscheid der Vorinstanz, dem Zürcher Handelsgericht (HGer ZH, 20.1.2014, HG 130015-O, E. IV.2). Die Problematik des Zero Balancing Cash Poolings ergibt sich aus den beiden vorerwähnten Entscheiden, insb. die Problematik der Einlagerückgewähr nach Art. 680 und der Sperrung der freien Reserven (Art. 671 und 675) (vgl. dazu N 64 f.) sowie die Frage, ob solche gegenseitigen Darlehen zu Marktbedingungen erfolgen (zum Ganzen BLUM, GesKR 2014, 467 ff.; BRAND, AJP 2015, 141 ff.; GLANZMANN/WOLF, GesKR 2014, 266 ff.). Der Pauschalaussage des BGer im Swisscargo-Entscheid, wonach es «bereits im Ansatz fragwürdig [ist], ob die Teilnahme an einem Cash Pool, bei der die Teilnehmerin – wie hier die Beschwerdegegnerin – über ihre Liquidität verfügt, als solche überhaupt einem Drittmannstest standhält», kann nicht gefolgt werden. Immerhin geht aus dem Entscheid des BGer hervor, dass der Drittmannstest aus zivilrechtlicher Sicht nur insowiet relevant, als dem Darlehen keine freien Reserven gegenüber stehen (separat zu beurteilen ist die steuerrechtliche Sicht, dazu BRAUCHLI ROHRER/HÜNERWALD, Cash Pooling im Konzern, GesKR 2010, 151 ff., 160 f.; BUCHSER, Liquiditätsbewirtschaftung im Cash Pool – aktuelle Hürden und Hindernisse im schweizerischen Privat- und Steuerrecht [Teil 2], StR 2011, 396 ff.; vgl. auch BGE 138 II 57 betr. ursprüngliche und nachträgliche Simulation von Darlehen aus steuerrechtlicher Sicht). U.E. darf dem allzu pauschal gehaltenen Satz des BGer nicht entnommen werden, dass ein «Zero Balancing Cash Pooling» in jedem Fall dem Drittmannstest nicht standhält (vgl. BGE 140 III 533 E. 4.5). Generell ist die Frage des Drittmannstests als Gesamtbeurteilung vorzunehmen (N 64). U.E. erfordert auch das «Zero Balancing Cash Poolling» generell weder die Bestellung von Sicherheiten, noch ist das Vorliegen separater Einzelverträge erforderlich. In Bezug auf die Vertragsgestaltung muss ein gut formulierter, genereller Mehrparteienrahmenvertrag (im Swisscargo-Fall «Reciprocal Framework Agreement» genannt) genügen, sofern die Gesamtbetrachtung stimmt (BLUM, GesKR 2014, 463 f.; GLANZMANN/WOLF, GesKR 2014, 267 f.; vgl. auch N 64 und 64a). Genügt ein «Zero Balancing Cash Pooling» dem Drittmannstest nicht, so muss nur in dem Umfang eine Reserve gebildet werden, insoweit die konkreten Darlehensbedingungen von den Drittbedingungen abweichen (so auch die Praxis des BGer zu den verdeckten Gewinnausschüttungen, vgl. BGE 138 II 60; **a.M.** BGer, 16.10.2014, 4A_138/2014, E. 4.2).

VI. Abgrenzungen

Das Darlehen und die den Darlehensvorschriften unterstehenden Verträge sind abzugrenzen **42**
gegenüber folgenden Verträgen (für die Abgrenzung zur unregelmässigen Hinterlegung vgl. N 34).

1. Einfache Gesellschaft

Die einfache, insb. die **stille Gesellschaft** unterscheidet sich vom **(partiarischen) Darlehen** **43**
hauptsächlich durch den **Vertragszweck**, insb. den Willen, gemeinsam einen Zweck zu verfolgen, der beim partiarischen Darlehen fehlt (BGE 99 II 303 = Pra 1974, 98; vgl. auch KGer GR, 7.7.2007, ZF 0750, E. 5a, betr. Investition eines Konkubinatspartners in den Hauskauf des anderen). Dieser Wille ergibt sich aus dem Vertragsinhalt, bei dessen Auslegung auf die Gesamtheit der Umstände sowie die tatsächliche Handhabung während der Vertragsdauer abzustellen ist. Dabei ist nach zutreffender (vgl. N 11, 39) h.M. eine Verlustbeteiligung des Geldgebers nur ein Indiz (BGE 99 II 303 = Pra 1974, 98; BGer, 11.3.2011, 4A_509/2010, E. 5.2; ZK-HIGI, Vor Art. 312 OR N 59 ff.; HUGUENIN, OR AT/BT, Rz 3065; MEIER-HAYOZ/FORSTMOSER, § 15 Rz 1 ff.; BK-WEBER, Vor Art. 312 OR N 78). Nach **a.M.** dagegen führt die Beteiligung am Verlust zwingend zur Annahme einer einfachen (meistens stillen) Gesellschaft (SJ 1954, 537; ZBJV 1963, 151 f.; FURRER, 136 ff.; GUERY, 73; HIRSCH, SAG 1974, 130; TERCIER/FAVRE, Rz 3011). Ob dagegen eine Gesellschaft ohne Verlustbeteiligung möglich ist (so z.B. VON STEIGER, Die Personengesellschaften, Schweizerisches Privatrecht [SPR] Bd. VIII/1, Basel 1976, 388), ist für die Frage der Abgrenzung zwischen einfacher Gesellschaft und partiarischem Darlehen unerheblich (vgl. CHRIST, 234 f., 260 ff.). Ein starkes Indiz für eine Gesellschaft sind vereinbarte (oder ausgeübte, vgl. ZBJV 1952, 496; SJZ 1958, 43) **Mitsprache- und Kontrollrechte** des Geldgebers, die über eine gewöhnliche Kontrolle, wel-

che auch beim Darlehen üblich ist (N 38), hinausgehen (BGer, 11.3.2011, 4A_509/2010, E. 5.2; CR CO I-BOVET/RICHA, N 6).

2. Vorschuss

44 Der **Vorschuss** ist kein Darlehen. Die Leistung eines Vorschusses erfolgt im Hinblick auf eine später entstehende oder bereits bestehende, aber erst später fällig werdende Schuld (vgl. BGE 129 III 118). Eine Rückforderung ist nur aufgrund der Regeln über die **ungerechtfertigte Bereicherung**, nicht aber gestützt auf Art. 312 möglich (ZK-HIGI, Vor Art. 312 OR N 71 f.; vgl. aber BGE 126 III 119 E. 3). Zur Abgrenzung von Darlehen und **Lohnvorschuss** vgl. RFJ 2008, 189 ff.; BK-REHBINDER/STÖCKLI, Art. 323 OR N 30.

3. Stundung und Novation

45 **Stundung** ist das Hinausschieben einer (fälligen oder noch nicht fälligen) Forderung (BK-WEBER, Art. 75 OR N 99). Damit wird kein Darlehen begründet. Vielmehr bleibt die ursprüngliche Schuld bzw. Forderung mit allen Nebenrechten und Einreden bestehen, auch wenn die Parteien zusammen mit der Stundung z.B. eine Verzinsung und die ratenweise Rückzahlung der Forderung vereinbaren (Art. 116 Abs. 1). Allerdings sind auf die Stundung ggf. die Bestimmungen des KKG anwendbar (HAUSHEER, 60 f.; ZK-HIGI, Vor Art. 312 OR N 77).

46 Dagegen ist bei entsprechender Vereinbarung **Neuerung** bzw. **Umwandlung** einer bestehenden Forderung in eine Darlehensforderung möglich (BGE 51 II 306; 107 II 479; ZBJV 1975, 302; unklar BGE 131 III 268 E. 4.2 = Pra 2006, 242). In diesen Fällen spricht man von einem **Vereinbarungsdarlehen** (dazu BGer, 12.10.2011, 4A_346/2011, E. 4.2; CHRIST, 240; MAURENBRECHER, Diss., 53 f.). Ein Sonderfall des Vereinbarungsdarlehens ist die Verbriefung eines bestehenden Darlehens in einem Schuldbrief (Art. 855 Abs. 1 ZGB; BGE 119 III 105; BGer, 5.8.2009, 5A_303/2009, E. 3.3).

4. Schenkung

46a Sowohl bei der Schenkung wie auch beim Darlehen wird Eigentum übertragen (EITEL, successio 2013, 204). Der Unterschied besteht darin, dass beim Darlehen eine **Rückerstattungspflicht** besteht. Dabei kann nur bedingt auf die Causa der Hingabe (*causa credendi* beim Darlehen und *causa donandi* bei der Schenkung) abgestellt werden (vgl. aber CHRIST, 233). So hat das BGer festgehalten, dass sich zinslose Darlehen mit Laufzeiten von zehn und mehr Jahren von ihrer Funktion her einer Schenkung annähern und denn auch unter vergleichbaren Umständen und aus vergleichbaren Motiven vereinbart werden (BGE 128 III 431). Entscheidend muss vielmehr sein, ob der Geber dem Empfänger letztlich nur die Nutzung des Geldes für eine (möglicherweise sehr lange) Zeit ermöglichen wollte oder ihm das Geld ganz schenken wollte.

46b Ob eine Rückerstattungspflicht besteht oder nicht, bestimmt sich nach dem übereinstimmenden Willen der Parteien beim Vertragsschluss (ZK-HIGI, Vor Art. 312 OR N 48). Dabei kann unter Umständen (Übergabe eines erheblichen Betrags ohne gewichtigen Grund, insb. ohne verwandschaftliche oder besondere freundschaftliche Beziehung) in der blossen Tatsache des Empfangs einer erheblichen Summe Geld ein ausreichendes Indiz für das Bestehen eines Darlehensvertrags und damit für die Rückerstattungspflicht liegen (BGer, 15.3.2011, 4A.592/2010, E. 3.2 ff.). Allerdings führt auch der Erhalt einer solchen Summe nicht zu einer Vermutung, die die Beweislast umverteilen würde (BGE 83 II 210 = Pra 1957, 268; CHRIST, 233). Vielmehr muss der das Darlehen behauptende Kläger den Richter unverändert davon überzeugen, dass sich die Übergabe des Geldes vernünftigerweise nicht anders erklären lässt, als durch das Vorliegen eines Darlehens (vgl. BGE 23 686; s. N 11b).

5. Kauf

Die Abgrenzung zum Kauf ist von Bedeutung, wenn dem Empfänger (Borger) kein Geld, sondern Waren oder Wertpapiere übergeben werden. Ein Darlehen liegt vor, wenn dem Borger die **Nutzung des Wertes der Waren** auf Zeit verschafft werden soll bzw. eine Rückerstattungspflicht vereinbart ist (z.B. beim Securities Lending, vgl. N 31). Kauf liegt vor, wenn sich der Verkäufer den **Geldwert der Ware** verschaffen, also diese veräussern will. Die Sondervorschrift von Art. 317 ist in diesem Zusammenhang verwirrend; sie regelt nämlich nur die Frage nach der Höhe des Darlehens, wenn statt Geld Wertpapiere oder Waren hingegeben wurden, aber Rückzahlung in Geld vereinbart ist (vgl. Art. 317 N 1 ff.). **47**

6. Factoring

Der Factoringvertrag tritt in der Praxis in verschiedenen Formen auf (vgl. CHK-JENNI, Vor Art. 184 ff. OR [Factoring] N 7 ff.). So wird insb. unterschieden zwischen echtem und unechtem Factoring. Bei **unechtem Factoring** ist der Factor berechtigt bei Nichterfüllung der zedierten Forderung seine Leistung zurückzufordern, weshalb hierauf u.a. das Darlehensrecht Anwendung findet (vgl. Einl. vor Art. 184 ff. N 96; BGer, 5.10.1993, NZZ 5.10.1993). Anders hingegen beim **echten Factoring**, wo kein solches Rückforderungsrecht vorliegt. Rechtlich ist echtes Factoring ein Forderungskauf und kein Darlehen mit Sicherungszession, weil die Forderungen des Factors endgültig übergegangen sind (vgl. ERNI, 52; FÄSSLER, Rz 220; ZOBL, FS Druey, 291; BK-ZOBL/THURNHERR, Syst. Teil Vor Art. 884 ZGB N 1544). Vorbehältlich anderer Abrede (Art. 171 Abs. 2) trifft den Faktor deshalb das Ausfallrisiko der Kunden (sog. **Delkredererisiko**; KRAMER, 293 f.). Trägt der Erwerber das Ausfallrisiko der übertragenen Forderungen, sind deshalb auch **Verbriefungen** kein gesichertes Darlehen, sondern ein Forderungskauf (vgl. auch BÜRGI/MOSKRIC, Securitisation, 179). **47a**

7. Kreditkartenvertrag

Der **Kreditkartenvertrag** ist nach h.L. ein Innominatvertrag sui generis mit Elementen der qualifizierten Anweisung, des Auftrags, des Kontokorrents und oft des Kreditvertrags (ARTER/JÖRG, AJP 2004, 426 ff.; BK-WEBER, Nach Art. 318 OR N 17 ff.). Die gewöhnliche (einfache) Kreditkarte ist blosses Zahlungsmittel ohne Kreditcharakter. Ihr Vorteil besteht für den Karteninhaber lediglich darin, dass die Vertragsunternehmen die Karte als **Zahlungsmittel** akzeptieren. Allerdings enthalten Kredit- und Kundenkartenverträge häufig Kreditklauseln, die es dem Karteninhaber erlauben, die erfolgte Belastung seines Kontos nicht sofort, sondern gegen Verzinsung später oder in Raten zu bezahlen. Diese Zusatzabrede ist ein dem Krediteröffnungsvertrag ähnliches Kreditverhältnis, wobei der darunter in Anspruch genommene Betrag als Darlehen zu qualifizieren ist (GIGER, 189; **a.M.** KUKO OR-SCHWAIBOLD, N 14). Hat der Konsument die Möglichkeit zur Ratenzahlung des Saldos, ohne zur Leistung banküblicher Sicherheiten gehalten zu sein, unterfällt der Kreditkartenvertrag zwischen dem Kartenherausgeber und dem Kunden nach Art. 1 Abs. 2 KKG grundsätzlich dem KKG (vgl. N 4, 30 f.), wobei Besonderheiten für die Schriftlichkeit (Art. 12 KKG) und die Kreditfähigkeitsprüfung (Art. 30 KKG) gelten (dazu allgemein KÜNG, 92 ff.). **48**

8. Erbvorbezug

Die Überlassung einer Geldsumme durch den Erblasser an einen künftigen Erben kann je nach Ausgestaltung Erbvorbezug oder Darlehen sein, je nachdem, ob eine – nach allgemeinen Regeln vom Ansprecher zu beweisende (N 11b) – **Rückerstattungspflicht** vereinbart ist. So charakterisiert sich der Erbvorbezug im Gegensatz zum Darlehen durch ein endgültiges Zurverfügungstellen der entsprechenden Gegenstände (BK-WEBER, Vor Art. 312 OR N 90). **49**

Praktisch relevant ist die Abgrenzung zwischen Darlehen und Erbvorbezug vor allem für die Frage, wer die Folgen bei Zahlungsunfähigkeit oder Wertminderung trägt. Denn ein Darlehen stellt ein Aktivum des **Nachlasses** dar. Nach Art. 614 ZGB hat der Schuldner-Erbe das Darlehen auf seinen **Erbanteil** zu übernehmen; d.h. er trägt die Folgen seiner eventuellen eigenen Zahlungsunfähigkeit selber. Und wird eine Sache oder eine Sachgesamtheit (z.B. ein Aktienpaket oder ein Geschäft) als Erbvorbezug übergeben, statt sie zu verkaufen und den Kaufpreis in ein Darlehen umzuwandeln, treffen allfällige Wertveränderungen zwischen Vorbezugs- und Todestag den Nachlass (GRÜNINGER, Erbvorbezug, Schenkung und Ausgleich, ST 2008, 1046).

9. Auftrag

49a Beim **Auftrag** erfolgt die Verwendung der Valuta nicht im Interesse und auf Rechnung des Empfängers (Borgers), sondern im Interesse und auf Rechnung des Geldgebers (BGE 89 II 412; BK-WEBER, Vor Art. 312 OR N 64). Dementsprechend trifft den Beauftragten nicht eine Rückerstattungs-, sondern eine Ablieferungspflicht. Auftrag ist insb. das Verhältnis von Fiduziant und Fiduziar beim **Treuhanddarlehen** (N 25), nicht aber z.B. der Beitrag eines Ehegatten an gemeinsame Investitionen, der mangels Nachweises von Darlehen oder Schenkung rein güterrechtlich zu behandeln ist (BGE 109 II 94).

10. Kontokorrent

49b Im Gegensatz zum Kontokorrentkredit im Rahmen eines Krediteröffnungsvertrags (N 29) und zum Guthaben auf Spar- und ähnlichen Konti (N 34) stellt das **gewöhnliche (Bank-)Kontokorrent** kein Darlehen dar (vgl. auch ZK-HIGI, Vor Art. 312 OR N 78, 87). Zum einen liegt es in der Natur des Kontokorrents, dass zumindest theoretisch dieselbe Partei abwechselnd Gläubiger und Schuldner sein kann (KUKO OR-SCHWAIBOLD, N 12). Zum anderen fehlt es am Willen des Gläubigers, dem Schuldner den Wertgebrauch auf Zeit zu überlassen.

11. Swap-Verträge

49c Bei **Swaps** in der Form von Zins- und/oder Währungsswaps werden zwar ökonomisch ganz oder teilweise die Zahlungsströme von zwei Darlehen mit unterschiedlicher Zinsberechnung bzw. Währung während einer bestimmten Vertragsdauer getauscht. Rechtlich handelt es sich aber um einen Innominatkontrakt (vgl. BGer, 28.5.2009, 5A_420/2008, E. 4 f.; ZR 2008, 123; WEBER, Swap–Geschäfte, 310 ff.; ZOBL/KRAMER, Rz 585).

12. Kollektive Kapitalanlagen

49d Gemäss Art. 7 KAG sind kollektive Kapitalanlagen Vermögen, die von Anlegerinnen und Anlegern zur gemeinschaftlichen Kapitalanlage aufgebracht und für deren Rechnung verwaltet werden. Der vertragliche Anlagefonds basiert auf einem Kollektivanlagevertrag zwischen der Fondsleitung und dem Anleger (Art. 25 Abs. 1 KAG). Die Fondsleitung nimmt am Vertrag teil (Art. 25 Abs. 2 KAG). Der Kollektivanlagenvertrag stellt einen Vertrag sui generis mit Elementen des Auftrags- und Hinterlegungsrechts dar. Dabei ist der individuelle Anteil eines Anlegers eine Risikoanlage (BSK KAG-BÜNZLI/WINZELER, Art. 25 N 8). Dementsprechend hat der Anleger beim Anlagefonds **kein Recht auf Rückzahlung** von Sachen der nämlichen Art in gleicher Menge und Güte (Art. 312). Die Rentabilität der Investition des Anlegers ist variabel und vorwiegend vom Geschick der Fondsleitung, die die Mittel im Rahmen des Anlagereglements frei alloziieren kann, abhängig. Entsprechend unterliegt die Investition in einen Anlagefonds primär dem **Marktrisiko** (vgl. BGer, 5.11.2010, 2C_571/2009, E. 2.4). Dagegen steht dem Darleiher ein Rückforderungsrecht zu. Ob der Darleiher die Darlehensvaluta zurückerstattet erhält, hängt in erster Linie vom Ausfallrisiko des Borgers ab. Falls die Tätigkeit des Borgers auf eine bestimmte Investition beschränkt ist (z.B. eine einzelne Immobilie) trägt der Darleiher nur subsidiär ein Investitionsrisiko (nicht aber ein eigentliches Marktrisiko). Sein primäres Risiko bleibt aber das Kreditrisiko des Borgers.

VII. IPR

Nach Art. 117 Abs. 3 lit. b IPRG unterstehen der Darlehensvertrag und der Kreditvertrag – egal ob entgeltlich oder nicht – grundsätzlich dem Recht des Staates, in dem der Darleiher bzw. der Kreditgeber zum Zeitpunkt des Vertragsschlusses seinen gewöhnlichen **Aufenthalt** oder seine (kreditgewährende) **Niederlassung** hat (vgl. BGE 128 III 298; BSK IPRG-AMSTUTZ/VOGT/WANG, Art. 117 N 30 m.w.H.; **a.M.** ZK-HIGI, Vor Art. 312 OR N 136; BK-WEBER, Vor Art. 312 OR N 100, die an den [Wohn-]Sitz anknüpfen wollen). Das gilt auch bei besicherten Darlehen, bei denen allerdings die Sicherheiten und die zugrunde liegenden **Sicherheitenverträge** separat angeknüpft werden (vgl. auch ZK-HIGI, Vor Art. 312 OR N 138 m.w.H.; BK-WEBER, Vor Art. 312 OR N 101; VISCHER/HUBER/OSER, 211 f.). Abweichend sollte allerdings bei Darlehen an Banken und bei Sparkassenverträgen auf das Recht an der Niederlassung der Bank abgestellt werden (vgl. ZK-HIGI, Vor Art. 312 ff. OR N 142; VISCHER/HUBER/OSER, 211). Private und öffentliche Anleihen unterstehen dem Recht am Ort der Emission (Art. 156 IPRG). Eine **Rechtswahl** ist zulässig. Nach Art. 116 IPRG muss das gewählte Recht keine (z.B. räumliche) Beziehung zum Vertrag haben. Somit ist auch die Wahl eines neutralen Rechts zulässig. **50**

Dagegen ist bei Darlehensverträgen mit **Konsumenten** nach Art. 120 Abs. 2 IPRG die **Rechtswahl** grundsätzlich **ausgeschlossen** (CR LCC-FAVRE-BULLE, Vor Art. 1 N 43 f.). In den drei in Art. 120 Abs. 1 lit. a–c IPRG genannten Fällen unterstehen diese Verträge zwingend dem Recht am gewöhnlichen Aufenthalt des Konsumenten bei Vertragsschluss. **51**

Als **Konsumentenverträge** gelten nicht nur unter das KKG fallende Konsumkredite (BSK IPRG-BRUNNER, Art. 120 N 26), sondern gem. Art. 120 Abs. 1 IPRG jeder Darlehensvertrag, bei dem die Darlehenssumme für den üblichen persönlichen oder familiären Gebrauch des Borgers bestimmt ist und nicht im Zusammenhang mit dessen beruflicher oder gewerblicher Tätigkeit steht (VISCHER/HUBER/OSER, 212; BK-WEBER, Vor Art. 312 OR N 108 ff.). Auch wenn der Begriff des Konsumentenvertrages nach Art. 120 Abs. 1 IPRG über den Begriff des Konsumkredits nach KKG hinausgeht, so kann Letzteres doch als Auslegungshilfe für die Beurteilung, was unter «üblichen Gebrauch» zu verstehen ist, beigezogen werden. Keine Konsumentenverträge i.S.v. Art. 120 Abs. 1 IPRG sind deshalb Darlehen, die unentgeltlich sind oder den Wert von CHF 80 000 nicht übersteigen. Dasselbe gilt i.d.R. für Darlehen, deren Gegenstand nicht Geld, sondern vertretbare Sachen sind (ZK-HIGI, Vor Art. 312 OR N 141; BK-WEBER, Vor Art. 312 OR N 111). **52**

Nach dem Grundsatz der einheitlichen **Anknüpfung** (BGE 78 II 74) untersteht der ganze Darlehensvertrag dem gewählten oder objektiv angeknüpften Recht. Dies gilt insb. auch für die Rückerstattungs- und Zinszahlungspflicht sowie deren Modalitäten (z.B. Zinsberechnung; vgl. Art. 314 N 6). Vorbehalten bleiben allfällige **Höchstzinsvorschriften** (vgl. Art. 313 N 9 ff.). Da Rangrücktritt und Nachrangigkeit (N 15 ff.) schuldrechtlicher Natur sind (BÖCKLI, Rangrücktritt, 342), unterstehen auch diese dem Schuldstatut. **53**

Ausnahmen vom Grundsatz der einheitlichen Anknüpfung ergeben sich aus dem IPRG: So ist die **Form** auch eingehalten, wenn sie dem Recht mindestens eines Ortes entspricht, wo sich eine der Parteien im Zeitpunkt des Vertragsabschlusses aufgehalten hat (Art. 124 Abs. 1, 2 IPRG). Vorbehalten bleiben die Fälle, in denen das **Vertragsstatut** (also das gewählte oder nach objektiver Anknüpfung anwendbare Recht) das Formerfordernis zum Schutz einer Partei aufstellt. In diesem Fall muss die Form nach dem Vertragsstatut eingehalten sein, ausser dieses akzeptiere für die Formfrage eine Weiter- oder Rückverweisung (Art. 124 Abs. 3 IPRG). Auf Prüfungs- und Rügemodalitäten kommt das Recht am Ort, an dem sie tatsächlich erfol- **54** gen, zur Anwendung (Art. 125 IPRG), und für die Stellvertretung ist eine separate Anknüpfung gem. Art. 126 IPRG möglich (BK-WEBER, Vor Art. 312 OR N 102).

55 Bei **Naturaldarlehen** unterstehen die **Prüfungs- und Rügemodalitäten** dem Recht am Ort, wo diese Handlungen tatsächlich erfolgen (Art. 125 IPRG).

56 Schliesslich kann sich auch beim Darlehensvertrag die Partei, die auf einen **Antrag** schweigt, für die Wirkungen des **Schweigens** auf das Recht am Ort ihres gewöhnlichen Aufenthaltes berufen (Art. 123 IPRG).

57 Die Frage, **welche Währung geschuldet** ist, betrifft das Quantitativ der Schuld und untersteht nach Art. 147 Abs. 2 IPRG dem auf den Vertrag anwendbaren Recht (**Vertragsstatut**; vgl. BSK IPRG-DASSER, Art. 147 N 8). Untersteht der Darlehensvertrag Schweizer Recht, kommt somit Art. 84 zur Anwendung (vgl. N 19 ff.).

58 Gemäss Art. 147 Abs. 3 IPRG richtet sich die Frage, in **welcher Währung zu zahlen** ist, nach dem Recht am **Zahlungsort (Zahlungsstatut)** (Botschaft IPRG, BBl 1983 I 263, 436). Gemeint ist der Ort, an dem zu zahlen ist, nicht, wo tatsächlich bezahlt wird. Der Zahlungsort entspricht nach Art. 74 Abs. 2 Ziff. 1 bei Geldschulden dem Ort, an dem der Gläubiger zum Zeitpunkt der Erfüllung Wohnsitz hat. Art. 147 Abs. 3 IPRG ist kein Anwendungsfall besonderer Erfüllungsmodalitäten (Art. 125 IPRG), sondern regelt ein währungsrechtliches Problem. Der Zahlungsort selber bestimmt sich nach dem Vertragsstatut (KLEINER, 66 f.; IPRG-Kommentar-VISCHER, Art. 147 N 16). Die **Alternativermächtigung** gem. Art. 84 Abs. 2 gilt somit (unabhängig vom Vertragsstatut) immer dann, wenn der Zahlungsort in der Schweiz ist (BK-WEBER, Art. 84 N 294 ff.). Das Recht des Schuldners auf Umwandlung stellt eine Zahlungsmodalität dar, die dem Recht am schweizerischen Zahlungsort untersteht (VISCHER, Probleme, 430).

59 Ohne **Effektivklausel** und sofern die vereinbarte Währung am **Zahlungsort** (also am **Erfüllungsort**) keinen gesetzlichen Kurs hat, können somit beide Parteien in Schweizer Franken leisten. Auch die Anforderungen an die **Effektivklausel** unterstehen dem Vertragsstatut. Nach schweizerischem Recht ergibt sich z.B. der Ausschluss der Ermächtigung zur Umwandlung bei einem **Eurodollar-Devisengeschäft** aus der Natur dieses Geschäfts. Der Anspruch des Gläubigers geht nämlich bei diesen Geschäften ausschliesslich auf Verschaffung eines Guthabens bei einer Bank im Währungsgebiet; Geldzahlungsmittel (z.B. Checks) sind ausgeschlossen (VISCHER, Währungsrecht, Rz 334). Zu beachten gilt es aber, dass es sich nach einem Teil der Lehre bei solchen Schulden um keine **Geldsummenschulden**, sondern um blosse Verschaffungspflichten handelt (N 22).

60 In Art. 147 Abs. 1 IPRG geht der Gesetzgeber zu Recht davon aus, dass sich die Parteien eines Fremdwährungsdarlehens mit der Vereinbarung einer **Effektivklausel** für die Frage, was unter der vereinbarten Währung zu verstehen ist, dem Recht des Staates der gewählten Währung unterstellen (**Währungsstatut**; vgl. BGE 51 II 303; 54 II 314; 57 II 596). Das BGer hat dies so ausgedrückt, dass die Parteien bei Fremdwährungsschulden bezüglich des Währungsrechts auf das Recht des betreffenden Staates als lex contractus insoweit abstellen wollten, «als sich darnach bestimmen soll, was begrifflich unter dem Leistungsgegenstand zu verstehen sei» (BGE 54 II 314 E. 3).

61 Bei unter Schweizer Recht stehenden Darlehen ohne Währungsvereinbarung sind Schweizer Franken geschuldet. Das **Währungsstatut** ist somit Schweizer Recht. Das Währungsstatut regelt insb., ob es sich bei Geldschulden um Geldsummenschulden handelt (Art. 84) oder nicht (BK-WEBER, Vor Art. 312 OR N 105). Weiter bestimmt es die Wirkungen von **Ab- und Aufwertungen**. Nach BGer kommt aber im Falle der Aufwertung das Währungsstatut nur dann zur Anwendung, wenn dies zu einem gerechten Resultat führt. Das Vertragsstatut – das Schweizer Recht gestützt auf Art. 2 ZGB (**clausula rebus sic stantibus**; **a.A.** das BGer, vgl. dazu N 21) – greift allenfalls korrigierend ein (BGE 57 II 368).

Ob ausländische Devisen- und andere Massnahmen ausserhalb des anwendbaren Rechts zu beachten sind, bestimmt sich nach Art. 19 IPRG. Danach kann der Richter solche **Eingriffsnormen** berücksichtigen, wenn schützenswerte und offensichtlich überwiegende Interessen einer Partei es gebieten und der Sachverhalt mit jenem Recht einen engen Zusammenhang aufweist (vgl. VISCHER, Probleme, 437 ff.), was in der Praxis bis anhin verneint wurde (N 21). **62**

VIII. IZPR

Sofern der Beklagte Wohnsitz in einem Vertragsstaat hat oder der Erfüllungsort des Darlehensvertrags in einem Vertragsstaat liegt, kommt gem. Art. 1 Abs. 2 IPRG **primär das LugÜ zur Anwendung** (vgl. BSK IPRG-SCHNYDER/GROLIMUND, Art. 1 N 16, 34 ff.). Nach dem LugÜ ist für Streitigkeiten aus dem Darlehensvertrag zum einen das Gericht am Wohnsitz des Beklagten zuständig (Art. 2 LugÜ) und zum anderen (alternativ) das Gericht am Erfüllungsort des Darlehensvertrags (Art. 5 Ziff. 1 LugÜ). Falls kein Erfüllungsort vertraglich vereinbart wurde und kein Fall von Art. 5 Ziff. 1 lit. b LugÜ (Kaufvertrag über bewegliche Sachen und Dienstleistungsvertrag) vorliegt, bestimmt sich der Erfüllungsort nach demjenigen materiellen Recht, das gestützt auf die anwendbaren Kollisionsnormen auf die Hauptsache anwendbar ist (BK-WEBER, Vor Art. 312 OR N 114; vgl. zur Bestimmung des Erfüllungsorts nach Schweizer Recht BK-WEBER, Art. 74 OR N 82). Ist das LugÜ nicht anwendbar, so kommt subsidiär das IPRG zur Anwendung. Nach Art. 112 IPRG ist für Klagen aus Darlehen das Gericht am Wohnsitz resp. Sitz des Beklagten zuständig. Subsidiär, d.h. wenn Art. 112 IPRG mangels (Wohn-)Sitz in der Schweiz nicht zur Anwendung kommt, liegt der Gerichtsstand nach Art. 113 IPRG am Erfüllungsort, sofern sich dieser in der Schweiz befindet (ZK-HIGI, Vor Art. 312 OR N 152). Umstritten ist, ob sich der Erfüllungsort nach der *lex fori* oder *lex causae* bestimmt (vgl. zum Meinungsstreit BSK IPRG-AMSTUTZ/WANG/GOHARI, Art. 113 N 13 m.w.H.). Die Parteien haben sowohl im Anwendungsbereich des LugÜ als auch des IPRG die Möglichkeit Gerichtsstandsvereinbarungen abzuschliessen (Art. 23 LugÜ und Art. 5 IPRG). **62a**

Besonders zu behandeln sind **Konsumentendarlehen**. Ob ein solches vorliegt, bestimmt sich – im Anwendungsbereich des LugÜ – nach Art. 15 LugÜ, der vertragsautonom ausgelegt wird (BK-WEBER, Vor Art. 312 OR N 116). Im Anwendungsbereich des IPRG müssen die Voraussetzungen von Art. 120 IPRG erfüllt sein. Liegt ein Konsumentendarlehen vor, so kann der Borger seine Klage entweder an seinem eigenen Wohnsitz oder am Sitz des Darleihers geltend machen (Art. 16 Ziff. 1 LugÜ und Art. 114 Abs. 1 IPRG). Der Darleiher hingegen kann – vorbehältlich der Einlassung nach Art. 24 LugÜ oder Art. 6 IPRG – nur am Wohnsitz des Borgers klagen (Art. 16 Ziff. 2 LugÜ und Art. 112 IPRG). Zu beachten ist weiter, dass im Bereich der Konsumentendarlehen Gerichtsstandvereinbarungen erst nach Entstehung der Streitigkeit abgeschlossen werden können (Art. 17 Ziff. 1 LugÜ und Art. 114 Abs. 2 IPRG). **62b**

IX. Sonderfragen

1. Besondere Kategorien von Vertragsbeteiligten

Beschränkt ist die Darlehensgewährung zwischen einer **Vorsorgeeinrichtung** i.S. des BVG und dem **Arbeitgeber**. Nach Art. 57 Abs. 2 BVV 2 dürfen ungesicherte Anlagen beim Arbeitgeber 5 % des Vermögens der Vorsorgeeinrichtung nicht übersteigen. **63**

Eingeschränkt ist sodann auch die Darlehensgewährung der AG an ihre **Aktionäre**. Darlehen der AG an ihre Aktionäre sind nur unter Beachtung des Verbots der **Einlagerückgewähr** (Art. 680 Abs. 2; TERCIER/FAVRE, Rz 2992) zulässig. Wann das Verbot der Einlagerückgewähr verletzt ist, ist umstritten (vgl. BSK OR II-KURER/KURER, Art. 680 N 22 m.Nw.; REUTTER/BAZZI, 222 ff.; WEBER/HÄUSERMANN, 17 f.). Art. 680 Abs. 2 ist u.E. verletzt bei Darlehen der AG an einen Aktionär, die nur durch das **Nennkapital** (das nominale **Aktien-** und **PS-Ka-** **64**

pital) und die nach Art. 671 Abs. 3, 671a und 671b geschützten Reserven gedeckt sind und bei denen entweder eine ernsthafte Rückzahlungsabsicht nie bestand (fiktive Darlehen) oder der Aktionär von Anfang an dazu nicht in der Lage war (gl.M. FRIZ, GesKR 2006, 328; JAGMETTI, 182 f.; BSK OR II-KURER/KURER, a.a.O.; **a.A.** CR CO I-BOVET/RICHA, N 12). Die umstrittene Frage, ob das Agio (der bei der Ausgabe von Aktien über den Nennwert hinaus in die AG einbezahlte Betrag; vgl. Art. 624 sowie 671 Abs. 2 Ziff. 1) dem Verbot der Einlagerückgewähr unterliegt (so v.a. BÖCKLI, Aktienrecht, § 12 Rz 520), hat das BGer im sog. Swisscargo-Entscheid (BGer, 16.10.2014, 4A_138/2014, E. 6.2.2) gestützt auf die Mehrheitsmeinung klar verneint (vgl. BRAND, AJP 2015, 141). Ein Verstoss gegen das Verbot der Einlagerückgewähr führt zur **Nichtigkeit** der Transaktion (BSK OR II-KURER/KURER, Art. 680 N 25 ff. m.Nw.). Als Folge lebt die **Einzahlungsverpflichtung** des Borger-Aktionärs wieder auf (BGE 109 II 129 E. 2). Dieser muss also das erhaltene Darlehen aufgrund von Art. 624 i.V.m. Art. 680 ganz oder teilweise wieder zurückzahlen (vgl. BOCHUD, 98 ff. m.Nw.; BÖCKLI, Sondervermögen, 527 ff.). Dagegen ist nach u.E. zutreffender Auffassung (GLANZMANN, Darlehensvertrag, 63 ff.) das aktienrechtliche **Entliberierungsverbot** jedenfalls bei verzinslichen Darlehen nur im Falle eigentlicher kreditfinanzierter Scheineinzahlungen verletzt (**a.M.** BGE 65 I 147; BGer, 9.5.2008, 6B_54/2008, E. 6.4; BÖCKLI, Sondervermögen, 538; vgl. auch BGE 102 II 353). Weitere Problembereiche bei Darlehen zwischen AG und Aktionär sind: **Doppelvertretungs**- und Steuerfragen sowie Fragen der verdeckten Gewinnausschüttung, die Frage nach der **Simulation** der Rückerstattungspflicht, die **Verantwortlichkeit** der Verwaltung im Rahmen der Darlehensgewährung (insb. bei Entzug betriebsnotwendiger Liquidität, fehlender Prüfung der Bonität des Aktionär-Borgers, nicht marktgerechten Konditionen sowie bei **Klumpenrisiken**, vgl. BGE 113 II 52; BÖCKLI, Aktienrecht, § 12 Rz 544 f.; CR CO I-BOVET/RICHA, N 12) und der Bewirtschaftung (z.B. vorzeitige Kündigung) sowie damit verbundene strafrechtlichen Risiken, namentlich mit Blick auf eine mögliche ungetreue Geschäftsführung (Art. 158 StGB) bzw. Misswirtschaft (Art. 165 StGB; vgl. BOCHUD, passim; GLANZMANN, Darlehensvertrag, passim).

64a Ähnliche Probleme wie beim Darlehen an den Aktionär stellen sich auch bei (sonstigen) **konzerninternen Darlehen** (GLANZMANN, Darlehensvertrag, 66 ff., 101 ff., 152 ff., 179 ff.). Der Swisscargo-Entscheid des Bundesgerichts (BGer, 16.10.2014, 4A_138/2014) sowie der Entscheid des Zürcher Handelsgerichts als Vorinstanz (HGer ZH, 24.1.2014, 130015-O) geben Einblick in die Realität der konzerninternen Darlehen, klären einige Fragen, schaffen aber in wichtigen Fragen Rechtsunsicherheit (vgl. die ausführliche Kommentierung und Kritik zu diesen Entscheiden bei BLUM, GesKR 2014, 467 ff.; BRAND, AJP 2015, 140 ff.; GLANZMANN/WOLF, GesKR 2014, 264 ff.). Gemäss BGer sind konzerninterne Darlehen der Tochtergesellschaft an die Mutter- bzw. Schwestergesellschaft zulässig, dürfen aber bei der Berechnung der ausschüttbaren Mittel des Darleihers i.S.v. Art. 671 ff. und 675 Abs. 2 nur insoweit als Aktiven berücksichtigt werden, als sie den Drittmannstest bestehen, also zu Marktbedingungen gewährt werden (BGer, a.a.O., E. 4.2). Ist dies nicht der Fall, muss die konzerninterne Darlehensgewährung an Mutter- oder Schwestergesellschaften analog Art. 659a eine Sperrung der freien Reserven zur Folge haben und beschränkt folglich die Ausschüttung von Dividenden. Unter welcher Voraussetzung ein Darlehen einem Drittmannstest standhält, führt das BGer nur unvollständig aus. Erwähnt wird die Bonität des Borgers, die Bestellung von Sicherheiten sowie das Vorliegen eines schriftlichen Vertrags (BGer, a.a.O., E. 4.5). U.E. ist eine Gesamtbetrachtung aller Elemente erforderlich, neben den vom BGer genannten auch Rückzahlungswille und -fähigkeit, Zinssatz, Kündbarkeit, Klumpenrisiko (vgl. BÖCKLI, Aktienrecht, § 12 Rz 545; GLANZMANN/WOLF, GesKR 2014, 267).

65 Soweit die Voraussetzungen von Art. 680 Abs. 2 eingehalten werden, kann das Darlehen an den Aktionär auch zum Erwerb **eigener Aktien** durch den Aktionär dienen. Dies im Gegensatz *zum EU-Recht, wo* solche Darlehen unter dem Titel **«financial assistance»** grundsätzlich verpönt sind. Denn Art. 659 verbietet weder die Kreditaufnahme für den Erwerb eigener Aktien noch deren Pfandnahme (vgl. BÖCKLI, Aktienrecht, § 4 Rz 344 ff.).

Beschränkungen unterliegen zunehmend auch Darlehen an **Organe**. Zum einen besteht die Pflicht zur Offenlegung im Anhang zur Jahresrechnung (Art. 663*b*). Zum anderen können sich ähnliche Probleme wie beim Darlehen an den Aktionär stellen, namentlich mit Blick auf allfällige Doppelvertretungsfragen und die Verantwortlichkeit der Verwaltung (N 64). Besonderen Beschränkungen unterliegen Organdarlehen (wie auch Aktionärsdarlehen) bei Banken (vgl. z.B. Art. 4ter BankG). Mit der Umsetzung der sog. Minder-Initiative (BBl 2009, 299 ff.) in der Verordnung des Bundesrates gegen übermässige Vergütungen bei börsenkotierten Aktiengesellschaften vom 20.11.2013 (VegüV) können börsenkotierte Aktiengesellschaften mit Sitz in der Schweiz Darlehen und Kredite zu Gunsten der gegenwärtigen Mitglieder des Verwaltungsrates, der Geschäftsleitung und allfälliger Beiräte nur noch gewähren, soweit und in dem Umfang als die Statuten es vorsehen (Art. 12 Abs. 2 Ziff. 1 VegüV; vgl. LAMBERT/MÜLLER, in: Oser/Müller [Hrsg.], Praxiskommentar VegüV, Zürich 2014, Art. 12 N 117 ff. m.w.H.). 65a

Der Zivilrichter hat vorfrageweise von Amtes wegen zu prüfen, ob ein Darlehen wegen Verstosses gegen öffentlich-rechtliche Bestimmungen nichtig ist (BGE 105 II 311). Ist der Erwerb einer Schweizer Liegenschaft nach dem Bundesgesetz über den Erwerb von Grundstücken durch Personen im Ausland (BewG) bewilligungspflichtig, erstreckt sich die Bewilligungspflicht auch auf **Darlehen von «Personen im Ausland»** zur Finanzierung des Kaufes oder der Überbauung der Liegenschaft, wenn dem Darleiher dadurch eine ähnliche Stellung wie dem Eigentümer des Grundstückes verschafft wird (Art. 4 Abs. 1 lit. g BewG i.V.m. Art. 1 Abs. 2 lit. b BewV; vgl. BGE 108 II 456; 111 II 195; GEISSMANN/HUBER/WETZEL, 27; MÜHLEBACH/GEISSMANN, Art. 4 N 66 ff.). Bewilligungspflichtige Vereinbarungen sind ohne entsprechende **Bewilligung** der kantonalen Behörden unwirksam. Wird die erforderliche Bewilligung verweigert oder widerrufen oder wird die Vereinbarung vom Erwerber (bzw. Darleiher) ohne Bewilligung erfüllt (vollzogen), ist das Rechtsgeschäft unwirksam bzw. **nichtig** (Art. 26 Abs. 1, 2 BewG; BGE 107 II 440; 109 III 65; 110 II 335 = Pra 1985, 20; vgl. auch BGE 112 II 1; BERNHEIM, 227 ff.). 66

Sind bei einem **Darlehen an die öffentliche Hand** seitens des Gemeinwesens die einschlägigen öffentlich-rechtlichen Vorschriften nicht eingehalten worden, ist das Darlehen nur ausnahmsweise nichtig, nämlich wenn der betreffende Mangel (z.B. im Form eines fehlenden oder mangelhaften Beschlusses) besonders schwer ist, wenn er offensichtlich oder zumindest leicht erkennbar ist und zudem die Rechtssicherheit durch die Annahme einer Nichtigkeit nicht ernsthaft gefährdet wird (vgl. BGer, 21.2.2006, 4C.20/2005, E. 2.3, wo eine Ungültigkeit von Kassascheinen der Gemeinde Leukerbad wegen Fehlens besonderer kantonalrechtlicher Genehmigungen zu Recht abgelehnt wurde). 66a

2. *Mehrheit von Darleihern und Borgern*

Im kommerziellen (Gross-)Kreditgeschäft der Banken schliessen sich häufig mehrere Kreditgeber zwecks Risikoteilung zu einem Konsortium oder Syndikat zusammen. Als **Konsortialkredit** bezeichnet man dementsprechend einen Kredit, der einem oder mehreren Kreditnehmern von mehreren Kreditgebern koordiniert und auf einheitlicher rechtlicher Grundlage gewährt und durch den Konsortialführer verwaltet wird (MAURENBRECHER/FRICK, 55 ff. m.Nw.). Dabei stellt das Konsortium regelmässig eine einfache Gesellschaft dar mit dem gemeinsamen Zweck, einen (Gross-)Kredit zu gewähren, das Vorgehen gegenüber dem Kreditnehmer zu koordinieren und die Rückerstattung sicherzustellen (MAURENBRECHER/FRICK, 76 ff. m.Nw.). Dabei wird die einfache Gesellschaft durch einen (häufig in den Kreditvertrag integrierten) Gesellschaftsvertrag – den Konsortialvertrag – begründet. Diese Konsortien können als Aussen- oder Innenkonsortien ausgestaltet sein, was Auswirkungen auf ihr Auftreten nach aussen hat: Bei einem Aussenkonsortium stehen alle Konsorten zum Kreditnehmer in einer Rechtsbeziehung, wobei jeweils eine (Lead-)Bank die Federführung übernimmt und als Agentin erste Ansprechpartnerin des Kreditnehmers ist. Das Konsortium gibt sich nach aus- 66b sen als solches zu erkennen. Die vertretungsberechtigte Konsortialbank handelt im Namen aller Konsorten (Baumann, Baukredit, 358 ff.; Bovet, Rz 122 ff.; Kohler, 92 ff.). Das Innenverhältnis kann unabhängig vom Aussenverhältnis ausgestaltet werden. Ein Innenkonsortium tritt hingegen nach aussen nicht in Erscheinung. Nach aussen handelt nur eine Konsortialbank, und zwar in eigenem Namen. Diese steht als einzige in einer Rechtsbeziehung zum Kreditnehmer. Die anderen Konsortialbanken beteiligen sich nur intern an der Gewährung des Kredits; es liegt eine stille Gesellschaft vor (Baumann, Baukredit, 358, 361; Bovet, Rz 129 ff.; Francioni, 9). Sowohl beim Aussen- als auch beim Innenkonsortium ist schliesslich eine **Unterbeteiligung** denkbar, bei der sich ein Konsorte und ein Dritter zu einer weiteren einfachen (stillen) Gesellschaft zusammenschliessen. Der Dritte wird jedoch als Unterbeteiligter nicht Mitglied des Konsortiums; er steht ausschliesslich zum oberbeteiligten Konsorten in vertraglichen Beziehungen, nicht jedoch zu den übrigen Konsorten und ebenso wenig zum Kreditnehmer (Bovet, Rz 355 ff.; Francioni, 14 ff.; Kohler, 113 ff.).

66c Ohne anderslautende Vereinbarung stellt die Kreditforderung beim Aussenkonsortium nach Art. 544 Abs. 1 eine Forderung der Kreditgeber zur gesamten Hand dar. Das Gesamtverhältnis wird in der Praxis allerdings regelmässig vertraglich ausgeschlossen, weil ein solches dem Gedanken der Risikoteilung widerspricht. Folglich haften die Kreditgeber nur noch für ihre Teilquote am Gesamtkredit und können diese auch selbständig einfordern (Francioni, 74 ff., 81 f.; Maurenbrecher/Frick, 79 ff.). Insoweit stellt der Konsortialkredit mit Bezug auf den Kredit- oder Darlehensvertrag ein Bündel selbständiger **Teilforderungen** der einzelnen Konsorten dar, an denen keine Solidargläubigerschaft i.S.v. Art. 150 besteht.

66d Häufig sind im Kreditgeschäft der Banken mehrere Kreditnehmer Vertragspartei; sei es, dass z.B. Eheleute ein einziges Darlehen für einen gemeinsamen Zweck wie etwa den Erwerb eines Eigenheims aufnehmen wollen (zur Ehegattengesellschaft und ähnlichen Konstellationen vgl. BK-Weber, N 84 f. m.w.H.), sei es, dass mehrere Einheiten einer Unternehmensgruppe zur Benützung einer Kreditlimite (N 28) berechtigt sein sollen. In diesem Fall sind die Kreditnehmer gemäss Vertrag regelmässig **Solidarschuldner** i.S.v. Art. 143 ff. Dabei schliesst der eindeutige Wortlaut einer solchen solidarischen Verpflichtung das Vorliegen einer (formbedürftigen) Bürgschaft aus (BGE 111 II 287; Art. 143 N 2; BK-Weber, Art. 111 OR N 92). Neuere Tendenzen in der Rechtsprechung (BGE 129 III 702; JdT 2004 II 103; vgl. aber SJ 2008, 31), dem klaren Wortlaut des Vertrages im Resultat nur noch untergeordnete Bedeutung beizumessen, unterlaufen die Vertragsfreiheit und sind schon aus Gründen der Rechtssicherheit abzulehnen (vgl. auch Vionnet/von der Crone, Sicherungsversprechen und Vertrauensprinzip, SZW 2004, 387 ff.).

3. Haftung des Kreditgebers

67 Unter dem Einfluss des angloamerikanischen und des deutschen Rechts ist auch in der Schweiz eine Diskussion um die **Haftung des Kreditgebers («Lender Liability»)** in Gang gekommen. Unter diesem Sammelbegriff werden bereits bekannte Haftungstatbestände zusammengefasst, so z.B. die ausservertragliche Haftung des Kreditgebers nach Art. 41 (z.B. für falsche Auskunft), die Verantwortlichkeit des Kreditgebers (z.B. nach Art. 754) als faktisches Organ des Borgers sowie die Haftung aus Verletzung (vor)vertraglicher Nebenpflichten des Darlehens- oder Krediteröffnungsvertrags (Länzlinger, insb. 98 ff.; Roberto, 104 ff.).

68 Die dogmatische Begründung möglicher Nebenpflichten ist in der Schweiz umstritten. Während nach traditioneller (und u.E. zutreffender) Auffassung Ansprüche wegen Verstosses gegen Aufklärungspflichten im vorvertraglichen Verhältnis als **culpa in contrahendo** und nach Abschluss des Vertrages als Verletzung vertraglicher Nebenpflichten zu begreifen sind *(RJN 1999, 61; vgl. auch BGE 126 III 115)*, sollen Aufklärungspflichten nach neuerer Auffassung Ausfluss eines gesetzlichen Schuldverhältnisses sein, deren Verletzung eine **Vertrauenshaftung** auslöst (Moser/Berger, AJP 1999, 544 ff.; Gauch/Schluep/Schmid/Em-

MENEGGER, Rz 2637 ff.; offen gelassen in BGer, 23.6.1998, 4C.410/1997, E. 3a = Pra 1998, 828).

Einigkeit besteht aber darüber, dass den Darleiher oder die kreditgebende Bank keine allgemeine **Aufklärungspflicht** über die Zweckmässigkeit der Kreditaufnahme, die Angemessenheit der Konditionen des gewählten Kredits oder die Risiken des damit finanzierten Geschäfts trifft (vgl. BGE 137 III 453 E. 7.1 = Pra 2012, 281 ff.; ABEGGLEN, 12; HUGUENIN, OR AT/BT, Rz 100; LÄNZLINGER, 127; ROBERTO, 111; BK-WEBER, N 60; vgl. auch EMMENEGGER, Haftungsrisiken, 45 ff., für den Fall, dass die Bank die Aufnahme eines Kredits im Rahmen eines Anlageberatungsvertrags empfiehlt). Insbesondere trifft die Bank i.d.R. keine Pflicht, den Kreditbedarf oder die Verwendungsabsichten des Kunden oder die Durchführbarkeit des zu finanzierenden Projekts zu überprüfen (BGer, 23.6.1998, 4C.410/1997, E. 3c = Pra 1998, 829; BERTHEAU, 78 ff.). Tut sie dies im Rahmen der Kreditprüfung trotzdem, so kann der Kunde daraus grundsätzlich selbst dann nichts ableiten, wenn die Bank dabei sich nachträglich verwirklichende Risiken erkannt oder bei der Kreditvergabe bankinterne Richtlinien verletzt hat (vgl. BGer, 23.6.1998, 4C.410/1997, E. 4c = Pra 1998, 831 f.; BGer, 30.8.2011, 4A_513/2010, E. 7.1; LOMBARDINI, 833, 848 f.; MOSER/BERGER, 553; unzutreffend ZWR 1999, 217 f., wo aus der vorvertraglichen Aufklärungspflicht über der Gegenpartei nicht bekannte Tatsachen eine Pflicht abgeleitet wurde, bei einem privaten Immobilienkredit die Vermögensverhältnisse des Borgers zu prüfen). Eine Aufklärungspflicht wird aber u.U. dann angenommen, wenn sich z.B. eine Bank nicht auf die Rolle der Kreditgeberin beschränkt, sondern darüber hinaus auch noch das zu finanzierende Projekt in nach aussen erkennbarer Weise beherrscht oder sich in einem Interessenskonflikt befindet (vgl. BGer, 23.6.1998, 4C.410/1997, E. 3c = Pra 1998, 829 f.; BGer, 19.4.2000, 4C.192/1998, E. 2b; ABEGGLEN, 189 f.; BERTHEAU, 82 f.; EMMENEGGER, Haftungsrisiken, 49 ff.; ROBERTO, 114 f.; unzutreffend CHAUDET, L'obligation de diligence du banquier en droit privé, ZSR 1994 II 63 ff., der eine Aufklärungspflicht der Bank bei «Schutzbedürftigkeit» des Kunden schon dann bejaht, wenn z.B. die Kredithöhe viel zu niedrig oder zu hoch ist oder die gewählte Kreditart für den geplanten Verwendungszweck ungeeignet ist). Gleiches soll gelten, wenn eine Bank Kredite für besonders risikobehaftete «banknahe» Geschäfte (z.B. Wertpapieranlagen) gewährt und insoweit über einen Wissensvorsprung über die Risiken des kreditierten Geschäfts verfügt (ROBERTO, 112; vgl. BGer, 17.1.2006, 4C.314/2005, E. 1.2, und dagegen BGer, 15.1.2001, 4C.265/2001). Dagegen kann auch eine bestehende Geschäftsverbindung bei «bankfremden» Geschäften (z.B. Immobilienprojekten) nicht zur Annahme einer Aufklärungspflicht ausreichen (BK-WEBER, N 60 Anm. 89; unklar z.B. BGer, 23.6.1998, 4C.410/1997, E. 3c = Pra 1998, 830; **a.M.** EMMENEGGER, Haftungsrisiken, 50 f., 53). Auch der Umstand, dass der Darleiher gegenüber dem Kunden einen Wissensvorsprung über für den Kunden nicht erkennbare Risiken des zu finanzierenden Geschäfts hat, genügt u.E. für sich allein für eine solche Annahme nicht (ROBERTO, 113 f.; vgl. aber BGer, 23.6.1998, 4C.410/1997, E. 3c = Pra 1998, 830; BGE 137 III 453 E. 7.1 = Pra 2012, 282). Dies gilt insb., wenn die betreffende Information aus einer anderen Kundenbeziehung stammt. Eine Bank ist nicht verpflichtet, bankgeheimnisgeschützte Informationen eines Kunden zum Nutzen anderer Kunden einzusetzen (MAURENBRECHER, AJP 1998, 1331; **a.M.** EMMENEGGER, Haftungsrisiken, 51, 58 ff.). **68a**

Im Falle einer Kreditgewährung an einen gefährdeten oder möglicherweise gar überschuldeten Borger wird dessen Liquidität verbessert. Damit besteht die Gefahr, dass die finanziellen Schwierigkeiten des Schuldners für Dritte (z.B. Lieferanten) nicht ohne weiteres offenbar werden und sie deshalb bereit sind, dem Schuldner weiterhin Kredit zu gewähren. Kommt der Dritte infolge in der Insolvenz des Borgers zu Schaden, scheitert ein Anspruch aus **ausservertraglicher Haftung** (Art. 41) regelmässig an der fehlenden Widerrechtlichkeit. Insbesondere kann die Berufung auf den Gefahrensatz den Nachweis der Verletzung einer konkreten Schutznorm nicht ersetzen (ZWR 1997, 173; LOMBARDINI, 848 f.; **a.M.** HEINZER, Rz 124 ff.). Da sich die Anzeigepflicht bei Überschuldung ausschliesslich an die Verwaltung der AG richtet, fällt auch Art. 725 als Schutznorm und damit eine Haftung wegen «Beihilfe» **68b** zur Verletzung der Anzeigepflicht ausser Betracht (SCHÖNLE, Rechtsvergleichende Aspekte der Bankenhaftung aus Sanierungsaktionen, ZHR 1979, 219; vgl. auch ROBERTO, 119 ff. m.Nw.; **a.M.** LÄNZLINGER, 127). Andernfalls wäre die Ermöglichung der Sanierung gefährdeter Unternehmen mittels Gewährung neuer Gelder oder der Verzicht auf die Kündigung bestehender Kredite für die Kreditgeber mit unabsehbaren Risiken verbunden. Wie die ausservertragliche Haftung ist eine **Vertrauenshaftung** der Kreditgeberin i.d.R. ausgeschlossen, da es regelmässig an einer Sonderverbindung zwischen der Bank und den Drittgläubigern des Unternehmens fehlt (THÉVENOZ, 41 f.; vgl. auch WIEGAND/GEIGER, 142 ff.). Dieses Manko kann auch nicht mittels Konstruktion einer Überwachungspflicht der Bank behoben werden. Die Bank überwacht ihre Kredite im Interesse ihrer eigenen Gläubiger, nicht im Interesse von Drittgläubigern (vgl. auch ROBERTO, 123 Anm. 80; **a.M.** HEINZER, Rz 490 ff.).

68c Eine Haftung der kreditgebenden Bank als **faktisches Organ** ist nur in Ausnahmefällen gegeben. Eine solche Haftung kann insb. dann eintreten, wenn der Bank organtypische Entscheidungsbefugnisse eingeräumt werden und sie in Ausübung derselben wiederholt und konkret in die Entscheidungen des Unternehmers eingreift (vgl. BGE 136 III 20 = Pra 2010, 531 ff.; DESSEMONTET, 410 ff.; LOMBARDINI, 850 m.Nw.; MAURENBRECHER, AJP 1998, 1335 ff.; vgl. zum Meinungsstand auch KNOBLOCH, 163 ff., mit eigenem [abzulehnendem] Ansatz), z.B. via vertraglichen Genehmigungsvorbehalt für alle wichtigen Unternehmensentscheidungen, offene oder stille Einsitznahme von (weisungsgebundenen) Vertretern oder Strohmännern im VR der Kreditnehmerin (vgl. BGE 107 II 349) oder die Entscheidungsgewalt darüber, welche Gläubiger aus den knappen Mitteln der Borgerin befriedigt werden (BERTHEAU, 133 f.). Nicht organtypisch und damit auch nicht als faktisches Organ handelt dagegen die Bank, welche die Gewährung oder Fortführung von Krediten im Darlehensvertrag von Bedingungen wie dem Beizug eines Sanierungsberaters oder der Einräumung von Informations- und Kontrollrechten abhängig macht (BSK OR II-GERICKE/WALLER, Art. 754 N 10; ROBERTO, 104 ff.) oder die als Kreditgeberin oder Mitglied eines Kreditausschusses vor wichtigen Unternehmensentscheiden konsultiert wird (MAURENBRECHER, a.a.O., 1336 f.).

Art. 313

B. Wirkung **I. Zinse** **1. Verzinslichkeit**	[1] **Das Darlehen ist im gewöhnlichen Verkehre nur dann verzinslich, wenn Zinse verabredet sind.** [2] **Im kaufmännischen Verkehre sind auch ohne Verabredung Zinse zu bezahlen.**
B. Effets I. Intérêts 1. Quand ils sont dus	[1] En matière civile, le prêteur ne peut réclamer des intérêts que s'ils ont été stipulés. [2] En matière de commerce, il en est dû même sans convention.
B. Effetti I. Interessi 1. Quando sono dovuti	[1] Il mutuo, in materia civile, non produce interessi se non sono stipulati. [2] In materia commerciale gli interessi sono dovuti anche senza convenzione.

Literatur

Vgl. die Literaturhinweise bei den Vorbem. zu Art. 305–318.

I. Normzweck und Regelungsinhalt

1 Art. 313 *bezweckt*, *mittels* gesetzlicher **Vermutungen** und der damit einhergehenden Zuweisung der Beweislast klare Verhältnisse darüber zu schaffen, ob Zinsen geschuldet sind (ZK-HIGI, N 5). Dabei gelten diese Vermutungen nur für Zinsen im herkömmlichen Sinne, nicht auch für Kommissionen usw., die ebenfalls unter den Begriff des Darlehenszinses (N 4a) fallen können (KUKO OR-SCHWAIBOLD, N 2).

Im nichtkaufmännischen oder **gewöhnlichen Verkehr** ist das Darlehen aufgrund der gesetzlichen Vermutung von Abs. 1 nur bei entsprechender Vereinbarung verzinslich (vgl. BGE 136 III 308). Die **Zinsvereinbarung** bedarf keiner besonderen Form. Sie ist also auch stillschweigend, konkludent und – mittels Vertragsänderung – sogar nach Vertragsabschluss möglich. Die Zinszahlungspflicht ist somit kein notwendiges Element des Darlehensvertrages. Ist Zins geschuldet, bildet die Zinszahlungspflicht das Synallagma zur Darlehensgewährung (vgl. Art. 312 N 1). Die Zinszahlungspflicht ist deshalb beim Darlehen nicht akzessorische Nebenpflicht, sondern synallagmatische Hauptpflicht (BLAESER, 84; ZK-HIGI, N 15, 25; BK-WEBER, N 22 ff.; WIEGAND/GEIGER, 115 f.; eingehend MAURENBRECHER, Diss., 103 ff.; **a.M.** z.B. BGE 52 II 218; BLAESER, 84; VON TUHR/PETER, 68 ff.). 1a

Im **kaufmännischen Verkehr** besteht gem. Abs. 2 die gegenteilige **Vermutung** zugunsten der **Zinszahlungspflicht**. Dort sind also Zinsen geschuldet, sofern nichts Gegenteiliges verabredet ist. Fehlt es im kaufmännischen Verkehr an einer ausdrücklichen Abrede der Unverzinslichkeit, kann aus der Nicht-Geltendmachung von Zinsen seitens des Darleihers noch nicht auf eine stillschweigend vereinbarte Unverzinslichkeit geschlossen werden (i.d.S. BK-WEBER, N 9). 2

Kaufmännischer Verkehr ist gegeben, wenn entweder der Darleiher gewerbsmässig Darlehen gewährt (z.B. eine Bank ist) oder der Borger das Darlehen zu kaufmännischen Zwecken, d.h. für sein Geschäft oder Gewerbe, verwendet. Der kaufmännische Verkehr ist somit ein funktionaler Begriff, der sich primär am abgeschlossenen Geschäft orientiert und sekundär auch die handelnden Personen berücksichtigt (ZK-HIGI, N 11; MAURENBRECHER, Diss., 128 Anm. 22; TERCIER/FAVRE, Rz 2384, 3045; vgl. auch HUGUENIN, OR AT/BT, Rz 3059). Der Begriff wird bei anderen Verträgen anders umschrieben (z.B. Kauf, Art. 190 Abs. 1, Art. 215; vgl. CAVIN, Kauf, Tausch, Schenkung, in: Schweizerisches Privatrecht [SPR], Bd. VII/1, Basel 1977, 4 f.) und deckt sich nicht mit dem Begriff «unter Kaufleuten» gem. Art. 104 Abs. 3 (ZK-HIGI, Art. 312 OR N 68; BK-WEBER, Art. 104 OR N 74 ff.; krit. KUKO OR-SCHWAIBOLD, N 5; missverständlich BGE 122 III 55). Kaufmännischer Verkehr i.S. dieser Bestimmung kann somit auch gegeben sein, wenn keiner der Beteiligten im **Handelsregister** eingetragen bzw. eintragungspflichtig ist (vgl. BLAESER, 83 f.; BK-WEBER, N 45 f.). 3

Bei **Naturaldarlehen** gelten dieselben Vermutungen. Bei Entgeltlichkeit (Zinspflicht) kann der Zins je nach Vereinbarung in Geld (wie z.B. beim **Securities Lending**, wo der Zins **«Prämie»** genannt wird; vgl. Art. 312 N 31) oder in einer Quote der überlassenen Sache bestehen. 4

II. Zinsbegriff

Nach h.M. ist der **Darlehenszins** die Vergütung, die der Gläubiger für die Entbehrung einer ihm geschuldeten Geldsumme zu fordern hat, sofern sich diese Vergütung nach der Höhe der geschuldeten Summe und der Dauer der Schuld bestimmt (BGE 52 II 233; 115 II 355; BLAESER, 4 ff.; VON TUHR/PETER, 68; vgl. auch BGer, 24.2.2010, 5A_758/2008, E. 5; teilweise abw. MAURENBRECHER, Diss., 89 ff.). Unter diesen Begriff fallen nicht nur die üblichen Zinsen («x Prozent pro Jahr»). Als Darlehenszinsen qualifizieren vielmehr nach richtiger Auffassung insb. auch die bei Banken häufigen periodischen Kreditkommissionen auf ausstehende Kredite (ZWR 1985, 146; BK-WEBER, Art. 73 OR N 33; **a.M.** BJM 1994, 37 f.), die Weiterbelastung erhöhter Eigenkapitalkosten (Art. 314 N 2b), nach Höhe bzw. Dauer des Darlehens bemessene Bereitstellungskosten (ZG GVP 2009, 248 f.), Disagios bei der Auszahlung der Valuta (**a.M.** für Darlehen ohne feste Vertragsdauer BGE 52 II 233) und Agios bei der Rückzahlung. Dies ist bei vorzeitiger Beendigung des Darlehensvertrages, bei der Bestimmung der Verzugszinshöhe und im Rahmen von Zinseszins- und Höchstzinsvorschriften zu berücksich- 4a tigen (MAURENBRECHER, Diss., 101 f.). Nicht erforderlich für den Begriff des Darlehenszinses und die Anwendbarkeit der Art. 313 f. ist «Stoffgleichheit» von Valuta und Zins (**a.M.** ZK-HIGI, N 17 ff.), sofern der Zins in Geld zu leisten ist (vgl. auch BLAESER, 15 f., 42). So wird z.B. auch die in Geld zu zahlende Vergütung bei Wertpapier- und Golddarlehen (Art. 312 N 31) als Darlehenszins qualifiziert.

4b Keine den Art. 313 f. unterfallenden Darlehenszinsen sind dagegen Vergütungen, die von der Höhe bzw. Dauer der Kapitalnutzung(-smöglichkeit) unabhängig sind, wie bspw. (pauschalierte) **Aufwandsentschädigungen** (BK-WEBER, Vor Art. 312 OR N 35; WIEGAND/GEIGER, 118 f.; teilweise abw. ZK-HIGI, Vor Art. 312 OR N 16 ff., Art. 313 N 14 ff.). Solche Gebühren begründen auch bei fehlender Verzinslichkeit die Entgeltlichkeit des Darlehens und können bei entsprechendem Parteiwillen ebenfalls ins Synallagma einbezogen sein (BK-WEBER, Vor Art. 312 OR N 36). Kein Darlehenszins ist auch die auf der nicht benützten Kreditlimite verrechnete **Bereitstellungskommission** (Art. 312 N 28).

III. Beginn und Ende der Zinszahlungspflicht

5 Die **Zinszahlungspflicht** beginnt mit der Auszahlung der Valuta durch den Darleiher, also bei Bankdarlehen im Zeitpunkt der Belastung des Kreditkontos des Borgers (CR CO I-BOVET/RICHA, N 4; MAURENBRECHER, Diss., 154; **a.M.** CHRIST, 245; ZK-HIGI, N 34). Bei **Annahmeverzug** schuldet der Borger Darlehenszins ab vertragsgemässem Angebot der Valuta (HONSELL, OR BT, 268; MAURENBRECHER, Diss., 155; BK-WEBER, N 50; WIEGAND/GEIGER, 117 f.). Nach richtiger Ansicht ist die Auszahlungsverpflichtung des Darleihers i.d.R. eine **Hol-** bzw. **Schickschuld**, insb. bei Darlehen von Banken (MAURENBRECHER, Diss., 137 ff. m.Nw.; vgl. auch CHRIST, 245, teilweise **a.M.** BGE 100 II 158; ZK-HIGI, Art. 312 OR N 73 f.; BK-WEBER, Art. 312 OR N 52 m.w.H.). Deshalb genügt i.d.R. **Verbaloblation**. Eine Pflicht des Darleihers, sich bei Nichtabnahme den aus anderweitiger Verwendung des Kapitals erzielten Ertrag anrechnen zu lassen, besteht nur bei entsprechender Abrede oder Übung (MAURENBRECHER, Diss., 166 ff.; **a.M.** BUCHER, BT, 196; HONSELL, OR BT, 268 f.).

6 Die **Zinszahlungspflicht** endet grundsätzlich mit Ablauf der Vertragsdauer (vgl. SJ 2008, 168, E. 4.1; BK-WEBER, N 51). Das bedeutet zunächst, dass der Zins ausser bei Konsumkrediten (Art. 17 KKG) auch bei vorzeitiger Rückzahlung bis zum vereinbarten bzw. frühestmöglichen Vertragsende geschuldet ist (Art. 312 N 13). Insbesondere im Bankgeschäft wird aber im Falle der **vorzeitigen Rückzahlung** bei entsprechender Abrede oder Übung (Art. 81 Abs. 2) ein angemessener **Diskont** abgezogen (MAURENBRECHER, Diss., 169). Ähnlich ist gerade in kommerziellen und Hypothekarkreditverträgen häufig vorgesehen, dass sich der Borger bei vorzeitiger Rückzahlung durch Zahlung einer Prämie auch von seiner Zinszahlungspflicht befreien kann, womit auch der Darlehensvertrag insgesamt aufgelöst wird. Die Prämie kann ein fester (Mindest-)Betrag sein und/oder sich am Zinsverlust des Darleihers orientieren und formelmässig in Abhängigkeit von den Zinsverhältnissen am Kapitalmarkt berechnet werden. Rechtlich handelt es sich bei einer solchen Prämie nicht um Zinsen, sondern um eine **Wandelpön** i.S.v. Art. 160 Abs. 3 (BGer, 29.9.2006, 4C.116/2006, E. 3; SJ 2008, 168, E. 4.1).

7 Kommt der Borger mit der **Rückzahlung des Kapitals** oder einer Rate in **Verzug**, so hat er mangels anderer Abrede nach Art. 104 auf dem ausstehenden Betrag **Verzugszins** zu bezahlen, der beim unverzinslichen Darlehen mindestens 5% pro Jahr beträgt (Art. 314 N 7c). Bei Fremdwährungsdarlehen steht dem Darleiher dabei der Nachweis offen, dass der Verzugszinssatz nach dem Recht der geschuldeten Währung mehr als 5% beträgt (vgl. MORAND, Le taux de l'intérêt moratoire applicable aux créances libellés en monnaie étrangère payables en Suisse, SZW 1992, 169; BK-WEBER, Art. 104 OR N 80 ff.). Der Mindestsatz von 5% gilt auch *bei Darlehen mit tieferem vertraglichem Zinssatz* (Art. 104 Abs. 1; vgl. BGE 82 II 292; BK-WEBER, Art. 104 OR N 62). Ein allfälliger höherer (fixer oder variabler) Darlehenszinssatz (einschliesslich periodischer [Kredit-]Kommissionen und anderer Vergütungen mit Zinscharakter [N 4a]) bleibt bei entsprechendem Nachweis (Art. 314 N 7c) auch während des Verzuges geschuldet, ohne dass es hierfür einer besonderen Abrede bedürfte (Art. 104 Abs. 2; BGE 137 III 453 E. 5.1 = Pra 2012, 277 f.; ZK-Higi, Art. 312 OR N 101; Huguenin, OR AT/BT, Rz 3080; vgl. auch Art. 312 N 14). War der Vertragszinssatz variabel, soll der während der ordentlichen Laufzeit des Darlehens geschuldete Durchschnittssatz massgeblich sein (BGE 130 III 319). Aufgrund der dispositiven Natur von Art. 104 (vgl. Art. 104 N 7) können die Parteien die Höhe des Verzugszinses auch anders regeln, namentlich einen 5 % übersteigenden Zinssatz oder einen prozentualen Zuschlag zum Vertragszinssatz vereinbaren (vgl. BGE 105 II 233; BK-Weber, Art. 104 OR N 33), den Verzugszinssatz unter 5 % festlegen (BGE 117 V 349; 125 III 448; Gauch/Schluep/Schmid/Emmenegger, Rz 2690; **a.M.** BK-Weber, Art. 104 OR N 33; Huguenin, OR AT/BT, Rz 940) oder bei variablem Zinssatz statt des Durchschnittssatzes einen Fixzinssatz vereinbaren (BK-Weber, Art. 104 OR N 71).

Kommt der Borger beim verzinslichen Darlehen mit der **Zahlung der (Vertrags-)Zinse** oder einer anderen vor der Rückzahlung fälligen synallagmatischen Leistungspflicht (z.B. der Bestellung von Sicherheiten) in **Verzug** (vgl. N 8c), kann der Darleiher einerseits Verzugszinsen bzw. Verspätungsschaden geltend machen (vgl. Art. 314 N 7a). Andererseits ist er berechtigt, nach Art. 107 ff. vorzugehen (BGE 100 II 345; SJ 1994, 729 E. 3; ZK-Higi, Art. 314 OR N 19 ff.; Maurenbrecher, Diss., 221 m.Nw.). Er kann somit dem Borger eine **Nachfrist** ansetzen und nach deren unbenütztem Ablauf unverzüglich sein **Wahlrecht** gem. Art. 107 Abs. 2 ausüben, also entweder das **Erfüllungsinteresse** geltend machen oder gem. Art. 109 vom Vertrag «zurücktreten» und **Ersatz des Vertrauensschadens** verlangen (BK-Weber, Art. 314 OR N 37). Allerdings handelt es sich auch im Falle von Art. 109 nicht um einen eigentlichen Rücktritt (Auflösung ex tunc). Soweit der Darleiher bereits mit seiner typischen Dauerleistung (dem Überlassen des Wertgebrauchs) begonnen hat, ist die Vertragsbeendigung infolge Verzugs nach Art. 107 nie Rücktritt, sondern stets Auflösung ex nunc, also Kündigung (SJ 1994, 729 E. 3a; Christ, 256; Gauch, System, 210). Dadurch werden sämtliche Verpflichtungen des Borgers einschliesslich der Rückzahlung der Darlehenssumme fällig, und der Borger ist je nachdem zum Ersatz des positiven oder negativen Interesses verpflichtet (vgl. zur Berechnung im Einzelnen Maurenbrecher, Diss., 222 ff., 226 f.). Bei langfristigen Darlehen findet man überdies häufig sog. **Akzelerationsklauseln**, worin dem Darleiher bei bestimmten Ereignissen (z.B. Verletzung von Zusicherungen oder Gewährleistungen, Nichteinhaltung von Covenants [Art. 318 N 20] sowie Übernahme-, Restrukturierungs- oder Insolvenztatbeständen) das Recht eingeräumt wird, das Darlehen vorzeitig zu kündigen. Vom Resultat her sind diese Akzelerationsklauseln mit der **Kündigung** nach Art. 107 identisch. Allerdings entfallen die Nachfristansetzung und auch die Pflicht zur unverzüglichen Ausübung. In analoger Anwendung der Verzugsregeln kann der Darleiher seine in solchen Akzelerationsklauseln vorgesehenen Rechte unabhängig von einem allfälligen Verschulden des Borgers ausüben. **8**

Abweichend von den allgemeinen Regeln kann die Darleiherin einen dem KKG unterfallenden **Konsumkreditvertrag** erst kündigen, wenn die ausstehenden Teilzahlungen mindestens 10 % des Nettokreditbetrages ausmachen (Art. 18 Abs. 1 KKG; Botschaft rev. KKG, 3180). **8a**

IV. Modalitäten der Zinszahlungspflicht

Die Parteien können die Modalitäten der Zinspflicht grundsätzlich frei vereinbaren (ZK-Higi, N 24, 25, 29): **8b**

- Zinsen sind mangels anderer Abrede **periodisch postnumerando** geschuldet (Art. 314 N 5). Zulässig ist aber auch die Vereinbarung von Einmal- oder Teilzahlungen sowie die Abrede, dass der Zins praenumerando bei Beginn der Zinsperiode geschuldet ist (BK-Weber, N 33). Auch postnumerando fällig werdende Zinsen können aber grundsätzlich vorzeitig erfüllt werden (BK-Weber, N 34).

– Mangels anderer Abrede sind Geldzinsen am Sitz des Darleihers zum Zeitpunkt der Erfüllung zu erfüllen **(Bringschuld)**, Naturalzinsen am Sitz des Borgers (Holschuld). Vgl. im Einzelnen ZK-HIGI, N 29 ff.

8c Sofern nichts anderes vereinbart ist, ist der Tag der Fälligkeit der Zinsforderung am Ende der Zinsperiode (Art. 314 N 6a) **kein Verfalltag**, so dass Verzug i.d.R. Mahnung voraussetzt (Art. 102 Abs. 1; vgl. BK-WEBER, N 28).

8d Vereinbarungen, die den Entscheid über die Zahlung von Zinsen in das alleinige Ermessen des Borgers stellen, sind zulässig (vgl. auch HONGLER, 40). Dies ergibt sich *a maiore* in minus aus der Zulässigkeit des unverzinslichen Darlehens. Bankaufsichtsrechtlich ist die Freiwilligkeit von Zinszahlungen für Anleihen, die als sog. «Additional Tier 1»-Kapital qualifizieren, sogar zwingend vorgeschreiben (vgl. Art. 27 Abs. 1 lit. f. ERV). Rechtlich werden solche Vereinbarungen als aufschiebend **bedingt verzinsliches Darlehen** qualifiziert. Dabei ist der Zinsanspruch für jede einzelne Zinszahlung dergestalt bedingt, dass eine Zinsforderung jeweils erst bei Eintritt einer vertraglich festgelegten Bedingung auf einen bestimmten Zeitpunkt hin entsteht. Die Bedingung besteht im (positiven) Entscheid des Borgers zur Zahlung eines Zinses, ist also eine Potestativbedingung (vgl. zum Ganzen BÖSCH, Finanzinstrumente, 62 f.).

8e Zinsforderungen aus Vertrag unterliegen nach Art. 128 Ziff. 1 der fünfjährigen Verjährungsfrist, sofern sie nicht bereits vorher nach Art. 133 mit dem Rückzahlungsanspruch verjährt sind. Etwas Anderes gilt für kapitalisierte Zinsforderungen, die generell mit dem Rückzahlungsanspruch verjähren, und für grundpfandgesicherte Zinsen, die nach Art. 807 ZGB nicht verjähren (BK-WEBER, Art. 314 OR N 24).

V. Schranken der Zinszahlungspflicht

9 Traditionsgemäss können in der Schweiz Zinsen nicht in beliebiger Höhe gültig vereinbart werden (vgl. CHRIST, 246 f.). **Zinsschranken**, sog. **Höchstzinsvorschriften**, finden sich im Bundes- und im kantonalen Recht.

10 Bei **Konsumkrediten** gilt nach dem KKG ein bundesrechtlich einheitlicher **Höchstzinssatz**. Danach dürfen die effektiven Gesamtkosten des Kredits i.S.v. Art. 5 und 31 KKG einen Satz nicht übersteigen, der zur Zeit 15% beträgt (Art. 14 KKG i.V.m. Art. 9 Abs. 2 lit. b KKG i.V.m. Art. 1 VKKG), aber gemäss Bundesrat im Rahmen einer Änderung der VKKG auf 10% gesenkt werden soll (vgl. Begleitbericht zur Revision der VKKG [Anpassung des Höchstzinssatzes für Konsumkredite], vom Dezember 2014, 7). Dabei umfasst das Schriftlichkeitserfordernis neben der Angabe des Nettobetrags des Kredits und der Rückzahlungsmodalitäten insb. die Angabe der Gesamtkosten des Kredits, des effektiven Jahreszinses und seiner allfälligen Änderungsmodalitäten sowie allfällige weitere Kostenelemente (Art. 9 Abs. 2 i.V.m. Art. 5 f. KKG), ansonsten die besonderen Nichtigkeitsfolgen gem. Art. 15 KKG eintreten. Letzteres gilt auch für die Angaben gem. Art. 9 und 10 KKG bei sog. **Drittfinanzierungsgeschäften** zum Erwerb beweglicher Sachen und bei Kredit- und Kundenkartenverträgen mit Kreditoption, soweit diese dem KKG unterstehen.

11 Ausserhalb des Anwendungsbereichs des KKG sind den Zinsvereinbarungen im Bundesprivatrecht durch Art. 20 und 21 Schranken gesetzt (vgl. BLAESER, 47 ff.). In Anlehnung an kantonale Vorschriften sowie gestützt auf die Rechtsprechung des BGer (BGE 93 II 189; SJZ 1989, 379) gilt bundesprivatrechtlich ein **flexibler Höchstzinssatz**, der – besondere, vom Darleiher darzutuende Umstände vorbehalten – zur Zeit bei ca. **18%** pro Jahr liegen dürfte (so i.E. auch BLAESER, 53 f., 73; BK-WEBER, N 37 ff.; teilweise abw. ZK-HIGI, N 23, der die Anwendung von Art. 20 im Wesentlichen auf die Verletzung allfällig noch verbleibender kantonaler Höchstzinsvorschriften [Art. 312 N 5b] beschränkt). Darin eingeschlossen sind Provisionen und weitere Entgelte, soweit sie nicht echte Auslagen des Darleihers für den Borger sind. Allfällige Options- und ähnliche Rechte sind zum Marktwert zur Zeit des Vertragsabschlusses zu bewerten und in die Berechnung einzubeziehen (BLAESER, 85). Nach Bundesrecht – und zwar Privat- und Strafrecht – können besondere Umstände auch höhere Zinsen rechtfertigen, so z.B. besondere Risiken. Dies kann vorbehältlich Art. 21 insb. dann der Fall sein, wenn Anleihen oder Kredite des Schuldners am Sekundärmarkt zu höheren Renditen gehandelt werden. Auch die Geschäftserfahrenheit der Parteien ist zu beachten, nicht nur bei der Übervorteilung, sondern auch unter dem Gesichtspunkt von Art. 20.

Der massgebliche **Zeitpunkt** für die Beurteilung, ob eine Zinsabrede gegen Art. 20 verstösst, ist nach bundesgerichtlicher Rechtsprechung derjenige **des Vertragsschlusses** (BGer, 28.3.2001, 4C.172/2000, E. 5e). Gleiches gilt für eine etwaige Übervorteilung (Art. 21 N 23; BK-KRAMER/SCHMIDLIN, Art. 18 OR N 300). **11a**

Die Zinskonditionen, zu welchen Kredite vergeben werden, fallen auch in den sachlichen Anwendungsbereich des PüG (Art. 1). Der **Preisüberwacher** hat dabei insb. die Verhältnisse auf dem Hypothekarmarkt zu beobachten (CR CO I-BOVET/RICHA, N 9). **11b**

Gestützt auf Art. 795 ZGB erliessen verschiedene Kantone **Höchstzinssätze für grundpfandrechtlich gesicherte Darlehen**. Solche Höchstzinsvorschriften existieren etwa noch in NE oder TI (vgl. ZK-DÜRR, Art. 795 ZGB N 57 ff.). **12**

Die noch bestehenden Relikte von **Höchstzinsvorschriften in kantonalen Konsumkreditgesetzen** sind zumindest im Bereich der Konsumkredite nicht mehr anwendbar (Art. 38 KKG) und werden voraussichtlich in nächster Zeit aufgehoben (Art. 312 N 5b). Allerdings kennt etwa der Kanton Zürich noch Höchstzinsvorschriften: § 215 Abs. 1 EGZGB begrenzt die jährlichen Kosten für Kredite, die nicht dem KKG unterstehen, auf 18 % (Art. 312 N 5b). **13**

Vorbehältlich eines Verstosses gegen den Ordre public (N 18) finden schweizerische Höchstzinsvorschriften auf **Darlehen**, die in **Fremdwährung** zu verzinsen und zurückzuzahlen sind, keine Anwendung. **14**

Vereinbarungen in Verletzung bundesrechtlicher oder (soweit noch anwendbar) kantonaler **Höchstzinsvorschriften** sind nach Art. 20 nichtig. Dabei ist nach h.L. und Rechtsprechung von einer **Teilnichtigkeit** i.S.v. Art. 20 Abs. 2 auszugehen. Diese führt zur **Herabsetzung** des Zinses auf das erlaubte Mass und zur Rückzahlung zuviel bezahlter Zinsen nach Art. 62 ff. (BGE 93 II 189; 107 II 216; SJZ 1989, 379; SJZ 1994, 385; HONSELL, FS Giger, 288; HÜRLIMANN-KAUP, 78 ff.). **15**

Bei **Übervorteilung** (dazu BLAESER, 54 ff.) ist die Vereinbarung bloss anfechtbar (Art. 21 Abs. 1), was je nach Auffassung Ganz- oder Teilunverbindlichkeit zur Folge hat (Art. 21 N 16; für Teilunverbindlichkeit BGE 123 III 300). Anderes gilt bei Erfüllung des Straftatbestands des Zinswuchers (Art. 157 StGB). Alsdann ist die Zinsabrede rechtswidrig und somit nichtig, und der übervorteilte Borger ist auch nicht an die kurze Frist von Art. 21 Abs. 2 gebunden. **16**

VI. IPR

Die Frage der Zinszahlungspflicht sowie deren Umfang und Modalitäten bestimmen sich nach **Vertragsstatut**, also nach schweizerischem Recht, sofern der Darleiher seinen Wohnsitz bzw. Sitz in der Schweiz hat und keine Rechtswahl (Art. 116 IPRG) getroffen wurde (Art. 117 Abs. 3 lit. b IPRG). **17**

Grundsätzlich können die schweizerischen **Höchstzinsvorschriften** durch die Wahl eines fremden Rechts nicht umgangen werden. Allerdings haben nur die bundesrechtlichen Regeln von Art. 14 KKG und Art. 20 **ordre-public**-Charakter (BJM 1989, 261), nicht jedoch (frühere) Konkordats- oder kantonale Vorschriften (CHRIST, 248). Bei **Fremdwährungsdarlehen** **18** sind aber für die Frage der Sittenwidrigkeit und damit für die Anwendung der **Vorbehaltsklausel** (Art. 19 IPRG) die Verhältnisse in der geschuldeten Fremdwährung und somit auch das **Währungsstatut** zu beachten (vgl. auch BLAESER, 53 f.). Die Zinsen von Darlehen in Hochzinswährungen unterliegen deshalb nur dann einer Herabsetzung, wenn der Zinssatz auch in Relation zu den Marktzinssätzen in dieser Währung und unter Berücksichtigung der übrigen Umstände sowohl nach Schweizer Recht als auch unter dem Währungsstatut exorbitant ist.

Art. 314

2. Zinsvorschriften	**[1] Wenn der Vertrag die Höhe des Zinsfusses nicht bestimmt, so ist derjenige Zinsfuss zu vermuten, der zurzeit und am Orte des Darlehensempfanges für die betreffende Art von Darlehen üblich war.** **[2] Mangels anderer Abrede sind versprochene Zinse als Jahreszinse zu entrichten.** **[3] Die vorherige Übereinkunft, dass die Zinse zum Kapital geschlagen und mit diesem weiter verzinst werden sollen, ist ungültig unter Vorbehalt von kaufmännischen Zinsberechnungen im Kontokorrent und ähnlichen Geschäftsformen, bei denen die Berechnung von Zinseszinsen üblich ist, wie namentlich bei Sparkassen.**
2. Règles concernant les intérêts	[1] Si le contrat n'a pas fixé le taux de l'intérêt, le prêt est censé fait au taux usuel pour les prêts de même nature, à l'époque et dans le lieu où l'objet du prêt a été délivré. [2] Sauf convention contraire, les intérêts stipulés se paient annuellement. [3] Les parties ne peuvent, sous peine de nullité, convenir d'avance que les intérêts s'ajouteront au capital et produiront eux-mêmes des intérêts; les règles du commerce pour le calcul des intérêts composés dans les comptes courants de même que les autres usages analogues, admis notamment dans les opérations des caisses d'épargne, demeurent réservés.
2. Norme sugli interessi	[1] Ove il contratto non determini la misura degli interessi, questi si reputano pattuiti nella misura che è d'uso per quella specie di mutui al tempo e nel luogo in cui il mutuo fu ricevuto. [2] Salvo patto contrario, gli interessi convenuti s'intendono annuali. [3] Non è valido il patto preventivo che gli interessi verranno aggiunti al capitale e produrranno nuovi interessi, fatta eccezione degli interessi commerciali nei conti correnti e simili operazioni in cui sogliono computarsi gli interessi degli interessi, come in ispecie per le casse di risparmio.

Literatur

Vgl. die Literaturhinweise bei den Vorbem. zu Art. 305–318.

I. Regelungsinhalt und Normzweck

1 Art. 314 regelt mit dem (subsidiären) Verweis auf den ortsüblichen Zinssatz (Abs. 1) und dem grundsätzlichen Ausschluss von Zinseszinsen einerseits (Abs. 3) die **Zinshöhe**. Andererseits werden mit der Festlegung von Jahreszinsen (Abs. 2) die **Grundlagen für die Zinsberechnung** gelegt, indem eine Regel für die Bemessung und die periodische Fälligkeit des Zinses aufgestellt wird.

1a Art. 314 verfolgt einen doppelten Zweck. Zum einen dient die Festlegung subsidiären Regeln *zur Festlegung des Zinssatzes* und der Zinsberechnung der **Rechtssicherheit** für den Fall, dass die Parteien keine entsprechenden Vereinbarungen treffen. Zum anderen soll der **Borger** durch die Vermutung von ortsüblichem Zinsfuss Jahreszinsen sowie die Beschränkung von

Zinseszinsen vor unerwarteten Mehrbelastungen **geschützt** werden (vgl. BK-WEBER, N 5 ff. m.w.H.).

1b Art. 314 Abs. 1 und 2 sind **dispositives Recht**, nur Abs. 3 ist zwingender Natur. Vorbehältlich der Beschränkungen von Zinssatz (Art. 313 N 9 ff.) und Zinseszinsen sind die Parteien in der Ausgestaltung der Zinspflicht deshalb frei (vgl. BK-WEBER, N 11 ff. m.w.H.).

1c Grundsätzlich zulässig sind bei entsprechender Vereinbarung auch sog. **Negativzinsen**, also nach Höhe und Dauer der Kapitalüberlassung bestimmte Belastungen des Kapitals. Solche Belastungen im Gefolge der Einführung von Negativzinsen auf Sichtguthaben der Banken durch die SNB werden zunehmend auch im Bankgeschäft erhoben. Allerdings steht die Belastung des Darleihers mit Negativzinsen in einem Spannungsverhältnis zur Grundstruktur des Darlehensvertrags. Einerseits hat der Darleiher mit der Überlassung des Kapitals seine Hauptleistung bereits erbracht (vgl. BK-WEBER, Nach Art. 318 OR N 171). Andererseits wird mit der Umkehrung des Zinsflusses das darlehensvertragliche Synallagma (Art. 312 N 1) aus den Angeln gehoben, da der Borger für den Kapitalgebrauch entschädigt würde und überdies am Vertragsende weniger zurückzuzahlen hätte, als er erhalten hat. Allerdings bedarf die Einordnung der Vereinbarung von Negativzinsen einer **differenzierenden Betrachtung**, wobei insb. folgende Konstellationen zu unterscheiden sind:

- Im **Einlagengeschäft** der Bank lässt die Bezahlung von Negativzinsen den Schluss zu, dass das Interesse des Einlegers an einer sicheren Verwahrung das Kreditinteresse der Bank überwiegt und die Einlage deshalb nicht als Darlehen, sondern als Hinterlegungsvertag oder als Innominatvertrag qualifiziert (Art. 312 N 34). Diesfalls stellen Negativzinsen rechtlich eine Gebühr für die (sichere) Aufbewahrung der Einlage (Art. 472 Abs. 2) dar, deren Erhebung allerdings eine genügende vertragliche Grundlage voraussetzt.
- Beim **kommerziellen Kreditgeschäft** ist zu beachten, dass sich die Höhe des Zinssatzes häufig aus der Summe eines bestimmten Referenzzinssatzes (z.B. LIBOR) und einer Marge ergibt (N 2). Dreht der Referenzzinssatz ins Negative, fragt sich zunächst, ob eine solche Minuszahl auch für Zwecke der Zinsberechnung unter dem Vertrag gilt. Soweit nicht explizit geregelt, ist dies eine Frage der Vertragsauslegung. Da die Marge die Bank im kommerziellen Kreditgeschäft v.a. für das übernommene Kreditrisiko entschädigen soll, ist nach dem Vertrauensgrundsatz nicht ohne weiteres anzunehmen, dass ein Rückgang des Referenzzinssatzes zu einer Schmälerung der Marge führen soll. Dementsprechend wird i.d.R. davon auszugehen sein, dass für Zwecke der Zinsberechnung der LIBOR nicht unter Null sinken kann. Etwas anderes dürfte aber dann gelten, wenn der Referenzzinsatz bereits bei Vertragsabschluss negativ war. Ist ein negativer Referenzzinssatz für Zwecke der Zinsberechnung zu berücksichtigen und ist er derart negativ, dass auch der Gesamtzinssatz ins Negative rutscht, so führt dies zu negativen Zinssätzen unter dem Darlehensvertrag. Ob eine solche Umkehr der Zinszahlungen im Rahmen des vertraglich Vereinbarten zulässig ist, ist wiederum eine Frage der Vertragsinterpretation. Nach dem Vertrauensprinzip dürfte ohne klare vertragliche Grundlage nur ausnahmsweise davon auszugehen sein, dass die Parteien den Darleiher bei entsprechender Zinsentwicklung dazu verpflichten wollten, den Borger für den Kapitalgebrauch zu entschädigen. Eine entsprechende vertragliche Vereinbarung würde im Übrigen an der Qualifikation als Darlehensvertrag nichts ändern, soweit die Parteien bei Vertragsschluss grundsätzlich mit einem positiven (Gesamt-)Zinssatz rechneten, mithin davon ausgingen, dass der Kreditnehmer zumindest während eines Teils der Laufzeit des Darlehens zu Zinszahlungen verpflichtet sein werde. Insoweit ist ein negativer Gesamtzinssatz auch beim Kreditvertrag möglich. Andernfalls dürfte es sich um einen atypischen Darlehensvertrag bzw. einen Innominatvertrag mit Elementen des Darlehensvertrags handeln.
- Auch die Rendite von Instrumenten im **Kapitalmarkt** kann negativ sein, namentlich wenn Anleihen mit einem Aufschlag auf den Nennwert ausgegeben oder gehandelt werden und dieser höher ist als der (zu Marktzinssätzen abdiskontierte) Ertrag aus den Coupons während der (Rest-)Laufzeit der Anleihe. Der Umstand, dass der Investor bei Erwerb der An-

leihe allenfalls mehr bezahlt als den Nominalbetrag, ändert aber nichts daran, dass der Zins auf der Basis des Nominalbetrags der Anleihe berechnet und als Gegenleistung für dessen Überlassung geschuldet ist. Dementsprechend lassen solche Aufschläge den Charakter der Anleihe als auf Teilbeträge aufgeteilter Grossdarlehen (Art. 312 N 41) unberührt.

II. Zinssatz (Abs. 1)

2 Primär gilt der im Rahmen der Höchstzinsvorschriften (Art. 313 N 9 ff.) **vereinbarte Zinssatz** oder Zinsfuss (Blaeser, 85 f. m.w.H.). Dieser kann für die ganze Vertragsdauer fix sein. Oder er kann variabel sein, indem er periodisch neu festgelegt wird, etwa durch Bezugnahme auf einen Marktzinssatz (Bsp.: «Der Zinssatz entspricht dem CHF 6-Monats-LIBOR am ersten Bankarbeitstag der Zinsperiode, zuzüglich einer Marge von 1.5% p.a.»). Häufig passt sich die Marge automatisch der Bonitätsstufe («Rating») des Borgers an, welche im kommerziellen Grosskreditgeschäft der Banken i.d.R. nach Massgabe von bestimmten Finanzkennzahlen festgelegt wird (sog. «Margengitterklausel»; vgl. Wiegand/Geiger, 131).

2a Häufig sind **Zinsanpassungen** auch im Retailgeschäft der Banken, weil die Konditionen unter Berücksichtigung der Konkurrenzsituation laufend an die Änderungen des Zinsniveaus und andere Marktgegebenenheiten angepasst werden müssen. Diesbezüglich ist zu unterscheiden:

– Ohne weiteres zulässig sind die in der Bankpraxis verbreiteten Vereinbarungen in AGB, wonach sich der Zins nach den von der Bank für die entsprechenden Geschäftsarten bzw. Kundenkategorien angewandten Sätzen richtet. Dies gilt jedenfalls insoweit, als diese nicht unüblich hoch oder tief und auf der Internetseite der Bank o.ä. abrufbar sind. Denn angesichts des gesetzlichen Verweises auf den üblichen Zinsfuss fällt eine solche Klausel «nicht in erheblichem Rahmen aus dem gesetzlichen Rahmen des Vertragstypus» (BGE 135 III 7) und kann schon deshalb nicht als ungewöhnlich oder missbräuchlich i.S.v. Art. 8 UWG gelten.
– Heikler ist die Vereinbarung eines Änderungsvorbehalts, d.h. einer einseitigen Befugnis des Darleihers zur Anpassung des Zinssatzes. Denn ein einseitiges (Gestaltungs-)Recht zur Änderung vertraglicher Leistungspflichten greift in das Vertragsgefüge ein (i.d.S. BK-Weber, N 18). Deshalb müssen die Ereignisse, die zu einer Zinssatzanpassung berechtigen, vertraglich umschrieben sein, wobei insb. eine Anpassung an objektiv veränderte Marktgegebenheiten oder an die Bonität des Borgers in Frage kommt (vgl. ZWR 1996, 291; Blaeser, 86; ZK-Higi, N 25; BK-Weber, N 18). Nicht erforderlich ist dagegen u.E., den Umfang der zulässigen Anpassung anzugeben. Denn nach Treu und Glauben müssen sich entsprechende Anpassungen im Rahmen des Üblichen bewegen, was nach dem Gesagten dem Grundgedanken von Abs. 2 entspricht. Dies gilt insb. wenn dem Borger für den Fall einer einseitig belastenden Zinsanpassung ein ausserordentliches Kündigungsrecht zusteht (**a.M.** BK-Weber, a.a.O. m.V. auf BGE 135 III 10, bei dem es allerdings gerade um den Ausschluss des Kündigungsrechts bei einer einseitigen Erhöhung einer Versicherungsprämie ging).

Fehlt es an einer solchen vertraglichen Grundlage sind Anpassungen eines einmal vereinbarten Zinssatzes an veränderte Marktverhältnisse oder andere Umstände ohne Zustimmung des Kunden im Einzelfall unzulässig bzw. unwirksam und der vereinbarte Zinssatz gilt weiter.

2b Mitunter räumt der Kreditvertrag der Bank das Recht ein, den Zinssatz im Falle einer Verschärfung der Eigenmittelvorschriften den **erhöhten Eigenmittelkosten** anzupassen. Solche Klauseln finden sich aufgrund der Konkurrenzsituation insb. in Verträgen über Festhypotheken und im kommerziellen Kreditgeschäft. In der Lehre wird vereinzelt postuliert, dass solche Klauseln bei Festhypotheken gegen Art. 8 UWG verstossen, weil sie dem Gedanken der Festhypothek widersprächen (Koller, 60). Allerdings ist das Preis-Leistungsverhältnis nicht Gegenstand der AGB-Kontrolle nach Art. 8 UWG (Hess/Ruckstuhl, AGB-Kontrolle nach dem neuen Art. 8 UWG – eine krit. Auslegeordnun, AJP 2012, 1206; KUT/STAUBER, Die UWG-Revision vom 17.6.2011 im Überblick, Jusletter 20.2.2012, Rz 11; BSK UWG-THOUVENIN, Art. 8 N 94). Die Zinsen, welche der Borger der Bank schuldet, stellen den Preis dar für die Überlassung des Geldes. Bei einer Erhöhung des Zinssatzes wird damit lediglich das Preis-Leistungsverhältnis an veränderte Umstände angepasst. Insoweit ist gegen solche Klauseln bei gültigem Einbezug in den Vertrag nichts einzuwenden.

Höhe und Modalitäten der Zinsschuld gehören nicht zum notwendigen Vertragsinhalt. Fehlt es an (dem Nachweis) einer Vereinbarung über den Zinssatz, gilt nach Abs. 1 der zur Zeit und am Ort des Darlehensempfanges für die betreffende Art von Darlehen **übliche Zinssatz** als vereinbart. Dabei ist nach richtiger Auffassung nicht auf den tatsächlichen, sondern auf den vereinbarten Empfang der Valuta abzustellen (BLAESER, 86; ZK-HIGI, N 33; TERCIER/FAVRE, Rz 3047 f.; BK-WEBER, N 23 ff.; **a.M.** CHRIST, 249; GUHL/KOLLER/SCHNYDER/DRUEY, § 45 Rz 8). Massgeblich ist also der Zinssatz, der am Fälligkeitsdatum am vereinbarten oder nach allgemeinen Regeln bestimmten Erfüllungsort üblich war (krit. zur effektiven Bestimmbarkeit eines üblichen Zinssatzes BLAESER, 86 ff.). Da die Auszahlung mangels anderer Abrede sofort fällig (Art. 75) und die Valuta i.d.R. Holschuld ist (Art. 313 N 5), ist im Zweifel der übliche Zinssatz am Domizil des Darleihers bzw. der Bank zur Zeit des Vertragsschlusses massgeblich (BLAESER, 86; MAURENBRECHER, Diss., 170). 2c

Lässt sich am (vereinbarten) Orte des Darlehensempfangs kein üblicher Zinssatz feststellen, gelten die entsprechenden Zinssätze der am nächstgelegenen Handelsplatz tätigen Banken. Fehlt es auch dort an einer Üblichkeit, gilt analog Art. 73 Abs. 1 **subsidiär ein Zinssatz von 5 %** (BLAESER, 22 und 88 f.; ZK-HIGI, N 37; BK-WEBER, N 21). 3

Bei der **«Art» des Darlehens** sind Sicherheit, Laufzeit, Höhe, Währung und Zweck (z.B. Warengeschäft, Investition, Refinanzierung etc.) in Betracht zu ziehen (BK-WEBER, N 22 m.w.H.). Ist das Darlehen auf unbestimmte Zeit gewährt, ist der übliche Zinssatz periodisch den geänderten Marktgegebenheiten anzupassen (vgl. auch CR CO I-BOVET/RICHA, N 2). 4

III. Berechnung der Zinsschuld (Abs. 2)

Nach Abs. 2 sind Zinse mangels anderer Abrede **Jahreszinse**, d.h., der Zins wird pro Jahr der Darlehensgewährung – also nicht pro Kalenderjahr – bemessen und auch jährlich postnumerando zur Zahlung fällig. 5

Grundsätzlich beruht die **Zinsbemessung** auf dem Kalenderjahr (häufig indiziert durch den Zusatz x% «per annum» oder «p.a.»), also auf 365 Tagen, wobei die Monate nach der Zahl ihrer Kalendertage berechnet werden (CHRIST, 250). Im Schweizer Bank- und Handelsverkehr wird das Jahr zu 360 Tagen unterteilt in 12 Monate zu je 30 Tagen berechnet. Vom 27. bis 28.2. werden also drei Zinstage berechnet. Der 31. Tag der Monate entfällt als Zinstag. In anderen Ländern bestehen andere **Usanzen**. In den USA und auf dem **Euromarkt** gelten die Jahre zu 360 Tagen; aber bei angebrochenen Jahren werden die einzelnen Kalendertage berechnet (BOEMLE et al., 1148). Eine besondere, auf Teilzahlungsdarlehen zugeschnittene Zinsberechnungsformel gilt überdies bei **Konsumkrediten** für die Berechnung des effektiven Jahreszinses (Art. 33 KKG). 6

Von der Zinsbemessung zu unterscheiden sind die **Zinsperioden**, mit deren Beginn jeweils eine neue Zinsforderung entsteht, die pro rata temporis anwächst und am Ende der Zinsperiode zur Zahlung fällig wird. Die Zinsperiode ist ebenfalls ein Jahr, sofern die Parteien nichts anderes vereinbart haben. Basierend auf solchen Abreden werden z.B. im Hypothekarbereich die auf den anwendbaren Jahres-Zinssatz bemessenen Zinsen i.d.R. am Ende von halb- oder vierteljährlichen Zinsperioden zu Zahlung fällig. Bei unterjährigen Darlehen oder wenn Zinsen als Einmalzahlung geschuldet sind (Art. 313 N 8b), entspricht die Zinsperiode der Vertragsdauer. 6a

IV. Beschränktes Zinseszinsverbot (Abs. 3)

7 Abs. 3 statuiert das Verbot der vorherigen Abrede, fällige Vertragszinsen zum Kapital zu schlagen und mit diesem weiter zu verzinsen (Zinseszinsabrede). Dieses Verbot gilt auch für periodische Kredit- und ähnliche Kommissionen, soweit sie als Darlehenszins qualifizieren (Art. 313 N 4a). Die **Beschränkung der Zinseszinsen** dient der Zinsklarheit und damit dem Schutz des breiten Publikums (GLANZMANN, Zinseszinsverbot, 442). Es gilt deshalb im **kaufmännischen Verkehr** (Art. 313 N 3) nur unter dem Vorbehalt anderer Übung, also insb. nicht im laufenden (ZWR 1996, 289) **Kontokorrentverhältnis** (Art. 117), wobei das BGer die Zulässigkeit von Zinseszinsen in (u.E. unnötig) einschränkender Auslegung an die Anerkennung des Saldos knüpft (vgl. BGE 130 III 694 E. 2.2.3 m.w.H. = Pra 2005, 492). Zulässig sind Zinseszinsen auch in ähnlichen Verhältnissen, wie sie namentlich im Verkehr mit Banken und Sparkassen vorkommen (PKG 1967, 38). Übungsgemäss zulässig ist namentlich auch das Darlehens-Disagio und der sog. Zero-Bond (BLAESER, 62; GLANZMANN, a.a.O., 440), wogegen die Kapitalisierung von Vertragszinsen im Rahmen von Private Equity und ähnlichen Finanzierungen (sog. «payment in kind»- oder **«PIK»-Zinsen**) angesichts der zitierten Rechtsprechung des BGer vorsichtigerweise mit periodischer Anerkennung des Saldos verbunden wird. Durch Umkehrschluss ergibt sich nach h.L. aus Abs. 3, dass nachträgliche Zinseszinsvereinbarungen, mit denen bereits fällige Zinszahlungen zum Kapital geschlagen werden, uneingeschränkt zulässig sind (GLANZMANN, a.a.O., 439 f.; VON TUHR/PETER, 76; **a.M.** MAURENBRECHER, Diss., 206). Eine solche nachträgliche Abrede kann auch stillschweigend, z.B. in Form einer einvernehmlichen Abrechnung erfolgen (vgl. BGE 130 III 697 = Pra 2005, 494 f.; BLAESER, 61; BK-WEBER, N 32).

7a Abs. 3 bezieht sich nur auf die **Kapitalisierung von Vertragszinsen** («Schneeballeffekt»), während der **Verzugszins auf verspätete Vertragszinsen** keinen Zinseszins i.S. dieser Bestimmung darstellt (ZK-HIGI, N 18). Uneingeschränkt zulässig ist deshalb auch beim Darlehen die Forderung von Schadenersatz wegen entgangener Zinsen i.S. eines Verspätungsschadens nach Art. 106, z.B. wenn die Kapitalmarktsätze über dem (gesetzlichen) Verzugszins liegen (vgl. BGE 130 III 320; MAURENBRECHER, Diss., 216; BK-WEBER, Art. 105 OR N 28; **a.M.** CHRIST, 256), ebenso die Forderung von Verzugszinsen auf Vertragszinsen ab Betreibung oder Klageanhebung (Art. 105 Abs. 1; SJ 1997, 148). Ebenfalls zulässig ist im Rahmen von Art. 105 Abs. 2 die vertragliche Abrede, dass auf fällige Vertragszinsen bereits ab Eintritt des Verzugs Verzugszinsen geschuldet sind (ZK-HIGI, N 39; BK-WEBER, Art. 105 OR N 20 f.).

V. Prozessuales

7b Ist die Verzinslichkeit des Darlehens aufgrund Vereinbarung oder Vermutung für den kaufmännischen Verkehr (Art. 313 N 1 ff.) erstellt, trägt der Darleiher die **Beweislast** für die Höhe des **Vertragszinssatzes**. Dieser ergibt sich häufig ohne Weiteres aus dem Vertrag (z.B. «x% p.a.»). Ist dagegen z.B. eine Verzinsung «in Höhe des Zinssatzes für zweite Hypotheken» vereinbart, ist derselbe für die ganze Darlehensdauer nachzuweisen. Andernfalls gilt analog Art. 73 Abs. 1 ein Vertragszinssatz von 5% – allerdings nur, soweit davon ausgegangen werden kann, dass der variable Satz über dieser Schwelle gelegen hätte (BGE 134 III 224 = Pra 2008, 913). Entgegen dem BGer kann aber ein ungenügender Nachweis der für die Höhe des Vertragszinses massgeblichen Tatsachen nicht zur Folge haben, dass ein verzinsliches zu einem unverzinslichen Darlehen wird (so zu Recht BK-WEBER, Art. 313 OR N 49). Vielmehr ist zu berücksichtigen, dass das Gesetz subsidiär auf den üblichen Zinssatz bzw. einen solchen von 5% abstellt (N 2c f.). In Anwendung von Art. 8 ZGB sollte deshalb jede Partei die Beweislast für einen zu ihren Gunsten von Art. 73 abweichenden Zinssatz treffen; mithin hat der Darleiher einen üblichen Zinssatz von über 5%, der Borger einen solchen von unter 5% nachzuweisen (BK-WEBER, N 21). Dabei sollte an den Nachweis eines üblichen Zinssatzes von unter 5% bei einwandfreier Bonität des Borgers bzw. entsprechenden Sicherheiten im heutigen Zinsumfeld keine allzu hohen Anforderungen gestellt werden (vgl. auch SCHMID, ZBJV 2011, 904 f.). Keines Nachweises bedürfen Vereinbarungen, die auf einen Marktzinssatz wie z.B. den LIBOR verweisen, weil diese als notorische Tatsachen i.S.v. Art. 151 ZPO gelten (vgl. BGE 135 III 90 = Pra 2009, 607 [für Umrechnungskurse von Währungen]; SCHMID, ZBJV 2011, 902 f.; WALTER, ZBJV 2011, 244; ZELLWEGER-GUTKNECHT, recht 2011, 139). Die frühere, entgegenstehende Rechtsprechung (BGE 134 III 224 E. 5.2 = Pra 2008, 920) dürfte angesichts des Inkrafttretens von Art. 151 ZPO überholt sein (vgl. SCHMID, ZBJV 2011, 902 f.).

Für den **Nachweis des** ab Eintritt des Verzugs mit einer Kapital- oder Zinsforderung massgeblichen **Verzugszinssatzes** ist wie folgt zu unterscheiden: **7c**
- Haben die Parteien über die Höhe des Verzugszinses **keine Abrede** getroffen, beträgt dieser auch beim Darlehen stets mindestens 5 % (Art. 313 N 7). Dies gilt nach richtiger Auffassung auch dann, wenn der (allenfalls tiefere) Vertragszinssatz variabel war und dieser nicht gehörig substantiiert bzw. nachgewiesen wurde (unklar BGE 134 III 224 E. 5 = Pra 2008, 920 f.). Denn nach Art. 104 Abs. 1 ist der 5 %ige Verzugszins selbst dann geschuldet, wenn das Darlehen a priori unverzinslich war.
- Haben dagegen die Parteien die Höhe des Verzugszinses durch Verweis auf einen Marktzinssatz oder sonst **vertraglich geregelt**, soll nach der Rechtsprechung Art. 104 Abs. 2 nicht zur Anwendung kommen (BGer, 27.8.2007, 4C_447/2006, E. 6.1) und der Darleiher ggf. die Folgen der Beweislosigkeit tragen, mit dem problematischen Ergebnis, dass er überhaupt keine Verzugszinsen zugesprochen erhält (BGE 134 III 224 E. 5 und 7 = Pra 2008, 920 f.). Diese Auffassung ist abzulehnen. Vielmehr sollte jede Partei die Beweislast für eine vom gesetzlichen Zinsfuss von 5 % (Art. 104 Abs. 1) abweichende Vereinbarung tragen (N 7b; BK-WEBER, N 21).

In der **Betreibung** ist eine Bezifferung der Zinsforderung nur erforderlich, wenn die Zinsen separat geltend gemacht werden (BGer, 2.2.2006, 5C_266/2005, E. 3.1). Andernfalls reicht die Angabe der Kapitalforderung, des Fälligkeitsdatums und des Zinssatzes (Art. 67 Abs. 1 Ziff. 3 SchKG; ZWR 2001, 35). Ein Darlehensvertrag gilt aber nur dann als provisorischer Rechtsöffnungstitel für die Zinse (Art. 318 N 34), wenn der Zinssatz schriftlich fixiert oder ohne weiteres bestimmbar ist (STÜCHELI, 373). **7d**

VI. IPR

Vgl. Art. 313 N 17. Die Frage, ob **Zinseszinsen** geschuldet sind, betrifft das Quantitativ der Schuld und untersteht somit dem **Vertragsstatut** (Art. 116/117 IPRG). Untersteht ein Darlehensvertrag ausländischem Recht, sind die hiesigen Zinseszins-Beschränkungen nicht anwendbar, da sie nicht als Teil des **Ordre public** gelten können. **8**

Art. 315

II. Verjährung des Anspruchs auf Aushändigung und Annahme	**Der Anspruch des Borgers auf Aushändigung und der Anspruch des Darleihers auf Annahme des Darlehens verjähren in sechs Monaten vom Eintritte des Verzuges an gerechnet.**
II. Prescription du droit à la délivrance et à l'acceptation	Le droit de l'emprunteur de réclamer la délivrance de la chose promise et celui du prêteur d'en exiger l'acceptation se prescrivent par six mois à compter du jour où l'autre partie est en demeure.
II. Prescrizione dell'azione per la consegna e per l'accettazione	L'azione del mutuatario per la consegna del mutuo e quella del mutuante per l'accettazione del medesimo si prescrivono col decorso di sei mesi dalla costituzione in mora.

Literatur

Vgl. die Literaturhinweise bei den Vorbem. zu Art. 305–318.

I. Normzweck

1 Art. 315 ist eine spezielle **Verjährungsbestimmung**, deren Anwendung sich nur auf die Hingabepflicht des Darleihers erstreckt (vgl. im Einzelnen ZK-HIGI, N 5 ff.). Offenbar mit Blick auf Kürze der Frist (sechs Monate) stellt das Gesetz für den Verjährungsbeginn auf den Verzug und nicht auf die Fälligkeit ab (vgl. MAURENBRECHER, Diss., 257; zur Problematik dieser Regelung N 4).

II. Aushändigungs- und Annahmeanspruch

2 Der **Aushändigungsanspruch**, d.h. der Anspruch des Borgers auf Übertragung des Eigentums an einer Summe Geldes oder an anderen vertretbaren Sachen, ergibt sich bereits aus Art. 312 (vgl. Art. 312 N 6 ff.; zum Verzug vgl. Art. 312 N 10a).

3 Ein mit dem **Aushändigungsanspruch** des Borgers korrelierender Anspruch des Darleihers auf Annahme der vereinbarten Geldsumme oder Sache besteht nur ausnahmsweise, z.B. beim partiarischen Darlehen (BUCHER, BT, 196; eingehend MAURENBRECHER, Diss., 147 ff.; **a.M.** VON TUHR/ESCHER, 86 f.). Diesbezüglich ist der Wortlaut von Art. 315 zumindest missverständlich. Dem Darleiher stehen in aller Regel lediglich die Rechte bei **Gläubigerverzug** zu (ZK-HIGI, Art. 312 OR N 83 f.; **a.M.** BK-WEBER, Art. 312 OR N 55 f., der dem Darleiher bei Annahmeverzug auch das Recht geben will, nach den Regeln des Schuldnerverzugs [Art. 102 ff.] vorzugehen, was vor Eintritt des Zinsverzugs nur ausnahmsweise in Frage kommt, namentlich wenn der Borger bereits zum Ausdruck bringt, seine eigene Leistung verweigern zu wollen). Demnach schuldet der Borger beim verzinslichen Darlehen ab Eintritt des Gläubigerverzugs den vereinbarten Zins (Art. 313 N 5) und der Darleiher kann sich von der Aushändigungspflicht durch Hinterlegung nach Art. 92 Abs. 1 befreien (HUGUENIN, OR AT/BT, Rz 3072; BK-WEBER, Art. 312 OR N 54 m.w.H.).

III. Verjährung

4 Festzuhalten ist zunächst, dass es sich um eine **echte Verjährungsvorschrift** handelt (**a.M.** BUCHER, BT, 196). Diese erstreckt sich einerseits auf den Schuldnerverzug des Darleihers mit der Valutierung. Andererseits beschränkt sie im Annahmeverzug des Borgers die Zeitspanne, während der der Darleiher die Valuta zur Verfügung zu halten hat (ZK-HIGI, N 6 ff.; **a.M.** offenbar BK-WEBER, N 14). Allerdings beginnt die (dispositive) kurze sechsmonatige Verjährungsfrist nicht wie nach Art. 130 üblich mit der Fälligkeit, sondern erst bei **Verzug** (BGE 20 1023; BK-WEBER, N 8 ff.). In der Regel muss somit der Darleiher durch **Mahnung** in Verzug gesetzt werden (Art. 102). Durch diese ungewöhnliche Verjährungsmodalität wird der vermutliche Zweck dieser Vorschrift, nämlich eine kurze Verjährung vorzusehen, mindestens teilweise vereitelt (vgl. CHRIST, 241 f.). Es gelten die allgemeinen Hemmungs- und Unterbrechungsgründe (ZK-HIGI, N 12; vgl. auch BGE 20 1020 ff.).

IV. IPR

5 Sowohl die Frage der Aushändigungs- und Annahmepflicht als auch die Verjährungsfrage unterstehen dem **Vertragsstatut** (vgl. Art. 148 Abs. 1 IPRG).

Art. 316

III. Zahlungsunfähigkeit des Borgers

[1] Der Darleiher kann die Aushändigung des Darlehens verweigern, wenn der Borger seit dem Vertragsabschlusse zahlungsunfähig geworden ist.

[2] Diese Befugnis steht dem Darleiher auch dann zu, wenn die Zahlungsunfähigkeit schon vor Abschluss des Vertrages eingetreten, ihm aber erst nachher bekannt geworden ist.

III. Insolvabilité de l'emprunteur

[1] Le prêteur peut se refuser à livrer la chose promise, si l'emprunteur est devenu insolvable depuis la conclusion du contrat.

[2] Il a ce droit même si l'insolvabilité est survenue avant la conclusion du contrat, et qu'il l'ait connue seulement après s'être engagé.

III. Insolvenza del mutuatario

[1] Il mutuante può ricusare la consegna delle cose mutuate, se dopo concluso il contratto il mutuatario è diventato insolvibile.

[2] Il mutuante ha tale diritto anche quando l'insolvenza esistesse prima della conclusione del contratto, se ne ebbe notizia solo dopo di questa.

Literatur

Vgl. die Literaturhinweise bei den Vorbem. zu Art. 305–318.

I. Normzweck; Abgrenzung

Nach h.L. ist Art. 316 lex specialis zu Art. 83 und geht als solche diesem vor (Bucher, BT, 195; Gauch, System, 104; ZK-Higi, N 4; **a.M.** Maurenbrecher, Diss., 192 f.). Für die Anwendung von Art. 83 bleibt danach zumindest vor Aushändigung der **Darlehenssumme** kein Raum (vgl. Art. 318 N 23). Wie Art. 83 will aber Art. 316 den vorleistungspflichtigen Vertragspartner schützen, und zwar vor den Risiken, die mit der Aushändigung der Valuta an einen zahlungsunfähigen Borger einhergehen (BGE 100 II 345 E. 4). 1

Art. 83 findet nur bei **synallagmatischen Verträgen** Anwendung, während Art. 316 auch für zinslose Darlehen gilt. Zudem statuiert Art. 83 primär ein **Zurückbehaltungsrecht** (Gauch/Schluep/Schmid/Emmenegger, Rz 2229; BK-Weber, N 9), Art. 316 dagegen ein sofortiges Rücktrittsrecht (N 11). 2

Sodann ergänzt Art. 316 die Vorschriften über die **Willensmängel**, und zwar in dreifacher Hinsicht: 3

Erstens werden nach Art. 316 Abs. 1 auch bzw. gerade **Ereignisse** berücksichtigt, die **nach Vertragsabschluss** eingetreten sind, während die Regeln über die Willensmängel – mit Ausnahme von Art. 24 Abs. 1 Ziff. 4 (vgl. dazu Art. 24 N 18 f.) – in solchen Fällen zum Vornherein nicht zur Anwendung gelangen. Gerade mit Bezug auf den Grundlagenirrtum besteht allerdings angesichts der Regelung von Art. 316 keine Notwendigkeit, einen «Irrtum über die zukünftige Zahlungsfähigkeit des Borgers» zuzulassen (gl.M. BK-Weber, N 16). 4

Zweitens knüpft Abs. 2 bei ursprünglicher **Zahlungsunfähigkeit** das Rücktrittsrecht des Darleihers an dessen Nichtwissen an, das nach h.L. zu vermuten ist (Bucher, BT, 195 m.Nw.). Somit hat der die Auszahlung verlangende Borger zu beweisen, dass seine Zahlungsunfähigkeit dem Darleiher bei Vertragsabschluss bekannt war. Eine fahrlässige Unkenntnis reicht regelmässig nicht (ZK-Higi, N 21; Tercier/Favre, Rz 3026 f.; **a.M.** CR CO I-Bovet/Richa, N 7 ff.). Dies gilt auch bei fahrlässiger Unkenntnis des Konkurses oder der fruchtlosen Pfändung des Borgers (**a.M.** ZK-Higi, N 23). 5

Drittens führen **Willensmängel** lediglich zur **Anfechtbarkeit**, während Art. 316 ein **Rücktrittsrecht** für den Darleiher vorsieht. Daneben gibt es Fälle, wo nur die Regeln über die Willensmängel zur Anwendung gelangen, so z.B. wenn der Darleiher über die Kreditwürdigkeit 6 des Borgers getäuscht wurde oder sich diesbezüglich in einem wesentlichen Irrtum befand, der Borger aber nicht i.S.v. Art. 316 zahlungsunfähig ist. Solche Fälle sind nach Art. 24 und 28 zu beurteilen und führen zur Anfechtbarkeit des Darlehensvertrages.

6a Zu beachten ist allerdings, dass sich die Berufung auf Willensmängel und auf Art. 316 gegenseitig ausschliessen. Beruft sich der Darleiher nämlich auf Art. 316, genehmigt er damit gleichzeitig den Vertrag nach Art. 31 (so zu Recht BK-WEBER, N 15).

II. Anwendungsbereich

7 Nach seinem Wortlaut gilt Art. 316 nur für die Zeit vor Auszahlung der **Darlehenssumme**, d.h. bis zum Empfang der Valuta durch den Borger; und zwar unabhängig davon, ob sich der Darleiher mit der Valutierung in Verzug befindet (MAURENBRECHER, Diss., 186 f.). Immerhin kann der Darleiher unter Berufung auf diese Bestimmung auch für noch nicht ausbezahlte Teilbeträge vom Vertrag zurücktreten (**Teilrücktritt**; CHRIST, 239; HUGUENIN, OR AT/BT, 3070 f.; BK-WEBER, N 21 ff.; WIEGAND/GEIGER, 134; **a.M.** ZK-HIGI, N 37 ff., der bei bloss teilweiser Valutierung eine «Kündigung ex nunc» für den valutierten und den nicht valutierten Teil postuliert). Eine analoge Anwendung von Art. 316 nach Auszahlung des Darlehens wurde vom BGer zu Recht abgelehnt (BGE 100 II 350; vgl. Art. 318 N 24 f.).

8 Auch beim Krediteröffnungsvertrag (vgl. Art. 312 N 27 ff.) findet Art. 316 uneingeschränkt Anwendung. Das bedeutet, dass auch der Kreditgeber bei **Zahlungsunfähigkeit** des Kreditnehmers die Auszahlung bzw. Wiederauszahlung von Kreditbeträgen verweigern und frühzeitig vom Vertrag zurücktreten kann (BK-WEBER, N 7).

8a Bei **Konsumkrediten** i.S. des KKG ist das Rücktrittsrecht nach Abs. 2 eingeschränkt, wenn der Darleiher bei der vorgeschriebenen Kreditfähigkeitsprüfung (Art. 22 KKG) gegen die Sorgfaltspflichten von Art. 31 Abs. 2 und 3 KKG verstösst (ZK-HIGI, N 24 ff.).

III. Voraussetzungen

9 Das **Rücktrittsrecht** des Darleihers nach Art. 316 besteht, wenn folgende zwei Voraussetzungen kumulativ erfüllt sind:

- Die Darlehenssumme ist noch nicht bzw. zumindest nicht vollständig an den Borger ausbezahlt (gl.M. BK-WEBER, N 23 f.; **a.M.** ZK-HIGI, N 32 ff.). Zu den Sonderfällen von Darlehensverlängerung und Vereinbarungsdarlehen vgl. MAURENBRECHER, Diss., 187.
- Der Borger wird nach Vertragsabschluss zahlungsunfähig, oder er war es schon bei Vertragsabschluss, aber der Darleiher wusste es nicht (vgl. N 5). **Zahlungsunfähigkeit** liegt vor, wenn der Borger auf absehbare Zeit nicht in der Lage ist, seine Verpflichtungen zu erfüllen (BGE 68 II 179). Beispiele sind neben Konkurs und Pfändung auch lang andauernde Stundung (BGE 105 II 29) sowie zahlen- und betragsmässig umfangreiche Betreibungen (KUKO OR-SCHWAIBOLD, N 3), Überschuldung (ZK-HIGI, N 15), vorübergehende Einstellung der Zahlungen (BUCHER, BT, 195) sowie die Nichtbegleichung mehrerer fälliger Forderungen des Darleihers (vgl. BK-WEBER, N 29 f.). Keine Zahlungsunfähigkeit liegt vor, wenn sich die Vermögenslage des Borgers lediglich verschlechtert hat oder er sich mit einer einzelnen fälligen Forderung in Zahlungsrückstand befindet.

10 Im Gegensatz zu Art. 83 ist es nach Art. 316 nicht erforderlich, dass Ansprüche des Darleihers gefährdet sind (ZK-HIGI, N 16). Der Darleiher kann somit auch dann vom Vertrag zurücktreten, wenn seine Rückforderung gesichert wird. Folglich kann der Borger den **Vertragsrücktritt** des Darleihers auch nicht durch Leistung einer vereinbarten oder freiwilligen **Sicherheit** vereiteln (CHRIST, 239; STÖCKLI, Synallagma, Rz 271).

IV. Rechtsfolgen

Gemäss h.L. ist der Darleiher nach Art. 316 über den Gesetzeswortlaut hinaus nicht nur zur Verweigerung der Valutierung des Darlehens, sondern darüber hinaus zum **Rücktritt** vom Vertrag mit Wirkung ex tunc berechtigt (CHRIST, 239; BK-WEBER, N 11, 37 m.w.H.; **a.M.** MAURENBRECHER, Diss., 190: blosses Leistungsverweigerungsrecht, ergänzt durch Recht zur Kündigung aus wichtigem Grund). Der Rücktritt kann auch nur einen Teil des Vertrages, nämlich den noch nicht ausbezahlten Teil, betreffen (N 7; BK-WEBER, N 37). Mit dem Rücktritt ist der Darlehensvertrag beendet. Der Darleiher hat somit nach h.L. auch keinen Anspruch auf allfällige Zinszahlungen (**a.M.** MAURENBRECHER, Diss., 240). Art. 316 sieht auch keine Schadenersatzpflicht des Borgers vor. Eine solche ist auch nicht ohne weiteres gerechtfertigt. Sie kann sich aber im Umfang des negativen Vertragsinteresses (BGE 105 II 75) aus **culpa in contrahendo** ergeben; so z.B. wenn der Borger seiner **Aufklärungspflicht** während der **Vertragsverhandlungen** nicht nachgekommen ist (ZK-HIGI, N 29; vgl. aber nachstehend N 13). 11

V. Sonderfragen

Der Darleiher ist ausserhalb des Anwendungsbereichs des KKG (Art. 312 N 30a) nicht verpflichtet, die Zahlungsfähigkeit und **Kreditwürdigkeit** des Borgers abzuklären (Art. 312 N 68a). Denn mit der Kreditaufnahme dokumentiert der Borger seine grundsätzliche Zahlungswilligkeit und -fähigkeit (vgl. BGE 102 IV 84). Dementsprechend kann sich der Borger nicht auf allfällige Nachlässigkeiten des Darleihers bei der Kreditvergabe berufen. 12

Umgekehrt trifft den Borger i.d.R. keine Pflicht, den Darleiher unaufgefordert über seine Vermögensverhältnisse aufzuklären (BGer, 22.6.2007, 4C.44/2007, E. 5). Hingegen kann der Borger im Falle von falschen oder unvollständigen Angaben schadenersatzpflichtig werden und der Vertrag allenfalls gestützt auf Art. 28 anfechtbar sein (WIEGAND/GEIGER, 135; vgl. auch BGer, a.a.O., E. 3). Darüber hinaus muss der Borger bei grösseren bzw. internationalen Darlehensgeschäften häufig gewisse **Zusicherungen** («Representations and Warranties») über sich bzw. sein Unternehmen abgeben (z.B. Richtigkeit der Angaben über die finanzielle Situation, Negativbestätigung betr. Prozesse und Verfahren etc.). Der Darleiher darf i.d.R. davon ausgehen, dass diese Erklärungen richtig sind. Sind sie unrichtig, kann der Darleiher – vorbehältlich einer positiven Kenntnis der Unrichtigkeit (Art. 2 Abs. 2 ZGB) – vor Auszahlung vom Vertrag zurücktreten bzw. nach Auszahlung den Vertrag ex nunc kündigen (Art. 318 N 20 f.). Fehlt es dagegen an einer expliziten Zusicherung des Borgers, ist zumindest im kommerziellen Grosskreditgeschäft der Banken, bei denen der Katalog der Representations and Warranties intensiv verhandelt wird, Zurückhaltung bei der Annahme einer entsprechenden Zusicherung geboten. In solchen Fällen kann sich der Kreditgeber auch nicht leichthin auf informelle Angaben des Kreditnehmers verlassen, soweit er sich deren Richtigkeit nicht hat besonders zusichern lassen (vgl. auch BGer, 8.2.2010, 4A_306/2009, E. 5.4.2). 13

VI. IPR

Die Frage des Rückbehaltungs- bzw. **Rücktrittsrechts** des Darleihers bei **Zahlungsunfähigkeit** bzw. Verschlechterung der finanziellen Lage des Schuldners untersteht dem Vertragsstatut. Auch die Frage der Rechtsbehelfe des Darleihers bei **Gefährdung** der Rückzahlung durch staatliche (z.B. devisenrechtliche) Massnahmen richtet sich – auch bei **Fremdwährungsdarlehen** – nach **Vertragsstatut**. 14

Art. 317

C. Hingabe an Geldes Statt

[1] Sind dem Borger statt der verabredeten Geldsumme Wertpapiere oder Waren gegeben worden, so gilt als Darlehenssumme der Kurswert oder der Marktpreis, den diese Papiere oder Waren zur Zeit und am Orte der Hingabe hatten.

[2] Eine entgegenstehende Übereinkunft ist nichtig.

C. Papiers-valeurs ou marchandises délivrés au lieu de numéraire

[1] Lorsque le prêt est d'une certaine somme d'argent et que l'emprunteur reçoit, au lieu de numéraire, des papiers-valeurs ou des marchandises, la somme prêtée s'évalue d'après le cours ou le prix courant à l'époque et dans le lieu de la délivrance.

[2] Toute convention contraire est nulle.

C. Consegna di cartevalori o di merci a vece di denaro

[1] Quando invece della convenuta somma di danaro siano date al mutuatario delle cartevalori o delle merci, la somma mutuata si valuta secondo il corso o il prezzo del mercato di tali cartevalori o merci al tempo e nel luogo della consegna.

[2] È nullo ogni patto contrario.

Literatur

Vgl. die Literaturhinweise bei den Vorbem. zu Art. 305–318.

I. Normzweck

1 Art. 317 ist eine zwingende Schutzvorschrift zugunsten des Borgers. Sie gilt nur für Darlehen, die in Geld zurückzuzahlen sind. Bei diesen soll der Borger davor geschützt werden, dass eine zu hohe **Darlehenssumme** vereinbart wird, welche ihm nicht in Geld, sondern in Wertpapieren oder Waren zur Verfügung gestellt wurde (vgl. auch BGer, 28.1.2009, 4A_482/2008, E. 3.4; BK-Weber, N 5 m.w.H.).

2 Abs. 1 ist Ausfluss des **Wertgebrauchsprinzips** (Art. 312 N 6 f.). Als Wert (Darlehenssumme) gilt nicht der vereinbarte, höhere, sondern der tatsächlich zur Verfügung gestellte Geldwert.

II. Anwendungsbereich

3 Abs. 1 setzt voraus, dass **Rückzahlung in Geld** vereinbart ist und damit ein Gelddarlehen vorliegt. Auf Natural- oder Wertpapierdarlehen findet Art. 317 keine Anwendung (BK-Weber, N 8). In diesem Sinne, nämlich als Abrede über die Rückzahlung, ist nach h.L. auch die Wendung «verabredete Geldsumme» zu verstehen. Danach ist Art. 317 nicht nur bei nachträglich vereinbarter Hingabe von Wertpapieren und/oder Sachen an Erfüllungs statt, sondern auch dann anwendbar, wenn von Anfang an vereinbart wurde, dass die Darlehenssumme dem Borger in Form von Wertpapieren oder Waren zu übergeben ist (BGer, 28.1.2009, 4. A_482/2008, E. 3.4; von Büren, BT, 111; ZK-Higi, N 8, 13; **a.M.** CR CO I-Bovet/Richa, N 2, 7; Bucher, BT, 195; BK-Weber, N 18). Entscheidend ist allein, dass die Rückzahlung in Geld zu erfolgen hat.

3a Abs. 1 setzt weiter voraus, dass die Valutierung des Gelddarlehens durch **Hingabe von anderen Werten an Erfüllungs statt** oder im Rahmen einer ihm eingeräumten Alternativermächtigung erfolgt ist. Nicht anwendbar ist Art. 317, wenn die Hingabe von anderen Werten lediglich **erfüllungshalber** erfolgt, da dort der Darleiher nur im Umfang des erzielten Veräusserungserlöses befreit wird (BK-Weber, N 10 m.w.H.). Übergibt der Darleiher die Wertpapiere oder Waren nicht (rechtzeitig) in der vereinbarten Menge oder Güte, gelten die Regeln für Naturaldarlehen (vgl. Art. 312 N 8) und der Borger ist nach den Regeln des

Schuldnerverzugs berechtigt, die Übereignung der fehlenden bzw. vertragsgemässen Werte zu verlangen (BK-Weber, N 20). Dagegen kann Verzugszins nur verlangt werden, falls bzw. solange die Valutierung in Geld geschuldet ist. Dies ist v.a. dann der Fall, wenn der Darleiher seine Hingabepflicht lediglich kraft einer Alternativermächtigung auch durch Hingabe von Wertpapieren oder Waren erfüllen kann (teilweise abw. BK-Weber, N 27).

Art. 317 ist auf die Valutierung durch Leistung von **Bucheffekten, Wertpapieren und anderen vertretbaren Sachen** mit Kurswert bzw. Marktpreis (z.B. Edelmetall- oder Rohwaren) zugeschnitten. Das Begriffspaar **Kurswert** oder **Marktpreis** ist sachlich dasselbe wie **Markt-** oder **Börsenpreis** (Art. 191 Abs. 3). Marktpreis ist der Preis, der infolge regelmässiger Geschäftsabschlüsse für die fragliche Ware zur Zeit und am Ort der Hingabe erzielt wird (BGE 49 II 84; 78 II 434). Ein Kurswert kann schon bei blosser Preisstellung an einen Markt («Geldkurse») bzw. ausserbörslichem Handel vorliegen (BK-Weber, N 22). 4

Abs. 1 gilt analog, wenn statt Geld **Speziessachen oder Forderungen** ohne Kurswert bzw. Marktpreis hingegeben werden (BGer, 28.1.2009, 4A_482/2008, E. 3.4). Darlehenssumme ist dann der Preis, der für solche Werte am entsprechenden Ort zur gegebenen Zeit üblicherweise bezahlt wird (CR CO I-Bovet/Richa, N 8; **a.M.** ZK-Higi, N 16; BK-Weber, N 23, die eine blosse Leistung erfüllungshalber annehmen, was – ebenso wie die Annahme eines contractus mohatrae (N 7) – nur bei entsprechender Parteivereinbarung angängig ist und überdies zur Nichtanwendbarkeit von Art. 317 führen müsste [N 3a]). Sind die Sachen unverkäuflich, kann der Borger nach Art. 102 vorgehen. Bei verzinslichen Darlehen kann er auch nach Art. 107 weiterhin die Erfüllung verlangen oder vom Vertrag zurücktreten. Im Rahmen der **Rückabwicklung** hat er die erhaltenen Sachen zurückzugeben. Ansonsten hat aber der Borger kein Wahlrecht, entweder die erhaltenen Sachen oder die vereinbarte Geldsumme zurückzugeben. 5

Art. 317 ist grundsätzlich nicht analog anwendbar auf **Rückerstattungsleistungen** an Geldes statt (**a.M.** ZK-Higi, N 12). Mit Blick auf den Schutzzweck der Norm kann sich eine analoge Anwendung aber aufdrängen, wenn der Borger unter Druck des Darleihers oder aus einer Notlage heraus handelt. 5a

Nicht anwendbar ist Art. 317 auf Fälle des **Kreditkaufs**, in denen der Darleiher dem Borger Wertpapiere, Waren oder Forderungen verkauft, den Kaufpreis aber stundet oder in ein Darlehen umwandelt (BGer, 28.1.2009, 4A_482/2008, E. 3.4). Erforderlich ist in diesem Fall immerhin, dass die Parteien den Kaufpreis festlegen, wobei sie innerhalb der Schranken der Vertragsfreiheit nicht an den Marktpreis gebunden sind (Christ, 233). Immerhin kann ein überhöhter Preis für einen vom Borger nicht benötigten Kaufgegenstand auf ein simuliertes Geschäft hindeuten (BGer, a.a.O.). Weiter sind ggf. die Schutzbestimmungen des KKG anwendbar. 6

Als Schutzvorschrift zugunsten des Borgers ist Art. 317 nicht gegen ihn anzuwenden (Christ, 238; BK-Weber, N 12, 32; **a.M.** Tercier/Favre, Rz 3032). Liegt der verabredete Wert unter dem nach Abs. 1 massgeblichen **Kurs-** oder **Marktwert**, ist die Vereinbarung gültig. Ebenso, wenn der Darleiher dem Borger Wertpapiere oder andere Sachen mit der Massgabe der Veräusserung übergibt und der tatsächlich erzielte Erlös als Darlehenssumme vereinbart ist (sog. **contractus mohatrae**). Wenn im letzteren Fall der Borger den Verkauf unterlässt, ist zum Schutz des Darleihers der Darlehensbetrag auf den objektiven Verkaufswert zur Zeit und am Ort der Hingabe (Abs. 1) festzusetzen (Christ, 239), wobei auf den vertragsgemässen Erfüllungszeitpunkt und -ort abzustellen ist (Maurenbrecher, Diss., 185; teilweise abweichend ZK-Higi, N 23 f.). 7

III. Rechtsfolge

7a Wurde ein Gelddarlehen durch Hingabe von Waren oder Wertpapieren valutiert, legt Abs. 1 deren Marktpreis oder Kurswert (N 4) als Darlehenssumme fest. Dabei kommt es in zeitlicher Hinsicht nicht auf die effektive Eigentumsübertragung, sondern auf die Fälligkeit der Auszahlung des Darlehens, also den vereinbarten Übergang der Sachwerte an (MAURENBRECHER, Diss., 185; BK-WEBER, N 25 f.6; **a.M.** CHRIST, 237 f.; ZK-HIGI, N 24). Auch in örtlicher Hinsicht kommt es nicht auf den effektiven, sondern auf den vertragsgemässen bzw. nächstgelegenen Erfüllungsort an (vgl. ZK-HIGI, N 23; MAURENBRECHER, Diss., 185; teilweise abw. BK-WEBER, N 29).

8 Nach der ausdrücklichen Vorschrift von Abs. 2 sind von Abs. 1 abweichende Abreden zu Lasten des Borgers **nichtig**. Nichtig wären dementsprechend z.B. Abreden, die börsengängige Wertpapiere zum Kurswert am vorangegangenen Quartalsende oder – bei aufgeschobener Valutierung – mit dem Kurswert am Tag des Vertragsschlusses zu bewerten. Unzulässig wäre auch, eine gefährdete Forderung zu 100% des Nennwerts zu veranschlagen, soweit der Borger für das übernommene Kreditrisiko nicht zinsmässig entsprechend entschädigt wird.

8a Die Nichtigkeitsfolge erstreckt sich nur auf die unzulässige **Wertbestimmungsklausel**, nicht auf den Darlehensvertrag als Ganzes (BK-WEBER, N 31).

IV. Prozessuales

9 Weichen die vertraglich vereinbarte Rückzahlungsverpflichtung und der erzielte oder erzielbare Preis der hingegebenen Sachen zu Lasten des Borgers voneinander ab, hat der Borger den letzten Marktpreis bzw. (Kurs-)Wert (N 4 f.) zum (verabredeten) Zeitpunkt der Hingabe zu beweisen. Wurde als Darlehenssumme der tatsächlich erzielte Preis vereinbart (contractus mohatrae, N 7), liegt die **Beweislast** ebenfalls beim Borger.

Art. 318

D. Zeit der Rückzahlung	**Ein Darlehen, für dessen Rückzahlung weder ein bestimmter Termin noch eine Kündigungsfrist noch der Verfall auf beliebige Aufforderung hin vereinbart wurde, ist innerhalb sechs Wochen von der ersten Aufforderung an zurückzubezahlen.**
D. Temps de la restitution	Si le contrat ne fixe ni terme de restitution ni délai d'avertissement, et n'oblige pas l'emprunteur à rendre la chose à première réquisition, l'emprunteur a, pour la restituer, six semaines qui commencent à courir dès la première réclamation du prêteur.
D. Tempo della restituzione	Un mutuo la cui restituzione non sia stata pattuita entro un dato termine, né dietro un determinato preavviso, né al verificarsi della richiesta a gradimento del mutuante, deve restituirsi entro sei settimane dalla prima richiesta.

Literatur

Vgl. die Literaturhinweise bei den Vorbem. zu Art. 305–318.

I. Normzweck

1 Art. 318 *enthält einen Auffangtatbestand*. Er regelt die ordentliche **Beendigung** des Darlehensvertrages für den Fall, dass die Parteien selber keine andere Lösung vereinbart haben (ZK-HIGI, N 3 ff.). Aus Art. 318 ergibt sich somit auch, dass Regeln über die Beendigung

nicht zum notwendigen Inhalt des Darlehensvertrages gehören. Schliesslich fällt auf, dass Art. 318 nach seinem Wortlaut nur die Beendigung durch den Darleiher regelt (vgl. N 6).

Mit der Statuierung der Rückzahlungspflicht des Borgers regelt Art. 318 die **Folgen der Beendigung** des Darlehensvertrags nur rudimentär. Allgemein und unabhängig vom Beendigungsgrund (Zeitablauf, Wirksamwerden der ordentlichen oder ausserordentlichen Kündigung) gilt, dass mit der Beendigung des Darlehensverhältnisses die Belassungspflicht des Darleihers und eine allfällige vertragliche Zinspflicht des Borgers «ex nunc» erlischt und sich das Dauerverhältnis in ein Abwicklungsverhältnis zwecks Abwicklung von rückständigen Leistungen, Rückgabe- und Ersatzansprüchen wandelt (ZK-HIGI, N 58 ff. m.Nw.; MAURENBRECHER, recht 2003, 189). **1a**

II. Anwendungsbereich

Wie vom Gesetzestext vorgegeben, ist der Anwendungsbereich von Art. 318 vorerst negativ abzugrenzen. So ist Art. 318 nicht anwendbar bei Darlehen auf **bestimmte Dauer**. **2**

Ein Darlehen ist auf bestimmte Dauer eingegangen, wenn die Dauer (bzw. eine **Mindestdauer**) oder der (allenfalls frühestmögliche) **Endzeitpunkt** des Darlehens **bestimmt oder bestimmbar** ist. Dauer und Endzeitpunkt können kalendermässig oder – wie bei einem Darlehen «auf Lebenszeit» – durch ein sicher eintretendes Ereignis bestimmt werden (GAUCH, System, 20), allenfalls analog Art. 309 auch durch den Verwendungszweck des Darlehens (ZK-HIGI, N 15). Das BGer hat die Anwendung von Art. 318 auf ein Darlehen, das «sobald nach Geschäftsergebnis möglich» zurückzuzahlen war, abgelehnt. Es qualifizierte dies als Darlehen auf bestimmte (bzw. bestimmbare) Dauer und verweigerte dem Darleiher die Berufung auf Art. 318 (BGE 76 II 144; ZBJV 1952, 376). Im Ergebnis ist diesem Entscheid zuzustimmen. Zu präzisieren ist allerdings die Argumentation: Bestimmt ist nämlich bei diesem Darlehensvertrag nur die Mindestdauer. Der Darleiher hat sich verpflichtet, mit der Rückforderung mindestens so lange zu warten, bis das Geschäftsergebnis die Rückzahlung erlaubt. Diese Verpflichtung ist im Rahmen von Art. 27 ZGB zulässig (**a.M.** offenbar CHRIST, 255). Dagegen wurden Darlehen, die «langfristig» (RFJ 2008, 187 f.), «baldmöglichst» (LGVE 1981, 61), «monatlich gemäss Mittel» (SJZ 1956, 28; ähnlich SJZ 1945, 239; 1946, 93) oder in jährlichen Raten (SJZ 2003, 591) zurückzuzahlen waren, als Darlehen auf unbestimmte Dauer qualifiziert und dem Darleiher das Beendigungsrecht gem. Art. 318 zuerkannt. **3**

Weiter ist Art. 318 nicht anwendbar bei Darlehen, bei denen jederzeitige und **sofortige Rückzahlung** verlangt werden kann. Dabei ergibt sich aus dem Gesetzestext, dass eine derartige Vereinbarung (unter Vorbehalt des Rechtsmissbrauchs) zulässig ist (BGer, 23.6.1998, 4C.410/1997, E. 4d = Pra 1998, 832; **a.M.** SPIRO, 1183 f.) und unter Beachtung der diesbez. Regeln und vorbehältlich einer abweichenden Individualabrede auch in **AGB** erfolgen kann (BGE 70 II 212 = Pra 1944, 431; GUGGENHEIM/GUGGENHEIM, Rz 321 f.; MAURENBRECHER, Diss., 232; BK-WEBER, N 21; **a.M.** für den Konsumentenbereich, SCHMID, Grundpfandrechte, 111). Von der sofortigen Fälligkeit infolge jederzeitiger Kündbarkeit ist die sofortige Fälligkeit infolge ausserordentlicher Beendigung, z.B. wegen Verzugs (N 22 ff.) zu unterscheiden. **4**

Sodann ist Art. 318 nicht anwendbar, wenn die Parteien andere Beendigungsmodalitäten, insb. **Kündigungsfristen**, vereinbart haben, was zulässig ist. Zulässig ist auch die Vereinbarung von unterschiedlichen Beendigungsmodalitäten (auch unterschiedlichen Kündigungsfristen) für Darleiher und Borger (BK-WEBER, N 7). Ohne gegenteilige Vereinbarung ist allerdings Parität der Fristen und Modalitäten anzunehmen (so z.B. auch § 488 BGB, der allerdings auch nicht zwingend ist: Palandt-PUTZO, § 488 N 2). **5**

Somit ist Art. 318 nur anwendbar bei Darlehen auf **unbestimmte Dauer**, bei denen die Beendigungsmodalitäten durch die Parteien nicht vereinbart sind. Als Darlehen auf unbestimmte Dauer gilt dabei auch das Darlehen, dessen vereinbarte **Mindestdauer** abgelaufen ist (BK- **6**

WEBER, N 33 m.w.H.). Dagegen soll nach h.L. eine auf Art. 318 gestützte Kündigung vor Valutierung unzulässig sein (ZK-HIGI, N 61; BK-WEBER, N 57; **a.M.** MAURENBRECHER, Diss., 233 ff.). Trotz fehlender ausdrücklicher Regelung im Gesetzestext gilt Art. 318 in seinem Anwendungsbereich auch für den Borger, allerdings nur bei verzinslichen Darlehen (vgl. ZK-HIGI, N 28 f.; BK-WEBER, N 9; WIEGAND/GEIGER, 120). Zudem ist die Sechswochenfrist nur für das Ende der Zinszahlungspflicht von Bedeutung. Der Borger hat den vereinbarten Zins bis zum Ablauf der Sechswochenfrist zu bezahlen, auch wenn er die Darlehenssumme vorher zurückbezahlt (vgl. Art. 312 N 13). Bei unverzinslichen Darlehen ist Art. 318 für den Borger ohne praktische Bedeutung (BK-WEBER, N 9).

III. Rechtsfolgen

7 Nach Art. 318 wird das Darlehen durch Aufforderung des Darleihers innert sechs Wochen (Art. 77 Abs. 1 Ziff. 2) zur Rückzahlung fällig (ZK-HIGI, N 65 ff.). Mit Ablauf der Sechswochenfrist endet der Vertrag (BGer, 22.12.2011, 4A_699/2011, E. 3; MAURENBRECHER, Diss., 243; BK-WEBER, N 15) und der Borger kommt ohne weiteres in **Verzug** (Art. 102 Abs. 2; ZWR 1991, 387 und 1996, 290; BK-WEBER, N 17 m.w.H.). Damit wird der Borger verzugszins- und schadenersatzpflichtig (Art. 312 N 14).

IV. Abweichende Vereinbarungen

1. Zulässigkeit und Schranken

8 Nach Art. 318 sind anderslautende Vereinbarungen über die Beendigung von Darlehen zulässig. Solche Vereinbarungen können von den Parteien innerhalb der Schranken der **Vertragsfreiheit** beliebig getroffen werden (N 4; vgl. auch ZK-HIGI, N 20).

9 Zulässig (vgl. N 4) ist die Vereinbarung, wonach das Darlehen für beide Parteien jederzeit und sofort beendet (gekündigt) werden kann (sog. Rückzahlung «auf beliebige Aufforderung»). Unter dem Vorbehalt einer allfälligen **Übervorteilung** (Art. 21) oder unzulässigen **Selbstbindung** (Art. 27 ZGB) kann dieses Recht auch nur einer der Parteien eingeräumt werden (vgl. N 5), was die meisten Banken in ihren Verträgen und AGB tun. Umgekehrt behält sich der Borger nicht selten das Recht vor, das Darlehen jederzeit sofort ganz oder teilweise «zurückzuzahlen» (d.h. zu kündigen), während der Darleiher eine bestimmte Kündigungsfrist einzuhalten hat.

9a Zulässig sind auch die bei Verbriefungen häufig anzutreffenden Klauseln, wonach der Darleiher darauf verzichtet, Zwangsvollstreckungsmassnahmen gegen den Borger zu ergreifen (sog. **«non-petition»**-Klausel), und/oder sich verpflichtet, seine Ansprüche auf die vorhandenen bzw. verwertbaren Nettoaktiven des Borgers (sog. **«limited recourse»**-Klausel) bzw. den Verwertungserlös der gestellten Sicherheiten (sog. «non-recourse»-Klausel) zu beschränken (vgl. BGer, 31.5.2011, 4A_370/2010, E. 3.1).

10 Dagegen ist das **ewige Darlehen**, d.h. der völlige **Ausschluss** einer ordentlichen Kündigung für den Geldgeber, wegen Verstosses gegen Art. 27 ZGB unzulässig (GAUCH, 24; MAURENBRECHER, Diss., 242 f., mit dem Hinweis, dass auch «ewige» Darlehen im **Konkurs** des Borgers fällig werden und zu kollozieren sind; **a.M.** BGE 76 II 145 [obiter] und die h.L.; vgl. CHRIST, 259 m.Nw.; ZK-HIGI, N 25; BK-WEBER, N 27). Etwas anderes gilt aber für ewige Obligationenanleihen und andere handelbare Darlehensforderungen, da dort der Investor über den Verkauf der Titel bzw. Forderungen sein Geld zurückerhält, weshalb sich das Problem einer übermässigen Bindung (Art. 27 ZGB) nicht stellt (vgl. auch CHRIST, a.a.O.; BÖSCH, Finanzinstrumente, 52 f., der darauf hinweist, dass bei Banken und Versicherungen solche Vertragsgestaltungen aufsichtsrechtlich ausdrücklich anerkannt sind). Im Übrigen dürfte es sich aber bei ewigen «Darlehen» je nach Sachlage eher um bedingte **Schenkungen** oder **Renten**

handeln. Ebenso unzulässig ist eine ewige Bindung des Borgers bei verzinslichen Darlehen (Art. 27 ZGB; BGE 76 II 146; zur Höchstdauer vgl. N 12), wogegen sich der Borger bei unverzinslichen Darlehen i.d.R. durch vorzeitige Rückzahlung (Art. 312 N 13) befreien kann.

Damit stellt sich die Frage nach der zulässigen **Höchstdauer** der vertraglichen Bindung (**a.M.** ZK-Higi, N 21; BK-Weber, N 23 ff., die unter Verweis auf das flexible Verbot der übermässigen Selbstbindung auf diesbezügliche Regeln verzichten wollen). Besondere Umstände vorbehalten liegt die zulässige Höchstdauer für den **Darleiher** in Anlehnung an Art. 509 Abs. 3 bei 20 Jahren (Christ, 259; **a.M.** z.B. KUKO OR-Schwaibold, N 6). Ein zulässiger Sonderfall ist das Darlehen auf Lebenszeit des Darleihers, sofern der Darleiher eine natürliche Person ist (sog. **Fatalfrist**; BGE 100 II 348 f.; Christ, 259; Spiro, 1246 ff.). Eine Bindung des Darleihers über 20 Jahre ist überdies zulässig, wenn das Darlehen grundpfandgesichert ist oder wenn die Rückforderung in einem Wertpapier oder einer Bucheffekte verkörpert und darum leicht veräusserbar ist (N 10). Wird die zulässige Bindungsdauer überschritten, ist sie nach Art. 20 Abs. 2 auf das erlaubte Mass zu reduzieren (KUKO OR-Schwaibold, N 6; unzutreffend ZK-Higi, N 25). **11**

Bei verzinslichen Darlehen beträgt die **Höchstdauer** für den **Borger** in Anlehnung an Art. 788 Abs. 1 Ziff. 2 ZGB grundsätzlich 30 Jahre. Besondere Umstände vorbehalten ist der Borger nach Ablauf von 30 Jahren berechtigt, das Darlehen unter Einhalten der gesetzlichen Sechswochenfrist oder einer vertraglich vereinbarten Frist zu kündigen und sich durch Rückzahlung von der Zinszahlungspflicht zu befreien (Christ, 259; Spiro, 1257 ff.). Besondere Umstände, welche eine vorzeitige Rückzahlung ausschliessen, können wiederum bei Darlehen auf Lebenszeit und grundpfandgesicherten Darlehen vorliegen. Auch sind im Kapitalmarkt auch länger als 30 Jahre laufende Anleihen gängig, z.B. 50-jährige Bundesanleihen. **12**

2. Ordentliche und ausserordentliche Beendigung

Innerhalb der vorstehend dargelegten Schranken können die Parteien Regeln über die ordentliche und ausserordentliche **Beendigung** des Darlehens frei vereinbaren. Zulässig sind insb. auch Klauseln, welche das Kündigungsrecht an die subjektive Einschätzung einer Partei (z.B. nach Auffassung der Bank wesentliche Verschlechterung der Vermögenslage des Borgers oder Verminderung des Werts von Sicherheiten) knüpfen (Wiegand/Geiger, 121). **13**

Keine besonderen Probleme ergeben sich bei der Regelung der **ordentlichen Beendigung**. Je nach Vereinbarung handelt es sich um ein Darlehen auf bestimmte oder unbestimmte Dauer (N 3 ff.). Oft ist auch nur die **Mindestdauer** bestimmt. Wird die Rückzahlung auf einen bestimmten Termin vereinbart, so ist darin i.d.R. eine **Verfalltagsabrede** i.S.v. Art. 102 Abs. 2 zu sehen. Der Borger gerät dann mit unbenütztem Ablauf dieses Termins ohne **Mahnung** in **Verzug**. **14**

Bei kommerziellen Darlehen wird häufig auch die **ausserordentliche** (vorzeitige) **Vertragsbeendigung** vertraglich geregelt. Insbesondere die Verträge und AGB der Banken enthalten i.d.R. solche Bestimmungen (vgl. Bieri, 55). Dabei stehen die ausserordentlichen Beendigungsrechte zugunsten des Darleihers klar im Vordergrund. Parität zwischen Darleiher und Borger ist auch hier nicht erforderlich. In Anlehnung an den englischen Sprachgebrauch bei Anleihen wird die vorzeitige Kündigung von Darlehen auch **Akzeleration** genannt (vgl. Art. 313 N 8). **15**

Zulässig ist zunächst die allgemeine Bestimmung, dass eine oder beide Parteien das Darlehen aus **wichtigen Gründen** jederzeit kündigen können, sei es sofort oder innert vereinbarter Frist. **16**

Häufig werden die Fälle (**wichtige Gründe**), in denen insb. der Darleiher das Darlehen vorzeitig kündigen kann, samt deren Folgen im Vertrag genauer umschrieben (vgl. auch BK-Weber, N 38 ff.). Dabei sind die Parteien in der Umschreibung der Kündigungsgründe frei. Im **17** kommerziellen Kreditgeschäft der Bank- und Finanzinstitute hat sich dabei in Anlehnung an die Verhältnisse auf den internationalen Kapitalmärkten eine gewisse Typologie und Terminologie entwickelt (ARPAGAUS, 225 ff.; DAENIKER, 183 ff.). Von Bedeutung sind insb. folgende häufig anzutreffenden Klauseln:

18 Die **Negativklausel** (sog. **Negative Pledge Clause**) verpflichtet den Borger, bei späteren Darlehensaufnahmen (und allfälligen Anleihensemissionen) den neuen Gläubigern ohne Zustimmung des Darleihers keine oder nur bestimmte Sicherheiten zu gewähren, wobei häufig die (bekannten) bestehenden und gewisse neue Sicherheiten von der Verpflichtung ausgenommen sind. Damit soll das Haftungssubstrat des Borgers bewahrt werden (EMCH/RENZ/ARPAGAUS, Rz 1416). Negativklauseln beschränken die Verfügungsmacht des Borgers jedoch nicht, weshalb Verfügungen, die gegen die Negativklauseln verstossen, rechtswirksam sind (vgl. BALMER, 133 ff.). Dies gilt selbst dann, wenn der Gläubiger von der Negativklausel Kenntnis hatte (KUHN, § 3 Rz 35). Im Falle der sog. Gleichbehandlungsklauseln verpflichtet sich der Borger zusätzlich, die früheren Gläubiger gleichmässig an den späteren Gläubigern gewährten Rechten (insb. Sicherheiten) teilhaben zu lassen (vgl. DAENIKER, 183 f.; KUHN, § 3 Rz 36, mit möglichen Formulierungsvarianten). Verletzt der Borger diese Verpflichtung, ist der Darleiher i.d.R. vertraglich berechtigt, das Darlehen sofort zu kündigen, und er kann Schadenersatz geltend machen (ARPAGAUS, 244; MALACRIDA, 150 Anm. 56). Die Negativklausel ist meistens mit einer **Pari-Passu-Klausel** kombiniert (vgl. Art. 312 N 18).

19 Die **Drittverzugsklausel** (sog. **Cross-Default-Klausel**) berechtigt den Darleiher i.d.R. zur sofortigen Kündigung, wenn der Borger mit der Erfüllung bestimmter Verbindlichkeiten unter einem anderen Vertrag in **Verzug** gerät. Häufig ist die Klausel so formuliert, dass eine Kündigung nur möglich ist, wenn bei einer anderen Verbindlichkeit der Verzug infolge Fälligstellung eingetreten ist, und nicht schon, wenn der Gläubiger der anderen Verbindlichkeit zur Fälligstellung und Inverzugsetzung berechtigt wäre (BOEMLE et al., 281). Weiter ist der Anwendungsbereich der Cross-Default-Klausel häufig auf den (Dritt-)Verzug mit Verbindlichkeiten eines bestimmten Typus (z.B. aus Finanzierungsverträgen) und/oder einer bestimmten Mindesthöhe beschränkt (ARPAGAUS, 258 f.).

20 Mit sog. **Covenants** verpflichtet sich der Borger, während der Vertragsdauer bestimmte Handlungen vorzunehmen oder zu unterlassen, z.B. dem Darleiher während der ganzen Darlehensdauer gewisse Informationen (z.B. Jahresrechnungen, Revisions- und Geschäftsberichte etc.) zukommen zu lassen und/oder gewisse Finanzeckwerte (z.B. Nettoaktiven, Verhältnis zwischen kurz- und langfristigen Verbindlichkeiten, Zinsdeckungsgrad etc.) einzuhalten oder andere wirtschaftliche Eckwerte nicht zu verändern (z.B. keine wesentlichen Akquisitionen oder Veräusserungen; vgl. dazu und zu weiteren Covenants, KUHN, § 3 Rz 31 ff.; MALACRIDA, 138 ff.). Mit sog. **Representations and Warranties** gibt der Borger Zusicherungen über das Unternehmen per Vertragsabschluss bzw. Valutierung ab (vgl. Art. 316 N 13).

21 Letztlich handelt es sich bei diesen Klauseln um besondere Verzugs- und Nichterfüllungstatbestände, die nicht nur zu Schadenersatz berechtigen, sondern zudem durch vertragliche Abmachung zu vorzeitigen Beendigungsgründen **(wichtigen Gründen)** werden. Wie beim Verzug setzt das Beendigungsrecht der einen Partei nicht voraus, dass die andere Partei den Eintritt des Beendigungsgrundes verschuldet hat.

V. Ausserordentliche Beendigung

22 Auch ohne entsprechende Vereinbarung ist der Darleiher unter bestimmten Voraussetzungen *nach Gesetz zur vorzeitigen* (ausserordentlichen) **Beendigung (Kündigung)** des Darlehens berechtigt, so beim verzinslichen Darlehen nach den allgemeinen Verzugsregeln (Art. 107; vgl. Art. 313 N 8), wenn der Borger die **Zinsen** nicht bezahlt, und bei allen (verzinslichen und unverzinslichen) Darlehen, wenn der Borger eine andere vereinbarte und im Synallagma stehende Leistung (z.B. eine **Abschlagszahlung** oder eine **Sicherheit**) nicht erbringt (MAURENBRECHER, Diss., 221 m.Nw.).

Dagegen kann der Darleiher gemäss h.L. und Rechtsprechung bei blosser **Gefährdung** der Zinsforderung nach Aushändigung der Darlehenssumme nicht nach Art. 83 Abs. 2 vorgehen, d.h. Sicherheit verlangen und bei deren Nichtleistung vom Vertrag zurücktreten (BGE 100 II 345; CHRIST, 240; **a.M.** GAUCH, System, 104 f.; ZK-HIGI, N 40, 47). Vielmehr muss der Darleiher warten, bis der Zins fällig wird, um dann ggf. nach den Verzugsregeln vorzugehen (vgl. N 22). Beim unverzinslichen Darlehen kommt Art. 83 ohnehin nicht zur Anwendung (Art. 316 N 2). **23**

Der Darleiher kann auch über die im Gesetz ausdrücklich geregelten ausserordentlichen Beendigungsrechte (Art. 107) hinaus und ohne ausdrückliche Vereinbarung berechtigt sein, das Darlehen aus **wichtigem Grund** vorzeitig, d.h. vor Ablauf der bestimmten (Mindest-)Dauer, oder ausserhalb der vereinbarten Kündigungsfristen und -termine zu beenden, also zu kündigen (BGE 128 III 431; GAUCH, System, 186 ff.; BK-KRAMER, Allg. Einl. in das Schweizerische OR, N 164; MAURENBRECHER, Diss., 235 ff.; **a.M.** BUCHER, BT, 197; CHRIST, 257 f.). **24**

Ein wichtiger Grund ist ein Grund, bei dessen Eintritt einer oder beiden Parteien die Fortsetzung des **Dauervertrages** nach **Treu und Glauben** (BK-KRAMER, a.a.O.) bzw. wegen **unzumutbarer Einschränkung ihrer Persönlichkeitsrechte** (BGE 128 III 431 f.; zu Recht krit. WIEGAND/GEIGER, 123 m.Nw.) nicht mehr zugemutet werden kann. Ob im Einzelfall ein wichtiger Grund vorliegt, entscheidet das Gericht nach seinem Ermessen (Art. 4 ZGB) i.S. einer Billigkeitsentscheidung aufgrund objektiver Interessensabwägung (BK-WEBER, N 48 ff.), wobei ein strenger Massstab anzulegen ist (BERTSCHINGER, SJZ 1996, 372). Dabei sind die konkreten Umstände der Darlehensgewährung zu berücksichtigen, namentlich die verbleibende (Mindest-)Vertragsdauer, die Motive des Vertragsschlusses und die Frage, ob der Darleiher eine marktübliche Verzinsung erhält (ZK-HIGI, N 52; vgl. auch BGE 128 III 432; MAURENBRECHER, recht 2003, 184 f.). Das BGer unterscheidet zwischen wirtschaftlicher Unzumutbarkeit und persönlicher Unzumutbarkeit. Eine wirtschaftliche Unzumutbarkeit kann etwa bei zinslosen Darlehen mit Laufzeiten von über 10 Jahren gegeben sein, wenn die Darleiherin auf das Geld für den Aufbau der eigenen Altersvorsorge angewiesen ist (BGer, a.a.O., E. 4). Dagegen spricht ein angemessenes Entgelt gegen eine **wirtschaftliche Unzumutbarkeit** (BGer, a.a.O., E. 3b; HUGUENIN, OR AT/BT, Rz 3087). Zudem ist der Darleiher, insb. der gewerbsmässig tätige, gehalten, die mit der Darlehensgewährung verbundenen Risiken zu beurteilen. Eine Fehlbeurteilung des Darleihers, z.B. betr. Bonitätsentwicklung des Borgers, kann angesichts der in Art. 316 zum Ausdruck kommenden gesetzgeberischen Wertung nicht zum wichtigen Grund werden, der die vorzeitige Beendigung des Darlehens durch den Darleiher rechtfertigt (BGE 100 II 345 E. 4; SJ 1994, 729 E. 3a; BGer, 30.8.2011, 4A_513/2010; BERTSCHINGER, SJZ 1996, 372 ff.; MAURENBRECHER, recht 2003, 186 f.; WIEGAND/GEIGER, 129; **a.M.** GRUBER, Die Kündigung des Darlehensvertrages aus nichtigem Grund, SJZ 1996, 29; LOMBARDINI, 835 Anm. 38; differenzierend BERTHEAU, 56 f.; widersprüchlich ZK-HIGI, Art. 316 OR N 39, Art. 318 OR N 53). Dagegen können u.U. in der Person einer Vertragspartei liegende Gründe, wie z.B. Austritt aus einer religiösen Gemeinschaft (BGE 128 III 431 ff.), Änderung des Zivilstandes (SJ 1981, 17; MAURENBRECHER, Diss., 239; **a.M.** für ein verzinsliches Darlehen BGE 100 II 345 E. 2a) oder eine anderweitige schwerwiegende Störung des Vertrauensverhältnisses (z.B. wegen bewusst falscher Angaben des Borgers bei der Kreditgewährung), eine Kündigung wegen **persönlicher Unzumutbarkeit** rechtfertigen. Weiter kann ein wichtiger Grund vorliegen, wenn die vereinbarte Verwendung des Darlehens unmöglich geworden ist (BUCHER, BT, 197; HUGUENIN, OR AT/BT, Rz 3089). Ausgeschlossen ist die Kündigung aus wichtigem Grund bei **Anleihen** (BÖSCH, Schuldverschreibungen, 206 f.) und hybriden Finanzinstrumenten (BÖSCH, Finanzinstrumente, 55). **25**

25a Liegt ein wichtiger Grund vor, ist dieser wie bei anderen Dauerverträgen grundsätzlich sofort geltend zu machen. Dabei dürfte i.d.R. eine **Frist** von 30 Tagen angemessen sein (**a.M.** BGE 128 III 428 ff., wo ein Zuwarten mit der Kündigung für fast ein Jahr toleriert wurde). Aus der **Kündigungserklärung** hat hervorzugehen, dass und wieso eine Fortsetzung des Vertrages für den Kündigenden unzumutbar ist (MAURENBRECHER, recht 2003, 188; **a.M.** BGer, a.a.O., das in der unv. E. 5a eine pauschale Berufung auf Willensmängel genügen liess). Soweit der Kündigungsgegner den wichtigen Grund schuldhaft gesetzt hat, braucht der Kündigende keine Kündigungsfrist einzuhalten. Andernfalls ist Art. 318 analog anzuwenden. Ist ein wichtiger Grund gegeben, besteht eine **Schadenersatzpflicht** nur ausnahmsweise bei schuldhaftem Setzen eines wichtigen Kündigungsgrundes (MAURENBRECHER, 240).

26 Im Gegensatz zur Kündigung aus wichtigem Grund setzt die **clausula rebus sic stantibus** eine ausserordentliche Veränderung der äusseren Umstände (wie z.B. Währungszerfall, Hyperinflation) voraus, von denen alle Marktteilnehmer gleichmässig betroffen sind und die zu einer gravierenden Äquivalenzstörung führt (BGE 128 III 432; vgl. auch BK-BUCHER, Art. 27 ZGB N 201; MAURENBRECHER, recht 2003, 184; BK-WEBER, N 47; **a.M.** BERTSCHINGER, SJZ 1996, 374; unklar z.B. ZK-HIGI, N 48 und 54).

26a Die Folgen des Konkurses für den Darlehensvertrag sind gesetzlich nicht besonders geregelt und im Einzelnen umstritten (vgl. allg. ZK-HIGI, N 42 ff.; MAURENBRECHER, Diss., 271 ff.; PLENIO, 184 ff.). Im **Konkurs des Borgers** vor Valutierung gilt Art. 316 (Art. 316 N 9). Nach Valutierung wird das (nicht grundpfandgesicherte, vgl. Art. 208 f. SchKG) Darlehen automatisch beendet und zur Rückzahlung fällig (BGE 36 II 534; MAURENBRECHER, Diss., 275; PLENIO, 183; **a.M.** ZK-HIGI, N 47 [Kündigung analog Art. 83 Abs. 2 bzw. aus wichtigem Grund]). Im **Konkurs des Darleihers** hat die Masse bei verzinslichen Darlehen vor Valutierung nach Art. 211 Abs. 2 SchKG das Recht, in den Vertrag einzutreten, und bei unverzinslichen Darlehen ein Rücktrittsrecht (ZK-HIGI, N 43, 46). Nach Valutierung bleibt das Darlehen vom Konkurs des Darleihers unberührt (MAURENBRECHER, Diss., 278; PLENIO, 184 ff.; **a.M.** für das unverzinsliche Darlehen ZK-HIGI, N 46: Rückforderung gestützt auf Art. 250 Abs. 2 analog). Keine Anwendung in der Insolvenz des Darleihers findet der neue Art. 211*a* SchKG, weil in diesem Fall keine periodischen Ansprüche gegenüber dem Gemeinschuldner zur Debatte stehen und somit auch die in der Vergangenheit bestehenden Unsicherheiten bei der Kollokation solcher Ansprüche, welche letztlich zum Erlass von Art. 211*a* SchKG führten (LORANDI, AJP 2014, 300), nicht gegeben sind.

26b Nach dem neuen **Art. 297a SchKG** kann der Schuldner in der Nachlassstundung mit Zustimmung des Sachwalters Dauerschuldverhältnisse unter Entschädigung der Gegenpartei beliebig kündigen, sofern andernfalls der Sanierungszweck vereitelt würde. Diese auf nicht mehr benötigte Mietverträge usw. zugeschnittene Bestimmung (Bericht der Expertengruppe Nachlassverfahren vom April 2005, 18; GASSER, BlschK 2014, 2) ist nach der Lehre auch auf Darlehensverträge anwendbar (LORANDI, AJP 2014, 295; vgl. auch Begleitbericht zum Vorentwurf Revision SchKG, Sanierungsverfahren, vom Dezember 2008, 17 ff.). Gleich wie nicht mehr benötigte Mieträumlichkeiten auf den Kündigungstermin zurückzugeben sind, hat der Schuldner allerdings das Darlehen mit Wirksamwerden der Kündigung zurückzuzahlen (N 7; vgl. auch REBSAMEN, Immobilienmiete im revidierten SchKG, SJZ 2014, 155). Aufgrund des Umstands, dass Art. 297*a* SchKG nach dem Willen des Gesetzgebers auf Situationen ausgerichtet ist, in denen der Schuldner aufgrund einer beabsichtigten Redimensionierung des Geschäftsbetriebs für eine dauerhafte Leistung keine Verwendung mehr hat, dürfte die Bestimmung in der Nachlassstundung des Darleihers keine Anwendung finden (**a.M.** in Bezug auf die Nachlassstundung des Vermieters REBSAMEN, a.a.O., 159).

27 Weiter ist zu beachten, dass den Parteien auch die **allgemeinen Rechtsbehelfe** (Verzug, Willensmängel, Unmöglichkeit etc.), die zu einer Beendigung des Darlehens führen können, zur Verfügung stehen, so z.B. bei vereinbarungswidriger Verwendung des Darlehens durch den Borger aufgrund von Art. 107 (vgl. Art. 312 N 18a) bzw. Art. 24 Abs. 1 Ziff. 4 (Wegfall der

Geschäftsgrundlage) oder aufgrund von Art. 28 (Täuschung; vgl. Art. 316 N 6; BUCHER, BT, 197).

VI. Verjährung

Nach h.M. **verjährt** die Rückforderung des Darleihers, wenn die Parteien über die Rückzahlung nichts vereinbart haben, in Anwendung von Art. 130 Abs. 2 innert zehn Jahren und sechs Wochen nach Aushändigung der Darlehenssumme (BGE 50 II 401; 91 II 451; BGer, 22.12.2011, 4A_699/2011, E. 4; BUCHER, BT, 197; SCHMID, ZBJV 2010, 585 f.). Nach **a.M.** (vgl. insb. ZK-HIGI, Art. 315 OR N 22; HONSELL, OR BT, 273 f.; TERCIER/FAVRE, Rz 3036) verjährt der Rückforderungsanspruch beim unbefristeten Darlehen erst zehn Jahre nach Beendigung, also z.B. zehn Jahre nach Kündigung. Während sich die h.M. auf den Gesetzeswortlaut abstützen kann und der Förderung des Rechtsfriedens und damit dem Zweck der Verjährung dient (vgl. Art. 475 N 12), sprechen für die Mindermeinung insb. Billigkeitsüberlegungen (FRJ 2008, 188 f.). **28**

In der Praxis läuft die **Verjährung** höchstens bei unverzinslichen Darlehen (ohne **Amortisationsverpflichtung**) nach Art. 318 (i.V.m. Art. 130 Abs. 2) ab. Bei verzinslichen Darlehen wird die Verjährung regelmässig durch Zins- und bei unverzinslichen durch Amortisationszahlungen unterbrochen (Art. 135 Ziff. 1). Bei Bankdarlehen im **Kontokorrentverkehr** bewirkt die Zustellung und (meistens durch Stillschweigen eintretende) Anerkennung des Kontoauszuges eine **Neuerung** der Schuld und damit auch eine **Unterbrechung** der Verjährung (Art. 117 Abs. 2). **29**

Die zehnjährige Verjährungsfrist von Art. 127 gilt auch für die **Raten** bei ratenweiser Rückzahlung. Nach Art. 807 ZGB unterliegen **grundpfandrechtlich gesicherte Forderungen** keiner Verjährung. Durch **Faustpfand** gesicherte Forderungen unterliegen der gewöhnlichen Verjährung. Allerdings kann der Gläubiger auch nach Eintritt der Verjährung das Pfandrecht geltend machen (Art. 140). Dagegen verjähren **Annuitäten** (Art. 312 N 1a) binnen 5 Jahren (Art. 128 N 3; vgl. auch CR CO I-BOVET/RICHA, Art. 314 N 4a). **30**

VII. Beendigung von partiarischen Darlehen

Für die Beendigung von **partiarischen Darlehen** (vgl. Art. 312 N 37 ff.) gelten dieselben Regeln wie für verzinsliche Darlehen. Da das partiarische Darlehen trotz ganz oder teilweise bedingter Entgeltlichkeit ein synallagmatischer Vertrag ist, gilt auch Art. 107. Bei **Geheimhaltungs-, Konkurrenzverbots-** und anderen Abreden sind die Anwendungsfälle von Art. 107 sogar weiter. **31**

Auch ist es möglich, besondere Beendigungsgründe, so z.B. auch die Beendigung aus **wichtigem Grund**, zu vereinbaren. Fehlt eine solche Vereinbarung, ist die vorzeitige Beendigung aus wichtigem Grund wie bei gewöhnlichen Darlehen (vgl. N 25 f.) auch bei **partiarischen Darlehen** zulässig (**a.M.** CHRIST, 263). **32**

Da das **Entgelt** bei partiarischen Darlehen ganz oder teilweise nur bedingt geschuldet ist, können solche Darlehen für den Darleiher nicht unkündbar sein. In Anlehnung an Art. 509 Abs. 3 muss ein partiarisches Darlehen nach 20 Jahren vom Darleiher gekündigt werden können (CHRIST, 264). Der Borger kann in Anlehnung an Art. 788 Abs. 1 Ziff. 2 ZGB für maximal 30 Jahre gebunden werden. **33**

VIII. Prozessuales

Zur Geltendmachung des **Rückforderungsanspruches** hat der Darleiher nach h.M. sowohl die Hingabe des Kapitals als auch die **Rückzahlungsverpflichtung** (vgl. Art. 312 N 11) zu **34** beweisen (BGE 83 II 209; SJZ 1950, 332; **a.M.** MAURENBRECHER, Diss., 264 f.). Allerdings gilt im **Rechtsöffnungsverfahren** der schriftliche Darlehensvertrag allein, ohne schriftlichen Empfangsvermerk oder separate Quittung, als provisorischer Rechtsöffnungstitel, solange der Borger die Auszahlung nicht bestreitet (BGE 132 III 480 E. 4.2; STÜCHELI, 370 f.; vgl. aber LGVE 1977 I 441; MAURENBRECHER, Diss., 265). Ist die **Fälligkeit** der Rückzahlung umstritten, so trägt nach Art. 8 ZGB jede Partei die Beweislast für eine zu ihren Gunsten von Art. 318 abweichende Vereinbarung über die Beendigung (MAURENBRECHER, Diss., 266). Eine **Betreibung** ist erst nach Ablauf einer allfälligen Kündigungsfrist, d.h. **nach Fälligkeit**, möglich (ZBJV 1956, 112; vgl. auch ZK-HIGI, N 63; BK-WEBER, N 14), so dass die Rechtsöffnung zu verweigern ist, wenn die Fälligkeit erst durch Zahlungsbefehl in der betreffenden Betreibung herbeigeführt wurde (BJM 1974, 217). Zur Geltendmachung des Rückerstattungsanspruchs bei **Fremdwährungsdarlehen** vgl. Art. 312 N 19 ff.

IX. IPR

35 Die Modalitäten der Beendigung unterstehen dem Vertragsstatut (Art. 116/117 IPRG). Angesichts des Umstandes, dass eine zwingende **Kündbarkeit** des Darlehensvertrages aus wichtigem Grund vom BGer erst vor kurzem anerkannt wurde (N 25), kann diese nicht dem Ordre public zugerechnet werden.

Zehnter Titel: Der Arbeitsvertrag*

Einleitung vor Art. 319 ff.

Literatur

Lehrbücher und Kommentare: ANDERMATT et al., Droit collectif du travail, Basel 2010; DIES., Handbuch zum kollektiven Arbeitsrecht, Basel 2009; BERENSTEIN/MAHON/DUNAND, Labour Law in Switzerland, 2. Aufl., Bern 2012; BRAND et al., Der Einzelarbeitsvertrag im Obligationenrecht, Kommentar zu den Art. 319–346a, 361–362, Muri/BE 1991; BRÜHWILER, Einzelarbeitsvertrag, Kommentar zu den Art. 319–343 OR, 3. Aufl., Basel 2014; BRUNNER et al., Kommentar zum Arbeitsvertragsrecht, 3. Aufl., Basel 2005; CARRUZZO, Le contrat individuel de travail, Genf/Zürich/Basel 2009; DUNAND/MAHON (Hrsg.), Commentaire du contrat de travail, Bern 2013 (zit. Autor, in: Dunand/Mahon); FAVRE MOREILLON, Droit du travail, Aspects juridiques et pratiques, 2. Aufl., Basel 2006; FAVRE/MUNOZ/TOBLER, Le contrat de travail – Code annoté, 2. Aufl., Lausanne 2010; GEISER/MÜLLER, Arbeitsrecht in der Schweiz, 2. Aufl., Bern 2012; VON KAENEL/RUDOLPH, elektronischer Update-Service zum Praxiskommentar STREIFF/VON KAENEL/RUDOLPH, ‹www.schulthess.com/arbeitsvertrag›; KUHN/KOLLER, Aktuelles Arbeitsrecht für die betriebliche Praxis, Zürich 1982 ff. (Loseblattausgabe); PORTMANN/STÖCKLI, Schweizerisches Arbeitsrecht, 3. Aufl., Zürich/St.Gallen 2013; REHBINDER, Schweizerisches Arbeitsrecht, 15. Aufl., Bern 2002; PORTMANN/UHLMANN (Hrsg.), Bundespersonalgesetz (BPG), Bern 2013; REHBINDER/STÖCKLI, Berner Kommentar, Bd. VI/2/2/1, Art. 319–330b, Bern 2010; DIES., Berner Kommentar, Bd. VI/2/2/2, Art. 331–355, 361–362, 2. Aufl., Bern 2014; RIEMER-KAFKA/ELISCHA KRENGER, Arbeitsrecht – Kommentierte Tafeln, Bern 2012; SCHWEINGRUBER/BIGLER, Kommentar zum Gesamtarbeitsvertrag mit Einschluss der Allgemeinverbindlicherklärung, 3. Aufl., Bern 1985; STAEHELIN, Zürcher Kommentar, Bd. V/2/c, Der Arbeitsvertrag, Art. 319–330a, 4. Aufl., Zürich/Basel/Genf 2006; DERS., Zürcher Kommentar, Bd. V/2/c, Der Arbeitsvertrag, Art. 330b–355, 361–362 OR, 4. Aufl., Zürich 2013 [Zitate betr. die Art. 319–330a beziehen sich auf die Auflage von 2006, Zitate betr. die Art. 330b–355 und 361–362 auf die Auflage von 2013]; STÖCKLI, Berner Kommentar, Bd. VI/2/2/3, Art. 356–360, Bern 1999; STREIFF/VON KAENEL/RUDOLPH, Arbeitsvertrag, Praxiskommentar zu Art. 319–362 OR, 7. Aufl., Zürich/Basel/Genf 2012; SUBILIA/DUC, Droit du travail, 2. Aufl., Lausanne 2010; VISCHER/MÜLLER R.M., Der Arbeitsvertrag, 4. Aufl., Basel 2014, ebenfalls publiziert in: Schweizerisches Privatrecht (SPR), Bd. VII/4, 4. Aufl., Basel 2014; VISCHER/ALBRECHT, Zürcher Kommentar, Bd. V/2/c, Der Arbeitsvertrag, Art. 356–360f, 4. Aufl. Zürich/Basel/Genf 2006; WYLER/HEINZER, Droit du travail, 3. Aufl., Bern 2014.

Allgemeine Themen: AUBERT, L'entreprise et le droit du travail, Droit sociale 2005, 147 ff.; DERS., L'abus de droit en droit suisse du travail, in: L'abus de droit: Comparaisons franco-suisses, Saint-Étienne 2001, 101 ff.; DERS., La protection de l'exercise des droits constitutionnels dans le cadre des rapports de travail, in: Présence et actualité de la Constitution dans l'ordre juridique, Basel/Frankfurt a.M./Genf 1991, 83 ff.; DERS., L'employeur insolvable, in: Journée 1992 de droit du travail et de la sécurité sociale, Zürich 1994, 105 ff.; DERS., Le pouvoir d'appréciation du juge en droit du travail (observations sur l'art. 4 CC), Etudes Perrin, Basel 2002, 125 ff.; BAILLOD, Travailler à temps partiel, Lausanne 2006; BATTAGLIERO, Neuer Verfassungsartikel über die Familienpolitik, CHSS 2012, 385 ff.; BAUMBERGER, Rauchen am Arbeitsplatz, Diss., Bern 2002; BEHNISCH, Zur steuerlichen Behandlung der Weiterbildungskosten, FS für Jean-Fritz Stöckli, Zürich/St. Gallen 2014, 25 ff.; BISSIAS, Internationale Seearbeitsstreitigkeiten vor Schweizer Gerichten, Diss., Zürich 2007; BRÜGGER/PETER: Sozialversicherungsrechtliche Fallstricke bei der Auflösung eines Arbeitsverhältnisses, ius.full 2014, 68 ff.; BRUNNER, La protection de la maternité dans le monde du travail, FS für Margrit Bigler-Eggenberger, Basel 1993, 23 ff.; BÜCHLER et al. (Hrsg.), Erwachsenenschutz – Kommentar, Bern 2013; BÜHLER, Swiss Code of best Practice for Corporate Governance – Anpassungsbedarf im Spiegel der internationalen Entwicklung, GesKR 2011, 477 ff.; BUSER P., Die Vertragsauflösung aus wichtigem Grund im Urhebervertragsrecht, FS für Jean-Fritz Stöckli, Zürich/St. Gallen 2014, 95 ff.; CAMASTRAL, Grundrechte im Arbeitsverhältnis, Diss., Chur/Zürich 1996; CARCAGNI ROESLER, Arbeitsrecht, in: Entwicklungen im schweizerischen Wirtschaftsrecht 2011/2012, Zürich/Basel/Genf 2012, 95 ff.; CARCAGNI ROESLER/FISCHER, Arbeits- und Sozialversicherungsrecht, in: Entwicklungen im schweizerischen Wirtschaftsrecht, Zürich 2010–2011, 89 ff.; CARUZZO, Die eingetragene Partnerschaft und ihre Auswirkungen auf das Arbeitsrecht, Schweizer Arbeitgeber 2/2007, 10 ff.;

* Die Autoren danken Herrn RA MLaw Andreas Holenstein und Herrn MLaw Alexander Geml herzlich für ihre tatkräftige Unterstützung bei der Ausarbeitung dieser Auflage.

CEROTTINI, Collaboration et communication au sens des articles 11 et 12 LTN, in: Panorama en droit du travail, Bern 2009, 455 ff.; CIRIGLIANO, Die Auswirkungen fehlender Arbeitszeiterfassung auf die Kurzarbeit nach Art. 31 ff. AVIG, Jusletter 15.7.2013; DE PREUX, Entreprise et corruption – risques et responsabilité pénale, AJP 2010, 1092 ff.; DERUNGS, Ausbildungsentschädigung im Fussball und Eishockey, Diss., Bern 2011; DONATSCH, Privatrechtliche Arbeitsverträge und der öffentliche Dienst, Berechtigtes Anliegen oder juristischer Irrweg?, Jusletter 3.5.2010; DRUEY, Corporate Governance im Konzern – Ein Vorschlag, SZW 2012, 414 ff.; DUNAND, Entre flexibilisation et protection: le droit du travail en évolution (2005–2006), in: Aktuelle Anwaltspraxis 2007, Bern 2007, 315 ff.; DERS., Le médiateur institué par l'employeur, Jusletter 13.11.2006; DUNAND/MAHON (Hrsg.), Internet au travail, Genf/Zürich/Basel 2014; DUNAND et al. (Hrsg.), Droit social, Vol. 1, Droit du Travail, 4. Aufl., Basel 2014; DURRER/FISCHER, Arbeits- und Sozialversicherungsrecht, in: Entwicklungen im schweizerischen Wirtschaftsrecht, Zürich/Basel/Genf 2006, 87 ff.; EHRENSTRÖM, Responsabilité sociale de l'entreprise et droit du travail, Jusletter 23.2.2009; DERS., Immunités diplomatiques et contentieux du travail en Suisse, Jusletter 10.12.2007; EMMENEGGER/KURZBEIN, Finanzmarktkrise und neue Corporate Governance von Banken, GesKR 2010, 462 ff.; FORSTMOSER, «Say-on-Pay» – Die Volksinitiative «gegen die Abzockerei» und der Gegenvorschlag des Parlaments, SJZ 2012, 337 ff.; FRANZ WALDNER, Chancen und Risiken flexibilisierter Arbeitsverhältnisse für Frauen, AJP 2000, 1211 ff.; FRIEDRICH/TOBLER, Arbeitsrecht im Unternehmen, Bern 2014; FULD/MICHEL, Le Portage Salarial – Analyse en droit du travail et des assurances sociales suisses, Jusletter 22.10.2012; GÄCHTER/MICHEL-ALDER, Flexibilisierung des Rentenalters – Rahmenbedingungen für einen bedürfnisgerechten Ausstieg aus dem Berufsleben, in: Schweizerische Gesellschaft für Haftpflicht- und Versicherungsrecht, FS zum fünfzigjährigen Bestehen, Zürich/Basel/Genf 2010, 145 ff.; B. GAUTSCHI, Das Referenzalter als Schlüsselkonzept der Reform Altersvorsorge 2020, CHSS 2013, 249 ff.; GEISER, Rechtsprobleme im Zusammenhang mit der Flexibilisierung der Arbeit, AJP 1998, 1019 ff.; DERS., Weiterbildung – Finanzierung aus arbeitsrechtlicher Sicht, plädoyer 6/2013, 28 ff.; DERS., Arbeits- und auftragsrechtliche Streitigkeiten mit Managern, in: Manager – Unternehmungen – Rechtsschutzversicherungen, Zürich/St.Gallen 2013; DERS., Weiterbildung im Arbeitsrecht, recht 2011, 118 ff.; GENIER, La responsabilité pénale de l'employeur à raison des agissements de l'employé (et réciproquement?), in: Panorama en droit du travail, Bern 2009, 909 ff.; GILLIÉRON, Les privilèges du travailleur dans l'exécution forcée, FS für Hans Ulrich Walder, Zürich 1994, 453 ff.; GREBER et al., Droit suisse de la sécurité sociale, Bern 2010; GREMPER, Arbeitsrechtliche Aspekte der Ausübung verfassungsmässiger Rechte, Diss., Basel 1993; GYSIN/BIERI, Lohnt sich Erwerbsarbeit für Bezügerinnen und Bezüger einer Rente?, CHSS 2011, 253 ff.; HÄFELI, Grundriss zum Erwachsenenschutzrecht, Bern 2013; HAFNER, Das öffentliche Personalrecht im Visier des privatrechtlichen Arbeitsrechts, FS für Jean-Fritz Stöckli, Zürich/St. Gallen 2014, 297 ff.; HAMBLOCH-GESINN et al. (Hrsg.), In-house Counsel in internationalen Unternehmen, Basel 2010; HÄNNI, Beendigung öffentlicher Dienstverhältnisse, in: Stellenwechsel und Entlassung, Handbücher für die Anwaltspraxis (HAP), Bd. II, 2. Aufl., Basel 2012, 213 ff.; HÄUSERMANN, «Abzocker»-Initiative umsetzen – aber wie?, SJZ 2013 153 ff.; DERS., Strafrechtliche Konsequenzen der «Abzocker»-Initiative, Jusletter 11.2.2013; HEINE/POLLA, Erneute Beanspruchung von Arbeitslosenentschädigung nach abgelaufener Rahmenfrist für den Leistungsbezug: Folgerahmenfristen und ihre Besonderheiten, ARV 2014, 77 ff.; HENSCH, Arbeitsrechtliche Fragen der spitalexternen Krankenpflege, Pflegerecht-Pflegewissenschaft 1/2012, 11 ff.; DIES., Die Sicherung des Lohnes, AJP 2014, 747 ff.; HOPPLER-WYSS, Recht im Alter, Zürich/St.Gallen 2011; HUG, Staatliche Existenzsicherung in der Schweiz, Diss., Zürich 2014; ISENRING, Les délits commis par les employés dans les secteurs commercial et financier, Diss., Bern 2007; JANUTIN, Gesundheit im Arbeitsrecht, Diss., Zürich 1991; VON KAENEL, Arbeitslosenversicherung, in: Stellenwechsel und Entlassung, Handbücher für die Anwaltspraxis (HAP), Bd. II, 2. Aufl., Basel 2012, 371 ff.; VON KAENEL/WYLER, Effets de la LPGA sur le droit du travail, ARV 2005, 153 ff.; KAISER, Sportrecht – Berücksichtigung der Interessen des Sports in der Rechtsordnung, Diss., Bern 2011; KELLER, Arbeitsintegrationszuschüsse für Langzeitarbeitslose, CHSS 2011, 124 ff.; KELLER/CHEUNG/KRUETTLI, Die Gefahren einer Aberkennung des Anwaltstitels von Unternehmensjuristen, Jusletter 6.1.2014; KIENER/MEDICI, Die Arbeitssituation von Sans-Papiers in der Schweiz, ZSR 2014 I, 133 ff.; KIESER, Die Koordination von Taggeldern der Arbeitslosenversicherung mit Taggeldern anderer Sozialversicherungszweige, ARV 2012, 217 ff.; KLEINER, Der Schutz der Vertragsstabilität durch Verbandsreglemente im Berufsfussball, Sportrecht, Bd. I, Bern 2013, 317 ff.; DERS., Der Spielervertrag zwischen einem Berufsfussballer und seinem Club und dessen vorzeitige Beendigung, Sportrecht, Bd. I, Bern 2013, 131 ff.; KLEY, Drittwirkung der Grundrechte im Arbeitsverhältnis, in: Arbeit in der Schweiz des 20. Jh., Bern/Stuttgart/Wien 1998, 433 ff.; KOLLER A., Wann begründen Fremdwährungsschäden Fremdwährungsschulden?, FS für Jean-Fritz Stöckli, Zürich/St. Gallen 2014, 359 ff.; DERS., Risiken im Outsourcing und Off-shoring, digma 2010, 100 ff.; KRADOLFER, Soziale Sicherheit zwischen «Verrechtlichung» und *Fortentwicklung, ZBl 2012, 53 ff.*; KUHN, Rechtliches Risikomanagement für Beschäftigungsverhältnisse – Wie Risiken aus Beschäftigungsverhältnissen erkannt, minimiert, transferiert und kontrolliert werden können, Zürich 2009; KUHN/VOGEL, Erwerbstätigkeit und Steuerpflicht sog. Drittstaatenangehöriger in der Schweiz, Jusletter 5.11.2012; KULL, Die Verbindlichkeit des nachvertraglichen Konkurrenzverbots und des Anspruchs auf Karenzentschädigung nach Art. 418d Abs. 2 OR, FS für Jean-Fritz Stöckli, Zürich/St. Gallen 2014, 369 ff.; LA HOVARY, La déclaration de l'OIT relative aux principes et droits fondamentaux au travail et le concept de droits fondamentaux au travail, Diss., Genf 2007; LIENHARD, Grundlagen der Public Corporate Governance, in: Verwaltungsorganisationsrecht – Staatshaftungsrecht – öffentliches Dienstrecht, Jahrbuch 2008, Bern 2009, 43 ff.; LORANDI, Arbeitsverträge im Konkurs des Arbeitgebers, SJZ 2000, 150 ff.; MAGG, Das Spielervermittlerreglement der FIFA, Diss., Bern 2012; MANGOLD, Le travailleur exerçant une fonction dirigeante élevée au sens de l'article 3 lettre d LTr, in: Panorama en droit de travail, Bern 2009, 393 ff.; MATHYS S., Berufliche Gleichstellung von Menschen mit Behinderungen, CHSS 2013, 209 ff.; MEIER-GUBSER, Arbeitsrechtlicher Gedankenflug übers UWG, AJP 2014, 1486 ff.; MERKL, Reform der Corporate Governance in den USA, SZW 2011, 28 ff.; MIDDENDORF, Nachwirkende Vertragspflichten, Diss., Fribourg 2002; MICHLIG, Die gemeinnützige Arbeit – ein Auslaufmodell?, ZSR 2011 Halbbd. I, 595 ff.; MOSER-HARDER, Abzocker-Initiative liegt im internationalen Trend, Jusletter 14.1.2013; MÜLLER M.L., Das Management im Unternehmensverkauf, in: Unternehmenssanierung und Arbeitsrecht, Zürich/Basel/Genf 2010, 81 ff.; MÜLLER R./BOMATTER, Die juristische Person als Familienbetrieb im Sinne von Art. 4 ArG, AJP 2012, 975 ff.; MÜLLER R./VON GRAFFENRIED, Unterschiede zwischen privatrechtlicher und öffentlich-rechtlicher Anstellung, recht 2011, 156 ff.; MÜLLER R.A./FRITSCH D., Die soziale Verantwortung (multi-)nationaler Unternehmen im Rahmen der internationalen Instrumente, FS für Jean-Fritz Stöckli, Zürich/St. Gallen 2014, 407 ff.; NEF, Collective Agreements and Individual Contracts of Employment under Modern Labour Conditions, in: Swiss Reports Presented at the XVIth International Congress of Comparative Law, Zürich/Basel/Genf 2002, 483 ff.; OTTIMOFIORE/THALMANN, Du conflit de règles relatives à la subrogation dans la législation sur l'assurance-chômage, ARV 2013, 189 ff.; PÄRLI/MÜLLER KUCERA/SPYCHER, Aids, Recht und Geld, Zürich/Chur 2003; PIETH, Korruptionsstrafverfahren gegen Unternehmen im In- und Ausland – ein ernstzunehmendes Risiko, in: Korruption in Staat und Wirtschaft, Zürich/Basel/Genf 2010, 213 ff.; DERS., Anti-Korruptions-Compliance, Zürich/St.Gallen 2011; POLEDNA/RICHLI (Hrsg.): Psychologieberufe im Wandel – Übergang zum Psychologieberufegesetz, Zürich/Basel/Genf 2012; PORTMANN, Einseitige Optionsklauseln in Arbeitsverträgen von Fussballspielern, CaS 2006, 200 ff.; DERS., Die privatrechtliche Rechtsprechung des Bundesgerichts im Jahr 2012: Arbeitsrecht, ZBJV 2014, 975 ff.; DERS., Ein Überblick über die Entwicklung des schweizerischen Arbeitsrechts in den Jahren 2009 und 2010, Landesbericht, in: EuZA 2011, 419 ff.; DERS., Richterliche Rechtsfortbildung im Arbeitsrecht, FS für Hans Peter Walter, Bern 2005, 167 ff.; DERS., Zum Inkrafttreten des Bundespersonalgesetzes und der Bundespersonalverordnung, ARV 2001, 179 ff.; PORTMANN/STREULI-NIKOLIC, Zur Verjährung von Forderungen aus positiver Vertragsverletzung im Fall von Spätschäden, ArbR 2011, 13 ff.; PORTMANN/UHLMANN (Hrsg.), Bundespersonalgesetz (BPG), Bern 2013; PULVER, Die Verbindlichkeit staatlicher Schutzpflichten – am Beispiel des Arbeitsrechts, AJP 2005, 413 ff.; RAPPARD, La Révolution industrielle et les origines de la protection légale du travail en Suisse, Neuaufl., Zürich/Basel/Genf 2008; REHBINDER, Statusbegriffe von Henry S. Maine über Georg Jellinek bis in die Gegenwart, FS für Jean-Fritz Stöckli, Zürich/St. Gallen 2014, 527 ff.; DERS., Arbeitsrecht als kompensatorisches Recht nach dem Menschenbild des homo reciprocans?, ARV 2012, 129 ff.; RENAUD, Les infractions commises par l'employé au préjudice du patrimoine de l'employeur, in: Le travail et le droit, Fribourg 1994, 115 ff.; RICKENBACH, Die Nachwirkungen des Arbeitsverhältnisses, Diss., Bern 2000; RIEMER-KAFKA/SHERIFOSKA, Religion am Arbeitsplatz, ARV 2012, 305 ff.; RIEMER-KAFKA, Rechtsprobleme der Mutterschaft im Sozialversicherungs- und Arbeitsrecht, Diss., Winterthur 1987; ROHNER/FURRER, Knacknüsse bei der Lieferung von Daten durch Schweizer Banken an die USA, ST 2013, 515 ff.; RUBIN, Droit à l'indemnité de chômage des personnes occupant une position assimilable à celle d'un employeur, ARV 2012, 1 ff.; RUDOLPH, Vertragsänderungen, in: Unternehmenssanierung und Arbeitsrecht, Zürich/Basel/Genf 2010, 1 ff. (zit. Vertragsänderungen); DERS., Pandemie und Impfobligatorium für das Gesundheitspersonal – Dargestellt am Beispiel der pandemischen Grippe H1N 12009 («Schweinegrippe»), ARV 2010, 1 ff.; SANTORO, Die Konventionalstrafe im Arbeitsvertrag, Bern 2001; SAVIAUX, Les rapports de travail en cas de difficultés économiques de l'employeur et l'assurance-chômage, Diss., Lausanne 1993; SCHÄR, Weiterbeschäftigung im Rentenalter – Ein Blick in die Praxis, CHSS 2013, 252 f.; SCHEFER/HESS-KLEIN, Die Gleichstellung von Menschen mit Behinderung bei Dienstleistungen, in der Bildung und in Arbeitsverhältnissen, Jusletter 19.9.2011; SCHEIDEGGER, Legal Professionals in Unternehmen, ius.full 2011, 12 ff.; SCHERRER, Die «Causa Sion» – Ein juristisches Erdbeben ohne nachhaltige Folgen, SJZ 2013, 5 ff.; SCHÜPBACH/HORVATH/MÜLLER S., Rekordtiefe Entwicklung der Lohnbeiträge 2010, CHSS 2011, 266 ff.; SCHÜRER, Arbeitsrecht für den betrieblichen Alltag, Zürich 2013; DERS., Arbeit und Recht, 11. Aufl., Zürich 2011; SCHWAAB, Les règles de l'OIT sur la protection contre le licenciement, Jusletter 20.6.2011; SEGER/SPRENGER/SURY, Kurzeinführung ins Arbeitsrecht, Bern 2013; SEILER, Cinéma: droit d'auteur et droit du travail, Genf 2012; SENTI, Die Geschäftsführung bei der GmbH – Schnittstellen zwischen Arbeits- und Gesellschaftsrecht, AJP 2011, 18 ff.; DERS., Pensionierte Angestellte – Heikle sozialrechtliche Punkte, plädoyer 6/2012, 37 ff.; SPREN-

GER, Anwaltsgeheimnis des Unternehmensjuristen, Diss., Zürich/Basel/Genf 2011; STAEHELIN, HIV-Infektion im Arbeitsrecht, in: HIV und Recht, Basel 1999, 71 ff.; DERS., Konkurs und Sanierung des Arbeitgebers, ArbR 2000, 71 ff.; DERS., Die Flexibilisierung des Arbeitsverhältnisses, in: Die Rechtsentwicklung an der Schwelle zum 21. Jahrhundert, Zürich 2001, 383 ff.; STEINER, Die arbeitnehmerähnliche Person, ArbR 2008, 65 ff.; STAFFELBACH/KELLER (Hrsg.), Social Media und Recht in der Schweiz, Zürich 2014; STAUFFER, Schnittstellenprobleme Arbeitsvertragsrecht – Berufliche Vorsorge, FS für Jean-Fritz Stöckli, Zürich/St. Gallen 2014, 583 ff.; DERS., Berufliche Vorsorge, 2. Aufl., Zürich 2012; STIEGER, Weiterbildung im Arbeitsverhältnis, Diss., Bern 2009; STÖCKLI, Arbeitsrecht in kleinen und mittelgrossen Unternehmen, FS für Manfred Rehbinder, München/Bern 2002, 107 ff.; STOLL, Mitarbeiterdelinquenz. Vermögensdelikte zulasten des Arbeitgebers, Zürich 1998; STRÜTT, Zur Entwicklung des Kündigungsschutzes im Zürcher Personalrecht, FS für Tobias Jaag, Zürich/Basel/Genf 2012, 321 ff.; STUTZ/GEIGER-STEINER, Arbeitsrechtliche Fragen rund um Social Media, Anwaltsrevue 2013, 212 ff.; SUTER, Die Besteuerung von Abgangsentschädigungen, Anwaltsrevue 2012, 16 ff.; TANQUEREL/BELLANGER (Hrsg.), Les réformes de la fonction publique, Genf/Zürich/Basel 2012; THALMANN/OTTIMOFIORE, Der Bestand von parallelen Regelungssystemen zur Überentschädigung im Bereich der Kurzarbeitsentschädigung – Die Frage der Anwendbarkeit, ARV 2014, 1 ff.; THEVENOZ, La nouvelle réglementation du travail dans l'exécution forcée et l'indemnité en cas d'insolvabilité de l'employeur, in: Le travail et le droit, Fribourg 1994, 73 ff.; TSCHUDI, Geschichte des schweizerischen Arbeitsrechts, Basel/Frankfurt a.M. 1987; DERS., Das Arbeitsrecht in der postindustriellen Gesellschaft, ArbR 2001, 11 ff.; DERS., Kantonales Arbeitsrecht, ARV 2002, 69 ff.; DERS., Der Schutz der Mütter durch das Arbeits- und Sozialversicherungsrecht, ArbR 1995, 9 ff.; UEBERSCHLAG, Geschlechtsspezifische Stellenausschreibungen im öffentlichen Personalrecht und Arbeitsprivatrecht – Konvergenzen und Divergenzen, FS für Peter Hänni, Bern 2010, 125 ff.; UHLMANN, Berufsverbot nach Art. 33 FINMAG, SZW 2011, 437 ff.; DERS., Anforderungen an das Vorliegen einer stärkeren nachteiligen Betroffenheit bei der indirekten Geschlechterdiskriminierung, AJP 2014, 361 ff.; VISCHER, Entwicklungen des Arbeitsrechts in der Schweiz, in: Arbeit in der Schweiz des 20. Jh., Bern/Stuttgart/Wien 1998, 251 ff.; DERS., Anmerkungen zum sozialen Vertragsrecht, FS für Jean-Fritz Stöckli, Zürich/St. Gallen 2014, 677 ff.; DERS., Das schweizerische Arbeitsrecht – Rechtspolitische Weichenstellung, AJP 2013, 349 ff.; VÖGELI, Bundesgesetz gegen die Schwarzarbeit – erste Erfahrungen in der Praxis, AJP 2011, 1183 ff.; WEBER, Transnational corporations und child labor, Diss., Lausanne 2011; WEDEKIND-SCHMID, Vom Generalisten zum Spezialisten, plädoyer 2/2011, 32 ff.; WEHRLI, Nach der Minder-Initiative – wie weiter?, GesKR 2013, 1 ff.; WENGER/KAISER, (Arbeits-)rechtliche Aspekte des Berufssports – unter besonderer Berücksichtigung des Fussballsports, FS für Jean-Fritz Stöckli, Zürich/St. Gallen 2014, 751 ff.; WIDMER LÜCHINGER, Zur Kausalität von Asbestschäden, FS für Jean-Fritz Stöckli, Zürich/St. Gallen 2014, 777 ff.; WIDMER LÜCHINGER/GEISER/SUTTER-SOMM (Hrsg.), Recht im Wandel – Ausgewählte Schriften von Frank Vischer zu seinem 90. Geburtstag, Zürich 2013; WITZIG, La modification du rapport de travail, Genf/Zürich/Basel 2014; WÜRSTEN-WIRZ, Arbeitsrechtliche Probleme von HIV-infizierten Arbeitnehmern, Diss., Zürich 1999; WYLER, Chronique de droit du travail, JdT 2009, 51 ff.; DERS. (Hrsg.), Panorama II en droit du travail, Bern 2012; DERS., Labor Law, in: Introduction to Swiss Law, 3. Aufl., Den Haag 2004, 233 ff.; DERS., La responsabilité personnelle de l'organe en droit du travail, in: De lege negotiorum – Etudes autour du droit des affaires en l'honneur du professeur Chaudet, Genf 2009; DERS., Le droit du travail en évolution, in: Aktuelle Anwaltspraxis 2003, Bern 2003, 241 ff.; DERS., Droit du travail et sport. Limites et perspectives, Anwaltsrevue 11–12/2001, 21 ff.; YENISEY, La modification du contrat de travail, Zürich/Basel/Genf 2005; ZINSLI, Krankheit im Arbeitsverhältnis, Diss., Zürich 1992; s.a. die Literaturhinweise zu Art. 319.

Schweiz und Europa: AMSTUTZ, Interpretatio multiplex: Zur Europäisierung des schweizerischen Privatrechts im Spiegel von BGE 129 III 335, FS für Ernst Kramer, Basel 2004, 67 ff.; AUBERT, Le droit suisse du travail face à l'intégration européenne, ZSR 1993 II, 160 ff.; BALMELLI, Ausländerklauseln im Schweizer Spitzensport aus Athletensicht, Jusletter 29.3.2004; BENESCH, Das Freizügigkeitsabkommen zwischen der Schweiz und der Europäischen Gemeinschaft, Diss., Tübingen 2007; BOSSE, Probleme des europäischen Internationalen Arbeitsprozessrechts, Frankfurt a.M. 2007; BREITENMOSER/ISLER, Der Rechtsschutz im Personenfreizügigkeitsabkommen zwischen der Schweiz und der EG sowie den EU-Mitgliedstaaten, AJP 2002, 1003 ff.; BREITENMOSER/MURESAN, Spielräume für sportspezifische Regelungen nach der «Bosmann»-Rechtsprechung, CaS 2004, 138 ff.; BREITENMOSER/WEYENETH, Europarechtliche Mindeststandards im Schweizer Arbeitsrecht, FS für Jean-Fritz Stöckli, Zürich/St. Gallen 2014, 61 ff.; BÜCHI, Das Berufsgeheimnis des Unternehmensjuristen mit einem Fokus auf kartellrechtliche Verfahren in der EU und in der Schweiz, in: Aktuelle Entwicklungen des europäischen und internationalen Wirtschaftsrechts, Basel 2011, 43 ff.; BURRI/PIRKER, Stromschnellen im Freizügigkeitsfluss – Von der Bedeutung von *Urteilen* des Europäischen Gerichtshofs im Rahmen des Personenfreizügigkeitsabkommens, SZIER 2010, 165 ff.; CARONI/MEYER/OTT, Migrationsrecht, Bern 2009; COTTIER/EVTIMOV, Die sektoriellen Abkommen der Schweiz mit der EG, ZBJV 2003, 77 ff.; COTTIER/LIECHTI-MCKEE, KVG-Teilrevision – Zur Vereinbarkeit mit dem bilateralen Freizügigkeitsabkommen Schweiz-EU, Jusletter 10.6.2013; DELLI, Verbotene Beschränkungen für Arbeitnehmende? Überlegungen zur Tragweite des Personenfreizügigkeitsabkommens zwischen der Schweiz sowie der EG und ihren Mitgliedstaaten, Diss., Basel 2009; ENZ, Grenzgängerregelungen, Diss., Bern 2012; EPINEY, Zur Bedeutung der Rechtsprechung des EuGH für Anwendung und Auslegung des Personenfreizügigkeitsabkommens, ZBJV 2005, 1 ff.; DIES., Das Abkommen über die Personenfreizügigkeit, in: Jahrbuch für Migrationsrecht 2004/2005, Bern 2005, 45 ff.; DIES., Zur rechtlichen Tragweite der Art. 121a, Art. 197 Ziff. 9 BV, Jusletter 2.6.2014; DIES., Vorübergehende Wiedereinführung der bedarfsabhängigen Zulassung frei praktizierender Ärzte – Ausgewählte Aspekte der Vereinbarkeit mit dem Freizügigkeitsabkommen Schweiz – EU, Jusletter 22.4.2013; DIES., Das Freizügigkeitsabkommen Schweiz – EU: Erfahrungen, Herausforderungen und Perspektiven, in: Jahrbuch für Migrationsrecht 2011/2012, Bern 2012, 81 ff.; EPINEY/VON DANCKELMANN (Hrsg.), Gleichstellung von Frauen und Männern in der Schweiz und der EU, Zürich/Basel/Genf 2004; EPINEY/DUTTWILER, Das Recht der Gleichstellung von Mann und Frau im europäischen Gemeinschaftsrecht und schweizerischen Recht, ZBl 2004, 37 ff.; EPINEY/METZ, Zur Schweizerischen Rechtsprechung zum Personenfreizügigkeitsabkommen, in: Jahrbuch für Migrationsrecht 2011/2012, Bern 2012, 223 ff.; EPINEY/METZ/MOSTER (Hrsg.), Das Personenfreizügigkeitsabkommen Schweiz-EU, Zürich 2011; EPINEY/MOSTERS, Die Rechtsprechung des EuGH zur Personenfreizügigkeit und ihre Implikationen für das Freizügigkeitsabkommen Schweiz-EU, in: Schweizerisches Jahrbuch für Europarecht, Bern 2010–2011, 75 ff.; EPINEY/MOSTERS/THEUERKAUF, Die Rechtsprechung des EuGH zur Personenfreizügigkeit, in: Schweizerisches Jahrbuch für Europarecht 2005/2006, Zürich/Basel/Genf 2006, 73 ff.; EPINEY/THEUERKAUF/RIVIÈRE (Hrsg.), Schweizerisches Jahrbuch für Europarecht 2003 ff., Zürich/Basel/Genf 2004 ff.; EPINEY/ZBINDEN, Arbeitnehmerentsendung und Freizügigkeitsabkommen Schweiz – EG, Freiburg 2009, ebenfalls publiziert in: Jusletter 31.8.2009; EQUEY, La responsabilité solidaire des entrepreneurs de la construction dans le cadre des détachements de travailleurs étrangers, Jusletter 15.7.2013; ESSERS, Das Freizügigkeitsabkommen Schweiz EG, Diss., Fribourg 2002; FRÉCHELIN, Freizügigkeitsabkommen zwischen der Schweiz und der EU – Inkrafttreten neuer Verordnungen, CHSS 2012, 125 f.; FRÉSARD/MÉTRAL, Le détachement de travailleurs salariés en matière de sécurité sociale, FS für Erwin Murer, Bern 2010, 163 ff.; FURRER/SCHRAMM, Die Auswirkungen des neuen Entsendegesetzes auf das schweizerische IZPR, SZIER 2003, 37 ff.; GABATHULER, Ein «Bollwerk» gegen das Lohndumping, plädoyer 3/2004, 40 ff.; GASSER, Grundsätzliche Charakteristik des Abkommens über die Freizügigkeit der Personen, inklusive Arbeitslosenversicherung, in: Bilaterale Abkommen Schweiz-EU, Basel 2001, 269 ff.; GAMMENTHALER, Diplomanerkennung und Freizügigkeit, Diss., Zürich/Basel/Genf 2010; DIES., Richtlinie 2005/36/EG über die Anerkennung von Berufsqualifikationen – Implikationen für die Schweiz, in: Schweizerisches Jahrbuch für Europarecht 2009/2010, Zürich/Basel/Genf 2010, 323 ff.; GARRONE, L'interdiction des discriminations entre situations internes et transfrontalières, SZIER 2003, 211 ff.; GEISER, Arbeitsrecht, in: Wirtschaftsrecht Schweiz – EG 2005/2006, Zürich/St. Gallen 2006, 69 ff.; DERS., Arbeitsrecht, in: Wirtschaftsrecht Schweiz – EG 2006/2007, Zürich 2007, 75 ff.; GEISER/STREULI-NIKOLIC, Rechtsentwicklungen der EU im Jahr 2009, in: Wirtschaftsrecht Schweiz – EU, Zürich/St. Gallen, 2010, 134 ff.; GILLON, Résponsabilité de l'entrepreneur en cas de violation de la Loi sur les travailleurs détachés par les soustraitants, in: Panorama en droit du travail, Bern 2009, 515 ff.; GROLIMUND/BALMELLI, Auswirkungen des Personenfreizügigkeitsabkommens auf Ausländerklauseln im Schweizer Spitzensport, SpuRt 2002, 171 ff.; GROLIMUND/GEISER, Arbeitsrecht, in: Wirtschaftsrecht – EG, Überblick und Kommentar 2008/09, Zürich/St. Gallen 2009; GROSSEN/DÄPP, Personenfreizügigkeit, in: Wirtschaftsrecht Schweiz – EU, Zürich/St. Gallen, 2011, 139 ff.; GROSSEN/DE PALÉZIEUX, Abkommen über die Freizügigkeit, in: Bilaterale Verträge Schweiz-EG, Zürich 2002, 87 ff.; HAILBRONNER, Freizügigkeit nach EU-Recht und dem bilateralen Abkommen mit der Schweiz über die Freizügigkeit von Personen, EuZ 2003, 48 ff.; HANGARTNER, Der Grundsatz der Nichtdiskriminierung wegen der Staatsangehörigkeit im Freizügigkeitsabkommen der Schweiz mit der Europäischen Gemeinschaft, AJP 2003, 257 ff.; HÄNNI, Schweizerisches Europarecht, Zürich 2007; HÄNNI/GREDIG, Gleichstellungsrecht zwischen Frauen und Männern in der EU, in: Schweizerisches Jahrbuch für Europarecht 2005/2006, Zürich/Basel/Genf 2006, 111 ff.; HÄNNI/HUSMANN, Gleichstellungsrecht zwischen Frauen und Männern in der EU, in: Schweizerisches Jahrbuch für Europarecht, Bern 2010–2011, 3 ff.; HÄNNI/STÖCKLI A., Gleichstellungsrecht zwischen Männern und Frauen in der EU, in: Schweizerisches Jahrbuch für Europarecht (2007/2008), Zürich/Basel/Genf 2008, 29 ff.; HÄNNI/MAZENAUER, Gleichstellungsrecht zwischen Frauen und Männern in der EU, in: Schweizerisches Jahrbuch für Europarecht (2006/2007), Zürich 2007, 41 ff.; HISCHIER, Das Statut des Arbeitsverhältnisses entsandter Arbeitnehmer schweizerischer Unternehmen, Zürich 1996; DERS., Internationaler Mitarbeitereinsatz, Zürich/St. Gallen 2008; HONEGGER, Die gemischten Ausschüsse in den sektoriellen Abkommen zwischen der Schweiz und der EG, Chavannes-Lausanne 2004; HUBSCHMID, Das Abkommen über die Personenfreizügigkeit und seine Auswirkungen auf die Tätigkeit der Personalverantwortlichen, CH-D Wirtschaft 3/2001, 11 ff.; HUMMER, Integrationspolitische Alternativen der Schweiz, EUZ 6/2012, 128 ff.; IKEN, Personenfreizügigkeit, Diss., Zürich 2003; IMHOF, Der europäisierte Arbeitsvertrag, in:

L'européanisation du droit privé, Fribourg 1998, 329 ff.; KADDOUS/TOBLER, Europarecht, Schweiz-Europäische Union, SZIER 2005, 611 ff.; VON KAENEL, Neue gesetzliche und staatsvertragliche Gleichbehandlungsansprüche, in: Aktuelle Probleme des Arbeitsrechts, Zürich/Basel/Genf 2005, 103 ff.; KAHIL-WOLFF (Hrsg.), Assujettissement, cotisations et questions connexes selon l'Accord sur la libre circulation des personnes CH-CE, Bern 2003; DIES., Arbeit und soziale Sicherheit im Recht der Europäischen Union. Implikationen für die Schweiz, in: Der Beitritt der Schweiz zur Europäischen Union, Zürich 1998, 1083 ff.; KAHIL-WOLFF/MOSTERS, Das Abkommen über die Freizügigkeit EG-Schweiz, EuZW 2001, 5 ff.; KÄLIN, Die Bedeutung des Freizügigkeitsabkommens für das Ausländerrecht, in: Die sektoriellen Abkommen Schweiz-EG, Bern 2002, 11 ff.; KAUFMANN, Erste Praxis zur wiederholten missbräuchlichen Lohnunterbietung, ArbR 2009, 45 ff.; DIES., Missbräuchliche Lohnunterbietung im Rahmen der flankierenden Massnahmen, Diss., Bern 2010; KEMMERIES, Das FIFA-Spielervermittlerreglement – Entwicklungen, causa sport 2013, 98 ff.; KENEL/KAHIL-WOLFF/RAY-SUILLOT, Handbuch des Ausländerrechts, Bern 2003 ff.; KLAUS, Einblicke in das Ausländerrecht, ArbR 2005, 51 ff.; DERS., Ausländische Staatsangehörige als Arbeitnehmende, in: Ausländerrecht, Basel 2002, 587 ff.; MACH, Les Accords bilatéraux avec la CE, SJ 2002 II, 325 ff.; MEDICI/SCHILLIGER, Arbeitsmarkt Privathaushalt – Pendelmigrantinnen in der Betreuung von alten Menschen, CHSS 2012, 17 ff.; METZ, Zur Rechtsprechung des EuGH im Bereich der Personenfreizügigkeit – Hinweise, in: Jahrbuch für Migrationsrecht 2011/2012, Bern 2012, 333 ff.; MEYER, Ausländische Angestellte in der Schweiz – ausgewählte Fragestellungen, Anwaltsrevue 2012, 26 ff.; MÜLLER, Die EG-Richtlinie über die Einsetzung eines Europäischen Betriebsrats und ihre Auswirkungen auf Schweizer Unternehmen, ArbR 1996, 89 ff.; NAGUIB, Rassendiskriminierende Einstellungspraxis: Besprechung des ersten EuGH-Urteils zur Richtlinie 2000/43 mit Anmerkungen aus einer schweizerischen Perspektive, AJP 2008, 1240 ff.; NEUHAUS/BUHOLZER, Arbeitszeitvorschriften in der gewerbsmässigen Luftfahrt, Zürich/St. Gallen 2013; NYFFENEGGER, Grundzüge des Freizügigkeitsabkommens unter besonderer Berücksichtigung der Übergangsbestimmungen, in: Aktuelle Fragen des schweizerischen Ausländerrechts, St. Gallen 2001, 79 ff.; PÄRLI, Bedeutung der EuGH-Rechtsprechung für die arbeitsrechtlichen Gleichbehandlungsansprüche nach dem Personenfreizügigkeitsabkommen, Jusletter 14.8.2006; DERS., Rechtsfragen der Beschäftigung ausländischen Pflegepersonals, Pflegerecht-Pflegewissenschaft 2/2012, 91 ff.; DERS., Neues beim arbeitsrechtlichen Diskriminierungsschutz – mit einem Seitenblick auf die Entwicklung in der Europäischen Union, Jusletter 7.2.2011; PIRKER, Zum Verlust der Arbeitnehmereigenschaft im Freizügigkeitsabkommen, AJP 2014, 1217 ff.; PORTMANN, Flankierende Massnahmen I und II zum Abkommen über die Freizügigkeit, in: Bilaterale Verträge I & II Schweiz – EU, 2. Aufl., Zürich/Basel/Genf 2007, ebenfalls publiziert in: ARV 2007, 1 ff.; TREX 2007, 290 ff. bzw. 296 ff. (zit. Flankierende Massnahmen I und II); DERS., Das kollektive Arbeitsrecht im neuen ungarischen Arbeitsgesetzbuch, FS für Jean-Fritz Stöckli, Zürich/St. Gallen 2014, 493 ff.; DERS., Das Individualarbeitsrecht im neuen ungarischen Arbeitsgesetzbuch – eine Betrachtung aus schweizerischer Perspektive, FS Universitäre Fernstudien Schweiz, Bern 2015; DERS., Information und Konsultation der Arbeitnehmerschaft – Anwendung, Umsetzung und Weiterentwicklung der Richtlinie zur Festlegung eines allgemeinen Rahmens für die Unterrichtung und Anhörung der Arbeitnehmer in der Europäischen Gemeinschaft, FS für Rolf H. Weber, Bern 2011, 167 ff.; DERS., Ein Überblick über die Entwicklung des schweizerischen Arbeitsrechts in den Jahren 2009 und 2010, EuZA 2011, 419 ff.; ROCHEL, Une lecture kantienne de la libre circulation des personnes, Jusletter 18.3.2012; ROEDER, Die Entsendung von Arbeitnehmern ins Ausland, in: Aktuelle Probleme des Arbeitsrechts, Zürich/Basel/Genf 2005, 23 ff.; ROHNER/WYMANN, Das Freizügigkeitsabkommen mit der EU und der Schweizer Sport, CaS 2004, 5 ff.; RUCH, Expatriates – Inpatriates, Handbuch zur Entsendung von Mitarbeitern, Muri/Bern 2002; SANNA, La garantie du droit de grève en Suisse et dans l'Union européenne, Basel 2004; SCHÄFER, Neuerungen in der Personenfreizügigkeit, in: Schweizerisches Jahrbuch für Europarecht 2004/2005, Zürich/Basel/Genf 2005, 331 ff.; SCHERRER/DEL FABRO (Hrsg.), Freizügigkeit im europäischen Sport, Zürich 2002; SCHNELL, Arbeitnehmerfreizügigkeit in der Schweiz, Diss., Zürich/Basel/Genf 2010; DE SÉPIBUS, Ein institutionelles Dach für die Beziehungen zwischen der Schweiz und der Europäischen Union – Wie weiter?, Jusletter 14.7.2014; SIEBER-GASSER, Variationen der regionalen Personenfreizügigkeit – Die schrittweise Öffnung des Arbeitsmarktes, Jusletter 18.3.2013; SPESCHA/STRÄULI, Ausländerrecht, Zürich 2004; SPESCHA et al., Migrationsrecht, 3. Aufl., Zürich 2012; STÖCKLI, Schweizerisches Arbeitsrecht und europäische Integration, ZSR 1993 II, 1 ff.; DERS., Die Kontrolle der Einhaltung allgemeinverbindlicher Gesamtarbeitsverträge bei Entsendung, ArbR 2012, 95 ff.; STÖCKLI/BIERI, Neue Ausfallhaftung von Unternehmen – Teilrevision des Entsendegesetzes vom 14.12.2012, Jusletter 24.6.2013; THEBRATH, Inkrafttreten der bilateralen Abkommen Schweiz-EU, Jusletter 30.9.2002; THÜRER et al., Bilaterale Verträge I & II Schweiz – EU, Handbuch, 2. Aufl., Zürich/Basel/Genf 2007; TIEFENTHAL, Flankierende Massnahmen zum Personenfreizügigkeitsabkommen Schweiz–EU, Jusletter 28.4.2008; DERS., Flankierende Massnahmen zum Schutz des schweizerischen Arbeitsmarktes, Diss., Zürich/Basel/Genf 2008; TOBLER, Indirekte Diskriminierung wegen der Staatsangehörigkeit durch Lohnsenkungen bei schwachem Euro-Kurs, FS für Jean-Fritz Stöckli, Zürich/St. Gallen 2014, 649 ff.; DIES., Die flankierenden Massnahmen der Schweiz in einem erneuerten System des bilateralen Rechts, Jusletter 30.9.2013; DIES., Die Erneuerung des bilateralen Wegs – Eine wachsende Annäherung an den EWR in den zur Diskussion gestellten Modellen, Jusletter 3.6.2013; UEBE/GEISER, Arbeitsrecht, in: Wirtschaftsrecht Schweiz – EU, Zürich/St. Gallen 2011, 139 ff.; UEBERSAX, Das AuG von 2005 – zwischen Erwartungen und Erfahrungen, in: Jahrbuch für Migrationsrecht 2011/2012, Bern 2012, 3 ff.; UEBERSAX et al. (Hrsg.), Ausländerrecht, 2. Aufl., Basel 2009; VEUVE, Mesures d'accompagnement dans le domaine des personnes, in: Accords bilatéraux Suisse-UE (commentaires), Basel 2001, 291 ff.; VISCHER, Kollektives Arbeitsrecht und die Grundfreiheiten der EU (neuere Urteile des EuGH), ArbR 2010, 15 ff.; VÖGELI, Die Scheinselbständigkeit im Kontext der flankierenden Massnahmen zur Personenfreizügigkeit, FS für Tobias Jaag, Zürich/Basel/Genf 2012; WACHTER, Der aktuelle rechtliche Rahmen für die Bezüge von Vorstandsmitgliedern in Österreich, FS für Jean-Fritz Stöckli, Zürich/St. Gallen 2014, 715 ff.; WILDHABER, Der Tatbestand des Betriebs(teil)übergangs gemäss Art. 333 Abs. 1 OR – Unter Berücksichtigung europarechtlicher Vorgaben, insbesondere der Grundsätze zur Funktionsnachfolge (Outsourcing), ZSR 2007, 463 ff.; WITTWER, Grenzüberschreitendes Arbeiten – Zu den möglichen Auswirkungen des neuen internationalen Arbeits- und Sozialrechts der EU im Verhältnis zur Schweiz, in: Schweizerisches Jahrbuch für Europarecht 2009/2010, Zürich/Basel/Genf 2010, 403 ff.; ZIMMERLI, Arbeits- und bewilligungsrechtliche Auswirkungen des Personenfreizügigkeitsabkommens, Jusletter 15.8.2005.

Literatur zum neuen Verfahrensrecht und zum Internationalen Privatrecht: BERTI, Zur Teilklage nach Art. 86 ZPO der Schweizerischen Zivilprozessordnung, in: Haftpflichtprozess 2010, Zürich/Basel/Genf 2010, 39 ff. (zit. Haftpflichtprozess 2010); DERS., Einführung in die schweizerische Zivilprozessordnung, Basel 2011 (zit. Einführung); BOHNET, L'arbitrage des conflits individuels de travail selon le projet de code de procédure civile suisse, Jusletter 4.12.2006; DERS., Les conflits individuels de travail et les litiges en matière de bail et de droit de la consommation seront-ils arbitrables sous l'empire de la loi fédérale de procédure civile?, FS für François Knoepfler, Basel 2005, 161 ff. (zit. FS Knoepfler); BOHNET/ZEN-RUFFINEN, L'arbitrabilité des conflits individuels de travail en matière sportive, en particulier dans les domaines du football, du hockey sur glace et du basketball, in: L'activité et l'espace – Droit du sport et aménagement du territoire, Mélanges en l'honneur de Piermarco Zen-Ruffinen, Basel 2011, 35 ff.; BUHR, Europäischer Justizraum und revidiertes Lugano-Übereinkommen, Diss., Bern 2010; BUSER P., Der Arbeitnehmerurheber im Kollisionsrecht, Diss., Basel 2014; CARCAGNI ROESLER, Arbeitsrecht, in: Entwicklungen im schweizerischen Wirtschaftsrecht 2011/2012, Zürich/Basel/Genf 2012, 95 ff.; CHEVALIER, Die Beschwerde in Zivilsachen an das Bundesgericht, Diss., Basel 2009; DIETSCHY, Les conflits de travail en procédure civile suisse, Diss., Basel 2011; EMMEL, Echte Teilklage vor Arbeitsgericht und negative Feststellungswiderklage, BJM 2012, 61 ff.; FARNER, Begründete Klage und Verhandlungsmaxime im vereinfachten Verfahren, Anwaltsrevue 2012, 19 ff.; FRÖHLICH, Individuelle Arbeitsstreitigkeiten in der neuen Schweizerischen Zivilprozessordnung, Diss., Bern 2014; GEHRI/KRAMER (Hrsg.), Schweizerische Zivilprozessordnung, Kommentar, Zürich 2010 (zit. Autor, OF-ZPO); GEISER et al. (Hrsg.), Prozessieren vor Bundesgericht, Handbücher für die Anwaltspraxis (HAP), Bd. I, 4. Aufl., Basel 2014; GREMPER/MARTIN, Zulässigkeit und Schranken der negativen Feststellungswiderklage im vereinfachten Verfahren nach der Schweizerischen ZPO, AJP 2011, 90 ff.; HASENBÖHLER, Das Verfahren in Arbeitsstreitigkeiten nach dem Vorentwurf für eine schweizerische Zivilprozessordnung, in: Symposium für Vischer, Basel 2005, 79 ff.; HEINZMANN/EGLOFF, Das zukünftige arbeitsgerichtliche Verfahren im Kanton Bern, ZBJV 2010, 1049 ff.; HENSCH, Arbeitsrechtliche Zivilverfahren 2011: ein Überblick, ZZZ 2008/09, 533 ff.; HINDERLING, Gerichtliche Zuständigkeit bei arbeitsrechtlichen Streitigkeiten nach revidiertem Lugano-Übereinkommen, Anwaltsrevue 2012, 88 ff.; KREN KOSTKIEWICZ, Grundriss des schweizerischen Internationalen Privatrechts, Bern 2012; KREN KOSTKIEWICZ/MARKUS/RODRIGUEZ (Hrsg.), Internationaler Zivilprozess 2011 – Zusammenspiel des revLugÜ mit dem revSchKG und der schweizerischen ZPO, Bern 2010; KROPHOLLER/VON HEIN, Europäisches Zivilprozessrecht, 9. Aufl., Frankfurt a.M. 2011; MILANI, Die Geltendmachung von Entschädigungsansprüchen infolge Anstellungsdiskriminierungen bei privatrechtlichen Arbeitsverhältnissen im erstinstanzlichen gerichtlichen Entscheidverfahren, ArbR 2011, 39 ff.; SCHNYDER (Hrsg.), Lugano-Übereinkommen zum internationalen Zivilverfahrensrecht – Kommentar, Zürich/St.Gallen 2011; SCHNYDER/LIATOWITSCH, Internationales Privat- und Zivilverfahrensrecht, 3. Aufl., Zürich/Basel/Genf 2011; SCHÜTZ, Mediation und Schiedsgerichtsbarkeit in der Schweizerischen Zivilprozessordnung, Diss., Bern 2009; SCHWANDER, Arbeitsrechtliche Streitigkeiten in Zivilprozessverfahren, ZZZ 2007, 195 ff.; SEILER/VON WERDT/GÜNGERICH, Bundesgerichtsgesetz (BGG), Bern 2007; SPÜHLER et al. (Hrsg.), Praxiskommentar zum Bundesgerichtsgesetz (BGG), 2. Aufl., Zürich/St. Gallen 2013; STÄUBER, Schutz von Geschäftsgeheimnissen im Zivilprozess, Diss., Zürich/St.Gallen 2011; SUTTER-SOMM/FUCHS, Ausgewählte Fragen des arbeitsrechtlichen Prozesses nach der ZPO, FS für Jean-Fritz Stöckli, Zürich/St. Gallen 2014, 621 ff.; WILDHABER/JOHNSON WILCKE, Die Schiedsfähigkeit von individualarbeitsrechtlichen Streitigkeiten in der Binnenschiedsgerichtsbarkeit, ARV 2010, 160 ff.

Literatur zum alten Verfahrensrecht: AUBERT, L'arbitrage en droit du travail, ASA 2000, 2 ff.; DERS., Discriminations salariales, protections de la personnalité et concurrence déloyale, AJP 1992, 572 ff.; BEFFA, Arbitrabilité des conflits individuels de travail: critique de l'arrêt 4A_71/2010 du 28 juin 2010 et questions ouvertes, AJP 2010, 1433 ff.; DASSER/OBERHAMMER (Hrsg.), Kommentar zum Lugano Übereinkommen (LugÜ), Bern 2008; DONZALLAZ, Le for des litiges du droit du travail dans la LDIP et la Convention de Lugano, in: Le travail et le droit, Fribourg 1994, 93 ff.; DUNAND, Le médiateur institué par l'employeur, Jusletter 13.11.2006; DUTOIT, La prorogation de for dans les contrats internationaux de travail selon la LDIP et la Convention de Lugano, FS für Jean-Louis Duc, Lausanne 2001, 27 ff.; EGLI, Das arbeitsrechtliche Verfahren nach Art. 343 OR, ZZZ 2004, 21 ff.; GALLEY, Les juridictions du travail en Suisse, Diss., Zürich/Basel/Genf 2003; GASSER, Aspekte eines sozialen Zivilprozesses, FS für Franz Kellerhals, Bern 2005, 297 ff.; GLOOR, Immunité de jurisdiction et contrat de travail, SJ 1995, 649 ff.; DERS., Employer States and Sovereign Immunity, Genf 1999; JOHNER, Die direkte Zuständigkeit der Schweiz bei internationalen Arbeitsverhältnissen unter besonderer Berücksichtigung des Lugano-Übereinkommens, Basel 1995; KELLERHALS/VON WERDT/GÜNGERICH (Hrsg.), Gerichtsstandsgesetz, 2. Aufl., Bern 2005; G. KOLLER, Art. 343 OR unter besonderer Berücksichtigung der Praxis des Arbeitsgerichts Zürich, Diss., Zürich 1995; MEIER, K. Schiedsgerichtsbarkeit in arbeitsrechtlichen Streitigkeiten, FS Zürcher Kassationsgericht, Zürich 2000, 267 ff.; POLIVKA, Die gerichtliche Zuständigkeit in arbeitsrechtlichen Streitigkeiten nach revidiertem Lugano-Übereinkommen, Zürich 2001; PORTMANN, Arbeitsvertragsrecht und Zivilprozess, FS für Peter Gauch, Zürich/Basel/Genf 2004, 539 ff.; RYTER, Article 343 CO et procédure civile vaudoise en matière de conflit de travail, Diss., Lausanne 1990; SCHWANDER, Arbeitsrechtliche Streitigkeiten in Zivilprozessverfahren, ZZZ 2007, 195 ff.; SCHWEIZER, Droit du travail – Droit international privé et fors, arbitrage, in: Panorama en droit du travail, Bern 2009, 839 ff.; WALDER-RICHLI, Modernes Gerichtsstandsrecht?, FS für Manfred Rehbinder, München/Bern 2002, 149 ff.

I. Rechtsquellen des Arbeitsrechts

1. Individualarbeitsrecht

1 Das Individualarbeitsrecht regelt die privatrechtlichen Beziehungen zwischen einzelnen Arbeitgebern und Arbeitnehmern, die durch einen *Einzelarbeitsvertrag* verbunden sind. Es ergibt sich aus einer Reihe unterschiedlicher **Rechtsquellen**. Zu ihnen gehören:

2 – *Bestimmungen der Bundesverfassung sowie von Gesetzen und Verordnungen.* Gemäss Art. 122 Abs. 1 BV ist der Bund zuständig zur Regelung des Individualarbeitsrechts. Direkte Drittwirkung auf das Einzelarbeitsverhältnis haben Art. 8 Abs. 3 Satz 3 BV (Anspruch von Mann und Frau auf gleichen Lohn für gleichwertige Arbeit) und Art. 110 Abs. 3 Satz 2 BV (arbeitsrechtliche Regelung des Bundesfeiertags). Von Bedeutung sind auch Art. 35 Abs. 3 BV über die indirekte Drittwirkung der Grundrechte und – nach Annahme der sog. «Abzockerinitiative» am 3.3.2013 – Art. 95 Abs. 3 BV und die dazugehörige Verordnung gegen übermässige Vergütungen bei börsenkotierten Aktiengesellschaften (VegüV, SR 221.331). Den *Kern des Individualarbeitsrechts* bilden die *Art. 319–355.* Hinzu treten zahlreiche Vorschriften in anderen Gesetzen und Verordnungen. Zu erwähnen sind etwa das Gleichstellungsgesetz (GlG, SR 151.1), das Datenschutzgesetz (DSG, SR 235.1) mit Verordnung (VDSG, SR 235.11), das Arbeitsvermittlungsgesetz (AVG, SR 823.11) mit Verordnung (AVV, SR 823.111), das Seeschifffahrtsgesetz (SSG, SR 747.30, Art. 68–81 und 162 über den Heuervertrag der Seeleute) mit Verordnung (SR 747.301), das Arbeitsgesetz (ArG, SR 822.11) mit fünf Verordnungen (ArGV 1–5, SR 822.111–115), das Heimarbeitsgesetz (HArG, SR 822.31) mit Verordnung (HArGV, SR 822.311), das Reisendengewerbegesetz (RGG, SR 943.1) mit Verordnung (RGV, SR 943.11) sowie das Berufsbildungsgesetz (BBG, SR 412.10) mit Verordnung (BBV, SR 412.101). Zwar gehört ein grosser Teil dieser Bestimmungen zum öffentlichen Arbeitsrecht, das öffentlich-rechtliche Pflichten gegenüber dem Staat begründet; auf Grund von Art. 342 Abs. 2 haben diese aber oft zugleich privatrechtliche Wirkung. Verordnungen bilden auch die *Normalarbeitsverträge*, die vom Bundesrat oder den zuständigen kantonalen Behörden gestützt auf die *Art. 359 ff.* erlassen werden.

- *Normative Bestimmungen von Gesamtarbeitsverträgen.* Es sind Vorschriften über den Abschluss, den Inhalt oder die Beendigung der einzelnen Arbeitsverhältnisse, die von Arbeitgebern oder deren Verbänden und Arbeitnehmerverbänden gemeinsam aufgestellt wurden (Art. 356 Abs. 1). Sie gelten unmittelbar für die beteiligten Arbeitgeber und Arbeitnehmer und können nicht wegbedungen werden, sofern der Gesamtarbeitsvertrag nichts anderes bestimmt (Art. 357 Abs. 1). **3**
- *Betriebsordnungen.* Sie bilden eine kollektive Regelung der Arbeitsverhältnisse eines Betriebes durch einseitigen Erlass oder durch Betriebsvereinbarung (Vereinbarung mit der Arbeitnehmervertretung, oft als Betriebskommission bezeichnet). Die Betriebsordnung ist für industrielle Betriebe zwingend vorgeschrieben (Art. 37–39 ArG). **4**
- *Vereinbarungen zwischen Arbeitgeber und Arbeitnehmer.* Sie können grundsätzlich schriftlich oder mündlich, ausdrücklich oder stillschweigend getroffen werden. Nur in einigen besonders geregelten Fällen ist für die Gültigkeit der Vereinbarungen die Schriftform vorgeschrieben (Art. 320 N 32 ff.). Die Parteien können auch betriebseinheitliche Reglemente (sog. *Allgemeine Arbeitsbedingungen*, entsprechend den Allgemeinen Geschäftsbedingungen im Wirtschaftsleben) einbeziehen (Art. 320 N 18). **5**
- *Weisungen des Arbeitgebers.* Sie haben ihre Grundlage in Art. 321d. Das Weisungsrecht ermöglicht es dem Arbeitgeber, die Arbeits- und Treuepflicht des Arbeitnehmers zu konkretisieren. **6**
- *Betriebliche Übungen.* Sie sind eine besondere Form stillschweigender Kollektivvereinbarung, bei der aus der faktischen Handhabung im Betrieb nach einer gewissen Dauer Rechtsansprüche entstehen können, z.B. der Anspruch auf Gratifikation (umstr., vgl. Art. 322d N 10). **7**

Die Vielfalt rechtlicher Gestaltungsfaktoren des Einzelarbeitsverhältnisses erfordert die Kenntnis ihrer **Hierarchie**, um die massgebliche Regelung feststellen zu können, falls verschiedenartige Normen einander widersprechen. Der Gesetzgeber hat zunächst eine grundsätzliche Rangfolge vorgeschrieben, dann aber eine begrenzte Durchbrechung der Rangordnung zugelassen: **8**

- Grundsätzlich besteht von oben nach unten folgende *Rangordnung*: zwingendes Verfassungs-, Gesetzes- und Verordnungsrecht (Art. 358, Art. 359 Abs. 3, Art. 361 f., Art. 38 Abs. 3 ArG), Gesamtarbeitsvertrag (Art. 357, Art. 38 Abs. 3 ArG), Betriebsordnung (Art. 39 Abs. 2 ArG), Einzelarbeitsvertrag, Normalarbeitsvertrag (Art. 360 Abs. 1, sofern er nicht einseitig zwingendes Verordnungsrecht darstellt, Art. 360d Abs. 2), dispositives Gesetzesrecht, Weisungen des Arbeitgebers (Art. 321d). **9**
- Die vorstehende Rangordnung der Rechtsquellen wird aber durch das *Günstigkeitsprinzip* abgeändert, wonach eine rangschwächere Regelung der ranghöheren vorgeht, wenn sie für den Arbeitnehmer günstiger ist. Art. 358 hält dieses Prinzip für das Verhältnis von zwingendem Recht und Gesamtarbeitsvertrag ausdrücklich fest, ebenso Art. 359 Abs. 3 für das Verhältnis von zwingendem Recht und Normalarbeitsvertrag. Allerdings wird es in mehrfacher Hinsicht begrenzt. Die in Art. 361 aufgezählten gesetzlichen Regelungen sind zum Schutz berechtigter Interessen des Arbeitgebers beidseitig zwingend. Sie dürfen weder zu Ungunsten des Arbeitnehmers noch zu Ungunsten des Arbeitgebers abgeändert werden. Nur die in Art. 362 aufgezählten Normen sind zu Gunsten des Arbeitnehmers abänderbar, und zwar durch Gesamtarbeitsvertrag, Betriebsordnung, Einzel- oder Normalarbeitsvertrag. In Bezug auf den Gesamtarbeitsvertrag gilt das Günstigkeitsprinzip im Verhältnis zum Einzelarbeitsvertrag und zur vereinbarten Betriebsordnung (Art. 357 Abs. 2), wobei der Gesamtarbeitsvertrag sogar eine Abweichung zu Ungunsten der Arbeitnehmer gestatten kann (Öffnungsklausel, Art. 357 Abs. 1). Hingegen findet das Günstigkeitsprinzip zum Schutz der Gewerkschaften im Verhältnis des Gesamtarbeitsvertrags zur einseitig erlassenen Betriebsordnung und zum dispositiven Normalarbeitsvertrag keine Anwendung. Die Betriebsordnung kann ebenfalls durch einen dispositiven Normalarbeitsvertrag nicht abgeändert werden, aber im Verhältnis zum Einzelarbeitsvertrag gilt wieder das Günstigkeitsprinzip (Art. 357 Abs. 2 analog; s.a. BGer, ARV 2014, 263). **10**

2. Kollektives Arbeitsrecht

11 Das kollektive Arbeitsrecht ist das Recht der Arbeitsverbände und deren Beziehungen zum jeweiligen Sozialpartner. Zu seinen *Rechtsquellen* zählen:

12 – *Bestimmungen der Bundesverfassung sowie von Gesetzen und Verordnungen.* Art. 28 BV regelt die Koalitionsfreiheit einschliesslich der Arbeitskampffreiheit (und implizit der Tarifautonomie). Die Bundeskompetenz zur Gesetzgebung auf dem Gebiet des kollektiven Arbeitsrechts ergibt sich insb. aus Art. 110 Abs. 1 lit. b und d BV sowie aus Art. 122 Abs. 1 BV (Zivilrechtskompetenz als Grundlage des Gesamtarbeitsvertragsrechts). Der *Gesamtarbeitsvertrag* wird durch die *Art. 356–358* geordnet. Weiter von Bedeutung sind das Allgemeinverbindlicherklärungsgesetz (AVEG, SR 221.215.311), das Fabrikgesetz (FabG, SR 821.41, Art. 30–31, 33–35 über die Streitbeilegung), das Einigungsstellengesetz (EES, SR 821.42) mit Verordnung (VEES, SR 821.421), das Arbeitsgesetz (ArG, SR 822.11, Art. 37–39 über die Betriebsordnung) und das Mitwirkungsgesetz (MitwG, SR 822.14). Die Arbeitsverbände bilden i.d.R. Vereine, so dass intern die Art. 60 ff. ZGB Anwendung finden.

13 – *Bestimmungen von Gesamtarbeitsverträgen und Betriebsvereinbarungen* mit kollektivrechtlichem Inhalt (z.B. über die Mitwirkung der Arbeitnehmer im Betrieb).

3. Öffentliches Arbeitsrecht

14 Das öffentliche Arbeitsrecht besteht aus einer Vielzahl von Verfassungsbestimmungen, Gesetzen und Verordnungen öffentlich-rechtlicher Natur, die im Wesentlichen dem Schutz vor Gefahren am Arbeitsplatz dienen oder eine Lenkung der Arbeitswelt durch staatliche Massnahmen bezwecken. Es können insb. folgende Bereiche unterschieden werden:

15 – *Arbeitnehmerschutz* bei Arbeit in Industrie, Gewerbe und Handel (z.B. ArG, SR 822.11), bei Arbeit in Verkehrsbetrieben (z.B. AZG, SR 822.21), bei Heimarbeit (z.B. HArG, SR 822.31) sowie durch Verhütung von Betriebsunfällen und Berufskrankheiten (z.B. Art. 81 ff. UVG, SR 832.20, VUV, SR 832.30).

16 – *Arbeitsmarkt und Arbeitsbeschaffung*: Arbeitsvermittlung und Personalverleih (z.B. AVG, SR 823.11), ausländische Arbeitskräfte (z.B. freier Personenverkehr für EU- und EFTA-Angehörige, SR 0.142.112.681, 0.632.31; Verfassungsrevision nach Annahme der Volksinitiative «Gegen Masseneinwanderung», Art. 121, 121a und 197 BV), Krisenbekämpfung und Arbeitsbeschaffung (z.B. ABRG, SR 823.33) sowie Arbeitsmarktstatistik (z.B. AVAM-Verordnung, SR 823.114).

17 – *Arbeitsleistung im öffentlichen Interesse* (z.B. Leistung von Zivildienst: ZDG, SR 824.0; ZDV, SR 824.01).

18 – *Berufsbildung und Berufsberatung* (z.B. BBG, SR 412.10; BBV, SR 412.101).

19 – *Öffentliches Beschaffungswesen* (z.B. BöB, SR 172.056.1, Art. 8 über Grundsätze bei der Vergabe von öffentlichen Aufträgen).

20 – *Gleichstellung von Frau und Mann im Erwerbsleben* (z.B. GlG, SR 151.1, Art. 14–16 über Finanzhilfen und das Eidg. Büro für die Gleichstellung von Frau und Mann).

4. Recht des öffentlichen Dienstes

21 Der öffentliche Dienst wird zu einem grossen Teil durch besondere Vorschriften des arbeitgebenden Gemeinwesens geordnet. Gemäss Art. 342 Abs. 1 lit. a bleiben Vorschriften des Bundes, der Kantone und Gemeinden über das öffentlich-rechtliche Dienstverhältnis ausdrücklich vorbehalten, soweit sie nicht die Art. 331 Abs. 5 und 331a–331e betreffen. Das noch bis vor einiger Zeit dominierende Beamtenverhältnis ist mittlerweile weitgehend durch das unbefristete, kündbare, auf einem öffentlich-rechtlichen Vertrag beruhende Anstellungsverhältnis abgelöst worden. Auf Bundesebene wird der öffentliche Dienst durch das Bundespersonalgesetz (BPG, SR 172.220.1) und zahlreiche Verordnungen geregelt (insb. BPV, SR

172.220.111.3; Rahmenverordnung BPG, SR 172.220.11; vgl. den Überblick bei PORTMANN, ARV 2001, 179 ff.).

22 Zu einer Anwendung der Art. 319 ff. kann es kommen, wenn:
- das massgebende Dienstrecht ausdrücklich auf diese verweist (z.B. BGer, JAR 2014, 360); in diesem Fall gelten die OR-Bestimmungen als kantonale Normen (BGE 140 I 320);
- wenn sie zur Lückenfüllung herangezogen werden (im Bund Art. 6 Abs. 2 BPG; BGE 75 II 329; BGer, JAR 2009, 422; BGer, JAR 2008, 322; BGer, ARV 2004, 97; verneint in BGE 139 I 57 für das öffentliche Dienstrecht des Kt. Neuenburg in Bezug auf den Sperrfristenschutz bei Schwangerschaft; s.a. BGer, JAR 2013, 267);
- oder wenn das Gemeinwesen mit dem Angestellten ausnahmsweise einen privatrechtlichen Einzelarbeitsvertrag abschliesst (im Bund Art. 6 Abs. 5 und 6 BPG, Art. 5 Rahmenverordnung BPG).

II. Arbeitsvertrag und IPR

1. Einzelarbeitsvertrag

23 Soweit im Einzelfall kein völkerrechtlicher Vertrag zur Anwendung kommt, bestimmt sich das auf den Einzelarbeitsvertrag anwendbare Recht nach dem **IPRG** (s. dessen Art. 1; Fallbeispiele: BGer, JAR 2013, 271; OGer BE, JAR 2014, 403). Die Parteien können den Arbeitsvertrag dem Recht des Staates unterstellen, in dem der Arbeitnehmer seinen gewöhnlichen Aufenthalt hat oder in dem der Arbeitgeber seine Niederlassung, seinen Wohnsitz oder seinen gewöhnlichen Aufenthalt hat (Art. 121 Abs. 3 IPRG; zu den entsprechenden Begriffen s. Art. 20 und 21 IPRG). Das Recht des Arbeitsortes kann danach nicht gewählt werden. Zur *Rechtswahl* im Allgemeinen s. Art. 116 IPRG, zum Fall einer stillschweigenden Rechtswahl BGer, ARV 2009, 302.

24 Fehlt es an einer Rechtswahl, so bestimmt sich das anwendbare Recht gem. Art. 121 Abs. 1 und 2 IPRG nach folgender Rangordnung:
- gewöhnlicher Arbeitsort;
- Niederlassung des Arbeitgebers;
- Wohnsitz/Sitz des Arbeitgebers;
- gewöhnlicher Aufenthalt des Arbeitgebers.

Nach der *Ausnahmeklausel* von Art. 15 Abs. 1 IPRG ist das Recht, auf das dieses Gesetz verweist, ausnahmsweise nicht anwendbar, wenn nach den gesamten Umständen offensichtlich ist, dass der Sachverhalt mit diesem Recht in nur geringem, mit einem anderen Recht jedoch in viel engerem Zusammenhang steht. Für Einzelfragen wie Form und Stellvertretung bestehen gem. Art. 123 ff. IPRG *Sonderanknüpfungen*.

25 Die Anwendung von Bestimmungen eines ausländischen Rechts ist ausgeschlossen, wenn sie zu einem Ergebnis führen würde, das mit dem schweizerischen *Ordre public* unvereinbar ist (Art. 17 IPRG). – Vorbehalten bleiben ferner die sog. *Eingriffsnormen*, die auch als «international zwingende Normen» und als «lois d'application immédiate» bezeichnet werden: hierbei handelt es sich um Bestimmungen des *schweizerischen Rechts*, die wegen ihres besonderen Zweckes, unabhängig von dem durch das IPRG bezeichneten Recht, zwingend anzuwenden sind (Art. 18 IPRG). Eine Norm ist nicht schon deshalb international zwingend, weil sie innerhalb des nationalen Rechts zwingend ist. Vielmehr muss es sich um eine qualifiziert zwingende Norm handeln, denn gewöhnliches zwingendes Recht ist grundsätzlich als Teil des Wirkungsstatuts anzuwenden (SCHNYDER, FS Ansay, Alphen 2006, 390). Bejaht wurde die auf Art. 18 IPRG gestützte, zwingende Anwendbarkeit der Rezeptionsklausel von Art. 342 Abs. 2, nachdem sich die Republik Chile durch Unterzeichnung der sog. Garantieerklärung gegenüber der Schweiz verpflichtet hatte, die Lohn- und Arbeitsbedingungen einzu-

halten, die auf eine in Genf arbeitende Hausangestellte anwendbar sind. Infolgedessen musste das von den Parteien gewählte ausländische Recht gegenüber dem anwendbaren schweizerischen Recht zurücktreten (BGE 138 III 750). Liegt die Funktion einer Bestimmung weniger in der Ordnungspolitik als vielmehr im Interessenausgleich zwischen Privaten, ist eine zwingende Norm IPR-statutszugehörig anzuknüpfen (SCHNYDER, FS Ansay, 397; vgl. auch IPRG-Kommentar-VISCHER, Art. 18 N 16). Daher sind etwa die mit dem ordentlichen Kündigungsschutz zusammenhängenden Fragen grundsätzlich nach dem Vertragsstatut zu beurteilen (PORTMANN, CaS 2006, 211). Eingriffsnormen enthält hingegen das Entsendegesetz (N 27 ff.). – Ferner kann anstelle des Rechts, das durch das IPRG bezeichnet wird, die Bestimmung eines *anderen Rechts*, die zwingend angewandt sein will, berücksichtigt werden, wenn nach schweizerischer Rechtsauffassung schützenswerte und offensichtlich überwiegende Interessen einer Partei es gebieten und der Sachverhalt mit jenem Recht einen engen Zusammenhang aufweist (Art. 19 IPRG). In BGE 136 III 392 ging es um den Arbeitsvertrag zwischen einem spanischen Matrosen und einer schweizerischen Gesellschaft, der infolge zulässiger Rechtswahl dem schweizerischen Recht unterstand (wogegen bei objektiver Anknüpfung das panamaische Recht als Recht der Flagge zur Anwendung gelangt wäre). Trotzdem berief sich der Arbeitnehmer auf eine panamaische Gesetzesbestimmung, die einem ohne triftigen Grund entlassenen Matrosen eine nur von der Dauer des Arbeitsverhältnisses abhängige Abgangsentschädigung gewährt. Zu Recht verneinte das BGer schützenswerte und offensichtlich überwiegende Interessen des Arbeitnehmers an der Anwendung dieser Bestimmung, da sie nicht als Ersatz für eine Vorsorgeleistung erscheine und kein soziales Ziel verfolge, sondern eine rein geldmässige Abgeltung darstelle und ihr Zweck somit nicht zu den Grundwerten des Arbeitnehmerschutzes gehöre. Tatsächlich verhält es sich hier anders als bei zwingenden Schutzbestimmungen am Arbeitsort, z.B. hinsichtlich Sonn- und Feiertagsarbeit, Höchstarbeitszeit oder Gefahrenprävention. Wenn die Parteien wie hier eine Rechtswahl getroffen haben, ist mit Blick auf die Parteiautonomie besondere Zurückhaltung bei der Berücksichtigung solcher Normen geboten. Den Schutzbedürfnissen des Arbeitnehmers trägt das schweizerische Kollisionsrecht bereits durch eine Einschränkung der Rechtswahl Rechnung (Art. 121 Abs. 3 IPRG; PORTMANN, EuZA 2011, 424).

26 Die *öffentlich-rechtlichen Bestimmungen des Arbeitsortes* bleiben vorbehalten. Das schweizerische öffentliche Arbeitsrecht ist demnach auch auf Personen anwendbar, die ein im Ausland gelegener Betrieb in der Schweiz beschäftigt, soweit dies nach den Umständen möglich ist (Art. 1 Abs. 3 ArG). Ist hingegen bei Arbeit im Ausland schweizerisches Privatrecht anwendbar, so gelten insoweit auch die Bestimmungen des schweizerischen öffentlichen Arbeitsrechts, als sie Inhalt des Einzelarbeitsvertrags sein könnten (Art. 342 Abs. 2). Auch bei Unterstellung des Arbeitsvertrages unter Schweizer Recht ist das Arbeitsgesetz auf im Ausland beschäftigte Arbeitnehmer aber weder direkt noch indirekt über die Rezeptionsklausel von Art. 342 Abs. 2 anwendbar (BGE 139 III 411).

27 Eine Sonderstellung nehmen die sog. *entsandten Arbeitnehmer* auf Grund des **Entsendegesetzes** (SR 823.20) ein. Das auf den Arbeitsvertrag anwendbare Recht ändert sich bei einer Entsendung in einen anderen Staat i.d.R. nicht, so dass die aus dem Ausland entsandten Arbeitnehmer für ihre Tätigkeit in der Schweiz grundsätzlich den gewohnten ausländischen Lohn- und Arbeitsbedingungen unterstehen. Um allfälliges Lohn- und Sozialdumping durch Entsendungen zu bekämpfen, gewährleistet das Entsendegesetz den entsandten Arbeitnehmern minimale inländische Lohn- und Arbeitsbedingungen, zumal Art. 22 AuG im Bereich der Freizügigkeit mit der EU/EFTA nicht greift (Art. 2 Abs. 2–3 AuG, Art. 9 Anhang I zum FZA und Art. 9 Anlage 1 von Anhang K zum EFTA-Übereinkommen). Als Vorbild diente die Entsenderichtlinie der EU (RL 96/71/EG). Der Schweiz ist es ausdrücklich gestattet, ihre Arbeits- und Beschäftigungsbedingungen auf die entsandten Arbeitnehmer anzuwenden (Art. 22 Abs. 2 Anhang I zum FZA und Art. 21 Abs. 2 Anlage 1 von Anhang K zum EFTA-Übereinkommen; PORTMANN, Flankierende Massnahmen I und II, Rz 115 m.w.H.).

Die *Anwendung* des Entsendegesetzes setzt voraus, dass Arbeitnehmer von ihrem Arbeitgeber, der seinen Wohnsitz oder Sitz im Ausland hat, in die Schweiz entsandt werden, damit sie hier für einen bestimmten Zeitraum tätig werden (Art. 1 Abs. 1 EntsG). Der Arbeitnehmerbegriff bestimmt sich nach schweizerischem Recht (Art. 1 Abs. 3 EntsG), damit auch scheinselbständige Personen erfasst werden können. Wer sich auf selbständige Erwerbstätigkeit beruft, hat diese gegenüber den zuständigen Kontrollorganen auf Verlangen nachzuweisen (Art. 1a Abs. 1 EntsG; Kontrollmodalitäten in Art. 1a Abs. 2 ff. und Art. 1b EntsG). Dieser Nachweis kann sich daraus ergeben, dass die betreffenden Personen in ihrem Herkunftsland als Selbständigerwerbende anerkannt sind oder dass sie sich als selbständige Leistungserbringer in der Schweiz haben eintragen lassen, insb. durch eine Meldung an die AHV-Ausgleichskasse (BGer, ARV 2011, 115). Die Tätigkeit des Arbeitnehmers kann darin bestehen, dass er auf Rechnung und unter Leitung des Arbeitgebers im Rahmen eines Vertragsverhältnisses zwischen diesem und dem Leistungsempfänger eine Arbeitsleistung erbringt, oder dass er in einer Niederlassung oder einem Betrieb arbeitet, der zur Unternehmensgruppe des Arbeitgebers gehört (Art. 1 Abs. 1 lit. a und b EntsG; zum Beizug von Subunternehmern und zur mit der Revision vom 15.7.2013 eingeführten Solidar- bzw. Kettenhaftung in der Baubranche s. Art. 5 EntsG und Art. 8 ff. EntsV). In einem sozialversicherungsrechtlichen Zusammenhang hat das BGer entschieden, dass ein Arbeitnehmer, der von einem Schweizer Unternehmen in einem Mitgliedstaat rekrutiert wird, um unmittelbar in einem weiteren Mitgliedstaat die Erwerbstätigkeit aufzunehmen, die Voraussetzungen einer Entsendung nicht erfüllt und daher den Rechtsvorschriften des Beschäftigungslandes unterliegt (BGE 134 V 428). **28**

Die Bereiche des Bauhaupt- und des Baunebengewerbes, des Hotel- und Gastgewerbes sowie gegebenenfalls weitere vom Bundesrat bezeichnete Branchen unterstehen dem Entsendegesetz unmittelbar ab Beginn der Entsendung und in umfassender Weise, da sie bekanntermassen gegenüber Lohn- und Sozialdumping am exponiertesten sind. Demgegenüber gelten in den übrigen Bereichen die Mindestvorschriften für die Entlöhnung und die Ferien nicht für Arbeiten von geringem Umfang, ferner auch nicht für Montage oder erstmaligen Einbau, wenn die Arbeiten weniger als acht Tage dauern und Bestandteil eines Warenlieferungsvertrags bilden (Art. 4 Abs. 1 und 3 EntsG). **29**

Wegen des Diskriminierungsverbots aufgrund des FZA und des EFTA-Übereinkommens können auf entsandte Arbeitnehmer nur Bestimmungen über Arbeitsbedingungen angewendet werden, die auch für Arbeitnehmer von schweizerischen Arbeitgebern gelten (VEUVE, 309). Vor diesem Hintergrund bestimmt Art. 2 Abs. 1 EntsG, dass die Arbeitgeber den entsandten Arbeitnehmern mindestens die *Arbeits- und Lohnbedingungen garantieren* müssen, die in Bundesgesetzen, Verordnungen des Bundesrates, allgemeinverbindlich erklärten Gesamtarbeitsverträgen und Normalarbeitsverträgen i.S.v. Art. 360a vorgesehen sind und welche die minimale Entlöhnung inkl. Zuschläge, die Arbeits- und Ruhezeit, die Mindestdauer der Ferien, die Arbeitssicherheit und den Gesundheitsschutz am Arbeitsplatz, den Schutz von Schwangeren, Wöchnerinnen, Kindern und Jugendlichen sowie die Nichtdiskriminierung (namentlich die Gleichbehandlung von Frau und Mann) betreffen (vgl. auch die Ergänzungen in den Abs. 2, 2bis, 2ter und 2^{quater}). Ferner muss der Arbeitgeber den entsandten Arbeitnehmern eine *Unterkunft* garantieren, die dem üblichen Standard am Einsatzort bezüglich Hygiene und Komfort genügt. Die Abzüge für Unterkunft und Verpflegung dürfen das ortsübliche Mass nicht übersteigen (Art. 3 EntsG). **30**

Durchgesetzt wird das Entsendegesetz mittels *Zivilklagen* (Erfüllungsanspruch des entsandten Arbeitnehmers und Verbandsklagerecht nach Art. 11 EntsG), *Verwaltungsmassnahmen* (Art. 6 ff. EntsG, s. BGE 140 II 447) und *Strafmassnahmen* (Art. 12 f. EntsG). Zur mit der Revision vom 15.7.2013 eingeführten Solidar- bzw. Kettenhaftung in der Baubranche s. Art. 5 EntsG und Art. 8 ff. EntsV. **31**

2. Gesamtarbeitsvertrag

32 Der Gesamtarbeitsvertrag untersteht dem **Territorialitätsprinzip**. Seine Wirkungen betreffen somit das Gebiet, für das die GAV-Parteien auf Grund ihrer Statuten zuständig sind (BK-STÖCKLI, Art. 356 N 72). Die den GAV-Parteien vom Gesetz eingeräumte Normsetzungsbefugnis beschränkt sich auf das Gebiet der Schweiz. Daher kann die Vertragsbindung mit ihrer normativen Wirkung grundsätzlich nicht auf die Arbeitnehmer einer ausländischen Zweigniederlassung oder Tochtergesellschaft des schweizerischen vertragsgebundenen Arbeitgebers ausgedehnt werden (ZK-VISCHER/ALBRECHT, Vor Art. 356–358 OR N 126). Umgekehrt gelten in der Schweiz keine ausländischen Gesamtarbeitsverträge. Deren normative Bestimmungen können jedoch durch *Übernahme* Inhalt des Einzelarbeitsvertrags werden.

III. Arbeitsvertrag und schweizerisches Zivilprozessrecht

1. Allgemeines

33 Am 1.1.2011 ist die **Schweizerische Zivilprozessordnung** (ZPO) vom 19.12.2008 in Kraft getreten. Sie ersetzt die 26 kantonalen Zivilprozessrechte, die vor dem 1.1.2011 grundsätzlich auch für Streitigkeiten aus dem Arbeitsverhältnis anwendbar waren. Einige Aspekte waren allerdings schon damals bundesweit vereinheitlicht, so die örtliche Zuständigkeit nach dem Gerichtsstandsgesetz sowie für Streitigkeiten aus dem Arbeitsverhältnis bis zu einem Streitwert von CHF 30 000 die Vorgabe eines einfachen und raschen Verfahrens, die Befreiung von Gerichtskosten, die Untersuchungsmaxime und die freie Beweiswürdigung gem. Art. 343. Diese Bestimmungen wurden zu einem erheblichen Teil in die ZPO integriert, so dass insoweit weiterhin auf die entsprechende Lehre und Rechtsprechung abgestellt werden kann (im Folgenden wird jeweils nicht immer eigens auf diesen Umstand hingewiesen). Die Rechtsmittel bei kantonalen Gerichten sind ebenfalls in der ZPO geregelt, die Rechtsmittel beim BGer hingegen im **Bundesgerichtsgesetz** (BGG).

34 Mit dem Inkrafttreten der bundesweiten ZPO wurden zahlreiche Bestimmungen verfahrensrechtlicher Natur in anderen Gesetzen **aufgehoben**, u.a.:
- das Gerichtsstandsgesetz (GestG);
- Art. 11 und 12 GlG;
- Art. 343 OR;
- Art. 15 Abs. 3 MitwG;
- Art. 10 und 23 AVG.

35 Die ZPO und das BGG enthalten zum Teil Sonderbestimmungen für **arbeitsrechtliche Streitigkeiten**, so insb. für:
- «arbeitsrechtliche Klagen» (Art. 34 Abs. 1 ZPO betr. örtliche Zuständigkeit);
- «Streitigkeiten aus dem Arbeitsverhältnis» (Art. 113 Abs. 2 lit. d ZPO, Art. 114 lit. c ZPO, Art. 65 Abs. 4 lit. c BGG betr. Gerichtskosten);
- «arbeitsrechtliche Streitigkeiten» (Art. 247 Abs. 2 lit. b Ziff. 2 ZPO betr. Untersuchungsmaxime);
- «Leistungen aus dem Arbeitsverhältnis» (Art. 348 lit. d ZPO betr. Vollstreckung öffentlicher Urkunden);
- «arbeitsrechtliche Fälle» (Art. 74 Abs. 1 lit. a BGG betr. Streitwertgrenze).

In diesen Fällen ist entscheidend, was als arbeitsrechtlich bzw. als zum Arbeitsverhältnis gehörend betrachtet wird (ausführlich zu dieser Schlüsselfrage STREIFF/VON KAENEL/RUDOLPH, 21 ff.). Das Ergebnis ist im Wesentlichen für alle erwähnten Gesetzesnormen gleich (allfällige Differenzierungen lassen sich aber nicht von vornherein völlig ausschliessen).

Arbeitsrechtlicher Natur sind insb. *zivilrechtliche Streitigkeiten* (Art. 1 lit. a ZPO) über Ansprüche aus einem *Einzelarbeitsvertrag* i.S.v. Art. 319 ff., gleichgültig ob dieser zur Zeit der Rechtshängigkeit der Klage noch besteht oder bereits beendet ist. Dazu gehören auch Streitigkeiten über: 36

- die *Existenz eines Arbeitsvertrags* (Qualifikation, Zustandekommen, Gültigkeit; BGE 137 III 34; BGer, JAR 2000, 390; zur prozessualen Handhabung sog. doppelrelevanter Tatsachen vgl. N 40);
- *faktische Arbeitsverträge* nach Art. 320 Abs. 2 und 3;
- *besondere Arbeitsverträge* wie Lehrvertrag, Handelsreisendenvertrag, Heimarbeitsvertrag (BGE 137 III 33 zu aArt. 24 Abs. 1 GestG), Heuervertrag, Teilzeitarbeitsvertrag, Job Sharing-Vertrag, Vertrag über Arbeit auf Abruf und Temporärarbeitsvertrag;
- *gemischte Verträge mit arbeitsrechtlichem Schwerpunkt* wie z.B. den Hauswartvertrag (Art. 319 N 42; BGer, JAR 2011, 359: einheitliches Vertragsverhältnis mit Elementen aus Partnerschafts- und Arbeitsvertrag; arbeitsgerichtliche Zuständigkeit für sämtliche Ansprüche bejaht);
- *Nachwirkungen* eines Arbeitsvertrags, z.B. über das Konkurrenzverbot nach Beendigung des Arbeitsverhältnisses gem. Art. 340 ff.;
- *prozessuale Nebenpunkte* (vgl. BGE 104 II 222 zu aArt. 343 Abs. 3).

Nicht arbeitsrechtlicher Natur sind hingegen namentlich: 37

- Streitigkeiten zwischen Arbeitgeber und Arbeitnehmer aus einem Vertrag, der nicht die Merkmale eines Arbeitsvertrags i.S.v. Art. 319 aufweist, wie namentlich ein *Darlehens- oder Mietvertrag*;
- Streitigkeiten *zwischen Arbeitnehmern*;
- Streitigkeiten *rein verfahrensrechtlicher Art.* Nach der bundesgerichtlichen Rechtsprechung ist die Kollokation von Ansprüchen aus Arbeitsrecht als betreibungsrechtliche (und nicht als arbeitsrechtliche) Angelegenheit zu behandeln, selbst wenn eine arbeitsrechtliche Vorfrage zu entscheiden ist (BGE 135 III 470; 131 III 455, beide zu aArt. 343 Abs. 3; differenzierend OGer ZH, JAR 2007, 499, 501). Diese Rechtsprechung vermag aus verschiedenen Gründen nicht zu überzeugen (s. dazu Lorandi, ARV online 2010 Nr. 301) und sollte überdacht werden.

Ist eine Streitigkeit arbeitsrechtlicher Natur, so ist es *unerheblich, welche* **Rechtsnormen** *angerufen werden*; die klagende Partei kann sich etwa auch auf arbeitsrechtliche Vorschriften von Spezialgesetzen (z.B. MitwG, GlG, BGE 137 III 33), auf culpa in contrahendo (AGer ZH, ARV 2006, 23; TPH Lausanne, JAR 2006, 531), auf Bestimmungen des allgemeinen Teils des OR (Art. 41 ff., 62 ff.) sowie auf solche des UWG stützen (BGer, JAR 1998, 306). Konkurrieren Ansprüche aus Arbeitsvertrag mit solchen aus unerlaubter Handlung (z.B. bei Mobbing), ist an einem von Art. 34 ZPO vorgesehenen Ort zu klagen. Wenn allerdings einer der Ansprüche auf einer unerlaubten Handlung gründet, die ausserhalb des Rahmens des Arbeitsverhältnisses begangen wurde, besteht die Möglichkeit, gestützt auf Art. 15 Abs. 2 ZPO (objektive Klagehäufung) auch an einem von Art. 36 ZPO bestimmten Ort zu klagen (Portmann/Stöckli, Rz 966; BGE 137 III 323; BGer, ARV 2011, 287). 38

Auf den arbeitsrechtlichen Charakter eines Anspruchs (nicht jedoch auf die teilzwingende Wirkung nach Art. 35 Abs. 1 lit. d ZPO) können sich auch ein allfälliger **Rechtsnachfolger** sowie die Person berufen, die einen Anspruch auf Lohnnachgenuss gem. Art. 338 Abs. 2 geltend macht. 39

Weil das Vorliegen einer arbeitsrechtlichen Streitigkeit vom Bestand eines Arbeitsvertrags abhängt, stellt sich die Frage, inwieweit darüber **Beweis** zu führen ist. Da der Bestand eines Arbeitsvertrags sowohl für die Zuständigkeit des angerufenen Gerichts wie auch für die materielle Begründetheit der Klage erheblich ist, stellt er eine sog. **doppelrelevante Tatsache** dar. Nach der bundesgerichtlichen Rechtsprechung sind die vom Kläger behaupteten doppelrelevanten Tatsachen für die Beurteilung der Zuständigkeit als wahr zu unterstellen. Eine Aus- 40 nahme gilt nur für den Fall, «dass der klägerische Tatsachenvortrag auf Anhieb fadenscheinig oder inkohärent erscheint und durch die Klageantwort sowie die von der Gegenseite produzierten Dokumente unmittelbar und eindeutig widerlegt werden kann» (BGE 137 III 34; 136 III 488; BGer, JAR 2012, 166; s.a. OGer ZH, JAR 2012, 569). Die rechtliche Würdigung der klägerischen Tatsachenbehauptungen ist indessen dem Gericht überlassen; es hat zu prüfen, ob sich aus ihnen auf das Bestehen des behaupteten Vertragstyps schliessen lässt. Erscheint eine solche rechtliche Qualifikation als ausgeschlossen, ist auf die Klage nicht einzutreten (BGE 137 III 34; s. zum Ganzen auch BGer, ARV 2007, 26). Über eine **einfachrelevante Tatsache** – die (wie der Wohnsitz des Beklagten und der gewöhnliche Arbeitsort) nur für die Zuständigkeit des angerufenen Gerichts, aber nicht für die materielle Begründetheit des eingeklagten Anspruchs erheblich ist – muss hingegen Beweis geführt werden, wenn deren Vorhandensein von der Gegenpartei bestritten wird (BGE 137 III 34; 122 III 252).

2. Sachliche und funktionelle Zuständigkeit

41 Die sachliche und funktionelle Zuständigkeit der Gerichte wird durch das **kantonale Recht** geregelt, soweit das Gesetz nichts anderes bestimmt (s.a. BGer, JAR 2011, 359). Hängt die sachliche Zuständigkeit vom Streitwert ab, so erfolgt dessen Berechnung nach der ZPO (Art. 4 ZPO). In vermögensrechtlichen Streitigkeiten kann die klagende Partei mit Zustimmung der beklagten Partei direkt an das obere Gericht gelangen, sofern der Streitwert mindestens CHF 100 000 beträgt. Dieses Gericht entscheidet dann als einzige kantonale Instanz (Art. 8 ZPO). In diesem Fall findet das vereinfachte Verfahren keine Anwendung (Art. 243 Abs. 3 ZPO). Die Kantone sind nach dem Gesagten frei, ob sie die erstinstanzliche Beurteilung von arbeitsrechtlichen Streitigkeiten (dazu N 36 f.) den ordentlichen Gerichten (Bezirksgerichte, Amtsgerichte) überlassen oder dafür **Arbeitsgerichte** einsetzen wollen. Diese stellen sog. *Spezialgerichte* dar, die i.d.R. unter einem professionellen Vorsitz mit je einer Vertretung der Arbeitgeber- und der Arbeitnehmerseite besetzt sind. Zum Teil sind sie nur bis zu einer oberen Streitwertgrenze zuständig. Zur Frage der Zuständigkeit von Handelsgerichten für arbeitsrechtliche Streitigkeiten bzw. solche im vereinfachten Verfahren s. HGer ZH, ZR 2012, 169; BGE 139 III 457; 140 III 409; 140 III 155 und 138 III 694. Zum Verhältnis der Zuständigkeiten des Bundespatentgerichts und der kantonalen Gerichte in einem Fall mit Arbeitsrechtsbezug BGer, ARV 2013, 129.

42 Steht in einem konkreten Fall die Möglichkeit offen, ein Arbeitsgericht anzurufen, so ist die Frage, ob ein Arbeitsverhältnis vorliegt, sowohl für die Zuständigkeit des Arbeitsgerichts wie auch für die materielle Begründetheit des Anspruchs aus Arbeitsvertrag relevant *(doppelrelevante Tatsache)*. Im Rahmen der Zuständigkeitsprüfung ist über das Vorliegen eines Arbeitsverhältnisses kein Beweisverfahren durchzuführen, sondern auf die Behauptungen des Klägers abzustellen (Näheres in N 40; BGer, ARV 2007, 26 betr. sachliche Zuständigkeit).

43 Sieht der Arbeitsvertrag eine für die vom Arbeitnehmer dem Arbeitgeber zugeführte Kundschaft eine Entschädigung vor, die zum *Einkauf von Versicherungsjahren* in die Pensionskasse des Arbeitgebers verwendet wird, so fällt ein Streit unter den Parteien über die Auslegung und Anwendung dieser Bestimmung in die sachliche Zuständigkeit der Zivilgerichte und nicht in jene der BVG-Behörden (BGE 122 III 57).

3. Örtliche Zuständigkeit

44 Der Gerichtsstand bestimmt sich nach dem *eingeklagten Anspruch* zur Zeit der *Rechtshängigkeit*. Für arbeitsrechtliche Klagen ist das Gericht am **Wohnsitz oder Sitz der beklagten Partei** oder am Ort, an dem der Arbeitnehmer **gewöhnlich die Arbeit verrichtet**, zuständig (Art. 34 Abs. 1 ZPO). Zur Bestimmung des gewöhnlichen Arbeitsorts kommt es darauf an, wo der Arbeitnehmer i.d.R. tatsächlich seine Arbeit ausführt. Dies muss nicht notwendigerweise der Betriebsort sein, weshalb die entsprechende Rechtsprechung zu aArt. 343 Abs. 1

nicht unbesehen auf den Gerichtsstand des gewöhnlichen Arbeitsorts übertragen werden kann (vgl. zum Gerichtsstand des Betriebsorts noch BGE 127 III 203, zu demjenigen des gewöhnlichen Arbeitsorts jetzt BezGer Horgen, JAR 2004, 608). Der Gerichtsstand des gewöhnlichen Arbeitsorts ist gegenstandslos, wenn sich kein solcher Ort ermitteln lässt.

Unter einer **arbeitsrechtlichen Klage** ist eine Klage aus dem *individuellen Arbeitsverhältnis* **45**
zu verstehen. Art. 34 Abs. 1 ZPO passt nicht für Streitigkeiten des kollektiven Arbeitsrechts, da hier der gewöhnliche Arbeitsort eines bestimmten Arbeitnehmers keinen sinnvollen Bezugspunkt bildet. In Übereinstimmung mit der bundesgerichtlichen Praxis, wonach Kollokationsstreitigkeiten nicht arbeitsrechtlicher Natur sind (N 37), ist nach OGer ZH, JAR 2007, 499, für eine Kollokationsklage betreffend eine Lohnforderung das Gericht am Konkursort nach Art. 250 Abs. 1 SchKG zuständig. Konkurrieren Ansprüche aus Arbeitsvertrag mit solchen aus unerlaubter Handlung (z.B. bei Mobbing), ist an einem von Art. 34 ZPO vorgesehenen Ort zu klagen. Wenn allerdings einer der Ansprüche auf einer unerlaubten Handlung gründet, die ausserhalb des Rahmens des Arbeitsverhältnisses begangen wurde, besteht die Möglichkeit, gestützt auf Art. 15 Abs. 2 ZPO (objektive Klagehäufung) auch an einem von Art. 36 ZPO bestimmten Ort zu klagen (Portmann/Stöckli, Rz 966; BGE 137 III 323; BGer, ARV 2011, 287). Zur Abgrenzung von arbeitsrechtlichen und anderen Klagen hinsichtlich weiterer Aspekte s. N 36 f.

Stellt sich in einem konkreten Fall die Frage, ob ein Gerichtsstand nach Art. 34 Abs. 1 ZPO **46**
zur Verfügung steht, so ist das Bestehen eines Arbeitsvertrags sowohl für die örtliche Zuständigkeit wie auch für die materielle Begründetheit des Anspruchs aus Arbeitsvertrag relevant *(doppelrelevante Tatsache)*. Im Rahmen der Zuständigkeitsprüfung ist über das Vorliegen eines Arbeitsverhältnisses kein Beweisverfahren durchzuführen, sondern auf die Behauptungen des Klägers abzustellen (Näheres in N 40; BGE 137 III 32 betr. örtliche Zuständigkeit).

Für Klagen aus dem Betrieb einer geschäftlichen oder beruflichen Niederlassung oder einer **47**
Zweigniederlassung ist das Gericht am Wohnsitz oder Sitz der beklagten Partei oder am Ort der Niederlassung zuständig (Art. 12 ZPO). Der **Gerichtsstand der Niederlassung** steht auch dem Arbeitnehmer – neben den Gerichtsständen von Art. 34 Abs. 1 ZPO – für eine arbeitsrechtliche Klage aus dem Betrieb der Niederlassung seines Arbeitgebers zur Verfügung (BGE 129 III 34 zu aArt. 5 GestG). Der Begriff der Niederlassung i.S.v. Art. 12 ZPO umfasst einerseits geschäftliche oder berufliche Niederlassungen von natürlichen Personen, Einzelfirmen, Kollektiv- und Kommanditgesellschaften und andererseits Zweigniederlassungen von Handelsgesellschaften und Genossenschaften (BSK ZPO-Infanger, Art. 12 N 7). Damit eine Zweigniederlassung vorliegt, ist eine gewisse wirtschaftliche und geschäftliche Unabhängigkeit erforderlich (BGE 129 III 32 zu aArt. 5 GestG; i.c. fielen Arbeitsort, Sitz der Einzelfirma und Wohnsitz des beklagten Arbeitgebers auseinander: der Gerichtsstand der Niederlassung bestand am Sitz der Einzelfirma, nicht aber am Arbeitsort, denn der dortige Verkaufsladen war eine blosse Filiale, aber keine Zweigniederlassung).

Für Klagen einer stellensuchenden Person sowie eines Arbeitnehmers, die sich auf das **Ar-** **48**
beitsvermittlungsgesetz stützen, ist zusätzlich zum Gericht nach Art. 34 Abs. 1 ZPO das Gericht am Ort der *Geschäftsniederlassung* der vermittelnden oder verleihenden Person, mit welcher der Vertrag abgeschlossen wurde, zuständig (Art. 34 Abs. 2 ZPO). Der Begriff der Geschäftsniederlassung ist identisch mit dem Niederlassungsbegriff von Art. 12 ZPO (BSK ZPO-Kaiser Job, Art. 34 N 21; BSK ZPO-Infanger, Art. 12 N 7). Dieser zusätzliche Gerichtsstand steht nicht zur Verfügung, wenn der Arbeitsvermittler oder Personalverleiher gegen den Arbeitnehmer klagt; in diesem Fall gilt bloss Art. 34 Abs. 1 ZPO. Im Verhältnis zwischen Personalverleiher und Einsatzbetrieb ist Art. 31 ZPO anwendbar, da Streitigkeiten aus dem Verleihvertrag nicht arbeitsrechtlicher Natur sind (vgl. Art. 319 N 34).

Während aArt. 24 Abs. 3 GestG im Fall von vorübergehend entsandten Arbeitnehmern zusätz- **49**
lich das **Gericht am Entsendeort** als zuständig erklärte, soweit die Klage Ansprüche aus der

Zeit der Entsendung betraf, verzichtet die ZPO auf diesen Gerichtsstand. Gemäss Botschaft ZPO vom 28.6.2006, BBl 2006, 7221 ff., 7269 besteht (zumindest im innerstaatlichen Verhältnis) nach diesem zusätzlichen Forum kein Bedarf, da Entsendungen nur vorübergehend sind.

50 Die beklagte Partei hat auch bei einer arbeitsrechtlichen Streitigkeit die Möglichkeit, **Widerklage** zu erheben, wenn die Widerklage mit der Hauptklage in einem sachlichen Zusammenhang steht. Die Widerklage ist bei dem für die Hauptklage örtlich zuständigen Gericht zu erheben (Art. 14 Abs. 1 ZPO). Der Gerichtsstand der Widerklage bleibt auch bestehen, wenn die Hauptklage aus irgendeinem Grund dahinfällt (Art. 14 Abs. 2 ZPO). In Bezug auf die Widerklage entfällt das Schlichtungsverfahren (Art. 198 lit. g ZPO).

51 Die stellensuchende oder arbeitnehmende Partei kann auf die Gerichtsstände von Art. 34 ZPO nicht zum Voraus oder durch Einlassung verzichten (Art. 35 Abs. 1 lit. d ZPO). Nach Entstehung der Streitigkeit ist indessen der Abschluss einer **Gerichtsstandsvereinbarung** zulässig (Art. 35 Abs. 2 ZPO). Die Gerichtsstände von Art. 34 ZPO erweisen sich demnach als *einseitig teilzwingend*. Gerichtsstandsvereinbarungen, die der stellensuchenden oder arbeitnehmenden Partei bloss einen zusätzlichen Gerichtsstand zur Verfügung stellen, werden von Art. 35 ZPO nicht erfasst, was sich bereits aus dem Wortlaut dieser Bestimmung ergibt. Zudem erweisen sich solche Vereinbarungen auch unter dem Gesichtspunkt des Sozialschutzes als unbedenklich. Art. 35 Abs. 1 lit. d ZPO hat keine Auswirkungen auf die Binnenschiedsgerichtsbarkeit bei individuellen Arbeitsstreitigkeiten (BGE 136 III 472 zu aArt. 21 Abs. 1 lit. d GestG). In BGer, ARV 2011, 194 bestätigte das BGer einen vorinstanzlichen Entscheid, der für die von einem Berufsradfahrer eingegangenen Arbeits- und Lizenzverträge zwei voneinander unabhängige Verträge annahm, so dass die im Arbeitsvertrag getroffene Gerichtsstandsklausel auf den Lizenzvertrag keine Anwendung fand.

4. Dispositionsmaxime

52 In Streitigkeiten aus dem Arbeitsverhältnis gilt grundsätzlich die Dispositionsmaxime. Danach darf das Gericht einer Partei nicht mehr und nichts anderes zusprechen, als sie verlangt, und nicht weniger, als die Gegenpartei anerkannt hat (Art. 58 Abs. 1 ZPO). Vorbehalten bleiben gesetzliche Bestimmungen, nach denen das Gericht nicht an die Parteianträge gebunden ist (Art. 58 Abs. 2 ZPO).

5. Vertragliche Vertretung im Prozess

53 Nach Art. 68 ZPO kann sich jede prozessfähige Partei im Prozess vertreten lassen. Zur berufsmässigen Vertretung sind namentlich befugt:

- in allen Verfahren: Anwältinnen und Anwälte, die nach dem Anwaltsgesetz berechtigt sind, Parteien vor schweizerischen Gerichten zu vertreten (zur Berechtigung von bei Rechtsschutzversicherungen angestellten Rechtsanwälten KGer SG, JAR 2013, 524);
- vor der Schlichtungsbehörde, in vermögensrechtlichen Streitigkeiten des vereinfachten Verfahrens sowie in den Angelegenheiten des summarischen Verfahrens: patentierte Sachwalterinnen und Sachwalter sowie Rechtsagentinnen und Rechtsagenten, soweit das kantonale Recht es vorsieht;
- vor den Arbeitsgerichten: beruflich qualifizierte Vertreterinnen und Vertreter, soweit das kantonale Recht es vorsieht.

6. Einfache Streitgenossenschaft

54 Mehrere Arbeitnehmer *können sich* aus prozessökonomischen Gründen zu einer einfachen Streitgenossenschaft zusammenschliessen, um gemeinsam gegen ihren Arbeitgeber zu klagen. Voraussetzungen dafür sind, dass die geltendgemachten Rechte auf *gleichartigen Tatsa-*

chen oder Rechtsgründen beruhen und dass für die einzelnen Klagen die *gleiche Verfahrensart* anwendbar ist (Art. 71 Abs. 1 und 2 ZPO). Demnach muss namentlich entweder das ordentliche oder das vereinfachte Verfahren für alle einzelnen Klagen anwendbar sein (s. N 71 ff.; zur Streitwertberechnung bei einfacher Streitgenossenschaft s. N 63).

7. Teilklage

Ist ein Anspruch teilbar, so kann auch nur ein Teil eingeklagt werden (Art. 86 ZPO). Nach diesem Gesetzeswortlaut sind Teilklagen über teilbare Ansprüche **unbeschränkt zulässig**. Indem nur derjenige Teil eines Anspruchs eingeklagt wird, der unterhalb der massgebenden Streitwertgrenze bleibt, kann insb. Einfluss genommen werden auf: **55**

- die Befreiung von *Gerichtskosten* im Verfahren vor den kantonalen Instanzen (Art. 113 Abs. 2 lit. d ZPO und Art. 114 lit. c ZPO) sowie auf die Reduktion der Gerichtskosten im Verfahren vor dem BGer (Art. 65 Abs. 4 lit. c BGG)
- die Anwendbarkeit des *vereinfachten Verfahrens* (Art. 243 Abs. 1 ZPO) einschliesslich der *Untersuchungsmaxime* (Art. 247 Abs. 2 lit. b ZPO)
- die Zulässigkeit der *Berufung* (Art. 308 Abs. 2 ZPO) und der *Beschwerde in Zivilsachen* (Art. 74 Abs. 1 BGG).

Es fragt sich, ob Teilklagen über teilbare Ansprüche auch dann unbeschränkt zulässig sind, wenn sie nur den Zweck verfolgen, die Rechtslage im dargelegten Sinne (N 55) zu beeinflussen. Mit Blick auf den Umstand, dass nach dem Wortlaut von Art. 86 ZPO jegliche Einschränkung fehlt und das Problem dem Gesetzgeber nicht entgangen sein konnte, ist die Frage zu bejahen (vgl. Handkomm-ZPO-Courvoisier, Art. 86 N 2 f.; Mohs, OF-ZPO, Art. 86 N 2; BK ZPO-Markus, Art. 86 N 6; kritischer Streiff/von Kaenel/Rudolph, 51 f.). Die Rechtsprechung unter der Herrschaft der kantonalen Zivilprozessordnungen war gespalten (s. etwa die restriktive Handhabung durch das OGer AG, JAR 1985, 321, sowie durch das OGer LU, JAR 2009, 553, im Gegensatz zur liberalen Praxis von TC FR, JAR 1993, 267; vgl. auch BGer, JAR 1997, 194). Wird eine Teilklage erhoben, schliesst dies eine nachträgliche Klage für den von der Teilklage nicht erfassten Teil des Anspruchs nicht aus, es sei denn, der Kläger habe ausdrücklich oder konkludent auf eine Nachklage verzichtet (BGer, JAR 2014, 145). **56**

Die Gegenpartei kann einer Teilklage mit einer **negativen Feststellungsklage** betreffend den nicht eingeklagten Teil des Anspruchs begegnen (BK ZPO-Markus, Art. 86 N 9; Handkomm-ZPO-Courvoisier, Art. 86 N 4; Mohs, OF-ZPO, Art. 86 N 3; gegen eine voraussetzungslose Zulässigkeit der Feststellungsgesamtwiderklage Berti, Haftpflichtprozess 2010, 44 ff.; für einen arbeitsrechtlichen Fall mit Ausführungen zum Feststellungsinteresse BGer, 28.10.2013, 4A_414/2013). Wird eine negative Feststellungsklage als Widerklage erhoben, so ist zu beachten, dass sich der Streitwert nach dem höheren Rechtsbegehren bestimmt und dass die Streitwerte zur Bestimmung der Prozesskosten sogar zusammengerechnet werden, sofern sich Klage und Widerklage nicht gegenseitig ausschliessen (Art. 94 ZPO). Die Erhebung der Widerklage setzt voraus, dass der durch sie geltend gemachte Anspruch nach der gleichen Verfahrensart wie die Hauptklage zu beurteilen ist (Art. 224 Abs. 1 ZPO). Die Widerklage kann im vereinfachten Verfahren folglich nur dann erhoben werden, wenn entweder ihr Streitwert den Betrag von CHF 30 000 nicht übersteigt oder eine Streitigkeit nach Art. 243 Abs. 2 ZPO vorliegt (insb. GlG, Auskunftsrecht nach DSG, MitwG). Ist keine dieser Voraussetzungen erfüllt, muss auch eine Überweisung der beiden Klagen i.S.v. Art. 224 Abs. 2 ZPO ausbleiben (Gremper/Martin, AJP 2011, 93 f.). Der Streitwert der negativen Feststellungsklage bemisst sich nicht etwa nach dem Gesamtanspruch, sondern nach dem die Teilklage übersteigenden Betrag (Gremper/Martin, AJP 2011, 95 f.). **57**

8. Verbandsklage

58 Vereine und andere Organisationen von gesamtschweizerischer oder regionaler Bedeutung, die nach ihren Statuten zur Wahrung der Interessen bestimmter Personengruppen befugt sind, können in eigenem Namen auf **Verletzung der Persönlichkeit** der Angehörigen dieser Personengruppen klagen (Art. 89 Abs. 1 ZPO).

Mit der Verbandsklage kann beantragt werden:
- eine drohende Verletzung zu verbieten;
- eine bestehende Verletzung zu beseitigen;
- die Widerrechtlichkeit einer Verletzung festzustellen, wenn sich diese weiterhin störend auswirkt (Art. 89 Abs. 2 ZPO).

Besondere gesetzliche Bestimmungen über die Verbandsklage bleiben vorbehalten (Art. 89 Abs. 3 ZPO). Solche finden sich etwa in Art. 357b, Art. 7 GlG (dazu BGE 138 II 1: keine Verjährungsunterbrechungswirkung in Bezug auf den Anspruch des einzelnen Arbeitnehmers auf einen diskriminierungsfreien Lohn; CCA TI, JAR 2013, 531: zur Notwendigkeit, dem Arbeitgeber Gelegenheit zur Stellungnahme zu geben; CAPH GE, JAR 2000, 360), Art. 10 Abs. 2 lit. a UWG, Art. 15 Abs. 2 MitwG (s. dazu BGE 137 III 162; 123 III 177).

59 Nach der Rechtsprechung vor dem Inkrafttreten der schweizerischen ZPO bestand unter gewissen Voraussetzungen die Möglichkeit, Streitigkeiten aus dem Arbeitsverhältnis auch ausserhalb von gesetzlichen Spezialbestimmungen durch Verbandsklage gerichtlich beurteilen zu lassen. Notwendig war, dass der Berufsverband den Schutz eines kollektiven Interesses bezweckte, das nicht nur das persönliche Interesse seiner Mitglieder erfasste, sondern auch jenes von sonstigen Personen, die denselben Beruf ausübten. Ferner musste der Berufsverband durch seine Statuten ermächtigt sein, die wirtschaftlichen Interessen seiner Mitglieder zu wahren, und diese mussten selbst klageberechtigt sein. Auch wenn diese Voraussetzungen erfüllt waren, konnte der Verband nicht auf Ersatz des Schadens klagen, den eines seiner Mitglieder persönlich erlitten hatte (BGE 125 III 84; s.a. 121 III 168 und 114 II 345; in ARV 2010, 269 verneinte das BGer insb. mangels Kollektivinteresse das Klagerecht einer Gewerkschaft auf Wiedereinstellung eines entlassenen Gewerkschaftsmitglieds). Die Voraussetzungen der allgemeinen Verbandsklage richten sich seit Inkrafttreten der ZPO nach deren Art. 89, wonach die Verbandsklage strikt auf Persönlichkeitsverletzungen beschränkt ist. Darunter fallen selbstverständlich auch Verletzungen der wirtschaftlichen Persönlichkeit. Es wird somit weiterhin möglich sein, dass ein Berufsverband (unabhängig von gesetzlichen Spezialbestimmungen) Streitigkeiten aus Arbeitsverhältnissen wirtschaftlicher und nichtwirtschaftlicher Natur vor Gericht bringt. Dabei wird indessen darauf zu achten sein, dass nicht beliebige wirtschaftliche Interessen geltend gemacht werden, sondern nur solche, die Ausdruck der wirtschaftlichen Persönlichkeit und Entfaltungsfreiheit sind.

9. Bestimmung des Streitwerts

60 Der Streitwert wird durch das **Rechtsbegehren** bestimmt. Massgebend ist das bei Einreichung der Klage vor Gericht (nicht bei Rechtshängigkeit) gestellte Rechtsbegehren (die Rechtshängigkeit wird schon durch Einreichung eines Schlichtungsgesuchs begründet, Art. 62 Abs. 1 ZPO); Veränderungen im Laufe des erstinstanzlichen Verfahrens durch Reduktion oder teilweise Anerkennung des Begehrens sind unbeachtlich (BSK ZPO-Rüegg, Art. 91 N 7). Nach anderen Grundsätzen ist der für die Berufung erforderliche Streitwert zu ermitteln; dieser bemisst sich nach den zuletzt aufrechterhaltenen Rechtsbegehren (Art. 308 Abs. 2 ZPO; überholt insoweit BGE 115 II 41). Zinsen und Kosten des laufenden Verfahrens oder einer allfälligen Publikation des *Entscheids* sowie allfällige Eventualbegehren werden nicht hinzugerechnet (Art. 91 Abs. 1 ZPO). Bei Lohnforderungen kommt es auf den Bruttolohn (ohne Arbeitgeberbeiträge) an (BSK ZPO-Rüegg, Art. 91 N 4). Zu den verfahrensrechtlichen Fol-

gen einer Streitwertveränderung infolge Klageänderung (Art. 227 ZPO), insb. in Bezug auf Zuständigkeit und Verfahrensart, s. AGer ZH, JAR 2013, 612.

Lautet das Rechtsbegehren **nicht auf eine bestimmte Geldsumme**, so setzt das Gericht den Streitwert fest, sofern sich die Parteien darüber nicht einigen oder ihre Angaben offensichtlich unrichtig sind (Art. 91 Abs. 2 ZPO). Die Festsetzung durch das Gericht wird auf einer Schätzung auf Grund des Interesses beruhen. Der wohl wichtigste Anwendungsfall im Arbeitsvertragsrecht ist der Streitwert des Arbeitszeugnisses (s. dazu Art. 330a N 10). **61**

Stehen sich **Klage und Widerklage** gegenüber, so bestimmt sich der Streitwert nach dem *höheren Rechtsbegehren* (Art. 94 Abs. 1 ZPO). Zur Bestimmung der Prozesskosten werden die Streitwerte zusammengerechnet, sofern sich Klage und Widerklage nicht gegenseitig ausschliessen (Art. 94 Abs. 2 ZPO). **62**

Schliessen sich Arbeitnehmer aus prozessökonomischen Gründen in einer **einfachen Streitgenossenschaft** zusammen, um ihre gleichartigen Forderungen in einer einzigen Rechtsschrift geltend zu machen, so ist Art. 93 ZPO zu beachten. Danach werden bei einfacher Streitgenossenschaft die geltend gemachten Ansprüche zusammengerechnet, sofern sie sich nicht gegenseitig ausschliessen, wobei die Verfahrensart trotz der Zusammenrechnung erhalten bleibt (s.a. BGE 139 III 24). **63**

10. Verfahrenskosten

Im *Schlichtungs- und im Entscheidverfahren* werden nach Art. 113 Abs. 2 und Art. 114 ZPO **keine Gerichtskosten** gesprochen u.a. in Streitigkeiten: **64**

- aus dem *Arbeitsverhältnis* sowie nach dem *Arbeitsvermittlungsgesetz* bis zu einem Streitwert von CHF 30 000;
- nach dem Gleichstellungsgesetz;
- nach dem Mitwirkungsgesetz.

Bei bös- oder mutwilliger Prozessführung (unentschuldigtes Nichterscheinen bei Gerichtsverhandlungen, Verlängerung der Verfahrensdauer gegen Treu und Glauben usw.) können die Gerichtskosten auch in den unentgeltlichen Verfahren einer Partei auferlegt werden (Art. 115 ZPO). Mutwilligkeit setzt neben der objektiv feststellbaren Aussichtslosigkeit des Prozesses zusätzlich das subjektive Element voraus, dass das Verfahren wider besseres Wissen betrieben wurde (BGer, ARV 2012, 351; i.c. verneint für einen Geschäftsführer, der wegen ungerechtfertigter fristloser Kündigung klagte, obschon er die Arbeitgeberin um ihr zustehende Zahlungen geprellt hatte).

Für die Abgrenzung von **Streitigkeiten aus dem Arbeitsverhältnis** und Streitigkeiten aus anderen Rechtsverhältnissen gelten die allgemeinen Regeln (s. N 36 f.). Die Kostenbefreiung gilt namentlich auch für Streitigkeiten über prozessuale Nebenpunkte (BGE 104 II 222 zu aArt. 343 Abs. 3), nicht hingegen bei blossen Vollstreckungsverfahren und Kollokationsstreitigkeiten (BGE 135 III 470; 131 III 455, beide zu aArt. 343 Abs. 3; **a.A.** OGer LU, JAR 1980, 162; OGer ZH, JAR 2007, 499, 501; Lorandi, ARV online 2010 Nr. 301). **65**

Im Gegensatz zum Schlichtungsverfahren nach Art. 113 Abs. 1 ZPO werden beim Entscheidverfahren **Parteientschädigungen** gesprochen (in Art. 114 ZPO fehlt eine Entsprechung zu Art. 113 Abs. 1 ZPO; zur abweichenden Regelungskompetenz der Kantone gestützt auf Art. 116 Abs. 1 ZPO s. BGE 139 III 182). Auch wenn eine arbeitsrechtliche Klage den Streitwert von CHF 30 000 nicht überschreitet, ändert dies nichts daran, dass Sicherstellung der Parteientschädigung zu leisten ist, wenn die Voraussetzungen nach Art. 99 ZPO erfüllt sind (KGer SG, JAR 2014, 490). **66**

11. Freie Beweiswürdigung

67 Das Gericht bildet sich seine Überzeugung nach freier Würdigung der Beweise (Art. 157 ZPO). Aus dem Grundsatz der freien Beweiswürdigung folgt insb., dass nicht von vornherein bestimmte Arten von Beweismitteln ausgeschlossen werden dürfen. Die antizipierte Beweiswürdigung wird dadurch jedoch nicht eingeschränkt. Unzulässig wäre es hingegen etwa, wenn ein Gericht allgemein nur den Urkundenbeweis zulassen oder den Zeugenbeweis ausschliessen wollte. Die Gerichte dürfen indessen nur auf Aussagen von Zeugen abstellen, die den Willen und die Fähigkeit haben, die Wahrheit zu sagen. Da Arbeitnehmer in einem Subordinationsverhältnis zu ihrem Arbeitgeber stehen, sind ihre Aussagen nur mit Zurückhaltung zu würdigen (BGer, JAR 2002, 371).

12. Schlichtung

68 Dem Entscheidverfahren geht ein **Schlichtungsversuch** vor einer Schlichtungsbehörde voraus (Art. 197 ZPO). Das gilt grundsätzlich auch bei Streitigkeiten aus dem Arbeitsverhältnis. Auf die Durchführung des Schlichtungsverfahrens können nach Art. 199 ZPO verzichten:
- die Parteien gemeinsam bei vermögensrechtlichen Streitigkeiten mit einem Streitwert von mindestens CHF 100 000;
- die klagende Partei, wenn die beklagte Partei Sitz oder Wohnsitz im Ausland hat, wenn der Aufenthaltsort der beklagten Partei unbekannt ist, und in Streitigkeiten nach dem *Gleichstellungsgesetz*.

69 Die Organisation der Schlichtungsbehörde ist grundsätzlich Sache der Kantone (Art. 3 ZPO). Indessen sieht Art. 200 Abs. 2 ZPO eine **paritätische Schlichtungsbehörde** u.a. bei Streitigkeiten nach dem Gleichstellungsgesetz (nicht aber bei gewöhnlichen Streitigkeiten aus dem Arbeitsverhältnis) vor. In diesem Fall besteht die Schlichtungsbehörde aus einer vorsitzenden Person und einer paritätischen Vertretung der Arbeitgeber- und Arbeitnehmerseite und des öffentlichen und privaten Bereichs, wobei die Geschlechter paritätisch vertreten sein müssen.

70 Die Parteien müssen grundsätzlich persönlich zur Schlichtungsverhandlung erscheinen, wobei sie sich von einem Rechtsbeistand oder einer Vertrauensperson begleiten lassen können (Art. 204 Abs. 1–2 ZPO; s. BGE 140 III 70 zur Frage der ungenügenden Bevollmächtigung des Vertreters einer juristischen Person in der Schlichtungsverhandlung). Nicht persönlich erscheinen muss und sich **vertreten** lassen kann u.a., wer in Streitigkeiten mit vereinfachtem Verfahren als Arbeitgeber eine angestellte Person delegiert, sofern diese zum Abschluss eines Vergleichs schriftlich ermächtigt ist (Art. 204 Abs. 3 lit. c ZPO). Die Frist zur Klageeinreichung nach Erteilung der Klagebewilligung (Art. 209 Abs. 3 und 4 ZPO) steht während der Gerichtsferien still (BGE 138 III 615, besprochen von Gloor, ARV online 2012 Nr. 492; s.a. CAPH, ARV 2012, 155). Eine durch die Schlichtungsbehörde erteilte gültige Klagebewilligung ist eine Prozessvoraussetzung, welche das Gericht von Amtes wegen zu prüfen hat. Die Klagebewilligung nach Art. 209 ZPO kann weder mit Berufung noch mit Beschwerde angefochten werden (BGE 139 III 273; 140 III 227).

13. Verfahrensart

71 Neben dem **ordentlichen Verfahren** nach Art. 219 ff. ZPO kommt in gewissen Fällen das **vereinfachte Verfahren** zur Anwendung (es ersetzt das «einfache und rasche Verfahren» von aArt. 343 Abs. 2). Dieses erstreckt sich gem. Art. 243 ZPO u.a. auf:
- Streitigkeiten nach dem Gleichstellungsgesetz;
- Streitigkeiten zur Durchsetzung des Auskunftsrechts nach dem Datenschutzgesetz;
- Streitigkeiten nach dem Mitwirkungsgesetz;
- (andere) vermögensrechtliche – und somit auch *arbeitsrechtliche* – Streitigkeiten bis zu einem Streitwert von CHF 30 000.

Das vereinfachte Verfahren ist streng vom summarischen Verfahren i.S.v. Art. 248 ff. ZPO zu unterscheiden, das u.a. durch eine Beschränkung der Beweismittel gekennzeichnet ist (Art. 254 ZPO).

Zu den **Wesensmerkmalen** des vereinfachten Verfahrens gehören: 72
- eine vereinfachte Klage (Art. 244 ZPO);
- besondere Bestimmungen zu Klagen ohne Begründung (Vorladung zur Verhandlung) und mit Begründung (Frist zur schriftlichen Stellungnahme, Art. 245 ZPO);
- prozessleitende Verfügungen zur Beschleunigung (Schriftenwechsel und Instruktionsverhandlungen nur falls notwendig, Art. 246 ZPO; zum Anspruch und Verzicht auf Durchführung einer Hauptverhandlung BGE 140 III 450, zu den Folgen des Ausbleibens bei der Hauptverhandlung AGer ZH, JAR 2014, 551);
- eine gerichtliche Fragepflicht zwecks Ergänzung ungenügender Angaben zum Sachverhalt und Bezeichnung der Beweismittel (Art. 247 Abs. 1 ZPO);
- die Untersuchungsmaxime (Art. 247 Abs. 2 ZPO; s. sogleich N 73 ff.).

Der *Anwendungsbereich* der **Untersuchungsmaxime** entspricht dem Anwendungsbereich des vereinfachten Verfahrens mit der Ausnahme, dass alle vermögensrechtlichen Streitigkeiten bis zu einem Streitwert von CHF 30 000 dem vereinfachten Verfahren, nur einige dieser Streitigkeiten aber der Untersuchungsmaxime unterstehen (Art. 247 Abs. 2 ZPO). Zu diesen zählen u.a. die arbeitsrechtlichen Streitigkeiten, so dass diesbezüglich Kongruenz zwischen den Anwendungsbereichen des vereinfachten Verfahrens und der Untersuchungsmaxime besteht. Mit anderen Worten gilt die Untersuchungsmaxime für: 73
- Streitigkeiten nach dem Gleichstellungsgesetz;
- Streitigkeiten zur Durchsetzung des Auskunftsrechts nach dem Datenschutzgesetz;
- Streitigkeiten nach dem Mitwirkungsgesetz;
- (andere) arbeitsrechtliche Streitigkeiten bis zu einem Streitwert von CHF 30 000.

Für die Abgrenzung von arbeitsrechtlichen Streitigkeiten und anderen Streitigkeiten gelten die allgemeinen Regeln (s. N 36 f.). Die Streitwertberechnung richtet sich nach Art. 91 ff. ZPO (N 60 ff.).

Die Untersuchungsmaxime hat zum *Inhalt*, dass das Gericht den Sachverhalt von Amtes wegen feststellt (Art. 247 Abs. 2 ZPO). Das bedeutet, dass das Gericht sein Urteil auf alle erheblichen, im Laufe des Verfahrens erstellten Tatsachen stützen darf und muss, auch wenn sich die Parteien zur Begründung ihrer Anträge nicht auf sie berufen haben (BGE 107 II 236). Es kann also Tatsachen berücksichtigen, die von keiner Partei behauptet worden sind, und Beweise erheben, die von keiner Seite beantragt wurden (OGer LU, JAR 1999, 382). Es ist – über die im vereinfachten Verfahren allgemein geltende Fragepflicht nach Art. 247 Abs. 1 ZPO hinaus – zur Befragung der Parteien verpflichtet, wenn objektive Gründe an der Vollständigkeit ihrer Behauptungen und Beweisanträge zweifeln lassen. Dies gilt aber grundsätzlich nur bei nicht anwaltlich vertretenen Parteien (BGer, ARV 2006, 266; BGer, ARV 2008, 204; BGer, JAR 2010, 348; s.a. BGer, JAR 2011, 341). Bei einem Lohngleichheitsstreit genügt ein Gericht seiner Prüfungspflicht grundsätzlich nicht, wenn es die beantragte Anordnung einer Expertise verweigert, mit der die Gleichwertigkeit verschiedener Funktionen im gleichen Unternehmen bewiesen werden soll (BGE 133 III 545; dieser noch unter Bezugnahme auf die inzwischen aufgehobenen aArt. 343 Abs. 4 und auf aArt. 12 Abs. 2 GlG ergangene Entscheid dürfte nach wie vor von Bedeutung sein). 74

Die Untersuchungsmaxime entbindet die Parteien jedoch nicht von einer *aktiven Mitwirkung im Prozess*, insb. nicht von ihrer grundsätzlichen *Behauptungs- und Beweisführungslast* (BGE 107 II 236; BGer, ARV 2014, 107; BGer, JAR 2011, 341; OGer TG, JAR 1993, 272; OGer BL, JAR 1995, 304); ihnen obliegt daher auch die rechtzeitige Bezeichnung der Beweismittel (OGer LU, JAR 1999, 382). Die Untersuchungsmaxime dient nicht dazu, Nachlässigkeiten der Parteien auszugleichen (BGer, JAR 2007, 326). Die Untersuchungsmaxime bewirkt auch 75 *keine Umverteilung der Beweislast* und schliesst die *antizipierte Beweiswürdigung* nicht aus (BGE 138 III 374 E. 4.3.1; der Anspruch auf Beweisführung setzt voraus, dass der beantragte Beweis für die Sachverhaltsabklärung und Beweiswürdigung erheblich ist, vgl. OGer LU, JAR 2001, 415).

76 Hat das Gericht den Sachverhalt von Amtes wegen abzuklären, so berücksichtigt es *neue Tatsachen und Beweismittel* bis zur Urteilsberatung (Art. 229 Abs. 3 ZPO). Dies gilt aufgrund von Art. 219 ZPO auch im vereinfachten Verfahren. Mit BGE 138 III 625 hat das BGer die umstrittene Frage, ob Art. 229 Abs. 3 ZPO einer analogen Anwendung im Berufungsverfahren zugänglich ist, verneint. Demzufolge gilt die Novenbeschränkung in der Berufung (Art. 317 Abs. 1 ZPO), wonach neue Tatsachen und Beweismittel nur noch berücksichtigt werden, wenn sie ohne Verzug vorgebracht werden (dazu OGer ZH, JAR 2014, 551) und trotz zumutbarer Sorgfalt nicht schon vor erster Instanz vorgebracht werden konnten, auch in Verfahren, die der Untersuchungsmaxime unterliegen. Schon seit längerem ist dies in der Lehre für das Beschwerdeverfahren anerkannt (BSK ZPO-Spühler, Art. 326 N 2; Handkomm-ZPO-Reich, Art. 326 N 2; KUKO ZPO-Brunner, Art. 326 N 4).

14. Vollstreckung öffentlicher Urkunden

77 Unter gewissen Voraussetzungen können öffentliche Urkunden über Leistungen jeder Art wie Entscheide vollstreckt werden (Art. 347 ZPO). Nicht direkt vollstreckbar sind jedoch gem. Art. 348 ZPO u.a. Urkunden über Leistungen:
- nach dem Gleichstellungsgesetz;
- nach dem Mitwirkungsgesetz;
- aus dem Arbeitsverhältnis und nach dem Arbeitsvermittlungsgesetz.

Für die Abgrenzung von Leistungen aus dem Arbeitsverhältnis und Leistungen aus anderen Rechtsverhältnissen gelten die allgemeinen Regeln (s. N 36 f.).

15. Spezialvorschriften für besondere Bereiche

78 Für gewisse Bereiche bestehen besondere Verfahrensvorschriften, so etwa nach dem:
- *Mitwirkungsgesetz*: Art. 15 MitwG enthält Bestimmungen über die *Zuständigkeit* und das *Klagerecht*. Über Streitigkeiten, die sich aus dem Mitwirkungsgesetz oder einer vertraglichen Mitwirkungsordnung ergeben, entscheiden unter Vorbehalt vertraglicher Schlichtungs- und Schiedsstellen die für Streitigkeiten aus dem Arbeitsverhältnis zuständigen Instanzen. Klageberechtigt sind die beteiligten Arbeitgeber und Arbeitnehmer sowie deren Verbände, für die indessen der Anspruch nur auf Feststellung geht.
- *Schwarzarbeitsgesetz*: Art. 15 BGSA enthält Bestimmungen über das *Klagerecht* und die *Zuständigkeit*. Wird ein Fall von Verletzung der Bewilligungs- oder Meldepflicht des Ausländerrechts aufgedeckt und hat die betroffene Person die Schweiz verlassen, so kommt den gewerkschaftlichen Organisationen, die nach ihren Statuten die sozialen und wirtschaftlichen Interessen ihrer Mitglieder wahren, ein Klagerecht auf Feststellung über die Ansprüche zu, die ein Arbeitnehmer gegen den Arbeitgeber geltend machen könnte. Die Klage muss bei einem Gericht eingereicht werden, das für Streitigkeiten aus dem Arbeitsverhältnis zuständig ist.
- *SchKG*: Mit Ausnahme dringlicher Fälle werden im Konkurs Zivilprozesse, in denen der Schuldner Partei ist und die den Bestand der Konkursmasse berühren, eingestellt. Sie können im ordentlichen Konkursverfahren frühestens zehn Tage nach der zweiten Gläubigerversammlung, im summarischen Konkursverfahren frühestens 20 Tage nach der Auflegung des Kollokationsplanes wieder aufgenommen werden (Art. 207 Abs. 1 SchKG). Prozesse, die Lohnforderungen betreffen, werden im Konkurs des Arbeitgebers eingestellt, unabhängig von der Art des Verfahrens, dem sie unterworfen sind (BGE 133 III 377; der

Umstand, dass das einfache und rasche Verfahren nach aArt. 343 Abs. 2 anwendbar war, genügte nicht zur Begründung eines dringlichen Falls).

16. Rechtsmittel bei kantonalen Gerichten

Die ZPO kennt vier verschiedene Rechtsmittel: 79
– die Berufung (Art. 308 ff. ZPO);
– die Beschwerde (Art. 319 ff. ZPO);
– die Revision (Art. 328 ff. ZPO);
– die Erläuterung und Berichtigung (Art. 334 ZPO; zu Letzterer OGer LU, JAR 2013, 512).

Mit **Berufung** anfechtbar sind erstinstanzliche End- und Zwischenentscheide sowie Entscheide über vorsorgliche Massnahmen (Art. 308 Abs. 1 ZPO; Ausnahmen in Vollstreckungssachen nach Art. 309 ZPO). In vermögensrechtlichen Angelegenheiten ist die Berufung nur zulässig, wenn der Streitwert der zuletzt aufrechterhaltenen Rechtsbegehren mindestens CHF 10 000 beträgt (Art. 308 Abs. 2 ZPO). Mit der Berufung kann einerseits eine unrichtige Rechtsanwendung und andererseits eine unrichtige Feststellung des Sachverhalts geltend gemacht werden (Art. 310 ZPO). Die Berufungsinstanz kann von der Beweiswürdigung der Vorinstanz abweichen (BGer, JAR 2014, 219). Die Berufung ist bei der Rechtsmittelinstanz innert 30 Tagen seit Zustellung des begründeten Entscheids bzw. seit der nachträglichen Zustellung der Entscheidbegründung nach Art. 239 ZPO schriftlich und begründet einzureichen (Art. 311 Abs. 1 ZPO; für einen arbeitsrechtlichen Fall mit ungenügendem Berufungsbegehren BGer, JAR 2014, 180, für den Fall der Einreichung bei der falschen Instanz BGE 140 III 636). Die Gegenpartei kann in der Berufungsantwort Anschlussberufung erheben (Art. 313 Abs. 1 ZPO). Die Berufung hat grundsätzlich aufschiebende Wirkung (Art. 315 ZPO). Zum Novenrecht s. N 76. 80

Eine Reihe von Entscheiden ist mit **Beschwerde** anfechtbar, u.a. nicht berufungsfähige erstinstanzliche Endentscheide (Art. 319 ZPO). Mit der Beschwerde kann eine unrichtige Rechtsanwendung und (bloss) eine offensichtlich unrichtige Feststellung des Sachverhalts geltend gemacht werden (Art. 320 ZPO). Die Beschwerde ist bei der Rechtsmittelinstanz innert 30 Tagen seit der Zustellung des begründeten Entscheides bzw. seit der nachträglichen Zustellung der Entscheidbegründung nach Art. 239 ZPO schriftlich und begründet einzureichen (Art. 321 Abs. 1 ZPO). Eine Anschlussbeschwerde ist ausgeschlossen (Art. 323 ZPO). Die Beschwerde hat grundsätzlich keine aufschiebende Wirkung (Art. 325 ZPO). Zum Novenrecht s. N 76; zur Vollstreckbarerklärung nach dem LugÜ s. Art. 327a ZPO. 81

17. Rechtsmittel beim Bundesgericht

Nach dem Bundesgerichtsgesetz (BGG) stehen folgende Rechtsmittel zur Verfügung: 82
– die Beschwerde, u.a. die Beschwerde in Zivilsachen (Art. 72 ff. BGG);
– die subsidiäre Verfassungsbeschwerde (Art. 113 ff. BGG);
– die Revision (Art. 121 ff. BGG);
– die Erläuterung und Berichtigung (Art. 129 BGG).

Bei Streitigkeiten aus dem Arbeitsverhältnis steht die **Beschwerde in Zivilsachen** im Vordergrund.

Ist unklar, ob ein *Arbeitsverhältnis vom privaten oder vom öffentlichen Recht geregelt* wird, so stellt sich die Frage, ob eine **Zivilsache** i.S.v. Art. 72 Abs. 1 BGG vorliegt und demnach Beschwerde in Zivilsachen beim BGer erhoben werden kann. Die Antwort hängt einzig von der Rechtsnatur des Streitgegenstandes ab, wie sie sich aus den Anträgen der klägerischen Partei und den von ihr angerufenen tatsächlichen Umständen ergibt. Entscheidend ist, ob streitige Ansprüche des Bundeszivilrechts (insb. aus Art. 319 ff.) geltend gemacht werden. In diesem Fall prüft das BGer, ob sich die kantonale Behörde zu Recht als sachlich unzuständig 83 erklärt hat, weil das Arbeitsverhältnis zwischen den Parteien vom öffentlichen Recht geregelt werde und somit keine Zivilsache vorliege. Die im kantonalen Verfahren angewendete Verfahrensart (Zivil- oder Verwaltungsverfahren) und das von der Vorinstanz angewendete private oder öffentliche Recht sind nicht massgebend (BGE 135 III 485).

84 Bei vermögensrechtlichen Angelegenheiten ist die Beschwerde in Zivilsachen nur zulässig, wenn der **Streitwert** *in arbeitsrechtlichen Fällen mindestens CHF 15 000* beträgt (Art. 74 Abs. 1 lit. a BGG, im Unterschied zum Normalfall mit einer Grenze von CHF 30 000). Für die Abgrenzung von arbeitsrechtlichen Fällen und anderen Fällen gelten die allgemeinen Regeln (s. N 36 f.). Die Kollokation von Ansprüchen aus Arbeitsrecht wird als betreibungs- und nicht als arbeitsrechtliche Angelegenheit behandelt (BGE 135 III 470; i.c. Streitwertgrenze daher CHF 30 000 gem. Art. 74 Abs. 1 lit. b BGG; Kritik bei LORANDI, ARV online 2010 Nr. 301). Die Klage einer paritätischen Berufskommission gegen einen Arbeitgeber auf Bezahlung einer Konventionalstrafe stellt ebenfalls keine arbeitsrechtliche Streitigkeit i.S.v. Art. 74 Abs. 1 lit. a BGG dar (BGE 140 III 391).

85 Die *Streitwertberechnung* richtet sich nicht etwa nach der ZPO, sondern nach den besonderen Bestimmungen von Art. 51 ff. BGG. Bei Beschwerden gegen Endentscheide bestimmt sich der Streitwert nach den Begehren, die vor der Vorinstanz streitig geblieben waren (Art. 51 Abs. 1 lit. a BGG; s. aber BGer, ARV 2012, 346, wenn der Arbeitgeber einen Teil des zugesprochenen Betrags vor der Vorinstanz anerkannt hat). Lautet ein Begehren nicht auf Bezahlung einer bestimmten Geldsumme (wie z.B. bei Zeugnisstreitigkeiten), so setzt das BGer den Streitwert nach Ermessen fest (Art. 51 Abs. 2 BGG). Der Betrag einer Widerklage wird nicht mit demjenigen der Hauptklage zusammengerechnet. Schliessen die in Hauptklage und Widerklage geltend gemachten Ansprüche einander aus und erreicht eine der beiden Klagen die Streitwertgrenze nicht, so gilt die Streitwertgrenze auch für diese Klage als erreicht, wenn sich die Beschwerde auf beide Klagen bezieht (Art. 53 BGG). Mehrere in einer vermögensrechtlichen Sache von Streitgenossen (z.B. von mehreren Arbeitnehmern desselben Arbeitgebers, N 63) geltend gemachte Begehren werden zusammengerechnet, sofern sie sich nicht gegenseitig ausschliessen (Art. 52 BGG; zur Rechtslage, wenn ein Streitgenosse sein Rechtsmittel zurückzieht, s. BGE 140 III 520). Vorausgesetzt ist einerseits, dass die Ansprüche gleicher Natur sind und sich im Wesentlichen auf die gleichen sachlichen und rechtlichen Gründe stützen, und andererseits, dass die Begehren durch die kantonale Instanz tatsächlich vereinigt und in einem einzigen Entscheid beurteilt worden sind (BGer, ARV 2009, 34).

86 Erreicht der Streitwert den massgebenden Betrag nicht, so ist die Beschwerde dennoch zulässig, wenn sich eine **Rechtsfrage von grundsätzlicher Bedeutung** stellt (Art. 74 Abs. 2 lit. a BGG). Eine Rechtsfrage von grundsätzlicher Bedeutung liegt vor, wenn diese zu einer erheblichen Rechtsunsicherheit führt und daher dringend einer Klärung durch das BGer bedarf (BGE 135 III 397; Beispiele in Arbeitssachen: BGE 140 III 391; 134 III 354; BGer, 4.5.2010, 4A_54/2010, E. 1.1; BGer, ARV 2012, 346; verneint in BGer, ARV 2012, 346 betr. Kompensation von Überstunden während Freistellung).

87 Das **Anfechtungsobjekt** ergibt sich aus verschiedenen Normschichten. Die Beschwerde in Zivilsachen ist zulässig gegen *Entscheide letzter kantonaler Instanzen, des Bundesverwaltungsgerichts und des Bundespatentgerichts* (Art. 75 Abs. 1 BGG). Die Beschwerde im Allgemeinen ist zulässig gegen Entscheide, die das Verfahren abschliessen (*Endentscheide*, Art. 90 BGG) und unter bestimmten Voraussetzungen auch gegen Teilentscheide, Vor- und Zwischenentscheide sowie wegen Rechtsverweigerung und Rechtsverzögerung (Art. 91–94 BGG). Zur Frage der Anfechtung von Entscheiden über superprovisorische Massnahmen BGE 137 III 417.

88 *Die* **Beschwerdelegitimation** hat, wer vor der Vorinstanz am Verfahren teilgenommen hat oder keine Möglichkeit zur Teilnahme erhalten hat sowie durch den angefochtenen Entscheid besonders berührt ist und ein schutzwürdiges Interesse an dessen Aufhebung oder Änderung hat (Art. 76 BGG).

Wichtigster **Beschwerdegrund** ist die *Verletzung von Bundesrecht* (Art. 95 lit. a BGG), wogegen die Feststellung des Sachverhalts nur in Ausnahmefällen beanstandet werden kann (Art. 97 BGG). Die Rüge der Nicht- oder Falschanwendung ausländischen Rechts richtet sich nach Art. 96 BGG (Beispiel mit Arbeitsrechtsbezug in BGer, ARV 2012, 348: i.c. keine Überprüfungsmöglichkeit durch das BGer, da es um eine vermögensrechtliche Streitigkeit ging). Das BGer legt seinem Urteil grundsätzlich den Sachverhalt zugrunde, den die Vorinstanz festgestellt hat (Art. 105 Abs. 1 BGG). **89**

Die **Beschwerdefrist** kann je nach Art des Entscheids eine unterschiedliche Länge aufweisen. Gemäss der Grundregel von Art. 100 Abs. 1 BGG ist die Beschwerde gegen einen Entscheid innert *30 Tagen* nach der Eröffnung der vollständigen Ausfertigung beim BGer einzureichen. **90**

Im Wesentlichen besteht **kein Novenrecht**. *Neue Tatsachen und Beweismittel* dürfen nur so weit vorgebracht werden, als der Entscheid der Vorinstanz dazu Anlass gibt, und *neue Begehren* sind überhaupt unzulässig (Art. 99 BGG). **91**

Die Beschwerde hat i.d.R. **keine aufschiebende Wirkung**. Die Beschwerde in Zivilsachen hat jedoch im Umfang der Begehren aufschiebende Wirkung, wenn sie sich gegen ein Gestaltungsurteil richtet. Ausserdem kann der Instruktionsrichter oder die Instruktionsrichterin über die aufschiebende Wirkung von Amtes wegen oder auf Antrag einer Partei eine andere Anordnung treffen (Art. 103 BGG). **92**

Die **Rechtsanwendung** erfolgt grundsätzlich *von Amtes wegen*. Das BGer prüft aber insb. die Verletzung von Grundrechten nur insofern, als eine solche Rüge in der Beschwerde vorgebracht und begründet worden ist (Art. 106 BGG). Ausserdem ist in der Begründung in gedrängter Form darzulegen, inwiefern der angefochtene Akt Recht verletzt (Art. 42 Abs. 2 BGG; ist eine Beschwerde nur unter der Voraussetzung zulässig, dass sich eine Rechtsfrage von grundsätzlicher Bedeutung stellt oder ein besonders bedeutender Fall nach Art. 84 oder 84a BGG vorliegt, so ist auch auszuführen, warum die jeweilige Voraussetzung erfüllt ist). **93**

In Streitigkeiten aus einem Arbeitsverhältnis mit einem Streitwert bis zu CHF 30 000 sowie über Diskriminierungen auf Grund des Geschlechts beträgt die **Gerichtsgebühr** CHF 200 bis 1000 und wird nicht nach dem Streitwert bemessen. Wenn besondere Gründe es rechtfertigen, kann die Gebühr bis auf maximal CHF 10 000 erhöht werden (Art. 65 Abs. 4 lit. b–c und Abs. 5 BGG). Für Streitigkeiten aus einem Arbeitsverhältnis mit einem Streitwert über CHF 30 000 gilt (wie bei Streitigkeiten aus anderen Rechtsverhältnissen mit Vermögensinteresse) ein Gebührenrahmen von CHF 200 bis 100 000. Hier kann bis maximal CHF 200 000 darüber hinausgegangen werden, wenn besondere Gründe es rechtfertigen (Art. 65 Abs. 3 lit. b und Abs. 5 BGG). Für die Abgrenzung von Streitigkeiten aus einem Arbeitsverhältnis und Streitigkeiten aus anderen Rechtsverhältnissen gelten die allgemeinen Regeln (s. N 36 f.). Die Kollokation von Ansprüchen aus Arbeitsrecht wird als betreibungs- und nicht als arbeitsrechtliche Angelegenheit behandelt (BGE 135 III 470; i.c. Gerichtsgebühr daher zwischen CHF 200 bis 100 000 nach Art. 65 Abs. 3 lit. b BGG; Kritik bei LORANDI, ARV online 2010 Nr. 301). **94**

18. Schiedsgerichtsbarkeit

Fraglich ist, inwieweit Schiedsgerichte zur Beurteilung von Streitigkeiten aus dem Einzelarbeitsverhältnis eingesetzt werden können, sofern kein internationales Verhältnis i.S.v. Art. 176 Abs. 1 IPRG vorliegt *(Binnenschiedsgerichtsbarkeit)*. Beim Erlass der ZPO wurde es leider versäumt, diese Frage explizit zu regeln. Auch für individuelle Arbeitsstreitigkeiten ist demnach die allgemeine Norm von Art. 354 ZPO über die **Schiedsfähigkeit** massgebend, wonach Gegenstand eines Schiedsverfahrens jeder Anspruch sein kann, über den die Parteien **95** *frei verfügen* können. Eine inhaltlich gleiche Regelung war vorher in Art. 5 KSG (dem kantonalen Konkordat über die Schiedsgerichtsbarkeit) vorgesehen.

96 Das BGer hat – entgegen der h.L. zum Zivilprozess bzw. zur Schiedsgerichtsbarkeit und z.T. auch der arbeitsrechtlichen Lehre – entschieden, dass die in einem Einzelarbeitsvertrag enthaltene Schiedsklausel dem Arbeitnehmer nicht entgegengehalten werden kann, soweit dieser *nach Art. 341 Abs. 1 geschützte Ansprüche* geltend macht, auf die er nicht rechtswirksam verzichten kann (BGE 136 III 467; so zuvor schon TC VD, JAR 2010, 657). Der Entscheid beruht mit anderen Worten auf der Ansicht, dass die Parteien über die von Art. 341 Abs. 1 erfassten Ansprüche nicht frei verfügen können. Es ist anzunehmen, dass das BGer diese zu aArt. 5 KSG ergangene Rechtsprechung in Anwendung von Art. 354 ZPO fortsetzen wird, obwohl sie nicht zu überzeugen vermag (krit. z.B. auch BEFFA, AJP 2010, 1433; WILDHABER/JOHNSON WILCKE, ARV 2010, 164 f.; VISCHER/MÜLLER, 435; grundsätzlich zustimmend dagegen GEISER, AJP 2011, 251; STREIFF/VON KAENEL/RUDOLPH, 66 f.). Gegen die Auffassung des BGer sprechen namentlich folgende Gründe: (1) Auch nach Art. 341 Abs. 1 geschützte Ansprüche sind einem (echten) Vergleich zugänglich (s. Art. 341 N 6), womit das Erfordernis der freien Verfügbarkeit als erfüllt zu betrachten ist (BRÜHWILER, 15). (2) Will die klagende Partei (wie nicht selten in der Praxis) innerhalb und ausserhalb von Art. 341 Abs. 1 liegende Ansprüche geltend machen, müssen zugleich Prozesse vor einem staatlichen Gericht und einem Schiedsgericht geführt werden, was unpraktikabel ist und einen Vergleich über alle Streitgegenstände erschwert (vgl. PIETRUSZAK, Digitaler Rechtsprechungs-Kommentar, 15.9.2010, Rz 9). (3) Da Schiedsabreden über individualarbeitsrechtliche Ansprüche im internationalen Verhältnis unbestrittenermassen zulässig sind (Art. 7 IPRG, Art. 177 Abs. 1 IPRG), sollte dies im Interesse der Kohärenz der Rechtsordnung auch für den innerstaatlichen Bereich gelten. (4) Die kritisierte Rechtsprechung erschwert die Schiedsgerichtsbarkeit auch bei Arbeitsverträgen mit Managern und anderen hochbezahlten Kaderangehörigen (vgl. WILDHABER/JOHNSON WILCKE, ARV 2010, 164), wo sie gerade sinnvoll sein könnte und in der Praxis (schon aus Kostengründen) auch ihr exklusives Anwendungsfeld haben dürfte. – Die praktischen Auswirkungen von BGE 136 III 467 sind allerdings insofern beschränkt, als die Parteien die Möglichkeit haben, sich auch im Binnenverhältnis den Regeln der internationalen Schiedsgerichtsbarkeit zu unterstellen (s. N 99).

97 Nicht eingeschränkt wird die Binnenschiedsgerichtsbarkeit bei individuellen Arbeitsstreitigkeiten durch die Regeln der ZPO zur *örtlichen Zuständigkeit*, auch wenn sie zwingend sind (Art. 34 Abs. 1 ZPO und Art. 35 Abs. 1 lit. d ZPO; so zu Recht BGE 136 III 472 zu den inhaltlich gleichlautenden Vorgängerbestimmungen von Art. 24 Abs. 1 GestG und Art. 21 Abs. 1 lit. d GestG). Gleiches muss in Bezug auf die Bestimmungen der ZPO zum *Verfahren* gelten, was unter der Vorgängerregelung von aArt. 343 Abs. 2–4 heftig umstritten war; ein beachtlicher Teil der Lehre vertrat die Auffassung, dass bis zu einem Streitwert von CHF 30 000 auch in der Schiedsgerichtsbarkeit das einfache und rasche Verfahren, die Befreiung von Gerichtskosten, die Sachverhaltsfeststellung von Amtes wegen und die Beweiswürdigung nach freiem Ermessen Platz zu greifen hätten. Diese (schon damals unzutreffende) Ansicht lässt sich unter der schweizerischen ZPO nicht aufrechterhalten: die genannten Verfahrensgrundsätze finden sich (in teilweise veränderter Gestalt) im ersten und zweiten Teil der ZPO (vereinfachtes Verfahren: Art. 243 ZPO; Befreiung von Gerichtskosten: Art. 113 Abs. 2 lit. d ZPO und Art. 114 lit. c ZPO; Sachverhaltsfeststellung von Amtes wegen: Art. 247 Abs. 2 lit. b Ziff. 2 ZPO; Beweiswürdigung nach freiem Ermessen: Art. 157 ZPO), während die Binnenschiedsgerichtsbarkeit in sich geschlossen im dritten Teil der ZPO geregelt ist. Das anwendbare Verfahren bestimmt sich nach Art. 373 ZPO. Minimalvorgaben sind bloss, dass das Schiedsgericht die Gleichbehandlung der Parteien und ihren Anspruch auf rechtliches Gehör gewährleisten sowie ein kontradiktorisches Verfahren durchführen muss, und dass jede Partei sich vertreten lassen kann (Art. 373 Abs. 4–5 ZPO). Auch nach der Botschaft stellt die Schiedsgerichtsbarkeit bewusst einen eigenständigen Teil der ZPO dar. Aus den für staatliche Gerichte geltenden Regeln sollen danach grundsätzlich keine Rückschlüsse für das Schiedsverfahren gezogen werden; der dritte Teil der ZPO solle vielmehr von der Praxis wie ein selbständiges Gesetz gehandhabt und aus sich selbst heraus verstanden werden (BBl 2006, 7392; WILDHABER/JOHNSON WILCKE, ARV 2010, 168; BOHNET, Jusletter 2006, Rz 39).

Fraglich bleibt, ob die Binnenschiedsgerichtsbarkeit durch *kantonale Bestimmungen der Gerichtsorganisation* eingeschränkt werden kann; denn für die Organisation sowie für die sachliche und funktionelle Zuständigkeit der Gerichte sind nach wie vor die Kantone zuständig, soweit das Gesetz nichts anderes vorsieht (Art. 122 Abs. 2 BV, Art. 3–4 ZPO). So hat z.B. der Kanton Zürich die frühere Bestimmung, dass der Ausschluss des Arbeitsgerichts nicht im Voraus vereinbart werden darf, in das neue Gerichtsorganisationsgesetz übernommen (§ 20 Abs. 2 GOG, vormals § 13 Abs. 3 GVG; s.a. TPH GE, JAR 2004, 505). Nach der hier vertretenen Auffassung verstossen indessen solche kantonalen Bestimmungen gegen die derogatorische Kraft des Bundesrechts, soweit dadurch die Schiedsgerichtsbarkeit eingeschränkt werden soll. Es ist davon auszugehen, dass der dritte Teil der ZPO und insb. deren Art. 354 die Zulässigkeit der Binnenschiedsgerichtsbarkeit abschliessend regelt, so dass kantonale Bestimmungen darauf auch dann keinen Einfluss nehmen können, wenn sie formal an die Gerichtsorganisation anknüpfen. Ausserdem hat die ZPO den früheren Vorbehalt von Art. 5 KSG, wonach die Schiedsfähigkeit voraussetzt, dass nicht ein staatliches Gericht nach einer zwingenden Gesetzesbestimmung in der Sache ausschliesslich zuständig ist, nicht übernommen (gl.A. WILDHABER/JOHNSON WILCKE, ARV 2010, 165; BOHNET, FS Knoepfler, 175). **98**

Nach Art. 353 Abs. 2 ZPO können die Parteien die Geltung des dritten Teils der ZPO über die Binnenschiedsgerichtsbarkeit durch eine ausdrückliche Erklärung in der Schiedsvereinbarung oder in einer späteren Übereinkunft ausschliessen und die Anwendung der Bestimmungen des zwölften Kapitels des IPRG vereinbaren (sog. **opting-out**). Die Erklärung bedarf der Form gem. Art. 358 ZPO, d.h. sie hat schriftlich oder in einer anderen Form zu erfolgen, die den Nachweis durch Text ermöglicht. Dadurch wird u.a. erreicht, dass die Schiedsfähigkeit nicht mehr davon abhängt, dass die Parteien über den zu beurteilenden Anspruch frei verfügen können (Art. 354 ZPO), sondern dass dieser vermögensrechtlicher Natur ist (Art. 177 Abs. 1 IPRG). Dadurch wird die Einschränkung der Binnenschiedsgerichtsbarkeit, wie sie das BGer unter Berufung auf Art. 341 Abs. 1 vornimmt (N 96), gegenstandslos (krit. STREIFF/VON KAENEL/RUDOLPH, 67 f. m.w.H.). **99**

IV. Arbeitsvertrag und internationales Zivilprozessrecht

1. Allgemeines

Zu den Bereichen des internationalen Zivilprozessrechts gehören namentlich die zur Verfügung stehenden Gerichtsstände, die Anerkennung und Vollstreckung, die Rechtshängigkeit und Rechtskraft, das anwendbare Verfahrensrecht, die Rechtshilfe in Zivilsachen (Zustellung von Vorladungen und Entscheiden, Zeugeneinvernahmen und Editionen usw.) sowie die internationale Schiedsgerichtsbarkeit. Die folgenden Ausführungen beschränken sich auf eine Übersicht zu einigen ausgewählten Bereichen, die vor allem aus arbeitsrechtlicher Sicht von Interesse sind. **100**

2. Gerichtsstand

Im internationalen Verhältnis bestimmt sich der Gerichtsstand primär nach den anwendbaren Staatsverträgen – wobei insb. dem **Lugano-Übereinkommen** (LugÜ) grosse praktische Bedeutung zukommt – und sekundär nach dem IPRG (s. dessen Art. 1 Abs. 2). Das LugÜ ist über weite Strecken identisch mit der Verordnung (EG) Nr. 44/2001 des Rates vom 22.12.2000 über die gerichtliche Zuständigkeit und die Anerkennung und Vollstreckung von Entscheidungen in Zivil- und Handelssachen (EuGVVO; Neufassung mit Verordnung **101**

Nr. 1215/2012, die am 10.1.2015 in Kraft trat). Insoweit können Lehre und Rechtsprechung zu dieser Verordnung auch zur Auslegung des LugÜ herangezogen werden. Der *sachliche Anwendungsbereich* des LugÜ ist auf Zivil- und Handelssachen beschränkt (Art. 1 Ziff. 1 LugÜ). Bilden ein individueller Arbeitsvertrag oder Ansprüche aus einem individuellen Arbeitsvertrag den Gegenstand des Verfahrens, so bestimmt sich die Zuständigkeit gem. Art. 18 Ziff. 1 LugÜ nach dem Abschnitt 5 des Titels II des Übereinkommens (Art. 18–21 LugÜ), «unbeschadet» des Art. 4 und des Art. 5 Ziff. 5 LugÜ (das Wort «unbeschadet» ist im Sinne von «vorbehaltlich» und nicht etwa von «ungeachtet» zu verstehen, EuGH, Urteil vom 22.5.2008, C-462/06, Rz 21). Demnach bilden die Art. 18–21 LugÜ grundsätzlich eine in sich *geschlossene Zuständigkeitsordnung*. Das bedeutet insb., dass die allgemeinen Vorschriften und besonderen Zuständigkeiten des Abschnitts 1 und 2 (Art. 2–7 LugÜ) nicht zur Anwendung kommen, soweit sie im Abschnitt 5 nicht ausdrücklich vorbehalten werden. Daraus folgt u.a.:

102 – Der Gerichtsstand des Erfüllungsortes nach Art. 5 Ziff. 1 LugÜ und der Gerichtsstand im Fall einer Streitgenossenschaft gem. Art. 6 Ziff. 1 LugÜ stehen für individuelle Arbeitsstreitigkeiten nicht zur Verfügung (EuGH, Urteil vom 22.5.2008, C-462/06, Rz 19), wohl aber der Gerichtsstand am Ort der Niederlassung (Art. 5 Ziff. 5 i.V.m. Art. 18 Ziff. 1 LugÜ) und der Gerichtsstand im Fall einer *Widerklage* (Art. 6 Ziff. 3 i.V.m. Art. 20 Ziff. 2 LugÜ).

103 – Was den *räumlich-persönlichen Anwendungsbereich* des Übereinkommens betrifft, ist auch bei individuellen Arbeitsstreitigkeiten Art. 4 LugÜ zu beachten. Anwendungsvoraussetzung ist danach, dass der Beklagte Wohnsitz im Hoheitsgebiet eines durch das LugÜ gebundenen Staates hat (im Folgenden als LugÜ-Staat bezeichnet; LugÜ-Staaten sind die Vertragsparteien und die Mitgliedstaaten der Europäischen Gemeinschaft, Art. 1 Ziff. 3 LugÜ). Hat indessen der Arbeitgeber im Hoheitsgebiet eines LugÜ-Staates keinen Wohnsitz, aber wenigstens eine Niederlassung, so wird er für Streitigkeiten aus ihrem Betrieb so behandelt, wie wenn er seinen Wohnsitz im Hoheitsgebiet dieses Staates hätte (Art. 18 Ziff. 2 LugÜ).

104 Ein **Arbeitgeber**, der seinen Wohnsitz im Hoheitsgebiet eines LugÜ-Staates hat, kann (wahlweise) **verklagt** werden:

105 – Vor den Gerichten des *Staates*, in dem er seinen *Wohnsitz* hat (Art. 19 Ziff. 1 LugÜ). Das LugÜ legt hier nur die internationale, nicht aber die örtliche Zuständigkeit fest. Die Bestimmung des genauen Orts innerhalb des Wohnsitzstaats wird dessen Rechtsordnung überlassen. In der Schweiz ist dafür das IPRG und nicht etwa die ZPO heranzuziehen (BGer, JAR 1998, 299).

106 – In einem anderen LugÜ-Staat: vor dem Gericht des *Ortes*, an dem der Arbeitnehmer *gewöhnlich seine Arbeit verrichtet* oder zuletzt gewöhnlich verrichtet hat (Art. 19 Ziff. 2 lit. a LugÜ). Hier legt das Übereinkommen den genauen Ort selbst fest. Gemäss Ingress ist allerdings vorausgesetzt, dass der gewöhnliche Arbeitsort nicht im Wohnsitzstaat des Arbeitgebers liegt. Als gewöhnlicher Arbeitsort gilt der Ort, an dem der tatsächliche Mittelpunkt der Berufstätigkeit des Arbeitnehmers liegt (BGer, JAR 1998, 301).

107 – In einem anderen LugÜ-Staat, wenn der Arbeitnehmer seine Arbeit gewöhnlich nicht in ein und demselben Staat verrichtet oder verrichtet hat: vor dem Gericht des *Ortes*, an dem sich die *Niederlassung, die den Arbeitnehmer eingestellt hat*, befindet bzw. befand (Art. 19 Ziff. 2 lit. b LugÜ). Auch hier legt das Übereinkommen den genauen Ort selbst fest. Der Gerichtsstand der anstellenden Niederlassung ist allerdings *subsidiär* zum Gerichtsstand des gewöhnlichen Arbeitsortes (BSK LugÜ-Meyer/Stojiljkovic, Art. 19 N 26). Wie bei diesem ist zudem aufgrund des Ingresses vorausgesetzt, dass der Ort der anstellenden Niederlassung nicht im Wohnsitzstaat des Arbeitgebers liegt. Eine eigene Rechtspersönlichkeit der Niederlassung ist nicht erforderlich (Kropholler/von Hein, EuGVO, Art. 19 N 13: «insbesondere jede Wirtschaftseinheit, die keine Rechtspersönlichkeit hat, wie z.B. eine Zweigniederlassung oder eine Agentur»; BSK LugÜ-Hofmann/Kunz, Art. 5 N 720 ff.).

- In einem anderen LugÜ-Staat, wenn es sich um Streitigkeiten aus dem Betrieb einer Zweigniederlassung, einer Agentur oder einer sonstigen *Niederlassung* handelt: vor dem Gericht des Ortes, an dem sich diese befindet (Art. 5 Ziff. 5 LugÜ). Das LugÜ legt den genauen Ort selbst fest. Dass dieser Gerichtsstand zusätzlich zur Verfügung steht, ergibt sich aus dem Vorbehalt in Art. 18 Ziff. 1 LugÜ (s. N 101). Auch hier folgt aus dem Ingress, dass der Ort der Niederlassung nicht im Wohnsitzstaat des Arbeitgebers liegen darf. 108
- In der Schweiz für Klagen bezüglich der auf die Arbeitsleistung anzuwendenden Arbeits- und Lohnbedingungen: am Ort, an den der Arbeitnehmer für einen begrenzten Zeitraum und zur Verrichtung auch nur eines Teils seiner Arbeit aus dem Ausland *entsandt* worden ist (Art. 115 Abs. 3 IPRG). Das LugÜ stellt zwar selbst keinen Gerichtsstand am Entsendeort zur Verfügung, doch ist davon auszugehen, dass es ihn toleriert, wenn er im betreffenden nationalen Recht vorgesehen ist (s. dazu Ziff. 1 und 3 des Protokolls Nr. 3 über die Anwendung von Art. 67 des LugÜ sowie Art. 6 der Richtlinie 1996/71/EG). 109
- Im Rahmen einer *Widerklage* vor dem Gericht, bei dem die Klage selbst gemäss den Bestimmungen über die Zuständigkeit für individuelle Arbeitsverträge anhängig ist (Art. 20 Ziff. 2 LugÜ). Voraussetzung ist, dass die Widerklage auf denselben Vertrag oder Sachverhalt wie die Klage selbst gestützt wird (Art. 6 Ziff. 3 LugÜ). 110

Die **Klage des Arbeitgebers** kann (wahlweise) erhoben werden: 111
- Vor den Gerichten des LugÜ-Staates, in dessen Hoheitsgebiet der Arbeitnehmer seinen *Wohnsitz* hat (Art. 20 Ziff. 1 LugÜ). Das LugÜ legt hier wiederum nur die internationale, nicht aber die örtliche Zuständigkeit fest. Die Bestimmung des genauen Orts innerhalb des Wohnsitzstaats wird dessen Rechtsordnung überlassen. In der Schweiz ist dafür das IPRG und nicht etwa die ZPO massgebend (BGer, JAR 1998, 299). 112
- Im Rahmen einer *Widerklage* vor dem Gericht, bei dem die Klage selbst gemäss den Bestimmungen über die Zuständigkeit für individuelle Arbeitsverträge anhängig ist (Art. 20 Ziff. 2 LugÜ). Voraussetzung ist, dass die Widerklage auf denselben Vertrag oder Sachverhalt wie die Klage selbst gestützt wird (Art. 6 Ziff. 3 LugÜ). 113

Nach dem LugÜ bestehen (im Gegensatz zur ZPO) für Klagen aus Arbeitsvermittlung und Personalverleih keine besonderen Gerichtsstände. Der Gerichtsstand des Erfüllungsortes nach Art. 5 Ziff. 1 LugÜ und der Gerichtsstand im Fall einer Streitgenossenschaft gem. Art. 6 Ziff. 1 LugÜ stehen bei individuellen Arbeitsstreitigkeiten nicht zur Verfügung (zur Begründung s. N 101 f.). Das wurde einem Arbeitnehmer entgegengehalten, der eine Klage vor den französischen Gerichten gegen zwei Gesellschaften erhob, die er als seine gemeinsamen Arbeitgeber ansah, aber die ihren Sitz in zwei verschiedenen Staaten (Frankreich und Vereinigtes Königreich) hatten (EuGH, Urteil vom 22.5.2008, C-462/06). Der Gerichtsstand am Ort der Niederlassung nach Art. 5 Ziff. 5 LugÜ kann vom Inhaber der Niederlassung nicht in Anspruch genommen werden (h.L.). 114

Abweichungen von dieser Zuständigkeitsordnung durch *Gerichtsstandsvereinbarungen* sind nur zulässig, wenn diese nach Entstehung der Streitigkeit getroffen werden oder – bei Abschluss vor Entstehung der Streitigkeit – wenn sie dem Arbeitnehmer die Befugnis einräumen, weitere Gerichte anzurufen (Art. 21 LugÜ). Soweit eine Gerichtsstandsvereinbarung nach dieser arbeitsrechtlichen Sondernorm zulässig ist, ist die allgemeine Norm von Art. 23 LugÜ zu beachten. Ihr liegt ein selbst definierter, von Art. 4 LugÜ abweichender räumlich-persönlicher Anwendungsbereich zu Grunde (s. den Vorbehalt in Art. 4 Ziff. 1 LugÜ). Haben die Parteien, von denen mindestens eine ihren Wohnsitz im Hoheitsgebiet eines LugÜ-Staates hat, vereinbart, dass ein Gericht oder die Gerichte eines LugÜ-Staates über eine bereits entstandene Rechtsstreitigkeit oder über eine künftige, aus einem bestimmten Rechtsverhältnis entspringende Rechtsstreitigkeit entscheiden sollen, so sind dieses Gericht oder die Gerichte dieses Staates zuständig. Diese Zuständigkeit ist ausschliesslich, sofern die Parteien nichts anderes vereinbart haben (Art. 23 Ziff. 1 LugÜ) und Art. 21 LugÜ dies zulässt. Wenn eine solche 115

Vereinbarung von Parteien geschlossen wurde, die beide ihren Wohnsitz nicht im Hoheitsgebiet eines LugÜ-Staates haben, so können die Gerichte der anderen LugÜ-Staaten nicht entscheiden, es sei denn, das vereinbarte Gericht oder die vereinbarten Gerichte haben sich rechtskräftig für unzuständig erklärt (Art. 23 Ziff. 3 LugÜ). Zur Frage der Zulässigkeit einer Gerichtsstandsklausel in Allgemeinen Geschäftsbedingungen BGE 139 III 345.

116 In Bezug auf die *Einlassung* fehlt eine einschränkende arbeitsrechtliche Sondernorm, wie sie für Gerichtsstandsvereinbarungen nach Art. 21 LugÜ gilt. Sofern das Gericht eines LugÜ-Staates nicht bereits nach anderen Vorschriften des Übereinkommens zuständig ist, wird es zuständig, wenn sich der Beklagte vor ihm auf das Verfahren einlässt, sofern er nicht bloss den Mangel der Zuständigkeit geltend macht (Art. 24 LugÜ; weitere Ausnahme in Bezug auf die hier nicht interessierenden ausschliesslichen Zuständigkeiten nach Art. 22 LugÜ). Auch hier ist von einem eigenständigen, von Art. 4 LugÜ abweichenden räumlich-persönlichen Anwendungsbereich auszugehen (umstr.).

117 Ist kein Staatsvertrag anwendbar, so bestimmt sich der Gerichtsstand im internationalen Verhältnis nach dem **IPRG**. Erklärt ein Staatsvertrag bloss die schweizerischen Gerichte für zuständig, ohne die örtliche Zuständigkeit selbst zu bezeichnen (wie z.B. Art. 19 Ziff. 1 und Art. 20 Ziff. 1 LugÜ), so ist die innerstaatliche Zuständigkeit ebenfalls nach Massgabe des IPRG (und nicht der ZPO) zu bestimmen (BGer, JAR 1998, 299). Für Klagen aus Arbeitsvertrag gilt nach dem IPRG die folgende Zuständigkeitsordnung:

118 Für **Klagen des Arbeitnehmers** sind (wahlweise) die schweizerischen Gerichte zuständig:
- am *Wohnsitz des Beklagten* (Art. 115 Abs. 1 IPRG);
- am Ort, wo der Arbeitnehmer *gewöhnlich seine Arbeit verrichtet* (Art. 115 Abs. 1 IPRG)
- am *Wohnsitz des Arbeitnehmers* (Art. 115 Abs. 2 IPRG);
- am *gewöhnlichen Aufenthalt des Arbeitnehmers*, sofern er keinen Wohnsitz in der Schweiz hat (Art. 115 Abs. 2 IPRG; die Subsidiarität dieses Gerichtsstandes ergibt sich aus Art. 112 Abs. 1 IPRG, vgl. IPRG-Kommentar-KELLER/KREN KOSTKIEWICZ, Art. 115 N 9);
- am *Ort der Niederlassung*, sofern es sich um Klagen aufgrund der Tätigkeit dieser Niederlassung in der Schweiz handelt (Art. 112 Abs. 2 IPRG; dieser Gerichtsstand steht zusätzlich zu den Gerichtsständen von Art. 115 IPRG zur Verfügung, BGE 129 III 34);
- am Ort, an den der Arbeitnehmer für einen begrenzten Zeitraum und zur Verrichtung auch nur eines Teils seiner Arbeit aus dem Ausland *entsandt* worden ist, sofern es um Klagen bezüglich der auf die Arbeitsleistung anzuwendenden Arbeits- und Lohnbedingungen geht (Art. 115 Abs. 3 IPRG);
- am Ort, wo die Hauptklage hängig ist, sofern eine *Widerklage* erhoben wird, was einen sachlichen Zusammenhang zwischen Haupt- und Widerklage voraussetzt (Art. 8 IPRG).

119 Für **Klagen des Arbeitgebers** sind (wahlweise) die schweizerischen Gerichte zuständig:
- am *Wohnsitz des Beklagten* (Art. 115 Abs. 1 IPRG);
- am Ort, wo der Arbeitnehmer *gewöhnlich seine Arbeit verrichtet* (Art. 115 Abs. 1 IPRG);
- am Ort, an den der Arbeitnehmer für einen begrenzten Zeitraum und zur Verrichtung auch nur eines Teils seiner Arbeit aus dem Ausland *entsandt* worden ist, sofern es um Klagen bezüglich der auf die Arbeitsleistung anzuwendenden Arbeits- und Lohnbedingungen geht (Art. 115 Abs. 3 IPRG);
- am Ort, wo die Hauptklage hängig ist, sofern eine *Widerklage* erhoben wird, was einen sachlichen Zusammenhang zwischen Haupt- und Widerklage voraussetzt (Art. 8 IPRG).

120 Der neue Art. 8a IPRG betreffend *Streitgenossenschaft und Klagenhäufung* ist nach der hier vertretenen Ansicht auch auf Klagen aus Arbeitsverträgen anwendbar. Sollen mehrere Parteien oder dieselbe Partei bezüglich verschiedener Ansprüche aufgrund einer Klagenhäufung vor einem einzigen *schweizerischen* Gericht verklagt werden, so muss indessen bezüglich jeder beklagten Partei oder jedes eingeklagten Anspruchs ein Gerichtsstand aufgrund der übrigen Bestimmungen des IPRG in der Schweiz gegeben sein (Botschaft LugÜ, BBl 2009,

1828). Im IPRG ist für Klagen aus *Arbeitsvermittlung und Personalverleih* (im Gegensatz zur ZPO) kein besonderer Gerichtsstand vorgesehen. Der Gerichtsstand des *Erfüllungsortes* nach Art. 113 IPRG kann für Klagen aus Arbeitsvertrag nicht angerufen werden (BSK IPRG-AMSTUTZ/WANG, Art. 112 N 1). Der Gerichtsstand am Ort der *Niederlassung* nach Art. 112 Abs. 2 IPRG kann vom Inhaber der Niederlassung nicht in Anspruch genommen werden (IPRG-Kommentar-KELLER/KREN KOSTKIEWICZ, Art. 112 N 29; BSK IPRG-AMSTUTZ/WANG, Art. 112 N 11).

Die örtliche Zuständigkeit kann sich auch aus einer *Gerichtsstandsvereinbarung* gem. Art. 5 IPRG ergeben. Gemäss dieser Bestimmung können die Parteien einen Gerichtsstand für einen bestehenden oder für einen zukünftigen Rechtsstreit über vermögensrechtliche – somit auch arbeitsrechtliche – Ansprüche aus einem bestimmten Rechtsverhältnis vereinbaren. Geht aus der Vereinbarung nichts anderes hervor, so ist das vereinbarte Gericht ausschliesslich zuständig. Eine einschränkende Sonderbestimmung für den Bereich der Arbeitsverträge ist nicht vorgesehen (BGer, JAR 1998, 303; i.c. fehlte jedoch eine Auslandsbeziehung bei Abschluss der Gerichtsstandsvereinbarung, so dass diese nach dem damals noch geltenden Art. 343 Abs. 1 zu beurteilen war und sich unter diesem Blickwinkel als unzulässig erwies). Ein gewisser Schutz namentlich für den Arbeitnehmer wird immerhin durch Art. 5 Abs. 2 IPRG vermittelt, wonach eine Gerichtsstandsvereinbarung unwirksam ist, wenn einer Partei ein Gerichtsstand des schweizerischen Rechts missbräuchlich entzogen wird. Das vereinbarte Gericht darf seine Zuständigkeit nicht ablehnen, wenn eine Partei ihren Wohnsitz, ihren gewöhnlichen Aufenthalt oder eine Niederlassung im Kanton des vereinbarten Gerichts hat, oder wenn nach dem IPRG auf den Streitgegenstand schweizerisches Recht anzuwenden ist (Art. 5 Abs. 3 IPRG). **121**

In vermögensrechtlichen – und somit auch arbeitsrechtlichen – Streitigkeiten begründet die vorbehaltlose *Einlassung* die Zuständigkeit des angerufenen schweizerischen Gerichts, sofern dieses nach Art. 5 Abs. 3 IPRG seine Zuständigkeit nicht ablehnen kann (Art. 6 IPRG; zum Ablehnungsverbot s. N 121). Das IPRG sieht für den Bereich der Arbeitsverträge keine Sonderbestimmung zur Einschränkung der Folgen einer Einlassung vor. **122**

3. Anerkennung und Vollstreckung

Wer Wahlmöglichkeiten hinsichtlich des Gerichtsstands hat, sollte in seine Überlegungen stets auch die Frage einbeziehen, ob das in einem bestimmten Staat erstrittene Urteil erforderlichenfalls auch in einem anderen Staat anerkannt und vollstreckt wird. Grundvoraussetzungen dazu sind, dass die Zuständigkeit des urteilenden Gerichts anerkannt wird (sog. indirekte Zuständigkeit), dass keine (sonstigen) Verweigerungsgründe vorliegen und dass das Urteil endgültig bzw. vollstreckbar ist. **123**

Nach dem **Lugano-Übereinkommen** (LugÜ) gilt der Grundsatz, dass die *Zuständigkeit* der Gerichte des Ursprungsstaats im Rahmen der Anerkennung nicht nachgeprüft werden darf (Art. 35 Ziff. 3 LugÜ). Es wird sogar noch ausdrücklich festgehalten, dass die Vorschriften über die Zuständigkeit nicht zum ordre public i.S.v. Art. 34 Ziff. 1 LugÜ gehören. Eine Ausnahme sieht das LugÜ für die im zweiten Titel enthaltenen Zuständigkeitsvorschriften der Abschnitte 3 (Versicherungssachen), 4 (Verbrauchersachen) und 6 (ausschliessliche Zuständigkeiten) vor, nicht aber des Abschnitts 5 betreffend die individuellen Arbeitsverträge. **124**

Obligatorische *Verweigerungsgründe* bestehen im Fall: **125**
- eines offensichtlichen Widerspruchs zum *materiellen ordre public* (Art. 34 Ziff. 1 LugÜ);
- einer *mangelhaften Ladung* i.S.v. Art. 34 Ziff. 2 LugÜ (Verletzung des *formellen ordre public*);
- einer *Nichtbeachtung bereits ergangener Entscheidungen* i.S.v. Art. 34 Ziff. 3 und 4 LugÜ
- von Art. 68 LugÜ (Art. 35 Ziff. 1 Satz 1 LugÜ).

Fakultative Verweigerungsgründe bestehen, wenn ein Fall von Art. 64 Ziff. 3 LugÜ oder von Art. 67 Ziff. 4 LugÜ vorliegt (Art. 35 Ziff. 1 Satz 2 LugÜ). Die ausländische Entscheidung darf in der Sache selbst nicht nachgeprüft werden (Art. 36 und 45 Ziff. 2 LugÜ).

126 Die in einem LugÜ-Staat ergangenen Entscheidungen, die in diesem Staat vollstreckbar sind, werden in einem anderen LugÜ-Staat vollstreckt, wenn sie dort auf Antrag eines Berechtigten für vollstreckbar erklärt worden sind (Art. 38 Ziff. 1 LugÜ). Eine Vollstreckung nach dieser Bestimmung setzt also die *Vollstreckbarkeit des Entscheides* im Urteilsstaat und eine *Vollstreckbarkerklärung* des Entscheides im Vollstreckungsstaat voraus. Vergleiche, die vor einem Gericht im Laufe eines Verfahrens geschlossen und im LugÜ-Staat, in dem sie errichtet wurden, vollstreckbar sind, werden im Vollstreckungsstaat unter denselben Bedingungen wie öffentliche Urkunden vollstreckt (Art. 58 LugÜ). Das Verfahren der Vollstreckung bestimmt sich nach Art. 39 ff. LugÜ (betr. Anerkennung s. Art. 33 LugÜ).

127 Nach dem **IPRG** werden ausländische Entscheidungen unter dem Aspekt der indirekten *Zuständigkeit* in der Schweiz u.a. anerkannt, wenn:

- sie obligationenrechtliche Ansprüche betreffen und im Staat ergangen sind, in dem der Beklagte seinen *Wohnsitz* hatte, oder in dem der Beklagte seinen *gewöhnlichen Aufenthalt* hatte und die Ansprüche mit einer Tätigkeit an diesem Ort zusammenhängen (Art. 149 Abs. 1 IPRG);
- sie Ansprüche aus einem Arbeitsvertrag betreffen, am *Arbeits- oder Betriebsort* ergangen sind und der Arbeitnehmer seinen Wohnsitz nicht in der Schweiz hatte (Art. 149 Abs. 2 lit. c IPRG);
- sie Ansprüche aus dem Betrieb einer Niederlassung betreffen und am *Sitz der Niederlassung* ergangen sind (Art. 149 Abs. 2 lit. d IPRG);
- sie von einem Gericht gefällt wurden, dessen Zuständigkeit auf einer *Gerichtsstandsvereinbarung, Einlassung* oder *Widerklage* i.S.v. Art. 26 lit. b–d IPRG beruht.

128 Obligatorische *Verweigerungsgründe* bestehen im Fall:

- einer offensichtlichen Unvereinbarkeit mit dem *materiellen ordre public* (Art. 27 Abs. 1 IPRG);
- einer Verletzung des *formellen ordre public* (mangelhafte Ladung, Verletzung wesentlicher Grundsätze des schweizerischen Verfahrensrechts, insb. Verweigerung des rechtlichen Gehörs, Art. 27 Abs. 2 lit. a und b IPRG);
- der *Nichtbeachtung früherer Verfahren oder Entscheidungen* i.S.v. Art. 27 Abs. 2 lit. c IPRG.

Im Übrigen darf die Entscheidung in der Sache selbst nicht nachgeprüft werden (Art. 27 Abs. 3 IPRG).

129 Die Anerkennung einer ausländischen Entscheidung in der Schweiz setzt ferner voraus, dass gegen die Entscheidung *kein ordentliches Rechtsmittel mehr geltend gemacht werden kann oder dass sie endgültig ist* (Art. 25 lit. b IPRG). Eine nach Art. 25–27 IPRG anerkannte Entscheidung wird auf Begehren der interessierten Partei für *vollstreckbar erklärt* (Art. 28 IPRG). Die Bestimmungen über die Anerkennung und Vollstreckung gelten auch für den gerichtlichen Vergleich, sofern er im Staat, in dem er abgeschlossen worden ist, einer gerichtlichen Entscheidung gleichgestellt wird (Art. 30 IPRG). Das Verfahren der Anerkennung und Vollstreckung ist in Art. 29 IPRG geregelt.

4. Internationale Schiedsgerichtsbarkeit

130 Die Schiedsgerichtsbarkeit fällt nicht in den sachlichen Anwendungsbereich des Lugano-Übereinkommens (Art. 1 Ziff. 2 lit. d LugÜ). Soweit kein sonstiger völkerrechtlicher Vertrag zur Anwendung kommt (vgl. etwa das New Yorker Übereinkommen über die Anerkennung und Vollstreckung ausländischer Schiedssprüche, SR 0.277.12), ist das 12. Kapitel des IPRG anwendbar. Dieses stellt eine *in sich geschlossene Ordnung* dar, so dass die anderen Kapitel – insb. auch deren Bestimmungen über die Zuständigkeit und das anwendbare Recht – grundsätzlich keine Bedeutung für die internationale Schiedsgerichtsbarkeit haben (vgl. IPRG-Kommentar-VISCHER, Art. 176 N 1).

Die Bestimmungen des 12. Kapitels des IPRG gelten für Schiedsgerichte mit Sitz in der Schweiz, sofern beim Abschluss der Schiedsvereinbarung wenigstens eine Partei ihren Wohnsitz oder ihren gewöhnlichen Aufenthalt nicht in der Schweiz hatte (Art. 176 Abs. 1 IPRG). Die Parteien können die Geltung dieses Kapitels durch eine ausdrückliche Erklärung in der Schiedsvereinbarung oder in einer späteren Übereinkunft ausschliessen und die Anwendung des dritten Teils der ZPO vereinbaren (Art. 176 Abs. 2 IPRG; sog. **opting-in**). **131**

Gegenstand eines Schiedsverfahrens kann jeder vermögensrechtliche Anspruch sein, somit auch jeder vermögensrechtliche individualarbeitsrechtliche Anspruch (Art. 177 Abs. 1 IPRG). Das IPRG sieht keine besondere Einschränkung der *Schiedsfähigkeit* für Streitigkeiten aus Arbeitsverträgen vor. Haben die Parteien über eine schiedsfähige Streitsache eine Schiedsvereinbarung getroffen, so hat ein allenfalls angerufenes staatliches schweizerisches Gericht seine Zuständigkeit abzulehnen, es sei denn: **132**
- der Beklagte habe sich vorbehaltlos auf das Verfahren eingelassen;
- das Gericht stelle fest, die Schiedsvereinbarung sei hinfällig, unwirksam oder nicht erfüllbar;
- oder das Schiedsgericht könne nicht bestellt werden aus Gründen, für die der im Schiedsverfahren Beklagte offensichtlich einzustehen hat (Art. 7 IPRG; s. dazu CAPH GE, JAR 1998, 309).

Das *Verfahren* wird primär von den Parteien, sekundär vom Schiedsgericht bestimmt. Es kann durch eigene Bestimmungen, aber auch durch Verweisung etwa auf eine schiedsgerichtliche Verfahrensordnung oder auf ein Gesetz ausgestaltet werden. Die Gleichbehandlung der Parteien sowie ihr Anspruch auf rechtliches Gehör in einem kontradiktorischen Verfahren muss gewährleistet sein (Art. 182 IPRG). **133**

Das Schiedsgericht entscheidet die Streitsache nach dem von den Parteien gewählten *Recht* oder, bei Fehlen einer Rechtswahl, nach dem Recht, mit dem die Streitsache am engsten zusammenhängt. Die Parteien können das Schiedsgericht sogar ermächtigen, nach Billigkeit zu entscheiden. Eine Schutzbestimmung mit Blick auf Arbeitsverträge, durch welche die Wahlmöglichkeiten der Parteien wie etwa nach Art. 121 Abs. 3 IPRG eingeschränkt werden, ist hier nicht vorhanden. **134**

Eine *Anfechtung* des Schiedsentscheids ist nur unter Berufung auf fünf ausdrücklich aufgezählte Gründe möglich (Art. 190 Abs. 2 IPRG). Einzige Beschwerdeinstanz ist das schweizerische BGer (Art. 191 IPRG). Rechtsmittel ist die Beschwerde in Zivilsachen, wobei das BGer nur Rügen prüft, die in der Beschwerde vorgebracht und begründet worden sind (Art. 77 Abs. 1 und 3 BGG). Gutgeheissen wurde die Beschwerde eines vertragsbrüchig gewordenen Berufsfussballers, dem von der FIFA für den Fall der Nichtbezahlung einer Schadenersatzzahlung in Millionenhöhe ein unbegrenztes Berufsverbot angedroht worden war. Das BGer sah darin eine Verletzung der Persönlichkeitsrechte des Arbeitnehmers, von Art. 27 Abs. 2 ZGB und des materiellen Ordre public i.S.v. Art. 190 Abs. 2 lit. e IPRG (BGE 138 III 322, besprochen von DASSER, ARV 2012, 338 ff. und PORTMANN, ZBJV 2014, 992 ff.). Die Anfechtung des Schiedsentscheids kann vertraglich noch weiter beschränkt oder sogar vollständig ausgeschlossen werden, falls keine der Parteien Wohnsitz, gewöhnlichen Aufenthalt oder eine Niederlassung in der Schweiz hat (Art. 192 Abs. 1 IPRG). **135**

Erster Abschnitt: Der Einzelarbeitsvertrag

Art. 319

A. Begriff und Entstehung
I. Begriff

[1] Durch den Einzelarbeitsvertrag verpflichtet sich der Arbeitnehmer auf bestimmte oder unbestimmte Zeit zur Leistung von Arbeit im Dienst des Arbeitgebers und dieser zur Entrichtung eines Lohnes, der nach Zeitabschnitten (Zeitlohn) oder nach der geleisteten Arbeit (Akkordlohn) bemessen wird.

[2] Als Einzelarbeitsvertrag gilt auch der Vertrag, durch den sich ein Arbeitnehmer zur regelmässigen Leistung von stunden-, halbtage- oder tageweiser Arbeit (Teilzeitarbeit) im Dienst des Arbeitgebers verpflichtet.

A. Définition et formation
I. Définition

[1] Par le contrat individuel de travail, le travailleur s'engage, pour une durée déterminée ou indéterminée, à travailler au service de l'employeur et celui-ci à payer un salaire fixé d'après le temps ou le travail fourni (salaire aux pièces ou à la tâche).

[2] Est aussi réputé contrat individuel de travail le contrat par lequel un travailleur s'engage à travailler régulièrement au service de l'employeur par heures, demi-journées ou journées (travail à temps partiel).

A. Definizione e formazione
I. Definizione

[1] Il contratto individuale di lavoro è quello con il quale il lavoratore si obbliga a lavorare al servizio del datore di lavoro per un tempo determinato o indeterminato e il datore di lavoro a pagare un salario stabilito a tempo o a cottimo.

[2] È considerato contratto individuale di lavoro anche il contratto con il quale un lavoratore si obbliga a lavorare regolarmente al servizio del datore di lavoro per ore, mezze giornate o giornate (lavoro a tempo parziale).

Literatur

Andermatt, Delegation der Geschäftsführung bei der AG – Das Organisationsreglement als Instrument der Haftungsbeschränkung, TREX 2011, 234 ff.; Bachmann, Verdeckter Personalverleih: Aspekte zur rechtlichen Ausgestaltung, zur Bewilligungspflicht, zum Konzernverleih und zum Verleih mit Auslandsberührung, ArbR 2010, 53 ff.; Böhringer, Die neue Arbeitswelt. Flexibilisierung der Erwerbsarbeit und atypische Arbeitsverhältnisse, Zürich 2001; Boner, Teilzeitarbeit, Bern 1985; Born-Schweizer, Freie Rundfunkmitarbeiter, Diss., Bern 1985; Brühwiler, Arbeits- und sozialversicherungsrechtliche Absicherung der Teilzeitarbeit, SZS 1992, 22 ff., 76 ff.; ders., Auswirkungen des Bundesgesetzes über die Arbeitsvermittlung und den Personalverleih vom 6.10.1989 (AVG) auf den temporären Arbeitsvertrag, SJZ 1991, 221 ff.; Byrne-Sutton, Le contrat de travail à temps partiel, Zürich 2001; Cahn, Der Theaterintendant, Diss., Zürich, Baden-Baden 2002; Drechsler, Personalverleih – unscharfe Grenzen, AJP 2010, 314 ff.; Egli, Neue Tendenzen bei der Teilzeitarbeit, SJZ 2000, 205 ff.; Ehrenström, Contrat de travail et immunité de juridiction de l'Etat défendeur, Jusletter 9.7.2012; ders., Immunités diplomatiques et contentieux du travail en Suisse, Jusletter 10.12.2007; Eichenberger, Selbständige und unselbständige Erwerbstätigkeit der Ärztin, AJP 2003, 1316 ff.; Del Fabro, Der Trainervertrag, in: Sport und Recht, 2. Tagungsband, Bern 2005, 101 ff.; ders., Der Trainervertrag, Bern 1992; Favre, La contribution extraordinaire d'un époux à la profession de l'autre, ST 2002, 824 ff.; Fellmann, Abgrenzung der Dienstverträge zum Arbeitsvertrag und zur Erbringung von Leistungen als Organ einer Gesellschaft, AJP 1997, 172 ff.; Fischer, Zur Haftungsbegründung im Temporärarbeitsverhältnis, Jusletter 30.9.2013; Fuld/Michel, Le Portage Salarial – Analyse en droit du travail et des assurances sociales suisses, Jusletter 22.10.2012; Futterknecht, Job-Sharing, Diss., Bern 1985; Garrone, La notion de travailleur en droit communautaire, in: Le travail et le droit, Fribourg 1994, 415 ff.; Geiser, Schützt das Arbeitsrecht Journalisten und Journalistinnen genügend?, medialex 2005, 193 ff.; ders., Neue Arbeitsvertragsformen zwischen Legalität und Illegalität, in: Neue Erwerbsformen – veraltetes Arbeits- und Sozialversicherungsrecht?, Bern 1996, 43 ff.; ders., Arbeitsvertragsrechtliche Fragen im Zusammenhang mit der Weiterbildung, recht 1996, 28 ff.; ders., Weiterbildung – Finanzierung aus arbeitsrechtlicher Sicht, plädoyer 6/2013, 28 ff.; ders., Weiterbildung im Arbeitsrecht, recht 2011, 118 ff.; Geiser/Spadin, Soziale Sicherheit bei Mehrfachbeschäftigungen, ZSR 2014 II, 275 ff.; Geiser/Uhlig, Arbeitsverhältnisse im Konzern, ZBJV 2003, 757 ff.; Gerber, Die Scheinselbständigkeit im Rahmen des Einzelarbeitsvertrages, Bern/Stuttgart/Wien 2003; Gloor, Immunité de juridiction et contrat de travail: le cas du diplomate de facto, employé local d'une Mission diplomatique, ARV 2009, 24 ff.; DERS., Conditions de travail du personnel privé des diplomates en Suisse, ARV 2009, 209 ff.; GROB, Die tatsächlichen und rechtlichen Besonderheiten der Arbeitsverhältnisse des Cockpit-Personals, Diss., Dietikon 1996; HAMM, Die vertragliche Stellung freier Mitarbeiter in den Massenmedien, Bern 1994; HARDER, Freie Mitarbeiter/Freelancer/Scheinselbständige, ArbR 2003, 69 ff.; DERS., Freie Mitarbeit und ähnliche Formen freier Zusammenarbeit, 2. Aufl., Bern 2002; DERS., Abgestufter Beschäftigungsschutz für Freie Mitarbeiter, AJP 2001, 984 ff.; HEINZER, Le double statut de l'administrateur-travailleur en droit privé, in: De lege negotiorum, Genf 2009, 81 ff., ebenfalls publiziert in: Panorama en droit de travail, Bern 2009, 349 ff.; HEIZ, Das Arbeitsverhältnis im Konzern, Bern 2005; HENNEBERGER/RIEDER, Bemessung der Entschädigung der Wartezeiten bei echter Arbeit auf Abruf, AJP 2011, 1057 ff.; HENSCH, Arbeitsrechtliche Fragen der spitalexternen Krankenpflege, Pflegerecht-Pflegewissenschaft 1/2012, 11 ff.; HEUTGER, Zum Inkrafttreten des Seearbeitsübereinkommens der Internationalen Arbeitskonferenz (ILO) am 20.8.2013, Jusletter 16.9.2013; JENNY, Arbeitsverträge von Sportlern, in: Sport und Recht, 2. Tagungsband, Bern 2005, 175 ff.; JOEHRO, Der Gesamtarbeitsvertrag Personalverleih, ArbR 2013, 105 ff.; KÄCH, Die Rechtsstellung des Vertreters einer juristischen Person im Verwaltungsrat der Aktiengesellschaft, Diss., Zürich 2001; KAHIL-WOLFF, La collaboration entre époux, in: Droit du travail, droit des assurances sociales, Lausanne 1994, 99 ff.; KÄSER/GYSI, Erteilung von Zeichnungsberechtigungen durch die Geschäftsleitung und moderne Konzepte zur Regelung der Zeichnungsberechtigungen, Jusletter 6.6.2011; KELLERMÜLLER, Vertragsverhältnisse zwischen Journalisten und Medienunternehmen, medialex 2005, 133 ff.; KLEINER, Der Schutz der Vertragsstabilität durch Verbandsreglemente im Berufsfussball, Sportrecht, Band I, Bern 2013, 317 ff.; DERS., Der Spielervertrag im Berufsfussball, Diss., Zürich 2013; DERS., Der Spielervertrag zwischen einem Berufsfussballer und seinem Club und dessen vorzeitige Beendigung, Sportrecht, Bd. I, Bern 2013, 131 ff.; KULL (Hrsg.), Arbeitsvermittlungsgesetz (AVG), Bern 2014; DERS., Die Abgrenzung des einfachen Auftrags zum Personalverleih am Beispiel der hauswirtschaftlichen Tätigkeit, AJP 2013, 1485 ff.; KUNZ, Zur Erteilung von Zeichnungsberechtigungen durch die Geschäftsleitung – Eine wissenschaftliche Replik, Jusletter 27.6.2011; KÜNZI, Soziale Sicherung freier Berufsjournalisten, Diss., Bern 1998; LERCH, Arbeitsrechtliche Rückzahlungsvorbehalte für Aus- und Weiterbildungskosten, Anwaltsrevue 2012, 24 ff.; MATHIS-ZWYGART, Le travail temporaire – entre liberté contractuelle et ordre public, in: «Le droit décloisonné», interférences et interdépendances entre droit privé et droit public, Genf/Zürich/Basel 2009; DIES., L'application des conventions collectives de travail aux contrats de travail temporaire. Etude de l'article 20 LSE, Diss., Basel 2012; MATILE/ZILLA, Travail temporaire – Commentaire pratique des dispositions fédérales sur la location de services (art. 12–39 LSE), Genf/Zürich/Basel 2010; MEIER A., L'engagement de musiciens: contrat de travail ou contrat d'entreprise?, Genf 2013; DIES., Pour un retour du critère de l'intégration dans la définition du contrat de travail, ARV 2013, 97 ff.; MEIER-GUBSER, Teilzeitarbeit – Mögliche arbeitsrechtliche Stolpersteine, TREX 2011, 22 ff.; MODL, Rechtliche Aspekte der Sportlervermittlung im schweizerischen Recht, in: Sportlervermittlung und Sportlermanagement, 2. Aufl., Bern 2003, 43 ff.; MOSIMANN, Theater und Recht, BJM 1998, 1 ff.; DERS., Goethes Intendanz, die Bühnenbräuche und das heutige Theaterrecht, FS für Jean-Fritz Stöckli, Zürich/St. Gallen 2014, 389 ff.; MÜLLER R., Problematik einer Doppelstellung als Verwaltungsrat und Arbeitnehmer, ST 2006, 851 ff.; DERS., Der Verwaltungsrat als Arbeitnehmer, Zürich/Basel/Genf 2005; DERS., Der Verwaltungsrat im Arbeitsrecht, ArbR 1997, 67 ff.; DERS., Die arbeitsrechtliche Situation der VR-Delegierten in der Schweiz, AJP 2001, 1367 ff.; MÜLLER R.A., Arbeitnehmerähnliche Personen. Rechtsprobleme der Scheinselbständigkeit, ArbR 2000, 21 ff.; MURER, Soll die Arbeit auf Abruf gesetzlich geregelt werden?, in: FS für Pierre Tercier, Zürich/Basel/Genf 2008, 355 ff.; PORTMANN, Die Arbeitsbedingungen der Bankangestellten, FS für Dieter Zobl, Zürich/Basel/Genf 2004, 581 ff.; PORTMANN/NEDI, Neue Arbeitsformen – Crowdwork, Partage Salarial und Employee Sharing, FS für Isaak Meier, Zürich/Basel/Genf 2015, 525 ff.; PRODOLLIET, Flexibel, atypisch, irregulär und prekär. Die neuen Arbeitsverhältnisse, in: Sozialalmanach 2002, Der flexibilisierte Mensch, Luzern 2002, 137 ff.; PRODOLLIET/KNÖPFEL/WÄLCHLI, Prekäre Arbeitsverhältnisse in der Schweiz, Luzern 2001; PULVER, Mobile Arbeit als brachliegendes juristisches Untersuchungsfeld, in: Mobile Arbeit in der Schweiz, Zürich 2002, 145 ff.; PULVER/MAHON/GUY-ÉCABERT, Aspect juridique du télétravail. Annexe au rapport: BUSER/POSCHERT/PULVER, Télématique et nouvelles formes de travail, Bern 2000; REHBINDER, Arbeitsvermittlungsgesetz, Kommentar, Zürich 1992; DERS., Die Neuordnung von Arbeitsvermittlung und Personalverleih in der Schweiz, Recht der internationalen Wirtschaft 1992, 640 ff.; RICHERS, Arbeitslohn oder Lidlohn?, ArbR 2004, 85 ff.; RIEMER-KAFKA, Im Betrieb mitarbeitende Ehe- und Lebenspartner unter sozialversicherungs- und arbeitsvertragsrechtlichem Aspekt, in: Neue Rechtsfragen rund um die KMU, Zürich/Basel/Genf, 2006, 145 ff.; RITTER, Das revidierte Arbeitsvermittlungsgesetz und dessen Auswirkungen auf die betroffenen Wirtschaftszweige, Bern 1994; DERS., Private Auslandvermittlung und Auslandverleih im neuen Arbeitsvermittlungsgesetz, ArbR 1991, 23 ff.; RÖTHLISBERGER, Der journalistische Arbeitsvertrag, UFITA 2007, 795 ff.; RUDOLPH, Allgemeine Anstellungsbedingungen – Ausgewählte Rechtsfragen, FS für Jean-Fritz Stöckli, Zürich/St. Gallen 2014, 547 ff.; RUSCH/BORNHAUSER, Korrektiv zur Freizeichnung von der Hilfspersonenhaftung, AJP 2010, 1228 ff.; SANDOZ, Présomption de contrat de travail entre époux ou contribution extraordinaire?, in: Droit du travail, droit des assurances sociales, Lausanne 1994, 29 ff.; SANER, Telearbeit, Diss., Zürich 1992; SCHELLENBERG, Der Bühnenengagementsvertrag im schweizerischen Recht, Diss., Bern 1990; SCHERRER, Sportler-Management und Sportler-Vermittlung im globalisierten Sport, in: Sport und Recht, Bern 2003, 87 ff.; DERS. (Hrsg.), Sportlervermittlung und Sportlermanagement, 2. Aufl., Bern 2003; SCHILTKNECHT, Arbeitnehmer als Verwaltungsräte abhängiger Konzerngesellschaften, Bern 1997; SCHNEIDER, Le travail atypique. Problèmes et réflexions, plädoyer 2/1992, 52 ff.; SECO, Weisungen und Erläuterungen zum Arbeitsvermittlungsgesetz, zur Arbeitsvermittlungsverordnung und der Gebührenverordnung zum Arbeitsvermittlungsgesetz, Bern 2003; SENTI, Arbeitsrechtliche Fragen im Zusammenhang mit Pikettdienst, ZBJV 2006, 645 ff.; DERS., Pensionierte Angestellte – Heikle sozialrechtliche Punkte, plädoyer 6/2012, 37 ff.; DERS., Die Geschäftsführung bei der GmbH – Schnittstellen zwischen Arbeits- und Gesellschaftsrecht, AJP 2011, 18 ff.; DERS., Untypischer Personalverleih, AJP 2008, 1498 ff.; DERS., Auftrag oder Personalverleih? – Rechtliche Gratwanderung mit drastischen Folgen, AJP 2013, 356 ff.; STENGEL/BRÄNDLI, Pikettdienst unter Art. 8a ArGV 2, AJP 2013, 55 ff.; STÖCKLI J.-F., Rechtsfragen der Mehrfachbeschäftigung des Arbeitnehmers, SJZ 1991, 254 ff.; DERS., Arbeitsvertragliche Regelung der Weiterbildung, ArbR 2011, 117 ff.; STÖCKLI H., «Ménage-à-trois» bei der Temporärarbeit, recht 2010, 137 ff., ebenfalls publiziert in: FS für Erwin Murer, Bern 2010, 893 ff.; STREIT, La location de services, Aperçu d'un rapport de travail plutôt méconnu, Jusletter 11.1.2010; SUBILIA, Le partage du travail en droit suisse, Diss., Lausanne 1998; THEILER, Der Gerantenvertrag, Diss., Bern 1992; THEURILLAT LANGENEGGER, Personalverleih aus dem Ausland, ArbR 2008, 109 ff., ebenfalls publiziert in: Chancen und Risiken rechtlicher Neuerungen 2006/2007, Zürich/Basel/Genf 2007, 151 ff.; THÉVENOZ, Temporäre Arbeit und Personalverleih, in: SJK, Genf 1991; DERS., La location de services dans le bâtiment, Droit de la construction 1994, 68 ff.; DERS., La nouvelle réglementation du travail intérimaire, in: Journée 1992 de droit du travail et de la sécurité sociale, Zürich 1994, 7 ff.; VISCHER G. R., Privatrechtliche Arbeitsverhältnisse bei staatlichen Organisationen, Diss., Basel 1989; VÖGELI, Die Scheinselbständigkeit im Kontext der flankierenden Massnahmen zur Personenfreizügigkeit, FS für Tobias Jaag, Zürich/Basel/Genf 2012, 74 ff.; VÖLKER, Die Scheinselbstständigkeit im schweizerischen Arbeitsrecht, Diss., Zürich 2004; WIDMER, Rechtsfragen beim Vereinswechsel von Berufsfussballspielern, BJM 2002, 57 ff.; ZEHNDER, Arbeitsvertrag für Pflegeeltern? – Beitrag zum Vorentwurf einer Kinderbetreuungsverordnung (Totalrevision PAVO), Jusletter 26.10.2009; vgl. ausserdem die Literaturhinweise zur Einleitung vor Art. 319 ff.

I. Begriff des Einzelarbeitsvertrages

1 Der Einzelarbeitsvertrag ist ein privatrechtlicher Schuldvertrag, der ein Dauerschuldverhältnis zwecks Leistung entgeltlicher Arbeit unter Eingliederung in eine fremde Arbeitsorganisation begründet (Art. 319 Abs. 1). Das Arbeitsverhältnis ist also durch folgende Merkmale gekennzeichnet: Privatrechtsverhältnis, Schuldvertrag, Arbeitsleistung, Dauerschuldverhältnis, Entgeltlichkeit und Eingliederung in eine fremde Arbeitsorganisation.

1. Privatrechtsverhältnis

2 Als privatrechtlicher Vertrag unterscheidet sich der Einzelarbeitsvertrag von sämtlichen öffentlich-rechtlichen Rechtsverhältnissen, die eine Arbeitsleistung zum Gegenstand haben. Auf solchen beruhen namentlich:

- Der öffentliche Dienst (Einl. vor Art. 319 ff. N 21 f.); zur *Abgrenzung* von privatrechtlichem und öffentlich-rechtlichem Arbeitsvertrag s. AppGer BS, JAR 1998, 97; gemäss TC FR, JAR 2002, 328 ist auf Anstellungsverträge öffentlich-rechtlicher Anstalten und Körperschaften, die staatliche Aufgaben zu erfüllen haben, das öffentlich-rechtliche Personalrecht anwendbar, auch wenn der Anstalt oder Körperschaft Autonomie zukommt. Das Bundespersonalrecht ist auf die Arbeitsverhältnisse bei den SBB anwendbar (Art. 15 Abs. 1 SBBG, Art. 2 Abs. 1 lit. d BPG), nicht aber bei deren Tochtergesellschaften (BGE 135 III 486; i.c. daher privatrechtliche Arbeitsverhältnisse bei der SBB Cargo AG). Ebenso gilt das Privatrecht für die Angestellten der Post (Art. 9 POG) und die Angestellten eines in Form einer AG organisierten kommunalen Elektrizitätswerks, das zuvor von der Gemeinde betrieben worden war (BGer, 22.10.2003, 2P.217/2003). Arbeitnehmer, die mit einer als AG organisierten Tochtergesellschaft eines öffentlichen Unternehmens ein Arbeitsverhältnis begründen, unterstehen somit grundsätzlich den Regeln des privaten Arbeitsrechts,

auch wenn für die vorsorgerechtlichen Aspekte solcher Arbeitsverhältnisse sehr oft die Statuten und Reglemente der für das Staatspersonal zuständigen Vorsorgewerke für anwendbar erklärt werden (NÖTZLI, ARV online 2010 Nr. 324).
- Militär-, Schutz- und Zivildienst.
- Die Tätigkeit der sog. unfreien Arbeitnehmer wie Strafgefangene und Personen, die in geschlossene Anstalten eingewiesen worden sind.
- Dienstleistungen von Angehörigen bestimmter kirchlicher Orden.
- Arbeitsversuch nach Art. 18a IVG, doch finden gemäss dieser Bestimmung verschiedene Bestimmungen des OR sinngemäss Anwendung (Näheres bei STREIFF/VON KAENEL/RUDOLPH, N 2).

2. Schuldvertrag

Als Schuldvertrag grenzt sich der Einzelarbeitsvertrag von allen sonstigen privatrechtlichen Rechtsverhältnissen ab, in deren Rahmen Arbeit geleistet wird. Dazu gehören namentlich: **3**

- *Ehe*. Gemäss Art. 163 Abs. 2 ZGB sind Besorgen des Haushaltes, Betreuen der Kinder und Mithilfe im Beruf oder Gewerbe des anderen Ehegatten Arten des Beitrags an den Unterhalt der Familie. Hat ein Ehegatte im Beruf oder Gewerbe des anderen erheblich mehr mitgearbeitet, als es sein Beitrag an den Unterhalt der Familie verlangt, so räumt ihm Art. 165 Abs. 1 ZGB einen *familienrechtlichen* Anspruch auf eine (nicht volle, sondern bloss) *angemessene* Entschädigung ein. Den Ehegatten bleibt es indessen unbenommen, einen Arbeitsvertrag abzuschliessen. Ein solcher kann auch nach Art. 320 Abs. 2 zustande kommen (Art. 320 N 20). In diesen Fällen wird der familienrechtliche Entschädigungsanspruch durch einen echten Lohnanspruch ersetzt (vgl. Art. 165 Abs. 3 ZGB). Ist kein Arbeitsvertrag zustande gekommen, kann sich die mitarbeitende Ehefrau nicht auf den Kündigungsschutz berufen (CAPH GE, JAR 2002, 127). **4**
- *Gemeinschaftsverhältnis zwischen Eltern und Kindern*. Art. 272 ZGB sieht eine Beistandspflicht zwischen Eltern und Kindern vor, die auch Arbeitsleistungen umfassen kann. Volljährigen Kindern oder Grosskindern, die ihren Eltern oder Grosseltern in gemeinsamem Haushalt ihre Arbeit oder ihre Einkünfte zugewendet haben, steht ein *familienrechtlicher* Anspruch auf *angemessene* Entschädigung zu (sog. *Lidlohn*, der grundsätzlich erst mit dem Tod des Schuldners geltend gemacht werden kann, Art. 334 und 334bis ZGB). **5**
- *Geschäftsbesorgungsvertrag zwischen Organ und juristischer Person*. In diesem Fall liegt ein Innominatkontrakt bzw. nach anderer Auffassung ein Doppelverhältnis vor, wobei in Bezug auf Entstehung, Wirkung und Beendigung klar zwischen der gesellschaftsrechtlichen und der schuldrechtlichen Seite zu unterscheiden ist. Gesellschaftsrechtlich gilt z.B., dass ein Mitglied des Verwaltungsrates jederzeit zurücktreten oder abberufen werden kann, während unter schuldrechtlichen Gesichtspunkten die Art. 337 ff. bzw. 404 ff. massgebend sind (vgl. Art. 705). Eine weitere Folge ist, dass das in einem Arbeitsverhältnis stehende Organ sowohl an die Treuepflicht des Arbeitnehmers (Art. 321a) wie auch an die organschaftliche Treuepflicht des Verwaltungsrats- oder Direktionsmitglieds nach Art. 717 gebunden ist (BGE 130 III 217). Zwischen der Gesellschaft und einem Direktor oder Vizedirektor liegt in schuldrechtlicher Hinsicht i.d.R. ein Arbeitsvertrag vor (Weisungsgebundenheit trotz leitender Stellung: BGE 128 III 131; trotz Einsitznahme in den Verwaltungsrat: BGer, ARV 2003, 20). In Bezug auf Verwaltungsräte ist die Rechtsprechung uneinheitlich (Auftrag: BGE 53 II 408; 90 II 483; auftragsähnlicher Vertrag sui generis: BGE 125 III 81; Arbeitsvertrag: BGE 75 II 149; BGer, ARV 2014, 192; s.a. TC VD, JAR 2012, 543). Arbeitnehmer kann jedenfalls der Delegierte des Verwaltungsrats sein, an dessen Weisungen er gebunden ist, ebenso der einzige Verwaltungsrat, der konkrete Weisungen vom Mehrheitsaktionär empfängt. **6**

3. Arbeitsleistung

7 Gegenstand des Arbeitsvertrages ist eine Arbeitsleistung. Unter Arbeit ist jede planmässige, auf die Befriedigung eines Bedürfnisses gerichtete körperliche oder geistige Verrichtung zu verstehen. Sie besteht in einer positiven Leistung, auch wenn diese nicht als aktive Betätigung hervortritt, wie beim Überwachen von Maschinen. Auch *Dienstreisen* gehören zur Arbeitsleistung und sind als Arbeitszeit zu vergüten, *nicht* hingegen der *Arbeitsweg* (s. indessen etwa die Ausnahmen von Art. 13 Abs. 2 und Art. 15 Abs. 2 Satz 2 ArGV 1; s.a. AGer ZH, JAR 2011, 636 und JAR 2008, 535 ff.). Ob es hingegen durch die Arbeitsleistung zu einem bestimmten **Arbeitserfolg** kommt, ist **gleichgültig**. Zwar wird der Arbeitsvertrag im Hinblick auf ein Arbeitsergebnis abgeschlossen. Geschuldet ist aber nur der Einsatz der Arbeitskraft und nicht, wie beim Werkvertrag (Art. 363), ein bestimmter Arbeitserfolg. Arbeitsleistung im Sinne des Arbeitsvertragsrechts ist demnach ein Wirken und nicht ein Werk (VON GIERKE, Schuldrecht, Leipzig/München 1917, 591 f.).

8 Bei Dienstleistungsberufen gehört zur Arbeitsleistung auch die blosse **Arbeitsbereitschaft** (Präsenzzeit), weil hier auf den Einsatz der jeweiligen Dienste typischerweise *im Betrieb* gewartet werden muss, so dass Warten zum Gegenstand des Arbeitsvertrages gehört (Bsp.: KGer SG, JAR 2002, 155: Kellner wartet auf die Bedienung von Gästen; CAPH GE, JAR 2000, 125: Nachtwächter, der im Hotel zwischen 23 und 7 Uhr schlafen darf, gleichzeitig aber bei Bedarf neue Gäste empfangen muss und in Notfällen einzuschreiten hat; KGer GR, JAR 1991, 106). Diese Präsenzzeit zählt als normale Arbeitszeit und ist mangels abweichender Vereinbarung entsprechend zu entlöhnen (BGE 124 III 251; s.a. GSGer BS, JAR 2013, 432 betr. die Entschädigung der Wartezeit in einem Call-Center, wo aber übersehen wird, dass abweichende Vereinbarungen, z.B. eine tiefere Entschädigung oder die Entgeltung mit einem Pauschalbetrag, durchaus zulässig sein können); sie kann auch nicht als Kompensation von Überstunden betrachtet werden (KGer SG, JAR 2002, 155).

9 Eine Arbeitsleistung in abgeschwächter Form stellt die sog. **Rufbereitschaft** (Bereitschaftsdienst) dar, bei der der Arbeitnehmer zusätzlich zur normalen Arbeitszeit *ausserhalb des Betriebes* ohne konkreten Arbeitseinsatz auf Abruf wartet (Art. 321 N 19). Ein solcher Bereitschaftsdienst ist nur gegen Lohn zu erwarten (Art. 320 Abs. 2). Das geringere betriebswirtschaftliche Interesse des Arbeitgebers an diesem Dienst und eine gewisse Verfügungsmöglichkeit des Arbeitnehmers über die entsprechende Zeit lassen aber (unter Vorbehalt einer abweichenden Vereinbarung) eine tiefere Entlöhnung zu (BGE 124 III 251). Diese kann sogar einzel- oder gesamtarbeitsvertraglich in den Lohn für die Hauptleistung eingeschlossen werden (BGE 124 III 251). Eine solche Vereinbarung erblickte das BGer in einer Bestimmung, wonach die Zeit, während der sich der Mitarbeiter gemäss Dienstplan ausserhalb des Betriebsgeländes auf Abruf zum Einsatz bereithalten muss, nicht als Arbeitszeit gilt; für diesen Dienst war deshalb kein zusätzlicher Lohn geschuldet (BGer, ARV 2010, 189, 193).

10 Beim **Pikettdienst** hält sich der Arbeitnehmer neben der normalen Arbeit für allfällige Arbeitseinsätze bereit für die Behebung von Störungen, die Hilfeleistung in Notsituationen, für Kontrollgänge oder für ähnliche Sonderereignisse (Art. 14 Abs. 1 ArGV 1). Wird der Pikettdienst im Betrieb geleistet, stellt die gesamte zur Verfügung gestellte Zeit Arbeitszeit dar (Art. 15 Abs. 1 ArGV 1); hier liegt somit eine besondere Form von Arbeitsbereitschaft vor (Präsenzzeit, N 8). Wird der Pikettdienst ausserhalb des Betriebes geleistet, so ist die zur Verfügung gestellte Zeit soweit an die Arbeitszeit anzurechnen, als der Arbeitnehmer tatsächlich zur Arbeit herangezogen wird (wobei der Arbeitsweg in diesem Fall an die Arbeitszeit anzurechnen ist, Art. 15 Abs. 2 ArGV 1). Diese Art des Pikettdienstes hat Ähnlichkeit mit der Rufbereitschaft (N 9). Gemäss dem Regelungsgedanken von Art. 15 ArGV 1 ist nur von ausserhalb des Betriebes geleistetem Pikettdienst auszugehen, wenn der Arbeitnehmer die grösseren Freizeit- und Erholungsmöglichkeiten auch nutzen kann. Dies ist zu verneinen,

wenn er während des Pikettdienstes innert sehr kurzer Frist (z.B. innert 15 Minuten nach dem Anruf) intervenieren muss, es sei denn, dass er in der Nähe des Betriebs wohnt und den Pikettdienst daher zu Hause erbringen kann (BGer, ARV 2010, 189; vgl. für Krankenanstalten und Kliniken auch Art. 8a ArGV 2, insb. dessen Abs. 2). Die Entlöhnung für entschädigungspflichtigen Pikettdienst kann wie bei der Rufbereitschaft zu einem tieferen Ansatz bemessen oder vertraglich in den Lohn für die Haupttätigkeit eingeschlossen werden (BGer, JAR 2011, 367; BGer, JAR 2010, 209; OGer LU, JAR 2014, 474; s. N 9).

4. Dauerschuldverhältnis

Die Verpflichtung zur Arbeitsleistung muss «auf bestimmte oder unbestimmte Zeit» begründet werden. Nicht das Arbeitsergebnis ist geschuldet, sondern die Verwendung der Zeit für den Arbeitgeber. Das Arbeitsverhältnis muss also für eine gewisse *Dauer* eingegangen werden. Dies erfordert aber weder eine bestimmte Mindestdauer noch eine volle Inanspruchnahme der Normalarbeitszeit. Auch Dienstverhältnisse auf kurze Zeit sind Arbeitsverhältnisse, soweit die Arbeitskraft weisungsabhängig geschuldet wird (z.B. Servier- und Reinigungspersonal für ein bestimmtes Fest, Aushilfe). Auch die fortgesetzte Leistung von **Teilzeitarbeit** begründet ein **Arbeitsverhältnis** (Art. 319 Abs. 2), z.B. bei einem gewerblichen Arbeitnehmer, der jeweils am Wochenende in der Landwirtschaft aushilft, oder bei einer Raumpflegerin, die jede Woche einige Stunden in einem Haushalt oder einem Büro beschäftigt ist. 11

5. Entgeltlichkeit

Zum Arbeitsvertrag gehört die Verpflichtung des Arbeitgebers «zur Entrichtung eines **Lohnes**». Dieser kann nach Zeitabschnitten *(Zeitlohn)* oder nach der geleisteten Arbeit bemessen sein (*Akkordlohn*; vgl. Art. 326). Entgeltlichkeit ist auch bei einem Darlehen gegeben, das durch sporadische Einsätze abgearbeitet werden kann (OGer BL, JAR 2002, 132). Unentgeltliche Arbeitsleistung geschieht hingegen im Auftragsverhältnis (BGE 64 II 10) oder ausserhalb des Rechts, d.h. aus «reiner» Gefälligkeit (BGE 116 II 695; BGer, JAR 2005, 304; BGer, ARV 2013, 127: unentgeltliche Tätigkeit einer Ärztin am Genfer Universitätsspital). Unentgeltlichkeit liegt auch vor, wenn nur effektive Kosten vergütet werden (TAPP TI, JAR 2002, 134). 12

Wird die unentgeltliche Arbeitsleistung unter Eingliederung in eine fremde Arbeitsorganisation erbracht (karitative oder ehrenamtliche Tätigkeit im Rahmen einer Organisation, Arbeit einer behinderten Person in einer geschützten Werkstatt), ist die ausschliessliche Anwendung von Auftragsrecht nicht sachgemäss (Streiff/von Kaenel/Rudolph, N 2). In diesen Fällen ist ein gemischter Vertrag (Auftrag/Arbeitsvertrag) anzunehmen bzw. eine analoge Anwendung arbeitsrechtlicher Schutzvorschriften in Betracht zu ziehen. Die Entgeltlichkeit kann auch stillschweigend vereinbart sein oder sich sogar aus den Umständen i.S.v. Art. 320 Abs. 2 ergeben. Auch die Lohnhöhe muss nicht verabredet werden: sie wird notfalls durch Übung oder (beim Fehlen einer solchen) durch richterliches Ermessen bestimmt (Art. 322 Abs. 1). 13

6. Eingliederung in eine fremde Arbeitsorganisation

Die Arbeitsleistung hat «im Dienst des Arbeitgebers» zu erfolgen. Mit Stellenantritt, d.h. durch Eingliederung des Arbeitnehmers in eine fremde Arbeitsorganisation, entsteht das für das Arbeitsverhältnis typische *Abhängigkeitsverhältnis*, das den Arbeitnehmer im Arbeitsvollzug persönlich, organisatorisch, zeitlich und wirtschaftlich der Weisungsgewalt des Arbeitgebers unterstellt (OGer ZH, JAR 1986, 59). Die Weisungsgewalt des Arbeitgebers (Art. 321d) begründet eine rechtliche Unterordnung, eine persönliche Abhängigkeit durch or- 14

ganisatorische Gebundenheit, die den Arbeitsvertrag von den *Verträgen auf selbständige Dienstleistung* unterscheidet (BGE 95 I 24; 78 II 36). Zu diesen gehören namentlich:
- der Werkvertrag (Art. 363 ff.);
- der einfache Auftrag (Art. 394 ff.);
- der Mäklervertrag (Art. 412 ff.);
- der Agenturvertrag (Art. 418a ff.; dazu auch Art. 347 N 3);
- die Kommission (Art. 425 ff.).

15 Da jedoch auch Verträge auf selbständige Dienstleistung Weisungsbefugnisse der Gläubiger der Dienstleistung kennen (Art. 397), ist die Abgrenzung des Arbeitsvertrages zu diesen Verträgen gelegentlich schwierig (z.B. Disk-Jockey, Fussballtrainer). Über das Vorliegen eines arbeitsrechtlichen Abhängigkeitsverhältnisses entscheidet dann eine typologische *Würdigung des Gesamtbildes* nach dem Massstab der Verkehrsanschauung. Gleiches gilt im Verhältnis zum *Gesellschaftsvertrag* (zur Abgrenzung der einfachen Gesellschaft vom «partiarischen Arbeitsvertrag» als Vertrag, bei dem die Vergütung des Arbeitnehmers ganz oder teilweise vom wirtschaftlichen Ergebnis der ausgeübten Tätigkeit abhängt, s. TAPP TI, JAR 2010, 608). Abzustellen ist dabei nicht nur auf den ursprünglich vereinbarten Vertragsinhalt, sondern auch auf den praktischen Vollzug des Vertragsverhältnisses. Abzulehnen ist eine Regel, wonach im Zweifel aus Gründen des Sozialschutzes ein Arbeitsvertrag anzunehmen sei (so aber OGer LU, JAR 2008, 441), denn der (gegebene oder fehlende) Sozialschutz ist die Rechtsfolge der Vertragsqualifikation und nicht deren Grund. Liegt ein Schutzbedürfnis einer arbeitnehmerähnlichen Person vor, ist der Weg über die analoge Anwendung arbeitsrechtlicher Schutzbestimmungen zu gehen (Art. 319 N 48).

16 Neben *umfassenden Weisungs- und Kontrollbefugnissen*, die dem Gläubiger der Arbeitsleistung vertraglich eingeräumt sind oder von ihm tatsächlich ausgeübt werden, sprechen folgende *Indizien* für eine arbeitsvertragliche Eingliederung: wenn der Arbeitleistende geringe Freiheit in der Ausgestaltung der Arbeit geniesst, an vorgeschriebene Arbeitszeiten gebunden ist, einen Arbeitsplatz zugewiesen erhält, kein Unternehmerrisiko trägt, mit Arbeitsgeräten und Material ausgerüstet wird, zur Rechenschaftsablage verpflichtet ist, regelmässige Lohnzahlungen empfängt, Ferien beziehen kann, untergeordnete Arbeit verrichtet, einem Konkurrenzverbot unterliegt, vollzeitlich oder vorwiegend für einen Vertragspartner tätig ist, eine Probezeit durchlaufen muss, auf eine fremde Arbeitsorganisation angewiesen ist oder wenn eine ordentliche Kündigungsmöglichkeit vorgesehen ist. Indizien gegen eine Eingliederung bilden namentlich die Tragung eines Unternehmerrisikos und die Bildung einer eigenen Arbeitsorganisation (eigene Betriebsstätte, Betriebskapital, Mitarbeiter, Werbung, Buchhaltung). Von untergeordneter Bedeutung sind die öffentlich-rechtliche (insb. sozialversicherungsrechtliche) Qualifizierung des Rechtsverhältnisses sowie dessen Bezeichnung durch die Parteien (Art. 18 Abs. 1; BGer, 14.12.2010, 2C_714/2010, E. 3.4.2). Eine Zusammenfassung der massgeblichen Kriterien mit Fokus auf die freien Berufe und leitenden Angestellten bietet BGer, ARV 2014, 192. Zur Unterscheidung zwischen selbständiger und unselbständiger Tätigkeit nach dem Freizügigkeitsabkommen (FZA) s. BGE 140 II 460.

17 Eine arbeitsvertragliche Eingliederung wurde in der neueren Rechtsprechung etwa bejaht:
- wenn die arbeitleistende Partei 75% der Arbeiten in einem landwirtschaftlichen Betrieb ausführt und die Vertragsparteien über längere Zeit zusammen auf dem Hof leben (BGer, JAR 2001, 135);
- wenn ein fixes Gehalt, eine Vertragsdauer von einem Jahr sowie der Abzug von Sozialversicherungsbeiträgen und deren Überweisung mit eigenen Leistungen vorliegt (BGer, JAR 1998, 104);
- beim Engagement einer Musikgruppe (BGer, JAR 1997, 185);
- wenn ein Produzent die noch unbekannten Solisten in mehr als drei Wochen vor Aufführung der Oper zu einem Ensemble formen soll (OGer BL, JAR 1998, 100);

- bei einem Rheumatologen am Genfer Universitätsspital, dessen Arbeitsvertrag Elemente von Job Sharing, Arbeit auf Abruf und Telearbeit aufwies (CAPH GE, JAR 2011, 459);
- bei einer in einen Betrieb eingeordneten Zahnärztin mit einem Pensum von 60%, vereinbarten Arbeitszeiten und monatlich ausbezahltem, gleichbleibendem Lohn (OGer LU, JAR 2001, 138);
- bei redaktionellen Aufgaben, obwohl der Arbeitnehmer ein Büro beim Arbeitgeber zu mieten und die gesamten AHV- und ALV-Prämien selbst zu bezahlen hat (OGer ZH, JAR 2001, 154).

Eine arbeitsvertragliche Eingliederung wurde z.B. verworfen: **18**
- bei einer Tätigkeit in einem Coiffeursalon, die Anspruch auf eine Vergütung von 40% des erzielten Umsatzes gibt, bei der eigene Kundschaft eingebracht wurde und Freiheit in der Gestaltung der Arbeitszeit besteht (*Gesellschafts- bzw. partiarischer Vertrag*, BGE 106 II 45);
- wenn dem Vertragspartner ein eigener Kompetenzbereich zugeordnet ist, er seine Arbeit frei organisieren kann, er seine Vorsorgebeiträge als Investition zur Verfügung stellt, keine Sozialversicherungsbeiträge abgezogen werden und nicht über Arbeitszeit und 13. Monatslohn verhandelt wurde (*einfache Gesellschaft*, KGer FR, JAR 1998, 115);
- als ein Arbeitnehmer zwecks Steuerersparnis eine Kommanditgesellschaft zwischen sich und seine vermeintliche Arbeitgeberin schaltete (BGer, JAR 2012, 166);
- bei einem Platzwart in einem Sportclub mit teilzeitlicher Beschäftigung, Duldung einer weiteren Arbeitstätigkeit und Entlöhnung mittels festgesetzter Saisonpauschale; dies auch aufgrund dessen, dass der Platzwart selbst Maschinen und Material gestellt, sich gegen Unfall und Krankheit versichert und die Sozialversicherungsbeiträge bezahlt hat (*Auftrag*, BGer, ARV 2003, 18);
- bei einem Geschäftsführer in einem Sportclub mit teilzeitlicher Beschäftigung, Duldung einer weiteren Arbeitstätigkeit und Entlöhnung mittels festgesetzter Tagespauschale; dies trotz Benutzung eines Arbeitsplatzes im Sekretariat, der Pflicht zur regelmässigen Orientierung der Clubleitung und der regelmässigen Absprache betr. Arbeitserledigung (*Auftrag*, AppGer BS, JAR 1998, 114);
- bei einer Beraterin, welche die ihr aufgetragene Betreuung eines Kunden oder eines Projekts aus wichtigem Grund mit einer Frist von drei Tagen kündigen konnte, in der Gestaltung der Arbeitszeit grundsätzlich frei und auch nicht an einen festen Arbeitsort gebunden war (GSGer BS, JAR 2011, 433);
- wenn die zur persönlichen Leistung verpflichtete Vertragspartei sich die Zeit selbst einteilen kann, das Einkommen nicht zum Voraus bestimmbar ist und die leistende Partei nicht ständig der Überwachung untersteht, obwohl die andere Partei Weisungen erteilt und Sozialabgaben entrichtet (*Agenturvertrag*, CAPH GE, JAR 2000, 98);
- wenn wirtschaftliche Identität besteht zwischen der juristischen Person und einem leitenden Organ (Innominatkontrakt mit Ähnlichkeit zum Auftrag, BGE 125 III 81: einziger Geschäftsführer und Alleinaktionär).

Nicht immer braucht entweder ein Arbeitsvertrag oder ein anderer Nominatvertrag vorzuliegen, wenn eine Arbeitsleistung Vertragsgegenstand ist. In Betracht fallen auch: **19**
- ein gemischter Vertrag (BGE 109 II 462);
- ein Vertrag sui generis/ein Innominatvertrag (BGE 112 II 46; 115 II 108);
- ein Vertrag, in dessen Rahmen einzelne Schutzbestimmungen einer anderen Vertragsart analog angewendet werden (BGE 118 II 163).

Art. 394 Abs. 2 steht diesen Formen nicht entgegen, wie das BGer mehrfach entschieden hat (BGE 115 II 108; 112 II 41; 110 II 380; 109 II 462). In BGer, JAR 2011, 359 nahm das BGer ein einheitliches Vertragsverhältnis mit Elementen aus Partnerschafts- und Arbeitsvertrag an und bejahte die arbeitsgerichtliche Zuständigkeit für sämtliche Ansprüche (s.a. STREIFF/VON KAENEL/RUDOLPH, N 10). Es können aber auch zwei separate Rechtsverhältnisse vorliegen, die je ihren eigenen Regeln folgen (BGer, ARV 2011, 194: Radrennfahrer mit Arbeits- und Lizenzvertrag).

II. Gesetzlich besonders geregelte Einzelarbeitsverträge

1. Besondere Einzelarbeitsverträge des OR

20 Das OR regelt drei besondere Arten von Einzelarbeitsverträgen (s. die entsprechende Kommentierung dort), nämlich:
- den Lehrvertrag (Art. 344–346a);
- den Handelsreisendenvertrag (Art. 347–350a);
- und den Heimarbeitsvertrag (Art. 351–354).

Art. 355 bestimmt, dass auf diese Verträge die allgemeinen Vorschriften über den Einzelarbeitsvertrag ergänzend anwendbar sind.

2. Einzelarbeitsverträge nach GSG

20a Aufgrund des Gaststaatgesetzes kann der Bund institutionellen Begünstigten (wie z.B. diplomatischen Missionen) *Vorrechte, Immunitäten und Erleichterungen* gewähren (Art. 2 Abs. 1 GSG). Solche Privilegien kann er auch natürlichen Personen gewähren, wenn diese in offizieller Eigenschaft für einen institutionellen Begünstigten tätig sind, wenn sie ein internationales Mandat ausüben oder wenn sie berechtigt sind, eine der genannten Personen zu begleiten (Art. 2 Abs. 2 GSG). Der Bundesrat kann Normalarbeitsverträge erlassen oder die Arbeitsbedingungen der begünstigten Personen in der Schweiz auf andere Weise regeln, soweit das Völkerrecht dies zulässt; namentlich kann er Mindestlöhne festlegen (Art. 27 Abs. 1 GSG).

20b In Übereinstimmung mit dem Völkerrecht sind die institutionellen Begünstigten grundsätzlich befugt, die Arbeitsbedingungen für ihr Personal zu bestimmen (Art. 18 Abs. 1 V-GSG). Die *Mitglieder* von diplomatischen Missionen, konsularischen Posten, ständigen Missionen oder anderen Vertretungen bei zwischenstaatlichen Organisationen sowie von Sondermissionen, die das Schweizer Bürgerrecht besitzen oder zum Zeitpunkt ihrer Anstellung ihren ständigen Wohnsitz in der Schweiz haben, unterstehen dem schweizerischen Arbeitsrecht. Die *Mitglieder des lokalen Personals* von diplomatischen Missionen, konsularischen Posten, ständigen Missionen oder anderen Vertretungen bei zwischenstaatlichen Organisationen sowie von Sondermissionen unterstehen ungeachtet des Ortes, an dem sie angestellt wurden, dem schweizerischen Arbeitsrecht. In allen diesen Fällen bestehen einschränkende Bestimmungen zur Rechtswahl (Art. 18 Abs. 2 und 3 V-GSG). Eine gute Zusammenfassung der geltenden Grundsätze findet sich in BGer, ARV 2014, 182.

20c Gestützt auf Art. 27 Abs. 2 GSG hat der Bundesrat die Verordnung über die Einreise-, Aufenthalts- und Arbeitsbedingungen der *privaten Hausangestellten* von Personen, die Vorrechte, Immunitäten und Erleichterungen geniessen, erlassen (PHV). Die privaten Hausangestellten in diesem Sinne werden auf der Grundlage eines schriftlich abgeschlossenen, privatrechtlichen Arbeitsvertrags angestellt (Art. 2 Abs. 2 und Art. 10 Abs. 1 PHV). Das Arbeitsverhältnis zwischen privaten Hausangestellten und ihren Arbeitgebern untersteht schweizerischem Recht, insb. der PHV und dem OR; der Arbeitsvertrag darf nicht zuungunsten der privaten Hausangestellten von der PHV abweichen (Art. 28 PHV). Die Unterzeichnung eines Arbeitsvertrags durch den Arbeitgeber zieht keinen Verzicht auf Vorrechte und Immunitäten nach sich; es ist Sache des institutionellen Begünstigten, für den der Arbeitgeber tätig ist, dessen Immunität von der Gerichtsbarkeit und der Vollstreckung aufzuheben (Art. 41 Abs. 1 PHV).

20d Siehe aus der Rechtsprechung BGE 134 III 570 mit einer Zusammenfassung der anwendbaren Grundsätze, wenn ein *fremder Staat* einen Arbeitsvertrag abgeschlossen hat. Ein Einsatz als Rechtsexperte im Rahmen einer Kommission der Vereinten Nationen stellt keine untergeordnete Tätigkeit dar, sodass die Gerichtsbarkeits-Immunität des arbeitgebenden Staates im Fall eines Rechtsstreits anerkannt werden muss (s. dazu GLOOR, ARV 2009, 24 ff.; weitere Fälle: BGer, ARV 2011, 186: strittige Immunität und Gerichtsstandsvereinbarung; BGer, ARV 2014, 182: fehlende Zuständigkeit der schweizerischen Gerichte im Fall einer vom ausländischen Staat angestellten Hausangestellten einer ständigen Mission bei der UNO in Genf; weitere Fälle mit bejahter Zuständigkeit der schweizerischen Gerichte in BGer, 31.10.2014, 4A_331/2014; BGer, JAR 2012, 373 betr. einen Chauffeur; Parallelfall BGer, 30.11.2011, 4A_544/2011; BGer, ARV 2013, 21). In BGE 135 III 162 ging es um eine ausländische Hausangestellte im Dienst einer *Diplomatin*. Da die Abgabe einer Legitimationskarte an eine ausländische Hausangestellte namentlich eine Garantieerklärung der Arbeitgeberin voraussetzte, in der sie sich insb. verpflichtete, die Arbeitnehmerin in Vollzeit zu beschäftigen, konnte sich diese vor dem Zivilrichter auf die öffentlich-rechtliche Verpflichtung berufen (s. dazu GLOOR, ARV 2009, 209 ff.). Ein ähnlicher Fall findet sich in BGE 138 III 750 (Näheres dazu in Art. 342 N 6). Eine gute Zusammenfassung der geltenden Grundsätze findet sich in BGer, ARV 2014, 182.

3. Heuervertrag nach SSG

21 Der Heuervertrag ist in Art. 68–81 und 162 SSG geregelt. Diese Bestimmungen finden unabhängig von der Staatsangehörigkeit auf alle Seeleute Anwendung, die *an Bord schweizerischer Seeschiffe* Arbeit im Dienst eines Reeders leisten (Art. 68 Abs. 1 SSG, zum Begriff des Reeders Art. 45 SSG; vgl. auch Art. 16 ff. Seeschifffahrtsverordnung vom 20.11.1956, SR 747.301; das Seearbeitsübereinkommen vom 23.2.2006, SR 0.822.81 und das internationale Abkommen vom 21.5.1954 über die Arbeitsbedingungen der Rheinschiffer, SR 0.747.224.022). Grundsätzlich sind auf den Heuervertrag die allgemeinen Vorschriften über den Einzelarbeitsvertrag ergänzend anwendbar (Art. 68 Abs. 2 SSG).

22 Die besonderen Vorschriften der Art. 68 ff. SSG betreffen u.a. die Punkte Vertragsabschluss, Vertragsinhalt, Pflichten der Schiffsbesatzung, Lohn, Übergang des Arbeitsverhältnisses, Vertragsbeendigung, Arbeitszeugnis, Einigungs- und Schiedsverfahren (weitere Bestimmungen in Art. 16 ff. Seeschifffahrtsverordnung). Der Kapitän untersteht als Arbeitnehmer in leitender Stellung ebenfalls den Bestimmungen über den Heuervertrag, doch wird sein Verhältnis zum Reeder und zur übrigen Besatzung zum Teil durch besondere Vorschriften geregelt (vgl. Art. 51 ff. SSG).

4. Einzelarbeitsvertrag nach AVG

23 Beim Personalverleih findet eine gewisse **Aufspaltung der Arbeitgeberstellung** statt. Der Arbeitgeber stellt den Arbeitnehmer mit dessen Einverständnis für bestimmte Zeit einem Dritten **(Einsatzbetrieb)** zwecks Arbeitsleistung zur Verfügung. Zwischen Entleiher und Arbeitnehmer besteht kein echtes, sondern bloss ein *faktisches Vertragsverhältnis*; das Rechtsverhältnis wird in gewisser Weise so behandelt, als ob ihm ein gültiger Vertragsschluss zugrunde läge («relation quasi-contractuelle», CJ GE, JAR 2008, 370). So steht dem Entleiher während der Dauer der Leihe das Recht am Arbeitsergebnis zu. Ferner hat er in dem aus seiner Stellung als Betriebsinhaber folgenden Umfang das Weisungsrecht (Art. 26 AVV) und die Fürsorgepflicht (s. z.B. Art. 10 der Verordnung über die Unfallverhütung, VUV, SR 832.30). Ihm gegenüber unterliegt der Arbeitnehmer der Treuepflicht in Analogie zu Art. 321a (somit auch grundsätzlich dem Konkurrenzverbot gem. Art. 321a Abs. 3: OGer LU, JAR 2008, 435) und einer Haftung in Analogie zu Art. 321e (BGer, JAR 2007, 329; KGer GR, JAR 2004, 509 betr. Temporärarbeit; **a.A.** Botschaft, BBl 1985, 568; STREIFF/VON KAENEL/RUDOLPH, Art. 321e N 5, welche die Art. 41 ff. anwenden wollen; das führt jedoch zum unbefriedigenden Ergebnis, dass reine Vermögensschäden nicht erfasst werden können). Das Arbeitsver-

hältnis mit dem **Verleiher** bleibt trotz der Leihe bestehen. Der Verleiher hat insb. den Anspruch auf Arbeitsleistung, die Pflicht zur Lohnzahlung und das Kündigungsrecht, wobei er den Einsatzbetrieb zur Ausübung dieses Rechts bevollmächtigen kann (nach AGer ZH, JAR 2008, 531, ist Handeln in fremdem Namen vorausgesetzt). Ein Personalverleiher, der eine durch den Einsatzbetrieb ausgesprochene fristlose Kündigung unwidersprochen lässt, genehmigt diese stillschweigend und haftet dem Leiharbeitnehmer für allfällige Ansprüche aus ungerechtfertigter Entlassung (BGer, ARV 2007, 85; s.a. TC VD, JAR 2011, 596). In einem umgekehrten Fall war die Kündigung eines Arbeitnehmers gegenüber dem Einsatzbetrieb wirksam, da dieser als Hilfsperson des Temporärunternehmens angesehen wurde (CAPH, JAR 2011, 483). Das AVG stellt eine Reihe besonderer Regeln für diese besondere Art des Arbeitsvertrags auf (N 28 ff.). Weiter ist der mit Wirkung per 1.1.2012 für allgemeinverbindlich erklärte GAV für den Personalverleih zu beachten. Zur Abgrenzung zum Auftrag s. BGer, ARV 2013, 140.

24 Personalverleih kommt (nach der Terminologie des AVG) in drei **Arten** vor (Art. 27 AVV, s.a. die Übersicht in BGer, 26.11.2014, 2C_543/2014: i.c. bewilligungspflichtiger Personalverleih für Betreuungs- und Hausdienst bejaht):

25 – Bei *gelegentlichem Überlassen von Arbeitnehmern an Einsatzbetriebe* («echte Leiharbeit») stellt ein Arbeitgeber seinen Arbeitnehmer nur ausnahmsweise und aus besonderen Anlässen einem Dritten zur Verfügung.

26 – Bei *Leiharbeit* (Regiearbeit) stellt ein Arbeitgeber seinen Arbeitnehmer hauptsächlich zum Zweck des Verleihs an Einsatzbetriebe ein. Die Dauer des Arbeitsvertrages und der Lohnanspruch sind hierbei von einzelnen Einsätzen bei Drittbetrieben unabhängig.

27 – Bei *Temporärarbeit* hingegen schliesst der Arbeitgeber (Temporärunternehmen) statt eines festen Arbeitsvertrages mit seinem Arbeitnehmer zunächst nur einen (generellen) Rahmenvertrag ab und bietet in der Folge den Einsatz in bestimmten Drittbetrieben an. Nimmt der Arbeitnehmer eine bestimmte angebotene Arbeit an, so wird mit ihm jeweils ein (individueller) Einsatzvertrag geschlossen. Erst durch diesen Einsatzvertrag kommt dann mit dem Verleiher ein Arbeitsverhältnis unter den vereinbarten Rahmenbedingungen zustande (OGer BE, JAR 2014, 390; TPH La Chaux-de-Fonds JAR 1991, 332).

28 Der obligationenrechtliche **Arbeitsvertrag** *zwischen Verleiher und Arbeitnehmer* wird für den Fall des Personalverleihs durch das AVG wie folgt näher **geregelt**:

29 – Der Arbeitsvertrag zwischen Verleiher und Leiharbeitnehmer ist – mit Ausnahme zeitlicher Dringlichkeit (Art. 48 AVV) – schriftlich abzuschliessen (Art. 19 Abs. 1 AVG) und hat eine Liste abschliessend aufgezählter Punkte zu regeln (Art. 19 Abs. 2 AVG). Die Folgen fehlender Schriftlichkeit regelt Art. 19 Abs. 3 AVG wie beim Handelsreisendenvertrag (Art. 347a), wo Schriftform zwar vorgesehen, nicht aber Gültigkeitsvoraussetzung ist (anders Nichtigkeit nach Art. 344a Abs. 1 für den Lehrvertrag und nach Art. 69 Abs. 2 SSG für den Heuervertrag der Seeleute). Werden die Erfordernisse hinsichtlich *Form oder Inhalt* nicht erfüllt, so gelten die orts- und berufsüblichen Arbeitsbedingungen oder die gesetzlichen Vorschriften, ausser es seien für den Arbeitnehmer günstigere Arbeitsbedingungen mündlich vereinbart worden. Unterliegt der Einsatzbetrieb einem allgemeinverbindlich erklärten GAV, so muss auch der Verleiher dessen Lohn- und Arbeitszeitbestimmungen einhalten (Art. 20 AVG, der anlässlich der Revision der flankierenden Massnahmen zum FZA wesentlich erweitert wurde; für den neuen GAV Personalverleih s. N 23). Zu den einzuhaltenden Lohnbestimmungen gehören auch die Regelungen über die Lohnfortzahlung bei unverschuldeter Verhinderung an der Arbeitsleistung (Art. 48a Abs. 1 lit. f AVV; BGE 124 III 126), nicht hingegen Klauseln, die den Arbeitgeber verpflichten, den freien Übertritt aus einer kollektiven Erwerbsausfallversicherung für Krankheit in eine Einzelversicherung zu gewährleisten (BGE 135 III 640; krit. hierzu Koller, *ZBJV 2011, 424 ff.*).

30 – Zur Verstärkung des Schutzes für Leiharbeitnehmer sind *Vertragsklauseln*, die dem Arbeitnehmer einen Übertritt in den Einsatzbetrieb erschweren oder verunmöglichen, ebenso

ausgeschlossen wie Vereinbarungen, die vom Arbeitnehmer Gebühren, finanzielle Vorleistungen oder Lohnrückbehalte verlangen (Art. 19 Abs. 5 AVG).

- Gewerbsmässiger Personalverleih in den Formen von Leiharbeit oder Temporärarbeit ist *bewilligungspflichtig* (Art. 12 AVG, Art. 28 AVV). Verfügt ein Verleiher in diesen Fällen nicht über die notwendige Betriebsbewilligung, so ist der Arbeitsvertrag mit dem Arbeitnehmer ungültig (Art. 19 Abs. 6 AVG). Zum Schutz der Arbeitnehmer, die in berechtigtem Vertrauen auf eine Entlöhnung Arbeit geleistet haben, findet Art. 320 Abs. 3 über die Folgen des ungültigen Arbeitsvertrages Anwendung. Auch wenn es zwischen den in Art. 27 AVV aufgezählten Arten des Personalverleihs (Temporärarbeit, Leiharbeit, gelegentliches Überlassen von Arbeitnehmern an Einsatzbetriebe) zu Überschneidungen oder Mischformen kommen kann, liegt in solchen Fällen gleichwohl – wenn es nicht bloss um das gelegentliche Überlassen von Arbeitnehmern geht – ein bewilligungspflichtiger Personalverleih vor (BGer, ARV 2013, 140 betr. Betreuungs- und Hausdienst). 31
- Art. 19 Abs. 4 AVG stellt für die ersten sechs Monate eines unbefristeten Einsatzes *kürzere, vom OR abweichende Kündigungsfristen* auf: während der ersten drei Monate einer ununterbrochenen Anstellung können die Vertragsparteien mit einer Frist von mindestens zwei Tagen kündigen. In der Zeit vom vierten bis zum sechsten Monat einer ununterbrochenen Anstellung beträgt die Kündigungsfrist mindestens sieben Tage. Ab dem siebten Monat gilt die einmonatige Kündigungsfrist gem. Art. 335c. 32
- Eingehende Vorschriften zum Schutz der Arbeitnehmer bestehen auch für den *Datenschutz* (Art. 18 Abs. 3 AVG, Art. 47 AVV). 33

Das *Rechtsverhältnis zwischen Verleiher und Einsatzbetrieb* beruht auf einem **Verleihvertrag**, der zur Kategorie der *Dienstverschaffungsverträge* gehört. Er ist in Art. 22 AVG geregelt. Aus dem Verleihvertrag haftet das Personalverleihunternehmen nicht für die ordentliche Arbeitsleistung, sondern nur für die sorgfältige Suche, Auswahl und Instruktion des Arbeitnehmers (zu den Anforderungen der cura in eligendo CJ GE, JAR 2008, 370). Der Einsatzbetrieb trägt also das wirtschaftliche Risiko. Doch hat das Verleihunternehmen Ansprüche wegen mangelhafter Leistung abzutreten oder für den Einsatzbetrieb geltend zu machen, soweit diesem direkte vertragliche Ansprüche gegen den Arbeitnehmer versagt werden. 34

III. Gesetzlich nicht geregelte besondere Arbeitsverhältnisse

1. Gestuftes Arbeitsverhältnis

Ein gestuftes Arbeitsverhältnis kommt zustande, wenn jemand zwecks Erfüllung seiner Arbeitspflicht einen Arbeitsvertrag mit einer Hilfsperson abschliesst oder zu diesem Zweck einen eigenen Arbeitnehmer als Hilfsperson einsetzt. Eine solche Konstellation liegt z.B. vor, wenn der von einem Dancingbetreiber angestellte Bandleader seinerseits die anderen Musiker der Band engagiert (BGE 112 II 41). Mit der Eingliederung der Hilfsperson in die Arbeitsorganisation des Empfängers der Arbeitsleistung entsteht zwischen diesem und der Hilfsperson ein **mittelbares Arbeitsverhältnis**, aus dem gewisse arbeitsvertragliche Rechte und Pflichten fliessen (faktisches Vertragsverhältnis). So hat der Empfänger der Arbeitsleistung als mittelbarer Arbeitgeber gegenüber der Hilfsperson einen Teil der Fürsorgepflichten sowie das mit organisatorischen Fragen zusammenhängende Weisungsrecht. Ob ihm auch ein fachliches Weisungsrecht originär zusteht, ist Sache der Vertragsauslegung. Sodann unterliegt die Hilfsperson *ihm* gegenüber teilweise der Treuepflicht (z.B. Wahrung von Fabrikations- oder Geschäftsgeheimnissen). 35

Im Übrigen verbleiben die vertraglichen Pflichten gegenüber der Hilfsperson, insb. die Lohnzahlungspflicht, beim unmittelbaren Arbeitgeber. Nur diesem (also nicht dem mittelbaren Arbeitgeber) steht auch das Kündigungsrecht zu (BGer, JAR 1997, 157). Hier tritt also wie beim Personalverleih eine *Aufspaltung der Arbeitgeberstellung* ein (N 23). Beruht die Arbeitsleistung der Hilfsperson nicht auf einem Arbeits-, sondern auf einem anderen (z.B. einem fami- 36 lienrechtlichen) Rechtsverhältnis, so liegt zwar kein gestuftes Arbeitsverhältnis, wohl aber ein mittelbares Arbeitsverhältnis zwischen der Hilfsperson und dem Empfänger der Arbeitsleistung vor.

2. Gruppenarbeitsverhältnis

37 Beim Gruppenarbeitsverhältnis wird zwischen der Eigengruppe und der Betriebsgruppe unterschieden. Eine **Betriebsgruppe** entsteht, wenn der Arbeitgeber aufgrund seines Weisungsrechts mehrere Arbeitnehmer zwecks gemeinsamer Arbeit zu einer Gruppe zusammenfasst (z.B. Akkordkolonne, Job Sharing). Bei der Betriebsgruppe handelt es sich um eine Mehrheit selbständiger, unmittelbarer Arbeitsverhältnisse, zwischen denen allerdings Verbindungen namentlich in Bezug auf die Arbeitszeit oder die Vergütung auftreten können, indem etwa der Lohn nach dem Arbeitsergebnis der gesamten Gruppe bestimmt, aber nach einem im Voraus festgelegten Schlüssel auf die einzelnen Gruppenmitglieder verteilt wird. Kündigungen haben jedoch grundsätzlich separat zu erfolgen. Eine vertragliche Bindung zwischen den einzelnen Gruppenmitgliedern besteht nicht.

38 Schliessen sich die Arbeitnehmer vor Abschluss der Arbeitsverträge selbst zusammen und bieten die Arbeitsleistung der Gruppe an, so liegt eine **Eigengruppe** vor, die i.d.R. eine einfache Gesellschaft darstellt (z.B. Musikkapelle: OGer TG, JAR 1981, 121; Maurerkolonne: AGer ZH, JAR 1988, 101). Zwar können auch hier die einzelnen Gruppenmitglieder in ein unmittelbares Arbeitsverhältnis zum Arbeitgeber treten. Aber die Verbindung der Arbeitsverhältnisse führt meist zur Vereinbarung eines nach den internen Vereinbarungen der Gruppe zu verteilenden Gesamtlohnes, und die ordentliche Kündigung ist mangels anderer Abrede nur von und gegenüber der Gruppe erlaubt. Die Vertragsverletzung eines einzelnen Arbeitnehmers kann ein Grund zur fristlosen Entlassung aller Gruppenmitglieder sein oder zum Schadenersatzanspruch gegen diese führen.

3. Arbeitsverhältnisse mit Besonderheiten bei der Arbeitszeit

39 Das Gesetz hat Arbeitsverträge, die Besonderheiten bei der Arbeitszeit aufweisen, nicht separat geregelt. Zu ihnen gehören die Teilzeitarbeit, das Job Sharing, die Arbeit auf Abruf und weitere Arten (illustrativ CAPH GE, JAR 2011, 459: Rheumatologe am Genfer Universitätsspital, dessen Arbeitsvertrag Elemente von Job Sharing, Arbeit auf Abruf und Telearbeit aufwies); s. die Komm. zu Art. 321 N 11 ff.

4. Arbeitsverhältnisse mit Miete oder Pacht

40 Ist ein Arbeitnehmer zugleich Mieter oder Pächter seines Arbeitgebers, so können der Arbeitsvertrag einerseits und der Miet- oder Pachtvertrag andererseits völlig unabhängig voneinander ausgestaltet sein (TC NE, RJN 2000, 84). In diesem Fall stellen sich keine besonderen Probleme. Anders ist dies, wenn die Parteien eine gegenseitige Abhängigkeit anstreben, sei es durch gekoppelte oder gemischte Verträge. Dies ist insb. hinsichtlich der *echten Dienstwohnung* von Bedeutung, d.h. einer Wohnung, die zur Erfüllung der arbeitsvertraglichen Pflichten benötigt wird. Hier ist es zulässig zu vereinbaren, dass im Zeitpunkt der Beendigung des Arbeitsverhältnisses auch das Mietverhältnis eo ipso endet (BGer, ARV 2003, 90, wobei i.c. das Vorliegen einer Resolutivbedingung verneint wurde). Ausserhalb des Bereichs zulässiger Abreden ist wie folgt zu verfahren:

41 – Ein mietrechtliches Problem, das sich *nicht* (oder nur unwesentlich) auf das Arbeitsverhältnis *auswirkt*, ist nach Mietrecht zu lösen (Bsp.: Mietzinserhöhung: CJ und TB GE, SJ 1979, 569). Ebenso ist ein arbeitsrechtliches Problem ohne (nennenswerte) Auswirkungen auf das Mietverhältnis nach Arbeitsrecht zu lösen (STREIFF/VON KAENEL/RUDOLPH, N 11). Dem entspricht es, wenn in BGE 131 III 569 festgehalten wird, der *Hauswartver-*

trag (als gemischter Vertrag) unterstehe grundsätzlich für die Hauswartleistungen dem Arbeitsvertragsrecht und für die Überlassung der Hauswartwohnung dem Mietrecht.

– Im Übrigen ist auf den *Regelungsschwerpunkt* der gesamten Konstruktion abzustellen (BGE 118 II 162; 115 II 452; BGer, 17.10.2013, 4A_102/2013; in Lehre und kantonaler Praxis umstr., vgl. etwa CAPH GE, JAR 2014, 431; KGerP GR, PKG 1991, 205). Damit übereinstimmend wurde in BGE 131 III 569 festgestellt, dass bei der *Kündigung* die Regeln desjenigen Vertrages zur Anwendung kommen, der den überwiegenden Teil der Leistung ausmacht. Demnach wird sich die Kündigung einer echten Dienstwohnung, die ein Hauswart zur Ausübung seiner Tätigkeit braucht, i.d.R. ausschliesslich nach Arbeitsrecht richten. Mit anderen Worten kommen in einem solchen Fall auch die zwingenden mietrechtlichen Bestimmungen über den Kündigungsschutz, die Erstreckung des Mietverhältnisses usw. nicht zur Anwendung. Teilweise wurde in der Praxis zur Bestimmung des arbeitsvertraglichen Schwerpunkts darauf abgestellt, dass der Hausabwartslohn den Betrag der Miete überstieg (so in BGer, 17.10.2013, 4A_102/2013). Wird eine Dienstwohnung dem Arbeitnehmer nach Beendigung des Arbeitsverhältnisses weiterhin zum Gebrauch überlassen (als gewöhnliche Mietwohnung zu einem höheren Mietzins), so hat eine Mietzinsanfechtung nicht einen Anfangsmietzins, sondern eine Mietzinserhöhung zum Gegenstand (BGE 131 III 570). 42

IV. Vertragsparteien

1. Arbeitgeber

Arbeitgeber i.S.v. Art. 319 ist, wer sich in einem privatrechtlichen Vertrag Arbeitsleistungen unter Eingliederung in eine fremde Arbeitsorganisation versprechen lässt. Dies kann seine eigene Arbeitsorganisation oder die eines Dritten sein, z.B. bei Personalverleih. In diesem Fall stehen die Arbeitgeberfunktionen zwei verschiedenen Personen zu, so dass im Einzelfall zwischen dem Arbeitgeber als Träger des Anspruchs auf Arbeitsleistung (dem *abstrakten Arbeitgeber*) und dem Träger des Weisungsrechts (dem *konkreten Arbeitgeber*) unterschieden werden muss (*funktioneller Arbeitgeberbegriff*, N 23). Hingegen sind *leitende Angestellte*, Filialleiter, Vorgesetzte usw., denen lediglich die *Ausübung* des Weisungsrechts in bestimmtem Umfang übertragen ist, keine Arbeitgeber. Zum Arbeitgeberbegriff im Ausländerrecht BGE 137 IV 159 und Vorinstanz OGer ZH, JAR 2011, 624 (Geschäftsführer eines Saunaclubs). 43

Der Arbeitgeber braucht nicht zugleich Unternehmer zu sein. Auch wer eine Hausangestellte beschäftigt, ist Arbeitgeber. Der Arbeitgeber kann zugleich Arbeitnehmer bei einem Dritten sein. Gleichgültig ist, ob die Beschäftigung auf eigene oder auf fremde Rechnung erfolgt. Auch der Wissenschafter, der einen Mitarbeiter auf Kosten eines Verlags anstellt, ist Arbeitgeber. Ferner kann nicht nur eine natürliche, sondern auch eine *juristische Person* Arbeitgeber i.S.v. Art. 319 sein, und zwar eine juristische Person des Privatrechts oder eine juristische Person des öffentlichen Rechts, sofern das Arbeitsverhältnis privatrechtlich begründet wird. Arbeitgeber kann schliesslich auch eine Rechtsgemeinschaft sein (z.B. eine Kollektivgesellschaft). Der Arbeitsvertrag wird im Hinblick auf einen bestimmten Arbeitgeber geschlossen. Wird deshalb bei Vertragsschluss nicht deutlich darauf hingewiesen, dass eine Partei für eine andere handelt, so ist diejenige Partei als Arbeitgeber zu betrachten, die an den Arbeitnehmer herangetreten ist (CAPH GE, JAR 2001, 147). 44

Da es Umstände gibt, unter denen für den Arbeitnehmer nicht ohne weiteres ersichtlich ist, wer sein Arbeitgeber ist (z.B. bei Arbeit für Konzerngesellschaften oder für Betriebe von Angehörigen derselben Familie), gewährt Art. 330b Abs. 1 lit. a grundsätzlich einen Anspruch auf schriftliche Information über die Namen der Vertragsparteien. Ein eigentliches, gesetzlich normiertes Konzernarbeitsrecht gibt es in der Schweiz nicht; Arbeitgeberin ist jene Partei, die als solche den Vertrag geschlossen hat (OGer ZH, JAR 2010, 666). Arbeitet der Arbeitnehmer 44a hauptsächlich für die Tochtergesellschaft, wurde er aber von der Muttergesellschaft angestellt, vermag allein der Umstand, dass der Lohn während der ganzen Dauer des Arbeitsverhältnisses von der Tochtergesellschaft ohne Ausgleich durch die Muttergesellschaft bezahlt wurde, noch keinen durch konkludentes Verhalten vereinbarten Wechsel der Arbeitgeberin zu begründen (AGer ZH, JAR 2007, 534). Ein seltenes Beispiel für einen sog. Durchgriff findet sich in BGE 137 III 550: Wegen Sphärenvermischung bejahte das BGer die Passivlegitimation sowohl der Mutter- wie der Tochtergesellschaft für eine Schadenersatzforderung nach einem Arbeitsunfall (weiterer Fall CAPH GE, JAR 2014, 414: solidarische Haftung einer Holdinggesellschaft für die Verbindlichkeiten einer von ihr dominierten Tochtergesellschaft).

2. Arbeitnehmer

45 Arbeitnehmer i.S.v. Art. 319 ist, wer sich in einem privatrechtlichen Vertrag verpflichtet, Arbeit unter Eingliederung in eine fremde Arbeitsorganisation zu leisten. Gleichgültig ist, ob die Arbeit innerhalb oder ausserhalb der Betriebsstätte erfolgt (Handelsreisende, Chauffeure, Zeitungsausträger) oder ob sie berufsmässig ausgeübt werden soll (Werkstudent, Praktikant). Gleichgültig ist ferner, ob die Arbeit in erster Linie Erwerbszwecken dient oder ob die Motive für die Übernahme der Arbeitspflicht überwiegend karitativer Natur sind. Erfolgt die Beschäftigung jedoch ausschliesslich zum Zweck der Heilung oder Erziehung (sog. *Beschäftigungstherapie*) und dient sie nicht Erwerbszwecken des Arztes oder Erziehers, fehlen dem Vertragsverhältnis in Bezug auf die Arbeitsleistung des Beschäftigten die Wesenszüge eines Arbeitsvertrages. Eine juristische Person kann (im Gegensatz zur Stellung als Arbeitgeber) nicht Arbeitnehmer sein (Art. 321). Juristische Personen schliessen daher nur Dienstleistungsverträge oder Dienstverschaffungsverträge ab.

46 Im Hinblick auf die *Begriffsbestimmung* des Arbeitsvertrages (N 1 ff.) gehören nicht zu den Arbeitnehmern:
- das Personal des öffentlichen Dienstes;
- Militär-, Schutz- und Zivildienstleistende;
- die unfreien Arbeitnehmer (Strafgefangene, Personen in geschlossenen Anstalten);
- Angehörige bestimmter kirchlicher Orden;
- Personen, die einen Arbeitsversuch nach Art. 18a IVG unternehmen, doch finden gemäss dieser Bestimmung verschiedene Bestimmungen des OR sinngemäss Anwendung;
- Ehegatten und Kinder, die auf Grund eines familienrechtlichen Rechtsverhältnisses Arbeit leisten;
- selbständige Unternehmer, freie Berufe in selbständiger Praxis und freie Mitarbeiter (Werkvertrag, Auftrag, Mäklervertrag, Agenturvertrag, Kommission; nach BGer, JAR 2006, 238 ist allerdings anhand der konkreten Umstände des Einzelfalls zu untersuchen, ob freier Mitarbeit ein Arbeitsvertrag oder ein anderer Vertragstyp zugrunde liegt);
- Gesellschafter, die auf Grund des Gesellschaftsvertrages im Betrieb mitarbeiten;
- geschäftsführende Organe juristischer Personen in gesellschaftsrechtlicher Hinsicht (N 6).

47 Die alte Unterscheidung der Arbeitnehmer in **Arbeiter**, die überwiegend körperliche Arbeit (Handarbeit), und in **Angestellte**, die überwiegend geistige Arbeit (Kopfarbeit) leisten, lässt sich angesichts der gegenwärtigen Entwicklung der Arbeitswelt, insb. der zunehmenden Technisierung der Arbeitsvorgänge, nicht mehr aufrechterhalten. Die entsprechenden rechtlichen Differenzierungen sind daher im Wesentlichen weggefallen. Immerhin enthält das Arbeitsgesetz noch einige Spezialvorschriften für Angestellte (Art. 9 Abs. 1 lit. a, Art. 13 Abs. 1 ArG).

48 Wird durch einen privatrechtlichen Vertrag eine persönliche Dienstleistungspflicht begründet, die nicht unter Eingliederung in eine fremde Arbeitsorganisation und in persönlicher Abhängigkeit, wohl aber in *starker wirtschaftlicher Abhängigkeit* vom Vertragspartner erbracht werden muss, wie das bei den *freien Mitarbeitern* der Massenmedien und Unterrichtsanstalten, bei Einfirmenvertretern, Franchisenehmern oder Tankstellenpächtern der Fall sein kann, so spricht man von **arbeitnehmerähnlichen Personen**. Die arbeitnehmerähnlichen Personen nehmen eine Zwischenstellung zwischen Arbeitnehmern und selbständigen Unternehmern ein. Das BGer wendet einzelne zwingende Vorschriften des Arbeitsrechts analog auf sie an (BGE 118 II 157: Entschädigung nach Art. 336a an Franchisenehmerin; KassGer ZH, JAR 2007, 493: Abgrenzung zwischen Arbeits- und Franchisevertrag; KGer SG, JAR 2008, 470 f.: arbeitnehmerähnliche Person verneint).

Art. 320

II. Entstehung

¹ Wird es vom Gesetz nicht anders bestimmt, so bedarf der Einzelarbeitsvertrag zu seiner Gültigkeit keiner besonderen Form.

² Er gilt auch dann als abgeschlossen, wenn der Arbeitgeber Arbeit in seinem Dienst auf Zeit entgegennimmt, deren Leistung nach den Umständen nur gegen Lohn zu erwarten ist.

³ Leistet der Arbeitnehmer in gutem Glauben Arbeit im Dienste des Arbeitgebers auf Grund eines Arbeitsvertrages, der sich nachträglich als ungültig erweist, so haben beide Parteien die Pflichten aus dem Arbeitsverhältnis in gleicher Weise wie aus gültigem Vertrag zu erfüllen, bis dieses wegen Ungültigkeit des Vertrages vom einen oder andern aufgehoben wird.

II. Formation

¹ Sauf disposition contraire de la loi, le contrat individuel de travail n'est soumis à aucune forme spéciale.

² Il est réputé conclu lorsque l'employeur accepte pour un temps donné l'exécution d'un travail qui, d'après les circonstances, ne doit être fourni que contre un salaire.

³ Si le travailleur fournit de bonne foi un travail pour l'employeur en vertu d'un contrat qui se révèle nul par la suite, tous deux sont tenus de s'acquitter des obligations découlant des rapports de travail, comme s'il s'agissait d'un contrat valable, jusqu'à ce que l'un ou l'autre mette fin aux rapports de travail en raison de l'invalidité du contrat.

II. Formazione

¹ Salvo disposizione contraria della legge, il contratto individuale di lavoro non richiede per la sua validità forma speciale.

² Esso è considerato conchiuso anche quando il datore di lavoro accetta, per un certo tempo, l'esecuzione d'un lavoro, la cui prestazione secondo le circostanze non può attendersi senza salario.

³ Se il lavoratore, in buona fede, lavora al servizio del datore di lavoro in base ad un contratto che risulti successivamente nullo, ambedue devono adempiere gli obblighi derivanti dal rapporto di lavoro come nel caso di contratto valido, fino a quando l'uno o l'altro mette fine al rapporto per invalidità del contratto.

Literatur

D. Aubert, La modification du contrat de travail et plus spécifiquement du règlement d'entreprise, in: Panorama en droit de travail, Bern 2009, 21 ff.; Caplazi/Naguib, Schutz vor ethnisch-kultureller Diskriminierung in der Arbeitswelt trotz Vertragsfreiheit, Jusletter 7.2.2005; Chaix, Les vices du consentement dans le contrat de travail, in: Le travail et le droit, Fribourg 1994, 189 ff.; ders., Déclarations inexactes lors de l'entretien d'engagement (cas de grossesse en cours notamment), in: Droit du travail, droit des assurances sociales, Lausanne 1994, 149 ff.; Cramer, Die Anpassung von Arbeitsverträgen mit und ohne Änderungskündigungen, FS für Jean-Fritz Stöckli, Zürich/St. Gallen 2014, 129 ff.; Dolivo/Tafelmacher, Combattre véritablement le travail au noir?, plädoyer 1/2008, 58 ff.; Fankhauser/Guillod, Arbeitsbeziehungen zwischen Ehegatten – Risiken und Nebenwirkungen, FS für Jean-Fritz Stöckli, Zürich/St. Gallen 2014, 177 ff.; Geiser, Die Regeln über die Anstellungsdiskriminierung und die Beförderungsdiskriminierung im Gleichstellungsgesetz, ZBJV 1996, 555 ff.; Haunreiter, Zulässige und unzulässige Fragen beim Anstellungsgespräch, in: Kommunikation in Wirtschaft, Recht und Gesellschaft, Bern 2010, 277 ff.; Heller, Contract Engineering: Legal Engineering am Beispiel arbeitsrechtlicher Vertragswelten –

Aufbruch in unbekanntes Terrain, AJP 2014, 1476 ff.; HEUSSER, Gesundheitsfragen in Versicherungsformularen anlässlich des Stellenantrittes, AJP 2002, 1277 ff.; KAHIL-WOLFF, La collaboration entre époux, in: Droit du travail, droit des assurances sociales, Lausanne 1994, 99 ff.; MILANI, Die Geltendmachung von Entschädigungsansprüchen infolge Anstellungsdiskriminierungen bei privatrechtlichen Arbeitsverhältnissen im erstinstanzlichen gerichtlichen Entscheidverfahren, ArbR 2011, 39 ff.; MÜNCH/BÖHRINGER/KASPER/PROBST (Hrsg.), Schweizer Vertragshandbuch – Musterverträge für die Praxis, 2. Aufl., Basel 2010; PÄRLI, Anstellungsdiskriminierungen, ARV 2006, 23 ff.; PELLEGRINI, Die Anfechtung des Arbeitsvertrages wegen Willensmängeln, Diss., Bern 1983; PORTMANN, Die Anfechtung des öffentlich-rechtlichen Arbeitsvertrags wegen eines Willensmangels, recht 2006, 144 ff.; DERS., Erklärungen ohne Worte im schweizerischen Arbeitsvertragsrecht, ArbR 1998, 59 ff.; PROSPERO, Rapport entre l'article 165 CC et l'atricle 320 alinéa 2 CO, in: Droit du travail, droit des assurances sociales, Lausanne 1994, 45 ff.; RICHERS, Arbeitslohn oder Lidlohn?, ArbR 2004, 85 ff.; RIEMER-KAFKA, Im Betrieb mitarbeitende Ehe- und Lebenspartner unter sozialversicherungs- und arbeitsvertragsrechtlichem Aspekt, in: Neue Rechtsfragen rund um die KMU, Zürich/Basel/Genf 2006, 145 ff.; RUDOLPH, Stellenbewerbung und Datenschutz, Diss., Bern 1997; DERS., Allgemeine Anstellungsbedingungen – Ausgewählte Rechtsfragen, FS für Jean-Fritz Stöckli, Zürich/St. Gallen 2014, 547 ff. (zit. FS Stöckli); SANDOZ, Présomption de contrat de travail entre époux ou contribution extraordinaire?, in: Droit du travail, droit des assurances sociales, Lausanne 1994, 29 ff.; SCHULZ, Die Anstellung, insbesondere Schutz vor Diskriminierung, in: Das Bundesgesetz über die Gleichstellung von Frau und Mann, St. Gallen 1996, 45 ff.; SENTI, Reglemente als Ergänzung zum Arbeitsvertrag, AJP 2004, 1083 ff.; STÖCKLI, Allgemeine Arbeitsbedingungen, Diss., Bern 1979; UEBERSCHLAG, Die Anstellungsdiskriminierung aufgrund des Geschlechts im privatrechtlichen Arbeitsverhältnis (Art. 3 Abs. 2 GlG), Diss., Zürich/Basel/Genf 2009; VION, L'art 320 al. 2 CO: Une règle compatible avec les dispositions sur la conclusion des contrats?, SJ 2013 II, 29 ff.; WEBER-SCHERRER, Rechtliche Aspekte der Information zwischen den Arbeitsvertragsparteien, Diss., Zürich 1999; WIEGAND, Die Finanzmarktkrise und die clausula rebus sic stantibus dargestellt am Beispiel der Bonuszahlungen, Jusletter 9.2.2009; WITZIG, La modification du rapport de travail, Genf/Zürich/Basel 2014; vgl. ausserdem die Literaturhinweise zur Einleitung vor Art. 319 ff.

I. Vertragsanbahnung

1. Allgemeines

1 Bereits vor Abschluss des Arbeitsvertrages kommt es im Rahmen der Vertragsanbahnung zu Rechtsbeziehungen. *Stellenausschreibungen* und *Stellengesuche* sind noch kein Vertragsantrag i.S.v. Art. 3, sondern lediglich eine Aufforderung zu Vertragsverhandlungen (AGer ZH, ARV 2006, 24). Grundsätzlich hat jede Partei ihre eigenen Verhandlungskosten selbst zu tragen (betr. Vorstellungskosten umstr.). Mit der (mündlichen oder schriftlichen) *Bewerbung* reicht der Bewerber meist Bewerbungsunterlagen ein, insb. Bewerbungsschreiben, Lebenslauf und Zeugnisse über den schulischen und beruflichen Werdegang. Der Arbeitgeber ist verpflichtet, diese Unterlagen sorgfältig aufzubewahren, da aus dem Vertragsverhandlungsverhältnis die Pflicht zum Verhalten nach **Treu und Glauben** folgt (s. ferner Art. 7 Abs. 1 DSG). Daraus ergeben sich auch gegenseitige Geheimhaltungspflichten.

2 Die Verletzung der Pflichten aus dem Vertragsverhandlungsverhältnis führt zur Schadenersatzpflicht aus **culpa in contrahendo**, so z.B. wenn der Arbeitgeber den Eindruck erweckt, es werde mit Sicherheit zu einer Anstellung kommen (GSGer BS, JAR 1987, 93) oder die im Arbeitsvertrag vorausgesetzte Arbeitsbewilligung sei kein Problem (AppHof BE, JAR 1991, 313). Bricht der Arbeitgeber Vertragsverhandlungen nach viermonatigem intensivem Verhandeln ab, lässt sich allein daraus jedoch noch keine culpa in contrahendo ableiten (BGer, ARV 2006, 27).

2a Auch während der Vertragsanbahnung ist selbstverständlich der **allgemeine Persönlichkeitsschutz** zu wahren. Eine widerrechtliche Verletzung der Persönlichkeit i.S.v. Art. 28 ZGB liegt im Stadium der Vertragsanbahnung etwa dann vor, wenn der Arbeitgeber dem Regionalen Arbeitsvermittlungszentrum (RAV) die *rassendiskriminierende Mitteilung* macht, eine mazedonischstämmige Bewerberin wegen deren Herkunft nicht einzustellen. Die Befürchtung, einen Kundenverlust zu erleiden, rechtfertigt die Persönlichkeitsverletzung grundsätzlich nicht

(AGer ZH, ARV 2006, 23; s.a. TPH Lausanne, JAR 2006, 531; dazu Pärli, ARV 2006, 23 ff.). Persönlichkeitsverletzend ist auch die Erstellung sog. *schwarzer Listen* mit Namen von gewerkschaftlich aktiven Arbeitnehmern, wodurch diesen das Finden einer Arbeitsstelle verunmöglicht werden soll (Art. 356a N 3). In einem neueren Entscheid geht das BGer bei Vertragsverhandlungen von einer Vorwirkung von Art. 328 aus (BGer, JAR 2009, 290). Eine (jedenfalls integrale) Anwendung von Art. 328 auf das Vertragsverhandlungsverhältnis ist abzulehnen, da die breit angelegte Fürsorgepflicht des Arbeitgebers ihre Rechtfertigung erst in der Eingliederung des Arbeitnehmers in die fremde Arbeitsorganisation findet. Die (weit gefasste) ausservertragliche Norm von Art. 28 ZGB (ggf. i.V.m. mit dem DSG) dürfte regelmässig ausreichen, um Persönlichkeitsverletzungen im Rahmen von Vertragsverhandlungen zu begegnen.

Bei *ärztlichen Eignungsgutachten* darf der Arzt, und zwar auch der Betriebsarzt, mit Rücksicht auf die ärztliche Schweigepflicht dem Arbeitgeber lediglich Aussagen über die Tauglichkeit des Bewerbers für den in Aussicht genommenen Arbeitsplatz zukommen lassen, nicht aber ihm die genaue Diagnose mitteilen. Nach *Scheitern der Bewerbung* sind die Unterlagen des Bewerbers auf dessen Verlangen zurückzugeben und die übrigen Unterlagen (z.B. Anstellungsfragebögen, ärztliche Eignungsgutachten) zu vernichten, soweit sie dem Bewerber nicht freiwillig überlassen werden (Art. 4 Abs. 2 DSG, Verhältnismässigkeit). 3

2. Gleichstellung von Frau und Mann

Stellt die Ablehnung der Anstellung eine geschlechtsbezogene Diskriminierung nach Art. 3 GlG dar, indem direkt oder indirekt diskriminierende Zugangsvoraussetzungen oder Auswahlkriterien angewendet werden, so gibt das Gesetz zwar keinen Anspruch auf Anstellung, wohl aber einen Anspruch auf *Entschädigung* (Art. 5 Abs. 2 Satz 1 GlG); Ansprüche auf Schadenersatz und Genugtuung aus besonderen Gründen bleiben vorbehalten (Art. 5 Abs. 5 GlG; s. dazu Art. 328 N 39a). Als indirekt diskriminierend wurde z.B. die Nichtberücksichtigung einer Stellenbewerberin betrachtet, die vorschulpflichtige Kinder zu betreuen hatte, da solche Pflichten vor allem Frauen obliegen (OGer SO, SJZ 2001, 259). In BGE 131 II 361 wurde einem Mann die verlangte symbolische Entschädigung von CHF 1 wegen einer Anstellungsdiskriminierung durch eine Universität zugesprochen: die durch den Bund in seinem Förderungsprogramm für den akademischen Nachwuchs vorgesehene starre Frauenquote hatte keine genügende gesetzliche Grundlage (die Frage der Verhältnismässigkeit einer solchen Massnahme liess das BGer offen). In einem anderen Fall konnte das KGer LU wegen Fristversäumnis die Frage offenlassen, ob der Rückzug einer Stellenzusage gegenüber einer schwangeren Assistenzärztin am Luzerner Kantonsspital diskriminiernd war (Urteil vom 6.5.2014, 7H 13 93). 4

Um den Nachweis einer solchen Diskriminierung zu erleichtern, sind Personen, deren Bewerbung nicht berücksichtigt wurde und die eine Diskriminierung geltend machen, berechtigt, eine schriftliche Begründung der Anstellungsverweigerung zu verlangen (Art. 8 Abs. 1 GlG). Dieser Anspruch ist mit Hilfe von Art. 292 StGB erzwingbar. 5

Die Entschädigung darf den Betrag von drei Monatslöhnen nicht übersteigen (Art. 5 Abs. 4 Satz 1 GlG), selbst wenn mehrere Bewerber um dieselbe Stelle Entschädigungsansprüche wegen diskriminierender Anstellungsverweigerung geltend machen (Art. 5 Abs. 4 Satz 2 GlG). Der Bemessung der Entschädigung «unter Würdigung aller Umstände» ist der voraussichtliche Lohn zugrundezulegen (Art. 5 Abs. 2 Satz 2 GlG). Der Entschädigungsanspruch ist verwirkt, wenn er nicht innert drei Monaten nach Ablehnung der Anstellung eingeklagt wird (Art. 8 Abs. 2 GlG). Art. 3 Abs. 3 GlG erklärt positive Diskriminierungen (d.h. Massnahmen der Besserstellung zwecks Verwirklichung tatsächlicher Gleichstellung der Geschlechter) für zulässig. 6

3. Auskunftspflicht

7 Werden einem Bewerber Fragen gestellt, die sich auf seine Person beziehen, so handelt es sich hierbei um eine Art der **Datenbeschaffung**, die unter das Datenschutzgesetz fällt und in analoger Anwendung von Art. 328b den dort aufgestellten Schranken unterliegt. Danach gilt Folgendes:

8 – Soweit eine Frage zulässig ist, trifft den Bewerber eine *Auskunftspflicht*, d.h. die Pflicht, die gestellte Frage wahrheitsgemäss zu beantworten. Wird sie verletzt, kann der Arbeitgeber den Vertrag nach den Vorschriften über die Willensmängel anfechten (N 36).

9 – Eine unzulässige Frage hingegen braucht der Bewerber nicht zu beantworten. Er kann sie sogar, da sie einen Eingriff in seine Persönlichkeitssphäre darstellt, unrichtig beantworten, müsste er doch andernfalls meist befürchten, bei blosser Antwortverweigerung von unzulässigen Fragen die Stelle nicht zu erhalten («Notwehrrecht der Lüge»). Eine Anfechtung des Vertrages wegen absichtlicher Täuschung (N 36) oder eine fristlose Entlassung des Arbeitnehmers kommt in diesem Fall nicht in Betracht. Allerdings ist das «Notwehrrecht der Lüge» angesichts des beschränkten Kündigungsschutzes meist wenig hilfreich (es sei denn, eine neu angestellte Arbeitnehmerin ist schwanger). Bei unzulässigen Erhebungen von Personendaten, die regelmässig erfolgen und daher eine grössere Anzahl von Personen verletzen (also bei sog. *Systemfehlern*), kann jedoch der eidgenössische Datenschutz- und Öffentlichkeitsbeauftragte eingeschaltet werden (Art. 29 DSG; für weitere Ausführungen zum Datenschutz N 15 f. sowie Art. 328b N 1 ff.).

10 Die Grenze zwischen zulässigen und unzulässigen Fragen hängt von dem jeweils in Aussicht genommenen **konkreten Arbeitsverhältnis** ab. Zulässig sind im Allgemeinen Fragen nach Ausbildung, Berufsweg, zukünftiger beruflicher Entwicklung und gegenwärtigen Krankheiten mit Auswirkungen auf das Arbeitsverhältnis. Der blosse Status als HIV-positiv darf also nicht erfragt werden, ausser wenn die Arbeitsleistung mit einer AIDS-Ansteckungsgefahr verbunden ist (z.B. bei einer Krankenschwester; s.a. OGer ZH, JAR 2014, 526: keine Offenbarungspflicht eines Berufsfussballers bei der Bewerbung bzgl. seiner HIV-Infektion). Fragen nach Vorstrafen dürfen nur insoweit gestellt werden, als die Art der zu besetzenden Stelle dies erfordert (z.B. Frage nach Vorstrafe wegen eines Vermögensdelikts für die Stellung als Kassier). Selbst einschlägige Vorstrafen dürfen aber verschwiegen werden, wenn sie im Zentralstrafregister bereits gelöscht sind. Bei Bewerbungen um *leitende Stellungen* gilt dies jedoch nicht. Fragen betreffend Freizeitverhalten oder Umgang mit inneren Problemen sind grundsätzlich unzulässig (BGE 122 V 267). Bezieht sich die Bewerbung auf einen Lehrvertrag, ist besonders auf den Persönlichkeitsschutz der Jugendlichen in Ausbildung zu achten (BGer, JAR 2009, 290). Weitere Fälle in Art. 337 N 32a; s. zum Ganzen auch BGer, JAR 2013, 315.

11 Fragen nach der *Gewerkschaftszugehörigkeit*, nach der Zugehörigkeit zu sonstigen *Vereinen und Verbänden* sowie Fragen nach der *weltanschaulichen oder politischen Einstellung* dürfen nur von Unternehmen gestellt werden, die in ihrer Zielsetzung entsprechend ausgerichtet sind (sog. **Tendenzbetriebe**). Denn nur diese können verlangen, dass die Arbeitnehmer über die Arbeitsleistung hinaus für ihre Ziele eintreten. Hingegen darf sich der Arbeitgeber nach dem Abschluss des Arbeitsvertrages über die Gewerkschaftszugehörigkeit eines Arbeitnehmers erkundigen, um festzustellen, ob dessen Lohn nach den Vorschriften des für den Arbeitgeber verbindlichen Gesamtarbeitsvertrages festgesetzt werden muss (BGE 123 III 134).

12 Die Frage nach einer bestehenden *Schwangerschaft* ist nur noch zulässig, wenn wegen der Besonderheit des betreffenden Arbeitsplatzes eine schwangere Frau zur Arbeitsleistung untauglich wäre (Gesundheitsgefahr für die schwangere Frau oder ihr ungeborenes Kind, Tänzerin oder Mannequin). Denn eine Anstellungsverweigerung allein aufgrund der Schwangerschaft und der damit verbundenen Soziallasten verstösst gegen das Diskriminierungsverbot des Gleichstellungsgesetzes, und zwar selbst dann, wenn sich auf eine Stelle nur Frauen bewerben (**a.A.** BGE 122 V 269). Das Gleiche muss auch für die Frage nach dem voraussichtlichen *Militärdienst* männlicher Bewerber gelten.

4. *Offenbarungspflicht*

Werden keine Fragen gestellt, so trifft den Bewerber auch hinsichtlich solcher Umstände, die für die in Aussicht genommene Stelle erheblich sind, *grundsätzlich keine Offenbarungspflicht* (OGer SO, JAR 1991, 94). Anders ist dies nur, wenn der Bewerber von vornherein zur Arbeitsleistung *ungeeignet* ist, z.B. wegen fehlender Ausbildung oder Berufspraxis, wegen feststehender oder zu erwartender erheblicher Absenzen (z.B. wegen einer schweren oder chronischen Krankheit: BGer, JAR 1997, 197, eines Kuraufenthalts bei Dienstantritt, eines Konkurrenzverbots mit Realerfüllung, einer laufenden Strafuntersuchung: BGE 132 II 167, dazu PORTMANN, recht 2006, 144 ff., insb. 154 ff.) oder weil mit seiner Tätigkeit eine besondere Gefahr für Dritte verbunden wäre (insb. infolge einer ansteckenden Krankheit). Die offenbarten Tatsachen müssen der Wahrheit entsprechen. Bezüglich psychischer Probleme hat sich das BGer für eine nur zurückhaltende Annahme einer Offenbarungspflicht bei der Stellensuche ausgesprochen (BGer, JAR 2013, 315, E. 4.4). Das OGer ZH, JAR 2014, 526 hat eine Offenbarungspflicht eines Berufsfussballers bei der Anstellung in Bezug auf seine HIV-Infektion verneint. Weitere Fälle in Art. 337 N 32a. 13

Eine bestehende Schwangerschaft unterliegt der Offenbarungspflicht, wenn die Arbeitnehmerin von einem arbeitsschutzrechtlichen Arbeitsverbot betroffen ist (Art. 35 Abs. 2 ArG, Art. 62 Abs. 3 und 4 ArGV 1, Mutterschutzverordnung), wenn von der Arbeitsleistung eine Gefahr für Mutter oder Kind ausgeht (vgl. den Sachverhalt von BGE 126 III 75 ff.), wenn die Arbeit wegen der damit verbundenen körperlichen Anstrengung nicht ordnungsgemäss geleistet werden kann (z.B. Serviceangestellte: BGer, JAR 1984, 95; anders AGer ZH, JAR 2003, 387) oder wenn die Schwangerschaft mit der Art der Tätigkeit unvereinbar ist (z.B. Mannequin, Tänzerin, Schauspielerin, Sportlehrerin, nicht aber Aufsichtsperson in einem Unterhaltungscenter: KGer SG, JAR 1987, 112). 14

5. *Referenzen, graphologische Gutachten, psychologische Eignungstests*

Die Bestimmungen über den Datenschutz sind auch bei anderen Vorgängen im Rahmen der Vertragsanbahnung zu beachten, so etwa beim *Einholen von Referenzen*, beim Erstellen eines *graphologischen Gutachtens* und bei der Durchführung *psychologischer Eignungstests*. Solche Massnahmen bilden wie die Befragung des Bewerbers Formen der Datenbeschaffung und unterliegen daher der (einseitig zwingenden) Begrenzung durch Art. 328b Satz 1. Ausserdem sind die Grundsätze der Zweckbindung, der Verhältnismässigkeit, der Erkennbarkeit und von Treu und Glauben von zentraler Bedeutung (Art. 4 DSG). Ferner stellt das Gesetz bestimmte Anforderungen betreffend Richtigkeit der Daten, Bekanntgabe ins Ausland und Datensicherheit auf (Art. 5–7 DSG; Näheres in Art. 328b N 34 ff.). 15

Ein Verstoss gegen diese Grundsätze begründet eine widerrechtliche Persönlichkeitsverletzung, wenn kein Rechtfertigungsgrund vorliegt (Art. 12 Abs. 2 lit. b–c, Art. 13 DSG). Ein solcher bildet auch die *Einwilligung* des Bewerbers. Dieser kann andererseits die Datenbearbeitung *ausdrücklich untersagen* (Art. 12 Abs. 2 lit. b DSG). Das Gesetz gewährt eine Reihe spezifischer Ansprüche, s. Art. 5 Abs. 2 DSG (Berichtigung), Art. 8 DSG (Auskunft) und Art. 15 DSG (Unterlassung, Schadenersatz usw.; s. ausführlich zum Datenschutzrecht Art. 328b N 1 ff.). 16

II. Vertragsentstehung

1. Im Allgemeinen

17 Der Einzelarbeitsvertrag entsteht grundsätzlich durch **übereinstimmende gegenseitige Willensäusserungen** von Arbeitgeber und Arbeitnehmer (Art. 1). Stellt ein leitender Angestellter einen Mitarbeiter ein, ohne dass er dazu befugt ist, und wird dies vom Arbeitgeber geduldet, so ist der Arbeitsvertrag durch Vertretung zustande gekommen (AGer BE, JAR 1997, 100). Der Abschluss des Vertrages unterliegt den allgemeinen Vorschriften über die Handlungsfähigkeit (Art. 12 ff. ZGB). Arbeitsverträge mit Personen unter 18 Jahren (Minderjährige) bedürfen also der Zustimmung des gesetzlichen Vertreters (Art. 19 Abs. 1 ZGB). Diese kann auch stillschweigend durch Duldung erteilt werden (AGer ZH, JAR 1986, 73). Näheres dazu in Art. 344a N 9, zur Rechtslage bei Massnahmen des Erwachsenenschutzrechts BK-REHBINDER/STÖCKLI, Art. 344 N 14 ff. In BGer, ARV 2014, 107 wurde aus dem Umstand einer ausgesprochenen Kündigung auf den Abschluss eines Arbeitsvertrages geschlossen. In BGer, JAR 2014, 283 stellte ein beidseitig unterzeichnetes Schreiben dagegen noch keinen Arbeitsvertrag dar, sondern erst eine Grundlage und Einigung über wesentliche Eckpunkte eines im Detail noch auszuhandelnden Arbeitsvertrages.

18 **Allgemeine Arbeitsbedingungen** («Firmenreglemente», «Personalreglemente», «Personalhandbücher», «Dienstordnungen») sind nur dann verbindlich, wenn sie dem Arbeitnehmer ausgehändigt oder sonstwie zur Kenntnis gebracht und von diesem gebilligt worden sind *(Übernahme)*. Dafür ist der Arbeitgeber beweispflichtig (TPH GE, JAR 1994, 123; zu weit geht in der Sanktionierung von Globalverweisungen OGer SO, JAR 1980, 123; weiterführend zum Ganzen RUDOLPH, FS Stöckli, 547 ff.). Nur (behördlich kontrollierte) Betriebsordnungen gelten auch bei einseitigem Erlass (Art. 39 ArG). Häufig wird im Arbeitsvertrag die Anwendbarkeit des einschlägigen Gesamtarbeitsvertrages in der jeweils geltenden Fassung vereinbart, um auch Aussenseiter im Interesse der Gleichbehandlung aller Betriebsangehörigen in die gesamtarbeitsvertragliche Regelung der Arbeitsbedingungen individualrechtlich einzubeziehen (vgl. Art. 357 N 15). Dann sind diese als Allgemeine Arbeitsbedingungen zu betrachten. Die aktuelle Fassung des GAV muss daher dem Arbeitnehmer zur Kenntnis gebracht und von ihm gebilligt worden sein. Aus einer Klausel im Einzelarbeitsvertrag: «Krankenkasse: Beteiligung gemäss GAV» folgt keine Übernahme der Lohnbestimmungen (BGE 123 III 129).

2. Zustandekommen des Vertrags nach Art. 320 Abs. 2

19 Für den Fall, dass der Arbeitgeber Arbeit in seinem Dienst entgegennimmt, deren Leistung nach den Umständen nur gegen Lohn zu erwarten ist, ordnet Art. 320 Abs. 2 die Vertragsentstehung unabhängig davon an, ob die Parteien einen Vertrag gewollt haben oder nicht (BGer, JAR 2001, 135; **faktisches Vertragsverhältnis**; s.a. OGer LU, JAR 2012, 503). Diese Vorschrift will entgeltliche von unentgeltlichen Arbeitsleistungen abgrenzen und den Arbeitnehmer schützen, indem namentlich der Lohnanspruch nicht vom Nachweis eines Vertragsschlusses abhängig gemacht wird (TAPP TI, JAR 2007, 472). Die Bestimmung greift auch, wenn Arbeit geleistet wird, obwohl sich die Parteien über wesentliche Vertragsbedingungen noch nicht geeinigt haben, oder wenn Arbeitsleistungen, die normalerweise vergütet werden, in Erwartung einer besonderen Vergütung vorerst unentgeltlich erbracht werden und diese Erwartung später enttäuscht wird (BGE 90 II 443). Dass der Lohn als einziger Grund der Arbeitsleistung erscheint, wird nicht vorausgesetzt (BGer, JAR 2000, 109). Die *Vereinbarung*, wonach eine bestimmte Arbeitsleistung *unentgeltlich* erbracht wird, ist zulässig, wenn sie *ausdrücklich* erfolgt (**a.A.** wohl AGer ZH, ARV 2004, 170: «nur in einem sehr begrenzten Rahmen», s.a. TC FR, JAR 2013, 446; nach BGer, ARV 2013, 127 genügt auch eine stillschweigende Vereinbarung).

20 *Für* einen **Ehegatten**, der im Betrieb des anderen Ehegatten mitarbeitet und keinen Arbeitsvertrag oder sonstigen Vertrag über seine Mitarbeit abgeschlossen hat, sieht Art. 165 Abs. 1

ZGB einen familienrechtlichen Anspruch auf eine (bloss) angemessene Entschädigung vor, falls die Mitarbeit die eheliche Beistandspflicht erheblich überschreitet. Verlangen Art und Dauer der Mehrleistung allerdings eine volle Unterstellung unter die Entschädigungsregelungen und den Sozialschutz des Arbeitsverhältnisses, dann bleibt Art. 320 Abs. 2 gleichwohl anwendbar (z.B. BGE 113 II 414: intensive langjährige Mitarbeit in der AG des Ehemannes; CAPH GE, JAR 1997, 97: Ehefrau betreibt für ihren Ehemann und dessen Vater eine Snackbar; s.a. Art. 319 N 4). Bei der Festsetzung der Entschädigung des im Betrieb des Partners mitarbeitenden Ehegatten ist den Vorteilen Rechnung zu tragen, welche die mitarbeitende Person indirekt durch die Verbesserung der wirtschaftlichen Lage des Partners genossen hat (BGE 113 II 420). Arbeit im gemeinsamen Haushalt ist im Rahmen von Art. 163 ZGB unentgeltlich.

Art. 320 Abs. 2 ist auch auf das **Konkubinat** anwendbar (BGE 109 II 228; BGer, JAR 2000, 109: Mitarbeit von einem halben Tag pro Woche neben eigener Arbeit und Haushaltführung). Bei der Lohnbemessung sind die mit der Arbeit verbundenen Vorteile gleich wie bei der Mitarbeit eines Ehegatten zu berücksichtigen (N 20; BGer, JAR 2000, 113). Als ein Konkubinatspartner nachträglich Ferien- und Feiertagsansprüche geltend machte, wurde dies vom KGer GR aufgrund der Umstände als rechtsmissbräuchlich taxiert (JAR 2011, 493). Tätigkeiten des Lebenspartners im gemeinsamen Haushalt fallen nicht unter Art. 320 Abs. 2, weil Hausarbeit als Leistung an den gemeinsamen Haushalt und nicht im Hinblick auf einen vermögenswerten Vorteil erbracht wird. Ausserdem liegt regelmässig kein Subordinationsverhältnis vor. Bei Auflösung einer eheähnlichen Gemeinschaft kann also auch derjenige Partner, der sich unter Verzicht auf eine berufliche Tätigkeit ganz der Haushaltführung gewidmet hat, keine Entschädigung für seine Dienste aus Arbeitsvertrag verlangen (AGer ZH, JAR 1985, 88; **a.A.** BGE 130 V 557, dem nur insoweit zugestimmt werden kann, als tatsächlich ein Subordinationsverhältnis vorliegt und die Unterstellung unter das Arbeitsrecht *vereinbart* wird). Erfolgte die Mitarbeit im Rahmen des Konkubinats in einem (wirtschaftlich betrachtet) gemeinsamen Betrieb, so sind nicht die Regeln des Arbeitsvertragsrechts, sondern die Liquidationsbestimmungen der einfachen Gesellschaft anzuwenden (BGE 109 II 228). 21

Für volljährige **Kinder und Grosskinder**, die ihren Eltern oder Grosseltern in gemeinsamem Haushalt ihre Arbeit oder ihre Einkünfte zugewendet haben, gelten die besonderen Regelungen über den *Lidlohn* (Art. 334–334bis ZGB). Art. 320 Abs. 2 ist also nur anwendbar, wenn die Mitarbeit ausserhalb des gemeinsamen Haushalts erfolgt (BGE 90 II 443; s.a. OGer SO, JAR 1993, 116). 22

3. Aufrechterhaltung des Vertrags nach Art. 320 Abs. 3

Bei **Nichtigkeit** des gesamten Arbeitsvertrages wegen Handlungsunfähigkeit, Inhalts- oder Formmangel und bei erfolgreicher **Anfechtung** des Vertrages wegen Übervorteilung oder Willensmängeln muss die Wirkung der Ungültigkeit im Interesse des Arbeitnehmerschutzes beschränkt werden. Ist nämlich bereits Arbeit geleistet worden, so würden die allgemeinen Regeln zur Folge haben, dass der Arbeitnehmer keine Lohnforderung, sondern lediglich Ansprüche aus ungerechtfertigter Bereicherung oder allenfalls aus unerlaubter Handlung erheben könnte. Entsprechend der Lehre vom **faktischen Vertragsverhältnis** bestimmt Art. 320 Abs. 3, dass Arbeitsverhältnisse zwar jederzeit von beiden Seiten mit sofortiger Wirkung wegen Ungültigkeit des Vertrags aufgehoben werden können, dass sie aber bis zur erfolgten Aufhebung für die Zeit des Leistungsvollzuges die gleichen Pflichten wie ein Arbeitsverhältnis mit gültigem Vertrag bewirken (insb. die Lohnzahlungspflicht; s. AGer ZH, JAR 2007, 519). Art. 320 Abs. 3 kommt nicht zur Anwendung, wenn die Parteien gar keinen Arbeitsvertrag abgeschlossen haben (BGer, ARV 2013, 129, E. 3) 23

Das Gesetz knüpft die Wirksamkeit des Vertragsverhältnisses für die Vergangenheit allerdings an die Bedingung, dass der Arbeitnehmer **«in gutem Glauben»** gearbeitet hat. Die Entste- 24 hungsgeschichte von Art. 320 Abs. 3 zeigt jedoch, dass eine Bezugnahme auf Art. 3 ZGB nicht beabsichtigt war. Vielmehr soll sich der Arbeitnehmer nur dann nicht auf die Wirksamkeit des Arbeitsverhältnisses in der Vergangenheit berufen dürfen, wenn ihm positive Kenntnis von der Ungültigkeit des Vertrages nachgewiesen werden kann (PELLEGRINI, 161 ff.). Er muss also konkret um die rechtliche Unverbindlichkeit und damit um das Fehlen vertraglicher Ansprüche gewusst haben (so auch BGE 137 IV 305 E. 3.3 und 132 III 242). Gelingt dem Arbeitgeber dieser Beweis, hat eine *Rückabwicklung nach Bereicherungsrecht* zu erfolgen. Ist jedoch auch der Arbeitgeber nicht gutgläubig, ist ihm die Berufung auf den fehlenden guten Glauben des Arbeitnehmers zu verwehren und somit Art. 320 Abs. 3 anzuwenden (STREIFF/VON KAENEL/RUDOLPH, N 11; restriktiver ZK-STAEHELIN, N 31).

25 Der Aufhebungsmöglichkeit des Arbeitsverhältnisses mit sofortiger Wirkung wegen Ungültigkeit des Vertrages steht regelmässig **nicht entgegen**, dass das Arbeitsverhältnis – wäre der Rechtsmangel nicht gegeben – **Kündigungsschutz** geniessen würde (vgl. Art. 336 N 2). Doch muss der Ungültigkeitsgrund zur Zeit der Auflösung noch gegeben sein. Ein aus der Aufhebung des Arbeitsverhältnisses entstehender Schaden, z.B. weil der Arbeitnehmer nicht sofort eine neue Stelle findet, kann gegebenenfalls unter dem Gesichtspunkt der culpa in contrahendo geltend gemacht werden (N 2).

III. Schranken der Vertragsfreiheit

26 Auch im Arbeitsrecht gilt der *Grundsatz der Vertragsfreiheit* in seinen Erscheinungsformen als Abschlussfreiheit, Inhaltsfreiheit und Formfreiheit, zum Teil jedoch nur in stark eingeschränkter Form (Arbeitnehmerschutzrecht).

1. Abschlussfreiheit

27 Ausnahmen von der Abschlussfreiheit (d.h. der Entscheidungsfreiheit, ob und mit wem ein Arbeitsvertrag geschlossen wird) treten als Abschlussverbote und -gebote auf. **Abschlussverbote** kommen namentlich vor als Verbote:

- Jugendliche unter einem bestimmten Mindestalter *überhaupt* zu beschäftigen (Art. 30 Abs. 1 ArG);
- Frauen und Jugendliche *für bestimmte Arbeiten* zu beschäftigen (z.B. Art. 29 Abs. 3 ArG, Art. 35 Abs. 2 ArG);
- einen Arbeitsvertrag als Personalverleiher abzuschliessen, wenn diesem die erforderliche Bewilligung fehlt (Art. 19 Abs. 6 AVG);
- einen Lehrvertrag als Anbieter der Bildung in beruflicher Praxis abzuschliessen, wenn dieser keine Bildungsbewilligung hat (Art. 20 Abs. 2 BBG);
- gegenüber Anwälten, Anwaltskandidaten anzustellen (s. dazu BGE 134 II 329 mit Ausführungen zum BGBM, BGFA und zum Verhältnismässigkeitsprinzip; zur Zulässigkeit von Anwaltskörperschaften BGE 138 II 440);
- einen Arbeitsvertrag mit einer ungelernten Person über bestimmte Berufsarbeiten abzuschliessen, um dadurch einen gewissen Qualitätsstandard sicherzustellen (gesamtarbeitsvertragliche Klausel, BK-STÖCKLI, Art. 356a N 39).

28 Der Verstoss gegen Abschlussverbote führt i.d.R. zur zivilrechtlichen *Nichtigkeit* des Arbeitsvertrages (Art. 20). Etwas anderes gilt insb. bei fehlender Arbeitsbewilligung einer ausländischen Arbeitskraft, weil der Arbeitgeber durch den Rechtsverstoss keinen Vorteil erlangen darf (zutreffend daher BGE 137 IV 305 E. 3.3; 114 II 279 und BGer, ARV 2004, 93; Ausnahmen nach TC FR, JAR 2007, 396 bei abweichender Vereinbarung oder beabsichtigtem Sozialschutz). Der Vertrag ist dann am Tag des Arbeitsantritts als ordentlich gekündigt anzusehen, so dass während der normalen Kündigungsfrist (nicht der verkürzten Frist der Probezeit) ein Lohnanspruch nach Art. 324 wegen Annahmeverzugs besteht (AGer ZH, JAR 1990, 228), dies unabhängig davon, ob der Arbeitnehmer seine Arbeitsleistung dem Arbeitgeber anbietet oder nicht (CAPH GE, JAR 2010, 513). Ein Recht des Arbeitgebers zur ausserordentlichen Kündigung besteht entgegen BGE 114 II 284 nicht, da das Beschaffen der Arbeitsbewilligung in das Unternehmerrisiko fällt (wie hier auch TC FR, JAR 2010, 485; vgl. auch Art. 324 N 9). Die vorsätzliche Beschäftigung ausländischer Arbeitskräfte, die in der Schweiz nicht zur Ausübung einer Erwerbstätigkeit berechtigt sind, steht gem. Art. 117 AuG unter Strafe. Die Bewilligung zur Ausübung einer Erwerbstätigkeit in der Schweiz muss nach Vertragsabschluss und im Zeitpunkt des Stellenantritts vorliegen. Die Stellenbewerbung und die Teilnahme an einem Anstellungsverfahren setzen keine entsprechende Bewilligung voraus. Der Arbeitgeber, der einen ausländischen Stellenbewerber im Hinblick auf eine allfällige Anstellung probeweise arbeiten lässt, beschäftigt diesen nicht i.S.v. Art. 117 AuG (BGE 137 IV 297). Nach BGE 134 IV 57 (zu aArt. 23 Abs. 4 ANAG) haben Aufenthaltsbewilligungen, die in Anwendung des Freizügigkeitsabkommens ausgestellt werden, grundsätzlich deklaratorischen Charakter, doch ist der Stellenantritt ohne Aufenthaltsbewilligung auch im Geltungsbereich des Freizügigkeitsabkommens unrechtmässig, solange die Zulassung zur Ausübung einer Erwerbstätigkeit der Kontingentierung untersteht (s. dazu Nyffenegger, ARV online 2008 Nr. 303; zum Verlust des freizügigkeitsrechtlichen Anwesenheitsanspruchs infolge Arbeitslosigkeit s. BGE 141 II 1).

Gesetzliche **Abschlussgebote** bestehen selbst im Falle geschlechtsdiskriminierender Anstel- 29
lungsverweigerungen nicht, sondern nur Ansprüche auf Entschädigung (Art. 5 Abs. 2 Satz 1 GlG). Hingegen kommen in der Praxis gesamtarbeitsvertragliche Wiederanstellungsgebote aufgrund von Streikabwicklungsabkommen vor (vgl. Art. 357 N 6).

2. *Inhaltsfreiheit*

Der Einzelarbeitsvertrag ist zwar das Mittel zur Begründung des Arbeitsverhältnisses, aber 30
nur sehr beschränkt noch das Mittel zu seiner Gestaltung. Die Gestaltungsfunktion des Arbeitsvertrages ist zunehmend auf andere Rechtsquellen, insb. auf zwingende gesetzliche Regelungen und Gesamtarbeitsverträge übergegangen. Die Geschichte des Arbeitsrechts ist die Geschichte der Abschaffung der individuellen Vertragsfreiheit im Arbeitsleben. Die Mehrzahl der Arbeitsverhältnisse beruht heute auf weitgehend «inhaltsleeren» Arbeitsverträgen und wird im Wesentlichen durch Rechtsnormen aller Art gestaltet, die auf das Arbeitsverhältnis einwirken. Dieser *Rückgang der Gestaltungsfunktion des Einzelarbeitsvertrages* entspricht dem **Leitbild des Sozialstaates**, da die Vertragsfreiheit dahin tendiert, den sozial Mächtigen gegenüber dem sozial Schwächeren zu begünstigen.

Abreden, die zwingenden Vorschriften von Gesetz, Gesamtarbeitsvertrag oder Betriebsord- 31
nung widersprechen, sind nichtig, lassen aber die Wirksamkeit des übrigen Vertrages unberührt. Es würde nicht dem beabsichtigten Schutz des Arbeitnehmers dienen, wollte man gem. Art. 20 Abs. 2 bei **Teilnichtigkeit** die volle Nichtigkeit des Vertrages annehmen, falls der Arbeitgeber andernfalls den Vertrag nicht geschlossen hätte. Der Arbeitsvertrag bleibt daher entgegen dieser Vorschrift aufrechterhalten, und die unwirksamen Vereinbarungen werden durch die vorgeschriebenen Mindestarbeitsbedingungen ersetzt (Art. 361 Abs. 2, Art. 362 Abs. 2, Art. 357 Abs. 2). Erfasst der Mangel jedoch nicht nur einzelne Abreden, sondern den *Vertrag* als solchen, so tritt **Ganznichtigkeit** ein (Bsp.: fehlende Bewilligung zur Vertretung eines Arztes in dessen Praxis, weil der Vertreter kein eidg. Arztdiplom besitzt: AGer ZH, JAR 2002, 143).

3. *Formfreiheit (Art. 320 Abs. 1)*

Für den **Einzelarbeitsvertrag** als solchen besteht *Formfreiheit*, soweit das Gesetz nichts an- 32
deres bestimmt (Art. 320 Abs. 1). Ausnahmsweise der Schriftform bedarf der Lehrvertrag (Art. 344a Abs. 1) und der Heuervertrag der Seeleute (Art. 69 Abs. 2 SSG). Beim Anstellungsvertrag für Handelsreisende und Leiharbeitnehmer ist die Schriftform zwar vorgesehen, aber

nicht Gültigkeitsvoraussetzung (Art. 347a Abs. 1, 2; Art. 19 Abs. 1, 3 AVG). Sodann können die Parteien auch selbst die Schriftform vorsehen. Für diesen Fall besteht die gesetzliche Vermutung, dass die (gewillkürte) Formvorschrift Gültigkeitsvoraussetzung ist (Art. 16 Abs. 1). Ein vertraglicher Formvorbehalt kann formfrei (also auch konkludent) wieder aufgehoben werden, indem sich die Parteien – insb. bei einer Vertragsänderung – über die vereinbarte Form hinwegsetzen (BGE 105 II 78; s.a. OGer LU, JAR 2012, 503).

33 Trotz Formfreiheit des Einzelarbeitsvertrages im Allgemeinen bedürfen zahlreiche **Einzelabreden** im Interesse der Rechtssicherheit, aber auch zum Schutz des Arbeitnehmers zu ihrer Gültigkeit der *Schriftform*, vgl. z.B. Art. 321c Abs. 3 (Überstundenvergütung), Art. 322b Abs. 2 (Provisionsanspruch pro rata), Art. 323 Abs. 2 (Zahlungsfrist der Provision), Art. 324a Abs. 4 (Lohn bei Krankheit oder Unfall des Arbeitnehmers), Art. 327a Abs. 2 (pauschale Auslagenvergütung), Art. 330 Abs. 2 (Zeitpunkt der Rückgabe einer Kaution), Art. 332 Abs. 2 (Vorbehalt von Erfindungen und Designs), Art. 335b Abs. 2 (Probezeit), Art. 335c Abs. 2 (Kündigungsfrist), Art. 339 Abs. 2 (Fälligkeit von Provisionsforderungen), Art. 339c Abs. 1 und 4 (Höhe und Fälligkeit der Abgangsentschädigung), Art. 340 Abs. 1 (Konkurrenzverbot), Art. 340b Abs. 3 (Realerfüllung des Konkurrenzverbots). Keine Schriftform ist hingegen bei der Pensionszusage erforderlich, da diese nicht als Leibrentenvertrag oder Schenkungsversprechen, sondern als Zusage einer Fürsorgeleistung anzusehen ist (BGE 73 II 226).

34 Teilweise unterliegen auch **einseitige Erklärungen** einer Formvorschrift, so namentlich gem. Art. 330b (Information über Elemente des Arbeitsvertrages), Art. 335 Abs. 2 (schriftliche Begründung der ordentlichen Kündigung auf Verlangen der anderen Partei), Art. 335f Abs. 3 (schriftliche Mitteilung des Arbeitgebers im Rahmen der Massenentlassung), Art. 335g Abs. 1 (schriftliche Anzeige einer beabsichtigten Massenentlassung an das kantonale Arbeitsamt), Art. 336b Abs. 1 (schriftliche Einsprache gegen eine missbräuchliche Kündigung) und Art. 337 Abs. 1 (schriftliche Begründung der ausserordentlichen Kündigung auf Verlangen der anderen Partei).

35 Umstritten ist, ob das Schriftformerfordernis auch erfüllt ist, wenn im schriftlich abgefassten und unterzeichneten Arbeitsvertrag lediglich global auf nicht unterschriebene allgemeine Arbeitsbedingungen, Reglemente, Gesamtarbeitsverträge u.dgl. verwiesen wird. Das ist nach der h.L. nicht der Fall, weil der Arbeitnehmer dadurch nicht ausreichend gewarnt wird (BK- BK-Rehbinder/Stöckli, N 14; Stöckli, Allgemeine Arbeitsbedingungen, 135 f.; Vischer/Müller, 89). Anders sehen dies BGer, JAR 2006, 129 und Streiff/von Kaenel/Rudolph, N 3. Dieser Auffassung ist zuzustimmen, sofern die Allgemeinen Arbeitsbedingungen zum integrierenden Bestandteil des schriftlichen Arbeitsvertrages erklärt und dem Arbeitnehmer ausgehändigt werden. Ein Arbeitnehmer, der zum Lesen Allgemeiner Arbeitsbedingungen über sein Arbeitsverhältnis nicht bereit ist, wird dieselben Klauseln tendenziell auch dann nicht zur Kenntnis nehmen, wenn sie im – entsprechend verlängerten – Hauptvertrag selbst enthalten sind. Ausserdem wird er durch die Unklarheiten- und die Ungewöhnlichkeitsregel geschützt. Diese wird i.d.R. jedoch nicht verletzt sein, wenn das Gesetz den Abschluss einer bestimmten Vereinbarung ausdrücklich vorsieht (so z.B. die Erfinder- bzw. Designerklausel gem. Art. 332 Abs. 2; **a.A.** Streiff/von Kaenel/Rudolph, Art. 332 N 11).

IV. Übervorteilung und Willensmängel

36 Auch der Arbeitsvertrag unterliegt den allgemeinen Vorschriften über die Übervorteilung und die Willensmängel (Art. 21, 23–31; Bsp.: Vortäuschung von Berufserfahrung, AGer ZH, JAR 2002, 151). Ein *Irrtum über die Person* des Stellenbewerbers ist nur dann erheblich und kann zur Anfechtung des Vertrages führen, wenn er für die betreffende Stellung wesentlich war. Bei einer absichtlichen Täuschung durch den Bewerber hingegen ist dies nicht Voraussetzung. Soweit ein Bewerber **unzulässige Fragen** im Rahmen von Bewerbungsgesprächen oder in Personalfragebögen unrichtig beantwortet, ist dem Arbeitgeber die Anfechtung des Vertrages unter Berufung auf absichtliche Täuschung oder Irrtum verwehrt («Notwehrrecht der Lüge», N 9). Die entsprechende dogmatische Grundlage ist nicht in Art. 52 Abs. 1, sondern in Art. 25 Abs. 1 bzw. in Art. 2 ZGB zu sehen (PORTMANN/STÖCKLI, Rz 119). Eine **unterlassene Offenbarung** von Tatsachen, nach denen der Arbeitgeber nicht gefragt hat, berechtigt diesen nur zur Vertragsanfechtung, wenn der Arbeitnehmer für die konkrete Arbeitsstelle ungeeignet ist (N 13). Auf die Vereinbarung eines *Wucherlohnes* findet Art. 21 Anwendung; liegt jedoch ein strafbares Verhalten nach Art. 157 StGB vor, ist sie gem. Art. 20 nichtig. Dem Anfechtungsberechtigten steht es frei, die fristlose Kündigung zu erklären, anstatt sich auf den Willensmangel zu berufen, wenn dieser zugleich einen wichtigen Grund darstellt (Art. 337 N 32a).

Art. 321

B. Pflichten des Arbeitnehmers I. Persönliche Arbeitspflicht	**Der Arbeitnehmer hat die vertraglich übernommene Arbeit in eigener Person zu leisten, sofern nichts anderes verabredet ist oder sich aus den Umständen ergibt.**
B. Obligations du travailleur I. Travail personnel	Le travailleur exécute en personne le travail dont il s'est chargé, à moins que le contraire ne résulte d'un accord ou des circonstances.
B. Obblighi del lavoratore I. Adempimento personale	Il lavoratore deve prestare personalmente il lavoro stipulato, in quanto il contrario non risulti da un accordo o dalle circostanze.

Literatur

BLESI, Die Freistellung des Arbeitnehmers – Ein Handbuch für die Praxis, 2. Aufl., Zürich/Basel/Genf 2010; BONER, Teilzeitarbeit, Diss., Bern 1985; BRÜHWILER, Arbeits- und sozialversicherungsrechtliche Absicherung der Teilzeitarbeit, SZS 1992, 22 ff., 76 ff.; BYRNE-SUTTON, Le contrat de travail à temps partiel, Diss., Zürich 2001; CIRIGLIANO, Die Auswirkungen fehlender Arbeitszeiterfassung auf die Kurzarbeit nach Art. 31 ff. AVIG, Jusletter 15.7.2013; CLASS, Rechtsansprüche bei Arbeit auf Abruf, plädoyer 5/1998, 36 ff.; EBERHARD (Hrsg.), Beschäftigungswirksame Arbeitszeitmodelle, Diss., Zürich 2001; EGLI, Neue Tendenzen bei der Teilzeitarbeit, SJZ 2000, 205 ff.; ENRIQUEZ, Die gewillkürte Freistellung des Arbeitnehmers von seiner Arbeitspflicht bis zum Ablauf der Kündigungsfrist – Rechtsdogmatische Grundlagen, Diss., Zürich/St. Gallen 2008; FLACH, Die «Freistellung» von der Arbeitsleistung nach Kündigung, SJZ 1994, 209 ff.; FUTTERKNECHT, Job-Sharing, Diss., Bern 1985; GEISER, Flexibilisierung der Arbeitszeit und des Lohnes, ArbR 1998, 77 ff.; DERS., Neue Arbeitsformen. Flexible Arbeitszeiten, Job Sharing, Computer-Arbeitsplätze, AJP 1995, 557 ff.; DERS., Lebensarbeitszeit, ArbR 2000, 51 ff.; DERS., Grundlagen und Schranken flexibler Arbeitszeiten im Einzelarbeitsvertragsrecht, AJP 1997, 1327 ff.; DERS., Flexibilisierung der Arbeitszeiten – Möglichkeiten und Schranken, in: FS für Jean-Fritz Stöckli, Zürich/St. Gallen 2014, 233 ff.; GUTZWILLER, Arbeitszeitmodelle und ihre rechtlichen Folgen, Schweizer Arbeitgeber 10/2010, 18 ff.; HENNEBERGER/RIEDER, Bemessung der Entschädigung der Wartezeiten bei echter Arbeit auf Abruf, AJP 2011, 1057 ff.; HUMBERT, Die Freistellung des Arbeitnehmers im Arbeitsverhältnis, Schweizer Arbeitgeber 2000, 1058 ff.; MEIER, Zur Freistellung des Arbeitnehmers, plädoyer 2/1996, 32 ff.; MEIER A., The New Employment Relationship, Zürich/St. Gallen 2014; MÜLLER, Arbeitsgesetz, Kommentar, 7. Aufl., Zürich 2009; DERS., Arbeitszeitfragen im Lichte des neuen Arbeitsgesetzes, FS für Manfred Rehbinder, München/Bern 2002, 57 ff.; MÜLLER/STENGEL/HOFER, Arbeitsort und Arbeitsweg, AJP 2015, 564 ff.; NEUHAUS/BUHOLZER, Arbeitszeitvorschriften in der gewerbsmässigen Luftfahrt, Zürich/St. Gallen 2013; RONCORONI, Arbeit auf Abruf und Gelegenheitsarbeit, AJP 1998, 1410 ff.; RUDOLPH/VON KAENEL, Aktuelle Fragen zur Arbeitszeit, AJP 2012, 197 ff.; STENGEL/BRÄNDLI, Pikettdienst unter Art. 8a ArGV 2, AJP 2013, 55 ff.; SUBILIA, Le partage du travail en droit suisse, Diss., Lausanne 1998; DERS., Les horaires de travail selon la Loi sur le travail, Lausanne 2012; THALMANN/OTTIMOFIORE, Der Bestand von parallelen Regelungssystemen zur Überentschädigung im Bereich der Kurzarbeitsentschädigung – Die Frage der Anwendbarkeit, ARV 2014, 1 ff.; vgl. ausserdem die Literaturhinweise zur Einleitung vor Art. 319 ff. betr. Flexibilisierung der Arbeitsverhältnisse.

I. Personenbezogener Charakter der Arbeitspflicht

1. Leistungserbringer

1 Die Pflicht zur Arbeitsleistung ist die *Hauptpflicht* jedes Arbeitnehmers. Sie ist im Zweifel **persönlich** zu erfüllen (Art. 321, Abweichung von der allgemeinen Vorschrift des Art. 68), d.h. der Arbeitgeber braucht sich keine Vertretung aufdrängen zu lassen, und der Arbeitnehmer ist bei Verhinderung auch nicht verpflichtet, eine Vertretung zu stellen. Allerdings kann die Befugnis zum Beizug von **Hilfspersonen** vereinbart sein oder sich aus den Umständen ergeben. So ist beim Heimarbeitsvertrag die Zuziehung von Familienangehörigen häufig und wird deshalb auch in der gesetzlichen Begriffsumschreibung erwähnt (Art. 351). Ferner kann sich z.B. der Hauswart eines Gebäudes verpflichten, seine Ehefrau zu Reinigungsarbeiten beizuziehen. Eine Ausnahme von der persönlichen Arbeitspflicht kann auch im Falle des Gruppenarbeitsverhältnisses eintreten (Art. 319 N 37 f.).

2 Besteht zwischen dem Arbeitnehmer und der Hilfsperson ebenfalls ein Arbeitsverhältnis, so kommt es zu einem *gestuften Arbeitsverhältnis* (Art. 319 N 35 f.). Im Falle der Erfüllung der Arbeitspflicht durch Hilfspersonen hat der Arbeitnehmer dem Arbeitgeber für die ordentliche Vertragserfüllung voll einzustehen (Art. 101; anders beim Dienstverschaffungsvertrag, s. Art. 319 N 34).

2. Leistungsempfänger

3 Dem personenbezogenen Charakter der Arbeitspflicht entspricht es, dass umgekehrt der Arbeitgeber weder durch Weisung die Leistung an einen Dritten verlangen kann noch seinen Anspruch auf Arbeitsleistung auf einen anderen übertragen darf (Art. 333 Abs. 4; Bsp.: OGer LU, JAR 2002, 153). Es kann jedoch etwas anderes vereinbart werden; so wenn dem Arbeitgeber das Recht eingeräumt wird, die Dienste des Arbeitnehmers einem anderen zur Verfügung zu stellen (*Personalverleih*, Art. 319 N 23 ff.), oder im Falle eines *Vertrages zugunsten Dritter* (z.B. Sohn stellt Hausgehilfin für seine alte Mutter ein). Über den Sonderfall des Übergangs des gesamten Arbeitsverhältnisses s. Art. 333.

II. Inhalt der Arbeitspflicht

4 Der Inhalt der Arbeitspflicht bestimmt sich mangels zwingender Gesetzesbestimmungen vor allem nach den durch Gesamt- oder Einzelarbeitsvertrag getroffenen Vereinbarungen, die nach Treu und Glauben auszulegen sind und durch das Weisungsrecht des Arbeitgebers konkretisiert werden.

1. Gegenstand

5 Der Gegenstand der Arbeitspflicht bestimmt sich primär nach dem Einzelarbeitsvertrag. Arbeiten, die *üblicherweise* von Arbeitnehmern der gleichen Art übernommen werden, sind von jedem Arbeitnehmer auf Verlangen des Arbeitgebers zu verrichten, sofern nichts anderes vereinbart ist. Andere Arbeiten können dagegen abgelehnt werden. So ist die Verkäuferin im Zweifel zum Staubwischen, der Lastwagenfahrer zu kleineren Reparaturen verpflichtet, nicht dagegen der gewerbliche Arbeitnehmer zur Arbeit im Haushalt. Im Übrigen wird die in diesem Rahmen geschuldete Arbeitsleistung durch das Weisungsrecht des Arbeitgebers konkretisiert (Art. 321d). Dieser kann dem Arbeitnehmer insoweit beliebige Arbeit übertragen. Er kann ihn auch, statt ihm konkrete Arbeit aufzutragen, lediglich in Arbeitsbereitschaft halten (z.B. Dienstleistungspersonal). Diese sog. *Präsenzzeit* ist grundsätzlich voll zu vergüten (Art. 319 N 8).

2. Arbeitsort

Ort der Arbeitsleistung ist die gesamte **Reichweite der Arbeitsorganisation**, in die der Arbeitnehmer eingegliedert wird. Der Arbeitnehmer muss also auf Anordnung des Arbeitgebers auch ausserhalb der eigentlichen Betriebsstätte arbeiten, z.B. in der Wohnung des Kunden. Die **Versetzung** durch Weisung in einen anderen Betrieb *desselben Arbeitgebers* ist gegen den Willen des Arbeitnehmers nur zulässig, wenn sie ihm zuzumuten ist, da das Arbeitsverhältnis i.d.R. nur für einen bestimmten Betrieb begründet wird (vgl. BGer, JAR 1991, 114). Eine Versetzung gegen den Willen des Arbeitnehmers ist selbst bei Zumutbarkeit unzulässig, wenn der Arbeitsort vertraglich bestimmt ist (**a.A.** AGer ZH, JAR 2002, 165; s.a. BGer, JAR 2010, 196). Eine Versetzung in den Betrieb eines *anderen Arbeitgebers* ist wegen des personenbezogenen Charakters der Arbeitspflicht auf jeden Fall nur möglich, wenn der Arbeitnehmer zustimmt (N 3). Dagegen kann der Arbeitgeber den Arbeitnehmer aufgrund seines Weisungsrechts auch ohne dessen Zustimmung im Rahmen des bisherigen Tätigkeitsbereiches an einen anderen *Arbeitsplatz* desselben Betriebes versetzen, sofern damit keine Lohnkürzung verbunden ist und die Versetzung keine unberechtigte Massregelung darstellt. 6

3. Arbeitszeit

Umfang und Lage der Arbeitszeit werden im Einzelnen durch Gesamt-, Normal- oder Einzelarbeitsvertrag oder durch betriebliche, branchenmässige oder lokale Übung bestimmt. Allerdings spielen hier die zwingenden gesetzlichen Vorschriften des Arbeitsschutzrechts über die Arbeits- und Ruhezeit eine bedeutende Rolle (insb. Art. 9 ff. ArG; s. etwa zum Nachtarbeitsverbot BGE 136 II 427, wonach der Verkauf von Detailhandelsartikeln in Tankstellenshops von 1 bis 5 Uhr morgens unzulässig war; s. nun aber die neuen Art. 27 Abs. 1^{quater} ArG und Art. 26 Abs. 2bis ArGV 2; zur Frage des fehlenden Lohnzuschlags bei regelmässig wiederkehrender Nachtarbeit BGer, ARV 2013, 42). Die dort vorgesehenen Höchstarbeitszeiten können jedoch durch Vereinbarung verkürzt werden. Innerhalb dieses Rahmens kann der Arbeitgeber die genaue Lage der Arbeitszeit durch Weisung bestimmen. Einer späteren einseitigen Änderung stehen jedoch unter Umständen berechtigte Interessen des Arbeitnehmers entgegen (Art. 321d Abs. 2), so insb. bei Teilzeitarbeit, wenn der Arbeitnehmer dauerhafte Dispositionen über die restliche Zeit getroffen hat, z.B. durch Übernahme einer weiteren Arbeitstätigkeit oder Kinderbetreuung. Nach einer gewissen Zeit wird i.d.R. ohnehin davon auszugehen sein, dass die einmal festgelegte Arbeitszeit stillschweigend zum Vertragsinhalt geworden ist. In diesem Fall bedarf es zu ihrer Änderung einer Übereinkunft oder einer Änderungskündigung. Derzeit sind Bemühungen im Gang, bezüglich der Arbeitszeiterfassung- und Dokumentationspflicht des Arbeitgebers (s. Art. 46 ArG i.V.m. Art. 73 ArGV 1) auf Verordnungsebene für bestimmte Mitarbeiterkategorien Befreiungs- und Erleichterungstatbestände zu schaffen, wobei teilweise eine gesamtarbeitsvertragliche Grundlage dafür vorausgesetzt werden soll (Stand: Frühling 2015; s. zum Thema auch Art. 321c N 6 m.Hw. auf die Rechtsprechung, insb. zu Beweisfragen im Überstundenprozess). Für weitere aktuelle Fragen zur Arbeitszeit RUDOLPH/VON KAENEL, AJP 2012, 197 ff. 7

Arbeitszeit ist die Zeit, während der sich der Arbeitnehmer unmittelbar zur Verfügung des Arbeitgebers halten muss. Demnach gehören zur Arbeitszeit auch: 8

- *Dienstreisen*;
- die *Arbeitsbereitschaft* (Präsenzzeit, Art. 319 N 8);
- der *Pikettdienst*, sofern er im Betrieb geleistet wird (Art. 319 N 10);
- in stark abgeschwächter Form die *Rufbereitschaft* (Bereitschaftsdienst, Art. 319 N 9);
- *Pausen*, sofern die Arbeitnehmer ihren Arbeitsplatz nicht verlassen dürfen (Art. 15 Abs. 2 ArG; nicht aber, wenn der Arbeitnehmer freiwillig am Arbeitsplatz bleibt, CREC VD, JAR 2014, 512; zum Begriff des Arbeitsplatzes s. Art. 18 Abs. 5 ArGV 1). Hat eine Arbeitnehmerin ihre Pausen in speziell dafür vorgesehenen Räumen zu verbringen, die vom eigentlichen Arbeitsplatz jedoch verschieden sind, so ist die Ansicht nicht willkürlich, dass diese

Pausen nicht als entschädigungspflichtige Arbeitszeit zu qualifizieren sind, auch wenn die Arbeitnehmerin das Betriebsgebäude nicht verlassen darf (BGer, ARV 2011, 37; dazu RUDOLPH, ARV online 2010 Nr. 666; s.a. KGer GR, JAR 2013, 492 f.: Nachtportier, der seine Pausen im Hotelgebäude verbringen und via Piepser erreichbar bleiben musste, was den nicht entschädigungspflichtigen Pausenbezug aber nicht ausschloss).

Nicht als Arbeitszeit zählt grundsätzlich der Arbeitsweg (s. aber etwa die Ausnahmen von Art. 13 Abs. 2 und Art. 15 Abs. 2 Satz 2 ArGV 1; AGer ZH, JAR 2011, 636: zur Anrechnung der Reisezeit eines Bauarbeiters von der Sammelstelle zur Baustelle und zurück). Gemäss AGer ZH, ZR 2000, 194 f. gelten auch ein- bis mehrstündige Wartezeiten eines Car-Chauffeurs zwischen zwei Fahrten nicht als Arbeitszeit.

9 Wird Arbeitszeit einverständlich vor- oder nachgeholt, um zwischen zwei arbeitsfreien Tagen eine sog. *Festtagsbrücke* herzustellen, führt das nicht zu Ersatzansprüchen, wenn der Arbeitnehmer wider Erwarten von dieser Freizeit keinen Gebrauch machen kann, weil das Risiko für die mangelnde Nutzung der Freizeit nicht beim Arbeitgeber liegt. Zu Freizeit und Ferien s. Art. 329 ff., zur Überstundenarbeit Art. 321c.

10 Auf Kosten der vollen, festen und regelmässigen Arbeitszeit haben namentlich in neuerer Zeit **flexible Arbeitszeitmodelle** an Bedeutung gewonnen (PORTMANN/STÖCKLI, Rz 154 ff.). Zu ihnen gehören:

11 – *Gleitende Arbeitszeit.* Während einer «Blockzeit», z.B. 9 bis 11 Uhr und 14 bis 16 Uhr, haben i.d.R. alle Arbeitnehmer am Arbeitsplatz tätig zu sein; während einer «Gleitzeit» hingegen, die vor und hinter der Blockzeit festgelegt ist, haben die Arbeitnehmer die Wahl, wann sie jeweils den Rest ihrer Arbeitszeit tätig sein wollen. Sie können also Arbeitsbeginn, Pausen und Arbeitsschluss sowie die Dauer der Arbeit individuell und von Tag zu Tag verschieden ansetzen, wobei sie lediglich ein bestimmtes Soll an Arbeitszeit zu erfüllen haben. Bei der Wahl der Arbeitszeiten und damit bei der Ausübung der Zeitsouveränität sind die Betriebsinteressen mitzuberücksichtigen (BGE 130 V 316). Die Verantwortung für die Einhaltung der vereinbarten Bandbreite liegt beim Arbeitnehmer. Hat der Arbeitnehmer im Verhältnis zum vereinbarten Mass zu wenig Arbeit geleistet, so kann der Arbeitgeber insoweit die Lohnzahlung verweigern (s. aber OGer LU, JAR 2012, 505: Konkludenter Verzicht auf Lohnkürzung infolge vorbehaltloser Lohnzahlung). Hat hingegen der Arbeitnehmer in einer Zeitperiode über das zulässige Mass hinaus Mehrarbeit geleistet, verfällt diese Arbeitsleistung ohne Vergütungspflicht des Arbeitgebers und ohne Kompensationsrecht des Arbeitnehmers (BGE 130 V 315 f.). Einen Gleitzeitüberhang hat der Arbeitnehmer grundsätzlich mit Freizeit zu kompensieren (BGE 123 III 469). Um kontrollieren zu können, ob die Arbeitnehmer ihre volle Arbeitszeit geleistet haben, müssen Ankunft und Weggang des jeweiligen Arbeitnehmers individuell durch Kontrollgeräte erfasst werden («Stempeluhr»). Unverschuldet fehlende Arbeitszeit muss nicht ausgeglichen werden (OGer BL, JAR 2000, 129).

12 – *Wochenarbeitszeit mit Bandbreite.* Beispielsweise wird eine wöchentliche Arbeitszeit zwischen 40 und 45 Stunden vereinbart, wobei dem Arbeitgeber das Recht überlassen wird, die konkrete Arbeitszeit anhand seiner jeweiligen Bedürfnisse zu bestimmen (STREIFF/VON KAENEL/RUDOLPH, N 9).

13 – *Jahresarbeitszeit.* Der Arbeitgeber kann die tägliche oder wöchentliche Arbeitszeit innerhalb eines vereinbarten Rahmens an saisonale Produktions- oder Auftragsschwankungen anpassen. Innerhalb eines Jahres hat ein Ausgleich stattzufinden, so dass die festgelegte Anzahl Arbeitsstunden pro Jahr eingehalten wird. Bei unterjähriger Beschäftigung muss die festgelegte Jahresarbeitszeit nicht proportional auf die jeweilige Beschäftigungsdauer umgerechnet werden; der Arbeitgeber begeht keine Pflichtverletzung durch Überschreitung eines Stundenmaximums, solange die unterjährig geleistete Arbeit die geltende maximale Jahresarbeitszeit insgesamt nicht übersteigt (KGer SG, JAR 2010, 595 mit Bezug auf den LMV für das Bauhauptgewerbe).

- *Lebensarbeitszeit*. Der Arbeitnehmer kann in einem gewissen Ausmass Arbeitszeit vorholen, um später z.B. einen bezahlten Langzeiturlaub beziehen zu können oder um sich frühzeitig pensionieren zu lassen. Lässt sich die vorgesehene Kompensation durch Freizeit insb. wegen vorzeitiger Auflösung des Arbeitsverhältnisses nicht durchführen, muss eine finanzielle Abgeltung erfolgen (s. z.B. Art. 12.7 der Vereinbarung in der Maschinen-, Elektro- und Metallindustrie 2013–2018 über das Langzeitkonto). **14**
- *Zielorientierte Arbeitszeit*. Eine bestimmte Arbeit ist bis zu einem bestimmten Zeitpunkt zu erledigen. Der volle Lohnanspruch bleibt dem Arbeitnehmer auch dann gewahrt, wenn er das Ziel ohne Ausschöpfung der grundsätzlich vereinbarten Arbeitszeit erreicht. Überschreitet er diese, ist Art. 321c anwendbar. **15**
- *Schichtarbeit*. Der Arbeitgeber legt abwechselnde Tages- und Nachtabschnitte als Arbeitszeit fest. Die Arbeitszeit ist so einzuteilen, dass der einzelne Arbeitnehmer nicht länger als während sechs aufeinanderfolgenden Wochen die gleiche Schicht zu leisten hat. Bei zweischichtiger Arbeit am Tag und am Abend muss der Arbeitnehmer an beiden Schichten und bei Nachtarbeit an der Tages- und Nachtarbeit gleichmässig Anteil haben (Art. 25 ArG mit der Möglichkeit abweichender Vereinbarungen). **16**
- *Teilzeitarbeit*. Bei der *eigentlichen Teilzeitarbeit* ist die Arbeitszeit gegenüber dem betriebs- oder branchenüblichen Mass verkürzt, so dass der Arbeitnehmer mehrere Arbeitsverträge mit verschiedenen Arbeitgebern während der gleichen Zeitperiode erfüllen kann. Art. 319 Abs. 2 stellt klar, dass in diesem Fall die Vorschriften des Arbeitsvertragsrechts trotzdem Anwendung finden. Allerdings sind einige Vorschriften ihrem Sinn nach nicht oder nur eingeschränkt anwendbar, so regelmässig (weil der Arbeitgeber mit anderweitiger Tätigkeit rechnen muss) das Verbot der Schwarzarbeit (Art. 321a Abs. 3, s. aber BGer, JAR 1996, 111) und die Pflicht zur Leistung von Überstunden (Art. 321c). Besondere Probleme können namentlich auch in den Bereichen Lohnfortzahlung, Freizeit, Ferien sowie Arbeits- und Ruhezeit nach ArG auftreten. Durch das Wort «regelmässig» (richtig: fortgesetzt) nimmt das Gesetz eine Abgrenzung zur *uneigentlichen Teilzeitarbeit* – auch *Gelegenheits-* oder *Aushilfsarbeit* – vor, bei der jeder Arbeitseinsatz ein gegenseitiges Einverständnis voraussetzt und somit stets neue, meist befristete Arbeitsverträge geschlossen werden (OGer ZH, JAR 1986, 68). In einem solchen Fall trifft den Arbeitgeber keine Lohnfortzahlungspflicht nach Art. 324, wenn er einen vom Arbeitnehmer erneut angebotenen Einsatz ablehnt (BGer, ARV 2010, 101: jeweilige einverständliche Festlegung des Pensums für das kommende Schuljahr). Hat der Arbeitnehmer ununterbrochen mindestens ein Jahr lang relativ regelmässig Arbeitseinsätze geleistet und der Arbeitgeber keine Einsätze abgelehnt, geht BGer, JAR 2007, 229 von der Umwandlung eines Gelegenheitsarbeitsverhältnisses in ein festes Teilzeitarbeitsverhältnis aus. Zu unterscheiden ist die Teilzeitarbeit von der *Kurzarbeit*, bei der bloss eine vorübergehende Arbeitszeitverkürzung eintritt (N 23). Besondere Arten der Teilzeitarbeit bilden das *Job Sharing* (N 18) und die *Arbeit auf Abruf* (N 19; für ein Fallbeispiel, das beide Arten sowie Telearbeit betraf, CAPH GE, JAR 2011, 459). **17**
- *Job Sharing*. Der Arbeitgeber überlässt – unter Verzicht auf sein Weisungsrecht in Bezug auf die Arbeitszeit – zwei oder mehreren Arbeitnehmern die Entscheidung, wie sie eine Arbeitsstelle untereinander aufteilen wollen («Zeitsouveränität»). Job Sharing erweist sich damit als besondere Art der Teilzeitarbeit und gleichzeitig als Gruppenarbeitsverhältnis (Art. 319 N 37 f.; illustrativ CAPH GE, JAR 2011, 459: Rheumatologe am Genfer Universitätsspital, dessen Arbeitsvertrag Elemente von Job Sharing, Arbeit auf Abruf und Telearbeit aufwies). Können sich die Job Sharer über die Aufteilung der Arbeitszeit nicht einigen und ist dieser Fall vertraglich nicht geregelt, so lebt das Weisungsrecht des Arbeitgebers wieder auf. Bei Verhinderung an der Arbeitsleistung ist eine gegenseitige Vertretungspflicht anzunehmen, sofern diese vertraglich nicht ausgeschlossen wurde. **18**
- *Arbeit auf Abruf*. Bei der *echten Arbeit auf Abruf* behält sich der Arbeitgeber vertraglich das Recht vor, die Arbeitskraft des Arbeitnehmers je nach Arbeitsanfall in Anspruch zu nehmen (kapazitätsorientierte variable Arbeitszeit = *KAPOVAZ*). Den Arbeitnehmer trifft **19**

dann eine Einsatzpflicht nach Weisung des Arbeitgebers. Dies ist grundsätzlich zulässig (BGE 124 III 250), obwohl der Arbeitnehmer Gefahr läuft, infolge geringer Arbeitseinsätze und Gebundenheit durch die Rufbereitschaft kein existenzsicherndes Einkommen zu erzielen (sofern nicht eine bestimmte Beschäftigungsdauer zugesichert wird). Immerhin ist eine plötzliche und erhebliche Reduktion des gewohnten Pensums unzulässig (BGE 125 III 65 mit dogmatisch fragwürdiger Begründung; i.c. Reduktion von durchschnittlich rund CHF 4600 pro Monat auf CHF 300). Der ausserhalb des Betriebes durch den Arbeitnehmer geleistete Bereitschaftsdienst stellt grundsätzlich eine entschädigungspflichtige Arbeitsleistung dar, doch kann die Entschädigung tiefer sein als der Lohn für die im Betrieb geleistete Arbeit und sogar einzel- oder gesamtarbeitsvertraglich in den Lohn für die Hauptleistung eingeschlossen werden (BGE 124 III 251; s. ein solches Beispiel in BGer, ARV 2010, 189, 193; s. ferner Art. 319 N 9 f.). *Unechte Arbeit auf Abruf* bzw. *Aushilfs-* oder *Gelegenheitsarbeit* liegt vor, wenn es dem Arbeitnehmer freisteht, das wechselnde Arbeitsangebot des Arbeitgebers anzunehmen (keine dauerhafte Bindung des Arbeitnehmers; BGer, ARV 2010, 103; GSGer BS, JAR 1989, 99). Ein Lohnfortzahlungsanspruch infolge ungenügenden Abrufs fällt insofern ausser Betracht (BGer, ARV 2010, 103; AGer ZH, JAR 2009, 698). Die einzelnen Arbeitsverträge beruhen gegebenenfalls auf einem Rahmenvertrag, der die Arbeitsbedingungen einheitlich regelt. Zur arbeitslosenversicherungsrechtlichen Behandlung von Arbeit auf Abruf BGE 139 V 259; BGer, ARV 2014, 62 und BGer, ARV 2014, 137.

III. Vorübergehende Änderungen der Arbeitspflicht

20 Besondere Umstände können die Arbeitspflicht vorübergehend ändern, erweitern, beschränken oder entfallen lassen.

1. Austausch des Leistungsempfängers

21 Die Parteien können vereinbaren, dass der Arbeitnehmer die Arbeitsleistung vorübergehend im Betrieb eines **Dritten** erbringt. Dies ist namentlich der Fall bei wiederholter und gelegentlicher Überlassung des Arbeitnehmers an einen Einsatzbetrieb («Regiearbeit» und «echte Leiharbeit»), wogegen der Arbeitnehmer bei Temporärarbeit während der jeweils ganzen Vertragsdauer Arbeit für einen Dritten leistet (Art. 319 N 24 ff.).

2. Erweiterung des Inhalts

22 Eine inhaltliche Erweiterung der Arbeitspflicht tritt in **Notfällen** ein, in denen der Arbeitnehmer nach Treu und Glauben auch andere als die normalen Arbeiten verrichten, Überstunden leisten und gegebenenfalls an einem anderen als dem gewöhnlichen Arbeitsort tätig werden muss (Unfälle, Brände, Erntenotstand u.ä.; Voraussetzungen nicht erfüllt in AGer ZH, JAR 2002, 165), sowie bei **Umorganisation** des Geschäftsbereichs aus wichtigen Gründen. Einer Verkäuferin kann nach der Rechtsprechung *vorübergehend* eine andere Arbeit zugewiesen werden, wenn die betreffende Arbeit von einer Verkäuferin verlangt werden kann und ein sachlicher Grund für die Zuweisung vorliegt, z.B. weil eine Arbeitskollegin erkrankt ist (BGer, JAR 2006, 282; i.c. wurde bezweifelt, ob von einer Verkäuferin Arbeit als Hygienebeauftragte verlangt werden kann, letztlich aber der sachliche Grund für die Zuweisung verneint).

3. Beschränkung des Inhalts

23 Eine vorübergehende Beschränkung des Inhalts der Arbeitspflicht kann durch besondere Vereinbarung vorgenommen werden. Wird die gewöhnliche Arbeitszeit infolge von Betriebsstörungen oder wirtschaftlichen Schwierigkeiten vorübergehend reduziert (meist in Form der

Verkürzung der täglichen Arbeitszeit), spricht man von **Kurzarbeit**. Zur einseitigen Anordnung von Arbeitsbeschränkungen ist der Arbeitgeber, falls damit Lohnkürzungen verbunden sind, nicht berechtigt. Er kann aber aus betrieblichen Gründen einseitig «vorgezogene» Ferien anordnen, denn diese führen nicht zur Lohnkürzung. Man spricht dann von *Zwangsferien*. Kommt es hingegen (allenfalls unter dem Druck von Änderungskündigungen, vgl. Art. 335 N 9) zu Vereinbarungen über Arbeitsbeschränkungen unter Lohnkürzung, so tritt *Teilarbeitslosigkeit* ein. Spricht der Arbeitgeber dann wider Erwarten während oder unmittelbar nach der Kurzarbeit dennoch Entlassungen aus, hat der Arbeitnehmer Anspruch auf die Differenz zum vollen Lohn (AGer BE, JAR 1994, 125). Der Vereinbarung von Kurzarbeit mit Lohnkürzung steht der zwingende Charakter von Art. 324 nicht entgegen (Art. 324 N 16).

Auch ein rechtmässiger Streik beschränkt die Arbeitspflicht insofern, als der nicht streikende Arbeitnehmer **unmittelbare Streikarbeit** ablehnen kann, d.h. solche Arbeit, die ihm bisher nicht aufgetragen wurde und die einen wirtschaftlichen Ersatz für den durch Streik ausgefallenen Arbeitserfolg bilden soll; denn diese Arbeit zu verrichten ist dem Arbeitnehmer angesichts des verfassungsrechtlich gewährleisteten Rechts auf Arbeitskampf nicht zumutbar (Art. 28 Abs. 3 BV; Bsp.: beschäftigt ein Betrieb Maurer und Gipser, so braucht ein Maurer während eines Gipserstreiks keine Gipserarbeit zu übernehmen, selbst wenn er dazu fachlich in der Lage wäre). **Mittelbare Streikarbeit**, d.h. vertragsgemässe Arbeit, die ohne vorhergehende Arbeit eines Streikbrechers unmöglich oder die ihrerseits Voraussetzung für die Arbeitsmöglichkeit eines Streikbrechers ist, darf dagegen nicht verweigert werden (z.B. muss bei Druckerstreik die Zeitungsfrau Zeitungen austragen, die von Streikbrechern hergestellt wurden). 24

4. Wegfall

Zum völligen Wegfall der Arbeitspflicht – teils unter Aufrechterhaltung, teils unter Wegfall des Lohnanspruchs – kommt es in folgenden Fällen: 25

- *Unmöglichkeit oder Unzumutbarkeit der Arbeitsleistung* (Art. 119 Abs. 1, Art. 324a), z.B. bei Erfüllung höherer Pflichten wie Militärdienst, gerichtliche Vorladung, Krankheit, Unfall, staatlich anerkannte Feiertage. Ist die Unmöglichkeit der Arbeitsleistung aufgrund einer notwendigen Operation eingetreten, so entfällt die Arbeitspflicht auch dann, wenn die Operation zeitlich nicht dringend war; denn der Zeitpunkt einer notwendigen Operation kann hier (anders als bei den Ferien, s. Art. 329c Abs. 2) unter Berücksichtigung besonderer Interessen des Arbeitgebers vom Arbeitnehmer selbst bestimmt werden (OGer ZH, JAR 1993, 119), ebenso bei freiwillig vorgezogener Rekrutenschule (BGer, ARV 2002, 87). 26
- *Annahmeverzug des Arbeitgebers*. Der Arbeitgeber gerät, unabhängig von einem Verschulden, in Annahmeverzug, wenn er ohne gesetzlich anerkannten Grund die vom Arbeitnehmer ordnungsgemäss angebotene Arbeitsleistung nicht annimmt (Art. 324). Nach dieser Vorschrift zu beurteilen sind auch die Freistellung (Art. 324 N 7) und die berechtigte Leistungsverweigerung des Arbeitnehmers (Art. 324 N 8). 27
- *Teilnahme an einem rechtmässigen Streik*. Den Arbeitnehmern ist es nicht zumutbar, den in ihrem Interesse ausgerufenen Streik durch Leistung ihrer Arbeit zu vereiteln (Art. 2 ZGB; BGE 125 III 284). 28
- *Gewährung von Ferien und Freizeit*. Kein gesetzlicher Wegfall der Arbeitspflicht, wohl aber die Pflicht des Arbeitgebers zur Arbeitsbefreiung besteht für einen Tag in der Woche, i.d.R. den Sonntag (Art. 329 Abs. 1, 2), sodann zwecks Aufsuchens einer neuen Arbeitsstelle nach erfolgter Kündigung und bei Familienereignissen (Art. 329 Abs. 3), während den Ferien und im Rahmen des Mutterschutzes (insb. Art. 35a ArG). 29
- *Vertragliche Arbeitsbefreiung*. Eine solche kommt insb. in Form eines unbezahlten Urlaubs und einer vereinbarten Freistellung vor. 30

IV. Sanktionen bei Verletzung der Arbeitspflicht

31 Bei Nichterfüllung oder nicht richtiger Erfüllung der Arbeitspflicht kann der Arbeitgeber gegebenenfalls folgende Sanktionen ergreifen:
- *Kündigung*; eine ausserordentliche Kündigung fällt grundsätzlich nur bei beharrlicher Arbeitsverweigerung, bei völligem beruflichem Versagen oder bei Schlechterfüllung mit grobem Verschulden in Betracht;
- *Verweigerung der Lohnzahlung* bei fehlender (nicht bei mangelhafter) Arbeitsleistung oder Abzug vom Ferienguthaben (AGer ZH, JAR 1999, 201; TPH GE, JAR 1988, 277);
- *Geltendmachung von Schadenersatz* (Art. 321e, 337d);
- *Konventional- und Ordnungsstrafen*, falls eine genügende Rechtsgrundlage besteht (s. einen Fall von mangelhaftem Bestimmtheitsgrad in BGE 119 II 162; s. ferner Art. 321d N 10 ff.);
- *Erfüllungsklage und entsprechende Zwangsvollstreckung* (praktisch bedeutungslos).

Art. 321*a*

II. Sorgfalts- und Treuepflicht

1 Der Arbeitnehmer hat die ihm übertragene Arbeit sorgfältig auszuführen und die berechtigten Interessen des Arbeitgebers in guten Treuen zu wahren.

2 Er hat Maschinen, Arbeitsgeräte, technische Einrichtungen und Anlagen sowie Fahrzeuge des Arbeitgebers fachgerecht zu bedienen und diese sowie Material, die ihm zur Ausführung der Arbeit zur Verfügung gestellt werden, sorgfältig zu behandeln.

3 Während der Dauer des Arbeitsverhältnisses darf der Arbeitnehmer keine Arbeit gegen Entgelt für einen Dritten leisten, soweit er dadurch seine Treuepflicht verletzt, insbesondere den Arbeitgeber konkurrenziert.

4 Der Arbeitnehmer darf geheim zu haltende Tatsachen, wie namentlich Fabrikations- und Geschäftsgeheimnisse, von denen er im Dienst des Arbeitgebers Kenntnis erlangt, während des Arbeitsverhältnisses nicht verwerten oder anderen mitteilen; auch nach dessen Beendigung bleibt er zur Verschwiegenheit verpflichtet, soweit es zur Wahrung der berechtigten Interessen des Arbeitgebers erforderlich ist.

II. Diligence et fidélité à observer

1 Le travailleur exécute avec soin le travail qui lui est confié et sauvegarde fidèlement les intérêts légitimes de l'employeur.

2 Il est tenu d'utiliser selon les règles en la matière les machines, les instruments de travail, les appareils et les installations techniques ainsi que les véhicules de l'employeur, et de les traiter avec soin, de même que le matériel mis à sa disposition pour l'exécution de son travail.

3 Pendant la durée du contrat, le travailleur ne doit pas accomplir du travail rémunéré pour un tiers dans la mesure où il lèse son devoir de fidélité et, notamment, fait concurrence à l'employeur.

4 Pendant la durée du contrat, le travailleur ne doit pas utiliser ni révéler des faits destinés à rester confidentiels, tels que les secrets de fabrication et d'affaires dont il a pris connaissance au service de l'employeur; il est tenu de garder le secret même après la fin du contrat en tant que l'exige la sauvegarde des intérêts légitimes de l'employeur.

II. Diligenza e fedeltà

1 Il lavoratore deve eseguire con diligenza il lavoro assegnatogli e salvaguardare con fedeltà gli interessi legittimi del datore di lavoro.

2 Egli deve adoperare secondo le regole le macchine, gli utensili e le installazioni tecniche nonché i veicoli del datore di lavoro e trattarli con cura, come pure il materiale messo a sua disposizione.

3 *Durante il* rapporto di lavoro, il lavoratore non può eseguire lavoro rimunerato per conto di un terzo nella misura in cui leda il dovere di fedeltà verso il datore di lavoro, segnatamente facendogli concorrenza.

[4] Durante il rapporto di lavoro, il lavoratore non può utilizzare né rilevare fatti di natura confidenziale, segnatamente i segreti di fabbricazione e di affari, di cui ha avuto conoscenza al servizio del datore di lavoro; egli è tenuto al segreto anche dopo la fine del rapporto di lavoro nella misura in cui la tutela degli interessi legittimi del datore di lavoro lo esiga.

Literatur

AUGSBURGER-BUCHELI/PERRIN, Le whistleblowing et la lutte contre la corruption, ST 2009, 627 ff.; BALMER, Mitarbeitenden-Bindung und Geheimnisschutz über arbeitsvertragliche Konkurrenzverbote, ius.full 2011, 93 ff.; BOHNY, Das arbeitsvertragliche Konkurrenzverbot, Zürich 1989; DERS., Konkurrenzverbot, in: Stellenwechsel und Entlassung, Handbücher für die Anwaltspraxis (HAP), Bd. II, 2. Aufl., Basel 2012, 183 ff.; BRÄNDLI, Arbeitsvertrag und Nebenbeschäftigung unter besonderer Berücksichtigung von Nebenbeschäftigungsverboten im Individualarbeitsrecht, Diss., Zürich 2000; BÜHLER, Regulierung im Bereich der Corporate Governance, Zürich/St. Gallen 2009; DERS., Swiss Code of best Practice for Corporate Governance – Anpassungsbedarf im Spiegel der internationalen Entwicklung, GesKR 2011, 477 ff.; BURTSCHERT/KÜHN, Whistleblowing für Pensionskassen, ST 2011, 398 ff.; CARRANZA/MICOTTI, Les nouveaux projets législatifs à la lumière de la jurisprudence récente en matière de whistleblowing, Jusletter 2.2.2009; DIES., Besprechung von BGer 4A_2/2008 – Whistleblowing, secret bancaire, licenciement abusive, AJP 2009, 115 ff.; DIES., Whistleblowing – aspects choisis dans le domaine bancaire, Anwaltsrevue 2008, 67 ff.; DIES., Whistleblowing en Suisse, constats d'insuffisance et besoin de réglementation, Jusletter 7.1.2008; DIES., Whistle-Blowing: problèmes et perspectives, AJP 2007, 981 ff.; COTTI, Das vertragliche Konkurrenzverbot, Fribourg 2001; FARNER, Die Sicherung der Treuepflicht mit Konventionalstrafe, Anwaltsrevue 2013, 219 ff.; FRICK, Abwerbung von Personal und Kunden, Diss., Bern 2000; GEISER, Schnittstellen zwischen IT-Recht und Arbeitsrecht, in: Internet-Recht und IT-Verträge, 5. Tagungsband, Bern 2005, 163 ff.; DERS., Die Treuepflicht des Arbeitnehmers und ihre Schranken, Diss., Bern 1983; GEISER/SPADIN, Soziale Sicherheit bei Mehrfachbeschäftigungen, ZSR 2014 II, 275 ff.; GIROD/CARRON, La protection du dénonciateur en droit du travail de lege ferenda: Quelques réflexions, Liber amicorum für Vincent Jeanneret, Genf 2010, 15 ff.; DIES., Der Schutz des Whistleblowers im Arbeitsrecht de lege ferenda – Einige Überlegungen, in: Whistleblowing – Multidisziplinäre Aspekte, Bern 2012, 165 ff.; HANDSCHIN/JUCKER: Sorgfalt, Pflichtwidrigkeit und Verschulden im auftrags-, arbeits- und aktienrechtlichen Verantwortlichkeitsrecht, FS für Jean-Fritz Stöckli, Zürich/St. Gallen 2014, 317 ff.; HANGARTNER, Whistleblowing in der öffentlichen Verwaltung, in: Whistleblowing – Multidisziplinäre Aspekte, Bern 2012, 119 ff.; DERS., Whistleblowing in der öffentlichen Verwaltung, AJP 2012, 490 ff.; HELLER, Schwarzarbeit, Zürich 1999; HOLENSTEIN, Die Benutzung von elektronischen Kommunikationsmitteln (Internet und Intranet) im Arbeitsverhältnis, Bern 2002 (zit. elektronische Kommunikationsmittel); DERS., Die Benutzung des Internetzuganges im Arbeitsverhältnis, ArbR 2002, 69 ff. und ArbR 2003, 89 ff.; HÖSLI, Schwarzarbeit, Diss., Bern 2002; HUNZIKER, Whistleblowing, FS für Hans Caspar von der Crone, Zürich/Basel/Genf 2007, 163 ff.; IMBACH HAUMÜLLER, Whistleblowing – Bestandteil einer effektiven Kontrolle, GesKR 2013, 71 ff.; DIES., Whistleblowing in der Schweiz und im internationalen Vergleich – ein Bestandteil einer effektiven internen Kontrolle?, Diss., Zürich/Basel/Genf 2011; JOSITSCH/BRUNNER, Whistleblowing als Rechtfertigungsgrund, AJP 2012, 482 ff.; JUNGO, Whistleblowing – Lage in der Schweiz, recht 2012, 65 ff.; VON KAENEL, Die ständige Erreichbarkeit des Arbeitnehmers, ARV 2009, 1 ff.; DERS., Whistleblowing – Unjuristisches und Juristisches zur Einführung, in: Whistleblowing – Multidisziplinäre Aspekte, Bern 2012, 9 ff.; DERS., Whistleblowing, SJZ 2007, 309 ff., ebenfalls publiziert in: Tätigkeitsbericht 2006 des Ombudsmanns des Kantons Zürich, Unterengstringen 2007, 8 ff.; DERS., Whistleblowing, in: Internationales Handelsrecht III: Compliance Management als juristische Kernfunktion im Unternehmen, Zürich/Basel/Genf 2009, 97 ff.; KÄLIN/KIRCHHOFF, Whistleblowing – Eine Anleitung, Jusletter 20.6.2011; LEDERGERBER, Schutz für Whistleblower – Vernehmlassung ruft nach erheblichen Verbesserungen, plädoyer 1/2009, 28 f.; DIES., Whistleblowing unter dem Aspekt der Korruptionsbekämpfung, Diss., Bern 2005; DIES., Whistleblowing unter dem Aspekt der Korruptionsbekämpfung, ArbR 2005, 93 ff.; MERKL, Der Schutz von ausländischen Whistleblowern im US-Finanzmarktrecht, ARV 2011, 165 ff.; METZ, Gesetzliche und vertragliche Informationsrechte und -pflichten bei und nach Beendigung des Einzelarbeitsvertrages, in: Stellenwechsel und Entlassung, Handbücher für die Anwaltspraxis (HAP), Bd. II, 2. Aufl., Basel 2012, 171 ff.; MEYER, Grenzen der Treuepflicht des Arbeitnehmers beim Stellenwechsel, summa jus 1999, 224 ff.; MOESCH, La prohibition de concurrence, in: Panorama en droit du travail, Bern 2009, 337 ff.; MONDINI, Internet und e-mail am Arbeitsplatz, TREX 2005, 278 ff.; NEERACHER, Das arbeitsvertragliche Konkurrenzverbot, Diss., Bern 2001; MÜLLER R./ZÜND, Die Durchsetzung von Konkurrenzverboten im Arbeitsrecht, AJP 2012, 1781 ff.; OERTLI, Internet am Arbeitsplatz – ein informationsrechtlicher Streifzug, FS für Jean Nicolas Druey, Zürich/Basel/Genf 2002, 885 ff.; ÖSTERREICHER SPANIOL, Unternehmensinterne Untersuchungen, Anwaltsrevue 2013,

279 ff.; PÄRLI/HUG, Arbeitsrechtliche Fragen bei Präsentismus (Arbeit trotz Krankheit), ARV 2012, 1 ff.; PERRIN (Hrsg.), Internet au lieu de travail, Travaux de la journée d'étude organisée à l'Université de Lausanne le 12 mai 2004, Lausanne 2004; PORTMANN, Die Arbeitsbedingungen der Bankangestellten, FS für Dieter Zobl, Zürich/Basel/Genf 2004, 581 ff.; DERS., Gesetzliche Regelung des Whistleblowing in der Schweiz – Überflüssig, nützlich oder notwendig?, FS für Erwin Murer, Bern 2010, 601 ff., ebenfalls publiziert in: AJP 2010, 987 ff.; PORTMANN/WOHLMANN, Whistleblowing, SJZ 2007, 179 ff.; RIEDER, Schutz für Whistleblower – Kommentar zum Gesetzesentwurf, Jusletter 20.4.2009; DERS., Der Umgang mit Whistleblowing aus arbeitsrechtlicher Sicht, Jusletter 22.12.2014; DERS., Whistleblowing als interne Risikokommunikation, Diss., Zürich/St.Gallen 2013; DERS., Whistleblowing-Systeme bei schweizerischen Versicherungsunternehmen, Jusletter 15.7.2013; DERS., Whistleblowing als Menschenrecht – Urteil des EGMR stärkt Whistleblowern den Rücken, Jusletter 28.11.2011; RIEDI, Whistleblowing in der Bundesverwaltung, ST 2011, 741 ff.; RIHM, Schützenswertes «Verpetzen», Jusletter 15.12.2003; DERS., Verstärkter Schutz des Whistleblowing in der Schweiz – Arbeitsrechtlicher Kronzeugenschutz als Governance Aufgabe, ArbR 2012, 47 ff.; RÜEDI, Whistleblowing in der Praxis, in: Whistleblowing – Multidisziplinäre Aspekte, Bern 2012, 99 ff.; RUDOLPH, Kontakte zu Kunden des alten Arbeitgebers nach einem Stellenwechsel – Eine rechtliche Auslegeordnung unter besonderer Berücksichtigung der Eigenheiten der Finanzbranche, ARV 2009, 93 ff.; SCHULZ, Whistleblowing in der Wissenschaft, Diss., Baden-Baden 2008; SETHE, Compliance, Whistleblowing und Critical Incident Reporting, FS für Rolf H. Weber, Bern 2011, 189 ff.; SPIELMANN, Whistleblowing in der öffentlichen Verwaltung, FS für Peter Hänni, Bern 2010, 187 ff.; STÄUBER, Schutz von Geschäftsgeheimnissen im Zivilprozess, Diss., Zürich/St.Gallen 2011; STENGEL, Der Vertrauensarzt im privatrechtlichen Arbeitsverhältnis, Zürich/St. Gallen 2014; STÖCKLI, Rechtsfragen der Mehrfachbeschäftigung des Arbeitnehmers, SJZ 1991, 254 ff.; STOLL, Mitarbeiterdelinquenz. Vermögensdelikte zulasten des Arbeitgebers, Zürich 1998; STRASSER, Zur Rechtsstellung des vom Whistleblower beschuldigten Arbeitnehmers, in: Whistleblowing – Multidisziplinäre Aspekte, Bern 2012, 55 ff.; TINNEFELD, Whistleblowing – heikle Konfliktfelder, digma 2009, 68 ff.; WICKIHALDER, Die «Relativität» der nachvertraglichen Geheimhaltungspflicht des Arbeitnehmers in der Praxis der Gerichte, Jusletter 24.1.2005; DERS., Die Geheimhaltungspflicht des Arbeitnehmers, Diss., Bern 2004; WILLENBACHER, Whistleblowing – Empirische Untersuchungen, in: Whistleblowing – Multidisziplinäre Aspekte, Bern 2012, 27 ff.; WOHLMANN, Die Denunziation als Mittel zur Verfolgung von Wirtschaftsdelikten und der Schutz Unschuldiger, Jusletter 9.5.2011; DERS., Unternehmensjurist, Compliance und Whistleblowing, in: Whistleblowing – Multidisziplinäre Aspekte, Bern 2012, 89 ff.; ZEIN, L'avant-projet du Conseil fédéral du 5 décembre 2008: «Révision partielle du code des obligations: protection en cas de signalement de faits répréhensibles par le travailleur», in: Whistleblowing – Multidisziplinäre Aspekte, Bern 2012, 137 ff.; vgl. ausserdem die Literaturhinweise zur Einleitung vor Art. 319 ff.

I. Sorgfaltspflicht

1 Soweit der Arbeitnehmer zur Arbeit verpflichtet ist, hat er die ihm übertragenen **Aufgaben** *sorgfältig auszuführen* (Art. 321a Abs. 1). Er muss also die Arbeit unter vollem Einsatz seiner körperlichen und geistigen Kräfte verrichten sowie die ihm zur Verfügung gestellten Produktionsmittel fachgerecht einsetzen (Art. 321a Abs. 2). Diese in der Marginalie als Sorgfaltspflicht herausgehobene Pflicht ist keine eigenständige Vertragspflicht, bei deren Verletzung der Arbeitgeber wegen Schlechterfüllung zur Lohnminderung berechtigt wäre, sondern nur Haftungsmassstab für die Schadenersatzpflicht wegen mangelhafter Arbeitsleistung (Art. 321e). Soweit sich die Sorgfaltspflicht auch darauf bezieht, die **Produktionsmittel** *sorgfältig zu behandeln*, stellt sie eine Konkretisierung der Treuepflicht dar.

II. Treuepflicht

1. Allgemeine Treuepflicht (Art. 321a Abs. 1)

2 Das Arbeitsverhältnis erschöpft sich nicht im Austausch vermögenswerter Leistungen. Es begründet auch persönliche Beziehungen. Der Arbeitnehmer ist daher verpflichtet, «die berechtigten Interessen des Arbeitgebers in guten Treuen zu wahren» (Art. 321a Abs. 1). Er hat also neben der eigentlichen Arbeitsleistung die Pflicht, Schaden vom Arbeitgeber abzuwenden und dessen Belange zu fördern. Diese *allgemeine Treuepflicht*, die ihr personenbezogenes Ge-

genstück in der Fürsorgepflicht des Arbeitgebers findet (Art. 328 N 1), ist in erster Linie eine **Unterlassungspflicht**. Sie bezieht sich nicht nur auf die vertraglich vereinbarte Tätigkeit, sondern auf sämtliche geschäftlichen Tätigkeiten, an denen der Arbeitnehmer teilnimmt (BGer, JAR 2013, 181). Dieser muss insb. alles unterlassen, was den Arbeitgeber wirtschaftlich schädigen kann (BGE 117 II 74). Die Treuepflicht des Arbeitnehmers erlischt mangels anderslautender gesetzlicher Vorschrift grundsätzlich mit Ablauf des Arbeitsvertrages (BGE 138 III 67 E. 2.3, s. aber N 27 für die Geheimhaltungspflicht). Die allgemeine Treuepflicht wird namentlich durch folgende Arten von Handlungen verletzt (s. zum Folgenden namentlich ZK-Staehelin, N 12 ff.; Portmann/Stöckli, Rz 363 ff.):

- *Widerrechtliches oder ungebührliches Verhalten gegenüber dem Arbeitgeber.* Eine strafbare Handlung des Arbeitnehmers zum Nachteil des Arbeitgebers stellt regelmässig eine schwere Pflichtverletzung dar (z.B. Diebstahl, Sachbeschädigung, Veruntreuung, Beschimpfung). Wer Lebensmittel in die Tasche steckt, um sie entgegen den Weisungen der Arbeitgeberin nach Hause mitzunehmen, erfüllt den Tatbestand der unrechtmässigen Aneignung ohne Bereicherungsabsicht (Art. 137 Ziff. 2 Abs. 2 i.V.m. Art. 172ter Abs. 1 StGB); unerheblich ist, dass es der Arbeitnehmerin erlaubt gewesen wäre, aus diesen Lebensmitteln am Arbeitsplatz eine Mahlzeit zuzubereiten und einzunehmen (BGE 129 IV 223). 3
- *Störung des Betriebsfriedens.* Der Arbeitnehmer darf insb. die Persönlichkeitsrechte anderer Mitarbeiter nicht verletzen (Bsp: BGE 127 III 351; CAPH GE, JAR 2000, 131) und diese nicht zu Pflichtverletzungen verleiten (BGE 104 II 31), indem er z.B. zu einem rechtswidrigen Streik aufruft. 4
- *Beeinträchtigung des Ansehens des Unternehmens.* Mitteilungen an Mitarbeiter, Kunden, Lieferanten oder an die Öffentlichkeit, die den Ruf des Unternehmens oder dessen Kredit gefährden, sind grundsätzlich auch dann zu unterlassen, wenn sie nachweislich wahr sind. Eine Treuepflichtverletzung liegt z.B. vor, wenn der Arbeitnehmer seine Arbeit bei einem Kunden des Arbeitgebers verrichtet und er sich gegenüber dem Kunden über Probleme äussert, die das Arbeitsverhältnis betreffen (z.B. ausstehende Lohnzahlungen, BGer, JAR 2000, 229). In diesem Zusammenhang können Überschneidungen mit der Geheimhaltungspflicht (N 24 ff.) bzw. mit Fragen des Whistleblowing auftreten (N 28). 5
- *Abwerbung von Mitarbeitern, Kunden oder Lieferanten des Arbeitgebers.* Die Treuepflicht wird auch dann verletzt, wenn die Abwerbung nicht unter Verleitung zum Vertragsbruch erfolgt (BGE 123 III 259 ff.: Schadenersatz wegen Abwerbung von Mitarbeiterinnen, die vertragsgemäss kündigten). Eine Treuepflichtverletzung liegt auch dann vor, wenn die Abwerbung während der Kündigungsfrist erfolgt (s. BGer, ARV 2012, 167 f.) oder wenn sie Kunden betrifft, die vom Arbeitnehmer zu Beginn des Arbeitsverhältnisses unentgeltlich in die Arbeitgeberfirma eingebracht wurden (**a.A.** KGer SG, JAR 2010, 565; zur heiklen Frage, inwieweit die blosse Mitteilung der neuen Tätigkeit mit der Treuepflicht vereinbar ist, BGE 138 III 67 E. 2.3.7 f., besprochen von Portmann, ZBJV 2014, 976 ff., CAPH GE, JAR 2012, 461 f. und weiterführend Rudolph, ARV 2009, 93 ff.). 6
- *Forderung oder Annahme von Schmiergeldern.* Der Arbeitnehmer darf keine Schmiergelder oder andere Vergünstigungen annehmen oder verlangen, die dem Zweck dienen, durch pflichtwidriges Verhalten zum Nachteil des Arbeitgebers einem Dritten Vorteile zu verschaffen (vgl. BGE 92 II 184, 190; 124 III 25: Ein Arbeitnehmer bittet einen Lieferanten des Arbeitgebers um Erlass einer privaten Rechnung mit dem Versprechen, sich für Aufträge einzusetzen). Eine Schädigung des Arbeitgebers ist nicht erforderlich; der Treuebruch verwirklicht sich schon dadurch, dass der Arbeitnehmer seine Unabhängigkeit verliert (BGE 92 II 190). Pflichtwidrig entgegengenommene Schmiergelder sind trotz ihrer Bestimmung für den Arbeitnehmer nach den Grundsätzen über die Geschäftsführung ohne Auftrag an den Arbeitgeber herauszugeben (Art. 423 Abs. 1). Die Annahme gebräuchlicher Gelegenheitsgeschenke (Kalender, Feuerzeuge) ist hingegen erlaubt. Nach Art. 4a UWG handelt u.a. unlauter, wer einem Arbeitnehmer im privaten Sektor zwecks Bestechung Vorteile anbietet, verspricht oder gewährt, ebenso wer als Arbeitnehmer solche 7

Vorteile fordert, sich versprechen lässt oder annimmt. Die Tatbestände sind nicht erfüllt, wenn der Arbeitgeber die Vorteilsgewährung vertraglich genehmigt oder wenn es sich um geringfügige, sozial übliche Vorteile handelt.

8 – *Nutzung von Betriebseinrichtungen zu privaten Zwecken*. Die Nutzung des Telefons, Computers und anderer betrieblicher Einrichtungen ist – unter Vorbehalt anderslautender Vereinbarung oder Weisung – nur in einem geringfügigen üblichen Mass zulässig, insb. wenn dadurch Kosten für den Arbeitgeber entstehen oder Arbeitszeit eingesetzt wird. Geht es um die private Nutzung eines geschäftlichen E-Mail-Kontos oder des Internets, ist insb. auch darauf zu achten, dass das Ansehen des Unternehmens nicht beeinträchtigt wird (N 5) und der Arbeitgeber nicht der Gefahr ausgesetzt wird, durch Computerviren oder Urheberrechtsverletzungen geschädigt zu werden (Streiff/von Kaenel/Rudolph, Art. 328b N 17). Eine erhebliche Treuepflichtverletzung liegt auch dann vor, wenn ein Arbeitnehmer die Arbeitskraft anderer Mitarbeiter während deren Arbeitszeit für seine privaten Zwecke einsetzt.

9 – *Ausübung gewisser Nebentätigkeiten*. Die Ausübung einer Nebentätigkeit ist grundsätzlich erlaubt, verstösst jedoch unter bestimmten Umständen gegen die Treuepflicht. Dies trifft u.a. auf den gesetzlich besonders geregelten Fall zu, dass der Arbeitnehmer Arbeit gegen Entgelt für einen Dritten leistet und dadurch den Arbeitgeber konkurrenziert (Näheres in N 19 ff.).

10 – *Mit der Stellung unvereinbares ausserdienstliches Verhalten*. Grundsätzlich wird das ausserdienstliche Verhalten nicht von der Treuepflicht erfasst. Ausnahmen bestehen jedoch bei *leitenden Angestellten* und *Tendenzträgern*, d.h. bei Arbeitnehmern, die einen Tendenzbetrieb repräsentieren. Tendenzbetriebe haben sich besonderen geistig-ideellen Zielen verschrieben, wie das etwa auf politisch, gewerkschaftlich, karitativ, wissenschaftlich oder weltanschaulich ausgerichtete Betriebe zutrifft. Solche Arbeitnehmer dürfen auch im ausserdienstlichen Bereich den Zielsetzungen des Unternehmens nicht aktiv entgegenwirken; sie müssen auch in ihrem ausserdienstlichen Verhalten «vorbildlich» sein (Bsp.: OGer ZH, JAR 2002, 172: Angestellte eines Vermieterverbandes).

11 Unter Umständen zwingt die Treuepflicht auch zu **positivem Handeln**. Handlungspflichten treten insb. auf als:

12 – *Auskunfts- und Mitteilungspflichten betreffend Arbeit und Betrieb*. Der Arbeitnehmer muss dem Arbeitgeber über alle wesentlichen Aspekte seiner Arbeitstätigkeit wahrheitsgetreu, vollständig, rechtzeitig und von sich aus berichten (Rapportpflicht; zur Rechenschaftspflicht s. Art. 321b Abs. 1). Vorhersehbare Absenzen hat er möglichst frühzeitig und unvorhersehbare Absenzen umgehend zu melden (BGer, ARV 2005, 103). Bei Arbeitsunfähigkeit infolge Krankheit ist er dazu verpflichtet, den Arbeitgeber rasch, kontinuierlich und vollständig über das Vorliegen, den Grad und die voraussichtliche Dauer der Arbeitsunfähigkeit zu informieren (CAPH GE, JAR 2008, 376). Ferner muss er dem Arbeitgeber wesentliche Vorkommnisse im Betrieb mitteilen, insb. drohende oder bereits eingetretene Schadensfälle, Störungen im Arbeitsvollzug und andere Unregelmässigkeiten. Zur Frage der Mitteilungspflicht in Bezug auf ausserdienstlich erlangtes Wissen s. BGE 140 V 521.

13 – *Beistandspflichten in Notfällen*. Insoweit hat die Treuepflicht auch Einfluss auf die *Arbeitspflicht*, die sich in gegenständlicher, räumlicher und zeitlicher Hinsicht *erweitern* kann (Art. 321 N 22).

14 Inhalt und Umfang der Treuepflicht hängen in einem gewissen Mass stets von der **konkreten Ausgestaltung** des einzelnen Arbeitsverhältnisses ab. So gelten grundsätzlich erhöhte Anforderungen bei *leitenden Angestellten* (BGer, ARV 2008, 200; s.a. Art. 336 N 5a) und bei *Tendenzträgern*. Eine wichtige Rolle spielen auch *branchenspezifische Ausprägungen* der Treuepflicht, so z.B. im Bankbereich (Wahrung des Geschäfts- und Bankgeheimnisses, Unterlassung verbotener Eigengeschäfte, Gleichbehandlung der Kunden, Ablehnung von Zuwendungen, Einschränkung von Nebenbeschäftigungen usw.; vgl. dazu Portmann, FS Zobl, 591 ff.).

In BGE 130 III 218 hat das BGer die Frage offengelassen, ob eine **konzernweite Treuepflicht** anzunehmen ist, als deren Folge dem Arbeitnehmer nur dann eine Vertragsverletzung vorgeworfen werden kann, wenn er mit seiner Handlung oder Unterlassung die übergeordneten Interessen des Konzerns als wirtschaftliche Einheit verletzt hat. Indessen ist der Arbeitnehmer, sofern ihm zugleich Organstellung bei seinem Arbeitgeber zukommt, in seiner Eigenschaft als Organ verpflichtet, allein die Interessen der arbeitgebenden und nicht diejenigen anderer Konzerngesellschaften zu wahren (Art. 717 Abs. 1). Nach der hier vertretenen Ansicht ist auch aus arbeitsrechtlicher Sicht den Interessen der arbeitgebenden Gesellschaft Vorrang einzuräumen. Bei gleichgerichteten Interessen folgt jedoch aus der Treuepflicht, dass der Arbeitnehmer auch die übergeordneten Konzerninteressen zu wahren hat (STREIFF/VON KAENEL/RUDOLPH, N 2). Nach BGer, ARV 2004, 165 ist darin, dass ein von einer Tochtergesellschaft angestellter Arbeitnehmer gemäss seinem Arbeitsvertrag direkt dem Verwaltungsrat der Muttergesellschaft unterstellt ist, eine Delegierung einzelner Rechte aus dem Arbeitsvertrag (u.a. des Anspruchs auf Verschwiegenheit) an die Holdinggesellschaft zu sehen. **15**

Einige bedeutsame Aspekte hat der Gesetzgeber aus der allgemeinen Treuepflicht herausgelöst und in **besonderen Bestimmungen** ausdrücklich niedergelegt. Es handelt sich um: **16**
- die Pflicht zur sorgfältigen Behandlung der Produktionsmittel (Art. 321a Abs. 2, N 1);
- die Pflicht zur Unterlassung von Schwarzarbeit (Art. 321a Abs. 3, N 19 ff.);
- die Geheimhaltungspflicht (Art. 321a Abs. 4, N 24 ff.);
- die Rechenschaftspflicht (Art. 321b Abs. 1);
- die Herausgabepflicht (Art. 321b Abs. 1 und 2);
- die Pflicht zur Leistung von Überstunden (Art. 321c).

Infolge der dispositiven Natur von Art. 321a kann die Treuepflicht vertraglich erweitert und (auch durch Weisungen) konkretisiert werden (s.a. BGer, ARV 2013, 38 und BGer, ARV 2012, 42 mit der Einschränkung, dass sich die Beschränkung verfassungsmässiger Rechte in den Grenzen der Vertragsfreiheit, insbesondere von Art. 27 Abs. 2 ZGB, bewegen müsse). Gegen die Treuepflicht verstösst eine leitende Angestellte, die – weil sie eine Weisung der Arbeitgeberin für unrechtmässig hält – ohne Rücksprache mit der Arbeitgeberin ihren Untergebenen ihre abweichende Rechtsauffassung kundgibt und diese so indirekt zur Nichtbefolgung der Weisung anhält (BGer, ARV 2011, 104).

Die Treuepflicht findet ihre **Grenzen** in den eigenen überwiegenden Interessen des Arbeitnehmers. Er kann sie mit gesetzlich zulässigen Mitteln fördern, auch wenn dies auf Kosten des Arbeitgebers geht. So kann er z.B. versuchen, eine Lohnerhöhung durch Androhung der Kündigung durchzusetzen. Er kann sich auch mit seinen Arbeitskollegen zusammen schliessen (GewGer ZH, ZR 1975, 217). Eine gesetzliche Pflicht, über den eigenen Lohn zu schweigen, besteht nicht (BGer, JAR 1995, 214; s.a. CCA TI, JAR 2014, 493). Eine Krankheit, die wiederholt zu Arbeitsausfällen führen kann, muss als solche nicht mitgeteilt werden, sofern dies nicht zum Schutz der Gesundheit der Parteien oder Dritter geboten ist (BGer, ARV 2002, 25 f.). Auch bei der Frage, ob ein Arbeitnehmer verpflichtet ist, bestimmte Mitarbeiter als Verursacher von Schäden oder Missständen namentlich zu nennen, sind die Interessen des Arbeitnehmers zu berücksichtigen. Arbeitnehmer in untergeordneter Stellung werden daher Kollegen nur dann anzuzeigen haben, wenn der verursachte oder beabsichtigte Schaden nicht unbedeutend ist. Arbeitnehmer in leitender Stellung sind hingegen infolge ihrer Vertrauensstellung stets zur Meldung der Betreffenden verpflichtet. **17**

Bei Nichterfüllung oder nicht richtiger Erfüllung der Treuepflicht kann der Arbeitgeber gegebenenfalls folgende **Sanktionen** ergreifen: **18**
- *Kündigung*; eine ausserordentliche Kündigung fällt nur bei schweren Pflichtverletzungen in Betracht;
- *Geltendmachung von Schadenersatz* (Art. 321e);

- *Konventional- und Ordnungsstrafen*, falls eine genügende Rechtsgrundlage besteht (vgl. BGE 119 II 162; BGer, ARV 2013, 38 zur Zulässigkeit und Herabsetzung von Konventionalstrafen; s.a. Art. 321d N 10 ff.);
- *Erfüllungsklage und entsprechende Zwangsvollstreckung* (praktisch bedeutsam etwa bei Verletzungen des Konkurrenzverbots und der Geheimhaltungs-, Rechenschafts- und Herausgabepflicht).

Die Verweigerung oder Herabsetzung des Lohns wegen Treuepflichtverletzungen ist unzulässig (fehlendes Austauschverhältnis von Lohnzahlungs- und Treuepflicht), doch können Schadenersatzforderungen mit Lohnforderungen gem. Art. 323b Abs. 2 verrechnet werden.

2. Verbot der Schwarzarbeit (Art. 321a Abs. 3)

19 Mangels entgegenstehender kollektiver oder einzelvertraglicher Regelungen steht es dem Arbeitnehmer grundsätzlich frei, ausserhalb der Arbeitszeit weitere Arbeiten zu übernehmen *(Nebenbeschäftigung)*; denn er hat sich seinem Arbeitgeber lediglich für die Dauer der Arbeitszeit zu Dienstleistungen verpflichtet (OGer ZH, JAR 1985, 106). Eine Nebentätigkeit kann jedoch unter bestimmten Umständen einen Treuepflichtverstoss darstellen (s.a. BGer, JAR 2013, 293 f.). Das bringt Art. 321a Abs. 3 für den Fall der entgeltlichen Nebenbeschäftigung zum Ausdruck. Von Bedeutung sind vor allem folgende drei Fallgruppen:

20 – *Konkurrenzierung des Arbeitgebers*. Der Arbeitnehmer darf dem Arbeitgeber *während* des Arbeitsverhältnisses keine Konkurrenz machen, wozu auch das Abwerben von Kundschaft gehört (s. BGer, ARV 2012, 167; für die Zeit nach Beendigung des Arbeitsverhältnisses s. Art. 340). Erfolgt die konkurrenzierende Tätigkeit entgeltlich, spricht man von *Schwarzarbeit*; diese wird in Art. 321a Abs. 3 ausdrücklich untersagt und ist i.d.R. Grund für eine fristlose Entlassung (AGer ZH, JAR 2010, 683; OGer LU, JAR 2000, 251 f.; AGer Wil, JAR 1993, 121; Art. 337 N 29). Bei Teilzeitarbeit ist das Verbot einer konkurrenzierenden Nebentätigkeit grundsätzlich nicht anwendbar (Art. 321 N 17, vgl. allerdings BGer, JAR 1996, 111), doch kann ein solches vereinbart werden (AGer ZH, JAR 2007, 523; AmtsGer LU, JAR 1997, 112). Ein Konkurrenzverhältnis liegt vor, wenn die Betroffenen bei ganz oder teilweise übereinstimmendem Kundenkreis gleichartige und folglich unmittelbar das gleiche Bedürfnis befriedigende Leistungen anbieten (BGE 92 II 22; BGer, JAR 1997, 184). Das Konkurrenzverbot lässt sich durch eine Konventionalstrafe absichern (STREIFF/VON KAENEL/RUDOLPH, N 10; BGer, ARV 2013, 38). Zulässig ist die Gründung einer eigenen Firma oder die Vornahme damit zusammenhängender Vorbereitungshandlungen, solange der Arbeitgeber während der Dauer des Arbeitsverhältnisses noch nicht konkurrenziert wird bzw. ihm keine Arbeitnehmer oder Kunden abgeworben werden (s. BGE 138 III 67 E. 2.3.5; 117 II 72; s. aber BGer, ARV 2013, 38 für den Fall einer vertraglichen Erweiterung der Treuepflicht, die auch das Verbot der Gründung und Beteiligung an einer Konkurrenzgesellschaft umfasste). Ist der Arbeitnehmer Prokurist oder Handlungsbevollmächtigter, gilt für ihn zusätzlich das Konkurrenzverbot gem. Art. 464. In BGE 137 III 607 hat sich das BGer zum Umfang dieses Konkurrenzverbots geäussert und einen Gewinnabschöpfungsanspruch gestützt auf Abs. 2 dieser Bestimmung gutgeheissen, während es die Frage offenliess, ob selbiges gegenüber einem Arbeitnehmer ohne Handlungsvollmacht oder Prokura (gestützt auf Art. 423 Abs. 1 bzw. in analoger Anwendung von Art. 321b oder Art. 464 Abs. 2) ebenfalls möglich sei.

21 – *Herabsetzung der Leistungsfähigkeit*. Der Arbeitnehmer verstösst gegen die Treuepflicht, wenn die Nebenbeschäftigung einen solchen Umfang annimmt, dass der Arbeitnehmer dadurch in seiner Leistungsfähigkeit herabgesetzt wird und deshalb ausserstande ist, seine Arbeitspflicht voll zu erfüllen. Auch das Versprechen, seine volle Arbeitskraft zur Verfügung zu stellen, verpflichtet zur Unterlassung nennenswerter Nebentätigkeit (OGer LU, JAR 1994, 126).

– *Beeinträchtigung des Ansehens des Arbeitgebers.* Aus der Treuepflicht folgt, dass der Arbeitnehmer das Ansehen des Arbeitgebers durch seine Nebentätigkeit nicht schädigen darf (s. N 5). **22**

23 Der Wortlaut von Art. 321a Abs. 3 ist insofern zu eng, als er den Anschein erweckt, nur Arbeit gegen Entgelt für einen Dritten könne die Treuepflicht verletzen. Das trifft jedoch keineswegs zu. Es liegt vielmehr auf der Hand, dass der Arbeitnehmer auch durch eine *unentgeltliche Arbeitsleistung* oder durch eine *Tätigkeit für sich selbst* (eigene Firma) seine Leistungsfähigkeit herabsetzen, das Ansehen des Arbeitgebers beeinträchtigen oder diesen konkurrenzieren und dadurch die berechtigten Interessen des Arbeitgebers verletzen kann. Solche Fälle sind über Art. 321a Abs. 1 zu erfassen (s. BGer, JAR 2005, 240). Gleiches gilt auch, wenn der Arbeitnehmer eine Gesellschaft konkurrenziert, die zum gleichen *Konzern* wie die arbeitgebende Gesellschaft gehört. Eine Vertragsverletzung liegt nur insoweit vor, als mit der Konkurrenzierung der Drittgesellschaft gleichzeitig gegen die der arbeitgebenden Gesellschaft geschuldete Treuepflicht verstossen wird. Zur grundsätzlich unveränderten Lohnzahlungspflicht des Arbeitgebers und zu seinen Schadenersatzansprüchen bei Schwarzarbeit BGer, JAR 2013, 293 f.

3. Geheimhaltungspflicht (Art. 321a Abs. 4)

24 Eine besondere Ausprägung der Treuepflicht ist die Geheimhaltungspflicht gem. Art. 321a Abs. 4. Sie bezieht sich auf alle **Tatsachen**, von denen der Arbeitnehmer im Laufe des Arbeitsverhältnisses Kenntnis erlangt, die weder offenkundig noch allgemein zugänglich sind, die der Arbeitgeber geheimgehalten wissen will und an denen er ein berechtigtes Geheimhaltungsinteresse hat. Gleichgültig ist, auf welche Weise die Kenntnis erlangt wird: Ob der Arbeitnehmer die betreffenden Tatsachen zufällig oder durch gesetzes- oder sittenwidrige Handlung erfährt oder ob sie ihm anvertraut werden. Es handelt sich hier in erster Linie um *Fabrikationsgeheimnisse*, die den technischen Bereich betreffen, wie z.B. Produktionsverfahren, Konstruktionszeichnungen, mathematisch-technische Tabellen, Modelle oder Forschungsergebnisse, ferner um *Geschäftsgeheimnisse*, die den kaufmännisch-organisatorischen Bereich betreffen, wie betriebliche Organisation, Absatzorganisation, Kundenverzeichnisse, Preisberechnungen, Bezugsquellen, Marketing oder Personalwesen (s. zum Geheimnisbegriff BGE 138 III 67 E. 2.3.2). Kenntnisse, die in allen Betrieben derselben Branche erlangt werden können, gehören zur Berufserfahrung und stellen keine Geheimnisse dar (a.a.O.; BGer, JAR 2009, 436).

25 Die Geheimhaltungspflicht erstreckt sich aber auch auf *andere Tatsachen*, die vom Arbeitgeber als geheim zu haltend bezeichnet werden oder bei denen sich der Geheimhaltungswille aus den Umständen entnehmen lässt, wie z.B. die persönlichen und finanziellen Verhältnisse des Arbeitgebers. Der Arbeitnehmer muss auch über vom Arbeitgeber begangene Straftaten oder Verstösse gegen Verwaltungsvorschriften Stillschweigen bewahren, sofern kein höheres Interesse entgegensteht (BGE 127 III 316). Vor einem Gang an die Öffentlichkeit ist zuerst der Arbeitgeber, dann die zuständige Behörde anzurufen (BGE 127 III 316: Pflichtverletzung durch heimliches nächtliches Filmen in einem Pflegeheim und Übergeben des Films an das Fernsehen). Nach BGer, ARV 2010, 26 ist das Recht des Arbeitnehmers, den Arbeitgeber auf Missstände hinzuweisen, kein direkter Ausfluss der Meinungsäusserungsfreiheit (Art. 16 Abs. 2 BV), sondern ergibt sich unabhängig davon aus den gegenseitigen Fürsorge- bzw. Treuepflichten, die das Arbeitsverhältnis kennzeichnen und die unter Umständen weiter reichende Ansprüche als die Verfassung gewähren. Ein Bankangestellter, der einen Anwalt der Bank gutgläubig über seinen Verdacht informiert, der Direktor habe strafbare Handlungen zulasten der Arbeitgeberin begangen, verhält sich nicht pflichtwidrig, sofern kein besonderes bankinternes Meldeverfahren vorgesehen ist (BGer, ARV 2008, 280; s. dazu CARRANZA/MICOTTI, AJP 2009, 115 ff.). Wegen Verletzung des Amtsgeheimnisses (Art. 320 Abs. 1 StGB) schuldig gesprochen wurden zwei Mitarbeiterinnen des Sozialdepartements der Stadt Zürich, die einem Journalisten über Missstände im Amt berichtet hatten (BGer, ARV 2012, 33). Missbräuchlich war die Entlassung einer Mitarbeiterin, die auf eine heikle sexuelle Beziehung zwischen dem Rechtsvertreter bzw. Vereinssekretär und einer von ihm betreuten, aus der Psychiatrie entlassenen Klientin hingewiesen hatte (OGer LU, JAR 2012, 506; Gegenbeispiel AGer ZH, JAR 2014, 564). Siehe auch die Ausführungen zur Beeinträchtigung des Ansehens des Unternehmens (N 5) und zum Whistleblowing (N 28).

26 Eine **Geheimnisverletzung** kann sich nicht nur durch *Mitteilung* des Geheimnisses an unbefugte Dritte verwirklichen, sondern auch durch *Verwertung* des Geheimnisses, d.h. durch dessen Nutzung zum eigenen Vorteil (z.B. Herstellung eines Konkurrenzprodukts). Entgegen dem deutschen Wortlaut erstreckt sich das Verwertungsverbot auch auf die Zeit nach Beendigung des Arbeitsverhältnisses (umstr.; **a.A.** OGer ZH, JAR 2005, 484). Die zivilrechtliche Haftung tritt auch bei Fahrlässigkeit ein (Art. 321e Abs. 1), mithin auch für unbedachte Äusserungen und unsorgfältige Aufbewahrung von Unterlagen. Wer Fabrikations- oder Geschäftsgeheimnisse, die er ausgekundschaftet oder sonstwie unrechtmässig erfahren hat, verwertet oder anderen mitteilt, verstösst ausserdem gegen Art. 6 UWG. Strafrechtlichen Schutz bieten sodann die Art. 162 StGB (Fabrikations- oder Geschäftsgeheimnis), Art. 273 StGB (wirtschaftlicher Nachrichtendienst), Art. 320 StGB (Amtsgeheimnis) und Art. 321 StGB (Berufsgeheimnis).

27 Hinsichtlich des **Umfangs der Geheimhaltungspflicht** trifft Art. 321a Abs. 4 folgende Unterscheidung: Während der Dauer des Arbeitsverhältnisses besteht eine absolute Geheimhaltungspflicht. Der Arbeitnehmer darf nichts verwerten oder anderen mitteilen, was der Arbeitgeber geheimgehalten wissen will. Nach Beendigung des Arbeitsverhältnisses tritt dagegen eine Lockerung der Geheimhaltungspflicht ein. Diese besteht nur noch insoweit, als es zur Wahrung berechtigter Interessen des Arbeitgebers erforderlich ist. Der Arbeitnehmer ist also grundsätzlich berechtigt, die beim Arbeitgeber erlangten Fähigkeiten und Erfahrungen zu seinem beruflichen Fortkommen zu verwerten; er muss aber dabei auf die Interessen des Arbeitgebers Rücksicht nehmen. Diese werden meist mit einem gewissen Zeitablauf erlöschen. Wann das im Einzelnen der Fall ist, wann also die Geheimhaltungspflicht völlig erlischt, hängt von der Art des Arbeitsverhältnisses, von der Stellung und Funktion des betreffenden Arbeitnehmers im Betrieb, von der wirtschaftlichen und technischen Entwicklung sowie von verschiedenen anderen Umständen ab und kann deshalb nicht generell festgelegt werden. Allerdings sind genauere Umgrenzungen von Inhalt und Umfang der Geheimhaltungspflicht durch Kollektiv- oder Einzelvereinbarung möglich und in der Praxis üblich.

4. Whistleblowing

28 Bei Whistleblowing geht es aus rechtlicher Sicht zunächst um die Frage, unter welchen Voraussetzungen der Arbeitnehmer dem Arbeitgeber, der zuständigen Behörde oder gar den Medien Missstände im Unternehmen melden darf. Insoweit ist die Treuepflicht (z.B. die Wahrung des Ansehens des Unternehmens, N 5) und insb. die Geheimhaltungspflicht betroffen (N 24 ff. mit Hinweisen auf Fälle). Eine wichtige Rolle spielen aber auch die Sanktionen, die in der Praxis von Arbeitgebern gegen Whistleblower ergriffen werden, so dass auch Fragen der missbräuchlichen Kündigung, der fristlosen Entlassung, von Mobbing usw. ins Spiel kommen. Zur Zeit (Stand Frühling 2015) laufen Bemühungen, das Whistleblowing gesetzlich zu regeln. Nach dem Vorschlag des Bundesrats (BBl 2013, 9513 ff.) sollen u.a. neue Art. 321a^{bis} ff. über die Meldung von Missständen und eine Ergänzung zur missbräuchlichen Kündigung (Art. 336 Abs. 2 lit. d) in das OR eingefügt werden. Zur Kritik des Vorentwurfs, zu Vorschlägen für eine Gesetzesregelung und zu empfohlenen freiwilligen Massnahmen der Unternehmen s. PORTMANN, FS Murer, 601 ff.

Art. 321*b*

III. Rechenschafts- und Herausgabepflicht

[1] Der Arbeitnehmer hat dem Arbeitgeber über alles, was er bei seiner vertraglichen Tätigkeit für diesen von Dritten erhält, wie namentlich Geldbeträge, Rechenschaft abzulegen und ihm alles sofort herauszugeben.

[2] Er hat dem Arbeitgeber auch alles sofort herauszugeben, was er in Ausübung seiner vertraglichen Tätigkeit hervorbringt.

III. Obligation de rendre compte et de restituer

[1] Le travailleur rend compte à l'employeur de tout ce qu'il reçoit pour lui dans l'exercice de son activité contractuelle, notamment des sommes d'argent; il lui remet immédiatement ce qu'il a reçu.

[2] Il remet en outre immédiatement à l'employeur tout ce qu'il produit par son activité contractuelle.

III. Rendiconto e restituzione

[1] Il lavoratore deve presentare al datore di lavoro un rendiconto di tutto ciò che riceve per quest'ultimo da terzi nell'esercizio dell'attività contrattuale, segnatamente denaro, e consegnarglielo subito.

[2] Egli deve consegnare subito al datore di lavoro anche tutto ciò che produce nell'esercizio dell'attività contrattuale.

Literatur

Vgl. die Literaturhinweise zur Einleitung vor Art. 319 ff.

I. Recht auf Zuwendungen Dritter (Abs. 1)

Aus der Treuepflicht (Art. 321a) folgt die Regelung in Art. 321b Abs. 1, wonach der Arbeitnehmer über alles **Rechenschaft** abzulegen und alles **herauszugeben** hat, was er im Rahmen seiner Tätigkeit von Dritten für den Arbeitgeber entgegengenommen hat (Waren, Werkzeuge, Geräte, Urkunden, Geldbeträge usw.). Der Arbeitnehmer ist zur vollständigen, wahrheitsgemässen, rechtzeitigen und unaufgeforderten Benachrichtigung des Arbeitgebers sowie zur sofortigen Herausgabe verpflichtet. In BGer, ARV 2008, 36 wurde die Herausgabepflicht aus Art. 321b Abs. 1 für Beträge verneint, die der Arbeitgeber an eine AG überwiesen hatte, deren Alleinaktionär der Arbeitnehmer war. *Trinkgelder* und *Gelegenheitsgeschenke*, die nicht als Schmiergelder gedacht sind, fallen ebenfalls *nicht* unter die Herausgabepflicht, da sie für den Arbeitnehmer und nicht für den Arbeitgeber bestimmt sind. *Schmiergelder* hingegen sind trotz ihrer Bestimmung für den Arbeitnehmer nach den Grundsätzen über die Geschäftsführung ohne Auftrag herauszugeben (Art. 423 Abs. 1; vgl. dazu auch Art. 4a i.V.m. Art. 9 Abs. 3 UWG sowie die Ausführungen zu Art. 321a N 7). In AGer ZH, JAR 1988, 158 wurde die Herausgabepflicht sogar in Bezug auf eine «Belohnung» bejaht, die angeblich nicht im Voraus versprochen worden war. Eine Weisung, wonach Geldspenden von Heimbewohnern, Angehörigen oder Dritten, die das Personal für geleisteten Einsatz belohnen und für künftigen stärken sollen, in einen dem gesamten Personal zugute kommenden Personalfonds einzulegen sind, ordnet nicht eine über Art. 321b hinausgehende Herausgabepflicht an den Arbeitgeber betreffend Geldbeträge an, die nicht für ihn bestimmt sind, sondern regelt den Umgang mit Geldspenden zuhanden des Personals und muss daher befolgt werden (BGer, ARV 2011, 104). 1

Hat der Arbeitnehmer *Geldbeträge* entgegengenommen, die für den Arbeitgeber bestimmt sind, so kann er sie nach den allgemeinen Grundsätzen mit fälligen Forderungen auf Lohn oder Auslagenersatz **verrechnen** (Art. 120), sofern er nicht im Voraus darauf verzichtet hat (Art. 126). An *beweglichen Sachen und Wertpapieren* kann er unter den Voraussetzungen von Art. 895 ff. ZGB ein **Retentionsrecht** geltend machen. Dieses scheitert allerdings i.d.R. schon am fehlenden Besitz des Arbeitnehmers, der im Rahmen des Arbeitsverhältnisses grundsätzlich blosser Besitzdiener ist (Näheres in Art. 339a N 4 ff.). Beim Handelsreisenden erstreckt 2 sich das Retentionsrecht auch auf Zahlungen von Kunden, die er aufgrund einer Inkassovollmacht entgegengenommen hat (Art. 349e Abs. 1). Kommt der Arbeitnehmer mit der Ablieferung von Geldbeträgen in Verzug, muss er sie verzinsen (Art. 104). Ob gestützt auf Art. 423 Abs. 1 bzw. in analoger Anwendung von Art. 321b oder Art. 464 Abs. 2 auch ein Anspruch auf Gewinnherausgabe entstehen kann, wenn der Arbeitnehmer in unzulässiger Weise konkurrenziert, hat das BGer in BGE 137 III 607 offengelassen (Näheres in Art. 321a N 20).

II. Recht auf das Arbeitsergebnis (Abs. 2)

3 Nach Art. 321b Abs. 2 erstreckt sich die Herausgabepflicht auch auf das, was der Arbeitnehmer in Ausübung seiner arbeitsvertraglichen Tätigkeit hervorbringt. Der Arbeitsvertrag gibt dem Arbeitgeber ein Recht auf Arbeitsleistung. Durch diese Arbeitsleistung können neue Gegenstände geschaffen werden, an denen neue absolute Rechte entstehen. Bei beweglichen Sachen ist das der Fall, sofern die Arbeit kostbarer ist als der Stoff. Dann steht das **Eigentum** an diesen neuen Sachen dem Verarbeiter zu (Art. 726 Abs. 1 ZGB). Verarbeiter in diesem Sinne ist aber im Arbeitsverhältnis der Arbeitgeber und nicht der Arbeitnehmer; denn der Arbeitgeber hat die verarbeitende Tätigkeit auf sein Risiko veranlasst und ist damit der «Urheber» der neuen Sachen. Deshalb wird auch ihm die Verarbeitung «zugerechnet». Sofern der Stoff kostbarer ist als die Arbeit, entsteht kein neues Eigentum, sondern die neue Sache bleibt im Eigentum desjenigen, der Eigentümer des Stoffes war. Das wird im Arbeitsverhältnis ebenfalls regelmässig der Arbeitgeber sein. Art. 321b Abs. 2 verpflichtet deshalb den Arbeitnehmer, das von ihm geschaffene Arbeitserzeugnis nach Fertigstellung sofort dem Arbeitgeber herauszugeben. Darunter fallen auch Berechnungen, Skizzen, Zeichnungen u.dgl. Nach BGer, ARV 2012, 167 bezieht sich die Herausgabepflicht auf alle Dokumente, sowohl in Papier- als auch in elektronischer Form; der Arbeitnehmer darf auch keine Kopien davon behalten (Willkürprüfung). Ein solcher Anspruch kann unabhängig von einem allfälligen Recht auf Konkurrenzenthaltung bestehen (a.a.O.). Zur Durchsetzung des Rückgabeanspruchs im Verfahren um Rechtsschutz in klaren Fällen (Art. 257 ZPO) vgl. BGE 141 III 23.

4 Die organisatorische Eingliederung des Arbeitnehmers in eine fremde Arbeitsorganisation (Art. 319 N 14 ff.) bewirkt, dass er die tatsächliche Gewalt über fremde Sachen unabhängig von seiner Willensrichtung nicht als (unselbständiger) Besitzer, sondern als **Besitzdiener** für den Träger der Arbeitsorganisation ausübt (ausführlich dazu Art. 339a N 4 ff.). Hat er im Rahmen des Arbeitsverhältnisses eine verlorene Sache an sich genommen, so gilt deshalb der Arbeitgeber als Finder i.S.v. Art. 720 ZGB. Hat der Arbeitnehmer im Rahmen des Arbeitsverhältnisses eine herrenlose bewegliche Sache an sich genommen, so erwirbt er das Eigentum durch Aneignung für den Arbeitgeber (Art. 718 ZGB). Über die besondere Situation bei den Immaterialgütern s. Art. 332.

Art. 321*c*

IV. Überstundenarbeit

[1] Wird gegenüber dem zeitlichen Umfang der Arbeit, der verabredet oder üblich oder durch Normalarbeitsvertrag oder Gesamtarbeitsvertrag bestimmt ist, die Leistung von Überstundenarbeit notwendig, so ist der Arbeitnehmer dazu soweit verpflichtet, als er sie zu leisten vermag und sie ihm nach Treu und Glauben zugemutet werden kann.

[2] Im Einverständnis mit dem Arbeitnehmer kann der Arbeitgeber die Überstundenarbeit innert eines angemessenen Zeitraumes durch Freizeit von mindestens gleicher Dauer ausgleichen.

[3] Wird die Überstundenarbeit nicht durch Freizeit ausgeglichen und ist nichts anderes schriftlich verabredet oder durch Normalarbeitsvertrag *oder* Gesamtarbeitsvertrag bestimmt, so hat der Arbeitgeber für die Überstundenarbeit Lohn zu entrichten, der sich nach dem Normallohn samt einem Zuschlag von mindestens einem Viertel bemisst.

IV. Heures de travail supplémentaires

[1] Si les circonstances exigent des heures de travail plus nombreuses que ne le prévoit le contrat ou l'usage, un contrat-type de travail ou une convention collective, le travailleur est tenu d'exécuter ce travail supplémentaire dans la mesure où il peut s'en charger et où les règles de la bonne foi permettent de le lui demander.

[2] L'employeur peut, avec l'accord du travailleur, compenser les heures de travail supplémentaires par un congé d'une durée au moins égale, qui doit être accordé au cours d'une période appropriée.

[3] L'employeur est tenu de rétribuer les heures de travail supplémentaires qui ne sont pas compensées par un congé en versant le salaire normal majoré d'un quart au moins, sauf clause contraire d'un accord écrit, d'un contrat-type de travail ou d'une convention collective.

IV. Lavoro straordinario

[1] Quando le circostanze esigono un tempo di lavoro maggiore di quello convenuto o d'uso o stabilito mediante contratto normale o contratto collettivo, il lavoratore è tenuto a prestare ore suppletive nella misura in cui sia in grado di prestarle e lo si possa ragionevolmente pretendere da lui secondo le norme della buona fede.

[2] Con il consenso del lavoratore, il datore di lavoro può compensare il lavoro straordinario, entro un periodo adeguato, mediante un congedo di durata almeno corrispondente.

[3] Se il lavoro straordinario non è compensato mediante congedo e se mediante accordo scritto, contratto normale o contratto collettivo non è stato convenuto o disposto altrimenti, il datore di lavoro deve pagare per il lavoro straordinario il salario normale più un supplemento di almeno un quarto.

Literatur

BREGNARD-LUSTENBERGER, Überstunden- und Überzeitarbeit, Bern/Stuttgart/Wien 2007; FACINCANI/SUTTER, Gleitende Arbeitszeit oder Überstunden?, Jusletter 5.5.2014; GÄCHTER, Keine Insolvenzentschädigung für nicht bezogene Ferien und geleistete Überstunden?, FS für Jean-Fritz Stöckli, Zürich/St. Gallen 2014, 211 ff.; HELLER, Traditionelle und neue Ansätze des Managements von Überstunden und Überzeit, AJP 2014, 609 ff.; JUNG, Der leitende Angestellte als arbeitsrechtlicher Typus, FS für Jean-Fritz Stöckli, Zürich/St. Gallen 2014, 335 ff.; KNEUBÜHLER DIENST, Überstundenarbeit, FS VSAM, Bern 1993, 147 ff.; MÜLLER, Die rechtliche Behandlung der Überstundenarbeit, Diss., Zürich 1986; REITER, Verzicht des Arbeitnehmers auf die nicht gemäss Art. 321c Abs. 3 OR wegbedungene Vergütung für bereits geleistete Überstunden, AJP 2011, 946 ff.; RIEMER-KAFKA, Gibt es einen Verzicht auf Überstundenentschädigung?, ARV 2003, 150 ff.; RUDOLPH/VON KAENEL, Aktuelle Fragen zur Arbeitszeit, AJP 2012, 197 ff.; SENTI, Zulagen, Zuschläge und 13. Monatslohn, AJP 2006, 289 ff.; DERS., Überstunden, AJP 2003, 373 ff.; vgl. ausserdem die Literaturhinweise zur Einleitung vor Art. 319 ff.

I. Pflicht zur Leistung von Überstunden

Jede die normale Arbeitszeit überschreitende Arbeit ist **Überstundenarbeit**. Als Überstundenarbeit gilt mit anderen Worten Arbeit, die über die im Einzel-, Normal- oder Gesamtarbeitsvertrag vereinbarte, im Betrieb geltende oder in der Branche übliche Stundenzahl hinaus geleistet wird (BGE 129 V 107). Erst wenn keine entsprechende Vereinbarung vorliegt, ist von der üblichen Arbeitszeit auszugehen (BGer, JAR 1999, 145). Die Verpflichtung zur Leistung von Überstundenarbeit ist beidseitig zwingend (Art. 361). Zur Abgrenzung von Überstundenarbeit und zusätzlicher Arbeit aufgrund eines gesonderten Arbeitsvertrages s. BGE 116 II 69; 111 II 358 und 110 II 264, für eine behauptete nachträgliche Erhöhung der Arbeitszeit und damit Änderung der Berechungsgrundlage für die Überstundenarbeit BGer, JAR 2013, 293. 1

Wird Überstundenarbeit **notwendig**, so ist der Arbeitnehmer zu deren Leistung grundsätzlich verpflichtet (Art. 321c Abs. 1). Das ist selbst dann der Fall, wenn der Arbeitgeber die Überstundenarbeit nicht ausdrücklich angeordnet oder verlangt hat, wenn der Arbeitnehmer aber erkennen muss, dass sie zur Wahrung berechtigter Interessen des Arbeitgebers erforderlich 2 ist. Der Arbeitnehmer hat sie dann selbst ohne Wissen und Willen des Arbeitgebers zu leisten und ihn sofort nach Leistung davon in Kenntnis zu setzen (BGer, JAR 2006, 336). Als notwendig gilt Überstundenarbeit etwa bei dringlichen oder ausserordentlich zahlreichen Arbeiten, bei Schadensverhütung oder -beseitigung, beim Ausfall anderer Arbeitnehmer und bei der Inventaraufnahme. Nicht notwendig ist Überstundenarbeit, wenn sie – insb. durch eine geeignetere Organisation oder einen Einsatz vorhandener Hilfskräfte – leicht vermieden werden könnte (STREIFF/VON KAENEL/RUDOLPH, N 2).

3 Der Pflicht zur Leistung von Überstundenarbeit ist durch die **Leistungsfähigkeit** des Arbeitnehmers eine Grenze gesetzt. Der Arbeitnehmer kann also Überstundenarbeit ablehnen, die er mit seinen Kräften oder aus gesundheitlichen Gründen nicht bewältigen kann.

4 Ferner ist der Arbeitnehmer nicht verpflichtet, Überstundenarbeit zu leisten, die ihm nach **Treu und Glauben** nicht zugemutet werden kann. Auf die Beurteilung der Zumutbarkeit haben etwa folgende Umstände Einfluss: Kurzfristigkeit der Anordnung, Länge der Zeitspanne (z.B. täglich 1,6 Überstunden über längere Zeit, BGer, JAR 2001, 164), anderweitige Verpflichtungen oder Dispositionen des Arbeitnehmers (Kinderbetreuung, Behördengänge, Kursbesuche), Höhe der Überstundenentschädigung und des Lohnes im Allgemeinen, Wichtigkeit und Dringlichkeit der Arbeit, Hinweis im Arbeitsvertrag (BGer, JAR 2001, 164, 167: «Überstunden bei Bedarf», im Arbeitsvertrag enthaltener Hinweis darauf, dass voraussichtlich Überstunden anfallen werden). In der Regel würde eine Weigerung gegen Treu und Glauben verstossen, wenn die zusätzliche Arbeit periodisch notwendig und daher voraussehbar ist, wie bei saisonbedingtem Geschäftsandrang, bei Inventaraufnahme u.a.

5 Die Überstundenarbeit ist schliesslich begrenzt durch die **öffentlich-rechtlichen Arbeitszeitvorschriften**. Überschreitet der Arbeitnehmer die arbeitsgesetzlichen Höchstarbeitszeiten, leistet er aber dennoch sorgfältige und qualitativ einwandfreie Arbeit, verhält er sich allerdings nicht rechtsmissbräuchlich, wenn er aus der Überstundenarbeit Ansprüche ableitet; es liegt auch keine Verletzung der Treuepflicht vor (BGer, JAR 2003, 196).

II. Abgeltung geleisteter Überstunden

1. Im Allgemeinen

6 Geleistete Überstunden sind i.d.R. **besonders abzugelten**, d.h. durch Lohnzahlung zu vergüten oder mit Freizeit zu kompensieren. Vorbehalten bleibt eine abweichende schriftliche Vereinbarung (vgl. Art. 321c Abs. 3), womit die Parteien den Abgeltungsanspruch ganz oder teilweise ausschliessen können (BGer, JAR 2013, 293; Näheres in N 15). Die *Beweislast* für geleistete Überstunden trägt grundsätzlich der Arbeitnehmer. Als Beweis genügen regelmässig eingereichte, nicht notwendigerweise gegengezeichnete Arbeitsrapporte (BGer, 8.9.2000, 4C.133/2000, E. 3b; GSGer BS, JAR 2012, 442; s.a. OGer BE, JAR 2013, 417, als sowohl Arbeitgeber wie Arbeitnehmer eine Zeiterfassung führten), während (nicht laufend eingereichte) blosse Aufzeichnungen des Arbeitnehmers i.d.R. nicht beweistauglich sind (s. OGer LU, JAR 2011, 525). Einer elektronischen Agenda kann hinreichende Beweiskraft zukommen, insb. wenn sie dem gesamten Büropersonal via Netzwerk zugänglich ist (BGer, ARV 2008, 32). Auch der Zeugenbeweis kann gelingen (Fallbeispiel BGer, JAR 2014, 140). Lässt sich die Zahl der Überstunden im Nachhinein nicht mehr nachweisen, ist sie zu *schätzen* (Art. 42 Abs. 2 analog; BGE 128 III 276; BGer, ARV 2008, 290; CAPH GE, JAR 2013, 478; GSGer BS, JAR 2012, 442; OGer BL, JAR 1991, 129; TAPP TI, JAR 1998, 133). Voraussetzung für diese Beweiserleichterung ist aber, dass sich aufgrund der konkreten Umstände des Einzelfalls ein genauer Beweis als unmöglich oder unzumutbar erweist (BGer, ARV 2011, 273 f.). Das ist nicht schon dann der Fall, wenn der Beweis im konkreten Fall misslingt, sondern erst, wenn eine fehlende Beweisbarkeit aus objektiven Gründen vorliegt (so zu Recht BGer, JAR 2007, 285 für den Beweis von Überzeit; s.a. RUDOLPH, ARV 2011, 275 zu den

strengen Anforderungen an die Zulässigkeit der Schätzung). Nimmt der Arbeitgeber die vorgeschriebene Registrierung nicht vor, ist dem Arbeitnehmer eine Beweiserleichterung zuzugestehen (BGer, JAR 2005, 180: Schätzung der geleisteten Überstunden aufgrund der Vorbringen des Arbeitnehmers; s. im Zusammenhang mit dem L-GAV Gastgewerbe 1998 auch BGer, ARV 2008, 290 und BGer, JAR 2009, 353). Der Beizug der SAKE-Tabellen der schweizerischen Arbeitskräfteerhebung des Bundesamtes für Statistik als Schätzungsgrundlage war nicht willkürlich (BGer, ARV 2011, 273 f.). Eine Verletzung der allgemein gehaltenen Dokumentationspflicht von Art. 46 ArG i.V.m. Art. 73 Abs. 1 lit. c ArGV 1 führt nicht zu einer Umkehr der Beweislast, wenn nicht eine rechtsmissbräuchliche Beweisvereitelung durch den Arbeitgeber vorliegt (BGer, ARV 2007, 238 mit Kommentar von Rudolph; s.a. CAPH GE, JAR 2013, 478, E. 4.10 und GSGer BS, JAR 2012, 442; zum Stand der Revisionsbemühungen bzgl. der Arbeitszeiterfassungs- und Dokumentationspflicht des Arbeitgebers s. Art. 321 N 7). Diese Pflicht besteht gegenüber den Behörden, nicht gegenüber dem Arbeitnehmer. Nach OGer LU, JAR 2011, 522 verschafft Art. 8 DSG dem Arbeitnehmer keinen Anspruch auf Einsicht in diese Unterlagen. Ebenso lehnte das Gericht eine vorprozessuale Edition der fraglichen Arbeitszeiterfassungstabellen ab (s.a. die Besprechung von Rudolph, ARV online 2011 Nr. 162).

Geleistete Überstunden sind nur abgeltungspflichtig, wenn sie vom Arbeitgeber **angeordnet** 7
wurden oder **betrieblich notwendig** waren. Für beides liegt die Beweislast beim Arbeitnehmer.

– Die *Anordnung* kann auch konkludent oder stillschweigend erfolgen. Einer förmlichen An- 8
ordnung von Überstundenarbeit steht es gleich, wenn der Arbeitgeber von deren Leistung Kenntnis hat (oder haben müsste) und dagegen nicht einschreitet (BGE 116 II 71; BGer Pra 2002, 1021; KGer GR, JAR 2014, 447; GSGer BS, JAR 2012, 442). Das gilt selbst dann, wenn im Arbeitsvertrag nur ausdrücklich angeordnete Überstunden als abgeltungspflichtig bezeichnet werden (stillschweigende Vertragsänderung). Das blosse Zuwarten mit der Geltendmachung angeordneter Überstunden führt nicht zur Verwirkung des Abgeltungsanspruchs; diese Folge fällt nur beim Hinzutreten weiterer Umstände in Betracht, die dem Arbeitnehmer den Vorwurf des Rechtsmissbrauchs einzutragen vermögen (vgl. BGE 129 III 176, BGer, JAR 2009, 353; Beispiel einer rechtsmissbräuchlichen Geltendmachung: OGer BE, JAR 2010, 431).
– Wurden nicht angeordnete, aber *betrieblich notwendige* Überstunden geleistet, wird über- 9
wiegend angenommen, der Abgeltungsanspruch sei verwirkt, wenn er vom Arbeitnehmer bei der folgenden Lohnzahlung nicht geltend gemacht werde (OGer AG, JAR 1992, 114; KGer SG, JAR 1992, 116; s.a. OGer LU, JAR 2011, 525 und 538; ZK-Staehelin, N 14; weiterer Verwirkungsfall, bei dem auf Betreiben des Arbeitnehmers eine längere als gemäss GAV zulässige Arbeitszeit vereinbart wurde, in AGer ZH, JAR 2012, 584). Nach BGE 129 III 174 muss der Arbeitgeber in die Lage versetzt werden, organisatorische Massnahmen zur Verhinderung künftiger Mehrarbeit vorkehren zu können. Daher spreche «einiges dafür, die vorbehaltlose Entgegennahme des üblichen Lohnes sinngemäss als Verzicht auf Entschädigung für allfällig geleistete Überstunden zu verstehen», wenn der Arbeitgeber keine Kenntnis über notwendige Mehrarbeit hat und nach den Umständen auch nicht haben muss. Diese nun auch in BGer, JAR 2009, 334 aufgenommene Folgerung ist abzulehnen. Zwar stellt die Unterlassung einer entsprechenden Meldung eine Treuepflichtverletzung dar, doch ist diese durch eine allfällige Schadenersatzpflicht und nicht durch einen Rechtsverlust zu sanktionieren (Senti, AJP 2003, 377; Streiff/von Kaenel/Rudolph, N 10). Waren die Überstunden tatsächlich betrieblich notwendig, sollen sie auch entschädigt werden. Hingegen liegt es im eigenen Interesse des Arbeitnehmers, solche Überstunden möglichst bald geltend zu machen, da der ihm obliegende Beweis der betrieblichen Notwendigkeit i.d.R. mit zunehmender zeitlicher Distanz schwieriger werden dürfte. Verschlechtern sich die Möglichkeiten des Arbeitgebers zum Führen des Gegenbeweises, ist das Zuwarten des Arbeitnehmers im Rahmen der Beweiswürdigung zu be-

rücksichtigen. Ist nachgewiesen, dass der Arbeitgeber über die Leistung von Überstunden informiert ist, ist der Arbeitnehmer vom Nachweis der Notwendigkeit der Überstunden entbunden (BGer, JAR 2012, 397). Als eine Arbeitnehmerin, die in ihrer Zeiteinteilung frei war, Überstunden leistete, obwohl die Möglichkeit der Anforderung einer Aushilfe bestand, schloss das KGer GR, JAR 2014, 447 daraus auf die fehlende Notwendigkeit der Überstundenarbeit.

10 Oft kennen **leitende Angestellte** keine vertraglich näher bestimmte Arbeitszeit, so dass streng genommen gar keine Überstunden auftreten können. Die Leistung eines überdurchschnittlichen Pensums gilt durch den höheren Lohn als abgegolten (BGer, JAR 1998, 144; OGer AG, JAR 1980, 126; CAPH GE, JAR 1999, 153). Anders verhält es sich indessen, wenn eine Entschädigung im Arbeitsvertrag ausdrücklich vorgesehen bzw. wenn in diesem eine begrenzte Arbeitszeit festgelegt und eine Überstundenentschädigung nicht schriftlich ausgeschlossen ist, ferner wenn dem leitenden Angestellten zusätzliche Aufgaben über die vertraglich vereinbarten Pflichten hinaus übertragen werden oder wenn die ganze Belegschaft während längerer Zeit in wesentlichem Umfang Überstunden leistet (BGE 129 III 173; BGer, JAR 2013, 293; BGer, JAR 1998, 145). Der Begriff des leitenden Angestellten ist durch die bundesgerichtliche Rechtsprechung noch wenig geklärt worden. Von einem leitenden Angestellten ist dann auszugehen, wenn es sich auf Grund einer typologischen Würdigung der Besonderheiten des konkreten Arbeitsverhältnisses rechtfertigt, Überstunden nicht gesondert abzugelten (Prinzip der *Rechtsfolgenerwägung*). Umstände, welche die Annahme eines leitenden Angestellten begünstigen, sind ein hoher Lohn, die freie Einteilung der Arbeitszeit und die Intensität der Entscheidungsgewalt.

11 Der privatrechtliche Begriff des leitenden Angestellten ist nicht identisch mit dem öffentlichrechtlichen Begriff des *«höheren leitenden Angestellten»*, den das Arbeitsgesetz benutzt, um seinen Geltungsbereich zu beschränken (STREIFF/VON KAENEL/RUDOLPH, N 6). Eine höhere leitende Tätigkeit i.S.v. Art. 3 lit. d ArG übt aus, wer in einem Betrieb oder Betriebsteil über Entscheidungsbefugnisse in wesentlichen Angelegenheiten verfügt und eine entsprechende Verantwortung trägt (BGE 126 III 340; BGer, JAR 2014, 303; BGer, ARV 2003, 96; GSGer BS, JAR 2012, 442; KGer GR, JAR 2011, 518; OGer LU, JAR 2011, 525; OGer LU, JAR 2001, 174; Art. 9 ArGV 1). Höhere leitende Angestellte in diesem Sinne sind also von der Geltung der gesetzlichen Höchstarbeitszeit ausgenommen.

12 Nach der bundesgerichtlichen Rechtsprechung ist ein gültiger **Verzicht** auf eine Abgeltung für bereits geleistete Überstunden nur im Rahmen von Art. 341 Abs. 1 möglich (BGE 124 III 469; BGer, JAR 2003, 196; so etwa auch CAPH GE, JAR 2000, 350). Diese Auffassung ist abzulehnen, da es sich bei Art. 321c Abs. 3 um *dispositives Recht* handelt, das durch Einzelabrede (wenn auch in schriftlicher Form), Normal- oder Gesamtarbeitsvertrag abgeändert werden kann. Art. 341 Abs. 1 setzt aber das Vorliegen einer *unabdingbaren Bestimmung* voraus. Die Art. 361 und 362 einerseits und Art. 341 andererseits bilden *komplementäre Systeme*: das eine sorgt dafür, dass die Entstehung bestimmter gesetzlicher Ansprüche nicht durch Parteidisposition verhindert werden kann, das andere dafür, dass diese Ansprüche, nachdem sie entstanden sind, nicht ohne weiteres aufgegeben werden können. Kann die Abgeltung von Überstunden im Voraus (schriftlich) wegbedungen werden, ist nicht einzusehen, warum auf sie nicht auch nachträglich (ebenfalls schriftlich) verzichtet werden kann (ebenso BRÜHWILER, Art. 341 N 4d; STREIFF/VON KAENEL/RUDOLPH, N 5; **a.A.** ZK-STAEHELIN, N 23; GEISER/MÜLLER, Rz 318).

2. Ausgleich von Überstunden durch Freizeit

13 Wird ein Freizeitausgleich vereinbart und wird dabei über die Modalitäten nichts Abweichendes geregelt, so schreibt Art. 321c Abs. 2 vor, dass die Freizeit mindestens die gleiche Dauer wie die geleistete Überstundenarbeit betragen und der Ausgleich innert eines angemessenen

Zeitraumes erfolgen muss. Als angemessen wird ein Zeitraum von grundsätzlich längstens 14 Wochen anzusehen sein (vgl. Art. 25 Abs. 2 ArGV 1; BGer, 22.10.2002, 4C.84/2002, E. 2.2), doch wurden in einem neueren Urteil 16 Monate toleriert (BGer, ARV 2005, 181). Der Ausgleich von Überstundenarbeit durch Freizeit setzt auch nach Kündigung des Arbeitsverhältnisses durch den Arbeitgeber und gleichzeitiger Freistellung des Arbeitnehmers dessen **Einverständnis** voraus (BGE 123 III 84, unter Vorbehalt von Rechtsmissbrauch bei langandauernder Freistellung; s.a. OGer LU, JAR 2013, 517; rechtsmissbräuchlich kann unter Umständen auch die Verweigerung des Einverständnisses im Falle eines unverschuldeten Annahmeverzugs sein, vgl. dazu AGer ZH, ZR 1997, 165). Das Einverständnis des Arbeitnehmers kann auch generell im Arbeitsvertrag erteilt oder durch eine gesamtarbeitsvertragliche Einigung auf einen Freizeitausgleich ersetzt werden (GSGer BS, JAR 2008, 347, 349). Die Einwilligung zur Kompensation ist vom Arbeitgeber zu beweisen; sie kann auch stillschweigend erfolgen (BGer, JAR 2014, 140, E. 3.2; verneint in OGer LU, JAR 2013, 517 für ein blosses Schweigen des Arbeitnehmers auf eine einseitige Kompensationsanordnung des Arbeitgebers). *Präsenzzeit*, während der der Arbeitnehmer auf Kunden oder Gäste wartet, ist keine Freizeit und daher zur Kompensation von Überstunden nicht geeignet (KGer SG, JAR 2002, 155). Zur Kompensation eines *Gleitzeitüberhangs* N 18.

3. Vergütung von Überstunden durch Lohnzahlung

Kommt eine Einigung über einen Freizeitausgleich nicht zustande, so entsteht ein Anspruch auf Überstundenvergütung, der aus dem normalen Lohn und einem Zuschlag von mindestens 25% besteht (Art. 321c Abs. 3; Ausnahme: abweichende Regelung, s. N 15). Zum normalen Lohn gehören auch arbeitsbezogene Zulagen (wie etwa eine Gefahrenzulage oder ein Zuschlag für Nachtarbeit im Gegensatz zu einer Kinderzulage; s. zum Nachtarbeitszuschlag BGer, ARV 2013, 42 und Art. 321 N 7) – seien diese vertraglicher oder gesetzlicher Natur (Brunner/Bühler/Waeber/Bruchez, N 10; zweifelnd in Bezug auf gesetzliche Zulagen Streiff/von Kaenel/Rudolph, N 12) – sowie ein allfälliger 13. Monatslohn (BGer, JAR 2011, 316). Ohne das Vorliegen besonderer Umstände sind weder die Berufung des Arbeitnehmers auf die Formnichtigkeit einer bloss mündlichen Überstundenwegbedingung noch das Zuwarten mit der Geltendmachung einer Überstundenforderung rechtsmissbräuchlich (s. BGer, JAR 2013, 293; GSGer BS, JAR 2012, 442). 14

In Fällen, in denen periodische Überstundenarbeit zu leisten ist, die nach Zeitpunkt und Umfang ungefähr vorausgesehen werden kann (z.B. Verkaufspersonal), hat es sich als zweckmässig erwiesen, die Überstunden bereits mit dem Monatslohn zu vergüten. Art. 321c Abs. 3 sieht deshalb die Möglichkeit vor, eine gesonderte Überstundenvergütung durch Normalarbeitsvertrag, Gesamtarbeitsvertrag oder Einzelvereinbarung auszuschliessen (zur Zulässigkeit solcher Abreden BGer, JAR 2013, 293 und JAR 2012, 211). Eine entsprechende Einzelvereinbarung ist jedoch nur wirksam, wenn sie schriftlich festgelegt ist. Dem Schriftformerfordernis ist dabei Genüge getan, wenn die Überstundenentschädigung in den – nicht unterzeichneten – allgemeinen Arbeitsbedingungen des Arbeitgebers ausgeschlossen wird, der unterzeichnete Einzelarbeitsvertrag aber (ausdrücklich) auf die allgemeinen Arbeitsbedingungen verweist (BGer, JAR 2006, 127; s. ausführlich dazu Art. 320 N 35). Grenze für die abweichende Vereinbarung der Überstundenvergütung ist aber die Überzeitarbeit (N 17; OGer ZH, JAR 1990, 335). 15

Die Überstundenentschädigung ist vom versicherten Verdienst i.S.v. Art. 23 Abs. 1 AVIG ausgenommen, denn mit Überstundenarbeit wird nicht «normalerweise» erzielter Lohn erworben, beschränkt sich doch der Einsatz des Arbeitnehmers regelmässig auf die vertraglich vereinbarte, betriebs- oder branchenübliche Arbeitszeit. Die Arbeitslosenversicherung soll nur für eine normale übliche Arbeitnehmertätigkeit Versicherungsschutz bieten und daher keine Entschädigung für Erwerbseinbussen ausrichten, die aus dem Ausfall einer Überbeschäftigung stammen (BGE 129 V 108; s.a. BGer, ARV 2013, 68; für die Insolvenzentschädigung BGer, ARV 2011, 321; für die Berechnung einer IV-Rente BGE 141 V 1). 16

III. Abgrenzungen

1. Überzeit nach Arbeitsgesetz

17 *Überzeitarbeit* ist Arbeit, die die gesetzlich festgelegte Höchstarbeitszeit überschreitet (nicht jede Überstundenarbeit ist also Überzeitarbeit). Der Arbeitgeber hat dem Arbeitnehmer für die Überzeitarbeit nebst dem Grundlohn einen *Lohnzuschlag* von mindestens 25 % auszurichten (Art. 13 Abs. 1 Hs. 1 ArG; zur Berechnung s. die Anweisungen in Art. 33 ArGV 1). Dieser Zuschlag ist (unter Vorbehalt einer einverständlichen Kompensation durch Freizeit) zwingend (BGE 126 III 337; bei berufsmässigen Motorfahrzeugführern: BGE 136 III 539). Eine Regelung des Kantons Zürich, welche die Anrechnung von Entschädigungen aus dem Honorarpool an den Lohn für geleistete Überzeit von Ärzten vorsah, wurde vom BGer als Verletzung von Art. 13 und Art. 71 lit. b ArG und damit des Grundsatzes der derogatorischen Kraft des Bundesrechts gewertet (BGE 138 I 356, besprochen von Grebski, ARV 2013, 113 ff.). Für das Büropersonal sowie die technischen und anderen Angestellten, mit Einschluss des Verkaufspersonals in Grossbetrieben des Detailhandels, besteht ein entsprechender Abgeltungsanspruch jedoch nur für Überzeitarbeit, die 60 Stunden im Kalenderjahr übersteigt (Art. 13 Abs. 1 Hs. 2 ArG). Für die darunter liegende Überzeitarbeit (die zugleich Überstundenarbeit darstellt) kann sich indessen ein Abgeltungsanspruch aus Art. 321c Abs. 3 ergeben (BGer, JAR 2008, 192; s.a. BGer, JAR 2007, 281 für den Fall einer wegbedungenen Überstundenentschädigung; ähnlich OGer ZH, JAR 2013, 582: gültige Wegbedingung bis und mit der sechzigsten Überzeitstunde; s.a. GSGer BS, JAR 2012, 442 und CAPH, JAR 2012, 447). Der Anspruch auf Abgeltung der Überzeit entfällt ausserdem gem. Art. 27 Abs. 1 ArG durch Sondervorschriften für bestimmte Gruppen von Betrieben oder Arbeitnehmern. Wie bei den Überstunden kann schliesslich auch bei der Überzeit im gegenseitigen Einvernehmen ein Freizeitausgleich stattfinden (Art. 13 Abs. 2 ArG; zum Kompensationszeitraum s. Art. 25 Abs. 2 ArGV 1). Eine Überzeitentschädigung zählt nicht zum versicherten Verdienst nach Art. 23 Abs. 1 AVIG (BGE 116 V 281; 129 V 106 f.). Eine unzutreffende Auskunft der Behörden gegenüber dem Arbeitgeber in Bezug auf die Anwendbarkeit des ArG kann dem Arbeitnehmer nicht entgegengehalten werden (BGer, ARV 2012, 342).

2. Gleitzeitüberhang

18 Entsteht bei einem Arbeitsverhältnis mit gleitender Arbeitszeit ein Überhang, liegen grundsätzlich keine Überstunden vor. Der Sinn der Gleitzeit liegt gerade darin begründet, dass der Arbeitnehmer in deren Rahmen zeitautonom bestimmen kann, ob er die Soll-Arbeitszeit über- oder unterschreiten will. Ein Gleitzeitguthaben, das bis zum Ablauf der Vertragsdauer nicht mehr durch Freizeit ausgeglichen werden kann, verfällt daher i.d.R. entschädigungslos. Überstunden liegen indessen vor, wenn betriebliche Bedürfnisse oder anderslautende Weisungen des Arbeitgebers den zeitlichen Ausgleich solcher Guthaben innerhalb der Kündigungsfrist bzw. innerhalb des vereinbarten Gleitzeitrahmens und unter Einhaltung etwaiger Blockzeiten nicht zulassen, wofür allerdings der Arbeitnehmer die Beweislast trägt (BGE 123 III 471; 130 V 315; zur Unterscheidung auch BGer, JAR 2014, 140).

3. Nicht bezogene Ferien, Feier- und Freitage

19 Nicht bezogene Ferien, Feier- oder Freitage bedeuten nicht zwingend, dass im Vergleich zur vereinbarten Arbeitszeit mehr Arbeit geleistet wurde. Der Arbeitnehmer, der nicht alle Ferien oder freien Tage bezieht, leistet zwar mehr, als er vertraglich müsste, doch handelt es sich grundsätzlich nicht um Überstunden, da in erster Linie der Zeitpunkt und nicht der Umfang der Arbeitsleistung *betroffen ist.* Überstunden liegen daher nur vor, wenn der Arbeitnehmer entsprechende Mehrarbeit aus betrieblichen Gründen leisten musste oder diese als vom Arbeitgeber angeordnet oder gebilligt zu gelten hat (BGE 128 III 278).

4. Ausschöpfung eines Spielraums durch den Arbeitgeber

Keine Überstunden per se liegen auch vor bei Mehrarbeit, die der Arbeitgeber innerhalb eines ihm vertraglich im Voraus eingeräumten Spielraums anordnet, z.B. bei einer wöchentlichen Arbeitszeit zwischen 40 und 45 Stunden (Art. 321 N 12) oder bei einer saisonalen Anhebung des Arbeitsvolumens innerhalb einer vereinbarten Jahresarbeitszeit. **20**

5. Vereinbarte Erweiterung oder Verlagerung von Arbeitszeit

Werden ausserordentliche Stunden auf Grund einer Vereinbarung geleistet, stellen diese keine Überstunden dar. Vielmehr liegt eine Verlagerung oder Erweiterung der vertraglichen Arbeitszeit vor. Dasselbe gilt bei der Vereinbarung von sog. Vorholzeit, um z.B. eine Festtagsbrücke zur Zeit des Jahreswechsels zu ermöglichen (ZK-STAEHELIN, N 1; AGer ZH, ZR 2000, 195). **21**

Art. 321*d*

V. Befolgung von Anordnungen und Weisungen

[1] **Der Arbeitgeber kann über die Ausführung der Arbeit und das Verhalten der Arbeitnehmer im Betrieb oder Haushalt allgemeine Anordnungen erlassen und ihnen besondere Weisungen erteilen.**

[2] **Der Arbeitnehmer hat die allgemeinen Anordnungen des Arbeitgebers und die ihm erteilten besonderen Weisungen nach Treu und Glauben zu befolgen.**

V. Directives générales et instructions à observer

[1] L'employeur peut établir des directives générales sur l'exécution du travail et la conduite des travailleurs dans son exploitation ou son ménage et leur donner des instructions particulières.

[2] Le travailleur observe selon les règles de la bonne foi les directives générales de l'employeur et les instructions particulières qui lui ont été données.

V. Osservanza di direttive e di istruzioni

[1] Il datore di lavoro può stabilire direttive generali sull'esecuzione del lavoro e sul comportamento del lavoratore nell'azienda o nella comunione domestica e dargli istruzioni particolari.

[2] Il lavoratore deve osservare secondo le norme della buona fede le direttive generali stabilite dal datore di lavoro e le istruzioni particolari a lui date.

Literatur

DANTHE, Les limites qu'instaure l'article 328 CO au droit de l'employeur de donner des directives et de contrôler l'activité de travailleur, in: Panorama en droit du travail, Bern 2009, 163 ff.; EGLI, Soziale Netzwerke und Arbeitsverhältnis, Jusletter 17.1.2011; EGLIN, Das Weisungsrecht des Arbeitgebers zu Arbeitsort, Aufgaben und Arbeitszeit, Schweizer Arbeitgeber 2000, 770 ff.; HÜBER, Der fachlich weisungsfreie Arbeitnehmer, Diss., Zürich 1975; VON KAENEL, Die ständige Erreichbarkeit des Arbeitnehmers, ARV 2009, 1 ff.; MEYER, Le régime disciplinaire dans l'administration et dans l'entreprise privée (droit suisse et drois français), in: Le travail et le droit, Fribourg 1994, 315 ff.; MÜLLER, Übertragung neuer Aufgaben und Zuweisung eines neuen Arbeitsortes ohne Änderung des Arbeitsvertrages, AJP 1999, 454 ff.; PÄRLI/HUG, Arbeitsrechtliche Fragen bei Präsentismus (Arbeit trotz Krankheit), ARV 2012, 1 ff.; STAMM, Das Weisungsrecht des Arbeitgebers und seine Schranken, Diss., Basel 1977; vgl. ausserdem die Literaturhinweise zur Einleitung vor Art. 319 ff.

I. Weisungsrecht (Abs. 1)

Mit der Eingliederung in die Arbeitsorganisation wird der Arbeitnehmer der für die abhängige Arbeit typischen Weisungsgewalt des Arbeitgebers unterworfen. Das Weisungsrecht (Direktionsrecht) des Arbeitgebers ist begriffswesentlicher Inhalt des Arbeitsverhältnisses und begründet ein rechtliches **Subordinationsverhältnis** zwischen den Parteien. Es räumt dem Arbeitgeber die Befugnis ein zum Erlass von: **1**

– *allgemeinen Anordnungen*, die sich an die ganze Belegschaft oder eine Gruppe derselben richten (Geschäftsreglemente, Dienstanweisungen, Handbücher usw.);
– *besonderen Weisungen*, die sich an einzelne Arbeitnehmer richten.

2 Weisungen, deren Kenntnisnahme nach Treu und Glauben nicht erwartet werden kann, sind nicht verbindlich. Weisungen können mündlich oder schriftlich kommuniziert werden; sie müssen aber ausreichend präzis sein (TC VD, JAR 2014, 512). Das Weisungsrecht besteht grundsätzlich auch bei Freistellung während der Kündigungsfrist (BGer, ARV 2001, 44: Zulässigkeit einer Weisung, sich für punktuelle Aufgaben zur Verfügung zu halten, wenn der Lohn weiterbezahlt wird). Zum Weisungsrecht bei Hausgemeinschaft s. Art. 322 N 30.

3 Das Weisungsrecht dient der näheren Bestimmung der Arbeits- und der Treuepflicht. Nach dem **Inhalt** der Weisungen lassen sich unterscheiden (GEISER/MÜLLER, Rz 332 ff.; PORTMANN/STÖCKLI, Rz 568 ff.):
– *Zielanweisungen*, die die Arbeitsleistung nach Gegenstand, Zeit, Ort und Organisation konkretisieren;
– *Fachanweisungen*, welche die Art der Arbeitsausführung betreffen;
– *Verhaltensanweisungen*, die sich auf das Verhalten im Betrieb beziehen, z.B. auf Arbeitspausen, Gesundheitsvorsorge, Benutzung von Betriebseinrichtungen für private Zwecke, Rauchverbot (zu diesem Art. 328 N 12 ff.).

4 In besonderen Fällen ist der Arbeitgeber nicht nur berechtigt, sondern auch verpflichtet, Weisungen zu erteilen. Mit anderen Worten wird das Weisungsrecht unter Umständen durch eine **Weisungspflicht** ergänzt, so namentlich, wenn Weisungen zum Schutz von Rechtsgütern der Arbeitnehmer oder anderer Personen erforderlich sind. In anderen Fällen besteht bloss eine ergänzende **Obliegenheit**, indem der Arbeitgeber einen Rechtsnachteil erleidet, wenn er eine erforderliche Weisung nicht erteilt (z.B. eine Lohnfortzahlungspflicht für den Fall, dass die Arbeit nicht ausgeführt werden kann, Art. 324; STREIFF/VON KAENEL/RUDOLPH, N 2). Weisungsrecht und Weisungspflicht schliessen ein entsprechendes Kontrollrecht bzw. eine entsprechende Kontrollpflicht ein. Sind (Fach-)Weisungen in einem Reglement oder Handbuch (i.c. Qualitätsmanagement-Handbuch) festgelegt, das Bestandteil des Arbeitsvertrages bildet, schliesst dies nicht zwingend aus, dass der Arbeitgeber ein abweichendes Verfahren anordnen kann. Eine Zustimmung des Arbeitnehmers wäre namentlich nur dann nötig, wenn dieser an der Einhaltung hoher Qualitätsstandards ein direktes Eigeninteresse hätte (BGer, ARV 2011, 276).

5 Befolgt der Arbeitnehmer freiwillig eine Weisung, die dem Arbeitsvertrag widerspricht, so darf ohne das Vorliegen besonderer Umstände nicht unterstellt werden, der Arbeitnehmer stimme dadurch einer Vertragsänderung zu, wenn diese seine Stellung verschlechtert. Ein Arbeitnehmer, der sich z.B. gegen die Zuweisung einer vom Arbeitsvertrag abweichenden, weniger attraktiven Arbeit nicht zur Wehr setzt, gibt dadurch keine konkludente Zustimmung ab, diese Arbeit für die Zukunft zum Vertragsgegenstand zu machen. Denn zwischen den Vertragsparteien besteht in aller Regel ein Machtgefälle, das den Arbeitnehmer namentlich aus Angst vor einem Stellenverlust oft dazu veranlassen wird, wenigstens für eine gewisse Zeit einen Protest zu unterlassen (vgl. dazu Art. 322 N 9 f.).

6 Träger des Weisungsrechts ist der Arbeitgeber. Jedoch können auch Dritte – insb. zum gleichen Konzern gehörende Gesellschaften – weisungsberechtigt sein, wenn dies arbeitsvertraglich so vorgesehen ist oder wenn eine entsprechende Vollmacht zur Rechtsausübung erteilt wird. BGer, ARV 2003, 25, bezeichnet eine Delegation des Weisungsrechts an Dritte ausdrücklich als zulässig. Für die Frage, ob der Konzernleitung ein Weisungsrecht gegenüber Arbeitnehmern einer Tochtergesellschaft in leitender Stellung zusteht, kommt es nach diesem Entscheid massgeblich auf die Ausgestaltung des Arbeitsvertrags im Einzelfall an. Aus dem Sachverhalt der einheitlichen Führung des Konzerns allein lässt sich keine entsprechende rechtliche Bindung des Arbeitnehmers herleiten.

II. Befolgungspflicht (Abs. 2)

7 Weisungen innerhalb des gesetzlichen und vertraglichen Rahmens müssen vom Arbeitnehmer befolgt werden. Wo jedoch das Weisungsrecht überschritten wird, endet auch die Befolgungspflicht. Wichtige Grenzen bilden (GEISER/MÜLLER, Rz 337 ff.; PORTMANN/STÖCKLI, Rz 572 ff.):

- Der *vereinbarte Tätigkeitsbereich*, namentlich im Hinblick auf die Zuweisung konkreter Arbeit.
- Die *Fürsorgepflicht* (insb. Wahrung des Persönlichkeitsschutzes und der Gleichbehandlung; persönlichkeitsverletzend sind etwa Weisungen, die das angestammte Tätigkeitsfeld des Arbeitnehmers beschränken und ihn insb. hierarchisch zurückstufen, sofern sachliche Gründe für die Rückstufung fehlen oder der Arbeitnehmer im Voraus nicht gehörig angehört wurde, BGer, ARV 2006, 269).
- *Treu und Glauben* (Zumutbarkeit, unvorhersehbarer Gewissenskonflikt, Schikaneverbot; als schikanös beurteilt wurde etwa die Weisung, sich während der Freistellungszeit viermal täglich zu bestimmten Zeiten melden zu müssen, GewGer ZH, ZR 1975, 211).
- Der *Bereich dienstlichen Verhaltens*. Weisungen zum ausserdienstlichen Verhalten müssen nur in Ausnahmefällen befolgt werden, insb. von leitenden Angestellten und Arbeitnehmern in Tendenzbetrieben. Grundsätzlich zulässig sind auch Weisungen, für ausserbetriebliche Nebenbeschäftigungen die Zustimmung des Arbeitgebers einzuholen, soweit dadurch verhindert werden soll, dass der Arbeitnehmer einen Interessenkonflikt schafft, der das Arbeitsverhältnis beeinträchtigt. Stets erforderlich ist ein unmittelbarer Zusammenhang mit der Arbeitspflicht (BGer, JAR 1998, 224: Weisung an Bankangestellte, Verwaltungsratsmandate nur mit Zustimmung der Bank zu übernehmen).

8 Es gibt auch Arbeitsverhältnisse, bei denen dem Arbeitgeber kein Einfluss auf die sachliche Ausführung der Tätigkeit des Arbeitnehmers zusteht. Eine derart **fachlich weisungsfreie Berufsausübung** findet sich bei hochqualifizierten Dienstleistungen (Chefarzt, Chefpilot, Forschungschemiker, Künstler: OGer AG, JAR 1991, 89; BezGer ZH, JAR 1988, 109), bei Dienstleistungen mit persönlicher rechtlicher Verantwortlichkeit des Arbeitnehmers (Motorfahrzeugführer), ferner in gewissem Grad bei allen leitenden Angestellten, soweit von ihnen selbständige Leistungen zu erbringen sind. Hier ist die Befolgungspflicht auf Weisungen beschränkt, die mit der Eingliederung des Arbeitnehmers in die Arbeitsorganisation zusammenhängen. Eine besondere Situation besteht bei angestellten Anwälten: für den Registereintrag ist die Unabhängigkeit der Berufsausübung erforderlich (Art. 8 Abs. 1 lit. d BGFA), die im Anstellungsverhältnis bei Nichtanwälten vermutungsweise fehlt (BGE 130 II 87 mit Ausführungen zu den Voraussetzungen, unter denen ein angestellter Anwalt den Registereintrag beanspruchen kann; zur Zulässigkeit von Anwaltskörperschaften BGE 138 II 440).

9 Gegenüber Weisungen, die den gesetzlichen oder vertraglichen Rahmen sprengen, ist der Arbeitnehmer unter Umständen nicht nur von der Befolgungspflicht entbunden, sondern darüber hinaus *verpflichtet, sich den Weisungen zu widersetzen*. Das gilt insb. dann, wenn sich der Arbeitnehmer durch die Befolgung der Weisungen strafbar machen oder andere Personen widerrechtlich schädigen würde. Besteht bloss die Gefahr, dass der Arbeitgeber geschädigt wird, darf hingegen die Weisung mit Blick auf das bestehende Abhängigkeitsverhältnis grundsätzlich befolgt werden. Je nach Situation und Stellung ist der Arbeitnehmer aber allenfalls aufgrund von Art. 321a Abs. 1 verpflichtet, den Arbeitgeber auf mögliche schädliche Auswirkungen der Weisung aufmerksam zu machen. Eine leitende Angestellte, welche eine Weisung der Arbeitgeberin für unrechtmässig hält, darf nicht ohne Rücksprache mit der Arbeitgeberin einfach ihren Untergebenen ihre eigene Rechtsauffassung kundtun und sie so indirekt zur Nichtbefolgung der Weisung anhalten (BGer, ARV 2011, 104; zum Inhalt dieser Weisung s. Art. 321b N 1).

10 Vertragsverletzungen, insb. Verstösse gegen allgemeine Anordnungen und besondere Weisungen des Arbeitgebers im Rahmen seines Weisungsrechts sowie Verstösse gegen Verhaltens-

pflichten aus einer Betriebsordnung, können vom Arbeitgeber durch **Disziplinarmassnahmen** geahndet werden (sog. *Betriebsjustiz*; für Disziplinarmassnahmen gegen der Aufsicht nach SchKG unterstellte Personen s. BGE 140 I 277). Dabei sind allgemeine und besondere Disziplinarmassnahmen zu unterscheiden:

11 – Zu *allgemeinen Disziplinarmassnahmen* ist der Arbeitgeber ohne weiteres berechtigt, wenn die allgemeinen rechtlichen Voraussetzungen gegeben sind, so zu Entlassungen oder zu Verweisen und Verwarnungen, denn diese sind negative Verhaltensanweisungen.

12 – *Besondere Disziplinarmassnahmen* bedürfen hingegen einer besonderen Rechtsgrundlage, nämlich einer angemessenen Regelung im Arbeitsvertrag (BGE 119 II 162) oder in einer Betriebsordnung (Art. 38 Abs. 1 Hs. 2 ArG, wo sie als *Ordnungsstrafen* bezeichnet werden). Sie sind eine Form der *Konventionalstrafe* (BGE 119 II 162). Darunter fallen Geldbusse, Lohnkürzung, Nacharbeit, Versetzung, Verlängerung der Probezeit oder Suspendierung. Die mit Ordnungsstrafe bedrohten Handlungen und die Sanktionen müssen hinreichend genau beschrieben sein. Disziplinarmassnahmen müssen *verhältnismässig* sein und dürfen nur in einem Verfahren verhängt werden, das *rechtsstaatlichen Anforderungen* genügt. Sie können vom Gericht nicht nur auf die Ordnungsmässigkeit ihrer Verhängung, sondern auch auf ihre Angemessenheit überprüft werden (Art. 163 Abs. 3). In AGer ZH, JAR 2009, 690 wurde eine Regelung als zulässig beurteilt, die verbotene Eigengeschäfte mit einer Konventionalstrafe in der Höhe des dadurch erzielten Gewinns sanktionierte.

Art. 321*e*

VI. Haftung des Arbeitnehmers

1 Der Arbeitnehmer ist für den Schaden verantwortlich, den er absichtlich oder fahrlässig dem Arbeitgeber zufügt.

2 Das Mass der Sorgfalt, für die der Arbeitnehmer einzustehen hat, bestimmt sich nach dem einzelnen Arbeitsverhältnis, unter Berücksichtigung des Berufsrisikos, des Bildungsgrades oder der Fachkenntnisse, die zu der Arbeit verlangt werden, sowie der Fähigkeiten und Eigenschaften des Arbeitnehmers, die der Arbeitgeber gekannt hat oder hätte kennen sollen.

VI. Responsabilité du travailleur

1 Le travailleur répond du dommage qu'il cause à l'employeur intentionnellement ou par négligence.

2 La mesure de la diligence incombant au travailleur se détermine par le contrat, compte tenu du risque professionnel, de l'instruction ou des connaissances techniques nécessaires pour accomplir le travail promis, ainsi que des aptitudes et qualités du travailleur que l'employeur connaissait ou aurait dû connaître.

VI. Responsabilità

1 Il lavoratore è responsabile del danno che cagiona intenzionalmente o per negligenza al datore di lavoro.

2 La misura della diligenza dovuta dal lavoratore si determina secondo la natura del singolo rapporto di lavoro, avuto riguardo al rischio professionale, al grado dell'istruzione o alle cognizioni tecniche che il lavoro richiede, nonché alle capacità e attitudini del lavoratore, quali il datore di lavoro conosceva o avrebbe dovuto conoscere.

Literatur

Beck, Der Regress auf Familienangehörige und Arbeitnehmer, in: Haftpflicht- und Versicherungsrechtstagung 1995, St. Gallen 1995, 116 ff.; Dunand, La responsabilité civile du travailleur (art. 321e CO), in: Quelques actions en responsabilité, Neuenburg/Zürich 2008, 75 ff.; Egli, Der besondere Haftungsmassstab von Art. 321e OR, in: Aktuelle Entwicklungen im Haftpflichtrecht, Bern 2007, 45 ff.; Farner, Die Sicherung der Treuepflicht mit Konventionalstrafe, Anwaltsrevue 2013, 219 ff.; Fehr, Grundzüge der arbeitsvertraglichen Haftung von Managern, Diss., Bern 2003; Geiser, Haftung bei neuen Arbeitsformen, Job Sharing, Computer-Arbeitsplätze, Personalverleih, AJP 1997, 787 ff.; ders., Arbeitsrechtliche Folgen von Verkehrsdelikten, Strassenverkehr 4/2013, 30 ff.; Handschin/Jucker: Sorgfalt, Pflichtwidrigkeit und

Verschulden im auftrags-, arbeits- und aktienrechtlichen Verantwortlichkeitsrecht, FS für Jean-Fritz Stöckli, Zürich/St. Gallen 2014, 317 ff.; KOLLER A., Beidseits verschuldete Leistungsunmöglichkeit des Arbeitnehmers, FS Rehbinder, München/Bern 2002, 51 ff.; MANNSDORFER, Schadenersatzansprüche aus dem Arbeitsverhältnis (Employment Practices Liability). Eine rechtsvergleichende Einführung, HAVE 2008, 309 ff.; MÜLLER, Aktuelle Rechtsprechung zur Haftung des Arbeitnehmers, ArbR 2006, 13 ff.; PORTMANN, Zur Schadenersatzbemessung im Arbeitsvertragsrecht, FS für Heinz Rey, Zürich/Basel/Genf 2003, 489 ff.; ROBERTO, Gedanken zur Haftung des Arbeitnehmers, FS für Manfred Rehbinder, München/Bern 2002, 91 ff.; ROSENTHALER, Der Arbeitnehmer im Stiftungsrat einer Pensionskasse, Diss., Basel 2009; SCHMID, Die Sorgfaltshaftung des Arbeitnehmers – Art. 321e OR im Verhältnis zur allgemeinen Vertragshaftung, FS für Erwin Murer, Bern 2010, 741 ff.; STREIFF, Besondere Fälle der Haftung des Arbeitnehmers, AJP 1997, 797 ff.; WENIGER, Resposabilité civile de l'employeur et du travailleur, subrogation des assureurs sociaux et recours, in: Panorama en droit du travail, Bern 2009, 615 ff.; vgl. ausserdem die Literaturhinweise zur Einleitung vor Art. 319 ff.

I. Haftungsvoraussetzungen

Kommt der Arbeitnehmer seiner Arbeitspflicht oder seiner Treuepflicht nicht oder nicht gehörig nach, so liegt eine *Vertragsverletzung* vor (z.B. zu wenig geleistete Arbeitsstunden: AGer ZH, JAR 1999, 111; BGer, ARV 2007, 254). Resultiert daraus in natürlich und adäquat *kausaler* Weise ein *Schaden* für den Arbeitgeber, ist der Arbeitnehmer im Falle eines *Verschuldens* haftbar (Art. 321e Abs. 1; Spezialvorschriften für Heimarbeitnehmer: Art. 352 Abs. 2, Art. 352a Abs. 3, und Seeleute: Art. 71 Abs. 1 SSG). Der Arbeitgeber hat lediglich die Vertragsverletzung und den dadurch bewirkten Schaden nachzuweisen (zur *Schadensberechnung* im Falle einer Umsatzeinbusse s. BGE 123 III 260 und bei nachlässiger Lagerbewirtschaftung BGer, ARV 2003, 22). Es ist dann Sache des Arbeitnehmers, i.S.v. Art. 97 Abs. 1 den Nachweis zu erbringen, dass ihm kein Verschulden zur Last fällt (BGer, JAR 1999, 292, und h.L.; zweifelnd VISCHER/MÜLLER, 239). 1

Das Verschulden kann auch darin bestehen, dass der Arbeitnehmer eine Stelle übernommen hat, der er nach seiner Ausbildung oder nach seiner Leistungsfähigkeit nicht gewachsen ist (sog. *Übernahmeverschulden*). Verursacht ein Arbeitnehmer in vorübergehender *Urteilsunfähigkeit* einen Schaden, so ist nicht Art. 321e, sondern Art. 54 i.V.m. Art. 99 Abs. 3 anwendbar. Die Verweisung von Art. 99 Abs. 3 schliesst aber Art. 60 nicht mit ein, so dass auf einen solchen Schadensfall die zehnjährige Verjährungsfrist von Art. 127 anwendbar ist (BGer, ARV 2005, 21). 2

Das Verschulden ist nach dem zwingenden *Sorgfaltsmassstab* von Art. 321e Abs. 2 zu beurteilen. Ist nach dieser Vorschrift ein Verschulden des Arbeitnehmers zu verneinen, entfällt die Haftung. Andernfalls sind die Kriterien von Art. 321e Abs. 2 erneut bei der Schadenersatzbemessung zu berücksichtigen (N 5 ff.). 3

Entsprechend der Natur des Arbeitsvertrags, der (im Gegensatz zum Werkvertrag) nur den Einsatz der Arbeitskraft zum Gegenstand hat, kommt eine Haftung für *ausbleibenden Erfolg* nicht in Frage (vgl. z.B. AGer ZH, Entscheide 2004, 8 f.: keine Haftung eines neu angestellten Wirtepaares wegen Umsatzrückgangs; s. immerhin die Ausführungen zur Mankohaftung in N 19 ff.). Schaden aus ungerechtfertigtem Nichtantreten oder Verlassen der Arbeitsstelle ist nach Art. 337d zu ersetzen. Ein Fallbeispiel für eine Haftung des ehemaligen Arbeitnehmers gestützt auf das Wettbewerbsrecht (UWG) findet sich in BGE 138 III 337. 4

II. Schadenersatzbemessung

Die Schadenersatzbemessung richtet sich primär nach Art. 321e Abs. 2 und ergänzend nach Art. 99 Abs. 3 i.V.m. Art. 43 und 44 (vgl. BGer, JAR 2007, 340; zur Schätzungsoption nach Art. 42 Abs. 2 vgl. BGer, JAR 2013, 271). Gestützt auf diese Bestimmungen kann das Gericht die Ersatzpflicht ermässigen oder ganz von ihr entbinden. Als **Reduktionsgründe** (die grundsätzlich vom Arbeitnehmer zu beweisen sind) fallen demnach vor allem in Betracht: 5

6 – *Berufsrisiko*: Es bezieht sich auf Fälle, wo in einer konkreten Situation des Arbeitsablaufs mit einem Versehen erfahrungsgemäss gerechnet werden muss (z.B. unrichtige Preiskalkulation: BGE 110 II 350; Verkehrsunfall des Motorfahrzeugführers: OGer BL, JAR 1994, 118; Rangieren in einer Autowerkstatt: AppGer BS, JAR 1993, 129; zu spätes Bemerken eines überraschenden Bremsmanövers des vorausfahrenden Fahrzeugs: KGer GR, JAR 2014, 454; Geschirrbruch im Hotelgewerbe; Bedienung komplizierter Maschinen), bei denen also der Schaden ein typisches Betriebsrisiko darstellt (sog. **schadensgeneigte Arbeit**). Zwar kommt auch hier bei grober Fahrlässigkeit des Arbeitnehmers eine Reduktion seiner Haftung grundsätzlich nicht in Betracht, doch findet bei mittlerer Fahrlässigkeit eine Schadensaufteilung statt, und bei leichter Fahrlässigkeit entfällt die Haftung für schadensgeneigte Arbeit vollständig (so in KGer GR, JAR 2014, 454). Zum Berufsrisiko zu zählen ist auch der Umstand, dass ein Fehler bei der Berufsausübung einen **sehr hohen Schaden** verursachen kann. Dieser Aspekt spielte z.B. bei einem Staatshaftungsfall eine zentrale Rolle, als ein Sprengoffizier des Bundes durch eine unsachgemässe Sprengung einen Schaden in Millionenhöhe verursachte, aber trotz Grobfahrlässigkeit nur einen vergleichsweise geringen Anteil übernehmen musste (BGE 111 Ib 192). Massgebend für die Berücksichtigung des Berufsrisikos ist nicht nur die allgemeine Gefährlichkeit eines bestimmten Berufs, sondern auch die konkrete Gefahrenlage anlässlich einer schadensverursachenden Handlung (OGer LU, JAR 2011, 527: reduzierte Haftung eines Postautochauffeurs nach mehreren Unfällen).

7 – *Bildungsgrad* oder *Fachkenntnisse*, die zu der Arbeit verlangt werden.

8 – *Fähigkeiten* und *Eigenschaften* des Arbeitnehmers, die der Arbeitgeber gekannt hat oder hätte kennen sollen, z.B. geringe Erfahrung oder Unzuverlässigkeit. In solchen Fällen bedarf es intensivierter Instruktion und Kontrolle, will der Arbeitgeber keinen Abzug wegen Selbstverschuldens riskieren (N 9). Zu Recht wird die sich daraus ergebende – allerdings systemimmanente und unvermeidliche – Konsequenz beklagt, dass der unzuverlässige Arbeitnehmer bei identischem Fehlverhalten milder beurteilt wird als der zuverlässige (Streiff/von Kaenel/Rudolph, N 3). Sie wird allerdings dadurch gemildert, dass der zuverlässige Arbeitnehmer i.d.R. weniger Schaden anrichten und entsprechend weniger gefährdet sein wird, Schadenersatz leisten zu müssen. Ausserdem hat es der Arbeitgeber grundsätzlich in der Hand, dem unzuverlässigen Arbeitnehmer einen tieferen Lohn zu zahlen und ihn notfalls zu entlassen.

9 – *Selbstverschulden des Arbeitgebers*: z.B. unrichtiger Einsatz des Arbeitnehmers für eine bestimmte Arbeit; mangelhafte Anleitung oder Beaufsichtigung bei ungewohnter Arbeit (BGE 110 II 350; Mitverschulden verneint in BGer, ARV 2011, 276, als der Arbeitgeber auf Rückfragen des Arbeitnehmers vertrauen durfte und kein Anlass zur Kontrolle der Arbeitserzeugnisse bestand) oder bei sonstigen Anzeichen für eine Schlechterfüllung, namentlich aufgrund der bisherigen Leistungen des Arbeitnehmers (BGer, ARV 2003, 233); fehlende Kontrolle in Bezug auf die Einhaltung der Arbeitszeit durch den Arbeitnehmer im Hinblick auf einen Schaden des Arbeitgebers infolge zu viel ausbezahltem Lohn (vgl. BGer, ARV 2007, 254; die fehlende Kontrolle begründet aber keine Unterbrechung des Kausalzusammenhangs zwischen Vertragsverletzung und Schadenseintritt; weiterer Fall ungenügender Kontrolle in CAPH GE, JAR 2014, 424); ungenügende Erfüllung der Schadenminderungspflicht; mangelhafte Organisation des Betriebs; unterlassener Abschluss einer Versicherung, obwohl eine solche üblich und wirtschaftlich zumutbar ist.

10 – *Leichtes* (oder mittleres, jedenfalls aber kein schweres) *Verschulden des Arbeitnehmers* (z.B. BGE 110 II 351; KGer GR, JAR 2014, 454).

11 – *Geringe Entlöhnung des Arbeitnehmers*, insb. im Verhältnis zu der von ihm zu tragenden Verantwortung (z.B. Lohn zwischen CHF 3000 und 4000 für einen «ingénieur-chef» zwischen 1973 und 1980: BGE 110 II 351).

12 – *Notlage des Arbeitnehmers*.

13 – *Finanzielle Verhältnisse des Arbeitgebers*.

Die Berücksichtigung der genannten Kriterien führt zu folgenden **Fallgruppen** bei der Schadenersatzbemessung: 14

- *Volle Schadenstragung durch den Arbeitnehmer*, z.B. BGE 123 III 261 (Umsatzeinbusse des Arbeitgebers wegen vorsätzlicher Abwerbung von Mitarbeiterinnen); KGer ZG, JAR 1987, 125 (Grobfahrlässigkeit am Steuer, kein Selbstverschulden des Arbeitgebers wegen unterlassenem Abschluss einer Kaskoversicherung); TPH GE, JAR 1990, 140 (Grobfahrlässigkeit, hoher Lohn); OGer LU, JAR 1996, 126 (der haftpflichtige Arbeitnehmer kündigt einem anderen Arbeitnehmer erst nach statt innerhalb der Probezeit, Schaden von CHF 54 000, Kaderstellung führt zu voller Haftung); OGer LU, JAR 2000, 120 (Rückwärtsfahren mit überhöhter Geschwindigkeit auf einem Parkplatz); s.a. BGer, JAR 2014, 225 (Veruntreuung von Kundengeldern in Millionenhöhe). 15
- *Aufteilung des Schadens zwischen Arbeitnehmer und Arbeitgeber*, z.B. BGE 110 II 344 (der Arbeitnehmer hat 25 % des Schadens von CHF 140 000 zu tragen, der durch eine fehlerhafte Submissionseingabe entstanden ist; Reduktionsgründe: Berufsrisiko, unterlassene Kontrolle durch den Arbeitgeber, kein schweres Verschulden, geringer Lohn im Verhältnis zur Verantwortung); BGer, ARV 2011, 276 (Schaden von rund CHF 27 500 wegen Fehlern beim Erstellen von Werkstattzeichnungen, kein grobes Verschulden, Reduktion um einen Drittel); BGer, ARV 2002, 22 f. (Schaden von CHF 30 000 wegen ungenügendem Kundenservice, Reduktion um 50 % bei mittlerem Verschulden wegen geringer Entlöhnung und fehlender Überwachung); OGer LU, JAR 2011, 527 (Gesamtschaden von rund CHF 50 000 nach vier von einem Chauffeur verursachten Unfällen mit Firmenfahrzeugen, Reduktion auf die vom Arbeitgeber eingeklagten CHF 4000); TAPH GE, JAR 2014, 424 (Reduktion um 40 % auf CHF 33 000 wegen mangelnder Kontrolle nach Manipulation durch eine Kassiererin); OGer AR, JAR 1994, 135 (Schaden durch nicht angezogene Handbremse bei Muldenkipper, erhebliches Verschulden, 50 % Reduktion wegen fehlendem Lehrabschluss, kurzer Instruktion, wenig Berufserfahrung; ferner Schaden infolge Nichtnachfüllen von Motorenöl, Grobfahrlässigkeit, 55 % Reduktion wegen unterlassener Kontrolle des als unzuverlässig bekannten Arbeitnehmers). 16
- *Volle Haftungsbefreiung des Arbeitnehmers*, z.B. KGer ZG, JAR 1986, 130 (Unsorgfalt bei der Bearbeitung von Wappenschildern und Schriftbändern; Arbeitnehmerin war mehrere Jahre vorher nicht in diesem Beruf tätig gewesen, unterlassene Überprüfung); KGer GR, JAR 2014, 454 (zu spätes Bemerken eines überraschenden Bremsmanövers des vorausfahrenden Fahrzeugs bei hohem Berufsrisiko); KGer GR, JAR 1981, 128 (schweres Selbstverschulden des Arbeitgebers, der einen Taxifahrer in fahruntüchtigem Zustand nach dem Nachtdienst auf eine weite Reise schickt); KGer SG, JAR 1987, 129 (technischer Fehler im Aufgabenbereich des Stellvertreters); OGer LU, JAR 2001, 182 (betr. u.a. einen Schaden von CHF 419.25, von dessen Ersatz der Arbeitnehmer befreit wurde, weil es sich um einen Bagatellschaden handle). 17

Entscheidend sind stets die **Umstände im Einzelfall**, weshalb schematische Lösungen zu vermeiden sind. Abzulehnen ist daher etwa die Praxis, *Bagatellschäden* von vornherein einer Haftung des Arbeitnehmers zu entziehen (anders z.B. OGer LU, JAR 2011, 527 und JAR 2001, 183; wie hier STREIFF/VON KAENEL/RUDOLPH, N 7), oder die Beachtung einer *Haftungsobergrenze* (ZK-STAEHELIN, N 27; STREIFF/VON KAENEL/RUDOLPH, N 12; PORTMANN, FS Rey, 502 f.; **a.A.** KGer VS, JAR 1995, 87, worin im Sinne einer Faustregel ein Monatslohn als Obergrenze vorgesehen wird; differenzierter GEISER/MÜLLER, Rz 471). 18

III. Vertragliche Modifikationen

Art. 321e setzt einseitig zwingendes Recht (Art. 362). Vertragliche *Haftungserleichterungen* zugunsten des Arbeitnehmers sind daher zulässig, dies allerdings nur im Rahmen von Art. 100 Abs. 1, wonach bloss die Haftung für leichte Fahrlässigkeit wegbedungen werden kann. Zulässig ist auch die Wahl eines *anderen Haftungsmodells*, sofern es sich insgesamt 19 nicht zuungunsten des Arbeitnehmers auswirkt. Das trifft in gewissen Grenzen auf die **Mankohaftung** mit Zahlung eines Mankogeldes zu. Danach hat der Arbeitnehmer unabhängig von einem Verschulden für einen Fehlbestand in einer Kasse oder einem Warenlager, das ihm zur Verwaltung anvertraut ist, einzustehen, erhält dafür jedoch eine angemessene Entschädigung. Dies dient einerseits dem berechtigten Interesse des Arbeitgebers, Fehlbeträge auch dort möglichst gering zu halten, wo der Arbeitnehmer unbeobachteten Zugriff auf Wertgegenstände des Arbeitgebers hat. Andererseits hat der Arbeitnehmer die Chance, aus Anstrengungen, die über die haftungsrechtliche Verantwortlichkeit hinausgehen (sog. überobligatorische Anstrengungen), zusätzlichen finanziellen Nutzen zu ziehen (vgl. BAG, Urteil vom 17.9.1998, 8 AZR 175/97, E. IV.2). Welche Voraussetzungen eine solche Mankoabrede erfüllen muss, um gültig zu sein, ist indessen umstritten.

20 – Unproblematisch ist der Fall, in dem die verschuldensunabhängige Mankohaftung die Summe der gezahlten (oder innerhalb eines bestimmten Ausgleichszeitraums noch zu zahlenden) Mankogelder nicht übersteigt. Hier verliert der Arbeitnehmer höchstens die «Erfolgsprämie» der Mankovergütung. Deshalb ist es auch unerheblich, ob neben dem Arbeitnehmer auch Dritte Zugriff auf den Kassen- oder Warenbestand haben (BAG, Urteil vom 2.12.1999, 8 AZR 386/98, E. I).

21 – Nach überwiegender Auffassung in der Lehre ist eine Erfolgshaftung durch Mankoabrede auch dann zulässig, wenn das Mankogeld mindestens die durchschnittlich auftretenden, verschuldensmässig nicht klar zuzuordnenden Mankos langfristig abdeckt (STREIFF, AJP 1997, 799; ebenso die herrschende deutsche Lehre, z.B. REICHOLD, in: Münchener Handbuch zum Arbeitsrecht, 3. Aufl., München 2009, § 51 Rz 75). Diese Auffassung verdient Zustimmung, hängt doch die Gleichwertigkeit einer Lösung nicht davon ab, dass der Arbeitnehmer in keiner Fallkonstellation schlechter gestellt ist als nach der gesetzlichen Konzeption (Art. 324a N 51); die vertragliche Lösung darf nur insgesamt nicht zuungunsten des Arbeitnehmers ausfallen. Zusätzlich ist aber zu fordern, dass Dritte keinen Zugriff auf den fraglichen Kassen- oder Warenbestand haben (BRÜHWILER, N 13b; BK-REHBINDER/STÖCKLI, N 18; ZK-STAEHELIN, N 41; **a.A.** STREIFF/VON KAENEL/RUDOLPH, N 5); denn andernfalls verliert der Arbeitnehmer seinen kompensatorischen Vorteil, durch überobligatorische Anstrengungen finanziellen Nutzen aus dem Mankogeld zu ziehen.

22 Erfüllt eine Mankoabrede diese Voraussetzungen nicht, ist sie unwirksam. Ob der Arbeitnehmer für ein Manko haftbar gemacht werden kann, beurteilt sich dann ausschliesslich nach den Grundsätzen von Art. 321e. Das bedeutet insb., dass dem Arbeitnehmer eine Vertragsverletzung nachgewiesen werden muss und ihm der Nachweis fehlenden Verschuldens offen steht.

22a Zulässig war die Schadensregelung zwischen einer Bank und einem Mitarbeiter, die vorsah, dass der durch Veruntreuung von Kundengeldern entstandene Schaden, der auch bankinterne Abklärungsarbeiten umfasste, durch Verkauf von Aktien des Arbeitnehmers getilgt wurde (BGer, JAR 2014, 225). Zur beschränkten Zulässigkeit von Konventionalstrafenabreden BGer, ARV 2013, 38.

IV. Geltendmachung des Schadenersatzanspruchs

23 Der Arbeitgeber kann seine Schadenersatzforderung klageweise durchsetzen oder sie in den Grenzen von Art. 323b Abs. 2 mit der Lohnforderung des Arbeitnehmers verrechnen (s. dazu KGer GR, JAR 2014, 454). Der Arbeitgeber muss ihm bekannte oder erkennbare Schadenersatzforderungen spätestens bis zum Ende des Arbeitsverhältnisses geltend machen (BGE 110 II 344; nach BGer, ARV 2011, 284 selbst dann, wenn sich der Arbeitgeber Ersatzforderungen vorbehalten hat bzw. er sie nicht hat verrechnen können). Während sich diese Auffassung gerade noch vertreten lässt, erscheint die Praxis einiger kantonaler Gerichte als übertrieben streng, schon dann eine Verwirkung oder einen Verzicht auf die Schadenersatzforderung anzunehmen, wenn diese nicht bei der nächsten Lohnzahlung durch Verrechnung geltend gemacht oder wenigstens vorbehalten wird (z.B. BezGer Arbon, JAR 1993, 131; AGer BE, JAR 1990, 138). Die Erklärung des Arbeitgebers, dass Schadenersatzansprüche aus einem bestimmten Ereignis vorbehalten bleiben, genügt, um zu verhindern, dass beim Arbeitnehmer die berechtigte Erwartung auf einen Verzicht entsteht; es braucht keine Bezifferung, Verrechnung oder gar Klage (BGer, ARV 2011, 284). Eine missbräuchliche Geltendmachung von Forderungen wegen *Verwirkung* fällt innerhalb der gesetzlichen Verjährungsfristen nur in Betracht, «wenn weitere, ganz besondere Umstände hinzutreten, die das Zuwarten als Verstoss gegen Treu und Glauben erscheinen lassen» (BGE 127 III 364), was auch für Forderungen des Arbeitgebers gilt (BGer, 7.9.2004, 4C.195/2004, E. 3.4). Auch ein *stillschweigender Verzicht* ist mit Blick auf die Interessenlage in aller Regel auszuschliessen (PORTMANN, ArbR 1998, 70). Zur Substanzierungspflicht des Arbeitgebers im Prozess BGer, JAR 2013, 271.

V. Eigen- und Drittschäden

Schädigt der Arbeitnehmer in Ausübung seiner arbeitsvertraglichen Tätigkeit nicht den Arbeitgeber, sondern sich selbst oder einen Dritten, ist Art. 321e Abs. 2 analog heranzuziehen. So muss der Arbeitgeber unter Umständen aufgrund des Betriebsrisikos voll für einen Schaden des Arbeitnehmers aufkommen (s. TC JU, JAR 1998, 162; zum Betriebsrisiko N 6). Haftet der Arbeitnehmer (insb. aus Art. 41) einem Dritten für Schaden, den er diesem in Erfüllung arbeitsvertraglicher Pflichten zugefügt hat, muss ihn der Arbeitgeber von der Haftung gegenüber dem Dritten insoweit freihalten, als der Arbeitnehmer nach Art. 321e Abs. 2 im Verhältnis zum Arbeitgeber befreit ist (PORTMANN/STÖCKLI, Rz 527). Auch im Rahmen des Regresses ist Art. 321e Abs. 2 zu beachten (lex specialis zu Art. 50 und 51). Zur Haftung eines Kanzleiinhabers für Fehler eines angestellten Anwalts OGer BE, JAR 2011, 417. 24

Art. 322

C. Pflichten des Arbeitgebers
I. Lohn
1. Art und Höhe im Allgemeinen

[1] Der Arbeitgeber hat dem Arbeitnehmer den Lohn zu entrichten, der verabredet oder üblich oder durch Normalarbeitsvertrag oder Gesamtarbeitsvertrag bestimmt ist.

[2] Lebt der Arbeitnehmer in Hausgemeinschaft mit dem Arbeitgeber, so bildet der Unterhalt im Hause mit Unterkunft und Verpflegung einen Teil des Lohnes, sofern nichts anderes verabredet oder üblich ist.

C. Obligations de l'employeur
I. Salaire
1. Nature et montant en général

[1] L'employeur paie au travailleur le salaire convenu, usuel ou fixé par un contrat-type de travail ou par une convention collective.

[2] Si le travailleur vit dans le ménage de l'employeur, son entretien et son logement font partie du salaire, sauf accord ou usage contraire.

C. Obblighi del datore di lavoro
I. Salario
1. Specie e importo in generale

[1] Il datore di lavoro deve pagare il salario convenuto o d'uso o stabilito mediante contratto normale o contratto collettivo.

[2] Se il lavoratore vive in comunione domestica con il datore di lavoro, il suo mantenimento nella casa con vitto e alloggio fa parte del salario, salvo accordo o uso contrario.

Literatur

Lohn im Allgemeinen: AUBERT, Commentaire de l'arrêt du Tribunal fédéral du 3 février 2009 (4A_509/2008) – Rapport entre gratification et le salaire, ARV 2009, 141 ff.; DERS., L'usage en droit du travail, ARV 2001, 95 ff.; BÄCHLER, Vergütungen von Verwaltungsräten und Geschäftsleitungsmitgliedern in Banken, Diss., Zürich/Basel/Genf 2011; BARTHOLD/WIDMER, Regulierung der variablen Vergütung? Eine Bewertung der schweizerischen Regulierungsbestrebungen im Vergütungsbereich, AJP 2009, 1389 ff.; BERSIER, Les diverses méthodes d'évaluation et de comparaison des salaires, in: Panorama en droit du travail, Bern 2009, 381 ff.; BORNOZ, Les critères de distinction entre les diverses rémunérations accessoires, in: Panorama en droit du travail, Bern 2009, 37 ff.; BRAND/WYSS/ZYSSET, Nulla Minder-poena sine lege – Ein Beitrag zur Umsetzung von aktienrechtsbezogenen Strafbestimmungen in der «Abzockerverordnung», Jusletter 27.5.2013; Brändli/Stengel, Währungsfragen im Zusammenhang mit dem Lohn von Grenzgängern, in: Schweiz und Europa – Auswirkungen auf Wirtschaft, Recht und Gesellschaft, Bern 2011, 337 ff.; Caruzzo, La rémunération du travailleur et le remboursement des frais, Genf 2008; Cattelan, Rückruf des Geschäftsfahrzeugs, Anwaltsrevue 2013, 210 f.; Chenaux, Salaire au mérite, Lausanne 1998; Cramer, Der Bonus als Malus – Zur Überwälzung von Geschäftsverlusten auf Arbeitnehmer, AJP 2008, 535 ff.; Daeniker, Vergütung von Verwaltungsrat und Geschäftsleitung schweizerischer Publikumsgesellschaften, SJZ 2005, 381 ff.; Daeniker/Pestalozzi, Gibt es «faire» Managerlöhne? – Rechtliche und wirtschaftsethische Betrachtungen zu einem umstrittenen Thema, SJZ 2012, 393 ff.; Ehrenström/Olofsson, La liberté du salaire et ses (nouvelles) limites, Jusletter 12.3.2012; Farner, Lohnberechnung, in: Entscheide des Arbeitsgerichtes Zürich 2004, 49 ff.; Fischer S., Verser une prime aux employés présents peut se retourner contre l'employeur, plaidoyer 1/2013, 12 ff.; Fridland Svensson/Meyer, Spitzenboni – Im Lichte der neuesten bundesgerichtlichen Rechtsprechung, ST 2014, 214 ff.; Geiser, Flexibilisierung der Arbeitszeit und des Lohnes, ArbR 1998, 77 ff.; ders., Arbeitsrechtliche Aspekte im Zusammenhang mit Leistungslohn, AJP 2001, 382 ff.; ders., Gibt es ein Verfassungsrecht auf einen Mindestlohn?, FS für Yvo Hangartner, St. Gallen/Lachen SZ 1998, 809 ff.; ders., Arbeits- und auftragsrechtliche Streitigkeiten mit Managern, in: Manager – Unternehmungen – Rechtsschutzversicherungen, Zürich/St.Gallen 2013; Gremper, Frage der Zulässigkeit der Zahlung des Lohnes in Euro, Anwaltsrevue 2012, 73 ff.; Häusermann, «Abzocker»-Initiative umsetzen – aber wie?, SJZ 2013, 153 ff.; ders., Aktienrechtliche Umsetzung der «Abzocker»-Initiative – Spielraum und Rechtstechniken, SJZ 2012, 537 ff.; Helbling, Mitarbeiteraktien und Mitarbeiteroptionen in der Schweiz, 2. Aufl., Diss., Zürich/Basel/Genf 2003; ders., Mitarbeiterbeteiligungspläne in den Statuten – Bemerkungen aus der Praxis zum Vorentwurf zur Verordnung gegen die Abzockerei, ST 2013, 700 ff.; ders., Die Rechtsfolgen von Unternehmenszusammenschlüssen auf Mitarbeiterbeteiligungspläne, Jusletter 19.5.2003; ders., Das Mitarbeiterbeteiligungs-Reglement, ST 1998, 1123 ff.; Henneberger/Rieder, Bemessung der Entschädigung der Wartezeiten bei echter Arbeit auf Abruf, AJP 2011, 1057 ff.; Hirsiger, Ausgewählte Einzelfragen zu vereinbarten Leistungszielen im Einzelarbeitsverhältnis, ArbR 2011, 87 ff.; ders., Die Zielvereinbarung im Einzelarbeitsverhältnis, Diss., Bern 2011; Hostettler, Managersaläre: Wertorientierte Vergütung – Entscheidungsgrundlagen für Führungskräfte, Zürich 2010; Hug, Die staatlichen Einwirkungen auf die Festsetzung des Lohnes im schweizerischen Arbeitsvertragsrecht, Diss., Basel 1986; Ianni/Meier-Dieterle, Lohnarten – Eine «tour d'horizon», ST 2014, 209 ff.; Lepori Tavoli, Mindestlöhne im schweizerischen Recht, Diss., Bern 2009; dies., Mindestlöhne – Auch in der Schweiz rechtlich möglich, plädoyer 6/2009, 36 ff.; Lerch, Arbeitsrechtliche Rückzahlungsvorbehalte für Aus- und Weiterbildungskosten, Anwaltsrevue 2012, 24 ff.; Leu, Variable Vergütungen für Manager und Verwaltungsräte, Diss., Zürich/Basel/Genf 2005; Lyk, Die Mitarbeiteraktie und andere Formen der Kapitalbeteiligung in der Schweiz. Praxis – Erfahrungen – Lehren, Zürich 1989; Malacrida/Spillmann, Corporate Governance im Interregnum, Die neue Verordnung gegen übermässige Vergütungen bei börsenkotierten Aktiengesellschaften – Erste Analysen und praktische Hinweise, GesKR 2013, 485 ff.; Meier-Gubser, Arbeitsrechtliche Aspekte der Verordnung gegen übermässige Vergütungen bei börsenkotierten Aktiengesellschaften, AJP 2013, 1567 ff.; Meyer K., Pro-rata-Anspruch bei Boni zwingend?, Anwaltsrevue 2013, 216 ff.; Montanari, Gesetzliche Lohnregelungen, Diss., Bern 1987; Montanari M., Nach Inkrafttreten der VegüV – Ausgewählte Fragen aus der Rechtsberatung, AJP 2015, 51 ff.; Morf, Gratifikation und Freiwilligkeitsvorbehalt, ArbR 2012, 67 ff.; ders., Lohn und besondere Vergütungsformen im privatrechtlichen Arbeitsverhältnis, Diss., Bern 2011; Mülhauser, Das Lohnbuch 2014, Mindestlöhne sowie orts- und berufsübliche Löhne in der Schweiz, Zürich 2014; Müller R., Honorierung von Verwaltungsräten aus rechtlicher Sicht, ZBJV 2011, 113 ff.; Müller M.L., Verordnung gegen übermässige Vergütungen bei börsenkotierten Aktiengesellschaften (VegüV) – Lösungsansätze für die arbeitsrechtliche Umsetzung, AJP 2014, 477 ff.; Oertle, Arbeitsrecht im Konflikt mit der Verordnung gegen übermässige Vergütungen, GesKR 2014, 44 ff.; Peyer/Schaub, Umsetzung des FINMA-Rundschreibens «Vergütungssysteme» bei Banken, SJZ 2011, 149 ff.; Pfiffner, Bewertung von Haus- und Familienarbeit, AJP 1993, 1391 ff.; Portmann D., Mitarbeiterbeteiligung, Diss., Bern 2005; Reich, Rückerstattung von übersetzten Boni und anderen Lohnzahlungen, ASA 2011, 109 ff.; Reinert, Juristische Aspekte variabler Gehaltssysteme, Schweizer Arbeitgeber 2001, 136 ff.; ders., Variable Gehaltssysteme aus arbeitsrechtlicher Sicht, AJP 2009, 3 ff.; Richers, Arbeitslohn oder Lidlohn?, ArbR 2004, 85 ff.; Rudolph, Neuere Entwicklungen im Bonusrecht, TREX 2011, 92 ff.; ders., Vertragsänderungen, in: Unternehmenssanierung und Arbeitsrecht, Zürich/Basel/Genf 2010, 1 ff.; Ryter, Les plans d'intéressement: aspects de droit du travail et droit fiscal, in: Panorama en droit de travail, Bern 2009, 55 ff.; Schmid, Möglichkeiten und Grenzen von leistungs- und erfolgsorientiertem Lohn im privatrechtlichen Arbeitsvertrag, Diss., St. Gallen 2000; Schneiter, *Qualifikation* einer Gratifikation als Lohn, ARV 2005, 241 ff.; Schüpbach/Horvath/Müller S., Rekordtiefe Entwicklung der Lohnbeiträge 2010, CHSS 2011, 266 ff.; Schwaab, Paiement du salaire en euros, adaptation au cours de l'euro: que dit le droit du travail?, Jusletter

8.8.2011; SENN/PEDERGNANA (Hrsg.), Vergütungssysteme in der Schweiz, Zürich/Basel/Genf 2010; SENTI, Zulagen, Zuschläge und 13. Monatslohn, AJP 2006, 289 ff.; DERS., Die Abgrenzung zwischen Leistungslohn und Gratifikation, AJP 2002, 669 ff.; DERS., Leistungslohn oder Gratifikation?, ARV 2011, 1 ff.; SOMMER, Das Truckverbot und Mitarbeiterbeteiligungspläne, ARV 2006, 100 ff.; M. STAEHELIN, Gesperrte Optionen – als Lohn unzulässig?, SJZ 2005, 181 ff.; SUTER, Die Besteuerung von Abgangsentschädigungen, Anwaltsrevue 2012, 16 ff.; TOBLER, Indirekte Diskriminierung wegen der Staatsangehörigkeit durch Lohnsenkungen bei schwachem Euro-Kurs, FS für Jean-Fritz Stöckli, Zürich/St. Gallen 2014, 649 ff.; VON DER CRONE/BRUGGER, Salärgovernance, SZW 2014, 241 ff.; VON DER CRONE/BURG, Salärgovernance und Markt für Führungskräfte, FS für Rolf H. Weber, Bern 2011, 331 ff.; VON DER CRONE/JENTSCH, Aktuelle Entwicklungen in der Vergütungslandschaft des Finanzplatzes Schweiz, SZW 2012, 377 ff.; WALTI, Mitarbeiterbeteiligung, Diss., Zürich 1998; WEHRLI, Nach der Minder-Initiative – wie weiter?, GesKR 2013, 1 ff.; WIEGAND, Die Finanzmarktkrise und die clausula rebus sic stantibus dargestellt am Beispiel der Bonuszahlungen, Jusletter 9.2.2009; WILDHABER, Möglichkeiten und Grenzen der Mindestlohnregulierung in der Schweiz, ARV onlinie 2014 Nr. 1; ZIHLER, Verordnung gegen übermässige Vergütungen, ST 2014, 46 ff.; vgl. ausserdem die Literaturhinweise zur Einleitung vor Art. 319 ff. (insb. betr. Flexibilisierung der Arbeitsverhältnisse) sowie die Literaturhinweise zu Art. 322d.

Lohngleichheit von Frau und Mann: ALBRECHT, Der Begriff der gleichwertigen Arbeit im Sinne des Lohngleichheitssatzes «Mann und Frau haben Anspruch auf gleichen Lohn für gleichwertige Arbeit» (Art. 4 Abs. 2 BV), Basel 1998; ARIOLI/EGG, Arbeitswissenschaftliche Gutachten in Lohngleichheitsprozessen, AJP 2001, 1299 ff.; AUBERT/LEMPEN (Hrsg.), Commentaire de la loi fédérale sur l'égalité, Genf 2011; AUBRY GIRARDIN, Egalité salariale et décisions judiciaires, AJP 2005, 1062 ff.; BAUER/STRUB, Markt und Lohnungleichheit, AJP 2001, 1308 ff.; BERTSCHY/MARTI, Berufseinstieg und Lohndiskriminierung, CHSS 2010, 322 ff.; BIGLER-EGGENBERGER, Die bundesgerichtliche Rechtsprechung zur Lohngleichheit, AJP 2001, 1269 ff.; FLÜCKIGER, Approche économique des discriminations salariales et de l'évaluation des dommages subis, AJP 2001, 1340 ff.; GWERDER/WISSMANN LUKESCH, Präjudizien – und dann? Rückblick auf Zürcher Lohnklageverfahren, AJP 2001, 1347 ff.; HENNEBERGER/OBERHOLZER/ZAJITSCHEK, Lohndiskriminierung und Arbeitsbewertung, Basel 1997; KAUFMANN, Bundesgericht stellt Lohngleichheit in Frage, plädoyer 5/2001, 28 ff.; KAUFMANN/STEIGER-SACKMANN (Hrsg.), Kommentar zum Gleichstellungsgesetz, 2. Aufl., Basel 2009; LIEBIG, Auf dem Prüfstand: Gleichstellung der Geschlechter in der Schweiz, CHSS 2010, 303 ff.; MADUZ, Lohndiskriminierung zwischen Frau und Mann: kritische Würdigung der Regressionsanalyse, AJP 2015, 437 ff.; MATEFI, Marktlohn und Ausbildungskosten. Sachliche Gründe für die Rechtfertigung von Lohnunterschieden?, AJP 2001, 1319 ff.; NIQUILLE-EBERLE, Lohngleichheit in der Praxis, ZBJV 2001, 689 ff.; NOLLERT, Geschlechtsspezifische Ungleichheiten in der schweizerischen Arbeitswelt, CHSS 2010, 314 ff.; PASCHOUD, Quand le juge fixe le salaire, Lausanne 2004; SCHÄR MOSER/BAILLOD, Analyse von Lohndiskriminierung, AJP 2006, 1384 ff.; DIES., Instrumente zur Analyse von Lohndiskriminierung, Bern/Stuttgart/Wien 2006; SCHÄR/HÜTTNER/JEGHER, Flexibel, aber nicht prekär. Ein Handbuch zur gleichstellungsgerechten Gestaltung flexibler Arbeitsverhältnisse, Zürich 2002; SEILER, Gleicher Lohn für gleichwertige Arbeit, ZBl 2003, 113 ff.; STAUBER-MOSER, Gleichstellungsgesetz und bundesgerichtliche Rechtsprechung, FS für Peter Forstmoser, Zürich/St. Gallen 2008, 485 ff.; DIES., Lohngleichheit und bundesgerichtliche Rechtsprechung, AJP 2006, 1352 ff./1364 ff.; STEIGER-SACKMANN, 5 Jahre Gleichstellungsgesetz – 5 Jahre Lohngleichheit?, AJP 2001, 1263 ff.; STEINER, Das Verbot der indirekten Diskriminierung aufgrund des Geschlechts im Erwerbsleben, Basel 1999; DERS., Das Verbot der indirekten Lohndiskriminierung, AJP 2001, 1281 ff.; TOBLER, Lohnnachforderungen und Quoten, recht 1999, 144 ff.; WILER, Lohngleichheitsdialog als konstruktiver Ansatz, Schweizer Arbeitgeber, 5/2009, 12 f.; UEBERSCHLAG, Anforderungen an das Vorliegen einer stärkeren nachteiligen Betroffenheit bei der indirekten Geschlechterdiskriminierung, AJP 2014, 361 ff.; WISSMANN, Mittelbare Geschlechtsdiskriminierung: iudex calculat, FS für Otfried Wlotzke, München 1996, 807 ff.; vgl. ausserdem die Literaturhinweise zu Art. 328 betr. Gleichstellung von Frau und Mann.

I. Bestimmung der Lohnhöhe

1. Bestimmung im Allgemeinen

Die *Lohnzahlungspflicht* ist als Gegenstück zur Arbeitspflicht des Arbeitnehmers die Haupt- 1
pflicht des Arbeitgebers (Art. 319 Abs. 1). Geordnet nach ihrer hierarchischen Stellung wirken folgende **Rechtsquellen** auf die Bestimmung des Lohnes ein (Einl. vor Art. 319 ff. N 1 ff.; GEISER/MÜLLER, Rz 378 ff.; PORTMANN/STÖCKLI, Rz 220 ff.):

2 – *Zwingende Gesetzesvorschriften*. Zu erwähnen sind insb. die Bestimmungen über die Lohngleichheit von Frau und Mann (N 12 ff.), den Paritätslohn des Heimarbeitnehmers (Art. 353a N 1) und des ausländischen Arbeitnehmers (Art. 22 AuG; Art. 9 Anhang I zum FZA und Art. 9 Anlage 1 von Anhang K zum EFTA-Übereinkommen; Art. 2 EntsG; BGE 129 III 621; 122 III 110: ersatzweise Bestimmung durch das Gericht; BGer, JAR 2000, 91: Vorrang eines höheren GAV-Lohns), den angemessenen Lohn des Handelsreisenden (Art. 349a Abs. 2; die Bestimmung ist auch auf Arbeitverhältnisse ausserhalb des Handelsreisendenrechts anwendbar: BGE 139 III 214) sowie Lohnzuschläge (Art. 13 Abs. 1, Art. 17b Abs. 1–2, Art. 19 Abs. 3 ArG). Als ein Arbeitgeber aufgrund der Euro-Währungskrise einem Grenzgänger den in Schweizer Franken ausgerichteten Lohn kürzen wollte, sah das KGer BL darin eine das Freizügigkeitsabkommen zwischen der Schweiz und der Europäischen Union verletzende Diskriminierung und eine unzulässige Überwälzung des Betriebsrisikos auf den Arbeitnehmer (JAR 2013, 422; s.a. Stöckli, ARV online 2012 Nr. 262; ferner BGer, JAR 2011, 138: diskriminierende, das FZA verletzende Lohnbestimmung im LMV Bauhauptgewerbe). Volk und Stände haben am 18.5.2014 die Volksinitiative «Für den Schutz fairer Löhne (Mindestlohninitiative)», mit der u.a. ein Mindestlohn von CHF 22 pro Stunde hätte eingeführt werden sollen, wuchtig abgelehnt (zur umstrittenen Zulässigkeit kantonaler Mindestlöhne Streiff/von Kaenel/Rudolph, N 8). Angenommen wurde dagegen am 3.3.2013 die Volksinitiative gegen die Abzockerei, mit der ein neuer Art. 95 Abs. 3 BV eingeführt wurde, dessen Umsetzung bis zum Vorliegen der Ausführungsgesetzgebung die Verordnung gegen übermässige Vergütungen bei börsenkotierten Aktiengesellschaften (VegüV, SR 221.331; s.a. Art. 197 Ziff. 10 BV) übernimmt. In Lohn- bzw. Vergütungsfragen ist der Anwendungsbereich des neuen Rechts allerdings in doppelter Hinsicht stark eingeschränkt: Einerseits fallen nur börsenkotierte Aktiengesellschaften in den Anwendungsbereich der VegüV (Art. 1 Abs. 1 VegüV), andererseits sind nur die Vergütungen des Verwaltungsrats, der Geschäftsleitung und des Beirats betroffen (Art. 20 f. VegüV), also lediglich jene der obersten strategischen und operativen Führungsebene. Soweit allerdings die VegüV greift, schränkt sie die Vertragsfreiheit der Arbeitsvertragsparteien ganz erheblich ein. So verbietet sie einzelne Formen von Vergütungen ganz, erlaubt andere nur auf der Basis einer statutarischen Grundlage und unterwirft generell die Ausrichtung von Vergütungen einer bindenden Abstimmung der Generalversammlung (weiterführend von Kaenel/Rudolph, elektronischer Update-Service zum Praxiskommentar, ‹www.schulthess.com/arbeitsvertrag›, Art. 322 N 24 f.). Eine Handhabe gegen extrem niedrige Löhne bieten die Art. 19–21 sowie Art. 27 ZGB (CAPH GE, JAR 1996, 135 ff.: sittenwidriger Lohn von CHF 1200 für eine Hausangestellte) sowie aus strafrechtlicher Sicht Art. 157 StGB (BGE 130 IV 106: Hausangestellte mit wöchentlichem Arbeitseinsatz von 50 Stunden erhält eine Entschädigung von CHF 300 pro Monat sowie Kost und Logis). Macht das Gesetz die Berücksichtigung eines Unternehmens von der Einhaltung bestimmter Lohn- und Arbeitsbedingungen abhängig, etwa zur Erlangung einer Konzession für Fernmeldedienstleistungen (Art. 6 Abs. 1 lit. c FMG) oder eines Auftrags im Rahmen einer Submission (Art. 8 Abs. 1 lit. b BöB; s. dazu auch BGE 138 I 367 und 140 I 285), erwächst dem Arbeitnehmer daraus kein klagbarer Anspruch gegen den Arbeitgeber. Zur Bestimmung der Minimallöhne für Solidaritätsbeschäftigungen («emplois de solidarité») auf dem ergänzenden Arbeitsmarkt durch den Kanton Genf s. BGE 134 I 269 (i.c. kein Widerspruch der festgelegten Minimallöhne zu den die Gesamt- und Normalarbeitsverträge betreffenden Art. 356 ff. und 359 ff.), generell zu den Möglichkeiten und Grenzen der Mindestlohnregulierung Wildhaber, ARV online 2014 Nr. 1.

3 – *Gesamtarbeitsvertrag*. Dessen Lohntarife sind grundsätzlich einseitig zwingend, so dass höhere Löhne frei vereinbart werden können (Günstigkeitsprinzip, Art. 357 Abs. 2), tiefere jedoch nur, wenn es der GAV gestattet (Öffnungsklausel, Art. 357 Abs. 1).

4 – *Einzelarbeitsvertrag*. Der vereinbarte Lohn kann später einvernehmlich geändert, aber vom Arbeitgeber nicht einseitig gekürzt werden (vorbehältlich eines entsprechenden Gestaltungsrechts, dazu N 9).

- *Normalarbeitsvertrag*. Seine Bestimmungen wirken grundsätzlich nur dispositiv (Art. 360 Abs. 1), doch ist allenfalls Schriftlichkeit zu ihrer Abänderung notwendig (Art. 360 Abs. 2, BGer, JAR 1997, 116). Entsprechend den Art. 360a–360f kann der NAV unter den dort genannten Voraussetzungen auch zwingende Mindestlöhne enthalten (Art. 360d Abs. 2). **5**
- *Übung*. Soweit der Lohn nicht durch Gesamt-, Normal- oder Einzelarbeitsvertrag bestimmt ist, muss der übliche Lohn bezahlt werden. Für dessen Ermittlung ist auf das abzustellen, was normalerweise im gleichen Betrieb, in der gleichen oder einer ähnlichen Region und Branche für vergleichbare Tätigkeiten bezahlt wird, wobei die persönliche Situation der Parteien, namentlich der Ausbildungsstand und die Fähigkeiten des Arbeitnehmers, mitzuberücksichtigen sind; der Begriff der Übung ist Rechtsfrage, das Vorhandensein einer Übung hingegen Tatfrage (BGer, JAR 1998, 131; BGer, JAR 2000, 112). Beim Konkubinat sind diejenigen Vorteile zu berücksichtigen, welche die mitarbeitende Konkubinatspartnerin indirekt durch die Verbesserung der wirtschaftlichen Lage des Partners genossen hat (BGer, JAR 2000, 109). Der übliche Lohn kann höher oder niedriger als der Lohn gemäss GAV sein. **6**
- *Billigkeit*. Mangels Feststellbarkeit eines üblichen Lohns hat das Gericht den Lohn nach billigem Ermessen zu bestimmen, z.B. beim externen Pikettdienst (TAPP TI, JAR 2001, 188). **7**

Abzüge vom Bruttolohn betreffen insb. Tatbestände des: **8**
- *Sozialversicherungsrechts*, d.h. die Arbeitnehmerbeiträge betreffend AHV, IV, EO, ALV, BVG, NBU.
- *Steuerrechts*, so die Quellensteuer bei ausländischen Arbeitnehmern, welche die fremdenpolizeiliche Niederlassungsbewilligung nicht besitzen, in der Schweiz jedoch steuerrechtlichen Wohnsitz oder Aufenthalt haben (Art. 83 DBG, parallel dazu Art. 32 StHG), oder bei Arbeitnehmern ohne steuerrechtlichen Wohnsitz oder Aufenthalt in der Schweiz, die hier für kurze Dauer oder als Grenzgänger oder Wochenaufenthalter erwerbstätig sind (Art. 91 DBG, ähnlich Art. 35 StHG).
- *Privatrechts*, sei es auf Grund des Gesetzes wie z.B. Abzüge wegen ungerechtfertigten Fernbleibens oder gestützt auf eine Vereinbarung wie Prämien für eine Krankentaggeldversicherung, Miete für eine Dienstwohnung oder Beträge im Rahmen eines Lohnrückbehalts i.S.v. Art. 323a (STREIFF/VON KAENEL/RUDOLPH, N 14 a.E.).

Soll die Arbeitsleistung in mehreren Staaten erbracht werden, können der Arbeitgeber und der Arbeitnehmer nach schweizerischem Recht gemäss CAPH GE, JAR 2003, 199 rechtsgültig vereinbaren, dass vom Lohn pauschal 18% abgezogen werden, damit der Arbeitgeber unabhängig vom jeweiligen Einsatzland alle Sozialversicherungsbeiträge und Steuern zahlen kann. Lohnbeträge sind üblicherweise als Bruttobeträge zu verstehen, wofür nach CCA TI, JAR 2013, 527 sogar eine entsprechende Vermutung besteht. Als Folge davon durfte der Arbeitnehmer annehmen, dass es sich beim ihm überwiesenen Betrag um den Nettolohn nach Abzug der Sozialversicherungsbeiträge handle; dem Arbeitgeber wurde deren Rückforderung nach über einem Jahr verweigert.

Eine geplante **Lohnkürzung** kann der Arbeitgeber einseitig nur durch Ausübung eines entsprechenden Gestaltungsrechts verwirklichen, das er sich (in den Grenzen von Art. 27 ZGB) hat einräumen lassen (weiterführend zur beschränkten Zulässigkeit von solchen einseitigen Änderungsrechten und -automatismen RUDOLPH, Vertragsänderungen, 26 ff.). Im Übrigen muss er den Weg der Änderungskündigung beschreiten oder unmittelbar das Einverständnis des Arbeitnehmers einholen. Wenn der Arbeitnehmer einen niedrigeren als den ihm zustehenden Lohn widerspruchslos entgegennimmt, kommt dadurch keine konkludente Änderung der Lohnhöhe zustande (PORTMANN, ArbR 1998, 66 f.; STREIFF/VON KAENEL/RUDOLPH, N 15; **a.A.** ZK-STAEHELIN, N 44). Die entgegenstehende Praxis kantonaler Gerichte ist daher abzulehnen (AppGer BS, JAR 1986, 87; CAPH GE, JAR 1986, 86; OGer ZH, JAR 1999, 136, nach dreimaliger widerspruchsloser Entgegennahme; AGer ZH, ARV 2004, 172, nach drei- **9** bis sechsmaliger widerspruchsloser Entgegennahme; CAPH GE, JAR 2003, 201, i.c. nach widerspruchsloser Entgegennahme während fünfzehn Monaten; GSGer BS, JAR 2012, 439 fordert zusätzlich die Angabe des Grundes für das Angebot zur Reduktion und dessen Nachweis, woran der Arbeitgeber i.c. scheiterte, so dass das Gericht von einer blossen Lohnstundung ausging). Aus der Praxis des BGer: BGE 109 II 327: unterzeichnet der Arbeitnehmer einmal eine Lohnquittung für den Empfang eines tieferen als des vereinbarten Lohns, liegt darin keine vertragliche Änderung des künftigen Lohns. BGer, ARV 2006, 29: i.c. stillschweigende Lohnkürzung bejaht, denn ein Widerspruch wäre dem Arbeitnehmer zumutbar gewesen, weil dieser in einem befristeten Arbeitsverhältnis stand, daher keinen Stellenverlust habe befürchten müssen. BGer, ARV 2010, 259 f.: Bei vorbehaltloser Annahme des gekürzten Lohns während drei Monaten gilt eine tatsächliche Vermutung für eine stillschweigende Zustimmung zur Lohnkürzung; eine solche ist namentlich dann anzunehmen, wenn für den Arbeitnehmer erkennbar ist, dass der Arbeitgeber von einer stillschweigenden Zustimmung ausgeht und andernfalls bestimmte Massnahmen wie insb. eine Entlassung veranlassen würde. In jüngeren Entscheiden scheint sich das BGer teilweise von dieser Rechtsprechung abzuwenden bzw. die Annahme einer stillschweigenden Zustimmung nur noch unter restriktiveren Voraussetzungen zuzulassen (BGer, 4.3.2014, 4A_552/2013; BGer, 28.1.2014, 4A_477/2013; s. zum Ganzen auch Rusch, ARV online 2011 Nr. 474). In BGer, 17.12.2014, 4A_404/2014 hat es sich allerdings, wenn auch unter einschränkenden Voraussetzungen, wiederum dafür ausgesprochen, dass nach dreimaliger widerspruchsloser Entgegennahme eines tieferen als des vereinbarten Lohns eine tatsächliche (umstossbare) Vermutung dafür bestehe, dass der Arbeitnehmer die Lohnreduktion stillschweigend akzeptiert habe.

9a Gegen diese Praxis sprechen namentlich folgende Gründe:

- Bei einer einseitigen Lohnkürzung, insb. durch bewusste Auszahlung eines zu tiefen Lohns, ist der Wille des Arbeitgebers gar nicht auf den Abschluss einer Vereinbarung gerichtet, so dass *kein Antrag* vorliegt (im Gegensatz zu einer Lohnkürzung in Gestalt einer Änderungskündigung, Portmann/Stöckli, Rz 226).
- Darüber hinaus ist das Verhalten des Arbeitnehmers *nicht als Annahme* zu verstehen, da diese seine wirtschaftliche Lage verschlechtern würde und ihm ein Protest insb. aus Angst vor Stellenverlust nicht leichthin zumutbar ist. Diese Interessenlage spricht klar gegen einen Anwendungsfall von Art. 6 (ebd.).
- Eine einseitige Lohnkürzung stellt nichts anderes als einen *Vertragsbruch* dar, der nicht durch eine unterstellte stillschweigende Zustimmung der Gegenseite honoriert werden sollte. Einem Arbeitgeber, der den vereinbarten Lohn nicht mehr zahlen will oder kann, ist ohne weiteres zuzumuten, dass er dies offenlegt und sich um eine Zustimmung des Arbeitnehmers bemüht, insb. wenn er den Ablauf der Kündigungsfrist nicht abwarten will.
- Wird der Lohn während des Arbeitsverhältnisses geändert, so ist dies dem Arbeitnehmer spätestens einen Monat, nachdem die Änderung wirksam geworden ist, schriftlich mitzuteilen, sofern das Arbeitsverhältnis auf unbestimmte Zeit oder für mehr als einen Monat eingegangen wurde *(Art. 330b Abs. 2 i.V.m. Abs. 1 lit. d)*. Zwar kommt dieser Vorschrift keine konstitutive Wirkung in dem Sinne zu, dass eine nicht mitgeteilte Vertragsänderung keine Wirksamkeit erlangen könnte. Im Anwendungsbereich von Art. 330b lässt sich aber eine tatsächliche Vermutung für eine stillschweigende Zustimmung zu einer Lohnkürzung, wie sie die Praxis annimmt, nicht rechtfertigen, solange die Lohnkürzung nicht schriftlich mitgeteilt wurde. Zu den wesentlichen Zwecken dieser Bestimmung gehört es, für beide Parteien erhöhte Rechtssicherheit zu schaffen (Art. 330b N 2). Daher spricht viel eher eine tatsächliche Vermutung für die Verbindlichkeit des bisherigen Lohns, bis dessen Kürzung schriftlich mitgeteilt wird. Die einseitige Änderung eines Vertragselements sollte auch *nicht unter Berufung auf das* Vertrauensprinzip nachträglich zum Vertragsinhalt mutieren können, wenn der Arbeitgeber diese Änderung in Verletzung seiner Pflichten aus Art. 330b zuvor nicht schriftlich mitgeteilt hat.

Wird dem Arbeitnehmer *irrtümlich* **zuviel Lohn** ausbezahlt, so hat der Arbeitgeber einen Rückforderungsanspruch nach den Grundsätzen der ungerechtfertigten Bereicherung (h.L.; AGer ZH, JAR 1990, 144 f.; AGer ZH, JAR 1985, 137; anders BGer, JAR 2004, 397 für den besonders gelagerten Fall, dass die Vertragsparteien die Reduktion des Beschäftigungsgrads von 80 % auf 60 % vereinbart haben, ohne gleichzeitig über eine Lohnreduktion zu diskutieren, und der Arbeitgeber in der Folge während fünf Monaten den unveränderten Monatslohn ausbezahlt hat). An der bereicherungsrechtlichen Anspruchsgrundlage ist festzuhalten trotz der vom BGer in BGE 126 III 122 festgestellten Tendenz, Ansprüche vermehrt auf vertragliche denn auf bereicherungsrechtliche Grundlagen zu stellen, so etwa die Rückleistungsansprüche aufgrund eines Vertragsrücktritts (BGE 114 II 152) oder eines unverdient gebliebenen Vorschusses (BGE 126 III 119). Während mit diesen Ansprüchen Leistungen zurückgefordert werden, die immerhin ursprünglich in Erfüllung einer vertraglichen Pflicht erbracht wurden, hat die irrtümliche Leistung zuviel bezahlten Lohns von Anfang an keine vertragliche Grundlage (in diesem Sinne auch BGE 133 III 356 in einem nicht arbeitsrechtlichen Verjährungsfall, s. Art. 341 N 10b). Eine vertragliche Rückleistung lässt sich auch nicht auf die Treuepflicht (als Nebenpflicht) stützen, da ein Zusammenhang mit der Arbeitspflicht (als Hauptpflicht) fehlt. Anders verhält es sich somit nur, wenn die Parteien eine Rückleistungspflicht für den Fall, dass irrtümlich zuviel Lohn bezahlt wird, vereinbart haben. Dieselben Grundsätze müssen auch gelten, wenn die Lohnzahlung deshalb zu hoch ausfällt, weil der Arbeitgeber zu geringe oder keine Abzüge namentlich für die Sozialversicherungen oder die Quellensteuer vorgenommen hat (AGer ZH, JAR 1990, 144 f.; AGer ZH, JAR 1985, 137; s.a. CCA TI, JAR 2013, 527; ZK-Staehelin, N 43; **a.A.** Brunner/Bühler/Waeber/Bruchez, N 7, die das Vorliegen einer ungerechtfertigten Bereicherung verneinen). 10

Dass sich die Rückforderung zuviel bezahlten Lohns grundsätzlich nach Bereicherungsrecht richtet, bedeutet insb.: 11
- dass der Arbeitgeber nur irrtümlich geleistete Zahlungen zurückfordern kann; entrichtet er z.B. dem Arbeitnehmer bewusst die Differenz zwischen der Versicherungsleistung nach Art. 324b Abs. 1 und dem vollen Lohn, so steht Art. 63 Abs. 1 einer Rückforderung entgegen;
- dass der Arbeitgeber die Verjährungsfristen von Art. 67 zu beachten hat, namentlich die einjährige relative Frist (für den Fall der Verrechnung s. Art. 120 Abs. 3);
- dass dem Arbeitnehmer gegebenenfalls die Einrede der nicht mehr vorhandenen Bereicherung nach Art. 64 zusteht; ein Wegfall der Bereicherung ist insb. anzunehmen, wenn der Empfänger die rechtsgrundlose Leistung ersatzlos für (Luxus-) Ausgaben verwendet hat, die er sonst nicht gemacht hätte, oder wenn er die Leistung für die laufenden Kosten der Lebenshaltung verbraucht hat (dazu und zur Beweisproblematik ausführlich BAG, Urteil vom 18.01.1995, 5 AZR 817/93).

Die Rückforderung zuviel bezahlten Lohns ist ausgeschlossen, wenn der Rückforderungsanspruch durch *Verzicht* oder *Verwirkung* untergegangen ist. Da die Interessenlage auf Seiten des Berechtigten i.d.R. klar gegen die Preisgabe seines Rechts spricht, darf der Verpflichtete nach dem Vertrauensprinzip insoweit nicht auf einen Verzichtswillen des Berechtigten schliessen, wenn dieser nicht unmissverständlich erklärt wird. Mit der Unterstellung eines stillschweigenden Verzichts ist daher grosse Zurückhaltung geboten. Gleiches gilt auch in Bezug auf die Verwirkung, die nur im Fall eines offenbaren Rechtsmissbrauchs in Betracht fällt (Art. 2 Abs. 2 ZGB). Diese Grundsätze werden in der Praxis teilweise zu wenig beachtet. So hat etwa nach OGer LU, JAR 2007, 459 der Arbeitgeber, der einen Fixlohn als Akontozahlung im Hinblick auf spätere Stundenabrechnungen auszahlt, spätestens anfangs Jahr über das vergangene Jahr definitiv abzurechnen oder wenigstens einen Vorbehalt anzubringen, andernfalls der ausbezahlte Gesamtbetrag als anerkannt gilt. Eine solche Pflicht ergibt sich aber nicht aus dem Gesetz. Der Entscheid steht auch im Widerspruch zu BGE 126 III 119, wo das BGer die Rückforderung des zu viel bezahlten Lohns noch nach mehreren Jahren gestattete, obschon die im Vertrag ausdrücklich vorgesehene jährliche Abrechnung über die Akontozah- 11a lungen nie stattfand. Nicht zu beanstanden ist hingegen KGer SG, JAR 2010, 565, wonach monatliche vorbehaltlose Auszahlungen im Rahmen einer üblichen Entlöhnung den Anschein eines vereinbarten Festlohns erweckten; hier ging es nur um die Feststellung des vereinbarten Vertragsinhalts. In OGer LU, JAR 2012, 505 wurde infolge vorbehaltloser Lohnzahlung ein konkludenter Verzicht auf Lohnkürzung wegen Minusstunden angenommen. Für einen Fall abgelehnter Rückforderung von nicht abgezogenen Sozialversicherungsbeiträgen s. CCA TI, JAR 2013, 527.

2. Lohngleichheit von Frau und Mann

12 Die Lohngleichheit von Frau und Mann beruht auf Art. 8 Abs. 3 Satz 3 BV (direkte Drittwirkung, BGE 125 III 370) sowie auf Art. 3 Abs. 2 GlG und ist zwingend. **Diskriminierungen** sind unzulässig, gleichgültig ob sie beabsichtigt oder unbeabsichtigt sind (BGE 127 III 216). Sie können in direkter oder indirekter Weise auftreten:

- Eine *direkte Diskriminierung* liegt vor, wenn sich eine Ungleichbehandlung ausdrücklich auf die Geschlechtszugehörigkeit oder auf ein Kriterium stützt, das nur von einem der beiden Geschlechter erfüllt werden kann, und wenn sie sich nicht sachlich rechtfertigen lässt.
- Eine *indirekte Diskriminierung* liegt vor, wenn eine formal geschlechtsneutrale Regelung im Ergebnis wesentlich mehr bzw. überwiegend Angehörige des einen Geschlechts ohne sachliche Rechtfertigung gegenüber jenen des anderen erheblich benachteiligt (BGE 125 I 79; BGer, JAR 2014, 184).

13 Unzulässig sind ferner sowohl individuelle als auch generelle Diskriminierungen:

- Eine *individuelle Diskriminierung* ergibt sich aus der Einstufung einer bestimmten Person im Vergleich mit Personen des anderen Geschlechts.
- Eine *generelle Diskriminierung* folgt aus der Einstufung einer bestimmten Funktion im Rahmen eines Lohnsystems (BGE 127 III 213), sofern die benachteiligte Funktion geschlechtstypisch identifiziert ist (BGE 124 II 533).

14 Eine unterschiedliche Entlöhnung von Frau und Mann ist **gerechtfertigt**, wenn sie auf *objektiven Umständen* beruht, die i.d.R. auch zwischen Arbeitnehmerinnen oder Arbeitnehmern des gleichen Geschlechts zu Lohnunterschieden führen, wie Ausbildung, Dienstalter, Qualifikation, Erfahrung, konkreter Aufgabenbereich, Leistung, Risiken, familiäre Lasten oder Lebensalter (BGE 127 III 214; 125 III 373; 117 Ia 273; 113 Ia 116; s.a. BGE 139 I 161: juristischer Studienabschluss als sachgerechtes Kriterium für die Lohneinstufung einer Richterin oder eines Richters, wobei die Prüfung in erster Linie unter dem Blickwinkel des allgemeinen Rechtsgleichheitsgebots von Art. 8 Abs. 1 BV erfolgte). Nicht diskriminierend ist eine lohnwirksame Berücksichtigung des Arbeitspensums (BGE 125 II 533 ff.), der vom Arbeitgeber getragenen Ausbildungskosten (BGE 126 II 223 ff.) und des «Bilinguisme» in einem zweisprachigen Gebiet (BGer, JAR 2010, 203). Allgemein rechtfertigen solche objektiven Umstände nur dann einen Lohnunterschied, wenn sie für die konkrete Arbeitsleistung wesentlich sind und wenn sie die Lohngestaltung desselben Arbeitgebers konsequent beeinflussen (BGE 127 III 214; 125 III 374; BGer, ARV 2002, 219; Zusammenfassung der Rechtsprechung in BGE 130 III 165). Ausserdem muss sich der Lohnunterschied in einem angemessenen Rahmen halten (vgl. BGer, JAR 2010, 203). Vorteile anderer Art vermögen eine Lohndiskriminierung i.d.R. nicht aufzuwiegen, so i.c. ein Ferienanspruch von fünf statt vier Wochen, eine Verlängerung der Kündigungsfrist auf sechs Monate und ein Rücktritt ohne Lohneinbusse von allen Verwaltungsratsmandaten bei Tochtergesellschaften (BGE 130 III 166).

15 Als nicht diskriminierend betrachtet wird auch eine Berücksichtigung der *Lage auf dem Arbeitsmarkt* (BGE 126 II 225 ff.), insb. der konjunkturellen Situation und der individuellen *Verhandlungsmacht eines Arbeitnehmers.* Nach der bundesgerichtlichen Rechtsprechung müssen darauf basierende Lohnunterschiede jedoch innert angemessener Frist, d.h. i.d.R. innerhalb eines Jahres, im Rahmen der periodischen Überprüfung der Lohnstruktur beseitigt werden (BGE 130 III 165; 125 III 377; BGer, ARV 2002, 221). Vergegenwärtigt man sich indessen, dass Umstände, die i.d.R. auch zwischen Arbeitnehmerinnen oder Arbeitnehmern des gleichen Geschlechts zu Lohnunterschieden führen, eine Diskriminierung ausschliessen (N 14), erscheint diese Rechtsprechung nicht schlüssig (entschieden ablehnend STREIFF/VON KAENEL/RUDOLPH, N 20 m.Hw. auf EuGH, Urteil vom 27.10.1993, C-127/92).

Vergleichsmassstab ist **gleichwertige Arbeit** beim gleichen Arbeitgeber (BGE 130 III 159). 16
Gleichwertig können nicht nur gleichartige, sondern – im Zusammenhang mit sog. *versteckten Lohndiskriminierungen* – auch andersartige Arbeiten sein. Grundsätzlich können aber nur die Löhne von Personen miteinander verglichen werden, die eine ähnliche Art der Berufstätigkeit ausüben (KassGer ZH, JAR 2007, 495, 499). Die Beurteilung der Frage, ob Gleichwertigkeit vorliegt, kann sich unter Umständen auf *arbeitswissenschaftliche Bewertungsverfahren* stützen, bleibt aber in gewissem Mass auf Wertungen angewiesen (BGE 125 I 79; Beispiele von Arbeitsbewertungssystemen in BGE 124 II 429; 125 II 387 mit Grundsätzen für die gerichtliche Überprüfung einer Arbeitsplatzbewertung; 125 II 538 i.V.m. 125 II 547; 126 II 220; 131 II 399). Abweichungen vom Ergebnis einer Arbeitsplatzbewertung zum Nachteil der Arbeitnehmerinnen aus konjunkturellen oder arbeitsmarktlichen Gründen sind nur unter bestimmten Voraussetzungen zulässig (Problematik von sog. *Minusklassenentscheiden*, Präzisierung der Rechtsprechung in BGE 131 II 405 gegenüber 125 I 84 und 126 II 226). Wenn die Gleichwertigkeit der Stellen in einem Unternehmen nicht offensichtlich ist oder wenn sie nicht anders festgestellt werden kann, ist es die Aufgabe des Experten zu sagen, ob diese Stellen miteinander verglichen werden können, und zu bestimmen, welches die anwendbaren Kriterien sind. Der Experte muss auch die Besonderheiten der einzeln betrachteten und miteinander verglichenen Tätigkeiten definieren (BGE 130 III 159). Aus Art. 8 Abs. 3 Satz 3 BV ergeben sich Minimalanforderungen, welche Vergleiche anzustellen sind, um verfahrensmässig dem Lohngleichheitsanspruch zu entsprechen (BGE 118 Ia 35). Ein Gericht genügt seiner Prüfungspflicht grundsätzlich nicht, wenn es die beantragte Anordnung einer Expertise verweigert, mit der die Gleichwertigkeit verschiedener Funktionen im gleichen Unternehmen bewiesen werden soll (BGE 133 III 545; dieser noch unter Bezugnahme auf die inzwischen aufgehobenen aArt. 343 Abs. 4 OR und aArt. 12 Abs. 2 GlG ergangene Entscheid dürfte nach wie vor von Bedeutung sein).

Mit dem Bundesrecht vereinbar ist es, zur Ermittlung des diskriminierungsfreien Lohns auf 17
ein arbeitswissenschaftliches Gutachten abzustellen, in dem die sog. **Regressionsmethode** («méthode interne», «méthode Flückiger») angewendet wird (vgl. BGE 130 III 159; BGer, 22.12.2003, 4P.205/2003, E. 2.4.2). Diese erlaubt die Ermittlung des diskriminierungsfreien Lohns, *ohne* dass auf eine Referenzperson zurückgegriffen werden muss. Damit wird das in der Praxis oft auftretende Problem überwunden, das entsteht, wenn beim betreffenden Arbeitgeber gar keine Referenzperson des anderen Geschlechts vorhanden ist, die eine vergleichbare Tätigkeit ausübt. Die Regressionsmethode beruht auf der statistischen Aufschlüsselung der Lohnpolitik eines Unternehmens nach allen für die Lohnbemessung (zulässigerweise) massgebenden Variablen (wie z.B. Alter, Ausbildung, Berufserfahrung, Dienstalter, hierarchische Stellung im Betrieb), deren Kombination nach den Umständen des Einzelfalls die Berechnung des diskriminierungsfreien Lohns eines Arbeitnehmers oder einer Arbeitnehmerin ermöglicht. Vergleiche mit anderen Mitarbeitern sind bei dieser ökonomischen Evaluation bloss zur Überprüfung des erzielten Ergebnisses notwendig (FLÜCKIGER, AJP 2001, 1340 ff.).

Diskriminierend sind Lohnunterschiede zum Nachteil eines geschlechtstypisch identifizierten 18
Berufs, die nicht sachbezogen in der Arbeit selbst begründet sind. Eine Diskriminierung liegt insb. vor, wenn ein *typisch weiblicher Beruf* (z.B. Handarbeitslehrerin) gegenüber einem typisch männlichen oder gegenüber einem geschlechtsmässig neutral identifizierten Beruf (z.B. Primarlehrer) ungerechtfertigt benachteiligt wird (BGE 124 II 425 f.; 124 II 533 ff.; BGer, ARV 2005, 183: wenn ein Beruf in einem Kanton zu 80% von Frauen ausgeübt wird, muss er als geschlechtstypisch bezeichnet werden, selbst wenn der Frauenanteil in anderen Kanto-

nen unter 70% liegt). Unzulässig ist eine Berücksichtigung oder Übergewichtung von *geschlechtsspezifischen Kriterien*, die für die Art der auszuübenden Tätigkeit nicht erforderlich oder nicht wichtig sind; umgekehrt ist auch die Nichtberücksichtigung oder Untergewichtung solcher Kriterien unzulässig, wenn sie für die fragliche Tätigkeit wichtig sind. Nach BGE 124 II 430 ist weder die starke Gewichtung des Kriteriums «geistige Anforderungen» noch die schwache Gewichtung des Kriteriums «zwischenmenschliche Beziehungen» als diskriminierend zu betrachten. In BGE 131 II 400 hat sich die schwache Gewichtung des Kriteriums «Gefühlsarbeit» zulasten weiblicher *und* männlicher Funktionen und somit nicht geschlechtsdiskriminierend ausgewirkt. Ferner wurde es als zulässig erklärt, eine Zweitausbildung höher zu bewerten als eine Erstausbildung. Hingegen wurde das Kriterium «Langzeitbetreuung» (als Gegensatz zu einer weniger selbständigen Tätigkeit mit mehr akuten Ausnahmesituationen) als frauenspezifisches Merkmal betrachtet, dessen zu schwache Gewichtung als geschlechtsbezogene Diskriminierung gewertet wurde (BGer, JAR 2008, 131, 133). In BGE 139 I 161 wurde ein juristischer Studienabschluss als sachgerechtes Kriterium für die Lohneinstufung einer Richterin oder eines Richters angesehen, wobei die Prüfung in erster Linie unter dem Blickwinkel des allgemeinen Rechtsgleichheitsgebots von Art. 8 Abs. 1 BV erfolgte.

19 Fraglich ist, ob sich auch ein unterbezahlter Mann, der einen typisch weiblichen Beruf ausübt, auf eine indirekte Diskriminierung berufen kann. Nach einer wörtlichen Auslegung von Art. 3 GlG müsste ihm dies verwehrt werden, da er nicht «aufgrund seines Geschlechts» benachteiligt ist. Dem Sinn und Zweck des Gleichstellungsgesetzes, das geschlechtsmässig begründete Diskriminierungen umfassend beseitigen will, entspricht die gegenteilige Lösung jedoch besser. Hinzu kommt, dass im Falle der erfolgreichen Geltendmachung der indirekten Diskriminierung durch eine typischerweise benachteiligte Frau eine direkte Diskriminierung des atypischerweise benachteiligten Mannes eintritt, wenn der Arbeitgeber dessen Lohn nicht von sich aus anhebt. Ihn auf diesen Umweg zu verweisen, erscheint nicht sinnvoll (vgl. zu diesem Problemkreis z.B. Steiner, Verbot, 320 f., und Wissmann, 822).

20 Wird eine Lohndiskriminierung festgestellt, ist sie durch **Lohnnachzahlung** zu beseitigen, soweit sie sich auf die Vergangenheit bezieht. Der entsprechende Anspruch untersteht der fünfjährigen Verjährungsfrist des Art. 128 Ziff. 3. Er ist im Rahmen dieser Frist selbst dann durchsetzbar, wenn seine Gutheissung schwerwiegende Auswirkungen auf das ganze Lohnsystem und die finanzielle Lage des Unternehmens nach sich zieht (BGE 124 II 449; 125 I 16; 131 I 108; 131 II 411 mit Ausführungen zur Fortführung einer zuvor bestehenden Diskriminierung durch eine frankenmässige Überführungsregelung). Das Anheben einer Verbandsklage i.S.v. Art. 7 GlG unterbricht die Verjährung des Anspruchs des einzelnen Arbeitnehmers auf einen diskriminierungsfreien Lohn nicht (BGE 138 II 1). Die Nachzahlung kann auch einen Bonus betreffen (BGE 130 III 167). Soweit die Lohndiskriminierung die **Zukunft** betrifft, ist der Arbeitgeber grundsätzlich frei, wie er die Diskriminierung beseitigen will (möglich sind z.B. auch Lohnsenkungen, BGE 124 II 457).

21 Nach Art. 6 GlG wird eine Lohndiskriminierung **vermutet**, wenn diese von der betroffenen Person *glaubhaft* gemacht wird. Das Gericht muss also nicht voll überzeugt werden, doch ist eine gewisse Wahrscheinlichkeit erforderlich («certaine vraisemblance» nach BGE 130 III 162; BGer, JAR 2008, 258). Dass eine Diskriminierung eher unwahrscheinlich, aber auch nicht ausgeschlossen ist, genügt nicht (Streiff/von Kaenel/Rudolph, Art. 328 N 9; **a.A.** Wyler/Heinzer, 887), jedoch kann die Glaubhaftmachung schon durch Vergleich mit einem einzigen Arbeitskollegen gelingen (BGer, JAR 2012, 267). Eine genügende Wahrscheinlichkeit war z.B. gegeben, wo:

- während mehrerer Jahre eine Lohndifferenz von 15–25% bezüglich der gleichen Arbeit bestand (BGE 125 III 372);
- zum Nachteil einer frauenspezifischen Tätigkeit von einer systematischen Arbeitsplatzbewertung abgewichen wurde (BGE 125 II 550);

- die einzige Frau des für eine Beförderung vorgesehenen Kreises von Mitarbeitern trotz einwandfreier Leistungen und der besten Ausbildung übergangen wurde (BGE 127 III 217);
- eine Frau mit einer gleichwertigen Qualifikation wie ihr männlicher Vorgänger weniger Lohn erhielt als dieser und der um zehn Jahre jüngere Nachfolger schon am Anfang den gleichen Lohn erhielt, wie die Frau am Schluss des Arbeitsverhältnisses erzielt hatte (BGE 130 III 162; ausserdem wurde i.c. eine Beförderungsdiskriminierung glaubhaft gemacht: BGE 130 III 164);
- eine Frau 50% weniger verdiente als ihr männlicher Kollege, was auch nicht durch dessen bessere technischen und sprachlichen Kenntnisse aufgewogen werden konnte (BGer, JAR 2012, 267).

Die Vermutung einer Lohndiskriminierung bedeutet für den Arbeitgeber zwar nicht, dass er die Nichtdiskriminierung beweisen muss; es obliegt ihm aber die Begründungslast für die Ungleichbehandlung und die Beweislast für das Vorliegen der Tatsachen, aus denen er die sachliche Rechtfertigung der Lohnunterschiede herleitet (BGE 125 II 551; Nachweis gelungen in BGer, JAR 2013, 200: unterschiedliche Berufserfahrung unter Juristen als Grund für die Lohndifferenz). Der Arbeitgeber kann den ihm obliegenden Beweis mit der Tatsache führen, dass die Besserstellung der zum Vergleich herangezogenen Angestellten nicht den Angehörigen eines Geschlechts vorbehalten ist (BGer, JAR 2009, 203, 207). Der Umstand allein, dass andere weiblich oder neutral besetzte Berufsgattungen vom gleichen Arbeitgeber in Bezug auf ihre Entlöhnung nicht geschlechtsdiskriminierend behandelt werden, stellt keinen sachlichen Grund dar, der die Vermutung einer geschlechtsbedingten besoldungsmässigen Benachteiligung der klagenden Berufsgruppen umzustossen vermöchte (BGE 136 II 393).

II. Arten des Lohnes

1. Geldlohn und Naturallohn

Die Bestimmung der Art des Lohnes ist in erster Linie Sache des Einzelarbeitsvertrages. Nach 22
dem Leistungsgegenstand kann Geld- und Naturallohn unterschieden werden. Im Regelfall ist nur **Geldlohn** geschuldet, der heute i.d.R. bargeldlos durch Überweisung auf ein Lohnkonto geleistet wird. Er kann aus verschiedenen Bestandteilen bestehen, z.B. aus einem Grundlohn, einer Provision sowie Zuschlägen und Zulagen (z.B. Zuschläge für Überstunden-, Überzeit-, Nacht- und Sonntagsarbeit; Ferien-, Teuerungs-, Gefahren- oder Schmutzzulagen). Lohnbeträge sind üblicherweise als Bruttobeträge zu verstehen, wofür nach CCA TI, JAR 2013, 527 sogar eine entsprechende Vermutung besteht. Als Folge davon durfte der Arbeitnehmer annehmen, dass es sich beim ihm überwiesenen Betrag um den Nettolohn nach Abzug der Sozialversicherungsbeiträge handle; dem Arbeitgeber wurde deren Rückforderung nach über einem Jahr verweigert.

Naturallohn kommt zunächst in Form von *Unterkunft und Verpflegung* vor. Entfällt die eine 23
oder andere Leistung wegen berechtigter Abwesenheit des betreffenden Arbeitnehmers, so muss ihm für die freien Tage eine Verpflegungsentschädigung und, falls er die Unterkunft nicht mit persönlichen Sachen belegt, auch eine Unterkunftsentschädigung in Geld geleistet werden (ZK-Staehelin, N 49; die Höhe kann mangels konkreter Vereinbarungen in Anlehnung an Art. 11 AHVV bestimmt werden). Bei unverschuldeter Verhinderung i.S.v. Art. 324a und gem. Art. 329d Abs. 1 bei Ferien sind solche Entschädigungen einseitig zwingend. Erst recht zu leisten sind sie in Fällen, wo die geschuldeten Naturalleistungen vertragswidrig vorenthalten werden.

Andere wichtige Formen des Naturallohnes sind der *Bezug von Produkten des eigenen Betriebs* (Nahrungsmittel, Kleidung, Heizmaterial, Treibstoff), die Überlassung eines *Wagens für den Privatgebrauch* oder einer *Dienstwohnung*, soweit der vereinbarte Mietzins unter dem üblichen liegt, ferner die *Ermöglichung des Erwerbs von Trinkgeldern*. Diese Lohnart 24 hat allerdings seit der Einführung von «Trinkgeld inbegriffen» und der stattdessen üblich gewordenen Umsatzbeteiligung an Bedeutung verloren (sog. «Overtips», die über das inbegriffene Trinkgeld hinaus gegeben werden, bilden keinen Lohn). Die häufig gewährte Möglichkeit zum verbilligten Bezug von Waren sowie die Berechtigung, betriebliche Sozialeinrichtungen wie Kantinen, Sportanlagen oder Kinderkrippen in Anspruch zu nehmen, ist keine Naturalvergütung, da sie nicht an die individuelle Arbeitsleistung, sondern an die Betriebszugehörigkeit anknüpft. Zum Truckverbot s. Art. 323b Abs. 3.

25 Eine Form des Naturallohns sind auch **Mitarbeiteraktien und -optionen**, soweit sie dem Arbeitnehmer als Entgelt für die Arbeitsleistung übertragen werden (also vergünstigt oder gratis; vgl. die entsprechenden aktienrechtlichen Bestimmungen von Art. 652b Abs. 2, Art. 653, 653c, 657 Abs. 1 und 2). Ihre Qualifikation als besondere Art des Anteils am Geschäftsergebnis i.S.v. Art. 322a ist zu eng, da sie neben einer Gewinn- auch eine *Vermögensbeteiligung* sowie Mitwirkungs- und Schutzrechte vermitteln. Soweit die Mitarbeiterbeteiligung freiwillig erfolgt (z.B. als Dienstaltersgeschenk), rückt sie in die Nähe der Gratifikation. Für Anstellungsverhältnisse, die in den Anwendungsbereich der VegüV fallen (s. N 2), setzt die Zuteilung von Beteiligungspapieren, Wandel- und Optionsrechten eine statuarische Grundlage voraus (Art. 20 Ziff. 5 VegüV). Oft ist vorgesehen, dass der Begünstigte während einer gewissen Frist nicht über die Titel verfügen kann, um ihn an das Unternehmen zu binden (aufgeschobene Erfüllung, Verfügungssperre durch Hinterlegung erworbener Titel usw., denn zur Steigerung von Motivation und Leistung ist eine längere Beteiligungsdauer erforderlich; Fallbeispiel BGE 139 III 155). Zur steuer- und sozialversicherungsrechtlichen Behandlung von Mitarbeiteroptionen mit sog. «Vesting»-Klauseln s. BGE 133 V 346 und 138 V 463 für die AHV-rechtliche Behandlung von gesperrten Mitarbeiteraktien, ferner für die Besteuerung von Mitarbeiterbeteiligungen das entsprechende Bundesgesetz vom 17.12.2010 (AS 2011, 3259) und die Verordnung über Bescheinigungspflichten bei Mitarbeiterbeteiligungen vom 27.6.2012 (SR 642.115.325.1). Solche Regelungen mit Verfügungsbeschränkungen werden vielfach mit einer Suspensivbedingung kombiniert, wonach der Begünstigte im Zeitpunkt des Fristablaufs noch immer im Dienst des Unternehmens oder der entsprechenden Unternehmensgruppe sein muss (BGE 131 III 617). Denkbar ist auch eine *Rückgabepflicht* zulasten des Arbeitnehmers insb. bei Beendigung des Arbeitsverhältnisses, doch besteht ein erhöhtes Risiko, dass sie gegen zwingendes Recht verstösst (insb. gegen Art. 323b Abs. 3). Bei der Konzipierung und Durchführung von Mitarbeiterbeteiligungsprogrammen hat der Arbeitgeber den Gleichbehandlungsgrundsatz zu beachten (Art. 328 N 29 ff.).

26 Ein Mitarbeiterbeteiligungsvertrag, wonach Optionen erst fünf Jahre nach deren Erwerb ausgeübt werden können, verstösst per se nicht gegen Art. 27 Abs. 2 ZGB (BGE 130 III 503 f.). Hingegen dürfen durch Verträge der Mitarbeiterbeteiligung (plan d'intéressement, stock option plan) die zwingenden Vorschriften des Arbeitsrechts nicht unterlaufen werden (z.B. Art. 323b Abs. 3 betr. das Truckverbot; zum Problemkreis der Fälligkeit aufgeschobener Beteiligungen bei Arbeitsvertragsende s. Art. 339 N 2). Das gilt auch dann, wenn die Arbeitnehmer an einer mit der arbeitgebenden Gesellschaft im gleichen Konzern verbundenen anderen Gesellschaft, an einer eigens für die Beteiligung geschaffenen Gesellschaft oder an der Muttergesellschaft beteiligt werden (BGE 130 III 501; für einen weiteren Fall konzernübergreifender Beteiligungspläne, insbes. zu Fragen der Passivlegitimation, BGer, 8.7.2014, 4A_175/2014). Endet das Arbeitsverhältnis vor dem vereinbarten Datum für die Ausübung, kann die Option entschädigungslos verfallen (s. allerdings BGer, ARV 2006, 271: Anspruch auf Ersatz des Werts der Optionen gestützt auf Art. 156, wenn der Arbeitgeber den Arbeitsvertrag vor Ablauf der Sperrfrist in missbräuchlicher Weise kündigt, weil sich der Arbeitnehmer über seine Arbeitssituation beschwert hat; im gleichen Sinne CAPH GE, JAR 2007, 405).

27 Probleme können aus *arbeitsrechtlicher* Sicht namentlich dann entstehen, wenn die Aktien oder Optionen unentgeltlich oder unter dem Marktwert abgegeben wurden und Lohnbestandteil bilden. Nach der bundesgerichtlichen Rechtsprechung entfällt indessen der Arbeitnehmerschutz:

- «Wenn der Arbeitnehmer beim Erwerb der Mitarbeiterbeteiligung vornehmlich als Anleger handelt, der das mit der Anlage verbundene Risiko in der Erwartung eines hohen Kapitalgewinns aus freien Stücken akzeptiert». Ob die Beteiligung als Bestandteil des Arbeitsvertrags oder als davon losgelöste Investition erscheint, ist aufgrund der Verhältnisse im Einzelfall zu beurteilen (BGE 130 III 501; i.c. selbständige Investition, da Kauf ohne Vorzugspreis, gute Entlöhnung, freier Wille beim Abschluss der Mitarbeiterbeteiligungsverträge). **28**
- «Wenn sich die Beteiligung bei einem hoch dotierten Kader oder Angestellten als Bonus und damit als Gegenleistung für seine Tätigkeit darstellt» (BGE 130 III 501). In BGE 131 III 622 wurden die Leistungen aus dem Mitarbeiterbeteiligungsvertrag nicht als Lohn, sondern als Gratifikation qualifiziert (mit der fragwürdigen Begründung, sie hätten bloss 16% der gesamten Bezüge betragen; entscheidendes Abgrenzungskriterium ist jedoch, wie das BGer zuvor selbst festhält, ob dem Arbeitgeber ein Ermessensspielraum zukommt, Art. 322d N 3, 12, 16). Da die Gratifikation nicht dem Truckverbot (Art. 323b Abs. 3) unterliegt, verstiessen die Modalitäten des Mitarbeiterbeteiligungsvertrags nicht gegen zwingendes Recht. **29**

Art. 322 Abs. 2 regelt die Frage, ob Naturalleistungen in Form von Unterkunft und Verpflegung dem Arbeitnehmer belastet werden dürfen oder nicht, sofern er in **Hausgemeinschaft** mit dem Arbeitgeber lebt. Hausgemeinschaft liegt vor, wenn der Arbeitnehmer mit dem Arbeitgeber in einem gemeinsamen Haushalt lebt und dadurch der Hausgewalt des Arbeitgebers unterworfen ist (Art. 331 f. ZGB). Das ist bei lernenden Personen, Hausangestellten, Arbeitnehmern von Handwerkern, Hoteliers sowie bei Beschäftigten von privaten oder öffentlichen Anstalten der Fall, die im Haus des Arbeitgebers wohnen und dort verpflegt werden, ferner bei ausländischen Arbeitnehmern, die in einem Wohnheim ihrer Arbeitgeberfirma leben und deren Hausordnung und Hausgewalt unterstellt sind. Nach BGer, ARV 2001, 116 wurde Hausgemeinschaft auch für ein Konkubinat zwischen einer Arbeitnehmerin und einem der Kollektivgesellschafter ihres Arbeitgebers bejaht. Die Gewährung von Kost und Logis bedeutet aber nicht immer zugleich eine Aufnahme in die Hausgemeinschaft. So lässt sich beim sog. *Pensionsverhältnis* einzelner gewerblicher Berufe der Arbeitnehmer einen «Pensionspreis» vom Lohn abziehen, um dadurch seine Unabhängigkeit von der Hausgewalt des Arbeitgebers zum Ausdruck zu bringen. Entscheidend ist also stets die Einordnung in den gemeinsamen Haushalt. **30**

Die Bestimmung von Art. 322 Abs. 2 bedeutet, dass der Naturallohn vermutungsweise zusätzlich zum Geldlohn geschuldet ist (BGer, ARV 2001, 116). Im Zweifel braucht somit der Arbeitnehmer für seinen Unterhalt nicht selbst aufzukommen. Dieser geht zu Lasten des Arbeitgebers und bildet als Naturallohn einen Bestandteil des Gesamtlohnes. **31**

2. Zeitlohn und Leistungslohn

Nach dem Berechnungsmassstab lässt sich der Lohn insb. in Zeit- und Leistungslohn einteilen. **Zeitlohn** ist Entlöhnung nach Zeitabschnitten ohne Rücksicht auf das Arbeitsergebnis. Beim *Wochen-, Monats- oder Jahreslohn* werden keine Abzüge für Feiertage, freie Tage (i.S.v. Art. 329 Abs. 1, 2) und Absenzen (i.S.v. Art. 329 Abs. 3) vorgenommen. Demgegenüber muss diese Zeit beim *Stunden- oder Taglohn* nur vergütet werden, wenn es gesetzlich besonders vorgesehen (insb. nach Art. 324a), verabredet oder üblich ist (zur Lohnzahlung für Feiertage s. Art. 329 N 9). **32**

Echter **Leistungslohn** ist Entlöhnung nach der individuellen Leistung des Arbeitnehmers (Art. 319 Abs. 1). Formen des Leistungslohns sind: **33**
- die *Provision* (Art. 322b, 322c);
- der *Lohn bei Einzelakkord* (Art. 326, 326a);
- die *Prämie*; sie ist eine Vergütung für besondere Leistungen der Arbeitnehmer und kommt dementsprechend etwa als Güte-, Mengen-, Durchhalteprämie (vor Betriebsschliessungen), als Prämie für sparsamen Materialverbrauch, für die Vermeidung von Arbeitsunfällen

usw. vor; soweit die Prämie nicht bloss freiwillig geleistet wird, sondern tatsächlich Leistungslohncharakter hat, sind die Schutzbestimmungen zum Akkordlohn analog auf sie anzuwenden (Art. 326, 326a; PORTMANN/STÖCKLI, Rz 261 ff.).

34 *Unechter Leistungslohn* liegt vor, wenn die Leistung des Arbeitnehmers die Lohnhöhe nur gemeinsam mit anderen Faktoren beeinflusst (STREIFF/VON KAENEL/RUDOLPH, N 2), was namentlich auf den *Lohn bei Gruppenakkord* sowie auf den *Anteil am Geschäftsergebnis* gem. Art. 322a zutrifft, der sich nach der Gesamtleistung des Unternehmens bemisst. Zur variablen Vergütung von Hedge-Fund-Managern und ihrer Berechnung s. BGer, ARV 2012, 248.

35 Überhaupt **kein Lohn** ist die (echte und unechte) *Gratifikation*, auch wenn sie als Belohnung für die geleistete Arbeit ausgerichtet wird, da auf sie kein Rechtsanspruch besteht (Art. 322d). Auch *Spesenentschädigungen* und *Betriebspensionen* fehlt der Lohncharakter, da sie nicht im Austausch mit der Arbeitsleistung ausgerichtet werden. Spesen (insb. Pauschalspesen) können sich indessen als verkappte Lohnbestandteile erweisen, wenn ihre Ausgestaltung nur die Ersparnis von Steuern und Sozialabgaben bezweckt. Solche Beträge sind dann auch privatrechtlich als Lohn zu behandeln (Fortzahlung während der Freistellung: BGer SJ 1995, 781; Gegenbeispiel BGer, ARV 2011, 281).

III. Bekanntgabe des Lohnes und Lohnausweis

36 Am 1.1.2007 sind Änderungen und Ergänzungen des OR in Kraft getreten, die die Transparenz betreffend Vergütungen an Mitglieder des Verwaltungsrates und der Geschäftsleitung betreffen. Kernstück bilden die Art. 663b^{bis} über Vergütungen und Art. 663c Abs. 3 über Beteiligungen, die unter bestimmten Voraussetzungen und in bestimmtem Umfang im Anhang zum Geschäftsbericht bei der Aktiengesellschaft offengelegt werden müssen. Die neue Vergütungsverordnung (VegüV) sieht ihrerseits verschiedene Bekanntgabepflichten vor (Art. 13 ff. VegüV; Näheres zur VegüV in N 2).

37 Wurde das Arbeitsverhältnis auf unbestimmte Zeit oder für mehr als einen Monat eingegangen, so muss der Arbeitgeber den Arbeitnehmer spätestens einen Monat nach Beginn des Arbeitsverhältnisses schriftlich über den Lohn und allfällige Lohnzuschläge informieren. Tritt während des Arbeitsverhältnisses eine Änderung ein, so ist diese dem Arbeitnehmer spätestens einen Monat, nachdem sie wirksam geworden ist, schriftlich mitzuteilen (Art. 330b Abs. 1 lit. d und Abs. 2; s. die dortige Komm.).

38 Gemäss BGer dient der Lohnausweis dem Arbeitnehmer als Bestätigung des von ihm erwirtschafteten Lohns. Dass der Lohnausweis keine eigentliche Schuldanerkennung darstellt, ergibt sich daraus, dass die ausgewiesenen Beträge i.d.R. bereits gezahlt wurden, so dass dem Lohnausweis nicht zu entnehmen ist, wieviel der Arbeitgeber dem Arbeitnehmer schuldet. Im Lohnausweis könne immerhin ein Indiz dafür erblickt werden, wieviel der Arbeitnehmer nach Auffassung des Arbeitgebers in einem Jahr verdient habe (dazu und zu den Implikationen für eine unechte Gratifikation BGE 136 III 318; s.a. die Kritik von HIRSIGER, in AJP 2010, 1336).

Art. 322*a*

2. Anteil am Geschäftsergebnis

[1] **Hat der Arbeitnehmer vertraglich Anspruch auf einen Anteil am Gewinn oder am Umsatz oder sonst am Geschäftsergebnis, so ist für die Berechnung des Anteils das Ergebnis des Geschäftsjahres massgebend, wie es nach den gesetzlichen Vorschriften und allgemein anerkannten kaufmännischen Grundsätzen festzustellen ist.**

[2] **Der Arbeitgeber hat dem Arbeitnehmer oder an dessen Stelle einem gemeinsam bestimmten oder vom Richter bezeichneten Sachverständigen die nötigen Aufschlüsse zu geben und Einsicht in die Geschäftsbücher zu gewähren, soweit dies zur Nachprüfung erforderlich ist.**

[3] **Ist ein Anteil am Gewinn des Unternehmens verabredet, so ist dem Arbeitnehmer überdies auf Verlangen eine Abschrift der Erfolgsrechnung zu übergeben.**

2. Participation au résultat de l'exploitation

[1] Si, en vertu du contrat, le travailleur a droit à une part du bénéfice ou du chiffre d'affaires ou participe d'une autre manière au résultat de l'exploitation, cette part est calculée sur la base du résultat de l'exercice annuel, déterminé conformément aux prescriptions légales et aux principes commerciaux généralement reconnus.

[2] L'employeur fournit les renseignements nécessaires au travailleur ou, à sa place, à un expert désigné en commun ou par le juge; il autorise le travailleur ou l'expert à consulter les livres de comptabilité dans la mesure où le contrôle l'exige.

[3] Si une participation aux bénéfices de l'entreprise est convenue, une copie du compte de résultat est en outre remise au travailleur qui le demande.

2. Partecipazione al risultato dell'esercizio

[1] Se, in virtù del contratto, il lavoratore ha diritto a una parte degli utili o della cifra d'affari o altrimenti del risultato dell'esercizio, questa parte è calcolata, salvo diverso accordo, sul risultato dell'esercizio annuale, da determinare secondo le prescrizioni legali e i principi generalmente ammessi dalla pratica commerciale.

[2] Il datore di lavoro deve fornire al lavoratore o, in sua vece, a un perito designato in comune oppure dal giudice, le occorrenti informazioni e permettere, in quanto necessario al controllo, l'esame dei libri aziendali.

[3] Se è convenuta una partecipazione agli utili dell'azienda, il datore di lavoro deve consegnare al lavoratore che lo richieda anche una copia del conto economico.

Literatur

Vgl. die Literaturhinweise zur Einleitung vor Art. 319 ff.

Der *Anteil am Geschäftsergebnis* bestimmt sich nach dem **Gesamterfolg des Unternehmens**, wogegen die *Provision* nach dem Wert eines einzelnen Geschäfts ausgerichtet wird. Für die *Berechnung des Geschäftsergebnisses* sieht Art. 322a Abs. 1 vor, dass zeitlich das Geschäftsjahr und sachlich die gesetzlichen Vorschriften und die allgemein anerkannten kaufmännischen Grundsätze massgebend sind (dispositives Recht; TC VD, JAR 2012, 543). Die Beteiligung am rechnungsmässigen Gesamterfolg des Unternehmens kommt vor als (s. zum Ganzen ZK-Staehelin, N 3 ff.; Streiff/von Kaenel/Rudolph, N 3 ff.): 1

- *Gewinnbeteiligung*. Sie besteht i.d.R. in Prozenten des jährlichen Reingewinns und wird als sog. *Tantieme* an leitende Angestellte gezahlt. Ist nichts anderes vereinbart, kommt es auf den Geschäftsgewinn und nicht auf den bilanzmässigen Vermögensgewinn an (BGE 81 II 151). Massgebend ist, was gemäss Gewinn- und Verlustrechnung nach den gesetzlich vorgeschriebenen Bewertungen, Abschreibungen, Rückstellungen usw. übrigbleibt (Art. 957 ff., Sondervorschriften für einzelne Gesellschaftsformen wie Art. 662 ff.). Nicht abgezogen werden dürfen Vorjahresverluste (BGE 81 II 151), Einlagen in den Reservefonds (auch wenn sie gesetzlich oder statutarisch vorgeschrieben sind), private Auslagen des Geschäftsinhabers, Gewinnausschüttungen etwa an Mitglieder des Verwaltungsrates und Kapitalverzinsungen. Der Arbeitgeber ist gegenüber dem Arbeitnehmer nicht für sorgfältige Geschäftsführung haftbar. In der Praxis kommt die Gewinnbeteiligung auch in der besonderen Form einer *Beteiligung am Cashflow* sowie durch Zuteilung von Aktien und Optionen vor. Eine akonto ausbezahlte Gewinnbeteiligung ist aus Vertrag zurückzuerstatten, wenn sich der erwartete Gewinn nicht einstellt (BGE 126 III 119). 2
- *Umsatzbeteiligung*. Sie richtet sich nach dem Absatz von Waren oder Dienstleistungen des Unternehmens. Sie unterscheidet sich von der Provision dadurch, dass sie sich auf alle Geschäfte mit Dritten erstreckt, gleichgültig, von wem sie abgeschlossen wurden. Unter Um- 3

satz ist der Erlös für Lieferungen und Leistungen an Kunden zu verstehen. Dabei entspricht der *Bruttoerlös* dem Fakturabetrag. Durch Mindereinnahmen (uneinbringliche Forderungen) und Mehraufwendungen (Rückzahlungen an Kunden) wird der gebuchte Bruttoerlös auf den *Nettoerlös* herabgesetzt (AGer ZH, ZR 1998, 172). Mangels abweichender Parteivereinbarung ist zur Berechnung der Umsatzbeteiligung auf den Nettoerlös abzustellen. Denn auch der Provisionsanspruch fällt (wenn auch nur nachträglich) dahin, «wenn der Dritte seine Verbindlichkeiten nicht erfüllt» (Art. 322b Abs. 3). Sind die Verkaufspreise nicht eindeutig festgelegt, kann die Gewährung einer Umsatzbeteiligung zu Fehlanreizen führen.

4 – *Sonstige Beteiligung.* In der Praxis kommen etwa Beteiligungen an der Verbesserung des Ergebnisses gegenüber dem Budget vor (Berechnung z.B. nach der Differenz zwischen kalkuliertem und tatsächlichem Lohn- oder Materialaufwand). Soweit solche Beteiligungen als Prämien bezeichnet werden, sind sie von den Prämien mit Leistungslohncharakter zu unterscheiden (Art. 322 N 33). Zur variablenVergütung von Hedge-Fund-Managern und ihrer Berechnung s. BGer, ARV 2012, 248.

5 Eine Vereinbarung, wonach der Lohn vorwiegend oder ausschliesslich in einem Anteil am Geschäftsergebnis besteht, muss schriftlich getroffen werden und dem Arbeitnehmer ein angemessenes Entgelt für seine Tätigkeit sichern (Art. 349a Abs. 2 analog; s. BGE 139 III 214 betreffend Provisionen; CAPH GE, JAR 2006, 441; s.a. KGer GR, JAR 2006, 475 betr. Verlustbeteiligung). Zur Berechnung des Anteils am Geschäftsergebnis bei Freistellung s. BGer, ARV 2013, 34, über die Mitarbeiterbeteiligung mittels Aktien und Optionen Art. 322 N 25 ff., über die Sondervergütung von Erfindungen und Designs Art. 332 N 11. Bei Anstellungsverhältnissen, die in den Anwendungsbereich der Vergütungsverordnung (VegüV) fallen, sind der Ausrichtung von Mitarbeiterbeteiligungen besondere Grenzen gesetzt (Näheres bei Art. 322 N 2).

6 Um eine **Kontrolle** der Berechnung des Anteils am Geschäftsergebnis zu ermöglichen, sieht Art. 322a Abs. 2 vor, dass dem Arbeitnehmer oder einem Sachverständigen die erforderliche *Auskunft und Einsicht* in die Bücher zu geben sind (Fallbeispiel OGer ZH, JAR 2013, 579); im Falle der Gewinnbeteiligung ausserdem noch eine *Abschrift der Gewinn- und Verlustrechnung* (Art. 322a Abs. 3). Es können aber auch noch weitergehende Kontrollrechte vereinbart werden (Art. 362). Die Pflicht des Arbeitgebers, die Persönlichkeit der Arbeitnehmer zu schützen, steht der Offenlegung ihres Einkommens nicht entgegen. Im Rahmen eines Gerichtsverfahrens zwischen dem Arbeitgeber und einem Arbeitnehmer, in dem die Einkommen anderer im Dienst des Arbeitgebers stehender Arbeitnehmer erheblich für das zu fällende Urteil sind, kann sich der Arbeitgeber daher nicht weigern, die entsprechenden Daten zu liefern. Das Recht auf Einsicht in die Geschäftsbücher, das dem prozessierenden Arbeitnehmer gem. Art. 322a zusteht, schliesst die Offenlegung dieser Informationen ein (BGer, ARV 2010, 260). Unter Umständen können gestützt auf Art. 158 ZPO (vorsorgliche Beweisführung) Abrechnungsunterlagen schon vor Einleitung des Hauptprozesses vom Arbeitgeber herausverlangt werden (CACI VD, JAR 2014, 517; s. aber BGE 138 III 728 für vorsorgliche Massnahmen). Zu den beweisrechtlichen Folgen im Prozess, wenn der Arbeitgeber seiner Abrechnungspflicht nicht nachgekommen ist, BGer, 25.11.2014, 4A_483/2014 (betr. Provision). Die gerichtliche Bezeichnung eines Sachverständigen ist ein Anwendungsfall der freiwilligen Gerichtsbarkeit und erfolgt im summarischen Verfahren (Art. 250 lit. b Ziff. 1 ZPO).

Art. 322*b*

3. Provision
a. Entstehung

[1] **Ist eine Provision des Arbeitnehmers auf bestimmten Geschäften verabredet, so entsteht der Anspruch darauf, wenn das Geschäft mit dem Dritten rechtsgültig abgeschlossen ist.**

[2] ***Bei Geschäften mit gestaffelter Erfüllung sowie bei Versicherungsverträgen kann schriftlich verabredet werden, dass der Provisionsanspruch auf jeder Rate mit ihrer Fälligkeit oder ihrer Leistung entsteht.***

[3] Der Anspruch auf Provision fällt nachträglich dahin, wenn das Geschäft vom Arbeitgeber ohne sein Verschulden nicht ausgeführt wird oder wenn der Dritte seine Verbindlichkeiten nicht erfüllt; bei nur teilweiser Erfüllung tritt eine verhältnismässige Herabsetzung der Provision ein.

3. Provision
a. Naissance du droit à la provision

[1] S'il est convenu que le travailleur a droit à une provision sur certaines affaires, elle lui est acquise dès que l'affaire a été valablement conclue avec le tiers.

[2] En cas de contrats d'assurance ou d'affaires comportant une exécution par prestations successives, un accord écrit peut prévoir que le droit à la provision s'acquiert lors de l'exigibilité de chaque acompte ou à chaque prestation.

[3] Le droit à la provision s'éteint lorsque l'employeur n'exécute pas l'affaire sans faute de sa part ou si le tiers ne remplit pas ses obligations; si l'inexécution n'est que partielle, la provision est réduite proportionnellement.

3. Provvigione
a. Inizio del diritto

[1] Se per determinati affari è convenuta una provvigione del lavoratore, essa è dovuta allorché l'affare è stato validamente conchiuso con il terzo.

[2] Nel caso d'affari eseguendi con prestazioni successive o di contratti d'assicurazione può essere convenuto per scritto che il diritto alla provvigione sorge alla esigibilità di ogni rata o a ogni prestazione.

[3] Il diritto alla provvigione si estingue quando l'affare non è eseguito dal datore di lavoro senza sua colpa o quando il terzo non ha adempiuto i suoi obblighi; se l'inadempienza è solo parziale, la provvigione è diminuita in proporzione.

Literatur

Vgl. die Literaturhinweise zur Einleitung vor Art. 319 ff.

1 Provision ist die i.d.R. prozentual ausgedrückte Beteiligung des Arbeitnehmers am Wert der einzelnen von ihm vermittelten oder abgeschlossenen Geschäfte (BGE 90 II 483). Sie ist häufig beim Bedienungspersonal des Gastgewerbes, in der Versicherungsbranche sowie beim Verkaufspersonal des Gross- und Einzelhandels, wo sie als Zusatz zum Zeitlohn gezahlt wird. Ferner ist sie die regelmässige Lohnform bei Handelsreisenden und kann sogar die überwiegende oder einzige Art des Lohnes sein (wie z.B. beim Broker, CAPH GE, JAR 1985, 91). In diesem Fall ist allerdings die Schutzbestimmung von Art. 349a Abs. 2 zu beachten, die auch über den Handelsreisendenvertrag hinaus anzuwenden ist (so nun auch BGE 139 III 214: i.c. Erhöhung des durchschnittlich erzielten Nettomonatseinkommens von CHF 2074 auf ein Bruttomonatseinkommen von CHF 3874 für einen «conseiller économique»; AGer ZH, JAR 2010, 675: Telefonverkauf von Wein; AGer ZH, JAR 2009, 703: Verkaufsleiter in einem Callcenter; TC VD, JAR 2010, 655: telefonische Kundenwerbung). Danach werden die Schriftlichkeit der Abrede sowie die Erzielung eines angemessenen Entgelts vorausgesetzt (s. hierzu Art. 349a N 1 ff.). Im Zweifel ist nicht eine Gewinn-, sondern eine Umsatzprovision anzunehmen. Die Berechnung hat auf dem gesamten Rechnungsbetrag abzüglich Erlösminderungen wie Versandkosten, Versicherungsprämien, Mehrwertsteuerbeträge und Rabatte zu erfolgen, ZK-STAEHELIN, N 2, 9). Bei Anstellungsverhältnissen, die in den Anwendungsbereich der Vergütungsverordnung (VegüV) fallen, können der Ausrichtung von Provisionen besondere Grenzen gesetzt sein (Näheres bei Art. 322 N 2).

2 Sofern nichts für den Arbeitnehmer Günstigeres bestimmt ist (Art. 362), entsteht die Provisionsforderung in vollem Umfang im Zeitpunkt des Geschäftsabschlusses mit dem Kunden (Art. 322b Abs. 1; Bsp. für eine für den Arbeitnehmer günstigere vertragliche Regelung in BGer, 9.1.2014, 4A_402/2013). Um die Auszahlung der Provision verlangen zu können, muss der Arbeitnehmer mangels anderer Vereinbarung während des Vertragsverhältnisses entweder das konkrete Geschäft vermittelt oder den Dritten als Kunden für Geschäfte dieser Art geworben haben. Der Beitrag des Arbeitnehmers, der eine Provision fordert, muss *conditio sine qua non* für den Vertragsabschluss mit dem Dritten sein; denn der Zweck der Provision liegt darin, den Arbeitnehmer zu Geschäftsabschlüssen zu motivieren, indem er nach den

erreichten Ergebnissen entlöhnt wird (BGE 128 III 174; i.c. galt dies auch, obschon die Provision vereinbart war «sur le montant de chaque contrat signé»). Sind diese Voraussetzungen erfüllt, schadet es dem Arbeitnehmer nicht, wenn der Geschäftsabschluss erst nach der Beendigung des Arbeitsverhältnisses zustande kommt. Der Arbeitgeber kann aber immer selbst entscheiden, ob er das Geschäft abschliesst. Nur wenn er den Abschluss wider Treu und Glauben verhindert, schuldet er dem Arbeitnehmer die Provision (OGer LU, JAR 2003, 188; s.a. BGer, 25.11.2014, 4A_483/2014).

3 Bei Geschäften, deren Durchführung sich infolge sukzessiv folgender Leistungen über einen längeren Zeitraum erstreckt, wie z.B. Sukzessivlieferungsverträge, Abzahlungsgeschäfte, Versicherungsverträge u.a., ist jedoch die schriftliche Abrede zulässig, dass der Provisionsanspruch auf jeder Rate mit ihrer Fälligkeit oder mit ihrer Leistung entsteht (Art. 322b Abs. 2). Ist nichts anderes vereinbart, fällt die Provisionsforderung nachträglich dahin, wenn das Geschäft ohne Verschulden des Arbeitgebers nicht ausgeführt wird (z.B. wegen einer Naturkatastrophe oder wegen eines Generalstreiks) oder wenn es vom Kunden nicht erfüllt wird (Art. 322b Abs. 3 Hs. 1). Den Arbeitgeber trifft diesbezüglich die Obliegenheit, alle wirtschaftlich sinnvollen Massnahmen zur Geltendmachung seiner Ansprüche gegenüber dem Dritten zu ergreifen (Mahnung, Betreibung usw.). Nimmt der Arbeitgeber Waren aus Kulanz, aus von ihm zu vertretenden Gründen oder infolge eines freiwillig geschlossenen Aufhebungsvertrags zurück, so kommt Art. 322b Abs. 3 grundsätzlich nicht zum Tragen, so dass der Provisionsanspruch bestehen bleibt. Anders liegt der Fall, wenn ein Aufhebungsvertrag geschlossen wird, um einer aussichtsreichen Vertragsanfechtung wegen Willensmängeln zuvorzukommen (BGer, ARV 2008, 194). Bei teilweiser Nichterfüllung tritt eine entsprechende Ermässigung ein (Art. 322b Abs. 3 Hs. 2). Ergibt die Auslegung einer Vertragsklausel, dass die als Vorschüsse zuviel bezahlten Beträge des Arbeitgebers zugesicherte Mindestprovisionen darstellen, besteht keine Rückzahlungspflicht des Arbeitnehmers (BGE 129 III 118).

Art. 322c

b. Abrechnung

1 Ist vertraglich nicht der Arbeitnehmer zur Aufstellung der Provisionsabrechnung verpflichtet, so hat ihm der Arbeitgeber auf jeden Fälligkeitstermin eine schriftliche Abrechnung, unter Angabe der provisionspflichtigen Geschäfte, zu übergeben.

2 Der Arbeitgeber hat dem Arbeitnehmer oder an dessen Stelle einem gemeinsam bestimmten oder vom Richter bezeichneten Sachverständigen die nötigen Aufschlüsse zu geben und Einsicht in die für die Abrechnung massgebenden Bücher und Belege zu gewähren, soweit dies zur Nachprüfung erforderlich ist.

b. Décompte

1 Si le travailleur n'est pas tenu par le contrat d'établir un relevé de ses provisions, l'employeur lui remet à chaque échéance un décompte indiquant les affaires qui donnent droit à une provision.

2 L'employeur fournit les renseignements nécessaires au travailleur ou, à sa place, à un expert désigné en commun ou par le juge; il autorise le travailleur ou l'expert à consulter les livres et les pièces justificatives dans la mesure où le contrôle l'exige.

b. Conteggio

1 Se il lavoratore non è tenuto contrattualmente a presentare il conteggio delle sue provvigioni, il datore di lavoro deve consegnargli, a ogni scadenza, un conteggio indicante gli affari che danno diritto alla provvigione.

2 Il datore di lavoro deve fornire al lavoratore o, in sua vece, a un perito designato in comune oppure dal giudice, le occorrenti informazioni e permettere, in quanto necessario al controllo, l'esame dei libri e dei documenti, sui quali si fonda l'estratto dei conti.

Literatur

Vgl. die Literaturhinweise zur Einleitung vor Art. 319 ff.

Mangels anderer Abreden ist die **Provisionsabrechnung** vom Arbeitgeber aufzustellen. Dieser hat sie dem Arbeitnehmer auf jeden Fälligkeitstermin unter Angabe der provisionspflichtigen Geschäfte zu übergeben (Art. 322c Abs. 1). Es kann jedoch – auch formfrei – etwas für den Arbeitnehmer Günstigeres vereinbart werden (Art. 362). TAPP TI, JAR 2003, 215 geht davon aus, den Arbeitnehmer treffe die Pflicht, die Abrechnungen des Arbeitgebers zu überprüfen und allenfalls innert nützlicher Frist Einsprache zu erheben; erfolge keine Einsprache, hätten die Abrechnungen aufgrund von Treu und Glauben als genehmigt zu gelten. Diese Auffassung findet mit Blick auf die Interessenlage der Parteien keine Grundlage im Vertrauensprinzip (vgl. PORTMANN, ArbR 1998, 66 f.). Unter Umständen können gestützt auf Art. 158 ZPO (vorsorgliche Beweisführung) Abrechnungsunterlagen schon vor Einleitung des Hauptprozesses vom Arbeitgeber herausverlangt werden (CACI VD, JAR 2014, 517; s. aber BGE 138 III 728 für vorsorgliche Massnahmen). Zu den beweisrechtlichen Folgen im Prozess, wenn der Arbeitgeber seiner Abrechnungspflicht nicht nachgekommen ist, BGer, 25. 11. 2014, 4A_483/2014. 1

Die **Kontrollrechte** des Arbeitnehmers sind hier die gleichen wie bei der Berechnung des Anteils am Geschäftsergebnis (Art. 322c Abs. 2; vgl. auch Art. 322a N 6). Da die Provision Leistungslohn darstellt, drängt sich ferner eine ergänzende Anwendung der Bestimmungen über den *Akkordlohn* auf (Art. 326, 326a). 2

Art. 322*d*

4. Gratifikation

[1] Richtet der Arbeitgeber neben dem Lohn bei bestimmten Anlässen, wie Weihnachten oder Abschluss des Geschäftsjahres, eine Sondervergütung aus, so hat der Arbeitnehmer einen Anspruch darauf, wenn es verabredet ist.

[2] Endigt das Arbeitsverhältnis, bevor der Anlass zur Ausrichtung der Sondervergütung eingetreten ist, so hat der Arbeitnehmer einen Anspruch auf einen verhältnismässigen Teil davon, wenn es verabredet ist.

4. Gratification

[1] Si l'employeur accorde en sus du salaire une rétribution spéciale à certaines occasions, telles que Noël ou la fin de l'exercice annuel, le travailleur y a droit lorsqu'il en a été convenu ainsi.

[2] En cas d'extinction des rapports de travail avant l'occasion qui donne lieu à la rétribution spéciale, le travailleur n'a droit à une part proportionnelle de cette rétribution que s'il en a été convenu ainsi.

4. Gratificazione

[1] Se il datore di lavoro assegna, oltre al salario, una retribuzione speciale in determinate occasioni, come Natale o la fine dell'esercizio annuale, il lavoratore vi ha diritto, qualora ciò sia stato convenuto.

[2] Se il rapporto di lavoro termina prima dell'occasione che dà luogo alla retribuzione speciale, il lavoratore ha diritto a una parte proporzionale, se ciò è stato convenuto.

Literatur

ABEGG, Neues und Bewährtes vom Bundesgericht zur Abgrenzung von Lohn und Gratifikation und dem entsprechenden Anspruch pro rata temporis, Jusletter 12. 10. 2009; AUBERT, Commentaire de l'arrêt du Tribunal fédéral du 3 février 2009 (4A_509/2008) – Rapport entre gratification et le salaire, ARV 2009, 120 ff.; BÄCHLER, Vergütungen von Verwaltungsräten und Geschäftsleitungsmitgliedern in Banken, Diss., Zürich/Basel/Genf 2011; BORNOZ, Les critères de distinction entre les diverses rémunérations accessoires, in: Panorama en droit du travail, Bern 2009, 37 ff.; BRAND/WYSS/ZYSSET, Nulla Minder-poena sine lege – Ein Beitrag zur Umsetzung von aktienrechtsbezogenen Strafbestimmungen in der «Abzocker-verordnung», Jusletter 27. 5. 2013; CRAMER, Der Bonus im Arbeitsvertrag, Diss., Bern 2007; DERS., Der Bonus als Malus – Zur Überwälzung von Geschäftsverlusten auf Arbeitnehmer, AJP 2008, 535 ff.; DAENIKER/PESTALOZZI, Gibt es «faire» Managerlöhne? – Rechtliche und wirtschaftsethische Betrachtungen zu einem umstrittenen Thema, SJZ 2012, 393 ff.; DELBRÜCK, Die Gratifikation im schweizerischen Einzelarbeitsvertrag (Art. 322d OR), Diss., Zürich 1981; EGLI, Der rechtliche Charakter von Bonuszahlungen, Schweizer Arbeitgeber 3/2009, 4 ff.; EHRENSTRÖM/OLOFSSON, La liberté du salaire et ses (nouvelles) limites, Jusletter 12.3.2012; FAVRE, Bonus: à qui et pourquoi?, Schweizer Arbeitgeber 2001, 28 ff.; FISCHER S., Verser une prime aux employés présents peut se retourner contre l'employeur, plaidoyer 1/2013, 12 ff.; FRIDLAND SVENSSON/MEYER, Spitzenboni – Im Lichte der neuesten bundesgerichtlichen Rechtsprechung, ST 2014, 214 ff.; GEISER, Boni zwischen Privatrecht und öffentlichem Interesse, recht 2009, 115 ff.; DERS., Arbeits- und auftragsrechtliche Streitigkeiten mit Managern, in: Manager – Unternehmungen – Rechtsschutzversicherungen, Zürich/St.Gallen 2013; HÄUSERMANN, «Abzocker»-Initiative umsetzen – aber wie?, SJZ 2013, 153 ff.; DERS., Aktienrechtliche Umsetzung der «Abzocker»-Initiative – Spielraum und Rechtstechniken, SJZ 2012, 537 ff.; HELBLING, Mitarbeiterbeteiligungspläne in den Statuten – Bemerkungen aus der Praxis zum Vorentwurf zur Verordnung gegen die Abzockerei, ST 2013, 700 ff.; HIRSIGER, Ausgewählte Einzelfragen zu vereinbarten Leistungszielen im Einzelarbeitsverhältnis, ArbR 2011, 87 ff.; DERS., Die Zielvereinbarung im Einzelarbeitsverhältnis, Diss., Bern 2011; HOSTETTLER, Managersaläre: Wertorientierte Vergütung – Entscheidungsgrundlagen für Führungskräfte, Zürich 2010; LEU, Variable Vergütungen für Manager und Verwaltungsräte, Diss., Zürich/Basel/Genf 2005; MALACRIDA/SPILLMANN, Corporate Governance im Interregnum, Die neue Verordnung gegen übermässige Vergütungen bei börsenkotierten Aktiengesellschaften – Erste Analysen und praktische Hinweise, GesKR 2013, 485 ff.; MONTANARI M., Nach Inkrafttreten der VegüV – Ausgewählte Fragen aus der Rechtsberatung, AJP 2015, 51 ff.; MEIER K., Rechtsprobleme zum Bonus im Arbeitsverhältnis, ArbR 2001, 61 ff.; MEIER-GUBSER, Arbeitsrechtliche Aspekte der Verordnung gegen übermässige Vergütungen bei börsenkotierten Aktiengesellschaften, AJP 2013, 1567 ff.; MORF, Gratifikation und Freiwilligkeitsvorbehalt, ArbR 2012, 67 ff.; DERS., Akzessorietät von Gratifikationen, Die jüngsten Entscheide des Bundesgerichts, Jusletter 9.9.2013; DERS., Lohn und besondere Vergütungsformen im privatrechtlichen Arbeitsverhältnis, Diss., Bern 2011; MÜLLER M.L., Verordnung gegen übermässige Vergütungen bei börsenkotierten Aktiengesellschaften (VegüV) – Lösungsansätze für die arbeitsrechtliche Umsetzung, AJP 2014, 477 ff.; OERTLE, Arbeitsrecht im Konflikt mit der Verordnung gegen übermässige Vergütungen, GesKR 2014, 44 ff.; PEYER/SCHAUB, Umsetzung des FINMA-Rundschreibens «Vergütungssysteme» bei Banken, SJZ 2011, 149 ff.; POLCAN/STENGEL, Innerbetriebliche Krisenbewältigung – Individualarbeitsrechtliche Handlungsmöglichkeiten der Arbeitgeberin, in: Auswirkungen von Krisen auf Wirtschaft, Recht und Gesellschaft, Bern 2009, 223 ff.; PORTMANN W., Erklärungen ohne Worte im schweizerischen Arbeitsvertragsrecht, ArbR 1998, 59 ff.; PORTMANN D., Mitarbeiterbeteiligung, Diss., Bern 2005; REICH, Rückerstattung von übersetzten Boni und anderen Lohnzahlungen, ASA 2011, 109 ff.; REINERT, Variable Gehaltssysteme aus arbeitsrechtlicher Sicht, AJP 2009, 3 ff.; RUDOLPH, Neuere Entwicklungen im Bonusrecht, TREX 2011, 92 ff.; SCHNEITER, Qualifikation einer Gratifikation als Lohn, ARV 2005, 241 ff.; SENTI, Die Abgrenzung zwischen Leistungslohn und Gratifikation, AJP 2002, 669 ff.; DERS., Leistungslohn oder Gratifikation?, ARV 2011, 1 ff.; SOMMER, Das Truckverbot und Mitarbeiterbeteiligungspläne, ARV 2006, 100 ff.; STAEHELIN M., Gesperrte Optionen – als Lohn unzulässig?, SJZ 2005, 181 ff.; SUTER, Die Besteuerung von Abgangsentschädigungen, Anwaltsrevue 2012, 16 ff.; VÖGELI GALLI/HEHLI HIDBER, Bonuszahlungen: Möglichkeiten und Risiken, SJZ 2001, 445 ff.; VON DER CRONE/JENTSCH, Aktuelle Entwicklungen in der Vergütungslandschaft des Finanzplatzes Schweiz, SZW 2012, 377 ff.; WEHRLI, Nach der Minder-Initiative – wie weiter?, GesKR 2013, 1 ff.; ZIHLER, Verordnung gegen übermässige Vergütungen, ST 2014, 46 ff.; vgl. ausserdem die Literaturhinweise zur Einleitung vor Art. 319 ff. sowie zu Art. 322.

I. Begriffliches

1 Aus Art. 322d Abs. 1 geht hervor, dass die **Gratifikation** eine *Sondervergütung* ist, die neben dem Grundlohn bei bestimmten Anlässen (wie Weihnachten oder Abschluss des Geschäftsjahres) ausgerichtet wird. Je nach ihrem Verbindlichkeitsgrad lassen sich verschiedene Formen unterscheiden, die unterschiedlichen Rechtsfolgen unterliegen und daher streng auseinanderzuhalten sind. Dies wird in Lehre und Praxis teilweise nur ungenügend getan, was wohl durch den unglücklich formulierten und wenig aussagekräftigen Inhalt von Art. 322d mitverursacht ist. Zu unterscheiden sind die echte Gratifikation, die unechte Gratifikation und die Sondervergütung mit Lohncharakter.

2 Ist in der Praxis von einem **Bonus** die Rede, liegt oft eine Gratifikation vor (CAPH GE, JAR 2001, 206, wonach Bonus *der amerikanische* Ausdruck für Gratifikation ist; OGer ZH, JAR *2013, 588*, wonach Boni ohne ausdrückliche Vereinbarung oder vorbehaltlose Übung als grundsätzlich freiwillige Gratifikationszahlungen gelten; ähnlich AGer ZH, JAR 2013, 606).

Die Bezeichnung ist jedoch nicht massgebend; vielmehr kommt es auf die rechtliche Ausgestaltung im Einzelfall an. Eine Gratifikation lag z.B. in einem Fall vor, in dem der Bonus sowohl von dem durch die Arbeitgeberin erzielten Cashflow als auch von der persönlichen Leistung des Arbeitnehmers abhing und die Höhe völlig variabel war (AGer ZH, JAR 2001, 198). Die Freiwilligkeit des Bonus verstösst grundsätzlich nicht gegen die Ungewöhnlichkeitsregel (BGer, ARV 2003, 156). Das als Bonus bezeichnete Betreffnis kann sich jedoch auch als Sondervergütung mit Lohncharakter (N 16 ff.) oder als Anteil am Geschäftsergebnis i.S.v. Art. 322a erweisen (vgl. CAPH GE, JAR 2002, 197). Nach KGer SG, JAR 2009, 569 kann es sich rechtfertigen, einen Teil des Bonus als Gratifikation und den Rest als Lohnbestandteil zu qualifizieren (der dementsprechend bei der Auflösung des Arbeitsverhältnisses pro rata temporis geschuldet ist; s. hierzu auch Aubert, ARV 2009, 120 ff.). Bei Anstellungsverhältnissen, die in den Anwendungsbereich der Vergütungsverordnung (VegüV) fallen, sind der Ausrichtung von Boni und Gratifikationen besondere Grenzen gesetzt (Näheres bei Art. 322 N 2). Eine Übersicht über die aktuelle Gratifikationsrechtsprechung liefert BGer, JAR 2013, 242.

II. Echte Gratifikation

1. Freiheit in Grundsatz und Höhe

Art. 322d Abs. 1 lässt erkennen, dass grundsätzlich kein gesetzlicher Anspruch auf eine Gratifikation besteht. Dementsprechend ist die Grundform der Gratifikation, die sog. echte Gratifikation, dadurch gekennzeichnet, dass sie sowohl dem Grundsatz wie auch der Höhe nach eine **freiwillige Leistung** darstellt. Ihrer Bezeichnung entsprechend (ex gratia) ist sie in das Ermessen des Arbeitgebers gestellt (vgl. BGer, ARV 2005, 241). Dennoch ist sie *keine Schenkung*, sondern eine zusätzliche Vergütung als Anerkennung für bereits geleistete Dienste und als Ansporn für die künftige Tätigkeit. Eine Gratifikation und kein Lohn liegt vor, wenn das Bonusreglement den Bonus zwar mit dem Erreichen von Zielen wie etwa der Verbesserung der Innovationsfähigkeit verknüpft, die Regelung dem Arbeitgeber aber bezüglich der Formulierung der Zielvorgaben, der Bestimmung des Zielerfüllungsgrads und der Höhe des Bonus einen weiten Ermessensspielraum einräumt (BGer, ARV 2007, 249). Grundsätzlich handelt es sich auch bei freiwilligen Abgangsentschädigungen im Rahmen von Restrukturierungen oder Betriebsübertragungen um Gratifikationen (CAPH GE, JAR 2010, 498). 3

2. Schranken aus laufenden Verteilrunden

Völlige Freiheit geniesst der Arbeitgeber auch bei der echten Gratifikation nur in Bezug auf den Entschluss, überhaupt keine Leistungen an die Belegschaft auszurichten. Sobald er jedoch einzelnen oder allen Arbeitnehmern seines Betriebs Sondervergütungen gewährt, muss er gewisse **Schranken** beachten, die sich aus dem zwingenden gesetzlichen Recht ergeben. In diesem Zusammenhang ist insb. das Diskriminierungsverbot im Verhältnis von Frau und Mann sowie der allgemeine Gleichbehandlungsgrundsatz hinsichtlich der Arbeitnehmer desselben Betriebs zu beachten. 4

- Gemäss dem *Diskriminierungsverbot von Art. 3 GlG* dürfen Arbeitnehmerinnen und Arbeitnehmer aufgrund ihres Geschlechts weder direkt noch indirekt benachteiligt werden. Das Verbot gilt auch in Bezug auf Sondervergütungen. Daraus folgt, dass eine unterschiedliche Behandlung von Frau und Mann in Bezug auf die Ausrichtung einer Sondervergütung nur zulässig ist, wenn sie sich auf einen sachlichen Grund stützen kann. Das ist der Fall, wenn die unterschiedliche Behandlung auf *objektiven Umständen* beruht, die i.d.R. auch zwischen Arbeitnehmerinnen oder Arbeitnehmern des gleichen Geschlechts zu Unterschieden führen (BGE 127 III 214; 125 III 373; 117 Ia 273; 113 Ia 116). So ist es z.B. dem Arbeitgeber nicht verwehrt, die Höhe der Sondervergütungen nach der Leistung der jeweiligen Empfänger abzustufen. Gewährt er aber allgemein eine Gratifikation etwa in 5 der Höhe eines Monatslohns, die er einer Angestellten aus einem objektiv nicht gerechtfertigten Grund verweigert, hat diese einen *klagbaren Anspruch auf Leistung* in gleicher Höhe. Ein Beispiel, in dem einer Arbeitnehmerin eine Sondervergütung aufgrund des Gleichstellungsgesetzes zugesprochen wurde, findet sich in BGE 130 III 167. Dass die Arbeitnehmerin am Schluss des Arbeitsverhältnisses freigestellt worden war, führte nicht zu einer Kürzung, zumal sie noch für verschiedene Auskünfte verfügbar zu sein hatte (BGE 130 III 167).

6 – Der aus Art. 328 fliessende *arbeitsrechtliche Gleichbehandlungsgrundsatz* verbietet ausserhalb getroffener Vereinbarungen eine willkürliche Schlechterstellung einzelner Arbeitnehmer (Näheres in Art. 328 N 29 ff.). Dementsprechend ist auch die Freiheit des Arbeitgebers hinsichtlich Ausrichtung von Sondervergütungen beschränkt (BGer, JAR 2012, 339; CAPH GE, JAR 2001, 206; CAPH GE, JAR 1994, 145; OGer BL, JAR 1995, 304; AGer ZH, JAR 2010, 681): Differenzierungen sind nur zulässig, wenn sie nach sachlich vertretbaren Kriterien erfolgen. Diese Einschränkung wird allerdings durch die bundesgerichtliche Rechtsprechung abgeschwächt, wonach es zum Wesen der privatautonomen Vertragsfreiheit gehöre, selbst zu bestimmen, welche Motive als sachgemäss anzusehen seien (BGE 129 III 282; s.a. BGer, JAR 2014, 157 f.). Ist der Gleichbehandlungsgrundsatz verletzt, so entsteht auch hier (wie im Rahmen der Gleichstellung von Frau und Mann) ein *klagbarer Anspruch auf Leistung*.

7 Vor diesem Hintergrund bleibt es dem Arbeitgeber unbenommen, seinen Entscheid, ob er eine Gratifikation ausrichten will und gegebenenfalls in welcher Höhe, von *betrieblichen* Kriterien wie namentlich dem Geschäftsergebnis und von sachlich vertretbaren *persönlichen* Gesichtspunkten wie der Leistung und dem Verhalten der einzelnen Arbeitnehmer abhängig zu machen. Auch wenn der geschäftliche Erfolg auf diese Weise Berücksichtigung findet, wird die Gratifikation deswegen nicht zum Anteil am Geschäftsergebnis, handelt es sich doch bei diesem um einen Lohnbestandteil.

8 Zulässig ist es auch, die Gratifikation hinsichtlich derjenigen Arbeitnehmer herabzusetzen, die sich in *gekündigter Stellung* befinden. Es handelt sich hierbei um ein sachliches Differenzierungskriterium, weil das mit der Gratifikation verbundene Element des Ansporns für die zukünftige Tätigkeit wegfällt. Da jedoch auch das Element der Belohnung für bereits geleistete Dienste eine Rolle spielt, würde eine übermässige Reduktion oder gar der Wegfall der gesamten Gratifikation gegen den Gleichbehandlungsgrundsatz und gegebenenfalls gegen das Gleichstellungsgesetz verstossen. Aufgrund dieser Ausgangslage lassen die Gerichte im Allgemeinen Kürzungen von einem Drittel bis zur Hälfte zu (z.B. BGer, JAR 2012, 339: Kürzung um einen Drittel). So wurde etwa die Klage eines Arbeitnehmers auf eine volle Gratifikation, der einen um die Hälfte reduzierten Betrag erhalten hatte, abgewiesen (AGer BE, JAR 1980, 194). In einem anderen Fall wurde die Klage eines Arbeitnehmers auf eine volle Gratifikation, der gar nichts erhalten hatte, im Umfang von zwei Dritteln gutgeheissen (OGer AR, JAR 1991, 134; s.a. AGer ZH, JAR 2010, 682: Kürzung um das sog. «Zukunftsdrittel»). Dient eine Gratifikation nach dem Willen des Arbeitgebers ausschliesslich der Anerkennung geleisteter Dienste, rechtfertigt die gekündigte Stellung konsequenterweise keine Herabsetzung. Umgekehrt kann die Gratifikation infolge gekündigter Stellung vollständig entfallen, wenn dies für den Fall, dass der Arbeitgeber Gratifikationen ausrichtet, *vertraglich vorgesehen* ist. Die Grundsätze des Truckverbots gem. Art. 323b Abs. 3, der Kündigungsfreiheit von Art. 335 und der Kündigungsparität nach Art. 335a werden durch eine solche Vereinbarung nicht verletzt, sofern keine übermässige Beschränkung der wirtschaftlichen Freiheit eintritt (BGer, JAR 1995, 102; BGer, ARV 2003, 155; BGer, ARV 2006, 188; AGer ZH, JAR 2001, 198; CAPH GE, JAR 2003, 230).

9 Ist das Arbeitsverhältnis im *Zeitpunkt* des Anlasses der Gratifikation bereits beendet, kann diese vollständig entfallen, sofern nicht ein *pro rata-Anspruch* vereinbart ist (Art. 322d Abs. 2). Diese Regelung geht dem Gleichbehandlungsanpruch vor.

3. Schranken aus früheren Verteilrunden

Hat der Arbeitgeber während mindestens drei aufeinander folgenden Jahren echte Gratifikationen ohne Freiwilligkeitsvorbehalt ausgerichtet, leitet die Rechtsprechung daraus *stillschweigend vereinbarte Ansprüche* der Arbeitnehmer *auf zukünftige Sondervergütungen* ab (BGE 129 III 278; BGer, JAR 2013, 196; BGer, JAR 1997, 124; OGer OW, JAR 1982, 103). Hat der Arbeitgeber hinsichtlich der Höhe der Gratifikation gewechselt, wird ihm wenigstens zugestanden, die betragsmässige Festsetzung auch in Zukunft von Fall zu Fall nach billigem Ermessen vorzunehmen. Das bedeutet, dass sich die ursprünglich echte zu einer *unechten Gratifikation* gewandelt hat (zu dieser N 12 ff.). Hat der Arbeitgeber hingegen die Höhe der Gratifikation während mehrerer Jahre unverändert gelassen, ist er für die Zukunft auch betragsmässig gebunden. In diesem Fall mutiert also die ursprünglich echte Gratifikation sogar zu einem *Lohnbestandteil* (zu diesem N 16 ff.). Gleiches soll für den Fall gelten, in welchem ein Bonus im schriftlichen Arbeitsvertrag zwar von der Erreichung gewisser Ziele abhängig gemacht wird, in der Folge aber während mehrerer Jahre auch bei nicht vollständiger Erreichung der festgelegten Ziele in vollem Umfang ausbezahlt wird (BGer, ARV 2007, 160). Diese Praxis ist verfehlt, da nach dem Vertrauensprinzip aus freiwilligen Leistungen allgemein nicht auf einen Verpflichtungswillen geschlossen werden darf (PORTMANN, ArbR 1998, 64 f.). Ausserdem hat sie die unerfreuliche Konsequenz, dass der Arbeitgeber mit umso grösseren Verpflichtungen bestraft wird, je mehr er vorher freiwillig geleistet hat. 10

Selbst wenn der Arbeitgeber bei jeder Leistung einer Gratifikation einen *ausdrücklichen Freiwilligkeitsvorbehalt* anbringt, ist er nach der Rechtsprechung nicht vor einer Pflicht zur Leistung geschützt, wird doch angenommen, dass ein stets wiederholter Freiwilligkeitsvorbehalt zur leeren Floskel verkommen kann (BGE 129 III 280 f.; BGer, JAR 2013, 293; BGer, ARV 2005, 27; AGer ZH, ZR 2002, 227; s.a. CAPH GE, JAR 2012, 447; h.L.). Auch dieser Auffassung kann nicht gefolgt werden (ebenso BRÜHWILER, N 2). Wie anders als durch einen Freiwilligkeitsvorbehalt soll denn der Arbeitgeber zum Ausdruck bringen können, dass er nicht verpflichtet sein will? Nach der kritisierten Rechtsprechung kann er sich nur dadurch absichern, dass er rechtzeitig eine Leistung auslässt, was für die Arbeitnehmer kontraproduktiv ist. In BGer, JAR 2013, 242 hat das BGer immerhin klargestellt, dass die Floskelrechtsprechung nur greifen kann, wenn die Gratifikation mindestens während 10 Jahren ausgerichtet wurde (s.a. BGer, JAR 2013, 293; AGer ZH, JAR 2013, 606: kein Anspruch nach sechsmaliger Ausrichtung). Wird die Freiwilligkeit nur in einem Personalhandbuch festgehalten, nicht aber bei der Ausrichtung der einzelnen Zahlungen, soll dies nach BGer, ARV 2014, 272 keinen genügenden Freiwilligkeitsvorbehalt begründen, wenn die Gratifikation über mehrere Jahre und in unverändertem Umfang ausgerichtet wurde. Eine solche Regelung vermöge den Anspruch nur dann auszuschliessen, wenn objektive Gründe, wie z.B. ein schlechter Geschäftsgang, vorliegen würden (was i.c. bejaht wurde). Auch diesem Entscheid kann nicht gefolgt werden: Wenn die Freiwilligkeit bzw. das Fehlen eines Rechtsanspruchs in den Vertragsgrundlagen klar vereinbart ist, kann der Arbeitnehmer auch bei vorbehaltloser Ausrichtung mehrerer Zahlungen nach Treu und Glauben nicht auf einen Verpflichtungswillen des Arbeitgebers schliessen (gl.A. STREIFF/VON KAENEL/RUDOLPH, N 4). 11

III. Unechte Gratifikation

Ist eine Gratifikation dem Grundsatz nach vereinbart und daher geschuldet, deren Höhe aber dem Ermessen des Arbeitgebers überlassen, spricht man von einer unechten Gratifikation. Sie kann auf einer ausdrücklichen oder stillschweigenden Vereinbarung beruhen. Die stillschweigende Annahme eines Bonusplans der Arbeitgeberin nach Art. 6 setzt allerdings voraus, dass der Arbeitnehmer durch den Bonusplan in keiner Weise belastet wird; dies ist etwa dann nicht der Fall, wenn die Ausrichtung des Bonus an die Bedingung des fortbestehenden Arbeitsverhältnisses geknüpft wird (BGer, ARV 2005, 27). Wie bei der echten Gratifikation ist der Ar- 12 beitgeber (in Bezug auf die Festlegung der Höhe) an die Schranken aus laufenden und früheren Verteilrunden gebunden. Insoweit gelten die Ausführungen zur echten Gratifikation sinngemäss (N 4 ff., 10 ff.).

13 Zu diesen Schranken, die nur vor *unsachlichen Differenzierungen* zwischen den einzelnen Arbeitnehmern und Arbeitnehmerinnen schützen, treten bei der unechten Gratifikation Beschränkungen hinzu, die auch vor *ungerechtfertigten Kürzungen* und *unsachlich tiefen Leistungen* schützen. Würde nämlich der Spielraum des Arbeitgebers nicht generell begrenzt, so könnte er seine grundsätzlich bestehende Pflicht zur Ausrichtung einer Sondervergütung dadurch unterlaufen, dass er diese willkürlich kürzt oder ganz entfallen lässt. Der Arbeitgeber darf nicht Kürzungen gestützt auf Umstände vornehmen, «von denen der Arbeitnehmer nach Treu und Glauben nicht annehmen muss, sie seien für die Ausrichtung der Gratifikation beziehungsweise deren Umfang von Belang» (BGE 136 III 318). Unzulässig ist eine Kürzung wegen berechtigter Arbeitsverweigerung infolge erheblicher Lohnrückstände oder anderer vom Arbeitgeber verschuldeter Umstände (BGE 136 III 320 mit der u.E. überflüssigen Einschränkung, dies müsse jedenfalls dann gelten, wenn die Arbeitsverweigerung nur wenige Tage der für die Gratifikation massgeblichen Beschäftigungsperiode betreffe). Allgemein gilt, dass der Arbeitgeber die unechte Gratifikation «nach billigem Ermessen» festzusetzen hat (BGE 136 III 319). Kommt er dieser Pflicht nicht nach, ist die Höhe aufgrund einer allfälligen betrieblichen Übung, subsidiär gemäss den Gepflogenheiten der Branche und notfalls nach Ermessen des Gerichts festzusetzen (ZK-Staehelin, N 14; Vischer/Müller, 129; TC FR, JAR 2009, 484: gerichtliche Korrektur eines offensichtlich unangemessenen Betrags «ex aequo et bono»). Bei Beanstandungen darüber, wie die Arbeitgeberin die Leistung des Arbeitnehmers evaluiert hat, ist es nach BGer, ARV 2012, 161 nicht Sache des Richters, sich in das Verhalten des Unternehmens einzumischen und selbst eine Bewertung vorzunehmen. Die Evaluation sei Sache der Arbeitgeberin, die dabei aber an die Regeln von Treu und Glauben gebunden sei. Sie dürfe auch keine negative Beurteilung vornehmen, nur weil das Arbeitsverhältnis inzwischen beendet sei (s.a. CAPH GE, JAR 2012, 447, wo das Einverlangen eines Zwischenzeugnisses keinen Grund zur Verweigerung einer Prämie darstellte).

14 Zulässig bleiben vor diesem Hintergrund namentlich generelle *Kürzungen* der Gratifikationen wegen schlechten Geschäftsgangs sowie sachlich gerechtfertigte individuelle Kürzungen wegen ungenügender Arbeitsleistung, Treuepflichtverletzung oder längerer (auch unverschuldeter) Abwesenheit. Die Einschränkung von BGE 136 III 320, zulässig sei eine Herabsetzung mit Blick auf die Arbeitsleistung oder das Geschäftsergebnis, «sofern der Arbeitnehmer erkennen konnte, dass darin Herabsetzungskriterien liegen», geht zu weit, wenn der Arbeitgeber keinen bestimmten Betrag in Aussicht gestellt hat. Die nach sachlichen Kriterien erfolgende Ausübung des Ermessens durch den Arbeitgeber entspricht dem Wesen der unechten Gratifikation, ohne dass es auf irgendeine Erkennbarkeit durch den Arbeitnehmer ankommen kann. Zulässig ist auch die Kürzung aufgrund gekündigter Stellung des Arbeitnehmers. Zu Recht wurde etwa in der Praxis die Klage eines Arbeitnehmers auf eine volle Gratifikation, der keine Sondervergütung erhalten hatte, wegen wirtschaftlicher Schwierigkeiten des Arbeitgebers und gekündigter Stellung des Arbeitnehmers nur in reduziertem Umfang gutgeheissen (CHF 2000 statt 5000 wie im Vorjahr, AGer Olten-Gösgen, Solothurnische Gerichtspraxis 1977, 84). Demgegenüber wurde in einem anderen Fall eine Reduktion wegen gekündigter Stellung mit der Begründung abgelehnt, eine Herabsetzung vertrage sich nicht mit der vereinbarten Form der Gratifikation (OGer OW, JAR 1982, 103). Diese Auffassung ist hinsichtlich der unechten Gratifikation, um die es im beurteilten Fall ging, wegen des dem Arbeitgeber zustehenden Ermessensspielraums unzutreffend.

15 Wie bei der echten Gratifikation besteht ein pro rata-Anspruch nur, wenn er vereinbart ist (Art. 322d Abs. 2; N 9).

IV. Sondervergütung mit Lohncharakter

Sind sowohl der Grundsatz wie auch die Höhe einer Sondervergütung vertraglich bestimmt oder objektiv bestimmbar, bildet diese einen Lohnbestandteil (BGer, ARV 2006, 266; BGer, ARV 2006, 186; BGer, ARV 2005, 27). Das Kennzeichen einer solchen Sondervergütung besteht mit anderen Worten darin, dass dem Arbeitgeber **kein Ermessensspielraum** zusteht, indem auch die Höhe der Sondervergütung objektiv bestimmt oder bestimmbar ist. Nach dem Wortlaut von Art. 322d fällt auch eine solche Sondervergütung in den Anwendungsbereich dieser Bestimmung und bildet somit – wie es dem Randtitel von Art. 322d entspricht – eine Unterart der Gratifikation (STREIFF/VON KAENEL/RUDOLPH, N 2). Das BGer nimmt sie indessen vom Anwendungsbereich des Art. 322d aus und sieht sie als Gegensatz zur (echten und unechten) Gratifikation (BGE 109 II 447; 129 III 278), womit es im Grunde genommen eine teleologische Reduktion vornimmt. Das hat für die Arbeitnehmer den Vorteil, dass die pro rata-Regelung von Art. 322d Abs. 2 nicht greift. Ist also z.B. vertraglich ein 13. Monatslohn geschuldet, hat der Arbeitnehmer auch dann einen pro rata-Anspruch darauf, wenn ein solcher nicht vereinbart worden ist (KGer BL, JAR 2003, 231). 16

Ausser dem 13. Monatslohn finden sich in der Praxis weitere Fälle von Sondervergütungen mit Lohncharakter. Verspricht etwa der Arbeitgeber an einer Mitarbeiterversammlung allgemein eine Leistung in bestimmter Höhe für ein definiertes Arbeitsjahr, so haben alle Arbeitnehmer Anspruch auf Auszahlung (BGer, JAR 2001, 177). Als Lohnbestandteil wurde auch eine Rückkaufspflicht bezüglich Mitarbeiteraktien beurteilt (TPH GE, JAR 2001, 404: Nichtigkeit eines Auszahlungsaufschubs wegen Art. 339 Abs. 1). Unklarheiten von Zusagen gehen zulasten des Arbeitgebers (BGer, JAR 1995, 214). Dem Arbeitnehmer darf es nicht zum Nachteil gereichen, wenn der Arbeitgeber es unterlässt, die für die Entstehung des Bonusanspruchs massgebenden Ziele festzusetzen bzw. zu konkretisieren; der Arbeitnehmer, der eine nicht unterdurchschnittliche Leistung erbringt, hat in diesem Fall einen vollen Bonusanspruch (AGer ZH, JAR 2010, 677). Zu möglichen Indizien, die für den Lohncharakter einer im Rahmen eines Bonussystems ausgerichteten Vergütung sprechen, vgl. BGer, ARV 2009, 120. 17

Den Charakter eines Lohnbestandteils haben ferner auch vereinbarte Sondervergütungen, die nach Grundsatz oder Höhe von einer **objektiven Bedingung** abhängen. Beispiele bilden etwa die Zusicherung einer Sondervergütung bei Erreichung eines bestimmten Dienstalters oder Budgetziels, so der Sachverhalt von BGer, JAR 1995, 102, wonach die Ausrichtung eines Bonus unter der Bedingung des Erreichens des Budgetziels und unter dem Vorbehalt der ungekündigten Stellung des Mitarbeiters auf das Ende des Geschäftsjahres vorgesehen war (im Gegensatz zur offiziellen Terminologie des BGer wurde der Bonus als Gratifikation bezeichnet, obschon dem Arbeitgeber kein Ermessensspielraum zustand). 18

Entgegen der bundesgerichtlichen Rechtsprechung (BGer, ARV 2006, 188, 190; bestätigt in BGer, ARV 2006, 266, 268; BGer, ARV 2007, 249, 251; BGer, ARV 2009, 120, 122) ist auch eine Bedingung, die die Ausrichtung der Sondervergütung mit Lohncharakter von einem im Zeitpunkt der Fälligkeit **bestehenden oder ungekündigten Arbeitsverhältnis** abhängig macht, grundsätzlich als zulässig zu betrachten (dieser Auffassung zustimmend STREIFF/VON KAENEL/RUDOLPH, N 9). Die genannte Gerichtspraxis beruht auf der unzutreffenden Annahme, Art. 322 erlaube trotz seiner dispositiven Natur bloss einen Lohnverzicht für die Zukunft, nicht aber in Bezug auf bereits geleistete Arbeit (BGer, ARV 2006, 188, 190). Damit liegt ihr dieselbe verengende Sichtweise zugrunde wie der Rechtsprechung zum Verzicht auf die Abgeltung bereits geleisteter Überstunden, die mit Art. 341 Abs. 1 unvereinbar ist (das Verzichtsverbot beschränkt sich auf zwingende Bestimmungen; s. die ausführliche Begründung dazu in Art. 321c N 12). Noch in BGer, JAR 2002, 325 wurde zu Recht entschieden, dass der Lohnverzicht eines Generaldirektors für 21 bereits geleistete Arbeitstage gültig war, und in BGer SAE 1994, 14 wurde sogar der Wegfall einer Erfolgsbeteiligung bei gekündigter Stellung geschützt. Nach der hier vertretenen Auffassung ist ein Verzicht auf Lohn, der sich 18a nicht aus zwingenden Bestimmungen ergibt, insoweit möglich, als dadurch nicht die Entgeltlichkeit der Arbeitsleistung an sich in Frage gestellt wird (Art. 319). Im Fall einer Sondervergütung kommt hinzu, dass deren Vereinbarung ohnehin freiwillig ist, so dass nicht einzusehen ist, weshalb sie – in maiore minus – nicht auch unter einschränkende Bedingungen einschliesslich eines bestehenden oder ungekündigten Arbeitsverhältnisses gestellt werden darf. Tritt keine übermässige Beschränkung der wirtschaftlichen Freiheit ein, so liegt auch keine Verletzung des Truckverbots gem. Art. 323b Abs. 3, der Kündigungsfreiheit von Art. 335 und der Kündigungsparität nach Art. 335a vor (analoge Wertung wie bei der Gratifikation, s. N 8; s.a. BGer SAE 1994, 14).

19 Das BGer betrachtet eine Sondervergütung ausserdem dann als Lohnbestandteil, wenn sie die einzige Entschädigung für die Arbeitsleistung darstellt oder im Verhältnis zur sonstigen Entschädigung nicht mehr als **akzessorisch** erscheint. Bei einem hohen Einkommen könne der als Gratifikation ausgerichtete Teil der Leistung prozentual zum Lohn grösser sein als bei einem niedrigen Einkommen. Auch bei einer im Verhältnis zum Lohn sehr hohen Leistung könne der Charakter als Gratifikation gewahrt werden, wenn ihre Ausrichtung einmalig sei und sich in dieser Höhe nicht wiederhole. Jedenfalls erscheine der akzessorische Charakter dann kaum mehr gewahrt, wenn die Gratifikation regelmässig einen höheren Betrag erreiche als der Lohn (BGE 129 III 279; BGer, ARV 2014, 25; BGer, ARV 2006, 188; BGer, ARV 2005, 241; BGer, JAR 2004, 248; BGer, ARV 2003, 154). In BGE 139 III 155 hat das BGer diese Rechtsprechung dahingehend eingeschränkt, dass sie keine Anwendung finde, wenn der eigentliche Lohn ein Mass erreiche, das die wirtschaftliche Existenz des Arbeitnehmers bei weitem gewährleiste bzw. seine Lebenshaltungskosten erheblich übersteige. In diesem Fall sei die Höhe der Sondervergütung im Verhältnis zum Lohn kein Kriterium mehr, um über deren Qualifikation zu entscheiden (i.c. ging es um Millionenbeträge; Entscheid bestätigt in BGer, ARV 2014, 25; s.a. AGer ZH, ARV 2012, 243, mit Besprechung durch RUDOLPH). Die Akzessorietätsrechtsprechung überzeugt aber ganz grundsätzlich nicht (gl.A. ein wesentlicher Teil der Literatur, z.B. STREIFF/VON KAENEL/RUDOLPH, N 4 und VISCHER/MÜLLER, 129). Sobald der eigentliche Lohn ein Mass erreicht, das den Arbeitsvertrag als entgeltlich i.S.v. Art. 319 erscheinen lässt, ist die (relative oder absolute) Höhe der Sondervergütung kein einleuchtendes Kriterium, um über den Lohncharakter der Sondervergütung zu entscheiden. Der damit verbundene Eingriff in die Privatautonomie lässt sich nicht durch ein entsprechendes Schutzbedürfnis des Arbeitnehmers legitimieren (schon KGer SG, JAR 2009, 574 hat diese Überlegungen bei hohen Einkommen als «nicht ganz unberechtigt» bezeichnet, wollte jedoch nicht von der gefestigten Bundesgerichtspraxis abweichen). Wenn schon am Merkmal der Akzessorietät festgehalten wird, sollte wenigstens nur der die Akzessorietätsgrenze übersteigende Teil des Bonus als Lohnbestandteil und der restliche Teil als Gratifikation qualifiziert werden (so zutreffend KGer SG, JAR 2009, 576; s. nun auch BGer, ARV 2013, 240, E. 3.1 und Vorinstanz AGer ZH, JAR 2012, 588; AUBERT, ARV 2009, 123; CRAMER, Rz 83; ZK-STAEHELIN, Art. 322d OR N 3; ferner RUDOLPH, ARV 2012, 246 f. m.Hw. auf die uneinheitliche Zürcher Gerichtspraxis in Bezug auf die anzuwendende Berechnungsmethodik). Soweit der Bonus wegen fehlender Akzessorietät Lohnbestandteil wird, bedeutet dies bei variablen Bonussystemen nicht, dass er dadurch zum Fixlohn mutiert, sondern nur, dass die Ausrichtung nicht vom Willen des Arbeitgebers abhängt und die Höhe nach den im Vertrag vereinbarten Kriterien objektiv festzusetzen ist (BGer, ARV 2013, 240, E. 3.2). Für eine Kasuistik der zahlreichen Akzessorietätsurteile STREIFF/VON KAENEL/RUDOLPH, N 4.

20 Die Vereinbarung einer Sondervergütung mit Lohncharakter kann ausdrücklich oder stillschweigend getroffen werden. Eine während mehrerer Jahre vorbehaltlos ausgerichtete Gratifikation in gleichbleibender Höhe wird von der Rechtsprechung als stillschweigend vereinbarter Lohnbestandteil gedeutet (N 10). Differenzierungen zwischen den einzelnen Arbeitnehmern und Arbeitnehmerinnen stehen, auch wenn sie vertraglich festgelegt sind, unter dem Vorbehalt des zwingenden Diskriminierungsverbots von Art. 8 Abs. 3 BV und Art. 3 GlG, nicht hingegen des allgemeinen Gleichbehandlungsgrundsatzes, da diesem die

Vertragsfreiheit vorgeht (Art. 328 N 30). Für vertraglich nicht geregelte Differenzierungen behält er jedoch seine Bedeutung (s. dazu N 6, 12).

Einseitige *Kürzungen* und *Streichungen* von Sondervergütungen mit Lohncharakter sind, da diese nach Prinzip und Höhe vertraglich festgelegt sind, grundsätzlich unzulässig. Dies wurde etwa in OGer BL, JAR 1996, 238 f., verkannt. Vereinbart war «eine Gratifikation im Umfang von 80% des Durchschnittsmonatslohns». Trotzdem führte das Gericht aus, es erscheine «als billig und gerecht», die mangelhafte Leistung des Arbeitnehmers bei der Festlegung der Gratifikation zu berücksichtigen und die Vergütung nicht zuzusprechen. Eine Mitursache dieses Entscheides ist in der unscharfen Einordnung der konkreten Sondervergütung zu sehen, die vom Gericht als «unechte Gratifikation» bezeichnet wurde, «die im Grunde genommen einem 13. Monatslohn gleichkommt», während später von einer «grundsätzlich freiwilligen, zusätzlich zum Lohnanspruch geschuldeten Gratifikation» die Rede ist. In Wirklichkeit lag jedoch klarerweise eine vom Ermessen des Arbeitgebers unabhängige Sondervergütung, mithin ein Lohnbestandteil vor. Zu dem aus dem Vertrauensprinzip hergeleiteten Wegfall eines Bonus als Folge eines Funktionswechsels und einer Verdreifachung des Grundlohns s. BGer, JAR 2007, 308. 21

Streichungen und Kürzungen von Sondervergütungen mit Lohncharakter sind jedoch ausnahmsweise zulässig: 22

- Wenn sie vertraglich vorgesehen sind (s. aber in Bezug auf die Bedingung des bestehenden oder ungekündigten Arbeitsverhältnisses N 18a). 23
- Wenn sie sich aus dem Zweck der Sondervergütung ergeben. Daher wird zu Recht angenommen, dass der 13. Monatslohn gekürzt werden darf, soweit er nicht durch eine entsprechende Arbeitsleistung verdient worden ist (BGer, JAR 2003, 248; BGer, JAR 1995, 116 f.; AGer ZH, JAR 1981, 251; TPH GE, JAR 1990, 248; AGer ZH, JAR 2008, 542: Kürzung für die Zeit der Leistungserbringung durch die Krankentaggeldversicherung). Auch hier gilt also der Grundsatz: ohne Arbeit kein Lohn. Soweit das Gesetz indessen Ausnahmen von diesem Grundsatz vorsieht, gelten sie auch in Bezug auf den 13. Monatslohn. So berechtigt etwa Abwesenheit infolge Krankheit im Umfang der «beschränkten Zeit», während der gem. Art. 324a der Lohn fortzuzahlen ist, nicht zu einer Kürzung des 13. Monatslohns (TPH GE, JAR 1990, 248; STREIFF/VON KAENEL/RUDOLPH, Art. 324a/b N 9). Allgemein unzulässig sind Lohnkürzungen wegen mangelhafter Arbeitsleistung, weshalb sie auch nicht Anlass zu einer Reduktion des 13. Monatslohns geben können (KGer BL, JAR 2003, 231; s. die Kritik in N 21 zu OGer BL, JAR 1996, 238 f.). 24

V. Gemeinsame Probleme

1. Rückzahlungsklauseln

Gelegentlich wird versucht, Sonderleistungen davon abhängig zu machen, dass der Arbeitnehmer für eine gewisse Zeit im Arbeitgeberbetrieb verbleibt, indem für den Fall eines vorzeitigen Ausscheidens eine sog. **Rückzahlungsklausel** vereinbart wird (dazu OGer BL, JAR 1991, 203; AGer ZH, JAR 1999, 327; s.a. Art. 327a N 4). Da dies die Kündigungsfreiheit des Arbeitnehmers einschränken und die Kündigungsparität beeinträchtigen kann, ist eine derartige Klausel nicht unbeschränkt gültig (Art. 20 Abs. 1). Sie setzt zunächst voraus, dass sie den vom Arbeitnehmer zurückzuvergütenden Betrag sowie den Zeitraum bestimmt, innert welchem die Kündigung eine Rückzahlungspflicht auslöst (KGer FR, JAR 2009, 495; vgl. auch STREIFF/VON KAENEL/RUDOLPH, Art. 327a N 7). Sodann darf die Bindung nicht für eine längere Zeit als bei einer Konkurrenzverbotsabrede, d.h. drei Jahre, eingegangen werden (GSGer BS, JAR 2010, 454; BK-REHBINDER/STÖCKLI, Art. 339a OR N 4; ZK-STAEHELIN, N 3). Ferner dürfte eine Rückzahlungsvereinbarung nur dann zulässig sein, wenn der Arbeitnehmer infolge der Sonderleistung einen bleibenden Vorteil erhält (Ausbildungsbeihilfe im Gegensatz zu Umzugskosten). Die Rückzahlungsverpflichtung stellt keine Konventionalstrafe dar und 25 kann daher nicht nach Art. 163 Abs. 3 herabgesetzt werden (STREIFF/VON KAENEL/RUDOLPH, Art. 327a N 7; in CAPH GE, JAR 1998, 249 wurde sie als pauschalierter Schadenersatz qualifiziert).

26 Rückzahlungsklauseln gelten nicht, wenn der Arbeitgeber das Arbeitsverhältnis aufgelöst hat, ohne dass ihm der Arbeitnehmer dazu begründeten Anlass gegeben hat, oder wenn es der Arbeitnehmer aus einem begründeten, vom Arbeitgeber zu verantwortenden Anlass auflöst (Art. 340c Abs. 2 analog; ebenso GSGer BS, JAR 2010, 454; offen gelassen in BGer, JAR 2010, 313; für eine ähnliche Konstellation wie hier AGer ZH, JAR 2001, 198; STREIFF/VON KAENEL/RUDOLPH, N 16 votieren demgegenüber für die Anwendbarkeit von Art. 156).

2. Sondervergütungen in Form von Aktien oder Optionen

27 Die Gratifikation bzw. der Bonus kann auch als **Naturalleistung** ausgerichtet werden, namentlich in Form von *Aktien oder Optionen* (BGE 131 III 620). Je nach konkreter Ausgestaltung können solche Mitarbeiterbeteiligungen in ein Spannungsverhältnis zu zwingenden arbeitsrechtlichen Schutzvorschriften treten (s. die Darstellung in Art. 322 N 25 ff.). Die (echte oder unechte) Gratifikation unterliegt aber jedenfalls nicht dem Truckverbot i.S.v. Art. 323b Abs. 3 (BGE 131 III 623).

Art. 323

II. Ausrichtung des Lohnes
1. Zahlungsfristen und -termine

[1] Sind nicht kürzere Fristen oder andere Termine verabredet oder üblich und ist durch Normalarbeitsvertrag oder Gesamtarbeitsvertrag nichts anderes bestimmt, so ist dem Arbeitnehmer der Lohn Ende jedes Monats auszurichten.

[2] Ist nicht eine kürzere Frist verabredet oder üblich, so ist die Provision Ende jedes Monats auszurichten; erfordert jedoch die Durchführung von Geschäften mehr als ein halbes Jahr, so kann durch schriftliche Abrede die Fälligkeit der Provision für diese Geschäfte hinausgeschoben werden.

[3] Der Anteil am Geschäftsergebnis ist auszurichten, sobald dieses festgestellt ist, spätestens jedoch sechs Monate nach Ablauf des Geschäftsjahres.

[4] Der Arbeitgeber hat dem Arbeitnehmer nach Massgabe der geleisteten Arbeit den Vorschuss zu gewähren, dessen der Arbeitnehmer infolge einer Notlage bedarf und den der Arbeitgeber billigerweise zu gewähren vermag.

II. Paiement du salaire
1. Délais et terme de paiement

[1] Si des délais plus courts ou d'autres termes de paiement ne sont pas prévus par accord ou ne sont pas usuels et sauf clause contraire d'un contrat-type de travail ou d'une convention collective, le salaire est payé au travailleur à la fin de chaque mois.

[2] La provision est payée à la fin de chaque mois, à moins qu'un terme de paiement plus court n'ait été convenu ou ne soit usuel; toutefois, lorsque l'exécution de certaines affaires exige plus d'une demi-année, l'échéance de la provision peut être différée par accord écrit pour ces affaires.

[3] La participation au résultat de l'exploitation est payée dès que ce résultat est constaté, mais au plus tard six mois après la fin de l'exercice.

[4] Dans la mesure du travail déjà exécuté, l'employeur accorde au travailleur dans le besoin les avances qu'il peut raisonnablement faire.

II. Pagamento del salario
1. Termini

[1] In quanto un più breve termine od un altro periodo di paga non sia stato convenuto o non sia d'uso né stabilito diversamente mediante contratto normale o contratto collettivo, il salario è pagato al lavoratore alla fine di ogni mese.

[2] In quanto un più breve termine non sia stato convenuto o non sia d'uso, la *provvigione* è pagata alla fine di ogni mese; se, però, l'esecuzione di taluni affari esige più di mezzo anno, la scadenza della provvigione per questi affari può essere differita mediante accordo scritto.

[3] La partecipazione al risultato dell'esercizio è pagata non appena il risultato è accertato, ma al più tardi sei mesi dopo la fine dell'esercizio annuale.

[4] Proporzionalmente al lavoro già eseguito, il datore di lavoro deve accordare al lavoratore nel bisogno le anticipazioni che può ragionevolmente fargli.

Literatur

Vgl. die Literaturhinweise zur Einleitung vor Art. 319 ff.

I. Fälligkeit des Lohnes

Die Zeit der Lohnzahlung ist in erster Linie Sache der Vereinbarung. Sonst muss «innert der Arbeitszeit» gezahlt werden (Art. 323b Abs. 1). Vereinbarungen über Ort und Zeit der Lohnzahlung sind jedoch üblich und betreffen heute meist die Überweisung auf ein *Lohnkonto* des Arbeitnehmers. Der Lohn ist am Ende jedes Monats auszurichten, sofern nicht kürzere Fristen bestimmt oder üblich sind (Art. 323 Abs. 1). Längere Fristen können hingegen weder durch Vereinbarung noch durch Übung gültig festgelegt werden (BGer, ARV 2009, 34: der Zahlungstermin für die während eines bestimmten Kalendermonats geleistete Arbeit kann nicht gültig auf den 15. Tag des Folgemonats festgelegt werden). Die gleiche Regelung gilt grundsätzlich auch für die Provision. Nur für Geschäfte, deren Durchführung mehr als ein halbes Jahr erfordert, kann die Zahlungsfrist durch schriftliche Abrede hinausgeschoben werden (Art. 323 Abs. 2). Beim Handelsreisendenvertrag ist die Sondervorschrift von Art. 349b Abs. 3 zu beachten. Anteile am Geschäftsergebnis sind mit der Feststellung des Geschäftsergebnisses, spätestens aber sechs Monate nach Ablauf des Geschäftsjahres fällig (Art. 323 Abs. 3). Über die Lohnzahlung bei Heimarbeit vgl. Art. 353a Abs. 1. Wird bei Fälligkeit des Lohnes nicht bezahlt, hat der Arbeitnehmer ein Leistungsverweigerungsrecht (N 4). 1

II. Anspruch auf Vorschuss

Ist der Arbeitnehmer in eine Notlage geraten, so hat ihm der Arbeitgeber einen Vorschuss zu zahlen, soweit dieser zur Behebung der Notlage erforderlich und dem Arbeitgeber billigerweise zuzumuten ist. Nach der Praxis kann eine Notlage etwa auf Krankheit mit hohen Auslagen oder verminderten Einnahmen, auf Mehrkosten infolge Wohnungswechsels sowie auf einer drohenden Ausweisung aus der gemieteten Wohnung oder Bestrafung wegen Vernachlässigung von Unterstützungspflichten beruhen; unerheblich ist, ob die Notlage selbstverschuldet ist (ZK-Staehelin, N 18; Streiff/von Kaenel/Rudolph, N 6). Die Pflicht zur Vorschussleistung besteht aber nur «nach Massgabe der geleisteten Arbeit», ist also durch das bis dahin verdiente Entgelt begrenzt (Art. 323 Abs. 4, Vorverlegung der Fälligkeit; beidseitig zwingend, Art. 361). Die zwingende Wirkung zu Gunsten des Arbeitgebers verhindert nur eine weitergehende *Verpflichtung*, nicht aber die *freiwillige Leistung* eines grösseren Vorschusses (Art. 81). Da der Vorschuss eine Vorauszahlung von Lohn ist und keine Gegenforderung des Arbeitgebers begründet, unterliegt sein Abzug bei der nächsten regulären Lohnzahlung nicht der für eine Verrechnung bestehenden Schranke von Art. 323b Abs. 2 (BK-Rehbinder/Stöckli, Art. 323b OR N 8). 2

III. Verzug bei der Lohnzahlung

Kommt der Arbeitgeber ganz oder teilweise seiner Lohnzahlungspflicht nicht nach, so liegt i.d.R. Schuldnerverzug vor. Dieser tritt von selbst ein, wenn der Fälligkeitstermin auf einer Vereinbarung beruht oder durch eine Kündigung ausgelöst wird (Art. 102 Abs. 2). Ergibt er sich jedoch unmittelbar aus Art. 323, bedarf es einer Mahnung des Arbeitnehmers, um den Verzug des Arbeitgebers herbeizuführen (Art. 102 Abs. 1). Der Arbeitnehmer hat folgende Möglichkeiten: 3

4 – *Verweigerung der Arbeitsleistung*. Zwar ist der Arbeitnehmer nach Art. 323 Abs. 1 vorleistungspflichtig und hat die dem Lohn entsprechende Arbeitsleistung bei Fälligkeit bereits erbracht. Gleichwohl gibt ihm das BGer in Anlehnung an seine Rechtsprechung zu Sukzessivlieferungsverträgen in entsprechender Anwendung von Art. 82 ein *Leistungsverweigerungsrecht* für die laufende Lohnperiode, um «zu verhindern, dass er dem Arbeitgeber auf unbestimmte Zeit Kredit gewährt und das Risiko trägt, die Gegenleistung nicht zu erhalten» (BGE 120 II 212; ein relativ geringer Ausstand genügt dafür allerdings nicht, so z.B. CHF 197.90 bei einem monatlichen Nettolohn von CHF 5890.10 in BGE 136 III 321; ebenso wenig Unstimmigkeiten über die Höhe von Quellensteuerabzügen in GSGer BS, JAR 2012, 435). Während dieser Zeit ist der Arbeitnehmer auch nicht verpflichtet, Ferien zu beziehen (so zutreffend KGer BL, JAR 2007, 381). Hingegen besteht wegen eines Rückstands bei der Zahlung einer Gratifikation, die neben der Anerkennung für geleistete Dienste auch einen Ansporn für die Zukunft bezweckt, kein Recht zur Arbeitsverweigerung (BGE 136 III 321). Für die Dauer der berechtigten Leistungsverweigerung steht dem Arbeitnehmer in analoger Anwendung von Art. 324 Abs. 1 der Lohn zu (BGE 136 III 320; 120 II 213; AGer ZH, JAR 1999, 137 scheint immerhin eine vorherige Abmahnung und Androhung der Arbeitsverweigerung vorauszusetzen). Die berechtigte Arbeitsverweigerung bildet auch keinen zulässigen Grund für die Kürzung einer unechten Gratifikation (s. dazu BGE 136 III 320 und Art. 322d N 13).

5 – *Erfüllungsklage* und *Zwangsvollstreckung*, wobei die Forderungen von Arbeitnehmern aus dem Arbeitsverhältnis, die nicht früher als sechs Monate vor der Konkurseröffnung entstanden oder fällig geworden sind, höchstens jedoch bis zum Betrag des gemäss obligatorischer Unfallversicherung maximal versicherten Jahresverdienstes, ein Konkursprivileg erster Klasse geniessen (Art. 219 Abs. 4 SchKG). Das BGer lehnt diese Privilegierung allerdings ab, wenn dem Arbeitnehmer (z.B. als Mitglied des Verwaltungsrats der konkursiten Gesellschaft) gesetzliche Organstellung zukam. Bei faktischen Organen (Geschäftsführern, Direktoren usw.) kommt es auf die tatsächliche Stellung an; ist diese durch grosse Unabhängigkeit und Entscheidbefugnisse in Bezug auf das Gesamtunternehmen gekennzeichnet, ist die Forderung unabhängig von der Bezeichnung des Vertragsverhältnisses durch die Parteien ebenfalls nicht privilegiert (BGer, JAR 2010, 344 f.; zum Konkursprivileg für Forderungen einer Personalvorsorgeeinrichtung gegenüber einem angeschlossenen Arbeitgeber aus Anleihensobligationen s. BGE 135 III 171; dazu LORANDI, ARV 2010, 91).

6 – *Schadenersatzanspruch*. Kommt der Arbeitgeber mit Geldleistungen in Verzug, hat er Verzugszinsen zu zahlen (Art. 104). Auf ein Verschulden kommt es nicht an. Kann sich jedoch der Arbeitgeber nicht entlasten, so hat er auch einen allfälligen grösseren *Schaden* zu ersetzen (Art. 106).

7 – *Fristlose Kündigung*. In Fällen wiederholter oder beharrlicher Weigerung des Arbeitgebers, seinen Zahlungspflichten nachzukommen, bleibt dem Arbeitnehmer als letztes Mittel die fristlose Kündigung (dazu AGer ZH, JAR 2009, 696: vorgängige Einstellung der Arbeitsleistung als milderes Mittel). In der Regel ist eine Abmahnung erforderlich. Die Kündigung ist ungerechtfertigt, wenn der Arbeitnehmer eine zu kurze Frist setzt und noch am Tag, an dem diese abläuft, kündigt, obwohl die Arbeitgeberin die Lohnzahlung auf den nächsten Tag in Aussicht gestellt hat (TAPP TI, JAR 1999, 298). Nach der Sonderbestimmung von Art. 337a steht die fristlose Kündigung bei Zahlungsunfähigkeit des Arbeitgebers zur Verfügung, wenn dem Arbeitnehmer nicht innert angemessener Frist Sicherheit geleistet wird (Bsp.: KGer FR, JAR 1994, 220). Der Schadenersatzanspruch bleibt vorbehalten.

Art. 323*a*

2. Lohnrückbehalt

[1] Sofern es verabredet oder üblich oder durch Normalarbeitsvertrag oder Gesamtarbeitsvertrag bestimmt ist, darf der Arbeitgeber einen Teil des Lohnes zurückbehalten.

[2] Von dem am einzelnen Zahltag fälligen Lohn darf nicht mehr als ein Zehntel des Lohnes und im gesamten nicht mehr als der Lohn für eine Arbeitswoche zurückbehalten werden; jedoch kann ein höherer Lohnrückbehalt durch Normalarbeitsvertrag oder Gesamtarbeitsvertrag vorgesehen werden.

[3] Ist nichts anderes verabredet oder üblich oder durch Normalarbeitsvertrag oder Gesamtarbeitsvertrag bestimmt, so gilt der zurückbehaltene Lohn als Sicherheit für die Forderungen des Arbeitgebers aus dem Arbeitsverhältnis und nicht als Konventionalstrafe.

2. Retenue sur le salaire

[1] En tant que le prévoit un accord, l'usage, un contrat-type de travail ou une convention collective, l'employeur peut retenir une partie du salaire.

[2] La retenue ne doit pas excéder un dixième du salaire dû le jour de la paie ni, au total, le salaire d'une semaine de travail; toutefois, le contrat-type de travail ou la convention collective peut prévoir une retenue plus élevée.

[3] Sauf accord ou usage contraire ou disposition dérogatoire d'un contrat-type de travail ou d'une convention collective, la retenue est réputée garantir les créances de l'employeur découlant des rapports de travail, sans avoir le caractère d'une peine conventionnelle.

2. Trattenuta

[1] In quanto sia stato convenuto o sia d'uso o stabilito mediante contratto normale o contratto collettivo, il datore di lavoro può trattenere una parte del salario.

[2] La trattenuta non può superare un decimo del salario scaduto il giorno di paga né in totale il salario di una settimana lavorativa; tuttavia, una trattenuta maggiore può essere prevista mediante contratto normale o contratto collettivo.

[3] Il salario trattenuto vale come garanzia per i crediti del datore di lavoro derivanti dal rapporto di lavoro, e non come pena convenzionale, salvo accordo o uso contrario o disposizione derogante di un contratto normale o collettivo.

Literatur

Vgl. die Literaturhinweise zur Einleitung vor Art. 319 ff.

Der Arbeitgeber hat die Möglichkeit, einen Teil des Lohnes zurückzubehalten, sofern dies durch Normalarbeitsvertrag, Gesamtarbeitsvertrag oder Einzelvereinbarung vorgesehen oder als üblich anzusehen ist (Art. 323a Abs. 1). Diesem Institut kommt heute insb. noch in gewerblichen Branchen eine gewisse Bedeutung zu (BK-REHBINDER/STÖCKLI, N 2). Dem Lohnrückbehalt unterliegen sämtliche Lohnbestandteile. Das Maximum des zulässigen Lohnrückbehaltes beträgt einen Zehntel und insgesamt nicht mehr als den Lohn einer Arbeitswoche. Allerdings kann ein höherer Betrag durch Normal- oder Gesamtarbeitsvertrag festgelegt werden (Art. 323a Abs. 2). Obwohl der Lohnrückbehalt kein Darlehen bildet, ist er angemessen zu verzinsen (Schutz des Vermögens im Rahmen der Fürsorgepflicht, s. Art. 328 N 47 ff.; **a.A.** BRÜHWILER, N 1; ZK-STAEHELIN, N 3a; STREIFF/VON KAENEL/RUDOLPH, N 2). 1

Im Zweifel gilt der zurückbehaltene Lohn (sog. *Décompte* oder *Standgeld*) nicht als Konventionalstrafe, sondern als **Sicherheit für künftige Forderungen** aus dem Arbeitsverhältnis (Art. 323a Abs. 3). Er hat somit die gleiche Funktion wie die Kaution (Art. 330). Die Konventionalstrafe ist für den Arbeitgeber insofern vorteilhafter, als sie bloss eine Vertragsverletzung, nicht aber einen Schaden voraussetzt (Art. 161 Abs. 1) und ausserdem verschuldensunabhängig ausgestaltet werden kann (Art. 163 Abs. 2). Wird das Arbeitsverhältnis beendet, wird auch der zurückbehaltene Lohn fällig (Art. 339 Abs. 1). Er kann jedoch mit Gegenforderungen (na- 2 mentlich Schadenersatzforderungen) **verrechnet** werden, ohne dass der Arbeitgeber an die Vorschriften über die Beachtung der Unpfändbarkeitsgrenze gebunden wäre (Art. 323b Abs. 2), denn der zurückbehaltene Lohn ist nach seinem rechtlichen Sinn zur Sicherheit des Arbeitgebers bestimmt. Mit dem Lohnrückbehalt verrechnet werden können indessen nur Forderungen des Arbeitgebers «aus dem Arbeitsverhältnis», also nicht etwa aus Miete oder Darlehen.

Art. 323*b*

3. Lohnsicherung

[1] Der Geldlohn ist dem Arbeitnehmer in gesetzlicher Währung innert der Arbeitszeit auszurichten, sofern nichts anderes verabredet oder üblich ist; dem Arbeitnehmer ist eine schriftliche Abrechnung zu übergeben.

[2] Der Arbeitgeber darf Gegenforderungen mit der Lohnforderung nur soweit verrechnen, als diese pfändbar ist, jedoch dürfen Ersatzforderungen für absichtlich zugefügten Schaden unbeschränkt verrechnet werden.

[3] Abreden über die Verwendung des Lohnes im Interesse des Arbeitgebers sind nichtig.

3. Garantie du salaire

[1] Sauf accord ou usage contraire, le salaire en numéraire est payé pendant les heures de travail en monnaie ayant cours légal. Un décompte est remis au travailleur.

[2] L'employeur ne peut compenser le salaire avec une créance contre le travailleur que dans la mesure où le salaire est saisissable; toutefois, les créances dérivant d'un dommage causé intentionnellement peuvent être compensées sans restriction.

[3] Les accords sur l'utilisation du salaire dans l'intérêt de l'employeur sont nuls.

3. Garanzia

[1] Il salario in denaro è pagato in moneta legale durante il tempo di lavoro, in quanto non sia diversamente convenuto o d'uso; al lavoratore è consegnato un rendiconto.

[2] Il datore di lavoro può compensare il salario con un credito verso il lavoratore soltanto nella misura in cui il salario sia pignorabile; tuttavia, i crediti per danno cagionato intenzionalmente possono essere compensati senza restrizione.

[3] Sono nulli gli accordi concernenti l'impiego del salario nell'interesse del datore di lavoro.

Literatur

Aubert, L'employeur insolvable, in: Journée 1992 de droit du travail et de la sécurité sociale, Zürich 1994, 105 ff.; Brändli/Stengel, Währungsfragen im Zusammenhang mit dem Lohn von Grenzgängern, in: Schweiz und Europa – Auswirkungen auf Wirtschaft, Recht und Gesellschaft, Bern 2011, 337 ff.; Gilliéron, Les privilèges du travailleur dans l'exécution forcée, FS für Hans Ulrich Walder, Zürich 1994, 453 ff.; Gremper, Frage der Zulässigkeit der Zahlung des Lohnes in Euro, Anwaltsrevue 2012, 73 ff.; Hensch, Die Sicherung des Lohnes, AJP 2014, 747 ff.; Lorandi, Arbeitsverträge im Konkurs des Arbeitgebers, SJZ 2000, 150 ff.; Portmann D., Mitarbeiterbeteiligung, Bern 2005; Saviaux, Les rapports de travail en cas de difficultés economiques de l'employeur et l'assurance-chômage, Diss., Lausanne 1993; Schwaab, Paiement du salaire en euros, adaptation au cours de l'euro: que dit le droit du travail?, Jusletter 8.8.2011; ders., Le paiement du salaire en monnaie virtuelle comme le bitcoin, Jusletter 12.5.2014; Senti, Rückforderung oder Verrechnung zu viel bezahlter Leistungen durch den Arbeitgeber, AJP 2014, 40 ff; Sommer, Das Truckverbot und Mitarbeiterbeteiligungspläne, ARV 2006, 100 ff.; D. Staehelin, Konkurs und Sanierung des Arbeitgebers, ArbR 2000, 71 ff.; Staehelin M., Gesperrte Optionen – als Lohn unzulässig?, SJZ 2005, 181 ff.; Thevenoz, La nouvelle réglementation du travail dans l'exécution forcée et l'indemnité en cas d'insolvabilité de l'employeur, in: Le travail et le droit, Fribourg 1994, 73 ff.; Tobler, Indirekte Diskriminierung wegen der Staatsangehörigkeit durch Lohnsenkungen bei schwachem Euro-Kurs, FS für Jean-Fritz Stöckli, Zürich/St. Gallen 2014, 649 ff.; vgl. ausserdem die Literaturhinweise *zur Einleitung vor Art. 319 ff.*

I. Überblick

Da der Lohn für die Mehrzahl der Arbeitnehmer die wirtschaftliche Existenzgrundlage bildet, sind eine Reihe von Schutzvorschriften erlassen worden, die den Lohnanspruch in gewissem Umfang gegen Massnahmen des Arbeitgebers, gegen Eingriffe Dritter und gegen Vorausverfügungen des Arbeitnehmers selbst schützen sollen. Zur **Lohnsicherung** im weiteren Sinne gehören nicht nur die in Art. 323b vorgesehenen Massnahmen, sondern namentlich auch: 1
- die Beschränkung der Abtretung und Verpfändung von künftigen Lohnforderungen (Art. 325);
- der Pfändungsschutz nach Art. 93 SchKG;
- das Konkursprivileg nach Art. 219 Abs. 4, Erste Klasse lit. a SchKG (s.a. Art. 146 Abs. 2 SchKG);
- die Insolvenzentschädigung nach Art. 51 ff. AVIG.

II. Art der Lohnzahlung (Abs. 1)

Geldlohn ist im Zweifel in *gesetzlicher Währung* auszuzahlen (Art. 323b Abs. 1 Hs. 1). Die Zahlung kann auch bargeldlos erfolgen. *Bank- und Postüberweisung* ist daher zulässig, sofern der Arbeitnehmer dem zustimmt und spätestens am Zahlungstermin über den Lohnbetrag verfügen kann. Über die Zahlung muss dem Arbeitnehmer eine schriftliche Abrechnung ausgehändigt werden (Art. 323b Abs. 1 Hs. 2, Art. 362). Diese hat vollständig und dem Arbeitnehmer verständlich zu sein (OGer ZH, JAR 1989, 132; zur Notwendigkeit der separaten Ausweisung einer Gewinnbeteiligung OGer ZH, JAR 2013, 579). Für die Provisionsabrede gilt die Sonderbestimmung von Art. 322c Abs. 1. Als ein Arbeitgeber aufgrund der Euro-Währungskrise einem Grenzgänger den in Schweizer Franken ausgerichteten Lohn kürzen wollte, sah das KGer BL darin eine das Freizügigkeitsabkommen zwischen der Schweiz und der EU (FZA) verletzende Diskriminierung und eine unzulässige Überwälzung des Betriebsrisikos (JAR 2013, 422; s.a. Stöckli, ARV online 2012 Nr. 262; ferner BGer, JAR 2011, 138: diskriminierende, das FZA verletzende Lohnbestimmung im LMV Bauhauptgewerbe). 2

III. Beschränkung der Verrechnung (Abs. 2)

Art. 323b Abs. 2 schreibt zur Sicherung des Existenzminimums vor, dass der Arbeitgeber eine Gegenforderung mit der Lohnforderung nur in der Höhe verrechnen kann, als diese **pfändbar** ist. Diese Regelung ist beidseitig zwingend (Art. 361). Der Arbeitgeber wird also zunächst den pfändbaren Betrag vom Betreibungsamt bestimmen lassen (Art. 93 SchKG, vgl. Art. 325 Abs. 1). Er kann aber auch den Notbedarf nach den kantonalen Richtlinien für die Betreibungsämter selbst bestimmen. Bei Ersatzforderungen für **absichtlich** zugefügten Schaden ist dagegen ausnahmsweise unbeschränkte Verrechnung möglich, gleichgültig ob der Schaden durch Vertragsverletzung oder unerlaubte Handlung herbeigeführt worden ist. Die Ausnahme setzt trotz des Wortes «absichtlich» nicht Absicht im technischen Sinne voraus (Eingriff als Selbstzweck), sondern greift – wie Art. 41 Abs. 1 – auch bei direktem Vorsatz (Eingriff als Mittel zur Erreichung eines anderen Zwecks) und Eventualvorsatz (der Eingriff wird für den Fall seines Eintritts in Kauf genommen). Eine unbeschränkte Verrechnung ist auch beim *Lohnrückbehalt* i.S.v. Art. 323a möglich, da dieser nach seinem rechtlichen Sinn zur Sicherheit des Arbeitgebers bestimmt ist. Insoweit verhält es sich gleich wie bei der *Kaution* nach Art. 330. 3

Die Verrechnungsbeschränkung ist anwendbar auf «Lohnforderungen» des Arbeitnehmers und «Gegenforderungen» des Arbeitgebers. Es fragt sich, was unter diesen Begriffen zu verstehen ist. 4
- *Lohnforderungen* i.S.v. Art. 323b Abs. 2 sind zunächst Ansprüche auf beliebige *Lohnbestandteile*, also auf Grundlohn, Lohn für Überstunden, Provision, Anteil am Geschäftser- 5

gebnis, Sondervergütung mit Lohncharakter (Art. 322d N 16 ff.), Zulagen, Zuschläge usw. Dazu gehören aber auch *Lohnsurrogate* wie insb. der Lohnersatz nach Art. 337b und 337c Abs. 1, da diese in gleicher Weise wie der Lohn selbst die Existenzsicherung des Arbeitnehmers bezwecken (**a.A.** KGer VS, JAR 1995, 87). Dies gilt hingegen nicht für Auslagenersatz (**a.A.** STREIFF/VON KAENEL/RUDOLPH, N 5), die Abgangsentschädigung, die Entschädigung gem. Art. 337c Abs. 3 sowie die Entschädigung für nicht bezogene Ferien und Freizeit nach Auflösung des Arbeitsvertrags (KGer FR, JAR 1999, 365; **a.A.** ZK-STAEHELIN, N 10).

6 – *Gegenforderungen* i.S.v. Art. 323b Abs. 2 sind alle Forderungen des Arbeitgebers gegen den Arbeitnehmer, gleichgültig ob diese aus dem Arbeitsverhältnis stammen (wie insb. Schadenersatzforderungen nach Art. 321e) oder nicht (wie Forderungen aus Miete oder Darlehen). Keine Gegenforderung entsteht durch die Gewährung eines Vorschusses nach Art. 323, so dass dieser unbeschränkt bei der nächsten Lohnzahlung angerechnet werden kann (Art. 323 N 2). Zur Verrechnung von Krankentaggeldern s. TAPP TI, JAR 1999, 172; zur Verrechnung von irrtümlich unterlassenen Abzügen des BVG-Arbeitnehmeranteils s. AGer ZH, JAR 2009, 691.

IV. Truckverbot (Abs. 3)

7 Abreden über die Verwendung des Lohnes im Interesse des Arbeitgebers sind nichtig (Art. 323b Abs. 3; sog. *Truckverbot*, von engl. truck = Tausch). Die Nichtigkeitsfolge trifft auch Abreden über die Verwendung des Lohnes von Kadermitarbeitern (BGer, ARV 2005, 23; zweifelnd VISCHER/MÜLLER, 137 f.). Mit dem Truckverbot soll verhindert werden, dass der Arbeitnehmer statt Geldlohn Waren erhält, sei es durch Übereignung an Zahlungs Statt, sei es durch vorherigen Abschluss von Kaufverträgen beim Arbeitgeber oder einem ihm nahestehenden Unternehmen. Unwirksam ist daher eine Abrede, nach der eine Arbeitnehmerin während der Arbeitszeit ausschliesslich Kleider der Arbeitgeberfirma zu tragen hat, die sie verbilligt einkaufen kann (AGer ZH, JAR 1990, 180). Ebenfalls unzulässig ist eine Verpflegungsvereinbarung, wonach der Arbeitnehmer verpflichtet ist, beim Arbeitgeber Mahlzeiten zu beziehen (Kantinenzwang als Nebenabrede zum Arbeitsvertrag, BGE 130 III 26). Der Arbeitnehmer soll über seinen Lohn frei verfügen können.

8 Der *Verkauf von Waren in bar* ist demnach nicht verboten, wenn der Kaufentschluss freisteht, während Kreditverkäufe bei entsprechender Absicht eine unzulässige Umgehung des Truckverbots darstellen können. Auch die Abrede, durch regelmässige Lohnabzüge ein *Darlehen* des Arbeitgebers zu tilgen, ist in den Grenzen von Art. 323b Abs. 2 zulässig, da sie die Amortisation der Schuld des Arbeitnehmers betrifft und damit in dessen Interesse liegt. Zulässig ist ferner die Abrede, einen Teil des Lohnes als frei verfügbares Guthaben zu üblichen Zinsen beim Arbeitgeber stehenzulassen (sog. *Sparlohn*; die h.L. verlangt keine Fälligkeit des stehengelassenen Lohnes). Vom Truckverbot nicht tangiert wird auch die Vereinbarung von *Naturallohn*, die das Gesetz als zulässig betrachtet (vgl. Art. 322 Abs. 2).

9 Der Wortlaut von Art. 323b Abs. 3 ist in einer Hinsicht zu eng, in einer anderen zu weit. Zu eng ist er insofern, als er Abreden im Interesse des Arbeitgebers nur dann verbietet, wenn sie die Verwendung des Lohnes betreffen. Genau genommen würde das dem Arbeitgeber die Einwendung eröffnen, der Arbeitnehmer habe seine Verpflichtung (z.B. zur Bezahlung der zu kaufenden Waren) aus anderen Mitteln als dem Lohn erfüllt oder hätte mindestens die Möglichkeit dazu gehabt. Dadurch könnte der Schutzzweck des Truckverbots in erheblichem Umfang unterlaufen werden, weshalb die entsprechende Einwendung nicht zugelassen werden darf. Zu weit ist der Wortlaut von Art. 323b Abs. 3 insofern, als er jedes Geschäft erfasst, an dem der Arbeitgeber *ein Interesse hat*, mag auch der Arbeitnehmer unter Umständen ein *viel gewichtigeres* Interesse daran haben. Damit wird in kontraproduktiver Weise über den Schutzzweck hinaus legiferiert. Liegt ein Geschäft sowohl im Interesse des Arbeitgebers wie auch im Interesse des Arbeitnehmers, ist daher die Zulässigkeit wertend auf Grund der konkreten Umstände zu beurteilen (PORTMANN/STÖCKLI, Rz 343 ff.).

Nach der hier vertretenen Ansicht fällt die Übertragung von **Aktien und Optionen** an Mitarbeiter nicht unter das Truckverbot: **10**

- wenn die Mitarbeiterbeteiligung eine (echte oder unechte) *Gratifikation* darstellt (**a.A.** D. PORTMANN, Rz 190); denn Schutzobjekt des Truckverbots ist nur der Lohn als solcher, dies im Hinblick auf die Bestreitung des Lebensunterhalts;
- wenn die Mitarbeiterbeteiligung als *Naturallohn* vereinbart ist, ohne dass *zusätzliche* Abreden über die Verwendung dieses Naturallohnes im Interesse des Arbeitgebers (z.B. in Form einer Verfügungssperre) getroffen werden;
- nach der bundesgerichtlichen Rechtsprechung allgemein dann, wenn der Arbeitnehmer beim Erwerb der Mitarbeiterbeteiligung vornehmlich als *Anleger* handelt (Art. 322 N 28).

Auch in anderen Fällen ist mit der Anwendung des Truckverbots im Zusammenhang mit Mitarbeiterbeteiligungen *Zurückhaltung* geboten. Zwar untersagt Art. 323b Abs. 3 nach seinem Wortlaut Abreden über die Verwendung sowohl des Geld- wie auch des Naturallohns im Interesse des Arbeitgebers, doch steht nach seiner Entstehungsgeschichte klar der Schutz des Geldlohns im Vordergrund: der Arbeitnehmer soll nicht Waren anstelle von Geld erhalten (Botschaft, BBl 1967 II 329). Bei der vorzunehmenden *Interessenabwägung* ist ferner zu berücksichtigen, ob der Arbeitnehmer die Möglichkeit hat, einen (erheblichen) Kapitalgewinn zu erzielen (vgl. den Sachverhalt von BGE 130 III 495 ff.) und ob neben der Beteiligung bereits ein hoher Geldlohn ausgerichtet wird. Im Weiteren ist zu beachten, dass Verfügungssperren dem Arbeitnehmer steuerliche Vorteile verschaffen können (BGE 130 III 503; s. für die Besteuerung von Mitarbeiterbeteiligungen auch das entsprechende Bundesgesetz vom 17.12.2010 [AS 2011, 3259], ferner die Verordnung über Bescheinigungspflichten bei Mitarbeiterbeteiligungen vom 27.6.2012 [SR 642.115.325.1]). Vgl. hingegen BGer, ARV 2005, 23, wo dem Arbeitnehmer einseitig Optionen auf Anrechnung an den variablen Lohn zugewiesen wurden. Weiterführend zum Ganzen mit weiterer Praxis Art. 322 N 25 ff. **11**

Art. 324

III. Lohn bei Verhinderung an der Arbeitsleistung
1. Bei Annahmeverzug des Arbeitgebers

[1] Kann die Arbeit infolge Verschuldens des Arbeitgebers nicht geleistet werden oder kommt er aus anderen Gründen mit der Annahme der Arbeitsleistung in Verzug, so bleibt er zur Entrichtung des Lohnes verpflichtet, ohne dass der Arbeitnehmer zur Nachleistung verpflichtet ist.

[2] Der Arbeitnehmer muss sich auf den Lohn anrechnen lassen, was er wegen Verhinderung an der Arbeitsleistung erspart oder durch anderweitige Arbeit erworben oder zu erwerben absichtlich unterlassen hat.

III. Salaire en cas d'empêchement de travailler
1. En cas de demeure de l'employeur

[1] Si l'employeur empêche par sa faute l'exécution du travail ou se trouve en demeure de l'accepter pour d'autres motifs, il reste tenu de payer le salaire sans que le travailleur doive encore fournir son travail.

[2] Le travailleur impute sur son salaire ce qu'il a épargné du fait de l'empêchement de travailler ou ce qu'il a gagné en exécutant un autre travail, ou le gain auquel il a intentionnellement renoncé.

III. Salario in caso d'impedimento al lavoro
1. Mora del datore di lavoro

[1] Se il datore di lavoro impedisce per sua colpa la prestazione del lavoro o è altrimenti in mora nell'accettazione del lavoro, egli rimane tenuto al pagamento del salario, senza che il lavoratore debba prestare ulteriormente il suo lavoro.

[2] Il lavoratore deve lasciarsi dedurre dal salario quanto ha risparmiato in conseguenza dell'impedimento al lavoro o guadagnato con altro lavoro o omesso intenzionalmente di guadagnare.

Literatur

Aubert, Libération de l'obligation de travailler et interdiction de travailler pendant le délai de congé, ARV 2002, 129 ff.; Blesi, Anderweitiger Erwerb freigestellter Arbeitnehmer, ArbR 2003, 49 ff.; ders., Nicht bezogene Ferien-, Frei- und Feiertage am Ende des Arbeitsverhältnisses, ARV 2003, 14 ff.; ders., Die Freistellung des Arbeitnehmers – Ein Handbuch für die Praxis, 2. Aufl., Zürich/Basel/Genf 2010 (zit. Freistellung); Cirigliano, Die Auswirkungen fehlender Arbeitszeiterfassung auf die Kurzarbeit nach Art. 31 ff. AVIG, Jusletter 15.7.2013; Enriquez, Die gewillkürte Freistellung des Arbeitnehmers von seiner Arbeitspflicht bis zum Ablauf der Kündigungsfrist – Rechtsdogmatische Grundlagen, Diss., Zürich/St. Gallen 2008; Favalli/Brack, Urteilsbesprechung OGer LU vom 14.3.2007 – Rückforderungsansprüche des Arbeitgebers bei einer Freistellung sind vertragliche Ansprüche, ARV 2008, 25 ff.; Flach, Die «Freistellung» von der Arbeitsleistung nach Kündigung, SJZ 1994, 209 ff.; Geiser, Arbeitsrechtliche Fragen bei Umweltkatastrophen, ZBJV 2006, 174 ff.; Halbeisen/Rudolph, Kurzarbeit und Kurzarbeitsentschädigung, TREX 2009, 290 ff.; Henneberger/Rieder, Bemessung der Entschädigung der Wartezeiten bei echter Arbeit auf Abruf, AJP 2011, 1057 ff.; Humbert, Die Freistellung des Arbeitnehmers im Arbeitsverhältnis, Schweizer Arbeitgeber 2000, 1058 ff.; Meier K., Zur Freistellung des Arbeitnehmers, plädoyer 2/1996, 32 ff.; Müller, Das Instrument der Kurzarbeitsentschädigung, in: Unternehmenssanierung und Arbeitsrecht, Zürich/Basel/Genf 2010, 109 ff.; Pietruszak, Zulässiger Lohnabzug am Jahresende wegen aufgelaufender Minusstunden? Missbräuchliche Kündigung wegen fehlender Suche nach anderweitigen Beschäftigungsmöglichkeiten?, ARV 2009, 124 ff.; Ramoni, Demeure du débiteur et contrats de droit suisse, Zürich/Basel/Genf 2002; Saviaux, Les rapports de travail en cas de difficultés économiques de l'employeur et l'assurance-chômage, Diss., Lausanne 1993; Senti, Rückforderung oder Verrechnung zu viel bezahlter Leistungen durch den Arbeitgeber, AJP 2014, 40 ff.; Subilia, Les divers empêchements de travailler, in: Panorama en droit de travail, Bern 2009, 73 ff.; Wyler M., Betriebsrisiko und Arbeitskampfrisiko nach schweizerischem Recht, Diss., Bern 1985; vgl. ausserdem die Literaturhinweise zur Einleitung vor Art. 319 ff.

I. Lohn bei Verhinderung an der Arbeitsleistung im Allgemeinen

1 Trotz seiner personenbezogenen Elemente ist der Arbeitsvertrag im Kern ein schuldrechtlicher Austauschvertrag. Es besteht also ein Gegenseitigkeitsverhältnis von Lohnanspruch und Arbeitsleistung. Daher gilt als Grundsatz: **ohne Arbeit kein Lohn** (vgl. Art. 82, Art. 119 Abs. 2). Er wirkt sich namentlich aus bei unberechtigter *Arbeitsverweigerung* (Anwendungsfall in BGer, ARV 2009, 42: Lohnabzug wegen aufgelaufener Minusstunden, dazu Pietruszak, ARV 2009, 124 ff. und OGer LU, JAR 2012, 505), bei rechtmässigen *Streiks oder Aussperrungen* sowie bei selbstverschuldeter und teilweise auch bei unverschuldeter *Unmöglichkeit* der Arbeitsleistung (bei ursprünglicher objektiver Unmöglichkeit i.S.v. Art. 20 entsteht der Lohnanspruch erst gar nicht).

2 Von diesem Grundsatz bestehen jedoch wichtige *Ausnahmen* (Art. 119 Abs. 3), die einen Lohnanspruch trotz fehlender Arbeitsleistung vorsehen, insb.:
- Art. 324 betr. Annahmeverzug des Arbeitgebers;
- Art. 324a betr. persönliche unverschuldete Verhinderung an der Arbeitsleistung;
- Art. 329 ff. betr. bezahlte Freizeit und Ferien;
- entsprechende Bestimmungen eines Gesamt-, Normal- oder Einzelarbeitsvertrages oder eine Übung (Art. 322).

II. Lohn bei Annahmeverzug des Arbeitgebers

1. Voraussetzungen des Annahmeverzugs

3 Der Annahmeverzug des Arbeitgebers bildet einen Fall des **Gläubigerverzugs**. Der Arbeitgeber gerät, entsprechend den allgemeinen Grundsätzen des Art. 91, in Annahmeverzug, wenn er ungerechtfertigterweise:
- die vom Arbeitnehmer *gehörig angebotene Arbeitsleistung nicht annimmt* (insb. Zutrittsverweigerung, Nicht- oder Unterbeschäftigung, Betriebsschliessung);

– oder wenn er die ihm obliegenden notwendigen Vorbereitungs- und Mitwirkungshandlungen nicht vornimmt (z.B. fehlende Arbeitsgeräte, Material, Energie, Weisungen, Massnahmen zum Schutz von Leben, Gesundheit und persönlicher Integrität des Arbeitnehmers, Arbeitsbewilligung: AGer ZH, JAR 1999, 166).

Der Annahmeverzug des Arbeitgebers setzt grundsätzlich voraus, dass der Arbeitnehmer seine **Arbeitsleistung angeboten** hat (BGE 135 III 357; BGer, ARV 2008, 41). Der Arbeitnehmer muss das erfolglose Angebot seiner Arbeitsleistung beweisen können, sei es die Wegweisung von der Arbeitsstelle, sei es das wörtliche Arbeitsangebot. Das Arbeitsangebot unterliegt keiner besonderen Form. Es ist jedoch erforderlich, dass der Arbeitgeber nach Treu und Glauben auf Grund der Umstände erkennen kann, dass der Arbeitnehmer die Absicht hat, seine Arbeit auszuführen (BGer, ARV 2008, 41; BGer, JAR 2008, 207: i.c. gehöriges Angebot der Arbeitsleistung verneint). Dem Arbeitnehmer kann nicht vorgeworfen werden, seine Arbeitsleistung nicht angeboten zu haben, wenn ihn der Arbeitgeber freigestellt hat oder wenn feststeht, dass dieser die Arbeitsleistung nicht angenommen hätte (BGer, JAR 2006, 310; BGer, JAR 2006, 377). Die Angebotsobliegenheit entfällt ebenfalls, wenn der Arbeitgeber keine Arbeitsbewilligung für seinen ausländischen Mitarbeiter erlangt hat und der Vertrag folglich am Tag des Arbeitsantritts als ordentlich gekündigt anzusehen ist (CAPH GE, JAR 2010, 513; vgl. Art. 320 N 28). Bestehen die Aufgaben eines Arbeitnehmers auch im Akquirieren neuer Aufträge, wobei er in diesem Bereich ohne entsprechende Arbeitszuweisung tätig werden kann, hat der Arbeitnehmer zur Wahrung seines Lohnanspruchs von sich aus alles vorzunehmen, was er ohne Mitwirkung des Arbeitgebers verrichten kann. Unterlässt er dies oder kommt er dieser Verpflichtung nicht hinreichend nach, kann er während der entsprechenden Periode keinen Lohnanspruch geltend machen, woran auch mündliche Angebote zur Arbeitsleistung an den Arbeitgeber nichts zu ändern vermögen (BGer, JAR 2009, 197). 3a

Der Annahmeverzug setzt **kein Verschulden** des Arbeitgebers voraus. Der Verzug tritt deshalb auch dann ein, wenn der Arbeitgeber den Arbeitnehmer *nicht* beschäftigen *kann*. Da er trotzdem lohnzahlungspflichtig bleibt (N 11 ff.), hat er mithin das sog. **Betriebsrisiko** (Wirtschaftsrisiko, Unternehmerrisiko) zu tragen. Dazu zählen *Betriebsstörungen technischer Art* (Unterbrechung der Energieversorgung, Maschinenschaden, Naturkatastrophe), *wirtschaftlicher Art* (Rohstoffmangel, Personalmangel, Auftragsmangel, Minusstunden als Folge eines saisonal unterschiedlichen Arbeitsanfalls: OGer BL, JAR 1999, 161) oder *behördlicher Art* (staatliches Herstellungsverbot, Entzug einer Betriebsbewilligung, Ausbleiben einer Arbeitsbewilligung: AGer ZH, JAR 1999, 166). 4

Es gehört zu den *notwendigen Mitwirkungshandlungen* des Arbeitgebers, dem Arbeitnehmer, der unter Eingliederung in eine fremde Arbeitsorganisation arbeiten soll, einen im Hinblick auf die Arbeitsleistung funktionierenden Arbeitsplatz zur Verfügung zu stellen. Art. 324 erfasst daher auch den Fall, dass die Arbeitsleistung infolge einer Betriebsstörung *endgültig unmöglich* ist (dogmatisch genau betrachtet liegt Art. 324 ohnehin ein Unmöglichkeits- und kein Verzugstatbestand zugrunde, da die Arbeitspflicht infolge der zeitlichen Festlegung ihrer Teilleistungen eine nicht nachholbare Fixschuld darstellt, BK-REHBINDER/STÖCKLI, N 4). 5

Nicht in das Betriebsrisiko fällt eine Betriebsstörung, die auf einen Teilstreik im eigenen Betrieb zurückzuführen ist, ebenso wenn sie auf einem Streik in einem fremden Betrieb beruht, sofern dessen Ergebnis für die Arbeitswilligen Vorteile haben könnte (Sphärentheorie). Hier würde eine Lohnzahlungspflicht dem arbeitskampfrechtlichen *Prinzip der Waffengleichheit* widersprechen (umstr.). 6

Einen Fall des Annahmeverzugs bildet auch die einseitige, durch Weisung angeordnete **Freistellung** (h.L., ausführlich z.B. BLESI, Freistellung, Rz 86 ff.; **a.A.** ENRIQUEZ, 75 ff.: einseitiger Forderungsverzicht). Ihr kommt vor allem während der Zeit zwischen Kündigung und Beendigung des Arbeitsverhältnisses praktische Bedeutung zu. Durch die Freistellung verzichtet der Arbeitgeber bei gleichzeitig fortbestehendem Arbeitsverhältnis auf die Arbeitsleistung, 7 was gleichbedeutend mit deren Nichtannahme ist. Anderer Ansicht ist BGE 118 II 139, der von einer analogen Anwendung von Art. 337c Abs. 2 ausgeht (s.a. BGer, JAR 2014, 208). Da diese Vorschrift inhaltlich mit Art. 324 Abs. 2 übereinstimmt, ergeben sich indessen keine materiellen Unterschiede; so oder anders besteht die Anrechnungspflicht (N 13), was in BGE 128 III 220 und 128 III 281 bestätigt wurde. Gemäss KGer SG, JAR 2010, 578 muss sich der freigestellte Arbeitnehmer, der sich selbständig machen will, den Vorteil der besseren Vorbereitung bzw. des früheren Starts in die selbständige Tätigkeit anrechnen lassen. Der Arbeitnehmer muss sich auch auf den Lohn anrechnen lassen, was er durch anderweitige Arbeit zu erwerben absichtlich unterlassen hat; m.a.W. hat er die Obliegenheit, sich um den Antritt einer anderen geeigneten Stelle zu bemühen (BLESI, Freistellung, Rz 393 ff.; **a.A.** AGer ZH, JAR 2005, 499). Beruht die Befreiung von der Arbeitspflicht auf einer Vereinbarung, gerät der Arbeitgeber nicht in Annahmeverzug, so dass die Anrechnungspflicht nach Art. 324 Abs. 2 entfällt. Eine Freistellung, die im Kündigungsschreiben ausgesprochen wurde, fiel dahin, nachdem sich die Kündigung wegen Sperrfristenschutzes (Art. 336c) als nichtig erwies. Infolgedessen verlor der Arbeitnehmer seinen Lohnanspruch, weil er seine Arbeit nicht angeboten hatte (BGer, JAR 2014, 208).

8 Ebenfalls unter den Tatbestand des Annahmeverzugs fällt die berechtigte **Leistungsverweigerung** des Arbeitnehmers, die ihm das BGer trotz seiner Vorleistungspflicht für den Fall zubilligt, dass der Arbeitgeber seiner Lohnzahlungspflicht nicht nachkommt (Art. 323 N 4; anders für die Gratifikation: BGE 136 III 321). Dem Arbeitnehmer steht daher – zusätzlich zum Anspruch auf Lohnnachzahlung für die Zeit bis zur Arbeitsniederlegung – auch ein Anspruch auf Lohnfortzahlung nach Art. 324 Abs. 1 für die Zeit während der Arbeitsniederlegung zu.

9 Fraglich ist, ob das Fehlen der Arbeitsbewilligung den Annahmeverzug des Arbeitgebers bewirkt oder einen Verhinderungsgrund in der Person des Arbeitnehmers darstellt. Da die Arbeitsbewilligung vom Arbeitgeber einzuholen ist, muss Annahmeverzug angenommen werden (fehlende Vorbereitungshandlung), obschon ein bestimmter Arbeitnehmer betroffen ist (**a.A.** BGE 114 II 277; wie hier TC FR, JAR 2010, 485). Der Verzug tritt nicht ein, wenn der Arbeitsvertrag unter der Suspensivbedingung abgeschlossen wird, dass die Bewilligung erteilt wird (AGer BE, JAR 1990, 176). Ohne solche Bedingung ist von einer stillschweigenden Kündigung des Arbeitsverhältnisses am ersten Arbeitstag auszugehen (AGer ZH, JAR 1990, 228). Ein Arbeitsverhältnis, das unter einer Resolutivbedingung für den Fall stand, dass keine Arbeitsbewilligung erteilt werde, wurde vom EVG als unbefristetes Arbeitsverhältnis behandelt (BGE 126 V 307; zum Ganzen vgl. auch Art. 320 N 28).

2. Rechtsfolgen des Annahmeverzugs

10 Die **Rechtsfolgen** des Annahmeverzugs nach Art. 324 sind:
- Lohnfortzahlungspflicht des Arbeitgebers (N 11).
- Ausschluss einer Nachleistungspflicht des Arbeitnehmers. Ausnahmen bestehen indessen aufgrund der Treuepflicht bei höherer Gewalt oder Existenzgefährdung des Betriebs sowie gestützt auf eine entsprechende Vereinbarung (N 17). Art. 11 ArG erlaubt im Falle von Betriebsstörungen Nachholzeiten, die sogar die Höchstarbeitszeiten überschreiten dürfen.
- Ausschluss eines sofortigen Vertragsrücktritts nach Art. 95 (Art. 324 ist lex specialis, BGE 116 II 142; BGer, ARV 2009, 43).
- Grundsätzliches Weiterbestehen der übrigen Pflichten aus dem Arbeitsvertrag, insb. der Treue- und der Fürsorgepflicht.

Erleidet der Arbeitnehmer infolge des Annahmeverzugs trotz der Lohnfortzahlung einen Schaden, so kann er diesen zwar nicht gestützt auf Art. 324, bei gegebenen Voraussetzungen aber aufgrund einer allgemeinen Haftungsnorm wie insb. Art. 97 geltend machen.

11 Die **Lohnfortzahlungspflicht** ohne Arbeit dauert so lange, bis der Annahmeverzug aufhört oder das Arbeitsverhältnis endet (BGE 116 II 142). Der Lohnanspruch besteht im Falle von

Betriebsstörungen auch dann, wenn diese den Unternehmer so schwer treffen, dass die Weiterzahlung des Lohnes die Existenz des Betriebs gefährden würde (umstr.). Würde er nämlich entfallen, wären die Arbeitnehmer im Falle eines später eintretenden Konkurses gegenüber den Gläubigern des Unternehmens ohne Grund benachteiligt. Man kann daher aus der Treuepflicht nur eine Pflicht zur Stundung der Lohnforderungen ableiten. In BGer, ARV 2011, 281 verneinte das BGer einen Anspruch auf monatliche Essensentschädigungen und Repräsentationsspesen während Freistellung (zu absolut, s.a. Art. 322 N 35). Zur Berechnung des Anteils am Geschäftsergebnis bei Freistellung BGer s. ARV 2013, 34, zum Anspruch auf entgangenen Naturallohn s. BGer, JAR 2012, 360.

Hat der Arbeitnehmer den Annahmeverzug teilweise oder ganz verschuldet, so kann der Arbeitgeber einen daraus entstehenden Schadenersatzanspruch mit dem Lohnfortzahlungsanspruch des Arbeitnehmers in den Grenzen von Art. 323b Abs. 2 verrechnen. Trifft den Arbeitgeber ein Mitverschulden, so ist sein Schadenersatzanspruch entsprechend zu kürzen (in Anlehnung an BGE 114 II 277). **12**

Die Lohnzahlungspflicht bei Annahmeverzug ist durch die **Anrechnung von Ersparnissen und anderweitigem Verdienst** begrenzt (Art. 324 Abs. 2), wofür der Arbeitgeber beweisbelastet ist (BGE 96 II 57), doch ist der Arbeitnehmer im Rahmen von Treu und Glauben ebenfalls zur Darlegung des Sachverhalts verpflichtet (TC VD, JAR 2012, 559 in einem Fall von fristloser Kündigung bzw. Art. 337c Abs. 2). Unterlassener Erwerb ist nur anrechnungsfähig, wenn die betreffende Arbeit zumutbar und Vorsatz gegeben war. Die Zumutbarkeit von Temporärarbeit ist heutzutage zu bejahen (anders noch OGer ZH, ZR 1973, 129). Auch in Bezug auf vorsätzlich unterlassenen Erwerb trägt der Arbeitgeber grundsätzlich die Beweislast (BGE 78 II 444); mit Blick auf die schwierige Beweislage genügt er aber i.d.R. seiner Beweislast, wenn er dartut, dass im entsprechenden Beruf allgemein Nachfrage nach Arbeitskräften bestand, so dass der Arbeitnehmer bei gutem Willen mit grosser Wahrscheinlichkeit eine andere, ungefähr gleichwertige Stelle hätte finden können (OGer AG, JAR 1992, 146). Hat der Arbeitgeber den Lohn gezahlt, ohne die nach Art. 324 Abs. 2 gerechtfertigten Abzüge vorgenommen zu haben, so gewährt ihm diese Bestimmung einen vertraglichen Rückforderungsanspruch, der nach Art. 127 (somit nach 10 Jahren) verjährt (so zutreffend OGer LU, JAR 2008, 432; FAVALLI/BRACK, ARV 2008, 25 ff.; BLESI, Freistellung, Rz 370). In vielen Fällen wird sich die Tatsache und der Umfang der Anrechnungspflicht erst nach dem Fälligwerden des Lohnanspruchs konkretisieren lassen, so dass die Lohnzahlung auf einem gültigen Rechtsgrund beruht; es verhält sich insoweit gleich wie bei Akontozahlungen (Art. 341 N 10b). Siehe zum Ganzen auch Art. 337c N 3 (Anrechnung bei ungerechtfertigter fristloser Entlassung). **13**

Die Obliegenheit, während des Annahmeverzugs nach Möglichkeit eine andere Stelle anzunehmen, bringt den Arbeitnehmer in eine *schwierige Lage*. Nimmt er eine ihm angebotene Stelle nicht an, muss er mit einer Kürzung oder gar dem Wegfall der Lohnfortzahlung rechnen. Nimmt er sie jedoch an, riskiert er infolge seiner Bindung an den Zwischenarbeitgeber bis zum Ende der Kündigungsfrist, selbst in (Schuldner-)Verzug gegenüber dem bisherigen Arbeitgeber zu geraten, wenn dessen (Gläubiger-)Verzug vorher endet. Zur Entschärfung dieses Dilemmas ist der Annahmeverzug des bisherigen Arbeitgebers erst dann als beendet zu betrachten, wenn dieser den Arbeitnehmer zur Arbeitsaufnahme auffordert und die Kündigungsfrist beim Zwischenarbeitgeber abgelaufen ist (ähnlich BK-REHBINDER/STÖCKLI, N 32). **14**

Diese Lösung ist indessen nur bis zu einer Kündigungsfrist von *höchstens sieben Tagen* (ohne Termin) angemessen. Sie entspricht zunächst der gesetzlichen Kündigungsfrist während der Probezeit (Art. 335b Abs. 1). Zusätzliche Flexibilität lässt sich gewinnen, wenn die Kündigungsfrist vertraglich unter sieben Tage herabgesetzt und die Probezeit auf drei Monate ausgedehnt wird (Art. 335b Abs. 2). Ferner gilt auch beim Temporärarbeitsvertrag in der Zeit vom vierten bis und mit dem sechsten Monat einer ununterbrochenen Anstellung eine (minimale) Kündigungsfrist von sieben Tagen, in den ersten drei Monaten der Anstellung sogar nur eine solche von zwei Tagen (Art. 19 Abs. 4 AVG). Lässt sich der Arbeitnehmer jedoch auf **15** eine mehr als siebentägige Bindung ein, so gebietet es ihm die Treuepflicht (Art. 321a Abs. 1), die Zustimmung des Arbeitgebers einzuholen. Dies empfiehlt sich auch in den übrigen Fällen, zumal der Arbeitnehmer dadurch das weitere Risiko ausschliessen kann, das (während des Annahmeverzugs weitergeltende) Konkurrenzverbot von Art. 321a Abs. 3 zu verletzen. Ist das Ende des Annahmeverzugs von vornherein einigermassen abschätzbar, kommt auch eine befristete Zwischenanstellung in Frage.

3. Abweichende Vereinbarungen

16 Dem zugunsten des Arbeitnehmers **zwingenden Charakter** des Lohnfortzahlungsanspruchs bei Annahmeverzug (Art. 362) steht eine Abrede über *unentgeltliche Arbeitsaussetzung* (z.B. unbezahlter Urlaub; zur Frage des Anspruchs auf Familienzulagen nach FamZG während dieser Periode BGE 137 V 121) oder *Kurzarbeit* nicht entgegen (GewGer ZH, JAR 1980, 181), da der Arbeitgeber nur bei einseitiger Anordnung in Annahmeverzug kommt. Dem Arbeitnehmer steht dann anstelle des entfallenden Lohnes eine Forderung gegen die Arbeitslosenversicherungskasse wegen Teilarbeitslosigkeit zu, die der Arbeitgeber jedoch vorzuschiessen und am ordentlichen Zahltag auszurichten hat (Art. 37 lit. a AVIG). Die Ermächtigung des Arbeitgebers, unter gewissen Voraussetzungen Kurzarbeit anzuordnen, kann auch in einem Gesamtarbeitsvertrag enthalten sein. Eine blosse Zustimmung durch die Gewerkschaft oder die Arbeitnehmervertretung genügt jedoch nicht (STREIFF/VON KAENEL/RUDOLPH, N 7). Wird der Zweck der Zustimmung zur Kurzarbeit verfehlt, indem es während oder im Anschluss an die Kurzarbeit trotzdem zu Entlassungen kommt, hat der Arbeitgeber den betroffenen Arbeitnehmern die entstandenen Einbussen zu ersetzen (AGer BE, JAR 1994, 125).

17 Möglich ist es auch, ein *Nachholen* der künftig ausfallenden Arbeitszeit in den Schranken des Arbeitsschutzrechts zu vereinbaren, denn darin liegt bloss eine einverständliche Verlegung der Arbeitszeit. Zulässig ist auch die Verlegung der Arbeitszeit durch Weisung, soweit dadurch keine höherrangigen Normen (namentlich aus GAV und EAV) verletzt werden.

Art. 324*a*

2. Bei Verhinderung des Arbeitnehmers
a. Grundsatz

[1] Wird der Arbeitnehmer aus Gründen, die in seiner Person liegen, wie Krankheit, Unfall, Erfüllung gesetzlicher Pflichten oder Ausübung eines öffentlichen Amtes, ohne sein Verschulden an der Arbeitsleistung verhindert, so hat ihm der Arbeitgeber für eine beschränkte Zeit den darauf entfallenden Lohn zu entrichten, samt einer angemessenen Vergütung für ausfallenden Naturallohn, sofern das Arbeitsverhältnis mehr als drei Monate gedauert hat oder für mehr als drei Monate eingegangen ist.

[2] Sind durch Abrede, Normalarbeitsvertrag oder Gesamtarbeitsvertrag nicht längere Zeitabschnitte bestimmt, so hat der Arbeitgeber im ersten Dienstjahr den Lohn für drei Wochen und nachher für eine angemessene längere Zeit zu entrichten, je nach der Dauer des Arbeitsverhältnisses und den besonderen Umständen.

[3] Bei Schwangerschaft der Arbeitnehmerin hat der Arbeitgeber den Lohn im gleichen Umfang zu entrichten.

[4] Durch schriftliche Abrede, Normalarbeitsvertrag oder Gesamtarbeitsvertrag kann eine von den vorstehenden Bestimmungen abweichende Regelung getroffen werden, wenn sie für den Arbeitnehmer mindestens gleichwertig ist.

2. En cas d'empêchement du travailleur
a. Principe

[1] Si le travailleur est empêché de travailler sans faute de sa part pour des causes inhérentes à sa personne, telles que maladie, accident, accomplissement d'une obligation légale ou d'une fonction publique, l'employeur lui verse le salaire pour un temps limité, y compris une indemnité équitable pour le salaire en nature perdu, dans la mesure où les rapports de travail ont duré plus de trois mois ou ont été conclus pour plus de trois mois.

[2] Sous réserve de délais plus longs fixés par accord, contrat-type de travail ou convention collective, l'employeur paie pendant la première année de service le salaire de trois semaines et, ensuite, le salaire pour une période plus longue fixée équitablement, compte tenu de la durée des rapports de travail et des circonstances particulières.

[3] En cas de grossesse de la travailleuse, l'employeur est tenu de lui verser le salaire dans la même mesure.

[4] Un accord écrit, un contrat-type de travail ou une convention collective peut déroger aux présentes dispositions à condition d'accorder au travailleur des prestations au moins équivalentes.

2. Impedimento del lavoratore
a. Norma

[1] Se il lavoratore è impedito senza sua colpa di lavorare, per motivi inerenti alla sua persona, come malattia, infortunio, adempimento d'un obbligo legale o d'una funzione pubblica, il datore di lavoro deve pagargli per un tempo limitato il salario, compresa una adeguata indennità per perdita del salario in natura, in quanto il rapporto di lavoro sia durato o sia stato stipulato per più di tre mesi.

[2] Se un tempo più lungo non è stato convenuto o stabilito per contratto normale o contratto collettivo, il datore di lavoro deve pagare, nel primo anno di servizio, il salario per almeno tre settimane e, poi, per un tempo adeguatamente più lungo, secondo la durata del rapporto di lavoro e le circostanze particolari.

[3] Il datore di lavoro deve concedere le stesse prestazioni alla lavoratrice in caso di gravidanza.

[4] Alle disposizioni precedenti può essere derogato mediante accordo scritto, contratto normale o contratto collettivo, che sancisca un ordinamento almeno equivalente per il lavoratore.

Literatur

AUBERT D., Le droit au salaire en cas d'absence pendant la grossesse et la période d'allaitement, in: Panorama en droit du travail, Bern 2009, 141 ff.; AUBERT G., Die Lohnfortzahlungspflicht im Krankheitsfall, AJP 1997, 1485 ff.; DERS., Le droit au salaire en cas d'empêchement de travailler, in: Journée 1991 de droit du travail et de la sécurité sociale, Zürich 1991, 81 ff.; BESSENICH, Die arbeitsrechtlichen Folgen der Betreuung eines kranken Kindes für die Eltern, SJZ 1992, 41 ff.; BRUCHEZ, La nouvelle assurance-maternité et ses effets sur le droit du contrat de travail, SJ 2005 II, 247 ff.; BRÜHWILER, Verhinderung und Verminderung von Arbeitsunfähigkeit der Arbeitnehmer aus arbeitsrechtlicher Sicht, in: Case Management und Arbeitsunfähigkeit, Zürich/Basel/Genf 2006, 31 ff.; BRUNNER, Arbeitsunfähigkeit und Schadensminderungspflicht, in: Case Management und Arbeitsunfähigkeit, Zürich/Basel/Genf 2006, 67 ff.; CARRUZZO, Les conséquences de l'empêchement non fautif de travailler, SJ 2008 II, 283 ff.; DUC, L'allocation de maternité et la coordination avec les autres prestations des assurances, AJP 2005, 1010 ff.; EGLI, Der Beweis der Arbeitsunfähigkeit – Probleme mit Arztzeugnissen, Entscheide des Arbeitsgerichts Zürich 2008, 45 ff.; DERS., Lohnfortzahlung und Versicherungsschutz gem. Art. 324a OR, AJP 2000, 1064 ff.; GÄCHTER/SCHWENDENER (Hrsg.), Rechtsfragen zum Krankheitsbegriff, Entwicklungen in der Praxis, Bern 2009; GEISER, Fragen im Zusammenhang mit der Lohnzahlungspflicht bei Krankheit, AJP 2003, 323 ff.; GLOOR, Mutterschaft, Kündigungsschutz, Lohnfortzahlung, ArbR 1992, 55 ff.; GNAEGI, Le droit du travailleur au salaire en cas de maladie, in: Les assurances sociales en révision, Lausanne 2002, 197 ff.; DERS., Le droit du travailleur au salaire en cas de maladie, Zürich 1996; DERS., Le droit du travailleur au salaire en cas de maladie, SVZ 1997, 228 ff.; GROS, Versicherungsfall «Erwerbsunfähigkeit», Diss., Zürich/St. Gallen 2014; HÄBERLI, Gesetzwidrige Verteilung der Prämien fürs Krankentaggeld, plädoyer 3/2013, 29 ff.; HÄBERLI/HUSMANN, Schnittstellen im Arbeits- und Sozialversicherungsrecht, plädoyer 3/2009, 34 ff.; HENSCH, Sonderregelungen für schwangere und stillende Arbeitnehmerinnen im privatrechtlichen Arbeitsverhältnis, AJP 2012, 1088 ff.; HUGENTOBLER, Arbeitgeberschreck Gesundheitscheck, AJP 2013, 1142 ff.; HUSMANN/HÄBERLI, Die Fallstricke des Krankentaggelds, plädoyer 4/2002, 28 ff.; VON KAENEL (Hrsg.), Krankentaggeldversicherung: Arbeits- und versicherungsrechtliche Aspekte, Zürich/Basel/Genf 2007; KIESER, Die Koordination von Taggeldern der Arbeitslosenversicherung mit Taggeldern anderer Sozialversicherungszweige, ARV 2012, 217 ff.; KIESER/SCHAFFHAUSER (Hrsg.), Arbeitsunfähigkeit und Taggeld, St. Gallen 2010; KOLLER A., Beidseits verschuldete Leistungsunmöglichkeit des Arbeitnehmers, FS für Manfred Rehbinder, München/Bern 2002, 51 ff.; KRUMMENACHER, Es ist Zeit für «Elternzeit und Elterngeld» in der Schweiz, CHSS 2010, 348 ff.; LEU, Unterstellung und Beiträge der Bezüger und Bezügerinnen von Taggeldern, in: Arbeitsunfähigkeit und Taggeld, St. Gallen 2010, 145 ff.; LUGINBÜHL, Krankentaggeldversicherungen – Allgemeiner Überblick und aktuelle Probleme, in: Arbeitsunfähigkeit und Taggeld, St. Gallen 2010, 9 ff.; LUGINBÜHL/BRÜHLMANN, Arbeitsplatzbezogene Arbeitsunfähigkeit – Eine Problematik an der Schnittstelle von Medizin und Recht, Jusletter 19.8.2013; MEIER K./FINGERHUT, Krankentaggeld statt Lohnfortzahlung, plädoyer 3/1999, 26 ff.; MEYER U./SIKI, Bestand und Umsetzung der Sozialrechte in der Schweiz, SZS 2010, 407 ff.; METZ, Gesetzliche und vertragliche Informationsrechte und -pflichten bei und nach Beendigung des Einzelarbeitsvertrages, in: Stellenwechsel und Entlassung, Handbücher für die Anwaltspraxis (HAP), Bd. II, 2. Aufl., Basel 2012, 171 ff.; MONNARD, La coordination des assurances sociales avec le droit du travail, SZS 2004, 309 ff.; MOSIMANN H., Taggelder wegen Arbeitsunfähigkeit in der IV, der Unfallversicherung und der Militärversicherung, in: Arbeitsunfähigkeit und Taggeld, St. Gallen 2010, 43 ff.; MÜLLER, Arztzeugnisse in arbeitsrechtlichen Streitigkeiten, AJP 2010, 167 ff.; MURER, Schweizerisches Sozialversicherungsrecht, Bern 2010; PAPA, Die Lohnfortzahlungspflicht des Arbeitgebers bei Krankheit und Unfall des Arbeitnehmers und die Koordination von Lohnfortzahlungsleistungen mit Taggeldleistungen, ArbR 2009, 69 ff.; PORTMANN, Die Ersatzpflicht des Schädigers eines Arbeitnehmers für Lohnfortzahlungen und Nebenleistungen des Arbeitgebers, ARV 2001, 110 ff.; REHBINDER, Die ärztliche Arbeitsunfähigkeitsbescheinigung, FS für Oscar Vogel, Fribourg 1991, 183 ff.; RIEMER-KAFKA, Schweizerisches Sozialversicherungsrecht, 2. Aufl., Bern 2010; DIES., Rechtsprobleme der Mutterschaft im Sozialversicherungs- und Arbeitsrecht, Diss., Winterthur 1987; RUDOLPH/VON KAENEL, Arbeitsplatzbezogene Arbeitsunfähigkeit, SJZ 2010, 361 ff.; DIES., Arbeitsplatzbezogene Arbeitsunfähigkeit: Entgegnung zum Beitrag von Luginbühl/Brühlmann in Jusletter 19.8.2013, Jusletter 9.9.2013; RÜETSCHI, Die Rechte des Arbeitnehmers bei der Betreuung kranker Kinder und anderer Angehöriger, FS für Ingeborg Schwenzer, Bern 2011, 1449 ff.; SCARTAZZINI, Krankentaggeldversicherung, AJP 1997, 667 ff.; SCHAFFHAUSER/KIESER (Hrsg.), Arbeitsunfähigkeit und Taggeld, St. Gallen 2010; SCHÖNBERGER, Das Erschleichen der Lohnfortzahlung unter Berufung auf Krankheit, Bern 2001; SCHWENDENER, Krankheit und Recht, Der Krankheitsbegriff im schweizerischen Sozialversicherungsrecht, Diss., Basel 2008; STENGEL, Der Vertrauensarzt im privatrechtlichen Arbeitsverhältnis, Zürich/St. Gallen 2014; SUBILIA, La nouvelle loi sur les les allocations pour perte de gain et maternité, AJP 2005, 1469 ff.; DERS., Les divers empêchements de travailler, in: Panorama en droit de travail, Bern 2009, 73 ff.; DERS., Le juge civil face à l'incapacité de travail ou le pêcheur sans filet – Le certificat médical (de complaisance) à l'épreuve de la procédure civile, SZZP 2007, 413 ff.; SUBILIA/DUC, Quelques réflexions à propos de l'article 324a CO, AJP 2001, 1021 ff.; UEBERSCHLAG, Recht auf entlöhnte Stillpausen – quo vadis?, ARV 2011, 260 ff.; WYLER, LAPG révisée: allocation-maternité et coordination avec le droit du travail, Droit social dans la pratique de l'entreprise, Bern 2006, 47 ff.; DERS., La protection des femmes enceintes et des mères qui allaitent et le nouveau droit du travail, in: Colloques et journées d'étude: 1999–2001, Lausanne 2001, 105 ff.; DERS., in: Arbeitsgesetz, Bern 2005 (zit. ArG); ZELLER, Krankheit und Arbeitsunfähigkeit, Zürich 2007, ‹www.rwiweb.uzh.ch/tit_zeller/publikationen/krankheitundarbeitsunfaehigkeitzuerich2007.pdf›; ZINSLI, Krankheit im Arbeitsverhältnis, Diss., Zürich 1992; DERS., Zur Dauer der minimalen Lohnfortzahlungspflicht des Arbeitgebers bei Erkrankung eines Arbeitnehmers, ArbR 1990, 29 ff.; vgl. ausserdem die Literaturhinweise zur Einleitung vor Art. 319 ff.

I. Voraussetzungen des Lohnfortzahlungsanspruchs

1. Persönlich begründete Verhinderung an der Arbeitsleistung

1 Der Lohnfortzahlungsanspruch nach Art. 324a setzt zunächst voraus, dass der Arbeitnehmer aus Gründen, die in seiner Person liegen, an der Arbeitsleistung verhindert wird. «Verhindert» bedeutet, dass die Arbeitsleistung dem betroffenen Arbeitnehmer **unmöglich oder unzumutbar** ist. Das Gesetz selbst zählt einige Beispiele auf, nämlich Krankheit, Unfall, Erfüllung gesetzlicher Pflichten, Ausübung eines öffentlichen Amtes und Schwangerschaft. Hinzu treten weitere Gründe wie etwa die Geburt eines eigenen Kindes, Flucht infolge schwerer Drohungen (OGer BE, JAR 2007, 377), ein Wohnungswechsel, das Aufsuchen eines Rechtsanwalts, die Suche nach einer neuen Stelle nach erfolgter Kündigung (Näheres zu den einzelnen Verhinderungsgründen in N 21 ff.). Soweit solche Aktivitäten allerdings in die Freizeit verlegt werden können, ist die Arbeitsleistung möglich und zumutbar, so dass sie keinen Lohnfortzahlungsanspruch zu begründen vermögen. Keine Verhinderung an der Arbeitsleistung i.S.v. Art. 324a liegt vor, wenn die Arbeitsunfähigkeit in eine Zeit fällt, während der die Arbeitsleistung aus einem anderen Grund ohnehin nicht erbracht worden und deshalb kein Lohn bezahlt worden wäre. So löst z.B. *Krankheit während eines unbezahlten Urlaubs keine Lohnfortzahlungspflicht* aus. Befindet sich der Arbeitnehmer in Verzug und erkrankt er vor der Arbeitsaufnahme, so soll gemäss BGer, JAR 2007, 329 die Lohnfortzahlungspflicht des Arbeitgebers

gleichwohl ausgelöst werden. Dieser Auffassung ist in Bezug auf diejenigen Fälle zu widersprechen, in denen sich der Arbeitnehmer während der Zeit der Erkrankung mit hoher Wahrscheinlichkeit im Verzug befunden hätte, wenn er nicht krank geworden wäre (so wenn er etwa trotz Genesung die Arbeit nicht unmittelbar wieder aufgenommen hat). Ohne diese Einschränkung wird der sich im Verzug befindende Arbeitnehmer besser gestellt als der unbezahlt Beurlaubte, was mit Blick auf dessen rechtmässiges Fernbleiben von der Arbeit nicht sachgerecht ist.

Die **Beweislast** für den Verhinderungsgrund trägt der Arbeitnehmer. Dabei ist er nicht an bestimmte Beweismittel gebunden, sofern vertraglich nichts anderes bestimmt ist. 2

Durch die Voraussetzung des **persönlichen** Verhinderungsgrundes grenzt sich der Tatbestand des Art. 324a von zwei anderen Tatbeständen ab: 3

- Besteht ein **betrieblicher** Verhinderungsgrund, so kommt Art. 324 über den Annahmeverzug des Arbeitgebers zur Anwendung. Diese Vorschrift gewährt ebenfalls einen Lohnfortzahlungsanspruch, allerdings in einem anderen Umfang (Art. 324 N 11 ff.).
- Besteht ein sonstiger **überpersönlicher** Verhinderungsgrund, so ist das Lohnrisiko vom Arbeitnehmer zu tragen. Mangels einer besonderen gesetzlichen Grundlage für einen Lohnfortzahlungsanspruch gilt der Grundsatz: ohne Arbeit kein Lohn (Art. 324 N 1). Zu solchen objektiven Leistungshindernissen, die nicht auf einen einzelnen Arbeitnehmer beschränkt sind, sondern i.d.R. einen grossen Personenkreis betreffen, gehören z.B. politische Unruhen, Naturkatastrophen, allgemeine Verkehrszusammenbrüche und Seuchengefahr. Die Abgrenzung zu persönlichen Verhinderungsgründen kann im Einzelfall schwierig sein.

2. Fehlendes Verschulden des Arbeitnehmers

Die subjektive Arbeitsverhinderung muss unverschuldet sein. Jedoch schadet ein leichtes Verschulden dem Arbeitnehmer nicht, sondern nur ein **offensichtliches Fehlverhalten** (OGer TG, JAR 1984, 126). Der Arbeitnehmer soll nicht ständig unter Anspannung aller Kräfte auf die Erhaltung seiner Arbeitskraft bedacht sein müssen; vielmehr soll in den Grenzen von Art. 324a der Arbeitgeber das allgemeine Lebensrisiko tragen. Im Streitfall trägt aber der Arbeitnehmer die Beweislast dafür, dass er die von ihm erwartete Sorgfalt beachtet hat (anspruchsbegründende Tatsache; nichts Grundsätzliches ergibt sich aus dem besonders gelagerten Fall von BGer, JAR 2002, 200 f.). 4

Handelt der Arbeitnehmer mit *Vorsatz* (auch eventualvorsätzlich wie bei Fahren in angetrunkenem Zustand), besteht nach dem Gesagten kein Lohnfortzahlungsanspruch. Hingegen nimmt die überwiegende Lehre bei *Grobfahrlässigkeit* an, dass der Anspruch nicht ganz dahinfällt, sondern bloss zu kürzen ist (CR CO I-Aubert, N 36; Egli, AJP 2000, 1065; Streiff/von Kaenel/Rudolph, N 29; **a.A.** Brühwiler, N 7a; BK-Rehbinder/Stöckli, N 15; differenzierend ZK-Staehelin, N 29). Für eine Kürzung (anstelle des Wegfalls) besteht jedoch keine gesetzliche Grundlage. Aus Art. 324a Abs. 1 geht klar hervor, dass fehlendes Verschulden (das nach der Praxis ohnehin sehr grosszügig bejaht wird) eine Anspruchsvoraussetzung darstellt. Etwas anderes ergibt sich auch nicht in Anlehnung an das Schadenersatzrecht. Denn einerseits stellt der Lohnfortzahlungsanspruch keinen Schadenersatz-, sondern einen Erfüllungsanspruch dar. Andererseits setzt auch die Kürzung eines Schadenersatzanspruchs wegen Selbstverschuldens voraus, dass der Schadenersatzanspruch überhaupt besteht: zuerst müssen seine Voraussetzungen erfüllt sein, bevor eine Herabsetzung in Betracht fällt. Nachdem die Anspruchsvoraussetzungen von Art. 324a im Fall von Grobfahrlässigkeit offensichtlich nicht erfüllt sind, kommt also eine Anspruchskürzung selbst dann nicht in Frage, wenn man die Analogie zur Herabsetzung von Schadenersatzansprüchen ziehen wollte. 5

Hat der Arbeitnehmer seine Arbeitsverhinderung selbst herbeigeführt, so ist dies in einigen Fällen von Art. 324a Abs. 1 nicht als Fehlverhalten anzusehen, so dass es für den Lohnfort- 6 zahlungsanspruch entgegen dem Gesetzeswortlaut auf ein Verschulden nicht ankommt, z.B. bei der Übernahme öffentlicher Ämter, der Erfüllung gesetzlicher Pflichten oder der Terminbestimmung für die eigene Hochzeit. Richtigerweise statuiert deshalb Art. 324a Abs. 3 die Lohnzahlungspflicht unabhängig vom Verschulden für den Fall der Schwangerschaft einer Arbeitnehmerin. Näheres zum Verschulden bei einzelnen Verhinderungsgründen in N 21 ff.

3. Ablauf der Karenzfrist

7 Der Lohnfortzahlungsanspruch setzt voraus, dass das Arbeitsverhältnis mehr als drei Monate gedauert hat oder für mehr als drei Monate eingegangen ist. Die Dauer des Arbeitsverhältnisses von über drei Monaten, ab welcher der Lohnanspruch des Arbeitnehmers besteht, berechnet sich ab dem Tag der Arbeitsaufnahme (BGE 131 III 628). Für die Dauer der Karenzfrist besteht kein Lohnanspruch, wenn das Arbeitsverhältnis erst im Rückblick mehr als drei Monate gedauert hat (AppGer BS, JAR 1981, 213). Endet die Karenzfrist während der Verhinderung des Arbeitnehmers, ist der Lohn von da an zu bezahlen.

8 Das Arbeitsverhältnis ist unbestrittenerweise für mehr als drei Monate *eingegangen*:
- wenn ein Vertrag für eine *befristete Dauer* von mehr als drei Monaten abgeschlossen wurde (in BGE 126 III 75 scheiterte der Lohnanspruch einer schwangeren Opernsängerin daran, dass das befristete Arbeitsverhältnis für weniger als drei Monate eingegangen war);
- wenn ein *unbefristeter Vertrag* mit einer Kündigungsfrist von mehr als drei Monaten abgeschlossen wurde.

9 Umstritten ist die Rechtslage beim unbefristeten Vertrag mit einer Kündigungsfrist von drei Monaten oder weniger, wenn im Zeitpunkt des Eintritts der Arbeitsunfähigkeit die bisherige Dauer des Arbeitsverhältnisses und die Kündigungsfrist zusammen mehr als drei Monate betragen. Nach ZK-STAEHELIN, N 34 ff., VISCHER/MÜLLER, 160 f. und der hier vertretenen Ansicht ist in diesem Fall das Arbeitsverhältnis für mehr als drei Monate eingegangen. Das BGer hat dieser Auffassung «lobenswerte soziale Überlegungen» attestiert, sie aber mit der Begründung verworfen, dass es nach dem Gesetzestext auf den Parteiwillen im Zeitpunkt des Vertragsabschlusses ankomme. Der Lohnanspruch entsteht demnach erst am ersten Tag des vierten Monats des Arbeitsverhältnisses. Die dabei entstehende ungleiche Behandlung vergleichbarer Fälle entspricht nach Auffassung des BGer dem Willen des Gesetzgebers und muss daher hingenommen werden (BGE 131 III 629; ähnlich STREIFF/VON KAENEL/RUDOLPH, N 2).

10 Da Art. 324a Abs. 1 nur einseitig zwingend ist, kann der Arbeitgeber die Deckung der innerhalb der ersten drei Monate eintretenden Arbeitsausfälle (auch konkludent) für den Fall zusichern, dass der gesetzliche Lohnfortzahlungsanspruch an der Karenzfrist scheitert. Eine nicht erfüllte vertragliche Versicherungspflicht «contre les accidents professionnels et non professionnels ainsi que sur la perte de gain accident et maladie, selon les lois régies par la LAA et LPP» hatte gemäss BGE 131 III 623 zur Folge, dass die Arbeitnehmerin davon ausgehen durfte, das Krankheitsrisiko sei *gemäss der gesetzlichen Grundordnung* seit dem Beginn ihrer Anstellung gedeckt (mangels rechtlicher Kenntnisse der Arbeitnehmerin konnte ihr der fehlerhafte Hinweis auf das UVG und das BVG nicht schaden).

11 Kürzere Unterbrechungen und Funktionswechsel beim gleichen Arbeitgeber lösen grundsätzlich keine neue Karenzfrist aus. Das gilt etwa für die Auszeit des Saisonniers (BGE 101 Ia 463), für Beförderungen sowie für die Anstellung nach einem Lehrverhältnis oder einem Praktikum (CAPH GE, JAR 1998, 149).

II. Umfang des Lohnfortzahlungsanspruchs

1. Höhe

Der *Höhe* nach ist derjenige Lohn zu zahlen, den der Arbeitnehmer normalerweise erhalten würde, wenn er gearbeitet hätte, also auch Zulage, Provision usw., ferner eine angemessene Vergütung für ausfallenden Naturallohn (Bestimmung in Anlehnung an Art. 11 AHVV, z.B. für Kost und Logis, nicht hingegen beim Bedienungspersonal die freiwilligen Trinkgelder, sog. «Overtips», AGer ZH, JAR 1986, 96). Schwankende Lohnbestandteile erfordern Schätzungen (Art. 42 Abs. 2 analog). Diese sind i.d.R. anhand des Durchschnittslohns während einer früheren, repräsentativen Zeitspanne vorzunehmen, gleichzeitig aber an aktuelle Entwicklungen und Besonderheiten anzupassen (vgl. Art. 329d N 1 f.). **12**

2. Dauer

Gemäss Art. 324a Abs. 1 ist der Lohn für eine **«beschränkte Zeit»** fortzuzahlen. Art. 324a Abs. 2 legt als Mindestleistung zwingend fest, dass im ersten Dienstjahr bis zu drei Wochen und in den folgenden Dienstjahren eine angemessene längere Zeit Lohn gezahlt werden muss, je nach Dauer des Arbeitsverhältnisses und den Umständen des Einzelfalles. Dabei sind besonders eventuelle frühere Leistungen des Arbeitgebers im Krankheitsfall sowie die wirtschaftlichen Verhältnisse beider Parteien zu berücksichtigen (BGE 84 II 29, 32 f.). Die Gerichte legen aber im Interesse der Rechtssicherheit oft Richtsätze zugrunde, die die Dauer der Lohnzahlung nach der Anzahl Dienstjahre staffeln. So entwickelte das GSGer BS die sog. *Basler Skala*. Die Berner Gerichte verwenden hingegen die *Berner Skala*, die von verschiedenen Spitzenverbänden der Wirtschaft aufgestellt wurde. Das AGer ZH schliesslich verwendet seine revidierte *Zürcher Skala*. Die übrigen Gerichte desselben Kantons und die der anderen Kantone halten sich indessen nur teilweise an diese Skalen (s. das Umfrageergebnis von ZINSLI, ArbR 1990, 29 ff.). **13**

Der Anspruch auf Lohnfortzahlung wird nicht geschmälert, wenn das Arbeitsverhältnis nicht bis zum Ende des betreffenden Dienstjahres dauert (BGer, JAR 1999, 167). Die Lohnfortzahlungspflicht endet aber spätestens mit der Beendigung des Arbeitsverhältnisses, soweit nichts anderes vereinbart ist (BGE 113 II 263; 127 III 325). Vom Arbeitgeber zugesagte Versicherungsleistungen sind jedoch nach ihrem Wortlaut oder Sinn allenfalls über das Ende des Arbeitsverhältnisses hinaus zu erbringen (BGE 127 III 326). **14**

Nach der bundesgerichtlichen Rechtsprechung richtet sich die für die Anzahl Dienstjahre **massgebende Dauer des Arbeitsverhältnisses** primär nach dem *Parteiwillen* (BGE 112 II 54). Im Zweifel ist, etwa bei Funktionswechseln des Arbeitnehmers, nicht von einer Neubegründung, sondern von der Fortsetzung des Arbeitsverhältnisses auszugehen, so etwa wenn sich ein gewöhnlicher Arbeitsvertrag an einen Lehrvertrag anschliesst (BGE 129 III 127; BGer, JAR 1998, 285). Mangels anderer Abrede (die nicht gegen das Verbot unzulässiger Kettenverträge verstossen darf) sind auch die jährlichen Einsätze eines Saisonniers als einheitliches Arbeitsverhältnis zu behandeln (BGE 101 Ia 465; TC FR, JAR 1998, 122; s.a. BGE 129 III 624). Hingegen lässt eine längere Unterbrechung vermuten, dass die Begründung eines neuen Arbeitsverhältnisses gewollt war (vgl. BGE 112 II 54 f.: i.c. mehr als vier Jahre). Dieselbe Vermutung ergibt sich aus der zwischenzeitlichen Tätigkeit für einen anderen Arbeitgeber (PORTMANN/STÖCKLI, Rz 322). Von einem neuen Arbeitsverhältnis ist auch auszugehen, wenn der Arbeitnehmer eine völlig andersgeartete Funktion übernimmt (ein Handelsreisender wechselt z.B. in den Innendienst). **15**

Nach der gesetzlichen Regelung entsteht mit jedem neuen Dienstjahr ein **neuer Anspruch** auf Lohnfortzahlung. Somit kann z.B. bei längerer Krankheit, die über das Ende eines Dienstjahres hinausreicht, zunächst ein Anspruch bestehen, dann mit dem Ende der beschränkten Zeit entfallen, um schliesslich mit dem Beginn des nächsten Dienstjahres wieder aufzuleben **16**

(Streiff/von Kaenel/Rudolph, N 8). Im neuen Dienstjahr bemisst sich die Dauer des Anspruchs auf Lohnfortzahlung nach der für dieses geltenden Skala. Ein Abzug wegen Arbeitsunfähigkeit bereits im vorangehenden Dienstjahr ist nicht statthaft, ebenso nicht die Berechnung des Anspruchs nach dem Durchschnitt beider Jahre. Führt die strikte Anwendung der Skalen zu stossenden Ergebnissen, so hat das Gericht auf die konkreten Umstände Rücksicht zu nehmen (BGer, JAR 1999, 167).

17 Bei erneuter Verhinderung im gleichen Dienstjahr, sei es wegen desselben oder wegen eines anderen Grundes, kann nur für *eine* «beschränkte Zeit» Lohn gefordert werden. Mit anderen Worten hat also eine **Zusammenrechnung** derselben oder verschiedenartiger Verhinderungsgründe zu erfolgen. Das gilt auch bei Schwangerschaft, die im Verhältnis zu den Verhinderungsgründen von Art. 324a Abs. 1 trotz besonderer Erwähnung in Art. 324a Abs. 3 keine eigenständige Lohnfortzahlungsdauer für sich beanspruchen kann (BGer, JAR 1993, 143; BGer, JAR 1995, 112).

18 Für den Fall **teilweiser Arbeitsunfähigkeit** ist unklar, ob die gesetzlichen Mindestansprüche das *Geldminimum* bezeichnen, das bei voller Arbeitsunfähigkeit während beschränkter Zeit geschuldet ist (so AGer ZH, JAR 1999, 179) oder ob sie als *Zeitminimum* der Lohnzahlung gemeint sind (so TC VD, JAR 1992, 136). Man wird sich im Interesse der Rechtsgleichheit für das Geldminimum entscheiden müssen. Ist also z.B. ein Arbeitnehmer im ersten Dienstjahr während sechs Wochen zu 50% arbeitsunfähig, so hat er Anspruch darauf, dass ihm die entsprechende Lohnhälfte nicht bloss während drei, sondern während sechs Wochen fortgezahlt wird. Dieser Betrag entspricht dem (gesamten) «Lohn für drei Wochen».

19 Tritt Teilarbeitsunfähigkeit bei einem Arbeitnehmer auf, der in einem *Teilzeitarbeitsverhältnis* beschäftigt ist, darf die Teilarbeitsunfähigkeit nicht einfach der übrigen Zeit belastet werden, zumal in dieser Zeit unter Umständen Arbeit für einen anderen Arbeitgeber geleistet oder sonstige Pflichten (z.B. familiärer Natur) erfüllt werden müssen (grundsätzlich anders AGer ZH, Entscheide 2002, 15, wonach eine zu 70% beschäftigte und zu 50% arbeitsunfähige Person in der Lage ist, 50% eines vollen Pensums zu arbeiten). Vielmehr ist der Grad der Arbeitsunfähigkeit für jeden Bereich gesondert festzulegen, wie es dem anerkannten funktionsbezogenen Begriff der Arbeitsunfähigkeit entspricht. Wer unfähig ist, eine bestimmte Teilzeitarbeit zu verrichten, ist nicht ohne weiteres auch unfähig, eine andere Teilzeitarbeit oder den Haushalt zu besorgen. Daher sollte auch auf eine abstrakte proportionale Aufteilung zugunsten einer konkreten bereichsweisen Bestimmung der Teilarbeitsunfähigkeit verzichtet werden. Mit anderen Worten sollte bei Teilzeitarbeit anstelle eines Arztzeugnisses, das z.B. generell eine Arbeitsunfähigkeit von 50% bescheinigt, ein solches verlangt werden, das sich zum Grad der Arbeitsunfähigkeit *im betroffenen Arbeitsverhältnis* äussert (insoweit abw. Geiser, AJP 2003, 324 f., der im Verhältnis von Teilzeitarbeit und Freizeit für eine proportionale Reduktion eintritt, und Streiff/von Kaenel/Rudolph, N 15, die von der Vermutung ausgehen, dass sich die Teilarbeitsunfähigkeit proportional auswirkt).

20 Skalen im Überblick: Lohnfortzahlung in Abhängigkeit der Dienstjahre (W = Wochen, M = Monate)

Im … Dienstjahr	**BS**	**BE**	**ZH (revidierte Skala)**
1.	3 W	3 W	3 W
2.	2 M	1 M	8 W
3.	2 M	2 M	9 W
4.	3 M	2 M	10 W
5.	3 M	3 M	11 W
6.	3 M	3 M	12 W
7.	3 M	3 M	13 W

Im … Dienstjahr	BS	BE	ZH (revidierte Skala)
8.	3 M	3 M	14 W
9.	3 M	3 M	15 W
10.	3 M	4 M	16 W
11.	4 M	4 M	17 W
12.	4 M	4 M	18 W
13.	4 M	4 M	19 W
14.	4 M	4 M	20 W
15.	4 M	5 M	21 W
16.	5 M	5 M	22 W
17.	5 M	5 M	23 W
18.	5 M	5 M	24 W
19.	5 M	5 M	25 W
20.	5 M	6 M	26 W
21.	6 M	6 M	27 W
22.	6 M	6 M	28 W
23.	6 M	6 M	29 W
24.	6 M	6 M	30 W
25.	6 M	6 M	31 W

III. Die Verhinderungsgründe im Einzelnen

1. Krankheit

Krankheit ist jede Beeinträchtigung der körperlichen, geistigen oder psychischen Gesundheit, die nicht Folge eines Unfalles ist und die eine medizinische Untersuchung oder Behandlung erfordert oder eine Arbeitsunfähigkeit zur Folge hat (so die Umschreibung von Art. 3 Abs. 1 ATSG). Der Definition kommt kein entscheidender Stellenwert zu, da das Gesetz nicht auf die Krankheit als solche, sondern auf das Vorliegen einer unverschuldeten Verhinderung abstellt, welche die Arbeitsleistung unmöglich oder unzumutbar macht. Das ist längst nicht bei jeder Krankheit der Fall. Zur Frage, ob eine somatoforme Schmerzstörung eine Arbeitsunfähigkeit i.S.v. Art. 6 ATSG auslöst, BGer, JAR 2013, 226. 21

Ein *Kuraufenthalt* zur Heilung einer Krankheit stellt zumindest dann eine unverschuldete Verhinderung an der Arbeitsleistung dar, wenn er nicht ohne Gefahr für die Gesundheit verschoben werden kann. Dabei kann es nicht darauf ankommen, ob der Arbeitnehmer vor Antritt der Kur noch arbeitsfähig war oder nicht (BGer, JAR 1998, 214). Notwendige Operationen oder Kuren müssen nicht in die Ferien verlegt werden (Wahrung des Erholungszwecks der Ferien). 22

Stark umstritten ist die Frage, ob eine Arbeitsverhinderung infolge von *Alkohol- oder Drogensucht* als unverschuldet zu betrachten sei (bejahend etwa Egli, AJP 2000, 1067; Geiser, AJP 2003, 325 f.; verneinend CR CO I-Aubert, N 34). Die Frage ist differenziert nach den Besonderheiten des einzelnen Falles zu beurteilen. Setzt sich jemand bewusst einem hohen Suchtrisiko aus, liegt Eventualvorsatz vor, der zum Wegfall des Lohnfortzahlungsanspruchs führt. Gleitet jemand hingegen über längere Zeit gleichsam unmerklich in eine immer tiefer werdende Abhängigkeit ab, wird man tendenziell von fehlendem Verschulden ausgehen müssen. Stets dürfte entscheidend sein, inwieweit die betroffene Person die Möglichkeit hatte, die Gefahren ihres Verhaltens zu erkennen und sich dementsprechend auszurichten. Allgemein als 23 unverschuldet gelten Krankheiten, die auf *übermässigen Nikotingenuss* zurückzuführen sind. Mit Blick auf die heute ausreichend bekannten Gefahren erheblichen Rauchens sollte diese Ansicht überprüft werden.

24 Der Arbeitgeber ist nur lohnfortzahlungspflichtig, wenn die Krankheit *bewiesen* ist, wobei der Arbeitnehmer die Beweislast trägt. Ist allerdings vertraglich vorgesehen, dass erst ab einem bestimmten Krankheitstag ein Arztzeugnis einzureichen ist, hat der Arbeitgeber das Fehlen der Krankheit während der vorangehenden Tage zu beweisen, wenn er den Lohn für diese Zeit nicht fortzahlen will (BK-REHBINDER/STÖCKLI, N 18). Das geeignete Mittel zum Nachweis von Krankheit ist i.d.R. ein Arztzeugnis. Die Berufung auf andere taugliche Beweismittel (z.B. auf unbefangene glaubwürdige Zeugen) darf dem Arbeitnehmer jedoch nicht verwehrt werden, selbst wenn der Arbeitsvertrag die Vorlage eines Arztzeugnisses vorschreibt, denn Art. 324a Abs. 1 ist einseitig zwingend (OGer SO, JAR 1982, 112 f.: Vertragsklausel, nach der im Krankheitsfall ab dem zweiten Tag ein Arztzeugnis beigebracht werden muss, stellt bloss eine Ordnungsvorschrift dar; im gleichen Sinne OGer BL, JAR 2001, 221).

25 Zweifelt der Arbeitgeber begründeterweise an der Richtigkeit eines Zeugnisses (wie z.B. im Fall GSGer BS, JAR 2009, 482), so kann er auf seine Kosten vom Arbeitnehmer eine vertrauensärztliche Untersuchung verlangen (s.a. OGer LU, JAR 2013, 514; TC VD, JAR 2012, 559). Diese Obliegenheit ergibt sich aus der allgemeinen Treuepflicht (Art. 321a Abs. 1), so dass dafür keine vertragliche Grundlage erforderlich ist (gemäss OGer LU, JAR 2013, 514 h.L.). Verweigert der Arbeitnehmer eine berechtigte vertrauensärztliche Untersuchung, kann der Arbeitgeber mindestens vorerst, nach anderer Auffassung sogar definitiv die Lohnzahlung einstellen (differenzierend OGer BE, JAR 2013, 409; s.a. OGer LU, JAR 2013, 514; zum Meinungsstand STREIFF/VON KAENEL/RUDOLPH, N 12). Das Gericht kann sich über den in einem ärztlichen Zeugnis enthaltenen Befund hinwegsetzen, wenn sich aus den Umständen ergibt, dass die Arbeitsunfähigkeit nicht bestand. Der Umstand, dass das Zeugnis keine Angaben über die Gründe der Arbeitsunfähigkeit enthält, reicht dazu aber nicht aus (BGer, JAR 1997, 132; s. aber BGE 140 V 193, wo das BGer in einem sozialversicherungsrechtlichen Fall den Beweiswert ärztlicher Zeugnisse ganz grundsätzlich relativiert). Objektive Zweifel können hingegen durch bestimmte Aktivitäten während der angeblichen Krankheitszeit, häufigen Arztwechsel, Ablehnung einer vertrauensärztlichen Untersuchung oder verspätetes Aufsuchen des Arztes hervorgerufen werden (STREIFF/VON KAENEL/RUDOLPH, N 12; weitere Beispiele in BGer, JAR 2009, 231, TC VD, JAR 2012, 559 und CAPH GE, JAR 2008, 376), ebenso durch das Verstecken hinter der ärztlichen Schweigepflicht (BGer, ARV 2013, 307; s.a. OGer LU, JAR 2013, 514). Als ein Arbeitnehmer seine Arbeit bis zur Kündigung anfangs Nachmittag normal ausführte, ohne Zeichen einer Krankheit zu zeigen, und sich erst danach über Unwohlsein beklagte und sich noch am gleichen Tag zum Arzt begab, wurde die Kündigung als wirksam und nicht in eine Sperrfrist fallend taxiert. Dies obschon der Arzt die Arbeitsunfähigkeit bestätigte (BGer, ARV 2011, 281). In einem anderen Entscheid hielt es das BGer für nicht willkürlich, auf den Befund des behandelnden Arztes abzustellen, wenn dessen Schlussfolgerungen durch das vom Arbeitgeber beschaffte ärztliche Zeugnis weder sicher noch kategorisch umgestossen würden (BGer, JAR 2011, 129; s.a. TC VD, JAR 2012, 559 und BGer, 17.12.2014, 4A_526/2014). Ungenügend für den Nachweis einer Arbeitsunfähigkeit war dagegen das blosse Verschreiben einer zehntägigen Rückentherapie, bestehend aus Ruhe, Massage und Bädern (TC VD, JAR 2013, 448). In einem kürzlich ergangenen Entscheid zum IV-Recht hat das BGer den Beweiswert ärztlicher Befunde bei geltend gemachter Arbeitsunfähigkeit ganz grundsätzlich relativiert (BGE 140 V 193). Im Allgemeinen nicht beweistauglich sind Zeugnisse, die nur auf Angaben des Patienten beruhen (AGer ZH, ZR 2000, 220; relativierend AGer ZH, Entscheide 2004, 13 f., wonach Beweistauglichkeit dennoch anzunehmen sei, wenn ein plausibler Grund angegeben werden könne, weshalb der Arzt auf eine eigene Diagnose verzichtet habe), oder Zeugnisse, die mit erheblicher Verspätung ausgestellt wurden (KGer GR, JAR 2011, 510; CAPH GE, JAR 2008, 376; GSGer BS, JAR 1983, 118; grosszügiger OGer BL, JAR 2001, 221). Hat der Arbeitgeber die Richtigkeit des Arztzeugnisses im Rahmen des Gerichtsverfahrens nie bestritten, so besteht für das Gericht kein Anlass, das Zeugnis anzuzweifeln und den ausstellenden Arzt anzuhören (TC FR, JAR 2008, 364).

Der Abschluss einer *Taggeldversicherung* bei Krankheit ist nicht obligatorisch, aber insb. im Rahmen einer gleichwertigen Lösung nach Art. 324a Abs. 4 möglich und sinnvoll (N 50 ff.). Die *Berufskrankheit* ist bereits in der obligatorischen Unfallversicherung eingeschlossen (Art. 9 UVG), und die Militärversicherung haftet für *alle* einschlägigen Schädigungen der körperlichen, geistigen oder psychischen Gesundheit des Versicherten (Art. 4 Abs. 1 MVG). 26

2. Unfall

Unfall ist die plötzliche, nicht beabsichtigte schädigende Einwirkung eines ungewöhnlichen äusseren Faktors auf den menschlichen Körper, die eine Beeinträchtigung der körperlichen, geistigen oder psychischen Gesundheit oder den Tod zur Folge hat (Definition gem. Art. 4 ATSG). Wie bei Krankheit ist für die Frage der Lohnfortzahlungspflicht nicht der Unfall als solcher von Bedeutung, sondern die dadurch allenfalls bewirkte Verhinderung an der Arbeitsleistung (zum Beweis N 24 f.). 27

Sportunfälle bei normaler sportlicher Betätigung sind auch bei riskanten Sportarten im Zweifel als unverschuldet zu betrachten (BGE 122 III 271: Skifahren, Bergsteigen, Tauchen, Reiten; BGE 104 V 19: Deltasegeln; **anders** AGer ZH, JAR 1981, 267: «Motocross»-Rennen). 28

Gemäss Art. 1a Abs. 1 i.V.m. Art. 6 Abs. 1 UVG sind grundsätzlich alle in der Schweiz beschäftigten Arbeitnehmer gegen Berufsunfälle, Nichtberufsunfälle und Berufskrankheiten *obligatorisch versichert*. Das Taggeld beträgt bei voller Arbeitsunfähigkeit 80% des versicherten Verdienstes; bei teilweiser Arbeitsunfähigkeit wird es entsprechend gekürzt (Art. 17 Abs. 1 UVG). Der Anspruch auf Taggeld entsteht am dritten Tag nach dem Unfalltag (d.h. es bestehen zwei Karenztage); er erlischt mit der Wiedererlangung der vollen Arbeitsfähigkeit, mit dem Beginn einer Rente oder mit dem Tod des Versicherten (Art. 16 Abs. 2 UVG). 29

Dementsprechend ist die Lohnfortzahlungspflicht des Arbeitgebers infolge Arbeitsunfähigkeit wegen Unfalls stark eingeschränkt (Fallbeispiel TAPP TI, JAR 2012, 516). Immerhin kommt sie zur Anwendung: 30

- bei ausnahmsweise nicht versicherten Arbeitnehmern aufgrund von Art. 324a Abs. 1 (vgl. Art. 1a Abs. 2 UVG, Art. 1a ff. und 13 UVV);
- zur Ausgleichung der Differenz nach Art. 324b Abs. 2, wenn die für die beschränkte Zeit geschuldeten Versicherungsleistungen nicht mindestens 80% des darauf entfallenden Lohnes decken, was in Bezug auf Lohnbestandteile über dem versicherten Verdienst der Fall ist (vgl. Art. 15 UVG und 22 UVV);
- während der zwei Karenztage gem. Art. 324b Abs. 3 (vgl. Art. 16 Abs. 2 UVG).

3. Schwangerschaft

Die Schwangerschaft wurde in Art. 324a Abs. 3 besonders erwähnt, um sicherzustellen, dass der Lohnfortzahlungsanspruch nicht am Verschulden oder dem fehlenden Krankheitswert von Schwangerschaftsbeschwerden scheitern kann. Bei sog. *Risikoschwangerschaften*, bei denen die Arbeit zum Schutz von Mutter oder Kind vorsorglich ausgesetzt werden muss, ist die Lohnfortzahlungspflicht durchaus gerechtfertigt, obwohl von einer Krankheit nicht gesprochen werden kann. Wie bei den anderen Verhinderungsgründen ist jedoch auch bei Schwangerschaft eine Verhinderung an der Arbeitsleistung Anspruchsvoraussetzung (BGE 118 II 61; h.L.). Schwangerschaftsabbruch, Fehlgeburt u.dgl. fallen unter Art. 324a Abs. 1. 31

Zu beachten sind die besonderen Bestimmungen des **Arbeitsschutzrechts** (vgl. Art. 35 ff. ArG über den Gesundheitsschutz schwangerer Frauen und stillender Mütter, Art. 60 ff. ArGV 32

1, Mutterschutzverordnung), die zum Teil ebenfalls eine Lohnfortzahlung anordnen, so z.B. gemäss dem per 1.6.2014 revidierten Art. 60 Abs. 2 ArGV 1 für das Stillen und Abpumpen der Milch (noch vor der Revision CAPH GE, JAR 2012, 473). In Verbindung mit der Rezeptionsklausel von Art. 342 Abs. 2 ergeben sich aus ihnen privatrechtlich durchsetzbare Leistungsansprüche, die nicht unmittelbar an die beschränkte Zeit nach Art. 324a anzurechnen sind (ZK-STAEHELIN, N 16; STREIFF/VON KAENEL/RUDOLPH, N 16). Zu ihnen gehören neben dem eben erwähnten Fall des Stillens und Abpumpens der Milch:

33 – *Art. 35 ArG*: Durch Verordnung kann die Beschäftigung schwangerer Frauen und stillender Mütter für beschwerliche und gefährliche Arbeiten aus gesundheitlichen Gründen untersagt oder von besonderen Voraussetzungen abhängig gemacht werden. Schwangere Frauen und stillende Mütter, die wegen solcher Vorschriften bestimmte Arbeiten nicht verrichten können, haben Anspruch auf 80% des Lohnes, samt einer angemessenen Vergütung für ausfallenden Naturallohn, soweit ihnen der Arbeitgeber keine gleichwertige Ersatzarbeit zuweisen kann. Ein solcher Anspruch setzt demnach den Verzug des Arbeitgebers voraus und ist folglich zu verneinen, wenn die schwangere Frau auf blosse Anzeige hin ihre Arbeit niederlegt und dem Arbeitgeber dadurch die Möglichkeit nimmt, seine Pflichten in Bezug auf die Zuweisung von Ersatzarbeit zu erfüllen (BGer, ARV 2007, 90, 92 f.).

34 – *Art. 35b ArG*: Der Arbeitgeber hat schwangeren Frauen, die zwischen 20 und 6 Uhr beschäftigt werden, nach Möglichkeit eine gleichwertige Arbeit zwischen 6 und 20 Uhr anzubieten, dies auch für die Zeit zwischen der 8. und der 16. Woche nach der Niederkunft. Frauen, die trotzdem zwischen 20 und 6 Uhr beschäftigt werden, haben Anspruch auf 80% des Lohnes, ohne allfällige Zuschläge für Nachtarbeit, samt einer angemessenen Vergütung für ausfallenden Naturallohn, soweit ihnen keine andere gleichwertige Arbeit angeboten werden kann.

35 Hingegen erwächst aus dem blossen Umstand, dass das Arbeitsschutzrecht das Fernbleiben vom Arbeitsplatz gestattet oder eine bestimmte Verrichtung als Arbeitszeit auffasst, kein Lohnfortzahlungsanspruch (die Erfassung als Arbeitszeit ist aber für die Höchstarbeitszeit nach Art. 9 ArG von Bedeutung, AGer ZG, JAR 1997, 136). Ein solcher entsteht somit auch in derartigen Fällen nur, wenn die Voraussetzungen von Art. 324a erfüllt sind (BGE 118 II 58; s.a. BGer, ARV 2007, 90).

4. *Mutterschaft*

36 Im Bereich der Mutterschaft besteht eine obligatorische Versicherung, die im Rahmen des Erwerbsersatzgesetzes (Bundesgesetz vom 25.9.1952 über den Erwerbsersatz für Dienstleistende und bei Mutterschaft, EOG, SR 834.1) geregelt ist. Der Kreis der Anspruchsberechtigten ist in Art. 16b EOG niedergelegt (s. hierzu BGer, JAR 2009, 269). Väter können keinen Anspruch geltend machen (BGE 140 I 305). Ausgerichtet wird ein Taggeld von 80% des durchschnittlichen Erwerbseinkommens, das vor Beginn des Entschädigungsanspruchs erzielt wurde (Art. 16e Abs. 2 EOG). Die Mutterschaftsentschädigung beträgt höchstens CHF 196 im Tag (Stand: Frühling 2015; Art. 16f Abs. 1 EOG; für Berechnungsfragen BGer, JAR 2011, 220). Grundsätzlich entsteht der Entschädigungsanspruch am Tag der Niederkunft und endet spätestens am 98. Tag nach seinem Beginn (Art. 16c und 16d EOG). Die Kantone können eine höhere oder länger dauernde Mutterschafts- oder eine Adoptionsentschädigung vorsehen und zu deren Finanzierung besondere Beiträge erheben (Art. 16h EOG). Zum Anspruch auf Mutterschaftsentschädigung bei Teilzeitarbeit bzw. nur sehr sporadischen Einsätzen s. BGer, ARV 2013, 45; bei Arbeitslosigkeit bzw. beruflicher Integrationsmassnahmen s. BGE 140 V 368, 136 V 239 und BGer, 2.4.2012, 8C_614/2011; bei Wiederaufnahme der Arbeit s. BGE 139 V 250, ferner 140 V 379 betr. die arbeitslosenversicherungsrechtliche Rahmenfrist.

37 Wie bei Unfall ist somit der Anwendungsbereich der Lohnfortzahlungspflicht des Arbeitgebers bei Mutterschaft erheblich beschränkt, insofern noch weitergehend, als mangels Karenztagen von vornherein keine Zahlungspflicht gem. Art. 324b Abs. 3 besteht (vgl. Art. 16c EOG). Immerhin verbleibt eine *Zahlungspflicht*:

- Bei ausnahmsweise *nicht versicherten Arbeitnehmerinnen* (s. Art. 16b EOG). Zwar scheint auf den ersten Blick infolge Streichung der Niederkunft aus dem Tatbestand von Art. 324a Abs. 3 das Gegenteil zuzutreffen. Es ist jedoch davon auszugehen, dass diesbezüglich ein Versehen des Gesetzgebers und nicht ein qualifiziertes Schweigen vorliegt. Der Lohnfortzahlungsanspruch wegen Verhinderung an der Arbeitsleistung infolge Mutterschaft lässt sich daher auf den nicht abschliessenden Art. 324a Abs. 1 stützen (gl.A. GEISER/MÜLLER, Rz 1050; durch Füllung einer Gesetzeslücke in Art. 324a Abs. 3 gelangen STREIFF/VON KAENEL/RUDOLPH, N 16; ZK-STAEHELIN, Art. 329f OR N 4 und VISCHER/MÜLLER, 167 zum gleichen Resultat). Durch Verweigerung eines solchen Lohnfortzahlungsanspruchs würde ein nicht hinnehmbarer Wertungswiderspruch zu den anderen Verhinderungsgründen geschaffen. 38
- Zur *Ausgleichung der Differenz nach Art. 324b Abs. 2*, wenn die für die beschränkte Zeit geschuldeten Versicherungsleistungen nicht mindestens 80% des darauf entfallenden Lohnes decken, was insb. wegen des beschränkten Tagessatzes der Versicherung der Fall sein kann. Dieser Punkt ist stark umstritten (wie hier: BRUNNER/BÜHLER/WAEBER/BRUCHEZ, N 5; DUC, AJP 2005, 1011; SUBILIA, AJP 2005, 1475 f.; WYLER, ArG, Art. 35a N 10; **a.A.** ZK-STAEHELIN, N 16a; STREIFF/VON KAENEL/RUDOLPH, N 16). Einzuräumen ist, dass die Materialien gegen den hier befürworteten Lohnfortzahlungsanspruch sprechen (Bericht, BBl 2002, 7550). Gleiches trifft jedoch nicht auf die Gesetzessystematik zu. Wird die Mutterschaft, wie in N 38 dargelegt, von Art. 324a Abs. 1 (bzw. mittels Lückenfüllung von Abs. 3) erfasst, läuft das Argument ins Leere, dass Art. 324b nur die von Art. 324a abgedeckten Fälle betreffe. Hinzu kommt, dass die Nichtanwendung von Art. 324b Abs. 2 bei Mutterschaft einen gravierenden Verstoss gegen das verfassungsrechtlich geschützte Lohngleichheitsgebot zwischen Frau und Mann darstellt (Art. 8 Abs. 3 BV), nachdem der Militärdienst unbestrittenermassen in den Anwendungsbereich von Art. 324b Abs. 2 fällt. 39
- Bei *weitergehenden Leistungszusagen* im EAV, GAV oder NAV. Für solche Fälle sieht Art. 19 Abs. 2 ATSG vor, dass Taggelder und ähnliche Entschädigungen in dem Ausmass dem Arbeitgeber zukommen, als er der versicherten Person trotz der Taggeldberechtigung Lohn zahlt. 40
- Bei einem *Aufschub des Mutterschaftsurlaubs* i.S.v. Art. 16c Abs. 2 EOG (längerer Spitalaufenthalt des neu geborenen Kindes). Hier ist zu beachten, dass im Geltungsbereich des Arbeitsgesetzes ein zwingendes Arbeitsverbot während der ersten acht Wochen nach der Niederkunft besteht (Art. 35a Abs. 3 ArG). Infolge dieses Arbeitsverbots ist die Arbeitnehmerin i.S.v. Art. 324a Abs. 1 an der Arbeitsleistung verhindert, was ihr einen Anspruch auf Lohnfortzahlung (allerdings nur «für eine beschränkte Zeit») verschafft (Regionalgericht Bern-Mittelland, ARV 2013, 235, besprochen durch RUDOLPH; BRUCHEZ, SJ 2005 II 268; STREIFF/VON KAENEL/RUDOLPH, Art. 329f N 7; demgegenüber tritt DUC, AJP 2005, 1011, für eine Anwendung von Art. 324b Abs. 2 ein, SUBILIA, AJP 2005, 1477, für eine solche von Art. 324b Abs. 3). Auch nachher darf die Arbeitnehmerin bis zur 16. Woche nach der Niederkunft bzw. bis zum Ende der Stillzeit der Arbeit unter Berufung auf das Arbeitsschutzrecht fernbleiben (Art. 35a Abs. 1 und 3 ArG), wobei ein Lohnfortzahlungsanspruch indessen nur im Falle einer Verhinderung nach Art. 324a besteht. Letzteres kann auch der Fall sein, wenn die Präsenz der Mutter im Spital notwendig ist (Regionalgericht Bern-Mittelland, ARV 2013, 235 mit zustimmender Besprechung durch RUDOLPH). 41

Tritt hingegen die Arbeitnehmerin den (nach EOG bezahlten) Mutterschaftsurlaub freiwillig nicht an (d.h. ausserhalb eines Aufschubs nach Art. 16c Abs. 2 EOG) oder beendet sie diesen vorzeitig (Art. 16d EOG), entfällt die Lohnfortzahlungspflicht des Arbeitgebers selbst dann, wenn die Arbeitnehmerin dem Arbeitsverbot nach Art. 35a Abs. 3 ArG untersteht oder sie sonstwie i.S.v. Art. 324a Abs. 1 an der Arbeitsleistung verhindert ist. Denn es geht nicht an, dass die Arbeitnehmerin die Mutterschaftsentschädigung zu Lasten des Arbeitgebers nicht be- 42 zieht (sonst könnte z.B. eine Arbeitnehmerin im achten Dienstjahr vom Arbeitgeber nach der Zürcher Skala während 14 Wochen Lohnfortzahlung zu 100% verlangen, anstatt sich mit den 80% gemäss Mutterschaftsentschädigung zu begnügen). In diesem Sinne ist der Bezug des vollen Mutterschaftsurlaubs zwar keine Pflicht, wohl aber eine Obliegenheit (zum gleichen Ergebnis gelangen selbstverständlich diejenigen Autoren, welche davon ausgehen, dass die Mutterschaftsversicherung nach EOG die Lohnfortzahlung nach Art. 324a ersetzt und somit grundsätzlich ohnehin kein nachgeburtlicher Lohnfortzahlungsanspruch besteht, so ZK-STAEHELIN, N 16a; STREIFF/VON KAENEL/RUDOLPH, N 16). Zum Stillen s. N 32 f.

5. Erfüllung gesetzlicher Pflichten oder Ausübung eines öffentlichen Amtes

43 Zu den *gesetzlichen Pflichten*, deren Erfüllung zu einer Verhinderung an der Arbeitsleistung und zu einem Lohnfortzahlungsanspruch führen kann, gehören etwa:

- Die Leistung von obligatorischem Militär-, Zivil-, Schutz- oder Feuerwehrdienst. Als obligatorisch gilt auch die Leistung von Beförderungsdiensten (BRÜHWILER, N 5; BK-REHBINDER/STÖCKLI, N 7; differenzierend ZK-STAEHELIN, N 14, 28) und militärischem Frauendienst (BGE 122 III 271, wonach die Verpflichtung zur Erbringung des militärischen Frauendienstes in Anbetracht der öffentlichen Interessen als unverschuldet gilt, obwohl die Anmeldung dazu freiwillig erfolgt). Die Leistung von Zivildienst anstelle des Militärdienstes ist unverschuldet (s. Art. 1 und 8 ZDG, Art. 81 Abs. 3 und 4 MStG; BGE 122 III 268).
- Der Besuch obligatorischer Fortbildungsschulen.
- Die Befolgung amtlicher Vorladungen (als Partei oder Zeuge).
- Die Erstehung von unverschuldeter Untersuchungs- oder Sicherheitshaft. Diese ist nicht nur bei einer Verurteilung, sondern auch im Fall eines anschliessenden Freispruchs selbstverschuldet, sofern sie vom Arbeitnehmer durch falsche oder widersprüchliche Aussagen gegenüber dem Untersuchungsrichter veranlasst wurde (BGer, ARV 2001, 192).

44 Die *Ausübung eines öffentlichen Amtes*, z.B. als Mitglied eines Parlaments oder einer Exekutive, berechtigt auch dann zur Lohnfortzahlung, wenn das Amt ursprünglich freiwillig übernommen wurde.

45 Die für die Erfüllung gesetzlicher Pflichten oder die Ausübung öffentlicher Ämter ausgerichteten Vergütungen, die nicht bloss Bagatellcharakter (wie der Sold) haben, sind vom Lohn abzuziehen, nicht jedoch blosse Spesenentschädigungen (BK-REHBINDER/STÖCKLI, N 10).

6. Kurzfristige Arbeitsbefreiungen im Sinne von Art. 329 Abs. 3

46 Wird dem Arbeitnehmer ausserordentliche Freizeit eingeräumt, hat er dafür nicht ohne weiteres einen Lohnfortzahlungsanspruch, selbst wenn er nach Art. 329 Abs. 3 einen Anspruch auf Befreiung von der Arbeitsleistung hat (Bsp.: BGer, JAR 1999, 232). Der Anspruch auf Lohnfortzahlung setzt vielmehr eine besondere vertragliche oder gesetzliche Grundlage wie insb. Art. 322 (Üblichkeit der Lohnzahlung bei Monatslohn) oder Art. 324a voraus, deren Erfordernisse im konkreten Fall erfüllt sein müssen. Im Rahmen von Art. 324a kommt es entscheidend darauf an, ob die geplanten Aktivitäten in zumutbarer Weise während der ordentlichen Freizeit oder der Ferien stattfinden können oder ob sie gar als verzichtbar erscheinen. Die Zumutbarkeit ist unter Umständen eher gegeben, wenn der Arbeitnehmer nur teilzeitlich oder in gleitender Arbeitszeit beschäftigt ist.

47 In diesem Sinne können zur Lohnfortzahlung Anlass geben: *Familienereignisse* wie Heirat des Arbeitnehmers oder eines seiner Kinder, Goldene Hochzeit der Eltern, Geburt eines eigenen Kindes, schwere Krankheit oder Tod eines nahen Verwandten oder Hausgenossen; die *anders nicht* zu organisierende Pflege des erkrankten Ehegatten oder Kindes (AGer ZH, JAR 2011, 628 und JAR 1988, 197; s.a. Art. 36 Abs. 3 ArG); regelmässiger Besuch eines schwer erkrankten Kindes (KGer SG, JAR 1994, 147); Erledigung dringender *persönlicher Angelegenheiten* wie vereinzeltes Aufsuchen des Arztes, Zahnarztes oder Rechtsanwalts, Behördengänge, Wohnungswechsel, berufliche und andere Prüfungen wie Fahrprüfung. Als eine berufstätige Mutter die Betreuung ihres gesunden Kindes selber übernehmen musste, weil die Krippe wegen Seuchengefahr (Schweinegrippe) geschlossen wurde, verneinte das AGer ZH den Lohnfortzahlungsanspruch, da der Grund für die Arbeitsverhinderung nicht in den persönlichen Verhältnissen der Arbeitnehmerin gelegen habe (JAR 2011, 628).

Fraglich ist, unter welchen Voraussetzungen ein Anspruch nach Art. 324a besteht, wenn der Arbeitnehmer Freizeit für die *Suche einer neuen Arbeitsstelle* nach erfolgter Kündigung beansprucht (s. Art. 329d Abs. 3). In der Lehre wird die Lohnzahlungspflicht teils grundsätzlich bejaht (BK-Rehbinder/Stöckli, Art. 329 N 22; Streiff/von Kaenel/Rudolph, Art. 329 N 12), teils generell abgelehnt (nach CR CO I-Aubert, N 31, fehlt es an einer Arbeitsverhinderung aus Gründen, die in der Person des Arbeitnehmers liegen, da die Stellensuche als Folge von wirtschaftlichen Zwängen erscheint; ZK-Staehelin, Art. 329 OR N 18, geht davon aus, dass ausserordentliche Freizeit auch für die Stellensuche keine unverschuldete Arbeitsverhinderung darstellt, Arbeitnehmer mit Monats- oder Wochenlohn ohne gegenteilige Vereinbarung allerdings keine Lohneinbusse erleiden). Soweit die Stellensuche nicht ausserhalb der Arbeitszeit durchgeführt werden kann, ist ein solcher Anspruch grundsätzlich zu bejahen. Eine Ausnahme ist indessen zu machen, wenn die Notwendigkeit zur Stellensuche selbstverschuldet ist, denn Art. 324a setzt eine unverschuldete Verhinderung an der Arbeitsleistung voraus. Auch wenn man den gewohnt milden Massstab anlegt, bis ein Verschulden i.S.v. Art. 324a angenommen wird (N 4), muss doch ein solches bejaht werden, wenn ein von Art. 44 AVIV genanntes Verhalten vorliegt. Diese Bestimmung umschreibt den Begriff der selbstverschuldeten Arbeitslosigkeit, die gem. Art. 30 Abs. 1 lit. a AVIG zur Einstellung in der Anspruchsberechtigung hinsichtlich Arbeitslosenentschädigung führt. Danach liegt Selbstverschulden namentlich dann vor, wenn der Arbeitnehmer durch sein Verhalten, insb. wegen Verletzung arbeitsvertraglicher Pflichten, dem Arbeitgeber Anlass zur Auflösung des Arbeitsverhältnisses gegeben hat oder wenn er das Arbeitsverhältnis von sich aus aufgelöst hat, ohne dass ihm eine andere Stelle zugesichert war, es sei denn, dass ihm das Verbleiben an der Arbeitsstelle nicht zugemutet werden konnte. Wenn dieser Verschuldensgrad den Staat berechtigt, die Arbeitslosenentschädigung auszusetzen, so muss er in gleicher Weise den Arbeitgeber von der Lohnfortzahlung befreien, zumal Art. 324a einen sozialen Zweck in Abweichung vom vertraglichen Austauschprinzip verfolgt. Möglicherweise ergibt sich jedoch ein Lohnanspruch aus Üblichkeit (Art. 322) oder Vertrag. 48

7. Wöchentlicher freier Tag und Feiertage

Keinen Anwendungsfall von Art. 324a bilden der nach Art. 329 Abs. 1 und 2 zu gewährende freie Tag pro Woche und die Feiertage. Sie sind keine Verhinderungsgründe, die in der Person des Arbeitnehmers liegen. Die Frage, ob für sie Lohn zu zahlen ist, beurteilt sich daher nach anderen Bestimmungen (Art. 329 N 3, 5, 9, 12 f.). 49

IV. Abweichende Regelungen

Die Ordnung von Art. 324a Abs. 1–3 kann zugunsten des Arbeitnehmers abgeändert werden (auch konkludent: BGE 131 III 634), oder sie kann durch eine für ihn *gleichwertige Regelung* ersetzt werden, letzteres indessen nur durch schriftliche Vereinbarung, GAV oder NAV. Dies ermöglicht es, den Lohnfortzahlungsanspruch durch eine **freiwillige Versicherung** abzudecken (vgl. BGE 96 II 133). Die Vereinbarung muss alle wichtigen Punkte des vertraglichen Systems klar enthalten (Prozentsatz des versicherten Lohnes, gedeckte Risiken, Dauer der Leistungen, Art und Weise der Bezahlung der Versicherungsprämien, gegebenenfalls die Dauer der Karenzfrist); sie kann jedoch auch auf die allgemeinen Versicherungsbedingungen 50 oder auf ein anderes Dokument verweisen, das dem Arbeitnehmer zur Verfügung steht (BGE 131 III 633). Eine vertragliche Verpflichtung zum Abschluss einer Krankentaggeldversicherung durfte ein Arbeitnehmer annehmen, als ein ununterschrieben gebliebener Vertragsentwurf eine solche Versicherung vorsah und in der Folge tatsächlich 1,17% vom Lohn für die Prämie abgezogen wurden. Weil die damit zur Anwendung gelangende Lösung für den Arbeitnehmer günstiger war als die gesetzliche Regelung, betrachtete das BGer die Vereinbarung trotz fehlender Schriftform als gültig (BGer, JAR 2011, 341; STREIFF/VON KAENEL/RUDOLPH, N 14; Gegenbeispiel BGer, 10.10.2014, 4A_98/2014, krit. beleuchtet durch VON KAENEL/RUDOLPH, elektronischer Update-Service zum Praxiskommentar, ‹www.schulthess.com/arbeitsvertrag›, Art. 324a/b N 14).

51 Bei Gleichwertigkeit der Versicherungsdeckung ist der Arbeitgeber von der Lohnfortzahlungspflicht befreit. Folglich entsteht während der Zeit, in der die Krankentaggeldversicherung Leistungen erbringt, auch kein Anspruch des Arbeitnehmers auf den entsprechenden Anteil des 13. Monatslohns (AGer ZH, JAR 2008, 542). Die Gleichwertigkeit ist nicht aus der Sicht des gesamten Betriebes, sondern aus derjenigen des einzelnen Arbeitnehmers (unabhängig von seinem Dienstalter) zu beurteilen (h.L.). Dabei ist die vertragliche mit der gesetzlichen Regelung insgesamt zu vergleichen; auf die Leistung im Einzelfall kommt es nicht an (BGE 128 II 22 f.). Zwei bis drei Karenztage sind daher zulässig, wenn sie durch andere Vorteile kompensiert werden (BGer, JAR 1983, 113; ebenso die h.L.; keine Gleichwertigkeit dagegen bei einer Unfalllösung mit zwar lebenslanger Leistungsdauer, aber 60-tägiger Karenzfrist: AGer ZH, JAR 2013, 616).

52 Zu unterscheiden sind:
- Taggeldversicherungen nach VVG und (die in der Praxis seltenen) Taggeldversicherungen nach KVG;
- Kollektivversicherungen und Einzelversicherungen; s. zum Übertritt von der Kollektiv- in die Einzelversicherung infolge Beendigung des Arbeitsverhältnisses BGE 127 III 235 sowie zu den entsprechenden Informationspflichten BGer, JAR 2011, 235, OGer LU, JAR 2008, 444, TAPP TI, JAR 2008, 472 und CAPH GE, JAR 2006, 461; zu Beweisfragen bei divergierenden ärztlichen Befunden BGer, 17.12.2014, 4A_526/2014;
- Versicherungen, welche die Leistungen des Arbeitgebers ersetzen, und solche, die das Leistungsrisiko des Arbeitgebers decken (STREIFF/VON KAENEL/RUDOLPH, N 13);
- Versicherungen, die der Arbeitgeber abschliesst (s. dazu BGer, ARV 2005, 177), und solche, die der Arbeitnehmer abschliesst.

53 Anerkanntermassen gleichwertig und in der Praxis häufig ist eine paritätisch finanzierte *private Taggeldversicherung*, die dem Arbeitnehmer (allenfalls nach einer Karenzfrist von zwei bis drei Tagen) einen direkten Leistungsanspruch auf 80% des Lohnausfalls während 720 innerhalb von 900 aufeinander folgenden Tagen gewährt (Beispiel einer entsprechenden gesamtarbeitsvertraglichen Regelung in BGE 127 III 320; für Gleichwertigkeit bei anderen Modellen s. z.B. BGer, JAR 1995, 112; s. aber TC VD, JAR 2011, 573 für den Fall, wenn die Taggelder mit dem Arbeitsvertragsende oder kurz später eingestellt werden). Während die gesetzliche Lohnfortzahlungspflicht zusammen mit dem Arbeitsverhältnis endet, erlauben es solche Versicherungen, auch das Risiko des Arbeitnehmers abzudecken, dass sein Arbeitsverhältnis während der Arbeitsunfähigkeit endet (BGE 127 III 326; BGer, JAR 2007, 293; im Fall eines weiterhin arbeitswilligen Pensionierten: BGer, ARV 2008, 29). Der Anspruch auf Krankentaggelder gemäss KVG erlischt hingegen, wenn der Arbeitnehmer aus dem Kreis der Versicherten ausscheidet, namentlich bei Beendigung des Arbeitsverhältnisses ohne Wechsel in die Einzelversicherung (BGer, JAR 2009, 409; RIEMER-KAFKA, Rz 5.220). Ob eine Regelung gleichwertig war, welche 100% statt die gemäss GAV geforderten 80% Lohnfortzahlung gewährte, dafür aber nur 80% der Arbeitszeit gutschreiben liess, konnte das zweifelnde AGer ZH letztlich offenlassen (JAR 2011, 632). Zur Verjährung von Krankentaggeldern aufgrund von Art. 46 VVG s. BGE 139 III 418 (Änderung der Rechtsprechung, keine Gesamtverjährung; vgl. aber BGer, 20.9.2013, 4A_280/2013), **anders** noch BGE 127 III 268, ferner TAPP TI, JAR 2008, 482; zur Verjährung des Rentenanspruchs BGE 139 III 263.

Falls der Arbeitgeber eine Kollektivversicherung für das Krankentaggeld abgeschlossen hat, steht dem Arbeitnehmer ein eigener Rechtsanspruch gegenüber dem Versicherer selbst dann zu, wenn der Versicherungsvertrag die Auszahlung an den Arbeitgeber vorsieht (Art. 87 VVG; Art. 112 Abs. 2 OR im Bereich des KVG; BGE 122 V 81; TAPP TI, JAR 1999, 172). **54**

Fraglich ist, was gilt, wenn die erwarteten *Versicherungsleistungen ausbleiben*. Hierbei sind verschiedene Fälle zu unterscheiden: **55**

- Ein Arbeitgeber, der seiner Verpflichtung zum Abschluss einer Taggeldversicherung mit den zugesicherten Leistungen nicht nachkommt, **haftet** dem Arbeitnehmer für den daraus entstehenden Schaden aus Art. 97 (BGE 127 III 326; BGer, 2.12.2014, 4A_427/2014; OGer BL, JAR 2001, 234; TC VD, JAR 2002, 297; OGer BE, JAR 2006, 403; OGer BE, JAR 2008, 342; TAPP TI, JAR 2008, 476; ergibt sich aus dem EAV oder GAV explizit oder implizit, dass die Versicherung auch vorbestehende Leiden erfassen muss, kann es auch diesbezüglich zu einer Schadenersatzpflicht kommen, wenn die Versicherung aus diesem Grund nicht zahlt). Gleiches gilt, wenn der Arbeitgeber die von ihm geschuldeten Prämien nicht bezahlt und daher die vertraglich vereinbarten Leistungen vom Versicherer nicht erbracht werden (Egli, AJP 2000, 1076 f.). Der Arbeitgeber haftet ausserdem wegen Verletzung seiner Fürsorgepflicht, wenn er es im Hinblick auf die Beendigung des Arbeitsverhältnisses unterlässt, den Arbeitnehmer auf die Möglichkeit des Übertritts von der Kollektiv- in die Einzeltaggeldversicherung aufmerksam zu machen (BGer, JAR 2011, 235; OGer LU, JAR 2008, 444: Verletzung von Art. 328 Abs. 1, Haftung scheitert am fehlenden Schadensnachweis; TAPP TI, JAR 2008, 472; CAPH GE, JAR 2006, 461: Verletzung von Art. 331 Abs. 4). Dass der Arbeitgeber die vorgesehenen Leistungen anstelle des Versicherers zu erbringen hat, kann sich nicht nur aus Art. 97, sondern unmittelbar aus Vertrag ergeben (vgl. OGer ZH, JAR 1990, 159). Eine vertragliche Verpflichtung zum Abschluss einer Krankentaggeldversicherung durfte ein Arbeitnehmer annehmen, als ein ununterschrieben gebliebener Vertragsentwurf eine solche Versicherung vorsah und in der Folge tatsächlich 1,17 % vom Lohn für die Prämie abgezogen wurden (BGer, JAR 2011, 341; Gegenbeispiel BGer, 10.10.2014, 4A_98/2014; Näheres in N 50). **56**
- Unterlässt der Arbeitnehmer in vertragswidriger Weise den Abschluss der vorgesehenen Versicherung, bleibt der Arbeitgeber nach Art. 324a lohnfortzahlungspflichtig, wobei er die daraus entstehende Schadenersatzforderung gem. Art. 321e im Rahmen von Art. 323b Abs. 2 verrechnen kann. **57**
- Wurde eine Versicherung freiwillig oder allfälligen Verpflichtungen gemäss abgeschlossen, aber zahlt diese – insb. wegen eines vorbestehenden Leidens bzw. eines Vorbehalts – nicht oder nur teilweise, lebt grundsätzlich die gesetzliche Lohnfortzahlungspflicht wieder auf (h.L. und Rechtsprechung, z.B. CAPH GE, JAR 1987, 167; Geiser, AJP 2003, 329; noch weitergehend Egli, AJP 2000, 1076 f.; **a.A.** hingegen Streiff/von Kaenel/Rudolph, N 14, doch ist wegen des zwar abstrakten, aber individuellen Massstabes die Gleichwertigkeit zu verneinen, vgl. OGer ZH, JAR 1990, 162). Dasselbe gilt erst recht, wenn eine Versicherung nur vermeintlich besteht, der Arbeitnehmer z.B. aufgrund einer Risikoprüfung überhaupt nicht aufgenommen wurde (weiterer Fall dieser Kategorie in OGer BL, JAR 2001, 220). **58**

Zum Anspruch auf Leistungen aus einer Kollektivversicherung für Taggelder gemäss VVG nach Ende des Versicherungsverhältnisses für einen Schaden, der während der Deckungsdauer eingetreten ist, s. BGE 127 III 106. Siehe ferner BGE 133 III 185 zum Anspruch auf Taggeld für den Einkommensausfall infolge krankheitsbedingter Arbeitsunfähigkeit in einem Fall, da die versicherte Person wegen von ihr am Arbeitsplatz begangener Brandstiftungen, die auf eine psychische Erkrankung zurückzuführen waren, entlassen und in Haft gesetzt wor- **59** den ist. Zum Recht des Versicherers, auf die Taggelder nach VVG und UVG die Rente anzurechnen, die der Versicherte von der Invalidenversicherung geltend machen könnte, s. BGE 133 III 527. Zur Rechtslage bei **obligatorischer Versicherung** s. Art. 324b. Zu Unrecht erschlichene Taggelder können einen Anspruch der Versicherung auf Rückzahlung begründen (Fallbeispiel OGer BE, JAR 2014, 384).

60 Es fragt sich, ob eine gleichwertige andere Lösung auch auf der Basis eines **Lohnzuschlags** denkbar ist. Dies wird i.d.R. nicht der Fall sein (vgl. BK-REHBINDER/STÖCKLI, Art. 322 N 39). Wie beim ausnahmsweise zulässigen Lohnzuschlag zur Abgeltung des Ferienlohns (Art. 329d N 3) wären jedenfalls Massnahmen unerlässlich, die darauf abzielen, dem Arbeitnehmer einen real vorhandenen Verdienst während der Zeit der Arbeitsverhinderung zu sichern. Immerhin kann ein Zuschlag zulässig sein, wenn er der Finanzierung einer durch den Arbeitnehmer abzuschliessenden Versicherung dient und sich der Arbeitgeber über den Abschluss vergewissert (ZK-STAEHELIN, N 57; ähnlich und Aufklärungspflichten postulierend AGer ZH, JAR 2013, 610).

V. Ersatzpflicht eines Dritten

61 Die Lohnfortzahlungspflicht des Arbeitgebers besteht auch dann, wenn die Verhinderung des Arbeitnehmers an der Arbeitsleistung auf einem schädigenden Ereignis beruht, für das ein Ersatzpflichtiger einstehen muss. Das BGer gesteht jedoch dem Arbeitgeber einen Regressanspruch durch Füllung einer Gesetzeslücke in Analogie zu Art. 51 Abs. 2 zu, so dass er auf Ersatzpflichtige aus unerlaubter Handlung, Vertrag und Gesetz zurückgreifen kann (integraler Regress, BGE 126 III 522). Der Regress erstreckt sich allerdings nicht zwingend auf alle Nebenleistungen der Lohnfortzahlung (s. die Kritik an dieser Einschränkung bei PORTMANN, ARV 2001, 110 ff.). Muss der Arbeitgeber den Lohn wegen unverschuldeter Untersuchungshaft des Arbeitnehmers fortzahlen, ist ihm ein entsprechender Regressanspruch gegen den Staat zuzubilligen (STREIFF/VON KAENEL/RUDOLPH, N 19, unter Berufung auf TA NE, RJN 2000, 213).

Art. 324*b*

b. Ausnahmen

[1] Ist der Arbeitnehmer auf Grund gesetzlicher Vorschrift gegen die wirtschaftlichen Folgen unverschuldeter Arbeitsverhinderung aus Gründen, die in seiner Person liegen, obligatorisch versichert, so hat der Arbeitgeber den Lohn nicht zu entrichten, wenn die für die beschränkte Zeit geschuldeten Versicherungsleistungen mindestens vier Fünftel des darauf entfallenden Lohnes decken.

[2] Sind die Versicherungsleistungen geringer, so hat der Arbeitgeber die Differenz zwischen diesen und vier Fünfteln des Lohnes zu entrichten.

[3] Werden die Versicherungsleistungen erst nach einer Wartezeit gewährt, so hat der Arbeitgeber für diese Zeit mindestens vier Fünftel des Lohnes zu entrichten.

b. Exceptions

[1] Si le travailleur est assuré obligatoirement, en vertu d'une disposition légale, contre les conséquences économiques d'un empêchement de travailler qui ne provient pas de sa faute mais est dû à des raisons inhérentes à sa personne, l'employeur ne doit pas le salaire lorsque les prestations d'assurance dues pour le temps limité couvrent les quatre cinquièmes au moins du salaire afférent à cette période.

[2] Si les prestations d'assurance sont inférieures, l'employeur doit payer la différence entre celles-ci et les quatre cinquièmes du salaire.

[3] Si les prestations d'assurance ne sont versées qu'après un délai d'attente, l'employeur doit verser pendant cette période quatre cinquièmes au moins du salaire.

b. Eccezioni

[1] Se, in virtù di disposizioni legali, il lavoratore è assicurato obbligatoriamente contro le conseguenze economiche d'un impedimento al lavoro, dovuto a motivi inerenti alla sua persona e intervenuto senza sua colpa, il datore di lavoro non è tenuto a pagare il salario qualora le prestazioni dovute dall'assicurazione per il tempo limitato compensano almeno i quattro quinti del salario.

[2] Se le prestazioni dell'assicurazione sono inferiori, il datore di lavoro deve pagare la differenza fra queste e i quattro quinti del salario.

[3] Se le prestazioni assicurative sono versate solo dopo un periodo di attesa, il datore di lavoro deve versare durante questo periodo almeno i quattro quinti del salario.

Literatur

Bruchez, La nouvelle assurance-maternité et ses effets sur le droit du contrat de travail, SJ 2005 II, 247 ff.; Duc, L'allocation de maternité et la coordination avec les autres prestations des assurances, AJP 2005, 1010 ff.; ders., Congé de maternité de droit cantonal et droit fédéral, AJP 2002, 285 ff.; Kieser, Die Koordination von Taggeldern der Arbeitslosenversicherung mit Taggeldern anderer Sozialversicherungszweige, ARV 2012, 217 ff.; Monnard, La coordination des assurances sociales avec le droit du travail, SZS 2004, 309 ff.; Mosimann H., Taggelder wegen Arbeitsunfähigkeit in der IV, der Unfallversicherung und der Militärversicherung, in: Arbeitsunfähigkeit und Taggeld, St. Gallen 2010, 43 ff.; Ragg, Die Lohnfortzahlungspflicht des Arbeitgebers im System der obligatorischen Unfallversicherung, Diss., Bern 1997; Schaffhauser/Kieser (Hrsg.), Arbeitsunfähigkeit und Taggeld, St. Gallen 2010; Subilia, La nouvelle loi sur les les allocations pour perte de gain et maternité, AJP 2005, 1469 ff.; vgl. ausserdem die Literaturhinweise zur Einleitung vor Art. 319 ff. und zu Art. 324a.

Der Lohnfortzahlungsanspruch nach Art. 324a ist gem. Art. 324b Abs. 1 insoweit *ausgeschlossen*, als der Arbeitnehmer gegen die wirtschaftlichen Folgen unverschuldeter Arbeitsverhinderung **obligatorisch versichert** ist und die *Versicherungsleistungen* mindestens 80% des Lohnes erreichen. Liegen die Versicherungsleistungen darunter, hat der Arbeitgeber die Differenz zwischen diesen und 80% des Lohnes zu entrichten (Art. 324b Abs. 2), dies allerdings nur, wenn die Voraussetzungen von Art. 324a erfüllt sind, und bloss während der dort genannten beschränkten Zeit (ZK-Staehelin, N 13 f.). 1

Fallen die Leistungen der obligatorischen Versicherung ganz aus, so kommt wieder die Lohnfortzahlungspflicht des Arbeitgebers nach Art. 324a zum Zug, und zwar gemäss den dort genannten Voraussetzungen und Leistungen. Das bedeutet namentlich, dass der Lohn im Umfang von 100% und nicht bloss von 80% fortzuzahlen ist (OGer BL, JAR 2001, 220; **a.A.** BK-Rehbinder/Stöckli, N 6; Streiff/von Kaenel/Rudolph, N 30, unter Berufung auf GSGer BS, BJM 1990, 118 und auf die Prämienzahlung durch den Arbeitgeber; die Prämien hat der Arbeitgeber indessen für eine Versicherung bezahlt, die das verwirklichte Risiko gerade nicht deckt). 2

Werden die Versicherungsleistungen erst nach einer Karenzfrist gewährt, so hat der Arbeitnehmer bis dahin einen Lohnanspruch in Höhe von 80%, sofern die Voraussetzungen der Lohnfortzahlungspflicht nach Art. 324a erfüllt sind (umstr.). Dies ergibt sich aus dem systematischen Verhältnis von Art. 324b zu Art. 324a («Ausnahmen»). Taggelder und ähnliche Entschädigungen kommen in dem Ausmass dem Arbeitgeber zu, als er der versicherten Person trotz der Taggeldberechtigung Lohn zahlt (Art. 19 Abs. 2 ATSG; TAPP TI, JAR 2012, 516 spricht von einer Legalzession). 3

Zu den von Art. 324b erfassten obligatorischen Versicherungen gehören: 4
- die *Erwerbsersatzordnung* gemäss dem EOG betreffend Militär-, Zivil- und Schutzdienst sowie nach der hier vertretenen Auffassung auch betreffend Mutterschaftsversicherung (s. dazu Art. 324a N 36 ff.);
- die *Militärversicherung* aufgrund des MVG (Art. 324a N 43);
- die *Unfallversicherung* nach dem UVG in Bezug auf Taggelder und Renten (Art. 324a N 29 f.). Neuere Fälle dazu: BGE 139 V 464 betr. Berechnung des versicherten Verdienstes bei Temporärmitarbeitern; BGE 139 V 457 betr. Grenze von acht Arbeitsstunden für die

Nichtberufsunfallversicherung bei unregelmässiger Teilzeitarbeit; BGE 139 V 148 betr. Ermittlung des versicherten Verdienstes bei Mehrfachbeschäftigung;
- die *Invalidenversicherung* gemäss dem IVG bezüglich Taggelder und Renten (umstr.; ebenso TC VD, JAR 2007, 485).

Art. 325

IV. Abtretung und Verpfändung von Lohnforderungen

[1] Zur Sicherung familienrechtlicher Unterhalts- und Unterstützungspflichten kann der Arbeitnehmer künftige Lohnforderungen so weit abtreten oder verpfänden, als sie pfändbar sind; auf Ansuchen eines Beteiligten setzt das Betreibungsamt am Wohnsitz des Arbeitnehmers den nach Artikel 93 des Schuldbetreibungs- und Konkursgesetzes vom 11. April 1889 unpfändbaren Betrag fest.

[2] Die Abtretung und die Verpfändung künftiger Lohnforderungen zur Sicherung anderer Verbindlichkeiten sind nichtig.

IV. Cession et mise en gage de créances

[1] Le travailleur ne peut céder ou mettre en gage son salaire futur pour garantir une obligation d'entretien découlant du droit de la famille que dans la mesure où il est saisissable; à la demande d'un intéressé, l'office des poursuites du domicile du travailleur fixe le minimum insaisissable, conformément à l'art. 93 de la loi fédérale du 11 avril 1889 sur la poursuite pour dettes et la faillite.

[2] Sont nulles la cession et la mise en gage de salaires futurs en garantie d'autres obligations.

IV. Cessione e costituzione in pegno di crediti

[1] Il lavoratore può cedere o costituire in pegno il salario futuro soltanto nella misura del pignorabile e per garantire i doveri di mantenimento derivanti dal diritto di famiglia; a domanda di un interessato, l'ufficio di esecuzione del domicilio del lavoratore determina la somma impignorabile, conformemente all'articolo 93 della legge federale dell'11 aprile 1889 sulla esecuzione e sul fallimento.

[2] Qualsiasi cessione o costituzione in pegno del salario futura a garanzia di altri obblighi è nulla.

Literatur

AUBERT, L'employeur insolvable, in: Journée 1992 de droit du travail et de la sécurité sociale, Zürich 1994, 105 ff.; BACHMANN, Das Arbeitsverhältnis im Konkurs des Arbeitgebers, Diss., Bern 2005; BÜHLMANN, Stellung der Arbeitnehmer im Konkurs des Arbeitgebers – Begrenzung des Arbeitnehmerprivilegs, TREX 2010, 346 ff.; FREUNDLER, La faillite de l'employeur, JdT 2008 II, 49 ff.; GEISER, Arbeitsrechtliche Fragen bei Sanierungen, in: Sanierung der AG, 2. Aufl., Zürich/Basel/Genf 2003, 145 ff.; HÄUPTLI, Die Fälligkeit der Forderungen aus dem Arbeitsverhältnis als zeitliches Kriterium des Konkursprivilegs, BlSchK 2004, 213 ff.; HENSCH, Die Sicherung des Lohnes, AJP 2014, 747 ff.; JEANDIN, L'insolvabilité en relation avec les contrats de bail et de travail, ZSR 2005 I, 189 ff.; KRAMPF, Die Kollokation der Arbeitnehmerforderungen im Konkurs, ZZZ 2005, 379 ff.; DERS., Lohnprivileg des Arbeitnehmers im Konkurs, Jusletter 5.1.2004; KREUTZ, Sozialpläne – Zweck, Inhalt und Auswirkungen in einem Nachlassstundungs- bzw. Konkursverfahren, Jusletter 21.2.2011; LORANDI, Arbeitsverträge in der Insolvenz des Arbeitgebers, Jusletter 25.10.2004; MANG, Die Abtretung und Verpfändung künftiger Lohnforderungen (OR 325), Diss., Zürich 1993; MARKARIAN, La continuation des activités du travailleur après la déclaration de faillite de l'employeur: dettes dans la masse ou dettes de la masse?, in: Panorama en droit de travail, Bern 2009, 767 ff.; MAYER-LADNER/DOLDER, Der Arbeitnehmer im Konkurs des Arbeitgebers, IWIR 2000, 13 ff.; MEIER I., Laufende Verträge in Konkurs- und Nachlassverfahren, BlSchK 2006, 85 ff.; DERS., Die Weiterführung des Unternehmens nach Konkurseröffnung, BlSchK 2003, 1 ff.; MEIER I./ZWEIFEL/ZABOROWSKI/SORENSEN, Lohnpfändung – Optimales Existenzminimum und Neuanfang, Zürich 1999; MEIER K., Betriebsübergang im Nachlass und Konkurs, plädoyer 1/2003, 26 ff.; MÜLLER, Konkursprivileg für leitende Arbeitnehmer, SJZ 2004, 553 ff.; PLENIO, Das Erfüllungsrecht der Konkursverwaltung und schuldrechtliche Verträge im Konkurs, Diss., Bern 2003; RIEBEN/ASCHENBERGER, Stellung der Arbeitnehmer im Nachlassverfahren, IWIR 2002, 105 ff.; RÜETSCHI, Begrenzung des Arbeitnehmerprivilegs im Konkurs, *Jusletter 19.7.2010*; SENTI, Arbeitsrecht und SchKG, ZZZ 2007, 219 ff.; STAEHELIN, Konkurs und Sanierung des Arbeitgebers, ArbR 2000, 71 ff.; vgl. ausserdem die Literaturhinweise zur Einleitung vor Art. 319 ff., zu Art. 333, 333b und 335h.

Aus dem unglücklich formulierten Gesetzestext geht hervor, dass *die Abtretung und die Verpfändung künftiger Lohnforderungen* zur Sicherung von Verbindlichkeiten **grundsätzlich nichtig** sind. Unter künftigen sind noch nicht fällige Lohnforderungen zu verstehen. Der Gesetzgeber formuliert das Verbot der Abtretung indessen nicht allgemein, sondern beschränkt es auf den Fall, dass die Abtretung *«zur Sicherung»* erfolgt. Der Zweck der Zession wird durch das Verpflichtungsgeschäft bestimmt. Neben der Sicherungszession können durch *pactum de cedendo* aber auch weitere Abtretungsformen – insb. die Zession erfüllungshalber – vereinbart werden, die nach dem vorliegenden Gesetzeswortlaut zulässig bleiben. Damit der vom Gesetzgeber angestrebte Schutzzweck (insb. Schutz im Zusammenhang mit Darlehens- und Abzahlungsverträgen) erreicht werden kann, muss die Bestimmung daher *analog* auf Abtretungsformen angewendet werden, die nicht der Sicherung des Gläubigers dienen. **1**

Zur Erreichung des Schutzzwecks ist eine Ausdehnung der Vorschrift über ihren Wortlaut hinaus auch hinsichtlich des Begriffs der «Lohnforderung» notwendig. Dem Zessions- und Verpfändungsverbot sind auch Forderungen auf Schadenersatz nach Art. 337c Abs. 1, Abgangsentschädigungen und Kinderzulagen zu unterstellen (ZK-Staehelin, N 7). **2**

Eine **Ausnahme** macht das Gesetz in Bezug auf die Abtretung und Verpfändung künftiger Lohnforderungen zur **Sicherung familienrechtlicher Unterhalts- und Unterstützungspflichten**. Für die Sicherung der familienrechtlichen Verpflichtungen (aus Art. 125, 133, 163, 173, 176, 276 ff., 295, 328 f. ZGB) steht der künftige Lohn insoweit zur Verfügung, als er nach Art. 93 SchKG pfändbar ist (Art. 325 Abs. 1). Zuständig für die Bestimmung des unpfändbaren Betrages ist das Betreibungsamt am schweizerischen Wohnsitz des Arbeitnehmers, mangels eines solchen dasjenige am schweizerischen Sitz des Arbeitgebers (BK-Rehbinder/Stöckli, N 18). Die Bestimmung auf Antrag eines Beteiligten (Arbeitnehmer, Arbeitgeber, Forderungserwerber) erfolgt nach kantonalen Richtlinien. **3**

Wird neben einer bestehenden Lohnzession eine Lohnpfändung vorgenommen, so geht die Lohnzession der Lohnpfändung ab dem Zeitpunkt vor, in dem sie dem Arbeitgeber des Schuldners angezeigt wurde (OGer ZH, JAR 1983, 128 ff.; BK-Rehbinder/Stöckli, N 21). **4**

Wie jede Abtretung ist auch die Lohnzession nach Art. 165 Abs. 1 nur *schriftlich* gültig (BGE 105 II 84). Auch für die Verpfändungsabrede ist Schriftlichkeit erforderlich (Art. 900 Abs. 1 ZGB). Der Zeitraum, für welchen künftige Lohnforderungen in Anspruch genommen werden können, beträgt nach Art. 93 Abs. 2 SchKG höchstens *ein Jahr* (BGE 98 III 14). Art. 325 Abs. 2 ist beidseitig zwingend (Art. 361), Abs. 1 jedoch dispositiv, so dass die Abtretung und Verpfändung künftiger Lohnansprüche auch zur Sicherung von familienrechtlichen Verpflichtungen durch Abrede nach Art. 164 Abs. 1 mit Wirkung gegenüber Dritten (Art. 164 Abs. 2) ausgeschlossen werden kann (*Abtretungsverbot*; s. dazu BGE 113 II 244); der Ausschluss der Verpfändbarkeit ergibt sich dann aus Art. 899 Abs. 1 ZGB. Noch besser geschützt als künftige Lohnforderungen sind Forderungen auf *künftige Vorsorgeleistungen*. Diese sind auch zwecks Sicherung von familienrechtlichen Unterhalts- oder Unterstützungsansprüchen nicht abtretbar oder verpfändbar (Art. 331b), doch sind sie pfändbar (BGE 99 III 52, 55 f.). **5**

Praktische Bedeutung hat die Lohnzession vor allem als Abtretung an Stellen, die Alimente bevorschussen (Streiff/von Kaenel/Rudolph, N 2). Gestützt auf Art. 325 Abs. 1 i.V.m. Art. 170 (Übergang der Vorzugs- und Nebenrechte) kann sich eine solche Stelle die Lohnforderung vom Arbeitnehmer auch abtreten lassen, nachdem ihr der Alimentengläubiger seinerseits die Unterhaltsforderung abgetreten hat bzw. nachdem sie diese durch Legalzession erworben hat (Art. 131 Abs. 3 ZGB; Art. 293 Abs. 2 ZGB). Art. 170 bewirkt auch, dass das Konkursprivileg von Art. 219 Abs. 4, Erste Klasse lit. a SchKG auf den Zessionar übergeht. Will oder kann der Arbeitnehmer (infolge eines mit dem Arbeitgeber vereinbarten Abtretungsverbots) den Lohn zur Sicherung familienrechtlicher Unterhaltspflichten nicht zedieren, rückt die in Art. 177 und 291 ZGB vorgesehene Möglichkeit in den Vordergrund, dass das Gericht bei Nichterfüllung der Unterhaltspflicht den Arbeitgeber anweist, den Lohn an den **6**

Ehegatten bzw. an den gesetzlichen Vertreter des Kindes zu zahlen. Der Arbeitgeber, der entgegen dem Entscheid eines Zivilgerichts den von seinem Arbeitnehmer als Unterhaltsbeitrag geschuldeten Lohnanteil nicht der unterhaltsberechtigten Gattin zukommen lässt, sondern den gesamten Lohn an den Arbeitnehmer überweist, ist subjektiv Gehilfe zur Vernachlässigung von Unterhaltspflichten, wenn er im Zeitpunkt der Überweisung den deliktischen Willen des Arbeitnehmers kennt, der bereits den Entschluss zur Vernachlässigung der Unterhaltspflichten gefasst hat (BGE 132 IV 49).

Art. 326

V. Akkordlohnarbeit
1. Zuweisung von Arbeit

[1] Hat der Arbeitnehmer vertragsgemäss ausschliesslich Akkordlohnarbeit nur für einen Arbeitgeber zu leisten, so hat dieser genügend Arbeit zuzuweisen.

[2] Ist der Arbeitgeber ohne sein Verschulden ausserstande, vertragsgemässe Akkordlohnarbeit zuzuweisen oder verlangen die Verhältnisse des Betriebes vorübergehend die Leistung von Zeitlohnarbeit, so kann dem Arbeitnehmer solche zugewiesen werden.

[3] Ist der Zeitlohn nicht durch Abrede, Normalarbeitsvertrag oder Gesamtarbeitsvertrag bestimmt, so hat der Arbeitgeber dem Arbeitnehmer den vorher durchschnittlich verdienten Akkordlohn zu entrichten.

[4] Kann der Arbeitgeber weder genügend Akkordlohnarbeit noch Zeitlohnarbeit zuweisen, so bleibt er gleichwohl verpflichtet, nach den Vorschriften über den Annahmeverzug den Lohn zu entrichten, den er bei Zuweisung von Zeitlohnarbeit zu entrichten hätte.

V. Travail aux pièces ou à la tâche
1. Fourniture de travail

[1] Lorsqu'en vertu du contrat le travailleur travaille exclusivement aux pièces ou à la tâche pour un seul employeur, celui-ci doit lui fournir du travail en quantité suffisante.

[2] L'employeur peut charger le travailleur d'un travail payé au temps lorsque les conditions de l'exploitation l'exigent momentanément ou qu'il se trouve, sans faute de sa part, dans l'impossibilité de fournir le travail aux pièces ou à la tâche prévu par le contrat.

[3] Si le salaire payé au temps n'est pas fixé dans un accord, un contrat-type de travail ou une convention collective, l'employeur doit verser au travailleur l'équivalent du salaire moyen aux pièces ou à la tâche qu'il gagnait jusqu'alors.

[4] L'employeur qui ne peut pas fournir suffisamment de travail aux pièces ou à la tâche ni de travail payé au temps, n'en reste pas moins tenu, conformément aux dispositions sur la demeure, de payer le salaire qu'il devrait verser pour du travail payé au temps.

V. Lavoro a cottimo
1. Affidamento di lavoro

[1] Se in virtù del contratto il lavoratore lavora esclusivamente a cottimo soltanto per un datore di lavoro, questi deve dargli lavoro sufficiente.

[2] Il datore di lavoro può affidare al lavoratore un lavoro pagato a tempo se, senza sua colpa, è nell'impossibilità di affidare lavoro a cottimo conformemente al contratto o se le condizioni dell'azienda lo esigono transitoriamente.

[3] Se il salario per il lavoro pagato a tempo non è stabilito mediante accordo, contratto normale o contratto collettivo, il datore di lavoro deve pagare al lavoratore l'equivalente del salario medio guadagnato antecedentemente con il lavoro prestato a cottimo.

[4] Il datore di lavoro che non può dare al lavoratore sufficiente lavoro né a cottimo né a tempo, resta nondimeno tenuto, secondo le disposizioni sulla mora, a pagare il salario che dovrebbe versare per un lavoro pagato a tempo.

Literatur

Vgl. die *Literaturhinweise zur Einleitung* vor Art. 319 ff.

Akkordlohnarbeit ist Arbeit, die **nach Leistung entlöhnt** wird ohne Rücksicht auf die Länge der Arbeitszeit (Art. 319 Abs. 1). Trotzdem ist der Akkordvertrag Arbeitsvertrag, nicht Werkvertrag; denn der Arbeitnehmer garantiert nicht das Arbeitsergebnis, sondern dieses ist nur *Massstab der Entlöhnung* («Leistungslohn»). Der Arbeitnehmer hat auch dann seinen Lohnanspruch, wenn das Arbeitsergebnis ohne sein Verschulden misslingt (anders Art. 368). **1**

Akkordlohnarbeit kommt vor als *Einzelakkord*, bei dem ein einzelner Arbeitnehmer arbeitet und Lohn erhält, und als *Gruppenakkord*, bei dem eine Betriebs- oder Eigengruppe die Arbeit leistet und das Entgelt auf die einzelnen Mitglieder nach einem Verteilungsschlüssel aufgeteilt wird (s. Art. 319 N 37 f., z.B. Maurerakkordkolonnen). Reine Akkordlöhne kommen selten vor. Häufig sind dagegen in der Praxis Mischsysteme zwischen Akkord- und Zeitlohn, insb. Akkordlöhne mit Mindestlohngarantie *(Verdienstsicherungsklausel)*. **2**

Da der Lohn des Arbeitnehmers von der Menge der geleisteten Arbeit abhängt, ist dieser zur Erzielung eines angemessenen Einkommens grundsätzlich darauf angewiesen, dass ihm der Arbeitgeber genügend Arbeit zuweist. Diesem Anliegen wird durch Art. 326 Abs. 1 entsprochen. Die Pflicht, genügend Arbeit zuzuweisen, besteht nach dem Gesetzeswortlaut allerdings nur, wenn «ausschliesslich» Akkordlohnarbeit und diese «nur für einen Arbeitgeber» zu leisten ist. Das Gesetz betrachtet den Arbeitnehmer also dann nicht als schutzbedürftig, wenn er zusätzlich durch Zeitlohn gesichert ist oder wenn er die Möglichkeit hat, von verschiedenen Arbeitgebern Arbeit zu erhalten. Damit der angestrebte Schutzzweck nicht verfehlt wird, ist allerdings der gesetzliche Wortlaut in zweifacher Hinsicht zu relativieren: **3**

- Liegt der garantierte Mindestlohn wesentlich unter dem üblichen Lohnniveau, so ist die Pflicht zur genügenden Zuweisung von Arbeit entgegen dem Wort «ausschliesslich» anzunehmen (ZK-STAEHELIN, N 5). **4**
- Akkordlohnarbeit «nur für einen Arbeitgeber» ist so zu verstehen, dass *während der vertraglichen Arbeitszeit* nur für einen Arbeitgeber gearbeitet werden darf (BK-REHBINDER/STÖCKLI, N 16). Die Pflicht zur genügenden Zuweisung von Arbeit besteht also z.B. auch dann, wenn der Arbeitnehmer während der ersten Wochenhälfte nur für einen Arbeitgeber und während der zweiten Wochenhälfte nur für einen anderen Arbeitgeber tätig zu sein hat (nebeneinander bestehende Teilzeitarbeit). Demgegenüber besteht diese Pflicht dann nicht, wenn der Arbeitnehmer während einer bestimmten Zeit Arbeit für verschiedene Arbeitgeber ausführen darf (wie z.B. bei der Heimarbeit). **5**

Der Arbeitgeber ist grundsätzlich nicht berechtigt, statt Akkordarbeit Zeitlohnarbeit zuzuweisen. Tut er dies, schuldet er gleichwohl den durchschnittlich verdienten Akkordlohn. Eine Ausnahme besteht beidseitig zwingend dann (Art. 361), wenn es ohne Verschulden des Arbeitgebers an Akkordarbeit fehlt oder wenn die Verhältnisse des Betriebes vorübergehend die Leistung von Zeitlohnarbeit verlangen. Der Arbeitgeber hat dann auch nur Zeitlohn zu vergüten. Ist aber ein Zeitlohn der Höhe nach weder verabredet noch in einem Normalarbeitsvertrag oder Gesamtarbeitsvertrag bestimmt, so ist der durchschnittlich verdiente Akkordlohn geschuldet. Fehlt sowohl Akkordlohn- als auch Zeitlohnarbeit, ist der Arbeitgeber ohne Rücksicht auf Verschulden nach den Vorschriften über den Annahmeverzug (Art. 324) zur Entrichtung des bei Zeitlohnarbeit geschuldeten Lohnes verpflichtet, mangels dessen Festlegung zur Entrichtung des durchschnittlich verdienten Akkordlohnes. **6**

Art. 326*a*

2. Akkordlohn

[1] Hat der Arbeitnehmer vertraglich Akkordlohnarbeit zu leisten, so hat ihm der Arbeitgeber den Akkordlohnansatz vor Beginn der einzelnen Arbeit bekanntzugeben.

[2] Unterlässt der Arbeitgeber diese Bekanntgabe, so hat er den Lohn nach dem für gleichartige oder ähnliche Arbeiten festgesetzten Ansatz zu entrichten.

2. Salaire [1] Lorsqu'en vertu du contrat le travailleur travaille aux pièces ou à la tâche, l'employeur doit lui indiquer le taux du salaire avant le début de chaque travail.

[2] Si l'employeur omet de donner ces indications, il paye le salaire selon le taux fixé pour un travail identique ou analogue.

2. Salario [1] Se in virtù del contratto il lavoratore lavora a cottimo, il datore di lavoro deve comunicargli la quota del salario prima dell'inizio di ogni lavoro.

[2] Se il datore di lavoro omette tale comunicazione, egli deve pagare il salario secondo la quota stabilita per un lavoro uguale o analogo.

Literatur

Vgl. die Literaturhinweise zur Einleitung vor Art. 319 ff.

1 Der Akkordlohn richtet sich nach der **Akkordvorgabe**, d.h. nach der Zeit, die ein Arbeitnehmer bei normaler Arbeitsleistung für die Fertigung eines Produktes benötigt. Diese Zeit wird mit dem für eine Vorgabeminute festgesetzten Geldbetrag und den tatsächlich erbrachten Leistungseinheiten multipliziert (ZK-Staehelin, Art. 326 OR N 3). Diese Berechnungsmethode *(Zeitakkord)* hat den früher vorherrschenden *Geldakkord* verdrängt, bei dem einer bestimmten Leistungseinheit (Gewicht, Fläche, Stück) unmittelbar ein Geldbetrag gegenübergestellt wird (die Vorgabezeit also bereits beim Mengenpreis berücksichtigt ist).

2 Der Akkordlohn muss spätestens vor Beginn der einzelnen Arbeit bekanntgegeben werden (Verbot des sog. **blinden Akkordes**, einseitig zwingend, Art. 362). Andernfalls muss der Arbeitgeber den von ihm für gleichartige oder ähnliche Arbeiten festgesetzten, subsidiär den in der betreffenden Branche üblichen Ansatz zugrunde legen (Anwendung dieser Vorschrift verworfen in BGer, JAR 2000, 290).

2a Richtet ein Arbeitgeber während mehr als drei Monaten Akkordlohn entsprechend einem bestimmten Ansatz pro Einheit aus, so ist gemäss BGer davon auszugehen, dass die Parteien **stillschweigend** diesen Ansatz vereinbart haben. Der Arbeitgeber kann den Ansatz somit nicht ohne Zustimmung des Arbeitnehmers reduzieren. Andererseits hat dieser, wenn er einer einseitig vom Arbeitgeber beschlossenen Reduktion des Ansatzes nicht zustimmen will, dagegen zu protestieren und sich zu weigern, zu anderen als den vereinbarten Bedingungen zu arbeiten. Unterlässt er während mehrerer Monate einen Protest, muss daraus abgeleitet werden, dass die Reduktion des Ansatzes ebenfalls stillschweigend vereinbart wurde (BGer, ARV 2010, 23). Zur Problematik stillschweigender Lohnkürzungen im Allgemeinen s. Art. 322 N 9 f.

3 Die Anwendung von Art. 326a ist nicht wie diejenige von Art. 326 an die Voraussetzung gebunden, dass der Arbeitnehmer vertragsgemäss ausschliesslich Akkordlohnarbeit nur für einen Arbeitgeber zu leisten hat.

Art. 327

VI. Arbeitsgeräte, Material und Auslagen
1. Arbeitsgeräte und Material

[1] Ist nichts anderes verabredet oder üblich, so hat der Arbeitgeber den Arbeitnehmer mit den Geräten und dem Material auszurüsten, die dieser zur Arbeit benötigt.

[2] Stellt im Einverständnis mit dem Arbeitgeber der Arbeitnehmer selbst Geräte oder Material für die Ausführung der Arbeit zur Verfügung, so ist er dafür angemessen zu entschädigen, sofern nichts anderes verabredet oder üblich ist.

VI. Instruments de travail, matériaux et frais
1. Instruments de travail et matériaux

[1] Sauf accord ou usage contraire, l'employeur fournit au travailleur les instruments de travail et les matériaux dont celui-ci a besoin.

[2] Si, d'entente avec l'employeur, le travailleur fournit lui-même des instruments de travail ou des matériaux, il est indemnisé convenablement, sauf accord ou usage contraire.

VI. Utensili, materiale e spese
1. Utensili e materiale

[1] Salvo accordo o uso contrario, il datore di lavoro deve fornire al lavoratore gli utensili e il materiale di cui ha bisogno per il lavoro.

[2] Se, d'intesa con il datore di lavoro, il lavoratore mette a disposizione utensili o materiale per l'esecuzione del lavoro, egli deve essere adeguatamente indennizzato, salvo accordo o uso contrario.

Literatur

MÜLLER/STENGEL, Berufskleidung im Arbeitsrecht – Vorschriften, Kostentragung, Depot, AJP 2011, 222 ff.; vgl. ausserdem die Literaturhinweise zur Einleitung vor Art. 319 ff. und zu Art. 327a.

Im Zweifel trifft den *Arbeitgeber* die Obliegenheit, den Arbeitnehmer mit den notwendigen Arbeitsgeräten (wozu auch besondere Arbeitskleider gehören) und dem erforderlichen Material zu versehen (Art. 327 Abs. 1). Es handelt sich um *Vorbereitungshandlungen*, die der Arbeitgeber zwecks Ermöglichung der Arbeitsleistung vorzunehmen hat. Versäumt er dies, gerät er in Annahmeverzug (Art. 324; TC VD, JAR 2009, 663). Aus der allgemeinen Treuepflicht ergibt sich indessen, dass der Arbeitnehmer den Arbeitgeber auf den Mangel an Arbeitsgeräten oder Material aufmerksam machen muss, wenn dieser dem Arbeitgeber nicht bekannt ist. 1

Aufgrund einer Abrede oder Übung kann der *Arbeitnehmer* verpflichtet sein, selbst die notwendigen Arbeitsgeräte und das erforderliche Material zur Verfügung zu stellen. Eine solche Abrede kann auch stillschweigend getroffen werden. Eine entsprechende Übung kann etwa bei Orchestermusikern in Bezug auf ihre Musikinstrumente bestehen. 2

Stellt der Arbeitnehmer im Einverständnis mit dem Arbeitgeber selbst Geräte oder Material für die Ausführung der Arbeit zur Verfügung, so ist er dafür grundsätzlich *angemessen zu entschädigen*. Das Einverständnis des Arbeitgebers kann auch stillschweigend erteilt werden. Aufwendungen für Arbeitskleidung sind nur zu vergüten, wenn der Arbeitgeber besondere Kleidung angeordnet hat oder wenn dem Arbeitnehmer nicht zugemutet werden kann, in normaler Kleidung zu arbeiten (Schmutz, Nässe). 3

Aufgrund einer abweichenden Abrede oder Übung kann sich indessen ergeben, dass der Arbeitnehmer nur teilweise oder überhaupt *nicht zu entschädigen* ist. Diesbezüglich kann sich eine Diskrepanz zu Art. 327a ergeben, wonach der Arbeitgeber dem Arbeitnehmer alle durch die Ausführung der Arbeit notwendig entstehenden Auslagen zwingend zu ersetzen hat. Im Kollisionsfall ist Art. 327 lex specialis zu Art. 327a, was die Auslagen für Arbeitsgeräte und Material betrifft (ZK-STAEHELIN, N 7; STREIFF/VON KAENEL/RUDOLPH, N 2; zur Abgrenzung des Anwendungsbereichs von Art. 327 zu demjenigen von Art. 327a s. TC VD, JAR 2009, 663). Indessen besteht nach Art. 5 HArG eine zwingende Pflicht zum Ersatz notwendiger Auslagen auch bezüglich Arbeitsgeräte und Material, da diese Bestimmung ihrerseits lex specialis im Verhältnis zu Art. 327 ist. 4

Art. 327*a*

2. Auslagen
a. Im Allgemeinen

[1] **Der Arbeitgeber hat dem Arbeitnehmer alle durch die Ausführung der Arbeit notwendig entstehenden Auslagen zu ersetzen, bei Arbeit an auswärtigen Arbeitsorten auch die für den Unterhalt erforderlichen Aufwendungen.**

[2] **Durch schriftliche Abrede, Normalarbeitsvertrag oder Gesamtarbeitsvertrag kann als Auslagenersatz eine feste Entschädigung, wie namentlich ein**

Taggeld oder eine pauschale Wochen- oder Monatsvergütung festgesetzt werden, durch die jedoch alle notwendig entstehenden Auslagen gedeckt werden müssen.

[3] Abreden, dass der Arbeitnehmer die notwendigen Auslagen ganz oder teilweise selbst zu tragen habe, sind nichtig.

2. Frais
a. En général

[1] L'employeur rembourse au travailleur tous les frais imposés par l'exécution du travail et, lorsque le travailleur est occupé en dehors de son lieu de travail, les dépenses nécessaires pour son entretien.

[2] Un accord écrit, un contrat-type de travail ou une convention collective peut prévoir que les frais engagés par le travailleur lui seront remboursés sous forme d'une indemnité fixe, telle qu'une indemnité journalière ou une indemnité hebdomadaire ou mensuelle forfaitaire, à la condition qu'elle couvre tous les frais nécessaires.

[3] Les accords en vertu desquels le travailleur supporte lui-même tout ou partie de ses frais nécessaires sont nuls.

2. Spese
a. In generale

[1] Il datore di lavoro deve rimborsare al lavoratore tutte le spese rese necessarie dall'esecuzione del lavoro, e se è occupato fuori del luogo di lavoro, anche le spese di sussistenza.

[2] Mediante accordo scritto, contratto normale o contratto collettivo può essere convenuto o stabilito un rimborso in forma d'indennità fissa, come diarie o indennità complessive settimanali o mensili, a condizione che copra tutte le spese necessarie.

[3] È nullo ogni accordo, per il quale il lavoratore abbia a sopportare interamente o in parte le spese necessarie.

Literatur

Behnisch, Zur steuerlichen Behandlung der Weiterbildungskosten, FS für Jean-Fritz Stöckli, Zürich/St. Gallen 2014, 25 ff.; Brunold, Die Arbeitsauslagen im schweizerischen Individualarbeitsrecht, Diss., Bern 2014; Carruzzo, La rémunération du travailleur et le remboursement des frais, Genf 2007; Geiser, Weiterbildung im Arbeitsrecht, recht 2011, 118 ff.; ders., Weiterbildung – Finanzierung aus arbeitsrechtlicher Sicht, plädoyer 6/2013, 28 ff.; Lerch, Arbeitsrechtliche Rückzahlungsvorbehalte für Aus- und Weiterbildungskosten, Anwaltsrevue 2012, 24 ff.; Stieger, Weiterbildung im Arbeitsverhältnis, Diss., Bern 2009; Stöckli, Arbeitsvertragliche Regelung der Weiterbildung, ArbR 2011, 117 ff.; vgl. ausserdem die Literaturhinweise zur Einleitung vor Art. 319 ff.

1 Die Pflicht des Arbeitgebers zum **Auslagenersatz** stellt einen Aspekt seiner Fürsorgepflicht dar (Art. 328 N 3). Dem Arbeitnehmer sind zwingend die notwendig entstehenden Auslagen (Spesen) zu ersetzen (Art. 327a Abs. 1, Art. 362). Notwendigkeit und Höhe der Auslagen sind vom Arbeitnehmer zu beweisen, doch darf vom Arbeitnehmer mit Bezug auf die Höhe der Auslagen kein strenger Beweis verlangt werden; effektiv entstandene Auslagen, die sich ziffernmässig nicht mehr beweisen lassen, sind vom Gericht in analoger Anwendung von Art. 42 Abs. 2 zu schätzen (BGE 131 III 444). Spesen sind grundsätzlich nur bei tatsächlicher Beschäftigung geschuldet (OGer LU, JAR 2000, 154; s. BGer, ARV 2011, 281 für den Fall der Freistellung). Sie können vom Arbeitnehmer auch dann geltend gemacht werden, wenn sie erst nach Beendigung des Arbeitsverhältnisses, aber aus dessen Durchführung, entstanden sind (TC FR, JAR 2010, 485). Eine Vereinbarung, in der sich ein Arbeitnehmer gegenüber der Bank verpflichtet, solidarisch mit dem Arbeitgeber für die Verpflichtungen aus der Verwendung der ihm zugeteilten *Geschäftskreditkarte* einzustehen, ist trotz Art. 145 nichtig (BGE 124 III 305).

2 Persönliche Aufwendungen für *Verpflegung, Unterkunft oder Fahrt zur Arbeitsstelle* sind nur dann ersatzpflichtige Auslagen, wenn der Arbeitgeber den Arbeitnehmer an auswärtigen Orten einsetzt (Handelsreisender, Baugewerbe; wird für Fahrten an auswärtige Orte ein Geschäftswagen zur Verfügung gestellt, darf für diesen demnach kein Lohnabzug vereinbart werden, BGer, 17.2.2010, 4A_631/2009, E. 2). In diesem Fall ist ein Abzug dessen, was der Arbeitnehmer bei Verpflegung und Unterkunft zu Hause aufzuwenden hätte, nicht zulässig (AB 1969 N 469 f.). Das wird damit begründet, dass die Unterhaltsersparnis des Arbeitnehmers geringfügig ist und die Mehrkosten für den Unterhalt auswärts kaum genau bestimmt werden können. Umzugskosten an einen neuen Arbeitsort sind nicht ersatzpflichtige Auslagen (KGer BL, JAR 2004, 411; AGer ZH, JAR 1983, 153).

Kosten für eine **Ausbildung**, die der *Einarbeitung* dient, sind dem Arbeitnehmer zwingend zu ersetzen. Kosten für eine eigentliche *Weiterbildung* sind hingegen grundsätzlich vom Arbeitnehmer zu tragen, ausser wenn diese vom Arbeitgeber angeordnet wird. Die Einarbeitung unterscheidet sich von der Weiterbildung dadurch, dass sie auf einen bestimmten Arbeitgeber bzw. auf ein bestimmtes Produkt beschränkt ist. Eine Weiterbildung verschafft hingegen generell Vorteile auch bei anderen Arbeitgebern (vgl. BGer, ARV 2011, 199). Indizien für eine Einarbeitung sind eine kurze Ausbildungsdauer, geringe Verwendbarkeit des Erlernten bei einem anderen Arbeitgeber und Fehlen eines Abschlusses (AGer ZH, JAR 1999, 327; s.a. KGer FR, JAR 2009, 495). **3**

Übernimmt der Arbeitgeber Ausbildungskosten, die *nicht notwendige Auslagen* darstellen, kann er diese nach Auflösung des Arbeitsverhältnisses in folgenden Fällen nicht zurückverlangen: **4**

- Wenn keine entsprechende *Abrede* besteht. Eine solche setzt voraus, dass sie vor der Ausbildung geschlossen wurde und den vom Arbeitnehmer zurückzuvergütenden Betrag sowie den Zeitraum bestimmt, innert welchem die Kündigung eine Rückzahlungspflicht auslöst (ausführlich und differenzierend STREIFF/VON KAENEL/RUDOLPH, N 7, die das Erfordernis des vorgängigen Abschlusses mit Verweis auf die bundesgerichtliche Rechtsprechung ablehnen; KGer GR, JAR 2013, 487; KGer FR, JAR 2009, 495; s.a. TAPP TI, JAR 2011, 557). Ferner dürfte eine Rückzahlungsvereinbarung nur dann zulässig sein, wenn der Arbeitnehmer infolge der Sonderleistung einen bleibenden Vorteil erhält (Ausbildungsbeihilfe im Gegensatz zu Umzugskosten).
- Wenn eine übermässige Beschränkung der Kündigungsfreiheit und eine daraus fliessende Verletzung der *Kündigungsparität* vorliegt (vgl. zu diesem Problemfeld Art. 335a N 4 ff.). Gemäss OGer BL, JAR 1991, 203 ist die Vereinbarung einer auf drei Jahre begrenzten Rückzahlungsklausel pro rata temporis bei vorzeitiger Kündigung des Arbeitnehmers zulässig. Das BGer hat eine Abstufung nach Jahren (im ersten Jahr 100%, im zweiten Jahr 50% Rückzahlungspflicht) für zulässig erachtet (BGer, ARV 2012, 171; gl.A. OGer ZH, ZR 2012, 276). In Analogie zu Art. 340a Abs. 1 sind Rückzahlungsklauseln generell auf höchstens drei Jahre zu begrenzen (GSGer BS, JAR 2010, 454; BK-REHBINDER/STÖCKLI, Art. 339a OR N 4; ZK-STAEHELIN, N 3; gegen derartige Restriktionen STREIFF/VON KAENEL/RUDOLPH, Art. 335a N 3).
- Wenn der Arbeitgeber das Arbeitsverhältnis kündigt, ohne dass ihm der Arbeitnehmer dazu begründeten Anlass gegeben hat, oder wenn es dieser aus einem begründeten, vom Arbeitgeber zu verantwortenden Anlass auflöst (Art. 340c Abs. 2 analog; ebenso KGer GR, JAR 2013, 487; TC VD, JAR 2011, 600; GSGer BS, JAR 2010, 454; offen gelassen in BGer, JAR 2010, 313; vgl. BGer, JAR 1991, 194 für den Fall einer ungerechtfertigten fristlosen Kündigung durch den Arbeitgeber; **a.A.** STREIFF/VON KAENEL/RUDOLPH, Art. 335a N 3, die für eine Anwendung von Art. 156 plädieren).

Vgl. zum Ganzen mit einer Zusammenfassung der Rechtsprechung BGer, ARV 2011, 199, ferner die etwas anders gelagerten Fälle von AGer ZH, JAR 1991, 207 und AGer ZH, JAR 2004, 594. Die Rückzahlungsverpflichtung stellt keine Konventionalstrafe dar und kann daher nicht nach Art. 163 Abs. 3 herabgesetzt werden (STREIFF/VON KAENEL/RUDOLPH, Art. 327a N 7; in CAPH GE, JAR 1998, 249 wurde sie als pauschalierter Schadenersatz qualifiziert). Sie kann neben den eigentlichen Ausbildungskosten auch den während der Ausbildung bezahlten Lohn umfassen (BGer, ARV 2011, 199; TC VD, JAR 2011, 600). Zur steuerlichen Behandlung von berufs- und weiterbildungsorientierten Aus- und Weiterbildungen s. das entsprechende Bundesgesetz (AS 2014, 1105; Inkrafttreten am 1.1.2016) und VerwGer LU, JAR 2011, 541. Das vor dem Inkrafttreten stehende Bundesgesetz über die Weiterbildung (WeBiG; BBl 2014, 5177) betont die Eigenverantwortung des Einzelnen für seine Weiterbildung und gibt dem Arbeitgeber lediglich vage auf, die Weiterbildung seiner Mitarbeiter zu begünstigen (Art. 5 WeBiG).

5 Zu den notwendigen Auslagen können auch Aufwendungen gehören, die zur *Abwehr von Ansprüchen Dritter* erforderlich sind, die gegen einen (derzeitigen oder ehemaligen) Arbeitnehmer erhoben werden (AUBERT, SJ 1988, 578 f.), z.B. gegen einen angestellten Treuhänder oder Sicherheitsbeauftragten. Die Erstattungspflicht entfällt indessen, wenn die Ansprüche des Dritten ihren Ursprung in einer Verletzung des Arbeitsvertrags oder in einer unerlaubten Handlung haben (BGer, 15.5.2012, 4A_26/2012; TC FR, JAR 2010, 485: Anwaltskosten zur Abwehr von Ansprüchen Dritter aus Körperverletzung; Gegenbeispiel CA GE, JAR 2005, 368: Prozesskosten eines im Ausland belangten Bankdirektors).

6 Durch Normalarbeitsvertrag, Gesamtarbeitsvertrag oder schriftliche Vereinbarung kann auch eine **Pauschale** als Auslagenersatz festgelegt werden (Art. 327a Abs. 2). Das feste Taggeld, die pauschale Wochen- oder Monatsvergütung muss jedoch alle *durchschnittlich* notwendig entstehenden Auslagen decken. Abreden, die solche Auslagen ganz oder teilweise auf den Arbeitnehmer überwälzen, sind nichtig (Art. 327a Abs. 3). Nichtigkeit liegt indessen nicht schon dann vor, wenn die Monatspauschale die effektiven Spesen während eines Monats nicht zu decken vermag, sondern erst dann, wenn die pauschal ausgerichteten Spesenvergütungen die durchschnittlichen effektiven Auslagen über eine längere Periode, z.B. über ein Jahr hinweg, nicht decken (GEISER/MÜLLER, Rz 417; PORTMANN/STÖCKLI, Rz 531). Die Beweislast für die Behauptung, dass die vereinbarte Auslagenpauschale die notwendigen Auslagen nicht deckt, liegt beim Arbeitnehmer (BGE 131 III 444; CR CO I-AUBERT, N 3).

7 Abgesehen vom Handelsreisendenvertrag (Art. 349d Abs. 2) sind *Gesamtvergütungen*, die Lohn und Auslagenersatz umfassen, zulässig, sofern der nach Abzug des *üblichen* Lohnes verbleibende Restbetrag zur Deckung der notwendigen Auslagen ausreicht (vgl. BGE 91 II 372). Wird eine pauschale Auslagenentschädigung vereinbart, welche die tatsächlichen Auslagen erheblich übersteigt, so ist sie in diesem Umfang als verkappter Lohnbestandteil zu betrachten und untersteht damit den Bestimmungen von Art. 322 ff. (BGer, JAR 2007, 200; TC FR, JAR 1998, 119; TC FR, JAR 1997, 151; ähnlich auch AGer ZH, JAR 1999, 137; Gegenbeispiele BGer, ARV 2011, 281 und BGer, JAR 2011, 129). Bei fehlender Arbeitsleistung besteht grundsätzlich kein Anspruch auf die vereinbarte Auslagenpauschale (OGer LU, JAR 2000, 156; BGer, ARV 2011, 281 betr. Essensentschädigungen und Repräsentationsspesen).

8 Vom pauschalen Auslagenersatz zu unterscheiden sind sog. **Vertrauensspesen**. Hier ersetzt der Arbeitgeber wie im Normalfall nur tatsächlich entstandene Auslagen, doch sind die Anforderungen an den Nachweis herabgesetzt, hat sich doch der Arbeitgeber bereit erklärt, ohne Nachkontrolle auf allgemeine Angaben des Arbeitnehmers abzustellen. Die vertragliche Abmachung, dass Spesen gegen Quittung und Rechnung vergütet werden, steht der Annahme, dass von Vertrauensspesen auszugehen ist, klar entgegen (KGer GR, JAR 2010, 526). Ein allfällig festgelegter Maximalbetrag hat nicht die Bedeutung, dass höhere Auslagen nicht vergütet werden (was wegen Art. 327a Abs. 3 gar nicht zulässig wäre), sondern dass sie die üblichen strengeren Beweisanforderungen auslösen (STREIFF/VON KAENEL/RUDOLPH, N 8).

Art. 327*b*

b. Motorfahrzeug

[1] Benützt der Arbeitnehmer im Einverständnis mit dem Arbeitgeber für seine Arbeit ein von diesem oder ein von ihm selbst gestelltes Motorfahrzeug, so sind ihm die üblichen Aufwendungen für dessen Betrieb und Unterhalt nach Massgabe des Gebrauchs für die Arbeit zu vergüten.

[2] Stellt der Arbeitnehmer im Einverständnis mit dem Arbeitgeber selbst ein Motorfahrzeug, so sind ihm überdies die öffentlichen Abgaben für das Fahrzeug, die Prämien für die Haftpflichtversicherung und eine angemessene Entschädigung für die Abnützung des Fahrzeugs nach Massgabe des Gebrauchs für die Arbeit zu vergüten.

[3] …

b. Véhicule à moteur

[1] Si, d'entente avec l'employeur, le travailleur utilise pour son travail son propre véhicule à moteur ou un véhicule à moteur mis à sa disposition par l'employeur, il a droit au remboursement des frais courants d'usage et d'entretien, dans la mesure où le véhicule sert à l'exécution du travail.

[2] S'il fournit le véhicule à moteur d'entente avec l'employeur, le travailleur a droit en outre au paiement des impôts sur le véhicule et des primes d'assurance contre la responsabilité civile, ainsi qu'à une indemnité d'usure équitable, dans la mesure où le véhicule sert à l'exécution du travail.

[3] …

b. Veicoli a motore

[1] Se il lavoratore, d'intesa con il datore di lavoro, si serve per il suo lavoro di un veicolo a motore, proprio o messo a sua disposizione dal datore di lavoro, egli ha diritto al rimborso delle spese correnti d'esercizio e di manutenzione, nella misura in cui il veicolo è adoperato per il lavoro.

[2] Se il lavoratore, d'intesa con il datore di lavoro, mette a disposizione un veicolo a motore, gli devono essere inoltre rimborsati le tasse pubbliche sul veicolo, i premi dell'assicurazione per la responsabilità civile e un'equa indennità per l'usura del veicolo, nella misura in cui questo è adoperato per il lavoro.

[3] …

Literatur

Cattelan, Rückruf des Geschäftsfahrzeugs, Anwaltsrevue 2013, 210 f.; Geiser, Arbeitsrechtliche Folgen von Verkehrsdelikten, Strassenverkehr 4/2013, 30 ff.; vgl. ausserdem die Literaturhinweise zur Einleitung vor Art. 319 ff. und zu Art. 327a.

I. Allgemeine Auslagen bei Benützung eines Motorfahrzeugs

Art. 327b Abs. 1 befasst sich mit dem Fall, dass der Arbeitnehmer im Einverständnis mit dem 1
Arbeitgeber für seine Arbeit ein Motorfahrzeug benützt, gleichgültig ob dieses vom Arbeitgeber oder vom Arbeitnehmer zur Verfügung gestellt wird. Gemäss der gesetzlichen Regelung sind die üblichen *Betriebs- und Unterhaltskosten* für Dienstfahrten vom Arbeitgeber zu tragen. Dazu gehören etwa Kosten für Benzin, Öl, für den Ein- oder Abstellplatz, für Serviceleistungen sowie auch für Reparaturen (TC JU, JAR 1998, 162). Art. 327b Abs. 1 ist einseitig zwingend. Der Arbeitnehmer wird Halter des Geschäftsautos, wenn er über längere Zeit im Wesentlichen frei über das Fahrzeug verfügen kann (BGE 129 III 102).

II. Besondere Auslagen bei Benützung eines eigenen Motorfahrzeugs

Zusätzlich zu den Betriebs- und Unterhaltskosten hat der Arbeitgeber weitere Auslagen zu 2
vergüten, wenn das Motorfahrzeug mit seinem Einverständnis vom Arbeitnehmer zur Verfügung gestellt wird. Zu ersetzen sind die öffentlichen Abgaben für das Fahrzeug, die Prämien für die Haftpflichtversicherung und eine angemessene Entschädigung für die Abnützung des Fahrzeugs nach Massgabe des Gebrauchs für die Arbeit (Art. 327b Abs. 2). Mangels besonde-

rer Erwähnung im Gesetz nicht zu vergüten sind Auslagen für eine Kaskoversicherung, sofern nichts anderes verabredet ist.

3 Verunfallt der Arbeitnehmer auf einer Dienstfahrt, so manifestiert sich der erlittene *Sachschaden* vor allem in Reparatur- bzw. Wiederbeschaffungskosten oder, falls eine Kaskoversicherung besteht, im Selbstbehalt und Bonusverlust. Da Dienstfahrten in das Betriebsrisiko des Arbeitgebers fallen, auch wenn sie mit einem Fahrzeug des Arbeitnehmers ausgeführt werden, hat dieser seinen Eigenschaden im gleichen Mass zu tragen, in dem er dem Arbeitgeber für die Schädigung eines Geschäftsfahrzeugs haften würde. Demnach kann der Arbeitnehmer bei mittlerer oder leichter Fahrlässigkeit vom Arbeitgeber teilweisen bzw. vollen Schadenersatz verlangen, während er bei Grobfahrlässigkeit grundsätzlich den ganzen Schaden zu tragen hat (Art. 321e N 5 ff., 24; *Beispiele*: volle Kostentragung durch den Arbeitgeber in GSGer BS, JAR 1982, 141; 85% zulasten des Arbeitgebers in TC JU, JAR 1998, 162). Bei *Personenschaden* greift die obligatorische Unfallversicherung nach dem UVG (Art. 324a N 29 f.).

4 Art. 327b Abs. 2 ist dispositives Recht, was den Parteien insb. die Möglichkeit eröffnet, individuelle Beteiligungsmodelle vorzusehen oder den Auslagenersatz überhaupt wegzubedingen. Dies wird zum Teil als rechtspolitisch verfehlt kritisiert und führt zu Umdeutungsversuchen (vgl. CR CO I-AUBERT, N 3; STREIFF/VON KAENEL/RUDOLPH, N 8; danach wird Art. 327a Abs. 1 nicht durch Art. 327b Abs. 2 verdrängt). Zu einem korrigierenden Eingriff besteht allerdings kein Anlass, weil diese Regelung nicht nur bewusst getroffen wurde (Botschaft, BBl 1967 II 343), sondern auch mit der in Art. 327 Abs. 2 ausdrücklich getroffenen Grundentscheidung übereinstimmt (s. dazu Art. 327 N 4).

III. Gemeinsame Grundsätze

5 Sowohl die Benützung eines Motorfahrzeugs für die Arbeit wie auch die Benützung eines vom Arbeitnehmer zur Verfügung gestellten Motorfahrzeugs bedürfen des *Einverständnisses des Arbeitgebers*. Dieses kann ausdrücklich oder stillschweigend erteilt werden. Stellt der Arbeitgeber dem Arbeitnehmer ein Motorfahrzeug zur Verfügung, so ist der Arbeitnehmer zur *privaten Verwendung des Geschäftsfahrzeugs* ebenfalls nur berechtigt, sofern der Arbeitgeber (ausdrücklich oder stillschweigend) seine Zustimmung erteilt hat (BK-REHBINDER/STÖCKLI, N 5; STREIFF/VON KAENEL/RUDOLPH, N 5; ZK-STAEHELIN, N 3; VISCHER/MÜLLER, 141). BGer, ARV 2008, 41, 44 erweckt hingegen den Anschein, Privatfahrten seien zulässig, wenn der Arbeitgeber die Nutzungsbedingungen des Geschäftswagens nicht ausdrücklich geregelt habe. Diese Auffassung ist abzulehnen. Für das Vorliegen einer Einwilligung des Arbeitgebers zu Privatfahrten mit dem Geschäftsfahrzeug trägt der Arbeitnehmer die Beweislast (Art. 8 ZGB).

6 Die Auslagen sind gem. Art. 327b Abs. 1 und 2 «nach Massgabe des Gebrauchs für die Arbeit» zu vergüten. Soweit Privatfahrten zulässig sind, zu denen auch die Fahrten vom Wohnort zu einem festen Arbeitsort gehören, gehen die Kosten zulasten des Arbeitnehmers. Dessen Anspruch auf Auslagenersatz ist also, soweit er neben Dienst- auch Privatfahrten unternimmt, im entsprechenden Verhältnis herabzusetzen. Dabei ist grundsätzlich auf die gefahrenen Kilometer und nicht auf die zeitliche Beanspruchung des Fahrzeugs abzustellen (Botschaft, BBl 1967 II 342; BK-REHBINDER/STÖCKLI, N 5).

7 Wie bei sonstigen Auslagen kann auch hinsichtlich der Benützung eines Motorfahrzeugs eine *Spesenpauschale* etwa in Form einer *pauschalen Kilometerentschädigung* oder einer *Monatspauschale* vereinbart werden (Art. 327a N 6). Wegen des einseitig zwingenden Charakters von Art. 327b Abs. 1 hat die Pauschale mindestens die durchschnittlichen Betriebs- und Unterhaltskosten zu decken. Hat der Arbeitnehmer nie Einspruch erhoben, darf der Arbeitgeber gemäss TAPP TI, JAR 2000, 174 darauf vertrauen, dass die Pauschale die Kosten zu decken vermag. Sind die entsprechenden Grundsätze gewahrt, ist auch eine *Gesamtvergütung* denkbar (Art. 327a N 7).

Art. 327*c*

c. Fälligkeit

[1] Auf Grund der Abrechnung des Arbeitnehmers ist der Auslagenersatz jeweils zusammen mit dem Lohn auszurichten, sofern nicht eine kürzere Frist verabredet oder üblich ist.

[2] Hat der Arbeitnehmer zur Erfüllung der vertraglichen Pflichten regelmässig Auslagen zu machen, so ist ihm ein angemessener Vorschuss in bestimmten Zeitabständen, mindestens aber jeden Monat auszurichten.

c. Echéance

[1] Le remboursement des frais a lieu en même temps que le paiement du salaire sur la base du décompte établi par le travailleur, à moins qu'un délai plus court ne soit convenu ou usuel.

[2] Lorsque l'accomplissement de ses obligations contractuelles impose régulièrement des frais au travailleur, l'employeur lui fait une avance convenable pour les frais à couvrir, à intervalles déterminés et en tous cas chaque mois.

c. Esigibilità

[1] Il rimborso delle spese, secondo il conteggio del lavoratore, deve essere effettuato con il pagamento del salario, in quanto non sia convenuto o d'uso un termine più breve.

[2] Se il lavoratore sopporta regolarmente spese per l'adempimento degli obblighi contrattuali, anticipazioni adeguate devono essergli pagate a intervalli determinati ma almeno ogni mese.

Literatur

Vgl. die Literaturhinweise zur Einleitung vor Art. 319 ff. und zu Art. 327b.

Es ist Sache des Arbeitnehmers, eine **Abrechnung** über die Auslagen gem. Art. 327a oder 327b zu erstellen. Legt er sie dem Arbeitgeber vor, wird seine Forderung auf Auslagenersatz mangels anderer Regelung *mit der Lohnforderung fällig* (Art. 327c Abs. 1). Auf Verlangen des Arbeitgebers hat der Arbeitnehmer die vorhandenen Belege vorzulegen oder die Höhe der Auslagen auf andere Art nachzuweisen. Demgegenüber kann sich der Arbeitnehmer auf allgemeine Angaben beschränken, wenn sog. *Vertrauensspesen* vereinbart sind (Art. 327a N 8). Wurde ein Pauschalbetrag verabredet, ist keine Spesenabrechnung erforderlich (BGE 131 III 445). 1

Bei regelmässigen Auslagen hat der Arbeitgeber mindestens jeden Monat einen angemessenen **Vorschuss** zu leisten (Art. 327c Abs. 2, einseitig zwingend nach Art. 362). Angemessen ist der Vorschuss, wenn er die nach den Umständen zu erwartenden Auslagen bis zur nächsten Abrechnung erfasst. Kommt der Arbeitgeber dieser Pflicht nicht nach, so ist der Arbeitnehmer berechtigt, die mit Auslagen verbundenen Tätigkeiten ganz oder teilweise zu verweigern, wodurch der Arbeitgeber in Annahmeverzug gerät (Art. 324). Ein Erfüllungsanspruch besteht hingegen nur, wenn der Arbeitnehmer gleichzeitig einen Beschäftigungsanspruch hat (ZK-STAEHELIN, N 4). 2

Nach zutreffender Auffassung verjährt der Anspruch auf Auslagenersatz in zehn Jahren (Art. 127; TC VD, JAR 2010, 650; **a.A.** BGE 75 II 371), da nach h.L. nur Lohnforderungen unter Art. 128 Ziff. 3 fallen. Die Verjährung beginnt grundsätzlich am Ende des Monats zu laufen, für den der Auslagenersatz geschuldet ist (Art. 130 Abs. 1; TC VD, JAR 2010, 650). Macht der Arbeitnehmer einen Anspruch auf Auslagenersatz erst am Ende des Arbeitsverhältnisses geltend, so handelt er nicht zwangsläufig rechtsmissbräuchlich (TAPP TI, JAR 2000, 174). 3

Art. 328

VII. Schutz der Persönlichkeit des Arbeitnehmers
1. Im Allgemeinen

[1] Der Arbeitgeber hat im Arbeitsverhältnis die Persönlichkeit des Arbeitnehmers zu achten und zu schützen, auf dessen Gesundheit gebührend Rücksicht zu nehmen und für die Wahrung der Sittlichkeit zu sorgen. Er muss insbesondere dafür sorgen, dass Arbeitnehmerinnen und Arbeitnehmer nicht sexuell belästigt werden und dass den Opfern von sexuellen Belästigungen keine weiteren Nachteile entstehen.

[2] Er hat zum Schutz von Leben, Gesundheit und persönlicher Integrität der Arbeitnehmerinnen und Arbeitnehmer die Massnahmen zu treffen, die nach der Erfahrung notwendig, nach dem Stand der Technik anwendbar und den Verhältnissen des Betriebes oder Haushaltes angemessen sind, soweit es mit Rücksicht auf das einzelne Arbeitsverhältnis und die Natur der Arbeitsleistung ihm billigerweise zugemutet werden kann.

VII. Protection de la personnalité du travailleur
1. En général

[1] L'employeur protège et respecte, dans les rapports de travail, la personnalité du travailleur; il manifeste les égards voulus pour sa santé et veille au maintien de la moralité. En particulier, il veille à ce que les travailleurs ne soient pas harcelés sexuellement et qu'ils ne soient pas, le cas échéant, désavantagés en raison de tels actes.

[2] Il prend, pour protéger la vie, la santé et l'intégrité personnelle du travailleur, les mesures commandées par l'expérience, applicables en l'état de la technique, et adaptées aux conditions de l'exploitation ou du ménage, dans la mesure où les rapports de travail et la nature du travail permettent équitablement de l'exiger de lui.

VII. Protezione della personalità del lavoratore
1. In generale

[1] Nei rapporti di lavoro, il datore di lavoro deve rispettare e proteggere la personalità del lavoratore, avere il dovuto riguardo per la sua salute e vigilare alla salvaguardia della moralità. In particolare, deve vigilare affinché il lavoratore non subisca molestie sessuali e, se lo stesso fosse vittima di tali molestie, non subisca ulteriori svantaggi.

[2] Egli deve prendere i provvedimenti realizzabili secondo lo stato della tecnica ed adeguati alle condizioni dell'azienda o dell'economia domestica, che l'esperienza ha dimostrato necessari per la tutela della vita, della salute e dell'integrità personale del lavoratore, in quanto il singolo rapporto di lavoro e la natura del lavoro consentano equamente di pretenderlo.

Literatur

Persönlichkeitsschutz im Allgemeinen: AEBI-MÜLLER, Die Privatsphäre des Arbeitnehmers, in: Neue Rechtsfragen rund um die KMU, Zürich/Basel/Genf, 2006, 1 ff.; LEMP, La protection de l'exercise des droits constitutionnels dans le cadre des rapports de travail, in: Présence et actualité de la Constitution dans l'ordre juridique, Basel/Frankfurt a.M./Genf 1991, 83 ff.; LEMP/GUINCHARD/PICCOT (Hrsg.), Harcèlement au travail, Zürich/Basel/Genf 2002; AUBRY GIRARDIN, Santé et sécurité au travail, Zürich 1995; BAUMBERGER, Die Fürsorgepflicht des Arbeitgebers und der Nichtraucherschutz, ARV 2006, 181 ff.; DERS., Rauchen am Arbeitsplatz, Diss., Bern 2002; BRÜGGER/PETER: Sozialversicherungsrechtliche Fallstricke bei der Auflösung eines Arbeitsverhältnisses, ius.full 2014, 68 ff.; BRÜHWILER, Verhinderung und Verminderung von Arbeitsunfähigkeit der Arbeitnehmer aus arbeitsrechtlicher Sicht, in: Case Management und Arbeitsunfähigkeit, Zürich/Basel/Genf 2006, 31 ff.; BRULHART, La responsabilité civile de l'employeur et son assurance, in: Assurance sociale, responsabilité de l'employeur, assurance privée, Bern 2005, 139 ff.; BÜCHLER, Islam und schweizerisches Arbeitsrecht, in: Muslime und schweizerische Rechtsordnung, Fribourg 2002, 427 ff.; CAMASTRAL, Grundrechte im Arbeitsverhältnis, Diss., Chur/Zürich 1996; CAPLAZI/NAGUIB, Schutz vor ethnisch-kultureller Diskriminierung in der Arbeitswelt trotz Vertragsfreiheit, Jusletter 7.2.2005; CARRON, Mobbing et demeure de l'employeur, in: Panorama en droit du travail, Bern 2009, 115 ff.; DERS., Fin des rapports de travail et droit aux indemnités de chômage – retraite anticipée et prestations volontaires de l'employeur, in: Panorama en droit du travail, Bern 2009, 663 ff.; CORPATAUX, Protection du travailleur contre les effets nocifs de la fumée passive, SZGR 2006, 73 ff.; DANTHE, Les limites qu'instaure l'article 328 CO au droit de l'employeur de donner des directives et de contrôler l'activité de travailleur, in: Panorama en droit du travail, Bern 2009, 163 ff.; DIES., Conflits au travail – Sanctions, in: Conflits au travail, Genf/Zürich/Basel 2015, 109 ff.; DEVEAUD-PLÉDRAN, Le harcèlement dans les relations de travail – Etude pluridisciplinaire de la question du harcèlement suivie d'une étude comparée entre le droit suisse et quelques législations étrangères, Diss., Genf/Zürich/Basel 2011; DUNAND, Le harcèlement psychologique en droit suisse, Semaine sociale Lamy 9.7.2007, supplément 1315, 41 ff.; DERS., Le harcèlement psychologique (mobbing) en droit suisse du travail, RJN 2006, 13 ff.; DERS., La «prédisposition constitutionnelle» de la victime d'un harcèlement psychologique (mobbing), ARV 2007, 15 ff.; DUNAND/TORNARE, «Personne de confiance» et prévention des conflits au travail, FS für Jean-Fritz Stöckli, Zürich/St. Gallen 2014, 151 ff.; DIES., L'obligation de l'employeur de prévenir les conflits interpersonnels (sources, concrétisation et responsabilité), in: Conflits au travail, Genf/Zürich/Basel 2015, 29 ff.; FISCHER, Die Mitarbeiterbeurteilung aus juristischer Perspektive, Jusletter 12.2.2007; GAGNEBIN, Prévention du stress au travail, SZG 11/2008, 59 ff.; DERS., Prévention du stress au travail, Jusletter 29.1.2007; GEISER, Gibt es ein Gleichbehandlungsgebot im schweizerischen Arbeitsrecht?, FS für Manfred Rehbinder, München/Bern 2002, 37 ff.; DERS., Weiterbildung im Arbeitsrecht, recht 2011, 118 ff.; DERS., Rechtsfragen der sexuellen Belästigung und des Mobbings, ZBJV 2001, 429 ff.; GLOOR, Kopftuch an der Kasse, ARV 2006, 1 ff.; GREMPER, Arbeitsrechtliche Aspekte der Ausübung verfassungsmässiger Rechte, Basel 1993; GUILLOD, Santé et travail, 14e Journée de droit de la santé de l'Institut de droit de la santé de l'Université de Neuchâtel, Bern/Zürich 2008; HUMBERT, Mobbing und dessen Bedeutung für die Arbeitnehmer und Arbeitgeber, TREX 2004, 80 ff.; DERS., Die missbräuchliche Kündigung im Spannungsfeld zwischen Kündigungsfreiheit, Generalklausel von Art. 336 OR und Fürsorgepflicht des Arbeitgebers, AJP 2011, 1471 ff.; JAAG/RÜSSLI, Schutz vor Passivrauchen, AJP 2006, 21 ff.; JANUTIN, Gesundheit im Arbeitsrecht, Diss., Zürich 1991; JAUN, Diskriminierungsschutz durch Privatrecht, ZBJV 2007, 457 ff.; JENNY, Arbeitsvertragsgestaltung im Bereich Gesundheitsschutz und bezüglich Sportverletzungen, CaS 2005, 365 ff.; VON KAENEL, Neue gesetzliche und staatsvertragliche Gleichbehandlungsansprüche, in: Aktuelle Probleme des Arbeitsrechts, Zürich/Basel/Genf 2005, 103 ff.; DERS., Neue gesetzliche Gleichbehandlungsansprüche?, ArbR 2004, 39 ff.; DERS., Unfall am Arbeitsplatz, in: Schaden – Haftung – Versicherung, Basel 1999, 579 ff.; DERS., Das neue Bundesgesetz über genetische Untersuchungen beim Menschen (GUMG), Eine Übersicht aus arbeitsrechtlicher Warte, ARV 2007, 145 ff.; KAHIL-WOLFF, Abschied vom Haftungsprivileg (Art. 44 UVG), in: Strassenverkehrsrechts-Tagung, Universität Freiburg, 11./12.3.2004, Fribourg 2004, 141 ff.; KESSLER, Mobbing – Aspekte der Ersatzpflicht, in: Diskriminierung und Integration, Zürich/St. Gallen 2006, 89 ff.; KETTIGER, Rechtliche Rahmenbedingungen für Location Sharing Systeme in der Schweiz, Jusletter 9.8.2010; KOLLER TH., Das Regressprivileg und der Rückgriff des Sozialversicherers auf einen nicht privilegierten haftpflichtigen Dritten, HAVE 2005, 25 ff.; DERS., Die Haftung des Arbeitgebers und das Sozialversicherungsrecht, AJP 1997, 428 ff.; LETSCH, Rechtliche Aspekte von Work-Life-Balance, Diss., Bern 2008; LIPS, Gesundheitliche Beschwerden am Bildschirmarbeitsplatz müssen nicht sein, Anwaltsrevue 2006, 17 ff.; LUGINBÜHL, Schikanen am Arbeitsplatz – rechtliche, gesundheitliche und soziale Aspekte, ARV 2010 65 ff.; MANNSDORFER, Schadenersatzansprüche aus dem Arbeitsverhältnis (Employment Practices Liability), Eine rechtsvergleichende Einführung, HAVE 2008, 309 ff.; MARTENET, L'interdiction de fumer dans les lieux publics intérieurs ou fermés, AJP 2007, 247 ff.; DERS., La protection contre le tabagisme passif à l'épreuve du fédéralisme, AJP 2011, 479 ff.; MATHYS S., Berufliche Gleichstellung von Menschen mit Behinderungen, CHSS 2013, 209 ff.; METZ, Gesetzliche und vertragliche Informationsrechte und -pflichten bei und nach Beendigung des Einzelarbeitsvertrages, in: Stellenwechsel und Entlassung, Handbücher für die Anwaltspraxis (HAP), Bd. II, 2. Aufl., Basel 2012, 171 ff.; MÜLLER, Arbeitsgesetz, Kommentar, 7. Aufl., Zürich 2009; DERS., Arbeitssicherheit und Gesundheitsschutz unter besonderer Berücksichtigung der Mitwirkung der Arbeitnehmer (-vertretung), ArbR 1997, 143 ff.; MUND, Grundrechtsschutz und genetische Information, Basel 2005; MURER, Zur Haftung des Arbeitgebers für den Stress seiner Arbeitnehmerinnen und Arbeitnehmer, in: Schweizerische Gesellschaft für Haftpflicht- und Versicherungsrecht, FS zum fünfzigjährigen Bestehen, Zürich/Basel/Genf 2010, 417 ff.; DERS., Diskriminierung wegen der Religion in der Arbeitswelt?, in: Religion und Integration aus der Sicht des Rechts, Zürich/Basel/Genf 2010, 175 ff.; NABHOLZ/PARRY, Mobbing und Menschenwürde im Arbeitsverhältnis, in: Menschenrechte konkret – Integration im Alltag, Basel 2005, 129 ff.; ÖSTERREICHER SPANIOL, Unternehmensinterne Untersuchungen, Anwaltsrevue 2013, 279 ff.; PÄRLI, Anstellungsdiskriminierungen, ARV 2006, 23 ff.; DERS., Altersgrenzen als Diskriminierungsproblem, in: Innovatives Recht – Festschrift für Ivo Schwander, Zürich/St. Gallen 2011, 107 ff.; DERS., Auswirkungen des Allgemeinen Gleichbehandlungsgesetzes (AGG) auf das Arbeitsrecht, ARV 2007, 133 ff.; DERS., Der Persönlichkeitsschutz im privatrechtlichen Arbeitsverhältnis, ARV 2005, 225 ff.; DERS., Die arbeits- und versicherungsrechtlichen Bestimmungen des Bundesgesetzes über genetische Untersuchungen (GUMG), AJP 2007, 79 ff.; DERS, Vertragsfreiheit, Gleichbehandlung und Diskriminierung im privatrechtlichen Arbeitsverhältnis, Bern 2009; PÄRLI/CAPLAZI/SUTER, Recht gegen HIV/Aids-Diskriminierung im Arbeitsverhältnis, Bern 2007; PÄRLI/HUG, Arbeitsrechtliche Fragen bei Präsentismus (Arbeit trotz Krankheit), ARV 2012, 1 ff.; PERRENOUD, Lutte contre la fumée passive – Dispositions législatives de protection en Suisse, Jusletter 18.1.2010; PETERMANN, Rechte und Pflichten des Arbeitgebers gegenüber psychisch labilen oder kranken Arbeitnehmern, ARV 2005, 1 ff.; PETERMANN/STUDER, Burnout, AJP 2003, 761 ff.; PETERS, Internationale Arbeiterrechte als subjektive internationale Rechte, FS für Jean-Fritz Stöckli, Zürich/St. Gallen 2014, 465 ff.; PODEHL, Haftung des Arbeitgebers wegen Stress am Arbeitsplatz?, Der Betrieb 2007, 2091; PORTMANN D., Der Wegfall des Haftungsprivilegs des Arbeitgebers gemäss dem neuen Bundesgesetz über den Allgemeinen Teil des Sozialversicherungsrechts, ARV 2003, 73 ff.; PORTMANN, Genugtuungsbegründende Persönlichkeitsverletzungen im Arbeitsverhältnis, FS für Eugen Bucher, Bern/Zürich 2009, ebenfalls publiziert in: recht 2010, 1 ff.; DERS., Stresshaftung im Arbeitsverhältnis, Erfolgreiche Stresshaftungsklagen gegen Arbeitgeber in der Schweiz und in anderen europäischen Ländern, FS für Pierre Tercier, Zürich/Basel/Genf 2008, 397 ff., ebenfalls publiziert in: ARV 2008, 1 ff.; PORTMANN/RIBBE, Vom öffentlichen Restaurationsbetrieb zum privaten Raucherklub – Kreativer Ausweg oder unzulässige Gesetzesumgehung?, AJP 2012, 1 ff.; PORTMANN/STREULI-NIKOLIC, Schutz vor Altersdiskriminierung im Arbeitsleben – Ausgewählte Aspekte der Rechtslage in der Schweiz, in: Wachter (Hrsg.), Jahrbuch Altersdiskriminierung, Wien/Graz 2012, 159 ff.; PREVITALI, Non-discrimination et analyse génétique, in: L'analyse génétique humaine, Genf/Zürich/Basel 2004, 43 ff.; PULVER, Die Verbindlichkeit staatlicher Schutzpflichten – am Beispiel des Arbeitsrechts, AJP 2005, 421 f.; REHBINDER, Arbeitsrecht als kompensatorisches Recht nach dem Menschenbild des homo reciprocans?, ARV 2012, 129 ff.; REHBINDER/KRAUSZ, Psychoterror am Arbeitsplatz. Mobbing und Bossing und das Arbeitsrecht, ArbR 1996, 17 ff.; RIEMER-KAFKA/SHERIFOSKA, Religion am Arbeitsplatz, ARV 2012, 305 ff.; ROBERTO/PETRIN, Organisationsverschulden aus zivilrechtlicher Sicht, in: Verantwortlichkeit im Unternehmen, Basel 2007, 69 ff.; RONCORONI, Zum Rauchverbot am Arbeitsplatz, FS H. Koller, Basel 2006, 51 ff.; RUDOLPH, Pandemie und Impfobligatorium für das Gesundheitspersonal – Dargestellt am Beispiel der pandemischen Grippe H1N 12009 («Schweinegrippe»), ARV 2010, 1 ff.; DERS., Konflikte am Arbeitsplatz und Kündigung, ARV 2011, 77 ff.; RYCHIGER, Wer hat den besten Stress? – Befreiung aus unseren Wahrnehmungsfallen, TREX 2010, 168 f.; SCHEIDEGGER/PITTELOUD, in: Arbeitsgesetz, Bern 2005; SCHEFER/HESS-KLEIN, Die Gleichstellung von Menschen mit Behinderung bei Dienstleistungen, in der Bildung und in Arbeitsverhältnissen, Jusletter 19.9.2011; SCHERRER, Die «Causa Sion» – Ein juristisches Erdbeben ohne nachhaltige Folgen, SJZ 2013, 5 ff.; SCHNEIDER, Stress et épuisement professionnel, FS für Jean-Louis Duc, Lausanne 2001, 293 ff.; SONNENBERG, La protection de la personnalité du travailleur, Diss., Lausanne 2010; STEIGER-SACKMANN, Schutz vor psychischen Gesundheitsrisiken am Arbeitsplatz, Diss., Zürich 2013; DIES., Psychische Gesundheitsprävention am Arbeitsplatz, ius.full 2013, 128 ff.; STIEGER, Weiterbildung im Arbeitsverhältnis, Diss., Bern 2009; STÖCKLI, Arbeitsvertragliche Regelung der Weiterbildung, ArbR 2011, 117 ff.; TÄNNLER, Einfluss von Verbandsregelungen auf Arbeitsverträge im Bereich Gesundheitsschutz und bezüglich Sportverletzungen, CaS 2005, 368 ff.; TRACHSLER, Das privatrechtliche Gleichbehandlungsgebot, Diss., St. Gallen 1991; TSCHUDI, Verstärkung des Persönlichkeitsschutzes der Arbeitnehmer, ArbR 1993, 13 ff.; UDRY, Appel à des spécialistes de la sécurité au travail, in: Panorama en droit du travail, Bern 2009, 454 ff.; WACHENDORF EICHENBERGER/GERBER, Genetische Untersuchungen im Arbeits- und Privatversicherungsrecht, in: Information & Recht, Basel 2002, 331 ff.; WAEBER, Le mobbing ou harcèlement psychologique au travail, quelles solutions?, AJP 1998, 792 ff.; DERS., Travail et protection de la personnalité, plädoyer 2/2002, 46 ff.; WENIGER, Resposabilité civile de l'employeur et du travailleur, subrogation des assureurs sociaux et recours, in: Panorama en droit du travail, Bern 2009, 615 ff.; WENNUBST, Mobbing (ou harcèlement psychologique), Lausanne 1999; DIES., Mobbing, Le harcèlement psychologique analysé sur le lieu de travail, La Chaux-de-Fonds 2007; WYLER, Protection de la personnalité des travailleurs, prévention des accidents et responsabilité civile, in: Assurance sociale, responsabilité de l'employeur, assurance privée, Bern 2005, 109 ff.; DERS., La responsabilité civile de l'employeur, y compris en ce qui concerne les actes de ses organes es auxiliaires, ARV 2011, 249 ff.; ZELLWEGER, Passivrauchschutz – Anlass zur Überprüfung der Raucherregelung in jedem Betrieb, Schweizer Arbeitgeber 6/2010, 24 f.; vgl. ausserdem die Literaturhinweise zur Einleitung vor Art. 319 ff.

Gleichstellung von Frau und Mann: AJP, Sondernummer, Zehn Jahre Gleichstellungsgesetz, AJP 2006, Heft 11; ARIOLI, Frauenförderungsmassnahmen im Erwerbsleben unter besonderer Berücksichtigung der Verfassungsmässigkeit von Quotenregelungen, Zürich 1992; ARIOLI et al. (Hrsg.), Wandel der Geschlechterverhältnisse durch Recht?, Zürich/St. Gallen 2008; AUBERT/LEMPEN (Hrsg.), Commentaire de la loi fédérale sur l'égalité, Genf 2011; BATTAGLIERO, Neuer Verfassungsartikel über die Familienpolitik, CHSS 2012, 385 ff.; BESSON, L'égalité horizontale, Fribourg 1999; DIES., Mesures positives. Le nouvel équilibre asymétrique, perspectives pour le droit suisse, AJP 1999, 390 ff.; BARONE, Loi fédérale sur l'égalité entre femmes et hommes, Anwaltsrevue 2003, 158 ff.; BIGLER-EGGENBERGER, Art. 4 Abs. 2/8 Abs. 3 BV, ZBl 2005, 57 ff.; DIES., Justitias Waage – wagemutige Justitia?, Basel 2003; CHAVANNE, La qualité pour agir des organisations fondée sur l'article 7 LEg et la promotion du principe de l'égalité, in: Panorama en droit du travail, Bern 2009, 365 ff.; COSSALI SAUVAIN, La loi fédérale sur l'égalité entre femmes et hommes du 24 mars 1995, in: Journée 1995 de droit du travail et de sécurité sociale, Zürich 1999, 57 ff.; DIES., L'interdiction de discriminer en raison du sexe dans la vie professionnelle, FS für Margrit Bigler-Eggenberger, Basel 1993, 58 ff.; DUCRET, Sexuelle Belästigung – was tun?, Zürich 2003;

EPINEY/VON DANCKELMANN (Hrsg.), Gleichstellung von Frauen und Männern in der Schweiz und der EU, Zürich/Basel/Genf 2004; EPINEY/DUTTWILER, Das Recht der Gleichstellung von Mann und Frau im europäischen Gemeinschaftsrecht und schweizerischen Recht, ZBl 2004, 37 ff.; FREIVOGEL, Lücken und Tücken in der Anwendung des Gleichstellungsgesetzes, AJP 2006, 1343 ff.; GEISER, Die Regeln über die Anstellungsdiskriminierung und die Beförderungsdiskriminierung im Gleichstellungsgesetz, ZBJV 1996, 555 ff.; HAFNER/BUSER, Frauenordination via Gleichstellungsgesetz? Die Anwendbarkeit des Gleichstellungsgesetzes auf die Dienstverhältnisse in der römisch-katholischen Kirche, AJP 1996, 1207 ff.; HÄNNI, Grenzen der Gleichberechtigung von Mann und Frau nach der bundesgerichtlichen Rechtsprechung, FS für Thomas Fleiner, Fribourg 2003; HÄNNI/HUSMANN, Gleichstellungsrecht zwischen Frauen und Männern in der EU, in: Schweizerisches Jahrbuch für Europarecht, Bern 2010–2011, 3 ff.; HAUSAMMANN, Menschenrechte – Impulse für die Gleichstellung von Frau und Mann in der Schweiz, Basel 2002; HENSCH, Sonderregelungen für schwangere und stillende Arbeitnehmerinnen im privatrechtlichen Arbeitsverhältnis, AJP 2012, 1088 ff.; JACCOTTET TISSOT, Les procès en égalité, AJP 2004, 1514 ff.; DIES., Harcèlement sexuel et loi sur l'égalité, plädoyer 2/1999, 50 ff.; VON KAENEL, Begriff und Voraussetzungen der Kündigungsanfechtung nach Art. 10 Gleichstellungsgesetz, ArbR 2008, 51 ff.; KAUFMANN, Das Bundesgesetz über die Gleichstellung von Frau und Mann (Gleichstellungsgesetz), AJP 1993, 1349 ff.; DIES., Schutz vor sexueller Belästigung, in: Das Bundesgesetz über die Gleichstellung von Frau und Mann, St. Gallen 1996, 59 ff.; KAUFMANN/STEIGER-SACKMANN (Hrsg.), Kommentar zum Gleichstellungsgesetz, 2. Aufl., Basel 2009; KLETT, Das Gleichstellungsgesetz, ZBl 1997, 48 ff.; DIES., Richterliche Prüfungspflicht und Beweiserleichterung, AJP 2001, 1293 ff.; LEMPEN, Gleichstellung in der Arbeitswelt im internationalen Vergleich, in: Wandel der Geschlechterverhältnisse durch Recht?, Zürich 2008, 149 ff.; DIES., Prévention et sanction du harcèlement sexuel, AJP 2006, 1432 ff.; DIES., Le harcèlement sexuel sur le lieu de travail et la responsabilité civile de l'employeur, Diss., Genf/Zürich/Basel 2006; DIES., Überblick über die Rechtsprechung zur sexuellen Belästigung am Arbeitsplatz, AJP 2006, 1404 ff./1413 ff.; DIES., Les procédures relatives au harcèlement sexuel dans le secteur privé ou public, in: Conflits au travail, Genf/Zürich/Basel 2015, 265 ff; LOUTFI (Hrsg.), Women, gender and work, Genf 2001; MATEFI, Der Schutz der sexuellen Integrität am Arbeitsplatz (am Beispiel des Kantons Basel-Landschaft), BJM 2002, 169 ff.; MÜLLER, L'égalité de traitement entre femmes et hommes dans les rapports de travail, in: L'européanisation du droit privé, Fribourg 1998, 97 ff.; RAMSEYER/MÜLLER, Bewährt, aber noch zu wenig bekannt. Überblick über die Resultate der Evaluation des Gleichstellungsgesetzes, AJP 2006, 1331 ff./1337 ff.; RIEMER-KAFKA/UEBERSCHLAG, in: Kommentar zum Gleichstellungsgesetz, Basel 2009; RYTER, Prävention gegen sexuelle Belästigung am Arbeitsplatz, AJP 2006, 1428 ff./1432 ff.; SAILLEN, Harcèlement sexuel en droit pénal et privé suisse, in: Le travail et le droit, Fribourg 1994, 143 ff.; SCHÄR/HÜTTNER/JEGHER, Flexibel, aber nicht prekär. Ein Handbuch zur gleichstellungsgerechten Gestaltung flexibler Arbeitsverhältnisse, Zürich 2002; STADELMANN-STEFFEN, Policies, Frauen und der Arbeitsmarkt – Die Frauenerwerbstätigkeit in der Schweiz im internationalen und interkantonalen Vergleich, Diss., Zürich/Berlin 2007; STAMPE, Das Verbot der indirekten Diskriminierung wegen des Geschlechts, Diss., Zürich 2001; STAUBER-MOSER, Gleichstellungsgesetz und bundesgerichtliche Rechtsprechung, FS für Peter Forstmoser, Zürich/St. Gallen 2008, 485 ff.; STEINER, Das Verbot der indirekten Diskriminierung aufgrund des Geschlechts im Erwerbsleben, Basel 1999; STÖCKLI, Rechtsfragen der Anwendung des Gleichstellungsgesetzes, in: Zivilprozessrecht, Arbeitsrecht. Kolloquium Staehelin, Zürich 1997, 89 ff.; DERS., Gleichstellung im Arbeitsrecht, AJP 1993, 1380 ff.; UEBERSCHLAG, Die Anstellungsdiskriminierung aufgrund des Geschlechts im privatrechtlichen Arbeitsverhältnis (Art. 3 Abs. 2 GlG), Diss., Zürich/Basel/Genf 2009; DERS., Gleichstellung von Mann und Frau, Zürich/St. Gallen 2007; DERS., Geschlechtsspezifische Stellenausschreibungen im öffentlichen Personalrecht und Arbeitsprivatrecht – Konvergenzen und Divergenzen, FS für Peter Hänni, Bern 2010, 125 ff.; DERS., Anforderungen an das Vorliegen einer stärkeren nachteiligen Betroffenheit bei der indirekten Geschlechterdiskriminierung, AJP 2014, 361 ff.; VÖGELI, Sexuelle Belästigung am Arbeitsplatz im privatrechtlichen Arbeitsverhältnis, Diss., Chur/Zürich 1996; VÖGELI GALLI, Sexuelle Belästigung am Arbeitsplatz – Die Rechtsprechung im Spannungsfeld der involvierten Interessen, ArbR 2009, 33 ff.; WEBER-DÜRLER, Aktuelle Aspekte der Gleichberechtigung von Mann und Frau, ZBJV 1992, 357 ff.; WISSMANN LUKESCH, Schutz vor sexueller Belästigung gemäss Gleichstellungsgesetz, AJP 2006, 1422 ff.; vgl. ausserdem die Literaturhinweise zu Art. 322 betr. Lohngleichheit von Frau und Mann.

I. Allgemeines zur Fürsorgepflicht und zum Persönlichkeitsschutz

Die **allgemeine Fürsorgepflicht** des Arbeitgebers ist das Gegenstück zur allgemeinen Treuepflicht des Arbeitnehmers (Art. 321a Abs. 1) und hat den gleichen umfassenden Charakter wie diese. Sie besagt, dass der Arbeitgeber verpflichtet ist, dem Arbeitnehmer im Rahmen des Arbeitsverhältnisses *Schutz und Fürsorge* zuteil werden zu lassen und dessen berechtigte *Inte-* 1 *ressen* in guten Treuen zu *wahren*. Der Umfang dieser Pflicht im Einzelfall ist nach Treu und Glauben festzustellen (Art. 2 Abs. 1 ZGB). In erster Linie ist die allgemeine Fürsorgepflicht eine *Unterlassungspflicht*. Der Arbeitgeber hat alles zu unterlassen, was die berechtigten Interessen des Arbeitnehmers schädigen könnte.

2 Bei der Annahme von *Handlungspflichten*, die nicht gesetzlich festgelegt oder verabredet sind, ist Zurückhaltung geboten. Es gibt eine Fülle von Fürsorgemassnahmen, die freiwillige Sozialleistungen sind, auf die also kein Rechtsanspruch besteht (vgl. Art. 322d). Die Abgrenzung dessen, was freiwillig ist, von dem, was als Interessenwahrung geboten ist, ist im Zweifel Sache der Verkehrsauffassung (CAPH GE, JAR 1987, 162). *Grenzen* der Fürsorgepflicht sind die überwiegenden berechtigten Interessen des Arbeitgebers, die dieser mit rechtlich zulässigen Mitteln wahrnimmt. So sind z.B. Rationalisierungsmassnahmen nicht deshalb unzulässig, weil sie zu Entlassungen von Arbeitnehmern führen.

3 Die allgemeine Fürsorgepflicht als solche ist im Gesetz nicht ausdrücklich geregelt, wohl aber viele ihrer wichtigen *Aspekte*. Zu diesen gehören:
– der allgemeine Schutz der Persönlichkeit des Arbeitnehmers (Art. 328);
– der besondere Schutz bei Hausgemeinschaft (Art. 328a);
– die Beschränkung von genetischen Untersuchungen (Art. 21 ff. GUMG);
– der Datenschutz (Art. 328b);
– die Gleichstellung von Frau und Mann (Art. 1 ff. GlG);
– die Gewährung von Freizeit (Art. 329), Ferien (Art. 329a–329d) und Urlaub (Art. 329e);
– der Ersatz von Auslagen (Art. 327a–327c);
– die Schutzpflichten im Zusammenhang mit der Kaution (Art. 330);
– die Erteilung des Zeugnisses (Art. 330a);
– die Information über wesentliche Aspekte des Arbeitsverhältnisses (Art. 330b).

Während die ersten sechs Aspekte den *Schutz der Persönlichkeit* betreffen, lassen sich die anderen dem *Schutz des Vermögens* zuordnen, mit Ausnahme der Erteilung des Zeugnisses, die als Aspekt der *Förderung des wirtschaftlichen Fortkommens* erscheint.

4 Der wichtigste und bedeutsamste Aspekt der allgemeinen Fürsorgepflicht des Arbeitgebers ist der **Persönlichkeitsschutz des Arbeitnehmers**. Der allgemeine Persönlichkeitsschutz des Art. 28 ZGB wird im Arbeitsrecht dahin konkretisiert, dass der Arbeitgeber die Persönlichkeit des Arbeitnehmers *zu achten und zu schützen* hat (Art. 328 Abs. 1). Er hat also alle **Eingriffe in die Persönlichkeit** des Arbeitnehmers **zu unterlassen**, die nicht durch den Arbeitsvertrag gerechtfertigt sind. Zu den Persönlichkeitsgütern gehören insb. Leben und Gesundheit, körperliche und geistige Integrität, persönliche und berufliche Ehre, Stellung und Ansehen im Betrieb, Freiheit der persönlichen Meinungsäusserung, Freiheit der gewerkschaftlichen Organisation, Geheim- und Privatsphäre (verletzt z.B. durch Öffnen von an den Arbeitnehmer gerichteter Briefpost, BGE 114 IV 17). Hier beim Persönlichkeitsschutz durch Art. 328 Abs. 1 ist ein legitimes Einfallstor für die *indirekte Drittwirkung der Grundrechte* (Art. 35 Abs. 3 BV); denn auf dieser Grundlage kann eine der verfassungsrechtlichen Wertordnung entsprechende Freiheit des Arbeitnehmers von den Weisungen des Arbeitgebers gerechtfertigt werden.

5 Allerdings sollte man die Reichweite einer solchen Drittwirkung nicht überschätzen. Die zugunsten des Arbeitnehmers zwingenden Pflichten aus Art. 328 Abs. 1 (Art. 362) finden nämlich ihre Grenze an den Erfordernissen des Arbeitsverhältnisses, weil durch den Arbeitsvertrag auf die Ausübung von Persönlichkeitsbefugnissen in den Grenzen des Rechts und der guten Sitten verzichtet werden kann (Art. 27 Abs. 2 ZGB). Doch darf der Eingriff in die Persönlichkeitsgüter nicht weitergehen, als das für die Zwecke des Arbeitsvertrages unbedingt erforderlich ist. Die Pflicht zum Persönlichkeitsschutz beschränkt also das *Weisungsrecht* des Arbeitgebers und entscheidet z.B. über Zulässigkeit und Ausführung von Torkontrollen und Leibesvisitationen (Art. 328b N 41), über die Aufforderung zu Grippeimpfungen (dazu Ru-

DOLPH, ARV 2010, 1 ff.), über die Zulässigkeit politischer und gewerkschaftlicher Betätigung im Betrieb u.dgl. (s. dazu AGer ZH, JAR 1984, 230; OGer ZH, JAR 1985, 209).

Aus dem Arbeitsvertrag ergibt sich auch die Pflicht des Arbeitgebers zum **Schutz von Dritten**, die auf Wunsch des Arbeitnehmers vom Arbeitgeber vorübergehend in die Arbeitsorganisation aufgenommen werden, wie das etwa bei landwirtschaftlichen Betrieben oder Haushalten der Fall ist, in die Arbeitnehmerinnen ihre Kinder mitbringen. Entsprechendes gilt auch, wenn der Arbeitnehmer zum Beizug von Hilfspersonen befugt ist, die in die Arbeitsorganisation des Arbeitgebers eingegliedert werden (gestuftes Arbeitsverhältnis, Art. 319 N 35 f.). 6

Der Arbeitgeber hat nicht nur eigene persönlichkeitsverletzende Eingriffe zu unterlassen (z.B. durch unbegründete Vorwürfe: BGer, JAR 2000, 169), sondern dem Arbeitnehmer im Rahmen des Arbeitsverhältnisses auch **Schutz gegen Dritte** zu gewähren, d.h. geeignete Massnahmen gegen persönlichkeitsverletzende Eingriffe durch *Vorgesetzte, Mitarbeiter, Kunden und Lieferanten* zu ergreifen. Eine solche Massnahme kann die *fristlose Entlassung* des fehlbaren Mitarbeiters sein, z.B. wenn dieser massive Drohungen gegen einen Arbeitskollegen ausgesprochen hat (BGE 127 III 355: fristlose Entlassung gerechtfertigt; ebenso in BezGer SZ, JAR 2002, 303 bei sexueller Belästigung). Ergreift der Arbeitgeber die gebotenen Schutzmassnahmen nicht oder nur ungenügend, so wird er schadenersatz- und genugtuungspflichtig (s. zur Haftung N 53 ff.). Fälle ungenügender Schutzmassnahmen finden sich z.B. in BGer, ARV 2005, 246 (fehlender Schutz gegenüber einem psychisch kranken, sich bedrohlich verhaltenden Direktor, der Schusswaffen bei sich trug und Möbelstücke herumwarf), in BGer, 22.4.2005, 2A.312/2004, E. 5 (ungenügender Schutz gegen Angriffe auf eine Direktorin durch einen alkoholabhängigen bewaffneten Sicherheitsbeamten) und in TPH GE, plädoyer 6/1999, 54 (unzureichender Schutz gegen Mobbing). Auch hier bestehen aber Grenzen. So hat etwa der Arbeitgeber nicht die Pflicht, Gerüchten innerhalb der Belegschaft über einen Arbeitnehmer entgegenzutreten, die dieser selbst veranlasst hat (BGer, ARV 2002, 84 f.: Diebstahlsgerüchte als Folge einer ordentlichen Kündigung wegen Mitnehmens unbezahlter Ware) oder die von Dritten ausgehen (BGer, 22.4.2009, 4A_590/2008, E. 3.3.2). Auch wenn der Arbeitgeber für den Persönlichkeitsschutz seiner Arbeitnehmer Sorge tragen und zur Erreichung dieses Ziels gegebenenfalls auch einschreiten muss, ist er nicht legitimiert, anstelle des Arbeitnehmers als direkt betroffene Person eine Abwehrklage zu erheben (BGer, ARV 2012, 164: erfolgloser Versuch eines Arbeitgebers, einer Zeitung die Berichterstattung über einen Mitarbeiter zu verbieten). 7

Ist nach dem Gesagten die (allenfalls sogar fristlose) Entlassung eines Arbeitnehmers zum Schutz anderer Mitarbeiter in gewissen Fällen geradezu geboten, kann sie in weniger schweren Fällen rechtswidrig sein. Nach der bundesgerichtlichen Rechtsprechung darf der Arbeitgeber insb. einen (allenfalls auch schon länger dauernden) Streit unter Mitarbeitern nicht dadurch beenden, dass er einen von ihnen entlässt, ohne zuvor andere Entschärfungsmassnahmen getroffen zu haben (z.B. gemeinsame Gespräche, geeignete Weisungen, Ermahnung beider Konfliktparteien, Versetzungen). Tut er dies dennoch, nimmt das BGer Missbräuchlichkeit der Kündigung an (i.c. zwei streitende Krankenschwestern: BGer, ARV 2002, 17 ff., mit krit. Anmerkungen von BLESI). Ein ungenügendes Konfliktmanagement lag auch im Fall BGer, JAR 2004, 314 vor, wo die Aussprachesitzungen während der Ferienabwesenheit einer Konfliktbeteiligten anberaumt wurden, sich dadurch das Arbeitsklima verschlechterte, worauf die betreffende Konfliktbeteiligte entlassen wurde (Zusprechung einer Entschädigung wegen missbräuchlicher Kündigung), sowie im Fall JAR 2001, 191, wo Aussprachesitzungen in eine Art Schauprozess ausarteten (Zusprechung von Schadenersatz und Genugtuung). Ein Gegenbeispiel für hinreichende Massnahmen zur Entschärfung eines Konflikts findet sich in BGer, JAR 2010, 215. Das BGer bejahte die Kompetenz eines kantonalen Arbeitsamts, gestützt auf Art. 6 ArG von einem Arbeitgeber zur Vermeidung von internen Konflikten die Bezeichnung einer unabhängigen Vertrauensperson zu verlangen (BGer, ARV 2012, 373; s. dazu die be- 8 gründete Kritik von SUBILIA, ARV 2012, 323). Weiterführend zu diesem Problembereich Art. 336 N 8a und 29, ferner zur sog. Konfliktkündigung RUDOLPH, AJP 2011, 77 ff.

9 Im Zentrum des Persönlichkeitsschutzes steht der Schutz von Leben und Gesundheit (N 10 ff.). Gemäss Art. 328 Abs. 1 hat der Arbeitgeber auch für die «Wahrung der Sittlichkeit» zu sorgen. Daraus ergibt sich etwa die Pflicht, die Arbeitnehmer vor Nötigung zum Konsum alkoholischer Getränke zu schützen (s. dazu auch Art. 6 Abs. 2bis ArG, wonach der Arbeitgeber dafür zu sorgen hat, dass der Arbeitnehmer in Ausübung seiner beruflichen Tätigkeit keinen Alkohol oder andere berauschende Mittel konsumieren muss). Insbesondere aber muss der Arbeitgeber dafür sorgen, dass Arbeitnehmerinnen und Arbeitnehmer nicht sexuell belästigt werden und dass den Opfern von sexuellen Belästigungen keine weiteren Nachteile entstehen (s. dazu N 40 ff.). Weitere Themen sind der Schutz gegen unzumutbare Arbeitsbedingungen (N 18 ff.: Mobbing, Stress, Wucher, Zurücksetzung), die Beschäftigungspflicht (N 22 f.), die Diskreditierung von Arbeitnehmern (N 24 ff.), genetische Untersuchungen (N 25 ff.), die Diskriminierung im Erwerbsleben (N 29 ff.), der Schutz des Vermögens (N 47 ff.), die Förderung des wirtschaftlichen Fortkommens (N 50 ff.) und die Sanktionen bei Verletzung der Fürsorgepflicht (N 52), insb. die Haftung des Arbeitgebers (N 53 ff.).

II. Schutz von Leben und Gesundheit

1. Allgemeines

10 Art. 328 Abs. 1 betont ausdrücklich die Pflicht des Arbeitgebers, im Arbeitsverhältnis auf die Gesundheit des Arbeitnehmers gebührend Rücksicht zu nehmen. Nach Art. 328 Abs. 2 hat der Arbeitgeber zum Schutz von Leben und Gesundheit des Arbeitnehmers die **erforderlichen und geeigneten Massnahmen** zu treffen. Er muss also für eine einwandfreie Beschaffenheit der Arbeitsräume und anderer vom Arbeitnehmer zu benutzender Räume sorgen, Maschinen und Geräte mit den erforderlichen Schutzvorrichtungen versehen lassen und den Arbeitsablauf möglichst gefahrlos gestalten, wobei dem aktuellen Stand der Technik Rechnung zu tragen ist. Ferner hat er den Arbeitnehmer auf Gefahren hinzuweisen, ihn zu instruieren und für geeignete Überwachung auf Einhaltung der Sicherheitsvorkehrungen zu sorgen (BGE 102 II 18). Die Anforderungen sind umso höher, je geringer die Erfahrung des Arbeitnehmers ist (BGE 95 II 137, 139).

11 **Grenze** dieser Schutzpflichten ist jedoch das *technisch Mögliche und wirtschaftlich Zumutbare*. Dieses ist als *Mindeststandard* geschuldet (Art. 362). Im Geltungsbereich des *Arbeitsgesetzes* und des *Unfallversicherungsgesetzes* bestehen noch strengere Vorschriften (Art. 6 Abs. 1 ArG, Art. 82 Abs. 1 UVG; vgl. BGer, ARV 2006, 108), doch ist deren privatrechtliche Wirkung beidseitig zwingend, so dass sie zugleich die *obere Grenze* des vom Arbeitgeber Geschuldeten enthalten (Art. 342 Abs. 2, Art. 361, umstr.). Die praktische Bedeutung von Art. 328 Abs. 2 ist demnach gering. Vgl. aus der Rechtsprechung etwa BGE 112 II 138 (geladene Schusswaffen im Haushalt); BGE 110 II 163 (Unfall in einer Fabrik); BGer, 19.8.2013, 4A_249/2013 (Unfall einer Reinigungskraft nach Sturz vom Geländer, keine Haftung des Arbeitgebers); KGer VS ZWR 1991, 227 (Sturz eines ungesicherten Malerlehrlings von einem Hausdach).

11a Schutz der Gesundheit bedeutet gleichermassen Schutz der physischen und **psychischen Gesundheit**. Gemäss Art. 2 ArGV 3 muss der Arbeitgeber auch alle Massnahmen treffen, die nötig sind, um «die psychische Gesundheit der Arbeitnehmer zu gewährleisten». Der Arbeitgeber darf demnach nicht ein Arbeitsklima schaffen oder dulden, das die psychische Gesundheit seiner Arbeitnehmer gefährdet oder schädigt (s. insb. zu Mobbing und Stress N 19 ff.). Der Arbeitgeber hat seine Vorkehrungen von Zeit zu Zeit auf ihre Wirksamkeit zu überprüfen (Art. 3 Abs. 1 ArGV 3). Bei entsprechenden Symptomen hat er geeignete Massnahmen in Betracht zu ziehen, die z.B. in der Versetzung des Arbeitnehmers bestehen und bis zur Organisation ärztlicher Obhut reichen können (PETERMANN, ARV 2005, 9).

2. Schutz vor Passivrauchen

Zum Schutz von Leben und Gesundheit gehört auch der Schutz vor dem Passivrauchen («Exposition gegenüber Tabakrauch»). Seit dem 1.5.2010 stehen das **Bundesgesetz** *zum Schutz vor Passivrauchen* (PaRG als nicht amtliche Abkürzung) und die dazugehörige **Verordnung** (PaRV als amtliche Abkürzung) in Kraft (SR 818.31 und 818.311). Es handelt sich um öffentlich-rechtliche Erlasse, die durch Verwaltungszwang durchgesetzt werden (Vollzug durch die Kantone gem. Art. 6 Abs. 2 PaRG) und strafbewehrt sind (Art. 5 PaRG). Sie dienen, wie sich aus Art. 1 Abs. 1 PaRG ergibt, sowohl dem allgemeinen Schutz der Gesundheit wie auch dem besonderen Schutz der Arbeitnehmer. Die Regelung weist folgende Grundzüge auf: **12**

- Das Gesetz regelt den Schutz vor Passivrauchen in geschlossenen Räumen, die *öffentlich zugänglich* sind (wie z.B. Restaurations- und Hotelbetriebe) oder **mehreren Personen als Arbeitsplatz** dienen (Art. 1 PaRG; s. zum Begriff der öffentlichen Zugänglichkeit auch BGE 139 I 242 betr. ein dem Verein «Fümoar» angehörendes Restaurant; weiterführend dazu N 17). Das Rauchen in solchen Räumen ist grundsätzlich untersagt (Art. 2 Abs. 1 PaRG). Als Arbeitsplatz mehrerer Personen gilt jeder Ort, an dem sich mehrere Arbeitnehmer dauernd oder vorübergehend zur Ausführung der ihnen zugewiesenen Arbeit aufhalten müssen (Art. 2 Abs. 2 PaRV). Das Büro oder der Werkplatz, die einem Arbeitnehmer zugewiesen sind, werden nach dieser weiten Definition oft nicht seinen einzigen Arbeitsplatz darstellen. Wird er etwa von seinem rauchenden Vorgesetzten in dessen Einzelbüro zu einer Besprechung erwartet, wird auch dieser Ort zu seinem Arbeitsplatz, womit auch das Einzelbüro des Vorgesetzten in das Rauchverbot eingezogen wird (weiterführend und differenzierend zu diesem Problemkreis Streiff/von Kaenel/Rudolph, N 15a). **12a**
- Die berechtigte Person kann in besonderen Räumen, in denen keine Arbeitnehmer beschäftigt werden, das Rauchen gestatten, sofern sie abgetrennt, besonders gekennzeichnet und mit ausreichender Belüftung versehen sind (**Raucherräume**). Ausnahmsweise dürfen in Raucherräumen von Restaurations- und Hotelbetrieben Arbeitnehmer mit deren ausdrücklicher Zustimmung beschäftigt werden. Das Einverständnis hat im Rahmen des Arbeitsvertrages zu erfolgen (Art. 2 Abs. 2 PaRG). Die Anforderungen an Raucherräume sind in Art. 4 PaRV geregelt. **12b**
- Darüber hinaus werden Restaurationsbetriebe auf Gesuch hin als **Raucherlokale** bewilligt, wenn der Betrieb eine dem Publikum zugängliche Gesamtfläche von höchstens 80 Quadratmetern hat, gut belüftet und nach aussen leicht erkennbar als Raucherlokal bezeichnet ist sowie nur Arbeitnehmer beschäftigt, die einer Tätigkeit im Raucherlokal im Arbeitsvertrag zugestimmt haben (Art. 3 PaRG). Die näheren Anforderungen an Raucherlokale gehen aus Art. 4 PaRV hervor. Räumlichkeiten oder Betriebe, die hauptsächlich der Verpflegung am Arbeitsplatz dienen (Personalrestaurants, Kantinen), dürfen nicht als Raucherlokal geführt werden (Art. 5 Abs. 3 lit. a PaRV). **12c**
- Während Arbeitnehmer in Raucherräumen von Restaurations- und Hotelbetrieben nach dem *Gesetz* nur beschäftigt werden dürfen, sofern sie «ausdrücklich» und «im Rahmen des Arbeitsvertrages» zugestimmt haben, verlangt die *Verordnung* eine **«schriftliche»** Zustimmung (Art. 6 Abs. 1 PaRV). Das gleiche Erfordernis stellt sie auch für Raucherlokale auf, obwohl das Gesetz nur verlangt, dass die Arbeitnehmer «im Arbeitsvertrag zugestimmt» haben (s. 12b und 12c). Damit hat der Verordnungsgeber u.E. seine Ausführungskompetenz nach Art. 6 Abs. 1 PaRG überschritten und gegen Art. 2 und 3 PaRG verstossen. Ausdrücklich erfolgen kann unbestrittenermassen auch eine mündliche Erklärung (Schwenzer, Rz 27.09; BGE 121 III 34). Da die Zustimmung nach dem PaRG im Arbeitsvertrag zu erteilen ist, zwingt diese Verordnungsbestimmung die Vertragsparteien ausserdem zum Abschluss eines schriftlichen Arbeitsvertrags, was gegen die in Art. 320 Abs. 1 verankerte Formfreiheit verstösst und einen Eingriff in die Zivilrechtskompetenz des Bundesgesetzgebers darstellt. Art. 6 Abs. 1 PaRV ist daher **gesetzwidrig**. **12d**
- Nach der hier vertretenen Ansicht ist davon auszugehen, dass das PaRG und die PaRV den öffentlich-rechtlichen Arbeitnehmerschutz in Bezug auf das Passivrauchen **materiell ab-** **12e**

schliessend regeln. Art. 19 ArGV 3 über den Nichtraucherschutz ist denn auch beim Erlass der PaRV aufgehoben worden. Das bedeutet, dass aus anderen und allgemeineren arbeitsschutzrechtlichen Bestimmungen wie Art. 6 ArG und Art. 18 ArGV 3 («Luftverunreinigung») weder mildere noch schärfere Regeln zum Passivrauchen am Arbeitsplatz hergeleitet werden können. Eine Ausnahme besteht indessen für schwangere Frauen, stillende Mütter und Jugendliche unter 18 Jahren, für die die Sonderschutzvorschriften des ArG und seiner Ausführungsbestimmungen ausdrücklich vorbehalten werden (Art. 6 Abs. 3 PaRV). Ausserdem können strengere kantonale Vorschriften zum Schutz der Gesundheit, die nach Art. 4 PaRG ausdrücklich zulässig sind, reflexweise auch ein höheres Niveau beim Arbeitnehmerschutz bewirken (s. BGE 139 I 242). Soweit das PaRG und die PaRV den Gesundheitsschutz der Arbeitnehmer regeln und sich in Bezug auf die **Durchführung** nichts anderes ergibt, ist es indessen sinnvoll, auf die entsprechenden Bestimmungen des ArG zurückzugreifen, sofern dieses anwendbar ist (Art. 40 ff. ArG), was in Bezug auf Verwaltungsverfügungen, Verwaltungsmassnahmen und die Verwaltungsrechtspflege ausdrücklich durch die Materialien bestätigt wird (Bericht der Kommission für soziale Sicherheit und Gesundheit des Nationalrates, BBl 2007, 6199; betr. Strafbestimmungen s. Art. 5 Abs. 3 PaRG). Nicht anwendbar ist das PaRG auf *private Haushaltungen*. Diese sind (mit Ausnahme der Bestimmungen über das Mindestalter) zugleich auch vom Geltungsbereich des ArG ausgenommen (Art. 2 Abs. 1 lit. g und Abs. 4 ArG, dies auch in Bezug auf die Vorschriften über den Gesundheitsschutz, Art. 3a ArG).

13 Interessierte Kreise strebten eine Änderung der geltenden Regelung mittels **Volksinitiative** an. Die Initiative «Schutz vor Passivrauchen» wollte eine strengere Regelung herbeiführen, scheiterte aber in der Volksabstimmung vom 23.9.2012. Die Initiative «Für ein liberales Rauchergesetz», die eine mildere Regelung herbeiführen wollte, hat die notwendige Unterschriftenzahl nicht erreicht.

14 Der öffentlich-rechtliche Schutz vor dem Passivrauchen wird überlagert vom **privatrechtlichen Schutz der Gesundheit** nach Art. 328. Die Anwendung dieser Bestimmung wird durch das PaRG nicht ausgeschlossen, doch dürfte ihr im Zusammenhang mit dem Rauchen kaum eine praktische Bedeutung zukommen. Der Grund dafür liegt vor allem darin, dass nach dem PaRG ein weitgehendes Rauchverbot gilt und insoweit gar kein Bedürfnis nach einer Anwendung von Art. 328 besteht. Nicht in den Genuss des Rauchverbots kommen (1) Arbeitnehmer, die einer Beschäftigung in erlaubten Raucherräumen und Raucherlokalen zugestimmt haben (Art. 2 Abs. 2 Satz 2 und Art. 3 lit. c PaRG), (2) Arbeitnehmer, die in speziellen Einrichtungen nach Art. 2 Abs. 3 Satz 2 PaRG und Art. 7 PaRV tätig sind (z.B. in Raucherzimmern eines Hotels), (3) Arbeitnehmer in privaten Haushaltungen, auf die das PaRG überhaupt nicht anwendbar ist (Art. 1 Abs. 3 PaRG). Diese Ausnahmen beruhen auf einem bewussten Wertungsentscheid des Bundesgesetzgebers. Art. 328 setzt ebenfalls eine Wertung voraus, denn er gewährt Gesundheitsschutz nur, sofern es «den Verhältnissen des Betriebes oder Haushaltes angemessen» ist und «soweit es mit Rücksicht auf das einzelne Arbeitsverhältnis und die Natur der Arbeitsleistung ihm (dem Arbeitgeber) billigerweise zugemutet werden kann». Hinsichtlich des Passivrauchens ergibt es u.E. grundsätzlich keinen Sinn, die Wertung nach dieser Bestimmung anders als nach der Wertung des PaRG vorzunehmen. Daraus folgt, dass die genannten Arbeitnehmerkategorien gestützt auf Art. 328 keine Ansprüche auf Schutz vor Passivrauchen erheben können.

15 Hingegen bleibt es dem Arbeitgeber unbenommen, freiwillig über die durch das PaRG vorgesehenen Einschränkungen des Rauchens hinauszugehen. Dieses Gesetz ist ein Schutzgesetz und gewährt dort, wo es das Rauchen nicht verbietet, keinen Anspruch auf Rauchen gegen den Willen der über den Raum verfügungsberechtigten Person. Der Arbeitgeber kann also das Rauchverbot auch auf Einzelbüros ausdehnen oder überhaupt ein **vollständiges Rauchverbot im Betrieb** anordnen, ohne dass er verpflichtet wäre, einen Raucherraum zur Verfügung zu stellen. Ein vollständiges Rauchverbot ist mit dem Persönlichkeitsrecht der rauchen-

den Arbeitnehmer durchaus vereinbar, sofern diesen die Möglichkeit eingeräumt wird, in Arbeitspausen an der frischen Luft zu rauchen (BLOMEYER, Münchener Handbuch zum Arbeitsrecht, 2. Aufl., München 2000, § 97 Rz 33; zweifelnd REICHOLD, Münchener Handbuch zum Arbeitsrecht, 3. Aufl., München 2009, § 85 Rz 13). Die Auffassung, der Arbeitgeber müsse die für Raucher am wenigsten einschneidende Massnahme wählen, verkennt, dass es keinen Anspruch darauf gibt, in fremden Gebäuden zu rauchen. Rauch beeinträchtigt neben der Gesundheit von Personen auch Gebäude und deren Einrichtungen (BAUMBERGER, Rauchen am Arbeitsplatz, Diss., Zürich 2002, 38), so dass es dem Arbeitgeber schon aufgrund seines Eigentums an den Betriebsgegenständen freisteht, das Rauchen ganz zu verbieten. Ein vollständiges Rauchverbot ist somit auch dann nicht unverhältnismässig, wenn keine anderen Personen dem Rauch ausgesetzt sind (**a.A.** ZK-STAEHELIN, Art. 321d OR N 13). Ausserdem kann dem Arbeitgeber nicht zugemutet werden, den Nichtraucherschutz jedes Mal von Neuem zu diskutieren, sobald sich die Zusammensetzung der Belegschaft ändert.

Da die Vorschriften des PaRG und der PaRV nicht nur dem allgemeinen Gesundheitsschutz, **16** sondern auch dem Arbeitsschutz dienen, stellen sie Vorschriften «über die Arbeit» i.S.v. Art. 342 Abs. 2 dar und fallen somit unter die **Rezeptionsklausel**, zumal die Verpflichtung des Arbeitgebers zur Bereitstellung rauchfreier Arbeitsräume ohne weiteres «Inhalt des Einzelarbeitsvertrages sein könnte». Die öffentlich-rechtliche Durchsetzung der Pflichten aus dem PaRG und der PaRV wird somit durch einen klagbaren privatrechtlichen *Erfüllungsanspruch* der betroffenen Arbeitnehmer verstärkt. Ausserdem haben sie einen *Schadenersatzanspruch*, wenn sie infolge der Missachtung des Rauchverbots eine gesundheitliche Beeinträchtigung und in deren Folge einen Vermögensschaden erlitten haben. Sodann ist ihnen auch ein *Leistungsverweigerungsrecht* zuzugestehen (s. schon GSGer BS, BJM 1998, 297), wenn die Belastung durch das Passivrauchen nicht bloss marginal erscheint. Dieses Recht können nicht bloss Rauchallergiker, sondern auch die übrigen Arbeitnehmer in Anspruch nehmen, mit der Folge, dass der Arbeitgeber in Annahmeverzug gerät und nach Art. 324 lohnzahlungspflichtig bleibt.

Im Folgenden wird auf einige amtlich veröffentlichte **Bundesgerichtsentscheide** zum Schutz **17** vor Passivrauchen hingewiesen. Sie betreffen zwar überwiegend die Rechtslage vor dem Inkrafttreten des PaRG, können jedoch teilweise immer noch von Bedeutung sein, zumal das PaRG weiterhin kantonale Regelungen erlaubt, sofern diese strenger sind und dem Schutz der Gesundheit dienen.

- BGE 139 I 242: Zulässige baselstädtische Verschärfung gegenüber den bundesrechtlichen Minimalvorgaben des PaRG, Bestätigung der Rechtmässigkeit eines vom Arbeitsinspektorat verfügten Rauchverbots in einem dem Verein «Fümoar» angehörenden Restaurant (s.a. BGer, 24.1.2014, 2C_261/2013; 7.7.2013, 2C_911/2012; 26.10.2012, 6B_75/2012; 27.9.2012, 2C_345/2012; grundlegend, sowohl unter bundes- wie kantonalrechtlichem Blickwinkel, PORTMANN/RIBBE, AJP 2012, 649 ff.);
- BGE 133 I 110: Gültigkeit der kantonalen Volksinitiative «Fumée passive et santé», keine Verletzung der Bundesgesetzgebung über den Arbeitnehmerschutz, offensichtlich im öffentlichen Interesse liegendes Ziel, Verhältnismässigkeit gewahrt;
- BGE 136 I 17: Rauchen von Wasserpfeifen in Gaststätten fällt unter die bernische Gesetzesregelung über den Schutz vor Passivrauchen, kein Verstoss gegen die Wirtschaftsfreiheit, die Eigentumsgarantie und den Rechtsgleichheitsgrundsatz (s. dazu PÄRLI, ARV 2010, 254 ff.);
- BGE 136 I 29: Regelung im bernischen Verordnungsrecht, wonach die Nutzung des Hauptausschankraums eines Gastgewerbebetriebes als Fumoir, die Verwendung einer Ausschankeinrichtung im Fumoir sowie der Zutritt zu den Raucherräumen für Personen unter 18 Jahren verboten sind, verstösst nicht gegen Verfassungsrecht (s. dazu PÄRLI, ARV 2010, 254 ff.);
- BGE 136 I 241: Genfer Gesetz erlaubt in den öffentlichen Restaurationsbetrieben Fumoirs, allerdings unter Bedingungen, so dass das von der Verfassungsnorm verfolgte Ziel der öffentlichen Gesundheit nicht beeinträchtigt wird;

– BGE 132 III 257: Ausführungen zu Art. 328 und zu Art. 6 ArG sowie zur Frage, unter welchen Voraussetzungen ein Rauchallergiker die Ausdehnung des bereits bestehenden Rauchverbots im Betrieb auch auf das Sitzungszimmer und die Gänge verlangen kann.

III. Unzumutbare Arbeitsbedingungen

1. Allgemeines

18 Bloss unvorteilhafte Arbeitsbedingungen – gleichgültig ob sie von der Zustimmung des Arbeitnehmers gedeckt sind (z.B. ein tiefer Lohn) oder ob sie sich aus der Gestaltung des Arbeitsvollzugs ergeben (z.B. ein schlechtes Arbeitsklima) – vermögen keine Persönlichkeitsverletzung zu begründen. Anders verhält es sich, wenn ein nicht mehr hinnehmbares Mass überschritten wird, so wenn etwa ein Lohn derart tief ist, dass er als Wucherlohn zu qualifizieren ist, oder wenn das Arbeitsklima so schlecht ist, dass es in Mobbing umschlägt. Dem Arbeitnehmer kann kein haftungsreduzierendes Selbstverschulden angelastet werden, wenn er das Arbeitsverhältnis fortsetzt und die daraus fliessenden Pflichten erfüllt, da sonst der Arbeitgeber aus der von ihm begangenen Persönlichkeitsverletzung Nutzen ziehen könnte (PORTMANN, FS Bucher, 587 f.).

2. Mobbing

19 Von Mobbing existieren zahlreiche **Definitionen**. Nach der bundesgerichtlichen Definition stellt Mobbing ein systematisches, feindliches, über einen längeren Zeitraum anhaltendes Verhalten dar, mit dem eine Person an ihrem Arbeitsplatz isoliert, ausgegrenzt oder gar von ihrem Arbeitsplatz entfernt werden soll (BGer, 22.4.2005, 2A.312/2004, E. 6.2). Da das Gesetz keinen eigenen Mobbingtatbestand kennt, kommt es für die Auslösung von Rechtsfolgen letztlich nicht auf die Definition von Mobbing, sondern auf die Frage an, ob die Intensität einer ungerechtfertigten Persönlichkeitsverletzung erreicht wird (PORTMANN, FS Bucher, 589). Trifft dies zu, können insb. Schadenersatz- und Genugtuungsansprüche entstehen (zur Berücksichtigung einer konstitutionellen Prädisposition s. N 53c).

19a Die gerichtlich beurteilten Fälle, in denen Mobbing eine Rolle spielt, haben in den letzten Jahren explosionsartig zugenommen und sind kaum noch überschaubar. Auf der einen Seite stehen die **schweren Fälle**, die zu anhaltenden gesundheitlichen Schäden, oft sogar zu völliger Arbeitsunfähigkeit der Betroffenen geführt haben. Beispiele, die hohe Schadenersatz- oder Genugtuungszahlungen nach sich gezogen haben, finden sich etwa in BGer, JAR 2005, 285 (Genugtuung von CHF 25 000); CREC VD, JAR 2013, 540 (Genugtuung von CHF 30 000 als für Mobbingfälle am oberen Rand liegend bezeichnet); CAPH GE, JAR 1998, 154 (Genugtuung von CHF 20 000) und BGer, ARV 2003, 225 (reduzierte Genugtuung von CHF 12 000 wegen nachträglicher schadensbegrenzender Massnahmen des Arbeitgebers). Auf der anderen Seite stehen Fälle, in denen Arbeitnehmer allzu schnell Mobbingvorwürfe erheben, manchmal sogar, weil sie berechtigter Kritik wegen ungenügender Leistungen oder unangebrachtem Verhalten ausgesetzt sind. **Kein Mobbing** liegt insb. auch bei einem bloss schlechten Arbeitsklima oder bei gewöhnlichen Arbeitskonflikten vor (BGer, JAR 2014, 333; BGer, JAR 2007, 211; BGer, JAR 2007, 355). Ebenso wenig handelt es sich allein deswegen um Mobbing, weil ein Arbeitnehmer aufgefordert wird, seinen Arbeitspflichten nachzukommen, selbst unter eindringlicher Androhung von Konsequenzen (BGer, JAR 2011, 203). Verneint wurde Mobbing auch, als eine arbeitsunfähige Arbeitnehmerin aufgefordert wurde, sich bei einem Psychiater vertrauensärztlich begutachten zu lassen, und als ihr ein halbes Jahr später gekündigt wurde, weil sie wiederholt Weisungen nicht befolgt und sich unverträglich verhalten hatte (BGE 125 III 70; s. z.B. auch BGer, JAR 2008, 227 f.).

19b *Mobbing kann* schwer zu **beweisen** sein, weshalb darauf allenfalls aufgrund eines Bündels von Indizien geschlossen werden muss, wobei stets im Auge zu behalten ist, dass das Mobbing bloss erdacht sein kann (so BGer, JAR 2011, 260 und ARV 2005, 253). Der Entscheid über die Frage, ob Mobbing vorliegt, setzt eine allgemeine Einschätzung der konkreten Umstände voraus, weshalb dem Tatsachenrichter ein gewisser Ermessensspielraum zuzugestehen ist (BGer, JAR 2011, 162). Ein Gericht darf indessen nicht ohne triftige Gründe vom Gutachten abweichen, in dem der Gutachter zum Schluss gekommen ist, dass ein Arbeitnehmer gemobbt wurde (BGer, ARV 2006, 115).

Mobbinghandlungen können z.B. darin liegen, eine Person in ihren Ausdrucks- und Kommunikationsmöglichkeiten zu beschränken, sie zu isolieren, in Misskredit zu bringen, lächerlich zu machen, ihr ohne Rücksprache neue, zu schwierige oder zu triviale Aufgaben zuzuweisen oder sie schikanös zu kontrollieren (TC VD, JAR 2010, 628; BGer, JAR 2011, 203; zu zahlreichen weiteren Ausprägungen s. die Mobbingliste nach Leymann bei LUGINBÜHL, ARV 2010, 79). Möglich ist auch, dass ein vollständig arbeitsunfähiger Arbeitnehmer während seiner Abwesenheit vom Arbeitsplatz Opfer von Mobbing in Form von «administrativer Belästigung» wird (BGer, ARV 2008, 127). Die einzelnen Handlungen müssen aber stets System haben («répétés de manière fréquente et durable»), damit sie sich zu Mobbing verdichten. Vereinzelte feindselige Handlungen oder Verhaltensweisen bilden somit kein Mobbing (BGer, JAR 2011, 142). Das schliesst aber bei genügender Schwere nicht aus, dass sie trotzdem eine Persönlichkeitsverletzung darstellen und Haftungsfolgen nach sich ziehen können. **19c**

Der Arbeitgeber muss nicht nur aktives Mobbing unterlassen (N 4), sondern auch **Schutzmassnahmen** ergreifen, wenn ein Arbeitnehmer von Vorgesetzten oder Arbeitskollegen gemobbt wird (N 7). BGE 125 III 73 hält explizit fest, dass ein Arbeitgeber, der Mobbing nicht verhindert, seine Fürsorgepflicht verletzt; eine Entlassung der gemobbten Person wegen einer Leistungseinbusse, die sich als Folge des Mobbings erweist, wäre missbräuchlich (s.a. BGer, JAR 2011, 260). Das BGer bejahte die Kompetenz eines kantonalen Arbeitsamts, gestützt auf Art. 6 ArG von einem Arbeitgeber zur Vermeidung von internen Konflikten die Bezeichnung einer unabhängigen Vertrauensperson zu verlangen (BGer, ARV 2012, 373; s. dazu die begründete Kritik von SUBILIA, ARV 2012, 323). **19d**

Mobbende Vorgesetzte und Mitarbeiter haften der geschädigten Person aus Art. 41, während der Arbeitgeber nach Art. 97 haftet, wenn er selbst Mobbing betreibt oder seine Schutzpflichten verletzt. Auch eine **Hilfspersonenhaftung** aus Art. 55 oder 101 ist denkbar (s.a. BGer, JAR 2014, 333, E. 4, obiter dictum; BGE 137 III 303 E. 2.2.2; **a.A.** STREIFF/VON KAENEL/RUDOLPH, N 17; ausführlich zur Haftung für Handlungen von Organen und Hilfspersonen des Arbeitgebers WYLER, ARV 2011, 249 ff.; s.a. DUNAND/MAHON, N 88 ff.), nämlich dann, wenn ein *Vorgesetzter* selbst mobbt, eine untergebene Person zu Mobbing anhält oder nichts gegen das Mobbing durch untergebene Personen unternimmt, obwohl er davon Kenntnis hat oder haben muss. Zu weit geht die Annahme einer Hilfspersonenhaftung, die an *Mobbinghandlungen von Arbeitskollegen* des betroffenen Arbeitnehmers anknüpft (so aber BGer, JAR 2008, 223; CAPH GE, JAR 1996, 186; WAEBER, AJP 1998, 793). Hilfsperson nach Art. 101 ist nur, wer für den Geschäftsherrn «die Erfüllung einer Schuldpflicht oder die Ausübung eines Rechtes aus einem Schuldverhältnis» vornimmt. Ein Arbeitnehmer, der weder Vorgesetzter noch Personalverantwortlicher ist, übernimmt aber für den Arbeitgeber grundsätzlich nicht die Pflichterfüllung oder Rechtsausübung aus dem Arbeitsvertrag mit einem anderen Arbeitnehmer. Denkbar ist jedoch eine Hilfspersonenhaftung des Arbeitgebers, die an die *Unterlassung von Schutzmassnahmen durch Vorgesetzte* anknüpft, wenn diese das Mobbing durch die Arbeitskollegen bemerken oder bemerken müssten (PORTMANN, FS Bucher, 605). **20**

Hat der Arbeitgeber alle geeigneten und zumutbaren Massnahmen gegen das Mobbing unternommen – abgesehen von der Entlassung der Mobbingtäter – nehmen Lehre und Rechtsprechung überwiegend an, dass die **Entlassung des Mobbingopfers** zwecks Beendigung des Konflikts nicht missbräuchlich ist (AGer ZH, JAR 2003, 245 ff., bestätigt durch OGer ZH; REHBINDER/KRAUSZ, ArbR 1996, 42 f.; STREIFF/VON KAENEL/RUDOLPH, N 17, Art. 336 N 5; **21**

a.A. z.T. PÄRLI, ARV 2005, 232; ZK-STAEHELIN, N 6). Dies scheint auch die Meinung des BGer zu sein: so beruft sich etwa BGE 125 III 72 auf das Prinzip der Kündigungsfreiheit und führt aus, Mobbing an sich begründe den Missbrauch des Kündigungsrechts nicht ohne weiteres (ebenso BGer, 20.3.2006, 4C.320/2005, E. 3.2; anders dann, wenn der Arbeitgeber seine Fürsorgepflicht verletzt, nicht gegen Mobbing einschreitet und dann wegen einer mobbingbedingten Leistungseinbusse kündigt: BGer, JAR 2012, 274, E. 5.1 m.w.H.). Sodann erscheint in BGer, 12.4.2006, 4C.46/2006, E. 3.2 die Entlassung des Mobbingtäters nicht als Massnahme, die der Arbeitgeber zum Schutz des Mobbingopfers in Betracht zu ziehen hat (nichts Gegenteiliges ergibt sich aus BGE 127 III 355, wo die fristlose Entlassung eines Arbeitnehmers mit der Begründung geschützt wurde, dass der Arbeitgeber aus Art. 328 zum Schutz seiner Arbeitnehmer verpflichtet sei; denn zu entscheiden war in diesem Fall, was der Arbeitgeber durfte, nicht was er musste). Diese Auffassung mag vor dem Hintergrund der Kündigungsfreiheit und dem Rechtfertigungsgrund der wesentlichen Beeinträchtigung der Zusammenarbeit im Betrieb, wie er in Art. 336 Abs. 1 lit. a und b enthalten ist, verständlich erscheinen. Nach der hier vertretenen Ansicht ist sie jedoch abzulehnen, da sie dem Grundgedanken des Rechtsmissbrauchsverbots widerspricht. Dass die mobbenden Arbeitnehmer, die nicht nur den Arbeitsvertrag verletzen, sondern auch eine unerlaubte Handlung begehen, ihre Stelle behalten können, während ihr Opfer sie verliert, vermag nicht zu überzeugen. Die Annahme der Missbräuchlichkeit einer entsprechenden Kündigung bereitet dogmatisch keine Mühe, da die Aufzählung der Missbrauchstatbestände in Art. 336 nicht abschliessend ist (Art. 336 N 21).

21a Zu Fragen der **Genugtuung** bei Mobbing, insb. zum Postulat einer vermehrten Heranziehung von Art. 47, s. N 53b; zu den **Reduktionsgründen** bei der Bemessung von Schadenersatz und Genugtuung s. N 53c.

3. Stress

21b Stress bedeutet eine negativ empfundene Anspannung. Eine solche kann z.B. durch Mobbing hervorgerufen werden, doch gibt es zahlreiche andere Ursachen für arbeitsbedingten Stress, so namentlich ungünstige äussere Arbeitsbedingungen (Lärm, Hitze, Passivrauchen), problembehaftete Arten von Tätigkeiten (Fliessbandarbeit, Nacht- oder Schichtarbeit, Arbeit auf Abruf) und Überlastungszustände durch übermässigen Arbeits- und Leistungsdruck (Stress im engeren Sinne). Die Problemkreise von Mobbing und Stress überschneiden sich daher nur zu einem geringen Teil. Im Unterschied zu Mobbing geht es bei Stress im engeren Sinne nicht darum, einen Arbeitnehmer auszugrenzen, sondern ihn leistungsmässig auszupressen, insb. indem er unter übermässigen Zeitdruck oder Erfolgszwang gesetzt wird oder ihm Arbeit zugewiesen wird, die er nach Art oder Schwierigkeitsgrad nicht bewältigen kann. Die Gerichte haben die besondere Eigenart dieser Fälle noch kaum erkannt und behandeln sie i.d.R. als Erscheinung des Mobbing (Kurzdarstellung gemäss PORTMANN, FS Bucher, 590; eingehend zum Ganzen DERS., FS Tercier, 397 ff.; s. ferner z.B. die Arbeiten von LETSCH, MURER, GAGNEBIN, PODEHL, PULVER, SCHNEIDER und PETERMANN, ARV 2005, 1 ff.). Zur Stressstudie 2010 des SECO s. ARV 2011, 270 f.

21c Gemäss Art. 2 Abs. 1 lit. c ArGV 3 muss der Arbeitgeber dafür sorgen, dass eine übermässig starke oder allzu einseitige Beanspruchung vermieden wird. Die Arbeit muss somit ohne ein krankmachendes Mass an Stress bewältigt werden können. Die Arbeit ist so zu organisieren, dass sich die Reserven des Arbeitnehmers nicht nachhaltig erschöpfen und namentlich kein *Burnout-Syndrom* entsteht (gl.A. DUNAND/MAHON, N 45). Der Arbeitgeber hat seine Vorkehrungen von Zeit zu Zeit auf ihre Wirksamkeit zu überprüfen (Art. 3 Abs. 1 ArGV 3).

21d Der bisher wohl markanteste Stresshaftungsfall mit persönlichkeitsverletzenden Dimensionen *stellt BGer, 17.10.2005,* 4C.24/2005, insb. E. 7, dar. Im Mittelpunkt des Falls stand eine Ausbildnerin, deren Aufgabe es war, 10 Verkaufsberaterinnen zu rekrutieren und zu betreuen.

Ausgehend von der Vorgabe für jede Verkaufsberaterin, einen Umsatz von CHF 7000 pro Monat zu generieren, hatte die Ausbildnerin für einen Umsatz von CHF 70 000 pro Monat zu sorgen. Ihr und den Verkaufsberaterinnen wurde ständig eingeschärft, ihre Anstrengungen zur Kundenakquisition zu erhöhen. Der mit dem gewählten System ausgeübte Zwang und die lang anhaltende ständige Überbeanspruchung führten bei der Ausbildnerin zu einer schweren Depression und in deren Folge zu dauernder Arbeitsunfähigkeit. Die Arbeitgeberin wurde zu Schadenersatz und einer Genugtuung von CHF 10 000 verurteilt. Weitere Fälle, in denen es mindestens teilweise um eine Stresshaftung geht, finden sich in BGer, JAR 2007, 219 (dauernder Druck, stete Kritik, übertriebene Anforderungen; Genugtuung von CHF 5000; s. dazu Dunand, ARV 2007, 15 ff.); CAPH GE, JAR 2009, 507 (Arbeitsüberlastung wegen chronischem Personalmangel im Betrieb; Genugtuung von CHF 7500); CAPH GE, JAR 2006, 445 (angespanntes Arbeitsklima, ständiger Druck, laufende Sanktionsdrohungen, überzogene Kontrollen; Schadenersatz und Genugtuung von CHF 15 000).

Das Bemühen, überlastungsbedingten Stress am Arbeitsplatz als eigenständiges Phänomen sichtbar zu machen und namentlich von Mobbing abzugrenzen, bedeutet nicht zugleich ein Eintreten dafür, die Voraussetzungen für eine Stresshaftung des Arbeitgebers leichthin zu bejahen. Zu Recht fordert Murer (425 f.) im Hinblick auf Beweisschwierigkeiten und die Gefahr von falschen «post hoc, ergo propter hoc»-Schlüssen Zurückhaltung, zumal gewisse Parallelen zwischen somatoformen Schmerzstörungen und Schleudertraumen einerseits und stressbedingten Beeinträchtigungen andererseits nicht zu verkennen sind. Es sei besonders wichtig, bei der Sachverhaltsabklärung immer auch alternativen Erklärungsmöglichkeiten nachzugehen; die Tatsache, dass für einen rechtsgenügenden Kausalzusammenhang das Vorliegen einer Teilursache ausreicht, dispensiere nicht davon, auch diese Teilursache mit dem erforderlichen Beweisgrad zu belegen. Nach Gabathuler, plädoyer 5/08, 39 f. ist die Arbeitgeberhaftung für stressbedingte Gesundheitsschäden im Grundsatz zu bejahen, jedoch auf Fälle einer klaren und objektivierbaren, nicht tätigkeitsimmanenten Überforderung zu beschränken. Die Hauptproblematik der Stresshaftung liege im unspezifischen Beschwerdebild, das ganz verschiedene Ursachen haben könne. Die Folge einer überzogenen Stresshaftung wäre unausweichlich ein verschärftes Auswahlverfahren mit dem Zweck, psychisch fragile Kandidaten bei der Stellenbesetzung rechtzeitig zu erkennen und fernzuhalten. Dies alles ändert indessen nichts daran, dass es Fälle gegeben hat und geben wird, in denen eine Haftung des Arbeitgebers für überlastungsbedingten Stress von Arbeitnehmern angenommen werden muss. **21e**

4. Wucher

Anstellungen zu wucherischen oder sklavenähnlichen Bedingungen stellen zivilrechtlich eine Persönlichkeitsverletzung dar. Solche Fälle traten in der bundesgerichtlichen Praxis etwa auf bei der: **21f**

- Beschäftigung einer ghanesischen Hausangestellten für 50 Stunden pro Woche gegen Kost und Logis sowie Geldlohn von CHF 300 pro Monat (strafrechtliche Verurteilung des Arbeitgebers wegen Wuchers, Genugtuung von CHF 3000, BGE 130 IV 106);
- Beschäftigung einer minderjährigen portugiesischen Hausangestellten während 13 Monaten unter sklavenähnlichen Umständen (regelmässige dreizehnstündige Arbeitstage ohne Geldlohn, Pausen, Freitage und Ferien, keine Erlaubnis zum Ausgehen oder Fernsehen, kein eigenes Zimmer, keine Möglichkeit zur Erlernung der örtlichen Sprache; Genugtuung von CHF 12 000, BGer, 23.4.2004, 4C.94/2003). Vgl. auch Art. 319 N 20d für Fälle aus dem Bereich des Botschafts- und Diplomatenpersonal.

5. Zurücksetzung durch verschlechterte Arbeitsbedingungen

Lohnreduktionen, Degradierungen, nachteilige Versetzungen, Einschränkungen des Tätigkeitsbereichs und ähnliche Verschlechterungen der Arbeitsbedingungen, die keine markt- **21g** oder betriebsbedingten Gründe haben, sondern Ausdruck von Schikane oder Geringschätzung sind, stellen ebenfalls eine Persönlichkeitsverletzung i.S.v. Art. 328 dar (PORTMANN, FS Bucher, 590 f.). Solche Handlungen können Bestandteil von Mobbing sein, doch ist dies keineswegs notwendig, um Schadenersatz- und Genugtuungsansprüche zu begründen. Beispiele finden sich etwa in BGer, ARV 2011, 201 (Zuweisung weniger interessanter und erst noch gesundheitlich belastender Arbeit, Genugtuung von CHF 5000), BGE 110 II 172 (ohne Rücksprache mit dem Arbeitnehmer erfolgte Einschränkung und Änderung des Tätigkeitsbereichs nach langem Arbeitsverhältnis), TC VD, JAR 2011, 607 (unbegründeter Aufgabenentzug gegenüber einem langjährigen Mitarbeiter) und in CC NE, RJN 2003, 176 (Zurücksetzung eines Geschäftsführers nach 27-jähriger untadeliger Tätigkeit, Verschiebung von Aufgaben zu seiner Assistentin mit entsprechenden Lohnfolgen, Strafversetzung nach Verlangen einer Unterredung, Degradierung zum Getränkeverantwortlichen; Depression mit dauernder Erwerbsunfähigkeit, Genugtuung von CHF 15 000).

IV. Beschäftigungspflicht

22 Nach h.L. trifft den Arbeitgeber grundsätzlich **keine Pflicht**, den Arbeitnehmer **tatsächlich zu beschäftigen** (BGE 87 II 143; AGer ZH, JAR 1993, 191; **a.A.** TC VD, JAR 2011, 607), wohl aber die Pflicht, ihm den Lohn auch ohne Beschäftigung zu zahlen (Art. 324). Eine Beschäftigungspflicht gilt indessen jedenfalls beim *Lehrvertrag* (Ausbildungspflicht nach Art. 345a Abs. 1) und bei Berufen, in denen die Betroffenen eine Beeinträchtigung ihres *wirtschaftlichen Fortkommens* erleiden, wenn sie nicht beschäftigt werden (Piloten, Sportler, Künstler, Wissenschafter usw.; nicht ein Chorsänger gemäss CAPH GE, JAR 1991, 247, der seine Beschäftigung mittels vorsorglicher Massnahmen zu erreichen versuchte). Einen solchen Beschäftigungsanspruch bejahte das BGer im Falle eines Berufsfussballers der obersten Spielklasse, der aus der ersten Mannschaft ausgeschlossen und überdies vom Trainer in den Medien verunglimpft worden war (BGE 137 III 303, besprochen durch GLOOR, ARV 2012, 25 und RUDOLPH/WIESLI, Jusletter 22.8.2011). Zwei weitere Fälle aus dem Sport: BGer, ARV 2011, 194: Berufsradfahrer, der entgegen vertraglicher Zusicherung nicht mehr zu Rennen aufgeboten wurde; BezGer Dielsdorf, causa sport 2014, 387: vom Gericht provisorisch angeordnete Integration des vom Spiel- und Trainingsbetrieb ausgeschlossenen Captains des Grasshopper Club Zürich. Darüber hinaus *kann* die Nichtbeschäftigung im Einzelfall persönlichkeitsverletzend sein, wenn sie eine genügende Intensität aufweist (namentlich wenn sie von längerer Dauer ist), da Arbeit grundsätzlich auch zur Entfaltung der Persönlichkeit und nicht nur zum Erwerb des Lebensunterhalts geleistet wird. Dann ist jedoch zu fragen, ob sich der Arbeitgeber auf einen Rechtfertigungsgrund berufen kann, insb. in Form eines überwiegenden Gegeninteresses, wie z.B. bei Absatzstockungen, Betriebsunterbrechungen, Unfähigkeit des Arbeitnehmers zur Arbeitsleistung, Störung des Betriebsfriedens. Auch entfällt die Beschäftigungspflicht i.d.R. bei erfolgter Kündigung für die Zeit bis zum Ablauf der Kündigungsfrist (BGE 99 Ib 129, 133), denn ein Arbeitsverhältnis im Auslaufstadium erfordert nicht mehr eine derart ausgeprägte Fürsorge (zur Freistellung s. Art. 324 N 7). Abgelehnt hat das AGer ZH einen Beschäftigungsanspruch einer schwangeren Kaderfrau vor der Niederkunft (JAR 2011, 634; differenzierend das OGer ZH als Berufungsinstanz, 30.9.2011, LA100034 aufgrund während der Prozessdauer veränderter Verhältnisse und unter geschlechterdiskriminierender Optik).

23 Etwas anderes als das Recht auf angemessene Beschäftigung ist das sog. **Recht auf Arbeit**, das als soziales Grundrecht gefordert wird und in einigen Ländern verfassungsrechtlich verankert ist. Hier geht es nicht um die Abwehr von Persönlichkeitsbeeinträchtigungen bei bestehendem Arbeitsverhältnis, sondern um die Existenzsicherung durch Ermöglichung eines Arbeitsverhältnisses. Eine sichere Aussicht auf einen angemessenen Arbeitsplatz ist aber lediglich auf Kosten der Freizügigkeit und um den Preis einer der Zwangsarbeit sich annähernden Arbeitspflicht möglich. Staaten mit marktwirtschaftlicher Wirtschaftsverfassung

können neben Massnahmen des gestaltenden öffentlichen Arbeitsrechts und der Wirtschaftslenkung nicht mehr tun, als die Vollbeschäftigung als Ziel staatlicher Wirtschaftspolitik festzulegen, wie dies durch die Anerkennung eines Rechts auf Arbeit in den Verfassungen der Kantone JU und BL sowie in der Europäischen Sozialcharta geschehen ist. Die Zusicherung eines Arbeitplatzes hingegen, wie sie in den Verfassungen sozialistischer Länder erfolgte, ist ihnen nicht möglich. Das kommt auch in Art. 41 BV betr. die *Sozialziele* zum Ausdruck. Nach Abs. 1 lit. d setzen sich Bund und Kantone in Ergänzung zu persönlicher Verantwortung und privater Initiative dafür ein, dass Erwerbsfähige ihren Lebensunterhalt durch Arbeit zu angemessenen Bedingungen bestreiten können. Aus den Sozialzielen können jedoch keine unmittelbaren Ansprüche auf staatliche Leistungen abgeleitet werden (Abs. 4). Vom Recht, Arbeit zu bekommen, ist im Übrigen das Recht zu unterscheiden, Arbeit zu behalten. Der gesetzliche Kündigungsschutz, der dieses Recht gewährleisten will, läuft jedoch praktisch nur auf eine Abfindung bei ungerechtfertigter Entlassung hinaus («golden handshake», s. Art. 336a und 337c).

V. Diskreditierung von Arbeitnehmern

Rückt der Arbeitgeber den Arbeitnehmer bei der Belegschaft, Dritten (Kunden, Lieferanten, anderen Arbeitgebern) oder der Öffentlichkeit ohne Rechtfertigung in ein schiefes Licht, etwa durch Erheben von unbewiesenen Vorwürfen, Streuen von Gerüchten, Weitergabe von unnötigen Informationen oder Erteilen von unzutreffenden Referenzen (dazu BGer, ARV 2014, 33), so begeht er eine Persönlichkeitsverletzung i.S.v. Art. 328. Solche Handlungen können zugleich Teil eines Mobbingplans sein (N 19c) oder eine Behinderung des wirtschaftlichen Fortkommens des Arbeitnehmers darstellen (N 50 ff.). Eine Verletzung von Art. 328 lag etwa in folgenden Fällen vor: 24

- Herabsetzende Äusserungen einer Oberwalliser Gemeinde über einen Mitarbeiter gegenüber Medien sowie in einer eigenen Mitteilung an die Bevölkerung. Die Gemeinde wurde vom Staatsrat VS verpflichtet, den Mitarbeiter mittels offiziellem Schreiben an sämtliche Haushaltungen und Unternehmen öffentlich zu rehabilitieren (ARV 2013, 302 mit Besprechung durch RUDOLPH); 24a
- Meldung von angeblichen Misshandlungen durch Heimpflegerinnen an die Aufsichtsbehörde, ohne dass sich die Vorwürfe belegen liessen (BGer, JAR 2013, 229);
- Diskreditierende Äusserungen eines Fussballtrainers in den Medien zulasten eines Berufsfussballers der obersten Spielklasse (BGE 137 III 303: Genugtuung von CHF 15 000);
- Herabsetzende und kompromittierende Äusserungen in einem offenen Brief, mit dem der Vorstand einer Kindertagesstätte die Mitarbeitenden über die Entlassung der Krippenleiterin informierte (AGer ZH, JAR 2014, 555: Missbrauchspönale von zwei Monatslöhnen; Berufungsentscheid des OGer ZH in plädoyer 2/2014, 59);
- Briefe an einen Kaderangehörigen in einem inakzeptablen, beleidigenden Ton mit abschätzigen Werturteilen, von denen Kopien an Vorgesetzte, Mitarbeiter und Untergebene versandt wurden (BGer, JAR 2004, 337: Genugtuung in Form einer gerichtlichen Missbilligung);
- Briefe an die neue Arbeitgeberin, die Arbeitnehmerin habe ein gefälschtes Arbeitszeugnis vorgelegt, und an eine Kundin, die Arbeitnehmerin habe nicht alle Arbeitsstunden verrechnet, was beides nicht zutraf (AGer ZH, JAR 2004, 606: Genugtuung von CHF 1000);
- Entfernung eines Arbeitnehmers aus den Betriebsräumen in Anwesenheit anderer Mitarbeiter und Bekanntmachung seiner (ungerechtfertigten) fristlosen Entlassung durch Aushang im Betrieb (CAPH GE, JAR 1996, 247, 250: Genugtuung von CHF 5000);
- Nennung der Kündigungsgründe und Stigmatisierung des Arbeitnehmers als Sektenführer vor der gesamten Belegschaft, Aufforderung zur Vermeidung jeden Kontakts mit ihm, Pressekampagne in einem Zeitpunkt, in dem er sich wirtschaftlich selbständig machen wollte (BGE 130 III 699: Genugtuung von CHF 10 000; s. dazu DUNAND, ARV 2005, 93 ff.).

24b Vom BGer ohne weiteres als zulässig betrachtet wird der vom Arbeitgeber veranlasste Einbezug eines privaten Gutachters in ein Verfahren (BGer, 22.4.2009, 4A_590/2008, E. 3.3.2). Die öffentliche Bekanntgabe der Trennung von Kaderangehörigen ist hingegen nur zulässig, wenn sie durch ein überwiegendes Informationsbedürfnis gerechtfertigt ist. Eine entsprechende Medienmitteilung muss wahr sein, darf die betroffene Person nicht in ein falsches Licht stellen und nicht unnötig verletzend sein (BGE 129 III 531; BGer, 22.4.2005, 2A.312/2004, E. 4: ungenügende Berücksichtigung von wesentlichen betrieblichen und personellen Schwierigkeiten, für die die Arbeitnehmerin keine Verantwortung trug). In BGer, ARV 2009, 38 erschien die Veröffentlichung eines Personalwechsels auf Führungsebene in den Medien als durch überwiegende Interessen des Arbeitgebers und der Öffentlichkeit gerechtfertigt, zumal der Arbeitnehmer selbst eine Polemik entfacht hatte (weitere Fälle in N 24a). Hingegen machten von Unbekannten gestreute Gerüchte über die bevorstehende Entlassung eines Generaldirektors dessen Entlassung nicht missbräuchlich (BGer, ARV 2012, 42, E. 5.5.2). Siehe ausführlicher zum ganzen Abschnitt PORTMANN, FS Bucher, 594 ff. sowie zu Persönlichkeitsverletzungen im Umfeld von missbräuchlichen Kündigungen Art. 336a N 6 ff. und von ungerechtfertigten fristlosen Entlassungen Art. 337c N 7a.

VI. Genetische Untersuchungen

25 Am 1.4.2007 sind das **Bundesgesetz über genetische Untersuchungen beim Menschen** (GUMG) und die Verordnung dazu (GUMV) in Kraft getreten. Das GUMG bezweckt namentlich den Schutz der Menschenwürde und Persönlichkeit sowie die Verhinderung von Missbräuchen (Art. 2 GUMG). Nach Art. 4 GUMG darf niemand wegen seines Erbguts diskriminiert werden. Die Art. 21–25 GUMG betreffen speziell den Arbeitsbereich. Bei der Begründung oder während der Dauer des Arbeitsverhältnisses dürfen der Arbeitgeber und sein Vertrauensarzt keine präsymptomatischen genetischen Untersuchungen verlangen; sie dürfen ferner die Offenlegung von Ergebnissen aus früheren präsymptomatischen genetischen Untersuchungen weder verlangen noch solche Ergebnisse verwerten; schliesslich dürfen sie keine genetischen Untersuchungen verlangen, mit denen persönliche Eigenschaften des Arbeitnehmers erkannt werden sollen, die nicht die Gesundheit betreffen (Art. 21 GUMG). Indessen sind Ausnahmen für präsymptomatische genetische Untersuchungen zur Verhütung von Berufskrankheiten und Unfällen vorgesehen (Art. 22 GUMG).

26 Der in Art. 21 GUMG enthaltene Grundsatz des Verbots der Verwendung genetischer Informationen im Arbeitsbereich fügt sich zwanglos in die durch Art. 328b vorgenommene Ordnung der Bearbeitung von Personendaten ein. Insbesondere präsymptomatische genetische Informationen sind nämlich keine Personendaten, welche die Eignung des Arbeitnehmers für das Arbeitsverhältnis betreffen oder zur Durchführung des Arbeitsvertrags erforderlich sind. Mit präsymptomatischen genetischen Untersuchungen kann eine Krankheitsveranlagung festgestellt werden, lange bevor traditionelle klinische Symptome wahrnehmbar sind. Es bleibt daher nicht nur ungewiss, ob die betreffende Erbkrankheit jemals ausbrechen wird, sondern auch unklar, ob sich die Krankheit noch auf die in Frage stehenden Arbeitsbeziehungen auswirken wird. An Informationen über derartige Sachverhalte hat der Arbeitgeber kein berechtigtes Interesse (MUND, 284).

27 Die Ausnahmeklausel des Art. 22 GUMG mag vor allem im Interesse Dritter gerechtfertigt sein, führt aber zwangsläufig zu einer Relativierung des in Art. 6 GUMG statuierten Rechts auf Nichtwissen, das einen allgemeinen Grundsatz für genetische Untersuchungen bildet. Der Arbeitnehmer kann zwar die Kenntnisnahme des Ergebnisses der ausnahmsweise zulässigen präsymptomatischen genetischen Untersuchung verweigern; ein Stellenbewerber wird aber Rückschlüsse ziehen, wenn er im Anschluss an die Untersuchung nicht eingestellt wird. Vor diesem Hintergrund wird zu Recht dafür eingetreten, Art. 22 GUMG restriktiv auszulegen (so MUND, 291).

Art. 23 GUMG befasst sich mit den Modalitäten, wie die Untersuchung durchzuführen ist, Art. 24 GUMG regelt die Mitteilung des Untersuchungsergebnisses und die Übernahme der Kosten. Stellen die Durchführungsorgane des ArG oder des UVG Verstösse gegen die für den Arbeitsbereich aufgestellten Bestimmungen fest, so müssen sie von Amtes wegen einschreiten (Art. 25 GUMG). Die vorsätzliche Verletzung von Art. 21 GUMG steht unter Strafe (Art. 39 GUMG). **28**

Hält ein Arbeitgeber die Vorschriften von Art. 21 und 22 GUMG nicht ein, so verletzt er den Arbeitsvertrag und i.d.R. auch die Persönlichkeit der betroffenen Arbeitnehmer, was entsprechende Haftungsfolgen nach sich ziehen kann. Entlässt der Arbeitgeber einen Arbeitnehmer wegen dessen genetischem Status, so erfüllt er grundsätzlich den Missbrauchstatbestand von Art. 336 Abs. 1 lit. a, es sei denn, die Entlassung stehe im Einklang mit Art. 22 GUMG. Das ist etwa dann der Fall, wenn der Arbeitnehmer entlassen wird, weil die rechtmässige präsymptomatische Untersuchung seine Untauglichkeit für die vorgesehene Tätigkeit belegt, oder wenn er sich weigert, an einer rechtmässig angeordneten präsymptomatischen Untersuchung teilzunehmen (von Kaenel, ARV 2007, 147). **28a**

Unabhängig davon, ob die genetische Untersuchung präsymptomatischer oder nichtpräsymptomatischer Natur ist, gilt es zu beachten, dass die Bearbeitung genetischer Daten den Grundsätzen von Art. 328b, des DSG und von Art. 21 lit. c GUMG entsprechen muss. Wird einem Arbeitnehmer gekündigt, weil er die Zustimmung zu einer Datenbearbeitung verweigert, die den genannten Anforderungen nicht entspricht, so erfolgt die Kündigung missbräuchlich i.S.v. Art. 336 Abs. 1 lit. d oder allenfalls lit. b (von Kaenel, ARV 2007, 147). **28b**

VII. Diskriminierung im Erwerbsleben

1. Allgemeiner Gleichbehandlungsgrundsatz

Aus der Fürsorgepflicht des Arbeitgebers fliesst der Grundsatz, dass er die Arbeitnehmer seines Betriebs gleich zu behandeln hat. Der Anwendungsbereich dieses allgemeinen Gleichbehandlungsgrundsatzes ist allerdings nach Lehre und Rechtsprechung stark eingeschränkt: **29**

- Zunächst gehen *vertragliche Vereinbarungen* vor (BGE 129 III 281; BGer, JAR 2014, 157 f.; BGer, JAR 2008, 176). Der Arbeitgeber kann also mit verschiedenen Arbeitnehmern unterschiedliche Arbeitsbedingungen vereinbaren, auch wenn sie gleichwertige Arbeit verrichten, eine vergleichbare Ausbildung besitzen und gleichwertige Leistungen erbringen. Entsprechendes gilt auch für die Vereinbarung von Abgangsbedingungen im Rahmen eines Aufhebungsvertrags (GSGer BS, JAR 2008, 349). Beschränkungen der diesbezüglichen Vertragsfreiheit können sich jedoch aus anderen Grundsätzen ergeben, so namentlich aus dem Diskriminierungsverbot des Gleichstellungsgesetzes oder dem Verbot sittenwidriger Vereinbarungen (Art. 19 f.). **30**
- Ferner verbietet der Gleichbehandlungsgrundsatz nicht die *Besserstellung* einer Minderheit von Arbeitnehmern im Betrieb (BGE 129 III 282 f., wonach aber allenfalls auf eine stillschweigende Vertragsänderung zu Gunsten der anderen Arbeitnehmer zu schliessen ist). Solange nicht die Mehrzahl vergleichbarer Arbeitnehmer bessergestellt ist, liegt keine Schlechterstellung des einzelnen Arbeitnehmers vor. Die Besserstellung einzelner Arbeitnehmer ist selbst dann zulässig, wenn für die Begünstigung keine objektiven Gründe bestehen. **31**
- Schliesslich verhindert der Gleichbehandlungsgrundsatz auch nicht die *Schlechterstellung* einzelner Arbeitnehmer gegenüber der Mehrheit im Betrieb, sofern dafür *sachlich vertretbare Gründe* bestehen. **32**

Zusammengefasst bedeutet der Gleichbehandlungsgrundsatz somit nur, aber immerhin, dass ausserhalb bestehender Vereinbarungen eine willkürliche Schlechterstellung einzelner Arbeitnehmer unzulässig ist. Jüngeren Äusserungen des BGer zufolge scheint aber auch dieser **33** ohnehin bescheidene Anwendungsbereich des Gleichbehandlungsgrundsatzes kaum noch eine Berechtigung zu haben. Das Gericht führte aus, soweit es um freiwillige Sozialleistungen und Zulagen gehe, fänden sich in der Lehre und teilweise auch in der Rechtsprechung Einschränkungen und Vorbehalte gegenüber einer Ungleichbehandlung von Angestellten des gleichen Arbeitgebers. Solche Einschränkungen liessen sich aber stets nur sehr punktuell rechtfertigen. Das Argument, der Arbeitgeber habe sich von angeblich sachfremden Motiven leiten lassen, bedeute nicht ohne weiteres, dass die ungleiche Behandlung als rechtswidrig erscheine. Es gehöre zum Wesen der privatautonomen Vertragsfreiheit, selbst zu bestimmen, welche Motive als sachgemäss anzusehen seien (BGE 129 III 282).

34 Diese Auffassung hat insofern einen zutreffenden Kern, als nicht das Gericht nach seinen subjektiven Massstäben darüber entscheiden soll, was sachgemäss und was sachfremd ist. So wie die Aussage formuliert ist, geht sie aber zu weit. Es kann nicht der Sinn einer Willkürprüfung sein, dass man dem Handelnden die Bestimmung des Massstabes überlässt, nach dem sein Verhalten beurteilt werden soll. Überzeugender scheint es, die Überprüfung aus der Sicht eines vernünftigen und korrekten Arbeitgebers unter Berücksichtigung der Eigenheiten des konkreten Betriebs vorzunehmen. Vorbilder für einen in diesem Sinne beschränkt objektivierten Massstab finden sich etwa im Bereich des Vertrauensprinzips (in Gestalt des vernünftigen und korrekten Vertragspartners) und des haftpflichtrechtlichen Fahrlässigkeitsbegriffs (in Form des durchschnittlich sorgfältigen Menschen).

35 Hauptanwendungsfälle des Gleichbehandlungsgrundsatzes sind die Gewährung oder Kürzung *freiwilliger Sozialleistungen* (Gratifikationen, Pensionen, Zulagen, Abgangsentschädigungen u.dgl.; vgl. Art. 322d N 6 und z.B. CAPH GE, JAR 2010, 498) sowie die *Ausübung des Weisungsrechts* (z.B. Torkontrolle, Mehrarbeit, Rauchverbot). Ferner kann der Gleichbehandlungsgrundsatz etwa auf den Ausschluss von einer allgemeinen Lohnerhöhung Anwendung finden, dagegen kaum auf die Kündigung (s. allerdings den besonders gelagerten Fall in AGer Gaster, JAR 1984, 174) und nie auf die Anstellung, da er ein bestehendes Arbeitsverhältnis voraussetzt. Das Gleichbehandlungsgebot gilt auch für die Durchführung eines *Sozialplans* bei Personalabbaumassnahmen einschliesslich plankonformer Erfassung und Behandlung der Betroffenen (ZGer BS, JAR 1999, 193). So verstösst z.B. ein Arbeitgeber gegen das Gleichbehandlungsgebot, wenn er einen einzelnen Arbeitnehmer mittels Entlassung willkürlich aus dem Anwendungsbereich des Sozialplans ausschliesst und die Herbeiführung dieses Ergebnisses das einzige Ziel seines Handelns ist (CAPH GE, JAR 2008, 386). Aus dem Gleichbehandlungsgebot kann sich ferner ein Anspruch auf vorzeitige Pensionierung ergeben, falls diese den übrigen Mitarbeitern aufgrund eines Sozialplans gewährt wird (TPH GE, JAR 2002, 213). Die Pflicht zur Gleichbehandlung betrifft in diesen Fällen nicht den Inhalt, sondern die Durchführung des Sozialplans, so dass die Vertrags(inhalts)freiheit nicht tangiert ist. Geht der Wille zur Gleichbehandlung aus der Parteivereinbarung selbst hervor, ist der Arbeitgeber daran gebunden (BGer, 13.6.2001, 4C.94/2001, E. 2b; CAPH GE, JAR 2008, 396).

36 Gesetzlich geregelte Fälle des Gleichbehandlungsgebots finden sich nicht nur im Zusammenhang mit dem *Lohn* (Art. 322 N 2), sondern auch mit *sonstigen Arbeitsbedingungen*, so namentlich:

- beim Verbot der Diskriminierung wegen des Erbguts (N 25);
- beim Verbot geschlechtsbezogener Diskriminierung (N 37 ff.);
- bei der Gleichstellung von Personen mit Behinderungen (N 43 f.);
- nach Art. 9 Abs. 4 Anhang I zum FZA und Art. 9 Abs. 4 Anlage 1 von Anhang K zum EFTA-Übereinkommen (s. dazu CAPH GE, JAR 2006, 438);
- nach Art. 2 Abs. 1 lit. f EntsG;
- nach Art. 22 AuG;
- nach Art. 20 AVG.

2. Gleichheit der Geschlechter

Nicht nur bei der Anstellung (Art. 320 N 4 ff.) und bei der Kündigung (Art. 336 N 35 ff.), sondern auch im laufenden Arbeitsverhältnis verbietet das Gesetz eine **geschlechtsbezogene Ungleichbehandlung**. Das gilt neben der Entlöhnung (Art. 322 N 12 ff.) insb. für die Aufgabenzuteilung, die Gestaltung der Arbeitsbedingungen, die Aus- und Weiterbildung sowie die Beförderung (Art. 3 Abs. 2 GlG, vgl. den Fall einer Beförderungsdiskriminierung in BGE 127 III 217). In diesen Bereichen wird in Abweichung von Art. 8 ZGB zum Zweck der Beweiserleichterung eine Diskriminierung vermutet, wenn sie von der betroffenen Person glaubhaft gemacht wird (Art. 6 GlG, zu den Anforderungen an die Glaubhaftmachung s. Art. 322 N 21). **37**

Jede *direkte oder indirekte Benachteiligung* aufgrund des Geschlechts ist verboten, insb. unter Berufung auf den Zivilstand, auf die Familiensituation oder auf eine Schwangerschaft (Art. 3 Abs. 1 GlG). Das Diskriminierungsverbot ist zwingend. Seine Verletzung setzt kein Verschulden voraus. *Positive Diskriminierungen* (d.h. Massnahmen der Besserstellung zwecks Verwirklichung tatsächlicher Gleichstellung) werden hingegen in Art. 3 Abs. 3 GlG ausdrücklich für zulässig erklärt. **38**

Für Fälle geschlechtsbezogener Diskriminierung sieht Art. 5 GlG unter Vorbehalt von Ansprüchen auf Schadenersatz und Genugtuung sowie weitergehender vertraglicher Vereinbarungen (Abs. 5) *Ansprüche* vor auf: **39**
- *Unterlassung* drohender Rechtsverletzungen;
- *Beseitigung* bestehender Diskriminierungen (z.B. OGer ZH, 30.9.2011, LA100034 für einen Fall geschlechterdiskriminierender Freistellung); eine Anstellung oder Weiterbeschäftigung kann jedoch mit Ausnahme des Falles von Art. 10 GlG nicht erlangt werden;
- *Feststellung* der Widerrechtlichkeit einer sich weiterhin störend auswirkenden Diskriminierung; dieser Anspruch kann nicht nur mittels Individual-, sondern auch mittels Verbandsklage geltend gemacht werden, wenn die Voraussetzungen von Art. 7 GlG erfüllt sind. Zur fehlenden Unterbrechungswirkung einer solchen Klage in Bezug auf die Verjährung des Anspruchs des einzelnen Arbeitnehmers auf einen diskriminierungsfreien Lohn BGE 138 II 1, zur Notwendigkeit, dem Arbeitgeber Gelegenheit zur Stellungnahme zu geben, CCA TI, JAR 2013, 531;
- *Nachzahlung* einer diskriminierenden Lohndifferenz (Art. 322 N 20).

Der Vorbehalt der Ansprüche auf Schadenersatz und Genugtuung nach Art. 5 Abs. 5 GlG unterwirft diese nicht einem anderem Verfahren; sie haben dieselbe Grundlage wie die in Art. 5 Abs. 1–4 genannten Ansprüche, so dass das Opfer einer Diskriminierung alle daraus folgenden Rechtsansprüche im Verfahren gegen die diskriminierende Entscheidung vorbringen darf (BGE 133 II 257). Der Vorbehalt hat nach der hier vertretenen Auffassung zur Folge, dass der betroffenen Person für denselben Eingriff (und erst recht für verschiedene Eingriffe) sowohl eine Entschädigung aus Diskriminierung wie auch Schadenersatz und Genugtuung aus Persönlichkeitsverletzung zugesprochen werden kann, und dass die Ansprüche auf Schadenersatz und Genugtuung auch dann geltend gemacht werden können, wenn der Entschädigungsanspruch nach Art. 8 Abs. 2 oder Art. 9 GlG verwirkt ist (PORTMANN, ArbR 2008, 30; s.a. RIEMER-KAFKA/UEBERSCHLAG, Art. 5 N 60; KLETT, ZBl 1997, 59; LEMPEN, AJP 2006, 1420 f.; STREIFF/VON KAENEL/RUDOLPH, N 5; AGer ZH, JAR 1999, 191 ff.; **a.A.** z.B. CR CO I-AUBERT, N 12; DUNAND, FS Tercier, 188 f.). Der Genugtuungsanspruch nach Art. 49 besteht indessen nur, sofern die Verletzung nicht anders wiedergutgemacht worden ist, was namentlich bereits durch die Entschädigung oder durch eine (Wieder-)Anstellung im gegenseitigen Einvernehmen nach einer Anstellungs- oder Kündigungsdiskriminierung geschehen sein kann (RIEMER-KAFKA/UEBERSCHLAG, Art. 5 N 77). **39a**

Als Sonderfall der in Art. 3 Abs. 1 GlG verbotenen geschlechtsbezogenen Ungleichbehandlung definiert Art. 4 Satz 1 GlG die **sexuelle Belästigung am Arbeitsplatz**. Als diskriminie- **40** rend gilt jedes belästigende Verhalten sexueller Natur oder ein anderes Verhalten aufgrund der Geschlechtszugehörigkeit, das die Würde von Frauen und Männern am Arbeitsplatz beeinträchtigt. Hinsichtlich des belästigenden Charakters ist auf das Durchschnittsempfinden und die konkreten Umstände abzustellen; in Betracht zu ziehen sind auch das Arbeitsumfeld und die Person des Opfers (BGer, JAR 2005, 280; AGer ZH, JAR 1999, 183). Unter den Begriff der sexuellen Belästigung fallen insb. Drohungen, das Versprechen von Vorteilen, das Auferlegen von Zwang und das Ausüben von Druck zum Erlangen eines Entgegenkommens sexueller Art (Art. 4 Satz 2 GlG), ferner unerwünschte sexuelle Annäherungen und Handlungen, die das Anstandsgefühl verletzen, sexistische Sprüche, anzügliche und peinliche Bemerkungen (BGE 126 III 397; s.a. BGer, JAR 2014, 372; TC VD, JAR 2001, 389), das Aufhängen anstössiger Fotografien sowie das Versenden solcher E-Mails (BGer, 5.2.2007, 4C.289/2006, E. 3) und von unerwünschten SMS (CREC VD, JAR 2013, 571). Hingegen stellen Komplimente, Bemerkungen persönlicher Natur, ermutigende Äusserungen oder Ratschläge, die keinerlei sexuellen Bezug aufweisen und im Rahmen eines von Kollegialität und Vertrauen geprägten Verhältnisses zwischen den betroffenen Personen gemacht werden, keine sexuelle Belästigung dar (BGer, JAR 2008, 152). Gleiches gilt, wenn in einem Betrieb mit familiärem und entspanntem Klima eine Mitarbeiterin vom Vorgesetzten mit Vornamen oder mit Bezeichnungen wie «ma petite» oder «ma grande» angesprochen wird (BGer, JAR 2007, 256). Hingegen können nach CREC VD, JAR 2013, 571 unter bestimmten Umständen auch Belästigungshandlungen ausserhalb des Unternehmens, während der Freizeit, von Art. 4 GlG erfasst sein.

41 Die Ansprüche, die im Fall einer geschlechtsbezogenen Diskriminierung bestehen, gelten auch bei sexueller Belästigung. Zusätzlich vorgesehen ist eine *Entschädigung* bis zum Höchstbetrag von sechs Monatslöhnen (Art. 5 Abs. 3 Satz 1 GlG, Art. 5 Abs. 4 Satz 3 GlG), falls der Arbeitgeber nicht den Nachweis führen kann, dass er die erforderlichen, den Umständen entsprechenden Massnahmen zur Verhinderung sexueller Belästigungen getroffen hat (z.B. Androhung betriebsinterner Sanktionen, Merkblatt, getrennte Garderoben, Ansprechstelle; ausreichende Schutzmassnahmen bejaht in BGer, JAR 2011, 193; s.a. LEMPEN, ARV 2008, 117 f.). Dieser Entlastungsbeweis des Arbeitgebers ist nur bei sexuellen Belästigungen von Bedeutung, die von Arbeitnehmern, nicht aber vom Arbeitgeber selbst ausgehen (BGer, JAR 2009, 167). Handelt es sich beim Belästiger um eine Organperson i.S.v. Art. 55 ZGB, ist der Entlastungsbeweis ebenfalls nicht möglich (BGer, JAR 2014, 372). Der Ermessensentscheid des Gerichts über die Entschädigung ist unter Würdigung aller Umstände zu treffen und auf der Grundlage des schweizerischen Durchschnittslohnes zu errechnen (Art. 5 Abs. 3 Satz 2 GlG; Durchschnittslohn, weil sich die Sanktion für die Verletzung der sexuellen Würde nicht nach der jeweiligen Höhe des individuellen Lohnes bemessen kann; in BGE 126 III 399 wurde wegen sexistischer Sprüche der durchschnittliche schweizerische Bruttolohn für einen Monat zugesprochen). Der Arbeitgeber genügt der ihm auferlegten Sorgfaltspflicht nicht, wenn er bloss die Direktion, gegen die ebenfalls Vorwürfe erhoben wurden, mit einer Untersuchung beauftragt (BGE 126 III 398). Der Schutz besteht auch bei «provozierender» Kleidung (AGer ZH, JAR 1993, 167). Es gilt weder eine besondere Verwirkungsfrist zur Geltendmachung der Entschädigung (s. demgegenüber Art. 8 Abs. 2 und Art. 9 GlG) noch die Beweislasterleichterung von Art. 6 GlG. Die Entschädigung wegen sexueller Belästigung ist mit Entschädigungen infolge diskriminierender Kündigung (Art. 9 GlG), missbräuchlicher Kündigung (Art. 336a) oder ungerechtfertigter fristloser Entlassung (Art. 337c Abs. 3) kumulierbar. Zur Entschädigung wegen diskriminierender Ablehnung einer Anstellung s. Art. 320 N 4 ff.

42 Das GlG regelt nur die Haftung des Arbeitgebers und nicht auch jene der Person, welche die sexuelle Belästigung begangen hat (BGer, 5.2.2007, 4C.289/2006, E. 4.1; TC VD, JAR 2010, 662). Diese haftet der belästigten Person aus Art. 41 und 49 auf Schadenersatz und Genugtu*ung. Zu einer Hilfs*personenhaftung des Arbeitgebers wird es i.d.R. nicht kommen, da die sexuelle Belästigung zwar bei Gelegenheit der Arbeitsausführung, nicht aber in Erfüllung der arbeitsvertraglichen Pflichten begangen wird (ausführlich zur Haftung für Handlungen von Organen und Hilfspersonen des Arbeitgebers WYLER, ARV 2011, 249 ff.). Mit anderen Worten fehlt es am erforderlichen *funktionellen Zusammenhang* zwischen der geschäftlichen oder dienstlichen Verrichtung und dem Schaden (Art. 55) bzw. zwischen der Vertragsabwicklung und dem Schaden (Art. 101; vgl. dazu REY, Ausservertragliches Haftpflichtrecht, 4. Aufl., Zürich/Basel/Genf 2008, Rz 969). Ähnlich ist für eine Haftung aus Art. 55 ZGB erforderlich, dass das Organ in seiner Eigenschaft als Organ der juristischen Person und nicht für sich persönlich gehandelt hat (REY, Rz 971), was ebenso i.d.R. nicht zutreffen dürfte (**a.A.** STREIFF/VON KAENEL/RUDOLPH, N 5). Da der fehlbare Arbeitnehmer gegenüber der belästigten Person nicht für die Entschädigung nach Art. 5 Abs. 3 und 4 GlG haftet, fehlt es an einer gesetzlichen Grundlage, wonach der Arbeitgeber für eine von ihm geleistete Entschädigung Regress auf den Arbeitnehmer nehmen könnte (**a.A.** STREIFF/VON KAENEL/RUDOLPH, N 5). Auch eine Abwälzung über Art. 321e muss ausser Betracht fallen, da Art. 5 Abs. 3 GlG allein das Fehlverhalten des Arbeitgebers sanktionieren will. Die Verweigerung des Rückgriffs ist nicht unbillig, da es der Arbeitgeber durch Ergreifen der gebotenen präventiven Massnahmen in der Hand hat, Entschädigungsleistungen zu vermeiden.

3. Gleichstellung von Personen mit Behinderungen

Am 1.1.2004 ist das *Behindertengleichstellungsgesetz* in Kraft getreten (Bundesgesetz vom 13.12.2002 über die Beseitigung von Benachteiligungen von Menschen mit Behinderungen, BehiG, SR 151.3). Es ist u.a. auf Arbeitsverhältnisse nach dem Bundespersonalgesetz anwendbar (Art. 3 lit. g BehiG), grundsätzlich jedoch nicht auf Arbeitsverhältnisse nach Obligationenrecht. Auswirkungen können sich indessen auf *Arbeitsvermittlung und Personalverleih* ergeben, denn Private, die Dienstleistungen öffentlich anbieten, dürfen Behinderte nicht auf Grund ihrer Behinderung diskriminieren (Art. 6 i.V.m. Art. 3 lit. e BehiG; die Botschaft zum Behindertengleichstellungsgesetz, BBl 2001, 1780, erwähnt Restaurants, Hotels, Bäder, kulturelle Angebote und den Detailhandel, doch ist die Aufzählung nicht abschliessend). Nach der restriktiven Fassung von Art. 2 lit. d BehiV werden Behinderte diskriminiert, wenn sie besonders krass unterschiedlich und benachteiligend behandelt werden mit dem Ziel oder der Folge, sie herabzuwürdigen oder auszugrenzen. Das Gesetz ist ferner auf die Aus- und Weiterbildung (Art. 3 lit. f BehiG) sowie auf Gebäude mit mehr als 50 Arbeitsplätzen anwendbar, für die nach Inkrafttreten dieses Gesetzes eine Bewilligung für den Bau oder die Erneuerung erteilt wird (Art. 3 lit. d BehiG). **43**

Im Übrigen greift der Schutz von Art. 328, wenn Arbeitnehmer im Zusammenhang mit einer Behinderung in ihrer *Persönlichkeit* verletzt werden. Zutreffend wird in der Botschaft zum Behindertengleichstellungsgesetz ausgeführt, dass der Arbeitgeber aufgrund von Art. 328 die Pflicht hat, Verhaltensweisen entgegenzutreten und zu unterbinden, die gegenüber Menschen mit Behinderungen als verletzend, abwertend und ausgrenzend wirken (BBl 2001, 1830). **44**

4. Verbot der Diskriminierung nach Religion, Rasse oder Ethnie

Art. 328 Abs. 2 schützt ausdrücklich auch die persönliche Integrität des Arbeitnehmers. Darauf lässt sich u.a. das Verbot stützen, Arbeitnehmer nach Religion, Rasse oder Ethnie zu diskriminieren (SCHEIDEGGER/PITTELOUD, Art. 6 N 14; STREIFF/VON KAENEL/RUDOLPH, N 3). **45**

Ein Verstoss gegen das Persönlichkeitsrecht eines Arbeitnehmers jüdischen Glaubens lag vor, als dessen Vorgesetzter, angeblich in Übereinstimmung mit einer entsprechenden Branchenübung, Fehlstellen in Malerarbeiten als «Juden» bezeichnete. Der betroffene Arbeitnehmer hatte seinen Vorgesetzten vergeblich gebeten, den verletzenden Sprachgebrauch aufzugeben. Nachdem er sich beim Mitinhaber des Betriebs beschwert hatte, wurde er entlassen. Zu Recht wurde der Arbeitgeber wegen missbräuchlicher Kündigung verurteilt (BezGer SG, JAR 2000, **46**

178; weitere Fälle mit Rassismusbezug in Art. 320 N 2a und bei PÄRLI, ARV 2006, 23 ff.). Der Arbeitgeber hat dafür zu sorgen, dass derartige Äusserungen unterbleiben.

VIII. Schutz des Vermögens

47 Die Fürsorgepflicht des Arbeitgebers erstreckt sich auch auf die *Wahrung von vermögensrechtlichen Interessen* des Arbeitnehmers. Soweit der Arbeitgeber für den Arbeitnehmer tätig wird oder ihn berät, ist er zur Beachtung der steuerrechtlichen und sozialversicherungsrechtlichen Vorschriften verpflichtet. Ausser der Erfüllung der sozialversicherungsrechtlichen Informationspflichten hat er den Arbeitnehmer über Voraussetzungen und Umfang betrieblicher Sozial- und Versicherungsleistungen sowie über die zur Verfügung stehenden Sozialeinrichtungen zu unterrichten. Verstösst er hiergegen und entsteht dadurch dem Arbeitnehmer ein Schaden, ist er ihm aus Vertragsverletzung ersatzpflichtig. Der Arbeitgeber unterliegt hingegen nicht der allgemeinen Aufklärungspflicht nach Art. 27 Abs. 1 ATSG (VON KAENEL/WYLER, ARV 2005, 159).

48 Ferner ist der Arbeitgeber verpflichtet, für die *Sicherheit der Sachen* zu sorgen, die der Arbeitnehmer zur Arbeitsstelle mitbringt und dort ablegt oder unterstellt. Voraussetzung ist, dass der Arbeitgeber davon Kenntnis hat oder nach Lage der Dinge damit rechnen muss und dass die Mitnahme dieser Sachen üblich oder für die Arbeitsleistung nützlich ist (ebenso GEISER/MÜLLER, Rz 463). Dann trifft den Arbeitgeber zwar keine Garantie, wohl aber die Pflicht zu sichernden Massnahmen (Kleiderschränke, Abstellplätze mit Sicherung gegen Diebstahlsgefahr). Eine Pflicht, Parkplätze zur Verfügung zu stellen, besteht nur, soweit dem Arbeitnehmer die Benutzung öffentlicher Verkehrsmittel nicht zumutbar ist.

49 Hat der Arbeitnehmer im Rahmen des Arbeitsverhältnisses einen Schaden verursacht, der bei ihm selbst oder bei einem Dritten eingetreten ist, so hat der Arbeitgeber insoweit Ersatz zu leisten, als der Arbeitnehmer im Verhältnis zum Arbeitgeber von der Haftung befreit wäre (*innerbetrieblicher Schadensausgleich*, vgl. Art. 321e N 24). Gesetzlich geregelte Fälle der Pflicht des Arbeitgebers zum Vermögensschutz sind Art. 327–327c (Arbeitsgeräte, Material und Auslagen) sowie Art. 330 (Kaution).

IX. Förderung des wirtschaftlichen Fortkommens

50 Auch nach Beendigung des Arbeitsverhältnisses bestehen noch einzelne Pflichten des Arbeitgebers **(nachwirkende Fürsorgepflichten)**, die auf einen Schutz des wirtschaftlichen Fortkommens hinauslaufen. Sie haben ihren Entstehungsgrund im Arbeitsverhältnis, entfalten ihre Rechtswirksamkeit aber z.T. erst nach dessen Beendigung. Die wichtigsten dieser Pflichten sind die *Pflicht zur Ausstellung eines Zeugnisses* (Art. 330a N 1 ff.) und die *Pflicht zur Erteilung von Referenzen* (Art. 328b N 43, Art. 330a N 12). Eine Fürsorgepflicht des Arbeitgebers ist sodann bejaht worden in Bezug auf die Ausstellung der Arbeitgeberbescheinigung (AGer ZH, JAR 1999, 214; ebenso OGer LU, JAR 2010, 542 in Bezug auf eine Bescheinigung über den Verdienst zu Handen der zuständigen ausländischen Behörden) sowie den Lohnausweis für die Steuern (OGer SH, Amtsbericht 1999, 83), aber verneint worden hinsichtlich der Freigabeerklärung (carta libera, OGer ZH, JAR 1990, 347; AGer ZH, ZR 2001, 236; **a.A.** noch AGer ZH, 1990, 346 f.) sowie der Information an die Vorsorgeeinrichtung nach Art. 1 Abs. 1 FZV (OGer SH, Amtsbericht 1999, 84). Ausser in der Verletzung der genannten Pflichten kann eine Behinderung des wirtschaftlichen Fortkommens des Arbeitnehmers in dessen Diskreditierung gegenüber Dritten oder der Öffentlichkeit liegen (s. N 24 ff.), ferner etwa auch in der Verunmöglichung eines Clubwechsels für einen Profisportler (vgl. BGE 102 II 211, 225; ferner in weiterem Zusammenhang BGE 138 III 322: die Persönlichkeitsrechte, Art. 27 Abs. 2 ZGB und den materiellen Ordre public verletzende Androhung eines Berufsverbots durch die FIFA gegenüber einem vertragsbrüchig gewordenen Berufsfussballer). Die Behinderung des wirtschaftlichen Fortkommens des Arbeitnehmers führt wie die Verletzung anderer Aspekte der Fürsorgepflicht zu Schadenersatz- und Genugtuungsansprüchen, sofern die übrigen Haftungsvoraussetzungen erfüllt sind (s. N 53 ff.).

Wird ein Arbeitnehmer in den vorzeitigen Ruhestand versetzt **(Frühpensionierung)**, so wird dies i.d.R. die Beendigung des bestehenden Arbeitsverhältnisses zur Folge haben. Allenfalls bezieht er dann Leistungen, zu deren Erbringung sich der Arbeitgeber selbst mit dem Ziel verpflichtet hat, einen vorzeitigen Altersrücktritt zu begünstigen. Zwischen Geber und Empfänger der Vorruhestandsleistungen besteht zwar weiterhin eine Rechtsbeziehung, jedoch mit anderem Inhalt; so sind u.a. namentlich die Arbeits- und die Treuepflicht endgültig erloschen. Denkbar ist eine Frühpensionierung indessen auch in der Form, dass das Arbeitverhältnis nicht beendet wird, sondern der Arbeitnehmer nur von der Arbeitspflicht bis zum Pensionsalter freigestellt wird und ihm eine vorübergehende, im Vergleich zum Lohn grundsätzlich geringere Leistung ausgerichtet wird (s. zum Ganzen BGE 134 III 107; dazu GRABER/KOLLER, ZBJV 2010, 1083 ff.; BLESI, Jusletter 8.5.2006, Rz 16). In BGE 131 III 606 nahm das BGer einen *Garantievertrag* an, der sich aus dem vom Arbeitgeber in eigenem Namen gegenüber einer Arbeitnehmerin als Gegenleistung zu ihrer Einwilligung zur Frühpensionierung erklärten Versprechen ergab, dass ihr ein Dritter während der Frühpensionierung Leistungen erbringen werde. 50a

Ferner wird zuweilen auch gegenüber Kaderangehörigen die Verpflichtung zur Gewährung einer erst nach dem Erreichen des ordentlichen Pensionsalters wirksamwerdende und über die berufliche Vorsorge hinausgehende **Betriebspension** eingegangen (vgl. dazu BGE 131 II 611). Die Betriebspension ist keine nachträgliche Vergütung für früher geleistete Dienste und auch keine Schenkung, sondern Ausdruck der Fürsorge des Arbeitgebers. Diese Fürsorgeleistung bewirkt das Fortbestehen der Treuepflicht des Arbeitnehmers. Bei schweren Verstössen gegen die Treuepflicht kann der Arbeitgeber daher trotz Begründung eines Rechtsanspruchs weitere Pensionszahlungen verweigern. 51

X. Sanktionen bei Verletzung der Fürsorgepflicht

1. Im Allgemeinen

Kommt der Arbeitgeber seiner Fürsorgepflicht nicht oder nicht richtig nach, so hat der Arbeitnehmer folgende **Möglichkeiten**: 52

- *Verweigerung der Arbeitsleistung*, wenn Vorbereitungs- und Mitwirkungspflichten nicht ordnungsgemäss erfüllt werden (Arbeitsgeräte, Material, Auslagenvorschuss) oder die Arbeit unter den gegebenen Umständen unzumutbar ist (fehlende Massnahmen zum Schutz von Leben und Gesundheit); der Arbeitgeber befindet sich in diesen Fällen im Annahmeverzug (Art. 324).
- *Erfüllungsklage und Zwangsvollstreckung* (z.B. betr. Zeugnis; sonst praktisch wenig bedeutsam).
- *Ansprüche auf Schadenersatz und Genugtuung*, N 53 ff., unter Umständen auch auf öffentliche Rehabilitierung (s. ARV 2013, 302 und N 24a).
- *Kündigung*; ist die Weiterarbeit unzumutbar, z.B. im Falle einer schweren Persönlichkeitsverletzung, liegt ein Grund zur fristlosen Kündigung vor (vgl. Art. 337 N 34).
- *Anzeige* an die zuständige Arbeitsbehörde, wenn zugleich Pflichten aus dem Arbeitsgesetz verletzt werden (Art. 54 ArG).

Ferner bestehen Sonderregelungen für die Rechtsansprüche in Fällen geschlechtsspezifischer Diskriminierung (N 39 ff.) und bei Verletzung der datenschutzrechtlichen Vorschriften (Art. 328b N 29 f.).

2. Haftung des Arbeitgebers

53 Die **vertragliche Haftung** des Arbeitgebers gegenüber einem Arbeitnehmer aus Art. 97 setzt einen Schaden, eine Vertragsverletzung, einen genügenden Kausalzusammenhang zwischen der Vertragsverletzung und dem Schaden sowie ein Verschulden voraus. Die Vertragsverletzung kann sich nicht nur aus Handlungen, sondern auch aus Unterlassungen ergeben, insb. aus der Nichterfüllung von Schutzpflichten (s. N 7). Das Verschulden kann auch in einem Organisationsmangel des Betriebs liegen. Der Arbeitgeber hat den Nachweis fehlenden Verschuldens zu erbringen, während die Beweislast für die übrigen Haftungsvoraussetzungen beim Arbeitnehmer liegt.

53a Ging das schädigende Verhalten von einem anderen Arbeitnehmer aus, so muss diesem die Eigenschaft einer *Hilfsperson* des Arbeitgebers zukommen, dass dessen Haftung nach Art. 101 begründet wird. Das trifft insb. bei Vorgesetzten oder Personalverantwortlichen zu, nicht aber bei gewöhnlichen Arbeitskollegen, da diese nicht Schulden erfüllen oder Rechte ausüben, die sich aus dem Arbeitsvertrag mit dem geschädigten Arbeitnehmer ergeben. Die Haftung nach Art. 101 erfasst wie diejenige aus Art. 97 Handlungen *und* Unterlassungen, so dass der Arbeitgeber auch dafür einstehen muss, wenn die zuständigen Vorgesetzten die aus der Fürsorgepflicht fliessenden Schutzpflichten nicht erfüllen. Ausführlich zur Haftung des Arbeitgebers bei Handlungen von Organen und Hilfspersonen Wyler, ARV 2011, 249 ff.

53b Bei schwereren Persönlichkeitsverletzungen ist neben Schadenersatz auch *Genugtuung* zu leisten (Art. 99 Abs. 3 i.V.m. Art. 47 und 49). Eine Genugtuung nach Art. 49 Abs. 1 setzt voraus, dass die Persönlichkeitsverletzung objektiv eine gewisse Schwere aufweist und dass die seelischen Leiden vom Opfer subjektiv als so schwer empfunden werden, dass es unter den gegebenen Umständen als legitim erscheint, eine Genugtuung zu beanspruchen (BGer, ARV 2007, 253). Ausserhalb von Berufsunfällen sprechen die Gerichte Genugtuungen für Persönlichkeitsverletzungen fast ausschliesslich aufgrund von Art. 49 zu. Richtigerweise sollte jedoch Art. 47 angewendet werden, wenn z.B. infolge von Mobbing Schädigungen der physischen oder psychischen Gesundheit eintreten. Im Hinblick auf den Vergleich mit Präjudizien kann sich die Wahl der Anspruchsgrundlage erheblich auf die Höhe der Genugtuung auswirken; denn im Anwendungsbereich von Art. 47 werden allgemein viel höhere Genugtuungssummen zugesprochen als in demjenigen von Art. 49. Unter Umständen ist es sogar geboten, eine Genugtuung im gleichen Fall sowohl nach Art. 47 wie auch nach Art. 49 zuzusprechen, so insb. dann, wenn sich die immaterielle Unbill nicht in einer Gesundheitsschädigung erschöpft, sondern auch durch lang andauernde untragbare Zustände bei der Arbeit verursacht wurde (Portmann, FS Bucher, 606 ff.).

53c Art und Umfang des Schadenersatzes richten sich nach den allgemeinen Grundsätzen (Art. 97 ff. i.V.m. Art. 42 ff.; s. zur Schadensberechnung bei mobbingbedingter Arbeitsunfähigkeit z.B. BGer, ARV 2003, 225). Die *Reduktionsgründe* lassen sich nicht abschliessend aufzählen. Zu ihnen gehören u.a. ein allfälliges *Mitverschulden* des Arbeitnehmers (BGer, JAR 2007, 215: Verletzung der Helmtragpflicht bei Abbrucharbeiten auf einer Baustelle) und eine *konstitutionelle Prädisposition* (BGer, JAR 2007, 219: Reduktion in einem Fall von Überbelastung, wo der betroffene Arbeitnehmer bereits im Rahmen einer früheren Anstellung das Opfer einer Überbeanspruchung und einer daraus resultierenden Depression geworden war; krit. dazu Dunand, ARV 2007, 17 ff.; CC NE, RJN 2003, 180 f.: Qualifizierung einer anxio-depressiven Symptomatik als reduzierend wirkende «vulnérabilité préexistante»; **a.A.** TC VD, JAR 2009, 642).

53d Ein im Voraus erklärter *Haftungsverzicht* des Arbeitnehmers ist grundsätzlich nichtig, da Fürsorgepflichten i.d.R. einseitig zwingend sind (Art. 362). Im Falle *mehrerer Haftpflichtiger* kommen die allgemeinen Regeln über die Solidarität zur Anwendung. Danach kann der Geschädigte von jedem einzelnen Schuldner Ersatz des ganzen Schadens verlangen. Ein geschädigter Arbeitnehmer muss insb. nicht beweisen, dass der von ihm in Anspruch genommene

Arbeitgeber für den Schaden allein verantwortlich ist (BGer, ARV 2006, 112). Zur *Verjährung bei Spätschäden* s. Art. 341 N 10a.

Der Arbeitgeber haftet z.B. aus Art. 97 bzw. 101: **54**
- wenn er eine zum Schutz der Arbeitnehmer aufgestellte normative Bestimmung eines Gesamtarbeitsvertrages verletzt (BGE 115 II 251);
- wenn er den Abschluss einer Versicherung zugunsten des Arbeitnehmers (insb. einer Lohnausfallversicherung) unterlässt, zu dem er sich verpflichtet hat (Schadenersatzpflicht im Betrag, den die Versicherung bezahlt hätte, BGE 124 III 133; 125 V 492);
- wenn er in seinem Haus geladene Schusswaffen aufhängt und sich beim Staubwischen ein Schuss löst (BGE 112 II 138);
- wenn er die Kontrollkarte eines Taxifahrers nach dessen Weggang zurückhält und ihm damit die Ausübung seines Berufes verunmöglicht (AGer ZH, JAR 2002, 315);
- wenn er auf eine Arbeitnehmerin einen gewissen Druck ausgeübt hat, um sie zu einer Abtreibung zu bewegen (BGer, ARV 2009, 134);
- wenn er es unterlässt, bei Abbrucharbeiten auf einer Baustelle den Arbeitnehmer zum Tragen eines Helms zu ermahnen und der Arbeitnehmer deshalb eine Kopfverletzung erleidet (BGer, JAR 2007, 215, wobei ein haftungsreduzierendes Mitverschulden des Arbeitnehmers bejaht wurde).

Siehe ferner zahlreiche andere Haftungsfälle im Rahmen der Darstellung von Fürsorgepflichtverletzungen (N 18 ff.).

Fürsorgepflichtverletzungen, insb. Persönlichkeitsverletzungen, können auch Tatbestände der **ausservertraglichen Haftung** wie Art. 41 (Verschuldenshaftung), Art. 55 (Geschäftsherrenhaftung) oder Art. 58 (Werkeigentümerhaftung) erfüllen. Dann liegt Anspruchskonkurrenz vor, doch ist zu beachten, dass die Haftung aus Vertrag i.d.R. für den Berechtigten günstiger ist (Verschuldensvermutung, Haftung für Hilfspersonen ohne Sorgfaltsbeweis, längere Verjährung). Konkurrieren Ansprüche aus Arbeitsvertrag mit solchen aus unerlaubter Handlung (z.B. bei Mobbing), ist an einem von Art. 34 ZPO vorgesehenen Ort zu klagen. Wenn allerdings einer der Ansprüche auf einer unerlaubten Handlung gründet, die ausserhalb des Rahmens des Arbeitsverhältnisses begangen wurde, besteht die Möglichkeit, gestützt auf Art. 15 Abs. 2 ZPO (objektive Klagehäufung) auch an einem von Art. 36 ZPO bestimmten Ort zu klagen (PORTMANN/STÖCKLI, Rz 966; BGE 137 III 323; BGer, ARV 2011, 287). Machen Hinterbliebene einen Versorgerschaden oder eine Genugtuungssumme wegen Tötung geltend, so können sie sich, da sie nicht Vertragspartei sind, nur auf unerlaubte Handlung stützen (Art. 45 Abs. 3, Art. 47; BGE 123 III 204; 64 II 200). Dann aber ist die kurze Verjährungsfrist von einem Jahr zu beachten (Art. 60). **55**

Mit dem Inkrafttreten des ATSG am 1.1.2003 ist das bisherige Haftungsprivileg von Art. 44 Abs. 2 UVG in ein blosses **Regressprivileg** umgewandelt worden; Art. 44 UVG wurde aufgehoben (vgl. aus der *Rechtsprechung zum Haftungsprivileg* etwa BGE 127 III 580; 125 IV 153; 123 III 280; 110 II 164; 104 II 262; BGer, JAR 2009, 250; BGer, ARV 2001, 36; OGer ZH, JAR 1990, 191). Dadurch sind bisherige Deckungslücken für materielle Personenschäden bei Berufsunfällen geschlossen worden. Allgemein gilt nach Art. 72 Abs. 1 ATSG, dass gegenüber einem Dritten, der für den Versicherungsfall haftet, der Versicherungsträger im Zeitpunkt des Ereignisses bis auf die Höhe der gesetzlichen Leistungen in die Ansprüche der versicherten Person und ihrer Hinterlassenen eintritt. Nach der Sondervorschrift von Art. 75 Abs. 2 i.V.m. Abs. 1 ATSG steht jedoch dem Versicherungsträger ein Rückgriffsrecht aus einem *Berufsunfall* gegen den Arbeitgeber der versicherten Person, gegen dessen Familienangehörige und gegen dessen Arbeitnehmer nur zu, wenn diese Personen den Versicherungsfall *absichtlich oder grobfahrlässig* herbeigeführt haben. Das Regressprivileg des Arbeitgebers entfällt also nur, wenn ihm selbst bzw. einem seiner Organe (nicht aber einem Mitarbeiter) Vorsatz oder Grobfahrlässigkeit zur Last fällt (vgl. dazu BGE 128 III 80 f., wo ein schweres Verschulden eines Organs angenommen wurde, was zum Ausschluss des damals noch geltenden Haftungsprivilegs führte). **56**

Art. 328*a*

2. Bei Hausgemeinschaft

[1] Lebt der Arbeitnehmer in Hausgemeinschaft mit dem Arbeitgeber, so hat dieser für ausreichende Verpflegung und einwandfreie Unterkunft zu sorgen.

[2] Wird der Arbeitnehmer ohne sein Verschulden durch Krankheit oder Unfall an der Arbeitsleistung verhindert, so hat der Arbeitgeber Pflege und ärztliche Behandlung für eine beschränkte Zeit zu gewähren, im ersten Dienstjahr für drei Wochen und nachher für eine angemessene längere Zeit, je nach der Dauer des Arbeitsverhältnisses und den besonderen Umständen.

[3] Bei Schwangerschaft und Niederkunft der Arbeitnehmerin hat der Arbeitgeber die gleichen Leistungen zu gewähren.

2. Communauté domestique

[1] Lorsque le travailleur vit dans le ménage de l'employeur, celui-ci fournit une nourriture suffisante et un logement convenable.

[2] L'employeur accorde au travailleur empêché de travailler sans sa faute pour cause de maladie ou d'accident les soins et secours médicaux pour un temps limité, soit pendant trois semaines au cours de la première année de service et, ensuite, pendant une période plus longue, fixée équitablement compte tenu de la durée des rapports de travail et des circonstances particulières.

[3] En cas de grossesse et d'accouchement de la travailleuse, l'employeur a les mêmes obligations.

2. Nella comunione domestica

[1] Se il lavoratore vive in comunione domestica con il datore di lavoro, questi deve fornirgli vitto sufficiente e alloggio irreprensibile.

[2] Se il lavoratore, senza colpa da parte sua, è impedito di lavorare per malattia o infortunio, il datore di lavoro deve procurargli la cura e il trattamento medico per un tempo limitato, cioè per tre settimane nel primo anno di servizio e poi, per un tempo equamente più lungo, secondo la durata del rapporto di lavoro e le circostanze particolari.

[3] Il datore di lavoro deve concedere le stesse prestazioni alla lavoratrice in caso di gravidanza e di puerperio.

Literatur

Vgl. die Literaturhinweise zur Einleitung vor Art. 319 ff.

1 Die Pflicht zum Schutz der Persönlichkeit des Arbeitnehmers besteht in besonderem Masse im Fall von dessen Aufnahme in die Hausgemeinschaft (zum Begriff der Hausgemeinschaft s. Art. 322 N 30). Nach Art. 328a Abs. 1 hat der Arbeitgeber, sofern nichts für den Arbeitnehmer Günstigeres bestimmt ist (Art. 362), für ausreichende *Verpflegung* und einwandfreie *Unterkunft* zu sorgen. Was als Verpflegung ausreichend ist, richtet sich nach der Person des Arbeitnehmers und seiner Gesundheit. Unter einwandfreier Unterkunft sind Schlaf- und Aufenthaltsräume zu verstehen, die den Verhältnissen angemessen sind und keine Gefahr für Gesundheit und Sittlichkeit des Arbeitnehmers darstellen. Einzelheiten finden sich häufig in einschlägigen Normalarbeitsverträgen (vgl. Art. 359 N 3).

2 Ferner hat der Arbeitgeber die Pflicht, bei unverschuldeter Krankheit und unverschuldetem Unfall oder bei Schwangerschaft und Niederkunft für die Dauer der entsprechenden Lohnzahlungspflicht (vgl. Art. 324a) *Pflege* und *ärztliche Behandlung* zu gewähren (Art. 328a Abs. 2, 3). Eine Karenzfrist ist – im Unterschied zu Art. 324a – nicht vorgesehen. Die praktische Bedeutung von Art. 328a Abs. 2 und 3 ist wegen der in Art. 3 KVG grundsätzlich bestehenden Pflicht, sich für Krankenpflege versichern zu lassen, gering. Soweit das Obligatorium greift, ist der Arbeitgeber als befreit zu betrachten (ZK-Staehelin, N 8; Wyler/Heinzer, 368). Vergleichbares gilt in Bezug auf die durch Unfall entstandenen Kosten, die von der obligatorischen Unfallversicherung zu vergüten sind (Art. 1a und 59 UVG; Art. 324a N 29 f. und Art. 324b N 4).

Art. 328*b*

3. Bei der Bearbeitung von Personendaten **Der Arbeitgeber darf Daten über den Arbeitnehmer nur bearbeiten, soweit sie dessen Eignung für das Arbeitsverhältnis betreffen oder zur Durchführung des Arbeitsvertrages erforderlich sind. Im Übrigen gelten die Bestimmungen des Bundesgesetzes vom 19. Juni 1992 über den Datenschutz.**

3. Lors du traitement de données personnelles L'employeur ne peut traiter des données concernant le travailleur que dans la mesure où ces données portent sur les aptitudes du travailleur à remplir son emploi ou sont nécessaires à l'exécution du contrat de travail. En outre, les dispositions de la loi fédérale du 19 juin 1992 sur la protection des données sont applicables.

3. Nel trattamento di dati personali Il datore di lavoro può trattare dati concernenti il lavoratore soltanto in quanto si riferiscano all'idoneità lavorativa o siano necessari all'esecuzione del contratto di lavoro. Inoltre, sono applicabili le disposizioni della legge federale del 19 giugno 1992 sulla protezione dei dati.

Literatur

AEBI-MÜLLER, Die Privatsphäre des Arbeitnehmers, in: Neue Rechtsfragen rund um die KMU, Zürich/Basel/Genf 2006, 1 ff.; ALDER, E-Mail-Daten am Arbeitsplatz im Fokus von Datenschutz- und Arbeitsrecht, Anwaltsrevue 2013, 276 ff.; AUBERT, La protection des données dans les rapports de travail, in: Journée 1995 de droit du travail et de sécurité sociale, Zürich 1999, 145 ff.; BAERISWYL, 10 Jahre Datenschutz im Arbeitsrecht, in: Aktuelle Probleme des Arbeitsrechts, Zürich/Basel/Genf 2005, 51 ff.; BAUMANN, Die Übertragung von Arbeitnehmerdaten bei Betriebsübergängen, AJP 2004, 638 ff.; DERS., Die Aufzeichnung geschäftlicher Telefongespräche von Mitarbeitenden, AJP 2002, 911 ff.; BAUMGARTNER, Wenn sich der Datenschützer in das Arbeitsrecht einmischt, AJP 2003, 1432 ff.; COSTA, Internet- und E-Mail-Überwachung am Arbeitsplatz, Jusletter 9.1.2012; COTTIER, La révision de la loi fédérale sur la protection des données: mieux vaut tard que jamais, Jusletter 17.12.2007; DUNAND/MAHON (Hrsg.), Internet au travail, Genf/Zürich/Basel 2014; DRECHSLER, Die Revision des Datenschutzrechts, AJP 2007, 1471 ff.; EGLI, Soziale Netzwerke und Arbeitsverhältnis, Jusletter 17.1.2011; FLUECKIGER, Dopage, santé des sportifs professionnels et protection des données médicales, Diss., Genf/Zürich/Basel/Brüssel 2008; FLÜTSCH, Personalverleih und Datenschutz, ARV 2002, 197 ff.; FRITSCHE, Interne Untersuchungen in der Schweiz, Zürich/St. Gallen 2013; GEISER, Arztzeugnisse zur Bestätigung der Arbeitsunfähigkeit – Zwischen Informationsbedürfnissen und Datenschutz, FS für Eugen Bucher, Bern/Zürich 2009; DERS., Interne Untersuchungen in einem Unternehmen und Datenschutz, in: Von der Lochkarte zum Mobile Computing, Zürich/Basel/Genf 2012, 19 ff.; DERS., Interne Untersuchungen des Arbeitgebers – Konsequenzen und Schranken, AJP 2011, 1047 ff.; DERS., Betriebs- bzw. arbeitsärztlicher Dienst und Datenschutz, Santé et travail, Bern 2008, 63 ff.; DERS., Schnittstellen zwischen IT-Recht und Arbeitsrecht, in: Internet-Recht und IT-Verträge, 5. Tagungsband, Bern 2005, 163 ff.; DERS., Überwachung am Arbeitsplatz, DIGMA 2004, 98 ff.; DERS., Die Beaufsichtigung des Internetbenutzers im Arbeitsrecht, Medialex 2001, 201 ff.; GERICKE, M&A und Datenschutz, SJZ 2003, 1 ff.; HEUSSER, Gesundheitsfragen in Versicherungsformularen anlässlich des Stellenantrittes, AJP 2002, 1277 ff.; HOLENSTEIN, Die Benutzung von elektronischen Kommunikationsmitteln (Internet und Intranet) im Arbeitsverhältnis, Bern 2002; DERS., Die Benutzung des Internetzuganges im Arbeitsverhältnis, ArbR 2002, 69 ff. und ArbR 2003, 89 ff.; HUBER, Die Teilrevision des Eidg. Datenschutzgesetzes, recht 2006, 205 ff.; HUGENTOBLER, Datenschutzfalle Assessment Center, AJP 2009, 153 ff.; DERS., Arbeitgeberschreck Gesundheitscheck, AJP 2013, 1142 ff.; HUNGER/MARSCHALL HUNGER, Compliance Pre-Clearance im Anstellungsverfahren, AJP 2007, 1347 ff.; VON KAENEL, Medizinische Untersuchungen und Tests im Arbeitsverhältnis, ArbR 2006, 93 ff.; DERS., Internet und Datenschutz am Arbeitsplatz, in: Geschäftsplattform Internet II, Zürich 2001, 21 ff.; KETTIGER, Der Persönlichkeitsschutz im Arbeitsverhältnis im Lichte von Auskunftspflichten des Sozialhilferechts am Beispiel des Kantons Bern, Jusletter 2.4.2012; KIESER/PÄRLI (Hrsg.), Datenschutz im Arbeits-, Versicherungs- und Sozialbereich: Aktuelle Herausforderungen, St. Gallen 2012; LOBSIGER, «Wahrheitssuche» im Unternehmen, AJP 2004, 1447 ff.; MARKARIAN, La protection des données du sportif professionnel, in: Panorama en droit de travail, Bern 2009, 181 ff.; MARTENENT, La communication de données personelles à l'étranger par une entreprise, AJP 2005, 251 ff.; MEIER K., Datenschutz im Arbeitsverhältnis, ArbR 1994, 29 ff.; MONDINI, Internet und e-mail am Arbeitsplatz, TREX 2005, 278 ff.; MONTAVON, De la confidentialité des données personelles au sein des entreprises, FS für Paul Tercier, Fribourg 1993, 75 ff.; OERTLI, Internet am Arbeitsplatz – ein informationsrechtlicher Streifzug, FS für Jean Nicolas Druey, Zürich/Basel/Genf 2002, 885 ff.; ORDOLLI, Intranet et internet dans les rapports collectifs de travail, Genf

2013; ÖSTERREICHER SPANIOL, Unternehmensinterne Untersuchungen, Anwaltsrevue 2013, 279 ff.; PÄRLI, Datenaustausch zwischen Arbeitgeber und Versicherung, HAVE 2004, 32 ff.; DERS., Evaluieren, kontrollieren, überwachen: Datenschutz in Arbeitsverhältnissen, in: Datenschutz im Arbeits-, Versicherungs- und Sozialbereich: Aktuelle Herausforderungen, St. Gallen 2012, 29 ff.; DERS., Datenaustausch zwischen Arbeitgeber und Versicherung, Bern 2003; PERRIN (Hrsg.), Internet au lieu de travail, Travaux de la journée d'étude organisée à l'Université de Lausanne le 12 mai 2004, Lausanne 2004; PREVITALI, Non-discrimination et analyse génétique, in: L'analyse génétique humaine, Genf/Zürich/Basel 2004, 43 ff.; RIEMER-KAFKA, Datenschutz zwischen Arbeitgeber und Versicherungsträgern, SJZ 2000, 285 ff.; RIEMER-KAFKA/SHERIFOSKA, Religion am Arbeitsplatz, ARV 2012, 305 ff.; RIESSELMANN-SAXER, Datenschutz im privatrechtlichen Arbeitsverhältnis, Bern 2002; ROHNER/FURRER, Knacknüsse bei der Lieferung von Daten durch Schweizer Banken an die USA, ST 2013, 515 ff.; ROSCH, Menschenrechte und Datenschutz in der Sozialen Arbeit, in: Menschenrechte und Digitalisierung des Alltags, Bern 2010, 261 ff.; ROSENTHAL/JÖHRI, Handkommentar zum Datenschutzgesetz sowie weiteren, ausgewählten Bestimmungen, 2. Aufl., Zürich/Basel/Genf 2015; RUDIN, Was darf die Chefin, was die Angestellte? Arbeits- und datenschutzrechtliche Schranken der technischen Überwachung der Internet-Nutzung am Arbeitsplatz, DIGMA 2001, 4 ff.; DERS., Facebook, Twitter & Co. am Arbeitsplatz, digma 2010, 48 f.; RUDOLPH, Stellenbewerbung und Datenschutz, Diss., Bern 1997; DERS., Das Recht des Arbeitnehmers auf Einsicht in sein Personaldossier, AJP 2014, 1672 ff.; DERS., Besprechung des Urteils des Bundesgerichts vom 12.11.2009 (6B_536/2009) – Zulässigkeit einer Videoüberwachung am Arbeitsplatz, ARV 2010, 19 ff.; DERS., Das revidierte Datenschutzgesetz im arbeitsrechtlichen Fokus, arv-online-2008-153; RUDOLPH/VON KAENEL, Datenschutzrechtliche Meldepflicht von Personalakten, Jeder Arbeitgeber ein Delinquent?, SJZ 104, 394 ff.; SIGRIST, Keine amtliche Registrierung der Personaldossiers, Schweizer Arbeitgeber, 15/2008, 18 f.; STRASSER, Zur Rechtsstellung des vom Whistleblower beschuldigten Arbeitnehmers, in: Whistleblowing – Multidisziplinäre Aspekte, Bern 2012, 55 ff.; STUTZ/GEIGER-STEINER, Arbeitsrechtliche Fragen rund um Social Media, Anwaltsrevue 2013, 212 ff.; TESTER, Video- und GPS-Überwachung von Arbeitnehmenden, Jusletter 24.9.2012; WERMELINGER, Datenschutz und Gleichstellungsgesetz, AJP 2006, 1446 ff.; WERMELINGER/SCHWERI, Teilrevision des Eidgenössischen Datenschutzrechts – Es nützt nicht viel, schadet es etwas?, Jusletter 3.3.2008; WICKIHALDER, Arbeitsrechtliche Probleme beim Outsourcing von Human-Resources-Management-Funktionen, ArbR 2006, 41 ff.; WILDHABER, Genetische und medizinische Informationen in der Arbeitswelt, Jusletter 6.12.2010; WOLFER, Die elektronische Überwachung des Arbeitnehmers im privatrechtlichen Arbeitsverhältnis, Diss., Zürich/Basel/Genf 2008; WYSS, Datenschutz im Arbeitsverhältnis, in: Datenschutz im europäischen Umfeld, Zürich 1995, 145 ff.; ZÜST, Big Brother's Watching You At Work, AJP 1996, 1475 ff.; vgl. ausserdem die Literaturhinweise zur Einleitung vor Art. 319 ff.

I. Gesetzliche Grundlagen

1 Grundlage des schweizerischen Datenschutzrechts bildet das Bundesgesetz vom 19.6.1992 über den Datenschutz (DSG). Ergänzende Vorschriften finden sich in der zugehörigen Verordnung (VDSG). Art. 11 DSG fördert die Selbstregulierung durch die Möglichkeit der Anerkennung von Zertifizierungsverfahren und Zertifizierungsstellen. Näheres dazu regelt die Verordnung über die Datenschutzzertifizierungen (VDSZ; s. zu diesem Aspekt Botschaft, BBl 2003, 2112).

2 Am 1.1.2008 ist eine Teilrevision des DSG in Kraft getreten. Sie bezweckte u.a. die Verbesserung der Information der Personen, deren Daten bearbeitet werden, und die Übernahme der Grundsätze des Zusatzprotokolls zum Übereinkommen zum Schutz des Menschen bei der automatischen Verarbeitung personenbezogener Daten bezüglich Aufsichtsbehörden und grenzüberschreitender Datenübermittlung (SR 0.235.11; Botschaft DSG, BBl 2003, 2102). Die Meldepflicht für die Bekanntgabe von Personendaten ins Ausland wurde durch eine punktuelle Informationspflicht ersetzt (Art. 6 Abs. 3 DSG), wogegen die Meldepflicht für das Register der Datensammlungen beibehalten wurde (Verschiebung von aArt. 11 Abs. 3–5 nach Art. 11a Abs. 3–6 DSG). Im Lauf einer weiteren (kleinen) Revision wurde aArt. 7a DSG betreffend die Informationspflicht auf die Art. 14 DSG (für den Privatbereich) und die Art. 18a und 18b DSG (für den Bundesbereich) aufgeteilt.

II. Begriff der Datenbearbeitung

Das Datenschutzgesetz (zu seinem Geltungsbereich s. Art. 2 DSG) versteht unter Daten die **Personendaten**, zu denen alle Angaben gehören, die sich auf eine bestimmte oder bestimmbare Person beziehen (Art. 3 lit. a DSG). Bei den betreffenden *Angaben (Informationen)* kann es sich sowohl um Tatsachenfeststellungen wie auch um Werturteile handeln. Unerheblich ist, in welcher Form die Informationen auftreten (etwa als Zeichen, Wort, Bild, Ton oder eine Kombination davon) und wie der Datenträger beschaffen ist (konventionell oder elektronisch). Entscheidend ist, dass sich die Angaben einer oder mehreren Personen zuordnen lassen. Eine *Person* ist dann *bestimmt*, wenn sich aus der Information selbst ergibt, dass es sich genau um diese Person handelt. *Bestimmbar* ist die *Person*, wenn aufgrund zusätzlicher Informationen auf sie geschlossen werden kann. Für die Bestimmbarkeit genügt jedoch nicht jede theoretische Möglichkeit der Identifizierung. Ist der Aufwand derart gross, dass nach der allgemeinen Lebenserfahrung nicht damit gerechnet werden muss, dass ein Interessent diesen auf sich nehmen wird, liegt keine Bestimmbarkeit vor. Die Frage ist abhängig vom konkreten Fall zu beantworten, wobei insb. auch die Möglichkeiten der Technik mitzuberücksichtigen sind, z.B. die im Internet verfügbaren Suchmaschinen. Von Bedeutung ist indessen nicht nur, welcher Aufwand objektiv erforderlich ist, um eine bestimmte Information einer Person zuordnen zu können, sondern auch, welches Interesse der Datenbearbeiter oder ein Dritter an der Identifizierung hat (zum Ganzen BGE 136 II 513). 3

Die **Bearbeitung** von Daten umfasst jeden Umgang mit Personendaten, unabhängig von den angewandten Mitteln und Verfahren, insb. das Beschaffen, Aufbewahren, Verwenden, Umarbeiten, Bekanntgeben, Archivieren oder Vernichten von Daten (Art. 3 lit. e DSG). Archivierte dienen im Unterschied zu aufbewahrten Daten nur noch der Sicherung und der Dokumentation. Die Bekanntgabe von Daten erfolgt durch Einsichtgewähren, Weitergeben, Veröffentlichen oder durch anderweitiges Zugänglichmachen (Art. 3 lit. f DSG). Unter den so weit gefassten Begriff der Datenbearbeitung fallen so unterschiedliche Aktivitäten wie etwa das Stellen von Fragen im Laufe eines Bewerbungsverfahrens oder das Kontrollieren des E-Mail-Verkehrs und der Browser-Protokolle. 4

III. Persönlichkeitsverletzende Datenbearbeitung

1. Allgemeines

Die Bearbeitung von Daten anderer Personen ist nicht per se unzulässig, doch hat sie innerhalb der Schranken stattzufinden, die das Gesetz aufstellt. Datenschutz ist eine besondere Art von Persönlichkeitsschutz. Ein Verstoss gegen privatrechtliche Bestimmungen des Datenschutzes begründet daher eine *Persönlichkeitsverletzung*. Daraus erwachsen indessen nicht zwingend Rechtsansprüche, denn nicht jede Persönlichkeitsverletzung ist auch widerrechtlich. Die Persönlichkeitsverletzung indiziert bloss die Widerrechtlichkeit, doch entfällt diese, wenn sie durch Einwilligung des Verletzten, durch ein überwiegendes privates oder öffentliches Interesse oder durch Gesetz gerechtfertigt ist (Art. 28 Abs. 2 ZGB). So kann auch eine Persönlichkeitsverletzung gerechtfertigt sein, die auf einem Verstoss gegen eine datenschutzrechtliche Bestimmung beruht (Art. 13 DSG als lex specialis zu Art. 28 Abs. 2 ZGB). Mit der Revision wurde indessen die Einheitlichkeit dieses Systems aufgegeben, indem nun die Anrufung von Rechtfertigungsgründen in gewissen Fällen von Verletzungen ausgeschlossen sein soll (Näheres dazu in N 23 f.). 5

Grundsätzlich steht dem Arbeitgeber das Recht zu, sich über den Arbeitnehmer ein Bild zu machen und zu diesem Zweck Angaben zur Person sowie Unterlagen über Fähigkeiten und Leistungen zu sammeln. Voraussetzung ist jedoch auch hier, dass die entsprechenden Datenbearbeitungen nicht persönlichkeitsverletzend sind. Eine Persönlichkeitsverletzung liegt zunächst vor, wenn der zulässige, in Art. 328b Satz 1 umschriebene Gegenstand der Bearbeitung 6 überschritten wird, sodann wenn die Bestimmungen des Datenschutzgesetzes missachtet werden (Art. 328b Satz 2). Zu beachten sind ferner auch die einschlägigen Normen der Bundesverfassung, des Arbeitsschutzrechts, des Strafrechts sowie die besonderen Vorschriften im Bereich der Arbeitsvermittlung und des Personalverleihs (N 47 ff.).

2. Überschreitung des arbeitsrelevanten Bereichs

7 Eine Datenbearbeitung im Rahmen des Arbeitsverhältnisses ist persönlichkeitsverletzend, wenn sie den durch das konkrete Arbeitsverhältnis abgesteckten Bereich überschreitet. Dementsprechend beschränkt Art. 328b Satz 1 den Gegenstand der Bearbeitung auf zwei Arten von Daten (einseitig zwingend, Art. 362), nämlich auf:

8 – *Daten zur Eignung des Arbeitnehmers für das Arbeitsverhältnis*, wie namentlich Angaben über den schulischen und beruflichen Werdegang sowie über Auslandaufenthalte und Sprachkenntnisse, soweit sie für die konkrete Arbeitsstelle von Bedeutung sind. Daten aus dem Privatbereich fallen nur ausnahmsweise darunter, so in gewissem Umfang bei Tendenzträgern und bei leitenden Angestellten. Die Abklärung der Eignung für das Arbeitsverhältnis betrifft nicht nur die Vertragsanbahnung (Art. 320 N 1 ff.), sondern auch das laufende Arbeitsverhältnis, z.B. mit Blick auf Beförderungen oder Sanktionen, weshalb Aufzeichnungen über Leistungen und Verhalten des Arbeitnehmers zulässig sind.

9 – *Daten zur Durchführung des Arbeitsvertrages*, z.B.: Angaben über Zivilstand, Kinder, bestehende Schwangerschaft, Gesundheitsrisiken, Militärdienst, geleistete Arbeitsstunden, Lohn, Auslagenersatz, innerbetriebliche Weiterbildungen, bezogene Ferien, das Notwendige zur Pflichterfüllung gegenüber den Behörden und GAV-Instanzen (Arbeitsinspektorat, Sozialversicherung, paritätisches Kontrollorgan), zur Kontrolle der Erfüllung von Pflichten des Arbeitnehmers, zur Ausstellung eines Arbeitszeugnisses und der Erteilung von Referenzen, der Führung von Prozessen über Streitigkeiten aus dem Arbeitsverhältnis (ZK-Staehelin, N 6; Streiff/von Kaenel/Rudolph, N 6). Nach dem Abschluss des Arbeitsvertrages darf sich der Arbeitgeber über die Gewerkschaftszugehörigkeit eines Arbeitnehmers erkundigen, um abzuklären, ob dieser einem Gesamtarbeitsvertrag untersteht (BGE 123 III 134).

3. Verletzung eines datenschutzgesetzlichen Bearbeitungsgrundsatzes

10 Jede Verletzung eines datenschutzrechtlichen Bearbeitungsgrundsatzes begründet eine Persönlichkeitsverletzung. Dies geht aus Art. 12 Abs. 1 und Abs. 2 lit. a DSG hervor. Die Aufzählung der Bearbeitungsgrundsätze in Art. 12 Abs. 2 lit. a DSG ist nicht abschliessend. Zu den Bearbeitungsgrundsätzen, deren Missachtung eine Persönlichkeitsverletzung bewirkt, gehören:

11 – *Rechtmässigkeit der Datenbearbeitung* (Art. 4 Abs. 1 DSG). Gegen diesen Grundsatz verstösst z.B. eine Datenbeschaffung durch eine strafbare Handlung, absichtliche Täuschung oder Drohung.

12 – *Treu und Glauben* (Art. 4 Abs. 2 DSG). Namentlich verpönt unter diesem Titel ist die Heimlichkeit der Datenbearbeitung (dazu vor Inkrafttreten des DSG BGer, JAR 1989, 308; TC JU, JAR 1990, 187).

13 – *Verhältnismässigkeit* (Art. 4 Abs. 2 DSG). Die Datenbearbeitung muss geeignet und erforderlich sein, um das angestrebte Ziel zu erreichen, und in einem angemessenen Verhältnis zum Ziel stehen.

14 – *Zweckbindungsgebot* (Art. 4 Abs. 3 DSG). Personendaten dürfen nur zu dem Zweck bearbeitet werden, der bei der Beschaffung angegeben wurde, aus den Umständen ersichtlich oder gesetzlich vorgesehen ist.

15 – *Erkennbarkeit der Beschaffung und des Bearbeitungszwecks* (Art. 4 Abs. 4 DSG). Die Beschaffung von Personendaten und insb. der Zweck ihrer Bearbeitung müssen für die betroffene Person erkennbar sein (ausführlich dazu Botschaft DSG, BBl 2003, 2124 ff.).

– *Datenrichtigkeit* (Art. 5 Abs. 1 DSG). Wer Personendaten bearbeitet, hat sich über deren Richtigkeit zu vergewissern. Die damit verbundene Überprüfungs- und Nachführungspflicht wird in Art. 5 Abs. 1 Satz 2 DSG explizit zum Ausdruck gebracht: danach hat der Bearbeiter alle angemessenen Massnahmen zu treffen, damit die Daten berichtigt oder vernichtet werden, die im Hinblick auf den Zweck ihrer Beschaffung oder Bearbeitung unrichtig oder unvollständig sind. Gleichzeitig lässt die Formulierung erkennen, dass die Anforderungen in einem gewissen Mass situationsabhängig sind. Nach den Materialien besteht eine Nachführungspflicht dort, wo die Nachführung notwendig ist. Die Notwendigkeit ist nach der Sensitivität der Daten bzw. nach dem Risiko zu beurteilen, das für die betroffene Person bei der Datenbearbeitung besteht. Die Nachführung muss demnach dort erfolgen, wo das Risiko einer Persönlichkeitsverletzung bei der betroffenen Person besteht (AB 2005 N 1441). **16**
– *Grenzüberschreitende Bekanntgabe* (Art. 6 Abs. 1 DSG). Personendaten dürfen nicht ins Ausland bekannt gegeben werden, wenn dadurch die Persönlichkeit der betroffenen Personen schwerwiegend gefährdet würde, namentlich weil eine Gesetzgebung fehlt, die einen angemessenen Schutz gewährleistet. Dass dieser Grundsatz seit der Revision nicht mehr in Art. 12 Abs. 2 lit. a DSG erwähnt wird, bedeutet nicht, dass seine Missachtung keine Persönlichkeitsverletzung darstellt; die Änderung ist bloss für die Frage der Rechtfertigung von Bedeutung (N 24). Im vorliegenden Zusammenhang ist auf Art. 31 Abs. 1 lit. d DSG hinzuweisen, wonach der Eidgenössische Datenschutz- und Öffentlichkeitsbeauftragte begutachtet, inwieweit die Datenschutzgesetzgebung im Ausland einen angemessenen Schutz gewährleistet. Zur aktuell im Brennpunkt stehenden Frage der Zulässigkeit der Lieferung von persönlichen Daten von Bankmitarbeitern an US-Behörden s. JTPH GE, JAR 2014, 410; die Darstellung der Rechtsprechung bei VON KAENEL/RUDOLPH, elektronischer Update-Service zum Praxiskommentar, ‹www.schulthess.com/arbeitsvertrag›, Art. 328b N 10b und Eidgenössischer Datenschutz- und Öffentlichkeitsbeauftragter (EDÖB), Übermittlung von Mitarbeiterdaten an US-Behörden, JAR 2013, 92 ff.; zum diesbezüglichen Auskunftsanspruch der betroffenen Arbeitnehmer nach Art. 8 DSG s. BGer, 12.1.2015, 4A_406/2014 und AGer ZH, JAR 2014, 560; ferner generell zur Datenübermittlung ins Ausland JAR 2014, 102 ff. (Erläuterungen des EDÖB). **17**
– *Datensicherheit* (Art. 7 Abs. 1 DSG; für Näheres vgl. die Verordnung). Die vorgeschriebene Datensicherheit ist nicht nur bei der elektronischen Datenverarbeitung, sondern auch bei manueller Bearbeitung mit Ordnern und Registraturen zu gewährleisten. **18**
– *Datenbearbeitung durch Dritte* (Art. 10a DSG, vor der Revision aArt. 14 DSG). Das Bearbeiten von Personendaten kann durch Vereinbarung oder Gesetz Dritten übertragen werden, wenn die Daten nur so bearbeitet werden, wie der Auftraggeber selbst es tun dürfte, und keine gesetzliche oder vertragliche Geheimhaltungspflicht es verbietet. Der Auftraggeber muss sich insb. vergewissern, dass der Dritte die Datensicherheit gewährleistet. **19**

4. *Datenbearbeitung entgegen dem ausdrücklichen Willen der betroffenen Person*

Eine Datenbearbeitung ist persönlichkeitsverletzend, wenn sie gegen den ausdrücklichen Willen (Art. 12 Abs. 2 lit. b DSG) – genauer: gegen den ausdrücklich *erklärten* Willen – der betroffenen Person erfolgt. Ein Bearbeitungsverbot muss hinreichend konkretisiert werden. **20**

5. *Bekanntgabe von besonders schützenswerten Personendaten oder Persönlichkeitsprofilen an Dritte*

Eine Persönlichkeitsverletzung wird sodann dadurch begangen, dass besonders schützenswerte Personendaten oder Persönlichkeitsprofile Dritten bekanntgegeben werden (Art. 12 Abs. 2 lit. c DSG). *Besonders schützenswerte Personendaten* sind Angaben über die religiösen, weltanschaulichen, politischen oder gewerkschaftlichen Ansichten oder Tätigkeiten, über die Gesundheit, die Intimsphäre oder die Rassenzugehörigkeit, über Massnahmen der **21** sozialen Hilfe sowie über administrative oder strafrechtliche Verfolgungen und Sanktionen (Art. 3 lit. c DSG). *Persönlichkeitsprofile* sind Zusammenstellungen von Daten, die eine Beurteilung wesentlicher Aspekte der Persönlichkeit einer natürlichen Person erlauben (Art. 3 lit. d DSG).

6. Ausnahmebestimmung

22 In der Regel liegt keine Persönlichkeitsverletzung vor, wenn die betroffene Person die Daten allgemein zugänglich macht und eine Bearbeitung nicht ausdrücklich untersagt hat (Art. 12 Abs. 3 DSG).

IV. Rechtfertigungsgründe

1. Anwendungsbereich der Rechtfertigungsgründe

23 Eine Datenbearbeitung ist, auch wenn sie die Persönlichkeit der betroffenen Person verletzt, nicht widerrechtlich, wenn sich die bearbeitende Person auf einen Rechtfertigungsgrund stützen kann. Während die Anrufung eines Rechtfertigungsgrundes bei Persönlichkeitsverletzungen nach Art. 12 Abs. 2 lit. b DSG (Datenbearbeitung entgegen dem ausdrücklich erklärten Willen der betroffenen Person) und Art. 12 Abs. 2 lit. c DSG (Bekanntgabe von besonders schützenswerten Personendaten oder Persönlichkeitsprofilen an Dritte) ausdrücklich vorbehalten wird, ist dies nach dem revidierten Text von Art. 12 Abs. 2 lit. a DSG (Bearbeitung entgegen den Grundsätzen der Art. 4, 5 Abs. 1 und Art. 7 Abs. 1 DSG) nicht mehr der Fall. Die Berichterstatterin im Nationalrat führte hierzu aus, die Grundsätze der Rechtmässigkeit, der Bearbeitung nach Treu und Glauben, der Verhältnismässigkeit, der Zweckbindung, der Datenrichtigkeit sowie der Datensicherheit seien die Grundpfeiler des Datenschutzgesetzes; auch beim Vorliegen eines Rechtfertigungsgrundes könnten die Datenbearbeiter Personendaten nicht entgegen diesen Grundsätzen bearbeiten (AB 2005 N 1441).

24 Die in der Vorauflage geäusserten Zweifel, ob der generelle Ausschluss von Rechtfertigungsgründen bei allen Bearbeitungsgrundsätzen sachgemäss ist und nicht in bestimmten Fällen korrigierende Eingriffe durch die Rechtsprechung erforderlich sein werden, wurden inzwischen bestätigt. In BGE 136 II 520 hat das BGer entschieden, dass Art. 12 Abs. 2 lit. a DSG Rechtfertigungsgründe nicht generell ausschliesst, ihre Annahme jedoch nur unter grosser Zurückhaltung erfolgen darf. Zur Begründung hat es u.a. ausgeführt, dass bei einem generellen Ausschluss eine Verletzung der Grundsätze der Datenbearbeitung selbst bei Einwilligung der betroffenen Person widerrechtlich wäre. Eine Sondersituation besteht in Bezug auf die grenzüberschreitende Bekanntgabe von Daten nach Art. 6 Abs. 1 DSG. Dessen Erwähnung in Art. 12 Abs. 2 lit. a DSG wurde bei der Revision gestrichen, weil bei seiner Verletzung Rechtfertigungsgründe angerufen werden können, allerdings nicht die allgemeinen gem. Art. 13 DSG, sondern nur die spezifischen nach Art. 6 Abs. 2 DSG (Botschaft DSG, BBl 2003, 2138 f.; AB 2005 S 1159).

2. Arten der Rechtfertigungsgründe

25 Rechtfertigungsgründe stellen nach Art. 13 Abs. 1 DSG dar:

26 – *Die Einwilligung*. Ist für die Bearbeitung von Personendaten die Einwilligung der betroffenen Person erforderlich, so ist diese Einwilligung gemäss dem neuen Art. 4 Abs. 5 DSG erst gültig, wenn sie nach angemessener Information freiwillig erfolgt. So kann etwa ein Arbeitnehmer, der gezwungen ist, einer nicht im Arbeitsvertrag vorgesehenen Bearbeitung von Personendaten zuzustimmen, weil der Arbeitgeber mit der Kündigung droht, keine gültige Zustimmung erteilen (Botschaft DSG, BBl 2003, 2127). Bei der Bearbeitung von besonders schützenswerten Personendaten oder Persönlichkeitsprofilen muss die Einwilligung zudem ausdrücklich erfolgen. Der Arbeitnehmer kann sodann nicht gültig in eine Be-

arbeitung von Daten einwilligen, die weder seine Eignung für das Arbeitsverhältnis betreffen noch zur Durchführung des Arbeitsvertrages erforderlich sind, ausser wenn dies zu seinen Gunsten erfolgt (Art. 362; N 8 f.). Davon abgesehen ist eine Einwilligung nur im Rahmen von Art. 27 Abs. 2 ZGB gültig.
- *Ein überwiegendes privates oder öffentliches Interesse*. Ein solches fällt u.a. in Betracht, wenn die bearbeitende Person in unmittelbarem Zusammenhang mit dem Abschluss oder der Abwicklung eines Vertrages (somit auch des Arbeitsvertrages) Personendaten über ihren Vertragspartner bearbeitet (Art. 13 Abs. 2 lit. a DSG). **27**
- *Eine besondere gesetzliche Vorschrift*, z.B. eine Bestimmung des Sozialversicherungsrechts, die dem Arbeitgeber eine Pflicht zur Datenbearbeitung auferlegt. **28**

V. Ansprüche

1. Übersicht

Aus Art. 8, 14, 15 und 29 DSG, zum Teil i.V.m. Art. 28a und 28g–l ZGB sowie mit Art. 261–269 ZPO, ergeben sich Ansprüche auf: **29**
- *Unterlassung* einschliesslich *Sperrung* der Datenbearbeitung, namentlich der Bekanntgabe von Personendaten an Dritte;
- *Beseitigung* einschliesslich *Berichtigung* und *Vernichtung* von Personendaten;
- *Bestreitungsvermerk*, falls weder die Richtigkeit noch die Unrichtigkeit von Personendaten dargetan werden kann;
- *Feststellung* der Widerrechtlichkeit einer Verletzung, wenn sich diese weiterhin störend auswirkt (ein besonderes Feststellungsinteresse ist dafür nicht erforderlich);
- *Mitteilung* an Dritte oder *Veröffentlichung* von Berichtigung, Vernichtung, Sperre, Bestreitungsvermerk oder Urteil;
- *Schadenersatz, Genugtuung* und *Gewinnherausgabe*;
- *Vorsorgliche Massnahmen* (Art. 261–269 ZPO);
- *Gegendarstellung* (Art. 28g–28l ZGB);
- *Auskunft* und *Information* gegenüber dem Inhaber einer Datensammlung (Näheres in N 31 ff.);
- *Einschaltung des Eidgenössischen Datenschutz- und Öffentlichkeitsbeauftragten*.

Verletzt der Arbeitgeber die Vorschriften über den Datenschutz, liegt stets auch ein *Verstoss gegen die Fürsorgepflicht* vor, so dass der Arbeitnehmer auch auf die entsprechenden arbeitsrechtlichen Rechtsbehelfe zurückgreifen kann, notfalls auf das Mittel der fristlosen Kündigung (so z.B. in einem Fall intensiver Bespitzelung, BGer, JAR 1988, 283). **30**

2. Rechte auf Auskunft und Information

Nach Art. 14 DSG (der im privatrechtlichen Bereich aArt. 7a DSG ersetzt hat) ist der Inhaber einer Datensammlung verpflichtet, die betroffene Person über die Beschaffung von *besonders schützenswerten Personendaten* oder *Persönlichkeitsprofilen* zu informieren; diese *Informationspflicht* gilt auch dann, wenn die Daten bei Dritten beschafft werden. Sie verstärkt damit den allgemeinen Grundsatz der Erkennbarkeit der Datenbeschaffung gem. Art. 4 Abs. 4 DSG für einen besonders sensiblen Bereich. Eine Datensammlung bildet jeder Bestand von Personendaten, der so aufgebaut ist, dass die Daten nach betroffenen Personen erschliessbar sind (Art. 3 lit. g DSG). Inhaber einer Datensammlung sind private Personen oder Bundesorgane, die über den Zweck und den Inhalt der Datensammlung entscheiden (Art. 3 lit. i DSG). Der betroffenen Person sind mindestens der Inhaber der Datensammlung, der Zweck des Bearbeitens und, wenn eine Datenbekanntgabe vorgesehen ist, die Kategorien der Datenempfänger mitzuteilen (Art. 14 Abs. 2 DSG). Die Information kann unter den beim Auskunftsrecht vorgesehenen Voraussetzungen verweigert, eingeschränkt oder aufgeschoben werden (Art. 14 **31**

Abs. 5 i.V.m. Art. 9 Abs. 1 und 4 DSG, s. N 33; eingehend zum Ganzen Botschaft DSG, BBl 2003, 2131 ff.).

32 Art. 8 DSG regelt das *Auskunftsrecht* gegenüber dem Inhaber einer Datensammlung. Der Auskunftsanspruch umfasst nicht nur die offizielle Personalakte, sondern auch sog. *graue Personaldossiers* (der Inhalt der Datensammlung ergibt sich nicht aus äusserlichen Abtrennungen, sondern aus dem Zweck; s.a. AGer ZH, JAR 2007, 524) und kann ebenso interne Untersuchungsberichte oder Protokolle einschliessen, die sich auf den Arbeitnehmer beziehen (Fallbeispiel AGer ZH, JAR 2014, 552; vgl. aber BGer, JAR 2014, 369, E. 3.2 betr. E-Mails zwischen Vorgesetzten, die als interne Akten zur Willensbildung dem Personaldossier nicht zwingend beigelegt werden müssten). Jede Person kann vom Inhaber einer Datensammlung Auskunft darüber verlangen, ob Daten über sie bearbeitet werden. Der Inhaber der Datensammlung muss der betroffenen Person alle über sie in der Datensammlung vorhandenen Daten einschliesslich der verfügbaren Angaben über die Herkunft der Daten mitteilen, ferner auch den Zweck und gegebenenfalls die Rechtsgrundlagen des Bearbeitens sowie die Kategorien der bearbeiteten Personendaten, der an der Sammlung Beteiligten und der Datenempfänger. Die Auskunft ist i.d.R. schriftlich (als Ausdruck oder Kopie) und kostenlos zu erteilen. Auf das Auskunftsrecht kann nicht im Voraus verzichtet werden (Art. 8 Abs. 2, 5 und 6 DSG; AGer ZH, JAR 2014, 560). Ein *Einsichtsrecht* in die Originalakten steht den Betroffenen *nicht* zu (AGer ZH, JAR 2007, 524), umgekehrt muss sich der Arbeitnehmer nicht mit einer blossen Einsichtnahme vor Ort begnügen (BGer, 12.1.2015, 4A_406/2014; AGer ZH, JAR 2014, 560, beide Fälle betrafen die Lieferung von Mitarbeiterdaten durch Banken an US-Behörden). Zum Anwendungsbereich von Art. 8 DSG im Vorfeld eines Zivilprozesses BGE 138 III 425. Ausführlich zum Auskunftsrecht des Arbeitnehmers RUDOLPH, AJP 2014, 1672 ff.

33 Nach Art. 9 DSG darf die Auskunft *verweigert, eingeschränkt oder aufgeschoben* werden, soweit dies ein Gesetz im formellen Sinn vorsieht oder es wegen überwiegender Interessen Dritter erforderlich ist (z.B. Wahrung der Persönlichkeitsrechte anderer Arbeitnehmer, Schutz eines Informanten vor konkret zu befürchtenden widerrechtlichen Eingriffen) oder soweit eigene überwiegende Interessen es erfordern und die Personendaten nicht an Dritte bekannt gegeben werden (z.B. Schutz von Geschäftsgeheimnissen). Wird eine Auskunft verweigert, eingeschränkt oder aufgeschoben, muss der Grund dafür angegeben werden. Besondere Bestimmungen zur Einschränkung des Auskunftsrechts gelten für Medienschaffende (Art. 10 DSG).

3. Einschaltung des Eidgenössischen Datenschutz- und Öffentlichkeitsbeauftragten

33a Der Beauftragte klärt von sich aus oder auf Meldung Dritter hin den Sachverhalt näher ab, wenn Bearbeitungsmethoden geeignet sind, die Persönlichkeit einer grösseren Anzahl von Personen zu verletzen (Systemfehler, z.B. unzulässige Fragen in Personalfragebogen, fehlende Sicherungsmassnahmen), Datensammlungen nach Art. 11a DSG registriert werden müssen oder eine Informationspflicht bei grenzüberschreitender Bekanntgabe von Daten nach Art. 6 Abs. 3 DSG besteht (Art. 29 Abs. 1 DSG). Der Beauftragte kann aufgrund seiner Abklärungen empfehlen, das Bearbeiten zu ändern oder zu unterlassen. Wird eine solche Empfehlung des Beauftragten nicht befolgt oder abgelehnt, so kann er die Angelegenheit dem Bundesverwaltungsgericht zum Entscheid vorlegen und gegen diesen Beschwerde führen (Art. 29 Abs. 3 und 4 DSG). Das richtige Rechtsmittel ist die Beschwerde in öffentlichrechtlichen Angelegenheiten und nicht die Beschwerde in Zivilsachen, obschon Art. 29 DSG den Privatrechtsbereich betrifft (BGE 136 II 511).

VI. Anwendungsbereiche des Datenschutzes im Arbeitsverhältnis

1. Datenbearbeitung im Vorfeld des Arbeitsverhältnisses

Im Zusammenhang mit der Vertragsanbahnung stehen folgende Arten der Datenbearbeitung im Vordergrund (PORTMANN/STÖCKLI, Rz 59 ff.): **34**

– Der *Umgang mit Daten* des Bewerbers. Diese sind durch angemessene technische und organisatorische Massnahmen gegen unbefugtes Bearbeiten zu sichern (Art. 7 Abs. 1 DSG). Vertrauliche Tatsachen, zu denen auch die Bewerbung als solche gehört, dürfen unbefugten Dritten nicht mitgeteilt werden. Scheitert die Bewerbung, so müssen die Unterlagen des Bewerbers zurückgegeben und die sonstigen Unterlagen (z.B. Anstellungsfragebögen, ärztliche Eignungsgutachten) vernichtet werden, soweit sie dem Bewerber nicht freiwillig überlassen werden (Grundsatz der Verhältnismässigkeit nach Art. 4 Abs. 2 DSG). Eine Weiterbearbeitung ist zulässig, soweit noch Pflichten zu erfüllen oder Rechte wahrzunehmen sind (oder sein könnten, vgl. z.B. Art. 8 GlG sowie N 44 ff.). **35**

– Die *Befragung* des Stellenbewerbers (Art. 320 N 7 ff.; s.a. BGer, JAR 2013, 315; zur selbständigen Offenbarungspflicht des Bewerbers Art. 320 N 13 f.). **36**

– Die Durchführung *psychologischer Eignungstests*. Solche sind grundsätzlich zulässig, da sich die Einwilligung des Bewerbers aus seiner Mitwirkung ergibt. Wird mit dem Test allerdings ein Persönlichkeitsprofil erstellt, bedarf es einer ausdrücklichen Einwilligung (Art. 4 Abs. 5 DSG). Unzulässig sind solche Tests, soweit sie heimlich erfolgen (Verstoss gegen Treu und Glauben nach Art. 4 Abs. 2 DSG und gegen Art. 4 Abs. 4 DSG), unverhältnismässig sind (z.B. wissenschaftlich unhaltbar) oder die Grenzen von Art. 328b Satz 1 sprengen (Eignung für das Arbeitsverhältnis oder Durchführung des Arbeitsvertrages). **37**

– Das Erstellen eines *graphologischen Gutachtens*. Das Einholen und Erstellen eines graphologischen Gutachtens ohne Einwilligung des Bewerbers ist i.d.R. wegen Verletzung des Zweckbindungsgebots (Art. 4 Abs. 3 DSG) und wegen Heimlichkeit unzulässig (Verstoss gegen Treu und Glauben nach Art. 4 Abs. 2 DSG und gegen Art. 4 Abs. 4 DSG). Auch wenn eine Einwilligung vorliegt, darf kein allgemeines Charakterrelief erstellt werden, da die zwingenden Schranken von Art. 328b Satz 1 einzuhalten sind (Eignung für das Arbeitsverhältnis oder Durchführung des Arbeitsvertrages). Eine (konkludente) Einwilligung folgt nicht aus dem Umstand, dass der Bewerber handschriftliche Unterlagen wie Lebenslauf, Bewerbungsschreiben u.dgl. einreicht. **38**

– Das *Einholen von Referenzen*. Referenzanfragen sind zunächst unzulässig, wenn sie vom Stellenbewerber ausdrücklich untersagt wurden (Art. 12 Abs. 2 lit. b DSG), ferner dann, wenn sie vom Stellenbewerber zwar nicht ausdrücklich untersagt, aber auch nicht gestattet wurden. Ein heimliches Einholen von Referenzen verstösst gegen Art. 4 Abs. 2 DSG (Treu und Glauben) sowie gegen Art. 4 Abs. 4 DSG. Hat die angefragte Person, insb. der bisherige Arbeitgeber, keine Kenntnis von der Bewerbung, so ist mit dem Einholen einer Referenz eine Weitergabe besonders schützenswerter Daten verbunden (Schutz der Intimsphäre nach Art. 3 lit. c Ziff. 2 DSG), so dass auf jeden Fall ein Rechtfertigungsgrund, insb. die Einwilligung der betroffenen Person erforderlich ist (Art. 12 Abs. 2 lit. c DSG). Da der Stellenanbieter die Möglichkeit hat, den Bewerber zur Nennung von Referenzpersonen aufzufordern, kann er sich nicht auf den Rechtfertigungsgrund eines überwiegenden Interesses berufen (Art. 13 Abs. 2 lit. a DSG). Hat hingegen der Bewerber die Einwilligung erteilt (insb. durch Nennung von Referenzpersonen), so müssen sich die Referenzanfragen zwingend auf die Eignung für das Arbeitsverhältnis oder auf die Durchführung des Arbeitsvertrages beschränken (Art. 328b Satz 1). Für Haftungsfälle s. N 43. **39**

2. Datenbearbeitung während des Arbeitsverhältnisses

Zu den Schwerpunkten der Datenbearbeitung während des Arbeitsverhältnisses gehören folgende Problemkreise: **40**

41 – *Kontrolle und Überwachung* des Arbeitnehmers. Es ist kaum möglich, über die Zulässigkeit bestimmter Massnahmen allgemeine Aussagen zu machen, da diese von zahlreichen Variablen im Einzelfall abhängt. Die Antworten werden unterschiedlich ausfallen, je nachdem ob geschäftliche oder private Aktivitäten betroffen sind, ob geheime, allgemein oder besonders angekündigte Kontrollen durchgeführt werden, ob eine flächendeckende, regelmässige oder stichprobenweise Überwachung stattfindet, ob eine Kontrolle routinemässig erfolgt oder ob ein begründeter Verdacht einer rechtswidrigen Handlung besteht bzw. Gefahr im Verzug ist (CAPH GE, JAR 2006, 428), ob die Kontrolle der Arbeitnehmer einziger Zweck ist oder ob darüber hinaus Zwecke des Gesundheitsschutzes, der Betriebssicherheit, der Produktionssteuerung oder der Geschäftsabwicklung verfolgt werden, was mit welchen Mitteln überwacht wird usw. Nach BGer, 12.11.2009, 6B_536/2009, E. 3.7 verstiess die geheime *Videoüberwachung* eines Kassenraums nicht gegen den Persönlichkeits- und Datenschutz (Kasse enthielt hohe Bargeldbeträge, entsprechend grosses Interesse an einer Überwachung, nur sporadische und kurzzeitige Erfassung der Arbeitnehmer, Massnahme auch gegenüber Dritten). Gemäss CAPH GE, JAR 1997, 141 verletzte die Installation einer Videokamera in den Arbeitsräumen die Persönlichkeitsrechte der Arbeitnehmer, gleichgültig ob das Personal überwacht werden sollte oder ob die Kamera zu Sicherheitszwecken angebracht wurde. In CAPH GE, JAR 2006, 428 wurde die Installation einer Überwachungskamera wegen des Verdachts von Vermögensdelikten nach entsprechender Zustimmung der Polizei hingegen als gerechtfertigt angesehen (weiterer Fall einer zulässigen Videoüberwachung in BGer, 10.6.2011, 9C_785/2010). Den dargelegten Grundsätzen unterstehen auch *Torkontrollen, Leibesvisitationen* und *Bürodurchsuchungen* (CAPH GE, JAR 1994, 158: Genugtuung von CHF 5000 wegen heimlichen Aufbrechens und Durchsuchens eines Büros). Besonders sensibel und dementsprechend aktueller Diskussionsgegenstand ist namentlich auch die Überwachung des *Telefon-, Telefax-, E-Mail- und Internetverkehrs* sowie des *Konsums von Drogen* während der Lehre (s. dazu die jeweils aktuellen, im Internet publizierten Richtlinien des Eidg. Datenschutz- und Öffentlichkeitsbeauftragten). Als rechtswidrig erwies sich etwa eine Computerdurchsuchung wegen eines vermeintlichen Virus mit Öffnen und Lesen privater Dateien und E-Mails sowie Überprüfung der Internetzugriffe (AGer ZH, JAR 2004, 606: Genugtuung von CHF 1000; s. demgegenüber GSGer BS, JAR 2004, 440), ebenso der verdeckte, über Monate andauernde Einsatz eines Überwachungsprogramms (Spyware) zur Überwachung der Internet- und E-Mail-Aktivitäten eines Mitarbeiters, von dem man Missbrauch vermutete (BGE 139 II 7). Ob eine IT-Untersuchung, die auch auf die privaten elektronischen Postfächer des Arbeitnehmers Zugriff nahm, gestützt auf Art. 28 Abs. 2 ZGB zulässig war, konnte BGer, JAR 2013, 390 offenlassen. Siehe auch Art. 26 Abs. 1 ArGV 3 und dazu N 48 ff.

42 – *Führung der Personalakte*. Die Personalakte im materiellen Sinn umfasst alle Aufzeichnungen, die sich auf einen bestimmten Arbeitnehmer und den Verlauf des Arbeitsverhältnisses beziehen. Datenschutzrechtlich nicht massgebend ist die Personalakte im formellen Sinn, d.h. das, was der Arbeitgeber als Personalakte deklariert. Der Arbeitgeber kann also nicht durch eine äusserliche Abtrennung von Daten (durch Anlegen sog. *grauer Personaldossiers*) diese dem Anwendungsbereich der datenschutzrechtlichen Vorschriften entziehen (z.B. zwecks Umgehung des *Auskunftsrechts*, Art. 8 f. DSG; Riesselmann-Saxer, 49; zum *Einsichtsrecht* des Arbeitnehmers in seine Personalakte vor dem Inkrafttreten des DSG s. BGE 120 II 118). Im Zusammenhang mit der Personalakte ist besonders zu achten auf die Zulässigkeit des Inhalts (etwa betr. Personalien, Beurteilungen, Zeugnisse, Sanktionen, Absenzen, medizinische Befunde, ausserbetriebliches Verhalten), auf Vertraulichkeit und Datensicherung (Art. 7 Abs. 1 DSG), auf Richtigkeit (Art. 5 DSG) sowie auf die Gewährung des Auskunfts- und Informationsrechts (Art. 8 und 14 DSG; ausführlich zum Auskunftsrecht Rudolph, AJP 2014, 1672 ff.). Nicht mehr benötigte Daten sind zu vernichten (Grundsatz der Verhältnismässigkeit, Art. 4 Abs. 2 DSG). Die Regeln von Art. 328b i.V.m. denen des Datenschutzgesetzes gehen Art. 962 vor, so dass dessen Abs. 1

auf Arbeitnehmerdaten nicht anwendbar ist und eine zehnjährige Aufbewahrungspflicht entfällt (AGer ZH, JAR 2007, 524).

- *Erteilen von Referenzen* (PORTMANN/STÖCKLI, Rz 548 ff.). Das Erteilen von Referenzen durch den bisherigen Arbeitgeber ist streng vom Einholen von Referenzen durch den allfälligen neuen Arbeitgeber zu unterscheiden (s. N 39). Eine heimliche Referenzerteilung verstösst gegen Art. 4 Abs. 2 DSG (Treu und Glauben) sowie gegen Art. 4 Abs. 4 DSG. Eine Referenzerteilung ohne Einwilligung verstösst ausserdem gegen weitere Gesetzesbestimmungen, wenn die Auskünfte ein Persönlichkeitsprofil vermitteln (Art. 12 Abs. 2 lit. c i.V.m. Art. 3 lit. d DSG), wenn besonders schützenswerte Personendaten bekanntgegeben werden (Art. 12 Abs. 2 lit. c i.V.m. Art. 3 lit. c DSG), wenn der Arbeitnehmer die Referenzerteilung ausdrücklich untersagt hat (Art. 12 Abs. 2 lit. b DSG) oder wenn er eine einfache Arbeitsbestätigung anstelle eines Vollzeugnisses verlangt hat (Art. 330a Abs. 2). Demgegenüber ist der Arbeitgeber grundsätzlich zur Referenzerteilung *verpflichtet*, wenn ihn der Arbeitnehmer darum ersucht (Ausfluss der allgemeinen Fürsorgepflicht, Förderung des wirtschaftlichen Fortkommens). Auch dann aber dürfen die Auskünfte den von Art. 328b Satz 1 gesetzten Rahmen nicht überschreiten (Eignung für das Arbeitsverhältnis und Durchführung des Arbeitsvertrages). Im Übrigen gelten die Regeln für die Ausstellung eines Arbeitszeugnisses sinngemäss (Art. 330a N 4 ff.; z.B. auch jene über die Haftung: AGer ZH, JAR 1999, 199). Zu Unrecht erteilte, nicht erteilte oder unkorrekte Referenzen lassen den Arbeitgeber schadenersatz- und genugtuungspflichtig werden (BGer, ARV 2014, 33: grundsätzlich bejahte Haftung des Arbeitgebers für eine falsche und stark abwertende Referenzerteilung; BGer, JAR 2004, 245: Schadenersatz und Genugtuung für 28-monatige Arbeitslosigkeit infolge ungerechtfertigter Referenzauskünfte). Dem Arbeitgeber kann hingegen nicht vorgeworfen werden, dass er gegenüber potentiellen Arbeitgebern nur «neutrale» Auskünfte über einen Arbeitnehmer erteilt hat, ohne diesen wirklich zu empfehlen (BGer, ARV 2003, 225). Tatsache und Inhalt der Referenzerteilung unterliegen den Bestimmungen über das Auskunftsrecht gem. Art. 8 f. DSG. Ähnliche Grundsätze gelten auch für die *Bekanntgabe anderer Daten an Dritte*, z.B. an Amtsstellen, Banken, Vermieter, betriebseigene Personen und Erwerber eines Betriebs. Zum Ausstellen von Zeugnissen s. Art. 330a. 43

3. Datenbearbeitung nach Beendigung des Arbeitsverhältnisses

Daten, an deren Weiterbearbeitung kein schützenswertes Interesse mehr besteht, müssen vernichtet werden (Erfordernis der Verhältnismässigkeit, Art. 4 Abs. 2 DSG). Ein schützenswertes Interesse an der Aufbewahrung von Daten besteht insb. in zwei Fällen (vgl. dazu RIESSELMANN-SAXER, 70 ff.): 44

- Sind noch (sicher oder möglicherweise) *Pflichten* zu erfüllen, dürfen und müssen die dazu benötigten Daten aufbewahrt und gegebenenfalls weiterbearbeitet werden. Hierbei geht es insb. um Pflichten gegenüber Behörden *(Sozialversicherungen, Steuern)* sowie um nachwirkende Pflichten gegenüber dem Arbeitnehmer (Ausstellung von Zeugnissen, Erteilung von Referenzen, N 43). Verlangt der Arbeitnehmer die Vernichtung der Personalakte, bevor ein qualifiziertes Zeugnis ausgestellt worden ist, liegt darin der Verzicht auf ein solches. 45
- Besteht ein (sicheres oder mögliches) Bedürfnis des Arbeitgebers, Massnahmen zur *Wahrung von Rechten* zu treffen, darf er die dafür erforderlichen Daten ebenfalls aufbewahren und nötigenfalls weiterbearbeiten, insb. wenn ein Rechtsstreit droht oder bereits im Gang ist. Der Arbeitgeber darf alle zweckmässigen Vorkehrungen treffen, um eigene Ansprüche geltend zu machen (z.B. Schadenersatzforderungen, Einhaltung von Konkurrenzverboten) und Ansprüche des Arbeitnehmers abzuwehren (z.B. Forderungen auf Lohnnachzahlung, auf Ferienentschädigung, aus Kündigungsschutz usw.). 46

VII. Datenschutz durch andere Erlasse

1. Schutz des Brief-, Post- und Fernmeldeverkehrs durch die Bundesverfassung

47 Art. 13 BV gewährt u.a. jeder Person einen Anspruch auf Achtung ihres Brief-, Post- und Fernmeldeverkehrs. Unter den Schutz des Fernmeldegeheimnisses fällt auch der E-Mail-Verkehr über das Internet. Die Erforschung und Herausgabe der Angaben über die Randdaten einer E-Mail-Mitteilung bedarf einer gesetzlichen Grundlage und einer richterlichen Genehmigung (BGE 126 I 64).

2. Schutz vor Überwachungs- und Kontrollsystemen durch die Verordnung 3 zum Arbeitsgesetz

48 Gestützt auf das Arbeitsgesetz hat der Bundesrat die Verordnung 3 vom 18.8.1993 zum Arbeitsgesetz erlassen (Gesundheitsvorsorge, ArGV 3). Nach Art. 26 Abs. 1 ArGV 3 dürfen Überwachungs- und Kontrollsysteme, die das *Verhalten* der Arbeitnehmer am Arbeitsplatz überwachen sollen, nicht eingesetzt werden. Anders ist dies jedoch hinsichtlich *Leistungs- und Sicherheitskontrolle*. Sind Überwachungs- oder Kontrollsysteme aus solchen Gründen erforderlich, sind sie indessen nach Art. 26 Abs. 2 ArGV 3 so zu gestalten und anzuordnen, dass die Gesundheit und die Bewegungsfreiheit der Arbeitnehmer dadurch nicht beeinträchtigt werden. Ausserdem sind die Mitwirkungsrechte der Arbeitnehmerschaft zu wahren (Art. 10 lit. a MitwG i.V.m. Art. 6 Abs. 3 ArG). Art. 26 ArGV 3 greift nur bei Arbeitsverhältnissen, die im Geltungsbereich des Arbeitsgesetzes liegen. Trifft dies zu, so müssen seine Vorgaben *kumulativ* zu denen von Art. 328b und des Datenschutzgesetzes erfüllt werden (STREIFF/VON KAENEL/RUDOLPH, N 8). Ist Art. 26 ArGV 3 verletzt, so stehen die vom Arbeitsgesetz vorgesehenen Sanktionen zur Verfügung (einschliesslich Verwaltungszwang und Strafbestimmungen).

49 In BGE 130 II 425 hat sich die II. öffentlich-rechtliche Abteilung des BGer eingehend zur Tragweite von Art. 26 ArGV 3 geäussert. Der Fall betraf den Einsatz eines *GPS-Systems* (Satelliten-Lokalisierungssystem), das in den Dienstfahrzeugen der Arbeitnehmer im Aussendienst eingebaut war. Nach dem Entscheid gibt es keinen grundlegenden Unterschied zwischen der Betrachtungsweise gem. Art. 328/328b und Art. 26 ArGV 3, bei dessen Anwendung ebenfalls das Verhältnismässigkeitsprinzip zu berücksichtigen ist. Art. 26 ArGV 3 verbietet danach ein Überwachungssystem nur dann, wenn es *allein oder vorwiegend* bezweckt, das Verhalten der Arbeitnehmer an sich zu überwachen (abweichend z.B. RUDIN, DIGMA 2001, 5, nach dem die Überwachung bereits unzulässig wird, wenn sie *auch* auf das Verhalten zielt). Demgegenüber ist sein Einsatz erlaubt (obwohl objektiv betrachtet auch hier eine Verhaltensüberwachung stattfindet), wenn legitime Gründe vorliegen, die Arbeitnehmer im Voraus über den Einsatz des Systems informiert werden und dieses im Vergleich zum beabsichtigten Zweck ein verhältnismässiges Mittel darstellt. Die Überwachungsmassnahmen müssen objektiv gerechtfertigt sein und einem überwiegenden Interesse des Arbeitgebers entsprechen. Dabei kommt es weniger auf die Art der Überwachung oder deren Wirkung an als vielmehr auf die Gründe, die zur Einrichtung geführt haben, oder die Ziele, die damit verfolgt werden. Legitime Gründe neben Sicherheitsmassnahmen können allenfalls auch die Optimierung der Organisation, Planung, Rationalisierung oder Qualität der Arbeit sein. Ausserdem ist der Arbeitgeber auch berechtigt, geeignete Vorkehrungen zu treffen, um die von den Arbeitnehmern geleistete Arbeit, insb. die Qualität ihrer Leistungen und ihre Produktivität zu kontrollieren (Austauschvertrag, Haftungsrisiko; eher strenger VISCHER/MÜLLER, 211, welche die Überwachung auf die Einhaltung der Sicherheitsvorschriften beschränken wollen). Im vorliegenden Fall betrachtete das BGer das GPS-System als geeignetes und erforderliches Mittel zur Vorbeugung von Missbräuchen und zur Überprüfung, ob die Mitarbeiter die ihnen obliegenden Kundenbesuche korrekt ausführen. Für die Verhältnismässigkeit im engeren Sinn spielt es eine Rolle, ob die Überwachung oder Kontrolle direkt auf die Person des Arbeitnehmers zielt oder nur indirekt erfolgt, die ganze Person des Arbeitnehmers erfasst oder sich auf gewisse Teilaspekte der Person beschränkt, ausschliesslich auf einen bestimmten Arbeitnehmer zielt oder in einem grösseren Rahmen erfolgt, dauernd oder nur gelegentlich ausgeübt wird, intensiv ist oder nicht. Bei einem GPS-System kommt es für die Frage der Intensität namentlich darauf an, ob der Arbeitgeber die Fahrten der Arbeitnehmer «in Echtzeit» oder nur «a posteriori» (am Ende des Tages) verfolgen kann. Zur Abklärung dieser Frage wurde die Sache an die Vorinstanz zurückgewiesen. Dem Entscheid ist grundsätzlich zuzustimmen (ebenso AEBI-MÜLLER, ZBJV 2005, 106).

Als generell unzulässig gilt die Installierung von sog. *Compliance Software*, die etwa versandte E-Mails von Arbeitnehmern nach Versandadresse oder deren Browser-Protokolle nach angerufener Web-Site klassifizieren (STREIFF/VON KAENEL/RUDOLPH, N 18). Damit wird insb. das Verhältnismässigkeitsgebot verletzt, da solche Programme zu einer dauernden Überwachung und Kontrolle der Arbeitnehmer führen (Eidgenössischer Datenschutz- und Öffentlichkeitsbeauftragter, Leitfaden über Internet- und E-Mail-Überwachung am Arbeitsplatz; MONDINI, TREX 2005, 279). Auch aus diesem Grund war der verdeckte, rund drei Monate anhaltende Einsatz eines Überwachungsprogramms (Spyware) zur heimlichen Überwachung der Internet- und E-Mail-Aktivitäten eines stellvertretenden Zivilschutzkommandanten unzulässig. Die dadurch gewonnenen Informationen, die tatsächlich einen Missbrauch zutage förderten, waren als Beweismittel nicht verwertbar und die darauf fussende, fristlose Entlassung deswegen ungerechtfertigt (BGE 139 II 7). Nach HOLENSTEIN, elektronische Kommunikationsmittel, 119 wird ausserdem durch den Einsatz solcher Programme unzulässigerweise ein Persönlichkeitsprofil der Arbeitnehmer erstellt. Ob eine IT-Untersuchung, die auch auf die privaten elektronischen Postfächer des Arbeitnehmers Zugriff nahm, gestützt auf Art. 28 Abs. 2 ZGB zulässig war, konnte BGer, JAR 2013, 390 offenlassen. **50**

In einem Entscheid, bei dem es um die Verwertung einer Videoaufnahme als Beweismittel ging, hielt die strafrechtliche Abteilung des BGer fest, dass Art. 26 Abs. 1 ArGV 3 mit Blick auf die Entstehungsgeschichte dieser Bestimmung sowie auf die gem. Art. 6 Abs. 4 ArG beschränkte Verordnungskompetenz des Bundesrats einschränkend auszulegen ist. Überwachungs- und Kontrollsysteme, die das Verhalten der Arbeitnehmer am Arbeitsplatz überwachen sollen, dürfen nur dann nicht eingesetzt werden, soweit sie geeignet sind, die Gesundheit oder das Wohlbefinden der Arbeitnehmer zu beeinträchtigen. Ein Überwachungssystem kann daher, auch wenn es vor allem der gezielten Überwachung des Verhaltens der Arbeitnehmer am Arbeitsplatz dient, erlaubt sein, wenn die Arbeitnehmer nur sporadisch und kurzzeitig bei bestimmten Gelegenheiten vom Überwachungssystem erfasst werden. In casu verstiess der Arbeitgeber daher nicht gegen Art. 26 Abs. 1 ArGV 3, als er eine Videokamera im Kassenraum installierte, in dem sich die Arbeitnehmer bloss sporadisch und kurzzeitig aufhielten (BGer, 12.11.2009, 6B_536/2009, E. 3.6; dazu RUDOLPH, ARV 2010, 20 ff.; weiterer Videofälle in N 41). **50a**

3. Schutz mittels strafrechtlicher Bestimmungen

Datenschutz findet auch mittels strafrechtlicher Vorschriften statt, so namentlich durch die Art. 179 ff. StGB. Hinzuweisen ist besonders auf: **51**

- Art. 179 StGB über die Verletzung des Schriftgeheimnisses;
- Art. 179bis StGB, wonach es untersagt ist, ein fremdes *nichtöffentliches Gespräch* mit einem Abhörgerät abzuhören oder auf einen Tonträger aufzunehmen; sodann Art. 179ter StGB, der es verbietet, als Gesprächsteilnehmer ein nichtöffentliches Gespräch auf einen Tonträger aufzunehmen. Eine Ausnahme gilt, wenn die Einwilligung aller am Gespräch Beteiligten vorliegt. Nicht strafbar ist ferner das Aufnehmen von Fernmeldegesprächen mit Hilfs-, Rettungs- und Sicherheitsdiensten sowie von Fernmeldegesprächen im Geschäftsverkehr, die Bestellungen, Aufträge, Reservationen und ähnliche Geschäftsvorfälle zum Inhalt haben (Art. 179^{quinquies} StGB);

- Art. 179^{quater} StGB über die Verletzung des Geheim- oder Privatbereichs durch *Aufnahmegeräte* (der nicht öffentlich zugängliche Arbeitsplatz ist Teil der Privatsphäre, BGE 118 IV 45);
- Art. 179^{novies} StGB, aus dem sich das Verbot ergibt, besonders schützenswerte Personendaten oder Persönlichkeitsprofile, die nicht frei zugänglich sind, unbefugt aus einer Datensammlung zu beschaffen.

4. Schutz im Bereich von Arbeitsvermittlung und Personalverleih

52 Besondere Datenschutzbestimmungen gelten im Bereich der *Arbeitsvermittlung* und des *Personalverleihs* (Art. 7 Abs. 3, Art. 18 Abs. 3 und Art. 33a–35b AVG, Art. 19, 47, 57 und 58 AVV). Subsidiär sind Art. 328b und die Vorschriften des Datenschutzgesetzes zur Anwendung zu bringen.

Art. 329

VIII. Freizeit, Ferien, Urlaub für Jugendarbeit und Mutterschaftsurlaub
1. Freizeit

[1] Der Arbeitgeber hat dem Arbeitnehmer jede Woche einen freien Tag zu gewähren, in der Regel den Sonntag oder, wo dies nach den Verhältnissen nicht möglich ist, einen vollen Werktag.

[2] Unter besonderen Umständen können dem Arbeitnehmer mit dessen Zustimmung ausnahmsweise mehrere freie Tage zusammenhängend oder statt eines freien Tages zwei freie Halbtage eingeräumt werden.

[3] Dem Arbeitnehmer sind im Übrigen die üblichen freien Stunden und Tage und nach erfolgter Kündigung die für das Aufsuchen einer anderen Arbeitsstelle erforderliche Zeit zu gewähren.

[4] Bei der Bestimmung der Freizeit ist auf die Interessen des Arbeitgebers wie des Arbeitnehmers angemessen Rücksicht zu nehmen.

VIII. Congé hebdomadaire, vacances et congé pour les activités de jeunesse et congé de maternité
1. Congé

[1] L'employeur accorde au travailleur un jour de congé par semaine, en règle générale le dimanche ou, si les circonstances ne le permettent pas, un jour ouvrable entier.

[2] Il peut exceptionnellement grouper les jours de congé auxquels le travailleur peut prétendre ou accorder deux demi-jours au lieu d'un jour complet, si des conditions particulières le justifient et si le travailleur y consent.

[3] Il accorde au surplus au travailleur les heures et jours de congé usuels et, une fois le contrat dénoncé, le temps nécessaire pour chercher un autre emploi.

[4] Les parties tiennent équitablement compte des intérêts de l'employeur et du travailleur pour fixer les heures et jours de congé.

VIII. Tempo libero, vacanze, congedo per attività giovanili e congedo di maternità
1. Tempo libero

[1] Il datore di lavoro deve concedere al lavoratore un giorno di libero alla settimana, di regola la domenica o se le circostanze non lo permettono, un giorno feriale intero.

[2] Se condizioni particolari lo giustificano, il datore di lavoro può, eccezionalmente e con il consenso del lavoratore, raggruppare più giorni di libero a cui questi ha diritto o accordargli due mezze giornate di libero al posto di un giorno intero.

[3] Il datore di lavoro deve inoltre concedere al lavoratore le ore e i giorni di libero usuali e, se il contratto è disdetto, il tempo necessario per cercare un altro lavoro.

[4] Nel determinare il tempo libero si deve tener debitamente contro degli interessi del datore di lavoro e del lavoratore.

Literatur

PORTMANN/BACHMANN, in: Arbeitsgesetz, Bern 2005; PORTMANN/PETROVIC, in: Arbeitsgesetz, Bern 2005; *RÜETSCHI, Die Rechte* des Arbeitnehmers bei der Betreuung kranker Kinder und anderer Angehöriger, FS für Ingeborg Schwenzer, Bern 2011, 1449 ff.; vgl. ausserdem die Literaturhinweise zur Einleitung vor Art. 319 ff.

I. Freier Tag pro Woche

Art. 329 Abs. 1 statuiert neben den öffentlich-rechtlichen Arbeitszeitvorschriften die zivilrechtliche Pflicht, dem Arbeitnehmer **einen** ganzen **freien Tag in der Woche** zu gewähren (ordentliche Freizeit), und zwar nach Möglichkeit den *Sonntag* (nach Art. 18 ff. ArG ist Sonntagsarbeit grundsätzlich verboten; s. aus der neueren Rechtsprechung betr. Bedürfnisse des Fremdenverkehrs: BGE 140 II 46; 126 II 106; BGer, ARV 2014, 114; BGer, ARV 2006, 192; BGer, JAR 2001, 366; TA VD JAR 2000, 337; s. neuerdings die per 1.4.2015 in Kraft getretene Liberalisierung von Art. 25 ArGV 2; betr. Zentren des öffentlichen Verkehrs: BGE 125 I 431; betr. Kiosk: BGer, JAR 1999, 355; betr. Tankstellenshops an Hauptverkehrswegen mit starkem Reiseverkehr: BGE 134 II 265; BGer, JAR 2008, 142; betr. Weihnachtsverkauf: BGer, ARV 2006, 34; BGer, JAR 2005, 299; betr. Ausnahmen für Familienbetriebe nach Art. 4 ArG: BGE 139 II 529; betr. betriebswirtschaftliche Notwendigkeit: BGer, ARV 2006, 191; betr. einen durch kantonale Gesetzgebung einem Sonntag gleichgestellten Karfreitag: BGer, ARV 2012, 278). Ausnahmsweise ist mit Zustimmung des Arbeitnehmers auch eine gleichwertige andere Regelung möglich, z.B. in der Landwirtschaft oder im Gastgewerbe (Art. 329 Abs. 2). Im Geltungsbereich des Arbeitsgesetzes besteht ferner Anspruch auf einen zusätzlichen freien Halbtag pro Woche (Art. 21 Abs. 1 ArG; s. dazu Portmann/Bachmann, Art. 21 N 7 ff.). Bei Krankheit oder Unfall des Arbeitnehmers ist der Arbeitgeber nicht zur Nachgewährung der freien Tage verpflichtet (BK-Rehbinder/Stöckli, N 9). 1

In analoger Anwendung von Art. 329d Abs. 2 und Art. 22 ArG darf der wöchentliche freie Tag nicht durch Geldleistungen oder andere Vergünstigungen abgegolten werden, ausser bei Beendigung des Arbeitsverhältnisses (ZK-Staehelin, N 2; OGer OW, JAR 1983, 134; s. zum Abgeltungsverbot von Art. 22 ArG Portmann/Petrovic, Art. 22 N 7 ff.). Bleiben im Zeitpunkt der Kündigung nicht bezogene freie Tage übrig, so sind diese während der Kündigungsfrist zu kompensieren. Wenn eine Kompensation nicht mehr möglich ist, sind sie auszuzahlen. Ein Überstundenzuschlag ist dafür nicht geschuldet, es sei denn, dass die Voraussetzungen der Überstundenarbeit nach Art. 321c erfüllt waren (BGE 128 III 279). Kommt es zu einer Freistellung, so gelten freie Tage in einem gewissen Ausmass als kompensiert, auch wenn der Arbeitgeber die Kompensation nicht ausdrücklich angeordnet hat (implizit BGE 128 III 271; Näheres dazu bei Blesi, ARV 2003, 16 und 17 a.E.). Zum Verhältnis von Überstundenansprüchen zu nach Art. 329 bzw. L-GAV Gastgewerbe nicht gewährten Ruhetagen OGer ZH, JAR 2013, 595 und CAPH GE, JAR 2013, 478. 2

Von Gesetzes wegen ist der wöchentliche freie Tag nicht lohnzahlungspflichtig. Indessen wird der Lohn bei Wochen-, Monats- oder Jahreslohn ohnehin unter Einschluss der regelmässig freien Tage bemessen. Demgegenüber besteht im Falle von Stunden-, Tag- oder Akkordlohn nur dann ein Vergütungsanspruch, wenn sich ein solcher aus Gesamt-, Einzel- oder Normalarbeitsvertrag ergibt oder wenn er üblich ist (Art. 322). 3

II. Feiertage

1. Bundesfeiertag

Der *Bundesfeiertag* ist ein den Sonntagen gleichgestellter, grundsätzlich arbeitsfreier Tag (Art. 110 Abs. 3 BV, Art. 20a Abs. 1 ArG). Die Beschäftigung von Arbeitnehmern an diesem Tag richtet sich somit nach den Vorschriften über die Sonntagsarbeit (Arbeitsverbot mit Ausnahmen gem. Art. 18 ff. ArG). Wo keine gesetzlichen Vorschriften anwendbar sind, können Arbeitnehmer am Bundesfeiertag beschäftigt werden, wenn es aus betrieblichen Gründen notwendig ist. Arbeit bis zu fünf Stunden Dauer ist durch Freizeit von gleicher Dauer, Arbeit von mehr als fünf Stunden durch einen Ersatzruhetag auszugleichen (Art. 2 der Verordnung über den Bundesfeiertag, SR 116). Da die kantonalen Bestimmungen über die Sonntagsruhe und die Öffnungszeiten von Betrieben, die dem Detailverkauf, der Bewirtung oder der Unterhal- 4 tung dienen, vorbehalten bleiben (Art. 3 Verordnung über den Bundesfeiertag), kann die nach Bundesrecht ausnahmsweise zulässige Arbeit durch kantonale Ruhetagsgesetze eingeschränkt oder ausgeschlossen werden (Botschaft, BBl 1994 V 830).

5 Aufgrund von Art. 110 Abs. 3 BV ist der Bundesfeiertag für alle Arbeitnehmer, d.h. auch für Beschäftigte im Stunden-, Tag- oder Akkordlohn sowie für Arbeitnehmer, die nicht dem Arbeitsgesetz unterstellt sind, *bezahlt*, jedenfalls dann, wenn der 1. August auf einen Tag fällt, an dem der Arbeitnehmer normalerweise gearbeitet hätte (BGE 136 I 291). Art. 110 Abs. 3 BV stellt eine der seltenen Verfassungsbestimmungen mit direkter Drittwirkung dar. Bei Teilzeitarbeit mit wechselnden Einsatzplänen ist der Arbeitnehmer proportional zu seinem Beschäftigungsgrad zu entlöhnen, wenn der Feiertag in die mögliche Einsatzzeit fällt (vgl. STREIFF/VON KAENEL/RUDOLPH, N 14), damit der Arbeitgeber nicht geltend machen kann, er hätte den Arbeitnehmer an diesem Tag ohnehin nicht eingesetzt.

6 Den Arbeitgeber trifft mangels anderweitiger Abrede keine Pflicht zur *Nachgewährung* eines ungenutzten Feiertags, wenn dieser auf einen regelmässig freien Tag (wie grundsätzlich Samstag, Sonntag, Teilzeitarbeit) oder auf einen Tag fällt, an dem der Arbeitnehmer an der Arbeitsleistung verhindert ist (z.B. wegen Krankheit oder Militärdienst). Dies erklärt sich daraus, dass der Hauptzweck eines Feiertags dessen festliche Begehung und nicht primär eine zusätzliche Erholung ist (PORTMANN/PETROVIC, Art. 20a N 21).

7 Eine Pflicht zur Nachgewährung ist hingegen anzunehmen, wenn der Feiertag mit einem Ferientag zusammenfällt, der nicht ohnehin regelmässig frei ist (wie grundsätzlich Montag bis Freitag). Der Arbeitgeber könnte sonst den Ferienanspruch sinnwidrig verkürzen, indem er die Ferien in eine Zeit mit möglichst vielen Feiertagen legt (ebd. N 22).

2. Den Sonntagen gleichgestellte kantonal anerkannte Feiertage

8 Die Kantone können (zusätzlich zum Bundesfeiertag) höchstens acht weitere Feiertage im Jahr den Sonntagen gleichstellen und sie nach Kantonsteilen verschieden ansetzen (Art. 20a Abs. 1 ArG). Auch an solchen Tagen richtet sich somit die Beschäftigung von Arbeitnehmern nach den Bestimmungen über die Sonntagsarbeit (Arbeitsverbot mit Ausnahmen gem. Art. 18 ff. ArG; Fallbeispiel BGer, ARV 2012, 278 betr. einen durch kantonale Gesetzgebung einem Sonntag gleichgestellten Karfreitag). Zusätzliche Beschränkungen durch kantonale Ruhetagsgesetze bleiben möglich.

9 Feiertage, welche die Kantone gestützt auf Art. 20a Abs. 1 ArG den Sonntagen gleichgestellt haben, sind für Beschäftigte im Jahres-, Monats- oder Wochenlohn *bezahlt*, weil sie ihren Lohn ohne Rücksicht auf arbeitsfreie Tage erhalten. Beschäftigte im Stunden-, Tag- oder Akkordlohn haben hingegen aufgrund des *schweizerischen Rechts* grundsätzlich keinen Lohnanspruch für solche Feiertage. Nicht ableiten lässt sich ein Lohnanspruch aus:

- Art. 324a mangels eines persönlichen Verhinderungsgrundes;
- Art. 329 Abs. 3, da diese Bestimmung nur die Arbeitsbefreiung, nicht aber die Lohnzahlung betrifft;
- Art. 20a Abs. 1 ArG, da hier nur die Ruhezeit betroffen ist, aber ebenfalls nicht die Lohnzahlung geregelt wird;
- dem kantonalen Recht wegen der derogatorischen Kraft des Bundesrechts auf dem Gebiet des Privatrechts (BGE 136 I 291).

Die betroffenen Beschäftigten sind jedoch allenfalls aus Einzel-, Gesamt- oder Normalarbeitsvertrag anspruchsberechtigt, ferner wenn die Lohnfortzahlung üblich ist (Art. 322 Abs. 1). Nach der hier vertretenen Ansicht haben sie allerdings für Feiertage, an denen sie normalerweise gearbeitet hätten, auf jeden Fall einen Lohnzahlungsanspruch aufgrund des *internationalen Rechts*, nämlich aus **Art. 7 lit. d Uno-Pakt I** (SR 0.103.1), der als unmittelbar anwendbar zu betrachten ist (CAPH GE, JAR 2009, 521; CAPH GE, JAR 2003, 281; BYRNE-

SUTTON, Le contrat de travail à temps partiel, Zürich 2001, 145 f.; PORTMANN/PETROVIC, Art. 20a N 19). Das BGer hat indessen einen gegenteiligen Entscheid gefällt (BGE 136 I 290; ebenso KGer SG, JAR 2011, 547 und JAR 2010, 549). Die Voraussetzung der unmittelbaren Anwendbarkeit – d.h. dass die Norm inhaltlich ausreichend bestimmt und klar ist, um im Einzelfall als Entscheidungsgrundlage dienen zu können – betrachtet es vorliegend als nicht erfüllt. Aus dem Wortlaut der Norm ergebe sich nicht, dass sie für alle Arbeitnehmer gelte und ab welcher Anzahl Arbeitsstunden sie anzuwenden sei (BGE 136 I 294). Dieser Einwand ist jedoch nicht stichhaltig; dass die Norm für alle Arbeitnehmer und für eine beliebige Anzahl Arbeitsstunden gilt, ergibt sich gerade daraus, dass anderslautende Einschränkungen fehlen. Genauso verhält es sich übrigens mit Art. 110 Abs. 3 BV hinsichtlich des Bundesfeiertags, ohne dass deswegen die unmittelbare Anwendbarkeit bzw. Drittwirkung dieser Norm angezweifelt wird (auch nicht vom BGer, s. BGE 136 I 291; zutreffend GEISER, Arbeitsrechtliche Rechtsprechung 2010, AJP 2011, 244). Ebenfalls nicht schlüssig ist das weitere Argument des BGer, der Erlass von Art. 110 Abs. 3 BV und die darüber geführten Diskussionen wären gar nicht notwendig gewesen, wenn der «self-executing»-Charakter von Art. 7 lit. d Uno-Pakt I so offensichtlich gewesen wäre (BGE 136 I 294). Dieser Bestimmung wurde damals offenbar einfach keine Beachtung geschenkt, wie sogar auch noch Ende 2009 anlässlich einer gerichtlichen Auseinandersetzung (BGer, ARV 2010, 23). Für eine ausführlich begründete Kritik an BGE 136 I 290 s. ferner WÜGER, ARV 2011, 100 ff.

Für die Frage der Nachgewährung eines Feiertags gelten die Ausführungen zum Bundesfeiertag entsprechend (N 6 f.). **10**

3. Feiertage aufgrund kantonaler Ruhetagsgesetze

Vorbehalten bleiben nach Art. 71 lit. c ArG u.a. Polizeivorschriften des Bundes, der Kantone und der Gemeinden über die Sonntagsruhe und über die Öffnungszeiten von Betrieben, die dem Detailverkauf, der Bewirtung oder der Unterhaltung dienen. Gestützt darauf können die Kantone *Ruhetagsgesetze* erlassen, in denen sie beliebige weitere Tage zu Feier- bzw. Ruhetagen erklären. Eine Ermächtigung zum Erlass eines allgemeinen Arbeitsverbots ist damit aber nicht verbunden (vgl. Art. 73 Abs. 1 lit. a ArG). Zulässig sind vielmehr nur Verbote von Arbeiten, die eine nach aussen dringende Störung der Feier- bzw. Ruhetage zur Folge haben (MÜLLER, ArG, 7. Aufl., Zürich 2009, Art. 20a Abs. 1 N 1; PORTMANN/PETROVIC, Art. 20a N 24). **11**

In Bezug auf die Lohnzahlung gelten dieselben Grundsätze wie bei den kantonal anerkannten Feiertagen, die den Sonntagen gleichgestellt wurden (N 9). Insbesondere besteht auch hier für alle Arbeitnehmer ein unmittelbarer Anspruch auf Lohnzahlung nach Art. 7 lit. d Uno-Pakt I. Diese Bestimmung differenziert nicht nach den Sonntagen gleichgestellten und anderen Feiertagen, sondern will allgemein die Arbeitnehmer vor Lohneinbussen durch aufgezwungene Arbeitsausfälle schützen (PORTMANN/PETROVIC, Art. 20a N 26). Für die Frage der Nachgewährung eines Feiertags gelten die Ausführungen zum Bundesfeiertag entsprechend (N 6 f.). **12**

4. Kantonal nicht anerkannte religiöse Feiertage

Nach Art. 20a Abs. 2 ArG ist der Arbeitnehmer berechtigt, an anderen als den von den Kantonen anerkannten religiösen Feiertagen die Arbeit auszusetzen. Er hat jedoch sein Vorhaben dem Arbeitgeber spätestens drei Tage im Voraus anzuzeigen. Ein Lohnanspruch besteht nur, wenn ein solcher gesamt-, einzel- oder normalarbeitsvertraglich vorgesehen oder wenn er üblich ist (Art. 322). Aus Art. 7 lit. d Uno-Pakt I lässt er sich jedenfalls nicht begründen, da der Arbeitnehmer bei freiwillig begangenen Feiertagen nicht vor aufgezwungenen Lohneinbussen geschützt werden muss (PORTMANN/PETROVIC, Art. 20a N 33). Hingegen ergibt sich ein Lohnanspruch aus Art. 324, wenn der Arbeitgeber den Betrieb von sich aus und ohne Zustim- **13** mung des Arbeitnehmers an einem kantonal nicht anerkannten Feiertag schliesst. Ein Ausgleich ausfallender Arbeitszeit bedarf einer vertraglichen Grundlage.

III. Kurzfristige Arbeitsbefreiungen

1. Anspruch auf Arbeitsbefreiung

14 Nach Art. 329 Abs. 3 sind dem Arbeitnehmer innerhalb der Arbeitszeit, die für das betreffende Arbeitsverhältnis festgelegt ist, die **«üblichen freien Stunden und Tage»** zu gewähren. Es handelt sich hier um *kurzfristige Arbeitsbefreiungen* aus besonderem Anlass *(ausserordentliche Freizeit)*. Das Gesetz gewährt also nach Grundsatz und Ausmass einen Anspruch auf Arbeitsbefreiung, soweit die Arbeitsbefreiung *üblich* ist. Hierbei handelt es sich um eine *Tatfrage*.

15 Üblich ist eine Arbeitsbefreiung i.d.R. zur *Erledigung persönlicher Angelegenheiten*, für welche die normale Freizeit nicht ausreicht. Zu nennen sind Behördengänge, Fahrprüfung, Wohnungswechsel (sofern der Umzug nicht auf einen arbeitsfreien Tag gelegt werden kann, AGer ZH, JAR 1990, 203), vereinzeltes Aufsuchen des Arztes oder Rechtsanwalts, sofern kein Termin ausserhalb der Arbeitszeit erhältlich ist (anders bei Coiffeurbesuchen). Einen besonderen Anlass können sodann wichtige Familienereignisse wie Hochzeit oder Geburt eines Kindes begründen, soweit eine moralisch-sittliche Pflicht zur Teilnahme besteht (ZK-Staehelin, N 13 f.; Streiff/von Kaenel/Rudolph, N 6 f.). Zur üblichen Freizeit gehört auch die zum Besuch kranker naher Verwandter erforderliche Zeit (BGer, JAR 1999, 233). Bis zum Zustandekommen einer zumutbaren anderen Lösung muss dem Arbeitnehmer auch zwecks Pflege kranker Familienmitglieder frei gegeben werden (Bsp.: AGer ZH, JAR 2002, 320; s. sodann Art. 36 Abs. 3 ArG betr. Betreuung kranker Kinder). Die Einräumung von Freizeit für sportliche, kulturelle oder gesellschaftliche Aktivitäten, z.B. für Vereinsanlässe, ist hingegen i.d.R. nicht üblich, ebenso wenig die Einräumung von Freizeit für gewerkschaftliche Betätigung und für Bildungsmassnahmen, ausser für solche zur Erhaltung der Berufsfähigkeit oder soweit es um die Teilnahme an beruflichen Prüfungen geht (ZK-Staehelin, N 13 f.; Streiff/von Kaenel/Rudolph, N 7). Bei Teilzeitarbeit und gleitender Arbeitszeit ist die tatsächliche Bedeutung von Art. 329 Abs. 3 insoweit beschränkt, als sich der Arbeitnehmer anderweitig einrichten kann.

16 Der Anspruch auf Gewährung der üblichen Freizeit ist einseitig zwingend (Art. 362). Er kann – ausgehend vom Niveau der Üblichkeit – durch Einzel-, Gesamt- oder Normalarbeitsvertrag *konkretisiert* oder *erweitert* werden, indem z.B. bei bestimmten Ereignissen eine längere als die übliche Abwesenheit zugestanden wird oder indem üblicherweise nicht anerkannte Ereignisse zur Abwesenheit berechtigen (z.B. eine Weiterbildung). Solche Bestimmungen sind in der Praxis verbreitet.

17 Gemäss Art. 329 Abs. 3 ist Freizeit auch zum **Aufsuchen einer neuen Arbeitsstelle** einzuräumen, sofern und soweit sie *erforderlich* ist. Nach dem Wortlaut von Art. 329 Abs. 3 besteht diese Pflicht erst nach erfolgter Kündigung. Endigt jedoch das Arbeitsverhältnis durch Zeitablauf, dann muss der Zeitpunkt massgebend sein, in dem bei unbestimmter Vertragszeit gekündigt werden könnte. Eine Auskunftspflicht des Arbeitnehmers, bei wem er sich vorzustellen wünscht, besteht nicht (OGer LU, JAR 1989, 178). Für die Stellensuche ist dem Arbeitnehmer grundsätzlich ein halber Tag pro Woche zu gewähren. Dabei hat der Arbeitgeber Rücksicht auf den Arbeitnehmer zu nehmen, der ihn über seine Abwesenheit aber auch rechtzeitig zu orientieren hat. Nimmt der Arbeitnehmer kurzfristig einen ganzen Tag frei, obwohl auch ein halber Tag für das Vorstellungsgespräch ausgereicht hätte, so darf der Arbeitgeber eine Kompensation anordnen oder den anderen halben Tag als Ferien anrechnen (AGer ZH, JAR 1999, 201). Auch dem ausländischen Arbeitnehmer ohne Arbeitsbewilligung muss im Falle einer Kündigung die für die Suche einer neuen Anstellung notwendige Zeit gewährt werden.

Andernfalls ist der Arbeitnehmer zu entschädigen (TC FR, JAR 1997, 149). Soweit die notwendigen Aktivitäten nicht in die Freizeit verlegt werden können, ist dem Arbeitnehmer auch für den Aufbau eines eigenen Betriebs Zeit einzuräumen (AGer ZH, Entscheide 2002, 16).

Der Anspruch auf kurzfristige Arbeitsbefreiung kann sich auch aus Bestimmungen ausserhalb des Obligationenrechts ergeben. So muss etwa im Geltungsbereich des Arbeitsgesetzes nach Möglichkeit dem Arbeitnehmer auf dessen Wunsch die erforderliche Zeit für den Besuch von **religiösen Feiern** freigegeben werden (Art. 20a Abs. 3 ArG). **18**

2. Anspruch auf Lohn

Auch im Bereich der kurzfristigen Arbeitsbefreiungen ist die Frage, ob ein Anspruch auf Freizeit besteht, streng von der Frage zu trennen, ob auch ein Anspruch auf *Lohn* während der Freizeit besteht. Mit anderen Worten bedeutet ein Anspruch auf Freizeit nicht ohne weiteres, dass diese Freizeit auch bezahlt ist. Massgebend für die Frage der Bezahlung ist zunächst das zwingende Recht, insb. Art. 324a über die Lohnfortzahlung infolge unverschuldeter Verhinderung an der Arbeitsleistung (Art. 324a N 46 ff.). Im Übrigen kommt es auf einen allfälligen GAV oder NAV oder auf die getroffenen Vereinbarungen an, subsidiär auf die Üblichkeit (Art. 322). **19**

3. Frage der Kompensation

Eine *Kompensation* ausserordentlicher Freizeit darf der Arbeitgeber nur, aber immerhin dann anordnen, wenn dafür eine vertragliche Grundlage besteht (s.a. BK-REHBINDER/STÖCKLI, N 19 und 21). Nach anderer Auffassung ist eine Kompensation nur bei Beschäftigten ohne Lohnanspruch in der Freizeit zulässig (STREIFF/VON KAENEL/RUDOLPH, N 11). Dies lässt sich jedoch nicht aus dem einseitig zwingenden Charakter von Art. 329 Abs. 3 ableiten, denn dessen Zweck besteht darin, dem Arbeitnehmer die benötigte Freizeit für den besonderen Anlass zu sichern. Dieser wird jedoch durch eine vertraglich vorgesehene Kompensation nicht beeinträchtigt. Liegt allerdings zugleich ein Fall von Art. 324a vor, fällt eine Kompensation ausser Betracht, da sonst der einseitig zwingend vorgesehene Lohnfortzahlungsanspruch vereitelt würde (BK-REHBINDER/STÖCKLI, N 19). **20**

IV. Bestimmung der Freizeit

Hat der Arbeitnehmer einen Anspruch auf Freizeit und steht deren Lage nicht ohnehin fest (wie etwa bei den Feiertagen), so darf er sich diese nicht selbst nehmen, sondern muss sie sich vom Arbeitgeber einräumen lassen. Der Arbeitgeber bestimmt Dauer und **zeitliche Lage der Freizeit** nach den Erfordernissen des Einzelfalles. Dabei ist auf die beiderseitigen Interessen Rücksicht zu nehmen (Art. 329 Abs. 4). Ein eigenmächtiger Bezug von Freizeit ist nur zulässig, wenn der Arbeitgeber die Befreiung von der Arbeitsleistung ungerechtfertigterweise verweigert und erfolglos gemahnt worden ist (BK-REHBINDER/STÖCKLI, N 25 f.). **21**

Art. 329*a*

2. Ferien
a. Dauer

[1] Der Arbeitgeber hat dem Arbeitnehmer jedes Dienstjahr wenigstens vier Wochen, dem Arbeitnehmer bis zum vollendeten 20. Altersjahr wenigstens fünf Wochen Ferien zu gewähren.

[2] …

[3] Für ein unvollständiges Dienstjahr sind Ferien entsprechend der Dauer des Arbeitsverhältnisses im betreffenden Dienstjahr zu gewähren.

2. Vacances
a. Durée

[1] L'employeur accorde au travailleur, chaque année de service, quatre semaines de vacances au moins et cinq semaines au moins aux travailleurs jusqu'à l'âge de 20 ans révolus.

[2] ...

[3] Les vacances sont fixées proportionnellement à la durée des rapports de travail lorsque l'année de service n'est pas complète.

2. Vacanze
a. Durata

[1] Il datore di lavoro deve accordare al lavoratore, ogni anno di lavoro, almeno quattro settimane di vacanza; ai lavoratori sino ai 20 anni compiuti, almeno cinque settimane.

[2] ...

[3] Per un anno incompleto di lavoro, le vacanze sono date proporzionalmente alla durata del rapporto di lavoro nell'anno considerato.

Literatur

Cerottini, Le droit aux vacances, Diss., Lausanne 2001; Egli, Strittige Fragen zum Thema «Ferien», ArbR 2006, 119 ff.; von Kaenel, Die ständige Erreichbarkeit des Arbeitnehmers, ARV 2009, 1 ff.; Nef, Arbeitsrechtliche und sozialversicherungsrechtliche Aspekte des Bildungsurlaubs, SZS 1993, 57 ff.; Rudolph, Fokus Arbeitsrecht: Zankapfel «Ferien», TREX 2013, 166 ff.; vgl. ausserdem die Literaturhinweise zur Einleitung vor Art. 319 ff.

1 Der Arbeitgeber hat dem Arbeitnehmer Ferien zu gewähren, und zwar jedes Dienstjahr wenigstens vier Wochen, bei Arbeitnehmern bis zum vollendeten 20. Altersjahr wenigstens fünf Wochen (Art. 329a Abs. 1; für das Dienstjahr, in dem das 20. Altersjahr vollendet wird, ist eine pro rata-Berechnung vor und nach dem Geburtstag erforderlich, BIGA ARV 1988, 3). Eine Vereinbarung, wonach auf das Kalenderjahr anstelle des Dienstjahres abgestellt wird, ist zulässig und in der Praxis verbreitet (BIGA ARV 1988, 4 f.).

2 Ferientage, die auf bezahlte Feiertage fallen, welche nicht (wie i.d.R. Samstage und Sonntage) ohnehin frei sind, müssen durch zusätzliche freie Tage *nachgewährt* werden. Andernfalls wäre es dem Arbeitgeber möglich, durch Festlegung der Ferienzeit auf eine Zeit mit vielen Feiertagen den Ferienanspruch sinnwidrig zu verkürzen. Ferner hat der Arbeitnehmer einen Anspruch auf Nachgewährung, wenn er während der Ferienzeit erkrankt oder verunfallt und dadurch der Erholungszweck nachweislich vereitelt wird (AGer ZH, JAR 2008, 539: Arbeitsunfähigkeit und Ferienunfähigkeit sind nicht automatisch gleichzusetzen; GSGer BS, JAR 1992, 176; AGer ZH, JAR 1981, 271). Das gilt dann nicht, wenn es sich um freie Zeit (insb. sog. Festtagsbrücken) aufgrund von Vorholzeiten handelt (Brunner/Bühler/Waeber/Bruchez, N 2).

3 Ferientage, die der Arbeitnehmer bezieht, während er teilweise arbeitsunfähig ist, sind voll anzurechnen, wenn es sich um mehrere aufeinanderfolgende Tage handelt, da in diesem Fall der Erholungszweck der Ferien erfüllt wird. Einzeln bezogene Tage sind dem Ferienguthaben dagegen nur entsprechend dem Grad der Arbeitsunfähigkeit zu belasten (AGer ZH, JAR 1997, 145). Bei unterjährigem Arbeitsverhältnis oder bei Beendigung des Arbeitsverhältnisses während eines Dienstjahres sind die Ferien pro rata temporis (je nach Beschäftigungsdauer) zu gewähren (Art. 329a Abs. 3). Entstehen daraus Bruchteile, rundet die Praxis auf halbe oder ganze Ferientage auf oder ab. Während eines unbezahlten Urlaubs wird kein Ferienanspruch erworben (Streiff/von Kaenel/Rudolph, N 11; einschränkend Geiser/Müller, Rz 499; **a.A.** Cerottini, 65).

4 Durch besondere Vereinbarung kann es auch zu einer anderen **vorübergehenden Arbeitsbefreiung** des Arbeitnehmers kommen, im Interesse des Arbeitgebers zu *Kurzarbeit* (Art. 321 *N 23*), im Interesse des Arbeitnehmers zu (bezahltem) *Bildungsurlaub* oder zu *unbezahltem Urlaub*. Bei Letzterem werden die wichtigsten Pflichten aus dem Arbeitsverhältnis suspen-

diert. Art. 329e vermittelt einen gesetzlichen Anspruch auf unbezahlten Jugendurlaub von einer Woche für Arbeitnehmer bis zum 30. Altersjahr zwecks Vorbereitung auf eine Leitungstätigkeit in der ausserschulischen unentgeltlichen Jugendarbeit. Im Geltungsbereich des Arbeitsgesetzes dürfen ferner schwangere und stillende Frauen nur mit ihrem Einverständnis beschäftigt werden; schwangere Frauen dürfen auf blosse Anzeige hin von der Arbeit fernbleiben oder die Arbeit verlassen. Wöchnerinnen dürfen während acht Wochen nach der Niederkunft nicht und danach bis zur 16. Woche nur mit ihrem Einverständnis beschäftigt werden (Art. 35a ArG).

Art. 329*b*

b. Kürzung

[1] Ist der Arbeitnehmer durch sein Verschulden während eines Dienstjahres insgesamt um mehr als einen Monat an der Arbeitsleistung verhindert, so kann der Arbeitgeber die Ferien für jeden vollen Monat der Verhinderung um einen Zwölftel kürzen.

[2] Beträgt die Verhinderung insgesamt nicht mehr als einen Monat im Dienstjahr und ist sie durch Gründe, die in der Person des Arbeitnehmers liegen, wie Krankheit, Unfall, Erfüllung gesetzlicher Pflichten, Ausübung eines öffentlichen Amtes oder Jugendurlaub, ohne Verschulden des Arbeitnehmers verursacht, so dürfen die Ferien vom Arbeitgeber nicht gekürzt werden.

[3] Die Ferien dürfen vom Arbeitgeber auch nicht gekürzt werden, wenn eine Arbeitnehmerin wegen Schwangerschaft bis zu zwei Monaten an der Arbeitsleistung verhindert ist oder weil sie die Mutterschaftsentschädigung im Sinne des Erwerbsersatzgesetzes vom 25. September 1952 (EOG) bezogen hat.

[4] Durch Normalarbeitsvertrag oder Gesamtarbeitsvertrag kann eine von den Absätzen 2 und 3 abweichende Regelung getroffen werden, wenn sie für den Arbeitnehmer im Ganzen mindestens gleichwertig ist.

b. Réduction

[1] Lorsqu'au cours d'une année de service, le travailleur est, par sa propre faute, empêché de travailler pendant plus d'un mois au total, l'employeur peut réduire la durée de ses vacances d'un douzième par mois complet d'absence.

[2] Si la durée de l'empêchement n'est pas supérieure à un mois au cours d'une année de service, et si elle est provoquée, sans qu'il y ait faute de sa part, par des causes inhérentes à la personne du travailleur, telles que maladie, accident, accomplissement d'une obligation légale, exercice d'une fonction publique ou prise d'un congé-jeunesse, l'employeur n'a pas le droit de réduire la durée des vacances.

[3] L'employeur ne peut pas non plus diminuer les vacances d'une travailleuse si, en raison d'une grossesse, elle est empêchée de travailler pendant deux mois au plus, ou si elle a bénéficié des allocations de maternité au sens de la loi du 25 septembre 1952 sur les allocations pour perte de gain (LAPG).

[4] Un contrat-type de travail ou une convention collective peut déroger aux al. 2 et 3, à la condition d'offrir, dans l'ensemble, une réglementation au moins équivalente pour les travailleurs.

b. Riduzione

[1] Se nel corso di un anno di lavoro il lavoratore è impedito per propria colpa di lavorare complessivamente per più di un mese, il datore di lavoro può ridurgli la durata delle vacanze di un dodicesimo per ogni mese completo di assenza dal lavoro.

[2] Se l'impedimento non dura complessivamente più d'un mese nel corso d'un anno di lavoro ed è causato da motivi inerenti alla persona del lavoratore, come malattia, infortunio, adempimento d'un obbligo legale, esercizio d'una funzione pubblica o congedo giovanile, senza che vi sia colpa da parte sua, il datore di lavoro non ha diritto di ridurre la durata delle vacanze.

[3] Il datore di lavoro non può neppure ridurre le vacanze di una lavoratrice che, causa gravidanza, è impedita di lavorare per due mesi al massimo o ha fruito del

congedo di maternità ai sensi della legge del 25 settembre 1952 sulle indennità di perdita di guadagno.

[4] Alle disposizioni dei capoversi 2 e 3 può essere derogato mediante contratto normale o collettivo di lavoro a condizione tuttavia che tale ordinamento costituisca, nell'insieme, una soluzione almeno equivalente per i lavoratori.

Literatur

CEROTTINI, Le droit aux vacances, Diss., Lausanne 2001; MÄGERLE, Probleme bei der Kürzung des Ferienanspruchs, Anwaltsrevue 2012, 21 ff.; vgl. ausserdem die Literaturhinweise zur Einleitung vor Art. 319 ff. und zu Art. 329a.

1 War der Arbeitnehmer während eines Dienstjahres verschuldeterweise mehr als einen Monat an der Arbeitsleistung verhindert, so kann der Arbeitgeber die **Ferien** für jeden vollen Monat der Verhinderung um einen Zwölftel **kürzen**. Bei schuldloser Arbeitsverhinderung gilt dies einseitig zwingend erst vom zweiten vollen Monat der Arbeitsverhinderung an (s.a. OGer BE, JAR 2013, 417). Die Ferien dürfen vom Arbeitgeber auch nicht gekürzt werden, wenn eine Arbeitnehmerin wegen Schwangerschaft bis zu zwei Monaten an der Arbeitsleistung verhindert ist oder weil sie die Mutterschaftsentschädigung im Sinne des EOG bezogen hat (dazu N 4). Nach Art. 329b Abs. 1 berechtigt demnach z.B. eine dreieinhalbmonatige Verhinderung zur Kürzung der Ferien um drei Zwölftel, nach Abs. 2 um zwei Zwölftel und nach Abs. 3 bei Schwangerschaft um einen Zwölftel. Zum Verschuldensbegriff s. Art. 324a N 4 ff., 21 ff. (nur offensichtliches Fehlverhalten schadet). Die Schonfristen von Abs. 2 und 3 (Schwangerschaft) können nicht zusammengezählt werden, so dass einzig die längere Schonfrist gemäss Abs. 3 greift (BK-REHBINDER/STÖCKLI, N 4; ZK-STAEHELIN, N 10). Durch Normal- oder Gesamtarbeitsvertrag kann eine von Abs. 2 und 3 abweichende Regelung getroffen werden, wenn sie für den Arbeitnehmer im Ganzen mindestens gleichwertig ist. Weiterführend zum Ganzen MÄGERLE, Anwaltsrevue 2012, 21 ff.

2 Aus Art. 329b Abs. 2 ergibt sich nicht, dass im Fall eines *unvollständigen Dienstjahres* die Schonfrist bzw. die Dauer der Absenz proportional zu reduzieren ist (BGer, JAR 1999, 167; BGer, JAR 2011, 129, E. 4). Wie bei der Berechnung des Ferienanspruchs muss auch bei dessen Kürzung der Umfang der geleisteten bzw. nicht geleisteten Arbeit im Vordergrund stehen. Da bei *reduzierter Arbeitsfähigkeit* auch der Kräfteverschleiss durch Arbeitsleistung reduziert ist, rechtfertigt sich auch bei nur teilweiser Arbeitsunfähigkeit eine Kürzung des Ferienanspruchs (AGer ZH, JAR 1999, 205), dies entsprechend dem Grad der Arbeitsunfähigkeit (AGer ZH, JAR 1997, 145).

3 Art. 329b erfasst nach seinem Wortlaut nur *Verhinderungen* an der Arbeitsleistung, die entweder vom Arbeitnehmer verschuldet sind (Abs. 1) oder auf Gründen beruhen, die in der Person des Arbeitnehmers liegen (Abs. 2 und 3). Auf andere Fälle ausbleibender Arbeitsleistung ist Art. 329b demnach nicht anwendbar (umstr.). Dazu gehören insb. folgende Fälle, auf die der Grundsatz: *ohne Arbeit keine Ferien* zur Anwendung kommt:

- unberechtigte Arbeitsverweigerung;
- rechtmässiger Streik;
- unbezahlter Urlaub.

Mit anderen Worten können die Ferien in diesen Fällen nicht nur für volle Monate fehlender Arbeitsleistung gekürzt werden.

4 Hingegen ist die Ferienkürzung überhaupt unzulässig bei *Annahmeverzug* des Arbeitgebers (Art. 324 analog, ZK-STAEHELIN, N 3) und wegen Bezugs des *Mutterschaftsurlaubs* i.S.v. Art. 329 f. Entgegen dem zu engen Wortlaut von Art. 329b Abs. 3 ist also nicht auf den Bezug der Mutterschaftsentschädigung nach dem EOG abzustellen, weil damit eine sachlich nicht gerechtfertigte Benachteiligung der Arbeitnehmerinnen verbunden wäre, welche die Voraussetzungen zum Bezug der Entschädigung nicht erfüllen (STREIFF/VON KAENEL/RUDOLPH, N 4).

Art. 329*c*

c. Zusammenhang und Zeitpunkt

1 Die Ferien sind in der Regel im Verlauf des betreffenden Dienstjahres zu gewähren; wenigstens zwei Ferienwochen müssen zusammenhängen.

2 Der Arbeitgeber bestimmt den Zeitpunkt der Ferien und nimmt dabei auf die Wünsche des Arbeitnehmers soweit Rücksicht, als dies mit den Interessen des Betriebes oder Haushaltes vereinbar ist.

c. Continuité et date

1 En règle générale, les vacances sont accordées pendant l'année de service correspondante; elles comprennent au moins deux semaines consécutives.

2 L'employeur fixe la date des vacances en tenant compte des désirs du travailleur dans la mesure compatible avec les intérêts de l'entreprise ou du ménage.

c. Continuità e data

1 Le vacanze devono essere, di regola, assegnate durante il corrispondente anno di lavoro e comprendere almeno due settimane consecutive.

2 Il datore di lavoro stabilisce la data delle vacanze considerando i desideri del lavoratore, per quanto sono compatibili con gli interessi dell'azienda e dell'economia domestica.

Literatur

CEROTTINI, Le droit aux vacances, Diss., Lausanne 2001; GENIER, Fixation des vacances pendant le délai de congé, in: Panorama en droit du travail, Bern 2009, 209 ff.; WAEBER, Vacances forcées et crise économique, plädoyer 6/2009, 52 ff.; vgl. ausserdem die Literaturhinweise zur Einleitung vor Art. 319 ff. und zu Art. 329a.

I. Bestimmung des Ferienzeitpunkts durch den Arbeitgeber

1 Die Ferien sind nach dem Gesetz «zu gewähren» (Art. 329c Abs. 1), was bedeutet, dass der Zeitpunkt der Ferien durch den Arbeitgeber bestimmt wird (Art. 329c Abs. 2; zu den Schranken dieses Rechts N 4 ff.). Der Arbeitnehmer darf sich also nicht selbst Ferien nehmen. Der *eigenmächtige Bezug von Ferien* ist (gesetzeskonformes Verhalten des Arbeitgebers vorausgesetzt) i.d.R. ein Grund für eine fristlose Entlassung (Fälle in Art. 337 N 20).

2 Anstatt den Arbeitnehmern Ferien individuell zu unterschiedlichen Zeitpunkten zu gewähren, kann der Arbeitgeber auch **Betriebsferien** vorsehen, an welche die gesamte Belegschaft oder mindestens ein bestimmter Teil davon gebunden ist. Finden die Betriebsferien zu einem ausserordentlichen Zeitpunkt statt (z.B. nicht wie gewohnt während des Sommers), spricht man von *Zwangsferien*. Diese dienen dem Zweck, eine flaue Auftragslage zu überbrücken. Mit Blick auf die überwiegenden Interessen des Arbeitgebers müssen sie von der Belegschaft akzeptiert werden, sofern das Unternehmen andernfalls in ernsthafte Schwierigkeiten käme (WYLER/HEINZER, 392 f.).

3 Abzugrenzen sind die Zwangsferien von anderen Massnahmen, die der Bewältigung einer ungenügenden Auftragslage dienen, so namentlich von der *Kurzarbeit* (Art. 321 N 23) und vom *allgemeinen unbezahlten Urlaub*. Da diese Massnahmen mit einer entsprechenden Lohneinbusse verbunden sind, stellen sie keine Ferien dar, sind diese doch definitionsgemäss bezahlt (Art. 329d Abs. 1). Wegen dieser Lohneinbusse bedarf die Anordnung von Kurzarbeit oder unbezahltem Urlaub einer vertraglichen Grundlage. Andernfalls würde der Arbeitgeber in Annahmeverzug fallen und somit lohnfortzahlungspflichtig bleiben (Art. 324 Abs. 1). Arbeitnehmer, die einen Lohnausfall erleiden, weil ihre normale Arbeitszeit verkürzt oder ihre Arbeit ganz eingestellt wird, haben grundsätzlich Anspruch auf *Kurzarbeitsentschädigung* (Art. 31 ff. AVIG).

II. Schranken der Bestimmung durch den Arbeitgeber

1. Gewährung im betreffenden Dienstjahr

4 Nach Art. 329c Abs. 1 Hs. 1 sind die Ferien i.d.R. im Verlauf des betreffenden Dienstjahres zu gewähren. Werden die Ferien nicht in diesem oder im nächsten Dienstjahr bezogen, tritt dennoch *keine Verwirkung* des Ferienanspruchs ein (BGE 130 III 25; s.a. KGer GR, JAR 2011, 501). Der Ferienanspruch kann aber *verjähren*. Die Kontroverse, ob die fünfjährige Frist von Art. 128 Ziff. 3 oder die zehnjährige Frist von Art. 127 zur Anwendung zu bringen ist, wurde mit BGE 136 III 94 zu Gunsten der fünfjährigen Frist beendet (bestätigt in BGer, ARV 2010, 183). Da aber nach h.L. nur Forderungen mit Lohncharakter unter Art. 128 Ziff. 3 fallen, wäre die Anwendung der zehnjährigen Frist zutreffender, da der Ferienanspruch primär ein aus dem Persönlichkeitsschutz fliessender Anspruch auf Befreiung von der Arbeitsleistung ist, auch wenn mit ihm zugleich der Anspruch auf Lohnfortzahlung verbunden ist. Der Ferienanspruch jedes einzelnen Dienstjahres verjährt gesondert. Die Verjährungsfrist beginnt mit der Fälligkeit des Anspruchs zu laufen (Art. 130 Abs. 1). Die Fälligkeit des Ferienanspruchs tritt im Zeitpunkt des vertraglich vorgesehenen oder des vom Arbeitgeber bestimmten Ferienbezugs ein. Mangels vertraglicher Festlegung oder arbeitgeberseitiger Anordnung der Ferien tritt die Fälligkeit am letzten Tag ein, an dem noch die gesamten Ferien während des laufenden Dienstjahres bezogen werden können (BGE 136 III 94; ebenso BGer, ARV 2010, 183 mit der Ergänzung, dass die Fälligkeit und somit auch die Kompensation zuviel bezogener Ferien auf das Ende eines jeden Kalenderjahres hinausgeschoben wird). Überträgt der Arbeitgeber nicht bezogene Ferien eines Jahres ausdrücklich auf das nächste Jahr, läuft infolge Novation eine neue Verjährungsfrist (Art. 117 Abs. 2 analog; OGer ZG, JAR 1983, 145). Zur Verjährung des Ferienlohnanspruchs und des Ferienabgeltungsanspruchs s. Art. 341 N 10. Ein seltenes Beispiel für die Verwirkung eines Ferien- und Feiertagsanspruchs findet sich in KGer GR, JAR 2011, 493 (Arbeitsverhältnis zwischen Konkubinatspartnern).

2. Zusammenhängende Ferienwochen

5 Die Ferienzeit soll nach Möglichkeit ungeteilt sein; auf jeden Fall müssen mindestens *zwei Wochen zusammenhängen*. Das jährlich aufzunehmende Inventar ist kein Grund, einem langjährigen Direktor nicht zwei zusammenhängende Wochen Ferien im gleichen Dienstjahr zu gewähren. Der Arbeitgeber hat die Arbeit entsprechend zu organisieren und sich beim Arbeitnehmer bezüglich des Ferienbezuges zu erkundigen (BGer, JAR 2001, 222, fristlose Entlassung ungerechtfertigt). Nach OGer BE, JAR 2011, 410 ist dem Gesetz Genüge getan, wenn der Arbeitnehmer an 14 aufeinander folgenden Tagen von seiner Arbeitspflicht befreit ist. Keine Rolle spiele, ob es sich dabei um Fest-, Sonn- oder normale Arbeitstage handle.

6 Das Gesetz lässt die Möglichkeit offen, ausserhalb dieser zusammenhängenden zwei Wochen die Ferien auch tage- oder halbtageweise zu beziehen. Sind sich die Parteien über einen solchen Bezug nicht einig, so kann er vom Arbeitgeber angeordnet oder vom Arbeitnehmer verlangt werden, soweit dies mit den Grundsätzen von Art. 329c Abs. 2 im Einklang steht.

3. Berücksichtigung der Wünsche des Arbeitnehmers

7 Der Arbeitgeber hat bei der Bestimmung des Ferienzeitpunkts auf die Wünsche des Arbeitnehmers soweit Rücksicht zu nehmen, als dies mit den Interessen des Betriebs oder Haushaltes vereinbar ist (Art. 329c Abs. 2). Im Zweifel gehen aber die **Interessen des Arbeitgebers** vor. So war die Anordnung bzw. Anrechnung von 98,5 Ferientagen bei einer Kündigungsfrist von sechs Monaten gegenüber einem 63,5 Jahre alten Geschäftsführer, der sich nicht konkret um eine neue Stelle bemühte, nicht zu beanstanden (BGer, JAR 2013, 345; s.a. TC VD, JAR 2012, 543). Ordnet der Arbeitgeber Betriebsferien an, bleibt grundsätzlich kein Raum für individuelle Ferienwünsche. Der Arbeitgeber muss dem Arbeitnehmer für die Ferienplanung ausreichend Zeit lassen, i.d.R. drei Monate (in Anlehnung an Art. 19 Abs. 4 AZGV; OGer

BE, JAR 2011, 410; OGer ZH, JAR 1989, 126). Hat der Arbeitnehmer gemäss Weisung des Arbeitgebers den Ferienbezug mit dem Vorgesetzten zu vereinbaren, bedeutet dies nicht, dass es alleinige Sache des Arbeitnehmers ist, für den Bezug der Ferien zu sorgen (KGer GR, JAR 2011, 501, erfolglose Berufung des Arbeitgebers auf Verwirkung des Ferienanspruchs).

Hat der Arbeitgeber den Zeitpunkt der Ferien festgesetzt, ist der Arbeitnehmer in seinem Vertrauen darauf zu schützen. Ein **Zurückkommen** des Arbeitgebers auf bereits angeordnete Ferien setzt voraus, dass dies noch rechtzeitig geschieht und durch aktuelle Interessen des Betriebs, die jene des Arbeitnehmers überwiegen, gerechtfertigt ist. Sind diese Voraussetzungen nicht erfüllt und beharrt der Arbeitnehmer auf den ursprünglichen Feriendaten, so ist seine fristlose Entlassung ungerechtfertigt (BGer, JAR 1999, 201). Hat der Arbeitnehmer gekündigt und reduziert sich deshalb sein Ferienanspruch, so dürfen die ursprünglich bewilligten Ferien nicht verweigert werden, wenn der Arbeitnehmer die zuviel bezogenen Ferientage kompensiert und wenn keine berechtigten Interessen des Arbeitgebers entgegenstehen (OGer BL, JAR 1997, 204; bestätigt in BGer, JAR 1997, 203). 8

Ein **Rückruf** aus den Ferien ist nur in ganz besonderen Fällen zu befolgen. Verschiebt der Arbeitnehmer die Ferien auf Verlangen des Arbeitgebers oder kehrt er vorzeitig zurück, so hat ihm der Arbeitgeber die entstehenden Kosten zu ersetzen. 9

Ein **Vorbezug** von Ferien ist im gegenseitigen Einvernehmen ohne weiteres möglich. Auch wenn er nur dem Willen einer Partei entspricht, sollte er nicht von vornherein ausgeschlossen werden (**a.A.** STREIFF/VON KAENEL/RUDOLPH, N 9). Stehen keine betrieblichen Interessen entgegen, ist nicht ersichtlich, warum dem Wunsch eines Arbeitnehmers auf einen Ferienvorbezug nicht entsprochen werden sollte. Findet nämlich ein Vorbezug auf Wunsch des Arbeitnehmers statt, kann der Arbeitgeber zuviel bezahlten Ferienlohn mit einer folgenden Lohnzahlung verrechnen, wenn das Arbeitsverhältnis vorzeitig endet (Art. 329d N 8). Er kann auch, um sich optimal abzusichern, dem Arbeitnehmer für den noch nicht verdienten Teil der Ferien vorerst einen *unbezahlten Urlaub* einräumen und diesen gemäss Absprache nachträglich in bezahlte Ferien umwandeln, wenn diese abverdient sind. Umgekehrt darf auch dem Arbeitgeber nicht die Anordnung eines Ferienvorbezugs verwehrt werden, wenn er ein überwiegendes Interesse daran hat wie namentlich im Fall von *Betriebsferien* (ebenso CEROTTINI, 234 f.; BK-REHBINDER/STÖCKLI, N 8; **a.A.** ZK-STAEHELIN, N 8; KGer GR, JAR 1993, 171, wonach der Arbeitgeber allenfalls die Möglichkeit habe, zumutbare Ersatzarbeit in einem anderen Betrieb anzuordnen; s. dazu auch GSGer BS, JAR 1980, 244 f., und AppGer BS, JAR 1983, 110). Gerade bei längeren Betriebsferien ist die Anordnung von Ferienvorbezügen unerlässlich, damit überhaupt sinnvoll Betriebsferien durchgeführt werden können. Der Arbeitgeber muss sich dabei allerdings bewusst sein, dass er bei vorzeitig endenden Arbeitsverhältnissen den zuviel bezahlten Ferienlohn unter Umständen nicht mehr zurückfordern kann (Art. 329d N 9 f.). 10

4. Folgen bei Missachtung der Schranken

Verweigert der Arbeitgeber trotz ausdrücklicher Aufforderung und ohne zureichenden Grund eine Gewährung der Ferien in dem vom Arbeitnehmer gewünschten Zeitpunkt, so muss ein eigenmächtiger, rechtzeitig angekündigter Ferienbezug durch den Arbeitnehmer als zulässig betrachtet werden. 11

Besteht umgekehrt der Arbeitgeber ohne genügenden Grund auf dem Bezug von Ferien in einem Zeitpunkt, der vom Arbeitnehmer abgelehnt wird, so kann der Arbeitnehmer den Ferienantritt verweigern und gleichzeitig seine Arbeitsleistung anbieten, womit der Arbeitgeber in *Annahmeverzug* fällt (Art. 324). Dem Arbeitnehmer bleibt damit das Recht gewahrt, die Ferien zu einem späteren Zeitpunkt zu beziehen (BK-REHBINDER/STÖCKLI, N 10; s.a. OGer BE, JAR 2011, 410). 12

Zum Ferienbezug im gekündigten Arbeitsverhältnis s. Art. 329d N 12 und während der Freistellung Art. 329d N 14. 13

III. Beweisregeln

14 Ist der Umfang oder der Bezug der Ferien streitig, so gelten folgende Beweisregeln: Es ist Sache des Arbeitnehmers, die vertragliche Verpflichtung des Arbeitgebers zur Gewährung von Ferien und deren Entstehung durch die Dauer des Arbeitsverhältnisses zu beweisen (zur Substanzierungspflicht im Prozess KGer GR, JAR 2012, 479). Hingegen trifft den Arbeitgeber die Beweislast dafür, dass und wie viele Ferientage während der massgebenden Zeit vom Arbeitnehmer bezogen worden sind. Ist ein strikter Beweis der Natur der Sache nach nicht möglich oder nicht zumutbar, so darf das Beweismass auf die überwiegende Wahrscheinlichkeit herabgesetzt werden (Art. 42 Abs. 2 analog; BGE 128 III 274, 277). Diese Herabsetzung des Beweismasses bleibt dem Arbeitgeber verwehrt, wenn er einer gesamtarbeitsvertraglichen Verpflichtung, über die effektiven Arbeits- und Ruhezeiten der Arbeitnehmer Buch zu führen, nicht nachgekommen ist (KGer GR, JAR 2007, 449).

Art. 329*d*

d. Lohn

[1] Der Arbeitgeber hat dem Arbeitnehmer für die Ferien den gesamten darauf entfallenden Lohn und eine angemessene Entschädigung für ausfallenden Naturallohn zu entrichten.

[2] Die Ferien dürfen während der Dauer des Arbeitsverhältnisses nicht durch Geldleistungen oder andere Vergünstigungen abgegolten werden.

[3] Leistet der Arbeitnehmer während der Ferien entgeltliche Arbeit für einen Dritten und werden dadurch die berechtigten Interessen des Arbeitgebers verletzt, so kann dieser den Ferienlohn verweigern und bereits bezahlten Ferienlohn zurückverlangen.

d. Salaire

[1] L'employeur verse au travailleur le salaire total afférent aux vacances et une indemnité équitable en compensation du salaire en nature.

[2] Tant que durent les rapports de travail, les vacances ne peuvent pas être remplacées par des prestations en argent ou d'autres avantages.

[3] Si, pendant les vacances, le travailleur exécute un travail rémunéré pour un tiers au mépris des intérêts légitimes de l'employeur, celui-ci peut lui refuser le salaire afférent aux vacances ou en exiger le remboursement s'il l'a déjà versé.

d. Salario

[1] Il datore di lavoro deve pagare al lavoratore il salario completo per la durata delle vacanze e un'equa indennità a compensazione del salario in natura.

[2] Finché dura il rapporto di lavoro, le vacanze non possono essere compensate con denaro o altre prestazioni.

[3] Se il lavoratore eseguisce durante le vacanze un lavoro rimunerato per conto di un terzo, ledendo i legittimi interessi del datore di lavoro, questi può rifiutargli il salario delle vacanze o esigerne il rimborso.

Literatur

Blesi, Nicht bezogene Ferien-, Frei- und Feiertage am Ende des Arbeitsverhältnisses, ARV 2003, 14 ff.; Cerottini, Le droit aux vacances, Diss., Lausanne 2001; Gächter, Keine Insolvenzentschädigung für nicht bezogene Ferien und geleistete Überstunden?, FS für Jean-Fritz Stöckli, Zürich/St. Gallen 2014, 211 ff.; Rieder, Sind Ferienentschädigungen vererbbar?, AJP 2012, 1579 ff.; vgl. ausserdem die Literaturhinweise zur Einleitung vor Art. 319 ff. und zu Art. 329a.

I. Ferienlohn (Abs. 1)

1. Bestandteile und Berechnung

1 Für die Ferien hat der Arbeitgeber dem Arbeitnehmer einseitig zwingend den *gesamten* darauf entfallenden Lohn zu entrichten (Art. 329d Abs. 1; Bsp.: TAPP TI, JAR 2000, 172). Zu

diesem gehören auch schwankende Lohnbestandteile wie z.B. Provisionen, ferner auch Entschädigungen für Überstunden, sofern solche regelmässig während längerer Zeit geleistet worden sind (ZK-Staehelin, N 1). Mitzuberücksichtigen sind auch zusätzlich zum Grundlohn ausgerichtete Leistungen, die regelmässig und während einer gewissen Dauer als Ausgleich für Nacht-, Wochenend- sowie Feiertagsarbeit erbracht werden (BGE 132 III 172; eine unregelmässige *Höhe* dieser Entschädigungen ist unerheblich, ebenso die als Ausgleich gewährte Ruhezeit nach dem ArG; Entscheid bestätigt in BGE 138 III 107 E. 3; s. demgegenüber OGer ZH, ARV 2004, 27, wo ein Einbezug der Schichtzulagen abgelehnt wurde, weil die Schichteinsätze von sehr unterschiedlichem Umfang waren; BGE 138 I 232: keine Anwendung der Berechnungsgrundsätze gemäss BGE 132 III 172 auf die öffentlich-rechtlichen Anstellungsverhältnisse der Transports publics genevois; ähnlich für die Verkehrsbetriebe der Stadt Zürich BGer, ARV 2014, 109). Geschuldet ist auch ein Anteil am 13. Monatslohn, wenn dieser nicht gesamthaft ausbezahlt wird. Ferner hat der Arbeitgeber eine angemessene Entschädigung für ausfallenden Naturallohn zu entrichten (Art. 329d Abs. 1; Bestimmung in Anlehnung an Art. 11 AHVV; s.a. BGer, JAR 2012, 360) sowie Ersatz für weiterlaufende Auslagen des Arbeitnehmers zu leisten.

Allgemein ist der Ferienlohn so zu bestimmen, dass der Arbeitnehmer gleichviel erhält, wie 2
wenn er während der Ferienzeit gearbeitet hätte (BGE 134 III 402). Zur Berechnung des Ferienlohns bei schwankenden Lohnbestandteilen (Provisionen, Akkordarbeit) hat sich das BGer grundsätzlich für das sog. *Referenzperiodenprinzip* («méthode de calcul forfaitaire», pauschale Berechnungsmethode) ausgesprochen (BGE 129 III 674). Danach ist bei schwankenden Einkommen auf den Durchschnitt der Einkünfte während der letzten Monate oder einer anderen geeigneten Zeitspanne abzustellen. Aufgrund besonderer Umstände des Einzelfalls kann es sich jedoch aufdrängen, den aktuellen Ferienlohn zu schätzen (Art. 42 Abs. 2 analog; *Lohnausfallprinzip*, individuelle Methode), so etwa, wenn der pauschal berechnete Ferienlohn dadurch beeinflusst wird, dass der Arbeitnehmer seine Bestellungen oder Vertragsabschlüsse auf die Zeit vor oder nach den Ferien verlegt (BGE 129 III 674; allgemein am überzeugendsten gemäss OGer ZH, JAR 2007, 503). Im Lauf der Referenzperiode gewährte Lohnerhöhungen müssen auf die gesamte Referenzperiode umgerechnet werden. Bei der Berechnung des Lohns für nicht bezogene Ferien fällt von vornherein nur die pauschale Methode in Betracht, da ein realer Ferienzeitpunkt nicht bestimmt werden kann (Streiff/von Kaenel/Rudolph, N 3).

2. *Verbot der Abgeltung des Ferienlohns*

Der Ferienlohn ist wie der sonstige Lohn zum Zeitpunkt der normalen Fälligkeit zu entrichten 3
(Art. 323). Die Abgeltung des Ferienlohns durch *Lohnpauschalen* oder *Lohnzuschläge* (sog. *Ferienprozente*, bei vier Wochen Ferien mindestens 8,33% des Bruttolohns, KGer SG, JAR 1992, 180) ist daher grundsätzlich unzulässig (anders gemäss AGer ZH, JAR 2012, 579 betr. Feiertagsentschädigung). Nach der Gerichtspraxis gilt allerdings eine Ausnahme, wenn die Berechnung des Ferienlohns infolge unregelmässiger oder kurzer Beschäftigung schwierig ist (offengelassen in BGE 129 III 495 f.; zurückhaltend BGer, ARV 2010, 23 in Bezug auf Stunden- und Akkordlohn). Erforderlich ist dann aber, dass die Pauschalen oder Zuschläge im Arbeitsvertrag, sofern dieser in schriftlicher Form abgefasst ist, und in den Lohnabrechnungen betragsmässig gesondert ausgewiesen werden (BGE 129 III 496; 118 II 138; 116 II 517; 107 II 434; BGer, ARV 2007, 88; BGer, ARV 2003, 219; BGer, ARV 2002, 82 f.; BGer, JAR 1998, 106 f.; BGer, JAR 1995, 96 f.). Formulierungen wie «Ferienlohn inbegriffen» genügen nicht. Wird hiergegen verstossen, müssen trotz erbrachter Leistungen die Ferienlöhne bei Beendigung des Arbeitsverhältnisses nachgezahlt werden (BGE 116 II 515; 118 II 136: Unzulässigkeit der Pflicht zur Finanzierung der Ferienstellvertretung durch die Arbeitnehmerin). Verlangt der Arbeitnehmer eine solche Nachzahlung, so liegt darin grundsätzlich kein Rechtsmissbrauch (BGE 129 III 498 f.; Gegenbeispiel in BGer, ARV 2009, 223

betr. Ferienlohnforderung eines Chefarztes, der regelmässige Akontozahlungen erhalten hatte). Zweck dieser Einschränkungen ist es, ein vorzeitiges Ausgeben des Ferienlohns zu erschweren.

4 Die Zulassung dieser Ausnahme ist trotz der restriktiven Voraussetzungen in der Lehre umstritten. Zum Teil wird sie überhaupt abgelehnt (CR CO I-AUBERT, N 5), zum Teil nur bei kurzen (VISCHER/MÜLLER, 229) oder nur bei sehr unregelmässigen Einsätzen gebilligt (CEROTTINI, 212 f.; WYLER/HEINZER, 404). Vor einiger Zeit schien sich eine Praxisänderung anzudeuten. Das BGer warf die (schliesslich offengelassene) Frage auf, «ob mit Blick auf den an sich klaren Wortlaut des Gesetzes und die in der Tat kaum jemals unüberwindbaren Schwierigkeiten bei der Berechnung des auf die Ferien entfallenden Lohns an der Möglichkeit einer Abgeltung des Feriengeldes im laufenden Lohn festgehalten werden kann» (BGE 129 III 496). Im bald danach gefällten Urteil BGer, ARV 2003, 219, in dem es die materiellen und formellen Voraussetzungen für eine Abgeltung als erfüllt betrachtete, wies es jedoch die Nachzahlungsforderung der Arbeitnehmerin ab, ohne sich mit der in BGE 129 III 493 offengelassenen Grundsatzfrage zu beschäftigen. Die Abgeltung wurde hier sogar in einem Fall toleriert, in dem die Arbeitnehmerin zwar mit wöchentlich schwankenden Einsätzen, aber auf der Basis eines *100%-Pensums* beschäftigt war.

5 Gerade in diesem, aber auch in anderen einschlägigen Fällen erscheint im Hinblick auf die heute zur Verfügung stehenden Softwareangebote und Zeiterfassungssysteme eine dem Gesetz entsprechende Berechnung des Ferienlohns auch bei unregelmässigem und kurzem Beschäftigungsumfang kaum mehr mit einem unverhältnismässigen Aufwand verbunden. Will man trotzdem an Ferienlohnzuschlägen festhalten, sollte dies in gesetzeskonformer Weise erfolgen, indem sie zwar periodisch mit dem Grundlohn berechnet und laufend zusammengezählt, aber erst unmittelbar anlässlich der Ferien ausbezahlt werden. Nach der Auszahlung beginnt die Addition von neuem (CEROTTINI, 211; PORTMANN, ARV 2003, 222).

3. Rückforderung zuviel bezahlten Ferienlohns

6 Hat der Arbeitnehmer im Zeitpunkt der Beendigung des Arbeitsverhältnisses proportional zuviel Ferien bezogen, stellt sich die Frage, ob er sich einen entsprechenden Lohnabzug gefallen lassen muss. Hierbei sind drei Fallkonstellationen zu unterscheiden:

7 – Der Lohnabzug ist jedenfalls zulässig, wenn eine *ausdrückliche Rückzahlungsvereinbarung* getroffen worden ist (VISCHER/MÜLLER, 232; **a.A.** CEROTTINI, 327 f., für den Fall, dass die Ferien auf Wunsch des Arbeitgebers vorbezogen wurden, namentlich für den Fall von Betriebsferien). In diesem Fall spielt es keine Rolle, wer aus welchem Grund das Arbeitsverhältnis früher als erwartet kündigt (STREIFF/VON KAENEL/RUDOLPH, Art. 329a N 9).

8 – Ferner muss der Lohnabzug als zulässig betrachtet werden, wenn der Ferienvorbezug auf *Wunsch des Arbeitnehmers* oder mindestens mit seinem *Einverständnis* zustande gekommen ist. In solchen Fällen verhält es sich gleich wie bei vereinbarten Akontozahlungen, so dass ein vertraglicher Rückerstattungsanspruch entsteht (s. dazu BGE 126 III 120). Entgegen der h.L. kann somit (gleich wie im Fall einer ausdrücklichen Rückzahlungsvereinbarung) der Grund der vorzeitigen Beendigung des Arbeitsverhältnisses keine Rolle spielen, wenn nicht ein Rechtsmissbrauch vorliegt.

9 – Hat der Arbeitgeber den Ferienvorbezug *einseitig angeordnet*, fällt ein Lohnabzug allenfalls unter dem Titel der ungerechtfertigten Bereicherung in Betracht (**a.A.** KGer NW, JAR 2003, 348: vertraglicher Rückzahlungsanspruch für den Fall, dass der Arbeitgeber jedes Jahr für die *gleiche* Zeit Betriebsferien anordnet). Das Vorliegen einer ungerechtfertigten Bereicherung ist mit Blick auf den zuviel bezahlten Ferienlohn zu bejahen, denn ohne Arbeit sind keine Ferien und ohne Ferien ist kein Ferienlohn verdient (CEROTTINI, 320; die Gegenmeinung von BK-REHBINDER/STÖCKLI, N 13; ZK-STAEHELIN, Art. 329c N 18, und VISCHER/MÜLLER, 232, wonach der zuviel gewährten freien Zeit der Charakter eines ungerechtfertigten Vermögensvorteils fehlt, greift daher zu kurz). Der Bereicherungsanspruch scheitert auch nicht daran, dass die Gewährung noch nicht verdienter Ferien irrtumsfrei i.S.v. Art. 63 Abs. 1 erfolgt ist (so aber GSGer BS, JAR 1992, 177 f.), da es hier um eine Zuwendung aus einem nicht verwirklichten Grund gem. Art. 62 Abs. 2 geht, bei der die Frage der irrtümlichen Leistung obsolet ist (BGE 115 II 30; 119 II 21). Hingegen kann eine Bereicherungsforderung des Arbeitgebers an Art. 64 wegen gutgläubigen Verbrauchs des Ferienlohns scheitern (**a.A.** CEROTTINI, 320 f.; BezGer Uster, JAR 1981, 287).

Die (kantonale) Rechtsprechung weist ein stark gespaltenes Bild auf. Einige Gerichte verfolgen eine restriktive Praxis, indem sie die Annahme einer stillschweigenden Rückzahlungsverpflichtung erheblichen Einschränkungen unterstellen bzw. auf den Beendigungsgrund des Arbeitsverhältnisses abstellen (KGer GR, JAR 1993, 170 f.; GSGer BS, JAR 1981, 269; OGer LU, JAR 2012, 505 und JAR 2002, 225; KGer NW, JAR 2003, 351 f.) und/oder einen Bereicherungsanspruch verneinen (GSGer BS, JAR 1992, 177 f.). Andere Gerichte lassen hingegen eine Rückzahlung weitgehend ohne Bedenken zu (ZivGer GL, JAR 1982, 141; BezGer Uster, JAR 1981, 287: die Nicht-Rückzahlung des Ferienlohns widerspräche der materiellen Gerechtigkeit; differenzierend TC FR, JAR 2013, 448 für den Fall, dass der Überbezug mit angeordneten Betriebsferien zusammenhängt). 10

II. Verbot der Abgeltung der Ferien (Abs. 2)

Um den **Erholungszweck** zu gewährleisten, ist eine Abgeltung der Ferien durch Geldleistungen oder andere Vergünstigungen während der Dauer des Arbeitsverhältnisses nicht gestattet (Art. 329d Abs. 2). Wird dagegen verstossen, muss der Arbeitgeber damit rechnen, bei Beendigung des Arbeitsverhältnisses die Ferien nochmals bezahlen zu müssen; denn Entschädigung für die anstelle der Ferien gearbeitete Zeit und Entschädigung für die nicht erhaltene Freizeit sind nicht dasselbe (OGer AG, JAR 1993, 175: Kumulation von Lohnanspruch und Abgeltungsanspruch). Steht fest, dass nicht bezogene Ferien (insb. nach Beendigung des Arbeitsverhältnisses) nicht mehr in natura gewährt werden können, entsteht ein Abgeltungsanspruch (Umwandlung der Ferienforderung in eine reine Geldforderung: BGE 131 III 454; s.a. BGer, JAR 2013, 345); ein noch bestehendes Ferienguthaben ist auszuzahlen. Endet allerdings das Arbeitsverhältnis durch Tod des Arbeitnehmers, haben die Erben keinen Anspruch auf Auszahlung, da eine Erholung nicht mehr möglich ist (vgl. BK-REHBINDER/STÖCKLI, Art. 329a N 3; **a.A.** STREIFF/VON KAENEL/RUDOLPH, Art. 329a N 2; zum bejahten Abgeltungsanspruch der Erben nach EU-Recht s. EuGH, Urteil vom 12.6.2014, C-118/13, ARV 2014, 204). 11

Wegen des zwingenden Abgeltungsverbots müssen die Ferien auch während der **Kündigungsfrist** grundsätzlich in natura bezogen werden (BGE 101 II 283 ff.; BGer, JAR 2007, 326: Kompensation nicht bezogener Ferientage mit zuviel bezogenen Ruhetagen zulässig). Dem können indessen die Notwendigkeit von Freizeit zur Stellensuche oder das Vertrauen auf eine bereits zugesagte Ferienzeit entgegenstehen (OGer ZH, JAR 1995, 98). Die Ferien sind in Geld abzugelten, wenn deren Bezug in der bis zur Beendigung des Arbeitsverhältnisses verbleibenden Zeit nicht möglich oder zumutbar ist (BGE 128 III 280; 106 II 154). Falls der Arbeitsvertrag nur noch zwei bis drei Monate dauert, sind die Ferien i.d.R. auszuzahlen, wenn der Arbeitnehmer eine neue Stelle suchen muss (BGE 117 II 272). Bei einem Ferienanspruch von 24 Tagen reicht diese Zeit auch nicht für eine hinreichende Vorbereitung der Ferien, und die Monate November und Dezember sind für solche ohnehin nicht geeignet (OGer ZH, JAR 1998, 162). Umgekehrt darf der Arbeitnehmer nicht eigenmächtig Ferien während der Kündigungsfrist beziehen, wenn der Arbeitgeber aus wichtigen betrieblichen Gründen auf seiner Anwesenheit besteht (Art. 329c; ZK-STAEHELIN, Art. 329c OR N 13; STREIFF/VON KAENEL/RUDOLPH, Art. 329c N 11; s.a. KGer GR, JAR 2014, 454 für einen zulässigen eigenmächtigen Ferienbezug bzw. eine implizite Zustimmung des Arbeitgebers). 12

13 Zu einer *Naturalabgeltung* des Ferienanspruchs kommt es unter Umständen nach einer **fristlosen Entlassung**. Zwar sind noch nicht bezogene Ferien grundsätzlich auszuzahlen (s. BGer, ARV 2007, 253), bei ungerechtfertigter Entlassung zusätzlich zum Lohnersatz nach Art. 337c Abs. 1. In BGE 117 II 272 hat das BGer jedoch entschieden, dass der Lohnersatz den Ferienanspruch miteinschliesst, wenn der Arbeitnehmer *längere Zeit* (mehr als zwei bis drei Monate) für den entgangenen Lohn entschädigt wird, während der er nicht arbeitet und kaum die Möglichkeit hat, eine Stelle zu finden.

14 Allenfalls kann eine Naturalabgeltung des Ferienanspruchs auch in der **Freistellung** gesehen werden. Der Arbeitnehmer hat auf Grund der weiterbestehenden Treuepflicht die Interessen des Arbeitgebers insoweit wahrzunehmen, als er die ihm zustehenden Ferientage nach Möglichkeit bezieht, ohne dass eine ausdrückliche Weisung des Arbeitgebers nötig ist, wobei aber die Arbeitssuche Vorrang hat. Ein offenes Ferienguthaben ist jedoch in Geld auszuzahlen, wenn sich der Arbeitnehmer während der Kündigungsfrist nach Weisung des Arbeitgebers zu dessen Verfügung halten muss (BGer, JAR 2008, 265). Das BGer lehnt es bei der Freistellung ab, auf die bei der fristlosen Entlassung geltende Regel abzustellen, dass die Kompensation erst ab einer Freistellungsdauer von mindestens zwei bis drei Monaten in Frage kommt (BGE 128 III 282; i.c. volle Kompensation von 40 Ferientagen innerhalb von 87 freigestellten Arbeitstagen, s. dazu Blesi, ARV 2003, 14 ff.; Kompensation hingegen abgelehnt in OGer ZH, JAR 2002, 222; AGer ZH, JAR 1999, 211). Bei **berechtigter Leistungsverweigerung** wegen Lohnrückständen trifft den Arbeitnehmer keine Pflicht zum Ferienbezug, da bei Eintreffen des Lohns ein sofortiger Ferienabbruch erforderlich wäre (KGer BL, JAR 2007, 381).

15 Die Rechtsprechung vermittelt den Eindruck, dass sie im Arbeitsvertrag und in den Lohnabrechnungen deklarierte Ferienlohnpauschalen oder -zuschläge bei **unregelmässiger oder kurzer Beschäftigung** nicht nur zur Abgeltung des Ferienlohns (N 3 ff.), sondern auch zur *Abgeltung der Ferien* selbst zulässt. Das ist nicht dasselbe. Die Abgeltung des Ferienlohns erfolgt in der Meinung, dass der Arbeitnehmer tatsächlich Ferien bezieht (z.B. pro Jahr 48 Wochen Teilzeitarbeit, 4 Wochen Ferien, Lohn für 48 Wochen plus Zuschlag von 8,33 %), die Abgeltung der Ferien hingegen in der Meinung, dass der Arbeitnehmer auf einen realen Ferienbezug verzichtet (z.B. pro Jahr 52 Wochen Teilzeitarbeit, keine Ferien, Lohn für 52 Wochen plus Zuschlag von 8,33 %). Streiff/von Kaenel/Rudolph, N 9 gehen davon aus, dass stets nur die Abgeltung des Ferienlohns gemeint sei und ein allenfalls gegenteiliger Eindruck nur die Folge unpräziser Formulierungen sei. Diese Einschätzung wird hier nicht geteilt. Während es in den Entscheiden BGE 129 III 496; 118 II 138 und 116 II 517 offensichtlich nur um den Ferienlohn ging, bleiben in den Fällen BGer, JAR 1998, 106 f. und BGer, ARV 2002, 82 f. Zweifel bestehen. In BGE 107 II 434 wurde sogar klar zwischen der Abgeltung der Ferien und der Abgeltung des Ferienlohns unterschieden, dies unter Hinweis auf die kantonale Praxis (z.B. GSGer BS, BJM 1976, 327), nach der eine Abgeltung der Ferien zulässig ist, wenn der Arbeitnehmer tatsächlich die Möglichkeit hat, die Ferien zu beziehen, auf die er nach Gesetz Anspruch hat. Und BGE 130 V 492, 499 befasst sich zweifelsfrei mit der Abgeltung des Ferienanspruchs und nicht des Ferienlohnanspruchs. Wie bei der Abgeltung des Ferienlohns muss jedoch auch bei der Abgeltung der Ferien aus einem allfälligen schriftlichen Arbeitsvertrag und den Lohnabrechnungen klar hervorgehen, welcher Teil des Lohnbetrags zur Abgeltung bestimmt ist. Die grundsätzlichen Bedenken gegen die Zulassung der Ferienlohnabgeltung (N 5) gelten ebenso – oder sogar erst recht – in Bezug auf die Ferienabgeltung selbst.

16 Das Abgeltungsverbot für Ferien ist beidseitig zwingend. Wird dagegen verstossen, muss der Arbeitgeber trotz den Leistungen, die er für die (nichtige) Abgeltung erbracht hat, die Ferien am Ende des Arbeitsverhältnisses auszahlen (BGer, JAR 1998, 106; OGer AG, JAR 1993, 175; AGer ZH, JAR 1990, 208). Die Berufung des Arbeitnehmers auf zwingendes Recht ist aber *rechtsmissbräuchlich*, wenn er die dagegen verstossende Vereinbarung im eigenen Interesse und in Kenntnis des Gesetzesverstosses veranlasst hat. Dies ist der Fall, wenn der Arbeitnehmer mit dem Arbeitgeber vereinbart hat, künftig seien der 13. Monatslohn und die Ferien im Lohn inbegriffen, um gegenüber den Sozialversicherungswerken den Eindruck zu erwecken, es habe keine Lohnreduktion stattgefunden (BGer, JAR 2001, 226).

III. Schwarzarbeit während der Ferien (Abs. 3)

Der Anspruch auf Ferienlohn entfällt, wenn der Arbeitnehmer gegen die Treuepflicht verstösst und den Erholungszweck vereitelt, indem er während der Ferien für einen Dritten entgeltliche Arbeit leistet (Art. 329d Abs. 3; BGer, JAR 2013, 293 f.). Wer insb. während der gesamten Ferien bezahlte Arbeit leistet, um einen zusätzlichen Verdienst zu erzielen, verletzt die berechtigten Interessen des Arbeitgebers (BGer, JAR 2001, 225). Art. 329d Abs. 3 ist nach der hier vertretenen Auffassung analog anwendbar, wenn der Arbeitnehmer unentgeltlich oder für ein eigenes Geschäft Arbeit leistet, sofern er dadurch die berechtigten Interessen des Arbeitgebers in vergleichbar schwerer Weise verletzt wie durch entgeltliche Arbeit für einen Dritten (s. Art. 321a N 23 mit dem Hinweis auf die ebenfalls zu enge Fassung von Art. 321a Abs. 3, was über eine Anwendung von Art. 321a Abs. 1 korrigiert wird). **17**

Der Arbeitgeber kann bei Schwarzarbeit während der Ferien den Ferienlohn verweigern und bereits bezahlten Ferienlohn zurückverlangen. Den Rückforderungsanspruch kann er mit offenen Lohnforderungen des Arbeitnehmers verrechnen. Dabei ist er nach Art. 323b Abs. 2 nicht an die Pfändbarkeitsgrenze gebunden (BK-Rehbinder/Stöckli, N 17; ZK-Staehelin, N 19), ist doch die Veranlassung des Arbeitgebers zur Bezahlung von nutzlos aufgewendetem Ferienlohn als absichtliche Schädigung zu betrachten (**a.A.** Streiff/von Kaenel/Rudolph, N 17, die i.d.R. von einem fehlenden Schadensnachweis ausgehen). **18**

Art. 329*e*

3. Urlaub für ausserschulische Jugendarbeit

[1] Der Arbeitgeber hat dem Arbeitnehmer bis zum vollendeten 30. Altersjahr für unentgeltliche leitende, betreuende oder beratende Tätigkeit im Rahmen ausserschulischer Jugendarbeit in einer kulturellen oder sozialen Organisation sowie für die dazu notwendige Aus- und Weiterbildung jedes Dienstjahr Jugendurlaub bis zu insgesamt einer Arbeitswoche zu gewähren.

[2] Der Arbeitnehmer hat während des Jugendurlaubs keinen Lohnanspruch. Durch Abrede, Normalarbeitsvertrag oder Gesamtarbeitsvertrag kann zugunsten des Arbeitsnehmers eine andere Regelung getroffen werden.

[3] Über den Zeitpunkt und die Dauer des Jugendurlaubs einigen sich Arbeitgeber und Arbeitnehmer; sie berücksichtigen dabei ihre beidseitigen Interessen. Kommt eine Einigung nicht zustande, dann muss der Jugendurlaub gewährt werden, wenn der Arbeitnehmer dem Arbeitgeber die Geltendmachung seines Anspruches zwei Monate im Voraus angezeigt hat. Nicht bezogene Jugendurlaubstage verfallen am Ende des Kalenderjahres.

[4] Der Arbeitnehmer hat auf Verlangen des Arbeitgebers seine Tätigkeiten und Funktionen in der Jugendarbeit nachzuweisen.

3. Congé pour les activités de jeunesse extra-scolaires

[1] Chaque année de service, l'employeur accorde au travailleur jusqu'à l'âge de 30 ans révolus un congé-jeunesse représentant au plus et en tout une semaine de travail, lorsque ce dernier se livre bénévolement à des activités de jeunesse extra-scolaires pour le compte d'une organisation du domaine culturel ou social, en y exerçant des fonctions de direction, d'encadrement ou de conseil, ou qu'il suit la formation et les cours de perfectionnement nécessaires à l'exercice de ces activités.

[2] Le travailleur n'a pas droit à un salaire pendant le congé-jeunesse. Un accord, un contrat-type de travail ou une convention collective peuvent déroger à cette règle, au profit du travailleur.

[3] L'employeur et le travailleur conviennent des dates et de la durée du congé-jeunesse en tenant compte des intérêts de chacun. S'ils ne peuvent se mettre d'accord, le congé-jeunesse sera accordé à condition que le travailleur ait annoncé à l'employeur son intention de faire valoir son droit deux mois avant le début du congé. Les jours du congé-jeunesse que le travailleur n'a pas pris à la fin de l'année civile ne peuvent être reportés sur l'année suivante.

[4] A la demande de l'employeur, le travailleur apportera la preuve des tâches et des fonctions qui lui ont été attribuées dans le cadre des activités de jeunesse extra-scolaires.

3. Congedo per attività giovanili extra-scolastiche

[1] Ogni anno di servizio, il datore di lavoro deve concedere al lavoratore, sino ai 30 anni compiuti, un congedo giovanile della durata massima complessiva di una settimana di lavoro per consentirgli di svolgere un'attività giovanile extra-scolastica non retribuita, direttiva, assistenziale o consultiva, in un'organizzazione culturale o sociale, nonché di formarsi e perfezionarsi in questo campo.

[2] Il lavoratore non ha diritto al salario durante il congedo giovanile. Una deroga a favore del lavoratore può venire stabilita per accordo, contratto normale o contratto collettivo di lavoro.

[3] Il momento e la durata del congedo giovanile sono fissati di comune intesa dal datore di lavoro e dal lavoratore, tenuto conto dei loro interessi rispettivi. In caso di mancata intesa, il congedo dev'essere concesso qualora il lavoratore abbia già da due mesi annunciato al datore di lavoro l'intenzione di far valere la sua pretesa. I giorni di congedo non goduti decadono alla fine dell'anno civile.

[4] A richiesta del datore di lavoro, il lavoratore deve fornire la prova delle sue attività e funzioni giovanili extrascolastiche.

Literatur

FRITZ, Urlaub für ausserschulische Jugendarbeit, SAZ 16/1990, Sonderdruck; vgl. ausserdem die Literaturhinweise zur Einleitung vor Art. 319 ff.

1 Mit Art. 329e wurde am 1.1.1991 eine Bestimmung wirksam, deren Einfügung ins Arbeitsvertragsrecht durch das gleichzeitige Inkraftsetzen des Bundesgesetzes vom 6.10.1989 über die Förderung der ausserschulischen Jugendarbeit (JFG, SR 446.1) ausgelöst wurde. Das JFG wurde mittlerweile durch das Bundesgesetz vom 30.9.2011 über die Förderung der ausserschulischen Arbeit mit Kindern und Jugendlichen abgelöst (KJFG, SR 446.1). Der Gesetzgeber wertet mit Art. 329e die Tätigkeiten auf, die junge Arbeitnehmer freiwillig und unentgeltlich zur Jugendarbeit beisteuern; weiter gewährt er ihnen die Möglichkeit, ihre eigene Persönlichkeitsentwicklung durch soziales Engagement zu fördern. Da dadurch die **freiwillige Jugendarbeit** für Interessierte an Attraktivität gewinnt, wird mittelbar auch der gesellschaftliche Stellenwert der entsprechenden kulturellen und sozialen Organisationen gewürdigt. Der erste und dritte Absatz sind zugunsten der Arbeitnehmer zwingend.

2 Den Extraurlaub für ausserschulische Jugendarbeit können nur Arbeitnehmer **bis** zum vollendeten **30. Altersjahr** einfordern. Ob es sich dabei um lernende Personen oder sonstige Arbeitnehmer handelt, ist nicht von Bedeutung. In Art. 5 lit. a KJFG wird die ausserschulische Arbeit umschrieben als verbandliche und offene Arbeit mit Kindern und Jugendlichen samt niederschwelligen Angeboten. Von Art. 329e Abs. 1 sind aber nur Tätigkeiten in einem sozialen oder kulturellen Rahmen erfasst; berufliche, kommerzielle, familiäre und unorganisierte Aktivitäten scheiden aus. Die auf Jugendarbeit ausgerichtete Gruppierung kann dabei verschiedene gesellschaftsrechtliche Ausgestaltungen (auch die Form einer einfachen Gesellschaft) annehmen; auch kann sie konkret recht unterschiedliche Aufgabenbereiche abdecken. Genannt seien hier: Studierendenorganisationen, Pfadfinderbewegung, Jugendaustauschorganisationen, Theatergesellschaften, Chöre, sportliche oder kirchliche Organisationen, Samaritervereine, Parteijugendorganisationen usw.

Nicht jede Teilnahme an ausserschulischer Jugendarbeit, sondern nur **leitende, betreuende oder beratende Funktionen** lösen einen *Anspruch auf Urlaub* aus. Mit Blick auf den gesetzlichen Zweck, die ausserschulische Jugendarbeit zu fördern, genügt jede Übernahme von Aufgaben, die wesentlich über diejenigen des durchschnittlichen Teilnehmers hinausgehen, z.B. Betreuung von jugendlichen Behinderten, Führung einer Kleingruppe, Mitwirkung oder Beratung bei der Vorbereitung, Organisation und Leitung von Jugendlagern, Kursen oder Diskussionsabenden (Streiff/von Kaenel/Rudolph, N 5). 3

Miterfasst sind auch **Aus- und Weiterbildungskurse**, die auf die Übernahme entsprechender Aufgaben vorbereiten. Ausgeschlossen sind dagegen Ausbildungsangebote aus dem Bereich der Allgemeinbildung wie z.B. Sprachkurse oder Handwerkslehrgänge. Die Tätigkeit hat unentgeltlich zu erfolgen; der Arbeitnehmer darf somit keine lohnähnlichen Leistungen erhalten. Die Gewährung eines Taschengeldes und die Erstattung von Spesen sind aber erlaubt. 4

Sofern nichts anderes bestimmt ist, **entfällt** die **Lohnzahlungspflicht** des Arbeitgebers für die Zeit des eingezogenen Jugendurlaubs (Art. 329e Abs. 2). Zur Rolle des Jugendurlaubs bei der Kürzung der Ferien vgl. Art. 329b Abs. 2. 5

Über die **Dauer** und den **Zeitpunkt** des beanspruchten Urlaubs haben sich Arbeitgeber und Arbeitnehmer unter Berücksichtigung der beiderseitigen Interessen zu einigen, wobei der Anspruch auf höchstens eine Arbeitswoche (einschliesslich Schultage bei lernenden Personen) geht. Der Jugendurlaub kann auch in Raten bezogen werden und setzt nicht voraus, dass das entsprechende Dienstjahr bereits abgelaufen ist (ZK-Staehelin, N 7; Streiff/von Kaenel/Rudolph, N 7). Verständigen sich die Parteien nicht, kann der Urlaub bezogen werden, wenn der Arbeitnehmer die Geltendmachung seines Anspruches zwei Monate im Voraus seinem Arbeitgeber angezeigt hat (Art. 329e Abs. 3). Gleichwohl gehen in Ausnahmefällen dringende und unvorhergesehene betriebliche Bedürfnisse dem Urlaubsanspruch des Arbeitnehmers vor (AB 1988 N 1868). Am Ende eines Kalenderjahres verfallen nichtbezogene Jugendurlaubstage eines vollendeten Dienstjahres. Wegen der einseitig zwingenden Natur von Art. 329e Abs. 3 kann im Arbeitsvertrag aber zugunsten des Arbeitnehmers eine Übertragung auf das nächste Jahr vorgesehen werden. 6

Der Arbeitgeber kann vom Arbeitnehmer den **Nachweis** über seine **Tätigkeiten und Funktionen** in der Jugendarbeit verlangen (Art. 329e Abs. 4). Die Vorschrift dient dazu, offensichtlichen Missbräuchen bei Bezug von Jugendurlauben entgegenzuwirken. Diese Bestätigung kann nicht vom Arbeitnehmer selbst erbracht werden, sondern muss von einer Drittperson, namentlich von höheren Kadermitgliedern der in Frage stehenden kulturellen oder sozialen Organisation stammen. 7

Art. 329*f*

4. Mutterschafts-urlaub	**Nach der Niederkunft hat die Arbeitnehmerin Anspruch auf einen Mutterschaftsurlaub von mindestens 14 Wochen.**
4. Congé de maternité	En cas de maternité, la travailleuse a droit, après l'accouchement, à un congé d'au moins 14 semaines.
4. Congedo di maternità	Dopo il parto la lavoratrice ha diritto a un congedo di maternità di almeno 14 settimane.

Literatur

Bruchez, La nouvelle assurance-maternité et ses effets sur le droit du contrat de travail, SJ 2005 II, 247 ff.; Martin/von Kessel-Regazzoni, Bundesrat verabschiedet Bericht zum Vaterschafts- und Elternurlaub, CHSS 2013, 316 f.; vgl. ausserdem die Literaturhinweise zur Einleitung vor Art. 319 ff. und zu Art. 324a.

1 Nach Art. 329f hat die Arbeitnehmerin nach der Niederkunft einen Anspruch auf einen Mutterschaftsurlaub von mindestens 14 Wochen. Art. 329f gewährt bloss einen *Anspruch auf Befreiung von der Arbeitsleistung*, ordnet selbst aber keine Lohnzahlungspflicht an.

Im Normalfall erhält die Arbeitnehmerin eine *Mutterschaftsentschädigung* aus der obligatorischen Mutterschaftsversicherung, die im Rahmen des Erwerbsersatzgesetzes geregelt ist (Näheres in Art. 324a N 36 ff.), während der Arbeitgeber von einer Fortzahlung des Lohns befreit ist. Nach der hier vertretenen Ansicht verbleibt immerhin eine *Lohnfortzahlungspflicht* des Arbeitgebers:

2 – Im Fall von ausnahmsweise nicht versicherten Arbeitnehmerinnen aufgrund von Art. 324a Abs. 1 (vgl. Art. 16b EOG; Näheres in Art. 324a N 38).

3 – Falls die für die beschränkte Zeit i.S.v. Art. 324a geschuldeten Versicherungsleistungen nicht mindestens 80% des darauf entfallenden Lohns decken. Dies kann insb. wegen des beschränkten Tagessatzes der Versicherung der Fall sein. Der Arbeitgeber hat dann die Differenz gem. Art. 324b Abs. 2 auszugleichen (umstr.; zur Begründung s. Art. 324a N 39).

4 – Falls weitergehende Zusagen im EAV, GAV oder NAV zu Leistungen verpflichten. Für solche Fälle sieht Art. 19 Abs. 2 ATSG vor, dass Taggelder und ähnliche Entschädigungen in dem Ausmass dem Arbeitgeber zukommen, als er der versicherten Person trotz der Taggeldberechtigung Lohn zahlt (s.a. Art. 324a N 40).

5 – Bei einem Aufschub des Mutterschaftsurlaubs i.S.v. Art. 16c Abs. 2 EOG (längerer Spitalaufenthalt des neu geborenen Kindes; Näheres in Art. 324a N 41).

6 Art. 329f gewährt nur einen Anspruch, aber *keine Pflicht zum Bezug* des Mutterschaftsurlaubs. Die Arbeitnehmerin kann somit ganz oder teilweise darauf verzichten, den Mutterschaftsurlaub anzutreten, wobei aber ein im Voraus erklärter Verzicht wegen der einseitig zwingenden Natur von Art. 329f unwirksam wäre. Sobald die Mutter ihre Erwerbstätigkeit wieder aufnimmt, endet der Anspruch auf Mutterschaftsentschädigung (Art. 16d EOG). Zu beachten ist jedoch, dass im Geltungsbereich des Arbeitsgesetzes ein zwingendes Arbeitsverbot während der ersten acht Wochen nach der Niederkunft besteht, das auch die Arbeitnehmerin bindet (Art. 35a Abs. 3 ArG). Auch anschliessend kann die Arbeitnehmerin bis zur 16. Woche nach der Niederkunft bzw. bis zum Ende der Stillzeit der Arbeit unter Berufung auf das Arbeitsschutzrecht fernbleiben (Art. 35a Abs. 1 und 3 ArG). Allerdings ist der Anspruch auf Lohnfortzahlung unter diesen Umständen erheblich beschränkt, so dass insofern von einer *Obliegenheit* zum Bezug des Mutterschaftsurlaubs gesprochen werden kann (Art. 324a N 42).

7 Der Mutterschaftsurlaub nach Art. 329f wurde vom Gesetzgeber mit der Mutterschaftsentschädigung nach Art. 16b EOG koordiniert. Damit nicht ein Entschädigungsanspruch nach EOG bestehen, gleichzeitig aber ein Urlaubsanspruch nach OR fehlen kann, ist der **Begriff der Niederkunft** in Art. 329f im sozialversicherungsrechtlichen Sinne von Art. 23 EOV zu verstehen (STREIFF/VON KAENEL/RUDOLPH, N 5). Entscheidend ist danach einzig, dass das Kind lebensfähig geboren wird oder dass die Schwangerschaft mindestens 23 Wochen gedauert hat. Der Niederkunft nicht gleichgestellt wurde die Adoption.

8 Nach dem Wortlaut von Art. 329f besteht der Anspruch auf Mutterschaftsurlaub «nach der Niederkunft», ohne dass genauere Angaben über den Antritt und einen allfälligen Bezug in Raten gemacht werden. Auch hier ist sinnvollerweise auf EOG und EOV abzustellen (STREIFF/VON KAENEL/RUDOLPH, N 7 f.). Das bedeutet:

- Grundsätzlich ist der Mutterschaftsurlaub am Tag der Niederkunft anzutreten, denn nach Art. 16c Abs. 1 EOG entsteht auch der Entschädigungsanspruch am Tag der Niederkunft.
- Bei längerem Spitalaufenthalt des neu geborenen Kindes kann die Arbeitnehmerin den Mutterschaftsurlaub aufschieben, bis das Kind nach Hause kommt (entsprechend dem Aufschub der Mutterschaftsentschädigung nach Art. 16c Abs. 2 EOG; zur Lohnzahlung während dieser Zeit Art. 324a N 41).

Der Zweck des Mutterschaftsurlaubs, die Arbeitnehmerin in der Anfangsphase nach der Niederkunft zu entlasten, muss zur *Verwirkung* des Anspruchs führen, wenn sie den Urlaub nicht rechtzeitig bezieht.

Art. 330

IX. Übrige Pflichten
1. Kaution

[1] Übergibt der Arbeitnehmer zur Sicherung seiner Verpflichtungen aus dem Arbeitsverhältnis dem Arbeitgeber eine Kaution, so hat sie dieser von seinem Vermögen getrennt zu halten und ihm dafür Sicherheit zu leisten.

[2] Der Arbeitgeber hat die Kaution spätestens bei Beendigung des Arbeitsverhältnisses zurückzugeben, sofern nicht durch schriftliche Abrede der Zeitpunkt der Rückgabe hinausgeschoben ist.

[3] Macht der Arbeitgeber Forderungen aus dem Arbeitsverhältnis geltend und sind diese streitig, so kann er die Kaution bis zum Entscheid darüber insoweit zurückbehalten, muss aber auf Verlangen des Arbeitnehmers den zurückbehaltenen Betrag gerichtlich hinterlegen.

[4] Im Konkurs des Arbeitgebers kann der Arbeitnehmer die Rückgabe der von dem Vermögen des Arbeitgebers getrennt gehaltenen Kaution verlangen, unter Vorbehalt der Forderungen des Arbeitgebers aus dem Arbeitsverhältnis.

IX. Autres obligations
1. Sûreté

[1] L'employeur doit tenir hors de son patrimoine la sûreté que le travailleur lui remet pour assurer l'exécution de ses obligations; il lui fournit une garantie pour sa conservation.

[2] L'employeur restitue la sûreté au plus tard à la fin du contrat à moins que la date de la restitution ne soit différée par un accord écrit.

[3] Si l'employeur fait valoir des prétentions contestées découlant du contrat de travail, il peut retenir la sûreté jusqu'à droit connu; à la demande du travailleur, il doit consigner en justice le montant retenu.

[4] Dans la faillite de l'employeur, le travailleur peut réclamer la sûreté que l'employeur a tenue hors de son patrimoine, sous réserve des prétentions de celui-ci qui découlent du contrat de travail.

IX. Altri obblighi
1. Cauzione

[1] Se il lavoratore fornisce al datore di lavoro una cauzione per assicurare l'adempimento degli obblighi derivantigli dal rapporto di lavoro, il datore di lavoro deve tenerla separata dal suo patrimonio e prestare garanzia per essa.

[2] Il datore di lavoro deve restituire la cauzione al più tardi alla fine del rapporto di lavoro in quanto la data della restituzione non sia stata differita per accordo scritto.

[3] Il datore di lavoro, se fa valere pretese contestate derivanti dal rapporto di lavoro, può trattenere la cauzione sino alla decisione, ma deve depositarla in giudizio a domanda del lavoratore.

[4] In caso di fallimento del datore di lavoro, il lavoratore può chiedere la restituzione della cauzione tenuta separata dal patrimonio del datore di lavoro, riservate le pretese di questo ultimo derivanti dal rapporto di lavoro.

Literatur

Vgl. die Literaturhinweise zur Einleitung vor Art. 319 ff.

Oft besteht das Bedürfnis, den Arbeitgeber im Voraus für seine Ansprüche (auf Schadenersatz, Herausgabe, Konventionalstrafen usw.) gegen den Arbeitnehmer zu sichern. Das ist besonders bei Arbeitsverhältnissen der Fall, bei denen der Arbeitnehmer eine wertvolle Kollektion von Mustern und Modellen oder eine Inkassovollmacht erhält (Handelsreisender), selbständig eine Kasse zu verwalten hat (Bankkassier) oder über ein Warenlager verfügt (Fi- 1 lialleiter). Die Möglichkeit des *Lohnrückbehalts* reicht hier meist nicht aus; denn sie ist durch Art. 323a stark beschränkt. Es wird daher häufig vereinbart, dass der Arbeitnehmer eine grössere Summe (in Geld, Wertpapieren, Forderungen usw.) als Kaution zu leisten habe, die er dem Arbeitgeber bei Dienstantritt übergibt. Ein gesetzlicher Anspruch auf Leistung einer Kaution besteht aber nicht. Zur **Sicherung der Kaution** stellt Art. 330 im Interesse des Arbeitnehmers gewisse Mindestanforderungen auf (Art. 362).

2 Der Arbeitgeber hat die Kaution aus seinem Vermögen *auszuscheiden* und dem Arbeitnehmer dafür *Sicherheit* zu leisten (Art. 330 Abs. 1). In welcher Weise das geschieht, ist nicht im Einzelnen vorgeschrieben. Es genügt z.B., dass Wertpapiere bei einer Bank mit entsprechender Zweckbestimmung deponiert werden oder dass eine dem Arbeitgeber übergebene Barkaution auf ein Konto bei einer Bank einbezahlt wird, die dem Arbeitnehmer eine Garantie leistet. Unzulässig ist es dagegen, wenn die Bank die Beträge einfach auf einem Kreditorenkonto gutschreibt. Mit Beendigung des Arbeitsverhältnisses ist im Zuge der Abwicklung auch die Kaution herauszugeben (vgl. auch Art. 339a Abs. 1). Art. 330 Abs. 2 sieht jedoch die Möglichkeit vor, den Zeitpunkt der Herausgabe durch schriftliche Abrede hinauszuschieben, etwa bis zu den erforderlichen Inventur- und anderen Abschlussarbeiten oder bis zur Revision und Genehmigung der Jahresrechnung.

3 Will der Arbeitgeber im Zeitpunkt der Rückerstattung mit Forderungen gegen den Arbeitnehmer **verrechnen** und werden diese Forderungen vom Arbeitnehmer bestritten, so kann er die Kaution bis zur beiderseitigen Verständigung oder gerichtlichen Entscheidung in Höhe der bestrittenen Forderungen zurückbehalten (Beispiel: AGer Locarno, SAE 2006, 34 f.), muss aber auf Verlangen des Arbeitnehmers den zurückbehaltenen Betrag gerichtlich hinterlegen (Art. 330 Abs. 3). Fällt der Arbeitgeber in Konkurs, so kommt es für die Behandlung der Rückgabeforderung darauf an, ob er seiner Ausscheidungspflicht nach Abs. 1 nachgekommen ist oder nicht. Wurde die Kaution nicht aus dem Vermögen des Arbeitgebers ausgeschieden, ist sie Bestandteil der Konkursmasse. Die Rückgabeforderung ist dann nach Art. 219 Abs. 4 SchKG eine in der Ersten Klasse privilegierte Konkursforderung. Ist der Arbeitgeber dagegen der Ausscheidungspflicht nachgekommen, hat der Arbeitnehmer nach Art. 330 Abs. 4 ein Aussonderungsrecht. Die Verrechnung einer Forderung gegen den Arbeitnehmer mit dessen Forderung auf Rückerstattung der Kaution unterliegt nicht der Beschränkung von Art. 323b Abs. 2, da die Forderung des Arbeitnehmers keine Lohnforderung darstellt.

4 Eine weitere Möglichkeit für den Arbeitgeber, sich gegen Schadenszufügung durch Mitarbeiter abzusichern, besteht darin, eine sog. **Vertrauensschadenversicherung** abzuschliessen. Diese bietet Schutz gegen Vermögensschäden, die durch bestimmte, von Mitarbeitern begangene strafbare Handlungen verursacht wurden. Sie kommt vor entweder als *Einzelversicherung*, abgeschlossen vom Arbeitnehmer als Versicherungsnehmer auf Veranlassung des begünstigten Arbeitgebers, oder als *Kollektivversicherung*, abgeschlossen vom Arbeitgeber als Versicherungsnehmer und Begünstigtem für die gesamte Belegschaft, für einen (aufgrund abstrakter Kriterien bestimmten) Teil davon oder für einzelne bestimmte Mitarbeiter.

Art. 330*a*

2. Zeugnis

[1] Der Arbeitnehmer kann jederzeit vom Arbeitgeber ein Zeugnis verlangen, das sich über die Art und Dauer des Arbeitsverhältnisses sowie über seine Leistungen und sein Verhalten ausspricht.

[2] Auf besonderes Verlangen des Arbeitnehmers hat sich das Zeugnis auf Angaben über die Art und Dauer des Arbeitsverhältnisses zu beschränken.

2. Certificat

[1] Le travailleur peut demander en tout temps à l'employeur un certificat portant sur la nature et la durée des rapports de travail, ainsi que sur la qualité de son travail et sa conduite.

[2] A la demande expresse du travailleur, le certificat ne porte que sur la nature et la durée des rapports de travail.

2. Attestato

[1] Il lavoratore può ognora chiedere al datore di lavoro un attestato che indichi la natura e la durata del rapporto di lavoro e si pronunci sulle prestazioni e sulla condotta del lavoratore.

[2] A richiesta esplicita del lavoratore, l'attestato deve essere limitato alla natura e alla durata del rapporto di lavoro.

Literatur

Bühler/Lefébure, De l'élaboration à la remise du certificat de travail, Zürich 2003; Class, Das Arbeitszeugnis und seine Geheimcodes, 7. Aufl., Zürich 2014; Collé/Meyer, Guide pratique du Certificat de travail, 2. Aufl., Basel 2010; Enzler, Der arbeitsrechtliche Zeugnisanspruch, Diss., Zürich 2012; Faesch, Das Arbeitszeugnis im schweizerischen Arbeitsvertragsrecht, Diss., Basel 1984; Janssen, Die Zeugnispflicht des Arbeitgebers, Diss., Bern 1996; Kälin, Haftung des Arbeitgebers gegenüber Dritten für unwahre Arbeitszeugnisse, SJZ 2007, 113 ff.; Kaufmann/Jorns, Zwischen Wahrheitspflicht und Wohlwollen, Anwaltsrevue 6–7/2002, 37 ff.; Lévy, Le certificat de travail, Fédération des syndicats patronaux, Genf 1991; Meyer, Le certificat de travail, ZSR 1991 I, 471 ff.; Müller R., Arbeitszeugnis, in: Stellenwechsel und Entlassung, Handbücher für die Anwaltspraxis (HAP), Bd. II, 2. Aufl., Basel 2012, 135 ff.; Müller/Thalmann, Streitpunkt Arbeitszeugnis, Basel 2012; Müller/Thalmann/Favre, Le certificat de travail en question, Basel 2014; Portman/Holenstein, Aktuelle Rechtsprobleme bei Arbeitszeugnissen, FS für Gabriel Aubert, Zürich/Basel/Genf 2015, 249 ff.; Portmann/Przezak, Haftung des Arbeitgebers gegenüber Dritten für fehlerhafte Arbeitszeugnisse – Delikts- oder Vertrauenshaftung?, ArbR 2012, 13 ff.; Rudolph, Zankapfel Arbeitszeugnis, in: Jahrbuch Treuhand und Revision 2012; Verde, Haftung für Arbeitszeugnis, Empfehlungsschreiben, Referenzauskunft und Referenzschreiben, recht 2010, 144 ff.; vgl. ausserdem die Literaturhinweise zur Einleitung vor Art. 319 ff.

Als Ausfluss der Fürsorgepflicht statuiert Art. 330a die Pflicht des Arbeitgebers, dem Arbeitnehmer auf dessen Verlangen ein Zeugnis auszustellen. Der Arbeitnehmer kann das Zeugnis jederzeit verlangen, d.h. *während des Arbeitsverhältnisses* (**Zwischenzeugnis**), bei dessen *Beendigung* oder auch nachher (**Schlusszeugnis**). Letzter Zeitpunkt ist nach der allgemeinen Verjährungsfrist von Art. 127 zehn Jahre nach Beendigung des Arbeitsverhältnisses (CAPH GE, JAR 2000, 287; die kürzere Frist von Art. 128 Ziff. 3 betrifft nach ihrem Sinn nur Lohnforderungen, so h.L.; **a.A.** OGer ZH, JAR 1981, 274). Der Anspruch auf Ausstellung eines Arbeitszeugnisses ist persönlicher Natur und kann weder vererbt noch gepfändet noch abgetreten werden (GSGer BS, JAR 2013, 444). Da der Zeugnisanspruch zu Gunsten des Arbeitnehmers zwingend ist, kann dieser auf die Ausstellung des Zeugnisses für die Zukunft *nicht rechtswirksam verzichten* (s. aber Art. 328b N 45 für den Fall, wenn der ausgeschiedene Arbeitnehmer die Vernichtung des Personaldossiers verlangt, bevor ein qualifiziertes Zeugnis ausgestellt ist). Auch hat der Arbeitgeber *kein Retentionsrecht* bis zur Begleichung von Gegenforderungen. 1

Allerdings ist der Arbeitgeber während einer Strafuntersuchung gegen einen Arbeitnehmer wegen Verdachts einer Straftat zu Lasten des Arbeitgebers grundsätzlich nicht zur Ausstellung eines Zeugnisses verpflichtet. Ohne vollständige Abklärung des Sachverhalts, der Gegenstand der Strafuntersuchung bildet, besteht die Gefahr der Auslassung wesentlicher Tatsachen, wodurch ein unzutreffendes Bild der Leistung und des Verhaltens entstehen kann (BGer, JAR 1998, 167: Ablehnung des Begehrens auf Zeugniserteilung durch die kantonalen Gerichte im summarischen Befehlsverfahren ist nicht willkürlich). 2

Der Arbeitnehmer hat die Wahl zwischen einem *qualifizierten Zeugnis* (**Vollzeugnis**) und einem *einfachen Zeugnis* (**Arbeitsbestätigung**). Mangels Wahlobligation nach Art. 72 wird der Zeugnisanspruch mit der Ausübung des Wahlrechts nicht konsumiert, so dass der Arbeitnehmer nach Erhalt einer Arbeitsbestätigung gleichwohl noch ein Vollzeugnis oder umgekehrt fordern kann (BGE 129 III 179). Der Arbeitgeber darf nur auf ausdrückliches Verlangen des Arbeitnehmers ein einfaches Arbeitszeugnis ausstellen (KGer GR, JAR 2009, 540). Ein qualifiziertes Arbeitszeugnis muss sich – neben der Art und der (rechtlichen, nicht der tatsächlichen: AGer ZH, JAR 1994, 163) Dauer der Beschäftigung – sowohl zu den Leistungen 3 wie auch zum Verhalten des Arbeitnehmers aussprechen. Der Arbeitnehmer, der sich für ein Vollzeugnis entscheidet, hat kein Wahlrecht, entweder nur seine Leistungen oder nur sein Verhalten beurteilen zu lassen (BGE 129 III 180).

4 Das qualifizierte Zeugnis muss **vollständig** sein, d.h. es muss alle wesentlichen Tatsachen und Bewertungen enthalten, die für die Gesamtbeurteilung des Arbeitnehmers von Bedeutung sind. Es soll künftigen Arbeitgebern ein möglichst getreues Abbild von Tätigkeit, Leistung und Verhalten des Arbeitnehmers geben, weshalb es bezüglich der Leistungen des Arbeitnehmers auch negative Tatsachen erwähnen darf und muss, soweit diese für seine Gesamtbeurteilung erheblich sind (BGE 136 III 511). Es muss zwingend die Personalien, eine präzise und detaillierte Beschreibung der Tätigkeiten und der Funktion innerhalb des Betriebs, Angaben über Beginn und Ende des Arbeitsverhältnisses, eine Bewertung der Qualität der geleisteten Arbeit wie auch des Verhaltens des Arbeitnehmers im Betrieb enthalten (CAPH GE, JAR 1999, 212; KGer GR, JAR 2001, 229). Begrenzt wird das Erfordernis der Vollständigkeit durch Art. 328b Satz 1, wonach sich die Angaben auf die *Eignung für das Arbeitsverhältnis oder die Durchführung des Arbeitsvertrages* beziehen müssen, ferner durch den Grundsatz der *Verhältnismässigkeit* (Art. 4 Abs. 2 DSG), der das Weglassen von Unwesentlichem gebietet; einmalige Vorfälle und Umstände, die für den Arbeitnehmer nicht charakteristisch sind, dürfen daher nicht in das Zeugnis aufgenommen werden.

5 Auf Wunsch des Arbeitnehmers ist die Art der Auflösung des Arbeitsverhältnisses (insb. Kündigung durch den Arbeitnehmer, einvernehmliche Beendigung) sowie der Beendigungsgrund (z.B. berufliche Weiterentwicklung, Entlassung aus wirtschaftlichen Gründen) in den Zeugnistext aufzunehmen (AGer ZH, JAR 1988, 251; AGer ZH, JAR 2009, 693). Gegen den Wunsch des Arbeitnehmers sind darüber nur Angaben zu machen, wenn dies für die Darstellung des Gesamtbilds wesentlich ist (AGer ZH, JAR 2009, 693; AGer ZH, JAR 2005, 501; KGer GR, JAR 2001, 229; s.a. BGer, JAR 2004, 308). Der blosse (auch dringende) Verdacht einer strafbaren Handlung sowie Vorstrafen, Krankheiten und ausserdienstliche Umstände, die für Leistungen und dienstliches Verhalten des Arbeitnehmers nicht wesentlich waren, dürfen nicht erwähnt werden (AGer ZH, JAR 2006, 565: Erwähnung der geheilten Krankheit im Hinblick auf die kurze Dauer des Arbeitsverhältnisses unzulässig; AGer ZH, JAR 2004, 598: i.c. Erwähnung der manisch-depressiven Krankheit zulässig), desgleichen nicht seine Zugehörigkeit zur Betriebskommission oder zu einer politischen oder beruflichen Organisation, soweit dies für sein berufliches Fortkommen hinderlich sein kann. Umgekehrt ist eine Krankheit des Arbeitnehmers auch gegen dessen Willen namentlich dann zu erwähnen, wenn sie einen erheblichen Einfluss auf Leistung oder Verhalten des Arbeitnehmers hatte oder seine Eignung zur Erfüllung der bisherigen Aufgaben in Frage stellte und damit einen sachlichen Grund zur Auflösung des Arbeitsverhältnisses bildete (BGE 136 III 511, 513; Voraussetzung i.c. erfüllt, da der Arbeitnehmer während mehr als eines Jahres seine bisherige Tätigkeit nicht ausüben konnte und bei Beendigung des Arbeitsverhältnisses nicht absehbar war, ob und wann er dazu wieder in der Lage sein wird). Demgegenüber darf eine geheilte Krankheit, welche die Beurteilung der Leistung und des Verhaltens nicht beeinträchtigt, nicht in das Zeugnis aufgenommen werden. Allgemein sind längere Arbeitsunterbrüche (z.B. auch Freistellungen) zu erwähnen, wenn sie im Verhältnis zur gesamten Vertragsdauer erheblich ins Gewicht fallen und daher ohne Erwähnung bezüglich der erworbenen Berufserfahrung ein falscher Eindruck entstünde (BGE 136 III 512; Praxisübersicht bei STREIFF/VON KAENEL/RUDOLPH, N 3e).

6 Die tatsächlichen Angaben des Zeugnisses müssen **objektiv richtig (wahr)** sein. Aus der Fürsorgepflicht folgt, dass das Zeugnis grundsätzlich *wohlwollend* zu formulieren ist, so dass z.B. die Bescheinigung «stets korrekt» in einem Arbeitszeugnis auch dann zulässig sein kann, wenn es unter besonderen Umständen zu einem einmaligen Fehlverhalten gekommen ist (GSGer BS, JAR 2011, 428). Das Zeugnis darf keine versteckten oder verletzenden Anspielungen enthalten (CAPH GE, JAR 1999, 212). Der Arbeitgeber muss sich aber nicht durch verharmlosende Darstellungen Prozessrisiken aussetzen, sei dies im Verhältnis zum Arbeitnehmer (z.B. hinsichtlich einer missbräuchlichen Kündigung) oder zu Dritten (insb. zukünftigen Arbeitgebern, N 11; STREIFF/VON KAENEL/RUDOLPH, N 3). Massgebend bei der Auflistung der wichtigen Funktionen und der das Arbeitsverhältnis prägenden Tätigkeiten des Arbeitnehmers ist nicht die vertraglich vereinbarte, sondern die tatsächlich ausgeübte Tätigkeit (BGer, ARV 2010, 26). In Abweichung von den objektiven Tatsachen ist nach Teilen der Gerichtspraxis im Fall einer ungerechtfertigten fristlosen Entlassung nicht das wirkliche Beendigungsdatum anzugeben, sondern der Tag, auf den das Arbeitsverhältnis ordentlich kündbar gewesen wäre (AGer ZH, JAR 2013, 617 f. und JAR 2009, 694; AGer ZH, ZR 2002, 234; **a.A.** OGer ZH, JAR 1996, 274 f.). Dem Arbeitnehmer kann aber auch in dieser Konstellation nicht bescheinigt werden, er sei auf eigenen Wunsch ausgeschieden (AGer ZH, JAR 2013, 617 f.). Tritt der Arbeitnehmer vor dem nächsten ordentlichen Kündigungstermin eine neue Stelle an, so ist das Ende des dem Stellenantritt vorangehenden Monats als Beendigungsdatum zu nennen (AGer ZH, JAR 2009, 694). Das Zeugnis ist grundsätzlich dem wirklichen Ausstellungstag entsprechend zu datieren, da aus einem nach Beendigung des Arbeitsverhältnisses liegenden Datum nicht auf Probleme geschlossen werden kann (AGer ZH, JAR 2009, 694). Wird ein Zeugnis jedoch erst aufgrund eines längeren Gerichtsverfahrens ausgestellt oder in seinem Inhalt verändert, kann sich eine Rückdatierung aufdrängen (vgl. OGer ZH, ZR 1997, 39 f.; s.a. BVGer, 10.8.2012, A-5588/2007).

Werturteilen müssen die verkehrsüblichen Massstäbe zugrunde gelegt werden. Der Arbeitgeber darf nur dann eine offensichtlich negative Leistungsbeurteilung im Zeugnis vornehmen, falls er die von ihm aufgeführte Kritik durch Hinweise auf Tatsachen belegen kann; er muss aber nicht gegen seinen Willen die Leistung des Arbeitnehmers als voll zufriedenstellend bewerten (KGer GR, JAR 2001, 229). Vermag der Arbeitnehmer nicht zu beweisen, dass er überdurchschnittliche Leistungen erbracht hat, so kann er die Bewertung «à notre entière satisfaction» nicht verlangen (BGer, JAR 2008, 264). Nach dem nicht zu folgenden BGer, ARV 2014, 187 soll dem Ausdruck «zu unserer Zufriedenheit» keine versteckte abschätzige Bedeutung zuzuschreiben sein und dem Wortlaut nach kein signifikanter Unterschied zwischen den Formulierungen «zu unserer Zufriedenheit» («notre satisfaction») und «zu unserer vollen Zufriedenheit» («notre entière satisfaction») bestehen. **Codierte Zeugnisse**, die eingeweihten Lesern ein wesentlich anderes Bild als nicht eingeweihten vermitteln, verstossen wegen ihrer täuschenden Wirkung gegen den Grundsatz von Treu und Glauben (Art. 4 Abs. 2 DSG) und sind daher *unzulässig* (Fallbeispiel: BVGer, 10.8.2012, A-5588/2007 und BGer, JAR 2014, 115). Nach BGer, ARV 2014, 187 kann der Arbeitgeber aber einen prägnanten anstelle eines empathischen Stils wählen. 7

Der Arbeitnehmer hat keinen Anspruch auf bestimmte Klauseln oder Floskeln (BK-REHBINDER/STÖCKLI, N 13; AGer ZH, ZR 1997, 170; VGer SZ, JAR 2003, 269), so z.B. nicht auf die oft anzutreffende Freizeichnungsklausel («verlässt die Firma frei von jeder Verpflichtung», die vor allem in Bezug auf Schadenersatzansprüche und nachwirkende Konkurrenzverbote bedeutsam ist), ebenso nicht auf Dankesworte und Zukunftswünsche (BGer, ARV 2004, 163; AGer ZH, JAR 2013, 617). 8

Das Zeugnis ist schriftlich zu verfassen und hat in **formeller Hinsicht** den üblichen Anforderungen zu genügen. Es ist als solches zu kennzeichnen und sorgfältig auszufertigen. Für die Unterzeichnung des Zeugnisses als Vertreter des Arbeitgebers kommen aus Gründen des Persönlichkeitsschutzes nur Vorgesetzte in leitender Stellung in Betracht (allenfalls gemeinsam mit einem Vertreter aus der Personalabteilung), weil die Zeugnisausstellung durch Untergeordnete oder Mitarbeiter kränkend wirkt (KGer NW, JAR 1998, 168). Ein Zeugnis ist grundsätzlich in der am Arbeitsort gebräuchlichen *Sprache* zu verfassen. Ist die Arbeitssprache eine andere, so hat der Arbeitnehmer Anspruch auf ein Zeugnis, das in beiden Sprachen verfasst ist (BGer, JAR 2008, 265). 9

Der Anspruch auf Ausstellung eines Zeugnisses ist mit einer **Leistungsklage** durchsetzbar. Eine vorgängige Einigung der Parteien über den Inhalt des Zeugnisses ist dabei nicht erforderlich. Der Arbeitnehmer kann (muss aber nicht) einen bestimmten Zeugnistext zum Klagege- 10 genstand erheben (AGer BE, JAR 1991, 216; unklar BGE 129 III 177 E. 3.3; weiterführend zu dieser Frage STREIFF/VON KAENEL/RUDOLPH, N 5). Ist der Arbeitnehmer nach Erhalt des Zeugnisses der Auffassung, dessen Inhalt sei unrichtig oder unvollständig, kann er beim zuständigen Gericht eine *Berichtigungsklage* erheben (BGE 129 III 180). Dabei obliegt es grundsätzlich dem Arbeitnehmer, die Tatsachen zu beweisen, welche die Ausstellung eines inhaltlich abweichenden Zeugnisses rechtfertigen. Dem Berichtigungsbegehren kann allerdings schon dann entsprochen werden, wenn das Zeugnis (nicht bloss eine neutrale, sondern) eine negative Beurteilung enthält und der Arbeitgeber diese nicht rechtfertigen kann (BGer, JAR 2008, 264). Es ist Aufgabe des Arbeitnehmers, im Abänderungsprozess den gewünschten Zeugnistext konkret zu formulieren (BGer, 18.9.2014, 4A_270/2014). Von welchem *Streitwert* ausgegangen werden soll, ist unklar (Praxisübersicht bei STREIFF/VON KAENEL/RUDOLPH, N 6). Während sich z.B. das Zürcher und Luzerner Obergericht grundsätzlich für einen Monatslohn ausgesprochen haben (OGer ZH, JAR 1990, 219; OGer LU, JAR 2013, 508 mit tieferen Ansätzen, wenn nur eine Zeugnisabänderung oder eine Arbeitsbestätigung verlangt wird), lehnt das BGer eine schematische Festlegung losgelöst vom konkreten Fall ab. Wie wichtig das Zeugnis objektiv sei, hänge von der Situation auf dem Arbeitsmarkt ab sowie von der Funktion und Qualifikation des Arbeitnehmers. Der Streitwert sei auch nicht schematisch danach zu bemessen, ob das Zeugnis ganz oder teilweise umstritten sei. Massgebend sei vielmehr, ob es beim Streit um wesentliche Punkte gehe (BGer, ARV 2013, 247; ähnlich OGer BE, plädoyer 6/2014, 58). In Betracht fallen Kriterien wie Beruf, Qualifikation, Funktion, Dauer des Arbeitsverhältnisses, Lohnniveau und Situation auf dem Arbeitsmarkt (BGer, ARV 2010, 265; vor BGer hat der Arbeitnehmer die entsprechenden Elemente darzulegen, die es erlauben, den Streitwert ohne weiteres zu schätzen). Hat der Arbeitnehmer das Zeugnis zweimal zuhanden des Arbeitgebers als valabel bezeichnet, so hat dieses als genehmigt zu gelten, weshalb der Arbeitnehmer nicht mehr darauf zurückkommen kann (CAPH GE, JAR 1999, 212). Der Anspruch auf Ausstellung eines Zeugnisses verjährt in 10 Jahren (N 1). Aus diesem Umstand wird bisweilen die Pflicht des Arbeitgebers abgeleitet, während dieses Zeitraums alle zeugnisrelevanten Daten aufzubewahren (GEISER/MÜLLER, Rz 460).

11 Stellt der Arbeitgeber innert nützlicher Frist kein oder ein nicht den gesetzlichen Anforderungen entsprechendes Zeugnis aus, so **haftet** er *dem Arbeitnehmer* für den daraus entstandenen Schaden nach Art. 97 ff. (CAPH GE, JAR 2000, 287). Dieser kann namentlich in der Erschwerung der Stellensuche für den Arbeitnehmer liegen (CAPH GE, JAR 1999, 212: ein mehr als viermonatiges Zuwarten stellt eine bewusste Verletzung der vertraglichen Verpflichtungen dar; s.a. BGer, ARV 2014, 33 für den Parallelfall einer falschen und abwertenden Referenzerteilung). Der Nachweis der geforderten Kausalität ist allerdings oft schwierig (beispielhaft BGer, JAR 2014, 115). Andererseits können qualifizierte Zeugnisse, die unrichtige Angaben enthalten oder wesentliche Vorkommnisse (z.B. eine Veruntreuung) verschweigen, zur Schadenersatzpflicht *gegenüber Dritten*, insb. neuen Arbeitgebern, führen (BGE 101 II 69). Die vom BGer auf Art. 41 gestützte Haftung stellt in Wirklichkeit eine (damals noch nicht als solche erkannte) Konstellation der Vertrauenshaftung dar (PORTMANN/PRZEZAK, ArbR 2012, 13 ff.; PORTMANN, FS für Hans Peter Walter, Bern 2005, 187). Der Arbeitgeber kann daher solche Zeugnisse zurückverlangen und muss Dritte nach Möglichkeit warnen. In AGer ZH, JAR 2008, 537 wurde einem Rückforderungsbegehren des Arbeitgebers mit Blick auf die Interessen des Rechtsverkehrs trotz des Umstandes entsprochen, dass dem Arbeitgeber die (im Zeugnis nicht einmal angedeuteten) Vermögensdelikte seines Bankangestellten im Zeitpunkt der Ausstellung des Zeugnisses bereits bekannt waren.

12 Ähnliche Probleme wie beim Zeugnis stellen sich auch bei der **Referenz**. Sie ist eine Auskunft an einen Dritten und soll die Feststellungen des Zeugnisses vertiefen. Ihr Inhalt sind daher Leistungen und Verhalten am Arbeitsplatz (AGer ZH, JAR 1999, 199). In BGer, ARV 2014, 33 wurde die grundsätzliche Haftung des Arbeitgebers für eine falsche und stark abwertende Referenzerteilung bejaht. Vgl. im Übrigen die Darstellung beim Datenschutz: zum Einholen von Referenzen Art. 328b N 39; zum Erteilen von Referenzen Art. 328b N 43.

Art. 330*b*

3. Informationspflicht

[1] Wurde das Arbeitsverhältnis auf unbestimmte Zeit oder für mehr als einen Monat eingegangen, so muss der Arbeitgeber spätestens einen Monat nach Beginn des Arbeitsverhältnisses den Arbeitnehmer schriftlich informieren über:

a. die Namen der Vertragsparteien;
b. das Datum des Beginns des Arbeitsverhältnisses;
c. die Funktion des Arbeitnehmers;
d. den Lohn und allfällige Lohnzuschläge;
e. die wöchentliche Arbeitszeit.

[2] Werden Vertragselemente, die nach Absatz 1 mitteilungspflichtig sind, während des Arbeitsverhältnisses geändert, so sind die Änderungen dem Arbeitnehmer spätestens einen Monat nachdem sie wirksam geworden sind, schriftlich mitzuteilen.

3. Obligation d'informer

[1] Lorsque le rapport de travail a été convenu pour une durée indéterminée ou pour plus d'un mois, l'employeur doit informer le travailleur par écrit, au plus tard un mois après le début du rapport de travail, sur les points suivants:

a. le nom des parties;
b. la date du début du rapport de travail;
c. la fonction du travailleur;
d. le salaire et les éventuels suppléments salariaux;
e. la durée hebdomadaire du travail.

[2] Lorsque des éléments faisant l'objet de l'information écrite obligatoire au sens de l'al. 1 sont modifiés durant le rapport de travail, les modifications doivent être communiquées par écrit au travailleur, au plus tard un mois après qu'elles ont pris effet.

3. Obbligo di informare

[1] Se il rapporto di lavoro è stato stipulato per una durata indeterminata o per più di un mese, il datore di lavoro deve informare per scritto il lavoratore, al più tardi un mese dopo l'inizio del rapporto di lavoro, su:

a. il nome dei contraenti;
b. la data d'inizio del rapporto di lavoro;
c. la funzione del lavoratore;
d. il salario e gli eventuali supplementi salariali;
e. la durata settimanale del lavoro.

[2] Se elementi contrattuali oggetto dell'obbligo di informare di cui al capoverso 1 sono modificati durante il rapporto di lavoro, le modifiche devono essere comunicate per scritto al lavoratore al più tardi un mese dopo la loro entrata in vigore.

Literatur

Pietruszak, Die Informationspflichten des Arbeitgebers gemäss Art. 330b OR, Jusletter 29.5.2006; Zimmerli, Die Informationspflicht des Arbeitgebers gemäss Art. 330b OR, recht 2007, 137 ff.; vgl. auch die Literaturhinweise zur Einleitung vor Art. 319 ff. und zu Art. 360a ff. Die nachfolgende Kommentierung von Art. 330b entspricht den einschlägigen Ausführungen in Portmann, Die flankierenden Massnahmen I und II zum Abkommen über die Freizügigkeit, in: Bilaterale Verträge I & II Schweiz – EU, Zürich/Basel/Genf 2007, 327 ff., ebenfalls publiziert in: ARV 2007, 1 ff.; TREX 2007, 290 ff. bzw. 296 ff.

I. Allgemeines

1 In Art. 330b wird der Arbeitgeber verpflichtet, bei Arbeitsverhältnissen, die auf unbestimmte Zeit oder für mehr als einen Monat eingegangen werden, den Arbeitnehmern spätestens einen Monat nach Beginn gewisse Vertragselemente schriftlich mitzuteilen. Gleiches gilt für Veränderungen von mitteilungspflichtigen Vertragselementen. Die Einfügung dieses Artikels erfolgte in teilweiser Anlehnung an die EG-Richtlinie 91/533/EWG des Rates vom 14.10.1991 über die Pflicht des Arbeitgebers zur Unterrichtung des Arbeitnehmers über die für seinen Arbeitsvertrag oder sein Arbeitsverhältnis geltenden Bedingungen, nach der die wichtigsten Bestandteile schriftlich festgehalten werden müssen. Art. 330b stellt indessen Anforderungen, die deutlich unter denjenigen dieser Richtlinie liegen (vgl. Botschaft, BBl 2004, 6585).

2 Zweck von Art. 330b ist es insb., für beide Parteien erhöhte Rechtssicherheit zu schaffen (einschränkend PIETRUSZAK, Rz 7) und den tripartiten Kommissionen (Art. 360b N 1 ff.) die Überprüfung der Arbeitsbedingungen zu erleichtern: aufgrund der schriftlichen Information soll für die Kommission ersichtlich werden, ab welchem Zeitpunkt eine Person in der Schweiz beschäftigt ist und welche Arbeitsbedingungen für das Arbeitsverhältnis gelten (Botschaft Personenfreizügigkeit, BBl 2004, 6585 f.).

3 Bestrebungen zum Erlass eines öffentlich-rechtlichen Sondergesetzes anstellte einer privatrechtlichen Lösung durch Einfügung eines entsprechenden Artikels in das OR konnten sich nicht durchsetzen (vgl. SECO, Bericht Ergebnisse Arbeitsgruppe, 14.6.2004, 9 f.). Ob das Ziel erreicht wird, durch die vorgeschriebene schriftliche Mitteilung den tripartiten Kommissionen eine effiziente Erfüllung ihrer Aufgaben zu ermöglichen, ist fraglich, da die Arbeitgeber ihnen gegenüber nicht verpflichtet sind, die betreffenden Angaben schriftlich bereit zu halten. Insoweit fehlt dem in Art. 360b Abs. 5 niedergelegten Recht der tripartiten Kommissionen auf Auskunft und Einsicht die erforderliche Basis (vgl. auch Art. 7 Abs. 2 EntsG). Auch haben die tripartiten Kommissionen gegenüber den Arbeitnehmern kein Auskunfts- und Einsichtsrecht (PIETRUSZAK, Rz 10).

II. Geltungsbereich

1. In sachlicher Hinsicht

4 Die Informationspflicht des Arbeitgebers nach Art. 330b besteht grundsätzlich gegenüber allen Arbeitnehmern, ist also nicht etwa auf ausländische bzw. entsandte Arbeitnehmer beschränkt und gelangt auch auf höhere leitende Angestellte und Spezialisten zur Anwendung (**a.A.** PIETRUSZAK, Rz 31). Voraussetzung ist indessen, dass das Arbeitsverhältnis auf unbestimmte Zeit oder für mehr als einen Monat eingegangen wurde. Diese Voraussetzung ist auch dann als erfüllt zu betrachten, wenn ein ursprünglich für weniger als einen Monat eingegangenes Arbeitsverhältnis nachträglich auf insgesamt mehr als einen Monat verlängert wird. Mehrere befristete Arbeitsverhältnisse sind – selbst im Falle zwischenzeitlicher Unterbrechungen – als einheitliches Arbeitsverhältnis zu behandeln, wenn ihre separate Eingehung nicht durch einen sachlichen Grund gerechtfertigt ist (s. Art. 334 N 8 zu den verpönten Kettenarbeitsverträgen). Infolge der relativ kurzen Karenzzeit von einem Monat werden auch Arbeitnehmer mit nicht kontingentierter Bewilligung für eine Dauer von weniger als vier Monaten erfasst (Botschaft Personenfreizügigkeit, BBl 2004, 6585).

2. In zeitlicher Hinsicht

5 Es fragt sich, ob Art. 330b auch für Arbeitsverhältnisse, die bereits vor seinem Inkrafttreten bestanden haben, zur Anwendung gelangt. Da der Gesetzgeber über diese Frage des intertemporalen Rechts keine besondere Bestimmung aufgestellt hat, kommen die Art. 1–4 SchlT ZGB zur Anwendung. Die allgemeine Regel der Nichtrückwirkung gem. Art. 1 SchlT ZGB wird durch Art. 2 SchlT ZGB eingeschränkt. Danach finden die Bestimmungen, die um der öffentlichen Ordnung und Sittlichkeit willen aufgestellt sind, mit deren Inkrafttreten auf alle Tatsachen Anwendung, soweit das Gesetz keine Ausnahme vorsieht. Art. 2 SchlT ZGB erfordert eine Abwägung der entgegenstehenden Interessen, d.h. des Interesses auf Vertrauensschutz einerseits und des öffentlichen Interesses an der Anwendung des neuen Rechts andererseits (M. VISCHER, Die allgemeinen Bestimmungen des schweizerischen intertemporalen Privatrechts, Zürich 1986, 97 m.w.H.). Bei neuem Privatrecht zwingender Natur ist regelmässig ein überwiegendes öffentliches Interesse an der Rückwirkung anzunehmen (BGE 117 II 455; M. VISCHER, 97 f.). Das gilt sogar selbst dann, wenn keine besondere zeitliche Dringlichkeit vorliegt (BGE 117 II 455). Da es sich bei Art. 330b um (einseitig) zwingendes Privatrecht handelt (N 30), ist somit in Anwendung von Art. 2 SchlT ZGB davon auszugehen, dass die

Arbeitgeber allen Arbeitnehmern die erforderlichen Angaben schriftlich mitzuteilen haben, auch wenn das Arbeitsverhältnis vor Inkrafttreten von Art. 330b begründet worden ist.

III. Form

Der Arbeitgeber hat die geforderten Informationen schriftlich und von sich aus, also nicht erst auf Verlangen des Arbeitnehmers zu erteilen. Art. 330b schreibt nicht vor, dass die Informationen in einem einheitlichen Schriftstück oder zur gleichen Zeit übermittelt werden müssen. Den Vorgaben wird somit auch durch Mitteilungen genügt, die aus verschiedenem Anlass gemacht worden sind. So werden etwa mit einem Anstellungsschreiben, das die Namen der Vertragsparteien, die Funktion des Arbeitnehmers und das Datum der Arbeitsaufnahme enthält, die Anforderungen von Art. 330b Abs. 1 lit. a–c erfüllt, während eine Lohnabrechnung dem Erfordernis von lit. d genügt (Botschaft Personenfreizügigkeit, BBl 2004, 6586). 6

Da Lohnabrechnungen heute regelmässig in Gestalt nicht unterschriebener Computerausdrucke zugestellt werden, ergibt sich daraus zugleich, dass die schriftliche Information gem. Art. 330b nicht die Einhaltung der einfachen Schriftlichkeit i.S.v. Art. 13 ff. verlangt (diese Bestimmungen sind ohnehin nur auf Verträge direkt anwendbar). Vorauszusetzen ist bloss, dass die Erklärung vom Arbeitgeber stammt und der Erklärungsinhalt schriftlich niedergelegt ist (im Ergebnis ebenso Brunner/Bühler/Waeber/Bruchez, N 3). Demnach müssen auch dem Arbeitnehmer zugestellte Kopien von Meldungen an die Sozialversicherungen genügen. 7

Wurde ein schriftlicher Arbeitsvertrag abgeschlossen, der alle von Art. 330b geforderten Elemente enthält, und wird dem Arbeitnehmer ein Exemplar ausgehändigt, ist der Informationspflicht auf jeden Fall Genüge getan. Gleiches muss auch gelten, wenn dem Arbeitnehmer ein Exemplar des für ihn geltenden Gesamtarbeitsvertrags übergeben wird, soweit sich daraus die mitzuteilenden Informationen unmittelbar ergeben, also z.B. der tatsächlich geschuldete Lohn genau dem gesamtarbeitsvertraglichen Mindestlohn entspricht. 8

Gegen Formulierungen, wonach durch Art. 330b «faktisch» oder «indirekt» das Schriftformerfordernis eingeführt worden sei (so z.B. Vischer/Müller, 90), ist nichts einzuwenden, solange daraus keine Fehlschlüsse gezogen werden. Art. 330b hat bloss die Bedeutung einer *Ordnungsvorschrift*. Demnach können Arbeitsverträge weiterhin mündlich gültig abgeschlossen werden (ebenso Geiser/Müller, Rz 275; vorbehalten bleiben Art. 344a Abs. 1 betreffend den Lehrvertrag und Art. 69 Abs. 2 SSG hinsichtlich des Heuervertrags der Seeleute). Auch an der Entstehung faktischer Arbeitsverträge i.S.v. Art. 320 Abs. 2 und 3 ändert sich nichts. Die Pflicht zur schriftlichen Mitteilung muss denn auch erst spätestens einen Monat nach Beginn des Arbeitsverhältnisses erfüllt werden. Selbst wenn sie bis zu diesem Zeitpunkt nicht erfüllt wird, ergeben sich daraus keine Konsequenzen für die Gültigkeit des Arbeitsvertrages: dieser fällt weder ex tunc noch ex nunc dahin. Die Verletzung der Informationspflicht kann jedoch Sanktionen anderer Art zur Folge haben (N 21 ff.). 9

IV. Inhalt

1. Im Allgemeinen

Dem Arbeitnehmer müssen fünf Informationen schriftlich übermittelt werden: der Name der Vertragsparteien, das Datum des Beginns des Arbeitsverhältnisses, die Funktion des Arbeitnehmers, der Lohn und allfällige Lohnzuschläge sowie die wöchentliche Arbeitszeit (Art. 330b Abs. 1 lit. a–e). Werden mitteilungspflichtige Vertragselemente während des Arbeitsverhältnisses geändert, müssen diese Änderungen dem Arbeitnehmer ebenfalls mitgeteilt werden (Art. 330b Abs. 2). Die gesetzliche Aufzählung der Arbeitsbedingungen, über die der Arbeitgeber zu informieren hat, ist abschliessend. Die Informationen sind grundsätzlich so konkret wie möglich zu erteilen. Eine schriftliche Verweisung auf eine mündliche Vereinbarung genügt nicht. 10

11 Die erwähnten Elemente müssen dem Arbeitnehmer auch mitgeteilt werden, wenn kein schriftlicher Arbeitsvertrag abgeschlossen wurde oder wenn über gewisse Elemente überhaupt keine Vereinbarungen getroffen worden sind. In diesem Fall ist der Arbeitnehmer über die Arbeitsbedingungen zu informieren, wie sie sich aufgrund des dispositiven oder zwingenden Rechts ergeben. So setzt der Arbeitsvertrag zwar voraus, dass die Arbeitsleistung entgeltlich erbracht wird, doch bildet eine übereinstimmende gegenseitige Willenserklärung der Parteien über die Lohnhöhe keine notwendige Bedingung. Fehlt eine Lohnbestimmung durch Einzel-, Normal- oder Gesamtarbeitsvertrag, hat der Arbeitgeber nach Art. 322 Abs. 1 den üblichen Lohn zu entrichten und demnach gem. Art. 330b Abs. 1 lit. d auch mitzuteilen. Lässt sich ein üblicher Lohn nicht ermitteln, ist die Lohnhöhe vom Gericht nach billigem Ermessen zu bestimmen (PORTMANN/STÖCKLI, Rz 228). Auch in diesem Fall ist der Arbeitgeber jedoch verpflichtet, den seiner Meinung nach geschuldeten Lohn anzugeben.

2. Name der Vertragsparteien

12 Art. 330b Abs. 1 lit. a verlangt zunächst die Bezeichnung des Namens der Vertragsparteien. Wenn (wie meistens) auf Arbeitgeberseite Unternehmen im Spiel sind, ist auf die Angabe der korrekten Firmenbezeichnung zu achten. Besondere Bedeutung kommt dieser Forderung in Konzernverhältnissen zu, wo eine Mehrheit von Gesellschaften mit möglicherweise ähnlich lautenden Geschäftsfirmen vorhanden ist. Soll die Arbeitgeberstellung mehreren Konzerngesellschaften zukommen (z.B. der Muttergesellschaft und einer Tochtergesellschaft), sind die Firmen aller beteiligten Gesellschaften anzugeben. Handelt es sich beim Arbeitgeber um eine einfache Gesellschaft, müssen die Namen aller Gesellschafter angegeben werden.

3. Beginn des Arbeitsverhältnisses

13 Gemäss Art. 330b Abs. 1 lit. b ist das Datum des Beginns des Arbeitsverhältnisses zu nennen. Es handelt sich dabei nicht etwa um den Zeitpunkt des Abschlusses des Arbeitsvertrags oder um denjenigen der effektiven Arbeitsaufnahme, sondern um das Datum des *rechtlichen* Beginns des Arbeitsverhältnisses.

4. Funktion des Arbeitnehmers

14 Die Angabe der Funktion des Arbeitnehmers, wie sie von Art. 330b Abs. 1 lit. c vorgeschrieben ist, verlangt eine Information über die Tätigkeit und die hierarchische Stellung des Arbeitnehmers. Sie ist so zu erteilen, dass sie der tripartiten Kommission eine Grundlage für die Vergleichbarkeit der Arbeitsbedingungen liefert. Gleichzeitig soll sie dem Arbeitnehmer im Falle der Anwendbarkeit eines GAV ermöglichen, seine Eingruppierung festzustellen. Eigentliche Stellenbeschreibungen, wie sie in der Praxis als Anhang zu schriftlichen Arbeitsverträgen zu finden sind, brauchen hingegen nicht abgegeben zu werden.

5. Lohn und Lohnzuschläge

15 Nach Art. 330b Abs. 1 lit. d ist über den Lohn und allfällige Lohnzuschläge zu informieren. Ein Fixlohn ist betragsmässig anzugeben, bei einem variablen Lohn sind die Berechnungsfaktoren zu nennen. Zum Begriff des Lohns gehören sämtliche Lohnbestandteile, z.B. auch (unbedingte oder bedingte) Sondervergütungen, die weder dem Grundsatz noch der Höhe nach vom Ermessen des Arbeitgebers abhängen. Gratifikationen fallen hingegen nicht unter diese Bestimmung.

6. Wöchentliche Arbeitszeit

16 Schliesslich muss der Arbeitgeber aufgrund von Art. 330b Abs. 1 lit. e auch die wöchentliche Arbeitszeit bekannt geben. Dabei genügt die Angabe des Umfangs (z.B. 40 Stunden pro Wo-

che); die Lage, d.h. die Verteilung der Arbeitszeit auf die Woche, muss nicht genannt werden. Im Entwurf zu den flankierenden Massnahmen II war noch die Nennung der täglichen *oder* der wöchentlichen Arbeitszeit vorgesehen (BBl 2004, 6599). Die Angabe der täglichen Arbeitszeit wurde vom Parlament jedoch gestrichen, da diese in der Schweiz unüblich ist und offenlässt, ob im Einzelfall die Fünf- oder die Sechstagewoche gilt (vgl. AB 2004 S 745).

Dennoch wirft die Regelung von Art. 330b Abs. 1 lit. e Fragen auf, da die mehr oder weniger festen Arbeitszeiten zunehmend durch flexible Arbeitszeitmodelle ergänzt oder verdrängt werden (so z.B. durch Jahresarbeitszeit, Lebensarbeitszeit, zielorientierte Arbeitszeit, PORTMANN/STÖCKLI, Rz 154 ff.). Dass der Gesetzgeber solche Arbeitszeitgestaltungen mittels der Ordnungsvorschrift von Art. 330b verbieten wollte, kann ausgeschlossen werden. Art. 330b sieht lediglich die Pflicht vor, über die *bestehenden* Arbeitsbedingungen zu informieren, kann daher bereits von seiner Intention her keine Auswirkungen auf die Zulässigkeit irgendwelcher Arbeitsbedingungen haben. Art. 330b Abs. 1 lit. e kann daher nur so verstanden werden, dass die wöchentliche Arbeitszeit einzig dann mitzuteilen ist, wenn eine solche vereinbart ist oder wenn sie sich im Voraus eindeutig bestimmen lässt. Das trifft in all den (zahlreichen) Fällen nicht zu, in denen dem Arbeitnehmer – etwa bei der gleitenden Arbeitszeit oder beim Job Sharing – oder dem Arbeitgeber – wie bei der Jahresarbeitszeit oder der Arbeit auf Abruf – ein *Gestaltungsspielraum* eingeräumt worden ist (Zuweisung der Zeitsouveränität). 17

Fraglich ist, ob vom Arbeitgeber zu verlangen ist, dass er in diesen Fällen *ersatzweise* den vereinbarten Umfang der zu erbringenden Arbeitsleistung schriftlich mitteilt (so der Vorschlag von PIETRUSZAK, Rz 30). Eine solche Pflicht lässt sich jedoch Art. 330b Abs. 1 lit. e nicht entnehmen. Ihre Annahme würde sich nur rechtfertigen, wenn von einer echten Lücke auszugehen wäre, die entsprechend gefüllt werden müsste. Mit Blick auf die heutige Verbreitung flexibler Arbeitszeitmodelle kann das Problem jedoch Bundesrat und Parlament nicht entgangen sein, so dass ein qualifiziertes Schweigen anzunehmen ist. In den Fällen, in denen eine Wochenarbeitszeit weder vereinbart noch im Voraus eindeutig bestimmbar ist, genügen somit nach der hier vertretenen Ansicht Angaben wie «gleitende Arbeitszeit», «Arbeit auf Abruf» usw. 18

V. Frist

Die erstmalige Erfüllung der Informationspflicht hat spätestens einen Monat nach Beginn des Arbeitsverhältnisses zu erfolgen. Entscheidend ist der rechtliche Beginn des Arbeitsverhältnisses. Nicht massgebend ist der Zeitpunkt des Abschlusses des Arbeitsvertrags. Ebenso wenig kommt es auf den Zeitpunkt der effektiven Arbeitsaufnahme an, der z.B. wegen Erkrankung des Arbeitnehmers aufgeschoben sein kann. Wenn ein befristetes Arbeitsverhältnis für weniger als einen Monat eingegangen worden ist, nach seinem Ablauf aber fortgesetzt wird, läuft die Frist vom ursprünglichen Beginn an und nicht erst ab der Verlängerung. 19

Werden mitteilungspflichtige Vertragselemente während des Arbeitsverhältnisses geändert, so sind die Änderungen dem Arbeitnehmer spätestens einen Monat, nachdem sie wirksam geworden sind, mitzuteilen. Für eine einseitige Änderung von Vertragselementen zulasten des Arbeitnehmers muss der Weg der Änderungskündigung beschritten werden. In diesem Fall werden die Änderungen frühestens mit dem Ablauf der Kündigungsfrist wirksam (BRUNNER/BÜHLER/WAEBER/BRUCHEZ, N 4), so dass die Frist zur Erfüllung der Informationspflicht erst ab diesem Zeitpunkt läuft. 20

VI. Verletzung der Informationspflicht

1. Im Allgemeinen

Eine Verletzung der Informationspflicht liegt vor, wenn der Arbeitgeber die geforderten Informationen überhaupt nicht, nur unvollständig oder (inhaltlich oder formell) fehlerhaft erteilt. 21

Der Arbeitgeber trägt die Beweislast dafür, dass er die Informationspflicht erfüllt hat (Art. 8 ZGB). Mit Blick auf die weitreichenden Folgen, die eine Verletzung dieser Pflicht haben kann (vgl. die nachfolgend aufgeführten Sanktionen), ist dem Arbeitgeber zu empfehlen, einen später leicht zu erbringenden Beweis für die Übermittlung der notwendigen Informationen sicherzustellen (z.B. durch unterschriftliche Bestätigung des Empfangs).

22 In Art. 330b werden keine besonderen Sanktionen festgelegt, die bei einer Verletzung der Informationspflicht zur Anwendung kommen sollen. Daher ist auf die allgemeinen arbeitsvertraglichen Sanktionen zurückzugreifen. Die Informationspflicht ist als Teilgehalt der Fürsorgepflicht zu qualifizieren, die als Gesamtheit der Nebenpflichten des Arbeitgebers aufgefasst wird (REHBINDER, Schweizerisches Arbeitsrecht, Rz 54). Auszugehen ist demnach von den Grundsätzen, die im Zusammenhang mit der Verletzung der Fürsorgepflicht im Allgemeinen entwickelt wurden.

2. Anspruch auf Erfüllung

23 Die Informationspflicht ist – wie die Zeugnispflicht, die ebenfalls einen Aspekt der Fürsorgepflicht darstellt – selbständig klagbar und insb. durch Androhung von Ungehorsamsstrafe oder Busse vollstreckbar. Leistungsklagen während eines laufenden Arbeitsverhältnisses sind allerdings wegen dessen besonderer Natur von beschränkter praktischer Bedeutung.

3. Verweigerung der Arbeitsleistung

24 Eine beharrliche Weigerung des Arbeitgebers, die Informationspflicht zu erfüllen, kann den Arbeitnehmer zur Verweigerung seiner Arbeitsleistung berechtigen. Verletzt der Arbeitgeber seine Fürsorgepflicht in einer Weise, welche die Erbringung der Arbeitsleistung als unzumutbar erscheinen lässt, darf sie vom Arbeitnehmer anerkanntermassen verweigert werden (PORTMANN/STÖCKLI, Rz 557). Daran ändert nichts, dass die Arbeitspflicht des Arbeitnehmers und die Fürsorgepflicht des Arbeitgebers nicht in einem Austauschverhältnis stehen. Hat der Arbeitgeber keinen Rechtfertigungsgrund und ist er erfolglos gemahnt worden, steht einer Arbeitsniederlegung nichts im Wege, denn es kann dem Arbeitnehmer nicht zugemutet werden, auf Dauer zu Bedingungen zu arbeiten, deren Mitteilung ihm vorenthalten wird (**a.A.** PIETRUSZAK, Rz 36; STREIFF/VON KAENEL/RUDOLPH, N 14).

4. Ausserordentliche Kündigung

25 Unter denselben Voraussetzungen ist auch das Vorliegen eines wichtigen Grundes zu bejahen, das den Arbeitnehmer zur fristlosen Kündigung des Arbeitsverhältnisses berechtigt (Art. 337). In diesem Zusammenhang ist daran zu erinnern, dass auch leichtere Verfehlungen das Recht der Gegenpartei zur fristlosen Vertragsauflösung begründen können, wenn sie sich trotz Verwarnung wiederholen oder wenn sie einen Dauerzustand darstellen.

5. Anspruch auf Schadenersatz

26 Die Missachtung der Informationspflicht bildet regelmässig eine schuldhafte Vertragsverletzung, aus der dem Arbeitnehmer ein Schadenersatzanspruch erwachsen kann. Ein solcher setzt indessen zusätzlich einen nachweisbaren, kausal verursachten Schaden voraus, was nur selten zutreffen dürfte.

6. Einfluss auf die Beweisführung

27 Ausserdem kann die Verletzung der Informationspflicht im Falle eines arbeitsrechtlichen Prozesses über die Arbeitsbedingungen einen Einfluss auf die Beweisführung haben (VISCHER/MÜLLER, 90). Die Nichterfüllung der Informationspflicht kann eine Beweisvereitelung zulasten des Arbeitnehmers zur Folge haben. Daher ist davon auszugehen, dass die Gerichte in solchen Fällen den Arbeitnehmern mit einer Herabsetzung des Regelbeweismasses oder gar mit einer Umkehr der Beweislast entgegenkommen werden (in der Literatur wird daher zum Teil von einer «beweisrechtlichen Zeitbombe» gesprochen, PIETRUSZAK, Rz 47; so nimmt etwa VISCHER/MÜLLER, 90, an, dass der Arbeitgeber als Folge der Beweisvereitelung z.B. den vereinbarten Lohn zu beweisen habe; ausführlich STREIFF/VON KAENEL/RUDOLPH, N 15).

Hingegen bleibt der Arbeitnehmer voll beweisbelastet, wenn er sich später auf Arbeitsbedingungen beruft, die günstiger sind als die ihm mitgeteilten. Denn soweit sich der Arbeitnehmer nicht auf eine Mitteilung des Arbeitgebers stützen kann, ist er für die Existenz bestimmter Arbeitsbedingungen, auf die er sich beruft, ohnehin beweisbelastet (rechtsbegründende Tatsachen i.S.v. Art. 8 ZGB). Für ihn empfiehlt es sich daher, gegen eine inhaltlich unrichtige Information unverzüglich zu protestieren und eine Berichtigung zu verlangen. Unzutreffend wäre es jedoch, ihn bei unterlassenem Protest überhaupt nicht zum Beweis zuzulassen mit der Begründung, er habe einem Änderungsantrag des Arbeitgebers stillschweigend zugestimmt. Denn mit der Erteilung der Information gibt der Arbeitgeber keine Willenserklärung, sondern bloss eine Wissenserklärung ab, so dass es schon an einem gültigen Änderungsantrag fehlt. Davon abgesehen darf mit Blick auf das bestehende Machtgefälle auch keine stillschweigende Zustimmung des Arbeitnehmers zu schlechteren Arbeitsbedingungen unterstellt werden (s. zu diesem ganzen Problemkreis PORTMANN, ArbR 1998, 65 ff.). Die Praxis der Gerichte geht jedoch in eine andere Richtung (so wird etwa ein Änderungsvertrag angenommen, wenn der Arbeitnehmer mehrmals, i.d.R. dreimal, einen tieferen Lohn vorbehaltlos entgegennimmt, s. Art. 322 N 9). 28

Umgekehrt kann auch der Arbeitgeber vorbringen, dass in Wirklichkeit ungünstigere Arbeitsbedingungen vorliegen, als er sie dem Arbeitnehmer mitgeteilt hat. Dafür trägt auch er jedoch die volle Beweislast. Denn die schriftliche Orientierung des Arbeitnehmers über die Arbeitsbedingungen hat u.a. gerade zum Zweck, ihm deren Beweis zu ermöglichen. Der Arbeitgeber muss also entweder die Unrichtigkeit seiner Mitteilung nachweisen und ihr damit die Beweiskraft entziehen (Gegenbeweis) oder unmittelbar die abweichenden wirklichen Arbeitsbedingungen nachweisen (Beweis des Gegenteils; dieser Auffassung folgend KGer GR, JAR 2010, 523). 29

VII. Wirkung der Norm

Obwohl Art. 330b in der Liste von Art. 362 fehlt, ist aufgrund seines Textes davon auszugehen, dass er *einseitig zwingendes Recht* enthält. Somit kann von seinen Bestimmungen nicht zu Ungunsten des Arbeitnehmers abgewichen werden (BRUNNER/BÜHLER/WAEBER/BRUCHEZ, N 5; AB 2004 S 745). Die Vereinbarung einer für den Arbeitnehmer günstigeren Regelung ist hingegen zulässig. Als günstiger ist namentlich eine gegenständlich weitergehende Informationspflicht des Arbeitgebers zu betrachten. 30

Vorbemerkung zu Art. 331–331f

Das Recht der **Personalvorsorge** ist im Bundesgesetz vom 25.6.1982 über die berufliche Alters-, Hinterlassenen- und Invalidenvorsorge (BVG, SR 831.40) und im Bundesgesetz vom 17.12.1993 über die Freizügigkeit in der beruflichen Alters-, Hinterlassenen- und Invalidenvorsorge (Freizügigkeitsgesetz, FZG, SR 831.42) sowie den dazugehörigen Verordnungen geregelt. Bedauerlicherweise wurden die Art. 331–331f, die aus sich selbst heraus nicht mehr verständlich sind, nicht in die genannte Gesetzgebung integriert. Auf eine Kommentierung wurde daher verzichtet. 1

Art. 331

D. Personalvorsorge
I. Pflichten des Arbeitgebers

1 Macht der Arbeitgeber Zuwendungen für die Personalvorsorge oder leisten die Arbeitnehmer Beiträge daran, so hat der Arbeitgeber diese Zuwendungen und Beiträge auf eine Stiftung, eine Genossenschaft oder eine Einrichtung des öffentlichen Rechtes zu übertragen.

2 Werden die Zuwendungen des Arbeitgebers und allfällige Beiträge des Arbeitnehmers zu dessen Gunsten für eine Kranken-, Unfall-, Lebens-, Invaliden- oder Todesfallversicherung bei einer der Versicherungsaufsicht unterstellten Unternehmung oder bei einer anerkannten Krankenkasse verwendet, so hat der Arbeitgeber die Übertragung gemäss vorstehendem Absatz nicht vorzunehmen, wenn dem Arbeitnehmer mit dem Eintritt des Versicherungsfalles ein selbständiges Forderungsrecht gegen den Versicherungsträger zusteht.

3 Hat der Arbeitnehmer Beiträge an eine Vorsorgeeinrichtung zu leisten, so ist der Arbeitgeber verpflichtet, zur gleichen Zeit mindestens gleich hohe Beiträge wie die gesamten Beiträge aller Arbeitnehmer zu entrichten; er erbringt seine Beiträge aus eigenen Mitteln oder aus Beitragsreserven der Vorsorgeeinrichtung, die von ihm vorgängig hierfür geäufnet worden und gesondert ausgewiesen sind. Der Arbeitgeber muss den vom Lohn des Arbeitnehmers abgezogenen Beitragsanteil zusammen mit seinem Beitragsanteil spätestens am Ende des ersten Monats nach dem Kalender- oder Versicherungsjahr, für das die Beiträge geschuldet sind, an die Vorsorgeeinrichtung überweisen.

4 Der Arbeitgeber hat dem Arbeitnehmer über die ihm gegen eine Vorsorgeeinrichtung oder einen Versicherungsträger zustehenden Forderungsrechte den erforderlichen Aufschluss zu erteilen.

5 Auf Verlangen der Zentralstelle 2. Säule ist der Arbeitgeber verpflichtet, ihr die Angaben zu liefern, die ihm vorliegen und die geeignet sind, die Berechtigten vergessener Guthaben oder die Einrichtungen, welche solche Guthaben führen, zu finden.

D. Prévoyance en faveur du personnel
I. Obligations de l'employeur

1 Si l'employeur effectue des prestations dans un but de prévoyance ou si les travailleurs versent des contributions à cette fin, l'employeur doit transférer ces prestations et contributions à une fondation, à une société coopérative ou à une institution de droit public.

2 Lorsque les prestations de l'employeur et les contributions éventuelles du travailleur sont utilisées pour assurer celui-ci contre la maladie, les accidents, sur la vie, en cas d'invalidité ou de décès auprès d'une compagnie d'assurance soumise à surveillance ou auprès d'une caisse-maladie reconnue, l'employeur est délié de l'obligation de transfert prévue à l'alinéa précédent, si le travailleur a une créance directe contre l'assureur au moment où le risque assuré se réalise.

3 Lorsqu'il incombe au travailleur de verser des cotisations à une institution de prévoyance, l'employeur est tenu de verser en même temps une contribution au moins égale à la somme des cotisations de tous les travailleurs; il financera sa contribution par ses moyens propres ou à l'aide de réserves de cotisations de l'institution de prévoyance; ces réserves doivent avoir été accumulées préalablement dans ce but par l'employeur et être comptabilisées séparément. L'employeur doit transférer à l'institution de prévoyance le montant de la cotisation déduite du salaire du travailleur en même temps que sa propre contribution, au plus tard à la fin du premier mois suivant l'année civile ou l'année d'assurance pour lesquelles les cotisation sont dues.

4 L'employeur donne au travailleur les renseignements nécessaires sur ses droits envers une institution de prévoyance professionnelle ou en faveur du personnel ou envers un assureur.

5 L'employeur livre à la Centrale du 2e pilier, sur demande de celle-ci, les informations dont il dispose et qui pourraient permettre de retrouver les ayants droit d'avoirs oubliés ou les institutions qui les gèrent.

D. Previdenza a favore del personale
I. Obblighi del datore di lavoro

1 Se il datore di lavoro destina delle prestazioni a scopo di previdenza a favore del personale o se i lavoratori pagano contributi a tale scopo, il datore di lavoro deve devolvere queste prestazioni e questi contributi a una fondazione, a una società cooperativa o a una istituzione di diritto pubblico.

² Se le prestazioni del datore di lavoro e gli eventuali contributi del lavoratore sono usati per assicurare quest'ultimo contro le malattie, contro gli infortuni, sulla vita, contro l'invalidità o in caso di morte presso un istituto sottoposto alla vigilanza assicurativa o presso una cassa malati riconosciuta, il datore di lavoro non è tenuto alla devoluzione prevista nel capoverso precedente, qualora il lavoratore fruisca di un diritto di credito direttamente verso l'assicuratore al momento in cui il rischio si manifesta.

³ Se il lavoratore deve pagare contributi a un'istituzione di previdenza, il datore di lavoro è tenuto, per lo stesso periodo di tempo, a pagare contributi d'importo almeno pari alla somma dei contributi di tutti i lavoratori; i contributi del datore di lavoro devono provenire da suoi fondi propri o da riserve di contributi dell'istituzione di previdenza alimentate previamente a tal fine dal datore di lavoro e conteggiate separatamente. Il datore di lavoro deve versare all'istituzione di previdenza la quota dedotta dal salario del lavoratore, insieme alla sua quota, al più tardi alla fine del primo mese seguente l'anno civile o l'anno assicurativo per il quale sono dovuti i contributi.

⁴ Il datore di lavoro deve dare al lavoratore le informazioni necessarie sui suoi diritti verso l'istituzione di previdenza a favore del personale e verso l'assicuratore.

⁵ Su richiesta, il datore di lavoro deve fornire all'Ufficio centrale del 2° pilastro i dati di cui dispone adatti a reperire gli aventi diritto di averi dimenticati o gli istituti che gestiscono simili averi.

Art. 331*a*

II. Beginn und Ende des Vorsorgeschutzes

¹ Der Vorsorgeschutz beginnt mit dem Tag, an dem das Arbeitsverhältnis anfängt, und endet an dem Tag, an welchem der Arbeitnehmer die Vorsorgeeinrichtung verlässt.

² Der Arbeitnehmer geniesst jedoch einen Vorsorgeschutz gegen Tod und Invalidität, bis er in ein neues Vorsorgeverhältnis eingetreten ist, längstens aber während eines Monats.

³ Für den nach Beendigung des Vorsorgeverhältnisses gewährten Vorsorgeschutz kann die Vorsorgeeinrichtung vom Arbeitnehmer Risikobeiträge verlangen.

II. Début et fin de la prévoyance

¹ La prévoyance commence le jour où débute le rapport de travail; elle prend fin le jour où le travailleur quitte l'institution de prévoyance.

² Le travailleur bénéficie toutefois d'une protection de prévoyance contre le risque du décès ou de l'invalidité jusqu'à la conclusion d'un nouveau rapport de prévoyance, mais au maximum pendant un mois.

³ L'institution de prévoyance peut exiger de l'assuré des cotisations de risque pour la prévoyance maintenue après la fin du rapport de prévoyance.

II. Inizio e fine della previdenza

¹ La previdenza inizia il giorno in cui comincia il rapporto di lavoro e termina il giorno in cui il lavoratore lascia l'istituzione di previdenza.

² Il lavoratore, tuttavia, beneficia della protezione di previdenza contro il rischio morte e invalidità fino alla conclusione di un nuovo rapporto di previdenza, ma al massimo durante un mese.

³ L'istituzione di previdenza può esigere dall'assicurato contributi di rischio per la previdenza mantenuta dopo la fine del rapporto di previdenza.

Art. 331*b*

III. Abtretung und Verpfändung

Die Forderung auf künftige Vorsorgeleistungen kann vor der Fälligkeit gültig weder abgetreten noch verpfändet werden.

III. Cession et mise en gage

La créance en prestations de prévoyance futures ne peut être valablement ni cédée ni mise en gage avant d'être exigible.

III. Cessione e costituzione in pegno

Il credito in prestazioni di previdenza future non può validamente essere ceduto né costituito in pegno prima di essere esigibile.

Art. 331*c*

IV. Gesundheitliche Vorbehalte

Vorsorgeeinrichtungen dürfen für die Risiken Tod und Invalidität einen Vorbehalt aus gesundheitlichen Gründen machen. Dieser darf höchstens fünf Jahre betragen.

IV. Réserves pour raisons de santé

Les institutions de prévoyance peuvent faire des réserves pour raisons de santé en relation avec les risques d'invalidité et de décès. La durée de ces réserves est de cinq ans au plus.

IV. Riserve per motivi di salute

Gli istituti di previdenza possono applicare riserve per motivi di salute per quanto concerne i rischi morte e invalidità. La durata di tali riserve non può superare i cinque anni.

Art. 331*d*

V. Wohneigentumsförderung
1. Verpfändung

1 Der Arbeitnehmer kann bis drei Jahre vor Entstehung des Anspruchs auf Altersleistungen seinen Anspruch auf Vorsorgeleistungen oder einen Betrag bis zur Höhe seiner Freizügigkeitsleistung für Wohneigentum zum eigenen Bedarf verpfänden.

2 Die Verpfändung ist auch zulässig für den Erwerb von Anteilscheinen einer Wohnbaugenossenschaft oder ähnlicher Beteiligungen, wenn der Arbeitnehmer eine dadurch mitfinanzierte Wohnung selbst benutzt.

3 Die Verpfändung bedarf zu ihrer Gültigkeit der schriftlichen Anzeige an die Vorsorgeeinrichtung.

4 Arbeitnehmer, die das 50. Altersjahr überschritten haben, dürfen höchstens die Freizügigkeitsleistung, auf die sie im 50. Altersjahr Anspruch gehabt hätten, oder die Hälfte der Freizügigkeitsleistung im Zeitpunkt der Verpfändung als Pfand einsetzen.

5 Ist der Arbeitnehmer verheiratet, so ist die Verpfändung nur zulässig, wenn sein Ehegatte schriftlich zustimmt. Kann er die Zustimmung nicht einholen oder wird sie ihm verweigert, so kann er das Gericht anrufen. Die gleiche Regelung gilt bei eingetragenen Partnerschaften.

6 Wird das Pfand vor dem Vorsorgefall oder vor der Barauszahlung verwertet, so finden die Artikel 30d–30f und 83a des Bundesgesetzes vom 25. Juni 1982 über die berufliche Alters-, Hinterlassenen- und Invalidenvorsorge Anwendung.

7 Der Bundesrat bestimmt:

a. die zulässigen Verpfändungszwecke und den Begriff «Wohneigentum zum eigenen Bedarf»;

b. welche Voraussetzungen bei der Verpfändung von Anteilscheinen einer Wohnbaugenossenschaft oder ähnlicher Beteiligungen zu erfüllen sind.

V. Encouragement à la propriété du logement
1. Mise en gage

1 Le travailleur peut, au plus tard trois ans avant la naissance du droit aux prestations de vieillesse, mettre en gage le droit aux prestations de prévoyance ou un montant à concurrence de sa prestation de libre passage pour la propriété d'un logement pour ses propres besoins.

2 La mise en gage est également autorisée pour acquérir des parts d'une coopérative de construction et d'habitation ou s'engager dans des formes similaires de participation si le travailleur utilise personnellement le logement cofinancé de la sorte.

3 Pour que la mise en gage soit valable, il faut en aviser par écrit l'institution de prévoyance.

4 Les travailleurs âgés de plus de 50 ans peuvent mettre en gage au maximum la prestation de libre passage à laquelle ils avaient droit à l'âge de 50 ans ou la moitié de la prestation de libre passage déterminante au moment de la mise en gage.

5 Lorsque le travailleur est marié, la mise en gage n'est autorisée que si le conjoint donne son consentement écrit. S'il n'est pas possible de recueillir ce consentement ou s'il est refusé, le travailleur peut en appeler au tribunal. Cette disposition s'applique aux partenaires enregistrés.

[6] Si le gage est réalisé avant la survenance d'un cas de prévoyance ou avant le paiement en espèces, les art. 30d à 30f et 83a de la loi fédérale du 25 juin 1982 sur la prévoyance professionnelle vieillesse, survivants et invalidité sont applicables.

[7] Le Conseil fédéral détermine:

a. les buts pour lesquels la mise en gage est autorisée ainsi que la notion de «propriété d'un logement pour ses propres besoins»;
b. les conditions à remplir pour la mise en gage des parts d'une coopérative de construction et d'habitation ou des formes similaires de participation.

V. Promozione della proprietà d'abitazioni
1. Costituzione in pegno

[1] Per la proprietà di un'abitazione ad uso proprio il lavoratore può, al più tardi tre anni prima della nascita del diritto alle prestazioni di vecchiaia, costituire in pegno le sue prestazioni di previdenza o un importo fino a concorrenza della sua prestazione di libero passaggio.

[2] La costituzione in pegno è pure ammessa per l'acquisto di quote di partecipazione ad una cooperativa di costruzione di abitazioni o forme analoghe di partecipazione, se il lavoratore usufruisce personalmente dell'abitazione cofinanziata in tal modo.

[3] Per essere valida, la costituzione in pegno deve essere comunicata per scritto all'istituto di previdenza.

[4] I lavoratori d'oltre 50 anni possono costituire in pegno al massimo la prestazione di libero passaggio a cui avevano diritto all'età di 50 anni, oppure la metà della prestazione di libero passaggio accumulata fino al momento della costituzione in pegno.

[5] Per i lavoratori coniugati, la costituzione in pegno è ammessa solamente con il consenso scritto del coniuge. Se il consenso non può essere ottenuto oppure se è negato, il lavoratore può rivolgersi al giudice. La presente disposizione si applica anche ai partner registrati.

[6] Se la costituzione in pegno avviene prima di un caso di previdenza o del pagamento in contanti, trovano applicazione gli articoli 30d–30f e 83a della legge federale del 25 giugno 1982 sulla previdenza professionale per la vecchiaia, l'invalidità e i superstiti.

[7] Il Consiglio federale determina:

a. gli scopi per i quali la costituzione in pegno è ammessa e il concetto di «proprietà di un'abitazione ad uso proprio»;
b. le condizioni da soddisfare per costituire in pegno quote di partecipazione a una cooperativa di costruzione di abitazioni o forme analoghe di partecipazione.

Art. 331*e*

2. Vorbezug

[1] Der Arbeitnehmer kann bis drei Jahre vor Entstehung des Anspruchs auf Altersleistungen von seiner Vorsorgeeinrichtung einen Betrag für Wohneigentum zum eigenen Bedarf geltend machen.

[2] Arbeitnehmer dürfen bis zum 50. Altersjahr einen Betrag bis zur Höhe der Freizügigkeitsleistung beziehen. Versicherte, die das 50. Altersjahr überschritten haben, dürfen höchstens die Freizügigkeitsleistung, auf die sie im 50. Altersjahr Anspruch gehabt hätten, oder die Hälfte der Freizügigkeitsleistung im Zeitpunkt des Bezuges in Anspruch nehmen.

[3] Der Arbeitnehmer kann diesen Betrag auch für den Erwerb von Anteilscheinen einer Wohnbaugenossenschaft oder ähnlicher Beteiligungen verwenden, wenn er eine dadurch mitfinanzierte Wohnung selbst benutzt.

[4] Mit dem Bezug wird gleichzeitig der Anspruch auf Vorsorgeleistungen entsprechend den jeweiligen Vorsorgereglementen und den technischen Grundlagen der Vorsorgeeinrichtung gekürzt. Um eine Einbusse des Vorsorgeschutzes durch eine Leistungskürzung bei Tod oder Invalidität zu vermeiden, bietet die Vorsorgeeinrichtung eine Zusatzversicherung an oder vermittelt eine solche.

[5] Ist der Arbeitnehmer verheiratet, so ist der Bezug nur zulässig, wenn sein Ehegatte schriftlich zustimmt. Kann er die Zustimmung nicht einholen oder

wird sie ihm verweigert, so kann er das Gericht anrufen. Die gleiche Regelung gilt bei eingetragenen Partnerschaften.

6 Werden Ehegatten vor Eintritt eines Vorsorgefalles geschieden, so gilt der Vorbezug als Freizügigkeitsleistung und wird nach den Artikeln 122 und 123 des Zivilgesetzbuches, nach Artikel 280 ZPO und Artikel 22 des Freizügigkeitsgesetzes vom 17. Dezember 1993 geteilt. Die gleiche Regelung gilt bei gerichtlicher Auflösung einer eingetragenen Partnerschaft.

7 Wird durch den Vorbezug oder die Verpfändung die Liquidität der Vorsorgeeinrichtung in Frage gestellt, so kann diese die Erledigung der entsprechenden Gesuche aufschieben. Sie legt in ihrem Reglement eine Prioritätenordnung für das Aufschieben dieser Vorbezüge beziehungsweise Verpfändungen fest. Der Bundesrat regelt die Einzelheiten.

8 Im Übrigen gelten die Artikel 30d–30f und 83a des Bundesgesetzes vom 25. Juni 1982 über die berufliche Alters-, Hinterlassenen- und Invalidenvorsorge.

2. Versement anticipé

1 Le travailleur peut, au plus tard trois ans avant la naissance du droit aux prestations de vieillesse, faire valoir auprès de son institution de prévoyance le droit au versement d'un montant pour la propriété d'un logement pour ses propres besoins.

2 Les travailleurs peuvent obtenir, jusqu'à l'âge de 50 ans, un montant jusqu'à concurrence de leur prestation de libre passage. Les travailleurs âgés de plus de 50 ans peuvent obtenir au maximum la prestation de libre passage à laquelle ils avaient droit à l'âge de 50 ans ou la moitié de la prestation de libre passage à laquelle ils ont droit au moment du versement.

3 Le travailleur peut également faire valoir le droit au versement de ce montant pour acquérir des parts d'une coopérative de construction et d'habitation ou s'engager dans des formes similaires de participation s'il utilise personnellement le logement cofinancé de la sorte.

4 Le versement entraîne simultanément une réduction des prestations de prévoyance calculée d'après les règlements de prévoyance et les bases techniques des institutions de prévoyance respectives. Afin d'éviter que la couverture de prévoyance ne soit restreinte par la diminution des prestations en cas de décès ou d'invalidité, l'institution de prévoyance offre elle-même une assurance complémentaire ou fait office d'intermédiaire pour la conclusion d'une telle assurance.

5 Lorsque le travailleur est marié, le versement est autorisé uniquement si le conjoint donne son consentement écrit. S'il n'est pas possible de recueillir ce consentement ou s'il est refusé, le travailleur peut en appeler au tribunal. Cette disposition s'applique aux partenaires enregistrés.

6 Lorsque les époux divorcent avant la survenance d'un cas de prévoyance, le versement anticipé est considéré comme une prestation de libre passage; il est partagé conformément aux art. 122 et 123 du code civil, à l'art. 280 CPC et à l'art. 22 de la loi du 17 décembre 1993 sur le libre passage. Cette disposition est applicable en cas de dissolution judiciaire du partenariat enregistré.

7 Si le versement anticipé ou la mise en gage remettent en question les liquidités de l'institution de prévoyance, celle-ci peut différer l'exécution des demandes y relatives. L'institution de prévoyance fixe dans son règlement un ordre de priorités pour l'ajournement de ces versements anticipés ou de ces mises en gage. Le Conseil fédéral règle les modalités.

8 Sont en outre applicables les art. 30d à 30f et 83a de la loi fédérale du 25 juin 1982 sur la prévoyance professionnelle vieillesse, survivants et invalidité.

2. Prelievo anticipato

1 Per la proprietà di un'abitazione ad uso proprio, il lavoratore può chiedere al suo istituto di previdenza, al più tardi tre anni prima della nascita del diritto alle prestazioni di vecchiaia, il versamento di un importo.

2 Fino a 50 anni, i lavoratori possono prelevare un importo pari al massimo alla loro prestazione di libero passaggio. I lavoratori di oltre 50 anni possono prelevare al massimo la prestazione di libero passaggio a cui avrebbero avuto diritto all'età di 50 anni oppure la metà della prestazione di libero passaggio cui hanno diritto al momento del prelievo.

[3] Il lavoratore può impiegare questo importo anche per l'acquisto di quote di partecipazione ad una cooperativa di costruzione di abitazioni o di partecipazioni analoghe, posto che l'abitazione finanziata in questo modo sia destinata ad uso proprio.

[4] Il prelievo comporta in pari tempo una riduzione delle prestazioni di previdenza, calcolata in base ai rispettivi regolamenti di previdenza e alle basi tecniche degli istituti di previdenza. Per evitare le conseguenze di un'eventuale riduzione delle prestazioni in caso di decesso o d'invalidità, l'istituto di previdenza stesso offre un'assicurazione complementare o si presta quale intermediario per la stipulazione di un'assicurazione complementare.

[5] Per i lavoratori coniugati il prelievo è ammesso solamente con il consenso scritto del coniuge. Se il consenso non può essere ottenuto o se viene negato, il lavoratore può rivolgersi al giudice. La presente disposizione si applica anche ai partner registrati.

[6] Quando i coniugi divorziano prima del sopraggiungere di un caso di previdenza, il versamento anticipato è considerato una prestazione di libero passaggio ed è diviso secondo gli articoli 122 e 123 del Codice civile, l'articolo 280 CPC e l'articolo 22 della legge del 17 dicembre 1993 sul libero passaggio. La presente disposizione si applica anche in caso di scioglimento giudiziale dell'unione domestica registrata.

[7] Se il prelievo anticipato o la costituzione in pegno pregiudicano le liquidità dell'istituto di previdenza, quest'ultimo può differire il disbrigo delle relative domande. L'istituto di previdenza fissa nel suo regolamento un ordine delle priorità per il differimento di questi prelievi anticipati o di queste costituzioni in pegno. Il Consiglio federale disciplina i particolari.

[8] Sono inoltre applicabili gli articoli 30d–30f e 83a della legge federale del 25 giugno 1982 sulla previdenza professionale per la vecchiaia, i superstiti e l'invalidità.

Art. 331*f*

3. Einschränkungen während einer Unterdeckung der Vorsorgeeinrichtung

[1] Die Vorsorgeeinrichtung kann in ihrem Reglement vorsehen, dass während der Dauer einer Unterdeckung die Verpfändung, der Vorbezug und die Rückzahlung zeitlich und betragsmässig eingeschränkt oder ganz verweigert werden können.

[2] Der Bundesrat legt die Voraussetzungen fest, unter denen die Einschränkungen nach Absatz 1 zulässig sind, und bestimmt deren Umfang.

3. Limitations en cas de découvert de l'institution de prévoyance

[1] L'institution de prévoyance peut prévoir dans son règlement que la mise en gage, le versement anticipé et le remboursement peuvent être limités dans le temps, réduits ou refusés aussi longtemps que cette institution se trouve en situation de découvert.

[2] Le Conseil fédéral fixe les conditions dans lesquelles les limitations au sens de l'al. 1 sont admises et en détermine l'étendue.

3. Restrizioni in caso di copertura insufficiente dell'istituto di previdenza

[1] L'istituto di previdenza può prevedere nel suo regolamento che durante un periodo di copertura insufficiente le possibilità di costituire in pegno il diritto alle prestazioni, di prelevare anticipatamente un dato importo e di rimborsare l'importo prelevato siano limitate temporaneamente e quantitativamente oppure negate.

[2] Il Consiglio federale stabilisce le condizioni per le restrizioni di cui al capoverso 1 e ne determina l'entità.

Art. 332

E. Rechte an Erfindungen und Designs

[1] Erfindungen und Designs, die der Arbeitnehmer bei Ausübung seiner dienstlichen Tätigkeit und in Erfüllung seiner vertraglichen Pflichten macht oder an deren Hervorbringung er mitwirkt, gehören unabhängig von ihrer Schutzfähigkeit dem Arbeitgeber.

[2] Durch schriftliche Abrede kann sich der Arbeitgeber den Erwerb von Erfindungen und Designs ausbedingen, die vom Arbeitnehmer bei Ausübung seiner dienstlichen Tätigkeit, aber nicht in Erfüllung seiner vertraglichen Pflichten gemacht werden.

[3] Der Arbeitnehmer, der eine Erfindung oder ein Design gemäss Absatz 2 macht, hat davon dem Arbeitgeber schriftlich Kenntnis zu geben; dieser hat ihm innert sechs Monaten schriftlich mitzuteilen, ob er die Erfindung beziehungsweise das Design erwerben will oder sie dem Arbeitnehmer freigibt.

[4] Wird die Erfindung oder das Design dem Arbeitnehmer nicht freigegeben, so hat ihm der Arbeitgeber eine besondere angemessene Vergütung auszurichten; bei deren Festsetzung sind alle Umstände zu berücksichtigen, wie namentlich der wirtschaftliche Wert der Erfindung beziehungsweise des Designs, die Mitwirkung des Arbeitgebers, die Inanspruchnahme seiner Hilfspersonen und Betriebseinrichtungen, sowie die Aufwendungen des Arbeitnehmers und seine Stellung im Betrieb.

E. Droit sur des inventions et des designs

[1] Les inventions que le travailleur a faites et les designs qu'il a créés, ou à l'élaboration desquels il a pris part, dans l'exercice de son activité au service de l'employeur et conformément à ses obligations contractuelles, appartiennent à l'employeur, qu'ils puissent être protégés ou non.

[2] Par accord écrit, l'employeur peut se réserver un droit sur les inventions que le travailleur a faites et sur les designs qu'il a créés dans l'exercice de son activité au service de l'employeur, mais en dehors de l'accomplissement de ses obligations contractuelles.

[3] Le travailleur qui a fait une invention ou créé un design visé à l'al. 2 en informe par écrit l'employeur; celui-ci lui fait savoir par écrit dans les six mois s'il entend acquérir ou lui laisser l'invention ou le design.

[4] Si l'invention ou le design n'est pas laissé au travailleur, l'employeur lui verse une rétribution spéciale équitable, compte tenu de toutes les circonstances, notamment de la valeur économique de l'invention ou du design, de la collaboration de l'employeur et de ses auxiliaires, de l'usage qui a été fait de ses installations, ainsi que des dépenses du travailleur et de sa situation dans l'entreprise.

E. Diritti sulle invenzioni e sui design

[1] Le invenzioni e i design, tutelabili o no, che il lavoratore ha fatto o ai quali ha partecipato nello svolgimento della sua attività lavorativa e nell'adempimento dei suoi obblighi contrattuali, appartengono al datore di lavoro.

[2] Il datore di lavoro può, per accordo scritto, riservarsi l'acquisto delle invenzioni e dei design che il lavoratore ha fatto nello svolgimento della sua attività lavorativa ma non nell'adempimento dei suoi obblighi contrattuali.

[3] Il lavoratore che ha fatto un'invenzione o un design conformemente al capoverso 2 deve informarne per scritto il datore di lavoro; questi deve comunicargli per scritto entro sei mesi, se vuole acquistare l'invenzione rispettivamente il design oppure lasciarglieli.

[4] Se l'invenzione o il design non sono lasciati al lavoratore, il datore di lavoro deve pagargli uno speciale equo compenso, determinato tenendo conto di tutte le circostanze, segnatamente il valore economico dell'invenzione rispettivamente del design, la cooperazione del datore di lavoro e dei suoi ausiliari, l'impiego degli impianti aziendali e le spese sopportate dal lavoratore nonché la sua situazione nell'azienda.

Literatur

Alder, Urheberrecht und Arbeitsvertrag, in: Urhebervertragsrecht, Zürich/Basel/Genf 2006, 463 ff.; Andermatt, Das Recht an im Arbeitsverhältnis geschaffenen immaterialgüterrechtlich geschützten Erzeugnissen, Diss., Bern 1999; ders., Die arbeitsrechtliche Zuordnung von immaterialgüterrechtlich geschützten Arbeitsergebnissen, SJZ 2008, 285 ff.; Bieler, Die Übertragung des Urheberrechts, Diss., Basel 2014; Briner, Urheberrecht des Arbeitnehmers an Computerprogrammen im schweizerischen Recht, UFITA 1993, 45 ff.; ders., Vertraglicher Regelungsbedarf beim abhängigen Schaffen von Computerprogrammen im Lichte des neuen URG, AJP 1993, 576 ff.; Buser P., Der Arbeitnehmerurheber im Kollisionsrecht,

Diss., Basel 2014; DIES., Die erste Inhaberschaft am Arbeitnehmerwerk im schweizerischen Kollisionsrecht, ArbR 2013, 15 ff.; EGLI, Softwareentwicklung im Arbeitsverhältnis, ArbR 2007, 15 ff.; MOSIMANN, Goethes Intendanz, die Bühnenbräuche und das heutige Theaterrecht, FS für Jean-Fritz Stöckli, Zürich/St. Gallen 2014, 389 ff.; MOSIMANN/GRAF, Arbeitnehmererfindungen, in: Schweizerisches und europäisches Patentrecht, Basel 2002, 961 ff.; PORTMANN, Die Arbeitnehmererfindung, Diss., Bern 1986; DERS., Zur Änderung der Art. 332 und 332a OR über die Rechte an Erfindungen und anderen immateriellen Gütern im Arbeitsverhältnis, ARV 2002, 9 ff.; DERS., Zur Entwicklung der Rechtsstellung des Arbeitgebers im schweizerischen Urheberrecht, UFITA 1987, 245 ff.; REHBINDER, Der Arbeitnehmer als Urheber, ArbR 1995, 47 ff.; RICKENBACH, Immaterialgüterrechtliche Nachwirkungen des Arbeitsverhältnisses, UFITA 1999, 233 ff.; RÜDLINGER, Der Urheber im Arbeitsverhältnis aus rechtsvergleichender Sicht, Basel 1995; SEEMANN, Übertragbarkeit von Urheberpersönlichkeitsrechten, Diss., Bern 2008; SEILER, Cinéma: droit d'auteur et droit du travail, Diss., Genf 2012; SPOENDLIN, Die sogenannte Vorbehaltserfindung (Art. 332 Abs. 2–4 OR), SMI 1/1984, 33 ff.; vgl. ausserdem die Literaturhinweise zur Einleitung vor Art. 319 ff.

I. Allgemeines

Bis zum 1.7.2002 galt eine Fassung von Art. 332, die sich nur auf *Erfindungen* bezog, während Art. 332a eine grundlegend andere Regelung für *Muster und Modelle* enthielt. Im Gefolge der Ablösung des Muster- und Modellgesetzes vom 30.3.1900 durch das Designgesetz vom 5.10.2001 (DesG, SR 232.12) wurde Art. 332a aufgehoben und das *Design* durch Integration in Art. 332 den gleichen arbeitsrechtlichen Regeln unterstellt wie die Erfindungen. Art. 332a beruhte auf der in der Lehre herrschenden Ansicht, dass Immaterialgüter, die nicht Erfindungen sind, wegen ihres verstärkten Persönlichkeitsbezugs zu ihrem geistigen Schöpfer nur in dessen Person entstehen können. Ein originärer Erwerb des Arbeitgebers, wie ihn Art. 332 in Bezug auf Erfindungen schon vor der Revision vorsah, war daher nicht möglich. Vielmehr sah Art. 332a Abs. 1 vor, dass an gewerblichen Mustern und Modellen, die in Ausübung der dienstlichen Tätigkeit und in Erfüllung einer Dienstpflicht geschaffen wurden, ex lege die Nutzungsrechte auf den Arbeitgeber übergingen, soweit der Zweck des Arbeitsverhältnisses dies erforderte (sog. *Zweckübertragungstheorie*). Die Berechtigung ging grundsätzlich auf eine ausschliessliche Nutzung und konnte das Ende des Arbeitsverhältnisses überdauern. Die etwa verbleibenden Nutzungsrechte und die Persönlichkeitsrechte durften vom Arbeitnehmer nicht in einer Weise geltend gemacht werden, die den Arbeitgeber in seiner Nutzung wider Treu und Glauben behinderte (Art. 332a Abs. 2; vgl. zum Ganzen PORTMANN, ARV 2002, 9 ff.). 1

Trotz der Aufhebung von Art. 332a bleibt dessen Inhalt materiell weiterhin bedeutsam für **urheberrechtlich geschützte Werke**, die im Rahmen von Arbeitsverhältnissen geschaffen werden (PORTMANN/STÖCKLI, Rz 605 ff.). Werke im Sinne des Urheberrechts sind primär, unabhängig von ihrem Wert oder Zweck, geistige Schöpfungen der Literatur und Kunst, die individuellen Charakter haben (Art. 2 Abs. 1 URG mit Präzisierungen in Abs. 2 und 4). Für sie fehlen nach wie vor gesetzliche Bestimmungen, welche die Rechte an ihnen der einen oder anderen Arbeitsvertragspartei zuweisen. Die Rechtslage richtet sich daher gemäss überwiegender Auffassung nach denselben Grundsätzen, wie sie in Art. 332a formuliert waren (abweichend mit guten Gründen HILTY, Urheberrecht, Bern 2011, Rz 318). Urheber ist nach dem Schöpferprinzip von Art. 6 URG die natürliche Person, die das Werk geschaffen hat. Die Schaffung eines Werks im Rahmen eines Arbeitsverhältnisses hindert den Arbeitnehmer somit nicht daran, Urheber zu werden (BGE 136 III 229). Ist der Arbeitgeber eine natürliche Person, so ist er nur dann Miturheber, wenn er einen eigenständigen schöpferischen Beitrag geleistet hat; dafür genügt es nicht, wenn er sich auf die Äusserung bestimmter Wünsche oder auf die Erteilung einiger Leitlinien beschränkt. Miturheber ist im Allgemeinen, wer tatsächlich an der endgültigen Gestaltung des Werks oder an seiner Realisierung mitwirkt; sein Beitrag kann in der Form oder in der Struktur des Inhalts liegen, soweit seine Leistung die notwendige Individualität aufweist. Wer hingegen bloss die Weisungen eines anderen ausführt, ohne dass ein Spielraum für eigene Kreativität besteht, ist blosser Gehilfe (BGE 136 III 2

230). Nur für *Computerprogramme*, die bei Ausübung dienstlicher Tätigkeiten sowie in Erfüllung arbeitsvertraglicher Pflichten geschaffen werden, sieht Art. 17 URG eine umfassende, die Zweckübertragungstheorie übersteigende Legalzession vor. Ob und inwieweit Gelegenheitsschöpfungen und arbeitsfremde Schöpfungen dem Arbeitgeber gegen angemessenes Entgelt anzubieten sind, bestimmt sich nach der allgemeinen Treuepflicht. Dabei kommt es wesentlich auf den Tätigkeitsbereich des Arbeitgeberunternehmens an (Näheres bei REHBINDER, ArbR 1995, 47 ff.). Für einen Fall aus dem öffentlichen Personalrecht s. Bundespatentgericht, sic! 2012, 566, der auch die Frage der Ausstrahlungskraft von Art. 332 OR auf öffentlichrechtliche Anstellungsverhältnisse beschlägt.

3 Die **Erfindung** ist eine *Lehre zum technischen Handeln* (PEDRAZZINI/HILTI, Europäisches und schweizerisches Patent- und Patentprozessrecht, 3. Aufl., Bern 2008, 83). Die Anwendung von Art. 332 setzt die Patentierung bzw. Patentierbarkeit der Erfindung nicht voraus (s. die Wendung «unabhängig von ihrer Schutzfähigkeit» in Abs. 1), wohl aber doch einen gewissen Schutz gegen Eingriffe Dritter (durch Patentanmeldung oder Geheimhaltung), da sonst keine «Rechte an Erfindungen» zugeordnet werden könnten (s. Randtitel). Das **Design** ist eine Gestaltung von Erzeugnissen oder Teilen von Erzeugnissen, die namentlich durch die Anordnung von Linien, Flächen, Konturen oder Farben oder durch das verwendete Material charakterisiert ist (Art. 1 DesG). Auch hier kommt es nicht darauf an, dass die Schutzvoraussetzungen (gem. Art. 2 und 4 DesG) erfüllt sind, sofern eine gewisse Ausschliesslichkeit gegeben ist. Fehlt es an einer solchen Ausschliesslichkeit, bedarf es keiner Sondernorm: handelt es sich um ein Arbeitsprodukt, steht die Verwertung ohnehin dem Arbeitgeber zu (Art. 321b Abs. 2), während andernfalls der Arbeitnehmer in den Schranken der Treuepflicht zur Verwertung befugt ist (Art. 321a). Zum Verhältnis der Zuständigkeiten des Bundespatentgerichts und der kantonalen Gerichte in einem Fall mit Arbeitsrechtsbezug BGer, ARV 2013, 129.

4 In Bezug auf **Topographien** ist das Bundesgesetz vom 9. 10. 1992 über den Schutz von Topographien von Halbleitererzeugnissen (Topographiengesetz, ToG, SR 231.2) zu beachten. Topographien sind dreidimensionale Strukturen von Halbleitererzeugnissen, die nicht alltäglich sein dürfen, um gesetzlichen Schutz zu geniessen (Art. 1 Abs. 1 ToG). Die Schutzrechte stehen originär der natürlichen oder juristischen Person zu, welche die Topographie auf eigene Kosten und Gefahr entwickelt hat (Art. 3 ToG). Dies wird regelmässig der Arbeitgeber sein.

II. Aufgabenerfindung und Aufgabendesign

5 Wie beim Sacheigentum (Art. 321b N 3), so hat auch bei Geisteserzeugnissen der Arbeitgeber ein Recht am Arbeitsergebnis, soweit dem nicht der persönlichkeitsrechtliche Charakter des Immaterialguts entgegensteht (N 2 i.V.m. N 1 für urheberrechtlich geschützte Werke). Eine Aufgabenerfindung oder ein Aufgabendesign liegt vor, wenn der Arbeitnehmer die Erfindung oder das Design bei Ausübung seiner dienstlichen Tätigkeit und **in Erfüllung seiner vertraglichen Pflichten** (Arbeitspflicht) macht (s. BGer, ARV 2014, 129). Hinsichtlich einer Erfindung ist das bereits dann der Fall, wenn vom Arbeitnehmer nach den *Umständen* zu erwarten war, dass er auf den Eintritt eines erfinderischen Erfolges hinarbeitete (vgl. BGE 100 IV 169; 72 II 273; 57 II 310). Der Arbeitnehmer kann auch andere Pflichten haben und nur nebenbei zur erfinderischen Tätigkeit verpflichtet sein (BGer, ARV 2013, 129). Gleichgültig ist, ob die erfinderische oder designerische Leistung während der vertraglichen Arbeitszeit oder am Arbeitsplatz erbracht wurde (BGer, ARV 2013, 129; BGE 72 II 273; BGer SMI 1984, 262 f.), doch muss sie noch während des Arbeitsverhältnisses beendet worden sein.

6 Die Rechte an solchen Erfindungen und Designs entstehen, sofern nichts anderes vereinbart ist, wie bei Art. 726 Abs. 1 ZGB **originär** in der Person des Arbeitgebers (s. den Ausdruck «gehören» in Art. 332 Abs. 1; s. ferner Art. 3 Abs. 1 PatG, Art. 60 Abs. 1 EPÜ, Art. 7 Abs. 1 DesG, wonach die Erfindung oder das Design aus einem besonderen Rechtsgrund einer Drittperson gehören kann; vgl. auch BGE 74 II 113 und für ein aktuelles Fallbeispiel einer Aufgabenerfindung BGer, ARV 2013, 129). Der Arbeitnehmer muss dem Arbeitgeber zwecks Rechtswahrung unverzüglich von der Erfindung oder dem Design Kenntnis geben (Ausfluss der allgemeinen Treuepflicht). Ein Anspruch auf eine *besondere Vergütung* der Aufgabenerfindung bzw. des Aufgabendesigns steht dem Arbeitnehmer gesetzlich *nicht* zu (dazu auch BGer, ARV 2013, 129, E. 4).

Bezüglich einer *Erfindung* bedeutet der Originärerwerb des Arbeitgebers, dass er das *Recht* 7
auf das Patent hat (Art. 3 Abs. 1 PatG; Art. 60 EPÜ); er kann demnach die Patenterteilung an sich selbst beantragen, was Prioritätsrechte zur Folge hat (Art. 17 ff. PatG; Art. 66 f. EPÜ), und erhält dann durch Eintragung in das Patentregister das ausschliessliche Recht, die Erfindung gewerbsmässig zu nutzen (Art. 8 PatG; Art. 64 Abs. 1 EPÜ). Der Arbeitnehmererfinder hingegen hat nur die sog. *Erfinderehre*, d.h. den (nachträglich verzichtbaren) Anspruch, bei der Patentanmeldung und bei der Patenterteilung als Erfinder genannt zu werden (Art. 5 f. PatG, Art. 34 ff. PatV; Art. 62, 81 EPÜ; s.a. BGer, ARV 2013, 129). Diese Erfinderehre ist von staatlicher Verleihung unabhängig, durch Feststellungsklage durchsetzbar (Art. 74 Ziff. 6 PatG) und berechtigt dazu, gegen jeden vorzugehen, der sich der Erfindung berühmt. Diese Aufteilung der Rechtsstellung zwischen dem Patent und der Erfinderehre gilt auch für nichtpatentierbare Erfindungen, soweit diese dem Arbeitgeber ein faktisches Monopol verschaffen (KGer SG, JAR 1989, 193).

Der Originärerwerb von *Design* bedeutet für den Arbeitgeber, dass er zu dessen Hinterlegung 8
berechtigt ist (Art. 7 Abs. 1 DesG). Die Hinterlegung verschafft ihm ein Prioritätsrecht (Art. 6 DesG) und begründet die Vermutung der Neuheit und der Eigenart des Designs (beides Schutzvoraussetzungen) sowie der Berechtigung zur Hinterlegung (Art. 21 DesG). Mit der Eintragung im Designregister erwirbt der Arbeitgeber das Recht, anderen zu verbieten, das Design zu gewerblichen Zwecken zu gebrauchen (Art. 5 DesG, Art. 9 Abs. 1 Satz 1 DesG). Ähnlich zur Erfinderehre sieht das Designgesetz vor, dass die Person, welche das Design entworfen hat, im Eintragungsgesuch (Art. 9 Abs. 1 lit. g DesV) und bei der Eintragung des Designs im Register genannt wird (Art. 25 Abs. 1 lit. e DesV).

III. Gelegenheitserfindung und Gelegenheitsdesign

1. Im Allgemeinen

Anders ist die Rechtslage bei Erfindungen und Designs, die nicht aufgrund der Arbeitspflicht 9
gemacht wurden, wohl aber mit der Ausübung der **dienstlichen Tätigkeit** in einem **sachlichen Zusammenhang** stehen (BGE 72 II 273; BGer SMI 1984, 262 f.). Ob sie am Arbeitsplatz oder während der Arbeitszeit gemacht wurden, ist auch hier belanglos (N 5). Die Rechte an ihnen entstehen stets in der Person des Arbeitnehmers. Es ist aber zulässig, dass sich der Arbeitgeber durch vorherige schriftliche Abrede mit dem Arbeitnehmer den Erwerb (oder auch nur eine Lizenz) sichert (Art. 332 Abs. 2: sog. *Erfinder- oder Designerklausel*).

2. Rechtslage bei gebundenen Gelegenheitserfindungen und -designs

Macht der Arbeitnehmer eine *vertraglich vorbehaltene (gebundene) Erfindung oder ein sol-* 10
ches Design, so hat er den Arbeitgeber davon schriftlich in Kenntnis zu setzen. Dieser muss sich dann innert sechs Monaten schriftlich über Erwerb oder Freigabe äussern (Art. 332 Abs. 3). Hierbei handelt es sich um eine *Verwirkungsfrist* (PORTMANN, Arbeitnehmererfindung, § 9 N 41). Um diese auszulösen, genügt daher eine mündliche Mitteilung des Arbeitnehmers nicht; der Arbeitgeber muss sich auf das vom Gesetz ausdrücklich angeordnete Schriftformerfordernis verlassen dürfen (**a.A.** CR CO I-AUBERT, N 7; BK-REHBINDER/STÖCKLI, N 17; STREIFF/VON KAENEL/RUDOLPH, N 12; diese Autoren sprechen dem Formerfordernis zu Unrecht jede Schutzfunktion ab und nehmen daher eine blosse Ordnungsvorschrift an). Hat die Vorbehaltsklausel im Einzelfall den Sinn eines *Verpflichtungsgeschäfts*,

verbleibt das Immaterialgut endgültig dem Arbeitnehmer, wenn der Arbeitgeber die Sechsmonatsfrist unbenutzt verstreichen lässt. Enthält die Vorbehaltsklausel jedoch eine *Vorausverfügung* (was bei Unklarheit durch Auslegung zu ermitteln ist), bedeutet der ungenutzte Fristablauf, dass die Erfindung oder das Design endgültig dem Arbeitgeber verbleibt und die Vergütungspflicht einsetzt (ausführlich dazu PORTMANN, Arbeitnehmererfindung, § 9 N 7 ff.).

11 Kommt es nicht zu einer (vollständigen) Freigabe, so ist dem Arbeitnehmer eine *angemessene Vergütung* zu zahlen. Was angemessen ist, richtet sich insb. nach dem wirtschaftlichen Wert des Immaterialgutes, der Mitwirkung des Arbeitgebers oder der Inanspruchnahme seiner Hilfspersonen und Betriebseinrichtungen sowie den Aufwendungen des Arbeitnehmers und seiner Stellung im Betrieb (Art. 332 Abs. 4). Der Vergütungsanspruch ist nicht abdingbar (Art. 362). Seine Verjährung richtet sich nach Art. 127 oder Art. 128 Ziff. 1 (mangels Lohncharakters jedoch nicht nach Art. 128 Ziff. 3, h.L.). Die Vergütung für eine nachträgliche Einräumung der Erfindung oder des Designs unterliegt nicht Art. 332 Abs. 4.

3. Rechtslage bei freien Gelegenheitserfindungen und -designs

12 *Nicht vorbehaltene (freie) Gelegenheitserfindungen und Designs* gehören dem Arbeitnehmer. Gleichwohl ist er aufgrund seiner Treuepflicht grundsätzlich verpflichtet, dem Arbeitgeber eine Meldung zu erstatten, damit dieser prüfen kann, ob es sich um ein gebundenes Immaterialgut oder gar um eine Aufgabenerfindung oder ein Aufgabendesign handelt (VISCHER/MÜLLER, 256). Nur wenn offensichtlich keine Rechte des Arbeitgebers auf das Immaterialgut bestehen, kann dem Arbeitnehmer die Meldung mangels eines schutzwürdigen Interesses des Arbeitgebers nicht zugemutet werden (PORTMANN, Arbeitnehmererfindung, § 10 N 2).

13 Darüber hinaus kann der Arbeitnehmer unter Umständen verpflichtet sein, das freie Immaterialgut dem Arbeitgeber gegen ein marktkonformes Entgelt zur wirtschaftlichen Verwertung *anzubieten*. Gehört nämlich die Auswertung derartiger Immaterialgüter in den Tätigkeitsbereich des Arbeitgebers, so verstösst es gegen die Treuepflicht des Arbeitnehmers, wenn dieser die Verwertung unter Übergehung des Arbeitgebers einem anderen überlässt (umstr.). Bei eigener Verwertung des Immaterialguts durch den Arbeitnehmer ist das Konkurrenzverbot zu beachten (Art. 321a Abs. 3).

IV. Arbeitsfremde Erfindung und arbeitsfremdes Design

14 Macht der Arbeitnehmer Erfindungen oder Designs, die in keinem sachlichen Zusammenhang mit seinem vertragsgemässen Tätigkeitsbereich stehen, handelt es sich um arbeitsfremde Immaterialgüter. Hier entstehen die Rechte wieder in der Person des Arbeitnehmers, aber auch dann kann den Arbeitnehmer aufgrund seiner Treuepflicht eine Anbietungspflicht gegenüber dem Arbeitgeber treffen (N 13). Ferner darf der Arbeitnehmer bei eigener Nutzung das Konkurrenzverbot gem. Art. 321a Abs. 3 nicht verletzen.

Art. 332*a*

aufgehoben
abrogé
abrogato

Art. 333

F. Übergang des Arbeitsverhältnisses
1. Wirkungen

1 Überträgt der Arbeitgeber den Betrieb oder einen Betriebsteil auf einen Dritten, so geht das Arbeitsverhältnis mit allen Rechten und Pflichten mit dem Tage der Betriebsnachfolge auf den Erwerber über, sofern der Arbeitnehmer den Übergang nicht ablehnt.

1bis Ist auf das übertragene Arbeitsverhältnis ein Gesamtarbeitsvertrag anwendbar, so muss der Erwerber diesen während eines Jahres einhalten, sofern er nicht vorher abläuft oder infolge Kündigung endet.

2 Bei Ablehnung des Überganges wird das Arbeitsverhältnis auf den Ablauf der gesetzlichen Kündigungsfrist aufgelöst; der Erwerber des Betriebes und der Arbeitnehmer sind bis dahin zur Erfüllung des Vertrages verpflichtet.

3 Der bisherige Arbeitgeber und der Erwerber des Betriebes haften solidarisch für die Forderungen des Arbeitnehmers, die vor dem Übergang fällig geworden sind und die nachher bis zum Zeitpunkt fällig werden, auf den das Arbeitsverhältnis ordentlicherweise beendigt werden könnte oder bei Ablehnung des Überganges durch den Arbeitnehmer beendigt wird.

4 Im Übrigen ist der Arbeitgeber nicht berechtigt, die Rechte aus dem Arbeitsverhältnis auf einen Dritten zu übertragen, sofern nichts anderes verabredet ist oder sich aus den Umständen ergibt.

F. Transfert des rapports de travail
1. Effets

1 Si l'employeur transfère l'entreprise ou une partie de celle-ci à un tiers, les rapports de travail passent à l'acquéreur avec tous les droits et les obligations qui en découlent, au jour du transfert, à moins que le travailleur ne s'y oppose.

1bis Si les rapports de travail transférés sont régis par une convention collective, l'acquéreur est tenu de la respecter pendant une année pour autant qu'elle ne prend pas fin du fait de l'expiration de la durée convenue ou de sa dénonciation.

2 En cas d'opposition, les rapports de travail prennent fin à l'expiration du délai de congé légal; jusque-là, l'acquéreur et le travailleur sont tenus d'exécuter le contrat.

3 L'ancien employeur et l'acquéreur répondent solidairement des créances du travailleur échues dès avant le transfert jusqu'au moment où les rapports de travail pourraient normalement prendre fin ou ont pris fin par suite de l'opposition du travailleur.

4 Au surplus, l'employeur ne peut pas transférer à un tiers les droits découlant des rapports de travail, à moins que le contraire n'ait été convenu ou ne résulte des circonstances.

F. Trasferimento del rapporto di lavoro
1. Effetti

1 Se il datore di lavoro trasferisce l'azienda o una parte di essa a un terzo, il rapporto di lavoro passa con tutti i diritti e gli obblighi all'acquirente al momento del trasferimento dell'azienda, in quanto il lavoratore non vi si opponga.

1bis Se al rapporto di lavoro oggetto del trasferimento è applicabile un contratto collettivo, l'acquirente è tenuto ad osservarlo per un anno, sempreché non cessi prima per scadenza o disdetta.

2 Nel caso di opposizione, il rapporto di lavoro è sciolto alla scadenza del termine legale di disdetta; sino a tale momento, l'acquirente dell'azienda e il lavoratore sono tenuti ad adempiere il contratto.

3 Il precedente datore di lavoro e l'acquirente dell'azienda rispondono solidalmente dei crediti del lavoratore divenuti esigibili prima del trasferimento e dopo sino al momento in cui il rapporto di lavoro possa essere sciolto normalmente od è sciolto per opposizione del lavoratore al trasferimento.

4 Per altro, il datore di lavoro non può trasferire a un terzo i diritti derivanti dal rapporto di lavoro, in quanto il contrario non risulti da un accordo o dalle circostanze.

Literatur

Betriebsübergang: AMSTUTZ, Interpretatio multiplex: Zur Europäisierung des schweizerischen Privatrechts im Spiegel von BGE 129 III 335, FS für Ernst Kramer, Basel 2004, 67 ff.; AUBERT, Insolvence et transfert d'entreprise, in: Insolvence, désendettement et redressement, Basel 2000, 9 ff.; DERS., La nouvelle réglementation des licenciements collectifs et des transfers d'entreprise, in: Journée 1994 de droit du travail et de la sécurité sociale, Zürich 1995, 87 ff.; BACHMANN, Das Arbeitsverhältnis im Konkurs des Arbeitgebers, Diss., Bern 2005; DERS, Arbeitsrechtliche Paradigmenwechsel des neuen Sanierungsrechts, FS für Jean-Fritz Stöckli, Zürich/St. Gallen 2014, 1 ff.; BAISCH, Arbeitnehmerschutz bei M&A Transaktionen und Sanierungen, Jusletter 20.6.2011; BAUMANN, Die Übertragung von Arbeitnehmerdaten bei Betriebsübergängen, AJP 2004, 638 ff.; BRÄNDLI, Outsourcing, Bern 2001; BROSE, Der Betriebsübergang in Deutschland und in der Schweiz, CH-D Wirtschaft 3/2001, 20 f.; CAMPONOVO, Übernahme von Arbeitsverhältnissen gemäss Art. 333 OR bei Unternehmenssanierungen, ST 1998, 1417 ff.; DENZLER, Zur Tragweite von Art. 333 OR, recht 1998, 66 ff.; GAUTSCHI, Solidarschuld und Ausgleich, Zürich/St. Gallen 2009; GEISER, Betriebsübernahmen und Massenentlassungen im Zusammenhang mit Zwangsvollstreckungsverfahren, in: Zivilprozessrecht, Arbeitsrecht. Kolloquium Staehelin, Zürich 1997, 101 ff.; DERS. Arbeitsrechtliche Fragen bei Sanierungen, in: Sanierung der AG, 2. Aufl., Zürich/Basel/Genf 2003, 145 ff.; HELBLING, Die Rechtsfolgen von Unternehmenszusammenschlüssen auf Mitarbeiterbeteiligungspläne, Jusletter 19.5.2003; HOFSTETTER, Anwendbarkeit von Art. 333 OR in Sanierungssituationen, insbesondere im Nachlass- und Konkursverfahren, AJP 2003, 153 ff.; DERS., Zur Anwendbarkeit von Art. 333 OR bei Unternehmenssanierungen, AJP 1998, 926 ff.; HOLDERMANN, Der Übergang des Arbeitsverhältnisses nach schweizerischem Recht, ArbR 1991, 41 ff.; JEANDIN, L'insolvabilité en relation avec les contrats de bail et de travail, ZSR 2005 I 189 ff.; KARAGJOZI, Les transferts d'entreprises en droit du travail, Zürich/Basel/Genf 2003; KELLER, Der Gesamtarbeitsvertrag im Sozius des Betriebsübergangs, in: Recht zwischen Dogmatik und Theorie – Marc Amstutz zum 50. Geburtstag, Zürich/St. Gallen 2012, 113 ff.; KRADOLFER, Der Betriebsübergang – Auswirkungen auf das Individualarbeitsverhältnis, Diss., Zürich/Basel/Genf 2008; LAMANNA MERKT, Art. 333 OR Betriebsübergang, in: Aktuelle Entwicklungen des Europäischen und Internationalen Wirtschaftsrechts, Basel 2006, 407 ff.; LORANDI, Arbeitsverträge in der Insolvenz des Arbeitgebers, Jusletter 25.10.2004; DERS., Betriebsübernahmen gemäss Art. 333 OR im Zusammenhang mit Sanierungen und Zwangsvollstreckungsverfahren, in: Schuldbetreibung und Konkurs im Wandel, Basel 2000, 95 ff.; MARIN, Respect des droits des travailleurs dans le cadre d'une reprise d'actifs et de passifs, in: Panorama en droit de travail, Bern 2009, 227 ff.; MAYER-LADNER/DOLDER, Der Arbeitnehmer im Konkurs des Arbeitgebers, IWIR 2000, 13 ff.; MEIER I., Die Weiterführung des Unternehmens nach Konkurseröffnung, BlSchK 2003, 1 ff.; MEIER K., Betriebsübergang im Nachlass und Konkurs, plädoyer 1/2003, 26 ff.; MERGNER-DAL VESCO, Die Übertragung des Vertrages unter besonderer Berücksichtigung des Sozialschutzes im Arbeits- und Mietvertragsrecht, Diss., Basel 1989; MOSIMANN, Die Beendigung von externen Outsourcingverhältnissen mit komplexen Pflichtenstrukturen, Diss., Basel 2009; MÜLLER, Die neuen Bestimmungen über den Betriebsübergang, AJP 1996, 149 ff.; PETER/DUTOIT, Les restructurations en droit des sociétés, du travail et international privé, Genf/Zürich 2010; PFEIFFER/BURCKHARDT BERTOSSA, Betriebsübernahmen aus der Konkursmasse, IWIR 2000, 19 ff.; SPÜHLER, Rettung maroder Betriebe, Anwaltsrevue 8/2001, 22 ff.; SPÜHLER/INFANGER, Betriebsübergänge und Arbeitsverträge in der Zwangsvollstreckung, in: Schuldbetreibung und Konkurs im Wandel, Basel 2000, 225 ff.; STAEHELIN, Anwendbarkeit von Art. 333 Abs. 3 OR bei Erwerb eines Betriebes aus dem Konkurs des früheren Inhabers, ARV 2003, 216 ff.; STÖCKLI K., Der Betriebsübergang im Nachlass- und Konkursverfahren, IWIR 2001, 129 ff.; DERS., Der Verkauf von Betriebsteilen während der Nachlassstundung, Anwaltsrevue 2010, 67 ff.; DERS., Konsequenzen eines Betriebsübergangs, ST 2005, 485 ff.; SUBILIA, Quelques cas atypiques de transferts d'entreprises, FS für Jean-Fritz Stöckli, Zürich/St. Gallen 2014, 595 ff.; SUFFERT, Schutz des Arbeitnehmers beim Betriebsübergang, Diss., Zürich 1999; TSCHÄNI, M&A-Transaktionen nach Schweizer Recht, Zürich/Basel/Genf 2003; VISCHER D., Der Fall Swissair und Art. 333 OR, in: Symposium für Vischer, Basel 2005, 89 ff.; WICKIHALDER, Arbeitsrechtliche Aspekte des Outsourcing, in: IT-Outsourcing, Zürich/Basel/Genf 2003, 153 ff.; WILDHABER, Das Arbeitsrecht bei Umstrukturierungen, Zürich/Basel/Genf 2011; DIES., Aktienoptionen und deren Verfallklauseln bei Betriebsübergang, SZW 2008, 17 ff.; DIES., Die Weitergeltung des GAV bei Umstrukturierungen, ARV 2008, 165 ff.; DIES., Der Tatbestand des Betriebs(teil)übergangs gemäss Art. 333 Abs. 1 OR – Unter Berücksichtigung europarechtlicher Vorgaben, insbesondere der Grundsätze zur Funktionsnachfolge (Outsourcing), ZRS 2007, 463 ff.; DIES., Die Streitfrage um einen besonderen Kündigungsschutz bei Betriebsübergang, SJZ 2008, 185 ff.; DIES., «Tarifflucht» – Wege des Arbeitgebers aus dem Gesamtarbeitsvertrag (GAV), AJP 2008, 413 ff.; WINKLER, Unternehmensumwandlungen und ihre Auswirkungen auf Arbeitsverträge, Diss., Bern 2001 (zit. Unternehmensumwandlungen); vgl. ausserdem die Literaturhinweise zu Art. 333a, 333b, 335h und 325.

Fusionsgesetz: AMSTUTZ/MABILLARD, Fusionsgesetz (FusG), Kommentar zum Bundesgesetz über Fusion, Spaltung, Umwandlung und Vermögensübertragung vom 3.10.2003, Basel 2008; BAUEN et al., Fusionsgesetz, Zürich/Basel/Genf 2005; BAUER, Der Arbeitnehmerschutz im Fusionsgesetz, Diss., Basel 2007; BAUMGARTNER/WILDHABER, Ausgewählte arbeitsrechtliche Fragestellungen im Fusionsgesetz, AJP 2008, 1085 ff.; BERETTA, Strukturanpassungen, Schweizerishces Privatrecht (SPR), Bd. VIII/8, Basel 2006; DIES., Vertragsübertragungen im Anwendungsbereich des geplanten Fusionsgesetzes, SJZ 2002, 249 ff.; VON DER CRONE et al., Das Fusionsgesetz, Zürich/Basel/Genf 2004; DASSER, Gerichtsstand und anwendbares Recht unter dem Fusionsgesetz, FS für Peter Forstmoser, Zürich/Basel/Genf 2003, 659 ff.; EMCH, System des Rechtsschutzes im Fusionsgesetz, Diss., Bern 2006; GEISER, Die Stellung der Arbeitnehmenden nach dem Fusionsgesetz, AJP 2004, 863 ff.; GLANZMANN, Umstrukturierungen, 3. Aufl., Bern 2014; HIRSIGER, Der Schutz der Gesellschafter, Gläubiger und Arbeitnehmer bei der Fusion von Kapitalgesellschaften nach schweizerischem und europäischem Fusionsrecht, Diss., Zürich/Basel/Genf 2006; HUBSCHMID, in: Zürcher Kommentar zum Fusionsgesetz, 2. Aufl., Zürich 2012; KUNZ, Arbeitsrecht – Neuerungen aufgrund des Fusionsgesetzes, in: Aktuelle Probleme des Arbeitsrechts, Zürich/Basel/Genf 2005, 71 ff.; MATHYS, IT-Outsourcing, Jusletter 7.6.2004; REINERT, in: Baker & McKenzie (Hrsg.), Handkommentar, Fusionsgesetz, Bern 2003; VON SALIS-LÜTOLF, Fusionsgesetz, Zürich 08/2004, ‹www.fusionsgesetz.ch›; VOGEL/HEIZ/BEHNISCH, FusG, 2. Aufl., Zürich 2012; WATTER/VOGT/TSCHÄNI/DAENIKER (Hrsg.), Basler Kommentar, Fusionsgesetz, 2. Aufl., Basel 2014; WILDHABER, Das Arbeitsrecht bei Umstrukturierungen, Zürich/Basel/Genf 2011; DIES., Der Übergang von Arbeitsverhältnissen bei Umstrukturierungen unter Beteiligung öffentlicher Unternehmen, ZBJV 2008, 525 ff.; DIES., Die Änderung von Arbeitsbedingungen bei Umstrukturierungen, Jusletter 21.4.2008; WINKLER, Arbeitnehmerschutz nach dem Entwurf zum neuen Fusionsgesetz, SJZ 2001, 477 ff.; WYLER, Loi sur la fusion et protection des travailleurs, SZW 2004, 249 ff.; DERS., La participation des travailleurs, ST 2004, 927 ff.; ZIMMERLI, Arbeitnehmerschutz bei Umstrukturierungen unter besonderer Berücksichtigung des Fusionsgesetzes, AJP 2005, 771 ff.; vgl. ausserdem die Literaturhinweise zur Einleitung vor Art. 319 ff.

I. Anwendungsbereich

Wie jedes andere Vertragsverhältnis kann auch das Arbeitsverhältnis durch Gesetz oder Vereinbarung aller Beteiligten auf andere Parteien übergehen. Ein **Übergang des ganzen Arbeitsverhältnisses** wird besonders dann praktisch, wenn der Arbeitgeberbetrieb auf einen neuen Rechtsträger übergeht (sog. *Betriebsnachfolge*), sei es kraft Gesetzes (Erbfolge) oder kraft rechtsgeschäftlicher Übertragung. Der letztere Fall, die sog. *Betriebsübernahme*, wird in Art. 333 Abs. 1–3 besonders geregelt. Hauptrechtsfolge der Betriebsübernahme ist in arbeitsrechtlicher Hinsicht der automatische Übergang der Arbeitsverhältnisse, sofern dieser von den Arbeitnehmern nicht abgelehnt wird (N 13 ff.). Demgegenüber befasst sich Art. 333 Abs. 4 mit dem **Übergang einzelner Rechte** aus dem Arbeitsverhältnis (N 36 f.). 1

Mit Blick auf die anlässlich der Revision von 1993 beabsichtigte Anlehnung an die **europäische Richtlinie 77/187/EWG** vom 14.2.1977 (Nachfolgeerlass: Richtlinie 2001/23/EG vom 12.3.2001) zur Angleichung der Rechtsvorschriften der Mitgliedstaaten über die Wahrung von Ansprüchen der Arbeitnehmer beim Übergang von Unternehmen, Betrieben oder Betriebsteilen ist Art. 333 unter Mitberücksichtigung dieser Richtlinie und der dazu ergangenen Rechtsprechung des EuGH *auszulegen.* Dies gilt nach der bundesgerichtlichen Rechtsprechung auch für Richtlinienänderungen und die entsprechende Rechtsprechung des EuGH nach 1993 (BGE 129 III 350; europarechtskonforme Auslegung von nachvollzogenem Binnenrecht; s. dazu AMSTUTZ, FS Kramer, 67 ff.). 2

Grundtatbestand von Art. 333 ist, dass der Arbeitgeber den Betrieb oder einen Betriebsteil auf einen Dritten überträgt. Unter **Betrieb** ist eine auf Dauer gerichtete, in sich geschlossene organisatorische Leistungseinheit zu verstehen, die selbständig am Wirtschaftsleben teilnimmt (BGE 129 III 336; von Art. 1 Abs. 2 ArG unabhängige Umschreibung). **Betriebsteile** sind organisatorische Leistungseinheiten, denen die wirtschaftliche Selbständigkeit fehlt (BGE 129 III 336; BGer, JAR 2002, 228). Die Ausgliederung einzelner, organisatorisch nicht zusammengefasster Aufgaben begründet keine Übertragung eines Betriebsteils (STREIFF/VON KAENEL/RUDOLPH, N 4). Ein blosser Haushalt ist kein Betrieb (BK-REHBINDER/STÖCKLI, N 3). 3

4 Für eine Übernahme i.S.v. Art. 333 fallen nur Betriebe oder Betriebsteile in Betracht, deren Arbeitsverhältnisse vor der Übernahme (mehrheitlich) **dem OR unterstehen**. Ob dies auch nach der Übernahme gilt, ist nicht entscheidend (STREIFF/VON KAENEL/RUDOLPH, N 3). Der Übernehmer kann also privatrechtliche in öffentlich-rechtliche Arbeitsverhältnisse umwandeln, muss dabei aber die Schutzvorschriften von Art. 333 und 333a einhalten. Vorbehalten bleiben Sondervorschriften des privaten und öffentlichen Rechts (s. insb. Art. 100 FusG; s.a. BGer, JAR 2011, 333 betr. Übergang kommunaler Polizeiangestellter auf den Kanton Neuenburg; BGer, JAR 2012, 380 betr. Universalsukzession zwischen zwei Hochschulen).

5 Voraussetzung für die Anwendbarkeit von Art. 333 ist, dass der zu übertragende Betrieb oder Betriebsteil seine **Identität**, d.h. seine *Organisation* und seinen *Zweck* bewahrt (BGE 136 III 555; 132 III 37; BGer, JAR 2002, 228). Von entscheidender Bedeutung ist dabei, ob dieselbe oder eine gleichartige Geschäftstätigkeit vom neuen Inhaber tatsächlich weitergeführt oder wieder aufgenommen wird (BGE 136 III 555; 129 III 336 f.). Für die Wahrung der Identität sprechen unter dieser Voraussetzung namentlich der Übergang von Infrastruktur und Betriebsmitteln sowie die Übernahme der Kundschaft, mehr oder weniger auch der Anteil der übernommenen Arbeitnehmer, die personell weitgehend unveränderte Geschäftsleitung und das Verbleiben in den bisherigen Geschäftsräumen. Nicht erforderlich ist, dass der Betrieb oder Betriebsteil auch umfangmässig im bisherigen Rahmen weitergeführt wird, dass Aktiven übernommen werden, wenn die Betriebsidentität sonstwie erhalten bleibt, oder dass das veräussernde Unternehmen liquidiert wird (s. zum Ganzen BGer, ARV 2004, 242; BGer, JAR 2002, 228: Wahrung der Identität eines Gipser-, Fassadenverputz- und Malerbetriebs; BGer, JAR 2000, 179: Wahrung der Identität eines Anbieters von Informatikdienstleistungen; BGer, JAR 1995, 128: Verlust der Identität bei teilweiser Übertragung einer Telefonzentrale, aber Berücksichtigung der Konzernverbundenheit; CAPH GE, JAR 2002, 232: Wahrung der Identität eines Betriebsteils bei Übertragung der Profifussballabteilung; CAPH GE, SAE 2003, 46: Verlust der Identität bei Übernahme von Aktiven eines Restaurants mit französischer Küche durch einen Restaurantbetrieb mit italienischer Küche; Zusammenfassung der aktuellen Lehre und Rechtsprechung in CAPH GE, JAR 2013, 465).

6 Erforderlich für die Anwendung von Art. 333 ist, dass der Betriebserwerb **freiwillig** erfolgt, was bei einem von Gesetzes wegen erfolgenden Betriebsübergang nicht der Fall ist. Vorbehalten bleiben Abweichungen kraft gesetzlicher Verweisung (Art. 338a Abs. 1) oder analoger Anwendung durch die Rechtsprechung.

7 Hingegen setzt die Anwendbarkeit von Art. 333 nach der bundesgerichtlichen Rechtsprechung **keine rechtsgeschäftliche Beziehung** zwischen dem alten und dem neuen Betriebsinhaber voraus. Für eine Betriebsnachfolge im Sinne dieser Bestimmung genügt die *tatsächliche Weiterführung* des Betriebs durch einen neuen Inhaber (BGE 123 III 466: Übertragung bejaht in einem Fall, in dem der Eigentümer eines Restaurants den Pachtvertrag mit dem alten Betriebsinhaber auflöste und das Restaurant einem neuen Betreiber verpachtete; ebenso OGer ZH, JAR 2014, 537). S. dazu die mindestens teilweise berechtigte Kritik von DENZLER, recht 1998, 66 ff., und WILDHABER, Umstrukturierungen, 77 ff.

8 Eine bloss vorübergehende *Betriebseinstellung* schliesst einen Betriebsübergang nicht aus. Nach CAPH GE, SAE 2003, 46, ist jedoch eine dreimonatige Renovationspause jedenfalls nicht bedeutungslos. Von vornherein liegt *kein Betriebsübergang* vor:
- wenn sich bloss die *Beteiligungsverhältnisse* an einer Gesellschaft ändern (BGer, JAR 2002, 227);
- wenn sich eine Gesellschaft eine *andere Rechtsform* gibt, ohne dass der wirtschaftliche Träger wechselt (offengelassen in OGer LU, JAR 1999, 215);
- *oder wenn die Konkursverwaltung* einen vom Konkurs betroffenen Betrieb weiterführt (BACHMANN, 62 ff. m.w.H.).

9 Nach der hier vertretenen Ansicht ist Art. 333 bei der Übertragung eines Betriebsteils nicht auf Arbeitnehmer anwendbar, die fortan in einem anderen, nicht übergehenden Betriebsteil weiterbeschäftigt werden und daher im Dienst ihres **bisherigen Arbeitgebers verbleiben** sollen. Zwar setzt der Wortlaut von Art. 333 nur einen Wechsel des Betriebs- oder Betriebsteilinhabers, nicht auch einen Wechsel des Arbeitgebers voraus, ergibt sich doch ein solcher erst aus der in Art. 333 Abs. 1 angeordneten Rechtsfolge (Denzler, recht 1998, 69 f.; Streiff/von Kaenel/Rudolph, N 5). Entscheidend ist jedoch nicht der Arbeitgeberwechsel als solcher, sondern die *Absicht*, das Arbeitsverhältnis mit dem bisherigen Arbeitgeber weiterzuführen. Ist eine Weiterführung geplant, bedarf der Arbeitnehmer des spezifischen, von Art. 333 anvisierten Schutzes nicht. Der Zweck dieses Schutzes liegt vor allem darin, dem Arbeitnehmer die von der Dauer des Arbeitsverhältnisses abhängigen Rechte zu erhalten (BGE 136 III 556). Dass diese Bestimmung in einer solchen Konstellation nicht anwendbar ist, ergibt sich mit anderen Worten aus ihrem **Schutzzweck** (**a.A.** Streiff/von Kaenel/Rudolph, N 5). Als Folge dieser Auffassung wird die unangenehme Konsequenz vermieden, dass das Arbeitsverhältnis nach der Betriebsteilübernahme entweder unter Zustimmung aller drei involvierten Parteien zurückübertragen oder nach vorgängiger Auflösung mit dem bisherigen Arbeitgeber neu begründet werden muss.

10 Auf den Erwerber des Betriebs übergehen können nur Arbeitsverhältnisse, die im Zeitpunkt des Betriebsübergangs noch bestehen (BGE 136 III 556; 134 III 106; i.c. kein Anspruch einer Person, deren Arbeitsverhältnis infolge Frühpensionierung vor einem allfälligen Betriebsübergang endete, auf Leistungen aus einem Sozialplan gegenüber dem Erwerber des Betriebs; s. dazu die Kritik bei Geiser/Häfliger, SJZ 2009, 336 und Graber/Koller, ZBJV 2010, 1084). Erfolgt eine Kündigung auf den Zeitpunkt eines geplanten Betriebsübergangs aus anderen als aus Gründen des Betriebsübergangs, liegt jedenfalls kein Verstoss gegen Art. 333 vor (vgl. BGer, ARV 2005, 179). Der beabsichtigte Arbeitnehmerschutz kann hingegen vereitelt werden, wenn der alte Betriebsinhaber die Arbeitsverhältnisse ohne sachlichen Grund, d.h. nur im Hinblick auf den Betriebsübergang vorher auflöst. Diese Ansicht ist mit dem inzwischen ergangenen BGE 136 III 552 durchaus kompatibel. Danach stellt eine betriebsübergangsbedingte Kündigung nicht in jedem Fall eine Umgehung von Art. 333 Abs. 1 dar, namentlich nicht, wenn sie durch wirtschaftliche Gründe, z.B. eine Umstrukturierung des übertragenen Betriebs, gerechtfertigt ist (BGE 136 III 559; s.a. BGE 137 III 487 E. 4.5.2). In casu ging es um einen Fall, in dem der Veräusserer 6 von 26 Arbeitsverträgen auf den Tag vor dem Betriebsübergang kündigte. Der wegen Strukturproblemen in finanzielle Schieflage geratene Betrieb war auf eine Übernahme angewiesen. Die Übernahme eines reduzierten Personalbestandes erwies sich als geeignete und wirtschaftlich gebotene Massnahme, um die Finanzlage des Betriebs zu verbessern, so dass keine Gesetzesumgehung vorlag (BGE 136 III 561 f.; weitere zulässige Kündigung in CAPH GE, JAR 2013, 465; s.a. BGer, 8.10.2014, 4A_325/2014). Der auch unter Berücksichtigung des europäischen Arbeitsrechts gefällte Entscheid erscheint zutreffend; er vermeidet die für die Arbeitnehmer letztlich nachteilige Konsequenz, dass die Sanierung maroder Unternehmen scheitert und entsprechend viele Arbeitsplätze verloren gehen (vgl. dieselbe Überlegung im Zusammenhang mit der Betriebsübernahme aus einer Konkursmasse, N 11; Portmann, EuZA 2011, 425). Eine Gesetzesumgehung ist hingegen anzunehmen, wenn die Kündigung ausschliesslich den Zweck hat, den Übergang der Arbeitsverhältnisse oder seiner Folgen zu verhindern. Der Veräusserer darf nicht die Verträge aller oder einiger seiner Arbeitnehmer kündigen, damit diese dann mit dem Erwerber neue Verträge schliessen und so die aus der Dauer der ursprünglichen Verträge fliessenden Vorteile verlieren (Fallbeispiel AGer ZH, JAR 2013, 603). Nach Auffassung des BGer ist auch die Entlassung einer oder bestimmter Personen durch den Veräusserer unzulässig, nur weil der Erwerber sie nicht will (BGE 136 III 559). Liegt eine Gesetzesumgehung vor, so ist die Kündigung als unwirksam zu betrachten (dieser Auffassung folgend AGer ZH, JAR 2013, 603). Denn die Rechtsfolge einer unzulässigen Umgehung ist die Anwendung der umgangenen Norm (hier also von Art. 333), was die Unwirksamkeit der Kündigung voraussetzt, da (wie oben erwähnt) nur ein im Zeitpunkt des Betriebsübergangs noch bestehendes Arbeitsverhältnis auf den Erwerber übergehen kann.

11 Entsprechendes gilt auch für den **Abschluss eines Aufhebungsvertrags**. Schliesst etwa der Veräusserer mit dem Arbeitnehmer einen Aufhebungsvertrag ab und begründet der Erwerber gleichentags mit demselben Arbeitnehmer ein neues Arbeitsverhältnis, so liegt eine Gesetzesumgehung vor, wenn dem Aufhebungsvertrag kein echter Vergleichscharakter zukommt. Ein solcher fehlt namentlich, wenn der Arbeitnehmer die Auflösungsvereinbarung unter Druck abgeschlossen hat. Der Aufhebungsvertrag ist in diesem Fall als unwirksam zu betrachten (OGer BE, JAR 2009, 469).

12 Die lange Zeit stark umstrittene Frage, ob Art. 333 auch auf eine Betriebsübernahme aus einer **Konkursmasse** oder im Rahmen eines **Nachlassvertrags** Anwendung findet, hat mit dem am 1.1.2014 in Kraft getretenen Art. 333b OR eine Klärung erfahren (s. die dortige Komm.).

II. Übergang des Arbeitsverhältnisses (Abs. 1)

13 Überträgt der Arbeitgeber den Betrieb oder einen Betriebsteil auf einen Dritten, so geht das Arbeitsverhältnis mit allen Rechten und Pflichten am Tage der Betriebsnachfolge auf den Erwerber über, sofern der Arbeitnehmer den Übergang nicht ablehnt (Art. 333 Abs. 1). Es tritt also mit der Betriebsübernahme nicht zwingend auch der Übergang des Arbeitsverhältnisses ein, denn der Arbeitnehmer kann den Übergang ablehnen. Der Erwerber hingegen unterliegt einem **Übernahmezwang** und kann sich aus dem Arbeitsverhältnis nur durch Kündigung lösen; der Übergang des Arbeitsverhältnisses kann nicht durch eine abweichende Vereinbarung zwischen Veräusserer und Erwerber verhindert werden (BGE 136 III 556; 123 III 468; OGer ZH, JAR 2014, 537 f.). Dies gilt auch in Bezug auf Mitarbeiter, die dem Kader angehören (BGer, JAR 2007, 329 unter ausdrücklicher Ablehnung der entgegenstehenden Genfer-Praxis, s. z.B. CAPH GE, JAR 2000, 185).

14 Welche **Arbeitsverhältnisse** übergehen, entscheidet sich grundsätzlich danach, in welchem Betrieb oder Betriebsteil der Arbeitnehmer objektiv überwiegend tätig war (WILDHABER, Umstrukturierungen, 85; zur Bedeutung der Funktion der einzelnen Stellen CAPH GE, JAR 2002, 232). Das Arbeitsverhältnis kann auch übergehen, wenn ein bestimmter Arbeitnehmer nicht auf der Liste der übernommenen Arbeitnehmer steht. Das ist der Fall, wenn der Arbeitnehmer in den Räumlichkeiten und mit den Arbeitsgeräten des Betriebsübernehmers weiterarbeitet, ausserdem unter dessen Kontrolle steht und für einen Kunden arbeitet, der vom Betriebsübernehmer übernommen wurde (BGer, JAR 2000, 179).

15 Der gesetzliche Übergang des Arbeitsverhältnisses erfasst **alle Rechte und Pflichten**, z.B. auch Versicherungs- und Vorsorgezusagen (BGE 137 V 463; BGer, 25.4.2002, 4C.50/2002, E. 1b), Leistungsverweigerungsrechte wegen unerfüllter Ansprüche aus der Zeit vor der Übernahme (Art. 82, mit zwangsvollstreckungsrechtlich begründeten Ausnahmen gemäss N 11 f.), Ansprüche aus Aktien- und Optionsplänen (TPH GE, JAR 2003, 150), Konkurrenzverbote (dazu BGer, ARV 2014, 37), Schadenersatzansprüche (auch solche des Arbeitgebers, OGer ZH, JAR 2014, 537 f.) usw. Die Zählung der Dienstjahre läuft weiter, was bedeutsam für Ansprüche des Arbeitnehmers ist, deren Existenz oder Höhe von der Anzahl Dienstjahre abhängt (s. z.B. Art. 324a, 335c, 339b). Die Übernahme löst auch keine neue Probezeit aus (AGer ZH, ZR 2000, 211). Will der Übernehmer das Arbeitsverhältnis auflösen oder dessen Bedingungen ändern, muss er die bisher geltenden Voraussetzungen erfüllen, insb. die bestehenden Kündigungsfristen beachten (vgl. CAPH GE, JAR 2010, 498: eine unmittelbar nach der Übernahme erfolgte Änderungskündigung ist zulässig). Ein Betriebsübergang kann grundsätzlich keine Rückwirkung entfalten (BGE 137 V 463 E. 5.1–5.3).

16 Ob eine den Übergang des Arbeitsverhältnisses ausschliessende Vereinbarung unter Einbezug des Arbeitnehmers möglich ist, bestimmt sich danach, ob und wieweit man Art. 333 Abs. 1

einen dispositiven Gehalt zuschreibt. Die Bestimmung ist zwar nicht in den Listen der Art. 361 f. enthalten, aufgrund ihres Schutzzwecks aber dennoch als **einseitig zwingend** zu betrachten (LORANDI, Betriebsübernahmen, 96 ff.; WYLER/HEINZER, 465; relativierend WINKLER, Unternehmensumwandlungen, 60 f.). Auch das BGer hat entschieden, dass ein Ausschluss des Übergangs der Arbeitsverhältnisse durch eine Vereinbarung sowohl zwischen Veräusserer und Arbeitnehmer wie auch zwischen Erwerber und Arbeitnehmer unzulässig sei (BGE 132 III 40 f.). Das ändert allerdings nichts daran, dass die Arbeitsverhältnisse von Arbeitnehmern, die im Dienst ihres bisherigen Arbeitgebers verbleiben sollen, nicht übergehen. Denn der Grund dafür liegt nicht in einer abweichenden Parteivereinbarung, sondern im Umstand, dass Art. 333 wegen seines Schutzzwecks auf solche Fälle gar nicht anwendbar ist (N 9).

Wurde ein Sozialplan auf der Basis individueller Vereinbarungen erlassen (Art. 335h N 11), ist er Bestandteil des individuellen Arbeitsvertrags geworden und wird mit diesem auf den neuen Arbeitgeber übertragen. Eine individuelle Forderung aus dem Sozialplan ist als Forderung aus dem Arbeitsverhältnis aufzufassen und kann deshalb der Solidarhaftung gem. Art. 333 Abs. 3 unterliegen (BGE 132 III 47). 17

III. Weitergeltung eines Gesamtarbeitsvertrags (Abs. 1bis)

Art. 333 Abs. 1bis erstreckt die **Vertragsbindung** eines bei Betriebsübergang anwendbaren Gesamtarbeitsvertrags auf den neuen Arbeitgeber, auch wenn dieser an sich nicht vertragsgebunden wäre, und zwar für die Maximaldauer eines Jahres seit dem Tag des Betriebsübergangs. Die Bindung dauert entsprechend weniger lang, wenn der Vertrag bereits früher endet. Dabei sind die vom Gesetz ausdrücklich erwähnten Gründe des Zeitablaufs oder der Kündigung nur in beispielhaftem Sinn zu verstehen; die Bindung erlischt insb. auch mit dem Inkrafttreten eines Aufhebungsvertrags. Handelt es sich um einen Firmenvertrag, so ist es dem Erwerber nicht verwehrt, durch Kündigung das Ende des Gesamtarbeitsvertrags vor Ablauf der Jahresfrist herbeizuführen, wenn der Veräusserer dieselbe Möglichkeit gehabt hätte (STREIFF/VON KAENEL/RUDOLPH, N 9). Als in einem Fall zwischen Veräusserer und Erwerber die Bindungsfrist von Art. 333 Abs. 1bis auf zwei Jahre verdoppelt wurde, liess sich daraus keine Kündigungssperre ableiten (BGer, ARV 2014, 272). 18

Entsprechend dem Zweck von Art. 333 Abs. 1bis werden die *normativen Bestimmungen* des GAV erfasst, die *indirekt-schuldrechtlichen Bestimmungen* hingegen nur, wenn sie dem Arbeitnehmerschutz dienen. Demnach ist von der Weitergeltung der Bestimmungen über die Mitwirkung im Betrieb auszugehen, während die Weitergeltung von Bestimmungen über Schiedsgerichte oder über die Erhebung von Solidaritätsbeiträgen abzulehnen ist (BK-STÖCKLI, Art. 356b OR N 28). An die *schuldrechtlichen Bestimmungen* ist der Übernehmer hingegen generell nicht gebunden (MÜLLER, AJP 1996, 151 f.). Soweit eine Bindung an den Gesamtarbeitsvertrag besteht, bezieht sie sich auf die Fassung, die im Zeitpunkt des Betriebsübergangs gilt (WILDHABER, Umstrukturierungen, 320). 19

Liegt ein ausgegliederter Betriebsteil ausserhalb des sachlichen Geltungsbereichs des für den Betrieb massgebenden Gesamtarbeitsvertrags (z.B. Betriebskantine einer Chemiefabrik), bewirkt Art. 333 Abs. 1bis keine Weitergeltung (die vor der Ausgliederung bestehende Geltung beruht auf dem Grundsatz der Tarifeinheit, s. Art. 357 N 35; BK-STÖCKLI, Art. 356b OR N 29; **a.A.** STREIFF/VON KAENEL/RUDOLPH, N 9). 20

Fraglich ist die Wirkung von Art. 333 Abs. 1bis, wenn im übernehmenden Betrieb bereits ein Gesamtarbeitsvertrag gilt, so dass sich die Frage der **Konkurrenz der Gesamtarbeitsverträge** stellt. Der überwiegenden Auffassung, dass nicht die üblichen Konkurrenzregeln zur Anwendung kommen, sondern der Gesamtarbeitsvertrag des übernommenen Betriebs Vorrang beansprucht (MÜLLER, AJP 1996, 156; STREIFF/VON KAENEL/RUDOLPH, N 9; WINKLER, 21

Unternehmensumwandlungen, 73 f.; **a.A.** GEISER, Sanierungen, 172 f.), ist grundsätzlich zuzustimmen. Die Begründung dafür ist allerdings in dem von Art. 333 bezweckten *Bestandesschutz* zu sehen, nicht jedoch im Umstand, dass Art. 333 Abs. 1bis eine gesetzliche Vertragsbindung vorsieht. Denn die Vertragsbindung, gleichgültig ob sie auf Verbandsbeitritt, Anschluss oder Gesetz beruht, stellt bloss eine Voraussetzung zur Anwendung eines Gesamtarbeitsvertrags dar, sagt aber nichts über den Vorrang aus für den Fall einer echten Vertragskonkurrenz.

22 Geht man vom grundsätzlichen Vorrang des im übernommenen Betrieb geltenden Gesamtarbeitsvertrags aus, stellt sich die weitere Frage, ob sich die Arbeitnehmer im Sinne des **Günstigkeitsprinzips** auf vorteilhaftere Bestimmungen des im übernehmenden Betrieb geltenden Gesamtarbeitsvertrags berufen können (so MÜLLER, AJP 1996, 156; STREIFF/VON KAENEL/RUDOLPH, N 9). Diese Auffassung ist abzulehnen (ebenso WINKLER, Unternehmensumwandlungen, 74), da eine entsprechende gesetzliche Grundlage fehlt, wie sie namentlich Art. 4 Abs. 2 AVEG darstellt. Im Gegensatz zu Art. 357 Abs. 2 und Art. 358, wo das Günstigkeitsprinzip seine volle Berechtigung hat, stört es im vorliegenden Zusammenhang die durch Verhandlungen erreichte Austarierung der jeweiligen Gesamtarbeitsverträge. Indessen macht es keinen Sinn, den übernommenen Arbeitnehmern unter Berufung auf den Schutzzweck von Art. 333 Abs. 1bis den Zugang zu dem im übernehmenden Betrieb geltenden Gesamtarbeitsvertrag zu verwehren, wenn dieser in wesentlichen Teilen für sie günstiger ist als der bisherige Gesamtarbeitsvertrag. Als Ausweg aus diesem Dilemma bietet sich die Lösung an, jedem einzelnen übernommenen Arbeitnehmer die **freie Wahl** zu überlassen, welchem der beiden Gesamtarbeitsverträge er sich unterstellen will (Günstigkeitsprinzip in einem modifizierten Sinn; zustimmend AMSTUTZ/MABILLARD, Art. 27 N 9). Wählt er den bisherigen, so gilt dieser bis zu dessen Beendigung bzw. bis zum Ablauf der Jahresfrist von Art. 333 Abs. 1bis.

23 Nicht auf den Gesamtarbeitsvertrag des übernommenen Betriebs können sich nach Art. 333 Abs. 1bis berufen:

- die schon vor dem Betriebsübergang beim übernehmenden Betrieb angestellten Arbeitnehmer;
- die übernommenen Arbeitnehmer, die schon vor dem Betriebsübergang dem Gesamtarbeitsvertrag des übernommenen Betriebes nicht unterstanden;
- die nach dem Betriebsübergang neu eingestellten Arbeitnehmer (Botschaft, BBl 1992 V 397).

24 Art. 333 Abs. 1bis bezieht sich nur auf Gesamtarbeitsverträge, nicht auch auf andere Kollektivverträge. Betriebsvereinbarungen i.S.v. Art. 39 Abs. 2 ArG fallen demnach nicht unter diese Bestimmung, doch drängt sich deren analoge Anwendung auf (MÜLLER, AJP 1996, 154 f., 157; WINKLER, Unternehmensumwandlungen, 78 ff.; WILDHABER, Umstrukturierungen, 342).

IV. Ablehnung durch den Arbeitnehmer (Abs. 2)

25 In der Regel liegt der unveränderte Übergang des Arbeitsverhältnisses im Interesse des Arbeitnehmers, weil der Anspruch auf Ferien, auf Lohnzahlung bei Verhinderung an der Arbeitsleistung, auf Abgangsentschädigung, aber auch die Kündigungsfristen von der Dauer des Arbeitsverhältnisses abhängig sind. Der Arbeitnehmer kann jedoch im Einzelfall berechtigte Interessen haben, den Übergang abzulehnen. Macht er von seinem Ablehnungsrecht Gebrauch, so endigt das Arbeitsverhältnis mit Ablauf der gesetzlichen (also nicht einer gegebenenfalls abweichenden vertraglichen) Kündigungsfrist. Bis dahin hat er es mit dem Erwerber fortzusetzen (Art. 333 Abs. 2).

26 *Die Ablehnung* des Übergangs durch den Arbeitnehmer beruht zwar auf einem Gestaltungsrecht, ist aber **keine Kündigung**, weshalb die für Kündigungen geltenden (gesetzlichen und vertraglichen) Vorschriften nicht anwendbar sind (WILDHABER, Umstrukturierungen, 171). So ändert z.B. eine vertragliche Bestimmung, dass die Kündigung schriftlich zu erfolgen hat, nichts daran, dass die **Ablehnung formfrei**, also auch konkludent, erklärt werden kann (WILDHABER, Umstrukturierungen, 169; Tatbestand verneint in AGer ZH, JAR 2013, 603).

Umstritten ist, wer **Adressat** der Erklärung sein soll. In der Lehre werden zahlreiche Varianten vertreten: Erklärung an einen der beiden Arbeitgeber genügt, die sich gegenseitig zu informieren haben (ZK-STAEHELIN, N 13), Erklärung nur an den Erwerber (BK-REHBINDER/STÖCKLI, N 12), Erklärung an den Veräusserer wie auch an den Erwerber (TERCIER/FAVRE, Les contrats spéciaux, 4. Aufl., Genf/Zürich/Basel 2009, Rz 3886), Erklärung bis zu einem bestimmten Zeitpunkt an den Veräusserer und nachher an den Erwerber (BRÜHWILER, N 2a; STREIFF/VON KAENEL/RUDOLPH, N 11). Mit Blick auf die Tatsache, dass der Gesetzgeber diese wichtige Frage nicht geregelt hat und dementsprechend Rechtsunsicherheit herrscht, empfiehlt sich eine für die Arbeitnehmer grosszügige Lösung: es muss genügen, wenn die Ablehnung *entweder dem Veräusserer oder dem Erwerber* zugeht (so ausdrücklich auch § 613a Abs. 6 BGB). 27

Bedauerlich ist ausserdem, dass im Gesetz auch eine Regelung der **Ausübungsfrist** fehlt. Das BGer sprach in einem neueren Entscheid von einer Bedenkfrist von einigen Wochen, innert welcher der Arbeitnehmer die Ablehnung zu erklären habe. Die Frist beginne mit dem Zeitpunkt, in welchem der Arbeitnehmer Kenntnis vom Betriebsübergang erhalte (ARV 2012, 171 mit Verweis auf BGE 137 V 463 E. 4.4). Es versteht sich von selbst, dass der übernommene Arbeitnehmer nicht monatelang für den Erwerber tätig sein und dann noch den Übergang ablehnen kann. Vor diesem Hintergrund erscheint es vernünftig, in Analogie zur gesetzlichen Länge der Probezeit nach Art. 335b Abs. 1 eine Frist von *einem Monat* seit dem Tag anzunehmen, an dem der Arbeitnehmer vom Betriebsübergang Kenntnis erhalten hat (OGer BL, JAR 1991, 224). Aus Gründen der Rechtssicherheit abzulehnen ist hingegen eine dem Einzelfall angemessene Frist, wie sie von einem Teil der Lehre gefordert wird (z.B. GEISER, AJP 2004, 864 ff.; STREIFF/VON KAENEL/RUDOLPH, N 11; VISCHER/MÜLLER, 288). Nach unbenutztem Ablauf der Frist ist das Ablehnungsrecht als verwirkt zu betrachten. Dieses entfällt ferner, wenn der Arbeitnehmer sein Einverständnis mit dem Übergang erklärt. 28

Art. 333 Abs. 2 befasst sich mit dem **Beendigungszeitpunkt**, wenn der Arbeitnehmer den Übergang ablehnt. Als massgebend erklärt wird der *Ablauf der gesetzlichen Kündigungsfrist*. Auf eine allenfalls längere (oder kürzere) vertragliche Kündigungsfrist oder eine Befristung des Arbeitsverhältnisses kommt es somit nicht an. Diese Regel bedarf in zweifacher Hinsicht der Ergänzung: 29

- Gilt für die Kündigung des Arbeitsverhältnisses nicht nur eine Kündigungsfrist, sondern auch ein Kündigungstermin (wie insb. das Ende eines Monats nach Art. 335c Abs. 1), so ist auch dieser zu beachten (ZK-STAEHELIN, N 14). Die Beendigung durch Ablehnung erfolgt mit anderen Worten auf den nach Ablauf der Kündigungsfrist folgenden Kündigungstermin. 30
- Endet die gesetzliche Kündigungsfrist (unter Einschluss des zu beachtenden Kündigungstermins) vor dem Betriebsübergang, so ist nicht sie für das Ende des Arbeitsverhältnisses massgebend, sondern der Tag des Betriebsübergangs (STREIFF/VON KAENEL/RUDOLPH, N 12). Denn das Ablehnungsrecht bezweckt, den Arbeitnehmer davor zu schützen, dass ihm ein neuer, nicht willkommener Arbeitgeber aufgedrängt wird, nicht jedoch, dass das Arbeitsverhältnis mit dem bisherigen Arbeitgeber zu einem anderen als dem ursprünglich vorgesehenen Zeitpunkt endet. 31

Fällt hingegen das Ende der gesetzlichen Kündigungsfrist in die Zeit nach dem Betriebsübergang, bleibt sie nach dem in Art. 333 Abs. 2 ausdrücklich erklärten Willen des Gesetzgebers massgebend (Botschaft, BBl 1967 II 371, und h.L.). Der Arbeitnehmer kann also ein Arbeitsverhältnis mit dem Erwerber nicht unter allen Umständen verhindern, sondern muss ein solches für eine beschränkte Zeit hinnehmen. Erweist sich dies aus ganz besonderen Umständen ausnahmsweise als unzumutbar, so bleibt es dem Arbeitnehmer unbenommen, eine fristlose Kündigung aus wichtigem Grund auszusprechen (Art. 337). 32

V. Solidarische Haftung (Abs. 3)

33 Zum *Schutz des Arbeitnehmers* ist zwingend vorgesehen (Art. 362), dass bei Betriebsnachfolge wie bei der Vermögens- oder Geschäftsübernahme nach Art. 181 Abs. 2 in zeitlich beschränktem Umfang eine **Solidarhaftung** des bisherigen Arbeitgebers und des Erwerbers für die Forderungen aus dem Arbeitsverhältnis eintritt (Art. 333 Abs. 3). Sie umfasst die **Forderungen** des Arbeitnehmers, die vor dem Übergang fällig geworden sind und die nachher bis zum Zeitpunkt fällig werden, auf den das Arbeitsverhältnis ordentlicherweise beendigt werden könnte oder bei Ablehnung des Übergangs durch den Arbeitnehmer beendigt wird. Der Erwerber haftet für die beim Übergang fälligen Forderungen somit auch dann solidarisch, wenn er mit dem Veräusserer keine Schuldübernahme vereinbart hat. Der Solidarhaftung nach Art. 333 Abs. 3 unterliegen auch *bedingte* Forderungen. Stets aber muss es sich um Forderungen *aus dem Arbeitsverhältnis* handeln (BGE 132 III 46).

34 Da sich die Haftung des Erwerbers bereits aus Art. 333 Abs. 1 ergibt, liegt die eigentliche Bedeutung von Abs. 3 in der zusätzlichen Haftung des *Veräusserers* (N 11). Die solchermassen zustande kommende Solidarhaftung erfasst Forderungen des Arbeitnehmers, die vor dem Übergang fällig geworden sind und die nachher bis zum Zeitpunkt fällig werden, auf den das Arbeitsverhältnis **ordentlicherweise beendigt** werden könnte oder bei Ablehnung des Übergangs durch den Arbeitnehmer beendigt wird. Das unbefristete Arbeitsverhältnis könnte ordentlicherweise auf den Tag des Ablaufs der vertraglichen oder gesetzlichen Kündigungsfrist bzw. auf den sich anschliessenden Kündigungstermin beendet werden, wobei der hypothetische Beginn der Kündigungsfrist dem Tag des Betriebsübergangs entspricht (BGE 137 III 487 E. 5.2). Bei der Berechnung des massgebenden Zeitpunkts sind auch allfällige Sperrfristen nach Art. 336c zu berücksichtigen, wodurch sich die Zeitspanne der solidarischen Haftung verlängern kann (vgl. BGE 135 III 357). Beim befristeten Arbeitsverhältnis ist dessen Endtermin massgebend. Eine Verlängerung um die Überlegungsfrist zur Ablehnung des Übergangs durch den Arbeitnehmer findet nicht statt. Lehnt der Arbeitnehmer den Übergang ab, so kommt es auf den wirklichen Beendigungszeitpunkt des Arbeitsverhältnisses an. Aufgrund des klar zum Ausdruck gebrachten Willens des Gesetzgebers ist die **Fälligkeit** einer Forderung und nicht deren Entstehungszeitpunkt massgebend (umstr.; offengelassen in BGE 132 III 45). *Nach* dem Betriebsübergang begründete Verpflichtungen des Veräusserers können nicht Gegenstand der Solidarhaftung des Erwerbers sein (BGer, ARV 2006, 184).

35 Noch effizienter als durch die Solidarhaftung wird der Arbeitnehmerschutz durch die **Insolvenzentschädigung** garantiert. Die Arbeitnehmer können unabhängig davon, ob ein Anwendungsfall von Art. 333 vorliegt, Insolvenzentschädigung beanspruchen, sofern die Voraussetzungen gem. Art. 51 AVIG in Bezug auf den bisherigen Arbeitgeber erfüllt sind (BGE 127 V 183; s. dazu Müller, ARV 2001, 108 f.). Die Arbeitslosenkasse andererseits kann ihr Regressrecht, das sie zwingend auszuüben hat, gem. Art. 54 AVIG gegenüber dem bisherigen wie auch gegenüber dem neuen Arbeitgeber geltend machen (BGE 127 V 195).

VI. Übergang einzelner Rechte (Abs. 4)

36 Die im Arbeitsverhältnis bestehende *personenbezogene Bindung* der Vertragsparteien verbietet es, dass Rechte und Pflichten ohne weiteres auf Dritte übertragen werden. Demnach hat der Arbeitnehmer seine Arbeitspflicht im Zweifel persönlich zu erfüllen (Art. 321). Als Gegenstück bestimmt Art. 333 Abs. 4, dass der Arbeitgeber nicht berechtigt ist, die Rechte aus dem Arbeitsverhältnis auf einen Dritten zu übertragen, sofern nichts anderes verabredet ist oder sich aus den Umständen ergibt (Anwendungsfall eines gesetzlichen Abtretungsverbots nach Art. 164; Bsp.: OGer LU, JAR 2002, 153). Im Mittelpunkt steht das *Recht auf die Arbeitsleistung* und das sich daraus ergebende Recht zu deren Empfang (Art. 321 N 3). Rein vermögensrechtliche Rechte wie etwa der Herausgabeanspruch nach Art. 321b Abs. 1 werden indessen von Art. 333 Abs. 4 entsprechend dessen Sinn nicht erfasst. In Bezug auf das Weisungsrecht s. Art. 321d N 6.

Eine Befugnis zur Übertragung aufgrund der *Umstände* kann sich etwa bei einer Betriebsstörung ergeben, wogegen ein Auftragsrückgang nicht ausreicht. Im Übrigen ist die *Zustimmung* des Arbeitnehmers erforderlich. Diese ergibt sich bei Temporär- und Leih- (Regie-)arbeit aus dem in schriftlicher Form abzuschliessenden Arbeitsvertrag (Art. 19 AVG; anders beim nur gelegentlichen Überlassen von Arbeitnehmern, Art. 12 Abs. 1 AVG). Keine Übertragung von Rechten des Arbeitgebers liegt vor, wenn der Arbeitnehmer nach dessen Weisungen in einem anderen Unternehmen tätig wird, etwa weil es sich bei diesem um einen Kunden des Arbeitgebers oder um eine Gesellschaft innerhalb desselben Konzerns handelt (STREIFF/VON KAENEL/RUDOLPH, N 21; anders natürlich bei einer konzerninternen Entlehnung des Arbeitnehmers mit Übergang des Weisungsrechts, vgl. CAPH GE, JAR 2010, 507). Ein Beispiel für eine einvernehmliche, umfassende Übertragung des Arbeitsvertrags auf einen neuen Arbeitgeber findet sich in BGer, ARV 2011, 201. **37**

VII. Fusionsgesetz

1. Übersicht

Am 1.7.2004 ist das Bundesgesetz vom 3.10.2003 über Fusion, Spaltung, Umwandlung und Vermögensübertragung (Fusionsgesetz, FusG, SR 221.301) in Kraft getreten. Es enthält einige Bestimmungen, die sich auf den Übergang der Arbeitsverhältnisse beziehen. Sie betreffen: **38**

- die *Anwendbarkeit von Art. 333* (Fusion: Art. 27 Abs. 1 FusG; Spaltung: Art. 49 Abs. 1 FusG; Vermögensübertragung: Art. 76 Abs. 1 FusG);
- die *Sicherstellung* von Forderungen aus dem Arbeitsverhältnis (Fusion: Art. 27 Abs. 2 FusG; Spaltung: Art. 49 Abs. 2 FusG);
- die *Haftung von Gesellschaftern* für Forderungen aus dem Arbeitsverhältnis (Fusion: Art. 27 Abs. 3 FusG; Spaltung: Art. 49 Abs. 3 FusG; Umwandlung: Art. 68 Abs. 2 FusG);
- die *solidarische Haftung* (Vermögensübertragung: Art. 76 Abs. 2 FusG i.V.m. Art. 75 FusG).

Zu den Konsultations-, Informations-, Erläuterungs- und Begründungspflichten s. Art. 333a N 23 ff.

2. Fusion

Nach Art. 3 FusG können Gesellschaften auf **zwei Arten** fusionieren, indem die eine die andere übernimmt *(Absorptionsfusion)* oder sie sich zu einer neuen Gesellschaft zusammenschliessen *(Kombinationsfusion)*. Mit der Fusion wird die übertragende Gesellschaft aufgelöst und im Handelsregister gelöscht. Art. 4 FusG bestimmt, welche mit welchen Gesellschaften fusionieren können. **39**

Gemäss Art. 27 Abs. 1 FusG findet für den **Übergang der Arbeitsverhältnisse** auf die übernehmende Gesellschaft Art. 333 Anwendung. Der Übergang als solcher erfolgt allerdings bereits gestützt auf Art. 22 Abs. 1 FusG, der den Grundsatz der *Universalsukzession* verankert (gesetzlicher Übergang aller Aktiven und Passiven der übertragenden Gesellschaft auf die übernehmende Gesellschaft). Demzufolge gehen auch die Verträge einschliesslich der Arbeitsverträge über. Das Vorliegen eines Betriebsübergangs i.S.v. Art. 333 Abs. 1 stellt also keine Voraussetzung für den Übergang der Arbeitsverhältnisse dar. Ebenso unerheblich ist demnach auch die Betriebsbezogenheit der übergehenden Arbeitsverhältnisse (AMSTUTZ/MABILLARD, Art. 27 N 5). Das ist deshalb bedeutsam, da nicht bei jeder Fusion stets auch ein Betriebsübergang im Sinne des OR vorliegt. Ist umgekehrt der Betriebsübergangstatbestand erfüllt, kommt Art. 333 unabhängig davon zur Anwendung, ob bei der Transaktion die Voraussetzungen nach Fusionsgesetz erfüllt sind (TC VD, JAR 2012, 537). Der Arbeitgeber machte in diesem Fall vergeblich geltend, ein schriftlicher Übernahmevertrag i.S.v. Art. 70 **40**

FusG sei nicht zustande gekommen. Die vom Fusionsgesetz erfassten Umstrukturierungen betreffen primär die Ebene der *Gesellschaften* als Träger des ganzen Unternehmens.

41 Art. 333 hat hingegen für **weitere Rechtsfolgen** Bedeutung: Abs. 1 und 2 in Bezug auf das *Ablehnungsrecht* der bei der übertragenden Gesellschaft angestellten Arbeitnehmer, Abs. 1bis für die *Weitergeltung eines Gesamtarbeitsvertrags*. Der Eintritt dieser Rechtsfolgen ist ebenfalls nicht vom Vorliegen eines Betriebsübergangs abhängig (Sachnormverweisung: WILDHABER, Umstrukturierungen, 155 m.w.H.), wohl aber vom Zustandekommen der geplanten Fusion (BGer, JAR 2007, 349). Demgegenüber ist Art. 333 Abs. 3 über die *solidarische Haftung* von Veräusserer und Erwerber obsolet, da die übertragende Gesellschaft infolge der Fusion untergeht (Art. 3 Abs. 2 FusG). Für die Passiven der übertragenden Gesellschaft haftet die übernehmende Gesellschaft aufgrund der Universalsukzession. An die Stelle der arbeitsrechtlichen Solidarhaftung nach Art. 333 Abs. 3 tritt die fusionsrechtliche Sicherstellungspflicht nach Art. 27 Abs. 2 FusG (N 43).

42 **Gesellschafter** der übertragenden Gesellschaft, die vor der Fusion für deren Verbindlichkeiten hafteten, bleiben dafür **haftbar**, soweit die Verbindlichkeiten vor der Veröffentlichung des Fusionsbeschlusses *begründet* wurden oder deren Entstehungsgrund vor diesem Zeitpunkt liegt (Art. 26 Abs. 1 FusG). Ohne diese Vorschrift würde eine bisherige persönliche Haftung der Gesellschafter für Gesellschaftsschulden entfallen, wenn die übernehmende Gesellschaft eine Rechtsform aufweist, die eine solche Haftung nicht kennt. Dieser allgemeine Schutz wird zu Gunsten der Arbeitnehmer durch eine Spezialbestimmung modifiziert: Die Gesellschafter der übertragenden Gesellschaft, die vor der Fusion für deren Verbindlichkeiten hafteten, bleiben für alle Verbindlichkeiten aus Arbeitsvertrag haftbar, die bis zum Zeitpunkt *fällig* werden, auf den das Arbeitsverhältnis ordentlicherweise beendigt werden könnte oder, bei Ablehnung des Übergangs, vom Arbeitnehmer beendigt wird (Art. 27 Abs. 3 FusG).

43 Die übernehmende Gesellschaft muss die Forderungen der Gläubiger der an der Fusion beteiligten Gesellschaften **sicherstellen**, wenn diese es innerhalb von drei Monaten nach der Rechtswirksamkeit der Fusion verlangen (Art. 25 Abs. 1 FusG, Ausnahmen in Abs. 3 und 4). Erfasst werden indessen nur Verbindlichkeiten, die vor der Rechtswirksamkeit der Fusion *begründet* wurden (Botschaft FusG, BBl 2000, 4426). Art. 27 Abs. 2 FusG modifiziert diesen Schutz für die Arbeitnehmer der an der Fusion beteiligten Gesellschaften. Sie können danach gem. Art. 25 FusG die Sicherstellung ihrer Forderungen aus Arbeitsvertrag verlangen, die bis zum Zeitpunkt *fällig* werden, auf den das Arbeitsverhältnis ordentlicherweise beendigt werden könnte oder, bei Ablehnung des Übergangs, vom Arbeitnehmer beendigt wird. Der Entstehungszeitpunkt der Forderungen ist nicht massgebend (grundlegend AMSTUTZ/MABILLARD, Art. 27 N 11).

3. Spaltung

44 Art. 29 FusG räumt einer Gesellschaft **zwei Möglichkeiten** ein, sich zu spalten. Einerseits kann sie ihr ganzes Vermögen aufteilen und auf andere Gesellschaften übertragen, wobei ihre Gesellschafter Anteils- oder Mitgliedschaftsrechte der übernehmenden Gesellschaften erhalten; die übertragende Gesellschaft wird aufgelöst und im Handelsregister gelöscht *(Aufspaltung)*. Andererseits kann die Gesellschaft einen oder mehrere Teile ihres Vermögens auf andere Gesellschaften übertragen; auch hier erhalten ihre Gesellschafter dafür Anteils- oder Mitgliedschaftsrechte der übernehmenden Gesellschaften *(Abspaltung)*. Zulässig sind nur Spaltungen von Kapitalgesellschaften und Genossenschaften, die sich wieder nur in Kapitalgesellschaften und Genossenschaften spalten können (Art. 30 FusG).

45 Art. 49 Abs. 1 FusG erklärt Art. 333 für den **Übergang der Arbeitsverhältnisse** als anwendbar. Gemäss Art. 52 FusG wird die Spaltung mit der Eintragung ins Handelsregister rechtswirksam. In diesem Zeitpunkt gehen alle im Inventar aufgeführten Aktiven und Passiven von Gesetzes wegen auf die übernehmenden Gesellschaften über *(partielle Universalsukzession)*.

Der Spaltungsvertrag oder der Spaltungsplan hat nach Art. 37 lit. b FusG ein Inventar mit der eindeutigen Bezeichnung, der Aufteilung und der Zuordnung der Gegenstände des Aktiv- und des Passivvermögens sowie der Zuordnung der Betriebsteile zu enthalten, gem. Art. 37 lit. i FusG auch eine (deklaratorische) Liste der Arbeitsverhältnisse, die mit der Spaltung übergehen. Die Arbeitsverträge gehen kraft der partiellen Universalsukzession über, die durch das Spaltungsgeschäft und das ihm zugehörige Inventar ausgelöst wird. Gleich wie bei der Fusion (N 40) stellt demnach das Vorliegen eines Betriebsübergangs i.S.v. Art. 333 Abs. 1 keine Voraussetzung für den Übergang der Arbeitsverhältnisse dar (grundlegend AMSTUTZ/MABILLARD, Art. 49 N 3 ff.; HUBSCHMID, Art. 49 N 1; **a.A.** z.B. BSK FusG-BAUMGARTNER/OERTLE, Art. 49 N 2; REINERT, Art. 49 N 2 f.; VOGEL/HEIZ/BEHNISCH, Art. 49 N 9 f.).

Die Verweisung von Art. 49 Abs. 1 FusG auf Art. 333 ist als Sachnormverweisung zu verste- **46**
hen (WILDHABER, Umstrukturierungen, 155 m.w.H.), so dass auch die weiteren Rechtsfolgen von Art. 333 unabhängig davon Anwendung finden, ob im Sinne dieser Vorschrift ein Betrieb oder Betriebsteil übertragen wird. Die **Anwendung von Art. 333** bewirkt, dass die übernommenen Arbeitnehmer der übernehmenden Gesellschaften in den Genuss des *Ablehnungsrechts* (Abs. 1 und 2) und der *Weitergeltung eines allfälligen Gesamtarbeitsvertrags* (Abs. 1bis) kommen. Abs. 3 über die *solidarische Haftung* des Veräusserers mit dem Erwerber ist nur bei der Form der *Abspaltung* von Bedeutung, denn bei der Aufspaltung geht die übertragende Gesellschaft unter (Art. 51 Abs. 3 FusG).

Hinzu tritt die **spaltungsrechtliche Haftung** der an der Spaltung beteiligten **Gesellschaften** **47**
nach Art. 47 FusG. Es handelt sich um eine *solidarische subsidiäre Haftung* für den Fall, dass die Forderungen eines Gläubigers von der Gesellschaft, der die Verbindlichkeiten durch den Spaltungsvertrag oder den Spaltungsplan zugeordnet wurden, nicht erfüllt werden (Abs. 1; zusätzliche Voraussetzungen in Abs. 2). Die Arbeitnehmer können sich wie andere Gläubiger auf diese Vorschrift berufen. Gleiches gilt in Bezug auf die solidarische Haftung nach Art. 38 Abs. 3 FusG, die dann greift, wenn die Zuordnung von Forderungen aus Arbeitsverträgen ungewiss ist (AMSTUTZ/MABILLARD, Art. 49 N 9).

Gesellschafter der übertragenden Gesellschaft, die vor der Spaltung für deren Verbindlichkei- **48**
ten hafteten, bleiben dafür **haftbar**, soweit die Verbindlichkeiten vor der Veröffentlichung des Spaltungsbeschlusses *begründet* wurden oder deren Entstehungsgrund vor diesem Zeitpunkt liegt (Art. 48 FusG i.V.m. Art. 26 Abs. 1 FusG; VON DER CRONE et al., Rz 662; VON SALIS, Fusionsgesetz, 357). Dieser allgemeine Schutz wird für die Arbeitnehmer modifiziert: Gemäss Art. 49 Abs. 3 FusG i.V.m. Art. 27 Abs. 3 FusG bleiben die Gesellschafter der übertragenden Gesellschaft, die vor der Spaltung für deren Verbindlichkeiten hafteten, für alle Verbindlichkeiten aus Arbeitsvertrag haftbar, die bis zum Zeitpunkt *fällig* werden, auf den das Arbeitsverhältnis ordentlicherweise beendigt werden könnte oder, bei Ablehnung des Übergangs, vom Arbeitnehmer beendigt wird.

Die an der Spaltung beteiligten Gesellschaften müssen die Forderungen *ihrer* Gläubiger **si-** **49**
cherstellen (Botschaft FusG, BBl 2000, 4442), wenn diese es innerhalb von zwei Monaten nach der Aufforderung an die Gläubiger zur Forderungsanmeldung verlangen (Art. 46 Abs. 1 FusG, Ausnahmen in Abs. 2 und 3). Die Arbeitnehmer der an der Spaltung beteiligten Gesellschaften können nach den Modalitäten von Art. 46 FusG die Sicherstellung ihrer Forderungen aus Arbeitsvertrag verlangen, die bis zum Zeitpunkt *fällig* werden, auf den das Arbeitsverhältnis ordentlicherweise beendigt werden könnte oder, bei Ablehnung des Übergangs, durch den Arbeitnehmer beendigt wird (Art. 49 Abs. 2 FusG).

4. Umwandlung

Eine Umwandlung liegt vor, wenn eine Gesellschaft ihre **Rechtsform ändert**. Die Rechtsver- **50**
hältnisse der Gesellschaft werden dadurch nicht verändert (Art. 53 FusG). Art. 54 FusG legt fest, welche Gesellschaften sich in welche Formen umwandeln können.

51 Mangels Betriebsübergangs besteht bei der Umwandlung ein besonderes Schutzbedürfnis der Arbeitnehmer nur hinsichtlich der **Haftung der Gesellschafter**. Gemäss Art. 68 Abs. 1 FusG i.V.m. Art. 26 Abs. 1 FusG bleiben die Gesellschafter, die vor der Umwandlung für die Verbindlichkeiten der Gesellschaft hafteten, dafür haftbar, soweit die Verbindlichkeiten vor der Veröffentlichung des Umwandlungsbeschlusses *begründet* wurden oder deren Entstehungsgrund vor diesem Zeitpunkt liegt. Nach Art. 68 Abs. 2 FusG i.V.m. Art. 27 Abs. 3 FusG bleiben solche Gesellschafter ausserdem für alle Verbindlichkeiten aus Arbeitsvertrag haftbar, die bis zum Zeitpunkt *fällig* werden, auf den das Arbeitsverhältnis ordentlicherweise beendigt werden könnte (eine tatsächliche Beendigung durch Ablehnung fällt bei der Umwandlung ausser Betracht).

5. Vermögensübertragung

52 Nach Art. 69 FusG können im Handelsregister eingetragene Gesellschaften, Kommanditgesellschaften für kollektive Kapitalanlagen, Investmentgesellschaften mit variablem Kapital und im Handelsregister eingetragene Einzelunternehmen ihr Vermögen oder Teile davon mit Aktiven und Passiven auf andere Rechtsträger des Privatrechts übertragen. Wenn die Gesellschafter der übertragenden Gesellschaft Anteils- oder Mitgliedschaftsrechte der übernehmenden Gesellschaft erhalten, gelten die Bestimmungen der Art. 29 ff. FusG über die Spaltung, wobei die gesetzlichen und statutarischen Bestimmungen über den Kapitalschutz und die Liquidation vorbehalten bleiben.

53 Art. 76 Abs. 1 FusG bestimmt, dass für den **Übergang der Arbeitsverhältnisse** auf den übernehmenden Rechtsträger Art. 333 Anwendung findet. Mit der Eintragung ins Handelsregister gehen alle im Inventar aufgeführten Aktiven und Passiven von Gesetzes wegen auf den übernehmenden Rechtsträger über (*partielle Universalsukzession*, Art. 73 Abs. 2 FusG). Art. 71 Abs. 1 FusG verlangt, dass der Übertragungsvertrag ein Inventar mit der eindeutigen Bezeichnung der zu übertragenden Gegenstände des Aktiv- und des Passivvermögens enthält (lit. b), ferner eine (deklaratorische) Liste der Arbeitsverhältnisse, die mit der Vermögensübertragung übergehen (lit. e). Die Rechtslage präsentiert sich insoweit gleich wie bei der Spaltung (N 45; AMSTUTZ/MABILLARD, Art. 76 N 3).

54 Die Verweisung von Art. 76 Abs. 1 FusG auf Art. 333 ist als Sachnormverweisung zu verstehen (WILDHABER, Umstrukturierungen, 155 m.w.H.), so dass die Rechtsfolgen von Art. 333 unabhängig davon Anwendung finden, ob im Sinne dieser Vorschrift ein Betrieb oder Betriebsteil übertragen wird. Die **Anwendung von Art. 333** hat zur Folge, dass die übernommenen Arbeitnehmer des übernehmenden Rechtsträgers in den Genuss des *Ablehnungsrechts* (Abs. 1 und 2), der *Weitergeltung eines allfälligen Gesamtarbeitsvertrags* (Abs. 1bis) und an sich auch der *solidarischen Haftung* des Veräusserers mit dem Erwerber kommen (Abs. 3).

55 Nach Art. 75 Abs. 1 FusG haften die bisherigen Schuldner für die vor der Vermögensübertragung *begründeten* Schulden während dreier Jahre solidarisch mit dem neuen Schuldner. Gemäss Art. 76 Abs. 2 FusG findet Art. 75 FusG Anwendung auf alle Verbindlichkeiten aus Arbeitsvertrag, die bis zum Zeitpunkt *fällig* werden, auf den das Arbeitsverhältnis ordentlicherweise beendigt werden könnte oder, bei Ablehnung des Übergangs, von der Arbeitnehmerin oder dem Arbeitnehmer beendigt wird. Nach zutreffender Ansicht wird dadurch Art. 333 Abs. 3 verdrängt (AMSTUTZ/MABILLARD, Art. 76 N 5).

56 Eine bestehende **persönliche Haftung der Gesellschafter** der übertragenden Gesellschaft wird nicht tangiert, weil diese durch die Vermögensübertragung weder aufgelöst wird noch eine Änderung in der Zusammensetzung ihrer Gesellschafter erfährt (GLANZMANN, Rz 654).

57 Die an der Vermögensübertragung beteiligten Rechtsträger müssen die Forderungen **sicherstellen**, wenn die solidarische Haftung vor Ablauf der Frist von drei Jahren entfällt oder wenn die Gläubiger glaubhaft machen, dass die solidarische Haftung keinen ausreichenden

Schutz bietet (Art. 75 Abs. 3 FusG, Ausnahme in Abs. 4). Durch Art. 76 Abs. 2 FusG wird die Sicherstellungspflicht auf alle Verbindlichkeiten aus Arbeitsvertrag erweitert, die bis zum Zeitpunkt *fällig* werden, auf den das Arbeitsverhältnis ordentlicherweise beendigt werden könnte oder, bei Ablehnung des Übergangs, von der Arbeitnehmerin oder dem Arbeitnehmer beendigt wird.

6. Durchsetzung

Die fusionsgesetzlichen Ansprüche aus persönlicher Haftung der Gesellschafter **verjähren** spätestens drei Jahre nach Eintritt der Rechtswirksamkeit der Fusion, Spaltung oder Umwandlung (Art. 26 Abs. 2, Art. 48, Art. 68 Abs. 1 FusG). Ebenso verjähren Ansprüche gegen den übertragenden Rechtsträger spätestens drei Jahre nach der Veröffentlichung der Vermögensübertragung (Art. 75 Abs. 2 FusG). Diese Verjährungsfristen gelten auch für entsprechende Ansprüche der Arbeitnehmer. **58**

Art. 42 ZPO bestimmt, dass für Klagen, die sich auf das Fusionsgesetz stützen, das **Gericht** am Sitz eines der beteiligten Rechtsträger **zuständig** ist. Dies führt zu einer Kollision mit Art. 34 ZPO (der besondere Gerichtsstände für arbeitsrechtliche Klagen vorsieht), sofern sich die Ansprüche auf Art. 27 f., 49 f., 68 Abs. 2 oder Art. 76 f. FusG stützen. In diesem Fall ist unklar, ob nur die arbeitsrechtlichen, nur die fusionsgesetzlichen oder beide Arten von Gerichtsständen zur Verfügung stehen. Die Antwort könnte sogar je nachdem verschieden ausfallen, ob die genannten Bestimmungen des Fusionsgesetzes nur auf Art. 333 oder 333a verweisen oder ob sie den Arbeitnehmern selbständige Ansprüche gewähren. Im Interesse der Einheit des Gerichtsstandes sind arbeitsrechtliche Ansprüche auch dann Art. 34 ZPO zu unterstellen, wenn sie im Fusionsgesetz geregelt sind (DASSER, 665). **59**

Art. 333*a*

2. Konsultation der Arbeitnehmervertretung

[1] Überträgt ein Arbeitgeber den Betrieb oder einen Betriebsteil auf einen Dritten, so hat er die Arbeitnehmervertretung oder, falls es keine solche gibt, die Arbeitnehmer rechtzeitig vor dem Vollzug des Übergangs zu informieren über:

a. den Grund des Übergangs;

b. die rechtlichen, wirtschaftlichen und sozialen Folgen des Übergangs für die Arbeitnehmer.

[2] Sind infolge des Übergangs Massnahmen beabsichtigt, welche die Arbeitnehmer betreffen, so ist die Arbeitnehmervertretung oder, falls es keine solche gibt, sind die Arbeitnehmer rechtzeitig vor dem Entscheid über diese Massnahmen zu konsultieren.

2. Consultation de la représentation des travailleurs

[1] Si l'employeur transfère l'entreprise ou une partie de celle-ci à un tiers, il est tenu d'informer la représentation des travailleurs ou, à défaut, les travailleurs en temps utile avant la réalisation du transfert de l'entreprise sur:

a. le motif du transfert;

b. les conséquences juridiques, économiques et sociales du transfert pour les travailleurs.

[2] Si des mesures concernant les travailleurs sont envisagées suite au transfert de l'entreprise, la consultation de la représentation des travailleurs ou, à défaut, des travailleurs doit avoir lieu en temps utile avant que ces mesures ne soient décidées.

2. Consultazione dei rappresentanti dei lavoratori

[1] Il datore di lavoro che trasferisce l'azienda o una parte di essa a un terzo è tenuto ad informare tempestivamente la rappresentanza dei lavoratori o, in mancanza, i lavoratori medesimi, prima del trasferimento, su:

a. il motivo del trasferimento;

b. le conseguenze giuridiche, economiche e sociali per i lavoratori.

[2] Se, in seguito al trasferimento, sono previste misure che concernono i lavoratori, la rappresentanza di quest'ultimi o, in mancanza, i lavoratori medesimi devono essere consultati tempestivamente prima che tali misure siano decise.

Literatur

ABEGG, Chemins alternatifs au droit constitutionnel d'entreprise – développements récents dans le droit du travail, notamment le droit de consultation et la participation au profit de l'entreprise, ZSR 2006 I 599 ff.; AMSTUTZ/MABILLARD, Fusionsgesetz (FusG), Kommentar zum Bundesgesetz über Fusion, Spaltung, Umwandlung und Vermögensübertragung vom 3.10.2003, Basel 2008; BRÜHWILER, Grundsätze für die Wahl von Arbeitnehmervertretungen in Betriebskommissionen, insbesondere das Proporzwahlverfahren, SJZ 1999, 343 ff.; FRITZ/SCHULER, Die Mitwirkung im Arbeitsverhältnis, 2. Aufl., Zürich 2012; GECKELER HUNZIKER, Arbeitnehmermitbestimmung unter besonderer Berücksichtigung der paritätischen Verwaltung nach Art. 51 BVG, Diss., Zürich 2010; GEISER/EHRENZELLER/FURER (Hrsg.), Die Mitwirkung in den Betrieben, St. Gallen 2010; HASSIOTIS, Die Entwicklung des Rechts der Arbeitnehmervertretung auf Information und Konsultation in der Europäischen Union, Zürich 2000; ILG, Kommentar über das Bundesgesetz über die Information der Arbeitnehmer in den Betrieben (Mitwirkungsgesetz), Zürich 1999; KASPER, Information Governance im Arbeitsverhältnis – Regulatorischer Rahmen für Unternehmensinformationen aus betrieblicher Mitwirkung, Gesellschaftsrecht und Gesamtarbeitsvertrag, Diss., Bern 2008; MABILLARD, Unternehmensrechtliche Nichtigkeitsklage – Offene Fragen bei der gerichtlichen Durchsetzung der Mitwirkungsrechte der Arbeitnehmer gemäss Fusionsgesetz, FS für Erwin Murer, Bern 2010, 443 ff.; MEIER/EXNER, Informations- und Konsultationsrechte der Arbeitnehmer bei Sanierungen, ARV 2004, 213 ff.; MÜLLER, Der Arbeitnehmer als Teil der Belegschaft, FS zum Schweizerischen Juristentag 2006, Zürich/Basel/Genf 2006, 193 ff. (zit. FS Juristentag 2006); DERS., Die Arbeitnehmervertretung, Bern 1999 (zit. Arbeitnehmervertretung); DERS., Die Arbeitnehmervertretung, AJP 1997, 1501 ff.; DERS., Mitwirkung im Betrieb, ArbR 1999, 37 ff.; PORTMANN, Information und Konsultation der Arbeitnehmerschaft – Anwendung, Umsetzung und Weiterentwicklung der Richtlinie zur Festlegung eines allgemeinen Rahmens für die Unterrichtung und Anhörung der Arbeitnehmer in der Europäischen Gemeinschaft, FS für Rolf H. Weber, Bern 2011, 167 ff.; REHBINDER, Die Mitwirkung der Arbeitnehmer bei betrieblichen Umstrukturierungen, FS VSAM, Bern 1993, 49 ff.; STÖCKLI, Betriebliche Arbeitnehmervertretung im schweizerischen und europäischen Recht, RdA 2001, Sonderbeilage zu Heft 5, 5 ff.; TSCHÄNI, M&A-Transaktionen nach Schweizer Recht, Zürich/Basel/Genf 2003; WILDHABER, Das Arbeitsrecht bei Umstrukturierungen, Zürich/Basel/Genf 2011; WYLER, La participation des travailleurs, ST 2004, 927 ff.; vgl. ausserdem die Literaturhinweise zur Einleitung vor Art. 319 ff., zu Art. 333 und Art. 335 f.

I. Informationsrecht

1 Damit der einzelne Arbeitnehmer seinen Entscheid über die Ausübung des Ablehnungsrechts (Art. 333 Abs. 1 und 3) sachkundig fällen kann, gewährt Art. 333a Abs. 1 ein entsprechendes Informationsrecht. Einzige Tatbestandsvoraussetzung ist das Vorliegen eines **Betriebsübergangs** (Art. 333 N 3 ff.).

2 **Informationspflichtig** ist nach Art. 333a Abs. 1 (nur) der arbeitgebende *Veräusserer* des Betriebs. Den Erwerber trifft aber unter Umständen eine Informationspflicht nach Art. 9 Abs. 1 MitwG.

3 **Informationsberechtigt** ist die *Arbeitnehmervertretung* des übergehenden Betriebs, sofern es eine solche gibt. Voraussetzung für die Berechtigung der Arbeitnehmervertretung ist, dass diese nach den Grundsätzen des Mitwirkungsgesetzes gültig gewählt worden ist (Art. 5 ff. MitwG). Trifft dies zu, steht den Arbeitnehmern kein eigenes Recht zu. Wendet sich der Arbeitgeber trotzdem direkt an die Arbeitnehmer oder an die Gewerkschaft, so hat er seine Informationspflicht i.S.v. Art. 333a Abs. 1 nicht erfüllt. Ist eine Information der Gewerkschaft (gesamtarbeitsvertraglich) vorgesehen (insb. zwecks Aushandlung eines Sozialplans), so muss die Arbeitnehmervertretung zusätzlich informiert werden. Informiert der Arbeitgeber umgekehrt eine Arbeitnehmervertretung, deren Wahl nichtig ist, sind die Anforderungen von Art. 333a Abs. 1 ebenfalls nicht erfüllt (STREIFF/VON KAENEL/RUDOLPH, N 9).

4 Das Recht der *Arbeitnehmer* (anstelle der fehlenden Arbeitnehmervertretung) steht ungeachtet seines einheitlichen Inhalts jedem einzelnen Arbeitnehmer zu (MÜLLER, FS Juristentag

2006, 197). Zwar darf der Arbeitgeber die vorgeschriebenen Informationen im Rahmen einer Betriebsversammlung erteilen. Arbeitnehmern, denen die Teilnahme an der Versammlung unmöglich oder unzumutbar ist, sind indessen die erforderlichen Mitteilungen und Auskünfte individuell zu geben. Zulässig ist es aber auch, den Arbeitnehmern von vornherein eine separate Information (z.B. durch ein Rundschreiben) zukommen zu lassen, doch muss die Möglichkeit gewahrt bleiben, Fragen stellen zu können (WILDHABER, Umstrukturierungen, 370, 376). Wird nur ein Betriebsteil übertragen, sind jedenfalls die diesem Betriebsteil zugehörigen Arbeitnehmer zu informieren. Hat der Übergang auch für die übrigen Arbeitnehmer rechtliche, wirtschaftliche oder soziale Folgen, müssen auch sie informiert werden (Art. 333a Abs. 1 lit. b sinngemäss).

Gegenstand des Informationsanspruchs sind die (wirtschaftlichen, finanziellen und persönlichen) *Gründe* des Übergangs, ferner die *Folgen* des Übergangs für die Arbeitnehmer, und zwar die: 5

- *rechtlichen Folgen*, insb. diejenigen von Art. 333, also der gesetzliche Übergang der Arbeitsverhältnisse, das Ablehnungsrecht der Arbeitnehmer, die Weitergeltung eines allfälligen Gesamtarbeitsvertrags sowie die solidarische Haftung von Veräusserer und Erwerber, aber auch etwa die Geltung eines neuen Gesamtarbeitsvertrags;
- *wirtschaftlichen Folgen*, z.B. Positionierung des Erwerbers auf dem Markt, bevorstehende Restrukturierungen, Akquisitionen usw.;
- *sozialen Folgen*, namentlich Verschlechterungen der Arbeitsbedingungen wie Erhöhung der Arbeitszeiten, Senkung der Löhne, Abbau von Sozialleistungen, geplante Versetzungen und Kündigungen (vgl. den ausführlichen Katalog bei WILDHABER, Umstrukturierungen, 372 ff.).

Das Informationsrecht ist zunächst ein **Recht auf Mitteilung**, d.h. der Arbeitgeber hat die Pflicht, die Arbeitnehmerschaft *von sich aus* zu informieren. Gleichzeitig ist er verpflichtet, *Fragen entgegenzunehmen und zu beantworten*, die sich im inhaltlichen Rahmen des gesetzlichen Informationsanspruchs bewegen (N 5; AMSTUTZ/MABILLARD, Art. 28 N 18; HUBSCHMID, Art. 28 N 11; STREIFF/VON KAENEL/RUDOLPH, N 4). Das Informationsrecht nach Art. 333a Abs. 1 enthält also insoweit auch ein **Auskunftsrecht**. Keine Vorschrift stellt das Gesetz über die *Form* auf, in der die Informationen zu erteilen sind. Diese müssen also nicht unbedingt schriftlich erfolgen, sondern können etwa mündlich anlässlich einer Betriebsversammlung übermittelt werden. 6

Das Gesetz schreibt ausdrücklich vor, dass die Information **rechtzeitig vor dem Vollzug des Übergangs** zu erfolgen hat, d.h. so früh, dass der angestrebte Zweck erreicht werden kann. Die Information muss demnach nicht vor der Entscheidung, die zum Übergang führt, erfolgen, namentlich nicht vor dem Abschluss des Rechtsgeschäfts, auf dem der Übergang beruhen soll. Die betreffenden Vertragsverhandlungen sollen nicht öffentlich geführt werden müssen (vgl. BRÜHWILER, N 1). 7

II. Konsultationsrecht

Ein stärkeres Mitwirkungsrecht als das blosse Informationsrecht, nämlich ein Konsultationsrecht, sieht Art. 333a Abs. 2 für den Fall vor, dass *infolge des Betriebsübergangs* (zu diesem Tatbestand Art. 333 N 3 ff.) Massnahmen beabsichtigt sind, welche die Arbeitnehmer betreffen. 8

Konsultationspflichtig ist, wer solche Massnahmen beabsichtigt, gegebenenfalls also der Veräusserer, der Erwerber oder beide. Der Veräusserer wird nicht bloss deshalb von seiner Konsultationspflicht entbunden, weil die beabsichtigten Massnahmen erst vom Übernehmer durchgeführt werden sollen. Beabsichtigt ist eine Massnahme nicht erst, wenn sie endgültig beschlossen, sondern bereits, wenn sie konkret in Aussicht genommen worden ist (BGE 123 III 181 zu Art. 335f). 9

10 **Berechtigt** bzw. zu konsultieren sind die Arbeitnehmervertretungen (N 3) bzw. die Arbeitnehmer (N 4) – je nach Betroffenheit – des übernommenen und/oder des übernehmenden Betriebs. Die blosse Konsultation des Präsidenten oder der Präsidentin der Arbeitnehmervertretung genügt nicht (MÜLLER, Arbeitnehmervertretung, 296).

11 **Gegenstand** der Konsultation sind die infolge des Betriebsübergangs beabsichtigten, die Arbeitnehmer betreffenden **Massnahmen**. Dabei kann es sich etwa um Lohnkürzungen, Erhöhungen der Arbeitszeit, Versetzungen, Entlassungen, Standortverlegungen oder Restrukturierungen handeln.

12 Der **Inhalt** des Konsultationsrechts wird hingegen vom Gesetz nicht festgelegt und ist dementsprechend umstritten. Das Konsultationsrecht umfasst jedenfalls ein *Recht auf Anhörung*. Bevor die Arbeitnehmer Stellung nehmen konnten, ist eine Entscheidung über die beabsichtigten Massnahmen unzulässig. Der Arbeitgeber wird aber durch die Stellungnahme der Arbeitnehmer in seiner Entscheidungsfreiheit nicht beschränkt. Nach zutreffender Auffassung umfasst das Konsultationsrecht auch ein *Recht auf Beratung* mit dem Arbeitgeber und ein *Recht auf Begründung*, falls Gegenvorschläge abgelehnt werden (umstr.). Nur so kann sichergestellt werden, dass sich der Arbeitgeber ernsthaft mit den Vorschlägen der Arbeitnehmer befasst, was zur Erreichung des beabsichtigten Schutzzwecks von Art. 333a Abs. 2 unerlässlich ist (s. dazu MÜLLER, Arbeitnehmervertretung, 229 ff. sowie Art. 11 Abs. 1 MitwG). Im Zusammenhang mit der Konsultationspflicht bei Massenentlassungen (Art. 335f) hat das BGer jedenfalls anerkannt, dass der Arbeitgeber die Lösungsvorschläge der Arbeitnehmerschaft seriös prüfen müsse (BGE 137 III 162 E. 1.1, Näheres in Art. 335f N 10).

13 Die Konsultation hat nach der Rechtsprechung **rechtzeitig** vor dem Entscheid über die Massnahmen zu erfolgen. Zunächst muss die *Arbeitnehmerschaft* über genügend Zeit verfügen, um die vom Arbeitgeber erhaltenen Informationen studieren, konkrete Vorschläge formulieren und diese dem Arbeitgeber vortragen zu können. Die benötigte Zeit hängt von den konkreten Umständen ab, insb. von der Komplexität der sich stellenden Fragen und der Dringlichkeit der beabsichtigten Massnahmen (sofern sie nicht auf eine verspätete Einleitung des Konsultationsverfahrens zurückzuführen ist), u.E. auch davon, ob eine Arbeitnehmervertretung gewählt worden ist. Fehlt eine solche, dürfte der Zeitbedarf i.d.R. grösser sein, um die angestrebte kollektive Ausübung des Konsultationsrechts zu gewährleisten (Einberufung und Durchführung von Versammlungen, Bestimmung von Delegierten usw.). Generell betrachtet die Rechtsprechung eine Konsultationsfrist bei der Massenentlassung von 24 Stunden als zu kurz, eine solche von vier bis sechs Wochen als zu lang (BGE 123 III 181; fünf Tage zu kurz in BGE 130 III 110). Nach der hier vertretenen Ansicht ist in einem durchschnittlichen Fall etwa von *zwei Wochen* auszugehen. Der Arbeitgeber kann der Arbeitnehmerschaft eine nach Treu und Glauben bemessene Frist zur Stellungnahme ansetzen, bei deren unbenutztem Ablauf das Konsultationsrecht untergeht (WILDHABER, Umstrukturierungen, 381 m.w.H.).

14 Ebenso wichtig wie die der Arbeitnehmerschaft einzuräumende Zeit ist, dass der *Arbeitgeber* anschliessend selbst über genügend Zeit verfügt, um die ihm unterbreiteten Vorschläge seriös prüfen und mit der Arbeitnehmerschaft beraten zu können. Andernfalls verkommt das ganze Konsultationsverfahren zur Farce, so dass das Konsultationsrecht als verletzt erscheint.

III. Durchsetzung

15 Verletzt der Arbeitgeber seine Pflicht zur Information und Konsultation, so kann er unter Androhung von Art. 292 StGB zur Erfüllung angehalten werden, sinnvollerweise in Kombination mit vorsorglichen Massnahmen. Sodann kann er aus Art. 97 schadenersatzpflichtig werden. Entlassungen werden jedoch, anders als nach Art. 336 Abs. 2 lit. c, nicht missbräuchlich (AGer ZH, JAR 2002, 233). Ausserdem bleiben der Betriebsübergang und die getroffenen Massnahmen selbst wirksam (h.L.). Das schliesst u.E. jedoch nicht aus, dass *vorgängig* auf

Unterlassung des Vollzugs des Betriebsübergangs oder der beabsichtigten Massnahmen geklagt werden kann, sofern ernsthaft mit einer Verletzung der Mitwirkungsrechte zu rechnen ist und deren Zweck nicht auf andere Weise erreicht werden kann (z.B. durch einen aufgeschobenen Beginn der Frist zur Ausübung des Ablehnungsrechts, vgl. § 613a Abs. 6 BGB; VON SALIS, Fusionsgesetz, 191, 196).

Fraglich ist, wem die Mitwirkungsrechte zustehen bzw. wer zu deren Geltendmachung befugt ist. Besteht eine **Arbeitnehmervertretung**, stellt sich insb. die Frage, ob sie: **16**
- blosse *Repräsentantin* der Arbeitnehmer eines Betriebs ist (so namentlich MÜLLER, FS Juristentag 2006, 203 ff.; STREIFF/VON KAENEL/RUDOLPH, N 11);
- *Partei- und Prozessfähigkeit* besitzt (so etwa REHBINDER, ArG, 4. Aufl., Zürich 1987, Art. 37 N 4; VON SALIS, Fusionsgesetz, 197; VISCHER/MÜLLER, 1824; nach REINERT, Art. 28 N 17, liegt ein Fall von *Prozessstandschaft* vor); oder
- in ihrem Wirkungskreis gar ein *Rechtssubjekt* darstellt (WEDDE, in: BetrVG, 14. Aufl., Frankfurt a.M. 2014, Einleitung N 123, zum deutschen Betriebsrat).

Die gesetzliche Ordnung ist diesbezüglich lückenhaft und widersprüchlich. Während die Art. 9 und 10 MitwG den Anschein erwecken, dass die Arbeitnehmervertretung eigene Rechte geltend macht, gewährt ihr Art. 15 Abs. 2 MitwG nicht einmal ein Klagerecht. Mit Blick auf «die Fruchtlosigkeit bisheriger Erörterungen über die Rechtsnatur der Arbeitnehmervertretung» (MÜLLER, FS Juristentag 2006, 205) wird hier auf eine Fortsetzung der entsprechenden Diskussion verzichtet. Entscheidend ist, dass für die einzelnen Rechtsfragen *praktikable Lösungen* gefunden werden, die sich am *Zweck einer* **effizienten Mitwirkung** *der Arbeitnehmerschaft* orientieren. Solche Lösungen ergeben sich zwangloser, wenn man der Arbeitnehmervertretung Partei- und Prozessfähigkeit oder gar partielle Rechtsfähigkeit zugesteht. Sie sind jedoch auch auf dem Boden der Repräsentationstheorie denkbar, wenn man sich bewusst ist, dass es höchstens um eine Stellvertretung sui generis gehen kann. In diesem Sinne sind namentlich folgende Postulate zu erheben: **17**
- Die Arbeitnehmervertretung muss *in eigenem Namen* oder wenigstens im Namen der Belegschaft als solcher, nicht aber bloss im Namen der einzelnen Arbeitnehmer eines Betriebs auftreten können. Die zuletzt genannte Lösung wäre mit Blick auf die wechselnden und möglicherweise sehr zahlreichen Arbeitsverhältnisse innerhalb eines Betriebes völlig unpraktikabel (auch im Rahmen der Repräsentationstheorie erscheint dieses Postulat erfüllbar, wenn man entweder von einer indirekten Stellvertretung ausgeht oder die Belegschaft als rechtlich organisierte, vom Wechsel der Mitglieder unabhängige Einheit mit körperschaftlichen Elementen begreift, so MÜLLER, FS Juristentag 2006, 201 ff.). **18**
- Die Arbeitnehmervertretung muss grundsätzlich *unabhängig von den Arbeitnehmern* handeln können. Eine gewöhnliche Stellvertretung, die frei widerruflich ist (Art. 34) und ein Handeln der Vertretenen neben dem des Vertreters zulässt, fällt demnach jedenfalls ausser Betracht. **19**

Ebenso grundsätzliche Probleme stellen sich, wenn **keine Arbeitnehmervertretung** besteht. In diesem Fall sind die Rechte durch «die Arbeitnehmer» geltend zu machen (Art. 4 MitwG). In diesem Zusammenhang stellt sich die Frage, ob die Arbeitnehmer: **20**
- eine *notwendige Streitgenossenschaft* bilden (so MÜLLER, Arbeitnehmervertretung, 140; STREIFF/VON KAENEL/RUDOLPH, N 11; WYLER/HEINZER, 973);
- als gewissermassen verselbständigte *Belegschaft* gemeint sind (in dieser Richtung wohl BSK FusG-BAUMGARTNER/OERTLE, Vor Art. 27 N 34, wonach die *Mehrheit* der Arbeitnehmer in einer Abstimmung entscheidet); oder
- eine *individuelle Klageberechtigung* geniessen (so die überwiegende Lehre: GEISER, AJP 2004, 867; HIRSIGER, 290 f.; HUBSCHMID, Art. 28 N 21; REINERT, Art. 28 N 15; VON DER CRONE et al., Rz 420; VON SALIS, Fusionsgesetz, 197; ZIMMERLI, AJP 2005, 780).

Mit Blick auf die konzeptionellen Mängel der Gesetzgebung ist es (wie schon bei den Problemen bezüglich der Arbeitnehmervertretung) auch hier unumgänglich, eine Lösung zu wählen, **21** die mit dem Zweck einer effizienten Mitwirkung der Arbeitnehmerschaft vereinbar ist. Die Konstruktion einer notwendigen Streitgenossenschaft ist daher abzulehnen, hätte es doch sonst jeder einzelne Arbeitnehmer in der Hand, die Rechtsdurchsetzung aller anderen zu erschweren oder gar zu vereiteln. Auch eine von der Belegschaft (im Sinne einer Gemeinschaft mit körperschaftlichen Elementen) ausgehende Rechtsdurchsetzung hat mit Schwierigkeiten zu kämpfen, ist doch die Belegschaft als solche weder rechts- noch parteifähig. Den Arbeitnehmern ist daher eine individuelle Durchsetzung der Mitwirkungsrechte zuzugestehen. Zur Rechtslage im europäischen Rechtsraum s. PORTMANN, FS Weber, 181 ff.

22 Bei Streitigkeiten nach dem Mitwirkungsgesetz oder einer vertraglichen Mitwirkungsordnung sind ausser den beteiligten Arbeitgebern und Arbeitnehmern auch deren **Verbände** klageberechtigt. Das Klagerecht steht nicht nur den Verbänden der beteiligten Arbeitnehmer, sondern auch den Verbänden der beteiligten Arbeitgeber zu. Die Verbände haben allerdings nur einen *Feststellungsanspruch* (Art. 15 Abs. 1 und 2 MitwG).

IV. Fusionsgesetz

1. Übersicht

23 Das **Fusionsgesetz** (Bundesgesetz vom 3.10.2003 über Fusion, Spaltung, Umwandlung und Vermögensübertragung, FusG, SR 221.301) enthält ebenfalls Bestimmungen, die sich auf die Konsultation der Arbeitnehmerschaft beziehen. Sie betreffen:

– die *Anwendbarkeit von Art. 333a* (Fusion: Art. 28 Abs. 1 FusG; Spaltung: Art. 50 FusG; Vermögensübertragung: Art. 77 Abs. 1 FusG);
– den *Zeitpunkt der Konsultation* (Fusion: Art. 28 Abs. 2 Satz 1 FusG; Spaltung: Art. 50 FusG);
– die Pflicht zur *Information* über das Ergebnis der Konsultation (Fusion: Art. 28 Abs. 2 Satz 2 FusG; Spaltung: Art. 50 FusG);
– die *Handelsregistersperre* bei einer Verletzung der Konsultationsvorschriften (Fusion: Art. 28 Abs. 3 FusG; Spaltung: Art. 50 FusG; Vermögensübertragung: Art. 77 Abs. 2 FusG);
– das *Internationale Privatrecht* (sog. Eingriffsnorm gem. Art. 18 IPRG bei der Fusion: Art. 28 Abs. 4 FusG; Spaltung: Art. 50 FusG; Vermögensübertragung: Art. 77 Abs. 3 FusG);
– weitere *Informations-, Erläuterungs- und Begründungspflichten* (Fusionsbericht: Art. 14 Abs. 3 lit. i FusG; Spaltungsvertrag/Spaltungsplan: Art. 37 lit. i FusG, Spaltungsbericht: Art. 39 Abs. 3 lit. g FusG; Vermögensübertragungsvertrag: Art. 71 Abs. 1 lit. e FusG; Vermögensübertragung: Art. 74 Abs. 2 lit. d FusG).

Für die übrigen Bestimmungen des Fusionsgesetzes betreffend den Übergang der Arbeitsverhältnisse s. Art. 333 N 38 ff.

2. Fusion

24 **Art. 28 Abs. 1 FusG** verweist für die Konsultation der Arbeitnehmerschaft auf Art. 333a. Der Wortlaut dieser Verweisungsnorm ist klärungsbedürftig:

25 – Nicht vorauszusetzen ist zunächst, dass ein Betriebsübergang stattfindet oder dass Arbeitsverhältnisse übergehen (WINKLER, SJZ 2001, 486), doch müssen Massnahmen beabsichtigt sein, welche die Arbeitnehmer betreffen (Art. 333a Abs. 2).

26 – Nach dem Text von Art. 28 Abs. 1 FusG wird nur die in Art. 333a Abs. 2 geregelte *Konsultation*, nicht aber die in Art. 333a Abs. 1 niedergelegte *Information* erfasst. Da aber die Information eine Voraussetzung für eine sinnvolle Durchführung der Konsultation ist, muss sich die Verweisung auch auf die Information beziehen (vgl. den Randtitel zu Art. 333a, wo Konsultation als Oberbegriff von Information und Konsultation i.e.S. erscheint; ferner

von der Crone et al., Rz 418). Die Information über die rechtlichen Folgen erfährt eine Erweiterung, indem nicht nur über die Rechtsfolgen von Art. 333, sondern auch über diejenigen des Fusionsgesetzes zu informieren ist, also z.B. über zusätzliche Haftungen und Sicherstellungspflichten (Art. 333 N 42 f.).
- Gemäss Art. 28 Abs. 1 FusG wird die Konsultationspflicht sowohl der *übertragenden* wie auch der *übernehmenden* Gesellschaft auferlegt. Das gilt auch für die in der Konsultationspflicht enthaltene Informationspflicht (vgl. N 26). **27**
- Art. 28 Abs. 1 FusG erwähnt nur die Konsultation der *Arbeitnehmervertretung*, nicht auch der *Arbeitnehmer* für den Fall, dass eine Arbeitnehmervertretung fehlt, wie dies in Art. 333a vorgesehen ist. Es entsprach jedoch nicht der Absicht des Gesetzgebers, die Konsultation bei fehlender Arbeitnehmervertretung entfallen zu lassen (Botschaft FusG, BBl 2000, 4428, 4467 f.; vgl. auch den Randtitel zu Art. 333a, der im Gegensatz zum Text nur die Arbeitnehmervertretung erwähnt), so dass die Verweisung auch auf die subsidiäre Konsultation der Arbeitnehmer zu beziehen ist. **28**

In **Art. 28 Abs. 2 FusG** wird bestimmt, dass die Konsultation vor der Beschlussfassung gem. Art. 18 FusG erfolgen muss, das heisst *vor dem Fusionsbeschluss*, nicht jedoch vor dem Abschluss des Fusionsvertrags. Unklar bleibt, ob zusätzlich auch die zeitliche Vorgabe von Art. 333a Abs. 2 einzuhalten ist, die Konsultation also rechtzeitig vor dem Entscheid über die Massnahmen, welche die Arbeitnehmer betreffen, stattzufinden hat. U.E. muss auch diese Voraussetzung erfüllt sein, selbst wenn kein Betriebsübergang stattfindet (ebenso Streiff/von Kaenel/Rudolph, Art. 333 N 15). Das oberste Leitungs- oder Verwaltungsorgan muss die Generalversammlung anlässlich des Fusionsbeschlusses über das Ergebnis der Konsultation informieren (Art. 28 Abs. 2 Satz 2 FusG). **29**

3. *Spaltung*

Gemäss Art. 50 FusG richtet sich die Konsultation der Arbeitnehmervertretung nach Art. 28 FusG. Kurz zusammengefasst bedeutet dies folgendes: **30**
- Auf die Konsultation findet für die übertragende wie auch für die übernehmende Gesellschaft Art. 333a Anwendung (Art. 28 Abs. 1 FusG).
- Das Konsultationsrecht setzt voraus, dass Massnahmen beabsichtigt sind, welche die Arbeitnehmer betreffen, nicht aber, dass ein Betriebsübergang stattfindet oder Arbeitsverhältnisse übergehen (N 25; Amstutz/Mabillard, Art. 50 N 1).
- Die Verweisung schliesst neben dem Konsultationsrecht i.e.S. von Art. 333a Abs. 2 auch das Informationsrecht nach Art. 333a Abs. 1 ein. Die Informationspflicht ist von der übertragenden und der übernehmenden Gesellschaft zu erfüllen. Zu informieren ist auch über die rechtlichen Folgen nach dem Fusionsgesetz (N 26 f.).
- Fehlt eine Arbeitnehmervertretung, so sind (entgegen dem Anschein des Gesetzeswortlauts) die Arbeitnehmer zu konsultieren (N 28).
- Die Konsultation muss vor dem Spaltungsbeschluss, nicht jedoch vor dem Abschluss des Spaltungsvertrags stattfinden. Zusätzlich ist die Konsultation rechtzeitig vor dem Entscheid über die Massnahmen, welche die Arbeitnehmer betreffen, durchzuführen, auch wenn kein Betriebsübergang stattfindet (N 29).
- Das oberste Leitungs- oder Verwaltungsorgan muss die Generalversammlung anlässlich des Spaltungsbeschlusses über das Ergebnis der Konsultation informieren (N 29).

4. *Umwandlung*

Im Zusammenhang mit der Umwandlung sieht das Fusionsgesetz keine besonderen Informations- und Konsultationsrechte der Arbeitnehmerschaft vor. Der sechste Abschnitt über den Gläubiger- und Arbeitnehmerschutz, der sich in Art. 68 FusG erschöpft, betrifft bloss die per- **31** sönliche Haftung der Gesellschafter sowie die Haftung für Verbindlichkeiten aus Arbeitsvertrag.

5. Vermögensübertragung

32 Gemäss Art. 77 Abs. 1 FusG findet für die Konsultation der Arbeitnehmervertretung für den übertragenden wie auch für den übernehmenden Rechtsträger Art. 333a Anwendung. Diese Regelung entspricht derjenigen bei der Fusion und lässt sich in geraffter Form wie folgt darstellen:

- Das Konsultationsrecht setzt voraus, dass Massnahmen beabsichtigt sind, welche die Arbeitnehmer betreffen, nicht aber, dass ein Betriebsübergang stattfindet oder Arbeitsverhältnisse übergehen (N 25; Amstutz/Mabillard, Art. 77 N 1).
- Die Verweisung schliesst neben dem Konsultationsrecht i.e.S. von Art. 333a Abs. 2 auch das Informationsrecht nach Art. 333a Abs. 1 ein. Die Informationspflicht ist von der übertragenden und der übernehmenden Gesellschaft zu erfüllen. Zu informieren ist auch über die rechtlichen Folgen nach dem Fusionsgesetz (N 26 f.).
- Trotz fehlender Erwähnung im Gesetz sind die Arbeitnehmer zu konsultieren, wenn es im Betrieb keine Arbeitnehmervertretung gibt (N 28).
- Eine Parallelvorschrift zu Art. 28 Abs. 2 Satz 1 FusG, wonach die Konsultation vor dem Fusionsbeschluss erfolgen muss, fehlt. Daher ist davon auszugehen, dass die Konsultation vor dem Vollzug der Vermögensübertragung stattzufinden hat (Botschaft FusG, BBl 2000, 4467 f.). Zusätzlich ist die Konsultation rechtzeitig vor dem Entscheid über die Massnahmen durchzuführen, welche die Arbeitnehmer betreffen (N 29; Meier/Exner, ARV 2004, 220).
- Ferner fehlt auch eine Parallelvorschrift zu Art. 28 Abs. 2 Satz 2 FusG; eine Vermögensübertragung kann ohne GV-Beschluss und dementsprechend ohne Information der Gesellschafter vollzogen werden (von der Crone et al., Rz 941).

6. Durchsetzung

33 Neben den Rechtsbehelfen, die bei einer Verletzung von Art. 333a in Betracht fallen (N 15 ff.), kennt das Fusionsgesetz ein eigenes wirksames Durchsetzungsinstrument, nämlich die **Handelsregistersperre**. Werden die fusionsgesetzlichen Vorschriften über die Konsultation der Arbeitnehmerschaft nicht eingehalten, so kann die Arbeitnehmervertretung vom Gericht verlangen, dass es die Eintragung der Fusion, Spaltung oder Vermögensübertragung im Handelsregister untersagt (Art. 28 Abs. 3, Art. 50, Art. 77 Abs. 2 FusG). Da der Eintrag mit konstitutiver Wirkung ausgestattet ist (Art. 22 Abs. 1, Art. 52, Art. 73 Abs. 2 FusG), kann also eine Verletzung der Konsultationsrechte dazu führen, dass die Fusion, Spaltung oder Vermögensübertragung (vorerst) nicht rechtswirksam wird. Um die Rechtswirksamkeit doch noch herbeizuführen, müssen eine *gesetzeskonforme Konsultation nachgeholt* und die entsprechenden Generalversammlungen wiederholt werden (Botschaft FusG, BBl 2000, 4429). Art. 162 Abs. 1 HRegV bietet eine Rechtsgrundlage für eine *vorsorgliche Registersperre*. Nach erfolgter Eintragung kann die Klage nicht mehr erhoben werden (Amstutz/Mabillard, Art. 28 N 22).

34 Im Zusammenhang mit der Handelsregistersperre sind insb. folgende drei Punkte **umstritten**:

- Der *Gerichtsstand*. Nach der hier vertretenen Ansicht ist die arbeitsrechtliche Gerichtsstandsbestimmung von Art. 34 ZPO und nicht die fusionsrechtliche von Art. 42 ZPO anzuwenden (Art. 333 N 59; **a.A.** Amstutz/Mabillard, Art. 28 N 27; Streiff/von Kaenel/Rudolph, Art. 333 N 20; Wyler, SZW 2004, 253).
- Die Bedeutung *des Umstandes, ob* die Verletzung der Konsultationspflicht vom *eigenen Arbeitgeber* ausgeht. U.E. ist dies keine Voraussetzung zur Erwirkung der Handelsregistersperre (**a.A.** z.B. BSK FusG-Baumgartner/Oertle, Vor Art. 27 N 35).

- Die *Aktivlegitimation*, wenn keine Arbeitnehmervertretung existiert. Da das Konsultationsrecht den Arbeitnehmern zusteht, wenn eine Arbeitnehmervertretung fehlt (N 28, 30, 32), muss diesen konsequenterweise auch das Recht zustehen, eine Handelsregistersperre verlangen zu können (HUBSCHMID, Art. 28 N 21; WILDHABER, Umstrukturierungen, 389; **a.A.** BSK FusG-BAUMGARTNER/OERTLE, Vor Art. 27 N 33). Wird die subsidiäre Berechtigung der Arbeitnehmer bejaht, ist ihnen ein individuelles Klagerecht und nicht bloss ein solches im Rahmen einer notwendigen Streitgenossenschaft zuzuerkennen (N 21; AMSTUTZ/MABILLARD, Art. 28 N 26; **a.A.** WILDHABER, Umstrukturierungen, 390 f., die das Klagerecht der Belegschaft gestützt auf eine im materiellen Bundesrecht begründete zivilprozessuale Parteifähigkeit zuspricht, für die Willensbildung aber immerhin auf den Willen der Mehrheit der betroffenen Arbeitnehmer abstellt).

Art. 333*b*

3. Betriebsübergang bei Insolvenz

Wird der Betrieb oder der Betriebsteil während einer Nachlassstundung, im Rahmen eines Konkurses oder eines Nachlassvertrages mit Vermögensabtretung übertragen, so geht das Arbeitsverhältnis mit allen Rechten und Pflichten auf den Erwerber über, wenn dies mit dem Erwerber so vereinbart wurde und der Arbeitnehmer den Übergang nicht ablehnt. Im Übrigen gelten die Artikel 333, ausgenommen dessen Absatz 3, und 333a sinngemäss.

3. Transfert d'entreprise pour cause d'insolvabilité

Lorsque l'entreprise ou une partie de celle-ci est transférée à un tiers durant un sursis concordataire dans le cadre d'une faillite ou dans celui d'un concordat par abandon d'actifs, les rapports de travail passent à l'acquéreur avec tous les droits et les obligations qui en découlent pour autant que ce transfert ait été convenu avec l'acquéreur et que le travailleur ne s'y oppose pas. Pour le reste, les art. 333, à l'exception de l'al. 3, et 333a sont applicables par analogie.

3. Trasferimento dell'azienda in caso di insolvenza

Se l'azienda o una parte di essa è trasferita a un terzo nel corso di una moratoria concordataria a seguito di un fallimento o di un concordato con abbandono dell'attivo, il rapporto di lavoro passa con tutti i diritti e gli obblighi all'acquirente se tale trasferimento è stato concordato con l'acquirente e il lavoratore non vi si oppone. Per il resto si applicano per analogia gli articoli 333, eccettuato il capoverso 3, e 333a.

Literatur

BACHMANN, Arbeitsrechtliche Paradigmenwechsel des neuen Sanierungsrechts, FS für Jean-Fritz Stöckli, Zürich/St. Gallen 2014, 1 ff.; BAISCH, Arbeitnehmerschutz bei M&A Transaktionen und Sanierungen, Jusletter 20.6.2011; BÄNI, Sozialplanpflicht und weitere Auswirkungen des Sanierungsrechts auf das Arbeitsrecht, ArbR 2013, 79 ff.; CIRIGLIANO, Ausgewählte Fragen des neuen Sanierungsrechts – Inhalte von Sozialplänen, staatliche Schlichtungsstellen als Schiedsgerichte, GAV und Sozialplan, Jusletter 29.9.2014; FISCHER/TROST, Auswirkungen des neuen Sanierungsrechts auf das Arbeitsrecht, Jusletter 19.5.2014; HUNKELER, Neues Sanierungsrecht verabschiedet – voraussichtliches Inkrafttreten bereits am 1.1.2014, Jusletter 8.7.2013; IANNI, Die Stellung des Arbeitnehmers in der Insolvenz des Arbeitgebers nach der Revision des Sanierungsrechts, Diss., Zürich/St. Gallen 2014; VON KAENEL, Der neue Art. 333b OR – Ausnahmen vom gesetzlichen Übergang der Arbeitsverhältnisse beim Betriebsübergang in der Sanierung, Jusletter 29.9.2014; MABILLARD, Der Arbeitnehmer im Sanierungsprozess, BlSchK 2014, 41 ff.; STAEHELIN A., Betriebsübergang bei Insolvenz des Arbeitgebers nach neuem Recht – Auswirkungen auf die Arbeitsverhältnisse, FS für Jean-Fritz Stöckli, Zürich/St. Gallen 2014, 567 ff.; DERS., Überblick über die Neuerungen im Sanierungsrecht, AJP 2013, 1735 ff.; vgl. ausserdem die Literaturhinweise zu Art. 335h. Die nachfolgende Kommentierung von Art. 333b entspricht den einschlägigen Ausführungen in VON KAENEL/RUDOLPH, elektronischer Update-Service zum Praxiskommentar STREIFF/VON KAENEL/RUDOLPH, ‹www.schulthess.com/arbeitsvertrag›.

I. Rechtslage vor dem Inkrafttreten von Art. 333b

1 Vor dem Inkrafttreten von Art. 333b OR am 1.1.2014 war die Frage stark umstritten, ob und in welchem Umfang Art. 333 auch auf eine Betriebsübernahme aus einer **Konkursmasse** oder im Rahmen eines **Nachlassvertrages** Anwendung findet (s. dazu die Vorauflage, Art. 333 N 11 sowie Botschaft Sanierungsrecht, BBl 2010, 6495). Nach dem Leitentscheid von BGE 129 III 335 war jedenfalls Art. 333 Abs. 3 im Konkursfall nicht anwendbar. Wer also einen Betrieb erwarb und mit den Arbeitnehmern die im Zeitpunkt der Übernahme bestehenden Arbeitsverhältnisse weiterführte, haftete nach diesem Entscheid nicht für offene, vor der Übernahme fällig gewordene Lohnforderungen aus den Arbeitsverhältnissen, wenn die Übernahme des Betriebs aus der Konkursmasse des bisherigen Arbeitgebers erfolgt ist. In weiteren Entscheiden liess das BGer die Frage offen, ob Art. 333 bei einem Nachlassvertrag mit Vermögensabtretung Anwendung findet (BGE 134 III 102), während es die Frage für die Nachlassstundung grundsätzlich ebenso bejahte (BGE 137 III 487) wie im Falle einer privaten Sanierung (BGer, ARV 2004, 242; Praxis aus der kantonalen Rechtsprechung: TC VD, JAR 2012, 537 betr. Nachlassstundung; OGer ZH, JAR 2005, 480 betr. Konkurs; OGer BL, JAR 2002, 231 betr. Einstellung des Konkurses mangels Aktiven; kantonale Schiedskommission für ALV BS, JAR 2001, 256 betr. Konkurs).

II. Rechtslage seit Inkrafttreten von Art. 333b

1. Übersicht

2 Mit dem Ziel, Sanierungen im Sinne einer **Weiterführung von Unternehmen und Unternehmensteilen zu begünstigen**, wurde im Rahmen der Revision des Sanierungsrechts unter dem Titel «Betriebsübergang bei Insolvenz» mit Art. 333b ein neuer Artikel ins Obligationenrecht eingefügt, der am 1.1.2014 in Kraft getreten ist (s. Botschaft Sanierungsrecht, BBl 2010, 6455 ff., 6494 ff.; Näheres zur Gesetzesrevision und zum Zusammenhang mit der neuen Sozialplanpflicht in Art. 335h N 2). Ausgangspunkt für die Schaffung der neuen Bestimmung war die Befürchtung, dass übermässige Lasten, die einem potentiellen Investor drohen, diesen davon abhalten könnten, einen an sich lebensfähigen Betrieb oder Betriebsteil zu übernehmen. Auf diese Weise würde sich der mit Art. 333 angestrebte Arbeitnehmerschutz letztlich ins Gegenteil verkehren, indem Unternehmen und damit auch Arbeitsplätze unterzugehen drohen, obwohl mindestens Teile davon gerettet werden könnten (s. Botschaft Sanierungsrecht, BBl 2010, 6495).

3 Die vor diesem Hintergrund angestrebte Begünstigung von Betriebsübergängen in Sanierungssituationen wird dadurch verwirklicht, dass dem Übernehmer (das Gesetz spricht von Erwerber) mit Art. 333b in doppelter Weise gegenüber dem Grundtatbestand von Art. 333 **Erleichterungen** gewährt werden: Einerseits wird die übernahmewillige Partei von der Verpflichtung befreit, Arbeitsverhältnisse zu übernehmen. Mit anderen Worten gehen bei Betriebsübergängen in der Insolvenz die Arbeitsverhältnisse nicht automatisch von Gesetzes wegen auf den Erwerber über, sondern nur dann, wenn dies mit ihm so vereinbart wird (und der Arbeitnehmer den Übergang nicht ablehnt). Andererseits wird der Übernehmer, soweit bei einem Betriebsübergang Arbeitsverhältnisse auf ihn übergehen, durch Art. 333b von der Solidarhaftung nach Art. 333 Abs. 3 befreit, d.h. von der Verpflichtung, für vor dem Betriebsübergang entstandene Verbindlichkeiten des bisherigen Arbeitgebers gegenüber den Arbeitnehmern zu haften (von Kaenel, Jusletter 29.9.2014, Rz 6).

2. Anwendungsbereich

4 Der Anwendungsbereich von Art. 333b beschränkt sich auf Betriebe oder Betriebsteile, die während einer **Nachlassstundung**, im Rahmen eines **Konkurses** oder eines **Nachlassvertrages mit Vermögensabtretung** übertragen werden. Nicht anwendbar ist die Ausnahmerege-

lung dagegen bei Betriebsübergängen in anderen Sanierungssituationen wie z.B. einer privaten Sanierung, während eines Konkursaufschubs oder einer Liquidation nach Art. 736 ff. (VON KAENEL, Jusletter 29.9.2014, Rz 7 m.w.H.; **a.A.** betr. Konkursaufschub BACHMANN, FS Stöckli, 16). In solchen Konstellationen kommt Art. 333 uneingeschränkt zur Anwendung. Gleiches gilt, wenn die Übertragung *vor* der Konkurseröffnung oder der Bewilligung des Nachlassverfahrens stattfindet (VISCHER/MÜLLER, 291). Massgeblicher Zeitpunkt ist der Tag des Betriebsübergangs, d.h. spätestens zu diesem Zeitpunkt muss der massgebliche behördliche Entscheid vorliegen (STAEHELIN, FS Stöckli, 579). Die Nachlassstundung beginnt bereits mit der Bewilligung der provisorischen Stundung nach Art. 293a SchKG, so dass bereits ab diesem Zeitpunkt Art. 333b greift (ZK-STAEHELIN, Art. 333a OR N 8; s.a. VON KAENEL, Jusletter 29.9.2014, Rz 7 zum damit einhergehenden Missbrauchspotential; ausführlich zum Ganzen, zu den vorausgesetzten Verfahrensstadien und zu den massgeblichen Zeitpunkten STAEHELIN, FS Stöckli, 575 ff.).

Das **Fusionsgesetz** (FusG) verweist für die von ihm geregelten Übertragungsvorgänge (Fusion, Spaltung, Vermögensübertragung) auf die Art. 333 und 333a. Weil der neue Art. 333b diese fusionsrechtlichen Konstellationen nicht regelt und auch das FusG diesbezüglich im Rahmen der SchKG-Revision keine Änderung erfahren hat, stellt sich die Frage, ob der Privilegierungstatbestand von Art. 333b auch dann greift, wenn eine Sanierung durch einen fusionsrechtlichen Übertragungsvorgang vollzogen wird, was in der Praxis allerdings die Ausnahme sein dürfte. Dies wird zu Recht in einer Art «teleologischer Expansion» (VON KAENEL, Jusletter 29.9.2014, Rz 28) bzw. durch Analogieschluss (BRÜHWILER, N 4) bejaht. 5

3. Rechtsfolgen

Sind die Voraussetzungen von Art. 333b erfüllt, ist erste und zentrale Rechtsfolge, dass im Unterschied zur allgemeinen Regel von Art. 333 Abs. 1 trotz Vorliegen eines Betriebsübergangs **keine Arbeitsverhältnisse automatisch** auf den Erwerber **übergehen**. Damit die Arbeitsverhältnisse übergehen, bedarf es stattdessen einer Vereinbarung zwischen Veräusserer (bzw. den zuständigen Insolvenzorganen; STAEHELIN, FS Stöckli, 574; VISCHER/MÜLLER, 291 f.) und Erwerber, die in ihrem Belieben steht. Dabei kann der Erwerber – mit Zustimmung des Veräusserers – auch nur einen Teil der Arbeitsverhältnisse übernehmen; es steht ihm also ein Selektionsrecht zu, das auch als «cherry picking» bezeichnet wird (HUNKELER, Jusletter 8.7.2013, Rz 11). 6

Soweit sich Veräusserer und Erwerber auf eine Übernahme von Arbeitsverhältnissen einigen, richten sich die **Folgen grundsätzlich nach Art. 333**, was in Art. 333b ausdrücklich so bestätigt wird. Demzufolge gehen die übernommenen Arbeitsverhältnisse vom alten auf den neuen Arbeitgeber über, und zwar im Grundsatz *mit allen Rechten und Pflichten* inklusive der Pflicht des Erwerbers, einen bestehenden Gesamtarbeitsvertrag während längstens eines Jahres einzuhalten (s. Art. 333 Abs. 1bis). Von diesem Grundsatz gibt es allerdings zwei gewichtige Ausnahmen: Vorbehalten bleibt zunächst das *Ablehnungsrecht* des Arbeitnehmers, wie es schon in Art. 333 vorgesehen ist. Dieses Ablehnungsrecht, das in Art. 333b nochmals erwähnt wird, und die Folgen seiner Ausübung richten sich nach Art. 333 (Näheres dazu in Art. 333 N 25 ff.). Andererseits *entfällt die Solidarhaftung* des Übernehmers nach Art. 333 Abs. 3. Auch wenn dieser also Arbeitsverhältnisse des Veräusserers übernimmt, muss er für dessen vor dem Betriebsübergang entstandene Verbindlichkeiten gegenüber den Arbeitnehmern nicht haften. Umgekehrt entfällt auch die Haftung des Veräusserers für nach dem Betriebsübergang entstehende Schulden des Erwerbers (BRÜHWILER, N 3 mit Hinweis auf das Missbrauchspotential zu Lasten der Sozialversicherungen; VON KAENEL, Jusletter 29.9.2014, Rz 19). 7

Art. 333b erklärt im Übrigen Art. 333a sinngemäss für anwendbar. Demzufolge sind die in der zweitgenannten Bestimmung garantierten **Informations- und Konsultationsrechte** der Arbeitnehmerschaft auch bei Betriebsübergängen in der Insolvenz zu gewährleisten, ganz unab- 8 hängig davon, ob bzw. wie viele Arbeitsverhältnisse vom Erwerber übernommen werden (s.a. Botschaft Sanierungsrecht, BBl 2010, 6496).

9 Arbeitsverhältnisse, deren Übernahme **nicht mit dem Erwerber vereinbart** wird, bleiben vom Betriebsübergang aus vertraglicher Sicht unberührt und gehen nicht auf den Erwerber über. Sie bleiben *unverändert* mit dem bisherigen Arbeitgeber bestehen. Sollen sie beendet werden, ist dazu eine Kündigung oder ein Aufhebungsvertrag erforderlich (vgl. auch VON KAENEL, Jusletter 29.9.2014, Rz 15). BRÜHWILER, N 2 spricht sich dafür aus, dass es dem Erwerber auch bei fehlender Übernahmevereinbarung mit dem Veräusserer nicht verwehrt sei, mit einzelnen oder allen Arbeitnehmern des Veräusserers über eine Weiterbeschäftigung zu verhandeln und mit ihnen neue Arbeitsverträge abzuschliessen, allenfalls auch zu anderen Bedingungen. VON KAENEL, Jusletter 29.9.2014, Rz 17 f. weist allerdings darauf hin, dass in solchen Konstellationen ein erhebliches *Missbrauchspotential* besteht und Gesetzesumgehungen drohen. Ausserdem zeige die Entstehungsgeschichte der neuen Gesetzgebung, dass der Grundsatz der Besitzstandswahrung nicht in Frage gestellt und für die geretteten Arbeitsplätze wohl auch stillschweigend vorausgesetzt worden sei. Ihm folgend rechtfertigt sich das Postulat, dass auch solche Arbeitsverhältnisse, deren Übernahme vom Erwerber nicht mit dem Veräusserer vereinbart wurde, gleichwohl in den Geltungsbereich von Art. 333b i.V.m. Art. 333 fallen, wenn sie vom Erwerber nahtlos fortgesetzt werden. Folglich sollte auch für diese Arbeitsverhältnisse Art. 333 zur Anwendung gelangen, wiederum mit Ausnahme der Solidarhaftung von Art. 333 Abs. 3. Vorbehalten bleiben Ausnahmefälle, wenn sachliche Gründe vorliegen, die ein solches Vorgehen ausnahmsweise rechtfertigen, wie z.B. bei einem Funktionswechsel (VON KAENEL, a.a.O.).

10 Mit Blick auf die freie Entscheidungsgewalt von Veräusserer und Erwerber in Bezug auf die Übernahme der Arbeitsverhältnisse wurde Art. 333b nicht in die Liste der absolut oder relativ zwingenden Bestimmungen der Art. 361 und 362 eingefügt. Der kollektivrechtliche Schutzcharakter der Normen über die Weitergeltung der GAV-Bestimmungen (Art. 333 Abs. 1bis) und über die Informations- und Konsultationsrechte (Art. 333a) schliessen jedoch eine Einschränkung aus (BÄNI, ArbR 2013, 101), so dass der letzte Satz von Art. 333b relativ zwingend gilt (BK-REHBINDER/STÖCKLI, N 11).

Art. 334

G. Beendigung des Arbeitsverhältnisses
I. Befristetes Arbeitsverhältnis

1 Ein befristetes Arbeitsverhältnis endigt ohne Kündigung.

2 Wird ein befristetes Arbeitsverhältnis nach Ablauf der vereinbarten Dauer stillschweigend fortgesetzt, so gilt es als unbefristetes Arbeitsverhältnis.

3 Nach Ablauf von zehn Jahren kann jede Vertragspartei ein auf längere Dauer abgeschlossenes befristetes Arbeitsverhältnis jederzeit mit einer Kündigungsfrist von sechs Monaten auf das Ende eines Monats kündigen.

G. Fin des rapports de travail
I. Contrat de durée déterminée

1 Le contrat de durée déterminée prend fin sans qu'il soit nécessaire de donner congé.

2 Si, après l'expiration de la période convenue, le contrat de durée déterminée est reconduit tacitement, il est réputé être un contrat de durée indéterminée.

3 Le contrat conclu pour plus de dix ans peut être résilié après dix ans par chacune des parties pour la fin d'un mois, moyennant un délai de congé de six mois.

G. Fine del rapporto di lavoro
I. Rapporto di lavoro di durata determinata

1 Il rapporto di lavoro di durata determinata cessa senza disdetta.

2 Se continua tacitamente dopo la scadenza della durata pattuita, è considerato di durata indeterminata.

3 Se stipulato per più di dieci anni, può, dopo dieci anni, essere disdetto in ogni tempo da ciascuna delle parti per la fine di un mese, con preavviso di sei mesi.

I. Vorliegen eines befristeten Arbeitsverhältnisses

Ein befristetes Arbeitsverhältnis liegt vor, wenn es nach dem Gesetz (Art. 354, Art. 14 Abs. 2 Satz 1 BBG) oder nach dem Willen der Vertragsparteien für eine bestimmte Zeit eingegangen ist, d.h. wenn es während einer bestimmten Frist oder bis zu einem bestimmten Termin dauern soll, ohne dass eine Kündigung erforderlich ist. Der Wille zur Befristung kann ausdrücklich oder stillschweigend erklärt werden und sich demnach auch aus dem Zweck der Arbeit ergeben (z.B. Aushilfe, Ernteeinsatz). 1

Das befristete Arbeitsverhältnis ist von folgenden Erscheinungen abzugrenzen: 2

- *Arbeitsverhältnis mit Maximalfrist*. Es stellt eine Kombination aus befristetem und unbefristetem Arbeitsverhältnis dar. Soweit es mit Ablauf der Maximalfrist von selbst endet, ist es ein befristetes Arbeitsverhältnis. Es kann aber bereits vorher ordentlich gekündigt werden und bildet insofern ein unbefristetes Arbeitsverhältnis (Fallbeispiel: TC VD, JAR 2013, 562). 3
- *Arbeitsverhältnis mit Minimalfrist*. Da dieses Arbeitsverhältnis nicht durch Zeitablauf allein endet, liegt kein befristetes, sondern ein unbefristetes Arbeitsverhältnis vor, bei dem die ordentliche Kündigung während einer bestimmten Zeit ausgeschlossen ist (ein Arbeitsverhältnis mit Minimalfrist hat das BGer in BGE 110 II 167 angenommen; s. ferner CAPH GE, JAR 1999, 310). 4
- *Resolutiv bedingtes Arbeitsverhältnis*. Im Gegensatz zur Befristung, die auf einem mit Sicherheit eintretenden Zeitablauf beruht, ist die Bedingung eine ungewisse künftige Tatsache. Soll sie ein bestehendes Rechtsverhältnis auflösen, handelt es sich um eine Resolutivbedingung (s. dazu Art. 324 N 9). 5

Oft ist der Fristablauf den Parteien im Voraus bekannt (dies certus quando), doch muss das nicht notwendigerweise so sein; das Ende des Arbeitsvertrages kann auch von einem künftigen Ereignis abhängig gemacht werden, von dem der Zeitpunkt des Eintritts ungewiss ist (dies incertus quando, BGer, ARV 2001, 190). Ein Arbeitsverhältnis kann also z.B. bis zur Beendigung der Bauarbeiten auf einer Baustelle befristet werden (OGer LU, JAR 2000, 365). Der Zeitpunkt des Eintritts muss jedoch **ungefähr voraussehbar** sein; andernfalls könnten die Parteien den zeitlichen Umfang ihrer vertraglichen Bindung nicht richtig einschätzen und nicht rechtzeitig die notwendigen Vorkehrungen für die Zeit nach der Beendigung treffen (Suche eines neuen Vertragspartners, ZK-Staehelin, Art. 334 OR N 12; s.a. Carron, in: Dunand/Mahon, N 9). 6

Ferner muss die Vertragsdauer **objektiv** bestimmt oder bestimmbar sein und darf nicht vom Willen einer Partei abhängen (BGer, ARV 2001, 190; TC VD, JAR 2001, 333). Aus Art. 320 Abs. 2 und Art. 334 Abs. 2 kann nicht entnommen werden, die Parteien hätten einen befristeten Arbeitsvertrag geschlossen, wenn der vorangegangene befristete Arbeitsvertrag ausgelaufen ist, der Abschluss des neuen Vertrages in den Verhandlungen steckengeblieben ist und sich die Parteien Schriftform für die Gültigkeit des neuen Vertrages vorbehalten haben (CAPH GE, JAR 2000, 185). 7

Bei der Befristung von Arbeitsverhältnissen besteht die Gefahr einer *Umgehung* des gesetzlichen Kündigungsschutzes oder der gesetzlichen Sozialleistungen. Insbesondere mit sog. **Kettenverträgen** könnten Art. 335c (Kündigungsfrist) und Art. 336c (Kündigung zur Unzeit) umgangen werden. In diesen Fällen ist die Befristung unbeachtlich, wenn ihr kein *sachliches Motiv* zugrunde liegt. Demnach sind die einzelnen Verträge trotz gelegentlicher oder regelmässiger Unterbrüche wie ein einheitlicher unbefristeter Vertrag zu behandeln (h.L.). Eine Kündigung ist aber gemäss dem Parteiwillen frühestens auf den Zeitpunkt möglich, in dem der letzte befristete Vertrag hätte enden sollen (Streiff/von Kaenel/Rudolph, N 7). Bei vier aufeinanderfolgenden Arbeitsverträgen mit demselben Arbeitgeber und über die gleiche Arbeit in knapp zwei Jahren lassen sich kaum objektive Gründe finden, welche die Kettenverträge zu rechtfertigen vermögen (BGer, JAR 2000, 105; weitere Beispiele in AGer ZH, JAR 8

1999, 99; TC FR, JAR 1998, 119; s.a. BGE 101 Ia 465; 139 III 145 für ein Fallbeispiel aus dem Mietrecht). Als sachliche Motive anzuerkennen sind jedoch Besonderheiten des Arbeitsverhältnisses oder des Betriebs wie z.B.:

- beim *Saisonniervertrag* (BGE 129 III 624; nach diesem Entscheid ist zweifelhaft, ob sich die jeweiligen Befristungen schon aus dem Saisonnierstatus als solchem ergeben oder ob sie besonders zu vereinbaren sind);
- bei *Lehrbeauftragten* an Mittelschulen, Berufsschulen und Universitäten, weil deren Beschäftigung von der nicht längerfristig voraussehbaren Anzahl eingeschriebener Schüler oder Studierenden bzw. vom Fächer- oder Vorlesungsangebot abhängt (BGer, JAR 2008, 215);
- beim *Bühnenengagement*;
- bei der *Aushilfe*;
- beim *eigenen Wunsch* des Arbeitnehmers.

Abzulehnen ist die Auffassung, wonach die Aneinanderreihung von nur zwei befristeten Verträgen stets zulässig sei (so aber ein obiter dictum in BGer, JAR 2000, 106; zutreffend KGer SG, JAR 2004, 536).

II. Beendigung des befristeten Arbeitsverhältnisses (Abs. 1, 3)

9 Das befristete Arbeitsverhältnis endet durch:

- *Zeitablauf* (Normalfall, Art. 334 Abs. 1).
- *Ordentliche Kündigung während der Probezeit*, wenn eine solche vereinbart ist (Art. 334 Abs. 1 ist dispositiv). In diesem Fall sind die Bestimmungen von Art. 335b analog anzuwenden (BGE 109 II 451). Ist keine Probezeit vereinbart, so ist nach der hier vertretenen Ansicht in Analogie zu Art. 335b Abs. 1 Hs. 2 auch beim befristeten Arbeitsverhältnis der erste Monat als Probezeit zu betrachten (Art. 335b N 13).
- *Ordentliche Kündigung nach zehnjähriger Vertragsdauer* (dazu sogleich N 10).
- *Ausserordentliche Kündigung*. Die Art. 337 ff. gelten sowohl für befristete wie auch für unbefristete Arbeitsverhältnisse.
- *Aufhebungsvertrag* (Art. 335 N 27 ff.).
- *Tod des Arbeitnehmers* (Art. 338 Abs. 1), ausnahmsweise auch *des Arbeitgebers* (Art. 338a Abs. 2).

10 Nach Ablauf von **zehn Jahren** besteht für beide Parteien von Gesetzes wegen das Recht, das Arbeitsverhältnis unter Einhaltung einer Kündigungsfrist von sechs Monaten auf das Ende eines Monats zu kündigen (Art. 334 Abs. 3; Fallbeispiel CCA TI, JAR 2013, 538). Aufgrund des Gesetzeswortlauts müssen zehn Jahre vergangen sein, bis überhaupt die Kündigung ausgesprochen werden kann, so dass wegen der sechsmonatigen Frist ein weiteres halbes Jahr bis zur Beendigung des Arbeitsverhältnisses verstreicht. Dieses gesetzliche Kündigungsrecht kann nicht wegbedungen werden (Art. 361), da eine mehr als zehn Jahre dauernde Gebundenheit die Parteien in ihrer Vertragsfreiheit zu stark beschränken würde (vgl. Art. 27 ZGB). Die Zusicherung einer Lebensstellung oder Dauerstelle ist als Absichtserklärung im Zweifel nicht rechtsverbindlich gemeint (GSGer BS, JAR 1989, 200) und fällt daher auch nicht in den Geltungsbereich von Art. 334 Abs. 3.

11 Von den erwähnten Ausnahmen abgesehen kann das befristete Arbeitsverhältnis hingegen nicht durch ordentliche Kündigung beendet werden. Keine Beendigungsgründe sind auch der Konkurs des Arbeitsgebers, das Unmöglichwerden der Arbeitsleistung und das Erreichen des Rentenalters durch den Arbeitnehmer (Art. 335 N 2 f.). Möglich ist jedoch eine vereinbarte Befristung bis zur Pensionierung (BGer, JAR 2002, 146). Die zeitliche Beschränkung einer Aufenthalts- oder Arbeitsbewilligung begründet per se keine Befristung (TAPP TI, JAR *1994, 187; TC VS, JAR 1997,* 153).

III. Stillschweigende Fortsetzung des befristeten Arbeitsverhältnisses (Abs. 2)

Art. 334 Abs. 2 enthält zwei widerlegbare Vermutungen (PORTMANN/STÖCKLI, Rz 803). Nach der *ersten Vermutung* entsteht durch die stillschweigende Fortsetzung des befristeten Arbeitsverhältnisses über den betreffenden Endtermin hinaus kein neues Arbeitsverhältnis, sondern das alte Arbeitsverhältnis wird *verlängert*. Daher ist die Dauer der befristeten Zeit, soweit Rechtsfolgen daran geknüpft werden, in die Gesamtdauer der Vertragszeit miteinzubeziehen (Kündigungsfristen, Abgangsentschädigung, Ferien usw.). Die Vermutung ist aber widerlegbar, so etwa im Fall, wenn ein Handelsreisender innerhalb desselben Unternehmens in den Innendienst wechselt. 12

Nach der *zweiten Vermutung* beruht die Fortdauer auf einer Umwandlung des befristeten in ein *unbefristetes Arbeitsverhältnis*; mit anderen Worten gilt das Arbeitsverhältnis im Zweifel als auf unbestimmte Zeit verlängert, so dass es von der Verlängerung an den Bestimmungen über die ordentliche Kündigung und den Kündigungsschutz unterliegt. Auch diese Vermutung ist indessen widerlegbar, z.B. wenn die Verlängerung nach dem anwendbaren GAV nur für die nächste Spielzeit gilt (AppGer BS, JAR 1995, 138), oder wenn eine kurzfristige Verlängerung zwecks Aufräumarbeiten vereinbart ist (GSGer BS, JAR 1980, 256). 13

Art. 335

II. Unbefristetes Arbeitsverhältnis
1. Kündigung im Allgemeinen

[1] Ein unbefristetes Arbeitsverhältnis kann von jeder Vertragspartei gekündigt werden.

[2] Der Kündigende muss die Kündigung schriftlich begründen, wenn die andere Partei dies verlangt.

II. Contrat de durée indéterminée
1. Congé en général

[1] Le contrat de durée indéterminée peut être résilié par chacune des parties.

[2] La partie qui donne le congé doit motiver sa décision par écrit si l'autre partie le demande.

II. Rapporto di lavoro di durata indeterminata
1. Disdetta, in generale

[1] Il rapporto di lavoro di durata indeterminata può essere disdetto da ciascuna delle parti.

[2] La parte che dà la disdetta deve, a richiesta dell'altra, motivarla per scritto.

Literatur

ADLER, La cessation contractuelle des rapports de travail, in: Journée 1995 de droit du travail et de la sécurité sociale, Zürich 1999, 7 ff.; BARTH, Die Änderungskündigung im Arbeitsrecht, Diss., Zürich 1990; BLESI, Die Freistellung des Arbeitnehmers – Ein Handbuch für die Praxis, 2. Aufl., Zürich/Basel/Genf 2010; DERS., Vorzeitige Pensionierung – Arbeits- und vorsorgerechtliche Aspekte, in: Unternehmenssanierung und Arbeitsrecht, Zürich/Basel/Genf 2010, 131 ff.; BRÜGGER/PETER, Sozialversicherungsrechtliche Fallstricke bei der Auflösung eines Arbeitsverhältnisses, ius.full 2014, 68 ff.; BRÜHWILER, Arbeits- und sozialversicherungsrechtliche Probleme des vorzeitigen Altersrücktritts, in: Der vorzeitige Altersrücktritt, Bern/Stuttgart 1994, 21 ff.; CRAMER, Die Anpassung von Arbeitsverträgen mit und ohne Änderungskündigungen, FS für Jean-Fritz Stöckli, Zürich/St. Gallen 2014, 129 ff.; DORMANN, Die Zulässigkeit und die Rechtsfolgen einer Kündigung bei einem Verstoss gegen Kündigungsbeschränkungen, AJP 2011, 1069 ff.; DUNAND, La résiliation du contrat de travail: enjeu majeur du droit du travail (2007–2008), in: Aktuelle Anwaltspraxis 2009, Bern 2010; ENRIQUEZ, Die gewillkürte Freistellung des Arbeitnehmers von seiner Arbeitspflicht bis zum Ablauf der Kündigungsfrist – Rechtsdogmatische Grundlagen, Diss., Zürich/St. Gallen 2008; FARNER, Der Aufhebungsvertrag, ArbR 2010, 33 ff.; FLACH, Die «Freistellung» von der Arbeitsleistung nach Kündigung, SJZ 1994, 209 ff.; GÄCHTER/MICHEL-ALDER, Flexibilisierung des Rentenalters – Rahmenbedingungen für einen bedürfnisgerechten Ausstieg aus dem Berufsleben, in: Schweizerische Gesellschaft für Haftpflicht- und Versicherungsrecht, FS zum fünfzigjährigen Bestehen, Zürich/Basel/Genf 2010, 145 ff.; GEISER, Berechnung der Kündigungsfristen im Arbeitsvertragsrecht, recht 2012, 1 ff.; GLOOR, Le congé-modification et l'acceptation de l'offre modificative abusive, ARV 2008, 249 ff.; GUYOT/JACCARD/ZAPPELLA, Le contrat de travail: des pourparlers aux conséquences de la résiliation, 2. Aufl., Genf 2010; HUMBERT, Die Freistellung des Arbeitnehmers im Arbeitsverhältnis,

Schweizer Arbeitgeber 2000, 1058 ff.; JOERIN, Die arbeitsrechtliche Änderungskündigung und deren rechtliche Zulässigkeit, Diss., Basel 2006; KAMBER, Die Aufhebungsvereinbarung im Arbeitsvertragsrecht, ArbR 2013, 43 ff.; DERS., Die Änderungskündigung im Arbeitsvertragsrecht, Diss., Bern 2014; VON KAENEL, Wann ist das Arbeitsverhältnis beendet?, Schweizer Personalvorsorge 1994, 265 ff.; DERS., Arbeitslosenversicherung, in: Stellenwechsel und Entlassung, Handbücher für die Anwaltspraxis (HAP), Bd. II, 2. Aufl., Basel 2012, 371 ff.; KIESER, Die Koordination von Taggeldern der Arbeitslosenversicherung mit Taggeldern anderer Sozialversicherungszweige, ARV 2012, 217 ff.; KLEISLI ARTNER, Die arbeitsrechtliche Kündigung nach schweizerischem, kanadischem und amerikanischem Recht, Diss., Zürich 2005; KLINGENBERG, Die Betriebsschliessung, Zürich 1986; KOLLER A., Empfangstheorie und «Ferienkündigung», ZBJV 1999, 136 ff.; KOLLER TH., Ordentliche, Fristlose und missbräuchliche Kündigung des Arbeitsvertrages, AJP 1995, 1251 ff.; KUPFER BUCHER, Bundesgesetz über die obligatorische Arbeitslosenversicherung und Insolvenzentschädigung, 4. Aufl., Zürich 2013; LANG, Arbeitsrechtliche Kündigungsschutzsysteme und ihre Sanktionen, Diss., Bern 2005; LICCI/PÄRLI, Kündigungsschutz im Wandel – quo vadis?, Jusletter 20.6.2011; MAURER, Die formell richtige Kündigung im Arbeitsvertragsrecht, ST 1991, 160 ff.; MEIER K., Zur Freistellung des Arbeitnehmers, plädoyer 2/1996, 32 ff.; METZ, Gesetzliche und vertragliche Informationsrechte und -pflichten bei und nach Beendigung des Einzelarbeitsvertrages, in: Stellenwechsel und Entlassung, Handbücher für die Anwaltspraxis (HAP), Bd. II, 2. Aufl., Basel 2012, 171 ff.; MIDDENDORF, Nachwirkende Vertragspflichten, Fribourg 2002; MORAD, Regelungen beim Austritt eines Kadermitarbeiters, Jusletter 24.9.2007; MÜLLER, Die einvernehmliche Beendigung des Arbeitsverhältnisses, Diss., Bern 1991; DERS., Die einvernehmliche Beendigung des Arbeitsverhältnisses, ArbR 1994, 77 ff.; MÜNCH/HAURI, Von der Kündigung und ihren Wirkungen, in: Stellenwechsel und Entlassung, Handbücher für die Anwaltspraxis (HAP), Bd. II, 2. Aufl., Basel 2012, 3 ff.; MUNOZ, La fin du contrat individuel de travail et le droit aux indemnités de l'assurance-chômage, Diss., Lausanne 1992; ORLANDO, Zur Beendigung des Arbeitsverhältnisses von Kaderangehörigen, FS VSAM, Bern 1993, 165 ff.; PÄRLI, Die arbeitsrechtliche Kündigungsfreiheit zwischen Mythos und Realität, AJP 2010, 715 ff.; PORTMANN, Die Beendigung des Arbeitsvertrags im schweizerischen Recht, in: Pécsi Munkajogi Közlemények, Bd. 2013, 91 ff.; DERS., Der Aufhebungsvertrag im Individualarbeitsrecht, FS für Heinrich Honsell, Zürich/Basel/Genf 2002, DERS., Die Beendigung des Arbeitsvertrags im schweizerischen Recht, in: Pécsi Munkajogi Közlemények, Bd. 2013, Heft 2, 91 ff.; 355 ff.; DERS., Erklärungen ohne Worte im schweizerischen Arbeitsvertragsrecht, ArbR 1998, 59 ff.; RICKENBACH, Die Nachwirkungen des Arbeitsverhältnisses, Diss., Bern 2000; RUDOLPH, Tücken bei der Ausübung des arbeitsrechtlichen Kündigungsrechts, Jusletter 3.3.2014; SAVIAUX, Les rapports de travail en cas de difficultés economiques de l'employeur et l'assurance-chômage, Diss., Lausanne 1993; SCHNEIDER/WAEBER, Indemnités volontaires et contractuelle à la fin des rapports de travail, plädoyer 3/1993, 45 ff.; SPRING, Entlassung nach Kurzarbeit, Schweizer Arbeitgeber 9/2010, 26 f.; TRAGESER/HAMMER, Altersrücktritt im Kontext der demographischen Entwicklung, CHSS 2012, 361 ff.; VENTURI-ZEN-RUFFINEN, La résiliation pour justes motifs des contrats de durée, SJ 2008 II, 1 ff.; VISCHER/ALBRECHT, Kündigung und kollektives Arbeitsrecht, in: Stellenwechsel und Entlassung, Handbücher für die Anwaltspraxis (HAP), Bd. II, 2. Aufl., Basel 2012, 117 ff.; ZANETTI, Der arbeitsrechtliche Aufhebungsvertrag, Anwaltsrevue 2012, 84 ff.; vgl. ausserdem die Literaturhinweise zur Einleitung vor Art. 319 ff.

I. Übersicht über die Beendigung des unbefristeten Arbeitsverhältnisses

1 Unbefristete Arbeitsverhältnisse enden nicht wie die befristeten durch blossen Zeitablauf (Art. 334), sondern nur infolge eines besonderen Beendigungsgrundes. Das unbefristete Arbeitsverhältnis endet durch:

- *Ordentliche Kündigung* (Normalfall, Art. 335 Abs. 1). Sie ist während der Probezeit (i.d.R. mit verkürzten Kündigungsfristen, s. Art. 335b) und nach der Probezeit zulässig (unter Einhaltung der vereinbarten oder gesetzlichen Kündigungsfristen).
- *Ausserordentliche Kündigung* nach Art. 337 ff.
- *Aufhebungsvertrag* (N 27 ff.).
- *Tod des Arbeitnehmers* (Art. 338 Abs. 1), ausnahmsweise auch *des Arbeitgebers* (Art. 338a Abs. 2).

2 *Kein Beendigungsgrund* des Arbeitsverhältnisses ist hingegen der *Konkurs des Arbeitgebers* (vgl. Art. 337a; TC FR, JAR 2011, 439) oder das Erreichen des *Rentenalters* (BGer, JAR 2010, 356). Will der Arbeitnehmer beim Erreichen des AHV-Alters aufhören oder will ihn der Arbeitgeber zu diesem Zeitpunkt pensionieren, so bedarf es zur ordnungsgemässen Auf-

lösung des Arbeitsverhältnisses, wenn vertraglich nichts anderes vorgesehen ist, eines Aufhebungsvertrags oder einer ordentlichen Kündigung. Ist eine Auflösung nicht erfolgt, so muss z.B. Krankenlohn gezahlt werden, wenn der Arbeitnehmer über den Zeitpunkt der Erreichung der Altersgrenze hinweg krank ist (OGer ZH, JAR 1991, 239). Allerdings endet das Arbeitsverhältnis auch ohne Kündigung oder Aufhebungsvertrag, wenn im Reglement einer Personalvorsorgeeinrichtung ein Pensionsalter vorgesehen ist und auf dieses Reglement im Arbeitsvertrag Bezug genommen wurde (BGE 114 II 350).

Auch das *Unmöglichwerden der Arbeitsleistung* ist kein Grund für eine automatische Beendigung des Arbeitsverhältnisses. Während die ursprüngliche objektive Unmöglichkeit der Arbeitsleistung zur Nichtigkeit des Arbeitsvertrages führt (Art. 20 Abs. 1), lassen Unvermögen, nachträgliche Unmöglichkeit oder Unzumutbarkeit die Wirksamkeit des Vertrages unberührt. Auch *Militär-, Schutz- und Zivildienst* sowie allenfalls *Schwangerschaft* lassen das Arbeitsverhältnis lediglich ruhen. Eine Kündigung aus diesen Gründen oder während der betroffenen Zeit ist unzulässig (Art. 336 Abs. 1 lit. e, Art. 336c Abs. 1 lit. a und c). 3

II. Kündigung

1. Allgemeines

Der häufigste und wichtigste Grund der Beendigung des unbefristeten Arbeitsverhältnisses ist die **Kündigung**. Die Kündigung ist eine *einseitige, empfangsbedürftige Willenserklärung* einer Partei, die das Arbeitsverhältnis für die Zukunft von einem bestimmten Zeitpunkt an aufhebt. Das ihr zugrunde liegende Recht, das **Kündigungsrecht**, ist ein *rechtsaufhebendes Gestaltungsrecht.* Die Kündigung erfasst das gesamte Arbeitsverhältnis. Eine Kündigung einzelner Abreden (Teilkündigung) ist daher mangels entsprechender Vereinbarung unzulässig. Weiterführend zu den zahlreichen praktischen Fragen, die sich bei der Ausübung des arbeitsrechtlichen Kündigungsrechts stellen, RUDOLPH, Jusletter 2014. 4

Je nach Art der Kündigung ist zwischen ordentlicher und ausserordentlicher Kündigung zu unterscheiden. Die **ausserordentliche Kündigung** (Art. 337) ist an das Vorliegen eines wichtigen Grundes für die Vertragsbeendigung gebunden und braucht auf eine gesetzliche oder vertragliche Dauer des Arbeitsverhältnisses keine Rücksicht zu nehmen. Die **ordentliche Kündigung** hingegen bedarf keines wichtigen Grundes, hat dafür aber Kündigungsfristen und -termine zu beachten. *Kündigungsfristen* stellen *Mindestfristen* dar, die der Kündigende zum Vorteil der Gegenpartei von sich aus verlängern kann (AGer ZH, JAR 1995, 148). Die Kündigungsfrist kann allerdings unter bestimmten Umständen ganz aufgehoben werden, ohne dass der Charakter der ordentlichen Kündigung verloren geht (sog. entfristete Kündigung, möglich während der Probezeit, Art. 335b Abs. 2, sowie durch GAV für das erste Dienstjahr, Art. 335c Abs. 2 Hs. 2). *Kündigungstermine* wollen den Stellenwechsel organisatorisch erleichtern. 5

Indem Art. 335 Abs. 1 grundsätzlich beiden Vertragsparteien das Recht einräumt, das Arbeitsverhältnis aus beliebigen Gründen einseitig aufzulösen, gewährt er für die ordentliche Kündigung eine weitgehende **Kündigungsfreiheit**. Das schweizerische Arbeitsrecht unterscheidet sich darin von zahlreichen anderen Rechtsordnungen, so insb. auch von dem (durch die Schweiz nicht ratifizierten) Übereinkommen Nr. 158 der ILO, nach dessen Art. 4 das Arbeitsverhältnis seitens des Arbeitgebers nur dann beendigt werden darf, wenn ein triftiger Grund hierfür vorliegt, der mit der Fähigkeit oder dem Verhalten des Arbeitnehmers zusammenhängt oder sich auf die Erfordernisse der Tätigkeit des Unternehmens, Betriebs oder Dienstes stützt. Ausserdem darf nach Art. 7 dieses Übereinkommens das Arbeitsverhältnis nicht aus Gründen, die mit dem Verhalten oder den Leistungen des Arbeitnehmers zusammenhängen, beendigt werden, wenn diesem nicht vorher Gelegenheit gegeben worden ist, sich gegen die vorgebrachten Behauptungen zur Wehr zu setzen, ausser wenn es für den Arbeitgeber unzumutbar 6 wäre, eine solche Gelegenheit einzuräumen. Demgegenüber kennt das schweizerische Recht grundsätzlich keine Pflicht des Arbeitgebers, den Arbeitnehmer vor einer Entlassung anzuhören oder zu verwarnen (s. dazu etwa BGer, ARV 2008, 123; BGer, ARV 2004, 163; strenger bei der fristlosen Entlassung).

7 Die **Beweislast** für die Kündigung und deren rechtzeitigen Zugang hat die Partei zu tragen, die sich auf die Kündigung beruft (i.d.R. also der Kündigende, BGE 113 II 259). Zur Sicherstellung eines Beweises empfiehlt es sich, die Kündigung mittels eines *eingeschriebenen Briefes* zu erklären.

2. Inhalt

8 Die Kündigung muss den Willen zur Vertragsauflösung **klar und unmissverständlich** zum Ausdruck bringen. Andernfalls liegt keine wirksame Kündigung vor (illustrativ BGer, 6.10.2014, 4A_328/2014). Die Zustellung eines Protokollauszuges genügt diesen Anforderungen nicht. Die mündliche Erklärung, dass neue Arbeitsverträge in beidseitigem Einvernehmen erstellt werden, muss nicht als Kündigung aufgefasst werden. Aus dem Verzicht auf Einwendungen anlässlich der mündlichen Erklärung bzw. dem Stillschweigen auf Zustellung des Protokollauszuges kann auch keine Zustimmung zu einem Aufhebungsvertrag abgeleitet werden (KGer AR, JAR 1999, 220). Eine durch konkludentes Verhalten ausgesprochene Kündigung darf bei der Gegenpartei keine vernünftigen Zweifel an der Beendigung des Arbeitsverhältnisses aufkommen lassen. Keine Kündigungserklärung liegt daher vor, wenn der auf Abruf angestellte Arbeitnehmer nicht mehr für Arbeitseinsätze aufgeboten wird (TC VD, JAR 2001, 333).

9 Da mit der Kündigung ein Gestaltungsrecht ausgeübt wird, ist diese – weil Klarheit über die Rechtslage herrschen muss – grundsätzlich **bedingungsfeindlich** (BGer, JAR 2009, 371). Potestativbedingungen, deren Eintritt vom Willen des Erklärungsgegners abhängt, sind indessen erlaubt. Grundsätzlich zulässig ist demnach insb. die sog. **Änderungskündigung** (BGE 123 III 249; s. dazu HUMBERT, recht 1998, 74 ff.): Der Arbeitnehmer kündigt z.B. für den Fall, dass der Arbeitgeber den Lohn nicht erhöht, oder der Arbeitgeber kündigt für den Fall, dass der Arbeitnehmer nicht neue Arbeitsbedingungen annimmt. Will eine Partei eine Änderungskündigung aussprechen, so hat sie die Kündigungsfrist zu beachten und ist bis zu deren Ablauf an den alten Arbeitsvertrag gebunden (TC FR, JAR 2001, 277).

10 Nach der bundesgerichtlichen Rechtsprechung ist eine **Änderungskündigung** indessen missbräuchlich, sofern mit ihr eine unbillige Verschlechterung der Lohn- und Arbeitsbedingungen durchgesetzt werden soll, für die weder marktbedingte noch betriebliche Gründe bestehen. Diese Ansicht ist abzulehnen (Näheres dazu in Art. 336 N 30b). Zur arbeitslosenversicherungsrechtlichen Beurteilung einer Änderungskündigung, insb. in Bezug auf die Frage der Einstellung in der Anspruchsberechtigung, BGer, ARV 2012, 294.

3. Form

11 Als Willenserklärung bedarf die Kündigung, soweit nichts anderes vorgeschrieben ist, *keiner besonderen* **Form**. Sie kann also mündlich, per E-Mail, per SMS oder auf die Combox des Mobiltelefons ausgesprochen werden (KGer GR, JAR 2007, 453) oder auch durch eindeutiges konkludentes Verhalten zum Ausdruck gebracht werden. Ist für die Kündigung Schriftlichkeit vereinbart, so ist diese *vermutungsweise Gültigkeitserfordernis* (Art. 16 Abs. 1; BGE 128 III 214; KGer AR, JAR 1999, 220). Die vertragliche Vorschrift, dass eingeschrieben zu kündigen ist, dient indessen bloss der Beweiserleichterung und ist daher nicht Gültigkeitsvoraussetzung, sofern nichts anderes vereinbart ist (BK-REHBINDER/STÖCKLI, N 6). Von Gesetzes wegen schriftlich zu erfolgen hat die Kündigung des Heuervertrages (Art. 77 Abs. 2 SSG).

4. Zuständigkeit

Die Kündigung muss vom wirklichen Arbeitgeber ausgehen oder ihm mindestens zugerechnet werden können; andernfalls ist sie rechtlich bedeutungslos. Auch die Kündigung durch einen bevollmächtigten Vertreter ist möglich (Art. 32; KGer GR, JAR 2012, 495). In BGE 135 III 349 wurde die Kündigung vom Veräusserer eines Betriebs ausgesprochen, nachdem der Betrieb bereits an einen Erwerber übergegangen war (Sachverhalt lit. A.a) und der Veräusserer somit gar nicht mehr kündigungsberechtigt war. Erstaunlicherweise wurde dieser Umstand im Urteil nicht thematisiert (s. die berechtigte Kritik von Koller, ZBJV 2011, 409 f.). In einem anderen Fall nahm das BGer an, ein Personalverleiher habe die vom – dafür unzuständigen – Einsatzbetrieb ausgesprochene Entlassung eines Arbeitnehmers durch unterlassenen Widerspruch stillschweigend genehmigt (BGer, ARV 2007, 85; s.a. TC VD, JAR 2011, 596). In einem umgekehrten Fall war die Kündigung eines Arbeitnehmers gegenüber dem Einsatzbetrieb wirksam, da dieser als Hilfsperson des Temporärunternehmens angesehen wurde (CAPH GE, JAR 2011, 483). Aus den Grundsätzen der Klarheit und Bedingungsfeindlichkeit der Kündigung ergibt sich ferner, dass diese erst wirksam ist, wenn sie von der dafür zuständigen Person innerhalb des arbeitgebenden Unternehmens ausgesprochen worden ist. Ein Mangel in der *Vertretungsmacht* kann grundsätzlich nachträglich geheilt werden (Art. 38 Abs. 1, der analog auch auf Organe juristischer Personen anwendbar ist). Die Heilung muss aber erfolgen, bevor der Arbeitnehmer den Mangel bemerkt, so dass auf seiner Seite keine Unsicherheit über die Kündigung entstehen kann (BGE 128 III 135; i.c. wurde die Kündigung nur durch ein kollektivzeichnungsberechtigtes Geschäftsleitungsmitglied ausgesprochen, doch wurde die vom Arbeitnehmer verlangte Begründung durch zwei zeichnungsberechtigte Mitglieder unterschrieben, was zur Heilung des Mangels führte). Hat der Arbeitnehmer den Mangel bemerkt, muss also nochmals neu gekündigt werden (BGer, ARV 2003, 228). 12

Bei einer Aktiengesellschaft gehört es zu den unübertragbaren und unentziehbaren Aufgaben des Verwaltungsrats, die Abberufung der mit der Geschäftsführung und der Vertretung betrauten Personen zu *beschliessen* (Art. 716a Abs. 1 Ziff. 4). Nach BGE 128 III 133 betrifft dies indessen nur die dem Verwaltungsrat direkt unterstellten Mitglieder der Geschäftsleitung. Diese können ermächtigt werden, dem Verwaltungsrat nicht direkt unterstellte Mitglieder der Geschäftsleitung abzuberufen. Dem Verwaltungsrat verbleibt aber in jedem Fall das Recht, ihm nicht direkt unterstellte Mitglieder der Geschäftsleitung auch selbst abzuberufen. Aus der Zuständigkeit zur Beschlussfassung folgt indessen nicht zwingend, dass der Verwaltungsrat auch die Kündigung gegenüber dem Empfänger zu *erklären* hat (Streiff/von Kaenel/Rudolph, N 8). Der Erklärende muss jedoch die notwendige Vertretungsmacht haben (Art. 718a). Das BGer geht denn auch bei der Beendigung der Beziehung zwischen Aktiengesellschaft und Geschäftsleitungsmitglied von zwei verschiedenen Rechtsgeschäften (Abberufung einerseits und Kündigung andererseits) aus (BGE 128 III 133; zustimmend OGer BE, JAR 2008, 331 ff.; krit. Stutz/von der Crone, SZW 2002, 265). 13

Gemäss BGE 133 III 77 hat weder das Fehlen einer formellen Sitzung des aus einem Mitglied bestehenden Verwaltungsrats noch das Fehlen eines Protokolls die Nichtigkeit eines Verwaltungsratsbeschlusses zur Folge, der vorliegend die Kündigung gegenüber einem Arbeitnehmer zum Gegenstand hatte (zu Recht bemerken hierzu Koller/Mauerhofer, ZBJV 2009, 912 f., dass diese Fragen nicht die Vertretungsmacht betreffen und daher für die Wirksamkeit der Kündigung unerheblich sind). Im Fall, dass sich der Verwaltungsrat aus einer einzigen Person zusammensetzt, ist diese ausserdem notwendigerweise und von Gesetzes wegen bevollmächtigt, die Gesellschaft zu vertreten (Art. 718 Abs. 3), selbst wenn eventuell ein abweichender Eintrag im Handelsregister besteht. Im vorliegenden Fall war daher die durch den einzigen Verwaltungsrat ausgesprochene Kündigung gültig, obschon er gemäss Handelsregistereintrag nur kollektivzeichnungsberechtigt war. Zulässig war auch die Delegation der Kündigungskompetenz vom Verwaltungsrat einer Bündner Mittelschule an den Schulrat bzw. die Geschäftsleitung (KGer GR, JAR 2012, 495). 13a

5. Wirksamwerden

14 Die Kündigung wird erst mit dem **Zugang** bei der anderen Partei wirksam (BGE 113 II 261). Diese muss also die Möglichkeit der Kenntnisnahme haben. Möglichkeit der Kenntnisnahme bedeutet bei schriftlichen Kündigungen Erlangung der tatsächlichen *Verfügungsgewalt* sowie nach der Verkehrssitte *begründete Erwartung der tatsächlichen Kenntnisnahme* (TPH GE, JAR 2000, 215). In BGer, 19.9.2014, 8C_804/2013 wurde die Mitteilung eines Anwalts an den (öffentlich-rechtlichen) Arbeitgeber, seine Kanzlei sei nicht Adressatin bzw. Zustellungsadresse einer allfälligen Kündigungsverfügung, als rechtsmissbräuchlich taxiert, weshalb die Verweigerung der Entgegennahme als Zustellung galt (s.a. die Besprechung des vorinstanzlichen Entscheids durch von Kaenel, ARV 2014, 21 ff.). Die Kündigung eines Temporärarbeitnehmers gegenüber dem Einsatzbetrieb war wirksam, da dieser als Hilfsperson des Temporärunternehmens angesehen wurde (CAPH GE, JAR 2011, 483). Nimmt der Erklärungsempfänger die Kündigung zur Kenntnis, bevor damit gerechnet werden durfte, ist der Zeitpunkt der tatsächlichen Kenntnisnahme massgebend (Brunner/Bühler/Waeber/Bruchez, N 9). In Bezug auf Verzögerungen bei der Übermittlung (z.B. Verspätungen bei der Post) trägt der Absender das Risiko, denn solange die Übermittlung nicht abgeschlossen ist, erlangt der Adressat die erforderliche Verfügungsgewalt nicht. Zur Frage, ob Einwurf in den Briefkasten Zugang bewirkt, sogleich N 15.

15 Ist jedoch die Zustellung erfolgt und darf in guten Treuen mit einer Kenntnisnahme gerechnet werden, so tritt der Zugang auch dann ein, wenn der Erklärungsempfänger in Wirklichkeit an einer Kenntnisnahme verhindert ist aus Gründen, die seiner Sphäre zuzurechnen sind, wie namentlich **Abwesenheit** oder **Krankheit**. Daraus ergibt sich zugleich, dass der Zugang nicht eintritt, wenn die kündigende Partei den Verhinderungsgrund *kennt* oder *kennen muss*. Nach CAPH GE, JAR 2011, 483 wird bei einer Kündigung mittels E-Mail Zugang bewirkt, sobald die Nachricht im Eingangsordner («messagerie électronique») eintrifft (krit. dazu Streiff/von Kaenel/Rudolph, N 5). In BVGer, ARV 2014, 21 wurde der Einwurf in den Briefkasten des Empfängers vor Zeugen als erfolgter Zugang taxiert, nachdem der Empfänger die Türe nicht öffnete (im Rechtsmittelentscheid BGer, 19.9.2014, 8C_804/2013 konnte die Frage offengelassen bleiben; weiterführend zum Thema von Kaenel, ARV 2014, 21 ff.).

16 Nach diesen Grundsätzen beurteilt sich insb. die Zustellung der Kündigung an die Wohnadresse während *auswärts verbrachter* **Ferien**. Der Arbeitgeber weiss um die Ferienzeit des Arbeitnehmers und muss nach der Verkehrsüblichkeit heute damit rechnen, dass der Arbeitnehmer die Ferien nicht zu Hause verbringt. Der Arbeitgeber hat daher nach Treu und Glauben davon auszugehen, dass seine Kündigung vom Arbeitnehmer erst nach dessen Rückkehr aus den Ferien gelesen wird und demnach erst dann ihre Wirkung entfaltet (BGer, JAR 2001, 267; s. dazu Aubert, ARV 2001, 31 f.). Hat hingegen der Arbeitnehmer seine Ferienadresse angegeben oder einen Nachsendeantrag gestellt, ist Zugang mit dem Eintreffen am Ferienort gegeben; der Erholungszweck der Ferien schliesst den Zugang der Kündigung nicht aus, da das Gesetz bei der Regelung der Kündigung zur Unzeit diesen Tatbestand nicht aufgeführt hat (Art. 336c, 336d). Ob eine Abfrage von E-Mail-Nachrichten während der Ferien erwartet werden darf, hängt von den konkreten Umständen des einzelnen Falles ab (grundsätzlich ablehnend Streiff/von Kaenel/Rudolph, N 5; für ein Fallbeispiel einer Kündigung per E-Mail CAPH GE, JAR 2011, 483, s.a. N 15). Drängt sich infolge der Kündigung ein Ferienabbruch zwecks Stellensuche auf, muss der nicht bezogene Teil nachgewährt bzw. am Ende des Arbeitsverhältnisses ausbezahlt werden (Brunner/Bühler/Waeber/Bruchez, N 10).

17 Abzulehnen ist die Auffassung, die Kündigungsfrist beginne bei einem vereinbarten **unbezahlten Urlaub** erst mit dessen Ende zu laufen, u.a. um die Stellensuche zu ermöglichen (GSGer BS, BJM 1993, 296 f.; Streiff/von Kaenel/Rudolph, N 5). Diese Ansicht verstösst gegen die Kündigungsfreiheit, sofern die Parteien nicht (wenigstens stillschweigend) einen Aufschub vereinbart haben. Führt hingegen die Notwendigkeit, eine neue Stelle zu su-

chen, zur Vereitelung des mit dem unbezahlten Urlaub angestrebten Zwecks, darf der Arbeitnehmer diesen (gleich wie Ferien) abbrechen und seine Arbeitsleistung wieder anbieten.

Muss der Zugang an einem **Sonn- oder Feiertag** eintreten, damit eine bestimmte Kündigungsfrist eingehalten werden kann, findet keine Erstreckung auf den folgenden Werktag statt (d.h. Art. 78 Abs. 1 ist nicht anwendbar, BRÜHWILER, N 3; STREIFF/VON KAENEL/RUDOLPH, N 6). Ebenso wird die Beendigung des Arbeitsverhältnisses nicht aufgeschoben, wenn der letzte Tag der Kündigungsfrist bzw. der Kündigungstermin auf einen Sonn- oder Feiertag fällt. Eine abendliche oder nächtliche Briefkastenzustellung vermag den Zugang regelmässig erst am folgenden Tag zu begründen. Zur Frage, ob Einwurf in den Briefkasten des Empfängers genügt, N 15. 18

Wird die Kündigung mittels eines **eingeschriebenen Briefes** erklärt und wird der Empfänger nicht angetroffen oder ist der Brief an eine Postfachadresse gerichtet, so wird von der Post eine Abholungseinladung in den Briefkasten oder das Postfach gelegt. Dadurch wird der Zugang im Zeitpunkt bewirkt, in dem der Brief auf dem Postamt zur Abholung bereitliegt und die Abholung zumutbar ist, also i.d.R. an dem auf den erfolglosen Zustellversuch folgenden Tag (OGer ZH, JAR 1996, 192; KGer SZ, JAR 2002, 235; AGer ZH, JAR 1986, 115; GSGer BS, JAR 2007, 391; vgl. auch BGE 107 II 191 und BGer, JAR 2014, 145 für Zugang durch Avisierung des Einschreibens im Postfach); denn die in BGE 100 III 3 vorgesehene längere Frist von sieben Tagen nach Zustellung der Abholungseinladung betrifft nur den Zugang von Fristansetzungen einer Behörde und die in BGE 115 Ia 15 zugelassene Zustellungsfiktion am letzten Tag der Abholfrist betrifft nur die Zustellung von Gerichtsurkunden (anders noch KGer SG, JAR 1992, 218). In GSGer BS, JAR 2007, 391 wurde aufgrund der besonderen Umstände angenommen, dass die Kündigung ausnahmsweise bereits mit Kenntnisnahme der Abholungseinladung als zugestellt zu betrachten war. 19

Hat eine Partei die Kündigung auf einen bestimmten Termin erklärt, ohne dass die volle Länge der Kündigungsfrist gewahrt ist, spricht man von einer **vorzeitigen Kündigung** (für den umgekehrten Fall, dass die Kündigung mit einer zu langen Frist ausgesprochen wird, s. Art. 335c N 1). Bei einer solchen ist in einem ersten Schritt zu klären, ob der Kündigende eine ordentliche oder eine ausserordentliche Kündigung aussprechen wollte. In diesem Zusammenhang ist daran zu erinnern, dass die ausserordentliche Kündigung nicht notwendigerweise fristlos erfolgen muss, sondern mit einer Sozialfrist zur Schonung der Gegenpartei verbunden sein kann (Art. 337 N 7). Die Frage, ob eine ordentliche oder eine ausserordentliche Kündigung vorliegt, beurteilt sich nach dem tatsächlichen Willen des Kündigenden, sofern ihn der Erklärungsempfänger tatsächlich richtig verstanden hat. Mangels einer solchen Feststellung ist die Kündigung nach dem *Vertrauensprinzip* auszulegen, also darauf abzustellen, wie der Empfänger die Erklärung in guten Treuen verstehen durfte und musste (krit. zur möglichen Annahme einer ausserordentlichen Kündigung STREIFF/VON KAENEL/RUDOLPH, N 7; die hier vertretene Auffassung knüpft jedoch nicht an eine Konversion, sondern an eine entsprechende Auslegung an; BGer, ARV 2003, 23). 20

- Ein erhebliches Indiz für eine *ausserordentliche Kündigung* liegt darin, wenn nur eine relativ kurze Frist eingehalten wird, obschon die massgebende vertragliche oder gesetzliche Frist erheblich länger ist. Ein solcher Fall lag u.E. in BGer, ARV 2002, 26 vor, ohne dass sich das BGer mit dieser Frage auseinandergesetzt hat. Der Arbeitgeber kündigte der Arbeitnehmerin zum ersten Mal am 6. Mai auf den 31. Juli. Nach einer Auseinandersetzung kündigte er ein zweites Mal am 28. Mai per 5. Juni. Nicht nur die Kürze dieser Zeitspanne, sondern auch der Umstand, dass dem Arbeitgeber die korrekte (zweimonatige) Frist von der ersten Kündigung her bekannt sein musste, führen zum Schluss, dass hier eine ausserordentliche Kündigung (mit Sozialfrist) beabsichtigt war (eingehend dazu PORTMANN, FS Honsell, 360 ff.). 21
- Hat sich jedoch die kündigende Partei bloss über die Länge der Kündigungsfrist geirrt oder diese unrichtig berechnet oder ging die Kündigung dem Empfänger wider Erwarten ver- 22

spätet zu (z.B. wegen Verzögerungen bei der Post), ist von einer *ordentlichen Kündigung* auszugehen, welche allerdings die beabsichtigte Wirkung wegen Unzulässigkeit des gewählten Termins nicht entfalten kann. Die (an sich nichtige) Kündigung auf den unzulässigen Termin ist daher nach den Grundsätzen der Konversion anhand des hypothetischen Parteiwillens in eine (gültige) Kündigung auf den nächstzulässigen Termin umzudeuten. Bleibt der Arbeitnehmer nach Ablauf einer auf diese Weise verkürzten Kündigungsfrist der Arbeit fern, weil er deren Unzulässigkeit nicht erkennt, so darf weder ein Aufhebungsvertrag angenommen werden (N 27 ff.) noch der Lohnanspruch mangels Arbeitsangebot verweigert werden (also anders als im Fall des zeitlichen Kündigungsschutzes, Art. 336c N 14). Denn die Ursache für das verfrühte Arbeitsende wurde in erster Linie vom Arbeitgeber gesetzt, so dass er die nachteiligen Folgen selbst zu tragen hat (in diesem Sinne auch BGer, JAR 2007, 329; **a.A.** BGE 112 V 324 f.).

23 Eine **Kündigung vor Stellenantritt** ist zwar nach h.L. und Rechtsprechung zulässig, doch wird die Kündigungsfrist erst vom Antrittstermin an berechnet, und zwar mit der Frist für Kündigungen in der Probezeit (s. z.B. VISCHER/MÜLLER, 298; AGer ZH, JAR 1995, 144; AGer BE, JAR 1997, 105; GSGer BS, JAR 2004, 444; **a.A.** BRUNNER/BÜHLER/WAEBER/BRUCHEZ, N 14; STREIFF/VON KAENEL/RUDOLPH, Art. 335b N 11; GEISER/MÜLLER, Rz 577 ff.; OGer TG, JAR 1984, 199; KGer SG, JAR 2011, 553 und JAR 1992, 207). Bei Kündigung vor Stellenantritt muss der Arbeitnehmer nicht am Arbeitsplatz erscheinen, sondern seine Arbeitsleistung bloss anderweitig anbieten, um den Arbeitgeber in Annahmeverzug zu setzen und dadurch den Lohnanspruch zu begründen (AGer BE, JAR 1997, 105 f.). Zur Zulässigkeit einer Kündigung vor Stellenantritt im öffentlichen Personalrecht VerwGer LU, JAR 2013, 521.

24 Mit Zugang wird die Kündigung **unwiderruflich** (BGer, JAR 2009, 371; BGer, JAR 2008, 207 unter Hinweis auf die Regeln von Art. 9 Abs. 1); denn die Ausübung von Gestaltungsrechten verändert die Rechtslage. Eine einmal wirksam gewordene Kündigung kann also nur mit Einverständnis der Gegenpartei zurückgenommen werden (Anfechtung wegen Willensmangels vorbehalten; Fallbeispiel einer unwirksamen, dem Arbeitnehmer abgenötigten Eigenkündigung in AGer ZH, JAR 2014, 557, wobei das Gericht von einer Gesetzesumgehung ausging). Eine Gegenkündigung der anderen Partei hat nur dann Wirkung, wenn sie mit einem früheren Datum der Vertragsauflösung ausgesprochen wird (AGer ZH, JAR 1993, 181; s.a. BGer, JAR 2012, 150 und Art. 335c N 1).

6. Begründungspflicht

25 Die Angabe des Kündigungsgrundes ist für die Wirksamkeit der Kündigung nicht erforderlich (BGE 121 III 62). Doch hat der Kündigende auf Verlangen der anderen Partei seine Kündigung später *schriftlich* zu begründen (Art. 335 Abs. 2, Art. 337 Abs. 1). Bei Kündigung während der Probezeit sieht das Gesetz keine Ausnahme von der Begründungspflicht vor. Die Begründungspflicht bezweckt namentlich die Erleichterung der Prüfung, ob die Kündigung missbräuchlich ist. Zum *Nachschieben von Kündigungsgründen*, das nicht nur zur Entkräftung des Vorwurfs der ungerechtfertigten ausserordentlichen Kündigung, sondern auch der missbräuchlichen ordentlichen Kündigung von Bedeutung sein kann, s. Art. 337 N 10 f.

26 Die Verletzung dieser *Ordnungsvorschrift* darf vom Gericht bei der Auferlegung der Prozesskosten (insb. der Parteientschädigung) berücksichtigt werden (AGer ZH, JAR 1993, 202). Ausserdem ist eine Klage auf Abgabe der Begründungserklärung wie beim Zeugnisanspruch möglich und mittels Art. 292 StGB erzwingbar, solange noch ein berechtigtes Interesse besteht und die Verjährung noch nicht eingetreten ist (es gilt die zehnjährige Frist nach Art. 127; ebenso BRUNNER/BÜHLER/WAEBER/BRUCHEZ, N 17; ZK-STAEHELIN, N 32; für fünf Jahre: STREIFF/VON KAENEL/RUDOLPH, N 15). Ferner sollte eine Verlängerung der Einsprachefrist von Art. 336b Abs. 1 in Betracht gezogen werden (s. Art. 336b N 1). Für den Fall einer unwahren, unvollständigen oder fehlenden Begründung besteht keine gesetzliche Vermutung, die Kündigung sei missbräuchlich (s. dazu Art. 336 N 22). Im Übrigen wird der Sinn der Begründungspflicht gem. Art. 335 Abs. 2 und Art. 337 Abs. 1 in der Praxis dadurch unterlaufen, dass die Kündigung mit der Leerformel «wegen zerstörten Vertrauensverhältnisses» begründet wird.

III. Aufhebungsvertrag

1. Allgemeines

Grundsätzlich können die Parteien ein von ihnen begründetes Rechtsverhältnis jederzeit im gegenseitigen Einvernehmen wieder aufheben, sei es durch besonderen Vertrag oder im Rahmen eines Vergleichs (contrarius actus, contrarius consensus). Das gilt auch für das Arbeitsverhältnis. Der Aufhebungsvertrag hat weder im Arbeitsvertragsrecht noch im Allgemeinen Teil des Obligationenrechts eine ausdrückliche Regelung erfahren. Seine Zulässigkeit beruht auf der *allgemeinen Vertragsfreiheit* (Art. 19). Ferner wird er auch (direkt oder analog) auf Art. 115 gestützt, obwohl diese Bestimmung nach ihrem Wortlaut nur die Aufhebung einer einzelnen Forderung (Erlassvertrag), nicht aber die Aufhebung eines ganzen Vertragsverhältnisses betrifft. 27

2. Abschluss

Infolge der Formfreiheit des Aufhebungsvertrages (Art. 11 Abs. 1, Art. 115) kann dieser auch **konkludent** abgeschlossen werden, doch ist mit einer entsprechenden Annahme grosse Zurückhaltung am Platz (vgl. etwa BGer, JAR 2002, 308; TC FR, JAR 2008, 359; TC FR, JAR 2008, 364; TC FR, JAR 2002, 311). Die Aufhebung eines bestehenden Rechtsverhältnisses darf nicht leichthin angenommen werden, da dieses von den Parteien in Erwartung zukünftiger Vorteile begründet worden ist. Aufgrund der Interessenlage wird sodann insb. der Arbeitgeber oft nicht nach Treu und Glauben auf einen entsprechenden Auflösungswillen des Arbeitnehmers schliessen dürfen, da dieser dadurch den Kündigungsschutz verliert (BGer, ARV 2001, 190 f.). Es muss zweifelsfrei feststehen, dass sich beide Parteien aus dem Vertrag lösen wollen; der Arbeitgeber darf nach Treu und Glauben nur dann von einem Aufhebungswillen des Arbeitnehmers ausgehen, wenn dieser klar und unwiderlegbar aus dessen Verhalten hervorgeht (BGer, JAR 2010, 196). So ist etwa im Schweigen des Arbeitnehmers auf ein Bestätigungsschreiben, wonach das Arbeitsverhältnis im gegenseitigen Einvernehmen beendet worden sei, keine Zustimmung zu einer einvernehmlichen Auflösung des Arbeitsverhältnisses zu sehen (GSGer BS, JAR 2009, 480). Namentlich darf aus dem blossen Akzeptieren der Kündigung (oder gar aus dem Stillschweigen zur Kündigung) nicht auf einen Aufhebungsvertrag geschlossen werden (BGer, 27.6.2000, 4C.22/2000, E. 3c; 19.4.2002, 4C.27/2002, E. 2; CAPH GE, JAR 2014, 414; TC FR, JAR 2008, 359; TC FR, JAR 2008, 364). Genau betrachtet dürften wirksame Kündigungen gar nicht als Anträge zum Abschluss eines Aufhebungsvertrages aufgefasst werden, da sie das Arbeitsverhältnis einseitig auflösen; für eine Konversion kommen nur unwirksame Rechtsgeschäfte in Frage (PORTMANN, FS Honsell, 360). Konkludent geschlossene Aufhebungsverträge wurden vom BGer z.B. in BGer, ARV 2001, 190 und in BGer, ARV 2002, 26 angenommen; der erste dieser beiden Entscheide erscheint zutreffend, wogegen dem zweiten vor dem Hintergrund der obenstehenden Ausführungen nicht zuzustimmen ist. Soll der Aufhebungsvertrag schriftlich geschlossen werden und wird er vom Arbeitgeber formuliert, muss dem Arbeitnehmer eine Bedenkzeit eingeräumt und darf dieser nicht anlässlich der Unterschrift überrumpelt werden (BGer, ARV 2009, 134; s.a. OGer LU, JAR 2014, 464; Kritik am generellen Erfordernis einer Bedenkfrist bei STREIFF/VON KAENEL/RUDOLPH, N 10). Ein Aufhebungsvertrag, der auf Vorschlag der Arbeitgeberin unterzeichnet wurde, ohne dass dem Arbeitnehmer eine Bedenkzeit eingeräumt wurde – zu einem Zeitpunkt, als dieser wegen Umstrukturierung der Gesellschaft unter star- 28 kem Druck stand und sich in einem Zustand psychischer Entkräftung befand – ist nichtig (BGer, ARV 2011, 28). Hingegen hat das TC VD, JAR 2011, 586 zu Recht entschieden, dass ein Aufhebungsvertrag durchaus verbindlich sein kann, wenn er im Rahmen einer längeren Sitzung abgeschlossen wird, der Arbeitnehmer selber Änderungsvorschläge anbringt und er keinen Druckversuchen ausgesetzt ist.

3. Zulässigkeit

29 Mit Blick auf die Vertragsfreiheit ist der Aufhebungsvertrag grundsätzlich auch dann zulässig, wenn er der Auflösung eines Arbeitsverhältnisses dient. Wird er aber zum Zweck einer **Gesetzesumgehung** abgeschlossen, ist er **unzulässig**. Umgehungsgefährdet sind insb. Art. 324a (Lohnfortzahlung, vgl. BGE 118 II 61), Art. 336c (zeitlicher Kündigungsschutz; BGer, JAR 2008, 204; BGer, 17.6.2005, 4C.37/2005, E. 2.2; AGer ZH, JAR 2004, 605) und Art. 337c (Folgen der ungerechtfertigten fristlosen Entlassung; vgl. KGer GR, JAR 2004, 515; AppHof BE, JAR 1994, 182; GSGer BS, BJM 1990, 125 f.); als zweiseitiges Rechtsgeschäft unterliegt der Aufhebungsvertrag den Kündigungsschutzvorschriften nicht. Liegt im Einzelfall eine Umgehung vor, so ist zwar das Arbeitsverhältnis als beendet anzusehen (wie bei einer missbräuchlichen oder ungerechtfertigten fristlosen Kündigung), doch sind auf den Aufhebungsvertrag die umgangenen (gesetzlichen oder gesamtarbeitsvertraglichen) Lohnfortzahlungs- und Kündigungsschutzbestimmungen anzuwenden. Diese Grundsätze gelten analog auch bezüglich einer einvernehmlichen Verkürzung der Arbeitszeit (BGer, 6.9.2010, 4A_187/2010, E. 2.5). Für einen unzulässigen Aufhebungsvertrag im öffentlichen Personalrecht s. OGer LU, JAR 2014, 464 (Gegenbeispiel VerwGer ZH, plädoyer 5/2013, 58).

30 Das BGer prüft die Frage der Zulässigkeit regelmässig unter dem Aspekt des *Verzichtsverbots* i.S.v. Art. 341 Abs. 1. Dieser Ansatz ist unzutreffend, da mit einem Aufhebungsvertrag nicht auf bestehende Ansprüche verzichtet wird, sondern die Entstehung neuer Ansprüche verhindert wird (MÜLLER, einvernehmliche Beendigung, 14 f.; PORTMANN, FS Honsell, 365; STREIFF/VON KAENEL/RUDOLPH, N 10). Nach der bundesgerichtlichen Rechtsprechung zu Art. 341 Abs. 1 untersagt diese Bestimmung den einseitigen Verzicht des Arbeitnehmers, steht der Gültigkeit einer Vereinbarung jedoch nicht im Wege, die im Rahmen eines echten Vergleichs auf gegenseitigem Nachgeben beruht und zu einer angemessenen Lösung führt (BGE 118 II 58; 110 II 168; 106 II 222; s.a. TC VD, JAR 2012, 552: gestützt auf Art. 341 erfolgreich angefochtene Frühpensionierungsvereinbarung; das Urteil äussert sich auch zur Frage, ob bei professionell vertretenen Arbeitnehmern auf ausreichende gegenseitige Zugeständnisse geschlossen werden kann).

31 Auf dieser Grundlage gleichwertiger gegenseitiger Zugeständnisse wurde die Formel entwickelt, der Aufhebungsvertrag sei zulässig, sofern damit nicht nur auf die Lohnfortzahlungspflicht während der Kündigungsfrist, sondern auch auf die in dieser Zeit geschuldete Arbeitsleistung verzichtet werde (BGer, JAR 2001, 327, 330; s.a. BGer, ARV 2003, 20). Diese Formel kann jedoch zu unbefriedigenden Ergebnissen führen (so in BGer, ARV 2002, 26 f.; demgegenüber wurde ihre Anwendung in BGer, ARV 2002, 28 f. zu Recht abgelehnt; ausführlich zur Entwicklung der jüngeren bundesgerichtlichen Rechtsprechung STREIFF/VON KAENEL/RUDOLPH, N 10). Es ist daher sinnvoller, auf das Kriterium der gegenseitigen Zugeständnisse zu verzichten und stattdessen darauf abzustellen, ob der Arbeitnehmer ein *vernünftiges Interesse* am Abschluss des Aufhebungsvertrages hatte (eingehend PORTMANN, FS Honsell, 365 f.; AGer ZH, Entscheide 2003, 30; KGer GR, JAR 2004, 515). Nur dann ist dieser als zulässig zu betrachten.

Art. 335*a*

2. Kündigungsfristen
a. Im Allgemeinen

[1] Für Arbeitgeber und Arbeitnehmer dürfen keine verschiedenen Kündigungsfristen festgesetzt werden; bei widersprechender Abrede gilt für beide die längere Frist.

[2] Hat der Arbeitgeber das Arbeitsverhältnis aus wirtschaftlichen Gründen gekündigt oder eine entsprechende Absicht kundgetan, so dürfen jedoch durch Abrede, Normalarbeitsvertrag oder Gesamtarbeitsvertrag für den Arbeitnehmer kürzere Kündigungsfristen vereinbart werden.

2. Délais de congé
a. En général

[1] Les délais de congé doivent être identiques pour les deux parties; si un accord prévoit des délais différents, le délai le plus long est applicable aux deux parties.

[2] Lorsque l'employeur a manifesté son intention de résilier le contrat de travail ou qu'il l'a résilié pour des motifs d'ordre économique, des délais de congé plus courts peuvent toutefois être prévus en faveur du travailleur, par accord, contrat-type de travail ou convention collective.

2. Termini di disdetta
a. In generale

[1] Non possono essere stipulati termini di disdetta diversi per il datore di lavoro e per il lavoratore; ove siano stipulati, vale quello più lungo.

[2] Tuttavia, se il datore di lavoro ha disdetto il rapporto di lavoro o ha manifestato l'intenzione di disdirlo per motivi economici, termini di disdetta più brevi possono essere stipulati a favore del lavoratore per accordo, contratto normale o contratto collettivo.

Literatur

Geiser, Berechnung der Kündigungsfristen im Arbeitsvertragsrecht, recht 2012, 1 ff.; Lerch, Arbeitsrechtliche Rückzahlungsvorbehalte für Aus- und Weiterbildungskosten, Anwaltsrevue 2012, 24 ff.; Portmann, Einseitige Optionsklauseln in Arbeitsverträgen von Fussballspielern, CaS 2006, 200 ff.; Rudolph, Tücken bei der Ausübung des arbeitsrechtlichen Kündigungsrechts, Jusletter 3.3.2014; Scherrer, Arbeitsverträge im Fussball; Kündigungsparität, ARV 2004, 159 ff.; Sommer, Verfallsklausel, in: Aktienbeteiligungsplan bei Kündigung, ARV 2003, 85 ff.; vgl. ausserdem die Literaturhinweise zur Einleitung vor Art. 319 ff. und zu Art. 335.

I. Allgemeines

Innerhalb gewisser Grenzen kann von den gesetzlichen Kündigungsfristen durch Gesamt-, Normal- oder Einzelarbeitsvertrag abgewichen werden. Werden abweichende Regelungen über die Kündigungsfrist getroffen, so müssen aber die Fristen für Arbeitgeber und Arbeitnehmer stets gleich lang sein **(Kündigungsparität)**. Andernfalls gilt zwingend für beide die längere Frist (Art. 335a Abs. 1). Dies ist auch während der Probezeit so. Die Vorschrift schützt gleichermassen Arbeitnehmer wie Arbeitgeber. 1

II. Formelle Kündigungsparität

Das Gebot gleich langer Kündigungsfristen ist Ausdruck einer angestrebten *formellen Parität* zwischen den Parteien, einer **Gleichheit in zeitlicher Hinsicht**. Diese wird nicht nur in dem vom Gesetz ausdrücklich erwähnten Fall verletzt, dass Kündigungsfristen von unterschiedlicher Länge festgesetzt werden, sondern auch in einer Reihe weiterer Fälle, in denen das Gleichgewicht zwischen den Parteien in ähnlicher Weise gestört ist. In solchen Fällen wird zwar nicht gegen den Wortlaut, wohl aber gegen den Zweck des Gesetzes verstossen. 2

In diesem Sinne liegt ein Verstoss gegen Art. 335a auch vor: 3

- wenn für die eine Partei eine Kündigungsfrist von bestimmter Länge gilt, während die andere Partei *ohne Einhaltung einer Kündigungsfrist* kündigen kann;
- wenn ein *befristeter Vertrag* von nur einer Partei unter bestimmten Umständen gekündigt werden kann (BGer, JAR 1997, 159; AGer ZH, ARV 2004, 159; GSGer BS, JAR 1981, 275);

- wenn zwar für beide Parteien gleich lange Kündigungsfristen, aber *unterschiedliche Kündigungstermine* gelten (ZK-STAEHELIN, N 2);
- wenn die Kündigung nur für eine Partei *zeitweise ausgeschlossen* ist (BGE 108 II 115 ff.; 92 II 180 ff.);
- wenn in einer bestimmten Situation zwar beide Parteien vorzeitig kündigen können, faktisch aber nur eine Partei an einer solchen Kündigung ein *Interesse* hat (z.B. bei künstlerischem Misserfolg: GSGer BS, BJM 1987, 246 f.);
- wenn die in einer bestimmten Situation geltende Kündigungsfrist zwar für beide Parteien gleich lang ist, jedoch nur einer Partei das Recht zusteht, die *Situation herbeizuführen*, welche die Anwendbarkeit dieser Kündigungsfrist begründet, während sonst eine andere Frist oder eine feste Dauer des Vertragsverhältnisses gilt (BGE 108 II 115: unzulässig ist die beiden Parteien eingeräumte Möglichkeit, ein befristetes Arbeitsverhältnis vorzeitig zu kündigen für den Fall, dass der Arbeitgeber den Arbeitnehmer aus dem Ausland aufgrund eines vorbehaltenen Rückrufrechts zurückruft; s.a. BGE 116 II 152 und 96 II 52);
- wenn der Arbeitsvertrag auf bestimmte Zeit abgeschlossen ist mit der einseitigen Möglichkeit des Arbeitgebers, diesen um eine weitere feste Zeitdauer zu verlängern, so dass der Arbeitgeber z.B. nur ein Jahr, der Arbeitnehmer hingegen zwei Jahre gebunden ist (PORTMANN, CaS 2006, 205).

III. Materielle Kündigungsparität

4 Umstritten ist, ob und inwieweit Art. 335a nach seinem Zweck auch eine *materielle Parität* in dem Sinne vorschreibt, dass die Kündigung auch ausserhalb des zeitlichen Bereichs nicht zulasten einer Partei erschwert werden darf, insb. indem **wirtschaftliche Nachteile** an sie geknüpft werden (pointiert ablehnend STREIFF/VON KAENEL/RUDOLPH, N 2). Es ist nicht zu verkennen, dass gewisse wirtschaftliche Nachteile, die mit der Kündigung zulasten einer Partei (i.d.R. des Arbeitnehmers) verbunden werden, die Parität zwischen den Parteien in ähnlich schwerer Weise wie ein formelles Ungleichgewicht stören und deshalb gegen Sinn und Zweck von Art. 335a verstossen können. Das trifft etwa zu auf Regelungen:

- die Kündigungen durch den Arbeitnehmer mit *verschlechterten Arbeitsbedingungen* wie insb. Lohnreduktionen während der Kündigungsfrist verbinden (GSGer BS, BJM 1979, 296; vgl. auch TPH GE, JAR 1988, 256, unter Berufung auf Art. 27 Abs. 2 ZGB i.V.m. Art. 20 Abs. 2);
- die Kündigungen unter bestimmten Umständen mit einer *Konventionalstrafe* zulasten einer Partei sanktionieren (TAPP TI, JAR 2011, 557; AGer ZH, JAR 1990, 230).

5 Umgekehrt müssen wirtschaftliche Nachteile zulasten des kündigenden Arbeitnehmers grundsätzlich zulässig sein, wenn sie sich auf *Sonderleistungen* des Arbeitgebers beziehen, die den Arbeitnehmer zu einem längeren Verbleiben an seiner Arbeitsstelle motivieren sollen. Das ist namentlich der Fall hinsichtlich:

- Kürzung oder Wegfall von *Gratifikationen* bei gekündigtem Arbeitsverhältnis, sofern diese neben der Belohnung für geleistete Dienste auch als Ansporn für die zukünftige Tätigkeit gedacht sind (s. AGer ZH, JAR 2001, 202; TPH GE, JAR 1988, 258; Art. 322d N 8);
- Verfall von *Mitarbeiteroptionen*, d.h. wenn die Optionen infolge einer Sperre erst zu einem Zeitpunkt geltend gemacht werden können, in dem das Arbeitsverhältnis bereits beendet ist, ihre Einlösung aber gleichzeitig an die Bedingung eines ungekündigten Arbeitsverhältnisses geknüpft ist (OGer ZH, JAR 2003, 306; dazu SOMMER, ARV 2003, 85 ff.; Art. 322 N 26);
- Rückzahlung von *Ausbildungskosten* innerhalb gewisser Grenzen (Art. 327a N 3 f.).

6 Wann eine Verletzung der materiellen Kündigungsparität vorliegt, ist durch eine **wertende Betrachtung** zu ermitteln. Oder anders ausgedrückt (in Anlehnung an ZK-STAEHELIN, N 4): «goldene Fesseln» bedürfen zu ihrer Zulässigkeit einer *sachlichen Rechtfertigung*. Wie sehr wertungsmässige Aspekte den Ausschlag geben, zeigt sich auch daran, dass die vertragliche

Ausdehnung des *Kündigungsschutzes* zugunsten des Arbeitnehmers von Lehre und Rechtsprechung als zulässig und somit nicht als Verstoss gegen die Kündigungsparität gem. Art. 335a betrachtet wird (CAPH GE, JAR 1999, 260; TAPP TI, Rep. 2000, 207; AGer ZH, JAR 1993, 203; ZK-STAEHELIN, N 6; STREIFF/VON KAENEL/RUDOLPH, N 2; differenzierend BK-REHBINDER/STÖCKLI, Art. 336 OR N 63, Art. 336c OR N 11).

IV. Kündigung durch den Arbeitgeber aus wirtschaftlichen Gründen

Für den Fall, dass der Arbeitgeber das Arbeitsverhältnis aus *wirtschaftlichen Gründen* (wie bevorstehenden Umstrukturierungen, Rationalisierungsmassnahmen oder Betriebsschliessungen) kündigt oder eine entsprechende Absicht bekundet, sieht das Gesetz selbst eine **Ausnahme** von der Kündigungsparität vor: zugunsten des Arbeitnehmers dürfen kürzere Kündigungsfristen verabredet oder in Normalarbeitsverträgen oder Gesamtarbeitsverträgen vorgesehen werden (Art. 335a Abs. 2). Dadurch soll dem Arbeitnehmer ermöglicht werden, einen unsicher gewordenen Arbeitsplatz bei günstiger Gelegenheit vorzeitig zu verlassen. Entsprechende Vereinbarungen dürfen entgegen dem Gesetzeswortlaut schon vor der Kündigung bzw. deren Ankündigung getroffen werden (BRÜHWILER, N 2; BK-REHBINDER/STÖCKLI, N 4; STREIFF/VON KAENEL/RUDOLPH, N 5). **7**

Art. 335a Abs. 2 gestattet nur die Abweichung von der Kündigungsparität, äussert sich aber selbst nicht dazu, ob und gegebenenfalls welche **Minimalfrist** der Arbeitnehmer einzuhalten hat. Dies ergibt sich aus dem systematischen Zusammenhang zu Abs. 1. Daraus folgt: **8**

- dass die gestaffelten Minimalfristen von Art. 335c Abs. 1 einzuhalten sind, sofern nicht durch schriftliche Abrede, Normal- oder Gesamtarbeitsvertrag etwas anderes bestimmt ist,
- und dass auch im Falle einer abweichenden schriftlichen Abrede oder einer abweichenden normal- oder gesamtarbeitsvertraglichen Bestimmung eine Mindestfrist von einem Monat zu beachten ist (Ausnahme bei GAV für das erste Dienstjahr).

Art. 335*b*

b. Während der Probezeit

1 Das Arbeitsverhältnis kann während der Probezeit jederzeit mit einer Kündigungsfrist von sieben Tagen gekündigt werden; als Probezeit gilt der erste Monat eines Arbeitsverhältnisses.

2 Durch schriftliche Abrede, Normalarbeitsvertrag oder Gesamtarbeitsvertrag können abweichende Vereinbarungen getroffen werden; die Probezeit darf jedoch auf höchstens drei Monate verlängert werden.

3 Bei einer effektiven Verkürzung der Probezeit infolge Krankheit, Unfall oder Erfüllung einer nicht freiwillig übernommenen gesetzlichen Pflicht erfolgt eine entsprechende Verlängerung der Probezeit.

b. Pendant le temps d'essai

1 Pendant le temps d'essai, chacune des parties peut résilier le contrat de travail à tout moment moyennant un délai de congé de sept jours; est considéré comme temps d'essai le premier mois de travail.

2 Des dispositions différentes peuvent être prévues par accord écrit, contrat-type de travail ou convention collective; toutefois, le temps d'essai ne peut dépasser trois mois.

3 Lorsque, pendant le temps d'essai, le travail est interrompu par suite de maladie, d'accident ou d'accomplissement d'une obligation légale incombant au travailleur sans qu'il ait demandé de l'assumer, le temps d'essai est prolongé d'autant.

b. Durante il tempo di prova

1 Durante il tempo di prova, il rapporto di lavoro può essere disdetto in ogni momento, con preavviso di sette giorni; è considerato tempo di prova il primo mese di lavoro.

2 Deroghe possono essere convenute per accordo scritto, contratto normale o contratto collettivo; il tempo di prova non può comunque superare i tre mesi.

[3] Il tempo di prova, se viene effettivamente ridotto in seguito a malattia, infortunio o adempimento di un obbligo legale non assunto volontariamente, è prolungato di un periodo equivalente.

Literatur

BACHMANN, Dauer der Probezeit, ARV 2004, 14 ff.; TROXLER, Sachlicher Kündigungsschutz bei Kündigungen während der Probezeit, ArbR 1992, 47 ff.; vgl. ausserdem die Literaturhinweise zur Einleitung vor Art. 319 ff. und zu Art. 335.

I. Bestand und Dauer der Probezeit

1 Bei Arbeitsverhältnissen, die auf unbestimmte Dauer eingegangen werden, vermutet das Gesetz das Bedürfnis nach einer *Probezeit*, während derer die Vertragspartner die Möglichkeit haben, das Arbeitsverhältnis unter erleichterten Bedingungen wieder aufzulösen. Sofern nichts anderes durch schriftliche Abrede, Normal- oder Gesamtarbeitsvertrag bestimmt ist, gilt der **erste Monat** als Probezeit (Art. 335b Abs. 1). Beim Lehrvertrag geht das Gesetz mangels anderer Bestimmung von drei Monaten aus (Art. 344a Abs. 3 Satz 2).

2 Danach ist es also möglich, die Probezeit zu **verkürzen** oder ganz **wegzubedingen**. Setzen die Parteien in allgemeiner Weise eine vertragliche Kündigungsfrist fest, ohne eine Probezeit mit einer kürzeren Kündigungsfrist vorzusehen, darf daraus nicht geschlossen werden, dass die vertragliche Kündigungsfrist auch während der Probezeit gilt bzw. die Probezeit dadurch implizit wegbedungen ist (so aber BGer, ARV 2004, 91, allerdings für einen Fall, in dem die Parteien einen «Auftrag» vereinbart hatten, der sich nachträglich als Arbeitsvertrag herausstellte; wie hier STREIFF/VON KAENEL/RUDOLPH, N 3; VISCHER/MÜLLER, 311; s.a. BGer, JAR 2005, 158). Nach dem Vertrauensprinzip ist davon auszugehen, dass die Parteien mit einer vertraglichen Kündigungsfrist nur die Vertragsauflösung nach Ablauf der Probezeit regeln wollten, sofern sie nicht ausdrücklich etwas anderes vereinbart haben. Gerade bei längeren Kündigungsfristen ist die Ausschaltung der Probezeit von erheblicher Tragweite, so dass sie nicht in die blosse, in der Praxis verbreitete Festlegung einer vertraglichen Kündigungsfrist hinein interpretiert werden darf. Nicht möglich ist eine Wegbedingung beim Lehrvertrag: hier schreibt das Gesetz eine Mindestfrist von einem Monat vor (Art. 344a Abs. 3 Satz 1).

3 In den vom Gesetz zur Verfügung gestellten Formen ist umgekehrt auch eine **vertragliche Verlängerung der Probezeit** möglich. Da eine solche den Arbeitnehmer um den gesetzlichen Kündigungsschutz bringen kann (s. Art. 336c Abs. 1 Ingress), ist die Höchstdauer der Probezeit indessen auf *drei Monate* festgelegt (Art. 335b Abs. 2). Beim Lehrvertrag ist ausnahmsweise eine Verlängerung bis maximal sechs Monate zulässig, sofern die zuständige kantonale Behörde ihre Zustimmung erteilt (Art. 344a Abs. 4). Die Vereinbarung längerer als der gesetzlich zulässigen Probezeiten führt zu Teilnichtigkeit (Herabsetzung auf das zulässige Mass, Art. 20 Abs. 2, BGE 136 III 563). Ob während des nichtigen Teils der Probezeit die gesetzliche oder eine allenfalls längere, für die Zeit nach Ablauf der Probezeit festgelegte vertragliche Kündigungsfrist gilt, entscheidet sich aufgrund des hypothetischen Parteiwillens, sofern nicht ein subsidiärer tatsächlicher Parteiwille nachgewiesen werden kann (BGE 131 III 470).

4 Eine Verlängerung der Probezeit ist auch *nachträglich* möglich, soweit die Höchstfrist von drei Monaten noch nicht ausgeschöpft und solange die ursprünglich geltende Probezeit noch nicht abgelaufen ist (so explizit Art. 344a Abs. 4: «vor ihrem Ablauf»). Sobald hingegen die Probezeit abgelaufen ist, kann sie selbst dann nicht mehr einvernehmlich verlängert werden, wenn sie weniger als drei Monate beträgt. Dies folgt aus Art. 335c, wonach «nach Ablauf der Probezeit» zwingend die ordentlichen Kündigungsfristen gelten (ähnlich AGer ZH, JAR 2005, 500, unter Hinweis auf Art. 336c i.V.m. Art. 362). Daher ist auch die *Versetzung in ein Provisorium*, in dem die Bedingungen der Probezeit gelten sollen, unzulässig (KGer VS, JAR 1984, 159).

Schliessen *dieselben Parteien* einen **neuen Arbeitsvertrag** ab (z.B. um den bisherigen Vertrag durch einen solchen mit veränderten Arbeitsbedingungen zu ersetzen), so läuft grundsätzlich keine neue Probezeit und kann eine solche auch nicht vereinbart werden (Beispiele einer nichtigen Vereinbarung in BGer, JAR 2014, 233 und CAPH GE, JAR 1998, 176). Andernfalls könnten die Schutzbestimmungen zugunsten des Arbeitnehmers leicht umgangen werden (z.B. Scheinbeförderung mit anschliessender Kündigung in der neuen Probezeit). Eine neue Probezeit läuft indessen: 5

- wenn von einem neuen Arbeitsverhältnis zwischen den Parteien auszugehen ist, insb. nach einer längeren Unterbrechung oder infolge Übernahme einer völlig andersgearteten Funktion durch den Arbeitnehmer (nicht der Fall in BGer, JAR 2014, 233, wo der neue Vertrag lediglich der Klärung und teilweisen Änderung des bestehenden Vertragsverhältnisses diente; s.a. Art. 324a N 15);
- wenn ein Temporärarbeitnehmer für einen anderen Einsatzbetrieb tätig wird (BGE 117 V 248; anders bei späteren Einsätzen im gleichen Einsatzbetrieb: CdCass NE, JAR 1992, 207);
- wenn die Probezeit des ursprünglichen Vertrags noch nicht abgelaufen ist und die Parteien im neuen Arbeitsvertrag deren Fortsetzung (bis insgesamt höchstens drei Monate) vereinbart haben (AppGer BS, JAR 1982, 162; vgl. auch AGer ZH, JAR 1983, 163; GSGer BS, JAR 1982, 163).

Schliesst der Arbeitnehmer mit dem *Einsatzbetrieb*, für den er im Rahmen eines **Temporärvertrags** tätig war, anschliessend direkt einen Arbeitsvertrag ab, läuft dafür nach der bundesgerichtlichen Rechtsprechung eine neue Probezeit (BGE 129 III 124). Das BGer stellt dabei auf den an sich zutreffenden Gesichtspunkt ab, dass in dieser Konstellation ein neues Arbeitsverhältnis mit einem neuen Arbeitgeber begründet wird. Diese formale Betrachtungsweise wird indessen dem *Zweck der Probezeit*, sich beim Vollzug der Arbeit gegenseitig näher kennen zu lernen, nicht gerecht. Die Gelegenheit dazu bietet sich dem Einsatzbetrieb schon dann, wenn der Arbeitnehmer noch als Temporärkraft für ihn tätig ist (im gleichen Sinne BACHMANN, ARV 2004, 14 ff.; KOLLER, ZBJV 2004, 535 ff.; **a.A.** STREIFF/VON KAENEL/RUDOLPH, N 3). Richtigerweise müssten daher die Regeln zur Anwendung kommen, die für den Fall gelten, dass ein neuer Arbeitsvertrag mit demselben Arbeitgeber geschlossen wird. Lässt sich umgekehrt ein Arbeitnehmer im gleichen Betrieb, aber fortan als Vertragspartner eines Temporärunternehmens weiterbeschäftigen, beginnt – in dieser Konstellation richtigerweise – eine neue Probezeit zu laufen (vgl. CAPH GE, JAR 1999, 300). 6

Die Vereinbarung einer neuen Probezeit ist auch im Fall eines **Betriebsübergangs** unzulässig (s.a. AGer ZH, JAR 2013, 603). Auch hier kommt es zwar insofern zu einem neuen Arbeitsverhältnis, als der Arbeitgeber wechselt, doch geht das Arbeitsverhältnis mit allen Rechten und Pflichten mit dem Tage der Betriebsnachfolge auf den Erwerber über, sofern der Arbeitnehmer den Übergang nicht ablehnt (Art. 333 Abs. 1; AGer ZH, ZR 2000, 211). 7

Grundsätzlich berechnet sich die Probezeit nach dem **Kalender**, unabhängig von den effektiv geleisteten Arbeitstagen. Ist eine Probezeit nach Monaten bestimmt, dann ist sie (in Abweichung zu Art. 77 Abs. 1 Ziff. 3) am Tag des letzten Monats, der durch seine Zahl dem Tag des Stellenantritts entspricht, bereits beendet (z.B. fällt also der letzte Tag einer einmonatigen Probezeit bei Stellenantritt am 1. März auf den 31. März und bei einer dreimonatigen Probezeit bei Stellenantritt am 9. Oktober auf den 8. Januar, CHANSON, ARV online 2010 Nr. 677). Teilzeitarbeit führt nicht zu einer proportionalen Verlängerung der Probezeit (BGE 136 III 563). Indessen werden Zeiten der **Arbeitsverhinderung** infolge Krankheit, Unfall oder Erfüllung einer nicht freiwillig übernommenen gesetzlichen Pflicht unabhängig von einem allfälligen Verschulden nicht in die Probezeit mit eingerechnet (Art. 335b Abs. 3), so dass sich die Probezeit in diesen Fällen auch über die dreimonatige Maximalfrist hinaus verlängern kann. Diese Aufzählung ist abschliessend, weshalb insb. Ferien und unbezahlter Urlaub nicht von Gesetzes wegen zu einer Verlängerung der Probezeit führen (BGE 136 III 564). Da Abs. 3 als solcher nicht zwingend ist, können die Parteien jedoch etwas anderes vereinbaren und für 8 weitere Fälle, in denen die effektive Arbeitsleistung entfällt, eine Verlängerung der Probezeit vorsehen. Führt dies zu einer Probezeit von mehr als einem Kalendermonat, so ist dafür allerdings die Schriftform gemäss Abs. 2 zu beachten, und eine Verlängerung der Probezeit über drei Kalendermonate hinaus ist nicht möglich (STREIFF/VON KAENEL/RUDOLPH, N 13, 15; s.a. BK-REHBINDER/STÖCKLI, N 5). Die dreimonatige Maximalfrist von Abs. 2 ist unbestrittenermassen zwingend. Damit sie nicht unterlaufen werden kann, muss auch die Regelung ihrer Verlängerung zwingend sein. Andernfalls könnten die Parteien z.B. eine dreimonatige Probezeit festsetzen und bestimmen, dass diese Zeit um die arbeitsfreien Samstage, Sonntage und Feiertage verlängert wird, was dem Sinn des Gesetzes offensichtlich zuwiderliefe. Umgekehrt kann die Verlängerung der Probezeit auch für die im Gesetz aufgezählten Fälle schriftlich ausgeschlossen werden.

II. Kündigungsfristen und -termine während der Probezeit

9 Während der Probezeit kann das Arbeitsverhältnis von beiden Seiten mit kurzen Fristen gekündigt werden. Wenn nichts anderes bestimmt ist, beträgt die Frist, mit deren Ablauf das Arbeitsverhältnis aufgelöst wird, **sieben Tage** (Art. 335b Abs. 1; es handelt sich wie üblich um Kalendertage, vgl. TAPP TI, JAR 2001, 157). Durch schriftliche Abrede, Normalarbeitsvertrag oder Gesamtarbeitsvertrag kann die Frist verlängert, aber auch weiter verkürzt oder sogar ganz wegbedungen werden. Dann endet das Arbeitsverhältnis mit dem Zugang der Kündigung (sog. *entfristete Kündigung*, BGE 136 III 99).

10 Ob die verkürzte Kündigungsfrist der Probezeit oder die ordentliche, für die Zeit nach Ablauf der Probezeit vorgesehene Kündigungsfrist zur Anwendung kommt, bestimmt sich danach, ob der *Zugang* der Kündigung beim Empfänger inner- oder ausserhalb der Probezeit stattfindet. Ob die Kündigungsfrist vor oder nach der Probezeit abläuft, ist hingegen unerheblich (OGer BL, JAR 1990, 229; KGer GR, JAR 2007, 453).

11 Während der Probezeit müssen von Gesetzes wegen **keine Kündigungstermine** eingehalten werden. Das Arbeitsverhältnis endet also unmittelbar am letzten Tag der Kündigungsfrist, ohne dass das Ende des betreffenden Monats abgewartet werden muss. Durch schriftliche Abrede, Normalarbeitsvertrag oder Gesamtarbeitsvertrag können jedoch auch während der Probezeit Kündigungstermine vorgesehen werden.

III. Probezeit beim befristeten Arbeitsverhältnis

12 Art. 335b bezieht sich nach seiner systematischen Stellung nur auf unbefristete Arbeitsverhältnisse. Für das befristete Arbeitsverhältnis gilt somit aufgrund des Gesetzeswortlauts keine Probezeit. Eine solche kann jedoch von den Parteien **vereinbart** werden. Eine entsprechende Vereinbarung ist insb. bei längerfristigen Arbeitsverhältnissen empfehlenswert. Ist eine Probezeit vereinbart, sind die Bestimmungen von Art. 335b analog anzuwenden (BGE 109 II 451). Denn das Bedürfnis zum Schutz der Arbeitnehmer, namentlich vor übermässig langen Probezeiten, besteht bei befristeten Arbeitsverhältnissen in gleicher Weise wie bei unbefristeten. Dies bedeutet nicht nur eine Beschränkung der Probezeit auf drei Monate, sondern namentlich auch, dass eine mehr als einmonatige Probezeit und eine weniger als sieben Tage dauernde Kündigungsfrist schriftlich vereinbart werden oder in einem Normal- oder Gesamtarbeitsvertrag vorgesehen sein müssen (**a.A.** in Bezug auf die Schriftform STREIFF/VON KAENEL/RUDOLPH, N 2).

13 Ist **keine Probezeit vereinbart**, so ist entgegen der h.L. in Analogie zu Art. 335b Abs. 1 Hs. 2 auch beim befristeten Arbeitsverhältnis der erste Monat als Probezeit zu betrachten, sofern nicht durch schriftliche Abrede, Normal- oder Gesamtarbeitsvertrag etwas anderes bestimmt ist. Das Bedürfnis nach einer (gesetzlich vermuteten) Probezeit besteht bei befristeten Arbeitsverhältnissen ebenso oder – namentlich bei längerfristigen Bindungen – noch viel mehr als bei unbefristeten Arbeitsverhältnissen, die immerhin durch ordentliche Kündigung aufge-

löst werden können. Folgt man dieser Analogie, sind natürlich auch die übrigen in Art. 335b enthaltenen Bestimmungen anzuwenden.

IV. Rechte und Pflichten während der Probezeit

Mangels besonderer Bestimmungen in Art. 335b, in anderen Gesetzesstellen oder in Gesamt-, Normal- oder Einzelarbeitsverträgen finden während der Probezeit **dieselben Regeln** Anwendung, wie sie ausserhalb der Probezeit gelten. Das trifft zunächst für die Hauptpflichten beider Parteien, also der Arbeits- und der Lohnzahlungspflicht, aber auch für die Nebenpflichten in Gestalt der Treue- und der Fürsorgepflicht zu. So unterliegt der Arbeitnehmer etwa dem Schwarzarbeitsverbot gem. Art. 321a Abs. 3, der Geheimhaltungspflicht nach Art. 321a Abs. 4 und einem nachwirkenden Konkurrenzverbot, sofern ein solches nach den Vorschriften von Art. 340 ff. gültig vereinbart wurde (CAPH GE, JAR 1985, 282; grundsätzlich ebenso ZivGer BS, JAR 1985, 192, wonach den Bedenken insb. *im Rahmen der Anwendung von Art. 340a Abs. 2* Rechnung getragen werden kann). Den Arbeitgeber trifft z.B. die Pflicht zum Schutz der Persönlichkeit des Arbeitnehmers (Art. 328), zur Ausstellung eines Zeugnisses (Art. 330a) und zur Gewährung von Ferien (Art. 329a). Nach h.L. und Rechtsprechung findet grundsätzlich auch der sachliche Kündigungsschutz i.S.v. Art. 336 ff. Anwendung (s. Art. 336 N 3 sowie zur Einsprachefrist bei missbräuchlicher Kündigung Art. 336b N 1). 14

Kraft der gesetzlichen Sonderbestimmungen von Art. 336c Abs. 1 und Art. 336d Abs. 1 wird hingegen **kein zeitlicher Kündigungsschutz** gewährt; dieser setzt den Ablauf der Probezeit voraus. Grundsätzlich ausgeschlossen ist auch die **Lohnfortzahlungspflicht** des Arbeitgebers bei unverschuldeter Verhinderung des Arbeitnehmers an der Arbeitsleistung aus Gründen, die in dessen Person liegen; hierbei ist allerdings zu beachten, dass Art. 324a den Ausschluss nicht unmittelbar an die Probezeit knüpft, sondern darauf abstellt, ob das Arbeitsverhältnis mehr als drei Monate gedauert hat oder für mehr als drei Monate eingegangen ist. 15

V. Arbeitsverhältnis auf Probe

Das Arbeitsverhältnis kann auch **zu Probezwecken** durch ausdrückliche Vereinbarung **befristet** werden (BGer, JAR 1996, 106), wobei die feste Vertragsdauer länger als drei Monate dauern kann. Ein solches Arbeitsverhältnis auf Probe läuft mit der Probezeit von selbst aus, wenn es nicht durch eine erneute Vereinbarung verlängert wird (s.a. HEINZER, in: Dunand/Mahon, N 4). Mangels ausdrücklicher Befristung ist jedoch ein unbefristetes Arbeitsverhältnis mit einer gewöhnlichen Probezeit anzunehmen. 16

Art. 335c

c. Nach Ablauf der Probezeit

1 Das Arbeitsverhältnis kann im ersten Dienstjahr mit einer Kündigungsfrist von einem Monat, im zweiten bis und mit dem neunten Dienstjahr mit einer Frist von zwei Monaten und nachher mit einer Frist von drei Monaten je auf das Ende eines Monats gekündigt werden.

2 Diese Fristen dürfen durch schriftliche Abrede, Normalarbeitsvertrag oder Gesamtarbeitsvertrag abgeändert werden; unter einen Monat dürfen sie jedoch nur durch Gesamtarbeitsvertrag und nur für das erste Dienstjahr herabgesetzt werden.

c. Après le temps d'essai

1 Le contrat peut être résilié pour la fin d'un mois moyennant un délai de congé d'un mois pendant la première année de service, de deux mois de la deuxième à la neuvième année de service, de trois mois ultérieurement.

2 Ces délais peuvent être modifiés par accord écrit, contrat-type de travail ou convention collective; des délais inférieurs à un mois ne peuvent toutefois être fixés que par convention collective et pour la première année de service.

c. Dopo il tempo di prova

[1] Il rapporto di lavoro può essere disdetto per la fine di un mese, nel primo anno di servizio con preavviso di un mese, dal secondo al nono anno di servizio incluso con preavviso di due mesi e in seguito con preavviso di tre mesi.

[2] Questi termini possono essere modificati per accordo scritto, contratto normale o contratto collettivo; possono essere resi inferiori a un mese soltanto per contratto collettivo e per il primo anno di servizio.

Literatur

Vgl. die Literaturhinweise zur Einleitung vor Art. 319 ff. und zu Art. 335.

1 Ist die Probezeit abgelaufen, sieht das Gesetz je nach Dienstjahr **gestaffelte Kündigungsfristen** vor. Hat das Arbeitsverhältnis *nicht länger als ein Jahr* gedauert, so kann es mit monatlicher Kündigungsfrist auf das Monatsende gekündigt werden. Hat es *länger als ein Jahr, aber noch nicht zehn Jahre* gedauert, beträgt die Kündigungsfrist zwei Monate, *ab dem zehnten Dienstjahr* drei Monate. Diese Kündigungsfristen können durch *schriftliche* Abrede, Normal- oder Gesamtarbeitsvertrag **verkürzt oder verlängert** werden. Eine Verkürzung *unter einen Monat* ist indessen nur für das erste Dienstjahr und nur durch Gesamtarbeitsvertrag möglich (Art. 335c Abs. 2). In diesem Fall kann die Frist auch ganz wegbedungen werden (sog. *entfristete Kündigung*, die eine atypische Erscheinungsform der ordentlichen Kündigung darstellt). Wurde eine zu lange Probezeit vereinbart (s. Art. 335b Abs. 2) und gestützt darauf mit einer zu kurzen Frist gekündigt, so ist davon auszugehen, dass die Vertragsparteien die kürzeste gesetzlich noch zulässige Kündigungsfrist (ein Monat) für den zu langen Teil der Probezeit vereinbart hätten; eine für die Phase nach Ablauf der Probezeit vereinbarte längere Kündigungsfrist kommt insoweit nicht zum Zug (BGE 131 III 471; BGer, JAR 2011, 191). Ein Rundschreiben des Arbeitgebers, das auf Arbeitsbedingungen von Staatsangestellten verweist und den Arbeitnehmern «die gleiche soziale Stellung gewährt», genügt dem Erfordernis der Schriftlichkeit nicht (TC VS, JAR 2001, 283, bestätigt durch das BGer). Eine Kündigung mit einer längeren als der gesetzlich oder vertraglich vorgesehenen Frist ist möglich, doch hat die Gegenpartei in diesem Fall die Möglichkeit, darauf mit einer Gegenkündigung unter Einhaltung der anwendbaren Kündigungsfrist zu reagieren und so ein früheres Vertragsende herbeizuführen (BGer, JAR 2012, 150; s.a. AGer ZH, JAR 1993, 181 und Art. 335 N 24).

2 Ausser diesen Kündigungsfristen sieht das Gesetz auch einen **Kündigungstermin** vor: gekündigt werden kann jeweils auf das Ende eines Monats (Art. 335c Abs. 1). Fällt dieses auf einen Sonn- oder Feiertag, findet keine Verlängerung des Arbeitsverhältnisses statt. Fraglich ist, ob dieser Termin ebenfalls nur durch *schriftliche* Abrede, Normal- oder Gesamtarbeitsvertrag abgeändert bzw. ganz aufgehoben werden kann (so BK-Rehbinder/Stöckli, N 5; Wyler/Heinzer, 517 f.; für formfreie Abänderbarkeit demgegenüber Brühwiler, N 3; ZK-Staehelin, N 11; Streiff/von Kaenel/Rudolph, N 6 und Letztere zitierend wohl auch OGer BE, JAR 2014, 403). Nach der hier vertretenen Auffassung ist eine dieser Formen zu wählen, obschon diese vom Gesetzeswortlaut nur auf die «Fristen» bezogen werden (Art. 335c Abs. 2). Es ist davon auszugehen, dass der Begriff der Frist hier in einem weiteren Sinn gemeint ist, der auch den Termin einschliesst (vgl. dieselbe Problematik in Art. 28 Abs. 1 FusG, wo das Gesetz «für die Konsultation der Arbeitnehmervertretung» auf Art. 333a verweist, nach Sinn und Zweck aber auch die subsidiäre Konsultation der *Arbeitnehmer* sowie die *Information* mit einschliesst, s. Art. 333a N 26 und 28). Hinzu kommt, dass der Kündigungstermin auf Ende Monat den Stellenwechsel erleichtern will und somit Schutzfunktion hat, namentlich auch um den Arbeitnehmer vor einem unnötigen Lohnausfall zwischen zwei Anstellungen zu bewahren.

3 Ob die kürzere Kündigungsfrist für das erste Dienstjahr oder die längere für das zweite bis neunte Dienstjahr zur Anwendung kommt, bestimmt sich danach, ob der *Zugang* der Kündi-

gung beim Empfänger noch innerhalb des ersten Dienstjahres erfolgt oder nicht (AGer ZH, JAR 1985, 226). Ob das Ende der Kündigungsfrist noch in das erste Dienstjahr fällt, ist hingegen unerheblich (vgl. OGer BL, JAR 1990, 229; KGer GR, JAR 2007, 453). Dieselben Grundsätze gelten sinngemäss für den Übergang vom neunten in das zehnte Dienstjahr.

Zur Bestimmung des **massgebenden Dienstjahres** sind mehrere Einsätze beim gleichen Arbeitgeber, die etwa unter verschiedenen Arbeitsbedingungen oder jeweils neuen Arbeitsverträgen stattgefunden haben, im Zweifel zusammenzurechnen (s. dazu im Einzelnen Art. 324a N 15; s.a. OGer LU, JAR 2002, 317 und zur Frage der Kumulation bei Tätigkeit für mehrere Gruppengesellschaften TC VD, JAR 2011, 586). 4

Für die **Temporärarbeit** besteht eine wichtige Sondervorschrift in Art. 19 Abs. 4 AVG. Sie bestimmt für die ersten sechs Monate eines unbefristeten Einsatzes die folgenden Kündigungsfristen: während der ersten drei Monate einer ununterbrochenen Anstellung mindestens zwei Tage; vom vierten bis und mit dem sechsten Monat einer ununterbrochenen Anstellung mindestens sieben Tage. Gesetzliche Kündigungstermine sind keine festgelegt. Ab dem siebten Monat gilt die einmonatige Kündigungsfrist auf das Monatsende von Art. 335c Abs. 1. Beim **Heuervertrag** beträgt die Kündigungsfrist grundsätzlich sieben Tage, ohne dass ein gesetzlicher Kündigungstermin vorgesehen ist (Art. 77 Abs. 2 SSG). 5

Bei **befristeten Arbeitsverhältnissen** kommt eine ordentliche Kündigung grundsätzlich nicht in Betracht. Hat das befristete Arbeitsverhältnis jedoch zehn Jahre gedauert, ist eine ordentliche Kündigung mit einer Frist von sechs Monaten auf das Monatsende möglich (Art. 334 Abs. 3). 6

Art. 335*d*

IIbis. Massenentlassung
1. Begriff

Als Massenentlassung gelten Kündigungen, die der Arbeitgeber innert 30 Tagen in einem Betrieb aus Gründen ausspricht, die in keinem Zusammenhang mit der Person des Arbeitnehmers stehen, und von denen betroffen werden:
1. **mindestens 10 Arbeitnehmer in Betrieben, die in der Regel mehr als 20 und weniger als 100 Arbeitnehmer beschäftigen;**
2. **mindestens 10 Prozent der Arbeitnehmer in Betrieben, die in der Regel mindestens 100 und weniger als 300 Arbeitnehmer beschäftigen;**
3. **mindestens 30 Arbeitnehmer in Betrieben, die in der Regel mindestens 300 Arbeitnehmer beschäftigen.**

IIbis. Licenciement collectif
1. Définition

Par licenciement collectif, on entend les congés donnés dans une entreprise par l'employeur dans un délai de 30 jours pour des motifs non inhérents à la personne du travailleur et dont le nombre est au moins:
1. égal à 10 dans les établissements employant habituellement plus de 20 et moins de 100 travailleurs;
2. de 10% du nombre des travailleurs dans les établissements employant habituellement au moins 100 et moins de 300 travailleurs;
3. égal à 30 dans les établissements employant habituellement au moins 300 travailleurs.

IIbis. Licenziamento collettivo
1. Definizione

Per licenziamento collettivo si intendono le disdette date in un'azienda dal datore di lavoro entro un periodo di 30 giorni, per motivi non inerenti alla persona del lavoratore, se il numero dei licenziamenti effettuati è:
1. almeno pari a 10 negli stabilimenti che occupano abitualmente più di 20 e meno di 100 lavoratori;
2. almeno pari al 10 per cento del numero dei lavoratori negli stabilimenti che occupano abitualmente almeno 100 e meno di 300 lavoratori;
3. almeno pari a 30 negli stabilimenti che occupano abitualmente almeno 300 lavoratori.

Literatur

AUBERT, La nouvelle réglementation des licenciements collectifs et des transfers d'entreprise, in: Journée 1994 de droit du travail et de la sécurité sociale, Zürich 1995, 87 ff.; BACHMANN/MESAROS/ROSAT, Kurzarbeit und Massenentlassungen. Gesetzliche Vorgaben und Verfahrenspflichten, ST 2009, 587 ff.; GEISER, Betriebsübernahmen und Massenentlassungen im Zusammenhang mit Zwangsvollstreckungsverfahren, in: Zivilprozessrecht, Arbeitsrecht. Kolloquium Staehelin, Zürich 1997, 101 ff.; DERS., Massenentlassung, in: Stellenwechsel und Entlassung, Handbücher für die Anwaltspraxis (HAP), Bd. II, 2. Aufl., Basel 2012, 77 ff.; DERS., Massenentlassungen. Anwendungsbereich, Voraussetzungen und Verfahren, AJP 1995, 1411 ff.; VON KAENEL, Grundlagen der Massenentlassung und des Sozialplans, in: Unternehmenssanierung und Arbeitsrecht, Zürich/Basel/Genf 2010, 33 ff.; DERS., Grundlagen der Massenentlassung und des Sozialplans, in: Sanierung und Insolvenz von Unternehmen, Zürich/Basel/Genf 2011, 1 ff.; DERS. (Hrsg.), Unternehmenssanierung und Arbeitsrecht, Zürich/Basel/Genf 2010; KÄLIN/KIRCHHOFF, Massenentlassung – Ein chronologischer Überblick, Jusletter 5. 10. 2009; KELLER-RAPOLD, Kurzarbeit und Massenentlassung, AJP 2010, 250 ff.; KLINGENBERG, Die Betriebsschliessung, Diss., Zürich 1986; MEYER, Die Massenentlassung nach dem Schweizerischen Obligationenrecht unter Berücksichtigung der Rechtsordnungen der Europäischen Union, der Bundesrepublik Deutschland und des Vereinigten Königsreichs Grossbritannien und Nordirland, Diss., Basel 1999; MÜLLER, Die neuen Bestimmungen über Massenentlassungen, ArbR 1995, 105 ff.; POSSA/KREUTZ, Massenentlassungen im Nachlassstundungsverfahren, Jusletter 4. 1. 2010; vgl. ausserdem die Literaturhinweise zur Einleitung vor Art. 319 ff., zu Art. 333b und 335h.

1 Wegen ihrer volkswirtschaftlichen Bedeutung sind Massenentlassungen einer besonderen Regelung unterstellt. Der Begriff der Massenentlassung gem. Art. 53 Abs. 1 AVV ist ein anderer als derjenige von Art. 335d und kann daher für dessen Auslegung nicht herangezogen werden. Damit eine Massenentlassung i.S.v. Art. 335d vorliegt, müssen die folgenden fünf Voraussetzungen erfüllt sein.

I. Kündigungen durch den Arbeitgeber

2 Für eine Massenentlassung von Bedeutung sind nur Entlassungen *in Gestalt von* **Kündigungen**. Nicht mitberücksichtigt werden demnach andere Arten der Beendigung des Arbeitsverhältnisses, also die Beendigung durch Zeitablauf (beim befristeten Arbeitsverhältnis), durch Aufhebungsvertrag (sofern keine Gesetzesumgehung vorliegt) und durch Tod des Arbeitnehmers (oder ausnahmsweise des Arbeitgebers).

3 Umgekehrt zählen **sämtliche Arten** von Kündigungen, die vom Arbeitgeber ausgesprochen werden, d.h. sowohl ordentliche wie auch ausserordentliche Kündigungen, diese unabhängig davon, ob sie gerechtfertigt sind oder nicht; ferner werden die Kündigungen unbefristeter und befristeter Arbeitsverhältnisse berücksichtigt (Art. 335e Abs. 1; zum beschränkten Anwendungsbereich der ordentlichen Kündigung des befristeten Arbeitsverhältnisses s. Art. 334 N 9 ff.). Einzubeziehen sind auch Kündigungen während der Probezeit sowie Änderungskündigungen (umstr.). Kündigungen, die nichtig sind, weil sie z.B. zur Unzeit i.S.v. Art. 336c ausgesprochen wurden oder dem Erklärungsgegner gar nie zugingen, sind hingegen nicht mitzuzählen, denn in diesem Fall besteht das Schutzbedürfnis nicht, das den Vorschriften über die Massenentlassung zugrunde liegt.

4 Ausser Betracht fallen grundsätzlich Kündigungen durch die **Arbeitnehmer**. Eine Ausnahme ist allerdings dann zu machen, wenn die Kündigungen vom Arbeitgeber *provoziert* wurden, um den Folgen einer Massenentlassung zu entgehen (unzulässige Gesetzesumgehung: STREIFF/VON KAENEL/RUDOLPH, N 5).

II. Kündigungen innerhalb desselben Betriebs

5 Der Begriff der Massenentlassung bezieht sich auf Kündigungen innerhalb eines *Betriebs*. Gehören mehrere Betriebe zum gleichen Unternehmen, bestimmt sich für jeden Betrieb gesondert, ob eine Massenentlassung vorliegt (BGE 137 III 27). Auszugehen ist von demselben Betriebsbegriff, wie er Art. 333 zugrunde liegt. Es handelt sich demnach um eine auf Dauer gerichtete, in sich geschlossene organisatorische Leistungseinheit, die selbständig am Wirtschaftsleben teilnimmt (BGE 129 III 336). Als Betrieb in diesem Sinne ist ein Unternehmen mit eigener Rechtspersönlichkeit auch dann zu betrachten, wenn es als Tochtergesellschaft eines Konzerns ausschliesslich für diesen Dienstleistungen erbringt (AppGer BS, JAR 1998, 247).

6 In der Literatur wird zum Teil versucht, den Betriebsbegriff von Art. 335d auf eine *Gruppe von Betrieben* zu erweitern: so sollen Entlassungen in Betrieben desselben Arbeitgebers, die geographisch nahe beieinander oder im Zuständigkeitsbereich eines kantonalen Arbeitsamtes liegen, gesamthaft beurteilt werden (Geiser, in: Stellenwechsel und Entlassung, Rz 3.53; Müller, ArbR 1995, 119; GSGer BS, BJM 1998, 304; **a.A.** Botschaft, BBl 1992 V 407; Meyer, 64 ff.; ZK-Staehelin, N 3). Diese Sichtweise mag zwar rechtspolitisch wünschbar sein, doch kann ihr mit Blick auf den klaren Wortlaut und die Entstehungsgeschichte der Gesetzesbestimmung nicht gefolgt werden (s.a. BGE 137 III 27, wonach bei einer Gruppe von Gesellschaften für jedes Mitglied der Unternehmensgruppe gesondert zu prüfen ist, ob eine Massenentlassung gegeben ist; die Anzahl oder der Prozentsatz der Kündigungen berechnet sich demnach nicht auf der Grundlage der Unternehmensgruppe).

III. Mindestzahl betroffener Arbeitnehmer

7 Das Gesetz sieht eine Mindestzahl von *Entlassungen im Verhältnis zur Betriebsgrösse* vor: in Betrieben mit i.d.R. mehr als 20 und weniger als 100 Beschäftigten mindestens zehn Entlassungen, in Betrieben mit i.d.R. mindestens 100 und weniger als 300 Beschäftigten mindestens 10% der Arbeitnehmer (d.h. die nächste bei oder über 10% liegende ganze Zahl) und in Betrieben mit i.d.R. mindestens 300 Beschäftigten mindestens 30 Entlassungen. Unternehmen, die weniger als 21 Arbeitnehmer beschäftigen, unterstehen den Regeln betreffend Massenentlassungen nicht (BGE 137 III 27).

8 Zur Berechnung dieser Vorgaben sind grundsätzlich alle Personen zu berücksichtigen, die **Arbeitnehmer** i.S.v. Art. 319 sind (Art. 319 N 45 ff.), sodann ausnahmsweise auch Personen, denen diese Eigenschaft fehlt. Neben dem Grundtypus des vollzeitlich und unbefristet angestellten Arbeitnehmers sind auch zu berücksichtigen:
- *befristet angestellte Arbeitnehmer* (s. die Sondervorschrift in Art. 335e Abs. 1);
- *Teilzeitbeschäftigte*;
- *lernende Personen*;
- *öffentlich-rechtlich angestellte Personen* (Streiff/von Kaenel/Rudolph, N 3), da ihre Entlassung den Arbeitsmarkt in gleicher Weise belastet, auch wenn sie sich selbst nicht auf die Art. 335d ff. berufen können;
- *arbeitnehmerähnliche Personen*, soweit ihre Abhängigkeit die analoge Anwendung arbeitsrechtlicher Schutzvorschriften verlangt (zu dieser Problematik Art. 319 N 48).

9 Der so präzisierte Begriff des Arbeitnehmers i.S.v. Art. 335d ist zunächst die Grundlage zur Bestimmung der **Betriebsgrösse**. Diese hängt davon ab, wieviele Arbeitnehmer der Betrieb *in der Regel* beschäftigt. Um dies zu ermitteln, ist es sinnvoll, eine *repräsentative Referenzperiode* zu bestimmen. Als Anhaltspunkt mag grundsätzlich ein halbes Jahr angemessen erscheinen (eine längere Zeitspanne geht auf Kosten der Aktualität), doch sollte individuellen Verhältnissen des Betriebs Rechnung getragen werden (CdCass NE, RJN 1998, 92). Anschliessend ist die durchschnittliche Zahl der Arbeitnehmer während dieser Zeitspanne zu be-

stimmen, wobei aber Ersatz- und Aushilfskräfte ausser Betracht zu lassen sind (BRÜHWILER, N 1; ZK-STAEHELIN, N 4).

10 Ferner ist der Arbeitnehmerbegriff gem. Art. 335d von Bedeutung für die **Anzahl Entlassungen**. Das Gesetz nimmt in diesem Zusammenhang keine Einschränkung vor wie bei der Ermittlung der Betriebsgrösse, wo es nur auf die *in der Regel* beschäftigten Arbeitnehmer ankommt. Ersatz- und Aushilfskräfte sind daher in diesem Zusammenhang ebenfalls zu berücksichtigen (**a.A.** ZK-STAEHELIN, N 4).

11 Das Gesetz stellt auf die **Auflösung** der Arbeitsverhältnisse (durch Kündigung seitens des Arbeitgebers), *nicht* auf deren *Beendigung* ab. Demzufolge ist es unerheblich, ob die gekündigten Arbeitsverhältnisse (mit dem gleichen oder einem anderen Arbeitsvertrag) fortgesetzt werden. Bedeutungslos für den Begriff der Massenentlassung ist es auch, ob der Arbeitgeber die freigewordenen Stellen aufhebt oder mit anderen Arbeitskräften wieder besetzt, ebenso ob die entlassenen Arbeitnehmer im Anschluss an die Beendigung ihrer Arbeitsverhältnisse eine Stelle bei einem anderen Arbeitgeber finden oder nicht. An die massgebliche Zahl der von der Tochtergesellschaft eines Konzerns entlassenen Arbeitnehmer sind deshalb auch diejenigen anzurechnen, die später von der Muttergesellschaft angestellt werden (AppGer BS, JAR 1998, 247).

IV. Fehlender Zusammenhang mit der Person des Arbeitnehmers

12 Kündigungen, die in Zusammenhang mit der Person des Arbeitnehmers stehen, werden nicht mitberücksichtigt. Das trifft etwa zu auf Kündigungen wegen ungenügender Leistungen oder vertragswidrigen Verhaltens. Darüber hinaus bleiben Kündigungen unberücksichtigt, die auf Betriebseinstellungen infolge gerichtlicher Entscheidung beruhen oder die im Rahmen von Massenentlassungen im Konkurs oder bei einem Nachlassvertrag mit Vermögensabtretung ausgesprochen werden (Art. 335e Abs. 2). Demgegenüber sind etwa Kündigungen wegen Restrukturierungs- und Rationalisierungsmassnahmen, Produktionsverlagerungen und Betriebsschliessungen von Bedeutung. Ein Arbeitnehmer, der aus dem Vorliegen einer Massenentlassung Rechte ableiten will, genügt seiner *Beweislast*, wenn er das Vorliegen eines solchen Grundes dartun kann. Macht der Arbeitgeber dagegen geltend, es habe ein persönlicher Kündigungsgrund vorgelegen, ist er hierfür beweispflichtig (STREIFF/VON KAENEL/RUDOLPH, N 6).

13 Fraglich ist, was zu gelten hat, wenn in einem Fall betriebliche und persönliche Kündigungsgründe **zusammentreffen**. In der Literatur wird etwa darauf abgestellt, welche Gründe für die Kündigung *entscheidend* gewesen sind (BRÜHWILER, N 1), ob die Kündigung *ausschliesslich* in der Person des Arbeitnehmers begründet ist (MEYER, 97) oder ob die Kündigung auch aufgrund der rein *betriebsbezogenen* Gründe ausgesprochen worden wäre (STREIFF/VON KAENEL/RUDOLPH, N 6). Die zuletzt genannte Lösung verdient Zustimmung, da sie dem Schutzzweck der Bestimmung am besten entspricht.

V. Zeitraum von 30 Tagen

14 Nach dem Gesetzestext zu berücksichtigen sind Kündigungen, die der Arbeitgeber innert 30 Tagen *ausspricht*. Dieser Wortlaut lässt nicht eindeutig erkennen, ob im Fall schriftlicher Kündigungen auf den Versand oder den Zugang abzustellen ist. Da die Kündigung eine *empfangsbedürftige* Willenserklärung darstellt, ist sie erst im Zeitpunkt des Zugangs «ausgesprochen» bzw. erklärt (wie hier CR CO I-AUBERT, N 6; BRUNNER/BÜHLER/WAEBER/BRUCHEZ, N 4; ZK-STAEHELIN, N 4). Demgegenüber will ein Teil der Lehre aus Praktikabilitätsgründen auf den Versand abstellen (GEISER, in: Stellenwechsel und Entlassung, Rz 3.55; MEYER, 146 ff.; STREIFF/VON KAENEL/RUDOLPH, N 9). Das Zugangsprinzip bringt jedoch nicht nur bei der Massenentlassung gewisse Unwägbarkeiten mit sich, was sich insb. bei der Auslösung

der Kündigungsfrist mit Blick auf einen gewünschten Beendigungstermin zeigt. Die Praktikabilitätsprobleme bei der Massenentlassung sind nicht derart gravierend, dass sich eine Abweichung vom allgemein geltenden Zugangsprinzip rechtfertigen würde. Es ist Sache des Arbeitgebers, mit geeigneten Steuerungsmassnahmen für Klarheit zu sorgen oder im Zweifel das Konsultationsverfahren durchzuführen.

Die Art. 335d ff. sind anwendbar, wenn die erforderliche Anzahl Kündigungen während einer beliebigen Periode von 30 Tagen erreicht wird (STREIFF/VON KAENEL/RUDOLPH, N 9; ähnlich CR CO I-AUBERT, N 8; **a.A.** MEYER, 146 und MÜLLER, ArbR 1995, 117, die mit jeder Kündigung eine neue Frist laufen lassen wollen). 15

Es ist grundsätzlich zulässig, die Kündigungen aus betrieblichen oder arbeitsmarktpolitischen Gründen zu staffeln. Fehlen jedoch sachliche Gründe, die eine Staffelung rechtfertigen, ist von einer **Gesetzesumgehung** auszugehen, die zur Anwendung der Bestimmungen über die Massenentlassung führen muss (STREIFF/VON KAENEL/RUDOLPH, N 9; Fallbeispiel GSGer BS, JAR 2011, 433; zulässige Staffelung dagegen in CACI VD, JAR 2013, 557). Zusammengezählt werden zeitlich verteilte Kündigungen, die auf dem gleichen betrieblichen Entscheid beruhen, wenn es um die Bestimmung des Quorums für eine Sozialplanverhandlungspflicht geht (Art. 335i Abs. 2). 16

Art. 335*e*

2. Geltungsbereich

[1] Die Bestimmungen über die Massenentlassung gelten auch für befristete Arbeitsverhältnisse, wenn diese vor Ablauf der vereinbarten Dauer enden.

[2] Sie gelten nicht für Betriebseinstellungen infolge gerichtlicher Entscheide sowie bei Massenentlassung im Konkurs oder bei einem Nachlassvertrag mit Vermögensabtretung.

2. Champ d'application

[1] Les dispositions relatives au licenciement collectif s'appliquent égalment aux contrats de durée déterminée, lorsque les rapports de travail prennent fin avant l'expiration de la durée covenue.

[2] Elles ne s'appliquent pas en cas de cessation d'activité de l'entreprise intervenue sur ordre du juge ni en cas de licenciement collectif par suite de faillite ni en cas de concordat par abandon d'actifs.

2. Campo d'applicazione

[1] Le disposizioni relative al licenziamento colletivo si applicano anche ai rapporti di lavoro di durata determinata, qualore essi cessino prima del decorso della durata pattuita.

[2] Esse non si applicano in caso di cessazione dell'attività dell'azienda a seguito di decisione giudiziaria nonché in caso di licenziamenti collettivi a seguito di un fallimento o di un concordato con abbandono dell'attivo.

Literatur

BACHMANN, Das Arbeitsverhältnis im Konkurs des Arbeitgebers, Diss., Bern 2005; DERS., Arbeitsrechtliche Paradigmenwechsel des neuen Sanierungsrechts, FS für Jean-Fritz Stöckli, Zürich/St. Gallen 2014, 1 ff.; MEIER/EXNER, Informations- und Konsultationsrechte der Arbeitnehmer bei Sanierungen, ARV 2004, 213 ff.; vgl. ausserdem die Literaturhinweise zur Einleitung vor Art. 319 ff. und zu Art. 335d.

I. Befristete Arbeitsverhältnisse

Nach Art. 335e Abs. 1 gelten die Bestimmungen über die Massenentlassung auch für befristete Arbeitsverhältnisse, wenn diese vor Ablauf der vereinbarten Dauer enden. Mit dieser unklar formulierten Bestimmung ist gemeint, dass ordentliche und ausserordentliche Kündigungen von befristeten Arbeitsverhältnissen – auch wenn sie ungerechtfertigt sind – im Hinblick auf die *Anzahl der Kündigungen* mitgezählt werden (Art. 335d N 3; Botschaft, BBl 1992 V 1

409). Beendigungen durch Zeitablauf, Aufhebungsvertrag oder Tod fallen jedoch ausser Betracht (Art. 335d N 2).

II. Betriebseinstellungen infolge gerichtlicher Entscheide, bei Massenentlassung im Konkurs oder bei einem Nachlassvertrag mit Vermögensabtretung

2 Die Bestimmungen über die Massenentlassung gelten zunächst nicht für **Betriebseinstellungen infolge gerichtlicher Entscheide** (Art. 335e Abs. 2). Der Grund dieser Regelung liegt im Umstand, dass dem Arbeitgeber kein Entscheidungsspielraum hinsichtlich einer Weiterbeschäftigung der Arbeitnehmer verbleibt. Nach dem Zweck der Gesetzesbestimmung ist deren Wortlaut in zweifacher Hinsicht zu präzisieren:
- die «gerichtliche Entscheidung» kann auch eine *behördliche* Entscheidung sein, wenn sie einer gerichtlichen Überprüfung unterliegt;
- anstelle der «Betriebseinstellung» genügt auch die Schliessung eines (z.B. umweltbelastenden) *Betriebsteils*, sofern diese auf einer behördlichen, gerichtlich überprüfbaren Entscheidung beruht (STREIFF/VON KAENEL/RUDOLPH, N 4).

3 Umstritten war lange Zeit, ob bzw. in welchen Fällen die Bestimmungen über die Massenentlassung im **Konkurs- und Nachlassverfahren** zur Anwendung gelangen. Nach h.L. und bundesgerichtlicher Rechtsprechung war dies im *Konkurs* nicht der Fall (BGE 130 III 108; 123 III 178 f.; s.a. TAPP TI, JAR 1999, 322; zur Kritik an dieser Auffassung die Voraufl., MEIER/EXNER, ARV 2004, 214 ff. und STREIFF/VON KAENEL/RUDOLPH, N 3). Anders als beim Konkurs tendierten Lehre und Rechtsprechung überwiegend dazu, die Anwendbarkeit der Bestimmungen über die Massenentlassung im *Nachlassverfahren* zu bejahen. In BGE 123 III 179 wurde die Frage offengelassen, ob ein Nachlassverfahren unter Art. 335e Abs. 2 fällt. In casu waren die Bestimmungen über die Massenentlassung anwendbar, da der Arbeitgeber eine solche schon vor dem Entscheid konkret beabsichtigte, mit dem die Nachlassstundung gerichtlich bewilligt wurde. Gemäss BGE 130 III 109 fiel jedenfalls die Bewilligung der provisorischen Nachlassstundung gem. Art. 293 Abs. 3 SchKG nicht unter Art. 335e Abs. 2, so dass die Bestimmungen betreffend die Massenentlassung in diesem Fall anwendbar waren (keine Möglichkeiten der Gläubiger, das Nachlassverfahren auf eine Art und Weise zu beeinflussen, welche die gleichzeitige Anwendung der in Art. 335f vorgesehenen Mitwirkungsrechte überflüssig macht). Nach CAPH GE, JAR 2001, 294 vermochte weder die Einleitung eines Nachlassverfahrens noch der Entzug einer Bewilligung zum kommerziellen Flugbetrieb die Anwendung der Bestimmungen über die Massenentlassung auszuschliessen.

4 Die **Revision des Sanierungsrechts**, die am 1.1.2014 in Kraft trat, brachte nun für die eben skizzierten Fragestellungen eine Klärung, indem Art. 335e Abs. 2 ergänzt wurde. Nach dem neuen Recht gelangen die Bestimmungen über die Massenentlassung auch *bei Massenentlassung im Konkurs oder bei einem Nachlassvertrag mit Vermögensabtretung* ausdrücklich *nicht* zur Anwendung. Demgegenüber bleiben sie anwendbar bei der provisorischen wie bei der definitiven Nachlassstundung (Botschaft Sanierungsrecht, BBl 2010, 6497; BRÜHWILER, N 2; BGE 130 III 109 für die provisorische Nachlassstundung; s.a. BK-REHBINDER/STÖCKLI, N 7; STREIFF/VON KAENEL/RUDOLPH, N 3).

Art. 335*f*

3. Konsultation der Arbeitnehmervertretung

[1] Beabsichtigt der Arbeitgeber, eine Massenentlassung vorzunehmen, so hat er die Arbeitnehmervertretung oder, falls es keine solche gibt, die Arbeitnehmer zu konsultieren.

[2] Er gibt ihnen zumindest die Möglichkeit, Vorschläge zu unterbreiten, wie die Kündigungen vermieden oder deren Zahl beschränkt sowie ihre Folgen gemildert werden können.

[3] Er muss der Arbeitnehmervertretung oder, falls es keine solche gibt, den Arbeitnehmern alle zweckdienlichen Auskünfte erteilen und ihnen auf jeden Fall schriftlich mitteilen:
a. die Gründe der Massenentlassung;
b. die Zahl der Arbeitnehmer, denen gekündigt werden soll;
c. die Zahl der in der Regel beschäftigten Arbeitnehmer;
d. den Zeitraum, in dem die Kündigungen ausgesprochen werden sollen.

[4] Er stellt dem kantonalen Arbeitsamt eine Kopie der Mitteilung nach Absatz 3 zu.

3. Consultation de la représentation des travailleurs

[1] L'employeur qui envisage de procéder à un licenciement collectif est tenu de consulter la représentation des travailleurs ou, à défaut, les travailleurs.

[2] Il leur donne au moins la possibilité de formuler des propositions sur les moyens d'éviter les congés ou d'en limiter le nombre, ainsi que d'en atténuer les conséquences.

[3] Il est tenu de fournir à la représentation des travailleurs ou, à défaut, aux travailleurs tous les renseignements utiles à cet effet et de leur communiquer en tout cas par écrit:
a. les motifs du licenciement collectif;
b. le nombre des travailleurs auxquels le congé doit être signifié;
c. le nombre des travailleurs habituellement employés;
d. la période pendant laquelle il est envisagé de donner les congés.

[4] Il transmet à l'office cantonal du travail une copie de la communication prévue à l'al. 3.

3. Consultazione dei lavoratori

[1] Il datore di lavoro che prevede di effettuare licenziamenti collettivi è tenuto a consultare la rappresentanza dei lavoratori o, in mancanza, i lavoratori medesimi.

[2] Egli dà loro almeno la possibilità di formulare proposte sui mezzi atti ad evitare o ridurre i licenziamenti, nonché ad attenuarne le conseguenze.

[3] Egli è tenuto a fornire alla rappresentanza dei lavoratori o, in mancanza, ai lavoratori medesimi tutte le informazioni utili e a comunicar loro in ogni caso, per scritto:
a. i motivi del licenziamento collettivo;
b. il numero dei lavoratori che dovranno essere licenziati;
c. il numero dei lavoratori abitualmente occupati;
d. il periodo nel corso del quale si effettueranno i licenziamenti.

[4] Il datore di lavoro trasmette all'ufficio cantonale del lavoro copia della comunicazione prevista dal capoverso 3.

Literatur

BRÜHWILER, Grundsätze für die Wahl von Arbeitnehmervertretungen in Betriebskommissionen, insbesondere das Proporzwahlverfahren, SJZ 1999, 343 ff.; FRITZ/SCHULER, Die Mitwirkung im Arbeitsverhältnis, 2. Aufl., Zürich 2012; GECKELER HUNZIKER, Arbeitnehmermitbestimmung unter besonderer Berücksichtigung der paritätischen Verwaltung nach Art. 51 BVG, Zürich 2010; GEISER, Betriebsübernahmen und Massenentlassungen im Zusammenhang mit Zwangsvollstreckungsverfahren, in: Zivilprozessrecht, Arbeitsrecht, Kolloquium Staehelin, Zürich 1997, 101 ff.; DERS., Massenentlassung, in: Stellenwechsel und Entlassung, Handbücher für die Anwaltspraxis (HAP), Bd. II, 2. Aufl., Basel 2012, 77 ff.; DERS., Massenentlassungen, Anwendungsbereich, Voraussetzungen und Verfahren, AJP 1995, 1411 ff.; GEISER/EHRENZELLER/FURER (Hrsg.), Die Mitwirkung in den Betrieben, St. Gallen 2010; HASSIOTIS, Die Entwicklung des Rechts der Arbeitnehmervertretung auf Information und Konsultation in der Europäischen Union, Zürich 2000; ILG, Kommentar über das Bundesgesetz über die Information der Arbeitnehmer in den Betrieben (Mitwirkungsgesetz), Zürich 1999; MABILLARD, Der Arbeitnehmer im Sanierungsprozess, BlSchK 2014, 41 ff.; MEIER/EXNER, Informations- und Konsultationsrechte der Arbeitnehmer bei Sanierungen, ARV 2004, 213 ff.; MEYER, Massenentlassung – Informations- und Konsultationspflichten des Arbeitgebers, in: Unternehmenssanierung und Arbeitsrecht, Zürich/Basel/Genf 2010, 63 ff.; MÜLLER R.A., Der Arbeitnehmer als Teil der Belegschaft, FS zum Schweizerischen Juristentag 2006, Zürich/Basel/Genf 2006, 193 ff.; DERS., Die Arbeitnehmervertretung, Bern 1999; DERS., Die Arbeitnehmervertretung, AJP 1997, 1501 ff.; DERS., Mitwirkung im Betrieb, ArbR 1999, 37 ff.; PORTMANN, Information und

Konsultation der Arbeitnehmerschaft – Anwendung, Umsetzung und Weiterentwicklung der Richtlinie zur Festlegung eines allgemeinen Rahmens für die Unterrichtung und Anhörung der Arbeitnehmer in der Europäischen Gemeinschaft, FS für Rolf. H. Weber, Bern 2011, 167 ff.; REHBINDER, Die Mitwirkung der Arbeitnehmer bei betrieblichen Umstrukturierungen, FS VSAM, Bern 1993, 49 ff.; STÖCKLI, Betriebliche Arbeitnehmervertretung im schweizerischen und europäischen Recht, RdA 2001, Sonderbeilage zu Heft 5, 5 ff.; vgl. ausserdem die Literaturhinweise zur Einleitung vor Art. 319 ff., zu Art. 333a, 333b, 335d sowie insb. zum Sozialpan zu Art. 335h.

I. Informationsrecht

1 Beabsichtigt der Arbeitgeber eine Massenentlassung, so treffen ihn Informationspflichten gegenüber der Arbeitnehmerschaft. Eine Massenentlassung (Art. 335d N 2 ff.) ist nicht schon dann **beabsichtigt**, wenn der Arbeitgeber entfernt mit der Möglichkeit rechnet, in der nächsten Zeit zu einer Massenentlassung schreiten zu müssen, wohl aber dann, wenn er sie *konkret* in Aussicht nimmt. Als beabsichtigt gilt eine Massenentlassung insb. auch dann, wenn der Arbeitgeber sie zwar nur, aber immerhin für den Fall konkret plant, dass andere Pläne sich nicht verwirklichen lassen (vorbehaltener Entschluss, BGE 123 III 181).

2 **Informationspflichtig** ist der Arbeitgeber, der die Massenentlassung beabsichtigt. Die Informationspflicht des Arbeitgebers besteht auch dann, wenn die Entscheidung über die Massenentlassung von einer *Konzerngesellschaft*, welche die arbeitgebende Gesellschaft beherrscht, getroffen wird. Es spielt dabei keine Rolle, ob die beherrschende der abhängigen Gesellschaft die für die Durchführung des Verfahrens nach Art. 335f f. notwendigen Informationen erteilt oder vorenthält. Entscheidend ist, dass der Arbeitnehmer bloss zur arbeitgebenden Gesellschaft in einer Vertragsbeziehung steht (vgl. N 8).

3 **Informationsberechtigt** ist die *Arbeitnehmervertretung* des betroffenen Betriebs, sofern es eine solche gibt (dazu Art. 333a N 3), andernfalls sind es die *Arbeitnehmer* (Art. 333a N 4). Zu informieren sind nicht nur die Arbeitnehmer, deren Entlassung vorgesehen ist, sondern sämtliche Arbeitnehmer des betroffenen Betriebs (GEISER, in: Stellenwechsel und Entlassung, Rz 3.61; STREIFF/VON KAENEL/RUDOLPH, N 5), unabhängig von Funktion und Hierarchie (BGer, ARV 2011, 207; s.a. CAPH GE, JAR 2011, 475). Die Informations- und Konsultationsrechte dienen der kollektiven Verteidigung der gemeinsamen Interessen der Arbeitnehmer; auch wenn diese ihre Rechte direkt ausüben, weil keine Arbeitnehmervertretung existiert, hat nicht jeder von ihnen das individuelle Recht, über seine eigene Kündigung in Kenntnis gesetzt zu werden, um seine besonderen Interessen wahrnehmen zu können (BGer, a.a.O.).

4 Die Informationspflicht ist einerseits eine **Auskunftspflicht**: auf Anfrage der Arbeitnehmerseite hat der Arbeitgeber alle zweckdienlichen Auskünfte zu erteilen, z.B. über Möglichkeiten zur Realisierung von vorzeitigen Pensionierungen, Versetzungen oder Sozialplänen. Zweckdienlich ist alles, was es der Arbeitnehmerseite erleichtert, Vorschläge zu unterbreiten, wie die Kündigungen vermieden oder deren Zahl beschränkt sowie ihre Folgen gemildert werden können (Art. 335f Abs. 2; zum Begriff bzw. zum geforderten Inhalt der zweckdienlichen Auskünfte BGE 137 III 162). Die Auskünfte können *mündlich* (BGE 137 III 162 E. 2.2.3; z.B. im Rahmen einer Betriebsversammlung) oder *schriftlich* erteilt werden. Der Arbeitgeber verletzt die Mitwirkungsrechte der Arbeitnehmer, wenn er Auskünfte verweigert, die es ihnen konkret erlaubt hätten, zusätzliche oder verbesserte Lösungsvorschläge mit realistischen Erfolgsaussichten zur Vermeidung der Kündigungen oder zur Milderung der Folgen der Entlassungen vorzulegen. Prüft der Arbeitgeber dagegen ernsthaft sämtliche in Betracht kommenden Alternativen, bevor er die Kündigungen ausspricht, wird der Zweck der Mitwirkung der Arbeitnehmer erreicht (BGE 137 III 162).

5 Andererseits enthält die Informationspflicht auch eine **Mitteilungspflicht**: Der Arbeitgeber muss der Arbeitnehmerseite von sich aus die Gründe der Massenentlassung, die Zahl der Ar-

beitnehmer, denen gekündigt werden soll, die Zahl der i.d.R. beschäftigten Arbeitnehmer und den Zeitraum, in dem die Kündigungen ausgesprochen werden sollen, mitteilen (Art. 335f Abs. 3). Die für diese Mitteilung vorgeschriebene *Schriftform* ist als Gültigkeitserfordernis zu betrachten (Art. 11 Abs. 2 analog; vom Arbeitgeber missachtet in KGer GR, JAR 2007, 442). Von dieser schriftlichen Mitteilung ist dem kantonalen Arbeitsamt eine Kopie zuzustellen (Art. 335f Abs. 4).

In **zeitlicher Hinsicht** ist zu beachten, dass die Informationspflicht vor der Konsultation erfüllt werden muss, damit diese ihren Zweck erreichen kann (N 11). Ein Fallbeispiel für eine ungenügende Information findet sich in BGer, ARV 2011, 207 («incomplète et trompeuse»). 6

II. Konsultationsrecht

Voraussetzung des Konsultationsrechts ist, wie beim Informationsrecht, dass der Arbeitgeber **beabsichtigt**, eine **Massenentlassung** vorzunehmen (zum Begriff der Absicht N 1, zum Begriff der Massenentlassung Art. 335d N 2 ff.). 7

Konsultationspflichtig ist der Arbeitgeber, der die Massenentlassung beabsichtigt. Die Konsultationspflicht des Arbeitgebers besteht auch dann, wenn über die Massenentlassung von einer Konzerngesellschaft, welche die arbeitgebende Gesellschaft beherrscht, entschieden wird. Eine Gesellschaft kann sich ihren gesetzlichen Pflichten nicht dadurch entziehen, dass die Entscheidung über die Entlassung auf einen gesonderten Entscheidungsträger übertragen wird (AGer ZH, ARV 2003, 27 f., bestätigt durch OGer ZH, JAR 2005, 469 f.; s. EuGH, Urteil vom 9.12.1995, Rs. C-449/93). Jede Gesellschaft hat sich so zu organisieren, dass sie ihre gesetzlichen Pflichten erfüllen kann. 8

Konsultationsberechtigt ist die *Arbeitnehmervertretung* des betroffenen Betriebs, sofern es eine solche gibt, andernfalls sind es die *Arbeitnehmer*. Aus Praktikabilitätsgründen ist das Konsultationsrecht den einzelnen Arbeitnehmern zuzugestehen. Zu konsultieren sind nicht nur die Arbeitnehmer, deren Entlassung vorgesehen ist, sondern sämtliche Arbeitnehmer des betroffenen Betriebs (GEISER, in: Stellenwechsel und Entlassung, Rz 3.61; STREIFF/VON KAENEL/RUDOLPH, N 6). Die Informations- und Konsultationsrechte dienen der kollektiven Verteidigung der gemeinsamen Interessen der Arbeitnehmer; auch wenn diese ihre Rechte direkt ausüben, weil keine Arbeitnehmervertretung existiert, hat nicht jeder von ihnen das individuelle Recht, über seine eigene Kündigung in Kenntnis gesetzt zu werden, um seine besonderen Interessen wahrnehmen zu können (BGer, ARV 2011, 207). 9

Seinem **Inhalt** nach ist das Konsultationsrecht zunächst ein *Recht auf Anhörung*. Als solches umfasst es die Möglichkeit, Vorschläge zu unterbreiten, wie die Kündigungen vermieden oder deren Zahl beschränkt sowie ihre Folgen gemildert werden können (Art. 335f Abs. 2). In Betracht fallen etwa Vorschläge zu Lohnkürzungen, Versetzungen, vorzeitigen Pensionierungen oder zur Aufstellung eines Sozialplans. Die Vorschläge können nach Wahl der Arbeitnehmerschaft mündlich oder schriftlich unterbreitet werden. Seinem Sinn nach gewährt das Konsultationsrecht ferner auch ein *Recht auf Beratung* mit dem Arbeitgeber und ein *Recht auf Begründung*, falls der Arbeitgeber die Vorschläge der Arbeitnehmerschaft ablehnt (umstr.). Diese weite Auslegung von Art. 335f rechtfertigt sich im Hinblick auf den Schutzzweck der Norm, der nur erreicht wird, wenn der Arbeitgeber gehalten ist, sich mit den Vorschlägen der Arbeitnehmerschaft ernsthaft auseinanderzusetzen (s. dazu MÜLLER, Arbeitnehmervertretung, 229 ff. sowie Art. 11 Abs. 1 MitwG). In BGE 137 III 162 E. 1.1 hat das BGer jedenfalls anerkannt, dass der Arbeitgeber die Lösungsvorschläge der Arbeitnehmerschaft seriös prüfen müsse. Prüft der Arbeitgeber ernsthaft sämtliche in Betracht kommenden Alternativen, bevor er die Kündigungen ausspricht, wird der Zweck der Mitwirkung der Arbeitnehmer erreicht (BGE 137 III 162 E. 2). Nach dem Gesetz haben die Vorschläge der Arbeitnehmerschaft indessen keine bindende Wirkung für den Arbeitgeber. 10

11 Der Arbeitgeber hat die Konsultation nicht erst unmittelbar vor den Kündigungen, sondern so **frühzeitig** einzuleiten, dass sie abgeschlossen werden kann, bevor er sich endgültig entschliessen muss, ob und in welcher Form er die in Aussicht genommene Massenentlassung vornimmt (s. BGE 137 III 162 E. 1.1). Er kann den Arbeitnehmern eine nach Treu und Glauben bemessene Frist zur Stellungnahme ansetzen (BGE 130 III 110 f.), ist dazu aber nicht verpflichtet (OGer BE, JAR 2009, 465). Die Konsultationsfrist beginnt zu laufen, sobald der Arbeitgeber das vom Gesetz vorgeschriebene Verfahren formell einleitet, nicht schon wenn die Arbeitnehmervertretung von der beabsichtigten Massenentlassung erfährt (BGE 130 III 112). Die Arbeitnehmerschaft muss nach der Rechtsprechung genügend Zeit erhalten, um die Informationen des Arbeitgebers verarbeiten, konstruktive Vorschläge formulieren und diese dem Arbeitgeber zur Kenntnis bringen zu können (BGE 137 III 162 E. 1.2). Auf der anderen Seite ist zu beachten, dass sowohl die Arbeitnehmer als auch der Arbeitgeber ein Interesse an einer raschen Ausarbeitung der Vorschläge haben. Im Übrigen sind die konkreten Umstände des Einzelfalls massgebend, so etwa das Vorhandensein einer Arbeitnehmervertretung (Art. 333a N 13), ferner namentlich die Komplexität der sich stellenden Fragen (die unter Umständen den Beizug von Experten erfordert) und die Dringlichkeit der beabsichtigten Massenentlassung. Ist diese jedoch nur deshalb besonders dringlich geworden, weil der Arbeitgeber das Konsultationsverfahren zu spät eröffnet hat, so vermag die Dringlichkeit keine Verkürzung der Konsultationsfrist zu rechtfertigen. Allgemein betrachtet die Rechtsprechung eine Konsultationsfrist von 24 Stunden als zu kurz, eine solche von vier bis sechs Wochen als zu lang (BGE 123 III 180: keine rechtsgenügliche Konsultation, da zusammen mit dem Gesuch um Nachlassstundung bloss eine Frist bis 12 Uhr des folgenden Tages eingeräumt wurde; BGE 130 III 110: ebenfalls keine rechtsgenügliche Konsultation, da nur fünf Tage einschliesslich ein Wochenende gewährt wurden und der letzte Tag der Frist mit dem Monatsende zusammenfiel, an dem gekündigt werden sollte; OGer BE, JAR 2009, 463: da der Arbeitgeber die Massenentlassung in zwei Phasen durchführte und die Arbeitnehmer bereits in der ersten Phase Gelegenheit zur Unterbreitung konkreter Vorschläge hatten, genügte in der zweiten Phase eine Konsultationsfrist von sieben Tagen). In einem durchschnittlichen Fall ist etwa von *zwei Wochen* auszugehen.

12 Hat der Arbeitgeber die Ansetzung einer Frist unterlassen, so trifft ihn beim Ausbleiben von Vorschlägen der Arbeitnehmerschaft keine Pflicht zur Nachfrage (**a.A.** Streiff/von Kaenel/Rudolph, N 7); denn es ist Sache der Arbeitnehmerschaft, von sich aus für eine rechtzeitige Einreichung der Vorschläge besorgt zu sein. Eine Nachfrage ist allerdings auch aus der Sicht des Arbeitgebers empfehlenswert, da er bei zu kurzer Frist riskiert, dass sich die ausgesprochenen Kündigungen als missbräuchlich erweisen (Art. 336 Abs. 2 lit. c).

13 Treten während des laufenden Konsultationsverfahrens oder nach dessen Abschluss, aber vor dem Beschluss der Massenentlassung **neue Umstände** ein, welche die Vorschläge der Arbeitnehmerschaft in nennenswertem Mass beeinflussen können, erfährt die Informations- und Konsultationspflicht des Arbeitgebers eine entsprechende **Erweiterung** (vgl. dazu Streiff/von Kaenel/Rudolph, N 9). Diese geht mit einer angemessenen Fristverlängerung bzw. (bei bereits abgeschlossenem Konsultationsverfahren) mit einem Neubeginn des Fristenlaufs einher. Solche Umstände liegen insb. vor:

- wenn sie die erteilten Informationen nachträglich unrichtig oder unvollständig erscheinen lassen;
- wenn neue Gründe für die beabsichtigte Massenentlassung hinzukommen oder bisherige Gründe entfallen.

Sind Kündigungen beabsichtigt, welche die nach Art. 335f Abs. 3 lit. b mitgeteilte Zahl überschreiten, hat der Arbeitgeber ein neues Konsultationsverfahren zu eröffnen, wenn diese Kündigungen ihrerseits eine Massenentlassung i.S.v. Art. 335d bilden. Zur je separaten Konsultationspflicht, wenn sich ein Unternehmen in mehreren Etappen umstrukturiert, BGer, JAR 2010, 223.

III. Durchsetzung

Verletzt der Arbeitgeber seine Informations- und Konsultationspflichten, kann er auf Erfüllung (unter Androhung von Strafe nach Art. 292 StGB) und Schadenersatz in Anspruch genommen werden (Art. 97). Die ausgesprochenen Kündigungen sind missbräuchlich und ziehen eine Entschädigungspflicht nach sich (Art. 336 Abs. 2 lit. c und Art. 336a Abs. 3), bleiben aber wirksam (BGE 132 III 410). Zur Geltendmachung der Mitwirkungsrechte durch die Arbeitnehmervertretung, die Arbeitnehmer und die Verbände s. Art. 333a N 16 ff., zur Rechtslage im europäischen Rechtsraum PORTMANN, FS Weber, 181 ff. 14

IV. Sozialplan

Die in der Voraufl. an dieser Stelle platzierten Ausführungen zum Sozialplan finden sich neu in Art. 335h. 15

Art. 335*g*

4. Verfahren

[1] Der Arbeitgeber hat dem kantonalen Arbeitsamt jede beabsichtigte Massenentlassung schriftlich anzuzeigen und der Arbeitnehmervertretung oder, falls es keine solche gibt, den Arbeitnehmern eine Kopie dieser Anzeige zuzustellen.

[2] Die Anzeige muss die Ergebnisse der Konsultation der Arbeitnehmervertretung (Art. 335f) und alle zweckdienlichen Angaben über die beabsichtigte Massenentlassung enthalten.

[3] Das kantonale Arbeitsamt sucht nach Lösungen für die Probleme, welche die beabsichtigte Massenentlassung aufwirft. Die Arbeitnehmervertretung oder, falls es keine solche gibt, die Arbeitnehmer können ihm ihre Bemerkungen einreichen.

[4] Ist das Arbeitsverhältnis im Rahmen einer Massenentlassung gekündigt worden, so endet es 30 Tage nach der Anzeige der beabsichtigten Massenentlassung an das kantonale Arbeitsamt, ausser wenn die Kündigung nach den vertraglichen oder gesetzlichen Bestimmungen auf einen späteren Termin wirksam wird.

4. Procédure

[1] L'employeur est tenu de notifier par écrit à l'office cantonal du travail tout projet de licenciement collectif et de transmettre à la représentation des travailleurs ou, à défaut, aux travailleurs une copie de cette notification.

[2] La notification doit contenir les résultats de consultation de la représentation des travailleurs (art. 335f) ainsi que tous les renseignements utiles concernant le projet de licenciement collectif.

[3] L'office cantonal du travail tente de trouver des solutions aux problèmes posés par le licenciement collectif projeté. La représentation des travailleurs ou, à défaut, les travailleurs peuvent lui communiquer leurs observations.

[4] Si le contrat de travail est résilié dans le cadre d'un licenciement collectif, les rapports de travail prennent fin 30 jours après la notification du projet de licenciement collectif à l'office cantonal du travail, à moins que, selon les dispositions contractuelles ou légales, le congé ne produise effet à un terme ultérieur.

4. Procedura

[1] Il datore di lavoro è tenuto a notficare per scritto all'ufficio cantonale del lavoro ogni progetto di licenziamento collettivo e a trasmettere alla rappresentanza dei lavoratori o, in mancanza, ai lavoratori medesimi copia di detta notifica.

[2] La notifica deve contenere i risultati della consultazione giusta l'articolo 335f nonché tutte le informazioni utili concernenti il progetto di licenziamento collettivo.

[3] L'ufficio cantonale del lavoro cerca di trovare soluzioni ai problemi posti dal licenziamento collettivo prospettato. La rappresentanza dei lavoratori o, in mancanza, i lavoratori medesimi possono presentargli proprie osservazioni.

[4] Se il rapporto di lavoro è stato disdetto nel quadro di un licenziamento collettivo, esso cessa 30 giorni dopo la notifica all'ufficio cantonale del lavoro del progetto di licenziamento collettivo, a meno che, secondo le disposizioni contrattuali o legali, la disdetta non abbia effetto a una data successiva.

Literatur

AUBERT, La nouvelle réglementation des licenciements collectifs et des transferts d'entreprises, in: Journée 1994 de droit du travail et de la cécurité sociale, Zürich 1995, 87 ff.; MABILLARD, Der Arbeitnehmer im Sanierungsprozess, BlSchK 2014, 41 ff.; REITER, Die Mitteilung an das kantonale Arbeitsamt im Rahmen von Massenentlassungen, in: Entscheide des Arbeitsgerichtes Zürich 2004, 67 ff.; VACHERON, La notification à l'office cantonal du travail imposée par l'article 335g CO, dans le cadre de la procédure des licenciements collectifs, in: «Le droit décloisonné», interférences et interdépendances entre droit privé et droit public, Genf/Zürich/Basel 2009, 413 ff.; vgl. ausserdem die Literaturhinweise zur Einleitung vor Art. 319 ff., zu Art. 333b und 335d.

I. Anzeige an das Arbeitsamt (Abs. 1, 2)

1 Der Arbeitgeber, dessen Absicht einer Massenentlassung unverändert fortbesteht, hat diese dem kantonalen Arbeitsamt schriftlich anzuzeigen (Art. 335g Abs. 1). Zum **Inhalt** der Anzeige gehören einerseits alle *zweckdienlichen Angaben* (s. dazu Art. 335f N 4 f.), etwa über die Kündigungsgründe und die Zahl der zu entlassenden Arbeitnehmer, andererseits die *Ergebnisse der Konsultation*, d.h. die Vorschläge der Arbeitnehmerschaft, deren Beratung mit dem Arbeitgeber sowie dessen Stellungnahme einschliesslich Begründung bei Ablehnung der Vorschläge (Art. 335g Abs. 2).

2 Die Anzeigepflicht ist primär eine **Mitteilungspflicht**, so dass der Arbeitgeber die vorgeschriebenen Angaben von sich aus zu machen hat. Nach richtiger Auffassung enthält sie jedoch auch eine **Auskunftspflicht**: der Arbeitgeber ist gehalten, Anfragen des Arbeitsamtes wahrheitsgemäss und vollständig zu beantworten, soweit sie dem Zweck dienen können, Lösungen für die Probleme zu finden, welche die beabsichtigte Massenentlassung aufwirft (vgl. Art. 335g Abs. 3 sowie CR CO I-AUBERT, N 2).

3 Der Arbeitnehmervertretung bzw. den Arbeitnehmern ist eine **Kopie** der Anzeige an das Arbeitsamt zuzustellen (Art. 335g Abs. 1), während umgekehrt dem Arbeitsamt eine Kopie der schriftlichen Information einzureichen ist, die der Arbeitnehmerschaft gestützt auf Art. 335f Abs. 3 zu erteilen ist. Diese Information steht am Beginn, die Anzeige an das Arbeitsamt am Schluss des Konsultationsverfahrens.

4 Aus den gesetzlichen Bestimmungen ergibt sich, dass der **Zeitpunkt** der Anzeige zwischen dem Abschluss des Konsultationsverfahrens und dem Beginn der Kündigungen zu liegen hat: *nach* Abschluss des Konsultationsverfahrens deshalb, weil dessen Ergebnisse mitzuteilen sind (Art. 335g Abs. 2), *vor* den Kündigungen deswegen, weil schon die «beabsichtigte» Massenentlassung anzuzeigen ist (Art. 335g Abs. 1). Bei der zweiten Einschränkung handelt es sich indessen um eine blosse Ordnungsvorschrift (Botschaft, BBl 1992 V 412).

5 Mehrheitlich wird die Auffassung vertreten, Art. 335g Abs. 1 und 2 begründe keine **öffentlich-rechtliche Pflicht** des Arbeitgebers, sondern bloss eine *privatrechtliche Obliegenheit*, indem der Arbeitgeber bei Nichtbefolgung einzig vom Rechtsnachteil des Art. 335g Abs. 4 betroffen werde (aufgeschobene Beendigung der Arbeitsverhältnisse; z.B. BRÜHWILER, N 1; MEYER, 192 f.). Dieser Ansicht kann nicht gefolgt werden (s. ZK-STAEHELIN, Vor Art. 319–362 OR N 4). Im Gesetzeswortlaut deutet nichts darauf hin, dass den Arbeitgeber keine echte Rechtspflicht trifft. Dass eine öffentlich-rechtliche Pflicht in einem privatrechtlichen Erlass enthalten ist, kommt auch andernorts vor (vgl. etwa Art. 359 Abs. 2 und Art. 406c).

II. Lösungssuche des Arbeitsamtes (Abs. 3)

Das kantonale Arbeitsamt hat nach Lösungen für die **Probleme** zu suchen, welche die beabsichtigte Massenentlassung aufwirft. Der Gesetzestext lässt erkennen, dass dem Arbeitsamt *nicht* die Aufgabe zukommt, Lösungen zu suchen, «wie die Kündigungen vermieden oder deren Zahl beschränkt» werden können. Dies ist Sache der Arbeitnehmerschaft im Konsultationsverfahren (Art. 335f Abs. 2; **a.A.** AUBERT, réglementation, 106). Mögliche Massnahmen des Arbeitsamtes sind etwa Beschäftigungs- oder Umschulungsprogramme, Unterstützung bei der Stellensuche, bei der Aushandlung eines Sozialplans usw. (vgl. STREIFF/VON KAENEL/RUDOLPH, N 5 m.w.H.). Die Arbeitnehmerschaft kann dem Arbeitsamt ihre Bemerkungen einreichen und es dadurch in seinen Bemühungen unterstützen (Art. 335g Abs. 3). 6

III. Beendigung der Arbeitsverhältnisse (Abs. 4)

Nach Ablauf von 30 Tagen seit Zugang der Anzeige beim Arbeitsamt werden die vom Arbeitgeber ausgesprochenen **Kündigungen wirksam**, soweit sie nicht nach Vertrag oder Gesetz zu einem späteren Zeitpunkt Wirkung entfalten (Art. 335g Abs. 4). Kündigungen vor und während dieser Frist sind gültig (umstr.). Diese besondere Frist wird nicht durch einen besonderen Termin ergänzt: überdauert sie den regulären Kündigungstermin und endet sie z.B. in der Mitte eines Monats, findet keine weitere Erstreckung bis zum Ende dieses Monats statt (Botschaft, BBl 1992 V 412). Die Phase, während der das Arbeitsverhältnis nur noch infolge der Frist von Art. 335g Abs. 4 weiterläuft, ist für den zeitlichen Kündigungsschutz nach Art. 336c nicht von Belang (vgl. dazu sinngemäss Art. 336c N 13). 7

Die Beendigung des Arbeitsvertrages wird auch hinausgeschoben, wenn die Anzeige an das Arbeitsamt nicht bloss verspätet erfolgt, sondern ganz unterbleibt (BGE 132 III 406 unter Berufung auf den Zweck von Art. 335g und das europäische Recht; s.a. GSGer BS, JAR 2011, 433). Um die Arbeitsverträge nicht auf Jahre hinaus weiterbestehen zu lassen, ist deren Ende indessen unter Rücksicht darauf festzulegen, wann allfällige Tätigkeiten des kantonalen Arbeitsamtes nach dem Zweck von Art. 335g nicht mehr sinnvoll durchgeführt werden können (BGE 132 III 412; i.c. hatten die betroffenen Arbeitnehmer mit der Annahme einer neuen Stelle sinngemäss ihr Einverständnis mit der Beendigung des vom Arbeitgeber gültig gekündigten Arbeitsvertrages erklärt). 8

Die Vorschrift von Art. 335g Abs. 4 wirkt sich praktisch nur auf Arbeitsverhältnisse mit unter einmonatigen Kündigungsfristen aus, es sei denn, der Arbeitgeber verzögere die Anzeige an das Arbeitsamt. Kündigungen im Rahmen einer Massenentlassung, die unter Verstoss gegen die Informations- oder Konsultationspflicht ausgesprochen werden, sind missbräuchlich (Art. 336 Abs. 2 lit. c); die Entschädigungspflicht ist jedoch auf zwei Monatslöhne begrenzt (Art. 336a Abs. 3; in GSGer BS, JAR 2011, 433 wurde ein Monatslohn für eine missbräuchliche Massenentlassung zugesprochen; Näheres in Art. 336 N 20). 9

Art. 335*h*

5. Sozialplan
a. Begriff und Grundsätze

[1] Der Sozialplan ist eine Vereinbarung, in welcher der Arbeitgeber und die Arbeitnehmer die Massnahmen festlegen, mit denen Kündigungen vermieden, deren Zahl beschränkt sowie deren Folgen gemildert werden.

[2] Er darf den Fortbestand des Betriebs nicht gefährden.

5. Plan social
a. Définition et principes

[1] Le plan social est une convention par laquelle l'employeur et les travailleurs fixent les moyens d'éviter les licenciements, d'en limiter le nombre ou d'en atténuer les conséquences.

[2] Il ne doit pas mettre en danger l'existence de l'entreprise.

5. Piano sociale
a. Definizione e principi

[1] Il piano sociale è un accordo nel quale il datore di lavoro e i lavoratori convengono le misure atte a evitare o ridurre i licenziamenti, nonché ad attenuarne le conseguenze.

[2] Il piano sociale non deve compromettere la sopravvivenza dell'azienda.

Literatur

Bachmann, Arbeitsrechtliche Paradigmenwechsel des neuen Sanierungsrechts, FS für Jean-Fritz Stöckli, Zürich/St. Gallen 2014, 1 ff.; Baisch, Arbeitnehmerschutz bei M&A Transaktionen und Sanierungen, Jusletter 20.6.2011; Bäni, Sozialplanpflicht und weitere Auswirkungen des Sanierungsrechts auf das Arbeitsrecht, ArbR 2013, 79 ff.; Blesi/Pietruszak, Sozialplanpflicht bei Massenentlassungen – Verhandlungspflicht trotz bestehendem Sozialplan?, FS für Jean-Fritz Stöckli, Zürich/St. Gallen 2014, 47 ff.; Brechbühl, Sozialpläne und Altersvorsorge, Soziale Sicherheit 2002, 222 ff.; Cirigliano, Ausgewählte Fragen des neuen Sanierungsrechts – Inhalte von Sozialplänen, staatliche Schlichtungsstellen als Schiedsgerichte, GAV und Sozialplan, Jusletter 29.9.2014; Fischer/Trost, Auswirkungen des neuen Sanierungsrechts auf das Arbeitsrecht, Jusletter 19.5.2014; Fuld/Depierre, Condensé de la nouvelle institution du plan social en droit du travail (art. 335h à 335k CO), Jusletter 29.9.2014; Hunkeler, Neues Sanierungsrecht verabschiedet – voraussichtliches Inkrafttreten bereits am 1.1.2014, Jusletter 8.7.2013; Ianni, Die Stellung des Arbeitnehmers in der Insolvenz des Arbeitgebers nach der Revision des Sanierungsrechts, Diss., Zürich/St. Gallen 2014; von Kaenel, Grundlagen der Massenentlassung und des Sozialplans, in: Sanierung und Insolvenz von Unternehmen, Zürich/Basel/Genf 2011, 1 ff.; ders., Grundlagen der Massenentlassung und des Sozialplans, in: Unternehmenssanierung und Arbeitsrecht, Zürich/Basel/Genf 2010, 33 ff.; Kreutz, Sozialpläne – Zweck, Inhalt und Auswirkungen in einem Nachlassstundungs- bzw. Konkursverfahren, Jusletter 21.2.2011; Mabillard, Der Arbeitnehmer im Sanierungsprozess, BlSchK 2014, 41 ff.; Müller M.L., Sozialpläne bei Umstrukturierungen, AJP 2009, 939 ff.; ders., Sozialplanpflicht (Art. 335h-335k OR), ARV 2014, 231 ff.; Müller R., Rechtsnatur und Auslegung eines Sozialplans, ARV 2004, 88 ff.; Sattiva Spring, Quelle nature juridique pour le plan social?, in: Panorama en droit de travail, Bern 2009, 247 ff.; Schwaab, Les nouvelles règles sur les plans sociaux obligatoires (art. 335h-k CO), ARV 2013, 281 ff.; Staehelin, Überblick über die Neuerungen im Sanierungsrecht, AJP 2013, 1735 ff.; Stöckli, Sozialplanpflicht mit Zwangsschiedsgerichtsbarkeit, ArbR 2010, 99 ff.; Widmer, Die Sozialplanverhandlungspflicht nach Art. 335h ff. OR – oder vom Kuhhandel mit der Zwangsschiedsgerichtsbarkeit, Jusletter 29.9.2014; Wildhaber, Die neue Sozialplanpflicht – für die Praxis ein Buch mit sieben Siegeln, AJP 2015, 427 ff.; vgl. ausserdem die Literaturhinweise zu Art. 333b und Art. 335 f. Die nachfolgende Kommentierung von Art. 335h–335k entspricht den einschlägigen Ausführungen in von Kaenel/Rudolph, elektronischer Update-Service zum Praxiskommentar Streiff/von Kaenel/Rudolph, ‹www.schulthess.com/arbeitsvertrag›.

I. Überblick

1 **Vor dem Inkrafttreten der SchKG-Revision am 1.1.2014** kannte die Schweiz für den Privatrechtsbereich keine gesetzliche Sozialplanpflicht. Dies im Unterschied zu verschiedenen Personalrechten des öffentlichen Dienstes, die in unterschiedlicher Ausprägung schon seit einiger Zeit solche Abschluss- oder mindestens Verhandlungspflichten vorsehen (z.B. das Bundespersonalrecht in Art. 31 Abs. 4 BPG). Eine Pflicht der Arbeitgeber, unter bestimmten Umständen einen Sozialplan zu verhandeln oder gar abzuschliessen, war allerdings schon vor der Revision auch dem Privatrecht nicht ganz unbekannt, wenn auch nicht auf gesetzlicher Grundlage. So sind in verschiedenen Gesamtarbeitsverträgen entsprechende Pflichten enthalten (s.a. BGer, ARV 2004, 20; ZK-Vischer/Albrecht, Art. 356 OR N 108; von Kaenel, Unternehmenssanierung und Arbeitsrecht, 56 ff.).

2 Im Zuge der erwähnten **SchKG-Revision** wurde nun auf den 1.1.2014 mit Art. 335h–335k eine bei grösseren Entlassungsvorhaben unter bestimmten Voraussetzungen greifende, gesetzliche Sozialplanpflicht eingeführt. Diese neuen Arbeitnehmerschutzbestimmungen waren Teil eines *politischen Kompromisses*. Sie bildeten das Gegengewicht zur mit der Revision abgeschafften Anwendbarkeit der Schutzbestimmungen von Art. 333 bei Betriebsübergängen in bestimmten Sanierungssituationen, insbesondere im Konkurs (s. dazu die Komm. von Art. 333b; weiterführend zur Entstehungsgeschichte des neuen Rechts BK-Rehbinder/Stöckli, N 2 f.).

Auch wenn die mit Art. 335h ff. eingeführte Sozialplanpflicht zutreffend als Meilenstein im schweizerischen Arbeitsrecht bezeichnet wurde, darf nicht übersehen werden, dass sie nur eine **kleine Gruppe von Arbeitgebern** trifft, während für die allermeisten Unternehmen in der Schweiz die neue Gesetzgebung nicht greift. Gemäss der Betriebszählung 2008 des Bundesamtes für Statistik erfüllen nur 1154 oder 0,37% der Privatunternehmen die nach Art. 335i Abs. 1 für die Anwendbarkeit der Sozialplanpflicht vorausgesetzte Mindestbeschäftigung von 250 Arbeitnehmerinnen und Arbeitnehmern (Botschaft Sanierungsrecht, BBl 2010, 6499). Immerhin beschäftigen diese Unternehmen aber rund einen Drittel aller Angestellten (s. BK-REHBINDER/STÖCKLI, N 3 m.w.H.), so dass insofern doch von einer nicht unerheblichen praktischen Relevanz des neuen Rechts gesprochen werden kann. Einschränkend wirkt sich allerdings wiederum aus, dass die neu geschaffene Sozialplanpflicht auch gegenüber den Art. 335h ff. an sich unterworfenen Unternehmen entfällt, wenn die Massenentlassung im Rahmen eines Konkurs- oder Nachlassverfahrens erfolgt, das mit einem Nachlassvertrag abgeschlossen wird (Art. 335k). 3

Die Art. 335h ff. regeln einen besonderen Typus von Sozialplan, nämlich jenen, für welchen eine gesetzliche Pflicht besteht, ihn aufzustellen. Das schliesst aber selbstverständlich nicht aus, dass Arbeitgeber auch weiterhin auf freiwilliger Basis oder gestützt auf einen Gesamtarbeitsvertrag Sozialpläne erlassen bzw. abschliessen, wobei diese in ganz unterschiedlicher Form ausgestaltet sein können (s. N 9 ff.). 4

II. Begriff, Zweck und Inhalt des Sozialplans (Abs. 1)

Nach der **Legaldefinition** von Art. 335h Abs. 1 ist der Sozialplan eine Vereinbarung, in welcher der Arbeitgeber und die Arbeitnehmer die Massnahmen festlegen, mit denen Kündigungen vermieden, deren Zahl beschränkt sowie deren Folgen gemildert werden. Der Gesetzgeber hat sich bewusst für eine kurze und allgemeine Begrifflichkeit entschieden (Botschaft Sanierungsrecht, BBl 2010, 6498), welche jener in Art. 335f Abs. 2 entspricht und sich an die einschlägige Rechtsprechung des BGer anlehnt (BRÜHWILER, N 1; BGE 133 III 213; 132 III 32). Der **Zweck** eines Sozialplans besteht mit anderen Worten darin, wirtschaftlich bedingte Entlassungen zu vermeiden, zu reduzieren oder mit Massnahmen sozialer Natur zu begleiten (BGE 130 V 26) und damit Härten für die betroffenen Arbeitnehmer zu vermeiden oder zu mildern. 5

Inhaltlich bleibt den Parteien ein grosser Gestaltungsspielraum überlassen. Vereinbart werden können etwa Abgangsentschädigungen, vorzeitige Pensionierungen, Beiträge an Umschulungs- oder Umzugskosten, Wiedereingliederung in das Unternehmen, besondere Kündigungsfristen, Unterstützung bei der Stellensuche usw. (BGE 133 III 215; 130 V 28; weitere Massnahmen in Botschaft Sanierungsrecht, BBl 2010, 6498; ferner WYLER/HEINZER, 557). Der Sozialplan erfordert unter Vorbehalt unzulässiger Diskriminierungen (s. Art. 328 N 29 ff.) *keine inhaltliche Gleichbehandlung* aller Arbeitnehmer (BK-REHBINDER/STÖCKLI, N 4). So ist namentlich eine Differenzierung aufgrund der möglichen Nachteile und ihrer Vermeidbarkeit zulässig (Botschaft Sanierungsrecht, BBl 2010, 6498). Es kann etwa vorgesehen werden, dass Arbeitnehmer, die eine andere zumutbare Stelle im Betrieb oder Konzern abgelehnt oder andernorts eine neue Stelle gefunden haben, keine oder eine tiefere Abfindung erhalten (Botschaft Sanierungsrecht, a.a.O.). Verbreitet sind in der Praxis Regelungen, welche die Ausrichtung oder den Umfang von Sozialplanleistungen vom Alter oder der Anzahl Dienstjahre der Arbeitnehmer abhängig machen. 6

In BGer, ARV 2012, 251 war im Zusammenhang mit Sozialplanleistungen die Auslegung des Begriffs der Entlassung «aus wirtschaftlichen Gründen» strittig. Das BGer befand, dass es sich dabei nicht unbedingt um eine Massenentlassung oder eine Restrukturierung handeln müsse. In BGer, JAR 2013, 390 machte ein Informatiktechniker mangels persönlicher Zugehörigkeit zur von der Massenentlassung betroffenen Personengruppe vergeblich Ansprüche 7 aus einem Sozialplan bzw. Ansprüche wegen missbräuchlicher Kündigung geltend. Die Forderungen von Arbeitnehmern aus Sozialplänen, die nicht früher als sechs Monate vor der Konkurseröffnung entstanden oder fällig geworden sind, geniessen ein *Konkursprivileg* erster Klasse (Art. 219 Abs. 4 SchKG).

III. Rechtsnatur

8 Der Gesetzgeber hat bei der Einführung von Art. 335h ff. die **Rechtsnatur des Sozialplans** nicht geregelt, doch liess er sich im ganzen Gesetzgebungsprozess von der bestehenden Sozialplanpraxis inspirieren, so dass weiterhin auf die dazugehörige Gerichtspraxis abgestellt werden kann (BK-Rehbinder/Stöckli, N 6; ZK-Staehelin, Art. 335g OR N 7; für eine Übersicht BGer, JAR 2014, 157, E. 2.2). Die Rechtsnatur eines Sozialplans ist insbesondere für die Frage von Bedeutung, nach welchen Regeln er auszulegen ist.

9 Der Sozialplan kann in **unterschiedlicher Gestalt** erlassen werden (zu eng BGE 130 V 26), so namentlich als:

– *Gesamtarbeitsvertrag*, d.h. als Vertrag zwischen Arbeitgeber und Gewerkschaft nach Art. 356 (BGE 133 III 215 f., dazu Müller, ARV 2007, 156 ff. und Koller/Mauerhofer, ZBJV 2009, 907 ff.; BGer, ARV 2002, 216; **a.A.** BGer, ARV 2004, 20, mit zutreffender Kritik von Müller, ARV 2004, 88 ff.). Der Sozialplan wirkt insofern normativ, als sich die Arbeitnehmer direkt auf die ihnen eingeräumten Rechte berufen können. Dass sich ein Sozialplan auf ein bestimmtes Ereignis bezieht, das unter Umständen nur eine begrenzte Zahl der Mitarbeiter eines Betriebs betrifft, vermag mit Blick auf die generell-abstrakte Regelung für sämtliche betroffenen Mitarbeiter nichts an der normativen Wirkung zu ändern (BGE 133 III 215 f.). Allerdings kann sich die normative Wirkung nur im Rahmen des Geltungsbereichs des Gesamtarbeitsvertrags und der Vertragsbindung entfalten. Sollen alle, also auch die nicht vertragsgebundenen Arbeitnehmer des betroffenen Betriebs in den Genuss des Sozialplans kommen, bietet sich die Aufnahme einer Ausdehnungsklausel (Art. 357 N 15) oder die Integration eines Vertrags zugunsten Dritter an. Ist der Sozialplan als Gesamtarbeitsvertrag zu qualifizieren, sind die darin enthaltenen normativen Bestimmungen wie ein Gesetz auszulegen (BGE 133 III 214 f.; 130 V 30). Um die Erfüllung der Abschlusspflicht sicherzustellen, empfiehlt es sich, im Gesamtarbeitsvertrag ein *Schiedsgericht* zu ermächtigen, eine verbindliche Regelung zu treffen, wenn die Verhandlungen zu keinem Ergebnis geführt haben (vgl. BK-Stöckli, Art. 356 OR N 92). Weniger weitgehend kann ein Anspruch auf *Verhandlung* über einen Sozialplan vereinbart werden (BK-Stöckli, Art. 356 OR N 92; Streiff/von Kaenel/Rudolph, N 12). Ein Sonderfall ist der gestützt auf Art. 335i Abs. 3 lit. a mit Arbeitnehmerverbänden geschlossene Sozialplan (s. die dortige Kommentierung; ferner Wyler/Heinzer, 564).

10 – *Betriebsvereinbarung*. Die Betriebsvereinbarung ist ein Vertrag zwischen einem Betriebsinhaber und der Arbeitnehmervertretung dieses Betriebs (Portmann/Stöckli, Rz 1250). Die Betriebsvereinbarung kann auf unterschiedlichen Rechtsgrundlagen beruhen: (1) Kann sich eine Betriebsvereinbarung auf einen *Gesamtarbeitsvertrag* stützen, indem entsprechende Normsetzungsbefugnisse von der überbetrieblichen an die betriebliche Ebene delegiert werden, kommt der Betriebsvereinbarung normative Wirkung zu, allerdings nur im Rahmen des Geltungsbereichs des Gesamtarbeitsvertrags und der Vertragsbindung. Eine solche Betriebsvereinbarung und somit auch ein entsprechender Sozialplan ist nach den für Gesetze geltenden Regeln auszulegen, gleich wie wenn unmittelbar ein Gesamtarbeitsvertrag vorliegen würde. Eine Betriebsvereinbarung auf dieser Grundlage muss nicht notwendigerweise eine Betriebsordnung im Sinne des Arbeitsgesetzes darstellen, wie BGE 133 III 216 annimmt. (2) Stützt sich die Betriebsvereinbarung auf das *Arbeitsgesetz*, so erscheint sie als vereinbarte Form einer Betriebsordnung (Art. 37 Abs. 4 ArG erste Alternative). Die normative Wirkung ergibt sich in diesem Fall aus Art. 39 Abs. 2 ArG, wonach die Betriebsordnung nach der Bekanntgabe im Betrieb für den Arbeitgeber und die Arbeit-

nehmer verbindlich ist. Allerdings ist die Schranke von Art. 38 Abs. 2 ArG zu beachten: Bestimmungen dürfen auf diesem Weg nur soweit aufgestellt werden, als ihr Gegenstand in dem Bereich, dem der Betrieb angehört, nicht üblicherweise durch Gesamtarbeitsvertrag oder durch andere kollektive Vereinbarung geregelt wird. Ausserdem dürfen sie dem zwingenden Recht und den für den Arbeitgeber verbindlichen Gesamtarbeitsverträgen nicht widersprechen (Art. 38 Abs. 3 ArG). Nach dem Arbeitsgesetz kann der Arbeitgeber die Betriebsordnung nach Anhörung der Arbeitnehmer auch einseitig erlassen (Art. 37 Abs. 4 ArG zweite Alternative). Wegen der gesetzlich vorgeschriebenen Inhaltsschranken (Art. 38 Abs. 1 ArG) kommt jedoch eine einseitig erlassene Betriebsordnung nicht als Gefäss für einen Sozialplan in Frage. (3) Die Betriebsvereinbarung kann schliesslich auf einer *Einzelfallermächtigung* der Arbeitnehmervertretung durch die Arbeitnehmer beruhen, was eine bloss individualrechtliche Wirkung der Betriebsvereinbarung zugunsten und zulasten der mandatserteilenden Arbeitnehmer zur Folge hat (Portmann/Stöckli, Rz 1250). Ein Sonderfall ist der gestützt auf Art. 335i Abs. 3 lit. b mit der Arbeitnehmervertretung geschlossene Sozialplan (s. die dortige Kommentierung; ferner Wyler/Heinzer, 565).

– *Individuelle Vereinbarung*. Ein Sozialplan kann auch zwischen dem Arbeitgeber und einzelnen Arbeitnehmern vereinbart werden. In diesem Fall entsteht keine normative Wirkung. Stellt der Arbeitgeber freiwillig und einseitig einen Sozialplan auf, handelt es sich lediglich um eine Offerte (BGE 133 III 216 f.; 132 III 44; BGer, ARV 2008, 197: Akzept eines Sozialplans durch Schweigen in Anwendung von Art. 6, einseitige Änderung eines vereinbarten Sozialplans durch einen Arbeitgeber als Angebot zur Vertragsänderung; BGer, JAR 2014, 157: Kein Anspruch des Arbeitnehmers auf Leistungen aus einem vom Arbeitgeber erlassenen Sozialplan, da dieser gegenüber dem Arbeitnehmer keine Offerte ausgesprochen hatte und auch keine Verletzung des Gleichbehandlungsgebots vorlag). Auf dieser Basis ist auch eine Ausgestaltung als Vertrag *mit Stellvertretung oder zugunsten Dritter* denkbar, indem bestimmte Arbeitnehmer für die anderen als Stellvertreter handeln oder einen (echten) Vertrag zu deren Gunsten abschliessen. Diese Formen fallen vor allem in Betracht, wenn keine i.S.v. Art. 5 ff. MitwG gültig bestellte Arbeitnehmervertretung besteht. Ein Sonderfall ist der gestützt auf Art. 335i Abs. 3 lit. c mit den Arbeitnehmern geschlossene Sozialplan (s. die dortige Kommentierung; ferner Wyler/Heinzer, 566). **11**

– *Schiedsspruch.* Als neuer Sozialplantypus ist mit der Einführung von Art. 335h ff. der in Art. 335j geregelte Erlass eines Sozialplans durch Schiedsspruch hinzugekommen (Vischer/Müller, 318). **12**

IV. Keine Gefährdung des Fortbestands des Betriebs (Abs. 2)

Auch wenn nach Art. 335h ff. grundsätzlich eine Sozialplanpflicht besteht, der Arbeitgeber und sein beabsichtigtes Entlassungsvorhaben also die Quoren von Art. 335i erfüllen und auch der Ausnahmetatbestand von Art. 335k nicht greift, darf der Sozialplan den Fortbestand des Betriebs nicht gefährden (Art. 335h Abs. 2). Es ist dies die **einzige** und darüber hinaus sehr **unbestimmte gesetzliche Vorgabe** für den Umfang der Sozialplanleistungen (Brühwiler, N 4), was Rechtsunsicherheit Vorschub leistet (BK-Rehbinder/Stöckli, N 7). Art. 335h Abs. 2 ist für die Verhandlungsparteien (Art. 335i) wie auch das Schiedsgericht (Art. 335j) verbindlich (Botschaft Sanierungsrecht, BBl 2010, 6498). Insofern stellt die Bestimmung absolut zwingendes Recht dar, auch wenn Art. 335h in Art. 361 keine Aufnahme gefunden hat (BK-Rehbinder/Stöckli, N 8; **a.A.** Schwaab, ARV 2013, 285, der dem ganzen Artikel relativ zwingenden Charakter nach Art. 362 zuschreibt). **13**

Ist der Fortbestand des Betriebs gefährdet, heisst dies nicht, dass diesfalls die Sozialplanpflicht vollständig entfallen muss. Dies *kann* bei prekären wirtschaftlichen Verhältnissen der Fall sein, wenn jede zusätzliche Belastung den Fortbestand des Betriebs gefährden würde, wobei im Konkurs- oder Nachlassverfahren, das mit einem Nachlassvertrag abgeschlossen wird, die Sozialplanpflicht ohnehin von vornherein entfällt (Art. 335k). In den übrigen Fällen ändert **14**

Art. 335h Abs. 2 nichts am grundsätzlichen Weiterbestand der Sozialplanpflicht. Seine Wirkung besteht hier in der *inhaltlichen Begrenzung* der im Sozialplan festzulegenden qualitativen und quantitativen Belastungen, die dem Arbeitgeber daraus entstehen dürfen. Diese Lasten müssen von den Verhandlungsparteien bzw. vom Schiedsgericht so bemessen werden, dass sie den Fortbestand des Betriebs nicht gefährden. Es geht massgeblich darum, dass die Belastungen aus dem Sozialplan die verbleibenden Arbeitsplätze und damit das Bestehen des Arbeitgebers auf dem Markt nicht gefährden. Dazu gehört beispielsweise auch, dass dem Arbeitgeber die wirtschaftliche Leistungskraft erhalten bleibt, um erforderliche Investitionen zu tätigen und dass er nicht gezwungen wird, betrieblich notwendige Aktiven zu verkaufen, prosperierende Geschäftsfelder aufzugeben oder erfolgsversprechende Innovationen zu unterlassen (s.a. MÜLLER, ARV 2014, 241). Ebenso darf der Sozialplan die erforderliche Liquidität nicht gefährden. Der Gesetzgeber hat ferner aus Verhältnismässigkeits- und Praktikabilitätsüberlegungen bewusst darauf verzichtet, Arbeitgeber zu verpflichten, das finanzielle Substrat für den allfälligen Abschluss eines künftigen Sozialplans bereitzuhalten, z.B. durch Bildung von Reserven oder Abschluss einer Versicherung (Botschaft Sanierungsrecht, BBl 2010, 6498).

15 Nach dem Wortlaut von Art. 335h Abs. 2 genügt eine Gefährdung des Fortbestands des *Betriebs* (s. zum Begriff Art. 335d N 5). Es müssen also in einem Unternehmen, das mehrere Betriebe führt, nicht mehrere oder sämtliche Betriebe oder gar das Gesamtunternehmen gefährdet sein, erst recht nicht der ganze Konzern (gl.A. BRÜHWILER, N 4; unklar die Botschaft Sanierungsrecht, BBl 2010, 6498; **a.A.** MÜLLER, ARV 2014, 242; SCHWAAB, ARV 2013, 284 und 290 f.). Die Beurteilung der finanziellen Leistungskraft richtet sich dagegen nach dem gesamten wirtschaftlichen Potential des Arbeitgebers (nicht aber des Konzerns oder eines aussenstehenden Investors; s.a. BRÜHWILER, Art. 335i N 4; MÜLLER, ARV 2014, 242; VISCHER/MÜLLER, 319) und nicht bloss des betroffenen Betriebs, doch darf dies nicht so weit gehen, dass die aus dem Sozialplan entstehenden Lasten andere Betriebe des Arbeitgebers gefährden.

16 Ein **Arbeitgeber**, der den Ausnahmetatbestand von Art. 335 Abs. 2 anrufen will, ist für den Nachweis der Gefährdung des Fortbestands des Betriebs **beweispflichtig** (so zutreffend WYLER/HEINZER, 562; SCHWAAB, ARV 2013, 283). Er hat gegenüber dem Verhandlungspartner (Art. 335i) oder dem Schiedsgericht (Art. 335j) seine finanzielle Situation offenzulegen und darzutun, inwiefern durch Sozialplanleistungen der Fortbestand des Betriebs gefährdet würde (BRÜHWILER, N 4). Insofern ist SCHWAAB, ARV 2013, 283 f. darin zuzustimmen, dass Art. 335h Abs. 2 den Arbeitgeber nicht von vornherein von der Verhandlungspflicht gemäss Art. 335i befreit.

Art. 335*i*

b. Verhandlungspflicht

[1] Der Arbeitgeber muss mit den Arbeitnehmern Verhandlungen mit dem Ziel führen, einen Sozialplan aufzustellen, wenn er:
a. üblicherweise mindestens 250 Arbeitnehmer beschäftigt; und
b. beabsichtigt, innert 30 Tagen mindestens 30 Arbeitnehmern aus Gründen zu kündigen, die in keinem Zusammenhang mit ihrer Person stehen.

[2] Zeitlich verteilte Kündigungen, die auf dem gleichen betrieblichen Entscheid beruhen, werden zusammengezählt.

[3] Der Arbeitgeber verhandelt:
a. mit den am Gesamtarbeitsvertrag beteiligten Arbeitnehmerverbänden, wenn er Partei dieses Gesamtarbeitsvertrags ist;
b. mit der Arbeitnehmervertretung; oder
c. direkt mit den Arbeitnehmern, wenn es keine Arbeitnehmervertretung gibt.

[4] Die Arbeitnehmerverbände, die Arbeitnehmervertretung oder die Arbeitnehmer können zu den Verhandlungen Sachverständige heranziehen. Diese sind gegenüber betriebsfremden Personen zur Verschwiegenheit verpflichtet.

b. Obligation de négocier

[1] L'employeur est tenu de mener des négociations avec les travailleurs en vue d'établir un plan social lorsqu'il remplit les critères suivants:
a. il emploie habituellement au moins 250 travailleurs;
b. il entend résilier le contrat d'au moins 30 travailleurs dans un délai de 30 jours pour des motifs de gestion non inhérents à leur personne.

[2] Les licenciements qui sont étalés dans le temps mais dictés par les mêmes motifs sont additionnés.

[3] L'employeur négocie:
a. avec les associations de travailleurs liées par une convention collective de travail s'il est partie à cette convention;
b. avec la représentation des travailleurs;
c. directement avec les travailleurs, à défaut de représentation des travailleurs.

[4] Les associations de travailleurs, les représentants des travailleurs ou les travailleurs peuvent se faire assister par des experts lors des négociations. Les experts sont tenus de garder le secret envers les personnes étrangères à l'entreprise.

b. Obbligo di negoziazione

[1] Il datore di lavoro è tenuto a condurre trattative con i lavoratori al fine di elaborare un piano sociale se:
a. occupa abitualmente almeno 250 lavoratori; e
b. intende licenziare almeno 30 lavoratori sull'arco di 30 giorni, per motivi non inerenti alla loro persona.

[2] I licenziamenti differiti nel tempo, ma fondati sulla medesima decisione, sono sommati.

[3] Il datore di lavoro intavola trattative:
a. se ha aderito a un contratto collettivo di lavoro, con le associazioni dei lavoratori che l'hanno firmato;
b. con i rappresentanti dei lavoratori; o
c. direttamente con i lavoratori, se questi non hanno rappresentanti.

[4] Le associazioni dei lavoratori, i rappresentanti dei lavoratori o i lavoratori stessi possono far capo a periti durante le trattative. I periti sono tenuti al segreto nei confronti di persone estranee all'azienda.

Literatur

Vgl. die Literaturhinweise zu Art. 335h.

I. Verhandlungspflicht, gesetzliche Quoren (Abs. 1 und 2)

1. Verhandlungspflicht

1 Kern des Artikels wie der gesamten neuen Sozialplangesetzgebung von Art. 335h ff. ist die **Pflicht des Arbeitgebers**, bei Vorliegen der gesetzlichen Voraussetzungen mit der Arbeitnehmerschaft **Verhandlungen aufzunehmen** mit dem Ziel, einen Sozialplan aufzustellen (Art. 335i Abs. 1). Diese Verhandlungen müssen vom Arbeitgeber, aber auch von seinem Verhandlungspartner (s. Art. 335i Abs. 3), nach Treu und Glauben geführt werden. Der offenen Frage, ob Art. 335i Abs. 1 implizit auch eine Verhandlungspflicht der Arbeitnehmerseite enthält (oder sich eine solche alternativ aus dem MitwG ergibt), dürfte in der Praxis kaum grössere Bedeutung zukommen, da die Arbeitnehmerschaft selber ein Interesse daran haben muss, durch die Verhandlungen ein für sie gutes Ergebnis zu erzielen. Beide Seiten haben jedenfalls ernsthaft auf den Abschluss eines Sozialplans hin zu verhandeln, wozu auch gehört, dass der Arbeitgeber der Arbeitnehmerschaft rechtzeitig zweckdienliche Informationen zur Verfügung stellt, namentlich über die wirtschaftliche Situation des Betriebs und die für den Sozialplan vorhandenen Mittel (Brühwiler, N 1). Zur noch ungeklärten, für die Praxis aber durchaus bedeutsamen Frage, ob bzw. unter welchen Voraussetzungen bei einem bereits bestehenden Sozialplan die Verhandlungspflicht nach Art. 335i entfällt, s. Blesi/Pietruszak, FS Stöckli, 47 ff., Ianni, 178 f. und Müller, ARV 2014, 234.

2 Der Gesetzgeber hat darauf verzichtet, die **Verletzung der Verhandlungspflicht** mit einer besonderen *Sanktion* zu belegen. Denkbar wäre, den Verhandlungsanspruch mittels Erfüllungsklage durchzusetzen, indem der Arbeitgeber vom Gericht unter Androhung von Ungehorsamsstrafe nach Art. 292 StGB zur Aufnahme von Verhandlungen verpflichtet würde (gl. A. BRÜHWILER, Art. 335j N 1). Ebenso wären Schadenersatzansprüche vorstellbar, etwa wenn der säumige Arbeitgeber später in Konkurs fällt und bei rechtzeitigem Erlass eines Sozialplans noch Mittel dafür vorhanden gewesen wären. In der Praxis allerdings dürfte die Arbeitnehmerschaft bei einem verhandlungsunwilligen Arbeitgeber in der Regel zur Anrufung des Schiedsgerichts nach Art. 335j schreiten. Auf der individuellen Ebene hindert eine Verletzung der Verhandlungspflicht durch den Arbeitgeber diesen nicht am Aussprechen von Kündigungen. Ebenso wenig sind die ausgesprochenen Kündigungen deswegen missbräuchlich, denn Art. 336 Abs. 2 lit. c sanktioniert nur die Verletzung der Konsultationspflicht nach Art. 335f (gl.A. BRÜHWILER, N 1; FULD/DEPIERRE, Jusletter 29.9.2014, Rz 5; **a.A.** WYLER/HEINZER, 560; SCHWAAB, ARV 2013, 288). Keine Verletzung der Verhandlungspflicht des Arbeitgebers liegt vor, wenn die Arbeitnehmerseite die Verhandlungen verweigert. In diesem Fall erfüllt der Arbeitgeber mit seiner in guten Treuen bekundeten Verhandlungsbereitschaft seine gesetzliche Pflicht (MÜLLER, ARV 2014, 237).

2. Gesetzliche Quoren

3 **Zwei gesetzliche Quoren** müssen kumulativ erfüllt sein, damit den Arbeitgeber eine Verhandlungspflicht nach Abs. 1 trifft:

– *Mindestzahl beschäftigter Arbeitnehmer (Art. 335i Abs. 1 lit. a)*: Der Arbeitgeber muss üblicherweise mindestens 250 Arbeitnehmer beschäftigen (bei mehreren Betrieben s. N 5). Mit dieser Formulierung lehnt sich der Gesetzgeber an die Regelung von Art. 335d zur Bestimmung des Massenentlassungstatbestands an (das dort verwendete «in der Regel» wird man mit dem «üblicherweise» in Art. 335i Abs. 1 lit. a gleichsetzen dürfen; gl.A. MÜLLER, ARV 2014, 236; s. Art. 335d N 9). Allerdings unterscheiden sich die Quoren erheblich und ist Art. 335i Abs. 1 lit. a deutlich einfacher gefasst, indem er nur einen Schwellenwert kennt, während es in Art. 335d drei sind. Folge dieser Diskrepanz ist, dass längst nicht jede Massenentlassung, die den Tatbestand von Art. 335d erfüllt, eine Verhandlungspflicht nach Art. 335i auslöst. Dazu kommt, dass mit dem Erfordernis einer Mindestbeschäftigungszahl von 250 Arbeitnehmern ohnehin nur eine kleine Gruppe von Arbeitgebern in den Anwendungsbereich der gesetzlichen Sozialplanpflicht fällt (Näheres in Art. 335h N 3).

4 – *Mindestzahl beabsichtigter Kündigungen (Art. 335i Abs. 1 lit. b und Abs. 2)*: Auch bei der zweiten kumulativen Voraussetzung lehnt sich das Gesetz an Art. 335d an, indem Art. 335i Abs. 1 lit. b die Tatbestandsmässigkeit wie dort an die Absicht des Arbeitgebers (dazu Art. 335f N 1) anknüpft, eine bestimmte Mindestzahl von Kündigungen in einem gewissen Zeitraum auszusprechen. Die Regelung in Art. 335i Abs. 1 lit. b ist wie jene in lit. a einfacher gehalten, indem sie nur einen Schwellenwert kennt, während es in Art. 335d drei sind. Vorausgesetzt ist demnach, dass der Arbeitgeber beabsichtigt, innert dreissig Tagen mindestens dreissig Arbeitnehmern aus Gründen zu kündigen, die in keinem Zusammenhang mit ihrer Person stehen. Der Bemessungszeitraum von 30 Tagen, das Anknüpfen an die blosse Absicht des Arbeitgebers sowie die Nichtberücksichtigung von Kündigungen, die im Zusammenhang mit der Person des Gekündigten stehen, entsprechen wiederum Art. 335d, so dass insofern auf die dortige Komm. verwiesen werden kann. Wie unter dem Blickwinkel von Art. 335d sind auch bei der Quorenberechnung nach Art. 335i Abs. 1 lit. b Änderungskündigungen miteinzubeziehen (s. Art. 335d N 3; differenzierend MÜLLER, ARV 2014, 237). Im Unterschied zu Art. 335d sieht nun aber diese Bestimmung zusätzlich vor, dass zeitlich verteilte Kündigungen, die auf dem gleichen betrieblichen Entscheid beruhen, bei der Bestimmung des Quorums zusammengezählt werden (weiterführend zur Frage, wann ein gleicher betrieblicher Entscheid vorliegt, WYLER/HEINZER, 559; s.a. Art. 335d N 16). Folge dieser gesetzlichen Inkongruenz ist, dass ein Entlassungsvorhaben

unter Umständen zwar den Massenentlassungstatbestand nach Art. 335d nicht erfüllt, gleichwohl aber eine Sozialplanpflicht nach Art. 335i auslösen kann (s.a. MÜLLER, ARV 2014, 234).

Während Art. 335d OR die Bemessung der Quoren nicht an den Arbeitgeber als Gesamtunternehmen, sondern an den Betrieb als separate organisatorische Einheit anknüpft, müsste Art. 335i Abs. 1 nach seinem Wortlaut eigentlich anders verstanden werden («Der Arbeitgeber», [...] «wenn er» [...]). Angesichts der inhaltlichen wie systematischen Nähe, welche beide Bestimmungen zueinander aufweisen und weil auch in der Botschaft nichts darauf hindeutet, dass in Art. 335i von der bewährten Betriebsoptik abgewichen werden soll, rechtfertigt es sich, die Quorenbestimmung von dessen Abs. 1 lit. a und b ebenfalls **unter dem Blickwinkel der Betriebseinheit** vorzunehmen (gl.A. BRÜHWILER, N 2; IANNI, 168 f.; SCHWAAB, ARV 2013, 286; STÖCKLI, ArbR 2010, 100; WIDMER, Jusletter 29.9.2014, Rz 29 f.; WYLER/HEINZER, 559; **a.A.** MÜLLER, ARV 2014, 235). Wenn also ein Unternehmen vor einem Entlassungsvorhaben steht und mehrere Betriebe führt (zum Begriff Art. 335d N 5), sind die Quoren für jeden einzelnen dieser Betriebe separat festzulegen und nur für jene Betriebe, welche aufgrund dieser Einzeloptik die Quoren erfüllen, ist ein Sozialplan aufzustellen. 5

Art. 335i ist relativ zwingender Natur, d.h. nur zugunsten der Arbeitnehmer abänderbar (Art. 362). Demzufolge ist es einem Arbeitgeber beispielsweise möglich, sich freiwillig einer Sozialplanpflicht zu unterwerfen, auch wenn er bzw. sein Entlassungsvorhaben die gesetzlichen Quoren von Art. 335i Abs. 1 nicht erfüllt (BK-REHBINDER/STÖCKLI, N 8). 6

II. Verhandlungspartner des Arbeitgebers (Abs. 3)

Art. 335i Abs. 3 sieht **drei mögliche Verhandlungspartner** des Arbeitgebers vor: Ist der Arbeitgeber selber Partei eines Gesamtarbeitsvertrages (sog. Firmenvertrag, Art 356 N 1), verhandelt er mit den am Gesamtarbeitsvertrag beteiligten *Arbeitnehmerverbänden*, also den Gewerkschaften. Besteht kein Firmenvertrag, verhandelt der Arbeitgeber mit der *Arbeitnehmervertretung*. Gemeint ist damit eine nach Art. 5 ff. MitwG bestellte Arbeitnehmervertretung (s.a. STÖCKLI, ArbR 2010, 101). Gibt es keine solche, verhandelt der Arbeitgeber schliesslich direkt mit den *Arbeitnehmern*, wobei sämtliche Beschäftigten des Betriebs einzubeziehen sind, also nicht nur jene, die persönlich von der Entlassung betroffen sind (BRÜHWILER, N 3; s.a. Art. 335f N 3 und 9). Dies rechtfertigt sich schon deswegen, weil in Sozialplänen Massnahmen festgelegt werden können, die auch jene Arbeitnehmer betreffen, welche die Stelle behalten, z.B. bei einer Arbeitszeitreduktion (Botschaft Sanierungsrecht, BBl 2010, 6500). 7

Nach dem klaren Wortlaut des Gesetzes sind die Arbeitnehmerverbände bei den üblichen Verbandsverträgen, bei denen arbeitgeberseitig ein Verband und nicht ein einzelner Arbeitgeber Vertragspartei ist (s. Art. 356 N 1), nicht Verhandlungspartner des Arbeitgebers im Sinne von Art. 335i Abs. 3 (gl.A. BRÜHWILER, N 3; BK-REHBINDER/STÖCKLI, N 6; WYLER/HEINZER, 560 f.; **a.A.** SCHWAAB, ARV 2013, 287 und wohl auch CIRIGLIANO, Jusletter 29.9.2014, Rz 19 ff.). Möglich ist allerdings die *Erteilung eines Verhandlungsmandats* an die Gewerkschaft (Botschaft Sanierungsrecht, BBl 2010, 6499 f.; **a.A.** MÜLLER, ARV 2014, 238). Eine solche Delegation wird vor allem in eher kleinräumigen Verhältnissen sinnvoll sein, wenn die Arbeitnehmer bzw. ihre interne Vertretung nicht über das Wissen und die Erfahrung verfügen, um die Verhandlungen auf Augenhöhe mit dem Arbeitgeber zu führen. Sie kann diesem aber *nicht gegen seinen Willen* aufgezwungen werden. Der Arbeitgeber kann darauf beharren, dass die Verhandlungen mit der nach Art. 335i Abs. 3 berufenen Arbeitnehmervertretung bzw. den Arbeitnehmern direkt geführt werden. Vorbehalten bleibt aber in jedem Fall das Recht auf Beizug von Sachverständigen (Art. 335i Abs. 4). 8

Die von Art. 335i Abs. 3 aufgestellte Reihenfolge der Verhandlungspartner ist dem Arbeitgeber verbindlich vorgegeben, ihm steht also **kein Wahlrecht** zu (s.a. BRÜHWILER, N 3 und 9

Botschaft Sanierungsrecht, BBl 2010, 6499; zweifelnd für den Firmenvertrag STÖCKLI, ArbR 2010, 101). Die gesetzliche Reihenfolge ist auch arbeitnehmerseitig zu respektieren.

III. Beizug von Sachverständigen (Abs. 4)

10 Die Verhandlungspartner des Arbeitgebers, d.h. die Arbeitnehmerverbände, die Arbeitnehmervertretung oder die Arbeitnehmer, können zu den Verhandlungen **Sachverständige** beiziehen (Art. 335i Abs. 4 Satz 1). Damit sind Experten wie z.B. Anwälte, Wirtschaftsexperten, Buchprüfer, aber auch fachkundige Gewerkschaftsfunktionäre gemeint (vgl. BRÜHWILER, N 4). Auch wenn dies aus dem Gesetzestext nicht hervorgeht, kann *auch der Arbeitgeber* Sachverständige beiziehen (gl.A. MÜLLER, ARV 2014, 239; s.a. WYLER/HEINZER, 561 f.). Aus seiner Nichterwähnung in Art. 335i Abs. 4 Satz 1 kann nicht der Schluss gezogen werden, dass dem Arbeitgeber dieses Recht versagt werden sollte. Dem Gesetzgeber ging es darum, mit der Aufnahme des arbeitnehmerseitigen Beizugsrechts die Modalitäten der Geheimhaltungspflichten auf Seiten der Arbeitnehmerschaft während der Verhandlungen zu regeln (Botschaft Sanierungsrecht, BBl 2011, 6500; s.a. N 11). Eine Pflicht des Arbeitgebers, die der Arbeitnehmerschaft durch den Beizug von Sachverständigen entstehenden *Kosten* zu übernehmen (z.B. deren Honorare), fehlt im Gesetzestext und wurde auch in der Botschaft zum Sanierungsrecht nicht zur Diskussion gestellt. Ebenso bilden sowohl die Unterstützungspflicht nach Art. 11 MitwG wie auch die Fürsorgepflicht nach Art. 328 eine zu dünne Grundlage für die Auferlegung einer solchen neuen, positiven Leistungspflicht des Arbeitgebers (s. schon Art. 328 N 2). Dafür müsste eine klare gesetzliche Grundlage geschaffen werden. Es bleibt damit beim Grundsatz, dass jede Verhandlungspartei ihre eigenen Kosten zu tragen hat (gl.A. BRÜHWILER, N 4; **a.A.** VISCHER/MÜLLER, 317).

11 Soweit Sachverständige beigezogen werden, sind diese gegenüber betriebsfremden Personen **zur Verschwiegenheit verpflichtet** (Art. 335i Abs. 4 Satz 2). Ob die neue Regelung das Recht des Arbeitgebers beseitigt, von den Mitgliedern der Arbeitnehmervertretung in berechtigten Fällen Geheimhaltung gegenüber den Sachverständigen einzufordern (s. Art. 14 Abs. 2 MitwG), ist umstritten (so wohl SCHWAAB, ARV 2013, 287 und die Botschaft Sanierungsrecht, BBl 2010, 6500; **a.A.** BRÜHWILER, N 4). Es könnte – wenn überhaupt – ohnehin nur in ganz aussergewöhnlichen Fällen angerufen werden (so auch BRÜHWILER, a.a.O.).

Art. 335*j*

c. Aufstellung durch ein Schiedsgericht

[1] Können sich die Parteien nicht auf einen Sozialplan einigen, so muss ein Schiedsgericht bestellt werden.

[2] Das Schiedsgericht stellt einen Sozialplan durch verbindlichen Schiedsspruch auf.

c. Plan social établi par sentence arbitrale

[1] Si les parties ne parviennent pas à s'accorder sur un plan social, il y a lieu de saisir un tribunal arbitral.

[2] Le tribunal arbitral arrête un plan social obligatoire.

c. Elaborazione da parte di un tribunale arbitrale

[1] Qualora le parti non riescano ad accordarsi su un piano sociale, si istituisce un tribunale arbitrale.

[2] Il tribunale arbitrale stabilisce un piano sociale mediante lodo vincolante.

Literatur

Vgl. die Literaturhinweise zu Art. 335h.

I. Allgemeines

Nach der Konzeption der neuen Sozialplangesetzgebung von Art. 335h ff. ist es in erster Linie Aufgabe des Arbeitgebers und seines nach Art. 335i Abs. 3 bestimmten Verhandlungspartners, einen Sozialplan auszuhandeln. Für den Fall, dass sich die Parteien nicht einigen können oder eine Partei sogar ganz die Verhandlungen verweigert, führte der Gesetzgeber gewissermassen als Ausweg aus der Sackgasse mit Art. 335j eine gesetzlich vorgesehene **Zwangsschiedsgerichtsbarkeit** ein, mit welcher der Sozialplan autoritär durch Schiedsspruch und damit auch gegen den Willen einer Partei erlassen werden kann. Die neue Bestimmung ist relativ zwingender Natur (Art. 362). 1

Diesem neu geschaffenen Instrument ist in der Literatur **fundierte Kritik** erwachsen, sowohl ganz grundsätzlicher Art, weil es einen *Fremdkörper* im privaten Arbeitsrecht darstelle und bewährte Konfliktlösungsmechanismen ausser Kraft setze (s. z.B. BK-Rehbinder/Stöckli, N 6 ff.), aber auch – und vor allem – in handwerklicher Hinsicht, weil die neue Gesetzgebung *gravierende Lücken* aufweise und wichtige Fragen gänzlich ungelöst lasse (s. z.B. Müller, ARV 2014, 242 f.: «pathologische Schiedsklausel» m.V. auf BGE 130 III 66 E. 3.1; Widmer, Jusletter 29.9.2014). In dieses ernüchternde Bild passt, dass die Botschaft zum Sanierungsrecht dem neuen Art. 335j nur gerade eine halbe Seite widmete. Es fand insb. keine Diskussion darüber statt, dass mit der Einführung der neuen Bestimmung bei richtiger Betrachtungsweise eine gesetzliche Beschränkung der verfassungsrechtlich gewährleisteten Arbeitskampfgarantie (Art. 28 Abs. 3 BV) einher ging (Vischer/Müller, 318 f.; BK-Rehbinder/Stöckli, N 9). Dies mit der Folge, dass ein Streik für bessere Bedingungen im gesetzlich vorgeschriebenen Sozialplan durch die Einführung der Zwangsschiedsgerichtsbarkeit gemäss Art. 335j ausgeschlossen wird bzw. rechtswidrig wäre (Müller, ARV 2014, 247; Wyler/Heinzer, 563; Vischer/Müller, 318 f.; s.a. Bäni, ArbR 2013, 99; BK-Rehbinder/Stöckli, N 9; Widmer, Jusletter 29.9.2014, Rz 43; **a.A.** nach Scheitern der Verhandlungen Brühwiler, N 1; Schwaab, ARV 2013, 288). 2

II. Keine Einigung der Parteien (Abs. 1)

Können sich die Parteien im Rahmen ihrer Verhandlungen nicht auf einen Sozialplan einigen, so muss ein Schiedsgericht bestellt werden (Art. 335j Abs. 1). Das Gesetz schweigt sich darüber aus, wann eine Nichteinigung vorliegt. Faktisch hat es jede Partei in der Hand, das Scheitern der Verhandlungen durch Verhandlungsabbruch zu bewirken und das Schiedsgericht anzurufen. Die Parteien können diesen Schritt auch gemeinsam tun, müssen es aber nicht (Brühwiler, N 1). In der Regel wird wohl die Arbeitnehmerseite das Schiedsgericht anrufen, etwa wenn sie die vom Arbeitgeber offerierten Sozialplanleistungen als ungenügend ansieht, der Arbeitgeber den Ausnahmetatbestand von Art. 335h Abs. 2 anruft oder die Verhandlungen ganz verweigert (s.a. Brühwiler, N 1). Im letzteren Fall wäre auch eine Leistungsklage unter Androhung der Ungehorsamsstrafe nach Art. 292 StGB denkbar (s. Art. 335i N 2). Weigert sich eine Partei, überhaupt Verhandlungen aufzunehmen, ist ihr nach der hier vertretenen Auffassung das Recht zur Anrufung des Schiedsgerichts zu versagen und steht dieses lediglich der verhandlungswilligen Gegenpartei zu. 3

III. Bestellung des Schiedsgerichts

Es war der Wille des Gesetzgebers, den Parteien volle Freiheit bei der Bestellung des Schiedsgerichts zu belassen (Botschaft Sanierungsrecht, BBl 2010, 6500). In Frage kommen nach der Botschaft z.B. die eidgenössische oder eine kantonale Einigungsstelle bei kollektiven Arbeitsstreitigkeiten, ein paritätisches Schlichtungs- oder Schiedsorgan, wenn der Arbeitgeber an einen Gesamtarbeitsvertrag gebunden ist, ein ad-hoc-Schiedsorgan oder eine einzige Vertrauensperson (Botschaft Sanierungsrecht, BBl 2010, 6500). Wie bei anderen Schiedsverfah- 4 ren dürfte die Einsetzung eines Dreierschiedsgerichts häufig sein, bei dem jede Partei einen Schiedsrichter ernennt und diese dann den Obmann bestimmen (VISCHER/MÜLLER, 319). Können sich die Parteien nicht auf die Bestellung einigen, ist nach Art. 353 ff. ZPO vorzugehen, was zur Bestellung durch das zuständige staatliche Gericht führt (Art. 356 i.V.m. Art. 363 ZPO; WIDMER, Jusletter 29.9.2014, Rz 48; BRÜHWILER, N 3; **a.A.** SCHWAAB, ARV 2013, 289). Ungelöst bleibt nach dem Gesetzestext der Fall, dass die Verhandlungen scheitern bzw. gar nicht erst beginnen, aber keine Partei das Schiedsgericht anruft. Selbst wenn man aus Abs. 1 («[...] muss ein Schiedsgericht bestellt werden») eine Anrufungs*pflicht* ableiten wollte, würde es jedenfalls an einer griffigen Sanktion fehlen, welche die Parteien zur Anrufung zwingt. Klar ist auch, dass sich das Schiedsgericht nicht von selber bestellt (s.a. IANNI, 173), so dass ein Untätigbleiben der Verhandlungsparteien den weiteren Fortgang faktisch blockiert, bis eine Partei doch noch das Schiedsgericht anruft.

IV. Schiedsverfahren

5 Das Schiedsverfahren richtet sich nach Art. 353 ff. und insb. Art. 372 ff. ZPO (Botschaft Sanierungsrecht, BBl 2010, 6500; differenzierend SCHWAAB, ARV 2013, 289, wenn eine staatliche Einigungsstelle bestellt wird). Die Parteien können sich aber auch auf eine andere Schiedsordnung einigen (BRÜHWILER, N 4; WIDMER, Jusletter 29.9.2014, Rz 44). Ausführlich zu den zahlreichen noch ungeklärten Fragen im Zusammenhang mit dem Ablauf des Schiedsverfahrens, insb. zur für die Praxis bedeutsamen Frage der Kostentragung, MÜLLER, ARV 2014, 242 ff. und WIDMER, Jusletter 29.9.2014, Rz 42 ff.

V. Inhalt und Verbindlichkeit des Schiedsspruchs (Abs. 2)

6 Mit dem Schiedsspruch wird der Sozialplan **autoritär festgesetzt**. Art. 335j gibt dem Schiedsgericht weder qualitative noch quantitative Vorgaben in Bezug auf den Inhalt des von ihm festzusetzenden Sozialplans. Stets muss es sich aber um Massnahmen handeln, mit denen im Sinne der Legaldefinition von Art. 335h Abs. 1 Kündigungen vermieden, deren Zahl beschränkt oder deren Folgen gemildert werden. Das Schiedsgericht hat ausserdem zwingend Art. 335h Abs. 2 zu beachten, wonach der Sozialplan den Fortbestand des Betriebs nicht gefährden darf (dazu Art. 335h N 13 ff.). Auch kann dem Arbeitgeber im Schiedsspruch nicht verboten werden, die beabsichtigten Kündigungen auszusprechen (so zutreffend BRÜHWILER, N 4). Im Übrigen hat das Schiedsgericht den Entscheid nach Billigkeit, unter Berücksichtigung der finanziellen Leistungsfähigkeit des Arbeitgebers und der beruflichen und persönlichen Folgen für die betroffenen Arbeitnehmer zu fällen (VISCHER/MÜLLER, 319; BRÜHWILER, N 4).

7 Der Entscheid des Schiedsgerichts ist **verbindlich** (Art. 335j Abs. 2), und zwar nicht nur für die beteiligten Prozessparteien, sondern auch für betroffene Dritte. Dies bedeutet insb., dass vom Sozialplan erfasste Arbeitnehmer direkt gestützt auf den Schiedsspruch Ansprüche gegen den Arbeitgeber erheben können (BRÜHWILER, N 4 spricht in diesem Zusammenhang von einer normativen Wirkung). Aus dem verbindlichen Charakter des Schiedsspruchs folgt weiter, dass eine nachträgliche Anfechtung im Insolvenzverfahren nicht mehr möglich ist, auch nicht im Rahmen einer paulianischen Anfechtung (BK-REHBINDER/STÖCKLI, N 6; Botschaft Sanierungsrecht, BBl 2010, 6500). Hingegen besteht die Möglichkeit des Weiterzugs ans BGer mittels Beschwerde nach Art. 389 ff. ZPO (MÜLLER, ARV 2014, 247; VISCHER/MÜLLER, 319), was aber abgesehen von formellen Mängeln im Wesentlichen nur eine Willkürprüfung erlaubt (Art. 393 ZPO; BRÜHWILER, N 6).

Art. 335*k*

d. Während eines Konkurs- oder eines Nachlassverfahrens	**Die Bestimmungen über den Sozialplan (Art. 335h–335j) gelten nicht bei Massenentlassungen, die während eines Konkurs- oder Nachlassverfahrens erfolgen, das mit einem Nachlassvertrag abgeschlossen wird.**
d. Licenciement collectif pendant une procédure de faillite ou de concordat	Les dispositions relatives au plan social (art. 335h à 335j) ne s'appliquent pas en cas de licenciement collectif effectué pendant une procédure de faillite ou une procédure concordataire qui aboutit à la conclusion d'un concordat.
d. Durante un fallimento o una procedura concordataria	Le disposizioni sul piano sociale (art. 335h–335j) non si applicano ai licenziamenti collettivi operati durante un fallimento o una procedura concordataria conclusa con un concordato.

Literatur

Vgl. die Literaturhinweise zu Art. 335h.

Die Bestimmungen über den Sozialplan (Art. 335h–335j) gelten nicht bei Massenentlassungen, die während eines Konkurs- oder Nachlassverfahrens erfolgen, das mit einem Nachlassvertrag abgeschlossen wird. In diesen Konstellationen entfällt also die Pflicht des Arbeitgebers, einen Sozialplan zu verhandeln bzw. abzuschliessen, auch wenn ansonsten die vorausgesetzten Quoren von Art. 335i erfüllt sind. Hintergrund dieser Ausnahmeregelung ist, dass ein Unternehmen, das sich in der Insolvenz befindet, in der Regel ohnehin nicht über die finanziellen Mittel für einen Sozialplan verfügt bzw. eine gesetzliche Sozialplanpflicht in einer solchen Situation Sanierungsvorhaben gefährden könnte (BK-REHBINDER/STÖCKLI, N 2; Botschaft Sanierungsrecht, BBl 2010, 6501). Ausserdem befürchtete der Gesetzgeber ungerechtfertigte Privilegierungen unter den Gläubigergruppen sowie eine Überforderung der Insolvenzorgane (Botschaft Sanierungsrecht, a.a.O.). Nicht zu überzeugen vermag das weitere Argument in der Botschaft, die Arbeitnehmerschaft habe im Rahmen des Konsultationsverfahrens Gelegenheit, den Insolvenzorganen Vorschläge bezüglich der Massnahmen zur Milderung der Kündigungsfolgen zu unterbreiten (Botschaft Sanierungsrecht, a.a.O.). Damit wurde übersehen, dass der mit der SchKG-Revision ebenfalls revidierte Art. 335e Abs. 2 die Anwendbarkeit der Bestimmungen über die Massenentlassung (und damit auch des Konsultationsverfahrens) im Falle des Konkurses und des Nachlassvertrages mit Vermögensabtretung gerade ausschliesst (s.a. BRÜHWILER, N 1). Der Ausnahmetatbestand von Art. 335k ist absolut zwingend (Art. 361). 1

Art. 336

III. Kündigungsschutz
1. Missbräuchliche Kündigung
a. Grundsatz

[1] Die Kündigung eines Arbeitsverhältnisses ist missbräuchlich, wenn eine Partei sie ausspricht:

a. wegen einer Eigenschaft, die der anderen Partei kraft ihrer Persönlichkeit zusteht, es sei denn, diese Eigenschaft stehe in einem Zusammenhang mit dem Arbeitsverhältnis oder beeinträchtige wesentlich die Zusammenarbeit im Betrieb;
b. weil die andere Partei ein verfassungsmässiges Recht ausübt, es sei denn, die Rechtsausübung verletze eine Pflicht aus dem Arbeitsverhältnis oder beeinträchtige wesentlich die Zusammenarbeit im Betrieb;
c. ausschliesslich um die Entstehung von Ansprüchen der anderen Partei aus dem Arbeitsverhältnis zu vereiteln;
d. weil die andere Partei nach Treu und Glauben Ansprüche aus dem Arbeitsverhältnis geltend macht;
e. weil die andere Partei schweizerischen obligatorischen Militär- oder Schutzdienst oder schweizerischen Zivildienst leistet oder eine nicht freiwillig übernommene gesetzliche Pflicht erfüllt.

[2] Die Kündigung des Arbeitsverhältnisses durch den Arbeitgeber ist im Weiteren missbräuchlich, wenn sie ausgesprochen wird:
a. weil der Arbeitnehmer einem Arbeitnehmerverband angehört oder nicht angehört oder weil er eine gewerkschaftliche Tätigkeit rechtmässig ausübt;
b. während der Arbeitnehmer gewählter Arbeitnehmervertreter in einer betrieblichen oder in einer dem Unternehmen angeschlossenen Einrichtung ist, und der Arbeitgeber nicht beweisen kann, dass er einen begründeten Anlass zur Kündigung hatte;
c. im Rahmen einer Massenentlassung, ohne dass die Arbeitnehmervertretung oder, falls es keine solche gibt, die Arbeitnehmer, konsultiert worden sind (Art. 335f).

[3] Der Schutz eines Arbeitnehmervertreters nach Absatz 2 Buchstabe b, dessen Mandat infolge Übergangs des Arbeitsverhältnisses endet (Art. 333), besteht so lange weiter, als das Mandat gedauert hätte, falls das Arbeitsverhältnis nicht übertragen worden wäre.

III. Protéction contre les congés
1. Résiliation abusive
a. Principe

[1] Le congé est abusif lorsqu'il est donné par une partie:
a. pour une raison inhérente à la personnalité de l'autre partie, à moins que cette raison n'ait un lien avec le rapport de travail ou ne porte sur un point essentiel un préjudice grave au travail dans l'entreprise;
b. en raison de l'exercice par l'autre partie d'un droit constitutionnel, à moins que l'exercice de ce droit ne viole une obligation résultant du contrat de travail ou ne porte sur un point essentiel un préjudice grave au travail dans l'entreprise;
c. seulement afin d'empêcher la naissance de prétentions juridiques de l'autre partie, résultant du contrat de travail;
d. parce que l'autre partie fait valoir de bonne foi des prétentions résultant du contrat de travail;
e. parce que l'autre partie accomplit un service obligatoire, militaire ou dans la protection civile, ou un service civil, en vertu de la législation fédérale, ou parce qu'elle accomplit une obligation légale lui incombant sans qu'elle ait demandé de l'assumer.

[2] Est également abusif le congé donné par l'employeur:
a. en raison de l'appartenance ou de la non-appartenance du travailleur à une organisation de travailleurs ou en raison de l'exercice conforme au droit d'une activité syndicale;
b. pendant que le travailleur, représentant élu des travailleurs, est membre d'une commission d'entreprise ou d'une institution liée à l'entreprise et que l'employeur ne peut prouver qu'il avait un motif justifié de résiliation;
c. sans respecter la procédure de consultation prévue pour les licenciements collectifs (art. 335f).

[3] Dans les cas prévus à l'al. 2 let. b, la protection du représentant des travailleurs dont le mandat a pris fin en raison d'un transfert des rapports de travail (art. 333) est maintenue jusqu'au moment où ce mandat aurait expiré si le transfert n'avait pas eu lieu.

III. Protezione dalla disdetta
1. Disdetta abusiva
a. Principio

[1] La disdetta è abusiva se data:
a. per una ragione intrinseca alla personalità del destinatario, salvo che tale ragione sia connessa con il rapporto di lavoro o pregiudichi in modo essenziale la collaborazione nell'azienda;
b. perché il destinatario esercita un diritto costituzionale, salvo che tale esercizio leda un obbligo derivante dal rapporto di lavoro o pregiudichi in modo essenziale la collaborazione nell'azienda;
c. soltanto per vanificare l'insorgere di pretese del destinatario derivanti dal rapporto di lavoro;
d. perché il destinatario fa valere in buona fede pretese derivanti dal rapporto di lavoro;
e. perché il destinatario presta servizio obbligatorio svizzero, militare o di protezione civile, oppure servizio civile svizzero o adempie un obbligo legale non assunto volontariamente.

[2] La disdetta da parte del datore di lavoro è abusiva segnatamente se data:
a. per l'appartenenza o la non appartenenza del lavoratore a un'associazione di lavoratori o per il legittimo esercizio di un'attività sindacale da parte del lavoratore;

b. durante il periodo nel quale il lavoratore è nominato rappresentante dei salariati in una commissione aziendale o in un'istituzione legata all'impresa e il datore di lavoro non può provare che aveva un motivo giustificato di disdetta;
c. nel quadro di un licenziamento collettivo, qualora non siano stati consultati la rappresentanza dei lavoratori o, in mancanza, i lavoratori medesimi (art. 335f).

[3] Nei casi previsti dal capoverso 2 lettera b, la tutela dei rappresentanti dei lavoratori il cui mandato sia cessato in seguito al trasferimento del rapporto di lavoro (art. 333) continua fino al momento in cui il mandato sarebbe cessato se non fosse sopravvenuto il trasferimento del rapporto di lavoro.

Literatur

AUBERT, L'abus de droit en droit suisse du travail, in: L'abus de droit, Saint-Étienne 2001, 101 ff.; DERS., La protection de l'exercise des droits constitutionnels dans le cadre des rapports de travail, in: Présence et actualité de la Constitution dans l'ordre juridique, Basel/Frankfurt a.M./Genf 1991, 83 ff.; AUBRY GIRARDIN, Licenciement abusif et jurisprudence récente, SJ 2007 II, 51 ff.; BARBEY, Les congés abusives du contrat de travail, in: Journée 1993 de droit du travail et de la sécurité sociale, Zürich 1994, 71 ff.; BARTH, Die Änderungskündigung im Arbeitsrecht, Diss., Zürich 1990; BERSIER, La résiliation abusive du contrat de travail, SJZ 1993, 313 ff.; BESSENICH, Die arbeitsrechtlichen Folgen der Betreuung eines kranken Kindes für die Eltern, SJZ 1992, 41 ff.; CAMASTRAL, Grundrechte im Arbeitsverhältnis, Diss., Chur/Zürich 1996; CARRANZA/MICOTTI, Besprechung von BGer 4A_2/2008 – Whistleblowing, secret bancaire, licenciement abusive, AJP 2009, 115 ff.; DANTHE, Conflits au travail – Sanctions, in: Conflits au travail, Genf/Zürich/Basel 2015, 109 ff.; DORMANN, Die Zulässigkeit und die Rechtsfolgen einer Kündigung bei einem Verstoss gegen Kündigungsbeschränkungen, AJP 2011, 1069 ff.; DUNAND, Liberté de licenciement en droit suisse, Anwaltsrevue 2006, 319 ff.; DERS., La jurisprudence de la Cour de cassation civile neuchâteloise en matière de licenciement abusif (art. 336 à 336b CO), RJN 2003, 51 ff.; DUNAND/TORNARE, «Personne de confiance» et prévention des conflits au travail, FS für Jean-Fritz Stöckli, Zürich/St. Gallen 2014, 151 ff.; DIES., L'obligation de l'employeur de prévenir les conflits interpersonnels (sources, concrétisation et responsabilité), in: Conflits au travail, Genf/Zürich/Basel 2015, 29 ff.; EHRENSTRÖM, Système de réforme des indemnités en cas de résiliation de rapports de travail de droit privé, Jusletter 20.6.2011; FARNER, Missbräuchliche Kündigung und fristlose Entlassung nach der Novelle über den Kündigungsschutz vom 18.3.1988, ArbR 1992, 23 ff.; DERS., Der arbeitsrechtliche Kündigungsschutz – Plädoyer für eine Reform, FS für Jean-Fritz Stöckli, Zürich/St. Gallen 2014, 193 ff.; GABATHULER, Die Kündigungsfreiheit kommt ins Wanken, plädoyer 5/2008, 32 ff.; DERS., Kündigungsschutz revisionsbedürftig, plädoyer 5/2002, 28 ff.; GEISER, Die Änderungskündigung im schweizerischen Arbeitsrecht, AJP 1999, 60 ff.; DERS., Schutz vor missbräuchlicher Kündigung im Arbeitsvertragsrecht (Art. 336 ff. OR), ZBJV 1993, 757 ff.; GLOOR, Le congé-modification et l'acceptation de l'offre modificative abusive, ARV 2008, 249 ff.; DERS., Kopftuch an der Kasse, ARV 2006, 1 ff.; GREMPER, Arbeitsrechtliche Aspekte der Ausübung verfassungsmässiger Rechte, Basel 1993; GREMPER/HENSCH, Diskriminierende Entlassung, in: Stellenwechsel und Entlassung, Handbücher für die Anwaltspraxis (HAP), Bd. II, 2. Aufl., Basel 2012, 251 ff.; HEFTI, Der Schutz vor ordentlichen Kündigungen bei gesetzlichen Dauerschuldverhältnissen – insbesondere beim Arbeitsvertrag, Diss., St. Gallen 1992; HUMBERT, Der neue Kündigungsschutz im Arbeitsrecht, Diss., Winterthur 1991; DERS., Die missbräuchliche Kündigung im Spannungsfeld zwischen Kündigungsfreiheit, Generalklausel von Art. 336 OR und Fürsorgepflicht des Arbeitgebers, AJP 2011, 1471 ff.; JOERIN, Die arbeitsrechtliche Änderungskündigung und deren rechtliche Zulässigkeit, Diss., Basel 2006; KLETT, Rachekündigung, in: Stellenwechsel und Entlassung, Handbücher für die Anwaltspraxis (HAP), Bd. II, 2. Aufl., Basel 2012, 285 ff.; KOLLER TH., Ordentliche, fristlose und missbräuchliche Kündigung des Arbeitsvertrages, AJP 1995, 1251 ff.; DERS., Wann ist eine Änderungskündigung im Arbeitsrecht rechtsmissbräuchlich?, AJP 1997, 1565 ff.; MEYER-BLASER, Résiliation abusive du contrat de travail, in: Droit du travail, droit des assurances sociales, Lausanne 1994, 169 ff.; MILANI, Die Geltendmachung von Entschädigungsansprüchen infolge Anstellungsdiskriminierungen bei privatrechtlichen Arbeitsverhältnissen im erstinstanzlichen gerichtlichen Entscheidverfahren, ArbR 2011, 39 ff.; MURER, Diskriminierung wegen der Religion in der Arbeitswelt?, in: Religion und Integration aus der Sicht des Rechts, Zürich/Basel/Genf 2010, 175 ff.; MÜNCH, Arbeitsrechtlicher Kündigungsschutz, AJP 1996, 1094 ff.; NEF, Aktuelle Probleme im arbeitsrechtlichen Kündigungsschutz, SJZ 1992, 97 ff.; NORDMANN, Die missbräuchliche Kündigung im schweizerischen Arbeitsvertragsrecht unter besonderer Berücksichtigung des Gleichstellungsgesetzes, Diss., Basel 1998; PÄRLI, Missbräuchliche Kündigung – Sanktionen wenig abschreckend, plädoyer 3/2011, 33 ff.; DERS., Altersgrenzen als Diskriminierungsproblem, in: Innovatives Recht – FS für Ivo Schwander, Zürich/St. Gallen 2011, 107 ff.; PIETRUSZAK, Besprechung des Urteils des Bundesgerichts vom 2.12.2008 (4A_291/2008) – Zulässiger Lohnabzug am Jahresende wegen aufgelaufender Minusstunden? Missbräuchliche Kündigung wegen fehlender Suche nach anderweitigen Beschäftigungsmöglichkeiten?, ARV 2009, 124 ff.; PORTMANN/STREULI-NIKOLIC, Schutz vor Altersdiskriminierung im Arbeitsleben – Ausgewählte Aspekte der Rechtslage in der Schweiz, in: Wachter (Hrsg.), Jahrbuch Altersdiskriminierung, Wien/Graz 2012, 159 ff.; REITER, Die Reformbedürftigkeit des Rechts der missbräuchlichen Kündigung im Lichte des Menschenrechtsschutzes, AJP 2006, 1087 ff.; DIES., Missbräuchlichkeit einer Kündigung zufolge Führungsmangel, AJP 2008, 543 ff.; ROSENTHALER, Der Arbeitnehmer im Stiftungsrat einer Pensionskasse, Diss., Basel 2009; RUDOLPH, Aktuelle Fragen im Arbeitsrecht – Neuere Entwicklungen zum sachlichen Kündigungsschutz, TREX 2009, 152 ff.; DERS., Die neuere bundesgerichtliche Rechtsprechung zum sachlichen Kündigungsschutz, Jusletter 20.6.2011; DERS., Konflikte am Arbeitsplatz und Kündigung, ARV 2011, 77 ff.; SATTIVA SPRING, Le licenciement abusif pour des motifs non énumérés à l'article 336 CO, in: Panorama en droit de travail, Bern 2009, 275 ff.; SCHWAAB, Les règles de l'OIT sur la protection contre le licenciement, Jusletter 20.6.2011; SCHWAB, La protection contre le licenciement abusif, ARV 2010, 153 ff.; SENTI, Der Schutz vor Kündigung aus wirtschaftlichen Gründen im schweizerischen Arbeitsrecht, Diss., Bern/Stuttgart/Wien 1998; STAROBINSKI, L'application judiciaire des nouvelles règles sur les congés abusifs, in: Droit du travail, droit des assurances sociales, Lausanne 1994, 131 ff.; STÖCKLI, Rechtlicher Schutz vor Verlust des Arbeitsplatzes, FS zum Schweizerischen Juristentag 2004, Basel 2004, 195 ff.; STUDER, Wenig Schutz für Gewerkschafter, plädoyer 3/2012, 23 f.; TARNUTZER-MÜNCH, Kündigungsschutz, in: Stellenwechsel und Entlassung, Handbücher für die Anwaltspraxis (HAP), Bd. II, 2. Aufl., Basel 2012, 53 ff.; TROXLER, Der sachliche Kündigungsschutz nach Schweizer Arbeitsvertragsrecht, Zürich 1993; DERS., Sachlicher Kündigungsschutz bei Kündigungen während der Probezeit, ArbR 1992, 47 ff.; WILDHABER, Kündigung von Arbeitnehmervertretern aus wirtschaftlichen Gründen, Jusletter 2.7.2012; ZIEGLER, Das Verbot von Kündigungsgründen, Diss., Bern 1986; ZOSS, La résiliation abusive du contrat de travail, Diss., Lausanne 1997; vgl. ausserdem die Literaturhinweise zur Einleitung vor Art. 319 ff., zu Art. 335 sowie zu Art. 321a für das Whistleblowing.

I. Allgemeines

1 Das Recht zur ordentlichen Kündigung bzw. der Grundsatz der Kündigungsfreiheit wird durch eine Anzahl von Vorschriften sachlich (Art. 336–336b) und zeitlich (Art. 336c–336d) beschränkt. Dadurch wird dem Arbeitsverhältnis ein gewisser Kündigungsschutz gewährt. Die Art. 336–336b befassen sich mit dem sog. **sachlichen Kündigungsschutz**. Dieser Schutz, ursprünglich als Arbeitnehmerschutz gedacht, erfolgt jetzt – mindestens theoretisch und teilweise – im *Interesse beider Vertragsparteien*. Wenn die Parteien jedoch darüber einig sind, können sie bei Beendigung des Arbeitsverhältnisses auch auf den Kündigungsschutz ganz oder teilweise verzichten, denn nach dem Grundsatz der Vertragsfreiheit ist ein Aufhebungsvertrag jederzeit zulässig, wenn keine Umgehung des Kündigungsschutzes beabsichtigt ist (Art. 335 N 27 ff.). Umgekehrt kann der gesetzliche Kündigungsschutz aber auch verbessert werden: es können weitere sachliche Kündigungsbeschränkungen auch einseitig zugunsten des Arbeitnehmers aufgestellt werden (das Kündigungsrecht des Arbeitgebers wird z.B. auf bestimmte, im GAV näher umschriebene Gründe beschränkt).

2 Die gesetzlichen Vorschriften über den Kündigungsschutz setzen einen **rechtswirksamen Arbeitsvertrag** voraus. Sie kommen daher nicht zur Anwendung, wenn das Arbeitsverhältnis wegen eines Rechtsmangels aufgelöst wird. Insbesondere sind die Parteien durch die Kündigungsschutzvorschriften nicht gehindert, den Vertrag wegen *Willensmangels* rückwirkend bzw. mit Wirkung für die Zukunft aufzulösen (Art. 320 N 23 ff., 36).

3 Der sachliche Kündigungsschutz, den das schweizerische Recht gewährt, bleibt unter dem europäischen Standard. Untersagt ist lediglich die **missbräuchliche Kündigung**. Wer das Arbeitsverhältnis aus Gründen kündigt, die das Gesetz als missbräuchlich kennzeichnet, kann zudem gleichwohl das Arbeitsverhältnis beenden und muss der anderen Partei lediglich eine Entschädigung zahlen (Art. 336a Abs. 1; s.a. BGer, ARV 2013, 136: keine Nichtigkeitsfolge, sondern lediglich Ergänzung des gesetzlichen Missbrauchsregime in einem Genfer GAV). Der sachliche Kündigungsschutz besteht auch während der **Probezeit** (h.L. und Rechtsprechung; **a.A.** TROXLER, Der sachliche Kündigungsschutz nach Schweizer Arbeitsvertragsrecht, 36 ff.). Es ist allerdings im Einzelfall zu prüfen, ob eine Kündigung, die einen Tatbestand

nach Art. 336 erfüllt bzw. in einem Arbeitsverhältnis nach Beendigung der Probezeit als missbräuchlich angesehen würde, mit Blick auf den durch die Probezeit verfolgten Zweck dennoch als zulässig erscheint (BGE 134 III 110 f.; BGer, ARV 2010, 26; s.a. BGer, JAR 2008, 286). Es ist Ausfluss der in die Probezeit nachwirkenden Abschlussfreiheit, dass die Kündigung auch dann zulässig ist, wenn den Arbeitnehmer an der unbefriedigenden Situation kein Verschulden trifft. Dieser kann insb. nicht verlangen, dass der Arbeitgeber das Arbeitsverhältnis fortsetzt, wenn bereits während der Probezeit Schwierigkeiten bei der Zusammenarbeit mit dem übrigen Personal erkennbar werden (BGer, ARV 2010, 26).

Wegen Missbräuchlichkeit der Kündigung lässt sich **nicht** unmittelbar auf deren **Widerrechtlichkeit** schliessen. Von aussergewöhnlichen Umständen abgesehen ist Art. 2 ZGB nicht als umfassende Schutznorm zu betrachten, deren Verletzung eine Haftung nach Art. 41 Abs. 1 nach sich zieht (BGer, ARV 2009, 307). **3a**

II. Vom Gesetz aufgezählte missbräuchliche Kündigungsgründe

1. Kündigung wegen persönlicher Eigenschaften (Diskriminierungskündigung)

Grundsätzlich missbräuchlich ist die Kündigung wegen einer **Eigenschaft**, die der anderen Partei kraft ihrer Persönlichkeit zusteht (Art. 336 Abs. 1 lit. a). Indessen anerkennt das Gesetz zwei **Rechtfertigungsgründe**: Die Missbräuchlichkeit entfällt, wenn die Eigenschaft in einem Zusammenhang mit dem Arbeitsverhältnis steht oder wenn sie die Zusammenarbeit im Betrieb wesentlich beeinträchtigt. **4**

Persönliche Eigenschaften der anderen Vertragspartei, die weder einen Bezug zum Arbeitsverhältnis haben noch das Betriebsklima wesentlich beeinträchtigen, sind i.d.R. Rasse, Religion, Homosexualität, Alter und Vorstrafen, sofern diese keinen Zusammenhang mit der beruflichen Tätigkeit aufweisen (AGer ZH, JAR 1991, 249). Demgegenüber stehen persönliche Eigenschaften namentlich dann in einem **Zusammenhang mit dem Arbeitsverhältnis**, wenn sie sich auf die Erfüllung der *Arbeits- oder der Treuepflicht* des Arbeitnehmers auswirken (vgl. BGE 127 III 88). Allgemein ist die Kündigung nicht missbräuchlich, wenn sie vom Arbeitgeber ausgesprochen wird, weil er begründeterweise die Arbeitsleistung des Arbeitnehmers als unbefriedigend erachtet (TAPP TI, JAR 2001, 157). Nicht missbräuchlich ist die Kündigung auf Grund eines erheblichen Verdachts, wenn das Vertrauensverhältnis beeinträchtigt ist (BGer, JAR 2005, 187: Verhaftung eines gewalttätigen Arbeitnehmers am Arbeitsort mit anschliessender Untersuchungshaft; BGer, JAR 1995, 151; s. zur Verdachtskündigung im Übrigen Art. 337 N 23). Nach BGE 125 III 74 kann die **Störung des Betriebsklimas** eine Kündigung wegen persönlicher Eigenschaften nur rechtfertigen, wenn der Arbeitgeber vorher zumutbare Massnahmen ergriffen hat, um die Lage zu entspannen (Ausfluss der Fürsorgepflicht; Näheres in N 8a). **5**

Was die Treuepflicht betrifft, sind an das Verhalten von **Kadermitgliedern** in Anbetracht des besonderen Vertrauensverhältnisses und der Verantwortung, die ihre Funktion im Betrieb mit sich bringt, strengere Massstäbe anzulegen (BGer, ARV 2008, 200). Ein zum Kader gehörender Arbeitnehmer, der wenige Monate nach der Anstellung mit den Untergebenen über seine Meinungsverschiedenheiten mit der Direktion spricht und gleichzeitig dem Arbeitgeber bekannt gibt, dass er unter der neuen Direktion nicht arbeiten und seine Arbeitsstelle verlassen will, zerstört die für jedes Arbeitsverhältnis unerlässliche Vertrauensgrundlage und verletzt seine Treuepflicht. Der erforderliche Zusammenhang zwischen Kündigungsgrund und Arbeitsverhältnis ist gegeben und die Kündigung daher nicht missbräuchlich (BGE 127 III 89 f.). Erhöhte Anforderungen gelten auch bei Arbeitnehmern von Tendenzbetrieben (OGer ZH, JAR 2002, 172). **5a**

Zu den persönlichen Eigenschaften, die sich auf die Erfüllung der Arbeitspflicht auswirken können, zählen u.a. **Krankheiten**. Es ist daher zulässig, nach Ablauf des zeitlichen Kündi- **6** gungsschutzes jemandem wegen einer die Arbeitsleistung beeinträchtigenden Krankheit zu kündigen (BGE 123 III 255; BGer, ARV 2004, 244).

7 Zu den persönlichen Eigenschaften i.S.v. Art. 336 Abs. 1 lit. a gehört, wie bereits erwähnt, auch das **Alter**. In BGer, ARV 2009, 219 wurde die Missbräuchlichkeit verneint bei der Entlassung eines älteren, lange Zeit im Dienst des gleichen Arbeitgebers stehenden Arbeitnehmers, der nicht mehr in der Lage war, die ihm zugewiesenen Aufgaben zufriedenstellend auszuführen (s.a. grundsätzlich BGer, 17.2.2014, 4A_399/2013, wonach eine ordentliche Kündigung bei Erreichen des Pensionsalters – vorbehältlich besonderer Umstände – nicht missbräuchlich sei). Nach BGer, ARV 2008, 121 ist die Entlassung eines 57-jährigen Arbeitnehmers nach 33 Jahren Anstellung und 8 Jahre vor der Pensionierung nicht missbräuchlich, wenn der Arbeitnehmer nicht nachweisen kann, dass er auf einer anderen Stelle im Betrieb des Arbeitgebers hätte weiterbeschäftigt werden können (s. aber BGE 132 III 115). Gemäss BGer, ARV 2008, 123 darf bei der Frage der Missbräuchlichkeit einer Kündigung nicht einzig auf das Alter eines Arbeitnehmers abgestellt werden. Nach der neueren bundesgerichtlichen Rechtsprechung ist bei der Entlassung älterer Arbeitnehmer generell eine verstärkte Rücksichtnahme geboten (Näheres zum Ganzen mit weiterer Praxis in N 24).

8 Ob auch ein **persönliches Verhältnis** des Arbeitnehmers zu einer Drittperson eine persönliche Eigenschaft im Sinne dieser Bestimmung ist, wurde in BGer, ARV 2002, 148 f. offengelassen (i.c. wurde eine Arbeitnehmerin eines Unternehmens, das auf dem Gebiet der medizinischen Forschung tätig ist, entlassen, weil sie ein Verhältnis zu einem ehemaligen Direktor dieses Unternehmens unterhielt, der zu einer Konkurrenzfirma gewechselt hatte). Jedenfalls besteht nach diesem Entscheid ein die Missbräuchlichkeit ausschliessender Zusammenhang zwischen persönlichem Verhältnis und Arbeitsverhältnis, wenn das persönliche Verhältnis den Arbeitnehmer einer erhöhten Gefährdung aussetzt, die *Geheimhaltungspflicht* (willentlich oder unwillentlich) zu verletzen. Die Kündigung ist in diesem Fall selbst dann nicht missbräuchlich, wenn sie rein vorsorglich erfolgt (BGer, ARV 2002, 149; im gleichen Sinne CAPH GE, JAR 2002, 242; **anders** OGer ZH, JAR 2002, 243, wo auf das Fehlen einer konkreten und nahe liegenden Gefahr einer Geheimnisverletzung abgestellt wurde). In OGer BE, JAR 2010, 442 begründete der Arbeitgeber die Entlassung einer Arbeitnehmerin damit, dass er mit deren Ehemann eine gerichtliche Auseinandersetzung habe, dass daraus Interessenkollisionen resultierten und dass der Ehemann gemäss dessen Eingaben Kenntnis von internen und allgemein nicht zugänglichen Informationen des Arbeitgebers habe. Da der Arbeitnehmerin keine Geheimnisverletzung nachgewiesen werden konnte, nahm das Gericht an, sie sei wegen ihrer Heirat entlassen worden, weshalb die Kündigung missbräuchlich sei. Indem der Entscheid die Gefahrenlage nicht einbezieht, steht er im Widerspruch zur bundesgerichtlichen Rechtsprechung und ist abzulehnen.

8a In früheren Entscheiden hat das BGer ausgeführt, dass eine Kündigung nicht missbräuchlich ist, wenn wegen des **schwierigen Charakters** eines Arbeitnehmers eine konfliktgeladene Situation am Arbeitsplatz entstanden ist, die sich schädlich auf die gemeinsame Arbeit auswirkt, «und wenn der Arbeitgeber zuvor sämtliche ihm zumutbaren Vorkehren getroffen hat, um den Konflikt zu entschärfen» (BGE 132 III 117; ähnlich 125 III 74; s.a. OGer BE, JAR 2011, 413; CAPH GE, JAR 2011, 451). Ungenügende Bemühungen zur Lösung des Konflikts wurden als Verletzung der Fürsorgepflicht gewertet und als Grund für die Missbräuchlichkeit der Kündigung betrachtet. Insofern besteht hier ein enger Zusammenhang mit der Fallgruppe der Ausnutzung eigenen rechtswidrigen Verhaltens (s. N 27 ff.), was am klarsten in BGer, JAR 2004, 317 zum Ausdruck gebracht wurde («L'abus réside dans le fait que l'employeur exploite la propre violation de ses devoirs contractuels»). In BGE 136 III 515 wurde die oben erwähnte Aussage von BGE 132 III 117 und 125 III 74 zwar zitiert, aber ohne die wichtige Einschränkung, dass der Arbeitgeber vor der Kündigung sämtliche ihm zumutbaren Vorkehren *zur Entschärfung* des Konflikts zu treffen habe. Vielmehr hielt das BGer fest, die Schutzbestimmung von Art. 336 Abs. 1 lit. a komme nicht zur Anwendung, wenn dem Arbeitnehmer

Versäumnisse zur Last fielen oder wenn er Charakterschwächen aufweise, die sich schädlich auf die gemeinsame Arbeit auswirken. Ob es sich dabei um Eigenschaften handle, die ihm kraft seiner Persönlichkeit zustehen, könne dabei offenbleiben. Dieser Akzentverschiebung ist zuzustimmen (zur teils wieder anderslautenden Rechtsprechung, die nach BGE 136 III 515 ergangen ist, STREIFF/VON KAENEL/RUDOLPH, N 4). Die vormalige Rechtsprechung bewirkte eine ungerechtfertigte Privilegierung von Arbeitnehmern, welche die Konfliktsituation massgeblich zu vertreten hatten, gegenüber Arbeitnehmern, die aufgrund der Kündigungsfreiheit rechtmässig entlassen werden konnten, ohne dass sie einen begründeten Anlass zur Kündigung gegeben hatten (zur Behandlung *weiterer Konfliktsituationen* s. N 29; zutreffend auch KGer SG, JAR 2009, 591: keine Missbräuchlichkeit, wenn der Arbeitgeber nach Kenntnisnahme der Spannungen eine Verwarnung ausgesprochen und der entlassene Arbeitnehmer selbst die Eskalation des Arbeitskonflikts provoziert hat). Weiterführend zur sog. Konfliktkündigung RUDOLPH, AJP 2011, 77 ff.

2. Kündigung wegen Ausübung verfassungsmässiger Rechte

Eine Kündigung ist grundsätzlich missbräuchlich, wenn sie ausgesprochen wird, weil die andere Partei ein verfassungsmässiges Recht ausübt (Art. 336 Abs. 1 lit. b; z.B. politische Meinungsäusserungen; Kündigung wegen Tragens eines Kopftuches aus religiösen Gründen: BezGer Arbon, JAR 1991, 254). Wie bei der Kündigung wegen persönlicher Eigenschaften statuiert das Gesetz zwei vergleichbare **Rechtfertigungsgründe** (N 4 ff.): Es liegt keine Missbräuchlichkeit vor, wenn die Rechtsausübung eine *Pflicht aus dem Arbeitsverhältnis verletzt* oder die *Zusammenarbeit im Betrieb wesentlich beeinträchtigt*. Gerechtfertigt war die Entlassung eines bei einer Gewerkschaft angestellten Juristen, der enge Beziehungen zu politisch rechts stehenden Parteien und einer kapitalistischen Ideen verpflichteten Kirche unterhielt (BGE 130 III 703). Zur Frage der Intensität, die eine Vertragsverletzung aufweisen muss, um die Missbräuchlichkeit der Kündigung zu beseitigen, BGer, ARV 2012, 42. **9**

Wer seinen *Arbeitgeber öffentlich kritisiert*, macht von seiner Meinungsfreiheit Gebrauch (Art. 16 Abs. 2 BV), darf dabei aber die Treuepflicht nicht verletzen. Soweit die öffentliche Kritik überhaupt zulässig ist, muss sie jedenfalls objektiv und unpolemisch formuliert werden (BGer, ARV 2002, 23 f.; s.a. Art. 337 N 30; zum Whistleblowing Art. 321a N 28). Die Kündigung wegen *Teilnahme an einem rechtmässigen Streik* wird vom BGer nicht unter dem Aspekt der Ausübung eines verfassungsmässigen Rechts (Art. 28 Abs. 3 BV), sondern als Missbrauchstatbestand eigener Art behandelt (N 30c). **10**

Da Art. 336 Abs. 1 lit. b eine Ausnahme vom Grundsatz der Kündigungsfreiheit vorsieht, ist der Begriff der Ausübung eines verfassungsmässigen Rechts nach BGer, ARV 2002, 148 f. *eng auszulegen*; eine zu weite Interpretation liesse die Mehrzahl der Kündigungen missbräuchlich erscheinen, da die verfassungsmässigen Rechte praktisch alle Aspekte des beruflichen und persönlichen Lebens einer Person betreffen (i.c. keine Verletzung des Rechts auf Achtung des Privat- und Familienlebens i.S.v. Art. 8 EMRK; Sachverhalt gemäss N 8). **11**

3. Kündigung zwecks Vereitelung der Entstehung von Ansprüchen

Missbräuchlich ist eine Kündigung mit dem Zweck, die Entstehung von Ansprüchen der anderen Partei aus dem Arbeitsverhältnis zu vereiteln (Art. 336 Abs. 1 lit. c), z.B. des Anspruchs auf Gratifikation zum Jahresende. Dass dies der einzige Kündigungsgrund sein müsse, hat der Gesetzgeber auf Grund der Materialien trotz Verwendung des Wortes «ausschliesslich» nicht zum Ausdruck bringen wollen. Die Entstehung des vereitelten Anspruchs muss aber unmittelbar bevorstehen. Das BGer hat erwogen, dass die Ansprüche nach Art. 336 Abs. 1 lit. c und d aus dem Arbeitsvertrag herrühren müssten, was nicht der Fall sei bei Ansprüchen aus einem Sozialplan in der Form eines Gesamtarbeitsvertrages (JAR 2013, 390; Kritik bei VON KAE- **12**

NEL/RUDOLPH, elektronischer Update-Service zum Praxiskommentar, ‹www.schulthess.com/arbeitsvertrag›, Art. 336 N 7; ebenso zweifelnd WYLER/HEINZER, 636 f.).

4. Rachekündigung

13 Eine Kündigung ist missbräuchlich, wenn ihr Grund darin liegt, dass die andere Partei nach Treu und Glauben Ansprüche aus dem Arbeitsverhältnis geltend macht (Art. 336 Abs. 1 lit. d). Auf die Begründetheit der Ansprüche kommt es nicht an (BGer, ARV 2006, 269; BGer, ARV 2001, 37 f.; BGer, JAR 1994, 204). Die Partei, der gekündigt wurde, ist somit nicht nur in Bezug auf die Geltendmachung tatsächlich bestehender, sondern auch bloss *vermeintlicher Ansprüche* geschützt. In diesem Fall muss sie indessen in guten Treuen daran geglaubt haben, dass ihre Ansprüche bestehen (BGE 123 III 253). Dabei werden keine hohen Anforderungen gestellt; der Anspruch darf bloss nicht schikanös oder leichtfertig erhoben werden (BGer, ARV 2001, 37 f.; s.a. OGer LU, JAR 2011, 534, wo dem Arbeitnehmer auch nicht schadete, dass er die Forderung beim falschen Schuldner geltend gemacht hatte). Indessen erlaubt diese Bestimmung dem Arbeitnehmer nicht, eine an sich zulässige Kündigung zu blockieren oder völlig ungerechtfertigte Ansprüche geltend zu machen (BGE 136 III 515).

14 Der Begriff des «Anspruchs» wird im vorliegenden Zusammenhang von der Praxis nicht im engen technischen Sinn eines Rechts auf ein fremdes Verhalten verstanden, sondern im weiten Sinn einer **Rechtsposition**. Das BGer hat allerdings kürzlich erwogen, dass die Ansprüche nach Art. 336 Abs. 1 lit. c und d aus dem Arbeitsvertrag herrühren müssten, was nicht der Fall sei bei Ansprüchen aus einem Sozialplan in der Form eines Gesamtarbeitsvertrages (JAR 2013, 390; Kritik bei VON KAENEL/RUDOLPH, elektronischer Update-Service zum Praxiskommentar, ‹www.schulthess.com/arbeitsvertrag›, Art. 336 N 7; ebenso zweifelnd WYLER/HEINZER, 636 f.). Ein Anspruch aus dem Arbeitsverhältnis i.S.v. Art. 336 Abs. 1 lit. d wird z.B. geltend gemacht:

- wenn sich die Arbeitnehmerin weigert, eine Lohnreduktion ohne Einhaltung der Kündigungsfrist anzunehmen (BGE 123 III 251; BGer, JAR 2004, 331);
- wenn sich die Arbeitnehmerin weigert, im Rahmen einer Änderungskündigung einen Forderungsverzicht zu unterzeichnen, der berechtigte Ansprüche beschneidet (OGer BE, JAR 2012, 424);
- wenn sich der Arbeitnehmer dagegen wehrt, dass er zum wiederholten Mal auf geplante Ferien verzichten soll (BGer, JAR 1997, 162);
- wenn der Arbeitnehmer den der konkreten Arbeitsbewilligung für Grenzgänger zugrundeliegenden höheren Lohn fordert (BGer, ARV 2001, 37 f.);
- wenn der Arbeitnehmer eine diskriminierende und ihm in unzulässigerweise das Währungsrisiko überwälzende Lohnkürzung ablehnt (KGer BL, JAR 2013, 422);
- wenn die Arbeitnehmerin kurzfristig ins Ausland fährt, um einen schwerkranken nahen Verwandten zu besuchen und sich die Vorgesetzte dem Besuch nicht widersetzt hat (BGer, JAR 1999, 232);
- wenn der Arbeitnehmer eine Lohnerhöhung fordert, wie er sie jeweils in den vorangegangenen Jahren erhalten hat (BGer, JAR 1994, 204);
- wenn der Arbeitnehmer einen vermeintlichen Anspruch auf ein kostenloses Mitarbeiter-Generalabonnement erhebt (OGer LU, JAR 2011, 534);
- wenn die Arbeitnehmerin mehr Lohn fordert und in diesem Zusammenhang einen Gewerkschaftsvertreter einschaltet (OGer ZH, JAR 1998, 196; ähnlich TC FR, JAR 2001, 299);
- wenn der Arbeitnehmer statt Nachtarbeit lieber Tagesarbeit leisten will und die Arbeitszeit im Arbeitsvertrag nicht geregelt wurde (CAPH GE, JAR 2000, 350);
- wenn die Arbeitnehmerin eine Entschädigung für geleistete Überstunden fordert (TPH GE, JAR 2000, 150: i.c. Kaderangehörige);
- wenn der Arbeitnehmer Tätigkeiten wahrnehmen muss, die vertraglich nicht vereinbart waren, und er wegen schlechter Leistungen bei diesen Tätigkeiten entlassen wird (TAPP TI, JAR 2001, 168);

- wenn die Arbeitnehmerin der Arbeit fernbleibt, um ein krankes Kind zu pflegen (AGer ZH, JAR 2002, 319);
- wenn der Arbeitnehmer eine rechtlich fragwürdige Weisung betreffend Stundenerfassung beanstandet (BGE 132 III 121);
- wenn der Arbeitnehmer berechtigterweise die Restrukturierung der Abteilung, in der er tätig ist, in Frage stellt (BGer, JAR 2004, 308);
- wenn der Arbeitnehmer auf der vorläufigen Einhaltung der vertraglich vereinbarten Arbeitszeit von 80 % beharrt (BGE 134 III 108; ähnlicher Fall OGer LU, JAR 2012, 506);
- wenn der Arbeitnehmer rechtswidrige Handlungen und andere Unregelmässigkeiten eines direkten Vorgesetzten unter Preisgabe seiner Identität einer höheren Stelle im Betrieb zur Kenntnis bringt, ein internes Reglement dazu ermutigt und Schutz vor Repressalien zusichert (CAPH GE, JAR 2007, 405);
- wenn der Arbeitnehmer sich weigert, das volle Arbeitspensum wieder aufzunehmen und die Wiederaufnahme von ihm aufgrund seines ärztlich attestierten schlechten Gesundheitszustands nicht gefordert werden kann (BGer, JAR 2009, 266).

5. Kündigung wegen Dienstleistungen und Pflichterfüllungen

Missbräuchlich ist nach Art. 336 Abs. 1 lit. e eine Kündigung, die deshalb erklärt wird, weil die andere Partei schweizerischen obligatorischen Militär- oder Schutzdienst oder schweizerischen Zivildienst leistet oder eine nicht freiwillig übernommene gesetzliche Pflicht erfüllt (namentlich eine Funktion mit Amtszwang wie Geschworener oder Amtsvormund). Eine Kündigung ist auch missbräuchlich, wenn sie ausgesprochen wird, weil eine Arbeitnehmerin anlässlich einer polizeilichen Vernehmung konkrete Fragen im Anschluss an einen Gelddiebstahl im Unternehmen beantwortet hat (BGer, ARV 2009, 48). 15

6. Entlassung wegen Gewerkschaftszugehörigkeit, -nichtzugehörigkeit oder -tätigkeit

Eine Kündigung des Arbeitsverhältnisses durch den Arbeitgeber ist missbräuchlich, wenn ihre Motivation darin liegt, dass der Arbeitnehmer einem Arbeitnehmerverband angehört oder nicht angehört oder dass er eine gewerkschaftliche Tätigkeit rechtmässig ausübt (z.B. Anwerbung von Gewerkschaftsmitgliedern, Art. 336 Abs. 2 lit. a). Im Gegensatz zu Art. 336 Abs. 1 lit. a und b stellt der Umstand, dass durch die Ausübung der gewerkschaftlichen Tätigkeit die Zusammenarbeit im Betrieb wesentlich gestört wird, keinen Rechtfertigungsgrund dar. Eine Kündigung bei gewerkschaftlicher Tätigkeit ist aber nicht per se missbräuchlich, sondern nur, wenn dies das Kündigungsmotiv ist (BGer, JAR 2014, 241; i.c. nicht der Fall, da die Kündigung wegen Pflichtverletzungen erfolgte und der Arbeitgeber von der angeblichen gewerkschaftlichen Tätigkeit des Arbeitnehmers nicht einmal Kenntnis hatte). Das BGer behandelt die Kündigung wegen Teilnahme an einem rechtmässigen Streik nicht unter dem Gesichtspunkt der rechtmässigen Ausübung einer gewerkschaftlichen Tätigkeit, sondern als Missbrauchstatbestand eigener Art (N 30c). Als missbräuchlich wurde die Entlassung eines Vertrauensmanns einer Gewerkschaft taxiert, der verdächtigt wurde, der Gewerkschaft vertrauliche Informationen zugespielt zu haben, worauf er ausspioniert wurde, ohne aber dass sich der Verdacht erhärten liess (CCA TI, JAR 2014, 498). 16

7. Entlassung eines gewählten Arbeitnehmervertreters

Missbräuchlich ist eine Kündigung des Arbeitgebers während der Zeit, da der Arbeitnehmer gewählter Arbeitnehmervertreter in einer betrieblichen oder in einer dem Unternehmen angeschlossenen Einrichtung (z.B. Pensionskasse) ist und der Arbeitgeber nicht beweisen kann, dass er einen begründeten Anlass zur Kündigung hatte (Art. 336 Abs. 2 lit. b). Der Arbeitgeber muss zu seiner Entlastung nicht nur beweisen, dass er begründeten Anlass zur Kündigung hatte, sondern auch, dass er tatsächlich aus jenem Anlass kündigte (BGer, ARV 2014, 268; 17

BGer, JAR 1998, 199). *Begründeter Anlass* ist jeder Grund, der die Kündigung als unvermeidliche und letzte Lösung erscheinen lässt, selbst wenn er nicht schwerwiegend genug ist, eine fristlose Entlassung zu rechtfertigen (BGE 92 II 31; CAPH GE, JAR 2008, 410). In BGer, ARV 2014, 268 genügten ein angeblicher Vertrauensverlust und fehlende Anpassung an den Strukturwandel im Unternehmen nicht, um die gesetzliche Vermutung der Missbräuchlichkeit umzustossen.

18 Der begründete Anlass darf nicht mit der Tätigkeit als Arbeitnehmervertreter zusammenhängen, sondern muss leistungs-, verhaltens- oder betriebsbedingt sein (vgl. BGer, JAR 1995, 154). Die Kündigung gegenüber einem Mitglied der Betriebskommission ist z.B. nicht missbräuchlich, wenn sie aufgrund der objektiv unbefriedigenden Arbeitsleistung ausgesprochen wird (TC VD, JAR 1997, 172). Ein unkooperatives und renitentes Verhalten als Arbeitnehmervertreter bildet hingegen noch keinen begründeten Anlass zur Kündigung (BGE 119 II 157 mit Reduktion der Entschädigung wegen Selbstverschuldens; s.a. den in N 17 erwähnten BGer, ARV 2014, 268).

18a Eine *Entlassung aus wirtschaftlichen Gründen* ist nach bundesgerichtlicher Rechtsprechung grundsätzlich zulässig, ohne dass der Restrukturierungsbedarf durch die schlechte Geschäftslage erwiesen ist; der Arbeitgeber darf Optimierungsmassnahmen treffen, ohne dass er einen schlechten Geschäftsgang abwarten müsste, und er darf die Lohnkosten dort einsparen, wo es sich als betriebswirtschaftlich besonders sinnvoll erweist oder am ehesten sozialverträglich abwickeln lässt, auch wenn Arbeitnehmervertreter davon betroffen sein sollten (BGE 133 III 514; i.c. war die fragliche Stelle dazu geeignet, auf andere Angestellte aufgeteilt und somit eingespart zu werden; krit. KOLLER/MAUERHOFER, ZBJV 2009, 893 ff.). Die Rechtsprechung von BGE 133 III 512, wonach eine Entlassung aus wirtschaftlichen Gründen nicht missbräuchlich ist, soweit kein Zusammenhang mit der Tätigkeit des Angestellten als gewählter Arbeitnehmervertreter besteht, wurde vom BGer bestätigt (BGE 138 III 359, besprochen von PORTMANN, ZBJV 2014, 999 ff.). Mit anderen Worten muss der Arbeitgeber eine Umstrukturierung nicht vorweg zu Lasten anderer Arbeitnehmer vornehmen. Der wirtschaftliche Grund darf jedoch weder vorgeschoben sein (was sich z.B. anhand einer vergleichbaren Neuanstellung zeigen könnte) noch in einer durch die Arbeitnehmervertretung bedingten Leistungseinbusse liegen (BGE 133 III 515). Auch wenn die Entlassung von Arbeitnehmervertretern aus wirtschaftlichen Gründen grundsätzlich zulässig ist, wird der Arbeitgeber mit Vorteil nach alternativen Lösungen (z.B. Versetzungen) suchen, denn die Arbeitnehmervertreter geniessen bei der Belegschaft i.d.R. besonderes Vertrauen, was für den Arbeitgeber namentlich bei Restrukturierungen von Nutzen sein kann (MÜLLER, ARV online 2008 Nr. 40).

19 Dass der Arbeitnehmer in seiner Eigenschaft als Arbeitnehmervertreter aktiv geworden ist, bildet keine Schutzvoraussetzung (BGer, JAR 1998, 199). Auch ein Arbeitnehmervertreter in der dem Unternehmen angeschlossenen *Personalvorsorgeeinrichtung* wird durch Art. 336 Abs. 2 lit. b geschützt. Dabei ist es nicht erforderlich, dass er Organ dieser Einrichtung oder zu deren Vertretung befugt ist; eine mündliche, durch Zeugen bestätigte Ernennung durch die Arbeitnehmer genügt. Ebenfalls nicht erforderlich ist, dass der Arbeitnehmervertreter in dieser Funktion Gesprächspartner des Arbeitgebers war (TAPP TI, JAR 1999, 256). Der Schutz eines Arbeitnehmervertreters, dessen Mandat infolge *Übergangs des Arbeitsverhältnisses* endet (Art. 333), besteht so lange weiter, als das Mandat gedauert hätte, falls das Arbeitsverhältnis nicht übertragen worden wäre (Art. 336 Abs. 3).

8. Massenentlassung ohne Konsultation

20 Im Rahmen einer Massenentlassung sind die vom Arbeitgeber ausgesprochenen Kündigungen missbräuchlich, wenn die Arbeitnehmervertretung oder, falls es keine solche gibt, die Arbeitnehmer nicht i.S.v. Art. 335f konsultiert wurden (Art. 336 Abs. 2 lit. c) bzw. die Konsultation zwar stattfand, sie aber nicht den gesetzlichen Vorgaben entsprach (s. BGer, ARV 2011,

207; diesen Entscheid, soweit er «entièrement conforme» voraussetzt, als zu streng bezeichnend STREIFF/VON KAENEL/RUDOLPH, N 13; weiterer Fall GSGer BS, JAR 2011, 433). Sanktioniert wird nach dieser Bestimmung nur die Verletzung der Mitwirkungsrechte der Arbeitnehmerschaft und nicht diejenige der arbeitsmarktbezogenen Pflichten gegenüber dem Arbeitsamt. Die Verletzung der in Art. 335f Abs. 4 statuierten Pflicht, dem Arbeitsamt eine Kopie der Mitteilung gem. Art. 335f Abs. 3 zuzustellen, hat demnach nicht die Missbräuchlichkeit der Kündigung zur Folge (OGer BE, JAR 2009, 463), ebenso wenig die Verletzung der Sozialplanverhandlungspflicht nach Art. 335h ff. (s. Art. 335i N 2). Den von einer nicht gesetzeskonformen Massenentlassung betroffenen Arbeitnehmern kann eine Entschädigung wegen missbräuchlicher Kündigung nicht verweigert werden mit der Begründung, wegen des Konkurses des Arbeitgebers würden dadurch Drittgläubiger geschädigt (TAPP TI, JAR 1999, 322). Art. 336 Abs. 2 lit. c ist nicht anwendbar auf die Verletzung der Konsultationsrechte bei Betriebsübergang (AGer ZH, JAR 2002, 233).

III. Von der Rechtsprechung anerkannte missbräuchliche Kündigungsgründe

1. Allgemeines

Die **Aufzählung** der Missbrauchsgründe in Art. 336 ist **nicht abschliessend** (BGE 125 III 72; 123 III 251; 121 III 61). Daher kann sich die Partei, der gekündigt wurde, stets darauf berufen, die Kündigung sei missbräuchlich (TC VS, JAR 2001, 283, bestätigt durch das BGer). Auch bei den von der Rechtsprechung anerkannten Missbrauchsgründen gelten die Regeln der Art. 336a und 336b, so dass nicht etwa die Nichtigkeitsfolge des allgemeinen Rechtsmissbrauchsverbots nach Art. 2 Abs. 2 ZGB eintritt. 21

Ein bloss unanständiges, einem geordneten Geschäftsverkehr *unwürdiges Verhalten* des Arbeitgebers reicht nicht aus, um die Kündigung als missbräuchlich erscheinen zu lassen; denn es ist nicht Aufgabe der Rechtsordnung, bloss unanständiges Verhalten zu sanktionieren (BGE 131 III 539). Die *unwahre Begründung* einer Kündigung lässt diese sodann nach der bundesgerichtlichen Rechtsprechung nicht als solche missbräuchlich werden. Ähnlich ein Entscheid des AGer ZH, wonach weder das Verweigern des Kündigungsgesprächs, noch eine unwahre Begründung bzw. die Nichtbekanntgabe der effektiven Kündigungsgründe die Kündigung missbräuchlich machten (JAR 2012, 580). Mangels gesetzlicher Vermutung für die Missbräuchlichkeit einer Kündigung in Fällen fehlender, unwahrer oder unvollständiger Begründung kann sich der Gekündigte nicht mit der Behauptung begnügen, der vom Kündigenden angegebene Kündigungsgrund sei unwahr, ohne seinerseits den tatsächlichen und missbräuchlichen Kündigungsgrund zu benennen (BGE 121 III 63). Kann er indessen einen solchen Kündigungsgrund vorbringen, so hilft die Rechtsprechung mit einer Beweiserleichterung (N 31, 33). Die Verneinung der Missbräuchlichkeit einer Entlassung setzt nicht voraus, dass der Arbeitgeber alle Pflichten erfüllt und sich in jeder Hinsicht einwandfrei verhalten hat (BGE 136 III 517). 22

Der Vorwurf der Missbräuchlichkeit setzt voraus, dass die geltend gemachten Gründe eine Schwere aufweisen, die mit jener der in Art. 336 ausdrücklich aufgeführten vergleichbar ist (BGE 136 III 515; 132 III 117; 131 III 538). Nur der **offenbare Missbrauch** eines Rechtes findet keinen Rechtsschutz (Art. 2 Abs. 2 ZGB). Zu berücksichtigen sind stets sämtliche Umstände des Einzelfalls (BGer, ARV 2008, 123). Eine einigermassen kompakte Darstellung kann aber nicht auf **Fallgruppen** verzichten (deren folgende Bildung und Darstellung richtet sich nach den entsprechenden Ausführungen in PORTMANN, FS Reuter, 752 ff.; die ersten fünf sind klassische Fallgruppen des Rechtsmissbrauchs). 23

2. Krasses Missverhältnis der Interessen

24 Nach einem zutreffenden Urteil des BGer handelt ein Arbeitgeber missbräuchlich, der einen Arbeitnehmer nach 44 klaglosen Dienstjahren entlässt, dies wenige Monate vor der Pensionierung, ohne betriebliche Notwendigkeit und ohne nach einer sozialverträglicheren Lösung gesucht zu haben. Dem eminenten Interesse an der Aufrechterhaltung des Arbeitsvertrags des Arbeitnehmers, dem es angesichts seines Alters kaum gelingen dürfte, eine andere Anstellung zu finden, und der mit Einbussen bei den Einkommensersatzleistungen zu rechnen haben werde, stehe kein schützenswertes Interesse der Arbeitgeberin gegenüber (BGE 132 III 122; s.a. AGer ZH, JAR 2012, 574: missbräuchliche Änderungskündigung gegenüber einem 63-jährigen Angestellten mit 20-jähriger Firmenzugehörigkeit). Im strengen BGer, ARV 2014, 263 hat das BGer als Ausfluss einer erweiterten Fürsorgepflicht eine erhöhte Rücksichtnahme bei Entlassungen älterer Mitarbeiter postuliert. Diese hätten namentlich einen Anspruch darauf, rechtzeitig über die beabsichtigte Kündigung informiert und angehört zu werden, und der Arbeitgeber sei verpflichtet, nach Lösungen zu suchen, welche eine Aufrechterhaltung des Arbeitsverhältnisses ermöglichen. In einem anderen Entscheid hat das BGer zu Recht festgehalten, dass keine isolierte Betrachtung nur des Alters des Arbeitnehmers stattfinden darf, sondern auf die Umstände des Einzelfalls abzustellen ist (BGer, ARV 2008, 123). Nach BGer, ARV 2008, 121 ist die Entlassung eines 57-jährigen Arbeitnehmers nach 33 Jahren Anstellung und 8 Jahre vor der Pensionierung nicht missbräuchlich, wenn der Arbeitnehmer nicht nachweisen kann, dass er auf einer anderen Stelle im Betrieb des Arbeitgebers hätte weiterbeschäftigt werden können. Nicht missbräuchlich ist auch die Entlassung eines älteren Arbeitnehmers, der lange im Dienst des gleichen Arbeitgebers stand, wenn er die ihm zugewiesenen Aufgaben nicht mehr zufriedenstellend ausführen kann (BGer, ARV 2009, 219). Nach BGer, 17.2.2014, 4A_399/2013 ist eine ordentliche Kündigung bei Erreichen des Pensionsalters – vorbehältlich besonderer Umstände – nicht missbräuchlich.

3. Verletzung des Gebots schonender Rechtsausübung

25 Zur Begründung der Missbräuchlichkeit einer Kündigung hat sich das BGer – zum Teil neben und zum Teil anstelle des krassen Missverhältnisses der Interessen – auf eine Verletzung des Gebots schonender Rechtsausübung berufen (z.B. BGE 132 III 121; s.a. BGer, ARV 2014, 189: Missbräuchlichkeit bejaht, nachdem der Arbeitgeber davon absah, einen psychisch erkrankten Arbeitnehmer in einem anderen Geschäft zu beschäftigen bzw. weitere Erkundungen über den Gesundheitszustand anzustellen; OGer BE, JAR 2010, 442, 444). Dem stehen erhebliche dogmatische Bedenken gegenüber, soweit daraus ein Gebot zum **Verzicht auf die Ausübung des Kündigungsrechts** zugunsten anderer Massnahmen abgeleitet wird (PORTMANN, FS Reuter, 753 f.). Der Grundsatz der schonenden Rechtsausübung betrifft das Verhältnis verschiedener Ausübungsarten eines Rechts. Den Grundsatz verletzt, wer von mehreren gleichwertigen Möglichkeiten, die ihm zur Ausübung *eines* Rechts offenstehen, ohne sachlichen Grund gerade diejenige wählt, welche für die andere Partei besondere Nachteile mit sich bringt (HAUSHEER/JAUN, Die Einleitungsartikel des ZGB, Bern 2003, Art. 2 N 101; ZK-BAUMANN, Bd. I/1, Zürich 1998, Art. 2 ZGB N 295, 297, 299; BK-MERZ, Einleitungsband, Bern 1962, Art. 2 ZGB N 395, 398). Der Grundsatz bedeutet aber nicht, dass der Berechtigte – sei es bloss vorübergehend oder sogar endgültig – auf die Ausübung des Rechts zu verzichten und mildere Massnahmen zu ergreifen hat (typisch z.B. die gesetzliche Konkretisierung in Art. 737 ZGB). Anders als das krasse Missverhältnis der Interessen hat also das Prinzip der schonenden Rechtsausübung nicht zur Folge, dass ein Recht allenfalls gar nicht ausgeübt werden darf (ZK-BAUMANN, Art. 2 ZGB N 302, und oben N 24).

26 Das Gebot der schonenden Rechtsausübung hat hingegen seine Berechtigung, soweit es um die **Art und Weise der Rechtsausübung** geht. Nach der bundesgerichtlichen Rechtsprechung kann sich die Missbräuchlichkeit einer Kündigung nicht nur aus den Kündigungsmotiven, sondern auch aus der Art und Weise ergeben, wie die kündigende Partei ihr Recht ausübt

(BGE 136 III 515; 132 III 117; 131 III 538). Missbräuchlich ist z.B. eine Entlassung, die dem Arbeitnehmer in demütigender Art mitgeteilt wird, ohne dass ihm Gelegenheit für eine Erklärung gegeben wird und er den Betrieb unverzüglich zu verlassen hat (BGer, ARV 2008, 280; s.a. BGer, JAR 2013, 229: Missbräuchlichkeit bejaht, nachdem der Arbeitgeber angebliche Misshandlungen durch Heimpflegerinnen an die Aufsichtsbehörde gemeldet hatte, ohne dass sich die Vorwürfe belegen liessen; weitere Diskreditierungsfälle in Art. 328 N 24a). Der Missbrauch des Kündigungsrechts kann sich namentlich daraus ergeben, dass der Arbeitgeber ein *«falsches und verstecktes Spiel»* treibt, das Treu und Glauben krass widerspricht (BGE 136 III 515, i.c. verneint; 132 III 117; 131 III 538; 125 III 73; 118 II 167, z.T. unter ausdrücklicher Anrufung des Gebots schonender Rechtsausübung). Das ist z.B. der Fall, wenn der Arbeitgeber die Arbeitnehmerin nicht davon abhält, mit Blick auf den Antritt einer Stelle, deren Aufhebung er beschlossen hat, ihren Wohnsitz vom Ausland in die Schweiz zu verlegen (BGer, JAR 2011, 170; Kündigung am Tag des Stellenantritts). Zu weit geht die Formulierung, ein krass vertragswidriges Verhalten, namentlich eine schwere Persönlichkeitsverletzung *im Umfeld* einer Kündigung, könne diese als missbräuchlich erscheinen lassen, auch wenn das Verhalten für die Kündigung nicht kausal gewesen sei (so aber BGE 125 III 73; ähnlich 132 III 117 und 118 II 166; zurückhaltend BGer, ARV 2009, 142; ablehnend TPH GE, JAR 2009, 526, insb. 529 f.). Ist die Persönlichkeitsverletzung nicht mehr der Ausübung des Kündigungsrechts selbst zuzurechnen, so ist ihr mit den allgemein gegen Persönlichkeitsverletzungen gewährten Rechtsbehelfen zu begegnen (vgl. Art. 28a ZGB), vor allem mit der Geltendmachung von Schadenersatz- und Genugtuungsansprüchen (im vertraglichen Bereich gestützt auf Art. 97 und 99 Abs. 3 i.V.m. Art. 49; PORTMANN, FS Reuter, 754). Grundsätzlich ist der Arbeitgeber nicht verpflichtet, den Arbeitnehmer vor dessen Entlassung anzuhören (BGer, ARV 2004, 244; s.a. BGE 136 III 516, wo eine Verletzung des Gebots schonender Rechtsausübung verneint wurde; differenzierend mit Verweis auf BGE 132 III 115 das OGer BE, JAR 2011, 413).

4. *Ausnutzung eigenen rechtswidrigen Verhaltens*

Eine Kündigung ist missbräuchlich, wenn sie wegen eines Umstandes ausgesprochen wird, **27** den der Arbeitgeber als Folge einer eigenen Pflichtverletzung ganz oder teilweise zu verantworten hat. Ein anschauliches Beispiel bildet die Kündigung wegen einer Leistungseinbusse des Arbeitnehmers, die sich als Folge von **Mobbing** erweist, das vom Arbeitgeber nicht verhindert wurde (BGE 125 III 72). Ein Arbeitgeber, der Mobbing nicht verhindert, verletzt seine Fürsorgepflicht nach Art. 328, sofern ihm die Mobbingsituation bekannt ist oder diese offen zu Tage tritt (andernfalls obliegt es dem Arbeitnehmer, den Arbeitgeber über das Mobbing zu unterrichten, AGer ZH, JAR 2007, 528). Im strengen BGer, ARV 2014, 189 taxierte das BGer mit Hinweis auf eine Verletzung von Art. 328 die Entlassung eines unter psychischen Störungen leidenden Arbeitnehmers als missbräuchlich, nachdem sich der Arbeitgeber nicht um das Verständnis der Gründe bemüht hatte, aus denen es dem Arbeitnehmer gemäss seinem Psychiater unmöglich war, in einem bestimmten Geschäft zu arbeiten. Ausserdem wäre dem Arbeitgeber die Beschäftigung des Arbeitnehmers in einem anderen Geschäft offenbar möglich gewesen.

Dass die Kündigung unter Ausnutzung eines eigenen rechtswidrigen Verhaltens als miss- **28** bräuchlich beurteilt wird, verdient uneingeschränkt Zustimmung. Probleme können sich bei solchen Fällen indessen aus der Frage ergeben, ob überhaupt ein *rechtswidriges Verhalten* des Arbeitgebers vorliegt, das ausgenutzt wird. Meistens geht es in diesem Zusammenhang um einen allfälligen Verstoss gegen die allgemeine Fürsorgepflicht, die mangels gesetzlicher Präzisierung durch die Gerichte konkretisiert werden muss. Die Missbräuchlichkeit einer Kündigung hängt insofern von den durch die Gerichte gezogenen **Grenzen der Fürsorgepflicht** ab. An dieser Stelle ist daran zu erinnern, dass die Fürsorgepflicht primär eine Unterlassungspflicht ist und bei der Herleitung von Handlungspflichten, die als solche nicht im Gesetz vorgesehen sind, Zurückhaltung geboten ist (BK-REHBINDER/STÖCKLI, Art. 328 N 2), nicht zuletzt auch wegen der Rechtssicherheit.

29 Das Problem zeigt sich exemplarisch an den (nicht immer gleich hohen) Anforderungen, die das BGer bei einer **Konfliktsituation unter Mitarbeitern** an den Arbeitgeber stellt (s. dazu auch N 8a). Eine Kündigung wird grundsätzlich als missbräuchlich beurteilt, wenn durch sie der Streit zwischen Arbeitnehmern beendet werden soll, ohne dass der Arbeitgeber genügende Massnahmen zur Entschärfung des Konflikts ergriffen hat (BGer, ARV 2002, 17 ff., mit krit. Kommentar von BLESI; BGE 132 III 120: Entlassung eines Arbeitnehmers auf Betreiben des Serviceleiters, weil er sich mit diesem nicht verstand; für das öffentliche Personalrecht BGer, JAR 2013, 163). Dass der Arbeitgeber alle zumutbaren Massnahmen zur Entschärfung des Konflikts zu treffen hat, bevor er einen dafür nicht wesentlich verantwortlichen Arbeitnehmer entlässt, erscheint sachgerecht. Dies gilt erst recht, wenn die Konfliktsituation vom Arbeitgeber selbst verursacht worden ist (z.B. Kompetenzkonflikt infolge unklarer Kompetenzabgrenzungen oder Funktionsumschreibungen, s. BGer, JAR 2012, 274 und AGer ZH, JAR 2008, 543). Zu weit geht eine solche Pflicht indessen dann, wenn wegen des *schwierigen Charakters* eines Arbeitnehmers eine konfliktgeladene, sich schädlich auf die gemeinsame Arbeit auswirkende Situation am Arbeitsplatz entstanden ist (so aber BGE 132 III 117), oder wenn das gestörte Arbeitsklima wesentlich auf das *Verhalten eines Arbeitnehmers gegenüber den Arbeitskollegen* zurückzuführen ist (so aber BGer, JAR 2004, 317 f.; **a.A.** PORTMANN, FS Reuter, 751, 756). Dadurch wird eine ungerechtfertigte Privilegierung von Arbeitnehmern bewirkt, welche die Konfliktsituation massgeblich zu vertreten haben, gegenüber Arbeitnehmern, die aufgrund der Kündigungsfreiheit rechtmässig entlassen werden können, ohne dass sie einen begründeten Anlass zur Kündigung gegeben haben. Zu weit geht daher auch CAPH GE, JAR 2011, 451, wonach in einer solchen Situation der Arbeitgeber sogar die Möglichkeit prüfen müsse, den charakterlich schwierigen Arbeitnehmer zu versetzen. Weiterführend zum Ganzen N 8a und die dort dargestellte, begrüssenswerte Akzentverschiebung in BGE 136 III 515. Auch RUDOLPH (ARV 2011, 90) warnt vor einer Überdehnung der Fürsorgepflicht und hält fest, dass sich aus dieser insb. keine allgemeine Pflicht des Arbeitgebers zur Durchführung von Aussöhnungsversuchen oder gar Mediationsverfahren ableiten lasse. Das BGer bejahte demgegenüber die Kompetenz eines kantonalen Arbeitsamtes, gestützt auf Art. 6 ArG von einem Arbeitgeber zu verlangen, zur Vermeidung von internen Konflikten eine unabhängige Vertrauensperson zu bezeichnen (BGer, ARV 2012, 373; s. dazu die begründete Kritik von Subilia, ARV 2012, 323). Ab einer gewissen hierarchischen Stellung und einem gewissen Verantwortungsbereich treffen den Arbeitgeber nach BGer, JAR 2012, 148 weniger weitgehende Abklärungspflichten in Bezug auf die Verantwortlichkeit für eine Konfliktsituation, bevor er einen Kündigungsentscheid fällt. Weiterführend zur sog. Konfliktkündigung RUDOLPH, AJP 2011, 77 ff.

5. Zweckwidrige Verwendung eines Rechtsinstituts

30 Zu Recht als missbräuchlich betrachtet hat das BGer die Entlassung einer Kaderperson, um das Ansehen des Arbeitgebers (einer Bank) zu wahren, das durch widerrechtliche Handlungen eines Mitarbeiters beeinträchtigt wurde, welcher in der von der entlassenen Kaderperson geleiteten Abteilung tätig war. Die Kaderperson, die selbst kein Vorwurf traf und die während 26 Jahren nur beste Qualifikationen erhalten hatte, wurde damit in die Rolle eines «Sündenbocks» gedrängt (BGE 131 III 535, 540: Kündigung aus blosser persönlicher Annehmlichkeit). Diese Entlassung, die der Sache nach nicht vom Wunsch nach Beendigung der Zusammenarbeit, sondern vom angestrebten Erscheinungsbild der Bank gegenüber der Öffentlichkeit getragen war, wurde in einem späteren Entscheid richtigerweise als zweckwidrige Rechtsausübung betrachtet (BGE 132 III 118). Nicht zweckwidrig ist demgegenüber die Entlassung eines Arbeitnehmers, der seinem Vater Fehlinformationen zukommen lässt und ihn gegen den Geschäftsführer der Arbeitgeberin aufhetzt, so dass sich der Vater in der Folge grob ungebührlich aufführt, ohne dass sich der Sohn von diesem Verhalten distanziert; die Kündigung sanktioniert zutreffenderweise das Verhalten des Arbeitnehmers und nicht dasjenige seines Vaters (BGer, ARV 2009, 42).

6. Widersprüchliches Verhalten

Einem Verhalten, das im Widerspruch zu erwecktem Vertrauen steht, begegnet man in BGE 134 III 111 f., wo die Arbeitgeberin von einem teilzeitlich angestellten Arbeitnehmer während des laufenden Arbeitsverhältnisses verlangte, umgehend ein volles Pensum zu übernehmen, obschon ihr bei Vertragsabschluss bekannt war, dass der Arbeitnehmer noch eine Teilzeitstelle bei einem anderen Arbeitgeber hatte. Die infolge der abgelehnten Pensumserhöhung ausgesprochene Entlassung wurde vom BGer zu Recht als missbräuchlich beurteilt, dies nicht nur wegen widersprüchlichen Verhaltens der Arbeitgeberin, sondern weil auch zugleich eine Rachekündigung i.S.v. Art. 336 Abs. 1 lit. d vorlag (ebenfalls zustimmend Graber/Koller, ZBJV 2010, 1087 f.). **30a**

7. Unbillige Verschlechterung der Arbeitsbedingungen

Nach der bundesgerichtlichen Rechtsprechung ist eine **Änderungskündigung** einerseits missbräuchlich, wenn die beabsichtigte Vertragsänderung für den Arbeitnehmer bereits vor dem Ablauf der Kündigungsfrist wirksam werden soll, wenn sie unangemessen erscheint und wenn die neuen Arbeitsbedingungen wesentlich unvorteilhafter sind als die alten (BGer, JAR 2008, 133). Andererseits gilt die Änderungskündigung – auch bei Einhalten der Kündigungsfrist und ohne vorzeitiges Wirksamwerden der Vertragsänderung – als missbräuchlich, sofern mit ihr eine unbillige Verschlechterung der Lohn- und Arbeitsbedingungen durchgesetzt werden soll, für die *weder marktbedingte noch betriebliche Gründe* bestehen (BGE 125 III 72; 123 III 250 f.; 118 II 165 f.; BGer, ARV 2012, 251, E. 2.2, i.c. keine Missbräuchlichkeit, da die Kündigung in ernsthaften wirtschaftlichen Schwierigkeiten begründet lag; BGer, JAR 2008, 133; BGer, JAR 2004, 331; BGer, JAR 2001, 270; s.a. AGer ZH, JAR 2012, 574: missbräuchliche Änderungskündigung gegenüber einem 63-jährigen Angestellten mit 20-jähriger Firmenzugehörigkeit; zulässig dagegen in BGer, JAR 2014, 219 f. eine Änderungskündigung zum Zwecke der Neuzuteilung des Aufgabenbereichs nach einer Umstrukturierung). Diese Ansicht ist aus zwei Gründen abzulehnen. Einerseits zwingt sie die Gerichte zu prüfen, ob insb. Lohnsenkungen aus wirtschaftlichen Gründen gerechtfertigt sind, womit den Gerichten eine Aufgabe zugewiesen wird, die nicht ihrer Rolle entspricht (TC FR, JAR 1998, 194; s.a. CAPH GE, JAR 2011, 475 mit Differenzierung; Portmann, FS Reuter, 757). Andererseits kann sie den Arbeitgeber dazu veranlassen, in Ausübung seiner Kündigungsfreiheit eine unbedingte Kündigung auszusprechen und einen neuen Arbeitnehmer zu den veränderten Arbeitsbedingungen anzustellen, um nicht die Zahlung einer Entschädigung wegen einer missbräuchlichen Änderungskündigung zu riskieren (vgl. Koller, AJP 1997, 1567; Joerin, 116); in diesem Fall verliert der bisherige Arbeitnehmer die Wahlfreiheit und damit die Möglichkeit, seine Stelle zu behalten, womit sich der beabsichtigte Arbeitnehmerschutz kontraproduktiv auswirkt. Zur arbeitslosenversicherungsrechtlichen Beurteilung einer Änderungskündigung, insb. in Bezug auf die Frage der Einstellung in der Anspruchsberechtigung, BGer, ARV 2012, 294. **30b**

8. Teilnahme an einem rechtmässigen Streik

Die Teilnahme an einem rechtmässigen Streik verletzt den Arbeitsvertrag, der in seinen Hauptpflichten suspendiert wird, nicht. Ist die Teilnahme am Streik das ausschlaggebende Motiv für die Kündigung, so ist diese missbräuchlich. Das BGer bezeichnet diesen Missbrauchstatbestand als solchen eigener Art (BGE 125 III 285). Da mit der Teilnahme an einem rechtmässigen Streik ein verfassungsmässiges Recht ausgeübt wird (Art. 28 Abs. 3 BV), **30c** könnte die Missbräuchlichkeit der Kündigung auch auf Art. 336 Abs. 1 lit. b gestützt werden, wobei naturgemäss auf die Anwendung der beiden Rechtfertigungsgründe (Verletzung einer Pflicht aus dem Arbeitsverhältnis und wesentliche Beeinträchtigung der Zusammenarbeit im Betrieb) in teleologischer Reduktion zu verzichten wäre. Am naheliegendsten wäre wohl eine Abstützung auf Art. 336 Abs. 2 lit. a (rechtmässige Ausübung einer gewerkschaftlichen Tätigkeit), da ein rechtmässiger Streik stets von einer Gewerkschaft getragen sein muss (Art. 357a N 10).

IV. Kausalzusammenhang und Beweislast

31 Die Missbräuchlichkeit einer Kündigung setzt voraus, dass zwischen dem missbräuchlichen Grund und der Kündigung ein Kausalzusammenhang besteht (Bsp.: CAPH GE, JAR 1997, 166). Abzustellen ist auf den wahren Kündigungsgrund, dessen Bestimmung eine Tatfrage ist (BGE 136 III 515, 517). Der Gekündigte, der die Beweislast für die Missbräuchlichkeit trägt, muss demnach beweisen, dass ihm tatsächlich aus dem missbräuchlichen Grund gekündigt worden ist. Da es sich beim Motiv für eine Kündigung um eine innere Tatsache handelt, ist dieser Beweis nur schwer zu erbringen, so dass die Rechtsprechung eine **hohe Wahrscheinlichkeit** genügen lässt (BGE 125 III 285; CAPH GE, JAR 1993, 269; OGer OW, JAR 1994, 205; TAPP TI, JAR 1995, 163). Diese kann aus *Indizien* erschlossen werden (BGE 130 III 703; TC VS, JAR 2001, 283; TAPP TI, JAR 1994, 308), insb. aus einem *engen zeitlichen Zusammenhang* zwischen Grund und Kündigung (Bsp.: AGer Winterthur, JAR 1999, 238) oder aus genügenden Anhaltspunkten, dass der angegebene *Kündigungsgrund nur vorgeschoben* ist (vgl. BGer, ARV 2011, 201; OGer ZH, JAR 1998, 196; AGer Winterthur, JAR 1999, 238). In diesem Fall entsteht eine tatsächliche Vermutung (und keine Beweislastumkehr: BGer, ARV 2011, 201), dass die Kündigung aus dem missbräuchlichen Grund ausgesprochen wurde (BGE 130 III 703; BGer, JAR 2009, 177). Der Arbeitgeber seinerseits kann nicht untätig bleiben; ihm obliegt es, Beweise zur Stützung seiner eigenen Darstellung in Bezug auf das Kündigungsmotiv vorzulegen (BGer, ARV 2011, 201).

32 Im Fall von Art. 336 Abs. 2 lit. b (Entlassung eines Arbeitnehmervertreters) muss der *Arbeitgeber* nicht nur beweisen, dass er einen begründeten Anlass zur Kündigung hatte, sondern auch, dass er tatsächlich aus diesem Grund gekündigt hat (BGer, JAR 1998, 200). Ebenfalls vom kündigenden Arbeitgeber zu beweisen sind allfällige Rechtfertigungsgründe im Rahmen von Art. 336 Abs. 1 lit. a und b.

33 Ferner soll die Beweisführung durch die Pflicht zur *schriftlichen Begründung der Kündigung* erleichtert werden (Art. 335 Abs. 2). Dieser Zweck wird allerdings nur beschränkt erreicht, da die unwahre Begründung einer Kündigung diese nicht als solche missbräuchlich werden lässt und auch keine Vermutung begründet, die Kündigung sei aus einem anderen Grund missbräuchlich (N 22, 31).

34 Beruht eine Kündigung auf **mehreren Gründen**, von denen nicht alle missbräuchlich sind, so kommt es darauf an, ob der missbräuchliche Grund *das ausschlaggebende Motiv* für die Kündigung war (BGE 125 III 285; BGer, ARV 2005, 246: «motif déterminant»; BGer, ARV 2001, 46 f.). Mit anderen Worten ist zu untersuchen, ob ohne den durch das Gesetz missbilligten Grund das Arbeitsverhältnis nicht aufgelöst worden wäre (BGer, JAR 1994, 198). Bei mehreren Kündigungsgründen, von denen zumindest einer missbräuchlich ist, obliegt dem Arbeitgeber der *Nachweis*, dass er den Arbeitnehmer auch bei Fehlen dieses Grundes entlassen hätte (BGer, ARV 2011, 31; BGer, ARV 2001, 47; **a.A.** OGer AG, JAR 1991, 231: Beweislast des Gekündigten, wobei grosse Wahrscheinlichkeit genügt). Auch unabhängig von der schriftlichen Begründung können hier wie bei der ausserordentlichen Kündigung in dem dort gegebenen Rahmen andere Kündigungsgründe nachgeschoben werden (Art. 337 N 10 f.).

V. Sachlicher Kündigungsschutz nach dem Gleichstellungsgesetz

1. Schutz gegen diskriminierende Kündigungen

Liegt eine Kündigung aus geschlechtsbezogenen Gründen vor, stellt die Kündigung auf Seiten eines Arbeitgebers also eine direkte oder indirekte *Benachteiligung aufgrund des Geschlechts* dar (Art. 3 Abs. 2 GlG) oder ein *Druckmittel zur Erlangung eines Entgegenkommens sexueller Art* (Art. 4 Satz 2 GlG), so wird das Arbeitsverhältnis wie im Fall der missbräuchlichen Kündigung beendet. Die betroffene Arbeitnehmerin hat lediglich Anspruch auf eine **Entschädigung** (Art. 5 Abs. 2 Satz 1 GlG) im Umfang von höchstens sechs Monatslöhnen (Art. 5 Abs. 4 Satz 3 GlG), Ansprüche auf Schadenersatz und Genugtuung aus besonderen Gründen sowie weitere vertragliche Vereinbarungen vorbehalten (Art. 5 Abs. 5 GlG; s. dazu Art. 328 N 39a). Die Höhe der Entschädigung ist unter Würdigung aller Umstände und auf der Grundlage des tatsächlichen Bruttolohnes zu errechnen (Art. 5 Abs. 2 Satz 2 GlG). 35

Hinzutreten kann eine Entschädigung nach Art. 5 Abs. 3 und Abs. 4 Satz 3 GlG im Umfang von maximal sechs schweizerischen Durchschnittslöhnen, falls der Arbeitgeber nicht den Nachweis führen kann, dass er die erforderlichen Massnahmen zur Verhinderung sexueller Belästigung getroffen hatte. In einem Fall, in dem zwei Praktikantinnen fristlos entlassen wurden, nachdem sie sich über eine sexuelle Belästigung durch den Vorgesetzten beschwert hatten, wurden folgende Ansprüche gewährt: Entschädigung nach Art. 337c Abs. 3 (Erhöhung von an sich 3 auf 6 Monatslöhne mit Blick auf Art. 5 Abs. 2 GlG), Entschädigung nach Art. 5 Abs. 3 GlG (3 monatliche Durchschnittslöhne) sowie Genugtuung nach Art. 49 (CHF 7000, AGer ZH, JAR 1999, 183). 36

Der Entschädigungsanspruch ist *verwirkt*, wenn nicht bis zum Ablauf der Kündigungsfrist eine schriftliche Einsprache und innerhalb von 180 Tagen nach Beendigung des Arbeitsverhältnisses eine Klage erhoben wird (Art. 9 GlG i.V.m. Art. 336b). Hinsichtlich einer Benachteiligung aufgrund des Geschlechts gilt die *Beweislasterleichterung* von Art. 6 GlG (wonach Glaubhaftmachung genügt), nicht hingegen in Bezug auf eine sexuelle Belästigung. 37

2. Schutz gegen Rachekündigungen

Während der Dauer eines **Verfahrens** wegen geschlechtsbezogener Ungleichbehandlung oder sexueller Belästigung – sei dies ein innerbetriebliches Beschwerdeverfahren, ein Schlichtungs- oder Gerichtsverfahren – und sechs Monate danach ist eine Kündigung nur erlaubt, wenn der Arbeitgeber beweisen kann, dass er einen begründeten (leistungs-, verhaltens- oder betriebsbedingten) Anlass zur Kündigung hatte (Art. 10 Abs. 1 und 2 GlG). Das gilt auch für die Dauer eines Verbandsklageverfahrens (Art. 10 Abs. 5 und Art. 7 GlG). Materielle Begründetheit der Beschwerde ist nicht Schutzvoraussetzung, wohl aber, dass die Arbeitnehmerin die Beschwerde nach Treu und Glauben als begründet betrachten durfte (N 13). 38

Kündigungen ohne begründeten Anlass können bis zum Ende der Kündigungsfrist angefochten werden (Art. 10 Abs. 3 Satz 1 GlG). Die Arbeitnehmerin hat dabei die Wahl: Entweder sie verlangt die Entschädigung nach Art. 336a wegen missbräuchlicher Kündigung (Art. 10 Abs. 4 GlG) oder sie verlangt die Weiterführung des Arbeitsverhältnisses: 39

- Die *Entschädigung gem. Art. 10 Abs. 4 GlG* i.V.m. Art. 336a wird unter Berücksichtigung aller Umstände festgelegt. Zu diesen zählt auch das Alter der Arbeitnehmerin im Zeitpunkt der Kündigung. Erfolgt eine Rachekündigung i.S.v. Art. 10 GlG fristlos, so wird nur eine Entschädigung nach Art. 337c Abs. 3 zugesprochen, doch ist die Missbräuchlichkeit bei der Bemessung der Entschädigung mitzuberücksichtigen (BGer, JAR 2001, 388). 40
- Die *Weiterführung des Arbeitsverhältnisses* kann bereits *provisorisch* vom Gericht für die Dauer des Verfahrens angeordnet werden, wenn es wahrscheinlich erscheint, dass die Voraussetzungen für die Aufhebung der Kündigung erfüllt sind (Art. 10 Abs. 3 Satz 2 GlG; Fallbeispiel: KGer SG, JAR 2010, 574). Wird die Kündigung im Hauptverfahren trotz pro- 41

visorischer Wiederanstellung nicht aufgehoben, so muss die Arbeitnehmerin den während des Hauptverfahrens erhaltenen Lohn nicht zurückerstatten (RIEMER-KAFKA/UEBERSCHLAG, in: Kommentar zum Gleichstellungsgesetz, Basel 2009, Art. 10 N 68 ff.). Die Weiterführung des Arbeitsverhältnisses als Form des Kündigungsschutzes, die einen echten Bestandesschutz gewährleistet, ist vor dem Erlass des Gleichstellungsgesetzes in der Schweiz unbekannt gewesen.

Art. 336*a*

b. Sanktionen

[1] Die Partei, die das Arbeitsverhältnis missbräuchlich kündigt, hat der anderen Partei eine Entschädigung auszurichten.

[2] Die Entschädigung wird vom Richter unter Würdigung aller Umstände festgesetzt, darf aber den Betrag nicht übersteigen, der dem Lohn des Arbeitnehmers für sechs Monate entspricht. Schadenersatzansprüche aus einem anderen Rechtstitel sind vorbehalten.

[3] Ist die Kündigung nach Artikel 336 Absatz 2 Buchstabe c missbräuchlich, so darf die Entschädigung nicht mehr als den Lohn des Arbeitnehmers für zwei Monate betragen.

b. Sanction

[1] La partie qui résilie abusivement le contrat doit verser à l'autre une indemnité.

[2] L'indemnité est fixée par le juge, compte tenu de toutes les circonstances; toutefois, elle ne peut dépasser le montant correspondant à six mois de salaire du travailleur. Sont réservés les dommages-intérêts qui pourraient être dus à un autre titre.

[3] En cas de congé abusif au sens de l'art. 336, al. 2, let. c, l'indemnité ne peut s'élever au maximum qu'au montant correspondant à deux mois de salaire du travailleur.

b. Sanzione

[1] La parte che disdice abusivamente il rapporto di lavoro deve all'altra un'indennità.

[2] L'indennità è stabilita dal giudice, tenuto conto di tutte le circostanze, ma non può superare l'equivalente di sei mesi di salario del lavoratore. Sono salvi i diritti al risarcimento del danno per altri titoli giuridici.

[3] Se la disdetta è abusiva perché data nel quadro di un licenziamento collettivo (art. 336 cpv. 2 lett. c), l'indennità non può superare l'equivalente di due mesi di salario del lavoratore.

Literatur

DUNAND, La réparation du tort moral du travailleur par l'employeur, in: FS für Pierre Tercier, Genf/Zürich/Basel 2008, 173 ff.; DERS., Vers une notion purement «objective» du tort moral?, ARV 2005, 93 ff.; PORTMANN, Das Verhältnis der «Entschädigung» zu Schadenersatz und Genugtuung, ArbR 2008, 15 ff.; DERS., Zur Schadenersatzbemessung im Arbeitsvertragsrecht, FS für Heinz Rey, Zürich/Basel/Genf 2003, 489 ff. TSCHANNEN, Vorbeugender Rechtsgüterschutz durch Privatrecht, Diss., Bern 2009; vgl. ausserdem die Literaturhinweise zur Einleitung vor Art. 319 ff. und zu Art. 336.

I. Rechtsnatur der Entschädigung

1 Grundfolge einer missbräuchlichen Kündigung ist bloss eine Entschädigung, nicht jedoch das Weiterbestehen des Arbeitsverhältnisses (Entlassung mit «golden handshake»). Dass dies der Sinn von Art. 336a ist, wird nicht bestritten, obwohl er im Wortlaut nur teilweise zum Ausdruck kommt. Die missbräuchliche Kündigung ist also bloss unzulässig, nicht aber unwirksam. In BGE 123 III 394 hat das BGer in Präzisierung der Rechtsprechung entschieden, dass die Entschädigung nach Art. 336a (wie auch jene gem. Art. 337c Abs. 3) sowohl der *Bestrafung* als auch der *Wiedergutmachung* dient; letzteres ergebe sich aus dem Wort «Entschädigung» sowie aus dem Umstand, dass sie nicht dem Staat, sondern dem Betroffenen zu leisten sei. Schadenersatz im klassischen Sinn sei sie jedoch nicht, da sie keinen Schaden voraussetze; vielmehr sei sie ein Gebilde eigener Art, das mit der *Konventionalstrafe* vergleichbar sei. Aus dieser Rechtsnatur der Entschädigung ergeben sich Folgerungen einerseits für deren Bemessung (Art. 336a Abs. 2 Satz 1, N 2 ff.) sowie andererseits für Schadenersatz- und Genugtuungsansprüche (Art. 336a Abs. 2 Satz 2, N 6 ff.). Die Entschädigung ist nicht geschuldet, wenn die missbräuchlich kündigende Partei aufgrund der Einsprache der Gegenpartei die Kündigung zurückzieht (BGE 134 III 67 und Art. 336b N 2). Zur steuerrechtlichen Behandlung der Entschädigung Steuerrekursgericht ZH, ZR 2011, 206 und OGer LU, JAR 2011, 538.

II. Bemessung der Entschädigung

2 Die Entschädigung ist nach oben auf maximal sechs (Art. 336a Abs. 2) bzw. im Fall einer Massenentlassung ohne Konsultation auf höchstens zwei Monatslöhne beschränkt (Art. 336a Abs. 3; Fallbeispiel GSGer BS, JAR 2011, 433: ein Monatslohn Entschädigung wegen unterlassener Konsultation). Innerhalb dieses Rahmens ist sie unter Würdigung aller Umstände zu bemessen. Im Hinblick auf die pönale Funktion der Entschädigung (N 1) gehören zu den in Betracht fallenden Umständen die *Schwere der Verfehlung des Arbeitgebers* – die insb. durch den Anlass der Kündigung, ein allfälliges Mitverschulden des Arbeitnehmers, das Vorgehen bei der Kündigung und die Art des aufgelösten Arbeitsverhältnisses bestimmt wird –, ferner die *wirtschaftlichen Verhältnisse des entschädigungspflichtigen Arbeitgebers* sowie die *Schwere des Eingriffs in die Persönlichkeit des Arbeitnehmers* (BGE 119 II 161; 123 III 255). Vorfälle, die der Kündigung vorausgegangen sind und diese bloss indirekt betreffen, dürfen allerdings nicht berücksichtigt werden, können aber einen zur Entschädigung wegen missbräuchlicher Kündigung hinzutretenden Genugtuungsanspruch begründen (N 8; BGer, ARV 2005, 246; BGer, JAR 2005, 285; BGer, JAR 2004, 331). Gemäss AppGer BS, JAR 2004, 436 liegt keine Willkür vor, wenn von einem Grundbetrag von drei Monatslöhnen ausgegangen und die Höhe der Entschädigung aufgrund der Umstände des Einzelfalls nach unten oder oben korrigiert wird (krit. aber BGer, JAR 2012, 171 für den Parallelfall von Art. 337c Abs. 3 bei der fristlosen Kündigung).

3 Im Hinblick auf die Wiedergutmachungsfunktion der Entschädigung sind aber auch die *wirtschaftlichen Auswirkungen der Kündigung auf den Arbeitnehmer* zu berücksichtigen (BGE 123 III 394; BGer, JAR 1999, 236; anders noch BGE 123 III 256 und 119 II 160). Somit fallen auch das Alter des Arbeitnehmers, seine berufliche Stellung, seine soziale Situation, die Schwierigkeiten seiner Wiedereingliederung in das Arbeitsleben, die konjunkturelle Lage auf dem Arbeitsmarkt und die Dauer des Arbeitsverhältnisses ins Gewicht (vgl. BGE 123 III 392). Wurde der Arbeitnehmer während der Kündigungsfrist von der Arbeitsleistung befreit, ist dies nicht reduzierend zu berücksichtigen, jedenfalls dann nicht, wenn der Arbeitnehmer während dieser Zeit nicht einer anderen gleichwertigen Arbeit nachging oder hätte nachgehen können (BGer, JAR 2011, 170). Im Fall von Art. 336a Abs. 3 (Massenentlassung ohne Konsultation) muss vor allem die Schwere der Verfehlung des Arbeitgebers zum Nachteil der Gesamtheit der Arbeitnehmer berücksichtigt werden, sodann neben der Höhe des Monatslohns auch die Schwere der Beeinträchtigung, welche der die Entschädigung verlangende Arbeitnehmer persönlich erfahren hat, soweit seine individuelle Situation eine gewisse Besonderheit aufweist (BGer, ARV 2011, 207; vgl. auch CAPH GE, JAR 2001, 294).

4 Wie bei Ermessensentscheiden üblich, setzt das BGer auch bei der von den kantonalen Gerichten aufgrund von Art. 336a zugesprochenen Entschädigung nicht sein Ermessen an die Stelle desjenigen der Vorinstanz. Es prüft den kantonalen Entscheid insb. daraufhin, ob die Vorinstanz grundlos von den in Lehre und Rechtsprechung entwickelten Bemessungskriterien abgewichen ist oder Tatsachen berücksichtigt hat, die für die Entschädigungshöhe keine Rolle hätten spielen dürfen, oder umgekehrt Umstände beiseite gelassen hat, die zwingend zu be-

achten gewesen wären. Es hebt einen auf Ermessen beruhenden Entscheid ausserdem auf, wenn sich dieser als offensichtlich unbillig erweist (BGE 123 III 255; in BGer, ARV 2002, 147 z.B. hat es die Entschädigung von drei auf sechs Monatslöhne heraufgesetzt; massgebend dafür waren ein langes Arbeitsverhältnis, schweres Verschulden und bedeutende Finanzkraft des Arbeitgebers, gesundheitliche und erhebliche wirtschaftliche Folgen für den Arbeitnehmer). Während ein Teil der kantonalen Gerichte tendenziell am unteren Rand der Skala bleibt, betonen andere die Notwendigkeit, hohe Entschädigungen zuzusprechen, damit diese den beabsichtigten Bussencharakter aufweisen und abschreckend wirken (KGer NW, JAR 1998, 204; TAPP TI, JAR 1999, 256).

5 Es fragt sich, ob eine Entschädigung nach Art. 336a beantragt werden kann, ohne dass die entsprechende Forderung beziffert wird. Gemäss Art. 85 Abs. 1 ZPO kann die klagende Partei eine **unbezifferte Forderungsklage** erheben, wenn es ihr unmöglich oder unzumutbar ist, ihre Forderung bereits zu Beginn des Prozesses zu beziffern (vgl. auch BGE 140 III 409). Nach der Botschaft ZPO, BBl 2006, 7287 wurde damit die bundesgerichtliche Rechtsprechung übernommen. Somit ist davon auszugehen, dass die in BGE 131 III 243 vorgenommene Differenzierung für Fälle gerichtlichen Ermessens weiterhin Bestand haben wird. Danach ist die unbezifferte Forderungsklage auf Fälle zugeschnitten, in denen dem Gericht bei der Feststellung des erheblichen *Sachverhalts* ein Ermessen zukommt, nicht hingegen auf Fälle, in denen dem Gericht wie nach Art. 336a Abs. 2 ein sog. *Rechtsfolgeermessen* eingeräumt wird (Hensch, ZZZ 2008/2009, 541). Wer eine Entschädigung nach Art. 336a einklagt, trägt demnach das Risiko, den richterlichen Ermessensentscheid falsch eingeschätzt zu haben, indem er allenfalls Kosten wegen Überklagens tragen muss oder weniger als den aus gerichtlicher Sicht angemessenen Betrag erhält, weil er zu wenig gefordert hat. Die Folgen können zwar gemildert werden, wenn das Gericht bei der Kostenverteilung dem Umstand Rechnung trägt, dass die klagende Partei bloss dem Betrag nach unterlegen ist, jedoch im Grundsatz obsiegt hat (vgl. Art. 107 Abs. 1 lit. a ZPO). Dennoch ist die bundesgerichtliche Rechtsprechung mit Blick auf das Interesse an einer wirksamen Umsetzung des materiellen Rechts abzulehnen; unbezifferte Rechtsbegehren bei Klagen nach Art. 336a sollten stets zulässig sein (gl.A. ZK-Staehelin, N 6; Streiff/von Kaenel/Rudolph, N 6).

III. Konkurrenzen

1. Konkurrenz der Entschädigung nach Art. 336a mit Schadenersatzansprüchen

6 Gemäss Art. 336a Abs. 2 Satz 2 bleiben Schadenersatzansprüche *«aus einem anderen Rechtstitel»* vorbehalten. Die missglückte Formulierung lässt den Sinn dieser Norm nur schwer erkennen. Bevor das BGer die Wiedergutmachungsfunktion der Entschädigung anerkannte (N 1), ging es davon aus, der Arbeitnehmer könne gestützt auf diese Bestimmung neben der Entschädigung Ersatz für den Schaden verlangen, der ihm als Folge der missbräuchlichen und damit widerrechtlichen Kündigung entstanden sei; die wirtschaftlichen Folgen der missbräuchlichen Kündigung seien durch Schadenersatz abzugelten und nicht bei der Entschädigung zu berücksichtigen (BGE 119 II 160; 123 III 256). Zu diesen Folgen gehören namentlich Lohneinbussen, Insertions- und Vorstellungskosten für die neue Stelle, Umzugskosten sowie besondere Aufwendungen im Hinblick auf den Antritt der Ersatzstelle. Seit das BGer nunmehr entschieden hat, dass auch die wirtschaftlichen Auswirkungen der Kündigung auf den Arbeitnehmer bei der Bemessung der Entschädigung zu berücksichtigen sind, hat sich (folgerichtigerweise) auch sein Verständnis von Art. 336a Abs. 2 Satz 2 geändert. Es legt diese Bestimmung nun zu Recht dahingehend aus, dass sie dem Arbeitnehmer das Recht wahrt, Schadenersatz *aus einem anderen Grund als der Missbräuchlichkeit der Kündigung* zu verlangen (BGE 123 III 394; s. ausführlich dazu Portmann, FS Rey, 491 ff.).

7 Diese Auffassung schliesst die Geltendmachung von Lohneinbussen sowie von Insertions-, Vorstellungs- und Umzugskosten gestützt auf Art. 336a Abs. 2 Satz 2 aus, was der Absicht des Gesetzgebers entspricht und als h.L. bezeichnet werden kann. Ist eine Kündigung missbräuchlich, weil sie ausgesprochen wurde, um die Entstehung von Ansprüchen der anderen Partei zu vereiteln (z.B. den Anspruch auf Abgangsentschädigung, Art. 336 Abs. 1 lit. c), sind indessen die vereitelten Ansprüche dennoch zu gewähren (Botschaft, BBl 1984 II 601). Dieses Problem ist jedoch nicht schadenersatzrechtlich zu lösen, sondern durch die auf Art. 156 gestützte Einräumung entsprechender Erfüllungsansprüche (GSGer BS, BJM 1985, 288 f.).

Der Schadenersatzanspruch ist auch dann als ausgeschlossen zu betrachten, wenn er bloss *anstelle des Entschädigungsanspruchs* geltend gemacht wird, insb. weil eine Frist nach Art. 336b verpasst worden ist. Andernfalls könnte der Berechtigte Nutzen aus seinem Versäumnis ziehen und wäre ausserdem, wenn der Schadenersatz höher als die Entschädigung zu liegen käme, sogar noch privilegiert (PORTMANN, ArbR 2008, 18). Ersatz für Schaden, der nicht auf die Missbräuchlichkeit der Kündigung selbst zurückgeht, kann natürlich ohne Einschränkung geltend gemacht werden (z.B. entgangene Stelle wegen fehlerhafter Angaben des Arbeitgebers über die Kündigung gegenüber Dritten, STREIFF/VON KAENEL/RUDOLPH, N 8). **7a**

2. Konkurrenz der Entschädigung nach Art. 336a mit Genugtuungsansprüchen

Im Hinblick auf die Wiedergutmachungsfunktion der Entschädigung ist es folgerichtig, dass nicht nur Schadenersatzansprüche, die auf der Missbräuchlichkeit der Kündigung beruhen (N 6 ff.), sondern grundsätzlich auch entsprechende Genugtuungsansprüche ausgeschlossen werden, sofern diesen die gleichen Tatsachen zugrunde liegen (s.a CR CO I-AUBERT, N 2; ZK-STAEHELIN, N 8). Konsequenterweise hat das BGer in BGer, JAR 1998, 200 f. und BGer, JAR 2005, 285 ausgeführt, die Entschädigung lasse kaum Raum für eine kumulative Anwendung von Art. 49; etwas anderes könne nur in Ausnahmefällen gelten, etwa bei diffamierenden Vorwürfen anlässlich der Kündigung, die in keinem Zusammenhang mit dem Arbeitsverhältnis stehen, oder bei Anschwärzungen gegenüber Dritten, insb. potentiellen Arbeitgebern (vgl. dazu BGer, JAR 2012, 352; BGer, JAR 2009, 341; BGer, ARV 2005, 246; BGer, JAR 2005, 285; BGer, JAR 2004, 331; BGer, JAR 2000, 281). In Wirklichkeit handelt es sich in diesen Fällen fast immer um Genugtuungen, die für Persönlichkeitsverletzungen zugesprochen werden, welche ihren Grund nicht in der Missbräuchlichkeit der Kündigung selbst haben und daher unbedenklich sind. Sie können selbstverständlich auch gewährt werden, ohne dass zugleich ein Entschädigungsanspruch erhoben wird, namentlich weil dessen Verwirkung nach Art. 336b eingetreten ist. In diesem Fall ist hingegen eine Genugtuung für die missbräuchliche Kündigung selbst, d.h. anstelle einer Entschädigung, ausgeschlossen (vgl. N 7a und Art. 336b N 2). **8**

3. Konkurrenz der Entschädigung nach Art. 336a mit der Entschädigung gemäss Art. 337c Abs. 3

Eine ungerechtfertigte fristlose Entlassung unter Umständen, die einer missbräuchlichen Kündigung entsprechen, gibt keinen Anspruch auf beide der in Art. 336a und 337c Abs. 3 vorgesehenen Entschädigungen (BGE 121 III 66; BGer, JAR 2006, 282). Gleich verhält es sich, wenn der Arbeitgeber nacheinander eine missbräuchliche Kündigung und eine ungerechtfertigte fristlose Entlassung ausgesprochen hat. Es besteht lediglich ein Anspruch auf eine Entschädigung gem. Art. 337c Abs. 3, insb. weil nur die fristlose Entlassung kausal für die Beendigung des Arbeitsverhältnisses ist (BGE 121 III 67). Der Missbräuchlichkeit der Kündigung kann jedoch unter der «Würdigung aller Umstände», die das Gericht bei der Festsetzung der Entschädigung nach Art. 337c Abs. 3 zu berücksichtigen hat, Rechnung getragen werden (BGE 121 III 68). Folgt indessen eine *gerechtfertigte* fristlose Entlassung auf eine missbräuchliche ordentliche Kündigung, so spricht das BGer eine Entschädigung nach Art. 336a zu (BGer, JAR 1999, 236), was im Ergebnis richtig sein mag, aber der Kausalitätsüberlegung von BGE 121 III 67 widerspricht. **9**

Art. 336*b*

c. Verfahren

[1] Wer gestützt auf Artikel 336 und 336a eine Entschädigung geltend machen will, muss gegen die Kündigung längstens bis zum Ende der Kündigungsfrist beim Kündigenden schriftlich Einsprache erheben.

[2] Ist die Einsprache gültig erfolgt und einigen sich die Parteien nicht über die Fortsetzung des Arbeitsverhältnisses, so kann die Partei, der gekündigt worden ist, ihren Anspruch auf Entschädigung geltend machen. Wird nicht innert 180 Tagen nach Beendigung des Arbeitsverhältnisses eine Klage anhängig gemacht, ist der Anspruch verwirkt.

c. Procédure

[1] La partie qui entend demander l'indemnité fondée sur les art. 336 et 336a doit faire opposition au congé par écrit auprès de l'autre partie au plus tard jusqu'à la fin du délai de congé.

[2] Si l'opposition est valable et que les parties ne s'entendent pas pour maintenir le rapport de travail, la partie qui a reçu le congé peut faire valoir sa prétention à une indemnité. Elle doit agir par voie d'action en justice dans les 180 jours à compter de la fin du contrat, sous peine de péremption.

c. Procedura

[1] La parte che intende chiedere un'indennità in virtù degli articoli 336 e 336a deve fare opposizione per scritto alla disdetta presso l'altra, il più tardi alla scadenza del termine di disdetta.

[2] Se l'opposizione è fatta validamente e le parti non si accordano per la continuazione del rapporto di lavoro, il destinatario della disdetta può far valere il diritto all'indennità. Il diritto decade se non è fatto valere mediante azione entro 180 giorni dalla cessazione del rapporto di lavoro.

Literatur

Barbey, La procédure relative aux résiliations abusives du contrat de travail, in: Journée 1993 de droit du travail et de la sécurité sociale, Zürich 1994, 97 ff.; Milani, Die Geltendmachung von Entschädigungsansprüchen infolge Anstellungsdiskriminierungen bei privatrechtlichen Arbeitsverhältnissen im erstinstanzlichen gerichtlichen Entscheidverfahren, ArbR 2011, 39 ff.; vgl. ausserdem die Literaturhinweise zur Einleitung vor Art. 319 ff. und zu Art. 336.

1 Der Anspruch auf Entschädigung nach Art. 336a setzt voraus, dass die Partei, der gekündigt wurde, spätestens bis zum Ende der Kündigungsfrist beim Kündigenden schriftlich Einsprache erhebt (Art. 336b Abs. 1). Unter dem «Ende der Kündigungsfrist» ist das Ende des Arbeitsverhältnisses zu verstehen (ZK-Staehelin, N 3). Die **Einsprachefrist** endet also mit dem Eintritt des Kündigungstermins, wenn ein solcher besteht, andernfalls mit dem Ablauf der Kündigungsfrist. Solange bei einer Massenentlassung die Anzeige beim kantonalen Arbeitsamt unterbleibt (Art. 335g Abs. 1), kann die dadurch ausgelöste 30-tägige gesetzliche Frist (Art. 335 Abs. 4) nicht ablaufen mit der Konsequenz, dass dem Gekündigten das Einsprache- und Klagerecht erhalten bleibt (GSGer BS, JAR 2011, 433; s. aber die besondere Konstellation in BGE 132 III 406; dazu Art. 335g N 8). Stellt die missbräuchliche Kündigung zugleich eine Kündigung zur Unzeit dar, die zu einer Verlängerung des Arbeitsverhältnisses nach Art. 336c Abs. 2 führt, so endet die Einsprachefrist erst mit der Beendigung des verlängerten Arbeitsverhältnisses. Die Einsprache gegen eine missbräuchliche Kündigung während der Probezeit ist auch bei verkürzter Kündigungsfrist längstens bis zu deren Ende zu erheben, soweit dies möglich und zumutbar ist (BGE 136 III 96, 99 ff.; i.c. möglich und zumutbar, innerhalb der auf drei Tage verkürzten Kündigungsfrist Einsprache zu erheben). Ist die Fristwahrung unmöglich oder unzumutbar, so wird man aus den bundesgerichtlichen Überlegungen zu folgern haben, dass zwar eine Fristverlängerung Platz greift, aber nur gerade solange wie nötig, um die *Möglichkeit und* Zumutbarkeit der Einspracheerhebung zu gewährleisten. Aufgrund von BGE 136 III 96 muss davon ausgegangen werden, dass insgesamt drei Tage ausreichen, sofern keine besonderen Erschwernisse vorliegen. Die Frist für die Einsprache ist

nach der hier vertretenen Ansicht auch zu verlängern, wenn der Kündigende seiner Pflicht aus Art. 335 Abs. 2, die Kündigung auf Verlangen schriftlich zu begründen, nicht rechtzeitig nachgekommen ist (Art. 335 N 26). Die dagegen vorgebrachten Argumente, nach der Beendigung des Arbeitsverhältnisses sei eine Einigung über dessen Wiederaufnahme nicht mehr zu erwarten und eine Einsprache könne auch ohne Kenntnis des Kündigungsgrundes erhoben werden (ZK-Staehelin, N 3 m.w.H.; s.a. Streiff/von Kaenel/Rudolph, N 3), vermögen nicht zu überzeugen. Eine Einigung ist immer noch denkbar, und die Begründung der Kündigung verfolgt gerade den Zweck, Aufschluss über die Missbräuchlichkeit der Kündigung zu geben, für deren Geltendmachung die Einsprache den ersten Schritt bildet. Auch hier wird man es allerdings mit einer kurzen Nachfrist im oben erwähnten Sinne bewenden lassen müssen. Die Einsprache, die der Arbeitnehmer gegen eine nichtige Kündigung erhoben hat, muss wiederholt werden, wenn der Arbeitgeber später eine zweite, gültige Kündigung ausspricht (TC VD, JAR 2009, 631). Folgt jedoch wenige Tage nach Erhalt der ordentlichen Kündigung eine fristlose Entlassung, kann vom Arbeitnehmer nicht erwartet werden, dass er zwecks Wahrung des Anspruchs innert der Kündigungsfrist Einsprache wegen Missbräuchlichkeit erhebt (BGer, JAR 1999, 237). Massgebend für die Fristwahrung ist der Zeitpunkt des Zugangs der Einsprache beim Kündigenden (BGE 136 III 98; Einsprache als empfangsbedürftige Willenserklärung). Wird die Frist versäumt, so kann die betroffene Partei die Missbräuchlichkeit der Kündigung mittels Feststellungsklage gerichtlich feststellen lassen (BGE 136 III 98; KGer SZ, JAR 2003, 290).

AGer ZH, JAR 2002, 320 lässt eine mittels Telefax übermittelte unterschriebene Urkunde mit **1a** Blick auf das **Schriftformerfordernis** genügen. In der Tat ist nicht davon auszugehen, dass Art. 336b Abs. 1 an die Erfordernisse der Schriftlichkeit (insb. der eigenhändigen Unterschrift) i.S.v. Art. 12 ff. anknüpfen will, sind doch diese Vorschriften auf Verträge zugeschnitten, während es hier um eine blosse Mitteilung geht, die weder eine Verpflichtung begründet noch eine Verfügung darstellt. Ausserdem erscheint eine formalistische Betrachtungsweise mit Blick auf die alltägliche Kommunikation im Arbeitsverhältnis als nicht angemessen. Auch die allenfalls kurzen Einsprachefristen (N 1) sprechen für einen Verzicht auf das Erfordernis traditioneller Schriftlichkeit. Eine Einsprache mittels Telefax, E-Mail, SMS oder Ähnlichem muss daher als ausreichend betrachtet werden, sofern der betroffene Arbeitnehmer (oder sein bevollmächtigter Vertreter) als Urheber der Mitteilung identifizierbar ist (**a.A.** Streiff/von Kaenel/Rudolph, N 3). Das AGer ZH hat allerdings die Gültigkeit einer Einsprache mittels gewöhnlicher E-Mail, die naturgemäss weder eine eigenhändige Unterschrift noch eine zertifizierte elektronische Signatur (s. Art. 14 Abs. 2bis) enthalte, verneint (JAR 2011, 630). Genügend war dagegen das Stellen eines Schlichtungsgesuchs beim Friedensrichteramt während laufender Kündigungsfrist (AGer ZH, JAR 2013, 608).

An den **Inhalt** der Einsprache dürfen keine hohen Anforderungen gestellt werden. Es genügt, **1b** wenn die betroffene Partei gegenüber der kündigenden Person schriftlich zum Ausdruck bringt, mit der Kündigung nicht einverstanden zu sein (BGE 136 III 97; 123 III 253; streng dagegen und teilweise widersprüchlich zur eigenen Rechtsprechung BGer, 8.9.2014, 4A_320/2014). Noch nicht als Einsprache ist das Verlangen einer schriftlichen Begründung der Kündigung anzusehen (KGer SZ, JAR 2003, 290). Aus dem Schreiben muss sodann hervorgehen, dass der Arbeitnehmer mit der Kündigung (nicht bloss deren Begründung) nicht einverstanden ist (BGer, JAR 2005, 177; CAPH GE, JAR 2001, 294). Die Einsprache muss weder begründet werden noch auf einen bestimmten missbräuchlichen Grund hinweisen. Deshalb darf der Arbeitgeber nicht darauf vertrauen, dass der Arbeitnehmer im Prozess nur die in der Einsprache genannten Missbrauchsgründe anruft (BGer, ARV 2009, 129). Ebenso wenig darf der Arbeitgeber aus bestimmten Umständen auf einen gültigen Einspracheverzicht des Arbeitnehmers schliessen, wenn dessen Verhalten nicht geradezu rechtsmissbräuchlich ist, da die Art. 336a und 336b (beidseitig) zwingend sind (Art. 341 Abs. 1; BGer, ARV 2009, 129). Schliesslich ist es entgegen dem Anschein, den der missverständliche BGer, 8.9.2014, 4A_320/2014 erweckt, auch nicht notwendig, dass der Arbeitnehmer bei der Einspracheerhebung ausdrücklich seine Bereitschaft zur Fortsetzung des Arbeitsverhältnisses bekundet. Eine Formulierung «ich erhebe Einsprache gegen die Kündigung» oder ähnlich muss genügen. Ein Mehr liesse sich schon mit dem Gesetzestext von Art. 336b Abs. 1 OR nicht vereinbaren, der «schriftlich Einsprache» verlangt, nicht mehr und nicht weniger.

2 Ist die Einsprache form- und fristgerecht erfolgt und kommt es daraufhin zu einer Verständigung der Parteien über die Fortführung des Arbeitsverhältnisses, so liegt darin eine *vertragliche Aufhebung der Kündigung*. In diesem Fall geht die Entschädigungsforderung unter (BGE 134 III 70). Wer nach der Rücknahme der Kündigung durch den Arbeitgeber über den Kündigungstermin hinaus weiterarbeitet, stimmt dieser Rücknahme konkludent zu. Darüber hinaus nimmt die bundesgerichtliche Rechtsprechung sogar eine Obliegenheit an, die Rücknahme der Kündigung zu akzeptieren, wenn das Arbeitsverhältnis zu unveränderten Bedingungen weitergeführt werden soll. Mit anderen Worten erlischt die Entschädigungsforderung selbst dann, wenn der Arbeitnehmer die Rücknahme der Kündigung durch den Arbeitgeber ablehnt (BGE 134 III 70; 123 III 252). Die Entschädigungsforderung bleibt jedoch erhalten, wenn der Arbeitnehmer die Fortführung des Arbeitsverhältnisses zu veränderten Bedingungen ablehnt, ohne dass es eine Rolle spielt, ob er die veränderten Arbeitsbedingungen in gerechtfertigter oder ungerechtfertigter Weise zurückweist (BGE 123 III 252). Kommt es nicht zur Fortführung des Arbeitsverhältnisses, so wird dieses mit Ablauf der Kündigungsfrist beendet und die Entschädigung nach Art. 336a kann geltend gemacht werden. Doch ist dieser Anspruch verwirkt, wenn er nicht innert 180 Tagen nach Beendigung des Arbeitsverhältnisses durch Klage geltend gemacht wird (Art. 336b Abs. 2). Ein blosser Vorbehalt der Geltendmachung in einer Klage reicht zur Fristwahrung nicht aus (GSGer BS, JAR 2009, 474), ebenso wenig die Anrufung der Genfer «Chambre des relations collectives de travail» durch die Gewerkschaft (BGer, ARV 2013, 136). Nach diesem Zeitpunkt ist der Arbeitnehmer mit seiner Forderung aus Art. 336a ausgeschlossen, selbst wenn er sie unter dem Titel der Genugtuung geltend macht (CAPH GE, JAR 2008, 419; Art. 336a N 8).

3 Zuerst schriftlich gegen die Kündigung Einsprache zu erheben und bei mangelnder Einigung fristgemäss zu klagen hat auch, wer eine Entschädigung wegen missbräuchlicher Kündigung infolge Nichtbeachtens der Vorschriften über die *Massenentlassung* fordern will (BGE 134 III 70; 132 III 408).

Art. 336*c*

2. Kündigung zur Unzeit
a. Durch den Arbeitgeber

¹ Nach Ablauf der Probezeit darf der Arbeitgeber das Arbeitsverhältnis nicht kündigen:

a. während die andere Partei schweizerischen obligatorischen Militär- oder Schutzdienst oder schweizerischen Zivildienst leistet, sowie, sofern die Dienstleistung mehr als elf Tage dauert, während vier Wochen vorher und nachher;

b. während der Arbeitnehmer ohne eigenes Verschulden durch Krankheit oder durch Unfall ganz oder teilweise an der Arbeitsleistung verhindert ist, und zwar im ersten Dienstjahr während 30 Tagen, ab zweitem bis und mit fünftem Dienstjahr während 90 Tagen und ab sechstem Dienstjahr während 180 Tagen;

c. während der Schwangerschaft und in den 16 Wochen nach der Niederkunft einer Arbeitnehmerin;

d. während der Arbeitnehmer mit Zustimmung des Arbeitgebers an einer von der zuständigen Bundesbehörde angeordneten Dienstleistung für eine Hilfsaktion im Ausland teilnimmt.

² Die Kündigung, die während einer der in Absatz 1 festgesetzten Sperrfristen erklärt wird, ist nichtig; ist dagegen die Kündigung vor Beginn einer solchen Frist erfolgt, aber die Kündigungsfrist bis dahin noch nicht abgelaufen, so wird deren Ablauf unterbrochen und erst nach Beendigung der Sperrfrist fortgesetzt.

[3] Gilt für die Beendigung des Arbeitsverhältnisses ein Endtermin, wie das Ende eines Monats oder einer Arbeitswoche, und fällt dieser nicht mit dem Ende der fortgesetzten Kündigungsfrist zusammen, so verlängert sich diese bis zum nächstfolgenden Endtermin.

2. Résiliation en temps inopportun
a. Par l'employeur

[1] Après le temps d'essai, l'employeur ne peut pas résilier le contrat:

a. pendant que le travailleur accomplit un service obligatoire, militaire ou dans la protection civile, ou un service civil, en vertu de la législation fédérale, ou encore pendant les quatre semaines qui précédent et qui suivent ce service pour autant qu'il ait duré plus de onze jours;
b. pendant une incapacité de travail totale ou partielle résultant d'une maladie ou d'un accident non imputables à la faute du travailleur, et cela, durant 30 jours au cours de la première année de service, durant 90 jours de la deuxième à la cinquième année de service et durant 180 jours à partir de la sixième année de service;
c. pendant la grossesse et au cours des seize semaines qui suivent l'accouchement;
d. pendant que le travailleur participe, avec l'accord de l'employeur, à un service d'aide à l'étranger ordonné par l'autorité fédérale.

[2] Le congé donné pendant une des périodes prévues à l'alinéa précédent est nul; si le congé a été donné avant l'une de ces périodes et si le délai de congé n'a pas expiré avant cette période, ce délai est suspendu et ne continue à courir qu'après la fin de la période.

[3] Lorsque les rapports de travail doivent cesser à un terme, tel que la fin d'un mois ou d'une semaine de travail, et que ce terme ne coïncide pas avec la fin du délai de congé qui a recommencé à courir, ce délai est prolongé jusqu'au prochain terme.

2. Disdetta in tempo inopportuno
a. Da parte del datore di lavoro

[1] Dopo il tempo di prova, il datore di lavoro non può disdire il rapporto di lavoro:

a. allorquando il lavoratore presta servizio obbligatorio svizzero, militare o di protezione civile, oppure servizio civile svizzero e, in quanto il servizio duri più di 11 giorni, nelle quattro settimane precedenti e seguenti;
b. allorquando il lavoratore è impedito di lavorare, in tutto o in parte, a causa di malattia o infortunio non imputabili a sua colpa, per 30 giorni nel primo anno di servizio, per 90 giorni dal secondo anno di servizio sino al quinto compreso e per 180 giorni dal sesto anno di servizio;
c. durante la gravidanza e nelle 16 settimane dopo il parto della lavoratrice;
d. allorquando, con il suo consenso, il lavoratore partecipa a un servizio, ordinato dall'autorità federale competente, nell'ambito dell'aiuto all'estero.

[2] La disdetta data durante uno dei periodi stabiliti nel capoverso 1 è nulla; se, invece, è data prima, il termine che non sia ancora giunto a scadenza all'inizio del periodo è sospeso e riprende a decorrere soltanto dopo la fine del periodo.

[3] Se per la cessazione di un rapporto di lavoro vale un giorno fisso, come la fine di un mese o di una settimana lavorativa, che non coincide con la scadenza del termine prorogato di disdetta, questo è protratto sino al giorno fisso immediatamente successivo.

Literatur

Aubert, Calcul du délai de congé, ARV 2005, 173 ff.; Egli, Der zeitliche Kündigungsschutz, ArbR 1998, 115 ff.; Geiser, Kündigungsschutz bei Krankheit, AJP 1996, 550 ff.; ders., Berechnung der Kündigungsfristen im Arbeitsvertragsrecht, recht 2012, 1 ff.; Gloor, Mutterschaft, Kündigungsschutz, Lohnfortzahlung, ArbR 1992, 55 ff.; Gétaz Kunz, La suspension du délai de congé selon l'article 336c alinéa 2 CO, in: Panorama en droit du travail, Bern 2009, 309 ff.; Gremper, Besprechung von BGE 135 III 349 ff., AJP 2009, 1186 ff.; Hensch, Sonderregelungen für schwangere und stillende Arbeitnehmerinnen im privatrechtlichen Arbeitsverhältnis, AJP 2012, 1088 ff.; Janutin, Gesundheit im Arbeitsrecht, Diss., Zürich 1991; Luginbühl/Brühlmann, Arbeitsplatzbezogene Arbeitsunfähigkeit – Eine Problematik an der Schnittstelle von Medizin und Recht, Jusletter 19.8.2013; Portmann, Anwendbarkeit und Auswirkungen des zeitlichen Kündigungsschutzes bei Arbeitsverträgen mit gestaffelter Laufzeit, ARV 2004, 238 ff.; Rehbinder, Die ärztliche Arbeitsunfähigkeitsbescheinigung, FS für Oscar Vogel, Fribourg 1991,

183 ff.; RIEMER-KAFKA, Rechtsprobleme der Mutterschaft im Sozialversicherungs- und Arbeitsrecht, Diss., Winterthur 1987; PÄRLI/HUG, Arbeitsrechtliche Fragen bei Präsentismus (Arbeit trotz Krankheit), ARV 2012, 1 ff.; RUDOLPH/VON KAENEL, Arbeitsplatzbezogene Arbeitsunfähigkeit, SJZ 2010, 361 ff.; DIES., Arbeitsplatzbezogene Arbeitsunfähigkeit: Entgegnung zum Beitrag von Luginbühl/Brühlmann in Jusletter 19.8.2013, Jusletter 9.9.2013; TARNUTZER-MÜNCH, Kündigungsschutz, in: Stellenwechsel und Entlassung, Handbücher für die Anwaltspraxis (HAP), Bd. II, 2. Aufl., Basel 2012, 53 ff.; WEBER, La protection des travailleurs contre les licenciements en temps inopportun, Diss., Lausanne 1992; WYLER, La protection des femmes enceintes et des mères qui allaitent et le nouveau droit du travail, in: Colloques et journées d'étude: 1999–2001, Lausanne 2001, 105 ff. (zit. droit du travail); ZINSLI, Krankheit im Arbeitsverhältnis, Diss., Zürich 1992; vgl. ausserdem die Literaturhinweise zur Einleitung vor Art. 319 ff. und zu Art. 336 betr. Kündigungsschutz.

I. Voraussetzungen des zeitlichen Kündigungsschutzes

1. Ablauf der Probezeit

1 Der zeitliche Kündigungsschutz setzt zunächst voraus, dass die Probezeit abgelaufen ist (s. Art. 335b N 1 ff.). Liegt das Ende der Kündigungsfrist nach Ablauf der Probezeit, weil erst gegen Schluss der Probezeit gekündigt wurde, so kann z.B. eine krankheitsbedingte Arbeitsunfähigkeit während der Kündigungsfrist keine Verlängerung des Arbeitsverhältnisses bewirken, weil der zeitliche Kündigungsschutz auf Kündigungen, die innerhalb der Probezeit zugehen, nach Art. 336c Abs. 1 keine Anwendung findet (AppGer BS, JAR 1993, 208).

2. Ordentliche Kündigung durch den Arbeitgeber

2 Grundsätzlich kommt der zeitliche Kündigungsschutz nach Art. 336c nur zur Anwendung, wenn das Arbeitsverhältnis durch ordentliche Kündigung des Arbeitgebers aufgelöst wird. Mit anderen Worten greift der zeitliche Kündigungsschutz insb. *nicht*, wenn das Arbeitsverhältnis endet durch:

- *Ausserordentliche Kündigung* (vgl. BGer, JAR 2013, 315 und ARV 2007, 23); der zeitliche Kündigungsschutz kann aber insb. mit Blick auf Art. 337c Abs. 1 mittelbaren Niederschlag finden.
- *Anfechtung wegen eines Willensmangels*, sei es ex tunc oder ex nunc auf Grund von Art. 320 Abs. 3.
- *Kündigung durch den Arbeitnehmer*; die Rechtsprechung macht allerdings z.T. eine Ausnahme, wenn der Arbeitgeber dem Arbeitnehmer die Kündigung aufgezwungen oder sie ihm zur Vermeidung einer Entlassung nahegelegt hat (VerwGer ZH, JAR 2001, 280 f.). Diesbezüglich ist dem differenzierten Urteil AGer Lenzburg, JAR 2007, 373 zuzustimmen, das zu Recht auch die Vorteile des Arbeitnehmers berücksichtigt, die er hat, wenn er selbst kündigen kann. Entscheidend ist danach, ob der Arbeitnehmer die Gelegenheit hatte, die Vor- und Nachteile gegeneinander abzuwägen, wobei das Mass des durch den Arbeitgeber ausgeübten Drucks und die zur Verfügung stehende Bedenkzeit eine wichtige Rolle spielen. Nur bei erheblich eingeschränkter Entscheidungsfreiheit des Arbeitnehmers rechtfertigt es sich, eine formal von ihm ausgehende Kündigung materiell dem Arbeitgeber zuzurechnen.
- *Aufhebungsvertrag* (BGE 118 II 58); auch hier kann es zur Anwendung des zeitlichen Kündigungsschutzes kommen, wenn die Aufhebungsvereinbarung auf Druck des Arbeitgebers geschlossen wurde (VerwGer ZH, JAR 2001, 282) oder wenn der Aufhebungsvertrag dazu dient, die Kündigungsschutzbestimmungen zu umgehen (Art. 335 N 29 ff.). Diese Grundsätze gelten bezüglich einer einvernehmlichen Verkürzung der Arbeitszeit analog (BGer, 6.9.2010, 4A_187/2010, E. 2.5).

3 *Erfolgt* die Kündigung durch den Arbeitgeber, so ist Art. 336c selbst im Falle einer (teilweisen oder ganzen) *Betriebsschliessung* anwendbar. Der Arbeitgeber wird dadurch in seiner unter-

nehmerischen Freiheit, den Betrieb zu schliessen, nicht beschränkt, bleibt aber an seine finanziellen Verpflichtungen aus dem Arbeitsvertrag gebunden (BGE 124 III 346).

3. Besonderer Schutztatbestand

Zu den Voraussetzungen des Ablaufs der Probezeit und der ordentlichen Kündigung durch den Arbeitgeber muss die Erfüllung eines besonderen Schutztatbestandes hinzutreten, wobei das Gesetz vier verschiedene Möglichkeiten vorsieht. Diese sind: 4

- *Militär-, Schutz- oder Zivildienst.* Der Kündigungsschutz besteht, während der Arbeitnehmer schweizerischen obligatorischen Militär- oder Schutzdienst oder schweizerischen Zivildienst leistet, sowie, sofern die Dienstleistung mehr als elf Tage dauert, während vier Wochen vorher und nachher. Wird die Rekrutenschule auf Gesuch des Arbeitnehmers vorverlegt, so bleibt ihr Charakter als *obligatorischer* Militärdienst erhalten; die Gesuchstellung zum Zweck der Vorverlegung ohne vorgängige Informierung des Arbeitgebers begründet auch keinen Rechtsmissbrauch (BGer, ARV 2002, 87 f.). Die unterlassene Mitteilung an den Arbeitgeber kann allerdings zur Schadenersatzpflicht des Arbeitnehmers führen, und ein Rechtsmissbrauch ist dann anzunehmen, wenn der Arbeitnehmer den Dienst nach erhaltener Kündigung allein deshalb verschiebt, um in den Genuss des zeitlichen Kündigungsschutzes zu gelangen (AGer ZH, JAR 2007, 530). 5
- *Krankheit oder Unfall.* Das Gesetz gewährt Schutz, während der Arbeitnehmer ohne eigenes Verschulden durch Krankheit oder durch Unfall ganz oder teilweise an der Arbeitsleistung verhindert ist, und zwar im ersten Dienstjahr während 30 Tagen, ab zweitem bis und mit fünftem Dienstjahr während 90 Tagen und ab sechstem Dienstjahr während 180 Tagen. Diese Bestimmung ist bei Krankheit nur dann nicht anwendbar, wenn sich die gesundheitliche Beeinträchtigung als so unbedeutend erweist, dass sie die Annahme einer neuen Anstellung in keiner Weise zu hindern vermag (BGE 128 III 217; CREC VD, JAR 2014, 503; OGer LU, JAR 2009, 562: Arbeitsunfähigkeit während der Nacht hindert nicht eine Neuanstellung mit Arbeit am Tag). Unter dieser Voraussetzung muss der Sperrfristenschutz auch bei der sog. arbeitsplatzbezogenen Arbeitsunfähigkeit entfallen (VerwGer BS, BJM 2011, 336; AGer ZH, 19.9.2014, AN 120013). Ein solcher Fall liegt vor, wenn der Arbeitnehmer z.B. wegen einer Konflikt- oder Mobbingsituation am Arbeitsplatz nur in Bezug auf die konkrete Stelle an der Arbeit verhindert, im Übrigen aber ganz normal einsatzfähig und nicht daran gehindert ist, eine andere Stelle zu finden und anzutreten (weiterführend STREIFF/VON KAENEL/RUDOLPH, N 8 m.w.H. auf die Praxis und der Klarstellung, dass dem Arbeitnehmer der Lohnfortzahlungsanspruch nach Art. 324a aber auch bei bloss arbeitsplatzbezogener Arbeitsunfähigkeit erhalten bleibt). In den Genuss des Kündigungsschutzes kommt der Arbeitnehmer auch dann, wenn er dem Arbeitgeber seine Arbeitsunfähigkeit – in Verletzung seiner Treuepflicht – nicht mitteilt (BGer, ARV 2005, 103: Verneinung eines Rechtsmissbrauchs) oder wenn er krankgeschrieben ist und dennoch arbeiten geht (BGer, ARV 2009, 302; BGer, JAR 2010, 219). Das Gesetz schützt den Arbeitnehmer selbst dann, wenn ihm sein Zustand nicht bewusst ist oder er dessen Ursache nicht kennt (BGE 128 III 217). Als ein Arbeitnehmer seine Arbeit bis zur Kündigung anfangs Nachmittag normal ausführte, ohne Zeichen einer Krankheit zu zeigen, und sich erst danach über Unwohlsein beklagte und sich noch am gleichen Tag zum Arzt begab, wurde die Kündigung allerdings als nicht in eine Sperrfrist fallend und damit wirksam taxiert. Dies obschon der Arzt die Arbeitsunfähigkeit bestätigte (BGer, ARV 2011, 281). Gültig war auch die Kündigung gegenüber einem Direktor, der nach einem Krebsleiden mit Strahlenbehandlung an die Arbeit zurückkehrte und seine Genesung mitteilte. Dass die Kündigung nur eine Woche später und mit Hinweis auf den schlechten Gesundheitszustand erfolgte, änderte daran nichts (BGer, JAR 2013, 154). Für Beweisfragen s. Art. 324a N 24 f. Die für die Anzahl Dienstjahre massgebende Dauer des Arbeitsverhältnisses richtet sich nach denselben Grundsätzen wie bei der Lohnfortzahlung im Fall der persönlichen Verhinderung an der Arbeitsleistung (Art. 324a N 15). Erstreckt sich eine Verhinderung an 6

der Arbeitsleistung auf *zwei aufeinander folgende Dienstjahre, für die unterschiedliche Sperrfristen gelten*, so stellt sich die Frage, ob die kürzere oder die längere Sperrfrist zur Anwendung kommen soll (bei der Erstreckung vom ersten auf das zweite Dienstjahr 30 oder 90 Tage, bei der Erstreckung vom fünften auf das sechste Dienstjahr 90 oder 180 Tage). Nach einem Grundsatzentscheid des BGer ist die kürzere Sperrfrist massgebend, sofern bei deren Anwendung die unterbrochene und wieder fortgesetzte Kündigungsfrist (nicht jedoch auch die aus der Anwendung von Art. 336c Abs. 3 folgende Verlängerung dieser Frist) im alten Dienstjahr abläuft. Die (einleuchtende) Begründung dafür besteht darin, dass in diesem Fall das Arbeitsverhältnis vor Anbruch des neuen Dienstjahres zu Ende geht. Andernfalls kommt die längere Sperrfrist zur Anwendung (BGE 133 III 525; s. daran anknüpfende Beispiele bei KOLLER/MAUERHOFER, ZBJV 2009, 898 ff.). Die nach diesen Vorgaben bestimmte Sperrfrist beginnt am ersten Tag der Arbeitsunfähigkeit zu laufen (BGE 133 III 525 f.). Die Klärung dieser Fragen durch das BGer beendet eine alte Kontroverse in der Literatur, schafft Rechtssicherheit und verdient auch inhaltlich Zustimmung (ebenso CHANSON, ARV online 2008 Nr. 41). Nach dem Ende des zeitlichen Kündigungsschutzes ist eine Kündigung grundsätzlich nicht missbräuchlich, auch wenn die Krankheit oder die Unfallfolgen andauern (BGE 107 II 169; BGer, ARV 2004, 244). Dies gilt auch dann, wenn der Arbeitgeber die Krankheit oder den Unfall zu verantworten hat, da der Ausgleich in diesem Fall über die Haftung des Arbeitgebers sowie über das Sozialversicherungsrecht zu bewerkstelligen ist (KGer SG, JAR 2009, 567). Ob der Arbeitnehmer durch eine Krankheit oder einen Unfall unverschuldet an der Arbeitsleistung verhindert ist, beurteilt sich nach den gleichen Gesichtspunkten wie bei der Lohnfortzahlung im Fall der persönlichen Verhinderung an der Arbeitsleistung (Art. 324a N 4 ff., 21 ff., 27 f.). Zur Frage, ob eine somatoforme Schmerzstörung eine Arbeitsunfähigkeit i.S.v. Art. 6 ATSG auslöst, BGer, JAR 2013, 226.

7 – *Schwangerschaft und Niederkunft*. Der Arbeitgeber darf während der Schwangerschaft und in den 16 Wochen nach der Niederkunft einer Arbeitnehmerin nicht kündigen (was auch im Fall eines Temporärarbeitsverhältnisses gilt, BGer, ARV 2005, 106). Der Schutz von Art. 336c Abs. 1 lit. c setzt keine Mitteilung der Schwangerschaft voraus (Auslegungsergebnis von BGE 135 III 352 aufgrund von Wortlaut und Entstehungsgeschichte der Norm; zustimmend GREMPER, AJP 2009, 1188; KOLLER, ZBJV 2011, 410). Die Arbeitnehmerin geniesst also auch dann Kündigungsschutz, wenn sie bei der Kündigung durch den Arbeitgeber die Schwangerschaft verschweigt und sich erst später darauf beruft. Dies trifft zumindest insofern zu, als im Einzelfall kein Rechtsmissbrauch anzunehmen ist, wofür die blosse Berufung auf zwingendes Recht nicht ausreicht (BGE 135 III 356; i.c. Rechtsmissbrauch mangels besonderer Umstände verneint, obwohl die Arbeitnehmerin ihre Schwangerschaft erst einen Monat nach Beendigung des Arbeitsverhältnisses mitteilte; ähnlicher Fall in BGer, ARV 2011, 35). Das BGer hat die lückenfüllende Anwendung von Art. 336c Abs. 1 lit. c auf das öffentliche Dienstrecht des Kantons Neuenburg verneint (BGE 139 I 57; s.a. BGer, JAR 2013, 267).

8 – *Dienstleistung für eine Hilfsaktion im Ausland*. Der vierte und letzte Schutztatbestand betrifft die Zeit, während der der Arbeitnehmer mit Zustimmung des Arbeitgebers an einer von der zuständigen Bundesbehörde angeordneten Dienstleistung für eine Hilfsaktion im Ausland teilnimmt.

9 Die gesetzliche Aufzählung der Schutztatbestände ist abschliessend. Jeder neue Grund für eine Arbeitsverhinderung i.S.v. Art. 336c Abs. 1 – sei er gleichartig oder verschiedenartig – löst eine eigenständige Sperrfrist aus, also auch jede neue Krankheit oder jeder neue Unfall, selbst wenn diese in eine schon bestehende Sperrfrist fallen (BGE 124 III 475 f.; BGer, JAR 2010, 219; anders jedoch, wenn sie bloss in die Zusatzfrist gem. Art. 336c Abs. 3 fallen: BGE 124 III 474; 109 II 332 f.). Krankheiten oder Unfälle sind neu, wenn sie zu früheren Krankheiten oder Unfällen in keinem Zusammenhang stehen (BGE 120 II 127; BGer, JAR 2008, 268 f.: Depression als blosse Folge eines Burnout). Ein Rückfall löst keine neue Sperrfrist aus.

II. Rechtsfolgen

1. Kündigung während einer Sperrfrist

Die Kündigung, die während einer der in Art. 336c Abs. 1 festgesetzten Sperrfristen erklärt wird, ist **nichtig** (Art. 336c Abs. 2 Hs. 1). Ob die Kündigung innerhalb der Sperrfrist erfolgt, bestimmt sich nach ihrem Zugang (BGE 113 II 259). Das Arbeitsverhältnis dauert somit fort. Eine Konversion der nichtigen Kündigung in eine Kündigung zum nächstzulässigen Termin fällt nicht in Betracht, da sie dem Sinn der Sperrfrist zuwiderlaufen würde (OGer ZH, JAR 1981, 151). Der Arbeitgeber muss nach Ablauf der Sperrfrist nochmals kündigen, wenn er das Arbeitsverhältnis auflösen will. Dazu ist keine erneute Entscheidfällung durch das zuständige Organ erforderlich (BGE 128 III 218). Eine blosse Stellungnahme in einem Rechtsmittelverfahren genügt den Anforderungen an eine erneute Kündigung nicht (BGer, JAR 2010, 219; in TAPP TI, JAR 2012, 526 genügte auch die Bestätigung einer nichtigen Kündigung nicht; weiterführend dazu mit Hinweis auf anderslautende Rechtsprechung STREIFF/VON KAENEL/RUDOLPH, N 10). Diese ist nach BGE 128 III 220 an die vereinbarten Kündigungstermine gebunden, was jedoch zu einer zweckwidrigen übermässigen Verlängerung des Arbeitsverhältnisses führen kann und insoweit abzulehnen ist (so jedenfalls im entschiedenen Fall, s. dazu PORTMANN, ARV 2004, 238 ff.). 10

2. Kündigung vor einer Sperrfrist

Ist die Kündigung vor Beginn einer Sperrfrist gem. Art. 336c Abs. 1 erfolgt, aber die Kündigungsfrist bis dahin noch nicht abgelaufen, so treten kumulativ folgende Rechtsfolgen ein: 11

- Der Ablauf der **Kündigungsfrist** wird **unterbrochen** und erst nach Beendigung der Sperrfrist fortgesetzt (Art. 336c Abs. 2 Hs. 2). Die Kündigung als solche ist aber wirksam. Wird der Arbeitnehmer während der Kündigungsfrist arbeitsunfähig, wird diese dadurch nur so lange unterbrochen und für so lange verlängert, als sie mit der Arbeitsunfähigkeit zusammenfällt (BGE 121 III 107). Um die Verlängerung rechnerisch zu bestimmen, ist der Beginn der Kündigungsfrist durch *Rückrechnung vom Endtermin* aus festzulegen. Von dieser durch BGE 115 V 437 etablierten und nachfolgend in konstanter Rechtsprechung bestätigten Praxis wich das BGer in BGE 131 III 471 ab (ohne Bezugnahme auf die bisherigen Entscheide und ohne dass der konkrete Fall den zeitlichen Kündigungsschutz betraf; Kritik etwa bei AUBERT, ARV 2005, 173 ff.), doch hat es inzwischen in BGE 134 III 359 ausdrücklich festgehalten, dass durch diesen Entscheid keine Praxisänderung beabsichtigt worden sei, und klargestellt, dass die bisherige Anwendung der Rückrechnung nach wie vor massgebend ist. Mit anderen Worten ist in dieser Beziehung ausnahmsweise nicht der Zugang der Kündigung massgebend. Gründe dafür sind, dass der Arbeitnehmer i.d.R. besonders gegen das Ende des Arbeitsverhältnisses darauf angewiesen ist, während der vollen Kündigungsfrist eine neue Stelle suchen zu können (es gibt immer wieder Stellen, die kurzfristig besetzt werden), und dass nach der allgemeinen Lebenserfahrung die Stellensuche – wenn sie nicht bereits vorher zum Erfolg geführt hat – gegen das Ende des Arbeitsverhältnisses intensiviert wird (BGE 134 III 360; 115 V 441). Sowohl die Wiederherstellung der Rechtssicherheit in dieser Sache (Behandlung als Rechtsfrage von grundsätzlicher Bedeutung i.S.v. Art. 74 Abs. 2 lit. a BGG) wie auch die in inhaltlicher Hinsicht durch BGE 134 III 359 getroffene Entscheidung ist zu begrüssen (Kritik demgegenüber bei GEISER, AJP 2009, 133 f., mit der Empfehlung aus Arbeitgebersicht, in den Arbeitsverträgen die Kündigungsmöglichkeit auf jeden beliebigen Zeitpunkt zu vereinbaren und nicht feste Termine wie z.B. das Monatsende vorzusehen; krit. auch GRABER/KOLLER, ZBJV 2010, 1095 f.). 12
- Gilt für die Beendigung des Arbeitsverhältnisses ein Endtermin, wie das Ende eines Monats oder einer Arbeitswoche, und fällt dieser nicht mit dem Ende der fortgesetzten Kündigungsfrist zusammen, so *verlängert* sich diese bis zum nächstfolgenden **Endtermin**. Eine Arbeitsunfähigkeit, die während der Zusatzfrist gem. Art. 336c Abs. 3 eintritt, löst keine neue Sperrfrist aus (BGE 124 III 474; 109 II 332). Art. 336c Abs. 2 garantiert dem Arbeit- 13

nehmer, auf den einer der im ersten Absatz aufgezählten Fälle zutrifft, eine ungekürzte Kündigungsfrist, damit er in der Lage ist, eine neue Stelle zu suchen. Der dritte Absatz des gleichen Artikels beabsichtigt dagegen nur die Erleichterung des Stellenwechsels, indem das Arbeitsverhältnis nicht schon beim Ablauf der unterbrochenen Kündigungsfrist endet, sondern erst beim nächstfolgenden, für die Beendigung von Arbeitsverhältnissen üblichen Endtermin (BGE 124 III 475).

13a Die Kombination der beiden Rechtsfolgen führt i.d.R. dazu, dass bereits schon **Kurzabsenzen** eine *einmonatige Verlängerung des Arbeitsverhältnisses* zur Folge haben. Nichts deutet darauf hin, dass der Gesetzgeber dieses Ergebnis nicht bedacht und gewollt hat, so dass es sich nicht rechtfertigt, Kurzabsenzen (mittels teleologischer Reduktion) aus dem Anwendungsbereich von Art. 336c auszunehmen (BGE 115 V 442; s.a. CREC VD, JAR 2014, 503; **a.A.** TPH La Chaux-de-Fonds, RJN 1993, 91). Da der Gesetzgeber somit das zeitliche (Miss-) Verhältnis hinsichtlich Arbeitsunfähigkeit und Verlängerung des Arbeitsverhältnisses (mindestens für den Regelfall) in Kauf genommen hat, handelt der Arbeitnehmer auch nicht rechtsmissbräuchlich, wenn er sich zur Geltendmachung des zeitlichen Kündigungsschutzes auf die Kurzabsenz beruft (so zutreffend von Kaenel, ARV 2008, 192). Beim Hinzutreten weiterer Umstände kann sich dies allerdings ändern (so etwa OGer TG, ARV 2008, 191, wo die Arbeitnehmerin, die am Anfang der Kündigungsfrist drei Tage lang krank gewesen war, gegen Ende der Kündigungsfrist 10 Tage in die Ferien fuhr). Kommt es (über den Regelfall hinausgehend) zu einer mehr als einmonatigen Verlängerung des Arbeitsverhältnisses (z.B. wenn nur halbjährliche Kündigungstermine vereinbart sind), so kann das Missverhältnis so gravierend erscheinen, dass es mittels gerichtlicher Vertragsergänzung oder Rechtsmissbrauchsverbot zu korrigieren ist (N 10 analog).

3. Lohnzahlung?

14 Nicht durch Art. 336c geregelt wird die Frage der Lohnzahlungspflicht. Diese bestimmt sich vielmehr auch während des zeitlichen Kündigungsschutzes nach den allgemeinen Regeln, insb. nach Art. 324a. Somit steht keineswegs von vornherein fest, dass der Lohn während der gesamten Dauer des Kündigungsschutzes bezahlt werden muss. Entfällt die Verhinderung an der Arbeitsleistung, so muss der Arbeitnehmer die Arbeit unverzüglich wieder aufnehmen oder unzweideutig anbieten, selbst wenn ihm die Verlängerung des Arbeitsverhältnisses nicht bewusst ist (BGE 115 V 444; BGer, JAR 1994, 192; BGer, ARV 2002, 88). Nach den allgemeinen obligationenrechtlichen Grundsätzen ist der Arbeitgeber i.d.R. nicht verpflichtet, den Arbeitnehmer auf den Kündigungsschutz aufmerksam zu machen (BGer, JAR 2006, 377; BGer, JAR 2006, 310; OGer BE, JAR 2014, 390). Noch nicht endgültig geklärt ist die Frage, in welchen Fällen ein *freigestellter* Arbeitnehmer darauf verzichten kann, seine Arbeit für die Zeit anzubieten, um die sich sein Arbeitsverhältnis verlängert (s. dazu BGer, ARV 2004, 161; KGer ZG, JAR 2003, 320). Dem Arbeitnehmer kann jedenfalls dann nicht vorgeworfen werden, seine Arbeitsleistung nicht angeboten zu haben, wenn feststeht, dass der Arbeitgeber die Arbeitsleistung von vornherein nicht angenommen hätte (BGer, JAR 2006, 310; BGer, JAR 2006, 377).

III. Anderweitige Regelungen

15 Art. 336c ist einseitig zwingend (Art. 362). Somit können zu Gunsten des Arbeitnehmers die Sperrfristen verlängert oder zusätzliche Schutztatbestände geschaffen werden (z.B. Kündigungsverbot für die Dauer der Ferien). Eine Sperrfristverlängerung ist auch im Fall von Art. 336c Abs. 1 lit. a möglich (Leistung von Militär-, Schutz- oder Zivildienst), selbst wenn für den Fall von Art. 336d keine entsprechende Verlängerung erfolgt. Die Kündigungsparität (Art. 335a) wird nämlich im Bereich des zeitlichen Kündigungsschutzes vom Gesetz selbst erheblich eingeschränkt (ZK-Staehelin, N 25), und Art. 362 ist insoweit ohnehin als lex specialis zu betrachten.

Art. 336*d*

b. Durch den Arbeitnehmer

[1] Nach Ablauf der Probezeit darf der Arbeitnehmer das Arbeitsverhältnis nicht kündigen, wenn ein Vorgesetzter, dessen Funktionen er auszuüben vermag, oder der Arbeitgeber selbst unter den in Artikel 336c Absatz 1 Buchstabe a angeführten Voraussetzungen an der Ausübung der Tätigkeit verhindert ist und der Arbeitnehmer dessen Tätigkeit während der Verhinderung zu übernehmen hat.

[2] Artikel 336c Absätze 2 und 3 sind entsprechend anwendbar.

b. Par le travailleur

[1] Après le temps d'essai, le travailleur ne peut pas résilier le contrat si un supérieur dont il est en mesure d'assumer les fonctions ou l'employeur lui-même se trouve empêché pour les motifs indiqués à l'art. 336c, al. 1, let. a, et s'il incombe audit travailleur d'assurer le remplacement.

[2] L'art. 336c, al. 2 et 3, est applicable par analogie.

b. Da parte del lavoratore

[1] Dopo il tempo di prova, il lavoratore non può disdire il rapporto di lavoro se un suo superiore, di cui è in grado di assumere le funzioni, oppure il datore di lavoro stesso è, alle condizioni indicate nell'articolo 336c capoverso 1 lettera a, impedito di esercitare la sua attività e tale attività dev'essere assunta dal lavoratore finché dura l'impedimento.

[2] L'articolo 336c capoversi 2 e 3 è applicabile per analogia.

Das Gesetz gewährt nicht nur dem Arbeitnehmer, sondern auch dem Arbeitgeber zeitlichen Kündigungsschutz für den Fall, dass ein Vorgesetzter oder der Arbeitgeber selbst wegen Leistung von schweizerischem obligatorischem Militär- oder Schutzdienst oder schweizerischem Zivildienst an der Ausübung seiner Tätigkeit verhindert ist. Voraussetzungen sind wie bei Art. 336c der Ablauf der Probezeit, ferner die Fähigkeit des Arbeitnehmers zur Ausübung der Funktionen der verhinderten Person und die Verpflichtung zur Stellvertretung. Die Vorschrift hat kaum praktische Bedeutung. 1

Art. 337

IV. Fristlose Auflösung
1. Voraussetzungen
a. Aus wichtigen Gründen

[1] Aus wichtigen Gründen kann der Arbeitgeber wie der Arbeitnehmer jederzeit das Arbeitsverhältnis fristlos auflösen; er muss die fristlose Vertragsauflösung schriftlich begründen, wenn die andere Partei dies verlangt.

[2] Als wichtiger Grund gilt namentlich jeder Umstand, bei dessen Vorhandensein dem Kündigenden nach Treu und Glauben die Fortsetzung des Arbeitsverhältnisses nicht mehr zugemutet werden darf.

[3] Über das Vorhandensein solcher Umstände entscheidet der Richter nach seinem Ermessen, darf aber in keinem Fall die unverschuldete Verhinderung des Arbeitnehmers an der Arbeitsleistung als wichtigen Grund anerkennen.

IV. Résiliation immédiate
1. Conditions
a. Justes motifs

[1] L'employeur et le travailleur peuvent résilier immédiatement le contrat en tout temps pour de justes motifs; la partie qui résilie immédiatement le contrat doit motiver sa décision par écrit si l'autre partie le demande.

[2] Sont notamment considérées comme de justes motifs toutes les circonstances qui, selon les règles de la bonne foi, ne permettent pas d'exiger de celui qui a donné le congé la continuation des rapports de travail.

[3] Le juge apprécie librement s'il existe de justes motifs, mais en aucun cas il ne peut considérer comme tel le fait que le travailleur a été sans sa faute empêché de travailler.

IV. Risoluzione immediata
1. Presupposti
a. Per cause gravi

[1] Il datore di lavoro e il lavoratore possono in ogni tempo recedere immediatamente dal rapporto di lavoro per cause gravi; a richiesta dell'altra parte, la risoluzione immediata dev'essere motivata per scritto.

[2] È considerata causa grave, in particolare, ogni circostanza che non permetta per ragioni di buona fede di esigere da chi dà la disdetta che abbia a continuare nel contratto.

[3] Sull'esistenza di tali cause, il giudice decide secondo il suo libero apprezzamento, ma in nessun caso può riconoscere come causa grave il fatto che il lavoratore sia stato impedito senza sua colpa di lavorare.

Literatur

Aubert, Libération de l'obligation de travailler et interdiction de travailler pendant le délai de congé, ARV 2002, 129 ff.; Egli, Die Verdachtskündigung nach schweizerischem und deutschem Recht, Diss., Bern 2000; Farner, Missbräuchliche Kündigung und fristlose Entlassung nach der Novelle über den Kündigungsschutz vom 18.3.1988, ArbR 1992, 23 ff.; Frick, Abwerbung von Personal und Kunden, Diss., Bern 2000; Gloor, Licenciement immédiat et incapacité de travail due à la maladie, ARV 2014, 153 ff.; Gutmans, Das Nachschieben von Kündigungsgründen im Arbeitsrecht, ArbR 1997, 47 ff.; Hollenstein, Ungerechtfertigte fristlose Kündigung und Arbeitsangebot, ARV 2002, 209 ff.; Humbert/Volken, Fristlose Entlassung (Art. 337 OR), AJP 2004, 564 ff.; Kleiner, Der Spielervertrag zwischen einem Berufsfussballer und seinem Club und dessen vorzeitige Beendigung, Sportrecht, Bd. I, Bern 2013, 131 ff.; Koller Th., Ordentliche, fristlose und missbräuchliche Kündigung des Arbeitsvertrages, AJP 1995, 1251 ff.; Münch/Hauri, Von der Kündigung und ihren Wirkungen, in: Stellenwechsel und Entlassung, Handbücher für die Anwaltspraxis (HAP), Bd. II, 2. Aufl., Basel 2012, 3 ff.; Orlando, Zur Beendigung des Arbeitsverhältnisses von Kaderangehörigen, FS VSAM, Bern 1993, 165 ff.; Rudolph, Bagatelldelikte am Arbeitsplatz – ein ausreichender Grund für eine fristlose Entlassung?, AJP 2010, 1516 ff.; Schib, Die fristlose Entlassung, Schweizer Arbeitgeber 2001, 1030 ff.; Schneider, La résiliation immédiate du contrat de travail, in: Journée 1993 de droit du travail et de la sécurité sociale, Zürich 1994, 51 ff.; Stoll, Mitarbeiterdelinquenz, Zürich 1998; Subilia, Le congé immédiat. Die fristlose Kündigung, Schweizerische juristische Kartothek, Karte Nr. 251, Genf 2003; Tarnutzer-Münch, Kündigungsschutz, in: Stellenwechsel und Entlassung, Handbücher für die Anwaltspraxis (HAP), Bd. II, 2. Aufl., Basel 2012, 53 ff.; Venturi-Zen-Ruffinen, La résiliation pour justes motifs des contrats de durée, Diss., Zürich/Basel/Genf 2007; Villiger, Neuere Rechtsprechung zur fristlosen Kündigung, Anwaltsrevue 2013, 207 ff.; Vitali, Die Verdachtskündigung im System von Art. 337 ff. OR, ArbR 2000, 97 ff.; Vögeli Galli, Ablaufdatum einer Verwarnung, Anwaltsrevue 2013, 223 ff.; vgl. ausserdem die Literaturhinweise zu Art. 336 betr. Kündigungsschutz.

I. Wichtiger Grund

1. Gesetzliche Generalklausel

1 Jedes Arbeitsverhältnis kann fristlos durch **ausserordentliche Kündigung** aufgelöst werden, wenn ein wichtiger Grund vorliegt (Art. 337 Abs. 1). Das gilt sowohl für befristete als auch für unbefristete Arbeitsverhältnisse. Das bedeutet: Bei ausserordentlicher Kündigung braucht auf eine gesetzliche oder vertragliche Vertragsdauer bzw. auf Kündigungsfristen oder -termine keine Rücksicht genommen zu werden (BGer, JAR 2000, 231). Als wichtiger Grund gilt namentlich jeder Umstand, bei dessen Vorhandensein dem Kündigenden nach Treu und Glauben die Fortsetzung des Arbeitsverhältnisses nicht mehr zugemutet werden darf (Art. 337 Abs. 2). Das Vertrauensverhältnis zwischen den Parteien muss also derart gestört sein, dass die sofortige und fristlose Auflösung des Arbeitsverhältnisses als einziger Ausweg erscheint (BGE 116 II 144).

2 Liegt ein wichtiger Grund vor, so besteht er meistens in einer (schweren) **Vertragsverletzung** durch die andere Partei. Dies ist jedoch nicht zwingend notwendig. Eine sofortige Vertragsauflösung kann sich auch wegen eines Vorfalls rechtfertigen, in dem keine Vertragsverletzung liegt, sofern damit bei Vertragsbegründung nicht zu rechnen war und dadurch eine untragbare Situation entstanden ist, bei der dem Arbeitgeber eine Fortsetzung des Arbeitsverhältnisses bis zum nächsten Kündigungstermin nach den konkreten Umständen objektiv nicht mehr zu-

mutbar erscheint. Insofern fallen der schlechte Geschäftsgang und weitere Umstände, deren Eintritt zu den jedem wirtschaftlichen Unternehmen inhärenten Risiken gehört, ausser Betracht (BGE 129 III 382). Obwohl die fristlose Vertragsauflösung nicht nur der Sanktion von Vertragsverletzungen dient, ist sie kein Rechtsbehelf zur Durchsetzung von Ansprüchen, etwa des Anspruchs des Arbeitgebers auf Rechenschaftsablage (BGer, ARV 2004, 165).

3 Nach der bundesgerichtlichen Rechtsprechung rechtfertigt nur eine **besonders schwere Verfehlung** der anderen Partei eine fristlose Auflösung des Arbeitsverhältnisses. Unter Verfehlung ist die Verletzung einer vertraglichen Pflicht, auf Seiten des Arbeitnehmers insb. der Arbeits- oder Treuepflicht zu verstehen. Wiegt die Verfehlung weniger schwer, kann sie nur eine fristlose Auflösung des Arbeitsverhältnisses zur Folge haben, wenn sie trotz **Verwarnung** wiederholt erfolgte (BGE 127 III 313). Präzise Regeln über Anzahl und Inhalt der Verwarnungen, deren Missachtung durch den Arbeitnehmer eine fristlose Entlassung zu rechtfertigen vermag, lassen sich indessen nicht aufstellen (BGE 127 III 153; die erforderliche Verwarnung fehlte z.B. im Fall von BGE 117 II 560; nach GSGer BS, JAR 2012, 435 soll eine Verwarnung i.d.R. nicht mehr als ein halbes Jahr alt sein, was aber als allgemeine Aussage abzulehnen ist). Eine Verwarnung muss nicht zwingend die fristlose Kündigung androhen, aber klar werden lassen, dass das beanstandete Verhalten als untragbar beurteilt und eine Wiederholung desselben nicht sanktionslos hingenommen würde. Der Arbeitnehmer muss genau wissen, welches Verhalten künftig nicht mehr toleriert wird (BGer, ARV 2007, 166). Eine fristlose Entlassung kann trotz vorgängiger Verwarnung ungerechtfertigt sein, namentlich wenn diese ein anderes Verhalten betraf (BGE 127 III 159), unklar war (BGer, JAR 2002, 262) oder verspätet erfolgte, so dass der Arbeitnehmer ab Kenntnis der Verwarnung keine Möglichkeit mehr hatte, sein Verhalten zu ändern (BGer, JAR 2008, 195). Weniger gewichtige Vorkommnisse, die für sich allein eine fristlose Kündigung nicht rechtfertigen, können in Verbindung mit anderen Vorfällen einen wichtigen Grund i.S.v. Art. 337 darstellen (BGer, JAR 1999, 274). Siehe die Beispiele aus der Praxis in N 18 ff.

4 Das Gericht beurteilt nach *freiem Ermessen*, ob wichtige Gründe vorliegen (Art. 337 Abs. 3), wobei alle **Umstände des Einzelfalls** zu berücksichtigen sind, insb. die Stellung und Verantwortung des Arbeitnehmers, die Art und Dauer des Vertragsverhältnisses sowie die Natur und Schwere der Verfehlungen (BGE 127 III 313; strengerer Massstab bei Kaderangehörigen: BGE 130 III 31). Bei einer kurzen Kündigungsfrist ist die Fortsetzung des Arbeitsverhältnisses eher zumutbar als bei einer längeren (in BGer, JAR 1998, 228 z.B. vermochte allerdings die sechsmonatige Kündigungsfrist an der Zumutbarkeit zur Fortsetzung des Arbeitsverhältnisses nichts zu ändern, da die Wiederholung eines ähnlichen Fehlverhaltens als unwahrscheinlich erschien). Die Wichtigkeit des Grundes muss umso grösser sein, je näher das Ende des Arbeitsverhältnisses liegt (OGer LU, JAR 2010, 544; s.a. OGer BE, JAR 2013, 414: fristlose Entlassung während Probezeit). Ist der fristlosen Kündigung bereits eine ordentliche vorausgegangen und damit das Ende des Arbeitsverhältnisses absehbar, sind die Anforderungen an den wichtigen Grund zusätzlich erhöht (Streiff/von Kaenel/Rudolph, N 2; CCA TI, JAR 2014, 493; TC FR, JAR 2011, 443). Aus der Tatsache, dass der Arbeitgeber bei gleichem Sachverhalt einem Arbeitnehmer fristlos kündigt, anderen Arbeitnehmern aber nicht, lässt sich nicht zwingend der Schluss ziehen, dass dem Arbeitgeber die Weiterführung des Arbeitsverhältnisses mit dem fristlos entlassenen Arbeitnehmer bis zum Ende der Kündigungsfrist zuzumuten gewesen wäre. Es steht dem Arbeitgeber nämlich frei, in Einzelfällen das unzumutbar gewordene Arbeitsverhältnis bis zum Kündigungstermin weiterzuführen, sei es namentlich aus wirtschaftlichen oder sozialen Gründen oder weil noch wichtige Arbeiten zu erledigen sind (KGer SG, JAR 2009, 579). Das BGer überprüft den von der letzten kantonalen Instanz getroffenen Ermessensentscheid nur mit Zurückhaltung. Es greift ein, wenn diese grundlos von den in Lehre und Rechtsprechung aufgestellten Grundsätzen betreffend das freie Ermessen abweicht, wenn sie sich auf Tatsachen stützt, die im konkreten Falle keine Rolle hätten spielen dürfen, wenn sie Umständen nicht Rechnung trug, die unbedingt hätten berücksichtigt werden müssen, oder wenn der Entscheid zu einem offensichtlich ungerechten

Ergebnis führt (BGE 127 III 313). Zur Bindung des Zivilgerichts an den Entscheid des Strafgerichts, wenn die fristlose Entlassung mit einem strafbaren Verhalten begründet wird, s. BGer, JAR 2001, 305 f.

2. Gesetzliche Präzisierungen

5 In einigen Sonderfällen umschreibt das Gesetz näher, welches wichtige Gründe oder umgekehrt was keine wichtigen Gründe für eine fristlose Kündigung sind. Das ist der Fall in:

- Art. 337a: *Lohngefährdung* als wichtiger Grund zur fristlosen Kündigung durch den Arbeitnehmer;
- Art. 346 Abs. 2: Wichtige Gründe zur fristlosen Auflösung des *Lehrverhältnisses*;
- Art. 77 Abs. 3 SSG: Wichtige Gründe zur fristlosen Auflösung des *Heuervertrages*;
- Art. 337 Abs. 3: *Unverschuldete Verhinderung* des Arbeitnehmers an der Arbeitsleistung berechtigt den Arbeitgeber *nicht* zur fristlosen Kündigung (zum Begriff der unverschuldeten Verhinderung s. Art. 324a N 4 ff., 21 ff.). Es spielt dabei keine Rolle, ob der Arbeitgeber im Zeitpunkt der Entlassung um die Verhinderung des Arbeitnehmers wusste (BGer, ARV 2005, 177). Hier ist nach Ablauf der Sperrfrist von Art. 336c Abs. 1 lit. b und c nur die ordentliche Kündigung zulässig.

II. Rechtsfolgeordnung

1. Beendigung des Arbeitsverhältnisses

6 Eine ausserordentliche Kündigung löst das Arbeitsverhältnis unabhängig davon auf, ob sie auf einem wichtigen Grund beruht oder nicht. Mit anderen Worten führt nicht nur eine gerechtfertigte, sondern auch eine ungerechtfertigte ausserordentliche Kündigung zur Beendigung des Arbeitsverhältnisses. Eine solche ist demnach zwar unzulässig, aber wirksam (zur Möglichkeit der richterlichen Konversion einer fristlosen in eine ordentliche Kündigung im öffentlichen Dienstrecht BGE 137 I 58, zum unter Umständen im öffentlichen Personalrecht gegebenen Weiterbeschäftigungsanspruch ARV 2013, 244). Die ausserordentliche Kündigung wird i.d.R. **fristlos** ausgesprochen, so dass das Arbeitsverhältnis im Zeitpunkt des Zugangs der Kündigung beim Kündigungsempfänger endet. Nimmt indessen der Arbeitgeber weiterhin Arbeit in seinem Dienst entgegen, deren Leistung nach den Umständen nur gegen Lohn zu erwarten ist, so kann der Arbeitsvertrag in analoger Anwendung von Art. 320 Abs. 2 als *verlängert* gelten (vgl. dazu BGer, JAR 2007, 251: Nachführung der Buchhaltung als schadensmindernde Massnahme, wobei es i.c. wegen des fehlenden Subordinationsverhältnisses allerdings nicht zu einer Verlängerung des Arbeitsverhältnisses kam). Aus den Umständen kann sich aber eine Befristung ergeben, so dass zur Beendigung des verlängerten Arbeitsverhältnisses nicht unbedingt eine neue Kündigung erforderlich ist.

7 Hat der Kündigende einen wichtigen Grund, so muss die ausserordentliche Kündigung nicht notwendigerweise fristlos erfolgen, sondern es kann dem Gekündigten eine sog. **Sozialfrist** eingeräumt werden. Einige Autoren betrachten die ausserordentliche Kündigung mit Sozialfrist stets als ungerechtfertigt, da sie aus der Fristeinräumung ableiten, dem Kündigenden sei die Fortsetzung des Arbeitsverhältnisses bis zum nächsten ordentlichen Kündigungstermin zumutbar. Diese Auffassung ist jedoch abzulehnen, da die Einräumung der Sozialfrist ausschliesslich im Interesse des Gekündigten erfolgt und dem Grundsatz «in maiore minus» entspricht. Die Zulässigkeit der Gewährung einer Sozialfrist hat nun auch das BGer in BGE 140 I 320 in einem das öffentliche Personalrecht betreffenden Fall bejaht. Vorausgesetzt sei, dass der wichtige Grund ausgewiesen ist, die Frist für die ordentliche Kündigung klar unterschritten wird und keine Verletzung öffentlicher Interessen gegeben ist, vielmehr die Gewährung der Sozialfrist in erster Linie im Interesse des Arbeitnehmers liegt (s.a. CREC VD, JAR 2014, 508). Allerdings kann die Sozialfrist dem Gekündigten nicht gegen seinen Willen aufgezwungen werden. Soll während der Sozialfrist nicht nur das Arbeitsverhältnis weiter dau-

ern, sondern auch eine tatsächliche Weiterbeschäftigung erfolgen, empfiehlt sich der Abschluss eines Aufhebungsvertrags, um der Einwendung zu begegnen, die Fortsetzung des Arbeitsverhältnisses bis zum Ablauf der ordentlichen Kündigungsfrist sei zumutbar gewesen.

Die fristlose Kündigung darf nicht mit der sog. **entfristeten Kündigung** verwechselt werden. 8
Bei dieser handelt es sich um eine ordentliche Kündigung, bei der die Kündigungsfrist ausgeschaltet worden ist. Dies ist einerseits während der Probezeit möglich (Art. 335b Abs. 1, 2) und andererseits für das erste Dienstjahr, allerdings nur durch Bestimmung in einem Gesamtarbeitsvertrag (Art. 335c Abs. 2 Hs. 2).

2. Vermögensrechtliche Folgen

Die gerechtfertigte und die ungerechtfertigte ausserordentliche Kündigung unterscheiden sich 9
in ihren vermögensrechtlichen Folgen. Zu unterscheiden sind folgende Fälle (Kommentar beim jeweiligen Artikel):
- Gerechtfertigte Auflösung wegen vertragswidrigen Verhaltens der anderen Partei (Art. 337b Abs. 1)
- Gerechtfertigte Auflösung aus einem anderen Grund (Art. 337b Abs. 2)
- Ungerechtfertigte Entlassung des Arbeitnehmers (Art. 337c)
- Ungerechtfertigtes Nichtantreten oder Verlassen der Arbeitsstelle (Art. 337d).

III. Nachschieben von Kündigungsgründen

Nach der Rechtsprechung des BGer kann sich der Kündigende unter bestimmten Voraussetzungen zur Rechtfertigung einer fristlosen Kündigung auf einen Umstand berufen, der im Zeitpunkt der Mitteilung der Kündigung bestand, den er aber nicht kannte und nicht kennen konnte (krit. zu diesem letzten Erfordernis Streiff/von Kaenel/Rudolph, Art. 335 N 17 m.H. auf neuere Rechtsprechung und die Lehre). Erforderlich ist zunächst, dass dieser Umstand von gleicher Art ist wie die anderen Umstände, die Anlass zur fristlosen Kündigung gaben. Vorausgesetzt wird ferner, dass der nachträglich entdeckte Umstand die betroffene Partei zur fristlosen Auflösung des Arbeitsverhältnisses veranlasst hätte, wenn sie ihn im Zeitpunkt der Kündigung gekannt hätte. Tatsachen, die nach der fristlosen Kündigung eingetreten sind, können keine Berücksichtigung finden (BGE 127 III 314; 124 III 29; 121 III 467; s.a. BGer, ARV 2012, 351, E. 5.2.2). Massgeblich für den Stichtag ist der Zeitpunkt des Aussprechens der Kündigung und nicht jener ihres Empfangs. Kündigungsgründe, die sich erst nach Aussprechen, aber vor dem Empfang der Kündigung verwirklicht haben, können nicht nachgeschoben werden (BGer, JAR 2014, 168). 10

Die Möglichkeit des Nachschiebens von Kündigungsgründen wird zu Recht gewährt, da die Angabe des Grundes kein Wirksamkeitserfordernis der Kündigung ist, vielmehr der Gekündigte lediglich Anspruch auf *spätere schriftliche Begründung* hat (Art. 337 Abs. 1 Hs. 2). Ohnehin sollten die Voraussetzungen nicht restriktiv gehandhabt werden, da eine erneute fristlose Kündigung nach Entdeckung des zusätzlichen Grundes nicht möglich ist, weil das Arbeitsverhältnis bereits durch die ursprüngliche Kündigung aufgelöst worden ist. 11

IV. Ausübung des Kündigungsrechts

Das Recht zur ausserordentlichen Kündigung besteht auch vor Stellenantritt, während der Probezeit und während des Kündigungsschutzes gem. Art. 336c, 336d und Art. 10 GlG. Es kann nicht im Voraus ausgeschlossen oder eingeschränkt werden, da die Regelungen des Gesetzes zwingend sind (Art. 337: 361; Art. 337a: 362). Daher besteht kaum Spielraum für eine Konkretisierung von Gründen, die zur fristlosen Entlassung führen. Vertraglich vereinbarte Kündigungsgründe können dem Gericht einzig helfen, unter Würdigung der konkreten Umstände zu erkennen, welches die wichtigsten gegenseitigen Erwartungen gemäss übereinstim- 12 mender Auffassung der Parteien waren (BGer, ARV 2011, 194; s.a. BGer, JAR 2011, 197). Auch eine obligatorische Verwarnung kann daher nicht verbindlich vereinbart werden. Die betreffende Vertragspartei kann jedoch *nach Eintritt des Auflösungsgrundes* auf die Ausübung ihres Kündigungsrechts **verzichten**. Auch kann der fragliche Tatbestand durch stillschweigende Duldung, durch Verzeihung oder durch Zeitablauf seine Eigenschaft als Kündigungsgrund, der die weitere Zusammenarbeit unzumutbar macht, verlieren. Die zwei wichtigsten **Verwirkungsfälle** sind:

13 – *Verspätung*. Die ausserordentliche Kündigung muss *innerhalb angemessener Frist* nach Kenntnis des Kündigungsgrundes ausgesprochen werden (Zusammenfassung der für die Erklärungsfrist massgeblichen Kriterien sowohl für privat- wie öffentlich-rechtliche Arbeitsverhältnisse in BGE 138 I 113; BGE 127 III 315; BGer, JAR 1994, 223; verspätet z.B. in BGer, JAR 2000, 231; OGer LU, JAR 2001, 182). Dafür ist der Kündigende beweispflichtig (BGer, JAR 1981, 63). Als angemessene Frist kommen i.d.R. zwei bis drei Arbeitstage, in Ausnahmefällen etwa eine Woche in Betracht (BGE 93 II 19; BGer, JAR 2013, 286 f.; BGer, JAR 2002, 267; BGer, JAR 2009, 189: 10 Tage infolge Geschäftsreise ins Ausland; grosszügig im Fall einer Arbeitnehmerkündigung BGE 137 III 303 E. 2.1.3). Juristischen Personen, bei denen der Entscheid über die Kündigung in die Kompetenz eines mehrköpfigen Organs fällt, ist auf Grund des längeren Willensbildungsprozesses eine Frist von etwa einer Woche einzuräumen (s. BGer, JAR 2013, 286 f.: Kenntnis am 29. März und Aussprechen der Kündigung am 12. April, was aufgrund besonderer Umstände noch als ausreichend taxiert wurde; s.a. CREC VD, JAR 2014, 508). Eine angemessene Fristerstreckung rechtfertigt sich auch, wenn der fehlbaren Partei die Gelegenheit gegeben wird, begangenes Unrecht wiedergutzumachen oder das zerstörte Vertrauensverhältnis wiederherzustellen (BGer, JAR 1997, 209). Ein Zuwarten kann sich ferner aufdrängen, wenn der Arbeitgeber noch die angekündigte Antwort des Anwalts des Arbeitnehmers abwarten will (OGer LU, JAR 1998, 231), wenn er nicht den Verlust wichtiger Beweismittel in Kauf nehmen will (BGer, JAR 2008, 240) oder wenn die längere Zeitspanne dem Einholen von Rechtsauskünften dient, soweit dies mit Rücksicht auf die praktischen Erfordernisse des Alltags- und Wirtschaftslebens als verständlich und berechtigt erscheint (BGer, JAR 2008, 274). Allgemein ist zwischen Abklärungs- und Überlegungsfrist zu unterscheiden. Steht fest, welche Pflichtverletzungen dem Arbeitnehmer vorgeworfen werden, und gilt es bloss noch abzuklären, ob dieser sie auch wirklich begangen hat, kann vom Arbeitgeber erwartet werden, dass er sich bereits während der Abklärungsphase überlegt, welche Sanktion er gegebenenfalls ergreifen will (BGer, JAR 2010, 365). Solange der Arbeitnehmer seine Pflicht zur Arbeitsleistung fortwährend verletzt, beginnt die Verwirkungsfrist nicht zu laufen (BGer, JAR 2010, 246; differenzierend TC VD, JAR 2012, 531). Problematisch ist die teils deutlich grosszügigere Praxis bei der fristlosen Kündigung öffentlich-rechtlicher Anstellungsverhältnisse, wo in einzelnen Urteilen sogar das monatelange Zuwarten gebilligt wurde (grundsätzlich BGE 138 I 113; s.a. BGer, 27.1.2014, 8D_5/2013). Dies führt teilweise zu einer nicht zu rechtfertigenden Privilegierung des Gemeinwesens gegenüber privatrechtlich organisierten Arbeitgebern.

14 – *Androhen oder Ergreifen einer milderen Massnahme*. Wird für ein bestimmtes Verhalten eine mildere Massnahme als die fristlose Kündigung angedroht, so kann diese nicht mehr rechtmässig ausgesprochen werden (BGE 108 II 301: i.c. Aufforderung zur Demission für den Fall eigenmächtigen Ferienbezugs, verbunden mit einer ordentlichen Kündigung für den Fall des Ausbleibens der Demission). Eine fristlose Kündigung, die auf denselben Umständen gründet wie die bereits zuvor ausgesprochene ordentliche Kündigung, ist ungerechtfertigt, selbst wenn an sich ein wichtiger Grund i.S.v. Art. 337 bestanden hätte (BGE 123 III 86; s.a. TAPP TI, JAR 1998, 233). Gleiches gilt, wenn sich der Arbeitgeber nach Entdeckung von Unregelmässigkeiten in der Geschäftsführung mit einem Verweis und der Aufforderung, das Kassenbuch in Ordnung zu bringen, begnügt (BGer, JAR 1998, 234). Das Recht zur fristlosen Entlassung ist auch verwirkt, wenn der Arbeitgeber in voller Kenntnis der Vertragsverletzungen durch den Arbeitnehmer diesen auffordert, unter Einhaltung der ordentlichen Kündigungsfrist selbst zu kündigen, dieser aber der Aufforderung nicht nachkommt (TAPP TI, JAR 1998, 232). Nicht mehr fristlos kündigen darf der Arbeitgeber ferner, wenn er dem Arbeitnehmer das Erstellen des jährlichen Inventars überträgt, nachdem er von Gründen erfahren hat, die Anlass für eine fristlose Kündigung bilden könnten (BGer, JAR 2000, 232). Hingegen ist eine ordentliche Kündigung, die nach einer Verwarnung mit Androhung der fristlosen Kündigung ausgesprochen wird, kein Verzicht auf die fristlose Entlassung, wenn die ordentliche Kündigung aus anderen Gründen als die Verwarnung erfolgte (GSGer BS, JAR 2012, 435).

Der Ausspruch einer Kündigung als fristlos muss **unmissverständlich** sein. Die Aufforderung, den Arbeitsplatz sofort zu räumen, kann auch als Freistellung und ordentliche Kündigung verstanden werden (OGer BL, JAR 1995, 205; Gegenbeispiel BGer, 29.1.2014, 4A_518/2013). In CAPH GE, JAR 1999, 312 wurde indessen die schriftliche Mitteilung der Arbeitgeberin am vorletzten Tag des Monats, sie wolle das Arbeitsverhältnis nicht über diesen Monat hinaus fortsetzen und könne den Lohn dafür nicht bezahlen, als fristlose Kündigung aufgefasst. 15

Gegen eine ungerechtfertigte fristlose Entlassung muss der Arbeitnehmer **nicht protestieren**; ein Anbieten der Arbeitsleistung ist nicht erforderlich, weil das Arbeitsverhältnis auf jeden Fall durch die fristlose Kündigung beendet wird (unzutreffend BGer, ARV 2002, 27; dazu HOLLENSTEIN, ARV 2002, 209 ff.). Ein Protest und das Anbieten der Arbeitsleistung empfehlen sich aber, wenn keine Klarheit darüber besteht, ob wirklich eine fristlose Entlassung ausgesprochen wurde (BGer, JAR 1997, 213). 16

V. Begründungspflicht

Der Kündigende muss die fristlose Vertragsauflösung schriftlich begründen, wenn die andere Partei dies verlangt (Art. 337 Abs. 1 Hs. 2). Die schriftliche Begründung ist weder Gültigkeitserfordernis der Kündigung, noch lässt ihr Fehlen die Kündigung als solche ungerechtfertigt erscheinen. Siehe im Übrigen die sinngemäss auch hier geltenden Ausführungen in Art. 335 N 25 f. 17

VI. Aus der Praxis zum wichtigen Grund

1. Fristlose Kündigung durch den Arbeitgeber

Gerechtfertigt ist eine fristlose Entlassung des Arbeitnehmers bei **beharrlicher Arbeitsverweigerung**. Der Arbeitgeber darf einen Arbeitnehmer fristlos entlassen, welcher der Arbeit zu Unrecht fernbleibt und trotz einer klaren Verwarnung mit der Androhung einer fristlosen Kündigung seine Arbeit nicht wieder aufnimmt (BGE 111 II 250; BGer, ARV 2002, 212; BGer, JAR 1999, 237). Wenn ein Arbeitnehmer trotz eines Bruttojahresgehalts von mehr als CHF 300 000 während sechs Monaten überhaupt keine sinnvolle Arbeitsleistung erbringt, rechtfertigt sich eine fristlose Entlassung ohne vorangehende Verwarnung (BGer, JAR 2010, 246). Einmaliges unentschuldigtes Fernbleiben von der Arbeit bildet jedoch auch bei leitenden Angestellten keinen wichtigen Grund gem. Art. 337 (OGer ZH, JAR 2001, 156). Nach einer Freistellung muss der Arbeitnehmer seine Arbeitskraft nicht mehr zur Verfügung stellen, weshalb die fristlose Kündigung nicht mehr mit der Verweigerung während der Freistellung zugewiesener Arbeiten begründet werden kann (OGer LU, JAR 2011, 530). Die Weigerung bei Krankheit, auf die Aufforderung des Arbeitgebers hin ein detailliertes Zeugnis einzureichen oder sich von einem Vertrauensarzt untersuchen zu lassen, kann allenfalls eine fristlose Entlassung rechtfertigen (BGer, JAR 1998, 218; anders bei Schwangerschaft im Hinblick auf Art. 35a ArG: BGer, ARV 2001, 40). Bei Benutzung eines unzutreffenden Arztzeugnisses fällt eine unmittelbare fristlose Entlassung nur in Betracht, wenn sich der Arbeitnehmer seiner Arbeitsfähigkeit nachweislich bewusst war (BGer, JAR 2010, 301). Eine mehr als einmona- 18 tige Absenz aus gesundheitlichen Gründen rechtfertigt auch bei unterbliebener Meldung keine fristlose Entlassung (BGer, JAR 2007, 275). Bei unrechtmässigem Streik ist grundsätzlich eine Verwarnung erforderlich.

19 Gleich wie bei der Arbeitsverweigerung im Allgemeinen verhält es sich bei der **Verweigerung zumutbarer Überstunden**. Zweifelt der Arbeitnehmer daran, dass die angeordneten Überstunden auf die Dauer zumutbar sind, so hat er die Arbeit vorerst zu leisten und den Arbeitgeber gleichzeitig darauf hinweisen, ab welchem Zeitpunkt er die Überstunden für unzumutbar erachtet (BGer, JAR 2001, 164). Ein isolierter Einzelfall genügt aber grundsätzlich nicht (TAPP TI, JAR 2002, 283; anders aufgrund besonderer Umstände KGer GR, JAR 2011, 506).

20 Auch der **eigenmächtige Bezug von Ferien** durch den Arbeitnehmer berechtigt den Arbeitgeber grundsätzlich zur fristlosen Entlassung des Arbeitnehmers (BGE 108 II 303; BGer, JAR 1998, 210: fünf Tage während einer arbeitsvertraglich ausgeschlossenen Zeit, worauf der Arbeitgeber nochmals ausdrücklich hinwies). Etwas anderes gilt, wenn der Arbeitgeber den berechtigten Wünschen des Arbeitnehmers keine Rechnung trug, obwohl er früh genug darüber unterrichtet wurde, und wenn keine betrieblichen Interessen entgegenstanden (BGE 108 II 303 f.; BGer, JAR 2001, 222: ungerechtfertigte Entlassung eines langjährigen Direktors, der sich bisher stets korrekt verhalten hatte und dem ein weiterer Direktor zur Seite stand; das jährlich durchzuführende Inventar war kein Grund, ihm nicht zwei zusammenhängende Ferienwochen im gleichen Dienstjahr zu gewähren; s.a. OGer BL, JAR 1997, 204, bestätigt in BGer, JAR 1997, 203; Fallbeispiel für einen gerechtfertigten eigenmächtigen Ferienbezug bzw. eine implizite Zustimmung des Arbeitgebers: KGer GR, JAR 2014, 454; s.a. BGer, JAR 2014, 165).

21 Eine **mangelhafte Arbeitsleistung** kann nur dann eine fristlose Kündigung rechtfertigen, wenn dem Arbeitnehmer entweder ein *völliges berufliches Versagen* vorgeworfen werden muss oder wenn die schlechte Leistung auf ein *grobes Verschulden* zurückzuführen ist (BGer, JAR 1999, 273). Ein berufliches Versagen in der geforderten Schwere wurde z.B. bejaht, als der Koch eines Restaurants trotz zweimaliger Verwarnung dreimal verdorbenes Essen ausgab (ausserdem wäre sonst eine lange Kündigungsfrist einzuhalten gewesen, und das Restaurant befand sich in der Aufbauphase: AGer ZH, JAR 1999, 275). Geschützt wurde auch die fristlose Entlassung eines Korrektors, der einer Agenturmeldung ein eigenes, zum Mitdrucken bestimmtes Werturteil hinzufügte (BGE 108 II 444); eines Bankmitarbeiters, der zweifelhafte Geschäfte mit Kunden machte, die den Ruf der Bank wie auch ihre Geschäftsinteressen gefährdeten (BGer, JAR 2013, 181; weiterer Fall aus der Finanzbranche BGer, JAR 2013, 286); eines Chauffeurs, der sich bereits frühere Pflichtverletzungen hatte zuschulden kommen lassen und sein mit 20 Schülern besetztes Fahrzeug während fünf bis zehn Minuten bei laufendem Motor verliess, um private Einkäufe zu tätigen (BGer, ARV 2014, 187); einer Managerin eines Nachtclubs, die trotz Ermahnungen u.a. verspätet oder gar nicht zur Arbeit erschien (BGer, ARV 2012, 255) und eines wissenschaftlichen Mitarbeiters, der ein Projekt eigenmächtig eingestellt hatte (BGer, 15.12.2014, 8C_631/2014). Bringt ein Arbeitnehmer zwingend gebotene Voraussetzungen nicht mit oder täuscht er sie vor, so kann der Arbeitgeber den Vertrag allenfalls unter Berufung auf einen Willensmangel fristlos auflösen (s.a. N 32a). Das gilt aber nicht bei jahrelanger Dauer des Arbeitsverhältnisses. Hat sich ein Arbeitnehmer bei seiner Arbeit bewährt, ist ein milderer Massstab anzulegen (BGer, JAR 1998, 224: unrichtige Angaben über ein Fachdiplom). Auch wenn sich die Arbeitsleistungen im Verlauf des Arbeitsverhältnisses zunehmend verschlechtern, rechtfertigt sich eine fristlose Entlassung nicht, sofern den Arbeitnehmer daran kein Verschulden trifft (BGer, JAR 1999, 273; i.c. schwere Krankheit). Bei ungenügendem Arbeitseinsatz ist eine Verwarnung erforderlich, ebenso bei Trunkenheit am Arbeitsplatz (BGer, JAR 2011, 197; vgl. auch OGer LU, JAR 2000, 266).

22 *Die Begehung* einer **strafbaren Handlung** (Veruntreuung, Tätlichkeit u.a.) durch den Arbeitnehmer zum Nachteil des Arbeitgebers stellt in aller Regel eine schwere Verletzung der

Treuepflicht und somit einen wichtigen Grund für eine fristlose Entlassung dar (BGE 138 I 113: handgreiflich gewordener Primarlehrer; BGE 130 III 28: Umleitung der gesamten elektronischen Post des Vorgesetzten ohne dessen Wissen in den eigenen elektronischen Briefkasten, Verletzung der Privatsphäre, Strafbarkeit nach Art. 143bis StGB; BGE 117 II 562; BGer, ARV 2012, 351: Unterschlagung von Bonuszahlungen im Zusammenhang mit Treibstoffeinkäufen; BGer, JAR 2014, 211: im Verdacht der Begünstigung stehender Staatsangestellter; BGer, JAR 1999, 279; TAPP TI, JAR 2002, 286: auch bei geringem Schaden; BGer, JAR 2009, 200: Positionieren eines Cutters auf die Augenhöhe eines Vorgesetzten; Gegenbeispiel aufgrund besonderer Umstände, weil der Arbeitgeber die Eskalation durch monatelanges Mobbing wesentlich zu verantworten hatte, BGer, 22.7.2014, 4A_60/2014; s. zum Ganzen auch GLOOR, in: Dunand/Mahon, N 40). Das gilt selbst für objektiv an sich geringfügige Delikte, sofern diese unter subjektiven Gesichtspunkten das Vertrauensverhältnis zwischen Arbeitgeber und Arbeitnehmer zerstören (TC FR, JAR 2009, 489, s.a. TC VD, JAR 2011, 596: Entwendung zweier Kiwis). Sogar Straftaten gegenüber Dritten können unter Umständen eine fristlose Entlassung rechtfertigen, wenn sie unmittelbare Auswirkungen auf das Arbeitsverhältnis haben (BGer, JAR 1997, 200; TC VD, JAR 2010, 617: sofern die Straftat öffentlich wird und eine schwere Beeinträchtigung des Rufs oder Funktionierens des Unternehmens bewirkt). Durch den Bezug von Taggeldern neben dem Lohn wird indessen nur die Arbeitslosenversicherung geschädigt, weshalb ein wichtiger Grund für eine fristlose Entlassung zu verneinen ist (BGer, JAR 1997, 201). Zur Zulässigkeit von fristlosen Kündigungen bei Bagatelldelikten RUDOLPH, AJP 2010, 1516 ff.

Kündigt der Arbeitgeber auf Grund eines blossen **Verdachts**, so hängt die Beurteilung, ob die fristlose Kündigung gerechtfertigt ist oder nicht, grundsätzlich davon ab, ob der Verdacht später zur Tatsache wird (BGer, ARV 2001, 39; BGer, JAR 2010, 329; TC VD, JAR 2010, 617; s.a. BGer, JAR 2014, 196: nicht nachgewiesene Stempeluhrmanipulation). Dafür trägt der Arbeitgeber die Beweislast (BGer, ARV 2001, 39). Für den Fall, dass dieser Beweis gelingt, ergibt sich die Rechtmässigkeit der Verdachtskündigung schon aus der Zulässigkeit des Nachschiebens von Kündigungsgründen (BGer, JAR 1999, 291). Gelingt der Beweis nicht, so kann die Entlassung dennoch gerechtfertigt erscheinen, wenn der Arbeitnehmer die Aufklärung treuwidrig behindert (BGer, ARV 2001, 39). Darüber hinaus kann – sofern der Arbeitgeber alle ihm zumutbaren Abklärungen vorgenommen hat – der erhebliche Verdacht eines schweren Delikts eine fristlose Kündigung rechtfertigen, auch wenn sich die Handlungsweise des Arbeitnehmers im Nachhinein als nicht strafbar erweist (BGer, JAR 2011, 377 und JAR 2001, 307 f.). Entgegen der bundesgerichtlichen Rechtsprechung (BGer, JAR 1995, 151; BGer, JAR 2001, 304; BGer, JAR 2005, 187) ist zwar eine indirekte Drittwirkung der *Unschuldsvermutung* i.S.v. Art. 32 Abs. 1 BV und Art. 6 Abs. 2 EMRK auf das Arbeitsverhältnis anzuerkennen, doch kann jedes Grundrecht, soweit es nicht in seinem Kerngehalt angetastet wird, unter bestimmten Voraussetzungen *eingeschränkt* werden (Art. 36 BV). Im Rahmen der indirekten Drittwirkung muss darüber letztlich eine Interessenabwägung entscheiden (PORTMANN, recht 2006, 157). Fällt diese zugunsten des Arbeitgebers aus, so ist Art. 337b Abs. 2 anzuwenden und dem Arbeitnehmer der volle Lohn bis zum Ablauf der ordentlichen Kündigungsfrist zuzusprechen (BGer, JAR 2011, 377 und JAR 2001, 308). Die hier dargestellten Regeln gelten nicht nur in Bezug auf strafbare Handlungen, sondern auch bei Verletzungen des Arbeitsvertrags überhaupt (s. BGer, JAR 1999, 289, wo es um eine Arbeitsleistung zu Gunsten eines Dritten ging). 23

Die **schwere Beschimpfung des Arbeitgebers oder des Vorgesetzten** rechtfertigt i.d.R. eine fristlose Entlassung (s. z.B. BGer 2007, 286: Beschimpfung der Vorgesetzten vor Patienten und Mitarbeitern ohne vorangegangene Provokation). Anders ist es indessen, wenn sich die Beschimpfung in einer Situation erhöhter Spannung ereignet und der Beschimpfte diese durch sein vertrags- bzw. gesetzeswidriges Verhalten selbst zu verantworten hat (BGer, JAR 1999, 282 f.; s.a. BGer, 22.7.2014, 4A_60/2014; TC FR, JAR 2002, 290). Gemäss TAPP TI, JAR 2002, 280 war die Entlassung bei einem einmaligen Vorfall mit geläufigen Schimpfwör- 24 tern nicht gerechtfertigt. Schlechte Beziehungen zwischen den Parteien rechtfertigen als solche ebenfalls keine fristlose Kündigung (BGer, JAR 2002, 308). Unter den gegebenen Umständen lag im Verhältnis zwischen einer Arbeitnehmerin und dem Ehemann der Geschäftsführerin, einzigen Verwaltungsrätin und wirtschaftlich Berechtigten kein wichtiger Grund für eine sofortige Vertragsauflösung, obwohl sich der Arbeitsplatz der Arbeitnehmerin im Wohnhaus der Geschäftsführerin befand (BGE 129 III 384).

25 Ferner kann **inakzeptables Verhalten gegenüber Arbeitskollegen** einen wichtigen Grund i.S.v. Art. 337 bilden, z.B. sexuelle Belästigungen (BezGer SZ, JAR 2002, 303: bejaht; BGer, JAR 2010, 329: verneint), verbotenes Abfragen persönlicher Daten über eine Arbeitskollegin (BGer, 29.11.2014, 8C_62/2014), schwere Drohungen (BGE 127 III 355) oder Mobbing (BGer, JAR 2008, 322), denn der Arbeitgeber muss auf Grund seiner Fürsorgepflicht den Arbeitnehmern im Rahmen des Arbeitsverhältnisses Schutz gegen Eingriffe von Dritten gewähren (BGE 127 III 353). Zur rechtlichen Behandlung von Konfliktsituationen s. im Übrigen Art. 336 N 8a und 29.

26 Eine schwere **Beeinträchtigung des Ansehens des Unternehmens**, die eine fristlose Entlassung zu rechtfertigen vermag, liegt z.B. vor, wenn ein Lehrer einer höheren Schule ein Skript als selbstverfasstes Werk herausgibt, obwohl er es aus einem anderen Buch abgeschrieben hat, ohne einen Hinweis auf den rechtmässigen Autor, das kopierte Buch oder eine sonstige Quelle anzubringen (BGer, JAR 1997, 198). Als gerechtfertigt wurde auch die fristlose Entlassung des Gymnastiklehrers eines Fitnessstudios gewertet, der eine sexuelle Beziehung mit der Ehefrau eines Kunden unterhielt, die selbst auch Kundin war; solche Beziehungen beeinträchtigen nach Ansicht des Gerichts den moralischen Ruf eines Fitnessstudios (CAPH GE, JAR 2001, 310 f.; Gegenbeispiel BGer, JAR 2012, 143: aussereheliche Beziehung eines Freiburger Beamten mit einer 36 Jahre jüngeren Lernenden). Ebenso wurde das Vorliegen eines wichtigen Grundes bejaht bei der fristlosen Entlassung eines Kadermitarbeiters, der leichtfertig eine Strafanzeige wegen schwerer Delikte gegen seinen direkten Vorgesetzten und Hauptaktionär seines Arbeitgebers eingereicht hat, ohne dass dafür objektive Gründe vorgelegen hätten und ohne dass er vorher versucht hätte, eine juristisch wenig klare Situation zu klären (BGer, ARV 2008, 200). Ungerechtfertigt war demgegenüber die fristlose Entlassung eines Arbeitnehmers, der E-Mails mit pornographischem Inhalt an einen Dritten ausserhalb des Betriebs versandt hatte, zumal der Empfänger der E-Mails nichts gegen diese einzuwenden hatte und es sich beim Arbeitnehmer nicht um einen leitenden Angestellten handelte, der als Repräsentant des Arbeitgebers gelten konnte (BGer, JAR 2004, 283). Mangels Verwertbarkeit der durch eine unzulässige Überwachungsmassnahme gewonnenen Beweismittel ebenfalls ungerechtfertigt war die fristlose Entlassung eines stellvertretenden Zivilschutzkommandanten, dem Missbrauch der Informatikmittel vorgeworfen wurde (BGE 139 II 7; Näheres in Art. 328b N 50).

27 Die **Abwerbung von Mitarbeitern oder Kunden** stellt, auch wenn sie nicht unter Verleitung zum Vertragsbruch erfolgt, grundsätzlich eine schwere Treuepflichtverletzung dar. Vgl. z.B. BGE 123 III 257, wo der Geschäftsführer eines Coiffeursalons sich selbständig machte und wegen Abwerbung sämtlicher vier Coiffeusen vom Arbeitgeber zu Recht fristlos entlassen wurde.

28 Das **Verlangen oder Annehmen von Schmiergeldern**, durch die einem Dritten Vorteile zulasten des Arbeitgebers verschafft werden sollen, ist i.d.R. ein ausreichender Grund für eine fristlose Kündigung; s. z.B. BGE 124 III 25, wo ein Arbeitnehmer einen Lieferanten seines Arbeitgebers um Erlass einer privaten Rechnung bat mit dem Versprechen, sich für Aufträge einzusetzen (s.a. BGE 92 II 189 sowie die Ausführungen in Art. 321a N 7 zu Art. 4a UWG).

29 Bei **Arbeitsleistung zugunsten eines Dritten** während angeblicher Arbeitsunfähigkeit liegt eine schwere Verletzung der Treuepflicht vor, die zur fristlosen Entlassung ohne vorgängige Verwarnung berechtigt (BGer, JAR 1999, 290). Gleiches gilt in Bezug auf die Tätigkeit für ein fremdes Unternehmen während 2½ Tagen und während der Arbeitszeit, obwohl im Arbeitsvertrag ausdrücklich jegliche Nebentätigkeit untersagt wurde. Daran ändert nichts, dass der Arbeitnehmer auf (vertragswidrige) Weisung seines Vorgesetzten handelte; vielmehr hätte er als Aussendienstmitarbeiter (den eine erhöhte Informationspflicht trifft) den Arbeitgeber darüber informieren müssen (BGer, JAR 1999, 292 f.; s.a. BGer, JAR 2013, 293 f.). Wird gegen ein **Konkurrenzverbot** verstossen, stellt dies grundsätzlich eine besonders schwere Verfehlung dar, die ohne Verwarnung zur fristlosen Entlassung des Arbeitnehmers berechtigt (AGer ZH, JAR 2010, 683: Verteilung privater Visitenkarten in Haushaltungen mit günstigerem Angebot; OGer LU, JAR 2000, 251 f.: trotz 20-jähriger klagloser Tätigkeit; s.a. AGer Wil, JAR 1993, 121). In BGer, JAR 2007, 360 hat das BGer vor dem Hintergrund einer Konfliktsituation bereits den blossen Anschein der Absicht, unter schwerwiegender Verletzung eines vereinbarten Konkurrenzverbots ein konkurrierendes Unternehmen zu erwerben und zu betreiben, als wichtigen Grund genügen lassen. Eine fristlose Entlassung ist hingegen nicht gerechtfertigt, wenn der bereits ordentlich gekündigte Arbeitnehmer während der Ferien ein paar Tage für ein anderes Unternehmen arbeitet, ohne den Erholungszweck der Ferien zu vereiteln und ohne den Arbeitgeber zu konkurrenzieren (BGer, JAR 1997, 184 f.). Gleiches gilt für die Verletzung des Konkurrenzverbots, wenn der Arbeitnehmer einem Konkurrenten ein Geschäft vermittelt, das der Arbeitgeber abgelehnt hat (BGer, JAR 1998, 227).

Ein schwerer Verstoss gegen die **Verschwiegenheitspflicht** lag z.B. in BGE 127 III 310 vor; 30
das BGer schützte die fristlose Entlassung einer Angestellten eines Pflegeheims, die ohne Wissen des Arbeitgebers nachts im Innern des Heims einen Film drehte, diesen dem westschweizerischen Fernsehen übergab und an einer kritischen Sendung teilnahm, in welcher der fragliche Film ausgestrahlt wurde. Der Arbeitnehmer muss auch über vom Arbeitgeber begangene strafbare Handlungen und Verstösse gegen Verwaltungsvorschriften schweigen, sofern kein höheres Interesse entgegensteht. Steht ein solches entgegen, insb. wenn das Verhalten des Arbeitgebers Dritte widerrechtlich schädigt oder zu schädigen droht, so muss der Arbeitnehmer den Grundsatz der Verhältnismässigkeit wahren, indem er sich zunächst an den Arbeitgeber und dann an die zuständige Behörde wendet; erst wenn diese untätig bleibt, fällt allenfalls ein Gang an die Öffentlichkeit in Betracht (BGE 127 III 316; vgl. zum *Whistleblowing* Art. 321a N 28).

Ein wichtiger Grund gem. Art. 337 kann auch in der beharrlichen **Weigerung zur Befolgung** 31
von Schutzvorschriften und Weisungen liegen (BGer, JAR 2001, 302: hartnäckige Missachtung des Helmobligatoriums auf einer Baustelle trotz wiederholter Ermahnung; bei einem Dulden vorschriftswidrigen und riskanten Verhaltens müsste der Arbeitgeber damit rechnen, künftig bei Vertragsvergaben übergangen zu werden und bei Unfällen schadenersatzpflichtig zu werden; BGer, JAR 2009, 189: Missachtung klarer Weisungen betreffend Stimmabgabe an der Generalversammlung einer Tochtergesellschaft; s.a. TC VD, JAR 2012, 531: Nichtbefolgung von Weisungen beim Eintippen trotz Verwarnung).

Die Veranlassung einer Gutschrift zulasten der Arbeitgeberin und zugunsten einer anderen 32
Konzerngesellschaft wurde vom BGer – wenn überhaupt – nur als leichte Verletzung der arbeitsrechtlichen Treuepflicht beurteilt, so dass sich die darauf gestützte fristlose Entlassung ohne Verwarnung als ungerechtfertigt erwies (BGE 130 III 221).

Wahrheitswidrige Angaben bei der Anbahnung des Arbeitsvertrages können bei genügen- 32a
der Schwere einen wichtigen Grund zur fristlosen Entlassung bilden, gleichgültig ob der Arbeitgeber zugleich zur Vertragsanfechtung wegen Willensmängeln berechtigt wäre. Gemäss BGer, ARV 2011, 108 war die fristlose Entlassung eines Direktionsmitglieds gerechtfertigt, das anlässlich seiner Vorstellungsgespräche bezüglich seiner bisherigen Anstellung und Berufserfahrung wahrheitswidrige Angaben gemacht hatte. Dies galt unabhängig von der Qualität seiner danach erbrachten Arbeitsleistung (Gegenbeispiel: BGer, 28.3.2014, 4A_340/2013: Verschweigen von Teilarbeitslosigkeit). Das OGer ZH, JAR 2014, 526 hat eine Offenbarungspflicht eines Berufsfussballers bei der Anstellung in Bezug auf seine HIV-Infektion verneint

und seine u.a. deswegen ausgesprochene fristlose Entlassung als ungerechtfertigt taxiert. Vgl. auch N 21 und weitere Fälle in Art. 320 N 7 ff. und 13 f.

2. Fristlose Kündigung durch den Arbeitnehmer

33 Ein wichtiger Grund, der den Arbeitnehmer zur fristlosen Kündigung berechtigt, liegt bei einer erheblichen **Verletzung der Lohnzahlungspflicht** vor, doch ist i.d.R. eine vorgängige Mahnung erforderlich (BGer, JAR 2014, 145 f.; OGer ZH, JAR 2014, 546; TAPP TI, JAR 2011, 567 und 1999, 298: im zweiten Tessiner Fall war die Kündigung ungerechtfertigt, da der Arbeitnehmer eine zu kurze Frist setzte und noch am Tag, an dem diese ablief, kündigte, obwohl die Arbeitgeberin die Lohnzahlung auf den nächsten Tag in Aussicht gestellt hatte; s.a. Art. 323 N 4). Bleibt die Lohnzahlung wegen Zahlungsunfähigkeit des Arbeitgebers aus, so ist die Spezialnorm von Art. 337a massgebend (sog. *Lohngefährdung*). Der Konkurs des Arbeitgebers bildet als solcher indessen keinen wichtigen Grund.

34 Eine fristlose Kündigung durch den Arbeitnehmer ist ferner i.d.R. gerechtfertigt, wenn der Arbeitgeber seine **Fürsorgepflicht** in schwerwiegender Weise **verletzt** (z.B. ungenügende Schutzvorkehrungen, Bespitzelung, sexuelle Belästigung, Ehrverletzung, ungerechtfertigter Entzug der Prokura oder eines wichtigen Kundenportfolios: BGer, ARV 2009, 227; s.a. CACI VD, JAR 2013, 562: einer Serviceangestellten vor Kunden verabreichte Ohrfeige). Der Annahmeverzug genügt als solcher nicht, damit der Arbeitnehmer wegen wichtigen Grundes das Arbeitsverhältnis mit sofortiger Wirkung kündigen darf; denn der Lohnanspruch bleibt während des Annahmeverzugs gewahrt (BGE 116 II 144). Etwas anderes kann indessen in Bezug auf Arbeitnehmer gelten, die einen Anspruch auf tatsächliche Beschäftigung haben (Art. 328 N 22; BGE 137 III 303, besprochen durch Gloor, ARV 2012, 25 und Rudolph/Wiesli, Jusletter 22.8.2011: Ausschluss eines Berufsfussballers der obersten Spielklasse aus der ersten Mannschaft und Verunglimpfung in den Medien durch den Trainer; BGer, ARV 2011, 194: Berufsradfahrer, der entgegen vertraglicher Zusicherung nicht mehr zu Rennen aufgeboten wurde). Demnach kann der Arbeitnehmer i.d.R. auch nicht fristlos kündigen, wenn er während der Kündigungsfrist freigestellt wird. Dies gilt selbst dann, wenn die Kündigungsfrist lange dauert und sich der Arbeitnehmer teilweise zur Verfügung des Arbeitgebers halten muss (Ausfluss des Weisungsrechts), sofern dieser nicht schikanös handelt (BGer, ARV 2001, 44: i.c. einjährige Kündigungsfrist; s. dazu die Kritik bei Aubert, ARV 2002, 129 ff.).

Art. 337*a*

b. Wegen Lohngefährdung	**Wird der Arbeitgeber zahlungsunfähig, so kann der Arbeitnehmer das Arbeitsverhältnis fristlos auflösen, sofern ihm für seine Forderungen aus dem Arbeitsverhältnis nicht innert angemessener Frist Sicherheit geleistet wird.**
b. Insolvabilité de l'employeur	En cas d'insolvabilité de l'employeur, le travailleur peut résilier immédiatement le contrat, si des sûretés ne lui sont pas fournies dans un délai convenable pour garantir ses prétentions contractuelles.
b. Per insolvenza del datore di lavoro	In caso d'insolvenza del datore di lavoro, il lavoratore può recedere immediatamente dal rapporto di lavoro, in quanto non gli sia prestata entro congruo termine una garanzia per le pretese derivanti da tale rapporto.

Literatur

Aubert, L'employeur insolvable, in: Journée 1992 de droit du travail et de la sécurité sociale, Zürich 1994, 105 ff.; *Meier/Exner*, Laufende Verträge in Konkurs- und Nachlassverfahren, BlSchK 2006, 85 ff.; Staehelin, Konkurs und Sanierung des Arbeitgebers, ArbR 2000, 71 ff.; vgl. ausserdem die Literaturhinweise zu Art. 325.

Vermögensverfall des Arbeitgebers und selbst Konkurs sind keine Gründe, die das Arbeitsverhältnis automatisch auflösen (s. TC FR, JAR 2011, 439). Zahlungsunfähigkeit als solche ist auch kein Grund für eine ausserordentliche Kündigung. Der Arbeitnehmer kann jedoch in einem ersten Schritt unter Ansetzung einer angemessenen Frist **Sicherheit** für seine Forderungen verlangen. Von Zahlungsunfähigkeit darf u.a. ausgegangen werden, wenn die Löhne wiederholt nur mit Verspätung bezahlt oder die Sozialabgaben nicht abgeliefert wurden. In diesem Fall hat der Arbeitgeber jedoch die Möglichkeit, dem Arbeitnehmer durch geeignete Angaben und Belege zu beweisen, dass er trotz der Rückstände zahlungsfähig ist (BGer, ARV 2009, 34). Erst wenn der Arbeitnehmer vergeblich Sicherheit für seine Forderungen verlangt hat, kann er in einem zweiten Schritt nach Art. 337a **fristlos kündigen** (Anwendungsfälle: CAPH GE, JAR 2002, 301; AGer ZH, JAR 2002, 302). Betrachtet der Arbeitgeber die vom Arbeitnehmer gesetzte Frist als ungenügend, muss er sofort protestieren und die Sicherheit innerhalb einer objektiv angemessenen Frist leisten (BGer, ARV 2009, 34). Da die Vertragsauflösung nach Art. 337a gerechtfertigterweise wegen vertragswidrigen Verhaltens der Gegenpartei erfolgt, kommen die Rechtsfolgen von Art. 337b Abs. 1 zur Anwendung. Die Sicherstellung nach Art. 337a betrifft nur Forderungen, die *noch nicht fällig* geworden sind. Erfüllt der Arbeitgeber fällige Lohnforderungen nicht, so stehen dem Arbeitnehmer die Zwangsvollstreckung, das Leistungsverweigerungsrecht (mit fortdauerndem Lohnanspruch) und die fristlose Kündigung unter den Voraussetzungen von Art. 337 zur Verfügung (BGer, JAR 2009, 296). 1

Kommt es zum **Konkurs** des Arbeitgebers, schliesst meist das Konkursamt – zumindest vorläufig – den Betrieb (Art. 223 Abs. 1 SchKG) und spricht vorsorgliche Kündigungen aus. Ausserordentliche Kündigungen gegenüber den Arbeitnehmern sind ungerechtfertigt, so dass diesen ein Ersatzanspruch nach Art. 337c Abs. 1 zusteht (BGE 102 V 157 f.). Der Ersatzanspruch geniesst nach Art. 219 Abs. 4 SchKG grundsätzlich ein Konkursprivileg erster Klasse. Wird hingegen der Betrieb fortgeführt (Eintritt der Konkursverwaltung in den Arbeitsvertrag i.S.v. Art. 211 Abs. 2 SchKG; BGer, ARV 2007, 20) oder die Arbeit in einem späteren Zeitpunkt wieder aufgenommen (Art. 223 Abs. 1 SchKG: Konkursamt; Art. 238 Abs. 1 SchKG: erste Gläubigerversammlung; Art. 237 Abs. 3 Ziff. 2 SchKG: Gläubigerausschuss), so werden die neuen Lohnforderungen Masseschulden (zum Ganzen auch TC FR, JAR 2011, 439). 2

Art. 337*b*

2. Folgen
a. Bei gerechtfertigter Auflösung

[1] **Liegt der wichtige Grund zur fristlosen Auflösung des Arbeitsverhältnisses im vertragswidrigen Verhalten einer Vertragspartei, so hat diese vollen Schadenersatz zu leisten, unter Berücksichtigung aller aus dem Arbeitsverhältnis entstehenden Forderungen.**

[2] **In den andern Fällen bestimmt der Richter die vermögensrechtlichen Folgen der fristlosen Auflösung unter Würdigung aller Umstände nach seinem Ermessen.**

2. Conséquences
a. Résiliation justifiée

[1] Si les justes motifs de la résiliation immédiate du contrat consistent dans son inobservation par l'une des parties, celle-ci doit réparer intégralement le dommage causé, compte tenu de toutes les prétentions découlant des rapports de travail.

[2] Dans les autres cas, le juge apprécie librement les conséquences pécuniaires de la résiliation immédiate en tenant compte de toutes les circonstances.

2. Conseguenze
a. Della risoluzione giustificata

[1] Se la causa grave per la risoluzione immediata consiste in una violazione del contratto da parte di un contraente, questi dovrà il pieno risarcimento del danno, tenuto conto di tutte le pretese derivanti dal rapporto di lavoro.

[2] Negli altri casi, il giudice determina le conseguenze patrimoniali della risoluzione immediata, secondo il suo libero apprezzamento e tenendo conto di tutte le circostanze.

I. Einseitig verschuldete Kündigung (Abs. 1)

1 Die vermögensrechtlichen Folgen einer ausserordentlichen Kündigung unterscheiden sich danach, ob die Kündigung zu Recht oder zu Unrecht erfolgte. Liegt ein Grund zur fristlosen Auflösung des Arbeitsverhältnisses vor und besteht dieser in einer **schuldhaften Vertragsverletzung des anderen Teils**, so hat dieser *dem Kündigenden vollen Schadenersatz* zu leisten. Dass die Vertragsverletzung verschuldet sein muss, ergibt sich zwar nicht aus dem Gesetzeswortlaut, entspricht aber dem Willen des Gesetzgebers, der keine Kausalhaftung begründen wollte (h.L.). Trifft auch den Kündigenden ein Verschulden, so ist nicht Abs. 1, sondern Abs. 2 anwendbar (N 5). Zu ersetzen ist das **Erfüllungsinteresse**, d.h. die kündigende Partei muss vermögensmässig in den Stand versetzt werden, wie er wäre, wenn das Arbeitsverhältnis ordentlich gekündigt bzw. durch Fristablauf beendet worden wäre.

2 Dabei sind alle aus dem Arbeitsverhältnis entstehenden Forderungen zu berücksichtigen (Art. 337b Abs. 1), ferner der *entgangene Gewinn* infolge Lieferungsverzögerungen oder Mehraufwendungen durch *Überstundenarbeit* auf Seiten des Arbeitgebers. Nicht zu ersetzen sind hingegen die Insertionskosten für die Suche nach einem Nachfolger, da diese auch bei ordentlicher Kündigung entstanden wären (AGer BE, SJZ 1974, 265). Auf Seiten des Arbeitnehmers besteht der Schaden insb. im *Lohnausfall*, vermindert um den Betrag, den er infolge Beendigung des Arbeitsverhältnisses erspart hat oder den er durch anderweitige Arbeit verdient oder zu verdienen absichtlich unterlassen hat (Art. 337c Abs. 2 analog). Der Anspruch auf «vollen Schadenersatz» schliesst die Berücksichtigung von Reduktionsgründen nicht aus (PORTMANN, FS Rey, 495 f.; unklar BGE 123 III 259). Auf die vom Gesetz getroffene Schadenersatzregelung kann nicht im Voraus verzichtet werden (Art. 361). Die Vereinbarung entsprechender Konventionalstrafen ist somit unzulässig.

3 Art. 337b Abs. 1 betrifft nicht den Schaden, der auf jene Handlungen zurückzuführen ist, die Anlass zur fristlosen Vertragsauflösung gegeben haben. War eine Vertragsverletzung Grund für die fristlose Entlassung des Arbeitnehmers, haftet dieser für den daraus resultierenden Schaden nach Art. 321e (BGE 123 III 258: i.c. war dem Arbeitgeber ein Schaden durch die Abwerbung von vier Mitarbeiterinnen entstanden, während ihm die fristlose Entlassung des abwerbenden Geschäftsführers selbst keinen nachweisbaren Schaden verursacht hatte).

4 Umstritten war, ob zum Schadenersatz noch eine **Entschädigung** in analoger Anwendung von Art. 337c Abs. 3 hinzu kommt, wenn der Arbeitnehmer gerechtfertigterweise fristlos kündigt. Die Frage ist zu verneinen. Einerseits hat diese Entschädigung neben anderen Funktionen auch Strafcharakter und ist daher nach dem Grundsatz: *keine Strafe ohne Gesetz* einer Analogie nicht zugänglich. Andererseits soll die Entschädigung den *Eingriff in die Persönlichkeit* ausgleichen, der durch die ungerechtfertigte Kündigung erfolgt ist. An einem solchen Eingriff fehlt es im Fall von Art. 337b Abs. 1, da die betroffene Partei selbst kündigt. Das BGer hat die Kontroverse nun in dem hier vertretenen Sinne beendet (BGE 133 III 662; s.a. BGE 137 III 303 E. 2.1.1) und hinzugefügt, Pönalentschädigungen seien dem schweizerischen Recht grundsätzlich fremd, so dass die Ausnahmeregel von Art. 337c Abs. 3 ohnehin restriktiv zu handhaben sei (BGE 133 III 664; dazu KOLLER/MAUERHOFER, ZBJV 2009, 901 ff.; PORTMANN, ARV online 2008 Nr. 146). In Frage kommt aber eine Genugtuung wegen Persönlichkeitsverletzung, wenn die Voraussetzungen von Art. 49 erfüllt sind (BGE 137 III 303: CHF 15 000 Genugtuung für einen Berufsfussballer, der in den Medien vom Trainer u.a. als Verräter und Dummkopf verunglimpft wurde).

II. Kündigung in anderen Fällen (Abs. 2)

5 Hat keine der Vertragsparteien oder haben beide die Auflösung verschuldet, so werden die *Folgen im Streitfall* durch das Gericht bestimmt (Art. 337b Abs. 2), wobei alle Umstände des konkreten Falles zu berücksichtigen sind. Siehe etwa den Fall OGer LU, JAR 1997, 215, in

dem dem kündigenden Arbeitnehmer nach dieser Vorschrift Schadenersatz zugesprochen wurde, der um ein Drittel wegen Selbstverschuldens gekürzt wurde (nicht stärker wegen der langen Dauer des Arbeitsverhältnisses). Art. 337b Abs. 2 findet auch Anwendung, wenn eine *Verdachtskündigung* ausnahmsweise als gerechtfertigt beurteilt wird, obwohl sich der Verdacht nachträglich nicht erhärten lässt (Art. 337 N 23). Das BGer spricht in einem solchen Fall dem gerechtfertigt entlassenen Arbeitnehmer den vollen Lohn bis zum Ablauf der ordentlichen Kündigungsfrist zu (BGer, JAR 2001, 308). Art. 337b Abs. 2 ist als Anweisung an das Gericht beidseitig zwingend, obwohl er nicht in Art. 361 erwähnt ist.

Art. 337*c*

b. Bei ungerechtfertigter Entlassung

[1] Entlässt der Arbeitgeber den Arbeitnehmer fristlos ohne wichtigen Grund, so hat dieser Anspruch auf Ersatz dessen, was er verdient hätte, wenn das Arbeitsverhältnis unter Einhaltung der Kündigungsfrist oder durch Ablauf der bestimmten Vertragszeit beendigt worden wäre.

[2] Der Arbeitnehmer muss sich daran anrechnen lassen, was er infolge der Beendigung des Arbeitsverhältnisses erspart hat und was er durch anderweitige Arbeit verdient oder zu verdienen absichtlich unterlassen hat.

[3] Der Richter kann den Arbeitgeber verpflichten, dem Arbeitnehmer eine Entschädigung zu bezahlen, die er nach freiem Ermessen unter Würdigung aller Umstände festlegt; diese Entschädigung darf jedoch den Lohn des Arbeitnehmers für sechs Monate nicht übersteigen.

b. Résiliation injustifiée

[1] Lorsque l'employeur résilie immédiatement le contrat sans justes motifs, le travailleur a droit à ce qu'il aurait gagné, si les rapports de travail avaient pris fin à l'échéance du délai de congé ou à la cassation du contrat conclu pour une durée déterminée.

[2] On impute sur ce montant ce que le travailleur a épargné par suite de la cessation du contrat de travail ainsi que le revenu qu'il a tiré d'un autre travail ou le revenu auquel il a intentionnellement renoncé.

[3] Le juge peut condamner l'employeur à verser au travailleur une indemnité dont il fixera librement le montant, compte tenu de toutes les circonstances; elle ne peut toutefois dépasser le montant correspondant à six mois de salaire du travailleur.

b. Del licenziamento ingiustificato

[1] Il lavoratore licenziato immediatamente senza una causa grave ha diritto a quanto avrebbe guadagnato se il rapporto di lavoro fosse cessato alla scadenza del termine di disdetta o col decorso della durata determinata dal contratto.

[2] Il lavoratore deve lasciar dedurre quanto ha risparmiato in seguito alla cessazione del rapporto di lavoro e ha guadagnato con altro lavoro o omesso intenzionalmente di guadagnare.

[3] Il giudice può obbligare il datore di lavoro a versare al lavoratore un'indennità ch'egli stabilisce secondo il suo libero apprezzamento, tenuto conto di tutte le circostanze; l'indennità non può però superare l'equivalente di sei mesi di salario del lavoratore.

Literatur

Hollenstein, Ungerechtfertigte fristlose Kündigung und Arbeitsangebot, ARV 2002, 209 ff.; von Kaenel, Die Entschädigung aus ungerechtfertigter fristloser Entlassung (Art. 337c Abs. 3 OR), Diss., Bern 1996; Portmann, Zur Schadenersatzbemessung im Arbeitsvertragsrecht, FS für Heinz Rey, Zürich/Basel/Genf 2003, 489 ff.; Tschannen, Vorbeugender Rechtsgüterschutz durch Privatrecht, Bern 2009; vgl. ausserdem die Literaturhinweise zur Einleitung vor Art. 319 ff. und zu Art. 337.

I. Schadenersatz (Abs. 1, 2)

1 War die fristlose Entlassung des Arbeitnehmers als solche unbegründet, so ist das **Arbeitsverhältnis** trotz der Unzulässigkeit der Kündigung **beendet**. Die Sanktionen bestehen lediglich in einem Schadenersatzanspruch (Art. 337c Abs. 1) und in einer besonderen Entschädigung (Art. 337c Abs. 3). Nach CAPH GE, JAR 2003, 333 können diese auch dann zum Zug kommen, wenn der Arbeitgeber den Arbeitnehmer gezwungen hat, fristlos zu kündigen, obwohl weder für den einen noch für den anderen wichtige Gründe für eine fristlose Kündigung bestanden. Ist unklar, ob ein Arbeitgeber die Weiterführung des Arbeitsverhältnisses endgültig ablehnt oder ob er nur momentan die Dienste nicht annehmen will, empfiehlt es sich, dass der Arbeitnehmer seine Dienste in später beweisbarer Form anbietet (z.B. durch einen eingeschriebenen Brief) und damit die unwiderrufliche Wegweisung von der Arbeitsstelle beweismässig sicherstellt. Besteht jedoch darüber von vornherein Klarheit, bedarf es zwecks Wahrung der Ansprüche aus Art. 337c keines weiteren Anbietens der Dienste mehr (AppGer BS, JAR 1993, 229; KGer FR, JAR 1995, 209; unrichtig BGer, ARV 2002, 27; dazu HOLLENSTEIN, ARV 2002, 209 ff.). Allerdings sind die Gerichte ohne den Beweis eines Protestes nur allzu schnell bereit, eine einverständliche Vertragsaufhebung zu unterstellen (z.B. KGer SG, JAR 1984, 168, anders JAR 1993, 124). Wegen des Dahinfallens des Arbeitsvertrags bildet dieser, auch wenn er schriftlich abgeschlossen wurde, keinen provisorischen Rechtsöffnungstitel für die Schadenersatzforderung aus Art. 337c Abs. 1 (dies im Gegensatz zur Lohnforderung, wenn feststeht, dass der Arbeitnehmer die entsprechende Arbeitsleistung erbracht hat: BGer, ARV 2010, 186). Die geschuldete Summe ist ab dem Zeitpunkt der fristlosen Entlassung zu verzinsen (BGer, ARV 2011, 112). Zur Subrogation nach Art. 29 AVIG, wenn die Arbeitslosenkasse Leistungen an den Arbeitnehmer erbringt, TC VD, JAR 2014, 521.

2 Ist nichts Günstigeres bestimmt (Art. 362; s. CAPH GE, JAR 2014, 414 für eine vertraglich vereinbarte, bei ungerechtfertigter fristloser Entlassung geschuldete Abgangsentschädigung), bemisst sich der Schadenersatzanspruch des Arbeitnehmers wegen ungerechtfertigter Entlassung nach dem **entgangenen Verdienst**, und zwar bei Arbeitsverhältnissen mit bestimmter Vertragszeit bis zum Ablauf der vorgesehenen Zeit (bzw. maximal 10½ Jahre gem. Art. 334 Abs. 3: BGer, JAR 2007, 190) und bei Arbeitsverhältnissen mit unbestimmter Vertragszeit bis zum Ablauf der ordentlichen Kündigungsfrist (Art. 337c Abs. 1). Ergeht das Urteil zu einem Zeitpunkt vor dem vorgesehenen Vertragsende, so berechnet sich der Schaden nach Massgabe von Art. 42 Abs. 2 (BGer, JAR 2007, 190). Bei *entgangener Provision* (oder anderen schwankenden Vergütungen) ist grundsätzlich darauf abzustellen, was in vergleichbaren Perioden zu einem früheren Zeitpunkt erwirtschaftet worden ist; ist das Durchschnittseinkommen des vergangenen Jahres typisch, kann davon ausgegangen werden, doch sind saisonalen Schwankungen und Umsatzentwicklungen der letzten Monate Rechnung zu tragen (BGE 125 III 17).

In BGer, ARV 2011, 112 wurde mit Blick auf die aktuelle Vereinbarung der Parteien und die aktuelle wirtschaftliche Lage der Durchschnitt des während des vorangehenden Jahres erzielten Verdienstes herangezogen. Zu ersetzen ist auch Naturallohn (BGer, JAR 2007, 300) und Ferienlohn. In BGE 117 II 270 wurde indessen eine Entschädigung für nicht bezogene Ferien verweigert, da der Arbeitnehmer Lohnersatz für sieben Monate beanspruchen konnte, während denen er nicht arbeitete (ebenso in BGer, ARV 2008, 284 bei Lohnersatz für sechs Monate; anders hingegen in BGer, JAR 2009, 371 bei Lohnersatz für rund vier Monate, aber zeitweiser Verhinderung am Ferienbezug). Die Schadenersatzpflicht kann auch den Verlust einer Versicherungsdeckung umfassen, der auf eine ungerechtfertigte fristlose Entlassung zurückzuführen ist (BGer, ARV 2012, 46 betr. eine kollektive Krankentaggeldversicherung). Im konkreten Fall wurde der Schadenersatzanspruch allerdings verneint, weil der Arbeitnehmer um die Möglichkeit wusste, das Risiko durch eine freiwillige Versicherung abdecken zu können, und dennoch untätig blieb. Bei Abschluss der Versicherung hätte er die Versicherungsprämien für die Dauer der ordentlichen Kündigungsfrist als Schadenersatz geltend machen können.

Nach dem Gesetzestext ist der Lohn bis zum **Zeitpunkt** zu ersetzen, in dem das Arbeitsver- 2a
hältnis unter Einhaltung der Kündigungsfrist oder durch Ablauf der bestimmten Vertragszeit beendigt worden wäre. Demnach ist der Lohnausfall nach diesem Zeitpunkt nur nach Art. 97 ersatzfähig, sofern dem Arbeitgeber eine Vertrags- oder Persönlichkeitsverletzung zur Last fällt, die sich nicht in der ungerechtfertigten fristlosen Entlassung des Arbeitnehmers erschöpft (BGE 135 III 405). Dem ist zuzustimmen (krit. KOLLER, ZBJV 2011, 415 f.), doch sind andere Schadensposten, die bei ordentlicher Beendigung des Arbeitsverhältnisses nicht oder nicht im gleichen Ausmass entstanden wären (wie entgangene Gratifikationen, Abgangsentschädigungen oder Arbeitgeberbeiträge an die berufliche Vorsorge), als ersatzfähig zu betrachten (BGer, 27.2.2006, 4C.321/2005, E. 8.3; 3.9.2002, 4C.127/2002, E. 4.1; WYLER/HEINZER, 604 ff.; STREIFF/VON KAENEL/RUDOLPH, N 2; PORTMANN, ArbR 2008, 23 f.).

Der Arbeitnehmer muss sich, wie beim Annahmeverzug des Arbeitgebers (Art. 324), Einspa- 3
rungen (z.B. Fahrtkosten zum Arbeitsplatz) sowie anderweitig erworbenen oder absichtlich unterlassenen Verdienst **anrechnen** lassen (Art. 337c Abs. 2; vgl. BGer, ARV 2003, 94). Dafür ist der Arbeitgeber beweispflichtig, doch ist der Arbeitnehmer im Rahmen von Treu und Glauben ebenfalls zur Darlegung des Sachverhalts verpflichtet (TC VD, JAR 2013, 562 und JAR 2012, 559). Nach OGer TG, JAR 2009, 613 besteht für einen nebenamtlichen Trainer im Amateurfussball keine Obliegenheit, eine Tätigkeit in einer unteren Liga anzunehmen oder seine Hauptberufstätigkeit auszudehnen. Eine erneute Anstellung beim bisherigen Arbeitgeber kann zumutbar sein, wenn die Persönlichkeitsverletzung als beseitigt zu betrachten ist (bejaht in GSGer BS, JAR 2007, 393; verneint in BGer, JAR 2007, 195 f.). Tritt der Arbeitnehmer nach einer stellenlosen Periode eine besser bezahlte Stelle an, so soll ihm nach OGer LU, JAR 2009, 552 der höhere Lohn nicht auf die stellenlose Zeit angerechnet werden. Dem ist insofern zuzustimmen, als eine Verrechnung nicht über die Gesamtzeit vorzunehmen ist, doch sollte eine Verrechnung innerhalb der (vormaligen) Fälligkeitsabschnitte des Lohns zulässig sein (also z.B. eine monatsweise Verrechnung, wenn die alte Stelle im Monatslohn entschädigt wurde). Siehe zum Ganzen auch Art. 324 N 13 (Anrechnung bei Annahmeverzug des Arbeitgebers).

Das BGer geht davon aus, Art. 337c Abs. 2 bestimme abschliessend die anrechenbaren Be- 4
träge, und folgert daraus, der Schadenersatzanspruch von Art. 337c Abs. 1 könne (im Gegensatz zum Entschädigungsanspruch nach Abs. 3) **nicht** nach Art. 44 **herabgesetzt** werden, so dass namentlich ein Mitverschulden des Arbeitnehmers ausser Betracht zu bleiben habe (BGE 120 II 243; s.a. CAPH GE, JAR 2014, 414). Dem unzureichend begründeten Entscheid ist, was die Herabsetzung betrifft, im Ergebnis zuzustimmen, denn die Zulassung der Herabsetzung würde dem Arbeitgeber die Möglichkeit eröffnen, aus der ungerechtfertigten fristlosen Entlassung Nutzen zu ziehen (SUBILIA/DUC, N 5; BAUR, JAR 1991, 290 ff.; HILTY, JAR 1987, 254 f.; PORTMANN, FS Rey, 498; OGer LU, JAR 2007, 461).

II. Entschädigung (Abs. 3)

Zusätzlich zur Schadenersatzleistung kann der Arbeitgeber dazu verpflichtet werden, dem Ar- 5
beitnehmer eine Entschädigung zu bezahlen (Art. 337c Abs. 3). Dadurch soll der Arbeitgeber von leichtfertigen fristlosen Entlassungen abgehalten werden. Nach BGE 116 II 301 ist die Entschädigung bei ungerechtfertigter Entlassung *regelmässig* geschuldet. Das BGer hat allerdings in neueren Entscheiden Zweifel geäussert, ob an dieser Rechtsprechung festgehalten werden könne (anders aber wieder BGer, JAR 2006, 273). Keine Entschädigung zugesprochen wurde etwa in BGer, JAR 1995, 220 (Provozierung schwerwiegender Verdachtsgründe), BGer, ARV 2001, 192 (Anklageerhebung und Sicherheitshaft mit anschliessendem Freispruch), BGer, JAR 2002, 265 ff. (zahlreiche Verfehlungen), BGer, JAR 2007, 242 f. (Biss in den Unterarm der Vorgesetzten vor Mitarbeitern als Überreaktion auf eine Auseinandersetzung), OGer BL, JAR 2002, 287 (kurzes Arbeitsverhältnis, keine finanzielle Einbusse, Mit-

verschulden). Eine nachweislich mangelhafte Arbeitseinstellung und -leistung gestattet es jedoch nicht, ganz von einer Entschädigung abzusehen (BGer, JAR 2000, 235; anders OGer LU, JAR 2000, 271).

6 Die **Höhe** der Entschädigung berechnet sich nach Monatslöhnen. Dabei kommt es – anders als bei der Berechnung des Schadenersatzanspruchs nach Art. 337 Abs. 1 – nicht darauf an, was der Arbeitnehmer bis zur ordentlichen Beendigung des Arbeitsverhältnisses monatlich verdient hätte, sondern was er vor der fristlosen Kündigung monatlich verdient hat (BGer, JAR 2007, 300). Die Entschädigung ist nach freiem Ermessen des Gerichts unter Würdigung aller Umstände festzulegen. Zu Recht lehnt das BGer die Praxis gewisser kantonaler Gerichte ab, bei der Festsetzung der Pönale von einer «Einsatzstrafe» von z.B. einem oder zwei Monatslöhnen für den Normalfall auszugehen, die je nach den konkreten Umständen zu erhöhen oder zu reduzieren sei (BGer, JAR 2012, 171; s.a. OGer ZH, JAR 2013, 601). Zu den massgeblichen Umständen gehören insb. die soziale und wirtschaftliche Lage der Parteien, der Grad der Persönlichkeitsverletzung der entlassenen Partei, die Intensität und Dauer der arbeitsvertraglichen Beziehungen (unzutreffend TC FR, JAR 2009, 499), die Art und Weise der Kündigung (z.B. öffentliche Beschuldigung des Datendiebstahls trotz schwacher Indizien: BGer, ARV 2001, 39) sowie ein allfälliges Mitverschulden des Arbeitnehmers (anders als nach Art. 337c Abs. 1; N 4), wobei keiner dieser Gesichtspunkte für sich allein entscheidend ist (BGer, ARV 2001, 192 m.w.H.). Keine besondere Bedeutung mass das BGer einer langen Dauer zwischen der Kündigung und der (hypothetischen) ordentlichen Beendigung des Arbeitsverhältnisses zu (die wegen bei Krankheit bestehender Sperrfrist hinausgeschoben wurde, ARV 2012, 46), wohl aber dem Umstand, dass der Arbeitnehmer rasch wieder eine Stelle fand (JAR 2012, 171 und 279 f.). Bei der Überprüfung des kantonalen Ermessensentscheides auferlegt sich das BGer Zurückhaltung (Art. 336a N 4; in BGer, ARV 2001, 40 f. erhöhte es indessen die Entschädigung von einem auf drei Monatslöhne, da eine schwangere Arbeitnehmerin während der Sperrfrist ohne eigenes Verschulden fristlos entlassen worden war). Zum Risiko des Über- oder Unterklagens s. Art. 336a N 5.

7 Ist eine ungerechtfertigte fristlose Entlassung zugleich missbräuchlich oder folgt auf eine missbräuchliche Kündigung eine ungerechtfertigte fristlose Entlassung, so schuldet der Arbeitgeber nur eine Entschädigung nach Art. 337c Abs. 3 und nicht auch eine solche gem. Art. 336a, doch ist die Entschädigung nach Art. 337c Abs. 3 entsprechend zu erhöhen (Art. 336a N 9; zur Frage der Notwendigkeit der Einhaltung der Verfahrensvorschriften nach Art. 336b s. STREIFF/VON KAENEL/RUDOLPH, N 8). In jedem Fall darf das Gericht nicht über sechs Monatslöhne hinausgehen (Art. 337c Abs. 3). Die Entschädigung nach Art. 337c Abs. 3 weist die gleiche Rechtsnatur auf und verfolgt denselben Zweck wie die Entschädigung bei missbräuchlicher Kündigung (BGE 135 III 407; s. dazu Art. 336a N 1).

7a Das in der ungerechtfertigten fristlosen Entlassung enthaltene Unrecht wird durch die Entschädigung abgegolten und gibt keinen Anspruch auf eine (zusätzliche oder ersatzweise) **Genugtuung** (BGer, JAR 1995, 202; TC JU, JAR 1992, 189; anders die h.L., z.B. ZK-STAEHELIN, N 19; BRÜHWILER, N 4). Diese Lösung drängt sich namentlich aus Kohärenzgründen im Vergleich zu den Rechtsfolgen bei der missbräuchlichen Kündigung auf (Art. 336a N 8; PORTMANN, ArbR 2008, 24 f.). Eine Genugtuung für eine Persönlichkeitsverletzung, die sich bloss im Umfeld einer fristlosen Kündigung ereignet, bleibt natürlich vorbehalten (vgl. z.B. BGer, JAR 2013, 279; BGer, SJ 1993, 351). Die Entschädigung nach Art. 337c Abs. 3 ist pfändbar (BGer, ARV 2013, 309).

8 Art. 337c Abs. 3 ist trotz fehlender Erwähnung in Art. 362 als einseitig zwingend zu betrachten (Anweisung an das Gericht; BGer, ARV 2011, 112; BGer, JAR 2012, 360). Die Obergrenze von sechs Monatslöhnen kann demnach erweitert, aber nicht beschränkt werden. Zusätzlich kann eine Konventionalstrafe vorgesehen werden. Zur Frage, ob die Entschädigung mit einer unbezifferten Forderungsklage geltend gemacht werden kann, s. Art. 336a N 5.

Art. 337*d*

c. Bei ungerechtfertigtem Nichtantritt oder Verlassen der Arbeitsstelle

1 Tritt der Arbeitnehmer ohne wichtigen Grund die Arbeitsstelle nicht an oder verlässt er sie fristlos, so hat der Arbeitgeber Anspruch auf eine Entschädigung, die einem Viertel des Lohnes für einen Monat entspricht; ausserdem hat er Anspruch auf Ersatz weiteren Schadens.

2 Ist dem Arbeitgeber kein Schaden oder ein geringerer Schaden erwachsen, als der Entschädigung gemäss dem vorstehenden Absatz entspricht, so kann sie der Richter nach seinem Ermessen herabsetzen.

3 Erlischt der Anspruch auf Entschädigung nicht durch Verrechnung, so ist er durch Klage oder Betreibung innert 30 Tagen seit dem Nichtantritt oder Verlassen der Arbeitsstelle geltend zu machen; andernfalls ist der Anspruch verwirkt.

4 …

c. Non-entrée en service ou abandon injustifié de l'emploi

1 Lorsque le travailleur n'entre pas en service ou abandonne son emploi abruptement sans justes motifs, l'employeur a droit à une indemnité égale au quart du salaire mensuel; il a en outre droit à la réparation du dommage supplémentaire.

2 Le juge peut réduire l'indemnité selon sa libre appréciation si l'employeur ne subit aucun dommage ou si le dommage est inférieur à l'indemnité prévue à l'alinéa précédent.

3 Si le droit à l'indemnité ne s'éteint pas par compensation, il doit, sous peine de péremption, être exercé par voie d'action en justice ou de poursuites dans les 30 jours à compter de la non-entrée en place ou de l'abandon de l'emploi.

4 …

c. Del mancato inizio o dell'abbandono ingiustificati dell'impiego

1 Se il lavoratore senza una causa grave non inizia o abbandona senza preavviso l'impiego, il datore di lavoro ha diritto a una indennità corrispondente ad un quarto del salario mensile, egli ha inoltre diritto al risarcimento del danno suppletivo.

2 Se il datore di lavoro non ha subito alcun danno o ha subito un danno inferiore all'indennità prevista nel capoverso precedente, il giudice può ridurre l'indennità secondo il suo libero apprezzamento.

3 Il diritto all'indennità, se non si estingue per compensazione, dev'essere fatto valere per azione giudiziaria o esecuzione entro 30 giorni dal mancato inizio o dall'abbandono dell'impiego, sotto pena di perenzione.

4 …

Literatur

Gloor, Der Vertragsbruch des Arbeitnehmers, ARV 2013, 198 ff.; Lindt, Der ungerechtfertigte Nichtantritt einer Arbeitsstelle, Liber amicorum für Heinrich Honsell, Zürich/St. Gallen 2007, 113 ff.; vgl. ausserdem die Literaturhinweise zur Einleitung vor Art. 319 ff.

1 Ein Arbeitnehmer, der seine Arbeitsstelle vertragswidrig überhaupt nicht antritt oder diese verlässt, bringt dadurch den Arbeitsvertrag ungerechtfertigterweise zur fristlosen Auflösung. Das Arbeitsverhältnis ist also trotz vertragswidrigen Verhaltens *beendet* und der Arbeitgeber auf einen Schadenersatzanspruch beschränkt (Art. 337d Abs. 1; ausführlich zum Ganzen Gloor, ARV 2013, 198 ff.). Die Anwendung von Art. 337d setzt **Klarheit** voraus, dass der Arbeitnehmer entschieden hat, der Arbeit definitiv fernzubleiben (z.B. bejaht beim Antritt einer neuen Stelle während laufender Kündigungsfrist nach einer bereits arbeitgeberseitig ausgesprochenen ordentlichen Kündigung: KGer GR, JAR 2009, 536; TC FR, JAR 2011, 441: Servicefachangestellte, die am Schluss der Probezeit mitteilte, dass sie nicht mehr komme, daraufhin den Arbeitsplatz verliess und noch am selben Tag eine neue Stelle antrat), wobei dieser Entschluss bewusst und vorsätzlich getroffen worden sein muss (BGer, ARV 2014, 44; TC FR, JAR 2008, 364). Muss der Arbeitgeber daran vernünftigerweise Zweifel

haben, so hat er den Arbeitnehmer zu mahnen und zur Wiederaufnahme der Arbeit aufzufordern (BGer, ARV 2014, 44; JAR 2000, 228; ähnlicher Fall KGer GR, JAR 2011, 495; TC VD, JAR 2012, 559 f.). Ein definitives Fernbleiben liegt z.B. nicht vor, wenn sich der Arbeitnehmer zur Wiederaufnahme der Arbeit unter der Bedingung bereit erklärt, dass ein klärendes Gespräch mit einem Arbeitskollegen geführt wird (TAPP TI, JAR 1998, 208), wenn der Arbeitnehmer einige Tage der Arbeit fernbleibt, aber zu verstehen gibt, das Arbeitsverhältnis weiterführen zu wollen (TC VD, JAR 2002, 297; ähnlich TAPP TI, JAR 2010, 608: viertägige Absenz nach einem Streit mit dem Geschäftsführer), oder wenn der Arbeitnehmer berechtigterweise selber Ferien bezieht (KGer GR, JAR 2014, 454). Ungenügend war auch, als ein Arbeitnehmer nach einem Streit mit dem Patron zwar die Schlüssel abgab und die Stelle verliess, aber noch am selben Tag zur Arbeit zurückkehrte (BGer, ARV 2014, 44; ähnliches und illustratives Fallbeispiel für die hohe Hürde, die ein Arbeitgeber überwinden muss, um den Tatbestand von Art. 337d erfolgreich anzurufen, in KGer GR, JAR 2011, 495). Verlässt der Arbeitnehmer die Stelle fristlos auf Grund eines Aufhebungsvertrages, so liegt kein Fall von Art. 337d vor, auch wenn sich der Aufhebungsvertrag als unzulässig erweist (TC FR, JAR 2000, 281). Im Prozess trifft den Arbeitgeber die Beweislast für das Verlassen der Arbeitsstelle (BGer, ARV 2014, 44).

2 Um den Schadenersatzanspruch zu einer wirksamen Sanktion werden zu lassen, entlastet Art. 337d Abs. 1 den Arbeitgeber vom Beweis eines besonderen Schadens und spricht hier eine **Pauschalentschädigung** zu, die 25 % des Monatslohnes entspricht. Nach TC FR, JAR 2011, 441 muss ein Arbeitgeber, der die Pauschale geltend macht, aber mindestens behaupten, dass ihm ein Schaden entstanden ist. Kann der Arbeitgeber einen grösseren Schaden nachweisen, dessen Höhe notfalls vom Gericht gem. Art. 42 Abs. 2 zu schätzen ist (BGE 118 II 312), muss auch dieser ersetzt werden (natürlich unter Anrechnung der Pauschalentschädigung, BRÜHWILER, N 3). Doch ist zu berücksichtigen, dass der Arbeitgeber vom Zeitpunkt der Arbeitsniederlegung an den Lohn einspart. Bei vertragswidrigem Nichtantritt der Stelle gehören die Insertionskosten nicht zum Schaden des Arbeitgebers, weil diese auch bei ordnungsgemässer Kündigung des Arbeitnehmers während der Probezeit entstanden wären (AGer BE, SJZ 1974, 264 f.).

3 Die Pauschalentschädigung *kann* allerdings durch das Gericht nach seinem Ermessen herabgesetzt werden, wenn der Arbeitnehmer seinerseits nachweist, dass dem Arbeitgeber kein oder nur ein geringerer Schaden erwachsen ist (Art. 337d Abs. 2). Dieser Nachweis ist grundsätzlich schon dann erbracht, wenn dargetan ist, dass der Arbeitgeber die vom vertragswidrig austretenden Arbeitnehmer innegehabte Arbeitsstelle sofort anderweitig besetzen konnte oder dass er es unterlassen hat, sofort die erforderlichen Vorkehrungen zur Vermeidung oder Verminderung des Schadens zu treffen. Beweisprobleme des Arbeitnehmers sind dadurch zu mildern, dass dem Arbeitgeber die Obliegenheit auferlegt wird, die gegnerische Behauptung geringeren oder fehlenden Schadens *substanziert zu bestreiten*. Trägt der Arbeitgeber keine näheren Angaben vor, so ist seine Bestreitung mangels Substanzierung als unbeachtlich zu betrachten (PORTMANN, FS Rey, 499). Zu weit geht hingegen AppGer BS, JAR 1981, 176 f., wo vom Arbeitgeber verlangt wird, den Schaden glaubhaft zu machen. Aus der bloss fakultativen Herabsetzung folgt, dass der Pauschalentschädigung *auch eine pönale Funktion* zukommt.

4 Sofern der pauschale Entschädigungsanspruch nicht mit Lohnforderungen verrechnet werden kann, muss er durch Klage oder Betreibung geltend gemacht werden (Art. 337d Abs. 3). Dafür besteht eine **Verwirkungsfrist** von 30 Tagen. Für Schadenersatzansprüche, die nicht auf die gesetzliche Pauschalentschädigung abstellen, bleibt es bei der Verjährungsfrist von zehn Jahren (Art. 127).

5 Die Regelung *der ungerechtfertigten* fristlosen Vertragsauflösung durch den Arbeitnehmer ist *beidseitig zwingend* (Art. 361). Vereinbarungen über zusätzliche Konventionalstrafen sind daher ebenso nichtig wie die Wegbedingung der Pauschalentschädigung.

Art. 338

V. Tod des Arbeitnehmers oder des Arbeitgebers
1. Tod des Arbeitnehmers

[1] Mit dem Tod des Arbeitnehmers erlischt das Arbeitsverhältnis.

[2] Der Arbeitgeber hat jedoch den Lohn für einen weiteren Monat und nach fünfjähriger Dienstdauer für zwei weitere Monate, gerechnet vom Todestag an, zu entrichten, sofern der Arbeitnehmer den Ehegatten, die eingetragene Partnerin, den eingetragenen Partner oder minderjährige Kinder oder bei Fehlen dieser Erben andere Personen hinterlässt, denen gegenüber er eine Unterstützungspflicht erfüllt hat.

V. Décès du travailleur ou de l'employeur
1. Décès du travailleur

[1] Le contrat prend fin au décès du travailleur.

[2] Toutefois, l'employeur doit payer le salaire, à partir du jour du décès, pour un mois encore et, si les rapports de travail ont duré plus de cinq ans, pour deux mois encore, si le travailleur laisse un conjoint, une partenaire enregistré ou des enfants mineurs ou, à défaut, d'autres personnes en faveur desquelles il remplissait une obligation d'entretien.

V. Morte del datore di lavoro o del lavoratore
1. Morte del lavoratore

[1] Con la morte del lavoratore, il rapporto di lavoro si estingue.

[2] Tuttavia, il datore di lavoro deve pagare il salario per un altro mese a contare dal giorno della morte e, se il rapporto di lavoro è durato più di cinque anni, per due altri mesi sempreché il lavoratore lasci il coniuge, il partner registrato o figli minorenni o, in mancanza di questi eredi, altre persone verso le quali egli adempiva un obbligo di assistenza.

Da das Arbeitsrecht von einer *persönlichen Leistungspflicht* des Arbeitnehmers ausgeht (Art. 321), hat der Tod des Arbeitnehmers das Erlöschen des Arbeitsverhältnisses zur Folge (Art. 338 Abs. 1). Der Arbeitsplatz ist also nicht vererblich. Als Nachwirkung des Arbeitsverhältnisses besteht jedoch für den Arbeitgeber die Pflicht, noch den Lohn für die Zeit von einem Monat nach dem Todestag zu zahlen, wenn der verstorbene Arbeitnehmer einen Ehegatten, eine eingetragene Partnerin, einen eingetragenen Partner, minderjährige Kinder oder andere Personen hinterlässt, denen gegenüber er eine Unterstützungspflicht erfüllt hat (sog. **Lohnnachgenuss**). Nach fünfjähriger Dienstdauer erhöht sich die Lohnzahlungspflicht auf den Lohn von zwei Monaten nach dem Todestag (Art. 338 Abs. 2). Doch dauert der Lohnnachgenuss beim Tod während eines befristeten Arbeitsverhältnisses nicht über das vertraglich vereinbarte Ende des Arbeitsvertrages hinaus (AGer BE, JAR 1994, 157). 1

Die *Berechtigten* haben einen entsprechenden persönlichen Rechtsanspruch, der von der Erbfolge unabhängig ist (s.a. OGer ZH, 3.4.2014, RA140010), und zwar nach folgender Rangordnung: (1) Ehegatte bzw. eingetragene Partnerin oder eingetragener Partner; (2) Kinder; (3) andere Berechtigte. Eine nachrangige Kategorie kommt erst zum Zug, wenn kein Berechtigter einer vorrangigen Kategorie existiert. Die Pflicht zur Gewährung des Lohnnachgenusses wird weder aufgehoben noch herabgesetzt, wenn der Arbeitnehmer seinen Tod selbst verschuldet hat (CAPH GE, JAR 1999, 181: selbstverschuldeter tödlicher Autounfall). Die Gleichstellung der eingetragenen Partnerin oder des eingetragenen Partners mit dem Ehegatten wurde durch das Partnerschaftsgesetz verwirklicht, das am 1.1.2007 in Kraft getreten ist (Bundesgesetz vom 18.6.2004 über die eingetragene Partnerschaft gleichgeschlechtlicher Paare, PartG, SR 211.231). 2

Art. 338*a*

2. Tod des Arbeitgebers

[1] Mit dem Tod des Arbeitgebers geht das Arbeitsverhältnis auf die Erben über; die Vorschriften betreffend den Übergang des Arbeitsverhältnisses bei Betriebsnachfolge sind sinngemäss anwendbar.

[2] Ist das Arbeitsverhältnis wesentlich mit Rücksicht auf die Person des Arbeitgebers eingegangen worden, so erlischt es mit dessen Tod; jedoch kann der Arbeitnehmer angemessenen Ersatz für den Schaden verlangen, der ihm infolge der vorzeitigen Beendigung des Arbeitsverhältnisses erwächst.

2. Décès de l'employeur

[1] A la mort de l'employeur, le contrat passe aux héritiers; les dispositions relatives au transfert des rapports de travail en cas de transfert de l'entreprise sont applicables par analogie.

[2] Le contrat conclu essentiellement en considération de la personne de l'employeur prend fin à son décès; toutefois, le travailleur peut réclamer une indemnité équitable pour le dommage causé par l'extinction prématurée du contrat.

2. Morte del datore di lavoro

[1] Con la morte del datore di lavoro, il rapporto di lavoro passa agli eredi; le disposizioni concernenti il trasferimento del rapporto di lavoro nel caso di trasferimento dell'azienda sono applicabili per analogia.

[2] Il rapporto di lavoro stipulato essenzialmente in considerazione della persona del datore di lavoro si estingue con la morte di questo; il lavoratore può chiedere tuttavia un equo risarcimento per il danno derivatogli dalla fine prematura del rapporto.

1 Der Tod des Arbeitgebers hat im Gegensatz zum Tod des Arbeitnehmers (Art. 338) regelmässig nicht das automatische Ende des Arbeitsverhältnisses zur Folge. Da die Erben des Arbeitgebers kraft Gesetzes im Wege der Universalsukzession in seine Rechtsstellung eintreten (Art. 560 Abs. 1 ZGB), geht das Arbeitsverhältnis auf sie über. Um dem Arbeitnehmer jedoch die Möglichkeit zu geben, die Fortsetzung des Arbeitsverhältnisses mit den Erben **abzulehnen**, erklärt Art. 338a Abs. 1 die Vorschriften betr. den Übergang des Arbeitsverhältnisses bei Betriebsübernahme für sinngemäss anwendbar (Art. 333). Dies hat auch die solidarische Haftung von Nachlass und Erben zur Folge (Art. 333 Abs. 3; Sonderfall: Ausschlagung nach Art. 566 ZGB). Hinzu treten erbrechtliche Haftungsnormen wie insb. Art. 560 Abs. 2 ZGB (die Schulden des Erblassers werden zu persönlichen Schulden der Erben) und Art. 603 Abs. 1 ZGB (für die Schulden des Erblassers werden die Erben solidarisch haftbar). Kommt es anschliessend im Rahmen eines Verkaufs oder einer Erbteilung zu einem (weiteren) Betriebsübergang (Art. 338a Abs. 1 Hs. 2 ist auf diesen Fall nicht anwendbar), entstehen das Ablehnungsrecht und die Solidarhaftung von Art. 333 ein zweites Mal. Nach Art. 639 ZGB sind die Erben den Gläubigern (somit auch den Arbeitnehmern) für die Schulden des Erblassers auch nach der Teilung solidarisch und mit ihrem ganzen Vermögen haftbar, solange die Gläubiger in eine Teilung oder Übernahme der Schulden nicht ausdrücklich oder stillschweigend eingewilligt haben.

2 **Ausnahmsweise** kann jedoch das Arbeitsverhältnis wesentlich mit Rücksicht auf die Person des Arbeitgebers eingegangen worden sein (z.B. Haushälterin, Privatsekretär, Pflegerin). Dann **erlischt** es **mit** dessen **Tod**, sofern im Arbeitsvertrag nichts anderes vorgesehen ist oder sofern mit den Erben keine Fortsetzung des Arbeitsverhältnisses vereinbart wird. Der Arbeitnehmer kann jedoch von den Erben angemessenen Schadenersatz für die vorzeitige Beendigung verlangen (Art. 338a Abs. 2).

Art. 339

VI. Folgen der Beendigung des Arbeitsverhältnisses
1. Fälligkeit der Forderungen

[1] Mit der Beendigung des Arbeitsverhältnisses werden alle Forderungen aus dem Arbeitsverhältnis fällig.

[2] Für Provisionsforderungen auf Geschäften, die ganz oder teilweise nach Beendigung des Arbeitsverhältnisses erfüllt werden, kann durch schriftliche Abrede die Fälligkeit hinausgeschoben werden, jedoch in der Regel nicht mehr als sechs Monate, bei Geschäften mit gestaffelter Erfüllung nicht mehr als ein Jahr und bei Versicherungsverträgen sowie Geschäften, deren Durchführung mehr als ein halbes Jahr erfordert, nicht mehr als zwei Jahre.

[3] *Die* Forderung auf einen Anteil am Geschäftsergebnis wird fällig nach Massgabe von Artikel 323 Absatz 3.

VI. Conséquences de la fin du contrat
1. Exigibilité des créances

[1] A la fin du contrat, toutes les créances qui en découlent deviennent exigibles.

[2] Lorsque le travailleur a droit à une provision pour des affaires dont l'exécution a lieu entièrement ou partiellement après la fin du contrat, l'exigibilité peut être différée par accord écrit, mais en général pour six mois au plus; l'exigibilité ne peut pas être différée de plus d'une année s'il s'agit d'affaires donnant lieu à des prestations successives, ni de plus de deux ans s'il s'agit de contrats d'assurance ou d'affaires dont l'exécution s'étend sur plus d'une demi-année.

[3] Le droit à une participation au résultat de l'exploitation est exigible conformément à l'art. 323, al. 3.

VI. Conseguenze della fine del rapporto di lavoro
1. Esigibilità dei crediti

[1] Con la fine del rapporto di lavoro, tutti i crediti che ne derivano diventano esigibili.

[2] Per i crediti di provvigione in affari che saranno eseguiti interamente o parzialmente dopo la fine del rapporto di lavoro, l'esigibilità può essere differita per accordo scritto, ma di regola non più di sei mesi; il differimento non può superare un anno negli affari con prestazioni successive e due anni nei contratti di assicurazione e negli affari la cui esecuzione si estende su più di mezzo anno.

[3] Il diritto ad una partecipazione al risultato dell'esercizio è esigibile conformemente all'articolo 323 capoverso 3.

Literatur

Senti, Rückforderung oder Verrechnung zu viel bezahlter Leistungen durch den Arbeitgeber, AJP 2014, 40 ff.

Mit Beendigung des Arbeitsverhältnisses werden **alle Forderungen** aus dem Arbeitsverhältnis **fällig** (Art. 339 Abs. 1), auch der Ferienanspruch, der grundsätzlich in natura zu gewähren ist (Art. 329d N 12; für die Entschädigung nach Art. 337c Abs. 1 s. BGer, JAR 2012, 121). Abweichende Vereinbarungen sind unwirksam (Art. 361). Die Fälligkeit von Provisionsforderungen auf Geschäften, die ganz oder teilweise erst nach Beendigung des Arbeitsverhältnisses erfüllt werden, kann durch schriftliche Abrede hinausgeschoben werden, und zwar im Regelfall bis zu sechs Monaten, bei Geschäften mit gestaffelter Erfüllung bis zu einem Jahr und bei Versicherungsverträgen sowie Verträgen, deren Durchführung mehr als ein halbes Jahr erfordert, bis zu zwei Jahren (Art. 339 Abs. 2). Für den Anteil am Geschäftsergebnis bleibt es bei der gewöhnlichen Fälligkeit (Art. 339 Abs. 3). Endet das Arbeitsverhältnis infolge Kündigung, ist zum Eintritt des Verzugs keine Mahnung erforderlich (Art. 102 Abs. 2; BGer, ARV 2005, 251; offengelassen in BGer, JAR 2007, 219; zweifelnd Streiff/von Kaenel/Rudolph, N 2). Mit der Fälligkeit beginnt die **Verjährung** zu laufen (Art. 130 Abs. 1). Unterlässt es der Arbeitgeber, bei Beendigung des Arbeitsverhältnisses Schadenersatzansprüche gegen den Arbeitnehmer geltend zu machen, so ist, falls ihm die anspruchsbegründenden Tatsachen bekannt sind, nach BGE 110 II 344 **Verwirkung** anzunehmen (Art. 321e N 23). Über Verzichte des Arbeitnehmers s. Art. 341. 1

Aktien und Optionen, die den Arbeitnehmern im Rahmen von Mitarbeiterbeteiligungsprogrammen übertragen werden, unterliegen oft während mehrerer Jahre einer *Einlösungs- oder Verkaufssperre*. Soweit solche Sperren über das Ende des Arbeitsverhältnisses hinaus fortdauern, ist ihre Zulässigkeit umstritten. Kommt überhaupt Arbeitsrecht zur Anwendung (Art. 322 N 27 ff.) und betrachtet man die Sperren als Aufschub der Fälligkeit, verstossen sie gegen die beidseitig zwingende Bestimmung von Art. 339 Abs. 1. Diese Überlegung liegt dem Urteil TPH GE, JAR 2001, 400 zugrunde. Das Mitarbeiterbeteiligungsprogramm in diesem Fall sah vor, dass die (arbeitnehmenden) Inhaber der Aktien diese nach Ablauf von sechs Jahren nach dem Erwerb zum effektiven Wert an die Gesellschaft zurückverkaufen konnten. Im Falle der Beendigung des Arbeitsverhältnisses stand das Rückverkaufsrecht jedoch unter der Bedingung, dass sich der Arbeitnehmer auch noch nach zwei Jahren seit Beendigung des Arbeitsver- 2 hältnisses als «good leaver» herausstellen würde; bei Nichterfüllen dieser Bedingung sollten die Aktien bloss zum Nominalwert zurückgekauft werden. Das Gericht qualifizierte den Rückkauf der Aktien zum effektiven Wert als Lohnbestandteil, betrachtete sowohl die sechsjährige Sperre aus der Sicht eines ausgeschiedenen Mitarbeiters wie auch die Bedingung des «good leaver» als nichtig und verurteilte die Arbeitgeberin zur Bezahlung des Lohnbestandteils. ZK-Staehelin, N 7a spricht sich demgegenüber bei einer Sperre gegen die Anwendung von Art. 339 aus, da eine solche Sperre nicht nur die Fälligkeit, sondern auch die Entstehung des Anspruchs hinausschiebe. Allerdings sei die Sperre im Hinblick auf den Persönlichkeitsschutz des Arbeitnehmers zeitlich zu beschränken. Weiterführend zum Ganzen Art. 322 N 25 ff.

Art. 339*a*

2. Rückgabepflichten

[1] **Auf den Zeitpunkt der Beendigung des Arbeitsverhältnisses hat jede Vertragspartei der andern alles herauszugeben, was sie für dessen Dauer von ihr oder von Dritten für deren Rechnung erhalten hat.**

[2] **Der Arbeitnehmer hat insbesondere Fahrzeuge und Fahrausweise zurückzugeben sowie Lohn- oder Auslagenvorschüsse soweit zurückzuerstatten, als sie seine Forderungen übersteigen.**

[3] **Vorbehalten bleiben die Retentionsrechte der Vertragsparteien.**

2. Restitution

[1] Au moment où le contrat prend fin, les parties se rendent tout ce qu'elles se sont remis pour la durée du contrat, de même que tout ce que l'une d'elles pourrait avoir reçu de tiers pour le compte de l'autre.

[2] Le travailleur restitue notamment les véhicules à moteur et les permis de circulation, de même que les avances de salaire et de frais dans la mesure où elles excèdent ses créances.

[3] Les droits de rétention des parties sont réservés.

2. Restituzione

[1] Alla fine del rapporto di lavoro, ciascuna parte deve restituire tutto quanto durante detto rapporto le è stato affidato dall'altra o ha ricevuto da terzi per conto dell'altra.

[2] Il lavoratore è segnatamente tenuto a restituire i veicoli e le licenze di circolazione, come anche le anticipazioni sullo stipendio e sulle spese, in quanto superano l'importo dei suoi crediti.

[3] Sono riservati i diritti di ritenzione dei contraenti.

Literatur

Cattelan, Rückruf des Geschäftsfahrzeugs, Anwaltsrevue 2013, 210 f.; Metz, Gesetzliche und vertragliche Informationsrechte und -pflichten bei und nach Beendigung des Einzelarbeitsvertrages, in: Stellenwechsel und Entlassung, Handbücher für die Anwaltspraxis (HAP), Bd. II, 2. Aufl., Basel 2012, 171 ff.: Müller/Rieder, Retentionsrecht des Arbeitnehmers – Konsequenzen für den Arbeitgeber, AJP 2009, 267 ff.; vgl. ausserdem die Literaturhinweise zur Einleitung vor Art. 319 ff.

I. Herausgabepflicht

1 Art. 339a Abs. 1 schreibt zwingend vor (Art. 361), dass sich die Parteien bei Beendigung des Arbeitsverhältnisses alles herauszugeben haben, was sie für die Dauer des Arbeitsverhältnisses von der anderen Partei oder von Dritten für deren Rechnung erhalten haben. So hat der Arbeitnehmer insb. Fahrzeuge und Fahrzeugausweise zurückzugeben sowie Lohn- und Auslagenvorschüsse zu erstatten, die seine Forderungen übersteigen (Art. 339a Abs. 2). Nach BGer, ARV 2012, 167 *bezieht sich* die Herausgabepflicht auf alle Dokumente, sowohl in Papier- als auch in elektronischer Form, und der Arbeitnehmer darf auch keine Kopien davon behalten (Willkürprüfung). Ein solcher Anspruch kann unabhängig von einem allfälligen

Recht auf Konkurrenzenthaltung bestehen (a.a.O.). Zur Durchsetzung des Rückgabeanspruchs im Verfahren um Rechtsschutz in klaren Fällen (Art. 257 ZPO) vgl. BGE 141 III 23.

II. Retentionsrecht

Das *allgemeine Retentionsrecht* nach Art. 895 ff. ZGB und das *besondere Retentionsrecht des Handelsreisenden* nach Art. 349e bleiben vom Herausgabeanspruch unberührt (Art. 339a Abs. 3). Kommt der Schuldner seiner Verpflichtung nicht nach, so kann der Gläubiger, wenn er nicht hinreichend sichergestellt wird, die zurückbehaltene Sache nach vorgängiger Benachrichtigung des Schuldners wie ein Faustpfand verwerten (Art. 898 Abs. 1 ZGB; zur Streitwertrelevanz eines geltend gemachten Retentionsrechts im bundesgerichtlichen Beschwerdeverfahren s. BGer, 26. 1. 2015, 4A_493/2014). **2**

Das Retentionsrecht erstreckt sich nur auf **verwertbare Gegenstände**, also *nicht auf Arbeitspapiere* (AHV-Karte, Lohnausweis, Arbeitsbescheinigung; vgl. Art. 20 Abs. 2 und Art. 88 Abs. 1 lit. b AVIG) und *nicht auf Zeugnisse* (Art. 896 Abs. 1 ZGB). **3**

Das Retentionsrecht setzt ferner voraus, dass der Retinierende **Besitzer** der Sache ist. Diese Eigenschaft fehlt dem Arbeitnehmer im Rahmen des Arbeitsverhältnisses regelmässig. Diese auch in der Schweiz geltende Rechtslage (BGE 67 II 20) wird treffend von § 855 BGB zum Ausdruck gebracht: «Übt jemand die tatsächliche Gewalt über eine Sache für einen anderen in dessen Haushalt oder Erwerbsgeschäft oder in einem ähnlichen Verhältnis aus, vermöge dessen er den sich auf die Sache beziehenden Weisungen des anderen Folge zu leisten hat, so ist nur der andere Besitzer.» Mit anderen Worten ist der Arbeitnehmer, der in einem Subordinationsverhältnis zum besitzenden Arbeitgeber steht, grundsätzlich blosser *Besitzdiener*. Er hat kein eigenes dingliches, aber auch kein eigenes obligatorisches Recht an der Sache, insb. kein eigenes Recht auf deren Besitz, sondern ist an die Weisungen des Besitzers in Bezug auf die Sache gebunden (Bsp.: Chauffeur einer Transportfirma, der einen Lastwagen nach einem Einsatzplan zu fahren hat; vgl. zum Ganzen SUTTER-SOMM, Eigentum und Besitz, in: SPR, Bd. V/1, 2. Aufl., Basel 2014, Rz 1227 ff.; BK-REHBINDER/STÖCKLI, Art. 319 OR N 8; BK-STARK, Bd. IV/3/1, Bern 2001, Art. 919 OR N 34 ff.; BK-ZOBL/THURNHERR, Bd. IV/2/5/1, Bern 2010, Art. 884 OR N 607; BGE 89 II 314; 67 II 16). **4**

Besitzdienerschaft setzt nicht voraus, dass sich die Sache im unmittelbaren Machtkreis des Besitzers befindet (BK-STARK, Art. 919 OR N 37), denn mit der rechtlichen Anerkennung der Besitzdienerschaft ist zwangsläufig eine Relativierung des Besitzes als faktische Sachherrschaft verbunden (MK-JOOST, § 855 N 1, 11). Erforderlich ist auch nicht, dass der Besitzdiener die Weisungen des Besitzers tatsächlich befolgt; durch deren Missachtung kann er sich nicht zum (unberechtigten) Besitzer wandeln. **5**

In Bezug auf spezifische Fälle ist folgendes festzuhalten: **6**

- Auch *leitende Angestellte* sind im Allgemeinen als Besitzdiener zu betrachten, mag auch das Weisungsrecht ihnen gegenüber beschränkt sein (MK-JOOST, § 855 N 5; für Organpersonen s. SUTTER-SOMM, SPR V/1, Rz 1232). Konsequenterweise muss dies auch im Falle von *Filialleitern und Geschäftsführern* gelten (**a.A.** ZK-STAEHELIN, Art. 321b OR N 6; STARK, Art. 919 N 46a; STREIFF/VON KAENEL/RUDOLPH, Art. 321b N 4; BGE 67 II 16; wie hier z.B. Soergel-STADLER, § 855 N 10). **7**
- Ob der *Handelsreisende* Besitzer oder Besitzdiener ist, braucht nicht entschieden zu werden, denn Art. 349e macht das Retentionsrecht nicht wie Art. 895 ZGB davon abhängig, dass der Retinierende Besitz an den zurückbehaltenen Objekten hat. **8**
- Der *Heimarbeitnehmer* ist grundsätzlich als Besitzer und nicht als blosser Besitzdiener zu betrachten, da es bei ihm regelmässig an einer Eingliederung in die Arbeitsorganisation des Arbeitgebers fehlt. **9**
- Darf ein Arbeitnehmer Arbeitsgeräte oder Arbeitsmaterial, namentlich ein Motorfahrzeug, auch *privat nutzen*, ist (unselbständiger) Besitz anzunehmen (OGer ZH, JAR 1998, 261; **10**

AGer ZH, ZR 1998, 195; Brunner/Bühler/Waeber/Bruchez, Art. 321b N 4). In diesem Fall kann ein Retentionsrecht des Arbeitnehmers unter Umständen sogar dann entstehen, wenn das Motorfahrzeug nicht im Eigentum des Arbeitgebers steht, sondern geleast ist (AGer ZH, JAR 2004, 591).

Art. 339*b*

3. Abgangsentschädigung
a. Voraussetzungen

[1] Endigt das Arbeitsverhältnis eines mindestens 50 Jahre alten Arbeitnehmers nach 20 oder mehr Dienstjahren, so hat ihm der Arbeitgeber eine Abgangsentschädigung auszurichten.

[2] Stirbt der Arbeitnehmer während des Arbeitsverhältnisses, so ist die Entschädigung dem überlebenden Ehegatten, der eingetragenen Partnerin, dem eingetragenen Partner oder den minderjährigen Kindern oder bei Fehlen dieser Erben anderen Personen auszurichten, denen gegenüber er eine Unterstützungspflicht erfüllt hat.

3. Indemnité à raison de longs rapports de travail
a. Conditions

[1] Si les rapports de travail d'un travailleur âgé d'au moins 50 ans prennent fin après vingt ans ou plus, l'employeur verse au travailleur une indemnité à raison de ces longs rapports de travail.

[2] Si le travailleur meurt pendant la durée des rapports de travail, l'indemnité est versée au conjoint ou au partenaire enregistré survivant, aux enfants mineurs ou, à défaut, aux autres personnes en faveur desquelles le travailleur remplissait une obligation d'entretien.

3. Indennità di partenza
a. Presupposti

[1] Se il rapporto di lavoro di un lavoratore avente almeno 50 anni di età cessa dopo 20 o più anni di servizio, il datore di lavoro deve pagare al lavoratore un'indennità di partenza.

[2] Se il lavoratore muore durante il rapporto di lavoro, la indennità deve essere pagata al coniuge superstite, al partner registrato superstite o ai figli minorenni o, in mancanza di questi eredi, alle altre persone verso le quali il lavoratore adempiva un obbligo di assistenza.

Literatur

Balsiger, Die Abgangsentschädigung (Art. 339b–d OR), Diss., Zürich 1995; Blesi, Abgangsentschädigungen des Arbeitgebers, ARV 2006, 85 ff.; Brechbühl, Goldene Fallschirme oder silberne Brücken?, SJZ 2004, 32 ff.; Suter, Die Besteuerung von Abgangsentschädigungen, Anwaltsrevue 2012, 16 ff.

1 Die Verpflichtung zur Zahlung einer Abgangsentschädigung setzt eine Mindestdauer des Arbeitsverhältnisses von 20 Jahren und ein Mindestalter des ausscheidenden Arbeitnehmers von 50 Jahren voraus (Art. 339b Abs. 1). Scheidet der Arbeitnehmer infolge Todes aus, so ist die Abgangsentschädigung zusätzlich zum nachwirkenden Lohnanspruch (Art. 338 Abs. 2) an den überlebenden Ehegatten, die eingetragene Partnerin, den eingetragenen Partner, die minderjährigen Kinder oder solche Personen zu zahlen, denen gegenüber der Verstorbene eine Unterstützungspflicht erfüllt hat (Art. 339b Abs. 2). Abweichende Regelungen zuungunsten des Arbeitnehmers oder seiner Hinterbliebenen sind unwirksam (Art. 362). Hingegen kann zugunsten des Arbeitnehmers vertraglich auf die Voraussetzung des Mindestalters oder der Mindestdauer des Arbeitsverhältnisses verzichtet werden. Solche Vereinbarungen ändern jedoch, gleich wie Vereinbarungen betreffend die Höhe der Abgangsentschädigung gemäss Art. 339c Abs. 1, nichts an der Anwendbarkeit von Art. 339c Abs. 3 OR, der die Kürzung oder den Wegfall der Entschädigung regelt (BGer, ARV 2012, 255, Willkürprüfung). Infolgedessen schützte das BGer den vorinstanzlichen Entscheid des OGer ZH, welches der fristlos entlassenen Managerin eines Nachtclubs gestützt auf diese Bestimmung eine Abgangsentschädigung verwehrte, dies unter anderem unter Hinweis auf die bloss siebenmonatige An-

stellungsdauer. Die gesetzliche Abgangsentschädigung von Art. 339b f. OR fällt nicht unter das Ausrichtungsverbot von Art. 20 VegüV (VON KAENEL/RUDOLPH, elektronischer Update-Service zum Praxiskommentar, ‹www.schulthess.com/arbeitsvertrag›, Art. 339b N 2; zur neuen Vergütungsverordnung s. Art. 322 N 2).

Die *Berechtigten* haben einen persönlichen Rechtsanspruch, der von der Erbfolge unabhängig ist, und zwar nach folgender Rangordnung: (1) Ehegatte bzw. eingetragene Partnerin oder eingetragener Partner; (2) Kinder; (3) andere Berechtigte. Eine nachrangige Kategorie kommt erst zum Zug, wenn kein Berechtigter einer vorrangigen Kategorie existiert. Die Pflicht zur Leistung der Abgangsentschädigung wird weder aufgehoben noch herabgesetzt, wenn der Arbeitnehmer seinen Tod selbst verschuldet hat. Die Gleichstellung der eingetragenen Partnerin oder des eingetragenen Partners mit dem Ehegatten wurde durch das Partnerschaftsgesetz verwirklicht, das am 1.1.2007 in Kraft getreten ist (Bundesgesetz vom 18.6.2004 über die eingetragene Partnerschaft gleichgeschlechtlicher Paare, PartG, SR 211.231). 2

Die Zeit, während der ein Arbeitnehmer einziger Geschäftsführer und Alleinaktionär einer AG war, ist für die Abgangsentschädigung nicht anrechenbar (zwischen der juristischen Person und dem sie wirtschaftlich beherrschenden Organ fehlt es an einem Subordinationsverhältnis: BGE 125 III 81; s.a. TAPP TI, JAR 1998, 253). Ob bei Unterbrechung und Wiederaufnahme der Arbeit beim gleichen Arbeitgeber die neue Tätigkeit das ursprüngliche Arbeitsverhältnis fortsetzt oder auf einem neuen Arbeitsverhältnis beruht, bestimmt sich nach dem Parteiwillen (BGE 112 II 53 ff.; i.c. war auf Grund eines mehr als vierjährigen Arbeitsunterbruchs eine Neubegründung des Arbeitsverhältnisses zu vermuten, doch wurde aus den konkreten Umständen geschlossen, dass die Parteien eine Fortsetzung des alten Arbeitsverhältnisses beabsichtigten; Gegenbeispiel in AppGer BS, JAR 1993, 234 f., wo der Arbeitnehmer einen Grund zur fristlosen Entlassung setzte und nach einem ebenfalls mehr als vierjährigen Unterbruch wieder eingestellt wurde; s. allgemein Art. 324a N 15). 3

Art. 339*c*

b. Höhe und Fälligkeit

[1] Die Höhe der Entschädigung kann durch schriftliche Abrede, Normalarbeitsvertrag oder Gesamtarbeitsvertrag bestimmt werden, darf aber den Betrag nicht unterschreiten, der dem Lohn des Arbeitnehmers für zwei Monate entspricht.

[2] Ist die Höhe der Entschädigung nicht bestimmt, so ist sie vom Richter unter Würdigung aller Umstände nach seinem Ermessen festzusetzen, darf aber den Betrag nicht übersteigen, der dem Lohn des Arbeitnehmers für acht Monate entspricht.

[3] Die Entschädigung kann herabgesetzt werden oder wegfallen, wenn das Arbeitsverhältnis vom Arbeitnehmer ohne wichtigen Grund gekündigt oder vom Arbeitgeber aus wichtigem Grund fristlos aufgelöst wird, oder wenn dieser durch die Leistung der Entschädigung in eine Notlage versetzt würde.

[4] Die Entschädigung ist mit der Beendigung des Arbeitsverhältnisses fällig, jedoch kann eine spätere Fälligkeit durch schriftliche Abrede, Normalarbeitsvertrag oder Gesamtarbeitsvertrag bestimmt oder vom Richter angeordnet werden.

b. Montant et échéance

[1] Le montant de l'indemnité peut être fixé par accord écrit, contrat-type de travail ou convention collective, mais ne doit pas être inférieur au montant du salaire pour deux mois.

[2] Si le montant de l'indemnité n'est pas déterminé, le juge le fixe selon sa libre appréciation, compte tenu de toutes les circonstances; l'indemnité ne doit toutefois pas dépasser le montant du salaire pour huit mois.

[3] L'indemnité peut être réduite ou supprimée si le travailleur a résilié le contrat sans justes motifs ou si l'employeur l'a résilié avec effet immédiat pour de justes motifs ou si le paiement de cette indemnité l'exposerait à la gêne.

[4] L'indemnité est due au moment où les rapports de travail prennent fin, mais l'échéance peut en être différée par un accord écrit, par un contrat-type de travail, par une convention collective ou par le juge.

b. Importo ed esigibilità

[1] L'importo dell'indennità di partenza può essere determinato mediante accordo scritto, contratto normale o contratto collettivo, ma non deve essere inferiore al salario di due mesi.

[2] Se l'importo dell'indennità di partenza non è determinato, esso è stabilito dal giudice secondo il suo libero apprezzamento, tenendo conto di tutte le circostanze; nondimeno, esso non supererà il salario di otto mesi.

[3] L'indennità può essere diminuita o soppressa, se il rapporto di lavoro è disdetto dal lavoratore senza causa grave o è sciolto senza preavviso dal datore di lavoro per causa grave o se il pagamento dell'indennità esporrebbe il datore di lavoro a una situazione di bisogno.

[4] L'indennità è esigibile con la fine del rapporto di lavoro, ma l'esigibilità può essere differita mediante accordo scritto, contratto normale o contratto collettivo oppure dal giudice.

Literatur

Roncoroni, Über die Herabsetzung der Abgangsentschädigung, FS für Pierre Widmer, Bern 1995, 81 ff.

1 Die **Höhe** der Abgangsentschädigung wird durch schriftliche Abrede, Normal- oder Gesamtarbeitsvertrag festgesetzt. Sie beträgt mindestens zwei Monatslöhne (Art. 339c Abs. 1). Mangels ausdrücklicher Regelung kann sie das Gericht bis zum Höchstbetrag von acht Monatslöhnen nach seinem Ermessen festsetzen (Art. 339c Abs. 2), wobei davon auszugehen ist, dass das Gericht gleich wie die Parteien an die untere Grenze von zwei Monatslöhnen gebunden ist (Art. 339c Abs. 1 analog; BGE 115 II 32). Vereinbarungen betreffend die Höhe der Abgangsentschädigung gem. Art. 339c Abs. 1 ändern nichts an der Anwendbarkeit der Wegfall- und Kürzungstatbestände von Art. 339c Abs. 3 (BGer, ARV 2012, 255, Willkürprüfung; Näheres in Art. 339b N 1).

2 Das Gericht hat alle Umstände des Einzelfalls zu berücksichtigen, insb. die Dauer des Arbeitsverhältnisses, die persönlichen Verhältnisse des Arbeitnehmers und seine Unterstützungspflichten, seine Stellung im Betrieb, die Aussichten für sein wirtschaftliches Fortkommen, sein Lebensalter, seinen Lohn (ein hoher Lohn beim pflichtigen Arbeitgeber rechtfertigt eine niedrigere Abgangsentschädigung), früher erhaltene Dienstaltersgeschenke sowie die wirtschaftliche Leistungsfähigkeit des Arbeitgebers (BGE 115 II 35 ff.). Entsprechend dem gesetzgeberischen Konzept der Abgangsentschädigung als Vorsorgeleistung und Vergütung der Betriebstreue ist vor allem auf das *Alter des Arbeitnehmers* und auf die *Dauer des Arbeitsverhältnisses* abzustellen (BGE 115 II 35 f.). Die Gerichte legen ihrer Bemessung z.T. nach Dienst- und Lebensalter gestaffelte Tabellen zugrunde, die jedoch nur Anhaltspunkte vermitteln können.

3 Die Entschädigung kann nach dem Wortlaut von Art. 339c Abs. 3 **herabgesetzt** werden oder ganz **entfallen**, wenn der Arbeitnehmer ohne wichtigen Grund von sich aus gekündigt hat oder wenn ihm vom Arbeitgeber aus einem wichtigen Grund fristlos gekündigt worden ist, ferner – ähnlich wie im Schadenersatzrecht (Art. 44 Abs. 2) – wenn der Arbeitgeber andernfalls in eine Notlage geraten würde. Im Zusammenhang mit einer *ordentlichen* Kündigung durch den Arbeitnehmer ist jedoch das Erfordernis des wichtigen Grundes nicht i.S.v. Art. 337 zu verstehen, da sonst die Kündigungsfreiheit des Arbeitnehmers übermässig beschränkt würde. Die Herabsetzung oder der völlige Wegfall der Abgangsentschädigung kann vielmehr nur dann in Betracht fallen, wenn der Arbeitnehmer *ohne begründeten Anlass* gekündigt hat (vgl. Art. 340c Abs. 2 und OGer BL, JAR 1990, 320).

Vereinbarungen betreffend die Höhe der Abgangsentschädigung gem. Art. 339c Abs. 1 ändern nichts an der Anwendbarkeit der Wegfall- und Kürzungstatbestände von Art. 339c Abs. 3 (BGer, ARV 2012, 255, Willkürprüfung; Näheres in Art. 339b N 1). Infolgedessen schützte das BGer den vorinstanzlichen Entscheid des OGer ZH, welches der fristlos entlassenen Managerin eines Nachtclubs gestützt auf diese Bestimmung eine Abgangsentschädigung verwehrte, dies unter anderem unter Hinweis auf die bloss siebenmonatige Anstellungsdauer.

4 Die **Fälligkeit** der Abgangsentschädigung tritt grundsätzlich mit Beendigung des Arbeitsverhältnisses ein, kann jedoch durch schriftliche Abrede, Normal- oder Gesamtarbeitsvertrag oder durch gerichtliche Anordnung auf einen späteren Termin verschoben werden (Art. 339c Abs. 4).

Art. 339*d*

c. Ersatzleistungen

[1] Erhält der Arbeitnehmer Leistungen von einer Personalfürsorgeeinrichtung, so können sie von der Abgangsentschädigung abgezogen werden, soweit diese Leistungen vom Arbeitgeber oder aufgrund seiner Zuwendungen von der Personalfürsorgeeinrichtung finanziert worden sind.

[2] Der Arbeitgeber hat auch insoweit keine Entschädigung zu leisten, als er dem Arbeitnehmer künftige Vorsorgeleistungen verbindlich zusichert oder durch einen Dritten zusichern lässt.

c. Prestations de remplacement

[1] Si le travailleur reçoit des prestations d'une institution de prévoyance, celles-ci peuvent être déduites de l'indemnité à raison des longs rapports de travail dans la mesure où elles ont été financées soit par l'employeur lui-même, soit par l'institution de prévoyance au moyen de la contribution de l'employeur.

[2] L'employeur est également libéré de l'obligation de verser une indemnité de départ dans la mesure où il s'engage à payer dans le futur des prestations de prévoyance au travailleur ou les lui fait assurer par un tiers.

c. Prestazioni sostitutive

[1] Le prestazioni che il lavoratore riceve da un'istituzione di previdenza a favore del personale possono essere dedotte dall'indennità di partenza in quanto finanziate dal datore di lavoro o, per mezzo delle sue elargizioni, dall'istituzione medesima.

[2] Il datore di lavoro non deve alcuna indennità neppure nella misura in cui s'impegni a pagare al lavoratore future prestazioni previdenziali o gliele assicuri attraverso un terzo.

1 Die Entschädigungspflicht entfällt insoweit, als der Arbeitgeber dem Arbeitnehmer gleichwertige Leistungen im Rahmen der Personalvorsorge erbringt, sei es, dass Ansprüche gegen eine Personalvorsorgeeinrichtung bestehen, die nicht aus Beiträgen des Arbeitnehmers finanziert worden sind, sei es, dass der Arbeitgeber oder auf dessen Veranlassung ein Dritter dem Arbeitnehmer künftige Vorsorgeleistungen verbindlich zusichert (Verpflichtung zu einer Pensionszahlung, Abschluss einer Lebensversicherung, Art. 339d; einseitig zwingend, Art. 362). Der gesetzliche Anspruch auf Abgangsentschädigung betrifft daher nach Einführung der obligatorischen Personalvorsorge nur noch die Empfänger hoher Einkommen betr. die nicht versicherten Lohnanteile und die Bezüger sehr geringer Einkommen, die dem BVG-Obligatorium nicht unterstellt sind.

Art. 340

VII. Konkurrenzverbot
1. Voraussetzungen

[1] Der handlungsfähige Arbeitnehmer kann sich gegenüber dem Arbeitgeber schriftlich verpflichten, nach Beendigung des Arbeitsverhältnisses sich jeder konkurrenzierenden Tätigkeit zu enthalten, insbesondere weder auf eigene Rechnung ein Geschäft zu betreiben, das mit dem des Arbeitgebers in Wettbewerb steht, noch in einem solchen Geschäft tätig zu sein oder sich daran zu beteiligen.

[2] Das Konkurrenzverbot ist nur verbindlich, wenn das Arbeitsverhältnis dem Arbeitnehmer Einblick in den Kundenkreis oder in Fabrikations- und Geschäftsgeheimnisse gewährt und die Verwendung dieser Kenntnisse den Arbeitgeber erheblich schädigen könnte.

VII. Prohibition de faire concurrence
1. Conditions

[1] Le travailleur qui a l'exercice des droits civils peut s'engager par écrit envers l'employeur à s'abstenir après la fin du contrat de lui faire concurrence de quelque manière que ce soit, notamment d'exploiter pour son propre compte une entreprise concurrente d'y travailler ou de s'y intéresser.

[2] La prohibition de faire concurrence n'est valable que si les rapports de travail permettent au travailleur d'avoir connaissance de la clientèle ou de secrets de fabrication ou d'affaires de l'employeur et si l'utilisation de ces renseignements est de nature à causer à l'employeur un préjudice sensible.

VII. Divieto di concorrenza
1. Presupposti

[1] Il lavoratore che ha l'esercizio dei diritti civili può obbligarsi per scritto verso il datore di lavoro ad astenersi da ogni attività concorrenziale dopo la fine del rapporto di lavoro, in particolare a non esercitare per proprio conto un'azienda concorrente né a lavorare in una tale azienda né a parteciparvi.

[2] Il divieto di concorrenza è valido soltanto se il rapporto di lavoro permette al lavoratore di avere cognizioni della clientela o dei segreti di fabbricazione e d'affari e se l'uso di tali conoscenze possa cagionare al datore di lavoro un danno considerevole.

Literatur

BALMER, Mitarbeitenden-Bindung und Geheimnisschutz über arbeitsvertragliche Konkurrenzverbote, ius. full 2011, 93 ff.; BOHNY, Das arbeitsvertragliche Konkurrenzverbot, Diss., Zürich 1989; DERS., Konkurrenzverbot, in: Stellenwechsel und Entlassung, Handbücher für die Anwaltspraxis (HAP), Bd. II, 2. Aufl., Basel 2012, 183 ff.; CHRISTEN, Persönliche Eigenschaften und Fähigkeiten von Arbeitnehmern und arbeitsvertragliches Konkurrenzverbot – unter besonderer Berücksichtigung aktueller Rechtsprechung, AJP 2014, 1501 ff.; COTTI, Das vertragliche Konkurrenzverbot, Diss., Fribourg 2001; MOESCH, La prohibition de concurrence, in: Panorama en droit du travail, Bern 2009, 337 ff.; MÜLLER R./ZÜND, Die Durchsetzung von Konkurrenzverboten im Arbeitsrecht, AJP 2012, 1781 ff.; NEERACHER, Das arbeitsvertragliche Konkurrenzverbot, Diss., Bern 2001; RUDOLPH, Kontakte zu Kunden des alten Arbeitgebers nach einem Stellenwechsel – Eine rechtliche Auslegeordnung unter besonderer Berücksichtigung der Eigenheiten der Finanzbranche, ARV 2009, 93 ff.; DERS., Fokus Arbeitsrecht – Sorgenkind Konkurrenzverbot, TREX 2010, 88 ff.; SCHINDLER/ROUSTA, La clause de non-concurrence en droit du travail, Anwaltsrevue 2010, 178 ff.; SENTI, Das arbeitsvertragliche Konkurrenzverbot, Jusletter 27.8.2007; WIEDE, Die schwächere Partei – Materielle Vertragsgerechtigkeit wie und für wen?, FS für Jean-Fritz Stöckli, Zürich/St. Gallen 2014, 797 ff.; ZÜRCHER FAUSCH, Konkurrenzverbote in Konzernverhältnissen, Bern 2007; vgl. ausserdem die Literaturhinweise zur Einleitung vor Art. 319 ff. und zu Art. 321a.

I. Allgemeines

1 Auch nach Beendigung des Arbeitsverhältnisses bleibt für gewisse Zeit und in beschränktem Umfang die Geheimhaltungspflicht bestehen, die dem Arbeitnehmer als Bestandteil der Treuepflicht von Gesetzes wegen auferlegt ist (Art. 321a Abs. 4). Demgegenüber erlischt das gesetzliche Konkurrenzverbot gem. Art. 321a Abs. 3 mit der Beendigung des Arbeitsverhältnisses. Indessen *kann eine* **Konkurrenzverbotsabrede** getroffen werden, in der sich der Arbeitnehmer verpflichtet, für eine bestimmte Zeit *nach Beendigung des Arbeitsverhältnisses* sich einer konkurrenzierenden Tätigkeit zu enthalten. Die Konkurrenzklausel ist entgegen

BGE 78 II 235 nicht Vertrag sui generis, sondern Bestandteil des Arbeitsvertrages, auch wenn sie in einer separaten Vereinbarung enthalten ist. Die Voraussetzungen des Konkurrenzverbots sind einseitig zwingend (Art. 362), um den Arbeitnehmer vor einer unbilligen Erschwerung seines wirtschaftlichen Fortkommens zu schützen. Soweit der Konkurrenzverbotsabrede durch zwingende Vorschriften Grenzen gesetzt werden, dürfen diese auch nicht über den Umweg von Klauseln in Aktionärsbindungsverträgen umgangen werden (TC VD, JAR 2009, 651).

II. Voraussetzungen nach Abs. 1

Das Konkurrenzverbot kann nur von einem **handlungsfähigen Arbeitnehmer** eingegangen 2
werden. Die Konkurrenzklausel, die einen handlungsunfähigen Arbeitnehmer betrifft, ist somit auch dann ungültig, wenn ihr der gesetzliche Vertreter zugestimmt oder sie anstelle des Arbeitnehmers mit dem Arbeitgeber vereinbart hat.

Die Konkurrenzklausel bedarf der **Schriftform**. Fraglich ist, ob das Schriftformerfordernis 2a
auch erfüllt ist, wenn im schriftlich abgefassten und unterzeichneten Arbeitsvertrag bloss global auf nicht unterschriebene Allgemeine Arbeitsbedingungen, Reglemente, Gesamtarbeitsverträge u.dgl. verwiesen wird, welche die Konkurrenzklausel enthalten. Nachdem das BGer diese Frage für die Wegbedingung der Überstundenentschädigung bejaht hat (zustimmend Art. 320 N 35), ist kein stichhaltiger Grund ersichtlich, beim Konkurrenzverbot anders zu entscheiden (**a.A.** OGer LU, JAR 2010, 544: Verweisung auf GAV; KGer GR, JAR 2010, 527: Verweisung auf GAV; TAPP TI, JAR 2009, 622: Verweisung auf Reglement). Aus dem Gesetzestext, dass sich der Arbeitnehmer gegenüber dem Arbeitgeber «schriftlich verpflichten» kann, lässt sich nichts Abweichendes gewinnen (**a.A.** Streiff/von Kaenel/Rudolph, Art. 340 N 5), da nach der allgemeinen Bestimmung von Art. 13 die Unterschrift der sich verpflichtenden Person ohnehin vorausgesetzt wird. Differenziert aber das Gesetz bezüglich des Formerfordernisses nicht gegenüber anderen Bestimmungen, die Schriftlichkeit verlangen, so kann auch aus der besonderen, mit dem Konkurrenzverbot verbundenen Belastung nichts anderes hergeleitet werden; dieser wird vielmehr mit den zahlreichen Beschränkungen der Vertragsfreiheit begegnet, die in Art. 340 ff. enthalten sind. Es ist davon auszugehen, dass die Konkurrenzklausel auch nicht an der Ungewöhnlichkeitsregel scheitert, da das Gesetz ihren Abschluss ausdrücklich vorsieht (**a.A.** Streiff/von Kaenel/Rudolph, Art. 340 N 5). Hingegen kann ein Gesamtarbeitsvertrag, auf den keine individuelle schriftliche Verweisung erfolgt, das Schriftformerfordernis nicht ersetzen (so zutreffend KGer GR, JAR 2010, 533 f.). Dies ergibt sich aus Art. 358 in Verbindung mit dem Umstand, dass Art. 340 – im Gegensatz etwa zu Art. 321c Abs. 3 – keine Möglichkeit vorsieht, ein Konkurrenzverbot durch Normalarbeitsvertrag oder Gesamtarbeitsvertrag zu begründen.

Das Konkurrenzverbot ist, sofern nichts anderes vereinbart ist, umfassend in dem Sinne, dass 2b
sich der Arbeitnehmer *jeglicher* **konkurrenzierender Tätigkeit** zu enthalten hat. Das Konkurrenzverbot kann *unternehmensbezogen* ausgestaltet sein, so dass jede Tätigkeit in einem Konkurrenzunternehmen verboten ist, oder es kann *tätigkeitsbezogen* abgefasst sein, so dass nur eine Tätigkeit im bisherigen Arbeitsgebiet untersagt ist (s. Art. 340a N 6). Der Arbeitnehmer darf weder auf eigene Rechnung ein Geschäft betreiben, das mit dem des Arbeitgebers in Wettbewerb steht, noch in einem solchen Geschäft tätig sein. Ein *Konkurrenzverhältnis* liegt vor, wenn die Betroffenen bei ganz oder teilweise übereinstimmendem Kundenkreis gleichartige und folglich unmittelbar das gleiche Bedürfnis befriedigende Leistungen anbieten (BGE 92 II 22; BGer, JAR 1997, 184). Die Konkurrenzierung des Arbeitgebers kann auch erfolgen, indem sich der Arbeitnehmer an einem Geschäft *beteiligt*, das mit dem des Arbeitgebers in Wettbewerb steht. Eine Beteiligung in diesem Sinne setzt einen unmittelbaren Einfluss auf die Geschäftsführung voraus, damit von Konkurrenz gesprochen werden kann; der blosse Besitz von Aktien oder die Gewährung eines Darlehens genügt nicht.

III. Voraussetzungen nach Abs. 2

3 Die Gültigkeit der Konkurrenzklausel setzt weiter voraus, dass der Arbeitnehmer im Rahmen des Arbeitsverhältnisses **Einblick** in den Kundenkreis oder in Fabrikations- oder Geschäftsgeheimnisse erhält (zu diesen Begriffen s. Art. 321a N 24). Damit scheiden Arbeitsverhältnisse aus, in denen entsprechende Kundenbeziehungen oder Geheimnisse fehlen (z.B. Profi-Fussballspieler: BGE 102 II 218). Ebenfalls keinen Geheimnischarakter haben Kenntnisse, die in allen Unternehmen der gleichen Branche gewonnen werden können (BGE 138 III 67 E. 2.3.2; BGer, JAR 2011, 148). Abgesprochen wurde der Geheimnischarakter z.B. der Höhe der von einer Taxiunternehmung bezahlten Löhne (BGer, ARV 2010, 262). Damit ein genügender Einblick in den Kundenkreis angenommen werden kann, müssen genügend intensive Kundenkontakte verlangt werden, die es dem Arbeitnehmer gestatten, die Bedürfnisse, Wünsche und Eigenheiten der Kunden des Arbeitgebers kennenzulernen (s. BGer, ARV 2014, 37: bejaht gegenüber einer Geschäftsführerin eines im Bereich der dauerhaften Haarentfernung tätigen Unternehmens, die teilweise selber Haarentfernungen bei den Kunden vornahm, Einblick in den Kundenstamm hatte, die Einkaufsmargen kannte, Bestellungen aufnahm und Kontaktperson für Kunden wie Lieferanten war; AGer ZH, JAR 2009, 700: verneint bei einem Velokurier; beiläufig restriktiver wohl BGer, JAR 2006, 131; das Problem kann auch als Frage des Schädigungspotentials gesehen werden, vgl. BGer, JAR 2007, 353).

3a Das Konkurrenzverbot ist sodann nur verbindlich, wenn die Verwendung der durch den erwähnten Einblick erlangten Kenntnisse den Arbeitgeber **erheblich schädigen könnte** (s. BGer, ARV 2014, 37). Das Schädigungspotential für den alten Arbeitgeber besteht im Umstand, dass entsprechende Informationen vom neuen Arbeitgeber bzw. Unternehmen konkurrenzierend ausgenutzt werden können (BGer, ARV 2002, 90; s.a. GSGer BS, JAR 2013, 433, wonach es nicht auf die persönliche Verwertung der Kenntnisse durch den Arbeitnehmer ankomme), z.B. zwecks Abwerbung von *Kunden* (BGer, JAR 2007, 349). Als solche sind Personen zu betrachten, die mit einer gewissen Regelmässigkeit Geschäftsbeziehungen mit dem Arbeitgeber eingehen oder vermitteln. In den geschützten Kreis fallen auch jene Kunden, die erst durch den Arbeitnehmer für den Arbeitgeber gewonnen worden sind (BGE 91 II 379; s. aber CAPH GE, JAR 2012, 461 bezüglich Kunden, die der Arbeitnehmer selber zu seinem Arbeitgeber mitgebracht hat und aufgrund seiner beruflichen Fähigkeiten an den Arbeitnehmer gebunden sind).

3b Zwischen dem Einblick des Arbeitnehmers in den Kundenkreis oder in Fabrikations- oder Geschäftsgeheimnisse einerseits und der erheblichen Schädigungsgefahr für den Arbeitgeber andererseits muss ein adäquater **Kausalzusammenhang** bestehen (bejaht in BGer, JAR 2013, 377, der das Konkurrenzverbot einer Filialleiterin eines Personalvermittlungsunternehmens betraf; s.a. BGer, ARV 2014, 96 und GSGer BS, JAR 2013, 433). Deshalb ist die Tätigkeit für bisherige Kunden des alten Arbeitgebers grundsätzlich nicht ausgeschlossen, wenn diese aufgrund der *persönlichen Leistungen und Fähigkeiten* des Arbeitnehmers mit ihm abwandern wollen (Arzt, Anwalt, Vermögensverwalter; BGE 44 II 59; 56 II 442; AGer ZH, JAR 2008, 540; vgl. indessen eine gewisse Relativierung in BGE 78 II 41; 91 II 378; BGer, ARV 2007, 263; **a.A.** OGer ZH, JAR 1982, 215 f.). Aus diesen Überlegungen unzulässig war auch das Konkurrenzverbot gegenüber einem Coach bzw. Schulungsleiter im Bereich der Personalentwicklung und Unternehmensberatung (BGE 138 III 67: Erbringt der Arbeitnehmer dem Kunden eine Leistung, die vorwiegend von seinen persönlichen Fähigkeiten geprägt ist, so dass der Kunde diesen Fähigkeiten eine grössere Wichtigkeit beimisst als der Identität des Arbeitgebers, ist ein Konkurrenzverbot gestützt auf den Einblick in den Kundenkreis ungültig; s.a. die Besprechung von Portmann, ZBJV 2014, 976 ff.). In Bezug auf Coiffeure verneint AGer ZH, JAR 2008, 533 den erforderlichen Kausalzusammenhang mit der grundsätzlich nachvollziehbaren Begründung, entweder stelle ein Kunde im Wesentlichen auf die persönlichen *Leistungen und Fähigkeiten* ab («Coiffeurkunde») oder er sei wegen der Lage, der Ausstattung, der Atmosphäre, den Preisen und Öffnungszeiten hauptsächlich an den Salon gebunden («Salonkunde»), so dass ihn der Weggang eines Coiffeurs ohnehin nicht zu einem

Wechsel des Salons veranlassen könne (Gegenbeispiele aus dem Coiffeurgewerbe bei STREIFF/VON KAENEL/RUDOLPH, N 10). Für eine im Bereich der Haarentfernung tätige Geschäftsführerin, die auch selber Kunden betreute, wurde dagegen die Massgeblichkeit besonderer persönlicher Fähigkeiten verneint und das Konkurrenzverbot geschützt (BGer, ARV 2014, 37, E. 5.6). Als zulässig werden im Allgemeinen auch Konkurrenzverbote gegenüber Buchhaltungsexperten, Treuhändern, Revisoren und Steuerberatern angesehen (BGer, 13.9.2011, 4A_340/2011, E. 4.4.4.1; 31.7.2008, 4A_209/2008, E. 2.1).

Stets kommt es jedoch auf die **Umstände des Einzelfalls** an, so dass es keine bestimmte *Berufsart* gibt, bei der ein Konkurrenzverbot absolut und in jedem Fall verboten wäre (BGer, ARV 2007, 263). Aus demselben Grund kann auch die Gültigkeit von Konkurrenzverboten bei *unteren Chargen* nicht generell ausgeschlossen werden (BGE 91 II 377; **a.A.** OGer ZH, JAR 1999, 340). 4

In BGE 130 III 353 hat sich das BGer zu zwei besonderen Erscheinungsformen des Konkurrenzverbots geäussert: 5

- Einerseits hat es festgestellt, dass die Art. 340 ff. nur die Konkurrenz auf dem Angebotsmarkt regeln, nicht jedoch die **Konkurrenz auf dem Nachfragemarkt**. Daraus hat es geschlossen, dass ein Konkurrenzverbot in Bezug auf den Nachfragemarkt im Arbeitsvertragsrecht unzulässig sei (BGE 130 III 358). Mit einem blossen Umkehrschluss lässt sich diese Auffassung indessen nicht begründen, denn die grundsätzliche Zulässigkeit eines Konkurrenzverbots – sei es auf dem Angebots- oder dem Nachfragemarkt – ergibt sich aus der *Vertragsfreiheit*. Die Art. 340 ff. haben demnach bloss die Funktion, die Gültigkeit einer Konkurrenzverbotsabrede (mittels strenger Voraussetzungen) einzuschränken (i.c. spielte die Frage letztlich keine Rolle, da es um die Abwerbung von Temporärarbeitnehmern ging und diese auch den Angebotsmarkt betrifft). 6
- Andererseits hat das BGer entschieden, dass auch ein (neben dem Konkurrenzverbot vereinbartes) **Abwerbeverbot** wie überhaupt jede nachvertragliche Einschränkung der Betätigungsfreiheit den einschränkenden Voraussetzungen der Art. 340 ff. unterliegt, sofern nicht ohnehin besondere Gesetzesbestimmungen zur Anwendung kommen (wie z.B. Art. 19 Abs. 5 lit. b und Art. 22 Abs. 2 AVG; BGE 130 III 357; s.a. BGE 138 III 67 E. 2.3.3; BGer, JAR 2006, 131). Diese Rechtsprechung verdient Zustimmung, da sich aus derartigen Verboten ebenso einschneidende Einschränkungen der Wirtschaftsfreiheit ergeben können wie aus einem Konkurrenzverbot. 7

Ein Arbeitnehmer, der einem Konkurrenzverbot unterliegt, darf die arbeitgebende Gesellschaft auch nicht durch eine Tätigkeit für eine andere Gesellschaft, die zum gleichen *Konzern* gehört, konkurrenzieren. Nur jene Konzerngesellschaft, die Arbeitgeberin ist, kann die aus dem Arbeitsvertrag fliessenden Rechte geltend machen, insbesondere die Einhaltung eines Konkurrenzverbots. Eine Delegation dieses Anspruchs ist nach CAPH GE, JAR 2012, 461 möglich, doch müsse dies im Arbeitsvertrag ausdrücklich so vorgesehen sein. 8

Art. 340*a*

2. Beschränkungen

1 Das Verbot ist nach Ort, Zeit und Gegenstand angemessen zu begrenzen, so dass eine unbillige Erschwerung des wirtschaftlichen Fortkommens des Arbeitnehmers ausgeschlossen ist; es darf nur unter besonderen Umständen drei Jahre überschreiten.

2 Der Richter kann ein übermässiges Konkurrenzverbot unter Würdigung aller Umstände nach seinem Ermessen einschränken; er hat dabei eine allfällige Gegenleistung des Arbeitgebers angemessen zu berücksichtigen.

2. Limitations

1 La prohibition doit être limitée convenablement quant au lieu, au temps et au genre d'affaires, de façon à ne pas compromettre l'avenir économique du travailleur contrairement à l'équité; elle ne peut excéder trois ans qu'en cas de circonstances particulières.

[2] Le juge peut réduire selon sa libre appréciation une prohibition excessive, en tenant compte de toutes les circonstances; il aura égard, d'une manière équitable, à une éventuelle contre-prestation de l'employeur.

2. Limitazioni

[1] Il divieto di concorrenza deve essere convenientemente limitato quanto al luogo, al tempo e all'oggetto, così da escludere un ingiusto pregiudizio all'avvenire economico del lavoratore; esso può superare i tre anni soltanto in circostanze particolari.

[2] Il giudice può restringere secondo il suo libero apprezzamento un divieto eccessivo, tenendo conto di tutte le circostanze; egli deve considerare convenientemente una eventuale controprestazione del datore di lavoro.

Literatur

Vgl. die Literaturhinweise zur Einleitung vor Art. 319 ff. und zu Art. 340.

1 Um das wirtschaftliche Fortkommen des Arbeitnehmers nicht unbillig zu erschweren, ist das Konkurrenzverbot nach Ort, Zeit und Gegenstand angemessen zu **begrenzen** (Art. 340a Abs. 1). Entscheidend ist, ob das Konkurrenzverbot das wirtschaftliche Fortkommen des Arbeitnehmers in einer Weise beeinträchtigt, dass es sich durch die Interessen des Arbeitgebers nicht rechtfertigen lässt (BGE 130 III 354). Die Umschreibung der Beschränkungen nach Ort, Zeit und Gegenstand ist aber keine Voraussetzung der Gültigkeit eines Konkurrenzverbots (Geiser/Müller, Rz 714; s.a. CAPH GE, JAR 2012, 461); ein gültiges Konkurrenzverbot kann auch bestehen, wenn z.B. eine Umschreibung des räumlichen Geltungsbereichs gänzlich fehlt (OGer ZH, JAR 2005, 475; Fallbeispiel aus der Finanzbranche in AGer ZH, JAR 2012, 586: richterliche Festlegung des Verbotsumfangs auf die ganze Schweiz, nicht aber, wie vom Arbeitgeber gefordert, auch auf Deutschland). In *zeitlicher Hinsicht* darf das Konkurrenzverbot regelmässig nicht länger als drei Jahre dauern. Falls keine Fabrikationsgeheimnisse zu schützen sind, wird oft bereits eine kürzere Dauer genügen, um die Interessen des Arbeitgebers angemessen zu wahren (vgl. BGer, JAR 2012, 214).

2 Die **Auslegung** der Konkurrenzverbotsabrede ist tendenziell *einschränkend* vorzunehmen; Zweifel über deren Umfang gehen zu Lasten des Arbeitgebers (BGE 92 II 24). Das ändert aber nichts daran, dass auch eine Konkurrenzklausel der *Auslegung nach dem Vertrauensprinzip* zugänglich ist (vgl. z.B. BGer, ARV 2002, 215). Daher kann sie sich nicht nur auf Sachbereiche beziehen, die darin ausdrücklich erwähnt sind, sondern auch auf solche, die nach Treu und Glauben mit eingeschlossen sind wie insb. Produkte, die den Parteien zur Zeit des Vertragsabschlusses unbekannt waren, die aber die ausdrücklich genannten Produkte auf dem Markt substituieren (BGer, ARV 2002, 89 f.: i.c. Infrarot-Wärmekabine substituiert Sauna).

3 Hinsichtlich der angemessenen Begrenzung des Konkurrenzverbots stellt das BGer einerseits massgeblich auf die Reichweite der **Interessen des Arbeitgebers** ab (Portmann, FS Walter, Bern 2005, 177). Dabei spielt die Gefahr, dass der Arbeitgeber Kunden an den Arbeitnehmer verlieren könnte, eine wichtige Rolle. In BGE 96 II 143 erachtete das BGer eine zeitliche Begrenzung auf drei Jahre als angemessen, zumal der Arbeitnehmer als Geschäftsleiter vollständigen Einblick in den Kundenkreis erlangt und Gelegenheit gehabt hatte, mit der Kundschaft persönlich zu verkehren. Demgegenüber setzte es in BGE 91 II 381 ein dreijähriges Verbot auf zwei Jahre herab, da es als unwahrscheinlich erschien, dass der Arbeitnehmer nach Ablauf dieser Zeit der Arbeitgeberin noch Kunden entziehen konnte. In BGer, JAR 2012, 214 wurde das Konkurrenzverbot eines Aussendienstmitarbeiters mit Einblick in den Kundenkreis von drei Jahren auf sechs Monate reduziert. Erheblich ist bereits der mögliche Verlust eines einzigen wichtigen Kunden (BGer, JAR 1994, 228). Das heisst indessen nicht, dass sich eine örtliche Beschränkung stets auf den geographischen Raum der Kundschaft beziehen muss; der Arbeitgeber kann allenfalls auch ein schutzwürdiges Interesse daran haben, dass eine konkurrenzie-

rende Tätigkeit im oder vom festgelegten Gebiet aus unterbleibt, selbst wenn er dort kaum Kundschaft hat (BGer, ARV 2002, 215 f.; s.a. KGer GR, JAR 2011, 515: Der örtliche Geltungsbereich kann unter Umständen auch über den Tätigkeitsbereich des Arbeitnehmers hinausgehen). Die Beschränkungen nach Ort, Zeit und Gegenstand beeinflussen die Angemessenheit in gegenseitiger Abhängigkeit. So kann etwa eine enge Begrenzung in örtlicher und sachlicher Hinsicht eine längere Dauer des Konkurrenzverbots rechtfertigen (BGE 91 II 381).

Andererseits kommt es ebenso auf die **Interessen des Arbeitnehmers** an (PORTMANN, FS Walter, 177 f.). Eine unbillige Erschwerung des wirtschaftlichen Fortkommens liegt vor, wenn das Konkurrenzverbot die künftige Erwerbsmöglichkeit des Verpflichteten ungebührlich beschränkt, sei es wegen der Dauer, des Ortes oder des Gegenstandes des Verbots (BGE 96 II 144). Eine unbillige Erschwerung des wirtschaftlichen Fortkommens ist namentlich dann anzunehmen, wenn ein Konkurrenzverbot den Arbeitnehmer zu einer beruflichen Umstellung zwingt oder ihm umgekehrt eine solche verwehrt (BGE 101 II 281: freiwilliger Wechsel im Beruf vom spezialisierten Elektromechaniker zum Leiter einer Judoschule). Demgegenüber darf ein erforderlicher Branchenwechsel nicht ohne weiteres einer unbilligen Erschwerung des wirtschaftlichen Fortkommens gleichgesetzt werden (BGer, JAR 1997, 228; GEISER/MÜLLER, Rz 715). Dasselbe gilt in Bezug auf vermögensmässige Nachteile, die der Arbeitnehmer bei einem Wechsel des Wohnsitzes erleidet (BGE 96 II 144: Verkauf einer Eigentumswohnung). 4

Zu den Umständen, die bei der richterlichen Einschränkung eines übermässigen Konkurrenzverbots zu berücksichtigen sind, gehört die gemeinsam veranlasste Auflösung des Arbeitsverhältnisses. Steht nur noch die Konventionalstrafe wegen Verbotsverletzung zur Beurteilung, so entspricht dieser Überlegung eine entsprechende *Herabsetzung der Konventionalstrafe*, die sich auf Art. 163 Abs. 3 stützen lässt (BGE 105 II 204). 5

Hinsichtlich des **Gegenstandes** des Konkurrenzverbots sind zwei Grundformen zu unterscheiden. Beim *partiellen, tätigkeitsbezogenen Konkurrenzverbot* ist es dem Arbeitnehmer nur verboten, selbst in seinem bisherigen Arbeitsgebiet im neuen Unternehmen tätig zu sein. Das *allgemeine, unternehmensbezogene Konkurrenzverbot* verbietet demgegenüber jede Tätigkeit in einem Konkurrenzunternehmen; hier kommt es nur auf das Unternehmen als Ganzes an, wobei aber ebenfalls die Voraussetzungen von Art. 340 Abs. 2 zu beachten sind (BGer, ARV 2002, 90: i.c. wurde das Verbot, auf einem bestimmten Gebiet auch «indirekt» tätig zu werden, so ausgelegt, dass es auch die Mitarbeit in einem entsprechenden Betrieb erfasst, gleichgültig ob der Arbeitnehmer selbst auf dem fraglichen Gebiet tätig wird). 6

Übermässige Konkurrenzklauseln sind nicht unwirksam, können aber vom Gericht entsprechend **ermässigt** werden. Dabei ist u.a. zu berücksichtigen, ob und inwieweit der Arbeitnehmer eine **Karenzentschädigung** erhält (Art. 340a Abs. 2 Hs. 2). Ist nichts anderes vereinbart, so gilt die Verbotsabrede auch für den Fall, dass das Arbeitsverhältnis noch während der Probezeit endet (ZivGer BS, JAR 1985, 192), doch werden hier i.d.R. stärkere Beschränkungen erforderlich sein. 7

Art. 340*b*

3. Folgen der Übertretung

[1] Übertritt der Arbeitnehmer das Konkurrenzverbot, so hat er den dem Arbeitgeber erwachsenden Schaden zu ersetzen.

[2] Ist bei Übertretung des Verbotes eine Konventionalstrafe geschuldet und nichts anderes verabredet, so kann sich der Arbeitnehmer durch deren Leistung vom Verbot befreien; er bleibt jedoch für weiteren Schaden ersatzpflichtig.

[3] Ist es besonders schriftlich verabredet, so kann der Arbeitgeber neben der Konventionalstrafe und dem Ersatz weiteren Schadens die Beseitigung des vertragswidrigen Zustandes verlangen, sofern die verletzten oder bedrohten Interessen des Arbeitgebers und das Verhalten des Arbeitnehmers dies rechtfertigen.

3. Conséquences des contraventions

[1] Le travailleur qui enfreint la prohibition de faire concurrence est tenu de réparer le dommage qui en résulte pour l'employeur.

[2] Il peut, lorsque la contravention est sanctionnée par une peine conventionnelle et sauf accord contraire, se libérer de la prohibition de faire concurrence en payant le montant prévu; toutefois, il est tenu de réparer le dommage qui excéderait ce montant.

[3] L'employeur peut exiger, s'il s'en est expressément réservé le droit par écrit, outre la peine conventionnelle et les dommages-intérêts supplémentaires éventuels, la cessation de la contravention, lorsque cette mesure est justifiée par l'importance des intérêts lésés ou menacés de l'employeur et par le comportement du travailleur.

3. Effetti della contravvenzione

[1] Il lavoratore che contravviene al divieto di concorrenza è tenuto a risarcire al datore di lavoro il danno che ne deriva.

[2] Se il divieto di concorrenza è sanzionato da una pena convenzionale, il lavoratore può, salvo accordo contrario, liberarsi con il pagamento della stessa, rimanendo tuttavia responsabile per l'eventuale maggior danno.

[3] In virtù di uno speciale accordo scritto, il datore di lavoro può esigere, oltre al pagamento della pena convenzionale e al risarcimento dell'eventuale maggior danno, la cessazione dello stato lesivo del contratto, sempreché ciò sia giustificato dall'importanza degli interessi lesi o minacciati e dal comportamento del lavoratore.

Literatur

MÜLLER/ZÜND, Die Durchsetzung von Konkurrenzverboten im Arbeitsrecht, AJP 2012, 1781 ff.; RUDOLPH, Fokus Arbeitsrecht – Sorgenkind Konkurrenzverbot, TREX 2010, 88 ff.; SANTORO, Die Konventionalstrafe im Arbeitsvertrag, Bern 2001; vgl. ausserdem die Literaturhinweise zu Art. 340.

I. Schadenersatzpflicht

1 Grundfolge der Übertretung des Konkurrenzverbots ist die **Schadenersatzpflicht** des Arbeitnehmers (Art. 340b Abs. 1). Sie besteht von Gesetzes wegen und ist beidseitig zwingend (Art. 361). Da es um Schaden geht, der nach Beendigung des Arbeitsverhältnisses verursacht wird, ist Art. 321e nicht anwendbar.

II. Konventionalstrafe

2 In der Regel wird für den Fall der Übertretung des Konkurrenzverbots eine **Konventionalstrafe** vereinbart. Wenn nichts Gegenteiliges bestimmt ist, kann sich der Arbeitnehmer durch Leistung der Konventionalstrafe vom Konkurrenzverbot befreien. Ist aber der Schaden, der dem Arbeitgeber durch die Übertretung des Konkurrenzverbots *bis zur Befreiung* erwachsen ist, höher als die Konventionalstrafe, so ist der Arbeitnehmer dafür ersatzpflichtig, wenn ihn ein Verschulden trifft (Art. 340b Abs. 2, zwingend nach Art. 361).

3 Ist die Konventionalstrafe übermässig, so kann sie vom Gericht herabgesetzt werden (Art. 163 Abs. 3; CAPH GE, JAR 1993, 241). Die Praxis betrachtet i.d.R. einen Jahresverdienst des Arbeitnehmers als Obergrenze der Konventionalstrafe (BGer, JAR 2013, 377: i.c. Reduktion von CHF 100 000 auf CHF 63 000, was rund 77% des Jahresbruttolohns entsprach; OGer LU, JAR 2000, 253). Als Herabsetzungsgründe kommen z.B. ein geringer Lohn, fehlender Schaden und eine kurze Anstellungsdauer in Betracht (BGE 109 II 122), ferner auch eine Rückstufung des Arbeitnehmers in seiner Funktion (BGE 110 II 176). Die Herabsetzung ist als Rechtsfrage von Amtes wegen zu prüfen, sofern Herabsetzungsgründe nachgewiesen oder unstreitig sind (BGE 109 II 122).

III. Realerfüllung

4 Bei einer entsprechenden schriftlichen Abrede kann der Arbeitgeber neben Konventionalstrafe und Schadenersatz *kumulativ* auch Realerfüllung, d.h. im Wesentlichen die *Unterlassung* (genau genommen nicht die Beseitigung) des vertragswidrigen Verhaltens verlangen, sofern seine verletzten oder bedrohten Interessen und das Verhalten des Arbeitnehmers die Einstellung der konkurrenzierenden Tätigkeit rechtfertigen (Art. 340b Abs. 3: Realerfüllungsabrede). Das vom Gesetz sinngemäss verlangte *besonders treuwidrige Verhalten* kann in der Art der Vertragsauflösung, in der Konkurrenztätigkeit oder in den besonderen Umständen liegen (z.B. Bezahlung der Konventionalstrafe oder sonstiger Kosten durch den neuen Arbeitgeber, Benutzung von Mitteln des früheren Arbeitgebers, Abwerbung von Kunden mit falschen Behauptungen, sonstiges rücksichtsloses Vorgehen; KGer BL, JAR 2003, 363; OGer LU, JAR 2013, 519). Es ist gegeben, wenn der Arbeitnehmer jede Bereitschaft vermissen lässt, das Konkurrenzverbot einzuhalten; der vereinzelte Versuch einer Abwerbung von Kunden genügt hingegen nicht (BGer, JAR 1997, 227: i.c. besonders treuwidriges Verhalten durch Kumulation einzelner konkurrenzierender Tätigkeiten; ebenso AppHof BE, JAR 2002, 321, wo der Arbeitnehmer vereinbarungswidrig den Arbeitgeber nicht über seine zukünftige Tätigkeit für ein Konkurrenzunternehmen informierte und gleichzeitig Absprachen mit anderen Mitarbeitern traf, die ebenfalls zur Konkurrenz wechselten).

5 Die Vereinbarung einer Konventionalstrafe ist nicht als Voraussetzung der Realerfüllung zu betrachten, wenn diese selbst schriftlich vereinbart wurde (umstr.). Wenn das Gesetz sagt, die Realerfüllung könne «neben dem Ersatz weiteren Schadens» verlangt werden, so ordnet es damit die **Möglichkeit kumulativer Geltendmachung** an (**a.A.** TC VD, JAR 2009, 651), *sofern* überhaupt ein Schaden entstanden ist. Ebenso kann die Realerfüllung kumulativ zur Konventionalstrafe verlangt werden, *sofern* eine solche vereinbart wurde. In den anderen Fällen kann die Realerfüllung nur, aber immerhin für sich allein geltend gemacht werden. Die Realerfüllung eines Anspruchs entspricht dem Normalfall; zu ihrer Einschränkung wäre daher eine klare gesetzliche Grundlage erforderlich. Dem Interesse des Arbeitnehmers an einer freien Ausübung seines Berufes trägt das Gesetz mit der Einschränkung, dass die verletzten oder bedrohten Interessen des Arbeitgebers und das Verhalten des Arbeitnehmers die Realerfüllung rechtfertigen müssen, ausreichend Rechnung (abgesehen von den sonstigen strengen Voraussetzungen des Konkurrenzverbots). Ausserdem macht es wenig Sinn, die Realerfüllung nur demjenigen Arbeitgeber zuzugestehen, der durch die zusätzliche Vereinbarung einer Konventionalstrafe ohnehin schon besser abgesichert ist.

6 Die Realerfüllung darf auch nicht auf eigentliche Notfälle beschränkt oder davon abhängig gemacht werden, dass der vom Arbeitgeber glaubhaft gemachte Schaden dessen Unternehmen existenziell bedroht (BGer, JAR 1982, 228; OGer LU, JAR 2013, 519; anders OGer OW, JAR 1993, 236). Daher darf die Realerfüllung auch Grossbetrieben oder Konzerngesellschaften nicht von vornherein verwehrt werden (s. dazu AppHof BE, JAR 1996, 323, bestätigt durch BGer, JAR 1997, 223). Sind die entsprechenden Voraussetzungen erfüllt, so kann der Anspruch auf Realerfüllung einstweilen durch ein *vorsorgliches Verbot* der konkurrenzierenden Tätigkeit durchgesetzt werden (erfolgreich in OGer LU, JAR 2013, 519; misslungen in KGer SG, JAR 2008, 454). Das Gericht muss das allfällige Recht des Gesuchstellers gegen die möglicherweise unwiederbringlichen Nachteile dieser Massnahme für den Gesuchsgegner abwägen. Je eher die vorsorglichen Massnahmen geeignet sind, die Lage des Arbeitnehmers zu beeinträchtigen, umso grösser müssen die Nachteile des Arbeitgebers und die Erfolgschancen des Gesuchs sein (BGE 131 III 479).

Art. 340c

4. Wegfall

[1] Das Konkurrenzverbot fällt dahin, wenn der Arbeitgeber nachweisbar kein erhebliches Interesse mehr hat, es aufrecht zu erhalten.

[2] Das Verbot fällt ferner dahin, wenn der Arbeitgeber das Arbeitsverhältnis kündigt, ohne dass ihm der Arbeitnehmer dazu begründeten Anlass gegeben hat, oder wenn es dieser aus einem begründeten, vom Arbeitgeber zu verantwortenden Anlass auflöst.

4. Fin

[1] La prohibition de faire concurrence cesse s'il est établi que l'employeur n'a plus d'intérêt réel à ce qu'elle soit maintenue.

[2] La prohibition cesse également si l'employeur résilie le contrat sans que le travailleur lui ait donné un motif justifié ou si le travailleur résilie le contrat pour un motif justifié imputable à l'employeur.

4. Cessazione

[1] Il divieto di concorrenza cessa quando è provato che il datore di lavoro non abbia più un interesse considerevole a mantenerlo.

[2] Il divieto cessa parimente quando il datore di lavoro disdice il rapporto di lavoro, senza che il lavoratore gli abbia dato un motivo giustificato, o quando il lavoratore disdice il rapporto per un motivo giustificato imputabile al datore di lavoro.

Literatur

Vgl. die Literaturhinweise zur Einleitung vor Art. 319 ff. und zu Art. 340.

1 Das Konkurrenzverbot entfällt, wenn der Arbeitgeber an dessen Aufrechterhaltung nachweisbar kein erhebliches Interesse mehr hat (z.B. Standortverlegung), ferner wenn er dem Arbeitnehmer begründeten Anlass zur Kündigung gegeben hat oder wenn er seinerseits das Arbeitsverhältnis kündigt, ohne dass ihm der Arbeitnehmer dazu begründeten Anlass gegeben hat. Als **begründeter Anlass** i.S.v. Art. 340c Abs. 2 gilt jedes der anderen Partei zuzurechnende Ereignis, das bei einer vernünftigen kaufmännischen Erwägung einen erheblichen Anlass zur Kündigung geben kann. Das Vorliegen einer eigentlichen Vertragsverletzung ist nicht notwendig (BGer, ARV 2014, 96, E. 4.3.1). Demnach fällt das Konkurrenzverbot bei einer Kündigung durch den Arbeitnehmer z.B. dahin, wenn diese die Folge steter Vorwürfe, einer wesentlich unter dem Marktüblichen liegenden Entlöhnung, einer chronischen Arbeitsüberlastung trotz Abmahnung oder eines generell schlechten Betriebsklimas ist (BGE 130 III 359; AGer ZH, JAR 2008, 527: Vertrag ermöglichte kein existenzsicherndes Einkommen). Hält der Arbeitgeber zu Unrecht an einem Konkurrenzverbot fest und macht er dieses gegenüber Dritten geltend, so kann er dem Arbeitnehmer für den daraus entstehenden Schaden ersatzpflichtig werden (BGer, ARV 2007, 163).

2 Die Hürde des begründeten Anlasses ist weniger hoch als jene des wichtigen Grundes i.S.v. Art. 337. Auch eine ungerechtfertigte fristlose Entlassung lässt somit das Konkurrenzverbot nicht dahinfallen, wenn sie wenigstens auf einem begründeten Anlass i.S.v. Art. 340c Abs. 2 beruht (so die Konstellation in BGE 130 III 360). Eine nicht mehr geringfügige Vertragsverletzung stellt allgemein einen begründeten Anlass dar. Wird dasselbe Arbeitsverhältnis mehrfach gekündigt, folgt also z.B. auf eine ordentliche Kündigung durch den Arbeitnehmer eine fristlose Kündigung durch den Arbeitgeber, so ist nach BGE 130 III 360 auf den *tatsächlichen* Beendigungsgrund abzustellen. Hat also ein Arbeitnehmer (wie im vorliegenden Fall) ohne begründeten Anlass gekündigt, kann das Konkurrenzverbot dennoch nachträglich dahinfallen, wenn das Arbeitsverhältnis vor Ablauf der Kündigungsfrist aus einem anderen Grund beendet wird, sei es, dass der Arbeitgeber ohne begründeten Anlass eine fristlose Entlassung ausspricht oder dass der Arbeitnehmer das Arbeitsverhältnis während der Kündigungsfrist aus begründetem Anlass vorzeitig beendet. In BGer, ARV 2014, 96, besprochen durch Ru-

DOLPH, hatte zunächst der Arbeitnehmer mit einer überlangen Kündigungsfrist von rund 18 Monaten gekündigt, worauf der Arbeitgeber unter Einhaltung der vertraglichen Kündigungsfrist von zwei Monaten gegenkündigte. Da diese zweite Kündigung das Arbeitsverhältnis beendete, oblag es dem Arbeitgeber, den begründeten Anlass zu beweisen, was ihm gelang. Der Arbeitnehmer bleibt auch dann, wenn das nachvertragliche Konkurrenzverbot wegen begründeten Anlasses zur Kündigung entfällt, während der Kündigungsfrist noch an das aus Art. 321a fliessende Konkurrenzverbot gebunden (BGer, ARV 2013, 38).

In der neueren Praxis wurde dem *Arbeitgeber* etwa ein begründeter Anlass zur Entlassung des Arbeitnehmers zugebilligt: 3
- bei Nichterfüllung der Funktion entgegen den vertraglichen Verpflichtungen (BGer, JAR 2012, 181);
- wenn dieser Mitarbeiterinnen sexuell belästigt hat (OGer LU, JAR 2000, 157);
- wenn ein Arbeitnehmer trotz vertraglichen Konkurrenzverbots den Übertritt in ein Konkurrenzunternehmen vorbereitet (BGE 130 III 361; BGer, ARV 2014, 96).

Da der begründete Anlass vom Arbeitnehmer ausgehen muss, reichen hingegen mangelnde Aufträge oder andere wirtschaftlichen Gründe nicht (vgl. BGer, ARV 2007, 165).

Ein begründeter, vom Arbeitgeber zu verantwortender Anlass des *Arbeitnehmers* zur Kündigung wurde etwa angenommen: 4
- wenn dieser in seiner Funktion ohne sein Einverständnis zurückgestuft wird, wenn er dazu gedrängt wird, einer Rückstufung zuzustimmen, oder wenn das Versprechen erweiterter Kompetenzen nicht wahrgemacht wird (OGer ZH, JAR 1999, 342; hingegen war die Rückstufung in BGE 110 II 172 zu wenig intensiv, um den Wegfall des Konkurrenzverbots zu rechtfertigen);
- wenn der Arbeitgeber vertragswidrig Kurzarbeit anordnet bzw. fortsetzt (OGer ZH, JAR 1998, 257);
- bei einer i.S.v.Art. 349 Abs. 2 deutlich nicht angemessenen Provision (BGer, Pra 2013, 892 f.);
- wenn dem Arbeitnehmer vorgeschlagen wird, auf die bestehende Umsatzgarantie in beachtlicher Höhe zu verzichten (TAPP TI, JAR 1998, 255: i.c. Obliegenheit des Arbeitnehmers verneint, über den Vorschlag zu verhandeln oder dagegen zu protestieren);
- nachdem der Arbeitgeber trotz Abmahnung verschiedenen Pflichten im Zusammenhang mit dem Abschluss von Aktionärbindungs- und Kaufverträgen nicht nachkam (BGer, JAR 2012, 461).

Ein zwar begründeter, jedoch nicht vom Arbeitgeber zu verantwortender Anlass besteht nach OGer OW, JAR 1993, 238, wenn der Arbeitgeber einen Geschäftsbereich mindestens vorläufig aufgibt (i.c. drahtlose Kommunikation wegen aufgelöstem Vertriebsvertrag; Gegenbeispiel GSGer BS, JAR 2013, 433), so dass der Arbeitnehmer nicht mehr in seinem angestammten Spezialgebiet tätig sein und seine entsprechenden Fachkenntnisse nicht mehr einsetzen kann. Diese Ansicht erscheint im Hinblick auf das vom Arbeitgeber zu tragende *Betriebsrisiko* unzutreffend, denn auch unverschuldete, in der Sphäre des Arbeitgebers bestehende Umstände können von diesem i.S.v. Art. 340c Abs. 2 zu verantworten sein (ZK-STAEHELIN, N 17). 5

Liegt die Verantwortung für die Vertragsauflösung bei *beiden Parteien*, so entscheidet das grössere Verschulden (BGE 105 II 200). Ist das Verschulden des Arbeitgebers für die Vertragsauflösung ausschlaggebend, so fällt das Konkurrenzverbot dahin; überwiegt hingegen die Verantwortung des Arbeitnehmers, so bleibt es bestehen, allenfalls in reduziertem Umfang (s. BGer, a.a.O.; STREIFF/VON KAENEL/RUDOLPH, N 3). Das Konkurrenzverbot dauert auch dann fort, wenn die Parteien die Vertragsauflösung etwa im gleichen Mass zu vertreten haben (BGer, ARV 2007, 169). 6

Erfolgt die Beendigung des Arbeitsverhältnisses *einvernehmlich*, so kommt die Rechtsfolge von Art. 340c Abs. 2 grundsätzlich nicht zum Tragen (vgl. BGer, ARV 2014, 37, E. 6.3); das 7

Konkurrenzverbot bleibt – vorbehältlich eines allenfalls (konkludent) vereinbarten Verzichts – bestehen (STREIFF/VON KAENEL/RUDOLPH, N 8; s.a. AUBRY GIRARDIN, in: Dunand/Mahon, N 21; BGer, ARV 2014, 37: Kein Wegfall des Konkurrenzverbots nach Abschluss eines Aufhebungsvertrags, an dem die Arbeitnehmerin selber ein Interesse hatte; BGer, JAR 2013, 377: Fortbestand des Konkurrenzverbots nach Aufhebungsvertrag, in welchem der Arbeitnehmer ausdrücklich an das Konkurrenzverbot erinnert wurde). Von einer einvernehmlichen Beendigung des Arbeitsverhältnisses kann auch dann gesprochen werden, wenn die Auflösung des Arbeitsverhältnisses zwar auf Wunsch des Arbeitgebers erfolgt, zwischen den Parteien jedoch eine von den normalen Kündigungsmodalitäten abweichende Regelung getroffen wird, die zu einer substantiellen Besserstellung des Arbeitnehmers führt. Folgt demgegenüber eine auf Betreiben des Arbeitgebers abgeschlossene Auflösungsvereinbarung im Wesentlichen den Regeln der ordentlichen Kündigung, ist die Vereinbarung unabhängig von der Formulierung wie eine vom Arbeitgeber einseitig ausgesprochene Kündigung zu behandeln (BGer, ARV 2008, 288 f.).

Art. 341

H. Unverzichtbarkeit und Verjährung

[1] Während der Dauer des Arbeitsverhältnisses und eines Monats nach dessen Beendigung kann der Arbeitnehmer auf Forderungen, die sich aus unabdingbaren Vorschriften des Gesetzes oder aus unabdingbaren Bestimmungen eines Gesamtarbeitsvertrages ergeben, nicht verzichten.

[2] Die allgemeinen Vorschriften über die Verjährung sind auf Forderungen aus dem Arbeitsverhältnis anwendbar.

H. Impossibilité de renoncer et prescription

[1] Le travailleur ne peut pas renoncer, pendant la durée du contrat et durant le mois qui suit la fin de celui-ci, aux créances résultant de dispositions impératives de la loi ou d'une convention collective.

[2] Les dispositions générales en matière de prescription sont applicables aux créances découlant du contrat de travail.

H. Irrinunciabilità e prescrizione

[1] Durante il rapporto di lavoro e nel mese successivo alla sua fine, il lavoratore non può rinunciare ai crediti risultanti da disposizioni imperative della legge o di un contratto collettivo.

[2] Le disposizioni generali sulla prescrizione sono applicabili ai crediti derivanti dal rapporto di lavoro.

Literatur

AVYÜZEN, Die zwingenden Bestimmungen im Arbeitsvertragsrecht, ArbR 2013, 117 ff.; HEUBERGER, Die Unverzichtbarkeit von arbeitsvertraglichen Ansprüchen, Bern 1988; HOFMANN, Verzicht und Vergleich im Arbeitsrecht, Diss., Bern 1985; KAMBER, Die Aufhebungsvereinbarung im Arbeitsvertragsrecht, ArbR 2013, 43 ff.; DERS., Die Änderungskündigung im Arbeitsvertragsrecht, Diss., Bern 2014; MARHOLD, Die Saldoquittung im Arbeitsverhältnis, ArbR 1995, 75 ff.; PORTMANN, Vereinbarung eines Handgelds im Arbeitsvertrag zwischen Fussballclub und Spieler – Qualifikation und Verjährung, CaS 2007, 458 ff.; PORTMANN/STREULI-NIKOLIC, Zur Verjährung von Forderungen aus positiver Vertragsverletzung im Fall von Spätschäden, ArbR 2011, 13 ff.; REITER, Verzicht des Arbeitnehmers auf die nicht gemäss Art. 321c Abs. 3 OR wegbedungene Vergütung für bereits geleistete Überstunden, AJP 2011, 946 ff.; RIEMER-KAFKA, Gibt es einen Verzicht auf Überstundenentschädigung?, ARV 2003, 150 ff.; SZÜCS, Verzicht und Vergleich im österreichischen, deutschen und schweizerischen Arbeitsrecht, Diss., Wien/New York 2006; WYLER, Salaire de base et impossibilité d'y renoncer (Art. 341 CO), FS für Jean-Louis Duc, Lausanne 2001, 399 ff.; ZANETTI, Der arbeitsrechtliche Aufhebungsvertrag, Anwaltsrevue 2012, 84 ff.

I. Unverzichtbarkeit (Abs. 1)

1 Auf Forderungen sowie (über den gesetzlichen Wortlaut hinausgehend) auch auf andere Ansprüche aus dem Arbeitsverhältnis, die aus zwingenden gesetzlichen Vorschriften oder aus

unabdingbaren Bestimmungen eines Gesamtarbeitsvertrages erwachsen, kann der Arbeitnehmer während der Dauer des Arbeitsverhältnisses und noch während eines Monats nach dessen Beendigung nicht wirksam verzichten (Art. 341 Abs. 1). Das ist zwingend (Art. 362) und gilt analog auch für zwingende Ansprüche aus einer Betriebsordnung (Art. 39 Abs. 2 ArG) sowie für die Anerkennung unbegründeter Forderungen des Arbeitgebers, z.B. von Schadenersatzansprüchen ohne Abzüge wegen schadensgeneigter Arbeit nach Art. 321e Abs. 2 (s. dazu CAPH GE, JAR 2007, 428 mit Regeln zur rechtzeitigen Geltendmachung; Frage offengelassen in BGer, JAR 2014, 225). Art. 341 Abs. 1 betrifft den nachträglichen Verzicht, während die Art. 361 und 362 den im Voraus erfolgenden Verzicht regeln.

Auf Art. 341 Abs. 1 können sich grundsätzlich auch leitende Angestellte, die zugleich Aktionäre des Arbeitgebers sind, berufen (BGer, JAR 2008, 290). Im Widerspruch zwischen der Zustimmung zu einer Vereinbarung und der nachträglichen Geltendmachung ihrer Ungültigkeit unter Berufung auf zwingendes Recht ist nur dann ein **Rechtsmissbrauch** zu erblicken, wenn zusätzliche besondere Umstände gegeben sind. Solche Umstände können vorliegen, wenn diejenige Partei sich auf zwingendes Recht beruft, welche die dagegen verstossende Vereinbarung in eigenem Interesse und in Kenntnis ihrer Unzulässigkeit selbst vorgeschlagen und damit beim Rechtserwerb unredlich gehandelt hat. Besondere Umstände, welche die Berufung auf zwingendes Recht als missbräuchlich erscheinen lassen, sind auch zu bejahen, wenn die von der angerufenen Norm zu schützenden Interessen entfallen sind oder sonstwie gewahrt wurden oder wenn die Partei mit der Geltendmachung der Nichtigkeit der Vereinbarung derart lange zuwartet, dass der anderen Partei dadurch verunmöglicht wurde, ihre eigenen Interessen zu wahren. Die Partei, die der anderen einen Rechtsmissbrauch vorwirft, muss diese besonderen Umstände beweisen (BGE 129 III 497; 129 III 622; 131 III 443; BGer, 28.6.2006, 4C.64/2006, E. 4.1.2). 2

Von besonderer Bedeutung ist die Frage, inwieweit der Arbeitnehmer auf den **Lohn** verzichten kann. Die Herabsetzung des Lohns für die *Zukunft* fällt nicht unter Art. 341 Abs. 1, da diese Vorschrift nur bereits bestehende Forderungen betrifft (im Ergebnis ebenso BGer, JAR 2005, 262, unter Hinweis auf die dispositive Natur von Art. 322). Für die *Vergangenheit*, d.h. in Bezug auf bereits entstandene Lohnforderungen, gelangt Art. 341 Abs. 1 zur Anwendung, soweit diese Forderungen **zwingend** sind. Das trifft zu auf den geschuldeten Lohn bei Annahmeverzug (Art. 324, 362), bei unverschuldeter persönlicher Verhinderung an der Arbeitsleistung (Art. 324a und b, 362), bei Ferien (Art. 329d, 361, 362; BGer, JAR 2012, 360), bei Überzeit (Art. 13 ArG, zwingendes öffentliches Recht; BGE 126 III 337) sowie nach BGE 124 III 469 auch für bereits geleistete Überstunden (s. die Kritik in Art. 321c N 12). 3

Was den *sonstigen Lohn* betrifft, lässt sich aus Lehre und Rechtsprechung kein klares Bild gewinnen, da i.d.R. zu wenig zwischen dem Verzicht auf entstandene und dem Verzicht auf zukünftige Forderungen differenziert wird (vgl. die Übersicht bei Wyler, FS Duc, 407 ff.). Gemäss BGer, JAR 2002, 325 ist der Lohnverzicht eines Generaldirektors für 21 Arbeitstage jedenfalls gültig. Nach der hier vertretenen Auffassung ist ein Verzicht auf den Grundlohn insoweit möglich, als dadurch nicht die Entgeltlichkeit der Arbeitsleistung an sich in Frage gestellt wird (Art. 319). Gemäss Wyler, FS Duc, 411 ff., ist jedoch ein Verzicht auf Lohn für bereits geleistete Arbeit überhaupt ausgeschlossen, wohl ebenso nach der neueren bundesgerichtlichen Rechtsprechung zum Bonus, soweit dieser nicht als Gratifikation, sondern als Sondervergütung mit Lohncharakter qualifiziert wird (s. Art. 322d N 18a sowie BGer, ARV 2006, 188, E. 5.2.1; bestätigt in BGer, ARV 2006, 266, E. 5.3; BGer, ARV 2007, 249, E. 4.3.1; BGer, ARV 2009, 120, E. 5.1). Ein Schadenersatzanspruch als Folge einer behaupteten Verletzung von Art. 328 ist kein zwingender Anspruch i.S.v. Art. 362; ein Vergleich über einen solchen Sekundäranspruch ist daher nicht von Art. 341 erfasst (Vorinstanz in BGer, ARV 2014, 102; das BGer selber ging jedenfalls von einem gültigen Vergleich aus). 4

Der Forderungsverzicht ist kein einseitiges Rechtsgeschäft, sondern ein **Erlassvertrag**. Er ist vom Aufhebungsvertrag zu unterscheiden, mit dem das ganze Vertragsverhältnis für die Zu- 5 kunft aufgehoben wird (N 6; Art. 335 N 27 ff.). Da das Gesetz für den Erlassvertrag keine besondere Form vorschreibt, selbst wenn für die Begründung der Forderung eine solche galt (Art. 115), kann er auch *konkludent* abgeschlossen werden, doch darf eine Verzichtserklärung des Berechtigten nicht leichthin angenommen werden (vgl. BGer, ARV 2001, 117; BGer, JAR 2008, 177: konkludenter Verzicht eines Arbeitgebers auf Schadenersatzforderungen bejaht bei vorbehaltloser schriftlicher Vereinbarung betreffend die Auflösung des Vertragsverhältnisses und die Regelung der sich daraus ergebenden vermögensrechtlichen Folgen). Ein Erlassvertrag ist auch in der sog. **Saldoklausel** (Saldoquittung) enthalten, sofern diese nicht eine blosse *Wissenserklärung* mit nur beweisrechtlicher Bedeutung darstellt, sondern eine *negative Schuldanerkennung*, durch die eine ungewisse oder bestrittene Forderung für den Fall ihres Bestehens erlassen wird (Eventualerlass; ob eine Wissenserklärung oder ein Eventualerlass vorliegt, ist eine Auslegungsfrage; Anwendungsfälle, in denen eine Saldoklausel gegen Art. 341 Abs. 1 verstiess, finden sich in BGE 110 II 168, BGer, 3.12.2012, 4A_452/2012 und BGer, 16.10.2012, 4A_292/2012). Allerdings vermag auch eine solche Saldoklausel den Schuldner nur von Ansprüchen zu befreien, von denen der Gläubiger (im Zeitpunkt der Abgabe seiner Willenserklärung) Kenntnis hatte oder deren Erwerb er zumindest für möglich hielt (BGE 102 III 47; 100 II 45; BGer, JAR 2008, 291; BGer, ARV 2007, 88).

6 Nach der Rechtsprechung des BGer untersagt Art. 341 Abs. 1 nur den **einseitigen Verzicht** des Arbeitnehmers, steht jedoch der Gültigkeit einer Vereinbarung nicht im Weg, die im Rahmen eines echten Vergleichs auf gegenseitigem Nachgeben beruht und zu einer angemessenen Lösung führt (BGer, ARV 2014, 102; BGE 118 II 60; 110 II 170; 106 II 222: Pauschalabfindung für Überstunden, deren Umfang und Notwendigkeit umstritten waren; BGer, JAR 2007, 251: bei einem beidseitigen Verzicht auf mögliche Leistungen müssen die Ansprüche auf jeder Seite von ungefähr gleichem Wert sein; BGer, ARV 2014, 102: erfolglose Anfechtung eines Vergleichsvertrages wegen Irrtums über die Folgen einer gesundheitlichen Störung). Diese an sich zutreffende Praxis wendet das BGer zu Unrecht auch auf den *Aufhebungsvertrag* an, um zu beurteilen, ob mit diesem die Umgehung zwingender Schutzbestimmungen bezweckt wird (Art. 335 N 29 ff.). Art. 341 Abs. 1 betrifft nämlich die *Aufgabe bestehender Ansprüche*, während der Aufhebungsvertrag bloss das Entstehen neuer Forderungen verhindert.

6a Nach der Rechtsprechung des BGer kann die in einem Einzelarbeitsvertrag enthaltene Schiedsklausel dem Arbeitnehmer nicht entgegengehalten werden, soweit dieser nach Art. 341 Abs. 1 geschützte Ansprüche geltend macht, auf die er nicht rechtswirksam verzichten kann (s. eingehend dazu Einl. vor Art. 319 ff. N 96).

II. Verjährung (Abs. 2)

7 Die Frist der Unverzichtbarkeit hat keinen Einfluss auf die Verjährung. Die Verjährung arbeitsrechtlicher Forderungen bestimmt sich also nach den allgemeinen Vorschriften (Art. 341 Abs. 2). Mit Ausnahme der Forderungen von Arbeitnehmern, die mit dem Arbeitgeber in Hausgemeinschaft leben (Art. 134 Abs. 1 Ziff. 4; Fallbeispiel BGer, JAR 2012, 360), *beginnt* die Verjährung demnach stets mit der **Fälligkeit** (Art. 130 Abs. 1). Diese tritt für Forderungen aus dem Arbeitsverhältnis grundsätzlich spätestens mit dessen Beendigung ein (Art. 339 Abs. 1; zum Beginn der Verjährung einer suspensiv bedingten Forderung aus einer Mindest-Nettolohn-Klausel s. BGE 128 III 222).

8 Nach Art. 128 Ziff. 3 verjähren die «Forderungen aus dem Arbeitsverhältnis von Arbeitnehmern» mit Ablauf von *fünf Jahren*. Nach h.L. fallen darunter indessen nur Forderungen mit **Lohncharakter**. Alle übrigen Ansprüche aus dem Arbeitsverhältnis verjähren in *zehn Jahren* (Art. 127; **a.A.** OGer ZH, JAR 1981, 274, wonach alle Forderungen aus dem Arbeitsverhältnis in fünf Jahren verjähren). Zu diesen übrigen Ansprüchen gehören etwa jene auf Schadenersatz (Art. 97, 321e), Auslagenersatz (Art. 327a; TC VD, JAR 2010, 650; unzutreffend hingegen BGE 75 II 371), Entschädigung (Art. 336a, 337c Abs. 3, zu Unrecht **a.A.** h.L.), Genugtuung nach Persönlichkeitsverletzung (Art. 328 i.V.m. Art. 49; TC VD, JAR 2011, 607), Begründung der Kündigung (Art. 335 Abs. 2, Art. 337 Abs. 1), Ausstellung eines Zeugnisses (Art. 330a), Erfinder- und Designervergütung (Art. 332 Abs. 4; im Fall periodischer Vergütungen richtet sich die Verjährung nach Art. 128 Ziff. 1). Auch bei dem im Berufssport verbreiteten «Handgeld» richtet sich die Verjährung nach der zehnjährigen Frist von Art. 127 und nicht nach der fünfjährigen Frist von Art. 128 Ziff. 3; weil das Handgeld voraussetzungslos geschuldet ist und daher nicht in einem Austauschverhältnis zur Arbeitsleistung steht, kommt ihm kein Lohncharakter zu (zu Recht daher AGer ZH, JAR 2007, 521; **a.A.** OGer ZH, JAR 2007, 522; ausführlich dazu Portmann, CaS 2007, 458 ff., ausgehend von der Prämisse, dass Art. 128 Ziff. 3 generell *restriktiv auszulegen* ist).

Gemäss BGE 136 III 94 verjährt der **Ferienanspruch** mit Ablauf von fünf Jahren nach **9**
Art. 128 Ziff. 3 (bestätigt in BGer, ARV 2010, 183). Da aber nach h.L. nur Forderungen mit Lohncharakter unter Art. 128 Ziff. 3 fallen, wäre die Anwendung der zehnjährigen Frist von Art. 127 zutreffender, da der Ferienanspruch primär ein aus dem Persönlichkeitsschutz fliessender Anspruch auf Befreiung von der Arbeitsleistung ist, auch wenn mit ihm zugleich der Anspruch auf Lohnfortzahlung verbunden ist. Der Ferienanspruch jedes einzelnen Dienstjahres verjährt gesondert. Die Verjährungsfrist beginnt mit der Fälligkeit des Anspruchs zu laufen (Art. 130 Abs. 1). Die Fälligkeit des Ferienanspruchs tritt im Zeitpunkt des vertraglich vorgesehenen oder des vom Arbeitgeber bestimmten Ferienbezugs ein. Mangels vertraglicher Festlegung oder arbeitgeberseitiger Anordnung der Ferien tritt die Fälligkeit am letzten Tag ein, an dem noch die gesamten Ferien während des laufenden Dienstjahres bezogen werden können (BGE 136 III 94; ebenso BGer, ARV 2010, 183 mit der Ergänzung, dass die Fälligkeit und somit auch die Kompensation zuviel bezogener Ferien auf das Ende eines jeden Kalenderjahres hinausgeschoben wird). Überträgt der Arbeitgeber nicht bezogene Ferien eines Jahres ausdrücklich auf das nächste Jahr, läuft infolge Novation eine neue Verjährungsfrist (Art. 117 Abs. 2 analog; OGer ZG, JAR 1983, 145). Vgl. zum Ganzen auch Art. 329c N 4.

Der **Ferienlohnanspruch** für tatsächlich bezogene, aber noch nicht bezahlte Ferien verjährt **10**
in fünf Jahren seit Eintritt der für den Lohn der entsprechenden Zeitperiode geltenden Fälligkeit. Von ihm zu unterscheiden ist der **Ferienabgeltungsanspruch**, der sich auf eine dem Lohn entsprechende Geldleistung richtet, aber von Art. 329d Abs. 2 erheblich eingeschränkt wird (Art. 329d N 11 ff.). Nachdem der Ferienanspruch selbst in fünf Jahren verjährt, ist es konsequent, dass dieselbe Frist auch auf den Ferienabgeltungsanspruch zur Anwendung kommt (s. BGer, ARV 2010, 183; OGer LU, JAR 2001, 352).

Bei Schadenersatz- und Genugtuungsansprüchen aus **Spätschäden** ist zu beachten, dass die **10a**
zehnjährige Verjährungsfrist – sowohl die vertragliche von Art. 127 wie auch die ausservertragliche absolute von Art. 60 Abs. 1 – ablaufen kann, bevor überhaupt der Schaden oder die immaterielle Unbill eintritt. Das ist eine Folge der bundesgerichtlichen Rechtsprechung, die den *Beginn der Verjährung* im vertraglichen und ausservertraglichen Bereich auf den Tag des schädigenden Ereignisses bzw. der Pflichtverletzung und nicht des Schadenseintritts festlegt. In Bezug auf das Arbeitsverhältnis bedeutet dies, dass die Verjährung solcher Ansprüche spätestens im Zeitpunkt der Beendigung des Arbeitsverhältnisses zu laufen beginnt. Dies wurde u.a. einer Arbeitnehmerin entgegengehalten, die ihren ehemaligen Arbeitgeber wegen einer schweren Erkrankung belangen wollte, die später als zehn Jahre nach der Beendigung des Arbeitsverhältnisses ausbrach, weil die Arbeitnehmerin bei ihrer Arbeitstätigkeit ionisierenden Strahlen ausgesetzt war (BGE 106 II 134). Das BGer hat seine Rechtsprechung neuerdings wieder bestätigt, was zur Abweisung der Klage eines Asbestopfers führte (BGE 137 III 16; Erkrankung durch eine mehr als zehn Jahre zurückliegende Asbestexposition am Arbeitsplatz; ähnlicher Fall BGE 136 II 187; s.a. BGE 140 II 7 zur Frage der Opferstellung eines Asbestopfers nach Opferhilfegesetz). Dadurch wird in Kauf genommen, dass eine Forderung verjähren kann, bevor von ihr objektiv Kenntnis erlangt werden kann und bevor sie überhaupt

entsteht (BGE 106 II 138). Diese Rechtsprechung ist insb. für den vertraglichen Bereich u.a. deswegen abzulehnen, weil bei konsequenter Anwendung von Art. 130 Abs. 1 eine Schadenersatzforderung gar noch nicht entstehen und damit auch nicht fällig werden kann, solange nicht wenigstens ein wahrscheinlicher und schätzbarer Schaden ersichtlich ist (PORTMANN/STREULI-NIKOLÍC, ArbR 2011, 13 ff., 31 ff.). Es ist daher im Ergebnis zu begrüssen, dass der Europäische Gerichtshof für Menschenrechte am 11.3.2014 die Klage von Angehörigen eines Asbestopfers, deren Genugtuungsforderung von den schweizerischen Gerichten als verjährt taxiert wurde (s. den bereits erwähnten BGE 136 II 187, ferner 137 III 16), gutgeheissen hat (Urteile 52067/10 und 41072/11). Ausserdem soll dem Problem der Personenspätschäden in der hängigen Revision des Verjährungsrechts mit einer Verlängerung der absoluten Verjährungsfrist Rechnung getragen werden (s. BBl 2014, 235 ff.).

10b Namentlich aus Arbeitgebersicht verdient die Rechtsprechung des BGer zur *Verjährung des Rückforderungsanspruchs für irrtümlich erbrachte Leistungen* Aufmerksamkeit. Erbringt ein Schuldner irrtümlich Leistungen, die gemäss Vertrag nicht geschuldet sind (z.B. zu hohe Lohnzahlungen), untersteht sein Rückforderungsanspruch nicht der vertraglichen, sondern der bereicherungsrechtlichen Verjährungsfrist (BGE 133 III 356), also insb. der relativen einjährigen Frist von Art. 67 Abs. 1. Anders verhält es sich, wenn die erbrachte Leistung tatsächlich vertraglich geschuldet war, aber eine spätere Abrechnung vorbehalten wurde (BGE 126 III 119, Anspruch des Arbeitgebers auf Rückerstattung zuviel bezahlter Akontozahlungen für eine Gewinnbeteiligung des Arbeitnehmers, die im Hinblick auf erwartete, schliesslich aber nicht realisierte Gewinne zu leisten waren). Gleich zu behandeln (also der zehnjährigen Frist von Art. 127 zu unterstellen) ist auch der Rückforderungsanspruch des Arbeitgebers aus Art. 324 Abs. 2 und Art. 337c Abs. 2 (s. Art. 324 N 13). Hingegen ist auch im vertraglichen Abrechnungsverhältnis nach erfolgter Saldoziehung die Korrektur einer Fehlbuchung über das Bereicherungsrecht auszugleichen (BGE 133 III 359). Vgl. zum Ganzen auch Art. 322 N 10.

III. Verwirkung

11 Grundsätzlich kann der Gläubiger eine Forderung, auch wenn diese aus dem Arbeitsverhältnis stammt, bis zum Ablauf der Verjährungsfrist geltend machen (z.B. BGE 110 II 273: Ein Arbeitnehmer, der erst mehr als zwei Jahre nach Beendigung des Arbeitsverhältnisses erfuhr, dass er einem GAV unterstellt war, konnte nachträglich den dort vorgesehenen Mindestlohn verlangen; BGer, JAR 2012, 320: Klage auf Ausstellung eines Arbeitszeugnisses und Bezahlung einer Entschädigung nach Art. 337c Abs. 3 über fünf Jahre nach Vertragsende; OGer LU, JAR 2001, 350 f. betr. Anspruch auf Abgeltung nicht bezogener Ferien; ähnlich BGer, JAR 2012, 360). Ausnahmsweise erkennt die Rechtsprechung jedoch bei verzögerter Geltendmachung einer Forderung auf Verwirkung (gestützt auf das in Art. 2 Abs. 2 ZGB enthaltene Verbot des widersprüchlichen Verhaltens; Fallbeispiel: AGer ZH, JAR 2012, 584) bzw. auf Verzicht (durch Stillschweigen), was zu einem Untergang der Forderung führen kann, bevor die Verjährungsfrist abgelaufen ist. Insbesondere wird vom Arbeitgeber verlangt, dass er Schadenersatzansprüche gegen den Arbeitnehmer, die ihm dem Betrag oder dem Grundsatz nach bekannt sind, spätestens bei der Beendigung des Arbeitsverhältnisses geltend macht (BGE 110 II 344; BGer, ARV 2011, 284). Übertrieben streng und daher abzulehnen ist die Praxis einiger kantonaler Gerichte, schon dann eine Verwirkung der Schadenersatzforderung zu Lasten des Arbeitgebers anzunehmen, wenn diese nicht bei der nächsten Lohnzahlung durch Verrechnung geltend gemacht oder wenigstens vorbehalten wird (z.B. BezGer Arbon, JAR 1993, 131; AGer BE, JAR 1990, 138; Näheres in Art. 321e N 23).

Art. 342

I. Vorbehalt und zivilrechtliche Wirkungen des öffentlichen Rechts

1 Vorbehalten bleiben:

a. Vorschriften des Bundes, der Kantone und Gemeinden über das öffentlich-rechtliche Dienstverhältnis, soweit sie nicht die Artikel 331 Absatz 5 und 331a–331e betreffen;

b. öffentlich-rechtliche Vorschriften des Bundes und der Kantone über die Arbeit und die Berufsbildung.

2 Wird durch Vorschriften des Bundes oder der Kantone über die Arbeit und die Berufsbildung dem Arbeitgeber oder dem Arbeitnehmer eine öffentlich-rechtliche Verpflichtung auferlegt, so steht der andern Vertragspartei ein zivilrechtlicher Anspruch auf Erfüllung zu, wenn die Verpflichtung Inhalt des Einzelarbeitsvertrages sein könnte.

I. Réserve en faveur du droit public; ses effets de droit civil

1 Sont réservées:

a. les dispositions de la Confédération, des cantons et des communes concernant les rapports de travail de droit public, sauf en ce qui concerne les articles 331, al. 5, et 331a à 331e;

b. les dispositions de droit public de la Confédération et des cantons sur le travail et la formation professionnelle.

2 Si des dispositions de la Confédération ou des cantons sur le travail et la formation professionnelle imposent à l'employeur ou au travailleur une obligation de droit public susceptible d'être l'objet d'un contrat individuel de travail, l'autre partie peut agir civilement en vue d'obtenir l'exécution de cette obligation.

I. Riserva del diritto pubblico e suoi effetti di diritto civile

1 Sono riservate:

a. le prescrizioni federali, cantonali e comunali concernenti il rapporto di servizio di diritto pubblico, sempreché non inerenti all'articolo 331 capoverso 5 e agli articoli 331a–331e;

b. le prescrizioni federali e cantonali di diritto pubblico concernenti il lavoro e la formazione professionale.

2 Se le prescrizioni federali o cantonali concernenti il lavoro e la formazione professionale impongono al datore di lavoro o al lavoratore un obbligo di diritto pubblico, l'altra parte ha una azione di diritto civile per ottenere l'adempimento, in quanto l'obbligo possa essere oggetto di un contratto individuale di lavoro.

Literatur

Vgl. die Literaturhinweise zur Einleitung vor Art. 319 ff.

I. Vorbehalt des öffentlichen Rechts (Abs. 1)

1. Vorschriften über den öffentlichen Dienst

1 Völlig selbständig geregelt ist das Arbeitsverhältnis des öffentlichen Dienstes, auf das die Vorschriften des arbeitgebenden Gemeinwesens zur Anwendung gelangen (im Bund das BPG, SR 172.220.1, mit zahlreichen Verordnungen, insb. der BPV, SR 172.220.113.3, und der Rahmenverordnung BPG, SR 172.220.11; s. dazu Portmann, ARV 2001, 179 ff.). Das öffentliche Dienstverhältnis beruht heute oft auf einem unbefristeten, kündbaren öffentlich-rechtlichen Vertrag, wodurch das lange Zeit vorherrschende Beamtenverhältnis massgeblich an Bedeutung verloren hat. Der öffentlich-rechtliche Charakter der Arbeitsverhältnisse des öffentlichen Dienstes schliesst es nicht aus, dass bei Lücken des öffentlichen Rechts die Vorschriften des privatrechtlichen Arbeitsvertragsrechts sinngemäss angewendet werden (Art. 6 Abs. 2 BPG; BGE 75 II 329; BGer, JAR 2009, 422; BGer, JAR 2008, 322; BGer, ARV 2004, 97). Gelegentlich werden aber wegen der Einfachheit und geringeren Bindungswirkung von der öffentlichen Hand auch privatrechtliche Anstellungsverhältnisse eingegangen (Art. 6 Abs. 5 BPG, Art. 5 Rahmenverordnung BPG). Zum Ganzen auch Einleitung vor 319 ff. N 21 ff.

2. Vorschriften über die Arbeit und die Berufsbildung

2 Art. 110 BV räumt dem Bund die Kompetenz zur Gesetzgebung auf dem Gebiet der Arbeit ein. Das öffentliche Arbeitsrecht, das die Rechtsverhältnisse der Arbeitswelt mit öffentlich-rechtlichen Mitteln ordnet, lässt sich in das Arbeitsschutzrecht und in das gestaltende öffentliche Arbeitsrecht unterteilen. Das **Arbeitsschutzrecht** ist im Wesentlichen im *Arbeitsgesetz* (ArG, SR 822.11) und im *Unfallversicherungsgesetz* (UVG, SR 832.20) geregelt. Das ArG enthält Vorschriften über Gesundheitsvorsorge, Arbeits- und Ruhezeit sowie über den Sonderschutz für jugendliche Arbeitnehmer, schwangere Frauen und stillende Mütter sowie Arbeitnehmer mit Familienpflichten. Es wird durch umfangreiche Verordnungen ergänzt. Die ArGV 1 (allgemeine Verordnung) enthält in Anlehnung an die Systematik des Gesetzes die grundlegenden Ausführungsbestimmungen. Die ArGV 2 fasst die Sonderbestimmungen für bestimmte Gruppen von Betrieben oder Arbeitnehmern zusammen, die v.a. die Arbeits- und Ruhezeit abweichend regeln. Die ArGV 3 enthält Ausführungsvorschriften über die Gesundheitsvorsorge, während die ArGV 4 die industriellen Betriebe, die Plangenehmigung und die Betriebsbewilligung betrifft. Die ArGV 5 regelt den Schutz der Gesundheit und der Sicherheit der jugendlichen Arbeitnehmer sowie ihrer physischen und psychischen Entwicklung. Das UVG enthält in den Art. 81 ff. Vorschriften über die Verhütung von Berufsunfällen und Berufskrankheiten, die durch eine Fülle von Ausführungsvorschriften ergänzt werden (s. insb. die VUV, SR 832.30).

3 Das **gestaltende** öffentliche **Arbeitsrecht** bezweckt eine Lenkung der Arbeitswelt durch staatliche Massnahmen. Zu ihm zählen namentlich die Bereiche Arbeitsmarkt und Arbeitsbeschaffung (inkl. Arbeitsvermittlung und Personalverleih, Recht der ausländischen Arbeitskräfte, Krisenbekämpfung und Arbeitsmarktstatistik), Arbeitsleistungen im öffentlichen Interesse (insb. Zivildienst), Öffentliches Beschaffungswesen sowie die lenkenden Aspekte des Gleichstellungsrechts (insb. Finanzhilfen).

4 Nach Art. 63 Abs. 1 BV erlässt der Bund Vorschriften über die **Berufsbildung**. Mit der neuen Bundesverfassung vom 18.4.1999 wurde die frühere Rechtsetzungsermächtigung in einen Rechtsetzungsauftrag umgewandelt. Ferner wurde die Beschränkung auf Industrie, Gewerbe, Handel, Landwirtschaft und Hausdienst aufgegeben, so dass nunmehr auch Berufe in Erziehung, Gesundheit und Kunst in die Zuständigkeit des Bundes fallen (dadurch werden die früheren Abgrenzungsprobleme insb. beim Begriff des Gewerbes vermieden, s. dazu Botschaft über eine neue Bundesverfassung vom 20.11.1996, 279). Der Kern des Berufsbildungsrechts ist im Berufsbildungsgesetz vom 13.12.2002 (BBG, SR 412.10) enthalten. Mit dessen Erlass wurde den eingetretenen beruflichen, technologischen, wirtschaftlichen und gesellschaftlichen Entwicklungen Rechnung getragen und die duale Berufsbildung der Schweiz gestärkt (Näheres in Art. 344 N 1 ff.).

II. Rezeptionsklausel (Abs. 2)

5 Die öffentlich-rechtlichen Vorschriften über die Arbeit und die Berufsbildung unterliegen zunächst der verwaltungsrechtlichen (und allenfalls strafrechtlichen) Durchsetzung (mit den Mitteln des Verwaltungszwangs, s. z.B. Art. 52 ArG). Werden jedoch dem Arbeitgeber oder auch dem Arbeitnehmer öffentlich-rechtliche Pflichten auferlegt, so haben diese *zusätzlich* zivilrechtliche Wirkung, wenn sie Inhalt eines Einzelarbeitsvertrages sein können (Art. 342 Abs. 2; sog. *Rezeptionsklausel*, die das öffentliche Arbeitsrecht in das Arbeitsprivatrecht rezipiert). Öffentlichrechtliche Pflichten in diesem Sinne können sich sowohl direkt aus generell-abstrakten Normen wie auch aus Verfügungen ergeben (BGE 135 III 166). Über Art. 342 Abs. 2 können lediglich bestehende öffentlich-rechtliche Verpflichtungen rezipiert werden. Aus diesem Grund verweigerte das BGer einem in Afghanistan für ein Schweizer Unternehmen tätigen Bäcker die Anrufung der Schutzbestimmungen des ArG. Auch bei Unterstellung des Arbeitsvertrages unter Schweizer Recht sei das ArG auf im Ausland beschäftigte Arbeitnehmer weder direkt noch indirekt über die Rezeptionsklausel von Art. 342 Abs. 2 anwendbar. Dass die Parteien den Arbeitsvertrag dem Schweizer Recht unterstellt und Gerichtsstand Glarus gewählt hatten, änderte daran nichts (BGE 139 III 411, besprochen von PÄRLI, ARV online 2013 Nr. 442).

Die zivilrechtliche Wirkung zeigt sich nach dem Wortlaut von Art. 342 Abs. 2 in einem **Erfüllungsanspruch**. Er erfasst z.B.: **6**

- Den *Paritätslohn des ausländischen Arbeitnehmers* nach Art. 22 AuG. Diese Vorschrift verpflichtet den Arbeitgeber unmittelbar dazu, dem ausländischen Arbeitnehmer die ortsübliche Vergütung für den fraglichen Beruf auszurichten. Bei Schwarzarbeit oder wenn die tatsächlich ausgeübte Tätigkeit nicht der bewilligten entspricht, ist der übliche Lohn vorfrageweise vom Zivilgericht zu bestimmen, falls der Arbeitnehmer gestützt auf Art. 342 Abs. 2 einen Anspruch aus Art. 22 AuG erhebt (BGE 122 III 110 unter dem damals noch geltenden Art. 9 BVO; s. demgegenüber BGer, JAR 2006, 235; s. zum Ganzen auch MAHON, in: Dunand/Mahon, N 21). Hingegen darf ein unbefristeter Vertrag nachträglich in einen befristeten umgewandelt (BGE 129 III 624) oder ein anderer Beschäftigungsgrad gewählt werden (OGer LU, JAR 2001, 131 f.). Im Bereich der Personenfreizügigkeit mit der EU und der EFTA gilt eine separate Regelung (Art. 9 Anhang I zum FZA und Art. 9 Anlage 1 von Anhang K zum EFTA-Übereinkommen). Vgl. auch Art. 322 N 2.
- Den *Lohn für eine Vollzeittätigkeit einer ausländischen Hausangestellten im Dienst einer Diplomatin* (s. zu solchen Beschäftigungsverhältnissen Art. 319 N 20a ff. mit weiteren Fällen). Zu beurteilen war ein Fall, in dem eine Diplomatin eine Hausangestellte nicht vollzeitlich, wie zur Sicherung einer menschenwürdigen Existenz vorgeschrieben, sondern bloss für drei Stunden pro Woche beschäftigte (BGE 135 III 162; Lohnanspruch für eine Vollzeittätigkeit aus Art. 342 Abs. 2 i.V.m. Art. 324, mangels besonderer Umstände kein Rechtsmissbrauch durch widersprüchliches Verhalten; dazu GLOOR, ARV 2009, 209 ff.; KOLLER, ZBJV 2011, 417 ff.). Ein ähnlicher Fall findet sich in BGE 138 III 750 (besprochen von GLOOR, ARV 2013, 21 ff.): Gestützt auf Art. 18 IPRG bejahte Anwendbarkeit von Art. 342 Abs. 2, nachdem sich die Republik Chile durch Unterzeichnung der sog. Garantieerklärung gegenüber der Schweiz verpflichtet hatte, die Lohn- und Arbeitsbedingungen einzuhalten, die auf eine in Genf arbeitende Hausangestellte anwendbar sind. Infolgedessen musste das von den Parteien gewählte ausländische Recht gegenüber dem anwendbaren schweizerischen Recht zurücktreten und konnte sich die Angestellte vor dem Zivilgericht auf die lokalen Anstellungs- und Lohnbedingungen berufen.
- Den Paritätslohn des Heimarbeitnehmers (Art. 4 HArG).
- Vorgeschriebene Schutzmassnahmen.
- Das Verbot der Nacht- und Sonntagsarbeit (Art. 16 und 18 ArG).
- Die Zuschläge für Überzeit-, Nacht- und Sonntagsarbeit (Art. 13 Abs. 1, Art. 17b Abs. 1–2, Art. 19 Abs. 3 ArG; s. AGer ZH, JAR 2014, 562).

Soweit ein Erfüllungsanspruch i.S.v. Art. 342 Abs. 2 besteht, ist auch ein entsprechender **Schadenersatzanspruch** nach Art. 97 oder 321e (allenfalls auch nach Art. 41 ff.) gegeben, wenn die andere Partei die ihr auferlegte öffentlich-rechtliche Verpflichtung nicht oder nicht richtig erfüllt und dadurch einen Schaden bewirkt. Ferner hat der Arbeitnehmer ein **Leistungsverweigerungsrecht**, falls der Arbeitgeber eine ihm auferlegte öffentlich-rechtliche Verpflichtung (z.B. eine Schutzmassnahme) missachtet und die Arbeitsleistung dadurch unzumutbar wird (Annahmeverzug, Art. 324; vgl. auch Art. 323 N 4 ff. und Art. 328 N 52). Schliesslich können Verträge oder einzelne Klauseln, die gegen öffentlich-rechtliche Vorschriften verstossen, gem. Art. 20 **nichtig** sein. **7**

Art. 343

aufgehoben
abrogé
abrogato

Vgl. die Kommentierung zu den Bereichen:
- Arbeitsvertrag und *IPR* in der Einl. vor Art. 319 ff. N 23 ff.
- Arbeitsvertrag und *schweizerisches Zivilprozessrecht* in der Einl. vor Art. 319 ff. N 33 ff.
- Arbeitsvertrag und *internationales Zivilprozessrecht* in der Einl. vor Art. 319 ff. N 100 ff.

Zweiter Abschnitt: Besondere Einzelarbeitsverträge

A. Der Lehrvertrag

Art. 344

I. Begriff und Entstehung 1. Begriff	**Durch den Lehrvertrag verpflichten sich der Arbeitgeber, die lernende Person für eine bestimmte Berufstätigkeit fachgemäss zu bilden, und die lernende Person, zu diesem Zweck Arbeit im Dienst des Arbeitgebers zu leisten.**
I. Définition et formation 1. Définition	Par le contrat d'apprentissage, l'employeur s'engage à former la personne en formation à l'exercice d'une activité professionnelle déterminée, conformément aux règles du métier, et la personne en formation s'engage à travailler au service de l'employeur pour acquérir cette formation.
I. Definizione e formazione 1. Definizione	Mediante il contratto di tirocinio, il datore di lavoro si obbliga a formare adeguatamente la persona in formazione in una determinata attività professionale, e la persona in formazione a lavorare a questo scopo al servizio del datore di lavoro.

Literatur

BUCHSER, Berufsbildungsabschlüsse in der Schweiz, Zürich/Basel/Genf 2009; DEUTSCHSCHWEIZERISCHE BERUFSBILDUNGSÄMTERKONFERENZ DBK, Wegweiser durch die Berufslehre, Luzern 2005; EIDGENÖSSISCHES VOLKSWIRTSCHAFTSDEPARTEMENT EVD, Berufsbildung in der Schweiz 2006, Bern 2006; MEIER-GUBSER, Lehrvertrag und jugendliche Arbeitnehmer, TREX 2011, 358 ff.; PORTMANN, Bindung von Berufssportlern an die ausbildenden Clubs, CaS 2004, 220 ff., ebenfalls in italienischer Übersetzung in: Temi scelti di diritto dello sport, Lugano 2008, 55 ff.; REHBINDER, Berufsbildungsgesetz (Kurzkommentar), 2. Aufl., Zürich 1989; STÖCKLI, Lehrlinge im Gesamtarbeitsvertrag, ArbR 1989, 71 ff.; STRÄSSLE, Das Lehrverhältnis, Diss., Zürich 1975; WESSNER, Le contrat d'enseignement: nature juridique et caractéristiques, ZSR 2013 I, 153 ff.; vgl. ausserdem die Literaturhinweise zur Einleitung vor Art. 319 ff. Die nachfolgende Kommentierung entspricht teilweise den einschlägigen Ausführungen in PORTMANN/BARMETTLER, Das neue Berufsbildungsrecht des Bundes, ARV 2004, 73 ff.

I. Grundzüge des Berufsbildungsrechts

1 Am 21.5.2006 ist die **neue Bildungsverfassung** (insb. Art. 61a–67 BV) vom Volk angenommen worden und in Kraft getreten. Mit der Revision erfolgte eine Neufassung aller Verfassungsartikel, die unmittelbar die Bildung betreffen (Schulwesen, Berufsbildung, Hochschulen, Forschung, Weiterbildung). Die neue Bildungsverfassung soll die Grundlage für einen flächendeckenden, kohärenten und qualitativ hochstehenden Bildungsraum Schweiz bilden (Bericht, BBl 2005, 5484). Art. 61a BV stellt die Programmnorm dar, die für alle Bildungsbereiche gilt. Nach dem revidierten Art. 63 Abs. 2 BV hat der Bund ein breites und durchlässi-

ges Angebot im Bereich der **Berufsbildung** zu fördern. Die Durchlässigkeit des Bildungsraums Schweiz gehört zu den Wesensmerkmalen der neuen Bildungsverfassung (vgl. Art. 61a Abs. 1 BV). Es soll insb. Chancengleichheit zwischen Berufsbildung und akademischer Ausbildung hergestellt werden (Bericht, BBl 2005, 5507). Die Durchlässigkeit zwischen verschiedenen Bildungsgängen und -formen innerhalb der Berufsbildung sowie zwischen der Berufsbildung und den übrigen Bildungsbereichen bildet denn auch bereits eine der Grundlinien des revidierten Berufsbildungsgesetzes (vgl. PORTMANN/BARMETTLER, ARV 2004, 75).

Das **neue Berufsbildungsgesetz** ist am 1.1.2004 in Kraft getreten. Es ist ein offen formulier- 2
tes, von einem hohen Abstraktionsgrad geprägtes Rahmengesetz, das dem Verordnungsgeber auf Bundesebene, den Kantonen und den Organisationen der Arbeitswelt (Sozialpartnern, Berufsverbänden, Betrieben usw.) erhebliche Gestaltungsräume belässt. Die Revision erforderte auch Anpassungen der obligationenrechtlichen Bestimmungen über den Lehrvertrag, die indessen keine wesentlichen materiellen Auswirkungen haben. Die folgenden Ausführungen enthalten eine Übersicht über die mit Blick auf das Lehrverhältnis wichtigsten gesetzlichen Bestimmungen des Berufsbildungsrechts.

Nach Art. 63 Abs. 1 BV erlässt der Bund Vorschriften über die Berufsbildung. In Berücksich- 3
tigung dieses weiten Verfassungsauftrags wurde im neuen Berufsbildungsgesetz die frühere Beschränkung auf bestimmte Berufe aufgegeben (Art. 342 N 4). Grundsätzlich fallen damit **alle Bildungsbereiche** mit Ausnahme der Hochschulbildungen unter das revidierte BBG (Art. 2 Abs. 1 BBG). Eine Ausnahmeklausel auf Gesetzesstufe und eine Kompetenzdelegation an den Bundesrat, gewisse Berufe aus dem Geltungsbereich des Gesetzes auszunehmen (Art. 2 Abs. 2 und 3 BBG), sorgen aber dafür, dass hinsichtlich der Regelungsmöglichkeiten keine Optionen verbaut sind (Botschaft BBG, BBl 2000, 5747).

Die **berufliche Grundbildung** (früher: «Berufslehre», «Lehre»; noch immer dieser Termino- 4
logie bedienen sich die Art. 344 ff.) dient der Vermittlung und dem Erwerb der Fähigkeiten, Kenntnisse und Fertigkeiten, die zur Ausübung einer Tätigkeit in einem Beruf oder in einem Berufs- oder Tätigkeitsfeld erforderlich sind (Art. 15 Abs. 1 BBG; für den Sportunterricht gilt das Sportförderungsgesetz, SR 415.0, Art. 15 Abs. 5 BBG). Sie führt zu ausgewiesenen beruflichen Qualifikationen (OGer ZH, JAR 1982, 235). Nach Art. 16 Abs. 1 BBG besteht sie inhaltlich – entsprechend dem sog. «dualen System» (Botschaft BBG, BBl 2000, 5713) – aus *Bildung in beruflicher Praxis* (im Lehrbetrieb, im Lehrbetriebsverbund, in Lehrwerkstätten, in Handelsmittelschulen) sowie aus allgemeiner und berufskundlicher *schulischer Bildung* (in Berufsfachschulen). Erforderlichenfalls treten *Ergänzungen* zwecks Vermittlung und Erwerb grundlegender Fertigkeiten hinzu (in überbetrieblichen Kursen und vergleichbaren «dritten Lernorten»). Die Verantwortung gegenüber den Lernenden bestimmt sich nach dem Lehrvertrag und, wo kein solcher besteht, i.d.R. nach dem Lernort (Art. 16 Abs. 4 BBG; s. Ziff. 5 des Formular-Lehrvertrags, in dem u.a. der im Lehrbetrieb verantwortliche Berufsbildner anzugeben ist; zum amtlichen Formular-Lehrvertrag im Allgemeinen N 21).

In Art. 17 Abs. 2 und 3 BBG wird unterschieden zwischen einer *zweijährigen Grundbildung*, 5
die i.d.R. mit einer Prüfung abgeschlossen wird und zum *eidg. Berufsattest* führt, und einer *drei- bis vierjährigen Grundbildung*, die i.d.R. mit der Lehrabschlussprüfung abschliesst und zum *eidg. Fähigkeitszeugnis* führt (dieses wiederum führt zusammen mit dem Abschluss einer erweiterten Allgemeinbildung zur *eidg. Berufsmaturität*, welche die Voraussetzungen für ein Studium an einer Fachhochschule schafft). Für besonders befähigte oder vorgebildete Personen sowie für Personen mit Lernschwierigkeiten oder Behinderungen kann die Dauer der beruflichen Grundbildung angemessen verlängert oder verkürzt werden (Art. 18 Abs. 1 BBG). Die berufliche Grundbildung kann auch durch eine nicht formalisierte Bildung erworben werden, die durch ein *Qualifikationsverfahren* abgeschlossen wird (Art. 17 Abs. 5 BBG). Weniger formalisierte Bildungen kommen vor allem für erwachsene Arbeitskräfte in Frage (Botschaft BBG, BBl 2000, 5751). Das Staatssekretariat für Bildung, Forschung und Innova-

tion (SBFI) kann Organisationen der Arbeitswelt auf deren Antrag die Durchführung der Qualifikationsverfahren für einzelne Landesteile oder für die ganze Schweiz übertragen (Art. 40 Abs. 2 BBG).

6 Die *Anbieter der Bildung in beruflicher Praxis* bedürfen einer *Bildungsbewilligung* des zuständigen Kantons (Art. 20 Abs. 2 BBG). Sie haben sich für den bestmöglichen Lernerfolg der Lernenden einzusetzen und diesen periodisch zu überprüfen (Art. 20 Abs. 1 BBG). Die *Berufsfachschule* vermittelt die schulische Bildung, die aus beruflichem und allgemein bildendem Unterricht besteht (Art. 21 Abs. 1 BBG). Der Besuch der Berufsfachschule (wie auch jener der ergänzenden überbetrieblichen Kurse) ist *obligatorisch* (Art. 21 Abs. 3 BBG, Art. 23 Abs. 3 Satz 1 BBG). Die Kantone sorgen für die *Aufsicht* über die berufliche Grundbildung (Art. 24 Abs. 1 BBG). Die Aufsicht erfasst insb. die Qualität der Bildung in beruflicher Praxis einschliesslich überbetriebliche Kurse und vergleichbare dritte Lernorte sowie die Einhaltung der gesetzlichen und vertraglichen Bestimmungen des Lehrvertrags durch die Vertragsparteien (Art. 24 Abs. 3 BBG). Die Kantone können im Rahmen ihrer Aufsicht auch einen Lehrvertrag aufheben (Art. 24 Abs. 5 lit. b BBG). Zur Aufsicht gehören ferner die Beratung und Begleitung der Lehrvertragsparteien sowie die Koordination zwischen den an der beruflichen Grundbildung Beteiligten (Art. 24 Abs. 2 BBG). Die Berufsbildner müssen über eine qualifizierte fachliche Bildung sowie über angemessene pädagogische und methodisch-didaktische Fähigkeiten verfügen (Art. 45 Abs. 2 BBG, Art. 44 BBV). Als Berufsbildner gilt, wer in der beruflichen Grundbildung die Bildung in beruflicher Praxis vermittelt (Art. 45 Abs. 1 BBG). Wenn die Bildung in beruflicher Praxis ungenügend ist, Berufsbildner die gesetzlichen Voraussetzungen nicht erfüllen oder ihre Pflichten verletzen, verweigert oder widerruft der zuständige Kanton die Bildungsbewilligung (Art. 11 Abs. 1 BBV; vgl. BGer, JAR 2004, 207: auf Art. 10 Abs. 4 aBBG gestütztes provisorisches Verbot, lernende Personen in beruflicher Praxis zu bilden, weil Indizien dafür bestanden, dass die Lernenden mit Aufgaben beschäftigt wurden, die mit Scientology in Zusammenhang standen; Fallbeispiel für den Widerruf einer Bewilligung wegen Fehlverhaltens des Berufsbildners in BGer, 10.5.2011, 2C_378/2010).

7 Auf Antrag der Organisationen der Arbeitswelt oder, bei Bedarf, von sich aus erlässt das Staatssekretariat für Bildung, Forschung und Innovation (SBFI) **Bildungsverordnungen** für den Bereich der beruflichen Grundbildung (Art. 19 Abs. 1 BBG, Art. 13 BBV). Eine Bildungsverordnung soll für jede einzelne berufliche Grundbildung bestehen (Botschaft BBG, BBl 2000, 5751). In den Bildungsverordnungen werden die Anteile der Bildung, ihre organisatorische Ausgestaltung und die zeitliche Aufteilung nach den Ansprüchen der Berufstätigkeit geregelt (Art. 16 Abs. 3 BBG). Sie bestimmen insb. den Gegenstand und die Dauer der Grundbildung (Art. 19 Abs. 2 BBG). Die Ausbildungsreglemente, die auf der Grundlage des alten Berufsbildungsgesetzes erlassen worden waren, sind innert fünf Jahren ab Inkrafttreten des revidierten BBG anzupassen oder zu ersetzen (Art. 73 Abs. 1 BBG). Die Bildungsverordnungen werden in der Amtlichen Sammlung des Bundesrechts (AS) bloss durch Verweisung i.S.v. Art. 5 Abs. 2 des Publikationsgesetzes veröffentlicht (Art. 19 Abs. 4 BBG; weiterführend ‹www.sbfi.admin.ch›). Weitere Verordnungen betreffen u.a. Mindestvorschriften für die Allgemeinbildung in der beruflichen Grundbildung (SR 412.101) und den nationalen Qualifikationsrahmen für Abschlüsse der Berufsbildung (V-NQR-BB; SR 412.105.1).

8 Die in Art. 26 ff. BBG geregelte **höhere Berufsbildung** dient auf der Tertiärstufe der Vermittlung und dem Erwerb der Qualifikationen, die für die Ausübung einer anspruchs- oder einer verantwortungsvolleren Berufstätigkeit erforderlich sind. Sie setzt ein eidgenössisches Fähigkeitszeugnis sowie den Abschluss einer höheren schulischen Allgemeinbildung oder eine gleichwertige Qualifikation voraus. Die höhere Berufsbildung wird erworben durch eine *eidg. Berufsprüfung* (Fachausweis) oder eine *eidg. höhere Fachprüfung* (Diplom), ferner auch durch eine eidgenössisch anerkannte Bildung an einer *höheren Fachschule* (Diplom). Geregelt ist auch die **berufsorientierte Weiterbildung**, die dazu dient, durch organisiertes

Lernen bestehende berufliche Qualifikationen zu erneuern, zu vertiefen und zu erweitern oder neue berufliche Qualifikationen zu erwerben sowie die berufliche Flexibilität zu unterstützen (Art. 30 ff. BBG). Vorhanden sind schliesslich Bestimmungen zur **Berufs-, Studien- und Laufbahnberatung** (Art. 49 ff. BBG).

Mit der Revision des Berufsbildungsgesetzes sind die Sonderbestimmungen im **Landwirtschaftsgesetz** über die Berufsbildung (Art. 118–135 LwG) aufgehoben und jene über die Beratung (Art. 136–138 LwG) geändert worden (die Beratung bezweckt, den in der Landwirtschaft und der bäuerlichen Hauswirtschaft beschäftigten Personen behilflich zu sein, um berufsbezogene Probleme zu lösen und sich den ändernden Verhältnissen anzupassen). Eine Anpassung hat auch Art. 29 des **Waldgesetzes** über die Ausbildungsaufgaben des Bundes erfahren. **9**

II. Wesen des Lehrvertrags

Durch den *Lehrvertrag* verpflichtet sich der Arbeitgeber, die lernende Person für eine bestimmte Berufstätigkeit «fachgemäss» zu bilden (bzw. bilden zu lassen), und die lernende Person, zu diesem Zweck Arbeit im Dienst des Arbeitgebers zu leisten (Art. 344). Mit dem Lehrvertrag wird die **privatrechtliche Grundlage** für die im Rahmen der beruflichen Grundbildung erfolgende Bildung in beruflicher Praxis gelegt. Es gilt der Grundsatz, dass eine berufliche Grundbildung das Bestehen eines Vertragsverhältnisses voraussetzt (vgl. Art. 14 Abs. 1 Satz 1 BBG). **10**

Nach der Vorstellung des Gesetzgebers ist der Lehrvertrag ein **Arbeitsvertrag**. In Art. 344 ff. wird der Vertragspartner der lernenden Person, i.d.R. ein Anbieter von Bildung in beruflicher Praxis i.S.v. Art. 20 BBG (s. Art. 14 Abs. 1 Satz 1 BBG), denn auch durchwegs als «Arbeitgeber» bezeichnet. Als Vertragspartner der lernenden Person erscheint damit zu Recht nicht mehr der Lehrmeister (der im BBG heute «Berufsbildner» genannt wird). Die Qualifikation des Lehrvertrags als Arbeitsvertrag hat etwa zur Folge, dass sich nicht noch im ersten Dienstjahr befindet, wer nach Beendigung der beruflichen Grundbildung weiterhin für den betreffenden Anbieter der Bildung in beruflicher Praxis arbeitet, weil eine Anrechnung der Dienstjahre als lernende Person erfolgt (BGE 129 III 127; BGer, JAR 1998, 285; BRUNNER/BÜHLER/WAEBER/BRUCHEZ, Art. 344–346a N 3; Art. 324a N 15). **11**

Das ändert nichts daran, dass das Lehrverhältnis primär ein *Ausbildungsverhältnis* ist. Gegenüber einem gewöhnlichen Arbeitsvertrag weist der Lehrvertrag zunächst die Besonderheit auf, dass die **Arbeit** nicht primär dem wirtschaftlichen Zweck des Unternehmens, sondern der beruflichen Bildung der lernenden Person dienen soll (BGE 132 III 755). Gemäss Art. 345a Abs. 4 darf die lernende Person daher zu anderen als beruflichen Arbeiten und zu Akkordarbeiten nur soweit eingesetzt werden, als solche Arbeiten mit dem zu erlernenden Beruf in Zusammenhang stehen und die Bildung nicht beeinträchtigen. Die lernende Person soll nicht als billige Hilfskraft missbraucht werden (STREIFF/VON KAENEL/RUDOLPH, Art. 345 N 2). Aufräumarbeiten können aber auch von einer lernenden Person verlangt werden. Aus dem besonderen Zweck des Lehrvertrags wird auch abgeleitet, dass die lernende Person einen Anspruch auf tatsächliche Beschäftigung hat (ZK-STAEHELIN, Art. 319 OR N 15; STREIFF/VON KAENEL/RUDOLPH, Art. 345a N 2; VISCHER/MÜLLER, 377). **12**

Wegen der speziellen Bedeutung der Arbeit ist von Gesetzes wegen nicht zwingend ein **Lohn** geschuldet (Art. 344 als lex specialis zu Art. 319; BK-REHBINDER/STÖCKLI, N 18; STREIFF/VON KAENEL/RUDOLPH, N 2; PORTMANN, CaS 2004, 221; **a.A.** VISCHER/MÜLLER, 372). Ein Lohn ist zwar üblich (s. denn auch Art. 345a Abs. 2, Art. 22 Abs. 3 und 4 BBG), aber nur eine Nebenleistung des Arbeitgebers. Zahlreiche Berufsverbände geben (unverbindliche) Empfehlungen zur Höhe des Lohns der lernenden Personen ab. Seltener ist der Lohn in einem Gesamtarbeitsvertrag geregelt (s. dazu auch Art. 344a N 14). **13**

14 Zur modifizierten Bedeutung von Arbeit und Lohn treten weitere Besonderheiten hinzu. So enthält etwa das Lehrvertragsrecht zahlreiche Bestimmungen, welche die *ausgeprägtere Schutzbedürftigkeit* der lernenden Person berücksichtigen. Im Weiteren trifft den Arbeitgeber eine *erhöhte Fürsorgepflicht* gegenüber lernenden Personen (OGer BE, JAR 2005, 366). In Einschränkung des Wortlauts von Art. 355 können die Bestimmungen des allgemeinen Arbeitsvertragsrechts daher nur insoweit auf den Lehrvertrag anwendbar sein, als das Wesen des Lehrvertrags keine abweichende Regelung verlangt (VISCHER/MÜLLER, 373).

15 Umstritten ist, ob der lernenden Person das *Streikrecht* zusteht. Die Frage wird im Allgemeinen bejaht (so z.B. BK-REHBINDER/STÖCKLI, N 7). Dies kann damit begründet werden, dass die Ausbildungsbedingungen lernender Personen – jedenfalls teilweise – gesamtarbeitsvertraglich geregelt werden können (Art. 344a N 14). Weil die Arbeitsleistung nicht derart im Vordergrund steht wie bei einem gewöhnlichen Arbeitsverhältnis, vermag der Streik lernender Personen allerdings kaum den erforderlichen Druck auf die Arbeitgeberseite auszuüben.

III. Abgrenzungen

16 Von anderen Ausbildungsverhältnissen unterscheidet sich das Lehrverhältnis dadurch, dass die berufliche Bildung nicht nur fachgemäss, sondern auch *umfassend und systematisch* zu erfolgen hat. Entspricht ein Ausbildungsverhältnis diesen Anforderungen, ohne dass es unmittelbar zu einem berufsbildungsrechtlich anerkannten Lehrabschluss führt, spricht man von einem **freien Lehrverhältnis**. Es stellt einen vorwiegend praxisbezogenen Ausbildungsgang mit Abgangszeugnis dar, der nicht (oder jedenfalls nicht direkt) den Erwerb eines Fähigkeitszeugnisses oder Berufsattests anstrebt. Wichtiges Indiz für eine solche Bildung ist eine mehrjährige Ausbildungszeit. Die Bestimmungen des Lehrvertragsrechts sind auf das freie Lehrverhältnis *direkt* anwendbar (BK-REHBINDER/STÖCKLI, N 1; ZK-STAEHELIN, N 7; PORTMANN, CaS 2004, 222 f.; OGer ZH, JAR 1982, 236 f.; CAPH GE, JAR 1989, 291). In BGE 132 III 756 wertete das BGer den für drei Jahre vorgesehenen Besuch einer privaten Coiffeurschule nicht als Unterrichts-, sondern als freies Lehrverhältnis. Mangels einer schriftlichen Lohnabrede nach Art. 344a Abs. 2 ging es von einem formungültigen Lehrvertrag aus (s. die Kritik dazu in Art. 344a N 5), was zur Annahme eines faktischen Lehrverhältnisses i.S.v. Art. 320 Abs. 3 führte. Dieses bildete die Grundlage für die Zusprechung des üblichen Lohns nach Art. 322.

17 Auch das **Praktikum** stellt einen Arbeitsvertrag mit Ausbildungszweck dar (BGer, 24.2.2000, 4C.364/1999, vgl. Sachverhalt und E. 2a/cc; AGer ZH, JAR 2011, 629 f.; GSGer BS, JAR 1990, 147 f.), doch erhält der Praktikant keine systematische und umfassende Berufsausbildung. Vielmehr dient das Praktikum dem Zweck, dass der Praktikant berufliche Fähigkeiten und Erfahrungen sammeln kann und vom Arbeitgeber in beschränktem Umfang beruflich gefördert wird, vor allem durch Zuweisung geeigneter Arbeit und durch kritische Besprechung seiner Leistungen (daher lag eine absichtliche Täuschung einer Praktikantin mit Lehrabschluss vor, deren Arbeitgeber sie eine Lehrtochter ausbilden liess; i.c. wurde allerdings eine Genehmigung durch unterlassenen Protest angenommen: AGer ZH, JAR 2009, 704). Ein Indiz für das Vorliegen eines (blossen) Praktikums ist die Möglichkeit, den Ausbildungsvertrag ordentlich zu kündigen. Demgegenüber wird der Lehrvertrag für eine feste Vertragsdauer abgeschlossen. Die Vorschriften über den Lehrvertrag sind auf das Praktikum *sinngemäss* anzuwenden (vgl. zum Ganzen PORTMANN, CaS 2004, 223 f.; KGer SZ, JAR 1993, 185; CAPH GE, JAR 1998, 149 f.). Eine besondere Erscheinungsform des Praktikums stellt das i.d.R. ein- bis zweiwöchige *Berufswahlpraktikum* («Schnupperlehre») dar. Hier wird i.d.R. kein Lohn vereinbart, wohl aber ein Taschengeld entrichtet. Die Beschäftigung schulpflichtiger Jugendlicher zur Vorbereitung der Berufswahl ist allerdings höchstens für leichte Arbeiten und nur in verhältnismässig engen zeitlichen Grenzen zulässig (s. Art. 8 und 11 lit. b ArGV 5). Gleiches wie für das Praktikum gilt auch für das *Volontariat*. Diese Bezeichnung ist vor allem auf dem Gebiet des Journalismus und des Kunsthandels verbreitet.

Beim **Umlern- oder Umschulverhältnis** dient die Ausbildung der Vorbereitung auf einen Berufswechsel, so dass sie auf den bereits erworbenen Berufskenntnissen aufbauen und daher gezielter vorgenommen werden kann (BK-REHBINDER/STÖCKLI, N 2). **18**

Ein Ausbildungsverhältnis begründet auch der **Unterrichtsvertrag**, der i.d.R. die Verpflichtung des Unterrichtgebers enthält, dem Unterrichtnehmer gegen ein Entgelt persönlich oder durch seine Lehrkräfte in Räumlichkeiten, die von ihm zur Verfügung gestellt werden, bestimmte Fähigkeiten und Kenntnisse zu vermitteln, ihm Unterrichtsmaterial zu überlassen, eine Prüfung durchzuführen und ihm ein Abschlusszeugnis auszustellen (SCHLUEP, Innominatverträge, in: SPR VII/2, Basel 1979, 918 f.). Von einem solchen Innominatvertrag unterscheidet sich der Lehrvertrag bereits dadurch, dass er zur Eingliederung in eine fremde Arbeitsorganisation führt. Gegen einen Unterrichtsvertrag und für einen Lehrvertrag spricht im Übrigen, wenn kein Schulgeld vereinbart worden ist (BGE 132 III 756). **19**

IV. Auf das Lehrverhältnis anwendbare Bestimmungen

Das Lehrverhältnis wird *obligationenrechtlich* durch die Art. 344 ff. und subsidiär durch die Art. 319 ff. geregelt (s. Art. 355). Im Geltungsbereich des *Berufsbildungsgesetzes* sind sodann dessen Bestimmungen, diejenigen der *Berufsbildungsverordnung* und der jeweils einschlägigen *Bildungsverordnung* von Bedeutung. Art. 14 BBG enthält besondere Vorschriften über den Lehrvertrag. Die öffentlich-rechtlichen Berufsbildungsvorschriften sind grundsätzlich zwingender Natur. Soweit sie das Verhältnis der Vertragsparteien zueinander betreffen, entfalten sie auch zivilrechtliche Wirkungen (Art. 342 Abs. 2). Nach Art. 14 Abs. 1 Satz 2 BBG kommt den Vorschriften des Berufsbildungsgesetzes gegenüber denjenigen des Obligationenrechts Vorrang zu, sofern sie einander widersprechen. **20**

Nach Art. 8 Abs. 6 BBV haben die Parteien beim Abschluss des Lehrvertrags ein *Vertragsformular* zu verwenden, das von den Kantonen zur Verfügung gestellt wird, aber in der ganzen Schweiz einheitlich ausgestaltet ist (es ist auf dem Internet unter der Adresse ‹http://lv.berufsbildung.ch/dyn/1408.aspx› verfügbar; Stand: Frühling 2015). **21**

Von Bedeutung ist ferner das *Arbeitsgesetz*. Lernende Personen fallen in den persönlichen Geltungsbereich des ArG (Art. 1 Abs. 2 ArGV 1; Art. 345 N 3 ff.). Sofern es sich bei ihnen um Jugendliche handelt, sind insb. auch die Sonderbestimmungen für jugendliche Arbeitnehmer in Art. 29 ff. ArG und in der Jugendarbeitsschutzverordnung (ArGV 5) zu beachten. Die arbeitsgesetzliche Schutzaltersgrenze liegt bei 18 Jahren (Art. 29 Abs. 1 ArG). **22**

Art. 344*a*

2. Entstehung und Inhalt

1 Der Lehrvertrag bedarf zu seiner Gültigkeit der schriftlichen Form.

2 Der Vertrag hat die Art und die Dauer der beruflichen Bildung, den Lohn, die Probezeit, die Arbeitszeit und die Ferien zu regeln.

3 Die Probezeit darf nicht weniger als einen Monat und nicht mehr als drei Monate betragen. Haben die Vertragsparteien im Lehrvertrag keine Probezeit festgelegt, so gilt eine Probezeit von drei Monaten.

4 Die Probezeit kann vor ihrem Ablauf durch Abrede der Parteien und unter Zustimmung der kantonalen Behörde ausnahmsweise bis auf sechs Monate verlängert werden.

5 Der Vertrag kann weitere Bestimmungen enthalten, wie namentlich über die Beschaffung von Berufswerkzeugen, Beiträge an Unterkunft und Verpflegung, Übernahme von Versicherungsprämien oder andere Leistungen der Vertragsparteien.

6 Abreden, die die lernende Person im freien Entschluss über die berufliche Tätigkeit nach beendigter Lehre beeinträchtigen, sind nichtig.

2. Formation et projet

[1] Le contrat d'apprentissage n'est valable que s'il est passé par écrit.

[2] Le contrat règle la nature et la durée de la formation professionnelle, le salaire, le temps d'essai, l'horaire de travail et les vacances.

[3] Le temps d'essai ne doit pas être inférieur à un mois ni supérieur à trois mois. S'il n'est pas fixé dans le contrat, il est de trois mois.

[4] Avant l'expiration du temps d'essai, ce dernier peut exceptionnellement être prolongé jusqu'à six mois, d'entente entre les parties et avec l'approbation des autorités cantonales.

[5] Le contrat peut contenir d'autres clauses, notamment sur la fourniture des instruments de travail, la contribution aux frais de logement et d'entretien, le paiement de primes d'assurances ou d'autres prestations des parties.

[6] Les accords qui portent atteinte à la libre décision de la personne en formation quant à son activité professionnelle après l'apprentissage sont nuls.

2. Formazione e contenuto

[1] Il contratto di tirocinio richiede per la sua validità la forma scritta.

[2] Il contratto deve disciplinare il tipo e la durata della formazione professionale, il salario, il tempo di prova come anche l'orario di lavoro e le vacanze.

[3] Il tempo di prova non può durare meno di un mese né più di tre. Se il contratto non stabilisce il tempo di prova, quest'ultimo dura tre mesi.

[4] Prima della sua scadenza, il tempo di prova può essere eccezionalmente prolungato, fino a sei mesi, d'intesa fra le parti e con l'approvazione delle autorità cantonali.

[5] Il contratto può contenere altre disposizioni, segnatamente circa gli utensili, i contributi alle spese di alloggio e di vitto, l'assunzione di premi di assicurazione o altre prestazioni delle parti.

[6] Gli accordi che pregiudicano la libera decisione dell'apprendista sulla sua attività professionale dopo il tirocinio sono nulli.

Literatur

Vgl. die Literaturhinweise zur Einleitung vor Art. 319 ff. und zu Art. 344.

1 Der Bildung in beruflicher Praxis liegt ein Lehrvertrag zugrunde. Er wird zwischen dem (eine Bildung in beruflicher Praxis anbietenden) Arbeitgeber und der lernenden Person (früher: «Lehrling») abgeschlossen (vgl. Art. 14 Abs. 1 Satz 1 BBG; Art. 344). Die lernende Person ist auch dann selbst Vertragspartei, wenn sie (noch) nicht handlungsfähig ist. Der Anbieter der Bildung in beruflicher Praxis kann eine natürliche oder juristische Person sein. Beim Berufsbildner i.S.v. Art. 45 Abs. 1 BBG, der nicht mit dem Arbeitgeber identisch zu sein braucht, muss es sich demgegenüber um eine natürliche Person handeln (Vischer/Müller, 375). Nach Art. 62 BBG macht sich strafbar, wer Personen ausbildet, ohne einen Lehrvertrag i.S.v. Art. 14 BBG abzuschliessen.

2 Der Anbieter der Bildung in beruflicher Praxis muss nicht notwendigerweise einen **Betrieb** führen, der das ganze Spektrum der Bildung in beruflicher Praxis anbietet; er kann sich auch wie folgt an der beruflichen Grundbildung beteiligen:

3 – Durch Zusammenschluss mit anderen Betrieben zu einem *Lehrbetriebsverbund* (s. zu diesem Begriff Art. 6 lit. c BBV). In einem solchen Fall ist der Lehrvertrag vom Leitbetrieb oder der Leitorganisation abzuschliessen (Art. 8 Abs. 2 BBV, vgl. Art. 14 Abs. 2 BBV). Die Zuständigkeiten und Verantwortlichkeiten innerhalb des Lehrbetriebsverbunds haben die beteiligten Betriebe in einem schriftlichen Vertrag zu regeln (Art. 14 Abs. 1 BBV).

4 – Im Rahmen einer sog. *Stufenausbildung*. In einem solchen Fall werden von mehreren Anbietern von Bildung in beruflicher Praxis gesonderte Lehrverträge für einzelne Bildungsteile abgeschlossen (Art. 14 Abs. 2 Satz 2 BBG). Im Zeitpunkt des Beginns der beruflichen Grundbildung müssen für alle Bildungsteile Lehrverträge von der kantonalen Behörde genehmigt sein (Art. 8 Abs. 1 BBV).

Der Lehrvertrag bedarf zu seiner Gültigkeit der **Schriftform** (Art. 344a Abs. 1), die – neben der Bezeichnung der Parteien – zwingend auch die Art und Dauer der beruflichen Bildung erfassen muss. In Bezug auf den übrigen von Art. 344a Abs. 2 aufgezählten Inhalt ist die Schriftform entgegen BGE 132 III 756 f. nicht als Gültigkeitserfordernis aufzufassen, da das Gesetz bei Fehlen schriftlicher Vereinbarungen Ersatzregeln bereit hält, die sonst keinen Sinn haben (ZK-Staehelin, N 1; Portmann, ARV 2007, 82 f.; BK-Rehbinder/Stöckli, N 2; **a.A.** Streiff/von Kaenel/Rudolph, N 2): 5

- mangels einer vereinbarten Probezeit gilt eine solche von drei Monaten (Art. 344a Abs. 3 Satz 2);
- mangels einer Ferienregelung beträgt der Ferienanspruch fünf bzw. vier Wochen (Art. 345a Abs. 3, Art. 329a Abs. 1);
- fehlt es an einer Lohnbestimmung, ist der übliche Lohn geschuldet (Art. 322);
- und für die Arbeitszeit ist das betriebs- oder branchenübliche Mass innerhalb der arbeitsgesetzlichen Schranken massgebend (Art. 321 N 7).

Eine schriftliche Abrede ist also z.B. dann erforderlich, wenn die lernende Person keinen Lohn erhalten soll. Abreden gem. Art. 344a Abs. 5 bedürfen nur insofern der Schriftform, als es sich um subjektiv wesentliche Vertragspunkte handelt (Streiff/von Kaenel/Rudolph, N 2; anders TC VD, JAR 1997, 254 betr. Miete eines Zimmers). Der zwingend zu verwendende Formular-Lehrvertrag (Art. 344 N 21) wird die Parteien infolge der vorgesehenen Textfelder i.d.R. dazu veranlassen, über alle in Art. 344a Abs. 2 erwähnten Punkte sowie in Bezug auf die in Art. 344a Abs. 5 genannte Beschaffung von Berufswerkzeugen und die Übernahme von Versicherungsprämien eine schriftliche Regelung zu treffen. Die praktische Bedeutung der Frage nach dem Umfang des Schriftformerfordernisses ist dementsprechend gering.

Die Verletzung von Formvorschriften führt nach Art. 11 zur **Ungültigkeit**, d.h. nach der Rechtsprechung des BGer zur Nichtigkeit des Vertrags (vgl. z.B. BGE 116 II 702). Im Arbeitsvertragsrecht wie im Berufsbildungsrecht hat der Gesetzgeber allerdings Vorkehrungen getroffen, welche die Nichtigkeitsfolge mildern: 6

- Aus *öffentlich-rechtlicher* Sicht statuiert Art. 14 Abs. 6 BBG, dass das Lehrverhältnis auch dann den Vorschriften des Berufsbildungsgesetzes unterliegt, wenn der (formgültige) Abschluss des Lehrvertrags unterlassen wird. Die Bestimmung auferlegt dem Anbieter der Bildung in beruflicher Praxis, dem Berufsbildner und der lernenden Person alle berufsbildungsrechtlichen Pflichten; sie gewährleistet auch die Anwendbarkeit der Bildungsverordnung. In der Regel, d.h. sofern etwa die Anforderungen an die Berufsbildner nach Art. 45 Abs. 2 BBG bzw. Art. 44 BBV erfüllt sind, ermöglicht sie dadurch die berufsbildungsrechtliche Anerkennung der beruflichen Grundbildung, die trotz der Nichtigkeit des Lehrvertrags erworben wurde (BK-Rehbinder/Stöckli, Art. 344 OR N 24). 7
- In *privatrechtlicher* Hinsicht ist Art. 320 Abs. 3 zu beachten, wonach der (form-)ungültige Arbeitsvertrag bei Gutgläubigkeit wie ein gültiger Vertrag behandelt wird, bis das Rechtsverhältnis wegen Ungültigkeit des Vertrags von einer Partei aufgehoben wird (Anwendungsfall in BGE 132 III 757; Näheres in Art. 346 N 11). 8

Eine minderjährige, d.h. nicht 18-jährige Person, benötigt für den Abschluss eines Lehrvertrages die Zustimmung ihres gesetzlichen Vertreters (vgl. Art. 13, 14 und 19 ZGB). Die gesetzliche Vertretung wird dadurch aber nicht Vertragspartei. Nach den allgemeinen Grundsätzen des Vertragsrechts erfasst das Schriftformerfordernis des Art. 344a Abs. 1 nicht auch die Erklärung des Inhabers der elterlichen Sorge oder des Vormunds (vgl. Bucher, Berner Kommentar, Bd. I/2/1, Bern 1976, Art. 19 N 61). Demnach genügt eine mündliche oder sogar stillschweigende Zustimmung zur Erklärung der lernenden Person (BK-Rehbinder/Stöckli, Art. 344 OR N 15; vgl. Art. 19a Abs. 1 ZGB). Steht die elterliche Sorge den Eltern gemeinsam zu (s. Art. 133, Art. 296 ff. ZGB), haben sie grundsätzlich auch gemeinsam zu handeln (BSK ZGB I-Schwenzer/Cottier, Art. 304/305 N 11). In der Regel genügt jedoch die Zustimmung eines Elternteils, zumal gutgläubige Dritte nach Art. 304 Abs. 2 ZGB davon ausgehen 9 dürfen, dass ein allein handelnder Elternteil im Einvernehmen mit dem anderen handelt (STREIFF/VON KAENEL/RUDOLPH, N 2). Nach den allgemeinen Regeln des Privatrechts können der Inhaber der elterlichen Sorge oder der Vormund die lernende Person auch ohne deren Mitwirkung berechtigen und verpflichten (s. Art. 304 Abs. 1 i.V.m. Art. 301 f. ZGB). Eine Bindung der lernenden Person durch ihre gesetzliche Vertretung, die in zeitlicher Hinsicht über den Eintritt der Volljährigkeit hinausgeht, ist allerdings problematisch und muss auf jeden Fall im Interesse der lernenden Person liegen. Der zu verwendende Formular-Lehrvertrag (Art. 344 N 21) sieht die Unterzeichnung durch die lernende Person selbst und die Mitunterzeichnung durch die gesetzliche Vertretung vor. Näheres zum Ganzen bei BK-REHBINDER/STÖCKLI, Art. 344 OR N 14 ff., u.a. zur Rechtslage bei Massnahmen des Erwachsenenschutzrechts.

10 In der Regel, nämlich wenn das Lehrverhältnis vom BBG erfasst wird, bedarf der Lehrvertrag der **Genehmigung** durch die kantonale Behörde (Art. 14 Abs. 3 BBG, Art. 8 Abs. 5 BBV). Diese prüft, ob der Vertrag den gesetzlichen Vorschriften entspricht und ob der Arbeitgeber die Voraussetzungen für die Bildung in beruflicher Praxis erfüllt. Dazu gehört in erster Linie, dass der Berufsbildner über eine qualifizierte fachliche Bildung sowie über angemessene pädagogische und methodisch-didaktische Fähigkeiten verfügt (Art. 45 Abs. 2 BBG, Art. 44 BBV). Die Genehmigung des Lehrvertrags ist auch dann zu versagen, wenn der Lehrvertrag die Art und Dauer der beruflichen Bildung nicht festlegt (vgl. N 5). Die Genehmigung hat für den Lehrvertrag bloss deklaratorische Bedeutung (BK-REHBINDER/STÖCKLI, Art. 344 OR N 23; ZK-STAEHELIN, N 3). Das Lehrverhältnis unterliegt auch dann den gesetzlichen Vorschriften des Berufsbildungsgesetzes, wenn der Lehrvertrag der zuständigen Behörde nicht oder verspätet zur Genehmigung eingereicht wird (Art. 14 Abs. 6 BBG; insoweit missverständlich BGE 132 III 756). Trotz erteilter Genehmigung können die Kantone den Lehrvertrag in Anwendung von Art. 24 Abs. 5 lit. b BBG später aufheben.

11 Über den **Inhalt** des Lehrvertrags bestimmt Art. 344a Abs. 2, dass dieser Art und Dauer der beruflichen Bildung (N 12), den Lohn (Art. 344 N 13), die Probezeit (Art. 346 N 3), die Arbeitszeit (Art. 345 N 2 ff.) und die Ferien (Art. 345a N 3) zu regeln hat (s. aber N 5). Er kann weitere Vereinbarungen, namentlich über die Beschaffung von Berufswerkzeugen, Beiträge an Unterkunft und Verpflegung, Übernahme von Versicherungsprämien oder andere Leistungen der Vertragsparteien enthalten (Art. 344a Abs. 5; s.a. die Vorgabe der Regelungsgegenstände durch den Formular-Lehrvertrag, ‹http://lv.berufsbildung.ch/dyn/1408.aspx›). Im Regelfall, nämlich bei Lehrverhältnissen im Geltungsbereich des BBG, wird der Vertragsinhalt weitgehend durch die *Bildungsverordnungen* bestimmt.

12 Die *Dauer* der beruflichen Bildung ergibt sich i.d.R. aus ihrem Gegenstand: Der Lehrvertrag wird auf bestimmte Zeit geschlossen und ist daher ein *befristeter Vertrag*. Ein solcher endet grundsätzlich mit Ablauf der vereinbarten Vertragsdauer. Bei einem Lehrvertrag, der vom BBG geregelt wird, ist die Dauer der beruflichen Grundbildung als Vertragsdauer zu vereinbaren; denn der Lehrvertrag wird am Anfang für die ganze Dauer der beruflichen Grundbildung abgeschlossen (Art. 14 Abs. 2 Satz 1 BBG). Diese ergibt sich aus der einschlägigen Bildungsverordnung (s. Art. 19 Abs. 2 lit. a BBG). Die Dauer des (privatrechtlichen) Lehrvertrags wird insofern durch das öffentliche Recht bestimmt. Erfolgt die berufliche Grundbildung nacheinander in verschiedenen Betrieben, so kann der Vertrag für die Dauer des jeweiligen Bildungsteils abgeschlossen werden (Art. 14 Abs. 2 Satz 2 BBG).

13 Von besonderer Bedeutung ist Art. 344a Abs. 6, wonach Abreden, die die lernende Person im freien Entschluss über die berufliche Tätigkeit nach beendigter Lehre beeinträchtigen, nichtig sind. Dadurch wird, über Art. 340 hinausgehend, jedes Konkurrenzverbot zwingend ausgeschlossen (BK-REHBINDER/STÖCKLI, N 13; STREIFF/VON KAENEL/RUDOLPH, N 8). Abreden, die nach Art. 344a Abs. 6 nichtig sind, führen entgegen Art. 20 Abs. 2 nie zur Nichtigkeit des ganzen Lehrvertrags. Nichtig sind nicht nur derartige Abreden der lernenden Person mit dem Arbeitgeber, sondern auch solche mit Dritten, sei es gestützt auf Art. 344a Abs. 6 (so BK-

REHBINDER/STÖCKLI, N 13; **a.A.** ZK-STAEHELIN, N 6; STREIFF/VON KAENEL/RUDOLPH, N 8) oder gestützt auf Art. 27 Abs. 2 ZGB. Umstritten ist, ob eine vertragliche Bindung für die Zeit nach Beendigung der beruflichen Grundbildung selbst dann unzulässig ist, wenn die Vereinbarung erst gegen Ende der beruflichen Grundbildung eingegangen wird (so etwa BK-REHBINDER/STÖCKLI, N 13; **a.A.** VISCHER/MÜLLER, 377). Davon ist aufgrund des klaren Gesetzeswortlauts auszugehen, obschon sich diese Beschränkung für die lernende Person nachteilig auswirken kann.

Auch wenn die Verweisung in Art. 355 bloss das Individualarbeitsrecht erfasst, ist das Lehrverhältnis nach h.L. grundsätzlich auch durch **Gesamtarbeitsvertrag** regelbar (BK-REHBINDER/STÖCKLI, Art. 344 OR N 5; BK-STÖCKLI, Art. 356 OR N 28, 58; **a.A.** Entscheid des Bundesrats ARV 1972, 66). Zwar stellt das Lehrverhältnis ein besonderes Arbeitsverhältnis dar, doch steht seine Eigenart einer gesamtarbeitsvertraglichen Regelung nicht von vornherein im Weg. Soweit es allerdings nach Art. 344a schriftlicher Abreden bedarf (N 5), sind die entsprechenden Vertragspunkte zwingend im individuellen Lehrvertrag zu vereinbaren und daher einer gesamtarbeitsvertraglichen Regelung (und deren allfälliger Allgemeinverbindlicherklärung) nicht zugänglich (STÖCKLI, ArbR 1989, 77; STREIFF/VON KAENEL/RUDOLPH, N 7). Das Schriftformerfordernis kann weder durch den schriftlichen Abschluss des GAV (s. Art. 356c Abs. 1) noch durch die schriftliche Erklärung des Gewerkschaftsbeitritts ersetzt werden. Sonstige Vertragspunkte können jedoch einer gesamtarbeitsvertraglichen Regelung unterstellt werden. Enthält ein GAV indessen weder Sonderbestimmungen für Lehrverhältnisse noch deren ausdrückliche Unterstellung unter die allgemeinen Bestimmungen, so ist im Zweifel davon auszugehen, dass eine gesamtarbeitsvertragliche Bestimmung auf Lehrverhältnisse nicht anwendbar ist (STÖCKLI, ArbR 1989, 71 f.; vgl. auch ZK-VISCHER/ALBRECHT, Art. 356b OR N 11). In vielen Gesamtarbeitsverträgen werden die lernenden Personen ganz oder teilweise ausdrücklich vom persönlichen Geltungsbereich des GAV ausgenommen. Wenn ein Gesamtarbeitsvertrag auf Lehrverhältnisse einwirken soll, die dem BBG unterstehen, besteht die Pflicht, eine entsprechende Genehmigung bei der kantonalen Behörde einzuholen (BK-STÖCKLI, Art. 358 OR N 6). 14

Art. 345

II. Wirkungen
1. Besondere Pflichten der lernenden Person und ihrer gesetzlichen Vertretung

[1] Die lernende Person hat alles zu tun, um das Lehrziel zu erreichen.

[2] Die gesetzliche Vertretung der lernenden Person hat den Arbeitgeber in der Erfüllung seiner Aufgabe nach Kräften zu unterstützen und das gute Einvernehmen zwischen dem Arbeitgeber und der lernenden Person zu fördern.

II. Effets
1. Obligations spéciales de la personne en formation et de son représentant légal

[1] La personne en formation s'efforce d'atteindre le but de l'apprentissage.

[2] Le représentant légal de la personne en formation appuie de son mieux l'employeur dans sa tâche et favorise la bonne entente entre celui-ci et la personne en formation.

II. Effetti
1. Obblighi speciali dell'apprendista e del suo rappresentante legale

[1] L'apprendista deve fare tutto il possibile per conseguire lo scopo del tirocinio.

[2] Il rappresentante legale dell'apprendista deve sostenere, per il meglio, il datore di lavoro nell'adempimento del suo compito e promuovere la buona intesa fra datore di lavoro e apprendista.

Literatur

Vgl. die Literaturhinweise zur Einleitung vor Art. 319 ff. und zu Art. 344.

I. Besondere Pflichten der lernenden Person

1 Aufgrund des Lehrvertrags hat die lernende Person die Pflicht, alles zu tun, um das **Lehrziel** (Bildungsziel) zu erreichen (Art. 345 Abs. 1). Das Nichtbestehen der Abschlussprüfung hat nämlich auch Auswirkungen auf das Ansehen des Anbieters der Bildung in der beruflichen Praxis (STREIFF/VON KAENEL/RUDOLPH, N 2). Die lernende Person hat insb. die Anordnungen des Berufsbildners zu befolgen, die ihr übertragenen Arbeiten gewissenhaft auszuführen und Geschäftsgeheimnisse zu wahren (so ausdrücklich noch Art. 23 Abs. 1 aBBG). Ferner ist sie – obligationen- wie berufsbildungsrechtlich – zum Besuch der Berufsfachschule verpflichtet (Art. 21 Abs. 3 BBG).

2 Die lernende Person ist unter den Voraussetzungen von Art. 321c Abs. 1 zu **Überstundenarbeit** verpflichtet. Überstunden sind, sofern kein Ausgleich durch Freizeit erfolgt, grundsätzlich zu entschädigen, und zwar samt einem Zuschlag von mindestens einem Viertel (Art. 321c Abs. 3). Der Zuschlag hat dabei nicht auf der Basis des Lohns der lernenden Person, sondern auf derjenigen des üblichen Lohns eines Hilfsarbeiters zu erfolgen, zumal Überstunden im Interesse des Arbeitgebers und nicht zum Zweck der beruflichen Bildung der lernenden Person geleistet werden (STREIFF/VON KAENEL/RUDOLPH, Art. 345a N 7).

3 Die öffentlich-rechtlichen Rahmenbedingungen für die **Arbeits- und Ruhezeiten** richten sich nach dem ArG und der ArGV 5. Die tägliche Arbeitszeit der Jugendlichen darf nicht mehr als neun Stunden betragen (Art. 31 Abs. 1 ArG). Näheres zur täglichen und wöchentlichen Höchstarbeitszeit ergibt sich aus Art. 10–11 ArGV 5. Jugendliche dürfen bis zum vollendeten 16. Altersjahr nicht zu Überzeitarbeit eingesetzt werden (Art. 31 Abs. 3 ArG). Während der Nacht und an Sonntagen dürfen Jugendliche nicht beschäftigt werden (Art. 31 Abs. 4 Satz 1 ArG). Insbesondere im Interesse der beruflichen Bildung bestehen jedoch Ausnahmen (Art. 31 Abs. 4 Satz 2 ArG, Art. 12 f. ArGV 5).

4 Der Lehrvertrag wird für die Dauer des **Berufsfachschulunterrichts** nicht suspendiert; die lernende Person wird bloss von ihrer Arbeitspflicht freigestellt. Fällt der Unterricht aus irgendwelchen Gründen aus, hat die lernende Person daher ihre Arbeit im Lehrbetrieb bzw. im Lehrbetriebsverbund innerhalb der Arbeitszeit aufzunehmen. Soweit obligatorischer Unterricht in die Arbeitszeit fällt, ist er nach Art. 31 Abs. 1 Satz 2 ArG an die Arbeitszeit anzurechnen. Mit Blick auf Art. 13 Abs. 4 ArGV 1 rechtfertigt es sich, diese Sondervorschrift für jugendliche Arbeitnehmer auch auf die übrigen lernenden Personen anzuwenden. Der Weg zur Berufsfachschule gilt als Arbeitszeit, wenn die Schule vom Lehrbetrieb aus aufgesucht wird (MÜLLER, ArG, 7. Aufl., Zürich 2009, Art. 31 Abs. 1, unter Hinweis auf Art. 13 Abs. 1 ArGV 1).

5 Die **Bildungsverordnungen** können Massnahmen zur Arbeitssicherheit und zum Gesundheitsschutz vorsehen, die allenfalls von den arbeitsgesetzlichen Bestimmungen abweichen (s. Art. 12 Abs. 1 lit. e und Abs. 3 BBV: Bildungsvorschriften, die von Art. 47, Art. 48 Abs. 1 lit. b und Art. 49 ArG abweichen, bedürfen der Zustimmung des SECO). Die Vorschriften fallen unter den Vorbehalt von Art. 71 lit. a ArG. Im Kollisionsfall haben sie daher Vorrang vor den Bestimmungen des Arbeitsgesetzes (MAHON/BENOÎT, in: Arbeitsgesetz, Bern 2005, Art. 71 N 7).

II. Besondere Pflichten der gesetzlichen Vertretung

6 Die gesetzliche Vertretung der lernenden Person hat den Arbeitgeber in der Erfüllung seiner Aufgabe nach Kräften zu unterstützen und das gute Einvernehmen zwischen dem Arbeitgeber und der lernenden Person zu fördern (Art. 345 Abs. 2). Das Gesetz statuiert hier also auch Pflichten zulasten einer nicht am Vertrag beteiligten Drittperson. Die gesetzliche Vertretung der lernenden Person hat sich insb. regelmässig über Leistungen und Verhalten der lernenden Person zu erkundigen (Botschaft, BBl 1962 II 913). Sie hat aber umgekehrt auch ein Recht auf Auskunft über den Bildungsstand der lernenden Person (DBK, Wegweiser durch die Berufslehre, Luzern 2005, 21; s.a. Art. 48 lit. f BBV). Ihre Pflichten bestehen bloss gegenüber

dem Arbeitgeber, nicht auch gegenüber der Berufsfachschule (STREIFF/VON KAENEL/RUDOLPH, N 3). Eine Verletzung dieser Pflichten kann Schadenersatzansprüche des Arbeitgebers begründen. Ausserdem kommt eine fristlose Kündigung des Lehrvertrags durch den Arbeitgeber in Betracht (ZK-STAEHELIN, N 5; STREIFF/VON KAENEL/RUDOLPH, N 3; **a.A.** BK-REHBINDER/STÖCKLI, N 3).

Art. 345*a*

2. Besondere Pflichten des Arbeitgebers

[1] Der Arbeitgeber hat dafür zu sorgen, dass die Berufslehre unter der Verantwortung einer Fachkraft steht, welche die dafür nötigen beruflichen Fähigkeiten und persönlichen Eigenschaften besitzt.

[2] Er hat der lernenden Person ohne Lohnabzug die Zeit freizugeben, die für den Besuch der Berufsfachschule und der überbetrieblichen Kurse und für die Teilnahme an den Lehrabschlussprüfungen erforderlich ist.

[3] Er hat der lernenden Person bis zum vollendeten 20. Altersjahr für jedes Lehrjahr wenigstens fünf Wochen Ferien zu gewähren.

[4] Er darf die lernende Person zu anderen als beruflichen Arbeiten und zu Akkordlohnarbeiten nur so weit einsetzen, als solche Arbeiten mit dem zu erlernenden Beruf in Zusammenhang stehen und die Bildung nicht beeinträchtigt wird.

2. Obligations spéciales de l'employeur

[1] L'employeur veille à ce que la personne en formation soit formée sous la responsabilité d'une personne du métier ayant les capacités professionnelles et les qualités personnelles nécessaires.

[2] Il laisse à la personne en formation, sans réduction de salaire, le temps nécessaire pour suivre les cours de l'école professionnelle et les cours interentreprises, et pour passer l'examen de fin d'apprentissage.

[3] Il accorde à la personne en formation, jusqu'à l'âge de 20 ans révolus, au moins cinq semaines de vacances par année d'apprentissage.

[4] Il ne peut occuper la personne en formation à des travaux étrangers à l'activité professionnelle envisagée et à des travaux aux pièces ou à la tâche que s'ils sont en relation avec l'exercice de la profession et que sa formation n'est pas compromise.

2. Obblighi speciali del datore di lavoro

[1] Il datore di lavoro deve provvedere affinché il tirocinio si svolga sotto la responsabilità di una persona del mestiere che possieda le capacità professionali e qualità personali necessarie.

[2] Il datore di lavoro deve concedere all'apprendista, senza deduzione di salario, il tempo necessario per frequentare la scuola professionale di base e i corsi interaziendali e per sostenere gli esami di fine tirocinio.

[3] Il datore di lavoro deve accordare all'apprendista, fino all'età di 20 anni compiuti, almeno cinque settimane di vacanza per anno di tirocinio.

[4] L'apprendista può essere occupato in lavori diversi da quelli professionali e in lavori a cottimo solo in quanto essi siano in relazione con la professione e non pregiudichino la formazione.

Literatur

Vgl. die Literaturhinweise zur Einleitung vor Art. 319 ff. und zu Art. 344.

Der Arbeitgeber hat der lernenden Person eine *fachgemässe* berufliche Bildung zu gewährleisten (Art. 344). Nach Art. 20 Abs. 1 BBG hat sich der Anbieter der Bildung in beruflicher Praxis für den bestmöglichen Lernerfolg der lernenden Person einzusetzen und diesen periodisch zu überprüfen. Der Arbeitgeber hat dafür zu sorgen, dass die Berufslehre unter der Verantwortung einer Fachkraft, d.h. eines *Berufsbildners* steht, der die nötigen beruflichen Fähig- 1 keiten und persönlichen Eigenschaften besitzt (Art. 345a Abs. 1, Art. 45 Abs. 2 BBG, Art. 44 BBV; Fallbeispiel des Widerrufs der vorausgesetzten Bewilligung nach Art. 20 Abs. 2 BBG wegen Fehlverhaltens des Berufsbildners in BGer, 10.5.2011, 2C_378/2010). Der Berufsbildner hat die lernende Person gemäss der einschlägigen Bildungsverordnung auszubilden. In den Bildungsverordnungen sind die Ziele und Anforderungen der Bildung in beruflicher Praxis geregelt (s. Art. 19 Abs. 2 lit. b BBG). Für deren Planung ist miteinzubeziehen, was in der Berufsfachschule und in den überbetrieblichen Kursen vermittelt wird (DBK, Wegweiser durch die Berufslehre, Luzern 2005, 20). Mangelhafte berufliche Bildung führt zur Schadenersatzpflicht (Kosten, spätere Lohneinbussen; KGer ZG, SJZ 1976, 149).

2 Der Arbeitgeber hat der lernenden Person ohne Lohnabzug die Zeit freizugeben, die für den Besuch der Berufsfachschule und der überbetrieblichen Kurse und für die Teilnahme an den Lehrabschlussprüfungen erforderlich ist (Art. 345a Abs. 2). Unter dem Besuch der *Berufsfachschule* ist die Teilnahme am obligatorischen beruflichen Unterricht zu verstehen. Die *überbetrieblichen Kurse* (früher: «Einführungskurse») ergänzen die Bildung in beruflicher Praxis und die schulische Bildung, wo die zu erlernende Berufstätigkeit dies erfordert (Art. 23 Abs. 1 Satz 2 BBG). Ihr Besuch ist ebenfalls obligatorisch (Art. 23 Abs. 3 Satz 1 BBG). Der Besuch von *Freikursen* erfolgt demgegenüber im Einvernehmen mit dem Arbeitgeber. Bei Uneinigkeit entscheidet der Kanton. Im Falle eines Besuchs von Freikursen darf aber ebenfalls kein Lohnabzug erfolgen (Art. 22 Abs. 3 BBG). Ohne Lohnabzug erfolgt nach Art. 22 Abs. 4 BBG auch der Besuch von *Stützkursen*, welche die Berufsfachschule im Einvernehmen mit dem Arbeitgeber anordnen kann (bei Uneinigkeit entscheidet wiederum der Kanton).

3 Ferner hat der Arbeitgeber der lernenden Person bis zum vollendeten 20. Altersjahr für jedes Lehrjahr wenigstens fünf Wochen Ferien zu gewähren (Art. 345a Abs. 3). Diese Ferienregelung stimmt mit der allgemeinen Vorschrift von Art. 329a Abs. 1 überein.

4 Der Arbeitgeber darf die lernende Person zu anderen als beruflichen Arbeiten und zu Akkordarbeiten nur so weit einsetzen, als solche Arbeiten mit dem zu erlernenden Beruf in Zusammenhang stehen und die Bildung nicht beeinträchtigen (Art. 345a Abs. 4; s.a. Art. 344 N 12). Die Vereinbarung von Provisionen und anderen Arten des Leistungslohns ist indessen zulässig (STREIFF/VON KAENEL/RUDOLPH, N 6). Alle diese Pflichten des Arbeitgebers sind einseitig zwingend (Art. 362).

Art. 346

III. Beendigung
1. Vorzeitige Auflösung

[1] Das Lehrverhältnis kann während der Probezeit jederzeit mit einer Kündigungsfrist von sieben Tagen gekündigt werden.

[2] Aus wichtigen Gründen im Sinne von Artikel 337 kann das Lehrverhältnis namentlich fristlos aufgelöst werden, wenn:

a. der für die Bildung verantwortlichen Fachkraft die erforderlichen beruflichen Fähigkeiten oder persönlichen Eigenschaften zur Bildung der lernenden Person fehlen;
b. die lernende Person nicht über die für die Bildung unentbehrlichen körperlichen oder geistigen Anlagen verfügt oder gesundheitlich oder sittlich gefährdet ist; die lernende Person und gegebenenfalls deren gesetzliche Vertretung sind vorgängig anzuhören;
c. die Bildung nicht oder nur unter wesentlich veränderten Verhältnissen zu Ende geführt werden kann.

III. Fin du contrat
1. Résiliation anticipée

[1] Pendant le temps d'essai, le contrat d'apprentissage peut être résilié en tout temps moyennant un délai de congé de sept jours.

[2] Le contrat d'apprentissage peut être résilié immédiatement pour de justes motifs au sens de l'art. 337, notamment:

a. si la personne responsable de la formation n'a pas les capacités professionnelles ou les qualités personnelles nécessaires pour former la personne en formation;

b. si la personne en formation n'a pas les aptitudes physiques ou intellectuelles indispensables à sa formation ou si sa santé ou sa moralité est compromise; la personne en formation et, le cas échéant, ses représentants légaux, doivent être entendus au préalable;
c. si la formation ne peut être achevée ou ne peut l'être que dans des conditions essentiellement différentes de celles qui avaient été prévues.

III. Fine del rapporto di tirocino
1. Disdetta anticipata

[1] Durante il tempo di prova, il rapporto di tirocinio può essere disdetto in qualsiasi tempo con un preavviso di sette giorni.

[2] Il rapporto di tirocinio può essere disdetto immediatamente per cause gravi nel senso dell'articolo 337, segnatamente se:
a. la persona del mestiere responsabile della formazione non possiede le capacità professionali o qualità personali necessarie per la formazione dell'apprendista;
b. l'apprendista non possiede le attitudini fisiche o intellettuali indispensabili alla sua formazione o se la sua salute o moralità sono compromesse; l'apprendista e, se del caso, i suoi rappresentanti legali devono essere preventivamente sentiti;
c. la formazione non può essere terminata o lo può essere soltanto in condizioni essenzialmente diverse da quelle previste.

Literatur

Dufner, Die vorzeitige Auflösung des Lehrvertrages, Diss., Fribourg 1988; vgl. ausserdem die Literaturhinweise zur Einleitung vor Art. 319 ff. und zu Art. 344.

I. Auflösung des Lehrvertrags im Allgemeinen

1 Weil der Lehrvertrag auf **bestimmte Zeit** geschlossen wird (befristetes Arbeitsverhältnis), endet das Lehrverhältnis normalerweise mit Ablauf der vereinbarten Dauer der beruflichen Bildung. Zu einer *vorzeitigen Auflösung* des Lehrverhältnisses kann es kommen durch:
- Kündigung während der Probezeit (Art. 346 Abs. 1);
- Kündigung aus wichtigem Grund (Art. 346 Abs. 2);
- Aufhebungsvertrag (Art. 115 analog);
- Aufhebung durch den Kanton (Art. 24 Abs. 5 lit. b BBG);
- Aufhebung eines ungültigen Lehrvertrags (Art. 320 Abs. 3);
- Tod der lernenden Person (Art. 338 Abs. 1);
- Tod des Arbeitgebers im Ausnahmefall (Art. 338a Abs. 2).

2 Wird der Lehrvertrag aufgelöst, so hat der Anbieter von Bildung in beruflicher Praxis umgehend die kantonale Behörde und gegebenenfalls die Berufsfachschule zu benachrichtigen (kein Gültigkeitserfordernis für die Kündigung, OGer BE, JAR 2005, 361; TC FR, JAR 1999, 346). Wird ein Betrieb geschlossen oder vermittelt er die berufliche Grundbildung nicht mehr nach den gesetzlichen Vorschriften, so sorgen die kantonalen Behörden nach Möglichkeit dafür, dass eine begonnene Grundbildung ordnungsgemäss beendet werden kann (Art. 14 Abs. 4 und 5 BBG).

II. Kündigung während der Probezeit

3 Während der Probezeit kann das Lehrverhältnis von beiden Seiten jederzeit mit einer Kündigungsfrist von sieben Tagen beendet werden (Art. 346 Abs. 1). Da Art. 346 beidseitig zwingend ist, kann diese gesetzliche Kündigungsfrist vertraglich weder verlängert noch verkürzt werden, und auch ein Kündigungstermin kann nicht vereinbart werden. Die Probezeit darf nicht weniger als einen Monat und nicht mehr als drei Monate betragen. Haben die Vertragsparteien im Lehrvertrag keine Probezeit festgelegt, so gilt eine Probezeit von drei Monaten (Art. 344a Abs. 3). Diese beginnt mit dem Antritt der beruflichen Grundbildung unter dem

entsprechenden Lehrvertrag (Art. 8 Abs. 3 Satz 1 BBV). Im Falle einer Stufenausbildung dauert sie für einen Bildungsteil i.d.R. einen Monat (Art. 8 Abs. 3 Satz 2 BBV). Vor ihrem Ablauf kann die Probezeit durch Abrede der Parteien unter Zustimmung der kantonalen Behörde ausnahmsweise auf sechs Monate verlängert werden (Art. 344a Abs. 4).

III. Kündigung aus wichtigem Grund

4 Liegt ein wichtiger Grund vor, ist eine fristlose Auflösung des Lehrverhältnisses durch Kündigung möglich (Art. 337). Ein wichtiger Grund ist insb. das Fehlen der zur beruflichen Bildung erforderlichen Fähigkeiten und Eigenschaften auf Seiten der lernenden Person oder auf Seiten des Berufsbildners sowie das Fehlen objektiver Gegebenheiten, die zur erfolgreichen Durchführung der beruflichen Bildung erforderlich sind (Art. 346 Abs. 2). Im Übrigen gelten grundsätzlich die allgemeinen Regeln von Art. 337 ff. Bei der Würdigung der Umstände ist auch die noch verbleibende Vertragsdauer zu berücksichtigen; je länger sie ist, desto schwieriger ist die Wiederherstellung des erschütterten Vertrauensverhältnisses (TC FR, JAR 1999, 344).

5 In Frage kommt auch eine fristlose Kündigung aus objektiven Gründen, die von keiner Vertragspartei zu verantworten sind (TC FR, JAR 2002, 327 f.). Zu denken ist etwa an den Fall, dass der Arbeitgeber den Geschäftszweig einstellen muss, in dem die lernende Person tätig ist, weil die Konkurrenzlage oder der Konjunkturverlauf ihn dazu zwingen (Streiff/von Kaenel/Rudolph, N 6). Eine ausserordentliche Kündigung mit Gewährung einer Sozialfrist ist zulässig (Art. 337 N 7; BGE 140 I 320; OGer BE, JAR 2005, 361: i.c. eine Woche; TC FR, JAR 1999, 346: ein Monat). In Abweichung von den allgemeinen Regeln zu Art. 337 muss der Arbeitgeber in den von Art. 346 Abs. 2 lit. b genannten Fällen die lernende Person und gegebenenfalls deren gesetzliche Vertretung vor der ausserordentlichen Kündigung anhören. Die Anhörung ist Gültigkeitserfordernis der Kündigung (Art. 11 Abs. 2 analog).

6 Aus der neueren Praxis zur Auflösung des Lehrverhältnisses aus wichtigem Grund sind folgende Beispiele anzuführen:
- gerechtfertigte Auflösung nach (trotz Verwarnung) wiederholtem Fernbleiben, verspätetem Einreichen von ärztlichen Zeugnissen und eigenmächtigem Ferienbezug (BGer, 19.12.2012, 4A_531/2012);
- gerechtfertigte Auflösung bei mit an Sicherheit grenzender Wahrscheinlichkeit absehbarem Scheitern an der Lehrabschlussprüfung, sehr schlechte schulische Leistungen, nicht ausreichendes Mitarbeiten, Stören und unentschuldigtes Fehlen (GSGer BS, JAR 2011, 425);
- gerechtfertigte Auflösung durch den Arbeitgeber wegen fehlender Motivation und mangelhafter Arbeitsleistung der lernenden Person nach mehreren Verwarnungen; erhebliche Kompromittierung des Bildungszwecks (TC FR, JAR 1999, 344 ff.);
- gerechtfertigte Auflösung durch die lernende Person wegen gespannter, für die Erreichung der Bildungsziele abträglicher Atmosphäre; kein Verschulden des Berufsbildners am gestörten Vertrauensverhältnis erforderlich (OGer LU, JAR 2001, 354 f.);
- gerechtfertigte Auflösung durch die lernende Person wegen Fehlens einer verantwortlichen Person für die berufliche Bildung während längerer Zeit oder wegen mehrmaligen Wechsels der verantwortlichen Person (OGer AR JAR 1990, 349; TC FR, JAR 2002, 327 f.);
- ungerechtfertigte Auflösung nach Pflichtverletzungen eines Mechatroniklehrlings (BGer 8.10.2014, 4A_188/2014, ungenügende Verwarnung);
- ungerechtfertigte Auflösung durch den Arbeitgeber, wenn sich eine lernende Person aus einer schweren Depression heraus unflätig gegenüber dem Arbeitgeber und Mitarbeitern benimmt und handgreiflich wird (CAPH GE, JAR 2000, 257 f.);
- ungerechtfertigte Auflösung durch den Arbeitgeber wegen schwierigen Charakters der lernenden Person; Verhaltensschwierigkeiten sind kennzeichnend für das Alter, in dem eine

berufliche Grundbildung üblicherweise absolviert wird, und müssen bis zu einem gewissen Grad toleriert werden (OGer BE, JAR 2005, 361: i.c. 18-jährige lernende Person; CAPH GE, JAR 1998, 263; wenn die lernende Person bereits 22 Jahre alt ist, darf allerdings eine ernsthaftere Einstellung zum Berufsleben erwartet werden, CAPH GE, JAR 2006, 459).

Der Arbeitgeber hat die Kündigung der *lernenden Person* gegenüber zu erklären. Im Falle einer nicht volljährigen lernenden Person ist sie zudem deren *gesetzlichen Vertretung* gegenüber zu erklären. Die noch nicht volljährige lernende Person kann die Kündigung bloss mit Zustimmung ihrer gesetzlichen Vertretung rechtswirksam vornehmen; denn mit der Kündigung wird kein höchstpersönliches Recht ausgeübt (BK-BUCHER, Bd. I/2/1, Bern 1976, Art. 19 N 325). Selbst in extremen Fällen kann die lernende Person die Kündigung nicht selbständig aussprechen; ihr stehen andere Mittel offen, um ihre Persönlichkeit zu schützen, z.B. die Leistungsverweigerung oder die Einschaltung der kantonalen Behörde (STREIFF/VON KAENEL/RUDOLPH, N 4). 7

Die **Rechtsfolgen** der *ungerechtfertigten* fristlosen Kündigung bestimmen sich grundsätzlich nach Art. 337c f. (VISCHER/MÜLLER, 379). Der im Fall einer ungerechtfertigten fristlosen Kündigung *durch den Arbeitgeber* nach Art. 337c Abs. 1 und Art. 97 Abs. 1 geschuldete Schadenersatz umfasst auch: 8

- den bereits entstandenen und den zukünftigen Schaden der *lernenden Person*, insb. den Schaden, der dadurch entsteht, dass sich die Dauer der beruflichen Grundbildung wegen des Stellenwechsels verlängert (OGer BE, JAR 2005, 367);
- die Umtriebe der *gesetzlichen Vertretung der lernenden Person* (OGer BE, JAR 2005, 366; AGer ZH, JAR 1981, 290 f., u.a. unter Berufung auf die besondere Natur des Lehrverhältnisses).

Bei einer ungerechtfertigten fristlosen Kündigung *durch die lernende Person* besteht kein Grund, von Art. 337d abzuweichen. So ist eine lernende Person, die ihre Stelle in einem Kleinbetrieb verlassen hatte, unmittelbar bevor sie eine Ferienvertretung hätte übernehmen sollen, zur Leistung von Schadenersatz in Höhe von 3½ Monatslöhnen verurteilt worden (TC NE, JAR 1984, 267). Kein Schadensposten ergibt sich daraus, dass der Arbeitgeber – vor allem zu Beginn der beruflichen Grundbildung – Investitionen in die berufliche Bildung der lernenden Person getätigt hat, die sich nicht auszahlen, wenn der Lernende nicht wenigstens den Hauptteil der beruflichen Grundbildung absolviert; die Kosten des Arbeitgebers werden durch den regelmässig tiefen Lohn der lernenden Person kompensiert (TC FR, JAR 2003, 347; AGer ZH, JAR 2007, 533). Hingegen kann nach BGer, JAR 2007, 322 als Schaden berücksichtigt werden, dass vom Arbeitgeber in der ersten Hälfte der vorgesehenen beruflichen Grundbildung aufgebrachte *Kurskosten* wegen der vorzeitigen Beendigung des Lehrverhältnisses nutzlos geworden sind (differenzierend AGer ZH, JAR 2007, 533). 9

IV. Aufhebung durch den Kanton

Die Kantone können im Rahmen ihrer Aufsicht einen Lehrvertrag aufheben (Art. 24 Abs. 5 lit. b BBG). Diese Massnahme fällt insb. in Betracht, wenn der Erfolg der beruflichen Grundbildung in Frage gestellt ist oder die gesetzlichen Vorschriften nicht eingehalten werden. Die Vertragspartei, welche die behördliche Aufhebung des Lehrvertrags verschuldet hat, kann der anderen Partei gegenüber schadenersatzpflichtig werden (vgl. STREIFF/VON KAENEL/RUDOLPH, N 8). 10

V. Aufhebung eines ungültigen Lehrvertrags

Leistet die lernende Person in gutem Glauben Arbeit im Dienst des Arbeitgebers auf Grund eines Lehrvertrags, der sich nachträglich als ungültig erweist, so haben beide Parteien die Pflichten aus dem Lehrverhältnis in gleicher Weise wie aus gültigem Vertrag zu erfüllen, bis dieses wegen Ungültigkeit des Vertrags vom einen oder andern aufgehoben wird (Art. 320 11

Abs. 3). Nachdem das BGer die von Art. 320 Abs. 3 verlangte Gutgläubigkeit des Arbeitnehmers allgemein nur verneint, wenn diesem positive Kenntnis der Ungültigkeitsfolge nachgewiesen werden kann (BGE 132 III 242), dürfte es entbehrlich sein, die Voraussetzung der Gutgläubigkeit bei lernenden Personen (auf dogmatisch unsicherem Boden) ganz entfallen zu lassen (so VISCHER/MÜLLER, 376). Eine Pflichterfüllung wie aus gültigem Vertrag ist dem Arbeitgeber dann nicht möglich, wenn ausnahmsweise keine berufsbildungsrechtliche Anrechnung der beruflichen Bildung auf die vorgeschriebene Dauer der beruflichen Bildung in einem anderen Betrieb erfolgen kann (etwa weil der Berufsfachschulbesuch unterlassen wurde, STREIFF/VON KAENEL/RUDOLPH, Art. 344a OR N 3). Der Arbeitgeber hat dann für die geleistete Arbeit während der Dauer der beruflichen Bildung die Differenz zwischen dem ausbezahlten Lohn und dem üblichen Hilfsarbeiterlohn nachzuzahlen (Art. 320 Abs. 2; BRUNNER/BÜHLER/WAEBER/BRUCHEZ, Art. 344–346a N 4; vgl. KGer FR, JAR 2013, 454; KGer SH, JAR 1995, 232). Unter Umständen kann auch ein freies Lehrverhältnis vorliegen (Art. 344 N 16).

VI. Verkürzung oder Verlängerung des Lehrverhältnisses

12 Die individuellen Bedürfnisse der lernenden Person können eine Verlängerung oder Verkürzung der beruflichen Grundbildung rechtfertigen (Art. 18 Abs. 1 BBG). Eine Verlängerung hat namentlich im Fall zu erfolgen, in dem die lernende Person die Abschlussprüfung nicht bestanden hat. Eine Verkürzung ist bei vorzeitigem Bestehen der Abschlussprüfung angezeigt. Die zeitliche Anpassung des Lehrvertrags bedarf einer *schriftlichen* Vereinbarung der Parteien (Art. 344a Abs. 2) sowie der Zustimmung durch die kantonale Behörde (Art. 8 Abs. 7 BBV). Sind die Erfordernisse einer Verlängerung nicht erfüllt, so liegt in der Fortsetzung des Lehrverhältnisses entgegen BGE 103 II 128 keine stillschweigende Verlängerung des Lehrvertrags, sondern allenfalls der stillschweigende Abschluss eines gewöhnlichen Einzelarbeitsvertrags (BK-REHBINDER/STÖCKLI, Art. 344a OR N 3). Um eine Verkürzung oder Verlängerung der beruflichen Grundbildung der lernenden Person zu erreichen, kann die kantonale Behörde den Vertragsparteien empfehlen, den Lehrvertrag anzupassen (Art. 11 Abs. 3 BBV). Anstelle einer Verkürzung kann die nötige Anpassung des Lehrvertrags auch mittels Vertragsaufhebung durch die kantonale Behörde nach Art. 24 Abs. 5 lit. b BBG erfolgen.

VII. Weiterbeschäftigung der lernenden Person nach Beendigung des Lehrverhältnisses

13 Unter dem alten Berufsbildungsgesetz hatte der Arbeitgeber der lernenden Person spätestens drei Monate vor Abschluss der beruflichen Grundbildung mitzuteilen, ob sie nachher im Betrieb weiterbeschäftigt werden kann (Art. 22 Abs. 6 aBBG). Seit der Revision des BBG ist diese Verpflichtung aus der Fürsorgepflicht des Arbeitgebers abzuleiten. Die Verletzung dieser Pflicht führt zu keiner Übernahmeverpflichtung des Arbeitgebers; in Frage kommen bloss Schadenersatzansprüche (ZK-STAEHELIN, 3. Aufl., Art. 344a OR N 6). Eine Pflicht zur Weiterbeschäftigung der lernenden Person besteht ganz allgemein nicht. Kommt es dennoch zum Abschluss eines Arbeitsvertrags, so wandelt sich das Ausbildungsverhältnis zu einem gewöhnlichen Arbeitsverhältnis. Für Rechtspositionen, die von einer bestimmten Dauer der Betriebszugehörigkeit des Arbeitnehmers abhängen (vgl. z.B. Art. 324a, 335c, 339b), wird dann die Dauer der beruflichen Bildung zur Laufzeit des Arbeitsvertrags hinzugerechnet (BGE 129 III 127; BGer, JAR 1998, 285; BRUNNER/BÜHLER/WAEBER/BRUCHEZ, Art. 344–346a N 3). Wegen Art. 344a Abs. 6 kann der Arbeitsvertrag erst nach Ablauf des Lehrvertrags abgeschlossen werden. Den Antrag zum Abschluss des Arbeitsvertrags kann der *Arbeitgeber* allerdings noch während der Dauer des Lehrvertrags abgeben (ZK-STAEHELIN, Art. 344a OR N 6; STREIFF/VON KAENEL/RUDOLPH, Art. 344a N 8). Eine neue Probezeit ist bei der Fortsetzung eines Lehrverhältnisses nicht gegeben und darf auch nicht vereinbart werden (BGE 129 III 127; AGer ZH, JAR 1989, 157).

Art. 346*a*

2. Lehrzeugnis

[1] Nach Beendigung der Berufslehre hat der Arbeitgeber der lernenden Person ein Zeugnis auszustellen, das die erforderlichen Angaben über die erlernte Berufstätigkeit und die Dauer der Berufslehre enthält.

[2] Auf Verlangen der lernenden Person oder deren gesetzlichen Vertretung hat sich das Zeugnis auch über die Fähigkeiten, die Leistungen und das Verhalten der lernenden Person auszusprechen.

2. Certificat d'apprentissage

[1] L'employeur délivre à la personne en formation, au terme de l'apprentissage, un certificat indiquant l'activité professionnelle apprise et la durée de l'apprentissage.

[2] A la demande de la personne en formation ou de son représentant légal, le certificat porte aussi sur les aptitudes, le travail et la conduite de la personne en formation.

2. Attestato di tirocinio

[1] Terminato il tirocinio, il datore di lavoro deve rilasciare all'apprendista un attestato contenente le necessarie indicazioni sull'attività professionale imparata e sulla durata del tirocinio.

[2] A richiesta dell'apprendista o del suo rappresentante legale, l'attestato deve contenere anche indicazioni sulle attitudini, sulle prestazioni e sulla condotta dell'apprendista.

Literatur

Vgl. die Literaturhinweise zur Einleitung vor Art. 319 ff. und zu Art. 344.

Nach Beendigung des Lehrverhältnisses hat der Arbeitgeber der lernenden Person ein entsprechendes **Zeugnis** auszustellen, das in Abweichung zu Art. 330a *nur auf Verlangen* der lernenden Person oder deren gesetzlichen Vertretung auch Angaben über Fähigkeiten, Leistungen und Verhalten enthalten soll (für Einzelheiten dazu s. Art. 330a N 1 ff.). Um der lernenden Person die Suche einer Stelle für die Zeit (unmittelbar) nach Beendigung des Lehrverhältnisses zu erleichtern, ist die Entstehung des Anspruchs – über den Wortlaut des Gesetzes hinaus – bereits vor Beendigung des Lehrverhältnisses anzunehmen (STREIFF/VON KAENEL/RUDOLPH, N 3). Ferner erhält die lernende Person nach Bestehen der Abschlussprüfung ein **Berufsattest** oder ein **Fähigkeitszeugnis** der kantonalen Behörde (Art. 37 f. BBG). 1

B. Der Handelsreisendenvertrag

Art. 347

I. Begriff und Entstehung
1. Begriff

[1] Durch den Handelsreisendenvertrag verpflichtet sich der Handelsreisende, auf Rechnung des Inhabers eines Handels-, Fabrikations- oder andern nach kaufmännischer Art geführten Geschäftes gegen Lohn Geschäfte jeder Art ausserhalb der Geschäftsräume des Arbeitgebers zu vermitteln oder abzuschliessen.

[2] Nicht als Handelsreisender gilt der Arbeitnehmer, der nicht vorwiegend eine Reisetätigkeit ausübt oder nur gelegentlich oder vorübergehend für den Arbeitgeber tätig ist, sowie der Reisende, der Geschäfte auf eigene Rechnung abschliesst.

I. Définition et formation
1. Définition

[1] Par le contrat d'engagement des voyageurs de commerce, le voyageur de commerce s'oblige, contre paiement d'un salaire, à negocier ou à conclure, pour le compte d'un commerçant, d'un industriel ou d'un autre chef d'entreprise exploitée en la forme commerciale, des affaires de n'importe quelle nature hors de l'établissement.

[2] N'est pas considéré comme voyageur de commerce le travailleur qui n'exerce pas principalement une activité de voyageur ou qui ne travaille qu'occasionnellement ou passagèrement pour l'employeur, de même que le voyageur qui fait des affaires pour son propre compte.

I. Definizione e formazione
1. Definizione

[1] Mediante il contratto d'impiego del commesso viaggiatore, questi si obbliga, per conto d'un commerciante, industriale o capo d'azienda d'altro genere gestita in forma commerciale, a trattare o concludere fuori dei locali dell'azienda affari di qualsiasi natura, contro rimunerazione.

[2] Non è considerato commesso viaggiatore il lavoratore che prevalentemente non viaggia o che lavora soltanto occasionalmente o transitoriamente per il datore di lavoro, nonché il viaggiatore che conclude affari per conto proprio.

Literatur

D. Aubert, Le contrat de travail des voyageurs de commerce, Diss., Lausanne 2010; Hirt, Zum Begriff des Handelsreisendenvertrags, ArbR 1991, 63 ff.

I. Gesetzliche Regelung

1 Der Handelsreisendenvertrag wird heute durch die Art. 347 ff. und subsidiär durch die Art. 319 ff. geordnet (s. Art. 355). Schon vor längerer Zeit aufgehoben wurde das Bundesgesetz vom 13.6.1941 über das Anstellungsverhältnis der Handelsreisenden. Das Bundesgesetz vom 4.10.1930 über die Handelsreisenden (Handelsreisendengesetz, HRG) wurde durch das Bundesgesetz vom 23.3.2001 über das Gewerbe der Reisenden (**Reisendengewerbegesetz**, RGG, SR 943.1) abgelöst. Der Geltungsbereich dieses Gesetzes ist beschränkt auf Reisende, die Konsumenten Waren oder Dienstleistungen anbieten (Art. 1 Abs. 1 RGG). Handelsreisende, die nur Unternehmen oder Kaufleute besuchen, werden demnach nicht erfasst. Das Gesetz gewährleistet, dass die Reisenden ihr Gewerbe im ganzen Gebiet der Schweiz ausüben können, und legt zum Schutz des Publikums die Mindestanforderungen für die Ausübung des Reisendengewerbes fest (Art. 1 Abs. 2 RGG). Im Mittelpunkt steht die Einholung und Erteilung einer *Bewilligung*, die in Form einer Ausweiskarte erfolgt. Die Ausführungsbestimmungen sind in der Verordnung vom 4.9.2002 über das Gewerbe der Reisenden enthalten (Reisendengewerbeverordnung, RGV, SR 943.11). Nicht auf Handelsreisende anwendbar ist das **Arbeitsgesetz** (Art. 3 lit. g ArG).

II. Wesensmerkmale und Abgrenzung

2 Der Handelsreisendenvertrag ist ein Arbeitsvertrag mit der Besonderheit, dass der Arbeitnehmer *ausserhalb der Geschäftsräume* seines Arbeitgebers tätig sein soll. Arbeitgeber kann nur der Inhaber eines Handels-, Fabrikations- oder anderen nach kaufmännischer Art geführten Geschäftes sein, also der Inhaber einer eintragungspflichtigen Firma nach Art. 934. Diesem gegenüber verpflichtet sich der Handelsreisende nach der Legaldefinition in Art. 347 Abs. 1, gegen Lohn Geschäfte jeder Art ausserhalb der Geschäftsräume auf dessen Rechnung zu vermitteln oder abzuschliessen.

3 Der Handelsreisendenvertrag ist nach mehreren Seiten hin **abzugrenzen**. Keine Handelsreisenden sind insb.:
- *Angestellte im Innendienst.* Diese schliessen Geschäfte für ihren Arbeitgeber vorwiegend in dessen Geschäftsräumen ab und üben höchstens nebenbei (d.h. während weniger als der Hälfte der Arbeitszeit) eine Reisetätigkeit aus (s. TC VD, JAR 2010, 655; Frage offengelassen für einen «conseiller économique» in BGE 139 III 214).
- *Reisende*, die Geschäfte *auf eigene Rechnung* abschliessen.
- *Reisende*, die *Einkaufsgeschäfte mit Lieferanten* besorgen. Das Tätigkeitsfeld des Handelsreisenden betrifft nur Absatzgeschäfte mit Kunden, dies entgegen des zu engen Wortlauts von Art. 347 Abs. 1 («Geschäfte jeder Art»).

- *Hausierer*. Die Hausierer führen Waren mit sich und versuchen, diese ohne vorherige Bestellung an Ort und Stelle zu verkaufen. Der Handelsreisende hingegen führt Waren nur aufgrund von Bestellungen mit sich und versucht im Übrigen bloss anhand von Mustern und Proben, Verträge zu vermitteln oder abzuschliessen.
- *Agenten*. Ein Agent wird dauernd für einen oder mehrere Auftraggeber tätig, «ohne zu den Auftraggebern in einem Arbeitsverhältnis zu stehen» (Art. 418a Abs. 1; s. für strittige Fallbeispiele BGer, Pra 2014, 444 ff.; BGer, 21.6.2011, 4A_184/2011; CAPH GE, JAR 2013, 459; ZivGer BS, JAR 1980, 314; TC VD, JAR 2010, 617). Der Agent arbeitet also selbständig, der Handelsreisende weisungsgebunden. Die Weisungsabhängigkeit des Handelsreisenden zeigt sich insb. an der Bindung an bestimmte Arbeitszeiten oder Reiserouten. Auch die Pflicht, der vertretenen Firma regelmässig Bericht zu erstatten, ist typisch für das Subordinationsverhältnis des Handelsreisenden. Die Tatsache, dass eine gewisse Anzahl Kunden besucht oder ein minimaler Umsatz erzielt werden muss, spricht ebenfalls für das Vorhandensein eines Handelsreisendenvertrags (BGE 129 III 668). Vgl. auch BGer, ARV 2012, 38 für einen Fall, bei dem zunächst ein Arbeitsverhältnis vorlag, das später in ein Agenturverhältnis überführt wurde (strittige Kundschaftsentschädigung nach Art. 418u).
- *Personen*, die nur *gelegentlich* (d.h. hier spezifisch: ohne Pflicht zum Tätigwerden) oder *vorübergehend* für den Arbeitgeber tätig sind (Art. 347 Abs. 2).

Art. 347*a*

2. Entstehung und Inhalt

1 Das Arbeitsverhältnis ist durch schriftlichen Vertrag zu regeln, der namentlich Bestimmungen enthalten soll über:
a. die Dauer und Beendigung des Arbeitsverhältnisses,
b. die Vollmachten des Handelsreisenden,
c. das Entgelt und den Auslagenersatz,
d. das anwendbare Recht und den Gerichtsstand, sofern eine Vertragspartei ihren Wohnsitz im Ausland hat.

2 Soweit das Arbeitsverhältnis nicht durch schriftlichen Vertrag geregelt ist, wird der im vorstehenden Absatz umschriebene Inhalt durch die gesetzlichen Vorschriften und durch die üblichen Arbeitsbedingungen bestimmt.

3 Die mündliche Abrede gilt nur für die Festsetzung des Beginns der Arbeitsleistung, der Art und des Gebietes der Reisetätigkeit sowie für weitere Bestimmungen, die mit den gesetzlichen Vorschriften und dem schriftlichen Vertrag nicht in Widerspruch stehen.

2. Formation et objet

1 Le contrat doit être fait par écrit et régler notamment:
a. la durée et la fin du contrat;
b. les pouvoirs du voyageur;
c. la rémunération et le remboursement des frais;
d. le droit applicable et le for, lorsqu'une des parties est domiciliée à l'étranger.

2 A défaut de contrat écrit, les questions visées à l'alinéa précédent sont réglées par les dispositions légales et, au surplus, par les conditions habituelles de travail.

3 Un accord verbal ne peut porter que sur le début des services, sur les modalités et le rayon des voyages, ainsi que sur d'autres clauses ne contrevenant pas aux prescriptions légales ou aux stipulations écrites.

2. Formazione e contenuto

1 Il contratto deve essere concluso per scritto e disciplinare segnatamente:
a. la durata e la fine del rapporto d'impiego;
b. i poteri conferiti al commesso viaggiatore;
c. la rimunerazione ed il rimborso delle spese;
d. il diritto applicabile ed il foro, quando una delle parti è domiciliata all'estero.

2 In quanto il rapporto d'impiego non è disciplinato da un contratto scritto, i punti elencati nel precedente capoverso sono retti dalle disposizioni legali e, inoltre, dalle condizioni usuali d'impiego.

[3] Possono essere oggetto d'una semplice intesa verbale solamente la fissazione dell'inizio dell'impiego, la determinazione del genere e del raggio d'attività, nonché altre clausole non contrarie alle disposizioni della legge e del contratto scritto.

1 Für den Abschluss des Handelsreisendenvertrags ist im Interesse beider Parteien vorgeschrieben, dass der **Vertrag schriftlich** niedergelegt werden muss. Der Vertrag soll Angaben über Dauer und Beendigung des Arbeitsverhältnisses, die Vollmachten des Handelsreisenden, das Entgelt und den Auslagenersatz enthalten, ferner das anwendbare Recht und den Gerichtsstand, sofern eine Vertragspartei ihren Wohnsitz im Ausland hat. Wird gegen das Erfordernis der Schriftform verstossen, so ist der Vertrag **gleichwohl gültig**, nur wird der eben aufgezählte notwendige Vertragsinhalt durch die gesetzlichen Vorschriften und die üblichen Arbeitsbedingungen bestimmt (Fallbeispiel: AGer ZH, Entscheide 2011, Nr. 21).

2 **Mündliche Abreden** gelten nur für die Festsetzung des Beginns des Arbeitsverhältnisses, der Art und des Gebietes der Reisetätigkeit sowie für andere Regelungen, die mit den gesetzlichen Vorschriften und dem schriftlichen Vertrag nicht in Widerspruch stehen (Art. 347a Abs. 3). Dennoch gestattete das BGer in BGE 116 II 700 einem Handelsreisenden, auf Grund einer mündlichen Vereinbarung Provisionsguthaben zu verlangen, wie sie vorher während über fünf Jahren vom Arbeitgeber vorbehaltlos und regelmässig anerkannt und ausbezahlt worden waren. Das Gericht wertete die Berufung des Arbeitgebers auf den Formmangel als rechtsmissbräuchlich und gewährte dem Handelsreisenden den entsprechenden Provisionsanspruch, obschon als Grundsatz gilt, dass aus dem Rechtsmissbrauchsverbot kein Anspruch auf Vertragserfüllung abgeleitet werden kann.

Art. 348

II. Pflichten und Vollmachten des Handelsreisenden
1. Besondere Pflichten

[1] Der Handelsreisende hat die Kundschaft in der ihm vorgeschriebenen Weise zu besuchen, sofern nicht ein begründeter Anlass eine Änderung notwendig macht; ohne schriftliche Bewilligung des Arbeitgebers darf er weder für eigene Rechnung noch für Rechnung eines Dritten Geschäfte vermitteln oder abschliessen.

[2] Ist der Handelsreisende zum Abschluss von Geschäften ermächtigt, so hat er die ihm vorgeschriebenen Preise und andern Geschäftsbedingungen einzuhalten und muss für Änderungen die Zustimmung des Arbeitgebers vorbehalten.

[3] Der Handelsreisende hat über seine Reisetätigkeit regelmässig Bericht zu erstatten, die erhaltenen Bestellungen dem Arbeitgeber sofort zu übermitteln und ihn von erheblichen Tatsachen, die seinen Kundenkreis betreffen, in Kenntnis zu setzen.

II. Obligations et pouvoirs du voyageur de commerce
1. Obligations spéciales

[1] Le voyageur visite la clientèle de la manière qui lui a été prescrite, à moins qu'un motif justifié ne l'oblige à s'en écarter; sauf autorisation écrite de l'employeur, il ne peut négocier ou conclure d'affaires ni pour son propre compte, ni pour le compte de tiers.

[2] Si le voyageur est autorisé à conclure des affaires, il observe les prix et autres conditions qui lui sont prescrits et il réserve pour toute dérogation le consentement de l'employeur.

[3] Le voyageur fait régulièrement rapport sur son activité, transmet immédiatement à l'employeur toutes les commandes qu'il a reçues et porte à sa connaissance tous les faits importants qui concernent le cercle de sa clientèle.

II. Obblighi e poteri del commesso viaggiatore
1. Obblighi speciali

[1] Il commesso viaggiatore deve visitare la clientela nel modo prescrittogli, a meno che giusti motivi lo costringano a derogarvi; senza autorizzazione scritta del datore di lavoro egli non può trattare né concludere affari per conto proprio o per conto di terzi.

[2] Il commesso viaggiatore, se è autorizzato a concludere affari, deve attenersi ai prezzi ed alle altre condizioni a lui prescritte e riservare il consenso del datore di lavoro per ogni deroga.

[3] Il commesso viaggiatore è tenuto a fare regolarmente rapporto sulla sua attività, a trasmettere immediatamente le ordinazioni ricevute al datore di lavoro ed a comunicargli tutti i fatti rilevanti concernenti la sua cerchia di clientela.

Ist nichts anderes vereinbart, so hat der Handelsreisende die folgenden besonderen Pflichten: Er muss die Kundschaft in der vorgeschriebenen Weise besuchen, z.B. zu bestimmten *Zeiten*, an bestimmten *Orten* oder in bestimmter *Reihenfolge*. Von den *Weisungen* des Arbeitgebers darf er nur aus begründetem Anlass abweichen, z.B. wegen lokaler Feiertage, Verkehrsunterbrüchen oder -erschwerungen, Messen, Märkten u.dgl. Mit Bezug auf die Vermittlung oder den Abschluss von Geschäften muss er *ausschliesslich für den Arbeitgeber* tätig sein, es sei denn, eine entsprechende Tätigkeit für eigene oder fremde Rechnung wurde ihm durch schriftliche Bewilligung des Arbeitgebers erlaubt. Diese Pflicht ist nicht auf eine *konkurrenzierende* Vermittlungs- oder Abschlusstätigkeit beschränkt. 1

Hat der Handelsreisende eine **Abschlussvollmacht** – die nur in schriftlicher Form gültig ist (Art. 348b Abs. 1) – muss er die vorgeschriebenen Preise und sonstigen Geschäftsbedingungen einhalten bzw. sich bei Abweichungen die Zustimmung des Arbeitgebers vorbehalten. Schliesslich hat er dem Arbeitgeber regelmässig über seine Tätigkeit, insb. über Zeit, Ort und Dauer der *Kundenbesuche*, zu berichten, ihm die erhaltenen Bestellungen sofort, d.h. mindestens *täglich*, zu übermitteln und ihn auch von sonstigen erheblichen Tatsachen in Kenntnis zu setzen, die den Kundenkreis betreffen, z.B. etwa von aufgetretenen *Produktefehlern*. Die gewerbepolizeiliche Kontrolle ist im Bundesgesetz vom 23.3.2001 über das Gewerbe der Reisenden geregelt (Art. 347 N 1). 2

Art. 348*a*

2. Delcredere

[1] Abreden, dass der Handelsreisende für die Zahlung oder anderweitige Erfüllung der Verbindlichkeiten der Kunden einzustehen oder die Kosten der Einbringung von Forderungen ganz oder teilweise zu tragen hat, sind nichtig.

[2] Hat der Handelsreisende Geschäfte mit Privatkunden abzuschliessen, so kann er sich schriftlich verpflichten, beim einzelnen Geschäft für höchstens einen Viertel des Schadens zu haften, der dem Arbeitgeber durch die Nichterfüllung der Verbindlichkeiten der Kunden erwächst, vorausgesetzt dass eine angemessene Delcredere-Provision verabredet wird.

[3] Bei Versicherungsverträgen kann sich der reisende Versicherungsvermittler schriftlich verpflichten, höchstens die Hälfte der Kosten der Einbringung von Forderungen zu tragen, wenn eine Prämie oder deren Teile nicht bezahlt werden und er deren Einbringung im Wege der Klage oder Zwangsvollstreckung verlangt.

2. Ducroire

[1] Sont nuls les accords en vertu desquels le voyageur de commerce répond du paiement ou d'un autre mode d'exécution des obligations de la clientèle ou supporte tout ou partie des frais de recouvrement de créances.

[2] Lorsque le voyageur est chargé de conclure des affaires avec la clientèle particulière, il peut s'engager par écrit à répondre, pour chaque affaire, du quart au plus du dommage résultant pour l'employeur de l'inexécution des obligations de la clientèle, à la condition qu'une provision convenable (ducroire) soit convenue.

[3] En ce qui concerne les contrats d'assurance, le voyageur acquisiteur peut s'engager par écrit à prendre à sa charge la moitié au plus des frais de recouvrement de créances si une prime ou fraction de prime n'a pas été payée et s'il demande qu'elle soit recouvrée par voie d'action en justice ou d'exécution forcée.

2. Del credere

[1] Accordi in virtù dei quali il commesso viaggiatore deve rispondere del pagamento o d'altro modo di adempimento di obblighi da parte dei clienti oppure sopportare in tutto o in parte le spese di riscossione di crediti sono nulli.

[2] Il commesso viaggiatore, allorché è incaricato di concludere affari con la clientela privata, può obbligarsi per scritto a rispondere, per ogni singolo affare, del quarto al massimo della perdita subita dal datore di lavoro dall'inadempimento di obblighi da parte di clienti, premesso però che una provvigione adeguata (del credere) sia stata stipulata.

[3] Quanto ai contratti d'assicurazione, il commesso acquisitore può obbligarsi per scritto a sopportare al massimo la metà della spesa di riscossione di crediti, qualora un premio o una sua parte non sia stato pagato ed egli chieda che venga riscosso per via giudiziaria o esecutiva.

1 Abreden des Inhalts, dass der Handelsreisende für die Erfüllung der von ihm vermittelten oder abgeschlossenen Geschäfte durch die Kundschaft einzustehen habe (sog. *Delcredere*), sind nur unter sehr engen Voraussetzungen gültig. In Betracht fallen insb. *Garantie- oder Bürgschaftsverträge*. Die Abrede muss schriftlich sein und darf nur den Abschluss von Geschäften mit Privatkunden betreffen. Delcredere-Abreden für blosse *Geschäftsvermittlung* oder für *Geschäftsabschlüsse mit Grossisten und Wiederverkäufern* sind also *ausgeschlossen*. Der Haftungsumfang darf 25 % des Schadens nicht übersteigen, der dem Arbeitgeber durch die Nichterfüllung der Verbindlichkeiten des Kunden erwächst. Schliesslich muss als Entgelt für die Haftungsübernahme eine angemessene Delcredere-Provision vereinbart sein. Im Versicherungswesen kann sich der reisende Versicherungsvermittler schriftlich verpflichten, höchstens die Hälfte der Kosten der Einbringung von Forderungen zu tragen, wenn er die Einbringung im Wege der Klage oder Zwangsvollstreckung verlangt. Die Vereinbarung einer *Delcredere-Provision* ist hier *nicht erforderlich*. Die nach Art. 348a Abs. 2 und 3 zulässigen Delcredere-Abreden sind weitgehend *ohne praktische Bedeutung*.

Art. 348*b*

3. Vollmachten

[1] Ist nichts anderes schriftlich verabredet, so ist der Handelsreisende nur ermächtigt, Geschäfte zu vermitteln.

[2] Ist der Handelsreisende zum Abschluss von Geschäften ermächtigt, so erstreckt sich seine Vollmacht auf alle Rechtshandlungen, welche die Ausführung dieser Geschäfte gewöhnlich mit sich bringt; jedoch darf er ohne besondere Ermächtigung Zahlungen von Kunden nicht entgegennehmen und keine Zahlungsfristen bewilligen.

[3] Artikel 34 des Bundesgesetzes vom 2. April 1908 über den Versicherungsvertrag bleibt vorbehalten.

3. Pouvoirs

[1] A moins qu'un accord écrit n'en dispose autrement, le voyageur de commerce n'a que le pouvoir de négocier des affaires.

[2] Si le voyageur est autorisé à conclure des affaires, ses pouvoirs s'étendent à tous les actes juridiques que comporte habituellement l'exécution de celles-ci; toutefois, il ne peut pas, sans pouvoirs spéciaux, encaisser les paiements des clients, ni accorder des délais de paiement.

[3] L'art. 34 de la loi fédérale du 2 avril 1908 sur le contrat d'assurance est réservé.

3. Poteri

[1] A meno che un accordo scritto non disponga diversamente, il commesso viaggiatore ha soltanto la facoltà di trattare affari.

[2] Se il commesso viaggiatore ha la facoltà di concludere affari, i suoi poteri si estendono a tutti gli atti giuridici normalmente inerenti all'esecuzione degli affari stessi; tuttavia egli non può, senza autorizzazione speciale, accettare pagamenti né accordare dilazioni.

[3] È riservato l'articolo 34 della legge federale del 2 aprile 1908 sul contratto d'assicurazione.

Im Zweifel ist der Handelsreisende nur ermächtigt, Geschäfte zu vermitteln (**Vermittlungsvollmacht**). Eine **Abschlussvollmacht** bedarf zu ihrer Gültigkeit der *Schriftform*. Die Abschlussvollmacht ermächtigt auch nur zu Rechtshandlungen, die die Ausführung der Geschäfte gewöhnlich mit sich bringt, und enthält im Zweifel *keine Inkassovollmacht* und *keine Stundungsvollmacht*. Die Pflicht des Handelsreisenden, die ihm vorgeschriebenen Preise und anderen Geschäftsbedingungen einzuhalten bzw. für Änderungen die Zustimmung des Arbeitgebers vorzubehalten (Art. 348 Abs. 2), wirkt bloss als *interne Beschränkung* der Abschlussvollmacht. 1

Vorbehalten bleibt Art. 34 VVG. Nach dieser Bestimmung hat der Versicherer für das Verhalten seines Vermittlers gegenüber dem Versicherungsnehmer wie für sein eigenes einzustehen. Der frühere Abs. 2, wonach der Vermittler nicht befugt war, von den allgemeinen Versicherungsbedingungen zugunsten oder zuungunsten des Versicherungsnehmers abzuweichen, ist aufgehoben worden; denn nach dem neu gefassten Art. 34 VVG verpflichten die Handlungen des Vermittlers das von ihm vertretene Versicherungsunternehmen in jedem Fall (Botschaft VAG, BBl 2003, 3857). 2

Art. 349

III. Besondere Pflichten des Arbeitgebers
1. Tätigkeitskreis

[1] Ist dem Handelsreisenden ein bestimmtes Reisegebiet oder ein bestimmter Kundenkreis zugewiesen und nichts anderes schriftlich verabredet, so gilt er als mit Ausschluss anderer Personen bestellt; jedoch bleibt der Arbeitgeber befugt, mit den Kunden im Gebiet oder Kundenkreis des Handelsreisenden persönlich Geschäfte abzuschliessen.

[2] Der Arbeitgeber kann die vertragliche Bestimmung des Reisegebietes oder Kundenkreises einseitig abändern, wenn ein begründeter Anlass eine Änderung vor Ablauf der Kündigungsfrist notwendig macht; jedoch bleiben diesfalls Entschädigungsansprüche und das Recht des Handelsreisenden zur Auflösung des Arbeitsverhältnisses aus wichtigem Grund vorbehalten.

III. Obligations spéciales de l'employeur
1. Rayon d'activité

[1] Lorsqu'un rayon ou un cercle de clients déterminé est attribué au voyageur de commerce, il en a l'exclusivité sous réserve d'un accord écrit contraire; toutefois, l'employeur garde la faculté de conclure personnellement des affaires dans ce rayon ou ce cercle de clients.

[2] L'employeur peut modifier de son chef les dispositions contractuelles relatives au rayon ou au cercle de clients si un motif justifié le nécessite avant le terme de résiliation du contrat; est cependant réservé, dans ce cas, le droit du voyageur de commerce de demander une indemnité et de résilier le contrat pour de justes motifs.

III. Obblighi speciali del datore di lavoro
1. Raggio d'attività

[1] Quando una zona od una cerchia di clientela sono assegnate al commesso viaggiatore, questi ne ha l'esclusività, a meno che un accordo scritto non disponga diversamente; tuttavia, il datore di lavoro conserva la facoltà di concludere personalmente affari con clienti della zona o della cerchia assegnate al commesso viaggiatore.

[2] Il datore di lavoro può modificare unilateralmente le disposizioni contrattuali relative alla zona o alla cerchia di clientela, se un giusto motivo lo richiede, prima del termine di risoluzione del contratto; restano in tal caso riservati il diritto del commesso viaggiatore ad un'indennità nonché quello di recedere immediatamente dal rapporto d'impiego per cause gravi.

Zu den besonderen *Pflichten*, die der Handelsreisendenvertrag auf Seiten des *Arbeitgebers* mit sich bringt, gehört die Pflicht zur **Wahrung der Ausschliesslichkeit** des überlassenen Tätigkeitsbereiches. Wird nämlich dem Handelsreisenden ein bestimmtes Reisegebiet (sog. *Rayon*) oder ein bestimmter Kundenkreis zugewiesen, so gilt er mangels entgegenstehender schrift- 1 licher Vereinbarung als mit Ausschluss anderer Personen bestellt, d.h. der Arbeitgeber darf niemand anderen für denselben Tätigkeitsbereich bestellen und darf dort nur noch in eigener Person Geschäfte abschliessen. Eine einseitige Abänderung des vertraglich zugewiesenen Tätigkeitsbereiches ist grundsätzlich nur durch **Änderungskündigung** möglich, ausnahmsweise aber auch vor Ablauf der ordentlichen Kündigungsfrist, wenn dazu ein begründeter Anlass, d.h. ein hinreichender Grund besteht. In diesem Fall hat dann aber der Handelsreisende Entschädigungsansprüche und das Recht, das Arbeitsverhältnis aus wichtigem Grund aufzulösen.

Art. 349*a*

2. Lohn
a. Im Allgemeinen

[1] Der Arbeitgeber hat dem Handelsreisenden Lohn zu entrichten, der aus einem festen Gehalt mit oder ohne Provision besteht.

[2] Eine schriftliche Abrede, dass der Lohn ausschliesslich oder vorwiegend in einer Provision bestehen soll, ist gültig, wenn die Provision ein angemessenes Entgelt für die Tätigkeit des Handelsreisenden ergibt.

[3] Für eine Probezeit von höchstens zwei Monaten kann durch schriftliche Abrede der Lohn frei bestimmt werden.

2. Salaire
a. En général

[1] L'employeur paie au voyageur de commerce un salaire comprenant un traitement fixe, avec ou sans provision.

[2] Un accord écrit prévoyant que le salaire consiste exclusivement ou principalement en une provision n'est valable que si cette dernière constitue une rémunération convenable des services du voyageur de commerce.

[3] Pendant un temps d'essai de deux mois au maximum, le salaire peut être librement fixé par écrit.

2. Salario
a. In generale

[1] Il datore di lavoro deve pagare al commesso viaggiatore un salario consistente in uno stipendio fisso, con o senza provvigione.

[2] Un accordo scritto, secondo il quale il salario consiste esclusivamente o principalmente in una provvigione, è valido solamente se questo costituisce una rimunerazione adeguata dei servizi del commesso viaggiatore.

[3] Per un periodo di prova di due mesi al massimo, il salario può essere fissato liberamente mediante accordo scritto.

1 Zur Entlöhnung ist zwingend vorgeschrieben (Art. 362), dass i.d.R. das feste Gehalt **(Fixum)** *Hauptbestandteil* des Lohnes ist (Art. 349a Abs. 1). Abreden, dass der Lohn ganz oder überwiegend aus Provision bestehen soll, bedürfen der Schriftform und sind nur gültig, wenn die Provisionszahlungen ein angemessenes Entgelt für die Leistungen des Handelsreisenden darstellen. Die Bestimmung findet analog auch auf Arbeitsverhältnisse ausserhalb des Handelsreisendenrechts Anwendung (BGE 139 III 214). Im Streitfall entscheidet das Gericht über die Angemessenheit.

2 Eine Provision ist angemessen, wenn sie dem Handelsreisenden einen Verdienst garantiert, mit dem er seinen Lebensunterhalt gemäss seinem Arbeitseinsatz, seiner Ausbildung, seiner Dienstjahre, seinem Alter und seinen sozialen Aufgaben auf eine zufriedenstellende Weise finanzieren kann. Als Richtlinie ist auch zu berücksichtigen, was in der Branche üblich ist (BGE 129 III 670). Zur Bestimmung der Angemessenheit kann ein Gericht aber auch auf die übereinstimmenden Äusserungen des Arbeitgebers und des Handelsreisenden abstellen (BGer, JAR 2006, 219). Art. 349a Abs. 2 bezweckt nicht, dem Handelsreisenden unabhängig von seinen Leistungen ein Mindesteinkommen zu sichern. Erzielt der Handelsreisende ein zu geringes tatsächliches Entgelt, ist dieser Umstand aber nicht auf die Abrede zu niedriger Provisionen, sondern auf seine mangelnde Leistung zurückzuführen, so liegt keine Unangemessenheit vor (BGer, ARV 2006, 110).

Beispiele aus der *Rechtsprechung*: 2a
- Erhöhung des durchschnittlichen Nettomonatseinkommens von CHF 2074 auf ein Bruttomonatseinkommen von CHF 3874 für einen «conseiller économique» (BGE 139 III 214);
- Durchschnittliches Nettoeinkommen von ca. CHF 3830 pro Monat ist angemessen im Hinblick auf berufliche Unerfahrenheit und fehlende soziale Verpflichtungen (BGE 129 III 670);
- durchschnittlicher Monatslohn eines Vorsorge- und Anlageberaters, der sich nach Abzug des Auslagenersatzes auf CHF 1712.35 beläuft, ist unangemessen (OGer BE, JAR 2008, 337; als angemessen betrachtet wurde i.c. ein monatlicher Bruttolohn von CHF 6000; bestätigt in BGer, 31.8.2007, 4A_197/2007, E. 4);
- Lohn von CHF 5500 als angemessenes Einkommen für einen 43-jährigen diplomierten Handelsreisenden, der Sprachkurse verkaufte (AGer ZH, Entscheide 2011, Nr. 21);
- Provisionsklausel mit garantiertem Mindestlohn von monatlich CHF 1500 inkl. Spesenpauschale ist unangemessen, wenn dieser Mindestlohn an die tatsächlich erzielten Provisionsansprüche anzurechnen ist, diese den Betrag von CHF 1500 aber in Wirklichkeit nie übersteigen (TC VD, JAR 2010, 655; Fall der analogen Anwendung von Art. 349a Abs. 2, da der Arbeitnehmer vorwiegend innerhalb des Betriebs arbeitete);
- durchschnittliche Provisionen von CHF 940 pro Monat für Telefonverkauf von Wein sind unangemessen (AGer ZH, JAR 2010, 675; analoge Anwendung von Art. 349a Abs. 2; Vorschuss von CHF 4000 inkl. Feriengeld, 13. Monatslohn, Kinderzulagen und Spesen überschritt jedenfalls nicht die Angemessenheitsgrenze; vgl. auch den Rechtsmittelentscheid des OGer ZH, ZR 2011, 15).

Eine Entlöhnung, die den Anforderungen von Art. 349a Abs. 2 entspricht, umfasst nicht automatisch den Ferienlohn (BGE 129 III 673). Ist das Schriftformerfordernis nicht eingehalten oder die Angemessenheit der Provision nicht gewahrt, so schuldet der Arbeitgeber den orts- und branchenüblichen Lohn. Das Gericht kann sowohl das Fixum wie auch die Provision erhöhen. 3

Für eine **Probezeit** von höchstens zwei Monaten kann der Lohn durch schriftliche Abrede frei vereinbart werden (Art. 349a Abs. 3), d.h. er kann vorwiegend oder ausschliesslich in einer Provision bestehen, ohne dass diese ein angemessenes Entgelt bilden muss. Die Vereinbarung einer dreimonatigen Probezeit bleibt trotzdem möglich, doch gilt im dritten Monat das Angemessenheitserfordernis von Art. 349a Abs. 2. Auch während der Probezeit schuldet der Arbeitgeber den orts- und branchenüblichen Lohn, wenn das Schriftformerfordernis nicht eingehalten und die Angemessenheit der Provision nicht gewahrt ist (AGer ZH, JAR 2009, 703). 4

Art. 349*b*

b. Provision

1 Ist dem Handelsreisenden ein bestimmtes Reisegebiet oder ein bestimmter Kundenkreis ausschliesslich zugewiesen, so ist ihm die verabredete oder übliche Provision auf allen Geschäften auszurichten, die von ihm oder seinem Arbeitgeber mit Kunden in seinem Gebiet oder Kundenkreis abgeschlossen werden.

2 Ist dem Handelsreisenden ein bestimmtes Reisegebiet oder ein bestimmter Kundenkreis nicht ausschliesslich zugewiesen, so ist ihm die Provision nur auf den von ihm vermittelten oder abgeschlossenen Geschäften auszurichten.

3 Ist im Zeitpunkt der Fälligkeit der Provision der Wert eines Geschäftes noch nicht genau bestimmbar, so ist die Provision zunächst auf dem vom Arbeitgeber geschätzten Mindestwert und der Rest spätestens bei Ausführung des Geschäftes auszurichten.

b. Provision

1 Lorsqu'un rayon ou un cercle de clients déterminé est attribué exclusivement à un voyageur de commerce, celui-ci a droit à la provision convenue ou usuelle pour toutes les affaires conclues par lui ou son employeur dans son rayon ou avec sa clientèle.

[2] Si un rayon ou un cercle de clients déterminé ne lui a pas été attribué exclusivement, le voyageur de commerce n'a droit à la provision que pour les affaires qu'il a négociées ou conclues.

[3] Si, à l'échéance de la provision, la valeur d'une affaire ne peut pas être déterminée exactement, la provision est d'abord payée sur la base d'une évaluation minimum faite par l'employeur, le solde étant versé au plus tard lors de l'exécution de l'affaire.

b. Provvigione

[1] Quando una zona od una cerchia di clientela sono assegnate in esclusività ad un commesso viaggiatore, questi ha diritto alla provvigione convenuta o usuale per tutti gli affari conclusi da lui o dal suo datore di lavoro con clienti della sua zona o della sua cerchia di clientela.

[2] Il commesso viaggiatore, se una zona od una cerchia di clientela non gli sono assegnate in esclusività, ha diritto alla provvigione solamente per gli affari da lui trattati o conclusi.

[3] Se alla scadenza della provvigione, il valore d'un affare non può essere determinato esattamente, la provvigione è pagata dapprima sulla base d'una valutazione minima, mentre l'importo rimanente sarà pagato al più tardi quando l'affare è adempiuto.

1 Bei Exklusivität des zugewiesenen Tätigkeitsbereiches ist die Provision im Zweifel auf alle Geschäfte zu zahlen, die der Arbeitgeber mit Kunden dieses Bereiches abgeschlossen hat, gleichgültig, ob sie durch die Tätigkeit des Handelsreisenden, des Arbeitgebers oder eines Dritten zustande gekommen sind (sog. **Bezirksprovision**, TC VD, JAR 1994, 253). Mangels anderslautender schriftlicher Abrede besteht die Exklusivität eines zugewiesenen Reisegebiets oder Kundenkreises von Gesetzes wegen (Art. 349 Abs. 1). Ohne Exklusivität entsteht der Provisionsanspruch hingegen nur für die tatsächlich durch den Handelsreisenden vermittelten oder abgeschlossenen Geschäfte (Art. 349b). Bei noch unbestimmbarem Geschäftswert ist die Provision zunächst zum Schätzwert fällig (Art. 349b Abs. 3, einseitig zwingend: Art. 362).

2 Die Ausrichtung der Provision bei *Beendigung des Arbeitsverhältnisses* ist in Art. 350a geregelt. Auf Rechtsfragen zur Provision, die nicht durch die besonderen Bestimmungen zum Handelsreisendenvertrag geregelt sind, finden die allgemeinen Vorschriften der Art. 322b–c Anwendung.

Art. 349*c*

c. bei Verhinderung an der Reisetätigkeit

[1] Ist der Handelsreisende ohne sein Verschulden an der Ausübung der Reisetätigkeit verhindert und ist ihm auf Grund des Gesetzes oder des Vertrages der Lohn gleichwohl zu entrichten, so bestimmt sich dieser nach dem festen Gehalt und einer angemessenen Entschädigung für den Ausfall der Provision.

[2] Beträgt die Provision weniger als einen Fünftel des Lohnes, so kann schriftlich verabredet werden, dass bei unverschuldeter Verhinderung des Handelsreisenden an der Ausübung der Reisetätigkeit eine Entschädigung für die ausfallende Provision nicht zu entrichten ist.

[3] Erhält der Handelsreisende bei unverschuldeter Verhinderung an der Reisetätigkeit gleichwohl den vollen Lohn, so hat er auf Verlangen des Arbeitgebers Arbeit in dessen Betrieb zu leisten, sofern er sie zu leisten vermag und sie ihm zugemutet werden kann.

c. Empêchement de voyager

[1] Lorsque le voyageur de commerce est empêché sans sa faute de voyager et que le salaire doit néanmoins lui être payé en vertu de la loi ou du contrat, ce salaire est calculé sur la base du traitement fixe et d'une indemnité convenable pour perte de la provision.

[2] Si la provision constitue moins d'un cinquième du salaire, il peut être convenu par écrit qu'au cas où le voyageur de commerce est empêché sans sa faute

d'exercer son activité, aucune indemnité ne lui est due en raison de la perte de la provision.

3 Lorsque le voyageur de commerce est empêché sans sa faute de voyager et que son salaire intégral lui est payé, il peut être employé dans l'établissement, à la demande de l'employeur, à d'autres travaux dont il est capable de se charger et qu'on peut raisonnablement exiger de lui.

c. Impedimento di viaggiare

1 Quando, senza sua colpa, il commesso viaggiatore è impedito di viaggiare e la legge o il contratto gli riconoscono nondimeno un diritto al salario, questo è calcolato secondo lo stipendio fisso e un'indennità adeguata per la perdita di provvigione.

2 Se la provvigione è meno di un quinto del salario, può essere convenuto per scritto che al commesso viaggiatore impedito, senza sua colpa, di viaggiare non sarà dovuta indennità alcuna per la perdita di provvigione.

3 Il commesso viaggiatore impedito, senza sua colpa, di viaggiare, ma che riceve l'intero salario, è tenuto, a richiesta del datore di lavoro, a fare altri lavori nell'azienda, purché sia in grado di eseguirli e possano ragionevolmente essere pretesi da lui.

Bei unverschuldeter Verhinderung des Handelsreisenden an der Reisetätigkeit ist im Fall gleichwohl zu zahlender Entlöhnung neben dem festen Gehalt eine angemessene Entschädigung für den Provisionsausfall zu zahlen (Art. 349c Abs. 1). *Angemessen* ist die Entschädigung, wenn sie dem durchschnittlichen Provisionseinkommen (i.d.R. der letzten 12 Monate) entspricht, wobei aber allenfalls besondere aktuelle Umstände zu berücksichtigen sind (s.a. Art. 324a N 12 und Art. 329d N 2). Nur für den Fall, dass die Provision weniger als 20% des Gesamtlohnes beträgt, kann schriftlich vereinbart werden, dass eine solche Entschädigung entfällt (Art. 349c Abs. 2). Ist der Handelsreisende lediglich an der Reisetätigkeit verhindert, im Übrigen aber arbeitsfähig, so hat er auf Verlangen des Arbeitgebers beidseitig zwingend Arbeiten im Innendienst zu leisten, sofern ihm diese zuzumuten sind (Art. 349c Abs. 3, Art. 361). Für die Zumutbarkeit kommt es insb. auf die *Fähigkeiten* des Handelsreisenden an. Klar untergeordnete Arbeit (wie z.B. Reinigungsarbeiten) muss er nicht verrichten. 1

Art. 349*d*

3. Auslagen

1 Ist der Handelsreisende für mehrere Arbeitgeber gleichzeitig tätig und ist die Verteilung des Auslagenersatzes nicht durch schriftliche Abrede geregelt, so hat jeder Arbeitgeber einen gleichen Kostenanteil zu vergüten.

2 Abreden, dass der Auslagenersatz ganz oder teilweise im festen Gehalt oder in der Provision eingeschlossen sein soll, sind nichtig.

3. Frais

1 Si le voyageur de commerce travaille en même temps pour le compte de plusieurs employeurs sans que la répartition des frais soit réglée par écrit, chaque employeur en rembourse une part égale.

2 Sont nuls les accords prévoyant que tout ou partie de l'indemnité pour frais est comprise dans le traitement fixe ou la provision.

3. Spese

1 Se il commesso viaggiatore lavora contemporaneamente per conto di più datori di lavoro e la ripartizione delle spese non è regolata per scritto, ciascun datore di lavoro è tenuto a rimborsare una quota eguale di spese.

2 Accordi secondo i quali il rimborso delle spese è compreso, in tutto o in parte, nello stipendio fisso o nella provvigione sono nulli.

Der Auslagenersatz richtet sich auch beim Handelsreisendenvertrag grundsätzlich nach den Art. 327a ff. Ist der Handelsreisende für mehrere Arbeitgeber tätig, so kann er unter Berücksichtigung dieser Vorschriften mit jedem Arbeitgeber eine *schriftliche Spesenvereinbarung* 1 treffen, welche die zu ersetzenden Auslagen bezeichnet oder eine Pauschale festsetzt (ZK-Staehelin, N 2). Mangels entsprechender Vereinbarungen muss jeder Arbeitgeber den gleichen Kostenanteil tragen (Art. 349d Abs. 1), auch wenn die Grösse der Verursachung erheblich differiert. Abreden, nach denen der Auslagenersatz ganz oder teilweise im festen Gehalt oder in der Provision enthalten sein soll (sog. **Gesamtvergütung**), sind hier – anders als nach den allgemeinen Regeln (Art. 327a N 7) – nichtig (Art. 349d Abs. 2). In diesem Fall hat der Handelsreisende Anspruch auf *Auslagenersatz nach Art. 327a* und auf den *Lohn*, den die Parteien ohne Einbezug der Spesenvergütung *vereinbart hätten* (ZK-Staehelin, 3. Aufl., N 2).

Art. 349e

4. Retentionsrecht

[1] Zur Sicherung der fälligen Forderungen aus dem Arbeitsverhältnis, bei Zahlungsunfähigkeit des Arbeitgebers auch der nicht fälligen Forderungen, steht dem Handelsreisenden das Retentionsrecht an beweglichen Sachen und Wertpapieren sowie an Zahlungen von Kunden zu, die er auf Grund einer Inkassovollmacht entgegengenommen hat.

[2] An Fahrausweisen, Preistarifen, Kundenverzeichnissen und andern Unterlagen kann das Retentionsrecht nicht ausgeübt werden.

4. Droit de rétention

[1] En garantie des créances exigibles et, en cas d'insolvabilité de l'employeur, des créances inexigibles découlant du contrat, le voyageur de commerce peut retenir les choses mobilières et les papiers-valeurs, ainsi que les sommes qu'il recouvre de clients en vertu de son pouvoir d'encaissement.

[2] Le droit de rétention ne peut pas être exercé sur les titres de transport, ni sur les tarifs de prix, ni sur les listes de clients et autres documents.

4. Diritto di ritenzione

[1] A garanzia dei crediti esigibili derivanti dal rapporto di impiego e, in caso d'insolvenza del datore di lavoro, anche dei crediti non ancora esigibili, il commesso viaggiatore ha diritto di ritenere le cose mobili, i titoli di credito (cartevalori), nonché le somme incassate da clienti in virtù del suo potere di riscossione.

[2] Il diritto di ritenzione non può essere esercitato sui titoli di trasporto, le liste dei prezzi, le distinte dei clienti o su altri documenti.

1 Zur Sicherung der fälligen Forderungen, bei Zahlungsunfähigkeit des Arbeitgebers auch zur Sicherung der *nicht fälligen*, aber *bereits entstandenen* Forderungen (wie namentlich der noch nicht fälligen Lohnforderungen für schon geleistete Arbeit), hat der Handelsreisende ein Retentionsrecht. Dieses erstreckt sich wie beim Agenten (Art. 418o) nicht bloss auf bewegliche Sachen (Waren, Geschäftswagen) und Wertpapiere wie nach Art. 895 ZGB **(dingliches Retentionsrecht)**, sondern auch auf *Zahlungen von Kunden*, die der Handelsreisende aufgrund einer Inkassovollmacht entgegengenommen hat (einseitig zwingend, Art. 362). Hier entsteht grundsätzlich ein **obligatorisches Retentionsrecht**, da der Handelsreisende i.d.R. *Eigentümer infolge Vermischung* wird (Art. 727 ZGB). Die praktische Bedeutung des obligatorischen Retentionsrechts ist jedoch gering, da der Handelsreisende seine Forderung auf Lohn u.dgl. meistens mit der Forderung des Arbeitgebers auf Herausgabe der Zahlungen **verrechnen** kann (anders bei fehlender Fälligkeit oder Gleichartigkeit oder wenn ein Verrechnungsverbot vereinbart ist). Bei fehlender Inkassovollmacht ist weder das obligatorische Retentionsrecht noch die Verrechnung gegeben (Art. 125 Ziff. 1). Allgemein darf das Retentionsrecht nur in dem für die Sicherung erforderlichen Umfang ausgeübt werden. Die Retentionsobjekte müssen herausgegeben werden, wenn die Forderung sichergestellt wird.

2 An Fahrausweisen, Preistarifen, Kundenverzeichnissen und sonstigen Geschäftsunterlagen ist eine Zurückbehaltung dagegen nicht möglich (Art. 349e Abs. 2). Solche Gegenstände muss

der Handelsreisende dem Arbeitgeber **mangels Verwertbarkeit** bzw. aus Gründen der Geheimhaltung spätestens bei Beendigung des Arbeitsverhältnisses zurückgeben, mag er auch gegen diesen noch offene Forderungen haben (Art. 339a). Ob ein Retentionsrecht in Bezug auf *Muster- oder Modellkollektionen* besteht, hängt von deren Verwertbarkeit ab.

Art. 349e macht das Retentionsrecht des Handelsreisenden nicht wie Art. 895 ZGB davon abhängig, dass der Retinierende Besitz an den zurückbehaltenen Objekten hat. Damit erübrigt sich die Prüfung der Frage, ob der Handelsreisende nicht blosser Besitzdiener (wie i.d.R. der gewöhnliche Arbeitnehmer) ist (Art. 339a N 4). Das Retentionsrecht besteht aber nur, wenn die Retentionsobjekte rechtmässig erlangt wurden. 3

Art. 350

IV. Beendigung
1. Besondere Kündigung

[1] Beträgt die Provision mindestens einen Fünftel des Lohnes und unterliegt sie erheblichen saisonmässigen Schwankungen, so darf der Arbeitgeber dem Handelsreisenden, der seit Abschluss der letzten Saison bei ihm gearbeitet hat, während der Saison nur auf das Ende des zweiten der Kündigung folgenden Monats kündigen.

[2] Unter den gleichen Voraussetzungen darf der Handelsreisende dem Arbeitgeber, der ihn bis zum Abschluss der Saison beschäftigt hat, bis zum Beginn der nächsten nur auf das Ende des zweiten der Kündigung folgenden Monats kündigen.

IV. Fin du contrat
1. Cas spécial de résiliation

[1] Lorsque la provision constitue au moins un cinquième du salaire et qu'elle est soumise à des fluctuations saisonnières importantes, le voyageur de commerce qui est engagé depuis la fin d'une saison ne peut être congédié pendant la saison suivante que pour la fin du deuxième mois après la résiliation du contrat.

[2] Dans les mêmes circonstances, le voyageur de commerce qui a été occupé jusqu'à la fin d'une saison peut résilier le contrat jusqu'au début de la saison suivante, mais uniquement pour la fin du deuxième mois après la résiliation.

IV. Fine del rapporto d'impiego
1. Caso speciale di disdetta

[1] Allorché la provvigione costituisce almeno un quinto del salario ed è sottoposta a importanti fluttuazioni stagionali, il datore di lavoro può licenziare il commesso viaggiatore che ha lavorato per lui dopo la fine della stagione precedente, durante la nuova stagione soltanto per la fine del secondo mese susseguente a quello della disdetta.

[2] Nelle medesime circostanze, il commesso viaggiatore che è stato occupato fino alla fine della stagione può, prima dell'inizio della prossima stagione, disdire il rapporto d'impiego soltanto per la fine del secondo mese susseguente a quello della disdetta.

Beträgt die Provision mindestens 20% des Lohnes und unterliegt sie erheblichen saisonmässigen Schwankungen wie z.B. im Bereich von *Sport- und Textilartikeln*, so besteht im Interesse beider Parteien, wenn das Arbeitsverhältnis seit Abschluss der letzten Saison bestanden hat, eine *Mindestkündigungsfrist für die jeweils saisonmässig benachteiligte Partei* bis zum Ende des zweiten der Kündigung folgenden Monats (Art. 350). Die beidseitig zwingende Wirkung (Art. 361) steht einer *Verlängerung der Kündigungsfrist* durch Vereinbarung nicht entgegen. Andererseits schliesst Art. 350 aber auch die Vereinbarung einer *Probezeit* mit verkürzten Kündigungsfristen nicht aus. Die Vorschrift hat nur geringe praktische Bedeutung. 1

Art. 350*a*

2. Besondere Folgen

[1] Bei Beendigung des Arbeitsverhältnisses ist dem Handelsreisenden die Provision auf allen Geschäften auszurichten, die er abgeschlossen oder vermittelt hat, sowie auf allen Bestellungen, die bis zur Beendigung dem Arbeitgeber zugehen, ohne Rücksicht auf den Zeitpunkt ihrer Annahme und ihrer Ausführung.

[2] Auf den Zeitpunkt der Beendigung des Arbeitsverhältnisses hat der Handelsreisende die ihm für die Reisetätigkeit zur Verfügung gestellten Muster und Modelle, Preistarife, Kundenverzeichnisse und andern Unterlagen zurückzugeben; das Retentionsrecht bleibt vorbehalten.

2. Conséquences spéciales

[1] A la fin des rapports de travail, le voyageur de commerce a droit à la provision sur toutes les affaires qu'il a conclues ou négociées, ainsi que sur toutes les commandes transmises à l'employeur jusqu'à la fin des rapports de travail, quelle que soit la date de leur acceptation et de leur exécution.

[2] A la fin des rapports de travail, le voyageur de commerce rend à l'employeur les échantillons et modèles, les tarifs de prix, les listes de clients et les autres documents mis à sa disposition pour son activité; le droit de rétention est réservé.

2. Conseguenze speciali

[1] Alla fine del rapporto d'impiego, il commesso viaggiatore ha diritto alla provvigione su tutti gli affari da lui conclusi o trattati, nonché su tutte le ordinazioni trasmesse al datore di lavoro sino alla fine del rapporto, senza riguardo al momento della loro accettazione o esecuzione.

[2] Alla fine del rapporto d'impiego, il commesso viaggiatore deve restituire al datore di lavoro i campioni ed i modelli, le liste dei prezzi e le distinte dei clienti, nonché altri documenti consegnatigli per la sua attività; è riservato il diritto di ritenzione.

1 Nach Art. 350a Abs. 1 ist dem Handelsreisenden bei Beendigung des Arbeitsverhältnisses die Provision auf allen Geschäften auszurichten, die er abgeschlossen oder vermittelt hat, sowie auf allen Bestellungen, die bis zur Beendigung dem Arbeitgeber zugehen. Diese Vorschrift regelt nach BGE 116 II 703 *nicht die Fälligkeit* der Provisionsforderungen, sondern den **Umfang der Provisionsberechtigung**. Sie steht daher einer schriftlichen Vereinbarung i.S.v. Art. 339 Abs. 2 nicht entgegen, wonach die Fälligkeit von Provisionsforderungen auf Geschäften, die ganz oder teilweise nach Beendigung des Arbeitsverhältnisses erfüllt werden, hinausgeschoben werden kann. Die materielle Bedeutung von Art. 350a Abs. 1 besteht insb. in der Klarstellung, dass der Provisionsanspruch auch für Geschäfte oder Offerten besteht, deren Erfüllung oder Annahme erst nach der Beendigung des Arbeitsverhältnisses eintritt.

2 Muster und Modelle, Preistarife, Kundenverzeichnisse und andere Unterlagen, die für die Reisetätigkeit zur Verfügung gestellt wurden, sind *herauszugeben*, sofern nicht ein Retentionsrecht besteht (Art. 350a Abs. 2, Art. 361). Preistarife, Kundenverzeichnisse und andere Unterlagen sind nicht retinierbar (Art. 349e Abs. 2), wohl aber Muster- und Modellkollektionen, wenn sie verwertbar sind.

C. Der Heimarbeitsvertrag

Art. 351

I. Begriff und Entstehung
1. Begriff

Durch den Heimarbeitsvertrag verpflichtet sich der Heimarbeitnehmer, in seiner Wohnung oder in einem andern, von ihm bestimmten Arbeitsraum allein oder mit Familienangehörigen Arbeiten im Lohn für den Arbeitgeber auszuführen.

I. Définition et formation
1. Définition

Par le contrat de travail à domicile, le travailleur s'engage à exécuter, seul ou avec l'aide de membres de sa famille et contre salaire, du travail pour l'employeur dans son propre logement ou dans un autre local de son choix.

I. Definizione e formazione
1. Definizione

Mediante il contratto di lavoro a domicilio, il lavoratore si obbliga a eseguire, nella sua abitazione o in un altro locale di sua scelta, da solo o con l'aiuto d'altri membri della famiglia, lavori per il datore di lavoro contro salario.

Literatur

BUREAU INTERNATIONAL DU TRAVAIL (Hrsg.), Social protection of homeworkers, MEHW/1190/7, Genf 1991; FRANZ WALDNER, Die Heimarbeit aus rechtlicher und historischer Sicht, Diss., Basel 1994; GEISER, Neue Arbeitsformen, AJP 1995, 557 ff.; DERS., Haftung bei neuen Arbeitsformen, AJP 1997, 787 ff.; PULVER/MAHON/GUY-ÉCABERT, Aspect juridique du télétravail. Annexe au rapport: BUSER/POSCHERT/PULVER, Télématique et nouvelles formes de travail, Bern 2000; SANER, Telearbeit, Diss., Zürich 1992.

I. Gesetzliche Regelung

Auf den Heimarbeitsvertrag kommen primär die Art. 351 ff., subsidiär die Art. 319 ff. zur Anwendung (s. Art. 355). Ferner sind das Bundesgesetz vom 20.3.1981 über die Heimarbeit (**Heimarbeitsgesetz**, HArG) und die dazugehörige Verordnung (Heimarbeitsverordnung vom 20.12.1982, HArGV) zu beachten. Der Geltungsbereich des Heimarbeitsgesetzes ist allerdings auf gewerbliche und industrielle Hand- und Maschinenarbeit beschränkt (Art. 1 Abs. 4 HArG). Den Kern dieses Gesetzes bildet der zweite Abschnitt über die *Pflichten* der Arbeitgeber und der Heimarbeitnehmer (Art. 3 ff. HArG), die zu einem grossen Teil Inhalt des Heimarbeitsvertrages sein könnten und daher über Art. 342 Abs. 2 auch im privatrechtlichen Verhältnis der Parteien bindend sind. Auf den Heimarbeitsvertrag nicht anwendbar ist hingegen das **Arbeitsgesetz** (Art. 3 lit. f ArG), wobei sich die Ausschlussswirkung richtigerweise auf Heimarbeitsverträge im Sinne des Heimarbeitsgesetzes beschränkt. 1

II. Wesensmerkmale und Abgrenzung

Der Heimarbeitsvertrag ist ein Arbeitsvertrag mit der Besonderheit, dass der Arbeitnehmer verpflichtet ist, die ihm vom Arbeitgeber übertragenen Arbeiten in seiner Wohnung oder in einem anderen von ihm selbst bestimmten Arbeitsraum auszuführen (Art. 351). Der Heimarbeitnehmer kann die Arbeit auch mit seinen *Familienangehörigen* ausführen. Gleichgültig ist, aus welchem Grund diese dem Heimarbeitnehmer gegenüber tätig werden: aus Gefälligkeit, aus familienrechtlicher Beistandspflicht oder aus einem mit dem Arbeitgeber oder mit dem Heimarbeitnehmer eingegangenen Arbeitsvertrag; im zuletzt genannten Fall liegt ein sog. *gestuftes Arbeitsverhältnis* vor (Art. 319 N 35 f.). Familienangehörige, die zum (Haupt-)Arbeitgeber nicht selbst in einem Vertragsverhältnis stehen, sind *Hilfspersonen* des Heimarbeitnehmers. *Kein Begriffsmerkmal* des Heimarbeitsverhältnisses ist die *frei gestaltbare Arbeitszeit*, da auch eine bestimmte Arbeitszeit verabredet werden kann. Ebenfalls nicht Begriffsmerkmal ist die *Entlöhnung nach dem Arbeitsergebnis*, da auch Zeitlohn vorkommt, z.B. bei kaufmännischer Heimarbeit. 2

Unter den Begriff der **Heimarbeit** fallen zunächst manuelle und maschinelle Verrichtungen zur Güterherstellung, -verarbeitung und -veredelung in Industrie und Gewerbe (Handmaschinensticken und -weben, Zusammensetzen und Fertigen von Uhren), aber auch Arbeiten kaufmännischer oder technischer Natur (Führen der Buchhaltung für eine Firma, Schreibarbeiten, Übersetzungen, Zeichnen von Plänen) sowie journalistische, wissenschaftliche und künstlerische Verrichtungen. Nach BGE 132 V 182 stellt indessen nicht jede beliebige Arbeit, die in der Wohnung des Arbeitnehmers oder in einem anderen von ihm bestimmten Arbeitsraum ausgeführt wird, Heimarbeit im gesetzlichen Sinne dar. Entscheidend ist, dass der Arbeitgeber Arbeit ausgibt und der Arbeitnehmer diese ausführt (wozu er i.d.R. Material und Geräte benötigt), ferner dass er das fertiggestellte Arbeitserzeugnis dem Arbeitgeber übergibt und dieser es in der eigenen Produktion oder direkt auf dem Markt verwertet. Tagesmütter, die fremde Kinder bei sich zu Hause betreuen, gelten danach nicht als Heimarbeitnehmerinnen (insb. 3

mangels Ablieferung eines verwertbaren Arbeitserzeugnisses: BGE 132 V 183; krit. MOSIMANN, AJP 2006, 599).

4 Abzugrenzen ist der Heimarbeitsvertrag insb. nach drei Seiten:
- Kein Heimarbeitsvertrag ist der Vertrag des *Hausgewerbetreibenden*, mit dem er Hilfskräfte in seinen Dienst stellt.
- Mit Blick auf die (sofern überhaupt vorhandene) schwache Eingliederung des Heimarbeitnehmers in die Arbeitsorganisation des Arbeitgebers kommt es für die Abgrenzung zum *Auftrag* i.d.R. massgeblich auf die wirtschaftliche Abhängigkeit an.
- Gleiches gilt auch im Verhältnis zum *Werkvertrag*, wenn der Heimarbeitnehmer nicht bloss den Einsatz seiner Arbeitskraft, sondern einen bestimmten Arbeitserfolg schuldet (was zulässig ist).

Art. 351*a*

2. Bekanntgabe der Arbeitsbedingungen

[1] Vor jeder Ausgabe von Arbeit hat der Arbeitgeber dem Heimarbeitnehmer die für deren Ausführung erheblichen Bedingungen bekanntzugeben, namentlich die Einzelheiten der Arbeit, soweit sie nicht durch allgemein geltende Arbeitsbedingungen geregelt sind; er hat das vom Heimarbeitnehmer zu beschaffende Material und schriftlich die dafür zu leistende Entschädigung sowie den Lohn anzugeben.

[2] Werden die Angaben über den Lohn und über die Entschädigung für das vom Heimarbeitnehmer zu beschaffende Material nicht vor der Ausgabe der Arbeit schriftlich bekannt gegeben, so gelten dafür die üblichen Arbeitsbedingungen.

2. Communication des conditions de travail

[1] Avant de confier du travail au travailleur, l'employeur lui indique chaque fois les modalités importantes de l'exécution, notamment les particularités non spécifiées dans des conditions générales de travail; il mentionne le matériel à fournir par le travailleur et indique par écrit l'indemnité due pour ce matériel, ainsi que le salaire.

[2] Si le salaire et l'indemnité pour le matériel à fournir par le travailleur ne sont pas indiqués par écrit avant la remise du travail, les conditions usuelles de travail sont applicables.

2. Comunicazione delle condizioni di lavoro

[1] Il datore di lavoro, prima di affidare lavoro al lavoratore, deve comunicargli le condizioni rilevanti per la sua esecuzione, segnatamente quei particolari che non sono regolati da norme generali di lavoro; egli indicherà il materiale che il lavoratore dovrà procurarsi e gli comunicherà per scritto il salario nonché l'indennità versata per il materiale.

[2] Se il salario e l'indennità per il materiale che il lavoratore dovrà procurarsi non sono comunicati per scritto prima dell'affidamento del lavoro, le condizioni usuali di lavoro sono applicabili.

1 Der *Heimarbeitsvertrag* ist *mündlich gültig*. Lediglich die Bekanntgabe des Lohnansatzes und der Entschädigung für vom Heimarbeitnehmer zu beschaffendes Material muss schriftlich und im Voraus erfolgen, um blinden Akkord zu verhindern (Art. 351a). Die Nichtbeachtung der Form hat dieselbe Wirkung wie beim Handelsreisendenvertrag (Art. 347a Abs. 2); es gelten die üblichen Arbeitsbedingungen (Beispiel für eine strittige Lohnabrede: BGer, 3.7.2012, 4A_92/2012). Bei folgenden Ausgaben der gleichen Arbeit gelten mangels ausdrücklicher Änderung die früheren Bedingungen (ZK-STAEHELIN, N 2). Art. 351a ist seiner Natur nach *einseitig zwingend*, obwohl er nicht in Art. 362 aufgeführt ist.

2 Im Geltungsbereich des Heimarbeitsgesetzes hat der Arbeitgeber bei der ersten Ausgabe von Heimarbeit *alle* Arbeitsbedingungen *schriftlich* bekanntzugeben (Art. 3 HArG). Ist Akkordlohn vereinbart, so hat der Arbeitgeber dem Heimarbeitnehmer gleichzeitig mit dem Lohnansatz den für die Arbeit geschätzten Zeitaufwand bekanntzugeben, ausser wenn dieser wegen der Art der Heimarbeit nicht im Voraus ermittelt werden kann (Art. 4 Abs. 2 HArG). Bei diesem Zeitaufwand handelt es sich um die sog. *Vorgabezeit*, also die Zeit, die ein durchschnittlicher Arbeitnehmer für die Ausführung von Arbeit derselben Art braucht.

Art. 352

II. Besondere Pflichten des Arbeitnehmers
1. Ausführung der Arbeit

[1] Der Heimarbeitnehmer hat mit der übernommenen Arbeit rechtzeitig zu beginnen, sie bis zum verabredeten Termin fertigzustellen und das Arbeitserzeugnis dem Arbeitgeber zu übergeben.

[2] Wird aus Verschulden des Heimarbeitnehmers die Arbeit mangelhaft ausgeführt, so ist er zur unentgeltlichen Verbesserung des Arbeitserzeugnisses verpflichtet, soweit dadurch dessen Mängel behoben werden können.

II. Obligations spéciales du travailleur
1. Exécution du travail

[1] Le travailleur est tenu de commencer à temps le travail qu'il a accepté, de l'achever pour le terme convenu et d'en livrer le produit à l'employeur.

[2] Si le travail exécuté est défectueux par sa faute, le travailleur le corrige à ses frais dans la mesure où les défauts peuvent être supprimés.

II. Obblighi speciali del lavoratore
1. Esecuzione del lavoro

[1] Il lavoratore deve cominciare per tempo l'esecuzione del lavoro, terminarlo entro il termine convenuto e consegnarne il prodotto al datore di lavoro.

[2] Il lavoratore, qualora il lavoro eseguito risultasse difettoso per sua colpa, è tenuto a correggerlo a sue spese, nella misura in cui i difetti possono essere soppressi.

Da der Heimarbeitnehmer ohne Aufsicht arbeitet, treffen ihn **besondere Pflichten**, die allenfalls entstehende Nachteile für den Arbeitgeber ausgleichen sollen. So legt Art. 352 Abs. 1 die Verpflichtung fest, mit der übernommenen Arbeit rechtzeitig zu beginnen. Tut der Heimarbeitnehmer dies nicht und ist deshalb eine rechtzeitige Fertigstellung nicht zu erwarten, so kann das ein Grund zur *ausserordentlichen Kündigung* seitens des Arbeitgebers sein. Der Heimarbeitnehmer ist ferner verpflichtet, die Arbeit bis zum verabredeten Termin fertigzustellen und das Arbeitserzeugnis abzuliefern. Kommt es zu einer Verzögerung, ist er bei Verschulden *schadenersatzpflichtig*. Der Heimarbeitnehmer gerät schon mit dem Verstreichenlassen des Ablieferungstermins in Verzug, ohne dass eine Mahnung erforderlich wäre (Art. 102 Abs. 2). 1

Ist die Arbeit mangelhaft ausgeführt, so besteht bei Verschulden im Zweifel in erster Linie eine **Nachbesserungspflicht** (Art. 352 Abs. 2; s. zur Verschuldensfrage GSGer BS, JAR 2004, 442). Sie wird so verstanden, dass der Heimarbeitnehmer *zugleich berechtigt* ist, die Nachbesserung vorzunehmen, da er so einer entsprechenden Schadenersatzleistung und Lohneinbusse bei Akkordarbeit entgehen kann. Ist eine Verbesserung nicht möglich bzw. für die eine oder andere Partei nicht zumutbar (z.B. wegen eines unverhältnismässig hohen Aufwandes), bleibt es bei den allgemeinen Haftungsgrundsätzen (Art. 321e). Ist dem Arbeitgeber trotz der Nachbesserung ein Schaden entstanden (insb. ein Verspätungsschaden), ist dieser vom Heimarbeitnehmer zusätzlich zu ersetzen. Die Nachbesserungspflicht (wie auch das damit verbundene Nachbesserungsrecht des Heimarbeitnehmers) kann wegbedungen werden, da Art. 352 Abs. 2 nicht zwingend ist (im Gegensatz zu Art. 321e, der für die Schadenersatzpflicht des Arbeitnehmers heranzuziehen ist). 2

Art. 352*a*

2. Material und Arbeitsgeräte

[1] Der Heimarbeitnehmer ist verpflichtet, Material und Geräte, die ihm vom Arbeitgeber übergeben werden, mit aller Sorgfalt zu behandeln, über deren Verwendung Rechenschaft abzulegen und den zur Arbeit nicht verwendeten Rest des Materials sowie die erhaltenen Geräte zurückzugeben.

[2] Stellt der Heimarbeitnehmer bei der Ausführung der Arbeit Mängel an dem übergebenen Material oder an den erhaltenen Geräten fest, so hat er den Arbeitgeber sofort zu benachrichtigen und dessen Weisungen abzuwarten, bevor er die Ausführung der Arbeit fortsetzt.

[3] Hat der Heimarbeitnehmer Material oder Geräte, die ihm übergeben wurden, schuldhaft verdorben, so haftet er dem Arbeitgeber höchstens für den Ersatz der Selbstkosten.

2. Matériel et instruments de travail

[1] Le travailleur utilise avec soin le matériel et les instruments de travail que l'employeur lui a remis, lui rend compte de leur emploi et restitue le matériel non utilisé et les instruments de travail.

[2] Si le travailleur constate, en cours de travail, que le matériel ou les instruments remis sont défectueux, il en informe immédiatement l'employeur et attend ses instructions avant de poursuivre le travail.

[3] Si le travailleur a détérioré, par sa faute, le matériel ou les instruments qui lui ont été remis, il est responsable envers l'employeur au plus du montant des frais de remplacement.

2. Materiale e strumenti di lavoro

[1] Il lavoratore adopera con cura il materiale e gli strumenti di lavoro rimessigli dal datore di lavoro, gli rende conto dell'uso fattone e gli restituisce il materiale rimanente, nonché gli strumenti di lavoro.

[2] Il lavoratore, se nel corso dell'esecuzione costata difetti nel materiale o negli strumenti ricevuti, ne deve informare subito il datore di lavoro e attendere le istruzioni prima di continuare il lavoro.

[3] Il lavoratore che ha colpevolmente deteriorato materiale o strumenti ricevuti è responsabile verso il datore di lavoro al massimo per l'importo delle spese di sostituzione.

1 Da dem Heimarbeitnehmer zur Ausführung der Arbeit meist Stoffe, Zutaten und anderes Material sowie Arbeitsgeräte übergeben werden, sieht Art. 352a Abs. 1 insoweit eine besondere Sorgfalts-, Rechenschafts- und Rückgabepflicht vor. Der Heimarbeitnehmer verstösst u.a. gegen diese Pflichten, wenn er die erhaltenen Geräte oder das ihm zur Verfügung gestellte Material für Arbeiten benutzt, die er auf eigene Rechnung oder für diejenigen anderer Arbeitgeber ausführt. Die Rückgabepflicht wird wie die Pflicht zur Herausgabe des Arbeitsergebnisses beschränkt durch das *Retentionsrecht* des Heimarbeitnehmers, der i.d.R. mangels Eingliederung in die Arbeitsorganisation des Arbeitgebers unselbständiger Besitzer und nicht blosser Besitzdiener der fraglichen Gegenstände ist (s. demgegenüber Art. 339a N 4).

2 Stellt der Heimarbeitnehmer Mängel an dem übergebenen Material oder den erhaltenen Geräten fest, hat er den Arbeitgeber sofort zu benachrichtigen und mit der Ausführung der Arbeit zu warten, bis ihm die Instruktionen des Arbeitgebers zugehen (Art. 352a Abs. 2). Werden diese verspätet erteilt, so gerät der Arbeitgeber nach Art. 324 in *Annahmeverzug*. Aus der Benachrichtigungspflicht wird sodann auch eine Pflicht des Heimarbeitnehmers abgeleitet, Material und Geräte unverzüglich zu *prüfen*, nachdem er sie erhalten hat. Bei schuldhafter Verletzung dieser Pflichten wird der Heimarbeitnehmer schadenersatzpflichtig (Art. 321e).

3 Hat der Heimarbeitnehmer Material oder Geräte des Arbeitgebers schuldhaft verdorben, haftet er höchstens für den Ersatz der Selbstkosten (Art. 352a Abs. 3, einseitig zwingend: Art. 362). Dadurch wird insb. die Haftung des Heimarbeitnehmers für *entgangenen Gewinn* des Arbeitgebers *ausgeschlossen*. Das Haftungsprivileg entfällt in Bezug auf *vorsätzlich* zugefügten Schaden (Art. 323b Abs. 2 analog; umstr.).

Art. 353

III. Besondere Pflichten des Arbeitgebers
1. Abnahme des Arbeitserzeugnisses

[1] Der Arbeitgeber hat das Arbeitserzeugnis nach Ablieferung zu prüfen und Mängel spätestens innert einer Woche dem Heimarbeitnehmer bekanntzugeben.

[2] Unterlässt der Arbeitgeber die rechtzeitige Bekanntgabe der Mängel, so gilt die Arbeit als abgenommen.

III. Obligations spéciales de l'employeur
1. Acceptation du produit du travail

[1] L'employeur examine le travail livré et signale les défauts au travailleur, au plus tard dans la semaine.

[2] Si l'employeur ne signale pas à temps les défauts au travailleur, le travail est considéré comme accepté.

III. Obblighi speciali del datore di lavoro
1. Accettazione del prodotto del lavoro

[1] Il datore di lavoro deve esaminare il lavoro eseguito e comunicare al lavoratore, al più tardi entro una settimana, i difetti costatati.

[2] Se il datore di lavoro non comunica per tempo i difetti al lavoratore, il lavoro è considerato accettato.

1 Art. 353 sieht im Interesse des Arbeitnehmers zwingend eine **Rügeobliegenheit** des Arbeitgebers innerhalb einer *nicht verlängerbaren* Frist von einer Woche vor (Art. 362). Unterlässt es der Arbeitgeber, das Arbeitserzeugnis nach Ablieferung zu prüfen und innert einer Woche allfällige Mängel zu reklamieren (was *formfrei* erfolgen kann), so gilt die Arbeit als abgenommen. Allfällige Ansprüche des Arbeitgebers auf *Nachbesserung* und *Schadenersatz* gehen in diesem Fall durch *Verwirkung* unter. Vorbehalten bleiben allerdings die spätere Geltendmachung *verborgener Mängel* und der Fall *absichtlicher Täuschung* durch den Heimarbeitnehmer (vgl. Art. 201 Abs. 3, Art. 203 sowie Art. 370 Abs. 1 und 3).

Art. 353*a*

2. Lohn
a. Ausrichtung des Lohnes

[1] Steht der Heimarbeitnehmer ununterbrochen im Dienst des Arbeitgebers, so ist der Lohn für die geleistete Arbeit halbmonatlich oder mit Zustimmung des Heimarbeitnehmers am Ende jedes Monats, in den anderen Fällen jeweils bei Ablieferung des Arbeitserzeugnisses auszurichten.

[2] Bei jeder Lohnzahlung ist dem Heimarbeitnehmer eine schriftliche Abrechnung zu übergeben, in der für Lohnabzüge der Grund anzugeben ist.

2. Salaire
a. Paiement

[1] Lorsque le travailleur est occupé d'une manière ininterrompue par l'employeur, le salaire pour le travail fourni est payé par période d'un demi-mois ou, avec l'assentiment du travailleur, à la fin du mois; dans les autres cas, le salaire est payé au moment de la livraison du travail.

[2] Un décompte indiquant le motif des déductions éventuelles est remis au travailleur à chaque paiement du salaire.

2. Salario
a. Pagamento

[1] Se il lavoratore è occupato ininterrottamente dal datore di lavoro, il salario per il lavoro eseguito è versato quindicinalmente oppure, con il consenso del lavoratore, alla fine del mese; negli altri casi, il salario è pagato al momento della consegna del lavoro eseguito.

[2] Ad ogni pagamento va rimesso al lavoratore un resoconto scritto, con indicazione del motivo di eventuali deduzioni di salario.

Literatur

GERHEUSER/SCHMID, Bedingt wirksam – Das Lohngleichheitspostulat des Heimarbeitsgesetzes, Bern 1993; vgl. ausserdem die Literaturhinweise zur Einleitung vor Art. 319 ff.

I. Lohnvorschriften nach dem Heimarbeitsgesetz

1 Für *industrielle und gewerbliche* (nicht kaufmännische oder technische) *Heimarbeitnehmer* gelten die öffentlich-rechtlichen Arbeitsschutzvorschriften des Heimarbeitsgesetzes (Art. 351 N 1). Solche Heimarbeitnehmer haben z.B. Anspruch auf gleichen Lohn wie für gleichwertige Arbeit im betreffenden Betrieb oder Wirtschaftszweig (Art. 4 Abs. 1 HArG; sog. **Paritätslohn**). Bei Akkordlohn ist mit dem Lohnansatz auch der für die Arbeit geschätzte Zeitaufwand (Vorgabezeit) bekanntzugeben (Art. 4 Abs. 2 HArG) und bei Fristansetzung für die Arbeitsleistung zu berücksichtigen, dass der Arbeitnehmer täglich nicht mehr als acht Stunden und nicht am Sonntag arbeiten muss (Art. 7 Abs. 2 HArG). Beide Parteien müssen die schriftliche Lohnabrechnung des Arbeitgebers fünf Jahre aufbewahren (Art. 4 Abs. 3 HArG). Art. 5 HArG gibt dem Heimarbeitnehmer ferner einen Anspruch auf Auslagenersatz für Arbeitsgeräte, Material und Transportkosten.

II. Fälligkeit des Lohnes

2 Bei *ununterbrochen* dauernden Heimarbeitsverhältnissen muss die Lohnzahlung periodisch erfolgen, und zwar halbmonatlich oder mit (formfreier) Zustimmung des Heimarbeitnehmers monatlich, bei den anderen Heimarbeitsverhältnissen bei Ablieferung des Arbeitserzeugnisses (Art. 353a Abs. 1, einseitig zwingend: Art. 362). *Unterbrochene* Heimarbeitsverhältnisse sind gegeben, wenn sich die Parteien nach den getroffenen Vereinbarungen die Freiheit wahren, nach der Erfüllung eines Arbeitsauftrages die Vergabe bzw. Übernahme neuer Arbeit abzulehnen (ZK-Staehelin, N 3). Vorbehalten bleiben jedoch die Regeln über *Kettenverträge* (Art. 334 N 8). Die Lohnabrechnung muss die Gründe für Lohnabzüge (z.B. wegen Fehlern eines Arbeitserzeugnisses) angeben (Art. 353a Abs. 2, einseitig zwingend: Art. 362).

Art. 353b

b. Lohn bei Verhinderung an der Arbeitsleistung

[1] Steht der Heimarbeitnehmer ununterbrochen im Dienst des Arbeitgebers, so ist dieser nach Massgabe der Artikel 324 und 324a zur Ausrichtung des Lohnes verpflichtet, wenn er mit der Annahme der Arbeitsleistung in Verzug kommt oder wenn der Heimarbeitnehmer aus Gründen, die in seiner Person liegen, ohne sein Verschulden an der Arbeitsleistung verhindert ist.

[2] In den anderen Fällen ist der Arbeitgeber zur Ausrichtung des Lohnes nach Massgabe der Artikel 324 und 324a nicht verpflichtet.

b. En cas d'empêchement de travailler

[1] L'employeur qui occupe le travailleur d'une manière ininterrompue lui paie le salaire conformément aux art. 324 et 324a lorsqu'il est en demeure d'accepter les services ou que le travailleur est empêché de travailler sans faute de sa part pour des causes inhérentes à sa personne.

[2] Dans les autres cas, l'employeur n'est pas tenu de payer le salaire conformément aux art. 324 et 324a.

b. In caso d'impedimento al lavoro

[1] Se il lavoratore è occupato ininterrottamente dal datore di lavoro, questi gli deve pagare il salario conformemente agli articoli 324 e 324a, se è in mora nell'accettazione del lavoro o se il lavoratore, per motivi inerenti alla sua persona, è impedito, senza sua colpa, di lavorare.

[2] Negli altri casi, il datore di lavoro non è tenuto a pagare il salario conformemente agli articoli 324 e 324a.

1 Bei *Verhinderung* an der Arbeitsleistung werden Heimarbeitnehmer, die ununterbrochen im Dienst des Arbeitgebers stehen (s. dazu Art. 353a N 2), wie alle übrigen Arbeitnehmer behandelt. Sie können also wegen ungenügender Zuweisung von Arbeit oder aus anderen Gründen

wegen Annahmeverzuges des Arbeitgebers oder wegen unverschuldeter persönlicher Arbeitsverhinderung Lohnansprüche nach Art. 324 und 324a (bzw. 324b) geltend machen (Art. 353b Abs. 1, einseitig zwingend: Art. 362). Für die anderen Heimarbeitnehmer sind diese Ansprüche dagegen ausgeschlossen, sofern nichts anderes bestimmt ist (Art. 353b Abs. 2). Der Ausschluss der Lohnzahlung bei *Annahmeverzug* des Arbeitgebers betrifft jedoch nur den Fall, dass dem Heimarbeitnehmer *nach Erfüllung des erteilten Arbeitsauftrages* keine neue Arbeit zugewiesen wird (wozu der Arbeitgeber auch nicht verpflichtet ist), *nicht* aber den Fall, in dem *nach erfolgtem Vertragsschluss* dem Heimarbeitnehmer keine Arbeit zugewiesen oder diese verunmöglicht wird (ZK-Staehelin, N 4). Beide Heimarbeitnehmergruppen haben den üblichen Anspruch auf Ferien und Ferienlohn (Art. 329a ff. i.V.m. Art. 355).

Art. 354

IV. Beendigung

[1] Wird dem Heimarbeitnehmer eine Probearbeit übergeben, so gilt das Arbeitsverhältnis zur Probe auf bestimmte Zeit eingegangen, sofern nichts anderes verabredet ist.

[2] Steht der Heimarbeitnehmer ununterbrochen im Dienst des Arbeitgebers, so gilt das Arbeitsverhältnis als auf unbestimmte Zeit, in den anderen Fällen als auf bestimmte Zeit eingegangen, sofern nichts anderes verabredet ist.

IV. Fin

[1] Si du travail à l'essai est confié au travailleur, le contrat est considéré, sauf accord contraire, comme conclu à l'essai pour un temps déterminé.

[2] Lorsque le travailleur est occupé d'une manière ininterrompue par l'employeur, le contrat est considéré, sauf accord contraire, comme conclu pour un temps indéterminé; dans les autres cas, il est réputé conclu pour un temps déterminé.

IV. Fine del rapporto di lavoro

[1] Se al lavoratore è affidato un lavoro a prova, il rapporto di lavoro è considerato come stipulato a prova per un tempo determinato, salvo accordo diverso.

[2] Se il lavoratore è occupato ininterrottamente dal datore di lavoro, il rapporto è considerato stipulato per un tempo indeterminato, salvo accordo diverso; negli altri casi, esso è considerato concluso per un tempo determinato.

Ist nichts anderes vereinbart, so wird durch Übergabe einer Probearbeit keine Probezeit, sondern ein Arbeitsverhältnis auf bestimmte Zeit begründet, das *ohne Kündigung* mit Ausführung der Arbeit endet (Art. 354 Abs. 1, Art. 334 Abs. 1). Wird im Anschluss an die Probearbeit ein weiterer Arbeitsauftrag erteilt, so entsteht ein neues Arbeitsverhältnis. In diesem Fall *entfällt die Probezeit* nach Art. 335b. 1

Steht der Arbeitnehmer ununterbrochen im Dienst des Arbeitgebers (s. dazu Art. 353a N 2), so gilt die Vermutung, dass das Arbeitsverhältnis auf unbestimmte Zeit eingegangen ist (Art. 354 Abs. 2). Damit sind die Kündigungsvorschriften der Art. 335 ff. anwendbar. Ist der Heimarbeitnehmer dagegen nicht ununterbrochen für den Arbeitgeber tätig, so gilt die Vermutung, dass das Arbeitsverhältnis jeweils auf bestimmte Zeit eingegangen ist. Jeder neu übernommene Arbeitsauftrag begründet dann ein neues Arbeitsverhältnis, das ohne Kündigung mit dessen Ausführung endet und keine Partei zur Fortsetzung verpflichtet. Die Regeln über *Kettenverträge* bleiben indessen vorbehalten (Art. 334 N 8). 2

D. Anwendbarkeit der allgemeinen Vorschriften

Art. 355

Auf den Lehrvertrag, den Handelsreisendenvertrag und den Heimarbeitsvertrag sind die allgemeinen Vorschriften über den Einzelarbeitsvertrag ergänzend anwendbar.

Les règles générales du contrat individuel de travail s'appliquent à titre supplétif au contrat d'apprentissage, au contrat d'engagement des voyageurs de commerce et au contrat de travail à domicile.

Al contratto di tirocinio, al contratto d'impiego del commesso viaggiatore ed al contratto di lavoro a domicilio s'applicano a titolo completivo le disposizioni generali sul contratto individuale di lavoro.

1 Soweit die Art. 344–354 keine besonderen Regelungen über den Lehrvertrag, den Handelsreisendenvertrag und den Heimarbeitsvertrag enthalten, sind auf diese Vertragstypen die allgemeinen Vorschriften über den Einzelarbeitsvertrag (Art. 319–343) anwendbar. Art. 355, der dies ausdrücklich anordnet, ist selbstverständlich und damit überflüssig. Kommen die allgemeinen Vorschriften im Einzelfall zur Anwendung, so schliesst dies auch die allenfalls *zwingende Wirkung* der entsprechenden Bestimmungen ein, obschon Art. 355 selbst nicht in der Aufzählung der Art. 361 und 362 enthalten ist. Der Lehr-, der Handelsreisenden- und der Heimarbeitsvertrag sind, wie der Einzelarbeitsvertrag im Allgemeinen, im Rahmen des zwingenden Gesetzesrechts grundsätzlich auch einer Regelung durch Gesamt- oder Normalarbeitsvertrag zugänglich (zu Einschränkungen beim Lehrvertrag s. Art. 344a N 14).

Dritter Abschnitt: Gesamtarbeitsvertrag und Normalarbeitsvertrag

A. Gesamtarbeitsvertrag

Art. 356

I. Begriff, Inhalt, Form und Dauer
1. Begriff und Inhalt

[1] Durch den Gesamtarbeitsvertrag stellen Arbeitgeber oder deren Verbände und Arbeitnehmerverbände gemeinsam Bestimmungen über Abschluss, Inhalt und Beendigung der einzelnen Arbeitsverhältnisse der beteiligten Arbeitgeber und Arbeitnehmer auf.

[2] Der Gesamtarbeitsvertrag kann auch andere Bestimmungen enthalten, soweit sie das Verhältnis zwischen Arbeitgebern und Arbeitnehmern betreffen, oder sich auf die Aufstellung solcher Bestimmungen beschränken.

[3] Der Gesamtarbeitsvertrag kann ferner die Rechte und Pflichten der Vertragsparteien unter sich sowie die Kontrolle und Durchsetzung der in den vorstehenden Absätzen genannten Bestimmungen regeln.

[4] Sind an einem Gesamtarbeitsvertrag auf Arbeitgeber- oder Arbeitnehmerseite von Anfang an oder auf Grund des nachträglichen Beitritts eines Verbandes mit Zustimmung der Vertragsparteien mehrere Verbände beteiligt, so stehen diese im Verhältnis gleicher Rechte und Pflichten zueinander; abweichende Vereinbarungen sind nichtig.

I. Définition, objet, *forme et durée*
1. Définition et objet

[1] Par la convention collective, des employeurs ou associations d'employeurs, d'une part, et des associations de travailleurs, d'autre part, établissent en commun des clauses sur la conclusion, l'objet et la fin des contrats individuels de travail entre employeurs et travailleurs intéressés.

2 La convention peut également contenir d'autres clauses, pourvu qu'elles concernent les rapports entre employeurs et travailleurs; elle peut même être limitée à ces clauses.

3 La convention peut en outre régler les droits et obligations réciproques des parties contractantes, ainsi que le contrôle et l'exécution des clauses prévues aux alinéas précédents.

4 Lorsque plusieurs associations d'employeurs ou de travailleurs sont liées par la convention, soit pour avoir pris part à sa conclusion, soit pour y avoir adhéré ultérieurement avec le consentement des parties, elles ont les unes envers les autres les mêmes droits et obligations; tout accord contraire est nul.

I. Definizione, contenuto, forma e durata
1. Definizione e contenuto

1 Mediante contratto collettivo di lavoro, datori di lavoro o loro associazioni, da una parte, e associazioni di lavoratori, dall'altra, stabiliscono in comune disposizioni circa la stipulazione, il contenuto e la fine dei rapporti individuali di lavoro tra i datori di lavoro e i lavoratori interessati.

2 Il contratto collettivo può contenere anche altre disposizioni che concernono i rapporti fra i datori di lavoro e i lavoratori, o limitarsi a queste disposizioni.

3 Il contratto collettivo può inoltre disciplinare i diritti e gli obblighi delle parti contraenti, come pure il controllo e l'esecuzione delle disposizioni previste nei capoversi precedenti.

4 Se più associazioni di datori di lavoro o, dall'altra parte, più associazioni di lavoratori sono vincolate dal contratto per averlo conchiuso o per avervi, con il consenso delle parti contraenti, aderito ulteriormente, esse stanno fra loro in un rapporto di diritti e obblighi uguali; è nullo qualunque accordo contrario.

Literatur

ANDERMATT et al., Droit collectif du travail, Basel 2010; DIES., Handbuch zum kollektiven Arbeitsrecht, Basel 2009; ANNAHEIM-BÜTTIKER, Die Stellung des Aussenseiter-Arbeitnehmers im System des Gesamtarbeitsvertragsrechts, Basel 1990; AUBERT, Convention collective et contrat-type de travail, in: Le contrat dans tous ses états, Bern 2004, 3 ff.; DERS., Soumissions publiques et conventions collectives de travail, in: Les instruments d'action de l'Etat, Basel 1991, 147 ff.; DERS., Wittenberg, Rome et droit collectif du travail, FS für Charles-Albert Morand, Basel 2001, 173 ff.; BAUMGÄRTNER, Industrial Relations in der Schweizerischen Eidgenossenschaft, Diss., Bern 2013; BIRK, Vereinbarungen der Sozialpartner als Regelungsinstrumente in der Europäischen Sozialcharta und im supranationalen Arbeitsrecht, FS für Manfred Rehbinder, München/Bern 2002, 3 ff.; BOUTELLIER, GAV – Tipps für die Praxis, Anwaltsrevue 2012, 80 ff.; BRÜHWILER, Gesamtarbeitsvertrag im öffentlichen Dienst, ARV 2001, 171 ff.; GEISER, Gesamtarbeitsvertrag im Bereich des Arbeitsverleihs – Möglichkeiten und Grenzen, ARV 2007, 213 ff.; DERS., Probleme des Gesamtarbeitsvertragsrechts in der Schweiz, ARV 2004, 137 ff.; DAUM, Bewertung des GAV aus Arbeitgebersicht, ARV 2012, 105 ff.; GEISER/UHLIG, Der Gesamtarbeitsvertrag im Konzern, ZBJV 2010, 1 ff.; HELBLING, Gesamtarbeitsverträge (GAV) für den Staatsdienst, AJP 1998, 899 ff.; HOFSTETTER, Tariffähigkeit und Tarifzuständigkeit von Arbeitgeberorganisationen, Bern 1986; JAISLI, Mediation in GAV-Verhandlungen, Schweizer Arbeitgeber 2007, 20 ff.; JOEHRO, Der Gesamtarbeitsvertrag Personalverleih, ArbR 2013, 105 ff.; VON KAENEL, Gleichwertigkeitsvergleich zwischen zwei Gesamtarbeitsverträgen, FS für Jean-Fritz Stöckli, Zürich/St. Gallen 2014, 697 ff.; KASPER, Information Governance im Arbeitsverhältnis – Regulatorischer Rahmen für Unternehmensinformationen aus betrieblicher Mitwirkung, Gesellschaftsrecht und Gesamtarbeitsvertrag, Diss., Bern 2008; KELLER, Der flexible Altersrücktritt im Bauhauptgewerbe, Diss., Zürich/Basel/Genf 2008; DERS., Der Gesamtarbeitsvertrag im Sozius des Betriebsübergangs, in: Recht zwischen Dogmatik und Theorie – Marc Amstutz zum 50. Geburtstag, Zürich/St. Gallen 2012, 113 ff.; KLEUBLER, Akzente der Vertraglichen Schiedsgerichte bei der Auslegung von Gesamtarbeitsverträgen, BJM 1997, 1 ff.; MAHON, Art. 28 BV, in: Petit commentaire de la Constitution fédérale de la Confédération suisse, Zürich/Basel/Genf 2003, 252 ff.; MANGOLD, Possibilités d'intervention en justice des syndicats, in: Panorama en droit du travail, Bern 2009, 823 ff.; MATHIS-ZWYGART, L'application des conventions collectives de travail aux contrats de travail temporaire. Etude de l'article 20 LSE, Diss., Basel 2012; DIES., Application des conventions collectives de travail aux entreprises de travail temporaire, Jusletter 19.5.2008; MEIER, Beitritts- und Verhandlungsanspruch im Gesamtarbeitsvertragsrecht, FS VSAM, Bern 1993, 91 ff.; METZ, Die bundesgerichtliche Rechtsprechung zum kollektiven Arbeitsrecht, ARV 2006, 161 ff.; DERS., Risiken im kollektiven Arbeitsrecht, FS zum Schweizerischen Juristentag 2004, Basel 2004, 129 ff.; MEYER, Gesamtarbeitsverträge und arbeitnehmerähnliche Personen, ArbR 1995, 139 ff.; MOESCH, La protection internationale contre les mesures antisyndicales prises par l'employeur, in: Panorama en droit du travail, Bern 2009, 337 ff.; MOOR, Die Sicht der Arbeitnehmenden und die Rolle der Gewerkschaften, in: Unternehmenssanierung und Arbeitsrecht, Zürich/Basel/Genf 2010, 99 ff.; NEF, Vermag die Mediation einen Beitrag zur Bewältigung kollektiver Arbeitskonflikte zu leisten?, FS für Heinz Rey, Zürich/Basel/Genf 2003, 473 ff.; OESCH, Die Bedeutung von Gesamtarbeitsverträgen für die Arbeitsmarktregulierung in der Schweiz, ARV 2012, 120 ff.; ORDOLLI, Intranet et internet dans les rapports collectifs de travail, Genf 2013; DEN OTTER, Das kollektive Arbeitsrecht im schweizerischen Bankwesen, Bern 1986; PÄRLI/CIRIGLIANO (Hrsg.), Schwerpunktheft, AJP 11/2014, 1433 ff.; PORTMANN, Kooperationsvereinbarung zwischen Fussballverbänden und Spielergewerkschaft, CaS 2006, 312 ff.; DERS., Betriebsstörung durch Flashmob, in: FS für Pierre Wessner, Basel 2011, 515 ff.; DERS., Das kollektive Arbeitsrecht im neuen ungarischen Arbeitsgesetzbuch, FS für Jean-Fritz Stöckli, Zürich/St. Gallen 2014, 493 ff.; DERS., Auswirkungen von Gewerkschaftsfusionen auf Gesamtarbeitsverträge, FS für Ernst Kramer, Basel 2004, 791 ff.; PRINCE, L'impact des conventions collectives de travail en Suisse, Zürich 1994; RECHSTEINER, Gesamtarbeitsverträge: Für Schutz und Fortschritt, ARV 2012, 101 ff.; RIEMER-KAFKA, Innovationskraft der GAV für die Gleichstellung und die soziale Sicherheit, ARV 2012, 110 ff.; DE ROUGEMONT, L'application des Conventions Collectives de travail, in: Journée 1991 de droit du travail et de la sécurité sociale, Zürich 1991, 39 ff.; SCHNEIDER-AMMANN, Den GAV pflegen, gerade jetzt!, ARV 2012, 95 ff.; SCHWEINGRUBER/BIGLER, Kommentar zum Gesamtarbeitsvertrag mit Einschluss der Allgemeinverbindlicherklärung, 3. Aufl., Bern 1985; STÖCKLI, Spitzenlöhne und das kollektivarbeitsrechtliche Zumutbarkeitsprinzip, ArbR 2006, 169 ff.; DERS., Der Inhalt des Gesamtarbeitsvertrages, Bern 1990; DERS., Schutzgedanken im Arbeitsrecht – Neue Legitimation der Gewerkschaften durch ein Wahlmandat, ArbR 2013, 141 ff.; DERS., Die Kontrolle der Einhaltung allgemeinverbindlicher Gesamtarbeitsverträge bei Entsendung, ArbR 2012, 95 ff.; DERS., Arbeitsvertragliche Regelung der Weiterbildung, ArbR 2011, 117 ff.; STÖCKLI/BAUMGARTNER, Sicherheit und Unsicherheit im Kollektivarbeitsrecht, FS für Erwin Murer, Bern 2010, 907 ff.; TSCHUDI, Beiträge des Arbeitsrechts zur Sozialpartnerschaft, ArbR 1997, 29 ff.; VISCHER, Gesamtarbeitsvertrag und Normalarbeitsvertrag, in: Die Rechtsentwicklung an der Schwelle zum 21. Jahrhundert, Zürich 2001, 397 ff.; DERS., Fragen aus dem Kollektivarbeitsrecht, AJP 1995, 547 ff.; VISCHER/ALBRECHT, Kündigung und kollektives Arbeitsrecht, in: Stellenwechsel und Entlassung, Handbücher für die Anwaltspraxis (HAP), Bd. II, 2. Aufl., Basel 2012, 117 ff.; WAAS, So nah und doch so fern – Ein Blick auf das Tarif- und Arbeitskampfrecht der Schweiz, FS für Ulrike Wendeling-Schröder, Baden-Baden 2009, 147 ff.; WEBER, Das Gleichheitsprinzip im kollektiven Arbeitsrecht, Diss., Basel 1985; WIDMER, Die Auslegung der Bestimmungen zum persönlichen Geltungsbereich eines Gesamtarbeitsvertrags, BJM 2009, 65 ff.; WILD, Die Entwicklung des Gesamtarbeitsvertragsrechts, Diss., Zürich 1985; ZÄCH, Der Arbeitsmarkt als wettbewerbsrechtlicher Ausnahmebereich, FS für Manfred Rehbinder, München/Bern 2002, 163 ff.; ZURKINDEN, Gesamtarbeitsverträge und Kartellrecht, in: Aktuelle Probleme des Arbeitsrechts, Zürich/Basel/Genf 2005, 1 ff.; vgl. ausserdem die Literaturhinweise zu Art. 357.

I. Parteien des Gesamtarbeitsvertrages

1 **Gesamtarbeitsverträge** (GAV) sind Verträge zwischen einzelnen oder mehreren Arbeitgebern oder deren Verbänden einerseits und Arbeitnehmerverbänden andererseits zwecks kollektiver Regelung der Einzelarbeitsverhältnisse (Art. 356 Abs. 1). Die *Fähigkeit, Gesamtarbeitsverträge abzuschliessen* **(Tariffähigkeit)**, ist also auf Arbeitnehmerseite auf Koalitionen (Gewerkschaften) beschränkt. Auf Arbeitgeberseite können nicht nur Koalitionen (Arbeitgeberverbände), sondern auch einzelne Arbeitgeber Vertragsparteien sein. Dementsprechend unterscheidet man *Verbandsverträge* und *Firmenverträge*. Sind auf einer Seite mehrere Vertragsparteien beteiligt, spricht man von mehrgliedrigen Verträgen.

2 Da der Staat den Koalitionen weite Bereiche des Arbeitslebens zur «sozialen Selbstverwaltung» mit Hilfe des GAV überlassen hat und die Gestaltung des Arbeitslebens insoweit durch ein freies Auspendeln der Machtverhältnisse erfolgen soll, müssen die Koalitionen bestimmten **Anforderungen** entsprechen, um ihrer Funktion als soziale Gegenspieler gerecht werden zu können und demnach als tariffähig anerkannt zu werden. Diese sind (GEISER/MÜLLER, Rz 759 ff.; PORTMANN/STÖCKLI, Rz 1078 ff.; vgl. auch BGE 140 I 257 E. 5.2.1):

3 – Die Rolle als Sozialpartner erfordert eine gewisse Dauer der Zweckverfolgung. Die Koalition muss daher eine *juristische Person* sein. Nur eine solche garantiert die Einhaltung des GAV (insb. der Friedenspflicht) und damit die erforderliche Rechtssicherheit. Nicht tariffähig sind demnach sog. *groupements de fait*, also etwa spontan gebildete ad hoc-Koalitio-

nen zur Durchführung eines einmaligen Streiks (Umgehung des Verbots wilder Streiks). Verträge mit unorganisierten Gruppen sind auch sozialpolitisch unerwünscht, weil die Unabhängigkeit dieser Gruppierungen von der Gegenseite nicht gewährleistet ist (N 5). Ebenfalls nicht tariffähig sind die *Arbeitnehmervertretungen*.

- Ferner muss die *Mitgliedschaft freiwillig* sein. Zwangsverbände können keine Koalitionen sein, weil sie in der Lage sind, die Mitglieder daran zu hindern, andere Ziele als die des Verbandes zu verfolgen und zu diesem Zweck andere Koalitionen zu bilden. 4
- Um Gegenspieler des Sozialpartners sein zu können, muss die Koalition *gegnerunabhängig* sein. Ihr dürfen also nur jeweils Arbeitgeber oder Arbeitnehmer (einschliesslich Arbeitslose) angehören. Gemischte Vereinigungen (sog. *Harmonieverbände*) sind keine Koalitionen. Auch im Übrigen muss die Koalition sowohl materiell wie ideell von der Gegenseite unabhängig sein. Das erfordert auf Seiten der Gewerkschaft nach h.L. jedoch keine überbetriebliche Organisation, so dass ein sog. «Hausverband» als tariffähig betrachtet wird. Diese Auffassung ist deswegen nicht unbedenklich, weil der Mitgliederbestand des Verbandes von den Anstellungen und Entlassungen des Arbeitgebers abhängig ist. Die Tariffähigkeit des Hausverbandes ist daher nur anzuerkennen, wenn dieser auf Grund eines genügenden Organisationsgrades und zahlenmässiger Mitgliederstärke wirtschaftlich unabhängig ist, wenn er den Rückhalt eines Dachverbandes geniesst (indem dieser mittels ausdrücklicher Vereinbarung im GAV für dessen Einhaltung und Durchsetzung einsteht, BK-Stöckli, N 33) oder wenn in einem Berufs- oder Wirtschaftszweig nur ein Arbeitgeber vorhanden ist (z.B. Verband schweizerisches Zollpersonal; Rehbinder, Schweizerisches Arbeitsrecht, Rz 485). 5
- Auch von *dritter Seite*, insb. dem Staat, Parteien oder Kirchen, müssen Koalitionen *unabhängig* sein; denn nur den Koalitionen selbst ist die Befugnis zur Gestaltung der Arbeitsbedingungen eingeräumt worden. Zur Freiheit vom Staat gehört, dass Koalitionen nicht als öffentlich-rechtliche Körperschaften, sondern als Vereinigungen des *Privatrechts* organisiert sind, i.d.R. als Vereine, selten als Genossenschaften. Unabhängigkeit von dritter Seite bedeutet weiter *Weisungsfreiheit*. Allerdings kann die Koalition durchaus ihr Programm freiwillig politisch oder weltanschaulich ausrichten (Richtungsgewerkschaft im Gegensatz zur Einheitsgewerkschaft). 6
- Die Funktion als Sozialpartner gebietet schliesslich, dass die Koalition die kollektive Wahrnehmung von Arbeitnehmer- oder Arbeitgeberinteressen zum Ziel hat. Die Verbesserung der wirtschaftlichen oder sozialen Lage ihrer Mitglieder reicht als Ziel allein nicht aus. Rein wirtschaftliche Vereine wie Unternehmerverbände, Konsumvereine oder kulturelle Organisationen (wie z.B. die Schauspielunion) sind also keine Koalitionen. Es muss vielmehr (wenn auch nur neben anderen Zielen) die *Wahrung oder Förderung der Arbeitsbedingungen* beabsichtigt sein. Zu diesem Zweck muss die Koalition bereit sein, auf die Gegenseite sozialen Druck auszuüben (die Bereitschaft zum Arbeitskampf ist jedoch nicht erforderlich). Der Abschluss von Gesamtarbeitsverträgen muss demnach mit den Statuten des Verbandes vereinbar sein. Spitzenverbände (Zusammenschlüsse von Koalitionen) sind nur tariffähig, wenn der Abschluss von Gesamtarbeitsverträgen zu ihren satzungsmässigen Aufgaben gehört oder wenn sie von den einzelnen Mitgliedsverbänden entsprechend bevollmächtigt wurden. 7

Daraus folgt, dass **Koalitionen** i.S.v. *tariffähigen Verbänden* freie, privatrechtliche Vereinigungen von Arbeitnehmern oder Arbeitgebern auf unabhängiger Grundlage zur Wahrnehmung kollektiver Arbeitnehmer- oder Arbeitgeberinteressen sind. 8

In jüngerer Zeit ist es zu bedeutsamen **Gewerkschaftsfusionen** gekommen. Gewerkschaften, die regelmässig als Vereine konstituiert sind, können nach dem Fusionsgesetz unter erleichterten Voraussetzungen miteinander fusionieren. Der damit verbundene gesetzliche Übergang der Aktiven und Passiven erfasst auch die von den fusionierenden Gewerkschaften abgeschlossenen *Gesamtarbeitsverträge* unter Einschluss der normativen Bestimmungen, sofern die Fusionsgewerkschaft tariffähig und tarifzuständig ist. Einer Zustimmung der Arbeitgeber- 9 seite bedarf es hierzu nicht. Die Fusion als solche stellt für die übrigen beteiligten Arbeitgeber- oder Arbeitnehmerverbände keinen wichtigen Grund zur vorzeitigen Auflösung der Gesamtarbeitsverträge dar, sofern der Fusionsgewerkschaft die Attribute der Repräsentativität und Loyalität zukommen. Im Anschluss an die Fusion sind die erforderlichen Vollzugsmassnahmen zu treffen, d.h. etwa die Umbesetzung paritätischer Kommissionen oder die Neuverteilung von Vertrags- und Vollzugskosten (s. zum Ganzen PORTMANN, FS Kramer, 791 ff.).

II. Inhalt des Gesamtarbeitsvertrages

1. Schuldrechtliche Bestimmungen (Abs. 3)

10 Die schuldrechtlichen Bestimmungen regeln die *Rechte und Pflichten der GAV-Parteien unter sich* (Art. 356 Abs. 3). Sie können Dritte allenfalls nach den Regeln über Verträge mit Schutzwirkung für Dritte oder über die Drittschadensliquidation mit einbeziehen. Verpflichtungen Dritter können auf diese Weise aber nicht entstehen, da es keine Verträge zu Lasten Dritter gibt. Gegenstand obligatorischer Bestimmungen kann jeder nach allgemeinem Vertragsrecht zulässige Inhalt sein (Art. 357a N 1 ff.). Die Auslegung schuldrechtlicher Bestimmungen erfolgt nach den Regeln über die *Auslegung von Verträgen* (BGE 127 III 322; BGer, JAR 1998, 283), ihre Nichteinhaltung (der Vertragsbruch) beurteilt sich nach den Vorschriften über die Vertragsverletzung.

2. Normative Bestimmungen (Abs. 1)

11 Die normativen Bestimmungen sind hingegen Gesetze im materiellen Sinne (sog. autonomes Satzungsrecht), die Rechte und Pflichten Dritter (insb. einzelner Verbandsmitglieder) begründen, welche als solche nicht Vertragspartei sind. Gegenstand normativer Bestimmungen können Regeln über den Abschluss, den Inhalt und die Beendigung der einzelnen Arbeitsverhältnisse sein (Arbeitsvertragsrecht, Art. 356 Abs. 1; Näheres zum Gegenstand der normativen Bestimmungen in Art. 357 N 1 ff., zu ihrer Wirkung in Art. 357 N 39 ff.). Wegen ihrer Rechtswirkung gegenüber den jeweiligen Verbandsmitgliedern, die als solche nicht Vertragspartei sind, erfolgt die Auslegung normativer Bestimmungen nach den Regeln über die *Auslegung von Gesetzen* (BGE 127 III 322; BGer, ARV 2008, 29; BGer, JAR 1998, 283 f.; s.a. BGE 140 V 449 E. 4.2 für die normativen Bestimmungen des GAV SBB; zur Bestimmung des anwendbaren Textes eines allgemeinverbindlich erklärten GAV anhand der Webseiten der schweizerischen Bundesbehörden s. BGE 136 III 283). Aus dem Umstand, dass die normativen Bestimmungen letztlich dennoch in einem Vertrag gründen, lässt sich gemäss BGer jedoch ableiten, dass der Wille der am Abschluss des Gesamtarbeitsvertrags beteiligten Parteien ein gewichtigeres Auslegungselement darstellt als derjenige des Gesetzgebers bei der Gesetzesinterpretation. Indessen ist mit Rücksicht auf den Schutz des Vertrauens der an der Normsetzung nicht beteiligten Einzelvertragsparteien stets zu prüfen, ob der nach den Grundsätzen der Vertragsauslegung ermittelte Vertragswille auch einer objektiven Auslegung nach Wortlaut, Sinnzusammenhang und Ratio standhält (BGE 133 III 218; BGer, JAR 2007, 293). Ferner sind normative Bestimmungen ohne Rücksicht auf ihren Geltungsbereich revisibel. Wegen der normativen Wirkung ist der GAV bei Willensmängeln (Art. 23 ff.) nicht rückwirkend, sondern nur mit Wirkung für die Zukunft anfechtbar (Frage der Sonderfolgen von Willensmängeln offengelassen in BGer, JAR 2011, 253 f.). Bei Teilnichtigkeit wegen Verstosses gegen zwingendes staatliches Recht bleibt der übrige Teil des Vertrages in seiner Wirksamkeit unberührt (Art. 20 Abs. 2 findet keine Anwendung). Über die Grenzen der Tarifautonomie s. Art. 357 N 8 ff.

3. Indirekt-schuldrechtliche Bestimmungen (Abs. 2)

Der GAV kann auch Bestimmungen enthalten, die schuldrechtliche Ansprüche für und gegen nicht direkt am GAV Beteiligte (insb. die Verbandsmitglieder) begründen, ohne den jeweiligen Partner des Einzelarbeitsverhältnisses zu berechtigen oder zu verpflichten. Es handelt sich nicht um normative Bestimmungen über Abschluss, Inhalt und Beendigung der einzelnen Arbeitsverhältnisse, sondern um «andere Bestimmungen», die «das Verhältnis zwischen Arbeitgebern und Arbeitnehmern betreffen» (Art. 356 Abs. 2). An der Rechtsbeziehung, die sie begründen, ist jeweils nur eine Partei des Einzelarbeitsvertrags beteiligt. Auf der anderen Seite stehen: 12
- die *Vertragsgemeinschaft* i.S.v. Art. 357b (gegenüber den beteiligten Arbeitgebern und Arbeitnehmern, N 25, 28);
- der *eigene Verband* (gegenüber seinen Mitgliedern); die Durchsetzung beruht selbst dann auf den Mitgliedschaftspflichten gegenüber dem eigenen Verband, wenn die verpflichtete Einzelvertragspartei dem gegnerischen Verband, dessen Mitgliedern oder einem Dritten eine Leistung zu erbringen hat (z.B. Leistungen des Arbeitgebers an eine Ausgleichskasse, PORTMANN/STÖCKLI, Rz 1154);
- die *GAV-Parteien* (gegenüber den Angeschlossenen, s. Art. 356b Abs. 1).

Die Auslegung der indirekt-schuldrechtlichen Bestimmungen erfolgt wie diejenige der normativen Bestimmungen nach den Regeln über die *Auslegung von Gesetzen* (N 11), da sie das Einzelarbeitsverhältnis betreffen.

Ein Teil der indirekt-schuldrechtlichen Bestimmungen erweitert den **materiellen Inhalt** des GAV. Darunter fallen die sog. *Betriebsnormen*, die Fragen der Betriebsgestaltung regeln und als Solidarnormen oder Ordnungsnormen vorkommen. Weiter fallen sonstige Normen unterschiedlichen Inhalts darunter. Im Einzelnen (PORTMANN/STÖCKLI, Rz 1156): 13
- *Solidarnormen* verpflichten den Arbeitgeber zu Leistungen zugunsten der gesamten Belegschaft oder Teilen der Belegschaft, z.B. zur Einrichtung von Bädern, Klimaanlagen oder betrieblichen Kindergärten. Sie kommen auch den Aussenseitern zugute. Zusätzlich können sie den Charakter von Inhaltsnormen und somit zugleich normative Wirkung haben, wenn den einzelnen (vertragsgebundenen) Arbeitnehmern ein unmittelbarer Anspruch auf Erfüllung, z.B. auf Benutzung der betrieblichen Badeanstalt, gewährt werden soll. 14
- *Ordnungsnormen* hingegen regeln die Ordnung und das Verhalten der Arbeitnehmer im Betrieb (sog. formelle oder betriebliche Arbeitsbedingungen), z.B. Vorschriften über Krankmeldung, Torkontrolle, Rauchverbot. 15
- *Weitere Normen* können etwa Verpflichtungen zu Leistungen an Ausgleichskassen oder andere das Arbeitsverhältnis betreffende Einrichtungen (z.B. Wohlfahrtseinrichtungen, Ausbildungsveranstaltungen, Erholungsgelegenheiten), Regeln über die Rechtsstellung der Arbeitnehmerschaft im Betrieb (Fragen der betrieblichen Mitwirkung), Verpflichtungen der einzelnen Arbeitgeber und Arbeitnehmer zur Wahrung des Arbeitsfriedens sowie Vorschriften über den Anschluss zum Gegenstand haben. 16

Ein anderer Teil der indirekt-schuldrechtlichen Bestimmungen *will die Durchführung des GAV sichern* durch Festlegung der Pflicht zur Duldung von Kontrollen oder zur Leistung von Kautionen und Konventionalstrafen (Art. 356 Abs. 3). 17

4. Sonstige Bestimmungen

Zu den sonstigen Bestimmungen zählen insb. Normen über den Geltungsbereich des GAV sowie Zweckbestimmungen und Präambeln, die allenfalls für die Auslegung der anderen Bestimmungen Bedeutung haben. 18

III. Durchsetzbarkeit des Gesamtarbeitsvertrages

1. Durchsetzbarkeit der schuldrechtlichen Bestimmungen

19 Je nach dem Inhalt der einzelnen Klauseln des GAV ist deren Durchsetzbarkeit im Streitfall verschieden. Schuldrechtliche Bestimmungen sind nur durch **Klage gegen die andere GAV-Partei** durchsetzbar. Jedoch ist hier in der Praxis der Ausschluss der staatlichen Gerichtsbarkeit durch Vereinbarung einer Schiedsgerichtsbarkeit üblich. Weiter werden häufig Kautionen und Konventionalstrafen vereinbart. Eine schwere Verletzung der schuldrechtlichen Bestimmungen durch eine Partei kann ferner Anlass zur ausserordentlichen Kündigung des GAV durch die andere Partei geben (Art. 337 analog).

2. Durchsetzbarkeit der normativen Bestimmungen

20 Handelt es sich um Klauseln, die Rechte und Pflichten zwischen den Parteien des einzelnen Arbeitsverhältnisses begründen (Arbeitsvertragsrecht), dann ist in erster Linie die direkte Klage des einzelnen **Arbeitnehmers oder Arbeitgebers gegen den Vertragspartner** seines Einzelarbeitsvertrages gegeben. Ergänzend tritt die Einwirkungspflicht der Verbände hinzu (Art. 357a N 4 f.).

21 Ferner stehen unter spezifischen Voraussetzungen auch verschiedene Formen der **Verbandsklage** zur Verfügung.

22 – Die allgemeine Verbandsklage gem. Art. 89 ZPO ist nicht auf die Durchsetzung von Gesamtarbeitsverträgen, sondern des (gesetzlichen) Persönlichkeitsschutzes zugeschnitten (s. Einl. vor Art. 319 ff. N 58 f.).

23 – Nach bundesgerichtlicher Rechtsprechung hingegen kann die vertragschliessende Gewerkschaft die Verletzung des GAV gerichtlich feststellen lassen, die zum Nachteil eines ihrer Mitglieder von einem Arbeitgeber begangen wurde, der *selbst Partei des GAV* ist. Die Frage, ob dasselbe gestützt auf Art. 28 ZGB auch gilt, wenn der Arbeitgeber bloss Mitglied eines vertragschliessenden Arbeitgeberverbandes ist, hat das BGer in BGE 125 III 85 offengelassen. Insbesondere mangels Kollektivinteresse hat es das Klagerecht einer Gewerkschaft auf Wiedereinstellung eines entlassenen Gewerkschaftsmitglieds abgelehnt, ebenso wenig berühre dessen Entlassung die Persönlichkeitsrechte der Gewerkschaft (BGer, ARV 2010, 269).

24 – Die Klagelegitimation der vertragschliessenden Gewerkschaft kann sich ferner aus dem UWG ergeben. Nach Art. 10 Abs. 2 lit. a UWG stehen die in Art. 9 Abs. 1 und 2 UWG vorgesehenen Klagen auch Berufs- und Wirtschaftsverbänden zu, die nach den Statuten zur Wahrung der wirtschaftlichen Interessen ihrer Mitglieder befugt sind. Falls die wirtschaftlichen Interessen der Mitglieder verletzt sind, ist es nicht erforderlich, dass die Gewerkschaft selbst von der unlauteren Wettbewerbshandlung betroffen ist. Die wirtschaftlichen Interessen der Mitglieder sind u.a. verletzt, wenn ein *Verstoss gegen Art. 7 UWG* vorliegt. Nach dieser Vorschrift handelt insb. unlauter, wer Arbeitsbedingungen nicht einhält, die durch Rechtssatz oder Vertrag auch dem Mitbewerber auferlegt bzw. die berufs- oder ortsüblich sind. Von diesem Tatbestand erfasst wird auch der Fall, in dem ein Arbeitgeber, der Mitglied eines vertragschliessenden Arbeitgeberverbandes ist, normative Bestimmungen des GAV nicht einhält, die sowohl auf ihn wie auch auf andere beteiligte Konkurrenzunternehmen anwendbar sind (BGE 125 III 86; i.c. ging es um die Nichteinhaltung von Bestimmungen betr. wöchentliche Arbeitszeit, 13. Monatslohn und Ferien).

25 – Darüber hinaus kann in einem von zwei Verbänden abgeschlossenen GAV vereinbart werden, dass den beiden Verbänden gemeinsam ein Anspruch auf Einhaltung der arbeitsvertragsrechtlichen Klauseln gegenüber den betroffenen Arbeitgebern und Arbeitnehmern zusteht (sog. *Vertragsgemeinschaft*; Näheres in Art. 357b N 1 ff.). Das Klagerecht geht aber nur auf Feststellung der Nichteinhaltung des Vertrags (Art. 357b Abs. 1 lit. a). Die Erhebung einer Leistungsklage soll der Entscheidung des Einzelnen vorbehalten bleiben und

ist daher grundsätzlich ausgeschlossen. Jedoch kann der Einzelne seine Ansprüche seinem Verband oder der Vertragsgemeinschaft abtreten. Auch können die der Vertragsgemeinschaft zustehenden Einhaltungsansprüche durch Kautionen und Konventionalstrafen abgesichert werden.

3. Durchsetzbarkeit der indirekt-schuldrechtlichen Bestimmungen

Handelt es sich bei den Klauseln des GAV um indirekt-schuldrechtliche Bestimmungen, die zwar das Einzelarbeitsverhältnis betreffen, aber Rechte und Pflichten der Einzelnen nicht gegenüber dem Partner des Einzelarbeitsvertrags, sondern nur gegenüber dem eigenen Verband begründen, so ist eine direkte Klage des einzelnen Arbeitnehmers oder Arbeitgebers gegen seinen Vertragspartner ausgeschlossen. Die entsprechenden Klauseln können somit nur *indirekt über die verbandsrechtlichen Mitgliedschaftspflichten* erzwungen werden; innerhalb der Schranken der Vertragsfreiheit können die Verbände ihre Mitglieder auf Grund statutarischer Regelungen zu kollektivvertragsgemässem Verhalten verpflichten (BK-Stöckli, N 102; ZK-Vischer/Albrecht, N 91, 101). 26

Daraus folgt für die Durchsetzung (BK-Stöckli, N 103): 27

- Steht der verpflichteten Partei des Einzelarbeitsverhältnisses als Berechtigter ihr eigener Verband gegenüber, so erfolgt die Durchsetzung mittels *Einwirkung* durch diesen Verband nach Art. 357a Abs. 1.
- Steht der verpflichteten Partei der jeweils gegnerische Verband oder ein Dritter gegenüber (z.B. eine Weiterbildungseinrichtung), so ist eine *vertragliche Ermächtigung* dieses Verbandes oder des Dritten zur Wahrnehmung der Rechte und eine Einwirkungsverpflichtung zur Durchsetzung des Vertrages anzunehmen.

Auch zur Durchsetzung der indirekt-schuldrechtlichen Bestimmungen kann in inhaltlich begrenztem Umfang eine *Vertragsgemeinschaft* begründet werden (Näheres in Art. 357b Abs. 1 lit. b). Ferner können zur Absicherung des gemeinsamen Anspruchs auf Einhaltung *Kautionen und Konventionalstrafen* vereinbart werden. Soweit eine Vertragsgemeinschaft begründet wurde, braucht sich die Durchsetzung nicht auf die verbandsrechtlichen Mitgliedschaftspflichten abzustützen. 28

IV. Privatrechtlicher Schutz der Koalition

Art. 356 Abs. 4 schützt die Koalitionsfreiheit im Verhältnis einer Koalition zu ihrer Konkurrenzorganisation (*kollektive Koalitionsfreiheit* auf privatrechtlicher Ebene; zur Koalitionsfreiheit auf Verfassungsebene s. Art. 28 Abs. 1 BV). Bei Beteiligung mehrerer Verbände an einem GAV müssen diese im Verhältnis zueinander **gleiche Rechte und Pflichten** haben. Es handelt sich allerdings nicht um eine absolute, sondern um eine *relative Gleichheit*, die sich nach Grösse (einschliesslich Zahl der beteiligten Mitglieder), Bedeutung und finanzieller Leistungsfähigkeit der Verbände bestimmt (BK-Stöckli, N 147; ZK-Vischer/Albrecht, N 61). Das Gleichheitsgebot wirkt sich etwa aus auf die Besetzung einer paritätischen Kommission oder auf die Tragung finanzieller Lasten. 29

Das BGer gewährt einer Minderheitsgewerkschaft das **Recht**, einem bereits abgeschlossenen GAV **beizutreten**, wenn sie *repräsentativ* und dazu bereit ist, den GAV *loyal* zu erfüllen (BGE 140 I 257; 113 II 27). Die Repräsentativität ist gegeben, wenn der Verband auf kantonaler oder eidgenössischer Ebene (nicht notwendigerweise auch im betreffenden Betrieb) Sprachrohr einer bedeutenden Minderheit ist (BGE 140 I 257: Anerkennung einer Gewerkschaft als Sozialpartner der ETH, Repräsentativität bejaht; BGE 113 II 37: i.c. Repräsentativität bejaht bei einem Organisationsgrad von 7% innerhalb des Vertragsbereichs; OGer BE, JAR 2014, 395: insb. zur anzuwendenden Berechnungsmethodik). An der Loyalität, die i.d.R. zu vermuten ist (BGE 140 I 257 E. 6.2), fehlt es, wenn die Zusammenarbeit in unzu- 30 mutbarem Mass beeinträchtigt würde (daher Beitrittanspruch verneint in BGE 118 II 431, weil der beitrittswillige Verband nicht bereit war, sich dem GAV vollständig zu unterwerfen; ebenso in KGer GR, JAR 1997, 260, weil die beitrittswillige Gewerkschaft während den laufenden Verhandlungen den Arbeitgeber öffentlich beschuldigt hatte, Lohndumping zu betreiben und ausländische Arbeitnehmer auszubeuten, und dadurch schwer gegen die vereinbarte Friedenspflicht verstossen hatte). Die dogmatische Grundlage des Beitrittsanspruchs besteht im *Persönlichkeitsrecht* des Minderheitsverbandes, dessen Schutz unter den genannten Voraussetzungen der Vertragsfreiheit der bereits beteiligten GAV-Parteien vorgeht.

31 Nach den gleichen Grundsätzen beurteilt sich auch der Abschluss eines **Parallelvertrags**. Daraus ergibt sich, dass eine *Exklusivvertragsklausel* im GAV unzulässig ist (Schiedsgericht CCP/Swiss International Air Lines AG Basel, JAR 2003, 435). Ein Vertragszwang gegen Andersorganisierte darf nur ausgeübt werden, wenn der Minderheitsgewerkschaft eine Beteiligung oder der Abschluss eines gleichen GAV möglich war (Art. 356b Abs. 3).

32 Besteht im dargelegten Sinne ein Beitrittsanspruch bzw. ein Anspruch auf Abschluss eines Parallelvertrags, so ist unter denselben Voraussetzungen auch ein **Verhandlungsanspruch** anzuerkennen (s. BGE 140 I 257 E. 5.2.1; BVGer, 20.4.2010, A-8271/2008 zum Verhandlungsanspruch der Verbände nach Bundespersonalgesetz; Schiedsgericht CCP/Swiss International Air Lines AG Basel, JAR 2003, 435). Ein solcher vermittelt dem ausgeschlossenen Arbeitnehmerverband im Gegensatz zum Beitrittsanspruch Einfluss auf die inhaltliche Gestaltung des GAV. Das durch Einsatz von Gruppenmacht der Arbeitnehmerverbände angestrebte Machtgleichgewicht zwischen Arbeitnehmer- und Arbeitgeberseite darf nicht durch die Verweigerung von Verhandlungen unterlaufen werden. Ausserdem ist die Anrufung des Persönlichkeitsrechts der Minderheitsgewerkschaft ebenso gerechtfertigt wie beim Beitrittsanspruch. Im Übrigen stellt der Verhandlungsanspruch einen geringeren Eingriff in die Vertragsfreiheit der Gegenpartei dar als der Beitrittsanspruch, denn die Abschlussfreiheit der Arbeitgeberseite bleibt gewahrt. Diese bleibt, falls ihre Offerte vom Arbeitnehmerverband abgelehnt wird, frei, den GAV nur mit den anderen Arbeitnehmerverbänden abzuschliessen. Dem ablehnenden Arbeitnehmerverband steht dann allerdings das Mittel des rechtmässigen Streiks zur Verfügung (BRÜHWILER, ARV 2001, 173 ff. m.w.H.).

33 In BGE 121 III 168 hatte das BGer einen Fall zu beurteilen, in dem die bereits beteiligten Parteien eine beitrittswillige Gewerkschaft nicht ausschliessen wollten, dieser aber der Beitritt durch Gerichtsurteil verwehrt wurde, da im GAV ein unterschiedlicher Mindestlohn für ungelernte Arbeitnehmer und Arbeitnehmerinnen vereinbart worden war. Daraufhin klagte die aussenstehende Gewerkschaft gegenüber den GAV-Parteien auf Teilnichtigkeit des GAV und erhob weitere Ansprüche. Das BGer anerkannte ihre Aktivlegitimation unter vier verschiedenen Gesichtspunkten, nämlich:

- aus eigenem Recht gestützt auf *Art. 28 ZGB* (Eingriff in den Anspruch auf soziale Geltung durch Verunmöglichung der Aufgabenerfüllung);
- aus eigenem Recht nach *Art. 9 Abs. 1 UWG* (Wettbewerb zu anderen Berufsverbänden);
- aus den Persönlichkeitsrechten der ungelernten Arbeitnehmerinnen (allgemeines Verbandsklagerecht, N 22);
- aus der Wahrung der wirtschaftlichen Interessen ihrer Mitglieder nach Art. 10 Abs. 2 lit. a UWG (Wettbewerbsrelevanz auf Grund von Art. 7 UWG).

34 Rechtswidrig ist ferner eine **unfaire Mitgliederwerbung** einer Gewerkschaft, die die sozialpolitischen Leistungen der gegnerischen Gewerkschaft herabsetzt. Die betroffene Gewerkschaft kann u.a. Unterlassung, Beseitigung und Schadenersatz verlangen (Art. 28a ZGB, Art. 9 UWG).

V. Vertragsbindung, Geltungsbereich des GAV und Vertragskonkurrenz

Die Fragen der *Vertragsbindung* («beteiligte Arbeitgeber und Arbeitnehmer»), des *Geltungsbereichs* und der *Konkurrenz* von Gesamtarbeitsverträgen spielen praktisch die grösste Rolle im Zusammenhang mit den Wirkungen der normativen Bestimmungen und sind daher unter Art. 357 behandelt (zur Vertragsbindung s. Art. 357 N 15 ff., zum Geltungsbereich s. Art. 357 N 31 ff., zur Vertragskonkurrenz s. Art. 357 N 37 f.). 35

Art. 356*a*

2. Freiheit der Organisation und der Berufsausübung

[1] Bestimmungen eines Gesamtarbeitsvertrages und Abreden zwischen den Vertragsparteien, durch die Arbeitgeber oder Arbeitnehmer zum Eintritt in einen vertragschliessenden Verband gezwungen werden sollen, sind nichtig.

[2] Bestimmungen eines Gesamtarbeitsvertrages und Abreden zwischen den Vertragsparteien, durch die Arbeitnehmer von einem bestimmten Beruf oder einer bestimmten Tätigkeit oder von einer hiefür erforderlichen Ausbildung ausgeschlossen oder darin beschränkt werden, sind nichtig.

[3] Bestimmungen und Abreden im Sinne des vorstehenden Absatzes sind ausnahmsweise gültig, wenn sie durch überwiegende schutzwürdige Interessen, namentlich zum Schutz der Sicherheit und Gesundheit von Personen oder der Qualität der Arbeit gerechtfertigt sind; jedoch gilt nicht als schutzwürdig das Interesse, neue Berufsangehörige fernzuhalten.

2. Liberté de s'affilier à une organisation et d'exercer la profession

[1] Les clauses de la convention et les accords entre les parties qui tendent à contraindre des employeurs ou des travailleurs à s'affilier à une association contractante sont nuls.

[2] Les clauses de la convention et les accords entre les parties qui tendent à empêcher ou à limiter l'exercice d'une profession ou d'une activité déterminée par le travailleur ou encore l'acquisition de la formation nécessaire à cet effet, sont nuls.

[3] Les clauses et les accords visés à l'alinéa précédent sont exceptionnellement valables s'ils sont justifiés par des intérêts prépondérants dignes de protection, tels que la sécurité et la santé de personnes ou la qualité du travail; toutefois, l'intérêt d'éloigner de nouvelles personnes de la profession n'est pas digne de protection.

2. Libertà di affiliarsi a un'associazione e di esercitare la propria professione

[1] Le disposizioni del contratto e gli accordi fra le parti intesi a costringere datori di lavoro o lavoratori ad affiliarsi a un'associazione contraente sono nulli.

[2] Le disposizioni del contratto e gli accordi fra le parti intesi a escludere lavoratori da una professione o attività determinata, nonché dalla formazione professionale a ciò necessaria, oppure a limitarne l'esercizio, sono nulli.

[3] Le disposizioni e gli accordi di cui al capoverso 2 sono eccezionalmente validi, se sono giustificati da interessi preponderanti degni di protezione, segnatamente se sono intesi a salvaguardare la sicurezza e la salute di persone o la qualità del lavoro; tuttavia, l'interesse a tener lontano dalla professione nuovi membri non è degno di protezione.

Literatur

Garrone, La liberté syndicale, in: Verfassungsrecht der Schweiz, Zürich 2001, 795 ff.; Mahon, Art. 28 BV, in: Petit commentaire de la Constitution fédérale de la Confédération suisse, Zürich/Basel/Genf 2003, 252 ff.; Pärli, Die Bedeutung von Art. 11 EMRK für die Gewerkschaftsrechte, FS für Jean-Fritz Stöckli, Zürich/St. Gallen 2014, 435 ff.; Portmann, Der Einfluss der neuen Bundesverfassung auf das schweizerische Arbeitsrecht, FS für Manfred Rehbinder, München/Bern 2002, 73 ff.; Rehbinder, Die Koalitionsfreiheit als öffentlich-rechtliches Freiheitsrecht, in: Gegenwartsprobleme der Koalitionsfreiheit, Bern 1979, 11 ff.; Stöckli, Schutzgedanken im Arbeitsrecht – Neue Legitimation der Gewerkschaften durch ein Wahlmandat, ArbR 2013, 141 ff.; Wiede, Die schwächere Partei – Materielle Vertragsgerechtigkeit wie und für wen?, FS für Jean-Fritz Stöckli, Zürich/St. Gallen 2014, 797 ff.; Vallender/Hettich, Kommentierung von Art. 28 BV, in: Die Schweizerische Bundesverfassung, 2. Aufl., Zürich/St. Gallen 2008; WILDHABER, Private Koalitionsbildung und Minderheitenschutz – Ein vergleichender Blick auf das Arbeitsrecht und das Aktienrecht, AJP 2012, 661 ff.; vgl. ausserdem die Literaturhinweise zur Einleitung vor Art. 319 ff. betr. Grundrechte und zu Art. 356.

I. Koalitionsfreiheit

1. Koalitionsfreiheit im Allgemeinen

1 Auf der *öffentlich-rechtlichen Ebene* umschreibt Art. 28 Abs. 1 BV die Koalitionsfreiheit als Recht der Arbeitnehmer, der Arbeitgeber sowie ihrer Organisationen, sich zum Schutz ihrer Interessen zusammenzuschliessen, Vereinigungen zu bilden und solchen beizutreten oder fernzubleiben (zum internationalen, für die Schweiz anwendbaren Recht s. Art. 11 EMRK, Art. 8 UNO-Pakt I, Art. 22 UNO-Pakt II, ILO-Übereinkommen Nr. 87 und ILO-Übereinkommen Nr. 151; zur Koalitionsfreiheit im öffentlichen Dienst betr. Mitwirkung am Gesetzgebungsverfahren und Gleichbehandlung von Berufsverbänden s. BGE 129 I 113). Auf der *privatrechtlichen Ebene* wird der Schutz der Koalitionsfreiheit zum Teil über Art. 356a und zum Teil über andere privatrechtliche Bestimmungen wie etwa Art. 28 ZGB gewährleistet. Zu unterscheiden sind die negative und die positive Koalitionsfreiheit (zum Folgenden GEISER/MÜLLER, Rz 738 ff.; PORTMANN/STÖCKLI, Rz 1007 ff. und 1023 ff.).

2 Die **negative Koalitionsfreiheit** ist das Recht des einzelnen Arbeitnehmers oder Arbeitgebers, einer Koalition fernzubleiben oder aus ihr auszutreten (Schutz vor Verbandszwang). Auf der privatrechtlichen Ebene wird sie namentlich bedroht:

– durch *Bestimmungen eines Gesamtarbeitsvertrages* oder Abreden zwischen den Vertragsparteien, durch die Arbeitgeber oder Arbeitnehmer zum Eintritt in einen vertragschliessenden Verband gezwungen werden sollen; hier gewährt *Art. 356a Abs. 1* Schutz, indem er solche Klauseln als nichtig erklärt (N 5 ff.);
– durch *Verdrängung von Nicht- oder Andersorganisierten* aus dem Betrieb durch Arbeitskampfmassnahmen oder Drohungen (z.B. gegen Ausländer); dagegen bietet *Art. 28 ZGB* Schutz.

3 Die **positive Koalitionsfreiheit** ist zunächst das Recht des einzelnen Arbeitnehmers oder Arbeitgebers, eine Koalition zu gründen, ihr beizutreten, in ihr zu verbleiben und an ihren geschützten Aktivitäten teilzunehmen. Auf der privatrechtlichen Ebene kann sie insb. verletzt werden:

– durch *Bestimmungen des Einzelarbeitsvertrages*, die den Beitritt zu einer Koalition oder die Teilnahme an deren Aktivitäten erschweren oder verunmöglichen sollen; solche Klauseln *(koalitionsfeindliche Reverse)* verstossen gegen Art. 27 Abs. 2 ZGB;
– durch ein entsprechendes *Verhalten des Arbeitgebers* wie Benachteiligung von (insb. aktiven) Gewerkschaftsmitgliedern bei Beförderungen, Erstellung sog. *schwarzer Listen* (um die Anstellung solcher Arbeitnehmer zu verunmöglichen), Entlassungen usw.; hier liegt ein Verstoss gegen Art. 328 und gegen Art. 28 ZGB vor (betr. missbräuchliche Kündigung s. Art. 336 Abs. 2 lit. a).

4 Die positive Koalitionsfreiheit schützt ferner auch die Koalitionen selbst. Insoweit besteht ihr Hauptinhalt einerseits in der *Bestandesgarantie* (Recht der Koalition auf Existenz) und andererseits in der *Betätigungsgarantie* (Recht der Koalition auf koalitionsmässige Betätigung in einem Kernbereich von Koalitionszwecken). Zu spezifischen Ausstrahlungen s. Art. 356 N 29 ff.

2. Privatrechtlicher Schutz gegen Verbandszwang durch gesamtarbeitsvertragliche Bestimmungen (Abs. 1)

5 Art. 356a Abs. 1 schützt den Einzelnen vor einer Beeinträchtigung seiner *negativen Koalitionsfreiheit* durch die Koalitionen. In Zeiten der Voll- und Überbeschäftigung erscheint die Mitgliedschaft in einer Gewerkschaft (insb. die Zahlung der Mitgliederbeiträge) für den Einzelnen nicht als besonders dringlich, weil die Beschäftigungsmöglichkeit gesichert ist und die von den Gewerkschaften ausgehandelten Verbesserungen der Arbeitsbedingungen von den Arbeitgebern freiwillig auch den nichtorganisierten Arbeitnehmern zugestanden werden. Auch steht die grosse Zahl der ausländischen Arbeitnehmer den Gewerkschaften fern. Die *Nichtorganisierten* («Trittbrettfahrer», «free riders») bilden daher für die Gewerkschaften ein schwerwiegendes Problem. Weiter besteht zwischen verschiedenen Arbeitnehmerorganisationen ein Konkurrenzverhältnis, so dass bei bestimmten Gewerkschaften ein Interesse daran besteht, *Andersorganisierte* zu sich herüberzuziehen. Schliesslich kommt hinzu, dass **Aussenseiter** (Nichtorganisierte und Andersorganisierte) die Gewerkschaftsmitglieder in ihren Lohnforderungen unterbieten können und dadurch nicht nur diesen unerwünschte Konkurrenz auf dem Arbeitsmarkt sind, sondern es auch den betreffenden Arbeitgebern ermöglichen, billiger als andere Arbeitgeber zu produzieren und dadurch einen Wettbewerbsvorteil zu erlangen. Daher besteht zuweilen auch auf Arbeitgeberseite ein Interesse, die Aussenseiter zum Eintritt in die jeweiligen Verbände zu bewegen.

6 Dies kann u.a. auf dem Vertragsweg versucht werden, insb. durch sog. **Absperrklauseln** (Organisationsklauseln), die den Arbeitgeber verpflichten, ausschliesslich Mitglieder der jeweiligen Gewerkschaft zu beschäftigen. Diese Klauseln wurden im angloamerikanischen Rechtskreis entwickelt *(Union Security Clauses)* und kommen dort in drei Formen vor:
- Nach der *Closed shop-Klausel* («geschlossener Betrieb») ist der Arbeitgeber verpflichtet, nur solche Arbeitnehmer einzustellen, die bereits Mitglied der vertragschliessenden Gewerkschaft sind (im Gegensatz zu England ist diese Klausel allerdings in den USA seit dem Taft Hartley Act von 1947 verboten).
- Nach der *Union shop-Klausel* («Gewerkschaftsbetrieb») erhält jeder neu Angestellte eine Frist (meist 30 Tage seit Stellenantritt), innerhalb derer er der vertragschliessenden Gewerkschaft beitreten muss. Andernfalls ist der Arbeitgeber verpflichtet, ihn wieder zu entlassen.
- Nach der *Maintenance of membership-Klausel* schliesslich ist der Arbeitgeber verpflichtet, einen Mitarbeiter zu entlassen, wenn dieser aus der betreffenden Gewerkschaft austritt.

Alle derartigen Absperrklauseln sind nach Art. 356a Abs. 1 nichtig.

7 Von den Absperrklauseln sind die sog. **Differenzierungsklauseln** zu unterscheiden. Sie kommen vor als:
- *Vorzugsklausel*, wonach der Arbeitgeber die Mitglieder einer vertragschliessenden Gewerkschaft begünstigen muss (z.B. betr. Lohn oder Ferien). Muss er die Differenzierung dauernd aufrechterhalten, spricht man von einer *Spannklausel*, weil das Gewerkschaftsmitglied gegenüber dem Aussenseiter immer um eine Spanne voraus ist.
- *Ausschlussklausel*, wonach der Arbeitgeber den Nichtmitgliedern der Gewerkschaft bestimmte gesamtarbeitsvertragliche Leistungen nicht gewähren darf.

Differenzierungsklauseln sind grundsätzlich nur zulässig, wenn die Vertragsparteien den Aussenseitern uneingeschränkt den Anschluss an den GAV nach Art. 356b ermöglichen und wenn der Vorteil der Verbandsmitglieder nicht übermässig ist (BK-Stöckli, N 12 f.).

8 Vorbehaltlos unzulässig ist die **Exklusivvertragsklausel**, die es der Arbeitgeberseite untersagt, mit anderen Gewerkschaften *gleichlautende* Gesamtarbeitsverträge abzuschliessen; sie verletzt die Koalitionsfreiheit der Mitglieder der ausgeschlossenen Verbände (s.a. Art. 356 N 31). Hingegen ist ein Verbot zulässig, das sich auf den Abschluss von *anderslautenden* Ge-

samtarbeitsverträgen bezieht, weil es sich mit der Ordnungsfunktion des GAV rechtfertigen lässt (ZK-VISCHER/ALBRECHT, N 25).

II. Wirtschaftsfreiheit

1. Wirtschaftsfreiheit im Allgemeinen

9 Art. 27 BV gewährleistet die Wirtschaftsfreiheit. Diese umfasst insb. die freie Wahl des Berufes (welche die freie Wahl des Arbeitsplatzes einschliesst) sowie den freien Zugang zu einer privatwirtschaftlichen Erwerbstätigkeit und deren freie Ausübung. Ausserdem umfasst die Wirtschaftsfreiheit auch die Vertragsfreiheit und somit das Recht zur freien Gestaltung der arbeitsvertraglichen Beziehungen. Eine auf bestimmte Aspekte beschränkte Entsprechung der Wirtschaftsfreiheit im Privatrecht findet sich in Art. 356a Abs. 2 und 3 (N 10).

2. Privatrechtlicher Schutz gegen Verletzung durch gesamtarbeitsvertragliche Bestimmungen (Abs. 2 und 3)

10 Das Gesetz ordnet die Nichtigkeit von **Abschlussverboten** an, die Arbeitnehmer von bestimmten Berufen, Tätigkeiten oder einer bestimmten Ausbildung ausschliessen oder darin beschränken, falls sie nicht durch überwiegend schutzwürdige Interessen gerechtfertigt sind, insb. zum Schutz der Sicherheit und Gesundheit von Personen (z.B. von schwangeren Frauen, stillenden Müttern, Jugendlichen, Kunden) oder der Qualität der Arbeit (z.B. Ausschluss ungelernter Arbeitnehmer von gewissen Arbeiten, Art. 356a Abs. 2 und 3). Gesamtarbeitsverträge dürfen also nicht dazu missbraucht werden, ungerechtfertigte Beschränkungen des Arbeitsmarktes herbeizuführen (z.B. Ausschluss von Frauen von bestimmten Berufen oder Monopolisierung bestimmter Tätigkeiten). Die Notwendigkeit von Art. 356a Abs. 2 und 3 beruht massgeblich auf dem Umstand, dass der Arbeitsmarkt vom Geltungsbereich der Kartellgesetzgebung ausgeschlossen ist (vgl. OGer LU, JAR 1998, 293).

Art. 356*b*

3. Anschluss

¹ Einzelne Arbeitgeber und einzelne im Dienst beteiligter Arbeitgeber stehende Arbeitnehmer können sich mit Zustimmung der Vertragsparteien dem Gesamtarbeitsvertrag anschliessen und gelten als beteiligte Arbeitgeber und Arbeitnehmer.

² Der Gesamtarbeitsvertrag kann den Anschluss näher regeln. Unangemessene Bedingungen des Anschlusses, insbesondere Bestimmungen über unangemessene Beiträge, können vom Richter nichtig erklärt oder auf das zulässige Mass beschränkt werden; jedoch sind Bestimmungen oder Abreden über Beiträge zugunsten einer einzelnen Vertragspartei nichtig.

³ Bestimmungen eines Gesamtarbeitsvertrages und Abreden zwischen den Vertragsparteien, durch die Mitglieder von Verbänden zum Anschluss gezwungen werden sollen, sind nichtig, wenn diesen Verbänden die Beteiligung am Gesamtarbeitsvertrag oder der Abschluss eines sinngemäss gleichen Vertrages nicht offensteht.

3. Soumission à la convention

¹ Les employeurs, ainsi que les travailleurs au service d'un employeur lié par la convention, peuvent se soumettre individuellement à cette dernière avec le consentement des parties; ils sont dès lors considérés comme liés par la convention.

² La convention peut régler les modalités d'application. Si elle prévoit des conditions inéquitables, en particulier des contributions excessives, le juge peut les annuler ou les ramener à de justes limites; toutefois, les clauses et les accords tendant à fixer des contributions au profit d'une seule partie sont nuls.

³ Les clauses de la convention et les accords entre les parties qui tendent à contraindre les membres d'associations d'employeurs ou de travailleurs à se sou-

mettre à la convention sont nuls lorsque ces associations ne peuvent devenir parties à la convention ou conclure une convention analogue.

3. Partecipazione

[1] Singoli datori di lavoro o singoli lavoratori al servizio di un datore di lavoro vincolato possono, con il consenso delle parti contraenti, partecipare al contratto collettivo; essi divengono allora datori di lavoro o lavoratori vincolati.

[2] Il contratto collettivo può disciplinare i particolari della partecipazione. Condizioni inadeguate, segnatamente disposizioni su contributi eccessivi, possono essere annullate o ridotte a giusta misura dal giudice; tuttavia, le disposizioni e gli accordi che prescrivono contributi in favore di una sola parte contraente sono nulli.

[3] Le disposizioni del contratto collettivo e gli accordi fra le parti intesi a costringere membri d'altre associazioni a partecipare al contratto collettivo sono nulli se queste associazioni non possono aderire al contratto o concluderne uno analogo.

Literatur

ANNAHEIM-BÜTTIKER, Die Stellung des Aussenseiter-Arbeitnehmers im System des Gesamtarbeitsvertragsrechts, Diss., Basel 1990; STÖCKLI, Der Solidaritätsbeitrag, FS VSAM, Bern 1993, 127 ff.; vgl. ausserdem die Literaturhinweise zu Art. 356.

1 Durch den Anschluss können Aussenseiter auf der Arbeitgeberseite oder Aussenseiter auf der Arbeitnehmerseite, die bei vertragsgebundenen Arbeitgebern beschäftigt sind (s. dazu Art. 357 N 15 ff.), mit Zustimmung der GAV-Parteien die Stellung eines am Vertrag Beteiligten erhalten, ohne Mitglied der betreffenden Koalition zu werden (Art. 356b Abs. 1). Die angeschlossenen Arbeitgeber erhalten eine Legitimationskarte, die angeschlossenen Arbeitnehmer eine Arbeitskarte (Berufskarte) als Ausweis für die Leistung sog. *Solidaritätsbeiträge* (Aussenseiterbeiträge). Durch diese soll der Vorteil abgegolten werden, den die Angeschlossenen durch die Tätigkeit der Vertragspartner erhalten (BGE 75 II 316; s. dazu auch BGer, ARV 2008, 129).

2 Der Anschluss stellt – neben der Verbandsmitgliedschaft und der Allgemeinverbindlicherklärung – eine unmittelbare Art der *Vertragsbindung* dar (Art. 357 N 15 ff.). Er beruht auf einem Vertrag – dem sog. **Anschlussvertrag** – zwischen den GAV-Parteien einerseits und dem einzelnen Arbeitgeber oder Arbeitnehmer andererseits. Der Anschlussvertrag bedarf nach Art. 356c zu seiner Gültigkeit der *Schriftform* (s. aber Art. 356c N 2).

3 *Zulässig* ist nun die Ausübung eines *Vertragszwanges* dahin, dass auf einen *Anschluss der Aussenseiter* hingewirkt wird (**Anschlusszwang**, BGE 75 II 312), z.B. durch die Vereinbarung im GAV, dass nur Verbandsmitglieder und Angeschlossene beschäftigt werden dürfen (Absperrklausel, s. Art. 356a N 6), oder dass die Vorteile dieses Vertrages nur solchen Arbeitnehmern zugute kommen sollen, die Mitglieder sind oder ihren Anschluss erklärt haben (Differenzierungsklausel, s. Art. 356a N 7). Die dadurch bewirkte Privilegierung von Verbandsmitgliedern und Angeschlossenen ist ebenso wie der Ausschluss von Aussenseitern von der Beschäftigung zulässig, solange dadurch kein *Verbandszwang* ausgeübt wird. Denn die Zahlung von Solidaritätsbeiträgen, die die Aussenseiter als Angeschlossene in den Genuss der Vorteile des Vertrages bringt, bedeutet keinen Verbandsbeitritt. Gegenüber Andersorganisierten ist ein Vertragszwang in Form des Anschlusszwanges jedoch nur möglich, wenn der betreffenden anderen Organisation Gelegenheit gegeben wurde, dem Vertrag beizutreten oder einen entsprechenden GAV abzuschliessen (Art. 356b Abs. 3). Andernfalls müssten die Andersorganisierten neben ihren Mitgliederbeiträgen noch Solidaritätsbeiträge leisten, was sie zum Austritt aus ihrem Verband bewegen könnte.

4 Auch davon abgesehen darf der Anschlusszwang nicht dadurch zum Verbandszwang werden, dass die *Solidaritätsbeiträge* ihrer **Höhe** nach die Mitgliederbeiträge erreichen. Art. 356b

Abs. 2 Satz 2 bestimmt daher, dass unangemessene Bedingungen des Anschlusses, insb. Bestimmungen über unangemessene Beiträge, vom Gericht nichtig erklärt oder reduziert werden können. Weiter wird festgelegt, dass die Solidaritätsbeiträge in paritätische Kassen fliessen müssen. Wann ein Solidaritätsbeitrag angemessen ist, lässt sich nur schwer in genereller Weise umschreiben. Nach BGE 75 II 321 dürfen bei seiner Festsetzung berücksichtigt werden:

- die Kosten der *administrativen Leistungen*, die für die Durchführung des Vertrages notwendig sind, insb. die Kosten der Ausstellung und Kontrolle der Arbeitskarten sowie diejenigen für die Vornahme von Kontrollen über die Einhaltung der Vertragsbedingungen in den einzelnen dem Vertrag unterstehenden Arbeitsverhältnissen;
- die Kosten für die *Vorbereitung des GAV*, insb. diejenigen der für das Zustandekommen des GAV notwendigen Verhandlungen;
- die langjährige Beitragsleistung und Organisationsarbeit, die zum Aufbau einer «beachtlichen wirtschaftlichen Macht» des Verbandes geführt haben.

5 Die Aussenseiter dürfen jedoch nicht zur Abgeltung von Vorteilen herangezogen werden, die den GAV übersteigen und nur mit der Verbandsmitgliedschaft verbunden sind. Ferner dürfen sie auch nicht mit der Finanzierung wirtschaftlicher, sozialer, kultureller und politischer Ziele, die über den Rahmen des GAV hinausgehen, belastet werden (BGE 75 II 318; i.c. setzte das BGer den Solidaritätsbeitrag für den Aussenseiter-Arbeitnehmer von CHF 60 auf CHF 40 herab, welcher Betrag der *Hälfte des Mitgliederbeitrags* von CHF 80 bei der Gewerkschaft entsprach).

6 Art. 3 Abs. 2 lit. b AVEG gestattet die *Allgemeinverbindlicherklärung* von Bestimmungen über Kontrollen, Kautionen und Konventionalstrafen nur, «wenn die Kontrollkostenbeiträge der am Gesamtarbeitsvertrag nicht beteiligten Arbeitgeber und Arbeitnehmer die Anteile nicht übersteigen, die sich bei einer gleichmässigen Verteilung der tatsächlichen Kosten auf alle Arbeitgeber einerseits und auf alle Arbeitnehmer anderseits ergeben». Zu den *Kontrollkosten* nach Art. 3 Abs. 2 lit. b AVEG gehören auch die *Kautionen*, die zur Sicherung der Einhaltung des GAV, insb. der Friedenspflicht, von den Verbänden hinterlegt zu werden pflegen. Aussenseiterkautionen sind demnach zulässig, wenn sie in einem angemessenen Verhältnis zur Kollektivkaution der Parteien des GAV stehen. Andernfalls gilt auch hier Art. 356b Abs. 2 Satz 2.

Art. 356c

4. Form und Dauer

[1] Der Abschluss des Gesamtarbeitsvertrages, dessen Änderung und Aufhebung durch gegenseitige Übereinkunft, der Beitritt einer neuen Vertragspartei sowie die Kündigung bedürfen zu ihrer Gültigkeit der schriftlichen Form, ebenso die Anschlusserklärung einzelner Arbeitgeber und Arbeitnehmer und die Zustimmung der Vertragsparteien gemäss Artikel 356b Absatz 1 sowie die Kündigung des Anschlusses.

[2] Ist der Gesamtarbeitsvertrag nicht auf bestimmte Zeit abgeschlossen und sieht er nichts anderes vor, so kann er von jeder Vertragspartei mit Wirkung für alle anderen Parteien nach Ablauf eines Jahres jederzeit auf sechs Monate gekündigt werden. Diese Bestimmung gilt sinngemäss auch für den Anschluss.

4. Forme et durée

[1] La conclusion de la convention, ses modifications et sa résiliation par accord des parties, l'adhésion d'une nouvelle partie et la dénonciation ne sont valables qu'en la forme écrite; la déclaration de soumission individuelle de l'employeur ou du travailleur, le consentement des parties selon l'art. 356b, al. 1, ainsi que la dénonciation de la soumission sont également subordonnés à l'observation de la forme écrite.

[2] Lorsque la convention n'a pas été conclue pour une durée déterminée, chaque partie peut, sauf stipulation contraire, la dénoncer après un an et moyennant un avertissement de six mois, avec effet pour toutes les autres parties; cette disposition s'applique par analogie à la soumission individuelle.

4. Forma e durata

[1] La conclusione, la modificazione, lo scioglimento del contratto per accordo delle parti, l'adesione di una nuova parte e la disdetta richiedono per la loro validità la forma scritta; questa forma è parimente richiesta per la dichiarazione di partecipazione individuale del datore di lavoro o del lavoratore, per il consenso delle parti secondo l'articolo 356b capoverso 1, come pure per la disdetta della partecipazione.

[2] Salvo stipulazione contraria, ogni parte può, dopo un anno, mediante un preavviso di sei mesi, disdire, con effetto per tutte le parti, il contratto che non è stato conchiuso per una durata determinata. Questa disposizione è applicabile per analogia alla partecipazione.

Literatur

MEYER, Der vertragslose Zustand im schweizerischen kollektiven Arbeitsrecht, Diss., Zürich 1998; DERS., Der vertragslose Zustand im schweizerischen kollektiven Arbeitsrecht, ArbR 1999, 71 ff.; vgl. ausserdem die Literaturhinweise zu Art. 356.

I. Abschluss des Gesamtarbeitsvertrages und Formvorschriften (Abs. 1)

Der wirksame Abschluss eines GAV setzt neben der **Tariffähigkeit** der vertragsschliessenden 1
Verbände (Art. 356 N 1) auch deren **Tarifzuständigkeit** voraus, d.h. die Parteien müssen für den vom GAV erfassten Bereich in betrieblicher, fachlicher, räumlicher und persönlicher Hinsicht zuständig sein. Entscheidend dafür sind in erster Linie die Statuten. Die Zuständigkeit kann auch durch die von den Verbandsmitgliedern akzeptierte Betätigung des Verbandes begründet werden, nicht aber durch eine Regelung im GAV (BK-STÖCKLI, Art. 356 OR N 43). Konkurrieren mehrere Verbände in ihrer Tarifzuständigkeit miteinander, so stellen sich die oben behandelten Fragen nach dem Beitrittsanspruch, dem Anspruch auf Abschluss eines Parallelvertrages und dem Verhandlungsanspruch des Aussenseiterverbandes (Art. 356 N 30 ff.). Zur Vertragskonkurrenz bei sich überschneidenden Gesamtarbeitsverträgen s. Art. 357 N 37 f.

Für alle rechtserheblichen Willenserklärungen, die mit Abschluss, Änderung und Beendigung 2
des GAV zusammenhängen, ist **Schriftform** als Gültigkeitserfordernis vorgeschrieben (Art. 356c Abs. 1). Davon *nicht* betroffen sind *andere Kollektivverträge*, die weder normative noch indirekt-schuldrechtliche Bestimmungen enthalten, z.B. ein reines Friedensabkommen oder eine blosse Schlichtungs- oder Schiedsgerichtsvereinbarung (BK-STÖCKLI, Art. 356 OR N 1). Unter das gesetzliche Schriftformerfordernis fällt hingegen der *Anschlussvertrag*, doch kümmert sich die Praxis wenig um dieses Erfordernis. Die Voraussetzungen des Anschlussvertrages werden demnach oft auch dann als erfüllt betrachtet, wenn der GAV eine Ausdehnungsklausel enthält und der Arbeitnehmer die Unterstellung unter den GAV schriftlich anerkennt (krit. dazu BK-STÖCKLI, Art. 356b OR N 4 m.w.H.). Ein Schiedsgericht, das in einem GAV vorgesehen ist, hat nicht die Kompetenz, diesen abzuändern (BGE 138 III 107). Dies trifft im Grundsatz zweifellos zu, doch muss der Fall vorbehalten bleiben, dass der GAV selber eine entsprechende Kompetenz schafft (PORTMANN, ZBJV 2014, 989 ff.).

II. Beendigung des Gesamtarbeitsvertrags (Abs. 2)

Der *GAV* endet durch: 3
- Ablauf der vereinbarten Zeit;
- Eintritt einer auflösenden Bedingung (z.B. Überschreitung eines bestimmten Wertes des Konsumentenpreisindex);
- gegenseitige schriftliche Übereinkunft, insb. bei Ersetzung durch einen neuen GAV;
- schriftliche Kündigung.

Keine Beendigungsgründe sind die Verbandsauflösung und der Tod des als Einzelunternehmer tätigen Arbeitgebers im Fall eines Firmenvertrags. Art. 356c Abs. 2 Satz 1 gilt sinngemäss auch für die Beendigung des *Anschlussvertrags*. Zur Willensmängelanfechtung s. Art. 356 N 11.

4 Die **Kündigung** kann, sofern nichts anderes bestimmt ist, nach Ablauf eines Jahres von jeder Partei mit Wirkung für alle anderen Parteien jederzeit mit einer Frist von sechs Monaten erfolgen (Art. 356c Abs. 2). Ferner ist, wie bei jedem Dauerschuldverhältnis, auch hier eine ausserordentliche Kündigung aus wichtigem Grund, z.B. wegen schwerwiegenden Vertragsbruchs oder Wegfalls der Geschäftsgrundlage, möglich (Art. 337 analog). Nach Beendigung des GAV ist die Weitergeltung von dessen Inhalt aufgrund des präsumtiven Parteiwillens der Einzelvertragsparteien anzunehmen (BGE 98 Ia 561); sollen die GAV-Bestimmungen auch im Rahmen des Einzelarbeitsvertrages nicht mehr angewendet werden, bedarf es einer Änderungskündigung (OGer LU, JAR 2001, 394; zum Ganzen Art. 357 N 33).

Art. 357

II. Wirkungen
1. Auf die beteiligten Arbeitgeber und Arbeitnehmer

¹ Die Bestimmungen des Gesamtarbeitsvertrages über Abschluss, Inhalt und Beendigung der einzelnen Arbeitsverhältnisse gelten während der Dauer des Vertrages unmittelbar für die beteiligten Arbeitgeber und Arbeitnehmer und können nicht wegbedungen werden, sofern der Gesamtarbeitsvertrag nichts anderes bestimmt.

² Abreden zwischen beteiligten Arbeitgebern und Arbeitnehmern, die gegen die unabdingbaren Bestimmungen verstossen, sind nichtig und werden durch die Bestimmungen des Gesamtarbeitsvertrages ersetzt; jedoch können abweichende Abreden zugunsten der Arbeitnehmer getroffen werden.

II. Effets
1. A l'égard des employeurs et travailleurs liés par la convention

¹ Sauf disposition contraire de la convention, les clauses relatives à la conclusion, au contenu et à l'extinction des contrats individuels de travail ont, pour la durée de la convention, un effet direct et impératif envers les employeurs et travailleurs qu'elles lient.

² En tant qu'ils dérogent à des clauses impératives, les accords entre employeurs et travailleurs liés par la convention sont nuls et remplacés par ces clauses; toutefois, les dérogations stipulées en faveur des travailleurs sont valables.

II. Effetti
1. Per i datori di lavoro e i lavoratori vincolati

¹ Ove il contratto collettivo non disponga altrimenti, le disposizioni circa la conclusione, il contenuto e la fine dei rapporti individuali di lavoro hanno, durante la validità del contratto collettivo, effetto diretto e imperativo per i datori di lavoro e i lavoratori vincolati.

² Gli accordi fra datori di lavoro e lavoratori vincolati, in quanto derogano a disposizioni imperative del contratto collettivo, sono nulli e sostituiti da quest'ultime; sono tuttavia valide le derogazioni a favore dei lavoratori.

Literatur

Brühwiler, Allgemeinverbindlicherklärung von GAV, ARV 2012, 138 ff.; Fent, Begriff, Gegenstand, allgemeine Voraussetzungen und Wirkungen der AVE nach dem Bundesgesetz über die Allgemeinverbindlicherklärung von Gesamtarbeitsverträgen (AVEG), Diss., Fribourg 1999; Henneberger-Sudjana/Henneberger, Arbeitgeberverbandsaustritte und Tarifbindung: Ein Rechtsvergleich zwischen Deutschland und der Schweiz, ARV 2010, 237 ff.; Ilg, Der Teuerungsausgleich in den Gesamtarbeitsverträgen der Schweiz, FS für Hans Schmid, Bern 1995, 359 ff.; von Kaenel, Gleichwertigkeitsvergleich zwischen zwei Gesamtarbeitsverträgen, FS für Jean-Fritz Stöckli, Zürich/St. Gallen 2014, 697 ff.; Kleubler, Akzente der vertraglichen Schiedsgerichte bei der Auslegung von Gesamtarbeitsverträgen, BJM 1997, 1 ff.; Portmann, Einzelvergleich oder Gruppenvergleich? Eine Standortbestimmung zu einem Problem des kollektiven Arbeitsrechts, ARV 2009, 185 ff.; ders., Das Streikrecht – Recht des Individuums oder des Verbandes?, FS zum Schweizerischen Juristentag 2006, Zürich/Basel/Genf 2006, 209 ff., ebenfalls publiziert in: AJP 2007, 352 ff.; ders., Auswirkungen von Gewerkschaftsfusionen auf Gesamtarbeitsverträge, FS für Ernst Kramer, Basel 2004, 791 ff.; ders., Der Einfluss der neuen Bundesverfassung auf das schweizerische Arbeitsrecht, FS für Manfred Rehbinder, München/Bern 2002, 73 ff.; ders., Flankierende

Massnahmen I und II zum Abkommen über die Freizügigkeit, in: Bilaterale Verträge, 2. Aufl., Zürich/Basel/Genf 2007; SCHERRER/LUDWIG, Zulässigkeit des Ausscheidens aus einem Verein infolge stillschweigender vertraglicher Einigung (GAV FAR), ARV 2009, 297 ff.; STÖCKLI, Der Inhalt des Gesamtarbeitsvertrages, Bern 1990; VEUVE, Mesures d'accompagnement dans le domaine des personnes, in: Accords bilatéraux Suisse-UE (commentaires), Basel 2001, 291 ff.; VISCHER, Wirkungen des Verbandsaustritts des Arbeitgebers auf die Geltung des Gesamtarbeitsvertrages, in: Zivilprozessrecht, Arbeitsrecht. Kolloquium Staehelin, Zürich 1997, 89 ff.; WILDHABER, «Tarifflucht» – Wege des Arbeitgebers aus dem Gesamtarbeitsvertrag (GAV), AJP 2008, 413 ff.; vgl. ausserdem die Literaturhinweise zu Art. 356 und 360a.

I. Gegenstand der normativen Bestimmungen

1. Gestaltung im Rahmen der Tarifautonomie

Die *kollektive Gestaltung der Arbeitsbedingungen* durch GAV geschieht materiell in erster Linie durch die **normativen Bestimmungen** des GAV (zu deren Wesen s. Art. 356 N 11, zur Durchsetzbarkeit s. Art. 356 N 20 ff.). Diese enthalten Mindestarbeitsbedingungen zugunsten der Arbeitnehmer, nämlich Bestimmungen über den Abschluss, den Inhalt und die Beendigung der Einzelarbeitsverhältnisse (Art. 356 Abs. 1), die zwingend und unmittelbar auf die Arbeitsverhältnisse der Vertragsgebundenen einwirken (Arbeitsvertragsrecht). Der GAV kann ferner Normen enthalten, die das Verhältnis zwischen Arbeitgeber und Arbeitnehmer betreffen, ohne unmittelbar zwischen diesen Rechte und Pflichten zu begründen (*indirekt-schuldrechtliche Bestimmungen*, s. Art. 356 N 12 ff. und 26 ff.), sowie Normen, die nur Rechte und Pflichten zwischen den GAV-Parteien begründen (*schuldrechtliche Bestimmungen*, s. Art. 356 N 10 und 19). 1

Die sog. **Inhaltsnormen** bilden den praktisch wichtigsten Teil des GAV. Hier geht es um die Vergütungssätze («Tarife»), ferner um die Eingruppierung in Lohnklassen, um Zulagen für Erschwernis, Gefahr, Schmutz, Mehrarbeit, Nachtarbeit, Sonn- und Feiertagsarbeit, Schichtarbeit, um Lohnfortzahlung bei Krankheit, Unfall und sonstigen Arbeitsverhinderungen (Heirat, Tod naher Angehöriger, Umzug, Jubiläen usw.), um Lohnformen, insb. Zeit- und Leistungslohn (Akkord usw.), um zusätzliche Prämien, Erfolgsbeteiligungen, Jahresabschlussleistungen, 13. Monatslohn, um Ferien, Ferienlohn und Feriengeld, um Arbeitszeit, Kurz- und Mehrarbeit, um Konkurrenzverbote, Nebentätigkeit, Rationalisierungsschutz, Alterslohnsicherung, Haftungsbeschränkungen oder um menschengerechte Gestaltung der Arbeit. Wo das Gesetz allerdings, wie beim Konkurrenzverbot nach Art. 340 Abs. 1, zwingend eine schriftliche Erklärung oder Vereinbarung der Einzelparteien verlangt, müssen diese schriftlich auf den GAV verweisen, damit der entsprechende Inhalt Wirksamkeit erlangen kann (s. Art. 358 sowie Art. 340 N 2a). 2

Abschlussnormen, die das Zustandekommen neuer Arbeitsverhältnisse regeln, kommen vor als Formvorschriften, Abschlussverbote und Abschlussgebote: 3

- Bei den *Formvorschriften* ist je nach ihrem Sinn zu unterscheiden. Soll die Gültigkeit des Arbeitsvertrages von der Einhaltung der im GAV vorgeschriebenen Form abhängen (Gültigkeitsvorschrift), so ist der formfreie Vertrag nichtig. Soll die Formvorschrift dagegen nur den Beweis für Abschluss und Inhalt des Arbeitsvertrages sichern (Ordnungsvorschrift), dann hat die fehlende Form keine Nichtigkeit zur Folge. Die Parteien des Arbeitsvertrages erhalten lediglich einen Anspruch gegeneinander auf die förmliche Festlegung des Vertrages. Hier handelt es sich also um eine Inhaltsnorm. 4
- *Abschlussverbote* untersagen die Eingehung von Arbeitsverhältnissen, z.B. die Beschäftigung von Arbeitnehmern mit Heimarbeit oder die Beschäftigung von unqualifizierten Arbeitnehmern (s. aber Art. 356a Abs. 2 und 3). Absperrklauseln, die nur die Beschäftigung von Mitgliedern des vertragschliessenden Verbandes erlauben, sind unzulässig (Verbandszwang als Verstoss gegen die negative Koalitionsfreiheit, s. Art. 356a N 5 f.); erlauben sie hingegen nur die Beschäftigung von Verbandsmitgliedern und Angeschlossenen, sind sie zulässig (Anschlusszwang, s. Art. 356b N 3). Das Verbot der Beschäftigung von schwangeren Frauen oder Jugendlichen mit bestimmten, ihnen abträglichen Arbeiten ist dagegen 5

eine negative Inhaltsnorm; denn dadurch ist die Anstellung solcher Personen nicht schlechthin ausgeschlossen.

6 – *Abschlussgebote* schliesslich, die zur Eingehung von Arbeitsverhältnissen verpflichten, kommen in Form von Wiederanstellungsklauseln vor. Diese regeln im Rahmen von sog. *Streikabwicklungsabkommen* die Wiederanstellung von Arbeitnehmern, die infolge von Arbeitskämpfen ausgeschieden sind. Abschlussgebote sind z.B. auch im Hinblick auf Menschen mit Behinderungen denkbar. Doch käme derartigen Klauseln keine normative Wirkung zu, weil dadurch nicht ein bestimmter Arbeitnehmer einen Anspruch auf Anstellung erwerben würde.

7 **Beendigungsnormen** regeln Fragen der Befristung oder der Kündigung des Arbeitsvertrages, insb. den Kündigungsschutz. Vereinbart werden kann auch eine Abfindung auf Grund eines Sozialplans (KGer SG, JAR 1996, 303; Schiedsgericht Swiss Pilots Association/Swiss International Air Lines AG Basel, ARV 2003, 159).

2. Grenzen der Tarifautonomie

8 Die Befugnis der Koalitionen, durch GAV die Arbeitsbedingungen zu regeln, ist nicht unbeschränkt. Die **Tarifautonomie** (autonomia = Selbstgesetzgebung) besteht nur in gewissen Grenzen. Die normativen Bestimmungen des GAV müssen als minderrangiges Recht das **zwingende staatliche Recht** beachten (Art. 358). Dazu gehört z.B. die *Koalitionsfreiheit* (Art. 356a N 1 ff.). Ferner dürfen die zwingenden Regelungen der *Unternehmensverfassung* im Gesellschaftsrecht und der *Gleichheit der Geschlechter* nicht beiseite geschoben werden. Auch darf nicht gegen die zwingenden Vorschriften der arbeitsrechtlichen Gesetze und Verordnungen verstossen werden (s.a. BGer, JAR 2011, 138: Diskriminierende, das Freizügigkeitsabkommen zwischen der Schweiz und der Europäischen Union verletzende Lohnbestimmung im LMV Bauhauptgewerbe). Jedoch können an sich zwingende arbeitsrechtliche Bestimmungen eine Abweichung durch GAV zulassen *(tarifdispositives Recht)*. Solche Vorschriften des staatlichen Rechts können dann durch GAV frei und damit auch zuungunsten der Arbeitnehmer abgeändert werden.

9 Zu wahren ist namentlich auch das *Günstigkeitsprinzip* gem. Art. 357 Abs. 2 Hs. 2, das die Vertragsfreiheit der Einzelparteien im übertariflichen Bereich garantiert. Das bedeutet:

10 – Unzulässig sind die sog. *Effektivgarantieklauseln* (BGE 101 Ia 466; in BGE 140 III 391 hat das BGer die Frage offengelassen). Diese wollen verhindern, dass bei Lohnerhöhungen durch neue Gesamtarbeitsverträge während derer ganzer Dauer die übertariflichen Zulagen in den einzelnen Betrieben «aufgesogen» oder «abgebaut» werden. Sie sehen daher vor, dass die Lohnerhöhung zu denjenigen Löhnen hinzutreten soll, die bisher tatsächlich (effektiv) bezahlt worden sind («Aufstockung»). Dies stellt jedoch einen Eingriff in die Freiheit der Einzelvereinbarung dar und führt zu unterschiedlichen Mindestlöhnen (Verstoss gegen den Gleichheitssatz).

11 – Als zulässig gelten hingegen die *begrenzten Effektivklauseln* (BGE 140 III 391, besprochen von Stöckli, ARV 2014, 259 ff.; BGE 104 II 204; 101 Ia 463), die bloss im Zeitpunkt des Inkrafttretens des neuen GAV vor dem Abbau des bisherigen übertariflichen Lohnanteils schützen wollen; sie bezwecken nur eine Aufstockung am Anfang (Reallohnerhöhung oder Teuerungszulage auf dem effektiv bezahlten Lohn; BK-Stöckli, N 49, der sich dafür ausspricht, den begrenzten Effektivklauseln zwar unmittelbare Geltung, aber nur dispositive Wirkung zuzuerkennen).

12 – Wieder unzulässig sind demgegenüber die sog. *Verrechnungs- oder Anrechnungsklauseln*, die sicherstellen sollen, dass die bisherigen übertariflichen Sonderleistungen des Arbeitgebers «aufgesogen» werden; denn damit würde der GAV nicht nur Mindest-, sondern Höchstlöhne festsetzen.

13 Die Wahrung und Förderung der Arbeitsbedingungen rechtfertigt nicht auch noch so gut gemeinte **Eingriffe in das Privatleben** («Individualbereich»). So dürfen Regelungen über den

Lohn keine Vorschriften über die Verwendung des Lohnes enthalten (ausgenommen Beiträge an gemeinsame Einrichtungen sowie Abtretungs- und Verpfändungsverbote), Regelungen über den Bildungsurlaub keine Pflicht zum Besuch bestimmter Bildungsveranstaltungen. Auch darf nicht jede Nebenbeschäftigung verboten oder an die Genehmigung des Arbeitgebers geknüpft werden.

Eine **rückwirkende Kraft** von normativen Bestimmungen ist nur zulässig, soweit dadurch nicht das Vertrauensprinzip verletzt wird. Der neue GAV darf daher nur bis zum Ablauf des alten zurückwirken, nicht aber in die Laufzeit des alten hinein. Auch kann sich die Rückwirkung nur auf solche Arbeitsverhältnisse beziehen, die bei Abschluss des neuen GAV noch bestehen. Ferner sind die individuellen Rechtspositionen der einzelnen Verbandsmitglieder zu respektieren (Art. 26 BV). Bereits entstandene Lohnansprüche oder die bereits erlangte Unkündbarkeit eines Arbeitnehmers dürfen nicht durch einen neuen GAV beeinträchtigt werden (Commission cantonale d'arbitrage du Valais, JAR 1987, 335). 14

II. Vertragsbindung

An die normativen Bestimmungen des GAV gebunden sind «die **beteiligten** Arbeitgeber und Arbeitnehmer» (Art. 357 Abs. 1). Sie lassen sich in vier Kategorien einteilen: in Arbeitgeber und Arbeitnehmer, die Mitglieder eines vertragschliessenden Verbandes sind, in solche, die sich dem GAV angeschlossen haben, in solche, die von einer Allgemeinverbindlicherklärung erfasst werden, und in solche, die infolge einer Betriebsübernahme gebunden sind. *Keine Vertragsbindung* i.S.v. Art. 357 Abs. 1 entsteht durch eine sog. *Ausdehnungsklausel*, d.h. durch eine Bestimmung im GAV, welche die beteiligten Arbeitgeber verpflichtet, die normativen Bestimmungen auf alle Arbeitnehmer anzuwenden, unabhängig davon, ob diese Mitglieder einer dem GAV angeschlossenen Gewerkschaft sind. Die Ausdehnungsklausel verleiht daher dem nicht organisierten Arbeitnehmer keine zivilrechtlichen Ansprüche gegenüber dem Arbeitgeber (BGE 123 III 129). Anders entschied das BGer für einen Firmenvertrag, bei dem der Arbeitgeber selber GAV-Partei war und der eine Gleichbehandlungsklausel vorsah. Das BGer nahm einen echten Vertrag zugunsten der nicht als Gewerkschaftsmitglieder organisierten Arbeitnehmer an, die damit über ein eigenes Recht gegenüber dem Arbeitgeber verfügten (BGE 139 III 60). Nicht beteiligte Arbeitgeber und ihre Arbeitnehmer können den GAV durch eine einzelarbeitsvertragliche Vereinbarung, eine sog. *Bezugnahmeklausel*, für anwendbar erklären (s. z.B. BGer, JAR 2009, 353; GSGer BS, JAR 2009, 476: «Betriebsübung» bzw. «begünstigende Vereinbarung»). In diesem Fall sind die Parteien allerdings frei, Bestimmungen des GAV auch zu Ungunsten der Arbeitnehmer abzuändern (BGer, JAR 2005, 280). 15

1. Verbandsmitgliedschaft

Zu den *vertragsgebundenen Personen* zählen in erster Linie diejenigen Arbeitgeber und Arbeitnehmer, die einem der vertragschliessenden Verbände angehören bzw. bei Firmenverträgen der betreffende Arbeitgeber. Dazu kommen noch die Mitglieder eines allfällig beigetretenen Verbandes; denn mit Zustimmung der ursprünglichen Vertragsparteien können andere Arbeitsverbände nachträglich ihren Beitritt erklären (Art. 356 Abs. 4). 16

Die Vertragsbindung besteht grundsätzlich nur für die *Dauer der Verbandsmitgliedschaft*. Die Anwendbarkeit der normativen Bestimmungen beginnt also mit dem Zeitpunkt, in dem der Arbeitgeber oder Arbeitnehmer dem Verband beitritt. Eine Rückwirkung findet insoweit nicht statt. Verlässt indessen ein Arbeitnehmer oder Arbeitgeber seine Organisation vor Beendigung der Geltungsdauer des GAV, so regeln dessen normative Bestimmungen die Arbeitsbeziehungen zwischen den bei seinem Abschluss beteiligten Arbeitgebern und Arbeitnehmern auch weiterhin (BGE 132 III 135; BGer, JAR 2003, 407). In BGE 134 III 625 hat das BGer für die Frage der Fortwirkung indessen nicht mehr auf die Mitgliedschaft im Zeitpunkt des Abschlusses, sondern des *Inkrafttretens* des GAV abgestellt (s. dazu Scherrer/Ludwig, ARV 2009, 17

300 f.). Danach entfaltete ein am 12.11.2002 abgeschlossener GAV für einen Arbeitgeber, der seinen Verband am 31.3.2003 verliess, keine Wirkungen, da der GAV erst am 1.7.2003 in Kraft trat. Diese Präzisierung der Rechtsprechung verdient Zustimmung. Wird nämlich anstatt auf den Zeitpunkt des Inkrafttretens des GAV auf dessen Abschluss abgestellt, mit dem ja grundsätzlich erst der GAV-Inhalt feststeht, so kann das Mitglied den Eintritt der GAV-Wirkung nach Kenntnisnahme des GAV-Inhalts gar nicht mehr durch Beendigung der Mitgliedschaft verhindern, selbst wenn ihm aus dem GAV untragbare Lasten erwachsen. Diese Folge ist mit der Privatautonomie nicht vereinbar. Denn die Rechtsmacht der Verbände, die Einzelarbeitsverhältnisse durch Bestimmungen mit normativer Wirkung für ihre Mitglieder zu regeln (Tarifautonomie), bezieht ihre Legitimation aus der privatautonomen, durch die Koalitionsfreiheit geschützten Entscheidung des Einzelnen, einem Verband als Mitglied anzugehören. Der Eintritt der GAV-Wirkung lässt sich unter Umständen selbst dann nicht verhindern, wenn man auf den Zeitpunkt des Inkrafttretens abstellt, insb. wenn die Zeitspanne zwischen Abschluss und Inkrafttreten des GAV kürzer ist als die Frist zum Austritt aus dem Verband (s. etwa die halbjährige Frist nach Art. 70 Abs. 2 ZGB). Daran wäre auch der Arbeitgeber in BGE 134 III 625 gescheitert, wenn das BGer nicht eine stillschweigende Austrittsvereinbarung zwischen ihm und seinem Verband angenommen und als zulässig beurteilt hätte. Andernfalls wäre er entsprechend der Mindestlaufzeit des GAV fünf Jahre lang gebunden gewesen. Dieser Fall zeigt exemplarisch die Problematik der Fortwirkung des GAV bei einem Verbandsaustritt auf. Sie würde wesentlich entschärft, wenn die Fortwirkung auf maximal ein Jahr in Entsprechung zu Art. 333 Abs. 1bis begrenzt würde (so das Postulat von PORTMANN/STÖCKLI, Rz 1091). Die Auflösung oder der Verlust der Tariffähigkeit eines Verbandes beendet die Vertragsbindung nicht; bei Auflösung entfallen lediglich die schuldrechtlichen Pflichten des Verbandes. Die Frage der Vertragsbindung ist von jener des persönlichen Geltungsbereichs zu unterscheiden (N 31).

2. Anschluss

18 Ferner erhalten einzelne Arbeitgeber und einzelne bei vertragsgebundenen Arbeitgebern beschäftigte Arbeitnehmer die Stellung von Beteiligten, wenn sie mit Zustimmung der Vertragsparteien ihren Anschluss erklärt haben (Art. 356b Abs. 1). Die Vertragsbindung kann im Fall des Anschlusses durch dessen *Kündigung* aufgehoben werden; dazu bedarf es nach Art. 356c Abs. 1 der Schriftform.

3. Allgemeinverbindlicherklärung

19 Die GAV-Parteien haben nicht das Recht, die Vertragsbindung auf Aussenseiter zu erstrecken. Allerdings haben Gesamtarbeitsverträge in Zeiten der Voll- und Überbeschäftigung insoweit Wirkung auf Aussenseiter, als sie beim Abschluss von Einzelarbeitsverträgen wie *Allgemeine Arbeitsbedingungen* verwendet werden, so dass ihre Vorteile regelmässig allen Arbeitnehmern zugute kommen. Die Aussenseiter können die Vorteile auch zuweilen aus einer ausdrücklichen Gleichstellungsabrede mit ihnen geltend machen (s.a. N 15), ferner im Falle einer tatsächlichen Gleichstellung aller Arbeitnehmer im Betrieb auch aus dem Gleichbehandlungsgrundsatz (Art. 328 N 29 ff.). Bei nachlassender Konjunktur und Arbeitslosigkeit hingegen besteht die Gefahr, dass vertragsgebundene Arbeitnehmer durch Aussenseiter verdrängt werden. Auch sind vertragsgebundene Arbeitnehmer dann gegenüber freien Konkurrenten benachteiligt («Schmutzkonkurrenz»). Es besteht daher ein **Bedürfnis**, in derartigen Situationen möglichst alle einschlägigen Arbeitsverhältnisse dem betreffenden GAV zu unterstellen.

20 Der *Staat* hat sich hier aber die **Bedürfnisprüfung** und damit das Recht vorbehalten, die Erweiterung der Vertragsbindung auf Aussenseiter vorzunehmen. Das Bundesgesetz vom 28.9.1956 über die Allgemeinverbindlicherklärung von Gesamtarbeitsverträgen (AVEG, SR 221.215.311) sieht zu diesem Zweck die Möglichkeit vor, durch behördliche Anordnung den

Geltungsbereich eines Verbandsvertrags auf Antrag aller Vertragsparteien auf diejenigen Arbeitgeber und Arbeitnehmer des betreffenden Wirtschaftszweiges oder Berufes auszudehnen, die am Vertrag nicht beteiligt sind. Ein Betrieb gehört zum gleichen Wirtschaftszweig, wenn er mit am GAV beteiligten Betrieben in direkter Konkurrenz steht (BGE 134 III 14; BGer, ARV 2002, 218: auch wenn ein bestimmter Teil einer Branche traditionell nicht im betreffenden Verband organisiert ist, kann er dennoch in direkter Konkurrenz zum traditionell organisierten Teil stehen). Das ist der Fall, wenn er gleichartige (nicht bloss gleiche) Erzeugnisse und Dienstleistungen anbietet (BGE 134 III 14; BGer, ARV 2002, 150; i.c. durfte daher der Hersteller von Kunststofffenstern dem GAV Schreinergewerbe unterstellt werden). Dabei ist stets auf die tatsächliche Unternehmenstätigkeit und nicht etwa auf den im Handelsregister eingetragenen Gesellschaftszweck abzustellen (BGer, JAR 2007, 246). Ein ausländischer Betrieb, der eine auf dem einheimischen Markt konkurrenzlose Tätigkeit anbietet (i.c. Verlegen einer internationalen Erdgashochdruckleitung), untersteht mit Bezug auf diese Tätigkeit keinem allgemeinverbindlich erklärten GAV, da ein unlauterer Wettbewerbsvorteil gar nicht erlangt werden kann. Führt das Unternehmen aber auch Arbeiten aus, die auch von anderen Unternehmen angeboten werden (i.c. Bau-Nebenarbeiten), und beschäftigt es insoweit auch nicht spezialisierte Arbeitnehmer, liegt eine Konkurrenzsituation vor (BGE 134 III 15). In diesem Fall beurteilt sich die Unterstellung unter den allgemeinverbindlich erklärten GAV nach der Reichweite der Tarifeinheit bei sog. Mischbetrieben (s. dazu N 35 sowie Stöckli, ARV online 2008 Nr. 164). In BGE 139 III 165 hat das BGer Betriebe, die Erdwärmesondenbohrungen durchführen, dem betrieblichen Geltungsbereich des allgemeinverbindlich erklärten GAV für den flexiblen Altersrücktritt im Bauhauptgewerbe unterstellt (der Entscheid enthält allgemeine Ausführungen zur Auslegung des betrieblichen Geltungsbereichs einer Allgemeinverbindlicherklärung). Die Unterstellung unter einen allgemeinverbindlich erklärten GAV ist ausschliesslich nach den Tätigkeiten zu beurteilen, die von einem Unternehmen im Wettbewerb ausgeübt werden; fallen diese unter verschiedene Wirtschaftszweige, ist festzustellen, welche Aktivität dem Betrieb bzw. dem Betriebsteil das Gepräge gibt (BGE 139 III 165 E. 3.1; 134 III 15; BGer, ARV 2006, 273). Ob ein Betrieb unter einen allgemeinverbindlich erklärten GAV fällt, entscheidet allein der Richter, nicht die paritätische Kommission (BGer, ARV 2014, 277). Die Auslegung der Bestimmungen über eine Allgemeinverbindlicherklärung richtet sich nach den Grundsätzen der Gesetzesauslegung (BGE 139 III 165 E. 3.2). Die Anwendung des AVEG wird durch das BGBM und das BöB nicht ausgeschlossen (BGE 128 II 20). Eine Allgemeinverbindlicherklärung eigener Art sehen Art. 60 Abs. 3 und 4 BBG für Berufsbildungsfonds vor (Fallbeispiel: BGer, JAR 2011, 124; zur Rechtsnatur einer solchen Allgemeinverbindlicherklärung und zum daraus folgenden Rechtsmittelweg BGE 137 II 399 und 137 II 409).

Den *antragstellenden Vertragsparteien* gegenüber ist die Vornahme oder die Ablehnung der AVE ein **Verwaltungsakt** (nur insoweit richtig BGE 98 II 208). Den *Aussenseitern* gegenüber ist die AVE keine Verfügung, sondern ein **Erlass**, dessen Wirkung sich auf die Ausdehnung der Vertragsbindung beschränkt, ohne dass der Inhalt des GAV mitgestaltet wird. Dies ergibt sich daraus, dass die Ausdehnung eine unbestimmte Anzahl von Arbeitgebern und Arbeitnehmern betrifft. Sie kann daher nicht mit Beschwerde an das Bundesverwaltungsgericht angefochten werden (Art. 31 VGG). Hingegen ist teilweise die Beschwerde in öffentlich-rechtlichen Angelegenheiten an das BGer gegeben: 21

- Beschränkt sich die Allgemeinverbindlichkeit auf das Gebiet eines Kantons oder auf einen Teil desselben, bildet sie einen *kantonalen Erlass* (Art. 7 Abs. 2 AVEG). Gemäss Art. 82 lit. b BGG beurteilt das BGer Beschwerden gegen kantonale Erlasse. Gegen kantonale Erlasse ist unmittelbar die Beschwerde an das BGer zulässig, sofern kein kantonales Rechtsmittel ergriffen werden kann (Art. 87 Abs. 1 BGG). Soweit hingegen das kantonale Recht ein Rechtsmittel gegen Erlasse vorsieht, findet Art. 86 BGG über die Vorinstanzen im Allgemeinen Anwendung (Art. 87 Abs. 2 BGG). Die Beschwerde ist gegen den kantonalen Erlass und nicht gegen den bundesrätlichen Genehmigungsbeschluss zu richten; die bun- 22 desrätliche Genehmigung schliesst es nicht aus, dass das BGer ebenfalls eine abstrakte Normenkontrolle vornimmt (BGE 128 II 18).

23 – Erstreckt sich der Geltungsbereich der Allgemeinverbindlichkeit auf das Gebiet mehrerer Kantone, so wird sie vom *Bundesrat* angeordnet (Art. 7 Abs. 1 AVEG). Dagegen steht weder die Beschwerde in öffentlich-rechtlichen Angelegenheiten noch die subsidiäre Verfassungsbeschwerde an das BGer zur Verfügung, denn mit dieser können nur Entscheide letzter kantonaler Instanzen angefochten werden (Art. 113 BBG).

24 Möglichen **Gegenstand** der AVE bilden normative Bestimmungen sowie indirekt-schuldrechtliche Bestimmungen mit gemeinsamer Durchführung, die Bestandteil eines *Verbandsvertrages* sind. Gegenstand der AVE können auch Bestimmungen über Kontrollen, Kautionen und Konventionalstrafen sein, nicht aber Schiedsklauseln (Art. 1 AVEG). Ist eine Allgemeinverbindlicherklärung erfolgt, rechtfertigt es sich nicht, den GAV extensiv auszulegen, da die Allgemeinverbindlicherklärung als solche bereits einen Eingriff in die Wirtschafts- und Vertragsfreiheit bedeutet (BGer, ARV 2006, 273). Im Falle der Allgemeinverbindlicherklärung gelten die Lohn- und Arbeitszeitbestimmungen aber auch für Temporärarbeitnehmer in den vertragsgebundenen Einsatzbetrieben (Art. 20 AVG; s. TC VD, JAR 2014, 512). Zu den einzuhaltenden Lohnbestimmungen gehören auch die Regelungen über die Lohnfortzahlung bei unverschuldeter Verhinderung an der Arbeitsleistung (Art. 48a AVV; BGE 124 III 126), nicht hingegen Klauseln, die den Arbeitgeber verpflichten, den freien Übertritt aus einer kollektiven Erwerbsausfallversicherung für Krankheit in eine Einzelversicherung zu gewähren (BGE 135 III 640; krit. dazu KOLLER, ZBJV 2011, 424 ff.). In BGE 138 V 32 hat das BGer die allgemeinverbindlich erklärte Pflicht des Arbeitgebers zur Entrichtung von Vorsorgebeiträgen als auf einer genügenden gesetzlichen Grundlage beruhend beurteilt. Der Fall betraf den Gesamtarbeitsvertrag für den flexiblen Altersrücktritt im Bauhauptgewerbe. Streitigkeiten über die Auslegung und Anwendung von Gesamtarbeitsverträgen gelten als Zivilsachen. Ansprüche aus Gesamtarbeitsverträgen werden auch dann dem Privatrecht zugeordnet, wenn sie auf allgemeinverbindlichen GAV beruhen und gegenüber Aussenseitern geltend gemacht werden (BGE 137 III 556; Ausnahme für auf Art. 60 Abs. 3 BBG gestützte Bildungsbeiträge; s.a. BGE 137 II 399 und 137 II 409).

25 Zu den **Voraussetzungen** der gewöhnlichen AVE gehört insb. die Erfüllung von drei Quoren:
- am GAV müssen über 50% der betroffenen Arbeitgeber beteiligt sein;
- ferner müssen auch über 50% der betroffenen Arbeitnehmer beteiligt sein (mit Ausnahmeklausel);
- und schliesslich müssen über 50% der betroffenen Arbeitnehmer bei beteiligten Arbeitgebern beschäftigt sein.

Vorausgesetzt werden ausserdem die Notwendigkeit der AVE wegen zu erwartender erheblicher Nachteile, die Berücksichtigung anderer Interessen, die Respektierung von Rechtsgleichheit und zwingendem Recht, die Wahrung der Koalitionsfreiheit sowie das Offenstehen des Beitritts zum GAV und zum Verband bzw. die Möglichkeit zum Anschluss. Besondere Voraussetzungen bestehen überdies betr. Ausgleichskassen, Kontrollen, Kautionen und Konventionalstrafen (Art. 2 und 3 AVEG; s. KGer SG, JAR 2014, 491). Der AVE eines kantonalen GAV steht es nicht entgegen, wenn einzelne Betriebe für Arbeiten, die sie in anderen Kantonen ausführen, einem nationalen GAV unterstellt sind, so dass für dieselben Arbeiten stets nur ein einziger GAV anwendbar ist (BGE 128 II 20).

26 Die Einzelheiten des **Verfahrens** der Allgemeinverbindlicherklärung sind in Art. 7–18 AVEG geregelt. Es ist ein typisches Parteiverfahren, da die Allgemeinverbindlicherklärung nicht im Interesse der Allgemeinheit, sondern im Interesse der Sozialpartner erfolgt, die die Wettbewerbsverhältnisse beeinflussen wollen. Die einzelnen Stadien sind: schriftlicher Antrag aller Vertragsparteien, Veröffentlichung des Antrags, Eröffnung der Einsprachemöglichkeit, Begutachtung durch Sachverständige, Entscheid, Genehmigung des kantonalen Entscheids, Veröffentlichung der Allgemeinverbindlicherklärung, Kostenverfügung, Änderung und Ausserkraftsetzung. Diese kann auch von Amtes wegen erfolgen (Art. 18 Abs. 2 AVEG).

Im Rahmen der **flankierenden Massnahmen** zum Freizügigkeitsabkommen zwischen der Schweiz und der EU wurden (nebst der Änderung von Art. 6 und Art. 20 Abs. 2 AVEG) zwei neue Bestimmungen in das AVEG eingefügt, die der Bekämpfung des befürchteten Lohn- und Sozialdumpings dienen sollen. Dadurch ist neben der gewöhnlichen eine *besondere Art der Allgemeinverbindlicherklärung* entstanden: 27

- Stellt die tripartite Kommission fest, dass in einer Branche oder einem Beruf die orts-, berufs- oder branchenüblichen Löhne und Arbeitszeiten wiederholt in missbräuchlicher Weise unterboten werden, so kann sie mit Zustimmung der Vertragsparteien die Allgemeinverbindlicherklärung der Bestimmungen über die minimale Entlöhnung und die ihr entsprechende Arbeitszeit, die Vollzugskostenbeiträge, die paritätischen Kontrollen sowie die Sanktionen gegenüber fehlbaren Arbeitgebern und Arbeitnehmern des für die betreffende Branche geltenden Gesamtarbeitsvertrags beantragen (Art. 1a AVEG). Die tripartite Kommission hat ihre Grundlage in Art. 360b (s. die Kommentierung dort). Die Voraussetzung der missbräuchlichen Lohnunterbietung entspricht der Regelung in Art. 360a, die auf den Erlass eines Normalarbeitsvertrags mit zwingenden Mindestlöhnen zielt (eingehend dazu Art. 360a N 2 ff.). 28
- Die Allgemeinverbindlicherklärung bei Missbräuchen ist gegenüber der gewöhnlichen AVE insofern erheblich erleichtert, als anstelle der normalerweise erforderlichen drei Quoren (N 25) nur ein Quorum erfüllt sein muss: Verlangt wird nur, dass die beteiligten Arbeitgeber mindestens 50% aller betroffenen Arbeitnehmer beschäftigen (Art. 2 Ziff. 3bis AVEG). 29

4. Betriebsübernahme

Von Gesetzes wegen tritt die Vertragsbindung im Zusammenhang mit einer *Betriebsübernahme* nach Art. 333 Abs. 1bis ein: Ist auf das übertragene Arbeitsverhältnis ein Gesamtarbeitsvertrag anwendbar, so muss der Erwerber diesen während eines Jahres einhalten, sofern er nicht vorher abläuft oder infolge Kündigung endet (Näheres in Art. 333 N 18 ff.). 30

III. Geltungsbereich

1. Persönlich

Den Parteien des GAV steht es frei, innerhalb der Gruppe der vertragsgebundenen Personen den persönlichen Geltungsbereich des Vertrages auf bestimmte **Personenkategorien** zu beschränken (z.B. auf technische oder kaufmännische Angestellte, Ausschluss von lernenden Personen, Ingenieuren mit akademischer Vorbildung, Angestellten in gehobener Stellung). Der persönliche Geltungsbereich ist von der Vertragsbindung zu unterscheiden; dass es sich um zwei verschiedene Erscheinungen handelt, zeigt sich bei der AVE, die zwar die Vertragsbindung, nicht aber den (persönlichen oder sonstigen) Geltungsbereich eines GAV ausdehnen kann (vgl. ZK-Vischer/Albrecht, Art. 356b OR N 135; BGer, JAR 2010, 192). Als in einem Firmenvertrag, bei dem der Arbeitgeber selber GAV-Partei war, eine Gleichbehandlungsklausel vorgesehen war, sah das BGer darin einen echten Vertrag zugunsten der nicht als Gewerkschaftsmitglieder organisierten Arbeitnehmer, die damit über ein eigenes Recht gegenüber dem Arbeitgeber verfügten (BGE 139 III 60). 31

2. Zeitlich

Die **zeitliche Geltung** besteht während der Laufdauer des Vertrages. Während der Lohn heute i.d.R. jährlich neu vereinbart wird, können die übrigen Regelungen wie Arbeitszeit, Ferien oder Lohngruppen für längere Zeit festgesetzt werden. Dementsprechend unterscheidet man *Lohntarife* (Zahltarife), die die Vergütungen regeln, und *Manteltarife* (Rahmentarife), die die 32

Regelungen mit längerer Laufzeit enthalten. Es ist möglich, dass der Vertrag bestimmten Klauseln rückwirkende Kraft beilegt (N 14) oder bestimmte Klauseln früher enden lässt.

33 Für den Fall eines vertragslosen Zustandes steht es den GAV-Parteien nach BGE 130 III 22 grundsätzlich frei, die **Nachwirkung** der normativen Vertragsbestimmungen zu vereinbaren. Ferner kann angenommen werden, dass mangels gegenteiliger Äusserungen die Weitergeltung der Normen des GAV bis zu deren Ersetzung durch einen neuen GAV dem mutmasslichen Willen der Parteien des Einzelarbeitsvertrages entspricht (BGE 98 Ia 561). Das gilt jedenfalls für Einzelarbeitsverträge, die während der Geltungsdauer des GAV geschlossen worden sind (BGE 130 III 24), nach der hier vertretenen Auffassung auch für solche, die vor dem Inkrafttreten des GAV geschlossen worden sind. Demnach ist zuerst zu prüfen, ob die Parteien für den Fall der Beendigung des GAV selbständig etwas geregelt haben oder ob eine Vereinbarung vorliegt, mit der sie inhaltlich in zulässiger Weise von der Regelung im GAV abgewichen sind. Andernfalls gelten die Normen des dahingefallenen GAV, bis die Parteien einen *Änderungsvertrag* schliessen oder eine *Änderungskündigung* wirksam wird (BGE 130 III 23 f.; OGer LU, JAR 2001, 393). Die Nachwirkung des GAV ist auch dann anzunehmen, wenn die Einzelparteien nur durch Allgemeinverbindlicherklärung an den GAV gebunden waren (BGE 98 Ia 561 und 130 III 19 sowie OGer LU, JAR 2001, 393 betrafen solche Fälle; **a.A.** KGer SG, JAR 2009, 597). Die Nachwirkung besteht somit selbst dann, wenn nur die Allgemeinverbindlichkeit endet, aber der GAV fortdauert (**a.A.** KGer SG, JAR 2009, 597). Nach BGE 130 III 24 ist davon auszugehen, «dass die Parteien ihre gegenseitigen Leistungspflichten auf die für sie gültigen Bestimmungen eines GAV abgestimmt haben» und insofern den Inhalt des GAV als Vertragsinhalt übernommen haben, sofern keine abweichende Vereinbarung nachgewiesen ist. Diese Begründung gilt unabhängig von der Art der Vertragsbindung und somit auch in Fällen der Allgemeinverbindlichkeit. Ungeachtet der dogmatischen Herleitung der Nachwirkung drängt sich diese auch aus Gründen der *Rechtssicherheit* auf (fällt z.B. ein gesamtarbeitsvertraglicher Lohnansatz dahin, käme ohne Nachwirkung des GAV der übliche Lohn nach Art. 322 Abs. 1 zum Tragen, dessen Höhe im Streitfall vom Gericht festgelegt werden müsste).

3. Räumlich

34 Der räumliche Geltungsbereich des GAV erstreckt sich im Zweifel auf das gesamte Gebiet, für das die Vertragsparteien nach ihren Statuten zuständig sind. Sie können ihn jedoch auch beschränken. Man unterscheidet *Landesverträge, regionale Verträge* und *lokale Verträge*. Eine Erweiterung des räumlichen Geltungsbereichs über die Tarifzuständigkeit der Verbände hinaus ist dagegen nicht möglich (zur Tarifzuständigkeit Art. 356c N 1). Dass ein Betrieb für im Kanton ausgeführte Arbeiten dem kantonalen und für ausserkantonale Arbeiten dem nationalen GAV untersteht, verletzt weder das BGBM, das BöB, das AVEG noch das Verhältnismässigkeitsprinzip (BGE 128 II 19).

4. Sachlich

35 Der sachliche Geltungsbereich kann betrieblich oder fachlich bestimmt sein. Knüpft ein GAV an einen bestimmten Wirtschaftszweig an (**Branchenvertrag**, z.B. Einzelhandel, Baugewerbe; BGer, JAR 1997, 265: LMV für das Bauhauptgewerbe), so werden alle *Betriebe* (nicht Unternehmen) erfasst, die diesem Wirtschaftszweig angehören. Bei *Mischbetrieben* bestimmt sich die Branchenzugehörigkeit nach der Tätigkeit, die ihnen das Gepräge gibt. Massgebend ist nicht der Handelsregistereintrag, sondern die tatsächliche Tätigkeit (BGE 139 III 165 E. 3.1; 134 III 13; BGer, JAR 1997, 265: ein Betrieb, der im Auftrag von Versicherungsgesellschaften zur Behebung von Brand- und Wasserschäden beigezogen wird, gehört nicht der Baubranche an). In BGE 139 III 165 hat das BGer Betriebe, die Erdwärmesondenbohrungen durchführen, dem betrieblichen Geltungsbereich des allgemeinverbindlich erklärten GAV für den flexiblen Altersrücktritt im Bauhauptgewerbe unterstellt. Innerhalb eines erfassten Betriebs gilt der *Grundsatz der Tarifeinheit*, d.h. dass alle Arbeitsverhältnisse des Betriebs demselben GAV unterliegen (der Betriebsschlosser unterliegt z.B. dem GAV für die chemische Industrie; sollen gewisse Kategorien von Arbeitnehmern ausgeschlossen werden, lässt sich dies über eine entsprechende Einschränkung des persönlichen Geltungsbereichs bewerkstelligen). Insbesondere bezüglich branchenfremder Nebentätigkeiten, die nur einen untergeordneten Anteil des Geschäftsvolumens ausmachen oder nur hilfsweise erbracht werden, untersteht der Betrieb somit nicht einem anderen GAV als bezüglich seiner Haupttätigkeit (Stöckli, ARV online 2008 Nr. 164; s.a. BGer, ARV 2014, 277). Umfasst ein Betrieb hingegen mehrere *Betriebsteile*, die eine genügende und auch nach aussen erkennbare Selbständigkeit aufweisen, kann sich eine Zuordnung unterschiedlicher Gesamtarbeitsverträge zu den einzelnen Betriebsteilen rechtfertigen (BGE 134 III 13; BGer, ARV 2001, 120; BGer, ARV 2010, 108), insb. wenn die Gesamtarbeitsverträge selbst bestimmen, dass sie auch auf Betriebsteile Anwendung finden können. Uneingeschränkte Tarifeinheit im Betrieb ist anzunehmen, wenn die einzelnen Arbeitnehmer nicht eindeutig einem Betriebsteil zugeordnet werden können, wenn die entsprechenden Arbeiten im Rahmen der übrigen Tätigkeiten des Betriebs nur hilfsweise erbracht werden oder wenn die einzelne Abteilung nicht als eigenständiger Anbieter auf dem Absatzmarkt auftritt (Stöckli, ARV online 2008 Nr. 164; s.a. BGer, ARV 2014, 277 für einen unechten Mischbetrieb, der zu klein war, um in Sektoren aufgeteilt zu werden). Zur Frage des Durchgriffs bei mehreren Betrieben innerhalb eines Konzerns s. AppHof BE, JAR 2002, 366; ferner BGE 137 III 550.

Gilt ein GAV dagegen für bestimmte fachliche Tätigkeiten (**Berufsvertrag**, z.B. technische oder kaufmännische Angestellte, Werkzeugmacher, wobei insb. an die Berufsbildung anzuknüpfen ist), so ist bei Mischbetrieben zu unterscheiden. Verrichten die fachfremden Arbeitnehmer in diesen Betrieben nur ausgesprochene Nebendienste (z.B. Modelltischler in einer Maschinenfabrik), so findet der GAV ihres Berufes auf sie im Zweifel keine Anwendung. Sie unterliegen dem GAV desjenigen Berufes, dem der Betrieb überwiegend dient (der Modelltischler unterliegt dem Metalltarif). Arbeiten dagegen in gemischten Betrieben Angehörige verschiedener Berufe mehr oder weniger gleichwertig nebeneinander (z.B. Buchdrucker und Buchbinder in den Buchdruckereien), so gelten die verschiedenen Berufsverträge im Zweifel nebeneinander (z.B. BezGer ZH, JAR 2000, 379: Maler und Gipser; s.a. BGer, ARV 2014, 277 für einen unechten Mischbetrieb). 36

IV. Vertragskonkurrenz

Bestehen mehrere Gesamtarbeitsverträge, entsteht das Problem der Vertragskonkurrenz. Eine **echte Vertragskonkurrenz** liegt nur vor, wenn das Einzelarbeitsverhältnis gleichzeitig unter die Vertragsbindung sowie den persönlichen, zeitlichen, räumlichen und sachlichen Geltungsbereich verschiedener Gesamtarbeitsverträge fällt. Dieser Fall ist in der Praxis selten. Oft lösen sich scheinbare Konkurrenzfälle durch die richtige Ermittlung des Geltungsbereichs der in Frage stehenden Verträge. 37

Welcher GAV im Falle echter Tarifkonkurrenz anzuwenden ist, entscheidet sich nach folgenden, entsprechend ihrer Priorität geordneten Regeln (vgl. Portmann/Stöckli, Rz 1210 ff.; Geiser/Müller, Rz 853 ff.): 38

- Konkurriert ein nicht allgemeinverbindlicher GAV mit einem *allgemeinverbindlichen GAV*, so gehen dessen Bestimmungen vor, jedoch mit Ausnahme der abweichenden Bestimmungen zugunsten der Arbeitnehmer (Art. 4 Abs. 2 AVEG).
- Konkurriert ein GAV mit einem anderen GAV, der eine *Subsidiaritätsklausel* enthält, so tritt dieser zurück (Fallbeispiel: CAPH GE, JAR 2013, 478). Hingegen ist eine Prioritätsbestimmung, wonach der eigene GAV vorgeht, nicht verbindlich, weil damit in die Tarifautonomie der anderen Verbände eingegriffen würde (BGer, ARV 2001, 119).

- Konkurriert ein Branchenvertrag mit einem Berufsvertrag, so gilt der *Branchenvertrag*.
- Konkurrieren zwei Branchenverträge miteinander, kommt das *Spezialitätsprinzip* zur Anwendung. Danach hat der persönlich, räumlich und sachlich speziellere GAV Vorrang (Betriebsnähe; Bsp.: OGer LU, JAR 1997, 277; CRCT GE, JAR 2010, 491: Vorrang des Landes-GAV für das Bäcker-, Konditoren- und Confiseurgewerbe vor einem kantonalen GAV für das Detailhandelsgewerbe).
- Lässt sich nicht ermitteln, welcher Vertrag spezieller ist, so gilt derjenige, der die *grössere Zahl betrieblicher Arbeitsverhältnisse* erfasst.

V. Wirkung der normativen Bestimmungen

39 Die Wirkung der normativen Bestimmungen besteht in der Einschränkung der individualrechtlichen Vertragsfreiheit des Arbeitnehmers zu seinen Gunsten (sog. *Schutzfunktion* des GAV) und wird durch folgende Prinzipien bestimmt:

40 – Das Prinzip der **Unmittelbarkeit** besagt, dass die normativen Bestimmungen ohne weiteres für oder gegen die einzelnen Beteiligten in Kraft treten (enthalten in Art. 357 Abs. 1). Sie bedürfen keiner Übernahme in den Einzelarbeitsvertrag; ihre Geltung hängt nicht von einem Konsens der Einzelvertragsparteien ab.

41 – Das Prinzip der **Unabdingbarkeit** besagt, dass die normativen Bestimmungen gegenüber den Vertragsgebundenen zwingend sind, sofern der GAV nichts anderes bestimmt («Öffnungsklausel», Art. 357 Abs. 1). Abreden, die gegen die unabdingbaren Bestimmungen des GAV verstossen, sind grundsätzlich nichtig und werden durch die Bestimmungen des GAV ersetzt (Art. 357 Abs. 2 Hs. 1; vgl. BGer, ARV 2006, 31; BGer, ARV 2013, 311: zwischen der Geschäftsleitung und der betriebsinternen Arbeitnehmervertretung vereinbarte Erhöhung der Arbeitszeit unter Missachtung des dafür im GAV vorgesehenen Verfahrens; OGer BE, JAR 2012, 415). Das Prinzip der Unabdingbarkeit wird indessen durch das Prinzip der **Günstigkeit** ergänzt, denn es können abweichende Abreden zugunsten der Arbeitnehmer getroffen werden (Art. 357 Abs. 2 Hs. 2), sei es durch Vereinbarung der Einzelvertragsparteien oder durch eine vereinbarte Betriebsordnung. Der *Günstigkeitsvergleich* ist auf das einzelne Arbeitsverhältnis zu beziehen, doch kommt es nicht darauf an, welche Regelung dem konkreten Arbeitnehmer lieber ist; vielmehr ist von einem objektiven Massstab auszugehen, d.h. von der Bewertung, die ein vernünftiger Arbeitnehmer unter Berücksichtigung des Berufsstandes und der Verkehrsanschauung treffen würde (BGE 134 III 403). Nach h.L. und Rechtsprechung ist der Günstigkeitsvergleich nicht auf Grund einzelner Punkte («Einzelvergleich»), sondern anhand eines Vergleichs der jeweils zusammenhängenden Regelungen zu entscheiden (**«Gruppenvergleich»**, BGE 116 II 153; nach BGer, ARV 2005, 251 bilden z.B. Arbeitszeit- und Lohnregelung eine gemeinsame Gruppe; ähnlicher Fall BGer, ARV 2012, 259). Die neuere Rechtsprechung des BGer – die zum Teil in einem Spannungsverhältnis zur bisherigen bundesgerichtlichen und kantonalen Rechtsprechung steht – versteht das Erfordernis des Regelungszusammenhangs allerdings teilweise so eng, dass der Gruppenvergleich faktisch weitgehend auf einen Einzelvergleich hinausläuft (BGE 134 III 403; i.c. konnte ein untertariflicher Ferienlohn nicht mit einem übertariflichen Normallohn kompensiert werden; Gegenbeispiel BGer, ARV 2012, 259, wo der Zusammenhang zwischen Arbeitszeit und Verdienst wie schon in BGer, ARV 2005, 251 bejaht und eine Gegenüberstellung im Rahmen des Gruppenvergleichs zugelassen wurde). Dieser Umstand, die bestehende Rechtsunsicherheit sowie dogmatische und praktische Gründe sprechen für einen auch formell zu vollziehenden *Übergang zum Einzelvergleich* (eingehend dazu PORTMANN, ARV 2009, 185 ff.; zustimmend WILDHABER, ArbR 2010, 165 f.; **a.A.** STREIFF/VON KAENEL/RUDOLPH, N 3 m.w.H.; s.a. GRABER/KOLLER, ZBJV 2010, 1104 ff.). Berechtigten Flexibilitätsbedürfnissen wird ohnehin besser durch gesamtarbeitsvertragliche Ausnahmebestimmungen Rechnung getragen, die – auch über den Gruppenvergleich hinausgehend – z.B. Abweichungen von den normativen Bestimmungen zur Erhaltung oder Schaffung von

Arbeitsplätzen ermöglichen (PORTMANN, ARV 2009, 196 f.). Praktisch unbestritten ist, dass nicht der gesamte GAV dem gesamten Einzelarbeitsvertrag gegenübergestellt werden darf («Gesamtvergleich», z.B. kürzere Ferien können nicht mit höherem Lohn kompensiert werden; unzulässig ist auch die Leistung von Arbeit während Freitagen gegen die Übernahme des ganzen Mietzinses für das Zimmer des Arbeitnehmers durch den Arbeitgeber: TC FR, JAR 1999, 365; weiteres Beispiel für einen unzulässigen Gesamtvergleich: OGer BE, JAR 2012, 424). Aus dem Günstigkeitsprinzip folgt, dass der GAV nur *Mindestarbeitsbedingungen*, nicht dagegen Höchstarbeitsbedingungen festsetzen kann und eine Besserstellung durch Einzelarbeitsvertrag auch nicht von bestimmten Voraussetzungen abhängig machen darf. Es bleibt den Parteien des Einzelarbeitsvertrages also unbenommen, übertarifliche Leistungen zu vereinbaren (sog. *Leistungsprinzip*). In Zeiten der Voll- und Überbeschäftigung finden deshalb die Bedingungen der Gesamtarbeitsverträge nur auf wenige Arbeitsverhältnisse vollständige Anwendung. Enthält ein Einzelarbeitsvertrag eine im Vergleich zu den Bestimmungen des GAV vorteilhaftere Regelung, geht diese als Ausfluss des Günstigkeitsprinzip auch einer in einem späteren Zeitpunkt erlassenen Betriebsordnung vor (BGer, ARV 2014, 263, E. 6.2.2).

- Das Prinzip der **Unverzichtbarkeit** der Rechte aus einem GAV besagt schliesslich, dass bei Rechten, die durch einen GAV nach Umfang oder Modalität zwingend bestimmt werden, ein Verzicht des Arbeitnehmers während der Dauer des Arbeitsverhältnisses und eines Monats nach dessen Beendigung ausgeschlossen ist (Art. 341 Abs. 1; s.a. OGer BE, JAR 2012, 415: kein Verzicht und auch kein Rechtsmissbrauch nach nachträglicher Geltendmachung einer GAV-konformen Lohneinreihung und der entsprechenden Lohndifferenz; Gegenbeispiel AGer ZH, JAR 2012, 584). **42**

Art. 357*a*

2. Unter den Vertragsparteien

[1] Die Vertragsparteien sind verpflichtet, für die Einhaltung des Gesamtarbeitsvertrages zu sorgen; zu diesem Zweck haben Verbände auf ihre Mitglieder einzuwirken und nötigenfalls die statutarischen und gesetzlichen Mittel einzusetzen.

[2] Jede Vertragspartei ist verpflichtet, den Arbeitsfrieden zu wahren und sich insbesondere jeder Kampfmassnahme zu enthalten, soweit es sich um Gegenstände handelt, die im Gesamtarbeitsvertrag geregelt sind; die Friedenspflicht gilt nur unbeschränkt, wenn dies ausdrücklich bestimmt ist.

2. A l'égard des parties

[1] Les parties veillent à l'observation de la convention; à cette fin, les associations interviennent auprès de leurs membres en usant, au besoin, des moyens que leur confèrent leurs statuts et la loi.

[2] Chaque partie maintient la paix du travail et, en particulier, s'abstient de tout moyen de combat quant aux matières réglées dans la convention; l'obligation de maintenir la paix n'est illimitée que si les parties en sont convenues expressément.

2. Per le parti contraenti

[1] Le parti hanno l'obbligo di far osservare il contratto collettivo; a tale scopo le associazioni sono tenute ad adoperarsi presso i loro membri usando, se è necessario, i mezzi concessi dagli statuti e dalla legge.

[2] Ogni parte deve salvaguardare la pace del lavoro e astenersi in particolare da qualsiasi mezzo di lotta per ciò che riguarda gli oggetti disciplinati dal contratto collettivo; l'obbligo di mantenere la pace è assoluto soltanto se pattuito espressamente.

Literatur

AUBERT, L'arbitrage en droit du travail, ASA 2000, 2 ff.; BOIS, Conflits collectifs de travail et condition du salarié, in: Etudes de droit social, Zürich 1991, 17 ff.; CHAVANNE, Offices de conciliation en matière de prévention des conflits collectifs, in: Panorama en droit du travail, Bern 2009, 573 ff.; DANTHE, Evaluation de l'approche de la conciliation et de l'arbitrage dans le domaine des conflits collectifs, in: Panorama en droit du travail, Bern 2009, 591 ff.; GABATHULER, Bundesgericht konkretisiert Streikrecht, plädoyer 1/2006, 31 ff.; JACCARD/KERN, Grève, séquestration et autres moyens de combat collectifs, Genf 2010; KUSTER, Streik und Aussperrung aus verfassungs- und völkerrechtlicher Sicht, Jusletter 7.3.2005; KUSTER ZÜRCHER, Streik und Aussperrung, Diss., Zürich/Basel/Genf 2004; MARTI, Arbeitskampffreiheit im öffentlichen Dienst, Diss., Basel 2010; MEIER, Schiedsgerichtsbarkeit in arbeitsrechtlichen Streitigkeiten, FS für das Zürcher Kassationsgericht, Zürich 2000, 267 ff.; MESSINA/TISSOT, Les conventions collectives et la paix du travail, in: Journée 1991 de droit du travail et de la sécurité sociale, Zürich 1991, 69 ff.; PORTMANN, Das Streikrecht – Recht des Individuums oder des Verbands?, FS zum Schweizerischen Juristentag 2006, Zürich/Basel/Genf 2006, 209 ff.; DERS., Betriebsstörung durch Flashmob, in: FS für Pierre Wessner, Basel 2011, 515 ff.; DERS., Der Einfluss der neuen Bundesverfassung auf das schweizerische Arbeitsrecht, FS für Manfred Rehbinder, München/Bern 2002, 73 ff.; DERS., Kein Streikrecht in der Schweiz?, SJZ 1998, 486 ff.; SANNA, La garantie du droit de grève en Suisse et dans l'Union européenne, Basel 2004; STÄHELIN S., Das Streikrecht in unerlässlichen Diensten, Diss., Basel 2001; STÖCKLI, Das Streikrecht in der Schweiz, BJM 1997, 169 ff.; STÖCKLI/BAUMGARTNER, Sicherheit und Unsicherheit im Kollektivarbeitsrecht, FS für Erwin Murer, Bern 2010, 907 ff.; TSCHUDI, Der Arbeitsfrieden – Ziel des Arbeitsrechts, FS für Jean-Louis Duc, Lausanne 2001, 383 ff.; UDRY, Pour être licite, la grève doit-elle avoir été déclarée par un syndicat?, in: Panorama en droit de travail, Bern 2009, 557 ff.; VENA, Zwangsschlichtung im kollektiven Arbeitsrecht, ArbR 1995, 145 ff.; WAEBER, Droit de grève, plädoyer 6/2006, 64 ff.; WENGER, Zulässige Mittel im Arbeitskampf, Bern 2007; WIDMER, Die Haftung der Gewerkschaft im Arbeitskampf, ArbR 2007, 65 ff.; vgl. ausserdem die Literaturhinweise zu Art. 356.

I. Einhaltungspflicht

1 Wie bei jedem Vertrag sind auch beim GAV die Vertragsparteien verpflichtet, für die *Einhaltung* des Vertrages zu sorgen (Art. 357a Abs. 1 Hs. 1). Sie haben alle Pflichten zu erfüllen, die das **Gesetz** an den Abschluss des GAV knüpft und die sich aus dem **vereinbarten Vertragsinhalt** ergeben (*schuldrechtliche Bestimmungen*, zu deren Wesen s. Art. 356 N 10, zur Durchsetzbarkeit s. Art. 356 N 19). Dazu gehört auch die Pflicht, alles zu *unterlassen*, was die Geltung der gesamtarbeitsvertraglichen Ordnung beeinträchtigen könnte (so darf z.B. ein Arbeitgeberverband seine Mitglieder nicht dazu auffordern, untertarifliche Löhne zu vereinbaren oder zu bezahlen, BK-STÖCKLI, N 2). Drei bedeutsame *Konkretisierungen* der Pflichten der GAV-Parteien haben sich unter den Begriffen der Durchführungspflicht, der Einwirkungspflicht und der Friedenspflicht etabliert (N 2 ff.).

II. Durchführungspflicht

2 Die Durchführungspflicht, die im Gesetz nicht besonders erwähnt wird, erfasst die Pflicht (BK-STÖCKLI, N 3):

- zum Vertragsvollzug;
- zur Erfüllung der vereinbarten Normsetzungs-, Leitungs- und Rechtsprechungsaufgaben der zuständigen Organe;
- zur Kontrolle der Einhaltung des GAV durch die beteiligten Einzelvertragsparteien (auch wenn sie nicht ausdrücklich im Vertrag erwähnt wird);
- zu Verhandlungen nach Treu und Glauben über allfällige Regelungslücken.

Die Durchführungspflicht erweist sich somit als ein Bündel von Handlungspflichten.

3 Oft wird die Durchführung des GAV nicht von den Verbandsorganen selbst vorgenommen, sondern – insb. wenn eine gemeinsame Durchführung i.S.v. Art. 357b vereinbart ist – einem **paritätischen Organ** (paritätische Kommission) übertragen (Näheres in Art. 357b N 1). In diesem Fall sind die GAV-Parteien verpflichtet, das paritätische Organ *einzusetzen* und zu *überwachen*. Der GAV kann auch die Einsetzung einer *Rekursinstanz* zwecks Beaufsichtigung des paritätischen Organs oder sogar zur Streitentscheidung als vertragliches Schiedsgericht vorsehen. Zur Durchführung der Kontrolle eines GAV mit kantonalem Geltungsbereich

kann ferner das **kantonale Einigungsamt** eingesetzt werden, sofern die kantonale Gesetzgebung dies vorsieht.

III. Einwirkungspflicht

Zu den Pflichten der Verbände gehört es auch, dass sie unter Einsatz ihrer statutarischen und sonstigen gesetzlichen Mittel auf ihre Mitglieder einwirken, falls diese gegen den GAV verstossen (Art. 357a Abs. 1 Hs. 2). Diese sog. *Einwirkungspflicht* ist für die Durchsetzung der Gesamtarbeitsverträge zuweilen von grosser Bedeutung, weil der Durchsetzung der Rechte aus einem GAV im Rahmen der einzelnen Arbeitsverhältnisse gelegentlich faktische Hindernisse im Wege stehen und weil oft nur auf diese Weise «wilde» Arbeitskämpfe verhindert werden können. Die Verbände müssen also ihre Mitglieder auf Bestand und Inhalt des GAV hinweisen und notfalls die Einhaltung mit Sanktionen erzwingen. Die Sanktionen reichen von Mahnung und Verweis über Bussen, Entziehung von Verbandsunterstützung, zeitweilige Einstellung in den Mitgliedschaftsrechten und boykottähnlichen Massnahmen bis zum Ausschluss aus dem Verband. Die Einwirkung auf Angeschlossene erfolgt auf der Grundlage des Anschlussvertrages (Art. 356b N 2). 4

Die Verletzung der Einwirkungspflicht macht den Verband *schadenersatzpflichtig* und kann zur *ausserordentlichen Kündigung* des GAV und zu *Arbeitskampfmassnahmen* führen. Allerdings ist die Einwirkungspflicht **keine Garantiepflicht**. Kommt ein Verbandsmitglied trotz Anwendung von Sanktionen seinen Verpflichtungen aus dem GAV nicht nach, ist der Verband dafür nicht verantwortlich. Eine Garantiepflicht muss besonders vereinbart werden. 5

IV. Friedenspflicht

Die Pflicht zur Wahrung des Arbeitsfriedens ist mangels abweichender Vereinbarungen auf den Inhalt des GAV beschränkt und damit nur eine **relative Friedenspflicht**. Während der Laufzeit des Vertrags ist der Arbeitskampf wegen solcher Gegenstände unzulässig, die im Vertrag geregelt sind (Art. 357a Abs. 2, sog. *Friedensfunktion* des GAV). Kampfmassnahmen dagegen, die sich gegen andere als die im Vertrag geregelten Punkte und damit nicht gegen den Bestand des GAV richten, sondern lediglich Ergänzungen anstreben, bleiben erlaubt. 6

Sollen Arbeitskämpfe während der Laufzeit des Vertrags gänzlich ausgeschlossen werden, muss dies besonders vereinbart sein. Das ist in vielen schweizerischen Gesamtarbeitsverträgen geschehen. Eine derartige **absolute Friedenspflicht** kann auch der alleinige Inhalt eines Kollektivvertrages sein *(Friedensabkommen)*. Ferner kann die Friedenspflicht für eine gewisse Zeit nach Ablauf des GAV verlängert werden, um genügend Zeit für Verhandlungen zu geben. Im Zusammenhang mit einem Schlichtungsverfahren im kantonsübergreifenden Bereich ergibt sich die Friedenspflicht aus Art. 6 EES, im Übrigen aus einer kantonalen Regelung gestützt auf Art. 30 FabG oder (bei einem vertraglichen Einigungsverfahren) aus dem ultima ratio-Grundsatz. 7

Verletzungen der Friedenspflicht führen als **Vertragsbruch** zu Unterlassungs- und Schadenersatzansprüchen und können mit Abwehrkampf beantwortet werden. Die Schäden der Verbandsmitglieder können durch diese selbst gestützt auf die Konstruktion des Vertrags mit Schutzwirkung zugunsten Dritter oder durch die Verbände mittels Drittschadensliquidation geltend gemacht werden, sofern man diese Rechtsfiguren anerkennt (s. zum Stand der schweizerischen Lehre Gauch/Schluep/Schmid/Emmenegger, N 2886 ff., 3915 ff.). Die Friedenspflicht kann – zusätzlich zu ihrer schuldrechtlichen Hauptrichtung – im GAV auch noch indirekt-schuldrechtlich ausgestaltet werden (nach BK-Stöckli, N 34 sogar normativ; ablehnend Bois, 32 ff.; ZK-Vischer/Albrecht, N 50). In Bezug auf die Angeschlossenen ergibt sie sich direkt aus dem Anschlussvertrag (BK-Stöckli, N 34). 8

9 Der **Arbeitskampf** selbst wird vom OR nicht geregelt. Nach Art. 28 Abs. 2–4 BV sind Streitigkeiten nach Möglichkeit durch Verhandlung oder Vermittlung beizulegen. Streik und Aussperrung sind zulässig, wenn sie Arbeitsbeziehungen betreffen und wenn keine Verpflichtungen entgegenstehen, den Arbeitsfrieden zu wahren oder Schlichtungsverhandlungen zu führen (s. zur strafrechtlichen Beurteilung eines Arbeitskampfs z.B. BGE 134 IV 216 sowie Strafgericht ZG, ARV 2005, 108; ferner BGer, 24.9.2012, 6B_758/2011 betr. Hausfriedensbruch; dazu N 12). Das Gesetz kann bestimmten Kategorien von Personen den Streik verbieten (von dieser Ermächtigung hat der Bund in Art. 24 Abs. 1 BPG i.V.m. Art. 96 BPV für das Bundespersonal Gebrauch gemacht). Die Verfassungsgrundsätze, deren Sinn durch den Wortlaut nur unvollkommen wiedergegeben wird (PORTMANN, FS Rehbinder, 73 ff.), entfalten indirekte Drittwirkung auf die Arbeitsbeziehungen im Privatsektor (BGE 132 III 133).

10 Voraussetzungen eines rechtmässigen Arbeitskampfs sind (BGE 132 III 134; 125 III 284; PORTMANN, FS Rehbinder, 83 ff.):

- dass er (über den Wortlaut von Art. 28 BV hinaus) von einem *tariffähigen Subjekt* getragen wird (d.h. auf Seite der Arbeitnehmer von einer Gewerkschaft);
- dass er *Arbeitsbeziehungen* betrifft (was nach BGE 125 III 284 zutreffenderweise bedeutet, dass er ein durch GAV regelbares Ziel verfolgt, wodurch insb. der politische Streik ausgeschlossen wird);
- dass ihm keine Verpflichtungen entgegenstehen, den *Arbeitsfrieden* zu wahren oder Schlichtungsverhandlungen zu führen (vgl. auch Art. 335j N 2: Unzulässigkeit von Streiks infolge der Zwangsschiedsgerichtsbarkeit bei gesetzlich vorgeschriebenen Sozialplänen nach Art. 335h ff.);
- dass er den Grundsatz der *Verhältnismässigkeit* beachtet – und zwar nicht nur das ultima ratio-Prinzip. Insbesondere gilt auch das Prinzip der fairen Kampfführung. Kampfmittel, die mit Gewaltanwendung verbunden sind oder die Güter des Unternehmens schädigen, sind demnach unrechtmässig und führen zu einer Haftung aus Art. 41. Die Aufstellung von Streikposten, um die Arbeitnehmer auf gewaltlose Weise (insb. durch Überzeugungsarbeit) am Zugang zum Unternehmen zu hindern, ist hingegen zulässig (peaceful picketing, BGE 132 III 137).

11 Im internationalen, für die Schweiz anwendbaren Recht enthält *Art. 8 Abs. 1 lit. d Uno-Pakt I* (SR 0.103.1) eine ausdrückliche Garantie des Streikrechts. Entgegen der Ansicht von KUSTER ZÜRCHER, 153 ff. ergibt sich aus dieser Bestimmung nicht die Zulässigkeit des wilden Streiks. Mangels hinreichender Bestimmtheit (und weiterer Gründe) fehlt dieser Norm – mindestens soweit es um die Frage der Rechtsträgerschaft geht – der self executing-Charakter (offengelassen in BGE 125 III 282). Auch aus dem materiellen Gehalt von Art. 8 Abs. 1 lit. d Uno-Pakt I ergibt sich keine Garantie des wilden Streiks, da die Bestimmung die Rechtsträgerschaft nicht festlegt und ausserdem einen nicht determinierten Gesetzesvorbehalt enthält (PORTMANN, FS Juristentag 2006, 214 ff.). Nach BGer Pra 2006, 737 ff. (in BGE 132 III 122 unv. E. 3) sind das ILO-Übereinkommen Nr. 98 sowie dessen Art. 2 nicht self executing, ebenso nicht das ILO-Übereinkommen Nr. 154 und dessen Art. 3 Abs. 2.

12 Als **Arbeitskampfmittel** treten auch andere Erscheinungen als Streik und Aussperrung in Erscheinung, so z.B. Betriebsbesetzungen, Betriebsblockaden und Boykotte (dazu insb. WENGER, Zulässige Mittel im Arbeitkampf, passim), im Ausland neuerdings auch Betriebsstörungen durch Flashmob (s. dazu PORTMANN, FS Wessner, 515 ff.). Solche Kampfmittel sind grossenteils unzulässig, auch wenn die Voraussetzungen für einen rechtmässigen Streik erfüllt wären. In BGE 132 III 122 war z.B. eine vorübergehende Blockierung des Betriebszugangs für das Personal zu beurteilen, mit der die Beschäftigten der Arbeitgeberin daran gehindert werden sollten, eine bestimmte Ausgabe einer Tageszeitung zu drucken. Die Aktion erwies sich wegen Verletzung des Verhältnismässigkeitsgrundsatzes als widerrechtlich; es fehlte an einem leistungsfähigen Ordnungsdienst mit dem Auftrag, die Mitwirkung von gewaltbereiten, eine Auseinandersetzung suchenden Elementen an der Kundgebung zu verhindern (BGE 132

III 139). In BGE 134 IV 216 wurde die Blockade des Verkehrs auf einer Autobahn im Rahmen eines Streiks als Nötigung qualifiziert (s. dazu STÖCKLI, ARV online 2008 Nr. 513). Ein Zutrittsrecht von Gewerkschaftsfunktionären auf das Firmenareal des Arbeitgebers hat das BGer in BGer, 24.9.2012, 6B_758/2011 verneint. Es bestätigte die Verurteilung wegen Hausfriedensbruchs (Art. 186 StGB). Weiterführend zu dieser kontrovers diskutierten Frage STREIFF/VON KAENEL/RUDOLPH, N 7.

Art. 357*b*

3. Gemeinsame Durchführung

[1] In einem zwischen Verbänden abgeschlossenen Gesamtarbeitsvertrag können die Vertragsparteien vereinbaren, dass ihnen gemeinsam ein Anspruch auf Einhaltung des Vertrages gegenüber den beteiligten Arbeitgebern und Arbeitnehmern zusteht, soweit es sich um folgende Gegenstände handelt:

a. Abschluss, Inhalt und Beendigung des Arbeitsverhältnisses, wobei der Anspruch nur auf Feststellung geht;

b. Beiträge an Ausgleichskassen und andere das Arbeitsverhältnis betreffende Einrichtungen, Vertretung der Arbeitnehmer in den Betrieben und Wahrung des Arbeitsfriedens;

c. Kontrolle, Kautionen und Konventionalstrafen in Bezug auf Bestimmungen gemäss Buchstaben a und b.

[2] Vereinbarungen im Sinne des vorstehenden Absatzes können getroffen werden, wenn die Vertragsparteien durch die Statuten oder einen Beschluss des obersten Verbandsorgans ausdrücklich hiezu ermächtigt sind.

[3] Auf das Verhältnis der Vertragsparteien unter sich sind die Vorschriften über die einfache Gesellschaft sinngemäss anwendbar, wenn der Gesamtarbeitsvertrag nichts anderes bestimmt.

3. Exécution commune

[1] Lorsque la convention est conclue par des associations, celles-ci peuvent stipuler qu'elles auront le droit, en commun, d'en exiger l'observation de la part des employeurs et travailleurs liés par elle, en tant qu'il s'agit des objets suivants:

a. conclusion, objet et fin des contrats individuels de travail, seule une action en constatation étant admissible;

b. paiement de cotisations à des caisses de compensation ou à d'autres institutions concernant les rapports de travail, représentation des travailleurs dans l'entreprise et maintien de la paix du travail;

c. contrôles, cautionnements et peines conventionnelles, en rapport avec les dispositions visées aux lettres a et b.

[2] Les parties ne peuvent insérer dans la convention les stipulations prévues à l'alinéa précédent sans y être autorisées expressément par leurs statuts ou leur organe suprême.

[3] Sauf clause contraire de la convention, les dispositions sur la société simple s'appliquent par analogie aux rapports internes des parties.

3. Esecuzione in comune

[1] Nel contratto collettivo conchiuso tra associazioni, le parti possono stipulare d'avere in comune il diritto di esigerne l'adempimento da parte dei datori di lavoro e dei lavoratori vincolati, quanto ai punti seguenti:

a. la stipulazione, il contenuto e la fine del rapporto di lavoro, il diritto conferendo qui unicamente un'azione di accertamento;

b. il pagamento di contributi a una cassa di compensazione o ad altra istituzione attenenti ai rapporti di lavoro, la rappresentazione dei lavoratori nell'azienda e la salvaguardia della pace del lavoro;

c. i controlli, le cauzioni e le pene convenzionali, in relazione alle disposizioni delle lettere a e b.

[2] Le parti possono stipulare le disposizioni previste nel capoverso 1 soltanto se espressamente autorizzate dai loro statuti o dal loro organo supremo.

[3] Ove il contratto collettivo non disponga altrimenti, nei rapporti fra le parti si applicano per analogia le disposizioni sulla società semplice.

Literatur

Boutellier, GAV – Tipps für die Praxis, Anwaltsrevue 2012, 80 ff.; Häberli, Verfahrensfragen im Zusammenhang mit Gesamtarbeitsverträgen, ArbR 2007, 35 ff.; Senti, Lohnbuchkontrollen bei allgemeinverbindlichen GAV und NAV. Praktische Probleme und Abgrenzungsfragen, AJP 2010, 14 ff.; vgl. ausserdem die Literaturhinweise zu Art. 356.

1 Soweit die Verbandsstatuten dies vorsehen oder ein entsprechender Beschluss des obersten Verbandsorgans vorliegt, kann bei Verbandsverträgen die Durchführung derart geregelt werden, dass den Verbänden gemeinsam ein Anspruch auf Einhaltung gegenüber den beteiligten Arbeitgebern und Arbeitnehmern zusteht. Die beteiligten Verbände bilden dann eine **Vertragsgemeinschaft**, auf die als Gesamthandsgemeinschaft die Vorschriften über die einfache Gesellschaft sinngemäss Anwendung finden (Art. 530 ff.). In diesem Fall haben die Verbände ein Kollektivklagerecht. Im Interesse einer effizienten gemeinsamen Durchführung des GAV setzen die Verbände indessen oft ein **paritätisches Organ** (paritätische Kommission) ein. Auch wenn diese Organe i.d.R. keine Rechtspersönlichkeit besitzen, sind sie trotzdem als partei- und prozessfähig zu betrachten. Andernfalls müssten sämtliche beteiligten Verbände, die zusammen eine notwendige Streitgenossenschaft bilden, der gerichtlichen Geltendmachung der Ansprüche zustimmen, wodurch der Zweck von Art. 357b vereitelt werden könnte. Fraglos gegeben ist die Partei- und Prozessfähigkeit des paritätischen Organs, wenn dieses – wie es in der Praxis hin und wieder vorkommt – als *Verein* konstituiert wird. Das BGer hat entschieden, dass in einem GAV gültig vereinbart werden kann, «Verbände» (so die deutschsprachige Regeste) für die gemeinsame Durchführung gem. Art. 357b zu gründen und ihnen diese Durchführung unter Einschluss der Erhebung gerichtlicher Klagen zu übertragen (BGE 134 III 541, insb. 546; i.c. schadete es nicht, dass der Vereinszweck in keiner statutarischen Bestimmung ausdrücklich erwähnt war, da der Verein gemäss den Statuten die Aufgaben einer paritätischen Kommission wahrzunehmen hatte; Entscheid bestätigt in BGE 140 III 391). Der Entscheid verdient Zustimmung, jedenfalls soweit das paritätische Organ die Rechtsform eines Vereins annimmt. In BGE 140 III 391 bejahte das BGer die Aktivlegitimation einer paritätischen Berufskommission zum Einzug von Konventionalstrafen und zur Überwälzung von Verfahrenskosten, in BGE 137 III 556 konnte es die Frage offenlassen. Streitigkeiten über die Auslegung und Anwendung von Gesamtarbeitsverträgen gelten als Zivilsachen. Ansprüche aus Gesamtarbeitsverträgen werden auch dann dem Privatrecht zugeordnet, wenn sie auf allgemeinverbindlichen GAV beruhen und gegenüber Aussenseitern geltend gemacht werden (BGE 137 III 556; Ausnahme für auf Art. 60 Abs. 3 BBG gestützte Bildungsbeiträge; s.a. BGE 137 II 399 und 137 II 409). Neuerdings treten paritätische Organe in der Praxis zum Teil auch als *Stiftungen* auf (Häberli, ARV online 2010 Nr. 300). Auch dies ist als zulässig zu betrachten (Graber/Koller, ZBJV 2010, 1109). Die Meinung einer paritätischen Kommission zur Auslegung einer Bestimmung eines GAV kann vom Gericht als eine Art Rechtsprechung berücksichtigt werden, wenn der Kommission im GAV die Auslegung von strittigen GAV-Bestimmungen übertragen worden ist (BGer, ARV 2004, 23).

2 Der mögliche **Inhalt** eines der Vertragsgemeinschaft zustehenden Anspruchs gegenüber den einzelnen Arbeitgebern und Arbeitnehmern ist gesetzlich begrenzt (die gesetzliche Aufzählung ist abschliessend). Er kann sich nur beziehen auf:

- Die *normativen Bestimmungen* des GAV sowie die sie betreffenden Kontrollen, Kautionen und Konventionalstrafen. Die Möglichkeiten zur Durchsetzung der normativen Bestimmungen werden dadurch verbreitert, indem neben die direkte Klage des einzelnen Arbeitnehmers oder Arbeitgebers gegen den Vertragspartner seines Einzelarbeitsvertrages das Klagerecht der Vertragsgemeinschaft tritt. Dieses ist allerdings auf Feststellung beschränkt; die Erhebung einer Leistungsklage bleibt der Entscheidung des Einzelnen überlassen. Dieser kann indessen seine Ansprüche der Vertragsgemeinschaft oder seinem Verband abtreten.

– *Drei mögliche Inhalte der indirekt-schuldrechtlichen Bestimmungen* des GAV, nämlich Beiträge an Ausgleichskassen und andere das Arbeitsverhältnis betreffende Einrichtungen, Vertretung der Arbeitnehmer in den Betrieben und Wahrung des Arbeitsfriedens, sowie diese Inhalte betreffende Kontrollen, Kautionen und Konventionalstrafen. Durch die Vereinbarung einer Vertragsgemeinschaft wird die Durchsetzung der indirekt-schuldrechtlichen Bestimmungen erheblich erleichtert, da sie nicht über die verbandsrechtliche Mitgliedschaft erfolgen muss, sondern sich auf die direkte gesetzliche Verpflichtung der beteiligten Einzelvertragsparteien gegenüber den GAV-Parteien stützen kann. Zu den direkt verpflichteten Beteiligten zählen nicht nur die Verbandsmitglieder, sondern auch die Angeschlossenen, was deshalb besonders bedeutsam ist, weil diese nicht aufgrund der verbandsrechtlichen Sanktionen in Pflicht genommen werden können. Ist der GAV allgemeinverbindlich erklärt worden, sind auch die Aussenseiter der Vertragsgemeinschaft unterworfen. Indirekt-schuldrechtliche Bestimmungen können nur allgemeinverbindlich erklärt werden, wenn die gemeinsame Durchführung im GAV vorgesehen ist (Art. 1 Abs. 2, Art. 4 Abs. 1 AVEG). 3

Art. 358

III. Verhältnis zum zwingenden Recht	**Das zwingende Recht des Bundes und der Kantone geht den Bestimmungen des Gesamtarbeitsvertrages vor, jedoch können zugunsten der Arbeitnehmer abweichende Bestimmungen aufgestellt werden, wenn sich aus dem zwingenden Recht nichts anderes ergibt.**
III. Rapport avec le droit impératif	Le droit impératif de la Confédération et des cantons l'emporte sur la convention; toutefois, les dérogations stipulées en faveur des travailleurs sont valables, à moins que le droit impératif ne s'y oppose expressément.
III. Rapporti con il diritto imperativo	Il diritto imperativo federale e cantonale prevale sul contratto collettivo; nondimeno, le derogazioni stipulate in favore dei lavoratori sono valide, se non risulti diversamente dal diritto imperativo.

Literatur

GEISER, Die Verrechtlichung des Arbeitsverhältnisses – wo bleibt die Privatautonomie?, Schweizer Arbeitgeber, 14/2008, 20 ff.; RITTER, Abweichen vom Gesetz durch Gesamtarbeitsvertrag, FS VSAM, Bern 1993, 109 ff.; SIEBER, Tarifdispositives Recht – Mittel zur Stärkung und Flexibilisierung des Gesamtarbeitsvertragssystems, anhand der Beispiele des Nachtarbeitsverbotes und der Ladenöffnungszeiten, Bern/Stuttgart 1996.

Das **Günstigkeitsprinzip** besagt zweierlei. Zum einen bezeichnet es die Möglichkeit, dass die Regelungen des Einzelarbeitsvertrages und einer vereinbarten Betriebsordnung *zu Gunsten* der Arbeitnehmer von den Regelungen des GAV abweichen können (Art. 357 Abs. 2 Hs. 2). Zum anderen bezeichnet es die Möglichkeit, im Zweifel auch zwingendes Recht des Bundes und der Kantone durch GAV abändern zu können, wenn dies zugunsten der Arbeitnehmer geschieht (Art. 358). Im Bereich des Arbeitsvertragsrechts hat Art. 358 wegen der von Art. 361 und 362 getroffenen Unterscheidung zwischen einseitig und beidseitig zwingenden Normen wenig praktische Bedeutung. 1

Vom an sich zwingenden Recht kann ausserhalb des Günstigkeitsprinzips durch GAV abgewichen werden, wenn das Gesetz dies ausdrücklich vorsieht **(tarifdispositives Recht)**. In diesem Fall ist auch eine Abweichung *zu Ungunsten* der Arbeitnehmer möglich. Ein Beispiel bildet etwa Art. 335c Abs. 2 Hs. 2, wonach die gesetzliche Kündigungsfrist für das erste Dienstjahr durch GAV unter einen Monat herabgesetzt werden kann. Weitere Beispiele finden sich insb. im Mitwirkungsgesetz (s. Art. 2 MitwG). 2

B. Normalarbeitsvertrag

Art. 359

I. Begriff und Inhalt

[1] Durch den Normalarbeitsvertrag werden für einzelne Arten von Arbeitsverhältnissen Bestimmungen über deren Abschluss, Inhalt und Beendigung aufgestellt.

[2] Für das Arbeitsverhältnis der landwirtschaftlichen Arbeitnehmer und der Arbeitnehmer im Hausdienst haben die Kantone Normalarbeitsverträge zu erlassen, die namentlich die Arbeits- und Ruhezeit ordnen und die Arbeitsbedingungen der weiblichen und jugendlichen Arbeitnehmer regeln.

[3] Artikel 358 ist auf den Normalarbeitsvertrag sinngemäss anwendbar.

I. Définition et objet

[1] Par le contrat-type de travail sont établies des clauses sur la conclusion, l'objet et la fin de diverses espèces de contrats de travail.

[2] Les cantons sont tenus d'édicter des contrats-types pour les travailleurs agricoles et le service de maison; notamment, ces contrats-types règlent la durée du travail et du repos et les conditions de travail des travailleuses et des jeunes travailleurs.

[3] L'art. 358 est applicable par analogie au contrat-type de travail.

I. Definizione e contenuto

[1] Mediante il contratto normale di lavoro si stabiliscono disposizioni circa la stipulazione, il contenuto e la fine per singole specie di rapporti di lavoro.

[2] Per i lavoratori agricoli e delle economie domestiche private, i Cantoni sono tenuti a stabilire dei contratti normali di lavoro, i quali devono disciplinare segnatamente la durata del lavoro e del riposo, nonché le condizioni di lavoro delle donne e dei giovani.

[3] L'articolo 358 si applica per analogia anche al contratto normale di lavoro.

Literatur

AUBERT, Convention collective et contrat-type de travail, in: Le contrat dans tous ses états, Bern 2004, 3 ff.; DERS., L'usage en droit du travail, ARV 2001, 95 ff.; PORTMANN, Flankierende Massnahmen I und II zum Abkommen über die Freizügigkeit, in: Bilaterale Verträge I & II Schweiz – EU, 2. Aufl., Zürich/Basel/Genf 2007; VISCHER, Gesamtarbeitsvertrag und Normalarbeitsvertrag, in: Die Rechtsentwicklung an der Schwelle zum 21. Jahrhundert, Zürich 2001, 397 ff.

I. Rechtsnatur des Normalarbeitsvertrags

1 Der Normalarbeitsvertrag ist kein Vertrag i.S.v. Art. 1, sondern eine besondere Form der **Verordnung**, nämlich ein Erlass des Bundes oder der Kantone, der Vertragsrecht für bestimmte Typen von Arbeitsverhältnissen setzt (frz.: contrat-type de travail). Etwas anderes als der NAV ist der *Mustervertrag*. Musterverträge sind Vertragsformulare, die von Berufsverbänden herausgegeben werden und lediglich den Vertragsabschluss erleichtern sollen. Zuweilen werden jedoch die Normalarbeitsverträge mit der Ausgabe von Musterverträgen durch amtliche Stellen kombiniert.

II. Arten von Normalarbeitsverträgen

1. Gewöhnlicher Normalarbeitsvertrag

2 Der gewöhnliche Normalarbeitsvertrag wird durch die Art. 359, 359a und 360 geregelt. Er enthält **dispositives Recht**. Sein **Inhalt** besteht aus Bestimmungen über den Abschluss, den Inhalt und die Beendigung einzelner Arten von Arbeitsverhältnissen (Art. 359 Abs. 1, Arbeitsvertragsrecht). Grundsätzlich steht der Erlass solcher Regelungen im Ermessen der zuständigen Behörde, wobei nach h.L. ein entsprechendes Bedürfnis erforderlich ist (Fehlen eines

GAV, keine Unterstellung unter das ArG, BK-STÖCKLI, Art. 359a OR N 3). Nur in zwei Bereichen ist den Kantonen der Erlass von Normalarbeitsverträgen vorgeschrieben, nämlich für das *landwirtschaftliche Arbeitsverhältnis* (neueres Fallbeispiel aus dem Kanton GE: BGer, ARV 2013, 317, u.a. mit Erwägungen zur geltend gemachten Verletzung des Grundsatzes der Gleichbehandlung der Mitbewerber) und das *Arbeitsverhältnis im Hausdienst* (aktuelles Fallbeispiel: BGer, 6.10.2014, 4A_370/2014, strittige Anwendbarkeit des Normalarbeitsvertrags für das Personal privater Haushaltungen im Kanton VD). Für beide Bereiche bestehen keine öffentlich-rechtlichen Arbeitsschutzvorschriften. Daher sollen die vorgeschriebenen Normalarbeitsverträge insb. die Arbeits- und Ruhezeit sowie die Arbeitsbedingungen der Arbeitnehmerinnen und der jugendlichen Arbeitnehmer regeln (Art. 359 Abs. 2). Die Strafbestimmungen des ArG beziehen sich nur auf Widerhandlungen gegen Vorschriften des ArG selbst und dessen Verordnungen, nicht aber auch auf Verstösse gegen Normalarbeitsverträge (OGer BL, JAR 1998, 270).

Die **praktische Bedeutung** des gewöhnlichen Normalarbeitsvertrags liegt dort, wo sich der GAV noch nicht durchsetzen konnte, neben der Landwirtschaft und der Hauswirtschaft etwa beim Erziehungspersonal von Heimen und Internaten. Zur Einstufung in die Hierarchie der Rechtsquellen des Individualarbeitsrechts s. Einl. vor Art. 319 ff. N 8 ff. 3

2. *Normalarbeitsvertrag bei Missbräuchen*

Im Rahmen der **flankierenden Massnahmen** zum Freizügigkeitsabkommen zwischen der Schweiz und der EU wurden sechs neue Artikel in das OR eingefügt, die der Bekämpfung des befürchteten Lohn- und Sozialdumpings dienen sollen (Art. 360a–360f). Damit wurde neben der herkömmlichen Art des Normalarbeitsvertrags, die weiterhin erhalten bleibt, eine zusätzliche neue Art für den Fall von Missbräuchen geschaffen, die sich insb. in Inhalt, Voraussetzungen und Wirkungen von der bisher bekannten Art deutlich unterscheidet (eingehend dazu PORTMANN, Flankierende Massnahmen, Rz 96 ff.). 4

Auch die neue Art des NAV stellt keinen Vertrag i.S.v. Art. 1, sondern eine Verordnung dar. Sie setzt jedoch nicht dispositives, sondern **einseitig zwingendes Recht** (Art. 360d Abs. 2). Ausserdem ist ihr möglicher **Inhalt** im Gegensatz zur gewöhnlichen Art des NAV auf Mindestlöhne beschränkt und ihr Erlass an strenge Voraussetzungen gebunden. Dennoch ist die Einführung des neuen NAV von grosser Tragweite, wird doch damit das Prinzip, dass der Lohn dem Grundsatz der Vertragsfreiheit unterliegt, relativiert und die rechtliche Grundlage für staatliche Lohninterventionen geschaffen. Ein solcher NAV kann auch erlassen werden, wenn ein schweizerisches Unternehmen Lohndumping betreibt, und seine Bestimmungen sind auch auf Arbeitsverhältnisse anwendbar, die dem ausländischen Recht unterstehen (VISCHER, Gesamtarbeitsvertrag und Normalarbeitsvertrag, 405). 5

Zur Beantwortung gewisser Rechtsfragen, die in den Art. 360a–360f nicht geregelt sind, muss auf die Bestimmungen zum gewöhnlichen Normalarbeitsvertrag zurückgegriffen werden. Das trifft etwa auf Art. 359a über die Zuständigkeit und auf Art. 360 Abs. 1 über die unmittelbare Geltung zu (Art. 359a N 2, Art. 360 N 1). 6

Art. 359*a*

II. Zuständigkeit und Verfahren

[1] Erstreckt sich der Geltungsbereich des Normalarbeitsvertrages auf das Gebiet mehrerer Kantone, so ist für den Erlass der Bundesrat, andernfalls der Kanton zuständig.

[2] Vor dem Erlass ist der Normalarbeitsvertrag angemessen zu veröffentlichen und eine Frist anzusetzen, innert deren jedermann, der ein Interesse glaubhaft macht, schriftlich dazu Stellung nehmen kann; ausserdem sind Berufsverbände oder gemeinnützige Vereinigungen, die ein Interesse haben, anzuhören.

[3] Der Normalarbeitsvertrag tritt in Kraft, wenn er nach den für die amtlichen Veröffentlichungen geltenden Vorschriften bekanntgemacht worden ist.

[4] Für die Aufhebung und Abänderung eines Normalarbeitsvertrages gilt das gleiche Verfahren.

II. Autorités compétentes et procédure

[1] Le Conseil fédéral édicte les contrats-types valables pour plusieurs cantons; les cantons sont compétents dans les autres cas.

[2] Avant d'être édicté, le contrat-type de travail est publié d'une manière suffisante, avec indication d'un délai pendant lequel quiconque justifie d'un intérêt peut présenter des observations par écrit; en outre, l'autorité prend l'avis des associations professionnelles et des sociétés d'utilité publique intéressées.

[3] Le contrat-type entre en vigueur après avoir été publié conformément aux prescriptions valables pour les publications officielles.

[4] La même procédure est applicable à l'abrogation et à la modification d'un contrat-type de travail.

II. Autorità competenti e procedura

[1] Se il campo d'applicazione si estende sul territorio di più Cantoni, il Consiglio federale è competente per stabilire il contratto normale di lavoro; negli altri casi, questa competenza spetta ai Cantoni.

[2] Prima della sua adozione, il contratto normale di lavoro dev'essere adeguatamente pubblicato con l'indicazione d'un termine, entro il quale ognuno che renda attendibile un interesse può presentare per scritto le sue osservazioni; in più, sarà chiesto il parere delle associazioni professionali o d'utilità pubblica interessate.

[3] Il contratto normale di lavoro entra in vigore dopo essere stato pubblicato secondo le prescrizioni valevoli per le pubblicazioni ufficiali.

[4] Questa procedura si applica anche all'abrogazione e modificazione d'un contratto normale di lavoro.

I. Zuständigkeit und Verfahren

1. Gewöhnlicher Normalarbeitsvertrag

1 Zuständig zum Erlass von Normalarbeitsverträgen sind die *Kantone* und für Normalarbeitsverträge, deren Geltungsbereich sich auf mehrere Kantone erstreckt, der *Bundesrat*. Um eine gewisse demokratische Kontrolle zu erreichen, muss zunächst ein Entwurf veröffentlicht werden, zu dem jedermann, der ein Interesse daran glaubhaft macht, innerhalb einer festzusetzenden Frist schriftlich Stellung nehmen kann. Interessierte Berufsverbände und gemeinnützige Vereinigungen haben ein Recht auf Anhörung. Die endgültige Fassung kann erst in Kraft treten, wenn sie in dem für den Erlass von Gesetzen vorgeschriebenen Publikationsorgan veröffentlicht wurde. Dieses Verfahren ist auch bei der Aufhebung oder Abänderung von Normalarbeitsverträgen einzuhalten. Ein NAV ist aufzuheben, wenn der betroffene Kanton keine ausreichende gesetzliche Grundlage kennt, in der die zum Erlass von Normalarbeitsverträgen zuständige Behörde bezeichnet wird (BGer, JAR 1999, 348: Verstoss gegen den Grundsatz der Gewaltentrennung).

2. Normalarbeitsvertrag bei Missbräuchen

2 Der Normalarbeitsvertrag bei Missbräuchen wird gem. Art. 360a Abs. 1 von der «zuständigen Behörde» erlassen, ohne dass diese besonders bezeichnet wird, so dass ebenfalls auf Art. 359a Abs. 1 zurückzugreifen ist. Damit das Verfahren in Gang kommt, ist allerdings ein Antrag der tripartiten Kommission erforderlich (Art. 360b). Ferner sieht Art. 360f eine Meldepflicht des Kantons gegenüber dem Bund vor. Zur Frage der innerkantonalen Kompetenzverteilung zum Erlass eines Normalarbeitsvertrags vgl. auch BGE 140 III 59.

II. Anfechtung des Erlasses

Der Normalarbeitsvertrag ist keine Verfügung, sondern ein *Erlass* (Art. 359 N 1), weshalb er nicht mit Beschwerde an das Bundesverwaltungsgericht angefochten werden kann (Art. 31 VGG). Hingegen ist gegen einen *kantonalen* Normalarbeitsvertrag die Beschwerde in öffentlich-rechtlichen Angelegenheiten an das BGer gegeben, da dieses gestützt auf Art. 82 lit. b BGG Beschwerden gegen kantonale Erlasse beurteilt (abstrakte Normenkontrolle; s. BGer, ARV 2013, 317 m.H. auf die zurückhaltende Überprüfung durch das BGer). Kann kein kantonales Rechtsmittel ergriffen werden, ist unmittelbar die Beschwerde an das BGer zulässig (Art. 87 Abs. 1 BGG; BGE 140 III 59 E. 2). Soweit hingegen das kantonale Recht ein Rechtsmittel gegen Erlasse vorsieht, findet Art. 86 BGG über die Vorinstanzen im Allgemeinen Anwendung (Art. 87 Abs. 2 BGG). Art. 89 BGG regelt die Beschwerdeberechtigung (s. dazu BGE 140 III 59; BGer, ARV 2013, 317: neueres Fallbeispiel aus der Landwirtschaft des Kantons GE, Beschwerdelegitimation sowohl von den betroffenen Arbeitgebern wie auch ihrem Verband bejaht). Die Beschwerdefrist beträgt 30 Tage seit der gemäss kantonalem Recht massgebenden Veröffentlichung des Erlasses (Art. 101 BGG). 3

Erstreckt sich der Geltungsbereich des Normalarbeitsvertrags auf das Gebiet mehrerer Kantone, so ist der Bundesrat für den Erlass zuständig (Art. 359a Abs. 1). In diesem Fall ist die Beschwerde in öffentlich-rechtlichen Angelegenheiten nicht gegeben, ebenso nicht die subsidiäre Verfassungsbeschwerde an das BGer, da mit dieser nur Entscheide letzter kantonaler Instanzen angefochten werden können (Art. 113 BGG). Vorbehalten bleibt die Möglichkeit, Normalarbeitsverträge im Rahmen zivilrechtlicher Auseinandersetzungen gerichtlich auf ihre Gesetzmässigkeit hin überprüfen zu lassen (konkrete Normenkontrolle). 4

Art. 360

III. Wirkungen

[1] Die Bestimmungen des Normalarbeitsvertrages gelten unmittelbar für die ihm unterstellten Arbeitsverhältnisse, soweit nichts anderes verabredet wird.

[2] Der Normalarbeitsvertrag kann vorsehen, dass Abreden, die von einzelnen seiner Bestimmungen abweichen, zu ihrer Gültigkeit der schriftlichen Form bedürfen.

III. Effets

[1] Sauf accord contraire, le contrat-type de travail s'applique directement aux rapports de travail qu'il régit.

[2] Le contrat-type peut prévoir que les accords dérogeant à certaines de ses dispositions doivent être passés en la forme écrite.

III. Effetti

[1] Salvo diverso accordo, le disposizioni del contratto normale si applicano direttamente ai rapporti di lavoro che gli sottostanno.

[2] Il contratto normale di lavoro può stabilire che clausule deroganti a singole sue disposizioni sono valide soltanto nella forma scritta.

I. Unmittelbare Geltung (Abs. 1)

Die Bestimmungen des Normalarbeitsvertrags gelten unmittelbar für die ihm unterstellten Arbeitsverhältnisse, soweit nichts anderes verabredet wird. Das bedeutet: die Bestimmungen des Normalarbeitsvertrages bedürfen keiner Übernahme in den Einzelarbeitsvertrag; ihre Geltung hängt nicht von einem Konsens der Einzelvertragsparteien ab. Ebenso wenig ist, sofern nichts anderes vereinbart wurde, die Kenntnisnahme durch Arbeitgeber und Arbeitnehmer vorausgesetzt (BGer, ARV 2013, 317). Das Prinzip der unmittelbaren Geltung ist sowohl auf den gewöhnlichen Normalarbeitsvertrag wie auch auf den Normalarbeitsvertrag bei Missbräuchen anwendbar. 1

II. Dispositives oder zwingendes Recht (Abs. 2)

1. Gewöhnlicher Normalarbeitsvertrag

2 Die Bestimmungen des gewöhnlichen Normalarbeitsvertrags setzen **dispositives Recht**. Die Einzelvertragsparteien können demnach auch zu Ungunsten des Arbeitnehmers von ihnen abweichen. Der NAV kann die Abweichung allerdings selbst erschweren, indem er dafür die Schriftform im Sinne eines Gültigkeitserfordernisses verlangt, was allerdings nicht generell für jede Abweichung vorausgesetzt werden darf (BGer, 14.11.2012, 4A_180/2012; s.a. OGer BE, JAR 2012, 424: Fehlen der vorausgesetzten Schriftlichkeit; in diesem Fall sprach sich das OGer dafür aus, dass das Günstigkeitsprinzip von Art. 357 Abs. 2 und die Grundsätze des Gruppenvergleichs auch bei NAV zur Anwendung kämen). Die **Durchsetzung** des gewöhnlichen NAV erfolgt individualrechtlich insb. durch *Leistungsklage* des Arbeitnehmers gegen den Arbeitgeber oder umgekehrt (sofern die entsprechenden Ansprüche nicht wegbedungen wurden).

2. Normalarbeitsvertrag bei Missbräuchen

3 Art. 360 Abs. 2 ist nur auf den gewöhnlichen Normalarbeitsvertrag anwendbar. Der Normalarbeitsvertrag bei Missbräuchen setzt *einseitig zwingendes Recht*. In diesem Punkt liegt die bedeutsamste Abweichung zum gewöhnlichen NAV. Sie ist in Art. 360d Abs. 2 enthalten, während Abs. 1 die Geltung des NAV auch für vorübergehend tätige und für verliehene Arbeitnehmer vorsieht.

Art. 360*a*

IV. Mindestlöhne
1. Voraussetzungen

[1] Werden innerhalb einer Branche oder einem Beruf die orts-, berufs- oder branchenüblichen Löhne wiederholt in missbräuchlicher Weise unterboten und liegt kein Gesamtarbeitsvertrag mit Bestimmungen über Mindestlöhne vor, der allgemein verbindlich erklärt werden kann, so kann die zuständige Behörde zur Bekämpfung oder Verhinderung von Missbräuchen auf Antrag der tripartiten Kommission nach Artikel 360b einen befristeten Normalarbeitsvertrag erlassen, der nach Regionen und gegebenenfalls Orten differenzierte Mindestlöhne vorsieht.

[2] Die Mindestlöhne dürfen weder dem Gesamtinteresse zuwiderlaufen noch die berechtigten Interessen anderer Branchen oder Bevölkerungskreise beeinträchtigen. Sie müssen den auf regionalen oder betrieblichen Verschiedenheiten beruhenden Minderheitsinteressen der betroffenen Branchen oder Berufe angemessen Rechnung tragen.

IV. Salaires minimaux
1. Conditions

[1] Si, au sein d'une branche économique ou d'une profession, les salaires usuels dans la localité, la branche ou la profession font l'objet d'une sous-enchère abusive et répétée et qu'il n'existe pas de convention collective de travail contenant des dispositions relatives aux salaires minimaux pouvant être étendue, l'autorité compétente peut édicter, sur proposition de la commission tripartite visée à l'art. 360b, un contrat-type de travail d'une durée limitée prévoyant des salaires minimaux différenciés selon les régions et, le cas échéant, selon les localités, dans le but de combattre ou de prévenir les abus.

[2] Les salaires minimaux ne doivent pas être contraires à l'intérêt général et ne doivent pas léser les intérêts légitimes d'autres branches économiques ou d'autres milieux de la population. Ils doivent tenir équitablement compte des intérêts des minorités dans les branches économiques ou professions concernées, quand ces intérêts résultent de la diversité des conditions régionales et des entreprises.

IV. Salari minimi
1. Condizioni

[1] Qualora in un ramo o in una professione vengano ripetutamente e abusivamente offerti salari inferiori a quelli usuali per il luogo, la professione o il ramo e non sussista un contratto collettivo di lavoro con disposizioni sui salari minimi al quale possa essere conferita obbligatorietà generale, su richiesta della Com-

missione tripartita di cui all'articolo 360b l'autorità competente può stabilire un contratto normale di lavoro di durata limitata che preveda salari minimi differenziati secondo le regioni e all'occorrenza il luogo allo scopo di combattere o impedire abusi.

[2] I salari minimi non possono pregiudicare gli interessi generali né gli interessi legittimi di altre cerchie della popolazione o di altri rami. Devono tenere debitamente conto degli interessi delle minoranze dei rami o delle professioni in questione, dovuti a diversità regionali o aziendali.

Literatur

AUBERT, L'usage en droit du travail, ARV 2001, 95 ff.; DIETRICH, Der Schutz vor missbräuchlichen Lohn- und Arbeitsbedingungen durch die flankierenden Massnahmen zum Freizügigkeitsabkommen Schweiz-EG, Zürich/Basel/Genf 2003; EQUEY, La responsabilité solidaire des entrepreneurs de la construction dans le cadre des détachements de travailleurs étrangers, Jusletter 15.7.2013; GABATHULER, Ein «Bollwerk» gegen das Lohndumping, plädoyer 3/2004, 40 ff.; HEINE, Die flankierenden Massnahmen im Spannungsverhältnis zwischen Vollzug des Entsendegesetzes und der Vertragsfreiheit im Arbeitsrecht, AJP 2006, 471 ff.; KAUFMANN, Erste Praxis zur wiederholten missbräuchlichen Lohnunterbietung, ArbR 2009, 45 ff.; DIES., Missbräuchliche Lohnunterbietung im Rahmen der flankierenden Massnahmen, Diss., Bern 2010; LEPORI TAVOLI, Mindestlöhne im schweizerischen Recht, Diss., Bern 2009; DIES., Mindestlöhne – Auch in der Schweiz rechtlich möglich, plädoyer 6/2009, 36 ff.; MÜLHAUSER, Das Lohnbuch 2014, Mindestlöhne sowie orts- und berufsübliche Löhne in der Schweiz, Zürich 2014; ÖSCH, Ortsüblicher Lohn und missbräuchliches Unterbieten, ‹www.sgb.ch/d-download/standpunkte/oesch.doc›; PATZSCHKE, Mindestlohneffekte, Bern 2001; PORTMANN/VON KAENEL/HALBEISEN, Ausgewählte Fragen zum Erlass eines Normalarbeitsvertrags im Sinne von Art. 360a OR, AJP 2013, 1467 ff.; STÖCKLI, Schutzgedanken im Arbeitsrecht – Neue Legitimation der Gewerkschaften durch ein Wahlmandat, ArbR 2013, 141 ff.; STÖCKLI/BIERI, Neue Ausfallhaftung von Unternehmen – Teilrevision des Entsendegesetzes vom 14.12.2012, Jusletter 24.6.2013; TIEFENTHAL, Flankierende Massnahmen zum Personenfreizügigkeitsabkommen Schweiz–EU, Jusletter 28.4.2008; DERS., Flankierende Massnahmen zum Schutz des schweizerischen Arbeitsmarktes, Diss., Zürich/Basel/Genf 2008; TOBLER, Die flankierenden Massnahmen der Schweiz in einem erneuerten System des bilateralen Rechts, Jusletter 30.9.2013; VEUVE, Mesures d'accompagnement dans le domaine des personnes, in: Accords bilatéraux Suisse-UE (commentaires), Basel 2001, 291 ff.; VISCHER, Gesamtarbeitsvertrag und Normalarbeitsvertrag, in: Die Rechtsentwicklung an der Schwelle zum 21. Jahrhundert, Zürich 2001, 397 ff. Die Kommentierung der Art. 360a–f entspricht den einschlägigen Ausführungen in PORTMANN, Die flankierenden Massnahmen I und II zum Abkommen über die Freizügigkeit, in: Bilaterale Verträge I & II Schweiz – EU, Zürich/Basel/Genf 2007, 327 ff.; ebenfalls publiziert in: ARV 2007, 1 ff.; TREX 2007, 290 ff. bzw. 296 ff.; vgl. ausserdem die Literaturhinweise zur Einleitung vor Art. 319 ff.

I. Voraussetzungen des Normalarbeitsvertrags bei Missbräuchen

1. Antrag der tripartiten Kommission

Der Erlass eines Normalarbeitsvertrags bei Missbräuchen setzt einen Antrag der tripartiten Kommission nach Art. 360b voraus (Art. 360a Abs. 1; Art. 11 Abs. 1 lit. e EntsV). Durch die Vorschaltung dieser Kommission verliert die staatliche Intervention der Festsetzung von Mindestlöhnen etwas von ihrer Schärfe, da sich die Kommission aus Vertretern von Arbeitgebern, Arbeitnehmern und des Staates zusammensetzt. Dennoch kann nicht übersehen werden, dass der tripartiten Kommission im Lohnsektor eine staatliche Lenkungsaufgabe zukommt (VISCHER, Gesamtarbeitsvertrag und Normalarbeitsvertrag, 404). Näheres zum Antrag der tripartiten Kommission in Art. 360b N 6. 1

2. Missbräuchliche Lohnunterbietung

Eine weitere Voraussetzung des Normalarbeitsvertrags bei Missbräuchen ist, dass innerhalb einer Branche oder eines Berufs die orts-, berufs- oder branchenüblichen Löhne wiederholt in missbräuchlicher Weise unterboten werden (Art. 360a Abs. 1). Diese Voraussetzung hat eine Parallele in Art. 1a AVEG. Im Gegensatz zur Regelung bei der Allgemeinverbindlicher- 2 klärung ergibt sich jedoch aus Art. 360a Abs. 1, dass die erlassende Behörde die gem. Art. 360b Abs. 3 erfolgte Feststellung der missbräuchlichen Lohnunterbietung durch die tripartite Kommission überprüfen darf und muss (ebenso STREIFF/VON KAENEL/RUDOLPH, N 8). Allerdings ist von einer Kognitionsbeschränkung auf Rechtsmängel (einschliesslich Ermessensmissbrauch und -überschreitung) auszugehen, da die tripartiten Kommissionen infolge der stetigen Beobachtung des Arbeitsmarktes zur Feststellung und Würdigung der tatsächlichen Verhältnisse besser in der Lage sind. Vgl. zum Ganzen auch BGE 140 III 59 E. 10.5 und die umfassende Darstellung mit Praxisübersicht bei PORTMANN/VON KAENEL/HALBEISEN, AJP 2013, 1467 ff.

3 Zum Begriff des *Lohns* gehören alle Lohnbestandteile wie Lohnzuschläge, Prämien, 13. Monatslohn u.dgl. (nicht aber «Fringe Benefits» wie übergesetzliche Leistungen in Bezug auf Ferien, Beurlaubungen, Beiträge an die berufliche Vorsorge: BGE 140 III 59 E. 10.5). Dass ein bestimmter Lohn als missbräuchlich qualifiziert werden kann, setzt voraus, dass zunächst der *übliche Lohn* festgestellt wird. Der Begriff des üblichen Lohns ist für das gesamte Gebiet der Schweiz nach einheitlichen Kriterien und Methoden zu bestimmen (GABATHULER, 41), da es um eine *Rechtsfrage* auf Bundesebene geht. Naheliegenderweise ist der übliche Lohn nicht in einer fixen Zahl, sondern als *Bandbreite* zu bestimmen (AUBERT, ARV 2001, 100; HEINE, AJP 2006, 473; ZK-VISCHER/ALBRECHT, N 3, s.a. BGE 140 III 59). Bei der Ermittlung des üblichen Lohns handelt es sich hingegen um eine *Tatfrage* (AUBERT, ARV 2001, 99), deren Beantwortung im konkreten Fall zu den Aufgaben der tripartiten Kommissionen gehört (Art. 11 Abs. 1 lit. b EntsV). Um an die dafür benötigten Informationen zu gelangen, können sich die tripartiten Kommissionen auf Gesamt- oder Normalarbeitsverträge mit Lohnbestimmungen, auf die Schweizerische Lohnstrukturerhebung des Bundesamtes für Statistik (LSE; so in BGE 140 III 59, Näheres dazu in N 11) oder auf ihre eigenen ad hoc-Erhebungen stützen (HEINE, AJP 2006, 473). Die Löhne des öffentlichen Sektors sind dabei nicht zu berücksichtigen; denn die Bestimmungen zur missbräuchlichen Lohnunterbietung haben nicht zum Ziel, die Löhne des privaten und des öffentlichen Sektors zu harmonisieren, sondern das missbräuchliche Dumping im Verhältnis von privaten Arbeitgebern und Arbeitnehmern zu verhindern (AUBERT, ARV 2001, 100). Die tripartiten Kommissionen sind grundsätzlich frei, die Methode für die Berechnung der üblichen Löhne i.S.v. Art. 360a zu wählen (BGE 140 III 59 E. 10.5). Für eine Übersicht über die kantonale Praxis s. PORTMANN/VON KAENEL/HALBEISEN, AJP 2013, 1473 f.

4 Zur leichteren Erfassung der *Ortsüblichkeit* geht der Bund bei seinen statistischen Erhebungen von sieben schweizerischen Grossregionen aus (Genferseeregion, Mittelland, Nordwestschweiz, Zürich, Ostschweiz, Zentralschweiz und Tessin). Die Kantone haben ferner die Möglichkeit, beim Bundesamt für Statistik eine zusätzliche Ausdehnung der Stichproben zu beantragen, um kantonale Daten zu erhalten (SECO, Üblichkeit und Missbrauch, 2004, 4). Um die *Berufsüblichkeit* feststellen zu können, müssen die Art der Tätigkeit und das Anforderungsniveau der Stelle erhoben werden (HEINE, AJP 2006, 473). Bei der Ermittlung der *Branchenüblichkeit* kann auf die Allgemeine Systematik der Wirtschaftszweige zurückgegriffen werden (NOGA 2002), die Branchen in mehr oder weniger feinen Unterteilungen voneinander abgrenzt. Vergibt ein Unternehmen (z.B. ein Hotel) einen Auftrag an ein Subunternehmen (z.B. ein Reinigungsunternehmen), dessen Löhne zu beurteilen sind, ist auf die Branche des Subunternehmens abzustellen. In Bezug auf die Verleihunternehmen sind die üblichen Löhne nach dem Satz zu bestimmen, der in der Branche des jeweiligen Einsatzbetriebs gilt (Art. 20 AVG analog, AUBERT, ARV 2001, 101 f.).

5 Im Rahmen der Ermittlung des üblichen Lohns kann die sog. *Regressionsanalyse* wertvolle Dienste leisten. Es handelt sich hierbei um ein schon lange bekanntes statistisches Verfahren, das in neuerer Zeit in Lohngleichheitsprozessen zur Anwendung gebracht und vom BGer als tauglich anerkannt worden ist (BGE 130 III 145; FLÜCKIGER, AJP 2001, 1340 ff.; MADUZ, ARV 2014, 178 ff.; s.a. Art. 322 N 17). Es wird nun auch von der tripartiten Kommission des

Kantons Genf zur Bestimmung des üblichen Lohns eingesetzt, so dass insoweit von der «Genfer Methode» gesprochen wird (SECO, Üblichkeit und Missbrauch, 2004, 13). Die Methode, die sich auf die Zahlen der Schweizerischen Lohnstrukturerhebung stützt, ermöglicht es, den statistischen Lohn einer Person oder Personenkategorie in Abhängigkeit von Branche, Region, Betriebsgrösse, Anforderungsniveau, Ausbildung, Alter, Dienstalter und beruflicher Stellung zu ermitteln (Gabathuler, 42; SECO, Üblichkeit und Missbrauch, 2004, 13; Fallbeispiel für den Einsatz dieser Methode in BGE 140 III 59, Näheres dazu in N 11). Indessen weist die LSE eine zeitliche Verzögerung auf. Die Methode kann demnach den tripartiten Kommissionen nützliche Hinweise geben, dürfte aber nicht in jedem Fall ausreichen (SECO, Üblichkeit und Missbrauch, 2004, 13).

Rechtsfolgen nach Art. 360a treten nun nicht schon dann ein, wenn die üblichen Löhne und Arbeitszeiten unterschritten, sondern erst wenn sie «wiederholt in missbräuchlicher Weise» unterboten werden (s. zum Ganzen den in N 11 erwähnten BGE 140 III 59). Liegt ein bestimmter Lohn unter dem üblichen Lohn, heisst das mit anderen Worten noch nicht, dass eine wiederholte missbräuchliche Lohnunterbietung im gesetzlichen Sinne vorliegt. Dem Missbrauchsbegriff, der im Gesetz nicht näher definiert wird, kommt eine Schlüsselfunktion zu. Gemäss den Materialien (AB 1999 N 1616) sind Konkretisierungen denkbar als: 6

- *Missbräuchliches Vorgehen*, etwa wenn ein Arbeitgeber seine Belegschaft mittels massiver Rekrutierung billiger Arbeitskräfte systematisch ersetzt, wenn er die Entlassung einer grossen Anzahl von Arbeitnehmern veranlasst und neuen Arbeitnehmern wesentlich tiefere Löhne anbietet, ohne dass dies durch einen objektiven Grund wie z.B. wirtschaftliche Schwierigkeiten gerechtfertigt ist, oder wenn wesentliche und systematische Lohnsenkungen bei Vertragserneuerungen und Neuanstellungen vorgenommen werden. Hingegen ist ein Vorgehen nicht als missbräuchlich zu taxieren, wenn die Löhne in einer bestimmten Branche oder einem bestimmten Beruf bei gleicher Qualifikation innerhalb der üblichen Lohnbandbreite gekürzt werden. 7
- *Missbräuchlicher Grund*, wenn z.B. die üblichen Arbeitsbedingungen klar unterboten werden mit dem einzigen Ziel, einen grösseren Gewinn zu erzielen oder sich einen Konkurrenzvorteil zu verschaffen, oder wenn die üblichen Arbeitsbedingungen nicht eingehalten werden, ohne dass ein objektiver Grund vorliegt, der vom Willen des Arbeitgebers unabhängig ist. Nicht als missbräuchlich erscheinen demgegenüber Lohnsenkungen wegen ungenügender Leistungen des Arbeitnehmers aus Gründen, die in seiner Person liegen, wegen fehlender berufsspezifischer Qualifikation oder wegen fehlender Berufs- oder Branchenerfahrung. 8
- *Missbräuchliches Ausmass*; bei der Beurteilung dieses Kriteriums spielt es eine Rolle, ob der lohnunterbietende Betrieb auf dem Arbeitsmarkt der Region oder des Kantons eine dominante Stellung innehat, und ob die Unterbietung wegen ihres relativen Ausmasses eine Kettenreaktion bewirken könnte, so dass die Gesamtheit der Branchenlöhne nach unten gezogen werden könnte. 9

Einzel- und Bagatellfälle sollen nicht erfasst werden. Aus dem Zweck, eigentliches Lohndumping zu verhindern, ergibt sich, dass der Missbrauch ein gewisses Ausmass erreichen muss, dies trotz dem Verzicht auf das Wort «deutlich». Das Wort «wiederholt» soll zum Ausdruck bringen, dass nicht eine individuelle Lohnunterbietung, sondern die Wirkungen mehrfacher Missbräuche bekämpft werden sollen, die einen allgemeinen Lohnsturz in einer Branche und einer Region nach sich ziehen würden (AB 1999 N 1617; s.a. BGE 140 III 59 E. 10.7). Ein wiederholter Missbrauch im Sinne des Gesetzes kann unter Umständen auch dann vorliegen, wenn er sich innerhalb desselben Betriebs ereignet, namentlich dann, wenn diesem eine dominante Rolle im Kanton oder in der Region zukommt (Botschaft, BBl 1999, 6407). In BGE 140 III 59 bzw. dem ihm zugrundeliegenden Tessiner Erlass wurde die Häufigkeitsschwelle, die den Einzelfall von Lohndumping in der Branche abgrenzt, bei 10% festgelegt. Weiterführend und das Erfordernis einer bestimmten prozentualen Betroffenheit ablehnend Portmann/von Kaenel/Halbeisen, AJP 2013, 1479 f. 10

11 Zur Frage, wann eine missbräuchliche Lohnunterbietung vorliegt, finden sich stark divergierende Lehrmeinungen (vgl. etwa AUBERT, ARV 2001, 100; BRUNNER/BÜHLER/WAEBER/BRUCHEZ, N 5; GABATHULER, 42; ÖSCH, 3 f.; BK-STÖCKLI, Art. 360a–f OR N 3; STREIFF/VON KAENEL/RUDOLPH, N 4; VEUVE, 300 f.; ZK-VISCHER/ALBRECHT, N 4 f.; eine ausführliche Darstellung mit Praxisübersicht findet sich bei PORTMANN/VON KAENEL/HALBEISEN, AJP 2013, 1467 ff.). In BGE 140 III 59 hat sich das BGer mit mehreren Aspekten dieser Frage auseinandergesetzt. Es hat die vom Staatsrat TI verwendete Methode zur Feststellung einer missbräuchlichen Lohnunterbietung in der Elektrotechnikbranche als bundesrechtskonform erklärt. Der Methode liegt ein Lohnrechner zugrunde, der sich seinerseits auf Lohndaten der alle zwei Jahre vom Bund durchgeführten schweizerischen Lohnstrukturerhebung (LSE) und den massgebenden AHV-Lohn stützt. Die so ermittelten Referenzlöhne werden sodann mit den Löhnen ausgeloster Unternehmen verglichen. Bei Monatslöhnen bis zum Schwellenwert von CHF 3000 gilt jede Abweichung vom Referenzlohn als erheblicher Missbrauch, bei Löhnen über dem Schwellenwert gilt eine Toleranzmarge von 10%. Als Häufigkeitsschwelle, die den Einzelfall von Lohndumping in der Branche abgrenzt, wurden 10% festgelegt.

12 Nicht erforderlich ist, dass die missbräuchliche Lohnunterbietung auf die Einwanderung von Arbeitskräften aus der EU/EFTA zurückzuführen ist. Mit anderen Worten ist der Erlass eines NAV bei Missbräuchen nicht an eine bestimmte Ursache des Lohndumpings gebunden und betrifft demnach auch das rein binnenschweizerische Verhältnis (AB 1999 S 670). Unzulässig ist ein präventiver Erlass: Es genügt nicht, dass Missbräuche erst drohen; sie müssen sich tatsächlich verwirklicht haben. Die strenge Voraussetzung des wiederholten Missbrauchs ist vor dem Hintergrund zu sehen, dass der Erlass eines Normalarbeitsvertrags mit zwingenden Mindestlöhnen einen erheblichen Eingriff in die Vertragsfreiheit bildet. Weiterführend zum Ganzen PORTMANN/VON KAENEL/HALBEISEN, AJP 2013, 1481 f., 1483 f.

3. Subsidiarität zur Allgemeinverbindlicherklärung

13 Voraussetzung eines Normalarbeitsvertrags bei Missbräuchen ist ferner, dass kein Gesamtarbeitsvertrag mit Bestimmungen über Mindestlöhne vorliegt, der allgemeinverbindlich erklärt werden kann (Art. 360a Abs. 1). Mit anderen Worten ist der Erlass eines Normalarbeitsvertrags möglich, wenn in der betroffenen Branche oder für den betroffenen Beruf überhaupt kein Gesamtarbeitsvertrag existiert, wenn nur ein Gesamtarbeitsvertrag ohne Mindestlöhne vorliegt oder wenn die gesetzlichen Voraussetzungen für eine Allgemeinverbindlicherklärung nicht erfüllt sind. Zu diesen Voraussetzungen ist auch der gesetzeskonforme *Antrag* auf Allgemeinverbindlicherklärung gem. Art. 1 bzw. 1a AVEG zu zählen, obschon er nicht in den Art. 2 und 3 über die Voraussetzungen der Allgemeinverbindlicherklärung enthalten ist; andernfalls hätte es eine Partei des Gesamtarbeitsvertrags in der Hand, durch Verweigerung ihrer Zustimmung zur Allgemeinverbindlicherklärung zugleich auch den Erlass eines Normalarbeitsvertrags zu verunmöglichen (ebenso ZK-VISCHER/ALBRECHT, N 7). Umgekehrt ist der Erlass eines Normalarbeitsvertrags unzulässig, wenn ein Gesamtarbeitsvertrag mit Bestimmungen über Mindestlöhne vorliegt und dieser allgemeinverbindlich erklärt werden *könnte*, aber trotzdem von der zuständigen Behörde nicht allgemeinverbindlich erklärt *wird* (VISCHER/ALBRECHT, N 7).

14 Die Voraussetzung der Subsidiarität (die im bundesrätlichen Entwurf zu den flankierenden Massnahmen I noch fehlte) erklärt sich aus dem Umstand, dass der Erlass eines Normalarbeitsvertrags mit zwingenden Mindestlöhnen den schärferen Staatseingriff in die Vertragsfreiheit bildet als die Allgemeinverbindlicherklärung von gesamtarbeitsvertraglichen Mindestlöhnen; diese werden doch immerhin von den Sozialpartnern ausgehandelt, während jene unmittelbar vom Staat festgelegt werden.

4. Berücksichtigung anderer Interessen

Der Erlass eines Normalarbeitsvertrags bei Missbräuchen setzt schliesslich die Berücksichtigung anderer Interessen voraus: Die Mindestlöhne dürfen weder dem Gesamtinteresse zuwiderlaufen noch die berechtigten Interessen anderer Branchen oder Bevölkerungskreise beeinträchtigen. Sie müssen den auf regionalen oder betrieblichen Verschiedenheiten beruhenden Minderheitsinteressen der betroffenen Branchen oder Berufe angemessen Rechnung tragen. Diese in Art. 360a Abs. 2 niedergelegten Grundsätze entsprechen jenen von Art. 2 Ziff. 2 AVEG, deren Beachtung eine Voraussetzung der Allgemeinverbindlicherklärung von Gesamtarbeitsverträgen bildet. **15**

II. Inhalt des Normalarbeitsvertrags bei Missbräuchen

Inhalt des *Normalarbeitsvertrags bei Missbräuchen* können nur befristete Bestimmungen über Mindestlöhne für betroffene Branchen oder Berufe bilden, die nach Regionen und gegebenenfalls Orten zu differenzieren sind (Art. 360a Abs. 1, Art. 360b Abs. 3). Mit der Befristung soll sichergestellt werden, dass eine periodische Überprüfung der Voraussetzungen stattfindet und Anpassungen an die allgemeine Lohnentwicklung vorgenommen werden können (AB 1999 S 729 ff.). Sie ist insofern systemkonform, als auch die Dauer der Allgemeinverbindlichkeit nach Art. 12 Abs. 2 AVEG festzulegen ist und diese ausserdem an die zeitliche Geltung des Gesamtarbeitsvertrags gebunden ist (Veuve, 297). Das Gesetz enthält keine Richtlinien zur Bestimmung der Höhe der Mindestlöhne. **16**

Es ist von wesentlicher Bedeutung, dass bei der Fixierung der Mindestlöhne das richtige Mass gefunden wird. Zu tiefe Mindestlöhne können sich kontraproduktiv auswirken, wie die Erfahrungen mit dem Heimarbeitsgesetz von 1940 gezeigt haben. Der Bundesrat wurde durch dieses Gesetz ermächtigt, Mindestlöhne auf dem Verordnungsweg festzusetzen, um aussergewöhnlich niedrige Entlöhnungen zu korrigieren. Dadurch blieben auch die vom Bundesrat festgelegten Löhne sehr tief, was die Arbeitgeber veranlasste, sich auf diese zu berufen, um allgemein nur gerade diese tiefen Mindestlöhne oder jedenfalls nicht wesentlich mehr zu bezahlen (Tschudi, Geschichte des schweizerischen Arbeitsrechts, Basel 1987, 41, 59 f.). Ein verordneter Mindestlohn birgt demnach die Gefahr in sich, höhere Löhne auf sein Niveau herunterzuziehen, was sich für die betroffenen Arbeitnehmer umso nachteiliger auswirkt, je tiefer der Mindestlohn ist (so auch Heine, AJP 2006, 475). Zu hohe Mindestlöhne schwächen demgegenüber die Konkurrenzfähigkeit der schweizerischen Wirtschaft und können ausserdem eine unverhältnismässige Einschränkung der Vertrags- bzw. der Wirtschaftsfreiheit darstellen. Vgl. zum Ganzen auch Portmann/von Kaenel/Halbeisen, AJP 2013, 1480 f. **17**

III. Praxis

Die Zahl der erlassenen Normalarbeitsverträge bei Missbräuchen ist bisher eher bescheiden geblieben. Auf Bundesebene trat am 1.1.2011 der *NAV Hauswirtschaft* in Kraft (Verordnung vom 20.10.2010 über den Normalarbeitsvertrag für Arbeitnehmerinnen und Arbeitnehmer in der Hauswirtschaft, SR 221.215.329.4; im November 2013 bis 31.12.2016 verlängert). Für eine aktuelle Übersicht inkl. kantonale NAV vgl. ‹http://www.seco.admin.ch/themen/00385/00420/04526/index.html?lang=de› (Stand: Frühling 2015). Im mehrfach zitierten BGE 140 III 59 hat sich das BGer mit verschiedenen Fragen im Zusammenhang mit dem Erlass eines Normalarbeitsvertrags nach Art. 360a ff. auseinandergesetzt, u.a. in Bezug auf die innerkantonale Kompetenz zum Erlass, die Legitimation zur Anfechtung des kantonalen Erlassentscheids und die Methode der Ermittlung einer missbräuchlichen Lohnunterbietung. **18**

Art. 360*b*

2. Tripartite Kommissionen

[1] Der Bund und jeder Kanton setzen eine tripartite Kommission ein, die sich aus einer gleichen Zahl von Arbeitgeber- und Arbeitnehmervertretern sowie Vertretern des Staates zusammensetzt.

[2] Bezüglich der Wahl ihrer Vertreter nach Absatz 1 steht den Arbeitgeber- und Arbeitnehmerverbänden ein Vorschlagsrecht zu.

[3] Die Kommissionen beobachten den Arbeitsmarkt. Stellen sie Missbräuche im Sinne von Artikel 360a Absatz 1 fest, so suchen sie in der Regel eine direkte Verständigung mit den betroffenen Arbeitgebern. Gelingt dies innert zwei Monaten nicht, so beantragen sie der zuständigen Behörde den Erlass eines Normalarbeitsvertrages, der für die betroffenen Branchen oder Berufe Mindestlöhne vorsieht.

[4] Ändert sich die Arbeitsmarktsituation in den betroffenen Branchen, so beantragt die tripartite Kommission der zuständigen Behörde die Änderung oder die Aufhebung des Normalarbeitsvertrags.

[5] Um die ihnen übertragenen Aufgaben wahrzunehmen, haben die tripartiten Kommissionen in den Betrieben das Recht auf Auskunft und Einsichtnahme in alle Dokumente, die für die Durchführung der Untersuchung notwendig sind. Im Streitfall entscheidet eine hierfür vom Bund beziehungsweise vom Kanton bezeichnete Behörde.

[6] Die tripartiten Kommissionen können beim Bundesamt für Statistik auf Gesuch die für ihre Abklärungen notwendigen Personendaten beziehen, die in Firmen-Gesamtarbeitsverträgen enthalten sind.

2. Commissions tripartites

[1] La Confédération et chaque canton instituent une commission tripartite composée en nombre égal de représentants des employeurs et des travailleurs ainsi que de représentants de l'Etat.

[2] Les associations d'employeurs et de travailleurs peuvent proposer des représentants dans les commissions prévues à l'al. 1.

[3] Les commissions observent le marché du travail. Si elles constatent des abus au sens de l'art. 360a, al. 1, elles tentent en règle générale de trouver un accord avec les employeurs concernés. Si elles n'y parviennent pas dans un délai de deux mois, elles proposent à l'autorité compétente d'édicter pour les branches ou professions concernées un contrat-type de travail fixant des salaires minimaux.

[4] Si l'évolution de la situation dans les branches concernées le justifie, la commission tripartite propose à l'autorité compétente la modification ou l'abrogation du contrat-type de travail.

[5] Afin qu'elles soient en mesure de remplir leurs tâches, les commissions tripartites ont, dans les entreprises, le droit d'obtenir des renseignements et de consulter tout document nécessaire à l'exécution de l'enquête. En cas de litige, une autorité désignée à cet effet par la Confédération ou par le canton tranche.

[6] Lorsque cela est nécessaire à l'exécution de leurs enquêtes, les commissions tripartites qui en font la demande peuvent obtenir de l'Office fédéral de la statistique les données individuelles contenues dans des conventions collectives de travail d'entreprises.

2. Commissioni tripartite

[1] La Confederazione e ogni Cantone istituiscono una Commissione tripartita, che si compone di un numero uguale di rappresentanti dei datori di lavoro e dei lavoratori, nonché di rappresentanti dello Stato

[2] Le associazioni dei datori di lavoro e dei lavoratori hanno il diritto di presentare proposte in merito alla designazione dei loro rappresentanti ai sensi del capoverso 1.

[3] Le Commissioni osservano la situazione sul mercato del lavoro. Se riscontrano abusi ai sensi dell'articolo 360a capoverso 1, ricercano di norma un'intesa diretta con i datori di lavoro interessati. Qualora tale intesa non venga raggiunta entro il *termine* di due mesi, esse propongono all'autorità competente di stabilire un contratto normale di lavoro che preveda salari minimi per i rami o le professioni interessati.

4 Se la situazione sul mercato del lavoro nei rami considerati muta, la Commissione tripartita chiede all'autorità competente di modificare o abrogare il contratto normale di lavoro.

5 Per adempiere i compiti loro affidati, le Commissioni tripartite hanno il diritto di ottenere informazioni dalle aziende e di consultare tutti i documenti necessari all'esecuzione dell'inchiesta. In caso di contestazione decide in merito l'autorità competente designata dalla Confederazione o dal Cantone.

6 Se necessario per l'esecuzione delle loro inchieste, le Commissioni tripartite che ne fanno domanda ricevono dall'Ufficio federale di statistica i dati personali contenuti in contratti collettivi di impresa.

Literatur

DIETRICH, Der Schutz vor missbräuchlichen Lohn- und Arbeitsbedingungen durch die flankierenden Massnahmen zum Freizügigkeitsabkommen Schweiz-EG, Zürich/Basel/Genf 2003; GABATHULER, Ein «Bollwerk» gegen das Lohndumping, plädoyer 3/2004, 40 ff.; HEINE, Die flankierenden Massnahmen im Spannungsverhältnis zwischen Vollzug des Entsendegesetzes und der Vertragsfreiheit im Arbeitsrecht, AJP 2006, 471 ff.; KAUFMANN, Missbräuchliche Lohnunterbietung im Rahmen der flankierenden Massnahmen, Diss., Bern 2010; LEPORI TAVOLI, Mindestlöhne im schweizerischen Recht, Diss., Bern 2009; TIEFENTHAL, Flankierende Massnahmen zum Personenfreizügigkeitsabkommen Schweiz–EU, Jusletter 28.4.2008; DERS., Flankierende Massnahmen zum Schutz des schweizerischen Arbeitsmarktes, Diss., Zürich/Basel/Genf 2008; VEUVE, Mesures d'accompagnement dans le domaine des personnes, in: Accords bilatéraux Suisse-UE (commentaires), Basel 2001, 291 ff.; VISCHER, Gesamtarbeitsvertrag und Normalarbeitsvertrag, in: Die Rechtsentwicklung an der Schwelle zum 21. Jahrhundert, Zürich 2001, 397 ff. Die Kommentierung der Art. 360a–f entspricht den einschlägigen Ausführungen in PORTMANN, Die flankierenden Massnahmen I und II zum Abkommen über die Freizügigkeit, in: Bilaterale Verträge I & II Schweiz – EU, Zürich/Basel/Genf 2007, 327 ff.; ebenfalls publiziert in: ARV 2007, 1 ff.; TREX 2007, 290 ff. bzw. 296 ff.; vgl. ausserdem die Literaturhinweise zu Art. 360a.

I. Einsetzung der tripartiten Kommissionen

Bei der Umsetzung der flankierenden Massnahmen zum FZA spielen sog. tripartite Kommissionen eine wichtige Rolle. Der *gesetzliche Kern* ihrer Regelung findet sich in Art. 360b mit dem Randtitel «Tripartite Kommissionen». Da jedoch der Normalarbeitsvertrag bei Missbräuchen nur eine der flankierenden Massnahmen darstellt, finden sich Bestimmungen zu den tripartiten Kommissionen auch ausserhalb des Normalarbeitsvertragsrechts. Eine ausführliche Regelung haben die tripartiten Kommissionen insb. in der *Entsendeverordnung* (SR 823.201) gefunden. Diese enthält einen Aufgabenkatalog (Art. 11 EntsV) sowie Bestimmungen zur Wahl (Art. 10 EntsV), zum Beizug von Experten und zur Bildung von Gruppen oder Ausschüssen (Art. 12 EntsV), zur Zusammenarbeit, Koordination und Ausbildung (Art. 13 EntsV), zur Finanzierung durch Bund und Kantone (Art. 14–15 EntsV) sowie zur Organisation der tripartiten Kommission des Bundes (Art. 16 EntsV). Die Vorschriften der Entsendeverordnung über die tripartiten Kommissionen sind auch zu beachten, wenn nicht entsandte Arbeitnehmer betroffen sind, wenn also die Kommissionen Aufgaben ausserhalb des Entsendegesetzes wahrnehmen; denn das Entsendegesetz und die anderen flankierenden Massnahmen sind Teil eines einheitlichen Erlasses («Bundesgesetz über die flankierenden Massnahmen bei entsandten Arbeitnehmerinnen und Arbeitnehmern und über die Kontrollen der in Normalarbeitsverträgen vorgesehenen Mindestlöhne» vom 8.10.1999, SR 823.20). Demnach gelten umgekehrt die obligationenrechtlichen Bestimmungen über die tripartiten Kommissionen auch im Entsendebereich. Die tripartiten Kommissionen haben keine Rechtspersönlichkeit. 1

Tripartite Kommissionen sind sowohl im Bund wie auch in jedem Kanton einzusetzen. Die tripartiten Kommissionen müssen aus einer *gleichen Zahl von Arbeitgeber- und Arbeitnehmervertretern sowie Vertretern des Staates* bestehen (Art. 360b Abs. 1). Dem Gesetzeswortlaut lässt sich nicht eindeutig entnehmen, ob die Gruppe der Staatsvertreter ebenfalls gleich 2 gross sein muss wie jede der übrigen zwei Gruppen. Nach dem Sinn des Gesetzes wäre eine kleinere Gruppe der Staatsvertreter unbedenklich, eine grössere Gruppe hingegen problematisch, namentlich wenn die staatliche Gruppe grösser wäre als die beiden anderen Gruppen zusammen. In diesem Fall würde die Idee der tripartiten Kommission untergraben, da deren Tätigkeit als überwiegend nichtstaatliches Organ den staatsinterventionistischen Charakter von Allgemeinverbindlicherklärungen und zwingenden Normalarbeitsverträgen mildern soll. Um eine entsprechende Fehlentwicklung zu verhindern, muss u.E. Art. 360b Abs. 1 so ausgelegt werden, dass sich das Erfordernis der gleichen Zahl auch auf die Vertreter des Staates bezieht (so auch STREIFF/VON KAENEL/RUDOLPH, N 5; **a.A.** VEUVE, 303). Dem hier aufgestellten Postulat entspricht die Zusammensetzung der tripartiten Kommission des Bundes gem. Art. 16 Abs. 2 EntsV, indem sechs Mitglieder die Arbeitnehmerverbände vertreten, sechs die Arbeitgeberverbände, drei den Bund und drei die Kantone.

3 Bezüglich der Wahl ihrer Vertreter steht den Arbeitgeber- und Arbeitnehmerverbänden ein Vorschlagsrecht zu (Art. 360b Abs. 2). Die Wahl selbst erfolgt jedoch durch den Staat: Bund und Kantone bestimmen die Vertreter oder Vertreterinnen der Sozialpartner in den tripartiten Kommissionen aus dem Kreis der Personen, die von den repräsentativen Arbeitgeber- und Arbeitnehmerorganisationen vorgeschlagen werden, soweit diese von ihrem Vorschlagsrecht Gebrauch gemacht haben (Art. 10 EntsV). Wahlbehörde im Bund ist der Bundesrat (zur Organisation der tripartiten Kommission des Bundes s. Art. 16 EntsV).

4 Die tripartite Kommission kann Experten beiziehen und zur Abklärung von besonderen Fragen Gruppen oder Ausschüsse bilden. Die tripartiten Kommissionen des Bundes und der Kantone sowie die paritätischen Kommissionen, die durch einen allgemeinverbindlich erklärten Gesamtarbeitsvertrag eingesetzt worden sind, arbeiten zusammen, indem sie insb. die Informationen und Dokumente austauschen, die sie für ihre jeweilige Tätigkeit benötigen. Bei Bedarf kann die tripartite Kommission des Bundes eine temporäre oder permanente Koordinationsgruppe Bund-Kantone schaffen (Art. 12–13 EntsV).

II. Aufgaben der tripartiten Kommissionen

1. Im Bereich der Normalarbeitsverträge

5 Die tripartiten Kommissionen beobachten den Arbeitsmarkt. Stellen sie Missbräuche i.S.v. Art. 360a Abs. 1 fest, so müssen sie i.d.R. zunächst eine direkte **Verständigung** mit den betroffenen Arbeitgebern suchen. Das Gesetz räumt zur Erreichung dieses Ziels eine Frist von zwei Monaten ein (Art. 360b Abs. 3). Es handelt sich um eine Höchstfrist, die nicht ausgeschöpft werden muss, wenn eine Verständigung nicht möglich erscheint. Steht dies von Anfang an fest, so kann ein Verständigungsversuch ganz unterbleiben (BGE 140 III 59 E. 11.2; AB 1999 N 1622; SECO, Massnahmen bei missbräuchlicher Lohnunterbietung, 2004, 3).

6 Kommt keine Verständigung zustande, so stellt die tripartite Kommission der zuständigen Behörde **Antrag** auf Erlass eines Normalarbeitsvertrags, der für die betroffenen Branchen oder Berufe Mindestlöhne vorsieht. Auf Grund des Gesetzeswortlauts ist anzunehmen, dass die Kommission nach Ablauf der Frist zur Stellung des Antrags nicht bloss berechtigt, sondern verpflichtet ist (Art. 360b Abs. 3 im Gegensatz zur Kann-Formulierung in Art. 1a AVEG; wie hier STREIFF/VON KAENEL/RUDOLPH, Art. 360a N 7; **a.A.** Botschaft, BBl 1999, 6395; DIETRICH, 54). Der Antrag muss sich auch über die Höhe der festzusetzenden Mindestlöhne aussprechen (Botschaft, BBl 1999, 6395; HEINE, AJP 2006, 475).

7 Ändert sich die Arbeitsmarktsituation in den betroffenen Branchen, so hat die tripartite Kommission die **Änderung oder Aufhebung** des Normalarbeitsvertrags zu beantragen (Art. 360b Abs. 4, Art. 11 Abs. 1 lit. e EntsV). In Analogie zu Art. 360a Abs. 1 ist davon auszugehen, dass ein solcher Antrag eine notwendige Voraussetzung für eine entsprechende Änderung oder Aufhebung des Normalarbeitsvertrags durch die zuständige Behörde darstellt. Fraglich ist indessen, ob ein Antrag der tripartiten Kommission auf Aufhebung des Normalarbeitsvertrags auch dann erforderlich ist, wenn die Voraussetzungen der Subsidiarität zur Allgemeinverbindlicherklärung (Art. 360a Abs. 1) oder der Berücksichtigung anderer Interessen (Art. 360a Abs. 2) nicht oder nicht mehr erfüllt sind. Dies ist u.E. in Analogie zu Art. 18 Abs. 2 AVEG zu verneinen (ebenso ZK-VISCHER/ALBRECHT, N 4). Nach dieser Vorschrift hat die zuständige Behörde die Allgemeinverbindlichkeit von Amtes wegen ausser Kraft zu setzen, wenn deren Voraussetzungen nicht oder nicht mehr erfüllt sind.

2. *Im Bereich der Allgemeinverbindlicherklärung von Gesamtarbeitsverträgen*

Gemäss Art. 1 AVEG kann der Geltungsbereich eines zwischen Verbänden abgeschlossenen Gesamtarbeitsvertrags auf Antrag aller Vertragsparteien durch Anordnung der zuständigen Behörde (Allgemeinverbindlicherklärung) auf Arbeitgeber und Arbeitnehmer des betreffenden Wirtschaftszweiges oder Berufes ausgedehnt werden, die am Vertrag nicht beteiligt sind. Zu dieser gewöhnlichen Art der Allgemeinverbindlicherklärung ist im Zuge der flankierenden Massnahmen zum FZA eine besondere Art der Allgemeinverbindlicherklärung hinzugetreten: Stellt die tripartite Kommission fest, dass in einer Branche oder einem Beruf die orts-, berufs- oder branchenüblichen Löhne und Arbeitszeiten wiederholt in missbräuchlicher Weise unterboten werden, so kann sie mit Zustimmung der Vertragsparteien die Allgemeinverbindlicherklärung der Bestimmungen über die minimale Entlöhnung und die ihr entsprechende Arbeitszeit, die Vollzugskostenbeiträge, die paritätischen Kontrollen sowie die Sanktionen gegenüber fehlbaren Arbeitgebern und Arbeitnehmern des für die betreffende Branche geltenden Gesamtarbeitsvertrags beantragen (Art. 1a AVEG). **8**

Die Allgemeinverbindlicherklärung bei Missbräuchen setzt voraus, dass in der betroffenen Branche oder dem betroffenen Beruf überhaupt ein Gesamtarbeitsvertrag besteht, dass dieser Bestimmungen über Mindestlöhne enthält und dass er die Voraussetzungen für eine Allgemeinverbindlicherklärung erfüllt (so kommen z.B. nur Verbandsverträge, nicht aber Firmenverträge für eine Allgemeinverbindlicherklärung in Frage). Trifft dies zu, so hat die Allgemeinverbindlicherklärung Vorrang vor dem Erlass eines Normalarbeitsvertrags. Die Allgemeinverbindlicherklärung bei Missbräuchen ist gegenüber der gewöhnlichen Allgemeinverbindlicherklärung insofern erleichtert, als nur eines von sonst drei Quoren erfüllt sein muss: die beteiligten Arbeitgeber müssen mindestens 50% aller Arbeitnehmer beschäftigen (Art. 2 Abs. 3bis AVEG); in Abweichung von Art. 2 Abs. 3 AVEG ist hingegen nicht erforderlich, dass am Gesamtarbeitsvertrag auch mehr als die Hälfte aller Arbeitgeber und mehr als die Hälfte aller Arbeitnehmer, auf die der Geltungsbereich des Gesamtarbeitsvertrags ausgedehnt werden soll, beteiligt sind. **9**

3. *Im Bereich der Entsendung von Arbeitnehmern aus dem Ausland*

Das Entsendegesetz statuiert minimale Arbeits- und Lohnbedingungen für Arbeitnehmer, die ein Arbeitgeber mit Wohnsitz oder Sitz im Ausland in die Schweiz entsendet, damit sie hier für einen bestimmten Zeitraum auf seine Rechnung und unter seiner Leitung im Rahmen eines Vertragsverhältnisses zwischen ihm und dem Leistungsempfänger eine Arbeitsleistung erbringen oder in einer Niederlassung oder einem Betrieb arbeiten, der zur Unternehmensgruppe des Arbeitgebers gehört (Art. 1 Abs. 1 EntsG). Unter anderem müssen die Arbeitgeber den entsandten Arbeitnehmern die Mindestlöhne garantieren, die in Normalarbeitsverträgen i.S.v. Art. 360a festgesetzt worden sind (Art. 2 EntsG). Die Einhaltung dieser Anforderung wird von den tripartiten Kommissionen kontrolliert (Art. 7 Abs. 1 lit. b EntsG, Art. 11 Abs. 1 lit. f EntsV). Diese erfüllen somit – neben ihren Aufgaben zur Beobachtung des Arbeitsmarktes und zur Beantragung von Allgemeinverbindlicherklärungen und Normalarbeitsverträgen – auch eine wichtige *Kontrollaufgabe*. **10**

11 Zwecks Ermöglichung von Kontrollen übermittelt die kantonale Vollzugsbehörde der kantonalen tripartiten Kommission unverzüglich eine Kopie der Meldung, die der Arbeitgeber vor Beginn des Einsatzes eines entsandten Arbeitnehmers zu erstatten hat (Art. 6 Abs. 1 und 4 EntsG). Stellt die tripartite Kommission fest, dass die in einem Normalarbeitsvertrag i.S.v. Art. 360a festgesetzten Mindestlöhne nicht eingehalten werden, ist sie gegenüber der zuständigen kantonalen Behörde meldepflichtig, damit diese verwaltungsrechtliche Sanktionen nach Art. 9 EntsG verhängen und allenfalls die Bestrafung des fehlbaren Arbeitgebers nach Art. 12 EntsG veranlassen kann (s. BGE 140 II 447 für eine Sanktionierung wegen Nichteinhaltung von Vorschriften über die Arbeitssicherheit und den Gesundheitsschutz).

4. Im Bereich des Personalverleihs

12 Das Gesetz hat verschiedene Vorkehrungen getroffen, dass die flankierenden Massnahmen nicht auf dem Weg des Personalverleihs unterlaufen werden können. Diese haben einen Niederschlag insb. in Art. 360d Abs. 1 sowie in Art. 20 AVG gefunden. Ergänzend bestimmt Art. 17 Abs. 3 AVG, dass der Verleiher alle erforderlichen Unterlagen zur Kontrolle der Einhaltung der ortsüblichen Arbeitsbedingungen vorlegen muss. In Bereichen ohne allgemeinverbindlich erklärten Gesamtarbeitsvertrag gilt die Auskunftspflicht gegenüber der zuständigen kantonalen tripartiten Kommission.

III. Rechte der tripartiten Kommissionen auf Auskunft, Einsicht und Zutritt

13 Um die ihnen übertragenen Aufgaben wahrnehmen zu können, haben die tripartiten Kommissionen in den Betrieben das *Recht auf Auskunft und Einsicht* in alle Dokumente, die für die Durchführung der Untersuchung notwendig sind. Im Streitfall entscheidet darüber eine vom Bund bzw. vom Kanton bezeichnete Behörde (Art. 360b Abs. 5). Die zuständige Bundesbehörde zur Behandlung solcher Streitfälle ist das Departement für Wirtschaft, Bildung und Forschung (WBF, Art. 17 Abs. 2 EntsV). Im Entsendebereich muss der Arbeitgeber ausserdem den Kontrollorganen auf Verlangen alle Dokumente zustellen, welche die Einhaltung der Arbeits- und Lohnbedingungen der Arbeitnehmer belegen. Ferner haben die Kontrollorgane *freien Zutritt* zu den Arbeitsplätzen und Verwaltungsräumen (Art. 7 Abs. 2 und 4 EntsG).

14 Art. 360b Abs. 6 enthält eine gesetzliche Grundlage für die *Weitergabe von Informationen durch das Bundesamt für Statistik* an die tripartiten Kommissionen. Betroffen sind ausschliesslich Daten, die in Firmen-Gesamtarbeitsverträgen enthalten sind. Die Weitergabe ist bloss auf Gesuch hin und nur insoweit zulässig, als sie für die Abklärungen der tripartiten Kommissionen *notwendig* ist (Aspekt der Verhältnismässigkeit). Ein unaufgefordertes und flächendeckendes Weiterleiten von Personendaten ist somit nicht erlaubt. Eine Anonymisierung der Daten ist hingegen nicht vorgeschrieben. Aufgrund von Art. 360b Abs. 5 sind die betroffenen Betriebe ohnehin verpflichtet, diese Daten den tripartiten Kommissionen zur Verfügung zu stellen. Da jedoch die gleichen Daten auch beim Bundesamt für Statistik verfügbar sind und die tripartiten Kommissionen sich nun direkt an das Bundesamt wenden können, lassen sich die entsprechenden administrativen Aufwendungen der betroffenen Betriebe vermeiden (Botschaft Personenfreizügigkeit, BBl 2004, 6587).

IV. Einsatz von Inspektoren

15 Die tripartiten Kommissionen können zur Erfüllung ihrer Aufgaben auf Inspektoren zurückgreifen, welche die Kantone in ausreichender Zahl zur Verfügung stellen müssen (Art. 7a Abs. 1 EntsG). Ihr Einsatz dient einerseits der Beobachtung des Arbeitsmarktes i.S.v. Art. 360b Abs. 3–5, andererseits der Kontrolle, ob die Anforderungen nach dem Entsendegesetz eingehalten werden, soweit es um Bestimmungen eines Normalarbeitsvertrages über Minimallöhne i.S.v. Art. 360a geht. Zur Erfüllung der Kontrollaufgaben hinsichtlich der Bestimmungen eines allgemeinverbindlich erklärten Gesamtarbeitsvertrags können die Kantone eine Zusammenarbeit mit den dafür zuständigen paritätischen Organen vorsehen (Art. 7a Abs. 1 Satz 2 EntsG).

Gemäss Art. 7a Abs. 2 EntsG wird die Zahl der Inspektoren insb. nach der Grösse und der Struktur des betreffenden Arbeitsmarkts bestimmt. Präzisierungen zum Umfang der Inspektionstätigkeit finden sich in Art. 16a EntsV. Um die ausreichende Zahl an Inspektoren bestimmen zu können, wurden in der Botschaft Richtwerte aufgenommen. Danach ist von einem Inspektor pro 25 000 Arbeitsplätze auszugehen, wobei ein Ermessenspielraum von plus oder minus 15 000 gelten soll. Grundsätzlich soll jeder Kanton mindestens einen Inspektor haben, es sei denn, dass mehrere Kantone zusammenarbeiten können. Auf der Grundlage dieser Richtwerte errechnet sich eine Höchstzahl von 150 Inspektoren für die ganze Schweiz (Botschaft Personenfreizügigkeit, BBl 2004, 6576). Die Inspektionsaufgaben werden ausführlich in Art. 16c EntsV geregelt. 16

Art. 360*c*

3. Amtsgeheimnis

[1] Die Mitglieder der tripartiten Kommissionen unterstehen dem Amtsgeheimnis; sie sind insbesondere über betriebliche und private Angelegenheiten, die ihnen in dieser Eigenschaft zur Kenntnis gelangen, zur Verschwiegenheit gegenüber Drittpersonen verpflichtet.

[2] Die Pflicht zur Verschwiegenheit bleibt auch nach dem Ausscheiden aus der tripartiten Kommission bestehen.

3. Secret de fonction

[1] Les membres des commissions tripartites sont soumis au secret de fonction; ils ont en particulier l'obligation de garder le secret envers les tiers sur toutes les indications de nature commerciale ou privée dont ils ont eu connaissance en leur qualité de membre.

[2] Cette obligation subsiste après la fin de leur activité au sein de la commission tripartite.

3. Segreto d'ufficio

[1] I membri delle Commissioni tripartite sottostanno al segreto d'ufficio; hanno in particolare l'obbligo nei confronti di terzi di serbare il segreto su tutte le informazioni di natura aziendale o privata di cui hanno avuto conoscenza in qualità di membri.

[2] Tale obbligo sussiste anche dopo aver dimissionato dalla Commissione tripartita.

Literatur

DIETRICH, Der Schutz vor missbräuchlichen Lohn- und Arbeitsbedingungen durch die flankierenden Massnahmen zum Freizügigkeitsabkommen Schweiz-EG, Zürich/Basel/Genf 2003; GABATHULER, Ein «Bollwerk» gegen das Lohndumping, plädoyer 3/2004, 40 ff.; HEINE, Die flankierenden Massnahmen im Spannungsverhältnis zwischen Vollzug des Entsendegesetzes und der Vertragsfreiheit im Arbeitsrecht, AJP 2006, 471 ff.; KAUFMANN, Missbräuchliche Lohnunterbietung im Rahmen der flankierenden Massnahmen, Diss., Bern 2010; LEPORI TAVOLI, Mindestlöhne im schweizerischen Recht, Diss., Bern 2009; TIEFENTHAL, Flankierende Massnahmen zum Personenfreizügigkeitsabkommen Schweiz–EU, Jusletter 28.4.2008; DERS., Flankierende Massnahmen zum Schutz des schweizerischen Arbeitsmarktes, Diss., Zürich/Basel/Genf 2008; VEUVE, Mesures d'accompagnement dans le domaine des personnes, in: Accords bilatéraux Suisse-UE (commentaires), Basel 2001, 291 ff.; VISCHER, Gesamtarbeitsvertrag und Normalarbeitsvertrag, in: Die Rechtsentwicklung an der Schwelle zum 21. Jahrhundert, Zürich 2001, 397 ff. Die Kommentierung der Art. 360a–f entspricht den einschlägigen Ausführungen in PORTMANN, Die flankierenden Massnahmen I und II zum Abkommen über die Freizügigkeit, in: Bilaterale Verträge I & II Schweiz – EU, Zürich/Basel/Genf 2007, 327 ff.; ebenfalls publiziert in: ARV 2007, 1 ff.; TREX 2007, 290 ff. bzw. 296 ff.; vgl. ausserdem die Literaturhinweise zu Art. 360a.

Als Gegengewicht zu den Auskunfts-, Einsichts- und Zutrittsrechten unterstellt das Gesetz die Kommissionsmitglieder dem *Amtsgeheimnis*, und zwar auch für die Zeit nach ihrem Ausscheiden aus der tripartiten Kommission. Die Geheimhaltungspflicht erstreckt sich insb. auf alle betrieblichen und privaten Angelegenheiten, die den Kommissionsmitgliedern in dieser 1

Eigenschaft zur Kenntnis gelangen. Die Kommissionsmitglieder sind insoweit vom Amtsgeheimnis entbunden, als ihnen das Gesetz eine Zusammenarbeit mit anderen Organen oder Behörden vorschreibt (vgl. insb. Art. 8 EntsG und Art. 11 Abs. 1 lit. g EntsV).

2 Im Parlament abgelehnt wurde die Aufnahme einer besonderen Haftungsbestimmung für den Fall, dass einem Betrieb als Folge der Verletzung der Verschwiegenheitspflicht durch ein Kommissionsmitglied Schaden erwächst. Die Haftung richtet sich daher im Bund nach dem Verantwortlichkeitsgesetz (Bundesgesetz vom 14.3.1958 über die Verantwortlichkeit des Bundes sowie seiner Behördemitglieder und Beamten, VG, SR 170.32). Nach dessen Art. 1 und 3 haftet der Bund für alle Personen, denen die Ausübung eines öffentlichen Amtes des Bundes übertragen ist oder denen unmittelbar öffentlich-rechtliche Aufgaben des Bundes obliegen, was für die Mitglieder der tripartiten Kommission des Bundes zutrifft. In Bezug auf die kantonalen Kommissionen sind die Staatshaftungsbestimmungen der Kantone massgebend (AB 1999 N 1623 f.). Das Amtsgeheimnis i.S.v. Art. 360c geniesst auch strafrechtlichen Schutz nach Art. 320 StGB.

Art. 360*d*

4. Wirkungen

[1] Der Normalarbeitsvertrag nach Artikel 360a gilt auch für Arbeitnehmer, die nur vorübergehend in seinem örtlichen Geltungsbereich tätig sind, sowie für verliehene Arbeitnehmer.

[2] Durch Abrede darf vom Normalarbeitsvertrag nach Artikel 360a nicht zu Ungunsten des Arbeitnehmers abgewichen werden.

4. Effets

[1] Le contrat-type de travail au sens de l'art. 360a s'applique également aux travailleurs qui ne sont actifs que pour une période limitée dans son champ d'application territorial, ainsi qu'aux travailleurs dont les services ont été loués.

[2] Il ne peut pas être dérogé à un contrat-type de travail au sens de l'art. 360a en défaveur du travailleur.

4. Effetti

[1] Il contratto normale di lavoro di cui all'articolo 360a si applica anche ai lavoratori impiegati solo temporaneamente nel suo campo d'applicazione locale, nonché ai lavoratori interinali.

[2] Non può essere derogato a svantaggio del lavoratore, mediante accordo, al contratto normale di lavoro di cui all'articolo 360a.

Literatur

DIETRICH, Der Schutz vor missbräuchlichen Lohn- und Arbeitsbedingungen durch die flankierenden Massnahmen zum Freizügigkeitsabkommen Schweiz-EG, Zürich/Basel/Genf 2003; GABATHULER, Ein «Bollwerk» gegen das Lohndumping, plädoyer 3/2004, 40 ff.; HEINE, Die flankierenden Massnahmen im Spannungsverhältnis zwischen Vollzug des Entsendegesetzes und der Vertragsfreiheit im Arbeitsrecht, AJP 2006, 471 ff.; KAUFMANN, Missbräuchliche Lohnunterbietung im Rahmen der flankierenden Massnahmen, Diss., Bern 2010; LEPORI TAVOLI, Mindestlöhne im schweizerischen Recht, Diss., Bern 2009; TIEFENTHAL, Flankierende Massnahmen zum Personenfreizügigkeitsabkommen Schweiz–EU, Jusletter 28.4.2008; DERS., Flankierende Massnahmen zum Schutz des schweizerischen Arbeitsmarktes, Diss., Zürich/Basel/Genf 2008; VEUVE, Mesures d'accompagnement dans le domaine des personnes, in: Accords bilatéraux Suisse-UE (commentaires), Basel 2001, 291 ff.; VISCHER, Gesamtarbeitsvertrag und Normalarbeitsvertrag, in: Die Rechtsentwicklung an der Schwelle zum 21. Jahrhundert, Zürich 2001, 397 ff. Die Kommentierung der Art. 360a–f entspricht den einschlägigen Ausführungen in PORTMANN, Die flankierenden Massnahmen I und II zum Abkommen über die Freizügigkeit, in: Bilaterale Verträge I & II Schweiz – EU, Zürich/Basel/Genf 2007, 327 ff.; ebenfalls publiziert in: ARV 2007, 1 ff.; TREX 2007, 290 ff. bzw. 296 ff.; vgl. ausserdem die Literaturhinweise zu Art. 360a.

I. Unmittelbare Geltung

1 Im Gegensatz zu Art. 360 äussert sich Art. 360d nicht zur Art der Geltung des Normalarbeitsvertrags bei Missbräuchen. Für diese Frage ist somit auf Art. 360 Abs. 1 abzustellen, da kein

Anlass für eine entsprechende Differenzierung besteht. Mit anderen Worten ist auch für den Normalarbeitsvertrag bei Missbräuchen davon auszugehen, dass er für die ihm unterstellten Arbeitsverhältnisse unmittelbar gilt. Mit anderen Worten hängt die Geltung seiner Bestimmungen nicht von einem Konsens der Einzelvertragsparteien ab. Mit Blick auf seine einseitig zwingende Wirkung (N 2) fällt – anders als beim gewöhnlichen Normalarbeitsvertrag – die Möglichkeit ausser Betracht, dass die Parteien durch Vereinbarung vom Grundsatz der unmittelbaren Geltung abweichen.

II. Einseitig zwingende Wirkung

Während der gewöhnliche Normalarbeitsvertrag nur dispositives Recht enthalten kann 2
(Art. 360), sieht Art. 360d Abs. 2 vor, dass vom Normalarbeitsvertrag i.S.v. Art. 360a nicht durch Abrede zu Ungunsten des Arbeitnehmers abgewichen werden darf. Mit anderen Worten setzt der Normalarbeitsvertrag bei Missbräuchen stets einseitig zwingendes Recht. In diesem Umstand liegt der charakteristischste Unterschied zum gewöhnlichen Normalarbeitsvertrag. Nur so lässt sich das angestrebte Ziel erreichen, durch eine staatliche Intervention verbindliche Mindestlöhne festzusetzen.

III. Reichweite

Gemäss Art. 360d Abs. 1 gilt der Normalarbeitsvertrag bei Missbräuchen auch für Arbeitneh- 3
mer, die nur *vorübergehend* in seinem **örtlichen Geltungsbereich** tätig sind. Normalarbeitsverträge mit Mindestlöhnen gelten für inländische und ausländische Arbeitnehmer (ZK-Staehelin, Art. 322 OR N 23), für entsandte Arbeitnehmer selbst dann, wenn deren Arbeitsvertrag ausländischem Recht untersteht (Vischer, Gesamtarbeitsvertrag und Normalarbeitsvertrag, 405). Der Normalarbeitsvertrag wird dadurch zur «loi d'application immédiate» i.S.v. Art. 18 IPRG (ZK-Vischer/Albrecht, N 3). Aus Art. 360d Abs. 1 ergibt sich allgemein, dass Anknüpfungspunkt für den örtlichen Geltungsbereich des Normalarbeitsvertrags bei Missbräuchen der *jeweilige Arbeitsort* ist, also nicht der gewöhnliche Arbeitsort und auch nicht die Lage der Betriebsstätte. Die Auffassung, dass bei einer Konkurrenz eines NAV am gewöhnlichen Arbeitsort mit einem NAV am vorübergehenden Einsatzort der für den Arbeitnehmer günstigere NAV anzuwenden sei (so Brunner/Bühler/Waeber/Bruchez, N 2), ist daher abzulehnen.

Ein nach Art. 360a erlassener Normalarbeitsvertrag mit Mindestlöhnen dient der Verhinde- 4
rung bzw. Bekämpfung von Missbräuchen durch Lohnunterbietung «innerhalb einer Branche oder einem Beruf». Damit die angestrebten Ziele nicht auf dem Weg des Personalverleihs vereitelt werden können, statuiert Art. 360d Abs. 1, dass der Normalarbeitsvertrag nach Art. 360a auch für **verliehene Arbeitnehmer** gilt. Es handelt sich um eine Parallelbestimmung zu Art. 20 AVG (Streiff/von Kaenel/Rudolph, N 2).

Art. 360*e*

5. Klagerecht der Verbände	**Den Arbeitgeber- und den Arbeitnehmerverbänden steht ein Anspruch auf gerichtliche Feststellung zu, ob ein Arbeitgeber den Normalarbeitsvertrag nach Artikel 360a einhält.**
5. Qualité pour agir des associations	Les associations représentant les employeurs ou les travailleurs peuvent ouvrir une action tendant à faire constater le respect ou le nonrespect du contrat-type de travail au sens de l'art. 360a.
5. Azione delle associazioni	Le associazioni dei datori di lavoro e dei lavoratori sono legittimate ad adire l'autorità giudiziaria per accertare se il datore di lavoro adempie il contratto normale di lavoro previsto nell'articolo 360a.

Literatur

DIETRICH, Der Schutz vor missbräuchlichen Lohn- und Arbeitsbedingungen durch die flankierenden Massnahmen zum Freizügigkeitsabkommen Schweiz-EG, Zürich/Basel/Genf 2003; GABATHULER, Ein «Bollwerk» gegen das Lohndumping, plädoyer 3/2004, 40 ff.; HEINE, Die flankierenden Massnahmen im Spannungsverhältnis zwischen Vollzug des Entsendegesetzes und der Vertragsfreiheit im Arbeitsrecht, AJP 2006, 471 ff.; KAUFMANN, Missbräuchliche Lohnunterbietung im Rahmen der flankierenden Massnahmen, Diss., Bern 2010; LEPORI TAVOLI, Mindestlöhne im schweizerischen Recht, Diss., Bern 2009; TIEFENTHAL, Flankierende Massnahmen zum Personenfreizügigkeitsabkommen Schweiz–EU, Jusletter 28.4.2008; DERS., Flankierende Massnahmen zum Schutz des schweizerischen Arbeitsmarktes, Diss., Zürich/Basel/Genf 2008; VEUVE, Mesures d'accompagnement dans le domaine des personnes, in: Accords bilatéraux Suisse-UE (commentaires), Basel 2001, 291 ff.; VISCHER, Gesamtarbeitsvertrag und Normalarbeitsvertrag, in: Die Rechtsentwicklung an der Schwelle zum 21. Jahrhundert, Zürich 2001, 397 ff. Die Kommentierung der Art. 360a–f entspricht den einschlägigen Ausführungen in Portmann, Die flankierenden Massnahmen I und II zum Abkommen über die Freizügigkeit, in: Bilaterale Verträge I & II Schweiz – EU, Zürich/Basel/Genf 2007, 327 ff.; ebenfalls publiziert in: ARV 2007, 1 ff.; TREX 2007, 290 ff. bzw. 296 ff.; vgl. ausserdem die Literaturhinweise zu Art. 360a.

1 Den Anspruch auf den zwingenden Mindestlohn, den der Normalarbeitsvertrag bei Missbräuchen dem Arbeitnehmer gewährt, kann dieser unmittelbar gegenüber dem Arbeitgeber geltend machen, insb. durch **Leistungsklage** beim zuständigen Gericht. Die Möglichkeit der individualrechtlichen Durchsetzung besteht auch in Bezug auf Ansprüche aus dem gewöhnlichen Normalarbeitsvertrag, sofern diese nicht wegbedungen worden sind.

2 Darüber hinaus räumt Art. 360e den Arbeitgeber- und Arbeitnehmerverbänden einen Anspruch auf **gerichtliche Feststellung** ein, ob ein Arbeitgeber den Normalarbeitsvertrag bei Missbräuchen einhält. Es handelt sich hier um ein selbständiges, d.h. vom einzelnen Arbeitnehmer unabhängiges Klagerecht, mit dem indessen die Leistung selbst nicht verlangt werden kann. Dieses Instrument bildet eine wichtige Ergänzung zur Leistungsklage, von der die Arbeitnehmer allenfalls keinen Gebrauch machen, sei es aus Angst vor einem Stellenverlust oder aus anderen Gründen. Eine entsprechende Bestimmung fehlt für den gewöhnlichen Normalarbeitsvertrag. Hingegen haben die Organisationen, die nach ihren Statuten die sozialen und wirtschaftlichen Interessen der Arbeitnehmer oder der Arbeitgeber wahren, ein selbständiges Klagerecht auf Feststellung einer Verletzung des Entsendegesetzes (Art. 11 EntsG).

Art. 360*f*

6. Meldung	**Erlässt ein Kanton in Anwendung von Artikel 360a einen Normalarbeitsvertrag, so stellt er dem zuständigen Bundesamt ein Exemplar zu.**
6. Communication	Les cantons qui édictent un contrat-type de travail en application de l'art. 360a en font tenir un exemplaire à l'office fédéral compétent.
6. Notifica	Se stabilisce un contratto normale di lavoro in applicazione dell'articolo 360a, il Cantone ne notifica un esemplare all'ufficio federale competente.

Literatur

DIETRICH, Der Schutz vor missbräuchlichen Lohn- und Arbeitsbedingungen durch die flankierenden Massnahmen zum Freizügigkeitsabkommen Schweiz-EG, Zürich/Basel/Genf 2003; GABATHULER, Ein «Bollwerk» gegen das Lohndumping, plädoyer 3/2004, 40 ff.; HEINE, Die flankierenden Massnahmen im Spannungsverhältnis zwischen Vollzug des Entsendegesetzes und der Vertragsfreiheit im Arbeitsrecht, AJP 2006, 471 ff.; KAUFMANN, Missbräuchliche Lohnunterbietung im Rahmen der flankierenden Massnahmen, Diss., Bern 2010; LEPORI TAVOLI, Mindestlöhne im schweizerischen Recht, Diss., Bern 2009; TIEFENTHAL, Flankierende Massnahmen zum Personenfreizügigkeitsabkommen Schweiz–EU, Jusletter 28.4.2008; DERS., Flankierende Massnahmen zum Schutz des schweizerischen Arbeitsmarktes, Diss., Zürich/Basel/Genf 2008; VEUVE, Mesures d'accompagnement dans le domaine des personnes, in: Accords bilatéraux Suisse-UE (commentaires), Basel 2001, 291 ff.; VISCHER, Gesamtarbeitsvertrag und Normalarbeitsvertrag, in: Die Rechtsentwicklung an der Schwelle zum 21. Jahrhundert, Zürich 2001, 397 ff. Die Kommentierung der Art. 360a–f entspricht den einschlägigen Ausführungen in PORTMANN, Die flankierenden Massnahmen I und II zum Abkommen über die Freizügigkeit, in: Bilaterale Verträge I & II Schweiz – EU, Zürich/Basel/Genf 2007, 327 ff.; ebenfalls publiziert in: ARV 2007, 1 ff.; TREX 2007, 290 ff. bzw. 296 ff.; vgl. ausserdem die Literaturhinweise zu Art. 360a.

Das **Verfahren zum Erlass** eines gewöhnlichen Normalarbeitsvertrags ist in Art. 359a Abs. 2–4 geregelt. Es ist davon auszugehen, dass diese Vorschriften auch für den Normalarbeitsvertrag bei Missbräuchen gelten, obwohl dies weder aus dem Wortlaut noch aus der Systematik des Gesetzes hervorgeht. Vorgeschaltet bleibt jedoch das Verständigungs- und Antragsverfahren gem. Art. 360b Abs. 3–5 (Art. 360b N 5 f.). Zur Anfechtung des Erlasses s. Art. 359a N 3 f. 1

Die Kantone haben die erlassenen Normalarbeitsverträge dem zuständigen Bundesamt (dem SECO) zuzustellen (Art. 360f; für eine Übersicht s. Art. 360a N 17). Diese Regelung ist an die Stelle des ursprünglichen Vorhabens getreten, die kantonalen Normalarbeitsverträge durch den Bund genehmigen zu lassen (Botschaft, BBl 1999, 6190; AB 1999 S 673 ff.). Die Befürworter der Genehmigungspflicht verwiesen auf die Parallele im Gesamtarbeitsvertragsrecht (vgl. Art. 13 AVEG) und betonten die Notwendigkeit einer präventiven Kontrolle durch den Bund, um die korrekte Anwendung des Bundesrechts sicherzustellen. Die politisch motivierten Bedenken gegenüber einer Einmischung in die Rechte der Kantone überwogen jedoch. Die nunmehr verankerte blosse Meldepflicht soll den zuständigen Bundesbehörden und der tripartiten Kommission des Bundes eine Übersicht über die Lage in der Schweiz vermitteln (Botschaft, BBl 1999, 6408). 2

Vierter Abschnitt: Zwingende Vorschriften

Art. 361

A. Unabänderlichkeit zuungunsten des Arbeitgebers und des Arbeitnehmers

[1] Durch Abrede, Normalarbeitsvertrag oder Gesamtarbeitsvertrag darf von den folgenden Vorschriften weder zuungunsten des Arbeitgebers noch des Arbeitnehmers abgewichen werden:

Artikel 321c:	**Absatz 1 (Überstundenarbeit)**
Artikel 323:	**Absatz 4 (Vorschuss)**
Artikel 323b:	**Absatz 2 (Verrechnung mit Gegenforderungen)**
Artikel 325:	**Absatz 2 (Abtretung und Verpfändung von Lohnforderungen)**
Artikel 326:	**Absatz 2 (Zuweisung von Arbeit)**
Artikel 329d:	**Absätze 2 und 3 (Ferienlohn)**
Artikel 331:	**Absätze 1 und 2 (Zuwendungen für die Personalfürsorge)**
Artikel 331b:	**(Abtretung und Verpfändung von Forderungen auf Vorsorgeleistungen)**
...	
Artikel 334:	**Absatz 3 (Kündigung beim langjährigen Arbeitsverhältnis)**
Artikel 335:	**(Kündigung des Arbeitsverhältnisses)**
Artikel 335k:	**(Sozialplan während eines Konkurs- oder eines Nachlassverfahrens)**
Artikel 336:	**Absatz 1 (Missbräuchliche Kündigung)**
Artikel 336a:	**(Entschädigung bei missbräuchlicher Kündigung)**
Artikel 336b:	**(Geltendmachung der Entschädigung)**
Artikel 336d:	**(Kündigung zur Unzeit durch den Arbeitnehmer)**
Artikel 337:	**Absätze 1 und 2 (Fristlose Aufösung aus wichtigen Gründen)**
Artikel 337b:	**Absatz 1 (Folgen bei gerechtfertigter Auflösung)**

Artikel 337d: (Folgen bei ungerechtfertigtem Nichtantritt oder Verlassen der Arbeitsstelle)
Artikel 339: Absatz 1 (Fälligkeit der Forderungen)
Artikel 339a: (Rückgabepflichten)
Artikel 340b: Absätze 1 und 2 (Folgen der Übertretung des Konkurrenzverbotes)
Artikel 342: Absatz 2 (Zivilrechtliche Wirkungen des öffentlichen Rechts)

…
Artikel 346: (Vorzeitige Auflösung des Lehrvertrages)
Artikel 349c: Absatz 3 (Verhinderung an der Reisetätigkeit)
Artikel 350: (Besondere Kündigung)
Artikel 350a: Absatz 2 (Rückgabepflichten).

2 Abreden sowie Bestimmungen von Normalarbeitsverträgen und Gesamtarbeitsverträgen, die von den vorstehend angeführten Vorschriften zuungunsten des Arbeitgebers oder des Arbeitnehmers abweichen, sind nichtig.

A. Dispositions auxquelles il ne peut être dérogé ni au détriment de l'employeur ni à celui du travailleur

1 Il ne peut être dérogé aux dispositions ci-après par accord, contrat-type de travail ou convention collective, ni au détriment de l'employeur ni au détriment du travailleur:
art. 321c: al. 1 (heures de travail supplémentaire);
art. 323: al. 4 (avances);
art. 323b: al. 2 (compensation avec des créances contre l'autre partie);
art. 325: al. 2 (cession et mise en gage de créances de salaire);
art. 326: al. 2 (fourniture de travail);
art. 329d: al. 2 et 3 (salaire afférent aux vacances);
art. 331: al. 1 et 2 (prestations pour la prévoyance en faveur du personnel);
art. 331b: (cession et mise en gage de créances en prestations de prévoyance);

…
art. 334: al. 3 (résiliation en cas de contrat de longue durée);
art. 335: (résiliation du contrat);
art. 335k: (plan social, licenciement collectif pendant une procédure de faillite ou de concordat);
art. 336: al. 1 (résiliation abusive);
art. 336a: (indemnité en cas de résiliation abusive);
art. 336b: (indemnité, procédure);
art. 336d: (résiliation en temps inopportun par le travailleur);
art. 337: al. 1 et 2 (résiliation immédiate pour justes motifs);
art. 337b: al. 1 (conséquences de la résiliation justifiée);
art. 337d: (conséquences de la non-entrée en service ou de l'abandon injustifié de l'emploi);
art. 339: al. 1 (exigibilité des créances);
art. 339a: (restitution);
art. 340b: al. 1 et 2 (conséquences des contraventions à la prohibition de faire concurrence);
art. 342: al. 2 (effets de droit civil du droit public);

…
art. 346: (résiliation anticipée du contrat d'apprentissage);
art. 349c: al. 3 (empêchement de voyager);
art. 350: (cas spécial de résiliation);
art. 350a: al. 2 (restitution).

2 Les accords et les dispositions de contrats-types de travail et de conventions collectives qui dérogent aux dispositions susdites au détriment de l'employeur ou du travailleur, sont nuls.

A. Disposizioni inderogabili tanto a svantaggio del datore di lavoro *quanto del lavoratore*

1 Alle disposizioni seguenti non può essere derogato a svantaggio del datore di lavoro o del lavoratore mediante accordo, contratto normale o contratto collettivo di lavoro:
articolo 321c: capoverso 1 (lavoro straordinario);
articolo 323: capoverso 4 (anticipazioni);
articolo 323b: capoverso 2 (compensazione con crediti);

articolo 325:	capoverso 2 (cessione e costituzione in pegno di crediti di salario);
articolo 326:	capoverso 2 (affidamento di lavoro);
articolo 329d:	capoversi 2 e 3 (salario relativo alle vacanze);
articolo 331:	capoversi 1 e 2 (devoluzioni a scopo di previdenza a favore del personale);
articolo 331b:	(cessione e costituzione in pegno di crediti in prestazioni di previdenza);
…	
articolo 334:	capoverso 3 (disdetta del rapporto di lavoro di lunga durata);
articolo 335:	(disdetta del rapporto di lavoro);
articolo 335i:	(obbligo di negoziazione);
articolo 335k:	(piano sociale durante un fallimento o una procedura concordataria);
articolo 336:	capoverso 1 (disdetta abusiva);
articolo 336a:	(indennità in caso di disdetta abusiva);
articolo 336b:	(indennità, procedura);
articolo 336d:	(disdetta in tempo inopportuno da parte del lavoratore);
articolo 337:	capoversi 1 e 2 (risoluzione immediata per cause gravi);
articolo 337b:	capoverso 1 (conseguenze della risoluzione giustificata);
articolo 337d:	(conseguenze del mancato inizio o dell'abbandono ingiustificato dell'impiego);
articolo 339:	capoverso 1 (esigibilità dei crediti);
articolo 339a:	(obbligo di restituzione);
articolo 340b:	capoversi 1 e 2 (effetti della contravvenzione al divieto di concorrenza);
articolo 342:	capoverso 2 (effetti di diritto civile del diritto pubblico);
…	
articolo 346:	(disdetta anticipata del rapporto di tirocinio);
articolo 349c:	capoverso 3 (impedimento di viaggiare);
articolo 350:	(caso speciale di disdetta);
articolo 350a:	capoverso 2 (obbligo di restituzione).

2 Sono nulli gli accordi e le clausole di contratti normali e contratti collettivi di lavoro deroganti alle disposizioni surriferite a svantaggio del datore di lavoro o del lavoratore.

Literatur

Avyüzen, Die zwingenden Bestimmungen im Arbeitsvertragsrecht, ArbR 2013, 117 ff.; Wiede, Die schwächere Partei – Materielle Vertragsgerechtigkeit wie und für wen?, FS für Jean-Fritz Stöckli, Zürich/St. Gallen 2014, 797 ff.

Die in Art. 361 aufgezählten gesetzlichen Regelungen sind zum Schutz der Einzelvertragsparteien **beidseitig zwingend**. Sie dürfen weder zu Ungunsten des Arbeitnehmers noch zu Ungunsten des Arbeitgebers abgeändert werden. Die Schweiz und Liechtenstein (§ 1173a Art. 112 ABGB) sind die einzigen Länder Europas, die im Arbeitsvertragsrecht auf diese Weise einen Arbeitgeberschutz betreiben. 1

Die Aufzählung in Art. 361 (und 362) ist insofern unvollständig, als sie sich im Wesentlichen auf die **arbeitsvertraglichen Rechte und Pflichten** beschränkt. Ausserhalb dieses Bereichs sind grundsätzlich ebenfalls zwingend (ZK-Staehelin, N 3 ff.): 2

- Definitionen (z.B. Art. 319 Abs. 1, Art. 344, Art. 347 Abs. 1, Art. 351);
- Unwiderlegbare Vermutungen (Art. 320 Abs. 2);
- Anweisungen an die Gerichte oder andere Behörden (Art. 325 Abs. 1 Hs. 2, Art. 335g Abs. 3, Art. 337b Abs. 2, Art. 337c Abs. 3, Art. 340a Abs. 2);
- Formvorschriften (Art. 320 Abs. 1, Art. 347a Abs. 1–2);
- Nichtigkeitsfolgen (Art. 323b Abs. 3, Art. 327a Abs. 3);
- Bestimmungen, die selbst einen materiellen oder formellen Rahmen für Abweichungen vorsehen (Art. 321c Abs. 3, Art. 339 Abs. 2).

3 Abreden sowie Bestimmungen von Normalarbeitsverträgen und Gesamtarbeitsverträgen, die von den beidseitig zwingenden Vorschriften zuungunsten des Arbeitgebers oder des Arbeitnehmers abweichen, sind nichtig. Gleiches gilt auch in Bezug auf abweichende Bestimmungen von *Betriebsordnungen* (Art. 38 Abs. 3 ArG). Art. 361 Abs. 2 ist lex specialis zu Art. 20 Abs. 2, so dass ungeachtet des hypothetischen Parteiwillens keine Nichtigkeit des gesamten Arbeitsvertrages eintritt. Die nichtige Abrede oder Bestimmung wird vielmehr durch die zwingende gesetzliche Vorschrift ersetzt.

Art. 362

B. Unabänderlichkeit zuungunsten des Arbeitnehmers

[1] Durch Abrede, Normalarbeitsvertrag oder Gesamtarbeitsvertrag darf von den folgenden Vorschriften zuungunsten der Arbeitnehmerin oder des Arbeitnehmers nicht abgewichen werden:

Artikel 321e:	**(Haftung des Arbeitnehmers)**
Artikel 322a:	**Absätze 2 und 3 (Anteil am Geschäftsergebnis)**
Artikel 322b:	**Absätze 1 und 2 (Entstehung des Provisionsanspruchs)**
Artikel 322c:	**(Provisionsabrechnung)**
Artikel 323b:	**Absatz 1 zweiter Satz (Lohnabrechnung)**
Artikel 324:	**(Lohn bei Annahmeverzug des Arbeitgebers)**
Artikel 324a:	**Absätze 1 und 3 (Lohn bei Verhinderung des Arbeitnehmers)**
Artikel 324b:	**(Lohn bei obligatorischer Versicherung des Arbeitnehmers)**
Artikel 326:	**Absätze 1, 3 und 4 (Akkordlohnarbeit)**
Artikel 326a:	**(Akkordlohn)**
Artikel 327a:	**Absatz 1 (Auslagenersatz im Allgemeinen)**
Artikel 327b:	**Absatz 1 (Auslagenersatz bei Motorfahrzeug)**
Artikel 327c:	**Absatz 2 (Vorschuss für Auslagen)**
Artikel 328:	**(Schutz der Persönlichkeit des Arbeitnehmers im Allgemeinen)**
Artikel 328a:	**(Schutz der Persönlichkeit bei Hausgemeinschaft)**
Artikel 328b	**(Schutz der Persönlichkeit bei der Bearbeitung von Personendaten)**
Artikel 329:	**Absätze 1, 2 und 3 (Freizeit)**
Artikel 329a:	**Absätze 1 und 3 (Dauer der Ferien)**
Artikel 329b:	**Absätze 2 und 3 (Kürzung der Ferien)**
Artikel 329c:	**(Zusammenhang und Zeitpunkt der Ferien)**
Artikel 329d:	**Absatz 1 (Ferienlohn)**
Artikel 329e:	**Absätze 1 und 3 (Jugendurlaub)**
Artikel 329f:	**(Mutterschaftsurlaub)**
Artikel 330:	**Absätze 1, 3 und 4 (Kaution)**
Artikel 330a:	**(Zeugnis)**
Artikel 331:	**Absätze 3 und 4 (Beitragsleistung und Auskunftspflicht bei Personalfürsorge)**
Artikel 331a:	**(Beginn und Ende des Vorsorgeschutzes)**
…	
Artikel 332:	**Absatz 4 (Vergütung bei Erfindungen)**
Artikel 333:	**Absatz 3 (Haftung bei Übergang des Arbeitsverhältnisses)**
Artikel 335i:	**(Verhandlungspflicht zwecks Abschlusses eines Sozialplans)**
Artikel 335j:	**(Aufstellung des Sozialplans durch ein Schiedsgericht)**
Artikel 336:	**Absatz 2 (Missbräuchliche Kündigung durch den Arbeitgeber)**
Artikel 336c:	**(Kündigung zur Unzeit durch den Arbeitgeber)**
Artikel 337a:	**(Fristlose Auflösung wegen Lohngefährdung)**
Artikel 337c:	**Absatz 1 (Folgen bei ungerechtfertigter Entlassung)**
Artikel 338:	**(Tod des Arbeitnehmers)**
Artikel 338a:	**(Tod des Arbeitgebers)**
Artikel 339b:	**(Voraussetzungen der Abgangsentschädigung)**
Artikel 339d:	**(Ersatzleistungen)**
Artikel 340:	**Absatz 1 (Voraussetzungen des Konkurrenzverbotes)**
Artikel 340a:	**Absatz 1 (Beschränkung des Konkurrenzverbotes)**
Artikel 340c:	**(Wegfall des Konkurrenzverbotes)**

Artikel 341: Absatz 1 (Unverzichtbarkeit)
Artikel 345a: (Pflichten des Lehrmeisters)
Artikel 346a: (Lehrzeugnis)
Artikel 349a: Absatz 1 (Lohn des Handelsreisenden)
Artikel 349b: Absatz 3 (Ausrichtung der Provision)
Artikel 349c: Absatz 1 (Lohn bei Verhinderung an der Reisetätigkeit)
Artikel 349e: Absatz 1 (Retentionsrecht des Handelsreisenden
Artikel 350a: Absatz 1 (Provision bei Beendigung des Arbeitsverhältnisses)
Artikel 352a: Absatz 3 (Haftung des Heimarbeitnehmers)
Artikel 353: (Abnahme des Arbeitserzeugnisses)
Artikel 353a: (Ausrichtung des Lohnes)
Artikel 353b: Absatz 1 (Lohn bei Verhinderung an der Arbeitsleistung).

[2] Abreden sowie Bestimmungen von Normalarbeitsverträgen und Gesamtarbeitsverträgen, die von den vorstehend angeführten Vorschriften zuungunsten des Arbeitnehmers abweichen, sind nichtig.

B. Dispositions auxquelles il ne peut pas être dérogé au détriment du travailleur

[1] Il ne peut pas être dérogé aux dispositions ci-après par accord, contrat-type de travail ou convention collective, au détriment de la travailleuse ou du travailleur:
art. 321*e*: (responsabilité du travailleur);
art. 322*a*: al. 2 et 3 (participation au résultat de l'exploitation);
art. 322*b*: al. 1 et 2 (naissance du droit à la provision);
art. 322*c*: (décompte de la provision);
art. 323*b*: al. 1, 2e phrase (décompte de salaire);
art. 324: (salaire en cas de demeure de l'employeur);
art. 324*a*: al. 1 et 3 (salaire en cas d'empêchement du travailleur);
art. 324*b*: (salaire en cas d'assurance obligatoire);
art. 326: al. 1, 3 et 4 (travail aux pièces ou à la tâche);
art. 326*a*: (salaire pour travail aux pièces ou à la tâche);
art. 327a: al. 1 (remboursement des frais en général);
art. 327b: al. 1 (remboursement des frais en cas d'utilisation d'un véhicule à moteur);
art. 327c: al. 2 (avances pour les frais);
art. 328: (protection de la personne du travailleur en général);
art. 328a: (protection de la personne du travailleur en cas de communauté domestique);
art. 328b: (protection de la personnalité lors du traitement de données personnelles);
art. 329: al. 1, 2 et 3 (congé);
art. 329a: al. 1 et 3 (durée des vacances);
art. 329b: al. 2 et 3 (réduction de la durée des vacances);
art. 329c: (continuité et date des vacances);
art. 329d: al. 1 (salaire afférent aux vacances);
art. 329e: al. 1 et 3 (congé-jeunesse);
art. 329f: (congé de maternité);
art. 330: al. 1, 3 et 4 (sûreté);
art. 330a: (certificat);
art. 331: al. 3 et 4 (contributions et renseignements en matière de prévoyance en faveur du personnel);
art. 331a: (début et fin de la prévoyance);

...

art. 332: al. 4 (rétribution en cas d'invention);
art. 333: al. 3 (responsabilité en cas de transfert des rapports de travail);
art. 335i: (obligation de négocier);
art. 335j: (plan social établi par sentence arbitrale);
art. 336: al. 2 (résiliation abusive de la part de l'employeur);
art. 336c: (résiliation en temps inopportun par l'employeur);
art. 337a: (résiliation immédiate pour cause d'insolvabilité de l'employeur);
art. 337c: al. 1 (conséquences de la résiliation injustifiée);
art. 338: (décès du travailleur);
art. 338*a*: (décès de l'employeur);
art. 339*b*: (conditions pour l'indemnité de départ);
art. 339*d*: (prestations de remplacement);

art. 340: al. 1 (conditions de la prohibition de faire concurrence);
art. 340*a*: al. 1 (limitations de la prohibition de faire concurrence);
art. 340*c*: (fin de la prohibition de faire concurrence);
art. 341: al. 1 (impossibilité de renoncer);
art. 345*a*: (obligations du maître d'apprentissage);
art. 346*a*: (certificat d'apprentissage);
art. 349*a*: al. 1 (salaire du voyageur de commerce);
art. 349*b*: al. 3 (paiement de la provision);
art. 349*c*: al. 1 (salaire en cas d'empêchement de voyager);
art. 349*e*: al. 1 (droit de rétention du voyageur de commerce);
art. 350*a*: al. 1 (provision à la fin des rapports de travail);
art. 352*a*: al. 3 (responsabilité du travailleur à domicile);
art. 353: (acceptation du produit du travail);
art. 353*a*: (paiement du salaire);
art. 353*b*: al. 1 (paiement du salaire en cas d'empêchement de travailler).

[2] Les accords et les dispositions de contrats-types de travail et de conventions collectives qui dérogent aux dispositions susdites au détriment e la du travailleur, sont nuls.

B. Disposizioni inderogabili a svantaggio del lavoratore

[1] Alle disposizioni seguenti non può essere derogato a svantaggio del lavoratore mediante accordo, contratto normale o contratto collettivo di lavoro:
articolo 321*e*: (responsabilità del lavoratore);
articolo 322*a*: capoversi 2 e 3 (partecipazione al risultato dell'esercizio);
articolo 322*b*: capoversi 1 e 2 (inizio del diritto di provvigione);
articolo 322*c*: (rendiconto della provvigione);
articolo 323*b*: capoverso 1 secondo periodo (rendiconto del salario);
articolo 324: (salario in caso di mora del datore di lavoro);
articolo 324*a*: capoversi 1 e 3 (salario in caso di impedimento del lavoratore);
articolo 324b: (salario in caso di assicurazione obbligatoria del lavoratore);
articolo 326: capoversi 1, 3 e 4 (affidamento di lavoro a cottimo);
articolo 326a: (salario per lavoro a cottimo);
articolo 327a: capoverso 1 (rimborso delle spese in generale);
articolo 327b: capoverso 1 (rimborso delle spese per uso di veicoli a motore);
articolo 327c: capoverso 2 (anticipazioni per spese);
articolo 328: (protezione della personalità del lavoratore in generale);
articolo 328a: (protezione della personalità del lavoratore in caso di comunione domestica);
articolo 328b: (protezione della personalità nel trattamento di dati personali);
articolo 329: capoversi 1, 2 e 3 (tempo libero);
articolo 329a: capoversi 1 e 3 (durata delle vacanze);
articolo 329b: capoversi 2 e 3 (riduzione delle vacanze);
articolo 329c: (continuità e data delle vacanze);
articolo 329d: capoverso 1 (salario relativo alle vacanze);
articolo 329e: capoversi 1 e 3 (congedo giovanile);
articolo 329f: (congedo di maternità);
articolo 330: capoversi 1, 3 e 4 (cauzione);
articolo 330a: (attestato);
articolo 331: capoversi 3 e 4 (contributi e obbligo di informazione nel campo della previdenza a favore del personale);
articolo 331a: (inizio e fine della previdenza);

...

articolo 332: capoverso 4 (compenso in caso d'invenzione);
articolo 333: capoverso 3 (responsabilità in caso di trasferimento del rapporto di lavoro);
articolo 335i: (obbligo di negoziazione);
articolo 335j: (elaborazione del piano sociale da parte di un tribunale arbitrale);
articolo 336: capoverso 2 (disdetta abusiva da parte del datore di lavoro);
articolo 336c: (disdetta in tempo inopportuno da parte del datore di lavoro);
articolo 337a: (risoluzione immediata per insolvenza del datore di lavoro);
articolo 337c: capoverso 1 (conseguenze del licenziamento ingiustificato);
articolo 338: (morte del lavoratore);
articolo 338a: (morte del datore di lavoro);

articolo 339b: (presupposti dell'indennità di partenza);
articolo 339d: (prestazioni sostitutive);
articolo 340: capoverso 1 (presupposti del divieto di concorrenza);
articolo 340a: capoverso 1 (limitazioni del divieto di concorrenza);
articolo 340c: (cessazione del divieto di concorrenza);
articolo 341: capoverso 1 (irrinunciabilità);
articolo 345a: (obblighi del maestro di tirocinio);
articolo 346a: (attestato di tirocinio);
articolo 349a: capoverso 1 (salario del commesso viaggiatore);
articolo 349b: capoverso 3 (pagamento della provvigione);
articolo 349c: capoverso 1 (salario in caso d'impedimento di viaggiare);
articolo 349e: capoverso 1 (diritto di ritenzione del commesso viaggiatore);
articolo 350a: capoverso 1 (provvigione alla fine del rapporto d'impiego);
articolo 352a: capoverso 3 (responsabilità del lavoratore a domicilio);
articolo 353: (accettazione del prodotto del lavoro);
articolo 353a: (pagamento del salario);
articolo 353b: capoverso 1 (salario in caso di impedimento al lavoro).

[2] Sono nulli gli accordi e le clausole di contratti normali e contratti collettivi di lavoro deroganti alle disposizioni surriferite a svantaggio del lavoratore.

Literatur

Avyüzen, Die zwingenden Bestimmungen im Arbeitsvertragsrecht, ArbR 2013, 117 ff.; Wiede, Die schwächere Partei – Materielle Vertragsgerechtigkeit wie und für wen?, FS für Jean-Fritz Stöckli, Zürich/St. Gallen 2014, 797 ff.

Die in Art. 362 aufgezählten Normen sind nach dem **Günstigkeitsprinzip** zu Gunsten des Arbeitnehmers abdingbar. Die Liste von Art. 362 ist (ebenso wie jene von Art. 361) unvollständig (Art. 361 N 2). Der gleichen Beschränkung wie Abreden und Vorschriften von Normal- und Gesamtarbeitsverträgen unterliegen auch die Bestimmungen von *Betriebsordnungen* (Art. 38 Abs. 3 ArG). Nichtig ist jeweils nur die abweichende Abrede oder Bestimmung, nicht jedoch der Arbeitsvertrag insgesamt (Art. 362 Abs. 2 ist lex specialis zu Art. 20 Abs. 2, so dass es nicht auf den hypothetischen Parteiwillen ankommt); die zwingende gesetzliche Vorschrift tritt unmittelbar an die Stelle der nichtigen Abrede oder Bestimmung. 1

Elfter Titel: Der Werkvertrag*

Vorbemerkungen zu Art. 363–379

Literatur

Acocella, Der Bauzivilprozess im Überblick, in: Koller A. (Hrsg.), Bau- und Bauprozessrecht: Ausgewählte Fragen, 2. St. Galler Baurechtstagung 1996, 265 ff.; Baumann, Der Baukredit, Diss. Zürich, 2. Aufl., 1997; Berti, Die Zwangsvollstreckung von Werklohn und Honorar sowie der vertragstypischen Leistungen des Architekten, Ingenieurs und Unternehmers, in: Lendi/Nef/Trümpy, 415 ff.; Bieri, Die Deliktshaftung des Werkunternehmers gegenüber dem Besteller für mangelhafte Werke, Diss. Freiburg i.Ue. 1993; Bischoff, Vertragsrisiko und clausula rebus sic stantibus, Diss. Zürich 1983; Bieger, Die Mängelrüge im Vertragsrecht, Diss. Freiburg i.Ue. 2009; Bögli, Der Übergang von der unternehmerischen Leistungspflicht zur Mängelhaftung beim Werkvertrag – Zeitpunkt und Voraussetzungen, Diss. St. Gallen 1996; Bossenmayer/Suter, Die revidierten Bauprodukteerlasse – relevant für alle Baubeteiligten, BR 2015, 78 ff.; Brändli, Die Nachbesserung im Werkvertrag, Diss. St. Gallen 2007 (zit. Nachbesserung); ders., Wichtige baurechtliche Verträge – Rechtsnatur und Relevanz der Einordnung, in: Koller A. (Hrsg.), Neue und alte Fragen zum privaten Baurecht, 6. St. Galler Baurechtstagung 2004, 155 ff. (zit. Baurechtliche Verträge); ders., Übermässigkeit der Nachbesserungskosten als Einrede, AJP 2004, 1260 ff. (zit. AJP 2004); Briner, Das Baugrundrisiko, in: Koller A. (Hrsg.), Bau- und Bauprozessrecht: Ausgewählte Fragen, 2. St. Galler Baurechtstagung 1996, 225 ff. (zit. Baugrundrisiko); ders., Die Architekten- und Ingenieurverträge im Einzelnen, in: Lendi/Nef/Trümpy, 23 ff. (zit. Architekten- und Ingenieurverträge); Brunner A., Technische Normen in Rechtssetzung und Rechtsanwendung, Diss. Basel 1991; Brunner H., Unvorhergesehenes beim Bauen, in: Koller A. (Hrsg.), Aktuelle Probleme des privaten und öffentlichen Baurechts, 1. St. Galler Baurechtstagung 1994, 213 ff.; Buchschacher, Das Bauhandwerkerpfandrecht, in: Lendi/Nef/Trümpy, 275 ff.; Bühler A., Von der Beweislast im Bauprozess, in: Koller A. (Hrsg.), Aktuelle Probleme des privaten und öffentlichen Baurechts, 1. St. Galler Baurechtstagung 1994, 289 ff.; Bühler Th., Verträge der Maschinen- und Industrieanlagenindustrie, Zürich/St. Gallen 2008 (zit. Verträge); ders., Technische Vorschriften und Normen, in: Wirtschaftsrecht Schweiz – EG, Zürich 2008, 107 ff. (zit. Technische Vorschriften); ders., Technische Normen, technische Vorschriften und Konformitätsnachweis nach EG-Recht, Zürich 1993 (zit. Technische Normen); von Castelberg, Die rechtliche Bedeutung des Kostenansatzes beim Werkvertrag, Diss. Freiburg i.Ue. 1917; Carron/Siegenthaler, Le retard dans la livraison des plans: une source de nombreuses perturbations, in: Institut pour le droit suisse et international de la construction, Journées suisses du droit de la construction 2013, Freiburg i.Ue. 2013, 139 ff.; Cerutti, Der Untervertrag, Diss. Freiburg i.Ue. 1990; Chaix/Marchand, Le droit du maître de l'ouvrage contre le sous-traitant, BR 1997, 71 ff.; Corboz, Werkvertrag, Teile I–V, SJK Nr. 458–462, 1981–1985; DACH Europäische Anwaltsvereinigung (Hrsg.), Gewährleistungsrecht im Kauf- und Werkvertragsrecht, Bd. 24, Zürich 2005; Dessemontet, Les contrats de service, ZSR 1987 II 93 ff.; Dreyer, Le délai de prescription dans la garantie pour les travaux de ravalement d'une façade, BR 1985, 52 ff.; Druey, Verträge auf Informationsleistung, in: Forstmoser/Tercier/Zäch (Hrsg.), FS für Walter R. Schluep, Zürich 1988, 147 ff.; Dürr, Werkvertrag und Auftrag, 3. Aufl., Vira 1983; Egli, Die Haftung des Unternehmers für Mängel seines Werkes, in: Lendi/Nef/Trümpy, 85 ff. (zit. Haftung); ders., Das Architektenhonorar, in: Gauch/Tercier (Hrsg.), Das Architektenrecht, 3. Aufl., Zürich 1995, 934 ff. (zit. Architektenhonorar); ders., Der General- und der Totalunternehmer, in: Baurechtstagung 1991, Bd. II, Seminar für Schweizerisches Baurecht, Freiburg i.Ue. 1991, 65 ff. (zit. General- und Totalunternehmer); Egli/Stöckli, Das Planerhonorar, in: Stöckli/Siegenthaler (Hrsg.), 307 ff.; Epiney, Baurecht und Europarecht – Zu den Gestaltungsspielräumen der Mitgliedsstaaten im Bereich der Raumordnung und Bodennutzung, in: Tercier/Amstutz/Koller/Schmid/Stöckli (Hrsg.), FS für Peter Gauch, Zürich 2004, 739 ff.; Erdin, Unvorhergesehenes beim Werkvertrag mit Festpreis: zur Tragweite von Art. 373 Abs. 2 OR, Diss. St. Gallen 1997; Ernst, Solidarschuld und Verjährung, FG zum Schweizerischen Juristentag 2006, Zürich 2006, 175 ff.; Fellmann, Haftung für falsche Kostenschätzung, in: Koller A. (Hrsg.), Recht der Architekten und Ingenieure, 5. St. Galler Baurechtstagung 2002, 211 ff. (zit. Kostenschätzung); ders., Fehlerhaftes Leistungsverzeichnis, in: Koller A. (Hrsg.), SIA-Norm 118, 4. St. Galler Baurechtstagung 2000, 91 ff. (zit. Fehlerhaftes Leistungsverzeichnis); ders., Die Haftung des Architekten und des Ingenieurs für Werkmängel, in: Koller A. (Hrsg.), Haftung für Werkmängel, 3. St. Galler Baurechtstagung 1998, 77 ff. (zit. Haftung); ders., Regressausgleich zwischen Architekt und Unternehmer, St. Galler Baurechtstagung 2006, St. Gallen 2006, 29 ff. (zit. Regressausgleich); Frey/Sie-

* Die Autoren danken Dr. Matthias Inderkum, LL.M., für seine wertvolle Mitwirkung bei der Erarbeitung der 6. Auflage.

GENTHALER, Was heisst «unbewegliches Werk» in Art. 371 Abs. 2 OR?, BR 2014, 176 ff.; FURRER, Beitrag zur Lehre der Gewährleistung im Vertragsrecht, Diss. Zürich 1973; GABELLON, La qualification juridique des clauses d'architecte ou d'entrepreneur: clause d'exclusivité, précontrat ou contrat?, BR 2015, 9 ff.; GAUCH, Kein Nachbesserungsrecht des Bestellers bei übermässigen Nachbesserungskosten, BR 2013, 245 ff. (zit. BR 2013); DERS., Die revidierten Art. 210 und 371 OR, recht 2012, 124 ff. (zit. recht 2012); DERS., Der Revisionsentwurf zur Verjährung der kauf- und werkvertraglichen Mängelrechte: Analyse und Kritik der E-Art. 210, 371 und 199 OR, recht 2011, 145 ff. (zit. recht 2011); DERS.,Verjährungsunsicherheit – Ein Beitrag zur Verjährung privatrechtlicher Forderungen, in: FS für Erwin Murer, Bern 2010, 239 ff. (zit. FS Murer); DERS., Vom Architekturvertrag, seiner Qualifikation und der SIA-Ordnung 102, in: Gauch/Tercier (Hrsg.), Das Architektenrecht, 3. Aufl., Zürich 1995, 1 ff. (zit. Architekturvertrag); DERS., (Hrsg.), Kommentar zur SIA-Norm 118, Art. 38–156, Zürich 1992 (zit. Gauch/Bearbeiter, SIA); DERS., Grundstückkauf mit Bauleistungspflicht und zahlreiche Fragen zur Mängelhaftung, BR 1993, 38 ff. (zit. BR 1993); DERS., Kommentar zur SIA-Norm 118, Art. 157–190, Zürich 1991 (zit. SIA); DERS., Der Rücktritt des Bestellers vom Werkvertrag, in: Löffelmann/Korbion (Hrsg.), FS für Horst Locher, Düsseldorf 1990, 35 ff. (zit. FS Locher); DERS., Überschreitung des Kostenvoranschlages – Notizen zur Vertragshaftung des Architekten (oder Ingenieurs), BR 1989, 79 ff. (zit. BR 1989); DERS., Der Totalunternehmervertrag – Von seiner Rechtsnatur und dem Rücktritt des Bestellers, BR 1989, 39 ff. (zit. Totalunternehmervertrag); DERS., Die Verwendung «missbräuchlicher Geschäftsbedingungen» – Unlauterer Wettbewerb nach Art. 8 des revidierten UWG, BR 1987, 51 ff. (zit. BR 1987); DERS., Die Abtretung der werkvertraglichen Mängelrechte, BR 1984, 23 ff. (zit. BR 1984); DERS., Die Verbesserung des mangelhaften Werkes durch einen Dritten, BR 1982, 34 ff. (zit. BR 1982); DERS., Ein Bauwerk – mehrere Unternehmer, ZBJV 1982, 65 ff. (zit. ZBJV 1982); DERS., Von der revidierten SIA-Norm 118, in: Gauch/Schnyder (Hrsg.), FS für Peter Jäggi, Freiburg i.Ue. 1977, 203 ff. (zit. FS Jäggi); GAUCH/STÖCKLI (Hrsg.), Kommentar zur SIA-Norm 118, Art. 1–37, Zürich 2009 (zit. Gauch/Bearbeiter, SIA); GAUCH/TERCIER (Hrsg.), Das Architektenrecht, 3. Aufl., Freiburg i.Ue. 1995; GEHRER, Gestaltung von Architekturverträgen – Praktische Hinweise, in: Koller A. (Hrsg.), Recht der Architekten und Ingenieure, 5. St. Galler Baurechtstagung 2002, 75 ff. (zit. Architekturverträge); DERS., Die Verhandlung und Gestaltung von Bauverträgen, in: Koller A. (Hrsg.), Bau- und Bauprozessrecht: Ausgewählte Fragen, 2. St. Galler Baurechtstagung 1996, 69 ff. (zit. Bauverträge); DERS., Bauherr und Unternehmer – Herren des Bauvertrages?, in: Koller A. (Hrsg.), Aktuelle Probleme des privaten und öffentlichen Baurechts, 1. St. Galler Baurechtstagung 1994, 179 ff. (zit. Bauherr); DERS., Vom Recht des Bauherrn, den Werklohn bei Mängeln des (Bau-)Werkes zurückzubehalten, SJZ 1981, 304 ff. (zit. SJZ 1981); GESSLER, Beitrag zur Lehre vom Veranstaltungsvertrag, Diss. Zürich 1979; HABSCHEID, Schweizerisches Zivilprozess- und Gerichtsorganisationsrecht, 2. Aufl., Basel 1990; HENNINGER, Bauverzögerung und ihre Folgen, in: Baurechtstagung 2005, Institut für Schweizerisches und Internationales Baurecht, Freiburg i.Ue. 2005, 237 ff. (zit. Bauverzögerung); DERS., Euro-Bau, Rechtsquellen zum europäischen Baurecht, Zürich 1991/1994 (zit. Euro-Bau); HEPPERLE, Bauversicherungen, in: Lendi/Nef/Trümpy, 119 ff.; HESS, Über den Einsatz von Prüfingenieuren, BR 1995, 3 ff. (zit. BR 1995); DERS., Bauhaftpflicht, Dietikon 1994 (zit. Bauhaftpflicht); DERS., Der Architekten- und Ingenieurvertrag, Kommentar zu SIA-Ordnungen 102, 103, 108, Zürich/Dietikon 1986 (zit. Kommentar); HUBER, Der Generalunternehmervertrag des Verbands Schweizerischer Generalunternehmer, Wegleitung zu den allgemeinen Vertragsbedingungen des VSGU, Zürich 2005; HUBER/SCHWENDENER, Der Generalunternehmervertrag des Verbands Schweizerischer Generalunternehmer, 2. Aufl., Zürich 2005; HÜRLIMANN, Koordination komplexer Bauverträge – was die Praxis lehrt, in: Baurechtstagung 2005, Institut für Schweizerisches und Internationales Baurecht, Freiburg i.Ue. 2005, 205 ff. (zit. Koordination); DERS., Ansprüche des Unternehmers aus Bauablaufstörungen des Bauherrn, in: Tercier/Amstutz/Koller/Schmid/Stöckli (Hrsg.), FS für Peter Gauch, Zürich 2004, 815 ff. (zit. FS Gauch 2004); DERS., Nachtragsmanagement für Unternehmer und Bauherren, in Baurechtstagung 2003, Institut für Schweizerisches und Internationales Baurecht, Freiburg i.Ue. 2003, 81 ff. (zit. Nachtragsmanagement); DERS., Der Experte – Schlüsselfigur des Bauprozesses, in: FS für Peter Gauch, Freiburg i.Ue. 1989, 129 ff. (zit. FS Gauch 1989); HÜRLIMANN/SIEGENTHALER, Das Werkvertragsrecht in den Entscheiden des Bundesgerichtes in den Jahren 2008 bis 2011, in: Jusletter vom 6.2.2012 (zit. Jusletter 2012); DIES., Das Werkvertragsrecht in den Entscheiden des Bundesgerichtes in den Jahren 2006 und 2007, in: Jusletter vom 22.9.2008 (zit. Jusletter 2008); DIES., Bodensatzlese zur werkvertraglichen Rechtsprechung des Bundesgerichts, Anwaltsrevue 2004, 363 ff. (zit. Anwaltsrevue 2004); DIES., Bevorschussung der Kosten für eine Ersatzvornahme und weitere Trouvaillen zum Mängelhaftungsrecht, recht 2003, 146 ff. (zit. recht 2003); HUNKELER, Wirkungen der Konkurseröffnung auf zweiseitige Verträge, insbesondere auf Werkverträge, in: Jusletter vom 28.10.2002; JAUCH-STOLZ, Kosten-Garantie für Planer, in: Koller A. (Hrsg.), Recht der Architekten und Ingenieure, 5. St. Galler Baurechtstagung 2002, 193 ff.; JENATSCH, Neue Entwicklungen in der Baunormung, BR 2003, 79 ff.; KAEPPELI, Revision der SIA-Ordnungen für Planerverträge – ein Überblick, BR 2012, 198 ff.; KARRER, Internationale Bauverträge; Streitvermeidung und Schiedsgerichtsbarkeit, in: Lendi/Nef/Trümpy, 391 ff.;

Kaup/Steinhauer, Das neue Immobiliarsachenrecht – ein Überblick, BR 2010, 10 ff.; Käser, Die Abtretung von Gewährleistungsansprüchen bei Kauf- und Werkvertrag, Diss. Zürich 2000; Keller, Die Gefahrtragung im Obligationenrecht, AJP 2003, 1152 ff.; Kirchgeorg/Fanzun, Vom Umgang mit den SIA-Vertragsvorlagen für Planerverträge, BR 2013, 19 ff.; Klauser, Die werkvertragliche Mängelhaftung und ihr Verhältnis zu den allgemeinen Nichterfüllungsfolgen, Diss. Zürich 1973; Koller A., Unverhältnismässige Überschreitung eines Ungefährpreises beim Werkvertrag (Art. 375 OR), AJP 2015, 303 ff. (zit. AJP 2015); ders., Dienstleistungsverträge – Begriff, Arten, rechtliche Grundlagen, AJP 2014, 1627 ff. (zit. Dienstleistungsverträge); ders., Durchbrechung des Festpreischarakters bei Pauschalpreisverträgen, AJP 2014, 764 ff. (zit. Pauschalpreisvertrag); ders., Verjährung der werkvertragliche Mängelrechte, AJP 2014, 303 (zit. Verjährung); ders., Nachträgliche Leistungsunmöglichkeit auf Seiten des Unternehmers, AJP 2013, 1765 ff. (zit. AJP 2013); ders., Anspruch eines Werkunternehmers auf Vergütung bisher geleisteter Arbeiten im Falle eines Baustopps, AJP 2010, 106 f. (zit. AJP 2010); ders., Die Verjährung bei der Rückabwicklung von Verträgen, BR 2006, 4 ff., (zit. BR 2006); ders., (Hrsg.), Neue und alte Fragen zum privaten Baurecht, 6. St. Galler Baurechtstagung 2004 (zit. Fragen); ders., Haftung einer Vertragspartei für den Schaden eines vertragsfremden Dritten, in: Koller A. (Hrsg.), Neue und alte Fragen zum privaten Baurecht, 6. St. Galler Baurechtstagung 2004, 1 ff. (zit. Haftung); ders., Die Abtretung werkvertraglicher Mängelrechte in Grundstückverträgen, in: Ruf/Pfäffli (Hrsg.), FS 100 Jahre Verband bernischer Notare, Langenthal 2003, 363 ff. (zit. Abtretung); ders., (Hrsg.), Recht der Architekten und Ingenieure, 5. St. Galler Baurechtstagung, 2002 (zit. Architekten); ders., Die Vergütungsgefahr beim Werkvertrag, in: FS Honsell, 2002, 401 ff. (zit. Vergütungsgefahr); ders., (Hrsg.), SIA-Norm 118, 4. St. Galler Baurechtstagung, 2000 (zit. SIA); ders., Die Mängelrechte und die Frage ihrer Abtretbarkeit, in: Koller, SIA, 1 ff. (zit. Abtretbarkeit); ders., (Hrsg.), Haftung für Werkmängel, 3. St. Galler Baurechtstagung, 1998 (zit. Werkmängel); ders., Mängelbeseitigung durch Ersatzvornahme, in: Koller A. (Hrsg.), Haftung für Werkmängel, 3. St. Galler Baurechtstagung 1998, 1 ff. (zit. Ersatzvornahme); ders., (Hrsg.), Bau- und Bauprozessrecht: Ausgewählte Fragen, 2. St. Galler Baurechtstagung, 1996 (zit. Bauprozessrecht); ders., Konventionalstrafe für Bauverzögerung, in: Koller, Bauprozessrecht, 1 ff. (zit. Verspätungsstrafe); ders., Das Nachbesserungsrecht im Werkvertrag, 2. Aufl. 1995 (zit. Nachbesserung); ders., (Hrsg.), Aktuelle Probleme des privaten und öffentlichen Baurechts, 1. St. Galler Baurechtstagung 1994 (zit. Baurecht); ders., Werkvertragliche Mängelrechte und Abtretung der Werklohnforderung, BR 1984, 63 ff. (zit. BR 1984); Koller J., Der «Untergang des Werkes» nach Art. 376 OR, Diss. Freiburg i.Ue. 1983; Koller S., Vom gewandelten Werkvertrag: Rechtsstellung der Parteien nach rechtswirksamer Auflösung, Diss. St. Gallen 2002; Kolly, Die Forderungen des Bestellers aus Wandelung und auf Nachbesserung bei Konkurs des Unternehmers, in: FS für Peter Gauch, Freiburg i.Ue. 1989, 79 ff.; Krauskopf, Verjährung bei Kauf- und Werkverträgen – neue Regeln mit Mängeln, Schweizerische Baurechtstagung 2013, Institut für Schweizerisches und Internationales Baurecht, Freiburg i.Ue. 2013, 86 ff. (zit. Verjährung).; ders., Aktuelle Fragen zur Verjährungsunterbrechung, BR 2003, 131 ff. (zit. BR 2003); Krauskopf/Siegenthaler, Der Rückgriff unter Baubeteiligten – eine Praxisänderung?, BR 2007, 53 ff.; Kurer/Quinto/Maffioletti, Handbuch zum Bauwesen, Zürich 2012; Laube, Die Tragung der Nachbesserungskosten im Bauwerkvertrag, Zürich 2011; Lendi/Nef/Trümpy (Hrsg.), Das private Baurecht der Schweiz, Zürich 1994; Lenzlinger Gadient, Mängel- und Sicherungsrechte des Bauherrn im Werkvertrag, Diss. Zürich 1994; Leuenberger, Dienstleistungsverträge, ZSR 1987 II, 1 ff.; Liver, Die Begründung des Bauhandwerkerpfandrechts, ZBJV 1962, 209 ff.; Locher, Leistungsstörungen im Kauf- und Werkvertragsrecht – Länderbericht Schweiz, in: DACH Schriftenreihe 24, Zürich 2005, 1 ff.; Marti/Flückiger, Revision der SIA-Planerordnungen – die Sicht der Ingenieure, BR 2013, 15 ff.; Merz, Die Qualifikation des Architektenvertrages, in: Forstmoser/Tercier/Zäch (Hrsg.), FS für Walter R. Schluep, Zürich 1988, 205 ff.; Mosimann, Der Generalunternehmervertrag im Baugewerbe, Diss. Zürich 1972; Müller H., Die Gefahrtragung nach schweiz. Werkvertragsrecht, Diss. Zürich 1926; Müller K., Das Recht der Arbeitsgemeinschaft im Wandel?, BR 2004, 4 ff.; Nigg, Die Haftung mehrerer für einen Baumangel, in: Koller A. (Hrsg.), Haftung für Werkmängel, 3. St. Galler Baurechtstagung 1998, 121 ff.; Niklaus, Das Recht auf Ersatzvornahme gemäss Art. 366 Abs. 2 OR: unter Einbezug anderer Rechte des Bestellers beim absehbaren Werkmangel, Diss. Bern 1999; Niquille-Eberle, Probleme rund um die Ersatzvornahme, insb. die Bevorschussung der Kosten, in: Koller A. (Hrsg.), Neue und alte Fragen zum privaten Baurecht, 6. St. Galler Baurechtstagung 2004, 63 ff.; Ott, Der Architekt als Hilfsperson des Bauherrn, SJZ 1978, 285 ff.; Pally, Mangelfolgeschaden im Werkvertragsrecht, Begriff und Verhältnis zu den allgemeinen Nichterfüllungsfolgen, Diss. St. Gallen/Bamberg 1996; Pedrazzini, Der Werkvertrag, in: Schweizerisches Privatrecht (SPR), Bd. VII/1, Obligationenrecht – Besondere Vertragsverhältnisse, Basel 1977, 497 ff.; Perrin, Le contrat d'architecte, 1970; Peter, Formes et conséquences juridiques des groupements d'entreprises (consortium), in: Journées suisses du droit de la construction 2005, Fribourg 2005, 31 ff.; Pfäffli, Zur Revision des Immobiliarsachenrechts, SJZ 2011, 225 ff.; Pfäffli/Byland, Aktuelles zum Bauhandwerkerpfandrecht, in: Jusletter vom 21.11.2011; Pfister-Ineichen, Das Vorrecht nach Art. 841 ZGB und die Haftung der Bank als Vorgangsgläubigerin, Diss. Freiburg i.Ue. 1991; Pichonnaz,

Le fardeau de la preuve dans l'avis des défauts, BR 2013, 123 ff. (zit. BR 2013); ders., Les nouveaux délais de prescription de l'action en garantie (CO 371 et CO 210), SJZ 2013, 69 ff. (zit. SJZ 2013); ders., Le dépassement des coûts devisés: Entre prescription des droits de l'art 398 CO et péremption de ceux de l'art. 375 CO, in: Guillod/Müller, FS für Pierre Wessner, Basel 2011, 483 ff. (zit. FS Wessner); ders., La pierre de l'Yonne: garantie pour les défauts et dommage évolutif, BR 2008, 162 ff. (zit. BR 2008); Piotet, L'entrepreneur du locataire a-t-il droit à une hypothèque légale?, SJZ 1992, 213 ff. (zit. SJZ 1992); Quinche, Du cas fortuit dans le louage d'ouvrage, Diss. Lausanne 1922/1923; Rapold/Ferrari-Visca, Die vorläufige Eintragung des Bauhandwerkerpfandrechts in den Handelsgerichtskantonen, in: Jusletter vom 14.11.2011; Reber, Rechtshandbuch für Bauunternehmer, Bauherr, Architekt und Bauingenieur, 4. Aufl., Dietikon 1983; Reetz, Bauhandwerkerpfandrecht, Verwaltungsvermögen und das neue Recht, BR 2010, 120 ff.; Reetz/Lorenz, Die revidierte SIA-Norm 118: Die wichtigsten Neuerungen im Überblick, Anwaltsrevue 2013, 284 ff.; Roberto, Die Haftung des Reiseveranstalters, Diss. Zürich 1990; Rohrer, Aspekte des Bauzivilprozesses, in: Lendi/Nef/Trümpy, 403 ff.; Roth, Integration einer Sache/eines Werks in ein unbewegliches Werk, AJP 2014, 773; Rumo-Jungo, Beweislast bei der Mängelrüge, in: Tercier/Amstutz/Koller/Schmid/Stöckli (Hrsg.), FS für Peter Gauch, Zürich 2004, 575 ff.; Rusch, Erfolgsbezug bei Werkvertrag und Auftrag, BJM 2013, 285 ff. (zit. BJM 2013); ders., Kostenvoranschläge zum Anwaltshonorar, SJZ 2013, 541 ff. (zit. SJZ 2013); Saxer, Der Subunternehmer und sein Vertrag, Diss. Freiburg i. Ue. 1999; Schaub, Der Engineeringvertrag, Rechtsnatur und Haftung, Diss. Zürich 1979; Schaumann, Rechtsprechung zum Architektenrecht, 4. Aufl., Freiburg i.Ue. 1999; Schenker, Der Architekt (Ingenieur) als Hilfsperson des Bauherrn im Verhältnis zum Unternehmer, in: Koller A. (Hrsg.), Recht der Architekten und Ingenieure, 5. St. Galler Baurechtstagung 2002, 13 ff. (zit. Hilfsperson); ders., Gedanken zur «relativen» Minderungsmethode, in: FS für Peter Gauch, Freiburg i.Ue. 1989, 89 ff. (zit. FS Gauch); Scherrer, Freuden und Leiden von und mit Konsortien, in Baurechtstagung 2007, Seminar für schweizerisches Baurecht, Freiburg i.Ue. 2007, 87 (zit. Konsortien); ders., Wer bezahlt Bestellungsänderungen des Architekten?, in: Koller A. (Hrsg.), SIA-Norm 118, 4. St. Galler Baurechtstagung, 2000, 75 ff. (zit. Bestellungsänderungen); ders., Nebenunternehmer beim Bauen, Diss. Freiburg i.Ue. 1994 (zit. Diss.); Schlatter, Die Haftung des Unternehmers im Werkvertrag, Diss. Bern 1934; Schluep, Innominatverträge, in: Schweizerisches Privatrecht (SPR), Bd. VII/2, Obligationenrecht – Besondere Vertragsverhältnisse, Basel 1977, 763 ff.; Schmid, Renovation von Stockwerkeigentum, in: Baurechtstagung 2005, 33 ff. (zit. Stockwerkeigentum); ders., Praktische Hinweise zur Problemvermeidung, in: Koller A. (Hrsg.), Neue und alte Fragen zum privaten Baurecht, 6. St. Galler Baurechtstagung 2004, 237 ff. (zit. Praktische Hinweise); ders., Freizeichnungsklauseln, in: FS für Heinz Rey, Zürich 2003, 307 ff. (zit. FS Rey); Schmid/Stöckli, Schweizerisches Obligationenrecht: Besonderer Teil, Zürich 2010 (zit. BT); dies., Urteile, Themen und Thesen (Baurecht), in Baurechtstagung 2013, Seminar für schweizerisches Baurecht, Freiburg i.Ue. 2013, 185 ff. (zit. Urteile); Schnyder (Hrsg.), Lugano-Übereinkommen (LugÜ) zum internationalen Zivilverfahrensrecht, Zürich/St. Gallen 2011 (zit. Schnyder, LugÜ-Bearbeiter); Schumacher, Bauhandwerkerpfandrecht: Schranken der gerichtlichen Kreativität, BR 2015, 68 ff. (zit. BR 2015); ders., Bauhandwerkerpfandrecht: Passivlegitimation im Prozess um die definitive Bestellung einer provisorisch geleisteten Sicherheit, Jusletter vom 8.6.2015 (zit. Passivlegitimation); ders., Bauhandwerkerpfandrecht für Asphaltlieferungen für den Flughafen Zürich, Jusletter vom 8.6.2015 (zit. Asphaltlieferungen); ders., Bauhandwerkerpfandrecht: Besondere Herausforderungen an die Anwaltschaft, Anwaltsrevue 2014, 103 ff. (zit. Anwaltsrevue 2014); ders., Bauhandwerkerpfandrecht und Stockwerkeigentum: eine besondere Herausforderung an den Grundbuchverwalter, ZBGR 2014, 1 ff. (zit. ZBGR 2014); ders., Gerichtliche Anordnung des vorläufigen Grundbucheintrags eines Baupfandrechts, SZZP 2012, 183 ff. (zit. SZZP 2012); ders., Bauhandwerkerpfandrecht: Rechtsmittel im summarischen Verfahren betreffend vorläufigen Grundbucheintrag, BR 2012, 74 ff. (zit. BR 2012); ders., Das Bauhandwerkerpfandrecht, Ergänzungsband zur 3. Aufl., Zürich 2011 (zit. Erg.Bd.); ders., Sicheres Bauen und sichere Bauwerke, Zürich 2010 (zit. Sicheres Bauen); ders., Das Bauhandwerkerpfandrecht, 3. Aufl., Zürich 2008 (zit. Bauhandwerkerpfandrecht); ders., Kein Bauhandwerkerpfandrecht beim Gerüstbau?, BR 2005, 163 ff. (zit. BR 2005); ders., Konformitätsbewertungen – Konformitätsversprechen für Bauprodukte, in: FS für Heinz Rey, Zürich 2003, 329 ff. (zit. FS Rey); ders., Die Vergütung im Bauwerkvertrag, in: Gauch/Tercier/Zufferey, Institut für Schweizerisches und Internationales Baurecht, Freiburg i.Ue. 1998 (zit. Vergütung); ders., Die Haftung des Architekten aus Vertrag, in: Gauch/Tercier (Hrsg.), Das Architektenrecht, 3. Aufl. Zürich 1995, 113 ff. (zit. Haftung); ders., Untergang und Beschädigung des Werkes, in: Baurechtstagung 1983, Seminar für schweizerisches Baurecht, Freiburg i.Ue. 1983 (zit. Untergang); ders., Zur Revision des Bauhandwerkerpfandrechts: Intertemporales Recht, BN 2011, 1 ff. (zit. BN 2011); ders., Bauhandwerkerpfandrecht: Renovation oder Reformation oder …?, BR 2005, 4 ff. (zit. BR 2005); Schumacher/Rüegg, in: Koller A., Der Grundstückkauf, Bern 2001, 175 ff.; Schwager R., Die Vollmacht des Architekten, in: Gauch/Tercier (Hrsg.), Das Architektenrecht, 3. Aufl., Zürich 1995, 253 ff.; Schwager T., Der Architekt als Vertreter des Bauherrn, BR 1980, 19 ff.; Schwizer/Wolfer, Die revidierten Verjährungsbestimmungen im Sachgewährleistungsrecht (Art. 210 und 371 OR): Wichtigste Änderungen und kritische Würdigung, AJP 2012, 1759 ff.; Siegenthaler, Privates Baurecht, Anwaltsrevue 2007, 345 ff.; Siegenthaler/Stöckli, Privates Baurecht, in: Furrer (Hrsg.), Aktuelle Anwaltspraxis, Bern 2013 (zit. Baurecht); dies., «Ist die SIA-Norm 118 gerichtsnotorisch?», Eine Umfrage bei Zivilgerichten, BR 2008, 37 ff. (zit. SIA); Slongo, Der Softwareherstellungsvertrag, Diss. Zürich 1991; Spiess, Bauablaufstörungen im schweizerischen Werkvertragsrecht, recht 2012, 116 ff. (zit. recht 2012); ders., Technische Normen, in: Lendi/Nef/Trümpy, 217 ff. (zit. Technische Normen); Spiess/Huser, Handkommentar zur Norm SIA 118, Bern 2014; Spiro, Die Begrenzung privater Rechte durch Verjährungs-, Verwirkungs- und Fatalfristen, 2 Bde., Bern 1975; Steffen, Bemerkungen zur Qualifikation des Architektenvertrages, BR 1982, 48 ff.; Steinauer, L'hypothèque légale des artisans et entrepreneurs, in: Journées suisses du droit de la construction 2005, Fribourg 2005, 217 ff.; Stierli, Die Architektenvollmacht, Diss. Freiburg i.Ue. 1988; Stöckli, Bauherrschaft und Baumängel, Gutachten zuhanden des Bundesamtes für Justiz, 2013, abrufbar unter: ‹https://www.bj.admin.ch/bj/de/home/publiservice/berichte.html› (zit. Bauherrschaft); ders., Mängelrüge bei Ingenieurleistungen – keine sachgerechte Lösung, BR 2012, 213 f. (zit. BR 2012); ders., Zur Haftung aus Gesamtvertrag: einheitlich nach Auftragsrecht?, BR 2010, 56 ff. (zit. BR 2010); ders., Stockwerkeigentum ab Plan, in: Baurechtstagung 2009, Institut für Schweizerisches und Internationales Baurecht, Freiburg i.Ue. 2009, 15 ff. (zit. Stockwerkeigentum); ders., Der KBOB-Werkvertrag, Mustervertrag für Einzelleistungen, BR 2008 4 ff. (zit. BR 2008); ders., Private Baunormung – ein Streifzug, in: Baurechtstagung 2005, Institut für Schweizerisches und Internationales Baurecht, Freiburg i.Ue. 2005, 1 ff. (zit. Baunormung); ders., Baurisiken und ihre Verteilung, in: Baurechtstagung 2007, Institut für Schweizerisches und Internationales Baurecht, Freiburg i.Ue. 2007, 1 ff. (zit. Baurisiken); ders., Das Synallagma im Vertragsrecht: Begründung/Abwicklung/Störung, Zürich 2008 (zit. Synallagma); ders., Sorgfaltsmangel und Vergütung, in: FS für Peter Gauch, Zürich 2004, 931 ff. (zit. FS Gauch); ders., Schaden und Schadenersatz beim Bauen, in: Baurechtstagung 2003, Institut für Schweizerisches und Internationales Baurecht, Freiburg i.Ue. 2003, 7 ff. (zit. Schaden); Stöckli/Pichonnaz, Contrat d'entreprise – Werkvertrag, BR 2010, 189 f.; Stöckli/Siegenthaler (Hrsg.), Die Planerverträge, Zürich 2013; Straub, Legal Engineering, Neue Zürcher Zeitung vom 14.5.2004, 65; Suter, Rechtsnatur und Rechtsfolgen des Vertragsrücktritts im Zusammenhang mit dem Schuldvertrag, Diss. Zürich 1991; Tausky, Wesen und Rechtsnatur von Architekten- und Ingenieurverträgen, in: Lendi/Nef/Trümpy, 5 ff. (zit. Architekten- und Ingenieurverträge); ders., Die Rechtsnatur der Verträge über die Planung von Bauwerken, Diss. Zürich 1991 (zit. Diss.); ders., Der Integralwerkvertrag, BR 1992, 76 ff. (zit. BR 1992); Tercier, L'extinction prématurée du contrat, in: Gauch/Tercier (Hrsg.), Das Architektenrecht, 3. Aufl. Zürich 1995, 361 ff.; Tercier/Stöckli, La garantie pour les défauts et la réfection de l'ouvrage (1ère partie), BR 2003, 10 ff.; dies., Die Nachbesserung im Werkvertrag (Teil 2), BR 2003, 53 ff.; Thurnherr, Bauliche Massnahmen bei Mit- und Stockwerkeigentum, Diss. Zürich 2010 (zit. Diss.); ders., Das revidierte Bauhandwerkerpfandrecht – zu wenig Neues, aber noch mehr Problematisches?, ZBGR 2012, 73 ff. (ZBGR 2012); ders., Das Bauhandwerkerpfandrecht, ZBJV 2006, 909 ff. (zit. ZBJV 2006); Trachsel, Die Verantwortlichkeit des Bestellers bei Werkmängeln, die Alleinverantwortlichkeit (Art. 369 OR) und die geteilte Gewährleistung, Diss. St. Gallen 2000; Trauffer, Bauhandwerkerpfandrecht: Die Rechtslage, Koller A. [Hrsg.], Neue und alte Fragen zum privaten Baurecht, 6. St. Galler Baurechtstagung 2004, 201 ff.; Trümpy, Die Abnahme des Bauwerks nach der SIA-Norm 118, in: Koller A. (Hrsg.), SIA-Norm 118, 4. St. Galler Baurechtstagung, 2000, 47 ff. (zit. SIA); ders., Abnahme und Genehmigung von Bauwerken, in: Lendi/Nef/Trümpy, 103 ff. (zit. Abnahme); ders., Architektenvertragstypen, Diss. Zürich 1989 (zit. Diss.); Trümpy-Jäger, Vorzeitige Beendigung von Bauwerk-Verträgen, in: Lendi/Nef/Trümpy, 137 ff.; Trümpy/Hürlimann, Die Betriebshaftpflichtversicherung für das Baugewerbe, BR 1999, 83 ff.; Tschütscher, Die Verjährung der Mängelrechte bei unbeweglichen Bauwerken, Diss. St. Gallen 1996 (zit. Diss.); ders., Die Verjährung der Mängelrechte im Bauwerkvertragsrecht, in: Koller A. (Hrsg.), Aktuelle Probleme des privaten und öffentlichen Baurechts, 1. St. Galler Baurechtstagung 1994, 225 ff. (zit. Bauwerkvertragsrecht); Tüscher, Die KBOB-Vorlagen für General- und Totalunternehmerverträge, BR 2011, 268 ff.; Twerenbold, Der «unverbindliche» Kostenvoranschlag beim Werkvertrag – zur rechtlichen Tragweite von Artikel 375 OR, Diss. St. Gallen 2002; Ulrich, Rechtsfragen bei vorzeitiger Auflösung eines Ingenieur oder Architekturvertrags, in: Koller A. (Hrsg.), Recht der Architekten und Ingenieure, 5. St. Galler Baurechtstagung 2002, 40 ff.; Venturi, Défaut et calcul de la réduction du prix: Théorie et pratique, BR 1995, 51 ff.; Vischer, Der Mangelbegriff im Kauf-, Miet- und Werkvertragsrecht, recht 2015, 1 ff. (zit. recht 2015); ders., Die fünfjährige Gewährleistungsfrist für bewegliche Sachen im Kaufrecht, Jusletter vom 11.3.2013 (zit. Jusletter 2013); Walter, Mehrkosten infolge Verzögerungen in der Bauabwicklung, in: Koller A. (Hrsg.), SIA-Norm 118, 4. St. Galler Baurechtstagung 2000, 119 ff.; Weber, Gewährleistungsansprüche beim Stockwerkeigentum, BR 1985, 67 ff. (zit. BR 1985); ders., Praxis zum Auftragsrecht und zu den besonderen Auftragsarten, Bern 1990 (zit. Praxis); Welser, Die Allein- und Mitverantwortlichkeit des Bauherrn für Baumängel, in: Koller A. (Hrsg.), Haftung für Werkmängel, 3. St. Galler Baurechtstagung 1998, 49 ff.; Werro, La responsabilité pour faute (art. 41 ss CO) de l'entrepreneur vis-à-vis du maître pour les défauts de l'ouvrage, BR 1996, 64 ff. (zit.

BR 1996); DERS., Le droit de l'entrepreneur à la réfection de l'ouvrage, BR 1984, 69 ff. (zit. BR 1984); DERS., Le coût excessif de la réfection de l'ouvrage et la sanction du contrat en cas de déplaisir consécutif au défaut, BR 2008, 116 ff. (zit. BR 2008); DERS., La responsabilité de l'architecte pour le dépassement du devis et la réparation du dommage né de la confiance déçue TF 22 juillet 1993, BR 1993, 96 ff. (zit. BR 1993); WIDMANN, Der Bestattungsvertrag – ein Werkvertrag?, AJP 2003, 959 ff.; WIDMER CHR., Die massgeblichen Leistungen im Generalunternehmer-Vertrag, in: Lendi/Nef/Trümpy, 119 ff. (zit. Generalunternehmer-Vertrag); DERS., Ingenieur, Architekt und Unternehmer als Gerichtsexperten, in: Lendi/Nef/Trümpy, 425 ff. (zit. Gerichtsexperten); WIDMER U., Risikofolgeverteilung bei Informatikprojekten: Haftung für Softwaremängel bei Planung und Realisierung von Informationssystemen, Diss. Bern 1990; WIDMER/TRÜMPY/KAUFMANN, Schwerpunkte im Bauvertragsrecht, Zürich 1989, 93 ff.; WIRTH/GRAWEHR, Die (kollisionsrechtlich) anzuwendende Rechtsordnung bei Bauverträgen, in: Lendi/Nef/Trümpy, 319 ff.; WITSCHI, Garantieklauseln und Garantiefristen im Kauf- und Werkvertrag nach schweizerischem Recht, Diss. Bern 1950; ZEHNDER, Die Mängelrüge im Kauf-, Werkvertrags- und Mietrecht, SJZ 2000, 545 ff. (zit. SJZ 2000); DERS., Die Haftung des Architekten für die Überschreitung seines Kostenvoranschlages, Diss. Freiburg i.Ue., 2. Aufl. 1994 (zit. Diss.); DERS., Über Prognosen, Toleranzen und die Haftung der Architekten, BR 2010, 48 ff. (zit. BR 2010); ZELTNER, Die Mitwirkung des Bauherrn bei der Erstellung des Bauwerkes, Diss. Freiburg i.Ue. 1993; ZIMMERMANN, Der Geist-Werkvertrag, Diss. Basel 1984; ZOBL, Das Bauhandwerkerpfandrecht de lege lata und de lege ferenda, ZSR 1982 II, 1 ff.; ZUFFEREY, Trente ans de Norme SIA 118: entre stabilité et développements, in: Journées suisses du droit de la construction 2007, 60 ff. (zit. Norme SIA 118); DERS., Les normes de la construction: un état des lieux, in: Journées suisses du droit de la construction 2005, 3 ff. (zit. Normes).

I. Werkbegriff und Abgrenzungen

1 Werk i.S.v. Art. 363 ist ein körperliches oder unkörperliches Arbeitsergebnis. Die Natur der Arbeit, z.B. intellektuell oder physisch, menschlich oder mechanisch, ist unerheblich (BGer, 22.6.2004, 4C.69/2004, E. 4). Die **körperlichen Werke** stehen im Vordergrund; es kann sich dabei gleichermassen um bewegliche wie um unbewegliche Sachen handeln (Bsp.: Haus, Maschine, Heizungsanlage, Gemeinschaftsantenne, Wirtshausschild, Kegelbahn, Gartenanlage, Flugplatz, Nationalstrassenstück, Gondelbahn).

2 Heute ist weitgehend unbestritten, dass auch **unkörperliche Werke** Gegenstand von Werkverträgen sein können. Gemeint sind damit wissenschaftliche und künstlerische oder ganz allgemein *geistige Werke* (Bsp.: Gutachten, technische Entwicklungen, individuelle Software, Vermessungsarbeiten, Gestaltung von Prospekten, Foto- und Filmaufnahmen, Kompositionen, Kunstwerke). Genau betrachtet handelt es sich häufig nicht um unkörperliche Werke; die Verkörperung ist in diesen Fällen bloss nicht das primäre, augenfällige, sondern vielmehr nur ein begleitendes, untergeordnetes Element der Werkleistung: *Greifbar* ist lediglich die *Nebenleistung*. Das Begriffspaar körperliche-unkörperliche Werke hat sich aber eingebürgert und wird deshalb hier übernommen.

3 Das **BGer** vertritt seit 1983 die Auffassung, dass der Werkbegriff von Art. 363 auch *unkörperliche Werke* erfasst; BGE 109 II 37 (Tätigkeit eines Geometers, der ein Grundstück vermisst und die Ergebnisse in einem Plan festhält); 109 II 464 (Requalifizierung der Tätigkeit eines Architekten, der Ausführungspläne und Kostenvoranschläge erstellt); 110 II 380 (Ausarbeitung eines Bauprojekts); BGer, 11.9.2007, 4A_51/2007, E. 4.2 ff. (Optimierung von Wirtschaftsinformationen); so auch bereits ein unv. Urteil vom 22.12.1981 (EDV-Vertrag), zit. bei WEBER, Praxis, 42 f.; BGer, 25.11.2010, 4A_252/2010, E. 4.1 f. (Stabilitätsberechnung, Überwachungskonzept und andere Leistungen im Bereich Geotechnik); s. ferner BGE 127 III 329 (Erstellung eines Gutachtens, dessen Resultat nach objektiven Kriterien überprüft werden kann); 115 II 54 = Pra 1989, 892 (Schaffung eines Kunstwerks in Form eines Mosaiks auf einer Gebäudewand); 112 II 46 (Anstellung eines Künstlers oder Orchesters); RJN 1992, 105 f.). Dies entsprach auch der früheren langjährigen Praxis (BGE 83 II 529; 70 II 218; 59 II 263), welche aber durch den Entscheid 98 II 311 unterbrochen worden war. Dieses Zwischenspiel wurde in der Literatur und in der kantonalen Gerichtspraxis unterschiedlich aufgenom-

men (s. bei GAUCH, N 38; ZIMMERMANN, 27–29, mit einer Zusammenstellung der kantonalen Rechtsprechung). Die erneute Praxisänderung in BGE 109 II 34 ist *zu begrüssen*, da sie sowohl dem Wortlaut von Art. 363 und den Materialien (BBl 1909 III 752) als insb. auch der grundsätzlichen Ausrichtung des Werkvertrages entspricht. Zur Softwareherstellung s.a. SJ 1992, 608 ff. = BR 1993, 45 und GAUCH, N 334 ff. Zur Qualifikation des Gutachtervertrags eingehend BRÄNDLI, Baurechtliche Verträge, N 72 ff.; s.a. GAUCH, BR 2006, 64 (Qualifizierung des entgeltlichen Gutachtens als Werk, Kritik an BGE 127 III 328). Zur **Lehre**: s. insb. die bei GAUCH, N 33 angeführte Literatur; ferner MERZ, ZBJV 1991, 253; GUHL/KOLLER/SCHNYDER/DRUEY, § 47 N 2; ZK-BÜHLER, Art. 363 N 49, 64 ff.; PALLY, 131 ff.; WEBER, Praxis, 49; HONSELL, OR BT, 280, 322; SCHLATTER, 14 ff.; s.a. DESSEMONTET, ZSR 1987 II, 131 ff.; SLONGO, 66, 107; WIDMER U., 49 f., 73, 75 betr. Softwareherstellung; entschieden **gegen** den Einbezug von unkörperlichen Werken insb. BK-GAUTSCHI, N 1, 4; offener ZIMMERMANN, 35 ff., 44, 115 ff., der den Geist-Werkvertrag als Vertrag sui generis einstuft.

Grundmerkmal des Werkvertrages ist nicht die Körperlichkeit des Arbeitsergebnisses, sondern das Versprechen des Unternehmers, einen bestimmten **Arbeitserfolg** zu erbringen (s.a. KGer SG, 6.11.2008, VZ. 2008.49, E. 2a m.Hw.; BK-KOLLER, Art. 363 OR N 62, 64 ff.; CR CO I-CHAIX, Art. 363 N 8). Der Werkvertrag ist dadurch gekennzeichnet, dass der Unternehmer das Risiko trägt, den versprochenen Arbeitserfolg zu erreichen (ZK-OSER/SCHÖNENBERGER, Art. 363 OR N 3; WIDMER U., 50 f.). Der Unternehmer schuldet nicht bloss Arbeit, sondern einen Arbeitserfolg, das Werk (BGer, 6.5.2004, 4P.65/2004, E. 1.4; BGE 127 III 329; SJ 1991, 250 ff. = BR 1991, 95 f.; BGE 98 II 302; 59 II 263). Der Werkvertrag ist daher der Grundvertrag für «Erfolgsverträge» schlechthin, unabhängig davon, ob es sich um ein körperliches oder unkörperliches Werk handelt. Da das OR keine anderen Erfolgsverträge vorsieht und das Erfolgselement mit fortschreitender Technik weiter an Bedeutung gewinnt, ist es richtig, auch Erfolgsverträge ohne dauerndes körperliches Substrat bei den Werkverträgen einzuordnen. 4

Dass der unkörperliche Arbeitserfolg doch eine «gewisse Körperlichkeit», eine dauernde Gestalt in einer Sache annehmen müsse (so GAUCH, N 45, m.w.Nw.; VON BÜREN, BT, 143 f.; anders das BGer in 115 II 54; 112 II 46; 109 II 38; s. aber auch 113 II 266; offen gelassen in BGE 127 III 329), erscheint als wenig tragfähiges Kriterium (wie hier BÖGLI, N 28 ff., mit ausführlicher Darstellung der h.L. und Begründung; s.a. PALLY, 131 f.). **Zuzulassen** sind grundsätzlich auch **reine Geist-Werkverträge (a.A.** KOLLER A., Dienstleistungsverträge, 1629, mit Übersicht über Lehre und Rechtsprechung). Ob der Arbeitserfolg letztlich noch in einer äusseren Form verkörpert wird, dürfte heute angesichts der weitentwickelten optischen, akustischen und elektronischen Aufzeichnungstechniken bei vielen Werkverträgen nach dem Parteiwillen für die Wahl bzw. Bestimmung der anzuwendenden Rechtsnormen *nicht entscheidend* sein (krit. auch DRUEY, 164; **a.A.** wohl CR CO I-CHAIX, Art. 363 N 9; SCHMID/STÖCKLI, BT, Rz 1664). So ist z.B. nicht einzusehen, weshalb die Herstellung von Kostenvoranschlägen grundsätzlich Gegenstand eines einfachen Auftrages bildet, aber werkvertragliche Natur annimmt, sobald der Kostenvoranschlag in schriftlicher Form vorgelegt werden muss (so aber GAUCH, N 52 f.). Ferner erscheint wenig einleuchtend, weshalb die Rechtsnatur eines Vertrages über die Darbietung eines Feuerwerkes davon abhängig sein sollte, ob das Feuerwerk anschliessend aufnahmetechnisch festgehalten ist oder nicht. In solchen Fällen hinge die Qualifikation des Vertrags lediglich von der im Gesamtzusammenhang unbedeutenden, ergänzenden *Nebenpflicht des dokumentarischen Festhaltens ab*. Die von GAUCH angerufene Berücksichtigung der gesamten Werkvertragsordnung, insb. der Regeln über die Ablieferung und die Prüfung des Werkes, zeigt lediglich, dass *im typischen Fall* ein körperlicher Arbeitserfolg Gegenstand des Werkvertrages ist (s.a. WIDMANN, 960 f.). 5

Problematisch kann die Einstufung von – körperlichen oder unkörperlichen – Werken als Objekte von Werkverträgen in jenen Fällen werden, in welchen ein **objektiver Wertmassstab** fehlt, der als Grundlage für die Beurteilung der Erfolgshaftung i.d.R. unerlässlich ist. Dies 6 kann insb. bei künstlerischen und gewissen wissenschaftlichen Werken der Fall sein (vgl. MERZ, ZBJV 1991, 253, der von der «Gretchenfrage» des objektiven Wertmassstabes spricht; vgl. auch CR CO I-CHAIX, Art. 363 N 9; HOFSTETTER, SPR VII/2, 22). Nach neuerer bundesgerichtlicher Rechsprechung ist bei unkörperlichen Arbeitsergebnissen von einem Werkvertrag auszugehen, wenn «das Resultat nach objektiven Kriterien überprüft und als richtig oder falsch qualifiziert werden kann» (BGer, 11.9.2007, 4A_51/2007, E. 4.3 m.Hw.; **abl.** GAUCH, N 46a; eingehend RUSCH, BJM 2013, 285 ff.; s.a. KOLLER A., Dienstleistungsverträge, 1629). Demgegenüber hielt das BGer in BGE 115 II 50 = Pra 1989, 890 betr. Schaffung eines Kunstwerks (Mosaik an Gebäudewand) noch zu Recht fest, dass eingeschränkte Prüfungsmöglichkeiten – und demzufolge eingeschränkte Mängelrechte – des Bestellers nicht per se gegen die Einstufung als Werkvertrag sprechen (BGer, 25.11.2010, 4A_252/2010, E. 4.1 – Optimierung Wirtschaftsinformationen und BGer, 11.9.2007, 4A_51/2007 – Hangsicherung). Es gibt keine Gründe, Werkverträge von der einschränkenden Voraussetzung objektiver «Richtigkeit» des Werks abhängig zu machen. Soweit die Parteien im Einzelfall vereinbaren, ein nach objektiven Kriterien überprüfbares «richtiges» Arbeitsergebnis sei nicht geschuldet, so hat der Unternehmer nach den Bestimmungen der Mängelhaftung zwar nicht dafür einzustehen, es liegt aber gleichwohl ein Werkvertrag vor (GAUCH, N 46a).

Zu Fragen des *Urheberrechts* an Werken der Baukunst s. BGE 120 II 65 (ETHZ, Hönggerberg); BGer, 26.9.2011, 4A_423/2011 = sic! 2012, 186 f.; KGer VD, BR 2013, 146 f.; BARRELET/EGLOFF, Das neue Urheberrecht, Kommentar 1994, Art. 12 N 15 ff.; MARBACH, Das Urheberrecht des Architekten und des Ingenieurs, in: Lendi/Nef/Trümpy, 267 ff.

7 Der Werkvertrag ist **abzugrenzen** insb. gegenüber dem Auftrag, dem Kaufvertrag und dem Arbeitsvertrag. Entscheidende Abgrenzungskriterien sind – vereinfacht ausgedrückt – die *Erfolgsbezogenheit der Arbeitsleistung* des Unternehmers (Abgrenzung gegenüber dem Auftrag und dem Arbeitsvertrag), das *Erfordernis der Herstellung* des Werkes (Abgrenzung gegenüber dem Kaufvertrag) sowie das *Fehlen einer Subordination* und eines Dauerschuldverhältnisses zwischen dem Besteller und dem Unternehmer (Abgrenzung gegenüber dem Arbeitsvertrag). Im Einzelnen ergeben sich die folgenden Abgrenzungskriterien:

8 Im Gegensatz zum Werkvertrag hat der einfache **Auftrag** (Art. 394 ff.) «nur» ein Tätigwerden im Interesse des Auftraggebers (ohne Leistungserfolg) zum Gegenstand (vgl. BGer, 25.11.2010, 4A_252/2010, E. 4.1; 11.9.2007, 4A_51/2007; BGE 127 III 329; 109 II 36 = Pra 1983, 399 f.; BGE 59 II 261 ff.; OGer LU, 16.4.2008, 11 07 139; RJN 1992, 101 ff. und 105 ff.; ZK-BÜHLER, Art. 363 N 159 ff.). Der Unternehmer schuldet ein *Werk*, der Beauftragte lediglich ein *Wirken*. Lässt sich ein Arbeits*ergebnis* nach objektiven Kriterien auf seine Vertragskonformität überprüfen, kann es vom Leistungserbringer als Werk versprochen werden und ist als Arbeitserfolg geschuldet. Das Vertrauenselement ist nicht nur dem Auftrag inhärent. Auch der Besteller sucht i.d.R. einen Unternehmer, dem er vertraut; dies schliesst die Annahme eines Werkvertrages bei gegebenen Voraussetzungen nicht aus (BGer, 6.5.2004, 4P.65/2004, E. 1.4). Der Beauftragte übernimmt im Unterschied zum Unternehmer eine Sorgfaltshaftung, nicht aber eine Erfolgshaftung. Während beim Werkvertrag nur der Besteller (und nur gegen Ersatz des Erfüllungsinteresses) jederzeit und ohne Begründung vom Vertrag zurücktreten kann (Art. 377), steht beim Auftrag aufgrund des qualifizierten Vertrauensverhältnisses beiden Parteien ein (nach h.M. zwingendes) Recht zum jederzeitigen Widerruf zu (Art. 404 Abs. 1; BGE 115 II 464; bestätigt in BGer, 5.3.2014, 4A_364/2013, E. 11.1; 13.2.2014, 4A_284/2013, E. 3.5.1; 6.7.2011, 4A_141/2011, E. 1.3, 2.2 f. m.w.Hw.). Näheres zur Abgrenzung s. Art. 363 N 17 ff. (Architekturverträge); insb. RUSCH, BJM 2013, 285 f.; Art. 394 N 28 ff.; PEDRAZZINI, 500–509; DÜRR, 9–12; ZK-BÜHLER, Art. 363 OR N 154 ff.; BK-KOLLER, Art. 363 OR N 125 ff., 138 ff.; BRÄNDLI, Baurechtliche Verträge, N 4 ff.; BK-GAUTSCHI, N 2, 5 f.; SCHLATTER, 23 f.

9 Vom **Kaufvertrag** unterscheidet sich der Werkvertrag (und insb. auch der Werklieferungsvertrag) vor allem durch die Herstellungspflicht des Unternehmers. Im Gegensatz zum Unterneh-

mer ist der Verkäufer zwar zur Übereignung der Sache, nicht aber zu deren Herstellung verpflichtet (BGE 124 III 459; ZK-BÜHLER, Art. 363 OR N 133 ff., Art. 365 N 12; BK-KOLLER, Art. 363 OR N 104). Allfällige Arbeitsleistungen sind beim Kaufvertrag untergeordnete Nebenleistungen, während die (erfolgsbezogene) Arbeitsleistung des Unternehmers das charakteristische Element des Werkvertrages bildet. Nicht entscheidend, aber ein Indiz für die Qualifikation des Vertrages ist, ob vertretbare oder unvertretbare Sachen den Vertragsgegenstand bilden. Auch serienmässig fabrizierte Sachen können Gegenstand einer werkvertraglichen Herstellungspflicht sein. Abgrenzungsprobleme ergeben sich insb. gegenüber dem Kauf einer künftigen Sache und gegenüber dem Kauf mit Montagepflicht (s. dazu Art. 363 N 22; s.a. BK-KOLLER, Art. 363 OR N 118 ff.; ZK-SCHÖNLE, Art. 184 OR N 132 ff.; BÖGLI, N 72; ABOW 1992/93, 50 = BR 1994, 107; JdT 1980 I 258; BGE 103 II 33; 97 II 212; 94 II 161; 76 II 107; ferner TERCIER/FAVRE, N 4239 ff.; HONSELL, OR BT, 282 f.; DÜRR, 6–8; PEDRAZZINI, 510; BK-GAUTSCHI, N 15–18; SCHLATTER, 24 f.).

Von Belang ist die Abgrenzung des Werkvertrages vom Kaufvertrag namentlich für die Fragen der Gefahrtragung (Art. 376 im Vergleich zu Art. 185), des Rechts auf Nachbesserung (Art. 368 Abs. 2 im Vergleich zu Art. 205/206), des Rücktrittsrechts des Erwerbers (Art. 377) und der Berechtigung zur Eintragung eines Bauhandwerkerpfandrechtes (Art. 837 Abs. 1 Ziff. 3 ZGB; vgl. BGE 103 II 33). 10

Das den **Arbeitsvertrag** kennzeichnende Subordinationsverhältnis zwischen den Vertragsparteien und das darauf beruhende Weisungsrecht des Arbeitgebers gegenüber dem Arbeitnehmer sind dem Werkvertrag fremd. Der Arbeitnehmer wird typischerweise dafür entschädigt, dass er seine Arbeitskraft während einer bestimmten Zeit zur Verfügung gestellt hat, der Unternehmer hingegen für die Erzielung eines bestimmten Arbeitsergebnisses. Im Gegensatz zum Arbeitsvertrag hat der Werkvertrag keinen Dauercharakter (s. N 14). Juristische Personen können wohl Unternehmer, nicht aber Arbeitnehmer sein (CR CO I-CHAIX, Art. 363 OR N 20 a.E.). – Heikle Abgrenzungsprobleme können sich bei der *Regiearbeit* ergeben, bei welcher die erbrachte Arbeitsleistung die Basis für die Berechnung der Entschädigung darstellt (Vergütung nach Massgabe des Aufwandes; vgl. Art. 44, 48 SIA-Norm 118), und beim *Akkordlohn*, bei welchem sich die Lohnbemessung nach dem (quantitativen) Arbeitserfolg richtet. Hauptsächliches Unterscheidungskriterium bei der Vertragsqualifikation ist das Mass der Selbständigkeit bei der Arbeitsausführung (namentlich freie Einteilung der Arbeitszeit, Benützung eigener Räume, Geräte und Materialien beim Werkvertrag). Die Unterscheidung ist insb. wesentlich im Hinblick auf die Rechtsfolgen der Gefahrtragung und die zahlreichen zwingenden Bestimmungen des Arbeitsvertrags- und Sozialversicherungsrechts (s. aus der Rechtsprechung: BGE 112 II 41 – Drive Quintett; BGE 73 I 420; KGer LU, 16.8.2007, LGVE 2007 I Nr. 20; ZBJV 1978, 37 – Verpflichtung, jährlich erscheinende Bücher zu schreiben; ZBJV 1977, 414 – Kabarett-Tänzerin; BJM 1972, 172 f.; ZWR 1969, 32; w.Nw. bei GAUCH, N 21; ZK-BÜHLER, Art. 363 OR N 148 f.; BK-KOLLER, Art. 363 OR N 135 ff.; BK-GAUTSCHI, N 13a, b; SAXER, 18 ff.; TERCIER/FAVRE, N 4249 ff.; PEDRAZZINI, 509; DÜRR, 8 f.; SCHLATTER, 21 f.). 11

II. Charakterisierung des Werkvertrages

Der Werkvertrag ist ein klassischer vollkommen zweiseitiger, **synallagmatischer Vertrag**. Essentialia sind die Herstellung eines Werkes durch den Unternehmer und die dazu in einem Austauschverhältnis stehende Leistung einer Vergütung durch den Besteller (Art. 363). Das Besondere des Werkvertrages liegt in der Herstellung eines bestimmten Werkes. Die Herstellungspflicht des Unternehmers wird ergänzt durch seine *Ablieferungspflicht* (s. Art. 363 N 2; BK-KOLLER, Art. 363 OR N 252 f.; ZK-BÜHLER, Art. 363 OR N 43). 12

Parteien des Werkvertrages, d.h. «Besteller» und «Unternehmer», können neben natürlichen und juristischen Personen auch Kollektiv- und Kommanditgesellschaften oder mehrere ge- 13 meinsam auftretende Personen, verbunden etwa in einer einfachen Gesellschaft, sein. Zu Letzteren gehören insb. die *Arbeitsgemeinschaften* («ARGE») von Unternehmen, die sich aufgrund des Volumens oder der technischen Komplexität eines Bauwerks zusammenschliessen. Der Ausdruck «Unternehmer» weist zwar darauf hin, dass dieser als selbständiger Gewerbetreibender auftritt. Es ist aber für das Vorliegen eines Werkvertrages nicht erforderlich, dass der Unternehmer die Herstellung des Werkes gewerbsmässig übernimmt (GAUCH, N 11).

14 Da die Leistungspflicht des Unternehmers nicht auf fortwährende Erfüllung während einer bestimmten oder unbestimmten Zeitdauer ausgerichtet ist, stellt der Werkvertrag **keinen Dauervertrag** dar (KOLLER A., Dienstleistungsverträge, 1629). Dass Werkverträge z.T. langfristige Verträge sein können, ändert daran nichts. Entscheidend ist, dass sie nicht insofern auf Zeit abgeschlossen sind, als sie durch Zeitablauf oder durch Kündigung ordentlich beendigt werden (s. BGE 129 III 608 = Pra 2003, 570 (Telefonabonnementsvertrag); BGE 98 II 302 f. = Pra 1973, 191; GAUCH, N 9, 322 m.Nw.; BÖGLI, N 16; vgl. auch BK-KOLLER, Art. 363 N 161 ff.; CR CO I-CHAIX, Art. 363 N 7). Nicht gegen einen Werkvertrag spricht, dass Leistungen wiederholt zu erbringen sind (s. BGer, 8.10.2004, 4C.231/2004, E. 2, Reinigungsarbeiten).

Die Hauptinteressen der Vertragsparteien sind verschiedener Art: Dasjenige des Bestellers ist auf das Werk, dasjenige des Unternehmers dagegen auf das Entgelt gerichtet. Auch wenn der Unternehmer (neben der Vergütung) ein Eigeninteresse an der Herstellung des Werkes haben kann (s. GAUCH, N 585 f.) und Werkverträge einen starken «Beziehungscharakter» aufweisen können, stellen diese **keine Gesellschaftsverträge** dar (vgl. BGE 104 II 112; GAUCH, N 7; ferner BGer, 13.2.2014, 4A_284/2013, E. 3.1).

15 Der Werkvertrag stellt einen **Individualvertrag** dar, sofern seine Bestimmungen von den Vertragsparteien ausgehandelt worden sind. Insbesondere bei Bauwerkverträgen greifen die Parteien häufig auf allgemeine Vertragsbedingungen zurück (SIA-Norm 118, N 22); der Werkvertrag erscheint in diesen Fällen als **Vertrag mit vorgeformtem Inhalt** (GAUCH, N 189). Diesbezüglich enthalten Bauwerkverträge oft eine *Rangklausel*, die i.S. einer Kollisionsnorm die Anwendbarkeit der Individualabrede und des vorgeformten Inhalts voneinander abgrenzt.

16 Für den Abschluss des Werkvertrages bestehen **keine gesetzlichen Formvorschriften**. Bei gemischten Grundstückkauf-/Werkverträgen ist danach zu unterscheiden, ob der Werklohn Teil einer Gesamtvergütung (Formzwang) oder keine Gegenleistung für das Grundstück darstellt (kein Formzwang). Siehe zu diesen Formfragen BGE 119 II 29 = Pra 1993, 719; BGE 117 II 264 = BR 1992, 96; BGE 113 II 404; 107 II 216; BGer, 17.10.2014, 5A_140/2014, E. 3.1; KGer VD, BR 2013, 327; WIEGAND/BRUNNER, Vom Umfang des Formzwanges und damit zusammenhängenden Fragen des Grundstückskaufvertrages, recht 1993, 6 ff.; GAUCH, N 409–411; CR CO I-CHAIX, Art. 363 N 14 ff.; HESS, Kommentar, Art. 216 N 6; ferner zur Grundstückgewinnsteuer BGer, 17.10.2005, 2A.20/2005. Auch Architekten-, Unternehmer- und Konsortialklauseln bedürfen als Teil von Grundstückkaufverträgen der öffentlichen Beurkundung, sofern der Werklohn Teil der Gegenleistung für den Grundstückserwerb darstellt (GAUCH, N 423; LEUENBERGER, in: Koller A., Grundstückkauf, N 118 f.); s.a. Art. 20 SIA-Norm 118. Zur vertraglich vorbehaltenen Form in Zusammenhang mit einer Bestellungsänderung s. BGer, 9.12.2011, 4D_75/2011 = BR 2012, 88; dazu SCHMID/STÖCKLI, Urteile, 190 f.

III. Werkvertragsähnliche Innominatkontrakte

17 In der Praxis kommen etliche Vertragsformen vor, die dem Typus des Werkvertrages nach Art. 363 ff. *zwar nicht genau entsprechen*, ihm aber **nahe kommen**. Es kann sich dabei um Verträge sui generis, die dem Werkvertrag näher als an anderen gesetzlichen Vertragstypen stehen, um *gemischte Verträge* die Hauptleistungspflichten verschiedener gesetzlicher Vertragstypen vereinen, oder um aus zwei (oder allenfalls mehreren) selbständigen gesetzlichen Verträgen zusammengesetzte Verträge handeln.

Entgegen einer verbreiteten Ansicht (BGE 109 II 36; 106 II 159; 104 II 110; BK-Gautschi, N 7) **steht Art. 394 Abs. 2 der Annahme werkvertragsähnlicher Innominatkontrakte nicht entgegen**. Diese Bestimmung, wonach «Verträge über Arbeitsleistung, die keiner besonderen Vertragsart dieses Gesetzes unterstellt sind», den Vorschriften über den Auftrag unterstehen, schliesst zwar ihrem (unglücklich formulierten) Wortlaut, nicht aber ihrem Sinn und Zweck nach aus, dass bei Verträgen auf Arbeitsleistung Platz für Innominatkontrakte besteht (wie hier BK-Koller, Art. 363 OR N 20, 152 f., 157 f. m.Nw.; ZK-Bühler, Art. 363 OR N 158, vgl. auch N 154 ff.; Leuenberger, 51 f.; Pedrazzini, 505; Gauch, N 16 f., 46 m.Nw.). Art. 394 Abs. 2, dessen Wortlaut weiter gefasst ist, als sein Zweck reicht, schränkt die Vertragsfreiheit nicht ein und zwingt demnach nicht dazu, vertragliche Mischformen entweder ganz dem Werkvertrag oder ganz einem anderen gesetzlichen Typus, insb. dem einfachen Auftrag, zu unterstellen (in diesem Sinne jetzt auch BGE 109 II 466; bestätigt in 110 II 382 und 114 II 56; s. dazu Gauch, BR 2014, 69 m.w.Nw.). Den konkreten Umständen *angepasste Rechtsfolgen* sind einer erzwungenen einheitlichen Qualifikation vorzuziehen. Weder sollen Verträge unter das Auftragsrecht gezwängt werden, für welche dieses Recht (insb. Art. 404) unangemessene Lösungen zur Folge hat (OGer LU, 16.4.2008, 11 07 139), noch sollen Verträge nur deshalb als Werkverträge qualifiziert werden, weil sonst unpassende Regeln des Auftragsrechts zur Anwendung kämen (vgl. Gauch, N 46). **18**

Nicht eindeutig fassbar ist die Abgrenzung zwischen werkvertragsähnlichen Innominatkontrakten und sog. atypischen Werkverträgen (s. zu den Letzteren etwa Schulin/Vogt, BT, Tafel H 4). Unabhängig von der Einordnung der Verträge ist bei sämtlichen Mischformen im Einzelfall abzuklären, inwieweit die werkvertraglichen Bestimmungen zur Anwendung kommen (s. zur Rechtsanwendung bei werkvertragsähnlichen Innominatkontrakten insb. Gauch, N 325; s.a. Einleitung vor Art. 184 ff.; BK-Koller, Art. 363 OR N 152). **Werkvertragsähnliche Innominatkontrakte** sind insb.: **19**

- gewisse Architekturverträge (vgl. Art. 363 N 17 ff.);
- gewisse Werklieferungs- und verwandte Verträge (vgl. Art. 363 N 21 ff.);
- Verpflichtung zum (unentgeltlichen) Bau eines Teils eines Stammgeleises (BGE 122 III 14 f.);
- Veranstaltungsverträge: Reiseveranstaltungsverträge (BGE 115 II 477; 111 II 273; SJZ 1987, 135 ff.; SJ 1982, 578 ff.; Roberto, 19–24; Leuenberger, 55; Gauch, N 45, 342 ff.; Schluep, 922 f.; s. BG über Pauschalreisen, Art. 1 und 2 und dazu Tercier/Favre, Rz 6470 ff.; s.a. BGE 139 III 217) – Zurverfügungstellen einer Jacht fällt nicht unter BG über Pauschalreisen; Vorstellungsbesuchsverträge (vgl. BGE 70 II 215; Gessler, 62, 78; Tercier/Favre, Rz 4260; Leuenberger, 56; Dessemontet, 130 f.; Pedrazzini, 503 f.); Orchester-, Musiker-, Künstlerverträge (BGE 112 II 41; SJZ 1981, 97; Tercier/Favre, Rz 4258 ff.; Bucher, BT, 205); Softwareherstellungsverträge (Slongo, 107, 163, 167; Widmer U., 74–76; Dessemontet, 129 f., Rz 3);
- Telefonabonnementsvertrag (BGE 129 III 608 = Pra 2003, 570);
- Verträge auf Informationsleistung (Druey, 163 f.);
- Wartungsverträge (BGE 130 III 458 = Pra 2005, 340, Feuerlöscher); vgl. zur «einmaligen Wartung» Art. 363 N 11; Tercier/Favre, Rz 4254; Leuenberger, 58; Gauch, N 323);
- Bewirtungsverträge (BGE 108 II 449; Tercier/Favre, Rz 4262 ff.);
- Vertrag auf Herstellung eines parmazeutischen Wirkstoffes, mit Vereinbarung der vertraglichen Menge als Zielmenge (werkvertragliches Element), ohne Erfolgshaftung für die Zielmenge (auftragsrechtliches Element: BGer, 21.1.2005, 4C.313/2004).

IV. Rechtsquellen

20 Zur Bestimmung des Inhalts und der Rechtsfolgen des einzelnen Werkvertrages oder werkvertragsähnlichen Innominatkontraktes sind in erster Linie die **konkrete Vereinbarung** der Parteien sowie die gesetzlichen Bestimmungen von Art. 363 ff. OR, die Art. 837, 839–841 ZGB betr. das Bauhandwerkerpfandrecht und die Art. 671–673 ZGB betr. Bauten auf Grundstücken Dritter zu beachten, daneben aber insb. auch die auf Bauwerkverträge anwendbaren Bestimmungen der SIA-Norm 118 (N 22), weitere allgemeine Vertrags-, Geschäfts- und Branchenbedingungen, die nicht normierte Verkehrsübung, Musterverträge (N 27), ferner das PrHG (s. Art. 2) sowie die staatsvertraglichen Bestimmungen des Wiener Kaufrechtsübereinkommens (WKR) und u.U. auch Vorschriften des EU-Rechts.

21 Die Bestimmungen von Art. 363 ff. sind weitgehend **dispositiver Natur**, so dass abweichende vertragliche Vereinbarungen in aller Regel vorgehen (vgl. STÖCKLI, Bauherrschaft, 5 ff.; SCHLATTER, 12). Die dispositiven Gesetzesbestimmungen haben sodann nach richtiger Ansicht auch der richterlichen Vertragsergänzung zu weichen, soweit jene den vereinbarten Vertragsinhalt nicht sinnvoll ergänzen (so gehandhabt in BGE 114 II 53 E. 3 [nicht publiziert] in Bezug auf Art. 377; s. GAUCH, Totalunternehmervertrag, 42).

22 Die SIA-Norm 118 («Allgemeine Bedingungen für Bauarbeiten» des schweizerischen Ingenieur- und Architektenvereins, Ausgabe 2013), Regeln betreffend Abschluss, Inhalt und Abwicklung von Verträgen über Bauarbeiten, hat *rein privaten Charakter*. Die 2013 erschienene Ausgabe basiert auf einer «sanften Revision» unter Beibehaltung bewährter Struktur und Substanz der Ausgabe 1991 (neben terminologischen Anpassungen, z.B. «Vertragsparteien» statt «Vertragspartner», wurde namentlich das Teuerungsabrechnungsverfahren unter Aufhebung der Art. 69–82 neu in den SIA-Normen 121–124 geregelt; zum Ganzen REETZ/LORENZ, 284 ff.; SIEGENTHALER/STÖCKLI, Baurecht, 789 f.; die wichtigsten Neuerungen bei der Norm SIA 118, NZZ vom 12.4.2013, 59). Die Ausgabe 1991 wiederum stimmt – mit Ausnahme der Klarstellung der Rechtsnatur der Garantiefrist (nunmehr « Rügefrist» genannt); s. GAUCH, Zur SIA-Norm 118, BR 1992, 46 ff. – weitgehend mit der Ausgabe 1977 überein. Da der SIA-Norm keine Gesetzeskraft zukommt, sind ihre Bestimmungen für die Vertragsparteien nur verbindlich, wenn sie von den Parteien durch – ausdrückliche oder stillschweigende – Vereinbarung zum Vertragsbestandteil erhoben worden sind (BGE 118 II 295; 117 IV 168; 117 II 427; 107 II 178 = BR 1982, 17; 94 II 163; BGer, 31.7.2012, 4A_53/2012, E. 5.3 f. = BR 2012, 193 ff.; BGer, 3.12.2007, 4A_393/2007 = BR 2008, 67; BGer, 3.8.2007, 4C.420/2006, E. 4; s.a. BGer, 9.12.2005, 4C.261/2005, E. 2.3 = BR 2006, 67, mit Präzisierung von GAUCH; SPIESS/HUSER, Einleitung N 21 und 47 ff.; s.a. SIEGENTHALER, 348; BGer, 1.4.2004, 4C.347/2003, E. 3.1.2, Bindung des Bestellers an SIA-Norm 102, da er sich nicht gegen die Verwendung dieser Norm in einem Vertragsentwurf verwahrt hatte; Abgabe einer Kostenschätzung mit Bezug auf die «SIA 2001» eines Architekten «EPFL SIA» genügt nicht, um die SIA-Norm 102 als vereinbart zu erachten; BGer, 19.1.2007, 4C.371/2006 = BR 2007, 167; s. dazu SIEGENTHALER, 352; BGE 119 IV 58; 113 II 515 = Pra 1989, 81 f.; SJ 1995, 82 = BR 1995, 40; Rep 1993, 197 ff.; SOG 1991, 11 ff. = BR 1993, 45; RBUR 1990, 33 f. = SJZ 1993, 12 f.; RJN 1990, 57 f. = BR 1991, 99 f.; GAUCH, SIA, Einleitung Ziff. 1; DERS., N 282 ff.; BK-KOLLER, Art. 363 OR N 27, 238; CR CO I-CHAIX, Vor Art. 363–379 N 9; STÖCKLI, Baunormung, 5; TAUSKY, Architekten- und Ingenieurverträge, 17; SCHERRER, Bestellungsänderungen, 79). Angesichts der grossen Verbreitung der SIA-Norm 118 wird es bei Bauwerkverträgen in vielen Fällen gerechtfertigt sein, sie als Mittel zur Auslegung unklarer Vertragsklauseln heranzuziehen. In der Regel wird die im Zeitpunkt des Vertragsabschlusses neueste Ausgabe der Norm anzuwenden sein (vgl. BGE 116 II 310; REETZ/LORENZ, 288, wonach es den Parteien freisteht, ihrem Vertrag die Ausgabe 1977/1991 zugrunde zu legen). Eine SIA-Norm kann zur Auslegung einer anderen SIA-Norm herangezogen werden (BGer, 19.10.2007, 4A_71/2007, E. 3.1.1; dazu HÜRLIMANN/SIEGENTHALER, Jusletter 2008, 5). Dass SIA-Normen Ausdruck der Verkehrsauffassung oder -übung sind, ist nicht zu vermuten

und im Einzelfall nachzuweisen. Sie sind auch nicht gerichtsnotorisch (BGer, 2.12.2008, 4A_428/2007, E. 3.2 = BR 2009, 57 dazu BR 2009, 150; BGer, 2.6.2006, 4C.125/2005/ 4P.47/2006, E. 3.3; ferner BGer, 4.12.2011, 4P.209/2001, E. 3; s. dazu SIEGENTHALER, 372; SIEGENTHALER/STÖCKLI, SIA, 37 ff.; AppGer TI, BR 2014, 309 f. m.w.V.; u.E. zu weitgehend REETZ/LORENZ, 287, wonach SIA-Normen dem Gericht als Beweismittel einzureichen sind).

Die SIA-Norm 118 gilt – entgegen dem Wortlaut verschiedener Bestimmungen der Norm – nicht etwa für Werkverträge schlechthin; ihr Anwendungsbereich sind ausschliesslich die **Bauwerkverträge** (vgl. BR 1991, 41 f.; SPIESS/HUSER, Art. 1 N 1). Für andere (Werk-)Verträge enthält die Norm keine Bestimmungen, insb. weder für Architektur- und Ingenieurverträge (s. dazu aber die einschlägigen SIA-Honorarordnungen 102, 103, 108; zu deren Revision s. SIEGENTHALER/STÖCKLI, Baurecht, 790 ff.; MARTI/FLÜCKIGER, 15 ff.; KAEPPELI, 198 ff.; ferner KIRCHGEORG/FANZUN, 19 ff.). noch für Konsortialverträge; s. ferner zu den Entwicklungen in der Baunormung STÖCKLI, Baunormung, 5 ff.; ZUFFEREY, Norme SIA 118, 60 ff.; DERS., Normes, 3 ff.; JENATSCH, 79 ff. Die Anwendung der SIA-Norm 118 unterliegt den üblichen Schranken allgemeiner Vertragsbedingungen, insb. der Ungewöhnlichkeitsregel (vgl. BGE 109 II 452; BGer, 9.3.2012, 4A_538/2011; 24.11.1988 = BR 1989, 93 f.; GVP 1992, 54 = BR 1993, 103) und – mit Einschränkungen (s. GAUCH, N 294) – der Unklarheitsregel. Ausserdem ist ein allfälliger Verstoss gegen Art. 8 UWG wegen Verwendung «missbräuchlicher Geschäftsbedingungen» im Auge zu behalten (s. GAUCH, N 198 ff.; STÖCKLI, Bauherrschaft, 5 f.; SIEGENTHALER/STÖCKLI, Baurecht, 782 ff.). Näheres zum Ganzen bei GAUCH, SIA, Einleitung Ziff. 2; DERS., N 261 ff., 291 ff.; DERS., FS Jäggi, 203 ff. Für den (nicht seltenen) Fall, dass sich Bestimmungen ein und desselben Bauwerkvertrages widersprechen, sieht Art. 21 der SIA-Norm 118 eine Rangordnung einzelner Vertragsbestandteile vor. Dabei ist zu berücksichtigen, dass individuelle Vereinbarungen wie auch individuell ausgehandelte Vertragsbedingungen den Bestimmungen der SIA-Norm 118 auch diesbezüglich vorgehen. **23**

Eine wichtige Rolle im Werkvertragsrecht spielt selbstverständlich auch die – namentlich höchstrichterliche – Rechtsprechung. **23a**

Als weitere Rechtsquelle ist das **Wiener Kaufrechtsübereinkommen** (WKR) zu beachten, das für die Schweiz am 1.3.1991 in Kraft getreten ist (AS 1991, 306 ff.; Näheres bei Vor Art. 184–236; BK-KOLLER, Art. 363 OR N 33 ff.; ZK-BÜHLER, N 36 ff.; WIRTH/GRAWEHR, 320 f.). Das Übereinkommen findet – entgegen seinem Titel – nicht nur auf internationale Warenkäufe, sondern auch auf *internationale Werklieferungsverträge* Anwendung (GAUCH, N 373 ff.; DERS., BR 1993, 24; SCHLECHTRIEM/Schwenzer-FERRARI, Art. 3 N 4; BK-KOLLER, Art. 363 OR N 34). Dies gründet darin, dass die Hauptpflicht des Verkäufers gemäss WKR wie jene des Unternehmers im Werkvertrag nach Art. 363 ff. auf die Bewirkung eines Erfolges gerichtet ist. Es besteht denn auch weitgehende Übereinstimmung des Kaufs nach WKR mit dem traditionellen Werkvertrag (s. BUCHER, Berner Tage für die juristische Praxis BTJP 1990, Bern 1991, 13 ff., 24 f.). Daher ist es folgerichtig, dass sich der Anwendungsbereich des WKR auf Werklieferungsverträge und auf aus Kauf- und Werkvertrag gemischte Vertragsverhältnisse (nicht aber auf Werkverträge schlechthin) erstreckt (s. Art. 3 WKR; ferner Botschaft betr. das Wiener Übereinkommen über Verträge über den internationalen Warenkauf vom 11.1.1989, 18). **24**

Mit dieser Grundsatzentscheidung entfallen zwar die Abgrenzungsprobleme zwischen Werklieferungsverträgen und Kaufverträgen weitgehend. Dagegen erhält die *Abgrenzung zwischen dem schlichten Werkvertrag und dem Werklieferungsvertrag erhöhte Bedeutung*. Die unscharfe Trennung in Art. 3 Abs. 1 WKR, wonach den Kaufverträgen Verträge über die Lieferung herzustellender oder zu erzeugender Ware gleichstehen, «es sei denn, dass der Besteller einen wesentlichen Teil der für die Herstellung oder Erzeugung notwendigen Stoffe selbst zu liefern hat», kann zu Zweifelsfällen führen. Um solche zu vermeiden, ist zu empfehlen, bei **25**

Werklieferungsverträgen eine *klare Rechtswahl* zu treffen (HERRMANN, Berner Tage für die juristische Praxis BTJP 1990, 1991, 83 ff., 92).

26 Zu den Abgrenzungsproblemen zwischen den Werk(lieferungs)verträgen und den anderen Arbeitsleistungsverträgen hält Art. 3 Abs. 2 WKR fest, dass das Übereinkommen nicht auf Verträge anzuwenden ist, «bei denen der überwiegende Teil der Pflichten der Partei, welche die Ware liefert, in der Ausführung von Arbeiten oder anderen Dienstleistungen besteht». Überwiegen im Einzelfall die Arbeitsleistungen (wie Montage-, Anpassungs-, Instruktions- und ähnliche Arbeiten), so findet das WKR keine Anwendung (vgl. Botschaft, 18; GAUCH, N 371 f.; DERS., BR 1993, 24; Schlechtriem/Schwenzer-FERRARI, Art. 3 N 13; ZK-BÜHLER, N 38; BK-KOLLER, Art. 363 OR N 40 ff.). – Die Bestimmungen des WKR sind nicht zwingender Natur; ihre Anwendbarkeit kann durch Vereinbarung ganz oder teilweise ausgeschlossen werden (Art. 6 WKR).

27 Hinzuweisen ist ferner auf die verschiedenen vom schweizerischen Ingenieur- und Architekten-Verein herausgegebenen **Musterverträge** für Werkverträge mit Unternehmern SIA 1023 (Fassung 2013), mit Generalunternehmern mit Pauschalpreis SIA 1024 (Fassung 2004) sowie Verträge für Architektur- und Bauingenieurleistungen SIA 1002 (Fassung 2003) und LHO SIA 102 und 103 (Fassung 2014); s.a. den KBOB-Werkvertrag und dazu STÖCKLI, BR 2008 4 ff. Diese Musterverträge sind Ausdruck der Übung; es kommt ihnen aber nicht die Bedeutung von allgemeinverbindlichen Verträgen oder gar von Normalarbeitsverträgen i.S.v. Art. 359 zu (REBER, 280). Zu Bauingenieur-, General- und Totalunternehmerverträgen s. KURER/QUINTO/MAFFIOLETTI, N 267 ff., 364 ff.; zum Generalunternehmervertrag des Verbands Schweizerischer Generalunternehmer s. HUBER/SCHWENDENER, passim; zu Planerverträgen s. KURER/QUINTO/MAFFIOLETTI, N 114 ff.; STÖCKLI/SIEGENTHALER, passim; zu Bauingenieur-, General- und Totalunternehmerverträgen s. KURER/QUINTO/MAFFIOLETTI, N 267 ff., 364 ff.; zu Architekturverträgen s. GEHRER, Architekturverträge, passim.

28 Schliesslich sind die **Entwicklungen des EU-Rechts**, insb. die Regelungen im Baubereich, im Auge zu behalten. Hinzuweisen ist etwa auf die *Produktehaftungsrichtlinie*, deren Vorschriften auch für Produkte gelten, die in feste Bauten eingefügt werden, und auf die Richtlinien über die gegenseitige Anerkennung von Diplomen (mit einer eigenen Richtlinie für Architekten). Eine ganze Reihe von Richtlinien betrifft vorab das öffentliche Baurecht, insb. den *Vergabebereich* und den Normierungsbereich (s. die Zusammenstellung in BR 1990, 55; ferner HENNINGER, Euro-Bau, passim; EPINEY, 739 ff.).

V. Bauhandwerkerpfandrecht

29 Mit dem Bauwerkvertrag in engem Zusammenhang steht das im ZGB geregelte Bauhandwerkerpfandrecht (Art. 837 Abs. 1 Ziff. 3, Art. 839–841 ZGB). Dieses gesetzliche Grundpfandrecht hat in der Teilrevision des Sachenrechts, die am 1.1.2012 in Kraft trat (dazu BBl 2007, 5283 ff.; KAUP/STEINHAUER, 10 ff.; PFÄFFLI, 225), eine *partielle Modifizierung* erfahren (GAUCH, N 1300 ff.; s. SCHUMACHER, Erg.Bd., passim; DERS., BN 2011, 1 ff.; DERS., 2005, 4 ff.; REETZ, 120; PFÄFFLI/BYLAND). Der Anspruch auf seine Errichtung steht nach dem rev. Art. 837 Abs. 1 Ziff. 3 ZGB **Bauhandwerkern oder anderen Unternehmern** zu, «die auf einem Grundstück zu Bauten oder anderen Werken, zu Abbrucharbeiten, zum Gerüstbau, zur Baugrubensicherung oder dergleichen Material und Arbeit oder Arbeit allein geliefert haben, an diesem Grundstück, sei es, dass die den Grundeigentümer, einen Handwerker oder Unternehmer, einen Mieter, einen Pächter oder eine andere am Grundstück berechtigte Person zum Schuldner haben» (dazu THURNHERR, ZBGR 2012, 73 ff.; SCHUMACHER, Erg.Bd., Rz 113 ff.). Ist ein Mieter, Pächter oder eine andere am Grundstück berechtigte Person Schuldner, so besteht der Anspruch auf Errichtung des Grundpfandrechts nur, «wenn der Grundeigentümer seine Zustimmung zur Ausführung der Arbeiten erteilt hat» (Art. 837

Abs. 2 ZGB). Der *Totalunternehmer* hat ein umfassendes Bauhandwerkerpfandrecht für seine ganze Vergütung, also nicht etwa nur für die Ausführung von Bauarbeiten, sondern ebenso für die Projektierung (wohl aber auch nach revidiertem Recht nicht für Leistungen vor Baubeginn, LGVE 1994, 11 f. = BR 1995, 99). Pfandberechtigt ist auch der Unternehmer, der Entsorgungsarbeiten ausführt (ZR 2005, 184 f. = BR 2005, 192 f. [krit.]; s.a. SCHUMACHER, Erg. Bd., Rz 172 f.); er hat allerdings kein Vorrecht nach Art. 841 ZGB. Vom Schutz des Bauhandwerkerpfandrechts ausgeschlossen sind dagegen die Architekten und Ingenieure, sofern sie in dieser Eigenschaft und nicht als Bauunternehmer auftreten (BGE 119 II 426 = Pra 1994, 909 ff. und dazu BR 1994, 106; GAUCH, N 1301, 1308 f. m.Hw. auf **a.M.**).

Auch der Subunternehmer hat – trotz der Gefahr einer Doppelzahlungspflicht des Bauherrn – einen Anspruch auf Eintragung eines Bauhandwerkerpfandrechts am Grundstück des Erst- **30**
Bestellers (s. Art. 363 N 33; GAUCH, N 183 ff.; ausführlich SAXER, 141 ff.). Aufgrund der realobligatorischen Natur des Eintragungsanspruchs spricht die h.M. (BGE 95 II 229; SCHUMACHER, Bauhandwerkerpfandrecht, N 4444 ff.; ZOBL, ZSR 1982 II 76 ff., 100; LIVER, 209 ff.; **anders** aber GAUCH, N 1306 f. und BGE 134 III 150 E. 4.3) dem Berechtigten auch ein Recht auf Eintragung eines Bauhandwerkerpfandrechts gegen *Dritterwerber* des Grundstückes zu, obschon diese nicht Schuldner der Unternehmensforderung sind (s.a. BR 2005, 189 ff. mit Präzisierungen zur Reihenfolge der Eintragung von Eigentümerwechsel und Bauhandwerkerpfandrecht).

Näheres zum Bauhandwerkerpfandrecht insb. in BGE 131 III 303 = Pra 2005, 819 ff.; BGE **31**
120 II 389; 120 II 321 und dazu BR 1995, 97 f.; BGer, 13.10.2014, 5D_116/2014; 27.11.2014, 5A_420/2014; THURNHERR, ZBJV 2006, 909; SJZ 1996, 47 (Grundstück einer Kantonalbank); PKG 1992, 225 ff. (Grundstück im Verwaltungsvermögen eines Gemeinwesens); BGE 116 II 677; PIOTET, SJZ 1992, 213 ff. (vom Mieter bestellte Leistungen; vgl. SCHUMACHER, Erg.Bd., Rz 198); BGE 126 III 462; 125 III 113; 113 II 157 (Pfandobjekt bei Stockwerkeigentum; BGer, 11.7.2014, 5A_299/2014; dazu SCHUMACHER, BR 2015, 68 ff.; 11.1.2008, 5A _227/2007 = BR 2008, 76; s.a. SCHMID, Stockwerkeigentum, 38, 48 f., krit. zu BGE 125 III 117, ebenfalls krit. THURNHERR, Diss., Rz 591 f.; zur Passivlegitimation, notwendige Streitgenossenschaft mehrerer Stockwerkeigentümer, s. BR 2005, 191 f.; SCHUMACHER, Passivlegitimation, passim; THURNHERR, Diss., Rz 552 ff. und 566 ff.); zur einfachen Streitgenossenschaft und Vereinbarung über die örtliche Zuständigkeit s. BGE 138 III 480 = SZZP 2012, 377 ff.; BGer, 15.9.2010, 5A_475/2010; BGE 112 II 496, SJZ 1993, 69 f., LGVE 1992 I, 16 ff. (vorläufige Eintragungen; s.a. die Präzisierung in LGVE 2003 I, 21 f. = BR 2005, 93 f. = ZBJV 2004, 708 f.; zum Entscheid, mit dem die provisorische Eintragung eines Bauhandwerkerpfandrechs verweigert wird, als Endentscheid i.S.v. Art. 90 BGG s. BGer, 18.10.2011, 5A_509/2011; zu vorläufigen Eintragung (als Vormerkung), wobei es sich um eine Anordnung gem. Art. 6 Abs. 5 ZPO handelt, für die das Handelsgericht zuständig ist s. BGer, 9.12.2011, 5A_453/2011 = BGE 137 III 563 = BR 2012, 72 ff.; dazu SCHUMACHER, SZZP 2012, 183 ff.; RAPOLD/FERRARI-VISCA; ferner BGer, 17.12.2012, 5A_201/ 2012 = BR 2013, 151; zur Frist für die Klage auf definitive Eintragung s. BGer, 10.1.2002, 5C.145/2001, E. 2 = BR 2005, 94 f.; zur definitiven Eintragung als handelsrechtliche Streitigkeit s. BGE 138 III 479; zur Sicherheitsleistung anstelle des Bauhandwerkerpfandrechts s. ZR 2010, 66; zum Bauhandwerkerpfandrecht bei Nachbesserungsarbeiten: s. BRÄNDLI, Nachbesserung, Rz 1102 ff.; zum Bauhandwerkerpfandrecht bei Montage eines Gerüsts s. SCHUMACHER, Erg.Bd., Rz 150 f. (zum Recht vor der 2012 in Kraft getretenen Revision; BGE 136 III 6 E. 6, kein Bauhandwerkerpfandrecht bei Montage eines Gerüsts, das nicht für einen bestimmten Bau hergestellt wurde; kein Pfandrecht für Gerüstbauer, da Baugerüst dem Akzessionsprinzip entzogen ist: BGE 136 III 3 dazu ZBGR 2010, 264; BGE 131 III 303 = Pra 2005, 817 ff. s. dazu SCHUMACHER, BR 2005, 163 ff.); BGE 112 II 493 (Vorrecht gem. Art. 841 Abs. 1 ZGB; s. dazu PFISTER-INEICHEN, passim; RJJ 1991, 263 ff., mehrere Werkverträge; ZWR 2002, 186); SCHUMACHER, Anwaltsrevue 2014, 103 ff.; DERS., ZBGR 2014, 74 ff.; 183 ff.; DERS., Asphaltlieferungen, passim; DERS., BR 2012, 183 ff.; ferner ausführlich DERS.,

Bauhandwerkerpfandrecht, passim; SCHMID, Praktische Hinweise, 237 ff.; TRAUFFER, 201 ff.; STEINAUER, 217 ff.; BAUMANN, 285 ff.; BUCHSCHACHER, 275 ff.; ZOBL, ZSR 1982 II, 1 ff.; SAXER, 139 ff.; DE HALLER, ZSR 1982 II 189 ff.; zum Begehren um Bestellung eines Bauhandwerkerpfandrechts s. etwa das Formular samt Hinweisblatt ‹http://www.gerichte-zh.ch/themen/bau-werk/bauhandwerkerpfandrecht.html› (22.12.2014). S.a. Art. 83 SIA-Norm 118, der allerdings keine eigene Rechtsgrundlage für die Errichtung eines Bauhandwerkerpfandrechts darstellt (GAUCH/PRADER, SIA, Art. 83 N 1b, m.w.Nw.).

VI. IPR-Fragen

32 Hat der Besteller oder Unternehmer Wohnsitz oder Sitz in einem LugÜ-Mitgliedstaat, so kann er von der Gegenpartei vor den Gerichten dieses Staates eingeklagt werden (Art. 2 Abs. 1 LugÜ). Die örtliche Zuständigkeit bestimmt sich nach dem autonomen Recht des international zuständigen Vertragsstaates, für die Schweiz i.d.R. nach dem IPRG, subsidiär nach der ZPO (BSK LugÜ-DALLAFIOR/GÖTZ STAEHELIN, Art. 2 N 25 ff. m.Hw.; s.a. BGer, 7.11.2013, 4A_224/2013, E. 2.1). Zusätzlich können auch die Gerichte des Ortes angerufen werden, an dem die Werkleistungen des Unternehmers «erbracht worden sind oder hätten erbracht werden müssen» (Art. 5 Abs. 1 lit. b LugÜ; Schnyder, LugÜ-ACOCELLA, Art. 5 N 99; BSK LugÜ-HOFMANN/KUNZ, Art. 5 N 206). Diese besondere Zuständigkeit, die ebenfalls die örtliche Zuständigkeit innerhalb des international zuständigen Vertragsstaates regelt (BSK LugÜ-HOFMANN/KUNZ, Art. 5 N 32), ist allerdings nur gegeben, wenn eine Partei in einem anderen als ihrem (Wohn-)Sitzstaat verklagt wird (BGE 131 III 76).

In den übrigen Fällen, d.h. wenn der Beklagte nicht (Wohn-)Sitz in einem LugÜ-Mitgliedstaat hat, bestimmt sich die Zuständigkeit (direkt) nach dem IPRG. Dieses sieht nicht nur die internationale (BSK IPRG-AMSTUTZ/WANG, Art. 112 N 2 m.Hw.), sondern zugleich auch die örtliche Zuständigkeit der Gerichte am Wohnsitz oder Ort der Niederlassung des Beklagten (Art. 112) oder am Erfüllungsort der Werkleistung des Unternhemers vor (Art. 113).

Die *Werkleistung des Unternehmers ist* für die Bestimmung des anwendbaren Rechts entscheidend (Art. 117 Abs. 3 lit. c IPRG). Dem Recht des Staates, in welchem der Unternehmer seine Niederlassung bzw. seinen gewöhnlichen Aufenthalt hat, unterstehen sowohl die Qualifikation des Vertrages als auch seine Wirkungen (WIRTH/GRAWEHR, 325; ZK-BÜHLER, N 56; BK-KOLLER, Art. 363 OR N 47; BSK IPRG-AMSTUTZ/VOGT/WANG, Art. 117 N 43; BK-GAUTSCHI, N 34a, b; DUTOIT/KNOEPFLER/LALIVE/MERICER, Répertoire de droit international privé suisse, Bd. I, Bern 1982, 108 N 22; KELLER/SCHULZE/SCHAETZLE, Die Rechtsprechung des Bundesgerichts im Internationalen Privatrecht, Bd. II, Zürich 1977, 125; ZK-SCHÖNENBERGER/JÄGGI, Allg. Einl. N 288; s.a. SJZ 1984, 359 f.). Eine *Rechtswahl* ist zulässig; sie richtet sich nach Art. 116 IPRG.

33 Umstritten ist die Frage nach dem anwendbaren Recht bei Werkverträgen, die auf die Errichtung oder Veränderung **unbeweglicher Werke** gerichtet sind (s. IPRG-Kommentar-KELLER/KREN KOSTKIEWICZ, Art. 117 N 127 ff.). Nach einer Ansicht beurteilt sich die Errichtung oder Veränderung unbeweglicher Werke ausschliesslich nach dem Recht der gelegenen Sache (BK-GAUTSCHI, N 38; ZK-SCHÖNENBERGER/JÄGGI, Allg. Einl. N 288), während andere Autoren dafür eintreten, die Anknüpfung sei bei Werken, die auf Grund und Boden zu erstellen sind, nicht anders als bei beweglichen Werken zu beurteilen (BSK IPRG-AMSTUTZ/VOGT/WANG, Art. 117 N 43; VISCHER/VON PLANTA, Internationales Privatrecht, 2. Aufl., Basel 1982, 180 FN 26). Nach einer dritten Auffassung ist für die Anknüpfung massgeblich, ob die Leistungen des Unternehmers überwiegend an dessen Niederlassung oder am Ort der gelegenen Sache erbracht worden sind (ZK-BÜHLER, N 57; GAUCH, N 362; CR CO I-CHAIX, Vor Art. 363–379 N 12 f.).

34 Auch nach der hier vertretenen Ansicht ist zu differenzieren: Das Recht am Ort der gelegenen Sache ist anzuwenden, wenn bereits der Herstellungsvorgang ortsgebunden und auf die unbe-

wegliche Sache abgestimmt zu erfolgen hat, nicht aber, wenn bloss im Ergebnis eine Verbindung zur unbeweglichen Sache gegeben ist. So soll das **Sachstatut** massgebend sein bei der Herstellung eines fest mit dem Boden verbundenen Werkes (etwa der Erstellung eines Gebäudes). Dasselbe soll auch gelten, wenn lediglich entsprechende Teilleistungen erbracht werden, die jedoch naturgemäss *vor Ort zu erbringen* sind (etwa die Errichtung von Ziegelwänden oder Treppenanlagen). Ein Indiz für die Berücksichtigung des Sachstatuts dürfte sein, dass der Unternehmer am Ort der Vornahme der Werkleistung zwingendes öffentliches Recht zu beachten hat (Vermeidung einer Spaltung des anwendbaren Rechts). Unzweifelhaft nach dem Recht am Ort der gelegenen Sache richtet sich die Frage des Anspruchs auf Eintragung eines Bauhandwerkerpfandrechtes.

Erweist sich demgegenüber die vor Ort zu erbringende Werkleistung im Verhältnis zur gesamten Werkleistung als blosse Nebenpflicht (etwa der Einbau eines ortsunabhängig hergestellten Einbauschrankes oder andere Montage- und ähnliche Arbeiten), so ist trotz der im Ergebnis (nicht aber im Herstellungsvorgang) gegebenen Verbindung mit der unbeweglichen Sache das **Vertragsstatut** vorzuziehen. Einen Grenzfall bildet z.B. die Erstellung einer Aufzuganlage. Kein taugliches Abgrenzungskriterium ergibt wohl die sachenrechtliche Unterscheidung von Bestandteil und Zugehör. In *Zweifelsfällen* ist dem *Vertragsstatut* der Vorzug zu geben, da es sich hier um primär vertragliche und nicht um primär dingliche Rechtsverhältnisse handelt. 35

Angesichts der Schwierigkeit dieser Abgrenzung der Anwendbarkeit des Rechts am Ort der Niederlassung des Unternehmers und jenem am Ort der gelegenen Sache ist zu empfehlen, (mindestens in Zweifelsfällen) eine klare **Rechtswahl** zu treffen. Es entspricht einem praktischen Bedürfnis nach Rechtssicherheit, eine solche in einem möglichst grossen Rahmen zuzulassen (ähnliche Motive, wie sie für die Einführung einer Rechtswahl im Mobiliarsachenrecht sprechen; Art. 104 IPRG). 36

Bei *Werklieferungsverträgen* ist das Haager Übereinkommen betreffend das auf internationale Kaufverträge über bewegliche körperliche Sachen anzuwendende Recht vom 15.6.1955 (SR 0.221.211.4) zu beachten. Gemäss Art. 1 Abs. 3 des Übereinkommens werden Verträge über Lieferung herzustellender oder zu erzeugender beweglicher körperlicher Sachen den Kaufverträgen gleichgestellt, sofern die lieferpflichtige Partei die zur Herstellung oder Erzeugung erforderlichen Rohstoffe zu beschaffen hat (s.a. ZK-Bühler, N 59, m.w.H.).

Das Ergebnis der internationalprivatrechtlichen Vorfrage nach dem anwendbaren Recht ist wesentlich für die weitere Frage, ob das **Wiener Kaufrecht** bei internationalen Werklieferungsverträgen zur Anwendung kommt. Gemäss Art. 1 Abs. 1 lit. b WKR ist dieses Übereinkommen auf entsprechende Verträge zwischen Parteien, die ihre Niederlassung in verschiedenen Staaten haben, anwendbar, «wenn die Regeln des internationalen Privatrechts zur Anwendung des Rechts eines Vertragsstaates führen» (ZK-Bühler, N 36). 37

Gewisse Bestimmungen des Werkvertragsrechts gelten als *loi d'application immédiate*, so Art. 367 Abs. 1, Art. 368 und 371 (BGE 72 II 418; BK-Gautschi, Art. 367 OR N 46a; s.a. SJZ 1984, 359 f.). Zu IZPR-Fragen s. CR CO I-Chaix, Vor Art. 363–379 N 10 ff. 38

VII. Prozessuales

Über verfahrensrechtliche Fragen bei Bauprozessen orientieren Acocella, 265 ff. und die folgenden Beiträge: Rohrer, 403 ff.; Berti, 415 ff.; Widmer Chr., Gerichtsexperten, 425 ff.; Karrer, 391 ff.; s. ferner Bühler A., 289 ff.; zur Beweislastregel von Art. 174 Abs. 3 SIA-Norm 118: GVP 1992, 53 ff. = BR 1993, 102 f. 39

VIII. Rechtsvergleichung

40 Gesetzliche Regelungen von Werkverträgen in den Rechtsordnungen der Nachbarländer (s. die Literaturübersicht bei ZK-BÜHLER, N 11 ff. und die rechtsvergleichenden Hw. bei BK-KOLLER, N 58 ff.):

- Deutschland: §§ 631 ff. BGB; MESSERSCHMIDT, Privates Baurecht, Kommentar 631 ff. BGB, München 2012; KOEBLE, Münchener Prozessformularbuch, Privates Bau- und Architektenrecht, München 2013; zur Komm. des auf den 1.1.2002 revidierten Rechts s. PALANDT, Gesetz zur Modernisierung des Schuldrechts, Ergänzungsband zu Palandt, BGB 61. Aufl., München 2002; PALANDT, Einl. vor § 631 N 2; Überblick zum revidierten Werkvertragsrecht bei SCHUDNAGIES, Das Werkvertragsrecht nach der Schuldrechtsreform, NJW 2002, 396 ff.; s.a. WEBER/KESSELRING, Die Entwicklung des Bauträgerrechts sowie des Architekten- und Ingenieurrechts der Jahre 2009 und 2010, NJW 2010, 1855 ff.
- Österreich: §§ 1165 ff. ABGB; Überblick bei STRAUBE, Das private Baurecht in Österreich, in: Lendi/Nef/Trümpy, 343 ff.
- Frankreich: art. 1787 ff. CC fr. (contrat de louage d'ouvrage); LABARTHE/NOBLOT, Le contrat d'entreprise, Paris 2008.
- Italien: art. 1655 ff. CC it. (l'appalto).

Ein «Werkvertrag» kann für das französische und das italienische Recht auch aus einer Dienstleistung bestehen, die nach Schweizer Recht unter den Auftrag subsumiert würde (RUBINO, Dell'appalto, Bologna 2007; LUMINOSO, Codice dell'appalto privato, Milano 2010).

Hinweise auf einzelne im Verhältnis zum schweizerischen Recht wichtige ausländische Gesetzesbestimmungen erfolgen in der laufenden Kommentierung.

Art. 363

A. Begriff	**Durch den Werkvertrag verpflichtet sich der Unternehmer zur Herstellung eines Werkes und der Besteller zur Leistung einer Vergütung.**
A. Définition	Le contrat d'entreprise est un contrat par lequel une des parties (l'entrepreneur) s'oblige à exécuter un ouvrage, moyennant un prix que l'autre partie (le maître) s'engage à lui payer.
A. Definizione	L'appalto è un contratto per cui l'appaltatore si obbliga a compiere un'opera e il committente a pagare una mercede.

Literatur

Vgl. die Literaturhinweise bei den Vorbem. zu Art. 363–379.

1 Art. 363 hält in exemplarischer Kürze die **Hauptpflichten**, die Essentialia der Vertragsparteien eines Werkvertrages fest: die Pflicht des Unternehmers zur Herstellung des Werkes einerseits und jene des Bestellers zur Leistung einer Vergütung anderseits.

I. Essentialia

1. Herstellung eines Werkes

2 Von den beiden Essentialia stellt die **Herstellung des Werkes**, der Arbeitserfolg (s. Vor Art. 363–379 N 1 ff.), *die für den Werkvertrag* **typische Leistung** dar. Die Herstellungspflicht des Unternehmers wird i.d.R. ergänzt durch seine *Ablieferungspflicht* (ZK-BÜHLER, N 43; BK-KOLLER, N 253). Diese wird zwar in Art. 363 nicht ausdrücklich erwähnt, ist aber dem

Sinne nach erfasst, handeln doch mehrere Gesetzesbestimmungen von der «Ablieferung», «Übergabe» und «Abnahme» des Werkes (s. Art. 367 Abs. 1, Art. 370 Abs. 1, Art. 371 Abs. 2, Art. 372 Abs. 1, Art. 376 Abs. 1; Näheres zu den Begriffen bei BK-Koller, N 313 f.; ZK-Bühler, Vor Art. 364–371 N 7; Gauch, N 86 ff.; Art. 370 N 3).

3 Der Begriff der Herstellung ist zu eng; die **Veränderung**, insb. auch in Form von *Reparaturen* (BGE 130 III 458 E. 4 = Pra 2005,339 f., Funktionieren von Feuerlöschern im Brandfall; s.a. Tercier, SJZ 2005, 292; BGE 113 II 421 = Pra 1988, 405; BGE 111 II 171; KGer VD, SJZ 1996, 244; ZK-Bühler, N 33 ff.), und die **Erhaltung** sind ebenfalls erfasst (BK-Gautschi, N 1b; Gauch, N 28).

2. Leistung einer Vergütung

4 Zweites Essentialium des Werkvertrages bildet die Verpflichtung des Bestellers zur Leistung einer Vergütung (BGer, 30.5.3006, 4C.72/2006 = BR 2006, 169; BGE 127 III 523; 122 III 14; Gauch, N 896). Die Vergütungspflicht des Bestellers ist also notwendiger Inhalt des Werkvertrages. Das bedeutet aber **nicht**, dass die Höhe der Vergütung **von Vornherein festgelegt** sein muss (Gauch, N 110, 383; ZR 1996, 85; SJ 1989, 336; vgl. BGE 92 II 332; ZR 1996, 85). Dies ergibt sich aus Art. 374, wonach der Preis, der «zum voraus entweder gar nicht oder nur ungefähr bestimmt worden» ist, «nach Massgabe des Wertes der Arbeit und der Aufwendungen des Unternehmers festgesetzt» wird. Die Vergütung muss auch nicht ausdrücklich versprochen werden; eine stillschweigende Vereinbarung genügt (Gauch, N 110; ZBJV 1921, 91 f.).

5 Der Unternehmer trägt die Beweislast hinsichtlich der Vereinbarung einer Vergütung (BGer, 22.12.2008, 4A_462/2008, E. 4.2; BGE 127 III 522; Gauch, N 112, 896, 1013). Es besteht eine natürliche Vermutung dafür, dass immer dann eine Vergütung (mindestens) stillschweigend vereinbart war, wenn die Herstellung des Werkes **nach den Umständen nur gegen die Leistung einer Vergütung zu erwarten** war (vgl. BGE 64 II 9 und SJZ 1957, 29: Entgeltlichkeit trotz Bestellung «sans engagement» vermutet; vgl. auch BGer, 19.3.2010, 4A_42/2010, E. 2.1; ZWR 1968, 311; Gauch, N 111b, 112; **a.M.** BK-Koller, N 75, der für eine analoge Anwendung von Art. 320 Abs. 2 und Art. 394 Abs. 3 OR eintritt mit der Folge, dass beim Vorliegen der in diesen Bestimmungen umrissenen Voraussetzungen von Gesetzes wegen eine Vergütung als vereinbart gilt). Eine solche Vermutung ist insb. anzunehmen, wenn die Werkleistung von einem Unternehmer im Rahmen seines Gewerbebetriebes erbracht wird. Freundschaftliche Verbundenheit spricht nicht grundsätzlich gegen die Entgeltlichkeit (Gauch, N 111c). Für die Ausarbeitung einer *Kostenofferte* im Rahmen der Vertragsverhandlungen hat der Unternehmer mangels anderer Vereinbarung keinen Vergütungsanspruch (Gauch, N 444, 448; KGer NE, SJZ 1991, 397; ZK-Bühler, Art. 372 OR N 6 m.w.H.). Hingegen ist für die Erstellung (grösserer) Projektstudien (im Hinblick auf einen Totalunternehmervertrag), die über herkömmliche Offertegrundlagen hinausgehen, eine Entschädigung zu leisten (BGE 119 II 40 = Pra 1995, 45 ff.; bestätigt in BGer, 19.3.2010, 4A_42/2010, E. 2; 2.2.2007, 4C.285/2006, E. 2.2; 13.4.2005, 4C.374/2004, E. 4.1 f. [Machbarkeitsstudie Kinokomplex]; s.a. BR 1993, 100 f.; BR 1994, 47).

6 Im Falle einer **unentgeltlichen** Herstellung eines Werkes liegt kein Werkvertrag i.S.v. Art. 363 ff. vor. Streitig ist, ob es sich um einen einfachen Auftrag (so BGer, 22.12.08, 4A_462/2008, E. 4.2; BGE 64 II 10; 59 II 262; ZK-Oser/Schönenberger, N 7; Pedrazzini, 533) oder um einen werkvertragsähnlichen Innominatkontrakt (Gauch, N 115, 318; BK-Koller, N 51; ZK-Bühler, N 68; CR CO I-Chaix, N 5; so auch BGE 127 III 523, ohne eigene Stellungnahme; s.a. Brändli, Baurechtliche Verträge, N 31 ff.) handelt. Es wird in solchen Fällen anhand der konkreten Umstände zu entscheiden sein, welche Rechtsfolgen aus den beiden Normengruppen des Werkvertrages und des einfachen Auftrages angemessen sind. Aus praktischen Gründen ist – trotz Art. 394 Abs. 2 – der flexiblere *Innominatkontrakt* vorzuziehen.

7 Zu den einzelnen Aspekten der Vergütung s. insb. die folgenden Kommentierungen: Art. 372 zur Fälligkeit, Art. 373/374 zur Bemessung, Art. 368 Abs. 2 zur Herabsetzung der Vergütung im Falle von Werkmängeln und Art. 376 zur Vergütung bei Untergang des Werkes.

II. Einzelfragen des Vertragsabschlusses

8 Zur Behandlung von Arbeiten vor Vertragsabschluss, der nicht zustande kommt, s. BGer, 3.2.2003, 4C.320/2002, E. 3.

Näheres zur Rechtsnatur der Vertragsparteien und zur Vertretungsmacht bei CR CO I-Chaix, N 10 ff.; ferner Tercier/Favre, Rz 4315.

Zum Begriff «Bauherr» s. BGer, 18.2.2013, 4A_580/2012, E. 5.2.1. Zur Frage des Zeitpunkts der Wirksamkeit bei Annahme durch den Bauherrn i.S.v. Art. 19 Abs. 2 SIA-Norm 118 s. ZWR 1992, 348 ff. = BR 1994, 49 f.

Zu Formfragen s. Vor Art. 363–379 N 16; zu mündlichem Vertragsschluss und Formvorbehalt s. BGer, 16.1.2002, 4C.288/2001, E. 1; zu einer einvernehmlichen, formlosen Vertragsänderung trotz eines Vorbehalts gem. Art. 16 s. BGer, 15.5.2000, 4C.57/1999, E. 3a.

Mit der Festlegung eines Haustyps aus dem Sortiment des Unternehmers und des Preises sind die Vertragsleistungen der Parteien *hinreichend bestimmt*. Wird die Verbindlichkeit des Werkvertrages vom Erwerb eines geeigneten Baugrundstücks durch den Besteller abhängig gemacht, so liegt eine *suspensiv bedingte Bauverpflichtung* des Unternehmers vor; zur Frage einer Suspensivbedingung hinsichtlich Baubewilligung und Finanzierung (verneint) s. BGer, 30.6.2002, 4C.55/2002, E. 2.5. Wird die Bauverpflichtung (ausserhalb der Festpreisgarantie) zeitlich nicht limitiert, so liegt kein ungültiger Vertrag vor; eine allfällige Verletzung des zeitlichen Übermassverbots bewirkt i.A. bloss die Herabsetzung der Bindungsdauer auf das zulässige Mass (BGE 117 II 275, 279; s.a. Gauch, N 416 ff.).

Zu den *Bauversicherungen*, insb. Bauwesen-Versicherung, Bauherrenhaftpflicht-Versicherung und Berufshaftpflicht-Versicherung für Architekten und Ingenieure, s. Hepperle, 119 ff.; ferner Trümpy/Hürlimann, 83 ff. (betr. Betriebshaftpflichtversicherung).

Der mit einem (gemäss kantonaler Ordnung des Architektenberufes) nicht zugelassenen Architekten abgeschlossene Vertrag ist grundsätzlich gültig (BGE 117 II 47 = Pra 1991, 877 ff.; BR 1993, 44).

Weitere Aspekte des Vertragsabschlusses, einschliesslich der Submission im Bauwesen, bei Gauch, N 378 ff.; zur Vertragsgestaltung bei komplexen Verträgen s.a. Straub, 65.

III. Anwendungsbereich

9 Vgl. die Zusammenstellungen bei Gauch, N 27, 29, 33 f., ferner N 330 ff.; BK-Koller, N 192 ff., 233; BK-Gautschi, Vor Art. 363–379 N 11; Honsell, OR BT, 281; CR CO I-Chaix, N 44 ff.; Tercier/Favre, Rz 4224 ff.; Schulin/Vogt, BT, Tafel H 2.

1. Übliche Erscheinungsformen

10 Ein Werkvertrag liegt einerseits bei der **Herstellung fast jeder denkbaren beweglichen oder unbeweglichen Sache** (s. Vor Art. 363–379 N 1) und anderseits bei Arbeitsergebnissen vor, die auf **Veränderung oder Erhaltung bestehender Sachen** gerichtet sind (Bsp.: Reparatur von Autos, *Rechenmaschinen* und Steiggurten, Umbau eines Gebäudes, Renovation einer Hausfassade, Isolationen, Reinigungen [auch von Kleidungsstücken], Verpackungen). Zu den *unkörperlichen Werken* s. Vor Art. 363–379 N 2 ff.

2. Rechtsprechung

Aus der Gerichtspraxis zum Werkvertragsrecht ist insb. auf die folgenden Fälle hinzuweisen (vgl. die ausführlichere Zusammenstellung bei GAUCH, N 27 und 29; ferner BK-KOLLER, N 233; ZK-BÜHLER, N 51 ff.; CR CO I-CHAIX, N 46): 11

Werkvertrag **bejaht**: 11a
- Erstellung grösserer Projektstudien: BGE 119 II 40 = Pra 1995, 45 f.
- Schaffung eines Kunstwerkes (Mosaik an Gebäudewand): BGE 115 II 50.
- Totalunternehmervertrag: BGE 114 II 53.
- Generalunternehmervertrag (Erstellung eines schlüsselfertigen Hauses): BGE 97 II 66 = Pra 1971, 386.
- Herstellung eines technischen Gutachtens: BGer, 22.7.2005, 4C.165/2005; BGE 127 III 328.
- Reparatur eines Fahrzeuges: BGE 113 II 421 = Pra 1988, 405 (vgl. BGE 92 II 328; 59 II 63).
- Montage eines dem Besteller gehörenden oder zu überlassenden Gerüsts (atypischer Gerüstbauvertrag); Mietvertrag bei Aufbau eines Gerüsts zur vorübergehenden Gebrauchsüberlassung mit anschliessender Demontage (typischer Gerüstbauvertrag): BGE 131 III 302; s.a. RUSCH, Werbung auf Baugerüsten, BR 2013, 240 ff.; BGE 113 II 264 (Erstellung eines Lehrgerüstes beim Brückenbau untersteht dem Werkvertragsrecht).
- Montage eines Krans: BGE 111 II 170.
- Geometervertrag: BGE 109 II 34 = Pra 1983, 399; BGer, 25.11.2010, 4A_252/2010, E 4.1.
- Erstellung von periodischen Lohnabrechnungen mittels Computer: unv. Urteil vom 22.12.1981 (zit. in BGE 109 II 37).
- Analysierung von Finanz- und Wirtschaftsdaten und Kostenoptimierung: BGer, 11.9.2007, 4A_51/2007.
- Herstellung individueller Software (werkvertraglicher Teil eines gemischten Vertrages): BGer, 3.7.2012, 4A_98/2012, E. 4.5; 28.8.2008, 4A_265/2008 = BR 2009, 56 f.; KGer GE, SJ 1992, 608 ff.; ferner KGer SG, 6.11.2008, VZ. 2008.49; s. aber BGE 124 III 459.
- Individuelle Anpassung eines EDV-Systems: BGer, 27.4.2007, 4C.393/2006, E. 3.1.
- Druckauftrag: KassGer NE, RJN 1992, 69 f.
- Insertionsauftrag: BGE 115 II 57 = Pra 1989, 888 ff.
- Übersetzungsarbeiten: SJ 1988, 155.
- Wartungsvertrag: BGE 130 III 458 = Pra 2005, 337 ff.; (einmalige oder gelegentliche Wartung ohne dauerhafte Vertragsbeziehung); vgl. Vor Art. 363–379 N 19; KGer VD, SJZ 1982, 314; GAUCH, N 323; TERCIER/FAVRE, Rz 4256.
- Reinigungsvertrag: BGer, 8.10.2004, 4C.231/2004, E. 2; KGer VD, JdT 1986 I 392 ff.
- Offerte mit detailliertem Projekt: KGer TI, Rep 1987, 211 ff.
- Vertrag über Foto- oder Filmaufnahmen: BJM 1975, 193 f.
- Haarverlängerung: BGer, 6.5.2004, 4P.65/2004, E. 1.4.
- Herstellung einer pharmazeutischen Substanz (werkvertraglicher Teil eines gemischten Vertrages), ohne Erfolgshaftung für die vereinbarte Zielmenge (auftragsrechtlicher Teil): BGer, 21.1.2005, 4C.313/2005, E. 1.2.1, 1.2.2.
- Weinherstellung/Weinbereitung (KGer VS, 17.2.2005, ZWR 2006, 274; TERCIER/FAVRE, Rz 4226).

Eine werkvertragliche Grundlage weisen sodann u.a. die folgenden Entscheide zu unterschiedlichen Aspekten des Werkvertragsrechts auf: BGE 121 III 270 (Abliefern, Befestigen und Anstreichen von Rollläden); BGE 120 II 214 (Lieferung von beweglichen Sachen zwecks Einbau in unbewegliches Bauwerk); BGE 119 II 127 (Regress der Bauunternehmerin gegen den mit ihr nicht vertraglich verbundenen Ingenieur); BGE 118 II 295 (Übernahmebedürftigkeit von SIA-Normen als Grundlage für Zuschläge bei Aussenisolationsarbeiten an Mehrfa- 11b milienhäusern); BGE 118 II 142 (gemischter Kauf-/Werkvertrag über Grundstück mit noch im Bau befindlichem Wohnhaus); BGE 118 II 63 (vertraglich vereinbarter Skontoabzug für fristgemässe Bezahlung von Baumeisterarbeiten).

11c Werkvertrag **verneint**:
- Zahnärztlicher Behandlungsvertrag (Änderung der Rechtsprechung; Anwendung des Auftragsrechts, obwohl Behandlung die Anfertigung von Brücken und Kronen umfasste): BGE 110 II 375 = Pra 1985, 165.
- Künstler- bzw. Orchesteranstellungsvertrag (angesichts der konkreten Umstände des Falles): BGE 112 II 41.
- Vertrag über die Schätzung einer Liegenschaft: BGE 127 III 329 (s. dazu die Kritik von GAUCH in BR 2006, 64).
- Reiseveranstaltungsvertrag (Innominatkontrakt mit Elementen des einfachen Auftrags und des Werkvertrags): BGE 115 II 474; 111 II 270; s. ferner BGE 139 III 217 (Abgrenzung zwischen Mäkler- und Pauschalreisevertrag bei Zurverfügungstellung einer Jacht samt Besatzung).
- Reklameberatungsvertrag: BGE 115 II 60 = Pra 1989, 889 f.

3. Bauwerkverträge

12 Die Bauwerkverträge bilden eine der bedeutendsten Erscheinungsformen des Werkvertragsrechts; es rechtfertigt sich, sie gesondert zu behandeln. Sie sind dadurch gekennzeichnet, dass die Unternehmerleistung auf die **Errichtung eines Baus bzw. eines Bauwerkes** gerichtet ist (zum Begrifflichen s. SCHERRER, Diss., N 8 f.; GAUCH, N 209; s. ferner BK-KOLLER, N 26 ff. und die Kasuistik bei ZK-BÜHLER, N 52 f.). Angesprochen ist in erster Linie (aber nicht ausschliesslich: s. GAUCH, N 206) die Ausführung grösserer Bauvorhaben mit folgenden Unternehmertypen: Totalunternehmer, Generalunternehmer, Teilunternehmer. Auch ein Architekt kann als Bauunternehmer auftreten. Als solcher untersteht er namentlich dann dem Werkvertragsrecht, wenn er im Einzelfall als General- oder Totalunternehmer die gesamte Ausführung einer Baute übernommen hat (BGer, 2.12.2010, 4A_471/2010, E. 4.3 f.; BGE 107 II 438; 97 II 66; GAUCH, N 240–242; s.a. SJZ 1987, 297 = BR 1988, 15; SCHWAGER T., 19 ff.).

13 Ein **Totalunternehmer** leistet sowohl die Projektierungsarbeiten als auch sämtliche Ausführungsarbeiten für die zu erstellende Baute. Nach der Praxis des BGer und der wohl h.L. stellt der Totalunternehmervertrag einen *einheitlichen Werkvertrag* dar (BGer, 2.12.2010, 4A_471/2010, E. 4.3.1; BGE 117 II 274; 114 II 53, besprochen von GAUCH, Totalunternehmervertrag, 39 ff. und von ZWICKER, ST 1989, 299 ff.; BGE 107 II 50; s.a. BGer, 25.8.2003, 4C.87/2003, E. 4.3.1; GAUCH, N 235; BK-KOLLER, N 203; ZK-BÜHLER, N 118; SAXER, 7; TAUSKY, Diss., 265; BRÄNDLI, Baurechtliche Verträge, N 51 ff.; vgl. auch BGE 119 II 40 = Pra 1995, 45 ff.; KGer SZ, EGV 1998, 93 f. = BR 2000, 46 ff.; WIDMER CHR., Generalunternehmer-Vertrag, 121; SCHERRER, Diss., N 18; EGLI, General- und Totalunternehmer, 90 f.; SCHLUEP, 905; CR CO I-CHAIX, N 30; MOSIMANN, 84 nimmt dagegen einen gemischten Vertrag an). Insbesondere steht der Qualifizierung als Werkvertrag nicht entgegen, dass der Totalunternehmer ein Bauwerk nach eigenem Projekt und nicht nach einem solchen des Bauherrn zu erstellen hat. Dies gilt unabhängig davon, ob das vom Totalunternehmer erstellte Projekt – wie im Normalfall – bei Vertragsabschluss bereits vorliegt oder von ihm erst noch zu erstellen ist. Am Werkvertragscharakter ändert auch nichts, wenn der Totalunternehmer sämtliche Arbeiten an Subunternehmer vergibt und so zum Total*übernehmer* wird (s. BGer, 2.12.2010, 4A_471/2010, E. 4.3.1 m.Hw.; BGE 97 II 69; GAUCH, N 233–237). Zur Abgrenzung des Totalunternehmervertrages vom Architektenvertrag s. BRÄNDLI, Baurechtliche Verträge, N 48 f.

14 Ein **Generalunternehmer** verpflichtet sich zur Errichtung eines ganzen Bauwerkes (s. BGE 117 II 260; GAUCH, N 223; MOSIMANN, 18 ff., 30 ff.; SAXER, 7; HUBER/SCHWENDENER, N 9).

Er tritt an die Stelle mehrerer Nebenunternehmer, von denen jeder nur einen Teil des zu erstellenden Gesamtwerkes übernehmen würde. Im Unterschied zum Totalübernehmer (s. N 13) führt er das Werk gestützt auf ein von einem Dritten (häufig vom Architekten des Bauherrn) erarbeitetes Projekt aus. Soweit der Generalunternehmer Subunternehmer beizieht, hat er *deren Arbeiten zu koordinieren* (GAUCH, N 223 f.; SCHERRER, Diss., N 17 f.; EGLI, General- und Totalunternehmer, 70; MOSIMANN, 20 f.). Gibt er sämtliche Bauarbeiten an Subunternehmer weiter, wird er auch als General*übernehmer* bezeichnet (GAUCH, N 226).

15 Der Generalunternehmervertrag ist nach einhelliger Meinung ein *Werkvertrag* (BGE 114 II 55 E. 2b; 97 II 66 = Pra 1971, 386; BGE 94 II 162; s.a. 107 II 55; 116 II 537; GAUCH, N 230; BK-KOLLER, N 204; ZK-BÜHLER, N 118; WIDMER CHR., Generalunternehmer-Vertrag, 120; BRÄNDLI, Baurechtliche Verträge, N 56; HUBER/SCHWENDENER, N 16; CR CO I-CHAIX, N 31; MOSIMANN, 76; PEDRAZZINI, 508; SCHLUEP, 903; SCHUMACHER, BR 1983, 44; vgl. auch die Differenzierungen bei TAUSKY, Diss., 263–267 sowie Rep 1989, 241 f. = BR 1991, 41). Entgegen GAUTSCHI (BK, N 15e) liegt auch dann ein (reiner) Werkvertrag vor, wenn der Generalunternehmer *sämtliche Bauarbeiten nicht selbst* (mit eigenen Arbeitskräften) ausführt, sondern (im eigenen Namen und auf eigene Rechnung) durch Subunternehmer vornehmen lässt (General*übernehmer*; s. N 14). Entscheidend ist, dass der Generalunternehmer auch in solchen Fällen gegenüber dem Besteller vollumfänglich zur vereinbarungsgemässen Erstellung der Baute verpflichtet bleibt (GAUCH, N 230, mit Abgrenzung zum Baubetreuungsvertrag; TAUSKY, Diss., 264; HUBER/SCHWENDENER, N 9; SCHUMACHER, BR 1983, 44). Wie Art. 364 Abs. 2 zeigt, ist es mit dem Werkvertragscharakter vereinbar, das Werk durch Dritte ausführen zu lassen, sofern die Erstellung des Werkes nach der Natur des Geschäftes nicht den Einsatz der persönlichen Eigenschaften des Unternehmers erfordert. Dies ist bei Generalunternehmerverträgen vermutungsweise der Fall (vgl. BGE 94 II 162). – Näheres zu ausgewählten Klauseln von Generalunternehmerverträgen bei WIDMER/TRÜMPY/KAUFMANN, 93 ff.; s.a. HUBER, passim; TÜSCHER, 268 ff. Zum sog. Integralwerkvertrag mit Instandhaltungselement als Rechtsschutz für «Langzeitmängel» s. TAUSKY, BR 1992, 76 ff. Zu den Rechtsverhältnissen beim Zusammenschluss mehrerer Bauunternehmer zu einem *Unternehmerkonsortium* (Arbeitsgemeinschaft, ARGE) s. GAUCH, N 243 ff.; SCHERRER, Diss., N 20 ff.; DERS., Konsortien, 87; PETER, 31 ff.; MÜLLER K., 4 ff. (Vergleich mit dem deutschen Recht).

16 Ein **Teilunternehmer**, auch Einzelunternehmer genannt, beteiligt sich neben anderen Bauunternehmern, aber gestützt auf einen eigenen, *separaten Werkvertrag*, an der Errichtung eines Gesamtwerkes (BRÄNDLI, Baurechtliche Verträge, N 58 f.). Die SIA-Norm 118 spricht in Art. 30 Abs. 1 vom **Nebenunternehmer** (so auch SCHERRER, Diss., N 23 ff.). Seine häufig handwerkliche Einzelleistung besteht etwa in der Errichtung des Dachstockes oder der Stützmauern oder in der Installation der Zentralheizung oder der elektrischen Anlage. Sein Vertragspartner des Werkvertrags ist entweder der Bauherr selbst oder ein (General-/Total-) Bauunternehmer (SCHERRER, Diss., N 19). Die Koordination der Arbeiten der mehreren Teilunternehmer obliegt i.d.R. dem Bauherrn bzw. dessen Architekten, in seltenen Fällen einem «leitenden» Unternehmer (GAUCH, N 229; SCHERRER, Diss., N 132 ff.; zur Koordination komplexer Bauverträge s. HÜRLIMANN, Koordination, passim). Zu den besonderen Aspekten beim Bauen mit Nebenunternehmern, einschliesslich der Rechtslage bei Nebenunternehmerklauseln, s. SCHERRER, passim. Zum Gerüstebauvertrag s. BGE 136 III 6 (Bauhandwerkerpfandrecht); BGE 131 III 302 = Pra 2005, 818 f. (Qualifikation offen gelassen; TERCIER/FAVRE, Rz 4247); BGE 113 II 264 und dazu HÜRLIMANN, BR 1989, 73 ff.

4. Architekturverträge

17 Ob und in welchen Teilen Architekturverträge Werkverträge oder einfache Aufträge darstellen, ist seit Langem heftig *umstritten* (s. BGer, 10.6.2013, 4A_90/2013, E. 3 = BR 2013, 312 ff.; BGer, 8.10.2012, 4A_294/2012, E. 3 = ZBJV 2012, 135 ff.; BGer, 31.7.2012,

4A_53/2012, E. 3 = BR 2012, 193 ff.; BGer, 25.11.2010, 4A_252/2010, E. 4.1; BGE 134 III 361 E. 5.1 = Pra 2009 52 ff.; BGE 110 II 380; 109 II 462; TRÜMPY, Diss., 35 ff., 81 ff., 123 ff.; TAUSKY, Diss., 135 ff.; BRINER, Architekten- und Ingenieurverträge, 56 ff.; STIERLI, N 123 ff.; ZEHNDER, Diss., 6 ff., 18 f.; GAUCH, N 47 m.Nw.; DERS., Architekturvertrag, N 28 f.; BRÄNDLI, Baurechtliche Verträge, N 21 ff.; MERZ, 205 ff.; HESS, Bauhaftpflicht, 21 ff.; REBER, 242 ff.; s.a. die Übersicht bei ZK-BÜHLER, N 164 ff. und die Zusammenstellung der Rechtsprechung bei SCHAUMANN, 1 ff. und bei BRINER, Architekten- und Ingenieurverträge, 24 ff.).

Die bundesgerichtliche Rechtsprechung ergibt folgendes Bild:

1) **Werkvertraglichen** Charakter haben, soweit dem Architekten übertragen:
– das Erstellen von Plänen;
– das Ausarbeiten von Gutachten;
– das Erstellen von Protokollen;
– das Führen der Baubuchhaltung;
– das Aufstellen der Schlussabrechnung.

2) Gegenstand eines *einfachen Auftrages* bilden demgegenüber:
– die Bauleitung;
– die Vergabe von Arbeiten;
– das Ausarbeiten von Kostenvoranschlägen (*Praxisänderung mit* BGE 134 III 361, E. 6.2.2 f. = Pra 2009, 58 ff. und BR 2009, 58 f., der im Rahmen der Verjährungsfrage die Anwendung von Auftragsrecht vorsieht und in der neueren Rsp. bestätigt wird (BGer, 26.9.2013, 4A_271/2013, E. 2.1; 28.4.2011, 4A_86/2011, E. 3; vgl. aber BGer, 25.11.2010, 4A_252/2010, E. 4.2 f.; dazu HÜRLIMANN/SIEGENTHALER, Jusletter 2012, 2 ff.); bei Verursachung des Mangels im Kostenvoranschlag durch einen Mangel in den Plänen bleiben indes die Bestimmungen über den Werkvertrag anwendbar, E. 6.1);
– die Bauaufsicht;
– die Prüfung des Bauwerkes;
– die Leitung von Nachbesserungsarbeiten u.Ä. (Näheres zum Ganzen bei GAUCH, N 47 ff. m.Nw.; DERS., Architekturvertrag, N 28 ff. m.Nw.; s.a. BGer, 10.6.2013, 4A_90/2013, E. 3 = BR 2013, 312 ff.; BGer, 25.11.2010, 4A_252/2010, E. 4; 2.10.2008, 4A_242/2008; 14.6.2001, 4C.61/2001, E. 2a = Pra 2001, 1179 f.; SJ 2001, 627 f.; BGE 115 II 61 [obiter dictum betr. Baubetreuungsvertrag] = Pra 1989, 890 und dazu BR 1990, 45; ZR 1996, 85; ZWR 1993, 190; KGer SO, SJZ 1987, 367 f.; Art. 394 N 31; zum diesbezüglich analog zu beurteilenden Ingenieurvertrag s. BGer, 31.7.2012, 4A_55/2012, E. 4 m.w.H. = BR 2012, 213 f. = BR 2012, 193 ff.; ferner HGer BE, 3.4.2013, HG 12 166 = ZBJV 2013, 763 ff.).

In der Lehre unterscheidet TRÜMPY zwischen Projektierungsverträgen i.e.S. als reinen Werkverträgen, Projektierungsverträgen i.w.S. als Innominatkontrakten und Bauleitungsverträgen als Aufträgen (Diss., 37 f., 42 f., 86, 155 f.; vgl. auch CR CO I-CHAIX, N 27 f.). TAUSKY fasst den Teilvertrag Planung als gemischten (Sukzessiv-)Vertrag auf und gliedert ihn in die zwei Elemente Projektierung (Auftrag) und Planbearbeitung (Werkvertrag) (Diss., 135 ff., 193). Zur Einordnung von auf die Erstellung eines *Kostenvoranschlages* beschränkten Verträgen s. ferner BRÄNDLI, Baurechtliche Verträge, N 37 ff. (Werkvertrag); FELLMANN, Kostenschätzung, 226 f. (Auftrag); RUSCH, SJZ 2013, 541 ff. Zum Kostengarantievertrag s. JAUCH-STOLZ, 193 ff.

In der Praxis kommen zunehmend auch **Generalplanerverträge** zur Anwendung, bei welchen sämtliche Planungsleistungen verschiedener Fachrichtungen für ein Bauvorhaben in einen Vertrag aufgenommen werden. Ein Generalplaner verpflichtet sich – analog zum Generalunternehmer – zur Übernahme der vollständigen Projektierung. Es ist ihm freigestellt, einzelne Projektierungsarbeiten durch Dritte ausführen zu lassen (HUBER-SCHWENDENER 5,

Rz 11). Soweit der Generalplaner Subunternehmer beizieht (Subplanerverträge), hat er deren Arbeiten zu koordinieren. Beim Generalplanervertrag handelt es sich um einen gemischten Vertrag aus Elementen des Auftrags und des Werkvertrags (vgl. Auslegung der Vorinstanz in BGer, 6.7.2004, 4C.155/2004). Geeignete Grundlage ist das SIA-Leistungsmodell 112 (Ausgabe 2001).

Den **Gesamt- oder Globalvertrag** des Architekten (Planung, Erstellen des Kostenvoranschlages, Vergebung der Bauarbeiten, Bauleitung) qualifiziert das BGer als *gemischten Vertrag* und unterstellt diesen den Bestimmungen des Auftrags *und* des Werkvertrags (BGer, 10.6.2013, 4A_90/2013, E. 3 = BR 2013, 312 ff.; BGer, 31.7.2012, 4A_53/2012, E. 3.4 = BR 2012, 193 ff.; BGer, 6.3.2013, 4A_663/2012, E. 3; 28.4.2011, 4A_86/2011, E. 3.2; 25.11.2010, 4A_252/2010, E. 4.1 und 4.4, gerügte Elemente betrafen werkvertragliche Pflichten; s.a. HÜRLIMANN/SIEGENTHALER, Jusletter 2012, 2 ff.; BGE 134 III 361 E. 5.1 = Pra 2009, 56; BGE 127 III 545 = Pra 2001, 1179 f. mit Rechtsprechungsübersicht; bestätigt in BGer, 23.10.2006, 4C.259/2006 und in BGer, 30.5.2005, 4C.18/2005, E. 2.1 = BR 2006, 67, mit krit. Anm. von WERRO; s.a. BRÄNDLI, Baurechtliche Verträge, N 27 ff.). Bei der Haftung des Architekten beobachtet das BGer eine Tendenz zur generellen Anwendung von Auftragsrecht, musste die Frage aber nicht entscheiden (BGE 127 III 543 E. 2a = Pra 2001, 1180). In einem Entscheid vom Mai 2000 (SJ 2001, 136 ff.) unterstellt das BGer den Gesamtvertrag den Bestimmungen des Auftrages und des Werkvertrages, *je nach den Leistungen* (vgl. HONSELL, OR BT, 284) und ordnet die Pflicht zur sorgfältigen Kostenschätzung dem Auftrag zu (Bestätigung von BGE 119 II 249 ff.; STÖCKLI, BR 2010, 58; KGer SG, 6.11.2008, VZ. 2008.49 – Auftragsrecht für den Gesamtvertrag; Besprechungen bei ZEHNDER, Diss., 153 ff.; SCHUMACHER, recht 1994, 126 ff.; HONSELL, AJP 1993, 1260 ff.; WERRO, BR 1993, 96 ff.; s.a. BGer, 15.3.2005, 4C.424/2004, E. 2, dazu PICHONNAZ, BR 2006, 9 f.; s.a. BR 1994, 47 ff.; vgl. ferner FELLMANN, Kostenschätzung, 225 f.). In BGer, 14.6.2001, 4C.61/2001, E. 2a = Pra 2001, 1179 f. liess das BGer offen, ob Art. 367 ff. auf einen Architekten bei Mängeln an den Plänen anwendbar seien; die Klägerin berief sich ausschliesslich auf Auftragsrecht; s. ferner Entscheid vom 22.12.1992 (zit. bei SCHUMACHER, recht 1994, 129); BGE 114 II 55, wo die Qualifikationsfrage letztlich zwar offen gelassen, aber ausdrücklich darauf hingewiesen wird, dass mit dem Entscheid BGE 111 II 72 = Pra 1985, 518 ff. die in BGE 109 II 464 geänderte Praxis nicht erneut geändert worden sei; s.a. die Bestätigung in BGE 110 II 380; s.a. Einleitung vor Art. 184 ff., N 24, 34; ferner RJN 1991, 54 ff. = BR 1993, 44; KGer SG, GVP 1986, 81 ff. = BR 1988, 11; krit. ZWR 1985, 302 ff. = BR 1987, 14 f. **18**

In der *Literatur* sind die Meinungen geteilt. (1) Für die Einstufung als aus Elementen des Werkvertrages und des Auftrages *gemischten Vertrag* treten insb. ein: TERCIER/FAVRE, Rz 5357f f.; TRÜMPY, Diss., 130 f., 156; STÖCKLI, FS Gauch, 944 f. (gemischter Vertrag, aber Haftung nach Auftragsrecht); SCHLUEP, 905 m.Nw.; GUHL/KOLLER/SCHNYDER/DRUEY, § 40 N 23, § 47 N 4 f.; LEUENBERGER, 54 f.; so wohl auch BK-KOLLER, N 197 ff. (Auftragsrecht, unter Einbezug der Spezialvorschriften des Werkvertrages) und – soweit das Projekt des Architekten die Verwirklichung des Baus massgebend beeinflusst – deutlicher ZK-BÜHLER, N 167 ff., insb. N 171. (2) Die (ausschliessliche) Anwendung von *Auftragsrecht* befürworten demgegenüber: GAUCH, N 58 ff.; DERS., Architekturvertrag, N 38 ff.; DERS., BR 1989, 17; 1984, 50 f.; CR CO I-CHAIX, N 30 f.; MERZ, BR 1988, 11; DERS., 210 f.; BRINER, Architekten- und Ingenieurverträge, 60; ZEHNDER, Diss., 8 f.; SCHENKER, Hilfsperson, 18; s.a. TAUSKY, Diss., 256 f., der von einem atypischen Auftrag spricht. Der phasenbezogen-typologischen Betrachtungsweise mit dem Ergebnis gemischter Vertrag steht die ganzheitlich-psychologische Betrachtungsweise mit dem Ergebnis Auftrag gegenüber (s. im Einzelnen TAUSKY, Diss., 143 ff., 193). Nach der hier vertretenen Auffassung ist die Qualifizierung als **gemischtes Vertragsverhältnis** vorzuziehen, da sich der Gesamtvertrag aus einem als Werkvertrag einzustufenden Planungsvertragsteil und einem als Auftrag einzustufenden Bauleitungsvertragsteil zusammensetzt, da andernfalls untragbare Abgrenzungsprobleme zwischen Gesamt-

und Teilarchitekturverträgen entstehen und da diese Qualifizierung eine flexiblere Handhabung der den konkreten Umständen angemessenen Rechtsfolgen ermöglicht.

19 *Art. 394 Abs. 2, wonach Auftragsrecht für Verträge über Arbeitsleistung gilt, die im OR nicht besonders geregelt sind, steht* im Falle komplexer Verhältnisse der Anerkennung gemischter Verträge *nicht entgegen*. Eine Spaltung der Rechtsfolgen ist haltbar, soweit einzelne vertragliche Leistungen isoliert zu beurteilen sind. So kann sich etwa die Haftung für einen Planfehler nach werkvertraglichen und jene für unsorgfältige Bauaufsicht nach auftragsrechtlichen Gesichtspunkten richten.

Bei der das gesamte Vertragsverhältnis betreffenden Frage der vorzeitigen Auflösung kommt dem Vertrauensverhältnis zwischen dem Bauherrn und dem Architekten entscheidende Bedeutung zu, so dass diesbezüglich die *Auflösungsregel von Art. 404* ungeteilt zur Anwendung kommt (BGE 110 II 382; 109 II 466; bestätigt BGer, 10.6.2013, 4A_90/2013, E. 3 = BR 2013, 312 ff.; BGer, 8.10.2012, 4A_294/2012, E. 7.1 = ZBJV 2012, 135 ff.; BGer, 31.7.2012, 4A_53/2012, E. 3.4 = BR 2012, 193 ff.; BGer, 30.5.2005, 4C.18/2005, E. 2.1 = BR 2006, 67, mit krit. Anm. von Werro; krit. auch Tercier/Favre, Rz 5359; vgl. auch BGE 118 II 162; vgl. demgegenüber 114 II 57 für den Totalunternehmervertrag; s.a. Ulrich, 40 ff.).

20 Zum Umfang der *Vertretungsmacht des Architekten* s. insb. Stierli, passim; BGE 118 II 313 ff. und dazu AJP 1992, 1587 f. (Anerkennung von Unternehmerrechnungen bedarf einer ausdrücklichen Vollmacht des Bauherrn); BGer, 23.3.2009, 4A_35/2009; SOG 1991, 11 ff. = BR 1993, 45, m.w.Nw. (Art. 33 SIA-Norm 118 ist für einen branchenkundigen Bauherrn nicht ungewöhnlich und daher verbindlich); Briner, Architekten- und Ingenieurverträge, 34 f., 52; Schwager R., 253 ff.; Schwager T., 19 ff.; zur Vollmacht für Bestellungsänderungen s. BGer, 15.5.2000, 4C.57/1999, E. 4 (natürliche Vermutung, u.U. Anscheinsvollmacht); zum Verhältnis zwischen Architekt und Unternehmer s. Schenker, Hilfsperson, 19 ff.; BGer, 1.9.2009, 4A_243/2009, E. 5 betr. Geschäftsführung ohne Auftrag.

Zur *Haftung* des Architekten gegenüber dem Bauherrn für schuldhafte Vertragsverletzung s. BGE 126 III 388. (SIA-Norm 102); BGer, 31.7.2013, 4A_22/2013, E. 2.4; 25.11.2010, 4A_252/2010, E. 4.3; 14.7.2009, 4A_187/2009 = BR 2009, 156; BGer, 7.11.2006, 4C.284/2006 = BR 2007, 61 (zur SIA-Norm 103); Koller A., Nachbesserung, 170 ff.; Schumacher, Haftung, 113 ff.; Stöckli, Bauherrschaft, 22; zur Haftung des Architekten für die Überschreitung des Kostenvoranschlages: BGE 134 III 361 = Pra 2009, 52 ff.; BGer, 16.12.2009, 4D_131/2009; 23.11.2007, 4A_118/2007 = BR 2006, 170 und BR 2006, 8, s. dazu Siegenthaler, 350 ff.; ZR 2013, 26; Gauch, BR 1989, 79 ff.; s.a. BGE 122 III 61; 119 II 249; SJ 2001, 136 ff. und Zehnder, BR 2010, 48 ff.; ders., Diss., passim; Fellmann, Kostenschätzung, 215 ff.; s.a. Stöckli, Schaden, 25 ff. (u.a. zur Haftung für ungenaue Kosteninformation).

Zum *Architektenhonorar* s. BGer, 1.9.2014, 4A_196/2014, E. 2; 28.8.2014, 4A_136/2014, E. 3; 17.9.2013, 4A_230/2013, E. 2 f.; dazu Gauch, BR 2014, 69 ff.; BGer, 8.10.2012, 4A_294/2012, E. 4 ff. = ZBJV 2012, 135 ff.; BGer, 10.5.2011, 4A_34/2011, E. 3; BGer, 28.4.2011, 4A_86/2011, E. 3.2; KGer VS, ZWR 2011, 337 ff.; Kurer/Quinto/Maffioletti, N 252 ff.; s.a. Egli/Stöckli, 307 ff.

Zur Vertragsgestaltung bei Architekturverträgen s. Gehrer, Architekturverträge, 83 ff.

5. Werklieferungs- und verwandte Verträge

21 Der Werklieferungsvertrag, bei welchem den Unternehmer zusätzlich eine *Stofflieferungspflicht* trifft, stellt nach schweizerischer Auffassung einen **Werkvertrag** dar (BGE 117 II 274; 117 II 428; 103 II 35; Gauch, N 82, 123, 327; BK-Gautschi, Art. 365 OR N 1b; s.a. BK-Koller, Art. 365 OR N 2, mit Präzisierungen in Art. 365 N 7 und in Art. 363 N 56, 252;

ähnlich ZK-Bühler, N 139 ff.; s. die Beispiele bei Schumacher, Bauhandwerkerpfandrecht, N 293 ff.). Eine Ausnahme besteht lediglich für die Rechtsgewährleistung, die sich nach den kaufrechtlichen Bestimmungen richtet (Art. 365 Abs. 1). Die Mängelhaftung beurteilt sich hingegen nach den vertraglichen Bestimmungen von Art. 367–371 (so auch Gauch, N 123, 1477 f., m.w.Nw. auch auf die frühere h.L.; BK-Koller, N 23 und Art. 365 OR N 3 ff., 15 ff.; ZK-Bühler, Art. 365 OR N 22; Koller A., Nachbesserung, N 103; Lenzlinger Gadient, 104 f.; s.a. Art. 165 Abs. 2 SIA-Norm 118). Abgrenzungsprobleme ergeben sich gegenüber dem Kauf mit Montagepflicht und dem Kauf einer künftigen Sache. Zu den vertraglichen Gestaltungsmöglichkeiten bei Erstellung eines Gebäudes auf Boden des Unternehmers s. BGE 117 II 264 und 118 II 144 (je ein separater Werk- und Kaufvertrag, ein einziger gemischter Vertrag oder evtl. Kauf einer künftigen Sache).

Entscheidendes Kriterium in der Abgrenzung zum **Kauf mit Montagepflicht** (Bsp.: Liefe- 22
rung und Einbau eines Ölbrenners; Lieferung und Installieren einer Tonanlage oder einer Deckenbeleuchtung) ist das *Verhältnis zwischen Arbeitsleistung und Sachleistung* im konkreten Fall (ZK-Bühler, N 125 f.; ähnlich BK-Koller, N 121; ferner Bühler Th., Verträge, 107 ff.). Steht die zu erbringende Arbeitsleistung und nicht die Lieferung der Sache im Vordergrund, so dass die zu liefernde Sache als untergeordneter Teil des versprochenen Arbeitserfolges, das verwendete Material mehr als Werkstoff, denn als Kaufgegenstand erscheint, so liegt ein Werklieferungsvertrag vor (Bsp.: Bau eines Hauses mit vorfabrizierten Bauelementen; Bau einer Aufzuganlage; Lieferung von Teilen einer ganzen Anlage; s. Gauch, N 133; Klauser, 4; vgl. auch ZWR 1976, 170 ff.). Sind Montage und Sachlieferung praktisch gleichwertige Leistungen, so liegt ein gemischtes Vertragsverhältnis mit werkvertraglichen und kaufvertraglichen Elementen vor (nach BK-Koller, N 120, liegt selbst dann ein gemischter Vertrag, «Montagekauf», vor, wenn die Montage von untergeordneter Bedeutung ist). Eine Spaltung der Rechtsfolgen (z.B. kaufvertragliche Gewährleistungsregeln für die mangelhafte Sachlieferung einerseits und werkvertragliche Mängelhaftungsregeln für die mangelhafte Montage anderseits) ist möglich (Gauch, N 131, 328).

Entscheidendes Kriterium in der Abgrenzung zum **Kauf einer künftigen Sache** ist die selb- 23
ständig einklagbare Pflicht des Unternehmers, die versprochene Sache (aus selbst zu lieferndem Stoff) *herzustellen* (Gauch, N 126; ABOW 1992/93, 49 ff. = BR 1994, 107; vgl. auch BK-Koller, N 107). Weitere Indizien, die für einen Werklieferungsvertrag sprechen, sind etwa die Befugnis des Bestellers, auf den Herstellungsprozess Einfluss zu nehmen (z.B. Genehmigung von Plänen, Auswahl der Handwerker) oder die Einräumung eines Nachbesserungsrechtes. Da auch serienmässig und ausschliesslich maschinell hergestellte Gegenstände Werke i.S.v. Art. 363 sein können, ist die Unterscheidung zwischen vertretbaren und unvertretbaren Sachen hingegen kein taugliches Kriterium (s. Gauch, N 129; **a.A.** Klauser, 4 f.). Zu *gemischten Grundstückkauf-/Werkverträgen* s. BGE 118 II 144 und dazu Gauch, BR 1993, 38 f.; 117 II 264 = BR 1992, 97 f.; s.a. BGer, 20.8.2012, 4A_702/2011, E. 5; 22.1.2003, 4C.301/2002, E. 2.1 (Abgrenzung Kaufvertrag zum gemischten Grundstückkauf-/Werkvertrag); Schumacher/Rüegg, 175 ff.; SJZ 1987, 297 = BR 1988, 15 f.; Brändli, Baurechtliche Verträge, N 60 ff.; zu den Formfragen s. Vor Art. 363–379 N 16.

Zur Abgrenzung des Werklieferungsvertrages von einem *Änderungskauf* s. BK-Koller, N 114 ff. (bei erheblicher Einschränkung der Weiterverwendbarkeit infolge Änderungen gemäss den individuellen Bedürfnissen des Bestellers ist Werklieferungsvertrag anzunehmen).

Zu den gelegentlich im Zusammenhang mit Grundstückkaufverträgen vereinbarten **Unter- 24
nehmerklauseln**, in denen sich der Käufer und (zukünftige) Besteller verpflichtet, mit dem Verkäufer oder Dritten Werkverträge über die Erstellung (oder Fertigstellung oder Umbau) der Baute auf dem erworbenen Grundstück abzuschliessen (Bauverpflichtung, Baubindung; auch Architektenklauseln), s. Gauch, N 416 ff.; ZK-Bühler, N 144 ff.; BK-Koller, N 29 ff.; Tercier, in: Gauch/Tercier, N 156 ff.; Gabellon, 9 ff.; Brändli, Baurechtliche Verträge, N 69 ff.; BGE 117 II 273; Extraits 1991, 12 ff. = BR 1992, 39 f., m.w.Nw.

25 Hinzuweisen ist darauf, dass das **Wiener Kaufrechtsübereinkommen** auch *Anwendung auf Werklieferungsverträge* beansprucht (Näheres s. Vor Art. 363–379 N 25; BK-KOLLER, N 33 ff.).

Zu weiteren *Grenzfällen* s. Vor Art. 363–379 N 19 und insb. s.a. Einleitung vor Art. 184 ff. (Innominatkontrakte) sowie BK-KOLLER, N 144 ff.

6. Subunternehmerverhältnisse

26 Bei grösseren oder komplexen Werken kommen häufig **mehrstufige Werkvertragsverhältnisse** vor. Eine derartige Stufenfolge setzt voraus, dass Unternehmer Teile der (oder in gewissen Fällen auch die gesamte) Werkleistung im eigenen Namen und auf eigene Rechnung an Subunternehmer weitervergeben. Die Einteilung in verschiedene Stufen darf aber nicht i.S.v. Unterordnungsverhältnissen verstanden werden. Vielmehr handelt es sich bei den einzelnen Verträgen der Stufenfolge um *separate, vollwertige Werkverträge*. Eine Weisungsbefugnis (etwa im arbeitsrechtlichen Sinne) der «übergeordneten» Besteller oder Unternehmer besteht grundsätzlich nicht. Auf den mittleren Stufen ist ein und dieselbe Partei sowohl Unternehmer (gegen «oben») als auch Besteller (gegen «unten»). Die Bezeichnung der Vertragsparteien ist nicht einheitlich. Weitgehend eingebürgert haben sich die Begriffe Subunternehmer (s. BGE 136 III 14; 116 II 308; auch Unterakkordant genannt, s. BGE 108 II 305; 107 II 173; BK-GAUTSCHI, N 15a ff.), Unternehmer und Erst-Besteller (s. zur Terminologie auch BR 1988, 12 betr. BGE 112 IV 4; SAXER, 3 f., 6 ff.; CERUTTI, N 59). Zur (werkvertraglichen) Einordnung des Subunternehmervertrages s. SAXER, 20 ff.

27 Die Stellung des **Subunternehmers** zeichnet sich dadurch aus, dass er in einem werkvertraglichen Verhältnis zu einem anderen Unternehmer steht, der seinerseits einen Werkvertrag mit dem Erst-Besteller abgeschlossen hat (vgl. Art. 29 SIA-Norm 118). Die beiden Werkverträge sind in der Sache aufeinander abgestimmt, rechtlich gesehen liegen aber zwei getrennte Verträge vor (ZWR 1992, 351 f. = BR 1994, 50). Der Subunternehmer kann auch Arbeiten an weitere Unternehmer, die *Sub-Subunternehmer*, weitervergeben. Diese und allfällige weitere Stufungen ergeben aber keine weiteren rechtlichen Besonderheiten. Auf ihre Behandlung kann deshalb verzichtet werden.

28 Zu den Rechtsverhältnissen zwischen dem Subunternehmer, dem Unternehmer und dem Erst-Besteller ist Folgendes festzuhalten (Näheres bei GAUCH, N 143–182a; SAXER, 44 ff.):

29 Das **Rechtsverhältnis zwischen Unternehmer und Subunternehmer** wird grundsätzlich ausschliesslich durch den Subunternehmervertrag selbst beherrscht (vgl. Art. 29 Abs. 2 SIA-Norm 118). Ob der Unternehmer überhaupt berechtigt oder allenfalls auch verpflichtet ist, einen Subunternehmer einzuschalten, bestimmt sich nach dem Hauptvertrag zwischen Unternehmer und Erst-Besteller. Soweit nicht anders vereinbart, ist der Subunternehmervertrag aber inhaltlich *vom Hauptvertrag unabhängig* (ausführlich zum Grundsatz der gegenseitigen Unabhängigkeit SAXER, 44 ff.; HÜRLIMANN, Koordination, 208 ff.; s.a. ZR 2002, 254). Es besteht keine Vermutung, wonach sich die Leistungspflicht des Subunternehmers nach dem Inhalt des Hauptvertrages richtet (Prinzip der Unabhängigkeit; BGer, 8.7.2005, 4C.88/2005 = BR 2006, 66 Nr. 207). Insbesondere bewirkt die allfällige im Hauptvertrag festgehaltene Verpflichtung des Unternehmers, die Bestimmungen des Hauptvertrages in den Subunternehmervertrag aufzunehmen, alleine noch nicht, dass diese Bestimmungen auch für den Subunternehmer gelten (SAXER, 48; vgl. dazu Art. 29 Abs. 4 SIA-Norm 118). – Zum Kontrahierungszwang infolge Vorsubmission für Subunternehmer s. ZWR 1992, 353 f. = BR 1994, 50 f.; GAUCH, N 181 ff.

30 Die in gewissen Subunternehmerverträgen anzutreffenden *Vergütungsklauseln*, wonach die Vergütung der Leistung des Subunternehmers von der Bezahlung des Unternehmers durch den Erst-Besteller abhängig gemacht wird, sollten klar zum Ausdruck bringen, ob sich diese Abhängigkeit nur auf die Fälligkeit oder i.S. einer Bedingung (Art. 151) auch auf die Leistung der Vergütung als solche bezieht (dazu s. HÜRLIMANN, Koordination, 214 f.). Zu weiteren Möglichkeiten einer Verbindung von Hauptvertrag und Subunternehmervertrag s. CR CO I-CHAIX, N 37.

31 Für das **Rechtsverhältnis zwischen Unternehmer und Erst-Besteller** ist festzuhalten, dass die Leistungspflicht des Unternehmers von der Weitervergebung von Arbeiten an Subunternehmer unberührt bleibt. Der Unternehmer haftet für den von den – erlaubter- oder unerlaubterweise beigezogenen – Subunternehmern verursachten Schaden nach Art. 101 (ZK-BÜHLER, Art. 364 OR N 67; BK-GAUTSCHI, Art. 364 OR N 5h, 15c, 22a ff., 27 ff.; SAXER, 26 ff., 186 f., 193; PEDRAZZINI, 532; CERUTTI, N 419 ff.). Die Subunternehmer und auch die Sub-Subunternehmer sind also Hilfspersonen, Erfüllungsgehilfen des Unternehmers (GAUCH, N 177 m.Nw.; SAXER, 29). Für *Werkmängel*, die auf die Arbeit von Subunternehmern zurückzuführen sind, haftet der Unternehmer grundsätzlich unabhängig von Art. 101, da die Mängelhaftung in Bezug auf die Wandelungs-, Minderungs- und Nachbesserungsrechte des Bestellers nach Art. 368 richtet, die eine Kausalhaftung darstellt (s. Art. 368 N 7). Hingegen setzt die Pflicht des Unternehmers zum Ersatz von *Mangelfolgeschäden* grundsätzlich ein Verschulden voraus, so dass hier die Durchbrechung des Verschuldensprinzips durch die Hilfspersonenhaftung von Art. 101 zum Zuge kommt (BGE 116 II 307 f. m.w.Nw.; GAUCH, N 178, 1505, 1893). Der Unternehmer trägt das sog. Nahtstellenrisiko, das Risiko nicht oder ungenügend aufeinander abgestimmter Vertragsinhalte im Hauptvertrag und im Subunternehmervertrag (HÜRLIMANN, Koordination, 210; ZWR 1992, 351 f. = BR 1994, 50); damit verbunden ist häufig eine *Koordinationspflicht* des Unternehmers.

32 Zwischen dem Subunternehmer und dem Erst-Besteller besteht *kein Werkvertragsverhältnis* (BGE 136 III 19 m.Hw.; BGer, 16.5.2011, 4A_87/2011, E. 3; 28.7.2010, 4A_226/2010, E. 3.1; 12.6.2007, 4C.28/2007, E. 4.1 f.; 8.7.2005, 4C.88/2005, E. 3; RJJ 1993, 165 = BR 1994, 51; ZWR 1992, 351 f. = BR 1994, 50; vgl. Art. 29 Abs. 2 SIA-Norm 118; ZK-BÜHLER, Art. 364 OR N 67; SAXER, 167; MOSIMANN, 168; HESS, Bauhaftpflicht, 197). Insbesondere hat der Erst-Besteller kein Recht, den Subunternehmer zu der vom Unternehmer geschuldeten Werkleistung anzuhalten oder ihm Weisungen zu erteilen. Auch kann der Erst-Besteller unter Vorbehalt einer Abtretung (s. Art. 368 N 13) keine Ansprüche, die dem Unternehmer zustehen, direkt gegenüber dem Subunternehmer geltend machen (und vice versa, s. SJZ 1949, 45, und zur Vertrauenshaftung BGE 133 III 449 E. 4.1= BR 2008, 69 f., vgl. auch BGer, 15.3.2007, 4C.19/2007). Das Werkvertragsrecht kennt keine Art. 399 Abs. 3 entsprechende Regelung (CHAIX/MARCHAND 79 ff. sowie CR CO I-CHAIX, N 42, sprechen sich allerdings für eine analoge Anwendung von Art. 399 Abs. 3 aus, unter Aufrechterhaltung der Einreden und Einwendungen des Subunternehmers). Von Sonderfällen abgesehen (s. dazu GAUCH, N 164 ff.), bleiben dem Erst-Besteller lediglich allfällige Deliktsansprüche (Art. 41 ff.) gegenüber dem Subunternehmer. Eine Schuldanerkennung des Hauptunternehmers gegenüber dem Besteller gilt gegenüber dem Subunternehmer nicht (ZWR 2004, 300 f. = BR 2005, 86). Zu vertraglichen Abmachungen zwischen Unternehmer und Subunternehmer (Vertrag zugunsten Dritter) und zwischen Erst-Besteller und Unternehmer (selbständige Garantie; Zession) s. BGE 136 III 14, E. 2.3; BGer, 28.7.2010, 4A_226/2010, E. 3; 23.11.2004, 4C.215/2004, E. 3.1; CR CO I-CHAIX, N 41; CHAIX/MARCHAND, 76 ff. – Zur Frage einer (dem Bauwesen weitgehend fremden) *Drittschadensliquidation* s. ZR 2002, 251 ff., 255. Zum Rückgriffsrecht unter Subunternehmern: Art. 51; BGE 133 III 6 = BR 2007, 53; s.a. Art. 371 N 4.

33 Dem Subunternehmer steht ein *Bauhandwerkerpfandrecht* am Grundstück des Erst-Bestellers zu, soweit die Voraussetzungen von Art. 837 Abs. 1 Ziff. 3 und gegebenenfalls Abs. 2 ZGB erfüllt sind (Vor Art. 363–379 N 29 ff.; BGE 104 II 354; 103 II 34 und 232; vgl. auch 116 Ib 376 f.; BGer, 13.10.2014, 5D_116/2014, E. 5.2; SAXER, 141 ff.; ferner CERUTTI, N 598; WIDMER CHR., Generalunternehmer-Vertrag, 132; CR CO I-CHAIX, N 43). Das Recht des Subunternehmers auf Eintragung des Bauhandwerkerpfandrechts im Grundbuch (s. Art. 839 ZGB; die Eintragung hat neuerdings nicht mehr bis spätestens drei, sondern vier Monate nach Voll-

endung der Arbeit zu erfolgen) setzt nicht voraus, dass der Beizug des Subunternehmers erlaubt oder dem Erst-Besteller bekannt war (SAXER, 142). Auch trifft den Subunternehmer keine Notifizierungspflicht (ZR 1980, 19 = BR 1981, 17). Ein Bauhandwerkerpfandrecht besteht nach h.M. selbst dann, wenn der Erst-Besteller den Unternehmer ganz oder teilweise befriedigt hat (BGE 105 II 267 = BR 1981, 18; SCHUMACHER, Bauhandwerkerpfandrecht, N 244 ff., 1865 ff.; GAUCH, N 184 m.Nw.; MOSIMANN, 176; SAXER, 142), und entfällt nicht etwa, wenn der Unternehmer seinerseits ein Bauhandwerkerpfandrecht auf demselben Grundstück eintragen lässt (BGE 95 II 90; ZR 1980, 19 = BR 1981, 17; SAXER, 142 f. m.Nw.).

34 Der ungerechtfertigten *Gefahr der Doppelzahlung* kann der Erst-Besteller durch entsprechende Regelung im Werkvertrag mit dem Unternehmer begegnen (Befreiung des Erst-Bestellers von der Zahlungspflicht im Umfang seiner direkten Zahlungen an den Subunternehmer; Zahlung des Erst-Bestellers an den Unternehmer erst nach dessen Nachweis, den Subunternehmer seinerseits bezahlt zu haben; vgl. BGE 136 III 19; 95 II 91; SCHUMACHER, Bauhandwerkerpfandrecht, N 238 ff.; SAXER, 152 ff.; GAUCH, N 185 f.; HÜRLIMANN, Koordination, 218); s.a. den Vorschlag einer Garantie in BGer, 31.3.2000 4C.389/1999, E. 3c.

Art. 364

B. Wirkungen
I. Pflichten des Unternehmers
1. Im Allgemeinen

[1] Der Unternehmer haftet im Allgemeinen für die gleiche Sorgfalt wie der Arbeitnehmer im Arbeitsverhältnis.

[2] Er ist verpflichtet, das Werk persönlich auszuführen oder unter seiner persönlichen Leitung ausführen zu lassen, mit Ausnahme der Fälle, in denen es nach der Natur des Geschäftes auf persönliche Eigenschaften des Unternehmers nicht ankommt.

[3] Er hat in Ermangelung anderweitiger Verabredung oder Übung für die zur Ausführung des Werkes nötigen Hilfsmittel, Werkzeuge und Gerätschaften auf seine Kosten zu sorgen.

B. Effets du contrat
I. Obligations de l'entrepreneur
1. En général

[1] La responsabilité de l'entrepreneur est soumise, d'une manière générale, aux mêmes règles que celle du travailleur dans les rapports de travail.

[2] L'entrepreneur est tenu d'exécuter l'ouvrage en personne ou de le faire exécuter sous sa direction personnelle, à moins que, d'après la nature de l'ouvrage, ses aptitudes ne soient sans importance.

[3] Sauf usage ou convention contraire, l'entrepreneur est tenu de se procurer à ses frais les moyens, engins et outils qu'exige l'exécution de l'ouvrage.

B. Effetti
I. Obblighi dell'appaltatore
1. In genere

[1] L'appaltatore è soggetto in genere alle norme di responsabilità del lavoratore nel rapporto di lavoro.

[2] Egli è tenuto ad eseguire personalmente l'opera od a farla almeno eseguire sotto la sua direzione personale, eccettuati i casi nei quali, stante la natura dell'opera, non si ha riguardo alcuno alle qualità personali dell'appaltatore.

[3] Egli deve provvedere a sue spese, in difetto di conclusione od uso contrario, i mezzi, gli strumenti e gli utensili necessari all'esecuzione dell'opera.

Literatur

Vgl. die Literaturhinweise bei den Vorbem. zu Art. 363–379.

I. Norminhalt. Abgrenzungen

1 Art. 364 behandelt die **allgemeinen Nebenpflichten** des Unternehmers, nämlich die Pflichten zur Sorgfalt (Abs. 1), zur persönlichen Ausführung oder persönlichen Leitung der Ausführung des Werkes (Abs. 2) und zur Besorgung der erforderlichen Arbeitsmittel (Abs. 3). Neben diese gesetzlichen Nebenpflichten treten vielfach zusätzliche vereinbarte Nebenpflichten und für Bauwerkverträge die zahlreichen Nebenpflichten der SIA-Norm 118 (Vor Art. 363–379 N 22). Die Sorgfaltspflichten des Unternehmers finden – im Unterschied zu dessen Gewährleistungspflichten, die dem Besteller Rechte bei oder nach Ablieferung des Werkes einräumen (Art. 368) – namentlich auf Nicht- oder Schlechterfüllung [des Vertrages] *vor Ablieferung* des Werkes Anwendung. Dem Sorgfaltsmassstab von Art. 364 Abs. 1 kommt daher nur ausserhalb der Hauptleistungspflicht (Herstellung und Ablieferung des Werkes), also insb. bei den sog. positiven Vertragsverletzungen, eine Bedeutung zu (ZK-BÜHLER, N 14; anderer Ansatz bei BK-KOLLER, N 2, 4–6).

Daraus folgt zweierlei: Einerseits kann eine Sorgfaltspflichtverletzung auch dann vorliegen, wenn das Werk mängelfrei und rechtzeitig abgeliefert wird (BK-GAUTSCHI, N 5f). Anderseits wird die Sorgfaltshaftung nach Art. 364 Abs. 1 bei Werkmängeln (also *nach* der Ablieferung) durch die Gewährleistungsregeln (Art. 367 ff.) und bei Verzug durch die Verzugsregeln (Art. 366, 102 ff.) absorbiert (BGE 113 II 422 = Pra 1988, 405; BGE 111 II 172 = BR 1986, 63 f.; ZK-BÜHLER, N 14, allerdings für die Sorgfaltspflicht während der Vertragserfüllung mehr als eine Nebenpflicht annehmend; vgl. betr. Nebenpflicht aber auch BK-KOLLER, Art. 363 OR N 417–419; ferner BK-GAUTSCHI, N 5e; PEDRAZZINI, 512 f.; BUCHER, BT, 206). 2

Vor der Ablieferung des Werkes unterliegt eine Sorgfaltspflichtverletzung, die einer Nicht- oder Schlechterfüllung des Werkvertrages gleichkommt, den allgemeinen Bestimmungen über die Nichterfüllung von Verträgen (Art. 97 ff.; ebenso ZK-BÜHLER, N 40). Nach diesen Bestimmungen richtet sich etwa die Haftung des Unternehmers, wenn die zur Reparatur übergebene Sache gestohlen wird. Die Rückgabepflicht verwandelt sich in diesem Fall in eine Entschädigungspflicht (BGE 113 II 422 = Pra 1988, 405; BGE 111 II 172; s.a. 97 II 362 = Pra 1972, 159). 3

II. Anwendungsbereich

1. Sorgfaltspflichten des Unternehmers (Abs. 1)

Die undifferenzierte gesetzliche Verweisung auf die Haftung des Arbeitnehmers im Arbeitsverhältnis trägt der unterschiedlichen Rechtsstellung von Unternehmer und Arbeitnehmer zu wenig Rechnung und führt deshalb zu Abgrenzungsproblemen. Nach weitgehend übereinstimmender Ansicht sind an die Sorgfaltspflicht des Unternehmers **höhere Anforderungen** zu stellen als an jene des Arbeitnehmers. Dies ist gerechtfertigt, weil der Unternehmer regelmässig die sachkundigere Partei des Werkvertrages ist und weil er nicht nach Anweisungen des Bestellers zu arbeiten pflegt (BGE 95 II 51; vgl. auch 94 II 160; GAUCH, N 840 ff.; GUHL/KOLLER/SCHNYDER/DRUEY, § 47 N 70; PEDRAZZINI, 515; DÜRR, 26; SCHLATTER, 33 f.; ZK-BÜHLER, N 37, mit Differenzierung betr. Handwerker und Kleinunternehmer in N 39). 4

Art. 364 Abs. 1 entspricht weder dem Wesen des Werkvertrages noch den Bedürfnissen und Anschauungen der Praxis. Es ist die Ausnahme und nicht – wie die Bestimmung zum Ausdruck bringt – die Regel, dass der Unternehmer (lediglich) für die vom Arbeitnehmer zu beachtende Sorgfalt einzustehen hat. Der Unternehmer hat nicht bloss Arbeit zu leisten, sondern ein Werk herzustellen, «für dessen tadellose Ausführung er einstehen muss» (BGE 95 II 52). Er hat alles vorzukehren, was erforderlich ist zur Lösung des Konfliktes zwischen seines Erachtens verfehlten Weisungen des Bestellers und seiner Pflicht, ein tadelloses Werk zu liefern (BGE a.a.O.; vgl. auch ZK-BÜHLER, N 11). 5

Richtig verstanden bedeutet die Verweisung auf die arbeitsvertragsrechtlichen Bestimmungen nicht, dass an die Sorgfalt des Unternehmers die gleichen Anforderungen wie an jene des Arbeitnehmers zu stellen sind; zu übernehmen sind vielmehr nur die in Art. 321e zur Bestimmung des Masses der Sorgfalt verwendeten **Kriterien** (vgl. BGE 113 II 422 = Pra 1988, 405: «Das Ausmass der dem Unternehmer obliegenden Sorgfaltspflicht bestimmt sich grund- 6 sätzlich *nach den gleichen Regeln*, wie sie für den Arbeitnehmer gelten (OR 364 I, der auf OR 321e II verweist)»; H.v.Verf.; gl.M. BK-KOLLER, N 2 f., s.a. N 42 ff.; vgl. auch ZK-BÜHLER, N 38).

7 Der Unternehmer haftet grundsätzlich für die *volle Sorgfalt*, die nach der Verkehrsanschauung von einem Unternehmer erwartet wird, der die Ausführung eines entsprechenden Werkes übernimmt (objektiv gebotene Sorgfalt; BGE 116 II 457; GAUCH, N 840 f.; ebenso ZK-BÜHLER, N 37; BÜHLER TH., Verträge, 112 f.; KGer SZ, EGV 1984, 108 ff. = BR 1986, 16: «verlangt wird die Sorgfalt und Umsicht eines tüchtigen Fachmannes, für den sich der Unternehmer ausgibt»). Die Sorgfaltspflicht des Unternehmers richtet sich nach den zur Zeit der Vertragsabwicklung *anerkannten Regeln der Technik* (z.B. Regeln über die Fundierung eines Bauwerkes, über die Konstruktion, die Materialverwendung oder die Sicherungsmassnahmen; vgl. etwa BGE 117 II 261; zum Ganzen: SCHUMACHER, Sicheres Bauen, N 270 ff. und 285 ff.; BÜHLER TH., Technische Vorschriften, 107 ff.; SPIESS, Technische Normen, 217 ff.; BRUNNER A., passim; BÜHLER TH., Technische Normen, passim; s.a. BK-KOLLER, Art. 363 OR N 271 f.). Der Architekt hat den Kostenvoranschlag «unter Beachtung des allgemein bekannten Wissensstandes seines Fachgebietes» (Art. 1.4.1 SIA-Ordnung 102), lege artis auszufertigen (ZEHNDER, Diss., 46 f.; vgl. SJ 2001, 136 ff.).

8 **Technische Regeln gelten als anerkannt**, wenn sie von der Wissenschaft oder von den einschlägigen Fachkreisen als theoretisch richtig anerkannt worden sind und sich nach der klaren Mehrheit der (für die Anwendung in Betracht kommenden) Fachleute in der Praxis bewährt haben. Nicht erforderlich ist, dass die Regeln völlig unangefochten (s. SJ 1986, 612 ff. = BR 1987, 21; missverständlich BGE 106 IV 269 für die «anerkannten Regeln der Baukunde» i.S.v. Art. 229 StGB) oder schriftlich niedergelegt sind. Wesentlich ist, dass sie sowohl in der Wissenschaft bzw. in den Fachkreisen als auch in der Praxis fest Fuss gefasst haben. Fehlt das eine oder das andere Element, so können die Regeln nicht als allgemein anerkannt gelten. So sind Gepflogenheiten, die aus Kosten- oder anderen Gründen vom geforderten Standard abweichen, auch dann keine anerkannten Regeln, wenn sie ggf. weit verbreitet sind. Dasselbe gilt für Regeln, die wohl dem neuesten Stand der Wissenschaft entsprechen, in der Praxis aber noch nicht mit Erfolg angewendet worden sind (vgl. GAUCH, N 842–849). Im EU-Bereich gelten die jeweiligen, in das nationale Recht umgesetzten Harmonisierungsrichtlinien als anerkannte technische Regeln, namentlich auch die notifizierten nationalen technischen Normen (ZK-BÜHLER, N 21, m.w.H.)

9 Technische Normen des SIA, ISO-Normen oder andere technische Regelwerke mit privatem Charakter können als im Zeitpunkt ihrer Veröffentlichung anerkannte Regeln gelten (vgl. Vermutung zugunsten SIA-Normen: BGer, 2.12.2008, 4A_428/2007, E. 3.1 = BR 2009, 57; s. Vor Art. 363–379 N 22; GAUCH, N 850–852; LENZLINGER GADIENT, 104; BK-GAUTSCHI, N 5k). Es ist aber zu beachten, dass sie durch technische Weiterentwicklungen ganz oder teilweise überholt sein können und deshalb keine anerkannten Regeln mehr darstellen. Wird in einem Werkvertrag auf ein derartiges Regelwerk verwiesen, so ist dies unter normalen Umständen so auszulegen, dass **technische Weiterentwicklungen miterfasst** sind. Im Zweifelsfall gelten also die jeweiligen, *im Zeitpunkt der Vertragsabwicklung* gültigen Regeln (vgl. GAUCH, N 851 f.; s.a. BK-KOLLER, Art. 363 OR N 271; ZK-BÜHLER, N 38).

10 **Gesetzliche Konkretisierungen** der allgemeinen Sorgfaltspflicht finden sich in Art. 365 Abs. 2 (sorgfältige Behandlung des vom Besteller gelieferten Stoffes und anderer vom Besteller überlassener Sachen), Art. 365 Abs. 3 (Anzeigepflicht bei Gefährdung der Werkleistung; s.a. Art. 25 Abs. 1, Art. 96 Abs. 1 SIA-Norm 118 und dazu GAUCH/SCHUMACHER, SIA, Art. 96 N 16) und Art. 369 SIA-Norm 118 (Abmahnungspflicht als Voraussetzung für die Haftungsbefreiung; s.a. Art. 25 Abs. 4, Art. 127 Abs. 2, Art. 136 Abs. 2, 3 SIA-Norm 118 und dazu GAUCH/PRADER, SIA, Art. 127 N 7 und Art. 136 N 15, 21).

11 Als weitere, von der Rechtsprechung und der Lehre entwickelte **Konkretisierungen von Art. 364 Abs. 1** sind zu nennen:

a) Aufklärungspflichten

(s. dazu auch ZK-Bühler, N 36; BK-Koller, Art. 363 OR N 277 ff.; CR CO I-Chaix, N 8 ff.; Chaix, La violation par l'entrepreneur de ses devoirs d'information vis-à-vis du maître de l'ouvrage, SJ 2009, 117 ff.)

- Pflicht, dem Besteller eine erkennbare übermässige Kostenüberschreitung ohne schuldhaftes Verzögern anzuzeigen (BGer, 1.4.2004, 4C.347/2003, E. 4.2; bestätigt in BGer, 31.3.2009, 4A_577/2008; unklar noch BGE 92 II 332 = Pra 1967, 290f; ABOW 1992, 52 = BR 1994, 107; Gauch, N 1007; ZK-Bühler, N 27; s.a. Art. 56 Abs. 3 SIA-Norm 118); 12
- Pflicht, den Besteller über den voraussichtlichen Werkpreis und die geschätzte Höhe des Honorars (des Architekten/Ingenieurs) aufzuklären (vgl. BR 1994, 106 f. zu BGE 119 II 456 betr. ärztlichen Behandlungsvertrag; zurückhaltender BGE 92 II 333 = Pra 1967, 290 betr. Instandstellung eines Lastwagens, s. Art. 365 N 21; vgl. auch SJ 2001, 138; BGer, 26.9.2013, 4A_271/2013, E. 2.1; 31.7.2013, 4A_22/2013, E. 2.4; 15.3.2005, 4C.424/2004 betreffend Kostenüberschreitung).
- Pflicht, bei einem Gutachten auf das Missverhältnis zwischen Bedeutung für die Streitsache und den verursachten Kosten hinzuweisen: BGE 134 I 164 E. 4.4.
- Pflicht, den Besteller über den sachgemässen Gebrauch des erstellten Werkes aufzuklären, z.B. ihm genaue Anweisungen über das für eine installierte Zentralheizung zu verwendende Heisswasser zu geben (BGE 94 II 160; bestätigt in BGer, 23.1.2012, 4A_608/2011, E. 5.3.1; s.a. RJN 1993, 98 f., Dichtungsmangel eines Fundaments); Haftung des Unternehmers, da er neben den Anweisungen zum korrekten Gebrauch nicht zusätzlich auf die möglichen Folgen einer Missachtung hinwies (BGer, 19.12.2001, 4C.149/2001, E. 7). Pflicht besteht nach Werkvollendung fort: BGer, 23.9.2008, 4D_76/2008, E. 4.4. 13
- Pflicht, dem Besteller die Unzulänglichkeit der vorgesehenen Ausführung des Werkes zur Kenntnis zu bringen (und nicht bloss gegenüber einem untergeordneten Angestellten Bedenken zu äussern) (BGE 95 II 51; vgl. auch ZR 1955, 364 betr. vorvertragliches Stadium); s.a. TC GE, 22.2.2013, ACJC/245/2013 = BR 2013, 328 (Risiko von Wasserschäden); RJJ 1993, 174 ff. (Qualitätsproblem); BGer, 26.3.2008, 4A_77/2008, E. 2.3 (ungenügendes Gefälle). 14
- Pflicht, den Besteller darauf aufmerksam zu machen, den Defekt des in Reparatur gegebenen Autos nicht herausgefunden zu haben (SJ 1981, 437 f.; vgl. auch ZK-Bühler, N 35; BK-Koller, Art. 363 OR N 280; BK-Gautschi, N 5); 15
- Pflicht, dem Besteller den Eintritt ausserordentlicher Umstände anzuzeigen, um die Rechte des Unternehmers aus Art. 373 Abs. 2 zu wahren (BGE 116 II 315 = Pra 1991, 574 f.; Gauch, N 1112 f.; BK-Gautschi, Art. 373 OR N 16a–c); 16
- Eine ganze Reihe von Aufklärungspflichten, die mindestens z.T. auf der allgemeinen Sorgfalts- und Treuepflicht beruhen, weist sodann die *SIA-Norm* 118 auf. Grundlage für die Anzeige- und Abmahnungspflichten des Unternehmers bildet Art. 25. Anzeigen sollen schriftlich erfolgen; auch mündliche Anzeigen sind möglich, müssen aber protokolliert werden (Art. 25 Abs. 2). Art. 25 Abs. 5 enthält eine Aufzählung weiterer Bestimmungen mit Aufklärungspflichten; neben den bereits erwähnten ist auf folgende hinzuweisen: Nach Art. 26 Abs. 2 hat der Unternehmer dem Bauherrn den Abschluss einer Bauherrenhaftpflichtversicherung zu beantragen, falls nach seiner Ansicht besondere Haftungsrisiken gegenüber Dritten bestehen, welche der Bauherr nicht selbst erkennen kann. Nach Art. 30 Abs. 4 hat der Unternehmer die Bauleitung über Besonderheiten seiner Arbeit zu unterrichten, die der nachfolgende Nebenunternehmer nicht kennen kann (s.a. Art. 30 Abs. 5). Nach Art. 110 treffen den Unternehmer Sorgfalts- und Anzeigepflichten zum Schutz benachbarter Bauwerke, Anlagen, Quellen usw. S.a. BGer, 7.11.2006, 4C.284/2006, wonach den Ingenieur eine Anzeigepflicht trifft, wenn er in der Untauglichkeit der Unternehmervariante eine Gefahr für das Projekt sieht. 17

b) Schutzpflichten

18 – Pflicht, die Rechtsgüter des Bestellers oder Dritter (Leben, Gesundheit, Eigentum) bei der Abwicklung des Werkes nicht zu beeinträchtigen und keinen entsprechenden Schaden entstehen zu lassen (etwa nach Art. 55, 58 OR, Art. 679, 684 f. ZGB; vgl. auch Art. 103–113 SIA-Norm 118 und dazu die Vorbem. von GAUCH/SCHUMACHER, SIA). Der Unternehmer hat z.B. dafür zu sorgen, dass den Zuschauern eines Feuerwerkes kein Körperschaden erwächst (BGE 70 II 218), dass von Dritten gelieferte Sachen nicht durch seine Hilfspersonen beschädigt werden (BGE 89 II 237), dass keine Geräte eingesetzt werden, welche die gesetzlich vorgeschriebenen Schutz- und Sicherungsvorkehren nicht aufweisen (vgl. BR 1979, 268 ff. betr. Autokran) oder dass keine ungeeigneten Baustoffe auf dem Bauplatz gelagert werden (s.a. Art. 136 Abs. 1 SIA-Norm 118 und dazu GAUCH/PRADER, SIA, Art. 136 N 9); s. zu entsprechenden Schutzpflichten des *Bestellers* gegenüber dem Unternehmer: BGer, 7.12.2010, 4A_494/2010; BGE 112 IV 4; BGer, 15.11.2007, 6B_518/2007; KGer VD, JdT 1986 I 392 ff. = BR 1988, 12; BK-KOLLER, Art. 363 OR N 286 ff.;

19 – Pflicht, eine zur Reparatur übergebene Sache vor Entwendung zu schützen (BGer, 31.3.2004, 4C.337/2003, E. 2.1; aber keine Pflicht, sämtliche Vorkehrungen zu treffen, die irgendwie zur Schadensabwendung hätten beitragen können; keine Garantenstellung; BGE 113 II 422 E. 2a; vgl. auch BR 1990, 99 f.); Pflicht, das (allenfalls von einem Subunternehmer) erstellte Werk bis zur Ablieferung vor Beschädigungen zu bewahren (GAUCH, N 839, m.Hw. auf MK-SOERGEL, § 631 BGB N 147).

c) Weitere Sorgfaltspflichten

20 – Pflicht, die eigenen Fähigkeiten und Möglichkeiten (auch jene der beigezogenen Hilfspersonen) selbstkritisch einzuschätzen (vgl. BGE 93 II 323; s.a. Rep 1964, 240; ZK-BÜHLER, N 17; BK-BECKER, N 2);

21 – Pflicht, das Werk nicht mit einer übermässigen Menge an Einheiten oder übermässigem Aufwand herzustellen, sofern die Vergütung nach Einheitspreisen oder nach Aufwand bemessen wird (BGE 96 II 60; BGer, 31.3.2009, 4A_577/2008), und generell Zeit- und Materialvergeudung zu vermeiden, wenn diese für den Besteller eine Kostenverteuerung zur Folge haben (ZK-BÜHLER, N 34; geschuldet ist nur der objektiv gerechtfertigte Aufwand: BGE 134 I 164 E. 4.4 m.w.H. (Gutachten betr. Zahnbehandlung).

– Pflicht, unnötige (zusätzliche) Baukosten zu vermeiden (s. ZEHNDER, Diss., 66 ff. betr. Planungsfehler, Submissionsfehler, Bauleitungsfehler, Projektabweichungen usw. des Architekten);

22 – Pflicht zu prüfen, ob die Voraussetzungen für die Erstellung des Werkes erfüllt, insb. der vom Besteller gelieferte Stoff und der Baugrund werktauglich sind (BGer, 8.5.2007, 4C.130/2006, E. 3; BGE 95 II 51 E. c; SJZ 1949, 363, Eignung der Windverhältnisse für den Betrieb eines Windgenerators; weitere Prüfungspflichten bei BK-KOLLER, Art. 363 OR N 283 ff.);

23 – Pflicht, den Besteller u.U. zu beraten (dies im Gegensatz zum Verkäufer, vgl. ZWR 1974, 205 ff.);

– Pflicht, baupolizeiliche Gesetze und Verordnungen einzuhalten und die ausgehändigten Pläne auf ihre Übereinstimmung mit den behördlich genehmigten Plänen zu kontrollieren (SJZ 1954, 362).

24 – Zur Sorgfaltspflicht des Architekten, insb. zu seiner Pflicht, den vom Bauherrn vorgegebenen *Kostenrahmen zu respektieren*, s. RJN 1991, 54 f. = BR 1993, 44; bei einem Werkpreis in der Grössenordnung von CHF 250 000 ist ein geschätzter Betrag von CHF 273 680 noch akzeptabel, nicht dagegen ein solcher von CHF 405 000; s.a. Art. 1.4.4 SIA-Norm 102; vgl. auch SJ 2001, 136 ff. Im Urteil vom 15.3.2005 (BGer 4C.424/2004) hat das BGer entschieden, dass der Auftraggeber auf die ihm unterbreitete Kostenschätzung unter Ausschluss der Toleranz von 10% vertrauen durfte und der beauftragte Architekt bei nachge-

wiesener Pflichtverletzung für den vollen Betrag der Kostenüberschreitung unter blossem Abzug der vom Auftraggeber zu vertretenen Mehrkosten einzustehen hat (vgl. auch BGer, 26.9.2013, 4A_271/2013; 22.12.2008, 4A_462/2008, E. 5.2; Art. 363 N 17 ff.).
– Keine Entgegennahme von Vergünstigungen von Dritten, insb. Unterlieferanten (ZK-Bühler, N 34).

Nach der h.M. ist die Sorgfaltspflicht nach Art. 364 Abs. 1 Ausdruck einer ungeschriebenen übergeordneten Treuepflicht (BGE 96 II 61; 129 III 610 = Pra 2004, 572 [obiter dictum]; BGer, 31.3.2009, 4A_577/2008, E. 5.2; BK-Gautschi, N 1 ff.; Gauch, N 820; Dürr, 28; wohl auch Pedrazzini, 514; s.a. BGer, 7.6.2012, 4A_626/2011, E. 2.2.3; ZK-Bühler, N 13, 29; BK-Koller, N 3; **abl.** Honsell, OR BT, 286 f.). Der Interessenlage angemessen erscheint die Annahme einer von Fall zu Fall zu bestimmenden **beschränkten Treuepflicht** (so Bucher, BT, 206). Der Unternehmer hat jedenfalls (in Analogie zu Art. 321a Abs. 4) die *Fabrikations- und Geschäftsgeheimnisse* des Bestellers zu wahren (BGE 93 II 272; 77 II 263; SJ 1970, 377). 25

So handelt ein Bauunternehmer treuwidrig, wenn er ihm vom Bauherrn **übergebene Pläne zum eigenen Nutzen verwertet**, indem er für einen anderen Besteller ein «Plagiat» des Bauwerkes erstellt (ZK-Bühler, N 31; BK-Koller, Art. 363 OR N 275; BK-Gautschi, N 3b). Ein Unternehmer, der eine Maschine bauen soll, deren Konstruktion der Besteller möglichst geheimhalten wollte, darf die Maschine auch dann nicht auf eigene Rechnung herstellen, wenn der Besteller kein Patentgesuch eingereicht hat (BGE 77 II 269; BK-Gautschi, N 3c). Zurückhaltung ist geboten, wenn eine Partei bei Vertragsschluss unterlassen hat, die vom Gesetz vorgesehenen Schutzvorkehren, wie die Vereinbarung eines Konkurrenzverbots oder die Einreichung eines Patentgesuchs, in Anspruch zu nehmen (BGE 93 II 280; s.a. ZK-Bühler, N 31). 26

Die Pflicht des Unternehmers, die ihm vom Besteller anvertraute Konstruktionsidee geheim zu halten, rechtfertigt sich aus der **Pflicht, die dem Besteller gehörende Idee nicht auszunutzen**. Werden die Rechtsbeziehungen zwischen den Parteien fortgesetzt, so bleibt die Geheimhaltungspflicht auch dann bestehen, wenn die Idee gemeinsames Gut geworden ist. Eine Treuepflicht fällt aber ausser Betracht, wenn die Idee gemeinfrei geworden ist und die Zusammenarbeit zwischen den Parteien aufgehört hat (BGE 93 II 278; vgl. auch Art. 5 lit. a UWG, wonach unlauter handelt, wer ihm anvertraute Pläne unbefugt verwertet, Art. 24 SIA-Norm 118 und Art. 162 StGB). 27

Nach Beendigung des Vertragsverhältnisses ist eine Treuepflicht anzunehmen, wenn der Besteller ein diesbezügliches rechtliches Interesse nachweist. Ein solches ist zu bejahen, wenn der Unternehmer ohne Zustimmung des Bestellers die noch diesem gehörende Idee zu eigenem Nutzen verwendet (BGE 93 II 279). 28

2. *Pflicht zur persönlichen Ausführung oder Leitung (Abs. 2)*

Art. 364 Abs. 2 statuiert den *Grundsatz*, dass der Unternehmer das Werk entweder persönlich auszuführen oder unter seiner persönlichen Leitung ausführen zu lassen hat. Das Gesetz umschreibt aber auch die in der Praxis wichtigen und zahlreichen *Ausnahmefälle*: In Analogie zu Art. 68 kann vom genannten Grundsatz abgewichen werden, wenn es nach der Natur des Geschäftes auf persönliche Eigenschaften des Unternehmers nicht ankommt. 29

Das Gesetz gibt keine Anhaltspunkte dafür, in welchen Fällen der Unternehmer das Werk persönlich auszuführen hat und in welchen persönliche Leitung der Werkausführung genügt. **Persönliche Ausführung** ist zu verlangen, wenn das zu erstellende Werk derart durch die individuellen körperlich-geistigen Fähigkeiten des eingesetzten Unternehmers geprägt wird, dass eine andere Person das gewünschte Werk selbst dann nicht herstellen könnte (vgl. Art. 379 Abs. 1), wenn der eingesetzte Unternehmer die Werkausführung persönlich leiten 30 würde. Der eingesetzte Unternehmer erscheint dann als «unvertretbar», die Werkausführung als «vertretungsfeindlich» (ZK-BÜHLER, N 56, s.a. N 57; SAXER, 91 f.; nach BK-KOLLER, N 55, sind immerhin Vor- und Zuarbeiten durch Dritte zulässig). Klassische Beispiele sind das Privatgutachten und das Kunstwerk. Persönliche Werkausführung kommt praktisch nur noch in den (schwindenden) Handwerksbetrieben vor; unpersönliche Werkausführung dominiert bei der Errichtung grosser Bauwerke und Maschinenanlagen (ZK-BÜHLER, N 79; BK-GAUTSCHI, N 9d, e, 17a ff., 18a ff.).

31 Mit der (alternativen) Pflicht, das Werk unter **persönlicher Leitung** ausführen zu lassen, sind insb. Fälle angesprochen, bei denen die persönliche Ausführung ausser Betracht fällt, weil der Umfang des Werkes eine Arbeitsteilung erfordert. Im Zweifelsfall wird der eingesetzte Unternehmer das Werk durch sein ständiges, *betriebseigenes* Personal ausführen zu lassen haben (vgl. BGE 103 II 57, der in seiner harten Haltung gegen den Beizug von Subunternehmern und von nicht betriebseigenem Personal wohl nicht verallgemeinerungsfähig ist; s.a. BRINER, Architekten- und Ingenieurverträge, 28 f.; ZK-BÜHLER, N 57, 64; BK-GAUTSCHI, N 11a; PEDRAZZINI, 531 f.; SAXER, 93; strenger BK-KOLLER, N 50 ff.; vgl. auch Art. 29 Abs. 3 SIA-Norm 118).

32 Ob der Unternehmer das Werk persönlich auszuführen oder (lediglich) die Werkausführung persönlich zu leiten hat, hängt also – soweit eine vertragliche Regelung fehlt – weitgehend von den objektiven Umständen des Einzelfalles ab. Handelt es sich beim Unternehmer nicht um eine Einzelperson, sondern um eine (grössere) **Unternehmung**, so wird i.d.R. eine persönliche Leitung, die durch die zuständigen Stellen der Unternehmung wahrgenommen wird, genügen (BK-GAUTSCHI, N 12; GAUCH, N 609 f., wonach eine «persönliche» Ausführung des Werkes durch juristische Personen und rechtsfähige Personengesellschaften naturgemäss ausser Betracht fällt, weshalb nur die Möglichkeit der «persönlichen Leitung» verbleibt; s.a. BÜHLER TH., Verträge, 108 f.). Dass eine Wahlmöglichkeit des Unternehmers gegeben wäre, müsste sich aus der konkreten Vereinbarung ergeben (**a.A.** CORBOZ, II, 18, der annimmt, der Unternehmer könne in allen Fällen zwischen persönlicher Ausführung und persönlicher Leitung wählen; s.a. BK-KOLLER, N 17).

33 Infolge der Erfolgshaftung des Unternehmers (die unabhängig davon besteht, ob der Unternehmer das Werk persönlich ausführt, die Ausführung leitet oder beides unterlässt) ist der Besteller an der persönlichen Leitung der Werkausführung weniger interessiert als etwa der Auftraggeber, dem der Beauftragte nur für Sorgfalt haftet (BK-GAUTSCHI, N 10a).

34 Die persönliche Leitung umfasst die Pflicht, die Ausführenden **sorgfältig auszuwählen, ihnen angemessene Weisungen zu erteilen und die Arbeitsausführung zu überwachen** (Näheres zum Inhalt der Leitungspflicht bei BK-GAUTSCHI, N 11c). Durch die Unterordnung der Ausführenden (BK-GAUTSCHI, N 11a) unterscheidet sich die Ausführung unter persönlicher Leitung von der Einsetzung von Subunternehmern, die im Zweifel nur zulässig ist, wenn eine Ausnahme i.S.v. Art. 364 Abs. 2 vorliegt (es sei denn, es handle sich um sog. leitungsintensive Werkverträge mit Subunternehmern, bei denen diese in einem arbeitnehmerähnlichen Verhältnis zum leitenden Unternehmer stehen; s. GAUCH, ZBJV 1982, 83; ZK-BÜHLER, N 63 f.; SAXER, 95 ff.; vgl. aber auch BK-BECKER, Art. 364 OR N 6).

35 Die Annahme einer Pflicht zur persönlichen Ausführung oder persönlichen Leitung durch den eingesetzten Unternehmer kann insb. durch folgende **Interessen des Bestellers** begründet sein: Die Rechte bei Mängeln des Werkes (Art. 368) sind nicht oder nur von beschränktem Nutzen (z.B. Herstellung eines Kunstwerkes; Erstellung eines Bauwerkes, das sich nicht mehr vom Boden entfernen lässt); das Risiko eines Bauhandwerkerpfandrechtes von Subunternehmern soll vermieden werden; der Besteller hat den Stoff oder den zu ändernden oder zu reparierenden Gegenstand geliefert; das Werk soll unter Einsetzung der beim Unternehmer vorhandenen Spezialgeräte hergestellt werden; Bestehen eines besonderen Verspätungsrisikos (CORBOZ, II, 19 m.Nw.).

36 Die in Art. 364 Abs. 2 vorgesehene **Ausnahme** von der persönlichen Ausführung oder persönlichen Leitung kommt immer dann zum Zuge, wenn es **nach der Natur des Geschäftes auf persönliche Eigenschaften des Unternehmers nicht ankommt**. Dies ist in der arbeitsteiligen und weitgehend anonymisierten Wirtschaft so *häufig* der Fall, dass das Regel-Ausnahme-Verhältnis des Art. 364 Abs. 2 in der Realität umgekehrt erscheint (BUCHER, BT, 205; vgl. auch GAUCH, N 617; ZK-BÜHLER, N 79; SAXER, 91; CR CO I-CHAIX, N 16, 20; **a.M.** wohl BK-KOLLER, N 19). Die Vermutung des persönlichen Charakters der Verpflichtung des Unternehmers (BGE 103 II 55) in Art. 364 Abs. 2 (im Gegensatz zu Art. 68) ist daher nicht mehr angemessen. Aus Sicht des Bestellers dürfte es häufig genügen, dass ihm der Unternehmer aus dem Werkvertrag (insb. für Mängel) verantwortlich bleibt; regelmässig weniger wichtig ist für ihn dagegen im Normalfall, ob der Unternehmer das Werk selbst ausführt oder durch Dritte ausführen lässt. – Zu den Ausnahmefällen, in denen ein Architekt einen «Subplaner» einsetzen kann (Zustimmung des Bauherrn oder Notsituation), s. ZEHNDER, Diss., 44 f.

37 Findet die Ausnahme Anwendung, so ist der Unternehmer berechtigt, das Werk (oder die dem Grundsatz nicht unterliegenden Werkteile) durch Dritte ausführen zu lassen, die er **im eigenen Namen und auf eigene Rechnung** beizieht und die seiner persönlichen Leitung nicht unterstehen (so GAUCH, N 612 ff. mit weiteren Differenzierungen zum Anwendungsbereich von Art. 364 Abs. 2 in N 612 ff.; s.a. SAXER, 94). Präzisierend ist anzufügen, dass die auf diese Weise beigezogenen Dritten zwar keiner innerbetrieblichen oder arbeitnehmerähnlichen, wohl aber einer auf die Herstellung des Werkes bezogenen «Leitung» durch den Unternehmer unterstehen. Der Begriff «Leitung» i.S.v. Art. 364 Abs. 2 ist daher i.S. einer nicht bloss auf das Werk als solches, sondern auch auf den Arbeitsablauf gerichteten, überwachenden Leitung zu verstehen.

38 Die «persönlichen Eigenschaften» bestehen bei juristischen Personen und Handelsgesellschaften ohne Rechtspersönlichkeit in den **leistungsrelevanten Merkmalen des Unternehmens**, insb. in der Erfahrung, im Know-how, in der Beherrschung besonderer Verfahren und im Ausbildungsstand des Personals (GAUCH, N 613a; s.a. BGE 103 II 55; SAXER, 91; nach BK-KOLLER, N 61, können höchstpersönliche Leistungspflichten indessen naturgemäss nur natürliche Personen treffen; nach ZK-BÜHLER, N 56, 59, stehen lediglich Ausführungen unter «persönlicher Leitung» den juristischen Personen offen). Von besonderen Vereinbarungen abgesehen, ist auch der zur persönlichen Leitung verpflichtete Unternehmer in der Entscheidung frei, in welchem seiner mehreren Betriebe er das Werk ausführen lassen will (s. dazu auch ZK-BÜHLER, N 62).

39 Der Beizug von **Subunternehmern** ist zulässig, wenn es auf persönliche Eigenschaften des Unternehmers nicht ankommt (SAXER, 94 f.; vgl. BK-GAUTSCHI, N 15a ff.) oder wenn der Subunternehmer seine Arbeiten unter der persönlichen Leitung des Unternehmers ausführt (s.a. N 31, 34). Der zweite Fall betrifft die – vor allem in der Baupraxis vorkommenden – *leitungsintensiven Subunternehmerverträge*, bei welchen dem Subunternehmer eine arbeitnehmerähnliche Stellung zukommt. Im Rahmen seiner persönlichen Leitung hat der Unternehmer den Subunternehmer in den Herstellungsprozess einzuordnen, zu instruieren und bei der Arbeitsausführung zu überwachen (**a.A.** betr. Überwachung CR CO I-CHAIX, N 23). Eine derartige arbeitnehmerähnliche Subunternehmerstellung kann namentlich einer Tochtergesellschaft zukommen (GAUCH, N 621 ff.; SAXER, 95 ff.; s.a. CERUTTI, N 406 ff., 409; BK-GAUTSCHI, N 11b; vgl. den Begriff der einheitlichen Leitung im Konzernrecht).

40 **General- und Totalunternehmer** unterliegen zwar formell ebenfalls den Schranken von Art. 364 Abs. 2. In der Regel ist aber davon auszugehen und im Zweifelsfall zu vermuten, dass es nach der Natur dieser besonderen Werkverträge nicht darauf ankommt, ob der General- oder Totalunternehmer die einzelnen Bauarbeiten selbst ausführt oder durch Subunternehmer ausführen lässt (so BGE 94 II 162; BK-GAUTSCHI, N 18d: «Die Untervergebung entspricht der Natur des Werkvertrages mit einem Generalunternehmer.»; ZK-BÜHLER, N 78; WIDMER CHR., Generalunternehmer-Vertrag, 131 f.; MOSIMANN, 77 f.; DÜRR, 32; **a.A.**

GAUCH, N 626, der an anderer Stelle zu Recht darauf hinweist, dass die Kenntnis geeigneter Subunternehmer ein Grund für die besondere Leistungsfähigkeit des Generalunternehmers sein kann, N 224). Nicht delegieren kann der Generalunternehmer i.d.R. seine angestammte Aufgabe der *Koordination der einzelnen Subunternehmerarbeiten* (s.a. SAXER, 78 und die dort in Anm. 20 zitierten Autoren, welche die Übertragung der gesamten Werkausführung einschliesslich Planungs- und Koordinationsarbeiten an einen Generalsubunternehmer von der Zustimmung des Hauptbestellers abhängig machen). – Zur Pflicht des **Architekten**, den Kostenvoranschlag persönlich zu erstellen und dafür keinen wirtschaftlich und technisch selbständigen «Subplaner» beizuziehen, s. ZEHNDER, Diss., 43 f.; Art. 363 N 17 ff.

41 Einer Vereinbarung unter den Parteien des Werkvertrages, dass der Unternehmer **verpflichtet** ist, einen oder mehrere bestimmte Subunternehmer (etwa zum Schutze des ortsansässigen Gewerbes) beizuziehen, steht Art. 364 Abs. 2 nicht entgegen (s. dazu GAUCH, N 2026 ff. und Art. 29 Abs. 5 SIA-Norm 118; bezüglich Haftung s. ZK-BÜHLER, N 73 f.). Unabhängig von Art. 364 Abs. 2 ist sodann zu beurteilen, ob der Unternehmer berechtigt ist, Arbeiten im Namen und auf Rechnung **des Bestellers** an einen Dritten zu vergeben. Grundsätzlich bedarf er dazu einer entsprechenden Vollmacht des Bestellers (Näheres bei GAUCH, N 642 ff.; ZK-BÜHLER, N 81 ff.).

42 Nach Art. 29 Abs. 3 der SIA-Norm 118 darf der Unternehmer einen Subunternehmer beiziehen, wenn der Werkvertrag dies allgemein oder für eine bestimmte Arbeit vorsieht, wenn eine ausdrückliche Erlaubnis des Bauherrn vorliegt oder wenn nur ein unwesentlicher Teil der Arbeiten betroffen ist und die vertragsgemässe Ausführung nicht beeinträchtigt wird (ausführlich dazu SAXER, 83 ff.).

3. Pflicht zur Besorgung der Arbeitsmittel (Abs. 3)

43 In der Praxis weitgehend unproblematisch ist die weitere Nebenpflicht des Unternehmers, für die zur Ausführung des Werkes **nötigen Hilfsmittel, Werkzeuge und Gerätschaften** auf seine Kosten zu sorgen. Zu den Hilfsmitteln gehören Arbeitsmittel, die der Unternehmer zur Herstellung des Werkes braucht (z.B. Schalungsholz) oder verbraucht (z.B. Treibstoffe); zu den Werkzeugen und Gerätschaften zählen etwa auch Baumaschinen und Baubaracken (GAUCH, N 69 f.). Siehe auch Art. 46 SIA-Norm 118 betr. Regiearbeiten und dazu GAUCH, SIA. Nicht in diese Aufzählung gehört der eigentliche Werkstoff, der i.d.R. vom Besteller zu liefern ist (Art. 365 N 2; vgl. CR CO I-CHAIX, N 31).

44 Arbeitsmittel sind auch die *Baustelleneinrichtungen* gem. Art. 123 SIA-Norm 118 (z.B. Einwandungen, Maschinen, Fahrzeuge, Zufahrten und Leitungen aller Art); s. zu deren Erstellung, Unterhalt, Benützungsdauer, Demontage usw. die Art. 124–128 der Norm. Zu beachten ist die Verweisung in Art. 364 Abs. 3 auf die *Übung*. Besteht eine solche, so ist sie unabhängig davon zu berücksichtigen, ob sie den Parteien bekannt war und ob sie als stillschweigend im Vertrag eingeschlossen gelten kann (BK-KOLLER, N 28). Liefert der Unternehmer *ungeeignete oder mangelhafte Arbeitsmittel*, so kann der Besteller nach Art. 366 Abs. 2 vorgehen, soweit sich eine mangelhafte oder sonst vertragswidrige Herstellung des Werkes durch Verschulden des Unternehmers bestimmt voraussehen lässt. Werden die Arbeitsmittel dagegen vom Besteller zur Verfügung gestellt, so haftet der Unternehmer aufgrund seiner Sorgfaltspflicht für deren richtige Verwendung. Sind sie ungeeignet oder mangelhaft und gefährden damit die gehörige oder rechtzeitige Ausführung des Werkes, kommen Art. 365 Abs. 3 und, bei Untergang des Werkes, Art. 376 Abs. 3 zur Anwendung).

45 Der Hersteller oder Händler, von dem der Unternehmer die benötigten Arbeitsmittel bezieht, ist weder Subunternehmer noch im Verhältnis zum Besteller ein sonstiger Erfüllungsgehilfe des Unternehmers nach Art. 101 (GAUCH, N 141, 1894; VON TUHR/ESCHER, 125; SAXER, 17). Näheres zu den Arbeitsmitteln bei ZK-BÜHLER, N 91 ff.; BK-KOLLER, N 32; BK-GAUTSCHI, N 31a ff.; CORBOZ, II, 3 ff. – Zur Kostentragung für die Geräte usw. s. BK-KOLLER, N 29 ff. und ZK-BÜHLER, N 99.

III. Rechtsfolgen

Für Verletzungen der Sorgfaltspflicht haftet der Unternehmer nach den Grundsätzen von Art. 97 ff. und Art. 364 Abs. 1 (s.a. ZK-Bühler, N 15). Es gelten die üblichen Voraussetzungen einer **vertraglichen Schadenersatzpflicht** (Pedrazzini, 513 f.; vgl. auch BK-Gautschi, N 4). Für schädigendes Verhalten seiner *Subunternehmer und anderer Hilfspersonen* hat der Unternehmer gem. Art. 101 wie für sein eigenes Verhalten einzustehen (BGE 116 II 308; 95 II 50 m.Nw.; ZK-Bühler, N 40, 46; Corboz, II, 21 f.; Schlatter, 17; Näheres in Art. 363 N 31). 46

Die Bestimmungen der Mängelhaftung (Art. 367 ff.) gehen denjenigen der Sorgfaltshaftung als besondere Regeln vor; dies gilt unabhängig davon, ob der Mangel auf eine Verletzung der Sorgfaltspflicht zurückzuführen ist oder nicht. **Die (allgemeine) Sorgfaltshaftung wird durch die (besondere) Mängelhaftung absorbiert** (s. BGE 111 II 172; ZWR 1991, 252; ZK-Bühler, N 40; BK-Gautschi, N 5e, 21a ff.; Gauch, N 853; Pedrazzini, 513; CR CO I-Chaix, N 13, 29). 47

Eine Verletzung der Sorgfaltspflicht nach Art. 364 Abs. 1 bildet aber wiederum eine Voraussetzung der Haftung des Unternehmers für *Mangelfolgeschaden*, die im Gegensatz zur Mängelhaftung eine Verschuldenshaftung darstellt (BGE 116 II 455; Gauch, N 1887). Zwischen der Sorgfaltshaftung nach Art. 364 Abs. 1 und der Haftung aus unerlaubter Handlung nach Art. 41 ff. besteht – sofern in beiden Fällen alle Voraussetzungen erfüllt sind – Anspruchskonkurrenz (vgl. BGE 120 II 61; 118 II 506; 99 II 321; Gauch, N 854). 48

Nach den Bestimmungen der Art. 41 ff. über die ausservertragliche Schadenersatzpflicht und nicht nach Art. 364 Abs. 1 (i.V.m. Art. 97 ff.) haftet der Unternehmer für **Schädigungen gegenüber vertragsfremden Dritten** (BGE 102 II 85 und 97 II 221 – Bruch eines elektrischen Kabels; vgl. auch BGer, 7.2.2012, 4A_364/2011, E. 4, und BGE 43 II 79; Gauch, N 857; s.a. Koller, Haftung, passim). Zu den Sonderfällen bei Werkverträgen als echten Verträgen zugunsten Dritter (Art. 112 Abs. 2), der Haftung für Versorgerschaden (Art. 45 Abs. 3) und der sog. Drittschutzwirkung zugunsten von Personen, die dem Besteller nahestehen, vgl. BGE 120 II 116; 117 II 319; Gauch, N 859 ff., m.w.Nw.; ZK-Bühler, N 44 f. 49

Für weitere mögliche Rechtsfolgen einer Verletzung der Sorgfaltspflicht nach Art. 364 Abs. 1 ist auf Art. 365 Abs. 3 (Verlust von Rechten bei nicht erfüllter Anzeigepflicht des Unternehmers), Art. 369 (Verwirkung der Mängelrechte durch Selbstverschulden des Bestellers) und Art. 376 Abs. 3 (Ansprüche des Unternehmers beim Besteller zu vertretendem Werkuntergang) hinzuweisen. 50

Verletzt der Unternehmer die in Art. 364 Abs. 2 statuierte Pflicht, das Werk persönlich auszuführen oder die Ausführung persönlich zu leiten, so haftet er für schädigendes Verhalten der unbefugt (s. aber die in Abs. 2 vorgesehene Ausnahme und dazu N 39) beigezogenen Hilfspersonen, insb. Subunternehmer, **nicht nur** – wie übrigens auch beim befugten Beizug (s. Art. 363 N 31 und die Differenzierungen bei Pedrazzini, 532) – **nach Art. 101** (vgl. BK-Gautschi, N 5h, 13a, 15c, 22a ff., 27a ff.; s.a. SJ 1952, 39 – Ausführung einer Autoreparatur in einem anderen Betrieb), **sondern** in aller Regel **auch nach Art. 97 Abs. 1** aus sog. positiver Vertragsverletzung (ZK-Bühler, N 69, m.w.Nw.; s.a. BK-Koller, N 73; Saxer, 98). Entscheidend ist dabei der tatsächliche Beizug eines Subunternehmers, nicht der Abschluss eines Subunternehmervertrages (Gauch, N 639; s.a. ZK-Bühler, N 68; Saxer, 98). 51

Der Besteller kann die **Wegweisung des Subunternehmers** verlangen und allenfalls den Werkvertrag mit dem Unternehmer nach Art. 107–109 auflösen (so der Hw. des BGer in BGE 103 II 55 = BR 1979, 11; Corboz, II, 21; zu Recht krit. Cerutti, N 502 ff.; s.a. Saxer, 100 und dort insb. Anm. 172) oder – richtigerweise – die Fortführung (oder allenfalls Verbesserung) des Werkes auf Gefahr und Kosten des Unternehmers nach Art. 366 Abs. 2 einem Dritten übertragen (Ersatzvornahme; Gauch, N 640; Saxer, 99 und dort insb. Anm. 171; CR 52

CO I-CHAIX, N 26; **a.M.** BK-KOLLER, N 68, der – im Ergebnis – BGE 103 II 55 zustimmt; s.a. ZK-BÜHLER, N 70 f.).

53 Eine Verletzung von Art. 364 Abs. 2 muss der Besteller **frühzeitig rügen** (CR CO I-CHAIX, N 27: «immédiatement»); er kann nicht später mit dieser Begründung die Annahme des Werkes verweigern (Rechtsmissbrauch; CORBOZ, II, 21; ZK-BÜHLER, N 72).

IV. Abweichende Vereinbarungen

54 Die in Art. 364 Abs. 1 vorgesehene Haftungsordnung ist **nicht zwingend** (BGE 94 II 159; BK-KOLLER, N 8; s.a. ZK-BÜHLER, N 42), ebensowenig – gemäss ausdrücklichem Gesetzeswortlaut – Abs. 3. In Abweichung von Art. 364 Abs. 2 können die Parteien etwa vereinbaren, dass der Unternehmer das gesamte Werk oder Teile desselben persönlich auszuführen (oder persönlich zu leiten) hat, obwohl es beim konkreten Werk nicht auf persönliche Eigenschaften des Unternehmers ankommt, also ein anderer Unternehmer ein gleiches Werk herstellen könnte. Ebenso geht eine vertragliche Vereinbarung über den (erlaubten oder untersagten) *Beizug von Subunternehmern* vor, ohne dass es diesbezüglich auf die Bestimmung des Art. 364 Abs. 2 ankommt. Je nach Vereinbarung kann auch der Beizug von Subunternehmern als solcher oder die Person des einzelnen Subunternehmers genehmigungsbedürftig oder sogar zur Pflicht gemacht worden sein (GAUCH, N 618, 627 ff.; CORBOZ, II, 20; s.a. ZK-BÜHLER, 65). Zu den SIA-Regelungen s. N 17 f., 44.

55 Abgewichen werden kann auch von den *anerkannten Regeln der Technik*, nach welchen sich die geforderte Sorgfalt des Unternehmers bestimmt (Art. 364 Abs. 1), und zwar sowohl i.S. einer Erleichterung als auch einer Verschärfung der Anforderungen, sofern dies klar zum Ausdruck gebracht wird und der Besteller über allfällige Risiken informiert ist (vgl. GAUCH, N 848).

V. Beweislast

56 Die Beweislast für die Behauptung, auf die «persönlichen Eigenschaften» des Unternehmers komme es bei der Werkausführung nicht an, so dass Art. 364 Abs. 1 den Unternehmer davon befreit, das Werk persönlich auszuführen oder unter seiner Leitung ausführen zu lassen, trägt diejenige Partei, die sich darauf beruft. Der **Unternehmer** hat zu beweisen, dass er zum Beizug von Subunternehmern ermächtigt war (ZK-BÜHLER, N 65, 79). Die Beweislast dafür, dass der Unternehmer das Werk nicht bloss persönlich zu leiten, sondern persönlich auszuführen hatte, trägt demgegenüber der **Besteller** (vgl. PEDRAZZINI, 532; GAUCH, N 617; ZK-BÜHLER, N 79; s.a. Art. 379 N 22).

57 Den Beweis für das Vorliegen der *Voraussetzungen einer Schadenersatzpflicht* infolge Verletzung der Sorgfalts- oder Treuepflicht (Art. 364 i.V.m. Art. 97/101) hat nach der allgemeinen Beweislastregel von Art. 8 ZGB der geschädigte **Besteller** zu erbringen (PEDRAZZINI, 513 f.; ZK-BÜHLER, N 14; s.a. BGE 70 II 219 betr. Exkulpationsbeweis des Unternehmers; krit. dazu BK-GAUTSCHI, N 24a ff., 28b; befürwortend PEDRAZZINI, 513, 532).

VI. Rechtsvergleichung

58 Zur persönlichen Leistungspflicht des Unternehmers s. § 1165 ABGB; zur Vergabe an Subunternehmer s. art. 1656 CC it.; vgl. auch art. 1797 CC fr. Siehe auch die rechtsvergleichenden Ausführungen bei BK-KOLLER, N 20 ff.

Art. 365

2. Betreffend den Stoff

[1] Soweit der Unternehmer die Lieferung des Stoffes übernommen hat, haftet er dem Besteller für die Güte desselben und hat Gewähr zu leisten wie ein Verkäufer.

[2] Den vom Besteller gelieferten Stoff hat der Unternehmer mit aller Sorgfalt zu behandeln, über dessen Verwendung Rechenschaft abzulegen und einen allfälligen Rest dem Besteller zurückzugeben.

[3] Zeigen sich bei der Ausführung des Werkes Mängel an dem vom Besteller gelieferten Stoffe oder an dem angewiesenen Baugrunde, oder ergeben sich sonst Verhältnisse, die eine gehörige oder rechtzeitige Ausführung des Werkes gefährden, so hat der Unternehmer dem Besteller ohne Verzug davon Anzeige zu machen, widrigenfalls die nachteiligen Folgen ihm selbst zur Last fallen.

2. Relativement à la matière fournie

[1] L'entrepreneur est responsable envers le maître de la bonne qualité de la matière qu'il fournit, et il lui doit de ce chef la même garantie que le vendeur.

[2] Si la matière est fournie par le maître, l'entrepreneur est tenu d'en user avec tout le soin voulu, de rendre compte de l'emploi qu'il en a fait et de restituer ce qui en reste.

[3] Si, dans le cours des travaux, la matière fournie par le maître ou le terrain désigné par lui est reconnu défectueux, ou s'il survient telle autre circonstance qui compromette l'exécution régulière ou ponctuelle de l'ouvrage, l'entrepreneur est tenu d'en informer immédiatement le maître, sous peine de supporter les conséquences de ces faits.

2. Riguardo alla materia

[1] Se l'appaltatore assume la somministrazione della materia, è responsabile verso il committente della buona qualità della medesima ed è tenuto alla garanzia come il venditore.

[2] L'appaltatore deve adoperare con tutta diligenza la materia somministrata dal committente, deve rendergli conto dell'uso fattone e restituirgli quanto sia per restare.

[3] Ove durante l'esecuzione dell'opera si manifestino dei difetti nella materia somministrata, dal committente o nel terreno destinato alla costruzione, o si verifichino dei fatti che ne compromettano il regolare e puntuale adempimento, l'appaltatore deve senza indugio darne avviso al committente, sotto pena di sottostare ai danni che ne possono derivare.

Literatur

Vgl. die Literaturhinweise bei den Vorbem. zu Art. 363–379.

I. Norminhalt. Allgemeines

1 Art. 365 regelt die Pflichten des Unternehmers in Bezug auf den **Werkstoff**. Die Bestimmung unterscheidet danach, ob der Unternehmer (Abs. 1) oder der Besteller (Abs. 2) den Werkstoff geliefert bzw. zu liefern übernommen hat. Wer den Werkstoff liefern muss, wird im Gesetz nicht explizit geregelt (auch nicht in Art. 363). *Der schlichte Werkvertrag* (Werkleistung vom Unternehmer, Stofflieferung durch Besteller) und der *Werklieferungsvertrag* (Werkleistung und Stofflieferung durch Unternehmer) stehen damit aus gesetzlicher Sicht *auf gleicher Stufe*.

2 Aus dem Vergleich der Formulierungen von Abs. 1 und 2 des Art. 365 (sowie e contrario aus Art. 364 Abs. 3) kann aber immerhin auf die *Regel* geschlossen werden, dass vorbehältlich anderer Vereinbarung der **Besteller** den Werkstoff zu liefern hat (vgl. GAUCH, N 74; BK-KOLLER, N 27; ZK-OSER/SCHÖNENBERGER, N 11; CR CO I-CHAIX, N 2; abw. BK-GAUTSCHI, N 2b i.S. einer nachträglichen Willenseinigung aufgrund der – von Besteller- oder Unternehmerseite – erfolgten Stofflieferung; **a.M.** ZK-BÜHLER, N 5). Im Zweifel ist also eine Stofflieferungspflicht des Unternehmers abzulehnen.

3 Allerdings ist eine allfällige gegenteilige **Übung**, wie sie v.a. im Bauwesen und in der Maschinenindustrie (ZK-BÜHLER, N 5) besteht, zu beachten (für das Bauwesen verankert in Art. 10 Abs. 1 SIA-Norm 118). Da das Gesetz aber in Art. 365 (im Unterschied etwa zu Art. 364 Abs. 3) nicht auf die Übung verweist, müsste eine solche von den Parteien zumindest stillschweigend einbezogen worden sein (GAUCH, N 75 f.).

4 **Werkstoff** ist das Material, aus dem das Werk hergestellt wird. Es kann sich um Grundmaterial oder um vorfabrizierte Materialteile (z.B. Bauelemente) handeln (s.a. ZK-BÜHLER, N 7). *Keinen Werkstoff* bilden der Baugrund (im Unterschied zum deutschen Recht; ZK-BÜHLER, N 10, 33; s.a. BK-KOLLER, N 9 f.), Pläne (vgl. aber ZK-BÜHLER, N 9), Hilfsmittel gem. Art. 364 Abs. 3 OR (ZK-BÜHLER, N 10; BK-KOLLER, N 11, 35), Baustelleneinrichtungen nach Art. 123 SIA-Norm 118 (ZK-BÜHLER, N 10) und Gegenstände, die dem Unternehmer zur Veränderung oder Erhaltung übergeben werden (vgl. insb. zur Reparatur, BGE 113 II 422 = Pra 1988, 405 = BR 2007, 166 und Extraits 1989, 22 = BR 1990, 99 f. – Instandsetzung eines Autos; s. dazu auch BK-KOLLER, N 11, 35 und ZK-BÜHLER, N 8, 34; **a.A.** CR CO I-CHAIX, N 5; ferner KGer SZ, EGV 1984, 108 ff. und die berechtigte Kritik dazu in BR 1986, 16 – Korrosionserscheinungen an stählernen Hubböden); Art. 365 Abs. 2 ist aber auf sie *sinngemäss anzuwenden* (s. GAUCH, N 66–73, 823–828; vgl. auch BK-GAUTSCHI, N 4a, 15a, 30b, Art. 364 N 5i; ZK-OSER/SCHÖNENBERGER, Art. 364 OR N 2, Art. 376 OR N 11; ZK-BÜHLER, N 34; BK-KOLLER, N 35).

II. Pflichten bei Stofflieferung durch Unternehmer (Abs. 1)

5 Der in Art. 365 Abs. 1 angesprochene **Werklieferungsvertrag** ist ein regulärer Werkvertrag (normalerweise also nicht ein aus werkvertrags- und kaufrechtlichen Elementen gemischter Vertrag; s. Art. 363 N 21). Mit der Zusage, den zur Herstellung des Werkes erforderlichen Stoff zu liefern, übernimmt der Unternehmer die *Haftung «für die Güte»* desselben und hat dafür «Gewähr zu leisten wie ein Verkäufer». Zur Sachgewährleistung für den von einem Zulieferanten an den Unternehmer gelieferten Stoff s. ZK-BÜHLER, N 25–27; MARCHAND, La fourniture des matériaux de construction, Journées suisses du droit de la construction 2005, 145 ff., zur Rechtslage bei Zulieferanten 131 ff.; s.a. Art. 369 N 18.

6 Der Werkstoff hat die «Güte», ist also **gut, d.h. mängelfrei**, wenn er sowohl die vorausgesetzten als auch die allenfalls vereinbarten Eigenschaften aufweist (BGer, 4.12.2009, 4A_460/2009, E. 3.1.1; ZK-BÜHLER, N 14). Den vorausgesetzten Eigenschaften entspricht der Werkstoff, wenn er die geforderte Qualität hat und für die vertragsgemässe Herstellung des Werkes erforderliche Tauglichkeit nach seiner Art aufweist (**anders** CORBOZ, II, 7, der die Wahl eines ungeeigneten Stoffes als Werkmangel und nicht als Stoffmangel versteht).

7 Gefordert ist eine **mittlere Qualität** (BGer, 8.5.2007, 4C.130/2006, E. 3.1 = BR 2008 162; ZK-BÜHLER, N 16; vgl. Art. 71 Abs. 2 OR; Art. 136 Abs. 1 SIA-Norm 118 verlangt «gute Beschaffenheit» der zu verwendenden Baustoffe, s. GAUCH/PRADER, SIA, Art. 136 N 3, 7, 8). Die verlangte *Gebrauchstauglichkeit* richtet sich nach dem konkreten Werk, das mit dem Werkstoff hergestellt werden soll. Tauglich ist der Werkstoff dann, wenn mit ihm das vereinbarte Werk in der vereinbarten Weise (mit den vereinbarten Eigenschaften) hergestellt werden kann (ähnlich ZK-BÜHLER, N 14).

8 Einen *Qualitätsfehler* (Abweichung von der normalen Beschaffenheit) weisen etwa die folgenden Werkstoffe auf: frostunbeständige Dachziegel, feuchte Ziegelsteine, verunreinigter Kies sowie Holzbalken mit Drehwuchs (GAUCH, N 1983). Ihrer Art nach *ungeeignet* sind etwa Kalk für den Verputz von Feuchträumen (Waschküche usw.), zu kurze Armierungseisen (GAUCH, N 1982, 1659) oder Unkrautvertilgungsmittel, das (durch Lösung giftiger Bestandteile des Asphalts) Hecken abtötet (ZR 1937, 321 f.).

9 Neben der Gewährleistung für Stoffmängel hat der Unternehmer auch (kaufrechtliche) **Rechtsgewähr** für seine Stofflieferung zu leisten. Dies folgt aus dem – häufig unrichtig ver-

standenen – Satzteile «und hat Gewähr zu leisten wie ein Verkäufer» (Art. 365 Abs. 1 a.E.). Die *Sachgewährleistung* dagegen richtet sich entgegen der überwiegenden Meinung nicht nach den kaufrechtlichen, sondern nach den *werkvertraglichen Bestimmungen* (s. N 26 ff.).

10 Auf die Rechtsgewährleistung für den vom Unternehmer gelieferten Werkstoff sind also **Art. 192–196a** anzuwenden (GAUCH, N 1481). Näheres in N 31 f. – Auf internationale Werklieferungsverträge findet das *Wiener Kaufrechtsübereinkommen* Anwendung, sofern die Vertragsparteien nicht gem. Art. 6 WKR die Anwendung des Übereinkommens generell ausgeschlossen haben oder von dessen Bestimmungen abgewichen sind (s. N 33 sowie Vor Art. 363–379 N 24 ff.).

III. Pflichten bei Stofflieferung durch Besteller (Abs. 2)

11 Art. 365 Abs. 2 statuiert die Pflichten des Unternehmers für den Fall, dass der Besteller den Werkstoff liefert, also für den **klassischen Werkvertrag** (GAUTSCHI nennt ihn Verarbeitungsvertrag, N 9 ff.; vgl. auch ZK-BÜHLER, N 35 ff.; BK-KOLLER, N 29). Die Stofflieferung durch den Besteller erfolgt normalerweise durch unmittelbare Übergabe vom Besteller an den Unternehmer, kann aber auch durch Lieferung eines *Dritten* erfolgen, der entweder als Stellvertreter des Bestellers handelt oder vom Unternehmer im Namen und auf Rechnung des Bestellers beauftragt worden ist (GAUCH, N 77 ff., 2025). Zum Sonderfall des sog. vorgeschriebenen Werkstoffes (Lieferung durch Unternehmer nach Weisung des Bestellers) s. GAUCH, N 2015 ff.; zur Rechtslage bei Stofflieferung durch die nicht lieferungspflichtige Vertragspartei s. CORBOZ, II, 9.

12 Liefert der Besteller (direkt oder indirekt) den Werkstoff, so treffen den Unternehmer die folgenden **drei Pflichten**: Er hat den Stoff mit aller Sorgfalt zu behandeln, über dessen Verwendung Rechenschaft abzulegen und einen allfälligen Rest dem Besteller zurückzugeben (Art. 365 Abs. 2; vgl. BGE 96 II 61).

13 Die Pflicht, den vom Besteller gelieferten Stoff **«mit aller Sorgfalt zu behandeln»**, verlangt vom Unternehmer zweierlei: Erstens muss er selbst mit dem Werkstoff fachgerecht und in einer dem konkreten Material angepassten, schonungsvollen Weise umgehen (richtige Lagerung usw.). Zweitens hat er sämtliche zumutbaren und den Umständen des Einzelfalles, insb. dem Wert und der Empfindlichkeit des Werkstoffes angepassten Massnahmen zu ergreifen, um die ihm anvertrauten Sachen und Materialien vor Dritteinflüssen (Beschädigung, Diebstahl, missbräuchliche Benützung, schädliche Umwelteinflüsse) zu schützen (vgl. BGE 113 II 422 = Pra 1988, 405 f. – Entwendung eines zur Instandsetzung übergebenen Autos). Was im Einzelfall vorzukehren ist, bestimmen die Umstände, namentlich die Kosten einer bestimmten Massnahme sowie der Wert und die Empfindlichkeit des Werkstoffes (BK-KOLLER, N 33; ZK-BÜHLER, N 44).

14 Den Werkstoff zu **versichern** ist im Normalfall und vorbehältlich einer abweichenden Vereinbarung Sache des *Bestellers*. Falls der Werkstoff allerdings besonderen Gefahren ausgesetzt ist, hat der Unternehmer den Besteller auf die Notwendigkeit einer Versicherung aufmerksam zu machen (TRÜMPY/HÜRLIMANN, 84 betr. Haftpflichtversicherung). In sehr dringenden Fällen kann er auch verpflichtet sein, auf Kosten des Bestellers eine Schadensversicherung abzuschliessen (BGE 50 II 516 f.; GAUCH, N 828; BK-BECKER, N 6; ZK-BÜHLER, N 44; vgl. auch BK-GAUTSCHI, N 32c; BK-KOLLER, N 55 m.w.Nw.; **a.M.** TRÜMPY/HÜRLIMANN, 84, wonach ein Bauunternehmer nur bei ausdrücklicher oder stillschweigender Vereinbarung gehalten ist, eine Haftpflichtversicherung abzuschliessen). Hinzuweisen ist an dieser Stelle auf die Regelung von Art. 376 Abs. 2, wonach der Verlust des **durch Zufall** zugrundegegangenen Stoffes diejenige Partei trifft, welche den Werkstoff geliefert hat. Darüber hinaus trägt der Besteller generell das Risiko einer Beeinträchtigung des von ihm gelieferten Stoffes durch einen Werkmangel, den der Unternehmer nicht zu vertreten hat (GAUCH, N 2416).

15 Die nähere Ausgestaltung der **Rechenschaftspflicht** richtet sich nach der jeweiligen vertraglichen Vereinbarung (vgl. das Bsp. betr. Verwendung von Hemdenstoff bei BK-Becker, N 7; ZK-Bühler, N 45; s.a. BK-Koller, N 47).

16 Der **Rückgabepflicht** unterliegen alle Werkstoffteile, die nicht zu einem Bestandteil des angefertigten Werkes verarbeitet wurden (BK-Gautschi, N 16c). Dazu gehört grundsätzlich auch ein Rest, den der Unternehmer als wertlos betrachtet. Zumindest hat der Unternehmer den Besteller vor der Vernichtung oder allfälligen Weiterverwendung des Materialrestes zu informieren (vgl. ZR 1941, 310 – verbleibende Ausschnitte nach der Kürzung einer Filmkopie; ZK-Bühler, N 46; CR Co I-Chaix, N 18: «consentement du maître» que «ne doit pas nécessairement être exprès»; abw. BK-Koller, N 45. Die Rückgabepflicht ist auch Teil der Rechtsfolgen im Falle eines Rücktritts nach Art. 375 und 377 (Gauch, N 530 f.; Art. 377 N 14; vgl. Art. 375 N 30).

IV. Anzeigepflicht (Abs. 3)

17 Art. 365 Abs. 3 weist den Unternehmer an, dem Besteller **Probleme in der Ausführung des Werkes ohne Verzug anzuzeigen**. Diese Anzeigepflicht begründet eine spezielle Informationspflicht hinsichtlich des vom Besteller gelieferten Werkstoffes; sie ist Ausfluss der allgemeinen Sorgfalts- und Treuepflicht des Unternehmers (s.a. Gauch, N 829 ff.; BK-Koller, N 59; ZK-Bühler, N 66). Der Unternehmer hat folglich den vom Besteller gelieferten Werkstoff (wenigstens summarisch) zu prüfen (BK-Gautschi, N 16a), ebenso – je nach den Fachkenntnissen der Parteien und dem Ausmass der vom Unternehmer zu erbringenden Werkleistung – die Vorgaben des Bestellers (vgl. BGer, 7.8.2008, 4A_166/2008; Scherrer, Diss., N 63 f., 70).

18 Will der Unternehmer Nachteile vermeiden, so hat er die **folgenden Ausführungsprobleme unverzüglich anzuzeigen**: Mängel an dem vom Besteller gelieferten Stoff (vgl. KGer SZ, EGV 1984, 108 ff. = BR 1986, 16; ZK-Bühler, N 52 ff.), Mängel an dem angewiesenen Baugrund (vgl. Gauch, N 1986, ZK-Bühler, N 55 ff.; BK-Koller, N 66 ff.) sowie sonstige Verhältnisse, die eine gehörige oder rechtzeitige Ausführung des Werkes gefährden (BGer, 7.6.2012, 4A_626/2011, E. 2.2.3; s.a. BGer, 23.1.2012, 4A_608/2011, E. 5.3): insb. Dritteinwirkungen, hindernde Umstände und deren Wirkungen aus der Risikosphäre des Unternehmers sowie des Bestellers, soweit diesem nicht bekannt (zur Pflicht, ausserordentliche Umstände i.S.v. Art. 373 Abs. 2 anzuzeigen, s. BGE 116 II 315 und Art. 373 N 26; vgl. auch Art. 375 N 35; s.a. BK-Koller, N 70 f. und ZK-Bühler, N 63); ferner Mängel am Werk des Vorunternehmers, jedenfalls soweit sie die eigene Werkleistung betreffen (im Rahmen der allgemeinen Sorgfaltspflicht, Art. 364 Abs. 1, ggf. auch darüber hinaus; SOG 1991, 20 ff. = BR 1993, 102; Scherrer, Diss., N 67 ff.); zeitliche Verzögerungen (vgl. BGer, 22.8.2011, 4A_203/2011, E. 3.3.1, Informationspflicht des Architekten zur Ergreifung geeigneter Massnahmen für rechtzeitige Ausführung; dazu Hürlimann/Siegenthaler, Jusletter 2012, 17 f.; Carron/Siegenthaler, 142). Der Unternehmer muss die Unmöglichkeit der Ausführung einer nicht vertraglich vereinbarten Eigenschaft des Werkes nicht anzeigen (BGer, 3.12.2007, 4A_321/2007, E. 4.2, 4.3, Schlafzimmertemperatur 16 °C).

19 Eine Anzeige an den Besteller soll also insb. dann erfolgen, wenn die Gefahr besteht, dass der Unternehmer seine Werkleistung infolge der genannten Probleme entweder **nicht gehörig** (also nicht vertrags- oder allenfalls übungsgemäss) oder **nicht rechtzeitig** (s. Art. 366 Abs. 1) erbringen kann (diese Gewichtung ergibt sich aus dem Wort «sonst»). Voraussetzung ist, dass die Situation zu einem Mangel oder einer Lieferverzögerung führen würde (BGer, 28.6.2004, 4C.99/2004, E. 4.2). Je ernsthafter eine Gefährdung der vertragsgemässen Ausführung besteht, desto eher hat der Unternehmer anzuzeigen; je mehr (gelebte) Sachkunde der Besteller hat und je näher er die Werkherstellung begleitet (z.B. Präsenz auf der Baustelle), desto weniger besteht eine Anzeigepflicht des Unternehmers (vgl. BK-Koller, N 63).

20 Im *Bauwerkvertrag* ist der Bauherr «über alle für den Bauentschluss wesentlichen und die Baukosten erheblich beeinflussenden Umstände vollständig und wahrheitsgemäss zu informieren» (BK-GAUTSCHI, N 26a, b).

21 Der Unternehmer muss seine fachlichen Bedenken konkret und deutlich anzeigen (GAUCH, N 1990, s.a. N 1946; SCHERRER, Diss., N 61; s.a. ZK-BÜHLER, N 64; BK-KOLLER, N 72). Die Anzeigepflicht erstreckt sich auf Ausführungsprobleme, die der Unternehmer **erkannt hat**. Diesbezüglich genügen begründete Zweifel; sichere Kenntnis (Gewissheit) ist nicht erforderlich. Den tatsächlich erkannten Problemen gleichgestellt sind Probleme, die der Unternehmer **hätte erkennen müssen** (s.a. BK-KOLLER, N 60). Dies ist anzunehmen, wenn es sich um (für den Unternehmer) offensichtliche Probleme handelt oder um solche, die im Rahmen der zur Sorgfaltspflicht gehörenden Eignungsprüfung des Stoffes oder Baugrundes erkennbar gewesen wären (vgl. BGer, 20.2.2004, 4C.297/2003, E. 2.2.1, keine Verletzung der Untersuchungspflicht des Unternehmers für Baugrund, wenn Fehler ungewöhnlich und nicht erkennbar, da Leitungen einbetoniert; KGer SG, 6.5.2008, BZ_2006_93, E. 4.2 = BR 2007, 166; s.a. BGE 52 II 441). Bei der Prüfung des Materials hat der Unternehmer die Sorgfalt aufzuwenden, die der für die Herstellung des Werks erforderlichen Kompetenz entspricht (BGer, 13.2.2006, 4C.347/2005, E. 3; verfügt er über weiterreichende Kompetenzen, so bestimmen diese den Sorgfaltsmassstab). Ferner BGE 93 II 315 = Pra 1968, 168 f. – keine Verletzung der Anzeigepflicht durch Handwerker [Dachdecker], weil der Architekt als Bauleiter oder der Fachmann der Lieferfirma besser als er in der Lage gewesen wäre, den Mangel im Bauplan des Architekten zu entdecken [ungenügende Neigung der Dachkonstruktion als Ursache der Durchlässigkeit]; BGE 92 II 332 = Pra 1967, 290 f. – keine allgemeine Pflicht, den Besteller über die Kosten des Werkes zu informieren; s.a. GAUCH, N 831, 1993 ff.; DERS., SJZ 1985, 342; ferner BK-KOLLER, N 60 ff.; ZK-BÜHLER, N 68 ff.; SCHERRER, Diss., N 65).

22 Kenntnis oder Kennenmüssen von *Subunternehmern und anderen Hilfspersonen* muss sich der Unternehmer anrechnen lassen (ZK-BÜHLER, N 71). – Für den Zeitraum zwischen dem Abschluss des Werkvertrages und dem Beginn der Werkausführung ist Art. 365 Abs. 3 sinngemäss anzuwenden (GAUCH, N 830; s.a. BK-KOLLER, N 81; BK-GAUTSCHI, N 16a; Art. 369 N 5a; für eine direkte Anwendung CR CO I-CHAIX, N 24). Im *vorvertraglichen Stadium* trifft den Unternehmer eine – auf Augenfälliges und Bekanntes beschränkte – allgemeine Aufklärungspflicht, die sich aus dem Gebot zum Handeln nach Treu und Glauben herleitet (s. Art. 2 ZGB; BGE 108 II 313; ZR 1955, 364; GAUCH, N 830, 1991 f., 437; s.a. BK-KOLLER, N 81; ZK-BÜHLER, N 66).

23 Die Anzeige ist an den Besteller persönlich oder an den zuständigen Vertreter, nicht aber an deren untergeordnete Angestellte zu richten (s.a. ZK-BÜHLER, N 65; BK-KOLLER, N 75; BGE 95 II 43 ff.); sie kann mündlich oder (besser) schriftlich erfolgen (s.a. BK-KOLLER, N 72; ZK-BÜHLER, N 64). Nach erfolgter Anzeige muss der Unternehmer u.U. **mit der Weiterausführung des Werkes zuwarten**, bis der Besteller – innert vertretbarer Frist – den Entscheid über das weitere Vorgehen gefällt hat (vgl. GAUCH, N 1990; SCHERRER, Diss., N 61; **a.M.** BK-KOLLER, N 123, s. aber auch N 127). Reagiert der Besteller nicht, so trifft ihn u.U. ein Selbstverschulden (s.a. BK-KOLLER, N 125). Keine Verletzung der Anzeigepflicht liegt im Ausnahmefall vor, dass dem Besteller die Probleme **auch ohne Anzeige von Seiten des Unternehmers bekannt waren** (und er die damit verbundenen Gefahren bewusst in Kauf genommen hat) (vgl. BGE 92 II 334 = Pra 1967, 291; SCHERRER, Diss., N 65, 67; BK-KOLLER, N 71; vgl. auch Art. 43 Abs. 2 WKR). Der Unternehmer hat den entsprechenden Nachweis zu erbringen.

24 Zum Anwendungsfall von Art. 376 Abs. 3 (Anzeige eines drohenden Werkuntergangs) s. Art. 376 N 24 f. Zur besonderen Anzeigepflicht des Bauunternehmers s. Art. 25 SIA-Norm 118. Zu «verwandten Tatbeständen» (Anzeige unverhältnismässiger Überschreitung eines Kostenvoranschlages, Anzeige übermässiger Kostensteigerung; vgl. RUSCH, SJZ 2013, 541 ff.) s. neben Art. 363 N 20 und Art. 365 N 34 auch BK-KOLLER, N 114 ff.

25 Eine Anzeigepflicht statuiert auch Art. 43 WKR (anwendbar auf internationale Werklieferungsverträge) betr. Rechtsansprüche Dritter. Eine Unterlassung der Anzeige schadet dem Käufer/Besteller dann nicht, «wenn er eine vernünftige Entschuldigung dafür hat» (Art. 44 WKR).

V. Rechtsfolgen

26 In Bezug auf die **Stofflieferung durch den Unternehmer** gem. Art. 365 Abs. 1 ist umstritten, ob sich die Haftung «für die Güte» des Werkstoffes nach den Bestimmungen über die werkvertragliche Mängelhaftung (Art. 367–371) oder nach den kaufrechtlichen Sachgewährleistungsbestimmungen (Art. 197–210) richtet. Die früher herrschende, aber nicht ausführlich begründete Meinung (SJ 1979, 347; BK-GAUTSCHI, N 2b, 8d; BK-BECKER, N 2; ZK-OSER/SCHÖNENBERGER, N 2; BK-GIGER, Vor Art. 197–210 N 8; CORBOZ, II, 7; etwas zurückhaltender PEDRAZZINI, 522, der nur eine analoge Anwendung der kaufrechtlichen Sachgewährleistungsbestimmungen befürwortet und im Zweifel auf das Recht des Werkvertrages abstellt) wollte die kaufrechtlichen Bestimmungen zur Anwendung bringen.

27 Seit einigen Jahren hat sich aber zu Recht die Ansicht durchgesetzt, der Unternehmer hafte (auch) für stoffbedingte Mängel nach den **werkvertraglichen Bestimmungen** (BGE 117 II 428; BGer, 8.5.2007 4C.130/2006 = BR 2008, 162; GAUCH, N 1477 und 1466, mit ausführlicher Begründung in N 1479–1485; ZK-BÜHLER, N 2 f., 19 ff.; BK-KOLLER, N 3 f.; CR CO I-CHAIX, N 9; KOLLER A., Nachbesserung, N 103; LENZLINGER GADIENT, 104 f.; HONSELL, OR BT, 287; TERCIER/FAVRE, Rz 4485; SCHLATTER, 34; GUHL/KOLLER/SCHNYDER/DRUEY, § 47 N 25, anders noch Vorauflage, 482; s.a. BGE 116 II 310; Art. 165 Abs. 2 SIA-Norm 118).

28 Die Anwendung der **werkvertraglichen Mängelhaftung** ist insb. deshalb **vorzuziehen**, weil das teleologische Auslegungselement (GAUCH, N 1485) und auch die Entstehungsgeschichte des Gesetzes (BK-KOLLER, N 4; ZK-BÜHLER, N 2 f., 20) klar für diese Lösung sprechen. Es muss vermieden werden, dass die Mängelhaftung des Unternehmers aufgespalten und je nach Ursache des Mangels (mangelhafte Werkleistung einerseits, mangelhafte Stofflieferung anderseits) bald Werkvertragsrecht, bald Kaufrecht angewendet wird. Die Vermeidung einer solchen Aufspaltung ist auch deshalb angezeigt, weil sich Stoff- und Herstellungsmängel nicht immer einwandfrei unterscheiden lassen (BK-KOLLER, N 4).

29 Die Haftung des Unternehmers für Auswahl und Qualität des verwendeten Werkstoffes geht grundsätzlich in seiner werkvertraglichen Erfolgsgarantie auf (BUCHER, BT, 207). Die Haftung für Stoffmängel ist also **Teil seiner Haftung für Werkmängel** (Art. 368), allerdings mit folgender Einschränkung: Es wäre unbefriedigend, wenn der Besteller auch bei vorzeitiger Entdeckung eines (heilbaren oder unheilbaren) Mangels die Ablieferung des Werkes (Art. 367 Abs. 1) abwarten müsste, bevor er seine Mängelrechte (Art. 368) geltend machen kann. Es muss ihm deshalb möglich sein, bei Stoffmängeln den *vorzeitigen Schutz von Art. 366 Abs. 2* anzurufen, und zwar einschliesslich der Rücktrittsmöglichkeit für den Fall, dass die Herstellung eines mängelfreien Werkes (objektiv) nicht mehr möglich sein sollte (vgl. GAUCH, N 2424 f.).

30 Im (üblichen) Fall der Stofflieferung durch den Besteller (Art. 365 Abs. 2) trifft den Unternehmer grundsätzlich keine Haftung für Werkmängel, die auf Stoffmängel zurückzuführen sind. Das Risiko für den eigenen Werkstoff hat der Besteller also selbst zu tragen (GAUCH, N 1979, 2025; BUCHER, BT, 206). Dies entspricht dem **allgemeinen Gewährleistungsprinzip**, wonach stets derjenige für die Sachgewähr bzw. Erfolgshaftung einzustehen hat, der den Werkstoff oder die Konstruktionsidee geliefert oder die Werkleistung erbracht hat (BK-GAUTSCHI, N 8c).

31 Der Unternehmer hat sodann für seine Stofflieferung «Gewähr zu leisten wie ein Verkäufer» (Art. 365 Abs. 1 a.E.). Richtig verstanden geht es hier **nur um die Rechtsgewährleistung**

nach Art. 192–196 (BGE 117 II 428; ausführlich BK-Koller, N 15 ff.; Koller A., Nachbesserung, 32 f.; Lenzlinger Gadient, 104 f.; s.a. N 9). Der Unternehmer hat zu gewährleisten, dass **kein Mangel im Recht** vorliegt. Der Mangel im Recht bildet im Gegensatz zum rechtlichen Mangel keinen Werkmangel. Der Besteller soll davor geschützt werden, dass ein Dritter das Werk ganz oder teilweise herausverlangen kann (Gefahr der Entwehrung), weil der Unternehmer das Werk aus dem Stoff des Dritten angefertigt hat (vgl. auch ZK-Bühler, N 28 f.).

Die **praktische Relevanz** der Rechtsgewährleistung ist **gering**, weil der Dritte sein Eigentum am Stoff verliert, wenn bei der Verarbeitung «die Arbeit kostbarer ist als der Stoff» (Art. 726 Abs. 1 ZGB) oder wenn sein Stoff zu einem Bau auf fremdem Boden verwendet wird (Art. 671 Abs. 1 ZGB, superficies solo cedit; ZK-Bühler, N 28; s.a. BK-Koller, N 15, 17). Ausserdem wird der Besteller häufig den Gutglaubensschutz nach Art. 933 ZGB anrufen können. Die kaufrechtlichen Rechtsgewährleistungsbestimmungen, insb. Art. 195/196, kommen sinngemäss zur Anwendung, wenn der Besteller dem Dritten eine Entschädigung zahlen muss (Quasieviction; vgl. Art. 672 ZGB und dazu BGer, 31.7.2013, 4A_178/2013 = BR 2014, 287 f.; 30.8.2005, 4C.399/2004 = BR 2006, 66; Art. 726 Abs. 3 ZGB; Gauch, N 1463; BK-Koller, N 19). 32

Für internationale Werklieferungsverträge sind die Rechtsgewährleistungsbestimmungen des *Wiener Kaufrechtsübereinkommens* zu beachten (Art. 41–43 WKR; Art. 42 befasst sich speziell mit Immaterialgüterrechten, und Art. 43 statuiert eine Anzeigepflicht des Käufers). 33

Eine Verletzung der **Anzeigepflicht** von Art. 365 Abs. 3 durch den Unternehmer hat zur Folge, dass «die nachteiligen Folgen ihm selbst zur Last fallen». Die *Rechtsnachteile* können in Folgendem bestehen (vgl. auch BK-Koller, N 83 ff., insb. N 98 ff.; CR CO I-Chaix, N 30): Der Unternehmer kann bestimmte Ansprüche verlieren, die ihm ohne Verletzung der Anzeigepflicht zugestanden hätten: Verlust der Rechtsbehelfe aus Art. 373 Abs. 2 (BGE 116 II 315 = Pra 1991, 574 f.; s. Art. 373 N 26), Verlust des Vergütungsanspruches gem. Art. 378 (Gauch, N 740), Verlust des Anspruchs auf Mehrvergütung bei Bestellungsänderungen (Gauch, N 788 f.; bei Mehrkosten als Folge einer Vertragserweiterung besteht aber keine Anzeigepflicht, BGer, 17.11.2006, 4C.16/2006, E. 6.3; 4.3.2002, 4C.35/2001, E. 3c; es bedarf keiner Ankündigung der Mehrforderung durch den Unternehmer), Verlust des Vergütungsanspruches für die untergegangene Werkleistung gem. Art. 376 Abs. 3, obwohl die Ursache des Werkuntergangs im Risikobereich des Bestellers liegt (Gauch, N 1201; vgl. BGE 119 II 130; BK-Gautschi, N 31b; Art. 188 Abs. 4 SIA-Norm 118). Sodann können den Unternehmer die nachteiligen Folgen mangelhafter Werkleistung von Vorunternehmern treffen (Scherrer, Diss., N 66) oder der Unternehmer gerät durch seine verzögerte Leistung in Verzug, obwohl die Verzögerung eigentlich gerechtfertigt wäre (vgl. Gauch, N 676–681). Demgegenüber kann eine rechtzeitige Behinderungsanzeige zu einer angemessenen Bauzeiterstreckung führen (s. Hürlimann, FS Gauch 2004, 822 ff.). 34

Einen weiteren Nachteil kann der Unternehmer dadurch erleiden, dass er für Werkmängel zu haften hat, die durch die Mangelhaftigkeit des vom Besteller gelieferten Stoffes oder des von ihm angewiesenen Baugrundes verursacht worden sind (Wegfall der Haftungsbefreiung gem. Art. 369; ZWR 2004, 302 = BR 2005, 86 Nr. 166 = ZBJV 2005, 276; ZWR 1991, 252 = BR 1992, 94; EGV 1984, 108 ff. = BR 1986, 16; Gauch, N 1988; s.a. Art. 166 Abs. 4 SIA-Norm 118 a.E.). 35

Verletzungen der Pflichten des Unternehmers bei Stofflieferung durch den Besteller gem. Art. 365 Abs. 2 führen zu **Schadenersatzpflichten**, die sich nach den Bestimmungen von Art. 97 ff. richten. Das Verschulden des Unternehmers wird in Art. 97 präsumiert. Der Unternehmer kann sich durch den Nachweis befreien, den Stoff «mit aller Sorgfalt» behandelt zu haben (ZK-Bühler, N 47). Das geforderte Mass an Sorgfalt richtet sich nach Art. 364 Abs. 1 (mit den Differenzierungen in Art. 364 N 4 ff.; s. ZK-Bühler, N 44; BK-Koller, N 39; härter BK-Gautschi, N 15a, 20a, 32c und Voraufl. N 36). 36

37 Die h.L. befürwortet sodann eine Schadenersatzpflicht des Unternehmers, wenn der Besteller durch *Verletzung der Anzeigepflicht* geschädigt worden ist (vgl. BGer, 27.10.2000, 4C.347/1999, E. 2, zehnjährige Verjährung gem. Art. 127; GAUCH, N 829, wenn auch mit dem Hinweis, Art. 365 Abs. 3 nicht ausdrücklich eine Schadenersatzpflicht statuiere, ferner N 740, 788 f., 1201, 1214; ebenso BK-KOLLER, N 90 ff., s. dort auch N 86 f.; s.a. ZK-BÜHLER, N 72 a.E.; ZWR 2004, 302 = BR 2005, 86; ZWR 1991, 252; ZK-OSER/SCHÖNENBERGER, N 10; BK-GAUTSCHI, N 28a; BK-BECKER, N 14; CORBOZ, II, 8).

38 Hingegen kommt auch in diesen Fällen Art. 364 Abs. 1 (i.V.m. Art. 97 ff.) als Rechtsgrundlage für eine Schadenersatzpflicht des Unternehmers in Betracht.

39 Zur Frage der Schadenersatzberechnung bei Verletzung der Rückgabepflicht s. BK-BECKER, N 9.

VI. Beweislast

40 Der **Besteller** trägt die Beweislast für die behauptete Verletzung der Sorgfaltspflicht gem. Art. 365 Abs. 2 durch den Unternehmer oder dessen Subunternehmer oder andere Hilfspersonen (vgl. BGE 59 II 63; 50 II 514; BK-GAUTSCHI, N 15b).

41 Ebenfalls für eine angebliche Verletzung der Anzeigepflicht gem. Art. 365 Abs. 3 liegt die Beweislast beim **Besteller** (ZK-BÜHLER, N 73; BK-GAUTSCHI, N 16b; im Ansatz abweichend BK-KOLLER, N 82); dies gilt auch im Hinblick darauf, dass der Unternehmer für Werkmängel einzustehen hat, die auf die Mangelhaftigkeit des vom Besteller gelieferten Werkstoffes oder von ihm angewiesenen Baugrundes zurückzuführen sind (anders BK-GAUTSCHI, Art. 369 N 5b; vgl. auch BGE 89 II 409; präsumiert wird lediglich das Verschulden, nicht aber die Pflichtverletzung als Ganzes).

42 Ebenso ist die Beweislast bei den anderen Rechtsnachteilen zu verteilen, die der Unternehmer bei Verletzung der Anzeigepflicht zu gewärtigen hat (s. N 34). Den Nachweis, dass eine unverzügliche Anzeige nichts am Ablauf der Werkausführung geändert hätte, hat demgegenüber der **Unternehmer** zu erbringen (GAUCH, N 832; ZK-BÜHLER, N 73; BK-KOLLER, N 82, 87, s. dort auch N 112, «Sowieso-Einwand»).

VII. Rechtsvergleichung

43 Mit der Unterscheidung zwischen Werklieferungsvertrag (Abs. 1) schlichtem Werkvertrag (Abs. 2 und 3) bringt Art. 365 zum Ausdruck, dass das OR der Konzeption des Code Civil (art. 1787) gefolgt ist und dementsprechend von den Regelungen im BGB (§ 651) und im ABGB (§ 1166) abweicht. Letztere fassen alle Lieferverträge für bewegliche Sachen als Kaufverträge auf (das ABGB mit gewissen Einschränkungen), womit der Werklieferungsvertrag grundsätzlich aus der Kategorie Werkverträge ausscheidet. Im Codice Civile bildet der Werklieferungsvertrag die Regel (art. 1658; s. aber auch art. 1663; BK-GAUTSCHI, N 1a ff., 10a ff.; s.a. BK-KOLLER, N 21 ff. [teilweise abweichend]).

44 Die unterschiedlichen Konzeptionen haben **praktische Bedeutung**, z.B. betr. Gefahrtragung, Treuepflicht, Rücktrittsrecht des Bestellers gegen Schadloshaltung und Abgrenzung des Werklieferungsvertrages vom Kauf einer künftigen Sache (BK-GAUTSCHI, N 1c).

45 Im Unterschied zu Art. 365 Abs. 3 (und Art. 376 Abs. 3), welcher ausdrücklich zwischen Stoff und Baugrund unterscheidet, zählt das deutsche Recht den Baugrund zum Werkstoff (MK-SOERGEL, § 651 N 5). Allerdings ist Art. 365 Abs. 2 (und Art. 376 Abs. 2) auf den vom Besteller angewiesenen Baugrund sinngemäss anzuwenden (GAUCH, N 68, 825, 1189).

46 Zur Anwendung des *Wiener Kaufrechtsübereinkommens* auf internationale Werklieferungsverträge s. Vor Art. 363–379 N 24 ff. und Art. 365 N 33 (betr. Art. 3, 41 ff. WKR).

Art. 366

3. Rechtzeitige Vornahme und vertragsgemässe Ausführung der Arbeit

[1] Beginnt der Unternehmer das Werk nicht rechtzeitig oder verzögert er die Ausführung in vertragswidriger Weise oder ist er damit ohne Schuld des Bestellers so sehr im Rückstande, dass die rechtzeitige Vollendung nicht mehr vorauszusehen ist, so kann der Besteller, ohne den Lieferungstermin abzuwarten, vom Vertrage zurücktreten.

[2] Lässt sich während der Ausführung des Werkes eine mangelhafte oder sonst vertragswidrige Erstellung durch Verschulden des Unternehmers bestimmt voraussehen, so kann ihm der Besteller eine angemessene Frist zur Abhilfe ansetzen oder ansetzen lassen mit der Androhung, dass im Unterlassungsfalle die Verbesserung oder die Fortführung des Werkes auf Gefahr und Kosten des Unternehmers einem Dritten übertragen werde.

3. Commencement et exécution des travaux en conformité du contrat

[1] Si l'entrepreneur ne commence pas l'ouvrage à temps, s'il en diffère l'exécution contrairement aux clauses de la convention, ou si, sans la faute du maître, le retard est tel que, selon toute prévision, l'entrepreneur ne puisse plus l'achever pour l'époque fixée, le maître a le droit de se départir du contrat sans attendre le terme prévu pour la livraison.

[2] Lorsqu'il est possible de prévoir avec certitude, pendant le cours des travaux, que, par la faute de l'entrepreneur, l'ouvrage sera exécuté d'une façon défectueuse ou contraire à la convention, le maître peut fixer ou faire fixer à l'entrepreneur un délai convenable pour parer à ces éventualités, en l'avisant que, s'il ne s'exécute pas dans le délai fixé, les réparations ou la continuation des travaux seront confiées à un tiers, aux frais et risques de l'entrepreneur.

3. Principio ed esecuzione dei lavori in conformità del contratto

[1] Ove l'appaltatore non cominci l'opera in tempo debito, o la differisca oltre il convenuto, o l'abbia senza del committente ritardata di tanto da far prevedere che non sarà compiuta in tempo debito, il committente può senza attendere il termine di consegna, recedere dal contratto.

[2] Se durante l'esecuzione dell'opera sia prevedibile con certezza, che per colpa dell'appaltatore essa sarà per riuscire difettosa, o non conforme al contratto, il committente può fissargli o fargli fissare un congruo termine per rimediarvi, sotto comminatoria che diversamente sarà affidata ad un terzo la riparazione o la continuazione dell'opera a rischio e spese dell'appaltatore.

Literatur

Vgl. die Literaturhinweise bei den Vorbem. zu Art. 363–379.

I. Norminhalt. Abgrenzungen

Art. 366 räumt dem Besteller besondere Rechtsbehelfe ein für die Fälle, dass der Unternehmer sich mit der Werkausführung in einem qualifizierten Rückstand befindet (Rücktritt nach Abs. 1) oder eine (inhaltlich) vertragsgemässe Werkausführung schuldhaft verunmöglicht hat (Ersatzvornahme nach Abs. 2). Das Besondere an diesen Rechtsbehelfen ist, dass sie **vor Eintritt des Ablieferungstermins** ergriffen werden können. Sinn des Art. 366 ist es, den Ablieferungstermin nicht abwarten zu müssen, wenn sich klar abzeichnet, dass der Unternehmer seine Werkleistung nicht rechtzeitig oder nicht mängelfrei erbringt bzw. wird erbringen können (vgl. ZK-OSER/SCHÖNENBERGER, N 1; BK-MERZ, Art. 2 ZGB N 448; vgl. auch NIKLAUS, N 2.20). Das Bestehen dieses *vorzeitigen Rechtsschutzes* zeigt auf, dass den Unternehmer nicht bloss eine Sachleistungspflicht, die Ablieferung des vollendeten Werkes, sondern auch eine (durch das Erfolgsversprechen qualifizierte) Arbeitsleistungspflicht, nämlich die Herstellung des Werkes, trifft (BK-GAUTSCHI, N 1d; GAUCH, N 668 ff.). 1

Der Besteller ist *nicht verpflichtet*, den vorzeitigen Rechtsschutz nach Art. 366 in Anspruch zu nehmen. Er kann stattdessen (grundsätzlich ohne dadurch rechtsmissbräuchlich zu handeln) die Ablieferung des Werkes bzw. den Ablieferungstermin abwarten und danach die Mängel- 2 rechte bzw. die Rechte aus dem Verzug des Unternehmers geltend machen (vgl. ZK-OSER/SCHÖNENBERGER, N 4; DÜRR, 45; SCHLATTER, 30). Das Abwarten des Ablieferungstermins bildet den *Regelfall* (BK-GAUTSCHI, N 1b).

3 Das **Verhältnis zwischen Abs. 1 und Abs. 2** des Art. 366 lässt Fragen offen (s. zum Ganzen GAUCH, N 894 ff.). Abs. 2 setzt ein Verschulden des Unternehmers und eine Nachfristansetzung durch den Besteller voraus; Abs. 1 statuiert dies nicht. Eine Nachfristansetzung, nicht aber ein Verschulden des Unternehmers, ist jedoch auch beim Vorgehen nach Abs. 1 zu verlangen (s. N 15).

4 Die Rechtsfolgen von Abs. 1 (Rücktritt) und Abs. 2 (Ersatzvornahme) können **nicht alternativ** Platz greifen, obwohl der engere Tatbestand von Abs. 1 – die vertragswidrige Erfüllung in zeitlicher Hinsicht (s. GAUCH, N 675a und 894a) – im weiteren Tatbestand von Abs. 2 – der mangelhaften oder sonst vertragswidrigen Erfüllung – aufgeht. Die Abs. 1 und 2 bilden also – entsprechend ihrem Randtitel («Rechtzeitige Vornahme und vertragsgemässe Ausführung der Arbeit») zwei verschiedene Tatbestände mit je eigenen (sich z.T. überschneidenden) Voraussetzungen und je eigenen (nicht austauschbaren) Rechtsfolgen (vgl. dazu GAUCH, N 867 f. und 894a–894e; BK-GAUTSCHI, N 7a; ZK-OSER/SCHÖNENBERGER, N 6; DÜRR, 43). Je nach erfülltem Tatbestand kommt Abs. 1 oder 2 zur Anwendung (GAUCH, N 894a). Die nicht «rechtzeitige Vornahme der Arbeit» gemäss Abs. 1 berechtigt den Besteller also nicht, auch nach Abs. 2 vorzugehen und umgekehrt (**anders** das Bundesgericht in BGer, 2.9.2014, 4A_96/2014, E. 3 = SJ 2015, 10 = SJZ 2015, 311; BGE 126 III 233; dazu GAUCH, N 894b m.w.V.). Sind im Einzelfall sowohl der Tatbestand von Abs. 1 als auch Abs. 2 erfüllt, so kann der Besteller nach der einen oder anderen Bestimmung vorgehen (GAUCH, N 894a).

5 Im Unterschied zum Rücktrittsrecht nach Art. 366 Abs. 1 gewährt *Art. 377* dem Besteller zwar ein voraussetzungsloses jederzeitiges Rücktrittsrecht (ebenfalls vor Vollendung des Werkes), das aber – da keine Vertragsverletzung vorausgesetzt wird – nur gegen volle Schadloshaltung des Unternehmers ergriffen werden kann (GAUCH, N 521 ff.). Der Besteller wird deshalb i.d.R. seinen vorzeitigen Rücktritt vorab auf Art. 366 abzustützen versuchen und Art. 377 wegen den für ihn nachteiligen Rechtsfolgen nur eventualiter anrufen Dass eine Vermutung für einen Rücktritt nach Art. 377 bestünde (so BK-GAUTSCHI, N 1c), ist abzulehnen. Welche der beiden Bestimmungen über den vorzeitigen Rücktritt im Einzelfall anzuwenden ist, entscheidet sich danach, ob die (strengeren) Voraussetzungen von Art. 366 oder lediglich jene von Art. 377 erfüllt sind (vgl. auch BGer, 2.9.2014, 4A_96/2014, E. 4.1; 31.3.2008, 4D_8/2008, E. 3.4.1; 27.4.2007, 4C.393/2006, E. 3.3.3, der Besteller kann sich auch aus wichtigen Gründen im Nachhinein nicht mehr auf Art. 366 berufen; ferner BGE 98 II 115).

II. Rücktrittsrecht infolge Ausführungsverzögerung (Abs. 1)

1. Anwendungsbereich

6 Art. 366 findet grundsätzlich auf *alle Typen von Werkverträgen* Anwendung. Bei Werklieferungsverträgen, insb. solchen betr. (maschinell hergestellte) Gattungssachen, können sich allerdings Einschränkungen aus dem (mutmasslichen) Parteiwillen ergeben, wenn das Arbeitsleistungselement gegenüber dem Sachleistungselement deutlich in den Hintergrund rückt. Demgegenüber besteht bei Werklieferungsverträgen betr. Baumaterialien oder Bauteilen ein erhöhtes Interesse an rechtzeitiger Lieferung und folglich an rechtzeitiger Herstellung, da der Verzug des Unternehmers die Verzögerung vieler weiterer Arbeiten nach sich ziehen kann (GAUCH, N 668 ff.; BK-GAUTSCHI, N 3a, b).

7 Art. 366 Abs. 1 findet auch Anwendung, wenn ein Unternehmer, der ein **Werk in Teilen** zu liefern hat, die Ablieferung eines Werkteiles verzögert, ausser es handle sich dabei um den letzten Teil, für welchen dem Besteller die Rechtsbehelfe nach Art. 102–109 zustehen (GAUCH, N 691; vgl. BK-BECKER, N 1). Ferner sind die Rechtsfolgen von Art. 366 Abs. 1 ana-

log anzuwenden, wenn der Unternehmer eine *Nachbesserung* nach Art. 368 Abs. 2 nicht rechtzeitig beginnt oder deren Ausführung verzögert (GAUCH, N 1791; BK-KOLLER, N 18). Zu weiteren Fällen einer analogen Anwendung von Art. 366 Abs. 1 s. BK-KOLLER, N 19 ff.

2. Voraussetzungen

In den folgenden drei Fällen von **Herstellungsverzug** steht dem Besteller nach Art. 366 Abs. 1 ein Rücktrittsrecht zu (s.a. BK-KOLLER, N 3, 59 ff., 179 f., 194 ff., wonach sich Art. 366 Abs. 1 nicht auf die drei ausdrücklich erwähnten Tatbestände beschränkt, sondern auf jeden Tatbestand des Herstellungsverzugs – zur Abgrenzung vom Ablieferungsverzug s. dort N 68 ff. – Anwendung findet; gemäss BK-KOLLER, N 5, ist sodann der Herstellungsverzug in einem weiten Sinne zu verstehen und umfasst neben der Verzögerung der eigentlichen Herstellung auch den Rückstand mit der Beseitigung eines vertragswidrigen Zustandes): 8

- nicht rechtzeitiger Beginn der Werkausführung;
- vertragswidrige Verzögerung der Werkausführung;
- so erheblicher Rückstand in der Werkausführung, dass die rechtzeitige Vollendung des Werkes «nicht mehr vorauszusehen ist».

Mit dem **Ausführungsbeginn** darf der Unternehmer grundsätzlich so lange zuwarten, als die verbleibende Zeit noch ausreicht, um das Werk termingerecht zu vollenden. In diesem Rahmen bestimmt der Unternehmer – soweit vertraglich nicht vorgeschrieben – frei über Beginn, Einteilung und Raschheit der Ausführung (vgl. TRÜMPY-JÄGER, 143; ZK-BÜHLER, N 17 f.). Nur wenn sich weder aus dem Vertrag noch aus der Natur des Rechtsverhältnisses etwas anderes ergibt (Letzteres dürfte bei Werkverträgen, namentlich bei Bauwerkverträgen, allerdings häufig der Fall sein), kann der Besteller gem. Art. 75 sogleich Erfüllung fordern, und muss der Unternehmer demgemäss sogleich nach Vertragsabschluss mit der Werkausführung beginnen (GAUCH, N 674; PEDRAZZINI, 511 FN 1; BK-WEBER, Art. 75 OR N 80, 93; ZK-BÜHLER, N 19; vgl. die Differenzierung bei BK-KOLLER, N 143, 145). In jedem Fall ist dem Unternehmer die erforderliche oder übliche *Vorbereitungszeit* zuzugestehen (vgl. GAUCH, N 674; ZK-BÜHLER, N 19). Zur Darstellung des Tatbestands der Verzögerung beim Ausführungsbeginn (Totalverzug) im Einzelnen s. BK-KOLLER, N 102 ff. 9

Eine **vertragswidrige Verzögerung** der Werkausführung (vgl. die detaillierte Darstellung bei BK-KOLLER, N 63 ff., 185 ff.; HENNINGER, Bauverzögerung, 239 ff.) liegt etwa vor, wenn der Unternehmer ein im Vertrag festgelegtes Zeitprogramm nicht einhält, vereinbarte Zwischentermine verpasst (vgl. BGE 46 II 251) oder nur in einer statt wie vertraglich vorgesehen in mehreren Schichten arbeiten lässt (BK-KOLLER, N 63, 185; ZK-BÜHLER, N 20 ff.). Ist keine Lieferzeit vereinbart, so steht dem Unternehmer nach hypothetischem Parteiwillen die Zeit zur Verfügung, die ein kompetenter Unternehmer benötigt, der zeitig beginnt und normal arbeitet (BGer, 1.4.2004, 4C.347/2003, E. 4.1.1: Bestätigung von BGE 113 II 513 E. 4b). Eine vertragswidrige Verzögerung liegt auch vor, wenn der Unternehmer seine Arbeiten unterbricht; der Unternehmer ist verpflichtet, seine Leistungen fortlaufend zu erfüllen (ZK-BÜHLER, N 27). Ein *Bauprogramm* i.S.v. Art. 93 SIA-Norm 118 ist in seinen Einzelheiten betr. Arbeitsfortschritt innerhalb der vertraglichen Fristen (sowie Zahl der in den einzelnen Arbeitsperioden eingesetzten Arbeitnehmer und Einsatz der wichtigsten Geräte) nur soweit verbindlich, als dies im Vertrag ausdrücklich vorgesehen ist (vgl. GAUCH, N 669–671; GAUCH/SCHUMACHER, SIA, Art. 93 N 21; HENNINGER, Bauverzögerung, 242; SPIESS/HUSER, Art. 93 N 12; ferner GAUCH, Fristen und Termine – Die Bauzeit im Werkvertrag, Baurechtstagung 1995, 6 ff., 10 f., 16 f.; BK-KOLLER, N 107; ZK-BÜHLER, N 23 f.). 10

Eine rechtzeitige Vollendung des Werkes ist nicht erst dann **«nicht mehr vorauszusehen»**, wenn die verspätete Vollendung unvermeidlich ist. Vielmehr genügen klare Anzeichen dafür, dass der Unternehmer mit der Werkausführung in der bisherigen, ungenügenden Weise fortfahren wird. Einen entsprechenden Nachweis wird der Besteller allerdings – von den Fällen 11 von Art. 108 abgesehen – häufig erst nach erfolgloser Nachfristansetzung erbringen können (ZK-BÜHLER, N 28; vgl. DÜRR, 43 f.; s.a. BK-KOLLER, wonach der Tatbestand, dass die rechtzeitige Vollendung des Werkes nicht mehr vorauszusehen ist, nur bei Abmachung eines bestimmten Verfalltages zur Anwendung gelange, N 182; die Regelung gelte entsprechend, wenn nicht ein Vollendungstermin, sondern *ein Zwischen- oder Ablieferungstermin* nicht eingehalten werden könne, N 137, 184; entscheidend für das Recht – und allenfalls die Pflicht, N 140 – des Bestellers zu einem Eingreifen nach Art. 366 Abs. 1 OR sei, dass der Unternehmer den Termin bei Zugrundelegung eines durchschnittlichen Arbeitstempos nicht werde einhalten können, N 138, 183 – m.Hw. auf die **a.M.** von CHAVANNE, nach der der Besteller erst eingreifen könne, wenn der Unternehmer den Termin auch bei überdurchschnittlichem Aufwand nicht mehr werde realisieren können). Entgegen dem durch den Wortlaut des Gesetzes erweckten Eindruck ist für einen Eingriff nach Art. 366 Abs. 1 nicht erforderlich, dass der Unternehmer mit der Ausführung des Werkes bereits begonnen hat (BK-KOLLER, N 61; ZK-BÜHLER, N 30).

12 Der Rückstand in der Ausführung des Werkes darf **nicht dem Risikobereich des Bestellers** zuzurechnen sein («ohne Schuld des Bestellers»). Diese Wendung ist entgegen dem Wortlaut auf alle drei genannten Verzögerungsfälle zu beziehen; BK-KOLLER, N 148; s.a. GAUCH, N 679). Dem Besteller anzulasten ist eine Verzögerung etwa dann, wenn er eine ihm zufallende Vorbereitungs- oder Mitwirkungshandlung nicht oder nicht rechtzeitig vornimmt (z.B. die Lieferung des Werkstoffes, Massnehmen, Freihaltung des Baugrundes oder Aushändigung von Ausführungsplänen; s. zum Mitwirkungsschaden des Unternehmers/Bestellers STÖCKLI, Schaden, 33 ff.), Änderungs- oder Ergänzungswünsche anbringt oder Ausführungsweisungen erteilt, welche die Ausführungsdauer verlängern (GAUCH, N 677–681; BK-KOLLER, N 148 ff.; ZK-BÜHLER, N 31 f.; NIKLAUS, N 1.30–1.39 m.w.Nw.; unpräzis BK-GAUTSCHI, N 4c; vgl. Art. 369).

13 Weitere Voraussetzungen für das Rücktrittsrecht nennt Art. 366 Abs. 1 nicht. Es ist jedoch allgemein anerkannt, dass diese Bestimmung der **Ergänzung durch die allgemeinen Verzugsbestimmungen von Art. 102–109** bedarf (vgl. BGer, 2.9.2014, 4A_96/2014, E. 3.1; 20.9.2011, 4A_232/2011, E. 4.3; dazu SIEGENTHALER/STÖCKLI, Baurecht, 802 ff.; BGE 115 II 55 = Pra 1989, 893 und BR 1990, 42 f.; BGE 98 II 115; 46 II 251; GAUCH, N 675; ZK-BÜHLER, N 8, 33 ff.; BK-KOLLER, N 39, 67, 77 ff.; GUHL/KOLLER/SCHNYDER/DRUEY, § 47 N 19; BÖGLI, N 416; BK-BECKER, N 4; HENNINGER, Bauverzögerung, 244; vgl. auch BK-GAUTSCHI, N 1c; für eine bloss analoge Anwendung DÜRR, 44).

14 Vorauszusetzen ist also ferner eine **Mahnung** (Art. 102 Abs. 1), es sei denn, eine solche erübrige sich, weil ein bestimmter Verfalltag i.S.v. Art. 102 Abs. 2 vereinbart worden ist oder weil sie sich zum vornherein als nutzlos erweist (vgl. BGer, 20.9.2011, 4A_232/2011; dazu HÜRLIMANN/SIEGENTHALER, Jusletter 2012, 15 f.; BGer, 5.10.2010, 4D_76/2010, E. 5: im Protokoll der Baustellensitzung angekündigte Bauprogrammtabelle stellt keine Mahnung dar; BGer, 20.4.2005, 4C.77/2005, E. 4: Mahnung vor Ersatzvornahme, ausser der Unternehmer scheint nicht in der Lage, den Mangel zu beheben, oder gibt Anlass zur Annahme, dass er die Situation nicht ändern werde; BGE 97 II 64; ausführlich BK-KOLLER, N 116 ff.).

15 Unerlässlich ist – unter Vorbehalt der Fälle von Art. 108 – die Ansetzung einer angemessenen Nachfrist zur nachträglichen Erfüllung der Werkleistung (Art. 107 Abs. 1; BGer, 2.9.2014, 4A_96/2014, E. 3.1; BGE 115 II 55 = Pra 1989, 893; BGE 98 II 115; ZWR 1992, 365 = BR 1994, 51; GAUCH, N 675, 867; BK-KOLLER, N 39, 84 f.; BK-BECKER, N 4; ZK-BÜHLER, N 34; ZK-OSER/SCHÖNENBERGER, N 3; VON BÜREN, BT, 146; CORBOZ, II, 12; vgl. auch PEDRAZZINI, 511 f.). Die Ansetzung der Nachfrist beinhaltet auch immer eine Mahnung (N 14), weshalb der Unternehmer spätestens mit der Ansetzung einer Nachfrist gemahnt wird (GAUCH, N 667). Die Nachfrist muss so bemessen sein, dass die Vollendung des Werkes bis zum Fristablauf möglich ist, wenn der Unternehmer die Werkausführung hinsichtlich Arbeitstempo und Einsatz von Arbeitskräften und Arbeitsmitteln bis an die obere Grenze des Zumutbaren steigert. Es dürfen vom Unternehmer in der Nachfristzeit besondere Anstrengungen verlangt werden (anders BK-Gautschi, N 4b, der nur eine Steigerung auf das Normalmass verlangt; wie hier Corboz, II, 12). Die Dauer der Nachfrist ist präzis anzusetzen, damit der Unternehmer die Lage klar einstufen kann (CR CO I-Chaix, N 17).

Die **Angemessenheit der Nachfristansetzung** beurteilt sich also nicht nur objektiv nach Erfahrungssätzen, sondern – in einem beschränkten Rahmen – auch nach subjektiven Gesichtspunkten (vgl. BK-Gautschi, N 4b, 7c; **a.A.** CR CO I-Chaix, N 17). Bei Ansetzung einer **zu kurzen Frist** ist der Unternehmer gehalten, trotzdem unter Beschleunigung weiterzuarbeiten und das Werk innert der über die zu kurze Frist hinausgehenden, angemessenen Frist fertigzustellen; gleichzeitig hat er die zu kurze Bemessung der Frist zu beanstanden (vgl. BGer, 9.6.2010, 4A_603/2009, E. 2.3; 9.9.2008, 4A_306/2008, E. 4.2; BGE 116 II 440; 105 II 34; 91 II 351; 46 II 251; Gauch, N 667; Reber, 37; vgl. auch Corboz, II, 12 f.; Dürr, 45). 16

Ein **Verschulden** des Unternehmers ist nicht erforderlich, doch muss die Verzögerung (objektiv) *pflichtwidrig* sein (ZWR 1992, 364 f. = BR 1994, 51; BK-Becker, N 3; ZK-Oser/Schönenberger, N 2; Gauch, N 675 f. m.Nw.; Pedrazzini, 512; vgl. auch BK-Koller, N 151, 177, 191 f.). Die Bestimmungen der SIA-Norm 118 gestatten jedoch eine Erstreckung der vertraglichen Fristen nur, wenn sich die Werkausführung ohne Verschulden des Unternehmers verzögert hat (Art. 96 Abs. 1, 2). Keine Pflichtwidrigkeit des Unternehmers liegt vor, wenn die Werkleistung objektiv unmöglich geworden ist (Art. 119, 378 f.; Trümpy-Jäger, 144; BK-Koller, N 175), wenn der Unternehmer gestützt auf Art. 82 oder 83 berechtigt ist, seine (noch mögliche) Werkleistung einzustellen oder wenn die Verzögerung auf Umstände zurückzuführen ist, für die der Besteller einzustehen hat (s. N 12; Gauch, N 676–681 m.Nw.). 17

Im Falle gerechtfertigter (nicht pflichtwidriger) Verzögerung werden die vertraglichen Fristen entsprechend erstreckt, sofern der Unternehmer die Verzögerung und deren Ursachen dem Besteller ohne Verzug mitteilt; der zeitliche Rückstand muss also nicht aufgeholt werden (Gauch, N 682; BK-Gautschi, N 4d; vgl. auch Reber, 39). Je nach den Umständen verschiebt sich nicht einfach der Endtermin um die Dauer der Verzögerung, sondern es bedarf einer neuen Terminvereinbarung (ZR 1977, 72 f. betr. Bauarbeiten). 18

3. Rechtsfolgen

Sind alle Voraussetzungen des Art. 366 Abs. 1, ergänzt durch jene der Art. 102 und 107, erfüllt, so kann der Besteller **vom Vertrag zurücktreten**, ohne den Ablieferungstermin abzuwarten (zur analogen Anwendung von Art. 366 beim Reiseveranstaltungsvertrag s. SJ 1982, 588 ff.). 19

Der Rücktritt richtet sich grundsätzlich nach der allgemeinen Bestimmung von Art. 109 (BGE 115 II 55 = Pra 1989, 893: Art. 366 Abs. 1 ist ein Anwendungsfall von Art. 107–109; s. dazu auch BGer, 2.9.2014, 4A_96/2014, E. 3.1; 20.9.2011, 4A_232/2011, E. 4.3; BR 1990, 42 f.). Dies bedeutet, dass der Besteller einerseits eine **Vergütung verweigern** kann (auch für den vom Unternehmer bereits erbrachten Teil der Werkleistung) und dass er eine allenfalls schon erbrachte (Teil-)Vergütung zurückfordern kann, anderseits seinen **Anspruch auf das Werk** (auch auf den bereits ausgeführten Werkteil) **verliert** und einen allenfalls schon erbrachten Werkteil zurückzugeben hat. Dabei handelt es sich nach der traditionellen Ansicht um eine rückwirkende Beseitigung des Vertrages als Ganzes, nach der neueren, sich weitgehend durchgesetzten Lehrmeinung richtigerweise um Rückleistungspflichten, die auf dem bestehenden, gewandelten Vertragsverhältnis basieren (s. Gauch, N 684 m.w.Nw.; ZK-Bühler, N 44 ff., Umwandlungstheorie; vgl. BGE 114 II 157; bestätigt in BGE 126 III 122; BGer, 13.3.2007, 4C.437/2006, E. 3.2; 23.11.2005, 4C.325/2005, E. 4.1; Art. 368 N 28). 20

Nach einer neueren, richtigen Ansicht kann der Besteller bei begonnener, aber nicht abgeschlossener Werkausführung anstelle dieser Auflösung des Vertrages ex tunc auch eine solche 21 ex nunc wählen. Dies hat zur Folge, dass der Besteller den bereits ausgeführten Werkteil beanspruchen kann und die dafür erbrachte Werkleistung des Unternehmers folgerichtig zu vergüten hat (ZK-BÜHLER, N 48; ZWR 1992, 348 ff. = BR 1994, 51; vgl. Extraits 1975, 33 ff.). Es findet also keine Rückabwicklung des (teilweise ausgeführten) Vertrages statt; der Besteller akzeptiert das bisher Geleistete als Teilwerk (vgl. BGE 116 II 452 = Pra 1991, 573 und dazu BR 1991, 96, 97 f.; s.a. BGE 137 III 246; BGer, 31.7.2012, 4A_53/2012, E. 4.3 = BR 2012, 193 ff.; BGE 114 II 157 und die Kritik von GAUCH an BGE 115 II 55 in: BR 1990, 43; Art. 368 N 28).

22 Der Besteller verzichtet i.S. *einer Kündigung* darauf, dass das Vertragsverhältnis mit dem ursprünglichen Inhalt zu Ende geführt wird. Den Unternehmer trifft damit keine Pflicht mehr, das Werk zu vollenden, und der Besteller ist dementsprechend von der Pflicht befreit, den noch nicht ausgeführten Werkteil zu vergüten (GAUCH, N 685 f. mit überzeugender Begründung, und ihm folgend BGE 116 II 452).

23 Dieses «Kündigungsrecht» des Bestellers ist jedenfalls dann zu bejahen, wenn eine *Auflösung ex nunc* – wie es häufig der Fall sein dürfte – *auch aus der Sicht des Unternehmers* (objektiv betrachtet) *vorteilhafter erscheint* (vgl. insb. die bei GAUCH, N 688 angeführten Bsp.). Das durch die pflichtwidrige Verzögerung des Unternehmers grundsätzlich gerechtfertigte Wahlrecht des Bestellers, den Vertrag ex tunc oder ex nunc aufzulösen, darf aber nicht zum Zuge kommen, wenn der Unternehmer dadurch ausnahmsweise einen klaren (zusätzlichen) Nachteil erleiden würde (ZK-BÜHLER, N 49 m.Bsp.). Die Formulierungen in Art. 377 («vom Vertrag zurücktreten») und Art. 379 Abs. 2 («so erlischt der Werkvertrag»), die beide i.S. einer Auflösung ex nunc verstanden werden, sowie die diesen Bestimmungen zugrunde liegenden Interessenabwägungen zeigen, dass ein Rücktrittsbegriff, welcher der besonderen Natur des Werkvertrages Rechnung trägt, durchaus eine Auflösung ex nunc beinhalten kann.

24 Dem Besteller stehen bei gegebenen Voraussetzungen neben der Auflösung des Vertrages (ex tunc oder ex nunc) auch die anderen zwei Alternativen des **Wahlrechtes nach Art. 107 Abs. 2** zur Verfügung (vgl. GAUCH, N 675, 661; BK-BECKER, N 4; BÖGLI, N 416; TRACHSEL, N 43; BK-GAUTSCHI, Art. 364 OR N 6c, vgl. aber seine Differenzierung in Art. 366 N 2a, die hier nicht übernommen wird; NIKLAUS, N 1.96; **a.A.** CORBOZ, II, 13 FN 63). Danach kann er entweder «auf Erfüllung nebst Schadenersatz wegen Verspätung klagen» oder, falls er auf die Leistung verzichtet, «Ersatz des aus der Nichterfüllung entstandenen Schadens verlangen». Zum ergänzenden Recht auf Ersatzvornahme (im Rahmen von Art. 366 *Abs. 1*) nach Art. 98 Abs. 1 s. BK-KOLLER, N 87 ff. und (z.T. abw.) NIKLAUS, N 1.97.

25 Nach der h.M., die hier nicht gestützt wird, muss der Besteller nach ergebnislosem Ablauf der Nachfrist «unverzüglich» erklären (Art. 107 Abs. 2), dass er die Rücktrittsvariante (oder eine andere Alternative nach Art. 107 Abs. 2) wählen will (so GAUCH, N 675; BGE 115 II 55 = Pra 1989, 893 und wohl auch BGE 98 II 115; s.a. CR CO I-CHAIX, N 20). Nach der hier vertretenen Ansicht hat der Besteller demgegenüber nicht den Rücktritt, sondern lediglich die allfällige Wahl einer **anderen** Alternative nach Art. 107 Abs. 2 unverzüglich zu erklären, da die Rücktrittsvariante in Art. 366 Abs. 1 vorgegeben und auch noch später wählbar ist. Dies gilt umso mehr, als im Werkvertragsrecht eine Art. 214 Abs. 2 entsprechende Bestimmung fehlt), wonach der Verkäufer dem (sich in Verzug befindenden) Käufer «sofort Anzeige zu machen» hat, wenn er von seinem Rücktrittsrecht Gebrauch machen will.

26 Der Besteller hat sodann – bei gewähltem Rücktritt – gem. Art. 109 Abs. 2 Anspruch auf **Ersatz des durch die Vertragsauflösung entstandenen Schadens**, sofern der Unternehmer nicht nachweist, dass ihm keinerlei Verschulden für die Verzögerung der Werkausführung zur Last falle (BK-BECKER, N 4; PEDRAZZINI, 512; BRINER, Architekten- und Ingenieurverträge, 52; vgl. *aber auch SJ 1976, 148 ff.*). Im Unterschied zu den Rechtsfolgen des Art. 377 trifft den Besteller indes keine Pflicht, den Unternehmer schadlos zu halten (GAUCH, N 689; ZK-BÜHLER, N 52).

Weitere Rechtsfolgen im Rahmen von Art. 366 Abs. 1 sind die Pflicht des Unternehmers, den beim Besteller eingetretenen *Verspätungsschaden zu ersetzen*, und seine *Haftung für Zufall* (Art. 103; GAUCH, N 675, 661–666; BK-KOLLER, N 76; ZK-BÜHLER, N 12, 53 ff., häufig auch Pauschalierung des Schadenersatzes; vgl. auch HENNINGER, Bauverzögerung, 245; KOLLER A., Verspätungsstrafe, 11, 18). Tritt der Besteller vom Vertrag zurück, ohne dass die Voraussetzungen des Art. 366 Abs. 1 erfüllt sind, so gilt sein Rücktritt als «Rücktrittserklärung» (Art. 377 N 8) i.S.v. Art. 377 (GAUCH, N 675; s. BGer, 5.10.2010, 4D_76/2010, E. 5; dazu HÜRLIMANN/SIEGENTHALER, Jusletter 2012, 29 f.; zum Verhältnis zwischen Art. 366 und Art. 377, s. BGer, 31.3.2008, 4D_8/2008, E. 3.4.1; dazu HÜRLIMANN/SIEGENTHALER, Jusletter 2012, 33). 27

III. Recht auf Ersatzvornahme (Abs. 2)

1. Anwendungsbereich

Umstritten ist, ob in analoger Anwendung von Art. 366 Abs. 2 eine Ersatzvornahme auch im Falle einer **Nachbesserung** des abgelieferten Werkes in Frage kommt (befürwortend BGE 136 III 276; 126 III 232; 107 II 55; BK-KOLLER, N 36, 621 ff.; DERS., Ersatzvornahme, 11 ff.; DERS., Nachbesserung, N 183; CR CO I-CHAIX, N 27; ZK-BÜHLER, Art. 368 N 151; KUKO OR-LEHMANN, N 9; differenzierend GAUCH, N 1821 ff.; Näheres in Art. 368 N 59). Ein Recht auf Ersatzvornahme ist auch in diesem Fall *zu bejahen*, soweit Gefahr in Verzug ist, andernfalls nur *mit* richterlicher Ermächtigung (Art. 98 Abs. 1; ohne Beschränkung auf Dringlichkeitsfälle: BRÄNDLI, Nachbesserung, Rz 886 ff.; KOLLER A., Ersatzvornahme, 12 f.; KUKO OR-LEHMANN, Art. 368 N 18). 28

Art. 366 Abs. 2 ist namentlich anwendbar, wenn der Unternehmer **unbefugterweise Subunternehmer beigezogen** hat (GAUCH, N 640). Dies gilt jedenfalls dann, wenn der Subunternehmer mit der Ausführung eines wesentlichen Teils des Werkes betraut worden ist. Ist ein Werk geschuldet, bei dem es auf die persönlichen Eigenschaften des Unternehmers ankommt (Art. 364 N 29 ff.), so scheitert eine Ersatzvornahme am Umstand, dass kein anderer als der Unternehmer in der Lage ist, das Werk herzustellen (GAUCH, N 640 f.). 29

Der Besteller hat kein Recht auf Ersatzvornahme, wenn ein Werkmangel zu Tage tritt, den der Unternehmer *ausnahmsweise nicht beheben muss*, weil sich die Kosten der Mängelbeseitigung als «übermässig» (vgl. Art. 368 Abs. 2; **a.M.** NIKLAUS, N 2.120) erweisen oder weil der Werkmangel vom Besteller selbst verschuldet (vgl. Art. 369) worden ist (s. GAUCH, N 2426–2429). 30

2. Voraussetzungen

Art. 366 Abs. 2 bezweckt, dem Besteller zu ermöglichen, eine vertragswidrige Erstellung des Werkes auf dem Wege der Selbsthilfe zu verhindern. Aus dem Wortlaut der Bestimmung ergeben sich die folgenden **drei Voraussetzungen**: 31

a) Eine «mangelhafte oder sonst vertragswidrige Erstellung» des Werkes muss sich während der Ausführung «bestimmt voraussehen» lassen. Eine **«mangelhafte Erstellung»** ist voraussehbar, wenn sich bereits im betreffenden Stadium der Werkausführung klar erkennen lässt, dass das Werk bei seiner Beendigung einen Werkmangel (s. dazu Art. 368 N 9 ff.) aufweisen wird (s. BGer vom 10.9.2012, 4A_323/2012, E. 2, wonach nicht eine absolute Sicherheit bezüglich der mangelhaften Werkausführung vorausgesetzt ist). In der Regel wird ein solcher, das Endergebnis beeinflussender Werkmangel bereits offenkundig vorliegen oder sich – etwa bei einer Zwischenprüfung – klar abzeichnen. Ausnahmsweise wird eine mangelhafte Erstellung unabhängig von bereits vorgenommenen Arbeiten absehbar sein (s. GAUCH, N 876; ausführlich NIKLAUS, N 2.4 ff., 2.12 ff., m.Bsp.). Bei Teillieferungen mit Mängeln nicht konzeptioneller Art fehlt die bestimmte Voraussehbarkeit (BGer vom 10.9.2002 4C.387/2001, E. 6.5). 32

33 Die Erstellung eines Werkes kann aus verschiedenen Gründen **«sonst vertragswidrig»** sein. Mit Ausnahme der vorgenannten Werkmängel und der nicht rechtzeitigen Ausführung nach Art. 366 Abs. 1 kommen jegliche Vertragsverletzungen, insb. Verletzungen von Sorgfalts- und Treuepflichten, aber auch Gesetzesverletzungen, in Betracht, soweit sie einen Bezug zur Werkerstellung haben und bereits begangen oder begonnen worden oder bestimmt voraussehbar sind (vgl. GAUCH, N 877; s.a. die bei DÜRR, 48, aufgeführten Fälle; **a.M.** BK-KOLLER, N 1, 19 f., 37, 520 ff.; NIKLAUS, N 2.8).

34 Nicht erforderlich ist, dass die Vertragsverletzungen zu Schäden geführt haben oder führen werden, die das Werk unmittelbar betreffen (BK-GAUTSCHI, N 8a). Immerhin ist zu verlangen, dass die Vertragswidrigkeit eine *gewisse Erheblichkeit aufweist, welche die Rechtsfolge der Ersatzvornahme rechtfertigt.* Verletzungen von untergeordneten Nebenpflichten wird der Besteller häufig erst nach Ablieferung des Werkes (in Verbindung mit Schadenersatzansprüchen) rügen können.

35 b) Sodann ist sowohl für die «mangelhafte» als auch die «sonst vertragswidrige» Erstellung des Werkes ein **«Verschulden des Unternehmers»** vorausgesetzt (GAUCH, N 879). Diese Voraussetzung ist nicht wörtlich, sondern *in einem weiten Sinne* zu verstehen, soweit es um die «mangelhafte Erstellung» des Werkes geht. Dabei muss genügen, dass den Besteller kein Selbstverschulden i.S. des Art. 369 trifft. Dies ergibt sich aus einer sinnvollen Auslegung des Art. 366 Abs. 2 in Zusammenhang mit den Regeln über die Mängelhaftung (Art. 367 ff.), wonach der Unternehmer für den Mangel des abgelieferten Werkes (abgesehen vom Mangelfolgeschaden) kausal einzustehen hat (Art. 368 N 8) und nur freigestellt wird, wenn der Besteller den Mangel nach Art. 369 selbst verschuldet hat (GAUCH, N 880 f.; s.a. CR CO I-CHAIX, N 31; vgl. auch TERCIER/FAVRE, N 4456; **a.M.** BK-KOLLER, N 539 ff.; KOLLER A., Ersatzvornahme, 16 f.; s.a. NIKLAUS, N 2.100 ff.). Andernfalls könnte der Besteller in gewissen Fällen erst nach Ablieferung des Werkes die mangelhafte Werkausführung geltend machen. Ein Verschulden (i.e.S.) ist demgegenüber für Schadenersatz des Bestellers vorausgesetzt, der die Kosten der Ersatzvornahme übersteigt (vgl. BGer, 8.5.2007, 4C.130/2006, E. 6.2 = BR 2008 162, La pierre de l'Yonne).

36 c) Der Besteller muss dem Unternehmer schliesslich – unter Vorbehalt der Fälle von Art. 108 – «eine angemessene Frist zur Abhilfe ansetzen» und die Ersatzvornahme androhen (vgl. Art. 250 lit. b Ziff. 3 ZPO, Fristansetzung im summarischen Verfahren; Rep 1992, 270 ff. = BR 1994, 108; GAUCH, N 882–885; KOLLER A., Nachbesserung, N 190, 504; BK-BECKER, N 6; s.a. BGer, 2.9.2014, 4A_96/2014 E. 3.1; 5.10.2010, 4D_76/2010 = BR 2011, 82, diesbezügliche Voraussetzungen nicht erfüllt; ZK-BÜHLER, N 66 ff.; NIKLAUS, N 2.110 ff.; einschränkend BK-GAUTSCHI, N 7d). Bei erkennbarer, d.h. nach objektiven Gesichtspunkten gegebener, Unfähigkeit oder Unwilligkeit des Unternehmers zur Abhilfe können sowohl Fristansetzung als auch Androhung der Ersatzvornahme unterbleiben (s. Art. 108 Ziff. 1; BGer, 10.9.2012, 4A_323/2012 = BR 2013, 145; BGer, 21.12.2011, 4A_518/2011, dazu HÜRLIMANN/SIEGENTHALER, Jusletter 2012, 31 f.; BGer, 20.4.2005, 4C.77/2005). Hält der Unternehmer die angesetzte Frist für zu kurz, so hat er dies zu beanstanden (s. N 16).

3. Rechtsfolgen

37 Sind die angeführten Voraussetzungen erfüllt, kann der Besteller «die Verbesserung oder die Fortführung des Werkes auf Gefahr und Kosten des Unternehmers einem Dritten übertragen». Im Unterschied zu Art. 98 bedarf der Besteller hierfür **keiner richterlichen Ermächtigung** (GAUCH, N 887; ZK-BÜHLER, N 70; NIKLAUS, N 2.119; BK-BECKER, N 7; ZK-OSER/SCHÖNENBERGER, N 5; DÜRR, 47; PEDRAZZINI, 524; vgl. auch BGE 107 II 55 betr. Ersatzvornahme ohne richterliche Ermächtigung bei Nachbesserung des abgelieferten Werkes, zu Recht kritisiert von GAUCH, N 1285 ff. und TERCIER, BR 1988, 65). Nach BGE 136 III 273; 126 III 230 schliesst das Recht auf Ersatzvornahme weitere Rechtsbehelfe gem. Art. 107 Abs. 2 nicht aus;

der Besteller kann auch auf die versprochene Leistung verzichten und Schadenersatz verlangen (BGE 126 III 235; BGer, 21.12.2011, 4A_518/2011, E. 3 = BR 2012, 87; BGer, 9.6.2009, 4A_108/2009; 20.4.2006, 4C.433/2005, E. 2; DUC, Le contrat d'entreprise: réfection du dommage ou versement d'une indemnité, BR 2007, 188).

Zwischen (blosser) Verbesserung und Fortführung des Werkes durch den beigezogenen Dritten kann der Besteller **nicht frei wählen**. Bei (rechtzeitig behebbaren) Werkmängeln darf der Dritte nur für die erforderlichen Verbesserungsarbeiten, nicht aber für die ganze weitere Werkausführung beigezogen werden (GAUCH, N 889; NIKLAUS, N 2.68). Entgegen dem Wortlaut von Art. 366 Abs. 2 kann der Besteller in Übereinstimmung mit Art. 98 Abs. 1 die Verbesserung oder Fortführung des Werkes – wenn er dazu fähig ist – auch selbst vornehmen, anstatt einen Dritten damit zu betrauen (GAUCH, N 891; SCHLATTER, 30; ZK-BÜHLER, N 72). **38**

Kosten und Gefahr der Ersatzvornahme trägt der Unternehmer. Der Besteller erhält einen Anspruch auf *Aufwendungsersatz*, der auch allfällige Mehrkosten auf seiten des Bestellers infolge des Beizugs des Dritten erfasst (GAUCH, N 870 f.; ZK-BÜHLER, N 73; ZK-OSER/SCHÖNENBERGER, N 5; BK-BECKER, N 6; PEDRAZZINI, 524 f.; s.a. KGer NE, BR 2013, 328; zur Frage der Vorfinanzierungslast s. GVP 2001, Nr. 42; NIKLAUS, N 3.35). Es handelt sich nicht um einen Schadenersatzanspruch, da die Vertragspflicht durch die Ersatzvornahme zwangsläufig erfüllt worden ist (GAUCH, N 1825; DERS., BR 1991, 43; KOLLER A., Nachbesserung, N 143; TRACHSEL, N 52; BGer, 20.1.2012, 4A_556/2011, E. 2.4; dazu PICHONNAZ, Les conséquences à tirer de la nature d'exécution forcée de l'exécution par substitution [art. 366 al. 2 CO], BR 2012, 57 ff.; vgl. aber auch BGE 116 II 314). Die Kosten für die Ersatzvornahme sind unter gewissen Umständen vom Unternehmer **vorzuschiessen** (BGE 128 III 416; s.a. 126 III 233; KGer GR, 4.4.2014, ZK2 13 30; KGer GR, 19.2.2013, ZK2 11 52; HGer ZH, 20.8.2012, HG110257). **39**

Stellt eine Ersatzvornahme durch einen Dritten (oder allenfalls durch den Besteller selbst) aufgrund besonderer Umstände eine unpassende Rechtsfolge dar, so fragt sich, ob dem Besteller (in analoger Anwendung von Art. 366 Abs. 1 oder Art. 368 Abs. 1) ein Rücktrittsrecht zustehe (so offenbar generell BUCHER, BT, 214; CR CO I-CHAIX, N 39; s.a. BGer, 10.9.2012, 4A_323/2012; BGE 126 III 230; HGer ZH, 2.9.2011, HG090081; ZK-BÜHLER, N 71; BK-KOLLER, N 11, 33 f., 477 ff.; HONSELL, OR BT, 288) oder ob er auf die *nach* dem Ablieferungstermin erwachsenden Rechte zu verweisen ist. **40**

Ein solches (vorzeitiges) Rücktrittsrecht kommt in Frage, wenn die Herstellung eines mängelfreien Werkes ausnahmsweise schon bei Vertragsabschluss (objektiv) unmöglich war oder später unmöglich geworden ist (GAUCH, N 2422–2424), wenn die vom (bisherigen) Planer erstellten Unterlagen nicht weiter verwendbar sind (BRINER, Architekten- und Ingenieurverträge, 53, 59), wenn es bei der Werkausführung auf die persönlichen Eigenschaften des ausgesuchten Unternehmers ankommt sowie wenn das Werk trotz der Ersatzvornahme nicht mehr rechtzeitig vollendet werden kann (ZK-OSER/SCHÖNENBERGER, N 6; PEDRAZZINI, 525) oder wenn auch eine Ersatzvornahme keine Abhilfe mehr schaffen kann (WIDMER U., 117–121 betr. Informatikprojekte; s.a. TERCIER, BR 1988, 65). **41**

IV. SIA-Norm 118

Mit der Einhaltung von Fristen, Fristerstreckung, Haftung aus Fristüberschreitungen und Konventionalstrafen bzw. Prämien befassen sich die (weitgehend zugunsten des Unternehmers verfassten) Art. 92–98 SIA-Norm 118. Hervorzuheben ist: **42**
- dass die in einem Bauprogramm enthaltenen Angaben zum zeitlichen Fortschritt der Arbeiten nur verbindlich sind, soweit dies ausdrücklich vorgesehen ist (Art. 93 Abs. 2 SIA-Norm 118; GAUCH, N 669–671; GAUCH/SCHUMACHER, SIA, Art. 93 N 21);
- dass nach Verzögerungen neue Fristen vereinbart werden müssen (Art. 94 Abs. 2 SIA-Norm 118; GAUCH/SCHUMACHER, SIA, Art. 94 N 15; SPIESS/HUSER, Art. 94 N 18; WALTER, 139 f.);

- dass dem Bauherrn ein Rücktrittsrecht zukommt, das sich ausdrücklich nach Art. 107–109 richtet, sofern der Unternehmer keine Fristerstreckung im Rahmen von Art. 96 der Norm beanspruchen kann (Art. 96 Abs. 4 SIA-Norm 118; GAUCH/SCHUMACHER, SIA, Art. 96 N 29; WALTER, 137 f.);
- dass eine vereinbarte Konventionalstrafe nicht geschuldet ist, wenn der Unternehmer Anspruch auf Fristerstreckung hat (Art. 98 Abs. 2 SIA-Norm 118);
- und dass die Zahlung der Konventionalstrafe auf einen zu leistenden Schadenersatz angerechnet wird (Art. 98 Abs. 3 SIA-Norm 118).

V. Beweislast

43 Der **Besteller** hat die Erfüllung sämtlicher dem Rücktrittsrecht nach Art. 366 Abs. 1 und dem Recht auf Ersatzvornahme nach Art. 366 Abs. 2 zugrunde liegenden Voraussetzungen nachzuweisen. Er trägt insb. die Beweislast dafür, dass der Unternehmer das Werk nicht mehr rechtzeitig (Abs. 1) oder nicht vertragsgemäss (Abs. 2) herstellen wird.

VI. Rechtsvergleichung

44 Das deutsche Recht gewährt dem Besteller bei nicht rechtzeitiger Erstellung des Werkes ein Rücktrittsrecht (PALANDT, Vor § 633 N 12). Zum Recht auf Ersatzvornahme vgl. § 634 Ziff. 2 und § 637 BGB und dazu die Komm. bei PALANDT, Ergänzungsband [a.a.O.]; s.a. SCHUDNAGIES, Das Werkvertragsrecht nach der Schuldrechtsreform, NJW 2002, 397.

45 Art. 1144 CC fr. war Vorbild für die Regelung des Rechts auf Ersatzvornahme in Art. 98 und 366 Abs. 2 OR (ZK-BÜHLER, N 60). Das österreichische ABGB enthält keine Art. 366 OR entsprechenden Sonderbestimmungen; ein Rücktrittsrecht ergibt sich aber aus der allgemeinen Bestimmung von § 918. Das italienische Recht statuiert sowohl bei nicht rechtzeitiger als auch bei fehlerhafter Werkausführung ein vorzeitiges Rücktrittsrecht nach Fristansetzung (art. 1662 CC it.; BK-GAUTSCHI, N 2b–d; s.a. BK-KOLLER, N 41 ff.). Siehe zur Rechtslage in Deutschland: JANSEN, Die Mängelrechte des Bestellers im BGB-Werkvertrag vor Abnahme, Diss. Darmstadt 2010.

Art. 367

4. Haftung für Mängel **a. Feststellung der Mängel**	**1 Nach Ablieferung des Werkes hat der Besteller, sobald es nach dem üblichen Geschäftsgange tunlich ist, dessen Beschaffenheit zu prüfen und den Unternehmer von allfälligen Mängeln in Kenntnis zu setzen.** **2 Jeder Teil ist berechtigt, auf seine Kosten eine Prüfung des Werkes durch Sachverständige und die Beurkundung des Befundes zu verlangen.**
4. Garantie des défauts de l'ouvrage a. Vérification	1 Après la livraison de l'ouvrage, le maître doit en vérifier l'état aussitôt qu'il le peut d'après la marche habituelle des affaires, et en signaler les défauts à l'entrepreneur, s'il y a lieu. 2 Chacune des parties a le droit de demander, à ses frais, que l'ouvrage soit examiné par des experts et qu'il soit dressé acte de leurs constatations.
4. Garanzia pei difetti a. Verificazione	1 Seguita la consegna dell'opera il committente, appena lo consenta l'ordinario corso degli affari, deve verificare lo stato e segnalarne all'appaltatore i difetti. 2 Ciascuno dei contraenti ha diritto di chiedere a sue spese la verificazione dell'opera a mezzo di periti e la dichiarazione di collaudo.

Literatur

Vgl. die Literaturhinweise bei den Vorbem. zu Art. 363–379.

I. Normzweck. Allgemeines

Art. 367 legt die Voraussetzungen fest, die der Besteller zur Wahrung der Mängelrechte gem. Art. 368 zu erfüllen hat. Die Rechtsfolge für den Fall der Nichterfüllung dieser gesetzlichen Voraussetzungen bestimmt Art. 370: Unterlässt der Besteller die in Art. 367 Abs. 1 vorgeschriebene Mängelrüge, so gilt das Werk *unwiderlegbar als genehmigt* (Abs. 2). Dies hat zur Folge, dass der Unternehmer von seiner Mänelhaftung befreit ist, ausser bei Mängeln, die bei ordnungsgemässer Prüfung nicht erkennbar waren oder vom Unternehmer absichtlich verschwiegen wurden (Abs. 1). 1

Die Prüfungs- und Anzeigepflicht des Bestellers ist ihrer **Rechtsnatur** nach keine Pflicht, sondern lediglich eine *Obliegenheit* (ABOW 1992/93, 49 f.; GAUCH, N 2108; ZK-BÜHLER, N 25; BÖGLI, N 137; CORBOZ, II, 5; KLAUSER, 28; SCHLATTER, 41 f.). Der Unternehmer hat nicht Anspruch auf ihre Erfüllung; ihre Unterlassung zieht keinen Schadenersatzanspruch nach sich. Nimmt der Besteller die gesetzlich vorgeschriebenen Handlungen nicht vor, so hat er zwar keine Ansprüche von Seiten des Unternehmers zu gewärtigen, verliert aber seine eigenen Sachgewährleistungsansprüche. Art. 367 Abs. 1 deckt sich weitgehend mit der kaufrechtlichen Bestimmung von Art. 201 Abs. 1. 2

II. Prüfungspflicht (Abs. 1)

1. Zeitliche Voraussetzung

Der Besteller hat das Werk nach erfolgter Ablieferung zu prüfen, *«sobald es nach dem üblichen Geschäftsgange tunlich ist»* (Art. 367 Abs. 1). **Ablieferung** ist die in der Absicht der Vertragserfüllung vorgenommene Übergabe des beendeten – wenn auch ggf. mangelhaften (BGE 129 III 748; 115 II 458; 107 II 52; BGer, 25.11.2010, 4A_252/2010, E. 5.4.2; 11.9.2007, 4A_51/2007, E. 4.5; 16.10.2009, 4D_112/2009, E. 4 = BR 2010, 71; BRÄNDLI, Nachbesserung, Rz 77 ff.; CORBOZ, I, 18; KLAUSER, 16; SCHLATTER, 37) – Werkes an den Besteller (der vom BGer und vielen Autoren [z.B. GAUCH, N 101] sowie in Art. 157 f. SIA-Norm 118 verwendete Begriff der Vollendung wird wegen dessen verwirrender Doppelbedeutung [vgl. GAUCH, N 106] nicht übernommen). Ablieferung setzt voraus, dass *sämtliche vereinbarten Arbeiten ausgeführt* sind, das Werk also *fertiggestellt* ist (BGer, 25.11.2010, 4A_252/2010, E. 5.3; 11.9.2007, 4A_51/2007, E. 4.5; 17.3.2005, 4C.469/2004, E. 2; BGE 118 II 149; 115 II 458; 113 II 267; 111 II 171 = BR 1986, 63 f.; BGE 94 II 164; SJ 1992, 611 f. = BR 1993, 45; RBUR 1992/93, 36; Extraits 1989, 20 = BR 1990, 99 f.; KGer JU, BR 1990, 43; in der neueren Lehre zeichnet sich die Tendenz ab, auch «unvollendete» Werke der Ablieferung zugänglich zu machen, s. BK-KOLLER, Art. 363 N 298 f., 315 f., 363 ff. und in AJP 1996, 1249 f.; ferner ZK-BÜHLER, Vor Art. 364–371 N 9 ff., Art. 367 N 6 ff.; TRACHSEL, N 140 ff.). Im Einzelfall kann eine Ablieferung trotz fehlender Fertigstellung zuzulassen sein, so bei vorzeitiger Vertragsbeendigung (s. BGer, 31.7.2012, 4A_53/2012, E. 4.3 = BR 2012, 193 ff., wonach der akzeptierte Werkteil dem vollendeten Werk bezüglich der Mängelrechte gleichsteht; HGer ZH, 17.11.2011, HG080290, E. 3.2) oder wenn die ausstehenden Arbeiten im Vergleich zu den Gesamtarbeiten ausserordentlich gering sind (BGer, 17.3.2005, 4C.469/2004, E. 2.3 m.Hw.). Die Verweigerung der Abnahme kann in solchen Fällen missbräuchlich sein (Art. 2 Abs. 2 ZGB). Die Abgrenzung zwischen fertiggestelltem und mangelhaftem Werk kann schwierig sein. Massgebend ist, ob der Unternehmer ein fertiges, gebrauchsfähiges Werk abgeliefert hat und der Besteller erkennen konnte, dass die Arbeiten beendet sind und er demzufolge gehalten ist, das Werk zu prüfen (BGer, 11.9.2007, 4A_51/2007, E. 4.5; 17.3.2005, 4C.469/2004, E. 2, m.w.H., ausstehend nur noch Wärmedämmung im Dachgeschoss.; s.a. BGer, 17.10.1997, 4C.540/1996, E. 2a). Nach Erhalt der Schlussabrechnung kann der Besteller i.d.R. nicht durch blosses Zuwarten den Beginn des Fristenlaufs für die Mängelrüge hinauszögern (BGer, 11.9.2007, 4A_51/2007, E. 4.5; 17.3.2005, 4C.469/2004, E. 2; 12.9.1994, 4C.132/1994, E. 4b; 1.7.2009, 4D_55/2009 – die Zustellung der Rechnung 3 kann als konkludente Ablieferung verstanden werden). Zu berücksichtigen sind auch Bestellungsänderungen und Montagearbeiten sowie ggf. Aufräumungsarbeiten (s. Art. 118 Abs. 3 SIA-Norm 118; ZK-BÜHLER, N 7; BÜHLER TH., Verträge, 107 ff.), nicht aber Nachbesserungsarbeiten zur Beseitigung von Werkmängeln (GAUCH, N 101 f.; ZR 1991, 53 f.). Eine Ablieferung des Werkes *in Teilen* ist nicht zu vermuten, sondern bedarf klarer vertraglicher Vereinbarung (vgl. GAUCH, N 2466; s.a. BGE 94 II 166; Rep 1992, 270 ff. = BR 1994, 108; WIDMER U., 115 f.; **anders** Art. 157 Abs. 1 SIA-Norm 118). – Allgemein zu den Rechtsfolgen der Ablieferung: BK-KOLLER, Art. 363 N 317 ff.; zur Ablieferung nach Incoterms ZK-BÜHLER, N 14.

4 Ablieferung erfolgt i.d.R. durch **körperliche Übertragung** des neu erstellten Werkgegenstandes zu Eigentum oder durch Rückgabe des reparierten Werkgegenstandes (s. ZK-BÜHLER, N 11). Bei Bauarbeiten aufgrund und Boden wird sie durch die *Mitteilung des Unternehmers* ersetzt, dass er das Werk als beendet betrachtet (vgl. BGer, 16.10.2009, 4D_112/2009, E. 4; BGE 129 III 748; 115 II 459; 113 II 267; ZK-BÜHLER, N 12; KOLLER A., Nachbesserung, N 68 f.; DERS., Verspätungsstrafe, N 194; BÖGLI, N 192; TSCHÜTSCHER, Bauwerkvertragsrecht, 259 f.). Die Fertigstellung kann durch den Unternehmer (konkludent) auch durch Übersendung der Schlussabrechnung erklärt werden (BGer, 1.7.2009, 4D_55/2009, E. 2.3; BGer, 4.2.2004, 4C.301/2003, E. 4.1). Die sog. unkörperlichen Werke sind sowei sie eine (untergeordnete) Verkörperung erfahren (s. Vor Art. 363–379 N 2), ebenfalls auf diese Weise ablieferbar. Bei Software gehört zur Ablieferung i.d.R. eine Benutzerdokumentation (Handbuch). Problematisch kann die «Ablieferung» hingegen bei tatsächlich nicht greifbaren Werken werden (vgl. ZIMMERMANN, 37).

5 *Vor der Ablieferung* des beendeten Werkes besteht für den Besteller – besondere vertragliche Vereinbarung vorbehalten – grundsätzlich weder eine Prüfungs- noch eine Anzeigepflicht (BÖGLI, N 140). Dies betrifft namentlich Mängel, die in einem früheren Stadium der Werkherstellung erkennbar gewesen wären (etwa Mängel an einzugrabenden Tankanlagen). Wohl aber kann der Besteller bereits vorgängig Mängel anzeigen (BGer, 28.11.2003, 4C.190/2003, E. 5.2, missbräuchliche Berufung des Unternehmers auf verspätete Rüge) und sofern sich eine vertragswidrige Erstellung bestimmt voraussehen lässt, nach Art. 366 Abs. 2 vorgehen (s. Art. 366 N 28 ff.). Bei Generalunternehmerverträgen darf der Bauherr mit der Prüfung zuwarten, bis die Übergabe des schlüsselfertigen Werkes erfolgt, ohne Rücksicht auf den Abschluss der Tätigkeiten der einzelnen Subunternehmer (BGE 94 II 166; s.a. 117 II 63; ZR 1937, 362 f.; GAUCH, N 1209; ZK-BÜHLER, N 15).

6 Das Kriterium **«nach dem üblichen Geschäftsgange tunlich»** bedeutet, dass sich der Zeitpunkt der Prüfung nach der *Verkehrsübung* zu richten, soweit eine solche zwischen den am Werkvertrag beteiligten Parteien besteht. Einzuräumen ist dem Besteller der Zeitraum, der üblicherweise erforderlich ist, um ein Werk der betreffenden Art unter Berücksichtigung der besonderen vertraglich festgelegten Anforderungen sorgfältig zu prüfen (vgl. BGer, 11.9.2007, 4A_51/2007, E. 4.5; BGE 81 II 59). Der nötige Prüfungszeitraum ist nach einem *objektivierten Massstab* zu beurteilen (BRÄNDLI, Nachbesserung, Rz 329; BÖGLI, N 141). Kompliziertere, mit technischem Aufwand verbundene Prüfungen rechtfertigen grundsätzlich eine längere Frist. Neben dem rein objektiven Kriterium der Übung dürfen auch die – für den Unternehmer erkennbaren – konkreten Umstände des Einzelfalles, nicht aber in der Person des Bestellers liegende, rein persönliche Gründe berücksichtigt werden (vgl. BGer, 24.3.2009, 4A_534/2008, E. 7.3; GAUCH, N 2113 ff.; BK-GAUTSCHI, N 28a ff.; ZK-OSER/SCHÖNENBERGER, N 5; BK-BECKER, N 3: «der übliche Geschäftsgang ist derjenige in einem ordentlichen, sorgfältig geführten Betrieb»; CORBOZ, III, 6–8; DÜRR, 52; KLAUSER, 31; SCHLATTER, 43). So wird eine Zentralheizung erst im Winter zuverlässig geprüft werden können (so singgemäss SJZ 1950, 198; vgl. auch BGE 81 II 59; BR 1987, 21; ZR 1938, 199).

7 Die Prüfungsfrist setzt sich aus der Frist, innerhalb welcher die Prüfung zu beginnen ist, und aus der für die Prüfung selbst benötigten Zeit zusammen (GAUCH, N 2112; BRÄNDLI, Nach-

besserung, Rz 329; BÖGLI, N 141). Aus der Abwägung der auf dem Spiel stehenden Interessen (vgl. GAUCH, N 2108, 2175–2177) ergibt sich als Leitlinie, dass die Prüfungsfrist *tendenziell grosszügig zu bemessen* ist (GAUCH, N 2118, 2177; KLAUSER, 29, 31; WIDMER U., 159). Das gilt namentlich im bürgerlichen, nicht-kaufmännischen Verkehr, bei welchem das Kriterium des «üblichen Geschäftsganges» wenig ergiebig ist.

Nach Art. 38 Abs. 1 *WKR* (anwendbar auf internationale Werklieferungsverträge) hat der Besteller die Werklieferung «innerhalb einer so kurzen Frist zu untersuchen oder untersuchen zu lassen, wie es die Umstände erlauben» (vgl. SCHLECHTRIEM-SCHWENZER, Art. 38 N 1 ff.; ZK-BÜHLER, N 72). 8

2. Sachliche Anforderungen

Nach Art. 367 Abs. 1 hat der Besteller die **Beschaffenheit des Werkes** zu prüfen. Ziel dieser Prüfung ist es herauszufinden, ob das abgelieferte Werk *die vorausgesetzten und die vertraglich zugesicherten Eigenschaften* aufweist und damit vertragsgemäss ist (PEDRAZZINI, 525; GAUCH, N 2119; BÖGLI, N 142; KLAUSER, 30; s.a. BGE 96 II 60). Der Besteller hat die Prüfung mit der **Sorgfalt** vorzunehmen, die für die Art und Bedeutung des konkreten Werkes angemessen ist (ZK-BÜHLER, N 26; BÖGLI, N 143). Massgebend ist dabei die Sorgfalt und Aufmerksamkeit des *durchschnittlichen (nicht spezialisierten) Abnehmers* von Werken der betreffenden Art unter den gegebenen Umständen (GAUCH, N 2122; BK-GAUTSCHI, N 16a). Bei der Beurteilung des anzulegenden Sorgfaltsmassstabes ist zwischen bürgerlichem und kaufmännischem Verkehr zu unterscheiden (so auch BIEGER, Rz 160; PEDRAZZINI, 525 f.). Es ist nicht angemessen, den strengeren Massstab des kaufmännischen Verkehrs als allgemeingültig zu erklären. 9

Es gilt zu berücksichtigen, dass im Normalfall nur der **Unternehmer**, nicht aber der Besteller **Fachmann** in Bezug auf das jeweilige Werk ist (vgl. BGE 116 II 309: «Die gesetzliche Regelung beruht auf der Vorstellung, dass im Werkvertragsrecht der Sachverstand beim Unternehmer liegt»; ähnlich BGer, 7.8.2008, 4A_166/2008, E. 2.1; BGE 116 II 456; ZK-OSER/SCHÖNENBERGER, N 1; PEDRAZZINI, 525 f.; KLAUSER, 29; s.a. BRINER, Architekten- und Ingenieurverträge, 33 f., 58 zur [eingeschränkten] Prüfungspflicht bei Plänen). Den strengeren Massstab als den allgemeingültigen aufzufassen, widerspricht auch der gesetzlichen Regelung in Art. 367 Abs. 2, wonach jeder Vertragspartner berechtigt (nicht aber verpflichtet) ist, eine Prüfung durch Sachverständige (s. N 22 ff.) zu verlangen. Dass der Besteller nicht gehalten ist, das Werk durch Sachverständige begutachten zu lassen, entspricht einhelliger Meinung (BGE 107 II 176; 46 II 37; GAUCH, N 2124; BÖGLI, N 143; SCHUMACHER, Haftung, N 627; BK-GAUTSCHI, N 23; ZK-BÜHLER, N 50, 55; ZK-OSER/SCHÖNENBERGER, N 6; BK-BECKER, N 13; SCHLATTER, 42). Will der Unternehmer sicherstellen, dass er möglichst rasch Gewissheit über allenfalls erforderliche Nachbesserungsarbeiten erhält, so ist es an ihm, sich (mindestens bei komplizierteren Werken) eine Prüfung durch Sachverständige *vertraglich auszubedingen*. Der Unternehmer darf nicht davon ausgehen, dass der Besteller routinemässig auch dann eine Prüfung durch Sachverständige vornehmen lässt, wenn er nichts Aussergewöhnliches wahrnimmt. 10

Zutreffend ist der von der (wenn auch älteren) Judikatur angelegte Massstab (ZR 1938, 199: «Entgegen der Auffassung der Klägerin [Unternehmerin] war es nicht Pflicht der Beklagten [Bestellerin, Hauseigentümerin], die technischen Ursachen der mangelhaften Leistung der Heizungsanlage zu erkennen und zu bezeichnen»; s.a. BGE 46 II 37; ZR 1925, 40). 11

Methode und Intensität der Prüfung richten sich ebenfalls nach der *Art und Bedeutung des jeweiligen Werkes*. Während im Normalfall jedes abgelieferte Werk einzeln geprüft werden muss, genügen bei maschinell hergestellten Werklieferungen von Gattungssachen *Stichproben* (vgl. Rep 1992, 263 ff. = BR 1994, 108; ZK-BÜHLER, N 27 f.). Bei Werken, die Präzisionsarbeit erfordern, können *Messproben* angezeigt sein; Maschinen werden i.d.R. (zum be- 12 stimmungsgemässen Gebrauch) *in Betrieb genommen* werden müssen (Weiteres bei ZK-Bühler, N 28 ff.; BK-Gautschi, N 17–20; s.a. Gauch, N 2120 f.; Brändli, Nachbesserung, Rz 331; Pedrazzini, 526). An die Prüfung von Prototypen sind naturgemäss bedeutend höhere Anforderungen zu stellen als an die Prüfung von routinemässig hergestellten Standardprodukten. Erhöhte Anforderungen sind auch an die Prüfung von Werken zu stellen, die nach Plänen des Bestellers hergestellt worden sind. Die Prüfung kann u.U. auch einen teilweisen Verbrauch oder eine Weiterbearbeitung nötig machen (s. ZR 1953, 170). Zu *Konformitätsbewertungen* gemäss Bauproduktegesetz (BauPG) und Bauprodukteverordnung (BauPV) und ihrem Verhältnis zu Prüfungsobliegenheiten s. Schumacher, FS Rey, 336; s.a. Bossenmayer/Suter, 78 ff.

13 Die Prüfung muss nur (aber immerhin) soweit gehen, dass sie die Feststellung ermöglicht, das abgelieferte Werk sei vertragskonform oder nicht, also namentlich mängelfrei oder mangelhaft. Der Besteller hat im Normalfall ausschliesslich das **Ergebnis der Werkherstellung** zu prüfen, bei Maschinen also deren Leistungsfähigkeit, nicht aber die Konstruktion und Funktionsweise im Einzelnen. Er ist nicht verpflichtet, nach den Ursachen allfälliger Mängel zu forschen (ZR 1996, 24 betr. Rissbildungen; 1938, 199 betr. Heizungsanlage; Gauch, N 2119; Bögli, N 142).

14 Zu den Schwierigkeiten der Prüfung bei nichtkörperlichen Werken (Geist-Werkverträgen; s. Vor Art. 363–379 N 2) s. Zimmermann, 38 f., 122; Merz, ZBJV 1991, 253; betr. Hard- und Software s. SJ 1992, 611 f. = BR 1993, 45; CR CO I-Chaix, N 13.

15 **Prüfungsort** ist i.d.R. der Ort, an dem der Unternehmer das fertiggestellte Werk abzuliefern hat (Ablieferungsort; s. BGE 88 II 365; bestätigt in BGer, 24.3.2009, 4A_534/2008, E. 7.3; KGer SZ, EGV 1984, 108 = BR 1986, 14; ZK-Bühler, N 40; Brändli, Nachbesserung, Rz 329; BK-Gautschi, N 15; Pedrazzini, 525; Klauser, 30; Tercier/Favre, Rz 4512). Bei Weiterversendung der Ware durch den Besteller ist anzunehmen, der Unternehmer sei mit der Prüfung der Ware am neuen Bestimmungsort einverstanden, sofern der Unternehmer von der Weiterversendung weiss (BGer, 24.3.2009, 4A_534/2008, E. 7.3; vgl. Art. 38 Abs. 2, 3 WKR).

16 Zur *Abnahmeordnung gemäss SIA-Norm 118* s. deren Art. 157–164 und dazu Gauch, SIA; Reber, 156–158; Hürlimann, Werkabnahme gemäss SIA-Norm, 118 und die Mängelhaftung, Baurechtstagung 2007, 140 ff. Hauptsächliche Abweichungen gegenüber der gesetzlichen Ordnung in Art. 367 OR sind die Möglichkeit der Teilabnahme (eines «in sich geschlossenen Werkteils»; s. Gauch, N 2641–2646) und die Tatsachen, dass die Prüfung des Werkes oder Werkteils gemeinsam mit dem Unternehmer und grundsätzlich schon vor der Abnahme erfolgt.

III. Mängelrüge (Abs. 1)

17 Der Besteller ist verpflichtet, den Unternehmer «von allfälligen Mängeln in Kenntnis zu setzen» (Art. 367 Abs. 1; s. die Zusammenfassung der Rechtsprechung zur Mängelrüge in BGer, 2.6.2006, 4C.125/2005). Er hat aber die Werkmängel nicht bloss anzuzeigen, sondern auch zu rügen (Anzeige- und Rügepflicht). Der Besteller muss gegenüber dem Unternehmer zum Ausdruck bringen (s. Gauch, N 2145 m.Hw.; BGer, 16.8.2011, 4A_253/2011, E. 1.6, wonach Mitteilung an den Bauführer des Unternehmers genügt), dass er das abgelieferte Werk «nicht als vertragsgemäss anerkennen und den Unternehmer haftbar machen will» (BGer, 29.4.2009, 4A_82/2008, E. 6.1; 8.5.2007, 4C.130/2006 und dazu Pichonnaz, BR 2008, 162 ff. und Koller, AJP 2007, 1317 ff.; BGE 107 II 175 m.Nw.; Gauch, N 2133 f.; Brändli, *Nachbesserung, Rz 339*; Zehnder, SJZ 2000, 546; Pedrazzini, 526; Schlatter, 50; ZK-Bühler, N 53; Bögli, N 146; Trachsel, N 151; Bieger, Rz 253 ff.). Diese Willenskundgabe kann auch stillschweigend erfolgen. Dieselbe Rügeobliegenheit besteht bei Mängeln des nachgebesserten Werkes (BRÄNDLI, Nachbesserung, Rz 823 ff.; **anders** das BGer in Rep. 1997, 67, Kaminofen).

Die Mängelrüge muss **sachgerecht substantiiert** werden. Die Mängel sind nach Möglichkeit *einzeln* anzugeben und hinsichtlich Art, Umfang und ggf. Ort möglichst genau zu bezeichnen, sodass der Unternehmer abschätzen kann, in welchen Punkten und in welchem Umfang der Besteller das Werk bemängelt. Es genügt normalerweise nicht, allgemein zu erklären, das abgelieferte Werk «sei mangelhaft», es «entspreche nicht dem Vertrag» oder «man werde auf die (unbefriedigende) Angelegenheit zurückkommen»; ebensowenig ist es ausreichend, bei mehreren Mängeln nur die Hauptmängel anzugeben (s. zum Ganzen: BGer, 31.7.2012, 4A_53/2012, E. 6.2 und 6.4 = BR 2012, 193 ff., wonach, die blosse Bezeichnung einzelner Werkteile als «problematisch» nicht genügt; BGer, 25.11.2010, 4A_252/2010, E. 6, die kundgegebene Beunruhigung über Hangbewegungen stellt keine Mängelrüge dar; BGer, 29.6.2010, 4D_25/2010, E. 3, die Zusendung eines Expertenberichtes zur Stellungnahme ist nicht hinreichend; dazu HÜRLIMANN/SIEGENTHALER, Jusletter 2012, 24 f.; BGer, 29.4.2009, 4A_82/2008, E. 6.1 ff. m.Hw., wonach der Versand einer Mägelliste sowie die Angabe ungünstiger Wirkungen wie «Ware ist so schlecht, dass sie nicht verarbeitet werden kann» genügen, nicht aber die blosse Kundgabe von Unzufriedenheit ohne Benennung von Mängeln; dazu krit. HÜRLIMANN/SIEGENTHALER, Jusletter 2012, 23; BGer, 11.9.2007, 4A_51/2007, E. 4.5 m.Hw.; 8.5.2007, 4C.130/2006 = BR 2008, 162; BGE 107 II 175; Rep 1993, 197 ff. = BR 1995, 38; SJ 1992, 105 = BR 1992, 38; KGer JU, BR 1987, 67; GAUCH, N 2130 f.; ZEHNDER, SJZ 2000, 546; ZK-BÜHLER, N 54; BÖGLI, N 147; BIEGER, Rz 145 ff., 166 ff.; TRACHSEL, N 151; LENZLINGER GADIENT, 106; EGLI, General- und Totalunternehmer, 98; GUHL/KOLLER/SCHNYDER/DRUEY, § 47 N 47; REBER, 163 ff.; weniger streng BK-BECKER, N 6; KLAUSER, 32; SCHLATTER, 50; s.a. BK-GAUTSCHI, N 26; CORBOZ, III, 6; ZIMMERMANN, 39). Hingegen ist der Besteller *nicht* verpflichtet, die Mängel in fachmännischer Weise zu beschreiben und die *Ursachen* der Werkmängel anzugeben (vgl. N 13; SJ 1992, 105 ff. = BR 1992, 38; RJN 1988, 43 = BR 1989, 67; BÖGLI, N 142; TRACHSEL, N 151; REBER, 164; BK-GAUTSCHI, N 26; ZK-OSER/SCHÖNENBERGER, N 8; GUHL/KOLLER/SCHNYDER/DRUEY, § 47 N 47; BK-BECKER, N 6; LOCHER, 6; dies gilt insb. auch für den Informatikbereich, s. WIDMER U., 160; s. ferner BR 1987, 67; HGer ZH. 17.11.2011, HG080290, E. 3.4.2, wonach die Qualität einer Rüge fachkundig begleiteter Besteller hohe Anforderungen erfüllen muss). Zu den Kriterien der Zumutbarkeit der Erhebung einer sachgerecht substantiierten Rüge und den Anforderungen an die technischen Kenntnisse des Bestellers s. BIEGER, Rz 158 ff. 18

Die Pflicht zur Mängelrüge bezieht sich auch auf «sonstige Vertragsabweichungen» i.S.v. Art. 368. Sie besteht zudem unabhängig davon, ob der Besteller den Mangel durch den Unternehmer beheben lassen will (GAUCH, N 2127; SJ 1993, 264). *Nicht erforderlich* ist, dass sich der Besteller *bereits in der Mängelrüge darüber ausspricht, welche* der in Art. 368 statuierten Mängelrechte er geltend machen wird (BGE 98 II 120; bestätigt in BGer, 8.10.2004, 4C.231/2004, E. 2.2; SJ 1992, 103 ff. = BR 1992, 38; GAUCH, N 2136; BÖGLI, N 146; PEDRAZZINI, 526; TERCIER/FAVRE, N 4516; **a.A.** offenbar LOCHER, 6). Der Besteller verliert seine Mängelrechte grundsätzlich nicht, wenn er – z.B. vor der Weiterversendung des Werkes ins Ausland – dem Unternehmer keine Gelegenheit zur Nachprüfung der erhobenen Mängelrüge gibt und keine Tatbestandsaufnahme i.S.v. Art. 367 Abs. 2 anordnet (**a.M.** KGer SZ, EGV 1984, 108, zu Recht kritisiert in BR 1986, 14 f.). 19

Die Mängelrüge ist *nicht an eine bestimmte Form gebunden* (BGer, 29.4.2009, 4A_82/2008, E. 6.1; 8.5.2007, 4C.130/2006, E. 4.2; BGE 107 II 175; BRÄNDLI, Nachbesserung, Rz 341; ZEHNDER, SJZ 2000, 546; KLAUSER, 32; BÖGLI, N 146; BK-GAUTSCHI, N 27; BK-BECKER, N 7; SCHLATTER, 49). Einer vereinbarten Schriftform kommt nicht die Vermutung eines Gültigkeitserfordernisses nach Art. 16 zu (so GAUCH, N 2146). Zu den Kommunikationsmitteln s. CR CO I-CHAIX, N 29. – Der Besteller hat **unverzüglich** zu rügen, obwohl Art. 367 Abs. 1 im Gegensatz zu Art. 201 Abs. 1 im Kaufrecht das Wort «sofort» nicht enthält (BGer, 31.7.2012, 20

4A_55/2012, E. 6.1 = BR 2012, 213 f. = BR 2012, 193 ff.; BGer, 29.8.2005, 4C.151/2005, E. 5.1 «immédiatement»; GAUCH, N 2141–2144; TRACHSEL, N 145 ff.; KOLLER A., Nachbesserung, N 81 f.; ZK-OSER/SCHÖNENBERGER, N 8; CORBOZ, III, 6 f.; KLAUSER, 33; BÖGLI, N 148; SCHLATTER, 50; HESS, Bauhaftpflicht, 201: «wenige Tage»; s.a. BGer, 29.9.2010, 4A_378/2010, E. 2, verspätete Mängelrüge zwei Monate nach Abschluss der Arbeiten; dazu HÜRLIMANN/SIEGENTHALER, Jusletter 2012, 23 f.; ZK-BÜHLER, N 67 ff.; ZEHNDER, SJZ 2000, 546 ff., Postulat für Siebentagefrist). Abzustellen ist auf die konkreten Umstände des Einzelfalles, insb. auf die Art der Mängel. Eine Frist von *sieben bis zehn Tagen* dürfte in vielen Fällen angemessen sein (siebentägige Rügefrist: BGer, 31.7.2012, 4A_53/2012, E. 6.2 = BR 2012, 193 ff.; BGer, 29.4.2009, 4A_82/2008, E. 7.1; dazu HÜRLIMANN/SIEGENTHALER, Jusletter 2012, 23; BGer, 11.9.2007, 4A_51/2007, E. 4.5; 8.5.2007, 4C.130/2006, E. 4.2.2 = BR 2008, 162; BGer, 3.5.2004, 4C.82/2004, E. 2.3; s.a. STÖCKLI, Bauherrschaft, 12 f., der eine längere Rügefrist fordert; Art. 370 N 16). Grundsätzlich genügt es, die Mängel *sogleich nach Abschluss der Prüfung* anzuzeigen. Bei längerer Prüfungsdauer, im Falle der Gefahr einer zwischenzeitlichen erheblichen Vergrösserung des Mangel- oder Mangelfolgeschadens (BGE 118 II 148) sowie bei offensichtlichen Mängeln, die der Besteller schon vor oder bei Prüfungsbeginn entdeckt, ist jedoch eine Anzeige *sofort nach der Entdeckung* der Mängel, d.h. innerhalb einer sehr kurzen Erklärungsfrist, zu verlangen (GAUCH, N 2141–2144 m.Nw.; BÖGLI, N 148; TRACHSEL, N 145; PEDRAZZINI, 527 f.; s.a. BGE 88 II 365; DÜRR, 52; s. aber auch SJZ 1987, 367 f. und ZEHNDER, Diss., N 316 betr. gemischter Architekturverträge; WIDMER U., 158 f. und CR CO I-CHAIX, N 13 betr. informatikspezifischer Gesichtspunkte). Der Einwand einer verspäteten Mängelrüge kann verwirkt sein, wenn der Unternehmer durch die Vornahme von Nachbesserungsarbeiten stillschweigend auf die Geltendmachung der Verspätung verzichtet hat (BGer, 19.12.2001, 4C.149/2001, E. 5; 26.3.2013, 4A_617/2012, E. 3.2.1). Sofort nach der Entdeckung sind insb. auch *geheime Mängel* zu rügen (Art. 370 Abs. 3 und dort N 7; BGE 118 II 147; 117 II 427; 107 II 175; GAUCH, N 2180; TRACHSEL, N 145; BK-GAUTSCHI, N 28d; PEDRAZZINI, 527; REBER, 165 f.; CORBOZ, III, 8 f.). Treten die Mängel *allmählich* auf (fortentwickelnder Schaden, z.B. bei Fassadenrissen oder Rostbildung), so muss der Besteller rügen, sobald er die Bedeutung und die Tragweite der Mängel erfassen kann (keine Pflicht, bereits die ersten Anzeichen oder Bagatellen anzuzeigen; s. BGer, 31.7.2012, 4A_53/2012, E. 6.2 = BR 2012, 193 ff.; BGer, 8.5.2007, 4C.130/2006, E. 4.1; dazu PICHONNAZ, BR 2008, 162 ff.; BGer, 28.7.2000, 4C.159/1999, E. 1b; ZR 1975, 231 f.; s.a. ZR 1991, 49 ff.; Art. 370 N 17; TRACHSEL, N 145; BGE 131 III 145 E. 7.2, betr. Kaufrecht = Pra 2005, 389 ff. = BR 2005, 184; s. dazu ZBGR 2007, 289 ff.). Bei mehreren Unternehmern darf der Besteller zuwarten, bis er Kenntnis vom verantwortlichen Unternehmer hat (KGer SG, 16.11.2007, BZ.2004.85, E. 4 und 5 = BR 2008, 68, mit dem richtigen Hinweis, es sei ratsam, die Mängelrüge auch ohne sichere Kenntnis des Verursachers an die mehreren Nebenunternehmer zu richten). Zur Frage der Absolutheit der Rügefristen s. BIEGER, Rz 211 ff.

21 Das *Wiener Kaufrechtsübereinkommen* verlangt vom Käufer/Besteller, die Vertragswidrigkeit «innerhalb einer angemessenen Frist nach dem Zeitpunkt, in dem er sie festgestellt hat oder hätte feststellen müssen», anzuzeigen und dabei die Art der Vertragswidrigkeit genau zu bezeichnen (Art. 39 Abs. 1 WKR; s.dazu BGE 130 III 261 ff., auch zur Beweislast bez. Vertragskonformität). Die absolute Rügefrist beträgt zwei Jahre seit Ablieferung (Art. 39 Abs. 2 WKR). Art. 44 WKR gewährt dem Käufer/Besteller der keine Mängelrüge erhoben hat, die Möglichkeit der nachträglichen Geltendmachung gewisser Mängelrechte, «wenn er eine vernünftige Entschuldigung dafür hat, dass er die erforderliche Anzeige unterlassen hat», wobei an die «vernünftige Entschuldigung» ein strenger Massstab anzulegen ist (TRACHSEL, N 149).

IV. Prüfung durch Sachverständige (Abs. 2)

Art. 367 Abs. 2 berechtigt sowohl den Besteller als auch den Unternehmer, auf eigene Kosten eine **Prüfung des Werkes durch Sachverständige zu verlangen**. Die Tätigkeit solcher Sachverständiger dient der *Sicherung des Beweises* für die Mangelhaftigkeit oder die Mangelfreiheit des abgelieferten Werkes. Es handelt sich um *amtliche* Sachverständige, eingesetzt von der Behörde am Ort der Ablieferung des Werkes (Bezeichnung der sachverständigen Person im summarischen Verfahren, Art. 250 lit. b Ziff. 4 ZPO; BGE 96 II 270; MESSERLI, Prüfung eines Bauwerkes durch Sachverständige, Anwaltsrevue 2010, 222 ff.; GAUCH, N 1516 ff.; BK-GAUTSCHI, N 23; ZK-OSER/SCHÖNENBERGER, N 7; BK-BECKER, N 9; s.a. BGer, 26.2.2014, 4D_71/2013, E. 2.5 = BR 2014, 307 f.; KGer GR, ZGRG 2012, 159; ZR 1996, 23 f. und SJZ 1996, 244 [Privatgutachten]; GVP 1988, 104 = BR 1989, 67 f.; BR 1988, 15 f.; SJZ 1987, 297; LGVE 1986 I 19 = BR 1988, 13; LGVE 1984 I 39 f. = BR 1986, 70 f.). Art. 367 Abs. 2 stellt einen Anwendungsfall der vorsorglichen Beweisführung gem. Art. 158 Abs. 1 lit. a ZPO dar, wonach das Gericht jederzeit Beweis abnimmt, wenn das Gesetz einen entsprechenden Anspruch gewährt (BK ZPO-BRÖNNIMANN, Art. 158 N 7; BSK ZPO-GUYAN, Art. 158 N 2; ZPO Komm-FELLMANN, Art. 158 N 10; HGer SG, 4.3.2014, HG.2013.241 = BR 2014, 153 f.; KGer GR, ZGRG 2012, 158 f.; SIEGENTHALER/REETZ, Beweissicherung im Werkvertragsrecht, BR 2013, 138 f.; teilweise **a.M.** GAUCH, N 1519 ff.; OGer ZH, 26.1.2012, LF110103-O/U). Zur Frage des Rechts der Gegenpartei auf eine zweite Sachverständigenprüfung s. LGVE 1987 I 62 f. und die Kritik dazu in BR 1989, 19; HÜRLIMANN, FS Gauch 1989, 139. **22**

Die Einsetzung von Sachverständigen empfiehlt sich bei komplizierteren Werken, soweit dem Besteller die für eine eigenständige Prüfung erforderlichen Fachkenntnisse fehlen (ZK-BÜHLER, N 41; ZK-OSER/SCHÖNENBERGER, N 6; BK-GAUTSCHI, N 23). Es handelt sich aber grundsätzlich nur um ein **Recht** des Bestellers (und des Unternehmers), nicht um eine Pflicht (s.a. N 10). Die Ernennung von Sachverständigen setzt weder die Wahrscheinlichkeit eines Mangels noch eine (vor-)prozessuale Auseinandersetzung zwischen den Vertragsparteien (und nicht einmal eine Mängelrüge des Bestellers) voraus (SJ 2007, 96 ff.; SJ 2006, 383 ff.; sodann GAUCH, N 1517; ZK-OSER/SCHÖNENBERGER, N 7; VON BÜREN, BT, 147). Der Prüfungsbefund wird beurkundet. Zur Frage der verstärkten Beweiskraft (i.S.v. Art. 9 ZGB) einer solchen Beurkundung s. LGVE 1986 I 18 ff. = BR 1988, 13; GAUCH, N 1518; ZK-BÜHLER, N 45; BK-GAUTSCHI, N 23; HÜRLIMANN, FS Gauch 1989, 138). **23**

Die eingesetzten Sachverständigen haben in erster Linie **Sach- und nicht Rechtsfragen** zu klären. Ihre Aufgabe kann es sein, den Zustand des Werkes, allfällige Mängel, deren Ursachen sowie ggf. Verbesserungsmassnahmen festzustellen und darzulegen. Dem Richter vorbehalten bleiben dagegen Auslegungs- und Wertungsfragen. Er hat die Vertragsbestimmungen auszulegen und die Frage der Mangelhaftigkeit des abgelieferten Werkes zu beantworten (vgl. GVP 1988, 104 = BR 1989, 68; SJ 1983, 575 f.). **24**

Das Recht, eine Prüfung durch Sachverständige durchführen zu lassen, wird auch dann zuzugestehen sein, wenn es um die Begutachtung von *Nachbesserungsarbeiten* geht (vgl. SJZ 1944, 124; BK-BECKER, N 11; DÜRR, 57). – Die (unverzügliche) Einsetzung von Sachverständigen i.S.v. Art. 367 Abs. 2 führt auch dann *nicht zu einer Versäumung der Prüfungsfrist* nach Art. 367 Abs. 1, wenn sich die amtliche Prüfung (ohne Verschulden des Bestellers) verzögert (BK-BECKER, N 12; ZK-OSER/SCHÖNENBERGER, N 7; GAUCH, N 2125; BÖGLI, N 144; DÜRR, 56). Immerhin darf der Besteller das Ergebnis der Expertise dann nicht ohne vorgängige Mängelrüge abwarten, wenn er bereits vorher über genügend Informationen zur Erhebung einer Mängelrüge verfügte (s. KGer JU, BR 1987, 67; TERCIER/FAVRE, Rz 4522). **25**

Die amtliche Zustellung des Prüfungsbefundes an den Unternehmer vermag die *Mängelrüge* gem. Art. 367 Abs. 1 *nicht zu ersetzen* (GAUCH, N 2138; TRÜMPY, Abnahme, 115; BÖGLI, N 149; vgl. aber BGE 107 II 54 betr. Privatgutachten). **26**

27 Die **Kosten** der Einsetzung von Sachverständigen gehen zu Lasten derjenigen Vertragspartei, welche die qualifizierte Prüfung verlangt (Art. 367 Abs. 2; OGer LU, LGVE 1986 I 18 ff. = BR 1988, 13; ausführlich GAUCH, N 1523–1526 m.Nw.; ZK-BÜHLER, N 44, 52). Der Besteller kann jedoch vom Unternehmer die Kosten als Mangelfolgeschaden einverlangen, wenn die Begutachtung des Sachverständigen notwendig und angemessen war, um die Rechtsverfolgung aus dem betreffenden Mangel zu sichern (BGer, 6.5.2009, 4A_83/2009 = BR 2009, 154; BGE 126 III 392; GAUCH, N 1524).

28 Näheres zu Fragen der Beweissicherung bei GAUCH, N 1514 ff.; REBER, 160 ff.; s.a. WIDMER, Gerichtsexperten, 425 ff.

V. Abweichende Vereinbarungen

29 Art. 367 ist **dispositiver Natur** (BGer, 19.1.2007, 4C.371/2006, E. 4; ZR 1975, 232; GAUCH, N 2463; BK-GAUTSCHI, N 30; ZK-OSER/SCHÖNENBERGER, N 5; BK-BECKER, N 4; ZEHNDER, SJZ 2000, 549; DÜRR, 53; CORBOZ, III, 8; s.a. BGE 91 II 348, betr. Kaufrecht; bestätigt in BGer, 6.12.2007, 4A_251/2007, E. 4.2; ebenso Art. 39 WKR). Die Vertragsparteien sind frei, in Abweichung von oder zur Klarstellung der gesetzlichen Ordnung vertragliche Vereinbarungen zu treffen. Gewichtige vertragliche Abweichungen wie eine Wegbedingung der Untersuchungs- und Rügeobliegenheit müssen ausdrücklich und klar im Vertrag festgehalten sein (BGer, 22.5.2000, 4C.401/1999, E. 4b). Abweichende Vereinbarungen können sich namentlich beziehen auf:

- den Zeitpunkt, in welchem das Werk als *abgeliefert* gelten soll (GAUCH, N 2465);
- die Ablieferung des Werkes *in Teilen* (vgl. Art. 157 SIA-Norm 118 und dazu GAUCH, SIA);
- die *gemeinsame* Prüfung der Beschaffenheit des Werkes (vgl. Art. 158 SIA-Norm 118 und dazu GAUCH, SIA; GAUCH, N 2467 ff., 2605 ff.; ZK-BÜHLER, N 19; SPIESS/HUSER, Art. 158 N 16 f.);
- die *«Rügefrist»* oder *«Garantiefrist»* (s. GAUCH, N 2477–2484; REBER, 166 f.; BK-GAUTSCHI, N 32a; vgl. Art. 173 SIA-Norm 118 und dazu N 30);
- den Inhalt der *Prüfungspflicht*;
- die Anforderungen an die *Mängelrüge* (vgl. aber BK-GAUTSCHI, N 33).

30 Ob eine vereinbarte **«Garantiefrist»** die Bedeutung einer (reinen) Rügefrist (s. GAUCH, N 2483 m.Nw.), einer (reinen) Verjährungsfrist (s. GAUCH, N 2496 m.Nw.; SCHLATTER, 51) oder einer Rüge- und Verjährungsfrist zugleich hat, ist durch Auslegung des Parteiwillens zu ermitteln; allgemeingültige Regelsätze gibt es nicht (s. GAUCH, N 2517 ff.; ZK-BÜHLER, Vor Art. 367–371 N 24; WITSCHI, 59 ff., 69; Art. 371 N 41). Die besondere (früher als Garantiefrist bezeichnete) *Rügefrist von zwei Jahren gemäss SIA-Norm 118*, Art. 172, die einer bewährten Tradition im Bauwesen folgt, ist eine vertragliche Rügefrist und nicht Verjährungsfrist. Sie wird im Normtext der revidierten Fassung 2013 nun explizit als Rügefrist bezeichnet (s. dazu REETZ/LORENZ, 285 f.; SPIESS/HUSER, Art. 172 N 3 ff.). Überdies kann nunmehr eine andere Dauer als zwei Jahre wirksam vereinbart werden, «wenn sie in der Vertragsurkunde festgehalten ist» (Art. 172 Abs. 1 SIA-Norm 118; s. dazu SPIESS/HUSER, Art. 172 N 12 f.). Dies hat insb. zur Folge, dass der Bauherr Werkmängel in Abweichung von Art. 367 und 370 OR jederzeit rügen kann, sofern dies innerhalb der (zweijährigen oder anderen vereinbarten) Rügefrist erfolgt (vgl. BGer, 26.10.2004, 4C.346/2003, E. 4.1.1; GAUCH, N 2676 ff.; DERS., SIA, zu Art. 172/173).

31 Die *SIA-Norm 118* enthält in Art. 157–164 eine eigene Prüfungs- und Abnahmeordnung für Bauwerke und Bauwerkteile; s. dazu GAUCH, SIA; DERS., N 2592–2646; REBER, 156–158; TERCIER/FAVRE, Rz 4523.

VI. Beweislast

32 Die *Rechtzeitigkeit der Mängelrüge* ist nach h.M. vom **Besteller** zu beweisen (BGer, 12.7.2012, 4A_202/2012, E. 3.1; dazu PICHONNAZ, BR 2013, 123 ff.; BGer, 11.9.2007, 4A_51/2007, E. 4.5; BGE 118 II 147; 107 II 176; 107 II 54; SJ 1993, 262 ff. = BR 1993, 101; Rep 1991, 374 = BR 1993, 101; GAUCH, N 2169 m.Nw. und Differenzierung in N 2170–2173 und 2190–2194; differenzierend auch TERCIER/FAVRE, N 4519 ff.; TERCIER, BR 1987, 67; ZK-BÜHLER, N 58 ff.; BK-GAUTSCHI, N 27; ZEHNDER, SJZ 2000, 548 f.; HONSELL, OR BT, 293; DÜRR, 56; BK-KUMMER, Art. 8 ZGB N 277; s.a. HGer SG, 24.8.2010, HG.2009.30, E. III/3 = BR 2011, 82; RUMO-JUNGO, 584 f.; **a.A.** BÜHLER A., 330 f.; BUCHER, 209. Weiteres zur Differenzierung in Art. 370 N 27). Dasselbe muss mit Bezug auf den gehörigen *Inhalt der Mängelrüge* gelten (ZR 1975, 231; BÜHLER A., 328). Ferner gehört dazu der Nachweis, «wann er den gerügten Mangel entdeckt hat» (BGE 118 II 147; 107 II 176; s.a. SJ 1993, 262 ff. = BR 1993, 101; KGer JU, BR 1987, 67; ZEHNDER, SJZ 2000, 549).

33 Behauptungs- und Beweislast fallen (ausnahmsweise) auseinander: Der **Unternehmer** trägt die *Behauptungslast* dafür, dass keine rechtzeitige, den gesetzlichen Anforderungen entsprechende Mängelrüge erhoben worden ist (BGE 118 II 147; ZK-BÜHLER, N 60). Ist eine Verspätung der Mängelrüge nicht behauptet und ergibt sie sich nicht aus den vorgebrachten Tatsachen, so hat der Richter deren Rechtzeitigkeit nicht von Amtes wegen zu ermitteln (BGE 107 II 54; s.a. JdT 1986 III 116 f. und die Differenzierung dazu in BR 1988, 14; GAUCH, N 2168; DERS., BR 1982, 17; BÜHLER A., 329 f.). Der Unternehmer hat zudem zu beweisen, dass es sich nicht um einen geheimen, sondern um einen offenen Mangel handle (GAUCH, N 2194). Er trägt auch die Beweislast für Ausführung und Datum der *Ablieferung* des Werkes (BGer, 11.9.2007, 4A_51/2007, E. 4.5; CORBOZ, III, 9).

34 Gemäss Art. 174 Abs. 3 SIA-Norm 118 liegt die Beweislast dafür, dass ein vom Besteller behaupteter Mangel keine Vertragsabweichung darstellt und daher keinen Mangel i.S. der Norm darstellt, beim Unternehmer. Es handelt sich dabei um eine vertraglich vereinbarte Beweislastregel, die in der Praxis als zulässig erachtet wird (SPIESS/HUSER, Einleitung N 95 m.Hw. auf KGer SG, GVP 1992, 53 ff.; s.a. ZUPPIGER, Die Beweislastumkehr in Art. 174 Abs. 3 SIA-Norm 118, Jusletter vom 13.6.2005; allgemein zu den Beweisverträgen s. PELLI, Beweisverträge im Zivilprozess, Diss. Zürich 2012).

VII. IPR Rechtsvergleichung

35 Gemäss Art. 125 IPRG unterstehen Untersuchungsmodalitäten dem **Recht des Staates, in dem sie tatsächlich erfolgen**. Erfasst sind Fragen nach der Beschaffenheit des Werkes, Prüfungs- und Rügeprobleme (SCHNYDER, Das neue IPR-Gesetz, 2. Aufl., Zürich 1990, 114 m.Nw.; s.a. BSK IPRG-GABRIEL, Art. 125 N 8 ff.; ZK-BÜHLER, N 71).

36 Das deutsche (§ 634a ff. BGB), österreichische (§ 1167, 933 ABGB) und das französische (art. 1792/2270 CC fr.) Werkvertragsrecht kennen keine Rügefrist für innerhalb der Verjährungsfrist auftretende Mängel (BÜHLER A., 331; TRACHSEL, N 149, vgl. auch in N 156 ff. die Überblicke zur österreichischen und [altrechtlichen; s. Vor Art. 363–379 N 40] deutschen Mängelhaftungsordnung).

Art. 368

b. Recht des Bestellers bei Mängeln

[1] Leidet das Werk an so erheblichen Mängeln oder weicht es sonst so sehr vom Vertrage ab, dass es für den Besteller unbrauchbar ist oder dass ihm die Annahme billigerweise nicht zugemutet werden kann, so darf er diese verweigern und bei Verschulden des Unternehmers Schadenersatz fordern.

[2] Sind die Mängel oder die Abweichungen vom Vertrage minder erheblich, so kann der Besteller einen dem Minderwerte des Werkes entsprechenden

Abzug am Lohne machen oder auch, sofern dieses dem Unternehmer nicht übermässige Kosten verursacht, die unentgeltliche Verbesserung des Werkes und bei Verschulden Schadenersatz verlangen.

3 Bei Werken, die auf dem Grund und Boden des Bestellers errichtet sind und ihrer Natur nach nur mit unverhältnismässigen Nachteilen entfernt werden können, stehen dem Besteller nur die im zweiten Absatz dieses Artikels genannten Rechte zu.

b. Droits du maître en cas d'exécution défectueuse de l'ouvrage

1 Lorsque l'ouvrage est si défectueux ou si peu conforme à la convention que le maître ne puisse en faire usage ou être équitablement contraint à l'accepter, le maître a le droit de le refuser et, si l'entrepreneur est en faute, de demander des dommages-intérêts.

2 Lorsque les défauts de l'ouvrage ou les infractions au contrat sont de moindre importance, le maître peut réduire le prix en proportion de la moins-value, ou obliger l'entrepreneur à réparer l'ouvrage à ses frais si la réfection est possible sans dépenses excessives; le maître a, de plus, le droit de demander des dommages-intérêts lorsque l'entrepreneur est en faute.

3 S'il s'agit d'ouvrages faits sur le fonds du maître et dont, à raison de leur nature, l'enlèvement présenterait des inconvénients excessifs, le maître ne peut prendre que les mesures indiquées au précédent alinéa.

b. Diritto del committente in caso di difetti

1 Se l'opera è così difettosa o difforme dal contratto, che riesca inservibile pel committente, o che non si possa equamente pretenderne dal medesimo l'accettazione, egli può ricusarla e chiederne inoltre, quando siavi colpa dell'appaltatore, il risarcimento dei danni.

2 Qualora i difetti o le difformità dal contratto siano di minore entità, il committente può diminuire la mercede in proporzione del minor valore dell'opera, o chiedere, se ciò non cagioni all'appaltatore spese esorbitanti, la riparazione gratuita dell'opera e nel caso di colpa anche il risarcimento dei danni.

3 Quando si tratti di opere eseguite sul fondo del committente e che per loro natura non potrebbero essere rimosse senza gravissimo pregiudizio, il committente non ha che i diritti menzionati nel secondo capoverso di questo articolo.

Literatur

Vgl. die Literaturhinweise bei den Vorbem. zu Art. 363–379.

I. Normzweck. Grundsätzliches

1. Grundlagen

1 Art. 368 regelt die vier verschiedenen Rechte, die dem Besteller zur Abwehr von Werkmängeln zukommen: **Wandelung, Minderung, Nachbesserung und Schadenersatz**. Zweck dieser Mängelrechte ist, dem Besteller zu ermöglichen, die *Störung des synallagmatischen Gleichgewichtes auszugleichen*, die zufolge Schlechterfüllung des Unternehmers eintritt (vgl. GAUCH, N 1626; BÖGLI, N 90; TRACHSEL, N 7; BGE 117 II 552). Die besonderen gesetzlichen Voraussetzungen der einzelnen Rechte sind geprägt von unbestimmten Rechtsbegriffen und bedürfen daher der Auslegung.

2 Die allgemeinen Voraussetzungen für die Ergreifung der Mängelrechte nach Art. 368 ergeben sich weitgehend aus Art. 367. Es sind dies die *Ablieferung* des beendeten Werkes durch den Unternehmer (vgl. BGE 117 II 263) sowie die rechtzeitige *Prüfung* (s. Art. 367 N 3 ff.) und *Mängelrüge* (s. Art. 367 N 17 ff.) durch den Besteller (PEDRAZZINI, 522 ff.; ZK-BÜHLER, N 2).

3 *Vor der Ablieferung* des Werkes richten sich Ansprüche aus Sorgfaltspflichtverletzungen, die einer Nicht- oder Schlechterfüllung des Vertrages gleichkommen, nach den allgemeinen Bestimmungen von Art. 97 ff. oder nach spezifischen werkvertraglichen Regeln (wie Art. 366),

nicht aber nach der werkvertraglichen Sachgewährleistungsbestimmung des Art. 368 (BGE 113 II 422; 111 II 172; s.a. ZR 1977, 277 f.). Die kaufrechtliche Bestimmung von Art. 200 ist im Werkvertrag nicht analog anzuwenden (BGE 117 II 267; Differenzierungen dazu von GAUCH in BR 1992, 96).

Negativ ist sodann vorausgesetzt, dass der Besteller die Werkmängel **nicht selbst verschuldet** 4
(s. Art. 369) und das abgelieferte Werk weder ausdrücklich oder stillschweigend (s. Art. 370 Abs. 1) noch fiktiv (s. Art. 370 Abs. 2 und 3) *genehmigt* hat.

Die Mängelrechte treten an die Stelle der ursprünglichen Forderung des Bestellers auf Her- 5
stellung und Ablieferung eines mängelfreien Werkes (BGE 100 II 32 f.; BK-KOLLER, Art. 363 OR N 317).

Die Regelung der werkvertraglichen Sachgewährleistung deckt sich zu einem erheblichen Teil mit der kaufrechtlichen (Art. 197 ff.). Eine allgemeine Verweisung auf die kaufrechtlichen Bestimmungen wird den werkvertraglichen Besonderheiten indessen nicht gerecht (s. BGE 117 II 267 und dazu BR 1992, 97; KLAUSER, 22 f.; GAUCH, N 1353; ZK-BÜHLER, N 9; vgl. auch WITSCHI, 24 f.).

Zwischen den drei Gewährleistungsansprüchen Wandelung, Minderung und Nachbesserung 6
kann der Besteller (nicht aber der Unternehmer auf der Schuldnerseite) grundsätzlich **frei wählen**, sofern die besonderen Voraussetzungen von Art. 368 erfüllt sind. Es handelt sich um *alternative Ansprüche*. Die Wahl des einen Anspruches führt grundsätzlich zum Erlöschen der anderen (s. BGer, 8.9.2014, 4A_177/2014, E. 4; 7.10.2005, 4C.106/2005, E. 3 = BR 2006, 63 f.; BGE 136 III 274; 116 II 311; 109 II 41; 107 II 439; Extraits 1990, 40 ff. = BR 1991, 96; ZR 1985, 121 und die Differenzierungen dazu in BR 1985, 57; Rep 1985, 133 f. = BR 1986, 15; KLAUSER, 35 ff.; GAUCH, N 1487a, 1586, 1836; ZK-BÜHLER, N 7; KOLLER A., Nachbesserung, N 5 f.; KOLLER S., 6 f.; GUHL/KOLLER/SCHNYDER/DRUEY, § 47 N 56; PEDRAZZINI, 519; DÜRR, 63; SCHLATTER, 53; HÜRLIMANN/SIEGENTHALER, recht 2003, 150 f.; s.a. N 12). Bei mehreren Mängeln kann der Besteller die Ansprüche allenfalls kombinieren (LENZLINGER GADIENT, 114). Der Schadenersatzanspruch tritt als «natürliche Ergänzung» (BGE 63 II 405; 116 II 307; s.a. BGer, 10.6.2013, 4A_90/2013, E. 4 = BR 2013, 312 ff.; GAUCH, N 1489) kumulativ zu den drei anderen, eigentlichen Mängelrechten hinzu, kann aber im Rahmen von Art. 368 nicht alternativ an deren Stelle treten (BGer, 7.10.2005, 4C.106/2005, E. 3 = BR 2006, 63 f.).

Die Mängelhaftung des Unternehmers ist grundsätzlich eine **Kausalhaftung**. Die eigent- 7
lichen Mängelrechte (Wandelung, Minderung, Nachbesserung) des Bestellers setzen kein Verschulden des Unternehmers voraus (BGE 116 II 308; 93 II 315; GAUCH, N 1504; ZK-BÜHLER, N 12; BÖGLI, N 92; TRACHSEL, N 7; KOLLER S., 8; EGLI, Haftung, 88 f.; LENZLINGER GADIENT, 107). Hingegen hat der Unternehmer allfälligen Mangelfolgeschaden nur bei Verschulden zu ersetzen. Zu beachten ist auch die Regelung betr. Selbstverschulden des Bestellers in Art. 369. Zur Haftung des Unternehmers für den Arbeitserfolg des *Subunternehmers* s. Art. 363 N 31.

Nach dem **Prinzip der getrennten Mängelhaftung** haftet jeder Unternehmer nur für die 8
Mängel des von ihm geschuldeten Werkes oder Werkteils, grundsätzlich nicht auch für Mängel seiner Vor- oder Nebenunternehmer. Mängel des Vorunternehmers muss sich der Besteller (Bauherr) unter Umständen als Selbstverschulden nach Art. 369 anrechnen lassen, kann den daraus erwachsenden Mangel des Anschlusswerkes jedoch gegenüber dem Vorunternehmer als Mangelfolgeschaden geltend machen. Der Nachunternehmer ist in solchen Fällen von seiner Mängelhaftung befreit, falls er keine Anzeigepflichten (insb. Art. 365 Abs. 3) verletzt hat. Siehe zum Ganzen, einschliesslich Fragen der Haftungskonkurrenz und der Regressansprüche, SCHERRER, Diss., N 373 ff. und GAUCH, N 2038 ff.

2. Begriff des Werkmangels

9 Ein Werk ist mangelhaft, wenn ihm vertraglich zugesicherte oder nach dem Vertrauensprinzip vorausgesetzte Eigenschaften fehlen. Diese **Abweichung von der vertraglich geforderten Beschaffenheit** des Werkes, die Differenz zwischen dessen «Sollbeschaffenheit» und der tatsächlichen Beschaffenheit, bildet das Begriffsmerkmal des Werkmangels (s. VISCHER, recht 2015, 5 f. m.Hw.; BGer, 10.6.2014, 4A_173/2014, E. 5.2 ff.; 21.5.2014, 4A_109/2014, E. 3.3; 20.5.2014, 4A_619/2013, E. 4.1; 2.12.2008, 4A_428/2007, E. 3.1 = BR 2009, 150; BGer, 4.4.2007, 4C.421/2006, E. 5.2; 8.5.2007, 4C.130/2006, E. 3.1; BGE 114 II 244; KGer VD, SJZ 1996, 244; SJ 1989, 309 f. = BR 1989, 92; SJ 1981, 521; BGE 104 II 355; 100 II 32; 42 II 633; KGer SZ, EGV 1984, 108 ff. = BR 1986, 16; GAUCH, N 1356 f.; BRÄNDLI, Nachbesserung, Rz 216 ff.; KOLLER A., Nachbesserung, N 22 ff.; KLAUSER, 23; ENGEL, contrats, 445; ZK-BÜHLER, N 28, 31 sowie N 19 ff. und Vor Art. 367–371 N 9 ff.; BK-GAUTSCHI, Art. 367 OR N 14c; SCHLATTER, 44; BÖGLI, N 83; TRACHSEL, N 117). Der Werkmangel kann körperlicher, ökonomischer, rechtlicher oder ästhetischer Art sein (CR CO I-CHAIX, N 7, mit Beispielen; KGer TI, 8.2.2007, N 12.2006.11 = BR 2008, 167). Das Fehlen vorausgesetzter Eigenschaften stellt nur im Falle einer Beeinträchtigung des Wertes oder der Gebrauchstauglichkeit einen Mangel dar, das Fehlen vertraglich zugesicherter Eigenschaften auch unabhängig von einer solchen (GAUCH, N 1398 ff.; CR CO I-CHAIX, N 6); das Fehlen eines bituminösen Anstriches auf einer an die Erde grenzenden Wand verletzt eine anerkannte Regel der Baukunst und stellt somit einen Mangel dar: BGer, 2.12.2008, 4A_428/2007, E. 3; s. dazu PICHONNAZ, Enduit bitumineux et règles de l'art, BR 2009, 150 ff.; auch die Nichteinhaltung der vereinbarten Nettofläche ist ein Mangel: BGer, 21.5.2012, 4A_65/2012, E. 12.4; kein Mangel liegt vor, wenn erstellte Wohnungen nicht vom Haupteingang her, sondern gemäss Baubeschrieb nur «ab Einstellhalle mittels Aufzugsanlage bedingt rollstuhlgängig» sind: BGer, 10.6.2014, 4A_173/2014, E. 5.4; s. ferner Art. 364 N 8. Keinen Werkmangel bilden das infolge Verzuges des Unternehmers nicht beendete Werk (BGE 117 II 263; 116 II 453) und das völlig andere Werk (aliud) (Näheres bei GAUCH, N 1443 ff.; ZK-BÜHLER, N 35 ff.). Die Bewilligungsfähigkeit des Werkes darf vorausgesetzt werden – ihr Fehlen bildet aber nicht in jedem Fall einen Mangel (BGer, 10.6.2014, 4A_173/2014, E. 5.2; 4.4.2007, 4C.421/2006, E. 5.2 = BR 2007, 166; dazu SIEGENTHALER, 353). Der Begriff des Werkmangels ist ein *rechtlicher*, kein technischer Begriff (GAUCH, N 1433; EGLI, Haftung, 86; ZK-BÜHLER, N 26; BÖGLI, N 83; vgl. BGer, 4.12.2009, 4A_460/2009, E. 3.1 m.Hw., wonach ein Mangel im rechtlichen Sinn vorliegen kann, auch wenn es keinen Mangel im technischen Sinn gibt und umgekehrt). Zum Begriff des Planmangels bei Architekturverträgen s. SCHUMACHER, Haftung, N 550 ff.; zur Haftung des Architekten und des Ingenieurs für Werkmängel FELLMANN, Haftung, 77 ff. Zu den Kategorien von Softwaremängeln s. WIDMER U., 107 f. Zur Ablieferung eines mit Pfandrechten von Subunternehmern belasteten Werkes s. BGE 116 II 537.

10 Die in Art. 368 Abs. 1 vorgenommene Unterscheidung zwischen **Mängeln und sonstigen Abweichungen** des Werkes vom Vertrag ist von untergeordneter Bedeutung; sie hat lediglich klassifikatorische, *nicht aber rechtliche Bedeutung* (BGE 100 II 32; BÖGLI, N 81; TRACHSEL, N 118; s. zu den verschiedenen Auffassungen über die Unterscheidung GAUCH, N 1441 m.Nw.; s.a. die Einteilung und Bsp. bei ZK-BÜHLER, Vor Art. 367–371 OR N 10 ff.; ferner KLAUSER, 26). Den beiden Kategorien kommen dieselben gesetzlichen Rechtswirkungen zu; sie werden deshalb hier als Einheit mit dem Begriff Werkmangel erfasst (ebenso GAUCH, N 1441).

11 Die *SIA-Norm 118* hat in Art. 166 den gesetzlichen Begriff des Werkmangels übernommen und verdeutlicht (s. GAUCH, SIA; DERS., N 2648 ff.; s.a. BGer, 29.8.2013, 4A_94/2013, E. 3 = BR 2014, 151; BGer, 21.5.2012, 4A_65/2012, E. 12.2; 4.12.2009, 4A_460/2009, E. 3). Zu den Fragen der Erdbebensicherheit s. Tragwerksnormen SIA 260–269/7 und SIA-Merkblatt 2018 (Ausgabe 2004); dazu SIEGENTHALER/SCHERLER, Haftung für mangelhafte Erdbebensicherheit von Gebäuden, BR 2009, 4 ff.; BACHMANN, Haftungsfolgen ungenügender Erdbebensicherheit, BR 2007, 185 ff.

Zur Abgrenzung gegenüber dem Fehlerbegriff des Art. 4 PrHG s. GAUCH, N 2358; ZK-BÜHLER, Vor Art. 367–371 OR N 13 ff. und Art. 368 N 17.

3. Rechtsnatur und Ausübung der Mängelrechte

Bei den drei spezifischen Mängelrechten Wandelung, Minderung und Nachbesserung handelt es sich um (ändernde) **Gestaltungsrechte** (vgl. GAUCH, BR 2013, 245 m.w.H.; **a.A.** SEILER, Die Rechtsnatur des Nachbesserungsrechts beim Werkvertrag, AJP 2009, 987 ff.). Die entsprechenden Erklärungen des Bestellers sind demzufolge *unwiderruflich* (BGer, 8.9.2014, 4A_177/2014, E. 4.1; 10.6.2013, 4A_90/2013, E. 4 = BR 2013, 312 ff.; BGer, 8.5.2007, 4C.130/2006, E. 6.1 = BR 2008, 162; BGer, 13.2.2006, 4C.347/2005, E. 4; 7.10.2005, 4C.106/2005, E. 3 = BR 2006, 63 f.; s. dazu SIEGENTHALER, 371; BGE 116 II 314; 109 II 41 = Pra 1983, 312; BGE 107 III 108; GAUCH, N 1581; ZK-BÜHLER, N 52, 107 f., 130; BK-GAUTSCHI, N 4a; TRACHSEL, N 13; BÖGLI, N 96; KLAUSER, 45 f.; STIERLI, N 283; s.a. N 7; **a.A.** BK-KOLLER, Art. 366 OR N 424 ff.; HONSELL, OR BT, 294; s.a. KOLLER S., 8 ff.); sie dürfen keine Bedingungen enthalten, deren Eintritt der Unternehmer nicht selbst beeinflussen kann (s. KOLLER A., Nachbesserung, N 106 f.; STEINER, Das Gestaltungsrecht, Diss. Zürich 1984, 66 f.; PALLY, 8; KOLLER S., 27 f.; vgl. BGE 108 II 104). Nicht ausgeschlossen ist hingegen eine Aufhebung der Wandelungserklärung durch Vereinbarung der Parteien (s. GAUCH, N 1582 f.; vgl. auch CR CO I-CHAIX, N 10). Die Erklärungen wirken *unmittelbar*; es bedarf keiner Vollstreckung (GAUCH, N 1549). Als Gestaltungsrechte werden sie durch *einseitige*, empfangsbedürftige, ausdrückliche oder stillschweigende Willenserklärungen ausgeübt; Einverständnis des Unternehmers ist nicht erforderlich. Die Ausübung ist nicht formgebunden. – Zur Frage der Ausübung der Mängelrechte durch den Architekten s. STIERLI, N 279 ff., 347 f. Zu den Besonderheiten der Ausübung der Mängelrechte bei Stockwerkeigentümern s. BGE 114 II 239 und SCHUMACHER, BR 1994, 3 ff.; WEBER, BR 1985, 67 ff.; KGer JU, BR 1989, 68 m.w.Nw. Zur Rechtslage bei Konkurs des Unternehmers s. KOLLY, 79 ff. 12

Abtretbar nach Art. 164 ff. sind das Nachbesserungsrecht (BGE 118 II 145 und dazu BR 1993, 39 f.; BGE 114 II 247; 109 II 423) und das Recht auf Ersatz des Mangelfolgeschadens, nicht aber das Wandelungsrecht und das Minderungsrecht (BGE 114 II 247; noch offen gelassen in 111 II 462; KGer JU, BR 1986, 15 Nr. 8; ausführlich GAUCH, N 1491, 2437 ff.; DERS., BR 1984, 23 ff.; 1989, 68; s.a. KOLLER A., Nachbesserung, N 19 ff.; ZK-BÜHLER, N 213 ff.; GAUCH/SCHLUEP/SCHMID/EMMENEGGER, N 3424 m.w.Nw.; ferner KÄSER, passim; **a.M.** BRÄNDLI, Nachbesserung, Rz 1110 ff.: alle Mängelrechte sind abtretbar). Zur Abtretbarkeit der Mängelrechte nach der SIA-Norm 118 s. KOLLER A., Die Abtretung, 363 ff.; zur Abtretbarkeit bei Stockwerkeigentum, s. GAUCH, N 1495 f. m.Hw.; STÖCKLI, Stockwerkeigentum, 15 ff. Besondere Bedeutung kommt der Frage der Abtretbarkeit der Mängelrechte im Zusammenhang mit der Erstellung und dem (Erst-)Erwerb von Stockwerkeigentum zu. In der Praxis wird die Haftung des Veräusserers (im Werkvertrag der Bauherr) gegenüber dem Erwerber des Stockwerkeigentums (Kaufvertrag) häufig wegbedungen und an Stelle dieser Haftung eine Abtretung der Mängelrechte des Veräusserers/Bauherrn gegenüber den Unternehmern vorgesehen. Siehe zur Frage der Zulässigkeit der Abtretung von Mängelrechten in dieser Konstellation und zu den diesbezüglichen Besonderheiten STÖCKLI, Bauherrschaft, 8 ff., mit Vorschlägen u.a. betreffend Klarstellung der Anwendbarkeit von Art. 8 UWG auch auf Bauverträge, Unzulässigkeit des Junktims zwischen Freizeichnung und Abtretung von Mängelrechten und Überprüfung der Verjährungsfrist von fünf Jahren in Art. 371 Abs. 2. 13

II. Wandelungsrecht (Abs. 1)

1. Besondere Voraussetzungen

14 Wandelung setzt voraus, dass die *Werkmängel so erheblich* sind, dass das Werk «für den Besteller unbrauchbar ist oder dass ihm die Annahme billigerweise nicht zugemutet werden kann» (Art. 368 Abs. 1). Unbrauchbarkeit ist dabei ein (gesetzlich geregelter) Anwendungsfall der – dem Sinne nach übergeordneten – **Unzumutbarkeit**. Es handelt sich also nicht um alternative Voraussetzungen (GAUCH, N 1557, 1565; ZK-BÜHLER, N 43; TRACHSEL, N 69; WIDMER U., 162; **a.A.** BK-GAUTSCHI, N 13c; FURRER, 109 f.).

15 Ob die Werkmängel im Einzelfall derart erheblich sind, dass dem Besteller die Annahme des abgelieferten Werkes nicht zugemutet werden kann, ist aufgrund einer nach den Grundsätzen der Billigkeit vorzunehmenden **Interessenabwägung** zu entscheiden (BGer, 12.12.2010, 4A_290/2010, E. 2.3; BGE 98 II 122 m.Nw.; s.a. die Bsp. bei DÜRR, 59 f.; SCHULIN/VOGT, BT, Tafel 12 C; ZK-BÜHLER, N 43 f., 46; ZK-OSER/SCHÖNENBERGER, N 7; BK-BECKER, N 5). Ausschlaggebend sind in erster Linie *Art und Ausmass der Werkmängel*, bezogen auf die besonderen Umstände des konkreten Falles. Weiter ist zu berücksichtigen (s.a. GAUCH, N 1561 ff.; BK-GAUTSCHI, N 13c; WIDMER U., 162 f.):

- ob dem Besteller weder mit einer Minderung noch mit einer Nachbesserung gedient wäre (BGer, 10.12.2010, 4A_290/2010, E. 2.3);
- ob und mit welchem sachlichen und zeitlichen Aufwand sich die Werkmängel beheben liessen (ZK-OSER/SCHÖNENBERGER, N 7; BK-BECKER, N 4; WERRO, BR 2008, 116 ff.; Unzumutbarkeit verneint, weil Mangel durch Einbau zusätzlicher Heizkörper behebbar war: BGer, 19.7.2012, 4A_229/2012, E. 6);
- ob die Nachteile der Wandelung für den Unternehmer ungleich schwerer wiegen als die daraus entstehenden Vorteile für den Besteller;
- ob der Unternehmer fähig und willens ist, die Werkmängel (unentgeltlich) zu beheben (BGE 98 II 122);
- ob bei mehreren Mängeln zwar nicht die einzelnen, aber doch alle Mängel zusammen eine Wandelung rechtfertigen (s. dazu BGer, 22.1.2003, 4C.301/2002, E. 3.4.1 f.);
- ob mangelhafte Werkteile ersetzt werden können, ohne das Gesamtwerk wesentlich zu beeinträchtigen (BK-BECKER, N 4);
- ob das Werk seitens des Unternehmers wiederverkäuflich ist (BGer, 10.12.2010, 4A_290/2010, E. 2.3);
- welche Vertragspartei den Werkstoff geliefert hat (s. GAUCH, N 1562; vgl. GVP 1989, 73 = BR 1990, 101);
- ob eine Rückgewähr des Werkes technisch überhaupt möglich ist (s. GAUCH, N 1563);
- ob dem Unternehmer an den Werkmängeln ein (grobes) Verschulden (s. ZR 1980, 279 f.) oder gar eine Täuschungsabsicht zur Last fällt oder ob gegenteils den Besteller ein beschränktes Selbstverschulden trifft;
- ob der Besteller die Ausübung des Wandelungsrechts ungebührlich verzögert hat.

16 Beim Kriterium der **Unbrauchbarkeit** als Voraussetzung für eine Wandelung ist umstritten, ob das mangelhafte Werk für den Besteller absolut unbrauchbar sein muss, sodass er davon überhaupt keinen (vernünftigen) Gebrauch machen kann (so GAUCH, N 1567, s. aber auch N 1570; ZK-BÜHLER, N 49, für eine objektive Betrachtungsweise der Unbrauchbarkeit; BGer, 8.9.2014, 4A_177/2014, E. 4.1 = BR 2014, 306 f.; BGer, 19.8.2002, 4C.126/2002, E. 2.1, wonach Unbrauchbarkeit nur gegeben ist, wenn das Werk gänzlich unbrauchbar ist und sich der Mangel nicht beheben lässt; ferner BGE 98 II 118; CR CO I-CHAIX, N 17) oder ob die Unbrauchbarkeit von den besonderen Bedürfnissen des Bestellers abhängig sein soll (so PEDRAZZINI, 516; BK-GAUTSCHI, N 13c; WIDMER U., 162 f.; FURRER, 109; SCHLATTER, 48; s.a. KGer FR, SJZ 1971, 112 – überrissenes Projekt eines Architekten). Entgegen GAUCH muss in Anbetracht des Grundsatzes der Vertragsfreiheit gerade auch eine «Untauglichkeit

nur für den *vertraglich vorausgesetzten oder vom Besteller beabsichtigten Gebrauch»* (N 1567 [H.v.Verf.]) als Begründung für eine Wandelung ausreichen (analog dem Vorbehalt eines [einseitig] subjektiv wesentlichen Punktes beim Zustandekommen eines Vertrages).

Entscheidend muss daher die **relative, am konkreten Vertragsinhalt orientierte Unbrauchbarkeit** sein (nicht ganz zutreffend ist ein Abstellen auf die subjektive Brauchbarkeit [so PEDRAZZINI, 516], da der Besteller jedenfalls dann nicht wandeln kann, wenn er ein Werk bestellt hat, obwohl er wusste, dass er es gar nicht brauchen kann). **17**

Fehlen dem Werk *wesentliche besondere Eigenschaften*, die sich der Besteller ausdrücklich vertraglich zusichern liess, so bildet dies ein Indiz für die Unbrauchbarkeit (wenn auch noch keine eigentliche Vermutung mit Beweislastumkehr) (so BK-GAUTSCHI, N 13c; FURRER, 109; **a.A.** GAUCH, N 1569). **18**

Wandelung setzt sodann im Normalfall voraus, dass das abgelieferte Werk **definitiv unbrauchbar** ist (GAUCH, N 1568; TRACHSEL, N 71; WIDMER U., 162 f.; vgl. BGer, 8.9.2014, 4A_177/2014, E. 4.1; 19.8.2002, 4C.126/2002, E. 2.1). Solange die Werkmängel behoben werden können, steht das Nachbesserungsrecht im Vordergrund. **19**

Da es sich bei den Mängelrechten um Probleme der Schlechterfüllung und nicht um Verzugsprobleme handelt, muss der Besteller dem Unternehmer *nicht* i.S.v. Art. 107 eine *Nachfrist ansetzen* (so aber BUCHER, BT, 209; wie hier HONSELL, OR BT, 295; s.a. BGE 98 II 123; LENZLINGER GADIENT, 120; WIDMER U., 164 f. betr. Informatikprojekte). Eine Nachfristansetzung verlangt hingegen Art. 169 SIA. **20**

Wandelungsgründe können auch noch **nachgeschoben** werden (GAUCH, N 1572; DÜRR, 65). **21**

Bei internationalen Werklieferungsverträgen ist insb. Art. 49 WKR zu beachten. **22**

2. *Rechtsfolgen*

Art. 368 Abs. 1 nennt *zwei Rechtsfolgen*: Recht des Bestellers, die Annahme des qualifiziert mangelhaften Werkes zu verweigern, und sein Recht, bei Verschulden des Unternehmers Schadenersatz zu fordern. **23**

Recht auf *Annahmeverweigerung* ist ein zu enger Begriff; dem Besteller kommt ein eigentliches **Wandelungsrecht** zu. Sind die Voraussetzungen des Art. 368 Abs. 1 erfüllt, so ist der Besteller berechtigt, den Werkvertrag durch einseitige Willenserklärung (s. zur Rechtsnatur N 12) mit rückwirkender Kraft, also *ex tunc aufzuheben* (BGE 98 II 122; BGer, 198.2002, 4C.126/2002, E. 2.1; GAUCH, N 1531; ZK-BÜHLER, N 51; BK-GAUTSCHI, N 10a; KLAUSER, 46; PEDRAZZINI, 517). **24**

Die Vertragsaufhebung bewirkt einerseits das **Erlöschen der noch bestehenden gegenseitigen Forderungen** der Vertragsparteien und anderseits das Entstehen von **gegenseitigen Rückleistungspflichten** im Rahmen der bereits vorgenommenen Leistungen (BGer, 27.10.2014, 4A_387/2014, E. 4.1). Der Unternehmer hat eine allenfalls bereits erhaltene Vergütung samt Zinsen und der Besteller das empfangene Werk samt inzwischen bezogenem Nutzen (abzüglich die für das Werk getätigten Verwendungen) zurückzuerstatten (SJZ 1944, 333 – Unternehmer kann nicht zur Rücknahme des abgelieferten Werkes gezwungen werden; betr. Berechnung Nutzen/Zinsen vgl. BGE 106 II 221; s. ferner GAUCH, N 1535; LENZLINGER GADIENT, 118; BÖGLI, N 100; TRACHSEL, N 75; BK-GAUTSCHI, N 11 f.; CORBOZ, III, 13 f.; SCHLATTER, 61). **25**

Möglich, wenn auch u.U. weniger adäquat, ist die Wandelung bei *Reparaturverträgen* und in jenen Fällen, in denen der Besteller den Werkstoff geliefert hat. Bei Reparaturverträgen wird die Interessenabwägung (s. N 15) vermehrt eine Minderung oder Nachbesserung anstelle einer Wandelung nahe legen (vgl. BK-GAUTSCHI, N 13 f.; ZK-OSER/SCHÖNENBERGER, N 9). **26**

27 Hat der Besteller den Werkstoff geliefert, so kann er entsprechenden Wertersatz verlangen (abzüglich der Werteinbusse infolge Werkmangels, die einen Mangelfolgeschaden darstellt und deshalb vom Unternehmer nur bei Verschulden zu ersetzen ist) (s. GAUCH, N 1536, 1599; DÜRR, 61; KLAUSER, 47; s.a. ZK-BÜHLER, N 56; KOLLER S., 136 ff.; PALLY, 74).

28 Die Rückleistungspflichten sind **Zug um Zug** zu erfüllen (BGE 114 II 158; 109 II 29; KLAUSER, 46; ZK-BÜHLER, N 56; BÖGLI, N 100; TRACHSEL, N 78). Ihre Rechtsnatur ist umstritten (s. GAUCH, N 1539 f., 684; TRACHSEL, N 78; KOLLER S., 46 ff.). Nach der hier unterstützten, weitgehend durchgesetzten neueren Lehrmeinung handelt es sich um *vertragliche*, durch die Wandelung gewandelte Leistungspflichten (so auch das BGer in 114 II 157, wonach sich das Vertragsverhältnis bei Vertragsrücktritt in ein Liquidationsverhältnis umwandelt, so dass die Rückleistungspflichten als vertragliche Pflichten zu qualifizieren und vertraglichen Verjährungsfristen zu unterstellen sind; krit. dazu KNELLWOLF, ZSR 1990 I, 389, 412; s.a. BGE 137 III 247 m.Hw.; 116 II 452 = Pra 1991, 573 und dazu BR 1991, 96 sowie Art. 366 N 21 betr. vorzeitige Vertragsauflösung; ferner KOLLER S., 50 f.; SUTER, 77 ff., 128 f.; TRACHSEL, N 78 m.w.Nw.; anders noch BGE 109 II 29 f., kritisiert von PIOTET, BR 1984, 10 ff.; für die traditionelle Auffassung KOLLY, 86; vgl. auch Art. 81 WKR, Umwandlung in Rückgewährschuldverhältnis).

29 Die Pflicht des Bestellers zur Rückgabe des abgelieferten, mangelhaften Werkes ist eine **Holschuld**; die Kosten des Rücktransportes trägt der Unternehmer (HONSELL, OR BT, 295; ZK-BÜHLER, N 55, 59; TRACHSEL, N 80). Der Besteller hat das Werk lediglich zur Abholung durch den Unternehmer bereitzuhalten. Der Unternehmer seinerseits ist *zur Rücknahme berechtigt, aber nicht verpflichtet*. Dies gilt auch für auf Grund und Boden des Bestellers erstellte Werke, die ihrer Natur nach nicht ohne unverhältnismässige Nachteile entfernt werden können (vgl. Abs. 3), wobei der Besteller in diesen Fällen die Entfernung auf Kosten des Unternehmers selbst vornehmen (lassen) kann (BGE 98 II 123; GVP 1989, 71 ff. = BR 1990, 101; GAUCH, N 1543 ff.; PALLY, 77; TRACHSEL, N 81; BK-GAUTSCHI, N 11c; s.a. BGer, 8.9.2014, 4A_177/2014, E. 4; DÜRR, 61). Eine Rückgabepflicht trifft den Besteller auch dann, wenn er den Werkstoff geliefert hat (gegen Wertersatz; s. GAUCH, N 1542; ZK-BÜHLER, N 56).

30 Die Wandelung betrifft grundsätzlich den **ganzen Werkvertrag**. Weder hat der Besteller das Recht, den Vertrag lediglich für einzelne Teile aufzuheben (auch dann nicht, wenn das Werk an sich teilbar wäre), noch ist er umgekehrt verpflichtet, die mängelfreien Werkteile (gegen Vergütung) anzunehmen. Ist ausnahmsweise die Herstellung mehrerer Werke Inhalt des Werkvertrages, so kann – in Analogie zu Art. 209 Abs. 1 – eine teilweise Vertragsaufhebung gerechtfertigt sein (GAUCH, N 1546 f.; ZK-BÜHLER, N 66; TRACHSEL, N 82; s.a. WIDMER U., 167; BK-BECKER, N 8; CORBOZ, III, 14).

31 Vorbehältlich anderer vertraglicher Regelung ist der Besteller i.d.R. *nicht berechtigt*, anstelle der Wandelung die Herstellung eines mängelfreien *(Ersatz-)Werkes zu verlangen* (keine analoge Anwendung von Art. 206; s. BGE 98 II 120, krit. dazu ZR 1980, 280; Extraits 1990, 40 ff. = BR 1991, 96; KOLLER A., Nachbesserung, N 119 f.; LENZLINGER GADIENT, 111; GVP 1989, 71 f. = BR 1990, 100; HONSELL, OR BT, 295; BÖGLI, N 116; ZK-OSER/SCHÖNENBERGER, N 14; **a.A.** BK-BECKER, N 12; VON BÜREN, BT, 149; s.a. die Differenzierungen bei GAUCH, N 1773 ff.; KLAUSER, 40–42).

32 Zum zusätzlichen Recht des Bestellers auf *Schadenersatz*, der zweiten Rechtsfolge gem. Art. 368 Abs. 1, s. N 68 ff.

33 Zur besonderen Problematik des Wandelungsrechts bei Geist-Werkverträgen s. ZIMMERMANN, 42, 122.

III. Minderungsrecht (Abs. 2)

1. Besondere Voraussetzungen

Das Minderungsrecht des Bestellers gem. Art. 368 Abs. 2 ist auf jene Fälle ausgerichtet, in welchen die **Werkmängel «minder erheblich»** als die nach Art. 368 Abs. 1 vorausgesetzten) Mängel sind. Eine untere Grenze der minderen Erheblichkeit statuiert das Gesetz nicht. Unerhebliche Mängel, die eine Mängelhaftung des Unternehmers ausschliessen, gibt es im Werkvertragsrecht grundsätzlich nicht (vgl. BGE 89 II 235 betr. untergeordneter Mängel, welche die Gebrauchsfähigkeit des Werkes nicht ernstlich beeinträchtigen; GAUCH, N 1469; LENZLINGER GADIENT, 103; BÖGLI, N 88). Zu beachten ist aber selbstverständlich das Rechtsmissbrauchsverbot von Art. 2 Abs. 2 ZGB (s. BGE 93 II 326). **34**

Zusammen mit der Nachbesserung bildet die Minderung die (im Vergleich zur Wandelung) *milderen Rechtsbehelfe* für weniger gravierende Fälle von Schlechterfüllung durch den Unternehmer. In Bezug auf die Voraussetzungen ist das Minderungsrecht das einfachste der Mängelrechte des Bestellers; Unsicherheiten können sich hingegen bei der Rechtsfolge, der Berechnung des Umfangs der Minderung, ergeben (s. N 40 ff.). **35**

Zusätzliche Voraussetzung des Minderungsrechts ist einzig, dass das Werk infolge seiner Mangelhaftigkeit einen **Minderwert** aufweist. Das ist der Fall, wenn zwischen dem abgelieferten mangelhaften Werk und dem (geschuldeten) mängelfreien Werk eine *Wertdifferenz* besteht. Der Minderwert bestimmt sich nach dem **objektiven Wert**, i.d.R. also dem Verkehrs- oder Veräusserungswert; die subjektive Sicht des Bestellers wie auch jene des Unternehmers bleiben ausser Betracht (BGer, 21.5.2012, 4A_65/2012, E. 12.6; BGE 105 II 101 f. m.Hw.; s. aber auch BGer, 26.10.2004, 4C.346/2003, E. 4.3.2, Wertausgleich, obwohl die Mängel geringfügig und die Nachbesserungskosten übermässig waren und ein Ausgleichsanspruch somit grundsätzlich fehlte; GAUCH, N 1627 f.; ZK-BÜHLER, N 86 f., 90; BK-GAUTSCHI, N 16b; TRACHSEL, N 91). Das Minderungsrecht besteht unabhängig davon, ob der Besteller die Mängel beheben lässt (BGE 117 II 552). **36**

Folglich hat der Besteller grundsätzlich auch dann ein Minderungsrecht, wenn dem Minderwert des Werkes keine Kostenersparnis auf Seiten des Unternehmers gegenübersteht (ob dieser für die Herstellung des mangelhaften Werkes einen geringeren, den gleichen oder grösseren Aufwand hatte als für die Herstellung eines mängelfreien Werkes ist unerheblich) oder wenn der objektive Wert des abgelieferten Werkes trotz seiner Mangelhaftigkeit der vereinbarten vollen Vergütung gleichkommt (oder diese sogar übersteigt) (vgl. ZR 1970, 47; GAUCH, N 1629 ff. m.w.Bsp.; TRACHSEL, N 92). Der Besteller soll die *Vorteile* eines für ihn günstigen Vertragsabschlusses *nicht infolge der Schlechterfüllung durch den Unternehmer verlieren*. **37**

Im Normalfall kann der Minderwert **nicht höher ausfallen als die Kosten für eine tadellose Beseitigung der Werkmängel** (Überführung des Werkes in den vertragsgemässen Zustand) (BGer, 29.11.2007, 4A_326/2007, E. 5.1; BGE 105 II 102). Grundsätzlich unberücksichtigt bleibt demzufolge der sog. *merkantile Minderwert*, welcher nicht in der Mangelhaftigkeit des Werkes gründet, sondern in einer tieferen Bewertung des vollständig «nachgebesserten» Werkes im Geschäftsverkehr infolge Verdachts verborgener Mängel. Dieser merkantile Minderwert ist vielmehr als Mangelfolgeschaden zu betrachten und deshalb im Rahmen des Schadenersatzanspruchs des Bestellers zu berücksichtigen (s. N 70; GAUCH, N 1633–1637a; ZK-BÜHLER, N 88; **a.A.** KOLLER A., Nachbesserung, N 154; TRACHSEL, N 93; EGLI, Haftung, 91; s.a. PALLY, 93 f.). Dasselbe gilt für den Wertverlust, den der Besteller erleidet, weil er den Werkstoff geliefert hat (GAUCH, N 1666). **38**

Keine Minderung, sondern Wandelung, kommt in Frage, wenn das mangelhafte Werk ausnahmsweise *völlig wertlos* ist, sein objektiver Wert also null beträgt (GAUCH, N 1639 f.; BK-GAUTSCHI, N 13b; BÖGLI, N 101; s.a. Art. 205 Abs. 3; **a.M.** ZK-BÜHLER, N 106, und TRACH- **39**

SEL, N 94, nach deren Ansicht der Besteller das Recht haben sollte, das mangelhafte Werk zu behalten, ohne den Werklohn zahlen zu müssen; ebenso CR CO I-CHAIX, N 30).

2. Rechtsfolgen

40 Art. 368 Abs. 2 umschreibt das Minderungsrecht als Recht des Bestellers, **«einen dem Minderwerte des Werkes entsprechenden Abzug am Lohne»** zu machen. Die sich in diesem Zusammenhang stellenden Probleme sind weniger rechtlicher als vielmehr rechnerischer Natur.

41 Nach der Lehre und Rechtsprechung wird die Vergütung **proportional zum Minderwert des Werkes herabgesetzt** (BGer, 21.5.2012, 4A_65/2012, E. 12.6; BGE 116 II 313 m.Hw.; s.a. BGer, 26.1.2010, 4A_512/2009, E. 4; BGE 111 II 162, betr. Kaufrecht; der frz. Text und der it. Text von Art. 368 Abs. 2 sind präziser: «réduire le prix en proportion de la moins-value», «diminuire la mercede in proporzione del minor valore dell' opera»; BÖGLI, N 102).

42 Wesentlich ist, dass der errechnete Minderwert nicht einfach als Herabsetzungsbetrag betrachtet wird. Die beiden Grössen stehen vielmehr in einer *Verhältnis*gleichheit. Der Herabsetzungsbetrag bezogen auf den Betrag der vereinbarten vollen Vergütung beträgt *prozentual gleich viel* wie der Minderwert bezogen auf den (geschätzten) Wert des mängelfrei gedachten Werkes. Auf diese Weise bleiben die preislichen Vor- oder Nachteile des konkreten Werkvertrages (im Verhältnis zum tatsächlichen Wert des Werkes) bestehen (BGer, 8.5.2007, 4C.130/2006, E. 5.1 = BR 2008, 162; dazu KOLLER, Werkvertragliche Gewährleistung, AJP 2007, 1317; GAUCH, N 1662–1665; ZK-BÜHLER, N 94; BK-GAUTSCHI, N 16a; BÖGLI, N 102; PEDRAZZINI, 518).

43 Die in der Praxis weit verbreitete (und von der Literatur unterstützte) **Herabsetzung nach der relativen Berechnungsmethode** trägt diesem Grundgedanken Rechnung (s. Bsp. und Formeln bei GAUCH, N 1671, 1673; BGer, 21.5.2012, 4A_65/2012, E. 12.6; 8.10.2004, 4C.231/2004, E. 3.1; 26.10.2004, 4C.346/2003, E. 4.3.2; BGE 136 III 274; 116 II 313; 111 II 162 betr. Kaufrecht; 105 II 101; 104 II 355; HGer ZH, 19.9.2013, HG100148, E. 4; BK-GAUTSCHI, N 16a; CORBOZ, III, 15; SCHLATTER, 59; KLAUSER, 49; ZIMMERMANN, 43; abl. ZK-BÜHLER, N 103 ff., vgl. auch N 95 ff.; VENTURI, BR 1995, 51 ff.; SCHENKER, FS Gauch, 98 f.; TRACHSEL, N 99 f.; s.a. Art. 50 WKR). Nach dieser Methode ist *die volle Vergütung im Verhältnis des Wertes des mängelfrei gedachten Werkes zum Wert des mangelhaften Werkes zu kürzen*.

44 In vielen, aber nicht in allen Fällen zu korrekten Ergebnissen führen die *Herabsetzung um den Betrag des Minderwertes* und die *Herabsetzung um den Betrag der Verbesserungskosten*. Das erste setzt voraus, dass sich der objektive Wert des mängelfrei gedachten Werkes mit der vollen vereinbarten Vergütung deckt das zweite, dass der Minderwert tatsächlich dem Betrag der Verbesserungskosten entspricht (s. zum Ganzen GAUCH, N 1674–1684). Für die zweite Variante, die Übereinstimmung des Minderwertes mit den Verbesserungskosten, besteht in der Praxis eine *tatsächliche Vermutung* (BGer, 21.5.2012, 4A_65/2012, E. 12.6; 26.1.2010, 4A_512/2009, E. 4.2; BGer, 19.7.2004, 4C.140/2004, E. 3.1, die Vermutung, die in der Praxis in vielen Fällen nicht zutrifft, kann durch Gegenbeweis entkräftet werden; BGer, 26.10.2004, 4C.346/2003, E. 4.3.2, Vermutung, wonach Minderwert den Reparaturkosten entspricht, obwohl die Mängel geringfügig und die Nachbesserungskosten übermässig waren; BGE 136 III 274; 116 II 313; 111 II 164 betr. Kaufrecht, s. die Differenzierungen in BR 1986, 64; s.a. BGE 117 II 553, Verbesserungskosten ohne die seit der Ablieferung eingetretene Teuerung; 105 II 102; SJ 1986, 382 f. = BR 1986, 64 f.; CR CO I-CHAIX, N 32, 36; GAUCH, N 1684; ZK-BÜHLER, N 103; ferner BK-GAUTSCHI, N 16g). Die Gleichsetzung ist aber nur dann gerechtfertigt, wenn das Werk durch die (gedachte oder von einem Dritten durchgeführte) Nachbesserung uneingeschränkt in den mängelfreien, vertragsgemässen Zustand überführt wird bzw. würde. Eine entsprechende tatsächliche Vermutung für die erste Variante, die Übereinstimmung des objektiven Wertes mit der vollen vereinbarten Vergütung, ist abzulehnen (s. aber Gauch, N 1677; BGer, 21.5.2012, 4A_65/2012, E. 12.6). Zum Verhältnis zwischen Minderwert und Teuerungskosten s. BGE 117 II 553 und die Differenzierungen dazu in BR 1993, 46; s. ferner BGer, 8.10.2004, 4C.231/2004, E. 3, Minderwert ungenügender Reinigung nach Aufwand berechnet, der für eine korrekte Reinigung betrieben wurde (i.e. Kosten des neuen Reinigungsunternehmens).

Ferner ist bei der Berechnung des Umfangs der Minderung zu beachten (s. im Einzelnen Gauch, N 1653–1659): **45**

- Abzustellen ist auf den *Zeitpunkt* (und den Ort) *der Ablieferung* (BGE 117 II 552 m.Hw.; dazu BR 1993, 46; Pedrazzini, 518; ZK-Bühler, N 85; BK-Gautschi, N 16a; Pally, 10).
- Mängel, für die der Besteller keine Minderung verlangt, fallen bei der Berechnung des Minderwertes ausser Betracht.
- Der objektive Wert des mängelfrei gedachten Werkes ist unabhängig von der Höhe des Verkaufspreises zu ermitteln, den der Besteller bei einer allfälligen Veräusserung des Werkes erzielt hat.
- Nicht vereinbarte Vorteile des abgelieferten Werkes vermögen die Werkmängel und damit den Minderwert weder ganz noch teilweise aufzuwiegen.
- Die den ermittelten Herabsetzungsbetrag übersteigenden Nachbesserungskosten sind nicht Bestandteil der Minderung (s. BGE 116 II 314).
- Haben die Werkmängel Vermögensnachteile zur Folge, die den objektiven Wert des Werkes nicht verringern, so sind diese nicht beim Minderungsrecht, sondern im Rahmen des Rechts auf Ersatz des Mangelfolgeschadens zu berücksichtigen (s. N 68 ff.).
- Ein allfälliges Mitverschulden des Bestellers kann zu einer Kürzung des Herabsetzungsbetrages führen, obwohl es sich beim Minderungsanspruch nicht um einen Schadenersatzanspruch handelt und Art. 44 Abs. 1 daher höchstens analog Anwendung findet (Gauch, N 2062; Lenzlinger Gadient, 115; **a.A.** BK-Gautschi, N 16 f.).

Führt der Minderungsanspruch zu einer *Rückforderung* bereits geleisteten Werklohnes, wobei es sich um einen Rückerstattungsanspruch vertraglicher Natur handelt (s. BGer, 17.7.2012, 4A_89/2012, E. 3.2 m.Hw.; dazu Siegenthaler/Stöckli, Baurecht, 800 ff.), so hat der Unternehmer den Rückerstattungsbetrag ab dem Zeitpunkt des Empfangs der Vergütung zu *verzinsen* (BGE 116 II 315). **46**

IV. Nachbesserungsrecht (Abs. 2)

1. Besondere Voraussetzungen

Bei minder erheblichen Mängeln kann der Besteller anstelle der Minderung (N 34 ff.) auch die *unentgeltliche Verbesserung* des Werkes verlangen, sofern dem Unternehmer dadurch **nicht übermässige Kosten** entstehen (Art. 368 Abs. 2). Eine zusätzliche (selbstverständliche) Voraussetzung besteht darin, dass die Mängelbeseitigung *objektiv rechtlich und tatsächlich möglich* sein muss (Gauch, N 1746; Koller A., Nachbesserung, N 95 f.; ZK-Bühler, N 128; Brändli, Nachbesserung, Rz 380 ff., 558 ff.). Liegt eine subjektive Unmöglichkeit vor, befindet sich der Unternehmer im Nachbesserungsverzug (Brändli, Nachbesserung, Rz 380 und 605 ff.). Der Ausschluss des Nachbesserungsrechts des Bestellers im Falle übermässiger Kosten ist ein Anwendungsfall untunlicher Realerfüllung zum Schutze des Unternehmers vor unzumutbaren Forderungen (BGE 111 II 174; ZR 1980, 279; Reber, 149). Gemäss h.L. handelt es sich beim Kriterium der übermässigen Kosten um eine negative Voraussetzung des Nachbesserungsrechts (Gauch, N 1767 ff.; ders., BR 2013, 245 ff. m.w.H. auf die h.L.; Koller A., Nachbesserung, N 90 ff.). Nach einer Minderheitsmeinung führen übermässige Kosten zu einem Leistungsverweigerungsrecht des Unternehmers, das dieser einredeweise geltend machen kann (Einredetheorie; Brändli, Nachbesserung, Rz 399 ff.; Laube, N 111 und 246 ff.; **47**

DERS., Für ein Leistungsverweigerungsrecht bei übermässigen Nachbesserungskosten, BR 2013, 110 ff.; s. dazu GAUCH, N 1769; DERS., BR 2013, 245 ff.).

48 Die (voraussichtlichen) Verbesserungskosten sind dann übermässig, wenn sie zum Nutzen, den die Mängelbeseitigung dem Besteller bringt, in einem Missverhältnis stehen (s. BGer, 14.10.2010, 4A_307/2010; BGE 111 II 173; bestätigt in BGer, 5.9.2002, 4C.258/2001, E. 4.1.3, und die Differenzierungen bei WERRO, BR 2008, 116 ff.; BR 1986, 65 f. sowie die Besprechung von KOLLER, BR 1986, 10 ff.; s.a. BGer, 26.10.2004, 4C.346/2003, E. 4.3.2; ZK-BÜHLER, N 144; BRÄNDLI, Nachbesserung, Rz 417 ff.; TRACHSEL, N 28; **a.A.** GVP 1989, 71 ff. = BR 1990, 100). Übermässig bedeutet also *unverhältnismässig* (KOLLER A., Nachbesserung, N 91 ff.; vgl. auch ZK-BÜHLER, N 145; vgl. § 635 Abs. 3 BGB).

49 Die Verbesserungskosten sind im Normalfall dann nicht übermässig, wenn sie nicht höher sind als die Mehrkosten für eine ursprüngliche mängelfreie Herstellung des Werkes oder wenn sie den infolge der Werkmängel eingetretenen *Minderwert* des Werkes *nicht übersteigen* (vgl. GAUCH, N 1749 ff.). Aber auch in den Fällen, in welchen die Verbesserungskosten den Minderwert übersteigen, ist das Nachbesserungsrecht des Bestellers nicht zum vornherein ausgeschlossen (s. GAUCH, N 1759). Anderseits spricht das Gesetz *nicht* von einem *krassen* Missverhältnis; das Missverhältnis braucht nicht qualifiziert zu sein (BRÄNDLI, Nachbesserung, Rz 417; LENZLINGER GADIENT, 111).

50 Das (Miss-)Verhältnis zwischen den Verbesserungskosten und dem vereinbarten Werklohn ist nur in extremen Fällen zu berücksichtigen (wie hier BGer, 8.5.2007, 4C.130/2006, E. 5.1; CR CO I-CHAIX, N 41 ff., das Zweifache des Werkpreises als unverhältnismässige Kosten; ferner TERCIER/FAVRE, Rz 4573; generell gegen eine Berücksichtigung BGE 111 II 174; BGer, 5.9.2002, 4C.258/2001, E. 4.1.3; GAUCH, N 1752 f.; BRÄNDLI, Nachbesserung, Rz 422, 424; LENZLINGER GADIENT, 112; EGLI, Haftung, 92; **a.A.** BK-GAUTSCHI, N 13b; KOLLER, BR 1986, 11 f., der dafür plädiert, die «Übermässigkeit» nach Art. 368 Abs. 2 in einem weiten Sinne zu verstehen; Frage offen gelassen in BGer, 14.10.2010, 4A_307/2010, E. 2, mit Übersicht über Rechtsprechung und Literatur = BR 2011, 83; vgl. auch Art. 46 Abs. 3 WKR, wonach eine Nachbesserung ausgeschlossen ist, falls sie «unter Berücksichtigung aller Umstände unzumutbar» ist). Es entspricht allgemeiner Erfahrung, dass eine nachträgliche Mängelbehebung in aller Regel teurer zu stehen kommt als eine direkte mängelfreie Werkherstellung (s.a. BR 1986, 65).

51 Bei **Abwägung von Kosten** des Unternehmers **und Nutzen** des Bestellers ist zu beachten, dass zu den Verbesserungskosten auch die *Begleitkosten der Mängelbeseitigung* (insb. für Vorbereitungs- und Wiederherstellungsarbeiten sowie die Folgekosten der Mängelbehebung) zu zählen sind und dass auf Seiten des Bestellers neben den wirtschaftlichen auch *nichtwirtschaftliche Interessen* an der Mängelbeseitigung berücksichtigt werden können (BGE 136 III 277; 111 II 174; ZR 1980, 279; vgl. GAUCH, N 1755–1757; ZK-BÜHLER, N 144 f.; BRÄNDLI, Nachbesserung, Rz 425), jedenfalls soweit sie eine Stütze im Vertrag finden.

52 Auf der Unternehmerseite bezieht sich die Abwägung gemäss ausdrücklichem Gesetzeswortlaut auf die *Kosten*. Weitgehend unerheblich ist die Frage, welches Mass an Anstrengung und ggf. Beschwerlichkeit die Nachbesserung für den Unternehmer zur Folge hat. Die subjektiven Verhältnisse auf Seiten des Unternehmers bleiben, von Härtefällen abgesehen, grundsätzlich unberücksichtigt.

2. *Rechtsfolgen*

53 Die Nachbesserungsschuld des Unternehmers besteht in der **unentgeltlichen Verbesserung des Werkes**. Verbesserung bedeutet Mängelbeseitigung und nachträgliche Erwirkung des vertragsgemässen Zustandes des Werkes (s. ZK-BÜHLER, N 114). Die Klage auf Nachbesserung ist ein gesetzlich vorgesehener Fall einer Erfüllungsklage (SCHMID, Vertragsrecht und

Realerfüllung, in: FS für Peter Gauch, Zürich 2004, 600, m.w.Nw.). Die Kosten der Mängelbeseitigung trägt ausschliesslich der Unternehmer, solange den Besteller kein Selbstverschulden, insb. nicht der Vorwurf unbegründeter Verzögerung der Ausübung des Nachbesserungsrechts, trifft (im Einzelnen KOLLER A., Nachbesserung, N 335 ff.).

Der Besteller soll durch die Nachbesserung **nicht schlechter, aber auch nicht besser gestellt** werden, als wenn der Unternehmer zum vornherein ein mängelfreies Werk abgeliefert hätte (ZWR 1991, 253 = BR 1992, 94; ZK-BÜHLER, N 139; BÖGLI, N 113). Deshalb gehen Kostensteigerungen, insb. auch Teuerungskosten (BGE 117 II 553) im Rahmen der Nachbesserung zu Lasten des Unternehmers (SJZ 1966, 12; LENZLINGER GADIENT, 110), ebenso die Kosten der Vorbereitungs- und Wiederherstellungsarbeiten, wogegen der Besteller jene Kosten der Nachbesserung zu tragen hat, die ihm auch bei ursprünglich vertragsgemässer Werkherstellung entstanden wären (GAUCH, N 1717–1726; BRÄNDLI, Nachbesserung, Rz 513 ff. und 525 ff., Vorteilsausgleichung; KOLLER A., Nachbesserung, N 346 ff., «Sowieso-Kosten»; vgl. dazu TRACHSEL, Sowieso-Kosten, in: Koller A. [Hrsg.], Neue und alte Fragen zum privaten Baurecht, 6. St. Galler Baurechtstagung 2004, 122 ff.; s.a. ZK-BÜHLER, N 142 f.; HGer ZH, 27.9.2012, HG100360, E. 4). Bei der Beseitigung der Mängel rechtfertigt sich eine gewisse Grosszügigkeit: Es braucht nicht die billigste Methode gewählt zu werden, doch muss der säumige Unternehmer auch nicht jeden Luxus bezahlen (zum Bsp. darf eine nicht funktionierende Bodenheizung nicht durch den Einbau eines überdimensionierten Luftabscheidegeräts instand gestellt werden, wenn der Mangel mit einem geeigneten Apparat für die Hälfte der Kosten zu beheben wäre; s. unv. BGE vom 19.11.1996, NZZ vom 8.7.1997, 13). – *Wie* er die Nachbesserung bewerkstelligen will, ist grundsätzlich Sache des Unternehmers (das Gericht kann ihm nicht den genauen Sanierungsweg vorschreiben; s. unv. BGE vom 16.5.1997, NZZ vom 20.6.1997, 15, betr. mangelhafte Dampfabzugsanlage in Küche). 54

Die Berufung des Unternehmers auf die Übermässigkeit der Verbesserungskosten kann ausgeschlossen sein, wenn er bestimmte Werkeigenschaften ausdrücklich garantiert hat (BGE 93 II 326 – exakte Länge eines Sport-Schwimmbeckens; ZK-BÜHLER, N 147; HONSELL, OR BT, 296; BUCHER, BT, 210; vgl. auch WITSCHI, 50). Sie kann ausserdem Treu und Glauben widersprechen, wenn der Unternehmer die Werkmängel in grober Weise verschuldet oder sie gar vorsätzlich herbeigeführt hat (vgl. ZR 1980, 280). 55

Eine *andere, nicht zum vertragsgemässen Zustand des Werkes führende Nachbesserung*, insb. eine kostengünstigere **«Behelfslösung»**, muss sich der Besteller i.d.R. *nicht* gefallen lassen (BGE 116 II 312; BRÄNDLI, Nachbesserung, Rz 483 ff.; TRACHSEL, N 39; REBER, 150). Lässt sich eine Ablehnung der behelfsmässigen Nachbesserung ausnahmsweise nicht rechtfertigen, so hat der Unternehmer einen allfälligen Minderwert des Werkes gesondert zu ersetzen (vgl. BGE 105 II 103; s.a. zum Ganzen GAUCH, N 1724 und 1771 f.; KOLLER A., Nachbesserung, Rz 117). 56

Sofern keine berechtigten Interessen des Bestellers beeinträchtigt werden (insb. keine zeitliche Verzögerung eintritt), kann der Unternehmer seine Nachbesserungsschuld auch dadurch begleichen, dass er **ein neues vertragsgemässes Werk herstellt** (BÖGLI, N 114 m.w.Nw.; s.a. die Differenzierungen bei BRÄNDLI, Nachbesserung, Rz 494 ff.). Der Besteller hat dagegen grundsätzlich kein Recht auf Neuherstellung (s. N 31); ist jedoch im Einzelfall eine Reparatur aus sachlichen Gründen unmöglich, eine Neuherstellung aber möglich, so kann er diese ausnahmsweise verlangen, sofern keine übermässigen Kosten entstehen (BGer, 4.4.2001, 4C.80/2000, E. 3; 5.9.2002, 4C.258/2001, E. 4.1.4 Neubeschichtung eines Daches, sowie dazu HÜRLIMANN/SIEGENTHALER, recht 2003, 155 f.; KGer FR, Extraits 1988, 16 ff. = BR 1990, 44 f. – feuerpolizeilichen Vorschriften nicht entsprechendes Cheminée; GAUCH, N 1779–1781 m. Bsp.; KOLLER A., Nachbesserung, N 120; s.a. CR CO I-CHAIX, N 46). 57

Der Nachbesserungsanspruch kann auch am Ende einer vereinbarten zehnjährigen Garantiefrist ausgeübt werden (BGer, 5.9.2002, 4C.258/2001). Keine Nachbesserung stellt eine neue 58 oder die Erstreckung einer laufenden **Garantiezusicherung** dar; ihr kommt im Wesentlichen lediglich verjährungsrechtliche Bedeutung zu (BGE 116 II 312).

59 Erweist sich der Unternehmer als *unfähig*, die Werkmängel zu beseitigen, so ist der Besteller befugt, die Nachbesserung **durch einen Dritten** vornehmen zu lassen und vom Unternehmer vollen Ersatz der entsprechenden Aufwendungen (Nichterfüllungsschaden) zu fordern. Der Besteller hat dabei entweder die *Voraussetzungen des Schuldnerverzuges* (Verzug, Mahnung und Nachfristansetzung, soweit erforderlich; s.a. BGer, 18.8.2005, 4C.34/2005, E. 4.2.2; BRÄNDLI, Nachbesserung, Rz 605 ff.; SIEGENTHALER, 370) zu erfüllen oder eine richterliche Ermächtigung (nach Art. 98 Abs. 1) einzuholen. Das BGer lässt auch eine analoge Anwendung von Art. 366 Abs. 2 (Ersatzvornahme ohne richterliche Ermächtigung) zu (s. BGE 136 III 276; 116 II 314; 107 II 55; BGer, 25.7.2006, 4C.77/2006, E. 3; 20.4.2006, 4C.433/2005; 5.9.2002, 4C.258/2001, E. 4.2.1; 22.1.2002, 4C.286/2001, E. 3d). Für eine analoge Anwendung auch BK-KOLLER, Art. 366 OR N 36, 505, s. aber auch die Differenzierungen in N 621 ff.; DERS., Ersatzvornahme, 11 ff.; DERS., Nachbesserung, N 183 (s. aber auch N 145); ferner SIEGENTHALER, 373; NIQUILLE-EBERLE, N 3 ff.; ZK-BÜHLER, N 151. Zu Recht zurückhaltender GAUCH, N 1822 f., der eine Ersatzvornahme ohne richterliche Ermächtigung nur bei *besonderer Dringlichkeit* befürwortet; s.a. BGE 107 III 108 und dazu GAUCH, BR 1982, 34 ff.; ferner BRÄNDLI, Nachbesserung, Rz 870 ff., 893; KOLLER A., Nachbesserung, N 145, 182; s.a. Art. 366 N 28. Keine richterliche Ermächtigung ist erforderlich, wenn der Werkvertrag SIA 118 unterstellt ist (Art. 169 SIA-Norm 118; BGer, 5.9.2002, 4C.258/2001, E. 4.2.1; 22.1.2002, 4C.286/2001, E. 3d). Den Unternehmer trifft eine Vorschusspflicht in der Höhe der vermutlichen Nachbesserungskosten (BGE 128 III 416, der Vertrag unterstand i.c. der SIA-Norm 118, was allerdings nur aus der unpubl. Fassung 4C.258/2001 ersichtlich ist; s. dazu TERCIER/STÖCKLI, 71 f.; SPIESS/HUSER, Art. 169 N 8 ff.; HÜRLIMANN/SIEGENTHALER, recht 2003, 156; GVP 2001, Nr. 42; s.a. GAUCH, N 1816; BRÄNDLI, Nachbesserung, Rz 910 ff.; BK-KOLLER, Art. 366 N 571; DERS., Ersatzvornahme, 19 f.; NIQUILLE-EBERLE, N 11 ff.; NIKLAUS, 37; HGer ZH, 8.5.2014, HG120094, E. 7; RBOG 2012 Nr. 6, E. 3c). Zieht der Besteller grundlos einen Dritten für die Nachbesserung bei, so tut er dies auf eigene Kosten und Gefahr (BGE 110 II 53 betr. Art. 169 SIA-Norm 118, besprochen von MERZ, ZBJV 1986, 175 ff.). – Der Anspruch auf Erstattung der Kosten für Ersatzvornahme ist vom Verschulden des Unternehmers am Mangel unabhängig (BGer, 8.5.2007, 4C.130/2006, E. 6.2; 28.7.2000, 4C.159/1999, E. 5; TERCIER/FAVRE, Rz 4587).

60 Der Besteller muss nicht zum vornherein den billigsten Drittunternehmer mit der Nachbesserung betrauen; er ist auch nicht zur Ausschreibung der Nachbesserungsarbeiten verpflichtet. Vielmehr darf er einen **Fachmann seines Vertrauens** wählen. Das Risiko von (gerechtfertigten) Mehrkosten trägt der Unternehmer (KGer FR, SJZ 1989, 119 = BR 1988, 65 f.; GAUCH, N 1813 ff.; vgl. auch N 54). Aus der Beauftragung eines Drittunternehmers zur Mängelbehebung kann höchstens ein Verzicht auf Nachbesserung durch den ursprünglichen Unternehmer, nicht aber ein Verzicht auf Minderung und Schadenersatzansprüche abgeleitet werden (ZR 1985, 121 f.).

61 Für die **Bemessung der Nachbesserungsfrist** sind objektive Kriterien massgebend; die subjektiven Verhältnisse des Unternehmers sind grundsätzlich unbeachtlich. Der Unternehmer kann den Zeitraum in Anspruch nehmen, der für die Beseitigung von Werkmängeln der betreffenden Art durch einen Unternehmer seiner Kategorie bei zügiger Arbeitsweise erforderlich ist (vgl. GAUCH, N 1783; ZK-BÜHLER, N 149; BRÄNDLI, Nachbesserung, Rz 614 ff.; SCHLATTER, 58).

62 Gerät der Unternehmer mit der Ausführung der Nachbesserung in **Verzug**, so kommen die allgemeinen Bestimmungen über den Schuldnerverzug zur Anwendung (Art. 102 ff.; BRÄNDLI, Nachbesserung, Rz 605 ff.). Dies gilt sowohl in Bezug auf die Voraussetzungen (Mahnung und Nachfristansetzung, samt ihren Ausnahmen) als auch hinsichtlich der Rechtsfolgen. Insbesondere kommt dem Besteller das Wahlrecht nach Art. 107 Abs. 2 zu (BGer, 20.8.2012, 4A_702/2011, E. 6.2; BGE 136 III 275 E. 2.2 ff = Pra 2010, 852 ff.). Dies führt i.E. dazu, dass in diesen Fällen auch **das ursprüngliche Wahlrecht des Bestellers nach Art. 368 wieder auflebt**, der Besteller also erneut zwischen Wandelung, Minderung und Nachbesserung wählen kann. Alternativ zu diesem Recht kann der Besteller auch, sofern er es «unverzüglich erklärt» (Art. 107 Abs. 2), auf die nachträgliche Leistung der geschuldeten (ursprünglich gewählten) Nachbesserung verzichten und Ersatz des aus der Nichterfüllung der Nachbesserungsschuld entstandenen Schadens verlangen (s. zum Ganzen BGE 136 III 275, E. 2.4 = Pra 2010, 852 ff.; dazu SCHMID/RÜEGG, ZBJV 2012, 937 ff.; STÖCKLI/PICHONNAZ, 189; BGer, 8.9.2014, 4A_177/2014, E. 4.1; 10.12.2010, 4A_290/2010, E. 1.1 = BR 2011, 80 f. (mit berechtigter Kritik für den Fall, dass der Besteller den Rücktritt nach Art. 107 Abs. 2 gewählt hat) = BR 2013, 193; dazu HÜRLIMANN/SIEGENTHALER, Jusletter 2012, 30 f.; BGer, 29.1.2009, 4A_514/2008, E. 3.1; 13.2.2006, 4C.347/2005, E. 4; GAUCH, N 1789 ff.; ZK-BÜHLER, N 149; TRACHSEL, N 60; KLAUSER, 43). Das Wahlrecht lebt auch wieder auf, wenn die Nachbesserung wegen Übermässigkeit der Kosten scheitert (BGer, 26.10.2004, 4C.346/2003, E. 4.2.1; s.a. BRÄNDLI, Nachbesserung, Rz 529).

Im Falle *entschiedener Weigerung* (BGE 136 III 275 E. 2.3 ff.; dazu PICHONNAZ, Garantie pour les défauts; refus de réparer, BR 2010, 60 f. und BR 2010, 189 und TERCIER/FAVRE, SJZ 2011, 291 f.; BRÄNDLI, Nachbesserung, Rz 696) *oder offenkundiger Unfähigkeit* (was einer Verweigerung gleichkommt; BGE 96 II 353 = Pra 1971, 268; BRÄNDLI, Nachbesserung, Rz 659) des Unternehmers, die Nachbesserung auszuführen, kann der Besteller diese Wahlrechte schon *vor Verzugseintritt* ausüben (vgl. BGE 110 II 143 = Pra 1984, 566 f. betr. Kaufrecht; BGE 69 II 244; s.a. BGer, 7.10.2005, 4C.106/2005, E. 3.2 = BR 2006, 63 f., Wiederaufleben des Wahlrechts des Bestellers nicht nur bei Verzug [s. N 62; BGer, 8.5.2007, 4C.130/2006, E. 6.1 = BR 2008, 162], sondern auch bei Bestreiten des Nachbesserungsrechts oder Unmöglichwerden der Nachbesserung; ferner GAUCH, N 1801; ZK-BÜHLER, N 149; kein Wiederaufleben des Wahlrechts nach Rücktritt des Bestellers vom Vertrag gem. Art. 107 Abs. 2 (BR 2011, 80 f., mit berechtigter Kritik an BGer, 10.12.2010, 4A_290/2010). **63**

Das Wahlrecht des Bestellers nach Art. 368 lebt auch bei der *Ablieferung des verbesserten Werkes* in Bezug auf *die durch die Nachbesserung nicht behobenen Mängel* wieder auf (BGer, 8.9.2014, 4A_177/2014, E. 4.1; 1.4.2010, 4A_89/2010, E. 2; 13.2.2006, 4C.347/2005, E. 4; BGE 109 II 41 = Pra 1983, 312; GAUCH, N 1846; s. BRÄNDLI, Nachbesserung, Rz 818 f.; ZK-BÜHLER, N 153; BK-GAUTSCHI, N 4e, 20b, 23; GUHL/KOLLER/SCHNYDER/DRUEY, § 47 N 59; PEDRAZZINI, 520; REBER, 153), sofern er das nachgebesserte Werk geprüft und die verbleibenden oder neuen Mängel rechtzeitig gerügt hat (KOLLER A., Nachbesserung, N 154; LENZLINGER GADIENT, 110 f.; abw. GAUCH, N 1716 und 2178). S.a. unv. BGE vom 16.5.1997, NZZ vom 20.6.1997, 15: Auch bei der Nachbesserung schuldet der Unternehmer einen *Arbeitserfolg*; er hat für die erfolgreiche Behebung der festgestellten Mängel einzustehen. **64**

Zur Durchsetzung seines Nachbesserungsanspruchs steht dem Besteller das Recht zu, die **Vergütung** in Anwendung von Art. 82 bis zur Erfüllung der Nachbesserungsschuld **zurückzuhalten** (BGE 89 II 235; KGer SG, GVP 2005, 237 ff. = BR 2006, 168; ausführlich KOLLER A., Nachbesserung, N 304 ff., 315 ff. und GAUCH, N 2367 ff., 2377 ff.; ZK-BÜHLER, N 155; CORBOZ, III, 22 f.), ferner kann er auf Leistung klagen (BRÄNDLI, Nachbesserung, Rz 854 ff.). **65**

Zu den Besonderheiten des Nachbesserungsrechts bei Mängeln, die von **Dritten** (Architekt, Subunternehmer, Vorunternehmer) verursacht worden sind, einschliesslich Regressfragen s. KOLLER A., Nachbesserung, N 512 ff., 552 ff.; FELLMANN, Regressausgleich, 29 ff.; vgl. auch BGE 119 II 127.

Hindert der Besteller den Unternehmer an der Vornahme der Nachbesserung, so gerät er in *Gläubigerverzug* i.S.v. Art. 91 (SJ 1978, 141; TRACHSEL, N 66 m.Nw.). **66**

Das Nachbesserungsrecht ist in sinngemässer Anwendung von Art. 164 ff. grundsätzlich *abtretbar* (s. GAUCH, N 2450 ff.; DERS., BR 1984, 26 f.; KOLLER A., Nachbesserung, N 19 f.; s.a. Art. 368 N 13). **67**

V. Ersatz des Mangelfolgeschadens (Abs. 1 und 2)

1. Begriff und Erscheinungsformen

68 Der Schadenersatzanspruch ergänzt die drei eigentlichen Mängelrechte Wandelung, Minderung und Nachbesserung (Abs. 1 und 2). Er kann **nicht anstelle** dieser Rechte ausgeübt werden, **sondern tritt kumulativ zu ihnen hinzu** (BGE 116 II 455; BGer, 10.6.2013, 4A_90/2013, E 4.2 = BR 2013, 312 ff.; BGer, 7.10.2005, 4C.106/2005, E. 3.1 = BR 2006, 63 f.; BGer, 20.2.2004, 4C.297/2003, E. 2.1; s. Wortlaut von Art. 368 Abs. 1, 2, je a.E.; N 7; ZK-Bühler, N 166 ff.; Pally, 17 ff.; Bögli, N 121; **a.A.** BK-Koller, Art. 363 OR N 187, Art. 366 N 455; Guhl/Koller/Schnyder/Druey, § 47 N 54; Trachsel, N 15, 108 ff.). Zwar ist nicht vorausgesetzt, dass der Besteller eines der drei eigentlichen Mängelrechte tatsächlich ausübt, doch ist der Gegenstand des Schadenersatzrechts in *jedem Fall beschränkt auf den Ersatz von Mangelfolgeschäden* (s. BGer, 7.10.2005, 4C.106/2005, E. 3.1 = BR 2006, 63 f.; BGE 100 II 33; Gauch, N 1851 f.; Lenzlinger Gadient, 122; Honsell, OR BT, 2899 f.; Bögli, N 121; vgl. auch Dürr, 64 f.; Klauser, 51 f.; **a.A.** Brändli, Nachbesserung, Rz 1169 ff. für eine Ausweitung auf den Mangelschaden; ferner BK-Koller, Art. 363 OR N 187, Art. 366 OR N 455; Guhl/Koller/Schnyder/Druey, § 47 N 54; Koller S., 10 f.; Trachsel, N 15, 108 ff.; Schlatter, 65). Was bereits mit den drei anderen Mängelrechten geltend gemacht werden kann, ist nicht Gegenstand des Schadenersatzanspruchs (so auch BGer, 20.2.2004, 4C.297/2003, E. 2.1; Lenzlinger Gadient, 124).

69 Der Schadenersatzanspruch des Bestellers gem. Art. 368 Abs. 1 und 2 erfasst lediglich solche Schäden, die einerseits ihre Ursache in einem Werkmangel des abgelieferten Werkes haben, anderseits aber nicht auf diese Mangelhaftigkeit selbst bezogen sind, sondern *als weitere Folge des Werkmangels* hinzutreten (ZK-Bühler, N 172; s.a. BGer, 10.6.2013, 4A_90/2013, E 4.2 m.w.H. = BR 2013, 312 ff.; BGer, 7.10.2005, 4C.106/2005, E. 3.1). Diese Bestimmungen unterscheiden nicht zwischen unmittelbarem und mittelbarem Schaden (BGE 64 II 256; ZK-Bühler, N 187; Pally, 42 f.). Eine Kombination von Minderungsanspruch und Ersatz des Mangelfolgeschadens kann in Einzelfällen (zu Unrecht) dazu führen, dass der Besteller wirtschaftlich besser gestellt wird als bei einer mängelfreien Erfüllung (in der Praxis wird denn auch insb. in internationalen Lieferverträgen eine Haftung für Mangelfolgeschaden häufig ausgeschlossen).

70 **Mangelfolgeschäden** dieser Art sind etwa Erwerbs- oder Mietzinsausfälle (zum Schaden wegen Nutzungsausfall s. Stöckli, Schaden, 29 ff.), Beeinträchtigungen von Werkstoff oder Reparaturgegenstand des Bestellers (s. aber N 27), Wandelungsschaden, merkantiler Minderwert (s. N 38), Kosten einer Prüfung durch Sachverständige gem. Art. 367 Abs. 2 (s. Art. 367 N 22 ff.), vorprozessuale Anwaltskosten (BGE 126 III 392), Unfallfolgekosten nach mangelhaften Reparaturen und Schadenersatzpflichten des Bestellers gegenüber Dritten (vgl. auch KGer VD, SJZ 1996, 244) oder sonstige Aufwendungen, die aufgrund des Werkmangels unnötig oder erforderlich wurden (vgl. BGer, 10.6.2013, 4A_90/2013, E. 4.2 = BR 2013, 312 ff., wonach der infolge eines Planungsfehlers entstandene Baumangel – z.B. eine nicht ordnungsgemäss funktionierende Entwässerungsanlage – einen Mangelfolgeschaden begründet). *Keine Mangelfolgeschäden* sind hingegen: Begleitschäden als Folge unsorgfältiger Verrichtung der Arbeit (Herstellung, Ablieferung oder auch Nachbesserung; vgl. BGE 93 II 321), den Herabsetzungsbetrag überschreitende Nachbesserungskosten (BGE 116 II 314), Teuerungskosten bei geltend gemachter Minderung (BGE 117 II 553 und dazu BR 1993, 47), Teuerungskosten der eigenen Nachbesserung (BGE 117 II 553), Drittkosten bei Selbstverbesserung (Gauch, N 1830, 1864; Trachsel, N 106; **anders** BGE 116 II 314), Kosten der Entfernung des mangelhaften Werkes vom Grundstück des Bestellers (BR 1990, 101 mit Präzisierungen zu GVP 1989, 71 ff.), Schäden, die noch vor Ablieferung des Werkes entstehen und Verspätungsschaden infolge verzögerter Ablieferung (s. Gauch, N 1856 ff., 1869 ff.), Ersatz für entgangene Nutzungsmöglichkeiten (s. BGE 126 III 392). Vgl. auch die Übersichten

bei ZK-BÜHLER, N 175 ff., 194 ff.; HONSELL, OR BT, 299; PALLY, 44 ff. Die Kosten eines (aufgrund eines Zerwürfnisses zwischen Besteller und Unternehmer eingesetzten) Bauleiters stellen keinen Minderwert des Werkes dar, können jedoch – falls der «Schiedsrichter» erforderlich war – als Folgeschaden einer Schlechterfüllung vom Unternehmer zu tragen sein (BGer, 18.5.2004, 4C.243/2003, E. 3.2).

2. *Verschuldenshaftung*

Der Schadenersatzanspruch des Bestellers nach Art. 368 Abs. 1 und 2 **setzt ein Verschulden des Unternehmers voraus** (vgl. Art. 364 Abs. 1, Art. 365 Abs. 3; s. BGE 116 II 455; 77 II 245; 64 II 256; 46 II 219; GVP 1989, 71 ff. = BR 1990, 101; sowie die Kasuistik bei BK-GAUTSCHI, N 27 und bei DÜRR, 62 f.; ferner etwa ZK-BÜHLER, N 190 f.; BÖGLI, N 122; KLAUSER, 50 f.); jeder Verstoss gegen die fachtechnisch gebotene Vorsicht stellt ein Verschulden dar (BGE 70 II 219; TRACHSEL, N 111). Dadurch unterscheidet sich das Recht auf Ersatz des Mangelfolgeschadens von den drei eigentlichen Mängelrechten nach Art. 368. Die Voraussetzung des Verschuldens gilt unabhängig von der im Kaufrecht vorgenommenen Unterscheidung zwischen unmittelbarem und weiterem Schaden (s. Art. 208 Abs. 2, 3). *Art. 208 Abs. 2* ist im Werkvertragsrecht *nicht analog anzuwenden* (GAUCH, N 1890; ZK-BÜHLER, N 187; TRACHSEL, N 112; PALLY, 36 ff.; DÜRR, 61 f.; KLAUSER, 55–57; SCHLATTER, 60 f.; CR CO I-CHAIX, N 60; **a.A.** BK-GAUTSCHI, N 11b). Zur Beweislast s. N 94. 71

Durchbrochen wird das Verschuldensprinzip durch die *Hilfspersonenhaftung* gem. Art. 101 (Näheres bei GAUCH, N 1893 ff.; ZK-BÜHLER, N 192 f.; TRACHSEL, N 115). – Als Entlastungsbeweis steht dem Unternehmer namentlich Art. 369 (Selbstverschulden des Bestellers) zur Verfügung. 72

3. *Rechtsfolgen*

Neben der werkvertraglichen Schadenersatzordnung als Teil der Regelung der Mängelhaftung in den Art. 367–371 (s. insb. Art. 370 und 371 betr. Verwirkung und Verjährung) kommen die **allgemeinen Bestimmungen über die vertragliche Schadenersatzpflicht** zur Anwendung (insb. Art. 42 ff., 99 Abs. 3, Art. 100 und 101 Abs. 2 und 3) (GAUCH, N 1876 ff. und 1897 ff. m.w.Nw.; BÖGLI, N 122; SCHLATTER, 65). Führen verschiedene Baumängel, die von verschiedenen Unternehmern zu verantworten sind, zum gleichen Mangelfolgeschaden, so haften die Unternehmer (unecht) solidarisch (Art. 51; s. BGE 133 III 6; BGer, 28.9.2007, 4A_182/2007 = BR 2008, 68 f.; TERCIER/FAVRE, Rz 4622; SOG 1991, 20 ff. = BR 1993, 47; s. NIGG, 129 ff.). Bei Vereinbarung einer Konventionalstrafe kann der Besteller den Anspruch auf Ersatz des Mangelfolgeschadens durch Einforderung der Konventionalstrafe geltend machen und den Minderwert der gelieferten Sache an die Konventionalstrafe anrechnen (BGE 122 III 423 f.). 73

Von Ausnahmefällen abgesehen, haben nicht am Werkvertrag beteiligte **Dritte** keinen vertraglichen Schadenersatzanspruch aus Art. 368. Dies gilt etwa für den Besteller in Bezug auf ein Subunternehmerverhältnis, sofern dieses nicht als Vertrag zugunsten des Bestellers als Drittem ausgestaltet ist, ferner für den Nebenunternehmer oder den Käufer des mangelhaften Werkes (GAUCH, N 1902 ff.). 74

VI. Werke auf Grund und Boden des Bestellers (Abs. 3)

Nur **Minderung und Nachbesserung** gem. Art. 368 Abs. 2, nicht aber die Wandelung gem. Abs. 1, stehen dem Besteller zur Verfügung, wenn das Werk auf seinem Grund und Boden errichtet worden ist *und* wenn die Entfernung des Werkes mit «unverhältnismässigen Nachteilen» verbunden wäre (Art. 368 Abs. 3). 75

76 Werke auf Grund und Boden des Bestellers sind nicht nur Bauten als Gesamtheit, sondern auch etwa ein eingebauter Aufzug oder eingebaute Brennstoffbehälter (s. BGE 98 II 118), nicht aber leicht demontierbare Bauteile (wie Fenster, Türen, Tapeten usw.) (ZK-BÜHLER, N 210; BK-GAUTSCHI, N 13a). Art. 368 Abs. 3 ist analog anwendbar auf Werke, die auf Grund und Boden von *Dritten* errichtet werden (z.B. Bau auf dem Grundstück des Bauherrn durch einen vom Unternehmer beigezogenen Subunternehmer) (GAUCH, N 1574; ZK-BÜHLER, N 210).

77 Ob dem Unternehmer durch die Entfernung des Werkes **«unverhältnismässige Nachteile»** drohen, ist nach den Umständen des Einzelfalles, «insb. nach dem Wert, den das Werk in Verbindung mit dem Grundstück hat, und nach der Wertverminderung, die es im Falle einer Trennung erlitte», zu beurteilen (BGer, 8.9.2014, 4A_177/2014, E. 4.1; BGE 98 II 123; s.a. ZR 1980, 280 f.; LENZLINGER GADIENT, 117; ZK-BÜHLER, N 211). Nicht unverhältnismässig sind die Nachteile, wenn das Werk für den beabsichtigten Gebrauch überhaupt nicht taugt (Unbrauchbarkeit i.S.v. Art. 368 Abs. 1) (BGer, 8.9.2014, 4A_177/2014, E. 4.1 = BR 2014 306 f.; BGE 98 II 123; GAUCH, N 1575). Ebenso kann Wandelung stets verlangt werden, wenn das mangelhafte Werk Gesundheit, Leib und Leben von Personen gefährdet und keine verhältnismässigen Schutzmassnahmen zur Verfügung stehen (ZK-BÜHLER, N 212; BK-BECKER, N 7; FURRER, 110).

VII. Verhältnis zu anderen Rechtsbehelfen

78 Die werkvertragliche Regelung der Mängelhaftung (Art. 367–371) ist grundsätzlich eine abschliessende gesetzliche Sonderordnung. Insbesondere steht dem Besteller nach überwiegender Meinung neben den Rechtsbehelfen aus Art. 368 **nicht alternativ die vertragliche Schadenersatzklage nach Art. 97 Abs. 1** zur Verfügung (BGE 136 III 274; 133 III 341; 117 II 553; 100 II 32 m.Nw.; bestätigt in BGer, 27.10.2014, 4A_387/2014, E. 4.2; GVP 1989, 71 ff. = BR 1990, 100; ZR 1977, 277 f.; s.a. Art. 171 Abs. 1 SIA-Norm 118; GAUCH, N 2326; ZK-BÜHLER, N 14; BK-GAUTSCHI, Art. 368 OR N 6c, Art. 369 OR N 11b; PALLY, 180 f.; CORBOZ, III, 27; SCHLATTER, 28, 63; CR CO I-CHAIX, N 66; **a.A.** KLAUSER, 132 f., 162 f.; PEDRAZZINI, 519 f.). Die Werkleistungspflicht wandelt sich bei Schlechterfüllung nicht wie andere Obligationen automatisch in eine Schadenersatzpflicht, sondern in eine besondere Gewährleistungsobligation (BK-GAUTSCHI, N 6a). Näheres zu ausgewählten Konkurrenzfragen bei BRÄNDLI, Nachbesserung, Rz 61 ff.

79 Die blosse Mangelhaftigkeit des Werkes berechtigt den Besteller *auch nicht, nach Art. 107 vorzugehen*, da mit der Ablösung des ursprünglichen Werkleistungsanspruchs durch die Mängelrechte des Art. 368 ein Verzug des Unternehmers grundsätzlich ausgeschlossen ist. Die Rechtsbehelfe gem. Art. 107 Abs. 2 kommen allerdings zum Zuge, wenn sich der Unternehmer mit einer Nachbesserungspflicht in Verzug befindet (s. N 62; ZK-BÜHLER, N 149; TRACHSEL, N 16; BRÄNDLI, Nachbesserung, Rz 612, 645 ff.).

80 Neben den werkvertraglichen Bestimmungen über die Mängelhaftung bleibt sodann *auch für die allgemeinen Regeln über die* ursprüngliche oder nachträgliche *Leistungsunmöglichkeit* (Art. 20, 119) *kein Raum* (GAUCH, N 2324, 2335 f.; TRACHSEL, N 17; CORBOZ, III, 28). Ausgeschlossen bleibt – im Gegensatz zum Kaufrecht – schliesslich auch eine alternative Berufung auf Grundlagenirrtum (GAUCH, N 2317; TRACHSEL, N 16; CORBOZ, III, 27 f.).

81 **Anspruchskonkurrenz** besteht lediglich mit dem **ausservertraglichen Schadenersatzanspruch nach Art. 41 ff.** Ob dabei die werkvertraglichen Sonderbestimmungen über die Verwirkung infolge Genehmigung (Art. 370) und über die Verjährung (Art. 371) auch auf den Deliktsanspruch zur Anwendung kommen, ist umstritten. Die Frage ist zu verneinen (s. dazu Art. 371 N 7; BGE 64 II 259; KLAUSER, 166; CR CO I-CHAIX, N 68; s.a. BGE 70 II 215; RJJ 1994, 170 f. = BR 1995, 39; CORBOZ, III, 29 f.; differenzierend GAUCH, N 2348 ff.; ferner BIERI, passim; WERRO, BR 1996, 64 ff.; ZK-BÜHLER, N 15; HONSELL, OR BT, 300; TRACHSEL, N 18). Der werkvertragliche Anspruch auf Ersatz des Mangelfolgeschadens kann auch mit einem deliktischen Ersatzanspruch des Bestellers aus Produktehaftpflichtgesetz (PrHG) konkurrieren (vgl. Art. 11 Abs. 2 PrHG und zur Verjährung und Verwirkung Art. 9 und 10 PrHG). Unbewegliche Sachen sind zwar keine Produkte i.S. des PrHG, aber bewegliche Sachen (Baustoffe und Bauelemente) verlieren durch den Einbau in ein Gebäude ihre Eigenschaft als Produkte nicht (Art. 3 Abs. 1 lit. a PrHG). Näheres bei GAUCH, N 2354 ff. und FELLMANN, BR 1994, 28 f.

VIII. Abweichende Vereinbarungen

Die Regelung der werkvertraglichen Mängelhaftung in Art. 368 ist **dispositiver Natur** (BGer, 7.10.2005, 4C.106/2005, E. 3 = BR 2006, 63 f.; BGE 118 II 144; 116 II 311; 114 II 245; 91 II 348; GAUCH, N 2463; BRÄNDLI, Nachbesserung, Rz 31 ff.; CR CO I-CHAIX, N 10; PEDRAZZINI, 520; ZK-BÜHLER N 8, 245; BK-GAUTSCHI, N 5a). Die Vertragsparteien können insb. vertragliche Abreden treffen über die Rolle der Nachbesserung und des Verschuldens im Rahmen der Mängelhaftung. 82

Im Hinblick auf das **Nachbesserungsrecht** des Bestellers können die Vertragsparteien namentlich vereinbaren (s. GAUCH, N 2499 ff.; KOLLER A., Nachbesserung, N 198 ff.; BK-GAUTSCHI, N 5b, d; ZK-OSER/SCHÖNENBERGER, N 14; DÜRR, 67): 83

- dass der Unternehmer trotz allfälliger übermässiger Kosten zur Nachbesserung verpflichtet ist (entgegen Art. 368 Abs. 2; vgl. BGE 93 II 326);
- dass dem Nachbesserungsrecht der Vorrang in dem Sinne zukommt, dass dem Besteller weder das Wandelungs- noch Minderungsrecht zusteht, sofern die Werkmängel frist- und sachgerecht behoben werden (vgl. BGer, 25.7.2006, 4C.77/2006, E. 3 = BR 2007, 59 f.; BGE 116 II 453; 116 II 31; s. dazu SIEGENTHALER, 375 ff.; Art. 169 Abs. 1 SIA-Norm 118);
- dass dem Besteller nur ein (ausschliessliches) Nachbesserungsrecht, aber weder ein Wandelungs- noch ein Minderungsrecht zukommt.

Im Hinblick auf ein allfälliges **Verschulden** des Unternehmers kann z.B. vereinbart werden (s. GAUCH, N 2510 ff.): 84

- dass auch das Wandelungs-, das Minderungs- und das Nachbesserungsrecht des Bestellers verschuldensabhängig sind (entgegen Art. 368 Abs. 1 und 2);
- dass der Unternehmer – im Gegenteil dazu – auch für Mängelfolgeschäden kausal haftet.

Eine vertraglich übernommene **Garantie** für bestimmte Eigenschaften des Werkes kann sich je nach Wortlaut und Parteiwillen mit der gesetzlichen Mängelhaftung decken, diese verstärken (etwa i.S. einer Kausalhaftung für Mangelfolgeschäden) oder auch abschwächen (z.B. Haftung ausschliesslich für die garantierten Werkeigenschaften) (s. BGer, 30.9.2013, 4A_220/2013, E. 4.3; 17.2.2000, 4C.428/1999, E. 2c, 3b – Haltbarkeitsgarantie für Dichtigkeit des Dachs nur zu beanspruchen, wenn der Mangel noch innert der Garantiezeit zu undichten Stellen führt; BGE 93 II 316 – Garantie für die absolute Undurchlässigkeit der Bedachung; BGE 93 II 326 – Sport-Schwimmbecken, genaue Länge; s. ferner ZK-BÜHLER, Vor Art. 367–371 N 20 ff.; GAUCH, N 2515; WITSCHI, 48 ff.). – Zur sog. Systemgarantie, insb. zur Frage der (Un-)Selbständigkeit einer solchen Garantie s. BGer, 4.1.2002, 4C.260/2001, E. 3a. 85

Zur vereinbarten *Garantie- oder Rügefrist* s. Art. 367 N 30. 86

Vereinbarungen über **Beschränkungen der Mängelhaftung** (Freizeichnungsklauseln; s. Bsp. bei GAUCH, N 2542 ff. und KOLLER A., Nachbesserung, N 198 ff.; ZK-BÜHLER, N 246) sind *in einem weiten Rahmen zulässig*, unterliegen aber den Schranken von Art. 100 Abs. 1 und 2 Art. 101 Abs. 3 und – gemäss einem Teil der Lehre – auch Art. 199 analog. Zu den Schranken von Freizeichnungsklauseln i.A. s. HOCHSTRASSER, Freizeichnungsklauseln zugunsten und zu Lasten Dritter, Diss. Zürich 2006 (auch bez. Freizeichnung zugunsten von Subunternehmern); ferner SCHMID, FS Rey, 307 ff.; s.a. die Differenzierungen in BGer, 4.2.2000, 4C.411/1999, E. 2c; 7.4.2014, 4A_25/2014, E. 7.1). 87

Unzulässig sind insb. Vereinbarungen, welche die Haftung des Unternehmers für rechtswidrige Absicht oder grobe Fahrlässigkeit ausschliessen wollen (s. zum Ganzen BGE 118 II 144 m.w.Nw.; ZR 1980, 280; GAUCH, N 2572 ff.; KOLLER A., Nachbesserung, N 202 ff.; WIDMER U., 180 ff. und 188 ff. betr. Softwaremängel; PEDRAZZINI, 520; ZK-BÜHLER, N 249; BK-GAUTSCHI, N 5c; BK-BECKER, N 2; ZIMMERMANN, 40 f.; DÜRR, 68; REBER, 142, 153 f.; CORBOZ, III, 10). Bei Freizeichnungsklauseln in *Allgemeinen Geschäftsbedingungen* sind die dafür üblichen Schranken, insb. die Ungewöhnlichkeits- und die Unklarheitsregel, zu beachten (s. KOLLER A., Nachbesserung, N 215 ff.; GAUCH, N 2584 ff.; Art. 8 UWG; s.a. die Auflistung der in der Bau- und in der Maschinenbranche verwendeten AGB bei ZK-BÜHLER, Vor Art. 363–379 OR N 29 ff.).

88 Eine **eigene Haftungsordnung**, die in wesentlichen Punkten von der gesetzlichen abweicht, enthält die **SIA-Norm 118** in Art. 165–182 (umfassend dazu GAUCH, SIA). Zu erwähnen ist insb. der *Vorrang der Nachbesserung* gem. Art. 169 Abs. 1, womit der Besonderheit des Bauwerkvertrages Rechnung getragen wird (N 59 und dort angeführte Entscheide; ferner BGE 116 II 311, 453; 110 II 53 und dazu BR 1985, 16 und WERRO, BR 1984, 69 ff. – Verwirkung der übrigen Mängelrechte und fehlende Überwälzbarkeit der Ersatzkosten, wenn der Besteller Nachbesserung nicht vom Unternehmer verlangt, sondern sogleich einen Dritten einschaltet (BGer, 29.5.2006, 4C.91/2006, E. 4), s.a. KOLLER A., Nachbesserung, N 238 f.; RJJ 1993, 174 ff. = BR 1994, 52. Das Wahlrecht des Bauherrn lebt allerdings wieder auf, wenn der Unternehmer die verlangte Nachbesserung nicht fristgerecht vornimmt oder (in diesem Fall schon vor Ablauf der Nachbesserungsfrist) wenn sich der Unternehmer ausdrücklich geweigert hat oder offensichtlich nicht imstande ist, eine Nachbesserung vorzunehmen (s. N 62 f.; Art. 169 Abs. 1, 2 SIA-Norm 118 und dazu GAUCH, SIA; s.a. KOLLER A., Nachbesserung, N 288 ff.; GAUCH, N 2658 ff.; DERS., BR 1991, 45; ferner BGE 136 III 273; 117 II 553; 116 II 453; 116 II 311; 110 II 53). Zur Frage der (Un-)Zumutbarkeit der Wandelung nach Art. 169 Abs. 1 SIA-Norm 118 s. BGer, 22.1.2003, 4C.301/2002, E. 3.4.1 f. (weiter Ermessensspielraum; i.c. war Minderung vertraglich ausgeschlossen und Nachbesserung wurde verweigert). Zur Abtretbarkeit der Mängelrechte s. N 13; KOLLER A., Die Abtretung werkvertraglicher Mängelrechte in Grundstückverträgen, in: Ruf/Pfäffli (Hrsg.), FS 100 Jahre Verband bernischer Notare, Langenthal 2003, 363 ff.

89 Zur *zweijährigen oder anderweitig vereinbarten Rügefrist* gem. Art. 172 SIA-Norm 118 s. Art. 367 N 30.

IX. Beweislast

90 Der **Besteller**, der Mängelrechte gem. Art. 368 geltend machen will, hat das Vorliegen des **Werkmangels** zu beweisen (GAUCH, N 1507; BÜHLER A., 325; ZK-BÜHLER, N 41; BK-BECKER, N 14; BK-KUMMER, Art. 8 ZGB N 277; RUMO-JUNGO, 584; ZR 1944, 285 f.). Dasselbe gilt für die tatsächlichen Grundlagen der aus seiner Wahlerklärung (Wandelung, Minderung, Nachbesserung) hervorgehenden Rechte (BK-GAUTSCHI, N 4a). Der Besteller trägt auch die Beweislast dafür, dass die Werkmängel bereits im Zeitpunkt der Ablieferung des Werkes bestanden (SJ 1951, 488).

91 Keine Behauptungs- und Beweislast trifft den Besteller hingegen für die Gründe der Entstehung des Werkmangels. – Der Unternehmer kann im Einzelfall nach Treu und Glauben verpflichtet sein, im Falle von Beweisschwierigkeiten des Bestellers durch technische Hinweise, Herausgabe von Plänen u.ä. an der Beweisführung mitzuwirken (ZK-BÜHLER, N 42; BRÄNDLI, Nachbesserung, Rz 237 f.). Die Zulässigkeit einer *Umkehr der Beweislast* durch Vereinbarung wird mehrheitlich befürwortet (dazu GAUCH, N 1509).

92 Die *SIA-Norm 118* auferlegt in Art. 174 Abs. 3 dem **Unternehmer** die Beweislast dafür, dass der vom Bauherrn während der Rügefrist gerügte Mangel keine Vertragsabweichung darstelle (im Gegensatz zu Art. 179 Abs. 5 betr. verdeckte Mängel; s. BGer, 17.11.2009, 4A_424/

2009, E. 4; GVP 1992, 54 = BR 1993, 102 f.; BRÄNDLI, Nachbesserung, Rz 239; SPIESS/HUSER, Art. 179 N 10 f.; ferner BGer, 1.10.2010, 4D_81/2010; dazu HÜRLIMANN/SIEGENTHALER, Jusletter 2012, 28 f., wonach die Vereinbarung der Beweislastverteilung nach Art. 174 Abs. 3 SIA-Norm 118 in Gerichtsverfahren als Tatsache behauptet werden muss).

Bei der Ausübung des Minderungsrechts gem. Art. 368 Abs. 2 trägt der Besteller die Beweislast für die *Höhe des Herabsetzungsbetrages*, unter Berücksichtigung allfälliger tatsächlicher Vermutungen (s. N 44; GAUCH, N 1667; s.a. BGE 116 II 230). **93**

Ob das für die Pflicht, den Mangelfolgeschaden nach Art. 368 Abs. 1 und 2 zu ersetzen, vorausgesetzte **Verschulden des Unternehmers** präsumiert wird, ist umstritten (Art. 97 Abs. 1; *bejahend*: BGE 93 II 315 = Pra 1968, 168; s.a. BGE 107 II 439; GAUCH, N 1891; WERRO, ZSR 1989 I 290; KLAUSER, 63; PALLY, 32 f.; PEDRAZZINI, 518; ZK-BÜHLER, N 190; ZK-OSER/SCHÖNENBERGER, N 13; TERCIER/FAVRE, N 4629 ff.; CORBOZ, III, 18; SCHLATTER, 64; CR CO I-CHAIX, N 61; *verneinend*: BK-GAUTSCHI, N 25; BK-BECKER, N 13; BUCHER, BT, 210; DÜRR, 63). Die Frage ist zu bejahen. **94**

Der **Unternehmer** trägt die Beweislast dafür: **95**
- dass eine vom Besteller verlangte Nachbesserung des mangelhaften Werkes übermässige Kosten i.S.v. Art. 368 Abs. 2 verursachen würde (GAUCH, N 1767; DERS., BR 2013, 247; BGer, 24.2.2004, 4C.265/2003, E. 3.2 und dazu BRÄNDLI, AJP 2004, 1260 ff.);
- dass die Entfernung eines auf Grund und Boden des Bestellers errichteten Werkes für ihn unverhältnismässige Nachteile i.S.v. Art. 368 Abs. 3 zur Folge hätte (GAUCH, N 1575);
- dass ihn im Hinblick auf einen Mangelfolgeschaden kein Verschulden trifft (Exkulpation; s. N 94; s.a. ZK-BÜHLER, N 190 f.).

Vertragsabreden über die Beweislast sind im Rahmen von Art. 27 ZGB und Art. 20 OR zulässig (GVP 1992, 53 f.). **96**

X. Rechtsvergleichung

Siehe §§ 633 ff. BGB (revidiert zum 1.1.2002, s. Vor Art. 363–379 N 4 [mit Literaturhinweisen]); § 1167 ABGB, art. 1792-5 und 1792-6 CC fr. sowie art. 1667 ff. CC it.; s.a. die Übersicht betr. Gewährleistung und Verjährung im Kauf- und Werkvertragsrecht verschiedener Länder bei SCHWAPPACH, EU-Rechtshandbuch für die Wirtschaft, 2. Aufl. 1996, 59–79; DACH Europäische Anwaltsvereinigung (Hrsg.), Gewährleistungsrecht im Kauf- und Werkvertragsrecht, Bd. 24, 2005; ferner die Hw. bei ZK-BÜHLER, N 188 f. betr. den Begriff des Werkmangels und N 242, betr. der Prioritätsordnung nach dem deutschen BGB; KOLLER S., 11 ff., 21 ff., m.H. zum Wandlungsrecht des deutschen BGB und des österreichischen ABGB; SCHIEMANN, Vorteilsanrechung beim werkvertraglichen Schadenersatz, NJW 2007, 3037 ff.; BGH Urteil vom 12.8.2009-VIII ZR 254/08, Fristansetzung zur Nachbesserung nicht notwendig, um die Kosten der Drittleistung zurückzuverlangen; s.a. BGH Urteile vom 11.10.2012-VII ZR 179/11 und VII ZR180/11. **97**

Art. 369

c. Verantwortlichkeit des Bestellers

Die dem Besteller bei Mangelhaftigkeit des Werkes gegebenen Rechte fallen dahin, wenn er durch Weisungen, die er entgegen den ausdrücklichen Abmahnungen des Unternehmers über die Ausführung erteilte, oder auf andere Weise die Mängel selbst verschuldet hat.

c. Fait du maître

Le maître ne peut invoquer les droits résultant pour lui des défauts de l'ouvrage, lorsque l'exécution défectueuse lui est personnellement imputable, soit à raison des ordres qu'il a donnés contrairement aux avis formels de l'entrepreneur, soit pour toute autre cause.

c. Responsabilità del committente — Il committente non può far valere i diritti accordatigli in caso di opera difettosa, se egli stesso fu causa dei difetti mediante ordinazioni date contro l'espresso parere dell'appaltatore o in altra maniera.

Literatur

Vgl. die Literaturhinweise bei den Vorbem. zu Art. 363–379.

I. Normzweck. Grundsätzliches

1 Art. 369 statuiert eine **negative Voraussetzung der Mängelrechte des Bestellers** nach Art. 368. Obwohl die Mängelrechte – abgesehen vom Recht auf Ersatz des Mangelfolgeschadens – kein Verschulden des Unternehmers voraussetzen (Art. 368 N 7), können sie doch im Falle eines (Selbst-)Verschuldens des Bestellers entfallen oder begrenzt sein. Art. 369 entspringt dem gleichen Grundgedanken wie Art. 44 Abs. 1 (haftungsrechtliche Herabsetzungsgründe), wirkt aber über das Schadenersatzrecht hinaus für alle Mängelrechte des Bestellers unmittelbar, nicht (mittelbar) erst nach Ermessen des Gerichts (BK-Gautschi, N 2).

2 Art. 369 ist eine Sondervorschrift zu Art. 364 Abs. 1 und konkretisiert die dort statuierte allgemeine Sorgfaltspflicht des Unternehmers im Hinblick auf eine mögliche Befreiung des Unternehmers von der Mängelhaftung infolge eines Selbstverschuldens des Bestellers (vgl. BGE 95 II 51; Gauch, N 833). In Bezug auf die Interessenlage und Risikoverteilung ist Art. 369 i.V.m. Art. 365 Abs. 3, Art. 376 Abs. 3 und Art. 378 Abs. 2 zu sehen; s.a. Art. 166 Abs. 4 SIA-Norm 118.

3 Ein **Selbstverschulden** i.S.v. Art. 369 liegt nur vor, wenn die **Verursachung des Werkmangels** (i.S. der rechtserheblichen Adäquanz) **ausschliesslich dem Besteller zuzurechnen** ist (BGer, 20.2.2006, 4C.217/2005, E. 3.2.1; BGE 116 II 458; EGV 1984, 108 ff., zu Recht kritisiert in BR 1986, 16; Gauch, N 1918; ZK-Bühler, N 16 f.; CR CO I-Chaix, N 21; Koller A., Nachbesserung, N 41; Lenzlinger Gadient, 107; weniger weitgehend BK-Gautschi, N 4c, 5b, 7b, der von «Hauptursache» spricht; s.a. Bögli, N 125; Trachsel, N 177 ff., 386 ff.; Art. 369 N 26 f.). Die vom Besteller gesetzte Ursache kann ein Fehlverhalten oder ein anderer Umstand sein, für den er einzustehen hat (Selbstverschulden im untechnischen Sinne, treffender Selbstverursachung). Nicht vorausgesetzt ist, dass der Besteller eine gesetzliche oder vertragliche Pflicht verletzt hat (Gauch, N 1917; Bögli, N 125; s.a. Art. 376 N 23).

4 *Kein Selbstverschulden* des Bestellers liegt vor, wenn der Werkmangel eingetreten ist, weil der Besteller oder sein Vertreter den Unternehmer nicht überwacht hat; den Besteller trifft vorbehaltlich abweichender Vereinbarung **keine Überwachungspflicht, höchstens eine Koordinationspflicht** (BGer, 24.6.2003, 4C.16/2003, E. 2.2: kein Anspruch des Schuldners, in der Vertragserfüllung vom Gläubiger überwacht zu werden; Gauch, N 2057 ff.; Koller A., Nachbesserung, N 49; Scherrer, Diss., N 132 ff., 154; s.a. Art. 34 Abs. 2, 3 SIA-Norm 118). Ebenfalls nicht von einem Selbstverschulden des Bestellers kann im Falle der Vereinbarung einer geringen Vergütung für die Werkherstellung gesprochen werden (Gauch, N 2056; s.a. Dürr, 74).

5 Dem Besteller zuzurechnen ist – in sinngemässer Anwendung von Art. 101 – das **Verhalten seiner Hilfspersonen**, insb. auch dasjenige des vom Bauherrn eingesetzten Architekten oder Ingenieurs in Bauwerkverträgen (BGE 95 II 50; Koller A., Nachbesserung, N 519 ff.; Corboz, III, 20; ZK-Bühler, N 15, 18 ff., ausführlich zum «anrechenbaren» Verschulden verschiedener Hilfspersonen; Trachsel, N 238; Carron, Le mandataire face à l'entreprise générale ou totale, Baurechtstagung 2007, 169 ff.; vgl. zum Ganzen auch Nigg, 131 ff.; s.a. Ott, SJZ 1978, 285 ff.; ferner die Differenzierung von Schenker, Hilfsperson, 21 ff., analoge Anwendung von Art. 378). Dies betrifft nicht nur das Verhalten der Hilfsperson, sondern auch deren *Sachverstand* (s. BGE 130 III 605; 119 II 130; 116 II 309; 95 II 54; Gauch, N 1923).

II. Selbstverschulden des Bestellers aufgrund fehlerhafter Ausführungsweisungen

1. Haftungsbefreiung des Unternehmers infolge Abmahnung

Die Mängelrechte des Bestellers entfallen, «wenn er durch Weisungen, die er entgegen den ausdrücklichen Abmahnungen des Unternehmers über die Ausführung erteilte, [...] die Mängel selbst verschuldet hat» (Art. 369). Bei diesen **Weisungen** – wobei entgegen dem gesetzlichen Wortlaut eine (singuläre) Weisung genügt – handelt es sich um verbindliche Anordnungen des Bestellers im Rahmen des Werkvertrages; ausgeschlossen sind blosse (unverbindliche) Ratschläge oder Vorschläge (s. BGE 116 II 308; KGer FR, SJZ 1989, 118: «vorgeschlagen, aber nicht vorgeschrieben»; ZK-BÜHLER, N 27). 6

Die Weisungen des Bestellers (z.B. Zielanweisungen) oder seiner Hilfsperson(en) (wie Fachanweisungen) können sich insb. auf die *Ausführung* (vgl. BGE 95 II 44), das *Verfahren* oder die *Konstruktion* (EGV 1991, 137), den *Werkstoff* (KGer FR, SJZ 1989, 118), den *Zeitrahmen* oder den *Beizug von Subunternehmern* (BGE 116 II 308; s. N 19; GAUCH, N 1927 f.; DÜRR, 72; s.a. ZK-BÜHLER, N 29) beziehen. Sie werden mündlich oder schriftlich (etwa in Form von Plänen), persönlich oder durch bevollmächtigte (Hilfs-)Personen erteilt (GAUCH, N 1934; BRÄNDLI, Nachbesserung, Rz 257 ff.; KOLLER A., Nachbesserung, N 53; EGLI, Haftung, 94). 7

Voraussetzung dafür, dass der Werkmangel, der aus dem Festhalten des Bestellers an seiner fehlerhaften Weisung hervorgeht, diesem als selbst verschuldet angelastet werden kann, ist eine inhaltlich und formell genügende **Abmahnung durch den Unternehmer**. Der sachkundige Unternehmer soll dem nicht oder weniger sachkundigen Besteller, der zweckwidrige, fehlerhafte Weisungen erlässt, mit der Abmahnung zur Seite stehen (ZK-BÜHLER, N 32; BK-BECKER, N 1; BK-GAUTSCHI, N 9; s.a. BÖGLI, N 126). Die Abmahnung i.S.v. Art. 369 ist eine *Vorstellungsäusserung*, ein Rat (ZK-OSER/SCHÖNENBERGER, N 1; KLAUSER, 64), nicht eine Willenskundgebung (so aber BGE 95 II 50). Sie bezweckt den Widerruf oder eine Anpassung der vom Besteller erteilten Weisung; s.a. Art. 166 Abs. 4 SIA-Norm 118. 8

Mit der Abmahnung muss der Unternehmer gegenüber dem Besteller unmissverständlich zum Ausdruck bringen, dass die erteilte Weisung seines Erachtens **zu einem Werkmangel führen könnte** und dass er deshalb die **Verantwortung für die entsprechende Werkausführung ablehne** (so BGer, 20.2.2006, 4C.217/2005, E. 3.2.1; BGE 116 II 308; 95 II 50; leicht abweichend BGer, 27.3.2000, 4C.452/1999, E. 2b, wonach auf das zweite Element i.d.R. zu schliessen sei; vgl. auch BGE 42 II 634). Der Unternehmer hat die Tatsachen zu nennen, die seinen Bedenken zugrunde liegen. *Ungenügend* sind blosse Belehrungen, Kritik oder Hinweise darauf, man würde in eigener Sache anders vorgehen oder einen anderen Subunternehmer beiziehen (s. BGE 116 II 308; GAUCH, N 1940; ZK-OSER/SCHÖNENBERGER, N 1; SCHLATTER, 66; s.a. SJ 1952, 43). 9

Das zweite bundesgerichtliche Erfordernis, die ausdrückliche Entschlagung der Verantwortung durch den Unternehmer, wird in der Literatur z.T. abgelehnt (so GAUCH, N 1941; DERS., BR 1991, 44; BK-GAUTSCHI, N 9; ZK-OSER/SCHÖNENBERGER, N 2; anders BK-BECKER, N 1; DÜRR, 73; offen gelassen in BGE 116 II 308). Unseres Erachtens ist die ausdrückliche Ablehnung der Verantwortung (Enthaftungserklärung) eine – aber nicht notwendigerweise die einzige – mögliche Substantiierung der Abmahnung i.S.v. Art. 369 (gl.M. wohl BK-KOLLER, Art. 365 OR N 73). Jedenfalls darf beim Besteller nicht der Eindruck entstehen, der Unternehmer sei trotz der fehlerhaften Weisung bereit, für allfällige Werkmängel einzustehen (s.a. Art. 376 N 24). 10

Die Abmahnung muss **ausdrücklich** erfolgen (Art. 369), also *bestimmt, klar und deutlich* (BGE 95 II 50; GAUCH, N 1946 m.a.W. *«eindeutig»*; KLAUSER, 64 f.; FURRER, 111; s.a. ZK-BÜHLER, N 42). Diesbezüglich ist ein *strenger Massstab* anzulegen; der Unternehmer kann sich im Unterschied zum Arbeitnehmer nicht einfach darauf berufen, sich an die ihm erteilten 11

Weisungen gehalten zu haben (BGE 95 II 51; BK-Gautschi, N 9; Reber, 36). *Ungenügend* sind konkludentes Verhalten oder bloss vage Andeutungen (ZK-Bühler, N 44). Art. 16 Abs. 1 findet keine Anwendung; eine vereinbarte Schriftform stellt vermutungsweise kein Gültigkeitserfordernis dar, sondern dient bloss dazu Beweisschwierigkeiten vorzubeugen (BGE 95 II 47; Gauch, N 1947 lediglich «rechtswahrende Erklärung»; Reber, 36). Dies gilt – trotz des Wortlauts von Art. 25 Abs. 2 SIA-Norm 118 – auch für Abmahnungen gem. Art. 25 Abs. 3 und 4 SIA-Norm 118 (Rep 1984, 310 = BR 1984, 54; s.a. BGE 95 II 46–48; Gauch, N 1948).

12 Auszugehen hat die Abmahnung entweder vom Unternehmer persönlich oder von seinem zuständigen Vertreter (Vorarbeiter u.U. ungenügend, BGE 95 II 50 f.); zu richten ist sie an den Besteller persönlich oder an dessen zuständigen Vertreter (z.B. Architekten; s. BGE vom 28.1.1986, BR 1986, 48; Bauführer fraglich, BGE 95 II 51, 53; ZK-Bühler, N 47; krit. Merz, ZBJV 1971, 151). Nicht ausreichend ist i.d.R. die Einschaltung eines untergeordneten Angestellten, stets genügend dagegen eine an den Besteller persönlich gerichtete Abmahnung (Gauch, N 1942 ff.; Reber, 36; s.a. Art. 33 Abs. 2 der SIA-Norm 118, Fassung 2013, wonach die *Bauleitung* den Bauherrn gegenüber dem Unternehmer [grundsätzlich] rechtsverbindlich vertritt).

13 Nach erfolgter Abmahnung hat der Unternehmer grundsätzlich mit der weiteren Ausführung des Werkes **zuzuwarten**, bis er weiss oder nach den Umständen annehmen muss, dass der Besteller trotz Abmahnung an der Weisung festhält (Gauch, N 1949; Koller A., Nachbesserung, N 55; ZK-Bühler, N 42; Corboz, III, 21).

2. Haftungsbefreiung des Unternehmers trotz fehlender Abmahnung

14 Über den Wortlaut von Art. 369 hinaus befreien Rechtsprechung und Lehre den Unternehmer in gewissen Fällen **auch ohne Abmahnung** von den Sachgewährleistungspflichten gem. Art. 368, obschon ihm der Besteller Weisungen erteilt. Dies ist (ausnahmsweise) gerechtfertigt, wenn der Unternehmer nachzuweisen vermag, dass der Besteller *auch im Falle einer ordnungsgemässen Abmahnung an seiner fehlerhaften Weisung festgehalten hätte* und dass der Werkmangel demzufolge ohnehin eingetreten wäre. Diese Ausgangslage kann insb. gegeben sein, wenn – entgegen dem Normalfall, von welchem der Gesetzgeber ausging – (auch) der **Besteller sachverständig** ist, seine **Weisungen mithin sachverständig erteilt** werden. Vorausgesetzt ist also, dass der Besteller oder sein Berater oder Vertreter (Architekt, Ingenieur u.Ä.) *in Bezug auf die konkreten Weisungen über das erforderliche Fachwissen verfügen, um deren Richtigkeit überprüfen und die Gefahr eines allfälligen Werkmangels erkennen zu können* (vgl. BGer, 7.8.2008, 4A_166/2008, E. 2.1). Das gesetzgeberische Bild des nicht-fachkundigen Bestellers und des fachkundigen Unternehmers ist bei Bauwerkverträgen infolge der zunehmenden sachverständigen Beratung oder Vertretung des Bauherrn durch Architekten, Prüfingenieure u.Ä. häufig zu relativieren (vgl. BGer, 5.5.2009, 4A_343/2008, E. 5.4.2; Hess, BR 1995, 3 ff.; ders., Bauhaftpflicht, 200).

15 Bei in diesem Sinne sachverständig erteilten Weisungen rechtfertigt sich eine Haftungsbefreiung des Unternehmers, sofern er die **Fehlerhaftigkeit der Weisung weder erkannte noch erkennen musste** (BGE 116 II 456, 309 f.; KGer TG, 23.4.2009, RBOG 2009 Nr. 9, E. 3b; EGV 1991, 137 f. = BR 1992, 95; Rep 1990, 240 = BR 1992, 38; Rep 1984, 308 ff. = BR 1984, 54; Gauch, N 1958 ff.; Dürr, 73; ZK-Bühler, N 50; BK-Gautschi, N 5a, 6b; vgl. auch SJ 1989, 309 f. = BR 1989, 92). In diesem Falle ist der Werkmangel, der sich aus der Befolgung der sachverständig erteilten, aber fehlerhaften Weisung ergibt, dem Besteller i.S.v. Art. 369 als selbst verschuldet zuzurechnen.

16 Hat der Unternehmer hingegen die Fehlerhaftigkeit der Weisung **erkannt oder hätte er sie erkennen müssen** (vgl. BGE 116 II 457; 111 II 72) – sei es im Rahmen einer Nachprüfung oder weil der Mangel offensichtlich war –, so bildet die fehlerhafte Weisung *nicht mehr die* *allein massgebliche Ursache des Werkmangels.* Demzufolge ist eine (vollständige) Haftungsbefreiung des Unternehmers nach Art. 369 ausgeschlossen (BGE 116 II 457; Max 1972, 89; s.a. Art. 25 Abs. 3, 4 SIA-Norm 118; GAUCH, N 1964 ff.; ZK-BÜHLER, N 51 f.).

Ist die Fehlerhaftigkeit der vom Besteller erteilten Weisung nicht offensichtlich, so stellt sich die Frage nach einer **Nachprüfungspflicht des Unternehmers**. Eine Nachprüfung kann erwartet werden, «wenn der Sachverstand auf Seiten des Unternehmers (Spezialunternehmer) bedeutend weiter reicht als beim Besteller» (BGE 116 II 457; s.a. GAUCH, N 1976 m.Hw. auf weitere Fälle, in denen eine Nachprüfung der Weisung durch den Unternehmer erwartet werden darf). Ist der Besteller oder sein Berater oder Vertreter hingegen seinerseits sachverständig, so darf der Unternehmer im Normalfall *ohne eigene Nachprüfung* von der Richtigkeit der erteilten Weisung ausgehen (vgl. BGE 93 II 316 = Pra 1968, 169; Rep 1978, 138; KOLLER A., Nachbesserung, N 54; EGLI, Haftung, 96). Dies gilt insb. für Pläne, die der Unternehmer auszuführen hat (GAUCH, N 1975 m.w.Nw.; s.a. Art. 25 Abs. 3 SIA-Norm 118). 17

3. Vorgeschriebener Werkstoff oder Subunternehmer im Besonderen

Aus der Fülle möglicher fehlerhafter Weisungen des Bestellers sind zwei Fälle herauszugreifen: Hat der Besteller den Unternehmer angewiesen, **einen bestimmten Werkstoff zu verwenden oder den Werkstoff von einem bestimmten Hersteller oder Lieferanten zu beziehen**, so ist der Unternehmer im Falle der Mangelhaftigkeit des Werkstoffes von der Mängelhaftung nach Art. 368 befreit, sofern die Mangelhaftigkeit (indirekt) auf die Weisung des Bestellers zurückzuführen ist und der Unternehmer den Besteller abgemahnt und dieser trotzdem an seiner Weisung festgehalten hat (ebenso BGer, 7.8.2008, 4A_166/2008, E. 3.3; Art. 136 Abs. 2 SIA-Norm 118 und dazu GAUCH/PRADER, SIA, Art. 136 N 16; s.a. ZWR 1992, 353 f. = BR 1994, 50 f.; Rep 1990, 240 = BR 1992, 38; SJZ 1989, 118 = BR 1988, 65 f.; GAUCH, N 2014 ff.). Der Unternehmer darf davon ausgehen, dass der vom angewiesenen Hersteller oder Lieferanten bezogene Werkstoff eine genügende Qualität aufweist (vgl. GAUCH, N 2021 f.). 18

Ebenso entfällt die Mängelhaftung des Unternehmers, wenn der Besteller an dem von ihm **vorgeschriebenen Subunternehmer festhält**, obwohl der Unternehmer ihn wegen Bedenken in Bezug auf die Fähigkeit oder Zuverlässigkeit des Subunternehmers rechtswirksam abgemahnt hat (s.a. Art. 29 Abs. 5 SIA-Norm 118; SAXER, 194 ff.). Weitere Voraussetzung der Haftungsbefreiung ist allerdings, dass den Unternehmer in Bezug auf die Instruktion, Einsetzung und Überwachung des vorgeschriebenen Subunternehmers keinen Vorwurf trifft. Der Unternehmer ist jedoch nicht verpflichtet, über die Fähigkeit und Zuverlässigkeit des Subunternehmers Nachforschungen anzustellen (zum Ganzen GAUCH, N 2027 f.; DERS., BR 1991, 44). Da beim Beizug von Subunternehmern nicht die Frage des Sachverstandes, sondern diejenige nach den *einschlägigen Erfahrungen* im Vordergrund steht, kann die für technische Ausführungsweisungen angeführte Regel der Haftungsbefreiung trotz unterbliebener Abmahnung (s. N 15) hier nicht unbesehen übernommen werden (s. die Differenzierungen in BGE 116 II 310; s.a. Art. 29 Abs. 5 SIA-Norm 118; zur Abmahnungspflicht des Subunternehmers gegenüber seinen Sub-Subunternehmern s. BK-BECKER, N 2). 19

Zum Einfluss einer mangelhaften Arbeit des *Vor*unternehmers oder des *Neben*unternehmers auf die Mängelhaftung und Haftungsbefreiung des Unternehmers s. GAUCH, N 2038 ff., 1922; KOLLER A., Nachbesserung, N 570 ff.; SCHERRER, Diss., N 377 ff.; TRACHSEL, N 230 ff. Der Bauherr muss sich die Mängel des Werkes des Vorunternehmers grundsätzlich zurechnen lassen. Das Vorunternehmerwerk bildet eine Grundlage wie der Baugrund oder der vom Bauherrn gelieferte Stoff. 20

III. Anderweitiges Selbstverschulden des Bestellers

21 Neben dem Tatbestand der fehlerhaften Weisung des Bestellers enthält Art. 369 eine **Generalklausel**, wonach dem Besteller die Mängelrechte nach Art. 368 auch dann nicht zustehen, wenn er «auf andere Weise die Mängel selbst verschuldet hat» (vgl. BGE 52 II 78 betr. mangelhafte Probestücke, und die Hinweise auf weitere Anwendungsfälle bei PEDRAZZINI, 529 FN 85). Herauszugreifen sind die Fälle des **mangelhaften Werkstoffes oder Baugrundes des Bestellers**. Führen der vom Besteller gelieferte Werkstoff oder der von ihm angewiesene Baugrund infolge ihrer Mangelhaftigkeit zu Werkmängeln, *so gelten diese als vom Besteller selbst verschuldet*; eine Mängelhaftung des Unternehmers fällt grundsätzlich ausser Betracht. Das Risiko für den eigenen Werkstoff oder Baugrund sowie für dadurch verursachte Mängel verbleibt also beim Besteller (vgl. Art. 365 Abs. 2, 3 und Art. 376 Abs. 2, 3; KGer SZ, EGV 1984, 108 ff., zu Recht kritisiert in BR 1986, 16; GAUCH, N 1979; s.a. ZK-BÜHLER, N 34 ff.; TRACHSEL, N 212 ff. mit ausführlicher Kasuistik; BK-GAUTSCHI, N 4a, 5b).

22 Die Haftungsbefreiung gem. Art. 369 ist in diesen Fällen jedoch an die Voraussetzung geknüpft, dass der Unternehmer seiner *Anzeigepflicht gem. Art. 365 Abs. 3* (s. Art. 365 N 35) nachgekommen ist (s. ZWR 1991, 252 = BR 1992, 94; GAUCH, N 1988 ff.; ZK-BÜHLER, N 38; BK-GAUTSCHI, N 4a, 4b). Hat der Unternehmer die Mangelhaftigkeit des Werkstoffes oder Baugrundes deshalb nicht angezeigt, weil er sie *pflichtwidrig nicht erkannt* hat, da die Mangelhaftigkeit offensichtlich war oder wenn dem Unternehmer eine Prüfungspflicht oblag und die Mangelhaftigkeit im Rahmen der zumutbaren Prüfung erkennbar gewesen wäre, so ist eine Haftungsbefreiung ausgeschlossen (Näheres bei GAUCH, N 1993 ff.; TRACHSEL, N 451; s.a. BK-GAUTSCHI, N 5a).

IV. Rechtsfolgen

23 Hat der Besteller die Werkmängel durch Erteilung einer fehlerhaften Weisung oder auf andere Weise selbst verschuldet, so **entfallen die Mängelrechte** gem. Art. 368 (BGE 116 II 308; 95 II 45; KGer SZ, EGV 1984, 108 ff.; BK-GAUTSCHI, N 11a; GAUCH, N 1914). Obwohl die Mängelrechte von Art. 368 – vom Recht auf Ersatz des Mangelfolgeschadens abgesehen – von einem allfälligen Verschulden des Unternehmers unabhängig sind (Prinzip der Kausalhaftung; s. Art. 368 N 7), ist ein (Selbst-)Verschulden des Bestellers sehr wohl relevant: *Der Unternehmer haftet nur für ihm zuzurechnende, nicht für alle Werkmängel.*

24 Setzt der Besteller die allein massgebliche Ursache des Werkmangels, so sind ihm **sämtliche Mängelrechte** (s. Art. 368 N 1) entzogen, einschliesslich des Rechts auf Ersatz des Mangelfolgeschadens (GAUCH, N 1914, 1503; ZK-BÜHLER, N 62). Art. 369 erstreckt sich – vorbehaltlich abweichender Vereinbarungen – über die gesetzlichen Mängelrechte hinaus auch auf die *vertraglichen* (vgl. PEDRAZZINI, 528).

25 Die Mängelrechte entfallen *ohne weiteres*, insb. **ohne ein Tätigwerden des Richters** (vgl. Art. 44 Abs. 1.). Art. 369 hat *unmittelbare Wirkung* und enthält keine blosse «Kann-Vorschrift» (vgl. SJ 1983, 22; GAUCH, N 1914; ZK-BÜHLER, N 62; BK-GAUTSCHI, N 2; DÜRR, 72). Zur Beweislast s. N 30.

26 Art. 369 geht davon aus, dass der Besteller mit seinem Selbstverschulden die allein massgebliche Ursache des Werkmangels gesetzt hat. Ist diese Voraussetzung erfüllt, wird der Unternehmer von seiner Mängelhaftung *vollständig befreit*. Trifft den Besteller lediglich ein **beschränktes Selbstverschulden** (s. die Bsp. bei GAUCH, N 2051), ist ihm also nur eine *Teilursache* des Werkmangels zuzurechnen, so fällt eine Anwendung von Art. 369 grundsätzlich ausser Betracht (BGE 116 II 458; GAUCH, N 2050, 2061). Das beschränkte Selbstverschulden des Bestellers kann jedoch in – teils direkter, teils analoger – Anwendung von *Art. 99 Abs. 3 i.V.m. Art. 44 Abs. 1* zu einer **teilweisen Entlastung des Unternehmers** führen (s. BGE 116 II 458; 116 II 310; 95 II 54; ausführlich TRACHSEL, N 536 ff.; ferner GAUCH,

N 2061; DERS., BR 1991, 97; KOLLER A., Nachbesserung, N 56; SCHERRER, Diss., N 381; BÖGLI, N 127; CORBOZ, III, 21; s.a. ZK-BÜHLER, N 59).

Dies gilt insb. – in direkter Anwendung von Art. 99 Abs. 3 i.V.m. Art. 44 Abs. 1 – für den *Ersatz des Mangelfolgeschadens*, ferner aber auch – in analoger Anwendung von Art. 99 Abs. 3 i.V.m. Art. 44 Abs. 1 – für das *Minderungsrecht* (entgegen BGE 85 II 193 = Pra 1959, 443 f. betr. Kaufrecht; s.a. SJZ 1940/41, 157 f.; Art. 169 Abs. 1 Ziff. 2 SIA-Norm) und für das *Nachbesserungsrecht* (s.a. Art. 170 Abs. 3 SIA-Norm) sowie – mit anderer Ausrichtung – für das *Wandelungsrecht* (s. zum Ganzen auch TRACHSEL, N 566 ff., 583 ff.; ZK-BÜHLER, N 59 f.). Das Mass der Entlastung bestimmt hier – im Gegensatz zur unmittelbar eintretenden Rechtsfolge des Art. 369 – der **Richter** aufgrund eines Ermessensentscheides unter Berücksichtigung der zu Art. 44 Abs. 1 entwickelten Grundsätze (s. BGE 116 II 458; Näheres bei GAUCH, N 2062–2068; s.a. DÜRR, 72; ZK-BÜHLER, N 60). 27

V. Abweichende Vereinbarungen

Art. 369 ist als Teil der gesetzlichen Ordnung der werkvertraglichen Mängelhaftung **dispositiver Natur** (vgl. die Hw. in Art. 367 N 29, 368 N 82; TRACHSEL, N 675). Die Vertragsparteien sind namentlich frei, die Rechtsfolgen eines Selbstverschuldens des Bestellers abweichend (abgestuft, differenzierter) zu regeln. 28

Aus der *SIA-Norm 118* sind insb. Art. 25, 29, 136, 169 und 170 zu beachten. 29

VI. Beweislast

Der **Unternehmer** trägt die Beweislast für das Vorliegen eines Selbstverschuldens des Bestellers i.S.v. Art. 369 (GAUCH, N 1914; BRÄNDLI, Nachbesserung, Rz 294 f.; ZK-BÜHLER, N 63; BÜHLER A., 335 f.; CORBOZ, III, 20; ferner BK-GAUTSCHI, N 4c, 5b, 6c, 7b; SCHLATTER, 67). Es obliegt ihm der Beweis dafür, dass die Weisung des Bestellers fehlerhaft war und dass er die Abmahnungspflicht (inhaltlich und formell) erfüllt hat bzw. dass ausnahmsweise keine Abmahnungspflicht bestand. Der **Besteller** hat zu beweisen, dass trotz Sachverstand auf seiner Seite eine Abmahnungspflicht des Unternehmers bestand, ferner – im Hinblick auf eine bloss teilweise Entlastung des Unternehmers – dass sein Selbstverschulden lediglich ein beschränktes war. 30

VII. Rechtsvergleichung

Vgl. § 645 BGB sowie die Hw. bei GAUCH, N 1944 und 2065 zum deutschen Recht. 31

Art. 370

d. Genehmigung des Werkes

1 Wird das abgelieferte Werk vom Besteller ausdrücklich oder stillschweigend genehmigt, so ist der Unternehmer von seiner Haftpflicht befreit, soweit es sich nicht um Mängel handelt, die bei der Abnahme und ordnungsmässigen Prüfung nicht erkennbar waren oder vom Unternehmer absichtlich verschwiegen wurden.

2 Stillschweigende Genehmigung wird angenommen, wenn der Besteller die gesetzlich vorgesehene Prüfung und Anzeige unterlässt.

3 Treten die Mängel erst später zu Tage, so muss die Anzeige sofort nach der Entdeckung erfolgen, widrigenfalls das Werk auch rücksichtlich dieser Mängel als genehmigt gilt.

d. Acceptation de l'ouvrage

[1] Dès l'acceptation expresse ou tacite de l'ouvrage par le maître, l'entrepreneur est déchargé de toute responsabilité, à moins qu'il ne s'agisse de défauts qui ne pouvaient être constatés lors de la vérification régulière et de la réception de l'ouvrage ou que l'entrepreneur a intentionnellement dissimulés.

[2] L'ouvrage est tacitement accepté lorsque le maître omet la vérification et l'avis prévus par la loi.

[3] Si les défauts ne se manifestent que plus tard, le maître est tenu de les signaler à l'entrepreneur aussitôt qu'il en a connaissance; sinon, l'ouvrage est tenu pour accepté avec ces défauts.

d. Approvazione dell'opera

[1] L'approvazione espressa o tacita dell'opera consegnata, da parte del committente, libera l'appaltatore della sua responsabilità, salvo che si tratti di difetti irriconoscibili coll'ordinaria verificazione all'atto del ricevimento o che l'appaltatore li abbia scientemente dissimulati.

[2] Vi ha tacita approvazione, se il committente omette la verificazione e l'avviso previsti dalla legge.

[3] Ove i difetti si manifestassero soltanto più tardi, dovrà esserne dato avviso tosto che siano scoperti; altrimenti l'opera si ritiene approvata nonostante i difetti stessi.

Literatur

Vgl. die Literaturhinweise bei den Vorbem. zu Art. 363–379.

I. Normzweck. Grundsätzliches

1 Art. 370 regelt die Fälle der *Befreiung des Unternehmers von der Mängelhaftung infolge Genehmigung* des abgelieferten Werkes durch den Besteller. Mit der Genehmigung bringt der Besteller zum Ausdruck, dass das Werk – soweit erkennbar – seinen Erwartungen entspricht und dass er nicht gedenkt, Rechtsbehelfe von Art. 368 in Anspruch zu nehmen.

2 **Genehmigung** ist eine Willenserklärung des Bestellers, das abgelieferte Werk als vertragsgemäss gelten zu lassen (BGE 115 II 459; ZR 1980, 49; GAUCH, N 2070; BRÄNDLI, Nachbesserung, Rz 300 ff.; ZK-BÜHLER, N 9; ZK-OSER/SCHÖNENBERGER, N 1). Sie hat also *heilende Wirkung* in Bezug auf allfällige Werkmängel (BK-GAUTSCHI, N 2 sowie N 3c betr. Gegenstand der Genehmigung; ZK-BÜHLER, N 10). Sie ist *unwiderruflich* (GAUCH, N 2071; BK-GAUTSCHI, N 5a; BÖGLI, N 131), kann aber *bedingt* erklärt werden (BK-GAUTSCHI, N 5b; BÖGLI, N 131; KLAUSER, 66).

3 Die insb. im Rahmen von Art. 370 bedeutsamen *Begriffe* der Ablieferung, Annahme, Abnahme und Genehmigung werden sowohl im Gesetz als auch in Lehre und Rechtsprechung *unterschiedlich verwendet*. Der **Ablieferung** durch den Unternehmer, welche die Fertigstellung («Vollendung») des Werkes voraussetzt (Näheres in Art. 367 N 3; BGE 118 II 149), entspricht die **Abnahme** durch den Besteller (so mit der wohl h.L. BK-KOLLER, Art. 363 N 313; teilweise anders ZK-BÜHLER, Vor Art. 364–371 OR N 7 ff.), die auch stillschweigend, etwa durch zweckentsprechenden Gebrauch des Werkes, erfolgen kann (BGE 113 II 267; für Teilwerke: 115 II 459; s.a. ZR 1991, 53 f.; BRÄNDLI, Nachbesserung, Rz 77 ff., 156 ff. [Abnahme gemäss SIA-Norm 118]; GAUCH, SIA, Art. 157 N 10; BÖGLI, N 193). Ein besonderer Abnahmewille des Bestellers oder seines Vertreters ist nicht erforderlich. Entgegen der in der Umgangssprache häufig erfolgenden Gleichsetzung sind Abnahme, an welche die Prüfung des Werkes durch den Besteller erst anknüpft (Art. 367 Abs. 1; KLAUSER, 19; SCHLATTER, 41; **anders** Art. 159 ff. SIA-Norm 118; s. GAUCH, SIA, Vor Art. 157–164 lit. b), und **Genehmigung** klar auseinanderzuhalten (dieses Verständnis der Terminologie wird dem Wortlaut von Art. 370 Abs. 1 am ehesten gerecht; im Wesentlichen wie hier BGE 115 II 458; ZR 1980, 49 [abw. betr. Stufung der Übergabe; s.a. BR 1981, 13 f.]; GAUCH, N 97 ff. m.w.Nw.; LENZLINGER GADIENT, 55; ZK-BÜHLER, N 11; ZK-OSER/SCHÖNENBERGER, N 1; s.a. GAUCH, SIA,

Vor Art. 157–164, Art. 157 N 10; teilweise anders HONSELL, OR BT, 306; BK-GAUTSCHI, N 4 und Art. 367 OR N 13a).

Die Thematik des Art. 370 ist eng verbunden mit jener der entsprechenden kaufrechtlichen Bestimmungen (Art. 201 Abs. 2, 3 und Art. 203). 4

II. Anwendungsbereich

Gemäss Art. 370 Abs. 1 wird der Unternehmer im Falle der Genehmigung des Werkes durch den Besteller von der Mängelhaftung befreit, «soweit es sich nicht um Mängel handelt, die bei der Abnahme und ordnungsmässigen Prüfung nicht erkennbar waren [...]». Art. 370 Abs. 3 statuiert die Rechtsfolge für erst später zu Tage tretende Mängel. Zu unterscheiden ist also zwischen erkennbaren und nicht bzw. erst nach Ablauf der Prüfungsfrist erkennbaren oder – so die gängigere Terminologie – zwischen **offenen und geheimen Mängeln**. Als dritte Gruppe kommen diejenigen Mängel hinzu, welche «vom Unternehmer absichtlich verschwiegen wurden» (Art. 370 Abs. 1 a.E.). 5

Offene Mängel (Art. 370 Abs. 1) sind nach der gesetzlichen Umschreibung jene, welche «bei der Abnahme und ordnungsmässigen Prüfung» erkennbar sind. Bereits «bei der Abnahme», also ohne eigentliche Prüfung erkennbar sind *offensichtliche, augenfällige, deutliche Mängel*. Im Rahmen der «ordnungsmässigen Prüfung» erkennbar sind Mängel in Bezug auf vorausgesetzte oder vertraglich zugesicherte Eigenschaften des Werkes, soweit sie *mit der Sorgfalt und Aufmerksamkeit eines durchschnittlichen*, im Normalfall nicht fachkundigen, *Abnehmers* von Werken der betreffenden Art unter den betreffenden Umständen *entdeckt werden können* (s. Art. 367 N 9 ff.; BGer, 8.5.2007, 4C.130/2006, E. 4.1 = BR 2007, 167; s.a. GAUCH, N 2074; ZK-BÜHLER, N 18; BK-GAUTSCHI, N 8b, Art. 367 OR N 16c; BIEGER, Rz 242 ff.; DÜRR, 76). 6

Geheime Mängel (Art. 370 Abs. 3) sind demgegenüber jene, welche bei der Abnahme und der umschriebenen ordnungsmässigen Prüfung *nicht erkennbar* sind (ZK-BÜHLER, N 19). Die bei ordnungsmässiger Prüfung nicht erkennbaren, verborgenen Mängel können weiter unterteilt werden in (s.a. die Umschreibungen bei GAUCH, N 2075 ff.; CR CO I-CHAIX, N 6; ZK-OSER/SCHÖNENBERGER, N 5; BK-GAUTSCHI, N 9a; BIEGER, Rz 243 ff., 255): 7

- schlicht-verborgene Mängel, die während der Prüfungsfrist zwar (im Wesentlichen) *bereits vorhandenen*, in jenem Zeitraum aber noch verborgenen Mängel (z.B. undichtes Flachdach);
- einfache Folgemängel, die während der Prüfungsfrist *erst im Keime* (in den körperlichen Vorbedingungen) *vorhandenen*, erst später – in einem Zuge oder allmählich – zu Tage tretenden Mängel (z.B. sich verfärbendes Sofa; «wachsende» Mauerrisse, BGE 117 II 427; Verziehen der Bretter einer Holzfassade, BGE 118 II 143);
- qualifizierte Folgemängel, die während der Prüfungsfrist *noch gar nicht vorhandenen*, vielmehr erst später infolge eines anderen (häufig offenen) (Primär-)Mangels entstehenden Sekundärmängel (z.B. Fassadenschäden oder Durchnässung des Mauerwerks infolge undichter Leitungen; vgl. BGer, 21.5.2014, 4A_109/2014, E. 3.3).

Während die gesetzliche Regelung in Art. 370 an die Erkennbarkeit, also **objektiv**, anknüpft (s. N 19), nimmt die SIA-Norm 118 bei den sog. *verborgenen* Mängeln (Art. 179 SIA-Norm 118) darauf Bezug, ob der Bauherr die Mängel *tatsächlich* erst nach Ablauf der Rügefrist entdeckt hat. Die verborgenen Mängel i.S.v. Art. 179 SIA-Norm 118 unterscheiden sich also von den nicht erkennbaren, geheimen Mängeln i.S.v. Art. 370 OR (s. GAUCH, SIA, Art. 179 N 2; GAUCH, N 2079, 2715; **a.M.** SPIESS/HUSER, Art. 179 N 2; KGer VD, BR 2014, 30 f.). 8

Neben den offenen und den geheimen Mängeln handelt Art. 370 auch von den **absichtlich verschwiegenen Mängeln** (Abs. 1 a.E.). Da den Unternehmer keine allgemeine Pflicht trifft, bei der Aufdeckung von Mängeln mitzuwirken, ist nicht bloss ein absichtliches Verschweigen des Unternehmers, sondern über den Wortlaut hinaus ein *arglistiges, täuschendes oder ander-* 9 *weitig treuwidriges Verschweigen* vorausgesetzt (vgl. Art. 199; Gauch, N 2089 ff.; BK-Gautschi, N 9c: «qualifizierte Bösgläubigkeit»; ZK-Oser/Schönenberger, N 4; Bögli, N 154; anders BK-Becker, N 3; Schlatter, 69; s.a. Art. 40 WKR). Ein solches liegt vor, wenn der Unternehmer den ihm bekannten, nicht offensichtlichen Werkmangel gegenüber dem Besteller verschweigt, obwohl er nach den konkreten Umständen annehmen muss, der Besteller kenne den Mangel, den er nicht ungerügt hinnehmen würde, nicht und werde ihn vorderhand nicht erkennen oder jedenfalls nicht in seiner ganzen Tragweite erfassen (vgl. BGE 66 II 139 betr. Kaufrecht; Gauch, N 2093; s.a. BGer, 21.5.2014, 4A_109/2014, E. 5.1; 29.8.2013, 4A_94/2013, E. 3.2; BGE 89 II 409; ZK-Bühler, N 20; Bögli, N 154; BK-Becker, N 3; zur Beweislast s. N 26 ff.). Besonders deutlich wird das treuwidrige Verschweigen des Unternehmers, wenn er darauf hinwirkt, das Werk als mängelfrei erscheinen zu lassen oder die Aufdeckung von Mängeln zu erschweren oder wenn er in Bereicherungs- oder Schädigungsabsicht handelt (Gauch, N 2094, m.w.Bsp.). Zu den Besonderheiten bei arbeitsteiliger Herstellung und Ablieferung des Werkes s. Gauch, N 2096 ff.

III. Voraussetzungen

1. Ausdrückliche oder stillschweigende Genehmigung (Abs. 1 und 2)

10 Der Unternehmer wird im Falle offener oder absichtlich verschwiegener Mängel (s. dazu N 6, 9) von der Mängelhaftung befreit, wenn der Besteller das abgelieferte Werk «ausdrücklich oder stillschweigend genehmigt» (Art. 370 Abs. 1). Die Genehmigung (s. zum Grundsätzlichen N 2) ist von Gesetzes wegen *nicht formgebunden*. Sie kann in ihrem Umfang beschränkt sein (so werden mit dem «Gut zum Druck» nur der Satz und die gewählten Lettern genehmigt) (ZK-Oser/Schönenberger, N 1; s.a. Gauch, N 2082). Eine **ausdrückliche** Genehmigung kann mündlich oder schriftlich erfolgen, etwa durch ein Schreiben, das die Zufriedenheit mit dem Werk ausdrückt (BK-Becker, N 2; Bögli, N 131).

11 Eine **stillschweigende** Genehmigung kann – vom Sonderfall von Art. 370 Abs. 2 abgesehen, (s. dazu N 13 f.) – als konkludentes Verhalten oder als Schweigen namentlich vorliegen, wenn:

- der Besteller das Werk vorbehaltlos bezahlt (s. BGer, 8.10.2004, 4C.231/2004, E. 2.2: bloss Warnungen für die Zukunft, aber keine Mängelrügen, wenn der Besteller die Arbeit eines Reinigungsunternehmens verschiedentlich beanstandet, aber weiter zahlt; daraus ging nicht hervor, dass der Besteller gewillt war, den Unternehmer haftbar zu machen; Rep 1979, 125 = BR 1980, 29; ZK-Bühler, N 14; Dürr, 75);
- der Besteller das Werk vorbehaltlos entgegennimmt oder darüber verfügt (es gebraucht, verändert oder ggf. verbraucht) (BGE 97 II 355; ZK-Bühler, N 14; ZK-Oser/Schönenberger, N 1; Schlatter, 68; zu den Besonderheiten bei Informatikprojekten s. Widmer U., 165 f.);
- der Besteller nur gewisse Mängel geltend macht (s. OGer ZH, 25.3.2013, HG120224, E. 1.1.2. f.) oder sich Besteller und Unternehmer über die Folgen bestimmter Mängel einigen (und der Besteller damit im Zweifel die übrigen ihm bekannten Mängel hinnimmt) (BK-Becker, N 2).

12 Keine stillschweigende Genehmigung ist:

- die blosse Tatsache, dass der Besteller das Werk eigenmächtig in Besitz nimmt (ZR 1980, 49 = BR 1981, 13; Gauch, N 2082; vgl. auch BR 1987, 21);
- das Nichtbestreiten einer (detaillierten) Rechnung des Unternehmers (BGE 112 II 502 = Pra 1987, 916);
- die Anweisung des Architekten an den Besteller, die Rechnung des Unternehmers zu zahlen (selbst dann *nicht*, wenn der Architekt vertretungsberechtigt ist, da sich das Vertretungsrecht nur auf nach aussen gerichtete Handlungen bezieht; so BGE 89 II 234 E. 2; GVP 1957, 46; SJZ 1958, 203; ZK-Bühler, N 13; Dürr, 75).

Kraft *gesetzlicher Anordnung* (Art. 370 Abs. 2) wird eine **stillschweigende Genehmigung** des Werkes durch den Besteller für den praktisch wichtigsten Fall **angenommen**, dass dieser «die gesetzlich vorgesehene Prüfung und Anzeige unterlässt» (zur Prüfungs- und Anzeigepflicht des Bestellers nach Art. 367 Abs. 1 s. insb. Art. 367 N 3 ff. und 17 ff.; s.a. BGE 107 II 437; ferner Pra 1983, 766 betr. Pflicht des Rechtsanwalts, bei Dringlichkeit die Mängelrüge u.U. selbst zu erheben). Die Genehmigung ist hier *fingiert*; ein Gegenbeweis ist ausgeschlossen (GAUCH, N 2106; ZK-BÜHLER, N 26, 39; BRÄNDLI, Nachbesserung, Rz 316 ff.; BÖGLI, N 134; anders BK-KUMMER, Art. 8 ZGB N 351). Ein *Genehmigungswille* des Bestellers ist *nicht vorausgesetzt* (ZWR 1949, 67; EGLI, Haftung, 97), eine Berufung auf einen Erklärungsirrtum oder auf Unterlassung infolge Nachlässigkeit (des Bestellers selbst oder seines Vertreters) ist ausgeschlossen (GAUCH, N 2106). – In Art. 370 Abs. 2 wird nicht etwa die stillschweigende Genehmigung i.S.v. Abs. 1 definiert, sondern ein besonderer Fall der stillschweigenden Genehmigung erfasst (BÖGLI, N 134; DÜRR, 77). 13

Entscheidend für die unwiderlegbare gesetzliche Vermutung gem. Art. 370 Abs. 2 ist die Unterlassung der Anzeigepflicht, das **Ausbleiben der Mängelrüge** (BK-GAUTSCHI, N 10). Zeigt der Besteller den Werkmangel ordnungsgemäss an, so bleibt die Genehmigungswirkung unabhängig davon aus, ob der Besteller die Prüfungspflicht verletzt hat oder nicht (s. GAUCH, N 2149 f.; ZK-BÜHLER, N 27; BÖGLI, N 150; anders wohl BGE 64 II 257). 14

2. *Sofortige Mängelrüge bei geheimen Mängeln (Abs. 3)*

In Bezug auf geheime Mängel gilt das abgelieferte Werk dann als genehmigt, wenn der Besteller diese (erst später zu Tage getretenen) Mängel nicht **sofort nach der Entdeckung** dem Unternehmer **anzeigt** (Art. 370 Abs. 3; analoge Regelung in Art. 201 Abs. 3 für den Käufer). Die Mängelrüge ist an keine besondere Form gebunden, muss aber «sachgerecht substanziiert sein, zumindest die Mängel genau angeben und zum Ausdruck bringen, dass der Besteller das Werk nicht als vertragsgemäss anerkennen und den Unternehmer haftbar machen will» (BGE 107 II 175; ZK-BÜHLER, N 47). Im Einzelfall kann ausnahmsweise eine generelle **Reklamation** ausreichen: Bei täglichen Leistungen (i.c. ungenügende Reinigungsarbeiten) muss nicht jeden Tag gerügt werden; es ist ausreichend, wenn der Besteller nach mehrmaliger mündlicher Warnung eine schriftliche Mängelrüge abgibt (BGer, 8.10.2004, 4C.231/2004, E. 2.3.1 und 2.3.3). Die grundsätzlichen Anforderungen an die Mängelrüge (Inhalt, Form, Adressaten) decken sich mit denjenigen nach Art. 367 (s. Art. 367 N 17 ff.; GAUCH, N 2126 ff.). 15

Art. 370 Abs. 3 bestimmt im Gegensatz zu Art. 367 Abs. 1 ausdrücklich, dass die Mängelrüge **«sofort nach der Entdeckung»** zu erfolgen hat (das Erfordernis der Unverzüglichkeit gilt allerdings dem Grundsatz nach auch im Rahmen von Art. 367, s. Art. 367 N 20; BIEGER, Rz 258 ff.). Die Meinungen bez. der Anforderungen an die Unverzüglichkeit der Mängelrüge sind *uneinheitlich* (zur Strenge neigen BGer, 11.9.2007, 4A_51/2007, E. 4.5; BGE 107 II 175; BK-GAUTSCHI, N 7; BGE 117 II 427; milder zu Recht BGE 118 II 148 und dazu BR 1993, 41 und 47 f.; GAUCH, N 2180 f.; ZK-BÜHLER, N 48; KOLLER A., Nachbesserung, N 82 f.; BUCHER, ZSR 1983 II 342 f.; s.a. BGE 64 II 258). Abzustellen ist auf die konkreten Umstände des Einzelfalles, insb. auf die Art der Mängel, wobei eine Frist von *sieben bis zehn Tagen* als üblich bezeichnet werden kann (für eine grosszügige Handhabung: GAUCH, N 2181; das BGer erachtet eine siebentägige Frist als angebracht: BGer, 31.7.2012, 4A_55/2012, E. 7.2 = BR 2012, 213 f. = BR 2012, 193 ff.; BGer, 31.7.2012, 4A_53/2012, E. 6.2 = BR 2012, 193 ff.; SIEGENTHALER/STÖCKLI, Baurecht, 795 ff.; STÖCKLI, BR 2012, 213 f.; BGer, 25.11.2010, 4A_252/2010, E. 6.4; 11.9.2007, 4A_51/2007, E. 4.5; 3.5.2004, 4C.82/2004, E. 2.3 = Pra 2004, 828; BGer, 12.11.1996, 4C.143/1996, E. 2d; ferner s. zu verspäteten Mängelrügen, BGer, 31.10.2007, 4A_336/2007, E. 4.4 und 12.7.2007, 4A_37/2007, E. 6, m.w.H.; s.a. GAUCH/AEPLI/STÖCKLI, Art. 370 N 3; ZEHNDER, SJZ 2000, 546 ff.; HÜRLIMANN/SIEGENTHALER, Anwaltsrevue 2004, 364). Die Rügefrist ist kurz zu bemessen, wenn die Gefahr besteht, dass ein Zuwarten zu einem grösseren Schaden führen kann (BGE 131 III 16

145 E. 7.2; 118 II 148; BGer, 31.7.2012, 4A_53/2012, E. 6.2 = BR 2012, 193 ff.; BGer, 6.5.2007, 4C.130/2006, E. 4.2.2; 28.7.2000, 4C.159/1999; GAUCH/AEPLI/STÖCKLI, Art. 370 N 3).

17 Dem Besteller steht nur eine **kurze Entscheidungs- und Erklärungsfrist** zu (BGE 118 II 148). Er hat zu rügen, sobald er den Werkmangel soweit kennt, dass sich eine Mängelrüge in den wesentlichen Punkten substantiieren lässt. Bei in einem Zuge (im Nachhinein) auftretenden Werkmängeln darf der Besteller Gewissheit oder mindestens eine hohe Wahrscheinlichkeit bez. deren Vorliegen voraussetzen, was u.U. eine Befragung von Sachverständigen nötig machen kann (vgl. BGE 117 II 427 und 107 II 175, wonach ein Mangel mit dessen zweifelsfreier Feststellung entdeckt ist; GAUCH, N 2182), und bei *allmählich* (im Nachhinein) *zum Vorschein kommenden Werkmängeln* (wie bei «wachsenden» Mauerrissen, BGE 117 II 427, oder beim Verziehen der Bretter einer Holzfassade, BGE 118 II 143, 149; PICHONNAZ, BR 2008, 162 ff.; ZK-BÜHLER, N 30, s.a. N 49) darf er mit der Mängelrüge zuwarten, bis die *Tragweite der Mängel abgeschätzt werden kann.* Letzteres ist anzunehmen, sobald die Mängel nach der allgemeinen Verkehrsauffassung als erheblich erscheinen oder sich mit grosser Wahrscheinlichkeit zu erheblichen Mängeln entwickeln werden, also der ernsthafte Charakter des Zustandes deutlich wird (vgl. BK-BECKER, N 4; ZK-OSER/SCHÖNENBERGER, N 5; BÖGLI, N 152; ZR 1975, 231, wonach der Besteller erst rügen muss, wenn er «den vollen Umfang der Mängel erfasst»; s.a. BGE 131 III 150; 118 II 148 f.; 98 II 120; BGer, 31.7.2012, 4A_53/2012, E. 6.2 = BR 2012, 193 ff.; BGer, 6.5.2009, 4A_83/2009, E. 3.2.1; 29.4.2009, 4A_82/2008, E. 7.2; ZR 1991, 49 ff. BK-GAUTSCHI, N 7; DÜRR, 77; REBER, 166). Zur Tragung der Übermittlungsgefahr BIEGER, Rz 302 ff. (Absendeprinzip).

18 Zu rügen hat der Besteller erst, wenn ihm neben dem Werkmangel auch dessen **Vertragswidrigkeit** bekannt ist bzw. bekannt sein muss (BGE 131 III 145 E. 7.2; BGer, 6.10.2008, 4A_297/2008, E. 4.2 = BR 2009, 57; BGer, 8.5.2007, 4C.130/2006, E. 4.1). Trugen mehrere (Neben-)Unternehmer zu einem (mangelhaften) Gesamtwerk bei, so muss der Besteller den zu rügenden Mangel zuerst einem bestimmten (Neben-)Unternehmer zuteilen können. In keinem Fall muss der Besteller «aufs Geratewohl» rügen (GAUCH, N 2182; DERS., BR 1992, 95; ZEHNDER, Diss., N 319; BÖGLI, N 152; GAUCH, SIA, Art. 173 N 5; vgl. auch Art. 367 N 20).

19 Die Entdeckung richtet sich auch hier nach **objektiven** Kriterien; massgebend ist also die *Erkennbarkeit* als vertragswidriger Mangel (BGer, 31.7.2012, 4A_53/2012, E. 6.2 = BR 2012, 193 ff.; BGer, 8.5.2007, 4C.130/2006, E. 4.1; 28.7.2000, 4C.159/1999, E. 1b; BGE 117 II 427; im Gegensatz zu den verborgenen Mängeln gem. Art. 179 SIA-Norm 118, s. N 8; vgl. aber auch GAUCH, N 2183; BGer, 18.10.2007, 4A_258/2007, E. 3.2). Das bedeutet nicht, dass der Besteller das Werk dauernd prüfen und nach geheimen Mängeln forschen muss.

20 Im Falle von **absichtlich verschwiegenen** geheimen Mängeln tritt auch dann *keine* Genehmigungswirkung ein, wenn eine Mängelrüge unterbleibt oder verspätet erfolgt (Art. 370 Abs. 1 geht insofern Abs. 3 vor; GAUCH, N 2187 f., 2162; ZK-BÜHLER, N 50; BIEGER, Rz 365 ff.; BÖGLI, N 155; KOLLER A., Nachbesserung, N 264; LENZLINGER GADIENT, 96 f.; KLAUSER, 67 f.; EGLI, Haftung, 100; TERCIER/FAVRE, 4528; BRÄNDLI, Nachbesserung, Rz 364 ff.; **a.A.** offenbar BGE 100 II 33; BK-GAUTSCHI, N 7, 9b, s.a. N 8c; nun aber offengelassen in BGer, 18.8.2005, 4C.34/2005, E. 5.3).

IV. Rechtsfolgen

21 Infolge der Genehmigung des abgelieferten Werkes durch den Besteller wird der Unternehmer «von seiner Haftpflicht befreit» (Art. 370 Abs. 1). Auf Seiten des Bestellers führt die Genehmigung zu einer **Verwirkung der Mängelrechte** (s. etwa BGE 107 II 178; SJ 1993, 264; Rep 1993, 200; ZR 1980, 49; GAUCH, N 2081, 2160 m.w.Nw.; ZK-BÜHLER, N 39; BÖGLI, N 128; CORBOZ, III, 4; s.a. BK-GAUTSCHI, N 6–10). Trotz des unterschiedlichen Wortlauts handelt es sich sowohl im Falle von Art. 370 Abs. 2 («wird angenommen») als auch in jenem von Art. 370 Abs. 3 («als genehmigt gilt») um *unwiderlegbare gesetzliche Vermutungen, weshalb sowohl Gegenbeweis als auch Beweis des Gegenteils* ausgeschlossen bleiben (s. BGE 97 II 355; GAUCH, N 2106; BÜHLER A., 298; ZK-OSER/SCHÖNENBERGER, N 5; DÜRR, 77; KLAUSER, 66; CR CO I-CHAIX, N 22; **a.A.** BK-KUMMER, Art. 8 ZGB N 351; vgl. auch Art. 163 f. SIA-Norm 118).

Die Verwirkung **erfasst sämtliche aus Art. 368 fliessenden Rechte** des Bestellers, die ihm bei entsprechenden Werkmängeln zustehen würden, insb. auch das Recht auf Ersatz eines Mangelfolgeschadens (ZK-BÜHLER, N 39). Andere Rechte des Bestellers sind davon jedoch nicht betroffen (GAUCH, N 2085 f., 2160; TRÜMPY, Abnahme, 109). 22

Die Haftungsbefreiung bezieht sich jedoch nur auf die **offenen Mängel**, wie sie in Art. 370 Abs. 1 (in negativer Abgrenzung) beschrieben sind (s. dazu N 6), insb. also auch – aufgrund von Abs. 2 – auf die nicht rechtzeitig angezeigten offenen Mängel (s. dazu N 13 f.; s.a. ZR 1937, 363; BGE 107 II 437), nicht aber auf die darauf beruhenden Sekundärmängel (GAUCH, N 2161; TRÜMPY, Abnahme, 108). *Ausgenommen* sind also erstens die *geheimen Mängel* gem. Abs. 3 (s. dazu N 7), soweit der Besteller sie sofort nach der Entdeckung rügt (GAUCH, N 2185 ff.), und zweitens die *absichtlich verschwiegenen Mängel* (s. dazu N 9). Verschweigt der Unternehmer einen Werkmangel absichtlich, so entfällt eine Haftungsbefreiung in jedem Falle, also unabhängig davon, ob die Mängelrüge rechtzeitig und ob eine solche überhaupt erhoben worden ist (GAUCH, N 2162 und 2188; LENZLINGER GADIENT, 96; CORBOZ, III, 5; unzutreffend BGE 100 II 34, wonach der Besteller seine Mängelrechte für geheime Mängel, die er nicht sofort nach Entdeckung anzeigt, selbst dann verwirkt, wenn der Unternehmer diese Mängel absichtlich verschwiegen hat; offen gelassen in BGer, 18.8.2005, 4C.34/2005, E. 5.3). Von der Haftungsbefreiung ebenfalls nicht erfasst werden diejenigen Mängel, welche der Besteller von seiner Genehmigung ausgeklammert hat (Genehmigung des Werkes unter Vorbehalt der Beseitigung bestimmter Mängel) (GAUCH, N 2084). 23

V. Abweichende Vereinbarungen

Die Haftung des Unternehmers für *absichtlich verschwiegene Werkmängel* (Art. 370 Abs. 1 a.E.) stellt *zwingendes Recht* dar (Art. 100 Abs. 1; Art. 199 analog; ZK-BÜHLER, N 52; BK-GAUTSCHI, N 8d, s.a. N 9a a.E.). Eine Haftungsbefreiung infolge (angeblicher) Genehmigung derartiger Mängel kann demnach nicht gültig vereinbart werden. Im Übrigen ist Art. 370 wie die anderen Bestimmungen der werkvertraglichen Mängelhaftung **dispositiver Natur** (vgl. die Hw. in Art. 368 N 82; vgl. auch ZR 1980, 49; ZR 1975, 232; BGE 115 II 459 betr. Abnahme von Teilwerken). Die Vertragsparteien können sowohl die Voraussetzungen als auch die Rechtsfolgen einer Genehmigung durch den Besteller abweichend festlegen (s. GEHRER, Bauherr, 204). Insbesondere kann (ausdrücklich oder stillschweigend) auf eine Prüfung und Anzeige des Bestellers (bzw. auf deren Rechtzeitigkeit) *verzichtet* werden (s. ZR 1975, 232), auch im Nachhinein durch contrarius actus (CR CO I-CHAIX, N 24 und 26 f.). 24

Nach Art. 163 Abs. 1 *SIA-Norm 118* gilt das Werk (oder der Werkteil) als genehmigt, wenn der Bauherr bzw. die Bauleitung auf die Geltendmachung erkannter Mängel ausdrücklich oder stillschweigend verzichtet. Stillschweigender Verzicht wird vermutet bei erkannten, aber nicht ins Prüfungsprotokoll aufgenommenen Mängeln und im Rahmen der gemeinsamen Prüfung bei offensichtlichen Mängeln; im zweiten Fall ist die Vermutung unwiderlegbar (Näheres bei GAUCH, SIA, Art. 163 N 13 ff.; s.a. ZK-BÜHLER, N 53 ff.; BRÄNDLI, Nachbesserung, Rz 371 f.; SPIESS/HUSER, Art. 163 N 9; TRÜMPY, Abnahme, 109 f.; EGLI, Haftung, 99). Siehe ferner die folgenden Bestimmungen der SIA-Norm 118: Art. 154 Abs. 3 (Anerkennung der Schlussabrechnung), Art. 158 Abs. 1 (Ingebrauchnahme des Werkes), Art. 164 (Abnahme ohne Prüfung), Art. 174 Abs. 1 (Haftungsbefreiung des Unternehmers) und Art. 179 Abs. 3 und 4 (Haftungsbefreiung hinsichtlich verdeckter Mängel). 25

VI. Beweislast

26 Der **Unternehmer** hat die Genehmigung des abgelieferten Werkes durch den Besteller nach Art. 370 Abs. 1 zu beweisen (BGE 118 II 147; 107 II 54; Gauch, N 2088; CR CO I-Chaix, Art. 370 N 28; **a.A.** Schlatter, 70). Ihm obliegt auch der Beweis für die Behauptung, es liege nicht ein geheimer, sondern ein *offener Mangel* vor (Gauch, N 2170, 2190–2194; s.a. BK-Kummer, Art. 8 ZGB N 278). Das Vorliegen *absichtlich verschwiegener Mängel* hat hingegen grundsätzlich der **Besteller** zu beweisen, (BGer, 26.6.2014, 4A_97/2014, E. 4.1; Gauch, N 2104; Brändli, Nachbesserung, Rz 376). Soweit der Besteller jedoch negative Tatsachen zu beweisen hat, ist der Unternehmer nach Treu und Glauben gehalten, zum Beweis des Gegenteils beizutragen (Gauch, N 2104, 2171; vgl. auch BGE 119 II 306; ZK-Bühler, N 24; unzutreffend unseres Erachtens BK-Gautschi, N 8c, 9b, der dem Besteller auch bei absichtlich verschwiegenen Mängeln den Nachweis einer sofort erfolgten Mängelrüge auferlegt).

27 Behauptet der Unternehmer, der Besteller habe keine rechtzeitige Mängelrüge erhoben (weshalb Genehmigung des Werkes i.S.v. Art. 370 Abs. 2 oder 3 anzunehmen sei), so hat nach überwiegender Meinung der **Besteller** die Rechtzeitigkeit der Rüge zu beweisen (so BGer, 12.7.2012, 4A_202/2012, E. 3.1; 6.5.2009, 4A_83/2009, E. 3.2.1; BGE 118 II 147; 107 II 176; 107 II 54; s.a. SJ 1993, 265 = BR 1993, 101; Dürr, 77; BK-Kummer, Art. 8 ZGB N 277, m.w.Nw.). Richtigerweise ist dem *Besteller* jedoch die Beweislast lediglich für die *Vornahme der Rüge und deren Zeitpunkt* aufzuerlegen, wogegen der Nachweis einer behaupteten *Verspätung der Mängelrüge* als rechtshindernde Tatsache vom **Unternehmer** zu erbringen ist (wie hier Gauch, N 2169 f., 2190–2194; ders., BR 1993, 41 f.; Bühler A., 330 f.; Bucher, ZSR 1983 II 343; s.a. HGer SG, 24.8.2010, HG.2009.30, E. III/3 = BR 2011, 82). Die beweisrechtliche Ausgangslage ist bei Art. 370 Abs. 2 und 3 (Verspätung der Mängelrüge als rechtsvernichtende Tatsache) eine andere als bei Art. 367 (Rechtzeitigkeit der Mängelrüge als rechtsbegründende bzw. rechtserhaltende Tatsache); relativiert wird diese unterschiedliche Ausgangslage immerhin (wie überall) durch die besonderen, aus Treu und Glauben abgeleiteten Regeln für den Beweis negativer Tatsachen.

28 Die aus Art. 370 Abs. 2 und 3 folgende Genehmigungswirkung ist *von Amtes wegen* zu berücksichtigen (Gauch, N 2174, 2194, m.w.Nw.). Vorbehalten bleibt, dass die Genehmigungswirkung am Rechtsmissbrauchsverbot nach Art. 2 Abs. 2 ZGB scheitert (Gauch, N 2174 m.w.Nw.).

VII. Rechtsvergleichung

29 Vgl. §§ 640 II und 637 BGB, art. 1665 al. 3, 4, 1666 al. 2 und 1667 al. 1, 2 CC it. sowie die Hw. bei Brändli, Nachbesserung, Rz 317; BK-Gautschi, N 6, 8a, 8b und bei Gauch, N 100; s.a. Art. 367 N 36. Zu Art. 39 WKR s. ZK-Bühler, N 57–59.

Art. 371

e. Verjährung

1 Die Ansprüche des Bestellers wegen Mängel des Werkes verjähren mit Ablauf von zwei Jahren nach der Abnahme des Werkes. Soweit jedoch Mängel eines beweglichen Werkes, das bestimmungsgemäss in ein unbewegliches Werk integriert worden ist, die Mangelhaftigkeit des Werkes verursacht haben, beträgt dieVerjährungsfrist fünf Jahre.

2 Die Ansprüche des Bestellers eines unbeweglichen Werkes wegen allfälliger Mängel des Werkes verjähren gegen den Unternehmer sowie gegen den Architekten oder den Ingenieur, die zum Zwecke der Erstellung Dienste geleistet haben, mit Ablauf von fünf Jahren seit der Abnahme des Werkes.

3 Im Übrigen kommen die Regeln für die Verjährung der entsprechenden Ansprüche des Käufers sinngemäss zur Anwendung

e. Prescription

[1] Les droits du maître en raison des défauts de l'ouvrage se prescrivent par deux ans à compter de la réception de l'ouvrage. Le délai est cependant de cinq ans si les défauts d'un ouvrage mobilier intégré dans un ouvrage immobilier conformément à l'usage auquel il est normalement destiné sont à l'origine des défauts de l'ouvrage.

[2] Les droits du maître en raison des défauts d'un ouvrage immobilier envers l'entrepreneur et envers l'architecte ou l'ingénieur qui ont collaboré à l'exécution de l'ouvrage se prescrivent par cinq ans à compter de la réception de l'ouvrage.

[3] Pour le reste, les règles relatives à la prescription des droits de l'acheteur sont applicables par analogie.

e. Prescrizione

[1] I diritti del committente per i difetti dell'opera si prescrivono in due anni dalla consegna della stessa. Il termine è tuttavia di cinque anni se i difetti di un'opera mobiliare integrata in un'opera immobiliare conformemente all'uso cui è normalmente destinata hanno causato i difetti dell'opera immobiliare.

[2] I diritti del committente per i difetti di un'opera immobiliare si prescrivono in cinque anni dalla consegna della stessa tanto contro l'appaltatore quanto contro l'architetto o l'ingegnere che hanno prestato lavoro nell'esecuzione dell'opera.

[3] Per il resto si applicano per analogia le norme relative alla prescrizione dei corrispondenti diritti del compratore.

Literatur

Vgl. die Literaturhinweise bei den Vorbem. zu Art. 363–379.

I. Allgemeines. Normzweck

1. Allgemeines

Art. 371 führt zur Anwendung von **drei Verjährungsfristen** von **zwei, fünf und zehn Jahren**: In der Regel verjähren Ansprüche aus Werkmängeln mit Ablauf von zwei Jahren (Art. 371 Abs. 1 Satz 1). In den folgenden beiden Fällen beträgt die Verjährungsfrist fünf Jahre: Für Ansprüche des Bestellers aus Mängeln eines *unbeweglichen* Werkes (Art. 371 Abs. 2) sowie für Ansprüche aus Mängeln eines beweglichen Werkes, das bestimmungsgemäss in ein unbewegliches Werk integriert worden ist (Art. 371 Abs. 1 Satz 2). Eine zehnjährige Verjährungsfrist ist massgebend, wenn der Unternehmer den Besteller über den Bestand eines Mangels *absichtlich getäuscht* hat (analog Art. 210 Abs. 6 i.V.m. Art. 371 Abs. 3). 1

Der **Unterschied** zwischen Abs. 1 und Abs. 2 von Art. 371 liegt demnach in der *Art des Werkes*. 2

Das Marginale und der Text von Art. 371 sprechen zutreffend von **Verjährung und nicht von Verwirkung** (Gauch, N 2256; ZK-Bühler, N 9; ZK-Oser/Schönenberger, N 1; BK-Becker, N 1; BK-Gautschi, N 3; Tschütscher, Diss., N 93; vgl. BGE 114 II 262; 96 II 183 = Pra 1970, 519). 3

Die Verjährungsordnung für Gewährleistungsansprüche im Kauf- und Werkvertragsrecht wurde einer **Revision** unterzogen; die wesentlichen Änderungen sind: Verlängerung der ordentlichen Verjährungsfrist von einem Jahr auf zwei Jahre, Verlängerung der Frist auf fünf Jahre für gewisse bewegliche Werke (die bestimmungsgemäss in unbewegliche Werke integriert werden), Ausdehnung der fünfjährigen Frist von «unbeweglichen *Bau*werken» auf «unbewegliche *Werke*» sowie Beschränkung von Abreden betr. Verkürzung der Verjährung im Rahmen von Konsumentenverträgen. Die revidierten Bestimmungen traten am 1.1.2013 in Kraft. Die alte Regelung wird nachfolgend mit «altrechtlich» oder «altes Recht» bezeichnet. 3a

2. Normzweck

4 Die Verjährung als solche bezweckt vor allem Rechtssicherheit und Rechtsfrieden (BGE 102 II 102; 90 II 437; TERCIER, BR 1988, 65; KLAUSER, 156; BÖGLI, N 158). Den in Art. 371 Abs. 1 und 2 vorgesehenen Verkürzungen der ordentlichen Verjährungsfristen liegen **besondere Zielsetzungen** zugrunde: Zweck der kürzeren zweijährigen Verjährungsfrist von **Art. 371 Abs. 1 Satz 1** (allgemeine Verjährung) ist es, zu *verhindern*, dass der Besteller Ansprüche noch in einem Zeitpunkt geltend machen kann, in dem der *Unternehmer nicht mehr auf seine Gewährsleute*, insb. auf die Materiallieferanten, *zurückgreifen* kann (BGE 93 II 245; GAUCH, N 2213; ZK-BÜHLER, N 30 ff.; BK-GAUTSCHI, N 4d; KLAUSER, 155; TSCHÜTSCHER, Bauwerkvertragsrecht, 264; BÖGLI, N 158). Die neue Bestimmung von **Art. 371 Abs. 1 Satz 2** bezweckt den Schutz des Unternehmers, indem die Verjährungsfrist für das integrierte bewegliche Werk der Frist für das unbewegliche Werk (in welches das bewegliche Werk integriert worden ist) angeglichen wird. Damit wird vermieden, dass die Mängelrechte des Unternehmers gegen den Hersteller des beweglichen Werkes bereits verjährt sind, wenn der Besteller des unbeweglichen Werkes seine Mängelrechte gegen den Unternehmer geltend macht (GAUCH, recht 2012, 132; PICHONNAZ, SJZ 2013, 71; VISCHER, Jusletter 2013, 2). Da der Beginn der Verjährungsfristen regelmässig unterschiedlich ist (Abnahme des beweglichen Werkes geschieht regelmässig vor der Abnahme des unbeweglichen Werkes), wurde dieser Zweck nur teilweise erreicht (GAUCH, recht 2012, 132; vgl. KOLLER A., Verjährung, 307). **Art. 371 Abs. 2** sieht demgegenüber eine längere fünfjährige Frist vor, um entsprechend der besonderen Natur unbeweglicher Werke (im alten Recht unbewegliche *Bau*werke), bei denen Mängel oft erst nach längerer Zeit erkennbar sind, die *Mängelfeststellung zu ermöglichen* (BGE 93 II 245; 120 II 216 = Pra 1995, 247; GAUCH, N 2215 f.; ZK-BÜHLER, N 35; BK-GAUTSCHI, N 12a; KLAUSER, 72; vgl. TSCHÜTSCHER, Diss., N 306). Die Ausdehnung des Geltungsbereichs der fünfjährigen Verjährungsfrist auf Ansprüche gegen Architekten und Ingenieure soll diese dem Unternehmer gleichstellen und ihnen namentlich einen allfälligen *Rückgriff auf den Unternehmer* sichern (BGE 102 II 418 = Pra 1977, 217; BGE 115 II 457; GAUCH, N 2297; BK-GAUTSCHI, N 19, 23; ZK-OSER/SCHÖNENBERGER, N 7; SCHUMACHER, Haftung, N 645; KOLLER, AJP 1996, 1244; TSCHÜTSCHER, Diss., N 307 f.) (vgl. N 28).

II. Anwendungsbereich

5 1) Die werkvertraglichen Verjährungsregeln erfassen nur **Ansprüche des Bestellers**, dagegen nicht diejenigen des Unternehmers, Architekten oder Ingenieurs (vgl. BGE 116 II 428; 98 II 190; GAUCH, N 2206; TSCHÜTSCHER, Diss., FN 174; ZK-BÜHLER, N 10; vgl. auch Pra 1991, 568 ff.). Sie gelten ausschliesslich für Forderungen aus **Mängeln des Werkes**. Das Gesetz verweist mit dieser Umschreibung auf die *Mängelrechte gem. Art. 368* (BGE 102 II 418 = Pra 1977, 217; GAUCH, N 2200; TSCHÜTSCHER, Diss., N 101; ZK-BÜHLER, N 10; ZK-OSER/SCHÖNENBERGER, N 3; BK-BECKER, N 1; BÖGLI, N 157). Anwendbar ist Art. 371 auch auf Schadenersatzforderungen, die aus diesen Mängelrechten fliessen (BGE 77 II 249; 113 II 267; GAUCH, N 2202 f.; BK-BECKER, N 1; ZK-OSER/SCHÖNENBERGER, N 3). In den Geltungsbereich von Art. 371 fallen die durch die Ausübung des Wandelungs-, Minderungs- oder Nachbesserungsrechts bewirkten Forderungen, ferner der Ersatzanspruch gem. Art. 107 Abs. 2 a.E. für den aus der Nichterfüllung der Nachbesserungspflicht entstandenen Schaden und derjenige auf Ersatz der Verbesserungskosten bei Eigenverbesserung des Werkes (GAUCH, N 2203, 2281; KOLLER A., Nachbesserung, N 390; TSCHÜTSCHER, Diss., N 101 f., 109 ff.; BK-BECKER, N 1; ZK-BÜHLER, N 10). Art. 371 erstreckt sich auch auf Ersatzforderungen für einen Mangelfolgeschaden (BGE 77 II 249; GAUCH, N 2202, 2008 f.). Der werkvertraglichen Verjährungsordnung unterstehen nicht nur diese gesetzlichen, sondern ebenso *vereinbarte Mängelrechte* (GAUCH, N 2210; TSCHÜTSCHER, Diss., N 103). Unerheblich ist, ob es sich um offene oder geheime Mängel handelt (GAUCH, N 2215; TSCHÜTSCHER, Bauwerkvertragsrecht, 240; ZK-BÜHLER, N 32; vgl. KLAUSER, 70 f.; BGE 107 II 231; 89 II

408). – Der Verjährung nach Werkvertrags-, nicht nach Kaufvertragsrecht unterstehen Forderungen aus Werkmängeln, die sich aus dem vom Unternehmer gelieferten Stoff ergeben (BGE 117 II 428 f. = BR 1992, 95 Nr. 157; KOLLER A., Nachbesserung, N 381; TSCHÜTSCHER, Bauwerkvertragsrecht, 240). – *Rückgriffsansprüche* nach Art. 51 verjähren nicht nach Art. 371. Das BGer qualifiziert das Rückgriffsrecht i.S.v. Art. 51 eines Solidarschuldners, der dem Geschädigten Schadenersatz geleistet hat, als ein selbständiges Recht, das im Zeitpunkt der Zahlung an den Geschädigten entsteht (BGE 133 III 6 E. 5, insb. E. 5.3.3 = Pra 2007 Nr. 104). Die Verjährung der Forderung des Geschädigten gegen den Regressaten kann dem Regredienten nicht entgegengehalten werden, sofern dieser jenem sobald wie möglich angezeigt hat, dass er ihn für mithaftpflichtig hält; sie folgt ihren eigenen Regeln (BGE 133 III 6 E. 5.3.4, 5.4). Unter Vorbehalt vertraglicher Vereinbarung verjährt die Regressforderung nach einem Jahr ab dem Tag, an dem der Geschädigte die Schadenersatzzahlung erhalten und der Leistende Kenntnis vom Regressrecht hat (*dies a quo* ist der spätere der beiden Zeitpunkte), spätestens aber zehn Jahre nach Eintritt der Schädigung (BGE 133 III 6 E. 5.3.5, 5.4). Vgl. zu diesem Entscheid etwa: KRAUSKOPF/SIEGENTHALER (zustimmend); GAUCH, FS Murer, 251 (krit.); KOLLER A., OR AT, Rz 215 ff. (grundsätzlich zustimmend; Ablehnung einer zusätzlichen absoluten Verjährungsfrist, Rz 216). KRAUSKOPF/SIEGENTHALER, 55 begründen u.E. überzeugend, dass diese Rechtsprechung auch auf den Regress des Architekten oder Ingenieurs gegen den Unternehmer anzuwenden ist. Die Anwendung der bundesgerichtlichen Prinzipien steht nicht im Widerspruch, sondern in Einklang mit dem Regelungszweck von Art. 371 Abs. 2: Vermeidung einer Verunmöglichung des Rückgriffs von Architekt oder Ingenieur auf den Unternehmer zufolge Verjährung von dessen Schuld im Aussenverhältnis zum Besteller (KRAUSKOPF/SIEGENTHALER, 55). Zwar mag man die Ausdehnung auf Architekten und Ingenieure gem. Art. 371 Abs. 2 im Lichte dieser Praxis als teilweise unnötig erachten (GAUCH, N 2297), doch ist diese mit jener Norm vereinbar. Hingegen ist mit KOLLER die absolute Verjährungsfrist von zehn Jahren abzulehnen (KOLLER A., OR AT, Rz 216).

Die Verjährung gem. **Art. 371 gilt nicht** für Schadenersatzansprüche, die der Besteller gegen den Unternehmer, Architekten oder Ingenieur aus einer Vertragsverletzung ableitet, die *keinen Mangel i.S.v. Art. 368* bewirkt hat (z.B. Verzug der Herstellung des Werks, Schadensverursachung an einem anderen Werk des Bestellers, mangelhafte Prüfung der Abrechnung eines Unternehmers durch einen Ingenieur; BGE 102 II 413, insb. 418 = Pra 1977, 214 ff., insb. 217; SJ 1987, 73 ff.). Führt eine Verletzung der Sorgfaltspflicht des Unternehmers schon *vor Abnahme bzw. Ablieferung* des Werks zu einem Schaden, so wendet das BGer die ordentlichen Verjährungsbestimmungen an (BGE 111 II 172; LENZLINGER GADIENT, 61 FN 26; KOLLER A., Nachbesserung, N 384 f.; TSCHÜTSCHER, Diss., N 100). Welche Verjährungsfrist massgebend ist, hängt somit davon ab, ob das Werk im Zeitpunkt des schädigenden Ereignisses abgenommen bzw. abgeliefert war oder nicht (BGE 113 II 267). 6

Umstritten ist, ob ein **Deliktsanspruch**, der mit einem Anspruch aus Werkmängeln konkurriert, nach Art. 60 (so die h.L.; s. ZK-BÜHLER, N 13) oder nach Art. 371 verjährt (zum Ganzen GAUCH, N 2348 ff. m.Nw.). GAUCH folgt im Ergebnis zwar der h.L., kritisiert sie aber und zieht in Betracht, den in den werkvertraglichen Vorschriften zum Ausdruck kommenden Willen des Gesetzgebers auch auf Deliktsansprüche anzuwenden, da anzunehmen sei, Art. 371 ordne als Spezialnorm die Verjährung abschliessend (GAUCH, N 2351 ff.). Auch wenn man die Anwendung der werkvertragsrechtlichen Verjährungsvorschriften auf Deliktsansprüche bejahe, müssten Personenschäden und Schäden, die den werkvertragstypischen Bereich sprengten, den deliktsrechtlichen Verjährungsregeln vorbehalten bleiben. Dies aber führe zu Abgrenzungsproblemen, die mit dem Bedürfnis nach Rechtssicherheit unvereinbar seien (GAUCH, N 2353). – *Stellungnahme*: Die vom Gesetzgeber angeordnete Verkürzung der Verjährungsfrist bezweckt, dem Unternehmer, Architekten oder Ingenieur die Möglichkeit des Rückgriffs auf Drittpersonen offenzuhalten, gegenüber denen andernfalls kürzere vertragliche Verjährungsfristen gelten würden. Sie bezweckt mithin die Harmonisierung der werkvertraglichen und namentlich der kaufrechtlichen Verjährungsfristen wie auch der Fristen für Unter- 7 nehmer, Architekten und Ingenieure (s. N 4). *Auf Forderungen aus unerlaubter Handlung bezieht sich Art. 371 nach seinem Zweck nicht*, enthält doch für sie bereits Art. 60 eine einheitliche Ordnung (es sei denn, man störe diese Einheit, indem unter Art. 210 auch Deliktsansprüche subsumiert werden; vgl. dagegen BGE 90 II 87). Gilt für Forderungen des Bestellers aus unerlaubter Handlung des Unternehmers Art. 60 und nicht Art. 371, so sind vertragliche Ansprüche des Unternehmers gegenüber Dritten u.U. verjährt; doch steht dem Unternehmer ein Deliktsanspruch mit derselben Verjährungsfrist wie für den Besteller zu, falls der Dritte eine unerlaubte Handlung gegenüber dem durch die Ersatzpflicht geschädigten Unternehmer begangen hat. Das Interesse des Unternehmers, vom Besteller mit Forderungen aus unerlaubter Handlung nicht mehr belangt werden zu können, weil allfällige vertragliche Ansprüche gegen einen Dritten früher verjährt sind und ihm ebenfalls nur noch eventuelle Deliktsansprüche verbleiben, ist *nicht schützenswert*. Massgebend ist vielmehr das Interesse des Bestellers, nicht aufgrund des Werkvertrags geringeren Schutz zu geniessen, als ihm ohne den Werkvertrag als einzig ausservertraglich Geschädigtem zukäme (PEDRAZZINI, 521). Eine gegenteilige Konsequenz wäre auch dogmatisch nicht gerechtfertigt: Bei der unerlaubten Handlung spielt eine allfällige Beziehung zwischen Schädiger und Opfer keine Rolle. Ist eine solche Beziehung – hier der Werkvertrag – aber ohne Belang für die unerlaubte Handlung, kann sie nicht eine den Schädiger begünstigende Wirkung zeigen, indem durch sie die Verjährungsfrist für die unerlaubte Handlung abgekürzt wird. Umso weniger kann die Möglichkeit einer vertraglichen Haftungsabwälzung vom Schädiger auf einen Dritten für die Haftung des Schädigers gegenüber dem Besteller aus unerlaubter Handlung wesentlich sein. Diese Argumente und die höhere Rechtssicherheit (GAUCH, N 2353) sprechen u.E. *gegen eine Anwendung von Art. 371* auf Deliktsansprüche des Bestellers (s. Art. 368 N 81).

8 2) Bei Werklieferungsverträgen in internationalen Verhältnissen sind die **Art. 39 Abs. 2 und 44 WKR** wesentlich. Zwar enthält das WKR *keine Regelung der Verjährung* (BUCHER E., BTJP 1990, 1991, 13 f., 48 f.; SCHLECHTRIEM-SCHWENZER, Art. 39 N 28). Art. 39 Abs. 2 WKR sieht für die Mängelrüge jedoch eine *Verwirkungsfrist von zwei Jahren* ab der Übergabe des Werkes vor (SCHLECHTRIEM-SCHWENZER, Art. 39 N 22; BUCHER, a.a.O., 49).

III. Voraussetzungen von Abs. 1 Satz 1 – Regelverjährung

1. Kein unbewegliches Werk

9 Art. 371 Abs. 1 Satz 1 (zweijährige Verjährungsfrist von Ansprüchen «wegen Mängel des Werkes») setzt zunächst negativ voraus, dass die Ansprüche **nicht auf Mängeln eines unbeweglichen Werkes** beruhen (vgl. zur Abgrenzung N 19j ff.). Die Regelverjährung wurde in der letzten Revision von einem Jahr auf zwei Jahre erhöht. Aufgrund der Ausdehnung des Anwendungsbereichs von Abs. 2 (vgl. N 4) wurde der Anwendungsbereich von Abs. 1 Satz 1 gegenüber dem alten Recht bedeutend eingeschränkt.

2. Ansprüche gegen Unternehmer, Architekten oder Ingenieure

10 In Art. 371 Abs. 1 sind einzig **Ansprüche gegen den Unternehmer** geregelt. Die gleiche Verjährungsfrist gilt aber auch für Ansprüche gegen **Architekten** oder **Ingenieure**, falls die Forderungen nicht unter Abs. 2 subsumierbar sind, weil der Mangel kein unbewegliches Werk betrifft (GAUCH, 4. Aufl., N 2307 f., **a.M.** jedoch in der 5. Aufl., N 2307 f., gestützt auf BGE 133 III 6, vgl. dazu N 6; ZK-BÜHLER, N 33; ZEHNDER, Diss., N 323; SCHUMACHER, Haftung, N 645; vgl. TAUSKY, Diss., 245; s.a. BGE 130 III 365 = Pra 2005, 60; vgl. ferner N 35 ff.).

3. Verjährungsfrist

a) Die Verjährungsfrist beträgt **zwei Jahre**, unabhängig davon, ob es sich um *offene oder geheime Mängel* handelt (Art. 371 Abs. 3 i.V.m. Art. 210 Abs. 1; GAUCH, N 2213; vgl. BGE 107 II 231). **11**

b) Der **Fristenlauf beginnt** mit der **Abnahme** des Werkes an den Besteller (Art. 371 Abs. 1). **12**
Abnahme und Ablieferung – Letztere entspricht der im alten Recht verwendeten Bezeichnung sowie Art. 210 Abs. 1 – meinen denselben Vorgang, einmal aus Sicht des Bestellers, einmal aus Sicht des Unternehmers (GAUCH, N 2253; DERS., recht 2012, 131; **a.M.** KOLLER A., Verjährung, 304 f.). Die Abnahme bzw. Ablieferung setzt die *Fertigstellung* des Werkes, nicht aber dessen Mängelfreiheit voraus (ZK-BÜHLER, N 29; BGE 115 II 458; 113 II 267; vgl. 118 II 149; GAUCH, N 2253; PEDRAZZINI, 529 FN 88; LENZLINGER GADIENT, 56 f.; TERCIER, BR 1990, 44, Anm. zu Nr. 42; vgl. **dagegen** TSCHÜTSCHER, Bauwerkvertragsrecht, 257; DERS., Diss., N 246, 256 f., 276; HONSELL, OR BT, 305; BÖGLI, N 260 f., 351 ff.). Fertiggestellt ist das Werk, wenn alle vereinbarten Arbeiten ausgeführt sind (BGE 115 II 458; 113 II 267; 111 II 171; 94 II 164; vgl. ZR 1991, 54, wonach ausserplanmässige, vom Unternehmer nicht zu verantwortende geringfügige Restarbeiten [in casu 3% der Gesamtfläche] von der erfolgten Abnahme des praktisch vollendeten Werkes miterfasst sind); vorher gelten die allgemeinen Regeln von Art. 97 ff., sodass Schadenersatzforderungen aus Vertragsverletzungen insb. Art. 127 ff. unterstehen (BGE 111 II 171). Die Abnahme bzw. Ablieferung erfolgt durch die *Übergabe des Werkes* oder durch die *Mitteilung des Unternehmers, es sei abgeschlossen* (BGE 115 II 459; 113 II 267; vgl. zum Begriff der Ablieferung Art. 367 N 3). Diese Mitteilung kann – als konkludente Vollendungs- und stillschweigende Ablieferungsanzeige – auch in der Zustellung einer Rechnung bestehen (BGer, 1.7.2009, 4D.55/2009, E. 2.3 m.w.H.). Auch für zuvor erkannte Mängel beginnt die Verjährungsfrist erst mit der Abnahme bzw. Ablieferung zu laufen, und sie kann umgekehrt noch vor der Erkennung eines (geheimen) Mangels, ja sogar vor der Entstehung eines Sekundärmangels beginnen und enden (GAUCH, N 2254 f. mit ausführlicher Kritik; TSCHÜTSCHER, Diss., N 190; BGE 89 II 408; 106 II 136, 138; KLAUSER, 70 f.). Zu unterscheiden von der Abnahme bzw. Ablieferung und für den Beginn der Verjährung nicht erforderlich ist die Genehmigung des Werkes (BGE 115 II 459; 89 II 409; GAUCH, N 2253; BÖGLI, N 193; CR CO I-CHAIX, N 13; s.a. Art. 370 N 3; **a.M.** BK-GAUTSCHI, Art. 370 N 4). Der Vereinbarung von abweichenden Voraussetzungen der Abnahme bzw. Ablieferung steht nichts entgegen (GAUCH, N 2253; TSCHÜTSCHER, Bauwerkvertragsrecht, 262; vgl. TSCHÜTSCHER, Diss., N 294; vgl. auch Art. 367 N 29). – Zum dies a quo im Falle einer vorzeitigen Vertragsauflösung nach Art. 377 vgl. N 32 a.E.

Für die **Berechnung der Frist** ist **Art. 132** massgebend (vgl. GAUCH, N 2253). **13**

c) Die Verjährungsfristen von Art. 371 unterliegen der **Hemmung und Unterbrechung** gem. Art. 134 ff. (BGE 96 II 184; 102 II 53; 114 II 262; 116 II 313; ZR 1991, 54 = BR 1992, 39; BR 1990, 43; GAUCH, N 2256 ff.; KOLLER A., Nachbesserung, N 379 f., 427 ff.; BK-GAUTSCHI, N 3c; BK-BECKER, N 1; ZK-OSER/SCHÖNENBERGER, N 1). Umstritten ist, ob die Verjährung des Nachbesserungsrechts mittels Schuldbetreibung unterbrochen werden kann. Das BGer hat diese Frage mit dem Hinweis verneint, dass Nachbesserungsrechte nicht auf dem Betreibungsweg geltend gemacht werden könnten (BGer, 5.9.2002, 4C.258/2001, E. 4.1.2). Die Auffassung des BGer ist im Schrifttum zu Recht kritisiert worden (KRAUSKOPF, BR 2003, 137; HÜRLIMANN/SCHUMACHER, recht 2003, 151 ff.; TERCIER/STÖCKLI, 13). **14**

Die Verjährungsfrist läuft **unabhängig von der Kenntnis** des Bestellers vom Mangel und seinem Anspruch (BGE 106 II 136, 138 f.). Eine *Unkenntnis* des Mangels oder der Mängelrechte bewirkt *keine Hemmung* des Fristenlaufes; Art. 134 Abs. 1 Ziff. 6 ist nicht anwendbar (BGE 130 III 366 = Pra 2005, 60 f.; BGE 106 II 137; GAUCH, N 2258; TSCHÜTSCHER, Diss., N 190; vgl. KLAUSER, 70). Die Verjährungsfrist für Forderungen aus einem *Sekundärmangel oder einem Mangelfolgeschaden* ruht so lange, als der Mangel oder Schaden noch nicht eingetreten **15** ist. Diesfalls ist *Art. 134 Abs. 1 Ziff. 6 analog* anwendbar, weil es unmöglich ist, eine Klage betr. einen noch nicht existenten Mangel oder Schaden zu erheben (GAUCH, 4. Aufl., N 2259 ff.; **a.M.** DERS., 5. Aufl., N 2259 ff.; ZK-BÜHLER, N 29; KRAUSKOPF, BR 2003, 135 f.; BGE 130 III 362 E. 4.2 = Pra 2005 Nr. 7; ZK-BÜHLER, N 29; TSCHÜTSCHER, Diss., N 190). Das Interesse des Bestellers, die Klagbarkeit seiner Mängelrechte nicht einzubüssen, bevor sie überhaupt entstanden sind, ist u.E. schützenswert. Als Schranke ist eine *absolute Verjährungsfrist von zehn Jahren seit Abnahme bzw. Ablieferung* des Werkes zu befürworten (so GAUCH, 4. Aufl., N 2261, jedoch verworfen in der 5. Aufl., N 2261, mit der Begründung, dies stelle einen konstruktiven Eingriff in die Verjährungsordnung dar, für den es im Bereich des Art. 371 an einer rechtlich tragfähigen Begründung fehle).

16 Die Hemmung oder Unterbrechung der Verjährung eines Mängelrechtes bewirkt auch die Hemmung oder Unterbrechung der Verjährung der anderen Mängelrechte, was als **übergreifende Wirkung** der Hemmung oder Unterbrechung bezeichnet werden kann (BGE 96 II 184 = Pra 1970, 519 ff.; GAUCH, N 2272; KOLLER A., Nachbesserung, FN 531 [mit zutreffender Differenzierung]; TSCHÜTSCHER, Diss., N 186; BK-GAUTSCHI, N 3d; TERCIER/FAVRE, N 4536; KRAUSKOPF, BR 2003, 136). Dagegen unterbricht die mit einem bestimmten Mangel begründete Klage lediglich die Verjährung der aus diesem Mangel fliessenden Forderungen, nicht aber diejenige von Forderungen aus anderen Mängeln (GAUCH, N 2272; KOLLER A., Nachbesserung, N 431; TSCHÜTSCHER, Diss., N 185;). Ebenso erfasst eine Anerkennung nur diejenigen Mängel, hinsichtlich derer der Unternehmer dem Besteller – im Zweifel nach dem Vertrauensprinzip beurteilt – die Überzeugung oder den Willen zu haften kundtut. Ist der Unternehmer zur Vornahme nur einzelner Ausbesserungsarbeiten bereit und bestreitet er eine weitergehende Haftung, so liegt keine verjährungsunterbrechende Anerkennung aller denkbaren Gewährleistungsansprüche vor (ZR 1991, 54 = BR 1992, 39, CHK-HÜRLIMANN/SIEGENTHALER, Art. 371 OR N 4, m.w.V.). In einem Urteil v. 6.4.2006 (4C.421/2005, E. 5.2) hatte das BGer einen Fall zu beurteilen, in dem sich der Unternehmer gemeinsam mit dem Besteller an der Suche nach Lösungen für die Beseitigung von Mängeln beteiligte und parallel dazu Dritte einzubeziehen versuchte, jedoch weder ausdrücklich noch stillschweigend eine Haftung anerkannte. Das BGer befand, dass der Besteller unter den konkret gegebenen Umständen nicht davon ausgehen durfte, dass höchstwahrscheinlich eine gütliche Einigung möglich sei und er auf jegliche Massnahmen zur Verjährungsunterbrechung verzichten könne. Entsprechend war die Erhebung der Verjährungseinrede durch den Unternehmer in casu nicht als rechtsmissbräuchlich zu beurteilen (BGer, 6.4.2006, 4C.421/2005, E. 5.2; s.a. Besprechung von HÜRLIMANN/SIEGENTHALER, Jusletter 2008, 21 f.; GAUCH/AEPLI/STÖCKLI, Art. 371 N 4). Im Übrigen unterbrechen Nachbesserungen die Verjährung und lösen eine neue Frist gleicher Dauer aus (BGE 121 III 272). Das BGer hat ferner entschieden, dass die Behebung eines Sekundärmangels – d.h. eines Mangels, der nach der Ablieferung des Werkes durch den Primärmangel verursacht wurde – nicht ohne Weiteres die Anerkennung des Primärmangels mit verjährungsunterbrechender Wirkung bedeute; eine Anerkennung mit verjährungsanerkennender Wirkung setze vielmehr Kenntnis des Primärmangels voraus (BGer, 21.5.2014, 4A_109/2014).

17 Für eine Unterbrechung der Verjährung durch **Klage** gem. Art. 135 Ziff. 2 genügt bereits die Postaufgabe des Sühnbegehrens (BGE 114 II 262; KOLLER A., Nachbesserung, N 437; vgl. zu den Hemmungs- und Unterbrechungsgründen im einzelnen GAUCH, N 2257 ff., 2265 ff.; KOLLER A., Nachbesserung, N 427 ff.; TSCHÜTSCHER, Diss., N 137 ff., 187 ff.; vgl. auch BK-GAUTSCHI, N 3c, d).

18 *entfällt*

IV. Voraussetzungen von Abs. 1 Satz 2 – bewegliche Werke integriert in unbewegliche Werke

1. Allgemeines und Anwendungsbereich

Eine längere fünfjährige Verjährungsfrist gilt – neben der Regelung von Abs. 2 betreffend unbewegliche Werke – seit der letzten Revision neu auch für Ansprüche aus einem **mangelhaften beweglichen Werk**, sofern dieses **bestimmungsgemäss** in ein unbewegliches Werk **integriert** worden ist. Eine analoge Bestimmung für die kaufrechtlichen Gewährleistungsansprüche findet sich in Art. 210 Abs. 2. **19**

Gemäss dem Wortlaut von Art. 371 Abs. 1 Satz 2 («unbewegliches Werk») muss es sich beim Hauptvertrag um einen Werkvertrag handeln (**a.M.** ROTH, 780 und VISCHER, Jusletter 2013, 3 f.). Die längere fünfjährige Frist gilt auch für sämtliche «vorgelagerten» Werkverträge (GAUCH, recht 2012, 132; vgl. ROTH, 781), also im Verhältnis des Unternehmers (bzw. Bestellers der beweglichen Sache) zu seinem Subunternehmer usw., sofern sämtliche Voraussetzungen auch in diesen vorgelagerten Verhältnissen erfüllt sind (GAUCH, recht 2012, 132). Die Verjährungsfrist beginnt für jedes vorgelagerte Vertragsverhältnis separat mit der jeweiligen Abnahme bzw. Ablieferung des unbeweglichen Werkes (GAUCH, recht 2012, 126). **19a**

Nach der inhaltsgleichen Bestimmung von Art. 210 Abs. 2 bestimmt sich die Verjährung, wenn die bewegliche Sache im Rahmen eines Kaufvertrages erworben worden ist (GAUCH, recht 2012, 132). **19b**

2. Mangelhaftes bewegliches Werk

Der Begriff des **«beweglichen Werkes»** wurde ebenfalls mit der Revision neu eingeführt. In erster Linie ist die Herstellung einer Fahrnissache im Rahmen eines Werkvertrages gemeint, wobei auch Arbeiten an einer vorbestehenden Fahrnissache wie Umgestaltung, Veredelung, Erneuerung oder Reparatur derselben erfasst sind (GAUCH, recht 2012, 132; KOLLER A., Verjährung, 307; ROTH, 774). Ob ein bewegliches Werk mangelhaft ist – massgebend ist der Mängelbegriff von Art. 368 –, bestimmt sich nach dem Vertrag des Unternehmers mit seinem Subunternehmer betreffend das bewegliche Werk, nicht nach dem Hauptvertrag betreffend das unbewegliche Werk (GAUCH, recht 2012, 126; ROTH, 775). **19c**

3. Bestimmungsgemässe Integration

a) Der Begriff **«bestimmungsgemäss»** ist auslegungsbedürftig; die Materialien bieten keine aufschlussreichen Hinweise. Die französische und die italienische Fassung stellen auf den normalen Gebrauch ab («normalement»/«normalemente»); dies dürfte in den meisten Fällen zutreffend sein. Weicht aber der vereinbarte Verwendungszweck vom normalen/üblichen Zweck ab, ist primär auf den Vertragswillen der Parteien bzw. den vereinbarten Verwendungszweck abzustellen (GAUCH, recht 2011, 148; KOLLER A., Verjährung, 307; PICHONNAZ, SJZ 2013, 72 f.; VISCHER, Jusletter 2013, 5; **a.M.** ROTH, 778). **19d**

b) Das bewegliche Werk gilt als in das unbewegliche Werk **«integriert»**, wenn es nach der Fertigstellung physisch im unbeweglichen verbleibt (GAUCH, recht 2012, 127; PICHONNAZ, SJZ 2013, 71; ROTH, 776); dies trifft auf Stoff i.S.v. Art. 365/376 zu, nicht aber auf Arbeitsmittel i.S.v. Art. 364 Abs. 3 (GAUCH, recht 2012, 131; SCHWIZER/WOLFER, 1761; **a.M.** VISCHER, Jusletter 2013, 4). Obschon der Wortlaut der Bestimmung («Integration») nicht auf sachenrechtliche Konzepte Bezug nimmt, wird vereinzelt gefordert, dass das bewegliche Werk Zugehör i.S.v. Art. 644 Abs. 2 ZGB (ROTH, 776) oder Bestandteil i.S.v. Art. 642 ZGB (KOLLER A., Verjährung, 307; VISCHER, Jusletter 2013, 3) des unbeweglichen Werkes werden muss, um als «integriert» zu gelten. **19e**

4. Verursachung eines Mangels am unbeweglichen Werk

19f Das mangelhafte bewegliche Werk muss den Mangel des unbeweglichen Werkes verursacht haben, wobei Mitverursachung genügt (GAUCH, recht 2012, 128; PICHONNAZ, SJZ 2013, 72; KRAUSKOPF, Verjährung, 93; ROTH, 779; SCHWIZER/WOLFER, 1761; **a.M.** VISCHER, Jusletter 2013, 5, der einen Mangel am unbeweglichen Werk nicht voraussetzt). Die Frage, ob das unbewegliche Werk mangelhaft ist, bemisst sich nach dem Hauptvertrag betreffend das unbewegliche Werk (GAUCH, recht 2012, 128; ROTH, 779). Unbedeutend ist, ob sich die Mangelhaftigkeit des unbeweglichen Werkes im Mangel des integrierten Werkes erschöpft (bspw. undichtes Dach) oder durch diesen Mangel erst entstanden ist (Feuchtigkeit im Bauwerk aufgrund des Lecks) (GAUCH, recht 2012, 128).

5. Verjährungsfrist

19g Die Verjährungsfrist beträgt hier **fünf Jahre**. Sie **beginnt** mit der **Abnahme des beweglichen Werkes** zu laufen, nicht erst mit der Abnahme des unbeweglichen Werkes, in das es integriert worden ist (GAUCH, recht 2012, 131; PICHONNAZ, SJZ 2013, 73; REETZ/LORENZ, 17 f.; ROTH, 777).

19h Wird ein mangelhaftes bewegliches Werk nach mehr als zwei Jahren seit dessen Abnahme in das unbewegliche Werk integriert, also nachdem die Mängelansprüche gem. Abs. 1 Satz 1 verjährt sind, ist basierend auf den Wortlaut und den Koordinationszweck von Abs. 1 Satz 2 (vgl. N 4) anzunehmen, dass die Verjährung der Ansprüche wegen Mängel der beweglichen Sache beseitigt und durch eine fünfjährige Frist gemäss Satz von Abs. 1 ersetzt wird (GAUCH, recht 2012, 129; ROTH, 777).

19i Zur Verjährung bei einer absichtlichen Täuschung des Unternehmers s. N 47.

V. Voraussetzungen von Abs. 2 – unbewegliche Werke

1. Unbewegliches Werk

19j a) Die Anwendbarkeit der fünfjährigen Verjährungsfrist setzt voraus, dass die **Ansprüche des Bestellers aus Mängeln eines unbeweglichen Werkes** abgeleitet werden (Art. 371 Abs. 2). Während die fünfjährige Verjährungsfrist im alten Recht bei Mängeln eines unbeweglichen «*Bau*werkes» zur Anwendung gelangte, wurde der Anwendungsbereich dieser Frist in der letzten Revision auf unbewegliche *«Werke»* ausgedehnt. Den Materialen lassen sich keine zuverlässigen Hinweise zum neu eingeführten Begriff des unbeweglichen Werkes entnehmen. Immerhin geht daraus hervor, dass es sich bei der Änderung nicht um ein gesetzgeberisches Versehen gehandelt hat. Ausgangspunkt für die Auslegung ist die ratio legis: Vorzuliegen hat also ein **Risiko spät erkennbarer Mängel** (GAUCH, N 2225 *betr. altrechtl. «Bauwerk»*). Dem Werk muss eigen sein, dass erst nach längerer Zeit festgestellt werden kann, ob es den Anforderungen genügt, bspw. mit Bezug auf die Festigkeit oder die geologischen und atmosphärischen Bedingungen (BGE 120 II 216 = Pra 1995, 247; BGE 93 II 245, 246; GAUCH, N 2225 ff., 2247; – *alle betr. altrechtl. «Bauwerk»*). Leitlinie der Auslegung bilden sodann die in Lehre und Rechtsprechung entwickelten Kriterien zum Begriff des «unbeweglichen Bauwerks» (FREY/SIEGENTHALER, 176).

20 b) Allgemeines Kriterium zur Abgrenzung gegenüber Abs. 1 ist die **Natur des Werkes** (BGE 93 II 246; 113 II 268; GAUCH, N 2230; PEDRAZZINI, 529 FN 87; – *alle betr. altrechtl. «Bauwerk»*), das **Gegenstand des Werkvertrages** ist (BGE 93 II 246; 113 II 268; 109 II 39 f.; GAUCH, N 2218; PEDRAZZINI, 529 FN 87; – *alle betr. altrechtl. «Bauwerk»*). Unmassgeblich sind deshalb der Wert der Leistung, die wirtschaftliche Bedeutung des Werkes und der Umfang des Schadens (BGE 120 II 217 = Pra 1995, 248; GAUCH, N 2230; KOLLER A., Nachbesserung, N 418; – alle betr. altrechtl. *«Bauwerk»*).

c) Die **Voraussetzungen** eines «unbeweglichen Werkes» i.S.v. Art. 371 Abs. 2 sind **im Einzelnen**: 21

Gegenstand des Werkvertrags muss eine **immobile Sache** sein; Mobilien und Fahrnisbauten i.S.v. Art. 677 ZGB – Letztere verstanden als Bauten ohne feste Verbindung mit dem Boden – fallen nicht unter Art. 371 Abs. 2 (BGE 113 II 268; GAUCH, N 2237 f.; ZK-BÜHLER, N 43; BK-GAUTSCHI, N 10a; TSCHÜTSCHER, Diss., N 318 – *alle betr. altrechtl. «Bauwerk»*). 22

Das Werk muss in unmittelbarer oder mittelbarer **dauerhafter Verbindung mit dem Erdboden** stehen (BGE 113 II 267; 96 II 184 = Pra 1970, 519; GAUCH, N 2222; KOLLER A., Nachbesserung, N 416; TSCHÜTSCHER, Diss., N 320; ZK-BÜHLER, N 44; ZK-OSER/SCHÖNENBERGER, N 5; BK-BECKER, N 6; DREYER, 54; – *alle betr. altrechtl. «Bauwerk»*). So ist ein Lehrgerüst, das für die voraussichtliche Dauer von drei Monaten zur Erstellung einer Brücke errichtet wird, bloss eine vorübergehende Hilfsbaute kein unbewegliches Werk (BGE 113 II 267 *betr. altrechtl. «Bauwerk»*). 23

entfallen 24–26

Unter dem altrechtlichen Begriff des «unbeweglichen Bauwerkes» war die Verwendung von Material und Arbeit erforderlich (GAUCH, N 2222 f. m.Nw.), wobei das Kriterium der Verwendung von Material nicht streng gehandhabt wurde (GAUCH, N 2223 ff. und 2246; KOLLER A., Nachbesserung, FN 472; TSCHÜTSCHER, Diss., N 321; DREYER, 54). Das Kriterium entfällt unter dem geltenden Begriff des «unbeweglichen Werkes» vollends: Auch **Werkleistungen ohne Verwendung von Material** wie bspw. die Beschneidung eines Baumes oder der Aushub eines Grabens können als unbewegliches Werk qualifiziert werden (GAUCH, recht 2011, 150; DERS., recht 2012, 133; FREY/SIEGENTHALER, 177 f.). In Übereinstimmung mit der Rechtsprechung zum altrechtlichen Begriff des «unbeweglichen Bauwerkes» ist erforderlich, dass diese Leistungen für das bestehende Bauwerk von wesentlicher Bedeutung sind; unbedeutende Reparaturarbeiten bspw. genügen nicht (so wohl GAUCH, Art. 201 und 371, 133 FN 35; KUKO OR-LEHMANN, N 11). *Rechtsprechung des BGer zum altrechtlichen Begriff des «unbeweglichen Bauwerkes»*: Das BGer erachtet die Lieferung, Befestigung und das Bemalen von Rollläden eines Hauses, das renoviert wird, als Arbeiten zur Erstellung eines unbeweglichen Bauwerks i.S.v. Art. 371 Abs. 2 (BGE 121 III 271/272). Dagegen hat es in einem älteren Urteil bez. Malerarbeiten zur Renovation einer Hausfassade das Risiko spät erkennbarer Mängel und damit die Eigenschaft als unbewegliches Bauwerk verneint (BGE 93 II 246; **a.M.** KGer JU, 14.6.1984). 27

2. *Ansprüche gegen Unternehmer, Architekten und Ingenieure*

Neben den Forderungen aus Mängelrechten gegen den **Unternehmer** erfasst die fünfjährige werkvertragliche Verjährungsordnung auch diejenigen gegen den **Architekten oder Ingenieur** (Art. 371 Abs. 2). Diese Regelung war – auf unbewegliche *Bau*werke beschränkt – bereits im alten Recht enthalten. Für die Subsumtion unter die Begriffe «Architekt» und «Ingenieur» ist auf die *Funktion*, nicht auf den formellen Titel abzustellen (ZK-BÜHLER, N 70; CR CO I-CHAIX, N 22). Die Termini sind *weit auszulegen* (GAUCH, N 2299). Namentlich gelten als «Ingenieur» «auch der Elektro- oder Maschineningenieur, der Geotechnik-Ingenieur und sogar der Geologe» (GAUCH, N 2299 m.Nw.). 28

Art. 371 Abs. 2 ist (auch) auf Architekten und Ingenieure nur für Forderungen anwendbar, die aus **Mängeln (i.S.v. Art. 368) des unbeweglichen Werkes** abgeleitet werden (BGE 102 II 413, 418 m.Nw. = Pra 1977, 214 ff., 217; CHK-HÜRLIMANN/SIEGENTHALER, Art. 371 OR N 6; GAUCH, N 2301; KOLLER A., Nachbesserung, N 405; BK-GAUTSCHI, N 22; PEDRAZZINI, 530; vgl. TAUSKY, Diss., 245). Ansprüche aus Vertragsverletzungen, die zu keinem Werkmangel führen, wie z.B. eine mangelhafte Kontrolle von Rechnungen, unrichtige Kosteninformation oder Benachteiligung des Bauherrn in der Submission, verjähren dagegen nicht nach 29

Art. 371, sondern nach Art. 127 (BGE 134 III 361 E. 5.2 = Pra 2009, 56 f.; BGE 102 II 418 = Pra 1977, 217; SJZ 1986, 149; GAUCH, N 2301; HONSELL, OR BT, 304; SCHUMACHER, Haftung, N 655–657, 659–661, 667; BK-GAUTSCHI, N 22 m.w.Bsp.).

30 **Unbeachtlich** ist die *Qualifikation des Vertrags* zwischen dem Besteller und dem Architekten oder Ingenieur (BGE 102 II 418 = Pra 1977, 217; BGE 89 II 407 = Pra 1964, 90; GAUCH, N 2300, 2310; KOLLER A., Nachbesserung, FN 464; TSCHÜTSCHER, Diss., N 308, 345; PEDRAZZINI, 530 FN 90; SCHUMACHER, Haftung, N 646; KLAUSER, 155; TAUSKY, Diss., 245). Unerheblich ist ferner die Art der geleisteten Dienste und der zum Werkmangel führenden Vertragsverletzung (BGE 89 II 407 = Pra 1964, 90; GAUCH, N 2300; PEDRAZZINI, 530 FN 90; TSCHÜTSCHER, Diss., N 308, 345; vgl. BK-GAUTSCHI, N 22). Ebensowenig ist vorausgesetzt, dass im konkreten Fall tatsächlich ein *Regressrecht* des Architekten oder Ingenieurs gegen den Unternehmer besteht (BGE 115 II 458; GAUCH, N 2300; ZK-OSER/SCHÖNENBERGER, N 7).

3. Verjährungsfrist

31 a) Die Verjährungsfrist beträgt **fünf Jahre**. Sie gilt für *offene* wie auch für *geheime Mängel* (GAUCH, N 2215; ZK-BÜHLER, N 35; vgl. BGE 89 II 408 = Pra 1964, 92 – *alle betr. altrechtliches «Bauwerk»*).

32 b) Der **Fristenlauf beginnt** mit der **Abnahme** (Art. 371 Abs. 2; BGE 118 II 149 und dazu GAUCH, BR 1993, 43; ZK-BÜHLER, N 29 – *alle betr. altrechtliches «Bauwerk»*). Die Abnahme kann auch stillschweigend erfolgen, namentlich durch zweckgemässen Gebrauch (BGE 115 II 459; 113 II 267 *betr. altes Recht*). Wirken an einem Werk mehrere Nebenunternehmer mit, so beginnt die Verjährung *für jedes Teilwerk gesondert mit dessen Abnahme* (BGE 115 II 459; GAUCH, N 2303; KOLLER A., Nachbesserung, N 403; TSCHÜTSCHER, Diss., N 267; **a.M.** BK-GAUTSCHI, N 27; AGVE 1977, 39; MOSIMANN, 130 bez. Generalunternehmervertrag; – *alle betr. altrechtliches «Bauwerk»*), was sich auch auf die Verjährung von Forderungen gegenüber dem Ingenieur oder Architekten auswirkt (SCHUMACHER, Haftung, N 650; s.a. BGE 130 III 365 = Pra 2005, 60 – *alle betr. altrechtliches «Bauwerk»*). Eine konkludente Abnahme eines Teilwerks liegt vor, wenn andere Unternehmer eine bereits erbrachte Arbeit als Grundlage benutzen und an der Erstellung des Gesamtwerkes weiterarbeiten (BGE 115 II 459 *betr. altes Recht*). – Die Parteien können den Begriff der Abnahme und den Verjährungsbeginn abweichend regeln (GAUCH, N 2253; TSCHÜTSCHER, Diss., N 294; vgl. BGE 118 II 149; 115 II 459; vgl. N 12, 41 f., Art. 367 N 29, 3 a.E.; – *alle betr. altes Recht*). Spezielle Regeln gelten für den Fristenlauf bei einem Vertragsrücktritt i.S.v. Art. 377. Diesfalls beginnt die Verjährungsfrist mit Eintritt der Kündigungswirkung bzw. mit Übergabe des noch nicht vollendeten Werks zu laufen (BGE 130 III 365 f. = Pra 2005, 60).

33 Für die **Berechnung der Frist** ist **Art. 132** massgebend (vgl. GAUCH, N 2253).

34 c) Die Verjährungsfristen von Art. 371 Abs. 2 sind der **Hemmung oder Unterbrechung** gem. Art. 134 ff. unterworfen (N 15 ff.).

35–38 *entfallen*

VI. Anwendungsbereich von Abs. 3 – sinngemässe Anwendung der kaufrechtlichen Verjährungsregeln

39 Art. 371 Abs. 3 bestimmt, dass im Übrigen die Regeln für die Verjährung der entsprechenden Ansprüche des Käufers sinngemäss zur Anwendung kommen. Eine Verweisung auf die kaufrechtlichen Verjährungsbestimmungen war bereits im alten Recht enthalten (aArt. 371 Abs. 1). Es ergibt sich damit insb. was folgt (vgl. GAUCH, recht 2012, 134 f.; KRAUSKOPF, Verjährung, 97 f.):

1. Verlängerung und Verkürzung der Verjährungsfrist

1) Analog zu Art. 210 Abs. 1 können die Parteien die Verjährungsfrist **verlängern**, wobei eine Verlängerung auf *zehn Jahre* seit der Abnahme des Werkes begrenzt ist (GAUCH, recht 2012, 134; KRAUSKOPF, Verjährung, 97; *nachfolgende betr. altes Recht*: BGE 99 II 189; BGer, 15.1.2012, 4A.221/2010; GAUCH, N 2490; KOLLER A., Nachbesserung, N 460; TSCHÜTSCHER, Diss., N 233; BK-GAUTSCHI, N 5b; PEDRAZZINI, 530; KLAUSER, 72; krit. GEHRER, Bauherr, 202). 39a

2) Eine Vereinbarung über die **Verkürzung** der Verjährungsfrist ist ungültig, wenn sie die Verjährungsfrist auf weniger als zwei Jahre verkürzt, die Sache für den persönlichen oder familiären Gebrauch des Bestellers bestimmt ist und der Unternehmer im Rahmen seiner beruflichen oder gewerblichen Tätigkeit handelt (analog Art. 210 Abs. 4). Ausserhalb des Anwendungsbereichs der Konsumentenregel von Art. 210 Abs. 4 setzt eine gültige Verkürzung der Frist allgemein voraus, dass die *Rechtsverfolgung nicht in unbilliger Weise erschwert* wird (BGE 108 II 196 m.Nw.; GAUCH, N 2494 f.; KOLLER A., Nachbesserung, N 411, 461 f.; TSCHÜTSCHER, Diss., N 233; MOSIMANN, 129; SCHUMACHER, Haftung, N 647; krit. GEHRER, Bauherr, 203 f. – *alle betr. altes Recht*). Die Rechtsverfolgung ist u.U. unbillig erschwert, wenn die verkürzte Frist abläuft, bevor die Mängel genügend erkannt sind (BGE 108 II 196 f.). Eine Abrede über die Verkürzung der Verjährung ist ungültig, wenn der Unternehmer dem Besteller einen Werkmangel bei der Abnahme arglistig verschwiegen hat (analog Art. 199). – Ein Verzicht auf die Geltendmachung der bereits abgelaufenen Verjährungsfrist ist möglich (GAUCH, N 2283 ff.; BK-BECKER, N 3; **dagegen** BGE 132 III 226 und BGer, 15.11.2011, 4A_495/2011, wonach der Schuldner auch während laufender Verjährungsfrist auf die Geltendmachung verzichten kann; – *alle betr. altes Recht*). 40

Die **vertragliche Regelung von Nutzen und Gefahr** ist i.d.R. *nicht als Änderung des Beginns der Verjährungsfrist* zu verstehen. Denn Nutzen und Gefahr können auch übergehen, bevor das Werk vollendet und abgenommen ist (BGE 118 II 149 und dazu GAUCH, BR 1993, 43). – Ob mit der Vereinbarung einer **«Garantiefrist»** die gesetzliche Regelung der Rügefrist, der Verjährungsfrist oder des Beginns der Verjährung geändert werden sollte, ist durch *Auslegung* zu ermitteln (GAUCH, N 2478 ff., 2485 ff., insb. 2483, 2487, 2496; KOLLER A., Nachbesserung, N 457; PEDRAZZINI, 530 f.; HONSELL, OR BT, 304 f.; vgl. BK-GAUTSCHI, N 5a, b, e, f; KLAUSER, 73). *Im Zweifel* versteht das BGer unter «Garantiefrist» oder «Garantiezeit» die *Verjährungsfrist* (BGE 63 II 180; ebenso PEDRAZZINI, 530; HONSELL, OR BT, 305; vgl. **dagegen** GAUCH, N 2483, 2496). PEDRAZZINI betont, dass die Vereinbarung einer «Garantiefrist» sich nur bei besonderen Anhaltspunkten (auch) auf die Rügefrist oder auf den Beginn der Verjährungsfrist bezieht (PEDRAZZINI, 530 f.). 41

3) Die **SIA-Norm 118** statuiert in **Art. 180** – abgesehen vom Fall der absichtlichen Täuschung – eine **einheitliche Verjährungsfrist von fünf Jahren**. Es entfällt die gesetzliche Unterscheidung zwischen verschiedenen Typen von Werken (BGE 120 II 220/221 = Pra 1995, 251; Pra 1989, 804; GAUCH, SIA, Art. 180 N 1, 4 lit. a; KOLLER A., Nachbesserung, N 411, 468; SPIESS/HUSER, Art. 180 N 6; TRÜMPY, SIA, 66; DREYER, 54). Die Verjährungsfrist beginnt wie nach der gesetzlichen Ordnung mit der Abnahme des Werkes (GAUCH, SIA, Art. 180 N 5; TRÜMPY, SIA, 66). Doch ist der Begriff der Abnahme gegenüber demjenigen in Art. 371 modifiziert (GAUCH, SIA, Art. 158 N 1 lit. b, Art. 180 N 1; s. dazu LENZLINGER GADIENT, 66 ff.). – Vgl. zur SIA-Ordnung 102: ZEHNDER, Diss., N 326; SCHUMACHER, Haftung, N 672 f. 42

2. Absichtliche Täuschung

Die Ansprüche des Bestellers aus Werkmängeln verjähren innerhalb von **zehn Jahren seit Abnahme** des Werkes, wenn eine **absichtliche Täuschung** des Unternehmers – und im Rahmen von Abs. 2 auch des Architekten oder Ingenieurs – vorliegt (analog Art. 210 Abs. 6; *nachfolgende betr. altes Recht*: BGE 107 II 231; GAUCH, N 2275 ff.; KOLLER A., Nachbesse- 42a rung, N 377 f.; BK-Gautschi, N 5c; ZK-Oser/Schönenberger, N 3; Pedrazzini, 530; Klauser, 71). Eine absichtliche Täuschung setzt voraus, dass der Unternehmer die *Mängel tatsächlich kennt und sie bewusst (Eventualvorsatz ist ausreichend) verschweigt* (*nachfolgende betr. altes Recht*: BGer, 26.6.2014, 4A_97/2014, E. 4.1; BGE 89 II 409 = Pra 1964, 92; BJM 1993, 303 = BR 1995, 92 Nr. 240; vgl. Mosimann, 128; vgl. Schumacher, Haftung, N 668). Weder kann einzig aus dem Vorliegen eines Werkmangels auf dessen Kenntnis, noch aus der Erheblichkeit des Mangels allein auf Arglist und damit eine absichtliche Täuschung geschlossen werden (BGer, 20.4.2007, 4P.13/2007, E. 6). – Die Verlängerung der Frist ist zwingendes Recht (*nachfolgende betr. altes Recht*: Koller A., Nachbesserung, N 382, 464; Tschütscher, Diss., N 233, 369; BK-Gautschi, N 5c; Mosimann, 128). – Ob eine absichtliche Täuschung den Besteller von der Erhebung der Mängelrüge entbindet, ist unklar. Während dies von der neueren Lehre zu Recht bejaht wird (*nachfolgende betr. altes Recht*: vgl. z.B. Gauch, N 2162; Tercier/Favre, N 4528), stellte sich das BGer in einem älteren Entscheid gegen diese Auffassung (BGE 100 II 34), liess die Frage jedoch später offen (BGer, 18.8.2005, 4C.34/2005, E. 5.3).

VII. Rechtsfolge: Beschränkung der Klagbarkeit

42b 1) Die Rechtsfolge von Art. 371 besteht in den **allgemeinen Wirkungen der Verjährung**: Die Klagbarkeit der Forderungen wird beschränkt (Gauch, N 2280; Koller A., Nachbesserung, N 395 ff.; Tschütscher, Diss., N 215; Klauser, 69; Bögli, N 164).

42c Trotz der Verjährung kann der Besteller Ansprüche aus Werkmängeln weiterhin als **Einreden** vorbringen, sofern er die Ansprüche nicht verwirkt hat: Die *Mängel müssen rechtzeitig und innerhalb der Verjährungsfrist gerügt* und das *Werk darf nicht genehmigt* worden sein (analog Art. 210 Abs. 5; Art. 367, 370; s. aber auch Art. 370 N 2; *nachfolgende betr. altes Recht*: BGE 130 III 367 = Pra 2005, 61; BGE 107 II 53; Gauch, N 2288; Koller A., Nachbesserung, N 391; Tschütscher, Diss., N 222 ff.; Bögli, N 164; BK-Gautschi, N 8a, d; vgl. BGE 104 II 358 = Pra 1979, 2).

42d Das fortbestehende Einrederecht ermöglicht dem Besteller die **Zahlungsverweigerung** nach Massgabe seiner Wandelungs- oder Minderungsansprüche, die **Verrechnung** und die **Einrede des nicht erfüllten Vertrages** (im Einzelnen Gauch, N 2289 ff.; Koller A., Nachbesserung, N 392 ff.; Tschütscher, Diss., N 223–228; vgl. BGE 107 II 54; vgl. auch Bögli, N 164; BK-Gautschi, N 8b; – *alle betr. altes Recht*).

42e 2) **Gegenstand** der Verjährung sind die aus den Mängelrechten fliessenden **Forderungen**. Als Gestaltungsrechte (Art. 368 N 12) verjähren nicht die Wandelungs-, Minderungs- und Nachbesserungsrechte als solche, sondern die durch deren Ausübung entstehenden Forderungen (Gauch, N 2281; Koller A., Nachbesserung, N 386; ZK-Bühler, N 24 ff.; Tschütscher, Diss., N 93 f.).

VIII. Beweislast

43 Die Beweislast für den *Ablauf der Verjährungsfrist* obliegt dem **Unternehmer** (Gauch, N 2286; Bühler A., 337; Tschütscher, Diss., FN 369). Er hat die Tatsachen für die Verneinung eines *unbeweglichen Bauwerks* nachzuweisen, wenn er sich auf Art. 371 Abs. 1 stützt (Gauch, N 2286; Bühler A., 337; Tschütscher, Diss., FN 369). Dagegen obliegt dem **Besteller** der Beweis der *absichtlichen Täuschung*, wenn er die zehnjährige Verjährungsfrist geltend macht (BGE 89 II 409 = Pra 1964, 92; Gauch, N 2104, 2276, 2286; differenzierend Tschütscher, Diss., N 358 f.), sowie für die *Hemmungs- oder Unterbrechungsgründe* der Verjährung (ZR 1979, 127; Gauch, N 2286; Bühler A., 338). Er trägt ferner die Beweislast für die Behauptung, dass eine Verlängerung der Verjährungsfrist vereinbart worden sei oder der Unternehmer auf die Verjährungseinrede verzichtet habe oder diese rechtsmissbräuchlich sei (Bühler A., 338, 323; vgl. Gauch, N 2286).

IX. Rechtsvergleichung

§ 634a BGB; art. 2219, 1792 f., 1792–6 CC fr.; art. 1667 al. 3, 1669 CC it. – Vgl. auch BK-GAUTSCHI, N 2a–d, 3a, 4a; ZK-BÜHLER, N 7; BÖGLI, N 183 ff.; sowie BGE 93 II 244 (bez. Art. 371 Abs. 2). Zur Verjährung von Mängelansprüchen nach dem revidierten BGB s. SCHUDNAGIES, Das Werkvertragsrecht nach der Schuldrechtsreform, NJW 2002, 396 ff., insb. 398 ff. 44

Art. 372

II. Pflichten des Bestellers
1. Fälligkeit der Vergütung

[1] Der Besteller hat die Vergütung bei der Ablieferung des Werkes zu zahlen.

[2] Ist das Werk in Teilen zu liefern und die Vergütung nach Teilen bestimmt, so hat Zahlung für jeden Teil bei dessen Ablieferung zu erfolgen.

II. Obligations du maître
1. Exigibilité du prix

[1] Le prix de l'ouvrage est payable au moment de la livraison.

[2] Si des livraisons et des paiements partiels ont été convenus, le prix afférent à chaque partie de l'ouvrage est payable au moment de la livraison de cette partie.

II. Obblighi del committente
1. Scadenza della mercede

[1] Il committente deve pagare la mercede all'atto della consegna dell'opera.

[2] Se fu pattuito che debba farsi la consegna dell'opera in parti e pagarsi in rate la mercede, questa dovrà essere pagata per ciascuna delle singole parti del lavoro all'atto della relativa consegna.

Literatur

Vgl. die Literaturhinweise bei den Vorbem. zu Art. 363–379.

I. Norminhalt. Allgemeines

1 Art. 372–374 regeln die Modalitäten der einzigen gesetzlichen Pflicht des Bestellers, der Leistung der Vergütung (vgl. Art. 363; zu den Nebenpflichten und Obliegenheiten des Bestellers s. GAUCH, N 1320 ff.). Art. 372 bestimmt die **Fälligkeit der Vergütung**. Die Bestimmung derogiert die allgemeine Regel von Art. 75, wonach die Erfüllung grundsätzlich sogleich gefordert werden kann. Die gesetzliche Fälligkeitsregel von Art. 372 Abs. 1 gilt für *alle Arten von Werkverträgen* (BK-GAUTSCHI, N 11a; ZK-BÜHLER, N 1), namentlich auch für Werklieferungsverträge. Sie ist grundsätzlich unabhängig von der Grösse des Werkes und der Herstellungsdauer anwendbar.

II. Voraussetzungen der Fälligkeit der Vergütung

1. Ablieferung des (Gesamt-)Werkes (Abs. 1)

2 Die Vergütung des Bestellers wird mit der **Ablieferung (bzw. Abnahme) des beendeten Werkes** fällig (Art. 372 Abs. 1; s. BGE 110 II 178; 94 II 164; 89 II 235; 83 II 525), also nicht schon mit der Fertigstellung des Werkes, aber auch nicht erst nach der ordnungsgemässen Prüfung des abgelieferten Werkes durch den Besteller (s. zum Begriff der Ablieferung Art. 367 N 3; GAUCH, N 87 ff.; vgl. EGV 1983, 118 ff. = BR 1985, 58 f.; ZK-BÜHLER, N 11; BR 1997, 54; SCHUMACHER, Vergütung, N 312; BGer, 1.7.2009, 4D_55/2009, E. 2.3 = BR 2009, 155). Zahlung des Werklohnes und Ablieferung des fertiggestellten Werkes erfolgen *Zug um Zug* (Art. 82; KUKO OR-LEHMANN, N 4). Zur Rechtslage im Falle eines *Annahmeverzugs* (Gläubigerverzugs) des Bestellers s. SJ 1989, 334; 1988, 155 ff. = BR 1988, 67; GAUCH, N 1324 ff., 1712; BÖGLI, N 394 ff.

3 Den Unternehmer trifft eine **Vorleistungspflicht** im Umfang der gesamten Werkherstellung («erst Arbeit, dann Lohn»). Er hat – auch bei grossen Werken und langfristigen Verpflichtungen – keinen gesetzlichen Anspruch auf Teil- oder auf Abschlagszahlungen oder auf einen Vorschuss (GAUCH, N 1153 f.; PEDRAZZINI, 533 f.; BK-GAUTSCHI, N 2 f.; ZK-OSER/SCHÖNENBERGER, N 1; LENZLINGER GADIENT, 58; BÖGLI, N 179; vgl. auch BGE 72 II 351).

4 Unklar ist, inwiefern die *Mangelhaftigkeit des Werkes* den Eintritt der Fälligkeit hindert. Nach einer immer noch verbreiteten Meinung tritt die Fälligkeit der Vergütung nur ein, wenn der Unternehmer ein mängelfreies, dem Vertrag in allen Teilen entsprechendes Werk abliefert (BGE 94 II 164; 89 II 235; s.a. 110 II 178; KGer JU, BR 1990, 43; PEDRAZZINI, 535; REBER, 89; ZK-OSER/SCHÖNENBERGER, N 2; BK-BECKER, N 3). Nach einer anderen, neueren Ansicht verhindert die Mangelhaftigkeit des Werkes den Eintritt der Fälligkeit nicht (ZWR 1988, 344 ff. = BR 1989, 94; GAUCH, N 1155, 2367 ff., 2380 f.; LENZLINGER GADIENT, 58; KOLLY, 80; CHK-HÜRLIMANN/SIEGENTHALER, N 4; CORBOZ, IV, 12; CR CO I-CHAIX, N 7; s.a. BK-GAUTSCHI, N 7a, 11c; offen gelassen in BGE 97 II 354; differenzierend KOLLER A., Nachbesserung, N 307 ff.; GUHL/KOLLER/SCHNYDER/DRUEY, § 47 N 42; BÖGLI, N 264: keine Fälligkeit, wenn der Besteller die Werkannahme wegen der Mängel verweigert). Nach einer dritten, vermittelnden Auffassung ist nach der Erheblichkeit des Werkmangels zu differenzieren (s. HONSELL, OR BT, 307; DÜRR, 84; s.a. BK-GAUTSCHI, N 4).

5 Da einerseits der Begriff der Ablieferung, an Art. 372 Abs. 1 anknüpft, die Mangelfreiheit des Werkes nicht voraussetzt (BGE 107 II 52; KOLLER A., Nachbesserung, N 312; Art. 367 N 3) und anderseits dem Besteller trotz Fälligkeit der Vergütung die Einredemöglichkeiten nach Art. 82 erhalten bleiben (s. dazu GAUCH, N 2381 m.w.Nw.; KOLLER A., Nachbesserung, N 315 ff.; LENZLINGER GADIENT, 153 ff.; Art. 368 N 65; N 11 f.), ist derjenigen Ansicht den Vorzug zu geben, welche die **Fälligkeit der Vergütung trotz Mangelhaftigkeit des Werkes** eintreten lässt.

6 Der Zeitpunkt der **Rechnungsstellung** hat grundsätzlich *keinen Einfluss* auf die Fälligkeit der Vergütung. Insbesondere kann der Unternehmer nicht den Verjährungsbeginn dadurch hinausschieben, dass er mit der Rechnungsstellung zuwartet (GAUCH, N 1159, 1259; PEDRAZZINI, 533 FN 2 m.w.Nw.; ZK-BÜHLER, N 13; s.a. SJZ 1959, 196 f.).

7 Im Falle einer *Auflösung des Werkvertrages ex nunc* (vgl. Art. 366 N 21) wird die Vergütung für die bereits ausgeführten Arbeiten im Zeitpunkt der Vertragsauflösung fällig (BGer, 11.11.2003, 4C.241/2003, E. 5.2; GAUCH, N 1156).

2. Teillieferungen (Abs. 2)

8 Ist der Unternehmer vertraglich verpflichtet, das Werk in Teilen zu liefern, und ist vereinbart, dass sich die Vergütung nach den einzelnen abzuliefernden Teilen bestimmt, so wird **mit jeder Teilablieferung die entsprechende (Teil-)Zahlung fällig** (Art. 372 Abs. 2; s. die Bsp. bei BK-GAUTSCHI, N 18 ff. und bei DÜRR, 88; ferner CORBOZ, IV, 14 f.; ZK-BÜHLER, N 40). Ist die Vergütung hingegen nicht auf die Teillieferungen ausgerichtet, so wird die gesamte Vergütung erst bei der Ablieferung des letzten Werkteils fällig (GAUCH, N 1158; BK-WEBER, Art. 81 N 9). Die Vereinbarung von Teilzahlungen kann sich auch aus einer entsprechenden *Übung* ergeben, etwa bei Sukzessivwerklieferungen zu Einheitspreisen mit periodischer Rechnungsstellung (s. PEDRAZZINI, 534 f.; ZK-BÜHLER, N 40; ZK-OSER/SCHÖNENBERGER, N 6; BK-BECKER, N 4; s.a. BK-GAUTSCHI, N 21a).

III. Rechtsfolgen

9 Die Fälligkeit der Vergütung löst den Anspruch des Unternehmers auf Zahlung des Werklohnes aus, dessen Höhe sich nach den Art. 373 und 374 richtet. Besondere **Verzugsregeln** kennt das Werkvertragsrecht im Gegensatz zum Kaufrecht (Art. 214 f.) nicht. Das *Rücktrittsrecht*

des Unternehmers richtet sich *nach Art. 107/109* (SJ 1989, 334; Gauch, N 1274 ff.; Pedrazzini, 535; Dürr, 85; Corboz, IV, 13; BK-Gautschi, N 23, 25; ZK-Bühler, N 23; ZK-Oser/Schönenberger, N 4; BK-Becker, N 5; zur Rechtsnatur des Rücktritts s. Art. 366 N 21–23; vgl. BGer, 9.6.2010, 4A_603/2009, E. 2.2, wonach mit Wirkung ex nunc aufgelöst wird, wenn mit der Werkleistung bereits begonnen wurde). Den säumigen Besteller treffen auch die weiteren allgemeinen Verzugsfolgen, insb. die Haftung für Zufall (Art. 103) und die Pflicht zur Entrichtung von Verzugszinsen (Art. 104) (vgl. Gauch, N 1278 f.; ZK-Bühler, N 23; BK-Gautschi, N 24; s.a. BGE 116 II 315 E. 7). – Der Unternehmer ist ferner gestützt auf Art. 82 berechtigt, mit der Werkausführung *zuzuwarten*, bis der Besteller die ausstehende Zahlung vorgenommen hat (Gauch, N 1280 ff.; ZK-Bühler N 23; s.a. BK-Gautschi, N 25; BR 1997 125). – Zur *Abtretung* der Werklohnforderung und deren Auswirkungen auf die Mängelrechte: Koller A., Abtretbarkeit, 1 ff.; Koller A., BR 1984, 63 ff.; Gauch, N 1317 ff. und 1644; ZK-Bühler, Vor Art. 372–374 OR N 4.

Bei Werken, die auf Grund und Boden des Bestellers errichtet worden sind, ist der Unternehmer im Falle des Verzugs des Bestellers in erster Linie durch das *Bauhandwerkerpfandrecht* geschützt (s. dazu Vor Art. 363–379 N 29–31). Tritt er stattdessen vom Vertrag zurück, kann er Schadenersatz im Rahmen von Art. 109 Abs. 2 fordern (also kein Anspruch auf Ersatz des Erfüllungsinteresses; anders Art. 190 Abs. 2 SIA) (Gauch, N 1276 f.). Zuweisung des Grundeigentums nach Art. 673 ZGB kann er dagegen nicht verlangen, weil seine Leistungen für das Bauwerk einer vertraglichen Verpflichtung entsprachen (ZK-Oser/Schönenberger, N 5; **a.A.** BK-Becker, N 6). 10

Die **Einrede des nicht erfüllten Vertrages** (Art. 82) steht dem Besteller, dem ein *mangelhaftes* Werk abgeliefert wird, nur in beschränktem Rahmen zur Verfügung. Da sich mit der Ablieferung eines mangelhaften Werkes die ursprüngliche Forderung des Bestellers auf Herstellung und Ablieferung eines mängelfreien Werkes in die aus den Mängelrechten nach Art. 368 fliessenden Forderungen wandelt (Gauch, N 2368; Art. 368 N 5), *fehlt* es an einem für die Anwendung von Art. 82 erforderlichen *Austauschverhältnis*. Dem Besteller steht deshalb jedenfalls vor der Ausübung seiner Mängelrechte kein Rückbehaltungsrecht zu (Gauch, N 2369; ZK-Bühler, N 14 ff.; Koller A., Nachbesserung, N 308, 320; Lenzlinger Gadient, 154; Stöckli, Baurisiken, 14 f.; CR CO I-Chaix, N 14; **a.A.** Gehrer, Bauherr, 306; s.a. Corboz, IV, 13 f.). 11

Übt der Besteller **seine Mängelrechte aus**, so ist wie folgt zu differenzieren (s. Gauch, N 2370 ff.; Gauch/Schluep/Schmid/Emmenegger, N 2224; im Wesentlichen gl.M. Gehrer, Bauherr, 306 f.; Lenzlinger Gadient, 154 ff.; CR CO I-Chaix, N 15): 12
- In den Fällen der *Wandelung und des Ersatzes des Mangelfolgeschadens* kommt Art. 82 nicht zur Anwendung, da jeweils die Werklohnforderung entfällt und kein Austauschverhältnis vorliegt.
- Auch im Falle der *Minderung* hat der Besteller kein Rückbehaltungsrecht, da seiner Vergütungspflicht keine Austauschleistung des Unternehmers gegenübersteht; hingegen reduziert sich der Vergütungsanspruch des Unternehmers um den Minderwert des Werkes (vgl. Rep 1963, 43; Corboz, III, 22; ZK-Bühler, N 16; ZK-Oser/Schönenberger, N 2; BK-Becker, N 3; BK-Gautschi, N 6a), allerdings nicht gestützt auf Art. 372 (so aber BGE 94 II 165), sondern auf Art. 368.
- Einzig im Falle der *Nachbesserung* ist ein Austauschverhältnis gegeben zwischen der Vergütungspflicht des Bestellers und der Nachbesserungspflicht des Unternehmers, in welcher seine ursprüngliche Leistungspflicht wieder auflebt; hier kann der Besteller die Leistung der Vergütung nach Art. 82 verweigern, bis der Unternehmer seine Nachbesserungsschuld erfüllt hat (ZWR 1988, 344 ff. = BR 1989, 94 Nr. 114; vgl. auch BGE 89 II 235, 238 f., ohne Differenzierung; ferner BGE 93 II 327; ZR 1950, 362 f.; Koller A., Nachbesserung, N 308; ZK-Bühler, N 16; Corboz, III, 22; Stöckli, Baurisiken, 14 f.; BK-Becker, N 3). Die zurückbehaltene Vergütung darf die voraussichtlichen Nachbesserungskosten in einem gewissen Umfang übersteigen (zulässiges Druckmittel); Treu und Glauben bildet die Grenze (s.

AGVE 1985, 36 f. = BR 1987, 16; ZWR 1988, 344 ff. = BR 1989, 94; GAUCH, N 2387 ff.; GEHRER, Bauherr, 307; STÖCKLI, Baurisiken, 15; **a.M.** KOLLER A., Nachbesserung, N 317).

13 Das Einrederecht nach Art. 82 **verhindert weder den Eintritt der Fälligkeit noch deren Fortdauern**; vielmehr erlaubt es dem Besteller, die an sich fällige Vergütung nicht zu leisten (GAUCH, N 2381 m.w.Nw.; ZK-BÜHLER, N 18; CR CO I-CHAIX, N 16; **a.A.** BGE 89 II 235; BK-GAUTSCHI, N 13a). – Hält ein Besteller die (fällige) Zahlung zurück (z.B. weil er die Rechnung des Unternehmers als übersetzt erachtet, die aber im Übrigen den vertraglichen Anforderungen entspricht), so verliert er den Anspruch auf einen vereinbarten Skontoabzug (BGE 118 II 63, 65 = BR 1992, 99 mit differenzierten Anm. von GAUCH; GAUCH, N 1237 f.; ZK-BÜHLER, N 21). Denn eine Skontovereinbarung bezweckt, den Besteller zur pünktlichen Zahlung zu veranlassen, weshalb sie – im Gegensatz zum einfachen Rabatt – die prompte Zahlung voraussetzt (BGE 118 II 63, 64 f. = BR 1992, 99; GAUCH, N 1233, 1244; ZK-BÜHLER, N 21). Das Recht auf einen Skontoabzug entfällt gemäss BGE 118 II 65 selbst dann, wenn begründeter Anlass besteht, an der Richtigkeit der Rechnung zu zweifeln, und die Genehmigung der Schlussabrechnung zu Recht verweigert wird (grundsätzlich zustimmend GAUCH, N 1238). Zu Recht stellt GAUCH diese Konsequenz jedoch in Frage für den Fall, dass dem Besteller keine genügend detaillierte und damit überprüfbare Rechnung vorliegt (GAUCH, N 1238; CR CO I-CHAIX, N 16); das Recht auf den Skontoabzug bleibt diesfalls u.E. erhalten. In einem Entscheid von 2007 schloss das BGer auf einen konkludenten Verzicht auf einen angeblich ursprünglich vereinbarten höheren Rabattsatz von 7,9 % und liess dessen Geltendmachung erst mit der Schlussabrechnung i.c. nicht zu, da der Rabatt während der ganzen Vertragsdauer nie angewandt worden war, sondern die Bauherrin vielmehr regelmässig Rechnungen, die einen Rabatt von bloss 5,9 % auswiesen, vorbehaltlos entgegengenommen und bezahlt hatte (BGer, 4.1.2007, 4C.232/2006, E. 4.2).

14 Das Austauschverhältnis zwischen der Werkleistung und der Vergütung bezieht sich auch bei **Teillieferungen** – wie beim Sukzessivlieferungskauf – auf sämtliche Werkteile einerseits und auf die gesamte Vergütung anderseits. Der Besteller kann daher die Einrede aus Art. 82 auch der Forderung bezüglich eines nicht direkt betroffenen Vergütungsteils entgegenhalten (GAUCH, N 2402, s. ferner N 2466). Umgekehrt kann der Unternehmer weitere Teilwerklieferungen verweigern, bis er Zahlung für die ausgeführte Lieferung erhalten hat (ZK-BÜHLER, N 41; BK-GAUTSCHI, N 21b, 25 m.w.Nw.; CORBOZ, IV, 15).

IV. Abweichende Vereinbarungen

15 Art. 372 stellt **dispositives Recht** dar; abweichende Vereinbarungen über die Fälligkeit der Vergütung sind zulässig (BGer, 8.1.15, 4A_305/2014, E. 6.3; KOLLER A., Nachbesserung, N 329; ZK-BÜHLER, N 46 sowie Vor Art. 372–374 OR N 5). Davon wird zur Verminderung des Kreditrisikos des Unternehmers insb. bei grösseren Werken, bei welchen die Regelung von Art. 372 oft nicht befriedigend ist, häufig Gebrauch gemacht (ZK-BÜHLER, N 46).

16 In Frage kommen einerseits vertragliche Abreden in Bezug auf die **Fälligkeit vor Ablieferung**:
- *Abschlagszahlungen* (nach Massgabe bereits erbrachter Leistungen; bloss vorläufiger Natur, Anrechnung auf die Gesamtvergütung); sie bilden vornehmlich bei Bauwerkverträgen die Regel (REBER, 49; s. N 19; ZK-BÜHLER, N 47; SCHUMACHER, Vergütung, N 313; zur Frage des *Skonto* s. SJZ 1973, 381; 1972, 377; [abw.] GAUCH, N 1241; vgl. auch BGer, 1.3.2006, 4C.397/2005, E. 2.2.2);
- Teilzahlungen (endgültiger Natur);
- *Vorauszahlungen; Anzahlungen* (zur Sicherung derselben durch Garantieerklärungen s. SCHNEEBERGER, SJZ 1979, 74 f.; ZK-BÜHLER, N 47; BR 1997, 125).

17 Anderseits *kann auch* **Fälligkeit nach Ablieferung** vereinbart werden, namentlich erst mit der Rechnungstellung oder zu einem bestimmten Zeitpunkt danach (s. GAUCH, N 1162 ff., 2399; CORBOZ, IV, 12, 15; TERCIER/FAVRE, N 4759; ZK-BÜHLER, N 48; BK-GAUTSCHI, N 2,

14a, 17, N 7e; BGE 83 II 522 = Pra 1958, 3 betr. Usanzen; ZK-Oser/Schönenberger, N 3, 6; ferner BGE 94 II 164 E. 2c; Schumacher, Vergütung, N 312).

Mit einem **Garantierückbehalt** vereinbaren die Parteien, dass ein Teil der Vergütung (Garantiesumme), der zur Sicherung der Mängelrechte dienen soll, erst eine bestimmte Zeit nach der Ablieferung des Werkes (Garantiefrist) fällig wird (Gauch, N 2403 ff.; Art. 182 SIA-Norm 118, «Bargarantie»; ferner BGE 89 II 236; ZR 1942, 165). Ein solcher Garantierückbehalt schliesst die Anwendung von Art. 82 für den übrigen Teil der Vergütung grundsätzlich nicht aus (Gauch, N 2404; ders., SIA, Art. 182 N 8; ZK-Bühler, N 50). **18**

Das **Abrechnungssystem der SIA-Norm 118** unterscheidet folgende Einzelabrechnungen (s. für Einzelheiten die Kommentierung der zit. Normen bei Gauch, SIA, Gauch/Prader, SIA, und Gauch/Schumacher, SIA, Schumacher, Vergütung, N 218 ff. sowie Spiess/Huser): **19**
- *Regierechnungen* (Art. 55 SIA-Norm 118; Fälligkeit mit Rechnungstellung; Teilzahlungscharakter; kein Rückbehaltungsrecht);
- *Teuerungsabrechnung* (Art. 64–68 SIA-Norm 118; Fälligkeit der Mehrvergütung mit der Rechnungstellung; Teilzahlungscharakter; vgl. HGer SG, 25.5.2011, HG.2009.190, E. 8.2 für einen Fall der Mindervergütung);
- *Abschlagsrechnungen* (Art. 144–148 SIA-Norm 118; vgl. BGE 110 II 178 betr. SIA-Norm 118, Ausgabe 1962; Fälligkeit mit Eingang der Zahlungsbegehren; Rückbehalt gem. Art. 149 ff. SIA-Norm 118);
- *Schlussabrechnung* (Art. 153–156 SIA-Norm 118; Fälligkeit der Abrechnungsforderung mit Prüfungsbescheid der Bauleitung; vgl. BGE 109 II 459 f. – keine Anwendung von Art. 154 Abs. 3 und Art. 155 Abs. 1 SIA-Norm 118 auf branchenfremden, «einmaligen» Bauherrn; s.a. BGE, 24.11.1988 = BR 1989, 93 f.).

Art. 190 SIA-Norm 118 regelt den **Zahlungsverzug des Bauherrn**. Die Zahlungsfrist für fällige Zahlungen beträgt 30 Tage. Nach Mahnung und (unbenützter) Nachfristansetzung kann der Unternehmer den *Vertrag auflösen* und Vergütung der erbrachten Leistung samt Verzugszins fordern (also Auflösung ex nunc; s. Gauch, SIA, Art. 190 N 20; Schumacher, Vergütung, N 224, 316; Spiess/Huser, Art. 190 N 20). **20**

V. Beweislast, Gerichtsstand

Der **Unternehmer**, der den Werklohn fordert, muss die rechtsbegründende Tatsache der *Ablieferung* beweisen (Reber, 42). Verlangt der Unternehmer Zahlung für die Ablieferung eines Werkteils nach Art. 372 Abs. 2, so hat er zu beweisen, dass neben der Lieferung in Teilen auch eine *Vergütung nach Teilen* vereinbart worden ist. Wer sich darauf beruft, dass eine von Art. 372 *abweichende Fälligkeit* der Vergütung vereinbart worden sei, trägt dafür die Beweislast (Gauch, N 1166). Ist streitig, ob überhaupt eine Vergütung vereinbart worden ist, so liegt die Beweislast beim Unternehmer (s. Art. 363 N 5; ZK-Bühler, N 5 ff.). – Die Werklohnforderung ist kein dinglicher Anspruch, sondern eine gegen den Besteller gerichtete persönliche Ansprache, auch wenn der Vertrag den teilweisen Umbau eines Gebäudes zum Gegenstand hat (BGE 103 II 200 E. 2 = Pra 1977, 318 E. 2 betr. Gerichtsstand). **21**

VI. Rechtsvergleichung

Vgl. § 641 BGB, § 1170 ABGB, art. 1791 und 1796 CC fr., art. 1665 al. 5, 1666 CC it.; BK-Gautschi, N 20, 22; ZK-Bühler, N 3; JBl, 2001, 123. Jahrgang, zum so genannten Zurückbehaltungsrecht des Werkbestellers in Österreich, Deutschland und in der Schweiz, Heft 11, 677 und Heft 12, 766. **22**

Zur Schadenminderungspflicht nach WKR (Art. 77) bei Zahlungsverzug des Bestellers: BR 2003, 164 Nr. 418.

Art. 373

2. Höhe der Vergütung
a. Feste Übernahme

[1] Wurde die Vergütung zum voraus genau bestimmt, so ist der Unternehmer verpflichtet, das Werk um diese Summe fertigzustellen, und darf keine Erhöhung fordern, selbst wenn er mehr Arbeit oder grössere Auslagen gehabt hat, als vorgesehen war.

[2] Falls jedoch ausserordentliche Umstände, die nicht vorausgesehen werden konnten oder die nach den von beiden Beteiligten angenommenen Voraussetzungen ausgeschlossen waren, die Fertigstellung hindern oder übermässig erschweren, so kann der Richter nach seinem Ermessen eine Erhöhung des Preises oder die Auflösung des Vertrages bewilligen.

[3] Der Besteller hat auch dann den vollen Preis zu bezahlen, wenn die Fertigstellung des Werkes weniger Arbeit verursacht, als vorgesehen war.

2. Prix
a. Forfait

[1] Lorsque le prix a été fixé à forfait, l'entrepreneur est tenu d'exécuter l'ouvrage pour la somme fixée, et il ne peut réclamer aucune augmentation, même si l'ouvrage a exigé plus de travail ou de dépenses que ce qui avait été prévu.

[2] Toutefois, si l'exécution de l'ouvrage est empêchée ou rendue difficile à l'excès par des circonstances extraordinaires, impossibles à prévoir, ou exclues par les prévisions qu'ont admises les parties, le juge peut, en vertu de son pouvoir d'appréciation, accorder soit une augmentation du prix stipulé, soit la résiliation du contrat.

[3] Le maître est tenu de payer le prix intégral, même si l'ouvrage a exigé moins de travail que ce qui avait été prévu.

2. Ammontare della mercede
a. A corpo

[1] Se la mercede dell'opera fu preventivamente determinata a corpo, l'imprenditore è tenuto a compiere l'opera per detta somma e non ha diritto ad alcun aumento, quantunque abbia avuto maggior lavoro e maggiori spese di quanto aveva preveduto.

[2] Qualora per altro delle circostanze straordinarie che non potevano essere prevedute o che erano escluse dalle previsioni ammesse da ambedue le parti al momento della stipulazione del contratto, impedissero o rendessero oltremodo difficile il compimento dell'opera, è in facoltà del giudice di concedere secondo il suo prudente criterio un aumento del prezzo o la risoluzione del contratto.

[3] Il committente deve sempre pagare la mercede intera, quantunque il compimento dell'opera abbia richiesto minor lavoro di quanto era stato preveduto.

Literatur

Vgl. die Literaturhinweise bei den Vorbem. zu Art. 363–379.

I. Norminhalt. Grundsätzliches

1 Art. 373 Abs. 1 regelt die Höhe der Vergütung in Form des **festen Werklohnes**, bei dem der *Unternehmer* grundsätzlich die *Preisgefahr* trägt. Dies steht im Gegensatz zu den Preisbestimmungen des Art. 374, bei denen die Preisgefahr in erster Linie beim Besteller liegt, sowie zum Kostenvoranschlag gem. Art. 375, bei welchem mässige Kostenüberschreitungen vom Besteller zu tragen sind. Die quantitative Bestimmung der Vergütung ist *kein essentiale* des Werkvertrages (Art. 363 N 4; SJ 1989, 336; BGE 92 II 332; GAUCH, N 110, 421; BK-GAUTSCHI, N 1b; s.a. RVJ 1971, 88). – Art. 373 Abs. 3 regelt als Pendant zu Abs. 1 die Rechtsfolge der Festpreisübernahme für den *Besteller.*

2 Das Risiko des Unternehmers wird durch Art. 373 Abs. 2 eingeschränkt, wonach der Richter eine Preiserhöhung oder die Vertragsauflösung bewilligen kann, falls **ausserordentliche Umstände** die Vertragserfüllung übermässig erschweren. Als Sonderregel geht diese Bestimmung jener über den *Grundlagenirrtum,* Art. 24 Abs. 1 Ziff. 4, vor (BGE 109 II 335; s.a. 114 II 137; ZK-BÜHLER, N 1 und 20; HONSELL, OR BT, 308; **a.M.** KOLLER A., Pauschalpreisvertrag, 768). Art. 373 Abs. 2 stellt einen *Anwendungsfall der clausula rebus sic stantibus* dar (s. N 16).

Vom Recht des Unternehmers auf Vertragsauflösung nach Art. 373 Abs. 2 sind die (entschädigungslosen) Rücktrittsrechte des Bestellers nach Art. 375 Abs. 1, 2 und nach Art. 366 Abs. 1 sowie der (entschädigungspflichtige) Rücktritt nach Art. 377 zu unterscheiden (vgl. GAUCH, N 1120; BK-GAUTSCHI, N 13a). Dass das Gesetz die Bestimmungen von Art. 373 Abs. 2 und Art. 375 (auch systematisch) auseinanderhält, ist gerechtfertigt (entgegen BK-GAUTSCHI, N 12c und mit GAUCH, N 1048). Art. 373 Abs. 2 schützt den Unternehmer vor übermässiger Bindung an den festen Preis, Art. 375 den Besteller vor unverhältnismässiger Überschreitung des (unverbindlichen) Kostenvoranschlages. 3

Über den Wortlaut der Bestimmung hinaus kann Art. 373 Abs. 2 auch *zugunsten des Bestellers* sinngemäss Anwendung finden, wenn sich die Herstellungskosten ausnahmsweise krass vermindert haben (GAUCH, N 1145 f.; TERCIER/FAVRE, N 4696; CR CO I-CHAIX, N 4). 4

II. Feste Übernahme (Abs. 1 und 3)

1. Erscheinungsformen

Als *vorgängige genaue Bestimmung der Vergütung* i.S.v. Art. 373 Abs. 1 kommt neben dem Pauschalpreis auch der Einheitspreis in Betracht, da vorgängige Bestimmbarkeit genügt (s. zum Ganzen GAUCH, N 899 ff., insb. 915; MOSIMANN, 34 f., 150 ff.; REBER, 78 ff.; TERCIER/FAVRE, N 4672 ff.; ZK-BÜHLER, N 8 ff. und Vor Art. 373–374 N 2–4; ZK-OSER/SCHÖNENBERGER, N 2 f.; BK-GAUTSCHI, N 6 ff.; BK-BECKER, N 3 ff.). 5

Ein **Pauschalpreis** (auch Übernahme à forfait oder Kostenansatz mit Garantie genannt) liegt vor, wenn der Unternehmer das Werk zu einer im Voraus genau bestimmten Geldsumme herzustellen hat *(fester Preis)*. Er ist *von den tatsächlichen Erstellungskosten unabhängig und* – von ausserordentlichen Umständen abgesehen – *unabänderlich* (so etwa BGer, 22.6.2005, 4C.90/2005, E. 3.2 = BR 2006, 63; BGer, 29.6.2011, 4A_233/2011; HGer SG, 25.5.2011, HG2009.190, E. 7.3). Grundsätzlich unerheblich ist insb., ob die Vereinbarung der Pauschale auf grober Schätzung oder auf genauer Kostenanalyse beruhte und ob der Besteller die Kostenvorstellung des Unternehmers kannte (BR 2001, 80). Pauschaliert ist die Vergütung, nicht die Gesamtleistung des Unternehmers; bei *Bestellungsänderungen* hat der Unternehmer Anspruch auf Mehrvergütung (s. BGE 113 II 513 = Pra 1989, 80 ff., mit Kritik in BR 1989, 71 und BR 1990, 10–12: Beschleunigung der Unternehmerleistung als Vertragsänderung; ferner BGE 116 II 315 = Pra 1991, 575; BGer, 17.4.2000, 4C.409/1999, E. 1c; SJ 1989, 335; 1981, 521; GAUCH, 905 f.; DERS., SIA, Art. 39 N 10; ZK-BÜHLER, N 16; BK-GAUTSCHI, N 19; SCHUMACHER, Vergütung, N 338 ff., 363; AB OGer BL 1982, 48 f.: quantitative Ausweitungen als Änderung des Vertragsobjektes; zu nachträglichen Mehrvergütungsansprüchen i.A.: HÜRLIMANN, Nachtragsmanagement 81 ff.; zu «Vollständigkeitsklauseln» vgl. GAUCH, 909 ff.). Der Anspruch auf Mehrvergütung infolge Bestellungsänderung setzt unter Vorbehalt besonderer Umstände nicht voraus, dass der Unternehmer die Mehrkosten ankündigt. Er entfällt jedoch etwa, wenn das Stillschweigen nach den konkreten Umständen des Einzelfalles und nach Vertrauensprinzip ausgelegt als Verzichtserklärung zu verstehen ist (BGer, 17.11.2006, 4C.16/2006, E. 6.3 = BR 2007, 60; vgl. auch GAUCH, N 785 und 789). – Pauschalpreise sollten der Vorsicht halber «nur aufgrund vollständiger und klarer Unterlagen» vereinbart werden (Art. 40 Abs. 2 SIA-Norm 118 und dazu GAUCH, SIA, Art. 40 N 9; vgl. auch BGer, 29.10.2007, 4A_291/2007, E. 4.3). 6

Der **Globalpreis** unterscheidet sich vom Pauschalpreis lediglich durch den *Teuerungsvorbehalt* (s. SJ 1981, 40 f.; DÜRR, 89; ZK-BÜHLER, Vor Art. 373–374 OR N 4; TWERENBOLD, N 47; vgl. auch Art. 41 Abs. 1 SIA-Norm 118 und die Regelung der Teuerungsabrechnung in Art. 64–82 SIA-Norm 118). Indem der Preis gemäss Vereinbarung der jeweiligen Teuerung angepasst wird, ist der Festpreischarakter durchbrochen.

Der **Einheitspreis** wird *pro Masseinheit* der vom Unternehmer zu erbringenden Leistung festgelegt. Masseinheiten sind solche des Messens, Wägens oder Zählens (vgl. Art. 141 Abs. 1 7

SIA-Norm 118), z.B. Laufmeter, Kubikmeter, Kilo/Tonne, Stückzahl. Vorformulierte Berechnungsgrundlagen finden sich in verschiedenen SIA-Normen und in Normpositionskatalogen. Wie der Pauschalpreis hat auch der Einheitspreis *Festpreischarakter* (s. BGE 113 II 516 = Pra 1989, 82; ZK-BÜHLER, Vor Art. 373–374 N 3). Häufig wird jedoch vereinbart, dass sich der Einheitspreis ab gewissen Mehr- oder Mindermengen (infolge Bestellungsänderung oder «schlichter» Mengenabweichung) ändert (s. zur klassischen 20%-Klausel gem. Art. 86 SIA-Norm 118: GAUCH, N 798 ff., 930a; BGer, 3.8.2007, 4C.420/2006; BGE 113 II 515 = Pra 1989, 81 f. und dazu BR 1989, 71 f.; vgl. auch ZK-BÜHLER, N 16).

8 Die verschiedenen Preisarten können innerhalb desselben Werkvertrages in Bezug auf die einzelnen Leistungen des Unternehmers **kombiniert** vorkommen, auch in Kombination mit nicht festen Preisen nach Art. 374, insb. Regieansätzen (s. GAUCH, N 1032 ff.; Art. 42 Abs. 2 SIA-Norm 118 betr. Einheitspreisvertrag und Gesamtpreisvertrag).

9 Die feste Übernahme ist *nicht formgebunden*, kann also auch in konkludenter Weise erfolgen. Sie ist aber *nicht zu vermuten* (s. zur Beweislast N 37 ff.; ZK-BÜHLER, N 14).

2. *Rechtsfolgen*

10 Ist die Herstellung des Werkes zu einem festen Preis vereinbart, so
- darf der *Unternehmer* «keine Erhöhung fordern, selbst wenn er mehr Arbeit oder grössere Auslagen gehabt hat, als vorgesehen war» (Art. 373 Abs. 1), und
- hat der *Besteller* «auch dann den vollen Preis zu bezahlen, wenn die Fertigstellung des Werkes weniger Arbeit verursacht, als vorgesehen war» (Art. 373 Abs. 3). Dasselbe gilt, wenn weniger Material als vorgesehen verwendet wurde (BGer, 22.6.2005, 4C.90/2005, E. 3.2).

11 In diesem Sinne ist ein Pauschalpreis **zugleich Höchst- und Mindestpreis** (GAUCH, N 900; ZK-BÜHLER, N 8; ebenso BGer, 18.8.2005, 4P.99/2005, E. 3.2). Der Unternehmer hat das Werk im gesamten vereinbarten Umfang zum vereinbarten Festpreis herzustellen, und zwar gebrauchstauglich, bestimmungsgemäss und mängelfrei (BGE 71 II 242 = Pra 1946, 1 f.; s.a. BGer, 22.6.2005, 4C.90/2005, E. 3.2 = BR 2006, 63 mit präzisierenden Anm. von GAUCH).

12 Der feste Preis ist **verbindlich**. Der Unternehmer trägt das Risiko einer Abweichung von der von ihm vorgenommenen Berechnung der Pauschalsumme (vgl. z.B. BGer, 20.4.2005, 4C.77/2005, E. 5.1, wonach der Unternehmer die Nachteile eines zu tiefen Pauschalpreises in casu selber zu tragen hatte, ohne sich auf Art. 103 Abs. 2 OR berufen zu können). Mehrkosten oder ein zu grosser Aufwand sind dem Unternehmer auch dann nicht zu vergüten, wenn er ohne Gewinn oder gar mit Verlust abschliesst. Ein Unternehmer, der durch eine feste Übernahme das volle Preisrisiko auf sich genommen hat, kann – selbst bei langfristigen Werkverträgen – auch dann grundsätzlich keine Preiskorrektur beanspruchen, wenn sich die Verhältnisse während der Vertragsdauer zu seinem Nachteil verändern und seine Erwartungen nicht erfüllt werden: Eine Sicherheit für das vermeintlich «gute Geschäft» besteht nicht. Anderseits soll der Unternehmer aber den Nutzen allfälliger Einsparungen haben (BGE 104 II 315; 96 II 60; BGer, 20.4.2005, 4C.77/2005, E. 5.1; ZR 1933, 40; ZK-BÜHLER, N 11, 18; s.a. Art. 38 Abs. 2 SIA-Norm 118 und GAUCH, SIA, Art. 38 N 9 f.; ferner BISCHOFF, 194).

13 Diese Grundsätze gelten auch in Bezug auf Vergütungen, die nach **Einheitspreisen** berechnet sind. Vergütungspflichtig sind nur *diejenigen tatsächlich geleisteten Einheiten, welche bei sorgfältigem Vorgehen* zur vertragsgemässen Herstellung des Werkes *genügt hätten*. Mehrleistungen, etwa die zusätzliche Menge an Beton infolge eines zu tiefen Aushubes der Baugrube, bleiben ohne Vergütung (GAUCH, N 928 f., 1044, 1450; BGer, 8.7.2005, 4C.88/2005, E. 2; s.a. BGE 96 II 60). Die Regeln der SIA-Normen (z.B. SIA-Norm 243) zur Ermittlung der nach Einheitspreisen zu vergütenden Menge werden vom BGer nicht als regelbildende Übung anerkannt und nur angewandt, wenn die Parteien sie vereinbart haben (BGE 118 II 295 m.Nw.).

III. Einschränkung der Bindung bei ausserordentlichen Umständen (Abs. 2)

1. Voraussetzungen

Die strenge Bindung des Unternehmers an den festen Preis wird durchbrochen durch die **bedeutende Ausnahmebestimmung von Art. 373 Abs. 2**. Vorausgesetzt für eine allfällige Erhöhung des Preises oder Auflösung des Vertrages durch den Richter sind *ausserordentliche Umstände*, welche die Vertragserfüllung des Unternehmers *übermässig erschweren oder gar verunmöglichen*. 14

a) Ausserordentliche Umstände

Art. 373 Abs. 2 unterteilt die ausserordentlichen Umstände in unvorhersehbare Umstände einerseits und nach dem Parteiwillen ausgeschlossene Umstände anderseits. 15

aa) Unvorhersehbare Umstände

Ob Umstände vorliegen, «die nicht vorausgesehen werden konnten» (Art. 373 Abs. 2), ist vom **Standpunkt eines sachkundigen und sorgfältigen Unternehmers** aus (objektive Betrachtungsweise) und nach einem eher strengen Massstab zu beurteilen, da der Unternehmer als Fachmann im Normalfall die Umstände kennen sollte, welche seine Arbeit beeinflussen (BGE 109 II 336; 104 II 317; SJ 1989, 335; s.a. PEDRAZZINI, 538; BK-GAUTSCHI, N 15a; ZK-BÜHLER, N 24; ZK-OSER/SCHÖNENBERGER, N 7; ERDIN, N 284; KOLLER A., Pauschalpreisvertrag, 768, der einen wesentlichen Irrtum voraussetzt; ferner BGer, 20.11.2003, 4C.292/2002, E. 3.4, wonach sich der Unternehmer bei der Festlegung einer Pauschalpreisabrede nicht blindlings auf offensichtliche und leicht erkennbare Fehlangaben seitens des Bestellers verlassen darf). Zu berücksichtigen sind allerdings auch subjektive Elemente wie besondere Kenntnisse, Fähigkeiten und Erfahrungen des Unternehmers (ZBJV 1982, 524 = BR 1983, 72; GAUCH, N 1076; ERDIN, N 291). Die kostenerhöhenden Faktoren müssen immer «werksimmanent» sein, nämlich so, dass sie auch jeden anderen Unternehmer bei gleichen oder ähnlichen Verhältnissen betroffen hätten (BUCHER, BT, 212). Art. 373 Abs. 2 ist (auch, aber nicht nur; s. GAUCH, N 1071) ein *Anwendungsfall des Grundsatzes der clausula rebus sic stantibus*, der seinerseits auf Art. 2 ZGB beruht (s. BGE 104 II 315; SJ 1989, 335; 1941, 541 f.; ZK-BÜHLER, N 19 ff.; ERDIN, N 106; PEDRAZZINI, 539; CORBOZ, IV, 8; TERCIER/FAVRE, N 4695; s. ferner BISCHOFF, 152, 183 ff. betr. Kriterien zur Anwendung der clausula). 16

Die unvorhersehbaren – und damit zugleich ausserordentlichen (GAUCH, N 1077; ERDIN, N 278) – Umstände können **bereits bei Vertragsabschluss vorliegen** (aber erst später zu Tage treten) **oder erst nachträglich eintreten** (BGE 109 II 335; 104 II 316; GAUCH, N 1069 ff., 1079, 1084; ZK-BÜHLER, N 22; ERDIN, N 298; FELLMANN, Fehlerhaftes Leistungsverzeichnis, 111; KOLLER A., Pauschalpreisvertrag, 768). Bei den erstgenannten Umständen ist für die Beurteilung der Unvorhersehbarkeit zu fragen, ob der Unternehmer mit ihrem *Vorliegen* bei Vertragsabschluss rechnen musste, bei den letztgenannten danach, ob er nach dem gewohnten Lauf der Herstellungsarbeiten mit ihrem *späteren Eintreten* rechnen musste (GAUCH, N 1084, 1079; ZK-BÜHLER, N 22; ERDIN, N 298). Zu rechnen hat der Unternehmer mit solchen Umständen, die jedenfalls so wahrscheinlich sind, dass Grund dafür besteht, sie beim Entscheid über Abschluss oder Inhalt des Werkvertrages einzubeziehen (GAUCH, N 1080; vgl. ERDIN, N 279 f., 285). Zu berücksichtigen sind die konkreten Verhältnisse des Einzelfalles, namentlich Art und Dauer des Werkvertrages (BGE 104 II 317; ZK-BÜHLER N 24; ZK-OSER/SCHÖNENBERGER, N 7; ERDIN, N 287; SCHUMACHER, Vergütung, N 411), obwohl zwischen der Langfristigkeit des Werkvertrages und der Unvorhersehbarkeit kein zwingender Zusammenhang besteht (GAUCH, N 1081; ERDIN, N 288). 17

Voraussehbar sind insb. die normale Teuerung (BGE 101 II 21; ZK-BÜHLER, N 25; BK-BECKER, N 8; SCHUMACHER, Vergütung, N 411), ungünstige Witterungs- (vgl. Art. 60 SIA-Norm 18

118) und Bodenverhältnisse, die erfahrungsgemäss zu Schwierigkeiten führen (wie Rutschgefahr steilerer Hänge oder erhöhtes Grundwasservorkommen in Flussnähe). **Unvorhersehbar** sind namentlich Ereignisse der höheren Gewalt (vgl. BGE 41 II 365, Felsverschiebungen), ferner etwa unerwartete geologische Verhältnisse, Wassereinbrüche, Gasaustritte, Radioaktivität, sehr grosse Steigerung von Lohn- oder Materialkosten, einschneidende behördliche Massnahmen (s. Rep 1984, 148 ff. = BR 1985, 17: Baustopp), u.U. Störungen des Arbeitsfriedens (s.a. SJ 1941, 536 ff.: Abwertung des Schweizer Frankens im Jahre 1936; VON BÜREN, BT, 153 f.; REBER, 85; ZK-BÜHLER, N 26; ZK-OSER/SCHÖNENBERGER, N 7; BK-GAUTSCHI, N 15a; BK-BECKER, N 7; SCHUMACHER, Vergütung, N 411; ERDIN, N 283, 294 ff., m.w.Bsp.; ferner Art. 59 Abs. 1 SIA-Norm 118). Haben ausserordentliche Umstände zum Untergang des Werkes durch Zufall geführt (Art. 376 Abs. 1), so ist Art. 373 Abs. 2 in den Schranken von Treu und Glauben ebenfalls anwendbar (KOLLER J., 47–49; GAUCH, N 1205; Art. 376 N 33).

19 Vom Unternehmer kann erwartet werden, dass er die **massgeblichen Verhältnisse abklärt** und die dafür erforderlichen Informationen vor Vertragsabschluss einholt (ZBJV 1982, 525 = BR 1983, 72 – falsche Kubaturschätzung; GAUCH, N 1086; ERDIN, N 280; s.a. REBER, 85).

bb) Nach dem Parteiwillen ausgeschlossene Umstände

20 Als ausserordentliche Umstände gelten auch solche, «die nach den von beiden Beteiligten angenommenen Voraussetzungen ausgeschlossen waren» (Art. 373 Abs. 2). Derartige Umstände «können das Vertragsverhältnis so stören, dass die Bindung an den zum Voraus festgesetzten Preis Treu und Glauben widerspricht und der richterliche Eingriff gerechtfertigt ist» (BGE 104 II 315 m.w.Nw.; 113 II 519 = Pra 1989, 85 f. – ausserordentlicher Umstand abgelehnt bei allmählicher Verdoppelung der Aushubmenge, bejaht bei erheblicher zeitlicher Beschleunigung des im Vertrag vorgesehenen Arbeitsrhythmus' [zweieinhalb statt sechs Monate für Beendigung des – doppelten – Aushubs]; s. ferner die bei DÜRR, 91, angeführten Fälle). Solche Verhältnisse sind den unvorhersehbaren Umständen gleichgestellt (Art. 373 Abs. 2; GAUCH, N 1092; ERDIN, N 300). – Nicht erforderlich ist, dass die gemeinsame Voraussetzung im Wortlaut des Vertrages zum Ausdruck kommt (ZK-OSER/SCHÖNENBERGER, N 8; ERDIN, N 302; BK-GAUTSCHI, N 15c).

21 Grundlage für solche bestimmte gemeinsame Vorstellungen der Parteien sind häufig sachverständige **Angaben des Bestellers oder Dritter**, namentlich eine Expertise über die Bodenbeschaffenheit des Baugrundes (BGE 58 II 422 m.w.Nw.; BK-GAUTSCHI, N 15c; ZK-OSER/SCHÖNENBERGER, N 8; FELLMANN, Fehlerhaftes Leistungsverzeichnis, 111 f.; TWERENBOLD, N 191; ERDIN, N 282, 300 ff., insb. 304–306 m.w.Bsp.; vgl. auch Art. 58 Abs. 2 SIA-Norm 118). Auf sie darf sich der Unternehmer im Normalfall ohne eigene Nachprüfung verlassen, soweit der Besteller nicht deutlich auf die Unverlässlichkeit der Angaben aufmerksam macht oder der Unternehmer deren Unrichtigkeit nicht selbst erkennt (oder erkennen müsste, weil sie offensichtlich ist). Der Hinweis des Bestellers, die Angaben hätten «bloss informativen Charakter», genügt dafür nicht (GAUCH, N 1095–1101; ERDIN, N 305, 307).

b) Übermässige Erfüllungslast des Unternehmers

22 Eine Preiserhöhung oder Vertragsauflösung trotz Vereinbarung eines Festpreises i.S.v. Art. 373 Abs. 1 rechtfertigt sich nur, wenn die umschriebenen ausserordentlichen Umstände «die Fertigstellung [des Werkes] hindern oder übermässig erschweren» (Art. 373 Abs. 2). Entgegen der unglücklichen gesetzlichen Formulierung liegt die durch die ausserordentlichen Umstände hervorgerufene **Erschwerung** nicht in der sachlich-technischen Fertigstellung des Werkes an sich, sondern **in der Fertigstellung zum vereinbarten Festpreis**. In Frage steht eine Linderung der infolge Mehrkosten *übermässig gewordenen Erfüllungslast* des Unternehmers (GAUCH, *N 1050–1053*; ZK-BÜHLER, N 32; FELLMANN, Fehlerhaftes Leistungsverzeichnis, 110; ERDIN, N 54 f., 226 ff.; BK-GAUTSCHI, N 12a; vgl. KOLLER A., Pauschalpreisvertrag, 769 f.; **anders** REBER, 85; SJ 1989, 335; 1919, 181). – Die «Hinderung» der

Fertigstellung i.S.v. Art. 373 Abs. 2 ist lediglich ein Sonderfall der «übermässigen Erschwerung» (es sollte heissen: «hindern oder *sonstwie* übermässig erschweren») (GAUCH, N 1054; ZK-BÜHLER, N 32).

23 Eine **übermässige** Erschwerung i.S.v. Art. 373 Abs. 2 liegt nur vor, wenn die Mehrkosten zu einem krassen Missverhältnis zwischen der (Gesamt-)Leistung des Unternehmers und der vereinbarten (Gesamt-)Vergütung führen, sodass die Erfüllung durch den Unternehmer ohne Vertragsanpassung *unzumutbar* ist (s. BGE 113 II 516 = Pra 1989, 82; BGE 104 II 317; 58 II 423: «ganz besonders schwerwiegende Ausnahmeverhältnisse»; s.a. BGE 109 II 337; 59 II 378; ferner GAUCH, N 1057 f.; ZK-BÜHLER, N 32; REBER, 85 f. mit einem Überblick über die zurückhaltende Rechtsprechung; GUHL/KOLLER/SCHNYDER/DRUEY, § 47 N 40; DESCHENAUX, SPR II, 202; ZK-OSER/SCHÖNENBERGER, N 9; BK-BECKER, N 9; CR CO I-CHAIX, N 23; **a.M.** ERDIN, N 237 ff.; zur Unterscheidung der Unzumutbarkeit von der nachträglichen Unmöglichkeit i.S.v. Art. 119: GAUCH, N 720; KOLLER J., 52). Übermässigkeit der Erschwerung darf also *nicht leichthin angenommen* werden. Art. 373 Abs. 2 ist keine Garantie gegen Fehlspekulationen (REBER, 85; ZK-BÜHLER, N 32; ERDIN, N 249). – Weder erforderlich noch genügend ist, dass die entstandene Erfüllungslast geradezu den Ruin des Unternehmers zur Folge hätte (s. BGE 59 II 377 f.; DÜRR, 91; ZK-OSER/SCHÖNENBERGER, N 9; ERDIN, N 251); die Vermögensverhältnisse der Parteien sind bei der Beurteilung des Missverhältnisses nicht zu berücksichtigen (GAUCH, N 1065; ZK-BÜHLER, N 32; BISCHOFF, 195 f. m.w.Nw.; ERDIN, N 251–253). Zu fragen ist danach, was die Parteien im Zeitpunkt des Vertragsabschlusses für den Fall eines solchen Missverhältnisses vorgesehen hätten (hypothetischer Parteiwille; GAUCH, N 1059; ZK-BÜHLER, N 32).

24 Bei der Beurteilung des Missverhältnisses sind die durch die *Mehrkosten* erhöhten Herstellungskosten **ohne Unternehmensgewinn einzusetzen**; massgebend sind die effektiven Herstellungskosten (BGE 104 II 317; 50 II 167; s.a. N 12; FELLMANN, Fehlerhaftes Leistungsverzeichnis, 111; ERDIN, N 248 f.). Zu den kostenerhöhenden Umständen s. GAUCH, N 1066 ff.

c) Ergänzende Voraussetzungen

25 Ausser den in N 14–24 dargelegten Anforderungen sind drei weitere, in Art. 373 Abs. 2 nicht erwähnte Voraussetzungen zu beachten. **Eine Milderung der Bindung an die feste Übernahme fällt ausser Betracht**, wenn:

- die ausserordentlichen, kostensteigernden Umstände *vom Unternehmer selbst zu vertreten* sind (BGE 113 II 516 = Pra 1989, 82; BGE 104 II 316; GAUCH, N 1109; ZK-BÜHLER, N 33; ZK-OSER/SCHÖNENBERGER, N 11; SCHUMACHER, Vergütung, N 401, 403; ausführlich ERDIN, N 60, 340 ff.; BÜHLER A., 319; einschliesslich Fehlverhalten von Subunternehmern, s. BGE 109 II 336; s.a. 50 II 166);
- sich die qualifizierten Umstände nur wegen de*s verschuldeten Verzuges* des Unternehmers kostensteigernd auswirken konnten (Art. 103; Art. 97 Abs. 2 SIA-Norm 118; GAUCH, N 1110, 661; ZK-BÜHLER, N 33; ZK-OSER/SCHÖNENBERGER, N 11; SCHUMACHER, Vergütung, N 402; ERDIN, N 59, 62 ff., 342 ff.; BÜHLER A., 320) oder
- der Unternehmer in Kenntnis der ausserordentlichen Umstände mit der Werkherstellung *vorbehaltlos fortfuhr* (BGE 116 II 315 = Pra 1991, 574 f.; GAUCH, N 1111; ZK-BÜHLER, N 33; TWERENBOLD, N 192 f.; ERDIN, N 334; BÜHLER A., 320).

26 Den Unternehmer trifft die Pflicht, die ausserordentlichen Umstände dem Besteller **anzuzeigen** (Art. 365 Abs. 3; vgl. BGE 116 II 315 = Pra 1991, 575; GAUCH, N 1111 ff.; ZK-BÜHLER, N 33; BK-GAUTSCHI, N 16a–c; SCHUMACHER, Vergütung, N 716 ff.; BRINER, Baugrundrisiko, 258 f.; TWERENBOLD, N 192 f.; ERDIN, N 57 ff., 313; s.a. Art. 59 Abs. 3 SIA-Norm 118, der auf die Anzeigepflichten von Art. 25 SIA-Norm 118 verweist; nach Art. 79 Abs. 4 WKR hat die Partei, die nicht erfüllt, «den Hinderungsgrund und seine Auswirkungen auf ihre Fähigkeit zu erfüllen» der anderen Partei mitzuteilen). Darüber hinaus muss der Unternehmer – um die Verwirkung seiner Ansprüche zu vermeiden – klar und frühzeitig zum Ausdruck bringen, dass

er eine Vertragsanpassung oder Vertragsauflösung verlangt (s. BGE 116 II 315 = Pra 1991, 575, wonach der Unternehmer gar unverzüglich die Neuberechnung der Mengen und Preise verlangen muss, s. dazu auch BR 1991, 44 f.; vgl. die Kritik bei Gauch, N 1112; ZK-Bühler, N 36; Erdin, N 321, 324 ff.; § 650 Abs. 2 BGB und § 1170a Abs. 2 ABGB).

2. Rechtsfolgen

27 Liegen ausserordentliche Umstände im umschriebenen Sinne vor, «so kann der Richter nach seinem Ermessen eine Erhöhung des Preises oder die Auflösung des Vertrages bewilligen» (Art. 373 Abs. 2). Durch diese **zwei richterlichen Eingriffsmöglichkeiten** soll die strenge Bindung des Unternehmers an den vereinbarten Festpreis auf ein zumutbares Mass beschränkt werden (ZBJV 1982, 523 = BR 1983, 72; vgl. zur äquivalenzrechtlichen Anpassung eines Werkvertrages an veränderte Umstände auch Stöckli, Synallagma, N 426 ff.).

28 Erkennt der Richter auf eine **Erhöhung des Preises**, so sind nicht sämtliche Mehrkosten auf den Besteller zu überwälzen. Vielmehr soll durch die Preisanpassung *lediglich die unzumutbare Leistung des Unternehmers zu einer (objektiv) zumutbaren* werden. Hingegen ist das Geschäft nicht zu einem verlustfreien oder gar gewinnbringenden umzugestalten (BGE 104 II 317; 50 II 167; 47 II 457; Koller J., 50; Gauch, N 1115; Guhl/Koller/Schnyder/Druey, § 47 N 40; ZK-Oser/Schönenberger, N 14; ZK-Bühler, N 41; Erdin, N 405; s.a. Dürr, 92; dies gilt auch im Rahmen von Art. 59 Abs. 2 SIA: Gauch, SIA, Art. 59 N 8). Auszugleichen ist also nicht das ganze, sondern nur der qualifizierte Teil des Missverhältnisses (Ausgleich des «Superrisikos»; s.a. BGE 113 II 520 = Pra 1989, 86 f. und die Kritik dazu in BR 1989, 71 und BR 1990, 9 ff., Erdin, N 420 ff.). – Abweichend von der h.L. und der Praxis des BGer postuliert Erdin, dass der qualifizierte Teil des Missverhältnisses (den er als «relevante Mehrkosten» bezeichnet) je hälftig vom Unternehmer und Besteller zu tragen sei (Erdin, N 411 ff., 421 ff.). Eine solche generelle Regel findet in Art. 373 Abs. 2 keine Grundlage.

29 Entscheidet der Richter auf **Auflösung des Vertrages**, so hat er die *Folgen* der Auflösung festzulegen. Er hat insb. über allfällige Schadenersatzfolgen zu befinden und zu bestimmen, ob die Beendigung ex tunc oder – gegen Leistung der vereinbarten Vergütung für den bereits ausgeführten Werkteil – ex nunc (s. dazu auch Art. 366 N 21 ff.) erfolgen soll (Gauch, N 1117 f.; ZK-Bühler, N 39, 44 ff.; ZK-Oser/Schönenberger, N 13; Erdin, N 438 ff.; Koller J., 50 f.; Koller A., Pauschalpreisvertrag, 770; Bischoff, 232). Möglich ist auch eine *Kombination* der beiden Rechtsfolgen Preiserhöhung (in reduziertem Masse, für den bereits geleisteten Teil) und Vertragsaufhebung (ggf. in beschränktem Umfang), soweit dies die Interessen der Parteien am besten zu wahren vermag (Erdin, N 477 f.; **a.A.** Gauch, N 1117; s.a. Guhl/Koller/Schnyder/Druey, § 47 N 40, wonach der Richter den Werkvertrag auch «abändern» kann).

30 Der Unternehmer hat **kein Wahlrecht**. Vielmehr entscheidet der *Richter* nach pflichtgemässem Ermessen, welche der beiden Rechtsfolgen (Preisanpassung oder Vertragsauflösung) unter Berücksichtigung der Parteiinteressen und der konkreten Umstände die angemessenere ist (Gauch, N 1119; ZK-Oser/Schönenberger, N 13; BK-Becker, N 10; Erdin, N 384, 387 ff.; Koller A., Pauschalpreisvertrag, 770 f.; s.a. Dürr, 92). Der hypothetische Parteiwille und Wesen und Zweck des konkret in Frage stehenden Vertrags sind in die Entscheidfindung einzubeziehen (BGE 127 III 307; Stöckli, Synallagma, N 440).

31 Die *Preiserhöhung* wird namentlich dann im Vordergrund stehen, wenn das Werk ganz oder überwiegend fertiggestellt ist (vgl. BGE 113 II 520 = Pra 1989, 86 f.), wenn durch die ausserordentlichen Umstände eine objektive Wertsteigerung des Werks entstanden ist oder wenn ein Wechsel auf der Unternehmerseite mit erheblichen Mehrkosten verbunden wäre (ausführlich Erdin, N 395 ff.). Die *Vertragsauflösung* dürfte demgegenüber insb. in Betracht fallen, wenn die Vergütung in einem dem Besteller nicht oder kaum zumutbaren Masse erhöht werden müsste oder wenn die ausserordentlichen Umstände gerade in der Person des Unternehmers

liegen (KOLLER J., 50; ZK-BÜHLER, N 40; ZK-OSER/SCHÖNENBERGER, N 13; BK-BECKER, N 10; ERDIN, N 441). Im Zweifel ist zugunsten der Aufrechterhaltung des Vertrages zu entscheiden (PEDRAZZINI, 539; ZK-BÜHLER, N 44). – Sind sich die Parteien über die Rechtsfolge (Preiserhöhung oder Vertragsauflösung) – wenn auch nicht über deren Modalitäten – einig, so ist der Richter im Rahmen der Parteibegehren an diese Eingrenzung des Streitgegenstandes gebunden (so auch GAUCH, N 1121; ZK-BÜHLER, N 38).

Da nach dem klaren Wortlaut von Art. 373 Abs. 2 der Richter die Rechtsfolge zu bestimmen hat, handelt es sich um **Gestaltungsklagerechte** (GAUCH, N 1122; KOLLER A., Pauschalpreisvertrag, 770). Das richterliche Urteil hat *konstitutiven Charakter* (GAUCH, N 1122–1125; ZK-BÜHLER, N 39; ERDIN, N 377; anders noch BGE 48 II 125 und diesem Entscheid folgend BK-GAUTSCHI, N 13b; ZK-OSER/SCHÖNENBERGER, N 16; BK-BECKER, N 10; CR CO I-CHAIX, N 28; s.a. SJ 1919, 178, 182). Dies schliesst nicht aus, dass dem Urteil «rückwirkende Kraft auf den Zeitpunkt der Arbeitseinstellung oder der Klageeinreichung zuerkannt wird» (GAUCH, N 1125) und dass der Unternehmer demzufolge seine Herstellungsarbeiten bereits vor dem rechtskräftigen Urteil einstellen kann (mit entsprechendem Schadenersatzrisiko) (vgl. BGE 116 II 315 = Pra 1991, 575). 32

Haben *Subunternehmer* gestützt auf Art. 373 Abs. 2 Preiserhöhungen gegenüber dem Generalunternehmer durchgesetzt, so kann dieser die entsprechenden Mehrkosten nur dann auf den Besteller überwälzen, wenn die Voraussetzungen von Art. 373 Abs. 2 auch in Bezug auf das Rechtsverhältnis zwischen dem Generalunternehmer und dem Besteller erfüllt sind (s. BK-GAUTSCHI, N 7b). 33

IV. Abweichende Vereinbarungen

Art. 373, insb. auch dessen Abs. 2, stellt **dispositives Recht** dar (GAUCH, N 1128; ZK-BÜHLER, N 48; BK-GAUTSCHI, KOLLER A., Pauschalpreisvertrag, 771; N 4; TERCIER/FAVRE, N 4714; PEDRAZZINI, 539 f.; CORBOZ, IV, 3; ERDIN, N 453). Die *vertragliche Vereinbarung* kann z.B. eine Berücksichtigung ausserordentlicher Umstände i.S.v. Art. 373 Abs. 2 gänzlich ausschliessen, einen Katalog zu berücksichtigender Umstände enthalten oder die Rechtsfolgen ausserordentlicher Umstände modifizieren und insb. präzisieren. Ein – zum Voraus erklärter – umfassender *Verzicht* des Unternehmers auf die Ansprüche aus Art. 373 Abs. 2 unterliegt allerdings den Schranken von Art. 27 Abs. 2 ZGB (GAUCH, N 1130; ERDIN, N 456). Für sehr krasse Fälle muss dem Unternehmer die Möglichkeit gewahrt bleiben, sich auf Art. 373 Abs. 2 zu berufen (ZK-OSER/SCHÖNENBERGER, N 12; s.a. BGE 50 II 158; BUCHER, BT, 212). 34

Die Parteien können auch die *Anrufung des Richters ausschliessen*, sodass die Rechte aus Art. 373 Abs. 2 durch ausserprozessuale Willenserklärungen ausgeübt werden können (ebenso GAUCH, N 1128; ERDIN, N 383). 35

Die *SIA-Norm 118* enthält in den Art. 38–83 eine **umfassende eigene Vergütungsordnung**. Die Einheits-, Global- und Pauschalpreise nach Art. 39–41 sind – unter Vorbehalt der besonderen Bestimmungen betr. Teuerungsausgleich (Art. 64 ff.; GAUCH, N 913; SCHUMACHER, Vergütung, N 65) und besonderer Verhältnisse (Art. 58 ff.; FELLMANN, Fehlerhaftes Leistungsverzeichnis, 112 ff.; SCHUMACHER, Vergütung, N 360 ff.; BRINER, Baugrundrisiko, 252 f.) – *feste Preise* (s. Art. 38; GAUCH, SIA, Art. 38 N 5 f., 9; SPIESS/HUSER, Art. 38 N 6 ff. und 24 ff.; ZK-BÜHLER, Vor Art. 373–374 OR N 2; dies im Gegensatz zur Vergütung von Regiearbeiten gem. Art. 48 ff.; s. zur Terminologie GAUCH, N 911 f.). Bei Vorliegen *ausserordentlicher Umstände* (s. die Aufzählung in Art. 59 Abs. 1; SCHUMACHER, Vergütung, N 412 f.) sollen sich die Vertragspartner im Einzelfall über die Höhe der zusätzlichen Vergütung verständigen. Sofern keine Verständigung zustande kommt, setzt der Richter die zusätzliche Vergütung fest oder bewilligt die Auflösung des Vertrages (Art. 59 Abs. 2; FELLMANN, Fehlerhaftes Leistungsverzeichnis, 113, 115; SCHUMACHER, Vergütung, N 414 ff., 559; ER- 36

DIN, N 588 ff.). Ungünstige Witterungsverhältnisse und allgemeine marktwirtschaftliche Störungen mit Mangel an Arbeitskräften oder Material berechtigen den Unternehmer nur dann zu Zusatzvergütungen, wenn dies vereinbart worden ist. Ein Recht auf Vertragsauflösung besteht in diesen Fällen nicht (Art. 60 und 61; vgl. Rep 1984, 148 ff. = BR 1985, 17; GAUCH, SIA, Art. 60 N 9, Art. 61 N 7; ZK-BÜHLER, N 49; SCHUMACHER, Vergütung, N 407; ERDIN, N 592 ff.; zur Frage der Stundenausfallentschädigung s. Art. 60 Abs. 2). – Vgl. für Einzelheiten die Kommentierung der zitierten Bestimmungen bei GAUCH, SIA,; GAUCH/PRADER, SIA und SPIESS/HUSER.

V. Beweislast

37 Wer behauptet, es liege eine *feste Übernahme* i.S.v. Art. 373 Abs. 1 vor, sodass sich die Vergütung nicht nach Art. 374 richte, trägt dafür – unabhängig von der Parteistellung – die Beweislast (GAUCH, N 1014 ff.; SCHMID/STÖCKLI, N 1716; BÜHLER A., 307/308; TWERENBOLD, N 132; BGer, 18.8.2005, 4P.99/2005, E. 3.2; 26.10.2004, 4C.346/2003, E. 3.1). Beruft sich der Besteller auf die Vereinbarung eines Pauschalhonorars, so trägt er dafür die Hauptbeweislast, der Unternehmer, der das Honorar nach SIA-Ordnung 102 fordert, muss lediglich die Gegenbeweislast tragen. Scheitern beide Beweise, so bleibt es bei der dispositiven Regelung gem. Art. 374, wonach der Werklohn nach Massgabe des Wertes der Arbeit und der Aufwendungen des Unternehmers festgesetzt wird (BGer, 18.8.2005, 4P.99/2005, E. 3.2; BR 2001, 169). Ist ein Pauschalpreis vereinbart, aber streitig, welche Leistungen dadurch gedeckt sind, so obliegt es dem Unternehmer, den vom Pauschalpreis erfassten Leistungsumfang und den behaupteten Mehraufwand zu beweisen (BGer, 29.10.2007, 4A_291/2007, E. 4.3). Da sich der Wert der Arbeit und der Aufwendungen des Unternehmers meist nicht mit Sicherheit vorausberechnen lässt, ist die **Vereinbarung eines Festpreises nicht zu vermuten** (ZR 1996, 86; BJM 1965, 21; ZWR 1982, 97; SJ 1974, 157 f.; vgl. GAUCH, N 1014; DÜRR, 89; BK-GAUTSCHI, Art. 374 OR N 2b, c; ZK-BÜHLER, N 14; ZK-OSER/SCHÖNENBERGER, N 4; BK-BECKER, N 2; **a.A.** BK-KUMMER, Art. 8 ZGB N 250).

38 Wird die Vergütung nach vereinbarten Einheitspreisen berechnet, so hat der **Unternehmer** die Menge der geleisteten Einheiten zu beweisen (s. GAUCH, N 917 ff.; BÜHLER A., 311; CORBOZ, IV, 6; BR 2001, 80; vgl. auch Art. 374 N 18). Zur Substantiierung der Leistungen genügt die Angabe, welche Leistungen in welchem Umfang erbracht wurden; eine Substantiierungsanforderung, wann wer welche Arbeiten ausgeführt hat, ist bundesrechtswidrig (BGer, 29.6.2009, 4A_152/2009). Eine *Pauschalierung* der Vergütung gestützt auf offerierte Einheitspreise hat derjenige zu beweisen, der sich darauf beruft (GAUCH, N 932 f.; BÜHLER A., 308/309; BR 2001, 80).

39 Ist streitig, ob eine *Bestellungsänderung* (s. N 6) oder ein ursprünglich vereinbarter Leistungsteil vorliegt, so liegt die Beweislast für die Bestellungsänderung und den dadurch verursachten Aufwand beim **Unternehmer** (GAUCH, N 786 f., 906, 1310; BÜHLER A., 318; BGer, 2.6.2005, 4C.86/2005, E. 3 = BR 2006, 62 f.; vgl. auch BGE 113 II 520 = Pra 1989, 86 f. und die berechtigte Kritik dazu in BR 1989, 71; 1990, 13).

40 Das Vorliegen *ausserordentlicher Umstände* i.S.v. Art. 373 Abs. 2 hat ebenfalls der **Unternehmer** nachzuweisen (BGer, 27.5.2010, 4A_183/2010, E. 3.5 = BR 2010, 189; ZK-BÜHLER, N 52; ausführlich ERDIN, N 352 ff.; BÜHLER A., 319; PEDRAZZINI, 539; ZBJV 1982, 524), es sei denn, der Besteller mache eine Preisreduktion geltend (N 4). Der **Besteller** trägt die Beweislast dafür, dass die Rechte des Unternehmers aus Art. 373 Abs. 2 *vertraglich entzogen* worden sind (BGE 50 II 164) oder dass eine der *anspruchshindernden Tatsachen* vorliegt, die in N 25 genannt sind (ZK-BÜHLER, N 52; ERDIN, N 356 f.; BÜHLER A., 320). – Im Zweifelsfall ist für die Anwendung des Grundsatzes von Art. 373 Abs. 2 zu entscheiden (ZK-BÜHLER, N 52). Ist eine Vertragsanpassung bei bestimmten ausserordentlichen Umständen ausdrücklich vereinbart worden, so ist mit dem Umkehrschluss betr. Nichtanwendung von

Art. 373 Abs. 2 auf andere ausserordentliche Umstände Zurückhaltung geboten (GAUCH, N 1131). Im Falle eines ausdrücklichen Ausschlusses einer Vertragsanpassung bei bestimmten ausserordentlichen Umständen kann Art. 373 Abs. 2 im Übrigen trotzdem anwendbar sein (s. GAUCH, N 1131 ff. mit Differenzierungen; s.a. BK-GAUTSCHI, N 4b).

VI. Rechtsvergleichung

Zu den Regelungen der Festpreisübernahme und der Preisanpassung oder Vertragsauflösung bei ausserordentlichen Umständen in den *Rechtsordnungen der Nachbarländer* s. § 650 BGB, § 1170a ABGB, art. 1793 CC fr. und art. 1664, 1657 CC it. sowie die Hw. bei ZK-BÜHLER, N 5 ff.; BK-GAUTSCHI, N 3a–c, 12b, 13d sowie ERDIN, N 27 ff. **41**

Nach Art. 79 Abs. 1 **WKR** ist eine Partei von den Folgen ihrer Nichterfüllung befreit, wenn sie beweist, «dass die Nichterfüllung auf einem ausserhalb ihres Einflussbereichs liegenden Hinderungsgrund beruht und dass von ihr vernünftigerweise nicht erwartet werden konnte, den Hinderungsgrund bei Vertragsabschluss in Betracht zu ziehen oder den Hinderungsgrund oder seine Folgen zu vermeiden oder zu überwinden». **42**

Art. 374

b. Festsetzung nach dem Wert der Arbeit	**Ist der Preis zum voraus entweder gar nicht oder nur ungefähr bestimmt worden, so wird er nach Massgabe des Wertes der Arbeit und der Aufwendungen des Unternehmers festgesetzt.**
b. D'après la valeur du travail	Si le prix n'a pas été fixé d'avance, ou s'il ne l'a été qu'approximativement, il doit être déterminé d'après la valeur du travail et les dépenses de l'entrepreneur.
b. Secondo il valore del lavoro	Se la mercede non fu fissata preventivamente, o lo fu solo in via approssimativa, deve essere determinata secondo il valore del lavoro e le spese dell'appaltatore.

Literatur

Vgl. die Literaturhinweise bei den Vorbem. zu Art. 363–379.

I. Norminhalt und Normzweck. Abgrenzungen

1. Norminhalt und Normzweck

a) Art. 374 ergänzt Art. 373 (vgl. die Gesetzessystematik) und befasst sich mit der Übernahme der Werkherstellung **ohne festen Preis**; erfasst sind die Fälle, in denen der Preis «zum Voraus entweder gar nicht oder nur ungefähr bestimmt worden» ist. Art. 374 enthält dispositives Recht, das die Berechnung des Werkpreises in den Fällen sicherstellen soll, in denen die Preis*berechnung* vertraglich nicht geregelt ist (und auch kein fester Preis vereinbart wurde [Art. 373]). Der Zweck von Art. 374 besteht also darin, die Methode der Preisberechnung und letztlich den Werkpreis festzulegen; die Norm dient der *Bestimmung des Werkpreises*. **1**

b) Grundlage für die Preisbestimmung bildet in den von Art. 374 erfassten Fällen der *Aufwand des Unternehmers*. Dadurch unterscheidet sich Art. 374 grundlegend von Art. 373, nach welchem der Unternehmer – von ausserordentlichen Umständen abgesehen (Art. 373 Abs. 2) – unabhängig von seinem tatsächlichen Aufwand an den vereinbarten Festpreis gebunden ist. Im Gegensatz zu Art. 373 trägt im Rahmen von Art. 374 der **Besteller das Preisrisiko** (s. ZWR 1982, 97; ZK-BÜHLER, N 4; BK-GAUTSCHI, N 8; TWERENBOLD, N 51). Er hat für die Folgen einzustehen, die sich daraus ergeben, dass kein fester Preis vereinbart wurde oder vereinbart werden konnte (Letzteres z.B. bei Reparaturen, bei welchen die Ursachen der Schäden noch nicht bekannt sind; vgl. SJZ 1921/22, 372). Von den beiden Fallgruppen, die **2**

Art. 374 erfasst, spielen namentlich die ungefähren Preisbestimmungen in der Praxis eine erhebliche Rolle (s.a. BK-GAUTSCHI, N 1c; TWERENBOLD, N 51).

2. «Ungefähr bestimmter Preis» i.S.v. Art. 374 und «ungefährer Kostenansatz» i.S.v. Art. 375

3 a) Das **Verhältnis von Art. 374 zu Art. 375** ist **auslegungsbedürftig** (s. etwa MERZ, ZBJV 1991, 255). Der «verabredete ungefähre Ansatz» gem. Art. 375 Abs. 1 wird dem «ungefähr bestimmten» Preis nach Art. 374 häufig gleichgestellt (s. etwa BK-GAUTSCHI, N 2a; TWERENBOLD, N 56, 60 ff.; DÜRR, 93; vgl. ferner die Hw. bei GAUCH, N 940). Daneben wird die Meinung vertreten, die ungefähre Preisbestimmung in Art. 374 habe den Charakter eines unverbindlichen Kostenvoranschlages, während der ungefähre Ansatz gem. Art. 375 Abs. 1 einen verbindlichen Richtpreis darstelle (so PEDRAZZINI, 541). BÜHLER versteht unter einer «ungefähren Preisbestimmung» i.S.v. Art. 374 alle Fälle, «bei welchen der Werklohn nur schätzungsweise und ohne Absicht, sich damit behaften [zu] lassen, verabredet wird» (ZK-BÜHLER, N 11). Demgegenüber seien der Circa-Preis und der ungefähre Ansatz nach Art. 375 Zwischenstufen zwischen einer ungefähren Preisbestimmung (Art. 374) und einem festen Preis (Art. 373), welche jedoch ebenfalls unter den Oberbegriff des nur ungefähr bestimmten Preises fallen (ZK-BÜHLER, N 11; vgl. auch CR CO I-CHAIX, N 7).

4 GAUCH vertritt die Auffassung, ein ungefährer Kostenansatz i.S.v. Art. 375 Abs. 1 sei keine Preisvereinbarung. Er stelle bloss eine Geschäftsgrundlage, nicht aber einen Vertragsbestandteil dar und sei unverbindlich (GAUCH, N 938). Als Anwendungsfall der ungefähren Preisbestimmung i.S.v. Art. 374 bezeichnet er den verbindlichen «Circa-Preis» mit fester oberer und unterer Grenze (GAUCH, N 940–942; s. die Kritik dazu bei MERZ, ZBJV 1991, 255 f.).

5 b) Die beiden Normen sind u.E. wie folgt abzugrenzen: Auszugehen ist von den Normzwecken der beiden Bestimmungen. Art. 374 und 375 verfolgen **unterschiedliche Regelungszwecke**. Art. 374 bezweckt, die Bestimmung des Werkpreises durch die Regelung der Berechnungsmethode sicherzustellen (N 1). Art. 375 dagegen schützt das Vertrauen des Bestellers in einen ungefähren Kostenansatz und gewährt dem Besteller gewisse Rechtsbehelfe, falls der ungefähre Kostenansatz unverhältnismässig überschritten wird (Art. 375 N 1). Er regelt – im Gegensatz zu Art. 374 – nicht die Berechnungsweise der Vergütung, sondern die Korrektur eines (nach Art. 374 berechneten) Endpreises, falls durch einen ungefähren Kostenansatz erwecktes Vertrauen enttäuscht wurde. Der Regelungsgegenstand der beiden Normen ist mithin ein anderer. Die «ungefähre Preisbestimmung» i.S.v. Art. 374 ist – wie ein fester Preis – eine verbindliche Bestimmung des Werkpreises, der jedoch (im Gegensatz zu einem festen Preis gem. Art. 373) nur ungenau festgelegt wird, z.B. durch Angabe eines Preisrahmens, und deshalb nach den Regeln von Art. 374 zu präzisieren ist. Der «ungefähre Kostenansatz» i.S.v. Art. 375 dagegen ist ein unverbindlicher Kostenvoranschlag im Sinne einer Preisschätzung (Art. 375 N 4 m.Nw.; GAUCH, N 937; vgl. auch BGer, 3.5.2011, 4A_15/2011, E. 3.1 f. = BRT 2013, 186 f.).

6 Weder sind die Tatbestandsmerkmale «ungefähre Preisbestimmung» und «ungefährer Kostenansatz» der Art. 374 und 375 gleichbedeutend, noch schliessen sie sich gegenseitig aus. Wie der unterschiedliche Regelungsgegenstand der beiden Bestimmungen zeigt, können sowohl Art. 374 als auch Art. 375 gleichzeitig anwendbar sein (vgl. GAUCH, N 936); sie haben ihren **eigenen Anwendungsbereich**. So kann vorvertraglich ein ungefährer Kostenansatz (Kostenvoranschlag) erstellt werden, gestützt auf den der Besteller sich zum Abschluss eines Werkvertrags entschliesst. Im Werkvertrag kann der Werkpreis überhaupt nicht oder durch Verweisung auf Art. 374 geregelt sein. In diesen Fällen sind *sowohl Art. 374 als auch Art. 375 anwendbar* (vgl. GAUCH, N 936). Denkbar ist aber auch, dass die Parteien trotz des ursprünglich erstellten ungefähren Kostenansatzes den Preis in der Folge im Werkvertrag regeln, sei es «ungefähr» oder «fest» (Art. 374 bzw. 373). Die Bindung an den festen Preis schliesst die Rechtswirkungen gem. Art. 375 aus. Dasselbe wird in aller Regel für eine ungefähre Preisbe-

stimmung mit Angabe einer oberen und unteren Preislimite (Circa-Preis; N 10) gelten, da die spätere verbindliche Preisbestimmung und nicht mehr der frühere ungefähre Ansatz zum Ausdruck bringt, mit welchem Kostenrahmen der Besteller einverstanden war. Massgebend ist der vereinbarte Preisrahmen, nicht die Schranke der unverhältnismässigen Überschreitung (10%-Toleranzgrenze) des Art. 375 Abs. 1 (Art. 375 N 12).

Die Verwendung des **Begriffspaares verbindlich – unverbindlich** zur Abgrenzung der «ungefähren Preisbestimmung» gem. Art. 374 und des «ungefähren Kostenansatzes» nach Art. 375 (s. etwa PEDRAZZINI, 541) ist zu präzisieren. Zwar ist richtig, dass eine «ungefähre Preisbestimmung» die vertragliche und damit verbindliche Vereinbarung eines (ungefähren) Preises voraussetzt (GAUCH, N 940), wogegen ein ungefährer Kostenansatz nicht den Werkpreis festlegt, sondern eine blosse Kostenschätzung ist (GAUCH, N 938; CHK-HÜRLIMANN/SIEGENTHALER, N 1; Art. 375 N 4 f.). Auch der ungefähre Kostenansatz ist jedoch rechtlich relevant und insofern «verbindlich», als dessen unverhältnismässige Überschreitung Rechtsfolgen auslöst (Art. 375). – Liegt ein Gesamtvertrag eines Architekten vor und haben es die Parteien unterlassen, sich ausdrücklich auf eine Vergütung zu einigen, so kommt Art. 394 Abs. 3 ausschliesslich zur Anwendung (BGer, 17.9.2013, 4A_230/2013, E. 2; s. dazu im Ergebnis zustimmend GAUCH, BR 2014, 69 ff.). 7

II. Keine oder nur ungefähre vorgängige Preisbestimmung

Gar nicht bestimmt i.S.v. Art. 374 ist der Preis, wenn die Parteien die Höhe der Vergütung *überhaupt nicht geregelt* haben. Art. 374 ist auch dann anwendbar, wenn die Parteien lediglich (ausdrücklich oder stillschweigend; mit oder ohne Bezug auf Art. 374) vereinbart haben, der Preis sei *nach dem Aufwand* des Unternehmers zu berechnen (ZK-BÜHLER, N 6 ff., mit ausführlicher Kasuistik). Haben die Parteien dagegen zwar nicht den Endpreis, aber den Preis der einzelnen vom Unternehmer zu leistenden Einheiten festgelegt, so liegt kein Anwendungsfall von Art. 374, sondern ein solcher von Art. 373 vor (Festpreis; s. Art. 373 N 7). 8

Das BGer wendet im Zweifel Art. 374 gestützt auf das Vertrauensprinzip auch an, wenn ein Besteller einen Unternehmer ohne Vereinbarung des Entgelts zwecks Kostenermittlung um Projektstudien ersucht, die weit über die Arbeiten hinausgehen, die für eine einfache Offerte nötig sind und von denen er wissen muss, dass sie üblicherweise entgeltlich sind (BGE 119 II 41, insb. 45 = Pra 1995, 45 ff., insb. 48 f. = BR 1993, 100 f. mit Anm. von TERCIER, AJP 1993, 1122 ff. mit Anm. von KRAMER, ZBJV 1995, 345 ff. mit Kritik von WIEGAND; s.a. BRÄNDLI, Baurechtliche Verträge, N 41 ff.). Zwar liegt die Beweislast für die Entgeltlichkeit beim Unternehmer. War jedoch die Herstellung nach den Umständen nur gegen eine Vergütung zu erwarten, insb. weil eine solche üblich ist, so besteht eine natürliche Vermutung einer (stillschweigenden) Vergütungsabrede (BGer, 6.9.2002, 4C.109/2002, E. 3.1). 9

Eine **ungefähre Preisbestimmung** i.S.v. Art. 374 ist dann gegeben, wenn die Parteien eine *Vereinbarung zwecks Regelung des Preises* getroffen haben, die jedoch den Preis nicht genau, sondern nur unpräzise festlegt (vgl. GAUCH, N 940 f.). Diese Bedeutung kommt insb. dem **«Circa-Preis»** zu (Kosten ca. CHF 1000) (GAUCH, N 941 f.; GUHL/KOLLER/SCHNYDER/DRUEY, § 47 N 37). Bei einem «Circa-Preis» wird eine Bandbreite für den Werkpreis fixiert, innerhalb welcher der Werkpreis liegen muss, der nach Aufwand ermittelt wird (Art. 374). Dieser Preisrahmen kann durch explizite Nennung einer Ober- und Untergrenze oder durch Angabe zulässiger prozentualer Abweichungen von einem bestimmt bezifferten (Circa-) Betrag definiert werden. Der Preisbereich kann sich aber auch nur implizit aus dem Vertrag ergeben und ist gegebenenfalls mittels Auslegung zu ermitteln (zum Ganzen GAUCH, N 940–942; vgl. GUHL/KOLLER/SCHNYDER/DRUEY, § 47 N 37; vgl. auch TWERENBOLD, N 57, wonach der Circa-Preis ein vertraglich geregelter Sonderfall des Fest- bzw. Pauschalpreises sei, Art. 374 für die Preisbestimmung innerhalb des Preisrahmens gelte und Art. 373 bei Über- oder Unterschreitung des Preisrahmens analog anwendbar sei). 10

III. Rechtsfolgen

11 Bei überhaupt nicht oder nur ungefähr bestimmten Preisen bemisst sich die Höhe der Vergütung «nach Massgabe des Wertes der Arbeit und der Aufwendungen des Unternehmers» (Art. 374). Der Preis richtet sich nach dem **Aufwand des Unternehmers** und nicht etwa nach dem Wert des fertiggestellten Werkes (GAUCH, N 946 f.; JdT 1950, 348; BGer, 17.10.2013, 4A_256/2013 = BR 2014, 147 f.; SCHUMACHER, Vergütung, N 163). Die Vergütung nach Art. 374 ist also *aufwand- und nicht ergebnisbezogen*.

12 Im Einzelnen hat der Unternehmer Anspruch auf (vgl. ZR 1996, 87; BK-GAUTSCHI, N 4b; GAUCH, N 948 f., 956 f.; EGLI, Architektenhonorar, 934 ff.; PEDRAZZINI, 542; EGLI/STÖCKLI, 312 ff.; DÜRR, 94; vgl. auch SJ 1985, 120 ff. = BR 1985, 60; Art. 50 Abs. 1, Art. 51 SIA-Norm 118):

– Ersatz des (nötigen, s. N 13) *Personal- und Sachaufwandes* (insb. Löhne des betriebseigenen Personals und Vergütungen an Subunternehmer, Kosten für Benützung der Maschinen usw. und – bei Werklieferungsverträgen – Materialkosten; entweder gemäss Vertrag anhand von Verbandstarifen oder nach den ortsüblichen Ansätzen zu berechnen [vgl. Art. 49 Abs. 2 SIA-Norm 118]; s.a. Art. 48 ff. SIA-Norm 118 – Vergütung von Regiearbeiten);
– Zuschlag für *Generalunkosten* (allgemeine Geschäfts- und Verwaltungskosten; zum konkreten Vertragsobjekt ins Verhältnis zu setzen);
– Zuschlag für *angemessenen Unternehmensgewinn* (s. LGVE 1977 I 419; SJZ 1968, 360 – im konkreten Fall wurde allerdings ein Verzicht auf Gewinnzuschläge angenommen, da der Besteller Angestellter im Betrieb des Unternehmers war; BK-GAUTSCHI, N 4d; SCHUMACHER, Vergütung, N 650).

13 Massgebend ist grundsätzlich der tatsächliche Aufwand des Unternehmers. Dies ist insofern zu präzisieren, als nur derjenige Aufwand zu vergüten ist, der «**bei sorgfältigem Vorgehen** des Unternehmers zur Ausführung des Werkes **genügt**» hätte (BGE 96 II 61; Hervorhebung hinzugefügt; s.a. BK-GAUTSCHI, N 5c; ZK-BÜHLER, N 13; TWERENBOLD, N 152 f.); objektiv *unnötiger Mehraufwand ist nicht zu vergüten* (GAUCH, N 964 f.; ZK-BÜHLER, N 13; GEHRER, Bauherr, 305). Der Besteller, der die Übermässigkeit des Aufwandes geltend machen will, ist an *keine Frist* gebunden (BGE 96 II 61; SJ 1979, 42 f.). – Bei der Bestimmung des Preises steht dem Richter ein Ermessensspielraum zu (BGer, 9.11.2009, 4A_465/2009, E. 2.2.1 = BR 2010, 70 f.; vgl. BGer, 26.9.2013, 4A_271/2013, E. 7.3 = BR 2014, 149 f.).

14 Die Berechnungsart nach Art. 374 ist auch **im Rahmen von Art. 375** (s. BGE 115 II 462; GAUCH, N 966, 973; MOSIMANN, 153; vgl. BK-GAUTSCHI, N 4b; s.a. Art. 375 N 5) und bei **Bestellungsänderungen** (s. dazu Art. 373 N 6; BGE 113 II 519–521 = Pra 1989, 85–87 und die Kritik dazu in BR 1989, 71; BÜHLER A., 317/318; s.a. HÜRLIMANN, FS Gauch 2004, 834 ff. betr. Vergütung eines Mehraufwands infolge Bauablaufstörungen des Bauherrn) anzuwenden.

IV. Abweichende Vereinbarungen

15 Art. 374 stellt ergänzendes Vertragsrecht dar und ist damit **dispositiver Natur** (BGer, 9.11.2009, 4A_465/2009, E. 2.2.1 = BR 2010, 70 f.; GAUCH, N 950; BÜHLER A., 307; vgl. ZK-BÜHLER, N 20 ff.). Die Bestimmung kommt einerseits zur Anwendung, wenn feststeht, dass der Preis überhaupt nicht oder nur ungefähr bestimmt worden ist, und anderseits, wenn nicht feststeht, ob ein fester Preis vereinbart worden ist (BR 2001, 169; BR 1997, 62; BR 1996, 120; ZR 1996, 86; vgl. GAUCH, N 943 ff.; Handkomm-OR-HUBER/SCHWENDENER, N 1).

16 In der *SIA-Norm 118* werden die Arbeiten, die nach Aufwand vergütet werden, als **Regiearbeiten** bezeichnet (s. Art. 44 Abs. 1, Art. 48 SIA-Norm 118; GAUCH, SIA, Art. 44 N 3, Art. 48 N 2; DERS., N 969; ZK-BÜHLER, N 20; SCHUMACHER, Vergütung, N 165 ff.). Die Art. 48–57

SIA-Norm 118 regeln Einzelheiten der Vergütung (s. insb. Art. 55 betr. monatliche Regierechnungen und Art. 56 betr. «Vertrag mit Richtpreis»; im Einzelnen GAUCH, SIA, Art. 48 N 1 ff.; s.a. GAUCH, N 969 ff.; DÜRR, 96). Die in der SIA-Norm 118 enthaltenen Regeln zur Bestimmung des Werklohns werden vom BGer nicht als regelbildende Übung anerkannt und deshalb im Streitfall nur angewandt, wenn die Parteien sie zum Vertragsinhalt erhoben haben (BGE 118 II 295 m.Nw.).

V. Beweislast

Ist streitig, ob ein fester Preis i.S.v. Art. 373 vorliege oder ob die Berechnung nach Aufwand i.S.v. Art. 374 anzuwenden sei, so spricht die *Vermutung gegen den Festpreis*. Derjenige, der **eine von Art. 374 abweichende Preisbestimmung** geltend macht, trägt dafür die Beweislast (s. die Nw. in Art. 373 N 37; ZR 1996, 86; GAUCH, N 1014 ff.; BÜHLER A., 307 f.; TWERENBOLD, N 133; BR 1996, 120; BR 1997, 62; BR 2001, 169). 17

Der **Unternehmer** hat die dem behaupteten *Aufwand* und den *Bemessungsfaktoren* zugrundeliegenden Tatsachen zu beweisen (BGer, 25.9.2009, 4A_219/2009, E. 4 m.w.Nw.; SJ 1979, 41, 43; BJM 1965, 22 f.; GAUCH, N 1019; ZK-BÜHLER, N 18; BÜHLER A., 309; BK-GAUTSCHI, N 6; DÜRR, 94; PEDRAZZINI, 542; BR 2001, 169; vgl. ZR 1996, 85 E. 1 a.E.; s.a. ZR 1984, 49; SJ 1974, 157 ff.), ebenso die *Angemessenheit* der geforderten Vergütung, den Wert der Arbeit, bei unbestrittenem Umfang des Aufwandes (s. BGE 112 II 503 = Pra 1987, 916; GAUCH, N 1023 ff.; BÜHLER A., 310; SJZ 1921/22, 372). – *Regietarife* von Berufsverbänden vermitteln zwar nützliche Hinweise, sind aber infolge ihres einseitigen Charakters nicht unbesehen zu übernehmen (BGE 118 II 295; ZWR 1987, 258 = BR 1989, 18 f. Nr. 12; Rep 1987, 211 ff. = BR 1988, 64 f.; GAUCH, N 958 ff.; SCHUMACHER, Vergütung, N 649; weitgehend: ZR 1996, 87). Die vorbehaltlose Unterzeichnung von *Regierapporten* (vgl. Art. 47 SIA-Norm 118) schafft eine tatsächliche Vermutung für die Richtigkeit und die Angemessenheit des rapportierten Aufwandes des Unternehmers (GAUCH, N 1020, 1022; GAUCH, SIA, Art. 47 N 15; ZK-BÜHLER, N 17; BÜHLER A., 309; BGer, 24.1.2003, 4C.227/2002, E. 4; 31.1.2006, 4C.385/2005, E. 9; vgl. auch ZR 1984, 49 f. sowie ZBJV 2010, 1042 ff.); die Vermutung bewirkt eine Beweiserleichterung, die durch Gegenbeweis entkräftet werden kann, aber keine Beweislastumkehr (BGE 120 II 250; GAUCH, N 1020; vgl. **dagegen** ZR 1984, 50). Im Übrigen sind Tatsachenbehauptungen schlüssig und konkret darzulegen, sodass spezifische Bestreitungen ermöglicht werden. Der Unternehmer hat nicht nur aufzuzeigen, an welchem Datum welche Mitarbeiter wie viele Stunden aufwendeten, sondern es obliegt ihm auch, die ausgeführten Arbeiten zu substantiieren (BGer, 29.10.2007, 4A_291/2007, E. 3.4; vgl. zur Beweiskraft von Arbeitsrapporten auch BGer, 15.8.2007, 4A_181/2007, E. 4). Der Auftrag eines Architekten umfasst regelmässig auch die Ermächtigung, die Rechnungen des Unternehmers auf ihre sachliche und rechnerische Richtigkeit zu prüfen, da dies Fachkenntnis voraussetzt und deshalb zur Geschäftsbesorgung eines Architekten gehört (Art. 396 Abs. 2 OR). Dagegen setzt eine Schuldanerkennung durch einen Architekten eine Sondervollmacht des Bauherrn voraus (BGE 118 II 313, 316 = BR 1993, 100; BR 2001, 80). 18

Der **Unternehmer** trägt ferner die Beweislast für behauptete *Bestellungsänderungen* und den darauf zurückzuführenden *Mehraufwand* (GAUCH, N 786 f., 906, 1310; BÜHLER A., 314, 318; z.T. fragwürdig BGE 113 II 520 = Pra 1989, 86 f. – unbewiesener Mehraufwand; s. die berechtigte Kritik dazu in BR 1989, 71; s.a. Art. 373 N 6, 39). Eine Beweiserleichterung kann gerechtfertigt sein, wenn den Besteller wegen zahlreicher Abweichungen und Zeitdrucks ein Mitverschulden an der ungenauen Abrechnung trifft (BGer, 19.5.2003, 4C.11/2003, E. 5.3). Dass ein Mehraufwand infolge unsorgfältigen Vorgehens des Unternehmers unnötig war (s. N 13), hat der Besteller zu behaupten; es liegt aber am Unternehmer nachzuweisen, dass der Mehraufwand erforderlich und im vertraglich vorgegebenen Rahmen war (s. GAUCH, N 1021 f.; ZK-BÜHLER, N 19; **a.M.** CHK-HÜRLIMANN/SIEGENTHALER, N 4). 19

20 Der **Besteller** ist für die Behauptung beweispflichtig, es liege ein ungefährer Kostenvoranschlag nach Art. 375 Abs. 1 und nicht eine ungefähre Preisbestimmung nach Art. 374 vor (s. zur Unterscheidung N 3 ff.), sodass ihm die *Rechte gem. Art. 375* offenstünden (s.a. Art. 375 N 38).

VI. Rechtsvergleichung

21 Das deutsche und das österreichische Recht unterscheiden Kostenvoranschläge mit und solche ohne Gewährleistung (s. § 650 BGB; § 1170a ABGB; BK-Gautschi, N 2a, b). Zu den Bemessungsgrundlagen s. § 632 BGB und art. 1657 CC it.; BK-Gautschi, N 6.

22 Nach Art. 55 WKR wird bei einem Vertrag ohne festgesetzten Kaufpreis vermutet, «dass die Parteien sich stillschweigend auf den Kaufpreis bezogen haben, der bei Vertragsabschluss allgemein für derartige Ware berechnet wurde, die im betreffenden Geschäftszweig unter vergleichbaren Umständen verkauft wurde.» Vgl. ZK-Bühler, N 24.

Art. 375

C. Beendigung
I. Rücktritt wegen Überschreitung des Kostenansatzes

[1] Wird ein mit dem Unternehmer verabredeter ungefährer Ansatz ohne Zutun des Bestellers unverhältnismässig überschritten, so hat dieser sowohl während als nach der Ausführung des Werkes das Recht, vom Vertrag zurückzutreten.

[2] Bei Bauten, die auf Grund und Boden des Bestellers errichtet werden, kann dieser eine angemessene Herabsetzung des Lohnes verlangen oder, wenn die Baute noch nicht vollendet ist, gegen billigen Ersatz der bereits ausgeführten Arbeiten dem Unternehmer die Fortführung entziehen und vom Vertrage zurücktreten.

C. Fin du contrat
I. Dépassement de devis

[1] Lorsque le devis approximatif arrêté avec l'entrepreneur se trouve, sans le fait du maître, dépassé dans une mesure excessive, le maître a le droit, soit pendant, soit après l'exécution, de se départir du contrat.

[2] S'il s'agit de constructions élevées sur son fonds, le maître peut demander une réduction convenable du prix des travaux ou, si la construction n'est pas achevée, en interdire la continuation à l'entrepreneur et se départir du contrat en payant une indemnité équitable pour les travaux exécutés.

C. Fine del contratto
I. Recesso per sorpasso del preventivo

[1] Se il computo approssimativo fatto coll'appaltatore venga sproporzionatamente ecceduto, senza l'annuenza del committente, questi, durante o dopo la esecuzione dell'opera, può recedere dal contratto.

[2] Ove si tratti di costruzioni sul suolo del committente, questi può chiedere una proporzionata diminuzione della pattuita mercede, o, quando l'opera non sia ancora compiuta, toglierne all'appaltatore la continuazione e recedere dal contratto mediante equa indennità per lavori già eseguiti.

Literatur

Vgl. die Literaturhinweise bei den Vorbem. zu Art. 363–379.

I. Normzweck

1 Art. 375 beruht auf dem Grundgedanken, dass ein ungefährer Kostenansatz dem Besteller bei Vertragsabschluss als **Geschäftsgrundlage** dient (BGE 98 II 303 = Pra 1973, 192; BGE 115 II 461, 463; 132 III 24, 29 f.; BGer, 3.5.2011, 4A_15/2011, E. 3.2.1; 3.12.2012, 4A_418/2012, E. 7.3; *Gauch*, N 937 f., 974; Tercier/Favre, N 4730; krit. zum Begriff der Geschäftsgrundlage Merz, ZBJV 1991, 255 f.; vgl. auch ZK-Bühler, N 4; ausführlich, mit Vergleich zum deutschen Recht Twerenbold, N 64 ff.). Die Bestimmung schützt das Vertrauen des Be-

stellers, das der Unternehmer mit dem ungefähren Kostenansatz geweckt hat (ebenso TWERENBOLD, N 72). Es handelt sich um eine besondere Ausgestaltung des Grundlagenirrtums mit demselben Gesetzeszweck (BGE 115 II 461, vgl. 463; 109 II 335; BGer, 3.5.2011, 4A_15/2011, E. 3.2.1; BGE 98 II 304 = Pra 1973, 192; VON TUHR/PETER, 315 f.; GAUCH, N 390, 938; ZK-BÜHLER, N 4; TWERENBOLD, N 81 f.; TERCIER/FAVRE, N 4732; vgl. auch KOLLER A., AJP 2015, 306).

Absatz 2 von Art. 375 berücksichtigt, dass das auf dem Grund und Boden des Bestellers errichtete Werk nach Massgabe des Arbeitsfortschrittes gemäss dem Grundsatz **«superficies solo cedit»** (Art. 642, 667, 671 ZGB) in das Eigentum des Bestellers übergeht. Da die Beseitigung des Werkes regelmässig zu aufwendig oder unmöglich wäre, sieht diese Sonderregelung eine Entschädigung vor, die aus Billigkeitsüberlegungen nicht auf die Bereicherung des Bestellers beschränkt ist (BGE 98 II 303 = Pra 1973, 191; GAUCH, N 992; BK-GAUTSCHI, N 9b; BK-BECKER, N 10; TERCIER/FAVRE, N 4749). 2

II. Anwendungsbereich

Art. 375 setzt die Vereinbarung eines **ungefähren Kostenansatzes** voraus (BGE 92 II 331 = Pra 1967, 289; BK-BECKER, N 1; ZK-BÜHLER, N 6 ff.; ZK-OSER/SCHÖNENBERGER, N 1; s. N 4 ff., Art. 374 OR N 3 ff.). Ohne ungefähren Kostenansatz sind die Rechtsbehelfe nicht gegeben (ZK-BÜHLER, N 13; ZK-OSER/SCHÖNENBERGER, N 1). Wurde ein fester Preis vereinbart, so ist Art. 373 Abs. 2 massgebend (ZK-OSER/SCHÖNENBERGER, N 1; Art. 374 N 6). – Vgl. zur Abgrenzung vom Kostenvoranschlag des Architekten GAUCH, BR 1989, 80; ZEHNDER, Diss., N 64 ff.; ZK-BÜHLER, N 12. – Zur Abgrenzung von der «ungefähren Preisbestimmung» i.S.v. Art. 374 s. Art. 374 N 3–7, 10. 3

Das **Wiener Kaufrecht** enthält keine Art. 375 entsprechende Bestimmung.

III. Voraussetzungen

1. Ungefährer Kostenansatz

Erstes Tatbestandselement von Art. 375 ist die Verabredung eines ungefähren Kostenansatzes (N 3). Darunter ist ein **Kostenvoranschlag** zu verstehen, der als *unverbindlicher* (Art. 374 N 7) *Richtpreis im Sinne einer Preisschätzung* dient (BGE 132 III 29; BR 1995, 91; GAUCH, N 937–939; TWERENBOLD, N 90; ZK-BÜHLER, N 6; vgl. auch PEDRAZZINI, 540; vgl. KOLLER A., AJP 2015, 304). Er ist eine *Prognose* über den voraussichtlichen Preis (BGer, 31.3.2009, 4A_577/2008, E. 3.1; GAUCH, N 937; PICHONNAZ, FS Wessner, 485 f.; ZK-BÜHLER, N 6; BK-GAUTSCHI, Art. 374 OR N 2c; TWERENBOLD, N 102; VON BÜREN, BT, 154; ZEHNDER, Diss., N 64; vgl. auch BGE 134 III 361, 365 f.). 4

Der ungefähre Kostenansatz ist Geschäftsgrundlage (BK-GAUTSCHI, Art. 374 N 2b; GAUCH, N 937 f.; TERCIER/FAVRE, N 4730; vgl. TWERENBOLD, N 85, 110; krit. bez. der Verwendung des Begriffs «Geschäftsgrundlage»: MERZ, ZBJV 1991, 255 f.; ZK-BÜHLER, N 4; vgl. dazu auch TWERENBOLD, N 63 ff.). Der Unternehmer ist jedoch nicht verpflichtet, das Werk zum geschätzten Preis zu erstellen; massgebend für die Werkpreisberechnung ist vielmehr der **tatsächliche Aufwand**, was zu einem Preis führen kann, der niedriger oder höher als die geschätzte Vergütung ist (Art. 374; BR 1995, 91 Nr. 237; GAUCH, N 938, 966 f., 973; VON BÜREN, BT, 154; TERCIER/FAVRE, N 4731; BUCHER, BT, 213; unklar BK-GAUTSCHI, N 2a; s.a. Art. 374 N 6). Der ungefähre Kostenansatz setzt mithin *keinen verbindlichen Preis* fest und ist insofern nicht Vertragsinhalt. Entsprechend bildet die übermässige Überschreitung der Kostenschätzung als solche keine Vertragsverletzung (GAUCH, N 1009; ZK-OSER/SCHÖNENBERGER, N 6; PICHONNAZ, FS Wessner, 486; TWERENBOLD, N 101, 110, 270; OGer ZH, 24.6.2013, LB 120048; vgl. dagegen BGE 119 II 252, bez. Architektenvertrag = BR 1994, 48 f.). Die Mitteilung des Kosten- 5 voranschlags an den Besteller stellt deshalb – im Gegensatz namentlich zu verbindlichen Preisangeboten – eine blosse Wissenserklärung über die zu erwartenden Kosten dar (TWERENBOLD, N 102). Dem ungefähren Kostenansatz kommt jedoch infolge der dem Besteller durch Art. 375 eingeräumten Rechtsbehelfe *rechtliche Bedeutung* zu (TWERENBOLD, N 101; GUHL/KOLLER/SCHNYDER/DRUEY, § 47 N 37; TERCIER/FAVRE, N 4728; BUCHER, BT, 213; vgl. auch PEDRAZZINI, 540). Er ist in diesem Sinne verbindlich (vgl. BGE 122 III 62 bez. «approximativen Kostenvoranschlag» eines Architekten; Art. 374 N 7).

6 Möglich ist auch, dass die Einzelleistungen des Unternehmers zu einem verbindlichen Einheitspreis (s. Art. 373 N 7 f.) zu berechnen sind und die Mengeneinheiten geschätzt werden, sodass das Total unter den konkreten Umständen als ungefährer Kostenansatz zu verstehen ist. Es liegt eine **Einheitspreis-Vergütung mit ungefährem Ansatz** vor (BGer, 3.12.2012, 4A_418/2012, E. 7.3; GAUCH, N 999f). Art. *375 ist anwendbar* (so überzeugend GAUCH, N 999; ZK-BÜHLER, N 11; TWERENBOLD, N 127; vgl. BGE 29 II 543 f.). – Abzugrenzen ist der ungefähre Kostenansatz insb. vom **Circa-Preis** mit vertraglich (explizit oder implizit) bestimmter Ober- und Untergrenze, innerhalb denen der Preis liegen muss, der nach Aufwand ermittelt wird. Beim Circa-Preis ist der *Rahmen* der Vergütung vertraglich *bestimmt*, wogegen der Preis bei einem ungefähren Kostenansatz nicht geregelt ist, sondern nur eine Kostenschätzung mitgeteilt wird, die dem Besteller als Entscheidungsgrundlage für den Vertragsabschluss dienen mag. Auf einen Circa-Preis in diesem Sinne ist *Art. 374, nicht Art. 375 anwendbar* (im Einzelnen GAUCH, N 940–942; Art. 374 N 3–7, 10; **a.M.** ZK-BÜHLER, N 8 [unter Hw. auf SJ 1977, 410], wonach Art. 375 anwendbar sei, wenn die Preisobergrenze erreicht oder überschritten sei; ebenso CR CO I-CHAIX, N 7). – Haben die Parteien lediglich vereinbart, der Preis sei nach Aufwand des Unternehmers zu berechnen, ohne dies mit einer Kostenschätzung zu verbinden, so liegt kein ungefährer Ansatz i.S.v. Art. 375 vor (BGE 132 III 29, i.c. mietrechtliche Akontozahlung ohne Zusicherungen, Qualifikation als ungefährer Kostenansatz und analoge Anwendung von Art. 375 verneint).

7 Im Zweifelsfalle ist mittels **Auslegung** zu ermitteln, ob ein ungefährer Kostenansatz i.S. einer Preisschätzung verabredet wurde, die des Vertrauensschutzes würdig ist (BGer, 3.12.2012, 4A_418/2012, E. 7.3; BK-GAUTSCHI, Art. 374 OR N 2b; vgl. GAUCH, N 941; TWERENBOLD, N 105; MERZ, ZBJV 1991, 255; vgl. N 10). Dies trifft immer (aber nicht nur) dann zu, wenn der ungefähre Kostenvoranschlag eine detaillierte, mehr oder weniger präzise *Kostenkalkulation* zuhanden des Bestellers umfasst. Zum Tatbestandselement «Verabredung eines ungefähren Ansatzes» ausführlich TWERENBOLD, N 90 ff.

2. Unverhältnismässige Überschreitung

8 a) Art. 375 knüpft an die **Überschreitung** des ungefähren Kostenansatzes an (BGE 92 II 332 = Pra 1967, 289; TERCIER/FAVRE, N 4736 ff.). Der Kostenansatz ist überschritten, wenn der *Preis für diejenigen Leistungen, auf die sich der Kostenansatz bezieht, höher* ist als dieser (TWERENBOLD, N 135; TERCIER/FAVRE, N 4736 ff.; GAUCH, BR 1991, 98 Anm. zu Nr. 157). Dasselbe gilt, wenn der Besteller angenommen hat und annehmen durfte, dass sich der Voranschlag auf alle erforderlichen Arbeiten beziehe (SJ 1959, 221).

9 b) Die Überschreitung muss **unverhältnismässig** sein (BGE 92 II 332 = Pra 1967, 289; BGE 115 II 461; GAUCH, N 974, 984; KOLLER A., AJP 2015, 308; ZK-BÜHLER, N 20). Auf (verhältnis-)mässige Erhöhungen des Werkpreises ist Art. 375 nicht anwendbar (GAUCH, N 984; GUHL/KOLLER/SCHNYDER/DRUEY, § 47 N 37; BK-GAUTSCHI, N 2a, 6; TWERENBOLD, N 198). Eine (unechte) Ausnahme besteht allerdings für *vom Unternehmer verschuldete Überschreitungen*: Er hat solche Mehrkosten selber zu tragen, weil ein Verschulden an der Kostensteigerung eine unsorgfältige Vertragserfüllung darstellt und nur der objektiv erforderliche Aufwand vergütungspflichtig ist (GAUCH N 1010; Art. 374 N 13; BK-GAUTSCHI, N 11d; ZK-OSER/SCHÖNENBERGER, N 10; PEDRAZZINI, 540 FN 34; TWERENBOLD, N 151 ff.).

Kriterium für die Beurteilung der Verhältnismässigkeit der Überschreitung bildet **Treu und Glauben im Geschäftsverkehr**, entsprechend Art. 24 Abs. 1 Ziff. 4 (GAUCH, N 985; BGE 115 II 463; vgl. auch KOLLER A., AJP 2015, 308). Wesentlich ist insb., inwieweit aufgrund der – einvernehmlich – verwendeten Schätzungsmethoden und der Erklärungen des Unternehmers betr. Verlässlichkeit des Kostenvoranschlages mit den eingetretenen Überschreitungen zu rechnen war (vgl. GAUCH, BR 1986, 62; ZK-BÜHLER, N 23; TWERENBOLD, N 200). Zu vergleichen sind der ungefähre Kostenansatz und der Preis, der für die im Ansatz vorgesehenen Leistungen gefordert wird (GAUCH, N 986; ZK-BÜHLER, N 23; TWERENBOLD, N 198; VON CASTELBERG, 57 f.; vgl. BK-BECKER, N 2; **anders** RB TG 1990, 78 ff. = BR 1991, 98 mit zutreffender Kritik von GAUCH). Der tatsächliche Wert des Werkes ist dabei unwesentlich (GAUCH, N 986; BK-BECKER, N 2; ZK-BÜHLER, N 23; ZK-OSER/SCHÖNENBERGER, N 2; TWERENBOLD, N 198; VON CASTELBERG, 56 f.; vgl. BGE 115 II 461; vgl. auch 119 II 252 f. [bez. Architektenvertrag] = BR 1994, 48 f. [w.Nw. Art. 363 N 18]; **a.M.** BGE 122 III 63 [bez. Architektenvertrag] und wohl BGE 98 II 303 = Pra 1973, 192). Denn die Norm bezweckt nicht, ein Gleichgewicht zwischen Leistung und Gegenleistung zu ermöglichen, sondern schützt das Vertrauen des Bestellers in den ungefähren Kostenansatz; überdies könnte dem Besteller andernfalls ein unverhältnismässig teureres, aber entsprechend wertvolleres Werk aufgezwungen werden (ZK-OSER/SCHÖNENBERGER, N 2; BK-BECKER, N 2; GAUCH, N 986; VON CASTELBERG, 56 f.; vgl. auch BGE 119 II 252 [bez. Architektenvertrag] = BR 1994, 48 f. Nr. 88 ff.; vgl. Art. 374 N 11). 10

Als Kriterium für die Bestimmung der Unverhältnismässigkeit wird ferner als massgebend erachtet, ob der Besteller das Werk nicht bestellt hätte, wenn er beim Vertragsabschluss gewusst hätte, dass es um soviel teurer zu stehen komme (BGE 98 II 303 = Pra 1973, 192; BK-GAUTSCHI, N 2; KOLLER A., AJP 2015, 306; PEDRAZZINI, 540 f.; **a.M.** GAUCH, N 986; ZK-BÜHLER, N 23; TWERENBOLD, N 201). Für dieses Erfordernis, das demjenigen der subjektiven conditio sine qua non beim Grundlagenirrtum entspricht, kann (eher formal) argumentiert werden, Art. 375 regle wie Art. 24 Abs. 1 Ziff. 4 Irrtumsfälle (N 1; vgl. BGE 98 II 303 f. = Pra 1973, 192). Dennoch ist die Massgeblichkeit des *«hypothetischen Willens» des Bestellers abzulehnen* (i.E. gl.M. GAUCH, N 986; ebenso ZK-BÜHLER, N 23; TWERENBOLD, N 201): Anders als der Tatbestand des Grundlagenirrtums knüpft Art. 375 unmittelbar an das Übermass der Überschreitung an, ohne die Voraussetzung der notwendigen Vertragsgrundlage zu erwähnen; von Gesetzes wegen ist jede unverhältnismässige Überschreitung wesentlich. Zudem ist die Interessenlage verschieden; der von einem Grundlagenirrtum betroffene Sachverhalt kann völlig ausserhalb des Einflussbereiches des nicht irrenden Partners liegen. Im Falle von Art. 375 hat der Vertragspartner (Unternehmer) dagegen eine Schätzung abgegeben, die sich als falsch erweist; ausserhalb eines gewissen Toleranzbereiches soll er dabei behaftet werden: Da der Unternehmer selbst einen Kostenansatz abgibt, rechtfertigt es sich, die Unverhältnismässigkeit der Überschreitung anhand **objektiver Kriterien unter Berücksichtigung der konkreten Umstände** zu beurteilen, ohne subjektiv vorauszusetzen, dass der Besteller das Werk in Kenntnis der späteren Preisforderung nicht bestellt hätte. Die Rechtsbehelfe von Art. 375 sollen dem Besteller auch offen stehen, wenn er bereit (und vielleicht gezwungen) gewesen wäre, einen Vertrag mit den höheren Kosten einzugehen (GAUCH, N 986). Pointiert ausgedrückt befasst sich Art. 375 mit der «abgeschwächten *Bindung*» des Unternehmers an seinen Voranschlag (und den Rechtsbehelfen des Bestellers bei dessen Überschreitung), Art. 24 dagegen unmittelbar mit der *Unverbindlichkeit des Vertrages für den Irrenden*. 11

Der Richter entscheidet nach seinem Ermessen unter Berücksichtigung der Umstände des Einzelfalles (BGE 115 II 462; vgl. GAUCH, N 985; TERCIER/FAVRE, N 4741). Als **Faustregel** gilt eine **Toleranzgrenze von zehn Prozent**: Eine höhere Überschreitung ist grundsätzlich unverhältnismässig (BGer, 3.5.2011, 4A_15/2011, E. 3.1 und 31.3.2009, 4A_577/2008, E. 3.1; BGE 115 II 462; vgl. 119 II 252, 253 = BR 1994, 48 f.; BGer, 26.10.2004, 4C.346/2003, E. 3.1; GAUCH, N 985; BK-GAUTSCHI, N 6; ZK-BÜHLER, N 20; TWERENBOLD, N 204; TERCIER/FAVRE, N 4741; MOSIMANN, 153; vgl. Rep 1987, 214 ff. = BR 1988, 63 f. mit krit. 12

Anm. von Tercier). Dieses Verhältnis darf aber *nicht als starres Schema* und unbesehen der *Gesamtumstände* angewandt werden (BGer, 3.5.2011, 4A_15/2011, E. 3.1 und 31.3.2009, 4A_577/2008, E. 3.1; BGE 115 II 462; Gauch, N 985; ZK-Bühler, N 20; Twerenbold, N 204, 207; Tercier/Favre, N 4741; CR CO I-Chaix, N 14; vgl. auch Gauch, BR 1989, 83; ZR 1992/1993, 308 f. [betr. Architektenvertrag]). Zu berücksichtigen ist namentlich der erkennbare Ungenauigkeitsgrad der angewandten Schätzungsmethode im konkreten Fall, soweit die Überschreitung nicht auf aussergewöhnliche Ursachen zurückzuführen ist (vgl. auch Gauch, BR 1986, 62; 1989, 83; Twerenbold, N 209). So akzeptierte das BGer eine höhere Toleranzgrenze, weil die Parteien auf einen detaillierten Kostenvoranschlag verzichtet hatten, nur eine approximative, im Wesentlichen kubische Berechnung mit einem Genauigkeitsgrad von 20% bis 25% vorgenommen hatten und der Besteller fachkundig war (BGE 115 II 462; weitere Ausnahmen bei Gauch, N 985 und Bühler A., 306 f.; ZK-Bühler, N 21 ff.; vgl. auch BR 1989, 90 f. Nr. 107 betr. Vergütungsanspruch eines Architekten; Gauch, BR 1989, 83). Im Einzelfall können auch das für den Besteller bestehende Kosten-Nutzen-Verhältnis oder die wirtschaftlichen Verhältnisse des Bestellers in die Gesamtwürdigung einbezogen werden (Twerenbold, N 210).

13 Die Kostenüberschreitung ist nur wesentlich, wenn der Unternehmer den (unverhältnismässig) **erhöhten Preis tatsächlich fordert** (Gauch, N 1006; ZK-Bühler, N 5, 46; BK-Becker, N 2; BK-Gautschi, N 2a, 5a; vgl. Trümpy-Jäger, 140).

14 c) Ein **Verschulden** des Unternehmers an der Überschreitung des Kostenansatzes ist **nicht vorausgesetzt** (ZK-Bühler, N 24; ZK-Oser/Schönenberger, N 2; CR CO I-Chaix, N 16; vgl. Gauch, N 989, 1009; **a.M.** Twerenbold, N 78 f., wonach Art. 375 ein Verschulden sinngemäss voraussetze, das der Besteller jedoch nicht nachweisen müsse). Es erhöht aber den *Herabsetzungsbetrag* (Gauch, N 1009; vgl. ZK-Oser/Schönenberger, N 2 a.E., N 6 ff., 15; BK-Becker, N 5; Mosimann, 154). Bei der Wahl des Rücktritts (s. N 28, 32) führt ein Verschulden des Unternehmers als culpa in contrahendo zu einer *Schadenersatzpflicht* für das Dahinfallen des Vertrags (negatives Interesse) und u.U. zu einer *Reduktion des billigen Ersatzes* gem. Abs. 2 (im Einzelnen Gauch, N 1009). Falls der Unternehmer den Besteller über den Kostenansatz absichtlich täuscht, ist Art. 31 Abs. 3 anwendbar: Eine Genehmigung der Erhöhung schliesst den Schadenersatzanspruch nicht aus (so Gauch, N 1009; vgl. Twerenbold, N 282).

3. Kein Zutun des Bestellers. Treu und Glauben

15 Eine unverhältnismässige Überschreitung des Kostenansatzes ist nur insoweit beachtlich, als sie **nicht durch den Besteller veranlasst** worden ist (Art. 375 Abs. 1). Dazu zählt *jedes* für die Überschreitung *ursächliche Verhalten* des Bestellers (ZK-Bühler, N 14; vgl. BK-Becker, N 3; BK-Gautschi, N 7a; Twerenbold, N 159; Mosimann, 153). Insbesondere setzt dieser Rechtfertigungsgrund der Kostensteigerung nicht voraus, dass dem Besteller sein Zutun zum Verschulden gereicht (BK-Gautschi, N 7a; ZK-Bühler, N 15; ZK-Oser/Schönenberger, N 3; Twerenbold, N 159). Beispiele für eine Veranlassung des Bestellers sind dessen Änderungswünsche verglichen mit dem projektierten Werk (vgl. Art. 373 N 6; BGer, 28.6.2004, 4C.99/2004, E. 4.2; **a.M.** Rechber. TG 1990, 78 ff. = BR 1991, 98 mit zutreffender Kritik von Gauch), andere verteuernde Weisungen oder Annahmeverzug (vgl. BGE 115 II 461; Gauch, N 988; BK-Gautschi, N 7a, b; BK-Becker, N 3; ZK-Bühler, N 15; ZK-Oser/Schönenberger, N 3; CR CO I-Chaix, N 8; Twerenbold, N 160 ff. m.w.Bsp.; Schumacher, Vergütung, N 348 ff.; vgl. Tercier, BR 1988, 64 Anm. zu Nr. 62).

16 Die Berufung auf die unverhältnismässige Überschreitung des Kostenvoranschlags darf **nicht Treu und Glauben widersprechen**. So entfallen die Rechtsbehelfe gem. Art. 375 bei einer *Zustimmung* zur Kostenüberschreitung oder durch deren *Genehmigung* (Gauch, N 990 f.; BK-Gautschi, N 7c; BK-Becker, N 3; ZK-Bühler, N 17; ZK-Oser/Schönenberger, N 4;

TWERENBOLD, N 185; vgl. hinsichtlich der Erfordernisse einer Genehmigung BGE 108 II 105). Die *Unterlassung eines Widerspruchs gegen die Fortführung der Arbeiten* trotz Kenntnis von einer unverhältnismässigen Kostenüberschreitung bedeutet keinen Verzicht auf den Herabsetzungsanspruch, führt aber zur *Verwirkung des Rücktrittsrechts* (GAUCH, N 991; BK-GAUTSCHI N 7c, 8b; TWERENBOLD, N 184, 252, 254).

Im Übrigen sind die **Ursachen irrelevant**, auf welche die Kostenüberschreitung zurückzuführen ist (GAUCH, N 989; TERCIER/FAVRE, N 4740; TWERENBOLD, N 73, 145). **17**

4. Zeitpunkt der Rechtsausübung

Der Besteller kann sich auf die aus Art. 375 fliessenden Rechte frühestens berufen, wenn er beweisen kann, dass dessen **Tatbestandselemente vorliegen**. Dazu muss die Kostenüberschreitung hinreichend sicher voraussehbar sein (GAUCH, N 1004; ZK-BÜHLER, N 31; ZK-OSER/SCHÖNENBERGER, N 4; TWERENBOLD, N 245; vgl. auch BK-BECKER, N 3). Ein «Rücktritt» gem. Art. 375 Abs. 2 ist nur solange möglich, als das Werk noch nicht vollendet ist (GAUCH, N 1005, 977; ZK-BÜHLER, N 35). **18**

Die aus Art. 375 fliessenden Gestaltungsrechte verjähren nicht (GAUCH, N 1005). Da Art. 375 als besondere Ausgestaltung des Grundlagenirrtums mit demselben Gesetzeszweck zu verstehen ist (BGE 115 II 461, 463; N 1), ist mit GAUCH die **analoge Anwendung von Art. 31** zu bejahen (GAUCH, N 991, 1005; ZK-BÜHLER, N 44; TWERENBOLD, N 249, 254; CR CO I-CHAIX, N 38; BGer, 31.3.2009, 4A_577/2008, E. 3.1 = BR 2009, 155 Nr. 161; s.a. BGer, 18.5.2005, 4P.99/2005, E. 3.2; **a.M.** BK-GAUTSCHI, N 8b). Die Verwirkung tritt damit mit Ablauf eines Jahres ein, berechnet ab dem Zeitpunkt, zu dem die Kostenüberschreitung für den Besteller hinreichend sicher voraussehbar war (BGer, 31.3.2009, 4A_577/2008, E. 3.1 = BR 2009, 155 Anm. zu Nr. 161). Zur Informationspflicht des Unternehmers: N 22. **19**

Die Rechtsbehelfe nach Art. 375 entfallen, sobald der Besteller die Kostenüberschreitung in Kenntnis von deren Eintritt und Ausmass **genehmigt** hat (ZK-BÜHLER, N 17; ZK-OSER/SCHÖNENBERGER, N 4; GAUCH, N 990 f., 1005; TWERENBOLD, N 185; vgl. BK-BECKER, N 4; TRÜMPY-JÄGER, 140; vgl. BK-GAUTSCHI, N 8b, 7c; N 16). **20**

IV. Rechtsfolgen

1. Überblick

Die Rechtsfolgen unterscheiden sich danach, ob sich der Kostenansatz auf eine Baute auf Grund und Boden des Bestellers bezieht (Art. 375 Abs. 2) oder nicht (Art. 375 Abs. 1). **21**

Eine unverhältnismässige Überschreitung des Kostenansatzes gibt dem Besteller bei **Bauten auf seinem Grund und Boden** einen *Anspruch auf Herabsetzung des Werklohnes* oder ein *Rücktrittsrecht gegen Vergütung der ausgeführten Arbeiten*. Das Rücktrittsrecht entfällt mit der Beendigung der Baute (Art. 375 Abs. 2). Ferner hat der Besteller einen *Schadenersatzanspruch* bei Verschulden des Unternehmers (GAUCH, N 1009; ZK-OSER/SCHÖNENBERGER, N 15; TERCIER/FAVRE, N 4751). Letzterer hat aufgrund seiner Sorgfaltspflicht (Art. 364 Abs. 1) den Besteller über eine unverhältnismässige Überschreitung zu informieren, sobald diese für ihn voraussehbar ist. Unterlässt er eine rechtzeitige Mitteilung, so haftet er für den durch die Verzögerung verursachten Schaden (BGer, 31.3.2009, 4A_577/2008, E. 3.1 a.E., m.w.Nw.). **22**

Ist das Werk **keine Baute auf Grund und Boden des Bestellers**, so ist **Art. 375 Abs. 1** anwendbar (GAUCH, N 994). Diesfalls steht dem Besteller ein *Rücktrittsrecht* und bei Verschulden des Unternehmers wiederum ein *Schadenersatzanspruch* zu (GAUCH, N 976, 1009; ZK-BÜHLER, N 29; ZK-OSER/SCHÖNENBERGER, N 9 f.; TERCIER/FAVRE, N 4749, 4751, vgl. auch 4745). In analoger Anwendung von Art. 375 Abs. 2 ist dem Besteller auch ein Auflösungs- **23** recht mit Wirkung ex nunc gegen Vergütung der ausgeführten Arbeiten zuzugestehen (GAUCH, N 994; N 33).

2. Bei Bauten auf Grund und Boden des Bestellers

a) Abgrenzung zu Art. 375 Abs. 1

24 Art. 375 Abs. 2 erfasst **Bauwerke**, die auf dem **Grundstück des Bestellers** errichtet werden und nach dem Grundsatz «superficies solo cedit» **in das Eigentum des Bestellers als Grundstückeigentümer übergehen** (BGE 98 II 303 = Pra 1973, 191; GAUCH, N 992; ZK-BÜHLER, N 32; BK-GAUTSCHI, N 9b; BK-BECKER, N 10; TWERENBOLD, N 226). Es kann sich um irgendwelche Bauarbeiten handeln, sofern das bewirkte Werk gem. Art. 642, 667 und 671 ZGB dem Grundstückeigentümer zufällt (vgl. GAUCH, N 992; TWERENBOLD, N 228).

25 Diesem Grundgedanken des Eigentumsverlustes des Unternehmers und dem Normzweck (N 2) entsprechend ist Art. 375 Abs. 2 in folgenden Fällen **sinngemäss anwendbar**: Die Bestimmung gilt auch für Werke, die an *beweglichen Sachen* des Bestellers oder eines Dritten ausgeführt werden, sofern das *Werk gem. Art. 726 Abs. 1 oder 2 ZGB in das Eigentum des Bestellers oder Dritten fällt* (SJ 1979, 413; ZK-BÜHLER, N 34; BK-GAUTSCHI, N 9b; GAUCH, N 993; vgl. BGE 98 II 303 = Pra 1973, 192; Pra 1967, 290 o. [unv. E. 2b von BGE 92 II 328 ff.]). Dies dürfte z.B. häufig bei Reparaturarbeiten an Autos zutreffen (GAUCH, N 993; JdT 1973 I 386; Anwendungsfall in BR 1994, 107). Diesem Sachverhalt gleichzustellen ist die *willentliche Aneignung* des Werkes durch den Besteller, sofern dieser *dadurch bereichert* ist (vgl. BGE 98 II 304 = Pra 1973, 192 f.); als Entschädigung ist diesfalls allerdings nicht die volle Vergütung geschuldet, sondern nur der Wert der Bereicherung. Art. 375 Abs. 2 ist ferner analog anwendbar, wenn das Werk nicht auf *Grund und Boden* des Bestellers selbst, sondern *eines Dritten* ausgeführt wird, insb. wenn der Besteller lediglich Mieter des bebauten Grundstücks ist (SJ 1977, 413; GAUCH, N 993; ZK-BÜHLER, N 34; TWERENBOLD, N 231 ff.).

26 Geht das Eigentum nicht ipso facto auf den Besteller (oder einen Dritten) über, so ist Art. 375 Abs. 2 nicht anwendbar. Das trifft namentlich zu, wenn als Werk eine bewegliche Sache zu liefern ist und das Material vom Unternehmer beschafft wird (BGE 98 II 303 = Pra 1973, 192). Ebensowenig ist die Anwendung von Art. 375 Abs. 2 allein durch einen grossen Zeitaufwand für die Erstellung des Werks gerechtfertigt (BGE 98 II 302 = Pra 1973, 191; vgl. GAUCH, N 993).

b) Rechtsfolgen vor Beendigung des Werks: Werklohnherabsetzung oder Kündigung

27 Vor Beendigung des Werks steht dem Besteller das **Wahlrecht** zu, alternativ eine *Herabsetzung des Werklohns* zu verlangen oder *gegen Vergütung der erbrachten Arbeiten vom Vertrag zurückzutreten* (GAUCH, N 982; BK-BECKER, N 10; ZK-OSER/SCHÖNENBERGER, N 14; TWERENBOLD, N 253). Der Richter ist an die Wahl des Bestellers gebunden (BK-BECKER, N 10; TWERENBOLD, N 255). Zum Begriff der Beendigung des Werks s. N 30.

28 aa) Wählt der Besteller den **Rücktritt**, so hat er *«billigen Ersatz»* für die *«bereits ausgeführten Arbeiten»* zu leisten (Art. 375 Abs. 2). «Billiger Ersatz» bedeutet, dass die ausgeführten Arbeiten und die entstandenen Aufwendungen *voll zu vergüten* sind; es ist nicht lediglich die Bereicherung zu entgelten (GAUCH, N 977; ZK-BÜHLER, N 42; ZK-OSER/SCHÖNENBERGER, N 14; BK-GAUTSCHI, N 9d; BK-BECKER, N 10). Die Vergütungspflicht besteht jedoch nur insoweit, als das teilweise verwirklichte Werk brauchbar ist (BK-GAUTSCHI, N 9d, 10c; TERCIER/FAVRE, N 4749; TWERENBOLD, N 237). Eine Pflicht zur Schadloshaltung des Unternehmers besteht im Gegensatz zu Art. 377 nicht (GAUCH, N 977; KOLLER A., AJP 2015, 314 f.; ZK-BÜHLER, N 42; TWERENBOLD, N 236; TERCIER/FAVRE, N 4749). Infolge der Vergütungspflicht wirkt ein Rücktritt gem. Art. 375 Abs. 2 *ex nunc* und wäre damit als Kündigung zu bezeichnen (SJ 1979, 413; GAUCH, N 977; ZK-BÜHLER, N 42; BK-GAUTSCHI, N 1; CR CO I-

CHAIX, N 31; vgl. BGE 98 II 304 = Pra 1973, 192 f.; s. Art. 368 N 28, 366 N 21; **a.M.** PEDRAZZINI, 550; TWERENBOLD, N 236). Zuzustimmen ist GAUCH, der es für zulässig erachtet, dass der Besteller nur auf einen Teil der noch ausstehenden Arbeiten verzichtet, den übrigen Teil aber ausführen lässt: *partielle Vertragsauflösung* (in maiore minus; GAUCH, N 978; ZK-BÜHLER, N 43; TWERENBOLD, N 252). – Die gesetzliche Regelung geht davon aus, dass den Unternehmer an der Überschreitung des Kostenansatzes kein Verschulden trifft (ZK-OSER/SCHÖNENBERGER, N 15). Liegt ein **Verschulden des Unternehmers** an der unverhältnismässigen Kostenüberschreitung vor, weil er den ungefähren Kostenansatz absichtlich oder unsorgfältig zu tief bezifferte, so haftet er aus *culpa in contrahendo* für den dadurch verursachten Schaden (GAUCH, N 1009 m.Nw.; TWERENBOLD, N 275; vgl. SJ 1979, 414 f.; ZK-BÜHLER, N 25; TERCIER/FAVRE, N 4751; ZK-OSER/SCHÖNENBERGER, N 15). Der Besteller hat Anspruch auf Schadenersatz in Höhe des *negativen Vertragsinteresses*, im Falle absichtlicher Täuschung einschliesslich weiteren Schadens (GAUCH, N 1009; TWERENBOLD, N 286). Ferner kann je nach den Umständen eine Reduktion der grundsätzlich vollen Vergütung für die bereits erbrachten Arbeiten angemessen sein; die Vergütung entfällt vollständig, falls der errichtete Werkteil für den Besteller wertlos ist (vgl. GAUCH, N 1009).

bb) Anstelle des Rücktritts kann der Besteller eine **angemessene Herabsetzung des Werklohns** wählen (änderndes Gestaltungsrecht; Art. 368 N 12; BGer, 3.5.2011, 4A_15/2011, E. 3.1 und 31.3.2009, 4A_577/2008, E. 3.1; vgl. auch BGE 115 II 462). Die Bestimmung des Herabsetzungsbetrags liegt im Ermessen des Richters (Art. 4 ZGB; BGE 115 II 462; GAUCH, N 979; ZK-BÜHLER, N 36; TWERENBOLD, N 240; TERCIER/FAVRE, N 4744). Ein Herabsetzungsanspruch besteht nur, falls und insoweit als die *Toleranzgrenze* (N 12) *überschritten* ist (BGE 115 II 462; GAUCH, N 979, 984 f.; TERCIER/FAVRE, N 4744; BK-GAUTSCHI, N 11c). Die Differenz zwischen dem geforderten Werkpreis und dem vom Besteller zu tolerierenden Betrag haben der Unternehmer und der Besteller nach der Praxis im Normalfall *hälftig* zu tragen: Die Werklohnforderung wird i.S. einer *Risikoteilung* um die Hälfte dieser Differenz herabgesetzt (BGer, 3.5.2011, 4A_15/2011, E. 3.1; BGE 115 II 462; GAUCH, N 979; PICHONNAZ, FS Wessner, 489; ZK-BÜHLER, N 37 ff.; ZK-OSER/SCHÖNENBERGER, N 13; TERCIER/FAVRE, N 4744; BÜHLER A., 306; CR CO I-CHAIX, N 29; vgl. BK-BECKER, N 10; vgl. die krit. Bemerkungen von TERCIER, BR 1988, 64 Anm. zu Nr. 62; vgl. auch BGE 119 II 253/254 [bez. Architektenvertrag] = BR 1994, 48 f. Nr. 88 ff.; **anders** TWERENBOLD, N 242, der die Ansicht vertritt, die Herabsetzung des Lohnes bis zur Toleranzgrenze müsse die Regel bilden, weil die Überschreitung des Kostenansatzes im Anwendungsbereich von Art. 375 – nicht i.S.v. Art. 373 Abs. 2 – ausschliesslich dem Bereich des Unternehmers zuzurechnen sei). Wie bei der Bestimmung der Toleranzgrenze ist auch bei der Festlegung des Herabsetzungsbetrags ein starrer Schematismus abzulehnen, und alle wesentlichen *Umstände des Einzelfalles* sind in die Entscheidung nach Recht und Billigkeit einzubeziehen (BGer, 3.5.2011, 4A_15/2011, E. 3.1; BGE 115 II 462; BGer, 31.3.2009, 4A_577/2008, E. 3.1; GAUCH, N 980 f. m.Bsp.; vgl. TERCIER, BR 1988, 64 Anm. zu Nr. 62). Von der erwähnten Regel ist insb. abzuweichen, wenn der Unternehmer die unverhältnismässige Überschreitung des Kostenansatzes verschuldet hat, indem er absichtlich oder aus Unsorgfalt den ungefähren Kostenansatz zu tief bezifferte (BGer, 3.5.2011, 4A_15/2001, E. 3.1; GAUCH, N 981, 1009; BK-BECKER, N 10; ZK-BÜHLER, N 25; ZK-OSER/SCHÖNENBERGER, N 13, 15; TWERENBOLD, N 241; vgl. BK-GAUTSCHI, N 11d; BR 1994, 107 Nr. 217) oder durch sein Verhalten die Verlässlichkeit des Kostenansatzes betont hat. – Hinsichtlich der – regelmässig nach Auftragsrecht zu beurteilenden – *Haftung eines Architekten* für die Überschreitung eines Kostenvoranschlags erachtet das BGer den Bauherrn hingegen nur insoweit als geschädigt, als dieser bei Kenntnis der Unrichtigkeit des Voranschlags über seine finanziellen Mittel anders disponiert hätte *und* der ihm aufgedrängte Mehrwert des Hauses für ihn nutzlos ist oder die Investitionen seine wirtschaftlichen Möglichkeiten übersteigen. Es rechnet dem Bauherrn den subjektiven Nutzen als Vorteil an (BGE 122 III 64; vgl. aber auch 119 II 252 und dazu WIEGAND, ZBJV 1995, 363 ff. sowie SCHUMACHER, recht 1994, 126 ff. [w.Nw. Art. 363 N 18]). – Vgl. zur Haf- 29 tung des Architekten für einen Kostenvoranschlag die Monographie von ZEHNDER und GAUCH, BR 1989, 79 ff.

c) Rechtsfolgen nach Beendigung des Bauwerks: Werklohnherabsetzung

30 Nach Beendigung des auf Grund und Boden des Bestellers errichteten Werkes kann der Besteller einen **Herabsetzungsanspruch** geltend machen (Art. 375 Abs. 2). Der Herabsetzungsanspruch nach Fertigstellung des Werkes unterliegt denselben Modalitäten wie derjenige vor Fertigstellung des Werkes (N 29). – Dagegen **entfällt das Rücktrittsrecht** des Bestellers mit der Beendigung des Werkes (GAUCH, N 977, 1005; BK-BECKER, N 10; ZK-BÜHLER, N 41; ZK-OSER/SCHÖNENBERGER, N 13). Beendet ist das Werk, wenn *alle vertraglich vorgesehenen Arbeiten ausgeführt* sind (BGE 115 II 458; 113 II 267; 94 II 164).

3. Rechtsfolgen gemäss Art. 375 Abs. 1: Rücktritt oder Kündigung

31 Art. 375 Abs. 1 gilt für **Werke, die nicht von Art. 375 Abs. 2 erfasst** werden (GAUCH, N 994; N 24 ff.; TWERENBOLD, N 214). Dem Besteller stehen folgende Rechtsbehelfe zur Verfügung:

32 a) Art. 375 Abs. 1 gewährt dem Besteller ein **Rücktrittsrecht**. Es ist ein aufhebendes Gestaltungsrecht und somit grundsätzlich bedingungsfeindlich und unwiderruflich (vgl. GAUCH, N 976; BK-GAUTSCHI, N 8c; TWERENBOLD, N 244; STEINER, Das Gestaltungsrecht, Diss. Zürich 1984, 66 f.; vgl. Art. 368 N 12). Im Gegensatz zum Rücktrittsrecht gem. Abs. 2 wirkt der Rücktritt nach Abs. 1 *ex tunc* (BGE 98 II 304 = Pra 1973, 192 f.; SJ 1979, 412 f.; GAUCH, N 976; ZK-BÜHLER, N 29; TWERENBOLD, N 216; vgl. aber BK-GAUTSCHI, N 1, 9a, d sowie die Bemerkungen dazu in BGE 98 II 304 = Pra 1973, 192 f.). Die Parteien sollen in die Lage zurückversetzt werden, in der sie sich ohne den Vertragsabschluss befunden hätten. Dazu sind bereits erbrachte Leistungen – soweit möglich – zurückzuerstatten (BGE 98 II 304 = Pra 1973, 192; GAUCH, N 976; ZK-BÜHLER, N 29; TWERENBOLD, N 216 f.). Gemäss GAUCH handelt es sich dabei um vertragliche Rückabwicklungspflichten (GAUCH, N 976, 684 m.Nw. der allgemeinen Literatur; ebenso ZK-BÜHLER, N 30; CR CO I-CHAIX, N 22; **a.M.** KOLLER A., AJP 2015, 313, und TWERENBOLD, N 218 f.). Das BGer nahm dagegen in BGE 98 II 303, 304 = Pra 1973, 192 bereicherungsrechtliche Rückerstattungspflichten an und wandte auch in BGE 114 II 141 ff. Bereicherungsrecht auf Rückerstattungspflichten an, die aus der Anfechtung eines Vertrags wegen Grundlagenirrtums folgten. In BGE 114 II 152 aber hat das BGer den Rückerstattungsanspruch gem. Art. 109 Abs. 1 als vertragliches Abwicklungs- oder Liquidationsverhältnis qualifiziert (insb. 157 f. m.w.Nw.). Die dort angeführte, überzeugende Begründung gilt nicht minder bez. Art. 375 (s.a. Art. 368 N 28, Art. 366 N 21). Die Qualifikation als *vertragliche Rückabwicklungspflichten* ist insb. deshalb sachgerecht, weil der Vertragsabschluss nicht als ungeschehen fingiert werden kann (vgl. BGE 114 II 157). Die Rückerstattungsansprüche verjähren damit nach zehn Jahren (Art. 127; GAUCH, N 976 [zustimmend]; ZK-BÜHLER, N 30; CR CO I-CHAIX, N 39; **a.M.** TWERENBOLD, N 218 f.; **differenzierend** KOLLER A., BR 2006, 6 f.); Art. 371 bezieht sich auf Forderungen aus der Ausübung der Mängelrechte, nicht auf Forderungen, die gestützt auf Art. 375 geltend gemacht werden. Im Unterschied zu Art. 377 steht dem *Unternehmer kein Entschädigungsanspruch* zu (BGE 98 II 303 = Pra 1973, 192 f.; SJ 1979, 412 f. E. 3; GAUCH, N 976; TERCIER/FAVRE, N 4749; PEDRAZZINI, 540; vgl. BK-GAUTSCHI, N 9d).

33 b) Die Beschränkung des Bestellers auf die Wahl zwischen vollständigem Verzicht auf das Werk und dessen voller Bezahlung trotz übermässiger Überschreitung des Kostenansatzes wäre stossend. Deshalb erscheint eine Kündigung des Vertrags bei voller Vergütung der bereits ausgeführten Arbeiten gegen Übergabe des Werks an den Besteller analog Art. 375 Abs. 2 als gerechtfertigt. Für diese **Kündigung ex nunc** sprechen die schutzwürdigen Interessen des Bestellers und es sind keine entgegenstehenden Interessen des Unternehmers ersichtlich (so GAUCH, N 994; TRÜMPY-JÄGER, 140; CR CO I-CHAIX, N 23; vgl. BK-GAUTSCHI,

N 9d; **a.M.** Koller A., AJP 2015, 310; BGE 98 II 304 = Pra 1973, 193 bez. willentlicher Aneignung; s. Art. 366 N 21).

c) Art. 375 Abs. 1 räumt dem Besteller **keinen Anspruch auf Herabsetzung des Werklohns** ein (vgl. Pra 1967, 289 f. = unpublizierte E. 2b von BGE 92 II 332; Gauch, N 994; Pedrazzini, 540; CR CO I-Chaix, N 24; **a.M.** Tercier/Favre, N 4744; vgl. auch Twerenbold, N 224 [differenzierend]). 34

4. Anzeigepflicht des Unternehmers

Aus der Sorgfaltspflicht des Unternehmers (Art. 364 Abs. 1) fliesst dessen Pflicht, den Besteller über eine zu erwartende Überschreitung des Kostenansatzes zu orientieren. Die **Anzeigepflicht** entsteht, sobald die *Kostenüberschreitung absehbar* ist; die Mitteilung hat darauf unverzüglich zu erfolgen (Gauch, N 1007, 836; BK-Gautschi, N 11d; ZK-Bühler, N 13; ZK-Oser/Schönenberger, N 8; Twerenbold, N 263; Schumacher, Vergütung, N 716 ff.; Pedrazzini, 540; von Castelberg, 69; Mosimann, 153; vgl. Trümpy-Jäger, 140; vgl. auch BGE 92 II 332 = Pra 1967, 290 f.). Kontrovers ist, ob die Anzeigepflicht auch für Kostenüberschreitungen gilt, die nicht unverhältnismässig sind (befürwortend ZK-Oser/Schönenberger, N 10; BK-Gautschi, N 11d; vgl. von Castelberg, 70; **abl.** Gauch, N 1008 a.E.; Twerenbold, N 265; Pedrazzini, 540, vgl. aber auch FN 34; CR CO I-Chaix, N 19). Die Sorgfalts- und Interessenwahrungspflicht des Unternehmers spricht für eine Anzeigepflicht auch bei mässiger Kostenüberschreitung, muss der Unternehmer doch damit rechnen, dass der Besteller in Kenntnis dieses Umstandes geeignete Weisungen erteilen wird (ZK-Oser/Schönenberger, N 8), es sei denn, die Abweichungen seien insgesamt vernachlässigbar gering (de minimis): D.h. der Unternehmer braucht zwar geringfügige Überschreitungen nicht mitzuteilen, darf aber umgekehrt nicht abwarten, bis die Grenze der Unverhältnismässigkeit erreicht ist, es sei denn, es bestehe keine Gefahr, dass diese berührt werde. Erfüllt der Unternehmer die Anzeigepflicht nicht, so hat er den daraus entstandenen *Schaden zu ersetzen*, soweit ein adäquater Kausalzusammenhang und ein Verschulden des Unternehmers gegeben sind. Der Besteller ist so zu stellen, wie er bei rechtzeitiger Anzeige stehen würde (Gauch, N 1008; vgl. auch ZK-Oser/Schönenberger, N 10; Twerenbold, N 275, 287). 35

V. Abweichende Vereinbarungen

Die Parteien können durch Vereinbarung von Art. 375 **abweichen**. Beispielsweise können sie andere Rechtsfolgen vereinbaren, die zu tolerierende Marge festlegen oder bestimmen, in welchem Verhältnis die übermässigen Mehrkosten zu verteilen sind (vgl. ZK-Oser/Schönenberger, N 2). 36

Art. 56 der **SIA-Norm 118** gewährt dem Bauherrn bei einer unverhältnismässigen Überschreitung des «Richtpreises» die *in Art. 375 Abs. 2 erwähnten Rechte* (Gauch, SIA, Art. 56 N 1 lit. a, N 4, 10; Spiess/Huser, Art. 56 N 27 ff.; ZK-Bühler, N 49; Twerenbold, N 90). Den Unternehmer trifft eine *Anzeigepflicht* unabhängig vom Ausmass der Kostenüberschreitung (Art. 56 Abs. 3 SIA-Norm 118; Gauch, SIA, Art. 56 N 11 lit. b; Spiess/Huser, Art. 56 N 17 ff.; ZK-Bühler, N 49). 37

VI. Prozessuales

Die **Beweislast** für die Vereinbarung eines *ungefähren Ansatzes* obliegt dem **Besteller** (BGer, 26.10.2004, 4C.346/2003, E. 3.1; Gauch, N 1018; Twerenbold, N 134; Bühler A., 308, 313; ZWR 1994, 181 = BR 1995, 39). Dasselbe gilt für die *Überschreitung des Ansatzes* als rechtsbegründende Tatsache (Art. 8 ZGB; Bühler A., 313). Ein *Verschulden des Unternehmers* wird nicht vermutet und ist vom Besteller nachzuweisen, ist aber nicht Voraussetzung für die Anwendbarkeit von Art. 375 (BK-Becker, N 6; ZK-Oser/Schönenberger, N 6 f.; 38

vgl. BK-GAUTSCHI, N 10a; BGE 28 II 544). Dem **Unternehmer** obliegt die Beweislast für ein *«Zutun des Bestellers»* i.S.v. Art. 375 Abs. 1 als rechtsvernichtende Tatsache (Art. 8 ZGB). Behauptet er, der Besteller habe der Überschreitung *zugestimmt* oder sie *genehmigt*, so hat er dies zu beweisen (BK-GAUTSCHI, N 7c; vgl. BGE 108 II 106 und ZK-BÜHLER, N 18).

39 Das BGer hat **freie Kognitionsbefugnis** bei der Beurteilung der *Angemessenheit des Herabsetzungsbetrags*, überprüft den Ermessensentscheid der Vorinstanz aber **zurückhaltend** (BGE 115 II 462). Es schreitet insb. ein, wenn zwingend zu beachtende Umstände unberücksichtigt blieben oder der beanstandete Ermessensentscheid offensichtlich unbillig ist (BGE 115 II 462). Die derart beschränkte Überprüfung betrifft das durch die Festlegung der Toleranzgrenze und die Aufteilung der diese überschreitenden Mehrkosten bewirkte *Resultat* des Herabsetzungsbetrags (vgl. BGE 115 II 463 a.E.).

VII. Rechtsvergleichung

40 § 650 BGB; § 1170a ABGB; vgl. auch art. 1664 CC it. Vgl. TWERENBOLD, N 29–43.

Art. 376

II. Untergang des Werkes

[1] Geht das Werk vor seiner Übergabe durch Zufall zugrunde, so kann der Unternehmer weder Lohn für seine Arbeit noch Vergütung seiner Auslagen verlangen, ausser wenn der Besteller sich mit der Annahme im Verzug befindet.

[2] Der Verlust des zugrunde gegangenen Stoffes trifft in diesem Falle den Teil, der ihn geliefert hat.

[3] Ist das Werk wegen eines Mangels des vom Besteller gelieferten Stoffes oder des angewiesenen Baugrundes oder infolge der von ihm vorgeschriebenen Art der Ausführung zugrunde gegangen, so kann der Unternehmer, wenn er den Besteller auf diese Gefahren rechtzeitig aufmerksam gemacht hat, die Vergütung der bereits geleisteten Arbeit und der im Lohne nicht eingeschlossenen Auslagen und, falls den Besteller ein Verschulden trifft, überdies Schadenersatz verlangen.

II. Perte de l'ouvrage

[1] Si, avant la livraison, l'ouvrage périt par cas fortuit, l'entrepreneur ne peut réclamer ni le prix de son travail, ni le remboursement de ses dépenses, à moins que le maître ne soit en demeure de prendre livraison.

[2] La perte de la matière est, dans ce cas, à la charge de la partie qui l'a fournie.

[3] Lorsque l'ouvrage a péri soit par suite d'un défaut de la matière fournie ou du terrain désigné par le maître, soit par l'effet du mode d'exécution prescrit par lui, l'entrepreneur peut, s'il a en temps utile signalé ces risques au maître, réclamer le prix du travail fait et le remboursement des dépenses non comprises dans ce prix; il a droit en outre à des dommages-intérêts, s'il y a faute du maître.

II. Perdita dell'opera

[1] Se, prima della consegna al committente, l'opera perisce per caso fortuito, l'appaltatore non può pretendere né la mercede del suo lavoro, né il rimborso delle sue spese, a meno che il committente fosse in mora a riceverla.

[2] La perdita della materia così perita è a carico del contraente che l'ha fornita.

[3] Se l'opera è perita per un difetto della materia fornita dal committente o del terreno da lui destinato alla costruzione o pel modo di esecuzione da esso prescritto, l'appaltatore, che abbia in tempo debito avvisato il committente del pericolo, può pretendere il pagamento del lavoro già fatto e il rimborso delle spese non comprese nella mercede e, quando siavi colpa del committente, anche il risarcimento dei danni.

Literatur

Vgl. die Literaturhinweise bei den Vorbem. zu Art. 363–379.

I. Normzweck

Art. 376 regelt die **Gefahrentragung**. Der in Abs. 1 statuierte Grundsatz der Gefahrentragung durch den Unternehmer ist eine sachgerechte Konsequenz dessen, dass der Unternehmer einen Erfolg (die Werkherstellung) schuldet (KOLLER J., 18; ZK-BÜHLER, N 1; ZK-OSER/SCHÖNENBERGER, N 1; PEDRAZZINI, 543; TERCIER/FAVRE, N 4817; BUCHER, BT, 207; Vor Art. 363–379 N 4; vgl. BGE 123 III 183). 1

II. Anwendungsbereich

1. Allgemeines

Art. 376 bestimmt die **Preis- und Sachgefahr** bei einem **Untergang des Werkes** (Marginale; BGE 123 III 185, 186; BK-GAUTSCHI, N 1; vgl. ZK-BÜHLER, N 1, 6 ff.). 2

Bei Werklieferungsverträgen in internationalen Verhältnissen sind die **Art. 66–70 WKR** zu beachten (vgl. dazu Schlechtriem/Schwenzer-HACHEM, Art. 66 N 1 ff.; ZK-BÜHLER, N 76 ff.). 3

2. Abgrenzungen

a) Art. 376 und Art. 378

Regelungsgegenstand von **Art. 376** ist der **Untergang des Werkes**, wogegen sich **Art. 378** mit der **Unmöglichkeit der Erfüllung** befasst (KOLLER J., 71; GAUCH, N 1198, 741; ZK-BÜHLER, N 17, Art. 378 OR N 5; vgl. dagegen MOSIMANN, 145 ff.; N 2). Demzufolge resultiert keine Konkurrenz, wenn das Werk untergeht, ohne dass dessen Herstellung unmöglich wird, oder wenn die Werkerrichtung durch einen beim Besteller eingetretenen Zufall unmöglich wird, das Werk jedoch nicht untergeht: In diesem Fall ist Art. 378, in jenem Art. 376 massgebend (vgl. KOLLER J., 70; GAUCH, N 1182, 1198; ZK-BÜHLER, N 17, Art. 378 N 5). *Umstritten* ist die Rechtslage, wenn ein in der Gefahrensphäre des Bestellers eingetretener Zufall *den Untergang des Werks und die Erfüllungsunmöglichkeit* verursacht hat. Diesfalls ist Art. 378e contrario zu entnehmen, dass die noch nicht ausgeführten und nun unmöglich gewordenen Leistungen nicht zu vergüten und nicht mehr geschuldet sind (KOLLER J., 71). Dagegen beantwortet Art. 376 und nicht Art. 378, ob für die bereits geleisteten Arbeiten und Auslagen eine Vergütung geschuldet ist, wenn das Werk untergegangen ist (so überzeugend KOLLER J., 70 ff.; GAUCH, N 1197 f., 741 f.; LENZLINGER GADIENT, 60 FN 25; vgl. BK-GAUTSCHI, Art. 378 f. OR N 11; **a.M.** ZK-BÜHLER, Art. 378 OR N 6 ff.; ZK-OSER/SCHÖNENBERGER, N 8, Art. 378 OR N 1 f.; CR CO I-CHAIX, N 30; vgl. BGE 69 II 143; zur «Sphärentheorie» N 20 f.). 4

b) Art. 376 und Art. 367 ff.

Zufällige **Verschlechterungen des Werkes**, die zu einem Mangel führen, fallen nicht unter Art. 376, sondern sind nach Art. 367 ff. zu beurteilen (**strittig**; gl.M. GAUCH, N 1184, 2411 ff.; ZK-BÜHLER, N 11 f.; wohl ebenso: TERCIER/FAVRE, N 4822; **a.M.** KOLLER J., 3, 61 ff., insb. 61 f.; vgl. BK-GAUTSCHI, N 1, 3c; ZK-OSER/SCHÖNENBERGER, N 7; offen gelassen in BGE 123 III 186; N 10). Art. 376 wird immerhin auf zwei Fälle sinngemäss angewandt: Hat der Zufall den Mangel nur infolge eines *Annahmeverzuges des Bestellers* bewirken können, so haftet der Unternehmer nicht (Art. 376 Abs. 1 analog; GAUCH, N 2415; ZK-BÜHLER, N 12). Ferner haftet der Unternehmer nicht für den Stoff, den der Besteller geliefert hat und der durch den zufällig verursachten Werkmangel zerstört wird (Art. 376 Abs. 2 analog; GAUCH, N 2416; ausführlich KOLLER J., 63 f.; ZK-BÜHLER, N 12). – Vgl. ferner ZK-BÜHLER, N 40–43. 5

c) Art. 376 und Art. 103

6 Ist der Unternehmer im **Schuldnerverzug**, so ist **Art. 103 anwendbar** und nicht Art. 376 (Koller J., 25, 41 f.; Gauch, N 1190; ZK-Oser/Schönenberger, N 8; Tercier/Favre, N 4830; CR CO I-Chaix, N 13, 31). Sinngemäss gilt Art. 103 auch, wenn der zufällige Untergang des Werkes nicht zur Unmöglichkeit der Werkherstellung führt (Koller J., 25; Gauch, N 1190). Der *Unternehmer verliert* demzufolge seinen *Vergütungsanspruch* und hat dem Besteller *Schadenersatz* zu leisten. Kann sich der Unternehmer gem. Art. 103 Abs. 2 von der Zufallshaftung befreien, so ergeben sich die Rechtsfolgen aus Art. 376 (Koller J., 25, 42; Gauch, N 1190).

III. Voraussetzungen

1. Überblick

7 *Abs. 1 und Abs. 2* regeln die Gefahrentragung bei einem **zufälligen Untergang des Werks im Allgemeinen**, *Abs. 3* ordnet die Gefahrentragung für **dem Besteller zurechenbare besondere Ursachen** und differenziert danach, ob ein *Verschulden des Bestellers* vorliegt.

2. Voraussetzungen von Abs. 1

8 Die Anwendung von Art. 376 Abs. 1 setzt den *Untergang* des Werkes (N 9 f.) durch *Zufall* (N 11) *vor Ablieferung* des Werkes (N 12) voraus. Ferner darf *kein Annahmeverzug* des Bestellers vorliegen (N 13).

a) Untergang des Werkes

9 Die Norm geht davon aus, dass das Werk zugrunde geht und bezeichnet dies in der Marginale als *Untergang des Werkes*. Die romanischen Gesetzestexte sprechen von «périr» und «perte» sowie von «perire» und «pertita». Der Gesetzeswortlaut verlangt somit eine **Zerstörung** des Werkes (Koller J., 2, 4; ZK-Bühler, N 9; vgl. Tercier/Favre, N 4822; vgl. auch Gauch, N 1184, 2411). Das Werk braucht nicht vollständig zerstört zu sein, vielmehr erfasst Art. 376 auch den *teilweisen Untergang* (BGE 123 III 186; Koller J., 3 f.; Gauch, N 1184; ZK-Bühler, N 10; ZK-Oser/Schönenberger, N 7; BK-Gautschi, N 6b; Tercier/Favre, N 4822; Trümpy-Jäger, 147; CR CO I-Chaix, N 4). Unerheblich ist, ob das Werk im Zeitpunkt des Untergangs bereits *beendet ist oder erst begonnen* worden ist (ZK-Oser/Schönenberger, N 2; Gauch, N 1181, 1184).

10 **Umstritten** ist, ob eine zufällige bloss qualitative **Verschlechterung** i.S. eines Werkmangels – analog dem quantitativ begrenzten, teilweisen Untergang des Werks – unter Art. 376 zu subsumieren ist (bejahend Koller J., 3, 61 ff., insb. 61/62; BK-Gautschi, N 1, 3c; ZK-Oser/Schönenberger, N 7; verneinend Gauch, N 1184, 2411 ff., insb. 2411; ZK-Bühler, N 11 f.; CR CO I-Chaix, N 5; wohl verneinend Tercier/Favre, N 4822; offen gelassen in BGE 123 III 186). Auf derartige zufällig verursachte Werkmängel ist u.E. Art. *376 nicht anwendbar*: Denn es spricht dessen Wortlaut gegen eine Subsumtion lediglich mangelhafter, aber nicht (teilweise) zerstörter Werke (vgl. Gauch, N 2411). Auf eine zufällige Verschlechterung eines Werks i.S. eines Werkmangels Art. 376 anzuwenden, hiesse, entscheidend auf das Tatbestandselement des «Zufalls» abzustellen und dasjenige des «Untergangs» zurücktreten zu lassen. Dagegen spricht jedoch der Wortlaut des Marginale und von Abs. 1. Zudem ist die Mängelhaftung gem. Art. 368 eine kausale, die auch bei als Mängel zu qualifizierenden Verschlechterungen greift, die zufällig entstanden sind (Gauch, N 2412; ZK-Bühler, N 12; s. Art. 368 N 8); damit besteht weder eine Notwendigkeit der Anwendung von Art. 376, noch sind berechtigte Interessen der Parteien dafür gegeben. Zuzustimmen ist somit u.E. Gauch, der in diesen Fällen die Bestimmungen über die Mängelhaftung als anwendbar erachtet (Gauch, N 1184, 2411 ff.). Zur analogen Anwendung von Art. 376 s. N 5.

b) Zufälliger Untergang

11 Art. 376 Abs. 1 setzt voraus, dass das Werk durch Zufall untergeht. Der Untergang erfolgt zufällig, wenn er auf Ursachen beruht, die **weder der Besteller noch der Unternehmer zu vertreten** hat (KOLLER J., 5 f., 8 f.; BK-GAUTSCHI, N 3a, b; ZK-BÜHLER, N 14; ZK-OSER/SCHÖNENBERGER, N 8; GAUCH, N 1187; PEDRAZZINI, 543 FN 2; TERCIER/FAVRE, N 4823; vgl. BK-BECKER, N 1; GUHL/KOLLER/SCHNYDER/DRUEY, § 47 N 28; LENZLINGER GADIENT, 59; vgl. auch BGE 59 II 65). Eine Vertragspartei hat eine Ursache zu vertreten, wenn sie, ihr Organ oder ihre Hilfsperson (Art. 101) die Ursache schuldhaft, d.h. absichtlich oder unter Ausserachtlassen der zumutbaren Sorgfalt, gesetzt hat (vgl. KOLLER J., 6, 9; BK-GAUTSCHI, N 3a; ZK-BÜHLER, N 16; vgl. auch BGE 59 II 65; VON TUHR/ESCHER, 120 f. FN 48). Zufall i.S.v. Art. 376 Abs. 1 kann auch ein Ereignis sein, das dem Gefahrenbereich einer Vertragspartei zuzurechnen ist. Zum Zufall zählt *höhere Gewalt* (KOLLER J., 10; GAUCH, N 1187; ZK-BÜHLER, N 13; BK-GAUTSCHI, N 3b; PEDRAZZINI, 543 FN 2; KELLER, 1162). Als Zufall zu werten ist ferner *Drittverschulden*, insb. die durch einen *Nebenunternehmer* bewirkte Zerstörung des Werkes (KOLLER J., 100; GAUCH, ZBJV 1982, 78; GAUCH, N 1187; PEDRAZZINI, 543 FN 2; **a.M.** LENZLINGER GADIENT, 59 FN 23; vgl. ZK-BÜHLER, N 14 f.; s.a. CR CO I-CHAIX, N 7).

c) Untergang vor der Ablieferung

12 Art. 376 Abs. 1 geht davon aus, dass das Werk vor seiner Übergabe untergeht. Unter der Übergabe ist die **Ablieferung** zu verstehen; der französische und der italienische Gesetzestext verwenden für diese beiden Begriffe die gleichlautenden Termini «consegna» bzw. «livraison» (s. Art. 376 Abs. 1 und Art. 367 Abs. 1) (KOLLER J., 12, 14; GAUCH, N 1185; ZK-BÜHLER, N 18; ZK-OSER/SCHÖNENBERGER, N 3; BK-BECKER, N 1; PEDRAZZINI, 543; TRÜMPY, Abnahme, 106). Haben die Vertragsparteien den Begriff der Ablieferung vertraglich geregelt, so ist der Zeitpunkt der so bestimmten Ablieferung massgebend (KOLLER J., 106; GAUCH, N 1185; ZK-BÜHLER, N 18). Andernfalls ist der gesetzliche Begriff der Ablieferung für den Zeitpunkt des Gefahrenübergangs entscheidend (zum Begriff der Ablieferung s. Art. 367 N 3, 371 N 12). Insbesondere ist die Genehmigung des Werkes keine Voraussetzung der Ablieferung (GAUCH, N 1185; ZK-BÜHLER, N 18; ZK-OSER/SCHÖNENBERGER, N 3; Art. 370 N 3). Sind *Teilablieferungen* des Werkes vereinbart, so ist für jeden Teil dessen Ablieferung wesentlich: Mit ihr erfolgt der Gefahrenübergang für den betreffenden Teil (KOLLER J., 108; GAUCH, N 1186; ZK-BÜHLER, N 19). Bei vorzeitiger Vertragsauflösung ist der Ablieferung die Auflösung des Vertrags, oder – wo eine solche erforderlich ist – die körperliche Übertragung des unvollendeten Werks, gleichzustellen (GAUCH, N 1186 m.Nw.). Anders als im Kaufrecht und im deutschen Recht hat die Versendung des Werkes keinen Einfluss auf den Zeitpunkt des Gefahrenübergangs (GAUCH, N 1186; ZK-BÜHLER, N 20; ZK-OSER/SCHÖNENBERGER, N 4; KOLLER J., 13; vgl. Art. 185 Abs. 2; § 644 Abs. 2 BGB).

d) Kein Annahmeverzug des Bestellers

13 Die in Art. 376 Abs. 1 angeordnete grundsätzliche Rechtsfolge tritt unter der Voraussetzung ein, dass sich der **Besteller nicht im Annahmeverzug** befindet (ebenso § 644 Abs. 1 BGB). Ob ein Annahmeverzug vorliegt, beurteilt sich nach *Art. 91* (KOLLER J., 15; ZK-BÜHLER, N 21; ZK-OSER/SCHÖNENBERGER, N 9; PEDRAZZINI, 544; vgl. GAUCH, N 1191; BÖGLI, N 397; vgl. betr. Verletzung von Mitwirkungsobliegenheiten des Bestellers: ZELTNER, N 245, 252 f., 255 und SCHUMACHER, Vergütung, N 341 ff.); dass das Werk gem. Art. 92 hinterlegt ist, ist nicht erforderlich (KOLLER J., 15 f.; ZK-BÜHLER, N 21). Es ist sachgerecht, den Tatbestand des Art. 96 bez. Art. 376 Abs. 1 *analog dem Annahmeverzug* zu behandeln (ZK-OSER/SCHÖNENBERGER, N 9). Vgl. zu den Auswirkungen auf die Rechtsfolgen N 30.

3. Voraussetzungen von Abs. 2

14 a) Art. 376 Abs. 2 knüpft an den **Untergang des Stoffes** an. Das Tatbestandselement des Untergangs ist im gleichen Sinne wie in Abs. 1 zu deuten (N 9 f.). Die Wendung «in diesem Falle» bezieht sich auf den zufälligen Untergang des *Werkes* gem. Abs. 1 (vgl. BGE 59 II 67). Abs. 2 regelt also primär die Gefahrentragung bez. des Stoffes, der zusammen mit dem Werk zerstört worden ist (KOLLER J., 21; GAUCH, N 1189; vgl. das Marginale). Über den Wortlaut hinausgehend erfasst Abs. 2 aber auch den zufälligen Untergang des (eingebauten oder nicht eingebauten) Stoffes *unabhängig von einer Beeinträchtigung des Werkes* (KOLLER J., 21; vgl. GAUCH, N 1189; ZK-BÜHLER, N 36).

15 **«Stoff»** ist in einem weiteren Sinne auszulegen als in Art. 365 Abs. 3 (vgl. Art. 365 N 4). Erfasst werden nicht nur *Werkstoffe*, sondern auch der *Baugrund* sowie dem Unternehmer *übergebene Sachen*, insb. zur Reparatur oder Veredelung gelieferte Gegenstände, aber auch Hilfsmittel und Werkzeuge (BGE 59 II 66; KOLLER J., 21 f.; GAUCH, N 1189; TERCIER/FAVRE, N 4829; ZK-BÜHLER, N 36; ZK-OSER/SCHÖNENBERGER, N 11; BK-GAUTSCHI, N 10; s.a. Art. 364 N 43 ff.).

16 b) Im Übrigen gelten die **Voraussetzungen des Abs. 1**: Der bereits erwähnte *Untergang* muss *zufällig* und *vor der Ablieferung des Werkes* erfolgen (KOLLER J., 21; ZK-BÜHLER, N 34 f.; vgl. die Systematik bei TERCIER/FAVRE, N 4821 ff., 4826 ff.; vgl. ferner PEDRAZZINI, 544). Die Wendung «in diesem Falle» bezieht sich nicht auf den Nebensatz am Ende von Abs. 1 (betr. Annahmeverzug), sondern auf den zufälligen Untergang, weshalb Abs. 2 keinen Annahmeverzug des Bestellers voraussetzt (BGE 59 II 67; TERCIER/FAVRE, N 4829); der *Annahmeverzug* ist im Gegenteil eine *negative Voraussetzung* der in Abs. 2 vorgesehenen Regel (KOLLER J., 26; ZK-OSER/SCHÖNENBERGER, N 11; PEDRAZZINI, 544; GAUCH, N 1191).

4. Voraussetzungen von Abs. 3

17 Art. 376 Abs. 3 sieht Ausnahmen vom Grundsatz der Gefahrentragung durch den Unternehmer vor. Tatbestandselemente sind die Folgenden:

a) Ursachen im Gefahrenbereich des Bestellers

18 aa) Abs. 3 erwähnt drei **bestimmte Ursachen** des Untergangs des Werkes: Lieferung mangelhaften Stoffes oder Anweisung mangelhaften Baugrundes oder fehlerhafte Vorschriften über die Art der Ausführung durch den Besteller.

Der Begriff des **«Stoffes»** erfasst den Werkstoff und sinngemäss – wie in Abs. 2 – auch (etwa zur Reparatur oder Veredelung) übergebene Gegenstände sowie Arbeits- und Hilfsmittel (KOLLER J., 29; GAUCH, N 1199; ZK-BÜHLER, N 47 ff. m.Bsp.).

Die **Vorschriften über die Art der Werkausführung** sind *Weisungen* i.S.v. Art. 369 (KOLLER J., 32; GAUCH, N 1195; ZK-BÜHLER, N 55; BK-GAUTSCHI, N 11a; TERCIER/FAVRE, N 4836; vgl. Art. 369 N 6 f.), also verbindliche Anordnungen (GAUCH, N 1927 f.; LARENZ, II/1, 367 FN 102). Unerheblich ist, ob die Weisungen bereits bei Vertragsabschluss oder erst später erteilt werden (KOLLER J., 32; ZK-BÜHLER, N 55; **a.M.** LARENZ, II/1, 367 FN 102).

Mangelhaft sind der Stoff, der Baugrund oder die Weisungen, wenn sie objektiv und nach dem Stand der Technik *geeignet sind, den Untergang des Werkes zu bewirken* («Untauglichkeit»; KOLLER J., 28, 31 f.; ZK-BÜHLER, N 45; CR CO I-CHAIX, N 20). Der Mangel kann ein *zufälliger* i.S.v. Abs. 1 sein, und es ist unwesentlich, ob er auf höhere Gewalt, Zufall oder Drittverschulden zurückzuführen ist (PEDRAZZINI, 544; KOLLER J., 27 f.; ZK-BÜHLER, N 46). Entscheidend ist, dass der Besteller Lieferant, Anweisender des Baugrundes oder Weisungserteilender ist (KOLLER J., 31; ZK-BÜHLER, N 46). Darin liegt der Umstand, der die Zurechnung des Mangels zum Gefahrenbereich des Bestellers rechtfertigt.

Vorausgesetzt ist ferner, dass der Mangel den *Untergang des Werkes oder Stoffes* **adäquatkausal** *herbeigeführt* hat (KOLLER J., 28, 32; vgl. GAUCH, N 1195; TERCIER/FAVRE, N 4835; ZK-BÜHLER, N 45, 64). **19**

bb) Inwieweit die in Abs. 3 ausdrücklich *erwähnten Fälle verallgemeinert* werden dürfen, ist *umstritten*. Die **Sphärentheorie** einerseits stellt Art. 376 Abs. 3 in Zusammenhang mit Art. 378 Abs. 1, gemäss dem der Unternehmer einen Anspruch auf Vergütung hat, wenn *irgendein* Zufall beim Besteller die Werkherstellung verunmöglicht hat. Dieses Kriterium der Gefahrensphäre sei auch auf Art. 376 Abs. 3 anzuwenden. Demzufolge greife diese Bestimmung immer dann, wenn der Untergang auf eine *Ursache im Gefahrenbereich des Bestellers* zurückzuführen sei (PEDRAZZINI, 544, 547; BUCHER, BT, 207; KOLLER A., Vergütungsgefahr, 406 f.; vgl. auch ZK-OSER/SCHÖNENBERGER, N 8, Art. 378 N 1 f., wonach Art. 378 die Milderung von Art. 376 Abs. 1 bezwecke und diesen Artikel ergänze; TERCIER/FAVRE, N 4843; LARENZ, II/1, 368; s.a. die Darstellung bei KOLLER J., 72 f.). **20**

Eine **andere Meinung** betont, Art. 376 und 378 hätten verschiedene Regelungsgegenstände: Jener den Untergang des Werkes, dieser die Unmöglichkeit der Werkherstellung (vgl. die Marginalien). Da sich Art. 378 nur mit der Unmöglichkeit der Erfüllung, nicht aber mit dem Untergang des Werkes befasse, vermöge er die Gefahrentragung beim Untergang des Werkes gem. Art. 376 nicht zu ändern. Überdies sei die engere Fassung von Art. 376 Abs. 3 deshalb gerechtfertigt, weil diese Bestimmung eine Vergütungspflicht des Bestellers für die geleistete Arbeit vorsehe, obwohl das Ergebnis dieser Arbeit – im Gegensatz zu Art. 378 Abs. 1 – untergegangen sei. Auch nach dieser Lehre werden mit den gesetzlich geregelten Fällen vergleichbare Sachverhalte erfasst, auf die Art. 376 Abs. 3 analog anzuwenden sei (so KOLLER J., 72 f.; GAUCH, N 1197 ff.; ZK-BÜHLER, N 59; i.E. gl.M. CR CO I-CHAIX, N 21; vgl. auch ZELTNER, N 230, bez. Mitwirkungsobliegenheiten; wohl eher noch für die Sphärentheorie GAUCH, ZBJV 1982, 79 FN 31; enger LENZLINGER GADIENT, 60). Der Unterschied zwischen den beiden Theorien ist ein gradueller; er verringert sich bei ausgedehnter analoger Anwendung der Norm (vgl. GAUCH, N 1199; LARENZ, II/1, 368). – U.E. ist die Argumentation von GAUCH und KOLLER J. überzeugend, wonach das Abgrenzungskriterium des Art. 378 aufgrund des verschiedenen Regelungsgegenstandes und der unterschiedlichen Interessenlage nicht auf Art. 376 übertragen werden kann. Auszugehen ist somit vom klaren Wortlaut von Art. 376 Abs. 3, der **keine generelle Gefahrenverteilung nach Risikosphären** vorsieht. **21**

Es dürfte anerkannt sein, dass ein Verhalten des Bestellers, welches das Werk gefährdet, sowie von ihm gelieferte mangelhafte Arbeitsmittel, zur Bearbeitung übergebene Sachen und mangelhafte Vorarbeiten eines Nebenunternehmers, auf welchen ein anderer Unternehmer aufbaut, in den **analogen Anwendungsbereich** von Art. 376 Abs. 3 fallen (vgl. GAUCH, N 1199; KOLLER J., 29 ff.; ZK-BÜHLER, N 57; GAUCH, ZBJV 1982, 79, vgl. auch 78; LARENZ, II/1, 369; TRACHSEL, N 297). Dagegen dürfen dem Gefahrenbereich des Bestellers nicht generell Ereignisse in dessen Einflussbereich und in seinen persönlichen Lebensverhältnissen zugerechnet werden, auch wenn sie nicht zum typischen Risiko der Werkherstellung gehören (vgl. dagegen LARENZ, II/1, 368; vgl. N 21 a.E.). **22**

b) Verschulden des Bestellers

Art. 376 Abs. 3 sieht eine weitere Ausnahme vom Grundsatz der Gefahrentragung durch den Unternehmer (Abs. 1) vor für den Fall, dass der **Besteller den Untergang des Werkes verschuldet** hat (ebenso § 645 Abs. 2 BGB). Ein Verschulden liegt vor, wenn der Besteller oder seine Hilfsperson den Untergang *vorsätzlich oder objektiv fahrlässig* verursacht hat (Absicht oder Inkaufnahme des Untergangs; als möglich erachteter, aber ungewollter Untergang oder nicht vorhergesehener, aber vorhersehbarer ungewollter Untergang) (GAUCH, N 1210; ZK-BÜHLER, N 66; vgl. KOLLER J., 33). Die Verletzung einer Vertragspflicht ist nicht vorausgesetzt (GAUCH, N 1213; ZK-BÜHLER, N 66). **23**

c) Rechtzeitige Abmahnung

24 Die Rechtsfolgen von Art. 376 Abs. 3 treten nur ein, wenn der Unternehmer den Besteller **rechtzeitig auf die Gefahren aufmerksam gemacht** hat. Es trifft jenen eine **Abmahnungspflicht**, die der Anzeigepflicht gem. Art. 365 Abs. 3 entspricht und Ausfluss der Sorgfaltspflicht ist (KOLLER J., 33 f.; GAUCH, N 1201; ZK-BÜHLER, N 60; BK-GAUTSCHI, N 11b; s. Art. 365 N 17 ff.). Die Abmahnungspflicht besteht nur, wenn der Unternehmer die *Mängel erkannt hat oder hätte erkennen müssen* (KOLLER J., 35; ZK-BÜHLER, N 62; BK-GAUTSCHI, N 11b; BK-BECKER, N 3; TRACHSEL, N 184; PEDRAZZINI, 545; TRÜMPY-JÄGER, 148; vgl. auch BGE 116 II 456 und BGer, 23.9.2008, 4D_76/2008, E. 4.5). Die Anzeige hat *ausdrücklich, bestimmt und deutlich* zu erfolgen (vgl. BGE 116 II 308; 95 II 50, beide Entscheide bez. Art. 369; GAUCH, N 1990; ZK-BÜHLER, N 60; s.a. Art. 369 N 11). Sie hat dem Besteller den *Mangel* und die dadurch bewirkte *Gefährdung des Werkes* bewusst zu machen (KOLLER J., 34; ZK-BÜHLER, N 60; vgl. BGE 95 II 50; s.a. Art. 369 N 10). Entgegen BGE 95 II 50 ist es nicht gerechtfertigt, einen Hinweis auf die Rechtsfolgen zu verlangen, die sich aus der Nichtbeachtung der Abmahnung ergeben können (KOLLER J., 34; wohl **a.M.** ZK-BÜHLER, N 60). BGE 116 II 308 lässt (bez. Art. 369) offen, ob die bisherige Rechtsprechung, wonach der Unternehmer dem Besteller zu verdeutlichen hat, dass er die Verantwortung für die vorgeschriebene Ausführung ablehne, entsprechend den (erwähnten) Kriterien der Lehre zu mildern sei (s.a. Art. 369 N 10). Die Abmahnung ist an den Besteller persönlich oder dessen Vertreter zu richten; die Mitteilung an einen untergeordneten Angestellten genügt nicht (vgl. BGE 95 II 51; KOLLER J., 36; GAUCH, N 1990; ZK-BÜHLER, N 60; Art. 369 N 12; krit. MERZ, ZBJV 1971, 151). Sie hat rechtzeitig zu erfolgen, d.h. *sobald* der Unternehmer *Anhaltspunkte für den Mangel* erkannt hat oder hätte erkennen müssen (vgl. KOLLER J., 36; GAUCH, N 1986; ZK-BÜHLER, N 61).

25 Mit einem **Verstoss gegen die Abmahnungspflicht** begeht der Unternehmer eine *Vertragsverletzung* (GAUCH, N 1201; BK-GAUTSCHI, N 11b). Als Rechtsfolge *verliert er den Vergütungsanspruch* und hat entstandenen *Schaden zu ersetzen* (Art. 365 Abs. 3; GAUCH, N 1201; BK-GAUTSCHI, N 11b; PEDRAZZINI, 545; GUHL/KOLLER/SCHNYDER/DRUEY, § 47 N 26, 28; vgl. Art. 365 N 37). Die Unterlassung oder Verspätung der Anzeige schadet dem Unternehmer jedoch dann nicht, wenn er beweist, dass diese ohnehin unbeachtet oder unnütz geblieben wäre (ZK-BÜHLER, N 63; vgl. KOLLER J., 36).

IV. Rechtsfolgen

26 Art. 376 enthält in den Abs. 1 und 2 die grundsätzlichen Rechtsfolgen hinsichtlich der Preis- und Sachgefahr (N 28 ff.). Die Ausnahmen davon ergeben sich aus den Abs. 1 und 3 (N 30 f.). Nicht ausdrücklich geregelt ist die Leistungsgefahr (N 32 f.).

1. Preis- und Sachgefahr

a) Grundsatz

27 Der Unternehmer schuldet als Erfolg die Werkherstellung. Entsprechend trägt er unter den im Gesetz genannten Voraussetzungen bis zur Werkablieferung die Preisgefahr: Der Besteller schuldet **keine Vergütung** des Aufwands, den der Unternehmer für das untergegangene Werk bereits erbracht hat (Art. 376 Abs. 1; BGE 123 III 184; 59 II 67; KOLLER J., 18; GAUCH, N 1184; ZK-BÜHLER, N 22; ZK-OSER/SCHÖNENBERGER, N 11; BK-BECKER, N 1; PEDRAZZINI, 543; TERCIER/FAVRE, N 4827; LARENZ, II/1, 363 f.). Geht das Werk teilweise zugrunde, so entfällt der Vergütungsanspruch für den zerstörten Werkteil (KOLLER J., 19 f.; GAUCH, N 1184; ZK-BÜHLER, N 24; ZK-OSER/SCHÖNENBERGER, N 12). Ebensowenig wie der *Zeitaufwand* sind die *Auslagen* zu vergüten (Art. 376 Abs. 1; ZK-BÜHLER, N 24). Eine bereits erhaltene Vergütung muss der Unternehmer zurückzahlen (GAUCH, N 1184; ZK-BÜHLER, N 24;

BK-GAUTSCHI, N 5; TERCIER/FAVRE, N 4827). Ist die Herstellung bzw. Instandstellung des Werkes noch möglich und zumutbar, so bewirkt die Gefahrentragung durch den Unternehmer, dass er *keinen Anspruch auf Vergütung des Zusatzaufwandes* hat (BGE 123 III 183, insb. 184; KOLLER J., 19; GAUCH, N 1204 f.; BK-GAUTSCHI, N 8b; LARENZ, II/1, 364; krit. ZK-BÜHLER, N 25 ff.).

Die Preisgefahr geht mit der Ablieferung oder mit einem Annahmeverzug auf den Besteller über (Art. 376 Abs. 1; GAUCH, N 1186, 1191; ZK-BÜHLER, N 18, 21; ZK-OSER/SCHÖNENBERGER, N 3, 9; BK-GAUTSCHI, N 4a; BK-BECKER, N 1; PEDRAZZINI, 544). 28

Das Risiko des zufälligen Untergangs des Stoffes, also die **Sachgefahr**, trägt der **Lieferant des Stoffes**, bis das Werk abgeliefert ist (Art. 376 Abs. 2; KOLLER J., 22; GAUCH, N 1189; ZK-BÜHLER, N 37; ZK-OSER/SCHÖNENBERGER, N 11). Der Besteller ist nur dann Lieferant, wenn er den Stoff unentgeltlich zur Verfügung gestellt hat (KOLLER J., 23). Die *Eigentumsverhältnisse* am Stoff sind *irrelevant* (PEDRAZZINI, 543; KOLLER J., 24; vgl. GAUCH, N 1184; BK-GAUTSCHI, N 8a, 9 f.; ZK-BÜHLER, N 37; vgl. **dagegen** BGE 59 II 66). 29

b) Ausnahmen

Die Ausnahmetatbestände sind der **Annahmeverzug des Bestellers** (Abs. 1) und **Art. 376 Abs. 3** (N 13, 17 ff.). Sind die jeweiligen Voraussetzungen erfüllt, so trägt der *Besteller die Preis- und die Sachgefahr* (KOLLER J., 37; ZK-BÜHLER, N 65; ZK-OSER/SCHÖNENBERGER, N 11; BK-GAUTSCHI, N 4c). Der Besteller hat dem Unternehmer die *Vergütung sowie die dadurch nicht abgegoltenen Auslagen* zu zahlen (Art. 376 Abs. 3; GAUCH, N 1211; ZK-BÜHLER, N 65; GUHL/KOLLER/SCHNYDER/DRUEY, § 47 N 28; BGE 119 II 130 [wo dem Unternehmer zu Unrecht in analoger Anwendung von Art. 51 das Recht eingeräumt wird, die Vergütung statt vom Besteller von dessen Hilfsperson zu fordern]). Für die Bestimmung der Vergütung ist ggf. der *vereinbarte Preis* massgebend (die Berechnungsweise nach Art. 374 ist nur subsidiär anwendbar; KOLLER J., 37 f.; GAUCH, N 1200; ZK-BÜHLER, N 65; TERCIER/FAVRE, N 4840; **a.M.** ZK-OSER/SCHÖNENBERGER, N 13, betr. unvollendete Werke; vgl. BK-GAUTSCHI, N 11c). Mit den Auslagen sind dem Unternehmer auch die Kosten des untergegangenen, von ihm gelieferten Stoffes zu ersetzen (KOLLER J., 37; ZK-BÜHLER, N 65). 30

Trifft den Besteller ein **Verschulden** am Untergang des Werkes, so steht dem Unternehmer ein **Schadenersatzanspruch** gegen den Besteller in Höhe des **positiven Vertragsinteresses** zu (Art. 376 Abs. 3; KOLLER J., 40; GAUCH, N 1212 f.; ZK-BÜHLER, N 67; ZK-OSER/SCHÖNENBERGER, N 13; BK-BECKER, N 6; GUHL/KOLLER/SCHNYDER/DRUEY, § 47 N 29; PEDRAZZINI, 545; TRÜMPY-JÄGER, 148). 31

2. Leistungsgefahr

Mit der Verteilung der Preis- und Sachgefahr ist nicht beantwortet, ob der Unternehmer die Leistung trotz des zufälligen Untergangs des Werkes noch zu erbringen hat («Leistungsgefahr»; KOLLER J., 75; GAUCH, N 1203; ZK-BÜHLER, N 25; vgl. dagegen CORBOZ, V, 3, 6). Die **Leistungspflicht entfällt** generell, wenn die *Werkherstellung objektiv unmöglich* geworden ist (Art. 378, 119; KOLLER J., 80; GAUCH, N 1203; ZK-BÜHLER, N 26; BRUNNER H., 222). – Liegt die *Vergütungsgefahr* beim Besteller (s. N 30), so grundsätzlich auch die *Leistungsgefahr.* Ausnahmsweise kann jedoch die Treuepflicht zu einer Wiederherstellungspflicht des Unternehmers führen und können Treu und Glauben eine Pflicht des Bestellers auf Weiterführung des Vertrags bewirken, falls diese dem Besteller zumutbar ist (im Einzelnen GAUCH, N 1206 ff.; KOLLER J., 78 f.). 32

Liegt die *Vergütungsgefahr beim Unternehmer* (s. N 27 f.), so ist er auch mit der *Leistungsgefahr* belastet: Unbesehen des Untergangs des bereits hergestellten Werkes **besteht die Leistungspflicht fort**, falls die Werkherstellung objektiv noch möglich ist (GAUCH, N 1204; KOL- 33

LER J., 76; BK-GAUTSCHI, N 8b; ZK-BÜHLER, N 26; GUHL/KOLLER/SCHNYDER/DRUEY, § 47 N 31; CR CO I-CHAIX, N 16; LARENZ, II/1, 363 f.; vgl. auch BRUNNER H., 222; **a.M.** PEDRAZZINI, 543). Umgekehrt ist der Unternehmer (unter Vorbehalt von Art. 377) auch berechtigt, das Werk wiederherzustellen (KOLLER J., 77). Er erhält dafür die volle vereinbarte oder nach Art. 374 zu bestimmende Vergütung, wogegen der durch den Untergang verursachte Zusatzaufwand unberücksichtigt bleibt (GAUCH, N 1204; BK-GAUTSCHI, N 8b; vgl. auch ZK-BÜHLER, N 29). Ist dem Unternehmer die Leistung nach Treu und Glauben nicht mehr zumutbar, so kann er den Vertrag aus wichtigem Grund auflösen (GAUCH, N 1205; KOLLER J., 82 f.; vgl. auch ZK-BÜHLER, N 29), wobei aber grundsätzlich die Kriterien von Art. 373 Abs. 2 massgebend zu sein haben. Umstritten ist, ob auch die durch den Untergang des Werkes verursachten Zusatzkosten eine Auflösung aus wichtigem Grund rechtfertigen (vgl. KOLLER J., 82 f.) und ob sich der Unternehmer bez. der Zusatzkosten auf Art. 373 Abs. 2 berufen kann (zu Recht bejahend KOLLER J., 48 f.; GAUCH, N 1205; verneinend BK-GAUTSCHI, N 8b; Art. 373 N 18; zum Ganzen krit. ZK-BÜHLER, N 26, wonach der Werkvertrag im Falle übermässiger Wiederherstellungskosten für den zerstörten Teil als beendet zu betrachten sei).

V. Abweichende Vereinbarungen

34 Art. 376 ist **dispositiv** (KOLLER J., 104; GAUCH, N 1215; ZK-BÜHLER, N 70; ZK-OSER/SCHÖNENBERGER, N 5; BK-GAUTSCHI, N 4b; CORBOZ, V, 5; ZELTNER, N 234). Beispielsweise ist es möglich, den Gefahrenübergang nicht an die Ablieferung zu knüpfen oder diese anders als im gesetzlichen Sinne zu definieren (KOLLER J., 105 f.; GAUCH, N 1215 f.; ZK-OSER/SCHÖNENBERGER, N 5; BK-GAUTSCHI, N 4b). Zulässig ist auch eine vom Gesetz abweichende Vereinbarung der Ursachen, für welche der Unternehmer die Gefahr zu übernehmen hat (z.B. nicht für höhere Gewalt; KOLLER J., 104; GAUCH, N 1215).

35 Die **SIA-Norm 118** regelt die Gefahrentragung in den *Art. 187–189* sowie in *Art. 31*; bedeutend sind ferner die *Art. 157 ff.*, welche die Werkabnahme regeln (KOLLER J., 109; GAUCH, N 1217; ZK-BÜHLER, N 71; TERCIER/FAVRE, N 4819). *Art. 187 SIA-Norm 118* entspricht im Wesentlichen Art. 376 Abs. 1 und 2, während *Art. 188 SIA-Norm 118* weitgehend mit Art. 376 Abs. 3 übereinstimmt (vgl. auch BGE 119 II 130). Im Gegensatz zur gesetzlichen Regelung nimmt die SIA-Norm 118 *höhere Gewalt* von der Gefahrentragung des Unternehmers aus, soweit dies als billig erscheint (Art. 187 Abs. 3 SIA-Norm 118; BGE 123 III 184; GAUCH, SIA, 187 N 21 f.; vgl. KOLLER J., 116; SPIESS/HUSER, Art. 187 N 18). Die *Leistungsgefahr* ist ausdrücklich geregelt (Art. 187 SIA-Norm 118; BGE 123 III 186; GAUCH, SIA, Art. 187 N 1; KOLLER J., 112; SPIESS/HUSER, Art. 187 N 6). Art. 188 Abs. 5 SIA-Norm 118 sieht vor, dass die Ansprüche des Unternehmers herabzusetzen sind, wenn der Untergang des Werks sowohl auf einem dem Besteller zuzurechnenden Mangel als auch auf einem Verschulden des Unternehmers beruhen (vgl. BGE 119 II 130 und dazu GAUCH, BR 1994, 43 f.; SPIESS/HUSER, Art. 188 N 19). *Art. 189 SIA-Norm 118* befasst sich mit den Versicherungsleistungen bei einem Untergang des Werks; eine entsprechende gesetzliche Regelung fehlt (GAUCH, SIA, Vor Art. 187–189; SPIESS/HUSER, Art. 189 N 3). *Art. 31 SIA-Norm 118* bezieht sich auf die Verteilung der Schadenersatzpflicht auf mehrere beteiligte Unternehmer, wenn der Schadensverursacher nicht festgestellt werden kann (vgl. KOLLER J., 128 ff.).

VI. Beweislast

36 Macht der **Besteller** gestützt auf Art. 376 Rechte geltend (begehrt er z.B. die Rückzahlung bereits geleisteter Vergütungen), so wird er die rechtsbegründenden Tatsachen des *Untergangs* des Werkes und des *Zufalls* als Ursache zu beweisen haben (Art. 8 ZGB; vgl. BK-GAUTSCHI, N 3b). – Den **Unternehmer** *trifft* die Beweislast dafür, dass kein Zufall, sondern einer der ihn *gem. Art. 376 Abs. 3 entlastenden Gründe* den Untergang des Werkes oder Stoffes verursacht hat (KOLLER J., 11; GAUCH, N 1196; PEDRAZZINI, 547). Dasselbe gilt bez. eines *Verschuldens* *des Bestellers* i.S.v. Art. 376 Abs. 3 (Koller J., 33; Gauch, N 1211, 1213; **a.M.** Tercier/Favre, N 4842; CR CO I-Chaix, N 32) und hinsichtlich der Tatsache, dass der Untergang des Werkes erst *nach der Ablieferung* erfolgte (Gauch, N 1186). Verlangt der Besteller Ersatz für den von ihm gelieferten Stoff, so hat der Unternehmer zu beweisen, dass der *Stoff zufällig untergegangen* ist (Art. 97; BGE 50 II 515; Koller J., 11; Gauch, N 1189). Will hingegen der Unternehmer Ersatz für den von ihm gelieferten Stoff, so obliegt ebenfalls ihm die Beweislast dafür, dass der Besteller den Untergang zu vertreten hat (Koller J., 11).

VII. Rechtsvergleichung

§§ 644 f. BGB; §§ 1168, 1168a ABGB; art. 1788–1790 CC fr.; art. 1655, 1673 CC it. Die er- 37
wähnten Regelungen stimmen im Wesentlichen mit derjenigen des schweizerischen Rechts überein (vgl. im Einzelnen BK-Gautschi, N 2; ZK-Bühler, N 3 f.; Trachsel, N 361 ff.). Ein Hauptunterschied des BGB besteht darin, dass die Versendung des Werkes auf Verlangen des Bestellers an einen anderen Ort als den Erfüllungsort den Gefahrenübergang bewirkt (§ 447 i.V.m. § 644 Abs. 2 BGB).

Art. 377

III. Rücktritt des Bestellers gegen Schadloshaltung

Solange das Werk unvollendet ist, kann der Besteller gegen Vergütung der bereits geleisteten Arbeit und gegen volle Schadloshaltung des Unternehmers jederzeit vom Vertrag zurücktreten.

III. Résiliation par le maître moyennant indemnité

Tant que l'ouvrage n'est pas terminé, le maître peut toujours se départir du contrat, en payant le travail fait et en indemnisant complètement l'entrepreneur.

III. Recesso del committente contro indennità

Finché l'opera non sia compiuta, il committente può sempre recedere dal contratto tenendo indenne l'appaltatore del lavoro già fatto e d'ogni danno.

Literatur

Vgl. die Literaturhinweise bei den Vorbem. zu Art. 363–379.

I. Normzweck

Werkverträge dauern meist längere Zeit, während der sich die Interessenlage der Parteien än- 1
dern kann. Art. 377 bezweckt, dieser Möglichkeit der **Veränderung der Verhältnisse und der Interessen des Bestellers** Rechnung zu tragen (BGE 69 II 142 = Pra 1943, 265 f.; ZK-Bühler, N 6; Corboz, V, 7; vgl. Larenz, II/1, 369). Zu diesem Zweck räumt die Norm dem Besteller ein einseitiges Auflösungsrecht ein, unbesehen davon, ob dieser ernsthafte Gründe für die Auflösung oder sich «einfach anders besonnen» hat (BGE 69 II 143 = Pra 1943, 266).

II. Anwendungsbereich

1) Das Rücktrittsrecht gem. Art. 377 ist **auf alle Werkvertragstypen anwendbar** (ZK-Büh- 2
ler, N 16; BK-Gautschi, N 4a). Dagegen gilt es für «Dauer-Werkverträge» als Innominat-Dauerschuldverhältnisse, bei denen bis zur Vertragsbeendigung mit der Erfüllung fortzufahren ist, nicht unmittelbar und im Regelfall auch nicht sinngemäss (Gauch, N 597; ZK-Bühler, N 16; **a.M.** SJZ 1982, 314; s.a. ZR 2005, 168, 172 f.). Ein solcher Vertrag kann nur aus wichtigen Gründen einseitig aufgelöst werden (Gauch, N 597; ZK-Bühler, N 16). – Zu be-

achten ist, dass *zu Unrecht auf andere Normen gestützte Rücktrittserklärungen* (Art. 366, 375) meist als *Rücktritt i.S.v. Art. 377* zu qualifizieren sind und eine Vergütungs- und Schadenersatzpflicht des Bestellers bewirken (BGE 98 II 115: Rücktritt nach Art. 366 mangels Nachfristansetzung unwirksam; Rep 1992, 275 = BR 1994, 108; Honsell, OR BT, 288 f.; Merz, ZBJV 1974, 62; Mosimann, 136; vgl. Corboz, V, 8; s.a. Art. 366 N 5).

3 **Keine Anwendung** findet Art. 377 als dispositive Norm auf einen Vertrag, mit dessen Regeln er nicht harmoniert, sondern zu Widersprüchen führt (Gauch, N 590 f.; ZK-Bühler, N 16). Ebensowenig greift die Bestimmung bei *Aufhebungsverträgen* (Gauch, N 564). – Art. 377 gibt einzig dem Besteller ein Rücktrittsrecht, versagt es dagegen dem *Unternehmer* (Gauch, N 598; ZK-Bühler, N 6; Pedrazzini, 549; Leuenberger, 73; Guhl/Koller/Schnyder/Druey, § 47 N 76; Tausky, Diss., 250 f.; Mosimann, 136; vgl. BGE 69 II 143 = Pra 1943, 266). Die Schadenersatzpflicht des Bestellers kann bei einer Kündigung aus wichtigem Grund entfallen (BGer, 27.4.2007, 4C.393/2006; vgl. auch Gauch, N 572, der dem Unternehmer unter gewissen Voraussetzungen eine Schadenersatzpflicht gegenüber dem Besteller auferlegt, und die Kritik bei Koller A., Pauschalpreisvertrag, 770 f.).

4 2) Bei Werklieferungsverträgen in internationalen Verhältnissen ist zu berücksichtigen, dass das **WKR keine Art. 377 entsprechende Norm** aufweist.

III. Voraussetzungen

5 Der Rücktritt hat vor der Vollendung des Werkes (N 6 f.) durch eine Erklärung des Bestellers (N 8 f.) zu erfolgen.

1. Rücktritt vor Vollendung des Werkes

6 Das Rücktrittsrecht ist befristet: Es **verwirkt mit der Vollendung des Werkes** (Art. 377; BK-Gautschi, N 7; ZK-Bühler, N 23; vgl. BGE 117 II 276 = BR 1992, 98). Beendet («vollendet») ist das Werk, wenn alle *vereinbarten Leistungen erbracht* sind (BGE 94 II 164; Gauch, N 524; ZK-Bühler, N 21, 23). Die Ablieferung bzw. Abnahme und allfällige Mängel des Werkes sind unmassgeblich (Gauch, N 524; ders., FS Locher, 36; ZK-Bühler, N 22; Pedrazzini, 549; Corboz, V, 9; Trümpy-Jäger, 139; s.a. Art. 367 N 3 f., 371 N 12).

7 Vor der Beendigung des Werkes kann der Besteller den Rücktritt **jederzeit** erklären (Art. 377), auch vor Beginn der Werkausführung (BGer, 10.9.2001, 4C.387/2001, E. 6.2; BGE 117 II 276 = BR 1992, 98 Nr. 163; Gauch, N 525; ders., FS Locher, 36; BK-Gautschi, N 19; ZK-Bühler, N 22; Tausky, Diss., 250; vgl. Tercier, N 1147). Selbst kurz vor Beendigung des Werkes ist eine Rücktrittserklärung nicht rechtsmissbräuchlich, sofern nicht besondere Umstände vorliegen (BGE 98 II 116; Gauch, N 525; ders., FS Locher, 36; ZK-Bühler, N 22; Pedrazzini, 549 FN 24). Ebenso ist ein Rücktritt nach Art. 377 von einer bloss vorvertraglichen Bindung möglich (BGE 117 II 276; Gauch, FS Locher, 46; ZK-Bühler, N 22).

2. Rücktrittserklärung

8 Der Besteller kann den Rücktritt *einseitig* durch eine **empfangsbedürftige Willenserklärung** bewirken, die an den Unternehmer zu richten ist (Gauch, N 525; BK-Gautschi, N 8; ZK-Bühler, N 24; Pedrazzini, 549; Tercier, N 1147, 1150; vgl. BGE 69 II 141 = Pra 1943, 264). Als Ausübung eines aufhebenden Gestaltungsrechts ist die Erklärung *unwiderruflich* und darf *nicht an Bedingungen geknüpft* werden, die zu einer Ungewissheit für den Unternehmer führen (Gauch, N 527; ders., FS Locher, 36; BK-Gautschi, N 8; Trümpy-Jäger, 138; vgl. ZK-Bühler, N 24; Mosimann, 61, 136; Steiner, zit. Art. 375 N 32, 66 f.). Immerhin können die Parteien auch nach der Rücktrittserklärung andere Rechtsfolgen vereinbaren

(GAUCH, N 566). Die Rücktrittserklärung kann *formlos* und insb. stillschweigend erfolgen (BGE 129 III 748 = Pra 2004, 837; Rep 1992, 275 = BR 1994, 108; GAUCH, N 526; DERS., FS Locher, 36; ZK-BÜHLER, N 24). Es wird eine unmissverständliche Erklärung gefordert, wobei im Streitfall das Vertrauensprinzip über deren Bedeutung entscheidet (GAUCH, N 526; BK-GAUTSCHI, N 8; ZK-BÜHLER, N 24; vgl. Rep 1992, 275 = BR 1994, 108). So sind zu Unrecht auf andere Rechtsgründe gestützte Rücktrittserklärungen i.d.R. als Rücktritte i.S.v. Art. 377 zu deuten (vgl. BGE 98 II 115; ZK-BÜHLER, N 24; vgl. auch KOLLER A., Nachbesserung, N 175; N 2). – Die Rücktrittserklärung braucht entgegen älteren Ansichten *kein Angebot auf Schadenersatz* zu enthalten (BGE 98 II 115; 96 II 195 = Pra 1971, 121 f.; BK-GAUTSCHI, N 9b; ZK-BÜHLER, N 25; GAUCH, N 527; PEDRAZZINI, 549; MOSIMANN, 61, 136; vgl. auch ZK-OSER/SCHÖNENBERGER, N 2; CR CO I-CHAIX, N 7; **a.M.** BK-BECKER, N 2). Sie setzt *keine Begründung* voraus (BK-GAUTSCHI, N 8; ZK-BÜHLER, N 25; GAUCH, N 527; DERS., FS Locher, 36; PEDRAZZINI, 549; LEUENBERGER, 69; VON BÜREN, BT, 155; CORBOZ, V, 8).

Die Ausübung des Rücktrittsrechts steht im freien Ermessen des Bestellers; es ist an **keinen besonderen Tatbestand** (abgesehen von der Befristung) gebunden, sodass der Besteller es aus *irgendeinem Grunde* geltend machen kann (BGE 69 II 142 = Pra 1943, 265; GAUCH, N 523, 567; DERS., FS Locher, 35; BK-BECKER, N 1; TAUSKY, Diss., 250; VON BÜREN, BT, 155; TERCIER, N 1147). Demzufolge fällt auch eine Auflösung aus *wichtigem Grund* unter Art. 377 und nicht unter Art. 378 (GAUCH, N 567 ff.; vgl. DERS., FS Locher, 42; DESSEMONTET, 196; LEUENBERGER, 68; ZK-BÜHLER, N 12; TERCIER, N 1320; vgl. auch LGVE 2012 I, Nr. 13 = BR 2013, 309 ff.; vgl. **dagegen** BK-GAUTSCHI, N 6, Art. 378/379 N 7; SJZ 1977, 111 f.). Das Rücktrittsrecht des Bestellers findet seine Schranke am Verbot des Rechtsmissbrauchs (Art. 2 Abs. 2 ZGB; ZK-BÜHLER, N 25). 9

3. Teilrücktritt insbesondere

Berechtigt Art. 377 den Besteller, den Werkvertrag insgesamt aufzulösen, so muss es ihm auch freistehen, den Vertrag nur **teilweise aufzulösen** (GAUCH, N 592; ZK-BÜHLER, N 26; vgl. auch Art. 11 SIA-Norm 118). Denn dieses Vorgehen ist eine für den Unternehmer weniger gewichtige Abweichung vom Vertrag als der vollständige Rücktritt. *Art. 377 wird im Normalfall sinngemäss anwendbar sein*; die geleisteten und der noch zu erbringende Teil der Arbeiten und Auslagen sind zu vergüten, für den entfallenden Teil ist der Unternehmer «voll schadlos» zu halten (vgl. GAUCH, N 592 m.Nw.; ZK-BÜHLER, N 26). – Die Schadenersatzpflicht für die «abbestellten» Werkleistungen kann wegbedungen werden (bspw. gestützt auf Art. 11, 84 Abs. 5 SIA-Norm 118; GAUCH, N 594; vgl. ZK-BÜHLER, N 26). 10

IV. Rechtsfolgen

1. Auflösung des Vertrags ex nunc

Die Rücktrittserklärung des Bestellers bewirkt die **fristlose Beendigung** des Werkvertrags (GAUCH, N 528; BK-GAUTSCHI, N 8; BK-BECKER, N 5; ZK-BÜHLER, N 7, 28; LEUENBERGER, 68). Der Vertrag wird mit Wirkung **ex nunc** aufgelöst, weshalb Art. 377 entgegen seinem Wortlaut ein *Kündigungsrecht und nicht ein Rücktrittsrecht* vorsieht (BGE 130 III 366; 117 II 276 = BR 1992, 98; GAUCH, N 528, 534; DERS., FS Locher, 36 f.; BK-GAUTSCHI, N 1b; ZK-BÜHLER, N 7, 28; BÖGLI, N 409; MOSIMANN, 136; TERCIER, N 1216, 1220; TRÜMPY-JÄGER, 138 f.; vgl. § 649 BGB; **a.M.** PEDRAZZINI, 550; offen gelassen bei TAUSKY, Diss., 251). Mit der «Abbestellung» entfallen namentlich die Pflicht des Unternehmers zur Fertigstellung des Werkes und der Anspruch auf Vergütung der gesamten Leistung; anstelle des Erfüllungsanspruches erhält er einen Schadenersatzanspruch (ZR 1980, 154; GAUCH, N 532 f.; BK-BECKER, N 5; GUHL/KOLLER/SCHNYDER/DRUEY, § 47 N 76 f.; vgl. BGE 69 II 143 = Pra 1943, 11

266; ZK-OSER/SCHÖNENBERGER, N 1). Der Schadenersatzanspruch kann nicht durch ein Bauhandwerkerpfandrecht gesichert werden (ZR 1980, 154).

12 Das Gestaltungsrecht des Bestellers geht also auf Beendigung des Werkvertrags, wogegen sich aus Art. 377 **kein Recht auf Vertragssistierung** ableiten lässt (GAUCH, N 596; ZK-BÜHLER, N 27).

2. Vergütung und Schadenersatz

13 a) Infolge des Rücktritts – nicht als dessen Voraussetzung – hat der Besteller dem Unternehmer **sämtliche bereits erbrachten Aufwendungen** für die Vertragserfüllung zu **vergüten** (Art. 377; Pra 1988, 629; vgl. auch BGE 116 II 452 und dazu GAUCH, BR 1991, 97 f., Anm. zu Nr. 156 [Ziff. 3]; ZK-BÜHLER, N 31; SJ 1987, 73 ff. und dazu die berechtigte Kritik von TERCIER, BR 1987, 68 Anm. zu Nr. 76). Obwohl das Gesetz nur die «Arbeit» erwähnt, sind sowohl der *Arbeitsaufwand* als auch die im Preis nicht inbegriffenen *Auslagen*, etwa für vom Unternehmer beschafften Werkstoff, zu entgelten (GAUCH, N 536; DERS., FS Locher, 37; vgl. ZK-BÜHLER, N 31). Berechnungsgrundlage bildet der vertraglich festgelegte Preis. Mangels eines solchen ist nach Art. 374 vorzugehen (GAUCH, N 537, im Einzelnen N 538 f.; DERS., FS Locher, 37; TERCIER, N 1224).

14 Als Gegenleistung für die Vergütung der erbrachten Aufwendungen des Unternehmers hat der Besteller einen Anspruch auf **Übergabe des erstellten Werkteiles** (BGE 116 II 452 und dazu GAUCH, BR 1991, 97 f., Anm. zu Nr. 156; SJ 1987, 77; GAUCH, N 530 f.; ZK-BÜHLER, N 44; MOSIMANN, 138 f., differenzierend; GUHL/KOLLER/SCHNYDER/DRUEY, § 47 N 76; LARENZ, II/1, 369). Der akzeptierte Werkteil steht hinsichtlich der Rechtsfolgen dem vollendeten Werke gleich (insb. bez. der Mängelrechte) (BGE 116 II 452; 130 III 366; ZK-BÜHLER, N 44). Reste des vom Besteller gelieferten Stoffes sind diesem zurückzugeben (GAUCH, N 531; ZK-BÜHLER, N 44).

15 b) Art. 377 verpflichtet den kündigenden Besteller zur **vollen Schadloshaltung** des Unternehmers. Diese Schadenersatzpflicht besteht *unabhängig vom Verschulden* des Bestellers (BGE 96 II 199 = Pra 1971, 125; GAUCH, N 543; DERS., FS Locher, 38; BK-BECKER, N 6; ZK-BÜHLER, N 41; PEDRAZZINI, 549 FN 26; LEUENBERGER, 70). Zu ersetzen ist das **positive Vertragsinteresse**; der Unternehmer soll so gestellt werden, wie wenn der Vertrag erfüllt worden wäre (BGer, 2.9.2014, 4A_96/2014, E. 4.1; BGE 117 II 277; 96 II 196 = Pra 1971, 122; Rep 1992, 276 = BR 1994, 108; GAUCH, N 546 f.; ZK-BÜHLER, N 29, 32; ZK-OSER/SCHÖNENBERGER, N 3; BK-GAUTSCHI, N 13; BK-BECKER, N 6; PEDRAZZINI, 549; TERCIER, N 1162; GUHL/KOLLER/SCHNYDER/DRUEY, § 47 N 77; TAUSKY, Diss., 251; MOSIMANN, 137; TRÜMPY-JÄGER, 139; CR CO I-CHAIX, N 12). Dieses umfasst auch den entgangenen Gewinn (BGE 96 II 196 = Pra 1971, 122 m.Nw.; BGE 69 II 141 = Pra 1943, 264; BR 1995, 92; GAUCH, FS Locher, 38; DERS., N 547; ZK-BÜHLER, N 32, 35; TERCIER, N 1162; VON BÜREN, BT, 155). Massgebend ist die sich aus dem Vertrag ergebende Gewinnmarge, die der Richter nicht herabsetzen darf (BGE 96 II 197 = Pra 1971, 124; ZK-BÜHLER, N 35). In Abzug zu bringen ist jedoch, was der Unternehmer infolge der Auflösung des Werkvertrags anderweitig erwarb oder zu erwerben treuwidrig unterlassen hat (GAUCH, N 549, 400; DERS., FS Locher, 39; BK-GAUTSCHI, N 15a; BK-BECKER, N 7; ZK-BÜHLER, N 37; TERCIER, N 1162; vgl. § 649 BGB). Die oberste Grenze des Schadenersatzes (und der Vergütung) bildet der Werkpreis, den der Unternehmer bei Erfüllung des Werkvertrags erhalten hätte (BK-GAUTSCHI, N 16; GAUCH, N 548; ZK-BÜHLER, N 36; PEDRAZZINI, 550; TRÜMPY-JÄGER, 139). – Der Rücktritt bewirkt eine Vertragsbeendigung mit unmittelbarer Wirkung (ex nunc). Die unmittelbare Wirkung erstreckt sich auch auf die Schadenersatzansprüche, die aufgrund der Liquidation des Vertrags sofort fällig werden (so überzeugend GAUCH, N 557–559; DERS., BR 1992, 98 Nr. 164; TERCIER, N 1226; so nun auch BGE 129 III 749 = Pra 2004, 837 f. = BR 2004, 79 f. Nr. 189 mit befürwortender Anm. von PICHONNAZ; BGer, 25.8.2003, 4C.93/2003, E. 6.2.5;

a.M. noch BGE 117 II 278 = BR 1992, 98 mit Kritik von GAUCH; ZK-BÜHLER, N 43). Stand der Werkvertrag jedoch unter einer (Suspensiv-)Bedingung, so gilt diese auch für die Schadenersatzforderung, die aus dem Leistungsverzicht des Bestellers fliesst (BGE 117 II 278 = BR 1992, 98; BGer, 15.12.2005, 4C.281/2005, E. 3.4; GAUCH, N 559; ZK-BÜHLER, N 43).

c) Für die konkrete **Berechnung** des Schadenersatzes werden zwei Methoden vertreten: **16**
Nach der **positiven Berechnungsmethode (Additionsmethode)** wird die geschuldete Vergütung für die bereits ausgeführten Arbeiten einschliesslich Auslagen ermittelt. Dazu wird der Bruttogewinn addiert, den der Unternehmer bei Fertigstellung des Werkes erzielt hätte. Dieser Gewinn ist mittels des Vertrags, Tarifen, der Bücher des Unternehmers oder anderer Anhaltspunkte zu bestimmen (BGer, 2.9.2014, 4A_96/2014, E. 4.1; BGE 96 II 196, 198 f. = Pra 1971, 123, 125; GAUCH, N 546 f.; BK-GAUTSCHI, N 15b; PEDRAZZINI, 549 f.; DESSEMONTET, 198; vgl. auch ZK-BÜHLER, N 34 ff.). Gemäss der **Abzugsmethode** dagegen wird der vereinbarte Werklohn um die infolge der Nichtbeendigung der Arbeit bewirkten Ersparnisse des Unternehmers reduziert (BGer, 2.9.2014, 4A_96/2014, E 4.1; BGE 96 II 196, 198 = Pra 1971, 122, 124; GAUCH, N 551; BK-GAUTSCHI, N 15a; PEDRAZZINI, 549 FN 27; DESSEMONTET, 198; MOSIMANN, 137; vgl. § 649 BGB; LARENZ, II/1, 369, ZK-BÜHLER, N 39 f.). Nach beiden Methoden hat sich der Unternehmer anrechnen zu lassen, was er infolge Befreiung von seiner Leistungspflicht durch andere Tätigkeit erworben oder zu erwerben treuwidrig unterlassen hat (GAUCH, N 549, 555, 551; ZK-BÜHLER, N 37, 39; HONSELL, OR BT, 288 f.; BGE 96 II 196). Die Abzugsmethode ist in Art. 184 Abs. 2 SIA-Norm 118 vorgesehen (GAUCH, SIA, Art. 184 N 1, 8 lit. c, 11).

Die **Wahl der Berechnungsmethode** ist **umstritten**: Das *BGer* hat in BGE 69 II 146 E. 5 die **17**
positive Berechnungsmethode angewandt und in BGE 96 II 197 offen gelassen, welche Berechnungsart den Vorzug verdient, gleichzeitig aber festgestellt, es seien die *Umstände des konkreten Falles*, insb. die Beweismöglichkeiten, massgebend. GAUTSCHI will die Wahl dem Unternehmer überlassen, doch dürften die Methoden nicht vermischt werden (BK-GAUTSCHI, N 15d; ebenso ZK-BÜHLER, N 40; CORBOZ, V, 11; CR CO I-CHAIX, N 16). Nach *einer anderen Auffassung* stimmt einzig die *positive Berechnungsmethode* mit Art. 377 überein. Denn diese Norm unterscheide ausdrücklich zwischen der Vergütung der bereits geleisteten Arbeit und der vollen Schadloshaltung und verlange beides. Die Abzugsmethode aber gebe dem Unternehmer keinen Schadenersatzanspruch, sondern belasse ihm den ggf. reduzierten Vergütungsanspruch für das (hypothetisch) fertiggestellte Werk. Ferner ändere sie die Beweislastverteilung (GAUCH, N 552 f.; PEDRAZZINI, 549 FN 27; TERCIER, BR 1983, 16; vgl. KGer VS, ZWR 1992, 369 f. = BR 1994, 53; GAUCH, FS Locher, 40; DESSEMONTET, 198, insb. FN 351; vgl. auch TRÜMPY, Abnahme, 75; **a.M.** BK-GAUTSCHI, N 15a, d; ZK-BÜHLER, N 40; MOSIMANN, 137; HONSELL, OR BT, 289; KOLLER A., Nachbesserung, FN 150). Die Kritik an der Abzugsmethode überzeugt.

d) Eine **Reduktion der Schadenersatzpflicht** des Bestellers gem. Art. 377 ist ausgeschlos- **18**
sen, wenn das Verhalten des Unternehmers dem Besteller ermöglicht hätte, nach einer besonderen Norm vorzugehen, die dieses Verhalten regelt (insb. Art. 366, 375), der Besteller aber dennoch nach Art. 377 vorgeht (GAUCH, N 579; DERS., FS Locher, 43; BGer, 31.3.2008, 4D_8/2008, E. 3.4.1; vgl. BGE 96 II 199 E. 8 a.E. = Pra 1971, 125; Rep 1992, 276 = BR 1994, 108 Nr. 221). *Umstritten* ist, ob in anderen Fällen eine Reduktion der Schadenersatzpflicht gestützt auf Art. 43 f. i.V.m. Art. 99 Abs. 3 zulässig ist (verneinend BK-GAUTSCHI, N 17; bejahend GAUCH, N 554 ff., 569 ff.; ZK-BÜHLER, N 42 [bei Mitverschulden des Unternehmers]; LEUENBERGER, 70; DESSEMONTET, 196; GAUCH, FS Locher, 42 f.; TERCIER, N 1168; vgl. GUHL/KOLLER/SCHNYDER/DRUEY, § 47 N 77). Das *BGer* hat zunächst eine Abweichung von den gesetzlichen Folgen des Rücktritts als möglich erachtet, wenn ganz besondere Umstände dies gebieterisch verlangten und die gesetzlichen Leistungen offensichtlich eine übermässige Härte für den Besteller bedeuteten (BGE 69 II 144 = Pra 1943, 266 f.). Später hat es eine Reduktion der Schadenersatzpflicht als unzulässig bezeichnet (BGE 96 II 199 = Pra 1971, 125; vgl. auch

Rep 1992, 276 = BR 1994, 108 Nr. 221). In der Folge neigte das BGer wiederum dazu, eine *Reduktion zuzulassen* (BGE 117 II 277, vgl. aber 276; Pra 1988, 629 f. = unpublizierte E. 3 von BGE 114 II 53 m.Hw. auf beachtliche Gründe für die Zulässigkeit einer Reduktion; bejahend SJZ 1977, 111 f.; vgl. auch Rep 1992, 276 betr. Schadenminimierungspflicht = BR 1994, 108; KGer VS, ZWR 1992, 369 f. = BR 1994, 53 Nr. 101). In einem Urteil v. 27.4.2007 ist das BGer nach einer Darlegung seiner Praxis und der Lehre zum Schluss gekommen, dass die Schadenersatzpflicht nach Art. 377 reduziert werden kann, wenn besondere Umstände des Einzelfalls dies rechtfertigen, so wenn der Unternehmer durch falsches Verhalten wesentlich zu den Ursachen beigetragen hat, die den Besteller zum Rücktritt veranlasst haben (BGer, 27.4.2007, 4C.393/2006, E. 3.3, insb. 3.3.3 [unter Offenlassung der dogmatischen Grundlage der Reduktion]; BGer, 31.3.2008, 4D_8/2008, E. 3.4.1). – Eine vollständige oder teilweise Befreiung des Bestellers von der Schadenersatzpflicht ist u.E. insb. gerechtfertigt, wenn der Unternehmer einen *wichtigen Grund* für die Auflösung des Vertrags gesetzt hat und keine andere Norm anwendbar ist (z.B. Art. 366, 373 Abs. 2, 375; ausführlich Gauch, N 569 ff.; ders., FS Locher, 42 f.; Tercier, N 1325; Leuenberger, 70; Dessemontet, 196; Trümpy, Abnahme, 75 f., 153; Larenz, II/1, 369; vgl. Tercier/Favre, N 4810; offen gelassen in BGE 117 II 276, vgl. aber auch 277 f.; vgl. BGE 69 II 144 = Pra 1943, 266 f.; vgl. auch Mosimann, 61; vgl. ferner CR CO I-Chaix, N 18; enger **dagegen** ZK-Bühler, N 42). Aus Art. 377 lassen sich keine Anhaltspunkte dafür entnehmen, dass diese Norm die Anwendung von Art. 43 f. i.V.m. Art. 99 Abs. 3 ausschliessen sollte; sie geht vielmehr davon aus, dass kein Mitverschulden des Unternehmers gegeben ist (vgl. Leuenberger, 70; Tercier, N 1168; ZK-Bühler, N 13, 42; vgl. auch BGE 117 II 277; SJZ 1977, 112). Die Auffassung des BGer überzeugt, dass der Verlust des Vertrauens des Bestellers in den Unternehmer für sich allein nicht von der Vergütungs- und Schadloshaltungspflicht nach Art. 377 zu befreien vermag (BGer, 31.3.2008, 4D_8/2008, E. 3.4.1 und 15.12.2005, 4C.281/2005, E. 3.6).

19 e) Das BGer hat einem Künstler, mit dem ein einmaliges Radiokonzert vereinbart worden war, das plötzlich und ungerechtfertigt nach der öffentlichen Ankündigung und kurz vor der Aufführung annulliert wurde, gestützt auf Art. 49 eine **Genugtuung** zugesprochen (SJ 1953, 250 ff.; vgl. auch BGE 117 II 277).

V. Abweichende Vereinbarungen

20 Art. 377 ist grundsätzlich **dispositiv** (**strittig**; offen gelassen in BGE 117 II 276 = BR 1992, 98; bejaht bez. der Schadenersatzpflicht, offen gelassen bez. der Verzichtbarkeit des Rücktrittsrechts in unpublizierter E. 3b von BGE 114 II 53 ff. = Pra 1988, 630; bejahend Gauch, FS Locher, 44 f. m.Nw.; ders., N 582; ZK-Bühler, N 8–10; Tercier, N 1197, 1214; ders., contrats spéciaux, N 4800; CR CO I-Chaix, N 20; Leuenberger, 71; BR 1997, 53; differenzierend Dessemontet, 196 f.; Trümpy, Abnahme, 76 m.Nw. des Meinungsstandes; verneinend BK-Gautschi, N 10; Corboz, V, 9). Vorbehalten bleibt die Auflösung aus wichtigem Grund, auf die nicht im Voraus verzichtet werden kann (Gauch, N 583; ders., FS Locher, 45; ZK-Bühler, N 11; Tercier, N 1198, 1326; Trümpy, Abnahme, 76, 153). Im Übrigen können die Parteien die Rechtsfolgen der Vertragsauflösung ändern oder diese erleichtern, erschweren oder ausschliessen (Gauch, N 582 f., 553; vgl. Dessemontet, 196 f.). – Die Bestimmung ist nicht anzuwenden, wenn sie den konkreten Vertrag nicht sinnvoll zu ergänzen vermag (Gauch, N 590 f.; N 3).

21 Die **SIA-Norm 118** regelt das Rücktrittsrecht des Bauherrn in *Art. 184 weitgehend übereinstimmend mit dem Gesetz*. Abweichend von Art. 377 ist allerdings die *Abzugsmethode* vorgesehen (Art. 184 Abs. 2 SIA-Norm 118; KGer VS, ZWR 1992, 369 f. = BR 1994, 53; Gauch, SIA, Art. 184 N 1, 8 lit. c, 11; Spiess/Huser, Art. 184 N 3; Trümpy-Jäger, 141; ZK-Bühler, N 46). Wie nach der gesetzlichen Regelung sind entgegen dem zu engen Wortlaut von Art. 184 Abs. 2 SIA-Norm 118 nicht nur die ersparten Aufwendungen, sondern auch der infolge der Vertragsauflösung erzielte oder treuwidrig versäumte Erwerb vom Schaden abzuziehen (GAUCH, SIA, Art. 184 N 10; SPIESS/HUSER, Art. 184 N 16; TRÜMPY-JÄGER, 141). Zu berücksichtigen sind ferner *Art. 84 Abs. 3 SIA-Norm 118* betr. den Teilrücktritt des Bestellers und *Art. 11 SIA-Norm 118* (sowie Art. 84 Abs. 5 SIA-Norm 118), der sich auf die Vergebung einzelner Leistungen an Dritte nach Vertragsabschluss bezieht (dazu: GAUCH/EGLI, SIA, Art. 84 N 13 f., 19; GAUCH, SIA, Art. 184 N 7; GAUCH, N 593–595; vgl. auch SPIESS/HUSER, Art. 184 N 8).

VI. Prozessuales

Die **Beweislast** bez. der *Tatsache und des Zeitpunktes der Vertragsauflösung* obliegt demjenigen Vertragspartner, der gestützt darauf den Untergang seiner Schuld oder den Vergütungs- und Schadenersatzanspruch geltend macht (GAUCH, N 581; BK-KUMMER, Art. 8 ZGB N 160, 162, 146 ff.). – Der **Unternehmer** hat den *Schaden* aus den entzogenen Arbeiten sowie die *Aufwendungen und Auslagen* für die erbrachten Arbeiten nachzuweisen (vgl. GAUCH, N 552; DERS., FS Locher, 38; TERCIER, N 1229; PEDRAZZINI, 549 FN 27; vgl. HONSELL, OR BT, 289; BGer, 16.9.2011, 4A_183/2011, E. 3.2). Wird die Abzugsmethode zugelassen (vgl. N 16 f.), so darf sie nicht zu einer Umkehr der Beweislast führen, indem der Besteller zu beweisen hätte, dass und in welcher Höhe dem Unternehmer Aufwendungen erspart blieben (HONSELL, OR BT, 289; vgl. GAUCH, N 552; PEDRAZZINI, 549 FN 27). – Dem **Besteller** obliegt die Beweislast dafür, dass ein Sachverhalt vorliegt, der ihn zur *entschädigungslosen Vertragsauflösung* berechtigt (GAUCH, N 581; CR CO I-CHAIX, N 22; BK-GAUTSCHI, N 9b; BGer, 16.9.2011, 4A_183/2011, E. 3.2; vgl. N 18; **a.M.** ZK-OSER/SCHÖNENBERGER, N 2). Behauptet er, der Unternehmer habe infolge der Vertragsauflösung *anderweitigen Erwerb* erzielt oder treuwidrig versäumt, so trägt er dafür die Folgen der Beweislosigkeit (BK-BECKER, N 7). **22**

Macht der Unternehmer geltend, er habe die vertraglichen Pflichten im Wesentlichen erfüllt, so genügt er der **Substantiierungspflicht**, ohne alle erbrachten Leistungen dartun zu müssen, sofern die vereinbarten Leistungen aus dem Werkvertrag ersichtlich und die angerufenen Beweismittel zum Beweis der Behauptung der weitgehenden Werkvollendung und der noch ausstehenden Arbeiten geeignet sind (BGE 98 II 117). **23**

VII. Rechtsvergleichung

§ 649 BGB; § 1168 ABGB; art. 1794 CC fr.; art. 1671 CC it. Die erwähnten Normen sehen ein einseitiges Auflösungsrecht des Bestellers gegen Schadloshaltung des Unternehmers vor. Geringfügige Unterschiede ergeben sich durch die unterschiedliche Berechnungsmethode zur Ermittlung des Erfüllungsinteresses (vgl. im Einzelnen BK-GAUTSCHI, N 12, 15, 4a, 10; vgl. auch ZK-BÜHLER, N 5). Zur Kündigung des Werkvertrages nach altem und neuem deutschen Recht s. VOIT, Die ausserordentliche Kündigung des Werkvertrages durch den Besteller, in: FS Honsell, 2002, 415 ff. **24**

Art. 378

IV. Unmöglichkeit der Erfüllung aus Verhältnissen des Bestellers

1 Wird die Vollendung des Werkes durch einen beim Besteller eingetretenen Zufall unmöglich, so hat der Unternehmer Anspruch auf Vergütung der geleisteten Arbeit und der im Preise nicht inbegriffenen Auslagen.

2 Hat der Besteller die Unmöglichkeit der Ausführung verschuldet, so kann der Unternehmer überdies Schadenersatz fordern.

IV. Impossibilité d'exécuter imputable au maître

1 Si l'exécution de l'ouvrage devient impossible par suite d'un cas fortuit survenu chez le maître, l'entrepreneur a droit au prix du travail fait et au remboursement des dépenses non comprises dans ce prix.

2 Si c'est par la faute du maître que l'ouvrage n'a pu être exécuté, l'entrepreneur a droit en outre à des dommages-intérêts.

IV. Impossibilità della esecuzione per fatti del committente

[1] Se il compimento dell'opera divenne impossibile per caso fortuito sopraggiunto al committente, l'appaltatore ha diritto al pagamento del lavoro già fatto e al rimborso delle spese non comprese nella mercede.

[2] Qualora l'impossibilità dell'esecuzione sia imputabile al committente, l'appaltatore ha inoltre diritto al risarcimento dei danni.

Literatur

Vgl. die Literaturhinweise bei den Vorbem. zu Art. 363–379.

I. Normzweck

1 Art. 378 regelt die Folgen der Unmöglichkeit der Vertragserfüllung aus Verhältnissen, für die der Besteller einzustehen hat (Marginale; KOLLER J., 74, 70 f.; GAUCH, N 722–724; BK-BECKER, N 1; ZK-BÜHLER, N 1 f.). Die Norm bezweckt zum einen wie Art. 119, den Unternehmer im Falle der Leistungsunmöglichkeit **vor den nachteiligen Folgen weiterer Gebundenheit zu bewahren** (vgl. BGE 112 II 239; VON TUHR/ESCHER, 131). Zum andern bezweckt sie, den Unternehmer **vor der Härte der Unentgeltlichkeit bereits erbrachter Arbeiten und Auslagen zu schützen**, indem dem Besteller eine Ausgleichspflicht auferlegt wird, falls die Unmöglichkeit seiner Risikosphäre zuzurechnen ist (vgl. auch GAUCH, N 734). Absatz 2 trägt sodann dem Grundsatz Rechnung, dass es einem Gläubiger obliegt, die Durchführung des Vertrages nicht zu vereiteln (GAUCH, N 734; vgl. LARENZ, I, 400).

2 Abzulehnen ist die Ansicht, Art. 378 bezwecke die Milderung der Gefahrtragung gem. Art. 376 Abs. 1 (so ZK-OSER/SCHÖNENBERGER, N 2, Art. 376 N 8): Art. 378 befasst sich mit der Unmöglichkeit der Werkherstellung, Art. 376 dagegen mit dem Untergang des Werkes (KOLLER J., 70 ff.; GAUCH, N 1198, vgl. N 741; Art. 376 N 4).

II. Anwendungsbereich

1. Allgemeines

3 Art. 378 regelt die Rechtsfolgen einer nachträglichen objektiven, vom Besteller unverschuldeten oder verschuldeten **Unmöglichkeit der Werkherstellung**, soweit die Unmöglichkeit auf eine **im Gefahrenbereich des Bestellers eingetretene Ursache** zurückzuführen ist (BGer, 19.5.2009, 4A_477/2008, E. 3.1.1, 3.1.2; KOLLER J., 65, 67; GAUCH, N 723 f.; PEDRAZZINI, 545 f.; vgl. **dagegen** BK-GAUTSCHI, N 5 f.). Die Norm ist *auf alle Werkvertragstypen anwendbar* (BK-GAUTSCHI, N 5). Hat ein Unternehmer einen Subunternehmervertrag abgeschlossen und ist die Erfüllung durch den Subunternehmer aus Gründen, die im Gefahrenbereich des Erstbestellers liegen, unmöglich geworden, so werden diese Ursachen im Verhältnis zum Subunternehmer dem Gefahrenbereich des Unternehmers zugerechnet: Art. 378 ist diesfalls (auch) *auf den Subunternehmervertrag anwendbar* (GAUCH, N 743 f.; CR CO I-CHAIX, N 2; vgl. ZK- BÜHLER, N 39). – Art. 378 ist analog anwendbar, wenn im Falle eines mangelhaften Werkes die Erfüllung der Nachbesserungsschuld des Unternehmers aus Verhältnissen des Bestellers unmöglich wird (KOLLER A., Nachbesserung, N 125 ff.; ZK-BÜHLER, N 29).

4 **Art. 378** ist **nicht anwendbar**, wenn die Unmöglichkeit durch eine *Ursache* mitbewirkt worden ist, die der *Unternehmer zu vertreten* hat (GAUCH, N 725; vgl. ZK-BÜHLER, N 39). Hat der Unternehmer überdies eine vertragliche Sorgfaltspflicht verletzt und kann er sich nicht exkulpieren, so schuldet er Schadenersatz gem. Art. 97 ff. (GAUCH, N 740; ZELTNER, N 227). Dies gilt z.B., wenn der Unternehmer in Verletzung seiner Anzeigepflicht gem. Art. 365 Abs. 3 den Besteller *nicht rechtzeitig* auf ein drohendes Leistungshindernis aufmerksam macht oder wenn er sich über Weisungen der Baupolizeibehörden hinwegsetzt und dadurch ein Bauverbot verursacht (SJZ 1954, 361 f.).

2. *Abgrenzungen*

a) Art. 378 und Art. 376

5 **Art. 376** regelt den **Untergang des Werkes**, wogegen sich **Art. 378** mit der **Unmöglichkeit der Erfüllung** befasst (KOLLER J., 71; GAUCH, N 1198, 741; N 2 f.; KOLLER A., AJP 2013, 1766; ZK-BÜHLER, N 5; KELLER, 1164). Bei einem Untergang des Werkes ohne Leistungsunmöglichkeit ist Art. 376, bei einer Leistungsunmöglichkeit ohne Untergang der erbrachten Werkleistung ist Art. 378 anwendbar (vgl. KOLLER J., 70; GAUCH, N 1182, 1198; Art. 376 N 4; ebenso ZK-BÜHLER, N 5 und Art. 376 N 17). *Umstritten* ist die Rechtslage, wenn ein in der Gefahrensphäre des Bestellers eingetretener *Zufall sowohl den Untergang des Werks als auch die Erfüllungsunmöglichkeit* verursacht hat. Diesfalls ist *Art. 378* e contrario zu entnehmen, dass die *noch nicht ausgeführten* und nun unmöglich gewordenen *Leistungen* nicht zu vergüten und nicht mehr geschuldet sind (KOLLER J., 71; **a.M.** ZK-BÜHLER, N 6 f.; s.a. KELLER, 1164 f.; CR CO I-CHAIX, Art. 376 N 30). Dagegen beantwortet *Art. 376* und nicht Art. 378, ob für die *bereits geleisteten Arbeiten und Auslagen* eine Vergütung geschuldet ist, wenn das Werk untergegangen ist (so überzeugend KOLLER J., 70 ff.; GAUCH, N 741 f., 1197 f.; vgl. BK-GAUTSCHI, N 11; **a.M.** ZK-OSER/SCHÖNENBERGER, N 1 f., Art. 376 N 8; ZK-BÜHLER, N 8; vgl. BGE 69 II 143).

6 Art. 378 gewährt im Falle der Leistungsunmöglichkeit einen Anspruch auf Vergütung bereits erbrachter Arbeiten und im Preis nicht inbegriffener Auslagen, wenn **irgendein Zufall im Gefahrenbereich des Bestellers** eingetreten ist. Art. 376 sieht einen Vergütungsanspruch des Unternehmers im Falle des Unterganges des Werkes bei einem Annahmeverzug des Bestellers, in drei bestimmt umschriebenen Fällen sowie bei Verschulden des Bestellers vor (Abs. 3). Werden die in Art. 376 Abs. 3 erwähnten Fälle nicht gemäss der Sphärentheorie verallgemeinert und auf alle dem Gefahrenbereich des Bestellers zuzurechnenden Ursachen ausgedehnt, sondern wird ein Vergütungsanspruch bei einem Untergang des Werkes richtigerweise nur bejaht, wenn die Ursache einer der erwähnten Fallgruppen zugeordnet werden kann, so sind die Voraussetzungen für einen Vergütungsanspruch nach Art. 376 strenger als diejenigen nach Art. 378 (GAUCH, N 742, 1197; KOLLER J., 71 f.; TRACHSEL, N 299, 318, 359). Dieser Unterschied ist sachlich gerechtfertigt, weil der Besteller nach dem Tatbestand von Art. 378 für die zu vergütende Leistung deren Resultat (Werkteil) erhält, wogegen beim Tatbestand des Art. 376 diese «Gegenleistung» nicht mehr erbracht werden kann, da sie untergegangen ist (GAUCH, N 1197; Art. 376 N 21; TRACHSEL, N 318, 359).

b) Art. 378 und Art. 367–371

7 Ist nicht die Herstellung des Werkes als solche, sondern lediglich die mängelfreie Herstellung des Werkes unmöglich, so ist Art. 378 nicht anwendbar; massgebend sind die Normen über die Mängelhaftung (Art. 367–371; BGE 69 II 139, 142; GAUCH, N 721, 723, 2323 f., 2336; ZK-BÜHLER, N 10).

c) Art. 378 und Art. 97 sowie 119

8 Art. 378 Abs. 1 ist eine lex specialis zu Art. 119 (KOLLER J., 74; vgl. GAUCH, N 2336; CORBOZ, V, 12; s. aber KELLER, 1162 ff.), und Art. 378 Abs. 2 ist eine Spezialnorm der allgemeinen Regel von Art. 97 (CORBOZ, V, 14; vgl. GAUCH, N 2336). Als Sondernorm **geht Art. 378 den Art. 97 und 119 vor** (CR CO I-CHAIX, N 17; KOLLER J., 74, bez. Art. 119; ebenso ZK-BÜHLER, N 11). Dagegen erfasst Art. 378 nicht den Fall, dass den Unternehmer ein Verschulden an der Erfüllungsunmöglichkeit trifft; anwendbar ist Art. 97 und nicht Art. 378 (N 4).

d) Art. 378 und Art. 103

9 Tritt die Erfüllungsunmöglichkeit ein, während sich der **Unternehmer im Schuldnerverzug** befindet, so ist **Art. 103** massgebend: Der Unternehmer haftet für den Zufall und hat den durch die Unmöglichkeit verursachten Schaden zu ersetzen (GAUCH, N 739; ZK-BÜHLER, N 11). Vermag sich der Unternehmer gem. **Art. 103 Abs. 2** von der Haftung zu befreien, so richten sich die Rechtsfolgen nach Art. 378 (GAUCH, N 739).

3. WKR

10 Bei Werklieferungsverträgen in internationalen Verhältnissen ist das **WKR zu beachten**. Zwar enthält es keine besonderen Regeln betr. die nachträgliche Leistungsunmöglichkeit des Unternehmers, doch sind *Art. 25* (wesentliche Vertragsverletzung), *Art. 79* (Hinderungsgrund ausserhalb des Einflussbereichs des Schuldners), *Art. 49* (Vertragsaufhebung durch den Besteller), *Art. 64* (Vertragsaufhebung durch den «Verkäufer»), *Art. 61* (Schadenersatzanspruch des «Verkäufers») und *Art. 80* (Verursachung der Nichterfüllung durch die andere Partei) zu berücksichtigen, wobei die drei zuletzt genannten Bestimmungen Pflichtverletzungen des Bestellers erfassen (vgl. etwa Schlechtriem/Schwenzer-MÜLLER-CHEN, Art. 46 N 12 ff., Art. 45 N 5 ff., 8; Schlechtriem/Schwenzer- SCHWENZER, Art. 79 N 10 ff., Art. 80 N 3 ff.; zu Art. 80 WKR, s. ZK-BÜHLER, N 46).

III. Voraussetzungen und Rechtsfolgen von Abs. 1

1. Voraussetzungen von Abs. 1

a) Unmöglichkeit der Erfüllung

11 aa) Art. 378 setzt die **Unmöglichkeit der Erbringung der Leistung des Unternehmers** voraus. Eine Unmöglichkeit liegt vor, wenn der *Unternehmer die Leistung nicht erbringen kann* (KOLLER A., AJP 2013, 1765; KOLLER J., 65; vgl. ZK-AEPLI, Art. 119 OR N 41 f.). Die Unmöglichkeit muss *objektiv* bestehen, sodass weder der konkrete noch irgendein anderer Unternehmer das Werk herstellen könnte (GAUCH, N 723, 719; KOLLER J., 65; ZK-BÜHLER, N 14; PEDRAZZINI, 545; DÜRR, 102; vgl. ZK-AEPLI, Art. 119 OR N 47; KELLER, 1163; CR CO I-CHAIX, N 5; **a.M.** BK-GAUTSCHI, N 1, 5 f., 7; **strittig** jedenfalls bez. Art. 119, vgl. GAUCH, N 719 f.; ZK-AEPLI, Art. 119 OR N 49). Ist dem Unternehmer die Leistung lediglich unzumutbar oder unerträglich, so liegt keine Unmöglichkeit vor (GAUCH, N 720, 733; KOLLER A., AJP 2013, 1765; KOLLER J., 65 f.; ZK-BÜHLER, N 14, vgl. aber N 19; PEDRAZZINI, 546; DÜRR, 103; vgl. ZK-AEPLI, Art. 119 N 43; CORBOZ, V, 13; **a.M.** BK-GAUTSCHI, N 1, 6 f.; MOSIMANN, 146; vgl. auch BGE 82 II 338); diesfalls kann immerhin Art. 373 Abs. 2 anwendbar sein (GAUCH, N 720; Art. 373 N 23). Ebensowenig ist Art. 378 anwendbar, wenn die Verwendungsmöglichkeit des Werkes entfällt oder der vom Besteller mit dem Vertrag angestrebte Zweck unerreichbar wird, die Werkherstellung aber objektiv möglich bleibt (PEDRAZZINI, 546; VON BÜREN, BT, 155; vgl. BGE 69 II 141 f. = Pra 1943, 265; KOLLER J., 66). Diesfalls kann es aber gerechtfertigt sein, gestützt auf die clausula rebus sic stantibus den Vertrag entsprechend den in Art. 378 vorgesehenen Rechtsfolgen anzupassen (KOLLER J., 66, m.Hw. auf BGE 69 II 144 = Pra 1943, 267; MOSIMANN, 146; vgl. PEDRAZZINI, 546; LARENZ, I, 326 ff., insb. 330). Schulbeispiel ist die Herstellung eines Portals (Vertragsgegenstand) für eine alte Kirche, die infolge eines Blitzschlages abbrennt und nicht mehr in der ursprünglichen Art aufgebaut werden kann (PEDRAZZINI, 546 f. mit Quellenangabe; KOLLER J., 66; ZK-BÜHLER, N 16). – Das Leistungshindernis muss ein *dauerndes*, nicht bloss ein vorübergehendes sein (BGer, 19.5.2009, 4A_477/2008, E. 3 [i.c. – ausstehende Baubewilligung – dauerndes Hindernis verneint; s. dazu die Besprechung von KOLLER A., AJP 2010, 106 f., der i.c. einen Vergütungsanspruch gestützt auf eine analoge Anwendung von Art. 378 Abs. 1 bejaht]; GAUCH, N 719; vgl. ZK-AEPLI, Art. 119 N 44).

Die Unmöglichkeit i.S.v. Art. 378 ist eine *nachträgliche*; sie tritt nach dem Vertragsabschluss ein («Wird […] unmöglich»; GAUCH, N 723, 719; vgl. ZK-AEPLI, Art. 119 OR N 52 ff.). Der Zeitpunkt des Eintritts der Unmöglichkeit ist irrelevant: Art. 378 ist insb. auch anwendbar, wenn das Werk bereits fertiggestellt ist, dessen Ablieferung jedoch unmöglich wird (KOLLER J., 66 f.; ZK-BÜHLER, N 17; ZK-OSER/SCHÖNENBERGER, N 4; vgl. das Marginale; **a.M.** KOLLER A., AJP 2013, 1767). Art. 378 erfasst mithin die **dauernde nachträgliche objektive (vom Unternehmer unverschuldete) Leistungsunmöglichkeit** des Unternehmers. 12

bb) Die Unmöglichkeit kann ihrer Art nach eine **«quantitative Teilunmöglichkeit»** oder eine **«Ganzunmöglichkeit»** sein; in jenem Fall kann das Werk zwar noch begonnen, aber nicht mehr beendet werden, während in diesem Falle schon der Beginn der Werkherstellung unmöglich ist (GAUCH, N 723; KOLLER A., AJP 2013, 1766; ZK-BÜHLER, N 18; vgl. BGE 111 II 352 und 69 II 141 = Pra 1943, 265; SJZ 1954, 361). Die Unmöglichkeit kann auf *tatsächliche oder rechtliche Gründe* zurückzuführen sein (GAUCH, N 719; vgl. ZK-AEPLI, Art. 119 OR N 45; vgl. BGE 69 II 141 = Pra 1943, 265). 13

cc) **Beispiele** für eine Unmöglichkeit i.S.v. Art. 378 bilden: Erlass eines Bauverbotes für ein zu bebauendes Grundstück oder Verbot der vertraglich vorgesehenen Baukonstruktion (KOLLER J., 66; KOLLER A., AJP 2013, 1769; GAUCH, N 725; SJZ 1954, 360 ff.; TRACHSEL, N 307); Expropriation eines zu bebauenden Grundstückes oder Unbebaubarkeit infolge eines Erdrutsches (GAUCH, N 725; KOLLER J., 66; PEDRAZZINI, 546; TERCIER/FAVRE, N 4844); Tod des Bestellers eines Massanzuges oder einer Prothese vor Anpassung des Anzuges oder vor Einpassung der Prothese (KOLLER J., 66; PEDRAZZINI, 546; TERCIER/FAVRE, N 4844; ZK-BÜHLER, N 15; TRACHSEL, N 307). 14

b) Zufällige Unmöglichkeit

Abs. 1 setzt voraus, dass die Unmöglichkeit durch einen Zufall verursacht worden ist. Diese Voraussetzung stimmt mit dem Erfordernis des Untergangs durch Zufall in Art. 376 Abs. 1 überein (vgl. KOLLER J., 67; vgl. Art. 376 N 11). Als Zufall ist ein Schadensereignis zu qualifizieren, das **weder der Besteller noch der Unternehmer zu vertreten** hat (KOLLER J., 67, 5 f., 8 f.; BK-GAUTSCHI, N 11; ZK-BÜHLER, N 20). Eine Vertragspartei hat ein Schadensereignis zu vertreten, wenn sie oder ihre Hilfsperson (Art. 101) das Ereignis schuldhaft, d.h. absichtlich oder unter Ausserachtlassung der zumutbaren Sorgfalt, gesetzt hat (vgl. KOLLER J., 6 ff., insb. 6, 9; BK-GAUTSCHI, Art. 376 OR N 3a; Art. 376 N 11 m.w.Nw.). Zu prüfen ist die Verantwortlichkeit einerseits hinsichtlich der die Leistungsunmöglichkeit verursachenden Umstände, anderseits hinsichtlich der Folgen dieser Umstände (vgl. ZK-AEPLI, Art. 119 N 56); jenes betrifft insb. die Vorhersehbarkeit des Eintritts der Umstände (vgl. ZK-AEPLI, Art. 119 OR N 56; BGE 111 II 354; vgl. auch 69 II 144 = Pra 1943, 267; vgl. **dagegen** BK-GAUTSCHI, N 7). 15

c) Im Gefahrenbereich des Bestellers eingetretener Zufall

Gemäss Art. 378 Abs. 1 muss der Zufall «beim Besteller eingetreten sein»; er muss seinen «Verhältnissen» zuzurechnen sein. Dies trifft zu, wenn der **Grund der Unmöglichkeit in der Person des Bestellers** oder **in dessen Gefahrenkreis** liegt (GAUCH, N 724; KOLLER J., 67; vgl. auch KOLLER A., AJP 2013, 1769; PEDRAZZINI, 545 f.; ZK-BÜHLER, N 21; ZK-OSER/SCHÖNENBERGER, N 2; BK-BECKER, N 1; GUHL/KOLLER/SCHNYDER/DRUEY, § 47 N 73 f.; HONSELL, OR BT, 290 f.; BUCHER, BT, 207; TRACHSEL, N 298, 306; CR CO I-CHAIX, N 9; vgl. SJZ 1954, 361). Dem Risiko des Bestellers sind etwa Ereignisse zuzurechnen, die sich in seinem Einflussbereich zutragen oder seine persönlichen Lebensverhältnisse (oder diejenigen von Personen auf seiner Seite) betreffen, da und soweit sie nicht zum typischen Risiko der Werkherstellung gehören (LARENZ, II/1, 368; vgl. GAUCH, N 724; KOLLER J., 67; PEDRAZZINI, 546; vgl. auch TWERENBOLD, N 181 bez. Art. 375). Die Zurechnung zum Gefahrenbereich des Bestellers ist ein *Ermessensentscheid*, für den sich keine abstrakte Formel bil- 16 den lässt (GAUCH, N 724; KELLER, 1163; KOLLER A., AJP 2013, 1769). Als Bsp. sind die in Art. 376 Abs. 3 genannten Mängel zu erwähnen (GAUCH, N 725; KOLLER J., 67; ZK-BÜHLER, N 21; TRACHSEL, N 307 ff.). Vgl. für w.Bsp.: N 14; GAUCH, N 725; KOLLER J., 67; TRACHSEL, N 311 ff.

2. Rechtsfolgen von Abs. 1

a) Vertragsauflösung mit Wirkung ex nunc

17 Die Unmöglichkeit der Erfüllung aus Verhältnissen des Bestellers bewirkt die **Vertragsauflösung** mit Wirkung **ex nunc** (GAUCH, N 732; ZK-BÜHLER, N 22; TRACHSEL, N 304; BÖGLI, N 422; DÜRR, 102; CORBOZ, V, 15; BGE 25 II 400; vgl. BK-GAUTSCHI, N 4, 10). Damit erlöschen die vertraglichen Rechte und Pflichten der Parteien hinsichtlich der noch nicht ausgeführten Leistungen (GAUCH, N 732; ZK-BÜHLER, N 22; BÖGLI, N 422; vgl. KOLLER J., 71; ZELTNER, N 216). Diese Rechtsfolge tritt *ipso iure* gleichzeitig mit der Unmöglichkeit ein; eine Erklärung der Parteien ist nicht erforderlich (GAUCH, N 733; gleich ZK-BÜHLER, N 22; BÖGLI, N 422; DÜRR, 102; vgl. ZK-AEPLI, Art. 119 OR N 62; CR CO I-CHAIX, N 10; **a.M.** BK-GAUTSCHI, N 8, der allerdings zu Unrecht von einem Auflösungsrecht des Bestellers aus wichtigem Grund ausgeht [vgl. dazu GAUCH, N 733]).

b) Vergütungsanspruch für geleistete Arbeit und Auslagen

18 Art. 378 Abs. 1 gewährt dem Unternehmer einen Anspruch auf **Vergütung der geleisteten Arbeit und der im Preise nicht inbegriffenen Auslagen**. Zu vergüten sind die im Zeitpunkt der Unmöglichkeit bereits geleisteten Arbeiten und aufgewendeten Auslagen (BK-GAUTSCHI, N 10; vgl. N 17; vgl. auch TRÜMPY, Abnahme, 77; ZELTNER, N 217; TRACHSEL, N 304). In diesem Sinne besteht eine **Pflicht zur Teilvergütung** (GAUCH, N 727, 730; KOLLER A., AJP 2013, 1770), die aber der vollen Vergütung nahezu gleichkommen kann, wenn die Unmöglichkeit erst nach Beendigung des Werkes, aber vor dessen Ablieferung eintritt (BK-GAUTSCHI, N 9; s. N 12). Zu entgelten sind einerseits bereits erbrachte *Arbeiten*, anderseits die bereits entstandenen *Auslagen*, sofern sie nach der vertraglichen Regelung zusätzlich zu der vertraglich vorgesehenen Vergütung für die Arbeit zu decken sind (vgl. GAUCH, N 727, 730 f.; KOLLER J., 68; ZK-BÜHLER, N 26; BK-GAUTSCHI, N 9). Für die Bemessung der Vergütung ist in erster Linie der *vereinbarte Preis* massgebend, subsidiär der nach Art. 374 festgesetzte Wert der Arbeit und der Aufwendungen (BGE 25 II 400; ZR 1933, 40; GAUCH, N 730; KOLLER J., 68, vgl. 37 ff.; ZK-BÜHLER, N 27; TRÜMPY-JÄGER, 149; **a.M.** ZK-OSER/SCHÖNENBERGER, N 3). Haben die Parteien eine Pauschalsumme (für Arbeit und Auslagen) vereinbart, so ist dem Unternehmer derjenige Teil der Gesamtpauschalsumme zu zahlen, der dem Verhältnis zwischen dem beendeten Werk und den tatsächlich ausgeführten Werkteilen entspricht (ZR 1933, 40; ZK-BÜHLER, N 26 f.). Der Anspruch auf Vergütung geleisteter Arbeit und Auslagen stimmt mithin mit dem Vergütungsanspruch nach Art. 376 Abs. 3 und Art. 377 überein (PEDRAZZINI, 545; KOLLER J., 68; GAUCH, N 727 bez. Art. 377).

19 Als Gegenleistung für die Vergütung der erbrachten Arbeiten und Auslagen des Unternehmers hat der Besteller einen Anspruch auf **Übergabe derjenigen Werkteile**, die im Zeitpunkt des Eintritts der Unmöglichkeit schon hergestellt sind (GAUCH, N 732; ZK-BÜHLER, N 28; TRÜMPY-JÄGER, 149). Reste des vom Besteller gelieferten Stoffes sind ihm zurückzugeben (vgl. GAUCH, N 530 f.; ZK-BÜHLER, N 28).

IV. Voraussetzungen und Rechtsfolgen von Abs. 2

1. Voraussetzungen von Abs. 2

20 Abs. 2 von Art. 378 setzt wie dessen Abs. 1 eine *Leistungsunmöglichkeit* voraus. Die Unmöglichkeit wird jedoch nicht durch einen Zufall, sondern durch ein **Verschulden des Bestellers**

bewirkt (vgl. GAUCH, N 726; KOLLER J., 69; ZK-BÜHLER, N 20; CORBOZ, V, 14). Dafür genügt nicht, dass die Ursachen der Unmöglichkeit dem Gefahrenbereich des Bestellers zuzurechnen sind; denn dieser Sachverhalt wird durch Abs. 1 geregelt (GAUCH, N 737). Der Begriff des «Verschuldens» i.S.v. Art. 378 Abs. 2 ist jedoch in einem *weiten Sinne* und nicht im technischen Sinne zu verstehen (PEDRAZZINI, 548; GAUCH, N 737; vgl. KOLLER J., 69). Das Verschulden lässt sich namentlich nicht anhand der zu Art. 97 gebildeten Grundsätze bestimmen, da sich diese Norm auf ein Verhalten des Schuldners, Art. 378 Abs. 2 hingegen auf ein solches des Gläubigers bezieht (KOLLER J., 69; vgl. LARENZ, I, 399 f.). Da Art. 378 Abs. 2 den Grundsatz konkretisiert, dass es einem Gläubiger obliegt, die Durchführung des Vertrages nicht zu vereiteln (N 1), ist eine vom Besteller verschuldete Unmöglichkeit anzunehmen, wenn die **Unmöglichkeit auf sein eigenes freies («beherrschbares») Verhalten zurückzuführen** ist und er die Unmöglichkeit **willentlich oder (objektiv) fahrlässig** herbeigeführt hat (vgl. GAUCH, N 734–738; KOLLER J., 69; ZK-BÜHLER, N 33; PEDRAZZINI, 548; LARENZ, I, 401, bez. § 324 Abs. 1 aBGB). Dem eigenen Verhalten des Bestellers ist dasjenige seiner Hilfsperson nach Art. 101 gleichgestellt (GAUCH, N 736; KOLLER J., 69; ZK-BÜHLER, N 32; PEDRAZZINI, 547 FN 17). Als vorgegebenes Ereignis ist der Tod des Bestellers grundsätzlich nicht unter Abs. 2 zu subsumieren (GAUCH, N 736; PEDRAZZINI, 548; TRÜMPY-JÄGER, 149; BRUNNER H., 214). Doch fällt ein Freitod des Bestellers nicht nur dann unter diese Norm, wenn der Besteller damit beabsichtigte, die Werkvollendung zu verunmöglichen (PEDRAZZINI, 548; vgl. VON TUHR/ESCHER, 114 FN 5; **a.M.** GAUCH, N 736; ZK-BÜHLER, N 35; CR CO I-CHAIX, N 13).

2. *Rechtsfolgen von Abs. 2*

Die Rechtsfolgen einer vom Besteller verschuldeten Unmöglichkeit sind dieselben wie bei einem Verschulden gem. Art. 376 Abs. 3 und wie beim Rücktritt des Bestellers nach Art. 377 (KOLLER J., 70; GAUCH, N 734; PEDRAZZINI, 548 FN 18; vgl. GAUCH, FS Locher, 43 f.; TRÜMPY-JÄGER, 149; ZK-BÜHLER, N 38): Der Besteller schuldet nicht nur eine Vergütung der bereits geleisteten Arbeit und Auslagen, sondern das **positive Vertragsinteresse** (GAUCH, N 735; KOLLER J., 70; KOLLER A., Nachbesserung, N 125; vgl. aber DERS., AJP 2013, 1771; BK-GAUTSCHI, N 13c; BUCHER, BT, 207; ZK-BÜHLER, N 37). Der Unternehmer hat sich allerdings anrechnen zu lassen, was er infolge der Befreiung von seiner Leistungspflicht durch anderweitige Tätigkeit erworben oder zu erwerben treuwidrig unterlassen hat (GAUCH, N 735, 549, 555; vgl. KOLLER A., Nachbesserung, N 126; BK-GAUTSCHI, N 13c). **21**

V. Abweichende Vereinbarungen

Es steht nichts entgegen, von Art. 378 abweichende Vereinbarungen zu treffen (gl.M. ZK-BÜHLER, N 40; TRACHSEL, N 65). **22**

Die **SIA-Norm 118** enthält mit *Art. 185* eine Regelung, die ähnlich lautet wie die gesetzliche und mit dieser **inhaltlich übereinstimmt** (vgl. GAUCH, SIA, Art. 185 passim, insb. N 1 am Anfang; SPIESS/HUSER, Art. 185 N 1; ZK-BÜHLER, N 41). Bemerkenswert ist namentlich, dass Art. 185 SIA-Norm 118 von einem *angemessenen* Schadenersatz bei Verschulden des Bestellers spricht. Damit soll gemäss GAUCH die Vorteilsanrechnung angeordnet werden (GAUCH, SIA, Art. 185 N 11 lit. b). **23**

VI. Prozessuales

Die **Beweislast** für die *Unmöglichkeit der Erfüllung* obliegt demjenigen Vertragspartner, der daraus Rechte ableitet (insb. das Erlöschen vertraglicher Leistungspflichten; Art. 8 ZGB; GAUCH, N 729; ZK-BÜHLER, N 43). So obliegt es dem Unternehmer, der seinen Vergütungsanspruch geltend macht, zu beweisen, dass ihm die Erfüllung objektiv und dauernd verun- **24** möglicht ist. – Nach der allgemeinen Regel des Art. 97 Abs. 1 hat der **Unternehmer** zu beweisen, dass ihn *selbst kein Verschulden* an der Leistungsunmöglichkeit trifft (GAUCH, N 729; vgl. auch ZK-AEPLI, Art. 119 N 156; ZK-BÜHLER, N 44). Ferner trägt er die Folgen der Beweislosigkeit für die Behauptungen, es sei die Unmöglichkeit infolge eines *Verschuldens des Bestellers* oder *eines Zufalles in dessen Bereich* eingetreten (GAUCH, N 729; ZK-BÜHLER, N 44; **a.M.** ZELTNER, FN 298, bez. Verschulden des Bestellers). Ihm obliegt weiter die Beweislast für *die Existenz und den Umfang bereits erbrachter Arbeiten und Auslagen* sowie für *die Existenz und die Höhe seines Schadens* (ebenso ZK-BÜHLER, N 44; KOLLER A., Vergütungsgefahr, 412).

25 Wie Art. 119 ist auch Art. 378 **von Amtes wegen** anzuwenden (vgl. ZK-AEPLI, Art. 119 N 159; gl.M. ZK-BÜHLER, N 42; CR CO I-CHAIX, N 21). Eine Vergütung und Schadenersatz können jedoch nur zugesprochen werden, wenn ein entsprechendes Begehren gestellt worden ist (vgl. HABSCHEID, N 380, 536).

VII. Rechtsvergleichung

26 § 645 BGB; §§ 1168, 1168a ABGB; art. 1672 CC it.; vgl. auch art. 1795 CC fr. Vgl. BK-GAUTSCHI, N 8; KOLLER J., 68; vgl. auch TRACHSEL, N 361 ff.

Art. 379

V. Tod und Unfähigkeit des Unternehmers

1 Stirbt der Unternehmer oder wird er ohne seine Schuld zur Vollendung des Werkes unfähig, so erlischt der Werkvertrag, wenn er mit Rücksicht auf die persönlichen Eigenschaften des Unternehmers eingegangen war.

2 Der Besteller ist verpflichtet, den bereits ausgeführten Teil des Werkes, soweit dieser für ihn brauchbar ist, anzunehmen und zu bezahlen.

V. Mort ou incapacité de l'entrepreneur

1 Lorsque l'entrepreneur meurt ou devient, sans sa faute, incapable de terminer l'ouvrage, le contrat prend fin s'il avait été conclu en considération des aptitudes personnelles de l'entrepreneur.

2 Le maître est tenu d'accepter les parties déjà exécutées de l'ouvrage, s'il peut les utiliser, et d'en payer le prix.

V. Morte od incapacità dell'appaltatore

1 Colla morte dell'appaltatore, o quando questi diventi incapace senza sua colpa al compimento dell'opera, si estingue il contratto di appalto, purché questo sia stato conchiuso con riguardo alle qualità personali dell'appaltatore.

2 Il committente è tenuto ad accettare la parte di lavoro già eseguita ove la medesima possa essergli utile, e a pagarne il prezzo proporzionale.

Literatur

Vgl. die Literaturhinweise bei den Vorbem. zu Art. 363–379.

I. Normzweck

1 Art. 379 regelt unter dem Obertitel «Beendigung» die Folgen der Unmöglichkeit der Vertragserfüllung aus Verhältnissen des Unternehmers (vgl. Art. 379 und die Marginalien zu Art. 375 ff. sowie Art. 378; TERCIER/FAVRE, N 4815). Wie Art. 119 und Art. 378 bezweckt die Bestimmung zum einen, den Unternehmer im Falle der Leistungsunmöglichkeit **vor den nachteiligen Folgen weiterer Gebundenheit an den Vertrag zu bewahren** (vgl. BGE 112 II 293; VON TUHR/ESCHER, 131; Art. 378 N 1). Zum andern soll Abs. 2 von Art. 379 den Unternehmer **vor der Härte der Unentgeltlichkeit bereits erbrachter Teilleistungen schützen**, falls der ausgeführte Werkteil für den Besteller brauchbar ist (so auch ZK-BÜHLER,

N 2). Diese Pflicht zur Teilvergütung ist eine interessengerechte Regelung, da der Unternehmer die ausgeführten Werkleistungen gestützt auf den Vertrag und (auch) im Interesse des Bestellers sowie im Vertrauen auf die vereinbarte Vergütung erbracht hat.

II. Anwendungsbereich

1) Art. 379 erfasst die **nachträgliche objektive Unmöglichkeit der Werkherstellung aus Gründen, die in der Person des Unternehmers liegen**. Die Norm ist auf *natürliche und juristische Personen* anwendbar (GAUCH, N 761; TERCIER/FAVRE, N 4848). Sie ist *subsidiär zu Art. 378* (GAUCH, N 752; ZK-BÜHLER, N 3). Dagegen ist Art. 379 *lex specialis zu Art. 119* und geht demzufolge dieser Bestimmung vor (GAUCH, N 721; ZK-BÜHLER, N 3). 2

Gemäss BGE 103 II 58 fallen **sowohl die unverschuldete als auch die vom Unternehmer verschuldete Unmöglichkeit** unter Art. 379 (ebenso GAUCH, N 757 und KOLLER A., AJP 2013, 1771; vgl. die Kritik in N 6). 3

2) Das bei Werklieferungsverträgen in internationalen Verhältnissen zu beachtende **WKR** enthält zwar keine besonderen Regeln über die nachträgliche Leistungsunmöglichkeit des Unternehmers. Einschlägig sind jedoch *Art. 25* (wesentliche Vertragsverletzung), *Art. 79* (Hinderungsgrund ausserhalb des Einflussbereichs des Schuldners) und *Art. 49* (Vertragsaufhebung durch den Besteller). Nichtleistung wird als wesentlicher Vertragsbruch qualifiziert (Schlechtriem/Schwenzer-SCHROETER, Art. 25 N 13). Allerdings kann sich der Unternehmer auf die Haftungsbefreiung gem. Art. 79 WKR berufen (Schlechtriem/Schwenzer-SCHWENZER, Art. 79 N 10 ff.). 4

III. Voraussetzungen

1. Nachträgliche Unmöglichkeit seitens des Unternehmers

a) Art. 379 setzt wie Art. 378 voraus, dass die **Leistung dem Unternehmer unmöglich** ist. Im Gegensatz zu Art. 378 genügt nach Art. 379, dass gerade der *konkrete Unternehmer* die Leistung nicht erbringen kann (vgl. GAUCH, N 754; TERCIER/FAVRE, N 4848; vgl. auch ZK-AEPLI, Art. 119 N 48). Denn bei einem – entsprechend dem Erfordernis von Art. 379 – mit Rücksicht auf die persönlichen Eigenschaften des Unternehmers eingegangenen Vertrag ist die Leistungsmöglichkeit einer anderen Person unbeachtlich und die persönliche Leistungsunmöglichkeit des Unternehmers mit der objektiven Leistungsunmöglichkeit gleichbedeutend (GAUCH, N 754; ZK-AEPLI, Art. 119 OR N 48). Ein Mangel an für die Leistung erforderlichen Geldmitteln begründet keine Unmöglichkeit (GAUCH, N 758; ZK-BÜHLER, N 5 f.; vgl. ZK-AEPLI, Art. 119 OR N 49). Die Anwendung von Art. 379 auf Fälle, in denen die Leistung dem Unternehmer lediglich unzumutbar oder unerträglich ist, ist abzulehnen (GAUCH, N 720). Gegebenenfalls ist in diesen Fällen Art. 373 Abs. 2 anwendbar (GAUCH, N 720; Art. 373 N 23). – Art. 379 bezieht sich ausschliesslich auf die **nach Vertragsabschluss eingetretene Unmöglichkeit** (nachträgliche Unmöglichkeit; GAUCH, N 756; TRÜMPY-JÄGER, 149). Das Leistungshindernis hat *dauernd* und nicht bloss vorübergehend zu bestehen (GAUCH, N 719, 756; ZK-BÜHLER, N 5; TRÜMPY-JÄGER, 149; vgl. ZK-AEPLI, Art. 119 OR N 44). 5

Gemäss BGE 103 II 58 ist Art. 379 auch dann anwendbar, wenn der **Unternehmer seine Unfähigkeit verschuldet** hat (ebenso GAUCH, N 757, vgl. dagegen N 537; ZK-BÜHLER, N 7; KOLLER A., AJP 2013, 1771; TRÜMPY-JÄGER, 149). Danach ist ein Verschulden «nur im Hinblick auf die besondere Entschädigungsregelung von Abs. 2 bedeutsam» (BGE 103 II 58; GAUCH, N 757; ZK-BÜHLER, N 7; CHK-HÜRLIMANN/SIEGENTHALER, N 1). Da auch die allgemeinen Bestimmungen der Art. 97 ff. in solchen Fällen zur Beendigung des Vertrages und verglichen mit Art. 379 zu keiner unterschiedlichen Beurteilung führen (vgl. BGE 103 II 58), besteht keine Notwendigkeit, vom klaren Wortlaut von Art. 379 Abs. 1 abzuweichen. Nach 6 der hier vertretenen Auffassung ist deshalb *Art. 379 nicht anwendbar*, wenn der Unternehmer seine Unfähigkeit verschuldet hat; die Rechtslage bestimmt sich vielmehr nach Art. 97, wobei kein Erfüllungsanspruch besteht (TERCIER/FAVRE, N 4849; BK-BECKER, N 4, 7; vgl. CORBOZ, V, 17, 19; CR CO I-CHAIX, N 11).

7 Nach dem Gesetzeswortlaut betrifft die Unmöglichkeit die Vollendung des Werkes. Erfasst werden damit Fälle der **«quantitativen Teilunmöglichkeit»**, in denen das begonnene Werk nicht mehr beendet werden kann. Unter Art. 379 ist aber auch die **«Ganzunmöglichkeit»** zu subsumieren, bei der die Werkherstellung schon vor deren Beginn unmöglich wird (GAUCH, N 752; ZK-BÜHLER, N 12).

8 b) Als Unmöglichkeitsgrund nennt das Gesetz den **Tod des Unternehmers**. Der Tod des Bestellers dagegen vermag das Vertragsverhältnis nicht aufzulösen (ZK-OSER/SCHÖNENBERGER, N 3; TRÜMPY, Abnahme, 77, 153; TERCIER, N 1312; BRUNNER H., 214).

9 Die Leistung des Unternehmers kann aber auch aus **einem anderen Grund** unmöglich werden (GAUCH, N 756). Entweder ist die *persönliche Ausführung* des Werkes oder die *persönliche Leitung* der Werkherstellung *verunmöglicht* (Art. 364 Abs. 2; GAUCH, N 754; vgl. BGE 103 II 56 betr. Unmöglichkeit der persönlichen Leitung; vgl. Art. 364 N 29 ff.). Die Unmöglichkeit kann in der persönlichen Arbeitsunfähigkeit des Unternehmers (etwa infolge Invalidität) begründet sein (BGE 103 II 57; GAUCH, N 756; ZK-BÜHLER, N 5; TERCIER/FAVRE, N 4848; TRÜMPY, Abnahme, 77). Insbesondere die Unmöglichkeit der persönlichen Leitung kann auf einem Verlust der Möglichkeiten der Arbeitsorganisation, einem nachträglich ungenügenden Personalbestand (z.B. Verweigerung von Arbeitsbewilligungen für ausländische Arbeitskräfte), nachträglich unzureichenden Maschinen (auch infolge Defekten) oder auf der entfallenen Möglichkeit der Anleitung von Hilfspersonen oder der Arbeitsüberwachung beruhen (BGE 103 II 56; vgl. auch MOSIMANN, 58 f.). Das BGer wendet Art. 379 selbst auf eine *freiwillige Geschäftsaufgabe* an, obwohl sie eine verschuldete Unmöglichkeit bedeutet (BGE 103 II 58; zustimmend GAUCH, N 757; ZK-BÜHLER, N 5; BK-GAUTSCHI, N 16; vgl. die Kritik in N 6 und CORBOZ, 17). Hat sich eine juristische Person verpflichtet, die Werkleistung durch eine bestimmte natürliche Person zu erbringen, so ist Art. 379 bei deren Tod oder anderweitigen Unfähigkeit anwendbar (GAUCH, N 761; vgl. ZK-BÜHLER, N 11).

10 Der **Konkurs des Unternehmers** bewirkt **keine Unmöglichkeit** i.S.v. Art. 379 (GAUCH, N 758 f.; ZK-BÜHLER, N 6; ZK-OSER/SCHÖNENBERGER, N 4; BK-GAUTSCHI, N 18; PEDRAZZINI, 550 FN 34; DÜRR, 104; CORBOZ, V, 17; CHK-HÜRLIMANN/SIEGENTHALER, N 2; unklar TERCIER, N 1307; N 18).

2. Persönliche Ausführungs- oder Leitungspflicht des Unternehmers

11 Art. 379 gilt nur für Werkverträge, die den **Unternehmer zur persönlichen Ausführung des Werkes oder zur persönlichen Leitung der Werkherstellung verpflichten** (Art. 379 Abs. 1, Art. 364 Abs. 2; BGE 103 II 55; GAUCH, N 753; BK-GAUTSCHI, N 15, 17; s. Art. 364 N 29 ff.; ZK-BÜHLER, N 8 f.). Die Pflicht zur persönlichen Tätigkeit wird gem. Art. 364 Abs. 2 grundsätzlich *vermutet* (BGE 103 II 55; vgl. **dagegen** DÜRR, 104; s. aber auch Art. 364 N 36): Auch ohne ausdrückliche Vereinbarung wird eine persönliche Leistungspflicht angenommen, wenn es nach der **Natur des Geschäftes** auf die persönlichen Eigenschaften des Unternehmers ankommt, namentlich wenn die Fähigkeiten (Ausbildung, Knowhow), die Leistungskapazität oder die Zuverlässigkeit bei der Werkherstellung besonders wichtig sind (BGE 103 II 55; TERCIER/FAVRE, N 4847; ZK-OSER/SCHÖNENBERGER, N 1; BK-BECKER, N 2; HONSELL, OR BT, 285; vgl. MOSIMANN, 58 f.; Art. 364 N 38). Die Vermutung darf nicht generell angewandt werden, sondern nur dann, wenn das Geschäft die erwähnten Eigenheiten aufweist. Ob dies zutrifft, ist aufgrund der heutigen arbeitsteiligen Arbeitsweise anhand eines strengen Massstabes zu beurteilen (s. Art. 364 N 36; vgl. auch BRUNNER H., 215; TRÜMPY-JÄGER, 149; vgl. MERZ, ZBJV 1979, 294). Gemäss BGE 103 II 55 ist eine solche «besondere Natur des Geschäftes» bei der Vergebung von Baumeisterarbeiten zu bejahen (vgl. ZK-Bühler, N 10; differenzierend Merz, ZBJV 1979, 294).

Besteht **keine Pflicht zur persönlichen Tätigkeit** des Unternehmers, so wird der Werkvertrag durch den Tod oder eine anderweitige Unfähigkeit allein dieses konkreten Unternehmers nicht beendet (Gauch, N 755; ZK-Bühler, N 8; BK-Becker, N 1; BK-Gautschi, N 17; Pedrazzini, 551; vgl. BGE 34 II 262). Im Falle des Todes des Unternehmers gehen seine Vertragspflichten in diesem Falle auf die *Erben* über (ZK-Oser/Schönenberger, N 1; BK-Becker, N 1; Pedrazzini, 551). Bei einer Verzögerung der Leistung des Unternehmers sind die Regeln über den Schuldnerverzug anwendbar (Gauch, N 755). **12**

IV. Rechtsfolgen

1. Beendigung des Vertrages

Durch die Leistungsunmöglichkeit des Unternehmers wird der **Werkvertrag beendet** (Art. 379 Abs. 1; BGE 103 II 55; Gauch, N 753, 762; BK-Gautschi, N 15; BK-Becker, N 5; ZK-Bühler, N 8, 14; Pedrazzini, 550 f.; Tercier/Favre, N 4843, 4850; Trümpy, Abnahme, 77). Die Vertragsauflösung entfaltet Wirkung *ex nunc* (BK-Gautschi, N 4, 17; ZK-Bühler, N 16; Bögli, N 424; Corboz, V, 19; CR CO I-Chaix, N 14; **a.M.** Pedrazzini, 551 FN 36). Das Vertragsverhältnis erlischt ohne weitere Vorkehren des Bestellers *von Gesetzes wegen* (BGE 103 II 55; Gauch, N 753; ZK-Bühler, N 14; Bögli, N 424; Bucher, BT, 208). **13**

2. Vergütungspflicht für einen brauchbaren Werkteil

Der Besteller ist verpflichtet, einen bereits ausgeführten, für ihn brauchbaren Werkteil zu zahlen (Art. 379 Abs. 2). Diese **Teilvergütungspflicht** entspricht der Regelung gem. Art. 378 Abs. 1 (Gauch, N 764; Trümpy-Jäger, 150; ZK-Bühler, N 17; **a.M.** Koller A., AJP 2013, 1771). Die Vergütung berechnet sich nach Massgabe der *vereinbarten Vergütung*, mangels einer Vereinbarung nach Art. 374 (Gauch, N 730 i.V.m. 764; ZK-Bühler, N 17; Tercier/Favre, N 4851; vgl. Bucher, BT, 208; **a.M.** Pedrazzini, 551: objektiver Wert). Vgl. bez. weiterer Einzelheiten der Berechnung der Vergütung Art. 378 N 18. **14**

Die Pflicht zur Vergütung des Werkteiles besteht nur, wenn der Teil für den Besteller **brauchbar** ist. Das Arbeitsergebnis muss ihm nützlich sein (Pedrazzini, 551). Die Brauchbarkeit ist auch dann gegeben, wenn das Werk *von einem Dritten beendet werden kann* (BK-Becker, N 6; ZK-Bühler, N 18; Mosimann, 148; vgl. Pedrazzini, 551; CR CO I-Chaix, N 15; vgl. aber auch Gauch, N 763). – Die Annahme des Werkteiles durch den Besteller stellt eine blosse Obliegenheit dar (Gauch, N 765; ZK-Bühler, N 18; vgl. BK-Gautschi, N 17). **15**

3. Herausgabepflicht betreffend den brauchbaren Werkteil

Als Gegenleistung zur Teilvergütung hat der Unternehmer (bzw. dessen Rechtsnachfolger) den zu vergütenden **Werkteil herauszugeben** (Gauch, N 766). Gegen Bezahlung des Werkteils besteht diese Pflicht auch dann, wenn der Teil unbrauchbar ist (Gauch, N 766). Lehnt der Besteller, der den Werkstoff geliefert hat, die Bezahlung eines unbrauchbaren Werkteils ab, so gehört dieser dem Unternehmer, wenn die Arbeit kostbarer als der Stoff ist, andernfalls gehört er dem Besteller; die Bereicherung ist zu ersetzen (Art. 726 ZGB; ZK-Bühler, N 20; ZK-Oser/Schönenberger, N 2; vgl. Gauch, N 766). **16**

4. Keine Schadenersatzpflicht

17 Die Leistungsunmöglichkeit des Unternehmers gem. Art. 379 begründet **keine Schadenersatzpflicht** des Unternehmers (oder des Bestellers) (GAUCH, N 767; ZK-BÜHLER, N 21; BK-BECKER, N 7; TERCIER/FAVRE, N 4850). **Schadenersatz** ist hingegen nach *Art. 103 Abs. 1* geschuldet, wenn die Unmöglichkeit während eines Schuldnerverzugs des Unternehmers eintritt, sofern die Haftungsbefreiung nach Art. 103 Abs. 2 misslingt (GAUCH, N 767; TRÜMPY-JÄGER, 150; ZK-BÜHLER, N 21). Dieselbe Rechtsfolge wird durch ein *Verschulden des Unternehmers* an seiner Leistungsunmöglichkeit bewirkt, was zwar nicht aus Art. 379, aber aus Art. 97 folgt (TERCIER/FAVRE, N 4849; ZK-BÜHLER, N 21; BK-BECKER, N 7; vgl. GAUCH, N 767; BGE 103 II 58; TRÜMPY-JÄGER, 150; vgl. N 3, 6). Geschuldet ist in diesen beiden Fällen das *positive Vertragsinteresse* (GAUCH, N 767; ZK-BÜHLER, N 21; BK-BECKER, N 7; TRÜMPY-JÄGER, 150). Entgegen GAUCH ist ein Freitod des Unternehmers selbst dann als Verschulden zu werten, wenn er nicht gezielt dazu erfolgte, um sich von der vertraglichen Verpflichtung zu lösen (vgl. Art. 378 N 20 und die dort angeführten Nw.; **a.M.** GAUCH, N 767 m.Nw.; sowie KOLLER A., AJP 2013, 1772; ZK-BÜHLER, N 21).

V. Exkurs: Konkurs des Unternehmers oder Bestellers

18 Der **Konkurs des Unternehmers** ist **nicht unter Art. 379 zu subsumieren** (GAUCH, N 758 f.; ZK-BÜHLER, N 6; ZK-OSER/SCHÖNENBERGER, N 4; BK-GAUTSCHI, N 18; PEDRAZZINI, 550 FN 34; DÜRR, 104; TRÜMPY-JÄGER, 149/150; N 10; HUNKELER, Rz 23 ff.; CR CO I-CHAIX, N 12; KOLLER A., AJP 2013, 1771). Der Werkvertrag wird durch den Konkurs nicht beendet (GAUCH, N 758; ZK-BÜHLER, N 6; BK-GAUTSCHI, N 18; CHK-HÜRLIMANN/SIEGENTHALER, N 2; vgl. BGE 34 II 262). Massgebend sind die Regeln des SchKG. Namentlich kann die erste Gläubigerversammlung dem Unternehmer die *Fortführung seines Betriebes* gestatten (Art. 238 Abs. 1 SchKG; BK-GAUTSCHI, N 18; ZK-BÜHLER, N 6); der Besteller kann diesfalls nach Art. 83 vorgehen (BK-GAUTSCHI, N 18; HUNKELER, Rz 30 ff.). Wird der Betrieb und damit der Werkvertrag nicht weitergeführt, so wird die Forderung des Bestellers gem. Art. 211 Abs. 1 SchKG in eine Geldforderung umgewandelt (GAUCH, N 759; ZK-BÜHLER, N 6; vgl. ZK-OSER/SCHÖNENBERGER, N 4; HUNKELER, Rz 41 ff.). Vorbehalten bleibt der Fall, dass sich die Konkursverwaltung für die *Realerfüllung des Werkvertrages* entscheidet (Art. 211 Abs. 2 SchKG; GAUCH, N 760; ZK-BÜHLER, N 6; ZK-OSER/SCHÖNENBERGER, N 4; DÜRR, 104; BRUNNER H., 216), was allerdings selten in Frage kommen wird (KREN, Konkurseröffnung und schuldrechtliche Verträge, 1989, 94, 95 FN 319). Der Besteller kann verlangen, dass ihm die angebotene Realerfüllung sichergestellt wird (Art. 211 Abs. 2 SchKG). Für einen bereits erstellten und brauchbaren Werkteil kann die Konkursverwaltung vom Besteller *analog Art. 379 Abs. 2* eine Vergütung beanspruchen (GAUCH, N 760; BK-GAUTSCHI, N 18; ZK-BÜHLER, N 6).

19 Auch der **Konkurs des Bestellers** führt als solcher **nicht zur Vertragsauflösung** (KREN, 87, 5; BRUNNER H., 216; HUNKELER, Rz 26). Der Unternehmer kann gem. *Art. 83* vorgehen (ZK-OSER/SCHÖNENBERGER, N 5; vgl. KREN, 87, 89, 107). Die Konkursverwaltung kann sich für die Erfüllung des Vertrages entscheiden; der Unternehmer hat seine Leistung nur gegen Sicherstellung zu erbringen (Art. 211 Abs. 2 SchKG; vgl. auch KREN, 90 f., 94 ff.; BRUNNER H., 216; HUNKELER, Rz 45 f.).

VI. Abweichende Vereinbarungen

20 Es steht nichts entgegen, von Art. 379 abweichende Vereinbarungen zu treffen (gl.M. ZK-BÜHLER, N 22).

21 *Art. 186 Abs. 1 Satz 2* der **SIA-Norm 118** entspricht Art. 379 Abs. 1. Der erste Satz jener Bestimmung geht über die gesetzliche Regelung hinaus, indem dem Bauherrn ein *Rücktrittsrecht*

auch dann gewährt wird, wenn der Vertrag nicht mit Rücksicht auf die persönlichen Eigenschaften des Unternehmers eingegangen worden ist (GAUCH, N 755; GAUCH, SIA, Art. 186 N 4; DÜRR, 104; ZK-BÜHLER, N 22). Dieses Rücktrittsrecht setzt voraus, dass der Unternehmer nachträglich ausserstande ist, seine Leistung zu erbringen, und diese auch nicht durch Rechtsnachfolger oder Hilfspersonen gesichert ist (GAUCH, SIA, Art. 186 N 1 ff.; GAUCH, N 755; ZK-BÜHLER, N 22; SPIESS/HUSER, Art. 186 N 6 f.; vgl. TRÜMPY-JÄGER 150 f.).

VII. Beweislast

Die **Beweislast** für die *Unmöglichkeit der Erfüllung* obliegt demjenigen Vertragspartner, der daraus Rechte ableitet (insb. das Erlöschen vertraglicher Leistungspflichten; Art. 8 ZGB; vgl. Art. 378 N 24). – Liegt ein Geschäft vor, gemäss dessen Natur es auf die persönlichen Eigenschaften des Unternehmers ankommt, so wird der persönliche Charakter der Verpflichtung des Unternehmers vermutet (BGE 103 II 55; CR CO I-CHAIX, N 19; vgl. **dagegen** DÜRR, 104). Wer aus dem Gegenteil Rechte ableitet, trägt die Beweislast. Geht es um ein anderes Geschäft, so hat den persönlichen Charakter der Leistungspflicht zu beweisen, wer daraus Rechte ableitet (Art. 8 ZGB; s.a. Art. 364 N 56, 36). – Will der Besteller einen bereits ausgeführten Werkteil nicht bezahlen, so hat er dessen Unbrauchbarkeit zu beweisen (GAUCH, N 763; TRÜMPY-JÄGER 150). 22

VIII. Rechtsvergleichung

§§ 1171 ABGB; art. 1795 f. CC fr.; art. 1674 f. CC it. 23

Zwölfter Titel: Der Verlagsvertrag

Vorbemerkungen zu Art. 380–393

Literatur

BÄR, Das internationale Privatrecht (Kollisionsrecht) des Immaterialgüterrechts und des Wettbewerbsrechts, SIWR I/1, 2. Aufl., Basel 2002; BARRELET/EGLOFF, Das neue Urheberrecht, 3. Aufl., Bern 2008; BAUMGARTNER, Nachlassplanung des Urhebers, Diss. Bern 2005; VON BÜREN/MARBACH/DUCREY, Immaterialgüter- und Wettbewerbsrecht, 3. Aufl., Bern 2008; CHRIST, Der Verlagsvertrag nach schweiz. OR, Diss. Zürich 1904; DESBOIS, Le droit d'auteur en France, 3. Aufl., Paris 1978; DESSEMONTET, Le droit d'auteur, Lausanne 1999; FISCHER, Irrtum: Die Zweckübertragungstheorie ist eine besondere, urheberrechtliche Auslegungsregel, in: Berger/Macciacchini (Hrsg.), FS für Reto M. Hilty, Zürich 2008, 103 ff.; FUETER, Verlaggeber und Verleger im Verlagskonkurs, Diss. Zürich 1938; GUT, Rechtsgeschäftliche Verfügung über Urheberrechte an Markenbasiskonzepten, Bern 2001; HAFNER, Das Verhältnis urheberrechtlicher Befugnisse zum Eigentum am Werkexemplar, Bern 1994; HAUPT, Der Fachverlag im schweizerischen Urheberrecht – eine rechtstatsächliche Studie, Diss. Zürich 2006; HELBING, Auswirkungen des Rückrufsrechts wegen gewandelter Überzeugung und des droit de repentir auf die Rechte des Buchverlegers, Diss. Basel 1969; HILTY, Der Verlagsvertrag, SIWR II/1, 3. Aufl., Basel 2014, 597 ff. (zit. SIWR II/1); DERS., Lizenzvertragsrecht, Bern 2001 (zit. LV); DERS., Urhebervertragsrecht: Schweiz im Zugzwang?, in: Hilty/Berger (Hrsg.), Urheberrecht am Scheideweg?, Bern 2002 (zit. UV); DERS., Der Schutz des Urhebers durch Unübertragbarkeit seiner Befugnisse: Schutz des Urhebers oder dogmatisches Ammenmärchen?, in: Becker et al. (Hrsg.), FS für Manfred Rehbinder, München/Bern 2002 (zit. SU); DERS., Leistungsstörungsrecht beim Technologietransfer, in: Honsell et al. (Hrsg.), FS für Heinz Rey, Zürich 2003 (zit. FS Rey); DERS., Urheberrecht, Bern 2011 (zit. UR); DERS., Vermögensübertragung nach Fusionsgesetz – Auswirkungen auf Verträge am Beispiel des Lizenzvertrags, in: von der Crone et al. (Hrsg.), FS für Dieter Zobl, Zürich 2004, 565 ff. (zit. FS Zobl); HOCHREUTENER, Urhebervertragsrecht im Verlagsbereich, in: Streuli-Youssef (Hrsg.), Urhebervertragsrecht, Zürich 2006, 34 ff.; HUBER, Die urheberrechtliche und verlagsrechtliche Stellung des Redaktors und seiner Mitarbeiter im Pressewesen, Diss. Freiburg 1936; LANGE, Der Lizenzvertrag im Verlagswesen, Diss. Bern 1979; LAUX, Vertragsauslegung im Urheberrecht, Diss. Zürich, Bern 2003; LÜDIN, Das Erlöschen des Verlagsrechts nach schweizerischem Urheber- und Obligationenrecht, Liestal 1950; MATINÉ, Le contrat d'édition en matière littéraire en droit suisse et en droit français, Diss. Genf 1951; MEIER, Schweizerisches Zivilprozessrecht, Zürich 2010; MUTTENZER, Der urheberrechtliche Lizenzvertrag, Diss. Basel 1970; NORDEMANN-SCHIFFEL/NORDEMANN, § 64 Verlagsverträge über belletristische Werke, in: Loewenheim (Hrsg.), Handbuch des Urheberrechts, 2. Aufl., München 2010; OFTINGER, Dürfen Redaktionen ihnen übergebene Beiträge verändern?, Presserechtliche Studie mit einer Nutzanwendung auf das Radio, SJZ 1968, 17 ff.; PIAGET, Le contrat d'édition portant sur une publication numérique, Bern 2004; PEDRAZZINI, Der Verlagsvertrag, in: Schweizerisches Privatrecht (SPR), Bd. VII/1, Basel 1977, 552 ff.; VON PLANTA, Ghostwriter, Bern 1998; REHBINDER, Schweizerisches Presserecht, Bern 1975 (zit. PR); DERS., Schweizerisches Urheberrecht, 3. Aufl., Bern 2000 (zit. UR); DERS., Hundert Jahre Verlagsvertragsrecht, in: Peter/Stark/Tercier (Hrsg.), Hundert Jahre schweizerisches Obligationenrecht, Freiburg 1982, 257 ff. (zit. VR); REHBINDER/GROSSENBACHER, Schweiz. Urhebervertragsrecht, Bern 1979; ROHNER, Der Herausgebervertrag, Diss. Freiburg, Zürich 1980; SCHMAUS, Der E-Book-Verlagsvertrag, Baden-Baden 2002; SCHRICKER, Verlagsrecht, Kommentar, 3. Aufl., München 2001; SCHRICKER/LOEWENHEIM (Hrsg.), Urheberrecht, Kommentar, 4. Aufl., München 2010; SCHRICKER/PEUKERT, § 40 Verträge über künftige Werke, in: Schricker/Loewenheim (Hrsg.), Urheberrecht, Kommentar, 4. Aufl., München 2010; SIGL, Übertragung des Urheberrechts und Einräumung von Verwertungsbefugnissen, Diss. Basel 1977; STÄMPFLI, Die Beziehungen zwischen Urheber und Verleger eines Schriftwerks, Diss. Bern 1947; STAUB, Leistungsstörungen bei Urheberrechtsverträgen, Bern 2000; STREULI-YOUSSEF, Grundlagen, in: Streuli-Youssef (Hrsg.), Urhebervertragsrecht, Zürich 2006, 1 ff.; STUDER, Urheberrecht für Medienschaffende in der Schweiz, in: Haupt (Hrsg.), Urheberrecht für Medienschaffende in Deutschland, Österreich und der Schweiz, Zürich 2007, 231 ff.; TÂCHE, Le contrat d'édition de l'œuvre littéraire, Diss. Lausanne 1970; TROLLER, Immaterialgüterrecht, 3. Aufl., Basel 1983/85; VIVANT/BRUGUIÈRE, Droit d'auteur, Paris 2009; VON WERDT, Die Beschwerde in Zivilsachen, Bern 2010; WULKAN, Die Zeitung im Verhältnis zum Urheberrecht, Diss. Bern 1947; WYLER B., Der Kunstverlag, Diss. Zürich 1983; WYLER R., Les relations de droit privé entre l'annonceur, l'agence de publicité et l'éditeur, Diss. Lausanne 1987.

I. Praktische Bedeutung des Gesetzesrechts

1 Die **bescheidene Bedeutung des dispositiven Verlagsrechts** in der Praxis erhellt schon aus einer aussergewöhnlich geringen Anzahl von Gerichtsentscheidungen. Dies mag daran liegen, dass zahlreiche *Muster- oder Typenverträge* und – v.a. bei den Printmedien – *Kollektivvereinbarungen* die äusserst mageren gesetzlichen Normen ergänzen oder gar ersetzen mussten, womit einige Konfliktbereiche bereits vorab eine Regelung erfuhren (s. z.B. Art. 382 N 6). Umgekehrt verstärken solche individuellen Regelungen zumindest dann das im Verlagsverhältnis ohnehin bestehende *Kräfteungleichgewicht*, wenn unerfahrene, nicht organisierte Verlaggeber professionellen Verlegern oder Verlegerverbänden gegenüberstehen (s.a. Art. 380 N 9). Die Schuld dafür trägt in erster Linie der schweizerische Gesetzgeber; anders als im Arbeits- oder im Mietrecht hat er die Schaffung des notwendigen Ausgleichs versäumt, indem er, im Unterschied etwa zu Frankreich, nie den Verlaggeber schützende *zwingende Normen* erlassen hat (eingehender HILTY, SIWR II/1, Rz 1887 ff.; DERS., UV, passim).

2 Fehlt sowohl eine individuelle Absprache als auch eine passende gesetzliche Regelung, so kann in Einzelfragen eine **Analogie zu ähnlichen Vertragstypen** – je nach den Umständen insb. *Kauf-* bzw. *Arbeits-*, *Auftrags-* oder *Werkvertragsrecht* – zu brauchbaren Resultaten führen. Häufig mag auch ein **Vergleich mit ausländischem Recht** weiterhelfen. Die teilweise fast sklavische Anlehnung an das deutsche Recht vermag aus urheberrechtlicher Sicht – Deutschland bekennt sich zur monistischen Theorie – allerdings nur teilweise zu befriedigen; für die Schweiz mit ihrem dualistischen System mindestens so relevant ist das französische Recht (s. Art. 16 Abs. 1 URG; **a.M.** vor dem Hintergrund der damaligen Entwürfe noch PEDRAZZINI, 569 f.).

II. Abgrenzungen

3 Die begriffsnotwendigen Elemente des Verlagsvertrags ergeben sich in erster Linie aus der Legaldefinition (Art. 380 N 10); sein eigenständiges Wesen hingegen lässt sich am deutlichsten mittels einer Gegenüberstellung ähnlicher Vertragstypen erkennen:

4 1. Beim **Lizenzvertrag** erwirbt der Lizenznehmer nach überwiegender Auffassung (s.a. Einl. vor Art. 184 ff. N 260; mit vollständiger Übersicht HILTY, LV, 122 ff.) lediglich einen *obligatorischen* Anspruch auf (evtl. ausschliessliche) Benutzung der beim Lizenzgeber bleibenden *absoluten* Rechte. Der Verleger hingegen erwirbt i.d.R. – zumindest teilweise (Art. 381 N 4) – die (Urheber-)Rechte selbst; er tritt bezüglich dieser Rechte an die Stelle des Verlaggebers. Begriffsnotwendig ist eine Übertragung dieser Rechte für den Verlagsvertrag allerdings nicht, vielmehr kann der Verleger seine Tätigkeit auch bloss gestützt auf eine einfache oder ausschliessliche Lizenz vornehmen (BK-BECKER, Art. 380 N 4; CR CO I-CHERPILLOD, Art. 381 N 1; DESSEMONTET, Rz 910 und 997; unscharf VON BÜREN/MARBACH/DUCREY, Rz 856; s.a. Art. 382 N 6); fehlt es von vornherein an absoluten Rechten (Art. 381 N 2), so ist die Einräumung des Rechts auf Vervielfältigung und Vertrieb ohnehin bloss obligatorischer Natur (dazu N 10).

In Verlagsverträgen häufig anzutreffen ist ein Recht des Verlegers zur *Lizenzgabe* an *Dritte*, z.B. zur Herstellung von Taschenbuch- oder Sonderausgaben oder auch für Übersetzungen (vgl. dazu HOCHREUTENER, 90 f.).

5 2. Als **Herausgebervertrag** zu betrachten ist das Verhältnis zwischen Verleger und Herausgeber, welcher einzelne Beiträge verschiedener Urheber sammelt (evtl. auch initiiert) und zusammenstellt (Hger BE, sic! 1998, 84). Üblich ist der Herausgebervertrag in zwei Varianten, wobei verschiedene Mischformen möglich sind:

a) Der *Herausgebervertrag ist zugleich Verlagsvertrag*. Gegenstand desselben ist (nur) das Sammelwerk, an welchem der Herausgeber i.d.R. ein eigenes Urheberrecht hat (Art. 4 URG; s.a. Art. 8 Abs. 2 URG; ZR 1948, 130 f.); eine direkte Rechtsbeziehung zwischen den Urhebern der einzelnen Beiträge und dem Verleger besteht nicht (häufig etwa bei Zeitschriftenartikeln; s. aber auch Art. 382 N 6; eingehender zu den Printmedien REHBINDER, PR, 125 f.). Kosten und Risiko trägt der Herausgeber dabei höchstens in Bezug auf die Tätigkeiten des Herausgebens; der Verlag als solcher muss auf Kosten des Verlegers erfolgen (s.a. N 8; unklar PEDRAZZINI, 560).

b) Im Rahmen einer Schriftenreihe oder dgl., evtl. auch bei Zeitschriften, schliesst der Verleger die eigentlichen Verlagsverträge über die einzelnen Werke direkt mit den Urhebern ab (evtl. über den Herausgeber als Stellvertreter). Zusätzlich besteht zwischen Verleger und Herausgeber der Reihe etc. ein *Herausgebervertrag als Rahmenverhältnis*; dieses umfasst namentlich die Betreuung der Reihe, die redaktionelle Vereinheitlichung bzw. einheitliche Gestaltung der jeweiligen Werkexemplare usw. Der Herausgebervertrag untersteht diesfalls Werkvertragsrecht (bzw. beim angestellten Herausgeber Arbeitsrecht; nach BUCHER, BT, 217, und HOCHREUTENER, 75, liegt ein Innominatkontrakt vor; so auch HGer BE, sic! 1998, 84; nach DESSEMONTET, Rz 895, gilt Auftragsrecht, soweit der Herausgeber eine Mittlerrolle einnimmt und über die Qualität der Beiträge wacht) sowie – sofern der Herausgeber am Sammelwerk berechtigt ist – Verlagsvertragsrecht.

Vom Herausgeber zu unterscheiden ist die dem Agenturvertragsrecht (evtl. dem Auftragsrecht) unterstehende **literarische Agentur**, welche – ohne selber Rechte zu erwerben – als Mittlerin zwischen Verleger und Urheber in Erscheinung tritt (s. demgegenüber zur Rechtsnatur des Medienberaters BGE 115 II 57 = Pra 1989, 888). 6

3. Ein **Bestellvertrag** ist anzunehmen, wenn der Vertrag zwar die (meist entgeltliche) Erstellung eines Werks samt dem Recht des Bestellers zur Werknutzung (im Rahmen des Übertragungszwecks) zum Gegenstand hat, i.d.R. aber nicht eine entsprechende Pflicht (s. aber Oger ZH, SJZ 1974, 143 ff.); er untersteht je nach den Verhältnissen Werkvertrags- oder allenfalls Auftragsrecht (der adäquateren Normen wegen allein für Auftragsrecht DESSEMONTET, Rz 886 ff.; s.a. Art. 393 als lex specialis). Besteht hingegen eine entsprechende (Vervielfältigungs- und Verbreitungs-)Pflicht des Bestellers – allenfalls auch aufgrund eines stillschweigenden Akzepts (Art. 380 N 1) –, so ist, ungeachtet der Initiative zur Schaffung des Werks, ein Verlagsverhältnis anzunehmen (BGE 101 II 104; 69 II 55). 7

4. Ob statt eines Verlagsvertrags- ein **Kommissionsverhältnis** vorliegt (meist mit wesentlichen Elementen des Werkvertrags- oder allenfalls des Auftragsrechts), entscheidet sich – unabhängig von der Partei- bzw. Vertragsbezeichnung (Art. 18) und der Erscheinungsform der Werkexemplare (z.B. die Nennung des Verlags) – nach dem *Träger des wirtschaftlichen Risikos*: Entfaltet der Verleger seine Tätigkeit – häufig dieselbe wie im Rahmen des Verlagsvertrags – zwar im eigenen Namen, jedoch auf Rechnung des Werklieferanten, so liegt kein Verlagsvertrag vor; dies gilt auch, wenn sich der Verlag seine Tätigkeit (wenigstens hauptsächlich) finanzieren lässt, etwa in Form praktisch kostendeckender Druckkostenzuschüsse (HOCHREUTENER, 107 ff., sieht in derartigen Konstellationen einen gemischten Vertrag mit Elementen des Werkvertrages, der Kommission und des Hinterlegungsvertrages; s.a. HAUPT, 109 f., der je nach Verteilung des finanziellen Risikos den Vertrag anders bewertet). Eine Rechtsübertragung erfolgt nicht (bzw. allenfalls fiduziarisch, PEDRAZZINI, 558). 8

Bei solchen Vertragsverhältnissen muss die Festsetzung von Ausstattung, Preis etc. des Werks dem Werklieferanten als dem Risikoträger obliegen; der Verleger partizipiert im Übrigen – vorbehältlich abweichender Vereinbarung, insb. einer Abgeltung für die Benützung des Verlagsnamens – höchstens bis zum vollen Entgelt seiner Tätigkeit am Verkaufsgewinn (Art. 372 ff. bzw. 431 ff. OR; s.a. Art. L.132-2 F-URG; dazu VIVANT/BRUGUIÈRE, Rz 720).

9 5. Eine Abgrenzung gegenüber der gelegentlich zum Vergleich beigezogenen **einfachen Gesellschaft** schliesslich ergibt sich daraus, dass beim Verlagsvertrag die gemeinsame Zweckverfolgung i.S.v. Art. 530 höchstens subsidiär besteht; der Verlagsvertrag zeichnet sich aber doch überwiegend durch einen deutlichen Interessengegensatz aus, welcher sich schon aus der bloss einseitigen Risikotragung ergibt (s. N 8; TERCIER/FAVRE/CARRON, contrats spéciaux, Rz 4877; CR CO I-CHERPILLOD, Intro. Art. 380–393 N 6; s.a. Art. L.132.3 F-URG; VIVANT/BRUGUIÈRE, Rz 720).

III. Bemerkungen zur gesetzgeberischen Systematik

10 Die **systematische Einordnung des Verlagsvertragsrechts ins Schuldrecht** statt – wie z.B. in Frankreich oder Italien – ins URG oder (wie in der BRD) in ein eigenes Verlagsgesetz (wobei das VerlG und das UrhG dort in einer Wechselwirkung stehen, das jüngere UrhG als allg. Gesetz das ältere VerlG als Spezialgesetz jedoch unberührt lässt SCHRICKER/LOEWENHEIM, Vor § 28 UrhG N 3; NORDEMANN-SCHIFFEL/NORDEMANN, § 64 Rz 14, die das VerlG sogar vom UrhG überlagert sehen), gibt immer wieder Anlass zu Diskussionen. Sich über die Berechtigung dieser Systematik auszulassen, hat mangels Aussicht auf Änderung wenig Sinn. Immerhin darf nicht übersehen werden, dass der Verlagsvertrag im schweizerischen Recht nicht notwendigerweise geschützte Werke zum Gegenstand hat (dazu Art. 380 N 5) und insoweit eine Regelung im Urheberrecht verfehlt wäre; doch selbst wenn das verlegte Werk Schutz geniesst, ist (im Wesentlichen mit PEDRAZZINI, 555; ZK-TROLLER, N 34; BUCHER, BT, 218; TROLLER, 786) der *in erster Linie vertragsrechtliche Charakter des Verlagsvertrags* zu betonen; urheberrechtlich von Bedeutung ist (gegebenenfalls) nur der *Gegenstand* des Vertrags. Nicht immer werden allerdings die Konsequenzen dieser Aufnahme ins Schuldrecht gezogen: Soweit das Gesetz nicht ausdrücklich urheberrechtliche Normen enthält, sind die einzelnen Bestimmungen, insb. die Beschränkungen der Rechte des Verlegers (z.B. Art. 386 und 387, s.a. dort), zwangsläufig als solche *obligatorischer* Natur zu verstehen. Diese Qualifizierung steht in Übereinstimmung mit dem Zeitpunkt der Kodifizierung des Verlagsvertragsrechts im Jahre 1881: Zwei Jahre vor jener eines nationalen Urheberrechts.

IV. Kollisionsrecht

11 Im internationalen Verhältnis (Art. 1 Abs. 1 IPRG) werden das Immaterialgüterrechts- und das Vertragsstatut gesondert angeknüpft. Trotz der grundsätzlich obligatorischen Natur des Verlagsvertrages (s. N 10) sind daher auch die sich aus dem Immaterialgüterrechtsstatut ergebenden Besonderheiten – insb. bezüglich der Übertragbarkeit – zu berücksichtigen.

Das **Vertragsstatut** regelt das obligatorische Grundgeschäft – insb. sein Zustandekommen – und die sich daraus ergebenden Rechte und Pflichten (BSK IPRG-JEGHER/VASELLA, Art. 122 N 10; BÄR, 153 f.). Nach h.L. wird beim Verlagsvertrag – vorbehaltlich einer Rechtswahl (Art. 116 IPRG) – an den Sitz des Verlegers angeknüpft, da dieser die für den Vertrag charakteristische Leistung erbringt (Art. 117 Abs. 2 IPRG; dazu eingehend HILTY, SIWR II/1, Rz 1767 ff.; CR CO I-CHERPILLOD, N 14; IPRG-Kommentar-KELLER/KREN KOSTKIEWICZ, Art. 117 N 133; **a.A.** BSK IPRG-AMSTUTZ/WANG, Art. 117 N 45, die danach differenzieren, ob der Verleger dem Verlaggeber eine Entschädigung entrichtet; sei dies der Fall, so sei die charakteristische Leistung jene des Verlaggebers).

Das **Immaterialgüterrechtsstatut** beantwortet dem Grundsatz nach Rechtsfragen, die das *Schutzrecht als solches betreffen*, so insb. jene nach seinem Bestand, seiner Wirkung, der Berechtigung daran und der Übertragbarkeit (BSK IPRG-JEGEHR/VASELLA, Art. 110 N 9–16; BÄR, 153; IPRG-Kommentar-VISCHER, Art. 122 N 4). Nach Art. 110 Abs. 1 IPRG wird an das Recht jenes Landes angeknüpft, in dem der Schutz beansprucht wird (lex loci protectionis). Erfasst ein Verlagsvertrag mehrere nationale Territorien – etwa der Verlag eines Buches in allen deutschsprachigen Ländern –, so folgt aus dem Immaterialgüterrechtsstatut mithin, dass entsprechend viele parallele (aber unabhängige) Urheberrechte und Rechtsordnungen involviert sind (ZK-Troller, N 27). Eine Rechtswahl ist hier nur in beschränktem Umfange möglich (Art. 110 Abs. 2 IPRG; vgl. dazu auch BSK IPRG-Jegher/Vasella, Art. 110 N 29 ff.).

Art. 380

A. Begriff — **Durch den Verlagsvertrag verpflichten sich der Urheber eines literarischen oder künstlerischen Werkes oder seine Rechtsnachfolger (Verlaggeber), das Werk einem Verleger zum Zwecke der Herausgabe zu überlassen, der Verleger dagegen, das Werk zu vervielfältigen und in Vertrieb zu setzen.**

A. Définition — Le contrat d'édition est un contrat par lequel l'auteur d'une œuvre littéraire ou artistique ou ses ayants cause s'engagent à la céder à un éditeur, qui s'oblige à la reproduire en un nombre plus ou moins considérable d'exemplaires et à la répandre dans le public.

A. Definizione — Il contratto d'edizione è quello per cui l'autore di un'opera letteraria, o artistica, o i suoi aventi causa, si obbligano a concedere quest'opera a un editore perché la pubblichi, e l'editore si obbliga a riprodurla e metterla in vendita.

Literatur

Vgl. die Literaturhinweise bei den Vorbem. zu Art. 380–393.

I. Die Entstehung des Verlagsvertrages

Das schweizerische Recht enthält für den **Abschluss des Verlagsvertrages** keine Vorschrift; 1
insb. verlangt es – anders als z.B. Art. L.132-7 F-URG – *keine besondere Form.* Denkbar ist damit auch ein konkludenter Vertragsschluss (Art. 11 Abs. 1), etwa durch Zusenden eines Artikels an den Verleger (Offerte; anders zum deutschen Recht Nordemann-Schiffel/Nordemann, § 64 Rz 36) und dessen Akzept durch Abdruck bzw. – beim Zeitungsverleger – durch unterbliebene Rücksendung des Manuskripts innert angemessener Frist (so statuierte Art. 13 Abs. 1 des ehemaligen GAV 2000 für die freien Journalisten eine Frist von 10 Tagen; zum GAV Art. 382 N 6, zu den Verbänden nachstehend N 7 und 9; s.a. Huguenin/Hilty, Art. 1 N 5 f. zur modernen Vielfalt des Vertragsabschlusses).

Der Vertrag entsteht mangels entsprechender Vorschrift auch nicht etwa erst mit der Ablieferung des Werks an den Verleger (so aber § 9 VerlG); entsprechend kann ein Verlagsvertrag – 2
obwohl vom Gesetz nicht ausdrücklich vorgesehen – auch über ein **künftiges Werk** abgeschlossen werden (ZK-Troller, Vor Art. 380–393 N 8 ff.; Troller, 789; Pedrazzini, 562, 572; CR CO I-Cherpillod, N 6; Barrelet/Egloff, Art. 16 N 9; zurückhaltend noch BK-Becker, N 9), wobei auch hier keine Formvorschriften bestehen (s. demgegenüber § 40 UrhG). Möglich ist dies durch konkrete Vereinbarung oder auch durch verschiedene Formen von Optionsverträgen (zu diesen Hilty, SIWR II/1, Rz 1808 ff. m.Nw.; Gauch/Schluep/Schmid/Emmenegger, Rz 1101; krit. Haupt, 110 f.; zum deutschen Recht Schricker/Peukert, § 40 UrhG N 5 f.; Schricker, VerlG 1 N 40–49). Allerdings fallen bei künftigen Werken Verpflichtungs- und Verfügungsgeschäft – anders als im deutschen Recht (dazu allgemein Schricker, VerlG 8 N 2, 9 N 3; mit Bezug auf künftige Werke ebd., VerlG 1 N 36 bzw. VerlG 9 N 5) und entgegen Troller, 786 – wenigstens aus *obligatorischer* Sicht nicht zusammen, denn zur begriffsnotwendigen (sachenrechtlichen) Übertragung des Werks i.S.v. Art. 380 vermag sich der Urheber vor dessen Schaffung erst zu verpflichten. An sich möglich, im Zweifel

aber nicht anzunehmen (s.a. BUCHER, BT, 219) ist demgegenüber – ähnlich der Zession künftiger Forderungen (dazu BUCHER, AT, 543 ff.; GAUCH/SCHLUEP/SCHMID/EMMENEGGER, Rz 3438 ff. und HUGUENIN, OR AT/BT, Rz 1368 ff.) – eine (noch unvollkommene) Verfügung über die *Urheberrechte* an künftigen Werken; originär entstehen wird das Urheberrecht als Ganzes allerdings zunächst in der Person des Urhebers (Art. 6 URG), um dann sogleich in einem dem Vertragszweck entsprechenden Umfange (vgl. aber Art. 381 N 3) auf den Verleger überzugehen (s.a. BARRELET/EGLOFF, Art. 16 N 9, die – allerdings ohne Differenzierung zum Verpflichtungsgeschäft – bereits über künftige Werke eine volle Verfügung annehmen; wie hier VON PLANTA, 61, die allerdings zusätzlich eine – mindestens konkludente – Vollendungserklärung seitens des Urhebers verlangt).

3 Problematisch ist erst eine Vereinbarung über mehrere, insb. über **alle künftigen Werke** (zu den künftigen *Auflagen* eines Werks auch Art. 383 N 6). Anders als etwa in Art. L.132-4 F-URG fehlt im schweizerischen Urheberrecht eine entsprechende Einschränkung; eine Grenze bildet aber Art. 20 OR i.V.m. Art. 27 Abs. 2 ZGB (eingehender HILTY, SIWR II/1, Rz 1841 ff.; GAUCH/SCHLUEP/SCHMID/EMMENEGGER, Rz 658 ff.).

II. Der Werkbegriff im Verlagsvertragsrecht

4 **Gegenstand des Verlagsrechts** im *objektiven Sinne* (der Gesamtheit der Normen zur Regelung des Verlagsverhältnisses; zum Begriff des subjektiven Verlagsrechts Art. 381 N 4) kann zunächst jedes dem Urheberrechtsschutz zugängliche Werk sein (Art. 2 ff. URG bzw. Art. 2 RBÜ); denkbar ist damit auch etwa der Verlag eines i.S.v. Art. 2 Abs. 3 URG geschützten Computerprogramms (CR CO I-CHERPILLOD, N 3; für Einzelheiten PEDRAZZINI, 566 ff.; HILTY, SIWR II/1, FN 2905; allgemein REHBINDER, UR, Rz 71 ff.; BARRELET/EGLOFF, Art. 2 N 4 ff.; DESSEMONTET, Rz 44 ff.; VON BÜREN/MARBACH/DUCREY, Rz 855 ff.).

5 *Urheberrechtlich geschützt* muss ein in Verlag gegebenes Werk allerdings *nicht* sein; dies ergibt sich klar aus Art. 381 Abs. 2 (s.a. Art. 381 N 9); dass diese Konstellation (anders als in § 39 f. VerlG) nicht spezifisch geregelt wird, ändert nichts (**a.A.** ZK-TROLLER, Vor Art. 380–393 N 3; VON BÜREN/MARBACH/DUCREY, Rz 855; TERCIER/FAVRE/CARRON, contrats spéciaux, Rz 4883; ZK-HOCHREUTENER, N 66; weniger klar TROLLER, 787 f.; krit. auch PEDRAZZINI, 564 f.). Entsprechend unnötig ist die Differenzierung in «uneigentlichen» oder «unechten» Verlagsvertrag (so jedoch, in Anlehnung an TROLLER, BGE 101 II 104; ebenso HOCHREUTENER, 71 f.; wie hier CR CO I-CHERPILLOD, N 2). Wohl ergeben sich mangels urheberrechtlichen Schutzes Besonderheiten (Näheres bei den einzelnen Bestimmungen), doch kann daraus – entgegen TROLLER (a.a.O.) – nicht geschlossen werden, das – notabene schuldrechtliche (Vor Art. 380–393 N 10) – Verlagsrecht finde auf solche Vereinbarungen mangels Angemessenheit überhaupt keine Anwendung (bzw. bloss «sinngemäss», vgl. BGE 101 II 104; s.a. BUCHER, BT, 218).

Urheberrechtlich *nicht geschützt* sind einerseits gemeinfrei gewordene, andrerseits von vornherein nicht schutzfähige sowie nicht geschützte (Art. 5 URG) Werke. In solchen Fällen wird der Verlaggeber mangels absoluten Rechts i.d.R. – wenn auch nicht zwingend – über ein *faktisches Monopol* verfügen (insb. nicht herausgegebene, gemeinfrei gewordene Texte: Editio princeps; s.a. Art. 381 N 2; anders etwa bei Gesetzesausgaben).

III. Die Parteien des Verlagsvertrages

6 1. **Verlaggeber** ist nach Gesetz der das Urheberrecht originär erwerbende Urheber eines Werks (*notwendigerweise eine natürliche Person*: BGE 100 II 167; 74 II 112; 59 II 402) oder ein – derivativ erwerbender – Rechtsnachfolger (auch juristische Personen). Folgerichtig – und in Abweichung von Art. L.132-1 F-URG und vom deutschen Recht (welches zu eng vom «Verfasser» spricht, vgl. § 1 VerlG; vgl. aber § 48 VerlG) – verwendet das schweizerische Recht denn auch möglichst den Begriff des *Verlaggebers* (französisch – und entsprechend italienisch – «l'auteur ou ses ayants cause»). Dieser Begriff impliziert zudem die Möglichkeit der Verlaggabe eines urheberrechtlich nicht (mehr) geschützten Werks (N 5; s. aber auch die Kritik bei HILTY, SIWR II/1, Rz 1778).

Von den Verwertungsgesellschaften abgesehen sind die Verlaggeber namentlich in folgenden Verbänden *organisiert*: Bezüglich des Buchverlags der Verband «Autorinnen und Autoren der Schweiz» (früher SSV und «Gruppe Olten»); mit dem Zeitungs- und Zeitschriftenverlag befassen sich in erster Linie «impressum» (früher Schweiz. Verband der Journalistinnen und Journalisten, SVJ) bzw. «comedia» (früher u.a. SJU), mit dem Musikverlag – nebst vielen kleineren Gruppierungen – v.a. der Schweiz. Tonkünstlerverein (STV). Weiter zu erwähnen ist – nebst sonstigen Spartenverbänden – das Schweizer Syndikat Medienschaffender (SSM) für die elektronischen Medien, inkl. Internet. 7

2. **Verleger** kann an sich jede natürliche oder juristische Person sein; ein Fehlen notwendiger technischer oder organisatorischer Einrichtungen hindert den Vertragsschluss nicht, kann aber zu Nicht- oder Schlechterfüllung i.S.v. Art. 97 ff. führen. 8

Organisiert ist diese Seite im Schweizer Buchhändler- und Verleger-Verband (SBVV) sowie – in der Westschweiz – in der Association Suisse des Éditeurs de Langue Française (ASELF) bzw. im Tessin in der Società Editori della Svizzera Italiana (SESI); die Presseverleger sodann sind im Verband Schweizer Presse (VSP), mit den Partnerverbänden «Presse Suisse» und «Stampa Svizzera», zusammengeschlossen. Die Musik(noten)verleger sind in «suissemusic» (früher Schweiz. Verband der Musikalienhändler und -verleger) organisiert, die – heute weitgehend als selbständige Verleger tätigen – Ton- und Tonbildträgerhersteller in der Schweiz. Landesgruppe der IFPI International Federation of Producers of Phonograms and Videograms; daneben besteht die Schweiz. Vereinigung der Musikverleger (SVMV) sowie die Association of Swiss Music Producers (ASMP). 9

IV. Die Rechte und Pflichten der Vertragsparteien im Allgemeinen

1. Die **Normierung** der Rechte und Pflichten der Vertragsparteien des Verlagsvertrages folgt keiner strengen Systematik. Die dispositiv geregelten Nebenpunkte finden sich in verschiedenen Bestimmungen (s. die Übersicht in Art. 381 N 1 bzw. Art. 384 N 1), während immerhin die Hauptpunkte i.S.v. Art. 2 Abs. 1 der Legaldefinition in Art. 380 zu entnehmen sind: Die Pflicht des Verlaggebers, dem Verleger das *Werk zur Herausgabe zu überlassen* und jene des Verlegers zur *Vervielfältigung und zum Vertrieb* des Werks; fehlt eines dieser Elemente, liegt kein Verlagsvertrag vor (Vor Art. 380–393 N 3–9). Der Begriff der Überlassung des Werks wird dabei nirgends genauer umschrieben; er ist nachfolgend zu untersuchen (s. N 14). Die Hauptpflichten des Verlegers hingegen werden in Art. 384 spezifiziert; für sie wird auf die dortigen Ausführungen verwiesen. 10

2. Die Frage der **Pflicht zur persönlichen Erfüllung** stellt sich beim **Verlaggeber** in erster Linie bei Verträgen über *künftige Werke* (N 2). In analoger Anwendung von Art. 364 Abs. 2 wird darauf abzustellen sein, ob es auf die persönlichen Eigenschaften des Verlaggebers ankommt, wobei der Verlaggeber allerdings ohnehin nicht der Urheber zu sein braucht, sondern auch etwa dessen Arbeitgeber sein kann. Gerade bei wissenschaftlichen Projekten dürfte auf Urheberseite ein über den Verlaggeber hinausgehender Personenkreis (Ghostwriter) sogar die Regel sein (ähnlich TROLLER, 788 FN 71); bei Werken der bildenden Kunst wirken im Übrigen häufig auch handwerkliche Hilfspersonen mit. 11

Seitens des **Verlegers** richtet sich die Pflicht zur persönlichen Erfüllung zunächst nach einer allfälligen Vereinbarung; fehlt sie, ist zu unterscheiden: 12

a) Zunächst unproblematisch ist der Beizug eines blossen *Erfüllungsgehilfen*, etwa des selbständigen Grafikers zur angemessenen Ausstattung des Werks gem. Art. 384 Abs. 1 (zum Gehilfen s.a. Art. 393 N 2; zurückhaltend DESSEMONTET, Rz 1001, dort FN 2069).

b) Eine *Übertragung der dem Verleger obliegenden Hauptpflichten* ist aus obligatorischer Sicht in Anwendung von Art. 68 grundsätzlich zulässig. Auch aus urheberrechtlicher Sicht ist die damit verbundene Weiterübertragung der dem Verleger übertragenen Rechte an sich nicht ausgeschlossen, doch ist in Anwendung von Art. 381 Abs. 1 (dort N 4) zweifelhaft, ob der Verleger z.B. das Recht zur Vervielfältigung des Werks einem unabhängigen Drucker weiterübertragen darf (zustimmend DESSEMONTET, Rz 1001; **a.A.** ZK-TROLLER, Art. 384 N 16); obligatorisch verpflichtet bleibt in jedem Fall der Verleger als Vertragspartner (s. aber die sinngemäss auch hier geltende Einschränkung unter c).

c) Werden die Vertragspflichten gesamthaft auf einen Dritten übertragen, handelt es sich um eine eigentliche *Schuldübernahme* (Art. 175 ff.; TROLLER, 804; ohne klare Unterscheidung PEDRAZZINI, 583). Dabei wird der ursprüngliche Verleger so lange nicht von seinen vertraglichen Pflichten gegenüber dem Verlaggeber befreit, als dieser einer Schuldübernahme durch den Dritten nicht i.S.v. Art. 176 Abs. 3 zugestimmt hat; vom stillschweigenden Einverständnis des Verlaggebers wird dabei allerdings schon aus Gründen der Praktikabilität auszugehen sein, wenn für ihn lediglich das Resultat der verlegerischen Tätigkeit zählt (detaillierter für den Lizenzvertrag HILTY, LV, 754 ff.; **a.A.** DESSEMONTET, Rz 1002).

d) Die *Übernahme von Aktiven und Passiven* nach Art. 181 kommt seit Inkrafttreten des FusG nur noch zur Anwendung, wenn der übertragende Verlag nicht in der Rechtsform einer Handelsgesellschaft, Genossenschaft, Stiftung, Einzelfirma oder eines Vereins im Handelsregister eingetragen ist (Art. 181 Abs. 4). In der grossen Mehrzahl der Fälle richtet sich die (teilweise) *Übertragung des Vermögens* eines Verlages nunmehr folglich nach Art. 69 ff. FusG. Sowohl nach Art. 69 ff. FusG als auch nach Art. 181 OR – aber anders als bei der allgemeinen Schuldübernahme (Art. 176 Abs. 1 OR) – gehen die sich im zu übertragenden Sondervermögen befindlichen Verbindlichkeiten indes ohne weiteres, d.h. ohne Zustimmung des Gläubigers, auf den übernehmenden Rechtsträger über; als Korrektiv dazu dient eine dreijährige Solidarhaftung (Art. 75 Abs. 1 FusG; Art. 181 Abs. 2 OR). Mit Blick auf die besondere Interessenlage beim Verlagsvertrag stellt sich damit die Frage, ob tatsächlich auch ein Parteiwechsel auf Verlegerseite *ohne Zustimmung des Verlaggebers* zulässig sein kann. Gute Gründe sprechen dagegen, dies pauschal zu bejahen; richtiger erscheint eine Interessenabwägung im Einzelfall. Mit Blick auf die möglichen negativen Konsequenzen für den Verlaggeber drängt es sich insb. dann auf, von seinem Zustimmungserfordernis auszugehen, wenn die Parteiinteressen als gleichwertig zu betrachten sind und dem Verleger das Einholen der Zustimmung zuzumuten ist (eingehend dazu mit Bezug auf Lizenzverträge HILTY, LV, 726 ff. und 754 ff.; bez. der Rechtslage nach Inkrafttreten des FusG DERS., FS Zobl, 565, je m.N.).

13 Von den obigen Sachverhalten zu unterscheiden ist die **Koedition**. Hier erscheint das Werk *mit Willen des Verlaggebers* unter Mitwirkung mindestens zweier Verlage, wobei die rechtliche Ausgestaltung eines solchen Drei- oder Vieleckverhältnisses sehr unterschiedlich sein kann (s. zur Abgrenzung auch BGE 94 II 122 = Pra 1968, 517).

V. Der Begriff der Überlassung des Werks zum Zwecke der Herausgabe

14 **Pflicht des Verlaggebers** ist in erster Linie die *Überlassung eines verkörperlichten Werkexemplars* als Vorlage zur Vervielfältigung durch den Verleger; diese Überlassung hat mit einer allfälligen – nicht begriffsnotwendigen (Art. 381 N 2) – Verfügung über das Urheberrecht am Werk *allerdings nichts zu tun* (Art. 16 Abs. 3 URG, s.a. N 2; falsch deshalb BGE 101 II 104, wo Überlassung des Werks und Übertragung des Urheberrechts gleichgesetzt werden).

Namentlich beim Kunstverlag – vermehrt aber auch beim Buchverlag – übergibt der Verlaggeber das Werk in Form eines den herzustellenden Werkexemplaren entsprechenden Originals (Laserausdruck etc.). Möglich ist auch die Übergabe in digitalisierter Form auf geeignetem Datenträger oder per Onlineübermittlung, etwa per E-Mail mit sog. Attachment (s.a. HILTY, SIWR II/1, Rz 1782; ZK-HOCHREUTENER, N 95). Wird hingegen eine formell abweichende Vorlage (z.B. ein Manuskript) übergeben, muss diese derart beschaffen sein, dass der Setzer, Lithograph etc. einen einwandfreien Satz oder dgl. erstellen kann.

Mangels abweichender Vereinbarung verbleiben die dem Verleger überlassenen Vorlagen im *Eigentum des Verlaggebers* und sind diesem nach Beendigung der Vervielfältigung zurückzugeben (CR CO I-CHERPILLOD, N 11; SCHMID/STÖCKLI, 247, dort FN 1; für den Fall des Untergangs der Vorlagen s. Art. 390). Eine Klage des Verlegers auf Herausgabe eines (noch nicht veröffentlichten: Art. 9 Abs. 3 URG) Manuskripts andrerseits gibt es nicht (Art. 9 Abs. 2 URG); möglich ist höchstens Klage auf Schadenersatz wegen Nichterfüllung (Art. 97 Abs. 1 oder Art. 107 Abs. 2 bzw. Art. 109 Abs. 2; CR CO I-CHERPILLOD, N 12). 15

Art. 381

B. Wirkungen
I. Übertragung des Urheberrechts und Gewährleistung

1 Die Rechte des Urhebers werden insoweit und auf so lange dem Verleger übertragen, als es für die Ausführung des Vertrages erforderlich ist.

2 Der Verlaggeber hat dem Verleger dafür einzustehen, dass er zur Zeit des Vertragsabschlusses zu der Verlagsgabe berechtigt war, und wenn das Werk schutzfähig ist, dass er das Urheberrecht daran hatte.

3 Er hat, wenn das Werk vorher ganz oder teilweise einem Dritten in Verlag gegeben oder sonst mit seinem Wissen veröffentlicht war, dem Verleger vor dem Vertragsabschlusse hievon Kenntnis zu geben.

B. Effets du contrat
I. Transfert et garantie

1 Le contrat transfère à l'éditeur les droits de l'auteur, en tant et aussi longtemps que l'exécution de la convention l'exige.

2 Celui qui cède l'œuvre à publier doit avoir le droit d'en disposer dans ce but au moment du contrat; il est tenu à garantir de ce chef, et, si l'œuvre est protégée, la garantie s'étend à l'existence du droit d'auteur.

3 Si tout ou partie de l'œuvre a déjà été cédée à un autre éditeur, ou si elle a été publiée au su du cédant, ce dernier doit en informer l'autre partie avant de conclure le contrat.

B. Effetti
I. Trasmissione del diritto d'autore e garanzia

1 I diritti d'autore passano all'editore nei limiti e per il tempo richiesto ad assicurare il contratto di edizione.

2 L'autore è tenuto a garantire all'editore che al momento del contratto egli aveva diritto a disporre dell'opera e, se questa è suscettiva di protezione, che gliene spetta il diritto di autore.

3 Egli deve dichiarare all'editore, prima della stipulazione del contratto, se l'opera fu già concessa in tutto o in parte ad un altro editore, o se gli è noto che sia già pubblicata.

Literatur

Vgl. die Literaturhinweise bei den Vorbem. zu Art. 380–393.

I. Übersicht

Die einzelnen Rechte und Pflichten der Parteien finden sich im Gesetz verstreut (zu jenen des Verlegers s. Art. 384 N 1). Für den Verlaggeber ergibt sich aus der Legaldefinition in Art. 380 einzig die Hauptpflicht (dort N 14); zur Übertragung der Rechte auf den Verleger sowie zur Gewährleistungs- und Aufklärungspflicht hingegen äussert sich Art. 381. Weitere Neben- 1 pflichten des Verlaggebers enthalten Art. 382 (Enthaltungspflicht) und Art. 390 (Nachlieferung des untergegangenen Manuskripts). Seine Rechte finden sich in Art. 385 (Verbesserungs- und Berichtigungsrecht), Art. 387 (Übersetzungsrecht) und evtl. Art. 388 f. (Honoraranspruch).

II. Die Übertragung des Urheberrechts (Abs. 1)

2 Der **Zweck der Übertragung** des Urheberrechts auf den Verleger i.S.v. Art. 9 URG ist im Wesentlichen dessen *Schutz vor seiner eigenen Konkurrenz*. Denn anders als der Hersteller von Ton- oder Tonbildträgern (Art. 36 URG) – der allerdings je nachdem seinerseits bloss eine gewöhnliche Verlegertätigkeit erbringt (HILTY, SIWR II/1, FN 3007) – hat der Verleger von Druckwerken kein eigenes Leistungsschutzrecht erhalten; ohne Übertragung des Urheberrechts hätte er damit kein Verbotsrecht (N 4). Beim Verlag ungeschützter Werke umgekehrt (Art. 380 N 5) verfügt der Verleger höchstens über einen *wettbewerbsrechtlichen Schutz* (unter gegebenen Voraussetzungen insb. Art. 5 lit. c UWG).

Begriffsnotwendig ist die – auch teilweise – Übertragung des Urheberrechts indessen nicht (s.a. Art. 380 N 5); fehlt sie entgegen dem dispositiven Recht, kann trotzdem ein Verlagsvertrag vorliegen (ZR 1944, 88 f.; PEDRAZZINI, 556; CR CO I-CHERPILLOD, N 1; DESSEMONTET, Rz 910 und 997; **a.A.** ZK-HOCHREUTENER, N 9 und 47, die Art. 381 Abs. 1 als zwingende Norm sieht). Dies gilt in erster Linie beim Verlag ungeschützter Werke, doch auch bei geschützten Werken kann statt einer Übertragung des Urheberrechts auch etwa bloss eine (einfache oder ausschliessliche) *Lizenz* zur Wiedergabe – ohne absolute Rechtsstellung – eingeräumt werden (so häufig beim Zeitungsverlag, s. Art. 382 N 6). Gleichwohl kann der auf der Basis einer ausschliesslichen Lizenz operierende Verleger gestützt auf den 2008 eingeführten Art. 62 Abs. 3 URG unter gegebenen Voraussetzungen selbständig Klage gegen Rechtsverletzer erheben (HILTY, UR, Rz 305; zur Abgrenzung von Lizenzierung und Übertragung s. Vor Art. 380–393 N 4; HILTY, SIWR II/1, Rz 1802 und FN 3013; DERS., LV, 83 ff. und 122 ff.).

3 **Gegenstand der Übertragung** ist gemäss der in der Schweiz geltenden *dualistischen* Theorie (Art. 16 Abs. 1 URG; Vor Art. 380–393 N 2) der *vermögensrechtliche* Teil des Urheberrechts; erfasst sein können auch künftige Nutzungsarten (HILTY, SIWR II/1, Rz 1807; STREULI-YOUSSEF, 28 f.; BARRELET/EGLOFF, Art. 16 N 9, mit wenig klarer Unterscheidung zwischen künftigen Nutzungsarten und künftigen Werken; zu Ersteren auch N 4, zu Letzteren Art. 380 N 2). Das – vom allgemeinen Persönlichkeitsrecht traditionell unterschiedene – *Urheberpersönlichkeitsrecht*, das «droit moral», ist demgegenüber nach derzeit (noch) h.L. zumindest in seinem Kerngehalt unübertragbar (Art. 9 und 11 URG; Art. 6bis Abs. 1 RBÜ; ausdrücklich BGE 69 II 57; s.a. 96 II 420 E. 6 sowie – allgemein – 113 II 311 E. 4a m.Nw.; zu den einzelnen Befugnissen REHBINDER, UR, Rz 132 ff.; für eine Übersicht über den Stand von Lehre und Rsp. GUT, 109 ff.). Nach diesem Ansatz kann der Urheber auf das «droit moral» als solches zum Voraus auch nicht verzichten, wohl aber (vertraglich) auf dessen Ausübung, etwa auf die Anerkennung der Urheberschaft (z.B. Ghostwriter; s.a. Art. 384 N 3 f.; ausführlich GUT, 122 ff.; BARRELET/EGLOFF, Art. 16 N 14 m.Nw.). Gute Gründe sprechen indessen dafür, auch gewisse urheberpersönlichkeitsrechtliche Befugnisse als einer Übertragung zugänglich zu betrachten, soweit eine Übertragung nicht von ihrer Natur her ausgeschlossen ist. Allein dieser Ansatz entspricht denn auch dem Wortlaut von Art. 16 Abs. 1 URG (dazu eingehend HILTY, LV, 21 ff.; DERS., SIWR II/1, Rz 1803, insb. FN 3015; DERS., UV, 89 ff.; DERS., SU, 281 ff., je m.w.H.; eigenständig DESSEMONTET, Rz 968 ff. i.V.m. Rz 183 ff.; eingehend jüngst BAUMGARTNER, 65 ff., nach dem das Urheberrecht als Ganzes, inkl. Urheberpersönlichkeitsrecht, übertragbar ist).

4 Der ***Umfang der Übertragung*** richtet sich im Zweifel bzw. mangels Vereinbarung – in welcher sich der Verleger allerdings häufig sämtliche (Neben-)Rechte übertragen lässt (REHBINDER/GROSSENBACHER, 16 f., 34 ff.; HILTY, SIWR II/1, Rz 1806) – nach der sog. *Zwecküber-*

tragungstheorie (dazu HILTY, UR, Rz 265 ff. mit einer Übersicht zur Entwicklung dieser Theorie; FISCHER, 103 ff.; SCHRICKER/LOEWENHEIM, § 31 UrhG N 64 ff.; BARRELET/EGLOFF, Art. 16 N 20; DESSEMONTET, Rz 952 ff.; BGE 101 II 106; zum Verlagsrecht am Filmwerk 45 II 752 f.); danach werden jene Rechte übertragen, welche für die Erfüllung der Vertragspflicht erforderlich sind (Abs. 1; s.a. Art. 16 Abs. 2 URG; krit. dazu LAUX, 122 ff., und HILTY, SU, 267 ff.). Übertragen werden demzufolge nicht notwendigerweise sämtliche vermögensrechtlichen Befugnisse gem. Art. 10 URG; aufgrund des Vertragszwecks genügt vielmehr die Einräumung des sog. *subjektiven Verlagsrechts* (zum Begriff des objektiven Verlagsrechts Art. 380 N 4). Dieses erlaubt dem Verleger, Dritten (und auch dem – aufgrund der Übertragung nicht mehr berechtigten – Verlaggeber) gegenüber die verlagsrechtlichen Verwertungshandlungen (Vervielfältigung und Verbreitung) zu verbieten und entsprechende Urheberrechtsverletzungen (z.B. Nachdruck) zu verfolgen. Nicht Gegenstand des Verlagsrechts hingegen ist mangels abweichender Vereinbarung bspw. das Recht zu Gesamt- oder Einzelausgaben oder das Übersetzungsrecht (eingehender Art. 386 und 387) oder auch etwa das Aufführungs- und Senderecht (s.a. den ausführlicheren § 2 VerlG sowie die Kritik bei PEDRAZZINI, 579 FN 6; zu den Sonderregelungen für die Printmedien Art. 382 N 4–6); in der Praxis erfolgt die Übertragung allerdings regelmässig umfassend, d.h. Art. 381 Abs. 1 wird wegbedungen, womit vom Verlagsvertrag je nachdem auch *künftige Nutzungsarten* erfasst werden (HILTY, SIWR II/1, Rz 1807; s.a. N 3). Fehlt es umgekehrt an einem Urheberrecht, besteht auch kein eigentliches Verlagsrecht, vielmehr besitzt der Verleger diesfalls rein obligatorische Rechte (Vor Art. 380–393 N 10).

Die **Rechtsnatur der Übertragung** von Urheberrechten ist dogmatisch noch wenig geklärt; 5
das Bundesgericht hat sich dazu nie geäussert, im Gegenteil: In BGE 101 II 106 wird nicht einmal unterschieden zwischen der Übertragung der *Urheberrechte* als solchen und jener der blossen *Nutzungsrechte* (welche nach dem deutschen Monismus eingeräumt werden). Klar ist nur, dass weder das Verlags- noch das Urheberrecht eine besondere **Form der Übertragung** vorschreiben. Bereits daran *scheitert* eine direkte Anwendung des *Zessionsrechts* (Art. 165 Abs. 1). Doch auch abgesehen von der Formvorschrift befriedigt ein Institut zur Übertragung *relativer* Rechte für das *absolute* Urheberrecht wenig und wird denn zumindest von einem Teil der Lehre auch abgelehnt (so BUCHER, AT, 539; ebenso STAUB, 40 f.; indirekt GUHL/KOLLER/SCHNYDER/DRUEY, § 34 Rz 1 und 16; s.a. BGE 117 II 465, mit deutlicher Hervorhebung der Unterschiede zwischen der Abtretung relativer Forderungen und der Übertragung urheberrechtlicher Befugnisse, jedoch ohne klare Ablehnung des Zessionsrechts; **a.A.** REHBINDER, UR, Rz 155; SIGL, 112). Dennoch geht etwa die Botschaft zum URG – allerdings ohne Begründung – von einer Übertragung durch Zession aus (BBl 1989 III 534); damit bleibt insb. fraglich, ob die rechtsgeschäftliche Übertragung des Urheberrechts entsprechend der früheren Rsp. zum Zessionsrecht *abstrakt* (so noch BGE 71 II 169; später offen gelassen in 84 II 363; 95 II 112; s.a. HILTY, UR, Rz 258 und allgemein GAUCH/SCHLUEP/SCHMID/EMMENEGGER, Rz 3514 ff.; HUGUENIN, OR AT/BT, Rz 1332 ff.) oder – analog zur Tradition – eben doch *kausal*, also in Abhängigkeit der Gültigkeit des Verpflichtungsgeschäfts erfolgt (so PEDRAZZINI, 572; STREULI-YOUSSEF, 21; zum deutschen Recht auch SCHRICKER, VerlG 8 N 2 und 9 N 3). Namentlich im Bereiche des Verlagsrechts lässt sich diese Frage in Anwendung der erwähnten *Zweckübertragungstheorie* (Abs. 1) zwar insoweit umgehen, als mangels gültigen Grundgeschäfts der Vertragszweck von vornherein nicht zu erreichen ist, womit das Verlagsrecht an den Verlaggeber zurückfällt bzw. gar nicht erst auf den Verleger übergeht. Allgemein – und namentlich wenn Art. 381 Abs. 1 wegbedungen wird (N 4) – dürfte es angesichts der zahlreichen Ungereimtheiten aber falsch sein, das Zessionsrecht auch nur analog anzuwenden; sachgerechter ist der Schluss, die Übertragung von absoluten Immaterialgüterrechten folge eigenen Regeln (eingehend dazu HILTY, SMI 1992, 211 ff.; DERS., FS Rey, 219 ff.; zustimmend BSK MSchG-DAVID, 2. Aufl., 1999, Art. 17 N 4). Zwar vermittelt der neue § 453 des deutschen BGB, wonach das Kaufrecht auch «auf den Kauf von Rechten und sonstigen Gegenständen entsprechende Anwendung findet», den Eindruck einer auch für das

schweizerische Recht passenden Lösung (in diesem Sinne denn auch STAUB, 40 ff.). Nicht übersehen werden darf freilich, dass Deutschland dem Abstraktionsprinzip folgt, womit sich das Verhältnis zwischen dem *Verpflichtungsgeschäft* des Rechtskaufs – allein jenes unterliegt § 453 BGB – einerseits und dem *Verfügungsgeschäft* andererseits deutlich verschiebt. Letzteres stützt sich in Deutschland denn auch nicht auf Kaufrecht, sondern auf den zessionsrechtlichen § 413 BGB – eine Norm, die es im schweizerischen Zessionsrecht indessen nicht gibt.

6 Als **Zeitpunkt der Übertragung** wird i.d.R. der *Vertragsschluss* zu betrachten sein (eingehender Art. 380 N 2), denn nur so verfügt der Verleger über einen angemessenen Schutz; dies ergibt sich – zumindest für bestehende Werke – indirekt auch aus Abs. 2, wonach der Verlaggeber im Zeitpunkt des Vertragsschlusses über die entsprechenden Rechte verfügen muss (s. aber auch N 12; zu den künftigen Werken Art. 380 N 2). Die Übergabe des – allenfalls noch zu schaffenden – Werkexemplars demgegenüber hat mit der Übertragung des Urheberrechts nichts zu tun (**a.A.** BK-BECKER, N 7).

7 Die **Dauer der Übertragung** wird durch das Gesetz dispositiv beschränkt. Dogmatisch erklärbar ist ein Rechterückfall mittels der Konstruktion einer (gesetzlichen) Fiduzia (dazu HILTY, UV, 117 ff.; DERS., UR, Rz 270 und 305). Nicht mehr erforderlich i.S.v. Abs. 1 sind die auf den Verleger übertragenen Urheberrechte spätestens dann, wenn der *Verlagsvertrag beendet*, insb. die aktuelle Auflage vergriffen und eine weitere nicht vereinbart ist (Art. 383 Abs. 1; ZR 1994, 10). Ein Rückfall der Rechte an den Verlaggeber während der Dauer des Vertrages – bspw. bei Verletzung der Vertragspflichten des Verlegers gem. Art. 384 – ist nicht anzunehmen; unter solchen Umständen wird der Verlaggeber vielmehr das Ende des Vertragsverhältnisses zu erwirken haben (Art. 392 N 8). In der Praxis werden die Urheberrechte allerdings regelmässig unbefristet – d.h. für deren ganze Schutzfrist – übertragen (REHBINDER/GROSSENBACHER, 20 f.; HILTY, SIWR II/1, Rz 1815 f.; s. aber auch die Kritik ebd., Rz 1841 ff., 1879 und 1890; s.a. Art. 392 N 5).

III. Die Gewährleistungspflicht des Verlaggebers (Abs. 2)

8 Das Gesetz verlangt in Abs. 2 eine **Gewährleistung des Verlaggebers** dahingehend, dass er zur Zeit des Vertragsschlusses sowohl zur *Verlaggabe berechtigt* gewesen sein muss, als auch am Werke (gegebenenfalls) das *Urheberrecht gehabt* haben soll. Darüber bestehen allerdings Unstimmigkeiten.

9 1. Der deutsch- wie der italienischsprachige Gesetzestext sprechen im zweiten Satzteil von Abs. 2 von *schutzfähigen*, der französische hingegen von *geschützten* Werken. Einzig richtig ist die französische Fassung; ist das Werk als solches wohl schutzfähig, tatsächlich aber – z.B. da gemeinfrei geworden – nicht (mehr) geschützt, kann und muss der Verlaggeber für ein Urheberrecht daran nicht einstehen.

10 Ist es hingegen *geschützt*, ist die in der Literatur durchwegs anzutreffende Meinung, der Verlaggeber hafte entsprechend dem Verkäufer (ZK-TROLLER, N 8; PEDRAZZINI, 580; BK-BECKER, Art. 380 N 4; TERCIER/FAVRE/CARRON, contrats spéciaux, Rz 4897; allgemein zur Übertragung von Urheberrechten, an denen der Veräusserer nicht berechtigt ist, ZR 1994, 11), richtig, jedoch zu differenzieren: Im Rahmen des dispositiven Rechts bzw. der Zusicherung eines Urheberrechts – oder auch dessen Nicht-(mehr)-Bestehens (z.B. bei der editio princeps) – analog anzuwenden sind nicht etwa die Sach-, sondern die *Rechtsgewährleistungsnormen* (Art. 192 ff.; CR CO I-CHERPILLOD, N 8; s.a. BUCHER, BT, 219; teilweise **a.A.** DESSEMONTET, Rz 911 ff., der in gewissen Konstellationen Sachgewährleistung sieht; abweichend auch STAUB, 161 f., nach dem bei fehlender Rechtszuständigkeit des Veräusserers Schuldnerverzug, ev. Grundlagenirrtum vorliegt). Dies gilt nicht nur für den vom Gesetz anvisierten Fall des bestehenden Werks, sondern – mangels entsprechender Regeln im an sich analog anwendbaren Werkvertragsrecht – auch für künftige Werke.

Sachgewähr umgekehrt wäre – obwohl vom Gesetz nicht geregelt – zu leisten, wenn der Verlaggeber bestimmte Eigenschaften (z.B. die Sittlichkeit eines Buches) garantiert hätte; eine bestimmte künstlerische, wissenschaftliche oder politische Qualität des noch zu schaffenden Werks hingegen kann aufgrund des Charakters der zu erbringenden Leistung nicht garantiert werden, doch führt etwa das objektiv feststellbare Fehlen einer zu untersuchenden Frage allenfalls zur Nicht- oder Schlechterfüllung (undifferenziert PEDRAZZINI, 581). Eine analoge Anwendung der kaufrechtlichen Sachgewähr i.S.v. Art. 197 ff. rechtfertigt sich allerdings nur bei bestehenden Werken; bei noch herzustellenden Werken hingegen drängt sich eine Anlehnung an Art. 367 ff. des Werksvertragsrechts auf (so auch HGer ZH, ZR 1951, 356 E. 5; CR CO I-CHERPILLOD, N 11). 11

2. *Verfügt* der Verlaggeber zur Zeit des Vertragsschlusses über das *Urheberrecht*, so verliert indessen die Vorschrift, er müsse zur Zeit des Vertragsschlusses zur *Verlaggabe* berechtigt gewesen sein, ihre Bedeutung: Das Recht zur Verlaggabe ist *Bestandteil* des Urheberrechts (Art. 10 URG). Der erste Satzteil von Art. 381 Abs. 2 hat demnach nur dann eine selbständige Bedeutung, wenn er sich auf nicht geschützte Werke bezieht (**a.A.** ZK-HOCHREUTENER, N 94 und 96, die gestützt aus einer historischen Auslegung schliesst, der zweite Satzteil von Art. 381 Abs. 2 sei als blosse Ergänzung und Konkretisierung des ersten Satzteils zu sehen). Bei ungeschützten Werken wiederum ist die verlegerische Tätigkeit aber ohnehin nicht beschränkt; wohl mag sich der *Verlaggeber*, welcher am Werk bloss ein faktisches Monopol hat, einem Dritten gegenüber vertraglich verpflichtet haben, dieses nicht in Verlag zu geben (gab er es bereits diesem Dritten in Verlag, gilt Abs. 3; dazu N 13); tut er es trotzdem, wird aber höchstens *er* dem Dritten gegenüber verantwortlich, ohne dass der *Verleger* vom Dritten belangt werden könnte. Bezweckt der erste Satzteil von Abs. 2 den Schutz des Verlegers, geht er demnach ins Leere. 12

IV. Die Aufklärungspflicht des Verlaggebers (Abs. 3)

Eine blosse **Aufklärungspflicht des Verlaggebers** besteht, wenn das Werk – evtl. auch von einem Unberechtigten – bereits ganz oder teilweise einem Dritten in Verlag gegeben oder mit Wissen des Verlaggebers veröffentlicht worden war (s.a. ZR 1951, 353 E. 2). Ob dies aufgrund blossen Duldens des Berechtigten, gestützt auf eine Lizenz (etwa bei einem Zeitungsartikel) oder auch unter Einräumung der entsprechenden Verlagsrechte geschehen ist, spielt keine Rolle. Die Bestimmung will, anders als Abs. 2, dem Verleger nicht das Urheberrecht oder sonstige Rechte sichern, sondern eine Hilfe zur *Abschätzung des unternehmerischen Risikos* bieten; dass die vorherige Verlaggabe bereits zu einer Veröffentlichung geführt hat, ist deshalb trotz des (ohnehin nur im deutschsprachigen Text enthaltenen) «sonst» nicht erforderlich (ZK-HOCHREUTENER, N 116; **a.A.** ZK-TROLLER, N 12; BUCHER, BT, 219 f.). Damit statuiert Abs. 3 – entgegen PEDRAZZINI, 581 – weder eine Sach- noch eine Rechtsgewährleistungspflicht des Verlaggebers; ein Verstoss gegen die Aufklärungspflicht führt jedoch bei daraus resultierender Fehldisposition des Verlegers unter gegebenen Voraussetzungen zur Schadenersatzpflicht. Als Anspruchsgrundlage wird dabei überwiegend die culpa in contrahendo mit entsprechender Verkürzung der relativen Verjährungsfrist auf ein Jahr gesehen (s. aber auch, Art. 60 N 4; TROLLER, N 13 m.Nw.; CR CO I-CHERPILLOD, N 13; BUCHER, BT, 220, wendet Art. 97 ff. an). Denkbar in diesem Zusammenhang wäre aber auch Grundlagenirrtum (Art. 24 Abs. 1 Ziff. 4 oder evtl. Art. 28). 13

Art. 382

II. Verfügung des Verlaggebers

[1] Solange die Auflagen des Werkes, zu denen der Verleger berechtigt ist, nicht vergriffen sind, darf der Verlaggeber weder über das Werk im Ganzen noch über dessen einzelne Teile zum Nachteile des Verlegers anderweitig verfügen.

[2] **Zeitungsartikel und einzelne kleinere Aufsätze in Zeitschriften darf der Verlaggeber jederzeit weiter veröffentlichen.**

[3] **Beiträge an Sammelwerke oder grössere Beiträge an Zeitschriften darf der Verlaggeber nicht vor Ablauf von drei Monaten nach dem vollständigen Erscheinen des Beitrages weiter veröffentlichen.**

II. Droit de disposition de l'auteur

[1] Tant que les éditions que l'éditeur a le droit de faire ne sont pas épuisées, l'auteur ou ses ayants cause ne peuvent disposer à son préjudice ni de l'œuvre entière, ni d'aucune de ses parties.

[2] Les articles de journaux et les articles isolés de peu d'étendue insérés dans une revue peuvent toujours être reproduits ailleurs par l'auteur ou ses ayants cause.

[3] Les travaux faisant partie d'une œuvre collective ou les articles de revue qui ont une certaine étendue ne peuvent être reproduits par l'auteur ou ses ayants cause avant l'expiration d'un délai de trois mois à partir du moment où la publication en a été achevée.

II. Diritti di disposizione dell'autore

[1] Finché le edizioni dell'opera cui ha diritto l'editore non siano esaurite, l'autore non può disporre altrimenti, a pregiudizio dell'editore, né dell'opera intera, né di singole parti di essa.

[2] L'autore può sempre ripubblicare gli articoli di giornali e le singole pubblicazioni di poca estensione inserite nelle riviste.

[3] Le memorie che fanno parte d'un opera collettiva e quelle di maggior estensione inserite nelle riviste non possono essere ripubblicate dall'autore prima che siano trascorsi tre mesi da quando ne fu compiuta la pubblicazione.

Literatur

Vgl. die Literaturhinweise bei den Vorbem. zu Art. 380–393.

I. Enthaltungspflicht des Verlaggebers

1 1. Die **Enthaltungspflicht des Verlaggebers im Allgemeinen** bedeutet, dass es ihm im Anschluss an eine Verlagsgabe während der Verlagsdauer (s. dazu N 3) mangels abweichender Vereinbarung untersagt ist, über das Werk ganz oder teilweise – z.B. über die Illustrationen – zum Nachteile des Verlegers zu verfügen; entsprechendes gilt zulasten des Verlags, der das Verlagsrecht (auch teilweise) auf einen andern Verleger überträgt (BGE 59 II 347 = Pra 1933, 419; Art. 380 N 12). Dieser Grundsatz ist *selbstverständlich*, soweit dem Verleger das *Urheberrecht* i.S.v. Art. 381 Abs. 1 übertragen wurde: Es fehlt dem Verlaggeber nunmehr – wie jedem Dritten – das entsprechende Verfügungsrecht. Sinn erhält die Norm deshalb v.a. dann, wenn die Verlagsgabe bspw. aufgrund einer blossen Lizenz erfolgte (Hilty, UR, Rz 306; CR CO I-Cherpillod, N 1; ungenau ZK-Troller, N 1 ff.); diesfalls begründet Art. 382 Abs. 1 bloss einen *obligatorischen* Anspruch und ist (entgegen Troller, 790) nicht zu vergleichen mit § 2 VerlG, welcher lediglich den Umfang der Rechtseinräumung nach § 8 VerlG konkretisiert. Wurden hingegen Urheberrechte übertragen, so wird der obligatorische Art. 382 Abs. 1 im Rahmen des Übertragungszwecks vom urheberrechtlichen Schutz überlagert; zu beachten sind dabei die zivilprozessualen Unterschiede (s. Art. 383 N 4; s.a. Vor Art. 380–393 N 10).

2 Obligatorisch hat sich der Verlaggeber allerdings nur zum *Nachteile des Verlegers* zu enthalten. Dabei genügt die blosse Gefahr sowohl materieller wie immaterieller Schädigung (etwa die Verwechslungsgefahr mit einem verrufenen Verlag), doch birgt nicht jede weitere Verwendung des Werks von vornherein eine Gefahr; so vermag die Veröffentlichung einer Übersetzung eines Werks den Verleger kaum zu schädigen, wenn damit lediglich ein zusätzliches Absatzgebiet erschlossen wird (CR CO I-Cherpillod, N 1; ZK-Hochreutener, N 25; **a.A.** – trotz erkanntem Widerspruch zu Art. 387 – ZK-Troller, N 3). Auch die Veröffentlichung von Auszügen müsste (mangels Übertragung des Urheberrechts auf den Verleger) etwa dann

möglich bleiben, wenn das verlegte Werk dadurch nicht konkurrenziert, sondern eher noch dafür geworben wird (zum Problem der Vorabdrucke ZR 1951, 353 E. 2). Im gleichen Sinne massgebend ist die Gefahr eines Nachteils für die Frage, ob die Wendung «das Werk» in Art. 382 Abs. 1 dahingehend ausdehnend auszulegen ist, dass dem Verlaggeber auch etwa die Verfügung über eine *Bearbeitung* des Werks untersagt ist (so BK-BECKER, N 2; falsch PEDRAZZINI, 579, der auf den hier irrelevanten Vertragszweck gem. Art. 381 Abs. 1 abstellen will), bzw. die Frage, inwieweit der Verlaggeber über allfällige dem Verleger nicht übertragene Teile des Urheberrechts verfügen darf (**a.A.** PEDRAZZINI, 579 f.). Vor diesem Hintergrund ist auch die heute oft praktizierte Onlinestellung wissenschaftlicher Werke auf der eigenen Homepage zu beurteilen. Zwar dürfte solches für den Verleger zumindest dann nicht nachteilig sein, wenn nicht die verlagsseitige Paginierung gewählt wird (fehlende Zitierfähigkeit); die Rechtmässigkeit solcher «pre-» oder «postprints» wird in der Praxis aber meist daran scheitern, dass dem Verleger sämtliche Urheberrechte abgetreten werden. Erforderlich ist daher, dass sich der Wissenschaftler die entsprechenden Rechte ausdrücklich vorbehält.

Bezüglich der *Dauer der Enthaltungspflicht* knüpft das Gesetz an jenen (wohl wichtigsten) Beendigungsgrund an, der in Art. 390 ff. fehlt: Das Vergriffensein der vereinbarten Auflagen (dazu Art. 383 N 1). Tatsächlich führt mangels abweichender Vereinbarung natürlich jede Beendigung des Verlagsverhältnisses zugleich zu einem Ende der Enthaltungspflicht. **3**

2. Für **Printmedien** bestehen nicht nur im Urheberrecht Sonderregeln (Art. 28 Abs. 2 URG; eingehender REHBINDER, PR, 122 f.), sondern auch im Verlagsrecht. Deren Inhalt ist eine **Beschränkung der Enthaltungspflicht** des Verlaggebers zur weiteren Veröffentlichung des Werks. Voraussetzung dazu ist die erfolgte Veröffentlichung durch den Verleger, wobei deren treuwidrige Unterlassung den Verlaggeber in analoger Anwendung von Art. 156 gleichwohl zu einer anderweitigen Veröffentlichung berechtigt (ZK-TROLLER, N 10). **4**

Einen Unterschied statuiert das Gesetz zwischen *Zeitungsartikeln und kleineren Zeitschrifteaufsätzen* einerseits (Abs. 2) sowie *Beiträgen an Sammelwerken und grösseren Zeitschriftenbeiträgen* andrerseits (Abs. 3); bei letzteren besteht eine *Karenzfrist* von drei Monaten zulasten des Verlaggebers. Der Umfang des Beitrags kann dabei allerdings – trotz des Gesetzestextes – kein taugliches Abgrenzungskriterium sein, ebenso wenig die Bezeichnung des Mediums, seine äussere Aufmachung oder auch die Erscheinungskadenz (**a.A.** BK-BECKER, N 5); entscheidend muss vielmehr der *Inhalt* des Beitrags sein: Handelt es sich um eine *aktualitätsbezogene Berichterstattung*, gilt Abs. 2; die Karenzfrist gem. Abs. 3 hingegen ist bei einer *vertieften Behandlung* spezifischer Fragestellungen zu beachten, wo eine befristet mögliche Gefährdung des Verlegers i.S.v. Abs. 1 denkbar ist. Eine klare Grenzziehung wird in der Praxis indessen kaum möglich sein. **5**

Im Lichte von Abs. 1 kann den Abs. 2 und 3 aus Gründen der Kohärenz des Artikels keine urheberrechtliche Bedeutung beigemessen werden; vielmehr wird die dem Verlaggeber in Abs. 1 auferlegte *obligatorische* Verfügungsbeschränkung in den Sonderregeln der Abs. 2 und 3 einfach (teilweise) wieder aufgehoben. Beruht der Verlagsvertrag gemäss der dispositiven Regelung von Art. 382 damit lediglich auf der Einräumung einer einfachen *Lizenz* (Vor Art. 380–393 N 4), steht er insb. mit der Praxis des Zeitungsverlags durchaus in Übereinstimmung (dazu PEDRAZZINI, 575; s.a. TROLLER, 788; REHBINDER, PR, 127; verfehlt ZK-TROLLER, N 7). Dass sich Art. 382 zu einem allenfalls doch übertragenen Urheberrecht folglich überhaupt nicht äussert, wirkt sich in der Praxis indessen kaum aus. Die beiden die Printmedien betreffenden Absätze stammen inhaltlich aus dem Jahre 1881 (Art. 375 und 376 aOR) und genügen heutigen Bedürfnissen in keiner Weise. Entsprechend behalfen sich die Verbände mit *Kollektivvereinbarungen*; eine solche bestand bis zur Kündigung durch die Verleger per Ende Juli 2004 gesamtschweizerisch in Form des «Gesamtarbeitsvertrag 2000 für Journalistinnen/Journalisten und das technische Redaktionspersonal» zwischen VSP und SVJ bzw. «comedia», wobei in der Westschweiz zwischen der Presse Romande (heute Presse Suisse) und «impressum» ein eigener GAV nach wie vor existiert (zu den Verbänden Art. 380 **6**

N 7 und 9; s.a. Art. 380 N 1). Die tatsächliche Bedeutung solcher Kollektivverträge leidet allerdings an den fehlenden rechtlichen Voraussetzungen für eine Allgemeinverbindlicherklärung durch den Bund, dies nicht zuletzt zulasten der den allgemeinen arbeitsrechtlichen Schutznormen nicht unterstehenden sog. freischaffenden Journalisten; indessen lassen sich letztere richtigerweise – entgegen der Vertragspraxis der Verbände – ohnehin nicht von einem Kollektivvertrag erfassen (vgl. dazu HILTY, ArbR 1994, 57 ff.; STUDER, 268 f., mit einer Übersicht zur Situation bei den Schweizer Printmedien).

II. Weitere Pflichten des Verlaggebers

7 Nicht von Gesetzes wegen, möglicherweise aber aufgrund des Vertrages oder auch aus der Natur des Rechtsgeschäfts können dem Verlaggeber **weitere Pflichten** obliegen. In Frage kommen dabei namentlich *Mitwirkungspflichten*, so insb. die Korrektur von Druckfahnen bzw. die Erteilung des «Gut zum Druck» (von welchem in der Praxis mangels Korrekturen innert Frist i.d.R. ausgegangen wird; das «Gut zum Druck» als Obliegenheit qualifizierend DESSEMONTET, Rz 915), bei Kunstdrucken oder Werken der bildenden Kunst auch die künstlerische Mitwirkung (PEDRAZZINI, 582) etc. Bei wissenschaftlichen Werken kann die Verpflichtung zu Ergänzungslieferungen oder zu Anpassungen auf den neuesten Stand bei Neuauflagen übernommen werden; fehlen zur Zeit des Vertragsschlusses die erforderlichen Rechte zur Übertragung auf den Verleger, kann ebenfalls deren Beschaffung Vertragspflicht sein (PEDRAZZINI, 578).

Die *Folge der Verletzung* dieser weiteren Pflichten richtet sich je nach den Umständen nach Art. 97 ff. bzw. 107 ff., evtl. nach 119.

Art. 383

III. Bestimmung der Auflagen

[1] Wurde über die Anzahl der Auflagen nichts bestimmt, so ist der Verleger nur zu einer Auflage berechtigt.

[2] Die Stärke der Auflage wird, wenn darüber nichts vereinbart wurde, vom Verleger festgesetzt, er hat aber auf Verlangen des Verlaggebers wenigstens so viele Exemplare drucken zu lassen, als zu einem gehörigen Umsatz erforderlich sind, und darf nach Vollendung des ersten Druckes keine neuen Abdrücke veranstalten.

[3] Wurde das Verlagsrecht für mehrere Auflagen oder für alle Auflagen übertragen und versäumt es der Verleger, eine neue Auflage zu veranstalten, nachdem die letzte vergriffen ist, so kann ihm der Verlaggeber gerichtlich eine Frist zur Herstellung einer neuen Auflage ansetzen lassen, nach deren fruchtlosem Ablauf der Verleger sein Recht verwirkt.

III. Nombre des éditions

[1] Si le contrat ne précise pas le nombre des éditions à faire, l'éditeur n'a le droit d'en publier qu'une seule.

[2] Sauf stipulation contraire, l'éditeur est libre, pour chaque édition, de fixer le chiffre des exemplaires, mail il est tenu, si l'autre partie l'exige, d'en imprimer au moins un nombre suffisant pour donner à l'ouvrage une publicité convenable; une fois le premier tirage terminé, l'éditeur ne peut en faire de nouveaux.

[3] Si la convention autorise l'éditeur à publier plusieurs éditions ou toutes les éditions d'un ouvrage, et qu'il néglige de préparer une édition nouvelle après que la dernière est epuisée, l'auteur ou ses ayants cause peuvent lui faire fixer par le juge un délai pour la publication d'une édition nouvelle; faute par l'éditeur de s'exécuter dans ce délai, il est déchu de son droit.

III. Numero delle edizioni

[1] Se non fu determinato il numero delle edizioni, l'editore avrà diritto ad una *sola*.

[2] Il numero degli esemplari dell'edizione, in difetto d'analoga stipulazione, è determinato dall'editore, che deve però, sulla domanda dell'autore, farne stam-

pare almeno tanti esemplari quanti sono richiesti da una vendita normale e, finita la prima stampa, non può procedere a nuova ristampa.

[3] Se il diritto di edizione fu concesso per più edizioni o per tutte, e l'editore trascura di allestirne una nuova dopoché l'ultima sia esaurita, l'autore può fargli fissare giudizialmente un termine per pubblicarla, spirato il quale l'editore perde il suo diritto.

Literatur

Vgl. die Literaturhinweise bei den Vorbem. zu Art. 380–393.

I. Anzahl der Auflagen (Abs. 1)

1 Im Zeitpunkt des Entstehens des Verlagsrechts war der **Begriff der Auflage** in erster Linie (druck-)technisch bedingt (eingehender BK-BECKER, N 2); durch die moderneren Reproduktionsverfahren ist die Auflage zumindest im Buchdruck zu einem rein rechtstechnischen Begriff geworden: Der Verleger ist (nur) zur Herstellung jener Anzahl von Werkexemplaren berechtigt, die im Verlagsvertrag vereinbart wurde; ob die vorweg zu bestimmende (N 2) Anzahl in mehreren Arbeitsgängen hergestellt wird, spielt keine Rolle (**a.A.** PEDRAZZINI, 585 FN 9; s.a. HAUPT, 116, dem zufolge wenigstens für alle Exemplare in einem Arbeitsgang das Papier gedruckt werden muss). Nach Herstellung der Gesamtzahl läuft das Vertragsverhältnis mangels anderweitiger Beendigung längstens bis diese Exemplare *vergriffen*, d.h. definitiv (nicht nur im Rahmen einer Verkaufskommission) ausgeliefert sind (Art. 382 Abs. 1; ZK-HOCHREUTENER, Art. 382 N 27 zur Herbeiführung des Vergriffenseins durch Makulierung oder Verramschung; s.a. Art. 392 N 10); zu einer *Neuauflage* ist der Verleger mangels entsprechender Abrede weder berechtigt (Abs. 1; ZR 1994, 10; bestätigt vom BGer, SMI 1994, 199) noch verpflichtet (Abs. 3 e contrario). Erfolgt sie, kommt auf sie die Regel von Abs. 1 sinngemäss zur Anwendung: Mangels Abrede ist der Verleger zu weiteren Auflagen nicht berechtigt.

II. Stärke der Auflage (Abs. 2)

2 Über die **Stärke (Höhe) der Auflage** enthält das schweizerische Recht – anders etwa als § 5 Abs. 2 VerlG, wonach der Verleger mangels Abrede zu 1000 Exemplaren berechtigt ist – keine Vorschriften. Es legt aber insofern eine variable untere Grenze fest, als die Auflagenstärke einen *gehörigen Umsatz* ermöglichen muss. In dieser Grenze ist – entgegen dem Wortlaut des Gesetzes (und ZK-TROLLER, N 4) – zumindest auch eine Mindestberechtigung des Verlegers zu erblicken, denn eine gewisse Auflagenhöhe liegt in erster Linie in seinem wirtschaftlichen Interesse; entsprechend wird die Auflagenstärke mangels Abrede denn auch vom Verleger bestimmt (ablehnend DESSEMONTET, Rz 988). Damit dessen Kalkulation für den Verlaggeber nachvollziehbar ist, muss dies allerdings vorab geschehen und darf nicht entsprechend der Aufnahme des Werks auf dem Markt nachträglich angepasst werden, ansonsten (insb. beim Buchverlag) der Tatbestand des *Nachdrucks* vorliegt (Abs. 2 a.E.; N 5; CR CO I-CHERPILLOD, N 2 und 5; TERCIER/FAVRE/CARRON, contrats spéciaux, Rz 4906). Von Bedeutung ist die Vorschrift v.a. bei einer Herstellung der Auflage in mehreren Etappen (s. N 1). Zu den Besonderheiten beim musikalischen Verlag BK-BECKER, N 4. Vereinbart werden kann auch ein sog. Printing on Demand, bei welchem – je nach Ausgestaltung – in Abhängigkeit der Nachfrage etappenweise Werkexemplare produziert werden; Abs. 2 steht dem deswegen kaum im Wege, weil diese dispositive Anordnung im Falle entsprechender Vereinbarung als wegbedungen gelten darf (vgl. dazu im Einzelnen HILTY, SIWR II/1, Rz 1799).

III. Zusätzliche Exemplare

3 Das schweizerische Recht äussert sich nicht zu den **Freiexemplaren** (bzw. den Sonderdrucken; s.a. Art. 388 N 4) für den Verlaggeber, den **Rezensions-** und **Werbeexemplaren** und (v.a. bei in einem Arbeitsgang hergestellter Auflage) den **Ersatzexemplaren** für den Fall teilweiser Beschädigungen der Auflage (sog. Zuschussexemplare; s.a. Art. 391 N 1). In der Praxis werden sie der (Netto-)Auflagenstärke üblicherweise nicht zugerechnet (vgl. dazu auch Hochreutener, 98; zur Verlagspraxis bei Freiexemplaren Haupt, 126 f.; für Freiexemplare gilt dies nach § 5 VerlG, soweit sie 5% der Auflage nicht übersteigen) und dürfen vom Verleger nicht selbständig verbreitet werden bzw. nur dem vorgesehenen Zwecke dienen. Rabatteexemplare umgekehrt gehören zur Auflage.

4 Druck bzw. Vertrieb von mehr als den vereinbarten Exemplaren stellen sowohl eine *Vertrags*- als auch – insb. wenn im Umfang von Art. 381 Abs. 1 übertragen oder lizenziert wurde – eine *Urheberrechtsverletzung* dar, wobei die zivilprozessualen Folgen (insb. kantonale Zuständigkeit und Berufung ans Bundesgericht: Art. 74 Abs. 2 lit. b BGG i.V.m. Art. 5 Abs. 1 lit. a ZPO; s.a. von Werdt, Rz 222; Meier, 61; ZK-Troller, N 9) unterschiedlich sind. Einen allfällig daraus resultierenden Gewinn kann sich der Verlaggeber bei gegebenen Voraussetzungen gestützt auf die Geschäftsführung ohne Auftrag aneignen (Art. 419 ff.).

IV. Neuauflage und Nachdruck

5 Im Unterschied zum blossen **Nachdruck** mittels der für die Erstauflage erstellten Vorrichtungen, welchen die Parteien (evtl. unter Anpassung der Konditionen) in Abweichung zu Art. 383 Abs. 2 – i.d.R. nachträglich – vereinbaren können, setzt die **Neuauflage** die Erstellung einer überarbeiteten Vorlage voraus (s.a. Art. 385). In technischer Hinsicht ist die Grenze angesichts der modernen Reproduktionsverfahren fliessend («unveränderte Neuauflage»; unklar Pedrazzini, 586; zur uneinheitlichen Begriffsverwendung Hilty, SIWR II/1, Rz 1838). Rechtlich ist die Unterscheidung insofern wesentlich, als bei vereinbartem Recht zu mehreren Auflagen Abs. 3 greift (dazu N 6), während bei einem vorgängig vereinbarten Recht (nicht aber der Pflicht), Nachdrucke zu erstellen, ein entsprechender Mechanismus fehlt (zu den urheberrechtlichen Unterschieden Hilty, SIWR II/1, Rz 1840). Für eine Neuauflage gelten im Zweifel die Bedingungen der ersten (Art. 388 Abs. 3; s. aber dort N 3), für den (billigeren) Nachdruck i.d.R. wohl nicht.

V. Übertragung des Verlagsrechts für mehrere oder alle Auflagen (Abs. 3)

6 Abs. 3 liegt gewissermassen zwischen dem Fall von Abs. 1, in welchem eine Vereinbarung über weitere Auflagen *fehlt*, und jenem – gesetzlich nicht gesondert geregelten – Fall, dass sich der Verleger zu bestimmten Auflagen vertraglich *verpflichtet*. Es geht mithin um die Vereinbarung eines blossen (obligatorischen) *Rechts* zu einer oder mehreren Neuauflagen (s. aber Art. 380 N 3). Anders als im Falle der Verpflichtung zur Neuauflage – die sich jedoch im Zweifel nicht auf besondere Ausgaben, Separatdrucke etc. bezieht (s.a. BGE 33 II 438) – greifen bei dieser Rechtseinräumung nicht die allgemeinen Verzugsfolgen (Art. 107 ff.; vgl. auch N 7); vielmehr wird dieses Recht zur Veranstaltung weiterer Auflagen dann zur *Obliegenheit*, wenn der Verlaggeber vom Gestaltungsrecht gem. Abs. 3 Gebrauch macht. Voraussetzung dafür ist, dass die vorherige Auflage vergriffen ist (dazu N 1; Hilty, SIWR II/1, Rz 1840).

7 Erforderlich werden kann die **Ansetzung einer richterlichen Frist** (Abs. 3; eine formlose Fristansetzung genügt nicht: SMI 1988, 134). Bleibt diese ungenutzt (oder ist sie analog Art. 108 nicht erforderlich), verwirkt der Verleger sein Recht zur Veranstaltung weiterer Auflagen, was – weil die Vorauflage begriffsnotwendig vergriffen ist – zur Beendigung des Verlagsverhältnisses führt (Abs. 3, dazu Art. 392 N 10; allgemein zur Beendigungsproblematik Art. 392 N 3). Dieser Rechtsverlust belastet den Verleger jedoch kaum, zumal ihm der Wille

zur Neuauflage fehlt und überdies die Möglichkeit bestünde, diese dispositive Rechtsfolge von vornherein wegzubedingen (vgl. dazu HILTY, SIWR II/1, Rz 1841).

Es greifen damit nicht die allgemeinen Verzugsfolgen nach Art. 107 ff. (wohl gl.M. CR CO I-CHERPILLOD, N 8 dort FN 12; i.E. gleich ZK-HOCHREUTENER, N 54; **a.A.** BK-BECKER, N 5; PEDRAZZINI, 586; TROLLER, 797; s.a. TERCIER/FAVRE/CARRON, contrats spéciaux, Rz 4915, die in Art. 383 Abs. 3 a.E. einen Anwendungsfall von Art. 107 sehen). Folglich kann der Verlaggeber *nicht* auf Erfüllung oder Schadenersatz klagen oder formell den Rücktritt erklären (Art. 107 Abs. 2). Ziel von Abs. 3 ist es vielmehr, dem Verlaggeber mittels einer Sonderregelung die Möglichkeit zu verschaffen, sich von den vertraglichen Banden eines untätigen Verlegers zu befreien, um so sein Werk anderweitig verwerten zu können (CR CO I-CHERPILLOD, N 8 dort FN 12). Dieser Sonderregelung bedarf es nicht, soweit eine *Pflicht* zur Neuauflage vereinbart ist, denn diesfalls greifen die allgemeinen Verzugsfolgen nach Art. 107 ff., aus denen sich die Möglichkeit zum *Rücktritt* ergibt (dies zumindest insoweit, als jener i.S. der sog. Umwandlungstheorie ex nunc wirkt: BGE 114 II 157; bestätigt in 126 III 122 und – als obiter dictum – 127 III 426; dazu Art. 109 N 4 ff.; s. zur Abgrenzung zum Kündigungsrecht auch HILTY, SIWR II/1, Rz 1859 ff).

Abs. 3 hat ausschliesslich obligatorischen Gehalt (allg. dazu Vor Art. 380–393 N 10). Mit den urheberrechtlichen Befugnissen hinsichtlich der Erstauflage hat sie nichts zu tun, denn Gegenstand einer Neuauflage ist notwendigerweise ein anderes Werk (eine Bearbeitung, s. N 5); bezogen auf die Rechte an jenem hat sich der Verleger ein blosses Optionsrecht ausbedungen (zum Optionsrecht Art. 380 N 2), welches er bei einer Nichtausübung gem. Abs. 3 einbüsst. Die Frage, ob ein Rückfall der Rechte an der Erstauflage stattfindet, hängt damit einzig davon ab, ob Art. 381 Abs. 1 wegbedungen wurde oder nicht (insoweit ungenau CR CO I-CHERPILLOD, N 8 dort FN 12 sowie Art. 392 N 9).

Art. 384

IV. Vervielfältigung und Vertrieb

1 Der Verleger ist verpflichtet, das Werk ohne Kürzungen, ohne Zusätze und ohne Abänderungen in angemessener Ausstattung zu vervielfältigen, für gehörige Bekanntmachung zu sorgen und die üblichen Mittel für den Absatz zu verwenden.

2 Die Preisbestimmung hängt von dem Ermessen des Verlegers ab, doch darf er nicht durch übermässige Preisforderung den Absatz erschweren.

IV. Reproduction et vente

1 L'éditeur est tenu de reproduire l'œuvre sous une forme convenable, sans aucune abréviation, addition ou modification; il doit faire également les annonces nécessaires et prendre les mesures habituelles pour le succès de la vente.

2 Il fixe le prix de vente, sans toutefois pouvoir l'élever de façon à entraver l'écoulement de l'ouvrage.

IV. Riproduzione e spaccio

1 L'editore è tenuto a riprodurre l'opera nella forma appropriata alla sua natura, senza abbreviazioni, aggiunte o variazioni, a farne la dovuta pubblicità e ad adoperare i mezzi consueti per ottenere lo spaccio.

2 La determinazione del prezzo è rimessa all'apprezzamento dell'editore, purché mediante un prezzo esagerato non renda difficile lo spaccio dell'opera.

Literatur

Vgl. die Literaturhinweise bei den Vorbem. zu Art. 380–393.

I. Übersicht

1 In Art. 384 werden die Hauptpflichten des Verlegers – Vervielfältigung und Vertrieb des Werks (Art. 380) – spezifiziert. Weitere Pflichten finden sich in Art. 388 f. betreffend Honorarzahlung und Art. 391 zum Ersatz untergegangener Exemplare (s.a. N 12).

II. Die Vervielfältigungspflicht des Verlegers (Abs. 1)

1a Die **Bedeutung der Vervielfältigungspflicht** liegt gewissermassen in einer Kompensation der Rechtsübertragung nach Art. 381 Abs. 1, durch welche der Verlaggeber zugunsten des Verlegers die Kontrolle über die Werkverwertung aufgibt (Dessemontet, Rz 986); denn ist das Recht einmal übertragen, fehlt dem Urheber in der Schweiz mangels eines Urhebervertragsrechts die Möglichkeit eines Rückrufs mangels Ausübung, wie er z.B. im deutschen Recht besteht (§ 41 UrhG; s. im französischen Recht auch Art. L. 121-4 CPI).

2 1. Die **Art der Vervielfältigung** bestimmt mangels Absprache – welche sich implizit auch aus der vereinbarten Gestalt der Werkexemplare ergeben kann – der Verleger. Vervielfältigung bedeutet dabei die Wiedergabe des Werks in einer der jeweiligen Auflage entsprechenden Anzahl (s. dazu Art. 383 N 2), insb. durch Druck (auch Kunstdruck) oder Fixierung auf Ton- oder Tonbildträgern.

3 2. **Gegenstand der Vervielfältigung** ist das Werk (s. Art. 380 N 4, 5) in der vom Verlaggeber dem Verleger i.S.v. Art. 380 überlassenen, urheberrechtlich unveränderten Version, also *ohne Kürzungen, ohne Zusätze und ohne Abänderungen*. Dieser Grundsatz ist dann ohne Bedeutung, wenn die Werkexemplare direkt (insb. phototechnisch) mittels der Vorlage des Verlaggebers hergestellt werden; unvermeidliche Qualitätsverminderungen spielen in diesem Zusammenhang keine Rolle (**a.A.** Pedrazzini, 585), während ein entsprechendes Verschulden des Verlegers als Schlechterfüllung i.S.v. Art. 97 ff. zu betrachten wäre. Braucht es hingegen eine technische Neuerfassung des Werks, ist der Grundsatz seiner Unabänderlichkeit prima vista dann nicht selbstverständlich, wenn sich der Verleger das Urheberrecht daran übertragen liess. Zu begründen ist die Regelung mit dem nach h.L. grundsätzlich dem Urheber verbleibenden *Urheberpersönlichkeitsrecht* (s. Art. 381 N 3), welches im Rahmen einer urheberrechtlich relevanten Veränderung des Werks tangiert sein könnte (Art. 11 URG; BGE 114 II 370 m.Nw.; zusätzlich zum vertragsrechtlichen Grundsatz der gegenseitigen Rücksichtnahme Staub, 215). Zur Werkintegrität in diesem Sinne gehören auch der Titel und die Namensnennung des Urhebers in der gewünschten Form (Art. 9 Abs. 1 URG). Allgemein ausgeschlossen ist damit jeder Eingriff, welcher Form oder Inhalt des Werks samt all seinen Teilen irgendwie – auch positiv – zu beeinflussen vermöchte, u.U. also auch eine Änderung der Interpunktion. Selbst wenn nach neuerer Tendenz die Übertragung gewisser urheberpersönlicher Befugnisse zugelassen wird (dazu Art. 381 N 3 a.E.), kann sich der Urheber jedenfalls gegen jene entstellenden Änderungen zur Wehr zu setzen, welche sein allgemeines Persönlichkeitsrecht verletzen (Art. 11 Abs. 2 URG; vgl. auch Hilty, UR, Rz 282; zu der in erster Linie bei urheberrechtlich nicht geschützten Verlagsgegenständen liegenden Relevanz dieser Regelung ders., UR, Rz 307). Umgekehrt können weder Urheber- noch Verlagsrecht einer Korrektur *offensichtlicher orthographischer Fehler* etc. entgegenstehen (Art. 2 Abs. 2 ZGB; ZR 1951, 354 E. 3; detailliert Oftinger, 19 f. und ZK-Hochreutener, N 16); eine engere Auffassung (so BK-Becker, N 2) liesse sich nicht mit den berechtigten Interessen des Verlages vereinbaren, insb. der Wahrung seines Rufs (so gestützt auf § 13 VerlG im Resultat gleich Troller, 792 FN 80).

4 Im Einzelfall kann der Urheber auf die Ausübung seines Urheberpersönlichkeitsrechts indessen **verzichten**; insb. kann er einer im Rahmen der (in der Praxis regelmässig ihm obliegenden) Korrektur der Druckfahnen erkannten urheberrechtlichen Änderung des Werks mangels Beanstandung stillschweigend zustimmen. Ein Verzicht zum Voraus hingegen ist zumindest

im Lichte von Art. 27 ZGB problematisch (BGE 69 II 56); dies gilt namentlich für *entstellende* Veränderungen im journalistischen Bereich, wenngleich hier eigentliche Bearbeitungen durch Dritte, welche dem Urheber vor der Publikation nicht mehr unterbreitet werden, geradezu an der Tagesordnung sind (REHBINDER/GROSSENBACHER, 31). Dass dabei ein Redaktor – als Stellvertreter des Verlegers i.S.v. Art. 32 (OFTINGER, 19) – die publizistische Verantwortung trägt, ändert am Urheberpersönlichkeitsrecht des Journalisten nichts (Art. 11 Abs. 2 URG; s.a. ZK-TROLLER, N 5 m.Nw.; zum angestellten Journalisten REHBINDER, PR, 127).

Als *Sanktion* bei unzulässiger Änderung kommt aus schuldrechtlicher Sicht Schadenersatz (evtl. Genugtuung) in Frage (Art. 97 ff.), nach Urheberrecht sind es die entsprechenden zivil- und strafrechtlichen Folgen (Art. 61 ff. URG); zu den zivilprozessualen Unterschieden Art. 383 N 4. **5**

3. Die **angemessene Ausstattung der Werkexemplare** bezieht sich auf das verwendete Material, dessen Farbe (z.B. Einband) und Form, aber auch auf die handwerkliche Qualität; diese richten sich im Rahmen des Üblichen nach der Natur des verlegten Werks (BK-BECKER, N 3; PEDRAZZINI, 585; STAUB, 216; ZK-HOCHREUTENER, N 28). Zu sehen ist diese Vorschrift im Zusammenhang mit den absatzfördernden Massnahmen (N 9), wobei sich die Ausstattung auf das Werkexemplar selber, jene Massnahmen auf die jeweiligen Absatzkanäle beziehen (zum Recht an der Ausstattung HILTY, SIWR II/1, Rz 1793). **6**

4. Über den **Zeitpunkt der Vervielfältigung** äussert sich das Gesetz nicht. Fehlt eine entsprechende Vereinbarung, wird sich der Beginn der Arbeiten (vor der eigentlichen Vervielfältigung sind es v.a. technische Vorbereitungen, Korrekturen etc.) nach den Umständen richten, insb. danach, ob der Verleger den Zeitpunkt der Ablieferung der Vorlagen durch den Verlaggeber kannte bzw. dieser eingehalten wurde. Eine Anwendung von Art. 75 rechtfertigt sich allerdings – auch wenn diese Vorlagen im Zeitpunkt des Vertragsschlusses bereits geschaffen waren – nur, wenn der Verleger den organisatorischen Aufwand rechtzeitig einkalkulieren konnte (s.a. ZK-TROLLER, N 2). **7**

Bei *Printmedien* liegen Vervielfältigung und Veröffentlichung i.d.R. nahe beisammen. Da der Journalist gerade aktuelle Beiträge raschmöglichst veröffentlicht haben will, haben die Verbände entsprechende Regeln dafür aufgestellt, wann ein Werk vom Verleger als angenommen bzw. abgelehnt gilt (s. Art. 380 N 1). Gilt es als angenommen, muss es je nach der Natur des Beitrages mehr oder weniger kurzfristig vervielfältigt und veröffentlicht werden, ansonsten der Verleger in Verzug gerät (Art. 107 ff.). **8**

III. Die Vertriebspflicht des Verlegers (Abs. 1)

Die Mittel, welche der Verlag für den **Absatz des Werks** einsetzen muss, richten sich – ähnlich wie die gehörige Ausstattung – zunächst nach dem objektiv Üblichen, indem der betriebene Aufwand insb. durch Werbung (Prospekt, Anzeigen in Fachzeitschriften oder auch etwa Anregen von Besprechungen) der Art des Werks entsprechen soll. In subjektiver Hinsicht variieren die eingesetzten Mittel v.a. in Hinblick auf die dem Verleger zur Verfügung stehende Infrastruktur; die Kosten gehen zulasten des Verlages (Vor Art. 380–393 N 8; enger REHBINDER/GROSSENBACHER, 17; zu weiteren Rechtsfragen – insb. i.Z.m. Formen des elektronischen Vertriebs – HILTY, SIWR II/1, Rz 1793). **9**

IV. Preisbestimmung (Abs. 2)

Die Kalkulation der Kosten von Vervielfältigung und Vertrieb und damit die **Bestimmung des Preises pro Werkexemplar** obliegt dem Verleger als dem Risikoträger (dazu Vor Art. 380–393 N 8); ein Mitspracherecht des kaufmännisch i.d.R. wenig versierten Verlaggebers ist – entgegen GUHL/SCHNYDER, 544 – auch beim Umsatzhonorar nicht erforderlich, **10** denn entsprechende Regulative schuf der Gesetzgeber einerseits in dem zwischen den Parteien auszuhandelnden Prozentsatz der Beteiligung des Verlaggebers (Art. 388 N 2), andrerseits in der gesetzlichen Einschränkung, der Preis dürfe den Absatz des Werks nicht übermässig erschweren (Abs. 2) (zur hochpreisigen Spezialliteratur insb. im Wissenschaftsbereich vgl. ZK-Hochreutener, N 35 f.). Trotz dieser Einschränkung sind spätere *Preiserhöhungen* bei entsprechenden kaufmännischen Interessen aber in gewissem Rahmen denkbar, wobei eine gewinnorientierte Auswertung des Werks durch den Verleger zwar üblich (BGE 69 II 55), für den Verlagsvertrag aber nicht begriffsnotwendig ist.

11 Nach *unten* bestehen bei einer Preisanpassung Grenzen. Wohl sind etwa Subskriptionspreise oder Mengenrabatte üblich, doch darf insb. eine den Ruf des Werkes beeinträchtigende sog. *Verramschung* von Werkexemplaren mangels vertraglichem Vorbehalt nicht gegen den Willen des Verlaggebers geschehen (ebenso Staub, 216 f.). Zulässig ist hingegen das *Einstampfen* unverkäuflicher Werkexemplare (Grenze bildet dabei Art. 15 Abs. 1 URG). Die Abrede, unverkäufliche Exemplare seien vom Verlaggeber zum (allenfalls etwas reduzierten) Ladenpreis zu übernehmen, steht demgegenüber im Widerspruch zur Tatsache, dass der Verleger das wirtschaftliche Risiko der Verbreitung trägt (Vor Art. 380–393 N 8) und entsprechend kalkulieren soll.

V. Weitere Pflichten des Verlegers

12 Entsprechend der Natur des Verlagsvertrages oder aufgrund von Vereinbarungen können den Verleger **weitere Pflichten** treffen, so regelmässig jene zur Rückgabe des ihm gem. Art. 380 überlassenen Werkexemplars (dort N 15). Obliegen können dem Verleger sodann *atypische* Pflichten (Pedrazzini, 561), so die Wahrung bestimmter Interessen des Verlaggebers – etwa Vermittlung oder Abschluss von Verwertungsverträgen (z.B. betr. Aufführung des Werks) – oder die Pflicht (evtl. auch bloss das Recht) zu veränderter Wiedergabe (Übersetzung; s.a. Art. 387 N 1) etc. Die Verletzung solcher Vertragspflichten richtet sich nach Art. 97 ff. bzw. 107 ff.

Art. 385

V. Verbesserungen und Berichtigungen

1 Der Urheber behält das Recht, Berichtigungen und Verbesserungen vorzunehmen, wenn sie nicht die Verlagsinteressen verletzen oder die Verantwortlichkeit des Verlegers steigern, ist aber für unvorhergesehene Kosten, die dadurch verursacht werden, Ersatz schuldig.

2 Der Verleger darf keine neue Ausgabe oder Auflage machen und keinen neuen Abdruck vornehmen, ohne zuvor dem Urheber Gelegenheit zu geben, Verbesserungen anzubringen.

V. Améliorations et corrections

1 L'auteur conserve le droit d'apporter à son œuvre des corrections et des améliorations pourvu qu'elles ne nuisent pas aux intérêts ou n'augmentent pas la responsabilité de l'éditeur; s'il impose par là des frais imprévus à ce dernier, il lui en doit récompense.

2 L'éditeur ne peut faire une nouvelle édition ou un nouveau tirage sans avoir mis, au préalable, l'auteur en mesure d'améliorer son œuvre.

V. Correzioni e miglioramenti

1 L'autore conserva il diritto di fare correzioni e miglioramenti in quanto non pregiudichino gli interessi dell'edizione e non aggravino la responsabilità dell'editore, ma deve risarcire le spese impreviste che ne derivano.

2 L'editore non può fare nuove edizioni né ristampe, senza prima avere offerto all'autore l'opportunità di introdurvi i necessari miglioramenti.

Literatur

Vgl. die Literaturhinweise bei den Vorbem. zu Art. 380–393.

I. Verbesserungen und Berichtigungen in der Erstauflage (Abs. 1)

Dem **Grundsatz** nach behält der Urheber im Zeitraum zwischen Überlassung des Werkes (allenfalls schon seiner Bekanntgabe an den Verleger) und Beginn seiner Vervielfältigung (evtl. seiner Auslieferung; s.a. N 4) das Recht, **Verbesserungen und Berichtigungen** anzubringen. Welcher Art die Änderungen sind, ist für ihre Zulässigkeit ohne Belang, denn massgebend ist einzig deren Zumutbarkeit für den Verleger. 1

Eine **Ausnahme** vom Verbesserungs- und Berichtigungsrecht besteht demnach, wenn dadurch **Verlagsinteressen** verletzt würden – etwa eine dem Konzept des Verlegers krass widersprechende Änderung des Inhalts, eine massgebliche Verzögerung der Produktion oder eine Herabminderung der Absatzchancen (z.B. durch Streichung des Urhebernamens) – bzw. wenn die Verantwortlichkeit des Verlegers gesteigert würde (Aufnahme widerrechtlicher oder unsittlicher Elemente etc.). Keine Grenze ergibt sich hingegen aus *wertenden* Kriterien; insb. künstlerische (stilistische) Änderungen stehen einzig im Belieben des Urhebers (s.a. Art. 381 N 11 sowie ZR 1951, 356 E. 5). Kein Ausschlussgrund sind sodann die **Kosten der Änderungen**, soweit sie vom Verlaggeber getragen werden. Dies ist nach dem Gesetz der Fall, wenn sie nicht vorhergesehen wurden. Gerade bei Schriftwerken ist indessen ein gewisses Ausmass an Korrekturen üblich (also vorhersehbar), weshalb deren Kosten häufig eingerechnet sind und dem Verlaggeber erst ab einem gewissen Prozentsatz (oft 10% der Satzkosten) belastet werden. Ob objektiv notwendig gewordene Änderungen (z.B. neue Rsp. bei juristischem Werk) voraussehbar waren, hängt i.d.R. von den Umständen ab. 2

Zur Änderung Berechtigter ist nach dem Wortlaut des Gesetzes nicht generell der Verlaggeber, sondern der Urheber; dass damit der jeweilige Inhaber des Urheberrechts gemeint sei (so BK-Becker, N 5), etwa der Rechtsnachfolger, mithin also auch der Verleger, ist – sofern man der h.L. folgt (dazu Art. 381 N 3) – zweifelhaft, denn das Änderungsrecht resultiert in erster Linie aus Aspekten des Urheberpersönlichkeitsrechts (weniger eindeutig, sondern mehr für eine Einzelfallbetrachtung Gut, 155 ff.). Eine *Pflicht* zu Änderungen besteht indessen nicht; es besteht deshalb auch kein Raum für eine analoge Anwendung von Art. 392 Abs. 2, falls der Inhaber des Urheberrechts – etwa die Witwe – dazu nicht fähig ist (so aber BK-Becker, N 5). 3

Anlass für Änderungen geben einerseits (fehlerhafte) *Korrekturabzüge*, wobei sich der Urheber bei Kunstdrucken oder plastischen Werken auch die Genehmigung eines jeden Werkexemplars vorbehalten kann (z.B. durch Signatur). Möglich ist andrerseits eine *geänderte Überzeugung des Urhebers*. Führt diese lediglich zu einer Änderung des Werks, gelten die normalen Regeln nach Art. 385. Soll das Werk hingegen – etwa *nach* Herstellung der Werkexemplare – gar nicht mehr verbreitet werden, so ist aus urheberpersönlichkeitsrechtlichen Erwägungen eine vorzeitige Beendigung des Verlagsvertrags an sich denkbar (Art. 381 N 3; im deutschen Recht ausdrücklich in § 42 UrhG; abgelehnt von Troller, 696); der Verlaggeber wird jedoch im Rahmen des positiven Vertragsinteresses *schadenersatzpflichtig*. Wurde ein Teil der Auflage bereits verkauft, muss bezüglich des unverkauften Teils der Auflage Ähnliches gelten, wobei nun auch *immaterielle* Interessen des Verlages – insb. sein Ruf – mitzuberücksichtigen sind. Keinen Einfluss hat die veränderte Überzeugung des Urhebers demgegenüber auf bereits verkaufte Werkexemplare; der *Erschöpfungsgrundsatz* (Art. 12 URG) schliesst hier ein Rückrufsrecht (sog. «droit de repentir») von vornherein aus. 4

II. Verbesserungen und Berichtigungen bei Neuauflagen oder -ausgaben (Abs. 2)

Hat der Verleger das Recht zur **Neuauflage** i.S.v. Art. 383 bzw. zu einer neuen Ausgabe (zur unpräzisen Begriffsverwendung Hilty, SIWR II/1, Rz 1839 und 1845; zum Begriff der Aus- 5 gabe ZK-Hochreutener, Art. 383 N 15 ff.), hat er dem Urheber zu **Verbesserungen** Gelegenheit zu bieten; namentlich bei wissenschaftlichen Werken impliziert dies eine frühzeitige Ankündigung des zu erwartenden Ausverkaufs der aktuellen Auflage durch den Verleger. Für eine qualitative Beschränkung des Änderungsrechts besteht – trotz des gegenüber Abs. 1 engeren Wortlauts von Abs. 2 – kein Anlass, zumal etwa die Verweigerung des Verlegers, die erforderlichen Anpassungen zuzulassen, das allgemeine Persönlichkeitsrecht des Urhebers tangieren könnte (Hilty, SIWR II/1, Rz 1846). Allerdings können Änderungen zwecks Neuauflage auch den Interessen bzw. der Verantwortung des Verlegers zuwiderlaufen und insofern analog Abs. 1 ausgeschlossen sein.

6 Eine *Pflicht* zur Änderung besteht indessen auch für Neuauflagen bzw. -ausgaben grundsätzlich nicht; umgekehrt darf sich der Verleger aus urheberrechtlichen Gründen, insb. in Anwendung von Art. 381 Abs. 1 (dort N 4), mangels Vorbehalts grundsätzlich auch nicht eines andern Bearbeiters bedienen. Hat sich der Verleger jedoch das Recht zur Neuauflage ausbedungen, muss dem Zweck dieser Absprache zufolge auch eine Überarbeitung möglich sein. Verweigert der Urheber diese trotz objektiver Notwendigkeit (etwa bei neuem Forschungsstand) wider Treu und Glauben, so muss die Vergabe an einen andern Bearbeiter zumindest dann möglich sein, wenn die Integrität des Werks i.S.v. Art. 11 Abs. 2 URG erhalten bleibt (CR CO I-Cherpillod, N 6; eingehender Hilty, SIWR II/1, Rz 1848; zur schuldrechtlichen Natur von Abs. 2 ders., UR, Rz 306; **a.A.** ZK-Troller, N 7, der aus Treu und Glauben eine Bearbeitungspflicht des Verlaggebers [recte: Des Urhebers] und damit eine Vertragsverletzung herleitet).

7 Die **Kosten der Änderungen zwecks Neuauflage** trägt der Verleger, in dessen wirtschaftlichem Interesse die Überarbeitung i.d.R. geschieht. *Innerhalb* der Neuauflage entstehende Änderungskosten hingegen (z.B. Änderungen in den Druckfahnen) richten sich nach den Regeln gem. Abs. 1 (N 1–4).

Art. 386

VI. Gesamtausgaben und Einzelausgaben	**[1] Ist die besondere Ausgabe mehrerer einzelner Werke desselben Urhebers zum Verlag überlassen worden, so gibt dieses dem Verleger nicht auch das Recht, eine Gesamtausgabe dieser Werke zu veranstalten.** **[2] Ebenso wenig hat der Verleger, dem eine Gesamtausgabe sämtlicher Werke oder einer ganzen Gattung von Werken desselben Urhebers überlassen worden ist, das Recht, von den einzelnen Werken besondere Ausgaben zu veranstalten.**
VI. Editions d'ensemble et publications séparées	[1] Le droit de publier séparément différents ouvrages du même auteur n'emporte pas celui d'en faire une publication d'ensemble. [2] De même, le droit d'éditer les œuvres complètes d'un auteur, ou une catégorie de ses œuvres, n'implique pas pour l'éditeur celui de publier séparément les divers ouvrages qu'elles comprennent.
VI. Edizione completa e di singole opere	[1] Il diritto di pubblicare separatamente più opere distinte dello stesso autore non autorizza l'editore a pubblicare una edizione completa di queste opere. [2] Parimente il diritto di pubblicare l'edizione completa, sia di tutte le opere, sia d'un'intera classe di opere di uno stesso autore, non autorizza l'editore a pubblicare edizioni speciali delle singole opere.

Literatur

Vgl. die Literaturhinweise bei den Vorbem. zu Art. 380–393.

I. Begriffliches

Im Unterschied zum Sammelwerk i.S.v. Art. 4 URG muss bei der **Gesamtausgabe** eine **Identität des Urhebers** der einzelnen Werke vorliegen; nicht begriffsnotwendig ist umgekehrt, dass sämtliche Werke dieses Urhebers enthalten sind. Der Begriff der «*besonderen*» Ausgabe einzelner Werke im deutschen Text ist dabei entsprechend den andern beiden Sprachen als «*separate*» Ausgabe zu verstehen. 1

Die Aufteilung eines *Gesamt*werks gem. Abs. 2 andrerseits hat nichts zu tun mit der rein formalen Aufspaltung eines *einzelnen* Werks in mehrere Bände oder Hefte etc. (ZK-Troller, N 2), welche der Verleger im Rahmen von Art. 384 aus rein praktischen Gründen vornehmen kann (dort N 2).

II. Inhalt der Norm

In Anwendung von Art. 381 Abs. 1 ist Art. 386 selbstverständlich: Eine urheberrechtliche **Befugnis zu Gesamt- und Einzelausgaben** – und damit erst recht die Übertragung dieser Befugnis auf einen andern Verleger – ist mangels entsprechender Vereinbarung *ausgeschlossen*. Sinn ergibt die Norm demnach erst bei fehlendem oder dem Verleger nicht übertragenem Urheberrecht; insofern hat sie (nebst einer deklaratorischen urheberrechtlichen) in erster Linie *obligatorische* Bedeutung (ähnlich – im Widerspruch zu seiner sonstigen Auffassung, s. Art. 380 N 5 – ZK-Troller, N 4). 2

Im Verlagsrecht nicht enthalten ist ein Verbot des Verlegers, das Einzelwerk zusammen mit Werken anderer Autoren in ein **Sammelwerk** einzubringen (so aber § 4 VerlG). Für urheberrechtlich geschützte Werke ergibt sich dies zwar aus urheberrechtlichen Gründen (Art. 11 Abs. 1 lit. b URG); aus freien Werken hingegen kann der Verleger mangels vertraglichem Verbot durchaus ein Sammelwerk herstellen – und erlangt dabei gegebenenfalls seinerseits Urheberrechtsschutz (Art. 4 URG). 3

Art. 387

VII. Übersetzungsrecht	**Das Recht, eine Übersetzung des Werkes zu veranstalten, bleibt, wenn nichts anderes mit dem Verleger vereinbart ist, ausschliesslich dem Verlaggeber vorbehalten.**
VII. Droit de traduction	Sauf convention contraire, le droit de traduction demeure exclusivement réservé à l'auteur ou à ses ayants cause.
VII. Diritto di traduzione	Il diritto di far tradurre un'opera è riservato esclusivamente all'autore, ove non siasi diversamente pattuito coll'editore.

Literatur

Vgl. die Literaturhinweise bei den Vorbem. zu Art. 380–393.

I. Urheberrechtliches

Die **Übersetzung** eines Werks ist urheberrechtlich gesehen eine **Bearbeitung**, welche dem Urheber ausdrücklich vorbehalten ist (Art. 11 Abs. 1 lit. b URG) und an welcher der Übersetzer seinerseits Schutz erwirbt (Art. 3 Abs. 2 und 3 URG). Dieses Recht zur Übersetzung kann übertragen werden, wobei mangels ausdrücklicher Absprache eine Übertragung nur dann anzunehmen ist, wenn sie zum Vertragszweck gehört; in der Praxis wird das Übersetzungsrecht allerdings fast ausnahmslos übertragen (Rehbinder/Grossenbacher, 16). 1

II. Inhalt der Norm

2 Art. 387 äussert sich nur zum **Übersetzungs-**, nicht zu **anderen Bearbeitungsrechten**. Solange ein Werk urheberrechtlich geschützt ist, ergibt sich indessen aus Art. 381 Abs. 1 (dort N 4), dass der Verleger mangels gegenteiliger Absprache zu keinerlei Bearbeitung berechtigt ist. Damit erhält Art. 387 – wie auch Art. 386 – erst bei nicht geschützten Werken einen konstitutiven Sinn. Bei diesen wirkt er *obligatorisch*, jedoch nur dahingehend, dass dem Verleger die *Übersetzung* eines in Verlag gegebenen Werks untersagt ist; ein weiterreichendes Verbot – insb. bei andern als Sprachwerken – lässt sich aus Art. 387 allein (also ohne Beizug des Urheberrechts) nicht herleiten (zustimmend DESSEMONTET, Rz 1029; **a.A.** BK-BECKER, N 2).

Art. 388

VIII. Honorar des Verlaggebers **1. Höhe des Honorars**	[1] **Ein Honorar an den Verlaggeber gilt als vereinbart, wenn nach den Umständen die Überlassung des Werkes nur gegen ein Honorar zu erwarten war.** [2] **Die Grösse desselben bestimmt der Richter auf das Gutachten von Sachverständigen.** [3] **Hat der Verleger das Recht zu mehreren Auflagen, so wird vermutet, dass für jede folgende von ihm veranstaltete Auflage dieselben Honorar- und übrigen Vertragsbedingungen gelten, wie für die erste Auflage.**
VIII. Honoraires de l'auteur 1. Leur montant	[1] Celui qui donne une œuvre à éditer est réputé avoir droit à des honoraires, lorsque les circonstances ne permettent pas de supposer qu'il entendait renoncer à toute rémunération. [2] Le chiffre des honoraires est fixé par le juge, à dire d'expert. [3] Si l'éditeur a le droit de faire plusieurs éditions, les stipulations relatives aux honoraires et, en général, les diverses conditions fixées pour la première édition sont présumées applicables à chacune des suivantes.
VIII. Onorario dell'autore 1. Ammontare	[1] Si ritiene pattuito un onorario per l'autore se, giusta le circostanze, non era supponibile la cessione dell'opera se non verso corrispettivo. [2] L'ammontare del medesimo è rimesso all'apprezzamento del giudice, sentito il parere di periti. [3] Se l'editore ha il diritto a più edizioni, si presume che l'onorario e le altre condizioni stabilite per la prima valgono anche per ciascuna delle successive edizioni da lui fatte.

Literatur

Vgl. die Literaturhinweise bei den Vorbem. zu Art. 380–393.

I. Gesetzliche Vermutung und Ausnahmen (Abs. 1)

1 Begriffsnotwendig für den Verlagsvertrag ist die **Bezahlung eines Honorars** nicht, doch wird sie vom Gesetz **vermutet**, wenn die Verlaggabe den Umständen entsprechend nur gegen ein Honorar zu erwarten war. Dies wird nicht anzunehmen sein, wenn aus dem Verlag kein (wesentlicher) Gewinn resultiert (insb. bei wissenschaftlichen Werken; s.a. die Bsp. bei BK-BECKER, N 1; für den Fall einer regelmässig honorarpflichtigen «reédition» SJ 1979, 335 f.); ein Indiz für mangelnden Gewinn wiederum mag sein, dass der Verleger die Bezahlung eines **Druckkostenbeitrags** verlangt (so v.a. bei Dissertationen; dazu REHBINDER/GROSSENBACHER, 29). Bei der Qualifizierung dieser z.T. sehr erheblichen Beiträge ist allerdings Vorsicht geboten, denn finanziert der Verlaggeber *damit* wenigstens den wesentlichen Teil der Vervielfältigungs- und Verbreitungskosten, so liegt – trotz entsprechender Benennung (und auch bei Angabe des Verlags in den Titeleien) – kein Verlags-, sondern ein **Kommissionsverhältnis**

vor, bei welchem der Nettoverkaufserlös (dispositiv) dem Verlaggeber zusteht (Vor Art. 380–393 N 8).

II. Honorarhöhe (Abs. 2)

Zur **Berechnungsart** des Honorars äussert sich das Gesetz nicht; üblich ist eine *prozentuale Beteiligung* am Verkaufspreis (Art. 389 Abs. 2), seltener am Reingewinn; möglich ist aber auch eine *einmalige Abfindung* (vgl. dazu HOCHREUTENER, 100 f.). Hingegen enthält Art. 388 Abs. 2 eine Konfliktregelung zur Bestimmung der **Honorarhöhe** (beim Pauschalhonorar) bzw. des Ansatzes (s.a. Art. 389 N 2); dabei soll durch die – eher ungewöhnliche – *zivilprozessuale* Vorschrift, der Richter habe sich auf das Gutachten eines Sachverständigen zu stützen, gemäss BK-BECKER, N 2, die blosse Anwendung des freien richterlichen Ermessens ausgeschlossen werden, weshalb denn der Richter bei eigener Sachkompetenz (insb. ein entsprechendes Schiedsgericht) auf den Beizug des Sachverständigen auch verzichten könne (SJ 1979, 336 f.). 2

Tatsächlich wird es nicht Zweck der Norm sein, andere Beweismittel auszuschliessen; bestehen heute teilweise klare *Usanzen* (so z.B. 10 % des Ladenpreises beim Buchverlag, bei Printmedien etwa das Zeilengeld; zu Einzelfragen s. REHBINDER/GROSSENBACHER, 22 ff., 38, 49 f.; ZK-HOCHREUTENER, N 31 f.), so muss deren Nachweis auch im Rahmen eines gewöhnlichen Beweisverfahrens möglich sein. Greift die Sondernorm von Abs. 2 – etwa mangels nachweisbarer Usanzen –, wird der Sachverständige i.d.R. eine marktorientierte Kalkulation vorzunehmen haben, wofür namentlich Art und Qualität des Werks von Bedeutung sind.

III. Honorar bei Neuauflagen (Abs. 3)

Mangels Absprache vermutet Abs. 3 für jede **Neuauflage** eine **Übernahme der ursprünglichen Vertragsbedingungen** – wohl insb. Auflagenstärke, Ausstattung und Absatzmassnahmen – samt Honorarregelung. Bei prozentualen Beteiligungen wird dies technisch unproblematisch sein; bei anderen – oder fehlenden – Regelungen kann Abs. 3 u.U. nur mutatis mutandis gelten. Nicht selten wird sich die gesetzliche Vermutung für den Verlaggeber indessen als *ungünstig* erweisen, denn die Neuauflage spricht ja gerade für die gute Verkäuflichkeit eines Werks, von welcher bei einer erstmaligen Kalkulation i.d.R. nicht ausgegangen werden kann. Abs. 3 sollte deshalb – wenn schon – an die (neu verhandelbare) *zweite* Auflage anknüpfen (s.a. die Einschränkung bei PEDRAZZINI, 586 FN 13 m.Nw.). 3

Art. 389

2. Fälligkeit, Abrechnung und Freiexemplare

[1] Das Honorar wird fällig, sobald das ganze Werk oder, wenn es in Abteilungen (Bänden, Heften, Blättern) erscheint, sobald die Abteilung gedruckt ist und ausgegeben werden kann.

[2] Wird das Honorar ganz oder teilweise von dem erwarteten Absatze abhängig gemacht, so ist der Verleger zu übungsgemässer Abrechnung und Nachweisung des Absatzes verpflichtet.

[3] Der Verlaggeber hat mangels einer andern Abrede Anspruch auf die übliche Zahl von Freiexemplaren.

2. Exigibilité, décompte et exemplaires gratuits

[1] Les honoraires sont exigibles dès que l'œuvre entière ou, si elle paraît par parties détachées (volumes, fascicules, feuilles), dès que chaque partie est imprimée et prête pour la vente.

[2] Lorsque les contractants conviennent de faire dépendre les honoraires en tout ou en partie du résultat de la vente, l'éditeur est tenu d'établir son compte de vente et d'en fournir la justification conformément à l'usage.

[3] Sauf convention contraire, l'auteur ou ses ayants cause ont droit au nombre d'exemplaires gratuits fixés par l'usage.

2. Scadenza, conteggio e copie gratuite

[1] L'onorario è dovuto tosto che l'intera opera, o la parte di essa, qualora si pubblichi in parti (volumi, fascicoli, fogli), sia stampata e pronta per la vendita.

[2] Qualora l'onorario dipenda in tutto od in parte dalla vendita verificatasi, l'editore è tenuto a dare secondo l'uso il conto e la dimostrazione della vendita.

[3] L'autore ha diritto, salvo patto contrario, al numero consueto di copie gratuite.

Literatur

Vgl. die Literaturhinweise bei den Vorbem. zu Art. 380–393.

I. Fälligkeit des Pauschalhonorars (Abs. 1)

1 *Geschuldet* ist ein allfälliges Honorar an sich bereits mit Erfüllung der Hauptpflicht des Verlaggebers: Der Überlassung des Werks (Art. 380 N 14). **Fällig** wird eine **pauschale Entschädigung** gem. Abs. 1 hingegen (anders als nach § 23 VerlG) erst, wenn das Werk als Ganzes oder der jeweilige Band, das Heft bzw. Blatt ausgegeben werden kann, die Produktion (oder ein Teil davon; Art. 383 N 1; ZK-Troller, N 2) also fertiggestellt ist.

II. Berechnung und Fälligkeit des Honorars nach Umsatz (Abs. 2)

1a Ein vereinbartes **Honorar nach Umsatz** nach Art. 389 Abs. 2 bedeutet nicht per se das Vorliegen einer einfachen Gesellschaft; vielmehr wird es sich bei dieser Vereinbarung i.d.R. um ein sog. partiarisches Rechtsverhältnis handeln (BGE 94 II 126 = Pra 1968, 519; Meier-Hayoz/Forstmoser, § 1 N 91 ff.).

2 **Berechnungsgrundlage** sind dabei die Verkaufszahlen (ohne die in Kommission gegebenen Exemplare) und der Verkaufspreis, bei der Honorierung nach Reingewinn zusätzlich die Aufwendungen; der Nachweis und die Abrechnung darüber ist Sache des Verlegers, wobei die Angaben übungsgemäss zu erfolgen haben und für den Verlaggeber nachvollziehbar sein müssen, ihm also ein (allenfalls von einem Vertrauensmann ausgeübtes) **Einsichts- und Kontrollrecht** zustehen muss (analog Art. 322a Abs. 2).

3 Die **Fälligkeit des Umsatzhonorars** tritt mangels Vereinbarung innert angemessener Frist nach Ablauf der jeweiligen (i.d.R. jährlichen) Abrechnungsperiode ein (z.B. analog Art. 323 Abs. 3).

III. Freiexemplare (Abs. 3)

4 Angesichts des oft fehlenden oder bloss symbolischen Honorars gerade bei wissenschaftlichen Werken kommt den **Freiexemplaren** eine gewisse Bedeutung zu. Üblich bei Sammelwerken oder Zeitschriften ist dabei allerdings nur die Abgabe von **Sonderdrucken**, wobei der Verlaggeber bei ersteren i.d.R. zusätzlich ein Gesamtexemplar erhält; beim Zeitungsverlag erhält der Verlaggeber meist bloss ein **Belegexemplar** (zu den Begriffen ZK-Hochreutener, N 14).

Anspruch hat der Verlaggeber auf die *übliche Zahl* von Freiexemplaren. Ob mangels Regelung der deutsche § 25 VerlG – bei Literaturwerken 1 %, mindestens aber 5, höchstens 15 Freiexemplare; bei Werken der Tonkunst die «übliche Zahl» – direkt angewendet werden kann (so *ZK-Troller*, N 5), erscheint fraglich; immerhin vermag jene Norm teilweise auch die schweizerische Übung zu widerspiegeln.

Eine *Konkurrenzierung* des Verlegers insb. durch *Verkauf der Freiexemplare* verstösst gegen die vertragliche Treuepflicht (PEDRAZZINI, 590). Eine Möglichkeit des Verlaggebers umgekehrt, Werkexemplare *verbilligt* zu beziehen (entsprechend § 26 VerlG), kennt das schweizerische Recht nicht; sie wird aber zuweilen vereinbart. 5

Art. 390

C. Beendigung
I. Untergang des Werkes

[1] Geht das Werk nach seiner Ablieferung an den Verleger durch Zufall unter, so ist der Verleger gleichwohl zur Zahlung des Honorars verpflichtet.

[2] Besitzt der Urheber noch ein zweites Exemplar des untergegangenen Werkes, so hat er es dem Verleger zu überlassen, andernfalls ist er verpflichtet, das Werk wieder herzustellen, wenn ihm dies mit geringer Mühe möglich ist.

[3] In beiden Fällen hat er Anspruch auf eine angemessene Entschädigung.

C. Fin du contrat
I. Perte de l'œuvre

[1] Lorsque l'œuvre, après avoir été livrée à l'éditeur, périt par cas fortuit, l'éditeur n'en est pas moins tenu du paiement des honoraires.

[2] Si l'auteur possède un second exemplaire de l'œuvre qui a péri, il doit le mettre à la disposition de l'éditeur; sinon, il est tenu de la refaire, lorsque ce travail est relativement facile.

[3] Il a droit à une juste indemnité dans les deux cas.

C. Fine
I. Perdita dell'opera

[1] Se l'opera perisce per caso fortuito dopo la consegna all'editore, questi è tenuto nondimeno al pagamento dell'onorario.

[2] Se l'autore possiede un secondo esemplare dell'opera perita, deve consegnarlo all'editore ed è altrimenti tenuto a ripristinare l'opera ove possa farlo facilmente.

[3] In ambo i casi ha diritto ad un'equa indennità.

Literatur

Vgl. die Literaturhinweise bei den Vorbem. zu Art. 380–393.

I. Allgemeines

Vom Gesetz aufgezählt werden nur *besondere* Fälle einer Beendigung des Verlagsvertrages, nämlich in Art. 390 der Untergang des Werks, in Art. 391 der Untergang der Auflage und in Art. 392 Gründe in der Person der Vertragsparteien. Die *allgemeinen* Beendigungsgründe – Zeitablauf, Kündigung etc. – finden im Verlagsrecht keine Regelung, obwohl sie durchaus Fragen offen lassen (dazu Art. 392 N 10). 1

II. Der Begriff des Untergangs des Werks

Bezüglich des **Begriffs des Untergangs des Werks** ist zu unterscheiden: Entweder kann das Werk recht *eigentlich untergehen* (bzw. für die Vervielfältigung nicht mehr geeignet sein; diese Möglichkeit der Ubiquität wegen verneinend STAUB, 180 f.), womit die Verlegerleistung grundsätzlich unmöglich wird; muss es i.S.v. Abs. 2 wieder hergestellt werden, so wird es sich i.d.R. lediglich um ein *ähnliches* Werk handeln. Oder das Werk als geistiges Gut bleibt erhalten, indem bloss das dem Verleger gem. Art. 380 *überlassene Werkexemplar* untergeht. Überhaupt nicht unter geht das Werk, wenn bloss die Auflage vernichtet wird (dazu Art. 391). 2

III. Voraussetzungen

3 Die gesetzlichen Folgen greifen nur, wenn der Verlaggeber das Werkexemplar bereits i.S.v. Art. 380 **abgeliefert** hat bzw. wenn der Verleger mit der Annahme des Werks in *Verzug* gerät (Art. 376 Abs. 1 analog); irrelevant ist, wo sich das Werk nach der Übergabe befindet, solange es nicht zu Bearbeitungszwecken zurück in die Sphäre des Verlaggebers gelangt (ZK-TROLLER, N 3). Anwendung finden die verlagsrechtlichen Sonderregeln im Übrigen nur bei **Zufall**; *Verschulden* des Verlegers hingegen führt zur Schadenersatzpflicht nach Art. 97 ff. (eingehender N 5–7).

4 Geht das Werk *vor* der Übergabe an den Verleger, jedoch nach Abschluss des Verlagsvertrags unter, wird die Leistung des Verlaggebers unmöglich, sofern er das Werk nicht (auf eigene Kosten) wiederherzustellen vermag; mangels Verschulden erlischt das Vertragsverhältnis diesfalls in Anwendung von Art. 119, andernfalls wird der Verlaggeber schadenersatzpflichtig (Art. 97 ff.).

IV. Rechtsfolgen

5 Generelle Rechtsfolge bei zufälligem Untergang nach Ablieferung an den Verleger ist – abweichend von Art. 119 – das **Weiterbestehen der Honorarzahlungspflicht** (Abs. 1); mangels Vereinbarung einer Pauschalentschädigung wird dabei vom objektiv zu erwartenden Absatz (evtl. mehrerer Auflagen) auszugehen sein. Gegenüber dem schuldhaften ist der schuldlose Verleger damit allerdings nicht besser gestellt, wird dieses *hypothetische Honorar* doch i.d.R. dem im Rahmen von Art. 97 Abs. 1 geschuldeten *positiven Vertragsinteresse* entsprechen (s. N 3).

Bezüglich der Rechtsfolgen gem. Abs. 2 ist zu unterscheiden:

6 1. **Existiert** nebst dem Verleger übergebenen noch ein **zweites Werkexemplar** (was dank der heutigen Vervielfältigungstechniken der Regelfall sein dürfte), so hat der Verlaggeber dieses – gegen angemessene Entschädigung (Abs. 3; zur Angemessenheit ZK-TROLLER, N 14) – dem Verleger zu überlassen; der Verleger seinerseits bleibt zum *Verlag des Werks verpflichtet*, d.h. der Verlagsvertrag erlischt nur, wenn beide Parteien auf Erfüllung verzichten. Entsprechendes dürfte in Anwendung von Art. 2 ZGB allerdings nicht nur bei Zufall (N 3), sondern auch bei Verschulden des Verlegers gelten.

7 2. Beim **eigentlichen Untergang des Werks** (was etwa im Bereiche der bildenden Kunst vorkommen mag) besteht – ebenfalls gegen angemessene Entschädigung (Abs. 3) – eine *Pflicht des Verlaggebers zur Wiederherstellung*, sofern dies *«mit geringer Mühe möglich ist»* (zur Tragweite dieser Formulierung ZK-HOCHREUTENER, N 28); logische Voraussetzung dieser obligatorischen Pflicht ist indes, dass der Verlaggeber zugleich Urheber ist. Bereitet die Wiederherstellung jedoch Mühe, liegt der Entscheid e contrario beim Verlaggeber; ein einseitiger Verzicht des Verlegers beendet das Verlagsverhältnis nicht, seine Weigerung wäre als Vertragsverletzung zu behandeln. Umgekehrt ergibt sich bei einem vom Verleger *verschuldeten* Untergang das *Recht* des Verlaggebers zur Wiederherstellung auf Kosten des Verlegers aus dessen Schadenersatzpflicht (N 3); für eine entsprechende *Pflicht* des Verlaggebers gem. Abs. 2 hingegen fehlt die Rechtsgrundlage.

Art. 391

II. Untergang der Auflage

[1] Geht die vom Verleger bereits hergestellte Auflage des Werkes durch Zufall ganz oder zum Teile unter, bevor sie vertrieben worden ist, so ist der Verleger berechtigt, die untergegangenen Exemplare auf seine Kosten neu herzustellen, ohne dass der Verlaggeber ein neues Honorar dafür fordern kann.

[2] Der Verleger ist zur Wiederherstellung der untergegangenen Exemplare verpflichtet, wenn dies ohne unverhältnismässig hohe Kosten geschehen kann.

II. Perte de l'édition [1] Si, antérieurement à la mise en vente, l'édition déjà préparée par l'éditeur périt en tout ou en partie par cas fortuit, l'éditeur a le droit de faire rétablir à ses frais les exemplaires détruits, sans que l'auteur ou ses ayants cause puissent prétendre à de nouveaux honoraires.

[2] L'éditeur est tenu de remplacer les exemplaires détruits, s'il peut le faire sans frais excessifs.

II. Perdita dell'edizione [1] Se l'edizione già preparata dall'editore perisce in tutto o in parte per caso fortuito prima della messa in vendita, l'editore ha diritto di riprodurre a sue spese le copie distrutte, senza che l'autore possa per questo pretendere un nuovo onorario.

[2] L'editore è tenuto a riprodurre le copie distrutte se ciò è possibile senza spese eccessive.

Literatur

Vgl. die Literaturhinweise bei den Vorbem. zu Art. 380–393.

I. Begriff und Voraussetzungen des Untergangs der Auflage

1 Der teilweise oder ganze Untergang der Auflage i.S.v. Art. 391 ereignet sich in **zeitlicher Hinsicht** *nach* erfolgter Vervielfältigung, jedoch – entgegen dem französischen und dem italienischen Text (zur gesetzgeberischen Panne REHBINDER, VR, 275) – *vor* (vollständigem) Vertrieb (zu diesem Begriff ZK-HOCHREUTENER, N 10) des dem Verleger überlassenen Werks; die Regelung greift allerdings nicht, solange der untergegangene Teil der Werkexemplare durch *Zuschussexemplare* gedeckt ist (Art. 383 N 3).

2 Bei vollständigem Untergang der Auflage muss zumindest ein **Werkexemplar** (oder allenfalls das Original) analog Art. 390 Abs. 2 noch **vorhanden** sein, ansonsten die gesetzlichen Rechtsfolgen obsolet sind. Anwendung findet die Bestimmung im Übrigen nur bei **zufälligem** Untergang; trifft den Verleger ein *Verschulden*, ist bei (teilweisem) Untergang der Auflage der Vertrag nicht erfüllt (s.a. N 4).

II. Rechtsfolgen

3 Der Verleger hat bei *zufälligem* (teilweisem) Untergang der Auflage ein **Recht zur Wiederherstellung** (Abs. 1); für den Verlaggeber bleibt dies im Resultat ohne Folgen, insb. hat er keinen Anspruch auf ein neues Honorar, denn die neuen Exemplare ersetzen bloss die untergegangenen.

Eine **Pflicht zur Wiederherstellung** trifft den Verleger nur, wenn dies ohne unverhältnismässige Kosten geschehen kann (Abs. 2); besteht sie nicht – und nimmt der Verleger auch sein Recht nicht wahr –, so bleibt er dem Verlaggeber gleichwohl zur *Honorarzahlung* verpflichtet (Art. 390 Abs. 1 analog, s. dort N 5; ZK-TROLLER, N 6).

4 Bei *verschuldetem* Untergang ist der Verleger unabhängig von den Kosten zur Wiederherstellung verpflichtet bzw. wird er *schadenersatzpflichtig* (Art. 97 ff.), wobei das positive Vertragsinteresse i.d.R. dem Honorar entsprechen wird.

Art. 392

III. Endigungsgründe in der Person des Urhebers und des Verlegers

[1] Der Verlagsvertrag erlischt, wenn der Urheber vor der Vollendung des Werkes stirbt oder unfähig oder ohne sein Verschulden verhindert wird, es zu vollenden.

[2] Ausnahmsweise kann der Richter, wenn die ganze oder teilweise Fortsetzung des Vertragsverhältnisses möglich und billig erscheint, sie bewilligen und das Nötige anordnen.

[3] Gerät der Verleger in Konkurs, so kann der Verlaggeber das Werk einem anderen Verleger übertragen, wenn ihm nicht für Erfüllung der zur Zeit der Konkurseröffnung noch nicht verfallenen Verlagsverbindlichkeiten Sicherheit geleistet wird.

III. Faits concernant la personne de l'éditeur ou de l'auteur

[1] Le contrat s'éteint si, avant l'achèvement de l'œuvre, l'auteur décède, devient incapable ou se trouve sans sa faute dans l'impossibilité de la terminer.

[2] Exceptionnellement, si le maintien intégral ou partiel du contrat paraît possible et équitable, le juge peut l'autoriser et prescrire toutes mesures nécessaires.

[3] En cas de faillite de l'éditeur, l'auteur ou ses ayants cause peuvent remettre l'œuvre à un autre éditeur, à moins qu'ils ne reçoivent des garanties pour l'accomplissement des obligations non encore échues lors de la déclaration de faillite.

III. Fatti personali dell'autore e dell'editore

[1] Il contratto di edizione si estingue, se, prima che l'opera sia compiuta, l'autore muore o diventa incapace, oppure se senza sua colpa è impedito di condurla a compimento.

[2] In via di eccezione il giudice può ordinare, quando sembri possibile ed equo, la continuazione totale o parziale del contratto e dare le necessarie disposizioni.

[3] Ove l'editore cada in fallimento, l'autore può concedere l'opera ad un altro editore, se non gli venga data garanzia per l'adempimento delle obbligazioni non ancora scadute all'istante della dichiarazione di fallimento.

Literatur

Vgl. die Literaturhinweise bei den Vorbem. zu Art. 380–393.

I. In der Sphäre des Verlaggebers liegende Beendigungsgründe

1. Vom Gesetz erwähnte Gründe und ihre Folgen

1 Als **Gründe für die Beendigung des Vertragsverhältnisses** vor Vollendung des Werks nennt das Gesetz **unverschuldete Verhinderung des Urhebers**, das Werk zu vollenden, insb. durch seinen Tod oder sein Unfähigwerden; mit Recht spricht das Gesetz dabei vom *Urheber*, denn hier kommt naturgemäss nur er als Verlaggeber in Frage (s.a. Art. 380 N 6). Eine *ursprüngliche* Unfähigkeit des Urhebers umgekehrt würde das Zustandekommen des Verlagsvertrages nicht hindern, vielmehr führte ein entsprechendes Übernahmeverschulden zu Schadenersatz (Art. 97 ff.).

2 Die vom Gesetz grundsätzlich vorgesehene **Rechtsfolge** einer unverschuldeten Verhinderung – die Beendigung des Vertrags – entspricht der allgemeinen Regel von Art. 119. Auch das *Urheberrecht* lässt eine andere Lösung an sich nicht zu, denn ohne Verletzung der Rechte des Urhebers vermag ein Dritter das Werk des Urhebers nicht zu vollenden; allerdings kann der Urheber (bzw. sein Rechtsnachfolger) mit dem Verleger eine entsprechende Fortsetzung des Vertragsverhältnisses vereinbart und damit auf die Geltendmachung seiner Rechte verzichtet haben. Ist dies nicht der Fall, erlaubt nun das Gesetz dem Richter, die **Fortsetzung des Vertragsverhältnisses** – *sofern möglich* und billig (etwa bei schon geleisteten wesentlichen Vorarbeiten, insb. wenn der Charakter des Werks gewahrt bleibt, ZK-Troller, N 6 ff.), i.d.R. wohl auf einseitigen Antrag des Verlegers – zu **bewilligen** und das Nötige,

z.B. bezüglich der Kosten, anzuordnen (Abs. 2). Die Urheberrechte am begonnenen Werk als solche bleiben damit zwar beim ursprünglichen Inhaber (bzw. seinem Rechtsnachfolger; Art. 2 Abs. 4 URG), doch schliesst der (an sich obligatorische) Abs. 2 die Geltendmachung dieser Rechte gegenüber dem das Werk vollendenden Dritten aus (HILTY, SIWR II/1, Rz 1854); jedenfalls das Persönlichkeitsrecht des Urhebers muss im Rahmen von Art. 11 Abs. 2 URG aber gewahrt bleiben (HILTY, UR, Rz 309).

2. Weitere Gründe und ihre Folgen

Praktisch wichtiger, vom Gesetz aber nicht geregelt sind jene Fälle, in denen der Verleger aus in der Person des Verlaggebers – also nicht unbedingt des Urhebers – liegenden (verschuldeten) **wichtigen Gründen** i.S.v. Art. 337 Abs. 2 von dem i.d.R. als Dauerschuldverhältnis ausgestalteten Vertrag **zurücktritt** bzw. diesen **kündigt** (CR CO I-CHERPILLOD, N 6; s.a. BUCHER, BT, 221; GAUCH/SCHLUEP/SCHMID/EMMENEGGER, Rz 2793 ff. und 2815; vgl. auch die Gedanken zum Kündigungsrecht in HUGUENIN/HILTY, Vor Art. 144–147 N 4 und Art. 144 N 1 ff.; eingehend zur dogmatischen Konstruktion des Kündigungsrechts und seiner Abgrenzung zum Rücktritt HILTY, SIWR II/1, Rz 1859 ff.). Vorkommen mag dies z.B. bei *Verzug in der Ablieferung* (s. dazu den detaillierten § 11 Abs. 2 VerlG) oder bei *Vertragsverletzungen* (etwa eine massive Überschreitung des vereinbarten Umfangs: ZR 1951, 365 E. 12; s.a. Art. 381 N 11); *unzumutbar* kann die vereinbarte Herausgabe eines Werks sodann aufgrund einer zwischenzeitlichen politischen oder religiösen Kehrtwende des Autors werden (zur geänderten Überzeugung Art. 385 N 4). Umgekehrt ist die finanzielle Notlage des Verlaggebers kein Beendigungsgrund, solange daraus keine Vertragsverletzung resultiert. Ebenfalls nicht zur Vertragsbeendigung führt der Tod des Urhebers nach Beendigung des Werks; vielmehr treten diesfalls die Erben als Rechtsnachfolger in seine Stellung als Verlaggeber. 3

Eine vorzeitige Beendigung ist immer *ultima ratio*. Rechtstechnisch kommt dazu bei bestehenden (mangelhaften) Werken eine analoge Anwendung der kaufrechtlichen Wandelung in Frage (Art. 208 f.), bei noch herzustellenden Werken hingegen eher Werkvertragsrecht (Art. 366 bzw. 368 Abs. 1; s.a. Pra 1991, 572; SCHMID/STÖCKLI, Rz 1844); veränderte Verhältnisse rechtfertigen allerdings je nachdem auch eine Anwendung der clausula rebus sic stantibus (dazu GAUCH/SCHLUEP/SCHMID/EMMENEGGER, Rz 1280 ff. und HUGUENIN/HILTY, Art. 19 N 1 ff., zu den grundlegenden Voraussetzungen und einem Vorschlag zu deren Kodifizierung). Daneben kann die Vertragsverletzung bei Verschulden auch zu einer Schadenersatzpflicht führen, während mangels Verschulden des Verlegers die Voraussetzung dazu fehlt (Art. 97 Abs. 1; s.a. HUGUENIN/HILTY, Art. 128 N 3 mit dem Vorschlag eines verschuldensunabhängigen Schadensersatzes mit Exkulpationsmöglichkeit). In letzterem Falle stützt sich die Beendigung des Verlagsverhältnisses auf Art. 119. 4

Eine Beendigung des Verlagsverhältnisses führt schliesslich – unabhängig vom Verschulden – insoweit zu einem **Rückfall des Verlagsrechts** an den Verlaggeber, als Art. 381 Abs. 1 nicht wegbedungen wurde. Da dies in der Praxis jedoch regelmässig geschieht (Art. 381 N 7), bewirkt die unzulängliche Rechtslage je nachdem einen Verbleib der übertragenen Rechte beim Verleger oder führt – soweit dieser darauf verzichtet – zu deren Gemeinfreiheit (Einzelheiten dazu bei HILTY, SIWR II/1, Rz 1875 ff.; DERS., UR, Rz 310 f.). 5

II. In der Sphäre des Verlegers liegende Beendigungsgründe

1. Vom Gesetz erwähnter Grund und seine Folgen

Das Gesetz nennt lediglich den **Konkurs des Verlegers** als **Grund für die Beendigung des Verlagsverhältnisses**; blosse Zahlungsschwierigkeiten oder auch ein Nachlassverfahren bleiben ohne rechtliche Konsequenzen, solange der Verleger dadurch nicht in Verzug gerät (N 9). 6

7 **Rechtsfolge des Konkurses** ist – in jedem Stadium der Verlagstätigkeit – ein Recht des Verlaggebers zum **Wechsel des Verlegers**, sofern ihm für die zur Zeit der Konkurseröffnung noch nicht verfallenen Verlagsverbindlichkeiten keine *Sicherheit* geleistet wird. Über die *Tragweite* dieser Norm herrscht Unklarheit (Übersicht bei ZK-Troller, N 14; s.a. Troller, 802 f. sowie Pedrazzini, 592 f.). Gemäss BGE 49 II 460 gilt die allgemeine Regel von Art. 83 auch beim Verlagsvertrag, was bedeutet, dass der Verlaggeber, ohne deswegen zur Übertragung auf einen andern Verleger verpflichtet zu sein, den Vertrag beenden kann. Dabei ordnet Art. 392 Abs. 2 eine Art bedingte Rückübertragung der Urheberrechte an den Verlaggeber für den Fall an, dass dieser eine neue Verlaggabe zum Zwecke der Veröffentlichung bei einem anderen Verleger tatsächlich beabsichtigt (Hilty, UR, Rz 309). Der Vorzug dieser Sonderregelung liegt damit namentlich in der Möglichkeit einer Ersatzvornahme ohne besondere Bewilligung des Richters (anders als Art. 98 Abs. 1; eingehender zum Ganzen Hilty, SIWR II/1, Rz 1856). In beiden Fällen begründet die Vertragsbeendigung zwar grundsätzlich einen **Rückfall des Urheberrechts** an den Verlaggeber (Art. 381 N 7; s. aber auch N 5), sie führt jedoch – anders als bei der Kommission (Vor Art. 380–393 N 8) – *nicht* zu einem *Aussonderungsrecht* an bereits hergestellten Werkexemplaren i.S.v. Art. 242 SchKG; jene gehören zur Konkursmasse. Wird umgekehrt Sicherstellung geleistet (oder wird sie nicht verlangt), so kann die Konkursmasse das *Verlagsverhältnis als Masseverbindlichkeit weiterführen* oder aber ihrerseits auf einen andern Verleger übertragen; eine Zustimmung des Verlaggebers wird dafür allgemein nicht vorausgesetzt (eingehender Troller, 802 m.Nw.), doch verlangt das Urheberrecht zumindest eine möglichste Wahrung seiner Interessen. Diese Regelung des Verlagskonkurses in Art. 392 Abs. 3 OR muss als lex specialis jener von Ar. 18 URG vorgehen, d.h. anders als nach jener allgemeinen Regel fallen die Rechte dann an den Verlaggeber zurück, wenn ihm keine Sicherheiten geleistet werden und er sein Werk bei einem anderen Verlag zur Erstveröffentlichung bringen will. Dabei verdeutlicht Art. 392 Abs. 3 OR insb. auch, dass mit dem in Art. 18 URG genannten «Urheber» nicht einfach der Rechteinhaber gemeint sein kann, sondern es sich um den Kreativen handeln muss; denn andernfalls hätte es der derivativ Berechtigte (hier der Verleger) bei absehbarem Konkurs durch das Unterlassen der Veröffentlichung des Werkes in der Hand, die Urheberrechte als Teile seines Vermögens der Zwangsvollstreckung zu entziehen (dazu Hilty, UR, Rz 284).

2. Weitere Gründe und ihre Folgen

8 Auch der Verlaggeber kann – trotz fehlender Regelung im Gesetz – aus in der Person des Verlegers liegenden Gründen vom Vertrag **zurücktreten** bzw. diesen **aus wichtigen Gründen kündigen** (i.S.v. Art. 337 Abs. 2; Hilty, SIWR II/1, Rz 1859 ff.); Verschulden des Verlegers führt gegebenenfalls zu Schadenersatz (Art. 97 ff.). Denkbar ist indessen auch eine Anwendung der clausula rebus sic stantibus (s. dazu N 4).

9 Eintreten können entsprechende Folgen etwa bei einem *Verzug des Verlegers* (Art. 107 ff.; s. demgegenüber den Sonderfall in Art. 383 Abs. 3, dort N 7) oder auch bei vorzeitigem *Beginn der Verramschung* (s. Art. 384 N 11); solche Handlungen stellen je nachdem nicht nur eine Vertragsverletzung, sondern zugleich eine Verletzung der Urheberpersönlichkeitsrechte dar (zu den Sanktionen s. Art. 384 N 5; weitere Anwendungsbeispiele bei Dessemontet, Rz 1018). Mit Beendigung des Verlagsverhältnisses fallen die Verlagsrechte – abweichende Vereinbarung vorbehalten (Art. 381 N 7) – an den Verlaggeber zurück (s. aber N 5).

III. Beendigung aus anderen Gründen

10 Vom Gesetz nicht geregelt ist der wohl häufigste, vom Verhalten der Parteien unabhängige Beendigungsgrund: Der **Ausverkauf** oder die **sonstige Beendigung der Auflage** (für Neuauflagen s. Art. 383 N 5). Möglich ist aber ebenso der **Zeitablauf** bei einem Verlagsvertrag auf Dauer (so ausdrücklich § 29 Abs. 3 VerlG) oder auch der **Verzicht** des Verlegers auf das

ihm übertragene Verlagsrecht mangels Verkäuflichkeit (dazu HILTY, SIWR II/1, Rz 1875; allgemein BARRELET/EGLOFF, Art. 16 N 14, m.Nw.). Denkbar sind sodann wichtige Gründe, welche zwar nicht einer Parteisphäre entspringen, eine Partei aber zum **Rücktritt** bzw. zur **Kündigung** berechtigen (zur Dogmatik HILTY, SIWR II/1, Rz 1859 ff.); ohne Verschulden fällt Schadenersatz dabei ausser Betracht (Art. 97 Abs. 1).

Nicht zur Beendigung des obligatorischen Verhältnisses führt demgegenüber mangels anderer Abrede der **Ablauf der Schutzfrist** des verlegten Werks (CR CO I-CHERPILLOD, N 12; **a.A.** PEDRAZZINI, 590; allgemein STAUB, 179), denn Urheberrechtsschutz ist nicht Voraussetzung des Verlagsvertrags (Art. 380 N 5). 11

Art. 393

D. Bearbeitung eines Werkes nach Plan des Verlegers

[1] Wenn einer oder mehrere Verfasser nach einem ihnen vom Verleger vorgelegten Plane die Bearbeitung eines Werkes übernehmen, so haben sie nur auf das bedungene Honorar Anspruch.

[2] Das Urheberrecht am Werke steht dem Verleger zu.

D. Œuvre composée d'après le plan de l'éditeur

[1] Lorsqu'un ou plusieurs auteurs s'engagent à composer un ouvrage d'après un plan que leur fournit l'éditeur, ils ne peuvent prétendre qu'aux honoraires convenus.

[2] Le droit d'auteur appartient alors à l'éditeur.

D. Collaborazione secondo un piano dell'editore

[1] Qualora uno o più autori assumano la collaborazione ad una opera secondo un piano fornito loro dall'editore, possono pretendere soltanto il compenso pattuito.

[2] Il diritto dell'autore sull'intiera opera spetta all'editore.

Literatur

Vgl. die Literaturhinweise bei den Vorbem. zu Art. 380–393.

I. Voraussetzungen. Abgrenzungen

Der Sachverhalt von Art. 393 ist vom gewöhnlichen Verlagsvertrag i.S.v. Art. 380 zu unterscheiden (s. N 3; s.a. Vor Art. 380–393 N 7; unzutreffend ist daher der Verweis auf Art. 393 Abs. 2 URG in ZR 1994, 10; richtig demgegenüber die Berufungsentscheidung, SMI 1994, 198; zur praktischen Bedeutung der Norm – v.a. ihre Anwendung auf die Produktion von Sammelwerken – HILTY, SIWR II/1, Rz 1886). Dabei ist zu beachten, dass sich das Gesetz – entgegen der rechtstechnischen Bedeutung des deutschen Wortes «Bearbeitung» – nicht (notwendigerweise) auf die Errichtung eines Werkes zweiter Hand i.S.v. Art. 3 URG bezieht. Gemeint sein dürfte entsprechend der französischen Fassung vielmehr «Erarbeitung» (ähnlich TROLLER, 806), bei welcher der bzw. die «Verfasser» allerdings nur untergeordnet mitwirken: Das **Werk**, z.B. ein Lexikon, ist **nach dem Plane des Verlegers** zu erstellen, d.h. der «Verfasser» ist in engem Rahmen *weisungsgebunden*; dies ist etwa bei der Neuauflage eines Werks durch einen Dritten bereits nicht mehr der Fall (s.a. BGE 117 II 468). 1

Wenn das Bundesgericht in diesem Zusammenhang vom «Gehilfen» spricht (BGE 101 II 105), so steht dieser Begriff allerdings nicht in Übereinstimmung mit seiner Bedeutung im Urheberrecht, wo als Gehilfe höchstens **Hilfspersonen** – etwa der Handwerker bei Werken der bildenden Kunst – zu bezeichnen wären (s.a. Art. 380 N 11). Richtiger ist die Qualifikation der *zweitklassigen urheberrechtlichen Tätigkeit* (so BGE 74 II 116; differenzierend DESSEMONTET, Rz 981 f., der beide Möglichkeiten in Betracht zieht); urheberrechtlich gesehen wäre diese aber als **Miturheberschaft** i.S.v. Art. 7 URG zu verstehen, was je nach Auslegung wiederum mit Abs. 2 im Widerspruch steht (s. N 4). 2

II. Qualifikation der Norm und Rechtsfolgen

3 Der vom Gesetz eher unglücklich «Verfasser» genannten Vertragspartei kommt die **Stellung des Verlaggebers** *nicht* zu; insofern ist die systematische Einordnung des Artikels verfehlt. Wohl wird ein Sachverhalt erfasst, der notwendigerweise auf einem Grundverhältnis basiert, doch gerade der Verlagsvertrag kommt dafür nicht in Betracht. Als Grundvertrag eignet sich vielmehr ein Arbeits-, Auftrags- oder auch Werkvertragsverhältnis (ebenso CR CO I-CHERPILLOD, N 4), wobei die «Verleger» genannte Vertragspartei – da ein Verlagsvertrag eben nicht vorliegt – lediglich gegen aussen als solcher in Erscheinung tritt. So betrachtet stellt Abs. 1 bezüglich der *Honorarzahlungspflicht* insb. eine Spezialnorm zu Art. 394 Abs. 3 dar, während die Vergütung im Arbeitsrecht wie auch beim Werkvertrag begriffsnotwendig und insofern von vornherein «bedungen» i.S. der gesetzlichen Formulierung ist (Art. 319 Abs. 1 bzw. Art. 363).

4 Abs. 2 betreffend das Recht am gem. Abs. 1 entstandenen Werk andrerseits gehörte seinem **Inhalt** nach ins *Urheberrecht*. Mit dem geltenden Recht steht er allerdings zumindest dann im Widerspruch, wenn von einem *originären* Rechtserwerb des Verlegers ausgegangen wird (so BGE 74 II 116; ZK-TROLLER, N 2; TROLLER, 806; **a.A.** BK-BECKER, N 3) und der Verleger – wie heute üblich – eine juristische Person ist (Art. 380 N 6). Aus Gründen der Kohärenz wird es deshalb richtiger sein, einen Originärerwerb der an der Werkschöpfung beteiligten natürlichen Personen – mitunter dem «Verfasser» – anzunehmen mit entsprechender *cessio legis* zugunsten des Verlegers (so auch CR CO I-CHERPILLOD, N 3; DESSEMONTET, Rz 981 f.; s. zum Rechtsübergang auch Art. 381 N 5).

Dreizehnter Titel: Der Auftrag*

Erster Abschnitt: Der einfache Auftrag

Vorbemerkungen zu Art. 394–406

Literatur

AEPLI, Zur Rechtsnatur des Totalunternehmervertrags, BR 2000, 46 ff.; APATHY, Art. 401 OR und die Treuhand im österreichischen Recht, in: Harrer/Portmann/Zäch (Hrsg.), FS für Heinrich Honsell, Zürich 2002, 467 ff.; AMADO/MOLO/DE VECCHI, Die regulatorischen und zivilrechtlichen Aspekte des FIDLEG-Projektes: eine kritische Auseinandersetzung, AJP 2013, 1783 ff.; ARTER, Sorgfalt bei der Vermögensverwaltung durch Banken, in: Lorandi/Staehelin (Hrsg.), FS für Ivo Schwander, Zürich 2011, 257 ff.; ARTER/DAHORTSANG, Besprechung des bundesgerichtlichen Urteils 4A_688/2011 vom 17.4.2012, AJP 2012, 1154 ff.; ARTER/JÖRG, Informationspflichten beim Discount-Brokerage, AJP 2001, 52 ff.; BÄCHLER, Über den Beizug eines Dritten durch den Beauftragten, Diss. Bern 1960; BÄRTSCHI, Verabsolutierte Relativität: die Rechtsstellung des Dritten im Umfeld von Verträgen, Habil. Zürich 2009; BECK, Honoraranspruch bei Schlechterfüllung eines Auftrags, Anwaltsrevue 1999, 10 ff.; BERTSCHINGER, Sorgfaltspflichten des Vermögensverwalters bei Derivaten, SZW 1996, 240 ff. (zit. SZW 1996); DERS., Sorgfaltspflichten der Bank bei Anlageberatung und Verwaltungsaufträgen, Diss. Zürich 1991 (zit. Diss.); BERGER, Verhaltenspflichten und Vertrauenshaftung dargestellt anhand der Informationspflicht des Effektenhändlers, Diss Bern 2000 (zit. Diss.); BIELER, Die Übertragung des Urheberrechts in Konstellationen des Arbeits-, Auftrags-, Werkvertrags- und Produzentenverhältnisses sowie in ausgewählten Bereichen des Umstrukturierungsrechts, Diss. Basel 2014; BRÄNDLI, Bemerkungen zu BGE 134 III 361, AJP 2008, 1308 ff.; BUCHLI-SCHNEIDER, Arzthaftungsrecht, recht 1988, 91 ff.; VON BÜREN, Der Auftrag, Diss. Zürich 1944 (zit. Diss.); DE CAPITANI, Die Auskunftspflicht der Bank gegenüber Erben, SJZ 1966, 69 ff.; CHAPUIS, Sorgfaltspflichten der Banken, ZBJV 1992, 148 ff.; CHRISTEN, Vermögensverwaltungsauftrag an die Bank, BJM 1994, 113 ff.; CICORIA, Beweislastverteilung und Beweiserleichterung im Arzthaftungsprozess, Jusletter vom 22.6.2011; CONTI, Die Malaise der ärztlichen Aufklärung, AJP 2000, 615 ff.; DERENDINGER, Die Nicht- und die nicht richtige Erfüllung des einfachen Auftrages, Diss. Fribourg 1990; DESSEMONTET, Les contrats de service, ZSR 1987, 93 ff.; DEUTSCH, Der Begriff der Fahrlässigkeit im Obligationenrecht, in: Forstmoser/Giger/Heini/Schluep (Hrsg.), FS für Max Keller, Zürich 1989, 105 ff.; DIETZI, Aufklärungs- und Informationspflichten von Banken, in: von der Crone/Forstmoser/Weber/Zäch (Hrsg.), FS für Dieter Zobl, Zürich 2004, 243 ff.; DRUEY, Verträge auf Informationsleistung, in: Forstmoser/Tercier/Zäch (Hrsg.), FS für Walter R. Schluep, Zürich 1988, 147 ff.; DÜRR, Werkvertrag und Auftrag, Kommentar der Art. 363–379 und 349–406 OR, Vira 1983; EGLI/STÖCKLI, Das Planerhonorar, in: Stöckli/Siegenthaler (Hrsg.), Die Planerverträge, Verträge mit Architekten und Ingenieuren, Zürich 2013, 307 ff.; EGGEN, Finanzprodukte – Auftrag oder Kauf?, SZW 2011, 625 ff.; EMCH/RENZ/ARPAGAUS, Das Schweizerische Bankgeschäft, 7. Aufl., Zürich 2011; FAVRE-BULLE, L'évolution du droit des contrats de prestation de service, ZSR 1991, 351 ff.; FELLMANN, Aufklärung von Patienten und Haftung des Arztes, in: Rütsche (Hrsg.), Medizinprodukte: Regulierung und Haftung, Bern 2013, 171 ff. (zit. Aufklärung); DERS., Der einfache Auftrag und die aktuelle Entwicklung im Recht der freien Berufe, recht 2008, 119 ff. (zit. recht 2008); DERS., Rechtsformen der Zusammenarbeit von Rechtsanwälten, Anwaltsrevue 2003, 339 ff. (zit. Anwaltsrevue 2003); DERS., Die Haftung des Anwalts für die Unkenntnis klaren Rechts, recht 2001, 191 ff. (zit. recht 2001); DERS., Abgrenzung der Dienstleistungsverträge zum Arbeitsvertrag und zur Erbringung von Leistungen als Organ einer Gesellschaft, AJP 1997, 172 ff. (zit. AJP 1997); FELLMANN/POLEDNA (Hrsg.), Die Haftung des Arztes und des Spitals, 2003; FELLMANN/WEY, Ein Herz für Anwälte? Kritische Anmerkungen zu BGE 134 III 534, HAVE 2009, 29 ff.; FISCHER, Der Liegenschaftsverwaltungsvertrag, AJP 2000, 397 ff. (zit. AJP 2000); DERS., Die Umschreibung der Dienstleistung und der verschiedenen Rechte und Pflichten im Rahmen eines Dienstleistungsvertrages, AJP 1997, 256 ff. (zit. AJP 1997); FRIEDRICH, Fragen aus dem Auftragsrecht, ZBJV 1955, 449 ff.; GATTIKER, Die Widerrechtlichkeit des ärztlichen Eingriffs nach schweizerischem Zivilrecht, Diss. Zürich 1999 (zit. Diss.); DIES., Kausalhaftung für medizinische Behandlung – Realität oder Zukunftsmusik?, AJP 2001, 645 ff. (zit. AJP 2001); GAUCH, Der Auftrag, der Dauervertrag und Art. 404 OR, SJZ 2005, 520 ff. (zit. SJZ 2005); GAUCH/TERCIER (Hrsg.), Das Architektenrecht, 3. Aufl., Freiburg 1995; GAUTSCHI, Nichterfüllung, Haftungsgrund

* Der Autor dankt MLaw Dominic Oertly für die wertvolle Unterstützung bei der Überarbeitung der Art. 394–406, 407–411 und 419–424.

und Haftungsverzicht bei Arbeitsobligationen, in: Keller (Hrsg.), FS für Karl Oftinger, Zürich 1969, 7 ff. (zit. FS Oftinger); DERS., Auftrag und Geschäftsführung in der Schweiz, Zürich 1953 (zit. Auftrag); GEISER, Entwicklungen im Arbeitsrecht, SJZ 1997, 281 ff. (zit. SJZ 1997); DERS., Über den Tod hinaus wirksame Vollmacht und wirksamer Auftrag, in: Temi scelti di diritto ereditario, commissione ticinese per la formazione permanente dei gugiuristi, volume 5, Lugano 2002, 21 ff. (zit. Vollmacht); GLOOR, Das vertragliche Übernahmeverschulden – Einordnung und Erweiterung zur fahrlässigen Leistungsübernahme, Diss. Zürich 2012; GMÜR, Die Vergütung des Beauftragten, Diss. Fribourg 1994; GRIEDER, Schadenersatz und Honorarreduktion, AJP 2008, 1509 ff.; GROSS J., Haftung für medizinische Behandlung im Privatrecht und im öffentlichen Recht der Schweiz, 1987; GROSS TH., Fehlerhafte Vermögensverwaltung – Klage des Anlegers auf Schadenersatz, AJP 2006, 161 ff.; GUGGENHEIM, Die Verträge der schweizerischen Bankpraxis, 3. Aufl., Zürich 1986 (zit. Bankpraxis); GUTZWILLER, Der Beweis der Verletzung von Sorgfaltspflichten, insbesondere der Aufklärungspflicht, im Anlagengeschäft der Banken, AJP 2004, 411 ff. (zit. AJP 2004); DERS., Der Vermögensverwaltungsvertrag, Diss. Zürich 1989 (zit. Diss.); HAUSHEER/GEISER, Switzerland, in: Deutsch/Schreiber (Hrsg.), Medical Responsability in Western Europe, 1985, 729 ff.; HERZOG-ZWITTER, Die Aufklärungspflichtverletzung und ihre Folgen, HAVE 2010, 316 ff.; HESS, Der Architekten- und Ingenieurvertrag, Zürich 1986; HIRZEL, Management Consulting im schweizerischen Recht, Diss. Zürich 1984; HÖCHLI, Das Anwaltshonorar, Diss. Zürich 1991; HÖHN/WEBER, Planung und Gestaltung von Rechtsgeschäften, Zürich 1986; HOLLIGER-HAGMANN, FIDLEG, Anlegerschutz mit Übergriffen in das Privatrecht, Jusletter vom 13.5.2013; HONSELL, Die Haftung für Auskunft und Gutachten, insbesondere gegenüber Dritten, in: Waldburger (Hrsg.), FS für Peter Nobel, Bern 2005, 939 ff. (zit. FS Nobel); DERS. (Hrsg.), Handbuch des Arztrechts, Zürich 1994 (zit. Handbuch); DERS, Die zivilrechtliche Haftung des Arztes, ZSR 1990, 135 ff. (zit. ZSR 1990); HOFSTETTER K., Gutachterhaftung gegenüber Dritten im schweizerischen Recht, AJP 1998, 261 ff. (zit. AJP 1998); HOFSTETTER J., Der Auftrag und die Geschäftsführung ohne Auftrag, in: Schweizerisches Privatrecht (SPR), Bd. VII/6, Basel 2000, 1 ff./Le mandat et la gestion d'affaires, in: Schweizerisches Privatrecht (SPR), Bd. VII/2/1, Basel 1994, 1 ff. (zit. SPR VII/6 und SPR VII/2/1); HÜRLIMANN/SIEGENTHALER, Die Haftung des Liegenschaftenschätzers gegenüber einem vertragsfremden Dritten, BR 2004, 105 ff.; JETZER, Die ärztliche Dokumentationspflicht und der Beweis des Behandlungsfehlers, ZBJV 2012, 309 ff.; KAISER, Die zivilrechtliche Haftung für Rat, Auskunft, Empfehlung und Gutachten, Diss. Bern 1987; KLEINER, Bankkonto – Giro- und Kontokorrentvertrag, in: Forstmoser/Tercier/Zäch (Hrsg.), FS für Walter R. Schluep, Zürich 1988, 273 ff.; KNOEPFLER/GUINAND, Auftrag I–IV, SJK 326–328a, 1983/84; KOLLER A., Dienstleistungsverträge – Begriff, Arten, rechtliche Grundlagen, AJP 2014, 1627 ff. (zit. AJP 2014); KRAMER, Aktuelle Judikatur zum Vertragsrecht der Absatz- und Geschäftsmittler, AJP 1997, 165 ff.; KRAUSKOPF, Der Vertrag zugunsten Dritter, Diss. Fribourg 2000; KRECKE, Verträge zwischen Stadtzürcher PR-Agenturen und ihren Kunden, Diss. Zürich 1992; KUHN, Die Entwicklung in der Haftpflicht des Arztes, ZSR 1986, 469 ff.; KÜNZLE, Anlageberatung, Vermögensverwaltung und Willensvollstreckung, in: Honsell/Portmann/Zäch/Zobl (Hrsg.), FS für Heinz Rey, Zürich 2003, 451 ff.; KULL, Die Abgrenzung des einfachen Auftrags zum Personalverleih am Beispiel der hauswirtschaftlichen Tätigkeit, AJP 2013, 1485 ff. (zit. AJP 2013); DERS., Verbindlichkeit der fristlosen und ungerechtfertigten Kündigung von Dauerschuldverhältnissen, SJZ 2011, 245 ff (zit. SJZ 2011).; LANZ, Vertrag über die Erstellung eines Gutachtens: Auftrag oder Werkvertrag?, ZBJV 2001, 599 ff.; LEUENBERGER, Dienstleistungsverträge, ZSR 1987, 1 ff.; LEVIS, Zivilrechtliche Anwaltshaftpflicht im schweizerischen und US-amerikanischen Recht, Diss. Zürich 1981; LÉVY, Le devoir d'information de l'avocat, Anwaltspraxis 2010, 265 ff.; LOMBARDI, La jurisprudence du Tribunal Federal dans le domaine de la gestion de fortune en 2005, Relevant 2006, Nr. 1–3; LUCHESCHI, Rechtsprobleme bei Verträgen über Grossprojekte, Diss. Zürich 1996; MAISSEN/PURTSCHERT/RUSCH, Unentgeltliche Hilfeleistung: GoA, Gefälligkeit oder unentgeltlicher Auftrag?, Jusletter vom 9.9.2013; MEIER-HAYOZ, Zum Informationsvermittlungsvertrag, in: Forstmoser/Tercier/Zäch (Hrsg.), FS für Walter R. Schluep, Zürich 1988, 191 ff.; MERZ, Die Qualifikation des Architektenvertrages, in: Forstmoser/Tercier/Zäch (Hrsg.), FS für Walter R. Schluep, Zürich 1988, 205 ff. (zit. FS Schluep); MESSERLI, Aufklärungspflichten im privaten Baurecht? Thesen und Beispiele, Anwaltsrevue 2008, 259 ff.; MOSER, Die Haftung für Dienstleistungen im Lichte eines zertifizierten Qualitätsmanagements, AJP 1997, 181 ff.; MÜLLER, Die Haftung der Urkundsperson, Diss. Zürich 2000; MUSIELAK, Entgeltliche Geschäftsbesorgung, in: Gutachten und Vorschläge zur Überarbeitung des Schuldrechts, Bd. II, 1981, 1209 ff.; OSWALD, Analyse der Sorgfaltspflichtverletzung, Diss. Zürich 1988; OTT, Medizinische und rechtliche Abklärung von Ärztehaftpflichtfällen, HAVE 2003, 275 ff. (zit. HAVE 2003); DERS., Haftung des Arztes, SJK 846, 1982 (zit. SK 1982); PACHMANN/VON DER CRONE, Unabhängige Vermögensverwaltung: Aufklärung, Sorgfalt und Schadenersatzberechnung, SZW 2005, 146 ff.; PETERMANN, Der Psychotherapeuten-Vertrag – im Spannungsfeld von Übertragung, Gegenübertragung und Realität, AJP 2003, 1291 ff.; PFENNINGER/GIGER, Die Verantwortlichkeit für Third Party Legal Opinions, SZW 2005, 1 ff.; PIAGET, Les règles du mandat face aux contrats innommés, AJP 2005, 986 ff.; RIEMER, Rechtsfragen um Rechtsgutachten, recht 2001, 148 ff.; ROGGO, Urteil des Bundesgerichtes vom 9.2.2007, AJP 2008, 913 ff. (zit. AJP 2008);

DERS., Aufklärung des Patienten, Bern 2002 (zit. Aufklärung); ROGGO/STAFFELBACH, Offenbarung von Behandlungsfehlern/Verletzung der ärztlichen Sorgfaltspflicht, AJP 2006, 407 ff.; RÜEGG, Der Effektenbörsenauftrag unter spezieller Berücksichtigung der Treue-, Sorgfalts- und Rechenschaftspflicht, Diss. Zürich 1974; RUSCH, Hilfsperson, Substitut und Direktanspruch, Jusletter vom 18.10.2010 (zit. Jusletter); DERS., Erfolgsbezug bei Werkvertrag und Auftrag, BJM 2013, 285 ff. (zit. BJM 2013); SCHALLER, Handbuch des Vermögensverwaltungsrechts, Zürich 2013 (zit. Handbuch); DERS., Der Einsatz strukturierter Produkte in der Vermögensverwaltung, recht 2012, 102 ff. (zit. recht 2012); DERS., Die Pflicht zur Produktekenntnis («Know Your Product») in der Anlageberatung und Vermögensverwaltung, SZW 2011, 449 ff. (zit. SZW 2011); SCHAUB, Der Engineeringvertrag, Diss. Zürich 1979; SCHLÜCHTER, Haftung aus anwaltlicher Tätigkeit unter Einbezug praktischer Fragen der Haftpflichtversicherung, AJP 1997, 1359 ff.; SCHLUEP, SPR; SCHMID, Die privatrechtliche Rechtsprechung des Bundesgerichtes im Jahr 2006 und 2007, ZBJV 2010, 556 ff.; SCHNEEBERGER, Der Einfluss des Entgelts auf die rechtliche Stellung des Beauftragten, Diss. Bern 1992; SCHNEWLIN, Zur Rechtsnatur des Architektenvertrages, ZBGR 1985, 193 ff.; SCHROEDER, Probleme der zivilrechtlichen Haftung des freipraktizierenden Zahnarztes, Diss. Zürich 1982; SENTI, Auftrag oder Personalverleih?: Rechtliche Gratwanderung mit drastischen Folgen, AJP 2013, 356 ff.; SETHE, MiFID II – Eine Herausforderung für den Finanzplatz Schweiz, SJZ 2014, 477 ff.; SIBBERN/VON DER CRONE, Informationspflichten im Anlagegeschäft, SZW 2007, 166 ff. (zit. SZW 2007); DIES., Genehmigungsfiktion und Nebenpflichten der Bankkunden, SZW 2006, 70 ff. (zit. SZW 2006); SOMMER, Die rechtliche Qualifikation von Verwaltungsrats- und anderen Organverträgen, AJP 2004, 1059 ff.; STEINER, Der Dualismus von öffentlichem und privatem Recht in der Arzthaftung und seine Auswirkungen auf die Prozessführung, ZBJV 2006, 101 ff.; STEININGER/VON DER CRONE, Beratungsauftrag und Aufklärungspflichten, SZW 2009, 140 ff.; STÖCKLI, Anmerkung zu KGer GR, 18.11.2008, BR/DC 2010, 56 ff. (zit. BR/DC 2010); DERS., Anmerkung zu BGer. 4A_19/2009 (13.7.2009), BR/DC 2009, 156 f. (zit. BR/DC 2009); STÜRNER, Der Anspruch auf Erfüllung von Treue- und Sorgfaltspflichten, JZ 1976, 384 ff.; TAUSKY, Die Rechtsnatur der Verträge über die Planung von Bauwerken, Diss. Zürich 1991; TERCIER, Le point sur la partie spéciale du droit des obligations, SJZ 1996, 238 ff. (zit. SJZ 1996); DERS. (Hrsg.), Aspects du droit médical, Freiburg 1988 (zit. droit médical); TERCIER/DEVAUD, Le point sur la Partie spéciale du droit des obligations, SJZ 2009, 294 ff.; TESTA, Die zivil- und standesrechtlichen Pflichten des Rechtsanwaltes gegenüber dem Klienten, Diss. Zürich 2001; THÉVENOZ, La fiducie, cendrillon du droit suisse, ZSR 1995, 253 ff. (zit. ZSR 1995); DERS., Le banquier, son client et l'ordinateur, SJ 1993, 17 ff. (zit. SJ 1993); THÉVENOZ/EMMENEGGER, Le droit bancaire privé suisse 2009–2010/Das schweizerische Bankprivatrecht 2009–2010, SZW 2010, 308 ff.; TRAUTMANN/VON DER CRONE, Die Know-Your-Customer-Rule im Vermögensverwaltungsauftrag: auftragsrechtliche Erkundigungs- und Aufklärungspflichten im Lichte geplanter Regulierungsvorhaben der FINMA, in: Sethe/Hens/von der Crone/Weber (Hrsg.), Anlegerschutz im Finanzmarktrecht kontrovers diskutiert, Zürich 2013; VIECENZ-BÜTLER, Heikle Grenzziehung zwischen Auftrag und Arbeitsvertrag, ST 1997, 923 ff.; VISCHER, Der Arbeitsvertrag, in: Schweizerisches Privatrecht (SPR), Bd. VII/1, III, 4. Aufl., Basel 2014 (zit. SPR VII/1); DERS., Die Haftung des Anwalts für die Bestätigungen zuhanden der Revisionsstelle, Anwaltsrevue 2003, 122 ff. (zit. Anwaltsrevue 2003); VÖGELI, Verwaltungsräte von Tochtergesellschaften im Konzern, SJZ 2006, 73 ff.; WALDIS, Analyse der Haftpflichtsituation des Treuhänders, Diss. Zürich 1981; WÄLLI, Das reine fiduziarische Rechtsgeschäft, Diss. Zürich 1969; WALTER, Der Schlichtervertrag, in: Harrer/Portmann/Zäch (Hrsg.), FS für Heinrich Honsell, Zürich 2002, 439 ff.; WATTER, Die Treuhand im schweizerischen Recht, ZSR 1995, 179 ff.; WEBER, Finanzdienstleistungen im Spannungsfeld von Zivil- und Aufsichtsrecht, SJZ 2013, 405 ff. (zit. SJZ 2013); DERS., Zur Haftung des Anlageberaters, SZW 1998, 254 ff. (zit. SZW 1998); DERS., Aktuelle Probleme im Recht des einfachen Auftrags, AJP 1992, 177 ff. (zit. AJP 1992); DERS., Praxis zum Auftragsrecht und zu den besonderen Auftragsarten, Bern 1990 (zit. Praxis); DERS., Sorgfaltswidrigkeit – quo vadis?, ZSR 1988, 39 ff. (zit. ZSR 1988); WERRO, Le mandat et ses effets, Freiburg 1993 (zit. mandat); DERS., La distinction entre l'obligation de résultat et l'obligation de moyens …, ZSR 1989, 253 ff. (zit. ZSR 1989); WERRO/BACHER, Die Sorgfaltspflicht des Anwalts und die Rechtsprechung des Bundesgerichts, recht 2009, 133 ff.; WIDMER, Die Versicherung und die Haftung der Erbringer von Dienstleistungen, SVZ 1982, 65 ff., 97 ff.; WIEGAND (Hrsg.), Arzt und Recht, 1985 (zit. Arzt und Recht); DERS., Zur Haftung für Dienstleistungen, recht 1990, 134 ff. (zit. recht 1990); DERS., Die privatrechtliche Rechtsprechung des BGer in den Jahren 2004 und 2005, ZBJV 2008, 613 ff. (zit. ZBJV 2008); ZELLWEGER-GUTKNECHT, L'impact sur les banques du nouveau droit de la protection de l'adulte, SZW 2014, 185 ff. (zit. SZW 2014); DIES., Finanzmarktprivatrecht 2007/2008, recht 2009, 54 ff. (zit. recht 2009); ZIMMERMANN PETER, Der Geist-Werkvertrag, Diss. Basel 1984; ZIMMERMANN SALOME, Die Haftung der Bank aus Verwaltungsauftrag, SJZ 1985, 137 ff.; ZOBL, Der Vermögensverwaltungsauftrag der Banken, in: Forstmoser/Tercier/Zäch (Hrsg.), FS für Walter R. Schluep, Zürich 1988, 319 ff. (zit. FS Schluep); DERS., Probleme im Spannungsfeld von Bank-, Erb- und Schuldrecht, AJP 2001, 1007 ff. (zit. AJP 2001); ZONDLER/NÄF, Die Banken und das Erwachsenenschutzrecht, AJP 2013, 1232 ff.

I. Gesetzessystematik

1 Mit dem 13. Titel (Art. 394 ff.) beginnt das **Geschäftsführungs**- bzw. **Geschäftsbesorgungsrecht**. Der 13. Titel des OR ist mit «Der Auftrag» überschrieben und enthält die Abschnitte über den einfachen Auftrag (Art. 394–406), den Auftrag zur Ehe- oder zur Partnerschaftsvermittlung (Art. 406a–406h), den Kreditbrief und den Kreditauftrag (Art. 407–411), den Mäklervertrag (Art. 412–418) und den Agenturvertrag (Art. 418a–418v). Verwandt sind der 15. Titel über die Kommission inkl. Spedition (Art. 425–439) sowie der 16. Titel über den Frachtvertrag (Art. 440–457). Der 14. Titel regelt die Geschäftsführung ohne Auftrag (Art. 419–424), die teilweise ein Institut des AT des OR darstellt und teilweise auf eine analoge Anwendung des Auftragsrechts zurückgreift (Vor Art. 419 N 2). Im externen Verhältnis wird das Auftragsrecht durch die Stellvertretung ergänzt, Art. 396 Abs. 2/3 und Art. 458–465 basieren auf der Regelung von Art. 32 ff. Der Abschnitt über den einfachen Auftrag (regelmässig nur «Auftrag» genannt; Nachweise zur Entstehungsgeschichte, zu den Gesetzesmaterialien und den Rechtsentwicklungen bei BK-Fellmann, Vor N 23 ff., 42 ff., 84 ff.) ist eingeteilt in den Begriff (Art. 394), die Entstehung (Art. 395), die Wirkungen (Art. 396–403) und die Beendigung des Auftrags (Art. 404–406).

II. Anwendungsbereich des Auftragsrechts

2 1. Der Auftrag ist ein Arbeitsleistungsvertrag im weiteren Sinne; angesichts seiner vielseitigen Verwendungsmöglichkeiten ist er der Mustervertrag für *die Geschäftsführung im fremden Interesse*, d.h. die treuhänderische Tätigkeit für einen Anderen (vgl. z.B. BGE 122 III 361 ff.; zur Konzeption vgl. BK-Fellmann, Vor N 18 f. und Art. 394 N 105 ff., 247 ff.; Werro, mandat, N 75 ff., 141 ff.). Art. 394 Abs. 2 erklärt zudem den Auftrag zum Sammelbecken für anderweitig nicht subsumierbare Geschäftsführungsverhältnisse (Art. 394 N 22), was jedoch nicht bedeutet, dass gemischte Verträge mit Auftragselementen oder Arbeitsleistungsverträge sui generis unzulässig wären (Art. 394 N 23). Inhalt von Aufträgen können sein: Beratungen jeglicher Art (z.B. Arzt, Anwalt, Treuhänder, Unternehmensberater, Architekt, Ingenieur) sowie Geschäftsbesorgungen (z.B. im Bank- oder Treuhandwesen). Konzeptionell basiert das Auftragsrecht auf der verfassungsrechtlich geschützten *Wirtschaftsfreiheit* (Art. 27 BV), welche die selbständige und unselbständige Ausübung des Berufs schützt (BGE 113 Ia 282; 112 Ia 319 = Pra 1987, 704; zum sachlichen Anwendungsbereich BK-Fellmann, Vor N 188 ff.). Europarechtlich ist auf die Niederlassungs- und Dienstleistungsfreiheit zurückzugreifen (Art. 49 ff. AEUV; dazu Weber, Praxis, 21 ff.).

3 2. Die Bestimmungen über den Auftrag finden kraft Verweisung auch Anwendung auf spezielle Auftragstypen, nämlich auf den Auftrag zur Ehe- oder zur Partnerschaftsvermittlung (Art. 406a Abs. 2), auf den Kreditbrief und Kreditauftrag (Art. 407 Abs. 1), auf den Mäklervertrag (Art. 412 Abs. 2) und auf den Agenturvertrag (Art. 418b) sowie auf die genehmigte Geschäftsführung ohne Auftrag (Art. 424). Ausdrücklich auf das Auftragsrecht verwiesen wird zudem bei der Kommission (Art. 425 Abs. 2), beim Frachtvertrag (Art. 440 Abs. 2) und beim Speditionsvertrag (Art. 439); diese Verweise sind insoweit problematisch, als die meisten gesetzlichen Anordnungen zum Agentur-, Kommissions- und Frachtvertrag bewusst als dem Auftragsrecht vorgehende Spezialregeln konzipiert sind (Weber, Praxis, 35).

4 **Subsidiär** ist das Auftragsrecht überdies anwendbar auf Geschäftsbesorgungen wie die Willensvollstreckung (BGE 101 II 53; ZR 1995, 195 f.; SJZ 1963, 159) und die Organtätigkeit juristischer Personen (BGE 130 III 216; 128 III 131; 95 I 24; SJZ 1962, 105; Sommer, AJP 2004, 1060) sowie auf die Tätigkeit von geschäftsführenden Gesellschaftern (Art. 540, 557 Abs. 2, Art. 598 Abs. 2); hingegen hat das KAG (Art. 26 ff. und 78 ff. KAG) den Fondsvertrag verselbständigt.

Der Auftrag ist auch Grundlage der **Anweisung** (Weisung an einen Dritten, einen Zahlungsauftrag an den Begünstigten auszuführen, Art. 466). Qualifizierte Zahlungsanweisungen sind der gezogene Wechsel (Tratte) und der Check (Art. 991 Ziff. 2, Art. 1100 Ziff. 2); der eigene Wechsel ist ein Zahlungsversprechen des Ausstellers (Art. 1096 Ziff. 2). Bei Wechsel und Check kann die Forderung wertpapiermässig durch Indossament übertragen werden. Wird eine Anweisung durch den Angewiesenen gegenüber dem Anweisungsempfänger angenommen, ist ein Widerruf nicht mehr möglich (Art. 468). 5

3. Auftragselemente finden in gemischten Verträgen ein breites Anwendungsgebiet, etwa in Bankverträgen (z.B. Anlageberatung, Girovertrag, Depotgeschäft, Vermögensverwaltung: vgl. z.B. BGer, 2.4.2012, 4A_436/2011; BGE 101 II 119; 96 II 149; HONSELL, OR BT, 315; GROSS TH., AJP 2006, 162; KLEINER, 277 f., 279). Die in der Praxis eine immer grössere Rolle spielenden Innominatverträge enthalten in den überwiegenden Fällen Auftragselemente, die je nach der konkreten Vertragskonstellation eine zwar unterschiedliche, aber kaum je völlig vernachlässigbare Bedeutung haben (vgl. HÖHN/WEBER, 100; WEBER, Praxis, 37). Ein Bewirtschaftungsvertrag, welcher vorsieht, dass das Recht zur Nutzung des Gegenstands dem Eigentümer vorbehalten bleibt, stellt z.B. einen Innominatvertrag mit auftragsrechtlichen Elementen dar (BGer, 17.3.2011, 4A_688/2010). 6

III. IPR. Rechtsvergleichung

Gemäss Art. 117 Abs. 2 IPRG ist bei internationalen Sachverhalten an das Recht des Staates, in dem die Partei, welche die charakteristische, d.h. funktionell typische, Vertragsleistung erbringen soll, ihren gewöhnlichen Aufenthalt bzw. ihre Niederlassung hat, anzuknüpfen. Art. 117 Abs. 3 lit. c IPRG legt fest, dass beim Auftrag die **Dienstleistung** als **charakteristische Leistung** gilt. Anwendbar ist damit das Recht am Domizil des Beauftragten (BK-FELLMANN, Vor N 165 ff., 172 ff. m.Nw.). Überdies sieht Art. 113 IPRG einen subsidiären Gerichtsstand am schweizerischen Erfüllungsort vor, wenn der Beklagte in der Schweiz weder Wohnsitz, Niederlassung noch gewöhnlichen Aufenthalt hat. 7

Grundlage, aber nicht einzige Quelle, der kontinentaleuropäischen auftragsrechtlichen Regelungen ist das römische mandatum, die unentgeltliche Geschäftsführung für abwesende Freunde (HOFSTETTER J., SPR VII/6, 9, ff. m.Nw.); Vertreter freier Berufe erhielten im römischen Recht – wenn überhaupt – nur einen Ehrensold (honorarium). Das deutsche Recht hat an der Unentgeltlichkeit des Auftrags festgehalten (§ 662 BGB); die entgeltliche Geschäftsbesorgung unterliegt dem Dienst- oder Werkvertragsrecht (§ 675 BGB). Das österreichische (§ 1002 ff. ABGB), das französische (Art. 1984 ff. CC fr.) und das italienische (Art. 1703 ff. CC it.) Recht qualifizieren den Auftrag primär als eine (entgeltliche oder unentgeltliche) Rechtsgeschäftsbesorgung in direkter Stellvertretung. Im österreichischen und italienischen Recht ist aber auch die Geschäftsbesorgung kraft indirekter Stellvertretung möglich, das französische Recht stellt auf den Kommissionsvertrag ab (vgl. HOFSTETTER J., SPR VII/6, 8 und SPR VII/2/1, 9). Unentgeltliche Verträge auf Arbeitsleistung sind nach österreichischem Recht Aufträge. In Struktur und Tragweite stark abweichend ausgestaltet vom kontinentaleuropäischen Auftragsrecht ist der anglo-amerikanische Contract of Agency (eingehend zur Rechtsvergleichung BK-FELLMANN, Vor N 216 ff.). 8

Art. 394

A. Begriff

[1] Durch die Annahme eines Auftrages verpflichtet sich der Beauftragte, die ihm übertragenen Geschäfte oder Dienste vertragsgemäss zu besorgen.

[2] Verträge über Arbeitsleistung, die keiner besonderen Vertragsart dieses Gesetzes unterstellt sind, stehen unter den Vorschriften über den Auftrag.

[3] Eine Vergütung ist zu leisten, wenn sie verabredet oder üblich ist.

A. Définition

[1] Le mandat est un contrat par lequel le mandataire s'oblige, dans les termes de la convention, à gérer l'affaire dont il s'est chargé ou à rendre les services qu'il a promis.

[2] Les règles du mandat s'appliquent aux travaux qui ne sont pas soumis aux dispositions légales régissant d'autres contrats.

[3] Une rémunération est due au mandataire si la convention ou l'usage lui en assure une.

A. Definizione

[1] Con l'accettazione del mandato, il mandatario si obbliga a compiere, a norma del contratto, gli affari o servigi di cui viene incaricato.

[2] I contratti relativi ad una prestazione di lavoro non compresi in una determinata specie di contratto di questo codice sono soggetti alle regole del mandato.

[3] Una mercede è dovuta quando sia stipulata o voluta dall'uso.

Literatur

Bucher E., 100 Jahre Schweizerisches Obligationenrecht: Wo stehen wir heute im Vertragsrecht?, in: ZSR 1983 II, 322 ff. (zit. ZSR 1983); Buff/von der Crone, Zwingende Natur von Art. 404 OR, SZW 2014, 332 ff. (zit. SZW 2014); Cuendet, Les rapports fiduciaires dans la jurisprudence suisse, ST 1992, 332 ff.; Fischer, Dritthaftung für falsche freiwillige Auskünfte, ZVglRWiss 1984, 1 ff. (zit. ZVglRWiss 1984); Gattiker, Das Erfolgshonorar des Anwalts, Diss. Zürich 1975; Gauch/Sweet, Deliktshaftung für reinen Vermögensschaden, in: Forstmoser/Giger/Heini/Schluep (Hrsg.), FS für Max Keller, Zürich 1989, 117 ff.; von Gierke, Deutsches Privatrecht, Bd. III, München/Leipzig 1917; Kuhn, Die Haftung aus falscher Auskunft und falscher Raterteilung, SJZ 1986, 345 ff.; Roberto, Die Haftung des Reiseveranstalters, Diss. Zürich 1990; vgl. die Literaturhinweise bei den Vorbem. zu Art. 394–406.

I. Allgemeines

1 Art. 394 Abs. 1 verpflichtet den Beauftragten, «die ihm übertragenen Geschäfte oder Dienste vertragsgemäss zu besorgen». Als Legaldefinition lässt sich diese Umschreibung nicht qualifizieren, doch wird zumindest klar, dass es sich beim Auftrag um einen Arbeitsleistungsvertrag, einen Arbeitsvertrag i.w.S. handelt (vgl. auch BK-Fellmann, N 9, 21, 86, 91). Einerseits hat der Beauftragte gewisse Tätigkeiten zu erbringen, andererseits müssen die Dienstleistungen im Hinblick auf ein bestimmtes Resultat erfolgen (Tercier/Favre, N 4980 ff.). Abs. 2 hält fest, dass Verträge, die keinem gesetzlichen Arbeitsvertragstypus unterstehen, nach Auftragsrecht zu beurteilen sind. In Abs. 3 wird die etwaige Entgeltlichkeit des Auftrags geregelt (zur Entstehungsgeschichte BK-Fellmann, N 4 ff.); Abs. 3 würde systematisch richtig in den Kontext von Art. 402 gehören (BK-Fellmann, N 11, 367; Gmür, N 100).

II. Wesen, Gegenstand und Arten des Auftrags (Abs. 1)

1. Wesen

2 Der Beauftragte führt fremde Geschäfte (Grundsatz der Zweckgerichtetheit des Auftrags in **Wahrung fremder Interessen**). Der Auftrag ist oft inhaltlich unbestimmt (vgl. Buff/von der Crone, SZW 2014, 337); der Beauftragte hat aber das Möglichste zur Zweckerreichung zu tun (obligation de moyens; vgl. Werro, mandat, N 88 ff.; BK-Fellmann, N 20, 94, 99, 105). Die Dienstleistungen müssen im Hinblick auf ein bestimmtes Resultat erfolgen, auch wenn – vorbehältlich einer gegenteiligen Abrede – kein Erfolgseintritt geschuldet ist (vgl. Derendinger, N 86 ff.). Geschäftsherr bleibt der Auftraggeber, weshalb dessen Weisungen vom Beauftragten zu befolgen sind; bei nicht sachgemässen Weisungen hat der Beauftragte den Auftraggeber abzumahnen.

3 **Wesensmerkmale** des Auftrags sind die Treueverpflichtung (vgl. Werro, mandat, N 492 ff.; BK-Fellmann, N 105 ff., 247 ff.), das besondere Vertrauensverhältnis und der Persönlich-

keitsbezug (fachliche Fähigkeiten und charakterliche Qualitäten des Beauftragten), die oft vorhandene inhaltliche Unbestimmtheit (Anpassung an jeweilige Umstände, z.B. Verweis auf Natur der Geschäfte in Art. 394 Abs. 3, Art. 396 Abs. 1, Art. 398 Abs. 3, Art. 405 Abs. 1) sowie die selbständige Beauftragtenstellung (vgl. HOFSTETTER J., SPR VII/6, 35–39 und SPR VII/2/1, 35–38; BK-FELLMANN, N 113 ff.); der Beauftragte handelt auf fremde Rechnung und fremde Gefahr.

Der Auftrag ist ein **zweiseitiger Schuldvertrag** (vgl. etwa KUKO OR-SCHALLER, N 1). Beim entgeltlichen Auftrag handelt es sich um einen vollkommen zweiseitigen (synallagmatischen) Vertrag, beim unentgeltlichen Auftrag um einen unvollkommen zweiseitigen Vertrag (BGE 94 II 267 f.; BK-FELLMANN, N 191 ff). Ungeachtet des jederzeitigen Widerrufsrechts (Art. 404) ist der Auftrag **oft** (aber nicht zwingend) als **Dauerschuldverhältnis** ausgestaltet (vgl. insb. KULL, SJZ 2011, 245 ff.; GAUCH, SJZ 2005, 521 ff.; DERENDINGER, N 101 f.; BK-FELLMANN, N 198 ff.; WERRO, mandat, N 371 ff.). Als Beauftragte kommen natürliche und juristische Personen in Frage. **4**

Der Auftrag verknüpft regelmässig zahlreiche einzelne Rechtsbeziehungen zu einem Gefüge. Neben den Hauptpflichten (z.B. Auftragsausführungs- und Honorarpflicht) bestehen Nebenleistungspflichten (z.B. Rechenschaftsablegungs- und Herausgabepflicht) sowie Nebenpflichten (z.B. Diskretions-, Geheimhaltungs-, Aufklärungs-, Benachrichtigungs-, Schutzpflicht; im Einzelnen dazu BK-FELLMANN, N 234 ff.). Weitere Rechtsgrundlagen der Beauftragtentätigkeit ergeben sich zum Teil aus dem öffentlichen Berufs- und Gewerberecht, z.B. für liberale Berufe (GMÜR, N 58 ff.) und für Banken (Art. 3 Abs. 2 lit. c BankG), Effektenhändler (Art. 10 Abs. 2 lit. c BEHG) oder Versicherungen (Art. 14 VAG). Für die Abgrenzung vom öffentlichen Dienst (vgl. Art. 110 Ziff. 4 StGB zur Beamtenumschreibung) ist auf die «Öffentlichkeit» der Verrichtungen (Art. 61) abzustellen. Das geplante FIDLEG (Finanzdienstleistungsgesetz) wird ebenfalls eine entsprechende Rechtsgrundlage darstellen (Art. 398 N 28b). **5**

2. Gegenstand. Interessenlage

Hauptgegenstand des Auftrags ist regelmässig ein **positiver Leistungsinhalt** (einzelne Angelegenheit oder Vielzahl von Tätigkeiten) auf ein Tun, und zwar eine Tat- oder Rechtshandlung (N 9 f.) oder beides miteinander (Liegenschaftsschätzung: BGE 130 III 253; Reisevermittlung: BGE 111 II 270; Bankgirovertrag: BGE 111 II 449; BK-FELLMANN, N 25, 79; zur Abgrenzung zwischen Tat- und Rechtshandlung DERENDINGER, N 26 ff.). Geschuldet ist ganz oder überwiegend eine körperliche oder geistige Arbeit zum Vorteil eines Anderen (LEUENBERGER, ZSR 1987, 13). Ein Dulden und ein Unterlassen kann aber Inhalt von Nebenpflichten sein. **6**

Eine konkretisierende Charakterisierung der möglichen Tun-Leistung ist angesichts der **Flexibilität** der Auftragstypen nur schwer möglich. Der offene gesetzliche Raster lässt eine bunte Palette von Auftragsleistungen zu (WEBER, Praxis, 34 f.), z.B. kurzfristige Besorgungen, selbständig ausgeübte liberale Berufe, Abwicklung von Zahlungsaufträgen, Treuhandverhältnisse, Bank- und Versicherungsgeschäfte. **7**

Je nach der **Interessenlage** bezüglich des anzustrebenden Arbeitsresultates wird zwischen verschiedenen Auftragstypen unterschieden: Ist ausschliesslich der Auftraggeber am Auftragserfolg interessiert, liegt ein «mandatum mea gratia» (z.B. Gefälligkeitsverhältnis: vgl. N 16) vor. Der heute übliche entgeltliche Auftrag im Bereich der freien Berufe wird im Interesse des Auftraggebers und des Beauftragten ausgeführt («mandatum mea e tua gratia»); dennoch sind die Honorarinteressen den zu wahrenden fremden Interessen unterzuordnen. Bei einem Auftrag im Interesse eines Dritten (Art. 112) spricht man von einem «mandatum aliena gratia» (vgl. BGE 41 II 271 ff.; BK-FELLMANN, N 109 f.). **8**

3. Tathandlungs- und Rechtshandlungsauftrag

a) Tathandlungsauftrag

9 Im Tathandlungsauftrag verpflichtet sich der Beauftragte zur **Leistung von (faktischen) Diensten** irgendwelcher Art (zum Umfang beim Tathandlungsauftrag vgl. Art. 396 N 2 f.). Der Anwendungsbereich ist sehr weit (vgl. DESSEMONTET, ZSR 1987, 107 ff.; TERCIER/FAVRE, N 5333 ff.; BK-FELLMANN, N 140 ff.; WEBER, Praxis, 34 f.; je mit eingehender Kasuistik): Pflegeverträge (Arzt-, Zahnarzt-, Veterinärverträge), Anwalts-, Notar-, Experten- und Schiedsrichterverträge, Architekten- und Ingenieurverträge, Liegenschaftsverwaltungsverträge, Unterrichtsverträge, Bankverträge, Buchhaltungsverträge, Rechtsschutzversicherungsverträge, Transportverträge.

b) Rechtshandlungsauftrag im Allgemeinen

10 Gegenstand des Rechtshandlungsauftrags ist die **Vornahme** von **Rechtshandlungen**, d.h. Erwerb, Ausübung und Übertragung von subjektiven Rechten (vgl. Art. 1703 CC it.). Der Rechtshandlungsauftrag kann in direkter oder indirekter Stellvertretung ausgeführt werden (Art. 396 N 4 f.; BK-FELLMANN, N 37 ff. m.Nw.). In Frage kommen alle durch einen Vertreter ausübbaren Rechtshandlungen, soweit nicht höchstpersönliche Rechte betroffen sind (Testamentserrichtung, Verfügung über Kunstwerk, BK-FELLMANN, N 49). Ein Rechtshandlungsauftrag kann für die (vorübergehende) Erledigung einer Angelegenheit oder für eine längerfristige Rechtsträgerschaft erteilt werden.

c) Treuhandvertrag im Besonderen

11 Der Treuhandvertrag ist ein dem Fiduziar erteilter Rechtshandlungsauftrag, ein Geschäft im eigenen Namen (d.h. in indirekter Stellvertretung), aber im Interesse und für Rechnung des Auftraggebers auszuführen. Der Fiduziar geht i.d.R. nicht nur wie der «normale» Beauftragte vorübergehend Rechte und Pflichten für den Treugeber ein, sondern er übt die übernommenen Rechte und Pflichten für eine gewisse Zeit aus bzw. er erfüllt das Leistungsprogramm (vgl. Art. 396 N 5). Nach heutiger Mehrheitsmeinung handelt es sich bei den Treuhandverhältnissen bzw. fiduziarischen Geschäften um einen **Vertrags- oder Geschäftstyp**, auf den zumindest teilweise die Regeln des Auftragsrechts anwendbar sind (BGE 99 II 397 = Pra 1974, 363 f.; 85 II 99 = Pra 1959, 367; KUKO OR-SCHALLER, N 7; BK-KRAMER, Art. 18 OR N 125 f.; ZK-JÄGGI/GAUCH, Art. 18 OR N 179; vgl. auch BK-FELLMANN, N 60, 71 ff.; GMÜR, N 63 ff.; CUENDET, ST 1992, 130 ff., 187 ff., 361 ff.; WATTER, ZSR 1995, 179 ff.; THÉVENOZ, ZSR 1995, 253 ff.).

12 Das **pactum fiduciae** (d.h. das der Treuhand zugrundeliegende Rechtsverhältnis) ist somit oft, aber nicht immer ein Auftrag; in Frage kommen auch andere gesetzliche Arbeitsverträge oder ein Hinterlegungsvertrag (WEBER, Praxis, 56, vgl. z.B. BGE 131 III 377 = SZW 2005, 187). Wie der Beauftragte hat der Fiduziar fremde Interessen zu wahren: Im internen Verhältnis ist der Fiduziar an die Weisungen des Treugebers gebunden, er muss vertragsgemäss und sorgfältig tätig werden (BGE 115 II 471). **Einschränkungen in der Verfügungsmacht** (Erwerb, Ausübung, Übertragung von Rechten und Eingehung/Erfüllung von Verpflichtungen) haben jedoch nur **obligatorische Wirkung** (zur Durchsetzung einer fiduziarischen Abrede EGV 1982, 92 ff.). Nicht von Bedeutung für die Qualifikation des Treuhandverhältnisses ist die Herkunft des Treugutes (Fiduziant, Dritter; vgl. HOFSTETTER J., SPR VII/6, 32 und SPR VII/2/1, 32).

13 Extern gegenüber den Dritten kann der Fiduziar über ein Recht bzw. eine Sache beliebig verfügen, es kommt ihm eine sog. **überschiessende Rechtsmacht** zu (BGE 119 II 328; 71 II 169). Können und Dürfen sind also nicht deckungsgleich. Weil die Rechtseinräumung durch den Treugeber aber gewollt ist, sind fiduziarische Rechtsgeschäfte **nicht simulierte Ge-**

schäfte (vgl. BGE 109 II 242; 99 II 396 = Pra 1974, 363 f.; 91 II 448 f.; SJ 1982, 235 f.), ausser wenn die Eigentumsübertragung an sich nicht beabsichtigt ist (SJ 1955, 574 f.; aus der Lehre vgl. BK-KRAMER, Art. 18 OR N 128 f.; ZK-JÄGGI/GAUCH, Art. 18 N 189 f., je m.Nw.).

14 Der **Vertragspartner des Fiduziars** steht nur mit diesem in einer Rechtsbeziehung, selbst wenn ihm bekannt ist, dass der Fiduziar treuhänderisch für den Fiduzianten handelt, z.B. Vermögenswerte verwaltet; ein solcher Vertragspartner braucht sich deshalb auch nicht um die Interessenlage des Fiduzianten zu kümmern (vgl. BGE 100 II 211). Wegen der gewollt eingeräumten Rechtsträgerschaft passt die Vermutung von Art. 396 Abs. 2 auf Treuhandverträge nicht. Vielmehr vermittelt die fiduziarische Rechtseinräumung die «Macht» zum rechtsgeschäftlichen Handeln, ungeachtet dessen, ob die Rechtsbeziehung zwischen dem Fiduzianten und dem Fiduziar die entsprechende Befugnis vorsieht (HOFSTETTER J., SPR VII/6, 33 und SPR VII/2/1, 33; WEBER, Praxis, 56).

15 Treuhandverhältnisse werden oft im Zusammenhang mit **Sicherungsgeschäften** begründet, z.B. durch Sicherungsübereignung (BK-ZOBL, Syst. Teil, N 1299 ff.), Sicherungsabtretung, Inkassozession, Begründung eines Investment Trust usw. (vgl. BK-FELLMANN, N 76 f.; für die Banken GUGGENHEIM, Bankpraxis, 251 ff.). Für Treuhandverhältnisse sind aus dem Auftragsrecht insb. Art. 400 (BGE 112 III 95 = Pra 1987, 276), Art. 401 (dort N 4, analoge Anwendung) und Art. 404 von Bedeutung.

4. *Entgeltlicher und unentgeltlicher Auftrag*

a) Gefälligkeitsverhältnisse

16 Der weite Wortlaut von Art. 400, wonach «alles» zu erstatten ist, schliesst die Entgeltlichkeit des Auftrags nicht aus. Gemäss Abs. 3 ist der Auftrag aber nur entgeltlich, wenn es verabredet oder üblich ist. Weil heute Dienstleistungen regelmässig nicht unentgeltlich erbracht werden, ist praktisch von einer **Umkehr der gesetzlichen Vermutung** auszugehen, d.h. eine Gefälligkeit, welcher der Charakter des rechtlich Verbindlichen fehlt (BGE 137 III 542; 129 III 183; 116 II 696), ist nur dann anzunehmen, wenn es an erkennbaren wirtschaftlichen oder sonstwie geschützten Interessen des Tätigwerdenden mangelt und nicht von Auswirkungen auf das Vermögen des Tätigwerdenden auszugehen ist (HOFSTETTER J., SPR VII/6, 13 und SPR VII/2/1, 14 f.; zur Gefälligkeit und deren Abgrenzungen vgl. Art. 419 N 9a). Für einen konkludent zustandegekommenen entgeltlichen Auftrag spricht hingegen, wenn der Tätigwerdende unter den gegebenen Umständen nach Treu und Glauben in Beachtung der Verkehrssitte auf einen Rechtsbindungswillen des Partners schliessen durfte (vgl. BGE 116 II 696 ff.; SJZ 1990, 143 f.; EGV 1984, 128 f.; Art. 395 N 5 f.; vgl. auch HONSELL, FS Nobel, 944, der bei faktischer, unentgeltlicher Tätigkeit im Zweifel auf ein vertragsloses Verhältnis schliesst; ebenso BGE 129 III 183). Ob die Eigeninitiative des Geschäftsführers, die sog. Eigenmacht, das alleinige Kriterium für die Abgrenzung (zugunsten der Geschäftsführung ohne Auftrag) darstellen kann, ist m.E. fraglich (vgl. MAISSEN/PURTSCHERT/RUSCH, Jusletter 2013, N 9, 13; krit. dazu KUKO OR-SCHALLER, Vor Art. 419–424 N 6).

17 Die Unentgeltlichkeit des Auftrags (zum Ganzen auch SCHNEEBERGER, 212 ff.) ist einerseits bei der **Haftung** des Beauftragten als Reduktionsgrund zu berücksichtigen (Art. 99 Abs. 2). Bei Unentgeltlichkeit hat andererseits der Auftraggeber gegebenenfalls nicht für den verursachten Schaden einzustehen (Art. 402 N 14).

b) Rat und Empfehlung

18 Im Gegensatz zum Zürcherischen Privatrechtlichen Gesetzbuch von 1854/56 (§ 1161–1165) regelt das Auftragsrecht «Rat und Empfehlung» nicht. Das Vorliegen eines **Rechtsbindungswillens** ist deshalb im Einzelfall zu prüfen (vgl. Vor Art. 419–424 N 16). Unaufgeforderte Raterteilungen vermögen i.d.R. kein Auftragsverhältnis zu begründen. Hingegen ist ein still-

schweigender Auftragskonsens anzunehmen, wenn der Raterteilende gewerbsmässig und entgeltlich tätig wird; weitere Kriterien sind die Sachkunde und das wirtschaftliche Interesse des Raterteilenden, der Vertrauenscharakter der Geschäftsbeziehung, die erkenntliche Bedeutung der Auskunft für den Empfänger und die Auskunftserteilung auf Anfrage hin (WEBER, Praxis, 54).

19 Die ältere Rsp. hat bei falschen Auskünften die Annahme eines Vertragsverhältnisses überwiegend abgelehnt (BGE 68 II 302; 57 II 85; 41 II 82; ZBJV 1973, 394; erneut BGE 111 II 473). In BGE 112 II 350 wird aber zutreffenderweise die Entstehung eines Auftragsverhältnisses angenommen, wenn zwischen dem Raterteilenden und dem Ratsuchenden eine **vorbestehende Rechtsbeziehung** (z.B. ein als Rahmenvertrag ausgestalteter allgemeiner Bankvertrag) vorhanden ist und wenn der Raterteilende hätte erkennen müssen, dass der Ratsuchende eine verlässliche Antwort für weitergehende Dispositionen erwartet (dazu MERZ, ZBJV 1988, 215 ff.; vgl. auch BGE 131 III 380 = Pra 2006, 220 ff.; weiter HONSELL, OR BT, 319; BK-KRAMER, Allg. Einl. N 142 ff.; BK-FELLMANN, N 205 ff.; GAUCH/SWEET, 117 ff.; KUHN, SJZ 1986, 345 ff.; KAISER, 142 ff.; FISCHER, ZVglRWiss 1984, 1 ff.; zur Auskunftshaftung vgl. BÄRTSCHI, 346 ff.).

20 Bei Fehlen eines Vertragsverhältnisses tritt eine Haftung ein, wenn der Raterteilende wider besseres Wissen oder leichtfertig unrichtige Angaben macht, sowie wenn er ihm bekannte Tatsachen verschweigt, von denen er annehmen muss, dass sie für den Ratsuchenden von erheblicher Bedeutung sein könnten (BGE 80 III 54; vgl. auch SJZ 1953, 181).

5. Zwingendes und dispositives Recht

21 Im Rahmen von Art. 19–21 und der zwingenden Normen des öffentlichen Berufs- und Gewerberechts besteht für die Parteien **Vertragsfreiheit**, insb. Freiheit in der Umschreibung der zu erbringenden Dienstleistungen, in der Wahl eines Rechtsvertreters und in der Vertretungsart. Die neuere Rsp. geht auch zutreffenderweise davon aus, *dass Freiheit der rechtlichen Qualifikation* herrscht, Art. 394 Abs. 2 also Arbeitsleistungsverträge sui generis nicht ausschliesst (N 23). Zwingend ist hingegen nach heutiger Bundesgerichtspraxis das jederzeitige Widerrufsrecht von Art. 404 (dort N 9, umstritten), die Rechenschaftsablegungspflicht von Art. 400 (dort N 21) sowie die Treue- und Sorgfaltspflicht von Art. 398 im Rahmen des gesollten Leistungsprogrammes (dort N 34), nicht aber die Verwendungs- und Schadenersatzpflicht des Auftraggebers gem. Art. 402 (dort N 16, umstritten). Nach bundesgerichtlicher Rsp. kann auf die Ablieferungspflicht unter bestimmten Bedingungen vertraglich verzichtet werden (BGE 137 III 396; 132 III 460; BGer, 29.11.2011, 4A_427/2011, E. 4; Art. 400 N 14a, 21).

III. Auftrag als Auffangvertrag (Abs. 2)

22 Abs. 2 hält fest, dass Verträge, die keinem gesetzlichen Arbeitsvertragstypus unterstehen, nach Auftragsrecht zu beurteilen sind. Der Auftrag wird deshalb zum **«Sammelbecken»** für Arbeitsleistungsverträge. Subsidiäre Anwendung bedeutet, dass die Art. 394 ff. nur Anwendung finden, wenn kein Sonderrecht Platz greift (KOLLER A., AJP 2014, 1634; zur Subsidiarität vgl. auch BK-FELLMANN, N 297 ff.; WERRO, mandat, N 122 ff., 171 ff.). Somit sind die Regelungen des einfachen Auftrags lediglich dann anzuwenden, wenn sie sachgemäss sind; nur auf diesem Weg lassen sich Wertungswidersprüche vermeiden (vertiefend KOLLER A., AJP 2014, 1634).

1. Arbeitsleistungsverträge sui generis

23 Während Jahren ist das BGer davon ausgegangen, Arbeitsleistungsverträge sui generis könnten im schweizerischen Recht nicht anerkannt werden (BGE 106 II 158 = Pra 1980, 596; 104 II 110; differenzierend noch 83 II 530 = Pra 1958, 141 f.; zum Meinungsstand LEUENBERGER,

ZSR 1987, 26 ff.; Bucher, ZSR 1983, 322 ff.; BK-Fellmann, N 285 ff.). Die neuere Rsp. (BGE 112 II 45; 109 II 465; zu deren Unsicherheitsfaktoren Favre-Bulle, ZSR 1991, 358 ff.) nimmt nun aber gemischte Arbeitsleistungsverträge bzw. **Arbeitsleistungsverträge sui generis** hin, was das Schrifttum mehrheitlich befürwortet (vgl. auch Honsell, OR BT, 338 f.; Hofstetter J., SPR VII/6, 26 ff. und SPR VII/2/1, 26 ff.; Tercier/Favre, N 4992; CR CO I-Werro, Art. 394 N 31; Piaget, AJP 2005, 1000; Huguenin, OR AT/BT, N 3226). Das BGer bekennt sich zu einer **«Spaltung»** der möglichen Rechtsfolgen, d.h. zutreffender zu einer **«Individualanknüpfung»** (Weber, AJP 1992, 178 f.) an die jeweils adäquaten Rechtsregeln aus dem sachgerechtesten gesetzlichen Vertragstyp (vgl. bereits BGE 60 II 335; 83 II 525). So lässt sich je nach Leistungsart die Mängelhaftung des Werkvertrags (Art. 367) oder die Sorgfaltshaftung des Auftrags (Art. 398) anwenden (BGE 109 II 466). Diese sachgemässe Rsp. hat das BGer in zahlreichen Entscheiden bestätigt (vgl. namentlich BGE 127 III 545; 115 II 466). Dasselbe gilt für die Vertragsbeendigung wegen Todes (Art. 379 bzw. Art. 405). Die h.L. vertritt das vom BGer gewählte Konzept (vgl. dazu stellvertretend Koller A., AJP 2014, 1635). Hingegen wird die gewollte Vertragsauflösung einheitlich angeknüpft; die Rsp. neigt im Zweifel, wenn keine besonderen Gründe für einen anderen Vertragstyp sprechen (z.B. Arbeitsvertrag, BGE 112 II 46), dem Auftragsrecht zu (Mandatsvertrag betr. Gefahrgutbeauftragter vgl. HGer SG, 29.3.2011, HG.2010.12; BGE 109 II 466; flexibler SJZ 1990, 125 f., 380: EDV-Verträge; BJM 1994, 136 f.: Trainingsvertrag; ZR 1988, 310 f.: Factoring; SJZ 1987, 136: Reiseveranstaltung).

2. Abgrenzung von anderen Vertragstypen

Die Abgrenzung von anderen Vertragstypen ist deshalb wichtig, weil das Auftragsrecht Sonderregeln enthält, deren Anwendung bei anderen Arbeitsleistungsverträgen nicht als angebracht erscheint, insb. das Widerrufsrecht gem. Art. 404 und die Privilegierung des Auftraggebers durch das Recht auf Legalzession/Aussonderung gem. Art. 401 (vgl. für einen Überblick Koller A., AJP 2014, 1628 ff.; zudem Übersichtstabelle bei Weber, Praxis, 60); soweit sich das Auftragsrecht als sachfremd erweist, ist es somit nicht anzuwenden (vgl. BK-Fellmann, N 352 ff.; Fischer, AJP 1997, 259). **24**

a) Arbeitsvertrag

Im Falle einer unentgeltlichen Geschäftsbesorgung liegt wegen der zwingenden Entgeltlichkeit des Arbeitsvertrags stets ein Auftrag vor. Im Übrigen können aber Tathandlungen und Rechtsgeschäftsbesorgungen Gegenstand beider Vertragstypen sein; möglich ist auch eine Kumulation des Pflichtenprogramms beider Vertragstypen (vgl. BGE 48 II 489). **25**

Die Leistung beim Arbeitsvertrag bemisst sich grundsätzlich nach der Zeit (vgl. ZR 1981, 32 ff.; ZBJV 1949, 558 f.), während beim Auftrag die Besorgung eines bestimmten Geschäfts mit dem notwendigen (und zu entschädigenden) Zeitaufwand im Vordergrund steht. Das **Dauerelement** spricht oft, aber nicht notwendigerweise für einen Arbeitsvertrag (Hofstetter J., SPR VII/6, 17 und SPR VII/2/1, 18; BK-Fellmann, N 131, 303 ff.). Auch der Arbeitnehmer kann nämlich in der zeitlichen Gestaltung der Leistungserbringung relativ frei (vgl. SJZ 1989, 143 f.) und der Beauftragte zeitlich gebunden sein (z.B. Konzertmusiker). **26**

Der Arbeitnehmer ist verpflichtet, weisungsgemäss zu handeln, womit ein Verhältnis der rechtlichen Subordination besteht (BGE 107 II 432; BGer, 15.5.2012, 4A_61/2012, E. 2.1); auch der Beauftragte hat den Weisungen des Auftraggebers Folge zu leisten, aber bei fehlender Sachgemässheit als kundige Partei abzumahnen (Art. 397). Im Übrigen ist der Beauftragte i.d.R. weder organisatorisch noch örtlich in den Betrieb des Auftraggebers eingeordnet (**Selbständigkeit**: BGE 95 I 24) und i.d.R. vom Auftraggeber wirtschaftlich unabhängiger als der Arbeitnehmer vom Arbeitgeber (vgl. BGE 90 II 485 = Pra 1965, 151 f.; 63 II 176 ff.; JAR 2003, 145 ff.; ZR 1981, 8 f., 32 ff.; BJM 1973, 276 f.; BK-Rehbinder, Art. 319 N 49 ff.; BK- **27**

FELLMANN, N 308 ff.; BUCHER, BT, 225; VISCHER, SPR VII/1, III, 32 ff.; HOFSTETTER J., SPR VII/6, 18 f. und SPR VII/2/1, 19; detailliert zur schwierigen Grenzziehung zwischen Auftrag und Arbeitsvertrag auch VIECENZ-BÜTLER, ST 1997, 923 ff.; FELLMANN, AJP 1997, 174). Zwischen Aktiengesellschaft und Verwaltungsrat kommt mehrheitlich kein Arbeitsvertrag, sondern ein Auftrag zustande (BGE 130 III 216 m.Nw.; 128 III 131; 121 I 262 = SJZ 1997, 281, vgl. auch SOMMER, AJP 2004, 1059 ff.; ferner VÖGELI, SJZ 2006, 76); das Verhältnis zwischen einem Theaterproduzenten und einem Künstler ist je nach Grad der Weisungsgebundenheit bezüglich der künstlerischen Interpretation als atypischer Arbeitsvertrag oder als Auftrag zu qualifizieren (OGer BL, 19.11.1996, SJZ 1997, 284); der Platzwart eines Sportclubs ist Beauftragter (ZBJV 2003, 132 ff.); zum Vertrag über die Anstellung eines Künstlers oder Orchesters vgl. BGE 112 II 45. Angehörige freier Berufe sind in vielen Fällen in der Ausgestaltung ihrer Arbeit mehr oder weniger frei, weshalb ein Unterordnungsverhältnis insoweit nicht klar in Erscheinung tritt. Dementsprechend muss das Kriterium der betrieblichen Einordnung ausschlaggebend sein: Wer als Arzt (Anwalt, Architekt usw.) ausschliesslich in den Diensten eines Unternehmens tätig und dort in den Betrieb integriert ist und laufend Arbeiten zugeteilt erhält, steht in einem arbeitsvertraglichen Verhältnis, dagegen liegt ein Auftragsverhältnis vor, wenn ein selbständiger Arzt für ein Unternehmen regelmässig Untersuchungen durchführt oder wenn ein selbständiger Anwalt sich einem Unternehmen als Rechtsberater zur Verfügung hält (BGer, 15.5.2012, 4A_61/2012, E. 2.2; OGer LU, 18.12.2000, JAR 2001, 138 f.; OGer SH, 22.3.2003, ZBJV 2005, 132).

27a Die Unterscheidung zwischen einem einfachen Auftrag und dem **Personalverleih** nach AVG ist nicht immer eindeutig; diese zieht jedoch weitreichende Konsequenzen nach sich, wie z.B. eine allfällige Bewilligungspflicht (vgl. dazu KULL, AJP 2013, 1485 ff.; SENTI, AJP 2013, 356 ff.). Als mögliche Abgrenzungskriterien sind die Übertragung wesentlicher Weisungsbefugnisse als Vertragszweck, die Zuordnung der faktischen Arbeitgeberfunktion, die Verknüpfung des Weisungsrechts mit der Fürsorgepflicht für den Arbeitnehmer und der Inhalt des Leihvertrags zu nennen (überblicksmässig KULL, AJP 2013, 1489 ff.). Das BGer hat in einem aktuellen Entscheid das Vorliegen eines Auftragsverhältnisses abgelehnt (BGer, 11.2.2013, 2C_356/2012, E. 7).

b) Werkvertrag

28 Der Unternehmer schuldet ein **Werk**, der Beauftragte ein **Wirken** (so schon VON GIERKE, 591 f.). Die neuere Rsp. (BGE 109 II 37–39 = Pra 1983, 400 f.; BGE 110 II 380) erachtet jeden körperlichen oder unkörperlichen Leistungserfolg als möglichen Gegenstand des Werkvertrags. Dieser **weite Werkbegriff** (Herstellung einer beweglichen oder unbeweglichen Sache) umfasst also nicht nur die Stoffbearbeitung (Herstellung, Veredlung, Reparatur), sondern auch stoffliche Kunstwerke (BGE 115 II 53 = Pra 1989, 890 ff. betr. Ausführung eines Mosaiks; dazu MERZ, ZBJV 1991, 253) und v.a. die sog. Geist-Werkverträge (Planung, Veranstaltung von Film- [Photoaufnahme: BJM 1975, 193 f.], Musik- [SJ 1953, 257 ff.], Theater-, Sport- und anderen Darbietungen [SJ 1968, 172 ff.: Radiointerview]; zum Arztvertrag BGE 120 II 250; 113 Ib 423). Der Werkbegriff entfällt damit als taugliches Abgrenzungskriterium zwischen Werkvertrag und Auftrag (vgl. auch FELLMANN, AJP 1997, 177 f.). Der Vertrag über die Erstellung eines Gutachtens ist je nach dem, ob es objektive Kriterien gibt, welche es erlauben, das Ergebnis als richtig oder falsch zu qualifizieren, Werkvertrag oder Auftrag (N 30); die Schätzung des Wertes einer Sache ist Ermessensfrage und daher als Auftrag zu qualifizieren, zumal das Ergebnis nicht objektiv garantiefähig ist (BGE 127 III 328; vgl. N 30); zur Abgrenzung zwischen der gerichtlichen Prüfung des Werks durch Sachverständige und einem von einer Partei bestellten Privatgutachter vgl. ZR 1996, 24 f. Vgl. auch die jeweilige Vertragsqualifikation bei einem Vertrag, der die Wartung von Feuerlöschgeräten zum Gegenstand hat (BGE 130 III 461), sowie beim Vertrag für die Projektierung und Bauleitung von Wasser- und Kanalisationsprojekten (BGer, 22.7.2005, 4C.165/2005), Reisevermittlungs- bzw. Reiseveranstaltungsvertrag (BGE 115 II 477; 111 II 272), gewerbsmässiges Ferienwohnungsgeschäft (BGE 115 II 476), Bankgirovertrag (BGE 111 II 449), Vertrag zur Erstellung eines Lehrgerüstes zum Bau einer Brücke (BGE 113 II 266), Totalunternehmervertrag (BGE 114 II 54), unentgeltlichen Ingenieurvertrag (BGE 117 III 519), Vertrag über die Schaffung eines Kunstwerks (BGE 115 II 53), Insertions- und Reklameberatungsvertrag (BGE 115 II 59) und Anwaltsvertrag (BGE 117 II 566). Die objektive Überprüfbarkeit des Erfolgs ist nach BGer für die Abgrenzung Auftrag/Werkvertrag das zentrale Kriterium (vgl. auch RUSCH, BJM 2013, 285 ff.); grundsätzlich krit. zur bundesgerichtlichen Anwendung von Werksvertragsrecht FELLMANN, recht 2008, 127 f. Neben dem Erfolg wären aber auch andere Abgrenzungskriterien, wie z.B. die Notwendigkeit der zeitlichen Begrenzung oder die Gegenleistungsgefahr, denkbar (vertiefend RUSCH, BJM 2013, 289 ff., welcher verschiedene Kriterien aufzeigt und diese anhand konkreter Fälle überprüft).

Ein Auftrag liegt dann vor, wenn die Tätigkeit unentgeltlich erfolgt oder wenn das Arbeitser- **29** gebnis auch keinen Geist-Werkvertrag darstellt. Im Übrigen ist ein Auftragsverhältnis anzunehmen, wenn sich das Resultat durch die geschuldeten Tätigkeiten nicht unbedingt verwirklichen lässt (Tätigwerden im Interesse des Auftraggebers **ohne Leistungserfolg**), mithin ungewiss bleibt, oder wenn es eine nicht erzwingbare, schöpferisch inspirierte Leistung voraussetzt (BGE 109 II 36 = Pra 1983, 399 f.; BJM 1975, 193 f.; HOFSTETTER J., SPR VII/6, 19 f. und SPR VII/2/1, 20). Der Unternehmer garantiert i.d.R. einen Erfolg, der Beauftragte (ausser bei besonderen Gewährleistungen) nicht (vgl. N 2). Weil der Beauftragte im Gegensatz zum Unternehmer (Art. 376) für fremde Rechnung und auf fremdes Risiko tätig ist, unterliegt er weitergehenderen Auskunfts- und **Rechenschaftsablegungspflichten** (Art. 400) als der Unternehmer (z.B. bezüglich Kalkulationskosten; vgl. BGE 97 II 68 = Pra 1971, 387 f.; BGE 94 II 162; HOFSTETTER J., SPR VII/6, 24 f. und SPR VII/2/1, 24).

Beim Zahnarztvertrag nimmt die Rsp. auch bei Herstellung einer Zahnprothese Auftrag an **30** (BGE 110 II 375 = Pra 1985, 166 f.; KGer GR, 6.9.1995, PKG 1995, 52 ff.; Rep 1991, 156 f.; zweifelhaft). Die Annahme, dass es sich bei einer Haarverlängerung – im Gegensatz zu einer Haartransplantation – um einen Werkvertrag handle, ist nicht willkürlich (BGer, 6.5.2004, 4P.65/2004). Auftragsrechtlich zu beurteilen sind ärztliche Behandlungsverträge (BGE 132 III 362; 119 II 458; 116 II 250; 114 Ia 358; BGer, 20.3.2011, 4A_499/2011, E. 3) und die meisten Bankgeschäfte (BGE 115 II 63; 112 II 446; 112 III 95; zum Finanzanalystenvertrag vgl. SCHALLER, Finanzanalysten-Recht, Diss. Zürich 2004, 63 ff. sowie 111 ff.). Die Warenprüfung im internationalen Handel (BGer, SJ 1991, 251 f.), nicht aber die Prüfung einer Installation (TERCIER, BR 1992, 37), und die Personenbeförderung, soweit sie nicht spezialgesetzlich geregelt ist, unterstehen nach heutiger Auffassung dem Auftragsrecht (BGE 126 III 113, 115 = Pra 2000, 1135; PKG 1988, 50; FRIEDRICH, ZBJV 1955, 453 f.; HONSELL, OR BT, 322 f., 381 f.; **a.A.** BK-KOLLER, Art. 363 OR N 11 f., 69, 233; zum Chartervertrag BGE 115 II 111; für die Reiseveranstaltung auch ROBERTO, 21 ff. m.Nw.). Der Insertionsvertrag ist ein Werkvertrag, die Tätigkeit als Reklameberater ein Auftrag (BGE 115 II 57 = Pra 1989, 888 ff.). Zu den EDV-Verträgen SJZ 1990, 125 f., 380. Zum Vertrag mit der Revisionsstelle vgl. BGE 117 II 318 und BGer, 3.6.2005, 4C.72/2004 betr. Revisionsstelle mit Beratungsmandat. Einholung eines Rechtsgutachtens fällt nach herrschender Meinung meist, aber nicht immer unter das Auftragsrecht: vgl. N 28; BGE 112 II 350; RIEMER, recht 2001, 148; HOFSTETTER K., AJP 1998, 261), ebenso wie das Erstellen eines Schiedsgutachtens (OGer ZH, 5.11.1993, ZR 1995, 309 ff.; vgl. auch KGer SZ, 24.6.2003, BR 2005, 97 f.); dasselbe gilt für den Vertrag über die Schätzung einer Liegenschaft (BGE 127 III 328 ff.; dazu WERRO/HAAS, BR 2002, 63 ff.) bzw. eines Kunstgegenstandes (BGE 112 II 350). Ein Liegenschaftsverwaltungsvertrag ist als einfacher Auftrag zu qualifizieren (BGer, 13.2.2014, 4A_284/2013; BezGer ZH, 23.10.1997, ZR 1998, 148, 150 f.; KGer GR, 16.9.1991, PKG 1991, 24 ff.). Zur Abgrenzung zwischen der gerichtlichen Prüfung des Werks durch Sachverständige und einem von einer Partei eingeholten Privatgutachten vgl. N 28; die alpine Rettungsaktion untersteht den Regeln der Geschäftsführung ohne Auftrag (KGer GR, 18.2.1998, PKG 1998, 78 ff.).

31 Zu den **Architektenleistungen** im Besonderen (vgl. auch Art. 363 N 10 ff., 17 ff.; GAUCH, N 217 ff.; BK-FELLMANN, N 177 ff.; MERZ, FS Schluep, 205 ff.; SCHUMACHER, in: GAUCH/TERCIER, 2 ff./18 ff.; TAUSKY, 135 ff., 149 ff.): (1) Projektierungsarbeiten, die in einem zu realisierenden Projekt ihren Niederschlag finden, bzw. das Erstellen von Plänen (BGE 130 III 365; BGer, 26.9.2013, 4A_271/2013, E. 7.3; 10.6.2013, 4A_90/2013, E. 3; das Ausarbeiten von Kostenvoranschlägen (BGE 134 III 365 = Pra 2009, 58) und Gutachten, das Führen der Baubuchhaltung und die Schlussabrechnung unterstehen dem Werkvertragsrecht (BGer, 1.4.2004, 4C.347/2003, E. 2.5 zum «Planungsvertrag»; BGE 109 II 466 f.; **a.A.** noch BGE 98 II 311). (2) Arbeitsvergebung, Bauleitung, Baubetreuung und Prüfung des Bauwerks sind Auftragsleistungen (BGE 115 II 61 = Pra 1989, 890; 109 II 465; BGer, 10.5.2011, 4A_34/2011). (3) Gemäss BGer ist der Gesamtvertrag des Architekten ein gemischter Vertrag (BGer, 17.9.2013, 4A_230/2013, E. 2; BGE 134 III 363; BGer, 30.5.2005, 4C.18/2005, E. 2.1, dazu Anmerkung in BR, 2006, 67; BGE 127 III 545, dazu BR 2004, 80; BGer, 23.5.2000, SJ 2001 I 136 ff. = BR 2001, 77; ebenso BGE 114 II 56 = BR 1989, 16; 110 II 380; 109 II 465 f.; unklar 111 II 74; so auch SCHLUEP, SPR VII/2, 905), während die Lehre überwiegend von einem Auftrag ausgeht (TERCIER/FAVRE, N 5357; CR CO I-CHAIX, Art. 363 N 29; GAUCH, N 57 und BR 1989, 17; MERZ, BR 1988, 11 und DERS., FS Schluep, 210 f.; Extraits FR 1986, 24; tendenziell auch BGE 119 II 251). In der Lehre wird allerdings darauf hingewiesen, dass eine generelle rechtliche Qualifikation nicht sinnvoll ist, weil es *den* Architektur- bzw. Ingenieurvertrag mit immer gleichem Inhalt nicht gibt und daher bei der rechtlichen Würdigung vielmehr darauf abzustellen ist, welche Leistungen im konkreten Vertragsverhältnis vereinbart wurden (GAUCH, N 48). (4) Der Generalunternehmervertrag wird überwiegend als Werkvertrag qualifiziert (BGE 97 II 66 = Pra 1971, 386; BGE 94 II 162; GAUCH, N 222 ff.; Art. 363 N 14 f.; TAUSKY, 263 ff.), der Totalunternehmervertrag weist als gemischter Vertrag schwergewichtig werkvertragliche Elemente auf (BGE 114 II 54–56; EGV 1998, 93 f.; dazu GAUCH, BR 1989, 39 ff.; ZWICKER, ST 1989, 299). Zu den Verträgen über die Erstellung von Industrieanlagen LUCHESCHI, 21 ff.

c) Mäklervertrag

32 Das Mäklerrecht verweist ergänzend auf den einfachen Auftrag (Art. 412 Abs. 2). Strukturell sind die Verträge aber unterschiedlich, z.B. hat der Auftraggeber kein Recht zur Weisungserteilung (BGE 103 II 134; 84 II 527 = Pra 1959, 143 f.) und hat der Mäkler – zumindest bei Erfolgseintritt – einen Entgeltsanspruch (BGE 131 III 275; 124 III 483; BGer, 19.11.2014, 4D_43/2014, E. 3.2.2; 31.7.2012, 4A_283/2012, E. 4.1; 15.11.2011, 4A_337/2011, E. 2.1; 7.6.2011, 4A_67/2011, E. 1.1). Richtet sich der «Lohn» ausschliesslich nach den Bemühungen des Mäklers, nicht nach dem Erfolg, überwiegen die Auftragselemente (SJZ 1940/41, 282 f.; zur Abgrenzung vom Auftrag vgl. BGer, 6.3.2012, 4A_683/2011, E. 7.2; 30.6.2006, 4C.120/2006, E. 2.2; BGE 131 III 268 = Pra 2006, 148 ff.; vgl. weiter auch SJZ 2006, 280 f.; BGE 106 II 224; GVP SG 1992, 90 ff.; PKG 1986, 45 ff.; BJM 1974, 28 f.). Wird «Lohn» durch einen Dritten bezahlt, kommt Auftragsrecht zum Tragen (BGer, 28.1.2004, 4C.17/2003, E. 3.2.2 f.). Vgl. ferner auch FELLMANN, AJP 1997, 178; KRAMER, AJP 1997, 167.

d) Agenturvertrag

33 Der Vermittlungsagent weist Ähnlichkeiten zum Mäkler, der Abschlussagent Ähnlichkeiten zum Kommissionär auf; deren Tätigkeit ist auch regelmässig auf Dauer ausgerichtet (BK-FELLMANN, N 341 f.). Angesichts der eingehenden gesetzlichen Regelung ist ungeachtet des (indirekten) Verweises von Art. 418b die Anwendung des Auftragsrechts sehr eingeschränkt. Im Gegensatz zum Beauftragten trägt der Agent insb. die Kosten und Auslagen der Tätigkeit (BGE 104 II 113). Vgl. auch FELLMANN, AJP 1997, 178 f.; KRAMER, AJP 1997, 169.

e) Einfache Gesellschaft

Bei der einfachen Gesellschaft erfolgt grundsätzlich eine **gemeinsame Beschlussfassung**, beim Auftrag steht dem Auftraggeber das Weisungsrecht zu. Die einfache Gesellschaft zeichnet sich auch durch die Gemeinschaftlichkeit der Interessen aus, während beim Auftrag, selbst wenn die Geschäftsbesorgung beidseitig gewünscht ist, je parteispezifische Interessen (Honorar für Beauftragten, Arbeitsresultat für Auftraggeber) vorliegen (ZR 1989, 310 ff.; SJZ 1975, 94 ff.; vgl. Handkomm-OR-BÜHLER, N 13). Eine Abgrenzung kann schwierig sein, wenn sowohl der Auftraggeber als auch der Auftragnehmer an der Ausführung des Auftrags interessiert sind. In einem solchen Fall ist von einem Auftrag auszugehen, wenn die Interessen der Parteien nicht gleicher Art sind. Dass beim Auftrag ein Gewinnanteil ausbedungen wird, macht das Vertragsverhältnis zwar zu einem gesellschaftsähnlichen, aber nicht zu einer einfachen Gesellschaft nach Art. 530 ff. (BGE 104 II 111; BGer, 13.2.2014, 4A_284/2013, E. 3.1; 16.4.2007, 4C.30/2007, E. 4.1). Sachleistungen eines Gesellschafters gehen nicht auf einen anderen Gesellschafter über, Dienstleistungen werden im Interesse aller erbracht (BGE 104 II 112). Hilfskriterien der Unterscheidung können die unterschiedliche Art der Beitragsleistung, die Form des Entgelts und die Eigentumsverhältnisse sein (vgl. BGer, 10.4.2002, 4P.28/2002, E. 3; FELLMANN, AJP 1997, 175 f.; BK-FELLMANN, N 344 ff.; VON STEIGER, Gesellschaftsrecht, in: Schweizerisches Privatrecht (SPR), Bd. VIII/1, Basel 1976, 327 f.; VISCHER, SPR VII/1, 314 f.; GMÜR, N 36 ff.). 34

IV. Entgeltlichkeit des Auftrags (Abs. 3)

1. Grundsatz

Rechtshistorisch war die Interessenwahrung für einen Anderen ein Ehrendienst (unentgeltlich: SCHNEEBERGER, 28 ff.). Heute hat der Auftrag i.d.R. Gegenseitigkeitscharakter und es ist eine **Kommerzialisierung** durch die Erbringung professioneller Dienstleistungen eingetreten. Ungeachtet von Abs. 3, der im Anschluss an Art. 1986 CC fr. festlegt, dass der Auftrag nur entgeltlich ist, wenn es vereinbart oder üblich ist, spricht die faktische Vermutung nunmehr für die Entgeltlichkeit (vgl. SJZ 1984, 320; BK-FELLMANN, N 366, 388; anders noch Art. 392 Abs. 2 aOR und die ältere Lehre). Immerhin kann auch bei der üblicherweise entgeltlichen Tätigkeit ausnahmsweise (selbst stillschweigend) Unentgeltlichkeit vereinbart werden. Keine Entgeltsabsprache begründet die blosse Erwartung von Gegendiensten in einem freundnachbarlichen Verhältnis (BGE 61 II 98; anders für Mitarbeit im Betrieb des Bruders: ZBJV 1943, 570 f.). 35

Eine (auch konkludente) Honorarvereinbarung kann sich lediglich auf das **Prinzip** oder zudem auf das **Mass der Vergütung** beziehen (Literaturüberblick bei BK-FELLMANN, N 362). Wird nur der Grundsatz verabredet, ist die übliche, angemessene Vergütung geschuldet. Fehlt es an einer Abrede überhaupt, vermag die Übung (dazu BGE 120 V 515; GMÜR, N 228 ff.) für die Vergütungspflicht zu sprechen, d.h. die Verkehrsübung wird zum mittelbaren Gesetzesrecht (BK-FELLMANN, N 374), wie z.B. in den Dienstleistungsberufen (BGE 112 II 351) und bei Vorliegen von Verbandstarifen (BK-FELLMANN, N 381). Eine Vereinbarung über das Honorar in einem ersten Auftragsverhältnis führt aber nicht zu einer automatischen Vergütungspflicht im zweiten Mandat zwischen denselben Parteien (in diese Richtung BGer, 25.1.2013, 4A_353/2012 und 4A_355/2012, E. 4.2.4). Fehlt in einem Gesamtvertrag eine ausdrückliche Vereinbarung über die Vergütung des Architekten, ist Art. 394 Abs. 3 heranzuziehen; die Fragestellung, ob sich die Honorierung nicht nach dem Werkvertragsrecht beurteilt, ist schlussendlich von geringer Bedeutung, weil eine solche Anknüpfung dasselbe Resultat mit sich bringen würde (BGer, 17.9.2013, 4A_230/2013, E. 2; EGLI/STÖCKLI, N 7.37, 7.44). Auch wenn kein Honorar zu bezahlen ist, schuldet der Auftraggeber den Verwendungsersatz (Art. 402; zur Abgrenzung GMÜR, N 112 ff.). 36

2. Höhe des Entgelts

37 Als Berechnungskriterien für die Festlegung der Höhe des Entgelts gemäss Parteivereinbarung oder Ortsüblichkeit kommen eine vorweg bestimmte **Pauschalsumme** (SJ 1977, 173 f.), ein fester **Prozentsatz des Wertes** des besorgten Geschäfts (BGE 101 II 111 f.; 93 I 122), feste **Summensätze** pro Einheit der aufgewendeten Arbeitszeit (BGE 101 II 109; 83 II 533 = Pra 1958, 143 f.) oder eine **Erfolgsbeteiligung** (suspensiv bedingter Vergütungsanspruch, soweit nicht ein Ausschluss durch das kantonale Berufsrecht, z.B. Anwaltsrecht, erfolgt; vgl. SJZ 1966, 361; bei der Festlegung des Honorarbetrags dem durch den Anwalt erzielten Ergebnis Rechnung zu tragen, widerspricht nicht Bundesrecht: BGE 135 III 259 = Pra 2009, 592; vgl. auch TESTA, 192 f.) in Frage (vgl. BK-FELLMANN, N 441 ff.; GMÜR, N 166 ff.). Zur Abrede, über aufgelaufene Kosten zu informieren, vgl. N 43.

38 Bei nicht genügend spezifizierter Parteivereinbarung kann der Beauftragte für die Honorarberechnung auf **Berufstarife** Bezug nehmen (WEBER, Praxis, 70; vgl. auch BK-FELLMANN, N 416 ff.; WERRO, mandat, N 711 ff., 727 ff.; GMÜR, N 313 ff.).

– Honorarvereinbarungen gehen Tarifen vor (SJZ 1957, 308). Im Allgemeinen können die Tarife der Berufsverbände aber als angemessen erachtet werden (vgl. BGE 63 II 179 und ZBJV 1950, 539 f. betr. Architekten; BGE 117 II 284 [dazu MERZ, ZBJV 1993, 254] und ZR 1959, 303 f. betr. Anwälte; BGer, 16.4.2014, 4A_561/2013; 16.6.2009, 4A_117/2009, SJZ 1944, 124 und JdT 1945 I 126 ff. betr. Zahnärzte; ZR 1943, 230 f. betr. Revisoren).
– Die Heranziehung eines Verbandstarifes ist nicht nur dann gerechtfertigt, wenn im Auftrag ausdrücklich oder durch Globalübernahme in AGB (BGE 109 II 458; 108 II 418 = Pra 1983, 136) auf ihn verwiesen wird (vgl. BGer, 16.3.2005, 4C.463/2004, E. 2.4.3; 15.10.2001, 4C.158/2001, E. 1.c; SJZ 1975, 368 f.; 1972, 96 f.; 1967, 160 f.; 1966, 330; **a.A.** RVJ 1972, 113 ff.; RBOG 1980, 60; SJZ 1957, 77; zurückhaltender KGer SG, 25.6.2002, SG GVP 2002, 163 ff., das die SIA-Honorarordnung 102 bzw. 103 als Bewertungsrichtlinie für Leistungen anerkennt, im Einzelfall jedoch angemessene Abzüge als gerechtfertigt erachtet; Max LU 1987 I 57 ff.; GAUCH, BR 1992, 36). Nach aktueller Rsp. des BGer finden SIA-Ordnungen nur dann Anwendung, wenn die Parteien diese ausdrücklich oder stillschweigend als Vertragsbestandteil vereinbart haben. Eine Geltung der SIA-Ordnungen nur gestützt auf Art. 394 Abs. 3 ist abzulehnen (BGer, 17.9.2013, 4A_230/2013, E. 2; 28.4.2011, 4A_86/2011, E. 6.1 f.). Weil SIA-Ordnungen keine Stundensätze vorgeben, ermöglichen diese keine Honorarberechnungen (BGer, 17.9.2013, 4A_230/2013, E. 3; EGLI/STÖCKLI, N 7.39 f.).
– Verbandstarife gelten auch für Nichtmitglieder (ZR 1943, 230 f., Revisor), hingegen nicht für Nichtberufsangehörige (SJZ 1967, 191 f.; ZR 1945, 66 f.).
– Sonderregeln für besondere Auftragstypen: Art. 414, 418g, 432.

39 Über den Wortlaut von Abs. 3 hinausgehend betrifft m.E. die **Üblichkeit** nicht nur den Grundsatz der Entgeltlichkeit des Auftrags, sondern auch die **Höhe der Vergütung** (BGE 101 II 111; 82 IV 147 f.; SJ 1987, 256; SCHWEIZER, SJZ 1957, 196 ff.; **a.A.** GUHL/KOLLER/SCHNYDER/DRUEY, 547; BK-FELLMANN, N 398; HOFSTETTER J., SPR VII/6, 80 und SPR VII/2/1, 71). Fehlt eine Vereinbarung über die Höhe des Honorars, hat das Gericht diese nach allgemeinen Grundsätzen festzulegen (BGer, 25.1.2013, 4A_353/2012 und 4A_355/2012, E. 4.2.4.; BGE 135 III 261). Als Faktoren der Honorarberechnung bzw. als Beurteilungsfaktoren bei der Prüfung der Angemessenheit des Honorars fallen namentlich der Zeitaufwand, die Schwierigkeit der Tätigkeit, die zu tragenden Risiken, die Verantwortung des Beauftragten, die Erfolgsabhängigkeit, Tarife für ähnliche Leistungen, die Deckung der effektiv anfallenden Generalunkosten (BGer, 25.1.2013, 4A_353/2012 und 4A_355/2012, E. 4.2.4; BGE 117 II 284; 101 II 113; 83 II 153 = Pra 1957, 272 f.; ZBJV 1945, 48) und die Interessenhöhe bzw. der Streitwert (vgl. auch Art. 374) in Betracht. Erstellt ein mandatierter Anwalt keine Abrechnung über seinen zeitlichen Aufwand für die einzelnen Tätigkeiten, hat das Gericht die für jede Tätigkeit aufgewendete Zeit anhand des Dossiers zu ermitteln (BGer, 12.6.2013, 4A_2/

2013 = Pra 2014, 36). Honorare in Form von Prozentsätzen brauchen nicht unbedingt angemessen zu sein (BGE 101 II 111); wucherische Absprachen sind nichtig (BGE 92 II 178). Grundlage einer Entschädigung nach Aufwand bildet der bei sorgfältigem Vorgehen objektiv notwendige Aufwand (BGer, 26.9.2013, 4A_271/2013, E. 6.2; 3.5.2011, 4A_15/2011, E. 3.3). Damit ist der geltend gemachte Aufwand so darzulegen, dass dessen Notwendigkeit und Angemessenheit überprüft werden kann; dies setzt nachvollziehbare Angaben zu den erbrachten Arbeiten und aufgewendeten Stunden voraus (BGer, 26.9.2013, 4A_271/2013, E. 6.2; 29.10.2007, 4A_291/2007, E. 3.4). Bei der Honorarfestlegung hat der Beauftragte einen gewissen Ermessensspielraum; ein richterliches Eingreifen ist nur geboten, wenn ein Missverhältnis zwischen dem Wert der Leistung und dem Honorar besteht (vgl. SJ 1977, 173 f.; 1957, 284 f.; ZBJV 1957, 122 f.; zur richterlichen Vergütungsfestsetzung vgl. BGE 117 II 282 = JdT 1992 I 299 = BR 1998, 132; zu den Anwaltstarifen im Besonderen: BGer, 2.11.2009, 4A_117/2009; BGE 117 II 284; 113 Ia 284; 93 I 116, 122; 66 I 59; ZR 1982, 18 f.; 1964, 265 ff.; 1959, 303 f., 317 ff.; ZBJV 1946, 272; 1945, 48; Rep 1973, 152 f.; 1971, 306; JdT 1963 III 51; GVP SG 1992, 91 f.; Rechber TG 1993, 175 f.; vgl. auch Testa, 192 ff.; Gattiker, 30 ff.; Höchli, 33 ff.; zum Architektenhonorar Egli, in: Gauch/Tercier, 295 ff.). Möchte ein Bauherr die Kosten reduzieren, indem er eine Projektanpassung vornimmt, und findet die SIA-Ordnung Anwendung, basiert die Berechnung des Honorars des Architekten i.S.v. Art. 7.5.6 SIA-Norm 102 auf der letzten Kostenschätzung für das teurere Projekt und nicht etwa auf der Schlussabrechnung (vgl. BGer, 28.8.2014, 4A_136/2014, E. 3.2). Zum Anspruch auf Entschädigung für Schätzung eines Kunstgegenstandes vgl. BGE 112 II 351.

3. Sonderfragen

a) Art und Fälligkeit der Vergütung

Auch wenn Abs. 3 von «Vergütung» spricht, sind andere Entgeltsformen (z.B. Naturallohn) **40**
denkbar, doch muss es sich jedenfalls um eine Leistung des Auftraggebers handeln (BGE 94 II 268 betr. Wohnrecht; ZR 1957, 198 f. betr. Verschaffung einer Ausbildungsgelegenheit; vgl. auch BK-Fellmann, N 392 f.; Gmür, N 157 ff.). Entrichtet ein vertragsfremder Dritter eine Verfügung, führt dies nicht zur Entgeltlichkeit des Auftrags (vgl. BGer, 28.1.2004, 4C.17/2003, E. 3.2.2 f.). Die (potentielle) Honorarforderung entsteht, sobald der das Schuldverhältnis begründende Auftrag abgeschlossen wird (von Tuhr/Escher, 44 f.; Weber, Praxis, 69; **a.A.** BGE 53 III 155). Das Honorar wird fällig mit Abschluss der letzten unter einen bestimmten Auftrag bzw. Teilauftrag fallenden Leistung, d.h. der Beauftragte ist vorleistungspflichtig (vgl. Gmür, N 257 ff.; zur Frage der verabredeten Vorschussleistung Art. 402 N 10). Ebenfalls diese Ansicht zur Entstehung und Fälligkeit der Vergütung vgl. KUKO OR-Schaller, N 14.

b) Beweis

Beweispflichtig für die Honorarabsprache, die Art der Vergütung und die Angemessenheit **41**
(Üblichkeit) der Honorarforderung ist der Beauftragte (vgl. BGer, 18.9.2014, 4A_278/2014, E. 4.1; 29.5.2008, 4A_100/2008, E. 4.1). Der Rechtsanwalt, der gegenüber seinem Mandanten einen Honoraranspruch geltend macht, muss Bestand und Inhalt des Auftragsverhältnisses sowie dessen einwandfreie Besorgung nachweisen; eine Umkehr der Beweislast ist nur anzunehmen, wenn der Mandant die Leistungen des Anwalts vorbehaltslos entgegengenommen hat (SJZ 1996, 441 = LGVE 1995 I Nr. 8).

c) Verjährung

Die Honorarforderung verjährt grundsätzlich nach zehn Jahren (Art. 127), vorbehältlich der in **42**
fünf Jahren verjährenden Forderungen aus Berufsarbeiten von Anwälten, Rechtsagenten, Prokuratoren und Notaren sowie aus ärztlicher Besorgung (Art. 128 Ziff. 3). Hingegen ist in einem vertraglichen Abrechnungsverhältnis nach erfolgter und anerkannter Saldoziehung die Korrek-

tur einer Fehlbuchung über das Bereicherungsrecht auszugleichen (BGE 133 III 359), was eine Verjährungsfrist von einem Jahr zur Folge hat (Art. 67; vgl. zur Rückerstattung N 44).

d) Einrede der unsorgfältigen Auftragsausführung

43 Die Rsp. geht mehrheitlich davon aus, dass ein Honorar nur bei korrekter und sorgfaltsgemässer Auftragsführung geschuldet ist. Eine relevante Unsorgfalt führt zum Wegfall der Honorarforderung bzw. berechtigt zur Honorarreduktion, nicht nur zur Geltendmachung von Schadenersatz (BGE 108 II 198; BGer, SJ 1987, 256; ZR 1984, 231; SJZ 1994, 402; 1966, 127; 1963, 344; 1957, 307 f., 332; Rep 1978, 132 ff.; SJ 1963, 439 f.; RJN 1988, 43.; ähnlich BGE 108 II 64 = Pra 1982, 299: Kosten des Auftrags als Schaden anerkannt; TC VD 5.2.1997 = BR 1998, 134: Kürzung des Honorars wegen Verantwortlichkeit des Architekten). Zum Teil ist eine Honorierung entsprechend dem Wert der unsorgfältigen Arbeit («Brauchbarkeit») zugesprochen worden (BGer, Rep 1970, 210 ff.; ähnlich BGE 110 II 379 = Pra 1985, 167; zurückhaltend mit einer Honorarreduktion auch SJ 1977, 173 f.; 1957, 271 f., 285; SJZ 1944, 124; ZR 1943, 232; unklar ZR 1982, 18 f.; eingehend zum Ganzen Derendinger, N 376 ff.). Grundsätzlich ist m.E. eine Kürzung des Honorars des unsorgfältig tätigen Beauftragten gemäss dem Äquivalenzgedanken angebracht (zur Abhängigmachung der Reduktion des Honorars von der Schwere der Sorgfaltspflichtverletzung Grieder, AJP 2008, 1512 f.; BGE 82 IV 148; ZBJV 2003, 926 f.); im Falle der Verletzung oder Schlechterfüllung des Auftrags besteht somit nur für diejenigen Tätigkeiten ein Honoraranspruch, welche vertragskonform ausgeführt worden sind (BGE 124 III 425 = Pra 1999 Nr. 22, 115; BGer, 10.5.2011, 4A_34/2011, E. 3; Beck, Anwaltsrevue 1999, 11; Wiegand, ZBJV 1999, 576 f.; TC VD, 5.2.1997, BR 1998, 134). Wird hingegen der Auftraggeber durch eine Schadenersatzleistung nicht nur wertmässig, sondern auch tatsächlich so gestellt, wie wenn der Auftrag richtig erfüllt worden wäre, ist eine Gegenleistung entsprechend dem Wert der Arbeit des Beauftragten geschuldet (BGer, SJ 1987, 256; Weber, Praxis, 71; Derendinger, N 436 ff.; BK-Fellmann, N 496 ff.; Werro, mandat, N 1056 ff.; Gmür, N 454 ff.). Wird die Vereinbarung, periodisch über **aufgelaufene Kosten zu informieren**, verletzt, kann dies zur Honorarreduktion führen; erkennt aber der Auftraggeber, dass die periodischen Informationen vertragswidrig unterbleiben und fragt nicht nach, so schuldet er dennoch ein übliches Honorar (BGer, 16.3.2005, 4C.463/2004, E. 2.4.3).

e) Rückerstattung

44 Leistet der Auftraggeber für einen bedingungslos erfüllten Auftrag mehr, als er schuldet, so lässt sich der allfällige Differenzbetrag aus ungerechtfertigter Bereicherung zurückfordern (BGE 130 III 510; 127 III 426; BGer, 17.7.2012, 4A_89/2012, E. 3.2.2; für weitergehende Hinweise vgl. N 42). Anders verhält es sich aber, wenn die Leistung in Form vertraglich vereinbarter Akontozahlungen erbracht, aber eine spätere Abrechnung vorbehalten wurde: In einem solchen Fall ist der Rückforderungsanspruch für zu viel geleistete Akontozahlungen vertraglicher Natur (BGE 130 III 512; 126 III 122; BGer, 17.7.2012, 4A_89/2012, E. 3.2.2; vgl. zur Verjährung N 42).

Art. 395

B. Entstehung	**Als angenommen gilt ein nicht sofort abgelehnter Auftrag, wenn er sich auf die Besorgung solcher Geschäfte bezieht, die der Beauftragte kraft obrigkeitlicher Bestellung oder gewerbsmässig betreibt oder zu deren Besorgung er sich öffentlich empfohlen hat.**
B. Formation du *contrat*	A moins d'un refus immédiat, le mandat est réputé accepté lorsqu'il se rapporte à des affaires pour la gestion desquelles le mandataire a une qualité officielle, ou qui rentrent dans l'exercice de sa profession, ou pour lesquelles il a publiquement offert ses services.

B. Formazione del contratto

Se il mandato concerne affari che il mandatario tratta in forza di nomina officiale o della sua professione, o per la trattazione dei quali egli si è pubblicamente offerto, si ritiene accettato se non viene rifiutato immediatamente.

Literatur

HOFSTETTER J., Glosses sur les mandats illicites ou immoraux, in: Dutoit/Hofstetter/Piotet, Mélanges Guy Flattet, Lausanne 1985, 287 ff. (zit. FS Flattet); vgl. die Literaturhinweise bei den Vorbem. zu Art 394–406.

I. Allgemeines

1 Art. 395 befasst sich mit der Entstehung des Auftrags; ausdrücklich geregelt wird aber nur der Fall des Zustandekommens des Auftrags durch Nichtablehnung einer Offerte in gewissen Fallkonstellationen (obrigkeitliche Bestellung des Beauftragten, gewerbsmässiger Betrieb, öffentliche Empfehlung).

II. Zustandekommen des Auftrags

1. Durch Willenseinigung

2 Der Auftrag ist ein **Konsensualvertrag**, es gelten die allgemeinen Vertragsabschlussregeln (Art. 3 ff.; im Einzelnen BK-FELLMANN, N 13 ff.). Für den Beauftragten besteht grundsätzlich Kontrahierungsfreiheit; vorbehalten bleiben Vorschriften des öffentlichen Berufs- und Gewerberechts, die einen Abschlusszwang vorsehen (z.B. unentgeltlicher Rechtsbeistand, Notfallarzt; vgl. BK-FELLMANN, N 50 ff.). Der Auftrag kann zum Handeln in direkter oder indirekter Stellvertretung ermächtigen. Sowohl auf Auftraggeber- wie Beauftragtenseite vermag eine Personenmehrheit aufzutreten (Art. 403).

3 Art. 395 sieht die Besonderheit vor, dass im Falle einer berufsmässigen Ausübung der Beauftragtentätigkeit (d.h. bei Gewerbsmässigkeit, öffentlicher Empfehlung oder öffentlich-rechtlicher Bestellung) die Offerte zu einem Tat- oder Rechtshandlungsauftrag als angenommen gilt, wenn sie nicht sofort abgelehnt wird (vgl. auch Art. 517 Abs. 2 ZGB für den Willensvollstrecker). Diese Regelung kann sachlich nur einen Vertragsabschluss unter Abwesenden betreffen. Erwartet wird unter diesen Voraussetzungen im Gegensatz zu Art. 6 (Ablehnung innert einer angemessenen Frist; zum Verhältnis von Art. 6 zu Art. 395 vgl. BK-FELLMANN, N 63 ff., 69 ff.) eine **sofortige Reaktion** (vgl. auch Handkomm-OR-BÜHLER, N 5), die immerhin eine kurze Bedenkfrist miteinschliesst («ohne Verzug»: BK-FELLMANN, N 119); ein Kontrahierungszwang besteht also nicht. An Wochenend- und Feiertagen sowie an den dem Auftraggeber gemeldeten Absenzen (z.B. krankheitsbedingt) steht die Reaktionszeit still, vgl. KUKO OR-SCHALLER, N 4). Die Annahmevermutung kann zudem – vorbehältlich von Amtspflichten – jederzeit durch Kündigung gem. Art. 404 zerstört werden (ZR 1964, 335).

4 (1) Obrigkeitlich bestellt ist z.B. der amtliche Verteidiger, ein Schiedsgutachter, ein vom Staat gem. Art. 762 in die AG delegierter Verwaltungsrat, nicht aber ein Beamter (zur Problematik des Begriffs BK-FELLMANN, N 101 ff.). (2) Zu den gewerbsmässigen Berufsbeauftragten gehören z.B. Ärzte, Anwälte, Architekten, Ingenieure, Banken, Treuhandgesellschaften, Informationsbüros usw. (3) Eine öffentliche Empfehlung liegt in jeder Form der publikumswirksamen Bekanntmachung, z.B. durch Zeitungsinserate.

2. Konkludent

5 Der Auftrag kann konkludent durch Willensbetätigung zustandekommen (z.B. Entgegennahme von Tathandlungen des Beauftragten, Duldung einer Rechtsgeschäftsbesorgung in fremdem Namen oder in eigenem Namen für fremde Rechnung: BGE 76 I 351; BK-FELL-

MANN, N 37, 47). Ob ein konkludenter Vertragsabschluss vorliegt oder der Tätigwerdende eine Gefälligkeit bzw. eine freiwillige Leistung in der Hoffnung auf eine spätere Auftragserteilung erbringt, hängt von den konkreten Umständen ab. Eine Generalisierung ist nur schwer möglich. Entscheidend ist, ob der Tätigwerdende unter den gegebenen Umständen nach Treu und Glauben in Beachtung der Verkehrssitte auf einen **Rechtsbindungswillen** seines Partners vertrauen durfte (SJZ 1990, 144; vgl. auch BGE 116 II 696).

6 – Zustandekommen eines Auftrags bejaht: Verwendung der vom Ingenieur als Substitut hergestellten Berechnungen durch Auftraggeber (Rep 1981, 185 ff.); Inaussichtstellen einer Arbeit als Trainer (SJZ 1990, 143 f.); Ausarbeitung eines Vorprojektes für ein Motel durch Architekten (SJZ 1966, 191 f.); Ausarbeitung eines «Reklamefeldzuges» durch Berater (SJZ 1946, 344); Aufforderung des Eigentümers an den Ersteller, die Stabilität des Unterstandes zu überprüfen (OGer BL, 16.9.1997, BJM 1999, 91 = AJP 1999, 595); zum stillschweigenden Abschluss eines Gesamtarchitekturvertrags BGE 117 II 282 = JdT 1992 I 299 = BR 1998, 132; zur stillschweigenden Übernahme von SIA-Normen im Architektur- und Ingenieurvertrag BGer, 12.3.2009, 4A_589/2008; KGer GR, 7.6.1994, PKG 1994, Nr. 13, 52 f. = BR 1996, 46.

– Zustandekommen eines Auftrags verneint: Bitte um Mithilfe bei der Grundstückssuche (SJZ 1967, 110); ungenügend geäusserter Wille für eine Operation (ZBJV 1979, 570 ff.); fehlende Zustimmung des Ehemannes zur Beauftragung eines Eheschutzanwaltes durch die Frau (ZR 1950, 358 f.).

7 Für die Annahme, dass jemand stillschweigend über den schriftlichen Auftrag hinausgehende Geschäfte besorgen will, müssen relevante Umstände sprechen (BGE 95 II 102). Auch die stillschweigende Änderung eines schriftlichen (Mandats-)vertrages ist möglich (BGE 40 II 614), muss jedoch auf eine eindeutige Willensbestätigung zurückzuführen sein. Hierauf kann sich aber nicht gutgläubig berufen, wer selbst seiner Aufklärungspflicht nicht nachgekommen ist (BGer, 5.7.2005, 4C.51/2005 E. 3.1. f.).

3. Genehmigung

8 Ein Auftrag kommt auch zustande, wenn der Auftraggeber gewisse Tätigkeiten (z.B. durch Bezahlung einer Rechnung) nachträglich genehmigt (BGE 93 II 307). Rückwirkend entsteht ebenso ein Auftragsverhältnis durch Genehmigung eines vom falsus procurator oder mittels unerlaubten Selbstkontrahierens/Doppelvertretens abgeschlossenen Rechtsgeschäfts (BGE 89 II 326).

III. Form

9 Der Auftrag kommt **formfrei** zustande (KUKO OR-SCHALLER, N 2). Die Formfreiheit ist v.a. bei unentgeltlichen Aufträgen und Tathandlungsaufträgen gerechtfertigt; eine detaillierte Verurkundung kommt überdies deshalb selten vor, weil das genaue Pflichtenprogramm des Beauftragten bei Auftragsabschluss oft nicht feststeht. Entsprechend bestimmt sich auch die Person des Beauftragten nach dem Vertrauensprinzip bzw. aufgrund des erweckten Anscheins (CJ GE, 16.4.1999, SJ 2000 I 125 = BR 2000, 77).

10 Der Grundsatz der **Formfreiheit** gilt gemäss Rsp. auch im Zusammenhang mit **formbedürftigen Geschäften**: (1) Auftrag zum Kauf einer Liegenschaft und deren Weiterübertragung an den Auftraggeber (BGE 112 II 332; 99 II 41, 162; 86 II 40; 81 II 231; 65 II 164; 64 II 228); (2) Nebenabreden (z.B. Architektenbeauftragung) zu einem Grundstückkaufsgeschäft (BGE 86 II 36 f.; zur Problematik, wenn eine Nebenabrede subjektiv von Bedeutung ist, BGE 113 II 404; *107 II 215 = Pra 1981, 635*); diese Rsp. verkennt jedoch die Schutzfunktion der Formvorschriften (vgl. HONSELL, OR BT, 315 f.; HOFSTETTER J., SPR VII/6, 49 f. und SPR VII/2/1, 47; BK-ZÄCH, Art. 33 N 57).

Ausdrücklich **Schriftlichkeit** vorgesehen ist für den Ehevermittlungsvertrag (Art. 406d Abs. 1), für den Kreditauftrag (Art. 408 Abs. 2; für Kreditbrief und Dokumentenakkreditiv vgl. Art. 407 N 7) und für den Willensvollstreckerauftrag (Art. 517 Abs. 1 ZGB). Der Auftrag, eine Bürgschaftsverpflichtung einzugehen, bedarf der gleichen Form wie die Bürgschaft selber (Art. 493 Abs. 6; **a.A.** BK-FELLMANN, N 28 f., der nur die Vollmacht, nicht den Auftrag der Formvorschrift unterstellen will). Überdies kann das kantonale Recht z.B. für Prozessführungsaufträge Formvorschriften vorsehen. 11

IV. Inhalt des Auftrags

1. Konkretisierung und Grenzen des Auftragsinhalts

Der Auftrag kann grundsätzlich **jede mögliche, nicht widerrechtliche** oder sittenwidrige **Tätigkeit** zum Inhalt haben (dazu HOFSTETTER J., FS Flattet, 287 ff.). Eine Überlagerung oder Ergänzung der Vertragsabsprachen vermag sich aus zwingenden öffentlich-rechtlichen Bestimmungen zu ergeben (vgl. BGE 66 I 55; 41 II 481 betr. Anwälte; 90 II 278 betr. Notare). Einzelne Berufsgattungen kennen standardisierte Vertragsnormen (z.B. SIA-Normen für Architekten und Ingenieure: vgl. TERCIER/FAVRE, N 5347 ff. m.Nw.; TERCIER, SJZ 1996, 238 f.). Hat der Auftrag eine Geschäftsbesorgung zum Inhalt, sind einzelne «Aufträge» im Rahmen der Geschäftsbesorgung nicht als neue Vertragsabreden, sondern als Instruktionen/Weisungen (Art. 397) zu qualifizieren (v.a. im Bankenverkehr: BGE 110 II 284 f.). Zulässig ist auch ein Auftrag, der seine Wirkungen erst nach dem Tod des Auftraggebers entfaltet (postmortaler Auftrag, vgl. Art. 405 N 12). 12

Einzelne Normen des Auftragsrechts umschreiben einen **Minimalstandard** der gegenseitigen Pflichten; diese Pflichtenprogramme sind nicht wegbedingbar (vgl. Art. 394 N 21). Hingegen kann der Beauftragte über das gesetzliche Mass hinaus z.B. eine Erfolgsgarantie oder ein bestimmtes Leistungsversprechen abgeben. Ein zustandegekommener Auftrag verleiht – vorbehältlich der Kündigung – einen Anspruch auf Auftragsdurchführung (vgl. Art. 397 N 3); physisch lässt sich ein Zwang aber nicht ausüben. 13

2. Bedingung und Befristung des Auftrags

Aufträge können **suspensiv** und **resolutiv bedingt** abgeschlossen werden. Zulässig ist etwa, die Vergütungsregelung bedingt an den Erfolg der Tätigkeit des Beauftragten zu knüpfen (SJZ 1953, 213; vgl. auch Art. 413, 418g, 418h, 425), soweit nicht kantonale Prozess- oder Anwaltsrechte ein Erfolgshonorar für Prozessführungsaufträge als unzulässig erklären (vgl. z.B. Ziff. 13 der Richtlinie des Schweizerischen Anwaltsverbandes für die Pflichten-Codices der kantonalen Anwaltsverbände betreffend Anwaltshonorar, welche unter anderem eine Beteiligung am Prozesserlös anstelle des Honorars untersagt; dazu auch TESTA, 196 f.). 14

Einzelne Pflichterfüllungen sind sachlogisch von bestimmten Vorgängen **abhängig**, so die Rechenschaftsablegung und der Verwendungsersatz bzw. der Umfang des Honorars von der Auftragsausführung (zur sofortigen virtuellen Anspruchsentstehung Art. 394 N 41), die Ablieferungspflicht von einem Rechtserwerb. Leistung und Gegenleistung unterliegen zudem der Einrede des nicht erfüllten Vertrages (Art. 82). 15

3. Ungültigkeit und Anfechtung

Die **objektive Nichtigkeit** von Aufträgen (z.B. widerrechtlicher Auftrag zur Begehung eines Verbrechens, unsittlicher Auftrag zum bezahlten Geschlechtsverkehr) beurteilt sich aufgrund von Art. 20 und betrifft schon das Zustandekommen des Auftrags, nicht nur die Ausführungspflichten (vgl. BGE 105 II 261). Teilnichtigkeit ist möglich z.B. bei einem die Angemessenheit bzw. den Anwaltstarif übersteigenden Honorar (vgl. auch Art. 417 OR; Art. 517 Abs. 3 16

ZGB; TESTA, 220 f.). Zur Frage der Gültigkeit eines mit einem Architekten, der gemäss kantonalem Recht zur Ausübung des Berufs nicht berechtigt ist, abgeschlossenen Vertrags vgl. BGE 117 II 49.

17 **Unmündige** können Aufträge zur Wahrung höchstpersönlicher Rechte gültig erteilen; für andere Aufträge bedarf es der Zustimmung des gesetzlichen Vertreters (BGE 112 IV 10 E. 1). Die «Annahme» eines Auftrags durch Unmündige begründet lediglich eine auftragslose Geschäftsführung; dasselbe gilt für die Auftragsannahme ohne Befähigungsausweis oder Bewilligung. Simulierte bzw. dissimulierte Verträge sind nach Art. 18 zu beurteilen; fiduziarische Aufträge gelten nicht als simuliert (Art. 394 N 13).

18 Bei Vorliegen von **Willensmängeln** ist der Auftrag anfechtbar, weil die Auftragspflichten grundsätzlich durchsetzbar sind (Art. 397 N 3; eingehend zur Anfechtung BK-FELLMANN, N 87 ff.). Einfacher dürfte i.d.R. aber der Widerruf/die Kündigung des Auftrags sein. Wird der Willensmangel (v.a. Irrtum in der Person) erst nach Ausführung einzelner Tätigkeiten erkannt, ergeben sich die Ersatzansprüche des «Beauftragten» aus dem Recht der Geschäftsführung ohne Auftrag (Art. 419 ff.), ein Honoraranspruch nach Art. 394 Abs. 3 entfällt.

Art. 396

C. Wirkungen
I. Umfang des Auftrages

1 Ist der Umfang des Auftrages nicht ausdrücklich bezeichnet worden, so bestimmt er sich nach der Natur des zu besorgenden Geschäftes.

2 Insbesondere ist in dem Auftrage auch die Ermächtigung zu den Rechtshandlungen enthalten, die zu dessen Ausführung gehören.

3 Einer besonderen Ermächtigung bedarf der Beauftragte, wenn es sich darum handelt, einen Vergleich abzuschliessen, ein Schiedsgericht anzunehmen, wechselrechtliche Verbindlichkeiten einzugehen, Grundstücke zu veräussern oder zu belasten oder Schenkungen zu machen.

C. Effets
I. Etendue du mandat

1 L'étendue du mandat est déterminée, si la convention ne l'a pas expressément fixée, par la nature de l'affaire à laquelle il se rapporte.

2 En particulier, le mandat comprend le pouvoir de faire les actes juridiques nécessités par son exécution.

3 Le mandataire ne peut, sans un pouvoir spécial, transiger, compromettre, souscrire des engagements de change, aliéner ou grever des immeubles, ni faire des donations.

C. Effeti
I. Estensione del mandato

1 Se l'estensione del mandato non è stata espressamente indicata, viene determinata dalla natura dell'affare che ne forma l'oggetto.

2 Nel mandato è compresa in ispecie anche la facoltà di fare tutti gli atti giuridici inerenti alla sua esecuzione.

3 Il mandatario abbisogna di una speciale autorizzazione per fare transazioni, accettare arbitrati, contrarre obbligazioni cambiarie, alienare o vincolare immobili e fare donazioni.

Literatur

GAUCH, Der aussergerichtliche Vergleich, in: Forstmoser/Tercier/Zäch (Hrsg.), FS für Walter R. Schluep, Zürich 1988, 3 ff. (zit. FS Schluep); HEYDEN, SJZ 1966; vgl. die Literaturhinweise bei den Vorbem. zu Art. 394–406.

I. Allgemeines

1 Art. 396 Abs. 1 regelt den Auftragsumfang; Abs. 2 schliesst Rechtshandlungsaufträge in diesen Umfang ein; in Abs. 3 werden gewisse auftragsrechtliche Spezialvollmachten behandelt (Literatur bei BK-FELLMANN, N 2). Durch den Auftragsumfang wird das maximale Pflichten-

programm des Beauftragten umschrieben. Bei Überschreitung dieses Umfangs liegt keine objektiv richtige Auftragsausführung vor (BGE 78 II 51).

II. Auftragsumfang beim Tathandlungsauftrag (Abs. 1)

Der Umfang der tatsächlich zu erbringenden Dienstleistungen beurteilt sich aufgrund des **Konsenses** der Parteien (Art. 395). Oft wird der Umfang aber vertraglich nicht konkretisiert; der Auftraggeber ist dazu z.T. auch nicht in der Lage. Er beansprucht Rat, Heilung, Unterricht; überdies kann es im Laufe eines bestehenden Auftragsverhältnisses zu einer Erweiterung des Umfangs kommen. Dementsprechend obliegt es auch dem Beauftragten, den Umfang im hypothetischen Interesse des Auftraggebers mitzubestimmen (zum Spezialfall der Überwachung der Patentgebühren vgl. Heyden, SJZ 1966, 198 ff.). 2

Die in Abs. 1 erwähnte **«Natur»** der **Dienstleistung** vermag i.d.R. den Auftragsumfang nur vage zu umschreiben. Der Beauftragte hat die Interessen des Auftraggebers getreu und sorgfältig im Hinblick auf die Zweckerreichung zu würdigen (BK-Fellmann, N 9, 25 ff., 35 f.). Verfügt der Beauftragte über besondere Fachkenntnisse, steht ihm ein grösseres Entscheidungsermessen hinsichtlich der Umfangsbestimmung zu (BGE 105 II 285 = Pra 1980, 363 f.); weil aber der hypothetische Auftraggeberwille massgebend ist, sind z.B. medizinische Interessen an künstlichen lebensverlängernden Massnahmen unbeachtlich, wenn feststeht, dass der Patient zu sterben wünscht (Weber, Praxis 76). Eine tatsächliche Dienstleistung in Überschreitung des Auftragsumfangs stellt – je nach der Gutgläubigkeit des Handelnden – eine echte oder unechte Geschäftsführung ohne Auftrag dar (Vor Art. 419–424 N 10 f.; mit Blick auf Bankgeschäfte vgl. BGer, 23.9.2008, 4A_262/2008, E. 2.1). 3

III. Auftragsumfang beim Rechtshandlungsauftrag (Abs. 1/2)

1. Vollmachtsauftrag und fiduziarischer Rechtshandlungsauftrag

Die Rechtsgeschäftsbesorgung erfolgt entweder im fremden Namen des Auftraggebers (**direkte Stellvertretung**, sog. Vollmachtsauftrag) oder im eigenen Namen des Beauftragten (**indirekte Stellvertretung**; zu den Begriffen s. Art. 32 N 12 ff.; zum historischen Verhältnis von Auftrag und Vollmacht BK-Fellmann, N 14 ff.). Bei den besonderen Auftragsarten ergibt sich jeweilen die Zuordnung aus der gesetzlichen Anordnung (vgl. Art. 408, 418a, 425, 439, 458, 462, 468, 563/5, 603, 718 f., 814/6, 898/901). 4

Die Regelung von Art. 396 Abs. 2 i.V.m. Abs. 1 ist auf den **Vollmachtsauftrag** zugeschnitten. Bei der indirekten Stellvertretung, v.a. beim fiduziarischen Rechtshandlungsauftrag, beurteilt sich der Auftragsumfang nach der zugrundeliegenden Absprache (z.B. Treuhandverhältnis; zum Verhältnis von «gewöhnlicher» indirekter Stellvertretung und Treuhand vgl. Art. 394 N 11). Der **indirekte Stellvertreter** tritt als Rechts- und Pflichtenträger auf und kann auch in Verletzung des Grundverhältnisses Geschäfte tätigen; der Auftraggeber hat sich nicht in die externe Mandatsführung einzumischen. Weil in Treuhandverhältnissen der Fiduziar die übernommenen Rechte und Pflichten meist für eine gewisse Zeit ausübt bzw. das Leistungsprogramm erfüllt, ist der fiduziarische Rechtshandlungsauftrag i.d.R. sachlich umfassender und oft zeitlich länger als der Vollmachtsauftrag. 5

2. Auftrag und Vollmacht

Der Auftrag ist ein zweiseitiges Rechtsgeschäft, die Vollmachtserteilung ein einseitiges Rechtsgeschäft. Der Auftrag ist ein kausales Geschäft, die Vollmacht ist unabhängig vom Rechtsgrund der Entstehung (BGE 78 II 372; von Tuhr/Peter, 359; BK-Fellmann, N 42 ff.). **Abstraktheit** der Vollmacht bedeutet nach h.L., dass deren Gültigkeit auch bei einem mangelhaften Auftrag nicht beeinträchtigt wird und dass das Können des Vertreters 6 vom Dürfen losgelöst ist (BK-Zäch, Art. 33 N 121 m.Nw.); gerade angesichts der auftragsrechtlichen Vermutung von Abs. 2 fragt sich aber, ob es nicht richtiger wäre, im Grundsatz auf die Unterscheidung von *Vertretungsmacht* und *Vertretungsbefugnis* unter Wahrung des Schutzes gutgläubiger Dritter zu verzichten (dazu Art. 32 N 14; Weber, AJP 1992, 180; vgl. auch BGE 90 II 288 f.). Begründung und Erlöschen von Auftrag und Vollmacht brauchen nicht deckungsgleich zu sein, auch wenn Parallelbestimmungen existieren (Art. 404 Abs. 1/Art. 34; Art. 405 Abs. 1/Art. 35 Abs. 1) und praktisch oft eine gegenseitige Abhängigkeit, insb. bei postmortalen Aufträgen (BGE 75 II 190), vorliegt.

7 Die Bevollmächtigung (zur Form vgl. Art. 395 N 10) bewirkt, dass die **Rechtswirkungen** des vom Bevollmächtigten (Beauftragten) zu besorgenden Geschäfts nicht in seiner Person, sondern unmittelbar **beim Vollmachtgeber** (Auftraggeber) eintreten. Im internen Verhältnis wird die Vollmacht durch den Auftragsumfang begrenzt. Gegenüber den Dritten bestimmt die Vollmacht primär die Parteien des Ausführungsgeschäfts (BGE 60 II 497), aber auch den Inhalt und Umfang der Ermächtigung (BK-Fellmann, N 55 ff.). Zur Substitutionsvollmacht vgl. BK-Fellmann, N 110 ff., zum Erlöschen der Vollmacht (Art. 34/35) BK-Fellmann, N 91 ff.

3. Umfang und Wirkungen der Bevollmächtigung

8 Die übliche Form der Kundmachung einer Vollmacht ist die Ausstellung einer **Vollmachtsurkunde** (Art. 36); aus deren Wortlaut ergibt sich der Umfang, der generell oder spezifisch sein kann. Mangels Urkunde vermag sich die Bevollmächtigung auch aus den Umständen, wie sie dem Dritten zur Kenntnis gelangen, zu ergeben (Art. 32 Abs. 2; BGE 100 II 211; 90 II 288; 74 II 151; RVJ 1989, 322). Gemäss **Vertrauensprinzip** sind von der Vollmacht nur Handlungen gedeckt, die der Beauftragte für den Dritten erkennbar im Rahmen des Auftragsnexus tätigen darf (BGE 93 II 482; BK-Zäch, Art. 33 N 114). Die Person des Beauftragten bestimmt sich nach dem erweckten Anschein (CJ GE, 16.4.1999, SJ 2000 I 125). Ist dem Dritten das Grundverhältnis z.B. durch Mitteilung bekannt, bestimmt dieses den Vollmachtsumfang (Art. 33 Abs. 2; BGE 85 II 24). Handelt der Beauftragte ohne genügende Vollmacht, wird der Auftraggeber nicht verpflichtet. Auch im Falle einer Überschreitung von Vollmacht oder Weisungen kommt es darauf an, was dem Dritten bekannt ist (vgl. BGE 90 II 414). Willensmängel und Simulation haben nur einen Einfluss auf das Grundgeschäft, nicht auf die Vollmacht, die gegenüber dem gutgläubigen Dritten nicht anfechtbar, nur ex nunc widerrufbar ist (zu Inhalt und Umfang der Vollmacht BK-Fellmann, N 62 ff.; zur Vollmacht eines Anlageberaters SJ 1998, 379 f. = AJP 1998, 967). Eine widerrufene Vollmacht erlischt für den Dritten erst, wenn ihm das Erlöschen bekannt geworden ist (Art. 37 Abs. 2).

9 Art. 396 Abs. 2 legt das Vertretungsverhältnis nicht ausdrücklich fest, doch muss es sich aus der Natur der Sache um die direkte Stellvertretung handeln (vgl. N 5; BGE 90 II 288; 78 II 373; 76 I 351; vgl. Art. 543 für das Gesellschaftsrecht). Hingegen wird die Vermutung aufgestellt, dass – in Abweichung der Trennung von Vollmacht und Auftrag (N 6) – der Auftrag die Ermächtigung zur Vornahme der erforderlichen Rechtshandlungen mitumfasst; somit tritt im Streitfalle eine Umkehr der Beweislast ein. Im Gegensatz zu den handelsrechtlichen Vollmachten (Prokura, Handlungsvollmacht, organschaftliche Vertretung), deren Umfang sich aus dem Gesetz ergibt, lässt sich die auftragsrechtliche Vollmacht nicht objektiviert und typisiert auslegen; vielmehr bestimmen sich **Inhalt** und **Umfang** nach dem für den Dritten **erkennbaren Willen** des **Auftraggebers** unter den gegebenen Umständen (vgl. auch BGE 109 II 452; BK-Fellmann, N 48 ff.; Schwager, Die Vollmacht des Architekten, in: Gauch/Tercier, Das Architektenrecht, 3. Aufl., Freiburg 1995, 41 f.):

10 – Vertretungsmacht des Beauftragten bejaht: Auftrag zur Anschaffung der für die Einrichtung eines Cafés notwendigen Apparate schliesst Ermächtigung zur Vertretung beim Kauf in sich (BGE 90 II 285); beauftragter Architekt vermag den Ingenieur zulasten des Auftraggebers zu mandatieren (Extraits 1978, 56 ff.), inländische Muttergesellschaft verpflichtet sich gegenüber der ausländischen Tochtergesellschaft, Rechte (z.B. Beteiligungen) im eigenen Namen von Dritten zu erwerben, weil die Tochtergesellschaft nicht in der Lage ist, das Geschäft (z.B. Erwerb von Aktien) selbst durchzuführen (ASA 1996, 58 ff.); zum Umfang der Vollmacht eines Anlageberaters BGer, 31.10.1997, SJ 1998, 379 f. = AJP 1998, 967.

– Vertretungsmacht des Beauftragten verneint: Keine Vermutung, dass Bauverträge vom Architekten mit verpflichtender Wirkung für den Bauherrn unterzeichnet werden können (BGer, 25.8.2003, 4C.85/2003, E. 5.2; SJZ 1984, 320; 1977, 82; BJM 1985, 23 ff.; 1957, 40 ff.) bzw. dass bauleitender Architekt zur Anerkennung der von ihm geprüften Rechnungen ermächtigt ist (BGE 118 II 315; vgl. auch KGer VS, 20.12.1999, ZWR 2000, 278); Eingehung einer Schiedsgerichtsklausel (ZR 1949, 138); Inkassovollmacht für Einreichung einer Strafklage (ZBJV 1946, 312); Bevollmächtigung eines Anwalts durch Sachwalter (ZBJV 1940, 56).

Das in **direkter Stellvertretung** abgeschlossene Rechtsgeschäft kommt so zustande, wie wenn der Auftraggeber mit dem Dritten kontrahiert hätte. **Rechte** und **Pflichten** werden unmittelbar in der **Person** des **Auftraggebers** begründet; der Auftraggeber erwirbt Eigentum und andere dingliche Rechte, der Beauftragte ist bei vorübergehender Besitzergreifung ablieferungspflichtig (Art. 400). Will der Dritte Rechte aus Handlungen des Beauftragten ableiten, trägt er die Beweislast dafür, dass dieser in Ausübung seiner Vollmacht tätig geworden ist (Extraits 1978, 56 ff.). 11

Bei Rechtsgeschäften in **indirekter Stellvertretung**, v.a. beim fiduziarischen Rechtshandlungsauftrag, wird der Beauftragte Eigentümer und selbständiger Besitzer der im fremden Interesse erworbenen Sachen wie auch der vom Auftraggeber übertragenen Sachen (z.B. durch Sicherungsübereignung). Er hat alles, was ihm zufolge der Geschäftsbesorgung zugekommen ist, herauszugeben (Art. 400). Weil der Beauftragte im eigenen Namen handelt, bedarf es zur Rechtsübertragung auf den Auftraggeber eines Verfügungsgeschäfts (z.B. Übergabe oder Übergabesurrogat bei beweglichen Sachen, Abtretung von Forderungen [vorbehältlich der Legalzession von Art. 401]). 12

IV. Auftragsrechtliche Spezialvollmachten (Abs. 3)

Abs. 3, der die auftragsrechtlichen Spezialvollmachten regelt, ist nur anwendbar auf den **Vollmachtsauftrag**, weil der Beauftragte in indirekter Stellvertretung voller Rechts- und Pflichtenträger wird und etwaige Beschränkungen lediglich im Innenverhältnis wirksam sind. Die handelsrechtlichen Vollmachten sind typisierte Generalvollmachten. Im Vollmachtsauftrag und bei der einfachen Gesellschaft bestimmt hingegen der Vollmachtgeber den Umfang der Vollmacht: Er kann sie für ein einzelnes Geschäft (Spezialvollmacht), für eine bestimmte Gattung von Geschäften (Gattungsvollmacht) oder für alle Rechtsgeschäfte wirtschaftlicher Natur (Generalvollmacht) ausstellen (vgl. BGE 99 II 43). 13

Die gesetzliche Anordnung von Spezialvollmachten – in Einschränkung von Abs. 2 – verfolgt einen **Schutzzweck**, z.B. wegen der hohen Risiken für den Auftraggeber oder seiner fraglichen Interessen. Parallel dazu sind die Rechtsgeschäfte, die einer Spezialvollmacht bedürfen, oft selber formbedürftig. Spezialvollmacht bedeutet auch, dass eine ausdrückliche, nicht eine stillschweigende Vollmacht zu erteilen ist (ZR 1964, 292; ZBJV 1940, 56; **a.A.** BK-Fellmann, N 122, 124; CHK-Gehrer/Giger, N 12), die immerhin nicht der Schriftform bedarf (der Dritte trägt bei mündlicher Spezialvollmacht aber das Beweisrisiko für deren Vorhandensein). Die Spezialvollmacht führt zu einer gesetzlichen Beschränkung des Vollmachtsumfangs auch gegenüber dem gutgläubigen Dritten. 14

Das Gesetz sieht folgende Spezialvollmachten vor: 15

– **Schenkungsvollmacht** (auch für gemischte Schenkung, wenn der Schenkungsteil nicht nebensächlich ist): Grund ist der Schutz wegen der einseitigen Interessenlage (die Ermäch-

tigung für ein Grundstücksgeschäft schliesst Schenkungen nicht ein: RVJ 1980, 268 ff.); die Begrenzung des Rechts auf Selbstkontrahieren und Doppelvertretung ist ein Ausfluss der Treuepflicht (vgl. Art. 398 N 15) und braucht nicht unter Abs. 3 subsumiert zu werden.
- Veräusserung und Belastung von **Grundstücken** (dazu BK-Fellmann, N 147 ff.) und Eingehung **wechselrechtlicher Verbindlichkeiten** (dazu BK-Fellmann, N 144 ff.): Grund ist die Bedeutung der Geschäfte bzw. die Gefahr der beschleunigten wechselrechtlichen Exekution und Einredenbeschränkung (Art. 1007).
- **Prozessvollmacht** (dazu BK-Fellmann, N 132 ff.), Vergleichsabschluss, Klageanerkennung und -rückzug, Schiedsgerichtsbarkeit: An die Spezifizierung der Vollmacht werden wegen ihrer Tragweite strenge Anforderungen gestellt (vgl. ZR 1964, 292; ZBJV 1940, 56; 1946, 312; SJ 1995, 217 f.; Art. 66 Abs. 1 SchKG). Im Vergleich (dazu Gauch, FS Schluep, 3 ff.) verzichtet der Auftraggeber i.d.R. auf (umstrittene) Rechte, ebenso bei Klageanerkennung und -rückzug, mit einer Schiedsabrede auf die unabhängige staatliche Gerichtsbarkeit (vgl. BGE 76 I 353 f.; SJZ 1975, 354; ZR 1949, 138). Hingegen liegt in der Betreibung noch keine Prozesseinleitung, die einer Spezialvollmacht bedürfte (BK-Fellmann, N 133). Zu den Vorbehalten des eidgenössischen und kantonalen Prozessrechts vgl. BK-Fellmann, N 127 ff.

Art. 397

II. Verpflichtungen des Beauftragten
1. Vorschriftsgemässe Ausführung

[1] Hat der Auftraggeber für die Besorgung des übertragenen Geschäftes eine Vorschrift gegeben, so darf der Beauftragte nur insofern davon abweichen, als nach den Umständen die Einholung einer Erlaubnis nicht tunlich und überdies anzunehmen ist, der Auftraggeber würde sie bei Kenntnis der Sachlage erteilt haben.

[2] Ist der Beauftragte, ohne dass diese Voraussetzungen zutreffen, zum Nachteil des Auftraggebers von dessen Vorschriften abgewichen, so gilt der Auftrag nur dann als erfüllt, wenn der Beauftragte den daraus erwachsenen Nachteil auf sich nimmt.

II. Obligations du mandataire
1. Exécution conforme au contrat

[1] Le mandataire qui a reçu des instructions précises ne peut s'en écarter qu'autant que les circonstances ne lui permettent pas de rechercher l'autorisation du mandant et qu'il y a lieu d'admettre que celui-ci l'aurait autorisé s'il avait été au courant de la situation.

[2] Lorsque, en dehors de ces cas, le mandataire enfreint au détriment du mandant les instructions qu'il en a reçues, le mandat n'est réputé accompli que si le mandataire prend le préjudice à sa charge.

II. Obblighi del mandatario
1. Esecuzione conforme alle istruzioni

[1] Se il mandante ha dato istruzioni per la trattazione dell'affare, il mandatario non può dipartirsene, se non quando le circostanze non gli permettano di domandare il permesso e debba eziandio ritenersi che il mandante, conosciuto lo stato delle cose, l'avrebbe dato.

[2] Qualora il mandatario, da detti casi in fuori, siasi in pregiudizio del mandante allontanato dalle di lui istruzioni, il mandato si reputa eseguito allora soltanto che il mandatario assuma il pregiudizio che ne deriva.

Literatur

Lips-Rauber, Die Rechtsbeziehung zwischen dem beauftragten fiduziarischen Verwaltungsrat und dem Fiduzianten, Diss. Zürich 2005; vgl. die Literaturhinweise bei den Vorbem. zu Art. 394–406.

I. Allgemeines

1 Art. 397–401 *befassen sich mit den Pflichten* des Beauftragten. Die Regelung ist jedoch wenig kohärent und lückenhaft. Art. 398 Abs. 3 legt den (zentralen) Grundsatz der persönlichen Auftragsausführung fest, Art. 399 ordnet die Folgen einer befugten und unbefugten Substitu-

tion. Art. 400 regelt die Rechenschaftsablegungs- und Ablieferungspflicht des Beauftragten, Art. 401 konkretisiert die Ablieferung für den Fall des Rechtshandlungsauftrags. Aus dem allgemeinen Pflichtenprogramm des Beauftragten verbleiben für Art. 397 die Pflicht zur Befolgung von Weisungen und für Art. 398 Abs. 1/2 die Sorgfaltspflicht/Haftung sowie nebenbei die Treuepflicht («getreue Ausführung», Abs. 2). Art. 397 Abs. 1 umschreibt, unter welchen Bedingungen von Weisungen des Auftraggebers abgewichen werden kann, Abs. 2 regelt die Folgen der weisungswidrigen Geschäftsbesorgung.

II. Ausführungsverpflichtung

Art. 398 Abs. 3 legt lediglich fest, dass der Beauftragte grundsätzlich **persönlich** zu erfüllen hat (abweichend von Art. 68); hingegen fehlt es im Gesetz an einer Umschreibung der Ausführungsverpflichtung. Durch den Auftrag wird der Beauftragte verpflichtet, im Hinblick auf den anzustrebenden Erfolg tätig zu werden (Art. 394 N 2). Der konkrete Umfang der Ausführungsverpflichtung ergibt sich aus den vertraglichen Absprachen (Art. 395) und aus der Natur des zu besorgenden Geschäfts (Art. 396 Abs. 1). Zum Ausmass der persönlichen Ausführungspflicht vgl. Art. 398 N 2 ff. 2

Dem Auftraggeber steht grundsätzlich ein **Erfüllungsanspruch** bezüglich der Ausführungsobligation des Beauftragten zu, der auch klagbar ist (Hofstetter J., SPR VII/6, 92 und SPR VII/2/1, 80; von Tuhr/Escher, 86 f.; BK-Fellmann, Art. 394 N 229 ff. und Art. 397 N 152, 160; Derendinger, N 123 f.). Zwar ist wegen der persönlichen Natur der Auftragsausführung eine direkte Erzwingung nicht möglich und kann die Anspruchsdurchsetzung durch das jederzeitige Kündigungsrecht (Art. 404) illusorisch gemacht werden, doch ändert dies nichts daran, dass die Obligation bis zur Aufhebung vollkommen bleibt. Anwendbar sind zudem indirekte Zwangsmittel (v.a. des Prozessrechts, z.B. Busse) oder die Ersatzvornahme (Art. 98) bei vertretbaren Leistungen. 3

III. Befolgung von Weisungen (Abs. 1)

1. Wesen und Umfang von Weisungen

Der Beauftragte wahrt fremde Interessen, Herr der Geschäftsbesorgung (und über den Gesetzeswortlaut hinaus auch der blossen Dienstleistungen) bleibt der Auftraggeber. Zur Konkretisierung eines generellen Auftrags bzw. zu einer Anpassung an veränderte aktuelle Interessen ist der Auftraggeber deshalb jederzeit berechtigt, Weisungen zu erteilen und Instruktionen zu geben (Weber, Praxis, 82); einmal erteilte Weisungen können auch abgeändert oder widerrufen werden. Träger des Weisungsrechts ist der Auftraggeber bzw. sein Vertreter, Adressat der Beauftragte bzw. sein Erfüllungsgehilfe/Substitut (BK-Fellmann, N 35 ff.). **Weisungen** sind konkrete, bestimmte **Direktiven**, die an die Stelle der allgemeinen Ausrichtung der Beauftragtentätigkeit auf die Auftraggeberinteressen treten (einseitige Einwirkung auf Auftragsausführung: BK-Fellmann, N 15 f.); die damit gegebenen Anhaltspunkte für das Leistungsprogramm begrenzen zugleich das Handlungsmandat und die Verantwortung des Beauftragten, weshalb dieser bei Unklarheiten um Weisungen nachsuchen sollte (SAG 1981, 70; Rep 1978, 141). Rechtliche Schritte grösserer Tragweite sind in Absprache mit dem Auftraggeber vorzunehmen (SJZ 1961, 81). Eine Genehmigung abrede- oder weisungswidriger Verwaltungshandlungen kann konkludent erfolgen, doch ist dies nicht leichthin anzunehmen, vielmehr muss ein strenger Massstab gelten (HGer ZH, 2.7.2004, ZR 2006, 17 ff.; vgl. auch Art. 395 N 7). Zu Weisungen an den fiduziarischen Verwaltungsrat vgl. Lips-Rauber, 126 ff. 4

Ist der Auftragskonsens wenig konkretisiert, bewirken die Weisungen eine **Inhaltsbestimmung** und Begrenzung des Auftragumfangs; Weisungen sind strikt zu befolgen (z.B. Vergleichsabschluss: BGE 91 II 440). Weisungen sind nach dem mutmasslichen Willen des Auftraggebers auszulegen; grundsätzlich gibt es keine weisungsfreien Bereiche, vorbehältlich des 5 künstlerischen oder fachlichen Freiraumes des Beauftragten (vgl. BK-Fellmann, N 87 ff.). Liegen die Weisungen ausserhalb des vereinbarten Vertragsgegenstandes, ist in deren Erteilung ein Angebot zu einem neuen Vertragsabschluss zu sehen, das der Beauftragte annehmen oder ablehnen kann; der Auftraggeber darf nicht durch Weisungen den Leistungsumfang erweitern. Die Abgrenzung zwischen zweiseitigen Aufträgen und einseitigen Weisungen ist nach inhaltlichen Kriterien vorzunehmen (vgl. BGE 110 II 284 f.). In der Lehre wird z.T. zwischen demonstrativen, fakultativen und imperativen Weisungen (ZK-Oser/Schönenberger, N 2) bzw. zwischen Ziel- und Fachanweisungen (BK-Fellmann, N 58 ff.) unterschieden; diese Kategorienbildung ist jedoch wenig praktikabel.

6 Dogmatisch sind Weisungen nach dem Auftragskonsens ergehende, **einseitige, empfangsbedürftige Willenserklärungen** des Auftraggebers (kein Gestaltungsrecht), die den Inhalt des Auftrags konkretisieren (Vischer, SPR VII/1, 333 ff.; Hofstetter J., SPR VII/6, 101 und SPR VII/2/1, 89 f.). Das Weisungsrecht ist nach h.L. unverzichtbar (BGE 81 II 231; 65 II 164; SJZ 1980, 149; Tercier/Favre, N 5131; relativierend BK-Fellmann, N 28 f.). Bis zu deren Ausführung ist eine Weisung widerruflich und abänderbar (BGE 65 II 164); eine Anfechtung ist deshalb entbehrlich. Das Weisungsrecht ist nicht selbständig abtretbar oder vererblich, geht aber zusammen mit dem Auftragsverhältnis auf den Rechtsnachfolger über (BK-Fellmann, N 30 f., 47 f.). Zur Gültigkeit von mündlichen Weisungen BGer, 9.8.1995, SJ 1996, 193.

2. Grenzen der Weisungserteilung

7 **Rechtswidrige** und unsittliche **Weisungen** hat der Beauftragte nicht zu befolgen (vgl. BGE 62 II 274 ff.). Unverbindlich sind ebenso blosse Anregungen und Vorschläge des Auftraggebers sowie gegen öffentlich-rechtliche Normen (z.B. Straf-, Berufs- und Gewerberecht) verstossende Weisungen. Auch der Grundsatz von Treu und Glauben stellt eine Schranke des Weisungsrechts dar: Eine unzumutbare Erschwerung seiner Stellung und ein schikanöses Hin und Her braucht sich der Beauftragte nicht gefallen zu lassen (BK-Fellmann, N 82 ff.). Wird der Beauftragte dennoch tätig, unterliegt er der Ablieferungspflicht (BGE 99 Ia 418).

8 Bei unsachgemässen und **unzweckmässigen Weisungen** (d.h. ungeeignet oder unangebracht, vgl. CR CO I-Werro, Art. 397 N 10; KUKO OR-Schaller, N 4), welche die Erreichung des Auftragszweckes in Frage stellen, hat der Beauftragte auf den Sachverhalt hinzuweisen (Pflicht zu mitdenkendem Gehorsam: Fischer, AJP 1997, 265 f. und BK-Fellmann, N 101; zu den Besonderheiten der Abmahnungspflicht bei sachverständig erteilten Fachanweisungen vgl. Fischer, AJP 1997, 266 f.), in der Meinung, der Auftraggeber würde diesfalls die Weisung nicht erteilen (**«Abmahnung»**: BGE 115 II 62; 110 II 372; 108 II 199; 62 II 276; SJ 1994, 735 f.; 1987, 254 f.; SJZ 1976, 380 ff.; BK-Fellmann, N 105 ff.; Guhl/Koller/Schnyder/Druey, 551). Wird die – bestimmte und klare (BGE 95 II 50) – «Abmahnung» (analog zu Art. 369) vom Auftraggeber missachtet, hat der Beauftragte grundsätzlich den Weisungen nachzuleben (ZR 1954, 24; SJ 1965, 61 f.) oder er muss das Mandat niederlegen (BGE 108 II 198; SJ 1987, 254 f.; ZR 1984, 230 f.; problematisch BGE 91 II 439, wonach die Prozesstaktik vom Anwalt bestimmt wird und er deshalb entsprechende Weisungen ablehnen kann; relativierend SJZ 1961, 81 f.). Zu den Rechtswirkungen erfolgter, aber nicht befolgter Abmahnungen Fischer, AJP 1997, 266.

9 Ausnahmen von der Befolgungspflicht sind denkbar bei **Erlaubnis** des Auftraggebers oder bei veränderten Umständen (Geschäftsgrundlagen entsprechen nicht mehr den Parteivorstellungen: vgl. ZR 1954, 24); diesfalls hat der Beauftragte, falls er keine neuen Weisungen einholen kann, nach dem mutmasslichen Willen (Antizipation der Reaktion) des Auftraggebers zu handeln (vgl. auch BGE 95 II 103; BK-Fellmann, N 132 ff.).

IV. Rechtsfolgen der unbefugten Weisungsabweichung (Abs. 2)

Die Missachtung von Weisungen stellt im Tat- und Rechtshandlungsauftrag eine **Vertragsverletzung** dar, die schadenersatzpflichtig macht (BGE 107 II 244; vgl. auch BGer, 24.6.2005, 4C.471/2004, E. 2.2, 3.2.1, 3.3.1; Rep 1971, 306). Abs. 2 konkretisiert also das allgemeine Haftungsprinzip für bestimmte Verletzungen des Auftrags (BK-FELLMANN, N 148). Der Beauftragte trägt somit das Risiko der verschuldeten vertragswidrigen Tätigkeit, ausser wenn der Schaden auch bei weisungsgemässem Vorgehen eingetreten wäre (Kausalzusammenhangsfrage: vgl. SJ 1987, 254 ff.). Weist demgegenüber der Beauftragte den Auftraggeber auf die Unzweckmässigkeit einer Weisung hin (z.B. grosses Spekulationsrisiko), besteht der Auftraggeber aber auf deren Ausführung, vermag sich der Beauftragte zu entlasten (Schadenstragung durch Auftraggeber: vgl. BGer, SZW 1991, 275; SJZ 1963, 344). 10

Abs. 2 räumt dem Beauftragten eine «Korrekturmöglichkeit» ein: v.a. beim Abweichen von einer Preislimite kann er durch die Übernahme der Schadensdifferenz die Vertragsverletzung «heilen»; die Validierung des Auftrags durch die Differenzübernahme stellt eine Art Selbsteintritt dar (Übernahme des Nachteils in «forma specifica»: BK-FELLMANN, N 166). Nach allgemeinen Grundsätzen kann der Auftraggeber die weisungswidrig erbrachte Leistung auch genehmigen (BK-FELLMANN, N 169 f.). Zur Vergütung des Beauftragten bei Verletzung oder Schlechterfüllung des Auftrags vgl. Art. 394 N 44. 11

Von der Weisungsabweichung zu unterscheiden ist die Lieferung eines aliud, bezüglich derer auftragslose Geschäftsführung vorliegt (BGer, 24.6.2005, 4C.471/2004, E. 2.2; BK-FELLMANN, N 149). Die bösgläubige Befolgung von unverbindlichen oder mangelhaften Weisungen ist gleich zu behandeln wie die unbefugte Abweichung von verbindlich erteilten Ausführungsweisungen. 12

Verletzt der Beauftragte im Rechtshandlungsauftrag gegenüber Dritten eine Weisung, ist das Rechtsgeschäft extern bei indirekter Stellvertretung zulasten des Beauftragten verbindlich, während es bei direkter Stellvertretung im Falle der Nichtgenehmigung durch den Auftraggeber dahinfällt, der Beauftragte aber dem Dritten gegenüber schadenersatzpflichtig wird (Art. 38/39). 13

Art. 397*a*

1bis. Meldepflicht	**Wird der Auftraggeber voraussichtlich dauernd urteilsunfähig, so muss der Beauftragte die Erwachsenenschutzbehörde am Wohnsitz des Auftraggebers benachrichtigen, wenn eine solche Meldung zur Interessenwahrung angezeigt erscheint.**
1bis. Devoir d'information	Lorsque le mandant est frappé d'une incapacité de discernement probablement durable, le mandataire doit en informer l'autorité de protection de l'adulte du domicile du mandant pour autant que la démarche paraisse appropriée au regard de la sauvegarde de ses intérêts.
1bis. Avviso	Se il mandante è presumibilmente affetto da durevole incapacità di discernimento, il mandatario ne avvisa l'autorità di protezione degli adulti del domicilio del mandante, a condizione che tale avviso appaia adeguato a tutelarne gli interessi.

Literatur

BREITSCHMID, Meldepflicht des Beauftragten gemäss Art. 397a OR – in welchen Fällen zwingend?, SJZ 2013, 251 ff.; FELLMANN, Meldepflicht des Beauftragten nach Art. 397a OR, Anwaltsrevue 2013, 354 ff. (zit. Anwaltsrevue 2013); FREI/HOLDEREGGER, Der Vorsorgeauftrag im neuen Erwachsenenschutzrecht, Erste Erfahrungen aus der Praxis zum Vorsorgeauftrag und Überlegungen zu Art. 397a OR im Lichte des Berufsgeheimnisses der Rechtsanwälte, AJP 2013, 1224 ff.; vgl. die Literaturhinweise bei den Vorbem. zu Art. 349–406.

I. Allgemeines

1 Der vorstehende Artikel ist per 1.1.2013 in Kraft getreten, und zwar als Folge der Änderung des ZGB im Bereich des Erwachsenschutzes (vgl. AS 2011, 772). Die Bestimmung zielt darauf ab, hilfsbedürftige Personen zu schützen (Botschaft Erwachsenenschutz vom 28.6.2006, BBl 2006 7001 ff., 7112). Gemäss Art. 397a erwächst dem Beauftragten im Falle einer voraussichtlichen Urteilsunfähigkeit des Auftraggebers eine **Meldepflicht** gegenüber der Erwachsenenschutzbehörde am Wohnsitz des Auftraggebers. Er hat dabei jedoch einen weiten Ermessensspielraum (vgl. den Gesetzeswortlaut: «voraussichtlich dauernd urteilsunfähig»). Weil der Beauftragte den Auftraggeber hinsichtlich seiner Urteilsunfähigkeit nicht immer überwachen soll, ist diese Lösung sachgemäss (ebenfalls KUKO OR-Schaller, N 1). Fraglich ist indessen, in welchen Fällen die Meldepflicht nach Art. 397a zwingend ist (für Antworten vgl. Breitschmid, SJZ 2013, 251 ff.).

II. Berufsgeheimnis

2 Beauftragte, die einem Berufsgeheimnis unterstehen (Arzt, Anwalt etc.), bedürfen nach der hier vertretenen Meinung wegen des Vorbehalts in Art. 321 Ziff. 3 StGB grundsätzlich keiner Entbindung durch die vorgesetzte Behörde oder Aufsichtsbehörde (vgl. indes mit Bezug auf das Anwaltsgeheimnis Fellmann, Anwaltsrevue 2013, 57; Frei/Holderegger, AJP 2013, 1228). Ferner stellt Art. 397a eine dem Bankgeheimnis (Art. 47 Abs. 5 BankG) vorbehaltene Norm dar, welche das Bankkundengeheimnis einschränkt (Zondler/Näf, AJP 2013, 1237; ebenfalls zum Verhältnis Banken und Erwachsenenschutz Zellweger-Gutknecht, SZW 2014, 185 ff.). Vorausgesetzt ist, dass ein meldepflichtiger Tatbestand vorliegt (vgl. zu den Voraussetzungen der Meldepflicht Fellmann, Anwaltsrevue 2013, 355.)

III. Rechtsfolgen

3 Unterlässt der Beauftragte die Meldung (trotz Meldepflicht), stellt dies eine *positive Vertragsverletzung* dar, die zu einem Schadenersatzanspruch führen kann (Zondler/Näf, AJP 2013, 1237f; KUKO OR-Schaller, N 2).

Art. 398

2. Haftung für getreue Ausführung
a. Im Allgemeinen

[1] Der Beauftragte haftet im Allgemeinen für die gleiche Sorgfalt wie der Arbeitnehmer im Arbeitsverhältnis.

[2] Er haftet dem Auftraggeber für getreue und sorgfältige Ausführung des ihm übertragenen Geschäftes.

[3] Er hat das Geschäft persönlich zu besorgen, ausgenommen, wenn er zur Übertragung an einen Dritten ermächtigt oder durch die Umstände genötigt ist, oder wenn eine Vertretung übungsgemäss als zulässig betrachtet wird.

2. Responsabilité pour une bonne et fidèle exécution
a. En général

[1] La responsabilité du mandataire est soumise, d'une manière générale, aux mêmes règles que celle du travailleur dans les rapports de travail.

[2] Le mandataire est responsable envers le mandant de la bonne et fidèle exécution du mandat.

[3] Il est tenu de l'exécuter personnellement, à moins qu'il ne soit autorisé à le transférer à un tiers, qu'il n'y soit contraint par les circonstances ou que l'usage ne permette une substitution de pouvoirs.

2. Responsabilità per fedele esecuzione
a. In genere

[1] Il mandatario è soggetto in genere alle norme di responsabilità del lavoratore nel *rapporto di lavoro*.

[2] Egli è responsabile verso il mandante della fedele e diligente esecuzione degli affari affidatigli.

[3] Egli è tenuto ad eseguire personalmente il mandato, a meno che la sostituzione di un terzo non sia consentita od imposta dalle circostanze o ammessa dall'uso.

Literatur

ABEGGLEN, Pflicht des Arztes zur Aufklärung über wirtschaftliche und versicherungsrechtliche Belange der Heilbehandlung («wirtschaftliche Aufklärungspflicht»), ZBJV 1994, 178 ff. (zit. ZBJV 1994); DERS., Die Aufklärungspflichten in Dienstleistungsbeziehungen, insb. im Bankgeschäft, Diss. Bern 1995 (zit. Diss.); CHRISTE, Die zivilrechtliche Haftung des Anwalts, SAV 136/1992, 12 ff.; SIBBERN/VON DER CRONE, Informationspflichten im Anlagegeschäft, SZW 2007, 166 ff.; FELLMANN, Der Verschuldensbegriff im Deliktsrecht, ZSR 1987, 339 ff. (zit. ZSR 1987); GAUTSCHI, Die Auskunftspflicht der Bank gegenüber Erben, SJZ 1966, 119 ff. (zit. SJZ 1966); GÜNTER, La responsabilité du médecin en Suisse, SJZ 1993, 93 ff.; GUTZWILLER, Schadensstiftung und Schadensberechnung bei pflichtwidriger Vermögensverwaltung und Anlageberatung, SJZ 2005, 361 ff.; KOLLER A., Die Haftung für den Erfüllungsgehilfen nach Art. 101 OR, Diss. Fribourg 1980 (zit. Diss.); KUHN, Aktuelle Probleme in der Ärztehaftpflicht, SJZ 1993, 257 ff.; KULL, Die zivilrechtliche Haftung des Anwalts gegenüber Mandanten, der Gegenpartei und Dritten, Diss. Basel 2000 (zit. Diss.); PLOTKE, Vertrauenshaftung. Keine Haftung des Liegenschaftenschätzers für erwecktes Vertrauen, AJP 2005, 350 ff.; RESTELLINI/DUMOULIN, La jurisprudence récente de la commission de surveillance des professions de la santé, SJ 1994, 456; SCHUMACHER, Die Haftung des Architekten für seine Kosteninformationen, recht 1994, 126 ff.; SPIRO, Die Haftung für Erfüllungsgehilfen, Bern 1984; WEBER, Schutzpflichten – Ein Sozialstaatsgedanke?, in: Habscheid/Hoffmann-Nowotny/Linder/Meier-Hayoz (Hrsg.), FS für Hans Giger, Bern 1989, 735 ff. (zit. FS Giger); DERS., Erhöhtes Haftungsrisiko für Banken?, ST 1987/10, 387 ff. (zit. ST 1978); WESSNER, La responsabilité professionnelle de l'avocat au regard de son devoir général de diligence, RJN 1986, 9 ff.; WIEGAND/ABEGGLEN, Die Aufklärung bei medizinischer Behandlung, recht 1993, 189 ff.; WIEGAND/KOLLER-TUMLER, Gültigkeit der Globalzession einer künftigen Forderung, recht 1988, 102 ff.; ZEHNDER, Die Haftung des Architekten für die Überschreitung seines Kostenvoranschlages, Diss. Fribourg 1994; ZOBL, Probleme der organschaftlichen Vertretungsmacht, ZBJV 1989, 301 ff. (zit. ZBJV 1989); vgl. die Literaturhinweise bei den Vorbem. zu Art. 394–406.

I. Allgemeines

Art. 398 enthält unter dem Randtitel «Haftung für getreue Ausführung» recht heterogene Pflichten des Beauftragten (dogmatisch-systematische Kritik auch bei BK-FELLMANN, N 10 ff.). Abs. 3 befasst sich – ausserhalb des Haftungsbereichs – mit der persönlichen Auftragsausführung und der zulässigen Substitution, Abs. 1 und 2 regeln die vom Beauftragten zu beachtende Sorgfalt sowie die Rechtsfolgen bei deren Verletzung (Haftung); zudem spricht Abs. 2 die Treuepflichten an («getreue» Auftragsausführung). 1

II. Persönliche Auftragsausführung und Substitution (Abs. 3)

Die Pflicht zur persönlichen Auftragsausführung in Abweichung zur gesetzlichen Vermutung von Art. 68 (BK-WEBER, Art. 68 N 25) hat mit der Haftung direkt wenig zu tun, sie ergibt sich schon aus dem Wesen des Auftrags (WERRO, mandat, N 543 ff.; DERENDINGER, N 104 ff.). Sachlich gehört Abs. 3 zu Art. 399 (Regelung der Substitution). 2

1. Substitut und Erfüllungsgehilfe

Abs. 3 regelt die Substitution, d.h. vorbehältlich der gesetzlichen Ausnahme ist eine (auch teilweise) Übertragung des Auftrags (Substitution) unzulässig, nicht hingegen der Beizug von gewöhnlichen, unter Anleitung und Aufsicht des Beauftragten arbeitenden Hilfspersonen, ausser wenn die Tätigkeit des Beauftragten die Ausführung besonders prägt (z.B. Klaviervirtuose); selbst bei einem gesteigerten Vertrauensverhältnis (z.B. Privatarzt) ist der Beizug von Erfüllungsgehilfen für nicht vom Beauftragten zu erledigende Hilfsarbeiten zulässig (BGE 85 II 48). Weil der Beauftragte bei der befugten Substitution im Auftragsrecht eine privilegierte Stellung geniesst (Haftungsbeschränkung gem. Art. 399 Abs. 2), ist die Abgrenzung des Sub- 3 stituten vom Erfüllungsgehilfen (Art. 101) von Bedeutung. Das entscheidende Kriterium liegt in der Frage, ob der Geschäftsherr den Dritten (Substituten oder Erfüllungsgehilfen) in seine **«Erfüllungsorganisation» integriert** (BGE 112 II 354) bzw. den Gehilfen nur Hilfsarbeiten ausführen lässt (BGE 92 II 238 ff.) oder ob er eine (Teil-)Leistung dem Dritten überträgt und sie dadurch aus seinem *Pflichtenprogramm eliminiert* (GAUCH/SCHLUEP/SCHMID/EMMENEGGER, N 3058 ff., 3065), d.h. ob es dem Beauftragten um die Bewältigung eines grösseren Geschäftsvolumens oder um die optimal fachmännische Geschäftsführung im Interesse des Auftraggebers geht (WEBER, Praxis, 80). Konkrete, für eine Substitution sprechende Kriterien sind die Selbständigkeit des Dritten (ohne Aufsicht und Weisungen des Beauftragten), die Übertragung der Vertragserfüllung auf den Dritten, die besonderen Sachkenntnisse des Dritten, das Interesse des Auftraggebers am Beizug des Substituten (allgemein zur Interessenlage bei der Abgrenzung vgl. KUKO OR-SCHALLER, N 19; **a.M.** RUSCH, Jusletter, N 5 ff., der die Interessenlage nur bei der Frage des Haftungsprivilegs [Art. 399 Abs. 2], nicht jedoch bei der Abgrenzung zwischen Hilfsperson und Substitut beachten will), das jederzeitige Kündigungsrecht des Beauftragten und der fehlende wirtschaftliche Nutzen bzw. das fehlende Direktinteresse des Beauftragten (vgl. auch BGer, 14.3.2008, 4A_407/2007; HGer SG, 4.5.2000, GVP SG 2000, 112; SPIRO, 90 ff.; KOLLER A., Diss., 123 ff.; BK-FELLMANN, N 529 ff., 538 ff.; DERENDINGER, N 110 ff., 315 ff.).

4 Beispiele:

- Der Zwischenspediteur ist gemäss Bundesgerichtspraxis Substitut (BGE 103 II 61; 94 II 207; 77 II 159; **a.A.** SJZ 1973, 359 f.; 1968, 8 f.; 1940/41 17, 365; 1938/39, 361), der Zwischenfrachtführer hat gem. Art. 449 Hilfspersonenfunktion (vgl. auch BGE 107 II 245).
- Ein in der Arztpraxis des abwesenden Arztes tätiger «Ersatzarzt» ist Erfüllungsgehilfe, ein an einem anderen Ort praktizierender Arzt, zu dem die Patienten verwiesen werden (z.B. Facharzt), ist Substitut (WEBER, 80; GUHL/KOLLER/SCHNYDER/DRUEY, 551; **a.A.** ZR 1953, 352 ff.: immer Substitution).
- Anwaltssubstituten derselben Anwaltskanzlei, die bevollmächtigt werden, sind i.d.R. Erfüllungsgehilfen (BGE 117 II 568 = Pra 1992, 686; PKG 1987, 72; TESTA, 250 f.; vgl. auch HOFSTETTER J., SPR VII/6, 96 ff. und SPR VII/2/1, 87 f.; KUKO OR-SCHALLER, N 19).
- Die Empfängerbank ist bei einer mehrgliedrigen Banküberweisung weder Gehilfin noch Substitutin des Auftraggebers der Erstbank (BGer, 28.5.2013, 4A_10/2013, E. 4; SZW 1992, 194; für Substitution – in der Lehre krit. beurteilt – BGE 121 III 313).
- Im Falle einer Haftungskonkurrenz zwischen Architekt und Ingenieur vermag der Architekt nur dann eine Hilfsperson des Bauherrn zu sein, wenn ihm Befugnisse des Bauherrn aus dessen Verhältnis zum Ingenieur übertragen worden sind, bspw. die Funktion, Weisungen und Auskünfte zu erteilen (BGE 125 III 224 = BR 1999, 154 mit Anm. von WERRO). Sind jedoch sowohl Architekt wie auch Ingenieur je beauftragt, auf ihrem angestammten Tätigkeitsfeld zu wirken, und zieht der Bauherr den Ingenieur zur Verantwortung, kann der Architekt im Verhältnis zum Ingenieur nicht als Hilfsperson des Bauherrn betrachtet werden (BGer, 11.4.1999, 4C.380.1998 = Pra 1999, 808 f.).

2. Zulässigkeitskriterien der Substitution

5 **Abs. 3** ist lex specialis zu Art. 68, die sinngemäss **restriktiv auszulegen** ist (zum Ganzen auch BK-FELLMANN, N 567 ff.). Keine persönliche Tätigkeitspflicht hat der Beauftragte, wenn er zur Übertragung des Auftrags an einen Dritten ermächtigt (Rep 1953, 268) oder durch die Umstände genötigt ist (vgl. BGE 67 II 22) oder wenn eine Vertretung übungsgemäss als zulässig erachtet wird (Rep 1953, 267). Die Duldung oder Genehmigung der Tätigkeit des Substituten begründet eine «Abrede» im Sinne des Gesetzes. **«Genötigt sein»** bedeutet auch, dass es einem Gebot der Sorgfalt entspricht, einen Substituten beizuziehen, wenn v.a. aus fachlichen Gründen oder wegen Krankheit dem Willen und dem Interesse des Auftraggebers im Hinblick auf eine erfolgreiche Auftragsausführung durch den Beizug des Substituten bei Nichtvorliegen eines persönlichen Vertrauensverhältnisses gedient wird (BGE 78 II 446). Einer **Übung** entspricht, dass innerhalb einer Arztpraxis oder einer Anwaltskanzlei ein anderer Beauftragter im Notfall einspringt (vgl. auch BK-FELLMANN, N 580). Der Substitut muss natürlich ausreichend qualifiziert sein und über den notwendigen Befähigungsausweis verfügen.

3. Einzelne Rechtsverhältnisse

Der Beizug des Substituten als qualifizierter Erfüllungsgehilfe erfolgt durch Erteilung eines Unterauftrags, begründet wird ein selbständiges Auftrags-, nicht ein Stellvertretungsverhältnis. Im Falle eines Rechtshandlungsauftrags kann der Beauftragte den Substituten mit einem Vollmachtsauftrag (direkte Stellvertretung) oder mit einem (fiduziarischen) Rechtshandlungsauftrag (indirekte Stellvertretung) betrauen (BK-FELLMANN, N 563 ff., 592 ff.). Der Substitutionsauftrag muss sich innert der Grenzen des Hauptauftrags halten; eine Überschreitung stellt eine Vertragsverletzung dar, ebenso wie die Einsetzung eines Substituten bei notwendiger persönlicher Auftragsausführungspflicht (vgl. Art. 399 N 5); bei fehlendem schutzwürdigem Interesse widerspricht ein solcher Einwand aber u.U. dem Prinzip von Treu und Glauben (BK-FELLMANN, N 629). 6

Zur Vermeidung einer Substitution kann der Auftraggeber im Voraus einen *Alternativauftrag* erteilen; die mehreren Beauftragten, z.B. Partner einer Anwaltskanzlei, haben diesfalls über die Aufteilung der Tätigkeit zu befinden (im Gegensatz zur kollektiven Beauftragung gem. Art. 403 besteht Einzelhandlungsbefugnis). Von Abs. 3 nicht erfasst sind der Zusatzauftrag an Dritte und der Vermittlungsauftrag (dazu BK-FELLMANN, N 559 ff.). Ist vom Auftraggeber ein *Ersatzauftrag* (bedingter oder befristeter Auftrag) erteilt worden, hat der Ersatzbeauftragte, nicht der Substitut, tätig zu werden. 7

III. Treuepflichten (Abs. 2)

1. Überblick

Die im Randtitel und in Abs. 2 genannte Pflicht der «getreuen Ausführung» ist nicht eine auf die Ausführungsobligation beschränkte, sondern die Auftragsbeendigung überdauernde Pflicht (Art. 405 N 14). Die Treuepflicht als wesentliche Nebenpflicht (nicht eine vertragstypenbestimmende Pflicht) bedeutet für den Beauftragten, sein Verhalten angesichts der Fremdnützigkeit des Auftrags dem Interesse des Auftraggebers unterzuordnen, der Beauftragte darf z.B. nicht das eigene Verdienstinteresse voranstellen (WERRO, mandat, N 503 ff.). Die Treue im Sinne einer generellen Interessenwahrung ist umfassender als die Sorgfalt, die eine sachgerechte Abwicklung der Ausführungsobligation verlangt. Treue meint, alles zu tun, was zur Erreichung des Auftragserfolges erforderlich sein kann, und alles zu unterlassen, was dem Auftraggeber Schaden zuzufügen vermöchte (BK-FELLMANN, N 24 f.). Zur Übertragung des Urheberrechts aufgrund der Treuepflicht, vgl. BIELER, 165 f. 8

In den Bereich der Treuepflichten fallen die Obhuts- und Schutzpflichten, die den Beauftragten veranlassen müssen, das Integritätsinteresse und die Rechtsgüter des Auftraggebers nicht zu beeinträchtigen (dazu WEBER, FS Giger, 735 ff.; BK-FELLMANN, N 132 ff.). Eine noch grössere Bedeutung haben im Auftragsrecht die **Aufklärungs- und Benachrichtigungspflichten**, die sowohl im Zusammenhang mit der Rechenschaftsablegung (Art. 400) als auch mit der sorgfältigen Auftragsausführung zu sehen sind. Das Mass der geforderten Aufklärung als Ausfluss der allgemeinen Treue des Beauftragten bestimmt sich nach den Umständen und der Natur des Auftrags (vgl. BK-FELLMANN, N 144 ff.; WEBER, AJP 1992, 184 f.). Die Aufklärungspflicht ist sowohl vorvertraglich wie im Rahmen der Abwicklung des Auftrags zu beachten; der Beauftragte hat dem Auftraggeber die jeweils erforderlichen Einzelinformationen 9 zukommen zu lassen. Die Rsp. beurteilt die Aufklärungs- und Benachrichtigungspflicht des Beauftragten, praktisch insb. des Arztes, regelmässig im Zusammenhang mit dem (zutreffenden) Mass der aufgewendeten Sorgfalt (vgl. N 26).

10 Zur Treuepflicht gehören neben den vorerwähnten allgemeinen Schutzpflichten (N 9), der Diskretions- und Geheimhaltungspflicht (N 11 ff.) sowie der Einschränkung des Selbstkontrahierens und der Doppelvertretung (N 15 ff.) die vertragsgemässe Verwendung und Verwahrung der zur Auftragsausführung überlassenen Gegenstände (Honsell, OR BT, 325) sowie die Rechenschaftsablegungs- und Herausgabepflicht (Art. 400 N 2 ff.). *Konkretisierte Treuepflichten* enthalten regelmässig die spezifischen Berufsrechte der Ärzte, Anwälte usw. (BK-Fellmann, N 177 ff.). Im Falle der Verletzung einer Treuepflicht ist das negative Vertragsinteresse als Schaden zu ersetzen; bei Vorliegen eines deliktischen Verhaltens liegt Anspruchskonkurrenz mit Art. 41 vor. Treuebruch kann strafrechtlich Veruntreuung (Art. 138 StGB) oder ungetreue Geschäftsführung (Art. 158 StGB) bedeuten.

2. Diskretions- und Geheimhaltungspflicht

11 Das einen Auftrag i.d.R. kennzeichnende **Vertrauensverhältnis** erfordert vom Beauftragten jedenfalls Diskretion und meist – weitergehend – auch Geheimhaltung. Die Kenntnis vertraulicher Tatsachen ist oft notwendig, um die geeigneten Massnahmen treffen zu können (BGE 91 I 205; ZBJV 1975, 193 f.). Diskretions- und Geheimhaltungspflichten überdauern die Beendigung des Auftrags (BGE 106 II 225; ZR 1983, 35 f.), solange ein berechtigtes Interesse vorhanden ist (BK-Fellmann, N 39 ff., 80). Zu den geheimhaltungspflichtigen Berufsangehörigen gehören auch Hilfspersonen und Studierende der entsprechenden Berufsgattungen. Die Beauftragten unterstehen zudem vielfach einer **strafrechtlichen Geheimhaltungspflicht**, z.B. dem Berufsgeheimnis (Art. 321 StGB), dem Amtsgeheimnis (Art. 320 StGB, Ärzte an öffentlichen Spitälern), dem Bankgeheimnis (Art. 47 BankG), dem Datengeheimnis (Art. 35 DSG) oder kantonalen Disziplinarstrafrechten. Privat- und strafrechtlicher Geheimnisschutz brauchen sich aber nicht vollumfänglich zu decken. Die Geheimhaltungspflicht gilt – vorbehältlich der gesetzlichen Auskunfts- und Zeugnispflichten – auch gegenüber Gerichts- und Verwaltungsbehörden. Zeugnis- und Editionsverweigerungsrechte werden vom kantonalen Prozessrecht geregelt. Eine Befreiung von der Geheimhaltung kann durch den Richter oder durch eine Berufsaufsichtsbehörde erfolgen. Im Gegensatz zum Strafrecht ist gem. Abs. 2 zivilrechtlich schon eine leicht fahrlässige Geheimnispreisgabe vertragsverletzend (Verletzung einer wesentlichen Nebenpflicht); Rechtsfolge kann die Pflicht zur Leistung von Schadenersatz oder einer Genugtuungssumme sein.

12 Die Geheimhaltungspflicht ist ein Ausfluss des **Persönlichkeitsrechts** (Tercier/Favre, N 5157): Geheimhaltungswürdig ist alles, was der Beauftragte bei der Auftragsausführung in persönlicher und sachlicher Hinsicht erfährt (Bucher, BT, 230). Nicht nur die Nennung nachteiliger Umstände, sondern allgemein unnötige Publizität ist zu vermeiden (BGE 97 I 838; 75 IV 73; Hofstetter J., SPR VII/6, 111 und SPR VII/2/1, 99; BK-Fellmann, N 58 ff.). Der Anwalt ist an die Geheimhaltungspflicht nicht nur hinsichtlich der forensischen, sondern der gesamten Anwaltstätigkeit gebunden (ZR 1948, 28), nicht aber hinsichtlich der Tätigkeiten als gewöhnlicher Geschäftsmann (ZR 1959, 306). Der Anwalt ist nur dem Klienten, nicht der Gegenpartei zum Schweigen verpflichtet (SJZ 1954, 209). Die Verschwiegenheitspflicht des Anwalts ist seit 1.6.2002 Teil des öffentlich-rechtlichen Berufsrechts (vgl. Art. 13 BGFA; Testa, 136 f.).

13 Eine **Offenbarung** von Geheimnissen ist z.T. zur Auftragsausführung notwendig (z.B. im Falle des Beizugs eines Spezialisten). Ist der Beauftragte zur Wahrung der eigenen Interessen auf eine (beschränkte) Offenlegung gewisser, an sich geheimniswürdiger Fakten angewiesen (z.B. Honorarinkasso), hat eine Interessenabwägung stattzufinden (BGE 97 I 837); bei Fehlen einer Einwilligung des Beauftragten sind allenfalls besondere Standesregeln zu beachten.

Hingegen darf sich der Beauftragte nicht gegen den Willen des Auftraggebers auf die vertragliche Geheimhaltungspflicht berufen (BK-Fellmann, N 86).

Den **Erben** des Auftraggebers gegenüber besteht weder eine Geheimhaltungspflicht noch, z.B. seitens der Banken, ein Geheimhaltungsrecht (BGE 94 II 318; 89 II 93 = Pra 1963, 332; BGE 82 II 567; Rep 1993, 209), mit Ausnahme von Sachverhalten, welche die Privatsphäre des Erblassers betreffen (SJZ 1965, 354 ff.; dazu auch Emch/Renz/Arpagaus, Rz 484 ff.; Zobl, AJP 2001, 1007 ff.; de Capitani, SJZ 1966, 69 ff.; Gautschi, SJZ 1966, 119 ff.). Zum Umfang der umstrittenen ärztlichen Offenlegungspflicht gegenüber Familienangehörigen vgl. BGE 44 II 322; SJZ 1939/40, 110; Hofstetter J., SPR VII/6, 112 f. und SPR VII/2/1, 100 f. m.Nw. **14**

3. Selbstkontrahieren und Doppelvertretung

Das schweizerische Recht kennt abgesehen von den Bestimmungen zum Selbsteintritt bei der Kommission (Art. 436–438) keine gesetzliche Regelung des Selbstkontrahierens und der Doppelvertretung (anders § 181 BGB). Gemäss zwischenzeitlich gesicherter Rsp. (BGE 121 III 180; 120 II 10; 106 Ib 148; 95 II 452; 93 II 481; 89 II 324; 57 II 560; 39 II 566) ist das Selbstkontrahieren bzw. die Doppelvertretung **unzulässig**, wenn **gegensätzliche Interessen** zwischen Auftraggeber und Beauftragtem vorliegen, nicht jedoch, wenn die Interessen parallel verlaufen oder wenn der Auftrag Angelegenheiten zum Gegenstand hat, die gemäss ihrer Natur nach einem Ausgleich rufen (Hofstetter J., SPR VII/6, 107 und SPR VII/2/1, 94 f.; BK-Fellmann, N 101 ff.; Weber, Juristische Personen, in: Schweizerisches Privatrecht (SPR), Bd. II/4, Basel 1998, 179 ff.; vgl. auch BK-Zäch, Art. 33 N 78 ff.; Zobl, ZBJV 1989, 301 ff.). **15**

Unerlaubtes Selbstkontrahieren macht das Rechtsgeschäft im **Innenverhältnis** anfechtbar und führt zur Schadenersatzpflicht des Beauftragten (Verletzung der Treuepflicht, Ersatz des negativen Vertragsinteresses). Als strafrechtliche Konsequenzen kommen ungetreue Geschäftsführung und Veruntreuung in Frage. Bei Rechtsanwälten ist die Doppelvertretung i.d.R. ein schwerwiegender Verstoss gegen die Anwaltstreue (SJZ 1967, 223; BJM 1963, 250; Testa, 102 ff.; BK-Fellmann, N 116). Bezeichnet sich eine Bank als Selbstkontrahentin, ohne eine andere Partei als Verkäuferin zu nennen, bleibt die gesetzliche Vermutung bestehen, dass sie dem Kunden eigene Titel verkauft hat (BGE 138 III 784). **16**

Bei indirekter Stellvertretung ist ein Rechtsgeschäft trotz unerlaubten Selbstkontrahierens bzw. Doppelvertretung im **Aussenverhältnis** gültig; der Auftraggeber braucht sich aber das Geschäft nicht entgegenhalten zu lassen, es sei denn, der Beauftragte würde das Geschäft durch Übernahme der Differenz gem. Art. 397 Abs. 2 valutieren. Bei direkter Stellvertretung kann mangels Genehmigung kein verbindliches Rechtsgeschäft zustandekommen, weil es im Aussenverhältnis wegen des unerlaubten Selbstkontrahierens bzw. der Doppelvertretung an einer gültigen Vollmacht fehlt (der involvierte Vertreter kann sich nicht auf einen Rechtsschein berufen) und im Innenverhältnis eine Verletzung der Treuepflicht vorliegt (vgl. Hofstetter J., SPR VII/6, 108 und SPR VII/2/1, 95 f.; Weber, Praxis, 89). **17**

IV. Sorgfalt und Haftung (Abs. 1/2)

1. Nichterfüllung und nicht gehörige Erfüllung

Art. 398 Abs. 1 und 2 sprechen die nicht sorgfältige Auftragsausführung an. Die mangelnde Sorgfalt ist zwar im Auftrag ein wichtiger, aber nicht der einzige Grund, der zu einer Leistungsstörung führen kann. Ungeachtet der durch das jederzeitige Widerrufs- bzw. Kündigungsrecht verursachten Labilität der Auftragsverhältnisse sind alle Formen der Nichterfüllung bzw. nicht richtigen Erfüllung denkbar (vgl. BK-Fellmann, N 183 ff.; Derendinger, N 55 ff.): Unmöglichkeit des Inhalts führt hingegen nach der allgemeinen Regel von Art. 20 **18** zur Nichtigkeit (OGer BL, 13.1.1999, BJM 2000, 188 = AJP 2000, 1279). Kommt ein vertragsfremder **Dritter zu Schaden**, vermag bei Vorliegen einer Sonderverbindung zwischen Beauftragtem und Drittem die Vertrauenshaftung zur Anwendung zu gelangen. So kann bspw. ein Gutachter bereits bei einer mittelbaren Beziehung gegenüber einem vertragsfremden Dritten aus erwecktem Vertrauen haftbar werden, wobei sich das Haftungsrisiko nach dem Inhalt der Expertise und deren Verwendungszweck richtet (Vertrauenshaftung des Gutachter verneint in BGE 130 III 352, dazu HÜRLIMANN/SIEGENTHALER, BR 2004, 105 ff.; PLOTKE, AJP 2005, 351 ff.; vgl. auch BGE 124 III 368 f.; PFENNINGER/GIGER, SZW 2005, 1 ff.); ferner HONSELL, FS Nobel, 945 f.

a) Nichterfüllung

19 Bleibt der Beauftragte untätig, hat der Auftraggeber das Recht, auf Erfüllung nebst Schadenersatz zu klagen, den Auftrag zu widerrufen (Art. 404) oder vom Auftrag gem. Art. 107–109 zurückzutreten (BK-WEBER, Art. 82 N 60; BK-FELLMANN, N 194, 297; HOFSTETTER J., SPR VII/6, 93 und SPR VII/2/1, 82; DERENDINGER, N 162; WERRO, N 623); die Alternativität der Rechtsbehelfe ist im Hinblick auf die unterschiedlichen Rechtsfolgen bedeutsam. Einzutreten vermag auch objektive oder (bei Höchstpersönlichkeit der Leistung) subjektive, verschuldete oder unverschuldete Unmöglichkeit der Erfüllung (Art. 97/119). Hat der Beauftragte die Unmöglichkeit verursacht bzw. verschuldet, wird er schadenersatzpflichtig (positives Vertragsinteresse), wenn der Auftrag hätte erfolgreich abgewickelt werden können (vgl. BK-FELLMANN, N 227 ff.; BK-WEBER, Art. 97 N 111 ff.). Bei unverschuldeter Unmöglichkeit hat der Beauftragte einen Honorar- und Aufwendungsersatzanspruch bis zu deren Eintritt (BK-FELLMANN, N 241). Wird der Auftrag gem. Art. 404 aufgelöst, bleiben bereits entstandene Schadenersatzansprüche wegen Nichterfüllung, Unsorgfalt oder Untreue davon unberührt. Bei Verletzung eines «mandatum aliena gratia» ist dem Dritten ein Direktanspruch gegen den Beauftragten gestützt auf die Rechtsfigur des Vertrags mit Schutzwirkung zugunsten Dritter zuzuerkennen (BUCHER, AT, 484 f.; BK-WEBER, Art. 112 N 174 ff.).

b) Verzug

20 Im Falle einer verspäteten Erfüllung durch den Beauftragten sind die Verzugsregeln des AT anwendbar (Art. 102 ff.; BGer, 30.5.2005, 4C.18/2005, dazu Anmerkung in BR, 2006, 67; vgl. auch BK-FELLMANN, N 251 ff.).

c) Schlechterfüllung

21 Zu den Fällen der Schlechterfüllung gehört nicht nur die unsorgfältige Tätigkeit (N 24 ff.), sondern z.B. auch die Verletzung der Pflicht zur persönlichen Auftragsausführung, die Missachtung von Weisungen (Art. 397), die vertragswidrige Schädigung des Auftraggebers im Rahmen der Erfüllung (Begleitschaden) usw. (vgl. BK-FELLMANN, N 328 ff.; DERENDINGER, N 189 ff.). Zum Entgelt bei Schlechterfüllung des Auftrags vgl. Art. 394 N 43.

2. Gesetzliche Haftungsregelung

22 Art. 398 Abs. 1 legt fest, dass der Beauftragte «im allgemeinen für die gleiche Sorgfalt» wie der Arbeitnehmer haftet, gem. Abs. 2 haftet er «für die getreue und sorgfältige Ausführung des ihm übertragenen Geschäftes». Diese Sorgfaltsanforderung ist im Randtitel nicht einmal erwähnt. Inhaltlich liegt das Grundprinzip der Haftung in Abs. 2 (WEBER, Praxis, 100); dem sachlich nicht zentralen Verweis in Abs. 1, der – unverändert geblieben – seit der Revision des Arbeitsvertragsrechts von 1971 noch problematischer geworden ist (vgl. BK-FELLMANN, N 481 ff.; HOFSTETTER J., SPR VII/6, 126 f. und SPR VII/2/1, 113 f.; TERCIER/FAVRE, N 5116; WERRO, mandat, N 882 ff.), kommt nur untergeordnete Bedeutung zu. Interpretieren lässt sich

der Verweis als Verankerung der Pflicht zu einem berufsspezifischen Durchschnittsverhalten (BK-Fellmann, N 486).

Art. 398 Abs. 2 und **Art. 321e** sind insoweit **unterschiedlich**, als die Haftungsnorm des Arbeitnehmers einseitig zwingender Natur ist, während die Haftungsnorm des Beauftragten ausserhalb der vertragsgemässen Sorgfalt dispositiv ist (N 34 f.). Zudem scheint es richtig, das Berufsrisiko und das Risiko sog. gefahrgeneigter Arbeit beim Beauftragten nicht als Faktor der Haftungsmilderung in Betracht zu ziehen, weil sich der Beauftragte ja gerade als Spezialist anbietet (Honsell, OR BT, 327 f.; Hofstetter J., SPR VII/6, 128 und SPR VII/2/1, 114; Weber, AJP 1992, 184; BK-Fellmann, N 501 f.). Schliesslich hängt das Ausmass der Haftung des Beauftragten (auch) von der Entgeltlichkeit des Auftrags ab und hat sich der Beauftragte im Falle einer Sorgfaltswidrigkeit zu exkulpieren, während die Lehre beim Arbeitsvertrag den Arbeitgeber die Vorwerfbarkeit des Verhaltens des Arbeitnehmers nachweisen lässt (vgl. Vischer, SPR VII/1, III, 95 f.). Allgemein gelten strengere Anforderungen an das Mass der Sorgfalt bei berufsmässiger Ausübung der beauftragten Tätigkeit (vgl. N 27; BGE 127 III 331; 115 II 64; BGer, 14.10.2013, 4A_601/2012; 19.2.2013, 4A_696/2012). 23

3. Begriff, Inhalt und Umfang der Sorgfalt

a) Begriff der Sorgfalt

Erfüllt ist, wenn der angestrebte Erfolg durch die Tätigkeit eintritt oder wenn alles getan wird, was erfahrungsgemäss zum Erfolg – bei Unterlassung negativ wirkender Faktoren – führt (zielgerichtete Dienstleistung bestimmter Qualität und Schutz des Integritätsinteresses). Im Einzelnen wird der Sorgfaltsbegriff vom Gesetz aber weder konkretisiert noch einheitlich verwendet (BK-Fellmann, N 16 ff.). Aus diesem Grunde erscheint eine Gliederung der Sinnbezüge des Sorgfaltsbegriffs – insb. zur Vermeidung einer Gleichsetzung von Sorgfalt und Verschulden – als notwendig (eingehend Weber, ZSR 1988, 46 ff., 51 f., 58): 24

- Wahrnehmung der Sorgfalt im Sinne des **auftragsrechtlichen Tätigkeitsgebotes** beinhaltet die zweckgerechte, zweckmässige und erfolgsbezogene (d.h. «richtige») Verfolgung der Vertragsziele; in Frage steht also der Vertragsgegenstand als objektive Richtlinie; Nichteinhaltung der Sorgfalt bedeutet Vertragsverletzung. Es gilt aber auch den besonderen Umständen des Einzelfalls Rechnung zu tragen (BGE 133 III 124; 115 II 64, je m. Hw.; BGer, 2.4.2012, 4A_436/2011, E. 3.1).
- Im Rahmen der Ausübung der Leistungspflichten stellt die Sorgfalt eine **Verhaltensmaxime** dar, und zwar in zweierlei Hinsicht: (1) Das Vorgehen des Beauftragten darf nicht objektiviert betrachtet («Durchschnittsbürger») fahrlässig und damit unter dem Verschuldensgesichtspunkt **vorwerfbar** sein (vgl. BK-Fellmann, N 463 ff.). (2) Für die allfällige Sorgfaltswidrigkeit muss der Beauftragte von seiner Persönlichkeit her betrachtet **zurechnungsfähig** sein (Aspekt des subjektiven Verschuldens).

b) Inhalt und Umfang der Sorgfalt

Zu den Grundsätzen einer sorgfältigen Auftragsausführung gehören eine sachgerechte Analyse von Art, Umfang, Zeitdauer und Erfolgsaussichten des Auftrags, eine weitsichtige Planung der Auftragserfüllung, die Bearbeitung der sich stellenden Probleme mit hohem beruflichem Standard (inkl. Weiterbildung bzw. Beizug eines Spezialisten) und – mittels krit. Selbsteinschätzung – die Vermeidung eines Übernahmeverschuldens (vgl. N 28 und vertiefend Gloor, N 29 ff.). Sorgfaltswidrigkeit meint Widerrechtlichkeit; in Arztverträgen im Besonderen ist ein zu Heilzwecken vorgenommener ärztlicher Eingriff ohne Rechtfertigungsgrund (Einwilligung) grundsätzlich widerrechtlich (BGE 117 Ib 200; **a.A.** Honsell, ZSR 1990, 145 f.), doch deutet nicht jeder Eingriff zugleich auf eine nach der Lebenserfahrung indizierte Verletzung der Sorgfaltspflicht hin bzw. ist nicht bei jeder Verschlechterung des Gesundheitszustandes eine Vermutung der Sorgfaltspflichtverletzung anzunehmen (BGE 133 III 25

121; dazu SCHMID, ZBJV 2010, 612 ff.; BGer, 1.12.1998, Pra 2000, 163 ff.; HONSELL, OR BT, 330 f.). Beinhaltet das Leistungsprogramm des Beauftragten auch Unterlassungen, macht deren Verletzung ebenso schadenersatzpflichtig (SJZ 1981, 79 ff., 165; 1965, 10 f.; ZBGR 1944, 301 f.). Die tunliche Sorgfalt ist sowohl bezüglich der **Hauptpflicht** (vgl. BGE 113 II 431, Arzt) wie auch der **Nebenpflichten** (N 26) aufzubringen.

26 Zu den **Nebenpflichten** bzw. allgemeinen **Treuepflichten** gehören:

- Pflicht zur selbständigen und beförderlichen Mandatsfortführung durch Anwalt (BGE 106 II 174; RVJ 1989, 333 f.; TESTA, 82 f., 256);
- Pflicht zur Information und **Aufklärung**: Der Architekt hat auf die sachgerechte Haftpflichtversicherung (BGE 111 II 75) und die Einzelheiten der Honorarpflicht (OGer BL, 4.5.1999, BJM 2000, 188 = AJP 2000, 1279) hinzuweisen, der Anwalt auf die Prozessaussichten und Kostenfolgen (ZR 1994, 264; TESTA, 30 ff.; zur Informationspflicht des Anwalts vgl. auch LÉVY, Anwaltspraxis 2010, 265 ff.). Die Bank hat den Kunden über die Verrechnungssteuer (BGE 110 II 372) und die Risiken mit Spekulationsgeschäften (vgl. BGE 115 II 64) zu informieren und sich über den Wissensstand und die Risikobereitschaft des Kunden in Kenntnis zu setzen (BGer, 13.6.2008, 4A_74/2008). Eine solche Information hat exakt, verständlich und vollständig zu erfolgen (BGer, 11.6.2008, 4A_168/2008); hingegen unterliegt sie keiner generellen Beratungspflicht gegenüber erfahrenen Kunden bei Devisengeschäften, wenn kein Vermögensverwaltungsauftrag vorliegt (BGer, 4.11.2005, 4C.366/2004, E. 3.1; BGE 119 II 335 [dazu WEBER, ZBJV 1993, 696 f.]; 115 II 64; zur treuhänderischen Vermögensverwaltung vgl. BGE 131 III 377 = SZW 2005, 187; WIEGAND, ZBJV 1995, 368 f.; zu den Informationspflichten beim Discount-Brokerage vgl. ARTER/JÖRG, AJP 2001, 52 ff.; allg. dazu DIETZI, 243 ff.; BERTSCHINGER, SZW 1996, 240 ff.; ABEGGLEN, Diss., 8 ff.; zur Informations- und Aufklärungspflichten des Finanzintermediärs vgl. ZELLWEGER-GUTKNECHT, recht 2009, 62 ff.). Gegenüber der früheren, eher restriktiven Praxis (BGE 108 II 61 = Pra 1982, 299 ff.; RJN 1992, 107; SJZ 1964, 344) hat die Rsp. in jüngster Zeit die Pflicht des Arztes zur Aufklärung des Patienten über die Heilbehandlung und deren wirtschaftliche Belange erheblich erweitert (vgl. HERZOG-ZWITTER, HAVE 2010, 317 ff.; BGer, 31.5.1995, SJZ 1998, 164; BGE 119 II 456 = Pra 1995, 234 ff.; 117 Ib 117, 203 f., 206 f.; 116 II 519; KassGer ZH, plädoyer 1995/5, 65; aus der Literatur CONTI, AJP 2000, 617 f./625; ABEGGLEN, Diss., 35 ff.; ABEGGLEN, ZBJV 1994, 178 ff.; WIEGAND, recht 1993, 149 ff.; WIEGAND/ABEGGLEN, recht 1993, 189 ff.; WIEGAND, in: Honsell, Handbuch, 119 ff.). Sachgerecht ist, die Anforderungen an die Aufklärung je nach Kenntnisstand und Erfahrung des Auftraggebers zu variieren (BGer, SZW 1991, 275). Im Baurecht hat der Unternehmer oder Planer den Bauherrn auch über Umstände aufmerksam zu machen, zu derer Erfassung er vertraglich nicht ausdrücklich verpflichtet ist (MESSERLI, Anwaltsrevue 2008, 260 ff.). eine solche Aufklärung kann nicht mit dem Einwand unterbleiben, dass der Bauherr fachkundig sei (MESSERLI, Anwaltsrevue 2008, 261 ff.). Der Architekt hat den Auftraggeber unaufgefordert über alle Punkte zu informieren, die für den Entschluss, den Auftrag zu erteilen oder aufrecht zu erhalten, von Bedeutung sind (KGer GR, 18.11.2008, ZF 08 56, dazu STÖCKLI, BR 2010, 56 ff.).

27 Die auftragsrechtlich spezifisch relevante Komponente des Sorgfaltsbegriffes betrifft die als objektive «Norm» verstandene zweckgerechte und zweckmässige Handlungsweise des Beauftragten, der zwar nicht für den Erfolg einzustehen hat (ausser bei entsprechender «Garantie», BGE 93 II 311), aber erfolgsbezogen tätig werden muss (WEBER, Praxis, 101). An das «Wirken» des Beauftragten ist ein **abstrakter Sorgfaltsmassstab** anzulegen, objektiviert betrachtet im Lichte des berufsspezifischen Durchschnittsverhaltens (vgl. BGE 127 III 331; 115 II 64; 108 II 425; 64 II 207; SJ 1988, 340; BGer, 14.10.2013, 4A_601/2012, E. 3; 19.2.2013, 4A_696/2012, E. 2; 3.12.2004, 4C.18/2004, E. 1.1; WERRO, mandat, N 560 ff.; Art. 1710 Abs. 1 CC it. spricht vom «buon padre di famiglia»). Die das Sorgfaltsmass bestimmenden objektivierten Faktoren ergeben sich aus der Art und Schwierigkeit der vertragsgemäss zu verrichtenden Arbeit und der dazu erforderlichen **Fachkenntnis** des Beauftragten (Regeln der Kunst). An den Spezialisten dürfen hohe Anforderungen gestellt werden (SJZ 1981, 28; 1956, 344 f.). Im Zweifel sind Ergänzungsfragen (SJZ 1960, 78) bzw. Rückfragen (SAG 1981, 70) zu stellen (Art. 397). Ähnliche Grundsätze gelten für Dienstleistungen im Rahmen eines zertifizierten Qualitätsmanagements, d.h. die Sorgfaltsanforderungen mit Bezug auf einzelne Verhaltensanforderungen sind erhöht, indem ein Verstoss gegen die im Rahmen des Qualitätsmanagement-Systems vorgesehenen Verhaltensanweisungen eine Sorgfaltswidrigkeit indiziert (MOSER, AJP 1997, 190). Ebenfalls kann das Fehlen oder die Lückenhaftigkeit eines Qualitätsmanagement-Systems eine Sorgfaltspflichtverletzung darstellen (FELLMANN, recht 2008, 125 f.). Eine Haftung entfällt hingegen, wenn der Schaden gestützt auf Ursachen, die nach dem gegenwärtigen Stand der Wissenschaft selbst bei aufmerksamer und gewissenhafter Prüfung nicht erkennbar sind, eintritt (BGE 93 II 19, Tierarzt; BGE 66 II 34, Arzt).

Der Beauftragte hat einen angebotenen Auftrag abzulehnen, wenn er der Geschäftsbesorgung **28** nicht gewachsen ist (sog. *«Übernahmeverschulden»*: BGer, 15.9.2004, 4C.126/2004, E. 2.2; BGE 124 III 162; 92 II 174; 67 II 22; 56 II 375; SJZ 1961, 253 f.; vgl. vertiefend GLOOR, N 432 ff.; TERCIER/FAVRE, N 5123; WEBER, Praxis, 101; BK-FELLMANN, N 358; DERENDINGER, N 282 ff.). Der Beauftragte kann sich nicht auf Ausbildungsmängel, fehlende Erfahrung oder Neuerungen in der Forschung berufen (zur Fortbildungspflicht BGE 66 II 36), eine selbstkritische Einschätzung der eigenen Fähigkeiten ist notwendig. Auch Arbeitsüberlastung oder Zeitnot entlasten den Beauftragten nicht (BGE 92 II 241; TERCIER/FAVRE, N 5123; BK-FELLMANN, N 360). Vorbehältlich einer besonderen vertraglichen Absprache genügt es nicht, wenn der Beauftragte die Sorgfalt anwendet, die er in seinen eigenen Angelegenheiten anzuwenden pflegt *(diligentia quam in suis)*, weil der Auftraggeber regelmässig annimmt, der Beauftragte sei ein Fachmann (zur Frage einer möglicherweise vereinbarten diesbezüglichen Haftungsbeschränkung SJ 1988, 337 ff.; BGE 56 II 375). Bei einer hohen *Entschädigung* darf zwar auch ein hoher Sorgfaltsstandard erwartet werden (BGE 92 II 240); hingegen ist es problematisch, die Entgeltlichkeit des Auftrags an sich als haftungsverschärfend zu werten (so BGE 115 II 64), weil dadurch die Milderungsklausel von Art. 99 Abs. 2 ausgeschaltet wird und zudem alle freien Berufe gesteigerten Haftungsanforderungen unterstellt würden (WEBER, AJP 1992, 183 f.; allgemein zur Tendenz der neueren Rsp., den Sorgfaltsstandard des Beauftragten, z.B. durch Annahme von zusätzlichen Schutz- und Treuepflichten, zu erhöhen, vgl. WIEGAND, recht 1990, 134 ff.; HONSELL, Die zivilrechtliche Haftung des Arztes, ZSR 1990, 140 ff.; WEBER, AJP 1992, 184 f., 186 f.).

Als Ergänzung zu Art. 398 sei Art. 11 BEHG erwähnt; diese finanzmarkrechtliche Regelung **28a** ist zwar systematisch betrachtet aufsichtsrechtlicher Natur, vermag aber mit Bezug auf die Informations-, Sorgfalts- und Treuepflichten auch die auftragsrechtlichen Anforderungen zu konkretisieren (WEBER, SJZ 2013, 408; SIBBERN/VON DER CRONE, SZW 2007, 168; BERGER, Diss., 104). Dieses Konzept der Doppelnorm ist in der Lehre nicht unumstritten; so bestehen weitere modelltheoretische Ansätze wie z.B. der Ausstrahlungswirkung, der Normidentität oder der zivilrechtlichen Priorität (für einen Überblick vgl. WEBER, SJZ 2013, 409 ff.).

Sollte das geplante FIDLEG (Finanzdienstleistungsgesetz) schärfere Verhaltenspflichten im **28b** Sinne einer Suitability Prüfung vorsehen, besteht die Gefahr eines Regelungsgefälles in die Richtung des Aufsichtsrechts (WEBER, SJZ 2013, 419). Die Stossrichtungen des FIDLEG (vgl. EIDGENÖSSISCHES FINANZDEPARTEMENT, Hearingbericht vom 18.2.2012, FIDLEG, Stossrichtungen möglicher Regulierung) sehen verschiedene Sorgfalts-, Interessenwahrungs- und Treuepflichten vor, welche in Art. 398 bereits bestehen und durch das BGer hinreichend konkretisiert wurden (dazu insb. HOLLIGER-HAGMANN, Jusletter 2013; allgemein zu einer kritischen Auseinandersetzung der regulatorischen und zivilrechtliche Aspekte des FIDLEG vgl. AMADO/MOLO/DE VECCHI, AJP 2013, 1790 ff.). Schutznormen im Aufsichtsrecht zu normieren, wenn bereits entsprechende zivilrechtliche Regelungen (Art. 398) bestehen, trägt nicht zu einer Einheit der Rechtsordnung bei, wie sie doch eigentlich anzustreben wäre (WEBER,

SJZ 2013, 420 f.). Die Vernehmlassung zum FIDLEG, das sich in materieller Hinsicht an die Kapitalmarktregulierung der EU anlehnt, hat bis am 17.10.2014 gedauert (zu MiFID II als Herausforderung für den Finanzplatz Schweiz vgl. SETHE, SJZ 2014, 477 ff.).

c) Kasuistik

29 – *Arztvertrag*: Ein Arzt ist verpflichtet, sämtliche Vorkehren zu treffen, die im Rahmen der ärztlichen Kunst notwendig sind, um das gewünschte Ziel der Behandlung zu erreichen (BGer, 19.8.2011, 4A_266/2011, E. 2.1.2; 24.6.2008, 4A_403/2007, E. 5.2). Patienten sind stets sachgemäss zu behandeln, und es ist zum Schutze ihrer Gesundheit die den Umständen gebotene Sorgfalt zu beachten (BGE 129 II 359; 120 II 250). Eine Verletzung der ärztlichen Sorgfaltspflicht liegt nicht vor, wenn der Arzt einen Patienten nach erfolgter Überweisung an ein Spital nicht weiter betreut (BGer, 2.5.2012, 4A_737/2011). Der Arzt als Auftragnehmer haftet lediglich für die Folgen einer treuwidrigen oder unsorgfältigen Auftragsausführung und verantwortet somit nicht den erfolgreichen Verlauf einer Operation. Beachtet ein Arzt während einer Operation alle Vorsichtsmassnahmen, genügt er den Regeln der ärztlichen Kunst, womit eine Haftung entfällt (BGer, 19.2.2013, 4A_696/2012). Bei einer Patientin in Schwangerschaft muss der Arzt bei Anzeichen von Gehirnanomalien im Zweifel weitere Untersuchungen anordnen (BGer, 8.10.2014, 4A_267/2014); in einem solchen Fall ist somit ein strengerer Sorgfaltsmassstab anzuwenden. Haftpflichtig machen widerrechtliche Schädigungen (Körpereingriffe) im Rahmen der Auftragsausführung, soweit sie nicht durch die Einwilligung des Patienten gedeckt sind (BGE 120 II 248; 120 Ib 413; 117 Ib 200; 116 II 521; 113 II 429; 108 II 422; 70 II 207 = Pra 1944, 423 ff.; RVJ 1992, 379 ff.; SJZ 1983, 376 ff.; 1980, 383 ff.; vgl. auch FELLMANN, Aufklärung, 186 ff.; BK-FELLMANN, N 379 ff.; aus der Literatur: HONSELL und KUHN, in: Honsell, Handbuch, 4 ff., 31 ff., 53 ff., 69 ff.; KUHN, SJZ 1993, 257 ff., 284 ff.; GÜNTER, SJZ 1993, 93 ff.; OTT, HAVE 2003, 275 ff.; RESTELLINI/DUMOULIN, SJ 1994, 449 ff.). Eine gültige Einwilligung des Patienten setzt hinreichende Aufklärung voraus (BGE 119 II 458 = Pra 1995, 234 ff., mit Ausführungen zur Haftung des Arztes mit Bezug auf die Kostendeckung durch die Krankenversicherung). Operiert der Arzt ohne (gültige) Einwilligung, handelt er rechtswidrig und ist zum Ersatz allen Schadens verpflichtet, auch wenn er sich keiner Sorgfaltspflichtverletzung schuldig macht (BGer, 28.4.2003, 4P.265/2002; BGE 108 II 59 = Pra 1982, 300 ff.; ROGGO, Aufklärung, 85; GATTIKER, Diss., 178 f.; vgl. auch Ausführungen zur hypothetischen Einwilligung in BGE 133 III 121, bestätigt durch BGer, 9.1.2008, 4A_382/2007; 14.10.2003, ZBJV 2005, 196 ff.). Der Beweis der erfolgten Aufklärung und Einwilligung obliegt dem Arzt (BGE 117 Ib 202). Zur Rsp. des BGer betreffend Haftung für die Unterhaltskosten des Kindes aufgrund fehlgeschlagener Sterilisation BGE 132 III 359; zur natürlichen Vermutung einer Sorgfaltspflichtsverletzung bei Verschlechterung des Gesundheitszustandes des Patienten BGE 133 III 121; dazu SCHMID, ZBJV 2010, 616 und ROGGO, AJP 2008, 913 ff.; zur Beweislastverteilung im Haftungsprozess vgl. CICORIA, Jusletter 2011.

– *Architektenvertrag*: Der Architekt haftet für ungenauen Kostenvoranschlag (ebenfalls für Rechnungsfehler, vgl. HGer ZH, 8.4.2008; BGE 134 III 365; dazu BRÄNDLI, AJP 2008, 1310 f., die Erstellung eines Kostenvoranschlages ist immer eine auftragsrechtliche Leistung; bestätigt durch BGer, 26.9.2013, 4A_271/2013, E. 2.1) und Überschreitung der Bausumme (BGer, 14.7.2009, 4A_187/2009; dazu STÖCKLI, BR 2009, 156 f.; BGer, 15.3.2005, 4C.424/2004; 23.5.2000, SJ 2001 I 136 = BR 2001, 77; BGE 127 III 328; 125 III 223; BGer, 29.10.1997, SJ 1998, 198 = BR 1999, 48; BGE 122 III 62; 119 II 249, dazu HONSELL, AJP 1993, 1260 f.; WERRO, BR 1993, 96 ff. und WEBER, ZBJV 1993, 666; vgl. auch TC VS 9.7.1997, BR 1998, 53; PKG 1992, 66 ff.; ZEHNDER, N 129 ff.; SCHUMACHER, recht 1994, 126 ff.; allg. BK-FELLMANN, N 406 ff.). Ein Vertrauensschaden kann entstehen, wenn der Bauherr aufgrund einer ungenauen Kosteninformation die Weiterführung der Planung eines Bauvorhabens veranlasst, obschon er bei korrekter Schätzung die

Projektierung abgebrochen hätte (BGer, 26.9.2013, 4A_271/2013, E. 5.1). Der beauftragte Architekt kann sich seiner Verantwortlichkeit nicht mit dem alleinigen Hinweis entziehen, die Überschreitung seines Kostenvoranschlages beruhe auf einer Überschreitung des ungefähren Kostenansatzes des Unternehmers (Art. 375, vgl. OGer ZH, 24.6.2013, LB120048). Zur Bedeutung der 10%-Toleranz-Klausel vgl. BGer, 22.12.1992, Bestätigung von OGer ZH, 5.7.1991, ZR 1992/93, 308 f. Zur Haftung für die Unterlassung der notwendigen Hangsicherung vgl. BGE 115 II 44. Zur Auslegung des Art. 1.6 SIA-Norm 102 bzw. des «direkten Schadens» vgl. BGE 126 III 389.

- *Anwaltsvertrag*: Der Anwalt wird haftpflichtig, wenn er bei Beurkundung der Grundpfandverschreibung nicht auf die Risiken der fehlenden Darlehenshingabe hinweist (PKG 1987, 73 f.), wenn er ein Bauhandwerkerpfandrecht auf die falsche Parzelle einträgt (BGE 117 II 563 = Pra 1992, 683 ff.), wenn er gewisse Rechtswirkungen verkennt (BGE 127 III 357), wenn er eine Frist versäumt (BGE 87 II 364; vgl. auch 110 Ib 95 = Pra 1984, 331) oder die Verjährung nicht rechtzeitig unterbricht (BGE 106 II 253), wenn er ein Urteil nicht rechtzeitig an den Auftraggeber weiterleitet (GVP SG 1991, 84 ff. m.Bem. FISCHER in AJP 1992, 132 f.), wenn er nutzlose Verfahren einleitet (Rep 1973, 152; Max LU 1977, 420) oder wenn eine Unkenntnis klaren Rechts vorliegt (BGE 127 III 357; KGer SG, 21.5.1992, GVP SG 1992, 94 ff.; vgl. auch FELLMANN, recht 2001, 193 f.), nicht hingegen, wenn das Gericht seine Rechtsauffassung nicht teilt (Anwaltsrevue 2001, 37 [keine Erfolgshaftung]; ZR 1994, 268; OGer BE, 11.6.1990, SG 1990, Nr. 711); hingegen ist nicht vorausgesetzt, dass der Anwalt alle im Internet abrufbaren Urteile des BGer oder alle in zahlreichen juristischen Zeitschriften publizierten Artikel kennt (BGE 134 III 534 = Pra 2009, 207; dazu TERCIER/DEVAUD, SJZ 2009, 296; WERRO/BACHER, 133 ff.: **abl.** FELLMANN/WEY, HAVE 2009, 31 f.); allg. zum Umfang der Sorgfaltspflicht BGE 117 II 566; SJ 1992, 300 ff.; GVP SG 1992, 94 ff.; Rechber TG 1993, 70 f.; TESTA, 51–75 (konkrete Sorgfaltspflichten des Anwalts); SCHLÜCHTER, AJP 1997, 1359 ff.; WESSNER, 9 ff.; CHRISTE, SAV 136/1992, 12 ff.; BK-FELLMANN, N 406 ff.; zur Haftung des *Notars* BGE 127 III 248; 126 III 370; RVJ 1994, 228 m.Nw.; zur Haftung der *Urkundsperson*, MÜLLER, 71 ff.; zur Haftung des *Treuhänders* BK-FELLMANN, N 420 ff.; zur Haftung des *Stiftungsrates* ZR 1996, 99; zur Haftung des *Anwalts* für Bestätigungen zuhanden der Revisionsstelle VISCHER, Anwaltsrevue 2003, 122 ff.; zur gesellschaftsrechtlichen Haftung zusammengeschlossener Anwälte FELLMANN, Anwaltsrevue 2003, 344 ff. Ist eine Anwaltssozietät als einfache Gesellschaft oder Kollektivgesellschaft organisiert, ist eine kollektive Haftung für eine Sorgfaltspflichtverletzung nur dann zu bejahen, wenn der anspruchsbegründende Auftrag als Gesamtauftrag und nicht einem bestimmten Anwalt als Einzelauftrag erteilt wurde (vgl. dazu BGE 124 III 365; BGer, 21.6.2011, 4A_102/2011, E. 3.3). Zur Haftung aus Anwaltsvertrag vgl. KULL, Diss., 23 ff.
- *Steuerberatung*: Eine Steuerberatungsgesellschaft verletzt ihre Sorgfaltspflicht, wenn sie nicht auf die unterschiedlichen Berechnungsmöglichkeiten und die damit verbundenen Risiken hinweist (vgl. dazu BGer, 6.12.2012, 4A_64/2012). Befindet sich eine Person in einem Steuerverfahren, hat der Berater sich dafür einzusetzen, dass die Steuerlast so gering als möglich bleibt (BGer, 24.11.2011, 4A_506/2011, E. 2); zur Haftung des Steuerberaters, wenn er seinen Auftraggeber nicht darüber informiert, dass dieser für selbständige Tätigkeit am Geschäftsort (Betriebsstätte) steuerpflichtig ist (BGer, 7.2.2002, 4C.316/2001; dazu KOLLER, AJP 2003, 713 ff.).
- *Bank*: (1) *Bankgeschäfte allgemein*: Eine sorgfältige Banktätigkeit setzt voraus, dass die Unterschriften geprüft werden (BGE 125 IV 141; 121 III 72; 112 II 450 ff. = Pra 1987, 505 ff.; BGE 109 II 116; 108 II 314, vgl. auch betreffend Bezüge gegen PIN bzw. Unterschrift BGer, 17.2.2004, 4C.6/2004, dazu SJZ 2004, 216 f.); unsorgfältig ist die Entgegennahme ungedeckter Checks statt Bargeld (Rep 1978, 141); zum grobfahrlässigen Verhalten bei Ausführung von Kundenaufträgen vgl. HGer ZH, 26.11.97, ZR 1998, 213 = AJP 1999, 196; zur Sorgfaltspflicht der kontoführenden Bank bei der Auszahlung an den externen Vermögensverwalter vgl. BGer, 24.4.2006, 4C.413/2005; zur Sorgfaltspflicht der Bank

gegenüber Erben. BGer, 12.1.2000 = Pra 2002, 421 ff.; zu den Informationspflichten der Depotbank bei unabhängiger Vermögensberatung CJ GE, 12.11.2004 (‹www.unige.ch/cdbf›, actualité n° 289); zur Aufklärungspflicht des Treuhänders der (ähnlich einer Bank) u.a. als Sammelstelle für ein (fremdes) Anlagegeschäft dient BGE 131 III 377 = Pra 2006, 216 ff.; zur Haftung der Bank bei Transaktionsausführungen BGer, 23.7.2008, 4A_262/2008; nach der Rsp. des BGer wird hinsichtlich der vertragsrechtlichen Sorgfalts- und Treuepflicht der Bank bei der Abwicklung von Börsengeschäften für die Kundschaft zwischen drei Vertragsbeziehungen unterschieden: (a) blosse Konto-Depotbeziehung, (b) Anlageberatung (c) und Vermögensverwaltung (vgl. BGE 133 III 102; BGer, 18.12.2014, 4A_336/2014, E. 4.1; 5.3.2014, 4A_364/2013, 4A_394/2013 und 4A_396/2013, E. 6.2; 22.6.2011, 4A_90/2011, E. 2.2.1.) (2) *Girovertrag und Kontokorrentverhältnis*: Zur Sorgfaltspflicht der zur Überweisung beauftragten Bank im Girovertrag vgl. BGE 126 III 20 = AJP 2000, 725, = Bestätigung HGer ZH 12.12.1997, ZR 2000, 115; zur Sorgfaltspflicht der Bank beim Girovertrag im Kontokorrentsverhältnis vgl. auch TC VS 14.6.1995, ZWR 1996, 174 ff. = SZW 1997, 164. Zur Gültigkeit von Saldierungsklauseln BGE 127 III 150, dazu WIEGAND, ZBJV 2003, 854 ff. Zur mehrgliedrigen Geldüberweisung vgl. BGE 124 III 253. (3) *Vermögensverwaltung*: Zur besonderen Aufklärungspflicht des Beauftragten im Vermögensverwaltungsgeschäft vgl. BGE 133 III 102; BGer, 27.6.2011, 4A_140/2011, E. 3.1; zur Pflicht der Befolgung der Vorschriften des Auftraggebers BGer, 15.1.2008, 4A_351/2008; zur Haftung der Bank gegenüber jener Partei, die den Vermögensverwaltungsvertrag über ein Gemeinschaftskonto nicht unterschrieben hat BGer, 30.11.2009, 4A_468/2009; dazu THÉVENOZ/EMMENEGGER, SWZ 2010, 315; zur Haftung im Vermögensverwaltungsvertrag BGer, 6.7.2005, 4C.323/2004; 8.4.2005, 4C.243/2003; insb. zum Kausalzusammenhang BGer, 4.11.2005, 4C.366/2004, E. 2; 3.12.2004, 4C18/2004; dazu PACHMANN/VON DER CRONE, SZW 2005, 146 ff.; BGE 126 III 20; 124 III 161; BGer, 15.9.2004, 4C.126/2004, SJ 1994, 734 f.; SZW 1998, 199; 1997, 155; HGer ZH, 16.4.2002, ZR 2003, 292 ff.; 3.6.1993, ZR 1992/93, 300 ff.; BERTSCHINGER, SZW 1996, 240 ff.; GROSS TH., AJP 2006, 161 ff.; ZIMMERMANN, SJZ 1985, 137 ff.; zur mangelnden Diversifikation und übermässigen Spekulation vgl. BGer, 3.12.2004, 4C.18/2004, E. 1.7; ebenfalls dazu SCHALLER, Handbuch, N 432 ff. und ARTER, N 266 ff. zur Qualifikation zwischen Auftrag und einfacher Gesellschaft sowie Kündigung: BGer, 10.4.2002, 4P.28/2002; zum Beweis der Verletzung von Sorgfaltspflichten im Anlagegeschäft GUTZWILLER, AJP 2004, 411 ff.; generell zum externen Vermögensverwalter vgl. EMCH/RENZ/ARPAGAUS, Rz 1838 ff. (4) *Anlageberatung*: Wie weit die Aufklärungs- und Beratungspflicht bei der Anlageberatung geht, hängt von den Umständen des Einzelfalls ab, namentlich von der Ausgestaltung des Beratungsverhältnisses, der Art des konkreten Anlagegeschäfts sowie den Kenntnissen und der Erfahrung des Kunden (BGer, 18.12.2014, 4A_336/2014, E. 4.2; 5.3.2014, 4A_364/2013, 4A_394/2013 und 4A_396/2013, E. 6.2; 3.2.2012, 4A_525/2011, E. 3.2; 21.2.2007, 4C.205/2006, E. 3.2); zur limitierten Aufklärungspflicht der Bank von sachkundigen Anlegern, vgl. BGer, 12.12.2011, 4A_383/2011; zur Pflicht, auf die Risiken der Beibehaltung einer langjährigen, risikoreichen Anlagestrategie hinzuweisen, BGer, 13.6.2008, 4C.68/2007; dazu STEININGER/VON DER CRONE, 140 ff.; zur unaufgeforderten Beratungs- und Abmahnungspflicht BGer, 26.2.2009, 4A_521/2008; zur Pflicht des Anlageberaters, über die Risiken und Chancen der Investition zu informieren, BGer, 11.6.2008, 4A_168/2008; zur Haftung des Anlageberaters BGer, 28.9.2005, 4C.194/2005, dazu SIBBERN/VON DER CRONE, SZW 2006, 70 ff.; BGE 124 III 165; BGer, 7.10.1997 = AJP 1998, 967; WEBER, SZW 1998, 254 ff.); ungenügende Produktekenntnis (SCHALLER, SZW 2011, 451 ff.). Weil das Emittentenrisiko ein Grundrisiko einer jeden Finanztransaktion darstellt, ist eine diesbezügliche Aufklärung des Kunden durch die Bank nicht nötig. Ein Kunde kann grundsätzlich auch nicht erwarten, dass sein Wertschriftendepot dauernd überwacht wird. Die Pflichten eines Anlageberaters sind mit jenen eines Vermögensverwalters nicht vergleichbar (vgl. BGer, 3.2.2012, 4A_525/2011, E. 3.3 f. m.w.H.; beim in den Medien breit diskutierten Fall

«UBS-Swatch» wurde eine Schadenersatzpflicht der Anlageberaterin (UBS) abgelehnt, vgl. dazu BGer, 18.12.2014, 4A_336/2014, E. 7.7. (5) *Kreditverhältnisse*: Zu den Sorgfaltspflichten der Bank in Kreditverhältnissen vgl. BGE 124 III 155 (dazu WEBER, SZW 1998, 254 f.); BGer, 23.6.1998, ZBJV 1998, 578 ff.; aus der Lehre CHAPUIS, ZBJV 1992, 148 ff. (6) *Sonstiges*: Zur Sorgfalt bei der privaten Pfandverwertung BGE 118 II 112 = Pra 1992, 765 f.; REY, ZBJV 1994, 221 ff.; vgl. auch BK-FELLMANN, N 428 ff. Zur Gegenüberstellung und Gewichtung von Sorgfaltspflichtverletzungen einer Bank bei der Ausführung von vermeintlichen Kundenaufträgen und des Verstosses gegen Kontroll- und Reklamationspflichten durch den Kunden vgl. BGer, 7.9.2004, 4C.191/2004; BGE 112 II 457; HGer ZH, 2.7.2004, SZW 4/2005, 189; HGer ZH, 26.11.1997, ZR 1998, 213 ff. Zur Haftung einer Bankenrevisionsstelle für Drittschaden vgl. BGE 117 II 318. Zur Haftung des Anleihensvertreters im internationalen Verhältnis BGE 129 III 77 = Pra 2003, 372 ff. Ist die beratende Bank zusätzlich als Effektenhändlerin nach Art. 2 lit. d BEHG zu qualifizieren, sind börsenrechtliche Pflichten einzuhalten (Art. 11 BEHG). Danach hat der Effektenhändler den Kunden über die mit einer bestimmten Geschäftsart verbundenen Risiken aufzuklären, nicht aber über die Risiken einer konkreten Transaktion (BGE 133 III 100; BGer, 3.2.2012, 4A_525/2011, E. 3.3; weiterführend vgl. EGGEN SZW 2011, 626 ff.); zur Haftung bei Anlageaufträgen im Zusammenhang mit der Informationspflicht gem. Art. 11 Abs. 1 lit. a BEHG, welche der auftragsrechtlichen Aufklärungspflicht vorgeht, vgl. HGer ZH, 14.3.2005, ZR 2006, 10f; für detaillierte Ausführungen zur Know-Your-Customer-Rule im Vermögensverwaltungsauftrag vgl. TRAUTMANN/VON DER CRONE, 134 ff.

- *Liegenschaftsverwaltungsvertrag*: Unsorgfältig ist es, den Anweisungen des Vermieters für die Mietvertragsausgestaltung nicht zu folgen (PKG 1989, 64); holt die Liegenschaftsverwalterin keine Auskünfte über die mögliche neue Mieterin ein, handelt sie sorgfaltswidrig (BezGer ZH, 23.10.1997, ZR 1998, 148 ff.; BJM 1988, 85 f.).
- Zur Sorgfalt bei *Transportverträgen*: Vgl. BGE 113 II 246 (WEBER, FS Giger, 735 ff.; WIEGAND/KOLLER-TUMLER, recht 1988, 104); vgl. auch 121 III 358; 111 II 273 (Reiseveranstaltung); PKG 1988, 52 f.; BJM 1994, 77 f.
- *Übriges*: Ein beauftragter Buchhalter verletzt seine Sorgfaltspflicht, wenn die Buchhaltung unvollständig und fehlerhaft ist (BGer, 14.10.2013, 4A_601/2012, E. 3). Hingegen begeht eine Treuhandfirma keine Sorgfaltspflichtverletzung, wenn sie mangels eindeutiger Abrede den Inhalt eines ihr zugefaxten Testaments analysiert und nicht zusätzlich die Gültigkeitsvoraussetzungen überprüft (BGer, 21.6.2013, 4A_221/2013, E. 3.4). Bei der Beurteilung der geschuldeten *Sorgfalt eines Stiftungsrates* einer Personalvorsorgestiftung sind die Normen des BVG heranzuziehen, weil sie kodifizierte Verhaltensregeln und Usanzen im versicherungstechnischen Bereich darstellen (OGer ZH, 4.11.1994, ZR 1996, 99 f.).

4. Rechtsfolgen der Sorgfaltswidrigkeit

Voraussetzungen eines Schadenersatzanspruches des Auftraggebers sind das Vorliegen eines Schadens (Art. 97; dazu BK-FELLMANN, N 333 ff.), einer Vertragsverletzung (Sorgfaltswidrigkeit), des Kausalzusammenhanges zwischen Vertragsverletzung und Schadenseintritt sowie eines Verschuldens des Beauftragten (BGE 132 III 363; TERCIER/FAVRE, N 5196 ff.). Sind die Haftungsvoraussetzungen erfüllt, ist das **positive Vertragsinteresse** (Erfüllungsinteresse) zu ersetzen (BGE 119 II 252; GUTZWILLER, SJZ 2005 361 f.; GAUCH, BR 1994, 49; abw. BGE 124 III 166; zum entgangenen Gewinn WERRO, mandat, N 1006 ff.), bei Vorliegen eines deliktischen Sachverhalts besteht Anspruchskonkurrenz mit Art. 41 (BGE 71 II 114 = Pra 1945, 314 f.; RVJ 1989, 311 f.). Der Auftraggeber hat eine Vermögenseinbusse zu erleiden; das Affektionsinteresse ist nur im Rahmen von Art. 49 zu ersetzen (BGE 87 II 290 = Pra 1962, 86 f.). Die Feststellung des Vorliegens und der Höhe eines Schadens stellt keine rechtliche, sondern eine tatsächliche Frage dar. Ebenso zum Tatsächlichen gehört im Zusammenhang mit der Verantwortung des Vermögensverwalters auch die Eruierung des hypothetischen Wertpapierbestandes des Auftraggebers, wenn die auftragsrechtlichen Pflichten eingehalten 30 worden wären (BGer, 21.1.2014, 4A_405/2013). Bei einer Sorgfaltspflichtverletzung im Bereich der Steuerberatung setzt sich der Schaden aus der Differenz zwischen den tatsächlich bezahlten Steuern und den bei pflichtgemässer Erledigung des Steuerberatungsauftrages zu bezahlenden Steuern zusammen (BGer, 24.11.2011, 4A_506/2011, E. 4; 6.6.2011, 4A_63/2011, E. 5).

31 Eine **Haftungsreduktion** ist als Faktor der Schadenersatzbemessung bei Uneigennützigkeit (vgl. Art. 99 Abs. 2; Art. 420 Abs. 2; PKG 1978, 23; Rep 1971, 47; SJ 1962, 288; BK-FELLMANN, N 497, 508 ff.; SCHNEEBERGER, 235 f., 241 ff.) oder bei Vorliegen eines sehr hohen, dem Auftraggeber bekannten Risikos denkbar (BGE 92 II 242; 64 II 263 f.). Die Haftung ist bei einem Selbstverschulden zu reduzieren (HGer ZH, 23.5.2013, ZR 2014, 50). Eintretende Vermögensvorteile sind zur Anrechnung zu bringen (BGE 128 III 22 = Pra 2002, 432 ff.; dazu auch GUTZWILLER, SJZ 2005, 364).

5. Beweis. Verjährung

32 a) Der Auftraggeber hat den **Schaden** (Vorhandensein und Quantitativ), die **Sorgfaltswidrigkeit** und den **Kausalzusammenhang** zwischen Sorgfaltswidrigkeit und Schadenseintritt zu beweisen (BGE 133 III 121; RVJ 1992, 381 f.; HONSELL, ZSR 1990, 144; WEBER, AJP 1992, 185; BK-FELLMANN, N 444 ff.; **a.A.** betr. Kausalzusammenhang SJZ 1989, 119 ff.), wobei ein Wahrscheinlichkeitsbeweis hinsichtlich der Adäquanz des Kausalzusammenhanges genügen muss (BGE 120 II 250 [dazu HONSELL, AJP 1995, 229]; 87 II 364; 57 II 208 f.; SJ 1958, 484 f.; BK-FELLMANN, N 448 f.). Zur Sorgfaltswidrigkeit gehört der Nachweis der Abweichung vom vertraglichen Leistungsprogramm (N 25). Somit hat bei einem Arztvertrag der Patient nachzuweisen, dass der Arzt die Regeln der ärztlichen Kunst nicht eingehalten hat (BGer, 25.11.2013, 4A_248/2013, E. 4; zum Beweis des Behandlungsfehlers vgl. JETZER, ZBJV 2012, 320 ff.).

b) Hingegen hat der **Beauftragte** darzutun, dass ihn kein Verschulden trifft, er trägt mithin das Beweisrisiko hinsichtlich der mangelnden **Vorwerfbarkeit** seines **Fehlverhaltens** (BGE 133 III 121; WEBER, Praxis, 102; DERENDINGER, N 334 ff.; SJZ 1980, 383 f.; abweichend und unklar z.T. die Rsp.: BGE 108 Ib 192; 108 II 61 = Pra 1982, 301; 105 II 285; RVJ 1992, 385 f.; SJZ 1983, 377). Die Schwierigkeiten der Rsp. rühren v.a. von der fehlenden klaren Unterscheidung zwischen Vertragsverletzung und Verschulden her (N 24); deren getrennte Erfassung und eine stärkere Subjektivierung des Verschuldensbegriffs i.S. der Vorwerfbarkeit (dazu FELLMANN, ZSR 1987, 339 ff.) führen zu einer sachgerechten Beweislastverteilung (WEBER, AJP 1992, 185 f.). Eine besondere Zurückhaltung bei der Beurteilung des Verschuldens ist bei Ärzten im Rahmen von chirurgischen Eingriffen angebracht (BGer, 19.2.2013, 4A_696/2012). Problematisch ist auch die von der Gerichtspraxis oft angenommene faktische Vermutung, dass ein Spezialist bzw. ein Berufsangehöriger mit staatlichem Befähigungsausweis sorgfältig tätig ist (SJZ 1981, 287; RVJ 1982, 99 ff.). Entsteht dem Auftragsgeber trotz Vertragsverletzung des Beauftragten ein Vermögensvorteil, welcher dem zu ersetzenden Nachteil anzurechnen ist (compensatio lucri cum damno), liegt die Behauptungs- und Beweislast hinsichtlich des Vermögensvorteils ebenfalls beim Beauftragten (BGE 128 III 28 = Pra 2002, 432 ff.).

33 Schadenersatzansprüche **verjähren** in zehn Jahren (Art. 127). In Arztverträgen sind die zehn Jahre ab Beendigung einer Behandlung zu rechnen, ein späteres Neuaufsuchen desselben Arztes führt nicht zu einer Verjährungsunterbrechung (BGE 87 II 155).

6. Haftungsbeschränkungen

34 Die Diskussion zur Frage der Wegbedingbarkeit der Sorgfalt im Auftragsrecht lässt sich in den Griff bekommen, wenn von der grundsätzlichen Unterscheidung zwischen Vertragsverletzung und Verschulden (N 24) ausgegangen wird. Die begriffsnotwendig aufzuwendende Sorgfalt im Auftragsrecht ist unabdingbar; hingegen kann der Schuldner vom Einstehenmüssen für leichte Fahrlässigkeit (Verschulden i.S.v. Vorwerfbarkeit) entbunden werden (Art. 100/101). Die **sorgfältige Ausführung** des gesollten Leistungsprogrammes **unterliegt nicht** der **privatautonomen Gestaltungsfreiheit**, wohl aber die Einschränkung des Vorwerfbarkeitsmassstabes gem. Art. 100/101 (eingehender WEBER, ZSR 1988, 52 f.; BK-FELLMANN, N 515 ff.; WERRO, mandat, N 937 ff.; TERCIER/FAVRE, N 5212 ff.; SPIRO, § 91). Haftungseinschränkungen, die über das übliche Mass hinausgehen, verstossen i.d.R. gegen die beruflichen Standesbestimmungen (z.B. Anwalt, ZBJV 1969, 372).

Art. 100 Abs. 1 schliesst eine Haftungsbeschränkung bei rechtswidriger Absicht oder grober Fahrlässigkeit aus (die weitergehende Enthaftungsmöglichkeit bei der Hilfspersonenhaftung gem. Art. 101 Abs. 2 ist stossend und durch eine Organisationshaftung einzugrenzen: WEBER, 107). **Gestaltungsfreiheit** besteht also nur bezüglich **leichter Fahrlässigkeit**. Die Haftungsbeschränkung muss gültig vereinbart sein (z.B. nicht an einem Inhaltsmangel leiden, Art. 19) und darf nicht in einem Widerspruch zu einer gesetzlichen Pflicht (Art. 397) oder einer ausdrücklichen Zusicherung des Beauftragten stehen. Die Rsp. legt den Begriff des «obrigkeitlich konzessionierten Gewerbes» (Art. 100 Abs. 2, Art. 101 Abs. 3) im Privatrecht extensiv aus; darunter fallen auch Tätigkeiten, die gestützt auf eine Polizeierlaubnis ausgeübt werden (z.B. Banken; vgl. BGE 112 II 454 = Pra 1987, 510 ff.; BGE 109 II 119; zur Problematik WEBER, ST 1987, 387 ff.). Bei obrigkeitlich konzessionierten Gewerben kann der Richter eine Haftungsbeschränkung für leichtes Verschulden nach seinem Ermessen für nichtig erklären (zur vertraglichen Haftungsbeschränkung vgl. auch BGE 112 II 353). 35

Art. 399

b. Bei Übertragung der Besorgung auf einen Dritten

[1] Hat der Beauftragte die Besorgung des Geschäftes unbefugterweise einem Dritten übertragen, so haftet er für dessen Handlungen, wie wenn es seine eigenen wären.

[2] War er zur Übertragung befugt, so haftet er nur für gehörige Sorgfalt bei der Wahl und Instruktion des Dritten.

[3] In beiden Fällen kann der Auftraggeber die Ansprüche, die dem Beauftragten gegen den Dritten zustehen, unmittelbar gegen diesen geltend machen.

b. En cas de substitution

[1] Le mandataire répond, comme s'ils étaient siens, des actes de celui qu'il s'est indûment substitué.

[2] S'il avait reçu le pouvoir de se substituer quelqu'un, il ne répond que du soin avec lequel il a choisi le sous-mandataire et donné ses instructions.

[3] Dans les deux cas, le mandant peut faire valoir directement contre la personne que le mandataire s'est substituée les droits que ce dernier a contre elle.

b. In caso di subdelegazione

[1] Il mandatario, che indebitamente commette la trattazione dell'affare ad un terzo, è responsabile dell'operato di questo, come se fosse suo proprio.

[2] S'egli è autorizzato a farsi sostituire, è responsabile soltanto della debita diligenza nello scegliere e nell'istruire il terzo.

[3] In entrambi i casi il mandante può far valere direttamente contro il terzo le azioni che contro questo competono al mandatario.

I. Allgemeines

Der Beauftragte hat – in Umkehrung der Regel von Art. 68 – das Geschäft grundsätzlich persönlich auszuführen (Art. 398 Abs. 3). Art. 399 regelt nicht die Voraussetzungen, sondern nur die Folgen der befugten (Abs. 2) und der unbefugten (Abs. 1) Substitution. Zudem wird der 1

Direktanspruch des Auftraggebers gegen den Substituten festgelegt (Abs. 3). E contrario folgt daraus, dass die Substitution nur bei Auftrags-, nicht bei anderen Vertragsverhältnissen zulässig ist. Die Schadenersatzansprüche des Auftraggebers gegen den Beauftragten und den Substituten sind abtretbar sowie aktiv und passiv vererblich.

II. Haftungsregelung bei der Substitution

1. Bei befugter Substitution (Abs. 2)

2 Im Falle einer befugten Substitution (Art. 398 N 5) haftet der Beauftragte nur für die gehörige **Auswahl** (vgl. Rep 1953, 271 f.) und **Instruktion** des Substituten (Abs. 2). Der befugten Substitution gleichzustellen ist die *Vermittlung von Diensten* (HOFSTETTER J., SPR VII/6, 99 und SPR VII/2/1, 86 f.). Haftungsbegründend ist also die Auswahl eines unfähigen Substituten oder die Abgabe ungenügender/unrichtiger Instruktionen (im Einzelnen BK-FELLMANN, N 58 ff.); hingegen braucht der Beauftragte den Substituten nicht zu überwachen (zu den Einschränkungen, z.B. Erteilung von Weisungen, vgl. BK-FELLMANN, N 69 ff.). Die gesetzliche Anordnung stellt eine Haftungserleichterung dar; die Regelung ist deshalb gerechtfertigt, weil die Überwachung oft praktisch nicht durchführbar ist, zumal wenn der Substitut über mehr Fachwissen verfügt als der Beauftragte.

3 Die **Rsp.** hat Abs. 2 immerhin insoweit **verschärft**, als der Beauftragte, falls die Substitution auch im eigenen Interesse erfolgt (z.B. Vergrösserung des Umsatzes oder der geschäftlichen Kapazität), für den «Erfolg» seiner Dienstleistung einzustehen hat (Art. 101 Abs. 1; BGE 112 II 347; 107 II 245; 112 II 353; HOFSTETTER J., SPR VII/6, 96 f. und SPR VII/2/1, 85; krit. HONSELL, OR BT, 326 f.), nicht hingegen, wenn der Beizug im Interesse des Auftraggebers (z.B. Beizug eines Spezialisten durch beauftragten Arzt oder Anwalt) geschieht. Neben dieser Interessenabwägung zieht das BGer noch das Kriterium der wirtschaftlichen Selbständigkeit des Substituten in Betracht (BGE 112 II 353). Eine Haftungswegbedingung ist im Rahmen von Art. 100/101 möglich; zur Haftungserleichterung im unentgeltlichen Auftrag vgl. SCHNEEBERGER, 242 ff., 247 ff., zur Abgrenzung der Substitution von der Erfüllungsgehilfenschaft vgl. Art. 398 N 3. Art. 398 Abs. 3 und nicht Art. 399 Abs. 2 kommt zur Anwendung, wenn der Pfandvertrag den Pfandgläubiger ermächtigt, das Pfand freihändig zu verwerten (BGE 118 II 114).

4 Die Haftungsbeschränkung von Abs. 2 ist nur gerechtfertigt, wenn der Substitut spezifische Ausführungstätigkeiten ausübt, nicht z.B. bei einer Ablieferungsobligation (vgl. BGer, SJ 1994, 284 = SZW 1995, 30; Rep 1953, 264 ff.; BK-FELLMANN, N 86) oder wenn der Beauftragte die Leistung des Substituten als seine eigene Leistung ausgibt (ZR 1964, 270; DERENDINGER, N 317). Ebenso entfällt eine Haftungsbefreiung des Beauftragten, wenn er den Erfolg seiner Tätigkeit garantiert.

2. Bei unbefugter Substitution (Abs. 1)

5 Gemäss Abs. 1 führt der unbefugte Beizug eines Substituten (vgl. Art. 398 Abs. 3) zu einer Haftung des Beauftragten für dessen Handlungen, «wie wenn es seine eigenen wären». Dieser Wortlaut ist ungenau, weil der unbefugte Beizug schon an sich eine **Vertragsverletzung** darstellt und insoweit eine Exkulpation nicht möglich ist (Art. 97; VON TUHR/ESCHER, 124; DERENDINGER, N 299; BK-FELLMANN, N 12). Das in der Lehre zum Teil zusätzlich herangezogene Kriterium der hypothetischen Vorwerfbarkeit, wonach dem Beauftragten das Verhalten des Substituten anzurechnen ist, wie wenn er selbst so gehandelt hätte (BK-FELLMANN, N 22 f.), erweist sich im Rahmen von Abs. 1 als sachwidrig; Abs. 1 begründet vielmehr eine sog. milde Kausal*haftung* (BK-FELLMANN, N 30 f.). Bei Schadenseintritt hat der Beauftragte das positive Vertragsinteresse zu ersetzen; bei deliktischen Handlungen des Substituten besteht Anspruchskonkurrenz mit Art. 55.

III. Direktanspruch des Auftraggebers (Abs. 3) und Regress

1. Direktanspruch des Auftraggebers

Die auftragsrechtliche Substitution hat ähnliche Wirkungen wie ein Vertrag zugunsten Dritter (Art. 112); dem Auftraggeber steht ein direkter Haftungsanspruch gegen den Substituten zu (BGer, 28.5.2013, 4A_10/2013; 26.7.2010, 4A.256/2010; 27.6.1995, Pra 1996, 619 = AJP 1996, 1268; BGE 121 III 314; aus der Lehre KRAUSKOPF, N 966 ff.; BK-FELLMANN, Art. 398 N 605 und Art. 399 N 93, 101; BUCHER, BT, 232; TERCIER/FAVRE, N 5111; SCHULIN/VOGT, BT, Tafel J 2B; HONSELL, OR BT, 327; BK-WEBER, Art. 112 N 109 ff.; CR CO I-WERRO, Art. 399 N 6; RUSCH, Jusletter, N 6 ff., plädiert für einen Direktanspruch unabhängig von der Interessenlage). Im Verhältnis zum Auftraggeber ist der beigezogene Substitut auftragsloser Geschäftsführer, der für jede Fahrlässigkeit einzustehen hat (Art. 420 Abs. 1; vgl. auch BGE 110 II 183); bei deliktischem Verhalten besteht Anspruchskonkurrenz mit Art. 41. Auftraggeber und Beauftragter sind auf der einen Seite gegenüber dem eingeschalteten Substituten kumulativ berechtigt, d.h. es besteht Solidargläubigerschaft (vgl. BK-FELLMANN, N 97). Wird auf der anderen Seite der Schaden durch bewusstes Zusammenwirken von Beauftragtem und Substitut (d.h. der Substitut ist sich des unbefugten Beizugs bewusst) verursacht, liegt echte Solidarität vor (Art. 50 Abs. 1); tritt der Schaden ohne Zusammenwirken (aus verschiedenen Rechtsgründen) ein, entsteht unechte Solidarität (Art. 51; vgl. BGE 93 II 317; 89 II 249; 82 II 547). 6

Der Substitut hat keinen vertraglichen Verwendungs-, Honorar- oder Schadenersatzanspruch gegen den Auftraggeber, sondern nur gegen den Beauftragten, es sei denn, durch Genehmigung entstehe ein Hauptauftrag. Vorbehalten bleiben die Ansprüche des Substituten aus Geschäftsführung ohne Auftrag (Art. 422 bei Gutgläubigkeit, Art. 423 bei Bösgläubigkeit). 7

2. Regress

Bei der befugten Substitution dürfte sich i.d.R. die Lösung der Regressfrage aus dem Sachverhalt ergeben, weil die fehlerhafte Auftragsausführung entweder auf ungenügender Auswahl/Instruktion (Haftung des Beauftragten) oder Unsorgfalt des Substituten (Haftung des Substituten) beruht. Bei der unbefugten Substitution ist ein Regress des Beauftragten gegen den Substituten im Ausmass der eigenen Beanspruchung durch den Auftraggeber unter Nachweis der Unsorgfalt des Substituten möglich (BK-FELLMANN, N 42, 90); der Substitut kann Gegenansprüche aus dem Unterauftrag zur Verrechnung bringen (ZBJV 1956, 71 f.). 8

Art. 400

3. Rechenschaftsablegung

[1] Der Beauftragte ist schuldig, auf Verlangen jederzeit über seine Geschäftsführung Rechenschaft abzulegen und alles, was ihm infolge derselben aus irgendeinem Grunde zugekommen ist, zu erstatten.

[2] Gelder, mit deren Ablieferung er sich im Rückstande befindet, hat er zu verzinsen.

3. Reddition de compte

[1] Le mandataire est tenu, à la demande du mandant, de lui rendre en tout temps compte de sa gestion et de lui restituer tout ce qu'il a reçu de ce chef, à quelque titre que ce soit.

[2] Il doit l'intérêt des sommes pour le versement desquelles il est en retard.

3. Rendiconto

[1] Il mandatario, ad ogni richiesta del mandante, è obbligato a render conto del suo operato ed a restituire tutto ciò che per qualsiasi titolo ha ricevuto in forza del mandato.

[2] Deve inoltre gli interessi sulle somme, delle quali abbia ritardato il versamento.

Literatur

Bänninger, Die Verjährung von Bestandespflegekommissionen: Wann beginnt sie und wie lange dauert sie?, in: Jusletter vom 10.6.2013; Borer-Benz, Die Herausgabepflicht des Beauftragten gem. Art. 400 OR, Diss. St. Gallen 2006; Dorjee-Good, Das Anwaltsgeheimnis ist auch gegenüber den Erben des Klienten zu wahren, successio 2010, 299 ff.; Felber, Das Bankgeheimnis im Erbfall, in: Jusletter vom 10.9.2007; Emmenegger/Schmid, Die Herausgabepflicht des Beauftragten, in: Gauch/Werro/Pichonnaz (Hrsg.), Mélanges en l'honneur de Pierre Tercier, Genf/Zürich/Basel 2008, 215 ff.; Gautschi, Die Auskunftspflicht der Bank gegenüber Erben, SJZ 1966, 119 ff. (zit. SJZ 1966); ders., Der Erstattungsanspruch des Treugebers, SJZ 1955, 337 ff. (zit. SJZ 1955); Hinderling, Die ärztliche Aufklärungspflicht, Basel 1963; Iseli, Anforderungen an Informationen beim Verzicht auf Retrozessionen, in: Jusletter vom 9.1.2012; Jörg/Arter, Herausgabe- und Rechenschaftspflicht des unabhängigen Vermögensverwalters, ST 2004, 297 ff.; Kilgus/Kuhn, Das Bundesgericht verpflichtet externe Vermögensverwalter zur Transparenz – Besprechung von BGE 132 III 460, Jusletter vom 26.6.2006; Kuhn, Die Pflicht zur Herausgabe von Bestandespflegekommissionen? – eine Standortbestimmung nach BGE 138 III 75 (4A_127/2012 vom 30.10.2012), ZBJV 2013, 436 ff.; Kuhn/Luginbühl, Zur Verjährung des Rechenschafts- und Herausgabeanspruchs gemäss Art. 400 Abs. 1 OR beim Vermögensverwaltungsvertrag, AJP 2014, 977 ff.; Kunz, Retrozessionen im Wandel der Zeit – Praxisentwicklungen durch BGE 138 III 755, recht 2013, 289 ff.; Maizar, Rechtsnatur und Herausgabe von Bucheffekten, GesKR 2012, 445 ff.; Mathys/Roberto, Wann verjähren Bestandespflegekommissionen?, in: Jusletter vom 19.11.2012; Neuman/von der Crone, Herausgabepflicht für Bestandespflegekommissionen im Auftragsrecht, SZW 2013, 101 ff.; Nobel, Das Bundesgericht zu den Bestandespflegekommissionen, in: Jusletter vom 19.11.2012; Nobel/Stirnimann, Zur Behandlung von Entschädigungen im Vertrieb von Anlagefonds- und strukturierten Produkten durch Banken Eine Untersuchung im Lichte des Bundesgerichtsentscheids BGE 132 III 460, SZW 2007, 343 ff.; Preisig, Interessenwahrung und Ablieferungspflicht im Bankgeschäft, in: Jusletter vom 9.9.2013; Probst, Datenschutzprobleme bei vertraglicher Veräusserung einer Arztpraxis, AJP 1994, 968 ff.; Roberto, Die aufsichtsrechtliche Herausgabepflicht des «Erlangten», ZSR 2009, 15 ff. (zit. ZSR 2009); ders., Vertriebsprovisionen: Entschädigung des Beauftragten oder dem Auftraggeber zustehender Vermögenswert?, in: Jusletter vom 5.1.2009; Romerio/Bazzani, Verjährung des Anspruchs auf Herausgabe von Bestandespflegekommissionen, GesKR 2013, 49 ff.; Roth, Retrozessionen und Interessenkonflikte – wenn der Berater in Tat und Wahrheit ein Verkäufer ist, ZBJV 2010, 521 ff. (zit. ZBJV 2010); dies., Retrozessionen – no sense of timing and reasoning?, in: Jusletter vom 11.2.2013 (zit. Jusletter 2013); Schären, Privatrechtliche Einordnung von Vertriebsentschädigungen im Rahmen der Vermögensverwaltung durch Banken: Besprechung des Bundesgerichtsurteils 4A_127/2012 und 4A_141/2012 vom 30.10.2012 (zur Publikation in der amtlichen Sammlung vorgesehen), GesKR 2013, 126 ff. (zit. GesKR 2013); ders., Rechenschafts- und Herausgabepflicht des Vermögensverwalters im Bezug auf «Retrozessionen» Urteil des Handelsgerichtes Zürich vom 26.6.2007 und dessen Einordnung im Lichte der bisherigen Lehre und Rechtsprechung, AJP 2008, 2014 ff. (zit. AJP 2008); Schaller, Retrozessionen: Nochmals zur Verjährungsfrage, in: Jusletter vom 3.12.2012 (zit. Jusletter 2013); ders., Pflichten des Vermögensverwalters nach Beendigung des Mandats, SZW 2010 (zit. SZW 2010), 285 ff.; Schmid, Zurückhalten von unverwertbaren beweglichen Sachen, SJZ 1955, 292 ff.; Taupitz, Die Pflicht zur unaufgeforderten Offenbarung eigenen Fehlverhaltens nach schweizerischem Obligationenrecht, ZBJV 1993, 671 ff.; Wolf/Schmid, Die privatrechtliche Rechtsprechung des BGer im Jahr 2009, ZBJV 2010, 921 ff.; Zellweger-Gutknecht, Zur Annahme und Herausgabe von Retrozessionen und anderen Drittvergütungen, in: Zobl/Giovanoli/Weber/Sethe (Hrsg.), Anlegerschutz im Finanzmarktrecht kontrovers diskutiert, Zürich 2013, 213 ff.; vgl. die Literaturhinweise bei den Vorbem. zu Art. 394–406.

I. Allgemeines

1 Nach der Ausführungsobligation und der Haftung des Beauftragten regelt Art. 400 die Pflicht, Rechenschaft abzulegen und das Erlangte dem Auftraggeber abzuliefern. Der Randtitel «Rechenschaftsablegung» ist insoweit zu eng, als Art. 400 – neben Art. 398 (dort N 9, 26) – eine allgemeine Informationspflicht begründet und auch die Ablieferungspflicht (vgl. Abs. 2) anordnet (in Deutschland getrennte Regelung in § 666 und 667 BGB; rechtsvergleichend BK-Fellmann, N 3).

1a Die Rechenschaftspflicht bildet sowohl Grundlage als auch Voraussetzung der Ablieferungs- bzw. Herausgabepflicht (BGE 110 II 182) und findet ihre Grenzen im Grundsatz von Treu und Glauben (BGE 139 III 54; BGer, 18.3.2014, 4A_596/2013, E. 3.1). Ein diesbezüglicher

Verstoss liegt namentlich vor, wenn die Honorarrechnungen erst nach einer unangemessen langen Zeit beanstandet werden (BGer, 11.9.2012, 4A_144/2012, E. 3.2.2; BK-Fellmann, N 78 ff.).

II. Rechenschaftsablegung

1. Informationspflicht

a) Die Rechenschaftsablegung als Konsequenz der Wahrung fremder Interessen gem. Abs. 1 beinhaltet neben der Abrechnungspflicht auch die Pflicht des Beauftragten, den Auftraggeber über die Geschäftsführung **(aktiv)** zu benachrichtigen und ihm **(passiv)** Auskunft zu erteilen (so § 666 BGB). Die aus der allgemeinen Treue- und Sorgfaltspflicht von Art. 398 fliessende Informationspflicht ist unaufgefordert zu erfüllen (BGE 110 II 372; abw. betr. Art. 400 BK-Fellmann, N 66; zur Informationspflicht als Hauptleistung des Beauftragten vgl. in der FS für Walter R. Schluep [Zürich 1988] die Aufsätze von Druey, 147 ff. und Meier-Hayoz, 191 ff.); sie ist die «Vorleistung» für die Abrechnung und die finanziellen Ausgleichsleistungen. Die Rechenschaftsablegungspflicht ist nicht wegbedingbar (ZR 2002, 100; vgl. auch BK-Fellmann, N 58). 2

Ein sorgfältig tätig werdender Beauftragter ist **jederzeit** in der Lage, seiner Informationspflicht nachzukommen (BGE 110 II 181; ZR 1995, 196; SJ 1987, 130). Die Information ist für den Auftraggeber Grundlage, um beurteilen zu können, ob der Beauftragte allgemein seine Pflichten erfüllt und ob er sich im Besonderen an die Weisungen hält (ZR 1981, 74 f.; Jörg/Arter, ST 2004, 297 ff.) bzw. ob ein Schadenersatzanspruch in Frage kommt (BGE 110 II 182). Ein Anspruch auf Rechenschaftsablegung ist selbst dann nicht auszuschliessen, wenn sich der Beauftragte damit Schadenersatzansprüchen aussetzt (BGE 138 III 435). Auch wenn Benachrichtigung und Auskunft dogmatisch «nur» **(primäre) Nebenpflichten** (BK-Fellmann, N 56; zur ärztlichen Dokumentationspflicht als vertragliche Nebenleistungsplicht im Arztvertrag vgl. Jetzer, ZBJV 2012, 312) sind (ausser beim Auftrag auf Informationsbeschaffung), kommt ihnen im Auftragsrecht doch eine zentrale Bedeutung zu. Die informationspflichtige «Geschäftsführung» umfasst nicht nur die Besorgung von Geschäften, sondern auch blosse Dienstleistungen (BK-Fellmann, N 16). 3

b) Die Information, und zwar über alles, was für den Auftraggeber von Bedeutung sein kann, muss **rechtzeitig** erfolgen sowie **wahrheitsgetreu** und **vollständig** sein (BGE 115 II 67; 112 III 95; 110 II 182; 108 II 197; ZR 2002, 100 ff.; 1984, 149 f.; 1981, 74 f.; SJ 1987, 134 ff.; SJZ 1966, 127; RVJ 1992, 268), weshalb nachträgliche Abänderungen nicht rechtens sind (Jetzer, ZBJV 2012, 313). Die Rechenschaftsablage muss hinreichend ausführlich und verständlich sein, berichtmässig alle wesentlichen Vorgänge umfassen und auch über eigene Fehler aufklären (BK-Fellmann, N 20, 27, 32); zur Rechenschaftsablegung im Kontokorrentvertrag BJM 1994, 237 ff. Bei einer Rechnungsstellung nach Zeitaufwand sind Angaben über die erbrachten Bemühungen zu machen; die Umschreibung der erbrachten Leistung muss so detailliert sein, dass sie überprüfbar ist (BGer, 22.1.2014, 4A_459/2013, E. 5.2.2; 1.7.1997, 4P.28/1996, E. 4b/aa). Vgl. ebenfalls zu den detaillierten Informationspflichten des Anwalts gegenüber dem Klienten BGer, 11.9.2012, 4A_144/2012, E. 3.2.2; BGE 110 Ib 95 = Pra 1984, 331; ZR 1959, 301 f.; 1954, 355; 1946, 15; Testa, 30 ff. Die schweizerische Lehre hält den Beauftragten für verpflichtet, seinen Auftraggeber über eigenes Fehlverhalten und sogar über daraus resultierende Schadenersatzansprüche aufzuklären (Taupitz, ZBJV 1993, 672 ff.). 4

Neben der Information über den konkreten Sachstand sind – im Rahmen einer allgemeinen Beratung (Derendinger, N 131 ff.) – auch Informationen über die *Zweckmässigkeit* der weiteren Verfolgung des Auftrags (BGE 115 II 67), der Ratschlag hinsichtlich möglicher Vorgehensweisen und Schutzvorkehren (BGE 111 II 72) und die Abmahnung bei unsachgemässen Weisungen (BGer, SZW 1991, 275; BGE 108 II 199; SJ 1987, 254 f.), ungeachtet eigener Ho- 5 norarinteressen, von Bedeutung. Die Rechenschaftsablegung kann unter Umständen zu Geheimnisschutzfragen führen: Ob diesfalls der Beauftragte zur Gewährung von Einsicht bzw. zur Edition verpflichtet ist, hängt von der Art des Schriftstücks, dem Inhalt des Auftrags und dem Zweck der Edition ab (ZR 1994, 27 f. = SJZ 1995, 258 f., Anwalt).

6 c) Der **Arzt** hat den Patienten so vollständig und verständlich wie möglich zu informieren über die gestellte Diagnose und Prognose, Therapiemöglichkeiten und deren Erfolgschancen, Risiken einer Operation sowie mögliche Entwicklungen der Krankheit und finanzielle Fragen, namentlich in Bezug auf die Krankenversicherung. (vgl. dazu BGE 133 III 129; BGer, 19.8.2011, 4A_266/2011, E. 2.1.2). Unwahre Informationen sind unzulässig. Die Rsp. erlaubt aber dem Arzt, je nach Krankheitssituation der vollen Wahrheit auszuweichen; ausschlaggebend ist, was dem Patienten zugemutet werden darf (BGE 108 II 59 = Pra 1982, 299 ff.; BGE 105 II 287 m.Nw. = Pra 1980, 365 f.; Jetzer, ZBJV 2012, 316). Bei konstant geäussertem ernsthaftem Begehren um volle Aufklärung ist m.E. aber eine Informationsverweigerung nicht mehr gerechtfertigt (aus der Literatur Fellmann, Aufklärung, 172 ff.; BK-Fellmann, N 39 ff.; Kuhn, ZSR 1986, 477 ff.; Hinderling, 47 ff.).

d) Der beauftragte **Architekt** hat im Rahmen des ihm erteilten Auftrages allgemein, d.h. auch ohne besondere Vereinbarung über die Handhabung oder Begrenzung der Baukosten, unaufgefordert eine Kostenberechnung auszustellen und den Bauherrn über die zu erwartenden Kosten zu informieren. Zudem hat er den Bauherrn über den Genauigkeitsgrad seiner Kosteninformation aufzuklären. Unterbleibt eine entsprechende Orientierung, ist im Einzelfall festzustellen, welches konkrete Vertrauen der Bauherr nach Treu und Glauben in die erfolgte Kosteninformation des Architekten haben durfte (vgl. dazu BGer, 26.9.2013, 4A_271/2013, E. 2.1; 15.3.2005, 4C.424/2004, E. 3, 3.2.1, 3.2.2.2 je m.Hw.).

2. Abrechnungspflicht

7 Der Beauftragte hat dem Auftraggeber Abrechnung zu erstatten. Weil die Abrechnung Aufschluss darüber zu geben hat, dass der Auftrag **fremdnützig** und **haushälterisch** ausgeführt worden ist, wird sie regelmässig schriftlich (Erstellung einer Abrechnungsurkunde, Kontoauszug) und unter Übergabe der sachgerechten Belege erfolgen müssen (ZR 1992/93, 261; 1984, 149 f.; SJZ 1966, 127). Der Beauftragte hat deshalb die Dokumente sorgfältig aufzubewahren und Buch zu führen. Zur Erfüllung der Abrechnungspflicht gehört auch die Übergabe der Honorarrechnung (SJZ 1966, 127, Anwalt) und die Vorlage der Akten durch Organe der Gesellschaft selbst bei Interessenkonflikten mit vertretenen Aktionären (SJZ 1955, 189). Der Arzt erfüllt seine Abrechnungspflicht, wenn er die Patientenkartei seinem Nachfolger übergibt (BGE 119 II 226; zur [auch datenschutzrechtlichen] Problematik Weber, ZBJV 1993, 697 f.; Probst, AJP 1994, 968 ff.; zur Abrechnung gegenüber Krankenkasse BVR 1994, 44). Zur Abrechnung und Erstattung gegenüber den Betreibungsbehörden BGE 112 III 99.

8 Die Abrechnung (z.B. Zusammenstellung der Einnahmen und Ausgaben) muss dem Auftraggeber eine **sachgerechte Kontrolle** der Tätigkeiten des Beauftragten ermöglichen. Für den Beauftragten ist die Abrechnung wichtig, weil unter Umständen indirekt seine Gegenforderung (Verwendungsersatz, Honorar) anerkannt wird und gegebenenfalls die Entlastung für seine Geschäftsführung erfolgt. Ein Rechtsanspruch auf Genehmigung der Abrechnung besteht aber nicht. Die Saldoanerkennung seitens des Auftraggebers muss unmissverständlich sein. Die Abrechnungspflicht darf auch nicht gegen Treu und Glauben unangemessen ausführlich oder zu allen möglichen Zeiten geltend gemacht werden (BK-Fellmann, N 78 ff.). Zu den Grundsätzen der Rechenschaftsablegungspflicht des anwaltlichen Willensvollstreckers während hängigem Mandat und zur Bedeutung des Stundenaufwandes bei Berücksichtigung des Anwaltstarifs vgl. OGer ZH, 7.12.1993, ZR 1995, 195 ff.; Testa, 35 ff.

9 Im Falle eines *Gemeinsamkontos* hat jeder Kontoinhaber Anspruch auf Auskunft und Abrechnung (allenfalls gegen besondere Kostenerstattung: BGE 101 II 120; 94 II 316 = Pra 1969,

402 f.; ZR 2002, 100 ff.; 1981, 74 f.). Ebenso haben – unabhängig von der Kontoart – im Todesfall des Kontoinhabers alle Erben einen Auskunftsanspruch (SJ 1972, 537), ausser betreffend Tatsachen höchstpersönlicher Natur (SJZ 1965, 354 ff.; im Einzelnen DE CAPITANI und GAUTSCHI, SJZ 1966, passim; BK-FELLMANN, N 103 ff.). Zur Herausgabe- und Rechenschaftspflicht des Vermögensverwalters vgl. JÖRG/ARTER, ST 2004, 297 ff. Zu der Auskunftspflicht unter geschiedenen Ehegatten bezüglich der Verwaltung von Gesamtgut, BGer, 14.6.2009, 5A_72/2009; dazu WOLF/SCHMID, ZBJV 2010, 926 f.

III. Ablieferungspflicht

1. Inhalt und Umfang

10 Gestützt auf die gehörige Rechenschaftsablegung hat der Beauftragte angesichts der Fremdnützigkeit des Auftrags das Erlangte dem Auftraggeber abzuliefern. Dieser Pflicht kommt gerade auch dann Bedeutung zu, wenn der Beauftragte vertragswidrig über Vermögen oder Guthaben des Auftraggebers verfügt (BGer, 1.7.2014, 4A_94/2014, E. 4.3). Bei Rechtshandlungsaufträgen ist die Ablieferungspflicht eine Hauptpflicht, bei Tathandlungsaufträgen eine Nebenpflicht (BGE 132 III 460; dazu ROBERTO, ZSR 2009, 23 f.; SCHMID, ZBJV, 621 ff.; BGE 91 II 451; BK-FELLMANN, N 151 f.; zur Unterscheidung zwischen Herausgabepflicht und Rechenschaftspflicht vgl. BGE 139 III 54, wonach die Rechenschaftspflicht die Kontrolle der Tätigkeiten des Beauftragten ermöglichen soll und die Ablieferungspflicht die Einhaltung der Treuepflicht gem. Art. 398 Abs. 2 zu garantieren habe). Eine Rechenschaftspflicht kann auch über Kundenbesuche und -kontakte bestehen, obwohl diese (internen) Papiere grundsätzlich nicht der Ablieferungspflicht unterstehen (BGer, 15.10.2009, 5A_171/2009, E. 3.5).

11 Ablieferung meint **Sachleistung** mit **Erfolgshaftung** (im Gegensatz zur Ausführungsobligation). In der Regel liegt eine Gattungsschuld vor (v.a. bei Geld, Wertpapieren), ausser bei Liegenschaften und beweglichen Speziessachen. Forderungen sind zu zedieren bzw. zu retrozedieren (BGE 71 II 169). Die Ablieferungspflicht besteht für jede erhaltene Sache bzw. Geldsumme, nicht erst gesamthaft bei Auftragsbeendigung. Zur Ablieferung bei Treuhandverhältnissen BGE 112 III 97 = Pra 1987, 277 f.; zur Abgrenzung von Art. 401 vgl. BK-FELLMANN, N 148 ff.

12 Abzuliefern hat der Beauftragte alles, was ihm bei der Ausführung des Auftrags vom Auftraggeber (z.B. Vorschuss) oder von Dritten zugekommen und nicht bestimmungsgemäss verbraucht ist (allgemein zum Umfang der auftragsrechtlichen Aktenherausgabepflicht BGE 122 IV 322). Dazu gehören **Vermögenswerte** (z.B. Liberierungsbetrag für zu zeichnende Aktien: SJ 1960, 426 ff.; Inkassobeträge: RVJ 1979, 135; Bucheffekten: BGE 138 III 137, ZBJV 2014, 122 ff.; für Bemerkungen vgl. MAIZAR, GesKR 2012, 448 ff.) und **Dokumente** (z.B. Korrespondenz: RVJ 1989, 338; vgl. BGE 139 III 54 zu zusammengesetzten Vertrag mit kommissions- und darlehensrechtlicher Komponente und zur Frage, ob die Rechenschaftspflicht von Beauftragten gegenüber ihrem Auftraggeber über die Herausgabepflicht hinausgehen kann; in casu bejaht), die im Rahmen der Auftragsausführung erworben oder geschaffen worden sind (BGE 91 II 455; 78 II 379; SJZ 1986, 323; 1939/40, 240; ZR 1943, 10 f.: Erfindung; vgl. auch BK-FELLMANN, N 127 ff.; DERENDINGER, N 143 ff.) Unterliegen bestimmte Dokumente nicht der Herausgabepflicht, kann daraus nicht gefolgert werden, dass eine Rechenschaftspflicht automatisch ausscheidet (BGE 139 III 55 f. mit Verweisung auf ARTER/DAHORTSANG, AJP 2012, 1159). Um ihre Rechenschaftspflichten über die von ihr geführten Konti und Depots zu erfüllen, hat die Bank die Konto- und Depotauszüge dem Auftraggeber zu überlassen (BGE 139 III 58 f.; BGer, 18.3.2014, 4A_596/2013, E. 3.2).

Der Rechtsanwalt ist stets verpflichtet, ein Urteil, gegen das ein Rechtsmittel erhoben werden kann, an seinen Mandanten weiterzuleiten, auch wenn dessen Ergreifung als aussichtslos erscheint (KGer SG, 10.12.1990, GVP SG 1991, 85). Nicht herauszugeben sind hingegen vorbereitende Studien und interne Notizen, z.B. Aktennotizen (ZR 1981, 75 f.: Bank), Entwürfe, Materialsammlungen, die eigene Buchhaltung (SJ 1958, 520; vgl. zum Ganzen BGE 139 III 55; 122 IV 328), ebenso wenig wie die von der Kontrollstelle einer Aktiengesellschaft oder von sonst mit der Überprüfung, Bewertung und Erarbeitung von Bilanzierungsrichtlinien und Prüfung von Jahresabschlüssen einer Firma Beauftragten erstellten (mit dem Auftrag zusammenhängenden) «Arbeitspapiere» (KGer ZH, 14.12.1992, ZR 1994, 25 ff.).

13 Zur Ablieferungspflicht in **Arztverträgen** hat die Praxis folgende Richtlinien entwickelt: Während Röntgenbilder herauszugeben sind (SJZ 1986, 144 ff.), muss sich nach heutiger Mehrheitsauffassung der Patient bei Krankengeschichten i.d.R. mit der Vorlegung und Erläuterung begnügen (vgl. BJM 1986, 202 ff.; SJ 1948, 313 ff.; Page, Fardeau de la preuve ..., in: Tercier (Hrsg.), Aspects de droit médical 1987, 107, 109 ff.; BK-Fellmann, N 137 ff.). Um dieser Pflicht nachzukommen ist eine ausführliche, sorgfältige und vollständige Dokumentation der Behandlung geschuldet (BGer, 25.9.2008, 9C_567/2007). Grundsätzlich kann der Patient jedoch Kopien jener Passagen der Krankengeschichte zu Eigenkosten verlangen, über welche der Arzt aufzuklären hat (vgl. Borer-Benz, 54 m.Nw.); für eine Gesamtdarstellung der Lehrmeinungen zur Ablieferungspflicht im Arztvertrag vgl. Jetzer, ZBJV 2012, 319). Zur Herausgabe beim Kontokorrentverhältnis mit der Bank Guggenheim, Bankpraxis, 227 ff.; betreffend die Herausgabe- und Rechenschaftspflicht des unabhängigen Vermögensverwalters vgl. Jörg/Arter, ST 2004, 297 ff.

14 Die Frage der Ablieferungspflicht von **Retrozessionen** hat sich seit dem Entscheid BGE 132 III 460 erheblich intensiviert. Darin stellte das BGer fest, dass Retrozessionen, welche ein externer Vermögensverwalter vereinnahmt, wegen des *inneren Zusammenhangs* mit dem Auftragsverhältnis an den Kunden herauszugeben seien (BGE 132 III 464). Der Kunde könne zwar auf die Herausgabe der vereinnahmten Retrozessionen verzichten, aber nur dann, wenn er ausreichende Kenntnis über die tatsächlich angefallenen Retrozessionen habe (zur Bedeutung von BGE 132 III 460 im Bereich des Vertriebs von Anlagefonds durch Banken Nobel/Stirnimann, SZW 2007, 343 ff.; allgemein zum Einsatz strukturierter Produkte in der Vermögensverwaltung vgl. Schaller, recht 2012, 102 ff.). In der Folge stellte das HGer Zürich fest, nicht entscheiden zu wollen, wann ein Kunde als «vollständig und wahrheitsgetreu» informiert zu gelten habe (HGer ZH, 26.6.2007, ZR 2008, 129 ff.; krit. dazu Schären, AJP 2008, 1209 ff.). In BGE 137 III 393 äusserte sich das BGer dazu, welche konkreten Voraussetzungen für einen gültigen *Verzicht* auf Retrozessionen vorzuliegen hätten. Ein gültiger Vorausverzicht auf Retrozessionen sei nicht möglich, wenn keine Informationen betreffend Rückvergütung erfolgen (BGE 137 III 398); kenne der Kunde aber die Eckpfeiler, die zur Berechnung des Gesamtbetrages der Retrozessionen notwendig sind, sei ein Verzicht auf die Retrozessionen denkbar (BGE 137 III 396; BGer, 29.11.2011, 4A_427/2011, E. 4; vertiefend Iseli, Jusletter 2012, N 13 ff.). Ungeklärt war weiterhin, ob auch Retrozessionen von Konzerngesellschaften einer Herausgabepflicht unterstehen und ob sog. *Bestandespflegekommissionen*, welche indirekte Zahlungen darstellen, ebenfalls als Retrozessionen zu qualifizieren seien. Das BGer hat beide Fragen positiv beantwortet (BGE 138 III 755; mit Bemerkungen dazu Neuman/von der Crone, SZW 2013, 105 ff.; Kuhn, ZBJV 2013, 446 ff.; Schären, GesKR 2013, 130 ff.; Nobel, Jusletter 2012, N 7 ff.; zu Einzelfragen Preisig, Jusletter 2013, N 5 ff.). Bei Bestandespflegekommissionen sind Interessenkonflikte anzunehmen, unabhängig von der Tatsache, ob sie von einer externen oder internen Gesellschaft stammen (vgl. zum Interessenkonflikt bei der Ablieferung von Retrozessionen Emmenegger/Schmid, 221 f.; Roth, ZBJV 2010, 530 ff.), soweit dadurch nicht gemäss Abrede die Generalunkosten des Beauftragten gedeckt werden sollen. Bei Mengenrabatten ist eine Weiterleitung pro rata an den Auftraggeber geboten. Angesichts der Fremdnützigkeit des Auftrags sind Schmiergelder abzuliefern (Hofstetter J., SPR VII/6, 120 f. und SPR VII/2/1, 109 m.Nw.; BK-Fellmann, N *128, 132). Mit BGE 138 III 755* bestätigt das BGer seine Rsp. zur Ablieferung von Retrozessionen, was zur Anhebung der Rechtssicherheit führt (Neuman/von der Crone, SZW 2013, 112).

14a Die erläuterten Entscheide beziehen sich lediglich auf Retrozessionen im Rahmen von Vermögensverwaltungsverträgen; ob sie auch auf *Anlageberatungsverträge* anzuwenden ist, muss m.E. fallweise entschieden werden. Liegt ein Anlageberatungsvertrag vor, trifft der Kunde die Entscheide über die auszuführenden Transaktionen selber; hingegen führt der Vermögensverwalter die Transaktionen im Rahmen der vereinbarten Strategie sowie der Sorgfalts- und Treuepflicht selbst aus (BGer, 3.2.2012, 4A_525/2011, E. 3.1; 3.11.2011, 4A_274/2011, E. 6.3; 22.6.2011, 4A_90/2011, E. 2.2.1; 26.2.2009, 4A_521/2008, E. 5.1). Besteht zwischen einem Anlageberatungsvertrag und vereinnahmten Retrozessionen des Auftragnehmers ein innerer Zusammenhang und damit ein potentieller Interessenkonflikt, ist eine Herausgabepflicht anzunehmen (vgl. dazu BGer, 29.11.2011, 4A_427/2011, wonach es sich wohl um eine Art Anlageberatungsvertrag handelte [ROTH, Jusletter 2013, N 58]; zudem HGer ZH, 23.5.2011, HG090087–0; ZELLWEGER-GUTKNECHT, 233 f.; für die Rechenschaftspflicht HGer ZH, 19.5.2011, HG090121–0; wohl **a.M.** KUNZ, recht 2013, 295 f.). Bei *Execution-only-Beziehungen*, welche ein reines Konto-Depot-Verhältnis darstellen, könnte das Auftragsrecht kraft der Verweisung im Kommissionsrecht (Art. 425 Abs. 2) zur Anwendung kommen; ist dies der Fall, muss ein innerer Zusammenhang zwischen Kunde und Berater (und damit die Gefahr eines Interessenkonfliktes) abgelehnt werden, weshalb eine Anwendung der Rsp. des BGer nicht sachgerecht ist (wohl auch KUHN, ZBJV 2013, 452; ROTH, Jusletter 2013, N 51). Ferner bleibt unklar, wann die Verjährung von Retrozessionen beginnt und wie lange diese dauert (vgl. eingehend KUHN/LUGINBÜHL, AJP 2014, 977 ff.; ROMERIO/BAZZANI, GesKR 2013, 49 ff.; MATHYS/ROBERTO, N 4 ff.; SCHALLER, Jusletter 2013, N 3 ff.; BÄNNINGER, Jusletter 2013, N 3 ff.; Art. 127 N 9; Art. 130 N 15a). Eine Herausgabepflicht von Kommissionen und Provisionen ist wohl auch in anderen Branchen denkbar (vgl. dazu ROBERTO, ZSR 2009, 40 ff.; KUHN, ZBJV 2013, 456 ff.).

2. *Modalitäten*

15 Die Ablieferungspflicht wird mit dem Erwerb durch den Beauftragten **sofort fällig** (BK-FELLMANN, N 160; zur Belastung im Checkverkehr SJZ 1990, 233 ff.); einer Mahnung durch den Auftraggeber, der im Übrigen diesen Zeitpunkt oft nicht kennt, bedarf es nicht. Der Beauftragte muss immer ablieferungsbereit und -fähig sein; von der Fälligkeit des Anspruchs an trägt der Beauftragte die *Gefahr* der *Sache* (Art. 103). Bei anderen Ablieferungsgegenständen als Geld (bewegliche und unbewegliche Sachen) ist immerhin eine angemessene Frist zur Leistung zu veranschlagen (Art. 107). Mangels einer Sonderregelung im Auftragsrecht ergibt sich der Ablieferungsort aus Art. 74.

16 Für jeden Rückstand mit der Ablieferung von Geldern ist der Beauftragte auch ohne Mahnung gemäss der ausdrücklichen Anordnung von Abs. 2 **zinspflichtig** (Rep 1971, 306; VON TUHR/ESCHER, 140 FN 46; BK-FELLMANN, N 162, 166; unklar die Inverzugsetzung in BGE 94 II 314, 319 = Pra 1969, 402 f.). Dogmatisch regeln Abs. 2 und Art. 401 die Folgen der Nichterfüllung der Ablieferungspflicht: Auf Geldschulden sind Zinsen zu bezahlen; im Rechtshandlungsauftrag gehen bei Erfüllung der Auftraggeberpflichten die Forderungen kraft Legalzession über. Die in Abs. 2 angeordneten Zinsen betragen – ohne jährliche Kapitalisierung – 5% gem. Art. 104 (Rep 1978, 303 f.).

17 Die Ablieferung kann nicht von gewissen Bedingungen (z.B. Déchargeerteilung) abhängig gemacht werden (BGE 78 II 378; zur Verrechnung/Retention N 18 f.). Der Beauftragte ist jedoch berechtigt, für sich Fotokopien von Dokumenten herzustellen.

3. *Gegenansprüche des Beauftragten*

18 Sofern auch dem Beauftragten Ansprüche zustehen (z.B. Honorar, Verwendungs-, Schadenersatz), hat er das Recht, gegenseitige Geldforderungen zu verrechnen (BGE 81 II 365; ZR 1987, 33 ff.). Abzuliefern ist diesfalls der geschuldete Saldo. Der Klient kann z.B. seine Schadenersatzansprüche mit den Honorarforderungen seines Rechtsvertreters, im Falle der Verletzung der anwaltlichen Sorgfaltspflicht verrechnen (OGer ZH, 9.4.1996, NZZ Nr. 82 vom 9.4.1996, S. 52; vgl. auch Art. 394 N 43).

19 Zur Sicherung seiner Ansprüche hat der Beauftragte ein **Retentionsrecht** bzw. ein obligatorisches Zurückbehaltungsrecht an den herauszugebenden Vermögenswerten (BGE 94 II 267 ff.; 78 II 378; Rep 1961, 109 ff.; BK-FELLMANN, N 186 ff.). Kein Retentionsrecht besteht an Urkunden, die nicht verwertbar sind (BGE 78 II 379; RVJ 1989, 338; ZBJV 1945, 269 f., Baupläne; BGE 122 IV 322, 327 ff.; SJ 1999, 14 ff. = AJP 1999, 325; RVJ 1992, 268, Anwaltsakten; SJ 1948, 313 ff., Krankengeschichte; SCHMID, 292 ff.; BUCHER, BT, 231); zu den Grenzen des Zurückbehaltungsrechts BK-FELLMANN, N 194 ff.

IV. Sonderfragen

20 Die Rechenschaftsablegungs- und Ablieferungspflicht wird (spätestens) durch die **Auftragsbeendigung aktualisiert** (Art. 404 N 15) und überdauert – sofern verlangt (Art. 400 N 2) – die Ausführungsobligation (vgl. BGE 101 II 120; SJZ 1955, 189 f. betr. Rechenschaftsablegung des Verwaltungsrates nach Déchargeerteilung durch Generalversammlung; zur Rechenschaftspflicht des Vermögensverwalters nach Auftragsbeendigung SCHALLER, SZW 2010, 288 f.). Hingegen besteht nach endgültiger Erbteilung keine Pflicht mehr zur Rechenschaftsablegung (Rep 1960, 52. CR CO I-WERRO, Art. 400 N 9; **a.A.** BK-FELLMANN, N 105).

21 Weil die Rechenschaftsablegung eine (primäre) Nebenpflicht ist, erweist sich ein Verzicht darauf im voraus (entgegen ZR 1939, 330) als problematisch (vgl. BGE 82 II 558; GUHL/KOLLER/SCHNYDER/DRUEY, 533; BK-FELLMANN, N 58: ein genereller Verzicht verstösst gegen die «guten Sitten» und ist daher nichtig); die Einschränkung, es dürfe sich nicht nachträglich herausstellen, dass der Beauftragte vertrauensunwürdig gehandelt habe, ist nicht justiziabel. Die Ablieferungspflicht ist nach Rsp. des BGer nicht zwingender Natur, doch muss der Auftraggeber bei einem Verzicht auf die Ablieferung zukünftiger Ablieferungsansprüche über diese wahrheitstreu informiert sein (zu «Retrozessionen» BGE 137 III 396; dazu THÉVENOZ/EMMENEGGER, SZW 2010, 316; BGE 132 III 465; dazu SCHMID, ZBJV 2010, 621 ff.; KILGUS/KUHN, Jusletter 2006; HSU/STUPP, GesKR 2006, 202 ff.; BGer, 19.11.2011, 4A_427/2011, E. 4); ferner EMCH/RENZ/ARPAGAUS, Rz 1875; vgl. auch CR CO I-WERRO, Art. 400 N 20).

22 Die Rechenschaftsablegungs- und Ablieferungsansprüche sind abtretbar sowie aktiv und passiv vererblich (im Einzelnen BK-FELLMANN, N 106, 153, 211 f.; für den Übergang der vertraglichen Auskunftsrechte an die Erben und für das Verhältnis zum Bankgeheimnis vgl. BGE 133 III 664; vgl. auch FELBER, Rz 3). Zur Übertragung des Urheberrechts gestützt auf die Rechenschafts- und Erstattungspflicht vgl. BIELER 166 f.; Weisungen des Erblassers an die Bank, bei seinem Tod den Erben Auskünfte über vermögensrechtliche Dispositionen zu verweigern, sind nicht zu beachten (HGer ZH, 30.6.2009, ZR 2010, 145). Das Anwaltsgeheimnis kann jedoch dem Anspruch auf Rechenschaftsablegung an die Erben entgegengehalten werden, weil das Anwaltsgeheimnis dem Auftragsrecht vorgeht (BGE 135 III 597; dazu DORJEE-GOOD, successio 2010, 304 f.). Die Erben sukzedieren kein vertragliches Auskunftsrecht gegenüber der Bank vom wirtschaftlich Berechtigten, weil dieser über keine vertraglichen Beziehungen zur Bank verfügte (BGE 136 III 461).

23 Die Forderung auf Rechenschaftsablegung verjährt in zehn Jahren, gerechnet ab Beendigung des Auftragsverhältnisses (BGer, 18.4.2006, 5C.305/2005; ZR 1981, 77).

24 Der Ablieferungsanspruch verjährt zehn Jahre nach Erfüllung bzw. nach Beendigung des Auftrags (BGer, SJ 1989, 232; BGE 91 II 451 [auch zur Beweislastverteilung]; 81 II 365 f.; BJM 1972, 138). Vorbehalten bleibt der unverjährbare Vindikationsanspruch (BGE 48 II 46 f.). Geht die abzuliefernde Speziessache unter, wird der Beauftragte befreit (RJN 1983, 42 ff.).

Die Ablieferungspflicht begründet einen Anspruch des Auftraggebers aus Bundeszivilrecht (BGE 82 II 567). Die Klage geht i.d.R. auf Zahlung oder Herausgabe (BK-Fellmann, N 88); als Nebenleistungspflicht ist die Forderung auf Rechenschaftsablegung selbständig klagbar (Guldener, 167), vollstreckbar aber nur auf dem Wege des indirekten Zwangs (Extraits 1983, 34; Merz, SPR VI/1, 255). 25

Art. 401

4. Übergang der erworbenen Rechte

[1] Hat der Beauftragte für Rechnung des Auftraggebers in eigenem Namen Forderungsrechte gegen Dritte erworben, so gehen sie auf den Auftraggeber über, sobald dieser seinerseits allen Verbindlichkeiten aus dem Auftragsverhältnisse nachgekommen ist.

[2] Dieses gilt auch gegenüber der Masse, wenn der Beauftragte in Konkurs gefallen ist.

[3] Ebenso kann der Auftraggeber im Konkurse des Beauftragten, unter Vorbehalt der Retentionsrechte desselben, die beweglichen Sachen herausverlangen, die dieser in eigenem Namen, aber für Rechnung des Auftraggebers zu Eigentum erworben hat.

4. Transfert des droits acquis par le mandataire

[1] Lorsque le mandataire acquiert en son propre nom, pour le compte du mandant, des créances contre des tiers, ces créances deviennent la propriété du mandant dès que celui-ci a satisfait, de son côté, à ses diverses obligations envers le mandataire.

[2] Le mandant peut faire valoir le même droit contre la masse du mandataire, si ce dernier tombe en faillite.

[3] Le mandant peut, de même, revendiquer dans la faillite du mandataire les objets mobiliers acquis par ce dernier en son propre nom, mais pour le compte du mandant; sauf à la masse à exercer le droit de rétention qui appartiendrait au mandataire.

4. Trasmissione dei diritti acquistati

[1] I crediti, che il mandatario abbia acquistato verso i terzi in nome proprio per conto del mandante, passano al mandate stesso tostoché questi abbia dal canto suo adempiuto a tutte le obbligazioni derivanti dal mandato.

[2] Ciò vale anche di fronte alla massa, se il mandatario sia caduto in fallimento.

[3] Parimente il mandante può rivendicare, nel caso di fallimento del mandatario, le cose mobili di cui questi acquistò la proprietà in nome proprio, ma per conto del mandante, riservati i diritti di ritenzione del mandatario, che competono alla massa.

Literatur

Beilstein, Die Beziehungen zwischen SchKG 201, 202 und OR 401, Diss. Zürich 1977; Bertschinger, Für eine Neuorientierung bei der Aussonderung im Konkurs des Beauftragten, AJP 1993, 1440 ff.; Cuendet, Les rapports fiduciaires dans la jurisprudence suisse, ST 1992, 130 ff., 187 ff., 361 ff.; Droin, Acte fiduciare et représentation indirecte, SJZ 1959, 137 ff.; Gautschi, Eigentumsverhältnisse am Treuhandvermögen, SJZ 1967, 5 ff. (zit. SJZ 1967); ders., Subrogation und Aussonderung von beweglichem Treuhandvermögen, SJZ 1976, 317 ff. (zit. SJZ 1976); Heini, Der treuhänderische Gesellschafter und Art. 401 OR, in: FS 150 Jahre Obergericht Luzern, Bern 1991, 187 ff.; Merz, Legalzession und Aussonderungsrecht gem. Art. 401 OR, in: FS 100 Jahre Schweizerisches Bundesgericht, Basel 1975, 451 ff. (zit. FS Bundesgericht); Müller, Das Treuhandverhältnis unter Berücksichtigung aktueller Fragen aus dem Sachen- und Zwangs*vollstreckungs*recht, ZBGR 1974, 257 ff.; Thévenoz, La fiducie, cendrillon du droit suisse, ZSR 1995, 253, 276 ff.; Zobl/Kramer, Schweizerisches Kapitalmarktrecht, Zürich 2004; vgl. die Literaturhinweise bei den Vorbem. zu Art. 394–406.

I. Allgemeines

1 Als letzte Bestimmung zu den Pflichten des Beauftragten befasst sich Art. 401 mit dem Übergang der erworbenen Rechte (zur Entstehungsgeschichte BK-Fellmann, N 4 ff.). Die gesetzlichen Anordnungen sind zugeschnitten auf Rechtshandlungsaufträge, in denen der Beauftragte als indirekter Stellvertreter auftritt. Inhaltlich will Art. 401 aus Billigkeitsgründen in Abweichung von einer strengen Durchführung des Rechts der indirekten Stellvertretung eine Annäherung an die direkte Stellvertretung verwirklichen (Weber, 109; Schulin/Vogt, BT, Tafel J 3A/B). Art. 401 als eine weit über das Auftragsrecht hinausgehende Norm des Stellvertretungsrechts würde an sich in den AT des OR gehören.

2 Allgemeinen Rechtsprinzipien entspricht, auf die formale Rechtsträgerschaft abzustellen, ungeachtet dessen, ob dem Dritten die wirtschaftliche Eigentümerschaft bekannt ist oder nicht (vgl. Art. 394 N 14), und den gutgläubigen Dritten zu schützen. Die von Art. 401 getroffene Sonderregelung bewirkt – als Privilegierung des Auftraggebers im Zwangsvollstreckungsrecht – nun (vgl. Hofstetter J., SPR VII/6, 133 und SPR VII/2/1, 122), dass Forderungen, die der Beauftragte bei der Auftragsausführung erworben hat, durch Legalzession (Subrogation) mit der Erfüllung seiner Verbindlichkeiten auf den Auftraggeber übergehen (Abs. 1), dass diese Subrogation selbst im Konkurs des Beauftragten stattfindet (Abs. 2) und dass der Auftraggeber ein irreguläres Aussonderungsrecht an beweglichen Sachen und individualisiertem Geld im Konkurs des Beauftragen hat (Abs. 3). Abs. 1 bewirkt eine Einzelrechtsnachfolge in eine Forderung ohne Vornahme einer Zession, Abs. 2 und 3 weichen vom Grundsatz ab, dass der Konkurs eine Gesamtvollstreckung darstellt und die Gläubiger (im Rahmen der Klassen von Art. 219 SchKG) gleich zu behandeln sind.

3 Art. 401 regelt die spezifische Wirkung der Ablieferungsobligation bei Auftragsausführung in indirekter Stellvertretung (zu den abweichenden Regelungen in den Nachbarländern BK-Fellmann, N 3). Anstatt auf die formalrechtliche Zuordnung des Rechtsgutes an den Beauftragten wird auf die eigentliche wirtschaftliche Zuordnung abgestellt. Art. 401 gilt für kurzfristiges Durchgangseigentum wie für längerwährende fiduziarische Rechtsträgerschaft (N 4). Weil Art. 401 die grundlegenden juristischen Unterschiede zwischen der direkten und der indirekten Stellvertretung überbrückt, wird das Risiko des Auftraggebers gemindert, das ihm aus der Rechtsgeschäftsabwicklung durch den Beauftragten entsteht (vgl. BGE 108 II 118 = Pra 1982, 449 ff.; Weber, 109).

II. Anwendungsbereich und Gegenstand

1. Anwendungsbereich

4 Art. 401 findet Anwendung, wenn der Geschäftsführer in einer **Rechtsgeschäftsbesorgung** im eigenen Namen für fremde Rechnung Vermögensrechte erwirbt, z.B. als Einkaufskommissionär (Art. 425), Spediteur (Art. 439), geschäftsführender Gesellschafter (Art. 543 Abs. 1). Ob ein Geschäft für fremde Rechnung getätigt wird, beurteilt sich nach dem Parteiwillen (BGE 122 III 367). In den Genuss der Regelung von Art. 401 kommt nach h.L. sowohl der *(normale) Auftraggeber* bei indirekter Stellvertretung wie auch der *Fiduziant* in Treuhandverhältnissen (Hofstetter J., SPR VII/6, 136 und SPR VII/2/1, 124 f. m.Nw.; BK-Fellmann, N 31 ff.; BGE 99 II 393; generelle Anwendbarkeit von Art. 401 auf Treuhandverhältnisse bestätigt in BGE 130 III 312; dazu Wiegand, ZBJV 2008, 618 ff.). Die Interessenlage ist zwar bei der Treuhand nicht deckungsgleich wie bei der kurzfristigen indirekten Stellvertretung (vgl. zutreffend Heini, 188 ff.), doch erscheint eine analoge Anwendung von Art. 401 als sachgerecht (Weber, AJP 1992, 183). Materiell ist auf die Wirkung der indirekten Stellvertretung abzustellen, weshalb als interne Rechtsbeziehung auch ein Arbeitsvertrag, die Sicherheitsfiduzia, ein Arbeitsleistungsvertrag sui generis, ein Hinterlegungsvertrag oder ein gemischter Vertrag in Frage kommt (Hofstetter J., SPR VII/6, 136 und SPR VII/2/1, 125).

Keine Anwendung findet Art. 401 auf eine Klage auf Herausgabe von Titeln nach der Zeichnung von Obligationen, die von einem Bankensyndikat, zu dem die Bank des klagenden Kunden gehört, fest übernommen worden sind (BGE 112 II 446); die Rsp. hat die Anwendbarkeit ebenfalls verneint in Verhältnissen, in denen die volle Rechtsmacht bis zur Beendigung der fiducia beim Treuhänder verbleiben soll (BGE 117 II 430), bei der fiduziarischen Gründung einer AG (BGE 115 II 470) und bei Fehlen eines gültigen Übertragungsgrundes im Rahmen eines Akkreditivgeschäfts (BGE 114 II 50).

Gemäss Gesetzeswortlaut fallen nur diejenigen Forderungen und beweglichen **Sachen** unter das Aussonderungsrecht, die der Beauftragte von Dritten erworben hat, nicht aber diejenigen, die ihm der **Auftraggeber übertragen** hat (so schon unpubl. BGE vom 8.7.1980, zit. bei NOBEL, Praxis zum öffentlichen und privaten Bankenrecht der Schweiz, Ergänzungsband, 1984, 205 und grundlegend BGE 117 II 429). Gegen eine wörtliche Auslegung sprechen indessen sachliche Gründe (keine innere Rechtfertigung der Ungleichbehandlung je nach «Herkunft» der Vermögenswerte) und ein Blick auf verwandte Rechtsnormen, die keine mit Art. 401 deckungsgleiche Lösung vorsehen (Absonderung auch von Werten des Anspruchsberechtigten gem. Art. 201 SchKG, Art. 37d i.V.m. Art. 16 BankG (Bank), Art. 35 KAG (Fondsleitung), Art. 36a BEHG (Effektenhändler), Art. 17 f. BEG (Verwahrungsstelle); HOFSTETTER J., SPR VII/6, 138 und SPR VII/2/1, 126; HEINI, 192; HONSELL, OR BT, 333 f., 364; HONSELL, recht 1993, 73 ff.; GUTZWILLER, Diss., 86; BSK SchKG II-RUSSENBERGER, Art. 242 N 23; ZOBL/KRAMER, N 753; **a.A.** MERZ, FS Bundesgericht, 464; GUGGENHEIM, Bankpraxis, 263 f.; BK-FELLMANN, N 36, 116). 5

Art. 401 OR und Art. 201 SchKG schliessen sich als ergänzende Normen gegenseitig nicht aus (BEILSTEIN, passim). Die Legalzession und das Aussonderungsrecht sind über den Wortlaut von Art. 401 hinaus nicht nur im Falle des Konkurses, sondern auch bei Pfändung, Arrest und Nachlassvertrag anwendbar (BGE 122 III 364; 99 II 369; BK-FELLMANN, N 134). Legalzessions- und Aussonderungsrechte lassen sich als Nebenrechte des Ablieferungsanspruches nicht gesondert abtreten, doch gehen sie mit einer Zession automatisch über (BK-FELLMANN, N 151). 6

2. *Gegenstand*

Gegenstand der Legalzession sind **Forderungen** (dazu im Einzelnen BK-FELLMANN, N 16 ff.), Gegenstand des Aussonderungsrechts **bewegliche Sachen**, nicht aber Grundstücke, weil die Interessen des Auftraggebers vor dem öffentlichen Glauben des Grundbuchs zurückzutreten haben (ZR 1978, 125; 1970, 71; BK-FELLMANN, N 103; HOFSTETTER J., SPR VII/6, 139 und SPR VII/2/1, 126 f. m.Nw.). Die Konkursmasse des Fiduziars kann aber die Ausführung eines fiduziarischen Liegenschaftserwerbsauftrags übernehmen (BGE 64 II 227). Nach dem schuldrechtlichen Erwerb, aber vor dem Eintrag des Grundstücks im Grundbuch geht im Falle des Konkurses des Beauftragten der obligatorische Anspruch auf das Grundstück kraft Legalzession auf den Auftraggeber über (Abs. 2; unklar BGE 64 II 226). Aussonderungsfähig sind auch die von Substituten erworbenen beweglichen Vermögenswerte (Art. 399 Abs. 3). Bewegliche Sachen (inkl. Wertpapiere), die Gegenstand der Ablieferungspflicht von Art. 400 sein können, sind durch Besitzesübergabe auszusondern, Forderungsrechte gehen durch Legalzession über. 7

Die ältere Lehre hat dafür gehalten, dass **Mitgliedschaftsrechte** nicht Gegenstand der Legalzession sein können; für diese Auffassung sprechen der Wortlaut von Art. 401 (Forderungsrechte) und die Gesetzesmaterialien (vgl. HEINI, 192). Ob eine solche Beschränkung der Legalzession auf einzelne Vermögensrechte teleologisch betrachtet sachgerecht ist, erscheint jedoch als zweifelhaft (vgl. BGE 115 II 472; BÄR, ZBJV 1991, 271; WEBER, AJP 1992, 181 f.; BK-FELLMANN, N 22; **a.A.** HEINI, 194 f.); in BGE 124 III 352 wird nun ausdrücklich festgehalten, dass die Legalzession gem. Art. 401 Abs. 1 auch gesellschaftsrechtliche Mitwir- 8 kungsrechte umfasst (zuvor schon BGE 123 IV 139). Zur Frage der Aussonderung eines fiduziarisch übertragenen Patentes vgl. BGE 117 II 430.

III. Legalzession

9 Die Legalzession ist dogmatisch eine **Einzelrechtsnachfolge** ohne Zessionsurkunde (vgl. SCHULIN/VOGT, BT, Tafel J 4B). Sind die Voraussetzungen erfüllt, führt Art. 401 zum sofortigen Rechtsübergang, der Auftraggeber braucht nicht gem. Art. 400 einen Ablieferungsanspruch mit dem Risiko einer zwischenzeitlichen Drittzession durch den Beauftragten geltend zu machen. Der gesetzliche Übergang lässt sich aber vertraglich durch eine Treuhandabrede modifizieren (BK-FELLMANN, N 65). Für nähere Ausführungen zur Übertragung des Urheberrechts durch Legalzession vgl. BIELER, 168 f.

10 Voraussetzung der Legalzession ist die Erfüllung der Verbindlichkeiten durch den Auftraggeber, d.h. die **Leistung des Auslagen- und Verwendungsersatzes**, die Befreiung von eingegangenen Verbindlichkeiten, die Bezahlung eines etwaigen Schadenersatzes sowie Entgelts (Abs. 1; BGE 102 II 301; 67 II 229; ZR 1988, 77). Die Subrogation setzt weiter voraus, dass der Beauftragte die Forderungen in ordentlicher Ausführung und in Erfüllung seines Auftrags im eigenen Namen auf Rechnung des Auftraggebers erworben hat (BGE 102 II 109 = Pra 1976, 629). Die Subrogation tritt für den anerkannten Nettosaldo ein; sind die gegenseitigen Forderungen streitig, muss der Auftraggeber allenfalls hinterlegen, um die Subrogation zu bewirken (BK-FELLMANN, N 46 ff.). Bei einem auf längere Dauer vereinbarten Treuhandverhältnis gehen die Forderungen spätestens mit dessen Beendigung über (vgl. BGE 115 II 468).

11 Der Auftraggeber erwirbt die Forderungen des Beauftragten gegen den Dritten wie sie bestehen, d.h. mit allen Vorzugs- und Nebenrechten sowie **Einreden behaftet**, die der Dritte dem Beauftragten entgegenhalten könnte, insb. der Verrechnungseinrede (BGE 130 III 316; 99 II 339; BGer, SAG 1981, 67 ff.; BK-FELLMANN, N 60; BUCHER, BT, 234). Zur Wirkung der Legalzession gegenüber dem Dritten bedarf es einer Notifikation, um eine anderweitige Leistung mit befreiender Wirkung zu vermeiden (BK-FELLMANN, N 71).

IV. Im Konkurs

1. Individualisierte Sachen und Forderungen

12 Abs. 2 und 3 enthalten Schutzregeln für den Fall des Konkurses des Beauftragten. Gemäss Abs. 2 gilt für Forderungen auch im Konkurs die Regelung nach Abs. 1, somit kommt es ebenso zu einer Legalzession (vgl. N 9 ff.; ferner BK-FELLMANN, N 92 ff.). Bei beweglichen Sachen ist hingegen ein Aussonderungsanspruch gem. Abs. 3 geltend zu machen, doch gelangen entsprechende Voraussetzungen zur Anwendung. Der Aussonderungsanspruch ist im Konkurs anzumelden: Hält die Konkursmasse den Aussonderungsanspruch für unbegründet, wird Frist zur Klageeinleitung angesetzt (Art. 242 Abs. 2 SchKG); ein allfällig fehlender Verwendungsersatz ist dem Auftraggeber mitzuteilen (BGE 87 III 22). Das Auftragsverhältnis ist vom Auftraggeber zu beweisen (ZR 1988, 77; 1976, 64; SJZ 1985, 97); zu verfahrensrechtlichen Fragen BK-FELLMANN, N 122 ff. Besonderheiten gelten im Banken-und kollektiven Anlagebereich (vgl. N 5).

13 Die Legalzession von Forderungen bzw. die Aussonderung von beweglichen Sachen (vgl. N 7) setzt voraus, dass eine ausreichende **Individualisierung** vorliegt (BGE 127 III 275; 108 II 121 = Pra 1982, 450) und der in Konkurs fallende Beauftragte den Rechtserwerb in richtiger Auftragsausführung im eigenen Namen auf fremde Rechnung getätigt hat (aus der neueren Rsp. BGE 112 III 96 = Pra 1987, 276 f.; 112 II 446 = Pra 1988, 245 ff.; 108 II 118 = Pra 1982, 449 ff.). In Abweichung von der recht strengen Praxis zur Individualisierung wird neuerdings postuliert, es genüge die Bestimmbarkeit der auszusondernden Werte (vgl. BERT-

SCHINGER, AJP 1993, 1442 ff.). Der Aussonderungsanspruch ist ein obligatorischer Anspruch, es findet kein Eigentumsübergang von Gesetzes wegen statt.

2. Geld

a) Im Gegensatz zu den beweglichen Sachen ist Geld per se noch nicht individualisiert. Erhält deshalb der Beauftragte einen Vorschuss des Auftraggebers oder eine Zahlung von einem Dritten für Rechnung des Auftraggebers und wird hernach der Konkurs über ihn eröffnet, fällt das Geld in die Konkursmasse. Der Auftraggeber verfügt grundsätzlich nur über eine Forderung in der dritten (aSchKG fünften) Klasse gem. Art. 219 Abs. 4 SchKG. Bei Geld gibt es mithin wegen der Vermischung mit dem Vermögen des Beauftragten grundsätzlich keine Aussonderung (BGE 102 II 107 = Pra 1976, 627 f.; 102 II 303; 99 II 398 = Pra 1974, 365; 87 III 23; ZR 1979, 200 f.; BJM 1982, 83 ff.), ausser wenn das «Geld» des Auftraggebers vom **«Geld»** des Beauftragten ausreichend individualisiert und **«getrennt»** (segregiert) ist. **14**

b) Die Rsp. hat (mit Ausnahme des Vallugano-Falles, BGE 99 II 393 = Pra 1974, 362 ff.) die Voraussetzungen, welche an die Individualisierung des Aussonderungsgutes gestellt werden, bisher meist **restriktiv** formuliert (vgl. BGer, SJ 1990, 638 f.): **15**

Eine Aussonderung ist denkbar, wenn der Beauftragte das Geld sofort (unmittelbar) **gesondert aufbewahrt** (zu den Beweisanforderungen ZR 1976, 62 ff.) oder es sofort (unmittelbar) auf ein ausschliesslich für diesen Zweck begründetes Konto bei einem Dritten überweist (zur Begründung des Sonderkontos nach Erhalt der Gutschriftsanzeige vgl. BGE 102 II 103 = Pra 1976, 626 f.); die Aussonderung wird als Spezialfall auch bewilligt, wenn die Ausleihungen an Dritte nur für kurze Zeit («Zwischenstation») erfolgen und sofort wieder auf einem (nicht zwingend auf den Namen des Auftraggebers lautenden) *Sonderkonto* gutgeschrieben werden (besondere Zweckbestimmung, vgl. BGE 102 II 303; 99 II 398 = Pra 1974, 364 f.; BJM 1982, 83 f.). An die Voraussetzung der Bestimmtheit und der Individualisierbarkeit des Aussonderungsgutes sind strenge Anforderungen zu stellen (HOFSTETTER J., SPR VII/6, 141 und SPR VII/2/1, 129; BK-FELLMANN, N 108 f.; MERZ, 464; relativierend BERTSCHINGER, AJP 1993, 1442 ff.). Neben der völligen Kontotrennung spricht für die Individualisierungsabsicht der Vertragsparteien, wenn der Beauftragte keine Transaktionen im eigenen Ermessen ausführen darf (WEBER, Praxis, 121). **16**

Keine genügende Individualisierung von dem Auftraggeber zustehenden Geldern liegt vor, wenn der Beauftragte beliebig darüber verfügen kann (BGE 102 II 304) oder wenn kein genügender Auftrag für ein Sperrkonto vorliegt (vgl. BGE 102 II 109 = Pra 1976, 628 f. [problematisch, weil die Treuepflicht des Beauftragten evtl. die Einrichtung eines solchen gebieten würde]). Ebenso *genügt* eine *getrennte Buchhaltung nicht*, zumal wenn Gelder mehrerer Auftraggeber auf dem Konto liegen (BGE 102 II 110 = Pra 1976, 628 f.; ZR 1984, 210 ff.; zurückhaltender HOFSTETTER J., SPR VII/6, 141 und SPR VII/2/1, 129). Weiter zu beachten ist der Vorbehalt des *Schutzes gutgläubiger Dritter*: Keine Aussonderung ist möglich, wenn der Beauftragte die übergebenen Vermögenswerte offenkundig dazu verwendet, eine erhöhte Kreditwürdigkeit vorzuspiegeln (BGE 99 II 400 = Pra 1974, 366 f.; 78 II 455; MERZ, ZBJV 1975, 115; HOFSTETTER J., SPR VII/6, 142 und SPR VII/2/1, 130). Eine Aussonderung ist auch nicht gerechtfertigt, wenn die Forderung des Dritten auf einem vom Beauftragten in richtiger Ausführung getätigten Geschäft beruht, weil der Auftraggeber für dessen Verbindlichkeiten gem. Art. 402 Abs. 1 einzustehen hat (MERZ, 464). **17**

c) Bei treuhändisch gehaltenen Geldern ist zu beachten, dass aus steuerrechtlichen Gründen ein schriftlicher Treuhandvertrag abgeschlossen werden und der Treunehmer (Beauftragter) eine gesetzlich vorgeschriebene minimale Treuhandkommission verlangen muss (vgl. Merkblatt der Eidgenössischen Steuerverwaltung über Treuhandverhältnisse vom Oktober 1967). **18**

Art. 402

III. Verpflichtungen des Auftraggebers

[1] Der Auftraggeber ist schuldig, dem Beauftragten die Auslagen und Verwendungen, die dieser in richtiger Ausführung des Auftrages gemacht hat, samt Zinsen zu ersetzen und ihn von den eingegangenen Verbindlichkeiten zu befreien.

[2] Er haftet dem Beauftragten für den aus dem Auftrage erwachsenen Schaden, soweit er nicht zu beweisen vermag, dass der Schaden ohne sein Verschulden entstanden ist.

III. Obligations du mandant

[1] Le mandant doit rembourser au mandataire, en principal et intérêts, les avances et frais que celui-ci a faits pour l'exécution régulière du mandat, et le libérer des obligations par lui contractées.

[2] Il doit aussi l'indemniser du dommage causé par l'exécution du mandat, s'il ne prouve que ce dommage est survenu sans sa faute.

III. Obblighi del mandante

[1] Il mandante deve rimborsare al mandatario, coi relativi interessi, le anticipazioni e le spese che questi ha fatto per la regolare esecuzione del mandato e liberarlo dalle assunte obbligazioni.

[2] È inoltre responsabile verso il mandatario del danno proveniente dal mandato, quando non possa provare che esso avvenne senza colpa da parte sua.

Literatur

Gauch, Bauernhilfe: Drei Fälle und wie das BGer dazu kam, die Schadenersatzregel des Art. 422 Abs. 1 OR auf den Auftrag und die Gefälligkeit anzuwenden, in: Schmid/Seiler (Hrsg.), FS für Paul Richli, Zürich 2006, 191 ff. (zit. FS Richli); Kaden, Des pertes fortuites du mandataire, in: FS Sauser-Hall, Neuchâtel 1952, 19 ff.; Schönle, Missbrauch von Akkreditiven und Bankgarantien, SJZ 1983, 53 ff., 73 ff.; von Tuhr, Actio de in rem verso, Freiburg i.Br. 1895; Werro, Le mandat et ses effets, Fribourg 1993; Wiegand, Gefälligkeitshandlungen und Schadenersatz nach Art. 422 OR, BGE 129 III 181, ZBJV 2003, 861 ff.; vgl. die Literaturhinweise bei den Vorbem. zu Art. 394–406.

I. Allgemeines

1 Art. 402 regelt nach den Pflichten des Beauftragten (Art. 397–401) die Pflichten des Auftraggebers. Abs. 1 ordnet an, dass dem Beauftragten die Auslagen und Verwendungen zu ersetzen sind und er von seinen Verbindlichkeiten zu befreien ist. Abs. 2 verpflichtet den Auftraggeber zum Ersatz des vom Beauftragten bei der Auftragsausführung erlittenen Schadens. Die Leistung eines Entgelts (wenn üblich) als weitere Pflicht des Auftraggebers ist in Art. 394 Abs. 3 geregelt (dort N 35 ff.).

2 Die Ansprüche des Beauftragten setzen die richtige, d.h. gehörige Ausführung des Auftrags voraus (N 6); dies bedeutet zugleich, dass ein gültiges Auftragsverhältnis bestehen muss, Verwendungsersatz mithin beim Putativauftrag nicht geschuldet ist (BGE 94 II 40). Durch die Inbezugsetzung zur Ablieferungspflicht von Art. 400 ergibt sich für den Auftraggeber der Nettonutzen bzw. der Nettoverlust aus dem Auftrag.

II. Ansprüche aus Abs. 1

1. Auslagen- und Verwendungsersatz

3 a) Weil der Beauftragte fremde Interessen wahrt, soll ihm **kein Vermögensnachteil** entstehen. Die in Abs. 1 erwähnten Auslagen und Verwendungen sind gewollte (freiwillige) Vermögenseinbussen, während der gem. Abs. 2 zu ersetzende Schaden ungewollt eintritt (BGE 59 II 256). Der *Anspruch auf Auslagen- und Verwendungsersatz* ist ein Wertersatz-, nicht ein Schadenersatzanspruch. Die Abgrenzung ist im Hinblick auf die unterschiedliche Umschreibung der Voraussetzungen des Ersatzanspruches von Bedeutung; durch die richterliche «Korrektur»

von Abs. 2 (N 14) hat die Abgrenzung immerhin an Bedeutung verloren. In der Lehre (WERRO, N 681) wird teilweise die (m.E. überzeugende) Ansicht vertreten, Ansprüche gegen den Beauftragten aus unerlaubter Handlung oder ungerechtfertigter Bereicherung seien von Art. 401 Abs. 1 nicht erfasst, sondern könnten nur nach Art. 402 Abs. 2 entschädigt werden. Als Verbindlichkeiten i.S.v. Art. 402 Abs. 1 kommen aber nach anderer Meinung z.B. (verschuldensunabhängige) Haftpflichtansprüche Dritter in Frage (BK-FELLMANN, N 89). Zu dieser Thematik auch BGer, 22.2.2012, 4A_443/2011, E. 2.1.

b) **Auslage** ist ein Geldaufwand, **Verwendung** ist Verbrauch von Sachen (BK-FELLMANN, N 15 f.). Zu den durch die Auftragsausführung veranlassten Auslagen können konkret – ungeachtet der sachenrechtlichen Ausgleichspflichten (z.B. Art. 939 ZGB) – Kosten, Unkosten, Spesen, Verwendungen, Aufwendungen usw. gehören (BGE 78 II 51); die Art der Verwendungen ist irrelevant (im Einzelnen WERRO, N 669 ff.; GMÜR, N 112 ff.). 4

Die Auslagen müssen im Rahmen eines **konkreten Auftrags** entstehen. Generalunkosten (z.B. Löhne, Büromiete, Anschaffungen, Mobiliar, Apparate, Amortisationen usw.), die im Zusammenhang mit der Bereitstellung der beruflichen Infrastruktur des Beauftragten erwachsen, fallen nicht unter Art. 402, sondern sind bei der Kalkulation der Honoraransätze (Entgelt) zu berücksichtigen (vgl. BGer, 14.10.2010, 6B_446/2010; BGE 93 I 122; BK-FELLMANN, N 27 f.; HOFSTETTER J., SPR VII/6, 86 und SPR VII/2/1, 74 f.; WEBER, Praxis, 66). Es sind lediglich notwendige Auslagen geschuldet; vgl. dazu BGer, 1.7.2011, 4A_128/2011, E. 3.2, wonach ein Auftragnehmer, der für seinen Auftraggeber die Einfuhrverzollung übernahm, den Zoll nicht als Auslagenersatz geltend machen kann, wenn die Veranlagung nach dem Ausserkontingent-Zollansatz nachträglich möglich ist. 5

c) Zu ersetzen sind Auslagen und Verwendungen **«in richtiger Ausführung des Auftrages»**. Neben der Befolgung von Weisungen beinhaltet eine sorgfältige Tätigkeit, nur einen objektiv sinnvollen Aufwand zu betreiben (zweckmässiges Vorgehen, keine unnötigen Kosten, geeignete Massnahmenergreifung: BGE 110 II 285, darauf verwiesen in BGer, 22.2.2012, 4A_443/2011, E. 2.2.2; BGE 78 II 51): Akkreditivkosten; 51 II 188, 558; KGer SG, 23.1.2006, BZ. 2005.93, vgl. AJP 2006, 851 f.: vom Beauftragten entrichtete und zu überwälzende Verrechnungssteuer als gebührenartige Auslage; ZR 1959, 304; BJM 1958, 25 f.: Ersatz für Einlösung nicht erkennbar gefälschter Akkreditivdokumente; BK-FELLMANN, N 37 ff.; GMÜR, N 132 ff.). Der Auftragnehmer hat somit selbst keine Kosten für die Ausführung des Auftrags zu tragen und handelt auf Rechnung seines Auftraggebers (BGer, 31.7.2013, 4A_46/2013, E. 3.3; BK-FELLMANN, N 11). Abs. 1 bezieht sich auf den gemäss den Umständen gebotenen Aufwand, betrifft also nicht den Aspekt der richtigen Erfüllung bzw. gehörigen Leistung (BK-FELLMANN, N 37, 76; unklar SJZ 1994, 401 f.). Zu ersetzen sind auch Verwendungen, die sich nachträglich wegen einer frühzeitigen Mandatsbeendigung als unnötig erweisen (vgl. Rep 1970, 210; 1961, 109). Die Richtigkeit der Einschätzung des Beauftragten (sparsame Geschäftsführung) beurteilt sich anhand der Umstände bei der Verwendung (TERCIER/FAVRE, N 5230); irrelevant ist, ob schliesslich der angestrebte Erfolg erreicht wird bzw. die Aufwendungen nützlich waren (ZK-OSER/SCHÖNENBERGER, N 4; BK-FELLMANN, N 46). Erleidet der Beauftragte Auslagen in entschuldbarem Irrtum, lassen sich die verfehlten Kosten allenfalls als Schaden gem. Abs. 2 einfordern (vgl. BGE 59 II 256; 51 II 188). Vermögensverluste, die nicht vom Beauftragten zu vertreten sind, hat der Auftraggeber selber zu tragen. Zum Verwendungsersatz aus der Kontoführung einer Bank vgl. HGer ZH 23.9.1992, ZR 1994, 113, 122, 124 (Genehmigungsfiktion betr. Inhalt der Kontoauszüge, die Kunde jahrelang stillschweigend entgegengenommen hat). 6

d) Die Ersatzpflicht entsteht und wird fällig mit der Vermögenseinbusse (Kostentragung) des Beauftragten; der Ersatz hat die tatsächliche Vermögensverminderung auszugleichen, i.d.R. durch Geld. Bei Geldleistungen hat der Auftraggeber – auch ohne Mahnung – von diesem Zeitpunkt an gemäss der ausdrücklichen Anordnung in Abs. 1 **Verwendungszinsen** zu bezahlen (BJM 1956, 315 f.; BK-WEBER, Art. 73 N 94; BK-FELLMANN, N 51). 7

2. Befreiungsanspruch

8 Geht der Beauftragte bzw. der von ihm befugterweise eingesetzte Substitut Verpflichtungen gegenüber Dritten im Interesse des Auftraggebers ein, werden seine Passiven erhöht. In Analogie zum Auslagen- und Verwendungsersatz und unter den gleichen Voraussetzungen hat der Beauftragte gegenüber dem Auftraggeber einen Anspruch auf Befreiung von solchen Verpflichtungen (vgl. BK-FELLMANN, N 85 ff.), z.B. auf Befreiung von der Schadenersatzpflicht aus einem Vertrag zulasten Dritter (BGE 120 II 34 = Pra 1995, 477). Der Befreiungsanspruch entsteht, sobald der Beauftragte eine Verpflichtung in richtiger Auftragsausführung tatsächlich eingegangen ist (BGE 78 II 51; BGer, 22.2.2012, 4A_443/2011, E. 2.3). Für bedingt eingegangene Verpflichtungen gegenüber Dritten (z.B. Eröffnung eines Dokumentenakkreditives, dazu BGE 130 III 461 = Pra 2005, 130 ff.; vgl. auch BGer, 3.7.2006, 4C.149/2005, E. 2.1) hat der Beauftragte erst mit deren Entstehung einen Deckungsanspruch (BGE 78 II 54; BK-FELLMANN, N 119; GMÜR, N 135 ff.).

9 Weil auch der Gläubiger der Forderung einer Schuldübernahme zustimmen muss (Art. 176 Abs. 3, vgl. BGE 88 II 169 = Pra 1962, 426 f.; 78 II 51), schlägt der Befreiungsanspruch faktisch oft in einen Verwendungsersatzanspruch um (vgl. auch BGer, 22.2.2012, 4A_443/2011, E. 2.3; BK-FELLMANN, N 100 ff.).

3. Fehlende Vorschusspflicht

10 Im Gegensatz zu § 669 BGB ist von Gesetzes wegen weder der Beauftragte noch der Auftraggeber zu einer Vorschussleistung verpflichtet; fehlt es an einer Absprache und ist keine Partei bereit, eine Vorleistung zu erbringen, bleibt der Auftrag unausgeführt (vgl. BK-FELLMANN, N 68; betreffend Honorar vgl. Art. 394 N 40). Leistet der Auftraggeber freiwillig oder gemäss Absprache einen Vorschuss, darf ihn der Beauftragte nur zu Zwecken der Auftragsausführung verwenden (vgl. GMÜR, N 263 ff.). Ein etwaiger Überschuss ist zu erstatten (Art. 400). Solange die Ausführungspflicht nicht beendet ist, hat ein nicht im Finanzwesen tätiger Beauftragter den Vorschuss nicht zu verzinsen (BK-FELLMANN, N 70). Die Gefahr der Entwertung einer angeschafften Eindeckung in Fremdwährung trägt die jeweils veranlassende Partei (BGE 59 II 255). Eine allfällige Vorschussleistung beinhaltet keine konkludente Anerkennung späterer Honorarforderungen oder Ansprüche des Beauftragten (ZR 1995, 196; 1949, 143).

III. Ansprüche aus Abs. 2

1. Schadenersatz bei Verschulden

11 Abs. 2 verpflichtet den Auftraggeber, sofern ihn ein Verschulden trifft, zum Ersatz des vom Beauftragten erlittenen Schadens (Ersatz unfreiwilliger Vermögensverminderungen). Verursacher des Schadens kann der Auftraggeber (z.B. Verletzung der Treuepflicht), ein Dritter oder der Zufall sein. Von Abs. 2 wird der Schaden, der durch die Verletzung einer vertraglichen Verhaltenspflicht des Auftraggebers entsteht, erfasst (BK-FELLMANN, N 151). Dogmatisch handelt es sich um eine Verschuldenshaftung mit umgekehrter Beweislast (BK-FELLMANN, N 136, 146).

12 Der Auftraggeber unterliegt der Nebenpflicht, alles Zumutbare zu unternehmen, um den Beauftragten vor **Schaden** zu **bewahren** (ZBJV 1963, 149; BJM 1954, 245 ff.; ZR 1952, 328; BK-FELLMANN, N 155). So hat er den Beauftragten auf bekannte bzw. zu erwartende Gefahren hinzuweisen (HOFSTETTER J., SPR VII/6, 88 und SPR VII/2/1, 76). Zu ersetzen sind Schäden, die adäquat kausal *mit der Mandatsführung* zusammenhängen (z.B. widerrechtliche Hinderung an Verfügung über Akkreditiv-Dokumente, BGE 111 II 79 = Pra 1985, 526 f.; unrichtige Angaben des Auftraggebers, BJM 1954, 245 ff. [Schmuggelfall]; ungenügende Si-

cherheitsmassnahmen, SJ 1946, 193 ff.). Kausalzusammenhang meint, dass die ex causa mandati (durch die Tätigkeit) entstandenen Schäden (ZR 1957, 198, Ansteckung des Arztes), nicht aber die ex occasione mandati (bei Gelegenheit) entstandenen Schäden (ZR 1952, 328 ff., Einsturz einer Mauer beim Transport) zu ersetzen sind (ausserhalb des Auftrags kommt evtl. Geschäftsherrenhaftung gem. Art. 55 in Frage: BGE 95 II 97, 103 f.).

Haftungsbegründend ist ein auch nur sehr **geringes Verschulden** des Auftraggebers (culpa levissima: BGE 51 II 189; SJ 1946, 193; vgl. auch BGE 110 II 285 f.). Ein Verschulden des Auftraggebers kann aber «ausgeglichen» werden durch ein vorwerfbares Verhalten des Beauftragten (vgl. BGE 104 II 320); ein Mitverschulden des Beauftragten schliesst mithin den Schadenersatz nicht schlechthin aus (gegenseitige Abwägung). 13

2. Schadenersatz ohne Verschulden

Abs. 2 basiert insoweit auf einem gesetzgeberischen Versehen, als der Beauftragte bei Schuldlosigkeit des Auftraggebers, der immerhin das Beweisrisiko des Nachweises mangelnden Verschuldens trägt, schlechter gestellt ist als der Geschäftsführer ohne Auftrag, dem ein Ersatzanspruch nach richterlichem Ermessen zusteht (Art. 422). Durch richterliche Rechtsfortbildung gem. Art. 1 ZGB hat das BGer schon frühzeitig (BGE 48 II 490; bestätigt in BGE 61 II 98, vgl. ferner auch BGE 129 III 181, der eine vertragliche Bindung verneint, die Anwendung des Art 422 Abs. 1 jedoch bejaht) eine Angleichung vorgenommen und einen **Schadenersatzanspruch** des Beauftragten selbst gegen den **schuldlosen Auftraggeber** anerkannt. Mit BGE 129 III 181 hat die bundesgerichtliche Rsp. nicht nur den Anwendungsbereich des Art. 422 weiter gezogen, sondern auch eine Unterscheidung zwischen besonderem Tätigkeitsrisiko und nicht erfasstem allgemeinem Lebensrisiko («Zufallsschäden») eingeführt (dazu Gauch, FS Richli, 191 ff., 215 ff.; ferner Honsell, OR BT, 335 f.; Aepli, BR 2003, 173; Wiegand, ZBJV 2004, 861 ff.; **a.A.** BGer, 20.8.1997, 4C.59/1997 = SG 1997, Nr. 1222). Fragen lässt sich immerhin, ob das Entgelt das entscheidende Kriterium sein soll: Sachgerecht wäre wohl, auf das Kriterium des beruflichen Vertrautseins mit der Angelegenheit abzustellen, d.h. dem Aspekt der Berufsrisikosphäre mehr Gewicht beizumessen; im Rahmen der Risikoverteilung ist beurteilbar, wer Schutzvorkehren treffen, Schädigungen versichern und Haftungsrisiken eingehen kann (dazu Hofstetter J., SPR VII/6, 89 und SPR VII/2/1, 77 f.; zum Ganzen auch BK-Fellmann, N 139 ff., 179 ff.). 14

3. Umfang des Schadenersatzes

Umfangmässig ist das **negative Vertragsinteresse** (Integritätsinteresse und Ausgleich unnützer Kosten), nicht das Erfüllungsinteresse zu ersetzen (BGE 64 II 202; 61 II 95); beim unentgeltlichen Auftrag ist in Analogie zu Art. 422 Abs. 1 ein richterlicher Ermessensentscheid unter Berücksichtigung der konkreten Verhältnisse zu fällen (BK-Fellmann, N 193 ff.). 15

IV. Sonderfragen

Die gesetzlichen Anordnungen von Art. 402 sind **dispositiver Natur** und lassen Raum für eine privatautonome Regelung (BGer, 31.7.2013, 4A_46/2013, E. 3.3; 28.1.2004, 4C.17/2003, E. 3.3.1; Hofstetter J., SPR VII/6, 87 und SPR VII/2/1, 75; BK-Fellmann, N 59, 175; **a.A.** Derendinger, N 42). Beim entgeltlichen Auftrag lassen sich insb. die Verwendungsersatzansprüche in das Honorar integrieren. 16

Stehen dem Auftraggeber keine Ansprüche aus Art. 400 zu, muss der Beauftragte seine Ersatzansprüche aus Art. 402 klageweise durchsetzen. Hat der Auftraggeber Ablieferungsansprüche, vermag der Beauftragte die Einreden der **Verrechnung**, des **Retentionsrechts** und des nicht erfüllten Vertrags (Art. 82) zu erheben (im Einzelnen BGE 113 III 32; 94 II 263; Rep 1961, 109 ff.; BK-Fellmann, N 54, 58, 73). 17

18 Die Ersatzansprüche des Beauftragten, soweit es sich um Geldforderungen handelt, sind abtretbar sowie aktiv und passiv vererblich (BK-FELLMANN, N 83 f., 123 [restriktiver], 170, 201).

19 Die Ansprüche des Beauftragten unterstehen grundsätzlich der zehnjährigen Verjährungsfrist des Art. 127 (BK-FELLMANN, N 82, 134). Meldet ein Vereinsorgan seine Ansprüche bei der auch von ihm betreuten Ausarbeitung der Jahresrechnung nicht an, ist von einem Verzicht darauf auszugehen (ZBJV 1979, 616).

Art. 403

IV. Haftung mehrerer

[1] Haben mehrere Personen gemeinsam einen Auftrag gegeben, so haften sie dem Beauftragten solidarisch.

[2] Haben mehrere Personen einen Auftrag gemeinschaftlich übernommen, so haften sie solidarisch und können den Auftraggeber, soweit sie nicht zur Übertragung der Besorgung an einen Dritten ermächtigt sind, nur durch gemeinschaftliches Handeln verpflichten.

IV. Responsabilité en cas de mandat constitué ou accepté conjointement

[1] Lorsque le mandataire a été constitué par plusieurs personnes conjointement, elles sont tenues solidairement envers lui.

[2] Lorsque plusieurs personnes ont accepté conjointement un mandat, elles sont tenues solidairement de l'exécuter, et les actes faits par elles conjointement peuvent seuls obliger le mandant, à moins qu'elles ne soient autorisées à transférer leurs pouvoirs à un tiers.

IV. Responsabilità di più mandanti o mandatari

[1] Se il mandato è stato conferito da più persone insieme, queste sono responsabili in solido verso il mandatario.

[2] Se più persone hanno accettato un mandato in comune sono responsabili in solido, e non obbligano il mandante se non quando agiscono collettivamente, a meno che non siano autorizzate a subdelegare un terzo.

Literatur

BAUMGARTNER, Depot- und Compte-joint, Diss. Zürich 1977; BRUNNER, Die Anwaltsgemeinschaft, Diss. Fribourg 1977; FISCHER, Mehrheit von Gläubigern oder Schuldnern bei Bankverträgen, SJZ 1970, 374 ff.; vgl. die Literaturhinweise bei den Vorbem. zu Art. 394–406.

I. Allgemeines

1 Art. 403 ordnet bei einer Mehrheit von Auftraggebern oder Beauftragten Solidarität an; Abs. 2 verpflichtet zudem eine Beauftragtenmehrheit zu gemeinschaftlichem Handeln (Vermutung für Alternativ-, nicht Kollektivauftrag hingegen in Art. 1995 CC fr., Art. 1716/1730 CC it.). Solche Personenmehrheiten sind i.d.R. Erbengemeinschaften oder einfache Gesellschaften (spontan oder organisiert), allenfalls Gemeinschaften von Konkursgläubigern (Art. 240 SchKG) oder Anleihensobligationären (Art. 1157). Art. 403 ist **dispositiver** Natur.

2 Art. 403 ist nur bei **Identität** des **Auftragsgegenstandes** und einem – der Gegenseite erkennbaren – gemeinschaftlichen Interesse der betroffenen Personen anwendbar (BK-FELLMANN, N 18 f.). Das gemeinschaftliche Handeln beurteilt sich aufgrund der gegebenen Umstände (z.B. Beauftragung eines Anwalts oder mehrerer Anwälte: ZR 1959, 184 ff.).

3 Das Gesetz geht von der Vermutung für Teilverpflichtungen aus; eine Solidarität kommt nur zustande, wenn die Auftraggeber bzw. Beauftragten bewusst den Auftrag gemeinsam eingehen (BK-FELLMANN, N 16). Aus diesem Grunde gehen die Regelungen zu den einzelnen Personengesellschaften und Interessengemeinschaften auch der allgemeinen Regel von Art. 403 vor (BK-FELLMANN, N 14; HOFSTETTER J., SPR VII/6, 144 und SPR VII/2/1, 132).

II. Personenmehrheit auf der Auftraggeberseite (Abs. 1)

Eine Personenmehrheit auf der Auftraggeberseite ergibt sich etwa im Erbfall bei **Fortsetzung des Auftragsverhältnisses** (Art. 405), z.B. im Bankenverkehr (Vermögensverwaltungsauftrag) oder bei kaufmännischen Geschäften (Liegenschaftenkaufauftrag: BGE 64 II 224); Entstehung und Zusammensetzung der Gemeinschaft beruhen diesfalls auf den Regeln des Erbrechts (Art. 602 ZGB). Mehrere Auftraggeber können sich auch in einer Personengesellschaft zusammenschliessen, doch ist es unter dem Gesichtspunkt von Art. 403 nicht notwendig, eine solche Rechtsform zu begründen (zur Abgrenzung von den Personengesellschaften und Interessengemeinschaften BK-Fellmann, N 26 ff.). Die Regelung von Abs. 1 bewirkt, dass der Beauftragte von jedem Auftraggeber einzeln die ganze Leistung (selbständige Forderung) verlangen kann (im Einzelnen BK-Fellmann, N 72 ff.; zur Verschuldensanrechnung im Haftungsfall BK-Fellmann, N 80 ff.). Das Gesetz begründet hingegen keine Solidargläubigerschaft mehrerer Auftraggeber gegenüber dem Beauftragten; oft ist aber die Leistung des Beauftragten an alle Auftraggeber gemeinsam zu verlangen, weil eine unteilbare Leistung (Art. 70) vorliegt; ausgenommen sind der Fall der Umwandlung in eine teilbare Forderung (Schadenersatz) und der Anspruch auf Rechenschaftsablegung (BK-Fellmann, N 113 ff.). Überdies muss jeder Auftraggeber mit Wirkung für alle den Auftrag widerrufen können (BK-Fellmann, N 118 ff., 192 ff.; **a.A.** BGE 101 II 120; 94 II 318 = Pra 1969, 405 f.). 4

III. Personenmehrheit auf der Beauftragtenseite (Abs. 2)

Mehrere Beauftragte können eine **Tathandlung gemeinschaftlich** (Identität des Auftragsgegenstandes) erbringen, wenn die Leistung nicht höchstpersönlicher Natur ist. Die **gemeinschaftliche Rechtsgeschäftsbesorgung** erfolgt durch mehrfache Ermächtigung; die zu einer identischen Aufgabe bevollmächtigten mehrfachen Beauftragten haben die Zusammenarbeit nach den Umständen zu organisieren (zur Abgrenzung von den Personengesellschaften und Interessengemeinschaften BK-Fellmann, N 141 ff.). Grundsätzlich ist von einer gemeinschaftlichen Handlungspflicht auszugehen (BK-Fellmann, N 144); gehören aber z.B. einer einfachen Gesellschaft mehr als zwei Beauftragte an, ist im Zweifel nicht ein gemeinschaftliches Vorgehen aller Mitglieder, sondern nur eine kollektive Tätigkeit erforderlich (sog. Kollektivklausel: BK-Fellmann, N 169). Im Falle einer Erbengemeinschaft nehmen alle Erben gemeinschaftlich die Beauftragtenstellung ein (zur Geschäftsführung bei Personengesellschaften und Interessengemeinschaften BK-Fellmann, N 177 ff.). Liegt eine Haftungskonkurrenz zwischen Architekt und Ingenieur vor, vermag der Architekt nur dann eine Hilfsperson des Bauherrn zu sein, wenn ihm Befugnisse des Bauherrn aus dessen Verhältnis zum Ingenieur übertragen worden sind, bspw. die Funktion, Weisungen und Auskünfte zu erteilen (BGE 125 III 224, BR 1999, 154 mit Anm. von Werro; vgl. auch BGE 130 III 604). Sind jedoch sowohl Architekt wie auch Ingenieur je beauftragt, auf ihrem angestammten Tätigkeitsfeld zu wirken, und zieht der Bauherr den Ingenieur zur Verantwortung, kann der Architekt im Verhältnis zum Ingenieur nicht als Hilfsperson des Bauherrn betrachtet werden (BGer, 11.4.1999, 4C.380.1998 = Pra 1999, 808 f.). 5

Mehrere Beauftragte haften für die Erfüllung der Arbeits-, Rechenschaftsablegungs- und Ablieferungsobligation solidarisch; die Hauptleistung ist i.d.R. unteilbar, von jedem Solidarschuldner lässt sich die ganze Leistung fordern. Streitig ist hingegen, ob sich die Solidarität nach Abs. 2 auch auf das Einstehenmüssen für das Verschulden eines Mitbeauftragten erstreckt. Die herrschende Lehre verneint Solidarität mit dem Hinweis auf Art. 146, der vorbehältlich einer anders lautenden Absprache bestimmt, dass ein Solidarschuldner durch seine persönliche Handlung die Lage der anderen nicht erschweren kann (von Tuhr/Escher, 306 ff. m.Nw.; BK-Fellmann, N 162; **a.A.** Derendinger, N 207 ff.). Gegenforderungen auf Verwendungsersatz und Honorar stehen mehreren Beauftragten gemeinschaftlich (keine Solidargläubigerschaft) zu (RVJ 1989, 330 f. m.Nw.), soweit die Leistungen nicht teilbar sind 6

(BK-Fellmann, N 189 ff.). Hingegen hat jeder einzelne Beauftragte das Recht, den Auftrag durch Kündigung aufzuheben (BK-Fellmann, N 192).

7 Stirbt einer von mehreren Beauftragten, geht der vermutliche Parteiwille auf Auftragsfortführung, d.h. es findet keine Universalsukzession auf die Erben, sondern eine **Anwachsung zugunsten** der **Mitbeauftragten** statt (BGE 78 II 445 ff. [vgl. auch Art. 545 Ziff. 2 i.V.m. Art. 576]; Hofstetter J., SPR VII/6, 146 und SPR VII/2/1, 132 f.; offengelassen im Falle der Bestimmung eines Ersatzbeauftragten: BGE 78 II 452; restriktiver BK-Fellmann, N 198 ff.; CHK-Gehrer/Giger, N 16 f.). Selbst bei konkursamtlicher Liquidation des Nachlasses eines Mitbeauftragten lässt sich – verallgemeinernd aus Art. 401 – eine Anwachsung begründen (BGE 78 II 455; umstritten, vgl. Hofstetter J., SPR VII/6, 145 und SPR VII/2/1, 132 f.).

Art. 404

D. Beendigung
I. Gründe
1. Widerruf, Kündigung

[1] Der Auftrag kann von jedem Teile jederzeit widerrufen oder gekündigt werden.

[2] Erfolgt dies jedoch zur Unzeit, so ist der zurücktretende Teil zum Ersatze des dem anderen verursachten Schadens verpflichtet.

D. Fin du contrat
I. Causes
1. Révocation et répudiation

[1] Le mandat peut être révoqué ou répudié en tout temps.

[2] Celle des parties qui révoque ou répudie le contrat en temps inopportun doit toutefois indemniser l'autre du dommage qu'elle lui cause.

D. Fine
I. Cause
1. Revoca, disdetta

[1] Il mandato può essere sempre revocato o disdetto da entrambe le parti.

[2] Chi però revoca o disdice il mandato intempestivamente, deve risarcire l'altra parte del danno che gliene deriva.

Literatur

Abravanel, L'empereur de Chine et le grain du tabac – réflexion sur l'article 404 CO, JdT 1987 I 466 ff.; Buff/von der Crone, Zwingende Natur von Art. 404 OR, SZW 2014, 332 ff.; Gauch, Der Auftrag, der Dauervertrag und Art. 404 OR, SJZ 2005, 520 ff. (zit. SJZ 2005); ders., Art. 404 OR – Sein Inhalt, seine Rechtfertigung und die Frage seines zwingenden Charakters, recht 1992, 9 ff. (zit. recht 1992); Homburger, Zwingende Natur des jederzeitigen Widerrufsrechts nach Art. 404 Abs. 1 OR, SZW 1991, 35 f.; Koller-Tumler, Jederzeitiger Widerruf im Auftragsrecht?, recht 1984, 49 ff.; Mabillard, Rechtsnatur, anwendbare Gesetzesbestimmungen und Zulässigkeit der unechten Konventionalstrafe, AJP 2005, 547 ff.; Mondini/Liatowitsch, Jederzeitige Kündigung von Aufträgen schadet dem Dienstleistungsstandort Schweiz, Zeit für eine Praxisänderung zu Art. 404 OR, AJP 2009, 294 ff.; Peyer, Der Widerruf im schweizerischen Auftragsrecht, Diss. Zürich 1974; Werro, La distinction entre le pouvoir et le droit de résilier: la clé de l'interprétation de l'art. 404 CO, BR 1991, 55 ff.; Werro/Carron/Douzals, Les enjeux et la concrétisation de la réforme de l'art 404 CO, AJP 2013, 213 ff.; vgl. die Literaturhinweise bei den Vorbem. zu Art. 394–406.

I. Allgemeines

1 Art. 404–406 befassen sich mit der Beendigung des Auftrags: Art. 404 regelt den – vorbehältlich der ordnungsgemässen Erfüllung mit oder ohne Erfolgseintritt – wichtigsten Beendigungsgrund durch Widerruf bzw. Kündigung (vgl. auch Art. 34 Abs. 1 zur Vollmacht), Art. 405 umschreibt gewisse spezifische Beendigungsgründe und Art. 406 legt die Wirkung des Erlöschens fest.

2 Der Auftraggeber widerruft den Auftrag (Rücknahme), der Beauftragte kündigt ihn (Rückgabe); der französische Gesetzestext widerspiegelt diesen Befund, während der deutsche und italienische Gesetzestext wegen des Doppelbezugs missraten sind (zur Terminologie auch BK-Fellmann, N 11 ff.). Ein besonderes Widerrufsrecht haben Art. 40b für sog. Konsumentenverträge und Art. 406d Ziff. 5 für Ehevermittlungsverträge eingeführt (dazu BK-Fellmann, N 148 ff.).

Auch ohne besondere gesetzliche Erwähnung ist eine übereinstimmende Auftragsaufhebung möglich (Hofstetter J., SPR VII/6, 57 und SPR VII/2/1, 54). Bei den anderen Beendigungsgründen (Widerruf, Kündigung) ist zu beachten, dass der Auftrag durch den Persönlichkeitsbezug und das Vertrauensverhältnis oft einen relativ labilen Charakter hat (vgl. N 8 ff.); die Beendigungsregelung hat auch das Problem zu bewältigen, die verschiedenartigsten Geschäftsbesorgungen und Dienstleistungen adäquat zu erfassen (zu den Grundideen von Art. 404 vgl. Werro, N 247 ff.). 3

Art. 404 befasst sich mit der Auftragsbeendigung, d.h. dem Wegfall der Pflicht zur fremdnützigen Geschäftsbesorgung (BGE 87 II 157), soweit nicht «Überbrückungstätigkeiten» kraft Treuepflicht erforderlich werden (Art. 405 Abs. 2). Nicht von Art. 404 geregelt wird das Erlöschen der während der Dauer des Auftrags entstandenen Obligationen, z.B. der Rechenschaftsablegungs- und Ablieferungs- sowie der Entschädigungspflicht (Hofstetter J., SPR VII/6, 56 und SPR VII/2/1, 53; Weber, Praxis, 126). Vorbehältlich eines Schulderlasses (Art. 115) verursacht die Auftragsbeendigung die **Aktualisierung** der noch **offenen Leistungsobligationen**. Zum Widerrufsrecht (Art. 404) im Zusammenhang mit dem Urheberrecht vgl. Bieler, 179 ff. 4

II. Widerruf und Kündigung (Abs. 1)

1. Rechtsnatur und Ausübung

Widerruf und Kündigung sind **einseitig** ausübbare, **auflösende Gestaltungsrechte** (von Tuhr/Escher, 168; BK-Fellmann, N 20 f.; Peyer, 124 ff.). Die Ausübung braucht nicht durch einen objektiven Grund gerechtfertigt zu sein (BGE 106 II 160 = Pra 1980, 597; Tercier/Favre, N 5315). Das Auflösungsrecht besteht nach der Praxis des BGer auch bei Aufträgen, die als Dauerverträge ausgestaltet sind (BGE 104 II 115; 106 II 159 = Pra 1980, 596 f.; 115 II 464; BGer, 13.2.2014, 4A_284/2013, E. 3.5.1; vgl. auch Gauch, SJZ 2005, 522; zur Problematik N 9). 5

Die Widerrufs- bzw. Kündigungserklärung ist – vorbehältlich einer anderslautenden Abrede – **nicht** an eine **bestimmte Form** gebunden. Sie kann auch in eine Bitte gekleidet sein, sofern der Auflösungswille erkennbar wird (BGE 57 II 190). Die Erklärung ist **empfangsbedürftig** (Hofstetter J., SPR VII/6, 58 und SPR VII/2/1, 54; BK-Fellmann, N 24 ff.), unwiderruflich (BGE 109 II 326) und – ausser bei Vorliegen einer Potestativbedingung (Erfüllung der Bedingung liegt allein in der Macht des Erklärungsempfängers, z.B. Auftragsausübung bis Wegzug des Beauftragten) – **bedingungsfeindlich** (von Tuhr/Escher, 262 FN 63; Hofstetter J., SPR VII/6, 58 und SPR VII/2/1, 54 f.; Tercier/FAvre, N 5314; BK-Fellmann, N 37 f.; **a.A.** von Büren, BT, 194 f.). 6

Der Widerruf bzw. die Kündigung einer durch Erfüllung untergegangenen Ausführungsobligation ist wirkungslos (ZR 1964, 335). Im Gegensatz zu einem Rücktritt wirkt die Widerrufs- und Kündigungserklärung ex nunc. Die Wirkung tritt ein, wenn die Erklärung zur Kenntnis der Gegenseite gelangt ist (Art. 406). Der Widerruf des (Haupt-)Auftrags führt nicht automatisch zur Beendigung eines Substitutionsauftrags; dazu bedarf es eines direkten Widerrufs durch den Auftraggeber gem. Art. 399 Abs. 3 oder eines Widerrufs durch den substituierenden Beauftragten (zur Kündigung bei Personenmehrheit Art. 403 N 4, 6). 7

2. Paritätische Regelung?

Gemäss BGE 98 II 308 entspricht das Kündigungsrecht des Beauftragten vollumfänglich dem Widerrufsrecht des Auftraggebers, und zwar im Sinne einer paritätischen Regelung. Der Schutzgedanke des Arbeitsrechts braucht aber wegen der unterschiedlichen Interessenlage 8 nicht zwingend auf das Auftragsrecht übertragen zu werden (VISCHER, SPR VII/1, III, 163 f.; HOFSTETTER J., SPR VII/6, 63 und SPR VII/2/1, 56 f.; nicht paritätische Auflösungsordnung auch in Art. 78 Abs. 2 KAG). Der sachimmanente Vorrang des Auftraggeberwillens spricht für die jederzeitige Widerrufbarkeit des Auftrags (Beendigung der Geschäftsbesorgung); ein etwaiges Fortführungsinteresse des Beauftragten ist (vorbehältlich des Widerrufs zur Unzeit) weniger beachtlich, zumal der Aspekt des Persönlichkeitsschutzes für den kündigungswilligen Beauftragten eine geringere Rolle spielt (GAUCH, recht 1992, 19 f. m.Nw.). Immerhin bleibt nicht zu übersehen, dass jede Relativierung des Paritätsgrundsatzes, etwa die Anforderung, es müssten wichtige Gründe für eine Kündigung vorliegen (z.B. Wegfall des Vertrauensverhältnisses, Unsachgemässheit von Weisungen, Interessenkonflikt), zu schwer überwindbaren Abgrenzungsschwierigkeiten führen könnte (vgl. HOFSTETTER J., SPR VII/6, 70 f. und SPR VII/2/1, 63 f.; WEBER, Praxis, 127; historischer Rückblick bei BK-FELLMANN, Vor N 121 ff., Art. 404 N 123 ff.).

3. Zwingendes Recht?

9 Das freie Widerrufs- und Kündigungsrecht ist gemäss weitgehend einhelliger Rsp. zwingender Natur (BGE 115 II 464; für das Auftragsverhältnis als Vertrag zugunsten Dritter BGer, 29.7.2008, 4A.213/2008; für die Zusammenarbeit zwischen Depotbank und externem Vermögensverwalter BGer, 31.2.2005, 4C.447/2004; im Zusammenhang mit Vermögensverwaltung BGer, 10.4.2002, 4P.28/2002; 26.11.1998, BR 2000, 142; 26.3.1997, ZBJV 1997, 333 f., mit Feststellung, dass Relativierungen des zwingenden Charakters von Art. 404 durch die Lehre nicht überzeugen, weil sich keine der angestrengten Überlegungen aufgrund ihrer inneren Überzeugungskraft allgemeine Anerkennung zu verschaffen vermocht hätte; BGE 117 II 392; 115 II 466 m.N.w.; 109 II 467; 98 II 307–309; SJ 1980, 398 ff.; für den Liegenschaftsverwaltungsvertrag: BGer, 13.2.2014, 4A_284/2013; BGE 106 II 159 = Pra 1980, 596 f.; für den Managementvertrag: BGE 104 II 115; für den Internatsvertrag: vgl. BGer, 29.7.2008, 4A_237/2008; SJZ 1983, 247 und 1996, 67; für den Unterrichtsvertrag: BGer, 6.7.2011, 4A_141/2011; 10.2.2009, 4A_437/2008; weitere Kasuistik bei WEBER, Praxis, 128 f.; BK-FELLMANN, N 105 f.). Auf das jederzeitige Beendigungsrecht kann gemäss Rsp. **nicht verzichtet** werden, weil der Auftrag regelmässig durch eine ausgesprochene Vertrauensstellung geprägt ist, welche dessen Weiterführung bei Vertrauensstörungen nicht als sinnvoll erscheinen lässt (BGE 115 II 466; krit. dazu GAUCH, recht 1992, 14). Diese Rsp. dient der Rechtssicherheit und entspricht der Offenheit bzw. Unbestimmtheit der Auftragsverhältnisse; sie führt jedoch dazu, dass auch Aufträgen, die nicht durch ein relevantes Vertrauensverhältnis gekennzeichnet sind (z.B. Architekten-, Unterrichtsvertrag), fast jegliche **Bindungswirkung abgeht** (zu den Begründungsdefiziten der Rsp. auch BK-FELLMANN, Vor N 142 ff.). Das BGer schliesst hingegen die analoge Anwendung des zwingenden Kündigungsrechts auf Dauerschuldverträge aus (ein Franchisevertrag kann aufgrund seiner dauervertraglichen Natur nicht frei widerrufen werden, BGer, 11.10.2000, 4C.228/2000; allg. zur Kündbarkeit von Dauerschuldverhältnissen vgl. KULL, SJZ 2011, 245 ff.). Das BGer hat zudem in der Vergangenheit wiederholt schon einfache Aufträge als Dauerschuldverträge qualifiziert (vgl. hierzu N 5). Die Rsp. des BGer steht somit in einem gewissen Widerspruch, weil das freie Widerrufs- und Kündigungsrecht auf Dauerverträge angewandt wird, wenn es sich um einen einfachen Auftrag handelt (BGE 104 II 115; BGer, 13.2.2014, 4A_284/2013, E. 3.5.1), jedoch die analoge Anwendung auf andere Dauerschuldverträge nicht zulässt mit dem Hinweis auf deren Dauerschuldcharakter (MONDINI/LIATOWITSCH, 295). Die kantonale Rsp. geht die Problematik von Art. 404 dadurch an, dass sie gemischte Verträge annimmt (ZR 2004, 228 ff., Franchisevertrag; SJZ 1990, 380, Computerservicevertrag; SJZ 1990, 125 f., EDV-Vertrag; BJM 1994, 138, Trainingsvertrag; ZR 1988, 310 f., Factoring-Vertrag; SJZ 1987, 136, Reiseveranstaltungsvertrag; EVG, AJP 1995, 501, Anschlussvertrag zwischen Arbeitgeberin und Personalvorsorgeeinrichtung). Umstritten ist die Anwendbarkeit von Art. 404 beim Liegenschaftsverwaltungsvertrag (mehrheitlich bejaht, vgl. BGer, 13.2.2014,

4A_284/2013; 23.5.1989, SJ 1989, 521 ff.; ZR 1998, 148 ff.; FISCHER, AJP, 2000, 399 f.); zur Anwendbarkeit von Art. 404 beim Fitnessabonnement RJN 1999, 101 ff. = SJZ 2000, 396 ff.; keine Anwendung von Art. 404 auf den Chartervertrag (BGE 115 II 111; BGer, 23.2.2011, 4A_641/2010, E. 3.2); zur Anwendbarkeit auf den Schiedsauftrag vgl. BGE 117 Ia 169, auf die Kündigung des Anschlussvertrags (BVG) an eine Sammelstiftung durch den Arbeitsgeber vgl. BGE 120 V 302; zur Anwendbarkeit auf einen exklusiven Vermarktungsvertrag BGer, 15.1.2010, 4A_401/2009; den umfassenden, über die Planerstellung hinausgehenden Architektengesamtvertrag will das BGer als gemischtes Vertragsverhältnis gem. Art. 404 aufgelöst wissen (dazu Art. 394 N 32). Gemäss BGer, 30.5.2005, 4C.18/2005 steht Art. 404 der Anwendung der Verzugsregeln (Art. 107 ff.) nicht entgegen (dazu Art. 398 N 20). Nicht anwendbar ist Art. 404 auf Verträge über das Recht am eigenen Bild, bei denen wirtschaftliche Interessen im Vordergrund stehen (BGE 136 III 401).

Kantonale Gerichtsentscheide (OGer LU, SJZ 1989, 215 f., ZBJV 1990, 585 ff.) und die Mehrheitsauffassung in der Lehre (PIAGET, AJP 2005, 988 ff.; BUCHER, BT, 228; BUCHER, ZSR 1983, 322 ff.; TERCIER/FAVRE, N 5294 ff.; HONSELL, OR BT, 337 ff.; BK-FELLMANN, N 115 ff.; HOMBURGER, SZW 1991, 35; GAUCH, recht 1992, 15 ff.; DERENDINGER, N 60 ff.; **a.A.** MERZ, ZBJV 1985, 216; MERZ, FS Schluep, 213; LEUENBERGER, ZSR 1987, 42 f.; HOFSTETTER J., SPR VII/6, 60 f., 67 ff. und SPR VII/2/1, 55, 62) unterscheiden zwischen den sog. **typischen** und **atypischen Aufträgen**. «Typisch» und damit zwingend frei widerruflich ist ein Auftrag dann, wenn er unentgeltlich oder – bei Entgeltlichkeit – höchstpersönlicher Natur ist (z.B. Arzt, Rechtsanwalt, Treuhänder; bei diesen Verträgen würde eine Bindung gegen die persönliche Freiheit verstossen (vgl. auch BK-FELLMANN, N 134 ff.). Liegen diese Merkmale nicht vor, ist der Auftrag «atypisch» und die Parteien können das jederzeitige Auflösungsrecht – in Übereinstimmung mit der das OR prägenden Vertragsfreiheit – wegbedingen (v.a. bei Aufträgen mit Dauercharakter, vgl. WERRO, N 371 ff.). Zwar gibt der Begriff der **Höchstpersönlichkeit** kein klares Abgrenzungskriterium ab, eher schon der Tätigkeitsbereich des Beauftragten (GAUCH, recht 1992, 16); auch lässt sich nicht übersehen, dass die Lehre von der absolut zwingenden Natur von Art. 404 zu einer «Flucht aus dem Auftragsrecht» geführt hat, indem versucht wird, der Subsidiaritätsklausel von Art. 394 Abs. 2 bei Mischtypen mit Auftragselementen zu entgehen und dadurch Art. 404 auszuschalten (PEYER, 166; HONSELL, OR BT, 338; FAVRE-BULLE, 379 f.; KOLLER-TUMLER, 49 ff.; LEUENBERGER, ZSR 1987, 31 ff.). Die Anstrengungen der kantonalen Gerichte, zu beurteilende atypische Verträge als Innominatkontrakte zu qualifizieren, ist der Rechtssicherheit nicht zuträglich, solange das BGer von einer weitgefassten zwingenden Anwendung von Art. 404 ausgeht (MONDINI/LIATOWITSCH, 300). Eine auf den Einzelfall ausgerichtete Rsp. ist jedoch nicht von vorneherein auszuschliessen, zumal in verschiedenen Fallkonstellationen gewichtige Gründe für den dispositiven Charakter von Art. 404 sprechen (eingehend GAUCH, recht 1992, 15 ff.; BK-FELLMANN, N 111 ff.). Denkbar wäre des Weitern, die Berufung auf den zwingenden Charakter von Art. 404 – als ultima ratio – bei einer anderslautenden Vertragsabsprache als **rechtsmissbräuchlich** zu erachten (Max LU 1990, 25–27). **10**

WERRO (BR 1991, 55 ff. und erneut N 271 ff.) hat den bedenkenswerten Vorschlag gemacht, zwischen **«Macht»** und **«Recht»** zu unterscheiden: Beide Vertragsparteien haben jederzeit und ungeachtet vertraglicher Bindungen die «Macht», den Auftrag zu beenden; hingegen ist das «Recht» einschränkbar durch vertragliche Absprachen, d.h. ein(e) Widerruf (Kündigung) macht gem. Abs. 2 schadenersatzpflichtig, wenn die Erklärung in Verletzung einer bindenden Vertragsdauerbestimmung («zur Unzeit») erfolgt. **11**

Ein Teil der Lehre beurteilt die konstante Rsp. des BGer mit Hinweis auf die – ökonomisch gesprochen – «unvollständigen Auftragsverhältnisse» als sachgemäss; die grundsätzliche Unbestimmtheit von Aufträgen und die dadurch fehlende Möglichkeit der zwangsweisen Durchsetzung führe dazu, dass die jederzeitige Kündigungsmöglichkeit ein sachgerechtes Konzept darstelle (dazu vertiefend BUFF/VON DER CRONE, SZW 2014, 337 ff.). **11a**

11b Im Herbst 2011 hat Nationalrat Barthassat eine Motion eingereicht, welche den Bundesrat beauftragt, dem Parlament eine Änderung von Art. 404 vorzulegen. Diese Bestimmung solle den rechtlichen und wirtschaftlichen Gegebenheiten des 21. Jahrhunderts angepasst werden, damit die Vertragsparteien ein «wahrhaft dauerhaftes Auftragsverhältnis» eingehen könnten (vgl. Motion 11.3909 vom 29.9.2011). National- und Ständerat haben die Motion angenommen, womit das Geschäft nun beim Eidgenössischen Justiz- und Polizeidepartement liegt (für einen neuen Gesetzesvorschlag vgl. WERRO/CARRON/DOUZALS, AJP 2013, 213 ff.).

12 Beschränkungen der freien Widerrufbarkeit des Auftrags können sich aus dem **öffentlichen Berufsrecht** ergeben (z.B. amtlicher Verteidiger, Notfallarzt). Hingegen ist der Auftrag auch dann widerruflich/kündbar, wenn der Beauftragte eine *«Erfolgsgarantie»* abgibt; im Falle einer Kündigung zur Unzeit wird der Beauftragte aber aus Art. 404 Abs. 2 oder aus einem besonderen Garantieversprechen schadenersatzpflichtig. Ungeachtet des zwingenden Charakters von Art. 404 kann die Erfüllung der Auftragsobligation vom Beauftragten verlangt, wenn auch nicht physisch durchgesetzt werden (im Einzelnen Art. 397 N 3).

4. Konventionalstrafe

13 Das freie Widerrufs- und Kündigungsrecht darf nicht indirekt, z.B. durch eine Konventionalstrafe, eingeschränkt werden (BGE 110 II 383; 109 II 467; BGer, 29.7.2008, 4A_213/2008; ZBJV 1963, 478; WEBER, Praxis, 130 f.; BK-FELLMANN, N 77 ff.; zur Zulässigkeit der unechten Konventionalstrafe MABILLARD, AJP 2005, 556 ff.). **Strafcharakter** ist anzunehmen, wenn trotz vorzeitiger Auftragsbeendigung das ganze Honorar bzw. die ganze Mäklerprovision geschuldet ist (Rep 1976, 226 ff.; SJZ 1946, 187 f.; 1940/41, 282; 1939/40, 289).

III. Rechtsfolgen

1. Bei Auflösung nicht zur Unzeit

14 Ein Widerruf bzw. eine Kündigung ist – unabhängig von der Frage der Vorwerfbarkeit des Verhaltens der Gegenseite – gerechtfertigt, wenn ein sachlich vertretbarer (nicht unbedingt objektiver oder gar wichtiger) Grund vorliegt, wobei die gesamten Umstände und nicht nur der Zeitpunkt eine Rolle spielen (BGE 55 II 183; RJN 1994, 79; BK-FELLMANN, N 84 ff.). Als Beendigungsgrund genügt auch eine unverschuldete und ohne Schadensfolge gebliebene Treue- oder Sorgfaltsverletzung.

15 Bei Auflösung nicht zur Unzeit endet die Ausführungsobligation, dafür **aktualisieren** sich die **Abwicklungspflichten** (z.B. Abrechnung und Ablieferung durch Beauftragten, Entlöhnung durch Auftraggeber), die in Art. 394 Abs. 3, 400 und 402 geregelt sind. Schadenersatzansprüche wegen der Auflösung leben nicht auf. Die Parteien können die gegenseitigen Ansprüche verrechnen (Art. 120; vgl. Art. 402 N 17) oder durch Novation (Art. 116) in neue Pflichten überführen. Auch Entschädigungsansprüche des abberufenen Verwaltungsrates bleiben vorbehalten (Art. 726 Abs. 3 OR, BGer, 10.12.2001, 4C.234/2001, E. 1 aa).

2. Bei Auflösung zur Unzeit (Abs. 2)

16 Eine Auflösung zur Unzeit liegt vor, wenn die beendigungswillige Partei **ohne Grund**, d.h. in einem ungünstigen Moment ohne sachliche Rechtfertigung, der andern Partei besondere Nachteile verursacht (BGer, 4.6.2013, 4A_36/2013, E. 2.5; BGE 110 II 383; 106 II 160 = Pra 1980, 597; BGer, 9.1.2008, 4C.78/2007, E. 5.4; vgl. auch BR 1995, 47 und WERRO, N 306 ff., 329 ff.; zur Problematik des Begriffs der «besonderen Nachteile» GAUCH, recht 1992, 12). *Hingegen liegt keine* Auflösung zur Unzeit vor, wenn der Beauftragte dem Auftraggeber begründeten Anlass zur Auftragsauflösung gegeben hat (SCHMID/STÖCKLI, N 1970; BGer, 22.12.1999, SJ 2000, 485 ff.; BGE 109 II 469; 104 II 320). Die Kündigung eines Vertrags über den Besuch eines zweijährigen Kurses (gemischter Vertrag mit zwingender Anwendung von Art. 404) nach dem ersten Jahr ist zur Unzeit (AppGer BS, 28.9.1994, BJM 1996, 257 = AJP, 1996, 1553). Im Falle einer Auflösung zur Unzeit aktualisieren sich nicht nur die allgemeinen Auflösungsfolgen (Abwicklungspflichten), sondern es können auch Schadenersatzansprüche entstehen (Abs. 2). Der Rechtsgrund dieser Schadenersatzansprüche liegt nicht in einer Vertragsverletzung (so wohl BGE 109 II 469; 110 II 386), sondern in der gesetzgeberischen Gerechtigkeitsentscheidung, die Folgen eines jederzeitigen Widerrufs/Rücktritts zu lindern (Tercier/Favre, N 5305; Gauch, recht 1992, 11 ff.; **a.A.** BK-Fellmann, N 52, 81). Das Aufleben der Schadenersatzansprüche setzt voraus, dass die betroffene Partei nicht selber vertragliche Pflichten verletzt oder einen sachlich vertretbaren Grund (z.B. Nachlässigkeiten) zur Auftragsauflösung gegeben hat (BGE 109 II 469; 104 II 320 f.; RVJ 1980, 255 f.).

Schadenersatz ist – unabhängig vom Verschulden (Dessemontet, ZSR 1987, 187) – grundsätzlich im Ausmasse des **negativen Vertragsinteresses** (Vertrauensschaden) zu leisten (BGE 110 II 386; 109 II 469; BGer, 13.2.2014, 4A_284/2013, E. 3.6.1; Gauch, recht 1992, 11 f. m.Nw.). Dazu gehören die Kosten des Vertragsabschlusses, die infolge der Auflösung unnütz gewordenen Dispositionen, die Generalunkosten bei technischen Vorbereitungen (RVJ 1980, 255 f.) und – als Aspekt des positiven Vertragsinteresses – der *entgangene Gewinn*, wenn andere entgeltliche Aufträge nachweisbar abgelehnt worden sind und eine Wettmachung durch neue Aufträge nicht möglich ist (BGE 109 469; 106 II 160; BGer, 13.2.2014, 4A_284/2013, E. 3.6.1; 31.7.2013, 4A_46/2013, E. 5.2; BK-Fellmann N 72; vgl. zum Unterrichtsvertrag Schluep, SPR VII/2, 914 ff.); der entgangene Gewinn widerspiegelt sich also in der mangelnden Kompensationsmöglichkeit (SJZ 1983, 248 f.; 1951, 358; SJ 1964, 33; 1953, 364; Hofstetter J., SPR VII/6, 65 und SPR VII/2/1, 58 f.; Peyer, 128 ff.; extensiver Honsell, OR BT, 340). Zu ersetzen ist (ungeachtet der klassischen Schadenskategorien) mithin alles, was die Gegenseite gehabt hätte, wenn der Widerruf bzw. die Kündigung nicht gerade zur Unzeit erfolgt wäre (BK-Fellmann, N 71; zum Ganzen auch Werro, N 476 ff.). 17

Der Schadenersatz kann für den Fall des Widerrufs bzw. der Kündigung zur Unzeit durch Absprache einer Konventionalstrafe, soweit sie keinen Strafcharakter hat (N 13), pauschaliert werden (BGE 109 II 467 f.; 110 II 383; BGer, 13.2.2014, 4A_284/2013; 8.10.2012, 4A_294/2012 und 4A_300/2012; SJZ 1988, 399 f.; 1975, 368; Bucher, BT, 228; BK-Fellmann, N 77; Werro, N 355 ff.; ungenügend ist blosser Verweis auf SIA-Normen: Rep 1976, 226 ff.). 18

Art. 405

2. Tod, Handlungsunfähigkeit, Konkurs

¹ Der Auftrag erlischt, sofern nicht das Gegenteil vereinbart ist oder aus der Natur des Geschäfts hervorgeht, mit dem Verlust der entsprechenden Handlungsunfähigkeit, dem Konkurs, dem Tod oder der Verschollenerklärung des Auftraggebers oder des Beauftragten.

² Falls jedoch das Erlöschen des Auftrages die Interessen des Auftraggebers gefährdet, so ist der Beauftragte, sein Erbe oder sein Vertreter verpflichtet, für die Fortführung des Geschäftes zu sorgen, bis der Auftraggeber, sein Erbe oder sein Vertreter in der Lage ist, es selbst zu tun.

2. Mort, incapacité, faillite

¹ Le mandat finit par la perte de l'exercice des droits civils, par la faillite, par la mort ou par la déclaration d'absence soit du mandant, soit du mandataire, à moins que le contraire n'ait été convenu ou ne résulte de la nature de l'affaire.

² Toutefois, si l'extinction du mandat met en péril les intérêts du mandant, le mandataire, ses héritiers ou son représentant sont tenus de continuer la gestion jusqu'à ce que le mandant, ses héritiers ou son représentant soient en mesure d'y pourvoir eux-mêmes.

2. Morte, incapacità, fallimento

[1] Salvo che il contrario risulti dalla convenzione o dalla natura dell'affare, il mandato si estingue con la perdita della relativa capacità civile, il fallimento, la morte o la dichiarazione della scomparsa del mandante o del mandatario.

[2] Qualora però la cessazione del mandato ponesse in pericolo gli interessi del mandante, il mandatario, il suo erede o il suo rappresentante sono tenuti a provvedere alla continuazione dell'affare medesimo, finché il mandante, il suo erede o il suo rappresentante si trovino in condizioni di provvedervi direttamente.

Literatur

AUBERT, Procuration encore valable après décès, mandat post mortem,..., SJ 1991, 285 ff.; AUBERT/BEGUIN/BERNASCONI/GRAZIANO-VON BURG/SCHWOB/TREUILLAUD, Le secret bancaire suisse, 3. Aufl., Bern 1995; BERTHER, Die internationale Erbschaftsverwaltung: bei schweizerisch-deutschen, -österreichischen und -englischen Erbfällen, Diss. Fribourg, Zürich 2001; FRÜH, Die Erbenausssschlussklausel beim «Compte-joint», SJZ 1972, 137 ff.; GEISER, Über den Tod hinaus wirksame Vollmacht und wirksamer Auftrag, in: Temi scelti di diritto ereditario, Vol. 5, Basel 2002, 21 ff.; HARDER, Zum transmortalen und postmortalen Auftrag nach römischem und geltendem Recht, in: FS von Lübtow, Berlin 1970, 515 ff.; HRUBESCH-MILLAUER/JAUSSI, Instrumente der Vermögensvorsorge – das Verhältnis des Vorsorgeauftrags zum einfachen Auftrag und zur Vollmacht, AJP 2014, 1281 ff.; NUSSBERGER, Das Vertretungsrecht und die Handlungsfähigkeit im neuen Erwachsenenschutzrecht, AJP 2012, 1677 ff.; ROTHENFLUH, Zur Abgrenzung der Verfügung von Todes wegen von den Rechtsgeschäften unter Lebenden, Diss. Bern 1983; RUMO-JUNGO, Vorsorgeauftrag und Banken, Jusletter vom 9.12.2013; SUPINO, Rechtsgestaltung mit Trusts aus Schweizer Sicht, Diss. St. Gallen 1994; vgl. auch die Literaturhinweise zu Art. 403 und bei den Vorbem. zu Art. 394–406.

I. Allgemeines

1 Art. 405 regelt (nicht umfassend) gewisse spezifische Auftragsbeendigungsgründe sowie die Auftragsfortführung kraft entgegenstehender Abrede bzw. Natur des Geschäfts und kraft Treuepflicht. Diese Bestimmung ist dispositiver Natur.

1a Gemäss Art. 405 Abs. 1, der an das neue Erwachsenenschutzrecht angepasst wurde, erlischt der Auftrag – eine abweichende Regelung vorbehalten – «mit dem Verlust der entsprechenden Handlungsfähigkeit» und nicht mehr durch die «eintretende Handlungsunfähigkeit» (Art. 405 Abs. 1). Diese Anpassung erfolgte im Rahmen der Änderung von Art. 35 Abs. 1, welcher eine Ergänzung zu Art. 405 Abs. 1 darstellt.

1b Beim am 1.1.2013 in Kraft getretenen Recht zum Vorsorgeauftrag nach Art. 360 ZGB ff. stellt sich zudem die Frage, ob Aufträge (und auch Vollmachten), welche über die Urteilsunfähigkeit einer Person hinausgehen, (weiterhin) zulässig sind, oder ob der Vorsorgeauftrag sie im Sinne einer lex specialis verdrängt. Somit ist das Verhältnis zwischen einfachem Auftrag (Art. 394 ff.) und Vorsorgeauftrag (Art. 360 ff. ZGB) zu klären (vgl. dazu Art. 405 N 5 und vertiefend HRUBESCH-MILLAUER/JAUSSI, AJP 2014, 1282 ff.).

II. Einzelne Beendigungsgründe (Abs. 1)

2 Die Regelung der Beendigungsgründe in Art. 405 ist auf einzelne Auftraggeber/Beauftragte zugeschnitten. Im Falle einer Personenmehrheit ist aufgrund der Umstände zu beurteilen, ob eine Auftragsfortführung sachgerecht ist (vgl. Art. 403 N 3 f., 6).

1. Tod, Verschollenenerklärung, Beendigung der juristischen Person

3 Weil Auftragsverhältnisse oft höchstpersönliche Rechte/Pflichten und zumindest ein Vertrauensverhältnis begründen, wird im Sinne einer gesetzlichen Vermutung (BK-FELLMANN, N 16 f.) in Abs. 1 deren Beendigung mit dem Tod des Auftraggebers oder Beauftragten angeordnet (anders § 672 BGB); die Regelung entspricht der Gesellschaftsauflösung gem. Art. 545

Ziff. 2. Dieselbe Wirkung tritt bei Vorliegen einer Verschollenenerklärung (Art. 35 ZGB; sinngleich das Stellvertretungsrecht [Art. 35 Abs. 1]) und bei Auflösung einer juristischen Person ein.

Die Beendigungswirkung betrifft Tathandlungs-, Rechtshandlungs- und Treuhandaufträge. Auftragsbeendigung bedeutet nur Abbruch der Ausführungsobligation, aber nicht Untergang der gegenseitigen Ansprüche (BK-FELLMANN, N 61 f.). Sowohl die Ablieferungs- und Schadenersatzansprüche des Auftraggebers wie die Vergütungs-, Verwendungsersatz-, Befreiungs- und Schadenersatzansprüche des Beauftragten gehen als aktiv und passiv vererbliche Vermögensrechte kraft Universalsukzession auf die Erben über. 4

2. Handlungsunfähigkeit

Die Beendigung des Auftrags wegen Handlungsunfähigkeit des Auftraggebers oder Beauftragten ist auf den Rechtshandlungsauftrag zugeschnitten, kann aber auch einen Tathandlungsauftrag betreffen (im Einzelnen BK-FELLMANN, N 28 ff.). Wird eine Person handlungsunfähig (Art. 17 ZGB), stellt sich die Frage, ob eine Auftragsfortführung mit Zustimmung des gesetzlichen Vertreters auch unter der neuen Rechtslage möglich ist (Art. 405 N 1 ff.). Diesbezüglich ist die Lehre nicht einheitlich, d.h. es gibt unterschiedliche Lösungsansätze (vgl. für einen diesbezüglichen Überblick HRUBESCH-MILLAUER/JAUSSI, AJP 2014, 1288 ff.; NUSSBERGER, AJP 2012, 1684 f.; zudem mit Fokus auf Banken RUMO-JUNGO, Jusletter 2013, N 7 ff.). 5

3. Konkurs

Der Konkurs des **Auftraggebers** beendet den Auftrag (Verlust der vermögensrechtlichen Dispositionsfähigkeit: Art. 197, 204 SchKG; BGE 46 II 411 f.), sofern die Konkursverwaltung den Auftrag nicht fortführen lassen will (BGE 64 II 224). Hingegen wird ein Tathandlungsauftrag je nach der Art des Geschäfts (z.B. Behandlung des kranken Patienten) nicht notwendigerweise beendet. Im Falle der Beendigung obliegt die Beurteilung von Ansprüchen und Gegenansprüchen dem Konkursrecht. 6

Fällt der **Beauftragte** in Konkurs, endet der Rechtshandlungsauftrag wegen der konkursrechtlichen Beschränkungen in der Dispositionsfähigkeit. Tathandlungsaufträge brauchen nicht zwingend zu enden (z.B. tätiger, konkursiter Arzt), doch sind öffentlich-rechtliche Beschränkungen zu beachten (BK-FELLMANN, N 53). 7

III. Auftragsfortführung

1. Vorbehalt von Abs. 1

Abs. 1 erklärt ausdrücklich, dass eine Auftragsbeendigung nur eintritt, «sofern nicht das Gegenteil vereinbart ist oder aus der Natur des Geschäfts gefolgert werden muss». Nicht ausdrücklich erwähnt ist der (selbstverständliche) Fall der Auftragsfortführung, wenn ein entsprechender **Konsens** mit den Erben (BGE 75 II 192), dem gesetzlichen Vertreter oder der Konkursverwaltung zustandekommt. 8

Die gegenteilige Vereinbarung kann **ausdrücklich** oder **konkludent** erfolgen; die Zulässigkeit einer Absprache ist für den **Todesfall** unbestritten. Hingegen wird argumentiert, das **Handlungsfähigkeits**- bzw. **Konkursrecht** stehe nicht (zulasten von Drittpersonen) zur privatautonomen Disposition der Betroffenen; dem lässt sich entgegenhalten, dass die vertragliche Vorsorge als solche (z.B. in den Bankformularen) nicht als widerrechtlich erachtet werden muss, zumal der gesetzliche Vertreter bzw. die Konkursbehörde ein jederzeitiges Widerrufsrecht hat (vgl. auch Art. 32 N 4, 6; BK-FELLMANN, N 92 ff., 103 ff.). Die Auftrags- und Vollmachtserteilung über eine spätere Urteilsunfähigkeit hinaus hat das BGer dann als 9 zulässig angesehen, wenn damit dem allenfalls gewichtigen Interesse des Auftraggebers am Weiterbestand des Auftragsverhältnisses Rechnung getragen werden kann (BGE 132 III 225).

10 Aus der **Natur** des **Geschäfts** (dazu BK-FELLMANN, N 84) ergibt sich eine Auftragsfortführung v.a. bei über den Tod hinausgehenden Angelegenheiten (N 11 f.); ein Weiterbestand ist auch die Regel im kaufmännischen Verkehr (z.B. Zuendeführung eines Geschäfts; BGE 97 I 275) und bei Bankgeschäften (BGer, 12.1.2000, SJ 2000, 421 = AJP 2001, 576; BGE 101 II 120; 94 II 171, 316; Rep 1993, 209; SJ 1967, 202) sowie bei Prozessvollmachten, z.B. zwecks Fristwahrung in einem Verfahren (BGE 110 V 391 = Pra 1985, 486 f.; 75 II 190; ZR 1957, 216 f.).

2. Transmortale und postmortale Aufträge im Besonderen

11 **Transmortale** Aufträge wollen ein Vertragsverhältnis über den Tod der Parteien hinaus andauern lassen; sie unterstehen den Regeln von Art. 404–406 (AUBERT, SJ 1991, 286 f.).

12 **Postmortale** Aufträge sollen hingegen erst nach dem Tod des Auftraggebers ausgeführt werden und können deshalb mit der **erbrechtlichen Ordnung** in Konflikt geraten (nicht möglich im Grundbuchverkehr: BGE 111 II 41; SJZ 1983, 246; Entsprechendes gilt auch in Deutschland: BERTHER, 63). Zulässig ist als erbrechtliches Geschäft z.B. der Willensvollstreckerauftrag (Art. 517 ZGB; unklar BGE 105 II 261). Hingegen ist bei vermögenswirksamen Aufträgen zu prüfen, ob es sich um ein erbrechtliches Geschäft bzw. um eine unentgeltliche Zuwendung, die als Schenkung von Todes wegen gem. Art. 245 Abs. 2 den erbrechtlichen Geschäften gleichgestellt ist, handelt, was die Notwendigkeit der Beachtung der erbrechtlichen Formvorschriften zur Folge hätte (zum Bankenverkehr EMCH/RENZ/ARPAGAUS, 845 ff.; GUGGENHEIM, Bankpraxis, 205 ff.; AUBERT, 287 f., 289 ff.). Zutreffend erscheint, postmortale Aufträge nicht nur kraft Konversion als Willensvollstreckung aufrechtzuerhalten (so PIOTET, Droit successoral, SPR IV, 180), sondern dem Erblasser die privatautonome Wahl zu überlassen, ob er einen Willensvollstrecker, der den Erben aufgezwungen werden kann, oder einen Beauftragten, dessen Mandat widerrufbar ist, der sich dafür um den Rechtsgrund der Verfügung nicht zu kümmern braucht, einsetzen will (so HOFSTETTER J., SPR VII/6, 76 f. und SPR VII/2/1, 67 f.; vgl. auch HARDER, 515 ff.). Setzt sich der Beauftragte bewusst über die erbrechtlichen Vorschriften hinweg (z.B. Bank zahlt ganzen Kontobetrag an formell ermächtigte Drittperson unter Umgehung der gesetzlichen Familienerben aus), kann er schadenersatzpflichtig werden (vgl. BGer, 12.1.2000, 4C.234/1999, E. 3d f. = Pra 2002, 424 f.; AUBERT, 290 f.).

13 Zur umstrittenen **Erbenausschlussklausel** bei postmortalen Aufträgen vgl. BGE 94 II 313 = Pra 1969, 401 ff.; ZR 2002, 102 ff. (Ungültigkeit mit eingehender Begründung angenommen); SJ 1972, 537; MEIER-HAYOZ/FORSTMOSER, ZFW 1970, 542; WOLF, SJZ 1971, 349 ff.; DERS., SJZ 1972, 64; FRÜH, SJZ 1972, 137 ff.; LIFSCHITZ, SJZ 1972, 15; AUBERT, 293 f.; BK-FELLMANN, N 81 f.; AUBERT/BEGUIN/BERNASCONI/GRAZIANO-VON BURG/SCHWOB/TREUILLAUD, 334 ff.

3. Auftragsfortführung kraft Treuepflicht (Abs. 2)

14 Die Beendigungsgründe entfalten ihre Wirkung erst mit der Kenntnisnahme durch die Gegenpartei (Art. 406). Zudem hat der Beauftragte, sein Erbe oder sein Vertreter gem. Abs. 2 trotz Eintritt und Kenntnis des Beendigungsgrundes den Auftrag fortzuführen, bis eine Übernahme durch die Auftraggeberseite möglich ist. So ist etwa eine Bank nach dem Tod des Kunden weiterhin Beauftragte der Erben und diesen gegenüber an die Sorgfalts- und Treuepflicht gebunden (BGer, 12.1.2000, 4C.234/1999, E. 3df. = Pra 2002, 424 f.: Verletzung der Sorgfaltspflicht durch Überweisung an einen [über den Tod hinaus] Bevollmächtigten, zum Rechtsverhältnis zwischen Bevollmächtigtem und den Erben vgl. Art. 423 N 3). Der **Vorrang** des **Auftraggeberinteresses** verlängert also kraft Treuepflicht des Beauftragten die Ausführungsobligation (vgl. ZR 1957, 218). Ein eigentlicher Notstand beim Auftraggeber ist nicht erforderlich, es genügt die Interessengefährdung und Wahrscheinlichkeit eines Schadenseintrittes (BK-Fellmann, N 108 ff.; restriktiver ZR 1957, 218). Die Auftragsfortführung bzw. Auftragsaufnahme (BK-Fellmann, N 112) muss möglich und erlaubt sein (Rechtsvorkehren durch Anwalt, Abwicklung von Handels- und Börsengeschäften); in Frage kommen v.a. Rechtshandlungsaufträge. Einer Tätigkeitspflicht aus Treu und Glauben unterliegen auch Mit- und Unterbeauftragte; hingegen vermag Abs. 2 nicht eine Ausführungspflicht von Unbeteiligten zu begründen. Im Falle einer vorgenommenen Mandatsfortführung bleibt der Auftragnexus mit Rechten und Pflichten bestehen.

Art. 406

II. Wirkung des Erlöschens

Aus den Geschäften, die der Beauftragte führt, bevor er von dem Erlöschen des Auftrages Kenntnis erhalten hat, wird der Auftraggeber oder dessen Erbe verpflichtet, wie wenn der Auftrag noch bestanden hätte.

II. Effets de l'extinction du mandat

Le mandant ou ses héritiers sont tenus, comme si le mandat eût encore existé, des opérations que le mandataire a faites avant d'avoir connaissance de l'extinction du mandat.

II. Effeti della cessazione

Riguardo a ciò che il mandatario ha fatto prima che gli fosse nota la cessazione del mandato, il mandante o il suo erede sono tenuti verso di lui, come se il mandato fosse ancora sussistente.

Art. 406 legt (entsprechend Art. 37 zum Vollmachtsrecht) fest, dass die **Wirkung** der Beendigungsgründe von der **Kenntnisnahme** durch die Gegenseite abhängt (im Einzelnen BK-Fellmann, N 12 ff., 33 ff.). Dieser Grundsatz gilt über den Wortlaut von Art. 406 hinaus nicht nur für die Pflichten des Auftraggebers, sondern auch für die Pflichten des Beauftragten. Beim Tathandlungs- und fiduziarischen Rechtshandlungsauftrag kommt es auf die Kenntnis des Beauftragten, beim Vollmachtsauftrag auf die (oft nicht deckungsgleiche) Kenntnis der Drittpartei an (vgl. SJ, 1952, 435). 1

Indirekt ergibt sich aus Art. 406 die aktive und passive Vererblichkeit der auftragsrechtlichen Ansprüche des Auftraggebers und Beauftragten. 2

Erster Abschnitt[bis]: Auftrag zur Ehe- oder zur Partnerschaftsvermittlung

Vorbemerkungen zu Art. 406a–406h

Literatur

Beckmann, Ehevermittlung und sonstige Partnervorschlagsleistungen, Bielefeld 1988; Börstinghaus, Das Recht der Partnerschaftsvermittlung, Herne/Berlin 1995; Caroni, Sklavinnen in der modernen Gesellschaft, NZZ Nr. 163 v. 15./16.6.2000, 87; Derendinger, Die Nicht- und die nicht richtige Erfüllung des einfachen Auftrages, Diss. Freiburg 1988; Donzallaz, La Convention de Lugano, Vol. III, Bern 1998; von Gierke, Deutsches Privatrecht, Band III, München 1917; Gilles, Gewerbsmässige Ehevermittlung, Neuwied 1977 (zit. Ehevermittlung); ders., Eheanbahnung und Partnervermittlung, München 1985 (zit. Partnervermittlung); Gmür, Die Vergütung des Beauftragten, Diss. Freiburg 1994; Hartmann, Die vorvertraglichen Informationspflichten und ihre Verletzung, Diss. Freiburg 2001; Heidsieck, Le marché de la solitude et le droit, Juris-Classeur périodique 1990 I. 3432; Hofstetter, Der Auftrag und die Geschäftsführung ohne Auftrag, Schweizerisches Privatrecht (SPR), Bd. VII/6, 2. Aufl., Basel 2000; Huguenin/Hunold, Qualifikation der Verträge mit Online-Partnervermittlern, in: Büchler/Müller-Chen (Hrsg.), FS für Ingeborg Schwenzer, Bern 2011, 827 ff.; Hürlimann, Prostitution – ihre Regelung im schweizerischen Recht und die Frage der Sittenwidrigkeit, Diss. Freiburg 2004; MIDDENDORF, Nachwirkende Vertragspflichten, Diss. Freiburg 2002; PETERS, Der Partnerschaftsvermittlungsvertrag, Diss. Göttingen, Frankfurt am Main/Bern/New York 1986; RUSCH/KLAUS, Online-Partnervermittlung – Vertragsinhalt, Qualifikation und Probleme, AJP 2011, 1571 ff.; SCHINDLER, Die gewerbsmässige Heiratsvermittlung, Berlin 1901; SCHWERDTNER, Maklerrecht, 4. Aufl., München 1999; TERCIER, Le prix abusif vers une nouvelle conception de la liberté contractuelle, BR 1998, 71 ff. (zit. BR 1998); DERS., Le point sur la partie spéciale du droit des obligations, SJZ 2000, 322 ff. (zit. SJZ 2000); WERRO, Concubinage, mariage et démariage, 5. Aufl., Bern 2000.

Materialien

Botschaft über die Änderung des Schweizerischen Zivilgesetzbuches vom 15.11.1995, BBl 1996 I 173 ff. (zit. Botschaft 1995); AmtlBull StR 1996, 775 ff.; AmtlBull NR 1997, 2745 ff.; Begleitbericht zum Vernehmlassungsentwurf für eine Verordnung über die berufsmässige transnationale Ehe- oder Partnerschaftsvermittlung, Bern 1999 (zit. Begleitbericht).

I. Entstehungsgeschichte

1. Ausgangslage

1 Der Gesetzgeber hatte zu Beginn des letzten Jahrhunderts **moralische Vorbehalte** gegenüber dem Institut der Heiratsvermittlung. Um einer Kommerzialisierung der Ehe entgegenzuwirken und die Ehegatten vor Forderungsklagen von Heiratsmäklern zu bewahren, bestimmte Art. 416 aOR, in Anlehnung an § 656 BGB, dass aus der Heiratsvermittlung **kein klagbarer Anspruch auf Mäklerlohn** entsteht. Der Ehemäklerlohn war eine Naturalobligation, gleich den Schulden aus Spiel und Wette (Art. 513 Abs. 1). Gleiches galt für den Anspruch des Ehemäklers auf Auslagenersatz (KassGer ZH, SJZ 1971, 256 ff.) und für allfällige Sicherungsgeschäfte wie Bürgschaften, Pfandverträge und Konventionalstrafen zugunsten des Ehemäklers (BK-GAUTSCHI, Art. 416 OR N 3a). Auf die Partnerschaftsvermittlung wurde Art. 416 aOR analog angewandt (KGE VD, SJZ 1989, 343; ebenso BGHZ 112, 122, 124 zu § 656 BGB).

2 Heirats- und Partnerschaftsvermittler mussten daher verständlicherweise **Vorauszahlung** verlangen. Sie forderten indessen oftmals Beträge, die in keinem angemessenen Verhältnis zu ihrer Tätigkeit und dem Wert ihrer Leistungen standen. Das gesamte Risiko trug der Kunde. Bei schlechter oder gar ausgebliebener Vermittlungstätigkeit lag es an ihm, seine Vorauszahlung zurückzufordern. Den Gerichtsweg beschritten Kunden jedoch selten, weil die Partnersuche die Privatsphäre betrifft, deren Offenbarung von den Betroffenen gescheut wird (HOFSTETTER, SPR VII/6, 151).

3 Etliche Vermittlungsinstitute **missbrauchten** diese Situation und brachten die Branche in gesellschaftlichen Verruf. Widersprach zu Beginn des vorherigen Jahrhunderts die Ehevermittlung als solche «dem feineren Empfinden» (VON GIERKE, 717), so entspricht sie – und mit ihr die Partnerschaftsvermittlung – heute einem breiten **sozialen Bedürfnis**. Die gesellschaftlichen Vorbehalte gelten heute nicht mehr der Institution selbst, sondern allenfalls der durch zahlreiche schwarze Schafe ins Zwielicht geratenen Branche, die «Geschäfte mit der Einsamkeit» tätigt. In den letzten Jahren verlagerte sich ein Grossteil des Geschäfts auf Online-Plattformen.

2. Vorgeschichte der Revision

4 Nachdem in den Jahren 1973, 1978 und 1981 verschiedene parlamentarische Vorstösse zur Änderung des als überholt angesehenen Art. 416 aOR gescheitert waren, legte im Jahre 1991 *die Expertenkommission* für die Revision des Familienrechts einen **Vorentwurf** für eine Revision des Zivilgesetzbuches (Eheschliessung und Scheidung, Personenstand, Verwandtenunterstützungspflicht, Vormundschaft, Heimstätten und Ehevermittlung) vor. Der Vorentwurf

schlug vor, Art. 416 aOR zu streichen und stattdessen die Ehe- und Partnerschaftsvermittlung in einem eigenen Abschnitt (Art. 406a–406f revOR) zu regeln. Im **Vernehmlassungsverfahren** stiess er auf überwiegende Zustimmung. Er mündete schliesslich mit kleinen Retuschen in die bundesrätliche **Botschaft** vom 15.11.1995. In den **parlamentarischen Beratungen** haben die vom Bundesrat vorgeschlagenen Bestimmungen (es handelt sich um die heutigen Art. 406a und Art. 406d–406h) keine Änderungen erfahren. Hingegen wurde auf Antrag der Kommission des Ständerats die Regelung um zwei Bestimmungen über die transnationale Ehe- und Partnerschaftsvermittlung ergänzt (Art. 406b und Art. 406c; AmtlBull StR 1996, 775 ff.; AmtlBull NR 1997, 2745 ff.). Am 26.6.1998 wurde das Änderungsgesetz beschlossen. Ein Referendum kam nicht zustande. Im Juni 1999 hat der Bundesrat einen Entwurf der gem. Art. 406c zu erlassenden Verordnung in die Vernehmlassung geschickt und am 10.11.1999 die endgültige Fassung vorgelegt. Gesetz und Verordnung sind schliesslich am **1.1.2000 in Kraft** getreten.

II. Regelungsinhalt – Übersicht

Die neue Regelung will in erster Linie den Kunden von Ehe- und Partnerschaftsvermittlern schützen (Hofstetter, SPR VII/6, 151). Die hierfür untaugliche Naturalobligation wurde durch einen **Dienstleistungsvertrag** ersetzt, aus dem den Parteien klagbare Ansprüche erwachsen und der mit **konsumentenrechtlichen Schutzinstrumenten** ausgestattet ist, welche der strukturellen Benachteiligung des Kunden gegenüber dem Vermittler Rechnung tragen. Diese Schutzinstrumente sind im Wesentlichen die folgenden: 5

- Schriftformerfordernis für den Vertrag und bestimmte zwingende Mindestangaben in der Vertragsurkunde als Gültigkeitsvoraussetzung (Art. 406d);
- siebentägiges, entschädigungsloses Widerrufsrecht des Auftraggebers (Art. 406e);
- jederzeitiges, entschädigungsloses Kündigungsrecht des Auftraggebers (Art. 406d Ziff. 7);
- zwingende Informationspflichten des Beauftragten (Art. 406g Abs. 1);
- strenge Diskretionspflicht des Beauftragten (Art. 406g Abs. 2);
- gerichtliche Herabsetzung unverhältnismässig hoher Honorare und Kosten (Art. 406h).

Dazwischen geschoben sind Sonderbestimmungen über die **grenzüberschreitende Ehe- und Partnerschaftsvermittlung** (Art. 406b und 406c). Diese dienen sowohl dem **Schutz der zu vermittelnden Person** als auch öffentlichen Interessen. Während sich die Missbräuche bei der Ehe- und Partnerschaftsvermittlung innerhalb der Schweiz weitgehend auf das «Geschäft mit der Einsamkeit» beschränken, gehören Bereiche der internationalen Heiratsvermittlung zum von Rassismus, Sexismus und der Ausbeutung wirtschaftlicher Notlagen geprägten Frauenhandel (s. Caroni, 87). Die Neuregelung unterstellt deshalb grenzüberschreitend tätige Vermittler einer **Bewilligungspflicht** und der behördlichen Aufsicht (Art. 406c). Zudem wird der zu vermittelnden Person, die aus dem Ausland einreist oder ins Ausland ausreist, ein gesetzlicher Anspruch gegenüber dem Vermittler auf **Bezahlung der Rückreise** gewährt (Art. 406b). 6

Auf eine besondere Regelung der sog. **Lockvogelannoncen** wurde verzichtet. Das vorhandene Instrumentarium (Art. 2 und Art. 3 lit. b und i UWG; ferner Grundsatz 5.12. der Lauterkeitskommission) wurde als ausreichend erachtet (Botschaft 1995, 174). 7

III. Prozessuales

Der Auftrag zur Ehe- oder zur Partnerschaftsvermittlung ist ein **Konsumentenvertrag i.S.v. Art. 32 Abs. 2 ZPO** (so die Lehre und Rechtsprechung zur Vorgängernorm Art. 22 Abs. 2 GestG, BezGerPräs Landquart, 27.5.2003, E. 1 [nicht publ.]; KantGerPräs Zug, Urteil v. 12.1.2004 E. 2 [EO 2003 205, nicht publ.]). 8

9 Der Auftraggeber verfügt gem. Art. 32 Abs. 1 lit. a ZPO für seine Klage gegen den Vermittler über einen **Wahlgerichtsstand** am eigenen Wohnsitz oder am Wohnsitz bzw. Sitz des Vermittlers. Darauf kann der Auftraggeber weder im Voraus (z.B. durch Gerichtsstandvereinbarung) noch durch Einlassung verzichten (Art. 35 Abs. 1 lit. a ZPO). Der Vermittler kann den Auftraggeber nur an dessen Wohnsitz verklagen (Art. 32 Abs. 1 lit. b ZPO).

10 Der Gesetzgeber hat bei Einführung der Schweizerischen Zivilprozessordnung davon abgesehen, Konsumentenstreitigkeiten generell einem vereinfachten Verfahren zu unterstellen. Es gilt vielmehr die allgemeine Regelung von Art. 243 Abs. 1 ZPO, wonach vermögensrechtliche Streitigkeiten bis zu einem Streitwert von CHF 30 000 im vereinfachten Verfahren behandelt werden, während bei einem darüber liegenden Streitwert das ordentlichen Verfahren Anwendung findet.

IV. Internationales Privatrecht

11 Der Auftrag zur Ehe- oder zur Partnerschaftsvermittlung ist ein **Konsumentenvertrag i.S.v. Art. 114, 120 Abs. 1 IPRG** (IPRG-Kommentar-KELLER/KREN KOSTKIEWICZ, Art. 120 N 17; **a.A.**, allerdings noch vor Inkrafttreten der Neuregelung, OGer BL, 19.8.1997, Entscheid 41–97/281, E. 3 [nicht publ.]) **und Art. 15 Abs. 1 LugÜ** (BGE 121 III 336, 341; DONZALLAZ, N 6094). Unter den entsprechenden Voraussetzungen verfügt der Kunde daher auch gegenüber seinem im Ausland ansässigen Vermittler über einen Wahlgerichtsstand am eigenen Wohnsitz, auf den er im Voraus nicht verzichten kann (Art. 114 Abs. 2 IPRG; Art. 16 Abs. 1 LugÜ).

12 Sind die Voraussetzungen von Art. 120 Abs. 1 lit. a–c IPRG erfüllt, so untersteht der Auftrag zur Ehe- oder zur Partnerschaftsvermittlung ungeachtet einer allfälligen Rechtswahl dem Recht des Staates, in dem der Kunde seinen gewöhnlichen Aufenthalt hat. Andernfalls bestimmt sich das anwendbare Recht nach Art. 117 IPRG. In der Regel ist dann das Recht am gewöhnlichen Aufenthaltsort oder der Niederlassung des Vermittlers anwendbar (Art. 117 Abs. 3 lit. c IPRG).

V. Rechtsvergleich

1. Deutschland

13 Gemäss § 656 BGB stellt der Honoraranspruch aus der Ehevermittlung eine **Naturalobligation** dar. Nach der Rechtsprechung gilt dies auch für die Partnerschaftsvermittlung (grundlegend BGHZ 112, 122 ff.; bestätigt durch BGH, 4.3.2004 – III ZR 124/03). Die Vermittlungsverträge in Form **allgemeiner Geschäftsbedingungen** unterliegen einer strengen gerichtlichen **Inhaltskontrolle**. Zudem übt der «Gesamtverband der Ehe- und Partnervermittlungen e.V.» (GDE) eine **brancheninterne Selbstkontrolle** aus. Die von ihm erlassenen «Berufsgrundsätze» werden von den Gerichten als berufsspezifische Verhaltensregeln herangezogen und stellen einen marktreinigenden Ehrenkodex dar. Dem GDE sind zahlreiche Vermittler angeschlossen. Diese verfügen über ein entsprechendes Zertifikat, das gegenüber dem Kunden Gewähr für eine seriöse Tätigkeit bietet. Im Jahr 2001 wurde ausserdem der BvP Berufsverband für Partnervermittler in Europa e.V. gegründet, der als Berufs- und Fachverband die allgemeinen, aus der beruflichen, fachlichen oder unternehmerischen Tätigkeit erwachsenen ideellen und wirtschaftlichen Interessen der Berufsstände der Partnervermittlungen, Dienstleister, Heirats*institute und Ehe*anbahnungen wahrnimmt und seine Mitglieder namentlich zur fachgerechten und ehrenhaften Berufsausübung im Sinne der jeweiligen Berufsbilder verpflichtet.

14 Die Bundesregierung legte im Jahre 1984 einen Gesetzesentwurf über eine Neuregelung des Maklerrechts vor. Darin war vorgesehen, die Unklagbarkeit des Ehemaklerlohns zu beseitigen und durch einen wirtschaftlichen Auftraggeberschutz, bestehend aus Schriftform, Festlegung des Vertragsinhalts sowie Kündigungsrecht, zu ersetzen. Dieses Reformvorhaben ist jedoch gescheitert.

2. Österreich

15 Gemäss § 879 Abs. 2 Ziff. 1 ABGB ist die **Ehevermittlung unsittlich** und der **Vertrag nichtig**. Es ist jedoch allgemein anerkannt, dass diese Regelung nicht mehr der geltenden Moralauffassung entspricht. Bei beidseitiger Erfüllung wird daher eine Kondiktion des Auftraggebers ausgeschlossen und die Bestimmung eng ausgelegt, so dass sie auf die «Vermittlung von Adressen von Interessenten» keine Anwendung findet.

16 Im Jahre 1987 wurden gestützt auf § 69 Abs. 2 der Gewerbeordnung **«Ausübungsvorschriften für Partnervermittler»** erlassen, die den Schutz des nicht hinreichend informierten Kunden vor Irreführung, Übervorteilung usw. bezwecken. Hierfür sehen sie u.a. die Schriftlichkeit des Vertrages mit einem bestimmten Mindestinhalt vor, ferner ein Widerrufsrecht während einer Bedenkzeit von einer Woche, eine Befragungspflicht über Umstände, welche eine Partnerschaft ausschliessen sowie Vorschriften über den Datenschutz und die Werbung. Ein Verstoss gegen diese Vorschriften wird mit einer Geldbusse geahndet.

3. Frankreich

17 Verträge im Bereich der **Ehe- und Partnerschaftsvermittlung** sind Gegenstand einer **besonderen Konsumentenschutzregelung** (Art. 6 des Gesetzes Nr. 89–421 vom 23.6.1989 «relative à l'information et à la protection des consommateurs ainsi qu'à diverses pratiques commerciales», ergänzt durch das Dekret Nr. 90–422 v. 16.6.1990; dazu ausführlich HEIDSIECK, Juris-Classeur périodique 1990 I. 3432). Verlangt wird als Gültigkeitserfordernis die Schriftlichkeit des Vertrages sowie ein bestimmter Mindestinhalt. Die maximale Vertragsdauer ist auf ein Jahr begrenzt, aus berechtigten Gründen («motifs légitimes») ist aber eine jederzeitige Kündigung unter anteilsmässiger Zahlungspflicht möglich. Der Kunde verfügt über eine Bedenkzeit von einer Woche, während der er den Vertragsschluss widerrufen kann. Zur Bekämpfung der Lockvogelannoncen wird schliesslich festgelegt, welche Angaben Inserate von Partnervermittlungsinstituten enthalten müssen. Ein Verstoss gegen diese Vorschriften wird mit einer Geldbusse geahndet.

4. Belgien

18 Auch Belgien kennt im Bereich der **Ehe- und Partnerschaftsvermittlung** eine **besondere Konsumentenschutzregelung** (Gesetz vom 9.3.1993 «tendant à réglementer et à contrôler les activités des entreprises de courtage matrimonial», geändert durch das Gesetz vom 11.4.1999). Wer als Ehe- oder Partnerschaftsvermittler tätig sein will, muss sich registrieren lassen. Für den Vertrag wird die Schriftform sowie ein bestimmter Mindestinhalt als Gültigkeitserfordernis vorgeschrieben. Ferner verfügt der Kunde über ein siebentägiges Widerrufsrecht. Die maximale Vertragsdauer beträgt ein Jahr, zudem ist eine vorzeitige Kündigung zu genau festgelegten Terminen möglich. Schliesslich wird zur Bekämpfung von Lockvogelinseraten vorgeschrieben, welche Angaben Inserate von Partnervermittlungsinstituten enthalten müssen. Der Vermittler muss die Zustimmung der inserierten Person zum Anzeigetext nachweisen können. Als Sanktionen drohen Busse und Gefängnis bis zu drei Jahren sowie das Verbot weiterer Vermittlungstätigkeit.

Art. 406*a*

A. Begriff und anwendbares Recht

[1] Wer einen Auftrag zur Ehe- oder zur Partnerschaftsvermittlung annimmt, verpflichtet sich, dem Auftraggeber gegen eine Vergütung Personen für die Ehe oder für eine feste Partnerschaft zu vermitteln.

[2] Auf die Ehe- oder die Partnerschaftsvermittlung sind die Vorschriften über den einfachen Auftrag ergänzend anwendbar.

A. Définition et droit applicable

[1] Le mandat visant à la conclusion d'un mariage ou à l'établissement d'un partenariat est un contrat par lequel le mandataire s'oblige envers le mandant, moyennant rémunération, à lui présenter des personnes en vue de la conclusion d'un mariage ou de l'établissement d'un partenariat stable.

[2] Les règles du mandat proprement dit sont applicables à titre supplétif à ce mandat.

A. Definizione e diritto applicabile

[1] Con l'accettazione di un mandato di mediazione matrimoniale o di ricerca di partner il mandatario si obbliga, contro rimunerazione, a presentare delle persone al mandante in vista di concludere un matrimonio o di allacciare una durevole relazione di coppia.

[2] Le norme del mandato propriamente detto sono applicabili a titolo suppletivo al mandato di mediazione matrimoniale o di ricerca di partner.

Literatur und Materialien

Dasser, Vertragstypenrecht im Wandel, Zürich/Baden-Baden 2000; vgl. die Literatur- und Materialienhinweise bei den Vorbem. zu Art. 406a–406h.

I. Gegenstand und anwendbares Recht

1 Beim Auftrag zur Ehe- oder zur Partnerschaftsvermittlung verpflichtet sich der Beauftragte, dem Auftraggeber gegen eine Vergütung Personen für die Ehe oder eine feste Partnerschaft zu präsentieren. Nach dieser, lediglich in der französischen Fassung enthaltenen Legaldefinition ist der Vertragsgegenstand die **entgeltliche Vermittlung von Personen für die Ehe oder für eine feste Partnerschaft**.

2 Vertragstypologisch unterscheidet sich der Auftrag zur Ehe- oder zur Partnerschaftsvermittlung in zweierlei Hinsicht von den übrigen Nominatverträgen des OR. Zum einen ist er auf ein **konkretes Sachgeschäft** ausgerichtet (die Vermittlung von Personen für die Ehe oder eine feste Partnerschaft), während die übrigen Nominatverträge vom konkreten Vertragsgegenstand weitgehend abstrahiert sind. Zum andern handelt es sich beim Auftrag zur Ehe- oder zur Partnerschaftsvermittlung um einen **funktionalen Typus**, dem sozialpolitische Überlegungen zugrunde liegen und nicht die traditionelle, begrifflich-klassifizierende Vertragstypologie. Dies bedeutet, dass es für den Typus des Auftrags zur Ehe- oder zur Partnerschaftsvermittlung nicht primär auf die Art der Leistung ankommt, sondern auf den Leistungszweck. Der Zweck der Leistung muss dem **sozialpolitischen Schutzgedanken** entsprechen, aus dem der Gesetzgeber den Auftrag zur Ehe- oder zur Partnerschaftsvermittlung normiert hat, unabhängig von der konkreten Vertragsgestaltung. Der Auftrag zur Ehe- oder zur Partnerschaftsvermittlung überlagert die traditionellen pandektistischen Vertragstypen (womit er sich in gesetzgeberische Akte wie die Regeln über den Abzahlungsvertrag, den Konsumkredit, die Haustürgeschäfte oder die Pauschalreise einreiht; eingehend zur Vertragstypologie in der neueren Gesetzgebung Dasser, N 221 ff.). Die vom Beauftragten zu erbringende Leistung kann deshalb sowohl auftragsrechtlicher als auch werkvertraglicher, mäklervertraglicher oder etwa mietvertraglicher oder kaufrechtlicher Art sein; solange sie darauf ausgerichtet ist, dem Auftraggeber gegen Entgelt eine Person für die Ehe oder eine feste Partnerschaft zu vermitteln, fällt sie unter die Art. 406a ff.

3 Von Bedeutung ist dies insb. für die ergänzende Anwendung des Nominattypenrechts. Selbst wenn der konkrete Vertrag nach Massgabe der geschuldeten Leistung eher einem anderen Ty-

pus als dem einfachen Auftrag entsprechen würde (z.B. dem Mäklervertrag bei der klassischen Heiratsvermittlung), finden aufgrund der ausdrücklichen Verweisung in Art. 406a Abs. 2 die **Vorschriften über den einfachen Auftrag ergänzend Anwendung** (und nicht jene des Mäklervertrags). Für das Auffinden der anwendbaren Rechtsnormen ist es deshalb nicht notwendig, die Verträge im Bereich der Ehe- und Partnerschaftsvermittlung in ihre verschiedenen Realtypen zu unterteilen. Dies bspw. im Gegensatz zum deutschen Recht, wo mit Blick auf die Abgrenzung von Dienstvertrag, Werkvertrag und Mäklervertrag und die Frage der Anwendbarkeit von § 656 BGB die Frage der typologischen Qualifikation von vorrangiger Bedeutung ist.

II. Begriffsmerkmale

1. Vermittlung

Der Begriff der Vermittlung, der sich lediglich in der deutschen Fassung von Abs. 1 findet und tautologisch als Pflicht zu vermitteln definiert wird, scheint dem Mäkler- und Agenturvertrag entlehnt. Beim Mäklervertrag bedeutet «vermitteln» die «bewusste, finale Herbeiführung der Abschlussbereitschaft des Vertragspartners des künftigen Hauptvertrages» (BGH, NJW-RR 1997, 884). Die Pflicht zu vermitteln ist deshalb qualitativ etwas anderes als der blosse Nachweis einer Vertragsgelegenheit (Schwerdtner, N 222; Entsprechendes gilt für den Agenturvertrag, vgl. ZK-Bühler, Art. 418a N 10). Daraus könnte gefolgert werden, dass nur Verträge, bei denen der Vermittler auf die zu vermittelnde Person einwirken muss, mit dem Auftraggeber eine Ehe oder eine feste Partnerschaft einzugehen, von Abs. 1 erfasst werden. Eine solche Interpretation wäre jedoch zu eng. Die französische und die italienische Fassung von Abs. 1 sprechen lediglich von «présenter des personnes» bzw. «presentare delle persone», was einen **blossen Nachweis** bedeutet. In der Vertragspraxis geht es denn auch meist nur um den blossen Nachweis, indem lediglich das Erarbeiten passender Partnervorschläge und die Bekanntgabe von Kontaktangaben geschuldet wird. Eine den blossen Nachweis nicht erfassende Regelung wäre toter Buchstabe. 4

Der **Begriff der Vermittlung** i.S.v. Abs. 1 ist deshalb **weit auszulegen**. Er umfasst insb. auch den blossen Nachweis, wie z.B. die Bekanntgabe von Name und Kontaktdaten (Adresse, Telefonnummer, E-Mail, usw.). Vorausgesetzt ist jedoch stets, dass sich der Beauftragte verpflichtet, dem Auftraggeber auf diesen **individuell zugeschnittene Partnervorschläge** zu unterbreiten. Wer bloss einen **«Club» für Freizeitgestaltung** betreibt und damit alleinstehenden Menschen die Gelegenheit bietet, selber andere Alleinstehende kennen zu lernen («Single-Club»), vermittelt nicht (LG Frankfurt, NJW-RR 1992, 312 f.). Ebenso wenig vermittelt, wer bloss eine **Online-Datenbank** bereitstellt, in die sich Interessenten eintragen und nach bestimmten Kriterien Abfragen durchführen können (Honsell, OR BT, 360). Zwar liesse sich das Ergebnis der Datenbankabfrage dem Bereitsteller der Datenbank im Sinne eines Nachweises zurechnen, doch beschränkt sich dessen Tätigkeit letztlich auf rein technische und administrative Belange, was auf Seiten des Interessenten keine die Ehe- und Partnerschaftsvermittlung kennzeichnende Vertrauensbasis begründet. Anders verhält es sich indessen, wenn bei der Datenbankabfrage die Treffer nach einem bestimmten Passensgrad vorgeschlagen werden, der auf Persönlichkeitsprofilen der Kunden basiert. Wenn der Kunde den Passensgrad nicht im Detail nachvollziehen und damit auch nicht bewusst beeinflussen kann, befindet er sich letztlich in einem Vertrauensverhältnis zum Plattformbetreiber wie der Kunde zum herkömmlichen Vermittler, weshalb die Anwendung der Art. 406a ff. in solchen Fällen gerechtfertigt ist (ähnlich Huguenin/Hunold, passim; **abl.** Rusch/Klaus, AJP 2011, 1571 ff.). 5

2. Ehevermittlung

6 Der Zweck der Ehevermittlung besteht darin, durch die Vermittlungstätigkeit des Beauftragten eine **Ehe** i.S.v. Art. 14 BV und der Art. 94 ff. ZGB zwischen dem Auftraggeber und der vermittelten Person herbeizuführen. Der Ehe gleichgestellt ist die **eingetragene Partnerschaft** i.S.v. des PartG (TERCIER/FAVRE, N 5492). Charakteristisch für die klassische Ehevermittlung oder Heiratsmaklerei ist die Vereinbarung eines Erfolgshonorars, das nur im Falle einer Eheschliessung geschuldet ist. Fehlt diese Erfolgskomponente, so spricht die deutsche Terminologie von einem Eheanbahnungsdienstvertrag (SCHWERDTNER, N 1021).

7 Die Ehevermittlung ist nur noch im transnationalen Bereich von **praktischer Bedeutung**. In Binnenverhältnissen wurde sie dagegen weitgehend von der Partnerschaftsvermittlung verdrängt.

3. Partnerschaftsvermittlung

8 Eine Partnerschaftsvermittlung i.S.v. Art. 406a liegt vor, wenn der Vertragszweck in der Vermittlung einer Person für eine **feste Partnerschaft** besteht. Im Gegensatz zur Ehe handelt es sich bei der festen Partnerschaft nicht um einen Rechtsbegriff. Wer einen festen Partner sucht, wünscht eine Person, die einem in allen Aspekten ihrer Persönlichkeit so zusagt, dass man mit ihr gemeinsam auf Dauer sein Leben gestalten will (BECKMANN, 21). Die feste Partnerschaft ist daher als **«höchstpersönliche, dauerhafte Lebensbeziehung»** (vgl. BGH, 4.3.2004 – III ZR 124/03) zu verstehen, deren rechtliche Ausgestaltung für den Vermittlungsvertrag irrelevant ist. Nach den Absichten des Gesetzgebers ist eine **weite Auslegung** angezeigt, die sämtliche Formen einer Lebensgemeinschaft zwischen zwei Personen erfasst (WERRO, N 983; CR CO I-WERRO, Art. 406a–406h N 3; HÜRLIMANN, 218). Stets muss aber die **Absicht fester Bindung** vorhanden und die Partnerschaft damit von vornherein **auf Dauer ausgerichtet** sein (HONSELL, OR BT, 359; GUHL/KOLLER/SCHNYDER/DRUEY, § 50 N 32). Nicht erforderlich ist hingegen die Absicht, eine gemeinsame Wohnung zu beziehen (vgl. BGE 125 I 54, 58; GUHL/KOLLER/SCHNYDER/DRUEY, § 50 N 32). Im Gegensatz zum Konkubinat, welches nach der h.L. nur heterosexuelle Beziehungen erfasst (BGE 118 II 235, 238; krit. WERRO, N 101 f.), kann eine feste Partnerschaft i.S.v. Abs. 1 auch zwischen **gleichgeschlechtlichen Paaren** bestehen (Botschaft 1995, 175).

9 Von der festen Partnerschaft abzugrenzen ist die Vermittlung **kurzfristiger Kontakte** (Hostessen, Begleitungen, usw.) und von **Personen für bestimmte gemeinsame Tätigkeiten** (Wander-, Spiel-, Tanzpartner, usw.). Beides fällt nicht in den Anwendungsbereich von Art. 406a (Botschaft 1995, 175; HONSELL, OR BT, 360). Wird im Vertrag der Zweck der Vermittlung allgemein und unbestimmt mit «Freizeitkontakt» umschrieben, so ist durch Auslegung zu ermitteln, ob die Parteien damit lediglich eine bestimmte gemeinsame Freizeitaktivität oder das gemeinsame Verbringen von Freizeit überhaupt in einer höchstpersönlichen Beziehung verstanden haben; letzterenfalls handelt es sich um eine Partnerschaftsvermittlung (vgl. BGH, 4.3.2004 – III ZR 124/03).

4. Leistung einer Vergütung

10 Die Verpflichtung des Auftraggebers zur Leistung einer Vergütung ist für den Auftrag zur Ehe- oder zur Partnerschaftsvermittlung **begriffswesentlich**. Sie ist notwendiger Vertragsinhalt (s. N 22). Das Gesetz verlangt keinen bestimmten Mindestbetrag, weshalb **auch Bagatellgeschäfte** von den Art. 406a ff. erfasst sind.

11 Auf die *unentgeltliche Vermittlung* sind die Art. 406a–406h nicht anwendbar. Hier liegt je nach vertraglicher Ausgestaltung ein einfacher Auftrag oder ein auftragsähnlicher Innominatvertrag vor.

III. Die Vertragsparteien

12 **Auftraggeber** kann wegen des persönlichen Charakters der Leistung nur eine natürliche Person sein (WERRO, N 984; TERCIER/FAVRE, N 5498). Ist diese unmündig oder entmündigt, bedarf sie zum Abschluss des Vertrags aufgrund dessen finanziellen Folgen der Zustimmung ihres gesetzlichen Vertreters (TERCIER/FAVRE, a.a.O.). Zwar ohne praktische Bedeutung, aber immerhin denkbar ist, dass der Auftraggeber um die Vermittlung einer Person nicht für sich selbst, sondern für einen Dritten ersucht. Insofern käme als Auftraggeber auch eine juristische Person in Betracht. Allerdings fallen solche Fälle der «Ehe- oder Partnerschaftsvermittlung zugunsten Dritter» nicht in den Anwendungsbereich der Art. 406a–406h, wie sich aus dem französischen Wortlaut von Abs. 1 («à lui [dem Auftraggeber] présenter des personnes») und aus Art. 406g Abs. 1 («auf die persönlichen Verhältnisse des Auftraggebers») ergibt. Zudem fehlt beim Auftraggeber, der nicht für sich selber einen Partner sucht, das psychische und emotionale Moment und damit die Rechtfertigung für den besonderen gesetzlichen Schutz.

13 **Beauftragter** kann sowohl eine natürliche Person als auch eine juristische Person oder eine Personengesellschaft sein (WERRO, N 984; TERCIER/FAVRE, N 5496). Zu den Besonderheiten im Zusammenhang mit dem Bewilligungserfordernis für die transnationale Ehe- und Partnerschaftsvermittlung s. Art. 406c N 16.

IV. Pflichtenstruktur des Auftrages zur Ehe- oder zur Partnerschaftsvermittlung

1. Pflichten des Beauftragten

a) Vertragsgemässe Vermittlung

14 Den Beauftragten trifft gem. Art. 406a Abs. 1 eine **Tätigkeitspflicht** (GUHL/KOLLER/SCHNYDER/DRUEY, § 50 N 34; HONSELL, OR BT, 361; WERRO, N 990). Er ist verpflichtet, dem Auftraggeber **geeignete Partnervorschläge** in der vertraglich festgelegten Quantität, Qualität und Periodizität zu unterbreiten und allfällige weitere vereinbarte Leistungen zu erbringen, wie etwa die Anfertigung eines Persönlichkeitsprofils oder von Foto- bzw. Filmportraits, das Verfassen von Liebesbriefen, die Aufgabe von Zeitungsannoncen, die Organisation und Durchführung von Nachtessen, Veranstaltungen, Kontaktseminaren, Reisen, Beratungsgesprächen usw. (HONSELL, OR BT, 361).

15 Der Beauftragte schuldet **keinen Erfolg**, sondern nur eine auf die Herbeiführung einer Ehe oder einer festen Partnerschaft gerichtete Tätigkeit (HONSELL, OR BT, 362). Mit der Unterbreitung geeigneter Partnervorschläge hat der Beauftragte den Auftrag erfüllt, auch wenn es zwischen dem Auftraggeber und der zu vermittelnden Person nicht zu einer Ehe oder festen Partnerschaft kommt (GUHL/KOLLER/SCHNYDER/DRUEY, § 50 N 339; Handkomm-OR-SCHWANDER, N 3; Botschaft 1995, 175). Ob sich zwischen dem Auftraggeber und der vermittelten Person eine Ehe oder eine feste Partnerschaft ergibt, liegt ausserhalb des Einflussbereichs des Beauftragten. Gibt dieser eine **«Erfolgsgarantie»** ab, so verspricht er etwas für ihn Unmögliches und handelt damit unlauter i.S.v. Art. 3 lit. b UWG.

16 Der Beauftragte schuldet stets auf die Person des Auftraggebers zugeschnittene Partnervorschläge. Hierfür muss er die **persönlichen Lebensumstände beider Personen im erforderlichen Umfang feststellen** und bei der Partnerwahl angemessen, insb. unter dem Gesichtspunkt der Übereinstimmung, berücksichtigen (SCHWERDTNER, N 1063). Ein Partnervorschlag ist dann **geeignet**, wenn die vorgeschlagene Person grundsätzlich zur Eingehung einer Ehe oder einer festen Partnerschaft gewillt ist und die vom Auftraggeber definierten Eigenschaften aufweist. Diese Eigenschaften müssen entweder objektiv bestimmbar sein (wie z.B. Geschlecht, Alter, Grösse, Bildung, Kinder, Raucher bzw. Nichtraucher, Ortsgebundenheit usw.), oder es muss sich um innere Merkmale (wie z.B. kinderliebend, unternehmungslustig oder reisefreudig zu sein, Hobbys, usw.) handeln, die sich zumindest durch Be-

fragung der zu ermittelnden Person feststellen lassen. Dazu gehören auch Angaben über körperliche Leiden (OLG Koblenz, NJW-RR 1993, 888, 889). Rechtstechnisch handelt es sich um Weisungen, an die der Beauftragte gem. Art. 397 Abs. 1 gebunden ist.

17 Partnervorschläge, die nicht die definierten objektiven Eigenschaften aufweisen, sind ungeeignet und stellen eine **Schlechtleistung** des Beauftragten dar. Gibt der Auftraggeber etwa an, ortsgebunden zu sein und mit seiner gewünschten Partnerin zusammenleben zu wollen, so kommen als Vorschlag nur Personen in Betracht, die entweder in der näheren Umgebung des Auftraggebers wohnen oder die bereit sind, ihren bisherigen Wohnort aufzugeben; letzteres hat der Beauftragte aufgrund seiner Sorgfaltspflicht (s. N 18) nötigenfalls abzuklären (BezGerPräs Landquart, 27.5.2003, E. 4.b [nicht publ.]). Bei Personen, die den objektiven Kriterien entsprechen, hat der Beauftragte sodann zu prüfen, ob auch die geforderten inneren Merkmale vorhanden sind. Hierbei verfügt der Beauftragte über einen gewissen, im Rahmen seiner Sorgfaltspflicht auszuübenden Ermessensspielraum.

18 Der Beauftragte haftet für **sorgfältige und getreue Ausführung** (Art. 398 Abs. 2). Das Mass der Sorgfalt bestimmt sich dabei nach objektiven Kriterien. Massgebend ist ein **berufsspezifisches Durchschnittsverhalten** (BK-Fellmann, Art. 398 N 486). Aus dem insoweit massgebenden **Erwartungshorizont des Auftraggebers** (BK-Fellmann, Art. 398 N 494) folgt, dass der Beauftragte nicht bloss aufgrund von Äusserlichkeiten entscheiden darf, sondern die Person in ihrer Ganzheit zu erfassen und im Hinblick auf ihre Eignung zu würdigen hat. Auch darf sich der Beauftragte hinsichtlich der inneren Eigenschaften nicht ohne weiteres auf die Angaben der betreffenden Person im Fragebogen verlassen. Einerseits stellen sich Partnersuchende oft in einem beschönigenden Licht dar, andererseits besteht die Gefahr der Fehleinschätzung der eigenen Person. Der Beauftragte ist deshalb verpflichtet, sich ein eigenes Bild von der betreffenden Person zu machen und dieses seiner Beurteilung zu Grunde zu legen.

b) Nebenpflichten

19 Für die Nebenpflichten des Beauftragten gelten grundsätzlich die allgemeinen Bestimmungen des Auftragsrechts (Art. 397–401). Von besonderer Bedeutung ist die **Aufklärungspflicht** des Beauftragten. Hinsichtlich **besonderer Schwierigkeiten**, die im Hinblick auf die persönlichen Verhältnisse des Auftraggebers bei der Auftragserfüllung auftreten können, ist sie in Art. 406g Abs. 1 ausdrücklich verankert (s. dort). Der Beauftragte muss auf Verlangen des Auftraggebers wahrheitsgemäss Auskunft darüber geben, wie viele Partnersuchende er in seiner Kartei führt und wie sich diese zusammensetzt, namentlich hinsichtlich Geschlecht und sozialer Struktur (Börstinghaus, N 6). Entspricht eine Person nicht vollumfänglich den verlangten objektiven Kriterien oder fehlen gewünschte innere Eigenschaften, so hat der Beauftragte den Auftraggeber darüber zu informieren. Der Auftraggeber kann dann entscheiden, ob er den Vorschlag als vertragsgemäss akzeptieren will oder nicht. Ferner hat der Beauftragte bei **risikobelasteten Vorschlagspartnern** den Auftraggeber über die daraus sich ergebenden **Gefahren** aufzuklären (Honsell, OR BT, 362; BGHZ 25, 124 – Schadenersatz wegen Vermittlung eines vermögenslosen und u.a. wegen Bigamie und unberechtigter Führung von Titeln vorbestraften Metzgers, der von der Auftraggeberin uneinbringliche Darlehen erschwindelte). Im Bereich der transnationalen Ehe- und Partnerschaftsvermittlung ist der Beauftragte u.a. verpflichtet, über eine allfällige **Visumspflicht und damit verbundene Schwierigkeiten** zu informieren (Begleitbericht, N 11).

20 Art. 406g Abs. 2 unterstellt den Beauftragten einer besonderen **Diskretionspflicht** (s. dort).

21 Als Ausfluss seiner Treuepflicht ist der Beauftragte zur **Vermeidung von Interessenkollisionen** verpflichtet (Art. 398 N 15). Dies ist namentlich mit Bezug auf den Tatbestand der ***Doppelvertretung*** *von Bedeutung*. Diese ist insofern verpönt, als der Beauftragte gegensätzliche Interessen zu wahren hat und dieser Sachverhalt weder dem Willen des Auftraggebers entspricht noch nachträglich genehmigt wird (statt vieler Hofstetter, SPR VII/6, 106 f.

m.w.Nw.). Bei der Ehe- und Partnerschaftsvermittlung ist die Doppelvertretung hingegen weit verbreitet und **unproblematisch**, weil die Interessen des Auftraggebers und der zu vermittelnden Person parallel verlaufen. Beider Interesse ist auf den Erhalt geeigneter Partnervorschläge gerichtet und muss vom Beauftragten ohnehin unter dem Gesichtspunkt der Übereinstimmung angemessen berücksichtigt werden. Es ist daher von der grundsätzlichen **Zulässigkeit der Doppelvertretung** auszugehen (ähnlich GUHL/KOLLER/SCHNYDER/DRUEY, § 50 N 34; CR CO I-WERRO, Art. 406a–406h N 10).

2. Pflichten des Auftraggebers

a) Leistung einer Vergütung (Abs. 1)

Die **Hauptleistungspflicht** des Auftraggebers ist die Pflicht zur **Zahlung einer Vergütung** für die vertragsgemässe Arbeitsleistung des Beauftragten (Art. 406a Abs. 1). Die Vergütungspflicht ist notwendiger Vertragsinhalt, wobei Art. 406d Ziff. 2 zudem verlangt, dass die **Höhe der Vergütung** von vornherein vertraglich festgelegt wird. 22

Die **Art der Vergütung** unterliegt freier Parteivereinbarung. Es gelten die allgemeinen Grundsätze des Auftragsrechts (s. Art. 394 N 40). Bei der Ehe- und Partnerschaftsvermittlung verbreitet ist die Vereinbarung einer **Vorauszahlung**, also einer Vorleistungspflicht des Auftraggebers (zu den Hintergründen s. Vor Art. 406a–406h N 1 f.). Dies ist auch nach der Neuregelung zulässig, doch darf der Beauftragte gem. Art. 406e Abs. 2 die Vorauszahlung erst nach Ablauf der siebentägigen Widerrufsfrist entgegennehmen (s. Art. 406e N 18 ff.). Ferner wird **in den Vermittlungsverträgen häufig vereinbart**, dass der Auftraggeber unmittelbar nach Vertragsschluss eine **Einschreibegebühr** (dazu Art. 406d N 7) zu entrichten hat und für konkrete Partnervorschläge eine zusätzliche Geldzahlung bei deren Abruf schuldet. Art. 406d Ziff. 2 verlangt diesbezüglich, dass in der Vertragsurkunde transparent festgehalten wird, welchem Betrag welche Leistungen zu Grunde liegen (s. Art. 406d N 5 ff.). 23

Ist ein **Erfolgshonorar** vereinbart, so ist dieses erst geschuldet, wenn es zwischen dem Auftraggeber und der vermittelten Person zu einem Eheschluss oder einer festen Partnerschaft kommt und dies mit den Bemühungen des Beauftragten ursächlich zusammenhängt. An einer solchen Kausalität fehlt es bspw., wenn der Auftraggeber die zu vermittelnde Person zufällig in den Räumlichkeiten des Beauftragten kennen lernt, ohne dass sie vom Beauftragten einander vorgestellt wurden (BezGer ZH, 28.6.2000, E. 2.3.2 [nicht publ.]). Lehnt der Auftraggeber einen Partnervorschlag ab, so stellt dies keine treuwidrige Verhinderung des Bedingungseintritts für das Erfolgshonorar dar; aufgrund seines Persönlichkeitsrechts ist der Auftraggeber nicht verpflichtet, einen ihm unterbreiteten Partnervorschlag wahrzunehmen (OLG Koblenz, NJW-RR 1993, 888, 889; SCHWERDTNER, N 1055). Ist vereinbart, dass das Beziehen einer gemeinsamen Wohnung oder die Aufnahme eheähnlicher Beziehungen als Erfolg gilt, so reicht hierfür ein kurzfristiger, nur wenige Tage umfassender Aufenthalt der vermittelten Person in der Wohnung des Auftraggebers nicht aus, selbst wenn es zum Geschlechtsverkehr gekommen ist; erforderlich ist vielmehr, dass die vermittelte Person vom Auftraggeber über die Phase des gegenseitigen Kennenlernens hinaus akzeptiert wird (OLG Koblenz, NJW-RR 1993, 888, 889). 24

b) Weitere Zahlungspflichten (Art. 402)

Aufgrund des subsidiär anwendbaren Auftragsrechts hat der Beauftragte grundsätzlich Anspruch auf **Ersatz der Auslagen und Verwendungen** und auf **Befreiung von den eingegangenen Verbindlichkeiten** (Art. 402 Abs. 1). Die Zahlungspflicht des Auftraggebers ist jedoch auf den in der Vertragsurkunde festgelegten Höchstbetrag begrenzt (s. Art. 406d N 7 und 20). Der Anspruch des Beauftragten besteht folglich nur insoweit, als die **materiellen Voraussetzungen gem. Art. 402 Abs. 1 und die formellen Voraussetzungen gem. Art. 406d Ziff. 2** erfüllt sind. Die Vereinbarung eines Höchstbetrags hat daher nicht zur Folge, dass der Auf- 25 traggeber dem Beauftragten auch solche Auslagen und Verwendungen zu ersetzen hat, für die dem Beauftragten gem. Art. 402 Abs. 1 kein Ersatzanspruch zusteht (so aber CR CO I-Werro, Art. 406a–406h N 15).

26 Die **Schadenersatzpflicht** des Auftraggebers richtet sich nach Art. 402 Abs. 2.

c) Nebenpflichten

27 Den Auftraggeber treffen von Fall zu Fall unterschiedliche vorvertragliche, vertragliche oder aus Treu und Glauben fliessende **Sorgfalts-, Informations-, Diskretions- und sonstige Mitwirkungspflichten und Obliegenheiten** (Honsell, OR BT, 362; Gilles, Ehevermittlung, N 25).

28 Der Auftraggeber ist insb. zu **wahren und vollständigen Angaben hinsichtlich seiner Person und Verhältnisse** verpflichtet (Schwerdtner, N 1065). Über vermittlungsrelevante Veränderungen während der Vertragsdauer (z.B. Stellenverlust oder Krankheit) muss er den Beauftragten umgehend in Kenntnis setzen (s. Art. 406g N 6). Gleiches gilt, wenn der Auftraggeber am Kennenlernen weiterer Vorschlagspartner nicht mehr interessiert ist (Honsell, OR BT, 364 m.w.Nw.).

29 Im Umgang mit den ihm überlassenen Partnervorschlägen, Anschriften, Fotos etc. ist der Auftraggeber zur **Diskretion** verpflichtet (Schwerdtner, N 1065 f.; Gilles, Ehevermittlung, N 25).

V. Vertragsbeendigung

1. Beendigungsgründe

30 Für die **Beendigung** des Auftrags zur Ehe- oder zur Partnerschaftsvermittlung gelten gem. Art. 406a Abs. 2 grundsätzlich die Art. 404 und 405 (Hofstetter, SPR VII/6, 152).

31 Ist eine bestimmte **Vertragsdauer vereinbart**, endigt der Auftrag zur Ehe- oder zur Partnerschaftsvermittlung mit deren **Ablauf**. Ebenfalls zur Beendigung führt die **Eingehung einer Ehe oder die Begründung einer festen Partnerschaft** aufgrund einer erfolgreichen Vermittlung, weil damit der Vertragszweck erreicht ist. Der Vertrag endigt in diesem Fall selbst dann, wenn der Auftraggeber noch nicht sämtliche verabredeten Partnervorschläge abgerufen hat (Börstinghaus, N 99; LG Hamburg, NJW-RR 1993, 759 f.). Weil die Leistungspflicht des Beauftragten mit ihrer Erfüllung erlischt, handelt es sich beim Auftrag zur Ehe- oder zur Partnerschaftsvermittlung nicht um ein Dauerschuldverhältnis (Gauch, Der Auftrag, der Dauervertrag und Art. 404 OR – Ein Kurzbeitrag zur Rechtsprechung des BGer, SJZ 2005, 520 ff. FN 13).

32 Sowohl dem Auftraggeber als auch dem Beauftragten steht das Recht zu, gem. Art. 404 Abs. 1 den Vertrag **jederzeit und entschädigungslos zu widerrufen bzw. zu kündigen** (**a.A.** Tercier, SJZ 2000, 323, der ein Kündigungsrecht des Beauftragten ablehnt). Für das Widerrufsrecht des Auftraggebers bestimmt Art. 406d Ziff. 7 ausdrücklich dessen zwingenden Charakter; für das Kündigungsrecht des Beauftragten folgt dies aus der bundesgerichtlichen Rechtsprechung zu Art. 404 (s. Art. 404 N 9 ff.). Abweichend von Art. 404 Abs. 1 bedürfen Widerruf und Kündigung jedoch der Schriftform (Art. 406f). Eine **Kündigung zur Unzeit** verpflichtet die kündigende Partei zu Schadenersatz (Art. 404 Abs. 2 i.V.m. Art. 406a Abs. 2; s. Art. 404 N 16 ff.).

33 Aus der Natur des Geschäfts folgt, dass der **Tod des Auftraggebers** stets zur Beendigung des Vertrages *führt (Börstinghaus*, N 102; AmtsGer Dortmund, NJW-RR 1991, 689), nicht zwingend jedoch dessen **Handlungsunfähigkeit** oder **Konkurs** (vgl. BK-Fellmann, Art. 405 OR N 85 ff.).

2. Rückforderung von Vorschüssen und Vorauszahlungen

Wird der Vertrag vom Auftraggeber vorzeitig nach Art. 404 bzw. 406d Ziff. 7 aufgelöst, so muss dieser nur die vom Beauftragten bis zur Kündigung erbrachten Leistungen vergüten (GMÜR, N 464; BK-FELLMANN, Art. 394 N 552 f. je m.w.Nw.). Grundsätzlich können allfällige **Vorschüsse und Vorauszahlungen** vom Auftraggeber insoweit **zurückgefordert** werden, als der Vorschuss den Wert des zu vergütenden Arbeitsaufwandes übersteigt (DERENDINGER, N 431). Mit Bezug auf die Partnervorschläge richtet sich der Vergütungsanteil nach der Zahl der übermittelten Vorschläge im Verhältnis zur vereinbarten Gesamtzahl. Bei Zahlungen, welche sich auf die gesamte Vertragsdauer beziehen, wie namentlich sog. Vorlaufkosten, besteht der Rückforderungsanspruch **pro rata temporis** (vgl. BGH, NJW 1991, 2763 f.). **34**

Art. 406d Ziff. 7 verbietet es dem Beauftragten, vom Auftraggeber eine Entschädigung für die vorzeitige Vertragskündigung zu verlangen. Dies schliesst auch indirekte Entschädigungen in Form von **Rückforderungsausschlussklauseln** aus. Der Vorschuss ist in solchen Fällen als unzulässiges Haftgeld zu betrachten, das bei Kündigung die Funktion einer zum Voraus entrichteten und kumulativ geschuldeten Konventionalstrafe hat (AmtsGer Sursee, 24.4.1996, E. 4 [01 95 198 127, nicht publ.]). Dasselbe gilt nach der Rechtsprechung für **Einschreibegebühren**, die im Falle einer vorzeitigen Vertragskündigung uneingeschränkt und voraussetzungslos, d.h. ohne den Nachweis effektiver und wegen der Vertragsauflösung nutzlos gewordener Aufwendungen, geschuldet sind (KGE SG, SJZ 84 [1988] 66 = SGGVP 1987 Nr. 33; KGE NW, 4/00 ZP vom 19.10.2000, E. 2d [nicht publ.]; AmtsGer Sursee, 24.4.1996, E. 4 [01 95 198 127, nicht publ.]). Einschreibegebühren sind deshalb ebenfalls nur pro rata temporis zu berücksichtigen, wobei aber dem Beauftragten der Nachweis höherer Kosten offen zu lassen ist (so BGH, NJW 1991, 2763 f.). **35**

Art. 406*b*

B. Vermittlung von oder an Personen aus dem Ausland
I. Kosten der Rückreise

1 Reist die zu vermittelnde Person aus dem Ausland ein oder reist sie ins Ausland aus, so hat ihr der Beauftragte die Kosten der Rückreise zu vergüten, wenn diese innert sechs Monaten seit der Einreise erfolgt.

2 Der Anspruch der zu vermittelnden Person gegen den Beauftragten geht mit allen Rechten auf das Gemeinwesen über, wenn dieses für die Rückreisekosten aufgekommen ist.

3 Der Beauftragte kann vom Auftraggeber nur im Rahmen des im Vertrag vorgesehenen Höchstbetrags Ersatz für die Rückreisekosten verlangen.

B. Présentation de personnes venant de l'étranger ou s'y rendant
I. Frais du voyage de rapatriement

1 En cas de présentation de personnes venant de l'étranger ou s'y rendant, le mandataire est tenu de rembourser les frais de rapatriement si le voyage de retour est entrepris dans les six mois qui suivent l'arrivée.

2 Si la collectivité publique a supporté les frais de rapatriement, elle est subrogée aux prétentions des personnes présentées contre le mandataire.

3 Le mandant n'est tenu de rembourser au mandataire les frais de rapatriement que jusqu'à concurrence du montant maximum prévu par le contrat.

B. Mediazione di o per persone all'estero
I. Spese del viaggio di ritorno

1 Se la persona da presentare al mandante arriva dall'estero o si reca all'estero, il mandatario deve rimborsarle le spese del viaggio di ritorno che ha luogo entro sei mesi dall'arrivo.

2 La pretesa della persona da presentare al mandante nei confronti del mandatario passa all'ente pubblico con tutti i diritti, se quest'ultimo ha sostenuto le spese per il viaggio di ritorno.

3 Il mandatario può chiedere al mandante la restituzione delle spese per il viaggio di ritorno solo fino all'importo massimo previsto nel contratto.

Literatur und Materialien

Vgl. die Hinweise bei den Vorbem. zu Art. 406a–406h.

I. Allgemeines. Normzweck

1 Die Vorschrift gewährt in Abs. 1 der zu vermittelnden Person, die aus dem Ausland in die Schweiz ein- oder von der Schweiz ins Ausland ausreist, einen **gesetzlichen Anspruch** gegenüber dem Beauftragten (Vermittler) **auf Bezahlung der Rückreisekosten**, sofern die Rückreise innert sechs Monaten seit der Hinreise erfolgt. Dieser Anspruch geht auf dem Wege der **Subrogation** auf das Gemeinwesen über, wenn dieses für die Rückreisekosten aufgekommen ist (Abs. 2). Der Beauftragte seinerseits kann zwar beim Auftraggeber **Regress** nehmen, allerdings nur bis zu dem in der Vertragsurkunde vorgesehenen Höchstbetrag (Abs. 3). Mit dieser Regelung wird in erster Linie der Beauftragte in die Pflicht genommen.

2 **Hintergrund** dieser Regelung ist die gängige Praxis in der transnationalen Ehevermittlung, bei der die zu vermittelnden Personen, i.d.R. Frauen aus Drittweltländern oder Osteuropa, für die Dauer eines Touristenvisums von drei Monaten vom Vermittler in die Schweiz eingeladen werden, um eine «Probezeit» beim Auftraggeber zu verbringen. Bei gewissen Vermittlern ist es üblich, dass der Auftraggeber gleich mehrere Frauen zur Ansicht einreisen lässt. Während die Kosten der Hinreise und des Aufenthalts während der «Probezeit» regelmässig durch hohe Vorschüsse vom Auftraggeber erbracht werden, fehlt es den zu vermittelnden Frauen an den finanziellen Mitteln für die Rückreise. Kommt es nicht zu einer Heirat zwischen dem Auftraggeber und der zu vermittelnden Person und kann diese auch nicht an einen anderen Kunden vermittelt werden, muss in den meisten Fällen das Gemeinwesen für die Rückreisekosten aufkommen. Im schlimmeren Fall bleiben die Frauen illegal in der Schweiz und rutschen oftmals in die Prostitution ab (s. Votum Christiane Brunner, AmtlBull StR 1996, 774).

3 Die Bestimmung wurde erst in der parlamentarischen Beratung in das Gesetz aufgenommen und bildet zusammen mit Art. 406c eine **Sonderregelung** für die transnationale Ehe- und Partnerschaftsvermittlung. Während die übrigen Bestimmungen über den Auftrag zur Ehe- oder zur Partnerschaftsvermittlung ausschliesslich den Schutz des Auftraggebers bezwecken, ist das Ziel der Sonderregelung auch ein **verbesserter Schutz der zu vermittelnden Person**. Der **Anwendungsbereich** der Vorschrift ist nicht deckungsgleich mit jenem von Art. 406c. Im Gegensatz zur Bewilligungspflicht ist für den Anspruch auf Vergütung der Rückreisekosten eine berufsmässige Vermittlung nicht vorausgesetzt (Honsell, OR BT, 364).

II. Anspruch der zu vermittelnden Person auf Vergütung der Rückreisekosten (Abs. 1)

1. Anspruchsvoraussetzungen

4 Die zu vermittelnde Person muss **aus dem Ausland ein- oder ins Ausland ausreisen**. Entscheidend ist der unterschiedliche Wohnsitz oder gewöhnliche Aufenthaltsort des Auftraggebers und der zu vermittelnden Person einmal in der Schweiz und einmal im Ausland. Auf die Staatsangehörigkeit kommt es nicht an (Begleitbericht, N 2; Werro, N 1033).

5 Weiter ist verlangt, dass die **Ein- bzw. Ausreise zum Zwecke der Vermittlung für eine Ehe oder eine feste Partnerschaft** i.S.v. Art. 406a Abs. 1 erfolgt.

6 Der massgebende **Zeitpunkt für die Entstehung des Anspruchs** ist bei der Vermittlung einer Person aus dem Ausland deren Einreise in die Schweiz, bei der Vermittlung einer Person aus der Schweiz deren Ausreise ins Ausland.

7 Schliesslich muss die **Rückreise innert sechs Monaten seit der Einreise bzw. Ausreise** (Hinreise) erfolgen. Die Frist beginnt mit dem Tag der Hinreise zu laufen. Bei mehreren aufeinander folgenden Ein- und Ausreisen ist für den Fristbeginn die letzte, vom Beauftragten veranlasste oder angeregte Hinreise massgebend. Die Frist endet mit demjenigen Tag des sechsten Monats, der durch seine Zahl dem Tag der Hinreise entspricht (Art. 77 Abs. 2 Ziff. 3 i.V.m. Art. 77 Abs. 3). Verlangt ist nach dem Wortlaut von Abs. 1 die tatsächliche Rückreise

innert der erwähnten Frist. Dies soll auch darauf hinwirken, dass der Aufenthalt der zu vermittelnden Person in der Schweiz nach Ablauf ihres Touristenvisums rasch beendet wird. Problematisch an dieser Regelung ist, dass eine Rückreise innert der Sechs-Monats-Frist wegen der Kostenfolgen weder im Interesse des Beauftragten noch des Auftraggebers ist. Es besteht deshalb die Gefahr, dass der Beauftragte die Vergütung der Rückreisekosten verweigert, um auf diese Weise die rechtzeitige Rückreise zu verunmöglichen. In solchen Fällen ist es gerechtfertigt, in analoger Anwendung von Art. 156 die Frist auch bei einer Rückreise nach den sechs Monaten als eingehalten zu betrachten. Scheitert die rechtzeitige Rückreise hingegen aus einem anderen Grund, den nicht der Beauftragte zu vertreten hat, wie etwa fehlende Flugkapazitäten oder Reiseunfähigkeit der zu vermittelnden Person, so verhindert dies den Untergang des Anspruchs nicht. Die Rechtzeitigkeit der Rückreise liegt grundsätzlich im Verantwortungsbereich der zu vermittelnden Person und nicht des Beauftragten.

2. Anspruchsgegner

Der Anspruch richtet sich gegen den Beauftragten. Es handelt sich dabei um einen **gesetzlichen Anspruch**, der weder eine vertragliche Beziehung zwischen der zu vermittelnden Person und dem Beauftragten voraussetzt noch einen gültigen Vermittlungsvertrag zwischen dem Beauftragten und dem Auftraggeber (Begleitbericht, N 17; GUHL/KOLLER/SCHNYDER/DRUEY, § 50 N 39; HONSELL, OR BT, 364). Die vom Gesetz verwendete Terminologie ist unpräzis. Statt vom Beauftragten müsste die Bestimmung vom Vermittler sprechen, denn massgebend ist allein, wie dieser gegenüber der zu vermittelnden Person auftritt, und nicht das Bestehen einer vertraglichen Beziehung. 8

Die Vorschrift begründet **keinen Anspruch** der zu vermittelnden Person **gegenüber dem Gemeinwesen** (Begleitbericht, N 17). 9

3. Umfang des Vergütungsanspruchs

Die Vorschrift spricht lediglich von den **Kosten der Rückreise**. Diese können jedoch je nach Transportmittel und Preiskategorie erheblich variieren, so dass sich die Frage stellt, was vom Beauftragten effektiv zu bezahlen ist. 10

Abzustellen ist auf den Erwartungshorizont der zu vermittelnden Person nach Massgabe des Vertrauensprinzips. Mangels besonderer Vereinbarung (dazu N 23 f.) hat diese daher grundsätzlich Anspruch auf eine **qualitativ gleichwertige Rückreise wie die Hinreise**, im Minimum aber auf einen Flug in der Touristenklasse oder, im benachbarten Ausland, ein Bahnbillett 2. Klasse. Aus ihrer Schadensminderungspflicht folgt, dass die zu vermittelnde Person im Rahmen des Zumutbaren das jeweils günstigste ihr zumutbare Angebot wählen muss. Fehlt es jedoch an einer Aufenthaltsberechtigung, so besteht ein Anspruch auf Vergütung des zeitlich nächsten Rückreiseangebots, weil ein Aufenthalt ohne Berechtigung, also ein widerrechtliches Verhalten, nicht verlangt werden darf. Damit wird auch ein gewisser Anreiz für den Beauftragten geschaffen, entsprechende Vorkehrungen für eine Rückreise vor Ablauf der Aufenthaltsberechtigung zu treffen. 11

Wurde die zu vermittelnde Person auf der Hinreise von einem oder mehreren **Kindern** begleitet, für die sie unterstützungspflichtig ist, so sind die **Kosten für eine gemeinsame Rückreise** zu erstatten. 12

III. Übergang des Vergütungsanspruchs auf das Gemeinwesen (Abs. 2)

1. Zweck und Rechtsnatur

Die zu vermittelnde Person hat keinen Rechtsanspruch gegenüber dem Gemeinwesen auf Vergütung ihrer Rückreisekosten. Dennoch gehen diese häufig zu Lasten des Gemeinwesens, 13 insb. bei der behördlichen Rückschaffung mittelloser Personen, obwohl die Zahlungspflicht hierfür gemäss Abs. 1 beim Beauftragten liegt. Kommt der Beauftragte seiner Zahlungspflicht nicht nach, so ist ihm das Anfallen der Rückreisekosten beim Gemeinwesen nach dem Gedanken des **öffentlich-rechtlichen Verursacherprinzips** zuzurechnen. Abs. 2 bestimmt deshalb, dass der Anspruch der zu vermittelnden Person mit allen Rechten auf das Gemeinwesen übergeht, wenn dieses für die Rückreisekosten aufgekommen ist.

14 Der Übergang des Vergütungsanspruchs auf das Gemeinwesen ist gesetzliche **Subrogation oder Legalzession** i.S.v. Art. 166. Die Vorschrift gewährt dem Gemeinwesen hingegen **keinen eigenen Anspruch** gegenüber dem Beauftragten. Auch ändert sich nichts an der privatrechtlichen Natur des Anspruchs.

15 Die Subrogation erfolgt **nur zugunsten des Gemeinwesens**, nicht aber zugunsten anderer Personen, die für die Rückreisekosten aufgekommen sind.

2. Das Gemeinwesen

16 Gemeint ist diejenige **öffentlich-rechtliche Körperschaft**, die für die Rückreisekosten aufgekommen ist. In der Regel handelt es sich dabei um den Kanton, wenn es um den Vollzug des AuG geht.

3. Voraussetzung der Subrogation

17 Nach der Vorschrift setzt die Subrogation lediglich voraus, dass das **Gemeinwesen** ganz oder anteilsmässig für die Rückreisekosten **aufgekommen** ist. Eine Ankündigung der Kostenübernahme oder eine vorgängige Zahlungsaufforderung gegenüber dem Beauftragten ist nicht erforderlich.

4. Gegenstand und Wirkungen der Subrogation

18 **Gegenstand** der Subrogation ist der **Anspruch der zu vermittelnden Person** gemäss Abs. 1. Das Gemeinwesen kann deshalb vom Beauftragten die Vergütung der Rückreisekosten nur in dem Umfang verlangen, wie es auch die zu vermittelnde Person könnte (s. N 9 f.). Sind mit einer behördlichen Ausschaffung höhere Kosten verbunden, können diese gestützt auf Art. 406b Abs. 2 daher nicht auf den Beauftragten überwälzt werden.

19 Bezahlt das Gemeinwesen nur einen **Teil der Rückreisekosten**, so findet nur im entsprechenden Umfang eine Subrogation statt; der Rest der Forderung sowie der entsprechende Anteil an der Kaution verbleibt bei der zu vermittelnden Person. Sollte die Kaution keine ausreichende Deckung zur Befriedigung beider Teilforderungen bieten, geht der Anspruch der zu vermittelnden Person vor (*nemo subrogat contra se*; vgl. SCHWENZER, N 7.34).

20 Der Anspruch der zu vermittelnden Person geht **mit allen Rechten** auf das Gemeinwesen über. Vom Übergang erfasst ist damit insb. auch das **Recht auf Freigabe der Kaution** gem. Art. 10 Abs. 1 VO (s. Art. 406c N 20).

21 Der Übergang des Anspruchs erfolgt, sobald und soweit das Gemeinwesen für die Rückreisekosten der zu vermittelnden Person aufgekommen ist. Als Folge davon **verliert die zu vermittelnde Person ihren Anspruch** gegen den Beauftragten im entsprechenden Umfang. Diese Wirkung tritt von Gesetzes wegen ein, ohne dass es entsprechender Erklärungen des Gemeinwesens oder der zu vermittelnden Person bedarf. Gegenüber dem Beauftragten wirkt die Subrogation aber erst, wenn sie ihm angezeigt wird (Art. 167; vgl. BGE 115 II 468, 472). Dabei genügt es, wenn dem Beauftragten die Tatsache der behördlichen Rückschaffung mitgeteilt wird, um dessen guten Glauben in die Anspruchsberechtigung der zu vermittelnden Person zu beseitigen.

IV. Regressanspruch des Beauftragten gegenüber dem Auftraggeber (Abs. 3)

Trägt der Beauftragte die Kosten für die Rückreise der zu vermittelnden Person, so handelt es sich dabei grundsätzlich um Auslagen i.S.v. Art. 402 Abs. 1. In Abweichung von dieser Norm bestimmt Art. 406b Abs. 3 jedoch, dass dem Beauftragten ein Ersatzanspruch für die Rückreisekosten **nur im Rahmen des in der Vertragsurkunde vorgesehenen Höchstbetrages** zusteht (s. Art. 406d Ziff. 3 und Art. 406d N 8). 22

Damit statuiert Abs. 3 eine **formelle Voraussetzung** für das Bestehen und den Umfang des Ersatzanspruches, die in Art. 402 Abs. 1 nicht enthalten ist. In **materieller Hinsicht** äussert sie sich zum Ersatzanspruch nicht, so dass diesbezüglich weiterhin Art. 402 Abs. 1 Anwendung findet (**a.A.** wohl GUHL/KOLLER/SCHNYDER/DRUEY, § 50 N 40). Zusätzlich zur formellen Schranke kann der Beauftragte vom Auftraggeber deshalb nur dann Ersatz für die Rückreisekosten der zu vermittelnden Person verlangen, wenn diese **«in richtiger Ausführung des Auftrages»** angefallen sind. Daran fehlt es namentlich, wenn vereinbart ist, dass die zu vermittelnde Person ihren Wohnsitz oder Aufenthalt im selben Land haben muss wie der Auftraggeber. Ferner darf es sich nicht um eine **unnötig teure Rückreise** handeln, weil der Beauftragte an den Grundsatz der sparsamen Geschäftsführung gebunden ist (BK-FELLMANN, Art. 402 N 43). Eine vor der Rückreise, aber nach der Einreise erfolgte **Vertragsbeendigung** hat auf den Regressanspruch keinen Einfluss, weil der Anspruch der zu vermittelnden Person gegen den Beauftragten auf Bezahlung der Rückreisekosten mit der Einreise entsteht (s. N 6; vgl. BK-FELLMANN, Art. 404 OR N 30). 23

Abs. 3 gilt nicht nur beim Regress für den Anspruch der zu vermittelnden Person gem. Abs. 1, sondern ebenfalls für eine allfällige vom Beauftragten abgegebene Verpflichtungserklärung gem. Art. 6 Abs. 3 AuG. 24

V. Abweichende Vereinbarungen

Die Vorschrift ist **teilzwingendes Recht**. **Ausgeschlossen** sind abweichende **Vereinbarungen zuungunsten der zu vermittelnden Person wie auch des Auftraggebers**. Ein im Voraus erklärter Verzicht der zu vermittelnden Person ist unwirksam. Unzulässig wäre etwa eine Vereinbarung zwischen dem Beauftragten und der zu vermittelnden Person, wonach seine Pflicht zur Bezahlung der Rückreisekosten auf einen Betrag limitiert ist, für den keine zumutbare Rückreise erhältlich ist. Unzulässig ist auch eine Verkürzung der Verwirkungsfrist von sechs Monaten. Ferner kann der Beauftragte gegenüber der zu vermittelnden Person nicht dadurch seine Schuld erfüllen, dass er ihr seinen Regressanspruch gegenüber dem Auftraggeber abtritt. 25

Hingegen ist eine **vertragliche Besserstellung** der zu vermittelnden Person und des Auftraggebers **zulässig**. Insbesondere kann der zu vermittelnden Person die Vergütung der Rückreisekosten für einen längeren Zeitraum als sechs Monate zugesichert werden, da es sich hierbei bloss um eine Mindestfrist handelt. Mit Bezug auf den Regressanspruch gilt eine solche Verlängerung jedoch nur, wenn dies mit dem Auftraggeber vereinbart und in der Vertragsurkunde ausdrücklich festgehalten wurde (andernfalls läge ein Vertrag zu Lasten Dritter vor). 26

Art. 406*c*

II. Bewilligungspflicht

[1] Die berufsmässige Ehe- oder Partnerschaftsvermittlung von Personen oder an Personen aus dem Ausland bedarf der Bewilligung einer vom kantonalen Recht bezeichneten Stelle und untersteht deren Aufsicht.

[2] Der Bundesrat erlässt die Ausführungsvorschriften und regelt namentlich:

a. die Voraussetzungen und die Dauer der Bewilligung;

b. die Sanktionen, die bei Zuwiderhandlungen gegen den Beauftragten verhängt werden;
c. die Pflicht des Beauftragten, die Kosten für die Rückreise der zu vermittelnden Personen sicherzustellen.

II. Autorisation

[1] L'activité à titre professionnel du mandataire est soumise à l'autorisation et à la surveillance de l'autorité désignée par le droit cantonal lorsqu'elle concerne des personnes venant de l'étranger.

[2] Le Conseil fédéral édicte les dispositions d'exécution et règle notamment:
a. les conditions et la durée de l'autorisation;
b. les sanctions prises contre le mandataire en cas de contravention;
c. l'obligation du mandataire de garantir les frais du voyage de retour des personnes concernées par le mandat.

II. Autorizzazione

[1] L'esercizio a titolo professionale della mediazione matrimoniale o di ricerca di partner nei confronti di persone all'estero o per esse sottostà all'autorizzazione e alla vigilanza di un'autorità designata dal diritto cantonale.

[2] Il Consiglio federale emana le disposizioni d'esecuzione e disciplina segnatamente:
a. le condizioni e la durata dell'autorizzazione;
b. le sanzioni comminate ai mandatari in caso di infrazione;
c. l'obbligo del mandatario di garantire il pagamento delle spese per il viaggio di ritorno delle persone da presentare al mandante.

Literatur und Materialien

Ogg, Die verwaltungsrechtlichen Sanktionen und ihre Rechtsgrundlagen, Diss. Zürich 2002; vgl. die Literatur- und Materialienhinweise bei den Vorbem. zu Art. 406a–406h.

I. Allgemeines. Normzweck

1 Die Vorschrift statuiert eine **Bewilligungspflicht** für die berufsmässige Vermittlung von Personen aus oder an Personen im Ausland (sog. **transnationale Ehe- oder Partnerschaftsvermittlung**) und unterstellt die betreffenden Vermittler einer behördlichen Aufsicht. Damit soll im Bereich der internationalen Ehe- oder Partnerschaftsvermittlung die Vermittlungstätigkeit auf Personen beschränkt werden, die Gewähr für ein rechtmässiges Handeln und für die Wahrung der Persönlichkeitsrechte der zu vermittelnden Personen bieten. Auch soll sichergestellt werden, dass die Kosten für die Rückreise der zu vermittelnden Personen tatsächlich vom Vermittler getragen werden und letztlich nicht dem Gemeinwesen zur Last fallen. Übergeordnetes Ziel dieser Bewilligungspflicht ist schliesslich die Bekämpfung des Frauenhandels.

2 Die Bestimmung ist erst in der **parlamentarischen Beratung** in das Gesetz aufgenommen worden. Der Bundesrat hatte in seiner Botschaft eine Bewilligungspflicht und staatliche Aufsicht für die Ehevermittlungsinstitute ausdrücklich als unverhältnismässig verworfen (Botschaft 1995, 174). Wenige Kantone hatten früher eine behördliche Aufsicht vorgesehen, haben diese aber – mit Ausnahme des Kantons Jura – wieder abgeschafft.

3 Anlass für die Bewilligungspflicht gaben in erster Linie Missstände bei der Vermittlung von Personen aus den ehemaligen Ostblockstaaten, Südamerika, der Karibik und Asien. Gleichwohl erstreckt sich die Bewilligungspflicht auf **sämtliche Länder** ausserhalb der Schweiz. Damit wird verhindert, dass die Bestimmungen über Zwischenstationen im benachbarten Ausland unterlaufen werden.

4 Materiell handelt es sich bei Art. 406c OR um **Verwaltungsrecht**, dessen Einfügung ins OR rechts- und gesetzessystematisch verfehlt ist (zur Entstehungsgeschichte s. Vor Art. 406a–406h N 4). Einzelheiten sind in der **Verordnung über die berufsmässige Vermittlung von Personen aus dem Ausland oder ins Ausland zu Ehe oder fester Partnerschaft**

vom 10.11.1999 (SR 221.218.2; zit. VO) geregelt. Diese regelt namentlich die Voraussetzungen der Erteilung, des Entzugs und der Aufhebung der Bewilligung sowie deren Dauer und Umfang. Weiter regelt sie Höhe und Form der Kaution, die der Vermittler zur Sicherung der Kosten für die Rückreise der zu vermittelnden Personen leisten muss. Sie legt ferner die Bedingungen fest, unter denen die Kaution dem Vermittler oder der zu vermittelnden Person herausgegeben werden darf. Schliesslich sieht sie Sanktionen bei Zuwiderhandlungen vor.

II. Bewilligungspflicht

1. Umfang der Bewilligungspflicht

a) **Gegenstand**. Einer Bewilligung bedarf, wer berufsmässig im Rahmen eines Auftrags zur Ehe- oder zur Partnerschaftsvermittlung i.S.v. Art. 406a Abs. 1 **einer Person in der Schweiz Personen aus dem Ausland oder einer Person im Ausland Personen aus der Schweiz vermittelt** (Art. 2 Abs. 1 VO). Entscheidend ist der unterschiedliche Wohnsitz oder gewöhnliche Aufenthalt des Auftraggebers und der zu vermittelnden Person in der Schweiz und im Ausland. Die Staatsangehörigkeit spielt demgegenüber keine Rolle (Begleitbericht, N 2; Werro, N 1033). Somit kann auch die Vermittlung zwischen Schweizern oder zwischen Ausländern der Bewilligungspflicht unterliegen. Nach dem Wortlaut der Verordnung bedarf die Vermittlung von Personen im Ausland an Personen im Ausland von der Schweiz aus keiner Bewilligung, obwohl Art. 406c Abs. 1 in der deutschen und italienischen Fassung dies nicht ausschliesst (die französische Fassung beschränkt demgegenüber die Bewilligungspflicht auf die Vermittlung von Personen aus dem Ausland in die Schweiz!). Unter dem Gesichtspunkt des Individualschutzes ist die vom Verordnungsgeber getroffene Unterscheidung je nach dem, ob sich der Auftraggeber in der Schweiz oder im Ausland befindet, nicht schlüssig begründbar. Die Bewilligungspflicht muss deshalb **auch für grenzüberschreitende Vermittlungen im Ausland** gelten, wenn der Vermittler von der Schweiz aus tätig ist. Dies entspricht auch der Rechtslage bei der Arbeitsvermittlung (vgl. Art. 5 AVV). 5

Art. 2 Abs. 2 VO konkretisiert den Begriff der **Vermittlung** im Hinblick auf die Bewilligungspflicht. Dieser erfasst bereits die **blosse Weitergabe von Namen und Adressen sowie von Katalogen mit Personenbeschreibungen oder Fotos** an den Auftraggeber. Mit diesem weiten Vermittlungsbegriff soll vermieden werden, dass die Bewilligungspflicht unterlaufen wird (Begleitbericht, N 8). 6

b) **Adressaten**. Der Bewilligungspflicht unterliegen **natürliche und juristische Personen sowie Kollektiv- und Kommanditgesellschaften** mit Wohnsitz oder Sitz in der Schweiz (Art. 2 Abs. 1 VO). Personen ohne Wohnsitz oder Sitz in der Schweiz bedürfen einer Bewilligung, wenn sie in der Schweiz eine **Zweigniederlassung** oder eine andere **Geschäftsstelle** haben (Art. 2 Abs. 3 VO). 7

Nur wer **berufsmässig** vermittelt, bedarf einer Bewilligung. Darunter fällt, wer die Vermittlung haupt- oder nebenberuflich, regelmässig oder unregelmässig, selbständig oder im Dienst oder Auftrag einer Drittperson, mit oder ohne öffentliche Werbung betreibt und dafür eine Vergütung verlangt (Art. 3 Abs. 1 VO). Wesentliches Element ist, dass die Vermittlungstätigkeit auf Dauer angelegt und auf Einkommenserzielung gerichtet ist, wobei auch erstmaliges Handeln in diesem Rahmen genügt. Um dem Einwand entgegen zu treten, nicht Vermittler sondern blosse Hilfsperson zu sein, fingiert Art. 3 Abs. 2 VO berufsmässiges Handeln auch bei Hilfspersonen, es sei denn, diese sind im Dienst von Personen mit Bewilligung tätig (Begleitbericht, N 8). Gesetzgebungstechnisch ist dies wenig geglückt. 8

c) Art. 4 VO sieht eine **Unvereinbarkeit der Vermittlung mit anderen Tätigkeiten** vor und trägt damit der Organisationsstruktur und den geschäftlichen Verflechtungen der Heiratshändler Rechnung, wodurch die Möglichkeit der Machtausübung gegenüber den zu vermittelnden Frauen gestärkt wird. Nach dieser Bestimmung dürfen weder die gesuchstellende Person noch 9 die für die Vermittlung verantwortlichen Personen noch ihre Hilfspersonen haupt- oder nebenberuflich, direkt oder indirekt, selbständig oder unselbstständig ein anderes Gewerbe ausüben, das geeignet ist, die zu vermittelnden Personen in ihrer Entscheidungsfreiheit zu beeinträchtigen oder in ein Abhängigkeitsverhältnis zu bringen. Unzulässig wäre es etwa, neben der Ehe- oder Partnerschaftsvermittlung einen Nachtclub zu betreiben, in dem die zu vermittelnden Frauen als Tänzerinnen auftreten, Kredite für die Reise in die Schweiz zu vermitteln oder für die zu vermittelnden Personen als Reisebüro tätig zu sein (Begleitbericht, N 15). Personen, die eine solche Tätigkeit ausüben, dürfen auch nicht als Hilfsperson in die Vermittlungstätigkeit eingebunden werden.

2. Das Bewilligungsgesuch

10 Die Bewilligung wird nur auf ein **formelles Gesuch** hin erteilt, das **schriftlich** bei der zuständigen Behörde des Kantons einzureichen ist, in dem der Gesuchsteller seinen Wohnsitz oder Sitz, oder bei Fehlen eines solchen, seine Zweigniederlassung oder Geschäftsstelle hat (Art. 5 Abs. 1 VO).

11 Um den administrativen Aufwand für die zuständige Behörde möglichst gering zu halten, wird **allein aufgrund der eingereichten Akten entschieden**. Ein mangelhaftes Gesuch hat die Nichterteilung der Bewilligung zur Folge (Art. 6 lit. a VO).

12 Art. 5 Abs. 2 VO bestimmt die **Angaben**, die das Bewilligungsgesuch enthalten muss:

- Mit Bezug auf die gesuchstellende Person und die Personen, die für die Vermittlung verantwortlich sind, sind jeweils die Personalien, die Berufsausbildung und die bisherigen beruflichen Tätigkeiten anzugeben. Für jede dieser Personen ist ein Strafregisterauszug beizulegen sowie ihre Erklärung, dass sie die jeweiligen ausländerrechtlichen Vorschriften kennt, namentlich diejenigen über die Einreise und den Aufenthalt in der Schweiz. Ferner ist eine Erklärung beizulegen, dass keine Unvereinbarkeit i.S.v. Art. 4 VO vorliegt.
- Es sind das Land oder die Länder, aus denen bzw. in die Personen vermittelt werden sollen, anzugeben.
- Es ist die Arbeitsmethode zu erläutern, namentlich hinsichtlich der Zusammenarbeit mit ausländischen Kontaktpersonen und des Werbekonzepts. Es muss ersichtlich sein, wie die zu vermittelnden Personen gefunden werden (Begleitbericht, N 11).
- Schliesslich ist darzulegen, welche Informationen dem Auftraggeber sowie den zu vermittelnden Personen über die einschlägigen Länder und über die Vorschriften über die Einreise und den Aufenthalt gegeben werden. Auch muss ersichtlich sein, wie die zu vermittelnde Person über ihren Anspruch auf Vergütung der Rückreisekosten informiert wird. Ziel ist, dass der Gesuchsteller die massgeblichen Vorschriften kennt und einhält. Dieser Wissensvorsprung führt gleichzeitig zu einer entsprechenden privatrechtlichen Aufklärungspflicht gegenüber dem Auftraggeber (Art. 398 Abs. 2 i.V.m. Art. 406a Abs. 2), etwa bezüglich allfälliger Schwierigkeiten, die mit einem Visum verbunden sind.

Auf die noch im Verordnungsentwurf geforderten Angaben über das Leistungsangebot des Gesuchstellers sowie dessen Vertrautheit mit den kulturellen und sozialen Verhältnissen in den betreffenden Ländern wurde verzichtet. Auch besteht keine Pflicht zur Vorlage von Tarifen (Begleitbericht, N 11).

3. Erteilung der Bewilligung

13 **Objektive Voraussetzungen** der Bewilligung sind ein formelles Bewilligungsgesuch sowie die Leistung der Kaution (Art. 6 lit. a und c VO).

14 **In subjektiver Hinsicht** darf die Bewilligung nur erteilt werden, wenn anzunehmen ist, dass die Vermittlungstätigkeit **sorgfältig und rechtmässig** sein wird (Art. 6 lit. b VO), und wenn keine Unvereinbarkeit mit einer anderen Tätigkeit vorliegt (s. N 9). Der Entscheid darüber

liegt im Ermessen der zuständigen kantonalen Behörde. Bei der Bewilligungserteilung darf eine verbüsste Gefängnisstrafe zwar mitberücksichtigt werden, jedoch nur insoweit, als sie die für die Vermittlungstätigkeit erforderliche Vertrauenswürdigkeit berührt (VerwGer ZH, ZBl 1971, 361, 363).

4. Dauer und Umfang der Bewilligung

Dauer und Umfang der Bewilligung sind in Art. 7 VO geregelt, der sich an Art. 6 und 7 der Verordnung über die Adoptionsvermittlung (SR 211.221.36) anlehnt. Die Bewilligung wird stets **befristet und für höchstens fünf Jahre** erteilt und kann mit **Auflagen und Bedingungen** verbunden werden. Nach Ablauf der Gültigkeitsdauer ist ein **Erneuerungsgesuch** erforderlich, das dieselben Anforderungen zu erfüllen hat wie das erstmalige Gesuch. Die Bewilligung wird nur für die Vermittlung von Personen aus oder an Personen in **bestimmten Ländern** erteilt. Sie berechtigt zur Vermittlung in der ganzen Schweiz. Soll die Vermittlung später auf zusätzliche Länder ausgedehnt werden, so ist ein **Ergänzungsgesuch** erforderlich, das sich auf die für die Ausweitung der Bewilligung relevanten Angaben beschränken kann (Begleitbericht, N 16). 15

Wird die Bewilligung einer juristischen Person oder einer Personengesellschaft erteilt, so gilt sie nur für die in der Bewilligung aufgeführten, für die Vermittlung verantwortlichen **natürlichen Personen** (Art. 7 Abs. 4 VO). 16

5. Kaution für die Rückreisekosten

Der Beauftragte ist verpflichtet, die Bezahlung der Rückreisekosten der zu vermittelnden Person (Art. 406b Abs. 1) durch Leistung einer Kaution sicherzustellen. Die Leistung der Kaution ist **Voraussetzung für den Erhalt einer Bewilligung** (Art. 6 lit. c VO). 17

Die Kautionspflicht besteht unabhängig von einer allfällig zu leistenden **Garantieerklärung** gem. Art. 6 und 7 der Verordnung über die Einreise und Anmeldung von Ausländerinnen und Ausländern (SR 142.211). 18

Die **Höhe** der Kaution wird von der zuständigen Behörde bestimmt, die dabei den voraussichtlichen Geschäftsumfang und die Entfernung der jeweiligen Länder, für die eine Bewilligung erteilt werden soll, berücksichtigt. Die **Mindestkaution beträgt CHF 10 000** (Art. 8 Abs. 2 VO). Nach Massgabe des Geschäftsganges oder aus anderen wichtigen Gründen, insb. wegen zwischenzeitlicher Beanspruchung (Art. 10 Abs. 2 VO), kann die zuständige Behörde gem. Art. 8 Abs. 3 VO die Kaution nachträglich anpassen und Nachschüsse verlangen, deren Nichtleistung den Entzug der Bewilligung zur Folge hat. Damit die zuständige Behörde über die notwendigen Entscheidungsgrundlagen verfügt, verpflichtet Art. 16 Abs. 3 VO den Vermittler, ihr einmal jährlich die Anzahl der vermittelten Personen, ihr Geschlecht sowie die Länder, aus denen bzw. in die sie vermittelt wurden, zu melden. 19

Art. 9 Abs. 1 VO zählt abschliessend auf, in welcher **Form** die Kaution geleistet werden kann: als Bürgschaft oder Garantieerklärung einer Bank oder Versicherungsanstalt, als Kautionsversicherung, sofern die Versicherungsleistungen unabhängig von der Zahlung der Prämien erbracht werden, in Form von Kassenobligationen und als Bareinlage. Andere Formen von Sicherheiten sind ausgeschlossen, insb. die im Verordnungsentwurf noch vorgesehene Hinterlegung von Wertpapieren. 20

Freigabe bzw. Herausgabe der Kaution erfolgen nach dem Vorbild der Regelung über die Herausgabe der Mietkaution (Art. 257e Abs. 3). Die **Freigabe** der Kaution oder von Teilen davon an eine Drittperson, die Anspruch auf Vergütung der Rückreisekosten hat, setzt entweder die Zustimmung des Vermittlers bzw. desjenigen, der die Kaution geleistet hat, voraus oder die Vorlage eines rechtskräftigen Zahlungsbefehls oder eines rechtskräftigen Gerichtsurteils 21 (vgl. dazu ZK-HIGI Art. 257e OR N 39 f.). Will die zu vermittelnde Person auf die Kaution greifen, wird sie regelmässig gezwungen sein, vorgängig ihren Anspruch aus Art. 406b Abs. 1 gerichtlich durchzusetzen, was innert der zulässigen Aufenthaltsdauer kaum realistisch ist. Faktisch erleichtert ihr folglich die Kaution die Rückreise nicht. Die Kaution dient demnach in erster Linie dem Gemeinwesen, welches gem. Art. 406b Abs. 2 in die Ansprüche der zu vermittelnden Person subrogiert, wenn es für die Rückreisekosten aufgekommen ist.

Der Vermittler kann die **Herausgabe** der Kaution erst **zwei Jahre nach Ablauf, Entzug oder Aufhebung der Bewilligung** verlangen, und auch dann nur insoweit, als in diesem Zeitpunkt nicht Ansprüche auf Vergütung der Rückreisekosten gegen ihn hängig sind (Art. 10 Abs. 3 VO).

6. Entzug und Aufhebung der Bewilligung

22 Die Bewilligung wird gem. Art. 11 VO **entzogen**, wenn sie durch **unwahre oder irreführende Angaben** oder durch das **Verschweigen wesentlicher Tatsachen** erwirkt oder aufrecht erhalten wurde. So etwa, wenn der Vermittler entgegen Art. 16 Abs. 1 VO es unterlässt, eine Änderung gegenüber den Angaben im Bewilligungsgesuch – z.B. eine inzwischen eingetretene Unvereinbarkeit gem. Art. 4 VO – der zuständigen Behörde unverzüglich mitzuteilen. Ferner wird die Bewilligung entzogen, wenn eine der Bewilligungsvoraussetzungen nicht mehr erfüllt ist. Die Bewilligung ist insb. zu entziehen, wenn die Art. 406a–406h oder Vorschriften der VO wiederholt oder in schwerer Weise verletzt wurden oder wenn einer Verletzung der massgebenden ausländerrechtlichen Bestimmungen, namentlich der Vorschriften über die Einreise und den Aufenthalt, Vorschub geleistet wurde.

23 Teilt der Vermittler der zuständigen Behörde mit, dass er die Vermittlungstätigkeit aufgegeben hat, so verfügt diese die **Aufhebung** der Bewilligung (Art. 12 VO). Damit wird eine klare Grundlage für die spätere Freigabe der Kaution geschaffen, welche erst zwei Jahre nach der Aufhebung der Bewilligung erfolgen darf (s. N 21).

7. Sanktionen

24 Wer vorsätzlich ohne die erforderliche Bewilligung die Vermittlung betreibt, wird mit **Busse bis zu CHF 50 000** bestraft, ebenso, wer durch unrichtige oder irreführende Angaben oder durch Verschweigen wesentlicher Tatsachen eine Bewilligung erwirkt oder deren Vollzug erschwert oder verhindert (Art. 18 Abs. 1 VO). Fahrlässige Begehung wird mit Busse bis zu CHF 5000 bestraft (Art. 18 Abs. 2 VO).

25 Fraglich ist, ob diese **erhebliche Strafandrohung** auf einer genügenden gesetzlichen Grundlage beruht. Die Rechtsprechung erachtet die Normierung von Bussen in einer Verordnung, die sich im Rahmen von Verfassung und Gesetz hält, als zulässig, weil eine Busse i.d.R. keinen schwerwiegenden Eingriff in die Freiheitsrechte darstellt (BGE 118 Ia 305, 319; 112 Ia 107, 112 m.w.Nw.). Im Schrifttum wird dieser Grundsatz auf Bussen beschränkt, die eine gewisse Höhe nicht überschreiten (HÄFELIN/MÜLLER/UHLMANN, N 1178; OGG, 117). Dabei wird offen gelassen, bei welchem Bussenbetrag sich die Schwelle zum Erfordernis einer Grundlage in einem formellen Gesetz befindet. Eine Busse von CHF 50 000 sprengt jedenfalls den Rahmen üblicher Ordnungsbussen bei weitem und bewegt sich auch nicht mehr in für Bussen charakteristischer «bescheidener Höhe» (vgl. OGG, 117). Die mit einer solchen Busse verbundenen Konsequenzen stellen für den Gebüssten einen erheblichen Eingriff in seine Freiheitsrechte dar, der m.E. nur gestützt auf eine Grundlage in einem Gesetz im formellen Sinn zulässig ist. Zu verlangen wäre insb. die Verankerung des Maximalbetrages von CHF 50 000 in einem Gesetz *im formellen Sinn*. Nach der hier vertretenen Auffassung sind deshalb Art. 18 Abs. 1 VO und Art. 406c Abs. 2 lit. b **keine genügende gesetzliche Grundlage** für die Verhängung einer Busse von CHF 50 000.

Zwischen Verstössen gegen diese Verordnung und Delikten des Strafgesetzbuches und namentlich Art. 115 ff. AuG besteht **echte Konkurrenz** (Begleitbericht, N 28). 26

8. Zuständige Behörden

Der Vollzug der Bewilligungspflicht und die Aufsicht sind Sache der **Kantone**, die hierfür eine zuständige Stelle zu bezeichnen haben. 27

Die kantonalen Behörden teilen jede Verfügung und jeden rechtskräftigen Entscheid über Erteilung, Erneuerung, Entzug oder Aufhebung einer Bewilligung dem **Bundesamt für Justiz** mit (Art. 14 VO). Dieses führt ein Verzeichnis sämtlicher Vermittlungsstellen mit kantonalen Bewilligungen. Nebst Name und Adresse des Bewilligungsinhabers sind jeweils die Länder, für welche die Bewilligung erteilt wurde, und die Dauer der Bewilligung aufgeführt. Das Verzeichnis wird laufend aktualisiert und ist über die Website des Bundesamts für Justiz abrufbar. Per Ende Februar 2011 wies es 10 Bewilligungsinhaber aus. 28

9. Rechtsmittel

Das Verfahren gegen **Verfügungen der Vollzugsbehörden** richtet sich **nach kantonalem Recht**. 29

Das vorstehende Verfahren gilt auch für Verfügungen der Vollzugsbehörden betreffend die Freigabe bzw. Nichtfreigabe der Kaution nach Art. 10 Abs. 1 VO. Hingegen handelt es sich bei der Vorfrage, ob die Drittperson, welche die Herausgabe der Kaution verlangt, gegenüber dem Beauftragten einen **Anspruch auf Vergütung der Rückreisekosten** nach Art. 406b Abs. 1 hat, um eine **Zivilrechtsstreitigkeit**, welche in die Zuständigkeit der ordentlichen Zivilgerichte fällt. Dasselbe gilt, wenn das Gemeinwesen gem. Art. 406b Abs. 2 den Anspruch gegenüber dem Vermittler geltend macht. 30

Art. 406*d*

C. Form und Inhalt

Der Vertrag bedarf zu seiner Gültigkeit der schriftlichen Form und hat folgende Angaben zu enthalten:

1. **den Namen und Wohnsitz der Parteien;**
2. **die Anzahl und die Art der Leistungen, zu denen sich der Beauftragte verpflichtet, sowie die Höhe der Vergütung und der Kosten, die mit jeder Leistung verbunden sind, namentlich die Einschreibegebühr;**
3. **den Höchstbetrag der Entschädigung, die der Auftraggeber dem Beauftragten schuldet, wenn dieser bei der Vermittlung von oder an Personen aus dem Ausland die Kosten für die Rückreise getragen hat (Art. 406b);**
4. **die Zahlungsbedingungen;**
5. **das Recht des Auftraggebers, schriftlich und entschädigungslos innerhalb von sieben Tagen vom Vertrag zurückzutreten;**
6. **das Verbot für den Beauftragten, vor Ablauf der Frist von sieben Tagen eine Zahlung entgegenzunehmen;**
7. **das Recht des Auftraggebers, den Vertrag jederzeit entschädigungslos zu kündigen, unter Vorbehalt der Schadenersatzpflicht wegen Kündigung zur Unzeit.**

C. Forme et contenu du contrat

Le contrat n'est valable que s'il est établi en la forme écrite et contient les indications suivantes:

1. le nom et le domicile des parties;
2. le nombre et la nature des prestations que le mandataire s'engage à fournir, ainsi que le montant de la rémunération et des frais correspondant à chaque prestation, notamment les frais d'inscription;
3. en cas de présentation de personnes venant de l'étranger ou s'y rendant (art. 406b), le montant maximum de l'indemnité due par le mandant au mandataire si celui-ci a supporté les frais de rapatriement;

4. les modalités de paiement;
5. le droit du mandant de résoudre le contrat, par écrit et sans dédit, dans les sept jours qui suivent sa conclusion;
6. l'interdiction pour le mandataire d'accepter un paiement avant l'échéance du délai de sept jours;
7. le droit du mandant de révoquer par écrit le contrat en tout temps, mais à charge pour lui, s'il le fait en temps inopportun, d'indemniser le mandataire du dommage qu'il lui cause, à l'exclusion de toute autre indemnité.

C. Forma e contenuto

Per la sua validità il contratto necessita della forma scritta e deve contenere i seguenti dati:

1. il nome e il domicilio delle parti;
2. il numero e la natura delle prestazioni che il mandatario si obbliga a fornire, nonché l'importo della retribuzione e delle spese risultanti da ogni prestazione, in particolare le spese d'iscrizione;
3. l'importo massimo del risarcimento che il mandante deve al mandatario qualora quest'ultimo, nell'ambito di una mediazione di o per persone all'estero, ha sostenuto le spese per il viaggio di ritorno (art. 406*b*);
4. le modalità di pagamento;
5. il diritto del mandante di recedere dal contratto, per scritto e senza indennità, entro sette giorni dalla stipulazione;
6. il divieto per il mandatario di accettare un pagamento prima della scadenza del termine di sette giorni;
7. il diritto del mandante di disdire in ogni tempo e senza indennità il contratto, fatto salvo il risarcimento per disdetta in tempo inopportuno.

Literatur und Materialien

Vgl. die Hinweise bei den Vorbem. zu Art. 406a–406h.

I. Allgemeines. Normzweck

1 Innerhalb der Regelung über den Auftrag zur Ehe- oder zur Partnerschaftsvermittlung nimmt die Vorschrift eine zentrale Stellung ein. Sie verlangt für die Gültigkeit des Vertrages die Einhaltung der **Schriftform** sowie bestimmte **Mindestangaben** in der Vertragsurkunde. Es handelt sich um ein **qualifiziertes Schriftformerfordernis**, aus dem sich eine **vorvertragliche, formgebundene Informationspflicht des Beauftragten** ergibt. Diese geht über die allgemeine, aus der Treuepflicht fliessende Aufklärungspflicht hinaus. Bezweckt wird damit eine verbesserte Information des Auftraggebers, die Schaffung von Transparenz hinsichtlich des Vertragsinhaltes sowie die Bereitstellung eines Beweismittels für den Streitfall (Botschaft 1995, 175). Der Auftraggeber soll namentlich genauen Aufschluss über das Mass seiner finanziellen Verpflichtungen erhalten, die Angemessenheit der Vergütungen überprüfen können (s. Art. 406h) und sichere Kenntnis seiner wichtigsten Rechte haben.

II. Form und Inhalt des Auftrages zur Ehe- oder zur Partnerschaftsvermittlung

1. Grundsatz der Schriftform

2 Der Auftrag zur Ehe- oder zur Partnerschaftsvermittlung bedarf der Schriftform. Es gelten die Art. 12 ff. Abweichend von Art. 13 muss das dem Auftraggeber überlassene Vertragsdoppel die **Unterschriften beider Parteien** enthalten (Art. 406e Abs. 1).

2. Inhaltsanforderungen

3 In Ziff. 1 bis 7 wird im Einzelnen aufgezählt, welche Angaben die Vertragsurkunde enthalten muss. Damit ist **abschliessend** geregelt, in welchen Fällen fehlender Information der Vertrag formnichtig ist (s. N 22 f.). Eine Datierung des Vertrages ist folglich nicht notwendig (Bot-

schaft 1995, 176). Die vorvertraglichen Informationspflichten des Beauftragten sind damit aber nicht erschöpfend geregelt. Von Bedeutung sind insb. die Informationspflichten aus Art. 406g sowie aus der allgemeinen Treuepflicht des Beauftragten. In diesen Fällen gelangen die allgemeinen vertragsrechtlichen Rechtsbehelfe zur Anwendung (s. Art. 406g N 13).

a) Name und Wohnsitz der Parteien (Ziff. 1)

4 Die Vertragsurkunde hat **Namen und Wohnsitz bzw. Firma und Geschäftssitz der Parteien** zu enthalten. Aus den Angaben soll für den Auftraggeber die Identität des Beauftragten klar und unverwechselbar ersichtlich sein. Der Auftraggeber soll wissen, wo er den Beauftragten nötigenfalls aufsuchen kann. Deshalb genügen Phantasiefirmen und Phantasiebezeichnungen als einzige Angaben ebenso wenig wie etwa Postfachadressen oder ein Internet-Domainname (vgl. BK-Giger, Art. 226a N 70 betr. die frühere Parallelvorschrift zum Abzahlungsvertrag). Wird der im Handelsregister eingetragene Name des Beauftragten nur unvollständig auf der Vertragsurkunde aufgeführt, so führt dies dann nicht zur Nichtigkeit des Vertrags, wenn der Beauftragte dennoch eindeutig identifizierbar ist (BezGerPräs Landquart, 27.5.2003, E. 3 [nicht publ.]; i.c. fehlender Namenszusatz).

b) Leistungspflichten (Ziff. 2)

5 In der Vertragsurkunde sind die **Anzahl und die Art der Leistungen**, zu denen sich der Beauftragte verpflichtet, aufzuführen, ebenso die **Höhe der Vergütung und der Kosten, die mit jeder Leistung verbunden sind**, namentlich auch eine allfällige **Einschreibegebühr**. Der Auftraggeber soll sich dadurch Klarheit über die versprochenen Leistungen sowie die gängigen Vergütungen verschaffen können (Botschaft 1995, 176). Er soll namentlich vor versteckten Tätigkeitsentgelten in Einschreibegebühren und Bearbeitungspauschalen geschützt werden.

6 Gemäss der Botschaft sind **sämtliche versprochenen Leistungen des Beauftragten einzeln aufzulisten und ihrem wesentlichen Inhalt nach zu umschreiben**. Anzugeben sind etwa die Vertragsdauer, die Anzahl der Partnervorschläge, die dem Auftraggeber während dieses Zeitraums mindestens präsentiert werden, die Zeitabstände zwischen den einzelnen Präsentationen, die Umstände, unter denen die Leistungen erfolgen, Eigenschaften der zu vermittelnden Personen usw. (Botschaft 1995, 176). Ob sich diese Vorgaben in der Praxis umsetzen lassen, erscheint fraglich. Die Bestimmung ist daher mit Augenmass anzuwenden (s.a. Tercier/Favre, N 5514).

7 Bei jeder Leistung sind die darauf entfallenden Kosten anzugeben. Ziel ist die Schaffung von **Transparenz** über Leistung und Gegenleistung. Die Norm verlangt eine gesonderte Ausscheidung von Vergütung (Honorar), Kostenersatz und Einschreibegebühr:

- Die **Vergütung** ist das vereinbarte Entgelt des Beauftragten für dessen Tätigkeit (Art. 406a N 22 ff.; Gmür, N 95 ff.).
- **Kosten** sind alle dem Auftraggeber über die Vergütung hinaus obliegenden Zahlungen. Zum einen betrifft dies den **Auslagen- und Verwendungsersatz** (wie z.B. Kosten für Inserate, Fotos, Kleinmaterial usw.) sowie die **Befreiung des Beauftragten von den eingegangenen Verbindlichkeiten** (**a.A.** Werro, N 1015). Für beides ist in der Vertragsurkunde ein Höchstbetrag anzugeben. Die Angabe bloss der Kostenfaktoren genügt nicht. Die Angabe der Kostenhöhe ist dabei als **Kostendach** zu verstehen, d.h. sie befreit den Beauftragten nicht davon, seine konkreten Auslagen und Verwendungen nachzuweisen. Zum andern zählen zu den Kosten auch vom Auftraggeber im Hinblick auf die Vermittlung zu erbringende **Leistungen gegenüber Dritten**, wie etwa die Abgabe einer Garantieerklärung gem. Art. 6 und 7 der Verordnung über die Einreise und Anmeldung von Ausländerinnen und Ausländern (SR 142.211).
- Mit der **Einschreibegebühr** soll der besondere Aufwand an Zeit und Kosten abgegolten werden, welcher beim Beauftragten mit der Erfassung und Auswertung der Daten des Auf-

traggebers sowie dem Erstellen seiner Unterlagen zu Beginn des Vertrages oder in dessen Anfangsphase anfällt und dem noch keine konkreten Partnervorschläge zugrunde liegen (sog. Anlaufkosten, namentlich für die Aufnahme des Auftraggebers in die Adressdatei des Beauftragten). Es handelt sich dabei um eine Pauschale, für die der Nachweis effektiver Aufwendungen und Kosten nicht erbracht werden muss, solange sie nicht dazu dient, das jederzeitige Kündigungsrecht des Auftraggebers zu erschweren (s. Art. 406a N 35).

Ob die Vereinbarung eines **Pauschalhonorars** zulässig ist, bei dem mehrere oder sämtliche Leistungen des Beauftragten unter einem einzigen Honorarbetrag zusammengefasst werden, ist fraglich (HOFSTETTER, SPR VII/6, 151 FN 1). Obwohl solche Vereinbarungen in der Praxis häufig vorkommen, sind sie mit dem an sich klaren Wortlaut der Bestimmung nicht zu vereinbaren. Nach der Rechtsprechung führt dies jeweils zur Nichtigkeit des Vertrags (KantGerPräs Zug, 12.1.2004 [EO 2003 205, nicht publ.]; ER am BezGer Zürich, Verfügung vom 11.8.2004 [EB041 716, nicht publ.]).

c) Höchstbetrag der Entschädigung für die Rückreisekosten einer ins Ausland oder aus dem Ausland vermittelten Person (Ziff. 3)

8 Bei der transnationalen Ehe- und Partnerschaftsvermittlung (s. Art. 406b N 1 ff.) ist in der Vertragsurkunde der **Höchstbetrag der Entschädigung** anzugeben, die der Auftraggeber dem Beauftragten schuldet, wenn dieser für die Rückreisekosten der zu vermittelnden Person aufkommt. Nur im Rahmen dieses Höchstbetrages steht dem Beauftragten gegenüber dem Auftraggeber ein Ersatzanspruch für die aufgrund der Rückreise verursachten Auslagen zu (Art. 406b Abs. 3). Soll sich die Ersatzpflicht des Auftraggebers auf Rückreisekosten nach der Frist von sechs Monaten erstrecken, so ist der entsprechende Zeitraum ebenfalls in der Vertragsurkunde anzugeben (s. Art. 406b N 24); der Wortlaut von Ziff. 3 ist diesbezüglich zu eng.

d) Zahlungsbedingungen (Ziff. 4)

9 Anzugeben sind ferner die Einzelheiten der Zahlung. Erforderlich ist eine Angabe des **Zahlungsziels** (z.B. «30 Tage nach Erhalt der Rechnung»; «7 Tage ab Inkrafttreten des Vertrages»; «mit dem Abruf eines Partnervorschlages» usw.) sowie der **Zahlungsmodalitäten** (z.B. «mittels Überweisung auf folgendes Konto»). Eine Belehrung über die Rechtsfolgen eines Zahlungsverzuges ist hingegen nicht erforderlich.

e) Rücktrittsrecht (Ziff. 5)

10 Der Auftraggeber ist in der Vertragsurkunde über sein gesetzliches Rücktrittsrecht gem. Art. 406e zu informieren. Aus dieser **Widerrufsbelehrung** muss sowohl das Rücktrittsrecht als solches als auch dessen Ausübungsmodalitäten (Schriftform) sowie der Zeitrahmen, innerhalb dessen es ausgeübt werden kann, klar ersichtlich sein. Insbesondere ist in der Vertragsurkunde auch darauf hinzuweisen, dass der Rücktritt für den Auftraggeber mit keinerlei finanziellen Nachteilen verbunden ist (vgl. BGE 90 III 29, 31 f.).

f) Verbot der Entgegennahme von Zahlungen vor Ablauf der Rücktrittsfrist (Ziff. 6)

11 In der Vertragsurkunde muss festgehalten werden, dass der Beauftragte vor Ablauf der siebentägigen Rücktrittsfrist vom Auftraggeber keine Zahlungen entgegen nehmen darf (s. Art. 406e Abs. 2). Der Gesetzeswortlaut verlangt nach einer Formulierung, die ausdrücklich die **Unzulässigkeit der Entgegennahme von Zahlungen** festhält. Die Formulierung eines Verbotes, Zahlungen vor diesem Zeitpunkt zu verlangen, entspricht diesen Anforderungen nicht (s. Botschaft 1995, 177).

g) Kündigungsrecht (Ziff. 7)

Die Vertragsurkunde muss den Auftraggeber schliesslich darauf hinweisen, dass dieser berechtigt ist, den Vertrag **jederzeit und entschädigungslos schriftlich zu kündigen**, unter Vorbehalt der Schadenersatzpflicht wegen Kündigung zur Unzeit. Damit soll gewährleistet sein, dass der Auftraggeber Kenntnis von seinem Kündigungsrecht hat (Botschaft 1995, 176). 12

Art. 406d Ziff. 7 spricht zutreffend vom **Kündigungsrecht** und nicht – wie fälschlicherweise Art. 404 – vom Widerrufsrecht. Letzteres betrifft die Phase der Vertragsentstehung (s. Art. 406e N 9), während es hier um die Aufhebung des wirksamen Vertrags *ex nunc* geht. Welche Terminologie im Vertrag verwendet wird, spielt keine Rolle, solange für den Auftraggeber klar ersichtlich wird, dass er den Vertrag durch einseitige Willenserklärung beendigen kann. 13

Die Kündigung darf weder von der Beachtung einer Kündigungsfrist noch von der Einhaltung eines Kündigungstermins oder vom Vorliegen eines Grundes abhängig gemacht werden (BK-Fellmann, Art. 404 N 19). 14

Nach dem Gesetzeswortlaut muss in der Vertragsurkunde ausdrücklich erwähnt werden, dass der Auftraggeber den Vertrag **entschädigungslos** kündigen kann (**a.A.** BezGerPräs Landquart, 27.5.2003, E. 3 [nicht publ.]). Gemeint ist damit, dass bei vorzeitiger Kündigung keine volle Schadloshaltung wie bei Art. 377 geschuldet ist. Die vom Beauftragten bis zur Kündigung erbrachten Leistungen sind zu vergüten (s. Art. 406a N 34), worauf in der Vertragsurkunde hingewiesen werden kann (**a.A.** ER am BezGer Zürich, Verfügung v. 4.3.2003 [EB030 047], E. 5 [nicht publ.], wonach ein solcher Vorbehalt die Nichtigkeit des Vertrags zur Folge hat. Mit der ex nunc-Wirkung der Kündigung ist dies jedoch nicht vereinbar). Nicht zulässig ist es hingegen, für den Fall der vorzeitigen Kündigung eine Konventionalstrafe zu vereinbaren, da damit das Kündigungsrecht erschwert wird (vgl. BGE 109 II 462, 467; 104 II 108, 116). Ebenfalls unzulässig sind Klauseln, welche eine Rückforderung von Vorschüssen oder Vorauszahlungen generell, d.h. soweit diese nicht durch Leistungen des Beauftragten bis zur Kündigung konsumiert wurden, ausschliessen (s. Art. 406a N 35). 15

Die Vertragsurkunde muss auch angeben, dass die Kündigung **schriftlich** zu erfolgen hat. Dies ergibt sich allerdings nur aus dem französischen Wortlaut der Vorschrift («de révoquer par écrit le contrat»), während der deutsche und der italienische Wortlaut keine Pflicht vorsehen, auf die Formbedürftigkeit der Kündigung hinzuweisen. Dies ist ein redaktionelles Versehen. Da hinsichtlich des Rücktrittsrechts gem. Art. 406d Ziff. 5 in allen Gesetzessprachen ausdrücklich auf das Schriftformerfordernis hinzuweisen ist, ist nicht ersichtlich, weshalb mit Bezug auf das Kündigungsrecht eine andere Regel gelten soll (Hartmann, N 163). Trotz des insoweit unvollständigen deutschen und italienischen Gesetzeswortlauts hat ein fehlender Hinweis im Vertrag auf die Formbedürftigkeit der Kündigung dessen Formungültigkeit zur Folge (**a.A.** Hartmann, N 367). 16

Schliesslich ist in der Vertragsurkunde darauf hinzuweisen, dass der Auftraggeber dem Beauftragten zu **Schadenersatz** verpflichtet ist, wenn die **Kündigung zur Unzeit** erfolgt. Eine nähere Umschreibung, wann eine Kündigung zur Unzeit vorliegt, wird nicht verlangt. Zur Kündigung zur Unzeit s. Art. 404 N 16. 17

Die Informationspflicht erstreckt sich einseitig auf das Kündigungsrecht des Auftraggebers. Aufgrund des klaren Wortlauts der Vorschrift muss die Vertragsurkunde keine Angaben über das **Kündigungsrecht des Beauftragten** enthalten, das diesem ebenfalls gestützt auf Art. 404 i.V.m. Art. 406a Abs. 2 und grundsätzlich unter denselben Modalitäten zusteht (**a.A.** Tercier, SJZ 2000, 323, der ein Kündigungsrecht des Beauftragten ablehnt). 18

III. Rechtsfolgen mangelnder Schriftlichkeit oder fehlender Inhaltsangaben

19 Die Materialien und der Wortlaut der Bestimmung legen nahe, dass es sich sowohl bei der Schriftform als auch bei sämtlichen Mindestangaben um zwingende Vorschriften handelt, deren Nichteinhaltung die **Ungültigkeit des Vertrages** zur Folge hat (Botschaft 1995, 175; ENGEL, contrats, 537; GUHL/KOLLER/SCHNYDER/DRUEY § 50 N 35; WERRO, N 985 f.; Handkomm-OR-SCHWANDER, N 2). Die Nichtigkeitsfolge ist **von Amtes wegen zu beachten** und tritt selbst dann ein, wenn der Auftraggeber die verschwiegenen Informationen ohnehin kannte (HARTMANN, N 365 f.). Da die Norm einzig dem Schutz des Auftraggebers dient, ist dem Beauftragten die Berufung auf einen Mangel nach Art. 406d versagt (TERCIER, SJZ 2000, 322; CR CO I-WERRO, Art. 406a–406h N 21).

20 Der Regelungszweck verlangt allerdings nicht, dass das Fehlen jeder der in Ziff. 1–7 geforderten Mindestangaben die Nichtigkeit des Vertrages zur Folge hat. Fehlt die Angabe über die Höhe der Kosten und der Rückreiseentschädigungen, ist auf dem Wege einer **teleologischen Reduktion** dem Beauftragten bloss ein entsprechender Ersatzanspruch zu versagen. Hinsichtlich des Höchstbetrages der Rückreisekostenentschädigung folgt dies e contrario aus Art. 406b Abs. 3 (HONSELL, OR BT, 361). Fehlen Angaben zu den Zahlungsbedingungen, so wird die Zahlung erst nach Abschluss der letzten vertraglich geschuldeten Leistung des Beauftragten fällig (TERCIER/FAVRE, N 5521). Fehlt im Vertrag das Verbot der Entgegennahme von Zahlungen während der Rücktrittsfrist (Ziff. 6) und verstreicht die Rücktrittsfrist, ohne dass der Beauftragte tatsächlich Zahlungen verlangt oder entgegen genommen hat, so ist der Mangel nachträglich als geheilt zu betrachten.

IV. Nachträgliche Vertragsänderungen

21 Die Vorschrift gilt nicht nur für den erstmaligen Abschluss, sondern aufgrund ihrer Beweisfunktion auch **für nachfolgende Änderungen des Vertrages** (ausgenommen ergänzende Nebenpunkte, Art. 12, und die Vertragsaufhebung, Art. 115), selbst wenn sie allein zum Vorteil des Auftraggebers sind. Dabei genügt es, wenn lediglich die Änderungen verurkundet werden, sofern eine zweifelsfreie Identifizierung des Vertrages, auf den sich die Änderungen beziehen, möglich ist.

22 Mit einem Formmangel behaftete Vertragsänderungen sind ungültig. Der Vertrag gilt weiterhin ohne die beabsichtigten Änderungen.

Art. 406*e*

D. Inkrafttreten, Rücktritt

[1] Der Vertrag tritt für den Auftraggeber erst sieben Tage nach Erhalt eines beidseitig unterzeichneten Vertragsdoppels in Kraft. Innerhalb dieser Frist kann der Auftraggeber dem Beauftragten schriftlich seinen Rücktritt vom Vertrag erklären. Ein im Voraus erklärter Verzicht auf dieses Recht ist unverbindlich. Die Postaufgabe der Rücktrittserklärung am siebten Tag der Frist genügt.

[2] Vor Ablauf der Frist von sieben Tagen darf der Beauftragte vom Auftraggeber keine Zahlung entgegennehmen.

[3] Tritt der Auftraggeber vom Vertrag zurück, so kann von ihm keine Entschädigung verlangt werden.

D. Entrée en vigueur, résolution du contrat

[1] Le contrat n'entre en vigueur pour le mandant que sept jours après la remise en ses mains d'une copie signée par les parties. Dans ce délai, le mandant peut déclarer par écrit au mandataire qu'il résout le contrat. La renonciation anticipée à ce droit est nulle. Le délai est observé si la déclaration de résolution est remise à la poste le septième jour.

[2] Le mandataire ne doit accepter aucun paiement du mandant avant l'échéance du délai de sept jours.

[3] Si le mandant résout le contrat, aucun dédit ne peut lui être réclamé.

D. Entrata in vigore, recesso

[1] Il contratto entra in vigore per il mandante soltanto sette giorni dopo il ricevimento di una copia firmata dalle parti. Entro questo termine il mandante può dichiarare per scritto al mandatario di recedere dal contratto. È nulla la rinuncia anticipata a questo diritto. Il termine è rispettato se la dichiarazione di recesso è consegnata alla posta il settimo giorno.

[2] Il mandatario non può accettare alcun pagamento dal mandante prima della scadenza del termine di sette giorni.

[3] Se il mandante recede dal contratto, non gli può essere chiesto alcun risarcimento.

Literatur und Materialien

Vgl. die Hinweise bei den Vorbem. zu Art. 406a–406h.

I. Allgemeines. Normzweck

Die Vorschrift will den Auftraggeber vor einem übereilten Abschluss eines Auftrags zur Ehe- oder zur Partnerschaftsvermittlung schützen. Sie gewährt ihm eine **Bedenkzeit** von sieben Tagen, während der er schriftlich und entschädigungslos «seinen Rücktritt vom Vertrag erklären» kann. 1

Dieses **«Rücktrittsrecht»** wird damit gerechtfertigt, dass Personen, welche die Dienste eines Ehe- oder Partnerschaftsvermittlers in Anspruch nehmen, sich häufig einsam fühlen, beeinflussbar sind und zu schnell den vom Vermittler vorgeschlagenen Vertragsbedingungen zustimmen (Botschaft 1995, 177 f.; **a.M.** Hofstetter, SPR VII/6, 151). Der Auftraggeber befindet sich in einer **psychologischen Unterlegenheit**, weshalb die Gefahr besteht, dass er sich kein klares Bild vom Vertragsinhalt und dessen finanziellen Auswirkungen machen kann. Die Vermittler versuchen oft, diese Unterlegenheit mittels sog. **Lockvogelannoncen** zu verstärken. Die Bereitstellung der relevanten Informationen in der Vertragsurkunde (Art. 406d) genügt zur Schaffung von Verhandlungsparität nicht, solange der Auftraggeber dem Einfluss des Vermittlers ausgesetzt ist. Daher soll die Bedenkzeit dem Auftraggeber im Sinne einer «cooling-off period» dazu dienen, seine Entscheidung ausserhalb des Einflusses des Vermittlers zu überdenken und gegebenenfalls durch Ausübung seines Rücktrittsrechts davon Abstand zu nehmen. 2

Abs. 1 der Vorschrift ist **Art. 226c Abs. 1 aOR nachgebildet**, jedoch mit zwei Abweichungen: Einerseits wurde «aus dogmatischen Überlegungen» anstelle des «Verzichtsrechts» der Terminus «Rücktrittsrecht» verwendet, andererseits wurde statt der fünftägigen Bedenkfrist die siebentägige Frist der neueren Konsumentenschutzbestimmung Art. 40e Abs. 2 übernommen (Botschaft 1995, 176). 3

II. Anwendungsbereich

1. Grundgeschäft und damit zusammenhängende Verträge

Das Rücktrittsrecht gilt für **alle Ehe- und Partnerschaftsvermittlungsverträge** i.S.v. Art. 406a Abs. 1. Es muss aber auch auf Verträge Anwendung finden, die der Auftraggeber mit dem Beauftragten neben einem Ehe- oder Partnerschaftsvermittlungsvertrag abgeschlossen hat und die mit diesem eine **wirtschaftliche Einheit** bilden. Dies betrifft bspw. Pfandverträge zwecks Sicherstellung der Vergütung sowie eine abstrakte Schuldanerkennung des Auftraggebers (Gerichtskreis VI Signau-Trachselwald, Entscheid vom 18.10.2005 [Z 05 628 TOA, nicht publ.]). 4

2. Finanzierte Ehe- oder Partnerschaftsvermittlung

5 Fraglich ist, ob das Rücktrittsrecht auch auf Kreditverträge durchschlägt, die der Auftraggeber mit **Dritten** zwecks Finanzierung des Vermittlungsvertrages abgeschlossen hat (sog. **finanzierte Ehe- oder Partnerschaftsvermittlung**).

6 Eine ähnliche Frage stellte sich bereits vor Inkrafttreten der Art. 406a ff. Weil die Vermittler wegen Art. 416 aOR ihre Leistungen nur gegen Vorauszahlung gewährten, wurden häufig Finanzierungsinstitute eingeschaltet, die mit dem Auftraggeber einen Kreditvertrag abschlossen und die Zahlung direkt an den Vermittler leisteten (sog. «B-Geschäfte»). Mit der Konstruktion von zwei formal selbständigen Verträgen wurde versucht, die Unklagbarkeit des Vermittlerlohnes gem. Art. 416 aOR zu umgehen. Die Rechtsprechung wandte in solchen Fällen Art. 416 aOR auch auf den Kreditvertrag an, so dass der Kunde gegenüber dem Finanzierungsinstitut ebenfalls die Einrede der Unklagbarkeit erheben konnte (OGer SH, ABSH 1971, 56 ff.; SJZ 1969, 208 ff.). Rechtstechnisch handelt es sich um einen Einwendungsdurchgriff.

7 Basierend auf dieser Rechtsprechung ist es sachgerecht, auch das Rücktrittsrecht auf den Kreditvertrag auszudehnen. Vorauszusetzen ist jedoch ein **Zusammenwirken zwischen dem Beauftragten und dem Dritten**, wie Art. 226m Abs. 2 aOR zum Abzahlungsvertrag ausdrücklich festhielt (s. BGE 122 III 160, 164). Denn aus Sicht des Dritten ist die Berufung auf Schutzbestimmungen des Auftrags zur Ehe- oder zur Partnerschaftsvermittlung grundsätzlich eine *«exceptio de iure tertii»*, ausser er ist an diesem Geschäft selbst beteiligt. Beauftragter und Dritter müssen durch ihr Zusammenwirken dem Auftraggeber wirtschaftlich den Abschluss eines Auftrags zur Ehe- oder zur Partnerschaftsvermittlung ermöglichen wollen, was voraussetzt, dass der Dritte den Verwendungszweck des Darlehens kennt, und der Beauftragte sich bewusst ist, dass sich der Auftraggeber des Darlehens für die Finanzierung des Vermittlungsvertrages bedient (vgl. BGE 122 III 160, 164).

8 Die Problematik wird entschärft, wenn der Kreditvertrag dem KKG unterliegt. In diesem Fall kann der Auftraggeber den Kreditvertrag gem. Art. 16 KKG widerrufen. Die Anwendbarkeit des KKG lässt sich jedoch durch Ausgestaltung des Kreditgeschäfts gem. Art. 7 KKG vermeiden, so dass hier ein praktisches Bedürfnis nach der Schutznorm von Art. 406e besteht.

III. Rücktrittsrecht (Abs. 1)

1. Rechtsnatur

9 Konsumentenrechtliche Lösungsrechte von ungewollt eingegangenen Verpflichtungen sind eine **Fortentwicklung des Selbstbestimmungsrechts in Ungleichgewichtslagen**. Sie sind eine Konzession an einen Willensbildungsprozess, der nicht frei von Zwängen und damit nicht privatautonom im Sinne einer «Selbstherrlichkeit» erfolgt ist. Davon wesensmässig verschieden ist das Rücktrittsrecht bei Leistungsstörungen (Art. 107 Abs. 2, Art. 208). Dieses trägt der Interessenlage bei einem in Selbstbestimmung gestalteten Rechtsverhältnis Rechnung, wenn dessen Zweck aus einem Grund vereitelt wird, für den der Vertragspartner einzustehen hat. Während es hier um die Liquidation eines Rechtsverhältnisses geht, erlauben erstere die Lösung von einer fehlerhaften Willenserklärung. Man spricht deshalb auch vom Widerrufsrecht. Widerrufsrecht und Rücktrittsrecht unterscheiden sich also dadurch, dass bei diesem ein bestehendes Rechtsverhältnis beseitigt wird, während bei jenem die **Entstehung eines Rechtsverhältnisses verhindert** wird. Entscheidend für die Qualifikation eines Lösungsrechts ist deshalb, ob damit ein Fehler innerhalb einer bestehenden Rechtsbeziehung ausgeglichen werden soll (Rücktrittsrecht) oder ein Fehler in deren Entstehung (Widerrufsrecht).

10 Bei der Gesetzesredaktion wurde dieser Unterscheidung zwischen Widerrufs- und Rücktrittsrecht nicht hinreichend Rechnung getragen. Trotz ihrer sachlichen Verwandtschaft wurden

etwa die verschiedenen konsumentenrechtlichen Lösungsrechte **uneinheitlich** als «Verzichtsrecht» (Art. 226c aOR), «Widerrufsrecht» (Art. 40b OR, Art. 16 KKG) oder «Rücktrittsrecht» (Art. 406e) bezeichnet. In der Botschaft zu Art. 406e wurde vom «Verzichtsrecht» ausdrücklich zugunsten des «Rücktrittsrechts» Abstand genommen mit dem Argument, auf den Abschluss eines bereits abgeschlossenen Vertrages könne nicht verzichtet werden (Botschaft 1995, 176). Damit wurde aber unzutreffend unterstellt, dass bereits ein gültiger Vertrag entstanden sei (s. N 2).

Gemäss den vorstehend erörterten Grundsätzen handelt es sich beim «Rücktrittsrecht» in Art. 406e in Wahrheit um ein **Widerrufsrecht**. Die vom Gesetzgeber gewählte Bezeichnung als Rücktrittsrecht ist terminologisch unpräzis (SCHWENZER, N 28.75; HONSELL, OR BT, 361). 11

Insbesondere darf aus der Bezeichnung als Rücktrittsrecht nicht geschlossen werden, der Vertrag sei resolutiv bedingt (so aber GUHL/KOLLER/SCHNYDER/DRUEY, § 50 N 36). Eine Resolutivbedingung ist bei Dienstleistungen von vornherein unpassend (HONSELL, OR BT, 361). Vielmehr wird der Vertrag unter der **aufschiebenden Rechtsbedingung** geschlossen, dass der Auftraggeber nicht innerhalb der gesetzlichen Frist von seinem Widerrufsrecht Gebrauch macht. Die Wirkungen der aufschiebenden Rechtsbedingung treffen dabei sowohl den Auftraggeber als auch den Beauftragten. Der Wortlaut von Abs. 1, wonach der Auftrag zur Ehe- oder zur Partnerschaftsvermittlung *für den Auftraggeber* erst sieben Tage nach Erhalt eines beidseitig unterzeichneten Vertragsdoppels in Kraft tritt, ist missverständlich. Unzutreffend wäre insb. der mitunter zu Art. 226c Abs. 1 aOR vertretene Umkehrschluss, der Vertrag träte für die andere Partei unmittelbar mit Unterzeichnung des Vertragsdoppels in Kraft. Ein bloss einseitig wirksamer synallagmatischer Vertrag ist in sich widersprüchlich. Die Formulierung bringt vielmehr zum Ausdruck, dass ab dem Zeitpunkt der beidseitigen Vertragsunterzeichnung der Auftraggeber Herr über die Vertragswirksamkeit ist, indem er seine auf den Vertragsabschluss gerichtete Willenserklärung wieder vernichten kann. Widerruft der Auftraggeber innert Frist, so bestand für keine der Parteien eine vertragliche Bindung. Genehmigt der Auftraggeber den Vertrag während der Schwebezeit (dazu N 18), muss sich der Beauftragte ein Inkrafttreten des Vertrages vor Ablauf der Sieben-Tage-Frist «aufdrängen» lassen. Bei ausgebliebenem Widerruf schliesslich ist der Vertrag für beide Parteien ex nunc wirksam (Art. 151 analog). 12

2. Ausübung

Mit der Widerrufserklärung bringt der Auftraggeber zum Ausdruck, dass seine frühere, auf den Abschluss eines Ehe- oder Partnerschaftsvermittlungsvertrages gerichtete Willenserklärung nicht gelten soll. **Gründe** sind für den Widerruf **nicht erforderlich**. 13

Die Widerrufsfrist beträgt **sieben Tage**. Sie beginnt erst zu laufen, wenn der Auftraggeber ein beidseitig unterzeichnetes Vertragsdoppel erhalten hat. Der Vertrag ist also im Doppel auszufertigen. Aus dem Gesetzeswortlaut folgt, dass beide Parteien **auf derselben Vertragsurkunde unterschreiben** müssen, dies in Abweichung vom allgemeinen Grundsatz, dass es beim Austausch von Vertragsdoppeln genügt, wenn jede Partei nur das für die andere Partei bestimmte Doppel unterzeichnet (BK-SCHMIDLIN, Art. 13 OR N 25). Da der Besitz eines beidseitig unterzeichneten Vertragsdoppels den Fristenlauf auslöst, kann der Auftraggeber bei Erhalt eines nur vom Beauftragten unterzeichneten Vertragsdoppels durch Nichtunterzeichnung die Dauer der Schwebezeit beliebig steuern. Der Beauftragte wird daher von Vorteil zuerst den Auftraggeber beide Vertragsdoppel unterschreiben und sich zurücksenden lassen, um anschliessend selber zu unterschreiben und dem Auftraggeber ein Vertragsdoppel zu retournieren (BK-GIGER, Art. 226c OR N 22). 14

Der Auftraggeber hat die **Frist eingehalten**, wenn die Widerrufserklärung am siebten Tag der Post übergeben wird **(Absendeprinzip)**. Mit unbenütztem Ablauf der Widerrufsfrist ist der 15

Vorgang des Erklärungsaustausches beendet und der Vertrag tritt ex nunc in Kraft (Art. 151 analog).

16 Die Widerrufserklärung bedarf der **Schriftform**. Die Einhaltung der Schriftform ist **Gültigkeitserfordernis** für den Widerruf; ein bloss mündlicher Widerruf genügt nicht (vgl. BGE 108 II 296, 299 f.).

16a Die **Beweislast** für den frist- und formgerechten Widerruf trägt der Auftraggeber. Der Zeitpunkt, in dem die Widerrufsfrist zu laufen begann, ist vom Auftraggeber substantiiert zu behaupten; die Beweislast hierfür trägt jedoch der Beauftragte, weil sonst der Auftraggeber das unbestimmte Negativum nachweisen müsste, dass sie nicht schon zu einem früheren Zeitpunkt zu laufen begann.

3. Verzicht

17 Abs. 1 hält ausdrücklich fest, dass ein im Voraus erklärter **Verzicht** des Auftraggebers auf sein Rücktrittsrecht unverbindlich ist. Dies gilt jedoch nur für einen Verzicht, den der Auftraggeber vor der Vertragsunterzeichnung erklärt (so die h.L. zu Art. 226c Abs. 1 aOR). Hingegen kann der Auftraggeber während der siebentägigen Frist den Vertrag genehmigen und damit auf sein Rücktrittsrecht verzichten (Botschaft 1995, 177), vorausgesetzt, dass der Beauftragte weder direkt noch indirekt auf den Willensentschluss des Auftraggebers, auf die Ausübung seines Rücktrittsrechts zu verzichten, Einfluss nimmt (bspw. durch das Unterbreiten von Partnervorschlägen). Nimmt der Auftraggeber mit einer zu vermittelnden Person Kontakt auf, so darf dies nicht als Verzicht auf das Rücktrittsrecht interpretiert werden.

IV. Verbot der Entgegennahme von Zahlungen während der Schwebezeit (Abs. 2)

18 Abs. 2 **verbietet** es dem Beauftragten, vor Ablauf der Widerrufsfrist gem. Abs. 1 vom Auftraggeber eine **Zahlung entgegen zu nehmen**. Ob der Beauftragte den Auftraggeber zur Zahlung aufgefordert hat, spielt keine Rolle. Auch die **rein passive Entgegennahme** einer Zahlung, die der Auftraggeber auf eigene Initiative hin leistet, ist dem Beauftragten verboten. Damit soll verhindert werden, dass der Auftraggeber vor Ablauf der Widerrufsfrist zahlt und dies als konkludenter Verzicht auf das Widerrufsrecht verstanden werden könnte (Botschaft 1995, 177).

19 Die in der Branche durch die altrechtliche Naturalobligation bewirkte Usanz der **Vorauskasse** wird durch die Vorschrift nicht beseitigt. Der Beauftragte kann seine Dienstleistungen weiterhin von der Leistung einer Vorauszahlung abhängig machen, doch darf er die Vorauszahlung erst nach Ablauf der Widerrufsfrist entgegen nehmen.

20 Das Gesetz sieht keine **Sanktion** im Falle des Zuwiderhandelns gegen Abs. 2 vor. Es handelt sich folglich um eine blosse **Ordnungsvorschrift**.

V. Rechtsfolgen des Rücktritts (Abs. 3)

1. Unwirksamkeit des Vertrages

21 Eine form- und fristgerechte Rücktrittserklärung des Auftraggebers **verhindert ein Wirksamwerden des Vertrages**. Der Vertrag wird nicht etwa aufgehoben, sondern kann gar nicht entstehen, weil es an einer gegenseitigen, übereinstimmenden Willensäusserung fehlt.

2. Keine Entschädigungsfolgen

22 Weil der Vertrag ex tunc unwirksam ist, kann der Beauftragte vom Auftraggeber **keinerlei Zahlung** verlangen. Abs. 3 verbietet jede Abrede, die den widerrufenden Auftraggeber mit finanziellen Nachteilen belastet, wie namentlich ein Reugeld (Art. 158 Abs. 3) oder eine Wandelpön (Art. 160 Abs. 3).

Auch wenn der Beauftragte vor Ablauf der Widerrufsfrist bereits tätig geworden ist, schuldet ihm der Auftraggeber **weder eine Vergütung noch Ersatz seiner Auslagen und Verwendungen noch eine Einschreibegebühr**. Ein Ersatzanspruch besteht auch nicht gestützt auf die Geschäftsführung ohne Auftrag (Art. 422 Abs. 1), weil diese den guten Glauben des Beauftragten (d.h. dessen schuldlose Unkenntnis des Vertragsmangels) voraussetzt (ZK-SCHMID, Art. 419 OR N 73 f.). Hinsichtlich der fehlenden Wirksamkeit des Vertrags bis zum Ablauf der Widerrufsfrist muss der Beauftragte stets als bösgläubig gelten («qui contra jura mercatur, bonam fidem praesumitur non habere»). 23

VI. Abweichende Vereinbarungen

Die Vorschrift ist einseitig **zwingend zu Gunsten des Auftraggebers**. Dessen Rechtsstellung darf durch vertragliche Vereinbarungen nicht verschlechtert, jedoch verbessert werden. Ungültig ist insb. eine vertraglich fingierte vorzeitige Wirksamkeit, z.B. mittels Vertragsklauseln, durch die der Auftraggeber bestätigt, das beidseitig unterzeichnete Vertragsdoppel vor sieben Tagen erhalten (Vordatierung) oder während der Frist das Rücktrittsrecht nicht ausgeübt zu haben. 24

VII. Konkurrenzen

1. Allgemeines

Der punktuelle Ansatz der schweizerischen Konsumentenschutzgesetzgebung hat zu einer **Koexistenz verschiedener Schutzsysteme** geführt, deren jeweilige Anwendungsbereiche sich teilweise überschneiden. Ein konkreter Lebenssachverhalt kann deshalb gleichzeitig in den Anwendungsbereich mehrerer solcher Schutznormen fallen. So ist bspw. ein in einem Wirtshaus abgeschlossener finanzierter Ehe- oder Partnerschaftsvermittlungsvertrag gem. Art. 40b, Art. 406e und Art. 16 KKG widerrufbar. Zwar beträgt die Widerrufs- bzw. Rücktrittsfrist stets sieben Tage, doch sind der Beginn des Fristenlaufs, die dogmatische Ausgestaltung der Widerrufs- bzw. Rücktrittsrechte sowie deren Rechtsfolgen unterschiedlich geregelt. Für den Durchschnittskonsumenten ist dieses Normengeflecht nicht durchschaubar. Zumindest beim Widerrufsrecht als dem wichtigsten Instrument des Konsumentenschutzes sollte deshalb de lege ferenda überdacht werden, ob nicht eine gewisse Vereinheitlichung, wie sie etwa der deutsche Gesetzgeber mit den §§ 355–359 BGB vorgenommen hat, angezeigt wäre. 25

2. Haustürgeschäfte und ähnliche Verträge

Es entspricht unter den Ehe- und Partnerschaftsvermittlern einer **weit verbreiteten Gepflogenheit**, sich mit potentiellen Kunden bei diesen zuhause oder in Wirtshäusern zu treffen und diesen dort ein Vertragsangebot zu unterbreiten. Kommt es tatsächlich zu einem Vertragsschluss, hat der Kunde ein Widerrufsrecht gem. Art. 40b Ziff. 2. Dieses Widerrufsrecht besteht auch dann, wenn der Kunde zuvor den Ehe- oder Partnerschaftsvermittler lediglich für ein Informationsgespräch kontaktiert hat (OGE BL, 19.8.1997, E. 4b. [Nr. 41–97/281, nicht publ.]); ebenso, wenn er sich auf ein Inserat eines Vermittlers für eine bestimmte Person hin bei diesem gemeldet und sich einzig für diese Person interessiert hat, es in der Folge jedoch zum Abschluss eines von der betreffenden Person losgelösten Ehe- oder Partnerschaftsvermittlungsvertrages gekommen ist (KGE NW, 13.3.2000, E. 3b [Nr. 24/98, nicht publ.]). 26

Das Widerrufsrecht gem. Art. 40b knüpft an die Art der Vertragsanbahnung an und trägt dem Überraschungseffekt bei Vertragsabschluss Rechnung, während Art. 406e seine Rechtfertigung in der mit dem Vertragsgegenstand verbundenen psychologischen Unterlegenheit des 27

Auftraggebers findet (s. N 2). Bei Vorliegen der jeweiligen Voraussetzungen kann sich der Kunde deshalb **wahlweise** auf Art. 40b und auf Art. 406e berufen (Handkomm-OR-KOLLER-TUMLER, Vor Art. 40a–40f N 5). **Art. 406e** erweist sich dabei sowohl hinsichtlich des Beginns des Fristenlaufs als auch hinsichtlich der Folgen des Widerrufs als die für den Auftraggeber **günstigere Bestimmung** (CR CO I-STAUDER, Vor Art. 40a–40f N 11). Im Zweifel ist deshalb der Widerrufserklärung des Auftraggebers Art. 406e zugrunde zu legen.

3. Konsumkredit

28 Für den in der Praxis nur selten anzutreffenden Fall, dass der Beauftragte dem Auftraggeber einen Kredit i.S.v. Art. 1 KKG gewährt, besteht auch ein **Widerrufsrecht gem. Art. 16 KKG**. Dieses unterscheidet sich von Art. 406e Abs. 1 insb. dadurch, dass im Falle des Widerrufs der Kreditgeber über einen Anspruch auf Auslagen und Verwendungsersatz verfügt (Art. 16 Abs. 3 KKG i.V.m. Art. 40f und 402 Abs. 1), nicht aber der Beauftragte nach Art. 406e (s. N 23). Im Zweifel kommt deshalb Art. 406e als die für den Auftraggeber **günstigere Norm** zur Anwendung, und zwar sowohl für den Vermittlungs- als auch für den Kreditvertrag.

Art. 406*f*

E. Rücktrittserklärung und Kündigung	**Die Rücktrittserklärung und die Kündigung bedürfen der Schriftform.**
E. Déclaration de résolution et résiliation	La déclaration de résolution et la résiliation du contrat doivent être faites par écrit.
E. Dichiarazione di recesso e disdetta	La dichiarazione di recesso e la disdetta del contratto devono avvenire in forma scritta.

Literatur und Materialien

Vgl. die Hinweise bei den Vorbem. zu Art. 406a–406h.

I. Anwendungsbereich. Normzweck

1 Wie der Abschluss eines Auftrags zur Ehe- oder zur Partnerschaftsvermittlung (s. Art. 406d) unterliegt auch dessen Auflösung dem Schriftformerfordernis. Eine allfällige Vertragsauflösung soll für die Parteien in gleicher Weise klar erkennbar und leicht beweisbar sein wie der Vertragsabschluss. Die Vorschrift dient damit Klarstellungs- und **Beweiszwecken** im Interesse der **Rechtssicherheit** (s. Botschaft 1995, 177). Überdies gewährt sie dem Auftraggeber einen gewissen Schutz vor einem übereilten Rücktritt bzw. einer unüberlegten Kündigung.

2 Nach der Vorschrift bedürfen sowohl die Rücktrittserklärung als auch die Kündigung der Schriftform. Der Begriff der **Rücktrittserklärung** bezieht sich auf das Rücktrittsrecht des Auftraggebers nach **Art. 406e**. Insoweit wiederholt Art. 406f also bloss, was sich bereits aus Art. 406e Abs. 1 ergibt. Wie bereits bei Art. 406d Ziff. 5 und Art. 406e hat sich der Gesetzgeber terminologisch vergriffen; richtigerweise handelt es sich bei der Rücktrittserklärung um eine **Widerrufserklärung**. Mit **Kündigung** ist sowohl das **Recht des Auftraggebers als auch des Beauftragten** *gemeint*, den Vertrag jederzeit zu kündigen (Art. 406d Ziff. 7 bzw. Art. 404). Die terminologische Abweichung gegenüber Art. 404 hat keine rechtliche Bedeutung.

Für den **Aufhebungsvertrag** gilt das Schriftformerfordernis des Art. 406f nicht (Art. 115 analog). 3

II. Schriftform

Der Begriff der Schriftform entspricht derjenigen der **einfachen Schriftlichkeit** im Sinne der Art. 13–15. Erforderlich ist eine **schriftliche Erklärung** sowie deren **eigenhändige Unterzeichnung** durch die betreffende Partei. Für Einzelheiten s. die Kommentierung zu Art. 13. 4

Die Schriftform gilt bezüglich **aller wesentlichen Elemente** der Erklärung, nämlich (vgl. ZK-Higi, Vor Art. 266–266o OR N 121): 5
- der Name der kündigenden Person oder ggf. Angabe eines Vertretungsverhältnisses;
- der Name bzw. die Person des Kündigungsempfängers;
- die Bezeichnung des Vertrages;
- die Erklärung, man erachte den Vertrag als aufgelöst oder trete davon zurück; und
- die Angabe des Zeitpunktes, auf den die Auflösung erfolgt.

Die Angabe eines Grundes für den Rücktritt oder für die Kündigung ist nicht erforderlich.

Hinsichtlich der verwendeten Worte sind an die Erklärung keine hohen Anforderungen zu stellen. Die Erklärung muss lediglich klar den Willen der betreffenden Vertragspartei zum Ausdruck bringen, den Vertrag auflösen zu wollen (vgl. BK-Fellmann, Art. 404 OR N 35). 6

III. Folgen der Nichteinhaltung der Schriftform

Eine Widerrufs- oder Kündigungserklärung, die den Erfordernissen der Schriftform nicht genügt, ist **nichtig** und entfaltet somit **keine Rechtswirkung** (**a.A.** bezüglich der Kündigung des Auftraggebers Tercier/Favre, N 5528 [blosse Ordnungsvorschrift]). Dies folgt aus Art. 11 Abs. 2, wonach die Formvorschriften mangels einer besonderen Bestimmung Gültigkeitsvoraussetzungen sind (vgl. BGE 108 II 296, 299 f.). Die Nichtigkeit des Widerrufs oder der Kündigung kann grundsätzlich jederzeit geltend gemacht werden. Indessen kann die Berufung auf die Formungültigkeit **rechtsmissbräuchlich** sein, namentlich wenn die Gegenpartei durch ihr Verhalten die kündigende Partei zur Nichtbeachtung der Form verleitet hat (vgl. BGer, SJ 1996, 332 f.). 7

IV. Abweichende Vereinbarungen

Art. 406f ist – wie grundsätzlich sämtliche Formvorschriften (BK-Schmidlin, Art. 11 N 21) – **zwingendes Recht** (Werro, N 1024; Hofstetter, SPR VII/6, 151). Die Parteien können folglich das Schriftformerfordernis für Widerruf und Kündigung vertraglich nicht wegbedingen. Hingegen ist unklar, ob die Vereinbarung über die einfache Schriftlichkeit hinausgehender Formvorschriften (z.B. eingeschriebener Brief) zulässig ist. Bei der Wohn- und Geschäftsraummiete, wo sich aufgrund von Art. 266*l* dieselbe Frage stellt, ist das Schrifttum unterschiedlicher Ansicht (s. ZK-Higi, Art. 266*l* OR N 7 m.w.Nw.). Im Gegensatz zum Mietrecht, das auf einen Bestandesschutz zu Gunsten des Mieters ausgerichtet ist, besteht das gesetzgeberische Anliegen beim Auftrag zur Ehe- oder zur Partnerschaftsvermittlung aber darin, dem Auftraggeber die Loslösung vom Vertrag zu ermöglichen. Daher sind m.E. Vereinbarungen, die dem Auftraggeber die Loslösung über das gesetzlich vorgesehene Mass erschweren, nicht zulässig. Die einfache Schriftlichkeit bildet sowohl die minimale als auch die maximale formelle Schranke für Widerruf und Kündigung. 8

Art. 406g

F. Information und Datenschutz

[1] Der Beauftragte informiert den Auftraggeber vor der Vertragsunterzeichnung und während der Vertragsdauer über besondere Schwierigkeiten, die im Hinblick auf die persönlichen Verhältnisse des Auftraggebers bei der Auftragserfüllung auftreten können.

[2] Bei der Bearbeitung der Personendaten des Auftraggebers ist der Beauftragte zur Geheimhaltung verpflichtet; die Bestimmungen des Bundesgesetzes vom 19. Juni 1992 über den Datenschutz bleiben vorbehalten.

F. Information et protection des données

[1] Avant la signature du contrat et pendant son exécution, le mandataire informe le mandant des difficultés particulières pouvant survenir dans l'accomplissement du mandat au regard de sa personne.

[2] Lors du traitement de données personnelles concernant le mandant, le mandataire est tenu à un devoir de discrétion; les dispositions de la loi fédérale du 19 juin 1992 sur la protection des données sont réservées.

F. Informazione e protezione dei dati

[1] Il mandatario informa il mandante, prima della sottoscrizione del contratto e durante l'esecuzione del medesimo, delle particolari difficoltà che potrebbero sorgere nell'adempimento del mandato, in considerazione delle circostanze personali del mandante.

[2] Nel trattamento dei dati personali del mandante, il mandatario è tenuto alla discrezione; sono fatte salve le disposizioni della legge federale del 19 giugno 1992 sulla protezione dei dati.

Literatur und Materialien

Vgl. die Hinweise bei den Vorbem. zu Art. 406a–406h.

I. Allgemeines. Normzweck

1 Die Vorschrift befasst sich mit den Pflichten des Beauftragten. Sie konkretisiert die Treuepflicht des Beauftragten gem. Art. 398 Abs. 2 für den Auftrag zur Ehe- oder Partnerschaftsvermittlung. Abs. 1 statuiert eine besondere **Aufklärungspflicht** mit Bezug auf besondere Schwierigkeiten, die im Hinblick auf die persönlichen Verhältnisse des Auftraggebers bei der Auftragserfüllung auftreten können. Abs. 2 auferlegt dem Beauftragten eine besondere **Diskretions- und Geheimhaltungspflicht** bezüglich der Personendaten des Auftraggebers.

II. Informationspflicht (Abs. 1)

1. Gegenstand

2 Der Beauftragte muss den Auftraggeber über besondere Schwierigkeiten informieren, die im Hinblick auf die persönlichen Verhältnisse des Auftraggebers bei der Auftragserfüllung auftreten können. Er hat ihn über die Zweckmässigkeit eines Vermittlungsvertrages im Hinblick auf die zu erwartenden **Erfolgschancen** zu informieren, um ihn vor allfälligen unrealistischen Erwartungen und Hoffnungen zu bewahren.

3 **Besondere Schwierigkeiten** bei der Vermittlung bestehen erfahrungsgemäss etwa bei Männern mit einer Körpergrösse von weniger als 165 cm, bei Frauen mit einer Körpergrösse von mehr als 179 cm oder einem Alter von mehr als 40 Jahren, sowie bei körperlich oder geistig behinderten Menschen (Botschaft 1995, 178). Persönliche Umstände, die eine Vermittlung erschweren, können ferner bestimmte Krankheiten sein, besondere Neigungen und Vorlieben, insb. im Bereich der Sexualität, fehlende Sozialkompetenz, Ortsgebundenheit, beruflich ausserordentlich starke Beanspruchung, aber auch Arbeitslosigkeit bei Männern. Schliesslich können auch illusionäre Wunschvorstellungen des Auftraggebers zu besonderen Schwierig-

keiten bei der Vermittlung führen. Einen objektiven Massstab gibt es hierfür nicht (HONSELL, OR BT, 362).

4 Da die Informationspflicht mit Bezug auf den **konkreten Auftrag** besteht, sind neben den persönlichen Verhältnissen des Auftraggebers auch der Tätigkeitsbereich des Beauftragten sowie die Zusammensetzung seiner Kundenkartei zu berücksichtigen. Der Umfang der Informationspflicht ist deshalb im Einzelfall nach Treu und Glauben zu konkretisieren (HARTMANN, N 164). Gibt der Auftraggeber bspw. an, ortsgebunden zu sein und mit der zu vermittelnden Person zusammenleben zu wollen, so trifft den Beauftragten eine entsprechende Informationspflicht, wenn sich in seiner Kartei nicht hinreichend ortsungebundene Personen oder Personen aus der näheren Umgebung des Auftraggebers befinden (BezGerPräs Landquart, 27.5.2003, E. 4.b [nicht publ.]). Art. 406g Abs. 1 besagt letztlich nichts anderes, als dass der Beauftragte den Auftraggeber über alle entscheiderheblichen Umstände zu informieren hat (HONSELL, OR BT, 362).

5 Damit der Beauftragte die Informationspflicht erfüllen kann, ist er verpflichtet, die persönlichen Umstände des Auftraggebers und der zu vermittelnden Person festzustellen. Es trifft ihn diesbezüglich eine **Erkundigungspflicht** und den Auftraggeber eine korrelierende **Mitwirkungsobliegenheit** (s. Art. 406a N 27).

2. Massgeblicher Zeitpunkt

6 Die Informationspflicht gem. Abs. 1 besteht bereits **vor der Vertragsunterzeichnung** und dauert **während des Vertrages** fort. Sie dient der **Beurteilung der Erfolgschancen** der Vermittlung. Der Beauftragte hat deshalb den Auftraggeber aufzufordern, ihn über Änderungen in dessen persönlichen Verhältnissen (wie Stellenverlust, Krankheit usw.) in Kenntnis zu setzen. Erhält der Beauftragte eine entsprechende Mitteilung und wirkt sich dies auf die Vermittlungschancen aus, so hat er den Auftraggeber darüber zu informieren.

7 Der Beauftragte hat seinen Informationspflichten **ohne Verzug** nachzukommen, weil der Auftraggeber jederzeit berechtigt ist, den Vertrag zu kündigen (s. Art. 406a N 32). Von diesem Recht kann der Auftraggeber nur dann sinnvoll Gebrauch machen, wenn er stets über die relevanten Informationen verfügt.

III. Datenschutz (Abs. 2)

8 Abs. 2 verpflichtet den Beauftragten bei der Bearbeitung von Personendaten des Auftraggebers zur **Geheimhaltung**. Damit soll verhindert werden, dass der Beauftragte Name, Adresse oder andere Personendaten des Auftraggebers bei Dritten (z.B. andere Vermittlungsinstitute oder Warenhäuser) vertreibt oder für Publikationen zugänglich macht, die sich an allein lebende Personen richten (sog. Single-Magazine; Botschaft 1995, 178). Die Vorschrift dient damit dem **Schutz der Persönlichkeit** des Auftraggebers (WERRO, N 994). Dieser hat ein berechtigtes Interesse daran, seinen Kontakt zu einem Partnervermittlungsinstitut und erst recht die diesem anvertrauten höchstpersönlichen Dinge und Beweggründe nicht publik werden zu lassen (GILLES, Ehevermittlung, Rz 30).

9 Der Begriff der **Personendaten** ist derselbe wie in Art. 3 lit. a DSG (WERRO, N 994). Er umfasst alle Angaben, die sich auf eine bestimmte oder bestimmbare Person beziehen (s. BSK DSG-BLECHTA, Art. 3 N 3 ff.). Der Begriff der **Bearbeitung** entspricht Art. 3 lit. e DSG.

10 Aufgrund der Geheimhaltungspflicht ist es dem Beauftragten untersagt, **Dritten ohne ausdrückliche Zustimmung des Auftraggebers dessen Personendaten bekannt zu geben oder zugänglich zu machen**. Von der Geheimhaltungspflicht erfasst ist auch die Tatsache der Kontaktaufnahme und die Beweggründe des Auftraggebers (HONSELL, OR BT, 363). Der

Beauftragte ist daher verpflichtet, in Inseraten keine Daten des Auftraggebers preiszugeben, die zu dessen Identifikation, etwa durch Angehörige, Freunde oder Bekannte, führen können.

11 Die Geheimhaltungspflicht dauert nach Beendigung des Auftrags zur Ehe- oder zur Partnerschaftsvermittlung fort (sog. **nachwirkende Vertragspflicht**; BK-Fellmann, Art. 398 OR N 77 ff.; Middendorf, N 189, je m.w.Nw.). Nötigenfalls hat der Beauftragte die erforderlichen Schutzvorkehrungen zu treffen (vgl. BK-Fellmann, Art. 398 OR N 55; Middendorf, N 185). Sie besteht **gegenüber jedermann** (BK-Fellmann, Art. 398 OR N 73 ff.), insb. auch gegenüber der zu vermittelnden Person. Ob diese ebenfalls in einer Vertragsbeziehung zum Beauftragten steht, ist dabei irrelevant.

12 Die Vorschrift **ergänzt das Datenschutzgesetz** insoweit, als dieses keine allgemeine Geheimhaltungspflicht bei der Bearbeitung von Personendaten durch Private vorsieht. Nach Art. 12 Abs. 2 lit. c DSG ist nur (aber immerhin) die Bekanntgabe von besonders schützenswerten Personendaten oder von Persönlichkeitsprofilen an Dritte verboten, nicht aber bspw. die Bekanntgabe des Namens und der Anschrift der betroffenen Person. Zudem verhindert Art. 406g Abs. 2, dass der Beauftragte ohne Zustimmung des Auftraggebers die Datenbearbeitung an einen Dritten überträgt (Art. 14 lit. b DSG). Eine solche Zustimmung des Auftraggebers ist dabei nur mit Zurückhaltung anzunehmen.

IV. Rechtsfolgen

13 Kommt der Beauftragte seinen **vorvertraglichen Aufklärungspflichten** nicht genügend nach, so ist er dem Auftraggeber nach den Regeln über die **Haftung aus culpa in contrahendo** zu Schadenersatz verpflichtet, wenn dieser vom Vertrag zurücktritt oder diesen wegen eines Willensmangels anficht (Hartmann, N 493). Der Auftraggeber kann sich auch nach vollständiger Erfüllung seitens des Beauftragten, d.h. nachdem ihm die vertraglich vereinbarten Partnervorschläge unterbreitet wurden, auf einen **Grundlagenirrtum** (Art. 24 Abs. 1 Ziff. 4) berufen, weil er sich vielfach erst zu diesem Zeitpunkt der Schwierigkeiten bewusst wird, die einer erfolgreichen Vermittlung entgegen stehen (Hartmann, N 494). Ferner kommt eine Anfechtung des Vertrags wegen **absichtlicher Täuschung** (Art. 28) in Betracht (Tercier/Favre, N 5502).

14 Verletzt der Beauftragte **während der Vertragsdauer** schuldhaft seine Informations- und Diskretionspflichten, so stellt dies eine Vertragsverletzung dar. Der Beauftragte haftet demnach für den Schaden, der dem Auftraggeber adäquat kausal daraus erwächst (Art. 97 Abs. 1). Ferner kommt eine **Honorarminderung** in Betracht (vgl. BGE 124 III 423, 425 f.; Honsell, OR BT, 336 je m.w.Nw.). Führt eine vertragswidrige Indiskretion des Beauftragten zu einer schweren Persönlichkeitsverletzung des Auftraggebers, hat dieser neben dem Anspruch auf **Schadenersatz** auch einen Anspruch auf Leistung einer Geldsumme als **Genugtuung** (Art. 49 Abs. 1 i.V.m. Art. 99 Abs. 3; vgl. BK-Fellmann, Art. 398 OR N 96). Sofern der Beauftragte gegen Vorschriften des **Datenschutzgesetzes** verstösst, gelangen zudem dessen **Sanktionen** (Art. 15 und 34 DSG) zur Anwendung (Werro, N 1000, 1009 f.).

V. Abweichende Vereinbarungen

15 Abs. 1 von Art. 406g ist zum Schutz des Auftraggebers **zwingender Natur**.

16 Personendaten des Auftraggebers darf der Beauftragte nur mit dessen ausdrücklicher Zustimmung an Dritte weitergeben (s. N 10). Eine Zustimmung wird i.d.R. erst und nur insoweit erteilt, als der Auftraggeber eine bestimmte, ihm vorgeschlagene Person kennenlernen will. Eine **im Voraus erteilte Zustimmung** des Auftraggebers in die Bekanntgabe seiner Personendaten ist restriktiv auszulegen. Eine entsprechende Klausel in allgemeinen Geschäftsbedingungen des Beauftragten ist als ungewöhnlich zu betrachten und damit grundsätzlich unwirksam.

Art. 406*h*

G. Herabsetzung	**Sind unverhältnismässig hohe Vergütungen oder Kosten vereinbart worden, so kann sie das Gericht auf Antrag des Auftraggebers auf einen angemessenen Betrag herabsetzen.**
G. Rémunération et frais excessifs	Lorsqu'une rémunération ou des frais excessifs ont été stipulés, le mandant peut demander au juge de les réduire équitablement.
G. Riduzione	Se sono state stipulate rimunerazioni o spese sproporzionate, il mandante può chiedere al giudice di ridurle nella giusta misura.

Literatur und Materialien

ABEGG, Die zwingenden Inhaltsnormen des Schuldvertragsrechts, Diss. Freiburg 2004; vgl. die Hinweise bei den Vorbem. zu Art. 406a–406h.

I. Anwendungsbereich. Normzweck

1 Die **Vertragsfreiheit** erlaubt es den Parteien, Verträge abzuschliessen, bei denen Leistung und Gegenleistung nach objektiven Massstäben in keinem ausgewogenen Verhältnis zueinander stehen. Der für eine Leistung vereinbarte Preis wird vom Gesetzgeber nur in wenigen Fällen (Mietzinse, Grundstücksmäkelei, Arbeitsvermittlung und Darlehenszinsen) kontrolliert, und dort in erster Linie aus öffentlichen Interessen. Im Übrigen **führt ein überhöhter Preis weder zur Widerrechtlichkeit noch zur Sittenwidrigkeit** des Vertrags (BGE 115 II 232, 236; 47 II 166, 174; einschränkend TERCIER, BR 1998, 79 f.). Ein gesetzlicher Schutz besteht grundsätzlich nur im Rahmen von Art. 21, wofür die inhaltliche Unausgewogenheit allein nicht ausreicht, sondern zusätzlich eine Entscheidungsschwäche beim Übervorteilten sowie deren Ausbeutung durch die Gegenpartei erforderlich sind (dazu Art. 21 N 10 ff.).

2 Bei der Ehe- und Partnerschaftsvermittlung hat sich indessen gezeigt, dass die Vertragsfreiheit – flankiert durch Art. 21 – als Garant für ein ausgewogenes Verhältnis von Preis und Leistung oft versagte. Für die im «Geschäft mit der Einsamkeit» erbrachten Leistungen werden oftmals Summen verlangt, die ein Vielfaches davon betragen, was für die gleichen oder vergleichbare Leistungen ausserhalb der Ehe- und Partnerschaftsvermittlung bezahlt wird (z.B. Preise für psychologische oder grafologische Gutachten, für die Erstellung von Fotodokumentationen oder die Organisation von Veranstaltungen). Oftmals besteht auch ein Missverhältnis zum Aufwand und zu den Anforderungen der gebotenen Leistungen (z.B. bei der Auswertung von Fragebögen, dem Verfassen von Liebesbriefen, usw.). Dass überhöhte Preise regelmässig bezahlt werden, hängt mit den hohen, objektiv jedoch nicht gerechtfertigten Erwartungen zusammen, die der Auftraggeber in die betreffenden Leistungen – oft auf Weismachung durch den Beauftragten hin – setzt. Die strukturelle Unterlegenheit des Auftraggebers zeigt sich damit auch in dessen Unvermögen, den Inhalt des Ehe- oder Partnerschaftsvermittlungsvertrages und die Wertrelation der versprochenen Leistungen vernünftig zu beurteilen (s.a. ABEGG, 290). Nebst der Abschlusskontrolle nach Art. 406d und 406e scheint deshalb eine **objektive Kontrolle der Wertparität der Vertragsleistungen** gerechtfertigt. Zu diesem Zweck gewährt Art. 406h für den Fall, dass **unverhältnismässig hohe Vergütungen oder Kosten** vereinbart wurden, dem Auftraggeber das Recht, vom Gericht deren **Herabsetzung auf einen angemessenen Betrag** zu verlangen. Die objektive Disparität der Vertragsleistungen ist hierfür ausreichend; das Vorliegen konkreter subjektiver Willensbeeinträchtigungen ist nicht notwendig, sondern wird vom Gesetzgeber als strukturell gegeben betrachtet (TERCIER, SJZ 2000, 323). Da diese Vorschrift der spezifischen Situation bei der Ehe- und Partnerschaftsvermittlung Rechnung trägt, ist sie **nicht verallgemeinerungsfähig** und einer analogen Anwendung ausserhalb des Auftrages zur Ehe- oder zur Partnerschaftsvermittlung nicht zugänglich.

3 Der Hinweis in der Botschaft, die Vorschrift übernehme Art. 417 für den Auftrag zur Ehe- oder zur Partnerschaftsvermittlung (Botschaft 1995, 178), trübt den Blick vor der Tatsache, dass gem. Art. 406a Abs. 2 subsidiär nicht Mäklervertragsrecht anwendbar ist, sondern Auftragsrecht. Die Norm ist daher, soweit der Vertragsinhalt eine Rolle spielt, primär anhand des **Auftragsrechts** auszulegen und zu konkretisieren und nicht anhand der Praxis zu Art. 417 (**a.A.** offenbar GUHL/KOLLER/SCHNYDER/DRUEY, § 50 N 38 und Handkomm-OR-FRIZ, Art. 406g N 1).

4 Während Art. 417 sowohl privaten als auch öffentlichen Interessen dient (BGE 83 II 151, 152 = Pra 1957, 270, 271), will Art. 406h allein den Auftraggeber schützen. Art. 406h dient daher allein **privaten Interessen** (WERRO, N 1014).

5 Die summenmässige Beschränkung des Heiratsvermittlerlohnes geht **historisch** bis auf den Codex Justinianus zurück (dazu SCHINDLER, 11 f.). Sie entspricht auch der Gerichtspraxis in Frankreich, die eine Herabsetzung übermässig hoher Vergütungen und Kosten auf einen «juste prix» vornimmt (HEIDSIECK, N 8.3 m.w.Nw.).

II. Unverhältnismässig hohe Vergütungen oder Kosten

6 Das **materielle Eingreifkriterium** ist die **Vereinbarung unverhältnismässig hoher Vergütungen oder Kosten**. Damit ist die Inhaltskontrolle von vornherein auf das Verhältnis zwischen Preis und Leistung beschränkt. Andere für den Auftraggeber nachteilige Vertragsklauseln können gestützt auf die Vorschrift nicht korrigiert werden, doch kann und muss ihnen bei der Wertparitätskontrolle von Preis und Leistung Rechnung getragen werden.

7 Anknüpfend an Art. 406d Ziff. 2, wonach die Leistungen des Beauftragten in der Vertragsurkunde einzeln und unter Angabe der jeweiligen Kosten aufzulisten sind (s. Art. 406d N 5 ff.), verlangt die Vorschrift, dass **jede einzelne Leistung** auf ihre Wertäquivalenz mit dem jeweils vereinbarten Betrag hin zu überprüfen ist und nicht bloss der Gesamtwert der erbrachten Leistungen mit der Gesamtvergütung. Darin besteht ein grundlegender Unterschied zu Art. 417, wo dem Mäklerlohn (einschliesslich Auslagen- und Verwendungsersatz, Art. 413 Abs. 3) der wirtschaftliche Wert aller Leistungen des Mäklers gegenüber gestellt wird (vgl. Art. 417 N 4 m.w.Nw.). Aufgrund dieses unterschiedlichen Kontrollgegenstandes sowie der Tatsache, dass der Zweck des Auftrags zur Ehe- oder zur Partnerschaftsvermittlung immaterieller und nicht wirtschaftlicher Natur ist, wäre es verfehlt, die Wertparitätskontrolle bei Art. 406h nach den von Lehre und Rechtsprechung zu Art. 417 entwickelten Kriterien vorzunehmen.

8 Stattdessen sind gem. Art. 406a Abs. 2 die Bestimmungen über den einfachen Auftrag ergänzend anzuwenden, also Art. 394 Abs. 3 hinsichtlich der Vergütung und Art. 402 Abs. 1 hinsichtlich des Auslagen- und Verwendungsersatzes.

a) Geht man davon aus, dass angemessen i.S.v. Art. 406h ist, was als üblich i.S.v. Art. 394 Abs. 3 zu betrachten ist, so erlaubt dies, die Wertparitätskontrolle nach denselben Kriterien vorzunehmen, wie sie Lehre und Rechtsprechung im Rahmen von Art. 394 Abs. 3 entwickelt haben. Massgebend für die Festlegung der **üblichen Vergütung** sind demnach der **Zeitaufwand**, die **Ausbildung** und das **Können des Beauftragten**, die **Schwierigkeit der Tätigkeit**, die zu tragenden **Risiken**, die **Erfolgsabhängigkeit, Tarife für ähnliche Leistungen** und die **Deckung der effektiv anfallenden Generalunkosten** (Art. 394 N 39; BK-FELLMANN, Art. 394 OR N 413 je m.w.Nw.). Zu berücksichtigen sind ferner die Erwartungsanforderungen des Auftraggebers. Diese sind höher, wenn die Vermittlung auf eine exklusive Klientel ausgerichtet ist; entsprechend ist hier eine höhere Vergütung gerechtfertigt (vgl. OLG Koblenz, NJW-RR 2004, 268 ff.). Übersteigt die vereinbarte Vergütung eine nach diesen Kriterien übliche Vergütung, so ist sie als unverhältnismässig hoch i.S.v. Art. 406h zu betrachten. So erachtete das BezGerPräs Landquart einen Ansatz von je CHF 500 für die Aufnahme des Auftraggebers in die Adresskartei des Beauftragten und die Erstellung einer rudimentären Partneranalyse samt einer allfälligen Partnerberatung ohne tatsächliche Vermittlung als unverhältnismässig hoch und setzte die Honorarforderung auf die Hälfte herab (Urteil v. 27.5.2003, E. 4 [nicht publ.]).

b) Mit Bezug auf die **Kosten** sind dem Betrag, den der Auftraggeber nach der Vereinbarung zu ersetzen hat, die zur Ausführung des Auftrags objektiv erforderlichen Auslagen und Verwendungen nach Art. 402 Abs. 1 gegenüber zu stellen. **Übermässigkeit** ist anzunehmen, **wenn der vereinbarte Kostenersatz die tatsächlichen und zur Auftragsausführung objektiv erforderlichen Auslagen und Verwendungen übersteigt**. Bei vereinbarten Kostenpauschalen, soweit diese überhaupt zulässig sind (s. Art. 406d N 7), verfügt der Auftraggeber damit über die Möglichkeit nachzuweisen, dass die tatsächlichen Auslagen und Verwendungen des Beauftragten geringer sind als der Pauschalbetrag. Gelingt dieser Beweis, so kann er eine Reduktion der Pauschale verlangen; ausserhalb des Anwendungsbereichs von Art. 406h besteht diese Möglichkeit grundsätzlich nicht (BK-Fellmann, Art. 402 OR N 60).

Sowohl Vergütungen als auch Kostenersatz schuldet der Auftraggeber nur, soweit es **vereinbart** wurde (Art. 406d Ziff. 2). Fehlt es an einer solchen Vereinbarung oder erweist sich diese im Nachhinein als ungültig, kommt nicht Art. 406h sondern Art. 406d Ziff. 2 zur Anwendung. Dem Gericht ist es in einem solchen Fall verwehrt, dem Beauftragten einen angemessenen Betrag zuzusprechen. 9

III. Antrag zur Herabsetzung. Prozessuales

Die Vorschrift verlangt für die Herabsetzung einen **«Antrag»** des Auftraggebers an das Gericht. Damit bringt sie zum Ausdruck, dass das Gericht eine Herabsetzung gestützt auf Art. 406h nicht ***ex officio***, sondern nur gestützt auf ein entsprechendes **Rechtsbegehren** des Auftraggebers vornehmen darf. Beim Recht auf gerichtliche Herabsetzung unverhältnismässig hoher Vergütungen und Kosten handelt es sich um ein **Gestaltungsklagerecht** des Auftraggebers (vgl. ZK-Oser/Schönenberger, Art. 417 OR N 3; BGE 88 II 511, 514 zu Art. 417), das dieser sowohl im Aktiv- als auch im Passivprozess ausüben kann. Inhaltlich muss das Rechtsbegehren nicht ausdrücklich auf Art. 406h Bezug nehmen, weil das Gericht das Recht von Amtes wegen anzuwenden hat. Es genügt, wenn der Auftraggeber sich nicht darauf beschränkt, seine Schuld dem Grundsatz nach zu bestreiten, sondern auch ihre Höhe beanstandet unter Hinweis auf bestimmte Umstände, die eine Herabsetzung zu rechtfertigen vermögen (vgl. BGE 111 II 366, 369; 83 II 151, 153 = Pra 1957, 271 betr. Art. 417). 10

Die **Beweislast** für das Vorliegen der Umstände, die eine Herabsetzung rechtfertigen, liegt nach Art. 8 ZGB beim Auftraggeber (vgl. BGE 109 II 120, 122; 103 II 108, 109; 95 II 532, 539 f. zu Art. 163 Abs. 3). Hingegen ist die Beurteilung, ob übermässig hohe Vergütungen und Kosten vereinbart wurden und welcher Betrag angemessen ist, eine **Rechtsfrage**, die vom Gericht nach freiem Ermessen (Art. 4 ZGB) zu entscheiden ist (TC VD, 18.3.2009, E. 5 [nicht publ.]; BezGerPräs Landquart, 27.5.2003, E. 4.d [nicht publ.]; vgl. auch Gauch/Schluep/Schmid/Emmenegger, N 3946 und 3951 m.w.Nw. zu Art. 163 Abs. 3). 11

IV. Herabsetzung auf einen angemessenen Betrag

Ist das Gericht der Auffassung, die vereinbarten Vergütungen oder Kosten seien unverhältnismässig hoch, so **muss** es diese herabsetzen, sofern ein entsprechender Antrag des Auftraggebers vorliegt. Die lediglich im deutschen Wortlaut von Art. 406h enthaltene Kann-Vorschrift ist diesbezüglich unpräzis. 12

Die Herabsetzung erfolgt auf einen **angemessenen Betrag**, welcher der üblichen Vergütung gem. Art. 394 Abs. 3 bzw. den für die richtige Ausführung des Auftrages objektiv erforderlichen Auslagen und Verwendungen des Beauftragten entspricht (s. N 8). Es handelt sich da- 13 bei um einen Fall einer gesetzlich verankerten **geltungserhaltenden Reduktion auf das gewöhnliche Mass**, im Gegensatz zur Reduktion auf das gerade noch zulässige Höchstmass bei Art. 163 Abs. 3 oder der Vertragsnichtigkeit bei Art. 15 i.V.m. Art. 14 KKG (Guhl/Koller/Schnyder/Druey, § 50 N 38; Schwenzer, N 32.43).

V. Verwirkung

14 Der Gesetzgeber hat es unterlassen, die Ausübung des Herabsetzungsrechts einer besonderen **zeitlichen Schranke** zu unterstellen. Da es sich beim Herabsetzungsrecht nicht um eine Forderung, sondern um ein Gestaltungsklagerecht handelt (s. N 10), sind die **Bestimmungen über die Verjährung (Art. 127 ff.) nicht anwendbar**. Mit Bezug auf Art. 417 hat das BGer in einem älteren Entscheid festgehalten, dass die Verjährung des Rückforderungsanspruches nach Art. 67 der Ausübung des Herabsetzungsrechts eine gewisse Schranke setze (BGE 88 II 511, 515). Angesichts der bundesgerichtlichen Ausführungen in BGE 126 III 119, 122 f. scheint der Rückforderungsanspruch zufolge der gerichtlichen Herabsetzung jedoch nunmehr vertraglicher Natur zu sein. Damit beginnt die Verjährung nicht mehr im Zeitpunkt der Zahlung, sondern erst mit rechtskräftigem Urteil zu laufen, weil erst das Urteil die Rechtslage umgestaltet und den Rückforderungsanspruch entstehen lässt. Für die Geltendmachung der Herabsetzung bleibt der Zahlungstermin folglich bedeutungslos. Dass aber eine zeitliche Schranke notwendig ist, die den Leistungsaustausch zwischen den Parteien endgültig perpetuiert, ist aus Gründen der Rechtssicherheit unabdingbar. Aufgrund der inhaltlichen Nähe des Art. 406h zur Übervorteilung scheint deshalb die **analoge Anwendung der einjährigen Verwirkungsfrist des Art. 21 Abs. 1** gerechtfertigt. Massgebend für den Beginn des Fristenlaufs sollte aber in Abweichung von Art. 21 Abs. 2 die Erbringung der überteuerten Leistung sein und nicht der Abschluss des Vertrages. Einerseits hat der Auftraggeber in diesem Zeitpunkt noch keine Kenntnis von den wahren Wertrelationen, andererseits soll sich der Beauftragte nicht durch langsames Arbeiten eine an sich ungerechtfertigt hohe Vergütung erwirken können.

15 Nach der Judikatur zu Art. 417 steht **Zahlung** einer nachträglichen Herabsetzung nicht entgegen, es sei denn, der Auftraggeber habe sie in Kenntnis von Art. 417 vorbehaltlos geleistet und damit die Höhe des Anspruchs des Beauftragten anerkannt (BGE 111 II 366, 371; 88 II 511, 515). Eine Übertragung dieser Rechtsprechung auf die vorliegende Vorschrift erscheint sachgerecht, soweit die Zahlung nach Erbringung der betreffenden Dienstleistung erfolgt ist. Wird jedoch – wie bei der Ehe- und Partnerschaftsvermittlung üblich – Vorauszahlung geleistet, so kann der Auftraggeber im Zeitpunkt der Zahlung die wahre Wertrelation noch nicht hinreichend abschätzen. Mit dem Zweck von Art. 406h wäre es deshalb nicht zu vereinbaren, aus der Leistung der Vorauszahlung auf eine konkludente Anerkennung der Höhe der Forderung des Beauftragten zu schliessen. Erst wenn der Auftraggeber nach Entgegennahme der Leistung diese ausdrücklich und vorbehaltlos genehmigt, kann dies als Verzicht auf das Herabsetzungsrecht gewertet werden.

VI. Abweichende Vereinbarungen

16 Die Bestimmung von Art. 406h ist **zwingendes Recht** (Werro, N 1014; Hofstetter, SPR VII/6, 151; vgl. BGE 88 II 511, 513 zu Art. 417). Der Auftraggeber kann somit nicht zum Voraus gültig auf die Geltendmachung seines Herabsetzungsanspruchs aus Art. 406h verzichten (vgl. BGE 111 II 366, 370 zu Art. 417).

Zweiter Abschnitt: Der Kreditbrief und der Kreditauftrag

Art. 407

A. Kreditbrief

[1] Kreditbriefe, durch die der Adressant den Adressaten mit oder ohne Angabe eines Höchstbetrages beauftragt, einer bestimmten Person die verlangten Beträge auszubezahlen, werden nach den Vorschriften über den Auftrag und die Anweisung beurteilt.

[2] Wenn kein Höchstbetrag angegeben ist, so hat der Adressat bei Anforderungen, die den Verhältnissen der beteiligten Personen offenbar nicht entsprechen, den Adressanten zu benachrichtigen und bis zum Empfange einer Weisung desselben die Zahlung zu verweigern.

[3] Der im Kreditbriefe enthaltene Auftrag gilt nur dann als angenommen, wenn die Annahme bezüglich eines bestimmten Betrages erklärt worden ist.

A. Lettre de crédit

[1] Est soumise aux règles du mandat et de l'assignation, la lettre de crédit par laquelle le destinataire est chargé de remettre, avec ou sans fixation d'un maximum, à une personne déterminée les valeurs dont celle-ci fera la demande.

[2] Si aucun maximum n'est fixé et que le crédité fasse des demandes en disproportion évidente avec la position des intéressés, le destinataire doit prévenir son correspondant et, jusqu'à ce qu'il en ait reçu des instructions, surseoir au paiement.

[3] Le mandat conféré par une lettre de crédit n'est réputé accepté que si l'acceptation a été faite pour une somme déterminée.

A. Lettera di credito

[1] La lettera di credito, con la quale viene incaricato il destinatario, con o senza fissazione d'un limite massimo, di pagare ad una determinata persona le somme da essa richieste, soggiace alle regole che valgono pel mandato e per l'assegno.

[2] Se non fu fissato un massimo, il destinatario, ove siano fatte delle domande evidentemente non conformi alla posizione degli interessati, deve avvisarne l'accreditante e sospendere il pagamento, finché non abbia avuto sue istruzioni.

[3] Il mandato contenuto nella lettera di credito non si considera accettato, se non quando l'accettazione indichi espressamente una somma determinata.

Literatur

Dürr, Lettre et ordre de crédit, courtage, 1970; Furler, Kreditbrief – Kreditauftrag, SJK 328, 1942; Koller A., Dienstleistungsverträge – Begriff, Arten, rechtliche Grundlagen, AJP 2014, 1627 ff.; Krauskopf, Der Vertrag zugunsten Dritter, Diss. Fribourg 2000; zu Anweisung und Akkreditiv vgl. die Literaturhinweise bei den Vorbem. zu Art. 466–471 und beim Anhang zum 18. Titel.

I. Allgemeines

In Art. 407–411 werden Kreditbrief und Kreditauftrag geregelt; diese beiden Rechtsformen 1 stellen **Dreiparteienverhältnisse** dar, bei denen der Leistungsaustausch nicht zwischen den Vertragsparteien des Grundverhältnisses, sondern aus Zweckmässigkeitsgründen über eine Drittperson abgewickelt wird. Inhaltlich weisen Kreditbrief und Kreditauftrag Ähnlichkeiten zur Anweisung auf und hätten zutreffenderweise im Zusammenhang mit Art. 466–471 geregelt werden sollen.

Durch den **Kreditbrief** (Verbindung von Auftrag und Anweisung) soll dem berechtigten 2 Drittbegünstigten auf sein Verlangen hin eine Zahlung geleistet werden, die bei Ausführung den Auftrag durch Erfüllung beendigt; der Auslagenersatz erfolgt im Ausmass der tatsächlich geleisteten Zahlung. Beim **Kreditauftrag** wird dem Drittbegünstigten auf der Basis eines i.d.R. längerfristigen Schuldverhältnisses Kredit gewährt oder erneuert; der Auftraggeber wird Bürge des Kredit gewährenden Beauftragten (BK-Gautschi, N 6); im Gegensatz zum einfachen Auftrag ist der Vertragsgegenstand beschränkter und handelt der Beauftragte immer auf eigene Rechnung und in eigenem Namen (BK-FELLMANN, Art. 394 N 334). Sowohl der Kreditbrief als auch der Kreditauftrag sind bereits *ex lege* unentgeltliche Vertragsverhältnisse (KOLLER A., AJP 2014, 1631).

3 **Internationalprivatrechtlich** sind Kreditbrief und Kreditauftrag am Wohnsitz/Geschäftsdomizil des Beauftragten (Adressaten) anzuknüpfen (BGE 67 II 181; ZK-SCHÖNENBERGER/JÄGGI, Allg. Einl. N 290 ff.; BK-GAUTSCHI, N 33).

II. Inhalt des Kreditbriefs

4 Der Kreditbrief ist ein Auftrag mit einer besonderen Ausführungsobligation, nämlich der Pflicht zu einer Geldzahlung an einen Dritten (vgl. BGer 17.7.1997, SJ 1998, 207). Art. 407 Abs. 3 sieht die Anwendung des Auftragsrechts ausdrücklich vor; obwohl sich eine bloss subsidiäre Geltung dieser Regelungen nicht aus dem Gesetzestext ergibt, scheint diese evident zu sein (KOLLER A., AJP 2014, 1634). Mit dem Kreditbrief wird der Adressat (Beauftragte) vom Briefempfänger auftrags des Briefausstellers (Adressant, Auftraggeber) eingeladen, einen **Zahlungsauftrag** zugunsten des Briefempfängers und zulasten des Briefausstellers zu **übernehmen**. Dementsprechend enthält der Kreditbrief Elemente des Auftrags und der Anweisung; die Regeln des Anweisungsrechts werden denn auch in Abs. 1 für anwendbar erklärt und sind insb. im Verhältnis zum Briefempfänger heranzuziehen. Hingegen stellt das Veranlassungsgeschäft zur Ausstellung des Kreditbriefs einen Auftrag dar.

5 Der Kreditbrief ist ein Zahlungs-, nicht ein Kreditmittel. Adressat und Briefaussteller sind i.d.R. Banken. Angesichts der immer stärkeren Verbreitung von elektronischen Zahlungsmitteln (für einen Überblick vgl. Neue Zürcher Zeitung Nr. 270 vom 20.11.2014, 26) und Kreditkarten hat der Kreditbrief nur noch eine **geringe praktische Relevanz**, und zwar in der Form des Reisekreditbriefs bzw. Zirkularkreditbriefs, mittels welchem der Briefaussteller eine grössere Anzahl von Adressaten (Korrespondenzbanken) alternativ nach Wahl des Briefempfängers beauftragt, Zahlungen unter dem Kreditbrief zu leisten.

6 Der Kreditbrief ist weder eine Schuldurkunde noch ein Wertpapier (BK-GAUTSCHI, N 32); der Kreditbrief ist auf eine **bestimmte Person** auszustellen, nicht zugunsten des Inhabers oder an Ordre. Dementsprechend ist der Kreditbrief nicht übertragbar (Abs. 1).

7 Der Kreditbrief muss auf eine **bestimmte Geldsumme** lauten (mit oder ohne Angabe eines Höchstbetrages). Der Kreditbrief ist schriftlich abzufassen und eigenhändig zu unterzeichnen und sollte alle relevanten Ausführungsabreden und -anweisungen enthalten (BK-GAUTSCHI, N 28b/c).

8 Der Kreditbrief ist jederzeit **widerrufbar**, solange der Adressat nicht bezahlt oder die Anweisung angenommen hat. In einem späteren Zeitpunkt bleibt der Briefaussteller im Ausmasse der vom Adressaten eingegangenen Verpflichtungen gebunden.

III. Einzelne Rechtsverhältnisse

1. Briefaussteller/Adressat

9 Zwischen dem Briefaussteller und dem Adressaten entsteht mit Zustimmung zu einer Kreditbriefabwicklung ein **Auftragsverhältnis**. Der Adressat unterliegt insb. den Treue- und *Sorgfaltspflichten* des Beauftragten: Der Adressat hat bei der Präsentation eines Kreditbriefs nach (bank-)üblichen Sorgfaltskriterien die Echtheit des Kreditbriefs, die Identifikation des Zahlungsempfängers, den Auftragsinhalt gemäss Wortlaut des Kreditbriefs und die Gültigkeitsdauer zu prüfen. Der Adressat wird haftbar für falschen Rat bzw. Empfehlung zum Abschluss

eines widerrechtlichen Geschäfts (ZR 1953, 356 ff.). Die objektiv richtige Ausführung des Zahlungsauftrags ist Voraussetzung für die Entstehung des Deckungsanspruchs. Ist der Adressat nicht zur Kreditbriefabwicklung bereit, hat er den Briefaussteller entsprechend zu informieren.

Mit Beanspruchung durch den Briefempfänger kann der Adressat den Briefaussteller mit dem ausbezahlten Betrag zuzüglich Auszahlungskommission und allfälligen anderen Auslagen belasten (BK-Gautschi, N 24a). Soweit der Adressat nicht schon über Deckung verfügt, hat er einen Verwendungsersatzanspruch (Art. 402). **10**

2. Adressat/Briefempfänger

Die Annahme des Adressaten gegenüber dem Briefempfänger ist für einen bestimmten Betrag – entweder ausdrücklich oder konkludent durch Willensbetätigung – auszusprechen (Abs. 3). Die Annahme erfolgt als indirekter Stellvertreter auf Rechnung des Briefausstellers; Teilakzepte sind möglich. Ob und wann der Briefempfänger einen eigenen **Zahlungsanspruch** erwirbt, beurteilt sich nach **Anweisungsrecht** (Art. 468). Der Kreditbrief ist mithin, falls nicht eine entsprechende Abrede vorliegt, weder ein Vertrag zugunsten Dritter (Bucher, BT, 270) noch ein Garantievertrag (BK-Weber, Art. 111 OR N 97 ff.). **11**

Der Briefempfänger muss nicht handlungsfähig sein, weil er nur Rechte aus dem Kreditbrief erwirbt (Art. 19 Abs. 2 ZGB). Der Briefempfänger hat auch keine Pflichten aus Auftrag oder Kreditbrief gegenüber dem Adressaten, z.B. die Pflicht, die Zahlung vom Adressaten zu verlangen (vgl. dagegen Art. 467 Abs. 2). Demgemäss entfällt eine Stundungswirkung des Kreditbriefs, und der Briefempfänger hat keine Präsentations- und Benachrichtigungspflichten (vgl. dagegen Art. 469). Einzelne getätigte Zahlungen sind auf dem Kreditbrief zu verurkunden (BK-Gautschi, N 7a). **12**

3. Briefaussteller/Briefempfänger

Grund für die Abwicklung eines Geschäfts mittels Kreditbriefs ist i.d.R. ein vorbestehendes Rechtsverhältnis zwischen Briefaussteller und Briefempfänger (z.B. Kauf-, Werk-, Schenkungsvertrag). Erfolgt die tatsächliche Leistung nicht zum Zwecke der Erfüllung (causa solvendi), hat der Briefaussteller einen Regressanspruch gegenüber dem Briefempfänger, der im Zeitpunkt entsteht, in welchem die Verpflichtung zur Befreiung des Adressaten bzw. zum Verwendungsersatz auflebt. **13**

Art. 408

B. Kreditauftrag
I. Begriff und Form

1 Hat jemand den Auftrag erhalten und angenommen, in eigenem Namen und auf eigene Rechnung, jedoch unter Verantwortlichkeit des Auftraggebers, einem Dritten Kredit zu eröffnen oder zu erneuern, so haftet der Auftraggeber wie ein Bürge, sofern der Beauftragte die Grenzen des Kreditauftrages nicht überschritten hat.

2 Für diese Verbindlichkeit bedarf es der schriftlichen Erklärung des Auftraggebers.

B. Ordre de crédit
I. Définition et forme

1 Lorsqu'une personne a reçu et accepté l'ordre d'ouvrir ou de renouveler, en son propre nom et pour son propre compte, un crédit à un tiers sous la responsabilité du mandant, celui-ci répond, comme une caution, de la dette du crédité, en tant que le créditeur n'a pas outrepassé son mandat.

2 Toutefois, le mandant n'encourt cette responsabilité que si l'ordre a été donné par écrit.

B. Mandato di credito
I. Definizione e forma

[1] Ove alcuno abbia ricevuto ed accettato il mandato di aprire o rinnovare credito ad un terzo, in nome proprio e per proprio conto, ma sotto responsabilità del mandante, questi è tenuto come un fideiussore, purché il mandatario non abbia ecceduto i limiti del mandato di credito.

[2] Per questa responsabilità si richiede la dichiarazione scritta del mandante.

1 Durch den Kreditauftrag verpflichtet sich der Beauftragte, in eigenem Namen und auf eigene Rechnung, jedoch unter der Verantwortlichkeit des Auftraggebers, einem Dritten Kredit zu gewähren oder zu erneuern. Gegenstand des Kreditauftrags sind somit **Kreditgewährung** oder Krediterneuerung (z.B. durch Stundung). Obwohl der Kreditauftraggeber «wie ein Bürge» haftet, ist diese Haftung im Unterschied zu jener aus Bürgschaft nicht akzessorisch (BGer, 24.6.2003, 4C.217/2002, E. 2.1 = ZR 2006, 84; BSK OR I-Pestalozzi, Art. 111 N 33; BK-Weber, Art. 111 N 106; **a.A.** Emch/Renz/Arpagaus, Das Schweizerische Bankgeschäft, 7. Aufl., 2011, Rz 1372). Vom Garantievertrag unterscheidet sich der Kreditauftrag dadurch, dass der Auftraggeber nicht die Leistung eines Dritten garantiert, sondern durch die Auftragserteilung einen den Kreditnehmer begünstigenden Vertragsabschluss veranlasst und dafür die Verantwortung übernimmt (ZR 2006, 75 ff. [HGer ZH, 19.4.2002] und 84 ff. [BGer, 24.6.2003], dazu die Übersicht bei Zobl, SZW 2004, 332; OGer LU, 26.9.1983, LGVE 1983, 72 f.; BK-Gautschi, N 1b). Zur Bedeutung des Kreditauftrags beim Cash-Pooling im Konzern vgl. Blum, AJP 2005, 713 f.; zur Abgrenzung vom Kreditbrief vgl. Art. 407 N 2.

2 Die Auftragserteilung durch den Auftraggeber bedarf der **Schriftform** und der eigenhändigen Unterschrift (Abs. 2). Die Auftragsannahme durch den Beauftragten kann formfrei, d.h. stillschweigend, erfolgen, ebenso die Kreditgewährung an den Begünstigten (BK-Gautschi, N 1c). Die Angabe eines Höchstbetrages ist nicht erforderlich; hingegen müssen Art und Umfang der Forderungen, die kreditiert werden, bestimmbar sein. Bei der Revision des Bürgschaftsrechts von 1942 wurde die Anpassung von Abs. 2 an die neuen Formerfordernisse unterlassen. Obwohl somit durch den Kreditauftrag die strengen Formvorschriften des Bürgschaftsrechts umgangen werden könnten, hat der Kreditauftrag kaum praktische Bedeutung erlangt.

3 Der Beauftragte hat unter Beachtung der **auftragsrechtlichen Sorgfaltspflicht** zu handeln (Art. 397/398; vgl. BGer, 24.6.2003, 4C.217/2002, E. 2.2). Zum Pflichtenprogramm gehören aber nicht nur auftragsrechtliche Pflichten (z.B. Informations- und Abrechnungspflichten, Art. 400), sondern auch Pflichten, die dem Gläubiger gegenüber dem einfachen Bürgen auferlegt sind (vgl. SJ 1970, 427 ff.), z.B. die Wahrung der Gläubigerrechte in Konkurs- oder Nachlassverfahren des Kreditnehmers, das Verbot der Verminderung von Sicherheiten, die Übertragung der nicht verwendeten Sicherheiten usw. (BK-Gautschi, N 3b). Sorgfältig tätig werden heisst weiter, vorerst den offenen Kreditbetrag klageweise beim Kreditnehmer einzufordern und allfällige Sicherheiten zu verwerten (analog zu Art. 495 Abs. 2; Bucher, BT, 270).

4 Der Beauftragte handelt in eigenem Namen und auf eigene Rechnung; die Begriffsverwendung «jedoch unter der Verantwortung des Auftraggebers» in Abs. 2 meint, dass der Auftraggeber für den Schaden, der trotz richtiger Auftragsausführung eintritt, einzustehen hat, d.h. die Auslagen, die dem Beauftragten aus der Kreditgewährung erwachsen sind, übernehmen muss. Durch genaue Rechenschaftsablegung seitens des Beauftragten ergibt sich die Höhe des Verwendungsersatzes.

5 Der Kreditauftrag kann jederzeit **widerrufen** werden; bereits vor Kenntnisnahme durch den Beauftragten gegenüber dem Kreditnehmer eingegangene Pflichten werden aber durch einen solchen *Widerruf nicht tangiert.* Der Auftraggeber trägt die Konsequenzen der Kreditgewährung, die vor einem Widerruf in sorgfältiger Auftragsausführung erfolgt ist (BGE 88 II 169 = Pra 1962, 426 f.).

Das Erlöschen der kreditierten Forderung bewirkt das Erlöschen des Auslagenrückgriffs des Beauftragten gegen den Auftraggeber. Der begünstigte Dritte hat kein Rückgriffsrecht gegenüber dem Auftraggeber (SJ 1970, 426). Der Kreditauftrag ist aktiv und passiv vererblich; im Konkurs fallen die Ansprüche in die Masse. 6

Art. 409

II. Vertragsunfähigkeit des Dritten — **Der Auftraggeber kann dem Beauftragten nicht die Einrede entgegensetzen, der Dritte sei zur Eingehung der Schuld persönlich unfähig gewesen.**

II. Incapacité du crédité — Le mandant ne peut exciper contre le créditeur du fait que le crédité est personnellement incapable de s'obliger.

II. Incapacità del terzo — Il mandante non può opporre al mandatario l'eccezione che il terzo fosse personalmente incapace di contrarre il debito.

Art. 409 ordnet an, dass der Auftraggeber sich nicht darauf berufen kann, der von ihm bezeichnete Kreditnehmer sei nicht vertragsfähig. In Abweichung vom Akzessorietätsprinzip trägt somit der Auftraggeber das in der **Person** des **Kreditnehmers liegende Risiko**. Art. 408 und 409 regeln zusammen das gesamte Haftungsrisiko, das der Auftraggeber im Falle des Kreditauftrags trägt (Insolvenz- und Vertragsunfähigkeitsrisiko). 1

Durch Umkehrschluss ergibt sich aus Art. 409, dass alle **anderen Einreden** gegen den Verwendungsersatzanspruch des Beauftragten vom Auftraggeber **erhoben** werden können (Durchsetzung von Sicherheiten gegenüber dem Kreditnehmer, unzureichende Sorgfalt des Beauftragten usw.). Unterlässt der Auftraggeber die Erhebung solcher Einreden, verliert er seinen «Bürgenregress» gegen den Kreditnehmer. 2

Ein Willensmangel hinsichtlich der Person des Kreditnehmers kann nur geltend gemacht werden, wenn der Auftraggeber den Willensmangel der «Hauptschuld» (z.B. deren Anfechtbarkeit) bei der Erteilung des Kreditauftrags nicht gekannt hat (BK-Gautschi, N 2a). 3

Art. 410

III. Eigenmächtige Stundung — **Die Haftpflicht des Auftraggebers erlischt, wenn der Beauftragte dem Dritten eigenmächtig Stundung gewährt oder es versäumt hat, gemäss den Weisungen des Auftraggebers gegen ihn vorzugehen.**

III. Délais accordés arbitrairement — Le mandant cesse d'être responsable de la dette, lorsque le créditeur a accordé de son chef des délais au crédité ou négligé de procéder contre lui aux termes de ses instructions.

III. Dilazione arbitraria — La responsabilità del mandante cessa, qualora il mandatario abbia arbitrariamente accordato dilazione al terzo o trascurato di procedere in suo confronto in conformità alle istruzioni del mandante.

Art. 410 regelt einen spezifischen und – über den Randtitel hinausgehend – einen allgemeinen Fall des Tätigwerdens des Beauftragten: Der Beauftragte handelt unsorgfältig, wenn er gegen Weisungen des Auftraggebers verstösst (entsprechend der Regelung im Auftragsrecht: Art. 397, vgl. dort N 10); ebenso ist die eigenmächtige Gewährung einer Stundung an den Kreditnehmer als mangelnde Sorgfalt zu werten; die Genehmigung der Stundung kann seitens des Auftraggebers aber auch stillschweigend erfolgen. 1

Art. 411

IV. Kreditnehmer und Auftraggeber	**Das Rechtsverhältnis des Auftraggebers zu dem Dritten, dem ein Kredit eröffnet worden ist, wird nach den Bestimmungen über das Rechtsverhältnis zwischen dem Bürgen und dem Hauptschuldner beurteilt.**
IV. Droits et obligations des parties	Les droits et obligations du mandant et du crédité sont régis par les dispositions applicables à la caution et au débiteur principal.
IV. Rapporti fra il mandante e il terzo	I rapporti giuridici tra il mandante e il terzo cui fu accordato il credito soggiacciono alle disposizioni che regolano i rapporti giuridici tra il fideiussore e il debitore principale.

1 Bei Befriedigung des Beauftragten hat der Auftraggeber ein Recht auf Abtretung der Forderungen gegen den Kreditnehmer und auf Übertragung der Sicherheiten (im Konkurs des Beauftragten Legalzession gem. Art. 401). Die Subrogation von Nebenrechten ist auf Sicherheiten beschränkt, die bei der Erteilung des schriftlichen Kreditauftrags dem Beauftragten bereits gestellt waren oder ihm nachträglich für die Forderung gestellt wurden (BK-GAUTSCHI, N 1b).

2 Der Kreditnehmer kann der abgetretenen oder subrogierten Forderung alle Einreden entgegensetzen, die der Forderung im Zeitpunkt der Subrogation bzw. im Zeitpunkt, als der Kreditnehmer von der Abtretung Kenntnis erhielt, entgegenstanden (Art. 169; anders Art. 502 für das Bürgschaftsrecht). Verzichts- und Stundungseinreden sind vom begünstigten Kreditnehmer zu beweisen (BK-GAUTSCHI, N 2b). Ein Regress des Auftraggebers gegen den Kreditnehmer ist weiter ausgeschlossen, wenn er eine wegen Willensmangels unverbindliche Schuld als Bürge an den Kreditgeber erfüllt hat (Art. 507 Abs. 6; BK-GAUTSCHI, N 3b). Hat der Auftraggeber den Beauftragten befriedigt, ist der Kreditnehmer zwecks Vermeidung einer Doppelzahlung zu benachrichtigen (Art. 508).

Dritter Abschnitt: Der Mäklervertrag

Art. 412

A. Begriff und Form	[1] **Durch den Mäklervertrag erhält der Mäkler den Auftrag, gegen eine Vergütung, Gelegenheit zum Abschlusse eines Vertrages nachzuweisen oder den Abschluss eines Vertrages zu vermitteln.** [2] **Der Mäklervertrag steht im Allgemeinen unter den Vorschriften über den einfachen Auftrag.**
A. Définition et forme	[1] Le courtage est un contrat par lequel le courtier est chargé, moyennant un salaire, soit d'indiquer à l'autre partie l'occasion de conclure une convention, soit de lui servir d'intermédiaire pour la négociation d'un contrat. [2] Les règles du mandat sont, d'une manière générale, applicables au courtage.
A. Definizione e forma	[1] Col contratto di mediazione il mediatore riceve il mandato di indicare l'occasione per conchiudere un contratto o di interporsi per la conclusione d'un contratto verso pagamento di una mercede. [2] Le disposizioni del mandato propriamente detto sono in genere applicabili al contratto di mediazione.

Literatur

ANTOGNAZZA, Voraussetzungen der Mäklerprovision, Diss. Zürich 1965 (zit. Diss.); DERS., Der Mäklervertrag, SJK 1972, Nr. 417 (zit. SJK 1972); BAUMANN, Die Courtage des Versicherungsmaklers, Diss. Zürich 1996; GUGGENBÜHL, Die Liegenschaftsmäklerei, Diss. Zürich 1951; HOFSTETTER, Auftrag und die

Geschäftsführung ohne Auftrag, in: Schweizerisches Privatrecht (SPR), Bd. VII/6, 2. Aufl., Basel 2000, 1 ff.; KRAMER, Aktuelle Judikatur zum Vertragsrecht der Absatz- und Geschäftsmittler, AJP 1997, 165 ff.; MARQUIS, Le contrat de courtage immobilier et le salaire du courtier, Diss. Lausanne 1993; PFENNINGER, Mäklervertrag und Provisionsgarantie, SJZ 1950, 337 ff.; REHBINDER, AVG, kommentierte Textausgabe, Zürich 1992; SCHMID, Provisionsgarantie und Aufwendungsersatz im Mäklervertrag nach Obligationenrecht, SJZ 1950, 171 ff.; SCHÜRMANN, Mäklervertrag und Culpa in Contrahendo, SJZ 1955, 240 ff.; SCHWEIGER, Der Mäklerlohn, Voraussetzungen und Bemessung, Diss. Zürich 1986; SCHWEIZER VERBAND DER IMMOBILIENWIRTSCHAFT (SVIT) (Hrsg.), Maklerrecht in der Immobilienwirtschaft, Zürich 2005; STREIFF, Handkommentar zum Maklervertrag, Zürich 2009; THILO, Le courtage en immeubles et la rémunération du courtier, JdT 1949 I 34 ff., 66 ff.; TURRETINI, Le contrat de courtage et le salaire du courtier, Diss. Genf 1952; R.H. WEBER, Praxis zum Auftragsrecht und zu den besonderen Auftragsarten, Bern 1990, 141 ff.

I. Gegenstand und Begriffsmerkmale

1. Gegenstand

1 Im Mäklervertrag verspricht der Auftraggeber dem Mäkler eine Vergütung, wenn dessen Tätigwerden zum Abschluss des vom Auftraggeber angestrebten Geschäfts führt oder beiträgt. Die Tätigkeit des Mäklers kann nach dem Willen der Parteien auf den **Nachweis** von Interessenten beschränkt **(Nachweismäkler)** oder auf die **Zuführung** von Interessenten **(Zuführungsmäkler)** oder auf die **Vermittlung** in den Verhandlungen zwischen den Parteien **(Vermittlungsmäkler)** gerichtet sein. Während sich das Nachweisen in der Mitteilung einer oder mehrerer konkret bestimmter Abschlussgelegenheiten erschöpft, setzt die Vermittlungsmäkelei voraus, dass der Mäkler den Abschluss aktiv fördert (z.B. durch Teilnahme und Vermittlung an den Vertragsverhandlungen, Redaktion des Vertrages). Der Begriff der Zuführungsmäkelei wurde von der Praxis geschaffen. Es handelt sich um eine Zwischenstufe, bei der der Mäkler dem Auftraggeber den Interessenten nicht nur nachweisen, sondern «zuführen» muss (BUCHER, BT, 337; HOFSTETTER, SPR VII/6, 170 FN 2; s.a. HONSELL, OR BT, 351, der die Unterscheidung zwischen Vermittlungs- und Zuführungsmäkler als nicht sinnvoll erachtet). Die Regelung, ob Nachweis- oder Vermittlungsmäkelei vereinbart wurde, gehört zu den *Essentialia* des Mäklervertrages (BGE 90 II 103 E. 6; 131 III 275 E. 5.1.2 = Pra 2006, 148, E. 5.1.2; **a.M.** BUCHER, BT, 236). Haben die Parteien diesen Punkt im Einzelfall nicht geregelt, kann sich eine Einigung aus dem Verhalten der Parteien vor oder nach dem Vertragsabschluss ergeben (BGE 90 II 103 E. 6). Die Beauftragung des Mäklers ist auf eine *Tathandlung* gerichtet (je nach Abrede Nachweisen, Zuführen, Vermitteln), *nicht aber auf die Rechtshandlung des Vertragsabschlusses.* Soll der Mäkler als (direkter) Stellvertreter den Vertrag für den Auftraggeber abschliessen, sind zusätzlich zum Mäklervertrag ein besonderer Auftrag sowie eine entsprechende Vollmacht notwendig (vgl. BGE 83 II 153).

2. Entgeltlichkeit

2 Charakteristisch für den Mäklervertrag ist die **Entgeltlichkeit** (Pra 2004, 659, E. 3.2.1). Auch die gelegentliche Ausübung der Mäklertätigkeit ist vermutungsweise entgeltlich (BK-GAUTSCHI, N 2c). Die Voraussetzungen, unter welchen der Mäklerlohn geschuldet ist, sind in Art. 413 geregelt. Aufgrund der Vertragsfreiheit können Vermittlungsdienste auch unentgeltlich geleistet werden. Ein unentgeltlicher Vermittlungsauftrag kann jedoch nicht als Mäklervertrag, sondern muss als einfacher Auftrag qualifiziert werden (Pra 2004, 659, E. 3.2.1; BK-GAUTSCHI, N 2a).

3. Erfolgsbedingtheit

3 Ein weiteres Begriffsmerkmal des Mäklervertrages bildet die **Erfolgsbedingtheit** des Mäklerlohnanspruches. Der Erfolg, von dem der Mäklerlohn abhängig ist, ist nach dem Wortlaut von Art. 413 Abs. 1 und 3 das Zustandekommen des vom Auftraggeber angestrebten Vertrages in-

folge des Nachweises oder der Vermittlung des Mäklers. Grundsätzlich ist der Mäklerlohn nur bei Eintritt des beabsichtigten Erfolges geschuldet. In der Rsp. und Lehre wird allerdings anerkannt, dass die Parteien Vergütungsvereinbarungen treffen können, welche die Leistungspflicht des Mäklerlohnes nicht an das Zustandekommen eines Vertrages zwischen dem Auftraggeber und dem Dritten knüpfen (**Provisionsgarantien**, s. Art. 413 N 13).

II. Anwendungsbereich

4 Der **Anwendungsbereich** des Mäklervertrages ist umfassend. Er betrifft die Vermittlung von Geschäften der verschiedensten Art wie z.B. Grundstückkauf, Kauf/Verkauf eines Unternehmens, Miet- und Pachtverträge, Kredite, Darlehensverträge, Handelsgeschäfte jeder Art (HONSELL, OR BT, 350; BGE 124 III 482 E. 3a). Zudem sind die Bestimmungen von Art. 412–418 sowohl auf die berufsmässige als auch die nur gelegentliche Ausübung der Mäklertätigkeit anwendbar.

III. Entstehung des Mäklervertrages

5 Der Mäklervertrag kann **formfrei** geschlossen werden (vgl. jedoch auch Art. 418 N 2). Er kann auch **konkludent**, durch *wissentliche Duldung oder stillschweigende Genehmigung* der Tätigkeit eines (insb. berufsmässig handelnden) Mäklers zustande kommen (BGE 131 III 268 = Pra 2006, 142, E. 5.1.2; BUCHER, BT, 236; GUHL/KOLLER/SCHNYDER/DRUEY, 568; BK-GAUTSCHI, N 5c; vgl. auch Art. 395). Der Abschluss des Mäklervertrages durch wissentliche Duldung oder Genehmigung setzt voraus, dass nicht schon die Gegenpartei den Mäkler beauftragt hat, das Geschäft zu vermitteln (GUHL/KOLLER/SCHNYDER/DRUEY, 568; BK-GAUTSCHI, N 5e). Eine wissentliche Duldung der Mäklertätigkeit kann nur als erwiesen gelten, wenn dargetan ist, dass der Auftraggeber die Person des Mäklers und die Tatsache, dass dieser eine Vermittlungstätigkeit für ihn (nicht für die Gegenpartei) ausüben will, kennt (BGer, 31.7.2012, 4A.283/2012, E. 4.1: Verhalten des Mäklers muss hinreichend klar sein; BGer, 7.6.2011, 4A.67/2011, E. 1.2: der Auftraggeber muss aus dem Verhalten des Beauftragten oder aus den Umständen eindeutig erkennen, dass der Beauftragte als Mäkler handelt; BGer, 16.10.2007, 4C.328/2006: konkludenter Abschluss eines Mäklervertrages für Bemühungen eine Honorarkonsuls verneint). Beweispflichtig hierfür ist der Mäkler. Hat er diesen Nachweis erbracht, so kann der Auftraggeber das Zustandekommen des Mäklervertrages nur noch durch den Beweis widerlegen, dass er sich die Mäklertätigkeit ausdrücklich verbeten hat (BGE 72 II 84 = Pra 1946, 228 ff.; 84 II 525 E. 2b = Pra 1959, 142, E. 2b; SJZ 1972, 313; ZR 1987, 1; SJ 1993, 217 ff.; SJZ 1994, 46 ff.). Eine wissentliche Duldung wird jedoch auch dann angenommen, wenn die Dienste des Mäklers zwar vorerst abgelehnt worden sind oder ein dem Mäkler zuvor erteilter Auftrag erloschen ist, der Auftraggeber die Bemühungen des Mäklers jedoch weiterhin duldet (BGE 72 II 87 E. 1 = Pra 1946, 229, E. 1). Die vom Auftraggeber *nicht wissentlich* geduldete Mäklertätigkeit ist vertragslose Geschäftsbesorgung, und zwar in der Form der Geschäftsanmassung i.S.v. Art. 423, namentlich wenn sie gegen ein Verbot des Auftraggebers oder nach Widerruf des Mäklervertrages erfolgt (BK-GAUTSCHI, N 5d).

IV. Beendigung des Mäklervertrages

6 Der Mäklervertrag erlischt i.d.R., wenn das nachzuweisende oder zu vermittelnde Geschäft mit dem Dritten zustande gekommen ist oder wenn bei einem befristeten Mäklervertrag die Bemühungen des Mäklers innert der vereinbarten Frist erfolglos bleiben. Zudem ist der Mäklervertrag gestützt auf Art. 404 **jederzeit fristlos widerrufbar**. Dies gilt auch, wenn er befristet ist (BGE 103 II 130; 115 II 466). Die jederzeitige Widerruflichkeit des Mäklervertrages hat für den Auftraggeber die grössere Bedeutung als für den Mäkler. Da den Mäkler i.d.R. keine bestimmte Handlungspflicht trifft und er die Provision nur verdient, wenn er einen Interessen-

ten findet, und wenn zudem der Auftraggeber den Vertrag mit diesem Interessenten abschliesst, hat er selten ein Interesse an einer Kündigung.

Die *Erschwerung des Widerrufsrechts durch Konventionalstrafen ist nicht zulässig*. Das heisst jedoch nicht, dass eine Konventionalstrafe automatisch unwirksam wäre. Da die Parteien zur Einhaltung des Vertrages verpflichtet sind, solange dieser nicht widerrufen ist, kann die Konventionalstrafe bei einer Vertragsverletzung verfallen. Sie entfällt dann durch den nachträglichen Widerruf nicht (BGE 103 II 130 E. 1; 104 II 110; SJZ 1988, 399, «Liquidationspauschale»; HONSELL, OR BT, 352 f.).

V. Pflichten des Mäklers

Der Mäkler hat grundsätzlich **keine Pflicht tätig zu werden** (s.a. N 13). Man geht davon aus, 7
dass die Erfolgsbedingtheit des Mäklerlohnes genügenden Anreiz zum Tätigwerden schaffe. Diese Konzeption ist *dispositiv*. Die Parteien können dem Mäkler bestimmte Tätigkeitspflichten überbinden (z.B. Inserieren, Reisen).

Dem Mäkler steht es grundsätzlich frei, seine Tätigkeit nach seinem Gutdünken zu organisieren und von denjenigen Mitteln (z.B. Werbemittel) Gebrauch zu machen, die ihm am geeignetsten erscheinen. Dabei ist er grundsätzlich nicht verpflichtet, die Meinung des Auftraggebers beizuziehen (BGE 84 II 527 = Pra 1959, 143; 103 II 134 E. 3).

Wird der Mäkler jedoch für den Auftraggeber tätig, treffen ihn ähnliche **Sorgfalts- und** 8
Treuepflichten wie den Beauftragten (Art. 398; s.a. Art. 415 N 2 f.). Der Mäkler hat die Interessen des Auftraggebers zu fördern und ihn über alle ihm bekannten Umstände, die für das angestrebte Geschäft von Bedeutung sein können, zu informieren. Insbesondere hat er den Auftraggeber über die aufgefundenen Interessenten in Kenntnis zu setzen und die Parteien miteinander in Verbindung zu bringen. Verweist der Mäkler einen Interessenten ohne Benachrichtigung des Auftraggebers an diesen und wird in einem solchen Falle das Geschäft vom Auftraggeber in Unkenntnis der Tätigkeit des Mäklers abgeschlossen, so ist der Mäkler für den Schaden verantwortlich, den der Auftraggeber z.B. dadurch erleidet, dass er bei der Festlegung des Kaufpreises den dem Mäkler geschuldeten Lohn nicht mit in Rechnung gestellt hat (BGE 84 II 527 = Pra 1959, 143 f.). Zudem hat der Mäkler dem Auftraggeber mitzuteilen, was er über eine eventuelle Zahlungsunfähigkeit des anvisierten Vertragspartners oder dessen ungenügende Zahlungskraft weiss (BGE 110 II 277 E. 2a = Pra 1984, 671 f., E. 2a m.Hw. auf die Lehre; HONSELL, OR BT, 356). Je nach Umfang der Vermittlertätigkeit macht sich der Mäkler schadenersatzpflichtig, wenn er dem Auftraggeber unachtsam einen zahlungsunfähigen Erwerber zuführt (SJZ 1972, 97). Weiter ist der Mäkler verpflichtet, die Angaben des Auftraggebers, die nicht zur Weitergabe an Dritte bestimmt sind, vertraulich zu behandeln. Da der Mäkler jedoch weder vermögenswerte Rechte des Auftraggebers zur Auftragsausübung noch solche für den Auftraggeber durch die Auftragsausführung erwirbt, fehlt im Mäklervertrag die Rechenschaftspflicht und die Ablieferungspflicht gem. Art. 400 (s.a. Art. 415 N 1 f.).

Ob der Mäkler zur persönlichen Ausführung des Mäklervertrages verpflichtet ist oder ob ihm 9
der Beizug von Hilfspersonen oder Substituten **(Untermäkler)** gestattet ist, beantwortet sich nach Art. 398.

Ist der Mäkler seinen **Verpflichtungen nicht richtig nachgekommen**, so hat er dem Auftrag- 10
geber für den entstandenen Schaden einzustehen, sofern er nicht beweist, dass ihn kein Verschulden trifft (Art. 97 Abs. 1; BGE 84 II 526 E. 2d = Pra 1959, 143, E. 2d). Die **Verletzung der Mäklertreue** untersteht der Sonderregelung von Art. 415 (s. Art. 415 N 6).

VI. Pflichten des Auftraggebers

11 Die **Hauptverpflichtung** des Auftraggebers besteht darin, im Falle des Erfolgs dem Mäkler eine **Vergütung** zu bezahlen (s. Art. 413).

Der Auftraggeber hat jedoch **keine Abschlussverpflichtung** mit dem vom Mäkler beigebrachten Interessenten, selbst wenn dieser bereit ist, auf die Vorstellungen des Auftraggebers einzugehen. Deshalb kann dem Auftraggeber auch kein schuldhaftes Verhalten vorgeworfen werden, wenn er nach positiv verlaufenen Vertragsverhandlungen ohne erkennbaren oder gar begründeten Anlass den Vertragsabschluss verweigert (BK-GAUTSCHI, N 3 f.; ZR 1989, 280). Der Auftraggeber darf auch mit einem andern als dem zugeführten Interessenten abschliessen. Die allenfalls im Voraus erfolgte Provisionszahlung würde ohne Rechtsgrund sein und könnte nach Bereicherungsrecht zurückgefordert werden.

Zu den Pflichten des Auftraggebers gehören auch **Anzeige- und Auskunftspflichten**. So soll der Auftraggeber den Mäkler, der davon nichts weiss, sich nicht um Personen bemühen lassen, mit denen bereits erfolglos verhandelt worden ist, oder ihn weiterarbeiten lassen, obschon das Geschäft bereits getätigt worden ist oder der Auftraggeber sich entschlossen hat, davon abzusehen (HOFSTETTER, SPR VII/6, 179). Stellt der Auftraggeber dem Mäkler Unterlagen zur Verfügung und schädigen diese den Mäkler, weil sie fehlerhaft sind, so haftet der Auftraggeber wegen Unsorgfalt (HOFSTETTER, SPR VII/6, 179; vgl. auch ZR 1989, 281).

VII. Beweisregel

12 Das BGer anerkennt – allerdings entgegen der h.L. – **keine gesetzliche Auslegungsregel**, wonach mangels einer abweichenden Vereinbarung **blosse Nachweis- oder Zuführungsmäkelei** geschuldet ist (BGE 90 II 96 E. 2; **a.M.** BK-GAUTSCHI, Vor Art. 412 ff. OR N 1a, 3c; VON BÜREN, BT, 209 f.). Erhebt der Mäkler aufgrund eines Nachweises Anspruch auf die Provision, obliegt ihm nach den allgemeinen Grundsätzen des Art. 8 ZGB der Beweis, dass lediglich Nachweismäkelei vereinbart worden ist. Angesichts der Schwierigkeit des Nachweises wirksamer Vermittlungstätigkeit i.S. der **Vermittlungsmäkelei** lassen sich *Berufsmäkler die Provision i.d.R. für den blossen Nachweis versprechen*, so dass aufgrund dieser Erfahrung meist eine entsprechende Vermutung zugunsten der Nachweismäkelei (und damit eine *Beweislastumkehr*) besteht (so BUCHER, BT, 237; s.a. HONSELL, OR BT, 351; in BGE 90 II 96 E. 4 offen gelassen, ob im Liegenschaftenhandel eine die Beweislast umkehrende Usanz besteht; in ZR 1952, 99 für den Platz Zürich bejaht).

VIII. Ausschliesslichkeitsklausel

13 Rsp. und Lehre anerkennen die **Gültigkeit einer Ausschliesslichkeitsklausel** beim Mäklervertrag (BGE 72 II 422; 100 II 361 = Pra 1975, 3 ff. m.Hw. auf die Literatur; BGE 103 II 133; **a.M.** BK-GAUTSCHI, N 3e, 6e; ungültig sind nach Art. 8 Abs. 2 lit. a AVG Exklusivvereinbarungen zwischen Stellenvermittler und Arbeitnehmer, s. Art. 418 N 2). Unerheblich ist, dass eine Ausschliesslichkeitsklausel gegebenenfalls auf einen **Verzicht auf das Erfordernis des Kausalzusammenhanges** zwischen der Mäklertätigkeit und dem Vertragsabschluss hinauslaufen kann, weil der Mäkler einen Lohnanspruch haben soll, obwohl seine Nachweis- oder Vermittlungstätigkeit in keinem Zusammenhang mit dem Abschluss des Geschäfts durch den Auftraggeber steht, oder dass sie sogar die Bedeutung einer Provisionsgarantie i.e.S. haben kann (BGE 100 II 365 E. 3d = Pra 1975, 5 f., E. 3d). Zulässig ist auch die Vereinbarung, dass sich selbst der Auftraggeber nicht um den Abschluss bemühen darf (HOFSTETTER, *SPR VII/6, 181). Haben die Parteien eine Ausschliesslichkeitsabrede getroffen,* nimmt die Rsp. eine **Pflicht des Mäklers zum Tätigwerden an** (BGE 103 II 133; SJ 2000, 321 ff.).

14 Die Vereinbarung einer Ausschliesslichkeitsklausel bedarf **keiner bestimmten Form**. Sie kann auch stillschweigend vereinbart werden und zwar selbst dann, wenn sie einen Verzicht auf das Erfordernis des Kausalzusammenhanges zur Folge hat (BGE 100 II 366 E. 4 = Pra 1975, 7, E. 4). Denn der *Verzicht auf den Kausalzusammenhang* stellt im Allgemeinen *kein Schenkungsversprechen* dar (vgl. auch BGE 43 II 654 E. 3). Vorbehalten ist einzig das Versprechen eines Entgelts selbst für den Fall, dass der Mäkler keinerlei Tätigkeit entfaltet haben sollte, wobei zweifelhaft ist, ob eine solche Vereinbarung als Ausschliesslichkeitsklausel im Rahmen eines Mäklervertrages gültig wäre, da die Praxis für den Exklusivmäkler ein Pflicht zum Tätigwerden annimmt (BGE 100 II 366 = Pra 1975, 6, E. 3d; 103 II 133). Mit dem Hinweis auf die freie Widerruflichkeit des Mäklervertrages gem. Art. 404 *lehnt das BGer auch das Erfordernis einer zeitlichen Befristung einer Ausschliesslichkeitsklausel ab* (BGE 100 II 365 E. 3d = Pra 1975, 6, E. 3d).

15 Die **Rechtsfolgen der Verletzung** einer Ausschliesslichkeitsabrede bestimmen sich nach dem Vertragsinhalt und der Interessenlage der Parteien. Ist der Alleinauftrag als **Verzicht auf den Kausalzusammenhang** zwischen der Tätigkeit des Mäklers und dem Zustandekommen des Geschäfts zu verstehen, hat der Exklusivmäkler Anspruch auf den Lohn, wenn der Auftraggeber das Geschäft durch Vermittlung anderer Mäkler oder selbständig abschliesst; vorausgesetzt wird freilich, dass der Mäkler überhaupt eine Tätigkeit für den Auftraggeber entfaltet hat (BGE 97 II 357; 100 II 366 = Pra 1975, 6 f.: i.c. Anwendung dieser Lösung aufgrund der von den Parteien übernommenen AGB, die bestimmten, dass die Provision auch dann geschuldet sei, wenn ein Dritter den Käufer gefunden habe; vgl. auch BGer, 4.3.2004, 4C.320/2003, E. 3.2; Hofstetter, SPR VII/6, 181). Begründet die Ausschliesslichkeitsabrede eine eigentliche **Unterlassungspflicht des Auftraggebers** (z.B. wenn vom Mäkler Werbung in grösserem Umfang erwartet wird und diese Publizität nicht durch jene anderer Mäkler oder des Auftraggebers gestört werden soll), kann der Mäkler bei deren Verletzung gestützt auf Art. 98 Abs. 2 Schadenersatz verlangen, wenn er einen Schaden nachweisen kann (BGE 100 II 366 = Pra 1975, 6; Hofstetter, SPR VII/6, 182).

IX. Subsidiäre Anwendung des Auftragsrechts. Vergleich mit BGB

16 Trotz der wesentlichen Unterschiede in der Struktur der beiden Verträge unterstellt Art. 412 Abs. 2 den Mäklervertrag den **Bestimmungen über den einfachen Auftrag**. Das allgemeine Auftragsrecht findet jedoch nur Anwendung, soweit seine Bestimmungen mit der Natur des Mäklervertrags vereinbar sind (BK-Gautschi, N 4a, b; BGE 106 II 224; 110 II 276 = Pra 1984, 670 ff.; krit. Bucher, BT, 236; s.a. N 6, 8 f.; Art. 415 N 2 f.).

17 Im Unterschied zum OR ist der **Mäklervertrag nach BGB** (§§ 652–656) kein qualifiziertes Auftragsverhältnis, sondern ein zwischen Werkvertrag und Auftrag stehender Arbeitsvertrag sui generis. Zudem ist in Deutschland die Handelsmäkelei besonders geregelt (§§ 93–104 HGB), während sie im OR in den Bestimmungen der Art. 412–418 miteingeschlossen ist. Trotz Ähnlichkeit der materiellen Bestimmungen im BGB und OR sind aufgrund der unterschiedlichen Qualifikation und Konzeption Verweisungen auf die deutsche Praxis und Doktrin mit Vorbehalt aufzunehmen und kritisch auf die Vereinbarkeit mit dem schweizerischen Mäklerrecht zu prüfen (BK-Gautschi, N 3g).

X. Abgrenzungen zu andern Vermittlungstätigkeiten

18 Wie der Mäkler übt auch der **Kommissionär** die Funktion eines Vermittlers aus. Der Kommissionär schliesst jedoch Verträge ab (Rechtshandlungen), während der Mäkler bloss Tathandlungen vornimmt. Zudem umfasst die Kommission nur bewegliche Sachen und Wertpapiere (Art. 425 Abs. 1), wogegen die Mäkelei keine derartige Einschränkung kennt.

19 Der **Agent** übt seine Vermittlungstätigkeit dauernd für einen bestimmten Auftraggeber aus (Art. 418a Abs. 1), während der Mäkler nur in einem oder mehreren bestimmten Geschäften für den Auftraggeber tätig ist. Ferner treffen den Agenten Tätigkeitspflichten. Auch hat der Agent manchmal Abschlussbefugnisse (Art. 418a Abs. 1), der Mäkler hat solche nicht.

20 Vermittlungstätigkeiten können auch Gegenstand eines **einfachen Auftrages** bilden. Die Vereinbarung einer Tätigkeitspflicht des Mäklers macht den Mäklervertrag nicht schon zum einfachen Auftrag. Wird der Lohn jedoch ausschliesslich nach den Bemühungen des Vermittlers und nicht nach dem Erfolg bemessen und unabhängig vom Erfolg geschuldet, so überwiegen die Elemente des einfachen Auftrages (BGE 131 III 276 E. 5.1.2 = Pra 2006, 148, E. 5.1.2; HOFSTETTER, VII/6, 171; Honorar eines Rechtsanwalts, der beauftragt ist, ein Grundstück zu verkaufen, SGGVP 1992, 90 f.).

XI. IPR

21 Bei grenzüberschreitenden Mäklerverträgen kann frei vereinbart werden, welches Recht auf das Rechtsverhältnis zur Anwendung kommen soll (Art. 116 Abs. 1 IPRG). Beim Fehlen einer Rechtswahl wird der Mäklervertrag in Anwendung von Art. 117 IPRG dem **Recht des Staates** unterstellt, wo der Mäkler seinen **gewöhnlichen Aufenthalt** bzw. der Berufsmäkler seine **Geschäftsniederlassung** hat.

Art. 413

B Mäklerlohn
I. Begründung

[1] Der Mäklerlohn ist verdient, sobald der Vertrag infolge des Nachweises oder infolge der Vermittlung des Mäklers zustande gekommen ist.

[2] Wird der Vertrag unter einer aufschiebenden Bedingung geschlossen, so kann der Mäklerlohn erst verlangt werden, wenn die Bedingung eingetreten ist.

[3] Soweit dem Mäkler im Vertrage für Aufwendungen Ersatz zugesichert ist, kann er diesen auch dann verlangen, wenn das Geschäft nicht zustande kommt.

B. Salaire du courtier
I. Quand il est dû

[1] Le courtier a droit à son salaire dès que l'indication qu'il a donnée ou la négociation qu'il a conduite aboutit à la conclusion du contrat.

[2] Lorsque le contrat a été conclu sous condition suspensive, le salaire n'est dû qu'après l'accomplissement de la condition.

[3] S'il a été convenu que les dépenses du courtier lui seraient remboursées, elles lui sont dues lors même que l'affaire n'a pas abouti.

B. Mercede del mediatore
I. Quando è dovuta

[1] La mercede è dovuta tosto che il contratto sia conchiuso a seguito dell'indicazione o della interposizione del mediatore.

[2] Se il contratto è conchiuso sotto una condizione sospensiva, la mercede può pretendersi solo al verificarsi della condizione.

[3] Il mediatore può pretendere il rimborso delle spese anche se il contratto non si conchiuda, in quanto ciò fosse convenuto.

Literatur

Vgl. die Literaturhinweise bei Art. 412.

I. Art und Höhe

1 *Die vom Gesetz abwechselnd* verwendeten Bezeichnungen «Vergütung» (Art. 412 Abs. 1, Art. 414) und «Mäklerlohn» oder «Lohn» (Art. 413, 415, 417) sind synonym. In der Praxis wird vielfach der Ausdruck «Provision» verwendet. Aus Art. 414 ergibt sich, dass **Art und**

Höhe des Mäklerlohnes im Rahmen der allgemeinen Vertragsfreiheit grundsätzlich frei vereinbart werden können. Vorbehalten bleiben die behördlich vorgeschriebenen Höchsttarife (s. Art. 414 N 2; Art. 418). Zudem ist die Vertragsfreiheit bei der Liegenschaftenvermittlung durch die Angemessenheit begrenzt (s. Art. 417). In der Regel ist der Mäklerlohnanspruch ein Geldanspruch. Es können aber auch andere geldwerte Leistungen oder Sachleistungen zum Gegenstand des Mäklerlohnes gemacht werden. Ein Mäklervertrag liegt auch vor, wenn sich der Auftraggeber verpflichtet, die Provisionspflicht auf den Käufer, welchen der Mäkler vermitteln würde, zu überbinden (BGer, 5.7.2005, 4C.121/2005, E. 4.1). Die einfachste Form des Mäklerlohnversprechens ist die Zusage eines *Pauschalbetrages*, die häufigste das *Prozentversprechen* **(Provision)**. Der Mäklerlohn muss nicht in einer einmaligen Zahlung bestehen; es steht den Parteien frei, auch gestaffelte Lohnansprüche zu vereinbaren, namentlich bei Vermittlung einer durch eine Reihe von Vertragsabschlüssen gekennzeichneten dauernden Geschäftsbeziehung (BGer, 27.1.2004, 4C.319/2003, E. 4 a.E.). Zusätzlich zum Pauschallohn oder zur Provision kann eine *Gewinnbeteiligung* vereinbart werden, z.B. für den Fall, dass ein bestimmter höherer Verkaufspreis erzielt werden kann (BK-Gautschi, N 2c).

II. Erfolgsbedingtheit

Der Mäklerlohn wird nur geschuldet, wenn das Zustandekommen des Vertrages zwischen dem Auftraggeber und dem Dritten darauf zurückzuführen ist, dass der Mäkler eine Tätigkeit, von der Art, wie sie vereinbart worden ist, entfaltet hat. Die **Erfolgsbedingtheit** des Mäklerlohnanspruches unterwirft diesen den allgemeinen Bestimmungen des OR über die Bedingungen (Art. 151–157, insb. Art. 152 und 156). Der in der Zukunft liegende und vom freien Willen des Auftraggebers abhängige Erfolg bildet eine *potestative Suspensivbedingung*. Der Auftraggeber darf, solange die Bedingung schwebt, nichts unternehmen, was die gehörige Erfüllung seiner Verbindlichkeiten hindern könnte (Art. 152 Abs. 1). Tut er es wider Treu und Glauben, gilt die Bedingung als eingetreten (Art. 156). Entschliesst sich der Auftraggeber nicht zum Abschluss, obschon der vom Mäkler beigebrachte Interessent bereit ist, auf die Vorstellungen des Auftraggebers einzugehen (z.B. den genannten Richtpreis zu bezahlen), so verhindert er den Eintritt der Bedingung nicht wider Treu und Glauben, da jede Potestativbedingung von der Willkür des bedingt Verpflichteten abhängig ist (BGE 84 II 525 E. 2b = Pra 1959, 142, E. 2b; vgl. auch ZR 1989, 280; s. N 5). Hingegen gilt die Potestativbedingung als eingetreten, wenn der Auftraggeber den Mäklervertrag widerruft oder einen befristeten Mäklervertrag ablaufen lässt, um nachher «provisionsfrei» mit einem vom Mäkler nachgewiesenen oder bearbeiteten Interessenten abzuschliessen (BGE 76 II 386; 85 II 525). Zum Verzicht auf die Erfolgsbedingtheit im Zusammenhang mit einer Provisionsgarantie s. N 13. 2

Die Bedingtheit des Mäklerlohnes ist damit eine doppelte: Einmal muss der Mäkler einen oder mehrere abschlusswillige Interessenten ausfindig machen können, zudem muss der Auftraggeber tatsächlich mit einem vom Mäkler ausfindig gemachten Interessenten abschliessen wollen. Die Lehre spricht daher vom **aleatorischen Charakter** des Mäklervertrages (BK-Gautschi, N 11a ff.; Hofstetter, SPR VII/6, 171). Die doppelte Erfolgsabhängigkeit des Mäklerlohnes findet ihren Ausgleich im Fehlen einer Pflicht des Mäklers zum Tätigwerden und in der Aussicht, eine im Verhältnis zu den effektiven Bemühungen u.U. hohe Vergütung zu verdienen. 3

III. Anspruchsvoraussetzungen

1. Zustandekommen des angestrebten Vertrages

Der angestrebte Vertrag zwischen dem Auftraggeber und dem Dritten muss **nach Inhalt und Form rechtsgültig und frei von Willensmängeln zustande gekommen** sein (BGer, 19.11.2014, 4D.43/2014, E. 3.2.2 und dort zit. Entscheide; BGE 87 II 141: i.c. Unverbind- 4 lichkeit des Hauptvertrages infolge Grundlagenirrtum, Rückerstattung des Mäklerlohnes wegen ungerechtfertigter Bereicherung). Der vermittelte oder nachgewiesene Vertrag ist nur zustande gekommen, wenn sich die Parteien *über alle wesentlichen Punkte geeinigt* haben. Dies ist z.B. beim Verkauf eines Hotelbetriebs nicht der Fall, wenn sich der Interessent eine Prüfung der Kaufsache vorbehalten hat und die Zahlungsbedingungen offen gelassen wurden (BGE 71 II 270 E. 3c; 81 II 364). Bildet eine *behördliche Bewilligung* (z.B. beim Verkauf eines Grundstücks an einen Ausländer) oder die *Zustimmung eines Dritten* (z.B. des Vormunds, Beirates oder Beistandes) Gültigkeitserfordernis, ist der Vertrag erst abgeschlossen, wenn die Bewilligung erteilt ist (BK-GAUTSCHI, Art. 412 OR N 3 f.). Nach BGE 81 II 364 kann der Abschluss eines *Vorvertrages* mangels gegenteiliger Abrede nicht als Zustandekommen des vermittelten oder nachgewiesenen Vertrages betrachtet werden, auch wenn der Vorvertrag den Auftraggeber unwiderruflich bindet.

Bei der Beurteilung, ob der zustande gekommene Vertrag mit dem angestrebten übereinstimmt, ist auf den *wirtschaftlichen Erfolg abzustellen*. Identität des angestrebten mit dem effektiv abgeschlossenen Vertrag ist nicht erforderlich (BGE 114 II 359 f. E. 3: Baurecht statt Kaufvertrag, i.c. Kürzung der Provision, da sich der Hauptvertrag nur auf einen Teil der im Mäklervertrag genannten Parzellen erstreckte; vgl. auch VON BÜREN, BT, 206 ff. mit Bsp. und Hinweisen auf die Literatur und Rsp.).

5 Im Zweifel hat die **Nennung eines Kaufpreises** im Mäklervertrag nur die *Bedeutung eines Richtpreises* und ist nicht dahingehend zu verstehen, dass bei Nichterreichen der Mäkler keinen Provisionsanspruch haben soll. Will der Auftraggeber bei Nichterreichen des genannten Preises den Mäklerlohn nicht leisten, hat er zu beweisen, dass der Preis als *Bedingung für die Bezahlung des Mäklerlohnes* genannt wurde (BGE 76 II 149: i.c. wurde ein Anspruch des Mäklers auf Lohn verneint, da nur ein Kaufpreis von CHF 247 000 anstatt wie im Mäklervertrag genannt CHF 255 000 erzielt wurde; vgl. dazu die Kritik von VON BÜREN, BT, 207). Eine *materiell bedeutungslose Abweichung von einer Preislimite* kann dem Mäkler nicht zum Nachteil gereichen. Ebenso darf sich der Auftraggeber nicht auf eine Nichterreichung des genannten Preises berufen, die er selber veranlasst hat, um den Mäkler um den Lohn zu prellen (BGE 76 II 150).

6 Mangels ausdrücklicher Abrede wird der Mäklerlohn durch die **Nichterfüllung oder nachträgliche Aufhebung** des **nachgewiesenen oder vermittelten Vertrages** nicht berührt, da der Mäkler von seiner charakteristischen Leistung und ihrer gesetzlichen Regelung her für die Erfüllung des zwischen dem Auftraggeber und dem Dritten abgeschlossenen Vertrages nicht einzustehen hat (BGE 106 II 225 E. 4; 71 II 268 E. 2; s.a. HONSELL, OR BT, 354, wonach dies nicht bei der Wandlung gelten sollte).

7 Die Parteien können allerdings die Entstehung des Mäklerlohnanspruches über das blosse Zustandekommen des Vertrages an **Bedingungen und Befristungen** knüpfen (z.B. Entstehung des Provisionsanspruches erst mit Erfüllung des Vertrages, nur bei Abschluss innert bestimmter Frist oder zu einem bestimmten Preis).

2. *Kausalzusammenhang*

8 Das Zustandekommen des angestrebten Vertrages muss auf eine Tätigkeit des Mäklers zurückgeführt werden können, d.h. zwischen der Mäklertätigkeit und dem Vertragsabschluss muss ein **Kausalzusammenhang** bestehen (BGer, 19.11.2014, 4D.43/2014, E. 3.2.2 und dort zit. Entscheide; BGE 97 II 359; 84 II 524; 76 II 381; 72 II 421). Dieses Erfordernis fehlt, wenn das Vertragsinteresse des zugeführten Interessenten dem Auftraggeber bereits bekannt war (BUCHER, BT, 237; VON BÜREN, BT, 211 f.).

Der Vertragsabschluss muss aber nicht unmittelbare Folge der Mäklertätigkeit sein; es genügt, wenn zwischen den Bemühungen des Mäklers und dem Entschluss des Dritten ein sog. **psy-**

chologischer Zusammenhang besteht (BGE 84 II 548 ff. E. 5 und dort zit. Entscheide; BGer, 24.4.2008, 4A.155/2008, E. 3.1). Der Mäkler hat somit auch dann Anspruch auf den vollen Lohn, wenn der Auftraggeber die vom Mäkler in Gang gebrachten Verhandlungen selbst an die Hand nimmt und es erst ihm gelingt, den Vertrag auf der Basis der vom Mäkler angeknüpften Beziehungen zu schliessen (BGE 72 II 422). Der psychologische Zusammenhang kann trotz des Abbruchs der Verhandlungen bestehen bleiben (BGE 72 II 89 E. 2 = Pra 1946, 231, E. 2). Er kann auch bestehen, wenn der Mäkler an den Verhandlungen nicht bis zuletzt teilnahm und der Geschäftsabschluss durch einen anderen, nachträglich bestellten Mäkler zustande gekommen ist (BGE 62 II 344 = Pra 1936, 347 f.; SJ 1991, 217 ff.).

Bedeutungslos ist hingegen, in welchem Zeitpunkt der Vertrag zwischen dem Auftraggeber und dem Dritten abgeschlossen wird, sofern der nötige psychologische Zusammenhang besteht (BGE 84 II 546 E. 3: i.c. Agenturvertrag, Anwendung der Bestimmung aufgrund des Verweises in Art. 418b Abs. 1; SJ 1977, 33 ff.: Vertragsabschluss zwischen Auftraggeber und Drittem erst nach fünf Jahren).

Erfolgt der Abschluss zwar nicht auf den Namen des vom Mäkler genannten Interessenten, aber für dessen Rechnung oder in dessen Interesse auf einen andern Namen (z.B. der Ehefrau) oder auf den Namen einer Gesellschaft oder Erbengemeinschaft, an welcher der genannte Interessent beteiligt ist, so ist der Mäklerlohn dennoch verdient. Gleiches gilt, wenn zwischen dem Interessenten und dem Dritten ein enger wirtschaftlicher oder menschlich-sozialer Zusammenhang besteht (BGer, 24.4.2008, 4A.155/2008, E. 3.1: i.c. handelte es sich bei den ersten Interessenten und dem Dritten um Eltern und Tochter).

Hingegen ist ein erheblicher Zusammenhang zu verneinen, wenn der Vertrag nicht mit dem vom Mäkler bearbeiteten Interessenten, sondern mit einem Dritten zustande gekommen ist; dies gilt grundsätzlich auch dort, wo der Dritte durch den vom Mäkler bearbeiteten Interessenten zum Vertragsabschluss veranlasst wurde (BGE 76 II 382 E. 3).

Auf die Kausalität kann durch Vereinbarung **verzichtet** werden; der Mäkler hat dann die 9
Provision verdient, auch wenn der Abschluss nicht auf seine Bestrebungen zurückgeht, sofern er nur nachweist, sich bemüht zu haben. Er erspart sich damit den nicht immer einfachen Nachweis des Kausalzusammenhanges zwischen tatsächlicher Tätigkeit und Abschluss (BGE 97 II 355; 100 II 361 E. 1; ZK-OSER/SCHÖNENBERGER, N 18). Zum Verzicht auf einen Kausalzusammenhang bei einer Ausschliesslichkeitsklausel s. Art. 412 N 13 ff.

3. Lohnanspruch bei Widerruf des Mäklervertrages

Ein nach **Widerruf des Mäklervertrages** getätigter Geschäftsabschluss lässt den Lohnan- 10
spruch dann entstehen, wenn er auf eine Tätigkeit des Mäklers während dem Bestehen des Mäklervertrages zurückzuführen ist (BGE 98 II 357; 76 II 386; 57 II 192). Andernfalls könnte der Auftraggeber den Mäkler durch Kündigung um seinen Lohnanspruch bringen.

4. Die Behandlung von Folgegeschäften

Für **Folgegeschäfte**, d.h. für Geschäfte, die der Mäklervertrag nicht vorgesehen hat, die aber 11
indirekt eine Folge davon sind, dass der Mäkler die Parteien zusammengebracht hat, ist grundsätzlich kein Mäklerlohn geschuldet (BGE 75 II 54; HOFSTETTER, SPR VII/6, 176; VON BÜREN, BT, 218). Für spätere Abschlüsse zwischen den gleichen Parteien hat der Mäkler nur einen Lohnanspruch, wenn sie Teile eines von Anfang an in Aussicht genommenen grösseren Geschäftes sind und mit dem ersten Auftrag eine *wirtschaftliche Einheit* bilden (BGE 75 II 56; BK-GAUTSCHI, Art. 412 OR N 3 f.; ZK-OSER/SCHÖNENBERGER, N 24).

5. Mehrere Mäkler

12 Ist das Zustandekommen des angestrebten Geschäfts auf das **Zusammenwirken mehrerer unabhängiger Mäkler** zurückzuführen, so soll nach BGE 72 II 421 jeder von ihnen nur einen nach Massgabe seines Anteils am Erfolg zu bestimmenden Teilbetrag und nicht die volle Provision fordern können (gl.A. GUHL/KOLLER/SCHNYDER/DRUEY, 569; **a.M.** VON BÜREN, BT, 217 f.; BUCHER, BT, 238; HOFSTETTER, SPR VII/2, 130; BK-GAUTSCHI, Art. 412 OR N 15; die annehmen, dass jeder Mäkler Anspruch auf die volle Provision hat).

IV. Sicherung des Mäklerlohnes

13 Da weder gewiss ist, dass der Mäkler einen Interessenten nachweisen oder zuführen kann, noch dass eine Vermittlung zum Abschluss eines Hauptvertrages führt, wird der Mäkler, zumal in Fällen, in denen die Förderung der Auftraggeberinteressen erhebliche Aufwendungen und Bemühungen bedingt, versuchen, sein Risiko durch **Provisionsgarantien** oder **Ausschliesslichkeitsklauseln** (näheres s. Art. 412 N 13 ff.) zu verringern. Die Vereinbarung einer Provisionsgarantie wird von der Rsp. und Lehre grundsätzlich als zulässig anerkannt (BGE 100 II 364 E. 3c = Pra 1975, 5, E. 3c; 131 III 275 E. 5.1.2 = Pra 2006, 148, E. 5.1.2, BJM 1991, 253; ZK-OSER/SCHÖNENBERGER, N 19; VON BÜREN, BT, 216 f.; **a.M.** BK-GAUTSCHI, Art. 412 OR N 3a, b, e, 6e). Unter einer Provisionsgarantie ist eine Vereinbarung zu verstehen, die dem Mäkler den Mäklerlohn bzw. die Provision voll oder teilweise zusichert, auch wenn nicht er den Abschluss vermittelt hat oder wenn ein Abschluss überhaupt unterbleibt. Freilich ist davon auszugehen, dass der Mäkler auch bei Vereinbarung einer Provisionsgarantie nur dann Anspruch auf die Provision erheben kann, wenn er eine Tätigkeit für den Auftraggeber entfaltet hat (vgl. BGE 100 II 364 E. 3c = Pra 1975, 5, E. 3c; ZK-OSER/SCHÖNENBERGER, N 18). Der Vertrag, welcher die Vergütung des Mäklers nicht vom Erfolg seines Einsatzes abhängig macht, sondern diese z.B. nach der vom Mäkler für das Geschäft aufgewendeten Zeit und den unternommenen Bemühungen festlegt, so dass die Vergütung auch geschuldet ist, wenn das angestrebte Geschäft nicht zustande kommt, wird nicht als Mäklervertrag, sondern als Auftrag qualifiziert (BGE 131 III 276 E. 5.1.2 = Pra 2006, 148, E. 5.1.2).

V. Suspensivbedingter Hauptvertrag

14 Ist der **Hauptvertrag aufschiebend bedingt**, kann der Mäklerlohn erst *nach Eintritt der Bedingung* verlangt werden (Abs. 2); ausgenommen im Nichteintretenlassen der Bedingung liegt ein Verstoss gegen Treu und Glauben (BGer, 14.7.2006, 4C.93/2006, E. 3.2.2). Da Art. 413 Abs. 2 nur die aufschiebende Bedingung des vermittelten Vertrages nennt, muss e contrario geschlossen werden, dass der Abschluss unter einer auflösenden Bedingung den Provisionsanspruch des Mäklers nicht tangiert (BK-GAUTSCHI, N 4d; **a.M.** ZK-OSER/SCHÖNENBERGER, N 10; THILO, JdT 1949 I, 40).

VI. Aufwendungsersatz

15 Im Unterschied zum Beauftragten, der kumulativ zum Anspruch auf Vergütung Anspruch auf Auslagenersatz hat, hat der Mäkler mangels ausdrücklicher gegenteiliger Vereinbarung nur Anspruch auf den Mäklerlohn, der die *Vergütung und den Auslagenersatz einschliesst* und *als Ganzes erfolgsbedingt* ist (BGer, 1.4.2013, 2C_1026/2012, E. 4.3; BK-GAUTSCHI, N 1c). Der Mäkler kann sich jedoch vom Auftraggeber den Ersatz der Aufwendungen vertraglich zusichern lassen (BGE 131 III 268 E. 5.2 = Pra 2006, 142, E. 5.2). Bei **vertraglicher Zusicherung des Aufwendungsersatzes** kann der Mäkler Ersatz seiner Auslagen auch verlangen, *wenn der angestrebte Vertrag mit dem Dritten nicht zustande gekommen ist* (Abs. 3). Eine solche Zusicherung ist insb. dann angezeigt, wenn dem Mäkler bestimmte Tätigkeitspflichten (z.B. Inserieren, Reisen) auferlegt werden. Die Bezahlung eines Provisions- oder Auslagen-

vorschusses kann noch nicht als ausdrückliche Zusicherung des Aufwendungsersatzes aufgefasst werden (BGE 78 II 55). Wird der Mäklervertrag vorzeitig aufgelöst, hat der Auftraggeber dem Mäkler unter der Voraussetzung der Zusicherung von Art. 413 Abs. 3 die effektiven Aufwendungen zu ersetzen, die bis zur Vertragsbeendigung entstanden sind (SJZ 1988, 399).

Art. 414

II. Festsetzung	**Wird der Betrag der Vergütung nicht festgesetzt, so gilt, wo eine Taxe besteht, diese und in Ermangelung einer solchen der übliche Lohn als vereinbart.**
II. Comment il est fixé	La rémunération qui n'est pas déterminée s'acquitte, s'il existe un tarif, par le paiement du salaire qui y est prévu; à défaut de tarif, le salaire usuel est réputé convenu.
II. Come è determinata	Se l'importo della mercede non è determinato, questa è dovuta secondo la tariffa esistente, ed in difetto di tariffa si ritiene convenuta secondo l'uso.

Literatur

Vgl. die Literaturhinweise bei Art. 412.

I. Normzweck

Die Bestimmung bezieht sich nur auf die **Höhe des Mäklerlohnes** und *nicht auf den Grundsatz der Entgeltlichkeit*, da dieser bereits in der Definition des Mäklervertrages in Art. 412 Abs. 1 ausgesprochen ist. Art. 414 nennt drei Quellen, nach denen sich das Mass des Mäklerlohnes bestimmt, und legt deren Rangfolge fest. Massgebend ist in erster Linie die **vertragliche Vereinbarung**. Fehlt eine solche, hängt die Höhe der Provision von **Tarifen** ab (der vom Gesetz verwendete Ausdruck «Taxe» wurde dem deutschen Recht entnommen und ist i.S. eines Tarifs zu verstehen). Fehlt ein Tarif, so gilt die **Übung**. In Ermangelung einer Übung ist der übliche Mäklerlohn durch den Richter festzusetzen. 1

II. Vereinbarung

Der **vertraglichen Vereinbarung** kommt nur bei den freien Vermittlungsarten Vorrang vor dem Tarif zu. Gelten für eine Vermittlungsart **bundesrechtliche oder kantonale Höchsttarife** (wie z.B. für die Arbeitsvermittlung, s. Art. 418), können die Parteien die Höhe des Mäklerlohnes nur innerhalb dieses Tarifes gültig festlegen. Übersteigt der vereinbarte Mäklerlohn den behördlichen Höchsttarif, kann der Auftraggeber den bezahlten Mäklerlohn mit der Bereicherungsklage zurückfordern, soweit er das tarifliche Höchstmass übersteigt (BK-Gautschi, N 2c). Für die *freien Vermittlungsarten* gelten die allgemeinen Schranken der Vertragsfreiheit. 2

Art. 414 geht davon aus, dass beim Mäklervertrag die Vereinbarung über die Höhe des Mäklerlohnes ein *vertraglicher Nebenpunkt* ist. Soll sie ein Hauptpunkt des Vertrages sein, muss sich ein entsprechender Vorbehalt der Parteien klar aus den Umständen ergeben, weil dies angesichts der Regelung von Art. 414 beim Mäklervertrag eine Ausnahme darstellt (ZR 1978, 143).

III. Tarif und Übung

Zu unterscheiden sind **behördliche Höchsttarife**, die immer Vorrang vor einer nicht tarifkonformen Parteiabrede über den Mäklerlohn haben (s. N 2), und die Tarife, die von Berufsver- 3 bänden aufgestellt werden. Den **Tarifen der Berufsverbände** kommt keine absolute Geltung zu. Die Parteien können eine abweichende Vereinbarung treffen. Die Tarife der Berufsverbände gelten, wenn im Mäklervertrag darauf verwiesen wird; ferner, wenn sie **Ausdruck einer Übung** sind (BK-GAUTSCHI, N 3a; HOFSTETTER, SPR VII/6, 177; vgl. dazu auch BGE 117 II 290 E. 5b, wonach autonome Tarife von Berufsverbänden, welche einseitig die Interessen einer Vertragspartei wahren, im Allgemeinen nicht als Ausdruck der Verkehrsübung gelten können, sowie SJZ 1968, 140, wonach die Bedeutung des Tarifs des Schweizerischen Verbandes der Immobilien-Treuhänder als Ausdruck einer Übung für den Kanton Luzern abgelehnt und auf den Ortsgebrauch abgestellt worden ist).

4 Im **Liegenschaftenhandel** gilt an zahlreichen Orten eine *Provision um 2 %* des effektiv erzielten Kaufpreises als ortsüblich, mit Tendenz zur Reduktion bei grösseren Geschäften (BK-GAUTSCHI, N 4b; VON BÜREN, BT, 214; ZR 1985, 52). Für **Bauland** sind die *Provisionen i.d.R. höher und betragen 3 % oder mehr* (BGer, 5.7.2005, 4C.121/2005, E. 4.2; BGE 112 II 459 E. 1; 90 II 107 für Zürich; SJ 1984, 366 f. für Genf; SJZ 1968, 140 für Luzern). In SJ 1984, 366 f. ist eine Provision für die Vermietung einer Wohnung von 5 % der Jahresmiete als weit übersetzt erachtet und auf 3 % festgelegt worden (s.a. Art. 417 N 5).

IV. Richterliches Ermessen

5 In Art. 414 fehlt zwar eine unmittelbare Verweisung auf das **richterliche Ermessen**. Fehlen jedoch Tarife, und ist eine Übung nicht nachzuweisen, hat der Richter den üblichen Mäklerlohn festzusetzen. Dabei muss er *ähnliche Gesichtspunkte* anwenden *wie bei der richterlichen Herabsetzung eines übersetzten Mäklerlohnes nach Art. 417* (BK-GAUTSCHI, N 5b).

Art. 415

III. Verwirkung	**Ist der Mäkler in einer Weise, die dem Vertrage widerspricht, für den andern tätig gewesen, oder hat er sich in einem Falle, wo es wider Treu und Glauben geht, auch von diesem Lohn versprechen lassen, so kann er von seinem Auftraggeber weder Lohn noch Ersatz für Aufwendungen beanspruchen.**
III. Déchéance	Le courtier perd son droit au salaire et au remboursement de ses dépenses, s'il agit dans l'intérêt du tiers contractant au mépris de ses obligations, ou s'il se fait promettre par lui une rémunération dans des circonstances où les règles de la bonne foi s'y opposaient.
III. Decadenza	Ove il mediatore, contrariamente ai patti, avesse agito anche nell'interesse dell'altra parte, o contrariamente alle norme della buona fede si fosse fatto promettere anche dalla medesima una ricompensa, egli non potrà pretendere dal suo mandante né la mercede né il rimborso delle spese.

Literatur

Vgl. die Literaturhinweise bei Art. 412.

I. Normzweck

1 Die Bestimmung richtet sich nicht gegen die **Doppelmäkelei** als solche, *sondern erfasst Missbräuche*. Es ist dem Mäkler **nicht verboten**, für beide Parteien, den Auftraggeber und den Dritten, *tätig zu sein, und sich* von beiden eine Vergütung versprechen zu lassen. Bei Berufsmäklern sind solche Fälle nicht selten. Verletzt der Mäkler jedoch dadurch seine Treuepflicht, verwirkt er seinen Anspruch auf Provision und Aufwendungsersatz.

II. Treuepflicht des Mäklers

Mit der Unterstellung des Mäklervertrages unter die Vorschriften des Auftrages durch Art. 412 Abs. 2 treffen den Mäkler grundsätzlich auch die in Art. 398 geregelten Sorgfalts- und Treuepflichten des Beauftragten (s. Art. 412 N 8). Allerdings kommen der **Sorgfalt und der Treue im Mäklervertrag** beschränktere Bedeutung zu als in andern Auftragsverhältnissen, da der Erfolg weniger vom Handeln des Mäklers als vom Abschlusswillen des Auftraggebers abhängt und dieser den Vertrag mit dem Dritten nach seinem freien Willen selbst abschliesst. Übernimmt der Mäkler nicht ausdrücklich bestimmte Handlungspflichten, bezieht sich seine Treue- und Sorgfaltspflicht in der Hauptsache auf die Information des Auftraggebers, soweit diese geboten ist, und auf die Beobachtung der negativen Begrenzung des Mäklerauftrages, die es dem Mäkler verbietet, für den Auftraggeber zu kontrahieren (BK-GAUTSCHI, N 1a). 2

Das **Treueverhältnis** zwischen dem Auftraggeber und dem Mäkler besteht grundsätzlich *während der Dauer des Mäklervertrages* und *bezieht sich nicht auf eine nachvertragliche Tätigkeit*, da der Mäkler für die Erfüllung des nachgewiesenen oder vermittelten Vertrages von seiner charakteristischen Aufgabe und ihrer gesetzlichen Regelung her nicht einzustehen hat (BGE 106 II 225). 3

In Einzelfällen kann *die Treuepflicht die Erledigung eines spezifischen Auftrages überdauern*, so vorab *bei besonderer vertraglicher Übereinkunft*. Wird vereinbart, dass nicht schon der Abschluss, sondern erst die Erfüllung des Vertrages mit dem Dritten den Provisionsanspruch des Mäklers auslösen soll, oder sind der Provisionsanspruch oder der Vertrag mit dem Dritten aufschiebend bedingt oder wird die Fälligkeit eines entstandenen Provisionsanpruches zeitlich hinausgeschoben oder ist unter bestimmten Voraussetzungen sein Wegfall vorgesehen, treten auch entsprechende Ausweitungen der Treuepflicht ein. Besteht keine solche Vereinbarung, lässt sich eine über den erfolgten Abschluss eines nachgewiesenen oder vermittelten Vertrages hinaus auf dessen Erfüllung übergreifende Treuepflicht des Mäklers nicht aus dem Mäklervertrag als solchem, sondern nur aus Art. 2 ZGB ableiten – sei es direkt oder über vertragliche Nebenpflichten. Dann aber zeitigt ihre Verletzung *nicht eine rückwirkende Aufhebung bereits rechtsgültig entstandener Provisionsansprüche, sondern einen Schadenersatzanspruch des Auftraggebers* (BGE 106 II 225).

III. Doppeltätigkeit des Mäklers

Der Mäkler darf für beide Parteien tätig sein, wenn dies im Mäklervertrag *nicht ausdrücklich ausgeschlossen* ist, und wenn dadurch *keine Interessenkollisionen* entstehen (BGE 111 II 366 E. 1; 124 III 481 E. 3a). Das BGer lässt im Entscheid BGE 111 II 366 ff. offen, ob die **Zulässigkeit der Doppelmäkelei** auf die reine Nachweismäkelei einzuschränken sei. In der Literatur wird die Doppeltätigkeit für den **Nachweis- und Zuführungsmäkler** als grundsätzlich zulässig, jedoch für den **Vermittlungsmäkler** als verboten erachtet (BK-GAUTSCHI, N 2e; GUHL/KOLLER/SCHNYDER/DRUEY, 570 f.; HONSELL, OR BT, 356; HOFSTETTER, SPR VII/6, 180). Bei der Vermittlungstätigkeit i.S. der Beeinflussung der Gegenpartei zum Abschluss oder gar einer Vorbereitung des Vertragsabschlusses ist eine Kollision der Interessen des Auftraggebers mit denjenigen der Gegenpartei kaum zu vermeiden. Eine Unvereinbarkeit der Interessen ist unweigerlich dann anzunehmen, wenn der Auftraggeber den Preis für das zu vermittelnde Geschäft nicht zum voraus festlegt, sondern vom Mäkler erwartet, einen möglichst vorteilhaften Preis zu erzielen. In einem solchen Fall darf der Vermittlungsmäkler, sei es entgeltlich oder unentgeltlich, nicht auch für die Gegenseite tätig sein. Bestehen Zweifel über die Zulässigkeit der Doppelmäkelei, so hat der Mäkler den Auftraggeber über seine Doppelstellung aufzuklären (BGE 111 II 369; BGer, 25.3.2008, 4A.508/2007, E. 3). 4

IV. Selbsteintritt des Mäklers

5 Zu einer ähnlichen Interessenkollision wie die Doppeltätigkeit führt der **Selbsteintritt des Mäklers**, wenn also der Vertrag, zu dessen Abschluss der Mäkler Gelegenheit nachweisen oder vermitteln sollte, zwischen dem Auftraggeber und dem Mäkler selber zustande kommt. Schliesst der Auftraggeber den Hauptvertrag mit dem Mäkler ab, ist anzunehmen, dass die Parteien den Mäklervertrag durch stillschweigende Übereinkunft (Art. 115) aufgehoben haben und durch den Hauptvertrag ersetzt haben (vgl. dazu die Regelung im Kommissionsrecht, Art. 436 f.). Will sich der Mäkler den **Provisionsanspruch trotz eines Selbsteintritts** vorbehalten, so muss er dies dem Auftraggeber vor Abschluss des Vertrages *ausdrücklich mitteilen*, damit dieser dem Umstand bei seinem Angebot Rechnung tragen kann (BGE 83 II 150).

V. Rechtsfolgen der Treuepflichtverletzung

6 Verletzt der Mäkler seine Treuepflichten, indem er trotz ausgeprägter Interessenkollision für die Gegenpartei tätig wird (nicht notwendigerweise nur als Mäkler) oder sich in treuwidriger Weise von der Gegenpartei einen Vermögensvorteil versprechen lässt, **verwirkt er seinen Anspruch auf die Provision und den Ersatz seiner Aufwendungen**, selbst wenn ihm der eine oder andere Anspruch ausdrücklich zugesichert sein sollte. Denn die Zusicherung steht unter der Bedingung, dass der Mäkler den Vertrag richtig erfüllt, was bei einer Treuepflichtverletzung nicht der Fall ist. Übersteigt der Schaden des Auftraggebers die Provision und den Aufwendungsersatz, so hat der treulose Mäkler dem Auftraggeber auch den darüber hinausgehenden Schaden zu ersetzen (BK-Gautschi, Art. 412 OR N 10d).

Art. 416

aufgehoben

abrogé

abrogato

Art. 417

V. Herabsetzung — **Ist für den Nachweis der Gelegenheit zum Abschluss oder für die Vermittlung eines Einzelarbeitsvertrages oder eines Grundstückkaufes ein unverhältnismässig hoher Mäklerlohn vereinbart worden, so kann ihn der Richter auf Antrag des Schuldners auf einen angemessenen Betrag herabsetzen.**

V. Salaire excessif — Lorsqu'un salaire excessif a été stipulé soit pour avoir indiqué une occasion de conclure un contrat individuel de travail ou une vente d'immeuble, soit pour avoir négocié l'un de ces contrats, il peut être, à la requête du débiteur, équitablement réduit par le juge.

V. Riduzione — Se per indicare l'occasione di conchiudere un contratto individuale di lavoro od una vendita di fondi o per la mediazione di un tale contratto fu stipulata una mercede eccessiva, il giudice può ad istanza del debitore ridurla nella giusta misura.

Literatur

Vgl. die Literaturhinweise bei Art. 412.

I. Anwendungsbereich. Normzweck

Nachdem für die Arbeitsvermittlung (AVG) und die Kreditvermittlung (KKG) Sondervorschriften bestehen und der Erwerb eines landwirtschaftlichen Gewerbes oder Grundstücks einer Bewilligungspflicht unterstellt worden ist (Art. 61 BGBB), erfasst Art. 417 in erster Linie die Vermittlung des **Kaufs bzw. Verkaufs nichtlandwirtschaftlicher Grundstücke**. Nach der Praxis des BGer ist Art. 417 auch anwendbar auf die **Gewährung eines Kaufrechts** (BGE 83 II 153 E. 4b = Pra 1957, 272, E. 4b) und den **Abschluss von Baurechtsverträgen** (BGE 106 II 57). GAUTSCHI geht davon aus, dass auch der Mäklerlohn für den Verkauf aller Aktien einer Immobiliengesellschaft oder eines Gewerbebetriebs mit einer Liegenschaft der Herabsetzbarkeit des Art. 417 unterliegt (BK-GAUTSCHI, Art. 412 OR N 6d). Eine Herabsetzung kommt nur bei *vereinbartem* Mäklerlohn in Betracht (BGE 117 II 289; BK-GAUTSCHI, N 3a; **a.A.** SCHWEIGER, 232). 1

Die Bestimmung von Art. 417 ist **zwingendes Recht**. Sie bezweckt vor allem die Verhinderung ungerechtfertigter Gewinne, die unerwünschte Auswirkungen auf den Liegenschaftsmarkt hätten (BGE 111 II 366; 88 II 513 E. 3b = Pra 52, 183; BGE 83 II 152 E. 4a = Pra 1957, 271, E. 4a). Der Auftraggeber kann somit nicht zum Voraus gültig auf die Einrede aus Art. 417 verzichten (BGE 111 II 370). Als Ausnahmebestimmung, die in die Vertragsfreiheit eingreift, ist Art. 417 einschränkend auszulegen (BGE 106 II 56 E. 2a; BGer, 5.7.2005, 4C.121/2005, E. 4.2.1). 2

II. Antrag zur Herabsetzung. Prozessuales

Das Recht auf richterliche Herabsetzung eines übersetzten Mäklerlohnes ist ein Vertragsanspruch des Auftraggebers, der **klage- oder einredeweise** vor Gericht zu erheben ist (BK-GAUTSCHI, N 3b). Im Gerichtsverfahren bedarf es keiner ausdrücklichen Berufung auf Art. 417, und es ist auch nicht erforderlich, die Herabsetzung zum Gegenstand eines besonderen Begehrens zu machen. Es genügt, wenn der Auftraggeber seine Begehren so weit fasst, dass sie auch eine gerichtliche Herabsetzung der Vergütung in sich schliessen, was bei einem Antrag auf vollständige Aberkennung des Mäklerlohnes immer der Fall ist (BGE 111 II 369; 83 II 152 E. 4a = Pra 1957, 271, E. 4a). Selbst wenn der Auftraggeber den Mäklerlohn *bereits bezahlt* hat, ist eine Rückforderung gestützt auf Art. 417 nicht ohne weiteres ausgeschlossen; es sei denn, der Auftraggeber habe die Zahlung in Kenntnis von Art. 417 vorbehaltlos vorgenommen und damit die Höhe des Anspruchs des Mäklers rechtswirksam anerkannt (BGE 111 II 371; 88 II 515 = Pra 1963, 183 f.; **a.M.** VON BÜREN, BT, 215). 3

III. Kriterien für die Herabsetzung

Art. 417 schweigt sich darüber aus, nach welchen **Kriterien** die Unverhältnismässigkeit des von den Parteien vereinbarten Mäklerlohnes zu beurteilen ist. Nach der Rsp. und Lehre ist *nicht der Arbeits- oder Zeitaufwand massgebend*, sondern der **wirtschaftliche Wert der Leistungen** des Mäklers (BGE 138 III 669 E. 3.2 = Pra 2013, 436 E. 3.2 entscheidend ist der Erfolg, nicht der tatsächliche Aufwand des Mäklers; BGer, 5.7.2005, 4C.121/2005, E. 4.2.1; BGE 90 II 92 E. 11; BK-GAUTSCHI, N 4b; BJM 1960, 117; SJZ 1954, 367; 1968, 140). Ist die Höhe des vereinbarten Mäklerlohnes unverhältnismässig, so hat es der Richter so zu halten, wie wenn keine Vereinbarung über die Höhe getroffen worden wäre. Besteht ein Tarif, so ist der Mäklerlohn auf die zulässige Höhe des Tarifs, sonst auf das durch andere Übung bestimmte Mass festzusetzen (Art. 414; BK-GAUTSCHI, N 4b). Neben den üblichen Ansätzen sind auch die Umstände des Einzelfalles zu berücksichtigen (BGE 117 II 286 E. 5b). Nicht erforderlich für die Herabsetzung des Mäklerlohnes ist das Vorliegen der subjektiven Merkmale der Übervorteilung, d.h. einer Ausbeutung der Notlage, Unerfahrenheit oder des Leichtsinns des Auftraggebers (BK-GAUTSCHI, N 3a). 4

5 Im **Liegenschaftenhandel** gelten *Provisionen von 1 bis 2% des Kaufpreises, ausnahmsweise von bis zu 3% für überbaute und von 3–5% für unüberbaute Grundstücke* als ortsüblich (BGE 138 III 669 E. 3.1 = Pra 2013, 436 E. 3.1: Zusammenfassung der bisherigen Praxis des BGer zur Höhe von Mäklerprovisionen; BGer, 5.7.2005, 4C.121/2005, E. 4.2; BGE 117 II 290 E. 5b; 112 II 460 E. 1 ff.; 111 II 371 E. 3c; 90 II 107, Zürich; SJ 1984, 366 f., Genf; SJZ 1968, 140, wonach im Kanton Luzern eine Provision von 1–2% für bebaute Grundstücke und 2 bis 4% für unbebaute Grundstücke üblich sind; s.a. Art. 414 N 4). Nach BGE 83 II 153 E. 4c (= Pra 1957, 272, E. 4c) ist eine Provision von 11% offensichtlich übersetzt. Das BGer erachtete i.c. das Missverhältnis umso stossender, weil der Mäkler nicht als Berufsmäkler tätig war und damit nicht einwenden könne, der Erfolg des fraglichen Geschäftes habe Misserfolge in andern Fällen aufzuwiegen. Zudem habe er keine allgemeinen Unkosten abzudecken. Die Provision wurde auf knapp 3% des Kaufpreises herabgesetzt, weil sich der Auftraggeber verpflichtet hatte, eine sehr hohe Vergütung zu zahlen.

6 Bei der **Doppelmäkelei** sind für die Beurteilung, ob ein Mäklerlohn unverhältnismässig hoch ist, die beiden Provisionen zusammenzurechnen (BGE 111 II 370 E. 3b). Ein durch Doppelmäkelei bedingter Mehraufwand rechtfertigt i.d.R. keine Erhöhung der nach den ortsüblichen Ansätzen angemessenen Provision. Es ist vielmehr von den Ansätzen für das Tätigwerden für nur eine Partei auszugehen, da sich die zulässige Doppelmäkelei i.d.R. auf blosse Nachweismäkelei beschränkt (BGE 112 II 460 E. 3).

Art. 418

C. Vorbehalt kantonalen Rechtes	**Es bleibt den Kantonen vorbehalten, über die Verrichtungen der Börsenmäkler, Sensale und Stellenvermittler besondere Vorschriften aufzustellen.**
C. Droit cantonal réservé	Les cantons peuvent soumettre à des prescriptions spéciales les agents de change, les courtiers et les bureaux de placement.
C. Riserva del diritto cantonale	È riservato ai Cantoni l'emanazione di speciali dispositivi sugli agenti di borsa, sensali ed uffici di collocamento.

Literatur

Vgl. die Literaturhinweise bei Art. 412.

I. Börsenmäkler

1 Der **Vorbehalt zugunsten eines kantonalen Börsenmäklerrechts** – «Börsenmäkler» und «Sensale» sind synonyme Ausdrücke (BGE 65 I 79) – ist **bedeutungslos**, weil der Börsenhandel in der Schweiz keine Mäkler zulässt.

II. Arbeitsvermittlung

2 Durch den 1947 revidierten Art. 31ter lit. e aBV bzw. Art. 110 Abs. 1 lit. c BV, der die Arbeitsvermittlung in den Kompetenzbereich des Bundes verweist, ist der **Vorbehalt des kantonalen Rechts für die Stellenvermittlung hinfällig** geworden. Die Stellenvermittlung ist im AVG geregelt.

Art. 2 Abs. 1 AVG unterstellt die gewerbsmässige **Personalvermittlung** einer **Bewilligungspflicht**. Eine Bewilligung benötigt auch, wer Personen für künstlerische und ähnliche Darbietungen vermittelt, unabhängig davon, ob mit dem Künstler ein Arbeits- oder Auftragsverhältnis (sog. *Managementvertrag*) begründet wird (Art. 2 Abs. 2 AVG). Unter die Bewilligungspflicht fallen nicht nur die Stellenvermittler, die im Auftrag des Arbeitnehmers tätig sind, sondern auch Personalberater, die im Auftrag des Arbeitgebers Arbeitnehmer vermitteln (sog. *Headhunters*).

Der *Vermittlungsvertrag zwischen dem Stellenvermittler und dem Arbeitnehmer* bedarf zu seiner Gültigkeit der **Schriftform**; zudem sind die Leistungen des Vermittlers und die vom Stellensuchenden dafür geschuldete Vergütung anzugeben (Art. 8 Abs. 1 AVG). Die Höhe der **Einschreibegebühr** und der **Provision**, die der Stellenvermittler vom Arbeitnehmer verlangen kann, sind in der Gebührenverordnung vom 16. 1. 1991 zum Arbeitsvermittlungsgesetz (GebV-AVG, SR 823.113) geregelt. **Exklusivvereinbarungen** zwischen Stellenvermittler und Arbeitnehmer sind **unzulässig** (Art. 8 Abs. 2 lit. a AVG). Die in Art. 8 und 9 AVG geregelten inhaltlichen Beschränkungen des Vermittlungsvertrages (betreffend Schriftlichkeit, Verbot von Exklusivabreden und Beschränkung der Vergütungshöhe) finden keine Anwendung, soweit der Personalberater im Auftrag des Arbeitgebers tätig ist. Vielmehr ist der im Auftrag des Arbeitgebers tätige Personalberater – im Rahmen des allgemeinen Vertragsrechtes – frei, Inhalt und Vergütung seiner Tätigkeit festzulegen.

III. Weitere Vorbehalte zugunsten des kantonalen öffentlichen Rechts

Art. 418 enthält **keine abschliessende Regelung**. Die Kantone können die Vertragsfreiheit 3
durch **weitere öffentlich-rechtliche Vorschriften** beschränken, soweit sich dies durch ein schutzwürdiges öffentliches Interesse rechtfertigen lässt (BGE 110 Ia E. 3c: i.c. ging es um die Bewilligungspflicht für die gewerbsmässige *Vermittlung von Wohn- und Geschäftsräumen* und Höchstansätze für die Vermittlungsgebühr und den Ersatz der Aufwendungen). Ein mit einem Mäkler ohne die erforderliche kantonale Berufsausübungsbewilligung abgeschlossener Mäklervertrag ist nur dann nichtig, wenn diese Folge im kantonalen Erlass ausdrücklich vorgesehen ist oder sich aus dessen Sinn und Zweck ergibt (BGE 117 II 286).

Vierter Abschnitt: Der Agenturvertrag*

Vorbemerkungen zu Art. 418a–418v

Literatur

BAUDRAZ, Le droit applicable au contrat d'agence en droit suisse, allemand, français et anglais, Etude de droit international privé et de droit comparé, Diss. Lausanne 1979; BLAUENSTEIN, Arrêt du tribunal fédéral concernant l'indemnité pour la clientèle de l'agent général, SVZ 1988, 305–312; BRUNNER, Das Rechtsverhältnis zwischen Versicherer und Vermittlungsagent und seine Drittwirkungen, Diss. Zürich 1981; VON BÜREN, Das überflüssige Gesetz über den Agenturvertrag, SJZ 1949; BURNAND, Le Contrat d'agence et le droit de l'agent d'assurances à une indemnité de clientèle selon l'art. 418u CO, Diss. Lausanne 1977; DEMISCH, Die Kundschaftsentschädigung des Agenten, Diss. Zürich 1968; DUBLER, Der Kommissionsagenturvertrag, Diss. Zürich 1995; DÜRR, Mäklervertrag und Agenturvertrag, Kommentar des Art. 412 bis 418v des Schweizerischen Obligationenrechts, Bern 1959; FOUNTOULAKIS, Agentur- und Fachhändlerverträge – jüngere Rechtsprechung und aktuelle Probleme, in: Arter (Hrsg.), Vertriebsverträge, Bern 2007; GSTOEHL/SCHÖBI/THOUVENIN/WEH/WESTPHAL, Grenzüberschreitendes Vertragsrecht, DACH Schriftenreihe 11, 1999; HOFSTETTER, Le mandat et la gestion d'affaires, in: Schweizerisches Privatrecht (SPR), Bd. VII/2, Basel 1994, 173 ff.; LEISS, Der Anspruch des Agenten auf Entschädigung für die Kundschaft in rechtsvergleichender Darstellung, Diss. Zürich 1965; MAIER, Das Handelsvertreterrecht in der Schweiz, in: Maier/Meyer-Marsilius/Regul/Gallwitz (Hrsg.), Der Handelsvertreter in den Ländern der EWG und der EFTA, Baden-Baden 1976; MAIER/MEYER-MARSILIUS, Der Agenturvertrag, Kommentierung mit Formulierungsvorschlägen für Agenturverträge, 2. Aufl., Zürich 1981; MAURER, Schweizerisches Privatversicherungsrecht, 3. Aufl., Bern 1995; MEYER-HAUSER/EGLI, Agency and Distribution Agreements in Switzerland, in: Butterworth (Hrsg.), International Agency and Distribution Agreements, London 1996; MEYER-MARSILIUS, Die wirtschaftliche Funktion des Handels-

* Die Verfasserin dankt Frau Rechtsanwältin Jovanka Jordanoska für ihre wertvolle Mitarbeit.

vertreters, in: Maier/Meyer-Marsilius/Regul/Gallwitz (Hrsg.), Der Handelsvertreter in den Ländern der EWG und der EFTA, Baden-Baden 1976; MIRFAKHRAEI, Les indemnités de fin de contrat dans le contrat d'agence et le contrat de distribution exclusive, Diss. Genf 2014; MUSTAKI/WYLER, in: Cherpillod/Iynedjian/Killias/Mustaki/Rapp, Les contrats de distribution. Mélanges offerts au Professeur Dessemontet à l'occasion de ses 50 ans, CEDIDAC 38, Lausanne 1998; PAETZOLD, Vergleich des Handelsvertreterrechts Deutschland-Schweiz, in: Handelskammer Deutschland-Schweiz, Zürich 1997; THÜRER/WEBER/ZÄCH (Hrsg.), Handelsvertretungsvertrag Deutschland-Schweiz, Zürich 1993 (zit. Handelsvertretungsvertrag); DIES., Handelsmittler nach EG-Recht, FS für Joachim Meyer-Marsilius, Europa Institut ZH, Zürich 1993 (zit. Handelsmittler); VIRET, Privatversicherungsrecht, 2. Aufl., Zürich 1989; ZÜRCHER, Der Provisionsanspruch des Agenten nach dem Bundesgesetz über den Agenturvertrag vom 4.2.1949, Diss. Bern 1952; ausführliche Literaturhinweise bei ZK-BÜHLER, Vor Art. 418a–418v N 4–16.

Materialien

Botschaft zum BG über das internationale Privatrecht vom 10.11.1982, BBl 1983 I 263 (zit. Botschaft IPRG).

I. Der Agenturvertrag – Gesetzesnovelle von 1949

1 Der Agenturvertrag war im OR vom 30.3.1911 nicht geregelt. Die Praxis behandelte die Agentur als **Sonderfall des Auftrags**, unter Beizug verschiedener Vorschriften über die Mäkelei, die Kommission, den Arbeits-, Handelsreisenden- oder Werkvertrag, je nach Ausgestaltung des Agenturverhältnisses. Mit dem BG vom 4.2.1949, in Kraft seit 1.1.1950, erfuhr der Agenturvertrag eine ausführliche Sonderregelung, die dem OR in einem vierten Abschnitt zum dreizehnten Titel angefügt wurde (zur Entstehung des Gesetzes und dessen politische Hintergründe vgl. BURNAND, 13 ff.; ZK-BÜHLER, N 17–31, einschliesslich rechtsvergleichender Betrachtungen).

2 **Ziel der Gesetzesnovelle** von 1949 war die *Besserstellung des Agenten* der, gebunden durch ein *Dauervertragsverhältnis*, vom Auftraggeber wirtschaftlich meist sehr stark abhängig ist, als Selbständigerwerbender aber nicht einen Schutz wie der Arbeitnehmer oder Handelsreisende geniesst. Im Rahmen des OR ungewöhnlich ausführlich, teilweise unübersichtlich geregelt und mit zahlreichen zum Schutze des Agenten zwingenden Bestimmungen versehen, gab das neue Gesetz v.a. in der Lehre Anlass zu massiver Kritik (so etwa VON BÜREN, SJZ 1949, 151 f.; BK-GAUTSCHI, passim).

3 Die Ausarbeitung des Gesetzes war von gewissen Interessenverbänden stark beeinflusst worden und ist v.a. auf den **Verkaufsagenten** – *nicht auf den Dienstleistungsagenten* – zugeschnitten und dort insb. auf die von der natürlichen Person geführte Agentur (so bspw. die Erwerbsausfallsentschädigung bei Krankheit, Militärdienst etc., Art. 418m Abs. 2). Die Anwendung des Gesetzes auf an Personengesellschaften oder juristische Personen übertragene Agenturen, auf Dienstleistungsagenturen oder auf Mischformen (Art. 418a N 7) ist deshalb in der Praxis oft unbefriedigend. Deshalb auch stiess der zu Beginn der Gesetzgebungsarbeiten nicht beabsichtigte **Miteinbezug der Versicherungsagenten** in die neue Regelung bei den Versicherungen auf grossen Widerstand. Die Vertretungsbefugnis des Versicherungsagenten ist denn auch gem. Art. 418e Abs. 3 von der generellen Regelung des Agenturvertrags ausgenommen. Die Art. 34 und 44 Abs. 3 des BG vom 2.4.1908 über den Versicherungsvertrag bleiben vorbehalten. Zur Versicherungsagentur vgl. BRUNNER und die dort zitierte Spezialliteratur; BURNAND, 67 ff.; ferner MAURER, 205 ff.; VIRET, 223 ff.; BSK VVG, passim.

II. Übergangsrecht

4 Das **Übergangsrecht**, eingeführt durch Ziff. II des BG vom 4.2.1949 über den Agenturvertrag, ist seit Inkrafttreten des rev. SchKG am 1.1.1997 ohne Relevanz.

III. IPR

Art. 418b Abs. 2 wonach ein Agenturverhältnis zwingend schweizerischem Recht unterstellt war, wenn sich das Tätigkeitsgebiet des Agenten in der Schweiz befand, wurde gem. Ziff. I lit. b. des Anhangs zum IPRG vom 18.12.1987 aufgehoben. Auch auf den Agenturvertrag mit Tätigkeitsgebiet des Agenten in der Schweiz kommen deshalb heute die Anknüpfungsregeln im 9. Kapitel des **IPRG, Art. 116 und 117** zur Anwendung. Die Parteien können das Agenturverhältnis *dem Recht ihrer Wahl* unterstellen, wobei die Rechtswahl ausdrücklich sein oder sich zumindest eindeutig aus dem Vertrag oder den Umständen ergeben muss (Art. 116 Abs. 1, 2 IPRG). Bei Fehlen einer Rechtswahl untersteht der Vertrag dem Recht des Staates, in dem die Partei, welche die *charakteristische Leistung* erbringen soll, ihren gewöhnlichen Aufenthalt oder ihre Niederlassung hat (Art. 117 Abs. 1, 2 IPRG). Als charakteristische Leistung beim Agenturvertrag muss – als besonderes Auftragsverhältnis – die Dienstleistung, also die *Leistung des Agenten* gelten (vgl. Art. 117 Abs. 3 lit. c IPRG; Botschaft IPRG, 148). Bei fehlender Rechtswahl ist demnach das Recht desjenigen Landes, in dem der Agent seinen gewöhnlichen Aufenthalt oder die diesbezügliche Geschäftsniederlassung hat, massgebend. 5

IV. Rechtsvergleich

Zur Koordinierung und Harmonisierung des Handelsvertreterrechts erliess der Rat der Europäischen Gemeinschaft am 18.12.1986 die **Richtlinie** betreffend die selbständigen Handelsvertreter (EWG 86/653, zit. «EG-Richtlinie»). Die EG-Richtlinie bezweckt eine im Wesentlichen einheitliche Regelung des Handelsvertreterrechts in den Vertragsstaaten, um einerseits Wettbewerbsverzerrungen zu beseitigen und anderseits dem Handelsvertreter/Agenten ausreichend Schutz zu gewähren (THÜRER/WEBER/ZÄCH, Handelsmittler, 1). Die EG-Richtlinie ist nicht direkt anwendbar sondern in den nationalen Gesetzgebungen zu berücksichtigen und hat zu einer weitgehenden Harmonisierung in den Mitgliedstaaten geführt. Die Richtlinie ist wesentlich dem bisherigen deutschen Handelsvertreterrecht nachgebildet, wobei die Umsetzung in den einzelnen nationalen Gesetzgebungen doch zu erheblichen Unterschieden geführt hat (insb. in Frankreich). Das Schweizer Recht gilt als «europaverträglich» da sich das deutsche Recht schon Anfang der 50er Jahre der Schweizer Regelung angenähert hat (THÜRER/WEBER/ZÄCH, Handelsmittler, 33). Die schweizerischen Gerichte haben sich bereits in der Vergangenheit häufig an der Praxis unserer Nachbarländer orientiert, der Beizug jener Judikatur ist ergiebig. Spezifisch rechtsvergleichende Ausführungen würden den dieser Kommentierung gesetzten Rahmen sprengen. Es wird auf die Spezialliteratur verwiesen. Eine Gegenüberstellung der Gesetzesbestimmungen zum Agenturvertrag im OR und zum deutschen Handelsvertreter im HGB legt PAETZOLD vor. Detailliert vergleicht THOUVENIN (in Gstoehl et al.) die Normen des Agenturvertragsrechts mit der EG-Richtlinie; derselbe Sammelband enthält Beiträge zu Liechtenstein, Österreich und Deutschland. Ausführlicher Rechtsvergleich zu EU-Recht und umliegende Länder bei MIRFAKHRAEI, passim. Vgl. Ferner THÜRER/WEBER/ZÄCH, Handelsmittler 1 ff., 31 ff.; MEYER-HAUSER/EGLI, passim; vgl. im Übrigen die Hinweise insb. zum EG-Recht bei ZK-BÜHLER, N 28 ff. und 32 ff.; TERCIER/FAVRE, N 5687 ff. 6

Art. 418*a*

A. Allgemeines
I. Begriff

[1] Agent ist, wer die Verpflichtung übernimmt, dauernd für einen oder mehrere Auftraggeber Geschäfte zu vermitteln oder in ihrem Namen und für ihre Rechnung abzuschliessen, ohne zu den Auftraggebern in einem Arbeitsverhältnis zu stehen.

[2] Auf Agenten, die als solche bloss im Nebenberuf tätig sind, finden die Vorschriften dieses Abschnittes insoweit Anwendung, als die Parteien nicht schriftlich etwas anderes vereinbart haben. Die Vorschriften über das Delcredere, das Konkurrenzverbot und die Auflösung des Vertrages aus wichtigen Gründen dürfen nicht zum Nachteil des Agenten wegbedungen werden.

A. Règles générales
I. Définition

[1] L'agent est celui qui prend à titre permanent l'engagement de négocier la conclusion d'affaires pour un ou plusieurs mandants ou d'en conclure en leur nom et pour leur compte, sans être lié envers eux par un contrat de travail.

[2] Sauf convention écrite prévoyant le contraire, les dispositions du présent chapitre s'appliquent également aux personnes exerçant accessoirement la profession d'agent. Les dispositions relatives au ducroire, à la prohibition de faire concurrence et à la résiliation du contrat pour de justes motifs ne peuvent pas être rendues inopérantes par convention au détriment de l'agent.

A. Norme generali
I. Definizione

[1] È agente colui che assume stabilmente l'impegno di trattare la conclusione di affari per uno o più mandanti o di conchiuderne in loro nome e per loro conto, senza essere vincolato ad essi da un rapporto di lavoro.

[2] Salvo convenzione contraria stipulata per iscritto, le disposizioni del presente capo si applicano parimente alle persone che esercitano l'attività di agente solo accessoriamente. Le disposizioni relative allo star del credere, al divieto di concorrenza ed allo scioglimento del contratto per cause gravi non possono essere eluse a detrimento dell'agente.

Literatur

König, Der Versicherungsvertrag, in: Schweizerisches Privatrecht (SPR), Bd. VII/2, 497 ff., Basel 1979; Kuhn, Der Alleinvertriebsvertrag im Verhältnis zum Agenturvertrag, in: Forstmoser/Giger/Heini/Schluep (Hrsg.), FS für Max Keller, Zürich 1989, 187 ff.; Zihlmann, Der Konsignationslagervertrag, SJZ 1971, 317 ff.; vgl. die Literaturhinweise bei den Vorbem. zu Art. 418a–418v.

I. Begriff und Abgrenzungen zu andern Vertragstypen

1 Den Bestimmungen des Agenturvertrags ist unterstellt, wer sich verpflichtet, für **einen** oder **mehrere** Auftraggeber Geschäfte zu **vermitteln** (Vermittlungsagent; BGer, 11.6.2002, 4C.66/2002, E. 2.1.1.) oder Geschäfte **abzuschliessen** (Abschlussagent), wobei der Agent für den Auftraggeber ständig und über eine gewisse **Dauer** tätig ist (BGer, 11.6.2002, 4C.66/2002, E. 2.1.; keine jederzeitige Kündbarkeit wie beim Auftrag, keine vereinzelte Tätigkeit wie beim Mäkler oder Kommissionär), zum Auftraggeber aber **nicht in einem Arbeitsverhältnis** steht (ungleich dem Handelsreisenden). Nicht verlangt wird eine Mindestdauer. So kann u.U. Agent sein, wer während einer Saison oder einer Messe für den Auftraggeber Geschäfte vermittelt oder abschliesst (Burnand, 25).

2 Der Agent handelt immer **im Namen und für Rechnung des Auftraggebers** (im Gegensatz zum Kommissionär, Art. 425, der im eigenen Namen, aber für fremde Rechnung und auf fremdes Risiko abschliesst oder zum Alleinvertreter, bzw. Eigenhändler (Art. 436, 437) der im eigenen Namen, auf eigene Rechnung und auf eigenes Risiko kauft und weiterverkauft).

3 Der Agent ist **selbständiger Gewerbetreibender** (Einzelkriterien betr. Selbständigkeit bei Maier/Meyer-Marsilius, N I.13–16; ZK-Bühler, N 18 ff.; wirtschaftlich entsteht aufgrund des Dauerschuldverhältnisses oft eine gewisse Abhängigkeit, Tercier/Favre, N 5700). Er kann *natürliche oder juristische Person* sein. Er trägt Kosten und Risiko seines Geschäftsbetriebes (unter Vorbehalt von Art. 418n) selbst. Entsprechend ist er organisatorisch gegenüber seinem Auftraggeber weisungsungebunden (ausführlich BGer, 25.1.2007, 4C.276/2006, E. 4 sowie BGE 136 III 518), verfügt über seine Arbeitszeit frei, beschäftigt eigenes Hilfspersonal oder beauftragt Unteragenten (unter Beachtung der cura in eligendo et instruendo, Art. 399 Abs. 2; dazu BK-Gautschi, Art. 418c OR N 7a–b; Burnand, 24; ferner BGE 107 II 245; BGer, 11.2.2003, 4C.270/2002; 6.6.2013, 4F_4/2013 wonach bei der vorliegenden Versicherungsagentur keine hinreichende hierarchische Struktur erkennbar sei, die auf ein Arbeitsverhältnis hinweise, selbst wenn der Agent im Sozialversicherungswesen als Arbeitnehmer behandelt werde und auch mit Kollektivprokura im Handelsregister eingetragen sei). Das BGer bestätigt in BGE 136 III 518 ausdrücklich, der Weisungsbefugnis des Auf-

traggebers seien enge Grenzen gesetzt. Insbesondere seien ohne anderweitige Vereinbarung kostspielige Weisungen, die dem Agenten die Erreichung des Auftragserfolgs erschweren – wie die Einbindung in eine neu geschaffene Verkaufsorganisation – unzulässig. Die Freiheit des Agenten findet ihre Schranken in der Pflicht zur sorgfältigen Geschäftserledigung (Art. 418c Abs. 1) sowie in Parteivereinbarungen, die über die gesetzlichen Mindestanforderungen hinausgehen (z.B. BGE 83 II 38 E. 1b, wo die Gestaltung von Zeitschrifteninseraten und der Verkehr mit der Druckerei Aufgabe des Annoncenagenten war; zur Verpflichtung des Agenten, ein Warenlager zu unterhalten: BGer, SJ 1984, 23).

Kasuistik zur Abgrenzung: **4**

- **zum Arbeitsvertrag**, der die Einbettung in eine Hierarchie und ein Subordinationsverhältnis voraussetzt, während der Agent beschränkt weisungsabhängig ist, BGer, 25.1.2007, 4C.276/2006, E. 4; BGE 136 III 518; BGer, 6.2.2013, 4F_4/2013, E. 2.2;
- zum **Handelsreisenden**, der in einem rechtlichen Unterordnungsverhältnis zum Arbeitgeber steht, während der Agent seinen Beruf in selbständiger Weise ausübt BGE 129 III 668, wonach regelmässiges Rapportieren sowie verpflichtende Umsatzzahlen auf einen Handelsreisendenvertrag schliessen lassen; BGer, 3.2.2006, 4C.359/2005, E. 2.1.; BGE 66 I 86; 99 II 313 = Pra 1974, 174; BGE 103 II 279; ZR 1968, 142; ZR 1951, 282; ZR 1935, 265; BJM 1960, 171; für die Qualifikation des Vertrages ist die unrichtige Bezeichnung nicht entscheidend RVJ 1991, 243; ferner BGE 90 II 483 zum Arbeitsvertrag mit Provisionsberechtigung; die ältere kantonale Praxis kommentiert ausführlich Dürr, 83 ff.; ferner Paetzold, 3; ZK-Bühler, N 31 ff.;
- **zum Mäkler**, der auf ein einzelnes Geschäft ausgerichtet ist und keinen Provisionsanspruch bei Nachfolge-Geschäften hat BGE 75 II 54 ff.; 118 IV 404; SOG 1984–4, 9;
- **zum Alleinvertreter**, der in eigenem Namen kauft und verkauft BGer, 18.6.2004, 4C.130/2004; BGE 78 II 80; 88 II 169 = Pra 1962, 383; BGE 88 II 327 f. = Pra 1962, 452; BGE 100 II 451; 107 II 223; ZR 1968, 141; ZR 1984, 5; SJ 1970, 35; ferner Kuhn, 187 ff.; ZK-Bühler, N 40 ff. Ausführliche Erörterungen dazu auch im wegweisenden Entscheid BGE 134 III 497 = Pra 2009, 105 (Änderung der Rsp. zur Kundschaftsentschädigung im Alleinvertriebsvertrag);
- **zum Pachtvertrag**, wo der Pächter einen Pachtzins entrichtet und nicht wie beim Agenturvertrag üblich eine prozentuale Vergütung erhält BGE 83 II 34;
- **zur einfachen Gesellschaft**, die auf Erreichung eines gemeinsamen Zwecks gerichtet ist, wogegen die Agentur den Austausch von Leistung und Gegenleistung zum Gegenstand hat BGE 83 II 38; 104 II 111; ferner ZR 1935, 265, 267;
- **zum Auftrag**, der wegen seiner freien Widerruflichkeit für auf Dauer angelegte Vertragsverhältnisse – hier verbunden mit Aufbau von Infrastruktur für Vermögensverwalter – nicht geeignet ist, BGer, 11.6.2002, 4C.66/2002, E. 2.1. Differenzierend dazu BGer, 31.3.2005, 4C.447/2004, E. 4.1. und 5.2; ferner Fountoulakis, 70.
- **zu Mischformen** BGE 104 II 113, wonach ein Management-Vertrag zur Vermittlung von Künstlerauftritten und Plattenaufnahmen verbunden mit dem für den Agenturvertrag atypischen Anspruch des Managers auf Ersatz aller unmittelbaren Kosten und dem Recht, dass er fast unbeschränkt über den Künstler (also den Auftraggeber) verfügen darf, nicht als Agenturvertrag, sondern als Auftrag qualifiziert wird. Vgl. auch BGE 115 II 256 f. zur Kommissionsagentur; ferner Dubler, 9 ff., 40; Dürr, 90 ff.; BGer, 11.6.2002, 4C.66/2002, E. 2.1.; 11.2.2002, 4C.270/2002; BJM 1972, 139f; N 7; zur Abgrenzung des Agenturvertrags im System des Vertriebswesens Fountoulakis, 53 ff., 63 ff; zum Franchisevertrag BGer, 8.9.2011, 4A_148/2011, E. 4.

II. Form

Der Vertragsabschluss ist an **keine Form** gebunden. In der Praxis ist Schriftlichkeit die Regel angesichts der Komplexität des Agenturvertragsrechts. Das Agenturverhältnis kann aber auch **5** durch ausdrückliche mündliche Vereinbarung oder konkludentes Handeln, d.h. regelmässige Vermittlungstätigkeit des Agenten für den Auftraggeber, begründet werden. Nicht anwendbar ist dagegen die Sonderregelung von Art. 395. Das Gesetz schreibt allerdings für eine ganze Anzahl von Pflichten und Einschränkungen des Agenten ausdrücklich Schriftform vor (Art. 418a Abs. 2, Art. 418c Abs. 2, 3, Art. 418f Abs. 3, Art. 418g Abs. 1, 3, Art. 418k Abs. 1, Art. 418q Abs. 1, Art. 418 t Abs. 2).

III. Vermittlungsagentur und Abschlussagentur

6 Wesentlich für die Beurteilung der Wirkungen des Agenturvertrags sowohl im Innenverhältnis Auftraggeber/Agent als auch im Aussenverhältnis Auftraggeber/Drittkontrahent ist die Unterscheidung zwischen Vermittlungsagent und Abschlussagent. Es gilt eine **gesetzliche Vermutung** zugunsten der **Vermittlungsagentur** als der sowohl für den Auftraggeber als auch für den Agenten weniger verpflichtenden Form (Art. 418e). Bis zum Abschluss des Geschäfts (zu den Kompetenzen nach Geschäftsabschluss vgl. Art. 418e N 2 f.) beschränken sich die Kompetenzen des Vermittlungsagenten darauf, dem Auftraggeber Kunden zuzuführen. Seine Vermittlertätigkeit verpflichtet grundsätzlich weder den Kunden noch den Auftraggeber zum Vertragsschluss überhaupt oder zum Vertragsschluss zu den vom ihm genannten Bedingungen. Der **Abschlussagent** dagegen – als **direkter Stellvertreter** – verpflichtet den Auftraggeber und kontrahiert, auch für den Kunden, verbindlich. Der Auftraggeber kann insb. dem Abschlussagenten mit der Abschlussvollmacht Abwicklungsbefugnisse oder Abwicklungspflichten (bspw. Auslieferung von Waren, Transport, Versicherung, Verzollung etc.) übertragen. *Die Abschlussvollmacht kann dem Agenten ausdrücklich oder stillschweigend erteilt werden* (BK-GAUTSCHI, Art. 418a/b N 6d; MAIER, 338; MAIER/MEYER-MARSILIUS, N I.9, nachdem die Überlassung eines Konsignationslagers u.U. auf Abschlussagentur schliessen lässt), kann aber auch vom Auftraggeber unbeschadet der Rechte aus dem zugrunde liegenden Agenturvertrag, in Anwendung von Art. 34 Abs. 1 *jederzeit widerrufen werden.* Die Provisionsansprüche des Agenten bestehen auch nach einem Vollmachtswiderruf aufgrund der Vermittlungstätigkeit grundsätzlich weiter. Immerhin könnte der Entzug der Abschlussvollmacht für den Agenten u.U. einen wichtigen Grund zur sofortigen Vertragsauflösung darstellen, Art. 418r.

7 In der Praxis nicht unüblich sind Verträge, die **Elemente sowohl der Vermittlungs- als auch der Abschlussagentur** enthalten. Der Agent kann für bestimmte Produkte, Vertragsvolumen oder Kundenkreise eine Abschluss-, für andere nur eine Vermittlungsvollmacht haben. Bei den in der Praxis ebenfalls häufigen **zusammengesetzten Agenturverträgen**, d.h. Agentur in Verbindung mit anderen Vertragstypen, sind die verschiedensten Varianten denkbar. So etwa ein Reisebüro, das als Abschlussagent für die Fluggesellschaft Billette verkauft, das Inkasso aber *in eigenem Namen* auf Rechnung der Fluggesellschaft im Auftragsverhältnis nach Art. 394 ff. besorgt (BGE 108 II 119 = Pra 1982, 450 ff.). So ein Vermittlungsagent, der berechtigt ist, neben der Vermittlungstätigkeit Waren als Eigenhändler i.S.v. Art. 436, 437 einzukaufen und weiterzuverkaufen (BGE 100 II 34 = Pra 1974, 470 f.; ferner ZR 1968, 142; ZR 1984, 5) oder der Abschlussagent der ein Konsignationslager unterhält aus dem er nach seinem Ermessen Waren als Agent verkaufen oder als *Eigenhändler* – dies setzt allerdings entsprechende Eigenmittel voraus – übernehmen darf (MAIER/MEYER-MARSILIUS, N I.7; ZIHLMANN, SJZ 1971, 317 ff. Zu den Erscheinungsformen von Agenturen vgl. etwa MEYER-MARSILIUS, 22; MAIER/MEYER-MARSILIUS, N I.11). Der Agenturvertrag kann gebunden sein an Mietverträge, Hinterlegungsverträge bspw. bei Lagerhaltung, an die Verfügbarkeit von Garantieleistungs- und Wartungspersonal etc. (MEYER-MARSILIUS, 31). Diese Nebenleistungen beurteilen sich nach den jeweiligen vertragsspezifischen Bestimmungen (in BGer, 11.6.2002, 4C.66/2002, E. 2.1.2. ev. nach Auftragsrecht).

8 Entscheidend für die Beurteilung des **Innenverhältnisses** Auftraggeber/Agent und der dem Agenten übertragenen Befugnisse bzw. Vollmachten ist der *übereinstimmende Parteiwille* ge-

mäss Agenturvertrag. Bei der Beurteilung des **Aussenverhältnisses** Auftraggeber/Drittkontrahent ist jedoch nach dem Grundsatz von Treu und Glauben, ungeachtet der *gesetzlichen Vermutung* zugunsten blosser Vermittlungsagentur, auf die dem gutgläubigen Dritten gegenüber *kundgegebene Vertretungsvollmacht* abzustellen (Art. 33 Abs. 3, Art. 34 Abs. 3, dazu Komm. zu Art. 33 und 34; BK-GAUTSCHI, Art. 418a/b OR N 6d; ZK-BÜHLER, N 15; MAIER, 366; KÖNIG, SPR VII/2, 524; BGE 96 II 213; ZR 1979, 313 ff. betr. Anscheinsvollmacht im Versicherungsagenturvertrag).

IV. Nebenberufliche Agententätigkeit

Wenn eine **nebenberufliche Tätigkeit** die Kriterien der Agentur erfüllt (Dauer, Selbständigkeit, Vertragsvermittlung oder -abschluss) sind auf sie die Bestimmungen des Agenturvertrags vollumfänglich anwendbar, sofern nicht schriftlich etwas anderes vereinbart wird, wobei indessen drei gesetzliche Einschränkungen gelten. *Nicht wegbedungen werden dürfen*: Eine angemessene Entschädigung bei Übernahme des Delcredere durch den Agenten (Art. 418c Abs. 3), ein besonderes Entgelt für ein Konkurrenzverbot nach Auflösung der Agentur (Art. 418d Abs. 2) und die Möglichkeit, den Vertrag jederzeit aus wichtigem Grund aufzulösen (Art. 418r). Die Präzisierung, die entsprechenden Bestimmungen dürften nicht zum Nachteil des Agenten wegbedungen werden, beruht wohl auf einem redaktionellen Versehen, denn Delcredereprovision und Konkurrenzverbotsentschädigung würden, wenn wegbedungen, immer nur dem Agenten – nicht dem Auftraggeber – zum Nachteil gereichen; die Möglichkeit der Vertragsauflösung aus wichtigem Grund muss beiden Seiten vorbehalten bleiben gemäss ratio legis von Art. 418r und Art. 337, und darf auch nicht zum Nachteil des Auftraggebers wegbedungen werden. Obwohl in Art. 418a Abs. 2 nicht ausdrücklich erwähnt, darf auch Art. 418q Abs. 3 (beidseitig gleiche Kündigungsfrist) nicht derogiert werden (BK-GAUTSCHI, Art. 418a/b OR N 15b). 9

E contrario ergibt sich dagegen aus Art. 418a Abs. 2, dass für den Nebenagenten der sonst zwingende **Anspruch auf Kundschaftsentschädigung** (Art. 418u) schriftlich **wegbedungen** werden darf. 10

Als nebenberuflicher Agent gilt, wer «weniger als die Hälfte seiner Arbeitszeit auf die Tätigkeit verwendet und ausserdem aus ihr weniger als die Hälfte seines Einkommens bezieht» (Botschaft IPRG, 13), wobei sich die massgebliche Tätigkeit nicht nur auf ein einzelnes Agenturverhältnis, sondern bei Mehrfirmenagenturen auf die gesamte Agententätigkeit bezieht (MAIER, 338). Umfang und Ertrag können bei Aufnahme einer nebenberuflichen Agententätigkeit schwerlich vorausgesehen werden. Im Zweifelsfall muss hier dem Richter in der Frage haupt- oder nebenberuflicher Agententätigkeit ein erheblicher Ermessensspielraum zustehen (BK-GAUTSCHI, Art. 418a/b N 15c; MAIER/MEYER-MARSILIUS, N II.25). Die nebenberufliche Agententätigkeit spielt heute eine untergeordnete Rolle. Die Wegbedingung des Agenturrechts für den nebenberuflichen Agenten wurde auf Wunsch der Versicherungen in das Gesetz aufgenommen. Das Agenturrecht ist denn auch i.d.R. bei nebenberuflichen Versicherungsagenten wegbedungen (DÜRR, 94). 11

Art. 418*b*

II. Anwendbares Recht

[1] Auf den Vermittlungsagenten sind die Vorschriften über den Mäklervertrag, auf den Abschlussagenten diejenigen über die Kommission ergänzend anwendbar.

[2] …

II. Droit applicable

[1] Le chapitre relatif au courtage est applicable à titre supplétif aux agents négociateurs, le titre concernant la commission l'est aux agents stipulateurs.

[2] …

II. Diritto applicabile

[1] Le disposizioni relative al contratto di mediazione sono applicabili a titolo completivo agli agenti che trattano gli affari, quelle concernenti la commissione agli agenti che li conchiudono.

[2] ...

Literatur

Vgl. die Literaturhinweise bei den Vorbem. zu Art. 418a–418v.

Beschränkte Anwendbarkeit der Verweisungsnorm

1 Die ausführlichen positiven Bestimmungen zum Agenturvertrag und die Charakteristik der Agentur als Dauerschuldverhältnis lassen **nur beschränkt Raum für eine ergänzende Anwendung der Regeln des Mäklervertrags** (vgl. im Einzelnen BK-Gautschi, Art. 418a/b OR N 5a–d; Dürr, 98) bzw. **des Kommissionsvertrages** (BK-Gautschi, Art. 418a/b OR N 8a–c). Das BGer hat unter analoger Anwendung von Art. 413 Abs. 1 entschieden, die Provision für die **Vermittlung** eines Geschäfts sei verdient, wenn die für dessen Abschluss massgebliche Tätigkeit des Agenten während der Dauer des Agenturverhältnisses erfolge. Der Geschäftsabschluss zwischen Auftraggeber und Kunden müsse nicht mehr in diesen Zeitpunkt fallen, denn es genüge, wenn die Tätigkeit des Agenten, wie die des Mäklers, mitbestimmend für den Entschluss des Kunden gewesen sei (BGer, 3.2.2006, 4C.359/2005, E. 3.3.; BGE 84 II 542). Bei Vermittlungsagenten ebenfalls direkt zur Anwendung kommt Art. 415, Verwirkung des Provisionsanspruchs bei treuwidrigem Verhalten. Auf den **Abschlussagenten** kommen insb. die Bestimmungen betr. Rechtswahrungspflicht Art. 427, Kreditrisiko Art. 429, Verwirkung des Provisionsanspruchs Art. 433 und Selbsteintrittsrecht Art. 436 des Verkaufskommissionärs ergänzend zur Anwendung (BK-Gautschi, Art. 418a/b OR N 8c).

Art. 418c

B. Pflichten des Agenten
I. Allgemeines und Delcredere

[1] Der Agent hat die Interessen des Auftraggebers mit der Sorgfalt eines ordentlichen Kaufmannes zu wahren.

[2] Er darf, falls es nicht schriftlich anders vereinbart ist, auch für andere Auftraggeber tätig sein.

[3] Eine Verpflichtung, für die Zahlung oder anderweitige Erfüllung der Verbindlichkeiten des Kunden einzustehen oder die Kosten der Einbringung von Forderungen ganz oder teilweise zu tragen, kann er nur in schriftlicher Form übernehmen. Der Agent erhält dadurch einen unabdingbaren Anspruch auf ein angemessenes besonderes Entgelt.

B. Obligations de l'agent
I. Règles générales et ducroire

[1] L'agent veille aux intérêts du mandant avec la diligence requise d'un bon commerçant.

[2] Il peut, sauf convention écrite prévoyant le contraire, travailler aussi pour d'autres mandants.

[3] Il ne peut assumer que moyennant convention écrite l'engagement de répondre du paiement ou de l'exécution des autres obligations incombant à ses clients ou celui de supporter tout ou partie des frais de recouvrement des créances. L'agent acquiert ainsi un droit à une rémunération spéciale équitable qui ne peut pas lui être supprimée par convention.

B. Obblighi dell'agente
I. Norme generali e del credere

[1] L'agente tutela gli interessi del mandante con la diligenza che si richiede da un buon commerciante.

[2] Salvo convenzione contraria stipulata per iscritto, egli può lavorare parimente *per altri mandanti*.

[3] Egli può assumere soltanto mediante convenzione scritta l'impegno di rispondere del pagamento o dell'adempimento degli altri obblighi da parte del cliente o

di sopportare tutte o una parte delle spese di riscossione dei crediti. Con ciò l'agente acquista il diritto, che non può essere soppresso, ad un'adeguata rimunerazione speciale.

Literatur

Vgl. die Literaturhinweise bei den Vorbem. zu Art. 418a–418v.

I. Sorgfaltspflicht

1 Der Agent ist **verpflichtet**, im Interesse des Auftraggebers **tätig zu werden** (ungleich dem Mäkler, der i.d.R. dazu nur berechtigt ist; VON BÜREN, BT, 220; MAIER, 346). Umfang und Intensität der erforderlichen Tätigkeit richten sich nach dem spezifischen Agenturverhältnis und den Kriterien wie haupt- oder nebenberufliche Agentur, Ein- oder Mehrfirmenagentur, Höhe der Provision, Exklusivagentur etc. (vgl. BK-GAUTSCHI, N 6c; DÜRR, 109; FOUNTOULAKIS, 58; BGE 122 III 69; Zusammenfassung aller Pflichten des Agenten bei MIRFAKHRAEI, 13 ff.).

2 Als **Mass** der Sorgfalt gilt nach Gesetzestext dasjenige eines **«ordentlichen Kaufmannes»**. Dieses Mass, in Anlehnung an das HGB in die Agenturvertragsnovelle eingeführt, wird von der Lehre dahin ausgelegt, dass grundsätzlich die strengen Voraussetzungen von Art. 398 zur Anwendung kommen, wonach derjenige, der berufs- oder gewerbsmässig Aufträge ausführt, für *alle Sorgfalt* haftet. Vom Agenten werden dabei, neben der Sorgfalt, auch die notwendigen Fachkenntnisse und die Fähigkeiten eines ordentlichen Kaufmannes gefordert (BK-GAUTSCHI, N 5b; BURNAND, 39; BUCHER, BT, 242; TERCIER/FAVRE, N 5739 ff.). DÜRR, 109, sieht in der Sorgfalt des ordentlichen Kaufmanns insofern eine Einschränkung, als der Agent auch seine eigenen Interessen kaufmännisch wahrnehmen, vom Auftraggeber also einen gewissen Abstand wahren darf.

3 Zu den je nach Ausgestaltung des Agenturverhältnisses notwendigen **Sorgfaltspflichten** gehören etwa ordentliche Buchhaltung, Einhaltung vorgeschriebener Ausführungsweisungen (Vertrags- und Zahlungsbedingungen für Abnehmer), beschränkte Solvenzprüfung, Information des Auftraggebers über Abschlüsse, Vermittlungen, Kundenlisten (vgl. etwa MAIER, 346 f.). Abrechnungspflichtig wird der Agent nur mit schriftlicher Vereinbarung, Art. 418k Abs. 1, entsprechend Auftragsrecht, Art. 400 (BK-GAUTSCHI, N 6a–f).

II. Treuepflicht

4 Der Agent darf, falls nicht schriftlich mit einem Auftraggeber anders vereinbart, für **mehrere Auftraggeber** tätig sein (sog. *«Mehrfirmenagentur»*). Einschränkend gilt hier allerdings nach h.L., dass die Übernahme einer konkurrierenden Agentur oder die Ausübung eigener Konkurrenztätigkeit mit der Treuepflicht unvereinbar ist und der *Zustimmung der betroffenen Auftraggeber bedarf.* Wieweit sich ein Agent konkurrierender Tätigkeit zu enthalten hat, beurteilt sich nach dem konkreten Agenturverhältnis und muss nicht schriftlich festgehalten sein (Schriftlichkeit gilt nur für das nachvertragliche Konkurrenzverbot Art. 418d Abs. 2). ZK-BÜHLER, N 22 ff., plädiert für eine Informationspflicht des Agenten in Konkurrenzsituationen. Zur konkurrierenden Agententätigkeit ausführlich BK-GAUTSCHI, N 3c, Art. 418d OR N 4c; MAIER, 350; MAIER/MEYER-MARSILIUS, N II.9–II.12; DÜRR, 111 ff.; ferner BGE 125 III 15; 98 IV 230. Keine konkurrierende Tätigkeit ist die blosse Information des bisher als Agent vermittelten Personals über die Gründung einer eigenen Personalvermittlung (BGer, 10.10.2013, 4A_212/2013).

5 Aus der Treuepflicht ergibt sich für den Agenten grundsätzlich ein **Verbot der Doppelvermittlung** (d.h. Provisionsbezug vom Auftraggeber und vom Kunden) **und der Doppelvertre-**

tung (Art. 415). Abgeschlossene Verträge werden durch die Doppelstellung nicht ungültig, doch wird der Agent zur Rückerstattung der Provision, allenfalls zu Schadenersatz verpflichtet (BK-Gautschi, N 3d). Sofern die dem Agenten übergebene Ware nicht einen festgesetzten Verkaufs- oder Marktpreis hat, wobei die Bestimmungen von Art. 436, 437 betr. Eintritt als Eigenhändler analog zur Anwendung kommen, bedarf der Selbsteintritt des Abschlussagenten (wenn nicht ausschliesslich für Eigengebrauch, Dürr, 153) der Genehmigung durch den Auftraggeber. Mangels Genehmigung ist ein derartiger Abschluss ungültig. Bei zulässigem Selbstkontrahieren kommt die Provision des Agenten in Abzug (BK-Gautschi, Art. 418a/b N 8c). Als Verstoss gegen die Treuepflicht kann u.U. die Arrestnahme auf Guthaben des Auftraggebers gelten (ZR 1984, 6) oder die Abwerbung von Mitarbeitern für eine Konkurrenzfirma (BGer, 19.9.2003, 4C.216/2002, E. 4).

III. Delcredere

6 Der Agent kann die **Verbindlichkeiten** von Kunden und/oder die **Inkassokosten garantieren** (Art. 111), wobei die Kosten ganz oder anteilmässig bzw. begrenzt auf einen Höchstbetrag übernommen werden können. Verpflichtungen des Agenten zur Übernahme dieses Kundenrisikos – **Delcredere** – bedürfen zwingend der Schriftform. (Der Ansicht Dürrs, 115, und neu auch in ZK-Bühler, N 36, das Delcredere sei eine akzessorische Verpflichtung und gleiche mehr der Haftung aus Bürgschaftsvertrag als der Haftung aus Garantie, kann nicht gefolgt werden.)

7 Das Delcredere kann, nach dem Willen des Gesetzgebers und abweichend bspw. von der Regelung im HGB, für **sämtliche** unter einem Agenturvertrag vermittelten oder abgeschlossenen Geschäfte übernommen werden oder aber nur für solche mit **bestimmten Kunden** oder für **einzelne Abschlüsse** (BK-Gautschi, N 8b; Maier, 361; **a.M.** offenbar Bucher, BT, 242).

8 Das Delcredere Risiko des Agenten ist zu entschädigen. Der **Entschädigungsanspruch** ist **unabdingbar** und sollte deshalb aus Beweisgründen in Agenturvertrag oder Abrechnung von der Vermittlungs- oder Abschlussprovision getrennt ausgewiesen sein. Die Höhe des Entgelts muss nicht schriftlich festgelegt, hat aber **angemessen** zu sein. Als Massstab gilt etwa die Prämie, die ein Kreditversicherer für ein entsprechendes Risiko verlangen würde. Das Entgelt kann die Form einer Jahrespauschale, einer Zusatzprovision oder von einzeln ausgehandelten Beträgen etc. haben. Als «Risikoprämie» ist das Entgelt fällig, auch wenn der Agent nicht beansprucht werden muss. Delcredere Ansprüche gegen den Agenten können vom Auftraggeber mit dem Agenten geschuldeten Provisionen verrechnet werden (BK-Gautschi, N 9a–d; detailliert zum Delcredere auch Tercier/Favre, N 5731).

Art. 418*d*

II. Geheimhaltungspflicht und Konkurrenzverbot

[1] Der Agent darf Geschäftsgeheimnisse des Auftraggebers, die ihm anvertraut oder auf Grund des Agenturverhältnisses bekannt geworden sind, auch nach Beendigung des Vertrages nicht verwerten oder anderen mitteilen.

[2] Auf ein vertragliches Konkurrenzverbot sind die Bestimmungen über den Dienstvertrag entsprechend anwendbar. Ist ein Konkurrenzverbot vereinbart, so hat der Agent bei Auflösung des Vertrages einen unabdingbaren Anspruch auf ein angemessenes besonderes Entgelt.

II. Obligation de garder le secret et prohibition de faire concurrence

[1] L'agent ne peut, même après la fin du contrat, utiliser ou révéler les secrets d'affaires du mandant qui lui ont été confiés ou dont il a eu connaissance en raison du contrat.

[2] Les dispositions sur le contrat de travail sont applicables par anlogie à l'obligation contractuelle de ne pas faire concurrence. Lorsqu'une prohibition de faire concurrence a été convenue, l'agent a droit, à la fin du contrat, à une indemnité spéciale équitable qui ne peut pas lui être supprimée par convention.

II. Obbligo del segreto e divieto di concorrenza

[1] L'agente non può, anche dopo la cessazione del contratto, utilizzare o rivelare ad altri i segreti dell'azienda del mandante che gli sono stati confidati o di cui ha avuto notizia in virtù dei rapporti di agenzia.

[2] Le disposizioni del contratto di lavoro sono applicabili per analogia all'obbligo contrattuale di non fare concorrenza. Se è stato convenuto un divieto di concorrenza, allo scioglimento del contratto l'agente ha diritto a un'adeguata rimunerazione speciale. Tale diritto non può essere soppresso.

Literatur

BAUDENBACHER, Anspruch auf Kundschaftsentschädigung bei gesetzlich nicht geregelten Absatzmittlungsverträgen, in: Forstmoser (Hrsg.), FS für Walter R. Schluep, Zürich 1988, 81 ff.; vgl. die Literaturhinweise bei den Vorbem. zu Art. 418a–418v.

I. Umfang der Geheimhaltungspflicht

1 Der **Umfang der Geheimhaltungspflicht** für Geschäftsgeheimnisse, die dem Agenten aufgrund des Agenturverhältnisses bekannt geworden sind, richtet sich nach dem umfassenden, strengen Massstab des **Auftragsrechts** (TERCIER/PICHONNAZ, obligations, N 2995; BK-GAUTSCHI, N 2a). Geschäftsgeheimnisse i.S.v. Art. 418d Abs. 1 sind Tatsachen aus dem wirtschaftlichen Privatbereich (i.S.v. Art. 28 ZGB) des Auftraggebers, bei denen der Agent erkennen musste, dass ein Wille und ein Interesse an der Geheimhaltung besteht (BK-GAUTSCHI, N 2b; DÜRR, 120 ff.). Art. 418d Abs. 1 konkurriert somit weitgehend mit Art. 162 StGB. Je nach Natur der Agententätigkeit kann es sich dabei um Fabrikationsgeheimnisse, Verträge, Liefer- und Absatzkanäle, Kundenlisten etc. handeln (Bsp. bei ZK-BÜHLER, N 5 ff; TERCIER/FAVRE, N 5748). Nicht Geschäftsgeheimnis sind vom Agenten selbst geworbene Kunden (HOFSTETTER, SPR VII/2, 188; DÜRR, 122).

2 Der Agent darf die ihm anvertrauten oder von ihm wahrgenommenen Geschäftsgeheimnisse weder für sich selbst verwerten noch Dritten weitergeben.

3 Die Geheimhaltungspflicht besteht sowohl **während** als auch **nach Beendigung** des Agenturverhältnisses und *verjährt nicht* (auch nicht etwa mit Ablauf der Frist eines Konkurrenzverbots, vgl. für den Arbeitsvertrag BGE 80 IV 30). Sie wird jedoch dann aufgehoben, wenn durch Veränderung der Umstände, z.B. Notorietät, das Interesse des Auftraggebers an der Geheimhaltung entfällt.

II. Nachvertragliches Konkurrenzverbot

4 **Art. 418d Abs. 2** gilt ausschliesslich **nach Beendigung** des Agenturverhältnisses. Für die konkurrierende Tätigkeit des Agenten während der Vertragsdauer gilt Art. 418c (vgl. Art. 418c N 4; so auch ZK-BÜHLER, N 27).

5 Auf das nachvertragliche Konkurrenzverbot des Agenten sind gemäss Verweisung die **Bestimmungen des Arbeitsvertrages Art. 340–340c** entsprechend anwendbar, wobei im Einzelnen eine Differenzierung dadurch notwendig wird, dass das Konkurrenzverbot des Agenten in jedem Falle zwingend entgeltlich ist, im Arbeitsvertrag jedoch auch unentgeltlich sein kann, Art. 340a Abs. 2. Die Vereinbarung eines Konkurrenzverbots für den Agenten bedarf der *Schriftform*, analog Art. 340 Abs. 1. Das Konkurrenzverbot ist nach *Ort, Zeit und Gegenstand genau und angemessen zu begrenzen*, analog Art. 340a Abs. 1. Ungleich Art. 340 Abs. 2 macht das *fehlende Interesse* des Auftraggebers am Konkurrenzverbot dieses *nicht hinfällig* (BGE 95 II 151; krit. dazu BUCHER, BT, 242), jedoch muss das Verbot grundsätzlich Tätigkeiten betreffen, die die Interessensphäre des Auftraggebers berühren (MAIER, 351). Eine Beschränkung des Konkurrenzverbots bei *übermässiger Beeinträchtigung* des wirtschaftlichen Fortkommens für den Agenten steht im *richterlichen Ermessen*, analog Art. 340a Abs. 2. Bei

Verletzung des Konkurrenzverbots kann vom Auftraggeber vorab die Karenzentschädigung als ungerechtfertigte Bereicherung zurückgefordert werden, Art. 61, Schadenersatz und ggf. Konventionalstrafe richten sich nach Art. 340b. Betreffend Hinfälligwerden des Konkurrenzverbots ist die Praxis zum Agenturvertrag von der arbeitsvertraglichen Regelung in Art. 340c *erheblich abgewichen*: Ob sich der Agent beim Fehlen eines schutzwürdigen Interesses des Auftraggebers durch Verzicht auf die Entschädigung von der Konkurrenzenthaltungspflicht analog Art. 340c befreien könne, hat das BGer in BGE 95 II 152 ausdrücklich offen gelassen. Klargestellt hat es jedoch, a.a.O., 150, dass die *Entschädigung auch dann geschuldet ist, wenn die Kündigung des Agenturvertrags durch den Agenten erfolgte*. Nicht geschuldet wäre sie ggf., wenn die Vertragsauflösung auf einen durch den Agenten zu vertretenden wichtigen Grund, Art. 418r, zurückzuführen wäre (a.a.O., 150; **a.M.** Maier, 352, nach dem jeder vom Agent zu vertretende Grund genügt, auch wenn der Grund keine fristlose Vertragsauflösung zu rechtfertigen vermöchte).

6 Der **Entschädigungsanspruch** des Agenten ist **unabdingbar**, d.h. es kann kein unentgeltliches Konkurrenzverbot vereinbart werden. Auch ein nachträglicher freiwilliger Verzicht des Auftraggebers auf die Aufrechterhaltung des Konkurrenzverbots entbindet diesen grundsätzlich nicht von der Pflicht zur Entschädigung, beeinflusst aber deren Höhe (BGE 95 II 51; N 7). Zulässig ist, in das Konkurrenzverbot schriftlich eine Verzichtsmöglichkeit zugunsten des Auftraggebers aufzunehmen, wobei eine angemessene Kündigungsfrist für die Wirksamkeit des Verzichts und damit den Wegfall weiterer Karenzentschädigung vorzusehen ist (BGE 78 II 239; 95 II 151). Das BGer und zustimmend Gautschi hielten eine Kündigungsfrist von drei Monaten für angemessen (BK-Gautschi, N 7c).

7 Die **Höhe** der Karenzentschädigung muss nicht schriftlich festgelegt, hat aber angemessen zu sein. Ist der Richter angerufen, über die Höhe zu befinden, hat er einen weiten Ermessensspielraum (BGE 95 II 152). Die Entschädigung kompensiert den dem Agenten durch das Verbot **entstehenden Schaden** und darf deshalb, so das BGer entgegen BK-Gautschi, N 5c, nicht einfach nach dem Netto-Jahresverdienst berechnet werden (BGE 95 II 153). Das BGer berücksichtigt neben dem früheren Netto-Verdienst etwa das *in einer neuen Tätigkeit erzielte Erwerbseinkommen* und bei einem allfälligen Verzicht des Auftraggebers auf das Konkurrenzverbot dessen Auswirkungen auf die Erwerbsmöglichkeiten des Agenten etc. In BGE 95 II 153 will es dann aber den neu erzielten Verdienst oder einen zumutbaren, aber versäumten Ersatzverdienst vom Erwerbsausfall in Abzug bringen, mit dem Resultat, dass ein Agent, der durch seine neue (bzw. putative) Tätigkeit ein höheres Einkommen erzielt als das bisherige, in seinem wirtschaftlichen Fortkommen nicht als beeinträchtigt gilt und keinen Entschädigungsanspruch erheben kann. *In dieser allgemeinen Form kann dem nicht zugestimmt werden*. Zum einen darf m.E. für die Schadensberechnung beim Agenten nicht auf das effektive neue Einkommen abgestellt, sondern es muss von jenem Einkommen ausgegangen werden, das er bei Aufnahme einer konkurrierenden Tätigkeit hätte erzielen können, Tätigkeit, für die er Erfahrung mitbringt, die i.d.R. entsprechend honoriert wird. Zum andern ist die Aufrechnung eines versäumten Ersatzverdienstes jedenfalls dort fraglich, wo ein Agent, selbständiger Gewerbetreibender, oft mit entsprechender Infrastruktur, während dem Aufbau einer neuen Existenz keinen Ersatzverdienst erzielt.

8 Der **Agent ist beweispflichtig** für den durch das Konkurrenzverbot begründeten Anspruch bzw. seinen Schaden (BGE 95 II 155).

9 In der Lehre umstritten und vom BGer nicht entschieden ist die Frage des **kumulativen Anspruchs auf Karenzentschädigung** aus Konkurrenzverbot und **Kundschaftsentschädigung** nach Art. 418u (Kumulation **abl.** BK-Gautschi, N 6a; differenzierter Hofstetter, SPR VII/2, 187; sowie Baudenbacher, 92; bejahend Maier, 352, 372; Burnand, 103 ff.; Engel, contrats, 556; Honsell, OR BT, 371; Tercier/Favre, N 5754). Das obiter dictum in BGE 103 II 282 ist für die Entscheidung der Grundsatzfrage nicht aussagekräftig. Die Frage ist m.E. ausgehend von der divergierenden ratio legis beider Bestimmungen zu beantworten. Die Kundenentschädigung nach Art. 418u ist *Entgelt für den Vorteil, der dem Auftraggeber* durch die Weiternutzung des vom Agenten geworbenen Kundenstammes erwächst, Vorteil, den der Agent selbst künftig nicht mehr nutzen kann. Die *Karenzentschädigung soll den Verlust des Agenten decken*, der ihm künftig durch die Konkurrenzenthaltungspflicht entsteht. Soweit der *massgebliche Kundenstamm*, der den Vorteil des Auftraggebers wie auch den Verlust des Agenten begründet, deckungsgleich ist, ist eine Kumulation der Ansprüche abzulehnen. Soweit er nicht deckungsgleich ist, ist sie mit HOFSTETTER zu bejahen (die Kundschaftsentschädigung für während der Agentur geworbene Kunden basiert auf einem zeitlich und sachlich definierten Kriterium, das Konkurrenzverbot, oft regional und sektoriell definiert, kann weitergehend sein; vgl. auch ZK-BÜHLER, N 40 ff., der ebenfalls eine Kumulation der Ansprüche unter gewissen Voraussetzungen bejaht sowie TERCIER/FAVRE, N 5830). Detailliert analysiert MIRFAKHRAEI, 155 ff.

Art. 418*e*

C. Vertretungsbefugnis

[1] Der Agent gilt nur als ermächtigt, Geschäfte zu vermitteln, Mängelrügen und andere Erklärungen, durch die der Kunde sein Recht aus mangelhafter Leistung des Auftraggebers geltend macht oder sich vorbehält, entgegenzunehmen und die dem Auftraggeber zustehenden Rechte auf Sicherstellung des Beweises geltend zu machen.

[2] Dagegen gilt er nicht als ermächtigt, Zahlungen entgegenzunehmen, Zahlungsfristen zu gewähren oder sonstige Änderungen des Vertrages mit den Kunden zu vereinbaren.

[3] Die Artikel 34 und 44 Absatz 3 des Bundesgesetzes vom 2. April 1908 über den Versicherungsvertrag bleiben vorbehalten.

C. Pouvoir de représentation

[1] L'agent est présumé n'avoir que le droit de négocier des affaires, de recevoir les avis relatifs aux défauts de la chose et les autres déclarations par lesquelles les clients exercent ou réservent leurs droits en raison de la prestation défectueuse du mandant et d'exercer les droits de ce dernier pour assurer ses moyens de preuve.

[2] En revanche, l'agent n'est pas présumé avoir le droit d'accepter des paiements, d'accorder des délais de paiement ou de convenir avec les clients d'autres modifications du contrat.

[3] Les art. 34 et 44 al. 3 de la loi fédérale du 2 avril 1908 sur le contrat d'assurance sont réservés.

C. Facoltà di rappresentanza

[1] Si presume che l'agente è autorizzato solo a trattare affari, a ricevere gli avvisi relativi ai difetti della cosa e le altre dichiarazioni mediante le quali il cliente fa o si riserva di far valere il proprio diritto per prestazione difettosa da parte del mandante, nonché a far valere i diritti di quest'ultimo per garantire i suoi mezzi di prova.

[2] Per contro si presume che egli non è autorizzato a ricevere pagamenti, a concedere dilazioni di pagamento o a convenire con i clienti altre modificazioni del contratto.

[3] Sono riservati gli articoli 34 e 44 capoverso 3 della legge federale del 2 aprile 1908 sul contratto d'assicurazione.

Literatur

Vgl. die Literaturhinweise bei den Vorbem. zu Art. 418a–418v sowie zu Art. 418a.

I. Gesetzliche Vermutung der Vermittlungsagentur

Art. 418e Abs. 1 enthält die **gesetzliche Vermutung**, ein Agent sei nur zur **Vermittlung**, nicht zum Abschluss von Geschäften und damit *nicht zur direkten Stellvertretung* des Auftraggebers ermächtigt (zu Anscheinsvollmacht und Gutglaubensschutz im Agenturvertrag vgl. Art. 418a 1

N 8). Im Zweifel muss der Dritte, der sich gegen den Willen des Auftraggebers auf die Gültigkeit eines mit dem Agenten geschlossenen Vertrages berufen will, die gesetzliche Vermutung von Art. 418e Abs. 1 widerlegen. ZK-BÜHLER, N 12, geht davon aus, der Katalog der Befugnisse des Agenten in Art. 418e Abs. 1 sei abschliessend; ebenso TERCIER/FAVRE, N 5737.

II. Kompetenzen

2 Vermittlungsagent und Abschlussagent sind gleichermassen berechtigt, aber auch verpflichtet, **Rügen** und **andere Erklärungen** des Kunden betr. mangelhafter Leistungen oder Anfechtungserklärungen, Art. 31, entgegenzunehmen und dem Auftraggeber unverzüglich weiterzuleiten. Fristen gelten als gewahrt, wenn die entsprechende Erklärung rechtzeitig an den Agenten ergangen ist. Der Kunde kann Nichtigkeit, Anfechtbarkeit oder Ansprüche aus mangelhafter Leistung selbstverständlich auch direkt gegenüber dem Auftraggeber als Vertragspartei geltend machen (dazu MAIER, 367).

3 Ebenso sind Vermittlungsagent und Abschlussagent zur **Beweissicherung** und, je nach Ausgestaltung des Agenturverhältnisses, zur Vornahme weiterer Handlungen zum Schutze der Vertragsware ermächtigt und oft verpflichtet. Sie gelten von Gesetzes wegen als durch den Auftraggeber bevollmächtigt, für diesen bei privaten und öffentlichen Stellen die notwendigen Massnahmen vorzukehren oder zu beantragen, so bspw. vorsorgliche gerichtliche Anordnungen (BK-GAUTSCHI, N 4d).

4 Der Agent gilt **nicht als bevollmächtigt**, für den Auftraggeber das **Inkasso** vorzunehmen. Zahlung an den Agenten befreit den Kunden deshalb grundsätzlich nicht, es sei denn, der Agent habe einen ausdrücklichen Inkassoauftrag und Inkassovollmacht. Anscheinsvollmacht (vgl. Art. 418a N 8; DÜRR, 133 f.) genügt auch hier. Diesfalls hat er Anspruch auf eine besondere Inkassoprovision, Art. 418l Abs. 1 (Art. 418l; BK-GAUTSCHI, N 6a–6e).

5 **Ebensowenig darf der Agent Zahlungen stunden** oder sonstige **abweichende Konditionen**, Änderungen etwa von Formularverträgen, mit den Kunden vereinbaren. Trifft er dennoch solche Vereinbarungen, so muss sich auch der gutgläubige Dritte das gesetzliche Verbot von Art. 418e Abs. 2 entgegenhalten lassen, vorbehältlich widersprechender Anscheinsvollmacht (MAIER, 366 f.; BK-GAUTSCHI, N 5a; Art. 418a N 8).

6 Die Kompetenzen des **Versicherungsagenten** sind in Art. 34 und 44 Abs. 3 des BG über den Versicherungsvertrag teilweise abweichend geregelt (zum Versicherungsagenturvertrag vgl. die in Vor Art. 418a–v N 3 zitierte Literatur sowie etwa KÖNIG, SPR VII/2, 523; ZK-BÜHLER, N 2 ff.; DÜRR, 135 ff.; BGer, 11.6.2002, 4C.66/2002).

Art. 418*f*

D. Pflichten des Auftraggebers
I. Im Allgemeinen

[1] Der Auftraggeber hat alles zu tun, um dem Agenten die Ausübung einer erfolgreichen Tätigkeit zu ermöglichen. Er hat ihm insbesondere die nötigen Unterlagen zur Verfügung zu stellen.

[2] Er hat den Agenten unverzüglich zu benachrichtigen, wenn er voraussieht, dass Geschäfte nur in erheblich geringerem Umfange, als vereinbart oder nach den Umständen zu erwarten ist, abgeschlossen werden können oder sollen.

[3] Ist dem Agenten ein bestimmtes Gebiet oder ein bestimmter Kundenkreis zugewiesen, so ist er, soweit nicht schriftlich etwas anderes vereinbart wurde, unter Ausschluss anderer Personen beauftragt.

D. Obligations du mandant
I. En général

[1] Le mandant doit faire tout ce qu'il peut pour permettre à l'agent d'exercer son activité avec succès. En particulier, il doit mettre à sa disposition les documents nécessaires.

[2] Il est tenu de faire savoir sans délai à l'agent s'il prévoit que les affaires ne pourront ou ne devront être conclues que dans une mesure sensiblement moindre que celle qui avait été convenue ou que les circonstances permettaient d'attendre.

[3] Sauf convention écrite prévoyant le contraire, l'agent à qui est attribué une clientèle ou un rayon déterminé en a l'exclusivité.

D. Obblighi del mandante
I. In genere

[1] Il mandante deve fare ogni suo possibile per permettere all'agente di esercitare la sua attività con successo. In particolare, egli deve mettere a sua disposizione i documenti necessari.

[2] Egli deve avvertire senz'indugio l'agente se prevede che gli affari potranno o dovranno essere conchiusi solo in misura notevolmente minore di quella convenuta o che era da attendersi secondo le circostanze.

[3] Salvo convenzione contraria stipulata per iscritto, l'agente cui sono assegnati una clientela o un raggio d'attività determinati ne ha l'esclusiva.

Literatur

WIEGAND, Die privatrechtliche Rechtsprechung des BGer im Jahre 1996, ZBJV 134/1998, 197 ff.; vgl. die Literaturhinweise bei den Vorbem. zu Art. 418a–418v.

I. Allgemeine Interessenwahrungspflicht und Unterlagen

Entsprechend der Pflicht des Agenten, die Auftraggeberinteressen mit aller Sorgfalt zu wahren, Art. 418c Abs. 1, verpflichtet Art. 418f Abs. 1 den Auftraggeber «alles zu tun, um dem Agenten die Ausübung einer erfolgreichen Tätigkeit zu ermöglichen». Diese Formulierung geht missverständlich weit und darf nicht als Abkehr vom auftragsrechtlichen Grundsatz, wonach die Interessen des Beauftragten denen des Auftraggebers unterzuordnen sind, verstanden werden (HOFSTETTER, SPR VII/2, 181 f.; BK-GAUTSCHI, N 1b; Zusammenfassung aller Pflichten des Agenten bei MIRFAKHRAEI, 34 ff.). Im Dauerschuldverhältnis Agenturvertrag, im Gegensatz zum Auftrag, hat der **Auftraggeber jedoch gewisse positive Pflichten**, dem Agenten eine erfolgreiche Tätigkeit mit dessen Kundenpotenzial zu ermöglichen. Bei schuldhaftem Unterlassen der für den Agenten notwendigen Unterstützung wird der Auftraggeber dem Agenten entsprechend dem Erfüllungsinteresse ersatzpflichtig (BGE 122 III 71, wobei es sich um Erfüllung, nicht um Schadenersatz handelt, wie WIEGAND, ZBJV 1998, 222, kritisiert). Der Auftraggeber hat, auch im Interesse des Agenten, Kundenverträge regelmässig richtig zu erfüllen (dazu BGE 95 II 145 f.; 89 II 36). Er muss ihn informieren über betriebliche oder wirtschaftliche Entwicklungen, die sich auf die Agententätigkeit auswirken (BK-GAUTSCHI, N 1b, 4a). Der Vermittlungsagent ist betr. Annahme bzw. Ablehnung von Verträgen stets unterrichtet zu halten (BK-GAUTSCHI, N 4b), wobei der Auftraggeber die vom Vermittlungsagenten hereingebrachten Aufträge im Interesse einer erfolgreichen Tätigkeit des Agenten *nicht willkürlich ablehnen* darf (MAIER, 349). Der Auftraggeber hat zudem die negative Pflicht, Vorkehren *zu unterlassen*, die den Agenten an der *vertragsgemässen Tätigkeit hindern* könnten (BK-GAUTSCHI, N 2a–c). So haben sich von der gleichen Person wie der Auftraggeber beherrschte Gesellschaften einer konkurrierenden Tätigkeit im Rayon des Exklusivagenten zu enthalten (OGer BL, SJZ 1988, 420). 1

Der Auftraggeber hat dem Agenten die für die Ausübung seiner Tätigkeit **nötigen Unterlagen** zur Verfügung zu stellen. Nötig sind nach der Lehre die zur Vermittlung bzw. zum Abschluss *erforderlichen* Vertragsformulare, Preislisten, Geschäftsbedingungen, Gebrauchsanweisungen etc. wie auch die je nach Geschäftszweig und Konkurrenzverhältnissen *üblichen* Unterlagen wie Werbematerial, Warenmuster etc. Die Unterlagen werden dem Agenten vom Auftraggeber *unentgeltlich* zur Verfügung gestellt, *vorbehältlich ausdrücklicher anderweitiger Vereinbarung*, wonach die Kosten vom Agenten ganz oder teilweise übernommen werden (BK-GAUTSCHI, N 3d; BURNAND, 48). 2

3 Bei voraussehbarem erheblichem **Rückgang des Geschäftsvolumens** und damit des Provisionseinkommens hat der Auftraggeber den Agenten unverzüglich zu benachrichtigen, Art. 418f Abs. 2 (dazu BK-GAUTSCHI, N 4c; MAIER, 349; nach DÜRR, 145 kommen dabei Streik, Maschinenschäden, Lieferungslücken, Geschäftsaufgabe, Modeänderungen und dgl. in Betracht).

II. Exklusivitätsanspruch

4 Wenn dem Agenten ein bestimmtes Gebiet oder ein bestimmter Kundenkreis zur Bearbeitung zugewiesen ist (in der Praxis der Regelfall), so hat er, soweit dies nicht schriftlich wegbedungen ist, einen **Exklusivanspruch**, in jenem Gebiet bzw. Kreis für den Auftraggeber tätig zu sein, Art. 418f Abs. 3. Die Weiterführung des Vertrags mit einer bisherigen Agentur verletzt klar die Vertragspflichten gegenüber einem neuen Exklusivagenten (BGE 122 III 70). Die Zuweisung eines Bearbeitungsrayons kann ausdrücklich oder stillschweigend sein (DÜRR, 145 f.). *Direktabschlüsse* des Auftraggebers sind *grundsätzlich zulässig*, nach Art. 418g Abs. 2 jedoch *provisionspflichtig*, vorbehältlich anderweitiger schriftlicher Vereinbarung (Art. 418g N 4).

Art. 418g

II. Provision
1. Vermittlungs- und Abschlussprovision
a. Umfang und Entstehung

[1] Der Agent hat Anspruch auf die vereinbarte oder übliche Vermittlungs- oder Abschlussprovision für alle Geschäfte, die er während des Agenturverhältnisses vermittelt oder abgeschlossen hat, sowie, mangels gegenteiliger schriftlicher Abrede, für solche Geschäfte, die während des Agenturverhältnisses ohne seine Mitwirkung vom Auftraggeber abgeschlossen werden, sofern er den Dritten als Kunden für Geschäfte dieser Art geworben hat.

[2] Der Agent, dem ein bestimmtes Gebiet oder ein bestimmter Kundenkreis ausschliesslich zugewiesen ist, hat Anspruch auf die vereinbarte oder, mangels Abrede, auf die übliche Provision für alle Geschäfte, die mit Kunden dieses Gebietes oder Kundenkreises während des Agenturverhältnisses abgeschlossen werden.

[3] Soweit es nicht anders schriftlich vereinbart ist, entsteht der Anspruch auf die Provision, sobald das Geschäft mit dem Kunden rechtsgültig abgeschlossen ist.

II. Provision
1. Pour affaires négociées et conclues
a. Droit à la provision et étendue

[1] L'agent a droit à la provision convenue ou usuelle pour toutes les affaires qu'il a négociées ou conclues pendant la durée du contrat. Sauf convention écrite prévoyant le contraire il y a aussi droit pour les affaires conclues sans son concours par le mandant pendant la durée du contrat, mais avec des clients qu'il a procurés pour des affaires de ce genre.

[2] L'agent auquel a été attribuée l'exclusivité dans un rayon ou auprès d'une clientèle déterminée a droit à la provision convenue ou, à défaut de convention, à la provision usuelle pour toutes les affaires conclues pendant la durée du contrat avec des personnes de ce rayon ou de cette clientèle.

[3] Sauf convention écrite prévoyant le contraire, le droit à la provision naît dès que l'affaire a été valablement conclue avec le client.

II. Provvigione
1. Per affari trattati e conchiusi
a. Diritto alla provvigione e sua entità

[1] L'agente ha diritto alla provvigione convenuta od usuale per tutti gli affari che ha trattato o conchiuso durante il periodo di validità del contratto. Salvo convenzione contraria stipulata per iscritto, egli ha parimente diritto a detta provvigione per gli affari conchiusi senza il suo concorso dal mandante durante il periodo di validità del contratto, ma con clienti da lui procurati per affari del genere.

[2] L'agente cui è stata assegnata l'esclusiva in un raggio d'attività o presso una clientela determinata ha diritto alla provvigione convenuta o, in mancanza di convenzione, alla provvigione usuale per tutti gli affari conchiusi durante il periodo di validità del contratto con persone di questo raggio d'attività o di questa clientela.

[3] Salvo convenzione contraria stipulata per iscritto, il diritto alla provvigione nasce allorché l'affare è stato validamente conchiuso col cliente.

Literatur

Vgl. die Literaturhinweise bei den Vorbem. zu Art. 418a–418v.

I. Abschluss-, Vermittlungs-, Werbungsprovision

Die **Abschlussprovision** ist verdient, sobald der Agent **während des Agenturverhältnisses** einen rechtsgültigen Vertrag **abschliesst**. Die *Fälligkeit* richtet sich nach Art. 418i, bei Beendigung der Agentur nach Art. 418 t Abs. 2 und 3 (krit. zu Auseinanderfallen von Entstehung und Fälligkeit ZK-BÜHLER, N 24). Die *Entstehung* des Provisionsanspruchs kann statt auf den Zeitpunkt des Geschäftsabschlusses schriftlich auf einen späteren Zeitpunkt hin vereinbart werden, namentlich auf den Zeitpunkt des Eingangs der Kundenzahlung (ZR 1968, 145; ferner BGE 121 III 417; ZK-BÜHLER, N 25 ff.), wobei diesfalls die Provision entsprechend Art. 418h gleichwohl geschuldet ist, wenn die Zahlung aus vom Auftraggeber zu vertretendem Grund ausbleibt. Wenn ein Abschlussagent trotz entsprechender Vollmacht für ein bestimmtes Geschäft nicht selbst kontrahieren will, kann er es zum Abschluss an den Auftraggeber weiterleiten. Er wird diesbezüglich zum Vermittlungsagenten mit Provisionsberechtigung gem. Art. 418g Abs. 2 (dazu BK-GAUTSCHI, Art. 418g–k OR N 2i, 3a, 3c. Ausführliche Auseinandersetzung mit der Rsp. zum Provisionsanspruch bei MUSTAKI/WYLER, 46 ff.). 1

Die **Vermittlungsprovision** ist geschuldet auf allen Geschäften, die der Agent **während des Agenturverhältnisses vermittelt** hat, auch wenn das Geschäft *erst nach Vertragsbeendigung abgeschlossen* wurde. Für Nachbestellungen ist die Provisionsregelung in Art. 418 t (Art. 418 t N 1) geregelt. Der Provisionsanspruch entsteht mit Abschluss des Geschäfts, vorbehältlich anderweitiger schriftlicher Vereinbarung (vgl. N 1). Für die *Fälligkeit* gelten ebenfalls Art. 418i und 418 t Abs. 2 und 3. Als vermittelt gilt ein Geschäft, wenn der Agent den Kunden *bestimmt* oder zumindest *mitbestimmt* hat, den Vertrag abzuschliessen. Das BGer verlangt, wie beim Mäkler, einen *psychologischen Zusammenhang* zwischen den Bemühungen des Vermittlungsagenten und dem Entschluss des Kunden (wobei allein schon der psychologische Zusammenhang genügt, wie das BGer im Entscheid v. 3.2.2006, 4C.359/2005, E. 3.3. ausdrücklich bestätigt; BGE 84 II 549; BK-GAUTSCHI, Art. 418g–k OR N 2d verlangt grundsätzlich vom Vermittlungsagenten die Sorgfalt, den Vertragsschluss, soweit möglich, so vorzubereiten, dass der Auftraggeber nur noch zustimmen oder ablehnen muss. Nach DÜRR, 151 f., muss der Vermittlungsagent den Kunden «bearbeitet» und «Motive» für den Abschluss gesetzt haben. Auch ZK-BÜHLER, N 13, verlangt neben dem bloss psychologischen Zusammenhang wie beim Mäkler einen kausalen Zusammenhang zwischen der Tätigkeit des Agenten und dem Vertragsabschluss). 2

Hat der Agent keinen direkten Einfluss auf einen spezifischen Vertragsabschluss genommen, aber den Kunden generell für Geschäfte mit dem Auftraggeber interessiert (**geworben** nach dem Wortlaut des Gesetzes), so ist die Provision geschuldet, jedoch nur für Geschäfte, die vom Auftraggeber mit solchen Kunden **bis zur Beendigung des Agenturverhältnisses abgeschlossen** wurden. Der Gesetzgeber hat damit bewusst die Provisionsberechtigung für «bloss» geworbene Kunden gegenüber der Entschädigung für vermittelte Geschäfte eingeschränkt (missverständlich BK-GAUTSCHI, Art. 418g–k OR N 9a und Art. 418 t N 2d, der unter Zitierung von BGE 84 II 546 von geworbenen statt von vermittelten Direktgeschäften spricht). Der Kausalzusammenhang zwischen der Werbung und dem Abschluss wird vermutet, wenn der Agent beim Kunden eine geeignete Tätigkeit entfaltet hat (BK-GAUTSCHI, Art. 418g–k OR N 2d). Die Provisionsberechtigung des Agenten für bloss geworbene Kunden kann wegbedungen werden (BK-GAUTSCHI, Art. 418g–k OR N 2g, verlangt dafür Schriftlichkeit. ZK-BÜHLER, N 27, geht unter Berufung auf die Botschaft IPRG, 678, davon aus, Abweichungen von Art. 418g seien auch ohne Schriftform zulässig). 3

4 Der **Exklusivagent** hat einen Provisionsanspruch **auf jedem Geschäft**, das mit Kunden seines Vertragsgebietes oder Kreises, mit oder ohne seine Mitwirkung, während des Agenturverhältnisses abgeschlossen wurde (BGE 121 III 416; 76 II 50 = Pra 1950, 85; 121 III 416; ausführlich ZK-BÜHLER, N 18 ff.; keine analoge Anwendung auf Alleinvertriebsvertrag, BGer, 18.6.2004, 4C.130/2004, E. 2.3.). Der Provisionsanspruch besteht also auch bei Direktgeschäften des Auftraggebers in jenem Gebiet oder Kreis, die ohne Vermittlung oder Werbung des Agenten oder auf Vermittlung Dritter hin erfolgten. Der Provisionsanspruch aufgrund der Exklusivität erlischt jedoch bei Beendigung des Agenturverhältnisses. Hat aber der Exklusivagent ein Geschäft, das erst nach Beendigung des Agenturverhältnisses abgeschlossen wird, im Rahmen seiner Tätigkeit «aktiv» vermittelt, so hat er Anspruch auf eine Vermittlungsprovision gem. Art. 418g Abs. 2. Dieser *Anspruch geht gegenüber jenem eines allfälligen nachfolgenden Exklusivagenten für den betroffenen Rayon vor*; der Auftraggeber hat die Provision auch nicht etwa zweimal zu entrichten (so in einem differenzierten Entscheid das BGer, BGE 84 II 543). Die Provisionsberechtigung bei Direktgeschäften oder für vom Exklusivagenten bloss geworbene Kunden kann schriftlich wegbedungen, vermindert oder unter mehrere Berechtigte aufgeteilt werden (BK-GAUTSCHI, Art. 418g–k OR N 2g; ZK-BÜHLER, N 26). Selbstverständlich kann aber die Provision für vermittelte oder abgeschlossene Geschäfte nicht wegbedungen werden, sonst liegt kein Agenturvertrag vor (BGE 121 II 420).

II. Entstehung

5 Vorbehältlich abweichender schriftlicher Vereinbarung (N 1) **entsteht** der Provisionsanspruch **mit Abschluss des Vertrages**, wobei der Vertrag rechtsgültig sein muss, er darf also weder nichtig noch anfechtbar sein (BK-GAUTSCHI, Art. 418g–k OR N 2; ferner RVJ 1987, 250). In BGE 90 III 113 und 121 III 414 stellt das BGer klar, dass eine schriftliche Vereinbarung, die bloss Abrechnung und Fälligkeit der Provision regelt, nicht auch auf die Entstehung bezogen werden kann.

III. Höhe der Provision

6 Die **Höhe** der Provision kann durch Vereinbarung oder Übung bestimmt sein. Vereinbarung, schriftlich oder mündlich, ist die Regel. Die Vereinbarung geht der Übung vor. Der Auftraggeber kann ohne weiteres mit verschiedenen Agenten verschiedene Provisionssätze aushandeln. Fehlt eine Vereinbarung, können zur Bestimmung der Übung etwa Verbandstarife (MAIER, 356) oder generell Branchenvergleiche beigezogen werden. Ist keine Übung erkennbar, ist die Provision angemessen festzulegen (MAIER, 357). Wo allenfalls für einen Agenten bei verschiedener Tätigkeit abgestufte Provisionssätze zur Anwendung kommen, bspw. bei bloss geworbenen Kunden, bei Direktabschlüssen, bei Provisionsanspruch einzig aufgrund der Exklusivagentur, d.h. in Fällen, wo der Anspruch überhaupt wegbedungen werden kann, verlangt GAUTSCHI Schriftlichkeit auch für die Vereinbarung niedrigerer Provisionssätze (BK-GAUTSCHI, Art. 418g–k OR N 11b).

7 Die Provision besteht i.d.R. in einer Umsatzperzentuale, wobei als Berechnungsbasis je nach Handelsübung der **Bruttopreis** für ein Geschäft oder aber ein **Nettobetrag**, d.h. nach Abzug allfälliger Transportkosten, Rabatte und Skonti, in Anschlag gebracht werden muss (dazu BK-GAUTSCHI, Art. 418g–k OR N 11e, 12a–d; MAIER, 357; DÜRR, 150). Bei einem als «freien» Agenten tätigen, aber als sozialversicherungsrechtlich unselbständig eingestuften Vertreter ist die vertragliche Vereinbarung einer Nettoprovision (d.h. abzüglich Sozialabzüge) zulässig (BGE 127 III 453). Zulässig ist die Vereinbarung einer Mindestprovision oder eines Fixums verbunden mit Provision (MAIER, 354; BURNAND, 20, 52), einer Stückprovision etc. (DÜRR, 150). Ob die Entschädigung nur in Form eines Fixums zulässig sei wie MAIER, a.a.O., annimmt, ist, da für den Agenturvertrag völlig atypisch, fraglich.

Art. 418*h*

b. Dahinfallen

[1] Der Anspruch des Agenten auf Provision fällt nachträglich insoweit dahin, als die Ausführung eines abgeschlossenen Geschäftes aus einem vom Auftraggeber nicht zu vertretenden Grunde unterbleibt.

[2] Er fällt hingegen gänzlich dahin, wenn die Gegenleistung für die vom Auftraggeber bereits erbrachten Leistungen ganz oder zu einem so grossen Teil unterbleibt, dass dem Auftraggeber die Bezahlung einer Provision nicht zugemutet werden kann.

b. Extinction du droit à la provision

[1] L'agent perd son droit à la provision dans la mesure où l'exécution d'une affaire conclue est empêchée par une cause non imputable au mandant.

[2] Ce droit s'éteint en revanche si la contre-prestation correspondant à la prestation déjà effectuée par le mandant n'est pas accomplie ou l'est si peu que le paiement d'une provision ne saurait être exigé du mandant.

b. Estinzione del diritto alla provvigione

[1] L'agente perde il diritto alla provvigione nella misura in cui l'esecuzione di un affare conchiuso è impedita da una causa non imputabile al mandante.

[2] Detto diritto si estingue invece integralmente se la controprestazione corrispondente alla prestazione già eseguita dal mandante non è fornita o lo è in misura tanto esigua da non potersi pretendere che il mandante paghi una provvigione.

Literatur

Vgl. die Literaturhinweise bei den Vorbem. zu Art. 418a–418v.

Dahinfallen des Provisionsanspruchs

In dem Umfang, in dem der Vertragsvollzug **aus vom Auftraggeber nicht zu vertretendem Grund unterbleibt**, also wenn der Kunde, der Agent oder äussere Umstände die ordentliche Erfüllung beeinträchtigen oder verhindern, *fällt der Provisionsanspruch* nachträglich *teilweise* – etwa beim Sukzessivlieferungsvertrag – *oder ganz* dahin. Dagegen besteht der Provisionsanspruch, wenn der Vollzug aus vom Auftraggeber zu vertretendem Grund unterbleibt. *Nicht gefordert ist dabei ein Verschulden des Auftraggebers,* so bspw. bei Produktionseinstellung oder -umstellung etc. (BK-Gautschi, Art. 418g–k OR N 13c; Dürr, 159; Bsp. bei ZK-Bühler, N 9 ff.). Unterbleibt seitens des Kunden ganz oder teilweise die Kaufpreiszahlung, so ist die Provision dann geschuldet und kann verrechnet werden, wenn der Agent das Delcredere übernommen hat (vgl. 418c N 6–8). Zu den Bemessungskriterien betr. Reduktion bzw. Dahinfallen des Provisionsanspruchs, soweit die Ausführung des Geschäfts unterbleibt, vgl. BK-Gautschi, Art. 418g–k OR N 14a–c. Vgl. auch AppH BE ZBJV 1961, 106. 1

Gänzlich entfällt der Provisionsanspruch des Agenten, wenn die **Gegenleistung** des Kunden für vom Auftraggeber bereits erbrachte Leistungen **ganz oder in erheblichem Ausmass ausbleibt** (d.h. in einem Umfang, der den Auftraggeber ohne Gewinn, ggf. mit Verlust arbeiten lässt, vorbehältlich Delcredere, 418c N 6–8). Der Auftraggeber muss den Kunden nicht ausklagen oder die Zwangsvollstreckung zum Abschluss bringen (BK-Gautschi, Art. 418g–k OR N 13d; ferner RVJ 1987, 250 f.); doch soll die Uneinbringlichkeit «hinreichend feststehen» (Dürr, 162). 2

Der Provisionsanspruch ist ebenfalls verwirkt, wenn der Agent **entgegen den Interessen des Auftraggebers** oder treuwidrig gehandelt hat (vgl. aber OGer LU, LGVE 1982 I 9, 22, bei Weigerung des Agenten, Kundenkarteien herauszugeben). Dabei ist Art. 415 analog auf den Vermittlungsagenten, Art. 433 auf den Abschlussagenten anzuwenden (s. Verweisung in Art. 418b Abs. 1). 3

Art. 418*i*

c. Fälligkeit

Soweit nicht etwas anderes vereinbart oder üblich ist, wird die Provision auf das Ende des Kalenderhalbjahres, in dem das Geschäft abgeschlossen wurde, im Versicherungsgeschäft jedoch nach Massgabe der Bezahlung der ersten Jahresprämie fällig.

c. Exigibilité de la provision

La provision est exigible, sauf convention ou usage contraire, pour la fin du semestre de l'année civile dans lequel l'affaire a été conclue; en matière d'assurances, elle n'est toutefois exigible que dans la mesure où la première prime annuelle a été payée.

c. Esigibilità della provvigione

La provvigione è esigibile, salvo patto od uso contrario, per la fine del semestre dell'anno civile in cui l'affare è stato conchiuso; in materia d'assicurazioni essa è tuttavia esigibile solamente nella misura in cui il primo premio annuale è stato pagato.

Literatur

Vgl. die Literaturhinweise bei den Vorbem. zu Art. 418a–418v.

Fälligkeit bei fortdauernder Agentur

1 **Während der Dauer des Agenturvertrages** werden grundsätzlich alle Provisionen des Agenten für abgeschlossene, vermittelte und geworbene Geschäfte **auf das Ende des Kalenderhalbjahres fällig**, in welchem das Geschäft abgeschlossen bzw. bei bedingten Geschäften rechtswirksam wurde. Von diesem Grundsatz kann *durch Vereinbarung abgewichen* werden. Denkbar wären etwa monatliche Provisionsvorschüsse, die zu den eigentlichen Fälligkeitsterminen verrechnet werden (MAIER, 356). Für die Vereinbarung eines von Art. 418i abweichenden Fälligkeitstermins – anders als für die Entstehung des Provisionsanspruchs, Art. 418g N 2 – ist keine Form vorgesehen. Sie kann schriftlich, mündlich, durch stillschweigende Praxis zwischen den Parteien oder ggf. nach Handelsübung getroffen werden (BK-GAUTSCHI, Art. 418g–k OR N 8a–c; BGE 121 III 414). Die Fälligkeit der Delcredereprovision, Art. 418c Abs. 3, und der Inkassoprovision, Art. 418 l, ist i.d.R. in der schriftlichen Vereinbarung betr. Übernahme von Inkasso und Delcredere geregelt. Fehlt diese Regelung, ist, vorbehältlich der Verrechnung bei der Inkassoprovision, von der gleichzeitigen Fälligkeit mit den Provisionsansprüchen gem. Art. 418g auszugehen (**a.M.** DÜRR, 164). Für die Versicherungsagentur gilt abweichend Fälligkeit mit Bezahlung der ersten Jahresprämie. Provisionsansprüche über die periodisch abgerechnet wird, verjähren innert fünf Jahren ab Fälligkeit, Art. 128 Ziff. 1. Nach Verjährung können sie entsprechend Art. 140 geltend gemacht werden, sofern der Agent vom Retentionsrecht Gebrauch gemacht hat.

Art. 418*k*

d. Abrechnung

[1] Ist der Agent nicht durch schriftliche Abrede zur Aufstellung einer Provisionsabrechnung verpflichtet, so hat ihm der Auftraggeber auf jeden Fälligkeitstermin eine schriftliche Abrechnung unter Angabe der provisionspflichtigen Geschäfte zu übergeben.

[2] Auf Verlangen ist dem Agenten Einsicht in die für die Abrechnung massgebenden Bücher und Belege zu gewähren. Auf dieses Recht kann der Agent nicht zum voraus verzichten.

d. Relevé de compte

[1] Si l'agent n'est pas tenu par convention écrite de présenter un relevé de ses provisions, le mandant doit lui remettre un relevé de compte à chaque échéance en indiquant les affaires donnant droit à une provision.

[2] L'agent a le droit de consulter les livres et les pièces justificatives correspondants. Il ne peut pas renoncer d'avance à ce droit.

d. Rendiconto

[1] Se l'agente non è tenuto da una convenzione scritta a presentare il conto delle sue provvigioni, il mandante deve consegnargli, ad ogni scadenza, un estratto di conto nel quale sono indicati gli affari che danno diritto ad una provvigione.

[2] L'agente può chiedere di esaminare i libri e i documenti che giustificano l'estratto di conto. Egli non può rinunciare preventivamente a questo diritto.

Abrechnungspflicht und Akteneinsicht

1 Grundsätzlich ist der **Auftraggeber verpflichtet**, den Abschluss- wie auch den Vermittlungsagenten über die provisionspflichtigen, abgeschlossenen Geschäfte sowie über dahingefallene Provisionsansprüche nach Art. 418h **zu informieren** (SOG 1984–4, 10; SJ 1976, 97 ff.; SJZ 1967, 191). Er hat dem Agenten auf jeden Fälligkeitstermin eine schriftliche Abrechnung mit detaillierter Aufstellung über sämtliche provisionspflichtigen Geschäfte vorzulegen. Die Pflicht zur Erstellung der Abrechnung *kann schriftlich dem Agenten überbunden* werden. Dies sollte jedoch, nachdem der Agent nur unvollständig informiert ist über den Abschluss mit vermittelten oder geworbenen Kunden, Direktabschlüsse oder hinfällig gewordene Provisionen, mit einer entsprechenden Informationspflicht des Auftraggebers verbunden werden. Die *Abrechnung gilt als genehmigt*, wenn sie von der andern Vertragspartei *nicht innert angemessener Frist beanstandet wird* (BGE 95 II 147; ZR 1968, 142).

2 Die Abrechnung soll auf die für deren Beurteilung notwendigen Belege hinweisen, muss diese aber nicht miteinschliessen. Dem Agenten muss jedoch **auf Verlangen Einsicht** in die **massgeblichen Bücher, Belege** und, soweit notwendig, in die Buchhaltung gewährt werden (BK-Gautschi, 418g–k N 10). Auf dieses Einsichtsrecht kann der Agent nicht zum Voraus, sondern nur mit Bezug auf einzelne Abrechnungen verzichten. Die Verletzung der Abrechnungspflicht kann zwar Schadenersatzansprüche oder Zwangsvollstreckungsmassnahmen nach sich ziehen (Art. 418k N 5), führt aber nach BGer, 11.1.2013, 4A_92/2013, E. 7 nicht direkt zur Gutheissung der vom Agenten bloss behaupteten Provisionsansprüche. Ebenso BGer, 26.5.2011, 4A_433/2011 zur Beweisfrage betreffend Abrechnungspflicht des Auftraggebers.

3 Die Abrechnungspflicht besteht naturgemäss über die **Dauer des Agenturverhältnisses hinaus**, wenn Provisionsansprüche aus Vermittlung, Art. 418g Abs. 1, oder gemäss schriftlicher Vereinbarung, Art. 418 t Abs. 3, später fällig werden.

Art. 418*l*

2. Inkassoprovision

[1] **Soweit nicht etwas anderes vereinbart oder üblich ist, hat der Agent Anspruch auf eine Inkassoprovision für die von ihm auftragsgemäss eingezogenen und abgelieferten Beträge.**

[2] **Mit Beendigung des Agenturverhältnisses fallen die Inkassoberechtigung des Agenten und sein Anspruch auf weitere Inkassoprovisionen dahin.**

2. Provision d'encaissement

[1] Sauf convention ou usage contraire, l'agent a droit à une provision d'encaissement sur les sommes qu'il a encaissées en vertu d'un ordre du mandant et qu'il lui a remises.

[2] A la fin du contrat, l'agent perd tout pouvoir d'encaissement et son droit à des provisions d'encaissement ultérieures s'éteint.

2. Provvigione d'incasso

[1] Salvo patto od uso contrario, l'agente ha diritto ad una provvigione d'incasso sulle somme che egli ha riscosso per ordine del mandante e che gli ha consegnato.

[2] Con la cessazione del contratto l'agente perde ogni facoltà di riscossione e il suo diritto a ulteriori provvigioni d'incasso diventa caduco.

Literatur

Vgl. die Literaturhinweise bei den Vorbem. zu Art. 418a–418v.

I. Voraussetzung des Inkassoauftrags

1 Gemäss Art. 418e Abs. 2 gelten weder Abschluss- noch Vermittlungsagenten als ermächtigt, für den Auftraggeber das Inkasso vorzunehmen. Dazu ist zusätzlich ein **ausdrücklicher Inkassoauftrag** und eine Inkassovollmacht notwendig (Art. 418e N 4). Inkassoauftrag und -vollmacht begründen neben dem Agenturvertrag ein unabhängiges Auftragsverhältnis. So handelt bspw. das Reisebüro, das Transportverträge für Fluggesellschaften abschliesst, in dieser Funktion als direkter Stellvertreter, kann aber den Inkassoauftrag als indirekter Stellvertreter übernehmen (BGE 108 II 120).

2 Nur bei **auftragsgemässer** Ausführung, also entsprechend Auftrag und Vollmacht und wenn dafür zudem eine zusätzliche Entschädigung vereinbart oder üblich ist, ist eine *Provision für das Inkasso geschuldet*. Häufig sind Inkassoprovisionen jedoch bereits in der *Vermittlungs- oder Abschlussprovision miteingeschlossen*. Ein Indiz dafür ist die überdurchschnittliche Höhe dieser Provision (BK-Gautschi, N 1; Maier, 359).

II. Beendigung des Inkassoauftrags

3 Inkassoauftrag und -vollmacht können vom Auftraggeber unabhängig vom Bestand des Agenturverhältnisses **jederzeit widerrufen** werden, in Anwendung der allgemeinen Bestimmungen über die Stellvertretung bzw. Handlungsvollmacht, Art. 34, 465, und des einfachen Auftrags, Art. 404 (dazu auch Dürr, 167). Ohne gegenteilige Vereinbarung fallen Inkassoauftrag und -vollmacht mit Beendigung des Agenturverhältnisses dahin (BK-Gautschi, N 2a–b; Dürr, 169 f.; ZK-Bühler, N 6 f.).

Art. 418*m*

III. Verhinderung an der Tätigkeit

[1] Der Auftraggeber hat dem Agenten eine angemessene Entschädigung zu bezahlen, wenn er ihn durch Verletzung seiner gesetzlichen oder vertraglichen Pflichten schuldhaft daran verhindert, die Provision in dem vereinbarten oder nach den Umständen zu erwartenden Umfange zu verdienen. Eine gegenteilige Abrede ist ungültig.

[2] Wird ein Agent, der für keinen andern Auftraggeber gleichzeitig tätig sein darf, durch Krankheit, schweizerischen obligatorischen Militärdienst oder ähnliche Gründe ohne sein Verschulden an seiner Tätigkeit verhindert, so hat er für verhältnismässig kurze Zeit Anspruch auf eine angemessene Entschädigung nach Massgabe des eingetretenen Verdienstausfalles, sofern das Agenturverhältnis mindestens ein Jahr gedauert hat. Auf dieses Recht kann der Agent nicht zum voraus verzichten.

III. Empêchement de travailler

[1] Lorsque le mandant, en violant ses obligations légales ou contractuelles, a empêché par sa faute l'agent de gagner la provision convenue ou à laquelle celui-ci pouvait s'attendre raisonnablement, il est tenu de lui payer une indemnité équitable. Toute convention contraire est nulle.

[2] L'agent qui ne peut travailler que pour un seul mandant et qui est empêché de travailler, sans sa faute, pour cause de maladie, de service militaire obligatoire en vertu de la législation fédérale ou pour telle cause analogue, a droit pour un temps relativement court, si le contrat dure depuis un an au moins, à une rémunération équitable en rapport avec la perte de gain qu'il a subie. L'agent ne peut pas renoncer d'avance à ce droit.

III. Impedimento di lavorare

[1] Se, violando i suoi obblighi legali o contrattuali, il mandante ha, con sua colpa, impedito all'agente di guadagnare la provvigione nella misura convenuta o in quella che poteva ragionevolmente attendersi secondo le circostanze, egli è tenuto a pagargli un'indennità adeguata. Ogni convenzione contraria è nulla.

[2] L'agente che può lavorare solamente per un unico mandante e che è impedito, senza sua colpa, di prestare i suoi servigi per malattia, per servizio militare sviz-

zero obbligatorio o per altri simili motivi, ha diritto per un tempo relativamente breve, se il contratto dura da almeno un anno, a un'equa rimunerazione adeguata alla perdita di guadagno subìta. L'agente non può rinunciare preventivamente a questo diritto.

Literatur

Vgl. die Literaturhinweise bei den Vorbem. zu Art. 418a–418v.

I. Ersatzanspruch durch Pflichtverletzung des Auftraggebers

Eine schuldhafte Verletzung der in Art. 418f bzw. im Vertrag vorgesehenen Pflichten, eine erfolgreiche Tätigkeit des Agenten zu fördern (dazu Art. 418f N 1), macht den Auftraggeber **ersatzpflichtig** für dem Agenten **entgangenen Gewinn** (BGE 122 III 66; BGer, 9.4.2003, 4C.58/2002). Das Gesetz spricht von «angemessener Entschädigung», was nur vollen Schadenersatz bedeuten kann (so Hofstetter, SPR VII/2, 182; BGE 122 III 72; ZK-Bühler, N 7; Tercier/Favre, N 5802; **a.M.** offenbar Dürr, 174). Der entgangene Gewinn errechnet sich nach der vereinbarten oder zu erwartenden Provision, wobei ggf. ersparte Aufwendungen des Agenten in Anrechnung zu bringen sind (Maier, 364). Ein Vorausverzicht des Agenten auf Schadenersatz ist unzulässig. Der Agent kann jedoch auf die Geltendmachung eines Ersatzanspruchs verzichten. Stillschweigender Verzicht wird angenommen, wenn er nach Kenntnis des Schadensfalles Provisionsabrechnungen, die den Schadenersatz unberücksichtigt lassen, vorbehaltlos genehmigt (BGE 95 II 146, wo Lieferverzug/Nichterfüllung des Auftraggebers zu erheblichen Provisionseinbussen führten; BK-Gautschi, N 1a–b). 1

II. Erwerbsausfallsentschädigung

Der Agent, der sich gem. Art. 418c Abs. 2 vertraglich verpflichtet hat, nur für einen Auftraggeber tätig zu sein **(Einfirmenagent)**, hat bei **unverschuldeter Arbeitsverhinderung** «für verhältnismässig kurze Zeit» Anspruch auf eine angemessene Erwerbsausfallsentschädigung, entsprechend dem Arbeitnehmer, Art. 324a. Nach ZK-Bühler, N 15, sind beim Agenten weniger strenge Anforderungen an die Annahme eines rechtswirksamen Verschuldens, im Gegensatz zum Arbeitsvertragsrecht, angemessen. Der Anspruch besteht nur, wenn das Arbeitsverhältnis mindestens ein Jahr gedauert hat. Für die Angemessenheit der Entschädigung gelten die Kriterien von Art. 324a Abs. 1, wobei der Umfang des Erwerbsausfalls (unter Anrechnung bspw. von Versicherungsleistungen, Kosteneinsparungen etc.) geschätzt werden muss. Zu berücksichtigen sind ebenfalls Provisionen aus Direktabschlüssen, die dem Agenten auch bei Arbeitsverhinderung verbleiben. Die angemessene Dauer der Entschädigung richtet sich nach den für Art. 324 Abs. 2 entwickelten Grundsätzen (**a.M.** ZK-Bühler, N 23, m.V. auf BGE 84 II 30 f.). Eine nur kurzfristige Verhinderung an der Tätigkeit berechtigt den Agenten als selbständigen Gewerbetreibenden mit eigenem Unternehmerrisiko nicht zur Erwerbsausfallsentschädigung (Maier, 365). 2

Gautschi, der die Zweckmässigkeit von Art. 418m Abs. 2 überhaupt in Frage stellt (BK-Gautschi, N 2a–d; ebenso Dürr, 176 ff.), *lehnt die Erwerbsausfallsentschädigung für von juristischen Personen geführte Agenturen kategorisch ab* (BK-Gautschi, N 2b). Diese Auslegung entspricht zwar dem Wortlaut der Bestimmung, die auf die Arbeitsverhinderung natürlicher Personen zugeschnitten ist. Ob aber bspw. für den Geschäftsführer einer als Einmanngesellschaft geführten juristischen Person ein derartiger Anspruch grundsätzlich verneint werden darf, wie dies auch Maier, 365, tut, ist zumindest fraglich (so auch ZK-Bühler, N 12). 3

Der **Vorausverzicht** des Einfirmenagenten auf die Erwerbsausfallsentschädigung ist *ungültig*. 4

Art. 418*n*

IV. Kosten und Auslagen

[1] Soweit nicht etwas anderes vereinbart oder üblich ist, hat der Agent keinen Anspruch auf Ersatz für die im regelmässigen Betrieb seines Geschäftes entstandenen Kosten und Auslagen, wohl aber für solche, die er auf besondere Weisung des Auftraggebers oder als dessen Geschäftsführer ohne Auftrag auf sich genommen hat, wie Auslagen für Frachten und Zölle.

[2] Die Ersatzpflicht ist vom Zustandekommen des Rechtsgeschäftes unabhängig.

IV. Frais et débours

[1] Sauf convention ou usage contraire, l'agent n'a pas droit au remboursement des frais et débours résultant de l'exercice normal de son activité, mais bien de ceux qu'il a assumés en vertu d'instructions spéciales du mandant ou en sa qualité de gérant de ce dernier, tels que les frais de transport et de douane.

[2] Le rembousememt des frais et débours est dû même si l'affaire n'aboutit pas.

IV. Spese e sborsi

[1] Salvo patto od uso contrario, l'agente non può pretendere la rifusione delle spese e degli sborsi, risultanti dall'esercizio normale della sua attività, ma invece di quelli assunti in forza di speciali istruzioni del mandante o quale gestore senza mandato di quest'ultimo, come spese di trasporto e di dogana.

[2] La rifusione delle spese e degli sborsi è dovuta anche se l'affare non è stato conchiuso.

Literatur

Vgl. die Literaturhinweise bei den Vorbem. zu Art. 418a–418v.

Ausserordentliche Kosten und Auslagen

1 Grundsätzlich trägt der Agent die Kosten für die im **regelmässigen Betrieb** seines Geschäfts entstehenden Auslagen *selbst* – es ist dies ein Wesensmerkmal der Agentur (BK-Gautschi, N 1a–b; BGer, 21.3.2012, 4A_267/2012, E. 3). *Üblich*, wie in Art. 418n Abs. 1 stipuliert, ist die Kostenübernahme durch den Auftraggeber *selten*. Eine entsprechende *Vereinbarung* kann sogar Indiz dafür sein, dass nicht ein Agenturverhältnis, sondern ein anderer Vertrag auf Arbeitsleistung vorliegt (BGE 104 II 114).

2 **Ausserordentliche Kosten** und Auslagen, die dem Agenten in Ausführung besonderer Weisungen des Auftraggebers erwachsen, sind ihm in Anlehnung an die auftragsrechtliche Regelung von Art. 402 Abs. 1 (bei Geschäftsbesorgung ohne Auftrag im Interesse des Geschäftsherrn in Anwendung von Art. 422 Abs. 1) **zu erstatten**. Ausdrücklich fallen darunter Frachten und Zölle, aber auch Aufwendungen des Agenten zur Beweissicherung und zum Schutze der Vertragsware, Art. 418e Abs. 1 (Art. 418e N 3), sowie bspw. im Auftrag des Auftraggebers angefallene Kosten von Marktanalysen, allgemeiner Werbung (Maier, 360) oder ausserordentliche Reisen, etwa zum Auftraggeber (Dürr, 184). Der Agent hat besondere Auslagen und seine Anspruchsberechtigung zu beweisen (BK-Gautschi, N 2e).

3 Die Ersatzpflicht ist, im Gesetz missverständlich redigiert, vom «Zustandekommen des Rechtsgeschäftes unabhängig». Entsprechend Art. 402 Abs. 1 für den Auftrag ist nach Art. 418n Abs. 2 Auslagenersatz **unabhängig vom Erfolg der Auftragsausführung** oder Geschäftsführung durch den Agenten geschuldet (BK-Gautschi, N 2c; Hofstetter, SPR VII/2, 184; ZK-Bühler, N 3).

Art. 418*o*

V. Retentionsrecht

[1] Zur Sicherung der fälligen Ansprüche aus dem Agenturverhältnis, bei Zahlungsunfähigkeit des Auftraggebers auch der nicht fälligen Ansprüche, hat der Agent an den beweglichen Sachen und Wertpapieren, die er auf Grund des Agenturverhältnisses besitzt, sowie an den kraft einer Inkassovollmacht entgegengenommenen Zahlungen Dritter ein Retentionsrecht, auf das er nicht zum voraus verzichten kann.

[2] An Preistarifen und Kundenverzeichnissen kann das Retentionsrecht nicht ausgeübt werden.

V. Droit de rétention

[1] En garantie des créances exigibles qui découlent du contrat, l'agent a sur les choses mobilières et les papiers-valeurs qu'il détient en vertu du contrat, ainsi que sur les sommes qui lui ont été versées par des clients en vertu de son pouvoir d'encaissement, un droit de rétention auquel il ne peut pas renoncer d'avance; lorsque le mandant est insolvable, l'agent peut exercer ce droit même pour la garantie d'une créance non exigible.

[2] Le droit de rétention ne peut pas être exercé sur les tarifs et les listes de clients.

V. Diritto di ritenzione

[1] A garanzia dei crediti esigibili derivanti dal contratto, l'agente ha sulle cose mobili e i titoli di credito (cartevalori) che detiene in forza del contratto, come pure sulle somme che gli sono state versate dai clienti in virtù della sua facoltà di riscossione, un diritto di ritenzione al quale non può rinunciare preventivamente; in caso d'insolvenza del mandante, l'agente può esercitare questo diritto anche a garanzia d'un credito non esigibile.

[2] Il diritto di ritenzione non può essere esercitato sulle tariffe e sulle liste dei clienti.

Literatur

Vgl. die Literaturhinweise bei den Vorbem. zu Art. 418a–418v.

Retentionsrecht. Verrechnungsrecht

Art. 418o soll dem Agenten die **Sicherstellung fälliger Ansprüche** oder bei Zahlungsunfähigkeit des Auftraggebers – soweit nicht durch Konkurs bereits fällig geworden – auch nicht fälliger Ansprüche ermöglichen. Die Sicherstellung erfasst alle Provisionsansprüche, Auslagenersatz, Kundschafts- und Konkurrenzverbotsentschädigungen sowie Schadenersatzforderungen. Der Agent kann auf die Sicherstellung *nicht zum Voraus verzichten*. 1

Zur Sicherung seiner Ansprüche hat der Agent vorab die aufgrund einer Inkassovollmacht an ihn **geleisteten Zahlungen** zu verwenden, sie also gem. Art. 120 zu verrechnen (**a.M.** DÜRR, der die Verrechnungsmöglichkeit verneint, da damit auch verjährte Provisionsansprüche noch befriedigt werden könnten – und das Gesetz diese «Machenschaft verhindern will». Diese unwahrscheinliche Gesetzesauslegung ist abzulehnen). Erst in zweiter Linie ist das **dingliche Retentionsrecht** an beweglichen Sachen und Wertpapieren nach Massgabe von Art. 895 ff. ZGB auszuüben. Das Retentionsrecht besteht nur in dem Umfang, der eine *hinreichende Sicherheit* des Agenten für fällige, noch nicht getilgte bzw. verrechnete Ansprüche gewährleistet (BK-GAUTSCHI, N 3b; BUCHER, BT, 244). Auch für *vom Auftraggeber bestrittene* Ansprüche gilt das Retentionsrecht (BGer, SJ 1984, 24). Es kann *nicht ausgeübt werden an nicht verwertbaren Gegenständen* und ist deshalb für Preistarife und Kundenlisten ausdrücklich ausgeschlossen (BK-GAUTSCHI, Art. 418v OR N 1c, lehnt zu Recht auch ein Retentionsrecht an auf den Agenten übertragenen Immaterialgüterrechten – es sind keine beweglichen Sachen nach dem Wortlaut des Gesetzes – ab). Das Retentionsrecht kann wie ein Faustpfand gem. Art. 898 Abs. 1 ZGB verwertet werden. 2

Das *Retentionsrecht erlischt*, wenn der Auftraggeber für die Forderungen des Agenten vollumfänglich **Sicherheit leistet**. Es genügt dagegen nicht, dass er die Sicherstellung bloss offeriert (BGer, SJ 1984, 24). 3

Art. 418p

E. Beendigung
I. Zeitablauf

[1] Ist der Agenturvertrag auf eine bestimmte Zeit abgeschlossen, oder geht eine solche aus seinem Zweck hervor, so endigt er ohne Kündigung mit dem Ablauf dieser Zeit.

[2] Wird ein auf eine bestimmte Zeit abgeschlossenes Agenturverhältnis nach Ablauf dieser Zeit für beide Teile stillschweigend fortgesetzt, so gilt der Vertrag als für die gleiche Zeit erneuert, jedoch höchstens für ein Jahr.

[3] Hat der Auflösung des Vertrages eine Kündigung vorauszugehen, so gilt ihre beiderseitige Unterlassung als Erneuerung des Vertrages.

E. Fin du contrat
I. Expiration du temps

[1] Le contrat d'agence fait pour une durée déterminée ou dont la durée résulte de son but prend fin à l'expiration du temps prévu, sans qu'il soit nécessaire de donner congé.

[2] Si le contrat fait pour une durée déterminée est tacitement prolongé de part et d'autre, il est réputé renouvelé pour le même temps, mais pour une année au plus.

[3] Lorsque la résiliation est subordonnée a un congé préalable, le contrat est réputé renouvelé si aucune des parties n'a donné congé.

E. Fine del contratto
I. Decorrenza del termine

[1] Il contratto d'agenzia, conchiuso per un tempo determinato o la cui durata risulti dal suo scopo, cessa senza disdetta con lo spirare del tempo previsto.

[2] Se il contratto conchiuso a tempo determinato è stato continuato tacitamente da ambo le parti, si intende rinnovato per la stessa durata, ma non oltre un anno.

[3] Se lo scioglimento del contratto deve essere preceduto da disdetta, la omissione di questa, da ambo le parti, vale come rinnovazione del contratto.

Literatur

Vgl. die Literaturhinweise bei den Vorbem. zu Art. 418a–418v.

I. Beendigung des befristeten Agenturverhältnisses

1 Ein **befristetes Agenturverhältnis** endigt grundsätzlich **ohne Kündigung** wie der Arbeitsvertrag Art. 334 Abs. 1. Wird es aber nach Ablauf der Vertragsdauer von beiden Parteien *stillschweigend fortgesetzt*, so gilt der Vertrag als für den *gleichen Zeitraum* erneuert, *höchstens jedoch für ein Jahr*, Art. 418p Abs. 2. Hier weicht also das Agenturvertragsrecht vom heutigen Arbeitsvertragsrecht ab, das bei stillschweigender Fortführung den Übergang auf ein unbefristetes Arbeitsverhältnis vorsieht, Art. 334 Abs. 2. Wird das Agenturverhältnis nach Ablauf der Verlängerung erneut stillschweigend fortgeführt, gilt es als wiederum für die *gleiche Dauer bzw. höchstens ein Jahr* erneuert (Maier, 340). Der 2. Absatz von Art. 418p gilt jedoch nicht, wenn der Beendigung eines zwar befristeten Agenturverhältnisses trotzdem eine Kündigung vorauszugehen hat. Diesfalls bewirkt gem. Abs. 3 die *Unterlassung der Kündigung eine vollständige Erneuerung* des Vertrags, wobei das neue Agenturverhältnis wiederum für die ursprüngliche Vertragsdauer mit identischer Kündigungsfrist besteht. Für die analoge Anwendung von Art. 334 Abs. 3, also jederzeitige Kündbarkeit mit sechsmonatiger Frist, auf einen für mehr als zehn Jahre abgeschlossenen Agenturvertrag fehlt eine Rechtsgrundlage (so auch ZK-Bühler, N 8; **a.M.** Dürr, 191; BK-Gautschi N 4d; Burnand, 64). Sofern Agent oder Auftraggeber durch einen derartigen Vertrag in ihrer Handlungsfähigkeit unangemessen eingeschränkt sind, kommen die Grundsätze von Art. 27 ZGB zur Anwendung (vgl. für einen auf «ewige Dauer» abgeschlossenen Alleinvertriebsvertrag BGE 107 II 216).

II. Wirkungen

Mit Beendigung des Agenturverhältnisses **erlischt das Recht** und die Pflicht des Agenten, für den Auftraggeber **abzuschliessen** (vorbehältlich vorzeitigem Widerruf der Stellvertretungsvollmacht, Art. 418a N 6) oder **zu vermitteln**. Auf nach Vertragsablauf vermittelten oder geworbenen Abschlüssen ist keine Provision geschuldet. Gleichzeitig erlischt auch die Verpflichtung des Auftraggebers, dem Agenten eine erfolgreiche Tätigkeit zu ermöglichen. Bis zur vollständigen Abrechnung und Abwicklung des Agenturverhältnisses bestehen jedoch weiterhin Informations- und Abrechnungspflichten, Rückgabe- und Zahlungsansprüche aus Inkasso, Provisionen, Kosten- und Schadenersatz. Über diese Abwicklung hinaus ist der Agent zur Wahrung des Geschäftsgeheimnisses und ggf. zur Einhaltung eines Konkurrenzverbots verpflichtet (dazu BK-Gautschi, N 2a–c). 2

Art. 418*q*

II. Kündigung
1. Im Allgemeinen

[1] Ist ein Agenturvertrag nicht auf bestimmte Zeit abgeschlossen, und geht eine solche auch nicht aus seinem Zwecke hervor, so kann er im ersten Jahr der Vertragsdauer beiderseits auf das Ende des der Kündigung folgenden Kalendermonates gekündigt werden. Die Vereinbarung einer kürzeren Kündigungsfrist bedarf der schriftlichen Form.

[2] Wenn das Vertragsverhältnis mindestens ein Jahr gedauert hat, kann es mit einer Kündigungsfrist von zwei Monaten auf das Ende eines Kalendervierteljahres gekündigt werden. Es kann jedoch eine längere Kündigungsfrist oder ein anderer Endtermin vereinbart werden.

[3] Für Auftraggeber und Agenten dürfen keine verschiedenen Kündigungsfristen vereinbart werden.

II. Par résiliation
1. En général

[1] Lorsque le contrat d'agence n'a pas été fait pour une durée déterminée et qu'une telle durée ne résulte pas non plus de son but, il peut être résilié de part et d'autre, au cours de la première année, moyennant un congé donné un mois d'avance pour la fin d'un mois. Un délai de congé plus court doit être stipulé par écrit.

[2] Lorsque le contrat a duré un an au moins, il peut être résilié moyennant un congé donné deux mois d'avance, pour la fin d'un trimestre de l'année civile. Les parties peuvent convenir d'un délai de congé plus long ou d'un autre terme de résiliation.

[3] Les délais conventionnels de congé ne peuvent être différents pour le mandant et l'agent.

II. Disdetta
1. In genere

[1] Ove la durata del contratto d'agenzia non è determinata né risulta dal suo scopo, la disdetta può essere data da ambo le parti, nel corso del primo anno di validità del contratto, per la fine del mese successivo. Termini di disdetta più brevi devono essere stipulati per iscritto.

[2] Se il contratto è durato almeno un anno, può essere disdetto, con un termine di due mesi, per la fine di un trimestre dell'anno civile. Tuttavia le parti possono convenire un termine di disdetta più lungo o un'altra scadenza.

[3] Non è lecito stipulare termini di disdetta diversi per il mandante e per l'agente.

Literatur

Vgl. die *Literaturhin*weise bei den Vorbem. zu Art. 418a–418v.

Ordentliche Beendigung der unbefristeten Agentur

Das BGer stellt in BGE 89 II 33 unter diese Vorschrift «die im Belieben der Parteien stehende, aber an eine Frist gebundene Kündigung eines **nicht auf bestimmte Zeit** abgeschlossenen Vertrags». Im Belieben jeder Partei steht allerdings nur der *Zeitpunkt, in dem die Kündigung* 1 *ausgesprochen* wird, nicht aber der Zeitpunkt für deren *Wirksamkeit. Der unterjährige* Agenturvertrag kann auf das Ende des der Kündigung folgenden Kalendermonats beendet werden. Eine kürzere Kündigungsfrist auch während einer an sich möglichen Probezeit bedarf der Schriftform. E contrario folgt aus Art. 418q Abs. 1, dass auch für das erste Vertragsjahr längere Kündigungsfristen formfrei vereinbart werden dürfen. Beim *überjährigen* Agenturvertrag können die gesetzlichen minimalen Kündigungsfristen nicht im Voraus verkürzt werden (ungültig wäre demnach eine Klausel, wonach der Vertrag jederzeit ohne Kündigungsfrist terminiert werden kann, wie sie dem Entscheid des KGer SG, SJZ 1968, 361 zugrunde lag; zur Bestimmung der massgeblichen Vertragsdauer HGer AG, AGVE 1069, 47; vgl. auch BGer, 11.6.2002, 4C.66/2002; offensichtlich ist auch Art. 404 Abs. 1 nicht analog anwendbar, BGer, 11.2.2003, 4C.270/2002). Möglich ist jedoch bereits bei Vertragsabschluss eine Verlängerung der Minimalfrist von zwei Monaten und die Verschiebung des Endtermins vom Kalenderquartal auf ein Halbjahr oder Jahresende (BK-Gautschi, N 2b–c), aber auch, sofern dies absolut keine Verkürzung mit sich bringt, bspw. auf jeden Kalendermonat (Maier, 341; Burnand, 64). Ein nach Massgabe von Art. 418q gekündigter, aber stillschweigend fortgesetzter Vertrag gilt als auf unbestimmte Dauer verlängert. Die frühere Kündigung bleibt bei der Bestimmung der massgeblichen Vertragsdauer für eine allfällige spätere Kündigung unbeachtlich (ausführlich zur Kündigung über- und unterjähriger Verträge ZK-Bühler, N 6–12).

2 Für Agent und Auftraggeber dürfen **keine unterschiedlichen Kündigungsfristen** vereinbart werden. Bei Missachtung dieser zwingenden Vorgabe kommen die gesetzlichen Fristen zur Anwendung.

Art. 418*r*

2. Aus wichtigen Gründen	**1 Aus wichtigen Gründen kann sowohl der Auftraggeber als auch der Agent jederzeit den Vertrag sofort auflösen.** **2 Die Bestimmungen über den Dienstvertrag sind entsprechend anwendbar.**
2. Pour de justes motifs	1 Le mandant et l'agent peuvent, sans avertissement préalable, résilier immédiatement le contrat pour de justes motifs. 2 Les dispositions relatives au contrat de travail sont applicables par analogie.
2. Per cause gravi	1 Tanto il mandante quanto l'agente possono in ogni tempo sciogliere immediatamente il contratto per cause gravi. 2 Le disposizioni relative al contratto di lavoro sono applicabili per analogia.

Literatur

Vgl. die Literaturhinweise bei den Vorbem. zu Art. 418a–418v.

I. Fristlose Auflösung

1 **Aus wichtigem Grund** kann sowohl das befristete wie das unbefristete Agenturverhältnis von Auftraggeber oder Agent **jederzeit mit sofortiger Wirkung aufgelöst werden** (vgl. BGer, 19.9.2003, 4C.216/2002, E. 4; Mirfakhraei, 129 ff.). Diese Bestimmung ist *zwingend* (BGE 89 II 35; im Zusammenhang mit einem Franchisevertrag, BGer, 8.9.2011, 4A_148/2011, E. 4.3.1) und darf auch für die Nebenagentur nicht wegbedungen werden, Art. 418a Abs. 2. Die Vertragsauflösung aus wichtigem Grund wirkt ex nunc, ein Rücktritt i.S.v. Art. 107 Abs. 2 und Art. 109 fällt bei einem Dauerschuldverhältnis praktisch ausser Betracht *(BGE 89 II 34)*. Auch nach ausserordentlicher Kündigung folgt deshalb die nachvertragliche Abwicklung wie in Art. 418p N 2 ausgeführt.

II. Analoge Anwendung von Arbeitsvertragsrecht

Für die fristlose Auflösung des Agenturvertrags gelten gemäss ausdrücklicher gesetzlicher Verweisung in Abs. 2 von Art. 418r die Bestimmungen über den **Arbeitsvertrag entsprechend** (vgl. BGer, 19.9.2003, 4C.216/2002, E. 4). Die Verweisung bezog sich bei Redaktion der Gesetzesnovelle zum Agenturvertrag auf den damaligen Art. 352, heute Art. 337, betr. fristlose Kündigung des Arbeitsvertrags. Die geltende Fassung von Art. 337 Abs. 1 sieht neu vor, auf Verlangen sei die fristlose Vertragsauflösung, die zwar grundsätzlich formfrei ist, schriftlich zu begründen. Diese zum Schutz des Arbeitnehmers eingeführte Bestimmung dürfte kraft der vorbehaltlosen Verweisung in Art. 418r Abs. 2 auch für den Agenturvertrag gelten, obschon sie, v.a. beim Agenturverhältnis zwischen juristischen Personen, unnötig vom Prinzip der Formfreiheit abweicht. Ebenfalls zweifelhaft ist die analoge Anwendung von Art. 337c bei ungerechtfertigter Kündigung durch den Auftraggeber, die den Agenten allein auf eine Ersatzforderung verweist. *Fehlt ein wichtiger Grund*, müsste der Vertrag bis zum nächsten ordentlichen Kündigungstermin oder bis zum Ablauf der vorbestimmten Dauer ordnungsgemäss weitergeführt werden können (dazu auch MAIER, 343 f.; ferner PAETZOLD, 41). In einem neuen Entscheid hält das BGer jedoch ausdrücklich an der analogen Anwendung von Art. 337c fest mit der Begründung, Streitigkeiten der Parteien betreffend wichtige Gründe könnten selten während der ordentlichen Kündigungsfrist rechtsverbindlich beigelegt werden, was die sofortige Vertragsauflösung in jedem Fall rechtfertige. Bei der Berechnung des Schadenersatzes nach Art. 337c muss es dann aber mangels Salärvereinbarung von Art. 337c abweichend doch auf die Durchschnittsprovisionierung des Agenten nach Kriterien des Agenturvertragsrechts zurückgreifen (krit. dazu ZK-BÜHLER, N 8 und 11; vgl. auch BGer, 11.6.2002, 4C.66/2002 zur ungerechtfertigten fristlosen Kündigung). 2

In Kenntnis eines wichtigen Grundes hat die **Auflösung des Vertrags ohne Verzug** zu erfolgen. Auf wichtige Gründe kann sich später nicht berufen, wer sich bereit erklärt hat, mit der Gegenpartei in Kenntnis solcher Gründe weiter zusammenzuarbeiten (BGE 99 II 310). Als *verspätet* gilt die fristlose Kündigung des Auftraggebers erst einen Monat nach Verarrestierung von Kundenguthaben durch den Agenten (BGer, 10.10.2013, 4A_212/2013, E. 2.3.1, erachtet eine Bedenkzeit von zwei bis drei Tagen für angemessen; ZR 1984, 6; vgl. analog beim Alleinvertriebsvertrag, wo Reaktion innert sechs Tagen nach der Zeitungsmeldung von Betrugstatbeständen als rechtzeitige fristlose Auflösung galt, OGer TG, SJZ 1984, 322). 3

III. Wichtiger Grund

Wichtiger Grund ist analog Art. 337 Abs. 2 jeder Umstand, welcher die **Fortsetzung des Agenturvertrags** für die die Auflösung erklärende Partei als unzumutbar erscheinen lässt. So kann der Agent etwa fristlos kündigen, wenn der Auftraggeber nicht in der Lage ist festzulegen, *wann und ob er überhaupt liefern kann*, BGE 89 II 36. Wenn anderseits der Agent wegen *geringfügiger Meinungsverschiedenheiten* über Provisionszahlungen das Warenlager schliesst, ist der Auftraggeber berechtigt, das Vertragsverhältnis aus wichtigem Grund aufzulösen (BGer, SJ 1984, 23; wichtiger Grund verneint bei Kauf einzelner Aktien eines Konkurrenzunternehmens des Auftraggebers, BGE 125 III 15; kein wichtiger Grund ebenfalls Reorganisation beim Auftraggeber, BGer, 11.6.2002, 4C.66/2002, E. 2.2–3.2; kein wichtiger Grund die Weigerung des Agenten, sich in eine neue Verkaufsorganisation des Auftraggebers einzugliedern, BGE 136 III 518; kein wichtiger Grund ebenfalls in Anlehnung an neue die Rsp. in Art. 337 OR sind Vorbereitungshandlungen zur Aufnahme einer konkurrierenden Tätigkeit solange effektive Abwerbung nicht während der Vertragsdauer erfolgt, BGer, 10.10.2013, 4A_2012/2013, E. 2.2 ff.). BK-GAUTSCHI, N 2b und ZK-BÜHLER, N 5, nennen als weitere wichtige Gründe Treueverletzung, Untätigkeit, Tätlichkeiten, Ehrverletzungen, ungerechtfertigte Vorenthaltung oder unkorrekte Abrechnung der Provisionen. Zur fristlosen Vertragsauflösung berechtigen ebenfalls die *Konkurseröffnung* über den Agenten (BK- 4

GAUTSCHI, Art. 418s N 2b) oder die *Auflösung* der als juristische Person geführten *Agentur*, die *Auflösung* des *Auftraggebers*, sofern dieser juristische Person ist, sowie *Handlungsunfähigkeit oder Tod des Auftraggebers*, soweit diese nach Art. 418s nicht automatisch die Vertragsauflösung herbeiführen (BK-GAUTSCHI, Art. 418s OR N 4 f.; Art. 418s N 2 f.; TERCIER/FAVRE, N 5820 ff.). Geschäftsübergang sowohl auf Seiten des Auftraggebers als auch des Agenten kann u.U. eine fristlose Kündigung rechtfertigen (DÜRR, 199 f.) oder Abwerbung von Verkaufspersonal für die Konkurrenz (BGer, 19.9.2003, 4C.216/2002; 26.5.2011, 4a_433/2011; das BGer bezeichnet hier die Kündigung aus wichtigem Grund als ultima ratio).

5 Nur eine gravierende Vertragsverletzung rechtfertigt die fristlose Vertragsauflösung ohne vorherige **Abmahnung**. In allen andern Fällen darf der Vertrag erst aufgelöst werden, wenn die kündigende Partei alles ihr Zumutbare unternommen hat, um die Differenzen zwischen den Parteien zu bereinigen (BGer, SJ 1985, 650; ZK-BÜHLER, Vor Art. 418p–418s OR N 3 f. sowie 6).

6 **Vereinbarungen**, die das Recht auf fristlose Kündigung bei gewissen vorbestimmten Tatbeständen beschränken, können rechtlich nur insofern Bedeutung haben, als sie die Umstände abgrenzen, unter denen den Parteien eine Fortführung des Vertragsverhältnisses bis zu einer ordentlichen Kündigung zumutbar erschien. Solche Vereinbarungen sind eng auszulegen, um das Recht auf jederzeitige Kündigung aus wichtigem Grund nicht unstatthaft zu beschränken (BGE 89 II 36).

IV. Schadenersatz

7 Liegt der wichtige Grund in der Vertragsverletzung einer Partei, so wird sie **schadenersatzpflichtig** und hat der andern den entgangenen Gewinn bis zum nächstmöglichen ordentlichen Kündigungstermin zu ersetzen (BGE 99 II 312; 125 III 14; BK-GAUTSCHI, N 4a; zur Berechnung des Schadenersatzes aus Art. 418 in einem Alleinvertriebsverhältnis vgl. HGer SG, SJZ 1972, 378, sowie ausführlich bei ZK-BÜHLER, N 12). Erfolgt die ungerechtfertigte Auflösung durch den Auftraggeber, ist die Entschädigung in Anwendung von Art. 337c zu berechnen (BGer, 10.10.2013, 4A_212/2013).

Art. 418s

III. Tod, Handlungsunfähigkeit, Konkurs

1 Das Agenturverhältnis erlischt durch den Tod und durch den Eintritt der Handlungsunfähigkeit des Agenten sowie durch den Konkurs des Auftraggebers.

2 Durch den Tod des Auftraggebers erlischt das Agenturverhältnis, wenn der Auftrag wesentlich mit Rücksicht auf dessen Person eingegangen worden ist.

III. Mort, incapacité, faillite

1 Le contrat d'agence finit par la mort ou l'incapacité de l'agent, ainsi que par la faillite du mandant.

2 Le contrat finit par la mort du mandant lorsqu'il a été conclu essentiellement en raison de sa personne.

III. Morte, incapacità, fallimento

1 Il contratto d'agenzia cessa con la morte o con la perdita della capacità civile dell'agente, come pure con il fallimento del mandante.

2 Con la morte del mandante cessa quando il contratto è stato conchiuso essenzialmente in considerazione della sua persona.

I. Beendigungsgründe in der Person des Agenten

Das **Agenturverhältnis endet automatisch** mit dem *Tod*, der *Verschollenerklärung* oder der *Handlungsunfähigkeit* des Agenten bei natürlichen Personen, mit der *Löschung* im Handelsregister bei juristischen Personen. Die Konkurseröffnung über den Agenten bewirkt die automatische Beendigung des Agenturvertrags nicht, setzt aber einen wichtigen Grund zur fristlosen Vertragsauflösung, Art. 418r. Die Fortführung der Agentur durch den konkursiten Agenten bedarf der Zustimmung der Konkursverwaltung, Art. 237 Abs. 2 Ziff. 2 und Art. 238 Abs. 1 SchKG. 1

II. Beendigungsgründe in der Person des Auftraggebers

Der **Konkurs des Auftraggebers** löst nach dem Wortlaut von Art. 418s das Agenturvertragsverhältnis. Zur Sicherstellung seiner Ansprüche kann der Agent in erster Linie auf das Retentionsrecht, Art. 418o, zurückgreifen. Neu hat aber die Konkursverwaltung nach SchKG Art. 211 Abs. 2 das Recht, zweiseitige Verträge des Schuldners zu erfüllen, so auch den Agenturvertrag, um zusätzlichen Schaden für die Konkursmasse zu vermeiden (ZK-Bühler, N 10 mit Literaturhinweisen). *Art. 219 3. Klasse lit. c aSchKG*, eingefügt durch Art. 2 SchlB zum vierten Abschnitt des XIII. Titels, sah noch ein Konkursprivileg vor für *«die Forderungen des Agenten, die in den letzten zwölf Monaten vor der Konkurseröffnung aus dem Agenturvertrag entstanden sind»* (dazu differenziert BGE 90 III 109 sowie 86 III 149; ferner in einem Anwendungsfall von Alleinvertriebsvertrag, SJZ 1978, 109). Mit Inkrafttreten des rev. SchKG per 1.1.1997 fiel dieses in Art. 219 3. Klasse lit. c aSchKG enthaltene Privileg des Agenten ersatzlos weg (s. BBl 1991 III 1, 133 f.). 2

Ist der **Auftraggeber eine natürliche Person**, so endet der Agenturvertrag bei seinem Tod oder Verschollenerklärung **nicht automatisch**, es sei denn, der Agenturvertrag sei wesentlich mit Rücksicht auf dessen Person eingegangen worden, Art. 338a Abs. 2 ist dabei analog anwendbar. Der Tod des Auftraggebers kann auch für die Erben, die den Betrieb nicht weiterführen wollen, wichtiger Grund zur Vertragsauflösung sein. Der Beweis, dass die Person des Auftraggebers wesentlich war, kann Schwierigkeiten bereiten, und es empfiehlt sich, eine entsprechende Formulierung in den Agenturvertrag aufzunehmen. 3

Gelangt der automatische Beendigungsgrund der andern Vertragspartei nicht sofort zu Kenntnis, kommt für weitere Vertragshandlungen Art. 406 zur Anwendung. Werden durch das Erlöschen des Vertrags «zur Unzeit» die Interessen des Auftraggebers gefährdet, so sind die Geschäfte nach Massgabe von Art. 405 weiterzuführen (BK-Gautschi, N 1). Im Übrigen ist der Vertrag auch **nach automatischer Beendigung**, wie in Art. 418p N 2 ausgeführt, abzuwickeln. 4

Art. 418*t*

IV. Ansprüche des Agenten
1. Provision

[1] Für Nachbestellungen eines vom Agenten während des Agenturverhältnisses geworbenen Kunden besteht, falls nicht etwas anderes vereinbart oder üblich ist, ein Anspruch auf Provision nur, wenn die Bestellungen vor Beendigung des Agenturvertrages eingelaufen sind.

[2] Mit der Beendigung des Agenturverhältnisses werden sämtliche Ansprüche des Agenten auf Provision oder Ersatz fällig.

[3] Für Geschäfte, die ganz oder teilweise erst nach Beendigung des Agenturverhältnisses zu erfüllen sind, kann eine spätere Fälligkeit des Provisionsanspruches schriftlich vereinbart werden.

IV. Droits de l'agent
1. Provision

[1] Sauf convention ou usage contraire, l'agent n'a droit à une provision pour les commandes supplémentaires d'un client qu'il a procuré pendant la durée du contrat que si elles sont passées avant la fin du contrat.

[2] Toutes les créances de l'agent à titre de provisions ou de remboursement de débours sont exigibles à la fin du contrat.

3 L'exigibilité des provisions dues en raison d'affaires exécutées entièrement ou partiellement après la fin du contrat peut être fixée par convention écrite à une date ultérieure.

IV. Diritti dell'agente
1. Provvigione

1 Salvo patto od uso contrario, l'agente ha diritto ad una provvigione per le ordinazioni suppletive di un cliente procurato durante il periodo di validità del contratto solamente se esse sono state presentate prima della fine del contratto.

2 Con la cessazione del contratto tutti i crediti dell'agente a titolo di provvigioni o di rimborso di spese diventano esigibili.

3 La scadenza delle provvigioni dovute a motivo di affari eseguiti, interamente o in parte, dopo lo scioglimento del contratto, può essere fissata mediante convenzione scritta a una data ulteriore.

Literatur

Vgl. die Literaturhinweise bei den Vorbem. zu Art. 418a–418v.

I. Provisionsberechtigung auf Nachbestellungen

1 Die **Provision auf Nachbestellungen** ist, anderweitige Vereinbarung oder Übung vorbehalten, nur verdient, wenn die Bestellung vor Ablauf des Agenturverhältnisses eingelaufen ist (vgl. auch BGE 121 III 416). Art. 418 t Abs. 1 will «verhüten, dass der Agent unter Berufung auf seine Werbetätigkeit die Provision auch noch auf Nachbestellungen beanspruche, die der von ihm geworbene Kunde erst nach Beendigung des Agenturvertrags macht» (BGE 84 II 546). Die *Einschränkung gilt also nur für bloss geworbene Kunden, nicht aber für vom Agenten vermittelte und erst nach Vertragsbeendigung abgeschlossene Geschäfte* (vgl. zur Unterscheidung von Werbe- bzw. Vermittlertätigkeit Art. 418g N 2 f.). Die Provision ist geschuldet, wenn die Nachbestellung des geworbenen Kunden beim Auftraggeber *vor Vertragsende eingelaufen* ist. *Nicht erforderlich* ist dagegen der *Vertragsabschluss* mit dem Kunden vor Ablauf des Agenturvertrags (**a.M.** offenbar BK-Gautschi, N 2). Zum Entstehen kommt der Provisionsanspruch auch für Nachbestellungen, jedoch erst bei Vertragsabschluss mit dem Kunden (Dürr, 207).

II. Akzelerierung der Fälligkeit

2 Mit Beendigung des Agenturvertrags werden **alle bis zum Zeitpunkt der Beendigung entstandenen Provisionsansprüche des Agenten fällig**. Zum Entstehen der einzelnen Provisionsansprüche aus Abschluss, Vermittlung, Direktgeschäft oder Werbung vgl. Art. 418g N 1–5. Provisionsansprüche für vorher vermittelte Geschäfte oder eingelaufene Nachbestellungen geworbener Kunden entstehen u.U. erst nach Beendigung der Agentur, wenn der Abschluss zwischen Kunden und Auftraggeber später erfolgt. Diesfalls fällt die Fälligkeit mit dem Abschluss zusammen. Fällig werden ohne gegenteilige schriftliche Vereinbarung, Abs. 3, auch Provisionsansprüche auf Geschäften, die abgeschlossen, aber noch nicht fertig abgewickelt sind und die möglicherweise auch nicht oder nur unvollständig ausgeführt werden (BGE 121 III 417, 419). Fällt in diesem Fall der Provisionsanspruch aufgrund von Art. 418h nachträglich dahin, hat der Auftraggeber einen Rückforderungsanspruch aus ungerechtfertigter Bereicherung gegenüber dem Agenten, Art. 62 (BK-Gautschi, N 3b–c).

3 Spätestens auf den Zeitpunkt der Beendigung werden auch **alle übrigen Ansprüche des Agenten auf Ersatz fällig**, d.h. Provisionsersatz bei unverschuldeter Verhinderung an der Tätigkeit, Art. 418m Abs. 2; Schadenersatzansprüche aus Verletzung der Auftraggeberpflichten oder für Vertragsauflösung aus vom Auftraggeber zu vertretendem wichtigem Grund, Art. 418r; Auslagenersatz, Art. 418n; Entschädigung für Konkurrenzverbot, Art. 418 Abs. 2, und Kundschaft, Art. 418u (BK-Gautschi, N 4). Der Auftraggeber kann die Ansprüche des

Agenten ggf. mit Gegenforderungen aus Schadenersatzansprüchen verrechnen (BK-GAUTSCHI, N 5a).

Der Gesetzgeber sieht ausdrücklich vor, dass die Fälligkeit des Provisionsanspruchs für Geschäfte, die ganz oder teilweise erst nach Beendigung des Agenturverhältnisses zu erfüllen sind, **schriftlich auf einen späteren Zeitpunkt verlegt** werden darf. Dies, um Rückforderungen von nachträglich hinfällig gewordenen Provisionsansprüchen zu vermeiden. Auch wenn die vertragliche Verschiebung des Fälligkeitstermins ausdrücklich nur für Provisionsansprüche pendenter Geschäfte erwähnt ist, müsste eine Verschiebung der generellen Fälligkeit gem. Abs. 2 angesichts der erst nach dem Zeitpunkt der Beendigung überhaupt möglichen Abwicklung des Vertragsverhältnisses ebenfalls zulässig sein (so wohl DÜRR, 208; **a.M.** MAIER, 356; ZK-BÜHLER, N 15, der indes die Zweckmässigkeit der Regelung des Gesetzgebers bei den heutigen internationalen Verflechtungen in Frage stellt). 4

Art. 418*u*

2. Entschädigung für die Kundschaft

[1] Hat der Agent durch seine Tätigkeit den Kundenkreis des Auftraggebers wesentlich erweitert, und erwachsen diesem oder seinem Rechtsnachfolger aus der Geschäftsverbindung mit der geworbenen Kundschaft auch nach Auflösung des Agenturverhältnisses erhebliche Vorteile, so haben der Agent oder seine Erben, soweit es nicht unbillig ist, einen unabdingbaren Anspruch auf eine angemessene Entschädigung.

[2] Dieser Anspruch beträgt höchstens einen Nettojahresverdienst aus diesem Vertragsverhältnis, berechnet nach dem Durchschnitt der letzten fünf Jahre oder, wenn das Verhältnis nicht so lange gedauert hat, nach demjenigen der ganzen Vertragsdauer.

[3] Kein Anspruch besteht, wenn das Agenturverhältnis aus einem Grund aufgelöst worden ist, den der Agent zu vertreten hat.

2. Indemnité pour la clientèle

[1] Lorsque l'agent, par son activité, a augmenté sensiblement le nombre des clients du mandant et que ce dernier ou son ayant cause tire un profit effectif de ses relations d'affaires avec ces clients même après la fin du contrat, l'agent ou ses héritiers ont droit, à moins que ce ne soit inéquitable, à une indemnité convenable, qui ne peut pas leur être supprimée par convention.

[2] Cette indemnité ne peut cependant pas dépasser le gain annuel net résultant du contrat et calculé d'après la moyenne des cinq dernières années ou d'après celle de la durée entière du contrat si celui-ci a duré moins longtemps.

[3] Aucune indemnité n'est due lorsque le contrat a été résilié pour un motif imputable à l'agent.

2. Indennità per la clientela

[1] Se con la sua attività, l'agente ha considerevolmente aumentato il numero dei clienti del mandante e se questi o il suo successore legale trae notevole profitto dalle sue relazioni d'affari con detti clienti anche dopo lo scioglimento del contratto, l'agente o i suoi eredi hanno diritto, per quanto ciò non sia contrario all'equità, ad un'adeguata indennità. Tale diritto non può essere soppresso.

[2] Detta indennità non può tuttavia sorpassare il guadagno annuo netto risultante dal contratto e calcolato secondo la media degli ultimi cinque anni o secondo la media della durata contrattuale effettiva se questa è più breve.

[3] Nessuna indennità è dovuta se il contratto è stato sciolto per una causa imputabile all'agente.

Literatur

Vgl. die Literaturhinweise bei den Vorbem. zu Art. 418a–418v und zu Art. 418d.

I. Tragweite

1 Die Bestimmung, dass einer Partei nach Vertragsbeendigung ein unabdingbarer Anspruch auf **zusätzliche Entschädigung für vertragsgemässe Erfüllung** zusteht, stellt im schweizerischen Zivilrecht eine absolute und umstrittene **Ausnahme** dar. Das BGer hat denn auch in der Zusprechung und Bemessung der Kundschaftsentschädigung für den Agenten immer wieder **äusserste Zurückhaltung** gezeigt (BGE 84 II 164 = Pra 1958, 328; BGE 85 II 118; 103 II 277; 110 II 280 = Pra 1984, 573; BGE 110 II 476). Die *analoge Anwendung von Art. 418u* auf andere Vertragsverhältnisse, insb. auf den *Alleinvertriebsvertrag*, hat es aufgrund des Ausnahmecharakters der Bestimmung seit seinem Entscheid von 1962 *abgelehnt* (BGE 88 II 171 = Pra 1962, 384). Dies wurde von einem Teil der Lehre kritisiert, der eine analoge Anwendung bei *gleichwertigen* Sachverhalten befürwortete (Baudenbacher, 87 m.w.V.; Honsell, OR BT, 371; Dubler, 217. Unter Bezugnahme auf die EG-Richtlinie, die die Kundschaftsentschädigung ausschliesslich für Handelsvertreter bzw. Agenten vorsieht, lehnte jedoch ZK-Bühler, N 68, die analoge Anwendung auf den Alleinvertriebsvertrag ab. In einem Entscheid vom 22.5.2008 (BGE 134 III 497 = Pra 2009, 105) begründet nun das BGer ausführlich seine Praxisänderung, wonach Art. 418u auch für Alleinvertriebsvertreter gilt, wenn die Ausgestaltung des Alleinvertriebsrechts mit der Agentur vergleichbar ist. Dies bei massgeblicher Erweiterung des Kunden- und Käuferkreises, v.a. auch bei der Einführung von neuen Marken («Sogwirkung der Marke»). Im deutschen Handelsvertreterrecht (§ 89b HGB) ist die Art. 418u entsprechende Regelung für den Agenten günstiger als die schweizerische (Thouvenin, in: Gstoehl et al., 29 ff.; Thürer/Weber/Zäch, Handelsmittler, 36; Paetzold, Ausgleichsanspruch des Handelsvertreters nach deutschem und schweizerischem Recht, in: Handelskammer Deutschland-Schweiz, Zürich 1993, 3 ff.). Dies dürfte bei der Rechtswahl nach Art. 116 IPRG nicht unwesentlich sein.

2 Das Gesetz spricht in Art. 418 Abs. 1 *missverständlich von einer «Entschädigung»* des Agenten. Der Agent soll aber durch dieses Entgelt nicht für einen Nachteil bzw. Erwerbsverlust schadlos gehalten werden wie beim Konkurrenzverbot (Art. 418d N 7), sondern eine Gegenleistung erhalten «für den Vorteil, den der Auftraggeber auch nach Beendigung des Agenturverhältnisses zieht, weil sein Kundenkreis durch die Tätigkeit des Agenten erweitert worden ist» (BGE 134 III 497 = Pra 2009, 105; 84 II 532; 122 III 72; 110 II 280 = Pra 1984, 573). Massgeblich für die Entstehung des Anspruchs ist deshalb der «wirtschaftliche Wert, den der vom Agenten geschaffene oder erweiterte Kundenstamm hat» (BGE 84 II 532; BGer, 9.12.2011, 4A_316/2011; Mirfakhraei, 81 ff.). Dieser Begriff für den Ausgleich des Kundenstammes wird so auch in der EG- Richtlinie festgehalten (dazu ZK-Bühler, N 19).

II. Entstehung

3 Der Anspruch entsteht auf den Zeitpunkt der Beendigung des Vertragsverhältnisses, allerdings nur, wenn der Vertrag aus einem **Grund aufgelöst** wird, den der **Agent nicht zu vertreten** hat. Vgl. etwa die Bsp. bei Fountoulakis, 87, wie die Einschränkung der selbständigen Stellung, schleppende Provisionszahlungen, Provisionsherabsetzungen, Einschränkungen des Vertriebsgebiets oder Verpflichtung zur Übernahme eines Konkurrenzprodukts ins bestehende Sortiment des Agenten, (BGE 103 II 277; 136 III 518). Die Auflösung wird dem Agenten zugerechnet, wenn er selbst, ohne vom Auftraggeber gesetzten begründeten Anlass, ein Agenturverhältnis kündet, es sei denn, die Kündigung erfolge wegen altershalber Aufgabe der Agentur (Maier, 368). Ebenso hat der Agent die Auflösung zu vertreten, wenn er einen Grund für die fristlose Vertragsauflösung gesetzt oder auch durch weniger weitgehendes schuldhaftes Verhalten (BGE 110 II 282 = Pra 1984, 574; **a.M.** noch Dürr, 222; Burnand, 121) oder bspw. Konkurs eine Kündigung des Auftraggebers provoziert hat. ZK-Bühler, *N 60* dagegen plädiert für Zurückhaltung bei Verweigerung des Ausgleichs wegen schuldhaften Verhaltens des Agenten. Auch eine vom Willen des Agenten mitbestimmte einvernehmli-

che Vertragsauflösung hat nach Maier, 368, der Agent zu vertreten. Nicht zu vertreten hat er dagegen die Vertragsauflösung infolge Krankheit, Todes oder unverschuldeter Handlungsunfähigkeit (Maier, 369; Dürr, 221; Burnand, 123; **a.M.** BK-Gautschi, N 7b), ebensowenig wie die Vertragsauflösung durch Zeitablauf (BK-Gautschi, N 7b). Wenn der *Agent die Beendigung zu vertreten hat, so erlischt der Entschädigungsanspruch*. Für «Zwischenlösungen», wie in BGE 110 II 282 = Pra 1984, 574, vorgeschlagen, besteht nach dem Gesetz kein Raum (vgl. die Kritik des Entscheides in SAG 1985, 50).

III. Voraussetzungen

Die Anspruchsgrundlagen für die Kundschaftsentschädigung – bspw. wesentliche Erweiterung des Kundenkreises (vgl. N 5 f.) – müssen mit der **Tätigkeit des Agenten** in ursächlichem Zusammenhang stehen. Erweiterung des Kundenkreises, soweit dies auf Bemühungen des Auftraggebers oder die Entwicklung der Wirtschaftslage zurückzuführen ist, fällt somit ausser Betracht (BGer, 9.12.2011, 4A_316/2011). Der Einfluss der verschiedenen Faktoren auf die Erweiterung des Kundenkreises ist meist schwierig zu werten. Im Falle BGE 84 II 533, 538, stieg die Zahl der durch den Agenten vermittelten Inserate in «Nelly's Kalender» erheblich, nach Auffassung des BGer aber nicht zuletzt dank verbesserter redaktioneller Leistung und Zeitschriftenauflage sowie günstiger Wirtschaftslage. *Gemeinsame Bemühungen* von Agenten und Auftraggeber schliessen die Anspruchsberechtigung des Agenten nicht aus, beeinflussen aber die Höhe der angemessenen Entschädigung (Maier, 370; N 13). In BGE 122 III 72 hat das BGer die Kundschaftsentschädigung nicht ausgeschlossen, wenn der Auftraggeber den Agenten schuldhaft an seiner Tätigkeit hinderte und nach dem gewöhnlichen Lauf der Dinge die Vermittlungstätigkeit einen Mehrwert für den Auftraggeber geschaffen *hätte*. 4

Der **Kundenkreis** des Auftraggebers muss eine wesentliche **Erweiterung** erfahren. Kunde ist dabei nicht jeder ehemalige Käufer, da der Begriff des Kunden «in jedem Falle eine geschäftliche Beziehung von gewisser Dauer mit dem Auftraggeber [...] voraussetzt mit wenigstens potentiell wiederholt getätigten Geschäften» (OGer ZH, SJZ 1971, 210, wo die Schaffung eines Kundenkreises für im Party-System verkauftes Küchengeschirr verneint wurde, denn die Verkäuferin werbe mit diesem Absatzsystem bewusst immer neue Käufer, aber keine ständigen Kunden; keine wiederholten Geschäfte würden mit den Käufern von Nähmaschinen oder Staubsaugern gemacht, Burnand, 107; ZK-Bühler, N 24 f.). Der Agent muss eigentliche neue Kunden für die provisionsberechtigten Geschäfte hinterlassen, *Kunden, auf die der Auftraggeber oder ein nachfolgender Agent zurückgreifen kann* (BGE 134 III 497 = Pra 2009, 105; Maier, 369 f.). Erweiterung des Kundenkreises setzt voraus, dass sich deren *Zahl* oder zumindest deren *Abnahmepotential vergrössert* hat. Ist während der Dauer der Agentur mehr oder gleich viel *Kundenpotential verloren* wie dazugewonnen worden, ist der Kundenkreis nicht erweitert (so BGE 84 II 186; 103 II 278 sowie BK-Gautschi, N 3b; Burnand, 112 ff.; krit. und differenziert dazu ZK-Bühler, N 28 ff.). 5

Die Erweiterung des Kundenkreises muss **wesentlich** sein. Das BGer hat bei einem Zuwachs von 85 auf 123 Kunden innert 17 Monaten die Wesentlichkeit bejaht (BGE 84 II 166 = Pra 1958, 328). So stellt auch Gautschi auf eine jährliche prozentuale Zuwachsrate der Kundenzahl ab und hält diese bei durchschnittlich 15% für wesentlich (BK-Gautschi, N 3b). Nach Maier, 370, dürfte die Grenze tiefer liegen. Auszugehen ist aber m.E. *weniger von der Kundenzahl sondern vom geworbenen Umsatz bzw. vom Umsatzpotential*, von dem der Auftraggeber voraussichlich profitieren wird (Dürr, 213). Ein Grosskunde fällt dabei oft weit mehr ins Gewicht als eine Anzahl Individuen oder Kleinbetriebe. Zur Beurteilung der Wesentlichkeit des Kundenzuwachses wäre deshalb ggf. auch ein Branchenvergleich herbeizuziehen. Wenn bspw. bei technisch völlig neuen Konsumgütern in einem noch keineswegs saturierten Markt der Agent zwar Kunden wirbt, im Vergleich aber der Konkurrenz überproportionale Marktanteile überlassen musste, darf die Erweiterung des Kundenkreises nicht als wesentlich eingestuft werden. 6

7 Die wesentliche Erweiterung des Kundenkreises muss es dem Auftraggeber ermöglichen, auch nach Auflösung des Agenturverhältnisses **erhebliche Vorteile** aus der Geschäftsverbindung mit dieser Kundschaft zu erzielen (dazu ausführlich BURNAND, 114 ff.). Auch Vorteile eines Rechtsnachfolgers werden berücksichtigt (ZR 1968, 146; ZR 1984, 8). Diese Voraussetzung für den Entschädigungsanspruch gilt an sich *unabhängig* davon, ob der Auftraggeber die Vorteile *effektiv nutzt oder nutzen will* (BGE 103 II 281). Allerdings können etwa betriebliche Veränderungen beim Auftraggeber einen Verzicht auf künftige Nutzung der Kundschaft und damit den Wegfall der Entschädigung rechtfertigen.

8 Ein **erheblicher Vorteil** liegt vor, wenn die Kundschaft dem Auftraggeber **wahrscheinlich treu bleibt** (BGE 84 II 166 = Pra 1958, 329; BGE 84 II 532; 103 II 285). Bei einer bereits über eine *gewisse Dauer bestehenden Geschäftsbeziehung mit dem Kunden darf vermutet werden*, der Auftraggeber könne sie weiter nutzen. Diese Nutzung ist i.d.R. nur möglich bei *Waren eines wiederkehrenden Bedarfs* (BGE 103 II 282; wiederkehrender Bedarf verneint bei Maschinen mit einer Lebensdauer von 20–40 Jahren, HGer ZH SJZ 1957, 289). Die Praxis hat Kundentreue verneint im Tankstellengeschäft (KGer SG SJZ 1958, 182), für Verkäufe im sog. Party-System (HGer ZH, SJZ 1971, 210), offengelassen für Inserentenwerbung bei Zeitschriften (BGE 84 II 536), bejaht für Markenkleidung (BGE 103 II 282; 84 II 166 = Pra 1958, 329) und für Kosmetika bei Alleinvertriebsvertrag (BGE 134 III 497 = Pra 2009, 105). Fraglich ist, wieweit der Auftraggeber einen Vorteil noch nutzen kann, wenn ihn der Agent nach Vertragsauflösung mit vergleichbaren Produkten konkurrenziert (BGE 103 II 277; den Vorteil verneint diesfalls ZK-BÜHLER, N 34).

9 Der Anspruch auf Kundschaftsentschädigung entsteht nur, soweit er **nicht unbillig** ist. Der Gesetzgeber stellt es damit in das Ermessen des Richters, den Katalog der unter N 4–8 behandelten Anspruchsvoraussetzungen zu *erweitern* (BGE 110 II 483). Erscheint der Anspruch als unbillig, so *muss* die Entschädigung vollständig verweigert werden (in BGE 110 II 483 wie schon in BGE 84 II 531 wird diese folgerichtige Konsequenz noch nicht gezogen, sondern nur festgestellt, die Klausel *verbiete* nicht, dass die Entschädigung verweigert werde). Das BGer hat nach eingehender Auseinandersetzung mit den Materialien in BGE 110 II 476 das *Billigkeitserfordernis unter die Anspruchsvoraussetzungen* eingereiht. Frühere Lehre und Rsp. berücksichtigen das Kriterium Billigkeit sowohl unter dem Aspekt des Quantitativs für die Entschädigung als auch als Anspruchsvoraussetzung und haben damit wenig Klarheit geschaffen. Die Wortwahl «soweit nicht unbillig» ist hier aber *nicht in ihrer quantitativen*, sondern *ausschliesslich in der konditionellen Bedeutung* i.S.v. *falls* nicht unbillig zu verstehen. Dies ergibt sich klar auch aus der französischen Formulierung «à moins que ce ne soit équitable». Das *Ermessen des Richters betr. Quantitativ* ist in der Formulierung «angemessene Entschädigung», «indemnité convenable», «adeguata indennità» enthalten. *Jedoch kommt es erst zum Tragen, wenn die Anspruchsvoraussetzungen, einschliesslich grundsätzliche Billigkeit, erfüllt sind* (vgl. dazu N 11–13).

10 **Unbillig** ist die Kundschaftsentschädigung, wenn der Agent für seine Leistung bereits während der Dauer der Agentur *hinreichend entschädigt* worden ist. Dies kann etwa dann der Fall sein, wenn er von besonders hohen Provisionssätzen profitieren konnte, wenn der Auftraggeber günstige Fürsorgeleistungen erbracht oder das Agenturverhältnis lange gedauert hat, womit der Agent selbst lange von der von ihm neu geworbenen Kundschaft profitieren konnte (BGE 110 II 479 mit Zitaten). Bei einer hauptsächlich von der Auftraggeberin finanzierten Altersrente, deren Kapitalwert die geforderte Kundschaftsentschädigung übersteigt, und angesichts der Tatsache, dass die als Kollektivgesellschaft geführte Agentur während mehreren Jahren angemessene Provisionen beziehen konnte, entschied das BGer deshalb, eine zusätzliche Kundschaftsentschädigung wäre unbillig und müsse entfallen (BGE 110 II 476). Hat der Agent bereits Anspruch auf eine Entschädigung aus Konkurrenzverbot, so ist der Anspruch auf eine zusätzliche Kundschaftsentschädigung dann unbillig, wenn sich die betroffenen Kundenkreise decken (vgl. Art. 418d N 9; MIRFAKHRAEI, 2; **a.M.** offenbar TERCIER/FAVRE, N 5830).

IV. Bemessung der Entschädigung

Der Anspruch des Agenten beträgt **höchstens einen Nettojahresverdienst**, berechnet auf seinem durchschnittlichen Jahreseinkommen während der letzten fünf Jahre bzw. dem Gesamtdurchschnittsjahresverdienst bei kürzerer Vertragsdauer. Die Fünfjahresfrist entspricht auch europäischem Standard gemäss EG-Richtlinie Art. 17 Abs. 2 lit. b. Bei unterschiedlich langer Tätigkeit in verschiedenen Vertragsgebieten berechnet sich die Entschädigung gemäss der gesamten Vertragsdauer und nicht gesondert nach einzelnen Gebieten (BGE 122 III 73). Der Nettojahresverdienst berechnet sich aus allen Vergütungen aus der Tätigkeit einschliesslich Provisionen aus Vermittlung, Abschluss, Direktverkäufen, Inkasso (nicht aber die Risikoprämie für das Delcredere), allfällige Lagerhaltung, Auslieferung etc. (Maier, 373). Davon in Abzug zu bringen sind sämtliche vom Agenten für seine Tätigkeit aufgewendeten Kosten, also Reise- und Telekommunikationsspesen, Büroaufwand, Hilfspersonal etc. (BGE 84 II 166 = Pra 1958, 329). Wenn die Anspruchsvoraussetzungen gegeben sind, der Agent insb. den Kundenkreis erheblich vergrössert hat, dabei aber trotzdem netto keinen Verdienst erwirtschaften konnte, darf ihm folgerichtig keine Entschädigung zugesprochen werden (BGE 84 II 166 = Pra 1958, 329 f.). Dieses Ergebnis mag stossend sein, folgt aber dem Wortlaut des Gesetzes. Die Beschränkung auf den Nettojahresverdienst entspricht nicht der Regelung der EG-Richtlinie, die auf die «Vergütung» der letzten fünf Jahre abstellt, was auch als Bruttoverdienst verstanden werden kann. Die Frage ist kontrovers (dazu ZK-Bühler, N 58). 11

Im **Rahmen des Nettojahresverdienstes** hat der Richter, soweit die unter N 4–10 behandelten Anspruchsvoraussetzungen gegeben sind, die **Entschädigung angemessen** festzusetzen, denn die Vergütung soll in einem entsprechenden Verhältnis zum Jahresverdienst stehen (BGE 84 II 533; Dürr, 214, mit Berechnungsformeln; **a.M.** Maier, 372 f., der in Anlehnung an die deutsche Praxis vom Ausmass der Vorteile für den Auftraggeber ausgeht, unter Berücksichtigung aller Umstände allenfalls eine Anpassung vornimmt und die Entschädigung herabsetzt, wenn dabei der massgebliche Nettojahresverdienst überschritten wird). Unter dem Titel Angemessenheit der Entschädigung kann der Richter, gegenüber dem in Art. 418u Abs. 2 festgelegten Höchstmass, den Anspruch zwar herabsetzen, *aber nicht mehr verweigern*, da die grundsätzliche Billigkeit der Entschädigung bereits als Anspruchsvoraussetzung geprüft und bejaht werden musste. 12

Der Richter hat bei der Bestimmung der **Angemessenheit freies Ermessen**, d.h. er darf alle Umstände berücksichtigen, die ihn nach seinem Empfinden die gerechte Höhe des Entgelts ermitteln lassen (so detailliert in BGE 84 II 531; BGer, 10.10.2013, 4A_212/2013 zur beim Auftraggeber verbleibenden Kundschaft und darauf einzurechnenden Provisionen). *Insbesondere kommen dabei auch Umstände in Betracht, die bereits bei der Entscheidung der Anspruchsberechtigung* geprüft wurden. So etwa mit Bezug auf die massgebliche Tätigkeit des Agenten (N 4) eine allfällige parallele Werbetätigkeit des Auftraggebers oder günstige Wirtschaftslage; mit Bezug auf die erhebliche Erweiterung des Kundenkreises (N 6) der im Branchenvergleich nicht überdurchschnittliche Akquisitionserfolg; bez. Vorteil des Auftraggebers (N 7) die beschränkt mögliche Nutzung des Kundenpotentials durch den Auftraggeber oder die zu erwartenden Auswirkungen einer konkurrenzierenden Tätigkeit des Agenten; bez. Billigkeit (N 9) die dem Agenten während der Agentur gewährten Leistungen und die Dauer des Agenturverhältnisses, wobei insb. dieses Kriterium gemäss ratio legis auch durchaus zugunsten des Agenten wirken kann und soll, wo der Agent bei kurzer Vertragsdauer zwar dem Auftraggeber erhebliche Vorteile verschafft, selbst aber nicht mehr die Möglichkeit hatte, von künftigen Bestellungen zu profitieren. Ebenfalls bei der Bemessung der Höhe ist ein allfälliger Anspruch des Agenten auf Entschädigung aus Konkurrenzverbot anzurechnen, wenn die betroffenen Kundenkreise nicht kongruent sind (Art. 418d N 9). 13

Die **Praxis** zu Anspruch und Bemessung der Kundschaftsentschädigung lässt bez. **Unübersichtlichkeit** nichts zu wünschen übrig. Frühere Kommentierungen tragen mit zum Teil wohl- 14 gesetzter, aber de lege lata völlig unergiebiger Kritik an der Regelung von Art. 418u wenig zur Klarheit der Materie bei. Indessen: Die Regelung des Agenturvertrages generell und der Kundschaftsentschädigung im Besonderen ist so verwirrend auch wieder nicht, und es lassen sich im Einzelfall durchaus der ratio legis entsprechende, strukturierte, wohlbegründete und Rechtssicherheit schaffende Entscheide fällen. Der Gesetzestext steht dem nicht entgegen.

V. Beweislast

15 Der **Beweis** für die *wesentliche Erweiterung des Kundenkreises und den Vorteil des Auftraggebers* obliegt in Übereinstimmung mit Art. 8 ZGB dem Agenten, wobei die Anforderungen an den Nachweis des bleibenden Nutzens nicht überspannt werden dürfen (BGE 103 II 285). Der Auftraggeber dagegen hat zu beweisen, dass der Anspruch unbillig oder gegenüber dem Nettojahresverdienst herabzusetzen ist (Maier, 375; Burnand, 117).

VI. Unabdingbarkeit des Anspruchs

16 Der Agent kann auf die Vergütung für die Kundschaft **weder schon beim Abschluss noch während der Dauer** des Agenturvertrags verzichten. Jedoch ist der Lehre beizupflichten, dass Kriterien für die Bemessung der Kundschaftsentschädigung im Voraus vereinbart werden können (ZK-Bühler, N 50; Mustaki/Wyler, 57), soweit sie den Schutzzweck von Art. 418n (N 17) nicht unterlaufen. *Bei bzw. nach Auflösung* des Vertragsverhältnisses ist ein Verzicht auf Kundschaftsentschädigung generell *zulässig* (BGE 85 II 118) und im Rahmen einer vergleichsweisen Erledigung aller Ansprüche aus der Agentur auch nicht unüblich (ZK-Bühler, N 50). Bei der *Nebenagentur* kann auf die Kundschaftsentschädigung *im Voraus schriftlich verzichtet* werden, Art. 418a Abs. 2.

VII. Abweichende Parteivereinbarung zugunsten des Agenten

17 Art. 418u will verhindern, dass der Agent durch eine Kündigung des Agenturverhältnisses um die Früchte seiner Arbeit geprellt wird (vgl. etwa BGE 84 II 534). Der zu seinem Schutze gem. Art. 418u Abs. 1 unabdingbare Anspruch beträgt gem. Abs. 2 höchstens einen Nettojahresverdienst des Agenten. Dies schliesst aber eine Parteivereinbarung über eine höhere Entschädigung und/oder ggf. geringere Anspruchsvoraussetzungen nicht aus. Art. 418u legt einen Minimalanspruch des Agenten fest. **Weiterreichende Entschädigungsregelungen sind zulässig** (vgl. auch BK-Gautschi, N 6a; krit. zu Vorausvereinbarungen betr. Entschädigung Burnand, 99; in BGer, 11.6.2002, 4C.66/2002, wurde beim Versicherungsagenten eine vereinbarte Entschädigung der 5fachen Provision des der Kündigung folgenden Lohnes geschützt).

Art. 418v

V. Rückgabepflichten	**Jede Vertragspartei hat auf den Zeitpunkt der Beendigung des Agenturverhältnisses der andern alles herauszugeben, was sie von ihr für die Dauer des Vertrages oder von Dritten für ihre Rechnung erhalten hat. Vorbehalten bleiben die Retentionsrechte der Vertragsparteien.**
V. Devoir de restitution	Chaque partie est tenue de restituer à la fin du contrat tout ce qui lui a été remis pour la durée du contrat soit par l'autre partie, soit par des tiers pour le compte de cette dernière. Sont réservés les droits de rétention des parties.
V. Obbligo di *restituzione*	Allo spirare del contratto le parti devono restituirsi tutti gli oggetti che nel periodo di validità del contratto esse si sono affidati o che una di esse potrebbe aver ricevuto da terzi per conto dell'altra. Sono riservati i diritti di ritenzione delle parti.

Literatur

Vgl. die Literaturhinweise bei den Vorbem. zu Art. 418a–418v.

Die **Rückgabepflicht des Agenten** betrifft *ausschliesslich Gegenstände und Werte*, die er vom *Auftraggeber selbst oder von Dritten für Rechnung des Auftraggebers erhalten* hat. So sind namentlich für den Auftraggeber hereingenommene Gelder, etwa aus Inkasso, herauszugeben, ebenso wie vom Auftraggeber zur Verfügung gestellte Kundenunterlagen, Werbematerial, Serviceunterlagen, Waren- und Vertragsmuster, für den Auftraggeber verwaltete Lagerbestände, Fahrzeuge etc. Dem Agenten treuhänderisch übertragene Immaterialgüterrechte, bspw. Marken, müssen auf den Auftraggeber zurückübertragen werden (Art. 4 MSchG, vgl. BGE 131 III 572; BK-GAUTSCHI, N 1a–b). Die Rückgabepflicht besteht *vorbehältlich des Verrechnungs- und Retentionsrechts* des Agenten, Art. 418o. 1

Nicht herauszugeben sind vom Agenten *selbst erstellte Betriebsunterlagen*, namentlich seine *Kundenverzeichnisse* (HGer AG, SJZ 1958, 156). Der Auftraggeber verfügt über die darin enthaltene Information bereits aus den Vertragsunterlagen oder aufgrund der Informationspflicht des Agenten. Die Weiterverwendung der Betriebsunterlagen durch den Agenten allerdings richtet sich nach der allgemeinen Geheimhaltungspflicht, Art. 418d, und den generellen gesetzlichen Vorschriften betr. Wettbewerb und Geheimnisschutz. 2

Unklar ist, wieweit der Agent auch **Kundenkorrespondenz** herauszugeben hat (verneint von BK-GAUTSCHI, N 1b; differenzierter DÜRR, 224, der dies im Einzelfall von der Natur der Geschäftsbeziehung abhängig macht). 3

Die Rückgabepflicht des Auftraggebers ist in der Praxis kaum von Bedeutung. 4

Vierzehnter Titel: Die Geschäftsführung ohne Auftrag

Vorbemerkungen zu Art. 419–424

Literatur

AEBY, Die Geschäftsführung ohne Auftrag nach schweizerischem Recht, Diss. Zürich 1928; AMREIN, Die Gewinnherausgabe als Rechtsfortwirkung, Diss. Zürich 1967; BOCK, Gewinnherausgabe als Folge einer Vertragsverletzung, Diss. Basel 2010; BRINER, Der Tatbestand der sog. unechten Geschäftsführung ohne Auftrag nach schweizerischem Recht, Diss. Basel 1954; BÜRGI-WYSS, Der unrechtmässig erworbene Vorteil im schweizerischen Privatrecht, Diss. Zürich 2005; CHAPPUIS, La restitution des profites illégitimes: Le retour, in: Lachat Héritier/Hirsch (Hrsg.), FS für Alain Hirsch, Genf 2004, 342 ff. (zit. FS Hirsch); DIES., La remise du gain: les temps sont mûrs, in: Werro (Hrsg.), Quelques questions fondamentales du droit de la responsabilité civile: actualités et perspectives, Freiburg 2002, 51 ff. (zit. remise); DIES., Gestion d'affaires imparfaite (Geschäftsanmassung): de nouveau, SZW 2000, 201 ff. (zit. SZW 2000); DIES., La restitution des profits illégitimes, Diss. Genf 1991 (zit. Diss.); DAWSON, Negotiorum gestio: The Altruistic Intermeddler, Harv.L.Rev. 1961; DESSEMONTET, L'enrichissement illégitime dans la propriété intellectuelle, in: Merz/Schluep (Hrsg.), FS für Max Kummer, Bern 1980, 191 ff. (zit. FS Kummer); FISCHER, Schadensberechnung im gewerblichen Rechtsschutz, Urheberrecht und unlauteren Wettbewerb, Diss. Basel 1961; FRANK, Die Tragung der Kosten alpiner Rettungsaktionen, SJZ 1976, 185 ff.; FRIEDRICH, Die Voraussetzungen der unechten Geschäftsführung ohne Auftrag, insbesondere bei Annahme einer für einen Andern bestimmten Leistung, ZSR 1945, 9 ff.; GAUCH, Bauernhilfe: Drei Fälle und wie das Bundesgericht dazu kam, die Schadenersatzregel des Art. 422 Abs. 1 OR auf den Auftrag und die Gefälligkeit anzuwenden, in: Schmid/Seiler (Hrsg.), FS für Paul Richli, Zürich 2006 (zit. FS Richli); GILLIARD, La disparition de l'enrichissement, Diss. Lausanne 1985; HAHN, Vergütungsansprüche für Dienstleistungen bei fehlender vertraglicher Grundlage, Diss. Fribourg 2004; HILTI, Die «ungeschriebene Tatbestandsvoraussetzung» der Bösgläubigkeit – der Anfang vom Ende des Gewinnherausgabeanspruchs?, AJP 2006, 695 ff.; HOFSTETTER, Der Auftrag und die Geschäftsführung ohne Auftrag, in: Schweizerisches Privatrecht (SPR), Bd. VII/6, Basel 2000, 233 ff./Le mandat et la gestion d'affaires, in: Schweizerisches Privatrecht (SPR), Bd. VII/2/1, Basel 1994, 225 ff. (zit. SPR VII/6 und SPR VII/2/1); DERS., Gewinnherausgabe und Aufwendungsersatz des unechten Geschäftsführers ohne Auftrag, ZBJV 1964, 221 ff. (zit. ZBJV 1964); HOLENSTEIN, Wertersatz oder Gewinnherausgabe?, Diss. Zürich 1983; HÜRLIMANN-KAUP, Die privatrechtliche Gefälligkeit und ihre Rechtsfolgen, Diss. Fribourg 1998; JENNY, Die Eingriffskondition bei Immaterialgüterrechtsverletzungen, Unter Berücksichtigung der Ansprüche aus unerlaubter Handlung und unechter Geschäftsführung ohne Auftrag, Diss. Zürich 2005; LISCHER, Die Geschäftsführung ohne Auftrag im schweizerischen Recht, Diss. Basel 1990; MAISSEN/PURTSCHERT/RUSCH, Unentgeltliche Hilfeleistung: GoA, Gefälligkeit oder unentgeltlicher Auftrag?, Jusletter vom 9.9.2013; MOSER, Die Herausgabe des widerrechtlich erzielten Gewinns, Diss. Zürich 1940 (zit. Diss.); DERS., Zur Frage der Gewinnherausgabe, insbesondere im Wettbewerbsrecht, SJZ 1946, 1 ff. (zit. SJZ 1946); NERTZ, Der Anspruch auf Zahlung einer angemessenen Vergütung bei rechtswidriger Benutzung fremder Immaterialgüterrechte (sog. Lizenzanalogie), Diss. Basel 1995; NIETLISBACH, Zur Gewinnherausgabe im schweizerischen Privatrecht, Diss. Zürich 1994; OPPERMANN, Konstruktion und Rechtspraxis der Geschäftsführung ohne Auftrag – Zur Transformation eines bürgerlich-rechtlichen Instituts in das Wettbewerbsrecht, AcP 1993, 497 ff.; OTT, Stellvertretung ohne Vollmacht versus Geschäftsführung ohne Auftrag – Normenkollision oder Normenkomplementarität?, in: Meier/Siehr (Hrsg.), FS für Anton Heini, Zürich 1995, 285 ff.; REICHARD, Negotium alienum und ungerechtfertigte Bereicherung, AcP 1993, 567 ff.; REICHEL, Geschäftsführung ohne Auftrag und Vertretung ohne Vertretungsmacht, SJZ 1930, 198 ff.; REITHMANN/MARTINY (Hrsg.), Internationales Vertragsrecht, 6. Aufl., Köln 2004; RÖSLER, Haftpflicht für Schäden aus Hilfeleistung, Diss. Bern 1981; SCHALLER, Die Anspruchsmethode, AJP 2011, 3 ff. (zit. AJP 2011); DERS., Einwendungen und Einreden im schweizerischen Schuldrecht, Zürich 2010 (zit. Einwendungen); SCHAUFELBERGER, Bereicherung durch unerlaubte Handlung, Diss. Zürich 1981; SCHLOSSER, Der Know-how-Vertrag, sic! 1998, 269 ff. (zit sic! 1998); DERS., Le contrat de savoir-faire, Diss. Lausanne 1995 (zit. Diss.); SCHLUEP, Über Eingriffskondiktionen, in: Sturm (Hrsg.), FS für Paul Piotet, Bern 1990, 173 ff.; SCHMID, Die privatrechtliche Rechtsprechung des Bundesgerichts im Jahr 2006 und 2007, ZBJV 2010, 556 ff. (zit. ZBJV 2010); DERS, Die Geschäftsführung ohne Auftrag, in: Gauch/Schmid (Hrsg.), Die Rechtsentwicklung an der Schwelle zum 21. Jahrhundert, 2001, 421 ff. (zit. GoA); DERS., Gewinnherausgabe bei unerlaubter Untermiete, recht 2000, 205 ff. (zit. recht 2000); DERS., Fragen zur eigennützigen Geschäftsführung ohne Auftrag, ZBJV 1995, 261 ff. (zit. ZBJV 1995); DERS., Die Geschäftsführung ohne Auftrag, Fribourg 1992 (zit. Geschäftsführung); SCHNITZER, Handbuch des IPR, 4. Aufl., Basel 1957;

SPIRO, Die Begrenzung privater Rechte durch Verjährungs-, Verwirkungs- und Fatalfristen, Bd. 1, Bern 1975 (zit. Begrenzung); SPITZ, Überlegungen zum entgangenen Gewinn und Gewinnherausgabe im Bereich des gewerblichen Rechtsschutzes, sic! 2007, 795 ff.; STÖCKLI H., Bemerkungen zu BGer 31.3.2008 (4A_496/2007), BR/DC 2008, 169; STÖCKLI K., Stellt eine Arbeitsleistung aus Geschäftsführung ohne Auftrag eine Verwendung nach Art. 422 OR dar?, SJZ 1979, 347 f.; STOLJAR, Restitution – unjust enrichment and negotiorum gestio, Int. Enc. Comp. Law, Vol. X, Chapt. 17, Tübingen/Den Haag 1984; SUTER, Echte und unechte Geschäftsführung ohne Auftrag nach schweizerischem Obligationenrecht, Diss. Bern 1933; SUTTER-SOMM, Eigentum und Besitz, in: Schweizerisches Privatrecht (SPR), Bd. V/1, Basel 2014 (zit. SPR V/1); THUM, Die Geschäftsanmassung im deutschen, schweizerischen, französischen und belgischen Zivilrecht, Diss. Würzburg 1975; TISSOT, Essai sur la prescription de l'action en remis du gain de l'art. 423 al. 1 CO en proprieté intellectuelle, plädoyer 1997, 46 ff.; VISCHER/HUBER/OSER, Internationales Vertragsrecht, 2. Aufl., Bern 2000; WEBER R. H., Gewinnherausgabe – Rechtsfigur zwischen Schadenersatz-, Geschäftsführungs- und Bereicherungsrecht, ZSR 1992, 333 ff. (zit. ZSR 1992); DERS., Praxis zum Auftragsrecht und den besonderen Auftragsarten, Bern 1990 (zit. Praxis); WEBER R., AJP 2000, 1025 ff. (zit. AJP 2000); WIDMER, Vermögensrechtliche Ansprüche des Inhabers und Lizenznehmers bei der Verletzung von Immaterialgüterrechten, Diss. Basel 1985; WIEGAND, Gefälligkeitshandlungen und Schadenersatz nach Art. 422 OR, BGE 129 III 181, ZBJV 2004, 861 ff.; WIRTH, Die Geschäftsführung ohne Auftrag im internationalen Privatrecht, Diss. Basel 1988; WITTMANN, Begriff und Funktionen der Geschäftsführung ohne Auftrag, München 1981; WOLF, Geschäftsführung ohne Auftrag, SJK 1077–1079, 1950/56; WOLLSCHLÄGER, Die Geschäftsführung ohne Auftrag, Berlin 1976.

I. Wesen und Inhalt der Geschäftsführung ohne Auftrag

1 1. Die echte Geschäftsführung ohne Auftrag (GoA) ist ein **gesetzliches Schuldverhältnis**, das entsteht, wenn jemand (Geschäftsführer) willentlich, aber **ohne** vertragliche oder sonstwie **rechtserhebliche Veranlassung**, im **Interesse eines Dritten** (Geschäftsherrn) **tätig** wird (BGE 75 II 226 = Pra 1950, 24; BUCHER, BT, 255; TERCIER/FAVRE, N 5922; HONSELL, OR BT, 343 f.; ZK-SCHMID, Art. 422 OR N 33 ff.; KUKO OR-SCHALLER, Vor Art. 419–424 N 13; für extensiveren Geschäftsführungsbegriff inkl. ungetreue Geschäftsführung BK-GAUTSCHI, Vorbem. N 4a; MOSER, SJZ 1946, 3). Art. 419–424 wollen einen Ausgleich schaffen zwischen dem Interesse des Geschäftsherrn an der Nichteinmischung in seine privaten Angelegenheiten und dem Kompensationsinteresse des altruistisch auf Fremdnützigkeit bedachten Handelnden (FRIEDRICH, ZSR 1945, 12).

2 2. a) Die **echte GoA** (altruistische Fremdgeschäftsführung) als Quasi-Kontrakt bzw. als Anwendungsfall der Lehre vom faktischen Vertragsverhältnis (GAUCH/SCHLUEP/SCHMID/EMMENEGGER, N 1186 f.; SCHMID, Geschäftsführung, N 31 ff.; DERS., GoA, 422 f.) ist systematisch als **«Quasi-Auftrag»** dem Auftragsrecht angegliedert (so auch § 677 ff. BGB; § 1035 ff. ABGB), nicht in den AT des OR eingeordnet (z.B. im Rahmen der Verbindlichkeiten ausser Vertrag: so Art. 1372 ff. CC fr.; Art. 2028 ff. CC it.). Dogmatisch mag dieser gesetzgeberische Entscheid fragwürdig sein; praktische Gründe sprechen insoweit dafür, als die genehmigte GoA wie ein Auftrag behandelt wird (Art. 424), die Regeln von Art. 419 ff. somit (nur) in den Fällen nachträglicher Meinungsverschiedenheiten über die erbrachte Geschäftstätigkeit zur Anwendung kommen. Die Lehre unterscheidet zwischen «echter berechtigter GoA» (berechtigte altruistische Fremdgeschäftsführung) und «echter unberechtigter GoA» (unberechtigte altruistische Fremdgeschäftsführung); statt vieler vgl. HUGUENIN, OR AT/BT, N 1607, 1611; vertiefend Vor Art. 419–424 N 8 f.

b) Die egoistische Eigengeschäftsführung, d.h. die **Geschäftseinmischung** und die **Geschäftsanmassung** sind hingegen, weil unerlaubterweise in die Rechtssphäre des Geschäftsherrn eingegriffen wird, **quasi-deliktische Schuldverhältnisse**, deren Regelung systematisch zutreffend in den AT des OR gehören würde (vgl. BÜRGI-WYSS, 162 f.; HOFSTETTER, SPR VII/6 und SPR VII/2/1, 236 f./230; WEBER, Praxis, 232; vgl. zur systematischen Einordnung auch BOCK, 248 ff.). Im Schrifttum hat sich die Unterscheidung zwischen «unechter gutgläubiger GoA» (gutgläubige egoistische Eigengeschäftsführung) und «unechter bösgläubiger

GoA» (bösgläubige egoistische Geschäftsführung) durchgesetzt; statt vieler vgl. HUGUENIN, OR AT/BT, N 1608, 1611; vertiefend Vor Art. 419–424 N 10 f.

c) Weil eine (sachgemässe) Qualifikation des Rechtsverhältnisses wesentlich ist, sind die korrekten Anspruchsgrundlagen zu eruieren. Diesbezüglich ist die Anspruchsmethode «Wer will was von wem woraus?» heranzuziehen (vgl. dazu SCHALLER, AJP 2011, 3 ff.). 2a

3. Das schweizerische Recht wird von der (römisch-rechtlichen und gemeinrechtlichen) Grundidee (zur Rechtsgeschichte ZK-SCHMID, Vorbem. N 1, 7 ff.; SCHMID, Geschäftsführung, N 39 ff.; LISCHER, 5 ff. m.Nw.) geprägt, dass in fremdes Recht nicht einzugreifen ist. Auf dieser Basis werden die echte GoA (Art. 419, Art. 422) und die sog. unechte GoA (Art. 423) parallel geregelt, in der Meinung, dass der unredliche Geschäftsführer nicht besser gestellt sein soll als der redliche Geschäftsführer. Der Gesetzestext verursacht dadurch aber einige Unklarheiten, etwa hinsichtlich der Kenntnis der Fremdheit der getätigten Angelegenheit oder des subjektiven Willens zur fremdnützigen Tätigkeit. Das Gesetz enthält auch keine Legaldefinition für alle im 14. Titel geregelten Geschäftsführungsfälle (zur verwirrlichen Systematik der Randtitel ZK-SCHMID, Vor Art. 419–424 OR N 13). 3

Die sechs der GoA gewidmeten Gesetzesartikel haben angesichts der unterschiedlichen Sachverhalte (z.B. Rettungsaktion, Gewinnabschöpfung bei Immaterialgüterverletzung) z.T. wenig gemeinsam; überdies vermag die systematische Differenzierung in die Stellung des Geschäftsführers (Art. 419–421) und des Geschäftsherrn (Art. 422–424) nicht zu befriedigen, weil dadurch der Blick auf die einzelnen Geschäftsführungstypen (dazu N 7 ff.) getrübt wird. 4

4. Gegenstand der GoA vermögen alle positiven, auf Befriedigung eines menschlichen Bedürfnisses ausgerichteten **Tätigkeiten**, d.h. Tathandlungen (z.B. Besorgungen, Suchaktionen, Hilfeleistungen) und Rechtshandlungen (N 6; BGE 72 III 8) zu sein. Lehre und Rsp. gehen von einem weit gefassten Geschäftsführungsbegriff aus, der die Erledigung von Angelegenheiten oder die Erfüllung von Aufgaben irgendwelcher Art, Schwierigkeit und Tragweite inkl. ganzer Geschäftskomplexe (z.B. Verwaltungstätigkeit) mitumfassen kann (HOFSTETTER, SPR VII/6 und SPR VII/2/1, 256/252 f.; FRIEDRICH, ZSR 1945, 26; BUCHER, BT, 256; ZK-SCHMID, Art. 419 N 8; BK-GAUTSCHI, Vorbem. N 6; AEBY, 27 ff.; zur GoA im Prozess- und Betreibungsrecht BGE 80 III 124; GULDENER, 285). Nicht als Gegenstand der Geschäftsführung in Frage kommen (1) Handlungen, zu deren Vornahme es einer Vollmacht/Ermächtigung bedarf (FRIEDRICH, ZSR 1945, 26; MOSER, Diss., 130, 132), (2) ein Unterlassen bzw. ein Dulden (HOFSTETTER, SPR VII/6 und SPR VII/2/1, 256/253; BK-GAUTSCHI, Vorbem. N 4b; FRIEDRICH, ZSR 1945, 27; relativierend SCHMID, Geschäftsführung, N 173; BÜRGI-WYSS, 177 ff.) und (3) verbotene Handlungen, d.h. Handlungen, deren Erfolgsbewirkung auch durch den Geschäftsherrn rechtswidrig wäre (ZK-SCHMID, Art. 419 N 15; FRIEDRICH, ZSR 1945, 27; LISCHER, 20). 5

Rechtshandlungen können Gegenstand der GoA sein (z.B. Beauftragung eines Dritten mit der Vornahme bestimmter Tätigkeiten), soweit es sich nicht um vertretungsfeindliche Geschäfte, die sich nicht nachträglich genehmigen lassen, handelt (vgl. BGE 102 II 203). Der Geschäftsführer tritt dabei nicht im fremden, sondern im eigenen Namen auf und erwirbt einen Befreiungsanspruch (Art. 422). Die rechtsgeschäftliche Vertretungsvermutung von Art. 396 Abs. 2 lässt sich hingegen nicht auf die GoA übertragen (BUCHER, BT, 256). Im Aussenverhältnis gilt nur das Stellvertretungsrecht (vgl. auch BGE 41 II 271 f.; 107 III 50; dazu N 14). 6

II. Typen der Geschäftsführung ohne Auftrag

Folgende Typen der GoA lassen sich unterscheiden (vgl. auch SCHULIN/VOGT, AT, Tafel 56A; SCHMID, Geschäftsführung, N 4 ff.; LISCHER, 13 ff.): 7

8 1. **Echte berechtigte GoA** (auch echte Geschäftsführung ohne Auftrag): Willentliche Tätigkeit des Geschäftsführers im Interesse des Geschäftsherrn ohne vertragliche oder sonstwie rechtserhebliche Veranlassung (im Einzelnen Art. 419 N 2 ff.).

9 2. **Echte unberechtigte GoA** (auch unberechtigte Geschäftsführung ohne Auftrag, nicht gebotene altruistische GoA, nicht dringliche, irreguläre, unerwünschte GoA): Von der Interessenlage des Geschäftsherrn her betrachtet geht es bei der unberechtigten GoA um eine nicht gebotene Tätigkeit des Geschäftsführers ohne Verpflichtung zum Vorteil und gemäss mutmasslicher Absicht des Geschäftsherrn. Verschuldensrelevant ist die **Fehleinschätzung** der **Interessenlage** durch den Geschäftsführer anlässlich der Übernahme der Geschäftsführung (HOFSTETTER, SPR VII/6 und SPR VII/2/1, 266 f./260 f.): Der Geschäftsführer hätte wissen müssen, dass seine Tätigkeit zugunsten des Geschäftsherrn nicht geboten gewesen wäre. Mögliche Ansprüche sind deshalb ausservertraglich unter Anwendung des Delikts- und Bereicherungsrechts zu beurteilen, unter Vorbehalt – wegen der Fremdnützigkeit der Geschäftsführung – der besonderen Haftungsregelung von Art. 420 (SCHMID, Geschäftsführung, N 637 ff.; ZK-SCHMID, Art. 423 OR N 149 ff.). Deshalb hat der Geschäftsführer keine Verwendungsersatz- und Befreiungsansprüche, ausser wenn er die dem Geschäftsherrn aus der Geschäftsführung erwachsenden Nachteile auf sich nimmt (BK-GAUTSCHI, Art. 420 OR N 5d; LISCHER, 66; zur Frage der analogen Anwendung des Vorteilsaneignungsrechts von Art. 423, dort N 4).

10 3. **Unechte gutgläubige GoA** (auch Geschäftseinmischung, gutgläubige, eigennützige Geschäftsanmassung): Der Geschäftsführer tätigt objektiv ein fremdes Geschäft, ohne beauftragt zu sein, doch **meint** er, in **eigener Angelegenheit** tätig zu werden (kein Fremdgeschäftsführungswille bzw. fehlendes Unrechtsbewusstein). Für die Beurteilung der Frage, ob der Geschäftsführer gutgläubig oder bösgläubig tätig wird (vgl. BK-JÄGGI, Art. 3 OR N 35 ff.; BK-GAUTSCHI, Vorbem. N 25), ist massgebend, ob er von der Fremdheit des von ihm geführten Geschäfts Kenntnis hat oder nicht (bzw. hätte haben müssen). Fahrlässiger Irrtum bedeutet Bösgläubigkeit (HOFSTETTER, SPR VII/6 und SPR VII/2/1, 271/265). Mangels Vorliegens des Fremdnützigkeitskriteriums handelt es sich bei der Geschäftseinmischung dogmatisch betrachtet nicht um einen Geschäftsführungstatbestand: Demgemäss kann der «Geschäftsführer» den erwirtschafteten Vorteil – vorbehältlich der Anwendung des Bereicherungsrechts – grundsätzlich für sich beanspruchen (LISCHER, 71 m.Nw.), die Haftung gem. Art. 420 kommt nicht zur Anwendung und Ersatzansprüche nach Art. 422 entfallen (vgl. auch ZK-SCHMID, Art. 419 OR N 164 ff.; NIETLISBACH, 96 f.).

11 4. **Unechte bösgläubige GoA** (auch Geschäftsanmassung, unechte GoA): Geschäftsanmassung liegt vor, wenn der Geschäftsführer fremde Geschäfte ungeachtet des beachtlichen Interesses und mutmasslichen Willens des Geschäftsherrn (ausdrückliches oder implizites Verbot; vgl. BGE 72 III 8; 86 II 25 = Pra 1960, 147 f.; vgl. auch RVJ 1994, 292) willentlich und bösgläubig zu eigenen macht. Mangels einer Absicht, «für einen anderen zu handeln», liegt an sich kein Geschäftsführungstatbestand vor, doch hat der Gesetzgeber die Geschäftsanmassung in Art. 423 geregelt, damit – v.a. im Hinblick auf die Vorteilsherausgabe – der unredliche Geschäftsführer nicht besser gestellt wird als der redliche Geschäftsführer (vgl. Art. 423 N 2).

III. Anwendungsbereich der Geschäftsführung ohne Auftrag

12 Bezugnahmen auf die GoA finden sich in Art. 540 Abs. 2, Art. 418n Abs. 1 OR, Art. 28a Abs. 3 ZGB, Art. 9 Abs. 3 UWG, Art. 55 Abs. 2 MSchG, Art. 62 Abs. 2 URG und (implizit) Art. 753 Abs. 2 ZGB; das Finderrecht ist lex specialis (Art. 720–722 ZGB), ebenso die Regelung der Rettungsaktionen im See- und Luftfahrtrecht (vgl. auch Art. 58 Abs. 3 SVG; dazu ZR 1985, 206 ff.; KGer GR, 18.2.1998, PKG 1998, 78 ff.); zu Sondervorschriften für bestimmte Geschäftsführungsfälle vgl. SCHMID, Geschäftsführung, N 144 ff.; zur Anwendung der GoA im öffentlichen Recht ZK-SCHMID, Vorbem. N 30 ff.

Die Grundsätze der GoA lassen sich in bestimmten Zusammenhängen auf vertragliche Beziehungen übertragen, z.B. auf die Haftung gegenüber dem unentgeltlich tätigen Beauftragten (BGE 61 II 97; 48 II 492; Art. 402 N 14), auf eine Ersatzpflicht im Mietrecht (BGE 61 II 38 f.), auf die Begründung einer Entschädigungspflicht des Bestellers für ein vom Unternehmer nicht vollendetes Werk (Bucher, BT, 257) oder auf die Erfüllung vertraglicher Nebenpflichten des Schuldners durch den Gläubiger im Interesse der Vertragsabwicklung (ZK-Schmid, Art. 419 N 87; Bucher, BT, 259). Art. 423 hat sich zu einer allgemeinen Rechtsgrundlage für eine Vorteilsherausgabe entwickelt (vgl. Art. 423 N 13). Hingegen ist die Figur der GoA zur Begründung von Regressansprüchen untauglich. **13**

IV. Abgrenzungen

1. **Stellvertretung**: Das Stellvertretungsrecht befasst sich mit dem **Aussenverhältnis** zwischen dem Geschäftsführer und dem Dritten, während das **Geschäftsführungsrecht** das **Innenverhältnis** zwischen dem Geschäftsführer und dem Geschäftsherrn betrifft (BGer, 25.5.2004, 4C.326/2003, E. 3.5.1; zum Ganzen Ott, 288 ff.). Handelt der Geschäftsführer mit Vollmacht im fremden Namen (direkte Stellvertretung), sind bei gebotener Vollmachtsüberschreitung die Regeln der GoA anwendbar (vgl. BGer, 12.1.2000, 4C.234/1999, E. 6, aa = Pra 2002, 429 f.); bei Handeln im eigenen Namen (indirekte Stellvertretung) wird der Geschäftsführer dem Dritten verpflichtet, der Dritte hat somit keinen direkten Anspruch gegen den Geschäftsherrn (BGE 41 II 271; 42 II 470; in Hilfsaktionsfällen problematisch, vgl. von Büren, BT, 336; Bucher, BT, 257). Handelt der Geschäftsführer ohne Vollmacht im fremden Namen, kommt im Aussenverhältnis kein Geschäft zustande; intern hat der Geschäftsführer bei gebotenem Handeln im Rahmen der eingetretenen Bereicherung einen Anspruch für aus Art. 39 erwachsende Ersatzpflichten gem. Art. 422 (Verwendungsersatz: von Tuhr/Peter, 402 FN 20; BK-Gautschi, Vorbem. N 9; von Büren, BT, 335), bei nicht gebotenem Handeln ist eine Kostenabwälzung hingegen nicht möglich. Tritt der Geschäftsführer im eigenen Namen auf, sind die Regeln der die entsprechenden Voraussetzungen erfüllenden Geschäftsführungsart anwendbar. **14**

2. **Sachenrecht**: Die echte GoA geht als Quasi-Kontrakt den sachenrechtlichen *Ansprüchen* von Art. *938 ff.* ZGB (Besitz) sowie den sachenrechtlichen *Ausgleichsansprüchen* (z.B. Art. 672, Art. 678, Art. 726/727, Art. 753 ZGB) vor (vgl. BGE 99 II 134). Im Falle einer unberechtigten GoA oder Geschäftsanmassung sind hingegen die Sachenrechtsregeln anzuwenden, vorbehältlich der in Art. 940 ZGB nicht erwähnten Vorteilsherausgabe bei Weiterveräusserung einer Sache (gegen Herausgabe des Zwischengewinns auch bei Gutgläubigkeit Sutter-Somm, SPR V/1, N 1483; Holenstein, 137 ff.; Lischer, 192 f.; ebenfalls BGE 71 II 90; BK-Gautschi, Vorbem. N 13a; eingehender zur Sachenrechtsabgrenzung Hofstetter, SPR VII/6 und SPR VII/2/1, 244 ff./239 ff.; Schmid, Geschäftsführung, N 1407 ff.; ZK-Schmid, Art. 419 OR N 145 ff., Art. 423 N 188 ff.; BK-Gautschi, Vorbem. N 15/16). **15**

Für die Abgrenzung zu besonderen **familien-** und **erbrechtlichen** Ansprüchen vgl. Schmid, Geschäftsführung, N 1390 ff.

3. **Vertrag**: Ansprüche aus GoA lassen sich geltend machen, wenn der Geschäftsführer irrtümlich meint, gestützt auf einen Vertrag zu handeln (Art. 419 N 8; **a.A.** BGE 75 II 226 = Pra 1950, 23 f.) oder wenn der Geschäftsführer vertraglich tätig wird, sich aber dieser Vertrag als nichtig, ungültig oder beendet erweist (Hofstetter, SPR VII/6 und SPR VII/2/1, 247f/243; vgl. auch Schmid, Geschäftsführung, N 1172 ff.; ZK-Schmid, Art. 419 N 71 ff.; in BGE 111 II 449 f. offengelassen bei Bank, die nach Beendigung des Girovertrages Einzahlungen für Kunden entgegennahm). Bei Überschreitung vertraglich eingeräumter Kompetenzen sind hingegen i.d.R. die entsprechenden Vertragsnormen anwendbar (ZK-Schmid, Art. 419 OR N 83; **a.A.** BK-Gautschi, Art. 419 OR N 3a). Voraussetzung für das Vorliegen eines Vertrages ist der Rechtsbindungswille; dieser ist wohl zu bejahen, wenn der Leistungsempfänger an einer **16**

fachmännischen Unterstützung erkennbar Interesse zeigt oder wenn der Leistungserbringer ein eigenes (rechtliches oder ökonomisches) Interesse an der zu gewährenden Hilfe mitbringt (vgl. BGE 137 III 542; 129 III 183; 116 II 697). Zudem sprechen eine fehlende freund- oder verwandtschaftliche Verbundenheit zwischen den Parteien (vgl. Hürlimann-Kaup, 203) oder das Vorliegen konkreter Weisungen für ein Vertragsverhältnis (Schaller, AJP 2011, 9).

17 Eine **Konkurrenz** zwischen Vertragsansprüchen und Ansprüchen aus echter GoA vermag deshalb nicht zu entstehen, weil für die GoA vorausgesetzt ist, dass der Geschäftsführer ohne Rechtspflicht handelt (Schmid, Geschäftsführung, N 1155 ff.). Hingegen kann Konkurrenz eintreten im Falle der echten unberechtigten GoA und der unechten bösgläubigen GoA, soweit vertragliche Regeln (z.B. Rechenschafts- und Auskunftspflichten, BK-Gautschi, Vorbem. N 17a/b) nicht schon kraft Analogie anwendbar sind, doch setzt die konkurrierende Anwendung die Erfüllung der jeweiligen nicht deckungsgleichen Voraussetzungen der beiden Rechtsgrundlagen voraus (vgl. Dessemontet, FS Kummer, 198; Lischer, 137 ff.; Schmid, Geschäftsführung, N 1243 ff.; zurückhaltender Hofstetter, SPR VII/6 und SPR VII/2/1, 247/243 f., 257/263; vgl. auch BGE 45 II 208: Verkauf von nach Plänen des Bestellers erbauter Maschine an Dritten; SJ 1951, 435 f.). **Beispiele** (vgl. ZK-Schmid, Art. 423 OR N 77 ff.; Weber, ZSR 1992, 333 f.; Nietlisbach, 128 ff., 437 ff.; Lischer, 145 ff.): Gewinnherausgabe in bestimmten Situationen bei Alleinvertriebsverträgen (vgl. Holenstein, 107 ff., 184 ff. zu BGE 107 II 222), bei Verletzung eines Konkurrenzverbotes oder Verwertung eines immaterialgüterrechtlich nicht geschützten Gedankenguts (BGE 77 II 263; 64 II 172; 45 II 209), bei Selbstkontrahieren oder Doppelvertretung (BGE 26 II 32), bei unerlaubter Untermiete (vgl. Art. 423 N 6; BGE 126 III 72 = Pra 2001, 62 ff., mit Bemerkungen von Weber R., AJP 2000, 1027 f. und Schmid, recht 2000, 205 ff.), bei vertragswidriger Veräusserung einer Pfandsache (BGE 51 II 575); zur Abgrenzung der GoA vom Handeln gestützt auf einen Vertrag zugunsten eines Dritten Schmid, Geschäftsführung, N 266 ff.; ZK-Schmid, Art. 419 OR N 94 ff.

18 4. **Ungerechtfertigte Bereicherung**: Sowohl bei der GoA wie bei der ungerechtfertigten Bereicherung *fehlt* es an einem *Rechtsgrund für* den *Eingriff* in eine fremde Rechtssphäre bzw. den Eintritt eines Vermögensvorteils. Ansprüche aus **echter GoA** (Quasi-Kontrakt) gehen grundsätzlich den als Ergänzung konzipierten Ansprüchen aus ungerechtfertigter Bereicherung (Quasi-Delikt) vor, doch erfolgt eine gegenseitige Anrechnung (Hofstetter, SPR VII/6 und SPR VII/2/1, 240/235; BK-Gautschi, Vorbem. N 18; Schmid, Geschäftsführung, N 1310 ff.; zur Subsidiarität des Bereicherungsanspruches Schluep, 185, 186). Die **echte GoA** knüpft an **objektive** wie **subjektive Voraussetzungen** an (Geschäftsführung in fremdem Interesse, Gewinn braucht nicht dem Verlust des Geschäftsherrn zu entsprechen), während das **Bereicherungsrecht** (nur) auf **objektiven Voraussetzungen** beruht (Bereicherung, die einer Vermögenseinbusse beim Entreicherten entspricht). Der Geschäftsführer unterliegt auch im Gegensatz zum Bereicherungsschuldner besonderen Sorgfalts- und Treuepflichten sowie der vertraglichen Erfüllungsgehilfenhaftung (Art. 101).

19 Die **objektiven Voraussetzungen** der Bereicherungsherausgabe bei der Eingriffskondiktion decken sich weitgehend mit den Vorteilsherausgabevoraussetzungen bei der **Geschäftsanmassung** (Dessemontet, FS Kummer, 206; eingehender Art. 423 N 10): Die Vermögensvermehrung wird durch eine Handlung desjenigen herbeigeführt, bei dem sich der Vorteil realisiert; sowohl bei der Eingriffskondiktion wie bei der Geschäftsanmassung ist danach zu fragen, ob dem Schuldner ein gesetzlicher oder vertraglicher Behaltensgrund zusteht (vgl. dazu Schmid, Geschäftsführung, N 1336 ff.; Lischer, 156 ff., 176 f.; zu den im Einzelnen umstrittenen subjektiven Voraussetzungen vgl. Art. 423 N 8, 11). Bei der Bereicherung ist jedoch als Eingriffserwerb der Wert des Erlangten (bzw. der objektive Verkehrswert), nicht der Gewinn herauszugeben; Art. 423 ist demgemäss insoweit umfassender, als nicht lediglich der *Bereicherungsgegenstand*, sondern die ganze *Vermögensvermehrung* herauszugeben ist (aus der z.T. noch ungesicherten Praxis des BGer vgl. BGE 98 II 333; 97 II 178; 86 II 25 = Pra 1960, 147 f.; BGE 83 II 536 = Pra 1958, 99 f.; 75 II 226 = Pra 1950, 23 f.; BGE 55 II 265).

20 5. **Unerlaubte Handlung**: Gemäss dem Grundsatz, dass sich Unrecht nicht lohnen soll (vgl. auch BGE 98 II 333; 97 II 176), berechtigt ein Eingriff in eine fremde Rechtssphäre zur Geltendmachung von Ansprüchen aus GoA und unerlaubter Handlung (Anspruchskonkurrenz; vgl. Art. 421 Abs. 2; BK-GAUTSCHI, Vorbem. N 22a, 23; HOFSTETTER, SPR VII/6 und SPR VII/2/1, 246 f./241 f.; differenzierend SCHMID, Geschäftsführung, N 1277 ff.). Bedeutung hat dieser Grundsatz insb. für die Vorteilsherausgabe, wobei Art. 423 auf den Gewinn beim Geschäftsanmasser, Art. 41 hingegen auf den Verlust im Vermögen des Geschädigten abstellt (vgl. auch ZK-SCHMID, Art. 423 OR N 174 ff.). Zwischen den Ansprüchen besteht Alternativität bzw. gegenseitige Anrechnung (WIDMER, 98 ff., 103; DESSEMONTET, FS Kummer, 207; HOLENSTEIN, 188; missverständlich BGE 97 II 178: Ablehnung der Kumulation).

V. Internationales Privatrecht. Rechtsvergleichung

21 1. **IPR**: Das IPRG enthält keine umfassende Kollisionsnorm, nur spezifische Bestimmungen zu Immaterialgüterrechtsverletzungen (vgl. ZK-SCHMID, Vorbem. N 40 ff.; zur subjektiven Anknüpfung und ihren Schranken ZK-SCHMID, Vorbem. N 50 ff.; SCHMID, Geschäftsführung, N 1606 ff.). Die ältere Lehre sowie die Rsp. knüpfen die GoA objektiv analog zum Auftrag an das Recht des Tätigwerdenden an (BGE 112 II 452 = Pra 1987, 506 f.; ZK-SCHÖNENBERGER/JÄGGI, Allg. Einl. N 302; SCHNITZER, 716; vgl. auch WIRTH, 67). Diese Auffassung wird jedenfalls der quasi-deliktischen Geschäftsanmassung nicht gerecht und verkennt auch für die echte GoA, dass i.d.R. die engste Beziehung zum Recht des Ortes besteht, an dem das *Geschäft besorgt* wird bzw. der *Erfolg eintritt* (VISCHER/HUBER/OSER, N 506; ZK-SCHMID, Vorbem. N 72 f.; SCHMID, Geschäftsführung, N 1650 ff.; 1703 ff.; Soergel-KEGEL, Vor Art. 7 EGBGB N 535; REITHMANN/MARTINY, 353 ff.; vgl. auch BK-GAUTSCHI, Vorbem. N 32; WIRTH, 53, 56, 75 f.). Das Recht des Tätigkeitsortes (bzw. Handlungsortes) hat jedoch zurückzutreten, wenn rechtsgeschäftliche Bezüge (z.B. Tätigkeit im Zusammenhang mit gültigem Vertrag bzw. Genehmigung der GoA) oder sonstige stärkere Beziehungen (z.B. Schuldstatut bei Bezahlung fremder Schulden) vorliegen (VISCHER/HUBER/OSER, N 507 ff.; ZK-SCHMID, Vorbem. N 65).

22 2. **Rechtsvergleichung** (vgl. auch ZK-SCHMID, Vorbem. N 2; BÜRGI-WYSS, 76 ff.; HAHN, 288 ff.): Deutschland: § 677 ff. BGB; Österreich: § 1035 ff. ABGB; Frankreich: Art. 1372 ff. CC fr.; Italien: Art. 2028 ff. CC it.; fehlende Entsprechung im anglo-amerikanischen Recht (zu den «Ersatzlösungen» vgl. ZK-SCHMID, Vorbem. N 80 ff.; SCHMID, Geschäftsführung, N 65 ff.; STOLJAR, Ziff. 57/58; DAWSON, Negotiorum gestio: The Altruistic Intermeddler, Harv.L.Rev. 1961, 817 ff., 1073 ff.; vgl. auch BÜRGI-WYSS, 87 ff.).

Art. 419

A. Stellung des Geschäftsführers
I. Art der Ausführung

Wer für einen anderen ein Geschäft besorgt, ohne von ihm beauftragt zu sein, ist verpflichtet, das unternommene Geschäft so zu führen, wie es dem Vorteile und der mutmasslichen Absicht des anderen entspricht.

A. Droits et obligations du gérant
I. Exécution de l'affaire

Celui qui, sans mandat, gère l'affaire d'autrui, est tenu de la gérer conformément aux intérêts et aux intentions présumables du maître.

A. Posizione del gestore
I. Modo della esecuzione

Chi, senza averne mandato, assume l'affare d'un altro, è tenuto a gerirlo in modo corrispondente all'interesse e all'intenzione presumibile del medesimo.

Literatur

AMONN/WALTHER, Grundriss des Schuldbetreibungs- und Konkursrechts, 9. Aufl., Bern 2013; GUHL, ZBJV 1942; LOTZ, Zur Frage der rechtlichen Verantwortlichkeit des Arztes, BJM 1968, 107 ff.; SIMONIUS, SJ 1949; vgl. die Literaturhinweise bei den Vorbem. zu Art. 419–424.

I. Allgemeines

1 Art. 419 ist der Grundtatbestand des Geschäftsführungsrechts und regelt im Wesentlichen einzelne objektive und subjektive Voraussetzungen der echten GoA. Leitbildfunktion hat die altruistische Menschenhilfe (SCHMID, Geschäftsführung, N 22); die Geschäftsbesorgung ist weit auszulegen (Vor Art. 419–424 N 5).

II. Voraussetzungen der Geschäftsführung ohne Auftrag

1. Grundsatz (Fremdnützigkeit)

2 Geschäftsführung i.S.v. Art. 419 bedeutet die Besorgung **fremder**, nicht eigener **Angelegenheiten** (vgl. auch Art. 422); die Geschäftsbesorgung muss gutgläubig (vgl. BK-GAUTSCHI, N 5) vorgenommen werden sowie objektiv und subjektiv im Drittinteresse liegen. Wirkt der Geschäftsführer unmittelbar auf Rechte und Pflichten des Geschäftsherrn ein, führt er *objektiv* fremde Geschäfte (SCHMID, Geschäftsführung, N 176 ff.; HOFSTETTER, SPR VII/6 und SPR VII/2/1, 256/252 f.; FRIEDRICH, ZSR 1945, 30 ff.). *Subjektiv* muss ein Fremdgeschäftsführungswille vorliegen, d.h. das Geschäft soll nach dem Willen des Geschäftsführers dem Rechts- und Interessenbereich des Geschäftsherrn mit dem Bewusstsein zugeordnet werden, für einen Anderen zu handeln (BGE 86 II 25 = Pra 1960, 147 f.; SJ 1951, 435 f.; ZBJV 1931, 545 ff.; zur Problematik des Begriffs des subjektiven Geschäfts ZK-SCHMID, N 19 f.). Untergeordnete mitwirkende Eigeninteressen sind zulässig (SCHMID, Geschäftsführung, N 217 ff.; KUKO OR-SCHALLER, Art. 419 N 1).

3 Das Vorliegen der echten GoA hängt somit von der Einwirkung auf die Rechtsposition des Geschäftsherrn und der wollensmässigen Ausrichtung der Tätigkeit auf einen Anderen ab. Dementsprechend ist weder die eingeschränkte Anwendung des subjektiven Elementes nur im Fall der Genehmigung der Geschäftsführung (so BK-GAUTSCHI, Vorbem. N 10a, 10c; Art. 419 N 1a) noch der Verzicht auf das Kriterium der Fremdheit der Geschäftsbesorgung sachgerecht (HOFSTETTER, SPR VII/6 und SPR VII/2/1, 259 f./254 f.; LISCHER, 24 f.).

2. Objektive Elemente

a) Besorgung eines fremden Geschäfts

4 Die ältere Lehre hat Fremdnützigkeit der Geschäftsbesorgung angenommen, wenn der Geschäftsführer durch seine Tätigkeit in fremde Rechte und damit in fremdes Vermögen (in eine fremde Interessensphäre) eingreift (sog. Eingriffstheorie: BGE 47 II 198; 45 II 208; ZK-OSER/SCHÖNENBERGER, N 8). Die neuere Lehrmeinung differenziert insofern, als im Falle einer *echten GoA* jedes Geschäft «fremd» ist, das nicht ausschliesslich den Rechtsbereich des Handelnden beschlägt, während im Falle einer *Geschäftsanmassung*, bei der es angesichts der Eigenmächtigkeit des Geschäftsführers vornehmlich um den Erfolg der Tätigkeit geht (Vorteilsaneignung), nur Geschäfte fremd sind, an denen der Geschäftsherr die ausschliessliche Nutzungsberechtigung hat (LISCHER, 27–30; WIDMER, 83). Die Fremdnützigkeit kann sich auch darin ausdrücken, dass der Geschäftsführer keine Ansprüche gegen den Geschäftsherrn stellen will (BGE 83 II 536 = Pra 1958, 99 f.; 55 II 264).

5 **Beispiele** (vgl. auch ZK-SCHMID, N 31 ff.; SCHMID, Geschäftsführung, N 295 ff.): Im Fremdinteresse liegen die Führung eines Restaurants während der Dauer einer auflösenden Bedin-

gung des Kaufvertrages (SJ 1966, 584 ff.), die Suchaktion nach einem vermeintlich verunglückten Feriengast (SJZ 1950, 208 ff.), die Räumung eines teilweise eingestürzten Hauses und die Einlagerung des Mobiliars der Mieter (BJM 1969, 287), die Einlieferung eines Kindes ins Spital (Rep 1983, 312 ff.), die Prozesseinleitung des Arbeitgebers für den Arbeitnehmer auf Auszahlung einer Versicherungssumme (BGE 67 II 145), die Prozessführung des Bankkontoinhabers zugunsten der Bank (BGE 112 II 458 = Pra 1987, 514), die Prozessführungsvertretung einer juristischen Person durch dafür nicht ordnungsgemäss bestellte Personen (BK-Riemer, Art. 54/55 OR N 14), die Vornahme gewisser betreibungsrechtlicher Handlungen (Amonn/Walther, 75 f.; vgl. BGE 107 III 49; 97 III 113), die ärztlich notwendige Erweiterung des Eingriffs während einer schwierigen Operation (vgl. Lotz, BJM 1968, 118 f.), die Vornahme von Handlungen gestützt auf einen ungültigen Vertrag bzw. bei Überschreiten einer Vollmacht/Weisung, ebenso die Vornahme von freiwilligen Beiträgen zum Unterhalt eines Kindes, ohne unterhaltspflichtig zu sein (BGE 123 III 163 = Pra 1997, 575 f.). Nicht fremdnützig sind hingegen ein Vorgehen nach Art. 98 oder Art. 256 Abs. 2 aOR/Art. 259b lit. b OR (BGE 61 II 38), die Einleitung der Widerspruchsklage durch den Eigentümer (ZR 1937, 230), die Berücksichtigung des eigenen Interesses beim Verkauf eines Occasionwagens (SJZ 1975, 369), die Tätigkeit des Rechtsvertreters der Ehefrau in Matrimonialangelegenheiten (ZR 1950, 359 ff.), die Vorkehr von Massnahmen, um eine eigene Haftpflicht zu vermeiden.

Die *Entgegennahme* einer *Zahlung* stellt grundsätzlich einen Geschäftsführungstatbestand dar (BGE 83 II 536 = Pra 1958, 99 f.; 68 II 34; 55 II 265; BJM 1955, 136 ff.; Simonius, SJ 1949, 218; Schmid, Geschäftsführung, N 388; BK-Gautschi, Vorbem. N 28). Zur Diskussion Anlass gibt jeweilen die Frage der Berechtigung der Einbehaltung des vereinnahmten Geldes. Entscheidend ist diesbezüglich der erkennbare Zuordnungswille des Schuldners: Hat der Geschäftsführer eine Forderung gegen den Geschäftsherrn, so hat er die schuldnerische Leistung dann an den Geschäftsherrn als wirklichen Gläubiger herauszugeben, wenn er die Fremdbestimmtheit der Leistung (gemäss dem schuldnerischen Zuordnungswillen) hätte erkennen müssen; ist die Fremdbestimmtheit der Leistung hingegen nicht erkennbar, liegt eine (gutgläubige) Geschäftseinmischung vor (Bsp. in BGE 68 II 29; krit. dazu Guhl, ZBJV 1942, 372; Friedrich, ZSR 1945, 34; Lischer, 32, f.; zur Bezahlung einer bestrittenen Schuld BGE 86 II 25 f. = Pra 1960, 147 f.; differenzierend zur Erfüllung fremder Verbindlichkeiten RVJ 1994, 292; Schmid, Geschäftsführung, N 388 ff.; ZK-Schmid, Art. 422 OR N 26 ff.). 6

b) Fehlen einer Handlungspflicht

Der Geschäftsführer muss die Absicht haben, **ohne Handlungspflicht** fremdnützig tätig zu werden (BGE 99 II 134; 75 II 226 = Pra 1950, 23 f.; BK-Gautschi, N 2a; ZK-Schmid, N 63; Schmid, Geschäftsführung, N 239 ff.; vgl. auch die negative Begriffsumschreibung der GoA in § 1035 ABGB). Unerheblich ist, ob der Handelnde von einem Dritten beauftragt ist (Auftrag zur GoA bzw. Vertrag zugunsten Dritter: vgl. Schmid, Geschäftsführung, N 94 ff.; Hofstetter, SPR VII/6 und SPR VII/2/1, 238/232 FN 20). «Ohne Auftrag» bedeutet «ohne Rechtsgrund», d.h. ohne Vorliegen irgendeines Vertrags (z.B. eine Schenkung infolge einer Schenkungsabsicht des Geschäftsführers, dazu BGE 123 III 164 = Pra 1997, 576; Huguenin, OR AT/BT, N 1613) oder einer Tätigkeitspflicht gestützt auf eine gesetzliche oder behördliche Auflage (z.B. als Inhaber der elterlichen Gewalt, Willensvollstrecker [vgl. betr. Unterzeichnung des Teilungsvertrages: BGE 102 II 201 ff.], Beamter; vgl. BK-Gautschi, Vorbem. N 2; ZK-Schmid, N 67). Die Regeln der GoA sind grundsätzlich auch anwendbar, wenn gesetzliche Hilfeleistungspflichten (unabhängig von der Frage des echten zivilrechtlichen Pflichtencharakters) z.B. nach Art. 128 StGB, Art. 51 Abs. 2 SVG, Art. 23 Abs. 2 BSG bestehen (dazu Schmid, Geschäftsführung, N 254 ff.). 7

Bei **Irrtum** des Geschäftsführers über das Vorliegen eines Auftrags will die Rsp. die Regeln von Art. 419 ff. nicht angewendet wissen (BGE 75 II 226 = Pra 1950, 23 f.; 99 II 134); diese 8

Betrachtungsweise ist insoweit problematisch, als sie denjenigen, der zu Unrecht an den Bestand eines Vertrages glaubt, schlechter stellt als denjenigen, dem die Vertragslosigkeit bewusst gewesen ist (WEBER, Praxis, 218; ZK-SCHMID, N 70; ZK-SCHMID, N 595 ff.; BUCHER, BT, 257; VON BÜREN, BT, 332).

9 Nur je nach den konkreten Umständen kommt die GoA bei Vorliegen einer **sittlichen/moralischen Pflicht** zur Anwendung (z.B. Fürsorge unter Verwandten: BGE 57 II 101; HOFSTETTER, SPR VII/6 und SPR VII/2/1, 259/254 f.; SCHMID, Geschäftsführung, N 283 f., 591 ff.; zur restriktiven Annahme einer sittlichen Pflicht BGE 83 II 536 = Pra 1958, 99 f.). Einen Schadenersatzanspruch hat das Bundesgericht (BGE 97 II 266) aber für den Fall der besseren Heilung durch Verwandtenbesuche (i.S. der Schadensminderung) anerkannt und den Schädiger zum Ersatz der Reisekosten der Verwandten verpflichtet. Eine Schenkungsabsicht schliesst den Verwendungs-, nicht aber unbedingt den Schadenersatz aus (WEBER, Praxis, 219).

9a Die Gefälligkeit stellt eine unentgeltliche Leistung mit altruistischem Charakter dar, die ohne Rechtbindungswille erfolgt (BGE 137 III 541; vgl. auch Art. 394 N 16). Die Interessenlagen des Leistungserbringers und des Leistungsempfängers spielen bei der Beurteilung des Rechtsverhältnisses eine wesentliche Rolle. Prüfenswert ist zudem, ob der Leistungserbringer das Risiko eines Schadens erkennt (spricht für GoA), dem Leistungsempfänger lediglich einen guten Dienst erweisen möchte (spricht für Gefälligkeit) oder aus Eigeninitiative handelt, welche wiederum für eine GoA sprechen würde (vgl. überblicksmässig KUKO OR-SCHALLER, Vor Art. 419–424 N 6). Ob die Eigeninitiative des Geschäftsführers, die sog. Eigenmacht, das alleinige Kriterium für die Abgrenzung (zugunsten der GoA) darstellen kann, ist m.E. fraglich (vgl. MAISSEN/PURTSCHERT/RUSCH, N 9, 13; krit. dazu KUKO OR-SCHALLER, Vor Art. 419–424 N 6). Weiter zur Abgrenzung vom Gefälligkeitsverhältnis vgl. SCHMID, Geschäftsführung, N 1141 ff.; ZK-SCHMID, N 132 ff.; SCHALLER, AJP 2011, 9; HÜRLIMANN-KAUP, N 31 ff.; zur Haftung Art. 422 N 11.

c) Gebotenheit der Geschäftsführung

10 Die Geschäftsführung hat geboten (vgl. Art. 422 Abs. 1), nicht nur nützlich zu sein. Die Gebotenheit ist auf Grund eines **objektivierten Massstabes** zu beurteilen (VON TUHR/PETER, 131; OTT, 287; SCHMID, Geschäftsführung, N 379), und zwar aus der Sicht des Geschäftsführers zum Zeitpunkt der Übernahme der Tätigkeit. Gemäss Treu und Glauben muss der Geschäftsführer subjektiv auf ein vernünftig verstandenes Interesse des Geschäftsherrn zu schliessen berechtigt gewesen sein (SJZ 1950, 209; BJM 1969, 289; BUCHER, BT, 259; VON BÜREN, BT, 329) und es darf kein verbindliches Einmischungsverbot des Geschäftsherrn gelten (z.B. ist ein medizinischer Eingriff bei einer Person, welche ein Eingriffsverbot verhängt hat, sachlich geboten, aber eben doch verboten, vgl. dazu KUKO OR-SCHALLER Art. 419 N 6; SCHMID, Geschäftsführung, N 319 ff.). Ein Teil der Lehre ist der Ansicht, dass bei einem Eingriffsverbot *ex lege* keine Gebotenheit der Geschäftsführung vorliegen könne; ein Verstoss gegen das Eingriffsverbot habe zur Folge, die Tätigkeit zwingend als echte unberechtigte GoA qualifizieren zu lassen; vgl. dazu. HUGUENIN, OR AT/BT, N 1630. Der geäusserte Wille des Geschäftsherrn geht dessen vermeintlich objektiven Interessen jedenfalls vor (HOFSTETTER, SPR VII/6 und SPR VII/2/1, 263/258). Der Geschäftsführer unterliegt aber keiner allgemeinen Geschäftsführungspflicht, wenn der Geschäftsherr selber tätig werden kann (ZK-SCHMID, Art. 422 OR N 15; SCHMID, Geschäftsführung, N 440).

11 **Beispiele** (vgl. auch ZK-SCHMID, Art. 422 N 21 ff.): Geboten sind z.B. Aufräum- und Sicherungsarbeiten nach dem Einstürzen einer Brandmauer (BJM 1969, 289), die Suche nach einem vermissten Gast in einer Winternacht (SJZ 1950, 208 ff.), die Anschaffung nützlicher Betriebsgegenstände für ein Hotel durch dessen Leiterin (BGE 29 II 74), die Tätigkeit der Sachwalterin einer Gesellschaft, deren Konkurs aufgeschoben wird (ZR 1924, 218 ff.), die Versendung der zu liefernden Ware auf einem alternativen Weg, wenn der vorgesehene Frachtweg wegen Kriegswirren unsicher ist (ZR 1922, 237 ff.). Hingegen ist es nicht geboten, dass ein wegen einer bestimmten Tätigkeit beigezogener Arbeitnehmer beim Abladen von

Möbelstücken hilft (BGE 95 II 103) oder dass der Geschäftsführer eine vom Geschäftsherrn bestrittene Schuld bezahlt (vgl. BGE 86 II 25 = Pra 1960, 147 f.).

«Geboten» bedeutet **mehr als nur «nützlich»** (BGE 95 II 104; ZK-SCHMID, Art. 422 OR N 11). Neben fremden können aber auch eigene Interessen verfolgt werden, die Tätigkeit des Geschäftsführers braucht nicht ausschliesslich altruistisch zu sein (HOFSTETTER, SPR VII/6 und SPR VII/2/1, 237/230 FN 11; VON BÜREN, BT, 330). **Beispiele**: Beseitigung der Schäden an der Bahnstrecke durch die Bahngesellschaft, obwohl grundsätzlich der Kanton haftpflichtig ist (BGE 28 II 407); Hinterlegung der Frachtkosten zwecks Warenherausgabe (ZR 1923, 227 ff.); Ersatz eines Ofens durch den Mieter auf Kosten des Vermieters (BGE 61 II 37). **12**

d) Hilfsbedürftigkeit des Geschäftsherrn

Eine Geschäftsführung ist nur geboten, wenn der Geschäftsherr sie nicht selber besorgen kann. Auch ohne ausdrückliche Formulierung im Gesetz ist damit eine gewisse Hilfsbedürftigkeit des Geschäftsherrn und die **Dringlichkeit** der Besorgung der Angelegenheit vorausgesetzt (BGE 95 II 104; 86 II 25 = Pra 1960, 147 f.; BGE 83 II 533 = Pra 1958, 99 f.; BGE 61 II 38; ZBJV 1908, 434 ff.; HOFSTETTER, SPR VII/6 und SPR VII/2/1, 261/256 f.; TERCIER/FAVRE, N 5963; vgl. auch § 1035 ABGB; zurückhaltender ZK-SCHMID, N 16). Bei Erreichbarkeit des Geschäftsherrn ist dem Geschäftsführer eine Rückfrage (zum Problem der Patientenzustimmung BGE 108 II 62 = Pra 1982, 300 f.) zumutbar; gegen den Willen des Geschäftsherrn sind keine Tätigkeiten geboten (Art. 420 Abs. 3). **13**

Das Kriterium der Hilfsbedürftigkeit des Geschäftsherrn schützt den Geschäftsführer vor übereilten und unbedachten Eingriffen in eine fremde Rechtssphäre (LISCHER, 60 f.), doch brauchen die Interessen des Geschäftsherrn **nicht geradezu «notleidend»** zu sein (HOFSTETTER, SPR VII/6 und SPR VII/2/1, 261/257). Im Falle grosser Dringlichkeit ist die Notgeschäftsführung in Art. 420 Abs. 2 mit sachgerechter Haftungsmilderung vorgesehen. Bei Rettungsaktionen ist der mutmassliche Wille des Verletzten, nicht des Haftpflichtigen bzw. der Versicherung massgebend (WEBER, Praxis, 224; HOFSTETTER, SPR VII/6 und SPR VII/2/1, 257 f./254). **14**

3. Subjektive Elemente

a) Geschäftsführungsabsicht

Beim Geschäftsführer muss das Bewusstsein und der **Wille** vorhanden sein, **«für einen anderen» zu handeln** (sog. *animus alieni negotii gerendi*), d.h. das Wissen um die Fremdheit des Geschäfts und das gewollte Tätigwerden im Fremdinteresse (BGE 86 II 25 = Pra 1960, 147 f.; BJM 1969, 289; SJ 1951, 435 f.; ZBJV 1931, 545 ff.; ZK-SCHMID, N 21 ff.). Hingegen bedarf es nicht der Absicht, i.S.v. Art. 419 ohne Auftrag zu handeln (HOFSTETTER, SPR VII/6 und SPR VII/2/1, 260/255; **a.A.** BGer, SJ 1993, 194; BGE 99 II 134; 75 II 226 = Pra 1950, 23 f.; unklar BK-GAUTSCHI, Vorbem. N 13a, Art. 419 OR N 1b). Zutreffend wird im französischen und italienischen Gesetzestext vom Geschäft eines Anderen, nicht vom Geschäft, das für einen Anderen geführt wird, gesprochen; entgegen des deutschen Wortlautes kommt es mithin nicht nur auf den Willen an, für einen Anderen zu handeln, sondern auch auf die Absicht, eine fremde Angelegenheit zu führen (auf die Wahrung fremder Interessen gerichteter Handlungswille: TERCIER/FAVRE, N 5925, 5319; LISCHER, 42 f.). Bei der Erfüllung fremder Verbindlichkeiten nimmt die h.L. i.d.R. Geschäftsführungsabsicht an (VON TUHR/ESCHER, 27; GAUCH/SCHLUEP/SCHMID/EMMENEGGER, N 2051; krit. ZK-SCHMID, N 25, 39 ff.; LISCHER, 150 ff.). **15**

Entgegen einer verbreiteten Auffassung (FRIEDRICH, ZSR 1945, 44; MOSER, Diss., 216 ff.) muss der Geschäftsführer auch um die Fremdheit des unternommenen Geschäftes wissen (bzw. hätte wissen müssen), weil nur die subjektive Komponente die Differenzierung in die Gut- und Bösgläubigkeit des Tätigwerdenden erlaubt. Unbeachtlich ist der Irrtum des Geschäftsführers über die Person des Geschäftsherrn; es wird der wirkliche, nicht der vermeintliche Geschäftsherr ver- **16** pflichtet (BGE 75 II 226 = Pra 1950, 23 f.; BJM 1969, 289; BK-GAUTSCHI, Vorbem. N 12b). Somit ist nicht nötig, dass der Geschäftsführer den Geschäftsherrn kennt (ZK-SCHMID, N 23). Hingegen geht ein Irrtum über die Dringlichkeit des Handelns zu Lasten des Geschäftsführers (HOFSTETTER, SPR VII/6 und SPR VII/2/1, 262 f./257). Die Beweislast für die Geschäftsführungsabsicht trägt der Geschäftsführer; bei ausschliesslich fremden Rechtsgütern ist von einer natürlichen Vermutung der Fremdnützigkeit auszugehen (ZK-SCHMID, N 27).

b) Wiedererlangungsabsicht

17 Der Geschäftsführer muss die **Absicht** haben, für seine Bemühungen (Auslagen und Verwendungen) **schadlos gehalten** zu werden, darf also nicht in Schenkungsabsicht handeln (vgl. BGE 83 II 536 = Pra 1958, 99 f.; BGE 55 II 264; VON BÜREN, BT, 333). Die Liberalitätsabsicht wird nicht vermutet (HOFSTETTER, SPR VII/6 und SPR VII/2/1, 260/256), d.h. für deren Vorliegen ist der Geschäftsherr beweispflichtig.

III. Rechtsfolgen

1. Grundsatz

18 Die Rechtsfolgen einer geschäftsführenden Tätigkeit ohne Auftrag hängen in erster Linie vom Willen des Geschäftsherrn ab: Der Geschäftsherr kann die Tätigkeit des Geschäftsführers genehmigen und damit gem. Art. 424 die Regelung des Auftragsrechts zur Anwendung bringen. Genehmigt der Geschäftsherr die Geschäftsführung nicht, sind die Sonderregelungen von Art. 420 ff. anwendbar.

2. Pflichten des Geschäftsführers

19 Der Geschäftsführer unterliegt m.E. einer allgemeinen, nicht aber einer auftragsrechtlich gesteigerten (z.B. Vermeidung von Interessenkollision) **Treuepflicht** zur interessengemässen Geschäftsführung (HOFSTETTER, SPR VII/6 und SPR VII/2/1, 250/246; WEBER, Praxis, 224; ZK-SCHMID, N 110; für Gleichstellung mit Auftragsrecht BK-GAUTSCHI, N 6a; Art. 1372 Abs. 2 CC fr.; Art. 2030 Abs. 1 CC it.). Bezüglich der **Haftung** gilt die Sonderregelung von Art. 420, die eine Schadenersatzpflicht des Geschäftsführers im Ausmass des fehlenden und nicht erlangten Vermögens für jede Sorgfaltspflichtverletzung vorsieht.

20 Hinsichtlich der Informations- (zwecks Kenntnisnahme durch Geschäftsherrn vgl. § 681 BGB), Auskunfts-, **Rechenschaftsablegungs**- und **Ablieferungspflichten** ist auch bei fehlender Genehmigung der Geschäftsführung das Auftragsrecht (Art. 400) analog anzuwenden (BGE 112 II 458 = Pra 1987, 514; Max 1956, 298 f.; im Einzelnen ZK-SCHMID, N 123 ff.; BK-GAUTSCHI, N 7–9). Darüber hinaus ist die Ablieferungspflicht bei der echten berechtigten GoA aus Art. 423 ableitbar (CHK-HUGUENIN/JENNY, N 19; KUKO OR-SCHALLER Art. 419 N 8). Die Information/Auskunft hat rechtzeitig, wahrheitsgemäss und vollständig zu erfolgen. Rechenschaft ist über sämtliche relevanten Geschäftsführungsvorfälle abzulegen. Wenn möglich hat der Geschäftsführer den Entscheid des Geschäftsherrn über das weitere Vorgehen abzuwarten (Rep 1983, 314; RJN 1973–77 I 569). Abzuliefern hat der Geschäftsführer das erhaltene, in Besitz genommene und sonstwie erlangte Vermögen sowie (als Schaden) das sorgfaltswidrig nicht erlangte Vermögen.

3. Pflichten des Geschäftsherrn

21 Dem Geschäftsherrn obliegt die umfassende **Schadloshaltung** des Geschäftsführers (Auslagen- und Verwendungsersatz, Befreiung von Verbindlichkeiten, Schadenersatz nach billigem Ermessen) gem. Art. 422 einschliesslich einer allfälligen Entschädigung für den beruflich tätigen Geschäftsführer (im Einzelnen Art. 422 N 4 ff.).

Art. 420

II. Haftung des Geschäftsführers im Allgemeinen

[1] Der Geschäftsführer haftet für jede Fahrlässigkeit.

[2] Seine Haftpflicht ist jedoch milder zu beurteilen, wenn er gehandelt hat, um einen dem Geschäftsherrn drohenden Schaden abzuwenden.

[3] Hat er die Geschäftsführung entgegen dem ausgesprochenen oder sonst erkennbaren Willen des Geschäftsherrn unternommen und war dessen Verbot nicht unsittlich oder rechtswidrig, so haftet er auch für den Zufall, sofern er nicht beweist, dass dieser auch ohne seine Einmischung eingetreten wäre.

II. Responsabilité

[1] Le gérant répond de toute négligence ou imprudence.

[2] Sa responsabilité doit toutefois être appréciée avec moins de rigueur quand il a géré l'affaire du maître pour prévenir un dommage dont ce dernier était menacé.

[3] Lorsqu'il a entrepris la gestion contre la volonté que le maître a manifestée en termes exprès ou de quelque autre manière reconnaissable, et si cette défense n'était contraire ni aux lois, ni aux mœurs, il est tenu même des cas fortuits, à moins qu'il ne prouve qu'ils seraient aussi survenus sans son immixtion.

II. Responsabilità del gestore in genere

[1] Il gestore è responsabile d'ogni negligenza.

[2] Però la sua responsabilità sarà meno rigorosamente apprezzata, ove abbia agito allo scopo di evitare al padrone un danno imminente.

[3] Quando egli abbia assunto l'affare contro la volontà espressa od altrimenti conosciuta del padrone ed il divieto di questo ultimo non fosse né immorale né illecito, è responsabile anche dei casi fortuiti, sempreché non provi che sarebbero accaduti anche ove egli non vi fosse immischiato.

Literatur

Giovanoli, Force majeure et cas fortuit en matière d'inexécution des obligations, selon le Code des obligations suisse, Genf 1933; Spiro, Die Haftung für Erfüllungsgehilfen, Bern 1984 (zit. Erfüllungsgehilfen); vgl. die Literaturhinweise bei den Vorbem. zu Art. 419–424.

I. Allgemeines

Art. 420 befasst sich mit der Haftung des Geschäftsführers bei der echten berechtigten GoA (Abs. 1 und 2) und bei der Geschäftsanmassung (Abs. 3); bei der echten unberechtigten GoA ist insb. Abs. 3, jedoch ausnahmsweise Abs. 2, wenn der entgegenstehende Wille des Geschäftsherrn nicht erkennbar gewesen ist, anwendbar. Nicht heranziehbar ist Art. 420 im Falle der unechten gutgläubigen GoA (Geschäftseinmischung). 1

II. Gesetzliche Haftungsregelung

1. Haftungsgrundsatz (Abs. 1)

Der durch die unsorgfältige Ausführung der Geschäftsbesorgung verursachte (kausale) Schaden ist vom Geschäftsführer zu ersetzen (vergleichbar mit vertraglicher Haftung). Einzustehen hat der Geschäftsführer für **jede Fahrlässigkeit**, d.h. jede Sorgfaltspflichtsverletzung (Abs. 1). **Beispiele**: Nichtablieferung des in Besitz genommenen oder durch die Geschäftsführung tatsächlich erlangten Vermögens, verspätete Ausrichtung eines Vermächtnisses (Rep 1990, 190 = SJZ 1993, 30), nicht gehörige Erfüllung der Ausführungsobligation (BGE 110 II 187 = Pra 1984, 492: Uminterpretation einer Weisung), mangelhafte Abrechnung, Verlust der Sicherheiten durch unsorgfältigen Bürgen bei Subrogation (BGE 66 II 127), nicht marktgerechte Verwertung von mittels Pfandexekution übernommenen Wertschriften durch die Bank. 2

Trotz des unterschiedlichen Wortlautes gehen Art. 420 Abs. 1 und Art. 99 Abs. 1 vom gleichen Fahrlässigkeitsbegriff aus (Bucher, BT, 259). Das **Verschulden** des Geschäftsführers wird 3

präsumiert (CHK-Huguenin/Jenny, N 2; Tercier/Favre, N 5987; **a.A.** BK-Gautschi, N 10a). Einzustehen hat der Geschäftsführer für die Anwendung der **gebotenen Sorgfalt**, nicht für den Erfolgseintritt (Art. 422 Abs. 2; dort N 2). Nicht vorwerfbar ist somit die Schadensverursachung, wenn deren Eintritt durch eine fachgerechte Hilfeleistung verursacht worden ist (Rösler, 68).

4 **Sonderfragen**: Vertragliche Haftungsbeschränkungen wirken sich auch auf Ansprüche unter der GoA aus (BGE 107 II 168; **a.A.** BK-Gautschi, N 2d). Beim Einsatz von Erfüllungsgehilfen kommt die Haftungsnorm von Art. 101 zur Anwendung (Hofstetter, SPR VII/6 und SPR VII/2/1, 243/238; BK-Gautschi, Vorbem. N 5b; ZK-Schmid, N 17; Schmid, Geschäftsführung, N 484, 677; **a.A.** Spiro, Erfüllungsgehilfen, 112 ff.). Werden mehrere Geschäftsführer tätig, haften sie solidarisch, wenn sie bewusst und gewollt ein fremdes Geschäft gemeinschaftlich führen (BK-Gautschi, N 17; ZK-Schmid, N 23). Der Anspruch unterliegt der 10jährigen Verjährungsfrist (BGE 30 II 87; ZK-Schmid, N 20).

2. Haftungsmilderung (Abs. 2)

5 Die Haftungsmilderung von Abs. 2 ist als Billigkeitsnorm an subjektive Merkmale geknüpft (Schmid, Geschäftsführung, N 467 ff.); sie erscheint als gerechtfertigt, wenn der Geschäftsführer handelt, um vom Geschäftsherrn einen (vermeintlich) **drohenden Schaden abzuwenden** (fehlendes Übernahmeverschulden). Bei der Beurteilung der drohenden Gefahr ist somit nicht allein auf objektive Faktoren, sondern vornehmlich auf die subjektive Einschätzung bzw. entschuldbare Fehleinschätzung des Geschäftsführers zur Zeit der Tätigkeitsaufnahme abzustellen (BK-Gautschi, N 8c). Massgebend ist die nach den Umständen gebotene Sorgfalt in Anbetracht des Kenntnisstandes des Geschäftsführers und der Vornahme anderer zumutbarer Vorkehren. Rechtsfolge ist die Haftungsmilderung nach freiem richterlichem Ermessen (ZK-Schmid, N 31). Diesbezüglich bleibt der Richter dem Recht und der Billigkeit nach Art. 4 ZGB verpflichtet (KUKO OR-Schaller, N 4).

6 Die Tatsache, dass der für die GoA spezifische Haftungsmilderungstatbestand von Abs. 2 in sich abschliessend umschrieben ist (BK-Gautschi, N 3a), bedeutet m.E. nicht, dass es sich bei Art. 99 Abs. 2 um eine allgemeine, gegenüber der Sonderregelung von Art. 420 Abs. 2 regelmässig zurücktretende Norm handelt (konkurrierende Anwendung: Huguenin, OR AT/BT, N 1660; Bucher, BT, 259; Weber, Praxis, 226; **a.A.** ZBJV 1953, 317; Schmid, Geschäftsführung, N 475; ZK-Schmid, N 22; BK-Gautschi, N 2d; offengelassen CR CO I-Héritier, Art. 420 N 10).

3. Haftungsverschärfung (Abs. 3)

7 a) Bei Vorliegen eines gültigen Einmischungsverbotes (dazu ZK-Schmid, N 38 ff.) haftet der Geschäftsführer nach Abs. 3 auch für den **Zufall** (sog. «Zufallshaftung»). Die Haftungsverschärfung betrifft somit die Geschäftsführertätigkeit entgegen eines ausgesprochenen (BGE 72 III 8) oder sonst erkennbar konkludenten (BGE 95 II 103) Willens bzw. des als Ausführungsdirektive in Art. 419/422 genannten Interesses des Geschäftsherrn. Das Verbot muss im Zeitpunkt der Übernahme der Geschäftsbesorgung erkennbar sein (BGer, ZR 1922, 242). Das **Übernahmeverschulden** wird also der Sorgfaltspflichtverletzung gleichgestellt. Abs. 3 regelt die Haftungsfolgen in einem atypischen Geschäftsführungsfall, begründet somit nicht eine eigenständige deliktische Haftung (Lischer, 85 f.; unklar Bucher, BT, 263 f.; zur Problematik auch Schmid, Geschäftsführung, N 668 f.).

8 Ein konkretes «Verbot» kann sich gegen jede Geschäftsbesorgung, gegen eine bestimmte Art der Geschäftsbesorgung (BGE 66 II 129) oder gegen einen bestimmten Geschäftsführer (BGE 72 III 8) richten; dem rechtswidrigen Eingriff gleichgestellt ist die bewusste Treueverletzung (BK-Gautschi, N 4a, 7). **Unsittlich** bzw. **rechtswidrig** ist ein **«Verbot»**, wenn die Interessen des sich einmischenden Geschäftsführers schützenswerter sind als diejenigen des Geschäfts-

herrn (vgl. SCHMID, Geschäftsführung, N 336 ff.; ZK-SCHMID, N 51 ff.; WEBER, Praxis, 234; BUCHER, BT, 264; § 679 BGB), z.B. Rettung eines Selbstmörders, Erfüllung familienrechtlicher Pflichten (BGE 55 II 264) oder öffentlich-rechtlicher Pflichten (BGE 28 II 406; BGHZ 40, 28 ff.), denen der Betroffene nicht nachkommt, Anbringen von Sicherheitsmassnahmen. Nicht rechtswidrig ist hingegen das Verbot des Geschäftsherrn, freiwillig seine Schuld durch den Geschäftsführer bezahlt zu haben (zwecks Vermeidung eines Regresses oder Schaffung einer Verrechnungssituation: BGE 86 II 18 = Pra 1960, 147 f.; BGE 72 III 8); zum Sonderfall des Patiententestamentes vgl. SCHMID, Geschäftsführung, N 350 ff.; ZK-SCHMID, N 58 ff.

b) Der wegen des Zufalls sich ereignende Schaden muss eine *unmittelbare Folge* der *Verbotsmissachtung* sein. Bei Befolgung der Weisungen des Geschäftsherrn hätte der Schaden nicht eintreten dürfen. Der Exkulpationsbeweis gelingt, wenn nachgewiesen werden kann, dass das unvorhergesehene Ereignis auch ohne Einmischung des Geschäftsführers eingetreten wäre. Der Vorwurf liegt nicht in der mangelnden Voraussehbarkeit des Schadens (Schadenseintritt braucht nicht verschuldet zu sein), sondern in der Abweichung vom mutmasslichen Willen des Geschäftsherrn (vgl. BGE 110 II 187 = Pra 1984, 492). 9

c) In der Lehre ist umstritten, ob Abs. 3 in Abweichung vom Verschuldensprinzip eine Kausalhaftung begründet (bejahend ZK-OSER/SCHÖNENBERGER, N 4; GIOVANOLI, 200; unklar BK-GAUTSCHI, N 3c; verneinend BUCHER, BT, 263; HOFSTETTER, SPR VII/6 und SPR VII/2/1, 263 f./259; AMREIN, 59 f.; LISCHER, 80 ff.). M.E. will Abs. 3 – entsprechend Art. 103 – den Verschuldensaspekt nicht aufgeben und knüpft an die unbefugte (unrechtmässige) Einmischung in die fremde Rechtssphäre an: Die subjektive Sorgfaltspflichtsverletzung liegt (im Gegensatz zur objektivierten Kausalhaftung) im Übernahmeverschulden. 10

Der *Exkulpationsbeweis* beinhaltet den Nachweis, dass ein dem Willen des Geschäftsherrn widersprechendes Verhalten nicht vorwerfbar ist. Gesetzlich erwähntes Beispiel ist der Verstoss gegen ein widerrechtliches oder unsittliches Verbot (im Einzelnen N 8). Eine Exkulpation ist auch möglich, wenn der Geschäftsführer vom (mutmasslichen) Willen des Geschäftsherrn wegen Veränderung der Umstände abweicht und eine Rückfrage unmöglich ist (Änderung des Versandweges: ZR 1922, 240 f.). 11

III. Schadensumfang und Beweis

1. Schadensumfang

a) Der Geschäftsführer hat dem Geschäftsherrn **jeden** durch die Sorgfaltswidrigkeit verursachten **Schaden** zu ersetzen: Die Vermögensverminderung (damnum emergens) besteht in der Differenz zwischen dem Ablieferungsvermögen und dem Eingriffsverlust aus der Rechtssphärenverletzung. Der entsprechende Wertersatz entspricht dem negativen Vertragsinteresse im Deliktsrecht (BK-GAUTSCHI, N 12a). Gemäss anderen (abzulehnenden) Lehrmeinungen ist das positive Interesse geschuldet; der Geschäftsherr wäre so zu stellen, wie wenn der Geschäftsführer die Geschäftsbesorgung mit der nötigen Sorgfalt ausgeführt hätte (HUGUENIN, OR AT/BT, N 1659; CHK-HUGUENIN/JENNY, Art. 420 N 2). 12

b) Bei der echten und der unberechtigten GoA bedeutet die Anwendung angemessener Sorgfalt auch die **Erzielung** eines **möglichen Gewinns**; im Rahmen der schadenskausalen Sorgfaltspflichtsverletzung ist somit eine Haftung des Geschäftsführers für nicht erzielten, aber erzielbaren Gewinn zu bejahen (fehlende Vermögensvermehrung: vgl. auch BGE 84 II 380 = Pra 1958, 444; BK-GAUTSCHI, Art. 419 N 9b, Art. 420 N 13a; HOFSTETTER, ZBJV 1964, 223). Die Berechnung des erzielbaren Gewinns hat gegebenenfalls hypothetisch zu erfolgen. Zu ersetzen sind auch Zinsen auf das ablieferungspflichtige Kapital. 13

Bei der Geschäftsanmassung geht die Mehrheitsmeinung davon aus, dem Geschäftsherrn stehe nur ein Schadenersatzanspruch zu, wenn ein bei sorgfältigem Handeln erzielbarer Ge- 14 winn nicht erwirtschaftet worden ist, nicht aber auch ein Herausgabeanspruch auf den vom Geschäftsherrn hypothetisch nicht erzielten Gewinn (vgl. Art. 423 N 12).

2. Beweis

15 Der Geschäftsherr muss den widerrechtlichen Eingriff in seine subjektiven Rechte, d.h. das Übernahmeverschulden oder die Sorgfaltspflichtsverletzung, beweisen (BK-Gautschi, N 6a, 10a; ZK-Schmid, N 34). Dem Geschäftsführer steht der Gegenbeweis offen, dass eine vertragliche Beziehung vorliegt oder ein Entlastungsgrund gegeben ist; irrelevant sind mangelhafte Eigenschaften des Geschäftsführers, weil er nicht vom Geschäftsherrn ausgewählt worden ist.

16 Der Geschäftsführer ist rechenschaftsablegungspflichtig (Art. 419 N 20). Gestützt auf dessen Abrechnung hat der Geschäftsherr den Beweis für den eingetretenen Schaden zu leisten. Ist der konkrete Schadensnachweis dem Geschäftsherrn nicht zumutbar, muss eine Schätzung nach richterlichem Ermessen erfolgen (Art. 42 Abs. 2).

Art. 421

III. Haftung des vertragsunfähigen Geschäftsführers

[1] War der Geschäftsführer unfähig, sich durch Verträge zu verpflichten, so haftet er aus der Geschäftsführung nur, soweit er bereichert ist oder auf böswillige Weise sich der Bereicherung entäussert hat.

[2] Vorbehalten bleibt eine weitergehende Haftung aus unerlaubten Handlungen.

III. Incapacité du gérant

[1] Si le gérant était incapable de s'obliger par contrat, il n'est responsable de sa gestion que jusqu'à concurrence de son enrichissement ou du bénéfice dont il s'est dessaisi de mauvaise foi.

[2] Est réservée la responsabilité plus étendue dérivant d'actes illicites.

III. Responsabilità del gestore incapace

[1] Se il gestore era incapace di obbligarsi per contratto, sarà responsabile della gestione solo in quanto siasi arricchito o dolosamente spossessato del lucro.

[2] Rimane riservata una più estesa responsabilità per gli atti illeciti.

1 1.Art. 421 statuiert – für die berechtigte und die unberechtigte Fremdgeschäftsführung – eine eingeschränkte Haftung, wenn ein vertragsunfähiger Geschäftsführer handelt (v.a. Rechts-, aber auch Tathandlung). Zu Lasten des Geschäftsherrn wird ein **Geschäftsführer**, der sich nicht rechtsverbindlich verpflichten kann, **privilegiert**, unabhängig davon, ob er gut- oder bösgläubig ist (BGE 55 II 157), ob der Geschäftsherr um die Handlungsunfähigkeit des Geschäftsführers weiss und ob die Geschäftsführung subjektiv oder objektiv geboten ist.

2 **Nicht vertragsfähig** sind unmündige und entmündigte Personen sowie Handelnde, deren Tätigkeit durch eine Behörde zu genehmigen ist, soweit die Tätigkeit nicht durch Genehmigung seitens des zuständigen Organs konvalesziert wird (z.B. Vormundschaftsbehörde: BK-Gautschi, N 3e).

3 2. Art. 421 regelt das **interne Verhältnis** zwischen dem vertragsunfähigen Geschäftsführer und dem Geschäftsherrn. Extern wird der Geschäftsherr durch den gestützt auf eine Vollmacht im Rahmen ihres Wirkungsbereiches handelnden Geschäftsführer dem Dritten gegenüber verpflichtet; die Gutgläubigkeit des Dritten ist zu vermuten (BK-Gautschi, N 4b). Verfügt der vertragsunfähige Geschäftsführer ohne Vollmacht im eigenen oder fremden Namen über eine Sache des Geschäftsherrn, ist der erste Dritterwerber nicht geschützt (Art. 934 Abs. 1 ZGB: Vindikation; der Dritte hat beim Geschäftsführer den Kaufpreis zu kondizieren), wohl aber je-

der weitere Erwerber (keine Vindikation, nur Bereicherungsanspruch gegen Geschäftsführer; im Einzelnen BK-Gautschi, N 5).

3. Primär sind ohne Rechtsgrund verfügte Sachen zu **vindizieren** (kein gültiger Erwerbsgrund beim Geschäftsführer und ersten Dritten). Solange die Vindikation möglich bleibt, ist der Geschäftsherr nicht entreichert. Versagt die Vindikation, bleibt nur noch der **subsidiäre Bereicherungsanspruch** (Art. 421 Abs. 1). Der Bereicherungsanspruch ist insb. bei Eingriffen in fremde Forderungsrechte (Inkasso, Zession), in fremde Immaterialgüterrechte und in fremde Persönlichkeits- oder Wettbewerbsrechte anwendbar (BK-Gautschi, N 6b/c). Zu kondizieren sind überdies Geld und Gelderlöse. 4

Der **vertragsunfähige Geschäftsführer** unterliegt keiner Schadenersatzpflicht aus Übernahmeverschulden oder Sorgfaltspflichtsverletzung; hingegen hat er – i.S. einer betragsmässigen Haftungsbeschränkung – die zur Zeit der Rückforderung tatsächlich noch vorhandene Bereicherung einschliesslich Zinsen zu erstatten (BGE 73 II 108) bzw. Forderungen abzutreten (BGE 45 II 450); Art. 421 befreit hingegen nicht von der Informations- und Ablieferungspflicht (CHK-Huguenin/Jenny, N 1; Schmid, N 480; **a.M.** BK-Gautschi, N 8a). Zu ersetzen ist auch diejenige Bereicherung, deren sich der Geschäftsführer «auf böswillige Weise» entäussert hat (BGE 82 II 436). Der Bereicherungsanspruch wird gemindert durch Auslagen und Verwendungen des vertragsunfähigen Geschäftsführers (BGE 73 II 110). 5

4. Abs. 2 verweist auf die allgemeine **Deliktshaftung** (Art. 41 ff.), die den Bereicherungsanspruch ergänzt (dazu ZK-Schmid, N 12). Schadenersatzansprüche können im Rahmen der Deliktsfähigkeit des vertragsunfähigen Geschäftsführers (Art. 54 OR, Art. 19 Abs. 3 ZGB) durchgesetzt werden (Art. 41 OR, Art. 940 ZGB). 6

Art. 422

B. Stellung des Geschäftsherrn
I. Geschäftsführung im Interesse des Geschäftsherrn

[1] Wenn die Übernahme einer Geschäftsbesorgung durch das Interesse des Geschäftsherrn geboten war, so ist dieser verpflichtet, dem Geschäftsführer alle Verwendungen, die notwendig oder nützlich und den Verhältnissen angemessen waren, samt Zinsen zu ersetzen und ihn in demselben Masse von den übernommenen Verbindlichkeiten zu befreien sowie für andern Schaden ihm nach Ermessen des Richters Ersatz zu leisten.

[2] Diesen Anspruch hat der Geschäftsführer, wenn er mit der gehörigen Sorgfalt handelte, auch in dem Falle, wo der beabsichtigte Erfolg nicht eintritt.

[3] Sind die Verwendungen dem Geschäftsführer nicht zu ersetzen, so hat er das Recht der Wegnahme nach den Vorschriften über die ungerechtfertigte Bereicherung.

B. Droits et obligations du maître
I. Gestion dans l'intérêt du maître

[1] Lorsque son intérêt commandait que la gestion fût entreprise, le maître doit rembourser au gérant, en principal et intérêts, toutes ses dépenses nécessaires ainsi que ses dépenses utiles justifiées par les circonstances, le décharger dans la même mesure de tous les engagements qu'il a pris et l'indemniser de tout autre dommage que le juge fixera librement.

[2] Cette disposition peut être invoquée par celui qui a donné à sa gestion les soins nécessaires, même si le résultat espéré n'a pas été obtenu.

[3] A l'égard des dépenses que le gérant n'est pas admis à répéter, il a le droit d'enlèvement comme en matière d'enrichissement illégitime.

B. Posizione del padrone
I. Gestione nell'interesse del padrone

[1] Se l'assunzione della gestione era richiesta nell'interesse del padrone, questi è tenuto a rifondere al gestore tutte le spese necessarie od utili richieste dalle circostanze, coi relativi interessi, e a liberarlo nella stessa misura dalle obbligazioni contratte, nonché a risarcirgli ogni altro danno secondo il prudente criterio del giudice.

[2] Tale diritto compete al gestore che abbia adoperata la debita diligenza, quand'anche non siasi raggiunto lo scopo voluto.

[3] A riguardo delle spese non rimborsabili al gestore, questi potrà valersi della facoltà di togliere le cose aggiunte secondo le norme dell'arricchimento indebito.

Literatur

AEPLI, BR 2003; HONSELL, Die Risikohaftung des Geschäftsherrn, in: Harder/Thielmann (Hrsg.), FS für Ulrich von Lübtow, Berlin 1980 (FS von Lübtow); vgl. die Literaturhinweise bei den Vorbem. zu Art. 419–424.

I. Allgemeines

1 Art. 422 regelt die Stellung des Geschäftsherrn bei der echten GoA, wie der Einleitungssatz «wenn die Übernahme einer Geschäftsbesorgung durch das Interesse des Geschäftsherrn geboten war,...» zum Ausdruck bringt. Die Gebotenheit ist der Kern der Fremdgeschäftsführung (vgl. Art. 419 N 10 ff. und ZK-SCHMID, N 7 ff.). Das Mass der Sorgfalt bemisst sich wie im Auftragsrecht nach objektiven Kriterien (HUGUENIN, OR AT/BT, N 1632; SCHMID, Geschäftsführung, N 433).

2 Abs. 1 regelt die Ersatzansprüche des Geschäftsführers, nämlich den Verwendungsersatz, die Befreiung von Verbindlichkeiten und die Leistung von Schadenersatz. Diese Ersatzansprüche stehen dem Geschäftsführer bei Anwendung der gebotenen Sorgfalt (erfolgsunabhängig) auch dann zu, wenn der beabsichtigte Erfolg nicht eintritt (Abs. 2). Das Risiko einer richtig übernommenen und ausgeführten Geschäftsführung hat mithin der Geschäftsführer zu tragen (SJZ 1950, 209 f.: vergebliche Suchaktion in den Bergen); der Geschäftsführer hat aber Auskunft zu erteilen und Rechenschaft abzulegen (SCHMID, Geschäftsführung, N 541). Abs. 3 räumt dem Geschäftsführer ein Wegnahmerecht ein.

3 Die Ansprüche des Geschäftsführers entstehen entsprechend Art. 402 unabhängig vom Willen des Geschäftsherrn (z.B. Aneigungsabsicht der Vorteile, Erfolgseintritt). Ausgeschlossen ist jedoch die Anwendung von Art. 422, wenn der Geschäftsführer in Schenkungsabsicht gehandelt hat bzw. die Unentgeltlichkeit der Tätigkeit vereinbart worden ist (vgl. BGE 83 II 537 = Pra 1958, 99 f.; BGE 55 II 264; zum Umfang von sittlichen Pflichten BGE 97 II 265 und Art. 419 N 9) oder die Fremdnützigkeit der Geschäftsbesorgung wegen eines Übernahmeverschuldens entfällt. Wird der Geschäftsführer für mehrere Geschäftsherren tätig, ist – abweichend von der Haftung (Art. 420 N 4) – keine solidarische Einstehenspflicht anzunehmen, ausser wenn die Geschäftsherren gemeinschaftlich auftreten (WEBER, Praxis, 216; SCHMID, Geschäftsführung, N 561 f.).

II. Einzelne Ansprüche des Geschäftsführers

4 Die gebotene Fremdgeschäftsführung bringt ein gesetzliches Schuldverhältnis mit vertragsähnlichen Wirkungen zum Entstehen (ZK-SCHMID, N 33 ff.), das aber nur Wirkungen im Innenverhältnis, nicht gegenüber Dritten, entfaltet. Die in Art. 422 geregelten, erfolgsunabhängigen Ansprüche sind als persönliche Ansprüche abtretbar sowie aktiv und passiv vererblich (BK-GAUTSCHI, Vorbem. N 5d/e, Art. 422 OR N 6c).

1. Verwendungsersatz und Befreiung von Verbindlichkeiten

5 a) Der im Interesse des Geschäftsherrn tätige Geschäftsführer hat Anspruch auf **Ersatz erwachsener Verwendungen** und Befreiung von eingegangenen Verbindlichkeiten (Abs. 1). Auf getätigte Auslagen sind ab dem Zeitpunkt der Vornahme Zinsen zu bezahlen, weil dem uneigennützigen Geschäftsführer kein Nachteil entstehen darf (VON TUHR/PETER, 74, 133 f.; BK-GAUTSCHI, N 8a); der Zinssatz beträgt 5 % (Art. 73; ZK-SCHMID, N 46).

Zu ersetzen sind **notwendige** und **nützliche** (d.h. den Verhältnissen angemessene) Verwendungen (Verbrauch und Gebrauchsüberlassung von Sachen sowie Barausgaben, vgl. dazu HUGUENIN, OR AT/BT, 1634), weil die auszuübende Sorgfalt Zurückhaltung beim Aufwand als geboten erscheinen lässt (HOFSTETTER, ZBJV 1964, 245); die Beurteilung hat objektiviert zu erfolgen (ZK-SCHMID, N 44). Die gesetzliche Umschreibung gibt die obere Begrenzung des Ersatzanspruches an, luxuriöse Verwendungen sind also nicht zu entschädigen (entsprechend zum Besitzesrecht: Art. 939 ZGB). Die Verwendungen müssen aus der Sicht des Geschäftsführers nach Treu und Glauben im mutmasslichen Interesse des Geschäftsherrn liegen (BGE 97 II 266; 83 II 537 = Pra 1958, 99 f.; BGE 67 II 145; SJZ 1950, 209; RVJ 1994, 293, 295; BJM 1969, 288 f.). 6

Für Verwendungen, die über das Mass von Abs. 1 hinausgehen, kann kein Ersatzanspruch geltend gemacht werden; bezüglich *gutgläubiger Verbesserungen* hat der Geschäftsführer jedoch unter den Voraussetzungen von Art. 65 Abs. 2 ein *Wegnahmerecht* im Ausmass der beim Geschäftsherrn eingetretenen ungerechtfertigten Bereicherung, sofern die abzuliefernde Sache nicht beschädigt wird und der Geschäftsherr die Verbesserung nicht gegen Ersatz übernehmen will (Abs. 3). Ob ein Anspruch aus ungerechtfertigter Bereicherung besteht, wenn die Verwendung ohne Beschädigung der Sache nicht entfernt werden kann, ist strittig (bejahend HONSELL, OR BT, 346; verneinend ZK-SCHMID, N 79). 7

b) **Befreiung** von **Verbindlichkeiten** bedeutet Übergang der vom Geschäftsführer als indirektem Stellvertreter (Auftreten im eigenen Namen) gegenüber dem Dritten eingegangenen Pflichten (BGE 88 II 169 = Pra 1962, 426 f.; BGE 78 II 53) sowie bei gebotener Tätigkeit allenfalls Genehmigung eines regelwidrig (z.B. vollmachtlos) zustandegekommenen Geschäfts (BUCHER, BT, 260; ZK-SCHMID, N 51). Der Befreiungsanspruch unterliegt denselben qualitativen Begrenzungen wie der Verwendungsersatzanspruch. Die praktische Bedeutung des Anspruches ist aber gering, weil auch der Gläubiger einer Schuldübernahme zustimmen müsste (Art. 175/176) und sich deshalb der Befreiungs- oft in einen Verwendungsersatzanspruch umwandelt (z.B. Ersatz des vom Geschäftsführer dem Dritten geschuldeten Aufwandes). Zum Ganzen vgl. HUGUENIN, OR AT/BT, N 136 ff. 8

2. Entschädigung

Das Gesetz sieht eine Pflicht des Geschäftsherrn, den Geschäftsführer zu entschädigen, nicht vor. Dieser Grundsatz entspricht dem Prinzip der Uneigennützigkeit der GoA. Zutreffend wird in der Lehre aber mehrheitlich dafür gehalten, der v.a. beruflich qualifizierte Geschäftsführer müsse das Recht haben, analog zu den Regeln über das **negative Vertragsinteresse** geltend zu machen, er habe wegen der (unentgeltlichen) Geschäftsführung einen **Verdienstausfall** erlitten (z.B. Helikopterpilot, Bergführer in Rettungskolonne). Dogmatisch lässt sich der Begriff der «Verwendung» weit fassen i.S. der Verwendung von Arbeitszeit (BUCHER, BT, 260; HOFSTETTER, SPR VII/6 und SPR VII/2/1, 265/260; ZK-SCHMID, N 67 ff.; SCHMID, Geschäftsführung, N 533 ff.; TERCIER/FAVRE, N 6004; WEBER, Praxis, 230; STÖCKLI K., SJZ 1979, 347 f.; LISCHER, 106; zurückhaltender BK-GAUTSCHI, N 6b; **a.A.** HONSELL, OR BT, 345 f.). 9

Abgesehen von diesem «Verwendungsersatz», der meist nicht dem «üblichen Lohn» (vgl. Art. 394 Abs. 3) entsprechen dürfte, ist eine **echte Entschädigung**, die v.a. beim Einsatz beruflicher Fachleute (z.B. Rettungskolonne oder Feuerwehr) geboten wäre, **nicht geschuldet**, was zu einer problematischen Ungleichbehandlung der effektiv hilfeleistenden Person führt, je nachdem, ob die Tätigkeit aufgrund des Auftrags eines Geschäftsführers ohne Auftrag (mit Lohnanspruch, z.B. Hüttenwart beauftragt Helikopterpiloten) oder ohne «Mittelsmann» spontan (ohne Lohnanspruch) erfolgt (vgl. BUCHER, BT, 261; WEBER, Praxis, 231 f.; CR CO I-HÉRITIER LACHAT, Art. 422 N 17; HUGUENIN, OR AT/BT, N 1642). 10

3. Schadenersatzanspruch

11 Der Geschäftsherr hat dem Geschäftsführer nach richterlichem Ermessen den **«anderen Schaden»** zu ersetzen (im aOR noch nicht enthalten; inspiriert von Art. 2000 CC fr.; dazu HONSELL, FS von Lübtow, 485 ff.; ZK-SCHMID, N 53 ff.). Weil der Geschäftsführer durch die uneigennützige, sorgfältig vorgenommene Geschäftsführung keinen Nachteil erleiden soll, setzt die Haftung **kein Verschulden** des Geschäftsherrn voraus (BGE 48 II 491; 61 II 98; ZBJV 1963, 143 ff.; RÖSLER, 62 ff.); zur Anwendung von Art. 422 im Recht des einfachen Auftrags vgl. WEBER, Praxis, Art. 402 N 14; BGE 48 II 490; bestätigt in BGE 61 II 98). In extensiver Auslegung weitet BGE 129 III 18 ff. die Haftung nach Art. 422 auch auf (vertragslose) Gefälligkeitsverhältnisse aus, was bedeutet, dass die Ersatzpflicht nach richterlichem Ermessen den Charakter einer allgemeinen Haftungsnorm erhält (dazu GAUCH, FS Richli, 215 ff.; HONSELL, OR BT, 335; AEPLI, BR 2003, 173; WIEGAND, ZBJV 2004, 861 ff.). Der Geschäftsführer haftet nach den Grundsätzen über die unerlaubte Handlung gem. Art. 41 (BGE 137 III 544; ferner 116 II 699). Dabei gilt grundsätzlich der eingeschränkte Sorgfaltsmassstab der eigenüblichen Sorgfalt (*diligentia quam in suis*, vgl. dazu BGE 137 III 545).

Haftungsgrund ist allein die Gefahr der Geschäftsbesorgung (LISCHER, 90). Der materielle bzw. immaterielle Schaden ist nicht zwingend voll zu **ersetzen**, sondern nur **«nach Ermessen»** des Richters (vgl. ZR 1985, 210; SCHMID, Geschäftsführung, N 513). Ein allfälliges Selbstverschulden des Geschäftsführers schliesst insb. den Schadenersatzanspruch nicht aus (vgl. BK-GAUTSCHI, N 10b), führt aber evtl. zu einer Reduktion der Ersatzleistung gemäss richterlichem Billigkeitsentscheid.

12 Im Falle des Todes des Geschäftsführers stehen den Hinterbliebenen grundsätzlich nur Ansprüche aus Art. 45/47 zu (SCHMID, Geschäftsführung, N 518). Das Bundesgericht hat aber im Rahmen der GoA auch die Haftung für **Reflexschäden**, d.h. für Schäden Dritter (z.B. Eingriff in absolute Rechte der Angehörigen), anerkannt: So hat der Schädiger dem Geschädigten die Reisekosten der Eltern für die Spitalbesuche, die sich positiv auf den Heilungserfolg auswirken, zu ersetzen (BGE 97 II 266; vgl. auch ZK-SCHMID, N 61). Dieses sachlich gerechtfertigte Resultat ist immerhin insoweit dogmatisch nur schwer einzubetten, als i.c. die Eltern gegenüber dem Geschädigten ihrerseits auf Schadenersatz verzichtet haben. Zum Sonderfall von Art. 58 Abs. 3 SVG vgl. SCHMID, Geschäftsführung, N 520 ff.

III. Sonderfragen

1. Gegenansprüche des Geschäftsherrn

13 Der Geschäftsführer ist auskunfts- und rechenschaftspflichtig; zudem unterliegt er hinsichtlich der ihm zuhanden des Geschäftsherrn zugekommenen Gegenstände in Analogie zu Art. 400 der Ablieferungspflicht (vgl. Art. 419 N 20; SCHMID, Geschäftsführung, N 444 ff.). Den Ansprüchen des Geschäftsführers kann der Geschäftsherr seine Gegenansprüche (Verrechnungs-, Zurückbehaltungsrecht) aus Ablieferung bzw. Vorteilsherausgabe (vgl. Art. 423 N 13 ff.) entgegenhalten (BK-GAUTSCHI, Vorbem. N 17a).

14 Sofern die Geschäftsführung gutgläubig vorgenommen wird, können die Ansprüche aus Abs. 1 auch bei Vorliegen einer Sorgfaltspflichtsverletzung des Geschäftsführers geltend gemacht werden, unterliegen aber der **Verrechnung** mit dem Schadenersatzanspruch des Geschäftsherrn (Art. 420; BGE 67 II 145; 54 II 250; BK-GAUTSCHI, N 3b, 5a/b). Einen Gegenanspruch des Geschäftsherrn zu begründen vermag nicht nur Unsorgfalt seitens des Geschäftsführers, sondern auch seitens eines **Erfüllungsgehilfen** des Geschäftsführers; weil es sich bei der echten GoA um ein quasi-vertragliches Verhältnis handelt, ist Art. 101 als Gehilfen-Haftungsnorm anwendbar (BGE 75 II 226 = Pra 1950, 23 f.; BK-GAUTSCHI, Vorbem. *N 5b, Art. 420 N 18).*

2. Zurückbehaltungs- und Retentionsrecht

Der Geschäftsführer hat ein Retentionsrecht gem. Art. 418o Abs. 1 OR und Art. 895 ZGB an den herauszugebenden beweglichen Sachen und ein allgemeines Zurückbehaltungsrecht an Geld, solange der Geschäftsherr seinen Ersatzpflichten nicht nachkommt (BK-Gautschi, N 4). Im Konkurs des Geschäftsherrn ist Art. 83 Abs. 2 OR sinngemäss heranzuziehen (ZK-Schmid, N 100); auch Art. 401 OR lässt sich im Geschäftsführungsrecht analog anwenden (ZK-Schmid, N 94). 15

3. Verjährung, Rechtsverwirkung

a) Mangels einer spezifischen Sondernorm gilt nach herrschender Lehre und Rsp. für Ansprüche aus echter berechtigter GoA wegen des quasi-vertraglichen Charakters die **10-jährige Verjährungsfrist** (BGE 55 II 265; Bucher, BT, 261; Tercier/Favre, N 6008; ZK-Schmid, N 83; BK-Gautschi, Vorbem. N 5c, N 21; **a.A.** – bei Nichtgenehmigung der GoA – Spiro, Begrenzung, 484; Lischer, 118; KUKO OR-Schaller, N 7; krit. auch Hofstetter, SPR VII/6 und SPR VII/2/1, 253 f./249 f.). 16

b) Seine Ersatzansprüche verwirkt der Geschäftsführer wegen *Rechtsmissbrauchs*, wenn die Verwendungen zwar dem Geschäftsherrn Vorteile bringen, der Geschäftsführer sich aber aus eigenem Interesse betätigt hat (vgl. auch BGE 95 II 227). 17

Eine *Verwirkung* der Gegenansprüche des Geschäftsherrn ist dann anzunehmen, wenn er eine Rechtsverletzung (z.B. Verletzung von Immaterialgüterrechten) zunächst bewusst duldet und erst im Falle des Eintritts eines günstigen Ergebnisses den Erfolg beansprucht (Weber, Praxis, 231; im Einzelnen Hofstetter, SPR VII/6 und SPR VII/2/1, 255/251 m.Nw.). 18

Art. 423

II. Geschäftsführung im Interesse des Geschäftsführers

1 Wenn die Geschäftsführung nicht mit Rücksicht auf das Interesse des Geschäftsherrn unternommen wurde, so ist dieser gleichwohl berechtigt, die aus der Führung seiner Geschäfte entspringenden Vorteile sich anzueignen.

2 Zur Ersatzleistung an den Geschäftsführer und zu dessen Entlastung ist der Geschäftsherr nur so weit verpflichtet, als er bereichert ist.

II. Affaire entreprise dans l'intérêt du gérant

1 Lorsque la gestion n'a pas été entreprise dans l'intérêt du maître, celui-ci n'en a pas moins le droit de s'approprier les profits qui en résultent.

2 Il n'est tenu d'indemniser le gérant ou de lui donner décharge que jusqu'à concurrence de son enrichissement.

II. Gestione nell'interesse del gestore

1 Se la gestione non fu assunta nell'interesse del padrone, questi può ciò nonostante appropriarsi gli utili che ne sono derivati.

2 Il padrone non è tenuto a risarcire o a liberare il gestore se non in quanto siasi arricchito.

Literatur

Borer, Wettbewerbsrecht I, Schweizerisches Kartellgesetz, 3. Aufl., Zürich 2011; Dessemontet, Schadensersatz für Verletzung geistigen Eigentums nach schweizerischem und französischem Recht, GRUR Int. 1980, 272 ff. (zit. GRUR Int. 1980); von Graffenried, Vermögensrechtliche Ansprüche bei Urheberrechtsverletzungen, Diss. Basel 1993; Hauser, Vertragswidrige Untervermietung. Anspruch des Vermieters auf Herausgabe unerlaubt bezogenen Mietzinses?, SJZ 1982, 269 ff.; Jeanrenaud, La nouvelle loi sur la protection des marques, SJ 1994, 701 ff.; Rüesch, Die Weitergabe von Standard-Software, Diss. Zürich 1988; Tercier, Le nouveau droit de la personnalité, Zürich 1984; Wittweiler, in: Streuli-Youssef (Hrsg.), Urhebervertragsrecht, Zürich 2006; Zäch, Schweizerisches Kartellrecht, 2. Aufl., Bern 2005; vgl. die Literaturhinweise bei den Vorbem. zu Art. 419–424.

I. Allgemeines

1. Wesen der Geschäftsanmassung

1 Art. 423 befasst sich mit der Geschäftsanmassung (unechte GoA); geregelt werden zwar nicht deren Voraussetzungen, jedoch deren **Rechtsfolgen**, nämlich die Vorteilsherausgabe an den Geschäftsherrn (Abs. 1) sowie der Verwendungsersatz und die Entlastung des Geschäftsführers im Ausmass der beim Geschäftsherrn eingetretenen ungerechtfertigten Bereicherung (Abs. 2). Charakteristisch für die Geschäftsanmassung ist, dass der Geschäftsführer im eigenen Interesse oder im Interesse eines Dritten (BGE 86 II 26 = Pra 1960, 147 f.) ohne entsprechende Verpflichtung, d.h. egoistisch, tätig wird (vgl. BGer, 12.1.2000, 4C.234/1999, E. 6aa = Pra 2002, 429). Die vorgenommene Geschäftsführung ist mithin i.d.R. durch ein **Übernahmeverschulden** oder eine **Treueverletzung** belastet, weil beim Eingriff in die Rechtssphäre des Geschäftsherrn der fremdnützige Geschäftsführungswille fehlt (BGE 97 II 177; RVJ 1994, 292; CHAPPUIS, SZW 2000, 202 f.; vgl. auch § 684 BGB; § 1040 ABGB; Art. 1378 CC fr.). Inhaltlich geht es vornehmlich um die Vorteilsherausgabe bzw. Gewinnabschöpfung (zu diesem wirtschaftsrechtlichen Postulat NIETLISBACH, 8 ff.).

2 Systematisch betrachtet ist die Geschäftsanmassung an sich **kein Fall** der **Geschäftsführung**, weil die Absicht, «für einen anderen» zu handeln, fehlt. Der Gesetzgeber hat die Geschäftsanmassung dennoch in Art. 423 geregelt (zur Entstehungsgeschichte CHAPPUIS, SZW 2000, 203; WEBER, ZSR 1992, 342 f.; ZK-SCHMID, N 7 ff.; SCHMID, ZBJV 1995, 263 ff.), um den Geschäftsanmasser nicht besser zu stellen (z.B. im Hinblick auf die Vorteilsherausgabe) als den (echten) Geschäftsführer (vgl. Vor Art. 419–424 N 11). Angesichts des gesetzlichen Entstehungsgrundes der Obligation aus einem Fehlkontakt würde Art. 423 systematisch in den AT des OR gehören (Vor Art. 419–424 N 2; WEBER, ZSR 1992, 336); in den letzten Jahren hat sich denn auch eine Kontroverse zur Frage entwickelt, ob das allgemeine Gewinnabschöpfungsprinzip auf Art. 423 oder eher Art. 62 abzustützen sei (vgl. WEBER, ZSR 1992, 333 ff., 360 ff.; NIETLISBACH, 265 ff., 407 ff.; SCHMID, ZBJV 1995, 263 ff.). Mit der dogmatischen Erfassung der Geschäftsanmassung tut sich die Doktrin zudem weiterhin schwer: Die Vertreter der sog. *«Eingriffstheorie»* stellen (deliktisch geprägt) auf die Verletzung fremder subjektiver Rechte ab, die Vertreter der sog. *«Zuweisungstheorie»* wollen dem Zuweisungsgehalt des verletzten Rechts entnehmen, welchem Rechtsträger wegen der ausschliesslichen Nutzungsbefugnis der Eingriffserwerb zusteht (dazu BÜRGI-WYSS, 183 ff.; HOFSTETTER, SPR VII/6 und SPR VII/2/1, 268 ff./262 ff.; SCHLUEP, 187 ff.; zum Ganzen auch WEBER, ZSR 1992, 344 f., 348 ff.; TISSOT, plädoyer 1997, 47; SCHMID, Geschäftsführung, N 745 ff.; NIETLISBACH, 106 ff., 248 ff.).

2. Fallgruppen von Geschäftsanmassungen

3 **Praktische Fälle** von Geschäftsanmassungen sind (vgl. BK-GAUTSCHI, N 2b; ZK-SCHMID, N 38 ff.; SCHMID, Geschäftsführung, N 802 ff.):
- Geschäftsbesorgung entgegen eines ausdrücklichen, dem Geschäftsführer bekanntgewordenen, nicht unsittlichen/rechtswidrigen Verbots des Geschäftsherrn, z.B. bewusste Abweichung von Ausführungsweisung oder Substitutionsverbot, vertragswidrige Untervermietung, Fortsetzung der Geschäftsführung trotz Auftragswiderruf, Überschreitung einer Vollmachtsbeschränkung;
- (Unentschuldbar) fahrlässige Abweichung vom erkennbaren bzw. gesetzlich vermuteten Geschäftsherrenwillen, z.B. Entgegennahme von Schmiergeldern;
- Geschäftsbesorgung unter Verletzung der Treuepflicht bzw. einer öffentlich-rechtlich eingeräumten Stellung (Veruntreuung, Unterschlagung, ungetreue Geschäftsführung), z.B. Entgegennahme einer Zahlung auf eigene Rechnung;
- Bewusste oder (unentschuldbar) fahrlässige Ausübung fremden Rechts durch Unbefugte, z.B. unerlaubte Ausübung (Gebrauch, Nutzung, Verarbeitung, Verfügung) persönlicher

oder dinglicher Rechte an fremden Sachen bzw. geliehenen/hinterlegten Sachen, Ausübung fremder Forderungsrechte, unbefugtes Selbstkontrahieren/Doppelvertreten, unlauterer Gebrauch oder Verfügung über Pfandsache, unbefugte Ausübung fremder Immaterialgüterrechte (Patente, Marken, Designs), Urheber-, Wettbewerbs- oder Persönlichkeitsrechte;
– Missbrauch einer formell erteilten Stellvertretungsbefugnis, etwa durch eigeninteressierte Verwaltungshandlungen für einen Nachlass aufgrund einer Vollmacht über den Tod hinaus (BGer, 12.1.2000, 4C.234/1999, E. 6 = Pra 2002, 429 f.).

II. Anwendungsbereich von Art. 423

Die Regelung der Vorteilsherausgabe ist auf Fälle der **Geschäftsanmassung** (Eigengeschäftsführung) zugeschnitten. Bei einer **unberechtigten GoA** steht deshalb der «Geschäftsherr» vor dem oft schwierigen Entscheid, entweder die Geschäftsführung mit der Folge der teilweisen Anwendung des Auftragsrechts zu genehmigen oder auf die Vorteilsaneignung zu verzichten, weil der Gesetzeswortlaut («nicht mit Rücksicht auf das Interesse des Geschäftsherrn»; historisch zutreffend «nicht geboten» [Wolf, SJK 1079, 1]) die im Fremdinteresse (d.h. mit Rücksicht auf den Geschäftsherrn) ausgeführte unberechtigte GoA nicht abdeckt. In der Lehre wird zum Teil argumentiert, dem Gesetzgeber sei in der Formulierung von Abs. 1 (Art. 473 aOR) ein Versehen unterlaufen, Abs. 1 sei extensiv auszulegen (vgl. ZK-Oser/Schönenberger, N 1; Bucher, BT, 264; Friedrich, ZSR 1945, 13). Andere Autoren vertreten hingegen die Auffassung, der Geschäftsführer handle bei der unberechtigten GoA grundsätzlich altruistisch, weshalb der Geschäftsherr nicht in die Lage versetzt werden dürfe, sich nur die Vorteile anzueignen, ohne gleichzeitig den Pflichten von Art. 422 unterworfen zu sein (Schmid, Geschäftsführung, N 631 ff.; Hofstetter, SPR VII/6 und SPR VII/2/1, 266/261; Tercier/Favre, N 6023 ff.; Weber, Praxis, 234; Lischer, 67 f.). 4

III. Voraussetzungen der Geschäftsanmassung

1. Objektive Elemente

Zu den **objektiven Voraussetzungen** der Geschäftsanmassung gehören die Besorgung eines fremden (nicht in der ausschliesslichen Nutzungsberechtigung des «Geschäftsführers» liegenden) Geschäfts trotz Fehlens einer Handlungspflicht (vgl. Art. 419 N 4 ff.; zur Übernahme der vom Erstverkäufer versprochenen, bei Doppelverkauf aber nicht vorgenommenen Reparaturarbeiten durch den Erwerber vgl. BGer, 31.5.1996, SJZ 1997, 378) sowie – für einen quasideliktischen Tatbestand charakteristisch – der widerrechtliche Eingriff in die Rechtssphäre oder das Vermögen des Geschäftsherrn im eigenen Interesse und das Vorliegen des Kausalzusammenhanges zwischen Geschäftsanmassung und Gewinnerzielung (Schluep, 194; Schmid, Geschäftsführung, N 766 ff.; Bürgi-Wyss, 182 ff.;); nicht vorausgesetzt sind Schadenseintritt, Schädigungs- oder Gewinnerzielungsabsicht und Vertragsfähigkeit des Geschäftsführers. 5

Umstritten ist, ob – im Hinblick auf die Vorteilsherausgabe – nur die **Verletzung absoluter Rechte** (so – mit Bezug auf die Untermiete – BGE 126 III 72 = Pra 2001, 62 ff., mit Bemerkungen von Weber R., AJP 2000, 1027 f. und Schmid, recht 2000, 205 ff.; SJZ 1982, 205; vgl. auch BGE 129 III 424; 73 II 197; 45 II 206; 39 II 707; Bucher, BT, 262; Hofstetter, SPR VII/6 und SPR VII/2/1, 270/264) oder auch die **Verletzung relativer Rechte** (so BJM 1989, 134 ff.; Holenstein, 102, 179 ff.; Schluep, 199; Schmid, recht 2000, 207 f.; ZK-Schmid, N 17, 69 ff.; Schmid, ZBJV 1995, 275 ff.; Hauser, SJZ 1982, 269 f.; Lischer, 30, 139, 143 ff.) widerrechtlich ist. Meines Erachtens geht es beim Geschäftsanmassungstatbestand primär nicht um den (deliktischen) Eingriffsschutz, sondern um die ausschliessliche Nutzungsberechtigung des Geschäftsherrn, d.h. die verbindliche Interessenregelung (z.B. Un- 6 terlassungs- und Treuepflichten) schliesst den Geschäftsführer von einem bestimmten Bereich grundsätzlich aus (geschützte exklusive Nutzungsposition des Geschäftsherrn, soweit sie marktfähig verwertbar ist). Auch eine entgegen des Zuweisungsgehalts erfolgende Verletzung vertraglicher Rechte oder objektiv geschützter Nutzungspositionen vermag in gewissen Konstellationen somit einen Vorteilsherausgabeanspruch zu begründen (SCHLUEP, 199; zu einzelnen Kriterien beim Zuweisungsgehalt vertraglicher Rechte BOCK 253 ff.).: Vertragswidrige Untervermietung, Verletzung eines Alleinvertriebsvertrags durch den Produzenten, Übertretung eines Konkurrenzverbotes, Doppelverkauf bei Speziessache (im Einzelnen abhängig von den konkreten Umständen, weshalb die Lehre regelmässig differenziert argumentiert: vgl. WEBER, ZSR 1992, 333 f.; ZK-SCHMID, N 77 ff.; NIETLISBACH, 128 ff., 437 ff.).

2. Subjektive Elemente

7 Subjektiv verfolgt der Geschäftsführer **eigene Interessen**, d.h. die Geschäftsführung ist gegebenenfalls nur objektiv, jedenfalls aber nicht subjektiv fremdnützig. Die Vorteile sollen nicht dem Geschäftsherrn zukommen, der fremdnützige Geschäftsführungswille fehlt.

8 Umstritten ist, ob der Geschäftsführer der Herausgabepflicht von Art. 423 auch unterliegt, wenn er **gutgläubig**, d.h. unwissentlich und damit ohne Verschulden, in die fremde Rechtssphäre eingreift oder ob sein Handeln **bösgläubig** sein muss. Bösgläubigkeit liegt vor, wenn der Geschäftsführer weiss oder wissen muss, dass er ohne Rechtfertigungsgrund in eine fremde Rechtsphäre eingreift, um sich selber oder einem Dritten die daraus resultierenden Vorteile zu verschaffen (BGE 126 III 72; BGer, 28.2.2013, 4A_594/2012, E. 2.1.1; 8.2.2013, 4A_474/2012, 4A_478/2012 und 4A_584/2012, E. 8.1). Zum Teil wird mangels Spezifizierung im Gesetzestext dafür gehalten, die Vorteilsherausgabe sei auch bei einem gutgläubig erfolgten Eingriff ein Gebot der Billigkeit (vgl. BGE 97 II 177 f.; eingehend HILTI, AJP 2006, 695 ff., 701; vgl. weiter VON TUHR/PETER, 524 FN 46; HONSELL, OR BT, 347; WOLF, SJK 1077, 1, 6; MOSER, Diss., 216; WIDMER, 88 f.; FRIEDRICH, ZSR 1945, 43 ff.). Überzeugender ist indessen die Auffassung, dass Bösgläubigkeit vorzuliegen hat (CR CO I-HÉRITIER LACHAT, Art. 423 N 8; BÜRGI-WYSS, 208 ff.; JENNY, 146 ff.; HOFSTETTER, SPR VII/6 und SPR VII/2/1, 271 f./265 f.; GUHL/KOLLER/SCHNYDER/DRUEY, 561; ZK-SCHMID, N 34 ff.; SCHMID, Geschäftsführung, N 792 ff.; DERS., GoA, 426; NIETLISBACH, 29 ff., 120 ff.; CHAPPUIS, 21 ff.; DIES., SZW 2000, 23; HOLENSTEIN, 168 ff.; LISCHER, 45 ff., 79 f.; ebenso BGE 129 III 425; 126 III 72 = Pra 200162; bestätigt in BGer, 8.2.2013, 4A_474/2012, 4A_478/2012 und 4A_584/2012, E. 8.1; 17.7.2003, sic! 2004, 91, dazu HILTI, AJP 2006, 700 f.; TC NE 21.2.1997, sic! 1998, 316 f.; andeutungsweise auch BGE 119 II 43, 45 = Pra 1995, 47, 49; unklar BK-GAUTSCHI, N 2a, 4a ff.); diese Meinung lässt sich begründen mit dem Widerspruch der Gleichstellung des gutgläubigen mit dem bösgläubigen Geschäftsherrn zu verwandten privatrechtlichen Regelungen (z.B. Besitz), der Problematik der vollen Vorteilsabschöpfung ohne Verschulden, dem fehlenden Wissen des gutgläubigen Geschäftsführers um die Fremdheit des Geschäfts und der Möglichkeit einer sinnvollen Abgrenzung zum Bereicherungsrecht (N 11). Die Frage der Bösgläubigkeit kann offen bleiben, wenn sich der Anspruch auch auf das Bereicherungsrecht stützen lässt (Vorgehen des Berechtigten wahlweise gestützt auf Art. 423 oder Art. 62: KGer SG, 23.2.1999, sic! 1999, 632 f.).

3. Abgrenzung zum Bereicherungsrecht

9 Die Umschreibung der Voraussetzungen der Geschäftsanmassung konkretisiert deren Abgrenzung von der ungerechtfertigten Bereicherung (allg. Vor Art. 419–424 N 18 f.). Das Bereicherungsrecht (Art. 62 ff.) umfasst nach der neueren Rsp. und Lehre nicht nur den häufigen (ursprünglichen) Fall der Leistungskondiktion, sondern auch die Zufalls- und **Eingriffskondiktion** (im Einzelnen JENNY, 171 ff.; Art. 62 N 19 ff.; SCHLUEP, 173 ff.; WEBER, ZSR 1992, 348 ff.; SCHMID, Geschäftsführung, N 1325 ff.; NIETLISBACH, 161 ff., 339 ff.). In extensiver

Begriffsverwendung wird sogar argumentiert, Folge der Beeinträchtigung einer fremden Rechtssphäre könne neben einer «Rückgängigmachung» auch eine «Abschöpfung» des Vorteils sein (sog. «Beeinträchtigungstheorie»: SCHAUFELBERGER, sic! 1998, 7, 12, 106, 120, 151 ff.; krit. HOLENSTEIN, 34 ff. und NIETLISBACH, 232 ff., gestützt auf das Kriterium der Zuweisungswidrigkeit). Teilweise wird argumentiert, Art. 423 sei «nur» ein wichtiger Anwendungsfall der Eingriffskondiktion (NIETLISBACH, 124, 144 f., 240, 404 f.).

Eingriffskondiktion und Geschäftsanmassung haben gemeinsam, dass eine Vermögensvermehrung durch eine (rechtswidrige) Handlung des Tätigwerdenden, bei dem sich der Vorteil realisiert, herbeigeführt wird. Selbst wenn im Gegensatz zur Geschäftsanmassung bei Art. 62 die Bereicherung des Belasteten einer «Entreicherung» des Berechtigten zu entsprechen hat, ist der **Anwendungsbereich** der beiden Rechtsbehelfe, v.a. im Immaterialgüterrecht, doch **nahezu deckungsgleich** (so auch DESSEMONTET, FS Kummer, 206; Art. 423 ist gemäss VON TUHR/PETER, 524 eine wichtige Ergänzung von Art. 62). Überdies wird im Bereicherungsrecht vermehrt statt auf das Kriterium der **«Vermögensverschiebung»**, das bei Erlangung eines Gebrauchs- oder Vermögensvorteils versagt, auf das Kriterium der **«Rechtsgutverletzung»** abgestellt (BUCHER, AT, 684 f.; SCHLUEP, 193; WIDMER, 106 f.; NIETLISBACH, 177 ff., 188 ff.). Entscheidend ist somit für die Eingriffskondiktion (Art. 62) und die Vorteilsherausgabe (Art. 423), wann der «Eingriff» des Handelnden in die Rechtssphäre des Betroffenen unter Verletzung des Zuweisungsgehalts eines Rechts (d.h. eines Habens/Nutzens) mit der Herausgabe der gezogenen Vorteile zu sanktionieren ist (SCHLUEP, 192; LISCHER, 160). 10

Unterschiedlich sind bei Eingriffskondiktion und Vorteilsherausgabe hingegen **Gegenstand** und **Umfang** der Herausgabepflicht. Bei der Bereicherung ist vom Bereicherten der Wert des aus dem Eingriffserwerb Erlangten, nicht der vom Eingreifer gemachte Gewinn herauszugeben (NERTZ, 99 ff.). Demgegenüber hat der Geschäftsherr nach Art. 423 Anspruch auf Herausgabe der aus der Führung seiner Geschäfte entspringenden Vorteile. Erfasst wird nicht nur die beim Geschäftsherrn allenfalls eingetretene «Entreicherung» (wie im Bereicherungsrecht), sondern die ganze, beim Geschäftsanmasser entstandene Vermögensvermehrung; Art. 423 ist somit umfassender als Art. 62. Dass die strengere Sanktion von Art. 423 nur für den bösgläubigen Geschäftsanmasser gelten soll, nicht für den gutgläubigen Geschäftsanmasser, der nicht um die Fremdheit der Geschäftsführung weiss, lässt sich sachlich rechtfertigen. Die herrschende Lehre, die eine Vorteilsherausgabe auch bei gutgläubiger Geschäftsanmassung befürwortet (N 8), kommt insoweit zu einem ähnlichen Resultat, als die Herausgabepflicht bei Gutgläubigkeit durch eine analoge Anwendung von Art. 64 auf die noch vorhandene Bereicherung beschränkt wird (FRIEDRICH, ZSR 1945, 47 f.; WIDMER, 89; zur wertmässigen Harmonisierung der Ansprüche vgl. hinten N 17). 11

IV. Rechtsfolgen

1. Ansprüche des Geschäftsherrn

a) Schadenersatz

Weil der Geschäftsanmasser weiss, dass er fremde Geschäfte im eigenen Interesse führt, trifft ihn auch ohne weitere Sorgfaltspflichtsverletzung ein **Übernahmeverschulden** (CHK OR-HUGUENIN/JENNY, Art. 423 N 20; HUGUENIN, OR AT/BT, N 2181); er unterliegt deshalb der **Haftungsverschärfung** von Art. 420 Abs. 3 (dort N 7 ff.; BÜRGI-WYSS, 239 ff.; SCHMID, Geschäftsführung, N 886 ff.). Weil die Haftungsnorm einen Schadenersatz-, nicht einen Vorteilsherausgabeanspruch begründet, ist der effektive Schaden zu ersetzen; die Herausgabe des erzielbaren Gewinns hat nur soweit zu erfolgen, als er – schuldhaft nicht erzielt – einen Schadensposten beim Geschäftsherrn darstellt (HOFSTETTER, ZBJV 1964, 223 f.; WIDMER, 81; LISCHER, 88 f.; extensiver BK-GAUTSCHI, Art. 420 OR N 5c, Art. 423 OR N 4). 12

b) Vorteilsherausgabe

13 Gemäss Abs. 1 hat der Geschäftsherr das Recht, sich die Vorteile aus der Geschäftsführung anzueignen (Gewinnabschöpfung). Der Anspruch ist – angesichts seiner Poenalisierungsfunktion – deliktsrechtlicher Natur (SCHMID, Geschäftsführung, N 27, 826). Der Geschäftsanmasser ist – zwecks Beweiserleichterung für den Geschäftsherrn – informations- und rechenschaftsablegungspflichtig (SCHMID, Geschäftsführung, N 859 ff.; ZK-SCHMID, N 123 ff.; BK-GAUTSCHI, N 5; NERTZ, 21 ff.; FISCHER, 107). Das **Vorteilsaneignungsrecht** beruht nicht auf einer gesetzlichen Subrogation, sondern es beinhaltet – im Rahmen der Kausalität – einen obligatorischen Anspruch auf Übertragung dinglicher Rechte, auf Abtretung von Forderungen sowie auf Herausgabe vereinnahmter Gelder (WEBER, Praxis, 240). Die Vorteilsaneignung aus Geschäftsanmassung begründet mithin eigenständige Rechtsfolgen (BGE 97 II 169; 98 II 332; zur Frage der Eignung von Art. 423 als Grundnorm des Gewinnabschöpfungsprinzips vgl. N 2).

14 Der Geschäftsherr kann sich **jeden Vermögensvorteil** (= Bruttogewinn zuzüglich Zinsen abzüglich Aufwendungen; vgl. für die abzugsfähigen Kosten auch BGE 134 III 306), unter Einschluss einer allfälligen Verlustersparnis, den der Geschäftsanmasser kausal aus der Geschäftsführung, z.B. der widerrechtlichen Benützung eines Immaterialgutes, gezogen hat, aneignen (BJM 1989, 136; ZK-SCHMID, N 102 ff.; NIETLISBACH, 123 ff.; HOFSTETTER, ZBJV 1964, 245; HOLENSTEIN, 179; WIDMER, 91; MOSER, Diss., 122; NERTZ, 21 ff.; FISCHER, 106 ff.; AMREIN, 53 ff.; eingehend JENNY, 149 ff.). Unbeachtlich ist, ob der Geschäftsherr den realisierten Gewinn selbst – in welcher Höhe auch immer – verdient hätte (AMREIN, 39). Gemäss BGE 97 II 178 schliessen sich Vorteilsherausgabeanspruch und Schadenersatzanspruch gegenseitig aus; zutreffend scheint, dass mehrere Ansprüche wirtschaftlich betrachtet nicht kumulativ dasselbe Ziel verfolgen können; sofern zwei Ansprüche aber auf verschiedenen Tatsachen beruhen, muss eine Kumulation – gegebenenfalls unter gegenseitiger Anrechnung – möglich sein (SCHLUEP, 185; WIDMER, 102 f.). Zinsen sind ab Gewinnerzielung (BJM 1989, 136), nicht erst ab Inverzugsetzung (so aber SMI 1988, 127), geschuldet.

15 Im Einzelnen kann die **Bemessung** des Vorteilsherausgabeanspruchs sehr schwierig sein (Beweislast des Geschäftsherrn), insb. wenn der Geschäftsanmasser der Rechenschaftsablegungspflicht (Art. 400) nicht bzw. ungenügend nachkommt. Weil die Verwendungen vom Erlös abgezogen werden können (Abs. 2), ist – wie erwähnt – der Nettogewinn (N 14; vgl. auch JENNY, 149) herauszugeben (zur Vorlegungs- bzw. Informationspflicht i.S. eines Hilfsanspruches im Rahmen der Bezifferung des Hauptanspruches gestützt auf Art. 423 vgl. KassGer ZH, 1.12.2008, ZR 2009, 87 ff.). Ist eine konkrete Ermittlung des Gewinns nicht möglich, sind die allgemeinen Regeln von Art. 42–44 analog anzuwenden (BÜRGI-WYSS, 227); im Immaterialgüterrecht wird oft darauf abgestellt, welchen «Preis» der Geschäftsanmasser für den rechtmässigen Erwerb einer vertraglichen Nutzungsbefugnis zu entrichten gehabt hätte (vgl. BGE 132 III 382; eingehend SCHLUEP, 201 ff.; WIDMER, 7 ff.; NERTZ, 21 ff.; zur Abkehr des Bundesgerichts von der dreifachen Schadensberechnungsmethode vgl. BOCK, 175 f.; SCHLUEP, 195 f.; NERTZ, 15 ff.; HOLENSTEIN, 176 ff.; NIETLISBACH, 74 ff. m.Nw.; für die Bemessung des herauszugebenden Gewinns bei einem Nichtnachkommen der vertraglichen Löschungspflicht einer Software nach Beendigung des Lizenzvertrages, ohne diese weiter zu benutzen, vgl. HGer ZH, 31.1.2008, ZR 2008, 214 ff.). Konkret handelt es sich z.B. um eine angemessene Lizenzgebühr oder eine urheberrechtliche Verwendungsgebühr; der Geschäftsherr darf über die Vorteilsherausgabe auch mehr erhalten als über einen Schadenersatzanspruch (HGer BE, 26.5.1999, sic! 1999, 559).

16 Die Vorteilsherausgabe spielt v.a. eine grosse Rolle in folgenden **Rechtsbereichen**:
- *Persönlichkeitsrecht*: Art. 28a Abs. 3 ZGB (TERCIER, N 2103 ff.; SCHMID, Geschäftsführung, N 917 ff.; ZK-SCHMID, N 43 ff.; NIETLISBACH, 426 ff.).
- *Lauterkeitsrecht*: Art. 9 Abs. 3 UWG (vgl. BGE 120 IV 158; 113 II 319; SCHMID, Geschäftsführung, N 1070 ff.; ZK-SCHMID, N 58 ff.; NIETLISBACH, 431 ff.; **a.A.** noch BGE 73 II 198).

- *Kartellrecht*: Art. 12 Abs. 1 lit. c KG; Gewinne eines Kartells oder marktmächtigen Unternehmens, die der Verletzte nicht oder nicht in dieser Höhe erzielt hätte, z.B. Erzielung von Monopolgewinnen wegen Elimination eines Aussenseiters (vgl. BVGer, 1.2.2010, A-7162/2008; Borer, Art. 12 N 15; Zäch, N 892; Schmid, Geschäftsführung, N 1109 ff.; Nietlisbach, 434 ff.).
- *Urheberrecht*: Art. 62 Abs. 2 URG (vgl. OGer ZH, 7.7.2009, sic! 2010, 889 ff.; BGE 124 III 494; sic! 1999, 27; sic! 1997, 448 ff.; SMI 1994, 183 ff., 190; Schmid, Geschäftsführung, N 1032 ff.; ZK-Schmid, N 54 ff.; von Graffenried; Rüesch, 86 ff.; Moser, Diss., 251, 256 f.; Dessemontet, FS Kummer, 198; zur GoA im Bereich der kollektiven Rechtsverwertung Wittweiler, 325 ff.).
- *Gewerblicher Rechtsschutz*, z.B. Patentrecht (Art. 8 Abs. 1/Art. 73 Abs. 1 PatG; vgl. BGE 134 III 306; 132 III 379, dazu Schmid, ZBJV 2010, 570 ff.; BGE 98 II 332; 97 II 169; Schmid, Geschäftsführung, N 975 ff.; Briner, 116 ff.; Widmer, 119 ff.; Dessemontet, GRUR Int. 1980, 273 ff.), Markenrecht (vgl. Art. 55 Abs. 2 MSchG; HGer ZH, 27.3.2001, sic! 2001, 640; HGer ZH, 21.1.2000, sic! 2001, 140–142; Jeanrenaud, SJ 1994, 721; Schmid, Geschäftsführung, N 999 ff.; ZK-Schmid, N 50 ff.), Designrecht (Schmid, Geschäftsführung, N 1016 ff.; Widmer, 122), Lizenzvertragsrecht (HGer ZH, 31.1.2008, ZR 2008, 214 ff.; generell zur Bewertung von Ansprüchen aus unechter Geschäftsführung ohne Auftrag im Zusammenhang mit Immaterialgüterrechtsverletzungen Jenny, 131 ff; Spitz, sic! 2007, 807 f.
- *Firmenrecht* (Schmid, Geschäftsführung, N 1060 ff.), *Know-how* (zur Haftung im vorvertraglichen Umfeld für Geschäftsanmassung Schlosser, sic! 1998, 272, 279, zur Pflicht des Know-how-Gebers zur Geltendmachung der Ansprüche aus Art. 423, wenn dem Know-how-Nehmer keine Aktivlegitimation zusteht, Schlosser, sic! 1998, 275; zur Schadensberechnung Fischer, 15 ff., 23 ff.).

Ansprüche aus Art. 423 **verjähren**, ihrer deliktischen Natur gemäss, in einem Jahr (Art. 60; **17**
BGE 126 III 386; BGer, 21.7.2011, 4A_109/2011, E. 9.3.1; 17.6.2000, SJZ 2000, 477; BGer, 12.1.2000, SJ 2000 I 421 = AJP 2001, 576; BGE 86 II 26 = Pra 1960, 147 f.; CHK OR-Huguenin/Jenny, Art. 423 N 22; Huguenin, OR AT/BT, 2185; Jenny, 167 f.; Hofstetter, SPR VII/6 und SPR VII/2/1, 253 f./250; Schmid, Geschäftsführung, N 869 ff.; ZK-Schmid, N 134; Honsell, OR BT, 348 f.; **a.A.** Bürgi-Wyss, 244 f.; BK-Gautschi, N 8d; Bucher, AT, 663; sie alle befürworten eine zehnjährige Verjährungsrist). Liegt jedoch – wie z.B. bei einer unerlaubten Untermiete – gleichzeitig eine Vertragsverletzung vor, gilt die zehnjährige Verjährungsfrist von Art. 127 OR (Schmid, recht 2000, 208). Für die Verjährung des deliktsrechtlichen Schadenersatzanspruchs aus einer Urheberrechtsverletzung ist die längere strafrechtliche Verjährungsfrist massgebend, wenn mit der Urheberrechtsverletzung gleichzeitig ein Straftatbestand erfüllt wird, dessen Verjährungsfrist mit der Begehung der Urheberrechtsverletzung beginnt (BGE 126 III 384). Die Forderung des Geschäftsherrn auf Gewinnherausgabe im Falle bösgläubiger Geschäftsführung ohne Auftrag verjährt also nicht erst nach zehn Jahren, sondern bereits nach einem Jahr. Diese Lösung erscheint unbefriedigend, weil der bösgläubige Geschäftsführer gegenüber dem gutgläubigen Geschäftsführer in verjährungsrechtlicher Hinsicht privilegiert wird, obwohl sein Vorgehen verwerflicher ist.

2. Ansprüche des Geschäftsführers

Der Geschäftsherr ist dem Geschäftsanmasser gem. Abs. 2 insoweit zur Ersatzleistung und **18**
Entlastung verpflichtet, als er bei Aneignung der Vorteile bzw. des aufgedrängten Eingriffserfolges ungerechtfertigt bereichert wird. Abs. 2 ist eine Verweisungsnorm auf das **Bereicherungsrecht**, das die Voraussetzungen des Anspruchs umschreibt (zum Verhältnis von Abs. 2 zu Abs. 1 Schmid, Geschäftsführung, N 844 ff.). Zu ersetzen sind dem Geschäftsanmasser die effektiven **Verwendungen** und der im Zusammenhang mit der Eingriffshandlung erlittene **Schaden** (Nettogewinn: N 14), soweit der Geschäftsherr, hätte er selbst gehandelt, entspre-

chende Auslagen erleiden würde (Verwendungen, die üblicherweise/durchschnittlich anfallen: TERCIER/FAVRE, N 6062 ff; AMREIN, 72; LISCHER, 92, 104; grundsätzlich gibt es keine Kosten, die ihrer Art nach nicht abzugsfähig sind, solange sie sich als erforderlich für die Erzielung des Gewinns aus der Geschäftsanmassung erweisen und nicht auch anderen Zwecken dienen konnten, BGE 134 III 310 f.; vgl. CHK-HUGUENIN/JENY, N 16). Allgemeine Geschäftsauslagen des Geschäftsanmassers sind hingegen nicht abzugsfähig (SMI 1989, 108; ZK-SCHMID, N 118; für restriktive Anwendung von Abs. 2 auch ZK-SCHMID, N 139). Für seine Gegenansprüche hat der Geschäftsanmasser ein *Verrechnungs-* und obligatorisches *Zurückbehaltungsrecht* (BK-GAUTSCHI, N 11; zum Verhältnis Verrechnungserklärung vs. Retentionseinrede vgl. SCHALLER, Einwendungen, N 577 ff.). Ein Anspruch auf Schadenersatz oder Vergütung steht dem Geschäftsanmasser nicht zu (BGE 86 II 26 = Pra 1960, 147 f.; SJZ 1975, 369; SJ 1951, 435 f.).

19 Das ausgeübte Recht auf Vorteilsaneignung begründet die Ansprüche des Geschäftsanmassers; die Kenntlichmachung der Aneignungsabsicht durch den Geschäftsherrn ist deshalb abzuwarten. Keine solche Absichtsäusserung liegt im Verlangen des Geschäftsherrn, den alten Vermögenszustand wiederherzustellen (BK-GAUTSCHI, N 8c). (1) Sind die Vorteile dem Geschäftsanmasser angewachsen, kann er mit der Information und Rechenschaftsablegung seinen Gegenanspruch anmelden (BK-GAUTSCHI, N 8d); reagiert der Geschäftsherr nicht, hat der bösgläubige Geschäftsanmasser dasselbe Wegnahmerecht wie der gutgläubige Geschäftsführer (vgl. BGE 79 II 208; Art. 422 N 7). (2) Kommen die Vorteile dem Geschäftsherrn automatisch zu (z.B. Wertsteigerung des Hauses), vermag der Geschäftsanmasser neben dem Spezialanspruch aus Abs. 2 auch den allgemeinen Bereicherungsanspruch geltend zu machen (BGE 86 II 26 = Pra 1960, 147 f.).

Art. 424

III. Genehmigung der Geschäftsführung	**Wenn die Geschäftsbesorgung nachträglich vom Geschäftsherrn gebilligt wird, so kommen die Vorschriften über den Auftrag zur Anwendung.**
III. Approbation de la gestion	Si les actes du gérant ont été ratifiés par le maître, les règles du mandat deviennent applicables.
III. Ratifica della gestione	Se la gestione fu in seguito ratificata dal padrone, si applicheranno le disposizioni relative al mandato.

Literatur

Vgl. die Literaturhinweise bei den Vorbem. zu Art. 419–424.

I. Allgemeines

1 Art. 424 erklärt die Auftragsregeln im Falle einer (nachträglichen) «Genehmigung» (Randtitel) bzw. «Billigung» (Text) der Geschäftsführung für anwendbar. Sofern keine anders lautende Willenseinigung vorliegt, begründet die Genehmigung der Geschäftsführung kein Auftrags- oder sonstiges Vertragsverhältnis und beinhaltet das Handeln des Geschäftsführers keine Realofferte auf Vertragsabschluss (HOFSTETTER, SPR VII/6 und SPR VII/2/1, 249/245; BK-BECKER, N 3; **a.A.** BK-GAUTSCHI, N 1b); die Genehmigung der Geschäftsführung entspricht nicht der Genehmigung des vollmachtlos abgeschlossenen Geschäfts (Art. 38; auch unterschiedlicher Adressatenkreis) und vermag einen Quasi-Kontrakt nicht in einen Vertrag umzuwandeln. Es tritt lediglich die **unvollständige Fiktion** ein, dass die **Rechtsstellung** der Parteien bis zu einem gewissen Grade so beurteilt wird, **wie wenn ein Auftrag vorgelegen** hätte (WEBER, Praxis, 216; TERCIER/FAVRE, N 6013 ff.).

II. Anwendungsbereich

Art. 424 findet Anwendung auf Fälle der **echt berechtigten** und der **echt unberechtigten GoA** (vgl. BGer, 31.3.2008, 4A_496/2007, E. 2.2; dazu Stöckli H., 169). In Betracht fällt nicht nur eine spontane Tätigkeit, sondern auch die Überschreitung eines erteilten Auftrags oder ein gutgläubiges Selbstkontrahieren/Doppelvertreten. 2

Im Falle einer **Geschäftseinmischung** oder **-anmassung** dürfte sich der Geschäftsherr insb. mit der Vorteilsherausgabe begnügen. Von Bedeutung sein könnten aus dem Auftragsrecht einzig das Aussonderungsrecht von Art. 401 und evtl. die Sorgfaltshaftung von Art. 398 Abs. 1/2. Charakteristisch für den Auftrag ist aber die Fremdnützigkeit der Tätigkeit, während der Geschäftsanmasser eigene Zwecke verfolgt. Eine Genehmigung der Geschäftsanmassung durch den Geschäftsherrn ist deshalb nicht zulassungswürdig (ZK-Schmid, N 7; Hofstetter, SPR VII/6 und SPR VII/2/1, 251 f./247 f.; Weber, Praxis, 233; Lischer, 110 f.; so auch § 684 Satz 2 und 687 BGB; **a.A.** BK-Gautschi, N 2a; Schulin/Vogt, AT, Tafel 56E; Spiro [Art. 422 N 16], 426 FN 14). 3

III. Genehmigung

Die Genehmigung, d.h. die Billigung der Handlungen des Geschäftsführers durch Willenserklärung des Geschäftsherrn, ist ein **einseitiger Rechtsakt**. Die Genehmigung vermag ausdrücklich oder stillschweigend (durch Willensbetätigung) zu erfolgen (Hofstetter, SPR VII/6 und SPR VII/2/1, 253/249), ist an keine besondere Form gebunden, muss aber zur Kenntnis des Geschäftsführers gelangen (BK-Gautschi, N 3d). Eine stillschweigende Genehmigung kann im Verstreichenlassen einer Frist (vgl. BGer, 21.3.2003, SJ 2003, 532), in der Aneignung der Vorteile sowie in einer hingenommenen Subrogation bei der echten und der unberechtigten GoA liegen (Lischer, 111 f.). Das Motiv der Genehmigung ist irrelevant. 4

Genehmigung bedeutet **Ausübung** eines **Gestaltungsrechts** (Hofstetter, SPR VII/6 und SPR VII/2/1, 253/249; ZK-Schmid, N 8; **a.A.** BK-Gautschi, N 1b). Demgemäss ist die Genehmigung unwiderruflich (von Tuhr/Peter, 147) und bedingungsfeindlich, weil dem Geschäftsführer eine Unsicherheit über die Rechtslage nicht zumutbar ist (von Tuhr/Peter, 146; **a.A.** BK-Gautschi, N 4d). Im Falle eines Irrtums ist Ungültigkeit der Willenserklärung geltend zu machen (von Tuhr/Peter, 300; **a.A.** BK-Gautschi, N 4c: Unanfechtbarkeit der Genehmigung). Die Geltung der Genehmigung beruht auf dem Gesetz und hat Wirkung ex tunc. 5

Mit der Genehmigung gilt die Geschäftsführung als geboten (Aufhebung des Vorwurfs des Eingriffs in eine fremde Rechtssphäre); der als direkter Vertreter handelnde Geschäftsführer wird nachträglich ermächtigt (BGE 102 II 203). Eine Teilgenehmigung ist nur bei fehlendem Sachzusammenhang zwischen verschiedenen Handlungen möglich; sonst ist die ganze Geschäftsführung zu genehmigen oder nicht zu genehmigen (BK-Gautschi, N 3a; Lischer, 112). 6

IV. Rechtsfolgen

1. Anwendbarkeit des Auftragsrechts

Gemäss Art. 424 sind – zwecks Voraussehbarkeit der Folgen – auf die dank der Genehmigung als geboten erscheinende Geschäftsführung ex tunc die Regeln des **Auftragsrechts**, nicht eines andern Arbeitsleistungsvertrages (z.B. Werk-, Frachtvertrag) anwendbar, insb. die Bestimmungen zur Ablieferungspflicht (Art. 400), zur Legalzession und zum Aussonderungsrecht (Art. 401) sowie zum Verwendungs- und Schadenersatz (Art. 402); hingegen lebt ein Entschädigungsanspruch nur bei üblicherweise entgeltlich erbrachten Tätigkeiten auf (Art. 422 N 9 f.; BK-Gautschi, N 10a/c; vgl. BGer, 31.3.2008, 4A_496/2007, E. 2.2.). 7

8 Die Regeln des Auftragsrechts gelangen aber **nicht ausnahmslos** zur Anwendung. So darf der Geschäftsführer mit der Genehmigung nicht schlechter gestellt sein als ohne Genehmigung (ZK-Schmid, N 700; BK-Gautschi, N 4 f.). Die Haftungsregelung ist durch die bundesgerichtliche Interpretation von Art. 402 zwar angeglichen worden (vgl. Art. 402 N 14). Hingegen ist die Geschäftsführung entgegen Art. 394 Abs. 3 nicht üblicherweise entgeltlich (N 7), lebt keine verstärkte Treuepflicht des Geschäftsführers auf (z.B. Vermeidung von Interessenkollisionen; umstritten, vgl. Art. 419 N 19), lässt sich der dem vertragsunfähigen Geschäftsführer gem. Art. 421 zukommende Schutz nicht ausschalten, bleibt der Geschäftsherr für den Schaden gem. Art. 422 Abs. 2 haftbar und entsteht (abweichend von Art. 403) unter einer Mehrheit von Geschäftsführern bzw. Geschäftsherren nicht regelmässig eine solidarische Haftung (vgl. Art. 420 N 4; Art. 422 N 3).

2. Haftung des Geschäftsführers

9 Die Genehmigung schliesst ein etwaiges Übernahmeverschulden des Geschäftsführers aus (BK-Gautschi, N 7a). Sowohl bei der echten GoA wie auch bei der unberechtigten GoA ist hingegen nicht ohne weiteres zu vermuten, dass der Geschäftsherr mit der Genehmigung die effektive Geschäftsausführung, d.h. die Anwendung der *gebotenen Sorgfalt* durch den Geschäftsführer, anerkennt; vielmehr ist eine Beurteilung anhand der konkreten Umstände vorzunehmen (ZK-Schmid, N 24 f.; Weber, Praxis, 216; Hofstetter, SPR VII/6 und SPR VII/2/1, 250/246; BK-Gautschi, N 5a; **a.A.** Lischer, 114, für die echte GoA).

3. Auswirkungen auf das Stellvertretungsrecht

10 Die Genehmigung gem. Art. 424 richtet sich an den Geschäftsführer. Die Genehmigung eines vom nicht ermächtigten Geschäftsführer mit einem Dritten abgeschlossenen Geschäfts betrifft den Dritten (Tercier/Favre, N 5976). (1) Bei der *direkten Stellvertretung* werden mit der Genehmigung die Rechtswirkungen des Geschäfts auf die Person des Geschäftsherrn überführt (Art. 38; BGE 102 II 203); hingegen beinhaltet eine etwaige externe Genehmigung des vollmachtlos abgeschlossenen Geschäfts nicht in jedem Fall auch eine Genehmigung der Geschäftsführung gem. Art. 424 (ZK-Schmid, N 27; Lischer, 115). (2) Bei der *indirekten Stellvertretung* decken sich im Falle einer Genehmigung die internen und externen Rechtswirkungen, einschliesslich der Rechtswirkungen bezüglich Geschäften, die einer speziellen Ermächtigung bedürfen (vgl. Hofstetter, SPR VII/6 und SPR VII/2/1, 250 f./246; zum Ganzen auch Ott, 289 ff.).

Fünfzehnter Titel: Die Kommission

Vorbemerkungen zu Art. 425–438

Literatur

ARTER/JÖRG, Informationspflichten beim Discount-Brokerage, AJP 2001, 52 ff.; BECKER, La vente aux enchères d'objets d'art en droit privé suisse: représentation, relations contractuelles et responsabilité, Zürich 2011; CHAPPUIS/WERRO, Le devoir d'information de l'article 11 LBVM et son rôle en droit civil à la lumière des Règles de conduite de l'ASB, AJP 2005, 560 ff; FEHR, La Commission, SJK Karte Nr. 592 (1942); FURRER, Stillstehende Ware unter schweizerischem Recht, AJP 2013, 865 ff; GUGGENHEIM, Die Verträge der Schweizerischen Bankpraxis, 3. Aufl., Zürich 1986 (zit. Bankenpraxis); DERS., Les contrats de la pratique bancaire suisse, 5. Aufl., Genf 2014 (zit. contrats); GUTZWILLER, Der Vermögensverwaltungsvertrag, Zürich 1989; HOFSTETTER, Der Auftrag und die Geschäftsführung ohne Auftrag, SPR VII/6, 2. Aufl., Basel 2000; KNAPP, De la soumission et de la commission, JdT 1946, 226 ff.; LEIBENSON, les actes de disposition sur les titre intermédiés, Genf 2013; LOMBARDINI, Droit bancaire suisse, 2. Aufl., Zürich 2008 (zit. droit); DERS., La protection de l'investisseur sur le marché financier, Diss. Genf 2012 (zit. Diss.); NOBEL, Zur Problematik des sogenannten Kursschnittes beim Wertpapierhandel, in: Habscheid et al. (Hrsg.), FS für Hans Giger, Bern 1989, 527 ff.; PACHE, Le contrat de commission appliqué au commerce des valeurs mobilières, Lausanne 1956; PORTMANN, Best execution im Spannungsfeld neuer Finanzmarktphänomene, Zürich 2013; REICHEL, Benennungspflicht des Kommissionärs, SJZ 1923, 306 ff.; RÜEGG, Der Effektenbörsenauftrag unter spezieller Berücksichtigung der Treue-, Sorgfalts- und Rechenschaftspflicht, Diss. Zürich 1974; THALMANN, Die Sorgfaltspflicht der Bank im Privatrecht, insbesondere im Anlagegeschäft, ZSR 1994, 117 ff.; WEBER, Praxis zum Auftragsrecht und zu den besonderen Auftragsarten, Bern 1990; ZOBL/KRAMER, Schweizerisches Kapitalmarktrecht, Zürich 2004.

I. Allgemeines

1 Die Kommission ist ein **Rechtshandlungsauftrag**. Der Kommissionär übernimmt die Verpflichtung, in eigenem Namen, aber für Rechnung des Kommittenten bewegliche Sachen oder Wertpapiere zu kaufen oder zu verkaufen. Die Kommission steht im Dienste des Warenaustausches. Der Kommissionär verfügt im Allgemeinen über eine Organisation und über Marktbeziehungen, die dem Kommittenten fehlen. Er verfügt dagegen oftmals nicht über die notwendige Kapitalkraft, die ihm die Übernahme des Handelsrisikos erlaubt. In dieser Situation bietet sich die **fiduziarische Konstruktion** der Kommission als ideal an.

2 Die Kommission ist weit verbreitet im **Wertpapierhandel**. Die Börsenmitglieder erfüllen die Aufträge ihrer Kunden praktisch ausschliesslich als Kommissionäre. Da der Kommissionär in eigenem Namen handelt und die Identität des Auftraggebers für die Gegenpartei nicht von Bedeutung ist, kommt das Kommissionsverhältnis dem Bedürfnis nach Geheimhaltung im Bankgeschäft auf optimale Weise entgegen.

Eine neuere Erscheinungsform der Kommission im Wertpapierhandel ist das **Online-Broking** oder **Direkt-Broking** über das Internet, wo Kundenaufträge zum Kauf oder Verkauf von Wertpapieren oder Optionen in wenigen Minuten abgewickelt werden können (s. BGE 133 III 221 E. 5.1; HUGUENIN, OR AT/BT, N 3428). Je nach Ausgestaltung der Kundenbeziehung findet keine oder lediglich eine begrenzte Beratung oder Information des Kunden statt (s. dazu HONSELL, OR BT, 375; ARTER/JÖRG, AJP 2001, 52 ff.).

3 Die Kommission ist häufig anzutreffen im **Kunst- und Antiquitätenhandel**. Sie erlaubt dem im Kunsthandel unerfahrenen Verkäufer den direkten Zutritt zum Markt, ohne auf kapitalkräftige Händler angewiesen zu sein (s. BECKER, 60 N 115). Sie erlaubt umgekehrt dem Käufer, namentlich anlässlich von Versteigerungen, Objekte zu erwerben, ohne selbst in Erscheinung

treten zu müssen. Weiter ist die Kommission im Verlagsgeschäft verbreitet, insb. bei Buchtiteln mit niedrigen Auflagen (z.B. Dissertationen), erlaubt es diese Konstruktion doch dem Verlag, das finanzielle Risiko des Nichtverkaufs der Bücher beim Autor zu belassen (vgl. SCHMID/STÖCKLI, N 1838).

4 Für weitere Anwendungsgebiete vgl. ZK-SCHÖNENBERGER, N 4 ff. Im Allgemeinen kann festgestellt werden, dass die Kommission im **Warenhandel** an Bedeutung verloren hat: Der Vertrieb durch eigene Absatzorganisationen, unterstützt durch Direktwerbung, oder durch Vertriebshändler, hat sich vielfach als attraktiver erwiesen (HONSELL, OR BT, 373; KUKO OR-VLCEK, N 2; HUGUENIN, OR AT/BT, N 3428).

II. Abgrenzungen

5 Der Kommissionär ist zum Vertragsabschluss mit einem Dritten ermächtigt (und verpflichtet), und er handelt in eigenem Namen. Damit unterscheidet er sich vom **Mäkler**, der einzig Gelegenheiten zum Vertragsabschluss nachzuweisen hat, im Übrigen aber nicht selbst abschliesst und zudem im Namen seines Auftraggebers handelt (ENGEL, contrats, 558 lit. B.; TERCIER/FAVRE, N 5850; HUGUENIN, OR AT/BT, N 3432). Aus ähnlichen Gründen unterscheidet sich der Kommissionär vom **Agenten** (TERCIER/FAVRE, N 5851). Der Agent, Verpflichteter eines Dauerschuldverhältnisses (üblicherweise im Gegensatz zum Kommissionär; ENGEL, contrats, 558 lit. C.; HUGUENIN, OR AT/BT, N 3433), erfüllt eine Pluralität von Mäkleraufträgen (BK-GAUTSCHI, N 5).

6 Der Kommissionär ist nicht **Eigenhändler**, handelt er doch stets für Rechnung des Kommittenten (für den Selbsteintritt vgl. Art. 436). Damit unterscheidet er sich vom **Abnehmer im Alleinvertriebsvertrag**, der für eigene Rechnung einkauft und verkauft und damit, anders als der Kommissionär, das volle wirtschaftliche Risiko übernimmt (HUGUENIN, OR AT/BT, N 3434).

7 Abzugrenzen ist die (Verkaufs-)Kommission namentlich vom **Trödelvertrag** (contractus aestimatorius, contrat de soumission), einem Innominatvertrag, der insb. im Buchhandel und in der Bijouterie vorkommt (BGE 55 II 39 = Pra 1929, 118; vgl. auch KNAPP, JdT 1946, 226). Beiden Vertragstypen ist gemeinsam, dass sowohl der Trödler als auch der Kommissionär in eigenem Namen handelt und zur Eigentumsübertragung des zu übertragenden Gutes ermächtigt ist. Im Gegensatz zum Kommissionär handelt der Trödler aber auf eigene Rechnung und behält das Recht, den Verkaufspreis nach eigenem Gutdünken zu bestimmen. Er ist einzig verpflichtet, im Falle des Verkaufs einen zuvor vereinbarten **Schätzungspreis** abzuliefern, ohne Abrechnungspflicht über einen eventuellen Mehr- oder Mindererlös. Gelingt ihm der Verkauf nicht, hat er das Recht, das Verkaufsgut zurückzugeben. Im Gegensatz zu den anderen hier besprochenen Vertragstypen des Güterabsatzes durch spezialisierte Marktteilnehmer besteht beim Trödelvertrag kein Gleichlauf von Risiko und Gewinn (gl.M. Handkomm-OR-BÜRGI/MOSKRIC, Art. 425 N 5). In der Tat befindet sich der Trödler in der einmaligen Lage, einen eventuellen Mehrerlös ohne Abrechnungspflicht für sich allein beanspruchen zu können, ohne das Risiko zu tragen, dass sich das Gut als unverkäuflich erweist (vgl. auch BGE 69 II 110 und ENGEL, contrats, 558 lit. E.).

III. Aufbau der gesetzlichen Regelung

8 *In einem einleitenden* Art. 425 bestimmt das Gesetz den **Begriff** der Kommission und situiert das Rechtsverhältnis als Teil des Auftragsrechts. Demgemäss enthält es einen allgemeinen Verweis auf die Bestimmungen des einfachen Auftrags.

Der zweite Teil des 15. Titels ist den **Pflichten des Kommissionärs** gewidmet (Art. 426–430), namentlich was die Behandlung des Kommissionsgutes, das Preisgebaren und eine eventuelle Delcrederehaftung betrifft.

Im dritten Teil werden die **Rechte des Kommissionärs** geregelt (Art. 431–435), wobei der Provisionsanspruch und das Retentionsrecht im Vordergrund stehen.

Den Abschluss bilden die Regeln über den **Selbsteintritt** (Art. 436–438), d.h. das in bestimmten Fällen bestehende und praktisch sehr bedeutsame Recht des Kommissionärs, als Eigenhändler in das Kommissionsgeschäft einzutreten.

IV. IPR

Das internationale Kommissionsverhältnis untersteht dem von den Parteien **gewählten Recht** 9
(Art. 116 Abs. 1 IPRG). Bei Fehlen einer Rechtswahl untersteht es dem Recht des Staates, mit dem es am engsten zusammenhängt, und damit gem. Art. 117 Abs. 2 und 3 lit. c IPRG dem Recht des Staates, in dem sich der Kommissionär als die Partei, welche die charakteristische Leistung erbringt, gewöhnlich aufhält oder, wenn er den Vertrag aufgrund einer beruflichen oder gewerblichen Tätigkeit abgeschlossen hat, in dem er seine Niederlassung hat (BSK IPRG-AMSTUTZ/WANG, Art. 117 N 37; IPRG-Kommentar-KELLER/KREN KOSTKIEWICZ, Art. 117 N 110 m.Nw.; KUKO OR-VLCEK, N 4; CHK-PFENNINGER, N 8; Handkomm-OR-BÜRGI/MOSKRIC, Art. 425 N 7).

Das in Ausführung der Kommission abgeschlossene Kaufgeschäft wird **separat** und nach sei- 10
nen eigenen Regeln angeknüpft (BSK IPRG-AMSTUTZ/WANG, Art. 117 N 37; KUKO OR-VLCEK, N 4; CHK-PFENNINGER, N 8; Handkomm-OR-BÜRGI/MOSKRIC, Art. 425 N 7). In erster Linie untersteht es dem Recht, das die Parteien (Kommissionär und Drittkontrahent) **autonom wählen** (Art. 116 Abs. 1 IPRG), wobei bei Konsumentenverträgen die Einschränkung von Art. 120 IPRG greift (Handkomm-OR-BÜRGI/MOSKRIC, Art. 425 N 7 i.f.). Mangels Rechtswahl untersteht es dem Recht am Wohnsitz des Verkäufers oder am Orte seiner gewerblichen Niederlassung (Art. 117 Abs. 2 und 3 lit. a IPRG). Getreu dem System, dass der Kommissionär in eigenem Namen handelt, wird das in der Kommission eingeschlossene Verkaufsgeschäft am Wohnsitz des Kommissionärs angeknüpft, und nicht etwa am Wohnsitz des Kommittenten.

Die **Zuständigkeit** für Klagen aus dem Kommissionsverhältnis kann durch Gerichtsstands- 11
vereinbarung begründet werden (Art. 5 IPRG). Ansonsten gelten die allgemeinen Regeln, nach denen die schweizerischen Gerichte am Wohnsitz oder der Geschäftsniederlassung des Beklagten zuständig sind, sowie im Falle des Fehlens eines Wohnsitzes, diejenigen an seinem gewöhnlichen Aufenthaltsort (Art. 112 IPRG).

Art. 425

A. Einkaufs- und Verkaufskommission
I. Begriff

[1] Einkaufs- oder Verkaufskommissionär ist, wer gegen eine Kommissionsgebühr (Provision) in eigenem Namen für Rechnung eines anderen (des Kommittenten) den Einkauf oder Verkauf von beweglichen Sachen oder Wertpapieren zu besorgen übernimmt.

[2] Für das Kommissionsverhältnis kommen die Vorschriften über den Auftrag zur Anwendung, soweit nicht die Bestimmungen dieses Titels etwas anderes enthalten.

A. Commission de vente et d'achat
I. Définition

[1] Le commissionnaire en matière de vente ou d'achat est celui qui se charge d'opérer en son propre nom, mais pour le compte du commettant, la vente ou l'achat de choses mobilières ou de papiers-valeurs, moyennant un droit de commission (provision).

[2] Les règles du mandat sont applicables au contrat de commission, sauf les dérogations résultant du présent titre.

A. Commissione per la compra e vendita
I. Definizione

[1] Commissionario in materia di compra e vendita è colui che s'incarica di eseguire in nome proprio per conto di un altro, committente, la compera o la vendita di cose mobili o di cartevalori mediante una mercede (provvigione) a titolo di commissione.

[2] Alla commissione si applicano le regole del mandato, in quanto non siavi derogato dalle disposizioni di questo titolo.

Literatur

Vgl. die Literaturhinweise bei den Vorbem. zu Art. 425–438.

I. Vertragsinhalt (Abs. 1)

1 Der Kommissionsvertrag ist eine **Unterart des Auftrags**. Der Beauftragte (Kommissionär) übernimmt gegen Entgelt die Verpflichtung, in eigenem Namen, aber auf Rechnung des Auftraggebers (Kommittenten), bewegliche Sachen oder Wertpapiere zu **kaufen** oder zu **verkaufen**. Nicht jeder beliebige Vertragsabschluss in indirekter Stellvertretung ist damit eine Kommission. Auf Ausführungsgeschäfte, die nicht Kauf, Verkauf oder Tausch (vgl. Art. 237) sind, ist damit das allgemeine Auftragsrecht anzuwenden (vgl. ZK-Schönenberger, Vor Art. 425 ff. N 2 f.).

2 Der in Ausführung des Kommissionsvertrages abzuschliessende Kaufvertrag kann ausschliesslich **bewegliche Sachen oder Wertpapiere** zum Gegenstand haben. Kauf und Verkauf von Liegenschaften oder von nicht in Wertpapieren verbrieften Rechten können damit nur Gegenstand eines einfachen Auftrags sein (vgl. jedoch die Erweiterung in Art. 2 lit. a BEHG, der auch nicht verurkundete Wertrechte und Derivate einbezieht; s. Honsell, OR BT, 374; vgl. Leibenson, 168, welcher Kommissionsrecht per analogiam postuliert; vgl. Handkomm-OR-Bürgi/Moskric, N 1, welche Auftragsrecht oder Agenturvertragsrecht postulieren; möglicherweise **a.A.** Sibbern/von der Crone, SZW 2006, 71 FN 11, welche die Anwendung des Kommissionsrechts per analogiam oder des Auftragsrechts postulieren). Mit der zunehmenden Entmaterialisierung der Wertpapiere, welche zudem durch das BEG einen klaren rechtlichen Rahmen erhielt, drängt es sich auf, Bucheffekten i.S. des BEG den Wertpapieren gleichzustellen, sodass sie ebenfalls Gegenstand eines Kommissionsvertrags sein können (gl.M. Leibenson, 168 f.; CR CO I-von Planta/Flegbo-Berney, N 2; Lombardini, Diss., 695 i.f.). Auch Optionsscheine (Warrants) können Gegenstand eines Kommissionsvertrags sein, wie das Bundesgericht ausdrücklich festgehalten hat (BGE 133 III 221, 225 E. 5.1). Dasselbe gilt für Optionen, welche nicht in einem Wertpapier verbrieft sind (nicht publizierter BGer, 5.2.2013, 4A_547/2012, E. 4.1 m.Nw.). Devisen sind beweglichen Sachen und Wertpapieren gleichzusetzen, sodass auch sie Gegenstand eines Kommissionsvertrags sein können (nicht publizierter BGer, 13.7.2005, 4C.89/2005, E. 3.2.2.3; gl.M. CR CO I-von Planta/Flegbo-Berney, N 2 m.Nw.; **a.A.** HGer ZH, ZR 105 [2006], 122 m.Nw.; nuancierter BGer, SJ 2003, 359 m.Nw.). Durch den Einbezug von Wertpapieren können auch beschränkte dingliche Rechte an Liegenschaften Gegenstand eines Kommissionsvertrages sein, sofern sie (z.B. in einem Schuldbrief) verbrieft sind.

3 Der Kommissionär handelt in eigenem Namen, aber für Rechnung seines Auftraggebers. Er ist **indirekter Stellvertreter**. Der Kommittent wird damit grundsätzlich nicht direkt verpflichtet. Treffen aber die Voraussetzungen von Art. 32 Abs. 2 zu, war es der Gegenpartei namentlich gleichgültig, mit wem sie den Vertrag abschliesst, so kann **direkte Stellvertretungswirkung** eintreten (vgl. BGE 84 II 262 m.Nw.; vgl. auch von Tuhr/Peter, 389; in BGE 102 III 100 konnte die Frage unter betreibungsrechtlichen Gesichtspunkten offen gelassen werden). Dies ist namentlich für die Eigentumsfrage zu beachten (vgl. Art. 434 N 2).

Der Kommittent trägt das **Erfüllungsrisiko** des Ausführungsgeschäftes, da der Kommissionär auf seine Rechnung handelt. Zur Geltendmachung eventueller Schadenersatzansprüche gegen den Drittkontrahenten ist er aber mangels Parteistellung nicht berechtigt. Der Kommissionär dagegen ist nicht beschwert, da er selbst kein direktes Erfüllungsinteresse hat. Dennoch scheint es richtig, den Kommissionär den ganzen Schaden gegen den Drittkontrahenten geltend machen zu lassen, dies in Anwendung der Theorie der **Drittschadensliquidation** (vgl. KGer SG, 17.3.1978, zit. bei WEBER, 171 f.; KUKO OR-VLCEK, N 5; HONSELL, OR BT, 377; CHK-PFENNINGER, N 4; HUGUENIN, OR AT/BT, N 3464; Handkomm-OR-BÜRGI/MOSKRIC, Art. 425 N 4). 4

Anders als im einfachen Auftrag ist die **Entgeltlichkeit** Wesensmerkmal der Kommission (HONSELL, OR BT, 374; nicht publizierter BGer, 13.7.2005, 4C.89/2005, E. 3.2.2.3; gl.M. CHK-PFENNINGER, N 5). Der Kommissionsvertrag enthält eine Interessenwahrungskomponente, und dafür ist eine Kommission geschuldet (HGer ZH, 4.5.2009, ZR 2009, Nr. 48, 202, E. 1.2.1.1). Typischerweise wird das Entgelt als Provision (Kommissionsgebühr) in Höhe eines Prozentanteils am Preis des Ausführungsgeschäftes vereinbart. 5

II. Anwendbarkeit des Auftragsrechts (Abs. 2)

Nach Abs. 2 soll das **Auftragsrecht** zur Anwendung kommen, soweit die Bestimmungen des 15. Titels nichts anderes bestimmen. Der Verweis führt namentlich zur Anwendung des jederzeitigen **Widerrufsrechts** für den Kommittenten wie auch für den Beauftragten (Art. 404; TERCIER/FAVRE, N 5912; KUKO OR-VLCEK, N 6). Im Weiteren kann der Kommittent den Übergang erworbener Forderungsrechte beanspruchen, sofern er seinerseits seinen Verbindlichkeiten nachgekommen ist, sowie Forderungen und bewegliche Sachen im Konkurs des Kommissionärs aussondern (Art. 401, vgl. Art. 434 N 3 ff.). Ebenfalls zur Anwendung kommt die **Erstattungspflicht** (der eigentliche Erfüllungsanspruch des Kommittenten, actio mandati directa) und die Pflicht zur jederzeitigen **Rechenschaftsablegung** (Art. 400; s. BGE 139 III 49, 53 E. 3.4). Als Gegenstück stehen die Ansprüche des Kommissionärs auf **Verwendungsersatz** (Art. 402 Abs. 1, actio mandati contraria), die in Art. 431 präzisiert werden. Der Kommissionär haftet für getreue und sorgfältige Ausführung des übertragenen Geschäfts gem. Art. 398 (nicht publizierter BGer, 13.7.2005, 4C.89/2005, E. 3.3.1; s. für einen Anwendungsfall – Vertrag über die Vermittlung von Waren- und Börsentermingeschäften – BGE 124 III 155, 160). Diese **Treue- und Sorgfaltspflichten** werden präzisiert durch die Normen des 15. Titels, namentlich was das Preisgebaren und die Weisungsgebundenheit betrifft. 6

Für die dem BEHG unterstehenden **Effektenhändler** normiert zudem Art. 11 BEHG die Informations-, Sorgfalts- und Treuepflicht, welche je nach den fachlichen Kenntnissen und der Geschäftserfahrenheit des Kunden variieren (HONSELL, OR BT, 374 f. m.Nw.; BSK BEHG/FINMAG-BAHAR/STUPP, Art. 11 N 6 ff.; CHK-PFENNINGER, N 6; s. Art. 436 N 6 f. mit Anwendungsbeispielen; s. zur rechtssystematischen Einordnung von Art. 11 BEHG WIEGAND/BERGER, ZBJV 1999, 713). 6a

Der Kommissionsauftrag ist nach den allgemeinen Regeln des Art. 398 Abs. 3 **substituierbar**. Soweit es sich um Kauf oder Verkauf von Gattungssachen handelt, namentlich im Börsengeschäft, dürfte die Substitution als übungsgemäss zulässig gelten (BK-GAUTSCHI, N 6a; PACHE, 56). Dies gilt jedoch nicht unbedingt für nicht vertretbare Sachen wie z.B. Kunstgegenstände, bei denen die Person des Kommissionärs von grosser Bedeutung sein kann (restriktiver HOFSTETTER, SPR VII/6, 209 Ziff. 6). 7

Art. 426

II. Pflichten des Kommissionärs
1. Anzeigepflicht, Versicherung

[1] Der Kommissionär hat dem Kommittenten die erforderlichen Nachrichten zu geben und insbesondere von der Ausführung des Auftrages sofort Anzeige zu machen.

[2] Er ist zur Versicherung des Kommissionsgutes nur verpflichtet, wenn er vom Kommittenten Auftrag dazu erhalten hat.

II. Obligations du commissionnaire
1. Avis obligatoire et assurance

[1] Le commissionnaire doit tenir le commettant au courant de ses actes et, notamment, l'informer sans délai de l'exécution de la commission.

[2] Il n'a l'obligation d'assurer les choses formant l'objet du contrat que si le commettant lui en a donné l'ordre.

II. Obblighi del commissionario
1. Avviso ed assicurazione

[1] Il commissionario deve dare le necessarie informazioni al committente e in ispecie avvisarlo tosto dell'esecuzione del mandato.

[2] Egli non è tenuto ad assicurare le merci in commissione, qualora il committente non glielo abbia ordinato.

Literatur

Vgl. die Literaturhinweise bei den Vorbem. zu Art. 425–438.

I. Voraussetzungen und Umfang der Informationspflicht (Abs. 1)

1 Der Kommissionär ist verpflichtet, die für den Kommittenten wichtigen **Informationen** rasch und vollständig zu übermitteln. Es handelt sich dabei um sämtliche Informationen, die dem Kommittenten zur Nutzung seines Weisungs- und Widerrufsrechtes notwendig sind, namentlich Informationen über die Entwicklung des Marktes und der Preise (gl.M. HUGUENIN, OR AT/BT, N 3436). Aus der Pflicht, die Preise zu beobachten, folgt z.B., dass der Kommissionär nicht ohne Rücksicht auf die Marktlage auf Preise abstellen kann, die ihm der Kommittent vier Monate früher mitgeteilt hat (BGE 48 II 77). Im Weiteren handelt es sich um Informationen über den Stand des Geschäftes im Speziellen, über Deckungskäufe fremder Währungen zur Erfüllung des Ausführungsgeschäfts in Fremdwährung (BGE 59 II 251), über Zahlungsprobleme der Drittkontrahenten, über Zollerhöhungen, über bevorstehende Gesetzesänderungen (gl.M. Handkomm-OR-BÜRGI/MOSKRIC, N 1; weitere Anwendungsbeispiele: ZK-SCHÖNENBERGER, N 13). Ist der Kommissionär Effektenhändler i.S. des BEHG, können sich u.U. aus Art. 11 BEHG weitergehende Informationspflichten ergeben (vgl. BGE 133 III 97; s. BSK BEHG/FINMAG-BAHAR/STUPP, Art. 11 N 6 ff.).

2 Das Gesetz präzisiert, dass die Mitteilung des Geschäftsabschlusses **keinen Aufschub** erträgt, dass sie sofort übermittelt werden muss. Sie umfasst die Tatsache des Abschlusses, den erzielten Preis sowie eventuell Angaben über Erfüllungsort und Erfüllungszeit.

Will der Kommissionär verhindern, dass sein Selbsteintritt vermutet wird (Art. 437), hat er auch die Identität des Drittkontrahenten bekanntzugeben (vgl. BK-GAUTSCHI, N 2c; HOFSTETTER, SPR VII/6, 208 Ziff. 3). ZK-SCHÖNENBERGER, N 12 möchte es zulassen, dass die **Identität des Drittkontrahenten** bei später aufkommendem Verdacht von Unregelmässigkeit nachgeliefert werden kann. Diese Meinung dürfte allerdings dem Sinn und namentlich dem Wortlaut von Art. 437 zuwiderlaufen.

II. Die Versicherung des Kommissionsgutes (Abs. 2)

3 *Der Kommittent trägt im Allgemeinen* das Risiko des **Untergangs** oder der **Wertverminderung** des Kommissionsgutes (vgl. die detaillierte Regelung der Gefahrtragung in BK-GAUTSCHI, N 3 f.). Er hat deshalb ein offensichtliches Interesse daran, dass das Kommissions-

gut adäquat gegen Wertverminderung oder Wertverlust versichert wird. Aus dieser Interessenlage liesse sich wohl aus allgemeinem Auftragsrecht eine Versicherungspflicht des Kommissionärs ableiten. Dem tritt Abs. 2 entgegen, befreit er doch sowohl Einkaufs- als auch Verkaufskommissionär ohne entsprechende Weisung des Kommittenten von der Pflicht, das Kommissionsgut zu **versichern**. Wünscht der Kommittent, sein Verlustrisiko durch Versicherung zu mildern, so hat er dem Kommissionär eine ausdrückliche Weisung in diesem Sinne zu geben. Dies ist natürlich im Besonderen wichtig für Risiken, die der Kommittent zu tragen hat, kann aber, bei zweifelhafter Solvenz des Kommissionärs, auch für die von ihm zu tragenden Gefahren nützlich sein. Aufgrund des klaren Wortlauts von Art. 426 Abs. 2 kann die Versicherungspflicht nicht etwa mit einem Handelsbrauch begründet werden. Ohne klare Weisung des Kommittenten besteht keine Versicherungspflicht (ZK-Schönenberger, N 15; **a.M.** Handkomm-OR-Bürgi/Moskric, N 7).

Die **Kosten der Versicherung** trägt der Kommittent (gl.M. Huguenin, OR AT/BT, N 3438). Hat der Kommissionär die Prämien vorgeschossen, ist er nach Art. 431 Abs. 1 zur Rückerstattung berechtigt (gl.M. Handkomm-OR-Bürgi/Moskric, N 7). Schliesst der Kommissionär die Versicherung ohne ausdrückliche Weisung des Kommittenten ab, so ist er ebenfalls zur Erstattung der ausgelegten Prämien berechtigt, zumindest soweit es sich um die Deckung von Risiken des Kommittenten handelt. Die so abgeschlossene Versicherung stellt eine nützliche Verwendung dar, zu deren Rückerstattung er nach Art. 431 (aber auch nach Art. 402 Abs. 1 und Art. 422) berechtigt ist (ZK-Schönenberger, N 16; BK-Gautschi, N 3e). 4

III. Rechtsfolgen der Pflichtverletzungen

Verletzt der **Einkaufskommissionär** seine Informationspflichten, so geht die **Gefahr der Ausführung**, die ordentlicherweise der Kommittent zu tragen hat, auf ihn über (BK-Gautschi, N 5a; Handkomm-OR-Bürgi/Moskric, N 5). Unter Umständen kann der Kommittent die **Abnahme des eingekauften Kommissionsgutes verweigern**, ebenso wie die Zahlung der Provision und des Verwendungsersatzes, namentlich wenn die rechtzeitige Information ihn zum Widerruf des Auftrages veranlasst hätte (gl.M. Handkomm-OR-Bürgi/Moskric, N 5). Unterlässt er die Meldung der Ausführung, so wird bei Gütern, die einen Marktpreis haben, der **Selbsteintritt** vermutet. Der Kommissionär haftet dem Kommittenten wie ein Eigenhändler (BK-Gautschi, N 5e). Analog hat der **Verkaufskommissionär** einen durch die Verletzung der Informationspflicht verursachten Schaden zu ersetzen, der namentlich dadurch entstehen kann, dass wegen mangelnder Information ein Verkauf zu ungünstigen Bedingungen nicht verhindert werden konnte (gl.M. Handkomm-OR-Bürgi/Moskric, N 5). Haben es der Verkaufs- oder der Einkaufskommissionär unterlassen, trotz entsprechender Weisung das eingekaufte Kommissionsgut zu **versichern**, haben sie den Schaden, den sonst die Versicherung gedeckt hätte, aus ihrem eigenen Vermögen zu decken. 5

Die Schadenersatzhaftung für Verletzung der Pflichten unter Art. 426 ist Haftung für **mangelhafte Vertragserfüllung**. Die Regeln von Art. 97 ff. sind anwendbar. Dem Kommissionär steht namentlich der Beweis offen, es falle ihm keinerlei Verschulden zur Last (gl.M. CHK-Pfenninger, N 11; Handkomm-OR-Bürgi/Moskric, N 5). 6

IV. Abweichende Vereinbarungen

Den Parteien ist es unbenommen, sich vertraglich über die **Art und den Umfang der zu übermittelnden Informationen** zu einigen. So ist es im Bankgeschäft (wo allerdings regelmässig der Selbsteintritt vermutet wird) üblich, auf die sofortige Ausführungsanzeige zu verzichten, diese aber gesamthaft, in regelmässigen, vereinbarten Zeitabständen vorzusehen. Zur Zulässigkeit eines vetraglichen Verzichts auf Rechenschaftspflicht in bezug auf **Retrozessionen** (Kick-backs) im Vermögensverwaltungsgeschäft s. BGE 132 III 460, 465 f.; vgl. die 7

Analyse dieses BGE bei GUTZWILLER, Rechtsfragen der Vermögensverwaltung, Zürich 2008, 197 m.Nw. und bei LOMBARDINI/MACALUSO, AJP 2008, 180 f. m.Nw.; s.a. BGE 137 III 393).

8 Von besonderer Bedeutung ist die Frage, ob vertraglich auf die **Bekanntgabe des Drittkontrahenten** verzichtet werden kann. Nach REICHEL (SJZ 1923, 306 ff.) ist dies ohne weiteres möglich (gl.M. BK-BECKER, Art. 425 N 15; KUKO OR-VLCEK, N 2 m.Nw.; Handkomm-OR-BÜRGI/MOSKRIC, N 8). Zugegebenermassen kann diese Frage für den Kommissionär von grösster Bedeutung sein, namentlich wenn er befürchten muss, bei zukünftigen Geschäften des Kommittenten mit dem Dritten umgangen zu werden. Unter Vorbehalt des Selbsteintritts (der auch vertraglich zugelassen werden kann) scheint uns eine solche Wegbedingung aber unzulässig, da sie einem vollständigen Verzicht des Kommittenten auf seinen Anspruch auf Rechenschaft gleichkäme.

Art. 427

2. Behandlung des Kommissionsgutes

[1] Wenn das zum Verkaufe zugesandte Kommissionsgut sich in einem erkennbar mangelhaften Zustande befindet, so hat der Kommissionär die Rechte gegen den Frachtführer zu wahren, für den Beweis des mangelhaften Zustandes und soweit möglich für Erhaltung des Gutes zu sorgen und dem Kommittenten ohne Verzug Nachricht zu geben.

[2] Versäumt der Kommissionär diese Pflichten, so ist er für den aus der Versäumnis entstandenen Schaden haftbar.

[3] Zeigt sich Gefahr, dass das zum Verkaufe zugesandte Kommissionsgut schnell in Verderbnis gerate, so ist der Kommissionär berechtigt und, soweit die Interessen des Kommittenten es erfordern, auch verpflichtet, die Sache unter Mitwirkung der zuständigen Amtsstelle des Ortes, wo sie sich befindet, verkaufen zu lassen.

2. Soins à donner aux marchandises

[1] Lorsque les marchandises expédiées en commission pour être vendues se trouvent dans un état visiblement défectueux, le commissionnaire doit sauvegarder les droits de recours contre le voiturier, faire constater les avaries, pourvoir de son mieux à la conservation de la chose et avertir sans retard le commettant.

[2] Sinon, il répond du préjudice causé par sa négligence.

[3] Lorsqu'il y a lieu de craindre que les marchandises expédiées en commission pour être vendues ne se détériorent promptement, le commissionnaire a le droit et même, si l'intérêt du commettant l'exige, l'obligation de les faire vendre avec l'assistance de l'autorité compétente du lieu où elles se trouvent.

2. Cure per la merce

[1] Se la merce spedita al commissionario per essere venduta si trovi in uno stato difettoso riconoscibile, il commissionario deve riservare le azioni in confronto del vetturale, provvedere alla prova dello stato difettoso e possibilmente alla conservazione della merce ed informarne tosto il committente.

[2] Mancando a tali obblighi, il commissionario è responsabile del danno derivato dalla sua negligenza.

[3] Se vi ha pericolo che la merce spedita al commissionario per essere venduta deteriori rapidamente, il commissionario può, e, quando l'interesse del committente lo richieda, deve farla vendere coll'intervento dell'autorità competente del luogo in cui essa si trova.

Literatur

Vgl. die Literaturhinweise bei den Vorbem. zu Art. 425–438.

I. Anwendungsbereich

1 Dem Wortlaut nach ist die Bestimmung, die dem Kommissionär besondere Pflichten zur Rechtswahrung und zur Beweissicherung auferlegt, auf die **Verkaufskommission** be-

schränkt, wohl deshalb, weil der Auftraggeber des **Einkaufskommissionärs** sich durch die Übernahmeverweigerung mangelhafter Ware schützen kann (BK-Gautschi, N 1a).

Es sind aber auch Anwendungsfälle in der **Einkaufskommission** denkbar, namentlich wo es sich um Speziesstücke handelt. Als allgemeines Auftragsrecht (Art. 398) kann der Grundsatz auch hier zur Anwendung gelangen (so auch BK-Becker, N 1; gl.M. Furrer, AJP 2013, 879). Wahrt der Kommissionär die Rechte gegen den Frachtführer nicht, so sollte es dem Kommittenten unbenommen sein, das nicht einwandfreie Gut zu übernehmen, den entstandenen Schaden aber durch (teilweise) Verrechnung mit dem Auslagenersatz zu decken.

II. Die Rechtswahrungspflicht (Abs. 1)

Kommt ein Frachtgut äusserlich erkennbar in **mangelhaftem Zustand** an, hat der Empfänger seine Rechte auf Schadenersatz sofort vorzubehalten. Nimmt er das Gut vorbehaltlos an, so sind die Ersatzansprüche verwirkt (Art. 452 Abs. 1). Äusserlich nicht erkennbare Mängel sind mittels zügig vorzunehmender Prüfung zu entdecken und zu rügen (Art. 452 Abs. 2 und 3), ansonsten ebenfalls Verwirkung eintritt. 2

Diese Wirkungen sind es, die der Kommissionär nach Art. 427 Abs. 1 in erster Linie verhindern soll. Er hat bei Empfang der äusserlich mangelhaften Ware sofort wirksam einen **Vorbehalt** anzubringen und die Beweise zu sichern, notfalls mit **prozessualen Mitteln** (vorsorgliche Beweisaufnahme, Zeugeneinvernahme usw.). Er hat die nach den Umständen notwendigen Prüfungen vorzunehmen und bei Entdeckung von Mängeln zu handeln, gegebenenfalls wieder mit prozessualen Beweissicherungsmassnahmen. Zudem hat er den Kommittenten unverzüglich zu informieren, ansonsten er ggf. schadenersatzpflichtig wird (Huguenin, OR AT/BT, N 3437). Dagegen ist der Kommissionär nicht verpflichtet, den **Haftpflichtprozess** gegen den Frachtführer oder den Transportunternehmer zu führen (BK-Gautschi, N 3e; gl.M. Handkomm-OR-Bürgi/Moskric, N 2).

Der Kommissionär muss für die **Erhaltung der Ware** sorgen, zumindest soweit dies möglich ist. Dies setzt einmal voraus, dass er die Ware dem Frachtführer abnimmt. Er darf sie nicht einfach zurückweisen (BK-Gautschi, N 3e). Sofern er nicht selbst zu ihrer Erhaltung fähig ist, hat er sie an einen geeigneten Ort zu bringen, bspw. einem spezialisierten Lagerhalter anzuvertrauen. Er muss den Kommittenten umgehend orientieren, um ihm die Ausübung seines Weisungsrechtes zu erlauben (gl.M. Handkomm-OR-Bürgi/Moskric, N 3). 3

III. Schadensminderung bei verderblichem Kommissionsgut (Abs. 3)

Ist das dem Verkaufskommissionär zugesandte Kommissionsgut **verderblich**, so ist zum Schutze der Interessen des Kommittenten rasches Handeln des Kommissionärs erforderlich. Der Gesetzgeber ermächtigt in dieser Situation den Kommissionär, die Sache unter Mitwirkung der zuständigen Amtsstelle am Ort der gelegenen Sache zu verkaufen **(Selbsthilfeverkauf)**. Soweit die Interessen des Kommittenten es erfordern, ist der Kommissionär zu diesem Verkauf gar verpflichtet. Bei rascher Verderblichkeit der Waren dürfte dieser Fall zumeist zutreffen. 4

Die Form der amtlichen Mitwirkung untersteht dem **kantonalen Recht**. Zumeist handelt es sich um die richterliche Bewilligung des **freihändigen Verkaufs** oder, sofern dieser nicht erfolgversprechend ist, der **öffentlichen Versteigerung** (BK-Gautschi, N 5b). 5

Der Selbsthilfeverkauf ist **Notverkauf**. Seine Besonderheit liegt darin, dass er zu Bedingungen erfolgen darf, die nicht den ursprünglichen Weisungen des Kommittenten entsprechen. Wäre dem nicht so, hätte die Bestimmung keinen Sinn, da ja der Verkaufskommissionär ohnehin zum Verkauf des Kommissionsgutes berechtigt (und verpflichtet) ist. Wird dieser Notverkauf **sorgfältig** durchgeführt, bleiben dem Kommissionär **Provisions- und Ersatzanspruch** 6 erhalten (gl.M. Handkomm-OR-BÜRGI/MOSKRIC, N 4). Er ist berechtigt, am Erlös sein Verrechnungsrecht oder, sofern der Erlös nicht in Geld besteht, sein Retentionsrecht nach Art. 434 geltend zu machen. Erweist sich der Verkauf als unmöglich (weil z.B. die Ware bereits verdorben ist), bleibt der Kommissionär zum Auslagenersatz (wenn auch nicht zur Provision) berechtigt (gl.M. CHK-PFENNINGER, N 4; Handkomm-OR-BÜRGI/MOSKRIC, N 4).

IV. Folgen der Pflichtverletzung (Abs. 2)

7 Entsteht aus der Verletzung der Rechtserhaltungspflicht nach Art. 427 Abs. 1 ein Mindererlös für den Kommittenten, so hat ihn der Kommissionär zu ersetzen. Führt das Unterlassen des Selbsthilfeverkaufes zu einem **Mindererlös** (oder gar zu einem vollen Verlust), so ist er durch den Kommissionär zu ersetzen. Dem Kommissionär steht der **Gegenbeweis** offen, dass seine Unterlassung nicht kausal für den Schaden war (z.B. dass das Kommissionsgut schon schadhaft abgesandt wurde oder dass es beim Eintreffen bereits vollständig verdorben war), oder dass er kein Verschulden trägt. Die Regeln von Art. 97 ff. sind anwendbar (gl.M. CHK-PFENNINGER, N 5; Handkomm-OR-BÜRGI/MOSKRIC, N 1).

Art. 428

3. Preisansatz des Kommittenten

1 Hat der Verkaufskommissionär unter dem ihm gesetzten Mindestbetrag verkauft, so muss er dem Kommittenten den Preisunterschied vergüten, sofern er nicht beweist, dass durch den Verkauf von dem Kommittenten Schaden abgewendet worden ist und eine Anfrage bei dem Kommittenten nicht mehr tunlich war.

2 Ausserdem hat er ihm im Falle seines Verschuldens allen weitern aus der Vertragsverletzung entstehenden Schaden zu ersetzen.

3 Hat der Kommissionär wohlfeiler gekauft, als der Kommittent vorausgesetzt, oder teurer verkauft, als er ihm vorgeschrieben hatte, so darf er den Gewinn nicht für sich behalten, sondern muss ihn dem Kommittenten anrechnen.

3. Prix fixé par le commettant

1 Le commissionnaire qui a vendu au-dessous du minimum fixé par le commettant est tenu envers lui de la différence, s'il ne prouve qu'en vendant il a préservé le commettant d'un dommage et que les circonstances ne lui ont plus permis de prendre ses ordres.

2 S'il est en faute, il doit réparer en outre tout le dommage causé par l'inobservation du contrat.

3 Le commissionnaire qui achète à plus bas prix ou qui vend plus cher que ne le portaient les ordres du commettant ne peut bénéficier de la différence et doit en tenir compte à ce dernier.

3. Prezzo fissato dal committente

1 Il commissionario che ha venduto ad un prezzo inferiore al minimo fissatogli dal committente, deve abbuonargli la differenza di prezzo, ove non provi che colla vendita gli ha evitato un danno e che inoltre non gli era più possibile d'interpellarlo.

2 Se vi fu colpa da parte sua egli deve inoltre risarcirgli ogni maggior danno derivante dalla violazione del contratto.

3 Se il commissionario ha comprato a prezzo più basso di quello previsto, o venduto a prezzo più elevato di quello indicatogli dal committente, non può ritenere per sè il guadagno, ma deve porlo a credito del committente.

Literatur

Vgl. die Literaturhinweise bei den Vorbem. zu Art. 425–438.

I. Normzweck

Art. 428 bindet den Kommissionär an die **Preisvorgaben des Kommittenten** und präzisiert damit die Weisungsabhängigkeit des Beauftragten nach Art. 397. Auch bei Festlegung einer Preislimite handelt der Kommissionär auf Rechnung des Kommittenten. Mehrerlös beim Verkauf oder Minderausgabe beim Einkauf ist nicht zusätzlicher Lohn des Kommissionärs. Art. 428 ist präzisierender Natur. Das allgemeine Auftragsrecht bietet gleiche Lösungsansätze. Das Bundesgericht leitet aus Art. 428 eine generelle Pflicht des Kommissionärs ab, das Kommissionsgeschäft für den Kommittenten zum bestmöglichen Preis abzuschliessen (BGer, 26.5.2003, 6S.709/2000, E. 5.3.2). 1

II. Die Bindung an den Preis (Abs. 1)

Mit der Festlegung eines Mindestverkaufspreises will der Kommittent seinen **Mindestertrag** aus dem Geschäft festlegen. Nach der Praxis des Bundesgerichts ist der Verkaufskommissionär frei, unter dem festgesetzten Preis zu verkaufen, wenn er nur die Preisdifferenz gutmacht, bspw. durch teilweise Hingabe der Provision (vgl. BGE 112 II 345 E. 4c m.Nw.; s.a. nicht publizierter BGer, 13.2.2002, 4C.343/2001, E. 2.b). Darin soll demnach nicht eine **Schlechterfüllung** des Auftrages liegen (in diesem Sinne BK-Gautschi, N 3b; gl.M. Handkomm-OR-Bürgi/Moskric, N 1). Namentlich, so Gautschi, a.a.O., leistet der die Preisdifferenz vergütende Kommissionär nicht **Schadenersatz**, da er den Kommissionsauftrag richtig erfüllt. 2

Unseres Erachtens ist diese Betrachtungsweise nicht richtig, und ein Verkauf unter der Preislimite stellt u.E. bei Nichtvorliegen der Rechtfertigungsgründe von Art. 428 Abs. 1 in jedem Fall eine Vertragsverletzung dar (gl.M. Tercier/Favre, N 5863). Insofern unterscheidet sich Art. 428 von Art. 397 Abs. 2, wo sich der Beauftragte durch Übernahme der Schadensdifferenz aus der Vertragsverletzung freikaufen kann (vgl. Art. 397 N 11). Wäre nämlich der Verkauf unter der Preislimite keine Vertragsverletzung, dann wäre Art. 428 Abs. 2 nicht verständlich, welcher auf das Verschulden des Kommissionärs abstellt, mithin auf eine typische Anspruchsvoraussetzung einer Vertragsverletzung (Art. 97). Zudem kann der Kommittent mit der Preislimite andere Ziele als einen einmaligen Mindestgewinn verfolgen, die mit einer Unterschreitung unterlaufen werden, z.B. die Erhaltung des Preisgefüges innerhalb seiner Produktepalette, die Aufrechterhaltung eines mit einem prestigeträchtigen Produkt assoziierten Mindestpreises usw. Richtig ist hingegen, dass Verkauf unter dem Limit mit nachfolgender Übernahme der Differenz nicht **Unredlichkeit** i.S.v. Art. 433 Abs. 1 darstellt, die zum Verlust des Provisionsanspruches führt. Richtig ist auch, dass der Kommissionär, sofern die Voraussetzungen vorliegen, den **Selbsteintritt** erklären und anschliessend auf eigene Rechnung zu seinem (ggf. höheren) Preis verkaufen kann. Ist ein Selbsteintritt nicht möglich, weil es sich bspw. um eine Ware ohne bestimmbaren Marktpreis handelt, so begeht der Verkaufskommissionär mit dem Unterschreiten des Limits eine Vertragsverletzung, welche die Folgen von Art. 97 ff. nach sich ziehen muss (zum Verhältnis der Preisbindung zum Recht auf den Selbsteintritt vgl. Art. 436 N 5).

Der Kommissionär ist zum **Verkauf unter der Preislimite** ermächtigt, wenn sich dies aus den Interessen des Kommittenten ergibt und eine Anfrage beim Kommittenten *nicht mehr tunlich* ist. Diese Ausnahmebestimmung dürfte auf die seltenen Fälle beschränkt sein, in denen ein rascher Entscheid notwendig ist (Baisse des Marktes) und der Kommittent (oder ein bevollmächtigter Vertreter) auch mit den heute zur Verfügung stehenden Kommunikationsmitteln nicht erreicht werden kann, dass mithin eine Weisungsänderung praktisch nicht rechtzeitig eingeholt werden kann (gl.M. Handkomm-OR-Bürgi/Moskric, N 2; vgl. auch BK-Gautschi, N 4b). Daneben bleiben natürlich die Selbsthilfemassnahmen der Art. 427 Abs. 3 und Art. 435 bestehen. 3

Die Parteien können weitere Voraussetzungen vereinbaren, unter denen der Kommissionär das Preislimit unterschreiten darf. In diesem Sinne ist Art. 428 Abs. 1 **dispositives Recht** (gl. M. Tercier/Favre, N 5862 i.f.; Handkomm-OR-Bürgi/Moskric, N 2).

III. Die Folgen der Nichterfüllung (Abs. 2)

4 Trifft keine der oben genannten Ausnahmen zu, hat der Verkaufskommissionär die **Differenz** zwischen dem erzielten Verkaufspreis und der vereinbarten Preislimite selbst zu übernehmen. Hat er diese **Ausgleichszahlung** vorgenommen, behält er seine Rechte auf Ersatz seiner Auslagen sowie auf Zahlung der Provision.

5 Nach Art. 428 Abs. 2 haftet der Kommissionär bei Verschulden für den **weiteren Schaden**, der dem Kommittenten aus der Vertragsverletzung entsteht. Ein denkbarer Fall weiteren Schadens wäre etwa ein Wertverlust auf anderen Aktiven des Kommittenten, da ein zu billiger Verkauf durch den Kommissionär einen Kurssturz provozierte. Ein anderes Anwendungsbeispiel wäre eine durch den Kommittenten zu bezahlende Kartellbusse, weil der vom Kommissionär vereinbarte Verkaufspreis eine durch den Kommittenten eingegangene Preisbindung verletzt; allerdings wären solche Preisbindungen und somit die damit zusammenhängenden Bussen im Falle von Kartellrechtswidrigkeit (Art. 5 Abs. 3 lit. a KG) nichtig (KUKO OR-VLCEK, N 3). Weitere Bsp. bei BK-GAUTSCHI, N 5b.

6 Die **Beweislast** für das Verschulden des Kommissionärs beurteilt sich u.E. nach den allgemeinen Regeln des Art. 97. Das Verschulden wird vermutet, dem Kommissionär steht jedoch der Exkulpationsbeweis offen (so ZK-SCHÖNENBERGER, N 3; CHK-PFENNINGER, N 4; Handkomm-OR-BÜRGI/MOSKRIC, N 4; **a.A.** BK-GAUTSCHI, N 5b).

IV. Abrechnungspflicht über weitere Erträge (Abs. 3)

7 Da der Kommissionär auf Rechnung und Risiko des Kommittenten handelt, sollen seine Ansprüche nicht über den Auslagenersatz (Art. 431) und die Provision (Art. 432) hinausgehen. Selbst beim Vorliegen einer Preislimite, und zwar sowohl beim Verkaufs- wie beim Einkaufskommissionär, ist über das **effektiv erzielte Resultat** abzurechnen. Ein Überschuss kommt dem Kommittenten zu. Es handelt sich um die Wiederholung des in Art. 400 Abs. 1 ausgedrückten allgemeinen auftragsrechtlichen Prinzips. Haben die Waren einen bestimmbaren Marktpreis, kann der Kommissionär vor Ausführung des Auftrages den Selbsteintritt erklären. Diesfalls fällt ihm der Mehrerlös zu, da er als Eigenhändler auftritt (gl.M. CHK-PFENNINGER, N 5; Handkomm-OR-BÜRGI/MOSKRIC, N 5).

8 Art. 428 Abs. 3 ist **dispositives Recht** (gl.M. Handkomm-OR-BÜRGI/MOSKRIC, N 5). Die Parteien können vereinbaren, dass Mehrerlös oder Minderaufwand dem Kommissionär als ausschliessliche oder zusätzliche Provision verbleiben sollen (vgl. z.B. die Tatsachenbeschreibung in BGE 70 IV 71; ZK-SCHÖNENBERGER, N 6; BK-GAUTSCHI, N 6b; NOBEL, 536; TERCIER/FAVRE, N 5864 m.Nw.). Liegt eine solche Vereinbarung vor, ist die «Bereicherung» als gerechtfertigt zu qualifizieren (HUGUENIN, OR AT/BT, N 3442).

9 Die Verletzung der Ablieferungspflicht ist der **Modellfall unredlichen Verhaltens**, den Art. 433 mit der Verwirkung des Provisionsanspruches sanktioniert (gl.M. Handkomm-OR-BÜRGI/MOSKRIC, N 5).

Art. 429

4. Vorschuss und Kreditgewährung an Dritte	**1 Der Kommissionär, der ohne Einwilligung des Kommittenten einem Dritten Vorschüsse macht oder Kredit gewährt, tut dieses auf eigene Gefahr.** **2 Soweit jedoch der Handelsgebrauch am Orte des Geschäftes das Kreditieren des Kaufpreises mit sich bringt, ist in Ermangelung einer anderen Bestimmung des Kommittenten auch der Kommissionär dazu berechtigt.**
4. Avances de fonds et crédits	1 Le commissionnaire agit à ses risques et périls si, sans le consentement du commettant, il fait crédit ou avance des fonds à un tiers.

[2] Il peut toutefois vendre à crédit, si tel est l'usage du commerce dans le lieu de la vente et si le commettant ne lui a pas donné d'instructions contraires.

4. Anticipazioni e credito a terzi

[1] Il commissionario che, senza il consenso del committente, fa anticipazioni o credito ad un terzo, lo fa a tutto suo rischio e pericolo.

[2] Però in difetto di istruzioni in contrario per parte del committente, il commissionario può vendere a credito ove tale sia l'uso commerciale del luogo della vendita.

Literatur

Vgl. die Literaturhinweise bei den Vorbem. zu Art. 425–438.

I. Normzweck

Art. 429 umschreibt einen Teilaspekt der **Treuepflicht** des Kommissionärs. Der Gesetzgeber schreibt dem Kommissionär, unter Vorbehalt gewisser Ausnahmen, vor, nur «Zug um Zug-Geschäfte» abzuwickeln. Damit reduziert er das Risiko des Kommittenten, im Falle der Zahlungsunfähigkeit der Drittpartei das Nachsehen zu haben. Verletzt der Kommissionär seine so präzisierte Treuepflicht, so hat er die Folgen selbst zu tragen. 1

II. Das Ausführungsgeschäft als «Zug um Zug-Geschäft»

Im Sinne einer allgemeinen Regel hat der Kommissionär das Ausführungsgeschäft so auszugestalten, dass es Zug um Zug zu erfüllen ist. Das Gesetz lässt zwei hauptsächliche **Ausnahmen** zu. Erstens darf der Kommissionär **vorschiessen** und **kreditieren**, wenn er dazu vom Kommittenten ausdrücklich oder durch konkludentes Verhalten ermächtigt wurde. Eine solche Ermächtigung kann bspw. in der Verabredung einer Delcredereprovision (Art. 430) gesehen werden (ZK-Schönenberger, N 2; gl.M. Handkomm-OR-Bürgi/Moskric, N 2). Zweitens darf der Verkaufskommissionär kreditieren, wenn am Ort des Geschäftsabschlusses eine entsprechende Usanz besteht. Die Leistung von Vorschüssen dagegen ist nach dem Wortlaut des Gesetzes, selbst unter Stützung auf einen Ortsgebrauch, nicht gestattet (BK-Gautschi, N 2a; gl.M. Handkomm-OR-Bürgi/Moskric, N 2). 2

Selbst wenn eine Ermächtigung oder ein Ortsgebrauch vorliegt, darf der Kommissionär nicht unbesehen Vorschüsse leisten oder Kredite erteilen. Er hat seiner **Sorgfaltspflicht** dadurch zu genügen, dass er die notwendigen Abklärungen über die Kreditwürdigkeit seines Vertragspartners vornimmt. Unterlässt er dies, macht er sich einer Pflichtverletzung schuldig, die zu den Rechtsfolgen der Nichterfüllung führen muss (Art. 398). 3

III. Folgen der Nichterfüllung (Abs. 1)

Verletzt der Kommissionär das in Art. 429 ausgesprochene Verbot, so handelt er auf **eigene Gefahr**. Fällt sein bevorschusster Verkäufer in Konkurs, verliert er seinen Erstattungsanspruch; erleidet sein Käufer das gleiche Schicksal vor Bezahlung des vollen Kaufpreises, hat der Kommissionär dennoch den vollen Verkaufspreis abzuliefern (gl.M. Huguenin, OR AT/BT, N 3443; Handkomm-OR-Bürgi/Moskric, N 1). 4

IV. Kreditsicherung

Der Kommissionär, der, wenn auch befugterweise, Kredit erteilt, hat die notwendigen **Vorkehrungen** zu treffen, dass die Drittpartei den gewährten Kredit zeitgerecht tilgt. Dazu gehört bspw. die Begründung eines Eigentumsvorbehaltes, soweit dies möglich ist (Art. 715 ZGB). Denkbar wäre auch die Begründung anderer Sicherheiten mittels Pfandrecht, bspw. an Wert- 5 schriften, sofern solche Sicherheiten in entsprechenden Geschäften sinnvollerweise verlangt werden können. Die Sicherheit ist im Namen des Kommissionärs zu begründen. Sie untersteht aber der Herausgabepflicht nach Art. 400 (BK-GAUTSCHI, N 3b). Verletzt der Kommissionär diese Pflichten, tritt die unter N 4 oben beschriebene Umkehr des wirtschaftlichen Risikos ein (gl.M. Handkomm-OR-BÜRGI/MOSKRIC, N 3).

Art. 430

5. Delcredere-Stehen

[1] Abgesehen von dem Falle, wo der Kommissionär unbefugterweise Kredit gewährt, hat er für die Zahlung oder anderweitige Erfüllung der Verbindlichkeiten des Schuldners nur dann einzustehen, wenn er sich hiezu verpflichtet hat, oder wenn das am Orte seiner Niederlassung Handelsgebrauch ist.

[2] Der Kommissionär, der für den Schuldner einsteht, ist zu einer Vergütung (Delcredere-Provision) berechtigt.

5. Ducroire

[1] Sauf le cas dans lequel il fait crédit sans en avoir le droit, le commissionnaire ne répond du paiement, ou de l'exécution des autres obligations incombant à ceux avec lesquels il a traité, que s'il s'en est porté garant ou si tel est l'usage du commerce dans le lieu où il est établi.

[2] Le commissionnaire qui se porte garant de celui avec lequel il traite a droit à une provision spéciale (ducroire).

5. Del credere

[1] Salvo il caso in cui il commissionario faccia credito indebitamente, egli è responsabile del pagamento e dell'adempimento delle altre obbligazioni per parte di colui, col quale ha contratto, soltanto ove l'abbia promesso o tale sia l'uso commerciale del suo domicilio.

[2] Il commissionario, che si fa garante di colui col quale ha contratto, ha diritto ad un compenso (star del credere).

Literatur

Vgl. die Literaturhinweise bei den Vorbem. zu Art. 425–438.

I. Allgemeines. Anwendungsbereich (Abs. 1)

1 Nach den allgemeinen Regeln hat der Kommissionär ein Ausführungsgeschäft abzuschliessen, das **Zug um Zug** zu erfüllen ist (s. Art. 429 N 2). Damit sollte die Gefahr ausgeschlossen sein, dass seine Leistung an den Drittkontrahenten ohne die vertragliche Gegenleistung bleibt. Nur in besonderen Fällen darf er Vorschüsse leisten oder Kredit erteilen (s. Art. 429 N 2). Für diese Fälle stellt Art. 430 klar, dass das damit verbundene Risiko einzig den Kommittenten trifft. Dennoch verbindet sich mit dem Abschluss des Ausführungsgeschäftes das Risiko, dass der Drittkontrahent seine Verpflichtungen nicht erfüllt. Dieses Erfüllungsrisiko trägt i.d.R. ebenfalls der Kommittent. Es kann praktisch nur ausgeschlossen werden, wenn das Erfüllungsgeschäft als unmittelbar zu erfüllendes Handgeschäft abgeschlossen wird.

2 Das mit der Bevorschussung oder der Kreditierung verbundene Risiko sowie das Erfüllungsrisiko werden **Delcredere-Risiken** genannt (vgl. auch Art. 348a Abs. 2, Art. 418c Abs. 3). Sie können vom Kommissionär mit entsprechender Abrede übernommen werden. Sofern eine entsprechende **Handelsusanz** besteht, muss der Kommissionär das Delcredere-Risiko übernehmen, sofern ihn nicht eine gegenteilige Abmachung mit dem Kommittenten davon befreit. Eine solche Usanz bejaht BK-GAUTSCHI (N 3c) für das Börsengeschäft. Da die Börsengeschäfte unter den Mitgliedbanken abgewickelt würden und zudem eine Börsenkaution hinterlegt sei, sei die Übernahme des Delcredere-Risikos praktisch gefahrlos und deshalb vorauszusetzen (gl.M. ZOBL/KRAMER, N 1217). Dem ist wohl beizustimmen. Eine Vereinbarung zur

Übernahme des Risikos kann formlos, ausdrücklich oder stillschweigend abgeschlossen werden (gl.M. CHK-Pfenninger, N 1). Sie ist namentlich immer dann zu vermuten, wenn eine Delcredere-Provision vorgängig der Ausführung beansprucht wird (BK-Gautschi, N 3c), kann aber auch aus einer Provision abgeleitet werden, die in ihrer Gesamthöhe nur dadurch erklärbar ist, dass das Delcredererisiko übernommen wurde (BK-Becker, N 4).

II. Delcredere-Provision (Abs. 2)

3 Treffen die Voraussetzungen für die Delcredere-Haftung zu, so hat der Kommissionär Anspruch auf eine **zusätzliche Entlöhnung** für die Übernahme des zusätzlichen Risikos. Dies gilt sowohl für das Kredit- oder Vorschussrisiko als auch für das Erfüllungsrisiko beim «Zug um Zug-Geschäft» (vgl. BK-Becker, N 5; ZK-Schönenberger, N 6; wohl anders BK-Gautschi, N 4a). Sie kann unter den Parteien frei vereinbart werden, besteht aber meist in einer zusätzlichen Provision, deren Höhe sich anteilsmässig am Preis des Ausführungsgeschäftes bemisst. Die Delcredere-Provision braucht nicht speziell bezeichnet zu werden. Sie kann Teil einer Gesamtprovision sein. Sie ist nicht zwingend. Der Kommissionär kann gültig auf ihre Erhebung verzichten (gl.M. Handkomm-OR-Bürgi/Moskric, N 3).

4 Eine Verletzung der **Sorgfaltspflicht** durch unbefugte Kreditierung des Kaufpreises oder durch fahrlässigen Abschluss mit einer nicht erfüllungsfähigen Gegenpartei führt zu einer im Erfolg ähnlichen Haftung des Kommissionärs. Sie berechtigt aber keineswegs zur Delcredere-Provision (gl.M. Handkomm-OR-Bürgi/Moskric, N 4).

III. Natur der Haftung für Delcredere

5 Die Haftung des Kommissionärs für das Delcredere-Risiko ist eine **Garantenhaftung** gem. Art. 111 (BK-Gautschi, N 3; gl.M. Handkomm-OR-Bürgi/Moskric, N 2; **a.A.** ZK-Schönenberger, N 5; BK-Becker, N 2; vgl. auch OGer LU, SJZ 1938/39, 314). Gleich dem Garanten haftet er für den Erfolg des Ausführungsgeschäftes. Bleibt dieser aus, ist Schadenersatz zu leisten. Diese Betrachtungsweise scheint sinnvoller als die Annahme einer Erfüllungshaftung, die namentlich bei Speziessachen ohnehin ins Leere ginge. Die Anomalie dieser Form der Garantenhaftung liegt darin, dass der Kommittent aus dem Delcredere-Versprechen berechtigt ist, ohne i.d.R. selbst Gläubiger des Ausführungsgeschäfts zu sein.

Art. 431

III. Rechte des Kommissionärs
1. Ersatz für Vorschüsse und Auslagen

1 Der Kommissionär ist berechtigt, für alle im Interesse des Kommittenten gemachten Vorschüsse, Auslagen und andere Verwendungen Ersatz zu fordern und von diesen Beträgen Zinse zu berechnen.

2 Er kann auch die Vergütung für die benutzten Lagerräume und Transportmittel, nicht aber den Lohn seiner Angestellten in Rechnung bringen.

III. Droits du commissionnaire
1. Remboursement des avances et frais

1 Le commissionnaire a droit au remboursement, avec intérêts, de tous les frais, avances et débours faits dans l'intérêt du commettant.

2 Il peut aussi porter en compte une indemnité pour les frais de magasinage et de transport, mais non pour le salaire de ses employés.

III. Diritti del commissionario
1. Rimborso delle anticipazioni e spese

1 Il commissionario ha diritto alla rifusione, coi relativi interessi, delle anticipazioni delle spese e degli altri sborsi incontrati nell'interesse del committente.

2 Egli può chiedere un compenso anche per l'uso dei magazzini e dei mezzi di trasporto, ma non pel salario dei suoi dipendenti.

Literatur

Vgl. die Literaturhinweise bei den Vorbem. zu Art. 425–438.

I. Normzweck

1 Art. 431 ist im Zusammenhang mit Art. 402 zu sehen. Beide geben dem Beauftragten das Recht auf Deckung seiner **Auslagen und Verwendungen** (vgl. BGE 59 II 253). Art. 431 geht aber in seinem Abs. 2 weiter als Art. 402, als er Präzisierungen betreffend Fracht- und Lagerspesen enthält. Eine Umlegung der allgemeinen Unkosten des Kommissionärs ist hingegen ausgeschlossen.

II. Anwendungsbereich (Abs. 1)

2 Das Recht auf Verwendungsersatz ist insofern **qualifiziert**, als es Handeln im Interesse des Kommittenten voraussetzt. Sinngemäss entspricht diese Begrenzung derjenigen des Art. 402, die sich auf die *richtige Ausführung des Auftrages* bezieht. Verlangt ist damit objektiv richtige Auftragsausführung. Dagegen ist der Ersatzanspruch **unabhängig vom Erfolg** der Bemühungen des Kommissionärs. Selbst wenn das Geschäft nicht zur Ausführung gelangt, der Kommissionär also nicht provisionsberechtigt ist, hat er Anspruch auf Verwendungsersatz nach Art. 431. Vorschüsse, die in Verletzung von Art. 429 Abs. 1 gewährt werden, geben keinen Anspruch auf Ersatz, da sie mit der Sorgfaltspflicht des Kommissionärs nicht vereinbar sind (Art. 429). Das Gleiche gilt für Deckungskäufe von Fremdwährungen, die für die Erfüllung der Einkaufskommission benötigt werden, wenn sie über das Wochenende nicht glattgestellt werden und das Kommissionsgeschäft wegen eines inzwischen eingetretenen Kurssturzes nicht zur Ausführung gelangt (BGE 59 II 256). Wurde die fehlerhafte Ausführung nachträglich genehmigt oder war sie trotz ihrer Fehlerhaftigkeit durch das Interesse des Geschäftsherrn geboten (Art. 422 Abs. 1), so bleibt der Anspruch auf Verwendungsersatz bestehen (BK-Gautschi, N 2b).

3 Durch den allgemeinen Verweis des Art. 425 Abs. 2 erhält der Kommissionär auch das Recht auf den Ersatz seines in richtiger Ausführung des Auftrages erlittenen **Schadens** (Art. 402 Abs. 2). Der Kommittent kann sich allerdings dieser Haftung entschlagen, wenn er den Nachweis erbringt, dass der Schaden ohne sein Verschulden entstanden ist (BGE 59 II 253; ebenso ZK-Schönenberger, N 2; Fehr, SJK 3; CHK-Pfenninger, N 2; gl.M. Handkomm-OR-Bürgi/Moskric, N 3; **a.A.**, aber mit wenig überzeugender Begründung, BK-Gautschi, N 1b). Die Unterscheidung zwischen Verwendung und Schaden ist unscharf. Wer im Interesse eines anderen eine Gefahr auf sich nimmt, hat im Falle der Verwirklichung der Gefahr den Verlust akzeptiert und damit gleich gehandelt, wie wenn er eine Verwendung gemacht hätte (BGE 59 II 256 m.Nw.).

4 Weiterführung des Ersatzgedankens ist der **Liberationsregress**: Widerruft der Kommittent den Auftrag in einem Zeitpunkt, in dem der Kommissionär noch Verpflichtungen gegen Dritte zu erfüllen hat, so hat er ihn davon zu befreien, entweder durch privative Schuldübernahme (mit Zustimmung der Gegenpartei; Art. 32 Abs. 3, Art. 176) oder durch Leistung einer entsprechenden Deckung (gl.M. CHK-Pfenninger, N 4). Letztere kann zum Rechtsübergang auf den Kommittenten führen (Art. 401; vgl. BK-Gautschi, N 4b).

5 Besitzt der Kommissionär Gelddeckung für seinen Ersatzanspruch, sei es, dass er bevorschusst wurde, sei es, dass er den Verkaufserlös des Kommissionsgutes einkassiert hat, so steht ihm, vorbehältlich anderslautender Abrede, die **Verrechnung** zu (vgl. CHK-Pfenninger, N 3; gl.M. Handkomm-OR-Bürgi/Moskric, N 3). Er hat dem Kommittenten einzig den Nettoerlös herauszugeben.

Gemäss Art. 431 Abs. 1 steht dem Kommissionär das Recht auf **Verzinsung** des Ersatzanspruches zu. Die Zinspflicht entsteht mit der Fälligkeit des Anspruches, die mit Geltendmachung des berechtigten Anspruches eintritt, zum Satz von 5 % per annum, sofern nicht etwas anderes vereinbart oder üblich ist (Art. 73 Abs. 1; gl.M. Handkomm-OR-BÜRGI/MOSKRIC, N 4). 6

III. Spezialbestimmungen (Abs. 2)

Verlangt die objektiv richtige Ausführung des Auftrages den **Transport** des Kommissionsgutes oder seine **Einlagerung**, so ist der Kommissionär zum Ersatz der daraus entstehenden Kosten berechtigt. Er kann diese Kosten auch zur Anrechnung bringen, wenn er die betreffenden Dienstleistungen mit seinen eigenen Mitteln erbringt (BK-GAUTSCHI, N 6b; ZK-SCHÖNENBERGER, N 3; gl.M. Handkomm-OR-BÜRGI/MOSKRIC, N 5). 7

Der Kommittent hat die **allgemeinen Unkosten** des Kommissionärs nicht zu tragen. Kosten für die Miete der Geschäftslokalitäten oder Löhne für Angestellte des Kommissionärs können damit nicht anteilsmässig belastet werden (Art. 431 Abs. 2). Dagegen ist es e contrario zulässig, Kosten eines **Unterbeauftragten** oder Substituten als Verwendungen geltend zu machen (BK-GAUTSCHI, N 6; gl.M. Handkomm-OR-BÜRGI/MOSKRIC, N 6). Dies ist namentlich im Bankgeschäft üblich, wo der Beauftragte die Spesen seiner Korrespondenzbankiers direkt dem Kommittenten belastet (vgl. CHK-PFENNINGER, N 6). 8

IV. Abweichende Vereinbarungen

Art. 431 ist **dispositives Recht** (gl.M. CHK-PFENNINGER, N 7; Handkomm-OR-BÜRGI/MOSKRIC, N 1). Die Parteien können vereinbaren, dass der Kommittent weitergehende Pflichten übernimmt, namentlich den Zufallsschaden entschädigt, was bei Aufträgen denkbar wäre, die eine gewisse Gefahr mit sich bringen. Umgekehrt sollte es zulässig sein, die Kostendeckung auszuschliessen und sie bspw. mit einer höheren Provision global abzudecken. 9

Art. 432

2. Provision
a. Anspruch

[1] Der Kommissionär ist zur Forderung der Provision berechtigt, wenn das Geschäft zur Ausführung gekommen oder aus einem in der Person des Kommittenten liegenden Grunde nicht ausgeführt worden ist.

[2] Für Geschäfte, die aus einem andern Grunde nicht zur Ausführung gekommen sind, hat der Kommissionär nur den ortsüblichen Anspruch auf Vergütung für seine Bemühungen.

2. Provision
a. Droit de la réclamer

[1] La provision est due au commissionnaire si l'opération dont il était chargé a reçu son exécution, ou si l'exécution a été empêchée par une cause imputable au commettant.

[2] Quant aux affaires qui n'ont pu être faites pour d'autres causes, le commissionnaire peut seulement réclamer, pour ses démarches, l'indemnité qui est due selon l'usage de la place.

2. Provvigione
a. Diritto

[1] La provvigione è dovuta al commissionario, allorché l'affare sia stato eseguito o non lo sia stato per un motivo dipendente dalla persona del committente.

[2] Per gli affari che non si poterono eseguire per un altro motivo, il commissionario ha diritto soltanto ad un compenso per l'opera prestata, giusta gli usi del luogo.

Literatur

Vgl. die Literaturhinweise bei den Vorbem. zu Art. 425–438.

I. Allgemeines

1 Im Gegensatz zum einfachen Auftrag ist der Entlöhnungsanspruch ein **Essentialium** des Kommissionsauftrages (vgl. Art. 425 Abs. 1), da er grundsätzlich kaufmännischen Charakter aufweist. Wird die Provision gänzlich ausgeschlossen, liegt kein Kommissionsvertrag mehr vor (vgl. ZBJV 1927, 37; BK-BECKER, Art. 425 N 10), sondern ein einfacher Auftrag (gl.M. Handkomm-OR-BÜRGI/MOSKRIC, N 1). Ebensowenig liegt Kommission vor, wenn die Provision erfolgsunabhängig als Pauschalbetrag festgesetzt wird (ZK-SCHÖNENBERGER, N 12; PACHE, 63). Ein solches Vertragsverhältnis hätte Gemeinsamkeiten mit dem Arbeitsvertrag (gl.M. KUKO OR-VLCEK, N 1).

Normalerweise berechnet sich die Entlöhnung des Kommissionärs **nach dem Wert** des zu kaufenden oder zu verkaufenden Gutes. Die Ansätze sind sehr verschieden und hängen stark von der Natur des in Frage stehenden Kommissionsgutes und damit auch vom Umfang der vorausgesetzten Bemühungen des Kommissionärs ab. Bemisst sich die Provision bei Börsengeschäften in Bruchteilen eines Prozents, so kann sie bei Kunstgegenständen oder anderen Speziessachen ohne liquiden Markt zwischen 10% und 20% liegen.

2 Die **Höhe der Provision** ist von den Parteien frei aushandelbar, wobei jedoch die allgemeinen vertragsrechtlichen (Art. 27 ZGB, Art. 19/20, 21 OR) und ggf. kartellrechtlichen (Art. 7 KG) Schranken zu beachten sind (vgl. CHK-PFENNINGER, N 2). Kantonale Gebührenordnungen für gewisse Arten von Kommissionsgeschäften sind bundesrechtswidrig, da das Bundesprivatrecht in diesem Punkte als abschliessend zu betrachten ist (BGE 70 I 235; KUKO OR-VLCEK, N 4; gl. M. Handkomm-OR-BÜRGI/MOSKRIC, N 2). Anders als in gewissen Mäklerverträgen (Art. 417) steht dem Richter kein Recht zu, die von den Parteien vereinbarte Provision herabzusetzen (BK-BECKER, N 9; gl.M. CHK-PFENNINGER, N 2; Handkomm-OR-BÜRGI/MOSKRIC, N 2).

In der näheren **Ausgestaltung** des Provisionsanspruches sind die Parteien frei. Sie können vereinbaren, dass die Provision nicht auf den Abschlüssen berechnet werden soll, sondern auf den tatsächlich zur Ablieferung gelangten Warensendungen (BGE 40 II 393). Ebenso kann der über dem Mindestverkaufspreis liegende Ertrag dem Kommissionär als Entlöhnung versprochen werden (vgl. die Tatsachenbeschreibung in BGE 70 IV 71).

II. Voraussetzungen des Provisionsanspruches (Abs. 1)

3 Nach dem Wortlaut des Art. 432 entsteht der Provisionsanspruch, wenn das Geschäft zur Ausführung gekommen ist. Die Provision ist damit **erfolgsabhängig**. Ein Geschäft ist grundsätzlich dann zur Ausführung gekommen, wenn die Gegenpartei des Kommissionärs ihre Verpflichtungen vollständig erfüllt hat, bei der Einkaufskommission also das Kommissionsgut geliefert, und bei der Verkaufskommission den Kaufpreis bezahlt hat (vgl. BGE 40 II 393; BK-GAUTSCHI, N 3a; ZK-SCHÖNENBERGER, N 2; HUGUENIN, OR AT/BT, N 3447; Handkomm-OR-BÜRGI/MOSKRIC, N 3). Unter Vorbehalt des Falles, in dem der Kommissionär das Delcredere-Risiko übernommen und den eingetretenen Ausfall gedeckt hat, reicht es nicht, dass das Ausführungsgeschäft abgeschlossen wurde; es muss durch den Drittkontrahenten erfüllt worden sein (gl.M. HUGUENIN, OR AT/BT, N 3447; Handkomm-OR-BÜRGI/MOSKRIC, N 3). Dies ist gerechtfertigt, denn der Kommissionär wählt die Gegenpartei aus, und er hat für die abmachungsgemässe Durchführung des Geschäftes zu sorgen. Erst dann ist der Auftrag endgültig erfüllt. Dagegen kann die Ablieferung des Kommissionsgutes oder des Verkaufserlöses vom Kommissionär an den Kommittenten (Art. 400) nicht Voraussetzung des Provisionsanspruches sein, weil ansonsten der Kommissionär sein Retentionsrecht am Kommissionsgut bzw. am Verkaufserlös gar nicht mehr geltend machen könnte (s. Art. 434). Die Ablieferung des Kommissionsguts oder des Verkaufserlöses durch den Kommissionär an den Kommittenten ist nicht mehr Ausführung (BK-GAUTSCHI, N 3a; ZK-SCHÖNENBERGER, N 2; gl.M. Handkomm-OR-BÜRGI/MOSKRIC, N 3).

Nicht vom Kommissionär zu vertretende, bloss teilweise Ausführung kann zu einem **Teilprovisionsanspruch** führen, wenn das Kommissionsgut teilbar ist und die Teillieferung einen der Volleistung entsprechenden, selbständigen wirtschaftlichen Wert hat, d.h. einen entsprechenden teilweisen Gewinn bringt (vgl. BK-Becker, N 4; ZK-Schönenberger, N 4). Allerdings muss dieses Recht u.E. unter dem Vorbehalt stehen, dass der Kommittent die Teillieferung angenommen hat oder nach Treu und Glauben annehmen musste (gl.M. Handkomm-OR-Bürgi/Moskric, N 5). 4

Die Provision ist voll geschuldet, wenn das abgeschlossene Ausführungsgeschäft aus einem Grund nicht zur Ausführung kommt, den der Kommittent zu vertreten hat. Hauptfall bildet wohl der vorzeitige Widerruf des Auftrages durch den Kommittenten nach Abschluss, aber vor Ausführung des Geschäfts. Diese Bestimmung ist nicht Einschränkung des freien Widerrufsrechts des Auftraggebers nach Art. 404 (**a.M.** Engel, contrats, 564 Ziff. 4). Sie ist vielmehr Ausdruck des **Widerrufs zur Unzeit**. Widerruf durch den Kommittenten ohne Grund oder aus einem einzig von ihm zu vertretenden Grund, nachdem das Ausführungsgeschäft bereits abgeschlossen ist, soll den Kommissionär nicht um seinen Lohn bringen können (gl.M. KUKO OR-Vlcek, N 3; Huguenin, OR AT/BT, N 3448; vgl. CHK-Pfenninger, N 4). Deshalb lässt Art. 432 Abs. 1 den Provisionsanspruch dennoch voll entstehen. Ebenso steht es mit der Beendigung des Auftrages bei Tod, Eintritt der Handlungsunfähigkeit oder Konkurs des Kommittenten (BK-Gautschi, N 4b). Der Beweis, dass die Hinderungsgründe vom Kommittenten zu vertreten sind, obliegt dem Kommissionär (BGE 40 II 393; KUKO OR-Vlcek, N 3). 5

III. Entschädigung des Kommissionärs bei anderen Ausführungshindernissen (Abs. 2)

Ist das Ausführungsgeschäft vom Kommissionär abgeschlossen, wird aber seine Erfüllung durch Gründe verhindert, die der Kommittent nicht zu vertreten hat, bliebe der Kommissionär nach allgemeinen Regeln ohne Provision. In diesem Fall spricht Art. 432 dem Kommissionär einen **Entschädigungsanspruch** zu, sofern ein entsprechender Ortsgebrauch besteht. Bleibt diese Bestimmung auf den Ortsgebrauch beschränkt, so ist ihr Anwendungsbereich stark limitiert, da entsprechende Usanzen offenbar kaum existieren (ZK-Schönenberger, N 8; BK-Gautschi, N 5a; Huguenin, OR AT/BT, N 3449; Handkomm-OR-Bürgi/Moskric, N 6). Unseres Erachtens ist die Bestimmung zu verallgemeinern, da sie im Grundsatz die Gerechtigkeit im kaufmännischen Verkehr widerspiegelt, zumindest wenn der Kommissionär das Scheitern der Ausführung nicht aufgrund einer Treue- oder Sorgfaltspflichtverletzung selbst zu vertreten hat (Art. 433; gl.M. KUKO OR-Vlcek, N 5; **a.M.** Handkomm-OR-Bürgi/Moskric, N 6). Zur Bestimmung der Höhe der Entschädigung sind die Gründe des Scheiterns und der Fortschritt in der Ausführung des Geschäftes zu berücksichtigen (gl.M. CHK-Pfenninger, N 6). Keinesfalls kann aber die Entschädigung die Höhe der festgesetzten Provision erreichen, da dies einer Vereitelung des jederzeitigen Widerrufsrechtes des Kommittenten vor Abschluss des Geschäfts gleichkäme (ZK-Schönenberger, N 8; gl.M. KUKO OR-Vlcek, N 5). Wird der Auftrag widerrufen, bevor das Ausführungsgeschäft abgeschlossen ist, findet Art. 432 keine Anwendung, und weder Provision noch Entschädigung sind geschuldet (vgl. Huguenin, OR AT/BT, N 3462; **a.M.** Handkomm-OR-Bürgi/Moskric, N 4). Einzige Hilfe bildet in diesem Falle Art. 404 Abs. 2, falls der Widerruf zur Unzeit erklärt wurde (gl.M. Huguenin, OR AT/BT, N 3462 m.Nw.; s.a. CHK-Pfenninger, N 7). 6

Art. 433

b. Verwirkung und Umwandlung in Eigengeschäft	**[1] Der Anspruch auf die Provision fällt dahin, wenn sich der Kommissionär einer unredlichen Handlungsweise gegenüber dem Kommittenten schuldig gemacht, insbesondere wenn er einen zu hohen Einkaufs- oder einen zu niedrigen Verkaufspreis in Rechnung gebracht hat.** **[2] Überdies steht dem Kommittenten in den beiden letzterwähnten Fällen die Befugnis zu, den Kommissionär selbst als Verkäufer oder als Käufer in Anspruch zu nehmen.**
b. Déchéance; commissionnaire tenu pour acheteur ou vendeur	[1] Le commissionnaire perd tout droit à la provision s'il s'est rendu coupable d'actes de mauvaise foi envers le commettant, notamment s'il a porté en compte un prix supérieur à celui de l'achat ou inférieur à celui de la vente. [2] En outre, dans ces deux derniers cas, le commettant a le droit de tenir le commissionnaire lui-même pour acheteur ou vendeur.
b. Decadenza e conversione dell'affare in proprio	[1] Il commissionario perde il diritto alla provvigione, ove commetta degli atti di mala fede verso il committente, e specialmente ove abbia messo in conto un prezzo superiore a quello pagato per la compera, o inferiore a quello riscosso per la vendita. [2] In questi due ultimi casi il committente ha anche il diritto di procedere contro il commissionario considerandolo quale venditore o compratore in proprio.

Literatur

Vgl. die Literaturhinweise bei den Vorbem. zu Art. 425–438.

I. Allgemeines. Anwendungsbereich

1 Art. 433 sanktioniert auf der Ebene des Kommissionsrechtes die Verletzung der **Treuepflicht** des Kommissionärs. Handelt er unredlich («de mauvaise foi»), verliert er seinen Anspruch auf die Provision. Unredliche Handlung i.S. dieser Bestimmung ist die absichtliche oder fahrlässige Verletzung der besonderen Treuepflicht des Kommissionärs. Hauptfall bildet die Abrechnung eines höheren Einkaufspreises oder eines tieferen Verkaufspreises, als er tatsächlich erzielt wurde. In diese Kategorie gehören **Kursschnitte**, begangen bspw. durch Abrechnung eines Börsenpreises, der zwar am entsprechenden Handelstag bezahlt wurde, nicht aber dem effektiv bezahlten Kurs für die vom Kommissionär abgeschlossene Transaktion entspricht (Rundschreiben 2008/38 «Marktverhaltensregeln» der FINMA, Rz 41;

vgl. Jahresbericht EBK 1987, 33; CHK-Pfenninger, N 2 m.Nw.), oder aber durch Berechnung eines Durchschnittes sämtlicher an einem Börsentag bezahlter Kurse, obschon im konkreten Einzelfall ein günstigerer Kurs erzielt wurde, sowie generell durch Transaktionen, in denen der Kommissionär ohne Marktrisiko Gewinne auf Kosten des Kunden realisiert (Rundschreiben 2008/38 «Marktverhaltensregeln» der FINMA, Rz 39 ff.; Bull EBK Nr. 47, 169; vgl. zum Kursschnitt im Allgemeinen Nobel, 527 ff.; Lombardini, droit, 780 f.). Diese Praktiken können, neben privatrechtlichen Sanktionen, banken- und börsenrechtliche Folgen haben, da sie nicht mit der Gewähr einer einwandfreien Geschäftstätigkeit vereinbar sind (Art. 3 Abs. 2 lit. c BankG und Art. 11 BEHG; vgl. Art. 436 N 6 f.; Bull EBK Nr. 47, 157; vgl. auch Bull EBK Nr. 20, 25 m.Nw.; Jahresbericht EBK 1994, 30; Nobel, 543–45). Art. 12 der Richtlinien «Verhaltensregeln für Effektenhändler 2008» der SBVg hält denn auch klar und knapp fest: «Kursschnitte sind unzulässig».

2 Nicht als unredlicher Kursschnitt gilt dagegen u.E. die Abrechnung eines **gewichteten Durchschnittes der effektiv erzielten Kurse** einer Bank, welcher aufgrund der von der betreffenden Bank bezahlten Kurse und der Anzahl der zum jeweiligen Kurs gehandelten Titel ermittelt wird (gl.M. KUKO OR-Vlcek, N 2; Handkomm-OR-Bürgi/Moskric, N 1; s. No-

BEL, 537 m.Nw.; RÜEGG, 59 ff.; vgl. Jahresbericht EBK 1987, 33). Namentlich für Banken, die täglich grosse Umsätze tätigen, muss es in der Tat möglich sein, zur Sicherstellung der Gleichbehandlung der Kunden sämtliche Abschlüsse eines Handelstages zu gruppieren und allen Kunden zu gleichen Bedingungen zu berechnen. Wird eine solche Durchschnittsberechnung, die sich für die Bank als ertragsneutral erweist, nicht vorgenommen, besteht im Gegenteil die Gefahr, dass gewisse Kunden zulasten anderer systematisch bevorzugt werden, was ebenso eine Verletzung der Treuepflicht bedeuten kann, die zum Provisionsverlust führt (vgl. dazu THALMANN, 181).

3 Weitere **Bsp.** unredlichen Verhaltens liegen in der Abrechnung des Mindestverkaufs- bzw. Höchsteinkaufspreises, obschon ein günstigerer Abschluss erzielt wurde, es sei denn, der Kommissionär sei dazu vertraglich berechtigt gewesen (vgl. Art. 428 N 8). Ebenso ist es unredlich, erzielte Rabatte nicht gutzuschreiben (BK-GAUTSCHI, N 1b; vgl. BGE 129 IV 124, 128; CHK-PFENNINGER, N 3). Kursschnitte auf Vorbereitungshandlungen, z.B. anlässlich der Anschaffung von Deckungsbeträgen in Fremdwährungen, ziehen als solche keine Folgen i.S.v. Art. 433 nach sich. Erst, wenn sie die Schlussabrechnung beeinflussen, ist der Tatbestand erfüllt (BGE 59 II 252).

3a Keine Verletzung des Kommissionsvertrags durch die Bank (Kommissionär) liegt hingegen vor, wenn diese aufgrund einer **weisungsbegründeten Intervention der SIX Swiss Exchange** ein bereits durchgeführtes, für den Kunden vorteilhaftes Wertpapiergeschäft wegen **Fehlabschluss (Mistrade)** wieder rückabwickelt. Die Reglemente und Weisungen der SIX Swiss Exchange haben normativen Charakter und sind demnach für den Bankkunden verbindlich, auch wenn er sie nicht im Detail kennt (BGE 133 III 221, E. 5.2.3, 5.3; JdT 2008, 12; SJ 2007, 320; vgl. TERCIER/FAVRE, N 5898).

4 Die Treuepflicht des Kommissionärs schliesst grundsätzlich **Doppelvertretung** aus, da sie einen offenbaren Interessenkonflikt mit sich bringt (vgl. Bull EBK 47, 192). Besteht allerdings das Recht zum Selbsteintritt, da es sich um Güter mit einem bestimmbaren Markt- oder Börsenwert handelt (Art. 436 Abs. 1), kann der Kommissionär für beide Parteien tätig sein, ohne seine Treuepflicht zu verletzen (gl.M. KUKO OR-VLCEK, N 3; CHK-PFENNINGER, N 4; Handkomm-OR-BÜRGI/MOSKRIC, N 2).

II. Folgen der unredlichen Handlung

5 Erste Folge der Verletzung der Treuepflicht ist der **Verlust des Anspruches auf die Provision**. Sinnvollerweise schliesst dies auch etwaige Delcredereprovisionen ein. Im Weiteren hat der Kommissionär sämtliche **Vorteile herauszugeben**, die er mit dem Geschäft erlangt hat, namentlich vorenthaltene Verkaufsüberschüsse und nicht verrechnete Einsparungen auf dem Einkaufspreis (s. Art. 428 Abs. 3; gl.M. HUGUENIN, OR AT/BT, N 3450). Auf den Anspruch auf Ersatz der **Verwendungen** nach Art. 431 hat die Verletzung der Treuepflicht allerdings keinen direkten Einfluss (BK-GAUTSCHI, N 3a; **a.M.** Handkomm-OR-BÜRGI/MOSKRIC, N 3, welche ein gewisses pönales Element zulassen wollen). Erst wenn darin gleichzeitig eine Verletzung der Sorgfaltspflicht liegt, kann auch dieser Anspruch verloren gehen (gl.M. KUKO OR-VLCEK, N 4; diff. HUGUENIN, OR AT/BT, N 3453). Wurde die Provision bereits bezahlt, kann sie der Kommittent zurückfordern. Die Unredlichkeit des Kommissionärs ist **Vertragsverletzung**. Sie führt bei Vorliegen eines Schadens zu Ersatzansprüchen nach Art. 97 (gl.M. CHK-PFENNINGER, N 6), wobei dem Kommissionär der Exkulpationsbeweis offensteht (Handkomm-OR-BÜRGI/MOSKRIC, N 5).

6 Gemäss Art. 433 Abs. 2 kann der Kommittent den Kommissionär, der unrichtige Einkaufs- oder Verkaufspreise verrechnet hat, als **Eigenhändler** in Anspruch nehmen. Für den Einkaufskommissionär bedeutet dies, dass er volle Gewährleistung für das Kommissionsgut i.S. der Art. 192 ff. und 197 ff. zu leisten hat (gl.M. CHK-PFENNINGER, N 5; Handkomm-OR-

Bürgi/Moskric, N 4). Umgekehrt verliert der Verkaufskommissionär den Liberationsregress gegen den Kommittenten, wenn sein Käufer ihn aus Gewährleistungspflicht in Anspruch nimmt. Art. 433 Abs. 2 stellt einen – im schweizer Vertragsrecht seltenen – Fall eines Kontrahierungszwangs dar (Engel, contrats, 563 Ziff. 6; vgl. Huguenin, OR AT/BT, N 3450).

7 Regelmässig zieht die Unredlichkeit auch **strafrechtliche Konsequenzen** nach sich, da zumeist die Tatbestände der Veruntreuung (BGE 70 IV 71: Kommissionserlös; 71 IV 124: Lotterielose; 74 IV 88: Vorschuss; 111 IV 19: Devisengeschäfte zu fiktiven Kursen; BGer, 26.5.2003, 6S.709/2000: Kursschnitte), des Betrugs (BGE 76 IV 96: Wertpapiere mit falschen Bestätigungen) oder der ungetreuen Geschäftsbesorgung (früher: Ungetreue Geschäftsführung; BGE 81 IV 278; 129 IV 124, 128) vorliegen werden.

Art. 434

3. Retentionsrecht	**Der Kommissionär hat an dem Kommissionsgute sowie an dem Verkaufserlöse ein Retentionsrecht.**
3. Droit de rétention	Le commissionnaire a un droit de rétention sur les choses formant l'objet du contrat, ou sur le prix qui a été réalisé.
3. Diritto di ritenzione	Il commissionario ha un diritto di ritenzione sulle merci, nonché sul prezzo che ne fu ricavato.

Literatur

Vgl. die Literaturhinweise bei den Vorbem. zu Art. 425–438.

I. Normzweck

1 Art. 434 verfolgt den Zweck, die Rechte des Kommissionärs auf Entlöhnung, Verwendungsersatz und Freistellung von eingegangenen Verpflichtungen zu **sichern**. In der gesetzlichen Terminologie soll dies durch ein *Retentionsrecht* am Kommissionsgute oder am Verkaufserlös realisiert werden. Die gesetzliche Terminologie ist ungenau, wird es doch im Folgenden zu zeigen sein, dass das *Retentionsrecht* drei mögliche Formen annimmt, nämlich ein **Verrechnungsrecht**, ein **Rückbehaltungsrecht**, ähnlich dem Recht aus Art. 82, sowie ein **Retentionsrecht** im eigentlichen Sinne, wie es nach Art. 895 ZGB bestehen kann (gl.M. KUKO OR-Vlcek, N 1; Huguenin, OR AT/BT, N 3455). Die Natur des von Art. 434 gewährten Rechts hängt weitgehend davon ab, welche Rechte der Kommittent und der Kommissionär am Kommissionsgut und am Erlös haben. Einleitend sei deshalb die **dingliche Rechtssituation** untersucht. Im Weiteren ist der Anwendungsbereich des Art. 401 und das damit verbundene **Zugriffs- und Aussonderungsrecht** zu untersuchen. Dabei sind grundsätzlich die Rechte des Verkaufs- und des Einkaufskommissionärs zu unterscheiden.

II. Die dingliche Rechtssituation

2 Der **Einkaufskommissionär** wird im Normalfall **Eigentümer** des erworbenen Kommissionsgutes (gl.M. Huguenin, OR AT/BT, N 3456 m.Nw.). Er handelt als indirekter Stellvertreter im eigenen Namen, er ist Vertragspartner seines Verkäufers und erlangt als solcher **Besitz** des Kommissionsgutes (Tercier/Favre, N 5891). Der Kommittent erlangt den Besitz und damit das Eigentum erst infolge der Erfüllung der Herausgabeverpflichtung durch den Kommissionär nach Art. 400 (gl.M. Zobl/Kramer, N 1219 m.Nw.; CHK-Pfenninger, N 2, Leibenson, 228).

Diese Grundordnung kann in verschiedenen Fällen durchbrochen werden. Treffen die Voraussetzungen des Art. 32 Abs. 2 zu, ist nämlich dem Verkäufer die Identität des Käufers gleichgültig, kann der Kommissionär als **stiller (direkter) Stellvertreter** direkt den Kommittenten berechtigen und ihm Eigentum verschaffen (vgl. Art. 425 N 3; gl.M. CHK-PFENNINGER, N 2). Oftmals ist diese Konstruktion zu vermuten, namentlich im Börsengeschäft, ausser der Kommissionär habe den Selbsteintritt nach Art. 436 erklärt (TERCIER/FAVRE, N 5891; **a.M.** ZOBL/KRAMER, N 1215 i.f.). Eine weitere, ebenfalls im Börsengeschäft häufig anzutreffende Möglichkeit liegt im **Besitzeskonstitut**. Besteht zwischen dem Kommittenten und dem Kommissionär ein entsprechendes Rechtsverhältnis, namentlich – wie im Effektenhandelsgeschäft üblich – ein Hinterlegungsvertrag (Depotvertrag), kann dem Kommittenten direkt mittelbarer Besitz und damit Eigentum an den erworbenen Wertpapieren verschafft werden (vgl. zum Ganzen HOFSTETTER, SPR VII/6, 204 Ziff. 3 m.Nw.; WEBER, 171; ZOBL/KRAMER, N 1219; **abl.** OGer BE, ZBJV 1933, 580; in BGE 102 III 94, insb. 100 konnte die Frage offen gelassen werden). Da der Kommittent das wirtschaftliche Risiko der Transaktion trägt, ist es u.E. angebracht, seinen Eigentumserwerb immer dann zu vermuten, wenn er möglich ist (gl.M. CHK-PFENNINGER, N 2).

Ist der Kommittent direkt Eigentümer geworden, kann er das Kommissionsgut jederzeit vindizieren, auch im Konkurs des Kommissionärs (gl.M. Handkomm-OR-BÜRGI/MOSKRIC, N 3). 3
Ist der Kommissionär Eigentümer des Gutes, hat der Kommittent den **Herausgabeanspruch** nach Art. 400 und im Konkurs des Kommissionärs das **Aussonderungsrech**t nach Art. 401 Abs. 3 (gl.M. HUGUENIN, OR AT/BT, N 3465; Handkomm-OR-BÜRGI/MOSKRIC, N 3). Das Aussonderungsrecht setzt allerdings voraus, dass das auszusondernde Gut eindeutig bestimmt ist (ZOBL/KRAMER, N 1220 m.Nw.). Ist das Kommissionsgut noch nicht geliefert, kann der Kommittent mittels Art. 401 Abs. 1 das **Subrogationsrecht** beanspruchen, wenn er seinerseits seine sämtlichen Verpflichtungen gegenüber dem Kommissionär erfüllt hat (TERCIER/FAVRE, N 5892; KUKO OR-VLCEK, N 2; gl.M. Handkomm-OR-BÜRGI/MOSKRIC, N 3).

In der **Verkaufskommission** ist die Grundsituation umgekehrt. Vorbehältlich entgegenstehen- 4
der Abrede unter den Parteien wird der Kommissionär **nicht Eigentümer** (so die überwiegende Meinung, z.B. ZK-SCHÖNENBERGER, N 1; HOFSTETTER, SPR VII/6, 204 Ziff. 1 m.Nw.; WEBER, 171; TERCIER/FAVRE, N 5893; HUGUENIN, OR AT/BT, N 3457; LEIBENSON, 228 i.f.; Handkomm-OR-BÜRGI/MOSKRIC, N 4; **a.A.** BK-GAUTSCHI, N 2a, GUHL/KOLLER/SCHNYDER/DRUEY, 591 N 8). Diese Ansicht folgt der Grundidee, das Eigentum soweit möglich dem Kommittenten zu belassen, um einerseits soweit möglich das Auseinanderfallen von Eigentum und wirtschaftlicher Berechtigung zu vermeiden, und andererseits, um dem Kommittenten als dem wirtschaftlich Berechtigten grösstmögliche Sicherheit zu gewährleisten. In der Tat benötigt der Verkaufskommissionär kein Eigentum, um seinen Auftrag richtig erfüllen zu können. Er braucht einzig die Ermächtigung, dem Drittkäufer gültig Eigentum zu verschaffen. Diese Ermächtigung ist aber bereits im Kommissionsauftrag selber enthalten (Art. 396 Abs. 2; vgl. HONSELL, OR BT, 376 Ziff. III. 1). Fällt der Kommissionär vor Abschluss eines Kaufvertrags mit dem Dritten in Konkurs, kann der Kommittent das Kommissionsgut gem. Art. 641 Abs. 2 ZGB vindizieren (HUGUENIN, OR AT/BT, N 3467; gl.M. Handkomm-OR-BÜRGI/MOSKRIC, N 4).

Wird das Kommissionsverhältnis vor Auslieferung des Kommissionsgutes an den Dritten **be-** 5
endet, kann der Kommittent als Eigentümer das Kommissionsgut vindizieren. Wäre der Kommissionär Eigentümer, hätte sich der Kommittent mit einer obligatorischen Forderung zu begnügen. Nach dem Wortlaut des Gesetzes und der Praxis des Bundesgerichts könnte ihm Art. 401 nicht helfen, ist dieser doch auf bewegliche Sachen und Forderungen beschränkt, die von Dritten erworben wurden (unpublizierter BGer, 8.7.1980, zit. bei WEBER, 111; **a.A.** z.B. BK-GAUTSCHI, N 6a; HONSELL, OR BT, 376; GUHL/KOLLER/SCHNYDER/DRUEY, 591 N 8). Die Kaufpreisforderung gegen den Drittkäufer kann gem. Art. 401 Abs. 1 direkt auf den Kommittenten übergehen, sofern die weiteren Voraussetzungen erfüllt sind.

6 Vom Kommittenten vorgeschossene oder vom Drittkäufer ausbezahlte Geldsummen werden durch **Vermischung** Eigentum des Kommissionärs (gl.M. Handkomm-OR-Bürgi/Moskric, N 5). Aussonderung gem. Art. 401 ist im Allgemeinen nicht möglich, ausser, der Kommissionär habe sie auf einem Sonderkonto ausgesondert (BGE 99 II 398; 102 II 107; gl.M. CHK-Pfenninger, N 4; Huguenin, OR AT/BT, N 3466).

III. Bedeutung des Retentionsrechtes des Kommissionärs

7 Art. 434 bringt den Grundgedanken zum Ausdruck, dass der Kommissionär weder Kommissionsgut noch Erlös herauszugeben hat, es sei denn, er werde für seine berechtigten Ansprüche aus der **actio mandati contraria** befriedigt. Besteht das **Verrechnungsrecht**, wie bei der Verkaufskommission nach Ausführung des Geschäftes, ist die Sondernorm überflüssig (gl.M. Huguenin, OR AT/BT, N 3457). Wird der Verkaufsauftrag allerdings vor der Ausführung des Grundgeschäftes widerrufen, ist der Kommissionär zur Abwehr der Vindikationsansprüche des Kommittenten auf ein **Retentionsrecht** angewiesen (gl.M. Huguenin, OR AT/BT, N 3457). Hat er das Kommissionsgut bereits ausgeliefert, ohne den Kaufpreis einkassiert zu haben, bleiben seine Ansprüche durch Art. 401 geschützt, steht doch das Subrogationsrecht des Kommittenten unter dem Vorbehalt vorgehender Erfüllung seiner sämtlichen Verpflichtungen. Hat der Kommissionär ohne Ermächtigung Kredit gewährt, wird der Kommittent allerdings die fraglichen Ansprüche des Kommissionärs gerichtlich hinterlegen, um seine Forderung gegen den Kommissionär zu sichern, die aus dem Ausfall der Zahlung durch den Drittkäufer entsteht (Art. 429).

8 Ist der Einkaufskommissionär Eigentümer des Kommissionsgutes, sichert er seine actio mandati contraria durch das **Rückbehaltungsrecht** nach Art. 82 (Einrede des nicht erfüllten Vertrages, exceptio non adimpleti contractus; vgl. Engel, contrats, 565 Ziff. 1 i.f.). Erfüllt der Kommittent seine Verpflichtungen nicht, verweigert der Kommissionär die Auslieferung des Kommissionsgutes. Ist der Einkaufskommissionär nicht Eigentümer, weil z.B. Art. 32 Abs. 2 zur Anwendung gelangt, so steht ihm das **Retentionsrecht** zu. Wird der Auftrag vor Abschluss des Ausführungsgeschäftes beendet, kann der Kommissionär seine Ansprüche durch **Verrechnung** mit der Rückerstattungsverpflichtung allfälliger Vorschüsse abdecken. Mangels solcher Vorschüsse steht er allerdings ohne Deckung da. Wird das Kommissionsverhältnis nach Abschluss, aber vor Ausführung des Kaufvertrages widerrufen, ist die Situation derjenigen des Verkaufskommissionärs ähnlich. Der Kommittent kann die Rechte gegen den Drittverkäufer nur direkt beanspruchen, wenn er seinen Verpflichtungen gegenüber dem Kommissionär nachkommt (Art. 401). Andernfalls kann der Kommissionär die Lieferung abwarten und das Kommissionsgut zur Deckung zurückbehalten. Dies wird ihm allerdings regelmässig dann nicht ausreichen, wenn er den gesamten Kaufpreis auszulegen hatte.

9 Das Retentionsrecht des Art. 434 sichert **sämtliche Rechte des Kommissionärs** aus seiner actio mandati contraria, nämlich den Ersatz für Vorschüsse, Auslagen und Verwendungen (Art. 431 Abs. 1), die Vergütung etwaiger Lagerhalter oder Frachtführer (Art. 431 Abs. 2), die Provision (Art. 432 Abs. 1) oder Vergütung (Art. 432 Abs. 2), die eventuell geschuldete Delcredereprovision (Art. 430 Abs. 2) sowie die Freistellung von eingegangenen Verpflichtungen (Liberationsregress, Art. 402 Abs. 1; gl.M. Handkomm-OR-Bürgi/Moskric, N 6).

10 Besteht das Recht des Kommissionärs i.S. eines echten Retentionsrechtes an fremdem Gut, steht ihm die Möglichkeit zu, die **Betreibung auf Pfandverwertung** einzuleiten und sich, unter Erstattung des Überschusses, aus dem Erlös Deckung zu verschaffen. Ist der Kommissionär Eigentümer des Kommissionsgutes, wäre ein eigentliches Retentionsrecht systemwidrig (so ZK-Schönenberger, N 2). BK-Becker (N 3), sieht in Art. 434 ein Retentionsrecht an eigener Sache, BK-Gautschi (N 8c), eine «verdinglichte exceptio non adimpleti contractus». Unseres Erachtens besteht für diese künstlichen Konstruktionen kein Bedarf, namentlich nicht, wenn die hier erläuterte Eigentumsordnung gilt (gl.M. CHK-Pfenninger, N 5). Einzig

der Einkaufskommissionär kann danach in gewissen Fällen Eigentümer des Kommissionsgutes sein. Kommt der Kommittent nach Ausführung des Kaufgeschäftes mit seinen Verpflichtungen gegenüber dem Kommissionär in **Verzug**, so kann der Kommissionär gem. Art. 435 Abs. 1 den Selbsthilfeverkauf beantragen (vgl. Art. 435 N 2; gl.M. Handkomm-OR-Bürgi/Moskric, N 7). Unseres Erachtens wäre er auch berechtigt, dem Kommittenten eine Nachfrist zur Zahlung zu setzen (Art. 107) und in analoger Anwendung von Art. 215 Abs. 1 nach ihrem fruchtlosen Auslaufen zum Verkauf des Kommissionsgutes zu schreiten, unter gleichzeitiger Geltendmachung seiner Ansprüche aus der actio mandati contraria, reduziert um den angerechneten Verkaufserlös. Diese Lösung rechtfertigt sich ohne weiteres, hätte doch der Kommissionär bei vollzogenem Eigentumsübergang an den Kommittenten volle Deckung aus dem Retentionsrecht unter Beibehaltung seiner übrigen Ansprüche. Die Lösung kann nicht anders sein, wenn der Kommissionär deshalb das Eigentum am Kommissionsgut behält, weil sich der Kommittent mit der Annahme im Verzug befindet.

Art. 435

4. Versteigerung des Kommissionsgutes

1 Wenn bei Unverkäuflichkeit des Kommissionsgutes oder bei Widerruf des Auftrages der Kommittent mit der Zurücknahme des Gutes oder mit der Verfügung darüber ungebührlich zögert, so ist der Kommissionär berechtigt, bei der zuständigen Amtsstelle des Ortes, wo die Sache sich befindet, die Versteigerung zu verlangen.

2 Die Versteigerung kann, wenn am Orte der gelegenen Sache weder der Kommittent noch ein Stellvertreter desselben anwesend ist, ohne Anhören der Gegenpartei angeordnet werden.

3 Der Versteigerung muss aber eine amtliche Mitteilung an den Kommittenten vorausgehen, sofern das Gut nicht einer schnellen Entwertung ausgesetzt ist.

4. Vente aux enchères des marchandises

1 Si les marchandises n'ont pu se vendre, ou si l'ordre de vente a été révoqué par le commettant et que celui-ci tarde outre mesure à les reprendre ou à en disposer, le commissionnaire peut en poursuivre la vente aux enchères devant l'autorité compétente du lieu où elles se trouvent.

2 Lorsque le commettant n'est ni présent ni représenté sur la place, la vente peut être ordonnée sans qu'il ait été entendu.

3 Un avis officiel doit lui être préalablement adressé, à moins qu'il ne s'agisse de choses exposées à une prompte dépréciation.

4. Vendita all'incanto della merce

1 Quando la merce sia rimasta invenduta, o sia stato revocato il mandato di venderla, e il committente tardi soverchiamente a riprenderla o a disporne, il commissionario può chiederne la vendita all'incanto all'autorità competente del luogo ove la merce si trova.

2 Se nel luogo, dove la merce si trova, non siavi né il committente, né un rappresentante di lui, questa vendita potrà essere ordinata anche senza sentire la parte contraria.

3 La vendita deve però essere preceduta da una ufficiale notificazione al committente, a meno che la merce non sia soggetta a rapido deprezzamento.

Literatur

Vgl. die Literaturhinweise bei den Vorbem. zu Art. 425–438.

1 Art. 435 enthält eine weitere Form des **Selbsthilfeverkaufs** durch den Kommissionär, wobei seine Rechtfertigung im **Annahmeverzug** des Kommittenten sowie in der herrschenden Marktsituation liegt. Ihrem Wortlaut nach ist die Bestimmung nur auf die **Verkaufskommis-**

sion anwendbar. Nach der u.E. richtigen herrschenden Lehre sollen die damit begründeten Rechte aber auch dem **Einkaufskommissionär** zur Verfügung stehen (HOFSTETTER, SPR VII/6, 207 Ziff. 4; BK-GAUTSCHI, N 1c; ZK-SCHÖNENBERGER, N 1; gl.M. CHK-PFENNINGER, N 1; gl.M. Handkomm-OR-BÜRGI/MOSKRIC, N 1; **a.A.** wohl GUHL/KOLLER/SCHNYDER/DRUEY, 592).

2 Das Selbsthilferecht ist in **drei möglichen Situationen** anwendbar (vgl. BK-GAUTSCHI, N 1c):

- Das Kommissionsgut erweist sich als (zum vorgeschriebenen Preis) **unverkäuflich**, und die Voraussetzungen zum Verkauf gem. Art. 428 Abs. 1 sind nicht gegeben.
- Der Kommittent **widerruft** den Verkaufsauftrag, **zögert** aber ungebührlich, d.h. über das nach Treu und Glauben Zumutbare hinaus, **mit der Rücknahme** des Kommissionsgutes.
- Der Kommittent **zögert** ungebührlich **mit der Abnahme** des vom Einkaufskommissionär auf seine Rechnung erworbenen Gutes (vgl. Handkomm-OR-BÜRGI/MOSKRIC, N 1).

Die letztgenannte Möglichkeit steht in engem Zusammenhang mit Art. 434, erlaubt sie doch dem Kommissionär die Verwertung des erworbenen Gutes und die Verwendung des Erlöses zur Deckung seiner Rechte aus der actio mandati contraria (vgl. Art. 434 N 10; BK-GAUTSCHI, N 1).

3 Der Selbsthilfeverkauf gem. Art. 435 darf **nicht selbständig** vorgenommen werden. Er ist von der zuständigen kantonalen Amtsstelle am Ort der gelegenen Sache zu genehmigen. Der Kommittent ist vorher anzuhören, es sei denn, weder er noch ein Vertreter seien am entsprechenden Orte anwesend. Jedenfalls aber ist der Kommittent durch die zuständige Genehmigungsbehörde zu **benachrichtigen**. Damit soll der Kommittent doch noch die Möglichkeit erhalten, das Kommissionsgut durch Zahlung (oder Hinterlegung) der geschuldeten Beträge auszulösen (BK-GAUTSCHI, N 2b). Dies wird illusorisch, wenn die Ware schneller Verderbnis ausgesetzt ist. Diesfalls kann auf die Benachrichtigung verzichtet und zur sofortigen Verwertung geschritten werden (**a.M.** Handkomm-OR-BÜRGI/MOSKRIC, N 2).

4 Der Selbsthilfeverkauf muss in Form der **öffentlichen Versteigerung** vorgenommen werden, nach ZK-SCHÖNENBERGER (N 4) gar der amtlichen. Letzteres ist allerdings u.E. nicht notwendig, da die behördliche Genehmigung des Verfahrens die notwendige Sicherheit gewährleisten sollte (gl.M. CHK-PFENNINGER, N 3).

Art. 436

5. Eintritt als Eigenhändler
a. Preisberechnung und Provision

[1] Bei Kommissionen zum Einkauf oder zum Verkauf von Waren, Wechseln und anderen Wertpapieren, die einen Börsenpreis oder Marktpreis haben, ist der Kommissionär, wenn der Kommittent nicht etwas anderes bestimmt hat, befugt, das Gut, das er einkaufen soll, als Verkäufer selbst zu liefern, oder das Gut, das er zu verkaufen beauftragt ist, als Käufer für sich zu behalten.

[2] In diesen Fällen ist der Kommissionär verpflichtet, den zur Zeit der Ausführung des Auftrages geltenden Börsen- oder Marktpreis in Rechnung zu bringen und kann sowohl die gewöhnliche Provision als die bei Kommissionsgeschäften sonst regelmässig vorkommenden Unkosten berechnen.

[3] Im Übrigen ist das Geschäft als Kaufvertrag zu behandeln.

5. Commissionnaire se portant acheteur ou vendeur
a. Prix et provision

[1] Le commissionnaire chargé d'acheter ou de vendre des marchandises, des effets de change ou d'autres papiers-valeurs cotés à la bourse ou sur le marché, peut, à moins d'ordres contraires du commettant, livrer lui-même comme vendeur la chose qu'il devait acheter, ou conserver comme acheteur celle qu'il devait vendre.

[2] Dans ces cas, le commissionnaire doit compte du prix d'après le cours de la *bourse ou du marché* au temps de l'exécution du mandat et il a droit tant à la provision ordinaire qu'aux frais d'usage en matière de commission.

[3] Pour le surplus, l'opération est assimilée à une vente.

5. Commissionario venditore o compratore in proprio
a. Calcolo del prezzo e provvigione

[1] Il commissionario incaricato di comprare o di vendere merci, cambiali od altri valori, che hanno un prezzo di borsa o di mercato, può, salvo contrarie disposizioni del committente, somministrare egli stesso, come venditore, la cosa che deve comperare, o ritenere, come compratore, quella che è incaricato di vendere.

[2] In questi casi il commissionario deve mettere in conto al committente il prezzo corrente di borsa o di mercato al momento della esecuzione del mandato e ha diritto tanto alla provvigione ordinaria quanto alle spese d'uso negli affari di commissione.

[3] Nel rimanente questo contratto è considerato come una compra e vendita.

Literatur

Vgl. die Literaturhinweise bei den Vorbem. zu Art. 425–438.

I. Normzweck

Grundsätzlich kann der Zweck der Kommission, das Absetzen oder Beschaffen von bestimmten Gütern zu optimalen Bedingungen, auch erreicht werden, wenn der Kommissionär selbst als Verkäufer oder Käufer in das Geschäft eintritt, d.h. das Kommissionsgut liefert oder abnimmt. So wenig im Grundsatz gegen diesen **Selbsteintritt** einzuwenden ist, so offensichtlich sind die damit für den Kommittenten verbundenen **Gefahren**. In der Tat befindet sich der selbsteintretende Kommissionär in einer klaren **Interessenkollision**, hat er doch einerseits die Pflicht, die für den Kommittenten optimalen Bedingungen zu realisieren (s. BGer, 26.5.2003, 6S.709/2000, E. 5.3.2), andererseits aber den Wunsch, für sich selbst möglichst viel herauszuholen. Aufgabe des Gesetzgebers ist es deshalb, die Voraussetzungen des Selbsteintrittes klar zu definieren, um Interessenkonflikte möglichst auszuschliessen. 1

II. Anwendungsformen des Selbsteintritts

Der Selbsteintritt in seiner eigentlichen Form bedeutet, dass der Kommissionär **aus eigenen Beständen liefert oder für den Eigenbestand übernimmt («echter Selbsteintritt»)**. Selbsteintritt kann aber auch «Verrechnung» sich gegenüberstehender Aufträge verschiedener Kunden bedeuten (sog. «Internalisierung») oder sich aus der Meldung des Abschlusses ohne Nennung der Gegenpartei ergeben, da dann nach Art. 437 der Selbsteintritt vermutet wird (**«technischer Selbsteintritt»**, vgl. Nobel, 638; Zobl/Kramer, N 1225). Durch den Selbsteintritt gegenüber beiden Kommittenten macht sich der Kommissionär zur direkten Kaufvertragspartei beider Kunden. 2

III. Rechtsnatur des Selbsteintritts

Über die Rechtsnatur des Selbsteintritts besteht wenig Einigkeit (vgl. die verschiedenen Ansichten bei Hofstetter, SPR VII/6, 213 Ziff. 6; BK-Gautschi, N 2b; ZK-Schönenberger, N 3; BGE 59 II 250; 114 II 63). Unseres Erachtens ist die Frage der Rechtsnatur ohne grosse Bedeutung (gl.M. Handkomm-OR-Bürgi/Moskric, N 1, 2). Es steht fest, dass der Selbsteintritt einen **Mischtatbestand** schafft, auf den gewisse Kommissionsregeln anwendbar sind (Provision, Verwendungsersatz), ergänzt durch rein kaufrechtliche Elemente, namentlich die Gewährleistungspflicht des als Verkäufer selbsteingetretenen Kommissionärs (gl.M. CHK-Pfenninger, N 3, s.a. Huguenin, OR AT/BT, N 3472). Das Bundesgericht qualifiziert demnach das Vertragsverhältnis als einen gemischten Vertrag, wobei der Kommissionär namentlich weiterhin den auftragsrechtlichen Treuepflichten unterliegt (nicht publizierter BGer, 5.2.2013, 4A_547/2012, E. 4.1; gl.M. Portmann, 60 N 96; s.a. AJP 2013, 940 f., Ziff. 4.4). 3

IV. Voraussetzungen (Abs. 1)

4 Die Zulässigkeit des Selbsteintritts ist an **strenge Voraussetzungen** gebunden, deren Verletzung ihn ungültig machen oder gar als Unredlichkeit i.S.v. Art. 433 zum Verlust des Provisionsanspruches führen kann. Zudem kann seine Ausübung durch ausdrückliche oder durch Auslegung zu ermittelnde Abrede der Parteien im Zeitpunkt des Abschlusses des Kommissionsvertrages **ausgeschlossen** werden (LOMBARDINI, droit, 721 N 14; gl.M. CHK-PFENNINGER, N 4; Handkomm-OR-BÜRGI/MOSKRIC, N 4). Nach der Praxis des Bundesgerichts ist der Ausschluss namentlich immer dann zu vermuten, wenn ein Selbsteintritt in einer dem Kommissionär erkennbaren Weise den Interessen des Kommittenten widerspräche (BGE 71 IV 125). Das Gleiche muss gelten, wenn die Solvenz des Kommissionärs für eine ordnungsgemässe Abwicklung des Geschäftes keine Gewähr bietet (BK-BECKER, N 6; gl.M. PORTMANN, 61 N 99; Handkomm-OR-BÜRGI/MOSKRIC, N 4). Einseitiger Ausschluss durch den Kommittenten nach Abschluss des Kommissionsvertrages ist nicht mehr möglich, da dem Kommissionär damit ein Mittel entzogen wird, das seine Rechtsstellung (und sein wirtschaftliches Interesse) entscheidend prägt (so auch ZK-SCHÖNENBERGER, N 10 m.Nw.; gl.M. CHK-PFENNINGER, N 4; **a.A.** ENGEL, contrats, 561 i.f.).

5 Ist der Selbsteintritt nicht vertraglich ausgeschlossen, so ist er bei sämtlichen Ausführungsgeschäften **zulässig**, die auf den Kauf oder Verkauf von Waren oder Wertpapieren gerichtet sind, die einen **Börsen- oder Marktwert** haben. Gemeint sind damit regelmässig gehandelte Güter, namentlich börsenkotierte Wertpapiere, für die im Zeitpunkt des Selbsteintrittes effektiv Marktkurse gestellt werden (ZK-SCHÖNENBERGER, N 5). Den Parteien ist es im Weiteren freigestellt, den Selbsteintritt durch Vertragsabrede auch für Güter zuzulassen, die keinen Börsen- oder Marktwert haben (ENGEL, contrats, 560 Ziff. 3.b m.Nw.). Umstritten ist, ob die Angabe eines Mindestpreises für den Verkauf oder eines Höchstpreises für den Einkauf **per se** als Genehmigung des Selbsteintrittes zum angegebenen Preis zu sehen ist. BK-GAUTSCHI (N 3c), bejaht dies, selbst wenn die Ware an sich keinen bestimmbaren Marktpreis hat. Dies geht u.E. zu weit (gl.M. Handkomm-OR-BÜRGI/MOSKRIC, N 4). Es ist die Aufgabe des Kommissionärs, zu den besten Bedingungen abzuschliessen (s. nicht publizierter BGer, 26.5.2003, 6S.709/2000, E. 5.3.2). Die Angabe einer Preislimite hat auf diese Pflicht keinen Einfluss. Liesse man den Selbsteintritt zum Limitpreis in jedem Falle zu, könnte der Kommittent kaum je einen besseren Preis erzielen, da der Kommissionär bei Vorliegen besserer Verkaufschancen stets den Selbsteintritt erklärte, um anschliessend auf eigene Rechnung günstiger abzuschliessen. Das dem Selbsteintritt inhärente Konfliktpotential würde entscheidend vergrössert. Unseres Erachtens ist deshalb nicht von der Marktpreisvoraussetzung abzurücken. Im Weiteren würde Art. 428 Abs. 3 weitgehend seines Sinnes entleert, wenn der Kommissionär jederzeit den Selbsteintritt zum Marktpreis erklären könnte (im gleichen Sinne HOFSTETTER, SPR VII/6, 211 f.; RÜEGG, 77 f., HUGUENIN, OR AT/BT, N 3471). Den Parteien ist es jedoch unbenommen, den Selbsteintritt zum angegebenen Mindestverkaufs- oder Höchstkaufpreis zuzulassen. Vermutet wird dies aber nicht (gl.M. KUKO OR-VLCEK, N 3).

5a Der Kommissionär darf nicht risikolos auf Kosten des Kommittenten spekulieren, indem er zuerst das Kommissionsgeschäft abschliesst und anschliessend, wenn das Marktpreisgefüge dies als günstig erscheinen lässt, den Selbsteintritt erklärt (BK-GAUTSCHI, N 2c; HOFSTETTER, SPR VII/6, 212 Ziff. 2.d; HUGUENIN, OR AT/BT, N 3471; s. Art. 437 N 2a). Der Abschluss des Ausführungsgeschäftes lässt das Recht auf Selbsteintritt **untergehen** (s. Art. 437 N 2b m.Nw.; gl.M. CHK-PFENNINGER, N 5; Handkomm-OR-BÜRGI/MOSKRIC, N 3). Der Selbsteintritt ist im Weiteren vor dem Empfang einer allfälligen Anzeige des Widerrufs oder vor Ablauf einer vereinbarten oder aus den Umständen hervorgehenden Frist zu erklären (BGE 71 IV 124 betreffend Lotterielose, für die der Selbsteintritt nach der Ziehung ausgeschlossen ist). Umgekehrt bleibt der Selbsteintritt gültig, wenn die Erklärung vor Eintreffen der Widerrufsanzeige abgesandt ist (Art. 438).

V. Selbsteintritt im Börsengeschäft

Von grosser praktischer Bedeutung ist der Selbsteintritt im **Börsengeschäft**. Dabei gelten folgende Grundsätze: Liefert die Bank Titel als Eigenhändlerin ohne Angabe der Gegenpartei (technischer Selbsteintritt), hat sie dem Kunden den effektiv realisierten Kurs anzurechnen, dies unabhängig davon, ob es sich um einen sog. Bestens-Auftrag oder einen Auftrag mit Limite handelt (gl.M. Portmann, 63 N 103; vgl. Bull EBK Nr. 18, 16). Führt sie an einem Tag eine Mehrzahl von Börsenaufträgen über die gleichen Titel aus, ist sie berechtigt, einen gewichteten Durchschnitt aus den effektiv erzielten Kursen anzugeben (vgl. Art. 433 N 2; gl.M. Portmann, 64 N 103). Einen anderen als den effektiv bezahlten Kurs darf sie nur anrechnen, wenn sie die Titel aus eigenen (sog. Nostro-)Beständen liefert (echter Selbsteintritt; gl.M. Portmann, 64 N 104). Diesfalls hat sie nämlich selbst ein Risiko übernommen, das sich zu ihren Gunsten wie auch zu ihren Ungunsten auswirken kann. Dabei hat sie dem Kunden den zur Zeit der Auftragsausführung geltenden Kurs zu berechnen. Da es sich bei den Börsen um Märkte mit fluktuierenden Preisen handelt, sind dabei Zeiteinheiten anzuwenden, die kürzer sind als ganze Tage (vgl. Bull EBK Nr. 18, 17; gl.M. Handkomm-OR-Bürgi/Moskric, N 5). Liegen Aufträge vor Eröffnung der Börsensitzung vor, ist der erste gehandelte Kurs des Tages anzurechnen, denn damit entfällt eine Manipuationsmöglichkeit durch Wahl eines späteren, für die Bank günstigeren Zeitpunkts (nicht publizierter BGer, 5.2.2013, 4A_547/2012, E. 4.2; vgl. Bull EBK Nr. 20, 27). Eine Praxis, die von diesen Grundsätzen abweicht und zu einer Bereicherung des Kommissionärs führte, wäre unredlicher Kursschnitt, der den Verlust des Provisionsrechts nach Art. 433 nach sich ziehen müsste (vgl. Art. 433 N 1 und Nobel, 538 f.). Allerdings bestehen in dieser Situation gewisse Beweisschwierigkeiten für den Kommittenten (s. dazu im einzelnen Art. 437 N 3). 6

Weiter muss die Bank bei Selbsteintritten im Börsengeschäft die einschlägigen Bestimmungen der Börse einhalten. So hat die SIX Swiss Exchange in bestimmten Marktsegmenten für während der Börsenhandelszeit abgewickelte Geschäfte eine grundsätzliche **Börsenpflicht** eingeführt, gemäss welcher die Börsenteilnehmer (Banken) verpflichtet sind, sämtliche Kauf- und Verkaufsaufträge über das Matchingsystem der SIX Swiss Exchange abzuwickeln (vgl. Art. 4.5 Handelsreglement SIX Swiss Exchange vom 10.4.2014 und SIX Swiss Exchange Weisung 3 «Handel» vom 9.10.2014), was wohl zumindest in diesen Bereichen grundsätzlich den Selbsteintritt ausschliesst. Dieser Grundsatz kennt jedoch eine Anzahl von Ausnahmen, bei welchen der Selbsteintritt der Banken möglich ist, so insb. bei ausserhalb der Börsenhandelszeiten abgewickelten Transaktionen (Art. 4.5 Handelsreglement SIX Swiss Exchange e contrario); für weitere Ausnahmen von der Börsenpflicht s. Art. 4.5 Handelsreglement SIX Swiss Exchange vom 10.4.2014 und SIX Swiss Exchange Weisung 3 «Handel» vom 9.10.2014. 6a

Sofern der Kommissionär Effektenhändler i.S.v. Art. 2 BEHG ist, sind, zusätzlich zu den Normen des OR, die **Bestimmungen des Börsengesetzes (BEHG)** und der Börsenverordnung (BEHV) zu beachten (gl.M. CHK-Pfenninger, N 7). Art. 11 BEHG schreibt folgende Verhaltensregeln des Effektenhändlers gegenüber seinen Kunden vor: «Der Effektenhändler hat gegenüber seinen Kunden: (a) eine Informationspflicht; er weist sie insb. auf die mit einer bestimmten Geschäftsart verbundenen Risiken hin; (b) eine Sorgfaltspflicht; er stellt insb. sicher, dass die Aufträge seiner Kunden bestmöglich erfüllt werden und diese die Abwicklung seiner Geschäfte nachvollziehen können; (c) eine Treuepflicht; er stellt insb. sicher, dass allfällige Interessenkonflikte seine Kunden nicht benachteiligen. Bei der Erfüllung dieser Pflichten sind die Geschäftserfahrenheit und die fachlichen Kenntnisse der Kunden zu berücksichtigen.» Die in Art. 11 BEHG festgehaltenen Regeln gelten auch für den professionellen Handel mit nichtkotierten Wertpapieren (Bull EBK Nr. 47, 157). 7

Zwar ist diese Informations-, Sorgfalts- und Treuepflicht ohnehin bereits aufgrund des OR anwendbar, doch führt deren Festhalten im Börsengesetz zu einem **zusätzlichen verwaltungs-**

rechtlichen Schutz des Kommittenten unter Aufsicht der FINMA (vormals EBK) (Bull EBK Nr. 35, 18; Bull EBK Nr. 47, 168; Tercier/Favre, N 5874; vgl. Honsell, OR BT, 374 f. m.Nw.).

Zudem hat der dem BEGH unterstellte Effektenhändler die anwendbaren **Standesregeln** zu beachten, so insb. Art. 5 Abs. 2 der Richtlinien «Verhaltensregeln für Effektenhändler 2008» der SBVg, wonach der Effektenhändler eine Transaktion nur dann durch Selbsteintritt erfüllen darf, wenn dies am entsprechenden Markt zulässig ist und nicht zum Nachteil des Kunden geschieht.

7a Bei der Beurteilung des Verschuldens des Kommissionärs (Verletzung seiner Informations-, Sorgfalts- oder Treuepflicht) dürften das BEHG und die durch die FINMA (vormals EBK) entwickelte Praxis ebenfalls im Zivilrecht eine Rolle spielen. Zwar wird ein Richter bei der Beurteilung des Verschuldens des Kommissionärs im Rahmen eines Haftpflichtprozesses die Gesetzesbestimmungen über die Kommission (und den Auftrag; vgl. Art. 398 Abs. 2 i.V.m. Art. 425 Abs. 2) anwenden, doch dürfte er sich dabei durch die Praxis der FINMA (vormals EBK) zu Art. 11 BEHG leiten lassen (Tercier/Favre, N 5874; Honsell, OR BT, 374 f. m.Nw.; Gross, AJP 2006, 164 m.Nw.; gl.M. Zobl/Kramer, N 1239 ff. m.Nw.). Gestützt auf die herrschende Lehrmeinung hat das Bundesgericht festgehalten, dass der öffentlich-rechtlichen Vorschrift von **Art. 11 BEHG** insoweit die **Funktion einer Doppelnorm** zukommt, als die damit statuierten Verhaltensregeln auch einen privatrechtlichen Zweck erfüllen, wobei die Funktion als Doppelnorm bedeutet, dass Art. 11 BEHG sowohl von den Vertragsparteien angerufen als auch von den Behörden von Amtes wegen angewendet werden kann (BGE 133 III 97 E. 5.2; gl.M. KUKO OR-Vlcek, Art. 426 N 3; BSK BEHG/FINMAG-Bahar/Stupp, Art. 11 N 6 i.f. m.Nw.; Huguenin, OR AT/BT, N 3444).

7b Gemäss dieser Praxis genügt der Kommissionär seiner Informationspflicht nicht, wenn er den Kommittenten lediglich in allgemeiner Form über das Risiko eines Totalverlusts informiert (Bull EBK Nr. 35, 19; Bull EBK Nr. 40, 112; vgl. BGE 124 III 162 und die Urteilsbesprechung durch Kuster, ST 1998, 311).

Werden Wertpapiere nicht regelmässig auf einem repräsentativen Markt (Börse o.Ä.) gehandelt, trifft den Kommissionär eine erhöhte Pflicht zur Abklärung der Angemessenheit des Preises, sowie ggf. ausgedehntere Informationspflichten (vgl. Bull EBK Nr. 35, 19). Die Praxis des sog. **«Snake Trading»** stellt eine Verletzung der Sorgfalts- und Treuepflichten nach Art. 11 BEHG dar; beim «Snake Trading» durchsucht ein Börsenhändler systematisch die Auftragsbücher nach Bestens-Aufträgen in börsenkotierten Effekten, für welche keine Geld- bzw. Briefkurse existieren, mit dem Ziel, Geld- oder Briefkurse zu stellen, die massgeblich von marktkonformen Preisen abweichen, um so zu ungerechtfertigt günstigen Ausführungen zu kommen (Rundschreiben 2008/38 «Marktverhaltensregeln» der FINMA, Rz 43; Bull EBK Nr. 41, 36 f.; vgl. Lombardini, droit, 779).

Das Vorauseilen eines Effektenhändlers über das Eigenhandelskonto (Nostro), um danach das Kundengeschäft zu für den Kunden ungünstigeren Konditionen abzuwickeln (**«Front Running»**), sowie damit verwandte Strategien (Mitlaufen **«Parallel Running»** oder Anhängen **«After Running»**, d.h. das Zwischenschieben von Eigentransaktionen zwischen einzelnen Tranchen von Kundenaufträgen, die nicht in einem Mal ausgeführt werden) stellen ebenfalls Verletzungen der Sorgfalts- und Treuepflichten gem. Art. 11 BEHG dar (Bull EBK Nr. 40, 24; Bull EBK Nr. 47, 188; Lombardini, droit, 778 f.; Art. 11 der Richtlinien «Verhaltensregeln für Effektenhändler 2008» der SBVg; vgl. Rundschreiben 2008/38 «Marktverhaltensregeln» der FINMA, Rz 42), desgleichen die Abwicklung eines Kundengeschäfts über das Nostro-Konto mit sofortigem Weiterverkauf zu einem höheren Preis, um ohne Kursrisiko eine Wiederverkaufsmarge zu erzielen (Bull EBK Nr. 43, 87; Bull EBK Nr. 47, 157). Die Erhebung von Kommissionen in der Höhe von 35% der Gesamtkosten einer Option sind nicht gerechtfertigt, wenn keine besonderen Leistungen erbracht werden, und verletzen dementsprechend die Treuepflicht gem. Art. 11 Abs. 1 lit. c BEHG (BGE 126 II 83; Bull EBK Nr. 40, 112 f.). – Siehe im Weiteren zu Art. 11 BEHG die Ausführungen bei BSK BEHG/FINMAG-Bahar/Stupp, Art. 11, bei Hertig et al., Kommentar zum BEHG, 2000, Art. 11, und bei Chappuis/Werro, AJP 2005, 560.

Zulässig sind hingegen **Handelsgewinne des Effektenhändlers aus Kursschwankungen und Kursdifferenzen**, wenn er mit dem betreffenden Geschäft ein Risiko übernimmt, sowie Handelsgewinne aus Kursdifferenzen, wenn der Effektenhändler als Market Maker Geld- und Briefkurse für das betreffende Wertpapier stellt, auch wenn ein einzelnes Geschäft, isoliert betrachtet, als risikolos erscheint (Komm. ad Art. 12 der Richtlinien «Verhaltensregeln für Effektenhändler 2008» der SBVg; vgl. Handkomm-OR-Bürgi/Moskric, N 5). 7c

VI. Form des Selbsteintrittes

Der Selbsteintritt ist ein Gestaltungsrecht. Seine Ausübung geschieht in Form einer einseitigen, **empfangsbedürftigen Willenserklärung** durch den Kommissionär. Sie wirkt vom Zeitpunkt des Eintreffens beim Kommittenten, mit Rückwirkung auf den Zeitpunkt der Absendung (Art. 10; gl.M. Handkomm-OR-Bürgi/Moskric, N 3). Die Erklärung ist unwiderruflich (gl.M. Zobl/Kramer, N 1230). 8

VII. Wirkungen des Selbsteintrittes (Abs. 2 und 3)

Mit der Ausübung des Selbsteintrittes wird der Kommissionär zur **Gegenpartei** des Kommittenten in einem Kaufvertrag (gl.M. Handkomm-OR-Bürgi/Moskric, N 6). Der Verkaufskommissionär schuldet den Kaufpreis. Der Einkaufskommissionär ist auf den Kaufpreis berechtigt. Gewährleistungsrechtliche Ansprüche nach Art. 192 ff. und nach Art. 197 ff. bestehen direkt zwischen dem Kommittenten und dem Kommissionär. Die entsprechenden Prüfungs- und Rügepflichten sind direkt anwendbar. Der Preis wird entsprechend N 5 ff. bestimmt. 9

Der Selbsteintritt beeinflusst die Berechtigung des Kommissionärs auf die **gewöhnliche Provision** nicht (gl.M. Portmann, 59 N 95). Der Anspruch auf eine vereinbarte Delcredereprovision fällt allerdings weg (BK-Gautschi, N 4b). Bei Vorliegen eines Gegengeschäftes mit doppeltem Selbsteintritt ist der Kommissionär gegenüber beiden Kommittenten provisionsberechtigt (gl.M. Zobl/Kramer, N 1234 m.Nw.). Erliegt der Kommissionär der beim Selbsteintritt besonders akuten Versuchung des Kursschneidens (s. Art. 433 N 1), verliert er nach Art. 433 sämtliche Provisionsansprüche. 10

Der Selbsteintritt bringt eine Einschränkung der **Rechenschaftspflicht** des Kommissionärs (diff. Portmann, 65). Er braucht namentlich dem Kommittenten seine Geschäftsbeziehungen nicht preiszugeben, da er selber das volle Haftungsrisiko für das Geschäft trägt. Im Weiteren ist er für seine Spesen nicht abrechnungspflichtig. Dennoch ist er berechtigt, die bei Kommissionsgeschäften sonst regelmässig vorkommenden Unkosten zu berechnen und auch die zugehörigen **Sicherungsmittel** (Art. 434) zu beanspruchen (ZK-Schönenberger, N 18). Entgegen BK-Gautschi (N 4b) können dabei nicht nur tatsächlich gemachte und belegte Ausgaben berechnet werden, sondern auch nicht getätigte, die ordentlicherweise mit einem entsprechenden Kommissionsgeschäft verbunden sind (gl.M. Handkomm-OR-Bürgi/Moskric, N 7). Damit wird der Gedanke zum Ausdruck gebracht, dass der selbsteintretende Kommissionär die entsprechenden Kosten beim Deckungskauf einging oder beim nachfolgenden Verkauf des selbst erworbenen Kommissionsgutes eingehen wird (ZK-Schönenberger, N 18). 11

Art. 437

b. Vermutung des Eintrittes	**Meldet der Kommissionär in den Fällen, wo der Eintritt als Eigenhändler zugestanden ist, die Ausführung des Auftrages, ohne eine andere Person als Käufer oder Verkäufer namhaft zu machen, so ist anzunehmen, dass er selbst die Verpflichtung eines Käufers oder Verkäufers auf sich genommen habe.**
b. Acceptation présumée du commissionnaire	Lorsque le commissionnaire peut se porter personnellement acheteur ou vendeur et qu'il annonce au commettant l'exécution du mandat sans lui désigner un contractant, il est réputé avoir assumé lui-même les obligations qui incomberaient à ce dernier.
b. Assunzione in proprio presunta	Se il commissionario, nei casi in cui può comperare o vendere in proprio, annunzia l'esecuzione del mandato, senza nominare la persona del compratore o del venditore, si reputa avere assunto a suo carico le obbligazioni del compratore o del venditore.

Literatur

Vgl. die Literaturhinweise bei den Vorbem. zu Art. 425–438.

I. Normzweck

1 Meldet der Kommissionär den Abschluss des Geschäfts **ohne gleichzeitige Nennung des Drittkäufers oder -verkäufers**, so soll er gegenüber dem Kommittenten die volle Haftung für das Geschäft übernehmen. Der Kommissionär soll damit daran gehindert werden, später eine zahlungsunfähige Drittpartei zu nennen (GUHL/KOLLER/SCHNYDER/DRUEY, 594 N 19; ZK-SCHÖNENBERGER, N 1). Auch soll es ihm dadurch verunmöglicht werden, später eine untergegangene Ware als Kommissionsgut zu bezeichnen (ZK-SCHÖNENBERGER, N 1; ENGEL, contrats, 561).

II. Voraussetzungen und Grenzen

2 Die Selbsteintrittsvermutung kann nur zum Tragen kommen, wenn das in Frage stehende Geschäft seiner Natur nach oder gemäss vertraglicher Abrede den **Selbsteintritt** grundsätzlich zulässt (Art. 436). Weiter muss der Selbsteintritt in der besonderen Situation (noch) zulässig sein. Dabei sind zwei Fälle zu unterscheiden, und zwar je nachdem, ob der Kommissionär dem Kommittenten die Ausführung des Geschäfts meldet, bevor oder nachdem er dieses mit einer Drittpartei abgeschlossen hat (hiernach N 2a und 2b; **abl.** BGE 138 III 781, 783).

2a **Im ersten Fall** meldet der Kommissionär dem Kommittenten die Ausführung des Geschäfts ohne Bezeichnung der Gegenpartei, bevor er überhaupt ein Drittgeschäft abgeschlossen hat. Hier **greift die Vermutung von Art. 437**, nämlich dass der Kommissionär sein Wahlrecht auf Selbsteintritt dadurch ausgeübt hat, dass er in seiner Anzeige keine Gegenpartei genannt hat. Diese anonyme Ausführungsanzeige kommt einer Erklärung des Selbsteintritts gleich (BK-GAUTSCHI, N 1b; ENGEL, contrats, 561; ZK-SCHÖNENBERGER, N 2 i.f.). Nach Abgabe der Ausführungsanzeige kann der Kommissionär den Selbsteintritt nicht mehr widerrufen, auch wenn dieser nicht ausdrücklich erfolgte, sondern wie hier durch die Vermutung von Art. 437 begründet wurde (Art. 436 N 8 m.Nw.; BK-GAUTSCHI, N 1b).

2b **Im zweiten Fall** hat der Kommissionär bereits mit einem Dritten das Geschäft abgeschlossen und meldet dessen Ausführung sofort, bzw. meldet die Ausführung erst später, beide Male jedoch ohne Bezeichnung der Gegenpartei. Hier ist **Art. 437 nicht anwendbar**. Mit dem Abschluss des Drittgeschäfts ist nämlich das Selbsteintrittsrecht des Kommissionärs definitiv untergegangen und kann auch nicht mehr auf dem Wege der Vermutung des Art. 437 begründet werden oder gar wiederaufleben (Art. 436 N 5a; BK-GAUTSCHI, N 1b; HOFSTETTER, SPR VII/

6, 211 f. Ziff. 2.d; gl.M. Handkomm-OR-BÜRGI/MOSKRIC, N 2). Wäre dem nicht so, dann könnte nämlich der Kommissionär selektiv und je nach Marktpreisentwicklung den Selbsteintritt erklären bzw. darauf verzichten und so die guten Geschäfte für sich behalten, die schlechten jedoch an den Kommittenten weitergeben (HOFSTETTER, SPR VII/6, 211 f. Ziff. 2. d); solche Spekulationen will jedoch Art. 428 Abs. 3 gerade verhindern, indem er den Kommissionär bei Drittgeschäften stets zur Herausgabe des Übergewinns verpflichtet (vgl. BK-GAUTSCHI, N 1b; Art. 428 N 7). Vielmehr hat der Kommissionär zu den effektiv mit dem Dritten erzielten Bedingungen abzurechnen und einen etwaigen Mehrerlös herauszugeben.

Die Vermutung des Selbsteintritts gem. Art. 437 ist **widerlegbar**, wobei der Kommissionär die Beweislast der Widerlegung trägt (Art. 8 ZGB; BGE 138 III 781, 784; s. Besprechung dieses BGE durch ARTER, AJP 2013, 937 ff.; HUGUENIN, OR AT/BT, N 3471a). Zudem steht dem Kommittenten immer das Recht zu, den Abschluss eines günstigeren Geschäfts durch den Kommissionär zu beweisen und den entsprechenden Übererlös herauszuverlangen (ZK-SCHÖNENBERGER, N 3; BK-GAUTSCHI, N 1b; HOFSTETTER, SPR VII/6, 212 Ziff. 3). In der Praxis dürften im wichtigen Bereich des Effektenhandels allfällige Beweisschwierigkeiten des Kommittenten durch die Einführung des Börsengesetzes stark gemildert worden sein. Effektenhändler sind verpflichtet, über ihre Geschäfte Journal zu führen und darin u.A. den Zeitpunkt des Auftrageingangs und der Ausführung, die Bezeichnung des Auftraggebers und der Gegenpartei sowie den erzielten Kurs festzuhalten (Art. 1 BEHV-FINMA). Weiter untersteht der Effektenhändler gegenüber der Börse einer Meldepflicht über die Abschlüsse (Art. 2 und 6 BEHV-FINMA; HOFSTETTER, SPR VII/6, 212 FN 7, s.a. AJP 2013, 942, Ziff. 5.4). 3

Selbsteintritt wird dagegen nicht bereits vermutet, wenn der Kommissionär lediglich den **Abschluss einer vorbereitenden Handlung** meldet (BGE 59 II 250: Anzeige eines Deckungskaufes von Devisen). 3a

III. Wirkungen

Der durch die Vermutung nach Art. 437 begründete Selbsteintritt entspricht in seinen Wirkungen dem direkt erklärten Selbsteintritt nach Art. 436. Der Kommissionär bleibt voll **provisionsberechtigt**, und er kann den Ersatz der normalerweise mit solchen Geschäften verbundenen Aufwendungen beanspruchen. Er ist aus dem Geschäft verpflichtet wie ein ordentlicher Käufer oder Verkäufer. 4

IV. Abweichende Vereinbarungen

Liesse man den Ausschluss der Vermutung des Art. 437 durch Parteivereinbarung zu, müsste man konsequenterweise auch zulassen, dass der Kommissionär gültig von seiner Pflicht entbunden werden kann, die Identität seines Drittkontrahenten offenzulegen. Gemäss dem oben Gesagten (vgl. Art. 426 N 2, 8) sollte dies aber nicht zulässig sein. Dementsprechend ist Art. 437 **zwingendes Recht** (gl.M. CR CO I-VON PLANTA/FLEGBO-BERNEY, N 2; **a.M.** KUKO OR-VLCEK, N 4; CHK-PFENNINGER, N 5; Handkomm-OR-BÜRGI/MOSKRIC, N 5). 5

Art. 438

c. Wegfall des Eintrittsrechtes

Wenn der Kommittent den Auftrag widerruft und der Widerruf bei dem Kommissionär eintrifft, bevor dieser die Anzeige der Ausführung abgesandt hat, so ist der Kommissionär nicht mehr befugt, selbst als Käufer oder Verkäufer einzutreten.

c. Déchéance

Le commissionnaire n'est plus admis à se porter personnellement acheteur ou vendeur, si le commettant a révoqué son ordre et que la révocation soit parvenue au commissionnaire avant que celui-ci ait expédié l'avis de l'exécution du mandat.

c. Decadenza dell'assunzione in proprio

Se il committente revoca il mandato, e la revoca giunge prima che questi abbia spedito l'avviso dell'adempimento, il commissionario non può più farsi egli stesso compratore o venditore.

Literatur

Vgl. die Literaturhinweise bei den Vorbem. zu Art. 425–438.

I. Normzweck

1 Art. 438 legt den Grundsatz fest, dass das **Erlöschen des Kommissionsverhältnisses** auch das Recht auf den Selbsteintritt wegfallen lässt. In diesem Sinne gilt die Regel nicht nur für das Eintreffen der Widerrufsanzeige, sondern auch für die übrigen Untergangsgründe gem. Art. 404 und 405 (vgl. BK-GAUTSCHI, N 1b; gl.M. Handkomm-OR-BÜRGI/MOSKRIC, N 1).

II. Zeitpunkt des Erlöschens

2 Gemäss Art. 438 erlischt das Selbsteintrittsrecht mit dem **Eintreffen der Widerrufsanzeige** beim Kommissionär. Ein nachträglich ausgeübter Selbsteintritt, sei es durch Absenden der Ausführungsanzeige, sei es, in sinngemässer Auslegung des Art. 438, durch jede andere mögliche Erklärung, entfaltet keine Rechtswirkungen (gl.M. CHK-PFENNINGER, N 2). Verallgemeinert bedeutet dies, dass das Selbsteintrittsrecht immer im Zeitpunkt erlöscht, in dem der Kommissionär vom Wegfallen seiner Ausführungsobligation Kenntnis erhält (BK-GAUTSCHI, N 1c).

3 Umgekehrt kann aus der Regel des Art. 438 geschlossen werden, dass der Selbsteintritt **wirksam** ist, wenn die Erklärung vor Eintreffen des Widerrufs oder Kenntnisnahme eines anderen Erlöschensgrundes abgesandt wurde (vgl. ENGEL, contrats, 561; gl.M. CHK-PFENNINGER, N 2; gl.M. Handkomm-OR-BÜRGI/MOSKRIC, N 2).

Art. 439

B. Speditionsvertrag

Wer gegen Vergütung die Versendung oder Weitersendung von Gütern für Rechnung des Versenders, aber in eigenem Namen, zu besorgen übernimmt (Spediteur), ist als Kommissionär zu betrachten, steht aber in Bezug auf den Transport der Güter unter den Bestimmungen über den Frachtvertrag.

B. Du commissionnaire-expéditeur

Le commissionnaire-expéditeur ou agent de transport qui, moyennant salaire et en son propre nom, se charge d'expédier ou de réexpédier des marchandises pour le compte de son commettant, est assimilé au commissionnaire, mais n'est pas moins soumis, en ce qui concerne le transport des marchandises, aux dispositions qui régissent le voiturier.

B. Contratto di spedizione

Chi, mediante mercede, s'incarica di spedire delle merci o di continuare la spedizione per conto del mittente ma in proprio nome (spedizioniere) è considerato come un commissionario, ma a riguardo del trasporto delle merci soggiace alle disposizioni sul contratto di trasporto.

Literatur

ISLER, Allgemeine Geschäftsbedingungen (AGB) und Verkehrssitte, unter besonderer Berücksichtigung der revidierten AGB des Schweizerischen Spediteur-Verbandes (SSV), ZSR 1982 I, 377 ff.; KOBEL, Die Haftungsrisiken des in der Schweiz domizilierten Spediteurs für Beschädigung oder Verlust des Speditionsgutes bei internationalen Strassentransporten, in: FS zum Schweizerischen Juristentag 2004, Basel/Genf/München/Bern 2004, 27 ff.

I. Der Speditionsvertrag: Begriff und Inhalt

In einem Speditionsvertrag übernimmt es die eine Partei (der **Spediteur**), für die andere Partei (den **Versender**) einen Transport von Gütern zu besorgen, ohne ihn selbst auszuführen; für den Fall eines Selbsteintrittes vgl. u. N 17 f. Der Speditionsvertrag ist ein Vertrag, gemäss welchem der beauftragte Spediteur es übernimmt, einen oder mehrere Frachtverträge abzuschliessen, um auf diese Weise den Transport abzuwickeln. Der Speditionsvertrag beinhaltet somit einen **Rechtshandlungsauftrag** (im Gegensatz zum Frachtvertrag, der einen Tathandlungsauftrag enthält, vgl. Art. 440 N 1). Systematisch ist der Speditionsvertrag im Titel über die Kommission geregelt; der Spediteur gilt somit als Kommissionär, auf den subsidiär die Bestimmungen des Auftragsrechtes zur Anwendung kommen (Art. 425 Abs. 2). Eine Konsequenz dieser Unterstellung ist, dass der Spediteur nicht für den Erfolg (wie der Unternehmer im Werkvertrag) haftet, sondern lediglich für die sorgfältige Ausführung (vgl. dazu BGE 102 II 256; für den Fixkostenspediteur vgl. LGVE 1994 I 8). Zur Abgrenzung gegenüber dem Agenten vgl. BJM 1972, 139, gegenüber dem Frachtführer BJM 1991, 289; SJ 1966, 1 sowie BGE 132 III 626, 631 und gegenüber dem Hinterlegungsvertrag BGE 126 III 192. 1

Hauptinhalt des Speditionsvertrages ist die Verpflichtung des Spediteurs, für die **Organisation des Transportes** des vom Vertrag erfassten Gutes besorgt zu sein. Zu diesem Zweck hat er die nötigen Verträge abzuschliessen und Frachtführer beizuziehen. Neben dieser Hauptpflicht kann der Spediteur auch noch mit einer Vielzahl von **Nebenpflichten** beauftragt werden, so z.B. mit der Verpackung, der Verzollung (vgl. dazu auch BGer, 4.7.2014, 2C_420/2013, E. 3.4), dem Inkasso der Kosten und/oder des Sachwertes, Einlagerung, Aufbewahrung etc.; diese Nebenpflichten unterstehen den jeweiligen speziellen Rechtsverhältnissen (SJZ 1958, 313; für das Lagergeschäft vgl. BGE 139 III 160 = Pra 2013 Nr. 106, 822). Direkt aus dem Speditionsvertrag, ohne besondere Beauftragung, ergibt sich, dass der Spediteur generell die Abwicklung des Transportes zu beaufsichtigen und im Falle von Verzögerung, Verlust, Untergang etc. der Ware die Rechte des Auftraggebers zu wahren hat. Inwieweit die Ausstellung eines Frachtbriefes zu den speditionsrechtlichen oder frachtvertraglichen Pflichten gehört, ist bis heute noch nicht entschieden worden (BGE 102 II 259). Nach Art. 443 Abs. 1 Ziff. 1 wird der Frachtbrief vom Absender ausgestellt (vgl. Art. 443 N 7). Es kann deshalb davon ausgegangen werden, dass die Ausstellung des Frachtbriefes grundsätzlich Aufgabe des Absenders ist; somit liegt mangels anderer vertraglicher Vereinbarungen eher eine speditionsrechtliche Pflicht vor. 2

Der Spediteur schliesst die Frachtverträge und alle weiteren Verpflichtungen, soweit solche eingegangen werden müssen, jeweils als indirekter Stellvertreter **im eigenen Namen**, aber auf Rechnung seines Auftraggebers ab (Art. 425 Abs. 1). Im Gegensatz zur Grundregel des Auftragsrechtes ist einem Spediteur als Wesensmerkmal eine **«Vergütung»** für seine Tätigkeit zu entrichten. 3

Vom Speditionsvertrag erfasst werden lediglich **«Güter»**, d.h. Sachen i.S. des Zivilgesetzbuches. Vom Speditionsrecht nicht erfasst werden die Personentransporte; diese unterstehen z.T. dem Auftragsrecht (z.B. Taxichauffeur: SJZ 1987, 329), z.T. der Spezialgesetzgebung (vgl. dazu **Personenbeförderungsgesetz**, PBG, SR 745.1; Verordnung über die Personenbeförderung, VPB, SR 745.11; **Eisenbahngesetz**, EBG, SR 742.101; Bundesgesetz über **Pauschalreisen**, SR 944.3); vgl. dazu auch SJZ 1990 Nr. 45, 214 ff. Im Gegensatz zum Frachtvertragsrecht bestehen im Speditionsrecht keine Spezialgesetze oder Internationalen Vereinbarungen, die anstelle der Bestimmungen des OR treten (soweit schweizerisches Recht zur Anwendung kommt). Betreffend Tiere vgl. Art. 440 N 1. 4

II. Die Entstehung des Speditionsvertrages

5 Die Entstehung des Speditionsvertrages nach OR ist nicht an eine besondere **Form** gebunden. Somit ist neben dem schriftlichen auch ein mündlicher oder gar ein konkludenter Vertragsschluss denkbar.

III. Die Beendigung des Speditionsvertrages

6 Der Speditionsvertrag endet mit der **Ablieferung** des Speditionsgutes am Ablieferungsort. Ein besonderer Auftrag, die Ware an einem bestimmten Ort einzulagern, untersteht nicht mehr den Vorschriften des Speditionsvertrages (ZR 1953, 70). Infolge der Unterstellung des Speditionsrechtes unter das Auftragsrecht gelten auch die Bestimmungen über die Beendigung eines Auftrages für den Speditionsvertrag. Grundsätzlich kommen somit die Art. 404 und 405 zur Anwendung, wonach ein Speditionsvertrag **jederzeit** beendet werden kann; grundsätzlich erlischt der Auftrag somit im Falle des **Todes**, der **Handlungsunfähigkeit** und des **Konkurses** einer Partei. Soweit ein Speditionsvertrag überhaupt mit einer natürlichen Person abgeschlossen wird (meistens handelt es sich beim Spediteur um eine Handelsgesellschaft), dürfte sich aus der Natur des Geschäftes ergeben, dass das Vertragsverhältnis mit dem Tod etc. des Spediteurs nicht beendet werden soll. Vor allem bei bereits reisendem Gut dürften beide Parteien ein Interesse daran haben, den Transport zu Ende zu führen.

7 Die Folgen des **Widerrufs** des Speditionsvertrages richten sich nach Art. 432: Liegt der Grund für den Widerruf in der Person des Versenders, so ist die ganze vereinbarte Vergütung geschuldet, währenddem für Geschäfte, die aus einem anderen Grund nicht zur Ausführung kommen, der Spediteur nur den ortsüblichen Anspruch auf Vergütung für seine Bemühungen hat.

8 Für die Folgen des **Todes**, der **Verschollenerklärung**, der nach Vertragsschluss eintretenden **Handlungsunfähigkeit** einer Partei oder des Konkurses einer Partei gelten die gleichen Bestimmungen wie für den Frachtvertrag: vgl. Art. 440 N 8 f.

9 Die **Beendigung** des Speditionsvertrages erfolgt mit Wirkung **ex nunc**. Vom Spediteur bereits abgeschlossene Fracht- und andere Verträge, die er im Rahmen seines Gesamtauftrages eingegangen ist, bleiben vorerst bestehen. Solche Verträge sind vom Spediteur separat zu beenden, wobei für die Möglichkeiten und Folgen einer Beendigung die jeweiligen vertragsrechtlichen Bestimmungen zur Anwendung kommen.

IV. Vergütung und Auslagenersatz

10 Der **Vergütungsanspruch** des Spediteurs untersteht grundsätzlich der freien Vereinbarung der Parteien, und zwar sowohl was die Art der Berechnung wie auch die Höhe betrifft. Besteht keine vertragliche Vereinbarung, so gilt der **ortsübliche Ansatz** für die konkrete Aufgabe des Spediteurs (vgl. dazu auch N 26). Zum Fixkosten-Spediteur vgl. SJZ 1996 Nr. 2, 12 und BGE 132 III 626, 634.

11 Neben der eigentlichen Vergütung i.S. der Kommissionsprovision hat der Spediteur auch Anspruch auf **Ersatz aller von ihm getätigten Auslagen** bzw. Anspruch auf Freistellung von eingegangenen Verpflichtungen (Art. 431). Der Spediteur ist ermächtigt, für die voraussichtlichen Auslagen vom Versender einen Vorschuss zu verlangen (Art. 28 der Allgemeinen Bedingungen der SPEDLOGSWISS [AB SPEDLOGSWISS]; vgl. dazu N 26). Das in Art. 21 AB SPEDLOGSWISS enthaltene Rückgriffsrecht des Spediteurs gegen den Auftraggeber gilt nur im Rahmen der auftragsgemässen Tätigkeit.

V. Das Retentionsrecht des Spediteurs

Dem Spediteur steht gestützt auf Art. 434 OR und Art. 895 ZGB das **Retentionsrecht** für seine Ansprüche aus dem Speditionsvertrag zu, sobald er nach den besitzesrechtlichen Vorschriften (Art. 919 ff. ZGB) den Besitz über die Sache erlangt hat. Es genügt dabei der unselbständige Besitz des Spediteurs, der durch den Frachtführer, allenfalls den Zwischenspediteur ausgeübt wird (ZK-OFTINGER/BÄR, Art. 895 ZGB N 47). Soweit auf einen Speditionsvertrag die AB SPEDLOGSWISS zur Anwendung kommen, besteht das Pfandrecht auch auf vertraglicher Grundlage (Art. 31 AB SPEDLOGSWISS). 12

Neben dem Besitz an der Sache eines Dritten ist Voraussetzung zur Geltendmachung des Retentionsrechtes das Bestehen einer **Forderung** des Spediteurs aus dem Speditionsvertrag, wobei vorweg allfällige Gegenansprüche verrechnungsweise berücksichtigt werden müssen. Soweit die Voraussetzungen von Art. 895 Abs. 2 ZGB (geschäftlicher Verkehr unter Kaufleuten) erfüllt sind, besteht das Retentionsrecht für alle Forderungen aus dem gesamten Geschäftsverkehr. Die geltend gemachte Forderung muss im Zeitpunkt der Geltendmachung des Retentionsrechtes bestehen, nicht bereits im Zeitpunkt des Erlangens des Besitzes an der Sache selbst. Die Forderung des Spediteurs kann sowohl seine eigentliche Vergütung wie auch den Auslagenersatz umfassen. 13

Damit der Spediteur das Retentionsrecht durchsetzen kann, muss er in den **unmittelbaren Besitz** des Gutes gelangen. Dies bedeutet, dass der Spediteur zunächst die Retentions- und Pfandrechte der ihm vorgehenden unmittelbaren Besitzer (Frachtführer, allenfalls Zwischenspediteur) ablösen muss, um in den unmittelbaren Besitz der Sache zu gelangen. Erfolgt eine solche Ablösung, so umfasst das Retentionsrecht des Spediteurs auch die abgelösten Forderungen (ZK-OFTINGER/BÄR, Art. 895 ZGB N 167 ff.). 14

Dem Frachtführer steht nach Art. 445 das Recht zu, unter gewissen Voraussetzungen einen sog. **Notverkauf** vorzunehmen. Ein analoges Recht für den Spediteur ist im Gesetz nicht vorgesehen und macht unter kommissionsrechtlichen Aspekten auch keinen Sinn. Es stellt sich deshalb die Frage, ob das Notverkaufsrecht i.S. eines Nebenrechtes auf den Spediteur übergeht, wenn er die Ansprüche des Frachtführers etc. ablöst. Aus praktischen Gründen ist das Notverkaufsrecht an den unmittelbaren Besitz der Ware gebunden, da ein rechtzeitiger Verkauf unter Berücksichtigung der Verfahrensvorschriften nur von jemandem vorgenommen werden kann, der an Ort und Stelle auftritt. Ein Übergang des Notverkaufsrechtes auf den Spediteur kann deshalb nur dann stattfinden, wenn auch der unmittelbare Besitz über das Transportgut auf den Spediteur nicht gegen den Willen des Frachtführers etc. übergegangen ist. Weitere Voraussetzung muss sein, dass der Spediteur die Ansprüche des Frachtführers etc. abgelöst hat. Gegen diesen Nachweis dürfte der Spediteur legitimiert sein, den Notverkauf i.S.v. Art. 445 unter Mitwirkung der zuständigen Amtsstelle durchzuführen (für Einzelheiten des Verfahrens sei auf die Ausführungen unter Art. 445 verwiesen). Sind die Voraussetzungen des unmittelbaren Besitzes bzw. der Ablösung durch den Spediteur nicht erfüllt, so hat der Frachtführer den Notverkauf zu veranlassen, wobei er möglicherweise im internen Verhältnis im Auftrage des Spediteurs handelt. 15

Wie im Frachtvertrag kann auch im Speditionsvertrag der an den Waren Berechtigte das **Retentionsrecht** dadurch **verhindern, bzw. ablösen**, dass er den streitigen Betrag hinterlegt (Art. 898 Abs. 1 ZGB; Art. 431 für die Kommission; Art. 451 N 5 für den Frachtvertrag). Stellt sich heraus, dass der Spediteur das Retentionsrecht unberechtigterweise beansprucht hat, so haftet er dem Berechtigten für den dadurch entstandenen Schaden. 16

VI. Der Selbsteintritt des Spediteurs

Gestützt auf Art. 436 muss es auch dem Spediteur als Kommissionär erlaubt sein, einen Transport selbst auszuführen, wenn er dazu in der Lage ist, und sofern nichts anderes verein- 17 bart wurde. Wie bei der Kommission ist auch im Speditionsvertrag für die Zulässigkeit des **Selbsteintrittes** Voraussetzung, dass für die Kosten ein allgemein anwendbarer Tarif besteht, der dem «Börsen- oder Marktpreis» im eigentlichen Kommissionsvertrag gleichgesetzt werden kann (vgl. N 26).

18 Der typische Erscheinungsfall des Selbsteintrittes des Spediteurs ist die **Sammelladung**: Hier beschafft der Spediteur auf eigene Rechnung Transportraum (Schiff, Flugzeug, Camion etc.), den er im Einzelfall oder fahrplanmässig einsetzt und versucht, dafür von einer Mehrzahl von Versendern Speditionsaufträge zu erhalten. Liegt eine solche Sammelladungsspedition vor, so haftet der Sammelladungsspediteur nach Art. 439 als Frachtführer nach den auf diesen im konkreten Fall anwendbaren Bestimmungen.

VII. Die Haftung des Spediteurs

19 Der Spediteur als Beauftragter i.S. des Auftragsrechtes haftet dafür, dass er alle von ihm vorzunehmenden Geschäfte mit aller **Sorgfalt** ausführt. Dazu gehören insb. die Vorbereitung des Transportes und die damit zusammenhängenden Tätigkeiten, wie Abklärung der nötigen Angaben und Instruktionen für den Frachtführer, Geltendmachung der Rechte des Versenders im Falle von Verspätungen, Verlust oder Untergang der Ware. An die Sorgfalt des Spediteurs ist ein eher hoher Massstab anzulegen, da von ihm als Fachmann viel Fachwissen verlangt werden kann. Es ist deshalb fraglich, ob eine Beschränkung der Haftung des Spediteurs bei nur leichtem Verschulden zulässig ist (Art. 100). Nicht nach den speditionsrechtlichen Bestimmungen haftet der Spediteur, wenn er einen Transport, Teile davon oder Nebentransporte (Zuführung zum Frachtführer) selbst ausführt; in diesem Falle gelten die Vorschriften über die Haftung des Frachtführers auch für den Spediteur (Art. 447–449; BGE 102 II 256). Für Schäden, die vor dem Weiterversand, aber nicht während eines Transportes entstanden sind, haftet der Spediteur nach Auftragsrecht (BGE 88 II 430). Der Spediteur kann auch als Zustandsstörer gestützt auf Art. 59 Umweltschutzgesetzes (USG, SR 814.01) für Umweltschäden haften (BGer, 27.8.2004, 1A.178/2003).

20 Grundsätzlich ist der Spediteur befugt, zur Erfüllung seiner vertraglichen Verpflichtungen Substitute (**Zwischenspediteure**, Empfangsspediteure) beizuziehen, solange der Auftraggeber nicht auf der persönlichen Erfüllung durch den Spediteur selbst besteht (Art. 398 Abs. 3; BGE 103 II 59; Rep 1993, 202; BJM 1994, 75 ff.). Im Speditionsgeschäft dürfte eine persönliche Verpflichtung des Spediteurs wohl kaum im Vordergrund stehen, so dass grundsätzlich davon ausgegangen werden kann, dass eine Substitution zulässig ist. In diesem Fall haftet der Spediteur lediglich für die **cura in eligendo et instruendo** des Substituten (BGE 103 II 59), nicht aber für die Ausführung der Tätigkeiten durch diesen. War in einem konkreten Fall der Beizug eines Substituten unzulässig, so haftet der Spediteur für den dennoch beigezogenen Substituten wie für eine Hilfsperson; der unbefugte Beizug eines Substituten muss als grobes Verschulden qualifiziert werden, womit gleichzeitig eine Beschränkung oder Wegbedingung der Haftung unzulässig wird (BGE 107 II 238).

21 Hat sich der Spediteur zur Ausführung seiner Transportverpflichtungen für die ganze Strecke oder auch nur für eine Teilstrecke einer **öffentlichen Transportanstalt** bedient, so entspricht die Haftung des Spediteurs derjenigen der beigezogenen öffentlichen Transportanstalt. Für Einzelheiten sei auf die Art. 456 und 457 verwiesen.

VIII. Die Ansprüche des Versenders

22 Der Hauptanspruch des Versenders gegenüber dem Spediteur besteht darin, dass der Spediteur seinen **Rechtshandlungsauftrag** (Abschluss von Frachtverträgen) und die allenfalls bestehenden Tathandlungsaufträge (Erfüllung von Nebenpflichten) erfüllt. Als auftragsrechtliche Ausführungsobligation ist die Erfüllung dieser Pflichten nicht einklagbar; erfüllt der

Spediteur aus eigenem Verschulden diese Pflichten nicht, so wird er gegenüber dem Versender haftbar. Die Möglichkeit der Vereinbarung einer Konventionalstrafe (Art. 160) ist wegen der nicht sehr stark wiegenden persönlichen Beziehungen nicht ausgeschlossen (BGE 104 II 116; vgl. dazu auch BGE 122 III 106).

Soweit für die Erfüllung von **Nebenpflichten** durch den Spediteur spezielle Vertragsverhältnisse bestehen, haftet der Spediteur entsprechend deren Haftungsbestimmungen (Hinterlegungsvertrag, Auftrag etc.): SJZ 1958, 313; ZR 1953, 70. 23

Soweit nicht eine frachtvertragliche Haftung des Spediteurs in Frage steht, **verjähren** Ansprüche des Versenders gegen den Spediteur nach zehn Jahren. Vgl. dazu auch Art. 32 AB SPEDLOGSWISS: die dort vorgesehene Änderung der Verjährungsfristen kann nur auf die Haftung aus Frachtvertragsrecht, nicht aber im Falle der Haftung aus der Organisation des Transportes zur Anwendung kommen (vgl. dazu Kobel, 27 ff.). Im Rahmen der frachtvertraglichen Verjährung ist jedoch zu beachten, dass auch der Absender die Pflicht hat, Ansprüche auf Ersatzklagen auch gegen den Spediteur innert einem Jahr zu notifizieren, um zum einen dem Spediteur die Möglichkeit zu geben, diese Ansprüche gegen den Frachtführer geltend zu machen, und um zum andern die Geltendmachung auf dem Wege der Einrede aufrecht zu erhalten. 24

Für die **Abrechnungspflicht**, den Übergang von Eigentum, Rechten etc. gelten die Vorschriften von Art. 400 und 401. Das Transportgut wird nicht Eigentum des Spediteurs. Somit kann der Berechtigte (vgl. dazu Art. 443) die Vindikation des Transportgutes im Falle des Konkurses des Spediteurs begehren. Analoges gilt, wenn die Ware durch ein Wertpapier repräsentiert wird und sich das Wertpapier in der Konkursmasse befindet. Vorbehalten bleiben hier die Ansprüche des Spediteurs bzw. seiner Konkursmasse, die allenfalls verrechnungsweise entgegengehalten und durch das Retentionsrecht sichergestellt werden können. 25

IX. Abweichende Vereinbarungen

Der Speditionsvertrag nach dem OR ist grundsätzlich dispositives Recht (vgl. dazu auch Art. 456 Abs. 2). Die Parteien sind deshalb frei, abweichend von der gesetzlichen Regelung andere Vereinbarungen zu treffen. In der Praxis arbeiten die meisten Spediteure mit den **Allgemeinen Bedingungen der SPEDLOGSWISS – Verband schweizerischer Speditions- und Logistikunternehmen**, die letztmals im Jahre 2005 revidiert und auf den 1.7.2005 in Kraft gesetzt worden sind («AB SPEDLOGSWISS»; ‹www.spedlogswiss.com/pdf/ab_spe_d.pdf›). Zur Anwendbarkeit vgl. BGE 77 II 155; 103 II 63; SJZ 1985, 289; Isler, ZSR 1982 I, 377 ff. Ferner ist auf die «FIATA Model Rules for Freight Forwarding Services» (‹http://fiata.com/uploads/media/Model_Rules_07.pdf›) der Internationalen Föderation der Spediteurorganisationen (FIATA) hinzuweisen; die Anwendbarkeit dieser Model Rules muss vereinbart sein (vgl. Art. 1.1 der Model Rules). 26

X. IPR

Liegt in einem internationalen Vertragsverhältnis ein Speditionsvertrag vor, so bestimmt sich nach schweizerischem IPR das anwendbare Recht nach Art. 117 Abs. 3 lit. c IPRG: Auf das Vertragsverhältnis ist dasjenige Recht anwendbar, das am gewöhnlichen Aufenthalt derjenigen Vertragspartei gilt, die die für das Vertragsverhältnis typische Leistung erbringt. Im Falle eines Speditionsvertrages erbringt der **Spediteur als Dienstleister die typische Leistung**, womit das Recht an dessen gewöhnlichem Aufenthalt zur Anwendung kommt. Ist der Speditionsvertrag mit einer Niederlassung des Spediteurs abgeschlossen worden, so ist das Recht am Ort dieser Niederlassung anwendbar. 27

Sechzehnter Titel: Der Frachtvertrag

Art. 440

A. Begriff

[1] Frachtführer ist, wer gegen Vergütung (Frachtlohn) den Transport von Sachen auszuführen übernimmt.

[2] Für den Frachtvertrag kommen die Vorschriften über den Auftrag zur Anwendung, soweit nicht die Bestimmungen dieses Titels etwas anderes enthalten.

A. Définition

[1] Le voiturier est celui qui se charge d'effectuer le transport des choses moyennant salaire.

[2] Les règles du mandat sont applicables au contrat de transport, sauf les dérogations résultant du présent titre.

A. Definizione

[1] Vetturale è colui che s'incarica di eseguire il trasporto di cose mediante mercede (prezzo di trasporto).

[2] Al contratto di trasporto sono applicabili le regole del mandato, in quanto non stabiliscono diversamente le disposizioni di questo titolo.

Literatur

AEBLI, Die Nachnahmesendung im Speditions- und Frachtgeschäft, Diss. Zürich 1950; BOURGEOIS, Luftrecht, SJK 1991 Nr. 1088, insb. 6. Lufttransportrecht; BÜCHI, Haftung und Freizeichnung des Frachtführers im schweizerischen Recht, Diss. Basel 1953; DETTLING-OTT, Internationales und schweizerisches Lufttransportrecht, Zürich 1993 (zit. Lufttransportrecht); DIES., Das Inkrafttreten des Montrealer Übereinkommens in der Schweiz und die neue Lufttransportverordnung, in: ASDA-Bulletin 137/138 (2/2004 und 1/2005), 58 ff. (zit. ASDA-Bulletin); DIES., Lufttransportecht, in: Müller G. (Hrsg.), Verkehrsrecht, Schweizerisches Bundesverwaltungsrecht (SBVR), Bd. IV, Basel 2008 (zit. SBVR IV); DUMONT, Haftung des Spediteurs auf Grundlage des europäischen Speditionsgewerbes unter besonderer Berücksichtigung der Allgemeinen Bedingungen des Schweizerischen Spediteurverbandes, Diss. Bern 1939; FURRER, Stillstehende Ware unter schweizerischem Recht, Rechte und Pflichten aus dem Transport- und Logistikrecht, AJP 2013, 865 ff.; GLOECKNER, Leitfaden zur CMR, Berlin, 2006; GULDIMANN, Das Bundesgesetz über die Luftfahrt vom 21.12.1948, ZSR 1951, 1 ff.; DERS., Das Lufttransportreglement vom 3.10.1952, ZSR 1953, 85; HÄNGGI, Haftung des Spediteurs für Erfüllungsgehilfen und Drittpersonen unter besonderer Berücksichtigung des Zwischenspediteurs nach schweizerischem, deutschem und französischem Recht, Diss. Basel 1940; HÄSLI, Das Konnossement, Arten und Funktionen, Diss. Basel 1943; HARTMANN, Die Stellung des Versenders gegenüber dem Spediteur und dem Frachtführer, Diss. Basel 1944; HÄWERT, Die Ansprüche des Auftraggebers oder eines Dritten gegen den Spediteur aus Speditionsvertrag, Frachtvertrag und unerlaubter Handlung nach deutschem, schweizerischem und englischem Speditionsrecht, Diss. Berlin 1960; HECHT, Der Speditionsvertrag zugunsten Dritter, Diss. Bern 1939; HEINI, Das Durchkonnossement (Through Bill of Lading), Freiburg 1957; HOFSTETTER, Speditions- und Frachtvertrag, in: Schweizerisches Privatrecht (SPR), Bd. VII/2, Basel 1979, 162 ff.; KOBEL, Die Haftungsrisiken des in der Schweiz domizilierten Spediteurs für Beschädigung oder Verlust des Speditionsgutes bei internationalen Strassentransporten, in: FS zum Schweizerischen Juristentag 2004, Basel/Genf/München/Bern 2004, 27 ff.; KNUCHEL, Der Frachtvertrag als Vertrag zu Gunsten Dritter unter Berücksichtigung des ausländischen und internationalen Transportrechts, Diss. Basel 1946; LEUMANN, Die Rechtsstellung des schweizerischen Sammelladungsspediteurs, Diss. Bern 1950; LÜTZELSCHWAB, Über Pfand- und Retentionsrecht im Frachtvertrag nach schweizerischem Recht, Diss. Basel 1931; MARTIG, Reederhaftung im Rheinfrachtgeschäft, Diss. Zürich 1983; MEYER, Der Speditionsvertrag nach schweizerischem Recht, Diss. Bern 1931; MONTANARO, Die Haftung des Spediteurs für Schäden an Gütern unter besonderer Berücksichtigung des Lufttransportes und der Allgemeinen Bedingungen des Schweizerischen Spediteurverbandes (ABSSV), Zürich 2001; MÜLLER, Die Unterscheidungsmerkmale des Chartervertrages und des Frachtvertrages im schweizerischem Recht, in: Recueil de travaux suisses présentés au VIIIe Congrès international de droit comparé, 1970, 191 ff.; VON NANASSY, Das Internationale Eisenbahnfrachtrecht, Wien 1960; OCHSE, Der Speditionsvertrag im schweizerischen Recht, Diss. Zürich 1933; OTT/MATTHEY, Le Commerce International des Marchandises, Zürich 2010; PERRINJAQUET, Le droit de disposition de l'expéditeur dans le contrat de transport suisse, Diss. Lausanne 1924; RECHSTEINER, Das Verfügungsrecht des

Absenders und des Empfängers im Frachtvertrag nach schweizerischem Recht, Diss. Bern 1929; SCHNEEBERGER, Die Haftung des Frachtführers für Erfüllungsgehilfen und sein Risiko bei zufälligem Untergang des Frachtgutes verglichen mit dem Unternehmer im Werkvertrag aus historischer und systematischer Sicht, recht 1987, 115 ff.; Spühler/Tenchio/Infanger (Hrsg.), Kommentar zum Bundesgesetz über den Gerichtsstand in Zivilsachen (GestG), Basel 2001 (zit. BSK GestG-AUTOR); STAEHELIN B., Der Flugschein als Ware?, in: FS zum Schweizerischen Juristentag, Basel 1985, 397 ff.; STAEHELIN E., Die Nebenparteien im Zivilprozess, Diss. Basel 1981; STAUFFACHER, Le transport aérien international des marchandises dangereuses, Lausanne 1985; STETTLER, La responsabilité du transporteur pour perte, avarie et/ou livraison tardive de la marchandise, Diss., Genf/Basel/Zürich 2008; SUTTER R., Besteht eine Darlegungspflicht des angegriffenen Frachtführers beim Verschuldensnachweis?, AJP 2010, 325 ff.; TSCHUDI, Die Verträge des Speditionsgeschäfts unter Berücksichtigung der Allgemeinen Bedingungen des Schweizerischen Spediteur-Verbandes, Diss. Zürich 1975; UHLMANN/HINDERLING, Lufttransportrecht, in: Müller G. (Hrsg.), Verkehrsrecht, Schweizerisches Bundesverwaltungsrecht (SBVR), Bd. IV, Basel 2008; VOGT, Der Rheinfrachtführer, seine Verträge und seine Haftung, Diss. Zürich 1952; WIEDE, Reiserecht, Zürich, 2014; VON ZIEGLER/SCHELIN/ZUNARELLI (HRSG.), The Rotterdam Rules 2008, The Netherlands 2010; VON ZIEGLER, Versand und Spedition als Kernaufgabe des Distanzkaufes, in: Furrer/Arter (Hrsg.), Vertriebsverträge II, Bern 2011, 83 ff.; ZIMMERMANN, La responsabilité du commissionaire-expéditeur, Diss. Lausanne 1955; ZOELLY, Bankgeschäfte durch den Speditionsunternehmer, Diss. Zürich 1954.

I. Der Frachtvertrag: Begriff und Inhalt

1 In einem Frachtvertrag übernimmt es die eine Partei (der Frachtführer), für die andere Partei (den Absender) den Transport von **Sachen** auszuführen. Es handelt sich somit um einen Tathandlungsauftrag (und nicht um einen Rechtshandlungsauftrag wie beim Speditionsvertrag). Zur Abgrenzung zum (Unter-)Frachtvertrag vgl. BGer, 16.3.2010, 4A_103/2010; zum Speditionsvertrag vgl. BGE 132 III 626. Unter dem Frachtvertragsrecht des OR ist, mangels anderer Abrede, immer ein Entgelt geschuldet (BGE 109 II 233). Der Frachtvertrag wird unter gewissen Voraussetzungen zum Vertrag zugunsten Dritter i.S.v. Art. 112 (Einzelheiten s. Art. 443; BGE 38 II 166); das selbstständige Forderungsrecht des Dritten kann durch Vereinbarung ausgeschlossen werden (BGE 86 II 256). Auf den Frachtvertrag kommen subsidiär die Bestimmungen des Auftragsrechtes zur Anwendung (Art. 440 Abs. 2). **Tiere** sind keine Sachen (Art. 641a Abs. 1 ZGB). Mangels besonderer Bestimmungen über den Transport von Tieren kommen analog die Bestimmungen zum Transport von Sachen zur Anwendung (Art. 641a Abs. 2) (BSK ZGB II-WIEGAND, Art. 641a N 8; für den Lufttransport vgl. auch Art. 17 LTrV), wobei die Bestimmungen der Tierschutzgesetzgebung vorbehalten bleiben (Tierschutzgesetz, insb. Art. 15 TSchG). Gewerbsmässig betriebene internationale Tiertransporte sind bewilligungspflichtig; bestimmte Tiere dürfen nicht auf der Strasse durch die Schweiz transportiert werden (Art. 15a TSchG).

1a Das OR regelt beim Frachtvertrag lediglich die Haftung des Frachtführers bei Verlust und Untergang des Gutes (Art. 447), bei Verspätung, Beschädigung und teilweisem Untergang (Art. 448) sowie im Falle des Beizugs eines Zwischenfrachtführers (Art. 449). Im Übrigen haftet der Frachtführer aufgrund des Verweises auf das allgemeine Auftragsrecht (Art. 440 Abs. 2) für getreue und sorgfältige Ausführung des ihm übertragenen Geschäfts (BGE 107 II 242). Diese Haftung beschränkt sich nicht nur auf die Verletzung von Hauptpflichten, sondern auch auf solche von Nebenleistungspflichten (vgl. dazu GVP 2010, Nr. 91, Entscheid des HGer SG vom 6.1.2010).

2 Für einen Frachtvertrag als **wesentlich** zu betrachten sind die Angaben über den **Empfänger**, über den **Ort** der Ablieferung und über die **Sache**. Die übrigen in Art. 441 aufgeführten Elemente können als unwesentlich für das Zustandekommen des Vertrages an sich betrachtet werden (nicht aber möglicherweise für die Haftung einer Partei). Soweit Angaben fehlen, bestimmt sich der Inhalt des Vertrages nach der Natur der Sache (vgl. dazu Art. 446).

3 Nicht vom Frachtvertragsrecht des OR erfasst werden sämtliche **Personentransporte** (vgl. dazu Art. 439 N 4); dafür gilt das BG über die Personenbeförderung vom 20.3.2009 (**Perso-**

nenbeförderungsgesetz, «PBG», SR 745.1) (für eine Übersicht zu den Personentransporten vgl. UHLMANN/HINDERLING, 81 ff.). Für viele Bereiche der Gütertransporte bestehen zudem Spezialgesetze und internationale Vereinbarungen, die die Anwendbarkeit des Frachtvertragsrechts des OR ausschliessen (vgl. Art. 455; N 13 ff.). Die Bestimmungen des OR zum Frachtvertrag finden deshalb nur insoweit Anwendung, als keine Spezialregelungen bestehen. Vgl. dazu auch BGer, 23.2.2011, 4A_641/2011.

II. Die Entstehung des Frachtvertrages

Die Entstehung des Frachtvertrages nach OR ist nicht an eine besondere **Form** gebunden; somit ist mündlicher Vertragsschluss zulässig. Ein Vertrag kann auch stillschweigend zustande kommen, auch wenn dies in der Praxis wohl eher selten der Fall sein dürfte. Wird der Frachtvertrag zwischen einem Spediteur und einem Frachtführer abgeschlossen, so ist es dem Frachtführer nicht gestattet, den Speditionsvertrag in der Weise abzuändern, dass der Frachtvertrag direkt zwischen dem Absender und ihm zustande kommt (SJ 1966, 1). Die Bestimmungen des Obligationenrechts zum Frachtvertrag sind dispositiver Natur. Die Parteien sind deshalb grundsätzlich frei, von der gesetzlichen Regelung abweichende Vereinbarungen zu treffen, z.B. basierend auf den AB SPEDLOGSWISS. 4

Die **Spezialgesetzgebungen** schreiben oft eine besondere Form für den Abschluss der Frachtverträge vor; solche Regeln haben Vorrang vor den Bestimmungen des OR (vgl. N 13 f. und 15 f.).

III. Die Beendigung des Frachtvertrages

Der Frachtvertrag endet mit der **Ablieferung** des Gutes beim Empfänger. Infolge der Unterstellung des Frachtvertragsrechtes unter das Auftragsrecht gelten im Weiteren auch die Bestimmungen über die Beendigung eines Auftrages für den Frachtvertrag. Somit finden auch insb. Art. 404 und 405 auf den Frachtvertrag Anwendung, wonach ein Auftrag **jederzeit** beendigt werden kann (unter Vorbehalt der Beendigung des Auftrages zur Unzeit). Dieses Widerrufsrecht steht dem Absender wie auch dem Frachtführer zu. Ein Widerruf des Frachtvertrages ist aber dann nicht mehr möglich, wenn das Verfügungsrecht über das Gut nicht mehr beim Absender liegt (vgl. dazu Art. 443). 5

Widerruft der Absender ohne Veranlassung durch den Frachtführer den Frachtvertrag vor Übergabe des Gutes an den Frachtführer, so hat der Frachtführer Anspruch auf Rückerstattung der bereits erfolgten Auslagen (als Teil seiner bereits erbrachten Vertragserfüllung) sowie auf Ersatz seiner Bemühungen, die er im Hinblick auf den durchzuführenden Transport bereits gemacht hat (BGE 109 II 231). Erfolgt der Widerruf seitens des Absenders nach Übergabe des Gutes an den Frachtführer, so kommt für die Gültigkeit des Widerrufs wie auch für die Ersatzansprüche die Spezialbestimmung von Art. 443 zur Anwendung. Ein Widerruf des Frachtvertrages durch den Absender nach Übergabe des Gutes an den Frachtführer kann somit nur noch solange erfolgen, als die Verfügungsberechtigung über das reisende Gut beim Absender liegt. Ist aus einem der in Art. 443 genannten Gründe diese Verfügungsberechtigung bereits auf den Empfänger oder einen Dritten übergegangen, so ist ein Widerruf des Frachtvertrages durch den Absender nicht mehr möglich (Art. 112 Abs. 3). 6

Widerruft der Frachtführer den Frachtvertrag gestützt auf Art. 404, ohne dass der Absender dazu Anlass gegeben hat, so muss er dem Absender den sog. **Vertrauensschaden** ersetzen. Erfolgt der Widerruf vor Übergabe des Gutes an den Frachtführer, so dürfte dieser Vertrauensschaden meistens vernachlässigbar sein (immerhin sind Fälle denkbar, bei denen der zeitgerechte Beizug eines anderen Frachtführers schwierig oder unmöglich sein könnte, insb. wenn es um die Einhaltung einer bestimmten Ablieferungszeit geht). Hat der Frachtführer das Gut bereits übernommen, und befindet sich das Verfügungsrecht noch beim Absender, so beendet 7 der Widerruf den Vertrag; der Frachtführer wird für den Vertrauensschaden ersatzpflichtig. Ist die Verfügungsbefugnis über das Gut im Zeitpunkt des Widerrufs bereits auf den Empfänger oder einen Dritten übergegangen, so ist eine Beendigung durch Erklärung des Frachtführers gegenüber dem Absender nicht mehr möglich; der Empfänger, resp. der Dritte hat bereits ein eigenes Recht auf Ablieferung erworben, für dessen korrekte Erfüllung der Frachtführer haftet. Da mit dem begünstigten Empfänger kein Vertragsverhältnis besteht und die Rechte dieses Dritten bereits entstanden sind, kann der Frachtführer ohne Zustimmung des Dritten nicht mehr von seinen Verpflichtungen aus dem Frachtvertrag zurücktreten. Hat der Absender die vorzeitige Beendigung zu vertreten (z.B. infolge erst nachträglich bekannt gewordener Gefährlichkeit des Gutes, bedeutend höherem Wert etc.), so fällt die Schadenersatzpflicht des Frachtführers weg; es kommen die Regeln zur Anwendung, die für den Fall der Auflösung des Vertrages durch den Absender gelten (N 6). Für die Beweislast s. BGE 109 II 322 E. 3bb.

8 **Tod, Verschollenerklärung oder nach Vertragsschluss eintretende Handlungsunfähigkeit des Absenders** berühren das Weiterbestehen des Frachtvertrages nicht; die Rechte und Pflichten aus dem Vertragsverhältnis gehen auf die Rechtsnachfolger über. Grundsätzlich hebt auch der Konkurs des Absenders den Frachtvertrag nicht auf, soweit es nicht auf die persönliche Leistung ankommt (Art. 405). Hat der Absender das Gut noch nicht an den Frachtführer übergeben, so kann die Konkursverwaltung gestützt auf Art. 211 Abs. 2 SchKG ihrerseits die Verpflichtungen des Absenders aus dem Frachtvertrag erfüllen. In diesem Fall ist der Frachtführer berechtigt, Sicherheit für die Erfüllung seiner eigenen Verpflichtungen zu verlangen; der Frachtführer kann sich auf jeden Fall auf sein Retentionsrecht am Frachtgut berufen, sobald dieses ihm übergeben ist. Entscheidet sich die Konkursverwaltung dafür, den vom Frachtvertrag anvisierten Transport nicht durchzuführen, so sind die sich aus diesem Widerruf ergebenden Ansprüche des Frachtführers in der 3. Klasse zu kollozieren (Art. 219 SchKG). Ob die Konkursverwaltung den Frachtvertrag erfüllt oder nicht, dürfte davon abhängen, ob sie auch das dem Frachtvertrag zugrunde liegende Grundgeschäft real erfüllen will oder nicht.

9 **Tod, Verschollenerklärung oder nach Vertragsschluss eintretende Handlungsunfähigkeit des Frachtführers** bewirken ebenfalls nicht von sich aus die Beendigung des Frachtvertrages. Vorbehalten bleiben diejenigen Fälle, bei denen es für die Erfüllung auf die Person des Schuldners ankommt (Art. 68 und 405); dies dürfte im Falle eines Frachtvertrages eher selten der Fall sein. Geht der Vertrag somit nicht unter, so haben die Rechtsnachfolger des Frachtführers die Rechte und Pflichten aus dem Frachtvertrag zu erfüllen. Wird über den Frachtführer der Konkurs eröffnet, so steht es der Konkursverwaltung gestützt auf Art. 211 Abs. 2 SchKG frei, die Verpflichtungen des Frachtführers aus dem Vertrag zu erfüllen. Verzichtet sie darauf, und befindet sich das Gut in der Verfügungsgewalt des Frachtführers, so fällt dieses Gut nicht in die Konkursmasse, sondern ist mit einer Vindikationsklage herauszuverlangen. Auf jeden Fall steht aber der Konkursverwaltung das Retentionsrecht für die bereits entstandenen Ansprüche zu. Ist der Frachtführer eine juristische Person, die aufgelöst und in Liquidation begriffen ist, so bestehen sämtliche Rechte und Pflichten beidseitig fort.

10 Der **Widerruf** bzw. die **Kündigung** des Frachtvertrages erfolgt mit **Wirkung ex nunc**. Dies bedeutet, dass die bis zum Widerruf etc. ausgeführten Handlungen vertragliche Handlungen sind, und nicht auf Geschäftsführung ohne Auftrag basieren. Dementsprechend richten sich auch die Verjährungsfristen nach der vertraglichen Grundlage.

IV. Der Frachtlohn

11 Das dem Frachtführer zustehende **Entgelt** für die Ausführung des Transportes ist der Frachtlohn. Schuldner des Frachtlohns ist der Auftraggeber (Absender) als Vertragspartei. Soweit ein Frachtvertrag in Frage steht, der den Vorschriften des OR untersteht, kann dieser Frachtlohn frei vereinbart werden. Als Frachtlohn gelten auch die sog. Standgelder, d.h. die Entschädigung für Wartezeit, bis abgeladen werden kann. Im Seeschifffahrtsrecht gilt dafür

Art. 110 Abs. 1 SSG (welcher allerdings dispositiver Natur ist): Schuldner der Fracht ist derjenige, der die Ablieferung des Gutes verlangt. Es dürfte sich hier um eine privative Schuldübernahme handeln; zum einen sagt das Gesetz nichts über eine Weiterhaftung des Abladers (Absenders) aus, dies anders als z.B. in Art. 181 oder in Art. 47 FusG resp. Art. 75 FusG). Im Weiteren stellt Art. 109 SSG fest, dass unter gewissen Umständen die Fracht überhaupt nicht geschuldet ist. Es ergibt sich daraus, dass gegenüber dem Seefrachtführer einzig derjenige haftet, der die Ablieferung der Güter verlangt. Vorbehalten bleiben Fälle, in denen aus dem Grundgeschäft der die Ablieferung Verlangende nicht für die Fracht aufkommen muss; in einem solchen Fall kann er auf dem Regressweg vom Ablader die Fracht zurückfordern. In den meisten Spezialgesetzen wird ein **Tarifzwang** vorgesehen, der die freie Vereinbarung des Frachtlohnes verbietet. Ist kein Frachtlohn vereinbart, so gilt der übliche Ansatz als vereinbart (vgl. dazu auch Art. 414 für den Mäklervertrag). Die Festlegung dieses üblichen Ansatzes dürfte unter Abstützung auf private Tarife, Wegleitungen etc. für das fragliche Transportmittel erfolgen und u.a. nach Distanz, Gewicht, Zeit etc. oder Kombinationen davon berechnet werden (BGE 109 II 231). Der Frachtlohn ist durch das **Retentionsrecht** des Frachtführers am Gut gesichert. Für Einzelheiten sei auf die Ausführungen zu Art. 451 verwiesen.

V. IPR

Liegt in einem internationalen Vertragsverhältnis ein Frachtvertrag vor, der sich nicht nach einem Spezialgesetz richten muss, so bestimmt sich nach schweizerischem IPR das anwendbare Recht nach Art. 117 Abs. 3 lit. c IPRG: Auf das Vertragsverhältnis ist dasjenige Recht anwendbar, das am gewöhnlichen Aufenthalt derjenigen Vertragspartei gilt, die die für das Vertragsverhältnis typische Leistung erbringt. Im Falle eines Frachtvertrages erbringt der **Frachtführer als Dienstleister die typische Leistung**, womit das Recht an dessen gewöhnlichem Aufenthalt zur Anwendung kommt (BGE 127 III 123; BGer, 19.2.2009, 4A_218/2008). Ist der Frachtvertrag mit einer Niederlassung des Frachtführers und nicht mit dem Hauptsitz abgeschlossen worden, so ist das Recht am Ort dieser Niederlassung anwendbar. 12

VI. Nationale Spezialgesetze

Das Frachtvertragsrecht wird in vielen Bereichen von Spezialgesetzen beherrscht, die die Anwendbarkeit des OR ausschliessen. Die wichtigsten Spezialerlasse zum Transportrecht sind die folgenden: **Gütertransportgesetz** vom 19.12.2008 («GüTG», SR 742.41) und **Gütertransportverordnung** vom 4.11.2009 (GüTV, SR 742.411); das GüTG (Art. 10) verweist inhaltlich mit wenigen Ausnahmen (vgl. dazu insb. die GüTV) auf die Bestimmungen des CIM (vgl. nachstehend N 15). Für die Gütertransporte durch Seeschiffe gilt das **Seeschifffahrtsgesetz** vom 23.9.1953 (SSG, SR 747.30), und zwar auch für die Binnenschifffahrt auf Gewässern, die die Schweiz mit dem Meer verbinden (Art. 125 SSG; vgl. dazu BGE 115 II 494); zur Abgrenzung zum Chartervertrag gem. Art. 94 SSG vgl. BGE 115 II 108. Für die Binnenschifffahrt auf Gewässern, die nicht zum Meer führen, gelten die frachtvertraglichen Bestimmungen des OR. Die Gütertransporte im Luftfrachtverkehr werden vom **Luftfahrtgesetz** vom 21.12.1948 (LFG, SR 748.0), und von der **Verordnung über den Lufttransport** vom 17.8.2005 (LTrV, SR 748.411), beherrscht. Die Gütertransporte durch die Post werden durch das **Postgesetz** vom 10.12.2010 (PG, SR 783.0), durch die Postverordnung vom 29.8.2012 (VPG, SR 783.01), durch das Postorganisationsgesetz vom 17.12.2010 (POG, SR 783.1), insb. Art. 11 (Verweis auf das Privatrecht), und durch die Allgemeinen Geschäftsbedingungen «Postdienstleistungen» für Privatkunden resp. für Geschäftskunden, je Ausgabe Januar 2015, ‹www.post.ch›, geregelt (vgl. dazu BGE 129 III 35). Für privatrechtliche Gütertransporte auf der Strasse gilt das OR, verbunden mit den ausservertraglichen Haftungsbestimmungen aufgrund des Strassenverkehrgesetzes (SVG, SR 741.01). Für den Transport flüssiger oder gas- 13 förmiger Brenn- oder Treibstoffe in Rohrleitungsanlagen gilt das **Rohrleitungsgesetz** vom 4.10.1963 (RLG, SR 746.1; gem. Art. 33 Abs. 3 RLG gelten die Haftungsbestimmungen des OR für Schäden am Transportgut.

14 Im Bereich des **Transportes durch Eisenbahnen und Schifffahrtsunternehmen** kommt ein **Frachtvertrag zustande**, ohne dass eine besondere Form eingehalten werden müsste (Art. 10 Abs. 2 GüTG), unter Vorbehalt der Bestimmungen aus dem Vertrag über die internationale Eisenbahnbeförderung von Gütern – CIM (vgl. N 15), und zwar sowohl für den nationalen wie auch den internationalen Verkehr (Art. 10 Abs. 3 GüTG).

Im **Luftfrachtrecht** hat der Frachtführer einen Luftfrachtbrief auszuhändigen (Art. 6 LTrV). Da Art. 6 LTrV keine Ausnahmebestimmung analog zu Art. 5 Abs. 4 LTrV für Reisende und Reisegepäck kennt, ist die Ausstellung eines Luftfrachtbriefes wesentlich für das Zustandekommen des Vertrages (Art. 9 MÜ ist auf das LTrV nicht anwendbar: vgl. dazu Art. 2 lit. a LTrV). Für den Fall, dass kein Frachtbrief ausgestellt wird, enthält die LTrV im Bereich des Gütertransportes keine Bestimmungen (gem. Art. 9 MÜ gelten im Anwendungsbereich des MÜ die Haftungsbeschränkungen auch in diesem Fall). Vgl. dazu KGer GR, 2.7.2009, SB 08 40.

Im **Postverkehr** gilt für den reservierten Dienst grundsätzlich der Tarifzwang (Art. 18 PG), ohne dass ein schriftlicher Vertrag notwendig wäre.

VII. Internationale Abkommen

15 Wie im nationalen existieren auch im internationalen Bereich für die ähnlichen Gebiete Vereinbarungen, die die nationalen Bestimmungen zum Frachtvertragsrecht aufheben. Für den Eisenbahnverkehr gilt das Übereinkommen über den internationalen Eisenbahnverkehr vom 9.5.1980 (COTIF) in der Fassung des Änderungsprotokolls vom 3.6.1999 und insb. die **Einheitlichen Rechtsvorschriften über die Internationale Eisenbahnbeförderung von Gütern** vom 9.5.1980 (CIM, SR 0.742.403.12), Anhang B. Für Frachtverträge für die Beförderung von Gütern über Meer gelten die Bestimmungen zum Seefrachtvertrag gemäss SSG. Im Bereich der Binnenschifffahrt gilt das **Übereinkommen über den Vertrag über die Güterbeförderung in der Binnenschifffahrt** vom 22.6.2001 (CMNI, SR 0.221.222.32), wobei diese Bestimmungen auch auf den Transport von Gütern auf dem Rhein zwischen der Landegrenze und Rheinfelden zur Anwendung kommen. Im Bereich der Luftfahrt gilt neben der bereits erwähnten LTrV das **Übereinkommen zur Vereinheitlichung bestimmter Vorschriften über die Beförderung im internationalen Luftverkehr** vom 28.5.1999 («Montrealer Übereinkommen», MÜ, SR 0.748.411), und das **Abkommen zur Vereinheitlichung von Regeln über die Beförderung im Internationalen Luftverkehr** vom 12.10.1929 («Warschauer Abkommen», SR 0.748.410). Für die Anwendbarkeit des MÜ, resp. des Warschauer Abkommens, vgl. Art. 55 MÜ. Das Warschauer Abkommen tritt in seinem Anwendungsbereich an die Stelle von Landesrecht und enthält unmittelbar anwendbare Sachnormen (BGE 113 II 362; zur «internationalen Beförderung» vgl. KGer GR, 2.7.2009, SB 08 40); der gleiche Grundsatz dürfte auch unter dem MÜ gelten. Für die Beförderung von Gütern durch die Post hat der **Weltpostvertrag** vom 12.8.2008, SR 0.783.52, Geltung (‹http://www.upu.int/en/the-upu/acts/last-congress-acts.html›, 149 ff.). Für Strassengütertransporte gilt das **Übereinkommen über den Beförderungsvertrag im Internationalen Strassengüterverkehr** vom 19.5.1956 («CMR»), SR 0.741.611; die Bestimmungen des CMR gehen dem Landesrecht vor (BGE 107 II 238; BGE 132 III 626, 635); zum Anwendungsbereich des CMR und zur Überprüfbarkeit durch den Vollstreckungsrichter vgl. BJM 1984, 148; BGer, 19.2.2009, 4A_218/2008.

16 Im **internationalen Eisenbahnverkehr** ist der Abschluss eines schriftlichen Vertrages durch Ausstellung eines Frachtbriefes zwingend (Art. 6 CIM). Fehlen, Mangelhaftigkeit oder Verlust des Frachtbriefes berühren den Bestand oder die Gültigkeit des Beförderungsvertrages aber nicht (Art. 6 § 1 CIM).

In der **Seeschifffahrt** ist der Seefrachtvertrag infolge Verweises in Art. 101 SSG auf das Internationale Übereinkommen zur einheitlichen Feststellung einzelner Regeln über die Konnossemente vom 25.8.1924 (SR 0.747.354.11) nur in Schriftform möglich; gem. Art. 1 lit. b dieses Übereinkommens muss ein Konnossement ausgestellt werden. Die Bestimmungen des Konnossementes werden als Vertragswille angenommen, sofern Abweichungen nicht schriftlich vereinbart worden sind (Art. 115 Abs. 2 SSG). Ein Tarifzwang besteht aber nicht.

Im **Luftfrachtrecht** ist die Ausstellung eines schriftlichen Vertrages (Frachtbriefes) gem. Art. 4–8 MÜ vorgesehen; die Nichtbeachtung berührt aber den Bestand und die Wirksamkeit des Vertrages nicht (Art. 9 MÜ). Unter dem Warschauer Abkommen ist ein schriftlicher Luftfrachtbrief nicht erforderlich; ein mündlicher Vertragsschluss ist somit zulässig (Art. 5 und e contrario Art. 11 Warschauer Abkommen). Schriftlichkeit ist hingegen für den Transport von Reisegepäck erforderlich, da dafür ein Fluggepäckschein ausgestellt werden muss (Art. 3 Abs. 3 MÜ; Art. 4 Abs. 1 Warschauer Abkommen). Flugfrachttarife enthielten in der Vergangenheit Fixpreise, die im Verhältnis zwischen der Fluggesellschaft und dem Spediteur weder über- noch unterschritten werden durften (VPB 1970/71, 208 ff.). Mit der Aenderung des LFG (Art. 29 und 30) und dem Wegfall der Tarifgenehmigungspflicht kommt dieser Stellungnahme keine Bedeutung mehr zu.

Im **internationalen Strassenverkehr** kann ein Frachtbrief ausgestellt werden; das Fehlen, die Mangelhaftigkeit oder sein Verlust berührt aber weder Bestand noch Gültigkeit des Vertrages an sich (Art. 4 CMR). Die Vergütung ist frei vereinbar.

17 Zunehmend werden Transporte im sog. **multimodalen Verkehr** durchgeführt, d.h. eine Beförderung des Transportgutes aufgrund eines durchgehenden Frachtvertrages vom Abgangs- bis zum Bestimmungsort mit mindestens zwei verschiedenen Transportmitteln (vgl. dazu Art. 1 der United Nations Convention on International Multimodal Transports of Goods vom 24.5.1980 [nicht in Kraft getreten]; UHLMANN/HINDERLING, 83 ff.). Daneben existiert auch die (noch nicht in Kraft getretene) United Nations Convention on Contracts for the International Carriage of Goods Wholly or Partly by Sea vom 23.9.2009 (die sog. **Rotterdam Rules**), die die Schweiz zwar unterzeichnet, aber noch nicht ratifiziert hat (‹http://www.uncitral.org/uncitral/en/uncitral_texts/transport_goods/2008rotterdam_rules.html›). Für den Begriff der «intermodalen Transporteinheit» vgl. Art. 3 lit. d CIM.

Art. 441

B. Wirkungen
I. Stellung des Absenders
1. Notwendige Angaben

[1] Der Absender hat dem Frachtführer die Adresse des Empfängers und den Ort der Ablieferung, die Anzahl, die Verpackung, den Inhalt und das Gewicht der Frachtstücke, die Lieferungszeit und den Transportweg sowie bei wertvollen Gegenständen auch deren Wert genau zu bezeichnen.

[2] Die aus Unterlassung oder Ungenauigkeit einer solchen Angabe entstehenden Nachteile fallen zu Lasten des Absenders.

B. Effets du contrat
I. Obligations de l'expéditeur
1. Indications nécessaires

[1] L'expéditeur doit indiquer exactement au voiturier l'adresse du destinataire et le lieu de la livraison, le nombre, le mode d'emballage, le poids et le contenu des colis, le délai de livraison et la voie à suivre pour le transport, ainsi que la valeur des objets de prix.

[2] Le dommage qui résulte de l'absence ou de l'inexactitude de ces indications est à la charge de l'expéditeur.

B. Effetti
I. Posizione del mittente
1. Indicazioni necessarie

[1] Il mittente deve indicare esattamente al vetturale l'indirizzo del destinatario e il luogo della consegna, il numero, l'imballaggio, il contenuto e il peso dei colli, il valore degli oggetti preziosi, il termine della consegna e la via da seguire.

[2] I danni derivanti dall'omissione o dalla inesattezza di tali indicazioni stanno a carico del mittente.

Literatur

Vgl. die Literaturhinweise bei Art. 440.

I. Normzweck

1 Ist ein Frachtvertrag zustande gekommen, so auferlegt das Gesetz dem **Absender** die Pflicht, dem Frachtführer **verschiedene Angaben** zu machen, damit dieser seine Aufgabe mit der ihm obliegenden Sorgfalt erfüllen kann. Es handelt sich dabei (teilweise) um eine Konkretisierung von Art. 396 Abs. 1. Die Pflicht des Absenders, dem Frachtführer die entsprechenden Angaben zu machen, entsteht erst, nachdem der Frachtvertrag als solcher zustande gekommen ist. Bei den entsprechenden Angaben handelt es sich mit Ausnahme des Empfängers, des Ortes der Ablieferung und des Gutes nicht um essentialia negotii, sondern um vertragliche **Instruktionspflichten** als Auswirkung des zustande gekommenen Vertrages (vgl. dazu Art. 440 N 2).

II. Die einzelnen Erfordernisse

2 Die **Elemente**, die von der Instruktionspflicht betroffen werden, sind in Art. 441 Abs. 1 aufgelistet; Folgendes ist anzumerken:

1. Adresse des Empfängers

3 Die Person des Empfängers gehört zu den essentialia negotii; dies trifft für die genaue **Adresse** nicht zu. Empfänger i.S. dieser Bestimmung muss nicht der Endempfänger sein, sondern kann auch ein weiterer Frachtführer (Unterfrachtführer), allenfalls der Empfangsspediteur, u.U. aber auch der Absender selbst sein (im letzteren Fall muss jedoch die Empfangsadresse verschieden von der Versandadresse sein). Der Empfänger muss nicht identisch mit dem Eigentümer der Ware sein. Auch die Empfängeradresse muss nicht zu Beginn des Auftrages bekannt gegeben werden; sie kann zunächst noch offen gelassen und erst nachträglich eingesetzt werden; in Frage kommt auch eine spätere Änderung (vgl. dazu Art. 443).

2. Das Frachtgut

4 Der Absender hat im Weiteren dem Frachtführer die nötigen Angaben zum **Frachtgut** selbst bekannt zu geben. Dazu gehören nach ausdrücklichem Gesetzeswortlaut die Stückzahl, die Art der Verpackung, der Inhalt und das Gewicht des Gutes. Diese Angaben dienen dem Frachtführer dazu, seine Transporte koordinieren zu können, aber auch um Verwechslungen bei der Ablieferung vorzubeugen. Der Umfang der einzelnen Angaben kann nicht absolut bestimmt werden, sondern richtet sich nach dem Frachtgut. Je spezieller, je gefährlicher ein bestimmtes Frachtgut ist, desto mehr und spezifischere Angaben müssen dem Frachtführer gemacht werden. Gleiches gilt auch für verderbliche Ware. Teilweise benötigt der Frachtführer die einzelnen Angaben auch, um die **Verzollung des Frachtgutes** durchführen zu können, sollte diese Aufgabe ihm ebenfalls übertragen worden sein. Wird er so zum Zollmeldepflichtigen, so hat er für die Richtigkeit der Zolldeklaration einzustehen (Art. 70 i.V.m. Art. 26 des Zollgesetzes, SR 631.0). Um dieser Verpflichtung nachkommen zu können, muss sich der Frachtführer nach der Rechtsprechung über den Inhalt der Sendung vergewissern, unabhängig davon, ob Absender und/oder Empfänger ihm übereinstimmende Angaben gemacht haben oder nicht. Unterlässt er diese Abklärungen und stellt er einzig auf die Angaben Dritter ab, so verletzt er seine Sorgfaltspflicht und hat für deren Verletzung einzustehen; er kann auch strafrechtlich verfolgt werden (BGE 112 IV 53; 87 IV 25).

3. Die Lieferungszeit

Mit der **Lieferungszeit** ist derjenige Zeitpunkt gemeint, in dem das Frachtgut beim Empfänger abgeliefert werden muss. Es ist Aufgabe des Frachtführers, dafür zu sorgen, dass die Ware rechtzeitig gemäss den Instruktionen des Absenders am Empfangsort eintrifft. 5

4. Der Transportweg

Es ist das Recht des Absenders zu bestimmen, welcher **Weg für das Transportgut** benützt werden soll: er kann bestimmen, ob der Transport über Land, auf dem Wasser oder in der Luft erfolgen soll, welches **Transportmittel** benützt werden soll (Auto, Eisenbahn, Flugzeug), und er kann die Transportroute festlegen. Fehlt es an Instruktionen des Absenders, so hat der Frachtführer diejenigen Transportmittel und -wege zu wählen, die es ihm ermöglichen, die Lieferungszeit einzuhalten. Stehen dem Frachtführer dafür mehrere Möglichkeiten offen, so hat er die **billigere bzw. die langsamere Lösung** zu wählen. 6

5. Die Wertangabe

Es obliegt dem Absender, den Frachtführer darauf hinzuweisen, dass er bei der Behandlung besondere Sorgfalt walten lassen muss, wenn es sich um eine **wertvolle Sendung** handelt. Dies trifft nicht nur zu, wenn die Sendung eine eigentliche Wertsendung ist, sondern gilt generell für wertvolle Sendungen. Vgl. dazu BGE 102 II 256 E. 2b: Die Nichtangabe eines besonderen Wertes wird als grobe Fahrlässigkeit qualifiziert. Vgl. dazu auch BGE 130 III 182 und Art. 447 N 14. 7

III. Rechtsfolgen

Fehlen Angaben, so gehen die sich daraus ergebenden Konsequenzen und **Nachteile zulasten des Absenders** (vgl. dazu Art. 441 Abs. 2). Zunächst hat der Frachtführer in einem solchen Falle durch **Rückfragen** zu versuchen, die bestehenden Lücken zu schliessen. Ist dies nicht möglich, so hat der Frachtführer gestützt auf Art. 396 Abs. 1 diejenigen Dispositionen zu treffen, die die Natur des Geschäftes mit sich bringen, um die vertraglichen Verpflichtungen zu erfüllen. Für die Wahl des Transportweges, des Transportmittels etc. vgl. o. N 6. 8

Fehlt die Angabe der **Stückzahl**, so hat der Frachtführer die Anzahl nur dann selbst festzustellen, wenn dies für ihn ohne wesentlichen Mehraufwand möglich ist (SJZ 1940/41, 207). Ist hingegen eine **Nachzählung** für den Frachtführer nur mit einem wesentlichen Mehraufwand möglich und liegt kein entsprechender Auftrag des Absenders vor, so haftet Letzterer für ein allfälliges Manko. Hat der Absender die Stückzahl angegeben bzw. ist eine solche in einem **Frachtdokument enthalten**, so besteht für den Frachtführer keine **Prüfungspflicht**, soweit die angegebene und die effektive Stückzahl nicht offensichtlich divergieren. Überprüft der Frachtführer die Stückzahl und stellt er ein Manko fest, so hat er den Absender unverzüglich zu orientieren. 9

IV. Beweislast

Hat der Absender sämtliche erforderlichen Angaben zum Transportgut gemacht, und hat der Frachtführer den Absender z.B. wegen falscher Stückzahl nicht **abgemahnt**, so hat der Frachtführer für die Folgen aus nicht richtiger Erfüllung dieser Instruktionen einzustehen. Sein Verschulden wird vermutet (Art. 97); es steht ihm allerdings der **Exkulpationsbeweis** offen. 10

V. Nationale Spezialgesetze

11 Im Bereich der **Luftfahrt** hat der Absender dem Unternehmen des öffentlichen Verkehrs bzw. dem Luftfrachtführer ähnliche Angaben zu machen wie gem. Art. 441. Der Absender haftet für die Richtigkeit der Angaben und Erklärungen über das Gut (Art. 5 Abs. 1, Art. 6 LTrV; Art. 10 MÜ; Art. 10 Warschauer Abkommen). Analoges gilt im Bereich des Transportes durch Eisenbahnen und Schifffahrtsunternehmen: Art. 7 und 8 CIM.

Die **Postsendungen** müssen gemäss den jeweiligen Vorgaben der Post adressiert und verpackt sein (Ziff. 2.1. der AGB «Postdienstleistungen» für Privat- und Geschäftskunden): Bei der adressierten Brief- und Paketpost ist zumindest die Angabe des Empfängers wesentlich; immerhin sind im Postbereich Sendungen ohne Adresse denkbar, insb. für Zeitungen und Zeitschriften.

VI. Internationale Vereinbarungen

12 Auch in sämtlichen Internationalen Vereinbarungen hat der Absender Angaben zu machen, die denjenigen von Art. 441 entsprechen, wobei jeweilen das besondere Transportmittel in Betracht gezogen wird; ebenso haftet der Absender für unrichtige Angaben: Art. 13, 14, 18 **CIM**; Art. 106 **SSG**; Art. 4–8 **MÜ**; Art. 5, 8–10 **Warschauer Abkommen**; Art. 6, 22 (für gefährliche Güter) **CMR**; Art. 6 und 8 **CMNI**.

Art. 442

2. Verpackung

1 Für gehörige Verpackung des Gutes hat der Absender zu sorgen.

2 Er haftet für die Folgen von äusserlich nicht erkennbaren Mängeln der Verpackung.

3 Dagegen trägt der Frachtführer die Folgen solcher Mängel, die äusserlich erkennbar waren, wenn er das Gut ohne Vorbehalt angenommen hat.

2. Emballage

1 L'expéditeur veille à ce que la marchandise soit convenablement emballée.

2 Il répond des avaries provenant de défauts d'emballage non apparents.

3 Le voiturier, de son côté, est responsable des avaries provenant de défauts d'emballage apparents, s'il a accepté la marchandise sans réserves.

2. Imballaggio

1 Il mittente deve consegnare la merce in buono stato d'imballaggio.

2 Egli è responsabile delle conseguenze derivanti da difetti d'imballaggio non riconoscibili esteriormente.

3 Al contrario il vetturale è responsabile delle conseguenze dei difetti esteriormente riconoscibili, ove abbia accettato la merce senza riserva.

Literatur

Vgl. die Literaturhinweise bei Art. 440.

I. Allgemeines

1 Der Absender kennt den **Inhalt der Sendung**, die Art der Ware etc. Dem Frachtführer sind diese Elemente unbekannt. Der Absender weiss auch, wie das Transportgut **verpackt** werden muss, damit es während des vorgesehenen Transportes keinen Schaden erleidet. Das Frachtvertragsrecht auferlegt deshalb grundsätzlich die Pflicht zur gehörigen Verpackung dem Absender. Art. 442 behandelt diesen einen Punkt im Verhältnis der Parteien des Frachtvertrages, nicht aber eines allenfalls bestehenden Grundverhältnisses.

II. Die gehörige Verpackung

Die **«gehörige Verpackung»** gem. Art. 442 Abs. 1 lässt sich nur einzelfallweise definieren, und zwar zum einen im Hinblick auf die Art der Ware und zum anderen bez. der Art des Transportes. Ziel muss es sein, die Ware so zu verpacken, dass keine Beschädigungen eintreten können, ohne allerdings das Verpackungserfordernis zu übertreiben (Verhältnismässigkeitsprinzip). Ein weiterer Aspekt für die gehörige Verpackung kann auch die Frage nach der Sicherheit der Ware auf dem vorgesehenen Transport sein. Für «gehörige Verpackung» ist nur dort zu sorgen, wo eine Verpackung notwendig ist. Ist von der Sache her **keine Verpackung** erforderlich (v.a. bei festen Stoffen wie Metall), so entfällt das Verpackungserfordernis. Je nach den Umständen ist auch die Bezeichnung des Gutes auf der Verpackung selbst, z.B. durch Anbringung von Merkzeichen etc., nötig (vgl. dazu z.B. Art. 104 Abs. 2 lit. h SSG). Soweit zusätzlich solche Angaben auf der Verpackung selbst gemacht werden (müssen), ist eine Übereinstimmung mit den Angaben gem. Art. 441 notwendig. 2

III. Die Prüfungspflicht des Frachtführers

Auch wenn grundsätzlich der Absender für die «gehörige Verpackung» besorgt sein muss, so obliegt dem **Frachtführer** doch die **Pflicht**, die Verpackung bei der Übernahme des Transportgutes zu **überprüfen**. Der Frachtführer hat auf jeden Fall zumindest eine äusserliche Prüfung des Transportgutes vorzunehmen und erkannte bzw. erkennbare **Mängel der Verpackung beim Absender geltend zu machen**. Der Umfang einer solchen Überprüfung ist auf die Art des Transportgutes und die Art des Transportes selbst abzustimmen. Stellt der Frachtführer eine mangelhafte Verpackung fest, so hat er den Absender darauf hinzuweisen und eine Verbesserung der Verpackung zu verlangen. Kommt der Absender dieser Aufforderung nicht nach, so darf der Frachtführer das Transportgut nicht übernehmen und transportieren, andernfalls er trotz Abmahnung haftbar wird. 3

IV. Rechtsfolgen

Der Frachtführer hat für einen **Schaden**, der sich während des Transportes ereignet, dann **einzustehen**, wenn er die effektive Verpackung nicht gerügt hat, obwohl diese äusserlich erkennbar Mängel aufwies, er den Transport aber dennoch mit dieser Verpackung durchgeführt hat (zur Kausalität vgl. N 5). Der **Frachtführer haftet nicht** für Schäden infolge mangelhafter Verpackung, wenn die **Mängel an der Verpackung nicht erkennbar waren** und den Frachtführer somit keine Abmahnungspflicht traf. Der Schaden ist dann vom Absender, allenfalls von einem Dritten, der für die Verpackung verantwortlich ist, zu tragen. Der Schadenersatzanspruch des Absenders gegen den Frachtführer ist nicht nur auf die Folgen an der Ware selbst beschränkt, sondern erstreckt sich auf alle Folgen, die infolge mangelhafter Verpackung entstanden sind (z.B. auch für Schäden an der Umwelt infolge ausgelaufener giftiger Chemikalien). 4

V. Beweislast

Grundsätzlich sind die Folgen von Verpackungsmängeln vom Frachtführer zu tragen, wenn er bei Übernahme des Gutes keinen Vorbehalt angebracht hat; er kann sich davon **durch einen zweifachen Beweis befreien**, nämlich dadurch, 5

- dass er nachweist, dass zwischen dem Verpackungsmangel und dem Schaden keine (adäquate) Kausalität besteht, oder
- dass er nachweist, dass der Verpackungsmangel für ihn äusserlich nicht erkennbar war.

Misslingt der eine oder der andere oder gar beide Beweise, so haftet der Frachtführer. Keine Haftung des Frachtführers ist gegeben, wenn er den Transport **trotz gehöriger Abmahnung** auf ausdrückliche Weisung des Absenders in Kenntnis der Mängelrüge durchführt.

VI. Abweichende Vereinbarungen

6 Die Bestimmungen von Art. 442 sind **dispositiver Natur**. Der Absender kann den Frachtführer im Rahmen des Frachtvertrages, aber auch eines selbstständigen Auftrages beauftragen, (gegen Entgelt) für die gehörige Verpackung des Transportgutes zu sorgen. Hat der Frachtführer auf diese Weise die **Verpackungsaufgabe übernommen** und tritt dann ein Schaden infolge mangelhafter Verpackung ein, so haftet der Frachtführer für den ganzen dadurch entstandenen Schaden; eine limitierte Haftung des Frachtführers müsste vertraglich vereinbart sein.

VII. Nationale Spezialgesetze

7 Die Verpflichtung des Absenders, für gehörige Verpackung besorgt zu sein, findet sich auch in ähnlicher Weise jeweils in den Spezialgesetzen wieder, so in Art. 25 Abs. 1 lit. b PBG (Reisegepäck), in Art. 10 Abs. 3 GüTG i.V.m. Art. 19 § 2 CIM (Güter), in Art. 9 Abs. 3 lit. b LTrV und in Ziff. 2.1 der AGB «Postdienstleistungen» für Privat- und Geschäftskunden.

VIII. Internationale Vereinbarungen

8 Im internationalen **Eisenbahn-, Luftfracht- und Strassenverkehr** gelten ebenfalls Verpackungspflichten zulasten des Absenders: Art. 19 CIM, Art. 18 Abs. 2 lit. b MÜ, Art. 11 Warschauer Abkommen sowie Art. 8 CMR e contrario. Mangels ausdrücklicher Regelung im SSG kommen die Bestimmungen des OR zur Anwendung (Art. 87 Abs. 1 SSG). Art. 6 Abs. 3 CMNI.

Art. 443

3. Verfügung über das reisende Gut

[1] Solange das Frachtgut noch in Händen des Frachtführers ist, hat der Absender das Recht, dasselbe gegen Entschädigung des Frachtführers für Auslagen oder für Nachteile, die aus der Rückziehung erwachsen, zurückzunehmen, ausgenommen:

1. **wenn ein Frachtbrief vom Absender ausgestellt und vom Frachtführer an den Empfänger übergeben worden ist;**
2. **wenn der Absender sich vom Frachtführer einen Empfangsschein hat geben lassen und diesen nicht zurückgeben kann;**
3. **wenn der Frachtführer an den Empfänger eine schriftliche Anzeige von der Ankunft des Gutes zum Zwecke der Abholung abgesandt hat;**
4. **wenn der Empfänger nach Ankunft des Gutes am Bestimmungsorte die Ablieferung verlangt hat.**

[2] In diesen Fällen hat der Frachtführer ausschliesslich die Anweisungen des Empfängers zu befolgen, ist jedoch hiezu, falls sich der Absender einen Empfangsschein hat geben lassen und das Gut noch nicht am Bestimmungsorte angekommen ist, nur dann verpflichtet, wenn dem Empfänger dieser Empfangsschein zugestellt worden ist.

3. Droit de disposer des objets expédiés

[1] L'expéditeur a le droit de retirer la marchandise tant qu'elle est entre les mains du voiturier, en indemnisant celui-ci de ses débours et du préjudice causé par le retrait; toutefois, ce droit ne peut être exercé:

1. lorsqu'une lettre de voiture a été créée par l'expéditeur et remise au destinataire par le voiturier;
2. lorsque l'expéditeur s'est fait délivrer un récépissé par le voiturier et qu'il ne peut le restituer;
3. lorsque le voiturier a expédié au destinataire un avis écrit de l'arrivée de la marchandise, afin qu'il eût à la retirer;
4. lorsque le destinataire, après l'arrivée de la marchandise dans le lieu de destination, en a demandé la livraison.

[2] Dans ce cas, le voiturier est tenu de se conformer uniquement aux instructions du destinataire; toutefois, lorsque l'expéditeur s'est fait délivrer un récépissé, le voiturier n'est lié par ces instructions, avant l'arrivée de la marchandise dans le lieu de destination, que si le récépissé a été remis au destinataire.

3. Disposizione sugli oggetti trasportati

[1] Finché la merce da trasportare si trovi nelle mani del vetturale, il mittente ha diritto di ritirarla, rimborsando il vetturale delle spese e del danno, che fosse per derivargli dal contrordine, salvi i seguenti casi, cioè:

1. quando siasi emessa dal mittente una lettera di vettura e consegnata dal vetturale al destinatario;
2. quando il mittente siasi fatto rilasciare dal vetturale uno scontrino di ricevuta e non possa restituirlo;
3. quando il vetturale pel ritiro della merce abbia mandato al destinatario un avviso scritto dell'arrivo della medesima;
4. quando, dopo l'arrivo della merce al luogo di destinazione, il destinatario ne abbia chiesto la consegna.

[2] In questi casi il vetturale è tenuto ad uniformarsi unicamente alle istruzioni del destinatario, ma nel caso in cui il mittente siasi fatto rilasciare uno scontrino di ricevuta e la merce non sia ancora arrivata al luogo di destinazione, solo quando lo scontrino di ricevuta sia già stato rimesso al destinatario.

Literatur

Vgl. die Literaturhinweise bei Art. 440.

I. Allgemeines

1 Art. 443 regelt die Möglichkeiten, **über das reisende Gut Verfügungen zu treffen**, die im ursprünglichen Frachtvertrag nicht bzw. nicht so vorgesehen sind. Die Bedeutung der Bestimmung geht über den Wortlaut des Gesetzes hinaus: Es wird nicht nur die Rücknahme des Gutes durch den Absender geregelt, sondern generell das Recht für den jeweiligen Berechtigten, **anders lautende Verfügungen über das Gut** zu treffen. Die im Gesetz ausdrücklich vorgesehene Möglichkeit der «Rückziehung» muss als Rückgängigmachen des Vertrages qualifiziert werden und steht deshalb nur dem Absender als Vertragspartei des Frachtführers zu, nicht jedoch dem Empfänger, der lediglich Drittbegünstigter aus einem Vertrag zugunsten Dritter ist. Empfänger kann auch der Empfangsspediteur sein. Von Art. 443 nicht erfasst werden die **Warenpapiere mit Wertpapiercharakter**.

II. Die Verfügungsberechtigung

2 Das Weisungsrecht über das Gut entsteht mit dem Abschluss des Frachtvertrages und ergibt sich aus der auftragsrechtlichen Komponente dieses Vertragstyps. Das Weisungsrecht kann **ausgeübt werden, sobald das Gut dem Frachtführer übergeben ist**. Es endet, abgesehen von den nachstehenden Spezialfällen, zum einen mit der Erfüllung der frachtvertraglichen Verpflichtungen durch den Frachtführer, d.h. mit der Ablieferung beim Empfänger, und zum anderen mit dem Bestehen eines definitiven Ablieferungshindernisses. Das Weisungsrecht steht zunächst dem Absender, allenfalls seinem direkten Stellvertreter zu.

3 Art. 443 sieht vier Fälle vor, bei deren Vorliegen das Weisungsrecht vom Absender auf den Empfänger, allenfalls auf dessen Stellvertreter übergeht.

1. Vom Absender ausgestellter Frachtbrief

Der **Frachtbrief** i.S. dieser Bestimmung stellt den schriftlichen Frachtvertrag dar (auch wenn kein Formerfordernis besteht). Das Original des Frachtbriefes wird demgemäss dem Frachtführer übergeben. Solange sich dieses **Original noch beim Frachtführer** befindet, bleibt das **Weisungsrecht beim Absender**. Hat aber der Frachtführer sein vom Absender ausgestelltes Original an den Empfänger weitergegeben, so sind damit auch die Weisungsrechte an den Empfänger übergegangen. Es ist somit der **Frachtführer, der die Weisungsrechte an den Empfänger weitergeben muss**; aus diesem Grund nützt auch die Übergabe eines Doppels, einer Kopie o.ä. des Frachtbriefes durch den Absender an den Empfänger zur Ausübung des Verfügungsrechtes nichts.

4 Der Frachtbrief ist **reine Beweisurkunde** und hat keinen Wertpapiercharakter (Art. 1153 OR). Damit geht das Eigentum an der Ware nicht mit der Übergabe des Frachtbriefes auf den Empfänger über, sondern erst mit Übergabe des Gutes selbst. Diese Konstellation kann im Konkurs des Empfängers von Bedeutung sein: Art. 203 SchKG räumt dem Absender das Recht ein, die noch nicht in den Besitz des konkursiten Empfängers übergegangene Ware herauszuverlangen bzw. nur gegen volle Bezahlung freizugeben. Hat der Frachtführer seinerseits einen Empfangsschein ausgestellt (vgl. u. N 5), so liegt das Weisungsrecht beim Besitzer des Empfangsscheins. Ein Frachtbrief bleibt dann ohne Wirkung. Zur Verpflichtung, unter gewissen Umständen einen Frachtbrief ausstellen zu müssen, vgl. BGE 122 III 106.

2. Ausstellung eines Empfangsscheines

5 Ein **Empfangsschein** wird jeweilen vom Frachtführer ausgestellt und bedeutet zunächst eine Quittung für den Erhalt der Ware; sodann enthält er aber auch die **Verpflichtung des Frachtführers, das Gut entsprechend den Weisungen abzuliefern**. Gleichzeitig verpflichtet sich der Frachtführer, Weisungen nur von demjenigen entgegenzunehmen, der den Empfangsschein in Händen hat (zur Rechtsnatur des Empfangsscheins vgl.: Isler, Zur Rechtsnatur des Spediteurempfangsscheins, BJM 1978, 113 ff.). Solange der **Absender den Empfangsschein vorweist**, ist er über das reisende Gut **verfügungsberechtigt**. Sobald der Empfänger ihn dem Frachtführer vorweisen kann, liegt das Weisungsrecht bei ihm. Kann weder der Absender noch der Empfänger den Empfangsschein vorlegen, so ist diese Situation so zu qualifizieren, wie wenn nie ein Empfangsschein ausgestellt worden wäre, d.h. das Weisungsrecht liegt grundsätzlich beim Absender; hat der Absender einen Frachtbrief ausgestellt und hat der Frachtführer diesen dem Empfänger übergeben, so ist damit auch das Weisungsrecht auf den Empfänger übergegangen (vgl. N 3 f.). Dem Empfangsschein kommt kein Wertpapiercharakter zu; aber sein Besitz ist ausschlaggebend für die Erteilung von Weisungen an den Frachtführer.

3. Anzeige der Ankunft des Gutes

6 Ist weder Frachtbrief noch Empfangsschein ausgestellt worden, so kann der Empfänger auch durch eine **schriftliche Mitteilung des Frachtführers** darüber, dass das Gut zum Zwecke der Abholung angekommen sei, zum Verfügungsrecht über die Ware gelangen. Es genügt dabei das Versenden der Anzeige durch den Frachtführer; der Empfänger muss die Mitteilung noch nicht erhalten haben. Mit der Mitteilung wird der drittbegünstigte Empfänger unwiderruflich in seine Rechtsstellung eingesetzt, die ohne seine Zustimmung nicht mehr aufgehoben werden kann (Art. 112 Abs. 3).

4. Begehren um Auslieferung

7 Ist das Gut am Empfangsort angekommen und hat der Empfänger davon Kenntnis (ohne dass es auf die Art der Kenntnisnahme ankommt), so kann er unabhängig von den Voraussetzungen der Ziff. 1–3 (N 3–6) die **Ablieferung des Gutes vom Frachtführer verlangen** (dies kann er erst recht, wenn die Voraussetzungen der Ziff. 1–3 dieses Artikels erfüllt sind). Vom Zeitpunkt des Auslieferungsbegehrens an besteht für den Frachtführer nur noch die vertragliche Verpflichtung, an den Empfänger abzuliefern; die eigentliche Transportverpflichtung ist erfüllt. Ist ein Frachtbrief oder ein Empfangsschein ausgestellt worden, so wird der Ablieferungsanspruch des Empfängers bereits mit der Übergabe eines dieser Dokumente unwiderruflich.

Kein Weisungsrecht über das reisende Gut besitzt der **Dritteigentümer**; dieser kann lediglich durch gerichtliche Massnahmen die Ausführung bestimmter Weisungen untersagen lassen, um seine Rechte zu wahren. Der Dritteigentümer (wie auch der Empfänger) ist nicht Partei des Frachtvertrages und steht damit in keiner Rechtsstellung zum Frachtführer. 8

III. Form und Inhalt der Weisungen

Nach allgemeinem Frachtvertragsrecht des OR bedarf die **Weisungserteilung keiner besonderen Form**. Spezialgesetze sehen oft Schriftlichkeit vor (vgl. N 25 f.). Weisungen, insb. diejenigen des Empfängers, haben sich im Rahmen des bestehenden Frachtvertrages zu halten. Die Stellung des Frachtführers darf ohne seine Zustimmung durch ändernde Weisungen weder verschlechtert noch erschwert werden. 9

Die ändernden Weisungen können zum einen die **Rückgabe oder den Rücktransport, das Anhalten des Gutes unterwegs oder die Aussetzung der Ablieferung des Gutes am Empfangsort** betreffen. Zum anderen kommt die Änderung des Empfängers in Betracht. Der neue Empfänger kann am selben oder auch an einem andern Ort domiziliert sein; im letzteren Fall dürfte allerdings für den Frachtführer meistens eine Erschwerung seines Auftrages vorliegen, die er gegen seinen Willen nicht hinzunehmen braucht. 10

Neben den eigentlichen frachtvertraglichen Weisungen können aber auch mit dem Frachtvertrag verbundene, rechtlich aber **selbständige Aufträge** erteilt, abgeändert oder aufgehoben werden; so z.B. die Verzollung des Gutes im Falle eines internationalen Transportes. Ob der Auftrag betr. Verzollung zustande gekommen ist, hängt zunächst vom Konsens der Parteien ab; bei gewerbsmässigen Frachtführern dürfte Stillschweigen als Annahme des Auftrages ausgelegt werden, wenn ihm z.B. die Zollpapiere etc. mit übergeben werden. Im internationalen Eisenbahnverkehr trifft die Eisenbahn selbst eine Pflicht zur Übernahme der Verzollung (Art. 26 § 1 CIM). 11

Auch der **Nachnahmeauftrag** (Cash on Delivery, «COD») ist ein selbstständiger Auftrag, der im Rahmen des Frachtvertrages erteilt werden kann. Die Möglichkeit der nachträglichen Erteilung eines Nachnahmeauftrages hängt vom Stadium der Beförderung ab (kann der Nachnahmeauftrag nicht mehr zeitgerecht weitergegeben werden, so muss der Frachtführer den Auftrag ablehnen). Die spätere Änderung eines bestehenden Nachnahmeauftrages dürfte in den meisten Fällen für den Frachtführer kaum beschwerend und damit möglich sein. Im Falle eines Nachnahmeauftrages darf der Frachtführer nicht Zahlung in Form eines Checks entgegennehmen (BJM 1994, 75 ff.). Vgl. dazu Art. 451 N 6 f. 12

IV. Die Rechtsfolgen des Übergangs der Verfügungsberechtigung

Ist das Weisungsrecht rechtsgültig auf den Empfänger **übergegangen**, so muss der Frachtführer die **Weisungen des Empfängers befolgen** solche des Absenders werden unbeachtlich (soweit sie nicht schon ausgeführt oder in Ausführung begriffen sind). Wie oben in N 9 erläutert, hat sich das Weisungsrecht des Empfängers im Rahmen des bestehenden Frachtvertrages zu halten und dürfte sich hauptsächlich auf die Ablieferung und die damit verbundenen Modalitäten beziehen. Liegen Weisungen vor, die diesen Rahmen sprengen und somit vom Frachtführer ohne seine Zustimmung nicht ausgeführt werden müssen, liegt mangels Zustimmung des Frachtführers zu den Änderungen eine Annahmeverweigerung des Empfängers vor, die zu den Folgen gem. Art. 444 und 445 führt. 13

V. Die Weisungsänderung durch den Absender und ihre Rechtsfolgen

14 Solange die Verfügungsberechtigung beim Absender verbleibt, ist dieser befugt, das Gut zurückzunehmen, wobei der Frachtführer dann **Anspruch auf Entschädigung für seine Nachteile und Auslagen** hat. Der Anspruch umfasst neben dem ursprünglich vereinbarten **Frachtlohn** auch diejenigen **Auslagen, Mehrarbeiten** etc., die mit der Ausführung der Rücknahmeweisung verbunden sind (Kosten der Rückfracht, Umladearbeiten etc.), aber auch **weitere Forderungen**, die wegen der neuen Weisung des Absenders gegen den Frachtführer geltend gemacht werden, so z.B. Forderungen anderer Absender wegen Verspätung (z.B. bei Sammeltransporten). Diese Drittansprüche richten sich gegen den Frachtführer, der vom weisungserteilenden Absender schadlos gehalten werden muss. Allerdings darf der Frachtführer diese Ansprüche nicht einfach anerkennen, sondern muss den weisungserteilenden Absender orientieren, andernfalls er seine Regressmöglichkeiten verliert (BGE 107 II 238). In einem allfälligen Gerichtsverfahren eines Drittabsenders gegen den Frachtführer muss Letzterer dem weisungserteilenden Absender den **Streit verkünden**; es wird auf diese Weise diesem die Möglichkeit gegeben, am Verfahren teilzunehmen bzw. dieses selbst zu übernehmen (vgl. dazu Staehelin E., 117 ff.; ZPO Komm-Takei, Art. 79 N 3 ff.).

15 Der **Freistellungsanspruch des Frachtführers** ist **kein absoluter**: Verletzt er seinerseits vertragliche Pflichten (Transportschäden etc.), so hat der Absender Ansprüche gegen den Frachtführer, die er zumindest verrechnungsweise geltend machen kann. Der weisungserteilende Absender kann sich anders als im Auftragsrecht (Art. 402 Abs. 2) im Falle von Art. 443 Abs. 1 nicht auf den Exkulpationsbeweis berufen: Die Haftung des Absenders ist gerade darin begründet, dass er die entsprechende Weisung erteilt hat. Mit dem Vorliegen der adäquaten Kausalität muss es deshalb sein Bewenden haben.

VI. Die Weisungsverletzung und ihre Rechtsfolgen

16 Eine **Weisungsverletzung** kann einerseits darin bestehen, dass eine vom Berechtigten erteilte Weisung nicht oder nicht richtig ausgeführt wird, oder andererseits, dass eine Weisung von einer nicht berechtigten Person erteilt und vom Frachtführer ausgeführt wird. Einzig ein sich aus solchem Verhalten des Frachtführers ergebender Schaden kann von demjenigen geltend gemacht werden, dem die Verfügungsberechtigung zusteht, also entweder vom Absender oder vom Empfänger, nicht aber von beiden gemeinsam (vgl. dazu SJZ 1968, 106 ff.).

17 Führt der Frachtführer eine **Weisung** des Weisungsberechtigten **nicht oder nicht richtig** aus und entsteht ein Schaden, so führt dies zur Schadenersatzpflicht (vgl. dazu Art. 397 Abs. 2). Sind die Voraussetzungen von Art. 397 Abs. 1 gegeben, so ist der Frachtführer im Interesse des Weisungsberechtigten befugt (und allenfalls verpflichtet), von einer erteilten Weisung abzuweichen, wenn es die Umstände erfordern.

VII. Das Verfügungsrecht bei Ausstellung von Warenpapieren

18 Das Verfügungsrecht über reisendes Gut kann sich nicht nur auf Urkunden wie den Frachtbrief, den Empfangsschein o.ä. mit reinem Beweischarakter abstützen, sondern auch auf **Urkunden, denen Wertpapiercharakter** zukommt. Bestehen solche Wertpapiere als Warenpapiere, so ist nur derjenige zur Weisungserteilung legitimiert, der sich durch das Warenpapier ausweist; nur von dieser Person kann der Frachtführer Weisungen gültig entgegennehmen. Bestehen Warenpapiere, so kommt den Regeln des Art. 443 Abs. 1 keine Bedeutung mehr zu. Die Wirkungen solcher Warenpapiere richten sich nach den Regeln des Art. 925 ZGB (und im Konkurs nach Art. 203 Abs. 2 SchKG): Eigentum und Pfandrecht werden durch Übergabe des Papiers erworben, ohne dass eine Einschaltung des Frachtführers vonnöten wäre.

Damit einem Warenpapier **Wertpapiercharakter** zukommt, muss das Papier die folgenden Angaben enthalten: Ort und Tag der Ausstellung sowie Unterschrift des Ausstellers, Name und Wohnort des Ausstellers, Name und Wohnort des Absenders, die Bezeichnung der aufgegebenen Ware nach Beschaffenheit, Menge und Merkzeichen, die Gebühren und Löhne, die zu entrichten sind oder die vorausbezahlt wurden, die besonderen Vereinbarungen, die von den Beteiligten über die Behandlung der Ware getroffen worden sind (soweit vorhanden), die Zahl der Ausfertigungen des Warenpapiers, und die Angabe des Verfügungsberechtigten mit Namen oder an Ordre oder als Inhaber (Art. 1153). Fehlt eine der Angaben, so fehlt es am Wertpapiercharakter des Warenpapiers, das dann zur blossen Beweisurkunde wird (BGE 109 II 144). Von dieser Wirkung ausgenommen ist das Fehlen der Angabe von besonderen Vereinbarungen; sind solche Vereinbarungen getroffen, aber nicht im Warenpapier enthalten, so nehmen sie am Wertpapiercharakter nicht teil. Alle diese Angaben sind notwendig, um bei allfälligen Haftungsfragen eine klare Ausgangsbasis zu erstellen und um die Negotiabilität des Papiers zu erleichtern. 19

VIII. Insbesondere: Konnossemente

Im Bereich der Warenpapiere sind nach schweizerischem Recht speziell geregelt das **Rhein- und Seekonnossement** («Bill of Lading», «B/L»), das Übernahmekonnossement («Received Bill of Lading») und das **Durchkonnossement** («Through Bill of Lading»). Vgl. dazu Art. 112 ff. SSG. 20

Dem Konnossement liegt ein **Grundvertrag** (meistens ein Kaufvertrag) zwischen dem Befrachter (shipper/merchant/consignor, affréteur) und dem Empfänger (consignee, destinataire) über ein bestimmtes Wirtschaftsgut zugrunde. Der Befrachter beauftragt sodann einen Ablader (chargeur), das Wirtschaftsgut zu verschiffen (die Terminologie im schweizerischen Recht entspricht nicht vollständig den internationalen Vereinbarungen, da offenbar bei der Übernahme dieser internationalen Abkommen das innerstaatliche Recht in diesem Punkt nicht angepasst wurde). Der Ablader übergibt dieses dem Seefrachtführer (auch Verfrachter, carrier, transporteur), welcher bei der Anbordnahme der Ware ein Konnossement (zur Definition vgl. Art. 1153–1155) ausstellt und dieses dem Ablader aushändigt. 21

Der Ablader stellt hierauf dem Befrachter und dieser dem Empfänger das Konnossement zu, während der Seefrachtführer die Ware per Schiff zum Bestimmungshafen transportiert. Dort kann der berechtigte Inhaber (zunächst der Empfänger) des Konnossementes gegen dessen Vorweisung die **Herausgabe der Ware** verlangen. Wird das Konnossement auch als Dokument zur Erfüllung von Akkreditiv-Vereinbarungen verwendet, so sind auch die darauf anwendbaren Bestimmungen (wohl praktisch immer die «Einheitlichen Richtlinien und Gebräuche für Dokumentenakkreditive» der Internationalen Handelskammer in Paris) zu beachten. 22

Das Konnossement kann auf den Namen, an Ordre oder auf den Inhaber lauten. Es kann gemäss den wertpapierrechtlichen Bestimmungen übertragen werden. 23

IX. IPR

Die Regeln zur Verfügungsberechtigung gem. Art. 443 kommen dann zur Anwendung, wenn auf den Frachtvertrag schweizerisches Recht zur Anwendung kommt (vgl. Art. 440 N 12). Ob einem Papier Wertpapiercharakter zukommt oder nicht, bestimmt sich nach dem vereinbarten Recht, resp. **nach dem Recht am Sitz des Ausstellers**, wenn im Papier kein Recht bezeichnet ist (Art. 106 IPRG). Im Falle eines Seefrachtführers kommt das «Internationale Übereinkommen zur einheitlichen Feststellung einzelner Regeln über die Konnossemente» vom 25.8.1924 (SR 0.748.354.11) mit Änderungsprotokollen vom 23.2.1968 (SR 0.747.354.111) und 21.12.1979 (SR 0.747.354.112), die sog. **Haager Visby-Regeln**, zur Anwendung, sofern ein Konnossement nach den Bestimmungen des Abkommens ausgestellt wurde, die Beförderung von einem Hafen eines Vertragsstaates ausging, oder die Anwendbarkeit des Abkom- 24 mens im Konnossement vorgesehen ist bzw. auf das Recht eines Staates verwiesen wurde, der seinerseits ein Vertragsstaat des Abkommens ist. Die Heimatflagge des Schiffes oder die Staatsangehörigkeit des Frachtführers spielen keine Rolle für die Anwendbarkeit des Übereinkommens (vgl. dazu BGer, 25.8.2008, 4A_88/2008).

X. Nationale Spezialgesetze

25 Sowohl die **LTrV** und das **PG** wie auch das **CIM** für den Eisenbahn- und Schifffahrtsverkehr (Art. 18 CIM) erlauben Änderungen des Frachtvertrages durch den Absender, die solange möglich sind, als der Empfänger noch kein Recht ausüben kann. Nach Art. 2 LTrV i.V.m. Art. 12 MÜ sind Änderungen des Luftfrachtvertrages möglich, wenn der Absender seine Verpflichtungen aus dem Frachtvertrag erfüllt. Nach Art. 13 MÜ geht die Verfügungsberechtigung mit der Ankunft des Gutes am Bestimmungsort auf den Empfänger über. Im Postverkehr kommen mangels anderer Bestimmungen diejenigen des Frachtvertragsrechts zumindest analog zur Anwendung (die diesbezüglichen früher in den AGB «Postdienstleistungen» enthaltenen Bestimmungen sind in der aktuellen Version [Januar 2015] nicht mehr enthalten).

XI. Internationale Vereinbarungen

26 Auch im internationalen **Eisenbahnverkehr** sind nachträgliche Änderungen des Frachtvertrages möglich; **Änderungsverfügungen sind schriftlich zu erklären**; die Formvorschriften der Eisenbahn sind einzuhalten, andernfalls die Nichtigkeit der Verfügung eintritt (Art. 30 CIM). Der Absender kann Verfügungen treffen, bis der Empfänger den Frachtbrief eingelöst, das Gut angenommen, die Ablieferung des Gutes verlangt hat oder bis die Sendung in das Zollgebiet des Bestimmungslandes gelangt ist. Der verfügungsberechtigte Empfänger kann ebenfalls Änderungen vornehmen, jedoch nur mit beschränkten Möglichkeiten: er kann das Gut unterwegs anhalten, die Ablieferung des Gutes aussetzen, die Ablieferung des Gutes im Bestimmungsland an eine andere Person als den im Frachtbrief angegebenen Empfänger oder auf einem anderen Bestimmungsbahnhof verlangen, oder begehren, bei der Erfüllung der zoll- und sonstigen verwaltungsbehördlichen Vorschriften anwesend zu sein (Art. 31 CIM). Ist bei einem **Seefrachtvertrag ein Konnossement** ausgestellt worden, so ist diejenige Person verfügungsberechtigt, die aus dem Konnossement berechtigt ist (Art. 114 SSG). Ist kein Konnossement ausgestellt, so gelten die Vorschriften des Frachtvertragsrechtes (Art. 87 Abs. 1 SSG). Im **Luftfrachtrecht** kann der Absender über das Gut verfügen, bis die Anzeige an den Empfänger erfolgt ist, sofern der Empfänger alle Verpflichtungen erfüllt (Art. 12 MÜ und Art. 12 Warschauer Abkommen). Im internationalen **Strassengüterverkehr** gilt grundsätzlich das Gleiche. Das Verfügungsrecht des Absenders erlischt, sobald die zweite Ausfertigung des Frachtbriefes dem Empfänger übergeben ist oder dieser nach Ankunft des Gutes die Ablieferung an ihn verlangt (Art. 12, 13 CMR): vgl. dazu BGE 132 III 626, 636 f. Im internationalen **Postverkehr** gelten analoge Regelungen (Art. 5 Abs. 2 Weltpostvertrag).

Art. 444

II. Stellung des Frachtführers
1. Behandlung des Frachtgutes
a. Verfahren bei Ablieferungshindernissen

[1] Wenn das Frachtgut nicht angenommen oder die Zahlung der auf demselben haftenden Forderungen nicht geleistet wird oder wenn der Empfänger nicht ermittelt werden kann, so hat der Frachtführer den Absender hievon zu benachrichtigen und inzwischen das Frachtgut auf Gefahr und Kosten des Absenders aufzubewahren oder bei einem Dritten zu hinterlegen.

[2] Wird in einer den Umständen angemessenen Zeit weder vom Absender noch vom Empfänger über das Frachtgut verfügt, so kann der Frachtführer *unter Mitwirkung* der am Orte der gelegenen Sache zuständigen Amtsstelle das Frachtgut zugunsten des Berechtigten wie ein Kommissionär verkaufen lassen.

II. Obligations du voiturier
1. Soins à donner aux marchandises
a. Procédure en cas d'empêchement de livrer

[1] Lorsque la marchandise est refusée, ou que les frais et autres réclamations dont elle est grevée ne sont pas payés, ou lorsque le destinataire ne peut être atteint, le voiturier doit aviser l'expéditeur et garder provisoirement la chose en dépôt ou la déposer chez un tiers, aux frais et risques de l'expéditeur.

[2] Si l'expéditeur ou le destinataire ne dispose pas de la marchandise dans un délai convenable, le voiturier peut, de la même manière qu'un commissionnaire, la faire vendre pour le compte de qui de droit, avec l'assistance de l'autorité compétente du lieu où la chose se trouve.

II. Posizione del vetturale
1. Cure per la merce
a. In caso di impedimenti alla consegna

[1] Se la merce non venga accettata o non venga effettuato il pagamento dei crediti di cui fosse gravata, o non si trovi il destinatario, il vetturale deve avvertirne il mittente, e frattanto tenere in deposito la merce trasportata o depositarla presso un terzo a rischio e spese del mittente.

[2] Se poi né il mittente né il destinatario dispongono della merce stessa entro un termine adeguato alle circostanze, il vetturale può farla vendere per conto di chi di ragione, coll'intervento dell'autorità competente del luogo in cui si trova, come fosse un commissionario.

Literatur

Vgl. die Literaturhinweise bei Art. 440.

I. Allgemeines

1 Die Art. 444 und 445 regeln die Vorgehensweise für den Frachtführer im Falle von **Ablieferungshindernissen**, für Situationen also, die dem Frachtführer die Erfüllung seiner Verpflichtung, das Gut dem Empfänger abzuliefern, erschweren oder gar verunmöglichen. Von den vorliegenden Bestimmungen nicht erfasst werden die sog. **Beförderungshindernisse**, bei denen die Transportausführung aus irgendwelchen Gründen in Frage gestellt ist. In solchen Fällen hat der Frachtführer die Weisungen des Verfügungsberechtigten einzuholen und danach zu handeln (Art. 443).

II. Ablieferungshindernisse

2 **Ablieferungshindernisse** sind Umstände, die es dem Frachtführer verunmöglichen, seiner Verpflichtung, das Gut dem Empfänger abzuliefern, nachzukommen. Art. 444 Abs. 1 definiert diese Ablieferungshindernisse einerseits als **Annahme- und Zahlungsverweigerung des Empfängers** und andererseits als **Unmöglichkeit, den Empfänger zu ermitteln**. Die Ablieferungshindernisse nach Art. 444 sind abschliessend, soweit die in dieser Bestimmung aufgeführten Konsequenzen in Frage stehen. Treten andere Hindernisse auf (z.B. Verbot der Ablieferung aufgrund einer richterlichen Verfügung auf Antrag z.B. des Dritteigentümers), so gelten die allgemeinen Regeln des OR (Art. 92: Hinterlegung auf Kosten und Gefahr des Empfängers als Gläubiger der Ablieferungsverpflichtung). Der Unterschied ergibt sich daraus, dass in den letzteren Fällen grundsätzlich abgeliefert werden kann und der Empfänger bekannt ist, währenddem diese Voraussetzungen bei Art. 444 gerade nicht vorliegen, weil der Empfänger die Annahme verweigert oder weil er gar nicht bekannt ist.

1. Die Annahme- oder Zahlungsverweigerung

3 Hat der Absender die Frachtkosten nicht im Voraus beglichen, so wird der Frachtführer solche Kosten als Teil seiner frachtvertraglichen Verpflichtung beim Empfänger beziehen wollen. Weigert sich der Empfänger, diese Kosten zu bezahlen, so ist die für die Ablieferung gesetzte Bedingung nicht erfüllt, womit der Frachtführer nicht abliefern darf (tut er es dennoch, so auf eigenes Risiko; Art. 429 Abs. 1 in Analogie). Mit der **Zahlungs- und damit Annahmeverweigerung** befindet sich der Empfänger im Annahme- und somit im Gläubigerverzug

(Art. 91 ff.). Der Empfänger kann diese Konsequenz dadurch abwenden, dass er die geforderten Kosten i.S.v. Art 451 Abs. 1 hinterlegt; in diesem Fall ist der Frachtführer verpflichtet, das Gut auszuliefern.

2. Unmöglichkeit der Ermittlung des Empfängers

4 Ein Ablieferungshindernis kann auch dann bestehen, wenn der Absender **einen anderen Empfänger angegeben** hat als er angeben wollte oder er dem richtigen Empfänger eine andere Sendung zugehen lässt. Die **Unmöglichkeit der Ablieferung** kann sich aber auch aus einer Abwesenheit des Empfängers, dessen Tod, dessen Konkurs etc. ergeben.

III. Rechtsfolgen

5 Liegt ein Ablieferungshindernis im oben beschriebenen Sinne vor, so hat der Frachtführer zunächst den **Absender zu benachrichtigen** und dessen **Weisungen einzuholen** (Art. 443). Eine Ablieferung darf vorerst nicht erfolgen. Erteilt der Absender Weisungen, die Aufwendungen seitens des Frachtführers zur Folge haben, so muss der Absender dafür aufkommen (Art. 443 N 14). Gleichzeitig hat der Frachtführer bis zum Erhalt der Weisungen des Absenders das Frachtgut selbst aufzubewahren oder bei einem Dritten zu hinterlegen. Eine solche **Aufbewahrung** erfolgt auf Kosten und Gefahr des Absenders; dies, weil nach Art. 441 der Absender die Folgen einer mangelhaften Angabe zu tragen hat. Diese Spezialbestimmungen gehen den allgemeinen Vorschriften, die eine Hinterlegung auf Kosten und Gefahr des Gläubigers, d.h. des Empfängers im Frachtvertragsrecht vorsehen (Art. 92), vor.

6 Erhält der Frachtführer **keine Weisungen** zur weiteren Behandlung des Gutes, so ist er berechtigt, nach einer angemessenen Zeit das Frachtgut zu **verkaufen**, wobei dafür eine **Amtsstelle** am Ort der gelegenen Sache mitzuwirken hat. Für Einzelheiten des Verfahrens sei auf Art. 445 N 9 ff. verwiesen. Vgl. dazu AppGer TI, 2.2.2009 (12.2008.144).

IV. Beweislast

7 Kommt es zur gerichtlichen Auseinandersetzung, so hat der **Frachtführer zu beweisen, dass die Voraussetzungen für den Verkauf**, nämlich die vom Gesetz vorgesehenen Ablieferungshindernisse, **gegeben waren**. Eine Androhung des Selbsthilfeverkaufs ist nicht notwendig (**a.M.** BK-Gautschi, N 9); Art. 93 hat hier keine Bedeutung. Im Übrigen sollten, soweit möglich, alle Beteiligten benachrichtigt werden, damit das Mitspracherecht gewährleistet ist (Art. 445 N 11).

V. Die Abwendung des Selbsthilfeverkaufes

8 Der zahlungspflichtige Empfänger kann den Selbsthilfeverkauf jederzeit dadurch abwenden, dass er entweder die **geforderten Kosten bezahlt oder sie zumindest nach Art. 451 Abs. 1 hinterlegt**. Eine solche Ablösungszahlung bzw. Hinterlegung kann erfolgen, bis das Gut verkauft ist. Sind im Frachtvertrag für den Fall eines Ablieferungshindernisses bereits Weisungen erteilt worden, so hat der Frachtführer zunächst danach zu handeln und kann, führen auch diese Weisungen nicht zum Erfolg, erst dann den Selbsthilfeverkauf durchführen, wenn keine weiteren Weisungen mehr vorliegen.

VI. Nationale Spezialgesetze

9 Nach Art. 10 Abs. 3 GüTG i.V.m. Art. 21 CIM hat die Unternehmung **im nationalen und internationalen Verkehr** den Absender um **Anweisung zu ersuchen**, wenn der Empfänger Transporturkunde und Gut nicht fristgerecht abholt. In **dringenden Fällen** kann die Unter-

nehmung selbst geeignete Massnahmen treffen (Schadenminderungspflicht). Holt der Empfänger trotz Mahnung das Gut nicht ab, so hat es die Unternehmung in Verwahrung zu nehmen; sie kann es auch auf Kosten und Gefahr des Berechtigten bei einem Dritten **hinterlegen** (Art. 22 § 2 CIM). Ohne Erhalt von Weisungen innert angemessener Frist kann das Gut **verkauft** werden (Art. 22 § 3 CIM). Nach dem **Luftfrachtrecht** hat der Luftfrachtführer zunächst alles zu unternehmen, um Schaden zu vermeiden (Art. 10 Abs. 3 LTrV). Dazu gehört u.U. auch das Einholen von Weisungen beim Absender. Weist der Luftfrachtführer nach, dass er alle zumutbaren Massnahmen zur Vermeidung des Schadens getroffen oder dass es nicht möglich war, solche Massnahmen zu ergreifen, so entfällt eine Haftung. Alternativ kann er das Gut gem. Art. 444 verkaufen, sofern die Ware in der Schweiz bleibt.

Unzustellbare Sendungen im Postverkehr werden an den Absender auf dessen Kosten zurückgeschickt; der bei der Aufgabe bezahlte Preis wird nicht rückerstattet. Die Post kann die Sendung zur Feststellung des Absenders öffnen (Ziff. 2.6.2 der AGB «Postdienstleistungen» für Privatkunden, resp. Ziff. 2.4.2 der AGB «Postdienstleistungen» für Geschäftskunden). Ist der Absender nicht ermittelbar, kann die Post freihändig über die Sendung verfügen (AGB «Postdienstleistungen», a.a.O., und Art. 19 VPG).

VII. Internationale Vereinbarungen

Für den **Seefrachtvertrag** gelten kraft Verweises die Bestimmungen des **OR** (Art. 87 Abs. 1 SSG). Im **Luftfrachtrecht** gelten die Bestimmungen von Art. 19 MÜ, wonach der Frachtführer alle zumutbaren Massnahmen zur Vermeidung von Schaden treffen muss. Auch im Eisenbahnrecht hat sich die **Eisenbahn beim Absender zu orientieren und Weisungen einzuholen**. Werden solche Anweisungen unterlassen, und kommt es auch nicht nachträglich zur Ablieferung, so verfährt die Eisenbahn, der die Ablieferung obliegt, gemäss den Vorschriften am Ort der Ablieferung. Befindet sich dieser in der Schweiz, so gelten gestützt auf Art. 10 GüTG die Art. 21 und 22 von Anhang B CIM (von der in Art. 10 Abs. 4 GüTG vorgesehenen Kompetenz zu Spezialregelungen im nationalen Verkehr hat der Bundesrat keinen Gebrauch gemacht). Eine ähnliche Lösung findet sich im internationalen **Strassengüterverkehr**: Art. 16 Ziff. 3 CMR ermächtigt den Frachtführer, das Gut zu verkaufen, wenn der Verfügungsberechtigte innerhalb einer angemessenen Frist keine Weisungen erteilt. Ein allfälliger **Verkauf** richtet sich nach den **Vorschriften des Ortes, an dem sich das Gut befindet** (Art. 16 Ziff. 5 CMR i.V.m. Art. 15 CMR). Das CMR regelt die Rechte und Pflichten des Hinterlegungsvertrages nicht; das darauf anwendbare Recht bestimmt sich nach den Kriterien des IPRG (vgl. dazu den BGer, 19.2.2009, 4A_218/2008). Im internationalen **Postverkehr** wird bei einem Ablieferungshindernis die Sendung an das Aufgabeland zurückgesandt (Art. 5 Abs. 3 Weltpostvertrag). 10

Art. 445

b. Verkauf

1 Sind Frachtgüter schnellem Verderben ausgesetzt, oder deckt ihr vermutlicher Wert nicht die darauf haftenden Kosten, so hat der Frachtführer den Tatbestand ohne Verzug amtlich feststellen zu lassen und kann das Frachtgut in gleicher Weise wie bei Ablieferungshindernissen verkaufen lassen.

2 Von der Anordnung des Verkaufes sind, soweit möglich, die Beteiligten zu benachrichtigen.

b. Vente nécessaire

1 Si la marchandise est exposée à une prompte détérioration ou si sa valeur présumable ne couvre pas les frais dont elle est grevée, le voiturier doit sans délai le faire constater officiellement et peut procéder à la vente de la marchandise comme dans les cas d'empêchement de la livrer.

2 Les intéressés seront, autant que possible, informés de la mise en vente.

b. Vendita

[1] Ove si tratti di merci soggette a rapido deterioramento, o il cui valore presumibile non copra le spese di cui sono gravate, il vetturale deve farne tosto accertare officialmente lo stato e può in seguito farle vendere nel modo previsto per il caso di impedimento nella consegna.

[2] Dell'ordine di vendita dovranno, in quanto ciò sia possibile, essere avvisati gli interessati.

Literatur

Vgl. die Literaturhinweise bei Art. 440.

I. Allgemeines

1 Art. 444 regelt das Vorgehen bei Ablieferungshindernissen im Allgemeinen, Art. 445 das Verfahren in zwei Spezialfällen, nämlich dann, wenn das **Transportgut schnell verderblich** ist (Früchte etc.), oder wenn der **Wert der Ware vermutlich die durch den Transport entstandenen Kosten nicht deckt**; in diesen beiden Konstellationen wird ein Ablieferungshindernis nicht vorausgesetzt.

2 Mit einem raschen Verkauf (Notverkauf) soll sichergestellt werden, dass der **Frachtführer seine Kosten erhältlich machen kann**. Die Ausübung des ihm zustehenden Retentionsrechts kann in diesen Fällen praktisch nicht zum Ziel führen, da bei einem ordentlichen Verfahren nach Beanspruchung des Retentionsrechtes zuviel Zeit verstreicht und im Verwertungszeitpunkt nach Durchführung des ordentlichen Betreibungsverfahrens die Ware nichts mehr wert sein dürfte.

3 Die Möglichkeit des **Verkaufs der schnell verderblichen Ware** entspricht dem in den allgemeinen Bestimmungen des OR enthaltenen Grundsatz der Schadenminderungspflicht (auch wenn die Deckung der Transportkosten eine Rolle spielen dürfte). Im zweiten Fall (mangelnde **Deckung der durch den Transport entstandenen Kosten** durch den Warenwert) tritt der erste Gedanke in den Hintergrund; die Sicherstellung des Frachtführers und seiner Forderung steht hier im Vordergrund.

II. Voraussetzungen

4 Das Recht zum Notverkauf setzt **kein Ablieferungshindernis** i.S.v. Art. 444 voraus, gilt aber auch in jenen Fällen; ebensowenig muss eine eigentliche Vertragsstörung vorliegen. Art. 445 findet immer dann Anwendung, wenn verderbliche Ware transportiert wird, die den Zielort nicht mehr in unverdorbenem Zustand erreichen kann, resp. vor Annahme durch den Empfänger verderben dürfte, oder wenn die Ware die auf ihr haftenden Kosten nicht mehr deckt.

5 Ob eine Ware **verderblich** i.S. dieses Artikels ist, bestimmt sich hauptsächlich danach, ob es dem Frachtführer noch möglich ist, die Ware an den Bestimmungsort zu bringen, ohne dass sie bis zur Ablieferung an den Empfänger verdirbt. Ist dies möglich, so muss er seine Transportverpflichtung erfüllen, andernfalls er zum Notverkauf berechtigt ist.

6 Der **Wert der Sache** ist ins Verhältnis zu den offenen Transportkosten zu setzen; der in diesem Artikel erwähnte Wert ist somit ein relativer Begriff. Nur wenn der Wert der Ware die noch offenen Kosten des Transportes nicht mehr deckt, und somit die Vollstreckung auch eines Retentionsrechtes im Ergebnis illusorisch wäre, kann das Notverkaufsrecht beansprucht werden. Der Notverkauf im Falle des zu geringen Wertes im Verhältnis zu den Transportkosten setzt m.E. aber voraus, dass nachträglich entweder bedeutend höhere Kosten (z.B. durch Weisung des Auftraggebers) entstanden sind oder dass das Transportgut ohne Verschulden des Frachtführers an Wert verliert. Übernimmt ein Frachtführer ein Transportgut, das bereits bei seiner Übernahme weniger wert ist als die Transportkosten betragen werden, bringt der

Frachtführer aber diesbezüglich keine Vorbehalte an und besteht er nicht auf einer Vorauszahlung seiner Kosten, dann stehen dem Frachtführer m.E. die Rechte gem. Art. 445 nicht zu, da er den Verlust seiner Rechte sich selbst zuzuschreiben hat.

III. Rechtsfolgen

Im Falle der Gefahr des Verderbnisses der Ware bzw. bei mangelnder Deckung der Transportkosten durch das Transportgut, kann der Frachtführer zur materiellen Aufrechterhaltung seines **Retentionsrechtes** die Ware unter Einhaltung eines Verfahrens mit **Beizug einer amtlichen Stelle** veräussern und seine Ansprüche aus dem Verkaufserlös befriedigen lassen. Ein überschiessender Erlös ist an den Verfügungsberechtigten herauszugeben. Eine weitere Haftung des Frachtführers besteht nicht. Dem Verfügungsberechtigten muss es aber freistehen, die Höhe des beanspruchten Transportlohnes zu bestreiten und eine allfällige Differenz zurückzufordern. 7

Von dieser Situation zu unterscheiden ist der Fall, in dem der Frachtführer Ware übernimmt, die im **Zeitpunkt der Übernahme bereits in einem äusserlich erkennbar schlechten Zustand** ist und den Transport wohl kaum unverdorben überstehen dürfte. Hier muss der Frachtführer Vorbehalte anbringen und u.U. die Übernahme des Transportgutes ablehnen, um sich einer Haftung zu entziehen. 8

IV. Verfahren

Das Gesuchsverfahren zur richterlichen Bewilligung des Selbsthilfeverkaufs zählt zur freiwilligen Gerichtsbarkeit (BGer, 2.3.2010, 4A_640/2009). Es kommen deshalb die Bestimmungen von Art. 248 ff. ZPO zur Anwendung (Art. 1 lit. b i.V.m. Art. 19 ZPO). Die zuständigen Behörden werden vom kantonalen Recht bestimmt. 9

Die **örtliche Zuständigkeit** ist dort gegeben, wo das verderbliche oder wertlose Transportgut im Zeitpunkt des beabsichtigten Notverkaufs liegt (Art. 19 ZPO; Art. 444 Abs. 2 enthält eine ausdrückliche Ausnahmebestimmung für die örtliche Zuständigkeit zugunsten des Ortes der gelegenen Sache). Die Zuständigkeit im internationalen Verhältnis stützt sich auf Art. 24 LugÜ resp. Art. 3 IPRG. Die **sachliche Zuständigkeit** richtet sich nach dem kantonalen Recht. Meistens werden Einzelrichter als zuständig erklärt, um die rasche Erledigung zu gewährleisten. 10

Der Frachtführer hat zunächst durch die zuständige Amtsstelle den verderblichen **Zustand** bzw. den relativ geringen Wert des Transportgutes **feststellen zu lassen**. Es handelt sich hier um eine vorsorgliche Beweisaufnahme, die durch das Bundesrecht als Institut vorgeschrieben ist (vgl. dazu Art. 158 ZPO). Die Amtsstelle wird nach Überprüfung der Situation den Notverkauf bewilligen, wenn die Voraussetzungen gegeben sind, sonst aber verweigern. Nach Art. 445 Abs. 2 sind die **Interessierten**, hauptsächlich der Empfänger, der Verfügungsberechtigte, evtl. auch der Eigentümer, **anzuhören**, soweit dies in Anbetracht der Dringlichkeit der Sache möglich ist. Der Beizug ermöglicht es diesen Beteiligten, allenfalls die geforderten Kosten zu hinterlegen, um den Notverkauf abzuwenden. Hat die zuständige Amtsstelle den Notverkauf antragsgemäss bewilligt, so gilt dieser Entscheid nicht nur für die direkten Verfahrensbeteiligten, sondern für jedermann (analog zu einem Gestaltungsurteil, vgl. GULDENER, 382). Ob z.B. der Verfügungsberechtigte angehört worden ist, spielt dafür keine Rolle. Den Verfahrensbeteiligten stehen die möglichen Rechtsmittel offen, deren Ergreifung aber meistens kaum zum Ziel führen dürfte, da entweder der Notverkauf trotzdem durchgeführt wird, oder die Ware bis zum Entscheid durch die Rechtsmittelinstanz verdorben sein dürfte, je nachdem, ob dem Rechtsmittel die aufschiebende Wirkung zukommt oder nicht (sei dies von Gesetzes wegen oder aufgrund einer richterlichen Verfügung). 11

12 Hat die zuständige Amtsstelle den Notverkauf bewilligt, so kann der Frachtführer das Transportgut **unter Mitwirkung der zuständigen Amtsstelle** (die nicht identisch mit der bewilligenden Amtsstelle zu sein braucht) **verkaufen lassen**. Der Verkauf kann ohne Zustimmung des Verfügungsberechtigten nicht freihändig, sondern muss an einer Versteigerung erfolgen, sofern – in analoger Anwendung – nicht die Voraussetzungen für einen freihändigen Verkauf i.S.v. Art. 130 Ziff. 2–4 SchKG vorliegen; insb. Ziff. 4 von Art. 130 SchKG, d.h. Art. 124 Abs. 2 SchKG dürfte im Falle von verderblichen Waren zur Anwendung kommen können.

V. Abweichende Vereinbarungen

13 Art. 445 ist **nicht zwingendes Recht**. Andere Vereinbarungen sind somit zulässig. Dies kann insb. für die freihändige Verwertung anstelle der Veräusserung an einer Gant unter Mithilfe einer Amtsstelle Anwendung finden. Allerdings wird der Frachtführer auch bei Vorliegen einer entsprechenden Ermächtigung zur Sicherung des Beweises gut daran tun, die Voraussetzungen des Notverkaufs durch die zuständige Amtsstelle oder durch eine andere neutrale Stelle überprüfen zu lassen. Für die örtliche Zuständigkeit vgl. Art. 453 N 8.

VI. Nationale Spezialgesetze

14 Für die Transporte mit **Eisenbahn und Schiffen sowie mit der Post** kann auf die Ausführungen zu Art. 444 verwiesen werden. Das LTrV enthält für den **Luftfrachtvertrag** keine Bestimmungen mehr (das alte Recht verwies noch ausdrücklich auf Art. 445). Sinngemäss müssen aber die gleichen Regeln zur Anwendung kommen.

VII. Internationale Vereinbarungen

15 Für den internationalen **Eisenbahntransport** verweist Art. 22 § 5 CIM für die in Art. 445 anvisierten Fälle auf die Regeln, die für die Eisenbahn am Ablieferungsort gelten. Damit kommen für verderbliche oder relativ geringwertige Frachtgüter bei einem Verkauf in der Schweiz die Bestimmungen von Art. 445 zur Anwendung. Ähnliches gilt für den **Strassengüterverkehr** gestützt auf Art. 16 Ziffern 2, 3 und 5 CMR (vgl. dazu Art. 444 N 10). Für den **Seefrachtvertrag** gilt mangels abweichender Bestimmungen im SSG die Regelung des OR (Art. 87 Abs. 1 SSG). Das MÜ enthält für das **Luftfrachtrecht** keine Bestimmung im Sinne des Art. 445. Sinngemäss muss aber die gleiche Regelung zur Anwendung kommen, damit der Luftfrachtführer seine Haftung ausschliessen kann.

Art. 446

c. Verantwortlichkeit	**Der Frachtführer hat bei Ausübung der ihm in Bezug auf die Behandlung des Frachtgutes eingeräumten Befugnisse die Interessen des Eigentümers bestmöglich zu wahren und haftet bei Verschulden für Schadenersatz.**
c. Garantie	Le voiturier, en exerçant les droits qui dérivent pour lui des soins à donner à la marchandise, sauvegarde de son mieux les intérêts du propriétaire; en cas de faute, il est passible de dommages-intérêts.
c. Tutela degli interessi del proprietario	Il vetturale, valendosi delle facoltà accordategli sulla merce in trasporto, deve tutelare nel modo migliore gli interessi del proprietario ed è responsabile dei danni nel caso di colpa.

Literatur

Vgl. die Literaturhinweise bei Art. 440.

I. Allgemeines

Die Artikel 444 und 445 räumen dem Frachtführer sehr weitgehende Möglichkeiten zur Wahrung (auch) seiner Rechte ein, die bis zum Verkauf des Transportgutes gehen können. Art. 446 ist das Korrektiv zu diesen Möglichkeiten und verpflichtet den Frachtführer, die **Interessen des Eigentümers bestmöglich zu wahren**, ansonsten er schadenersatzpflichtig würde. Der Frachtführer hat sein Handeln somit einer Interessenabwägung zu unterstellen. Vgl. dazu: ISLER, Geheimhaltungs- als Ausdruck auftragsrechtlicher Treuepflicht des Frachtführers, ZSR 1987 I 165. 1

II. Die Rechte des Frachtführers

Die hauptsächlichen Rechte des Frachtführers zur Wahrung seiner Interessen sind die **Geltendmachung des Retentionsrechtes** und die Beanspruchung des **Selbsthilfeverkaufes**, sofern die entsprechenden Voraussetzungen gegeben sind. Diese Rechte können und dürfen nur insoweit geltend gemacht werden, als es zur tatsächlichen Durchsetzung begründeter Ansprüche notwendig ist. In diesem Sinne darf das Recht nicht missbräuchlich, sondern muss schonend ausgeübt werden. 2

III. Die Rechtsfolgen im Falle zu weit gehender Beanspruchung durch den Frachtführer

Überschreitet der Frachtführer seine Befugnisse aus dem Retentionsrecht, indem er z.B. eine übersetzte Forderung geltend macht, so wird er dem Verfügungsberechtigten **schadenersatzpflichtig**, sofern ein Schaden entstanden ist. Ein solcher Schaden kann zum einen durch Überbeanspruchung der Rechte, z.B. durch Geltendmachung übersetzter Forderungen, entstehen, aber auch durch falsches Verhalten, z.B. im Falle eines Selbsthilfeverkaufs (z.B. kein Beizug einer Amtsstelle), oder infolge mangelnder Benachrichtigung des Empfängers (vgl. dazu HGer SG, 6.1.2010, HG.2008.42). 3

Geschädigt ist i.d.R. der **Eigentümer** des Gutes, allenfalls derjenige, der die Gefahr der Versendung trägt. Wer dies in letzterem Fall ist, ergibt sich aus dem Grundgeschäft. Zur Schadenersatzklage legitimiert hingegen ist derjenige, der über das Gut verfügungsberechtigt ist (vgl. dazu Art. 443). Sind Warenpapiere ausgegeben, so ist der legitimierte Besitzer des Papiers zur Klage berechtigt. Wird der Absender oder Empfänger vom Dritteigentümer in Anspruch genommen, so besteht die Möglichkeit der Streitverkündung an den Frachtführer. Diese Vorgehensweise wird der vertragsrechtlichen Gestaltung gerecht, indem die Vertragspartner gegeneinander prozessieren, und entspricht den Regeln von Art. 447–449. 4

Hat der Frachtführer **Ansprüche** gestellt, die sich nachträglich als **übersetzt** erweisen, wurde aber vorgängig der Selbsthilfeverkauf durchgeführt und ist aus dieser Konstellation heraus ein Schaden entstanden, so hat der Frachtführer für den entstandenen Schaden einzutreten. Analoge Haftungsverhältnisse finden sich im Falle einer ungerechtfertigten vorsorglichen Massnahme und beim Arrest (Art. 273 SchKG; der Arrestgläubiger haftet auch dem Dritten, nicht nur dem Schuldner; vgl. GULDENER, 582 m.V.). 5

IV. Beweislast

Der **Schadenersatzkläger** hat die **Sorgfaltspflichtverletzung** des Frachtführers, den **adäquaten Kausalzusammenhang** und den **Schaden** zu beweisen. Der Frachtführer kann sich entlasten, indem er nachweist, dass die Geltendmachung des Retentionsrechtes bzw. die Durchführung des Verkaufs zu Recht erfolgte (vgl. dazu KUKO OR-BENZ, N 4). Ist der Selbsthilfeverkauf aufgrund einer Anordnung der zuständigen Amtsstelle erfolgt und entsteht 6 dem Berechtigten ein Schaden, so liegt zumindest kein rechtswidriges Verhalten des Frachtführers vor. Damit dürfte die Verantwortlichkeit des Frachtführers aufgehoben sein.

V. Nationale Spezialgesetze

7 **Ähnliche Regeln** wie diejenigen von Art. 446 finden sich in den Spezialgesetzen nicht. Sinngemäss dürfte die Regel der Interessewahrung des Eigentümers aber auch für die Spezialgesetze gelten.

VI. Internationale Vereinbarungen

8 Unter den internationalen Vereinbarungen verpflichtet lediglich Art. 14 **CMR** den Frachtführer, die Interessen des Verfügungsberechtigten (nicht des Eigentümers) im Falle eines Verkaufs zu wahren. Für den **Seefrachtvertrag** gilt kraft des Verweises in Art. 87 SSG die Regelung von Art. 445. Die übrigen Abkommen schweigen.

Art. 447

2. Haftung des Frachtführers
a. Verlust und Untergang des Gutes

[1] Wenn ein Frachtgut verloren oder zugrunde gegangen ist, so hat der Frachtführer den vollen Wert zu ersetzen, sofern er nicht beweist, dass der Verlust oder Untergang durch die natürliche Beschaffenheit des Gutes oder durch ein Verschulden oder eine Anweisung des Absender oder des Empfängers verursacht sei oder auf Umständen beruhe, die durch die Sorgfalt eines ordentlichen Frachtführers nicht abgewendet werden konnten.

[2] Als ein Verschulden des Absenders ist zu betrachten, wenn er den Frachtführer von dem besonders hohen Wert des Frachtgutes nicht unterrichtet hat.

[3] Verabredungen, wonach ein den vollen Wert übersteigendes Interesse oder weniger als der volle Wert zu ersetzen ist, bleiben vorbehalten.

2. Responsabilité du voiturier
a. Perte de la marchandise

[1] Si la marchandise périt ou se perd, le voiturier en doit la valeur intégrale, à moins qu'il ne prouve que la perte ou la destruction résulte soit de la nature même de la chose, soit d'une faute imputable à l'expéditeur ou au destinataire ou des instructions données par l'un d'eux, soit de circonstances que les précautions prises par un voiturier diligent n'auraient pu prévenir.

[2] Est considéré comme une faute de l'expéditeur le fait qu'il a négligé d'informer le voiturier de la valeur particulièrement élevée de la marchandise.

[3] Sont réservées toutes conventions fixant des dommages-intérêts supérieurs ou inférieurs à la valeur intégrale de la marchandise.

2. Responsabilità del vetturale
a. Perdita e distruzione della merce

[1] Nel caso di perdita o distruzione della merce da trasportare, il vetturale deve risarcirne l'intero valore, ove non provi che ciò sia derivato da vizio naturale della merce o da colpa o dalle istruzioni del mittente o del destinatario oppure da circostanze che non avrebbero potuto essere evitate da un vetturale diligente.

[2] Si considera come colpa del mittente il non avere egli avvertito il vetturale del valore particolarmente considerevole della merce.

[3] Sono riservati i patti, pei quali debba corrispondersi una indennità superiore od inferiore all'intero valore.

Literatur

Vgl. die Literaturhinweise bei Art. 440.

I. Überblick

Art. 447 bis 449 regeln die **Haftung des Frachtführers** im Falle von **Verlust und Untergang** (Art. 447), von Verspätung, Beschädigung und teilweisem Untergang (Art. 448), und im Falle des Beizugs eines Zwischenfrachtführers (Art. 449). Nach geltendem Recht basiert das System des Frachtvertrages auf Auftragsrecht. Danach richten sich auch die Grundsätze der Haftung des Frachtführers. Es muss somit neben einem Schaden auch die **Verletzung einer Sorgfaltspflicht** des Frachtführers vorliegen, damit Letzterer ersatzpflichtig wird, wobei allerdings die Beweislast anders verteilt ist als im Auftragsrecht. Bei der Haftung nach Art. 447 ff. handelt es sich um eine durch die Möglichkeit des Entlastungsbeweises gemilderte Kausalhaftung (BGE 102 II 256). Insb. in der deutschen Lehre wird auch von einer Obhutshaftung gesprochen (KOBEL, 35, m.V.). Die Bestimmungen über die Verantwortlichkeit des Frachtführers sind mit Ausnahme von Art. 455 grundsätzlich nicht zwingend (BGE 94 II 13). 1

II. Verlust und Untergang

Verlust und Untergang sind Erscheinungsformen eines **Totalschadens**: In beiden Fällen ist der Frachtführer nicht mehr in der Lage, das Transportgut entsprechend seiner frachtvertraglichen Pflicht dem Berechtigten abzuliefern. 2

Ein **Verlust** des Transportgutes liegt dann vor, wenn der Frachtführer den Besitz am Gut willentlich oder unwillentlich aufgegeben hat, ohne das Gut von einem Drittbesitzer wieder zurückverlangen zu können. Neben dem eigentlichen «Verschwinden» des Gutes können auch solche Sachverhalte als Verlust qualifiziert werden, in denen der Frachtführer das Gut einem nicht (mehr) berechtigten Empfänger abgeliefert hat und das Gut von ihm nicht mehr erhältlich machen kann (vgl. BGE 52 II 87). 3

Vom **Untergang** des Transportgutes spricht man, wenn das Gut **zerstört, vernichtet** ist und nicht mehr bestimmungsgemäss verwendet werden kann. In dieser Fallkonstellation kann das zerstörte Gut durchaus noch vorhanden und im Besitze des Frachtführers sein; entscheidend ist, dass das Gut nicht mehr so verwendet werden kann, wie es der Sache entspricht. 4

III. Rechtsfolge: Ersatz des Sachwertes

Nach dem Wortlaut des Gesetzes hat der Frachtführer im Falle von Verlust und Untergang den **vollen Wert zu ersetzen**, wobei damit der volle Wert des Frachtgutes gemeint ist. Dieser Wert mag durchaus vom vollen Schadenersatz abweichen; diese Regelung im Frachtvertragsrecht stellt eine Abweichung vom allgemeinen Schadenersatzrecht (Art. 97 ff.) dar. Mittelbarer Schaden ist im Falle von Art. 447 im Gegensatz zu Art. 448 nicht zu ersetzen (BGE 88 II 97). 5

Für die Bemessung des vollen Sachwertes ist der **Wert des Gutes am Ort und zur vertraglichen Zeit der Ablieferung massgebend** (BGE 47 II 332). Ist der Wert des Gutes im Frachtvertrag angegeben worden, so bestimmt sich der zu ersetzende Sachwert danach. Eine Wertnachnahme ist möglicherweise keine eigentliche Wertangabe, schafft aber ein starkes Indiz für die Höhe des Wertes des Gutes. 6

Zum **Sachwert** gehören im Falle des Verlustes auch die allenfalls bereits bezahlten **Frachtkosten**, Zölle etc. Der Frachtführer hat im Falle des Verlustes keinen Anspruch auf Übernahme dieser Kosten durch den Absender bzw. den Empfänger, weil er seiner frachtvertraglichen Verpflichtung zur Ablieferung eines bestimmten Gutes nicht mehr nachkommen kann. Liegt hingegen nur eine Beschädigung vor und hat der Frachtführer dem Berechtigten den entsprechenden Wert bzw. Minderwert ersetzt, so ist er seiner Verpflichtung nachgekommen und hat Anspruch auf seine eigenen Kosten. Im Falle eines Teilverlustes reduziert sich der Ersatzanspruch des Frachtführers auf den Anteil der Kosten, die auf dem noch vorhandenen Gut lasten. Für die Bestimmung der proportionalen Reduktion solcher Kosten muss wohl auf die- 7 jenigen Elemente abgestellt werden, die für die Berechnung der Frachtkosten, Zölle etc. ausschlaggebend waren, nicht aber ausschliesslich auf den Wert der Sache.

IV. Entlastungsgründe des Frachtführers

8 Der Frachtführer haftet für Schäden am Frachtgut, die während der Zeit, während der er, seine Hilfspersonen oder andere für ihn handelnde Personen im Besitz des Frachtgutes waren, eingetreten sind. Ein Verschulden des Frachtführers als weitere Voraussetzung wird nicht verlangt. Es steht **dem Frachtführer** aber in allen Fällen zu, den **Entlastungsbeweis** zu führen, dass er die gehörige Sorgfalt eines ordentlichen Frachtführers hat walten lassen und dass trotz dieser Einhaltung der Sorgfaltspflichten der Eintritt des Schadens unvermeidlich war. Die möglichen Entlastungsgründe können in verschiedene Gruppen zusammengefasst werden:

9 Der Frachtführer kann sich zunächst darauf berufen, der Absender habe die ihm gem. Art. **441** obliegenden Pflichten nicht oder **nicht richtig erfüllt**, ohne dass der Frachtführer dies im Zeitpunkt der Übernahme des Gutes habe erkennen müssen oder können: der Schadenseintritt ist in diesen Fällen auf Umstände zurückzuführen, für die der Absender die Verantwortung trägt. In Frage kommen hier z.B. Schäden aufgrund der natürlichen Beschaffenheit des Gutes (z.B. verderbliche Ware), über die der Frachtführer nicht informiert war, und die er auch nicht hat erkennen müssen; Schäden an verpacktem Gut, wenn die Verpackung in Ordnung war und den Transport unbeschädigt überstanden hat. Aber auch bestimmte Weisungen des Absenders, bzw. des verfügungsberechtigten Empfängers, können zu Schaden durch Verlust oder Untergang führen. Ein Verschulden der weisungsberechtigten Person ist in diesem Falle nicht erforderlich; der adäquate Kausalzusammenhang zwischen Weisung und Schaden genügt, wobei allerdings den Frachtführer Sorgfaltspflichten treffen, sollte ein Rück- oder Weitertransport vorliegen; die Tatsache des Schadensereignisses auf dem Rücktransport, der gestützt auf eine Weisung des Berechtigten erfolgt, begründet an sich nicht die Haftbarkeit des Absenders; diese kann erst eintreten, wenn der Frachtführer die ihm obliegenden Pflichten auch für den Rücktransport richtig erfüllt hat. Die Haftbarkeit des Absenders kann auch durch **Verschulden eben dieses Absenders** begründet werden. Erfasst wird z.B. die fehlende Angabe eines hohen Wertes des Transportgutes (BGE 102 II 256; N 14). Tritt in einem solchen Fall ein Schaden ein, so haftet der Absender, und zwar für den ganzen Wert des Gutes und nicht nur für denjenigen Teil des Schadens, der einen «normalen Wert» übersteigt. Das Verschulden eines Dritten kann den Frachtführer nicht entlasten, da das Vorkehren der entsprechenden Massnahmen zur Verhinderung eines Eingriffes eines Dritten zu den Sorgfaltspflichten des Frachtführers gehört.

10 Eine **Entlastungsmöglichkeit** besteht für den Frachtführer auch darin, dass er nachweist, dass er die **Sorgfaltspflichten eines ordentlichen Frachtführers erfüllt** hat, dass aber der Schaden trotzdem eingetreten sei. Für die Frage nach dem Mass der Haftung gilt grundsätzlich der in Art. 99 Abs. 2 und 3 gesetzte Standard. Ein objektiviertes Mass an minimalen Sorgfaltspflichten ist aber in jedem Fall gefordert; das Gesetz verlangt die Erfüllung der Sorgfaltspflichten «des ordentlichen Frachtführers».

V. Beweislast

11 Ist das Frachtgut untergegangen oder muss es als verloren betrachtet werden, so hat der **Kläger** im Rahmen des Schadensbeweises die **Höhe des Wertes des Gutes** zu beweisen (zum Begriff des Ersatzwertes vgl. BGE 130 III 27 = Pra 2005, 65). Ist die Höhe des Wertes im Frachtvertrag angegeben worden, so hat der Kläger seine Beweispflicht erfüllt. Raum für die Einrede, der Schaden sei höher bzw. erreiche den vollen Sachwert nicht, besteht nicht (BGE *47 II 331). Für die Frage der* **Erfüllung der Sorgfaltspflichten** sieht das Gesetz im Frachtvertragsrecht die **Umkehrung der Beweislast** vor (Art. 447 Abs. 1): Es ist hier nicht der Kläger, der die Verletzung der Sorgfaltspflichten zu beweisen hat, sondern der Frachtführer, der die Einhaltung der Sorgfaltspflichten eines ordentlichen Frachtführers nachzuweisen hat. Vgl. dazu den Entscheid des BGer, 13.5.1975 i.S. W. & Co. gegen W.F., in: Bulletin der Schweizerischen Vereinigung für Luft- und Raumrecht 1976, Nr. 2, 17; BGE 130 III 182.

VI. Prozessparteien

Kläger im Verfahren auf Ersatz des Sachwertes (inkl. Kosten, vgl. N 7) des Transportgutes ist jeweilen diejenige Person, die **Anspruch auf Ablieferung des Frachtgutes** hat oder hatte (vgl. dazu Art. 12 Abs. 4 MÜ i.V.m. Art. 2 lit. a LTrV für das Lufttransportrecht; vgl. dazu BGE 128 III 390 für die alte Fassung). Dies ist meistens, aber nicht ausschliesslich der Empfänger (aber immer, wenn die Ablieferung bereits erfolgt ist, vgl. dazu Art. 13 Abs. 3 LTrV): vgl. dazu BGE 132 III 626, 636 ff. Diese Aussage stützt sich auch auf Art. 452, wonach mit der vorbehaltlosen Annahme des Gutes und Bezahlung der Kosten jeder Ersatzanspruch verwirkt ist; der Anspruch muss somit bei der ablieferungsberechtigten Person liegen. Neben dem ursprünglichen Empfänger kann somit u.U. auch der Absender (im Falle eines Rücktransportes) oder ein anderer Empfänger (bei einem Weitertransport) klageberechtigt sein, vorausgesetzt, die entsprechenden Weisungen sind durch eine verfügungsberechtigte Person erfolgt und vom Frachtführer angenommen worden. Ein Absender-Spediteur ist nicht zur Klage legitimiert, weil er auch nicht empfangsberechtigt ist, wohl aber der als Empfänger bezeichnete Empfangsspediteur. Ist ein Warenpapier ausgestellt worden, so ist immer der durch das Papier legitimierte Inhaber zur Klage berechtigt. 12

Beklagte Partei ist jeweils diejenige, die die **Verpflichtung trifft, das Transportgut abzuliefern**; meistens ist damit der letzte Frachtführer Beklagter, der seinerseits Regress auf vorangehende Frachtführer nehmen kann, wenn der Schaden auf jener Teilstrecke eingetreten ist. In solchen Fällen empfiehlt sich der Einbezug jenes Frachtführers in das Verfahren als Streitberufenen. Dieser letzte Frachtführer kann sich auf Haftungsbeschränkungen der Vorleute berufen, wenn die entsprechenden Voraussetzungen erfüllt sind (vgl. dazu Art. 456). 13

VII. Das wertvolle Frachtgut

In Art. 441 Abs. 1 wird der Absender verpflichtet, dem Frachtführer u.a. auch einen **besonders hohen Wert des Frachtgutes mitzuteilen**. In Weiterführung dieser Bestimmung wird in Art. 447 ausdrücklich festgehalten, dass die unterbliebene Angabe eines besonders hohen Wertes des Frachtgutes im Falle des Verlustes oder des Unterganges als Verschulden des Absenders betrachtet wird. Damit haftet der Frachtführer unter solchen Umständen nicht, ohne dass er einen anderen Entlastungsbeweis führen müsste. Die Angabe des hohen Wertes muss grundsätzlich spätestens mit der Übergabe des Gutes erfolgen. Die spätere Angabe eines besonders hohen Wertes kann nur noch dann Wirkungen zeitigen, wenn der Frachtführer die entsprechende Mitteilung vorbehaltlos entgegennimmt (vgl. dazu BGE 102 II 256 und 130 III 182, 186 f. im Zusammenhang mit Art. 15 Abs. 1 lit. a Pauschalreisegesetz, SJZ 100 [2004], 163 ff. und HAVE 2004, 115 ff.). 14

VIII. Abweichende Vereinbarungen

Nach ausdrücklichem Wortlaut des Gesetzes sind die Parteien **frei**, vom Gesetz **abweichende Vereinbarungen zu treffen**, soweit diese lediglich die Höhe des Ersatzes im Falle des Verlustes oder Unterganges der Ware betreffen. Andere Vereinbarungen im Zusammenhang mit der Haftung des Frachtführers (Voraussetzungen, Entlastungsgründe etc.) sind unzulässig (KUKO OR-BENZ, N 13; **a.M.** HOCHSTRASSER, Freizeichnung zugunsten und zulasten Dritter, Diss., Zürich 2006, N 98). Diese Bestimmung wird hauptsächlich bei der Regelung der Haftung des Frachtführers in Spezialgesetzen und in Reglementen (z.B. den AB SPEDLOG- 15

SWISS) relevant. Die Möglichkeit der summenmässigen Beschränkung des Schadenersatzes findet gestützt auf Art. 100 keine Anwendung, wenn vorsätzliches oder grobfahrlässiges Verhalten des Frachtführers vorliegt (BGE 102 II 256).

IX. Nationale Spezialgesetze

16 Im Anwendungsbereich des **GüTG** gilt gestützt auf Art. 23 CIM wie im OR grundsätzlich die **gemilderte Kausalhaftung mit Exkulpationsmöglichkeit**. Immerhin wird bei besonderen Schadenursachen (Art. 23 § 3 CIM: Transport in offenem Wagen, Verlad durch Absender, Beschaffenheit des Gutes nach Bruch, Rost, innerem Verderb, Frost, Hitze, Austrocknen oder Verstreuen, fehlende oder mangelhafte Verpackung, Missachtung von Zulassungsbestimmungen, Beförderung lebender Tiere, unrichtige, ungenaue oder unvollstänidge Bezeichnung oder Nummerierung der Frachtstücke) vermutet, dass der Schaden nicht von der Unternehmung verursacht wurde; in einem solchen Falle steht dem Absender die Möglichkeit des Gegenbeweises offen (Art. 25 § 2 CIM). Art. 30 § 2 CIM sieht eine **Haftungsbeschränkung** von 17 Rechnungseinheiten (d.h. 17 Sonderziehungsrechte des Internationalen Währungsfonds, Art. 9 COTIF, SR 0.742.403.12; anfangs Januar 2015 machte dies rund CHF 11.75 pro kg aus; vgl. ‹http://www.imf.org/external/np/fin/rates/rms_sdrv.cfm›) je fehlendes Kilogramm Bruttomasse des Transportgutes vor und die vom Absender bezahlten Zölle und Beträge im Falle eines ganzen oder teilweisen Verlustes (Art. 30 § 4 CIM). Die Haftungsbeschränkungen entfallen, wenn die Unternehmung vorsätzlich oder grobfahrlässig gehandelt hat (Art. 36 CIM). Im Bereich des **Luftfrachtrechtes** sieht Art. 9 Abs. 2 LTrV eine **Haftungsbeschränkung** auf höchstens 17 Sonderziehungsrechte (anfangs Januar 2015 machte dies rund CHF 11.75 pro kg aus; vgl. ‹http://www.imf.org/external/np/fin/rates/rms_sdrv.cfm›) vor. Ein Entfallen der Haftungsbeschränkung im Falle von Vorsatz oder Grobfahrlässigkeit des Frachtführers ist nicht mehr vorgesehen (Art. 8 Abs. 6 LTrV gilt nur für Reisegepäck). Auf die **Binnenschifffahrt** ist das Internationale Übereinkommen zur einheitlichen Feststellung einzelner Regeln über die Konnossemente nicht anwendbar (BGE 94 II 197), hingegen kommen die Regeln der Art. 103 ff. SSG zur Anwendung. Für die internationale Binnenschifffahrt gelten die Art. 16 ff. CMNI. Auch im **Postverkehr** bestehen **Haftungsbeschränkungen**, die in Ziffer 3.1. der AGB «Postdienstleistungen» (für Privat- und Geschäftskunden) enthalten sind und in der auf die Bestimmungen des Frachtvertragsrechts verwiesen wird; die Post kann sich, wie andere Frachtführer, exkulpieren. Die Entschädigung durch die Post entspricht dem Einstandspreis für gleichartige Ware am Ort und zur Zeit der Aufgabe, und ist je nach Angebot der Post limitiert auf Höchstbeträge (Ziff. 3.1.1 der AGB «Postdienstleistungen» für Privat- und Geschäftskunden). Der Wert der Nachnahme dürfte nicht als Schadensnachweis genügen; beim Transport von Valoren (gemäss Definition in den AGB «Postdienstleistungen» gelten Haftungslimiten (Ziff. 3.1. und 4.2 der AGB «Postdienstleistungen» für Privat-, resp. Geschäftskunden).

17 **Ansprüche** aus dem GüTG beurteilt der **Zivilrichter** (Art. 12 GüTG); sie können wahlweise gegen das Unternehmen geltend gemacht werden, bei dem der Transport begann, endete oder auf dessen Teilstrecke das den Anspruch begründende Ereignis stattgefunden hat (Art. 45 CIM). Ansprüche gemäss EBG (Art. 40 f. EBG) und SVG sind an den Gerichtsständen gemäss ZPO geltend zu machen (vgl. dazu Art. 36 ff. ZPO); vorbehalten bleiben die Gerichtsstände gemäss SchKG (vgl. dazu Art. 46 ZPO). Streitigkeiten zwischen der **Post** und ihren Kunden beurteilt der Zivilrichter (Art. 17 Abs. 1 PG); für die **örtliche Zuständigkeit** enthalten die AGB «Postdienstleistungen» (sowohl für Privat- wie auch für Geschäftskunden) in Ziff. 5.4. alternative Gerichtsstände: als Gerichtsstand gilt grundsätzlich Bern; bei Konsumentenverträgen (d.h. solche, die die persönlichen oder familiären Bedürfnisse des Post-Kunden abdecken) gelten die Gerichtsstände i.S.v. Art. 32 ZPO (die ursprüngliche Zuständigkeitsnorm in Art. 17 Abs. 2 aPG wurde durch das GestG aufgehoben). Die LTrV enthält keine (örtlichen) Zuständigkeitsvorschriften, weshalb die Bestimmungen der ZPO zur Anwendung kommen (dazu HGer SG, 3.3.2007, HG.2006.69).

X. Internationale Vereinbarungen

18 Für den internationalen **Eisenbahnverkehr** statuiert Art. 23 CIM ebenfalls die **gemilderte Kausalhaftung mit Exkulpationsmöglichkeit**. Die Schadensursache wird nicht bei der Eisenbahn vermutet, wenn Umstände vorliegen, wie sie im nationalen Recht im Transportgesetz vorgesehen sind (für Einzelheiten s. Art. 23 § 3 CIM). Ein Gut wird als verloren betrachtet, wenn es nicht innert 30 Tagen nach Ablauf der Lieferfrist dem Empfänger abgeliefert oder zu seiner Verfügung bereitgestellt wird (Art. 29 CIM). Als Entschädigung gilt der Börsen- oder Marktpreis, wobei eine Obergrenze auf 17 Rechnungseinheiten des Sonderziehungsrechtes des Internationalen Währungsfonds je fehlendes kg Bruttomasse vorgesehen ist (Art. 30 § 2 CIM) (dies entspricht anfangs Januar 2015 rund CHF 11.75; vgl. ‹http://www.imf.org/external/np/fin/rates/rms_sdrv.cfm›); darüber hinaus sind lediglich noch Frachten, Zölle und sonstige bezahlte Beträge zu erstatten (Art. 30 § 4 CIM). Basiert der Schaden auf einer Handlung oder Unterlassung der Eisenbahn, die entweder in Absicht, einen solchen Schaden herbeizuführen, oder leichtfertig und im Bewusstsein begangen wurde, dass ein solcher Schaden eintreten wird, entfallen die im CIM vorgesehenen Haftungsbeschränkungen (Art. 36 CIM in der Fassung gemäss Protokoll 1999 betreffend Änderung des Übereinkommens über den internationalen Eisenbahnverkehr [COTIF] vom 9.5.1980, SR 0.742.403.12); die ursprünglich statuierte Verdoppelung der Haftungshöchstbeträge ist weggefallen. Auch im **Seefrachtvertrag** gilt die gemilderte Kausalhaftung mit **Exkulpationsmöglichkeit** (Art. 103 SSG). Auch der Seefrachtführer **haftet nur beschränkt**; die Limiten sind in Art. 105 SSG und Art. 44 der Seeschifffahrtsverordnung (SR 747.301) enthalten. Haftungsbeschränkungen fallen weg, wenn im Konnossement ein höherer Wert enthalten ist, wenn höhere Haftungsbeträge vereinbart sind oder wenn Vorsatz oder grobe Fahrlässigkeit des Frachtführers bestehen. Die Art. 103–105 SSG schliessen die Anwendung der Art. 447 ff. aus (BGE 94 II 197).

Im **Luftfrachtrecht** gilt gem. Art. 18 und 22 Abs. 3 MÜ ebenfalls die gemilderte Kausalhaftung mit **Exkulpationsmöglichkeit und Haftungsbeschränkung**. Die Beschränkung der Haftung gilt auch dann absolut, wenn der Frachtführer vorsätzlich oder grobfahrlässig gehandelt hat (anders noch unter dem Warschauer Abkommen: BGE 93 II 345; 98 II 231; PKG 1986, 49 ff.); zum Begriff der «Leute» des Luftfrachtführers i.S.v. Art. 25 Warschauer Abkommen bez. vorsätzlichem oder grobfahrlässigem Handeln vgl. BGE 83 II 231. Zur Auslegung von Art. 25 Warschauer Abkommen vgl. Bulletin der Schweizerischen Vereinigung für Luft- und Raumrecht, Nr. 119, 2–1995, 3 ff. und BGE 128 III 390.

Im internationalen **Strassengüterverkehr** gelten die vorstehenden Regeln analog (Art. 17, 20 CMR): vgl. dazu BGE 132 III 626, 635 f. Die **Haftung beschränkt** sich auf den Sachwert des Gutes, wird aber in jedem Fall auf 8,33 Rechnungseinheiten des Sonderziehungsrechtes des Internationalen Währungsfonds pro kg Rohgewicht beschränkt (Art. 23 CMR; anfangs Januar 2015 machte dies rund CHF 5.75 pro kg aus; vgl. http://www.imf.org/external/np/fin/rates/rms_sdrv.cfm); vorbehalten bleibt Vorsatz oder ein dem Vorsatz gleichgestelltes Verhalten des Frachtführers (Art. 29 CMR; im schweizerischen Recht wird die grobe Fahrlässigkeit dem Vorsatz gleichgestellt, vgl. dazu BJM 2000, 311 ff.). Ein Gut wird als verloren betrachtet, wenn es nicht innert 30 Tagen nach Ablauf der vereinbarten Lieferfrist oder, falls keine Frist vereinbart worden ist, nicht innert 60 Tagen nach Übernahme des Gutes durch den Frachtführer abgeliefert worden ist. Zur Substantiierungspflicht für den Schaden vgl. BGE 127 III 365, 368.

Der **internationale Postverkehr** kennt ebenfalls eine gemilderte Kausalhaftung der Postverwaltungen, wobei hier die **Möglichkeiten der Exkulpation beschränkt** sind. Ebenso besteht eine Haftungslimite (vgl. dazu Art. 21 ff. Weltpostvertrag).

19 In den verschiedenen Vereinbarungen sind die folgenden **Gerichtsstände** vorgesehen: Art. 46 CIM weist alle Klagen zwingend den Gerichten des Staates zu, auf dessen Gebiet der Beklagte seinen Wohnsitz oder gewöhnlichen Aufenthalt, seine Hauptniederlassung oder die

Zweigniederlassung oder Geschäftsstelle hat, durch die der Beförderungsvertrag abgeschlossen worden ist, oder wo der Ort der Übernahme des Gutes oder der für die Ablieferung vorgesehene Ort liegt. Im Luftfrachtrecht gilt Art. 33 MÜ, wonach der Kläger die Wahl hat, entweder am Ort des Sitzes des Luftfrachtführers, oder am Ort der Niederlassung des Luftfrachtführers, der den Vertrag abgeschlossen hat, oder am Bestimmungsort der Ware zu klagen (zum Begriff der «Geschäftsstelle» eines Luftfrachtführers vgl. ZR 87 [1988] Nr. 22, 60 ff.); Art. 28 Warschauer Abkommen stellt dieselben Gerichtsstände zur Verfügung. Das CMR stellt in Art. 31 verschiedene internationale Gerichtsstände zur Verfügung, die für sich Ausschliesslichkeit beanspruchen: andere Gerichtsstände sind nicht zulässig; damit ist aber über die interne (örtliche, sachliche, funktionelle) Zuständigkeit noch nichts ausgesagt; diese Letztere bestimmt sich nach der Rechtsordnung des betreffenden Landes (vgl. dazu ZR 100/2001, Nr. 98, 270 ff.). Für Ansprüche gegen die Post gilt für den Gerichtsstand Ziff. 5.4. der AGB «Postdienstleistungen» für Privat- und Geschäftskunden (vgl. N 17).

XI. Gerichtsstandsvereinbarungen und Schiedsgerichte, insb. bei Konnossementen

20 Für **Gerichtsstandsvereinbarungen** gelten die allgemeinen Regeln. Hat der Befrachter und/oder der Seefrachtführer Wohnsitz oder Sitz in einem Vertragsstaat des LugÜ, so kommt dieses zur Anwendung, soweit nicht Spezialabkommen die Zuständigkeit, Anerkennung und Vollstreckung im fraglichen Teilbereich regeln (Art. 57 LugÜ; vgl. N 18 f.).

Art. 17 Abs. 1 lit. b LugÜ lässt Gerichtsstandsvereinbarungen zu, sobald sie in der Form abgeschlossen sind, die u.a. den Gepflogenheiten entsprechen, die zwischen den Parteien entstanden sind.

21 **Schiedsverträge und -klauseln** werden von Art. 178 IPRG und Art. II Abs. 2 des New Yorker Übereinkommens über die Anerkennung und Vollstreckung ausländischer Schiedssprüche vom 10.6.1958 (SR 0.277.12) erfasst (das LugÜ ist auf Schiedsgerichte nicht anwendbar). Beide Bestimmungen sehen vor, dass eine schiedsgerichtliche Zuständigkeitsvereinbarung nur durch «Text» zulässig ist (beidseits unterzeichnete Urkunde, Austausch von Briefen, Telegrammen, wohl auch Telefax). Konnossemente unterstellt der Seefrachtführer meistens seinen eigenen AGB, die Schiedsgerichtsvereinbarungen enthalten können; weil der Befrachter das Konnossement möglichst bald dem Empfänger zur Verfügung stellen muss, ist er praktisch nicht in der Lage, eine solche Bestimmung abzulehnen; eine eigentliche Gegenzeichnung unterbleibt oft auch, womit es grundsätzlich an der Einhaltung der Formvorschriften gebricht.

In BGE 121 III 38 hat das Schweizerische BGer zwar festgehalten, dass eine (vom Befrachter nicht unterzeichnete) Schiedsgerichtsvereinbarung auf der Rückseite eines Konnossementes den Formvorschriften des New Yorker Übereinkommens nicht genüge, dass aber im Zeitalter der modernen Telekommunikation die Bedeutung beidseitig unterschriebener Dokumente im Schwinden begriffen sei. In einer solchen Situation sei es geradezu ein Gebot von Treu und Glauben, aus einem bestimmten Verhalten einer Partei auf eine konkludente Willenseinigung zu schliessen. In den konkreten Umständen des zu entscheidenden Falles nahm das BGer die Billigung einer schiedsgerichtlichen Vereinbarung an und sprach die Anerkennung des ausländischen Entscheides aus. Es ist allerdings offen geblieben, ob das Resultat das gleiche wäre, wenn es um die Beurteilung einer direkten Zuständigkeit eines schweizerischen Schiedsgerichtes gestützt auf Art. 178 IPRG gegangen wäre; in diesem Bereich muss gemäss geltendem Recht eher (noch) mit einer strengeren Praxis betr. Voraussetzungen für eine Schiedsabrede gerechnet werden. Es wäre begrüssenswert, wenn eine Angleichung der Auslegung für beide Bestimmungen erreicht werden könnte, die wohl i.S. des erwähnten Entscheides des Schweizerischen BGer gehen müsste.

Art. 448

b. Verspätung, Beschädigung, teilweiser Untergang

[1] Unter den gleichen Voraussetzungen und Vorbehalten wie beim Verlust des Gutes haftet der Frachtführer für allen Schaden, der aus Verspätung in der Ablieferung oder aus Beschädigung oder aus teilweisem Untergange des Gutes entstanden ist.

[2] Ohne besondere Verabredung kann ein höherer Schadenersatz als für gänzlichen Verlust nicht begehrt werden.

b. Retard, avarie, destruction partielle

[1] Le voiturier est responsable, comme en cas de perte et sous les mêmes réserves, de tout dommage résultant de la livraison tardive, de l'avarie, ou de la destruction partielle de la marchandise.

[2] Faute de convention spéciale, l'indemnité ne peut excéder celle qui serait accordée en cas de perte totale.

b. Ritardo, deperimento e distruzione parziale

[1] Sotto le stesse riserve e condizioni come per la perdita della cosa, il vetturale è responsabile d'ogni danno che sia derivato da ritardo nella consegna, da deperimento o distruzione parziale della merce.

[2] Salvo speciale convenzione, non si può chiedere indennità maggiore di quella dovuta per la perdita totale.

Literatur

Vgl. die Literaturhinweise bei Art. 440.

I. Allgemeines

1 In Art. 448 werden Schäden, die aus **Verspätung** in der Ablieferung, aus **Beschädigung** oder aus **teilweisem Untergang** stammen, in den Folgen dem totalen Verlust bzw. Untergang gleichgestellt. Im Falle des Eintritts eines Schadens gelten deshalb grundsätzlich die gleichen Ausführungen wie für Art. 447; es kann darauf verwiesen werden. Insbesondere gilt auch hier, dass der **Frachtführer sich entlasten kann**, dass aber die Beweislast, dass er seine Sorgfaltspflichten erfüllt hat, ihm obliegt. Der Frachtführer haftet jedoch für allen Schaden, allerdings begrenzt durch den vollen Sachwert. Wird der Frachtführer auch aus einem andern Rechtsgrund in Anspruch genommen, so bemisst sich seine Schadenersatzpflicht für den deshalb eingetretenen Schaden nach jenem Rechtsverhältnis.

II. Teilverlust, Beschädigung und Verspätung

2 **Teilverlust** liegt dann vor, wenn **gewisse Stücke** einer gesamten Sendung **nicht mehr abgeliefert** werden können, ohne dass diese fehlenden Stücke die Benutzung der restlichen beeinträchtigen. Unter einer **Beschädigung** versteht man Sachverhalte, bei denen gewisse Teile der gesamten Sendung **nicht mehr bestimmungsgemäss verwendet werden können**. Als Beschädigung (nicht aber als Totalverlust) gilt auch die Vermischung verschiedener Ölqualitäten (BGE 115 II 494). Eine **Verspätung** ist dann eingetreten, wenn die **Lieferungszeit** nach Art. 441 **nicht eingehalten** ist; eine Mahnung ist nicht notwendig (BK-Gautschi, N 2d). Zu den Lieferfristen bei mangelnder Parteivereinbarung im Eisenbahn- und Schifffahrtstransport vgl. Art. 2 GüTV.

III. Das Mass des Ersatzes

3 Im Falle eines Teilverlustes oder einer Beschädigung **haftet der Frachtführer für allen Schaden** (somit auch für den mittelbaren Schaden: BGE 88 II 94). Zu ersetzen ist der Sachwert des betreffenden Teiles am Ort und zur vertraglichen Zeit der Ablieferung sowie allfälliger weiterer Schaden (BGE 47 II 332). Im Falle einer Beschädigung sind darunter auch die

Kosten der Wiederherstellung (Reparaturkosten etc.) sowie ein allfälliger Minderwert zu verstehen. Die Haftung ist aber in jedem Fall **durch den vollen Wert der Sache gegen oben limitiert** (vgl. dazu Art. 447 N 5 und BGE 127 III 365).

4 Auch im Falle eines **Verspätungsschadens** richtet sich das Mass des Ersatzes nach dem **Sachwert der Ware**. Diese Lösung ergibt sich zwar aufgrund des Gesetzes, entbehrt aber der inhaltlichen Begründung. Verspätungsschäden können höher ausfallen als der volle Sachwert, z.B. infolge verzögerten Produktionsbeginns wegen Verspätung einer Maschinenlieferung, oder bei einem Notverkauf verderblicher Ware, wenn die Kosten den Erlös übersteigen.

IV. Kumulation von Verspätung, Verlust, Untergang und Beschädigung

5 Schäden aus Verspätung und Beschädigung bzw. Teilverlust **können kumuliert** werden. Die Ersatzpflicht ist aber **durch den vollen Wert der Sache am Ort und zur vertraglichen Zeit der Ablieferung limitiert**, soweit nicht abweichende Vereinbarungen getroffen sind (vgl. N 6). Tritt somit neben den Untergang bzw. den Totalverlust auch noch eine Verspätung, so kann nur der volle Sachwert, nicht aber noch eine zusätzliche Entschädigung für Verspätung verlangt werden. Hat Vorsatz oder grobe Fahrlässigkeit des Frachtführers zur Verspätung geführt, so fallen alle haftungsbeschränkenden Bestimmungen des Gesetzes oder einer allfälligen abweichenden Vereinbarung zwischen den Parteien weg (Art. 100). In einem solchen Falle hat der Frachtführer vollen Schadenersatz zu leisten.

V. Abweichende Vereinbarungen

6 Abs. 2 von Art. 448 lässt auch im Falle eines Teilverlustes, einer Verspätung oder einer Beschädigung bez. der Höhe des Ersatzes **abweichende Vereinbarungen** i.S.v. Art. 447 Abs. 3 zu; auch hier sind anderweitige Vereinbarungen bez. Haftungsvoraussetzungen nicht zugelassen (vgl. dazu SJZ 81/1985 Nr. 53, 289 f.).

VI. Prozessuales

7 Liegt Beschädigung, Verspätung oder Teilverlust vor, so kann der Ablieferungsberechtigte diesen Sachverhalt gem. Art. 453 **amtlich feststellen lassen**. Gegebenenfalls kann die Ware auch **hinterlegt** werden (Art. 453 N 5).

8 Wird am Ort der gelegenen Sache lediglich der Zustand der Ware amtlich festgestellt und erfolgt im Übrigen eine **Ablieferung** an den Berechtigten (aufgrund der amtlichen Feststellung wohl aber mit Vorbehalten), so ist für die Geltendmachung des Schadens der **ordentliche Richter zuständig**, im Normalfall somit der Richter am Sitz bzw. Wohnsitz des Frachtführers als Beklagtem. Ist nach der amtlichen Feststellung die Ware auch noch **hinterlegt** worden, so begründet die **Hinterlegung einen alternativen Gerichtsstand am Ort der gelegenen Sache** neben dem Wohnsitz oder Sitz der beklagten Partei (Art. 453 N 3; vgl. dazu Art. 30 ZPO).

VII. Nationale Spezialgesetze

9 Die Eisenbahn- und Schifffahrtsunternehmen haften bei Beschädigungen und bei teilweisem Verlust des Gutes für den eingetretenen **Minderwert**, ohne dass eine betragliche Beschränkung pro Einheit bestände (Art. 32 CIM). In jedem Fall kann die Entschädigung aber **nicht höher als bei totalem Verlust** sein (Art. 32 § 2 CIM). Im Falle einer Verspätung hat die Unternehmung den nachgewiesenen Schaden zu ersetzen, der aber höchstens das Vierfache der Fracht betragen kann (Art. 33 § 1 CIM); Ansprüche aus Verlust und Verspätung können nicht kumuliert werden (Art. 33 § 2 CIM). Für den **inländischen Luftfrachtvertrag** gelten Art. 9

und 10 LTrV. Für **Postsendungen** erhalten beide Versionen der AGB «Postdienstleistungen» in Ziff. 3.1. differenzierte Haftungslimiten je nach benutztem Angebot; es sei darauf verwiesen.

VIII. Internationale Vereinbarungen

Im internationalen **Eisenbahnverkehr** besteht im Falle von Beschädigungen eine Ersatz- 10
pflicht **im Umfang der Wertverminderung** und anteilsmässig der angefallenen Kosten; **weiterer Schadenersatz ist nicht möglich** (Art. 32 CIM). Bei Verspätungen ist die Ersatzpflicht auf das Dreifache der Fracht limitiert, höchstens aber auf denjenigen Betrag, der im Falle des ganzen Verlustes zu zahlen wäre (Art. 33 CIM). Der **Seefrachtführer** hat die **Wertverminderung** zu ersetzen, nicht aber weiteren Schaden (Art. 105 Abs. 2 SSG). Der Seefrachtführer muss nie mehr bezahlen, als im Falle eines Totalverlustes an den Schaden zu leisten wäre. Liegt Vorsatz oder Fahrlässigkeit vor, so haftet er unbeschränkt (Art. 105a SSG; vgl. dazu BGE 115 II 494). Im **Luftfrachtrecht** gilt Art. 22 MÜ. Die Haftung des Luftfrachtführers ist bei Gütern auf rund CHF 13.15 pro kg (Stand anfangs Januar 2015) beschränkt (entsprechend 19 Sonderziehungsrechten). Weiterer Schaden kann mit Ausnahme der Gerichts- und Anwaltskosten nicht zugesprochen werden (Art. 22 Abs. 6 MÜ); der Vorbehalt der Gerichts- und Anwaltskosten ist in Art. 29 MÜ nicht mehr enthalten, dürfte aber trotzdem zur Anwendung kommen. Eine Reduktion oder gar Aufhebung der Haftung des Luftfrachtführers ist nichtig, ohne dass diese Nichtigkeit Einfluss auf die Gültigkeit des Vertrages hätte (Art. 26 MÜ und Art. 23 Warschauer Abkommen), vgl. dazu: ALEXANDER VON ZIEGLER, Time Flies: die Zeit beim Frachtguttransport im Luftverkehr, in: ASDA/SVLR-Bulletin Nr. 132, 1/2002, 30 ff. Auch im internationalen **Strassengüterverkehr** beschränkt sich die Haftung des Frachtführers bei Beschädigungen auf den Betrag der Wertverminderung (vgl. dazu CJ GE, 20.6.2008, ACJC/809/2008). Die Entschädigung infolge Beschädigung darf aber nicht höher sein als diejenige, die im Falle des Totalverlustes zu zahlen wäre (Art. 25 CMR; vgl. dazu BGE 127 III 365, 367 zur Substantiierung des Schadens). Vorbehalten bleibt hier ein Schaden, der vorsätzlich oder durch ein dem Frachtführer zur Last fallendes Verschulden verursacht wurde, das nach dem Recht des angerufenen Gerichtes dem Vorsatz gleichsteht (Art. 29 CMR; vgl. dazu BJM 2000, 311 ff.). Das CMR schliesst die Haftung des Frachtführers für mittelbaren Schaden (z.B. entgangener Gewinn, Verdienstausfall) aus; damit sind solche Ansprüche auch nicht über eine Verrechnung mit Frachtlohn ersatzfähig: BGE 127 III 365, 369. Zur Haftungsordnung unter dem CMR vgl. auch BGE 107 II 238 und 132 III 626.

Art. 449

c. Haftung für Zwischenfrachtführer

Der Frachtführer haftet für alle Unfälle und Fehler, die auf dem übernommenen Transporte vorkommen, gleichviel, ob er den Transport bis zu Ende selbst besorgt oder durch einen anderen Frachtführer ausführen lässt, unter Vorbehalt des Rückgriffes gegen den Frachtführer, dem er das Gut übergeben hat.

c. Responsabilité pour les intermédiaires

Le voiturier répond de tous accidents survenus et de toutes fautes commises pendant le transport, soit qu'il l'ait effectué lui-même jusqu'à destination, soit qu'il en ait chargé un autre voiturier; sous réserve, dans ce dernier cas, de son recours contre celui auquel il a remis la marchandise.

c. Responsabilità per il vetturale intermedio

Il vetturale è responsabile di tutti i casi e gli sbagli verificatisi nel trasporto, sia che l'abbia eseguito egli stesso sino alla fine, sia che l'abbia affidato ad altro vetturale, salvo il regresso contro il vetturale, al quale egli abbia consegnato la merce.

Literatur

Vgl. die Literaturhinweise bei Art. 440.

I. Allgemeines

1 Während Art. 447 und 448 die Haftung des Frachtführers bei Sachschäden definieren, erfasst Art. 449 diejenigen Fälle, in denen der Frachtführer für die Ausführung des Transportes **Dritte beigezogen** hat und den Frachtvertrag mit diesem Dritten erkennbar im Namen seines eigenen Auftraggebers abgeschlossen hat. Es spielt dabei keine Rolle, ob der beigezogene Frachtführer ein privates Unternehmen oder aber eine öffentliche Transportanstalt ist; der Unterschied liegt allenfalls im Haftungsumfang (vgl. dazu Art. 456 und Art. 447 N 16).

2 **Nicht von Art. 449** erfasst werden alle anderen Konstellationen: zum einen die Ausführung des Transportes durch **Angestellte des Frachtführers** (für die eine Haftung aus anderen Gründen besteht), der Beizug eines (oder mehrerer) **weiteren Frachtführers durch den Auftraggeber selbst** oder auf seine Weisung hin, oder den Abschluss eines Frachtvertrages z.B. mit einer Mehrheit von Frachtführern durch den Auftraggeber selbst. Ebenso wenig findet Art. 449 Anwendung, wenn der **Frachtführer** für dasselbe Gut einen **weiteren Frachtvertrag im eigenen Namen** abschliesst. Der Frachtführer handelt in dieser Konstellation als Spediteur; danach richtet sich auch seine Haftung.

II. Die Zulässigkeit der Substitution

3 Die Verpflichtungen des Frachtführers aus dem Frachtvertrag sind als solche zu qualifizieren, bei denen es primär nicht auf die Person des Frachtführers selbst ankommt (Art. 68). Insbesondere die geteilte Aufgabenerledigung im internationalen Transportrecht macht die persönliche Erfüllung illusorisch. Es kann somit davon ausgegangen werden, dass grundsätzlich eine **Substitution i.S.v. Art. 398 Abs. 3 als zulässig** betrachtet werden muss (CHK-von Ziegler/Montanaro, Art. 449 OR N 3). Will ein Absender den Beizug eines Zwischenfrachtführers generell oder bez. eines bestimmten Frachtführers ausschliessen, so hat er dies ausdrücklich oder sinngemäss zu erklären.

III. Rechtsfolgen

4 In allen Fällen des Beizugs eines Zwischenfrachtführers wird der Frachtführer gegenüber dem Klageberechtigten für einen entstandenen Schaden haftbar, sofern nicht ein Entlastungsgrund gegeben ist. Ist die **Substitution befugtermassen** erfolgt, so bestimmt sich die Haftung des Frachtführers nach den Regeln von Art. 447 und 448, d.h. die Haftung ist durch den vollen Sachwert limitiert bzw. beruht auf einer abweichenden Vereinbarung zwischen den Parteien. Erfolgte die **Substitution unbefugtermassen**, so liegt darin eine **Verletzung einer Weisung des Absenders**, was den Frachtführer zum vollen Schadenersatz (und nicht nur zum Ersatz des vollen Sachwertes) verpflichtet, da der unbefugte Beizug eines andern Frachtführers als **grobfahrlässige Verletzung** der vertraglichen Pflichten qualifiziert wird (BGE 107 II 238).

5 Ist der befugt beigezogene **Zwischenfrachtführer** eine **öffentliche Transportanstalt** mit Haftungslimiten, so ist der Frachtführer gegenüber dem Berechtigten nur zum Ersatz des Schadens in dem Umfange verpflichtet, indem er auf die öffentliche Transportanstalt **Regress** nehmen kann (Art. 456 Abs. 1).

6 Hat der Frachtführer dem Berechtigten den ihm entstandenen Schaden ersetzt, so steht ihm das **Rückgriffsrecht** gegen den Zwischenfrachtführer, auf dessen Teilstrecke der Schaden entstanden ist, zu. Er wird in einem solchen Falle dem Zwischenfrachtführer den Streit verkünden, um ihn in das Verfahren einzubinden, von seinen Verteidigungsmöglichkeiten zu profitieren und um ihm die Einrede des schlecht geführten Prozesses abzuschneiden. Das Mass des Ersatzes im Regressprozess bestimmt sich aufgrund des Verhältnisses des Frachtführers zum Zwischenfrachtführer. Dabei kann das Ergebnis durchaus vom Resultat des Hauptprozesses abweichen (z.B. haftet der Zwischenfrachtführer nur für den vollen Sachwert, der Fracht-

führer für vollen Schadenersatz); so kann z.B. ein Frachtführer für einen Abzug am Frachtlohn nicht Regress nehmen, wenn er den Abzug anerkannt hat, ohne dazu verpflichtet zu sein (BGE 107 II 238). Vgl. dazu auch Naoki D. Takei, Die Streitverkündung und ihre materiellen Wirkungen, Basel, 2005.

IV. Nationale Spezialgesetze

Die Eisenbahn- und Schifffahrtsunternehmen als erste oder letzte Beförderer haften für Schäden, die sich während des gesamten Transportes ereignen. Nachfolgende Unternehmen haften nur, wenn der behauptete Schaden auf demjenigen Teil der Beförderung eingetreten ist, den er durchgeführt hat (Art. 45 § 1 CIM). Art. 20 LTrV legt fest, dass der vertragliche Luftfrachtführer (vgl. dazu Art. 20 Abs. 2 LTrV) für die gesamte Beförderung, der ausführende Luftfrachtführer (vgl. dazu Art. 20 Abs. 3 LTrV) nur für den Teil der Beförderung, den er ausführt, haftet. Die übrigen Spezialgesetze enthalten keine diesbezüglichen Bestimmungen. **7**

V. Internationale Vereinbarungen

Art. 45 CIM statuiert für den **Eisenbahnverkehr** eine **Haftungsgemeinschaft**: die Eisenbahn, die das Gut zur Beförderung angenommen hat, haftet für die Ausführung des Transportes auf der ganzen Strecke, währenddem jede folgende Eisenbahn nach Massgabe des Frachtbriefes in den Vertrag eintritt. Ansprüche aus dem Frachtvertrag können gegen den ersten oder den letzten Beförderer oder gegen denjenigen Beförderer geltend gemacht werden, auf dessen Linie die den Anspruch begründende Tatsache eingetreten ist; Ansprüche aus Nachnahme können nur gegen den Beförderer geltend gemacht werden, der das Gut am Versandort übernommen hat (Art. 45 § 4 CIM). Hat der Klageberechtigte eine Eisenbahn eingeklagt, so ist sein Wahlrecht gegenüber den anderen Eisenbahnen erloschen (Art. 45 § 7 CIM). Der Regress unter den Eisenbahnen ist in Art. 49 ff. CIM geregelt. Für den **Seefrachtvertrag** gelten die Bestimmungen des **OR** gestützt auf den Verweis in Art. 87 Abs. 1 SSG. Im internationalen **Luftfrachtvertrag** besteht eine **Haftungsgemeinschaft, wenn mehrere Luftfrachtführer** tätig geworden sind (Art. 36 Abs. 3 MÜ; Art. 1 und 30 Abs. 3 Warschauer Abkommen). Ein allfälliger Schaden kann der Absender nur gegenüber dem ersten, der Empfänger nur gegenüber dem letzten und beide von ihnen gegenüber dem Luftfrachtführer, auf dessen Teilstrecke sich der Schaden ereignet hat, geltend machen (BGE 85 II 209). Diese Luftfrachtführer haften untereinander solidarisch (Art. 36 Abs. 3 MÜ; Art. 30 Abs. 3 Warschauer Abkommen). Liegt eine **gemischte Beförderung** vor, d.h. wird der Transport nur z.T. durch Luftfahrzeuge, zu einem anderen Teil aber durch andere Verkehrsmittel ausgeführt, so besteht keine Haftungsgemeinschaft, und die Bestimmungen des MÜ, resp. des Warschauer Abkommens gelten nur für den Luftfrachtführer (Art. 38 MÜ, resp. Art. 31 Warschauer Abkommen). Auch im internationalen **Strassengüterverkehr** besteht eine **Haftungsgemeinschaft** (Art. 34 CMR). Ansprüche können aber nur gegen den ersten, den letzten oder denjenigen Frachtführer geltend gemacht werden, auf dessen Teilstrecke sich der Schaden ereignet hat (Art. 36 CMR). Der Regress unter den Frachtführern richtet sich nach Art. 37 CMR und dem Landesrecht (BGE 107 II 238; 109 II 471). **8**

Art. 450

3. Anzeigepflicht	**Der Frachtführer hat sofort nach Ankunft des Gutes dem Empfänger Anzeige zu machen.**
3. Avis obligatoire	Le voiturier est tenu d'aviser le destinataire aussitôt après l'arrivée de la marchandise.
3. Obbligo dell'avviso	Il vetturale deve, non appena arrivare le merci, darne notizia al destinatario.

Literatur

Vgl. die Literaturhinweise bei Art. 440.

I. Allgemeines

1 Der Frachtvertrag ist i.d.R. ein Vertrag zugunsten Dritter (vgl. Art. 440 N 1). Normalerweise ist der **Empfänger** der Ware deshalb nicht auf dem Laufenden über den Versand an sich, den Transportweg und die Lieferungszeit; er muss aus diesem Grund darüber **informiert** werden. Dies ist die Grundlage für die Bestimmung in Art. 450, wonach den Frachtführer die Pflicht trifft, dem Empfänger von der Ankunft des Transportgutes Anzeige zu machen (die sinngemäss gleiche Pflicht trifft auch den Kommissionär nach Art. 426 Abs. 1). Mit dem Eintreffen des Transportgutes am Bestimmungsort und nach der Anzeige an den Empfänger gem. Art. 450 hat der Frachtführer seine Transportverpflichtungen im engeren Sinne erfüllt. Spätestens mit der erfolgten Anzeige über die Ankunft des Gutes geht die Verfügungsmacht über das Transportgut auf den Empfänger über (Art. 443 N 6).

II. Die Anzeigepflicht

2 **Adressat** der Anzeige gem. Art. 450 ist der **«Empfänger»**: Es handelt sich dabei um diejenige Person, Institution etc., die gem. Art. 441 ursprünglich als Empfänger bezeichnet worden ist, oder durch Weisungsänderung nachträglich angegeben wurde (vgl. dazu Art. 443). Ist ein Frachtbrief ausgestellt worden, so gelten die Angaben in diesem Dokument. Die Anzeige muss von demjenigen **Frachtführer** erbracht werden, der **als Letzter in der Transportkette** das Gut in Händen hat; seine Qualifikation im Rahmen des Gesamttransportes kann dabei keine Rolle spielen. Die Anzeigepflicht kann auch einen Spediteur treffen, der als Empfangsspediteur auftritt. Die Anzeigepflicht besteht **auch dann, wenn Versender und Empfänger identisch** sind. Zwar besteht in diesem Fall kein Vertrag zugunsten Dritter und es tritt kein Wechsel in der Verfügungsmacht ein, doch muss dem Empfänger am Bestimmungsort die Gelegenheit gegeben werden, sein Verfügungsrecht (wieder) auszuüben.

III. Fortfallen der Anzeigepflicht

3 Die Anzeigepflicht des Frachtführers ist keine absolute. Er muss diese **Pflicht nicht erfüllen,** wenn sich zum einen aus einer vertraglichen Vereinbarung, aus einem Spezialgesetz etc. das Fortfallen der Anzeigepflicht ergibt, oder wenn zum anderen von der Sache her eine Anzeige **unnötig** erscheint (so z.B. bei der Ablieferung direkt beim Empfänger selbst).

IV. Rechtsfolgen

4 Unterlässt es der Frachtführer, die Ankunft der Ware dem Empfänger anzuzeigen, so liegt eine (teilweise) Nichterfüllung der frachtvertraglichen Pflichten vor. Ist eine solche Anzeige unterblieben, so hat der Frachtführer für den **infolge Unterlassung der Anzeige entstandenen Schaden einzustehen**. Eine Haftungsbeschränkung kommt nur dann zum Tragen, wenn sich eine solche zulässigerweise aus einer vertraglichen Vereinbarung, einem Spezialgesetz etc. ergibt und die Art. 100 und 101 eine solche Vereinbarung nicht aufheben.

V. Beweislast

5 Die **Beweislast** für die rechtzeitig erfolgte Mitteilung obliegt demjenigen Frachtführer (allenfalls auch Empfangsspediteur), der das **Gut als Letzter in Händen** hatte. Kann der Beweis der erfolgten Anzeige nicht erbracht werden, so wird Verschulden angenommen (Art. 97); dem Frachtführer steht der Exkulpationsbeweis offen.

VI. Nationale Spezialgesetze

Die in Art. 450 dem Frachtführer auferlegte **Anzeigepflicht** an den Empfänger findet sich auch in Art. 17 CIM für den Eisenbahn- und Schifffahrtsverkehr und in Art. 13 Abs. 2 MÜ (durch Verweis in Art. 2 lit. a LTrV) sowie Art. 13 Abs. 2 Warschauer Abkommen für den Luftfrachtvertrag; in beiden Fällen kann von einer **Benachrichtigung abgesehen** werden, wenn eine andere Vereinbarung besteht. Im Postverkehr werden die Sendungen dem Empfänger direkt zugestellt; eine Benachrichtigungspflicht besteht nur, wenn bei der geplanten Ablieferung niemand anzutreffen ist (Abholungseinladung; Ziff. 2.5.7. der AGB «Postdienstleistungen» für Privatkunden und Ziff. 2.3.7 für Geschäftskunden). 6

VII. Internationale Vereinbarungen

Für die **Eisenbahnen** und Schifffahrtsunternehmen gelten die gesetzlichen Vorschriften am **Ort der Empfangsbahn**, somit für die Schweiz Art. 21 CIM. Für den **Seefrachtvertrag** gilt das **OR** infolge Verweises (Art. 87 Abs. 1 SSG), und auf die Regelung im **Luftfrachtvertrag** ist bereits verwiesen worden; es gelten Art. 13 Abs. 2 MÜ und Art. 13 Abs. 2 Warschauer Abkommen (vgl. N 6). 7

Art. 451

4. Retentionsrecht

[1] Bestreitet der Empfänger die auf dem Frachtgut haftende Forderung, so kann er die Ablieferung nur verlangen, wenn er den streitigen Betrag amtlich hinterlegt.

[2] Dieser Betrag tritt in Bezug auf das Retentionsrecht des Frachtführers an die Stelle des Frachtgutes.

4. Droit de rétention

[1] Lorsque le destinataire conteste les réclamations dont la marchandise est grevée, il ne peut exiger la livraison que s'il consigne en justice le montant contesté.

[2] La somme consignée remplace la marchandise quant au droit de rétention appartenant au voiturier.

4. Diritto di ritenzione

[1] Se il destinatario contesta i crediti, di cui è gravata la merce trasportata, non può essergliene rifiutata la consegna, qualora depositi giudizialmente la somma contestata.

[2] La somma depositata tien luogo della merce per ciò che riguarda il diritto di ritenzione del vetturale.

Literatur

Vgl. die Literaturhinweise bei Art. 440.

I. Allgemeines

Art. 451 behandelt das **Retentionsrecht des Frachtführers**; diese Bestimmung setzt das Recht als solches als bestehend voraus. Die Voraussetzungen zum Retentionsrecht finden sich in Art. 895 ff. ZGB und Art. 401 (vgl. dazu ISLER, Über die Voraussetzungen des Retentionsrechtes, insb. jenes des Spediteurs und des Frachtführers, ZBJV 1979, 401 ff.). Das Retentionsrecht des Frachtführers bezieht sich jeweils auf **eine auf dem Frachtgut haftende Forderung** des Frachtführers. Die Forderung stützt sich somit auf den Frachtvertrag ab; Forderungen aus dem Grundverhältnis zwischen Absender und Empfänger können nicht durch das Retentionsrecht des Frachtführers gesichert werden. Demgemäss geht das Retentionsrecht unter, sobald die Ansprüche des Frachtführers aus dem Frachtvertrag getilgt sind, da es sich beim Retentionsrecht lediglich um ein akzessorisches Recht handelt. Allerdings ist festzuhalten, dass durch das Retentionsrecht nicht nur die Frachtkosten sämtlicher Zwischenfrachtfüh- 1 rer, die in den fraglichen Transport involviert waren, gedeckt sind, sondern auch Ansprüche auf Auslagenersatz und allenfalls Schadenersatz.

II. Entstehung und Untergang des Retentionsrechtes sowie Rechtsfolgen

2 Die Möglichkeit der Ausübung des Retentionsrechtes beginnt, sobald das betreffende **Gut sich mit Willen des Absenders beim Frachtführer befindet**. Guter Glaube bez. des Eigentums des Absenders am Gut ist beim Frachtführer nicht notwendig. Das Retentionsrecht des Frachtführers erlischt, wenn sämtliche Ansprüche des Frachtführers aus dem Frachtvertrag getilgt sind, wenn der Frachtführer das Gut nicht mehr besitzt und auch nicht vom dritten Besitzer zurückfordern kann (Art. 888 ZGB).

3 Das Retentionsrecht kann auch **teilweise untergehen**, nämlich dann, wenn das Gut teilbar ist (Stückgut) und ein Teil der gesamten Sendung genügt, die Kosten des Frachtführers zu decken. Im Sinne von Art. 446 hat sich der Frachtführer auch bez. des Retentionsrechtes an das Verhältnismässigkeitsprinzip zu halten und die Interessen des Eigentümers zu wahren. Für den Umfang der verbleibenden Retention ist der mutmassliche Verwertungserlös ausschlaggebend.

4 Sind mehrere Frachtführer am Transport beteiligt, so obliegt **dem Letzten die Geltendmachung** aller Kosten (soweit sie nicht vorausbezahlt sind), also auch derjenigen Kosten, die bei den Vorgängern entstanden sind. Dies gilt unabhängig davon, ob die früheren Frachtführer vom letzten Frachtführer bereits bezahlt sind oder nicht, solange der zahlungspflichtige Empfänger seinerseits keine Zahlung geleistet hat. Hat der letzte Frachtführer seine Vorgänger bezahlt, so gehen die Forderung und das entsprechende Retentionsrecht gestützt auf Art. 110 Ziff. 1 auf den zahlenden Frachtführer über. Gibt der letzte Frachtführer das Retentionsrecht auf, ohne befriedigt zu sein, so haftet er den übrigen Frachtführern für deren Schaden aus unsorgfältiger Ausführung seines Auftrages.

III. Die Ausübung des Retentionsrechtes

5 Dem Frachtführer stehen in der Praxis zwei Möglichkeiten offen, mit der **Geltendmachung des Retentionsrechtes** seine Ansprüche durchzusetzen: Einerseits indem er das Gut beim Empfänger solange **zurückhält**, bis dieser die Frachtkosten etc. bezahlt, zumindest aber hinterlegt hat, oder zum anderen, indem er das Frachtgut unter Beizug einer amtlichen Stelle und unter Einhaltung der Voraussetzungen des Verfahrens nach den Art. 444 und 445 **veräussert**. Der Frachtführer ist zur Geltendmachung seines Retentionsrechtes nicht auf die allgemeinen Regeln der Schuldbetreibung angewiesen.

IV. Die Nachnahme

6 Im Rahmen eines Frachtvertrages, aber als davon unabhängige Verpflichtung, kann der Absender den Frachtführer beauftragen, bestimmte Kosten beim Empfänger einzukassieren und diesem ohne Bezahlung dieser Kosten die Ware gar nicht herauszugeben. Betrifft die **Nachnahme** Transportkosten, so spricht man von einer **Kostennachnahme** (wobei hier auch z.B. Zollkosten eingeschlossen sein können). Die Nachnahme wird in diesem Fall für Kosten erhoben, für die ohne weiteres dem Frachtführer auch das Retentionsrecht zusteht. In der praktischen Auswirkung sind dafür Retentionsrecht und Kostennachnahme identisch.

7 Beauftragt der Absender den Frachtführer mit einer Nachnahme für den Warenpreis, so spricht man von einer **Wertnachnahme**. Dafür steht dem Frachtführer **kein Retentionsrecht** zu, weil es sich nicht um einen Anspruch aus Frachtvertrag handelt. Allerdings ist der Frachtführer aufgrund des Nachnahmeauftrages nicht berechtigt, die Ware an den Empfänger herauszugeben, ohne dass Bezahlung erfolgt ist. Hat der Absender den Frachtführer mit einer Wert- und einer Kostennachnahme beauftragt, so steht dem Frachtführer im Umfange der

Transportkosten ein Retentionsrecht zu, allenfalls auch an Mitteln, die ihm aus der Wertnachnahme zugeflossen sind.

V. Die Hinterlegung

Will ein Empfänger das Gut zwar annehmen, ist er aber aus irgendeinem Grund mit den geltend gemachten **Kosten nicht einverstanden**, so bleibt ihm zur Erlangung des Gutes lediglich die Alternative, den geforderten **Betrag amtlich zu hinterlegen**. Die Hinterlegung der Kosten hat bei der vom Kanton bestimmten Stelle zu erfolgen, es sei denn, eine Betreibung auf Faustpfandverwertung sei bereits eingeleitet; in diesem letzteren Fall muss beim Betreibungsamt hinterlegt werden. Mit der Hinterlegung verhindert der Empfänger den Eintritt eines Annahmeverzuges, somit das Entstehen eines Ablieferungshindernisses und die damit verbundenen Folgen. Die Hinterlegung muss alle Ansprüche umfassen, die an den Empfänger gestellt werden, sowohl die Kosten des Transportes wie auch den Wert der Sendung selbst, auch wenn für Letzteres die Forderung nicht «auf dem Frachtgut haftend» ist. 8

Hat der Empfänger die **Hinterlegung richtig geleistet**, so ist der Frachtführer verpflichtet, das **Gut zu Gunsten des Berechtigten freizugeben**. Retentionsgegenstand bildet nun das hinterlegte Geld, nicht mehr die Ware. 9

VI. Prozessrechtliches

Mit der Hinterlegung gem. Art. 451 bei der Amtsstelle i.S.v. Art. 453 hat sich der Inhalt dieser beiden Bestimmungen in prozessrechtlicher Hinsicht erschöpft. Ist nach der Hinterlegung eine Einigung zwischen den Parteien nicht möglich, so hat das ordentliche **Gerichtsverfahren** stattzufinden, in dem auf Herausgabe der deponierten Gelder (nach Feststellung der Schuld an sich) geklagt werden muss. Sind Transportkosten streitig, so hat der Frachtführer zu klagen, ist der Wert der Sendung streitig, so hat der Absender die Herausgabe zu verlangen. Beklagter ist jeweilen der Empfänger. 10

Der **örtlich zuständige Richter** für das ordentliche Verfahren ist verschieden: Ist die geforderte Summe anstelle der Ware hinterlegt worden, so bestimmt sich die örtliche Zuständigkeit nach Art. 30 ZPO (alternativer Gerichtsstand am Wohnsitz oder Sitz der beklagten Partei oder am Orte der hinterlegten Sache; vgl. dazu ZPO Komm-SUTTER-SOMM/HEDINGER, Art. 30 N 15, sowie zu Art. 20 aGestG BSK GestG-TENCHIO, Art. 20 N 12): dem Gläubiger steht ein Pfandrecht am hinterlegten Betrag zu. Wird zur Sicherstellung des Anspruches eine Bankgarantie oder eine Bürgschaft gestellt, so gilt die ordentliche Zuständigkeit (Art. 30 Abs. 2 BV, vertraglich vereinbarter Gerichtsstand: Art. 17 ZPO; vgl. auch Art. 2 ff. LugÜ; BGE 103 Ia 462). 11

VII. Nationale Spezialgesetze

Weder die Bestimmungen zum Eisenbahn- und Schifffahrtstransport noch das Luftfrachtrecht enthalten ausdrückliche Bestimmungen zum Retentionsrecht. **Art. 895 ZGB** dürfte als **Grundlage** zur Geltendmachung des **Retentionsrechtes** auch für diese Frachtführer genügen (vgl. dazu auch Art. 13 MÜ i.V.m. Art. 2 lit. a LTrV). 12

VIII. Internationale Vereinbarungen

Die Internationalen Vereinbarungen für den Eisenbahn- und Strassengüterverkehr verweisen für das **Retentionsrecht** jeweilen auf das **am Ort der gelegenen Sache geltende Recht** (Art. 17 § 5 CIM und Art. 16 Abs. 3 CMR). Für den Seefrachtvertrag gelten die Bestimmungen des OR (Art. 87 Abs. 1 SSG), wie auch für den Luftfrachtführer gestützt auf Art. 13 MÜ und Art. 13 Abs. 1 Warschauer Abkommen. 13

Art. 452

5. Verwirkung der Haftungsansprüche

[1] **Durch vorbehaltlose Annahme des Gutes und Bezahlung der Fracht erlöschen alle Ansprüche gegen den Frachtführer, die Fälle von absichtlicher Täuschung und grober Fahrlässigkeit ausgenommen.**

[2] **Ausserdem bleibt der Frachtführer haftbar für äusserlich nicht erkennbaren Schaden, falls der Empfänger solchen innerhalb der Zeit, in der ihm nach den Umständen die Prüfung möglich oder zuzumuten war, entdeckt und den Frachtführer sofort nach der Entdeckung davon benachrichtigt hat.**

[3] **Diese Benachrichtigung muss jedoch spätestens acht Tage nach der Ablieferung stattgefunden haben.**

5. Fin de l'action en responsabilité

[1] L'acceptation sans réserves de la marchandise et le paiement du prix de transport éteignent toute action contre le voiturier, sauf dans les cas de dol ou de faute grave.

[2] En outre, le voiturier reste tenu des avaries non apparentes si le destinataire les constate dans le délai où, d'après les circonstances, la vérification pouvait ou devait se faire et s'il avise le voiturier aussitôt après les avoir constatées.

[3] Cet avis doit néanmoins être donné au plus tard dans les huit jours qui suivent la livraison.

5. Decadenza dell'azione di responsabilità

[1] Il ricevimento senza riserva della merce e il pagamento del prezzo di trasporto estinguono ogni azione contro il vetturale, salvo il caso di dolo o colpa grave.

[2] Il vetturale continua inoltre ad essere responsabile dei danni non riconoscibili esteriormente, se il destinatario li constata nel termine in cui, giusta le circostanze, la verificazione era possibile, o doveva essere fatta, e notifica ciò al vetturale subito dopo la constatazione.

[3] Questa notificazione però deve farsi al più tardi entro otto giorni dalla consegna.

Literatur

Vgl. die Literaturhinweise bei Art. 440.

I. Allgemeines

1 Im Rahmen der Regelung der Stellung des Frachtführers legt Art. 452 fest, **wann und wie allfällige Ansprüche gegen den Frachtführer geltend gemacht** werden müssen, respektive, wann sie untergehen. Von Art. 452 betroffen sind lediglich diejenigen Ansprüche, die sich gegen den Frachtführer richten, nicht aber diejenigen des Frachtführers gegen einen Ersatzpflichtigen.

II. Die Prüfung und Annahme des Gutes

2 Wie im Kauf- und Werkvertragsrecht soll auch im Frachtvertragsrecht der **Empfänger** das ihm abgelieferte Gut unverzüglich auf äusserlich erkennbare Mängel **prüfen**; eine Prüfungspflicht obliegt ihm aber nicht. Eine solche Pflicht kann aber aufgrund eines anderen Rechtsverhältnisses bestehen, so z.B. aufgrund des Grundgeschäftes zwischen Absender und Empfänger, oder als Pflicht aus Auftrag oder Kommission (Art. 398, 427).

III. Äusserlich nicht erkennbare Mängel

3 Wie *in anderen Rechtsbereichen* räumt auch das Frachtvertragsrecht dem Empfänger die Möglichkeit ein, **Schäden**, die zunächst nicht zu erkennen waren, **nachträglich** geltend zu machen. Die Mitteilung eines solchen Schadens hat aber nach der Entdeckung sofort zu erfol-

gen. Ob ein behaupteter Schaden äusserlich vorerst nicht erkennbar war, muss aufgrund der Umstände des Einzelfalles beurteilt werden. Der Empfänger hat auf jeden Fall bei der Prüfung im Zeitpunkt der Ablieferung gehörige Sorgfalt walten zu lassen; bei unverpacktem Frachtgut sind Schäden eher zu erkennen; Verpackungsschäden andererseits lassen auf Schäden am Gut selbst schliessen etc.

IV. Die Benachrichtigungsfrist als Verwirkungsfrist

Äusserlich nicht erkennbare Schäden müssen unmittelbar nach Entdeckung, spätestens aber **acht Tage nach der Ablieferung** dem Frachtführer mitgeteilt werden. Eine Mitwirkung einer amtlichen Stelle ist nicht nötig; aus Gründen der Beweissicherung dürfte sich jedoch eine schriftliche Benachrichtigung aufdrängen. Die Mitteilung der zunächst nicht erkannten und nicht erkennbaren Schäden muss **substantiiert** erfolgen: der Frachtführer soll wissen, was ihm vorgeworfen und wofür er haftbar gemacht wird. Bei der achttägigen Benachrichtigungsfrist handelt es sich um eine **Verwirkungsfrist**, die ex officio beachtet werden muss (VON TUHR/ESCHER, 162). Wie bei der Verjährung kann auch nicht im Voraus auf die Geltendmachung der Verwirkung verzichtet werden. 4

V. Rechtsfolgen

Nimmt der Empfänger das Gut **vorbehaltlos** an und zahlt allfällig geltend gemachte Kosten, so wird darin eine **Anerkennung der richtigen Erfüllung** der Verpflichtungen des Frachtführers erblickt. Hat der Empfänger auf diese Weise die Ablieferung angenommen, so verzichtet er damit auf die Geltendmachung aller Ansprüche, die ihm gegen den Frachtführer zustehen könnten. Will der Empfänger das Gut nicht annehmen, so hat er die Wahl zwischen der kompletten **Zahlungsverweigerung**, was die Folgen gem. Art. 444 und 445 nach sich zieht, oder der **Hinterlegung** des streitigen Betrages nach Art. 451. Die Regeln des Art. 452 finden keine Anwendung, wenn der Frachtführer absichtlich oder grobfahrlässig einen Schaden verursacht hat. Eine entsprechende **Freizeichnung** ist gestützt auf Art. 100 unzulässig. Liegt ein absichtlich oder grobfahrlässig verursachter Schaden vor, so entfallen alle Schutzvorschriften zugunsten des Frachtführers; es gelten die allgemeinen Vorschriften und insb. die ordentliche Verjährungsfrist. Liegt eine strafbare Handlung vor, passt sich die zivilrechtliche Verjährung der längeren strafrechtlichen Frist an (Art. 60 Abs. 2). 5

VI. Abweichende Vereinbarungen

Abweichende Vereinbarungen im Frachtvertrag über die Qualifikation des Verhaltens eines Dritten (des Empfängers) sind **nicht zulässig**, ebenso wenig die Verlängerung der Benachrichtigungsfrist gem. Abs. 3. 6

VII. Nationale Spezialgesetze

Alle Spezialgesetze halten fest, dass die **vorbehaltlose Annahme** des Gutes einen **Verzicht** auf die Geltendmachung weiterer Ansprüche beinhaltet (Art. 111 SSG, Art. 47 § 1 CIM, Ziff. 3.1.6 der AGB «Postdienstleistungen» für Privat- und Geschäftskunden). Vorbehalten bleiben immer vor der Ablieferung festgehaltene sowie in diesem Zeitpunkt äusserlich nicht erkennbare Schäden. Im Postverkehr haben Reklamationen innert acht Tagen nach Ablieferung zu erfolgen (je Ziff. 3.1.6 der AGB «Postdienstleistungen» für Privat- und Geschäftskunden). Im Eisenbahn- und Schiffahrtsverkehr ist ein erkennbarer Schaden bei Ablieferung, ein nicht erkennbarer Schaden innert sieben Tagen seit der Ablieferung geltend zu machen (Art. 47 § 2 CIM). Für den Luftfrachtführer gilt Art. 13 LTrV. In der Seeschifffahrt gilt bei äusserlich nicht erkennbaren Schäden eine Rügefrist von drei Tagen (Art. 111 Abs. 3 SSG). 7

VIII. Internationale Vereinbarungen

8 Auch in sämtlichen internationalen Vereinbarungen ist festgehalten, dass die **vorbehaltlose Annahme einen Verzicht** auf die Geltendmachung von erkennbaren Schäden beinhaltet (Art. 57 CIM; Art. 111 SSG [BGE 99 II 99]; Art. 31 MÜ und Art. 26 Warschauer Abkommen; Art. 30 CMR). **Äusserlich nicht erkennbare** Schäden sind im Eisenbahnverkehr innert sieben Tagen (Art. 57 CIM; vgl. dazu BGE 80 II 88 für die alte Fassung des Abkommens), im Seefrachtvertrag innert drei Tagen (Art. 3 § 6 des Internationalen Übereinkommens zur einheitlichen Feststellung einzelner Regeln über die Konnossemente; die Überführung i.S. dieser Bestimmung ist gleichbedeutend mit der Ablieferung i.S.v. Art. 452: BGE 99 II 99), im **Luftfrachtvertrag** innert sieben bzw. drei Tagen (Reisegepäck) resp. innert 14 bzw. 7 Tagen (Güter) (Art. 31 MÜ und Art. 26 Warschauer Abkommen) und im Strassengüterverkehr innert sieben Tagen (Art. 30 Ziff. 1 CMR) beim Frachtführer anzubringen. Im Falle von **Verspätungen** sind die Ansprüche im Eisenbahnverkehr innert 60 Tagen geltend zu machen (Art. 57 CIM), im Luftfrachtverkehr binnen 21 bzw. 14 Tagen, wobei hiefür Schriftlichkeit erforderlich ist (Art. 31 MÜ und Art. 26 Abs. 2, 3 Warschauer Abkommen), und im Strassengüterverkehr ebenfalls innert 21 Tagen. Werden diese Fristen nicht eingehalten, so sind die Ansprüche jeweilen verwirkt (Art. 30 Ziff. 3 CMR).

Art. 453

6. Verfahren

[1] In allen Streitfällen kann die am Orte der gelegenen Sache zuständige Amtsstelle auf Begehren eines der beiden Teile Hinterlegung des Frachtgutes in dritte Hand oder nötigenfalls nach Feststellung des Zustandes den Verkauf anordnen.

[2] Der Verkauf kann durch Bezahlung oder Hinterlegung des Betrages aller angeblich auf dem Gute haftenden Forderungen abgewendet werden.

6. Procédure

[1] Toutes les fois qu'il y a litige, l'autorité compétente du lieu où se trouve la marchandise peut, à la demande de l'une des parties, ordonner le dépôt de la chose en main tierce ou, au besoin, la vente, après avoir, dans ce dernier cas, fait constater l'état de la marchandise.

[2] La vente peut être prévenue par le paiement de toutes les créances dont la marchandise est prétendument grevée, ou par la consignation de leur montant.

6. Procedura

[1] In ogni caso di contestazione l'autorità competente del luogo in cui si trova la merce trasportata, può, sulla domanda d'una delle parti, ordinarne il deposito nelle mani d'un terzo, oppure, in caso di bisogno, previa constatazione dello stato della merce stessa, ordinarne la vendita.

[2] La vendita può essere evitata mediante il pagamento o deposito dell'importo di tutti i pretesi crediti gravanti la merce.

Literatur

Vgl. die Literaturhinweise bei Art. 440.

I. Allgemeines

1 Art. 453 enthält bundesrechtliche Vorschriften zur **Beweisaufnahme und Beweissicherung** sowie zum dafür notwendigen Verfahren. Vorsorgliche Massnahmen zur Beweissicherung sind notwendig, um allfällige Ansprüche der einen oder anderen Seite zu schützen: Im Laufe eines Verfahrens kann sich z.B. die Ware verändern oder sie kann ganz verderben; bliebe das Frachtgut während der gerichtlichen Auseinandersetzung in den Händen einer Partei, so könnte diese jede gewünschte Veränderung vornehmen, um so der Gegenseite eine bestimmte

Beweisführung zu verunmöglichen. Dies soll mit den vorliegenden Bestimmungen vermieden werden.

II. Zuständigkeit

In allen Streitfällen, insb. bei vorsorglichen und beweissichernden Massnahmen, ist eine **Amtsstelle am Ort der gelegenen Sache zuständig**; dies entspricht auch der Regelung von Art. 13 ZPO (vgl. dazu ZPO Komm-SUTTER-SOMM/KLINGLER, Art. 13 N 22, sowie zu Art. 33 aGestG BSK GestG-LEUENBERGER, Art. 33 N 12). Die sachliche Zuständigkeit, d.h. welche Amtsstelle anzurufen ist, ergibt sich aus dem kantonalen Recht. Meistens wird eine gerichtliche Behörde zuständig sein. 2

Die Zuständigkeit nach Art. 453 ist in allen Fällen aus Frachtvertragsrecht gegeben, unabhängig davon, ob der Anspruch dem Frachtführer, dem Absender oder dem Empfänger zusteht; die in Art. 452 enthaltene Beschränkung auf Forderungen gegen den Frachtführer findet sich hier nicht. Die nach Art. 453 begründete **Zuständigkeit bleibt auch für den Prosekutionsprozess** bestehen, und zwar unabhängig davon, ob die Sache oder lediglich der Erlös aus einem allfälligen Verkauf hinterlegt wird (Art. 30 ZPO; BGE 103 Ia 462). Wird zur Sicherstellung des Anspruches eine Bankgarantie oder eine Bürgschaft gestellt, so gilt die ordentliche Zuständigkeit (vgl. dazu Art. 451 N 11). 3

III. Die möglichen Massnahmen

Das Gesetz sieht zwei Massnahmen vor, die von der zuständigen Amtsstelle verfügt werden können, nämlich: einerseits die **Hinterlegung** des Gutes bei einem Dritten oder den **Notverkauf nach Feststellung seines Zustandes**. Jede Seite kann ein entsprechendes Begehren stellen; ein Zusammenwirken aller Parteien ist nicht Voraussetzung. 4

Eine **Hinterlegung** wird dann angeordnet werden, wenn Waren betroffen sind, die durch Zeitablauf im Wert nicht abnehmen, oder die nicht verderben; in diesen Fällen wird sich der Empfänger meistens geweigert haben, den geforderten Betrag zu hinterlegen, weil er z.B. Gegenforderungen geltend macht. In einer solchen Situation kann der Besitz nicht an den Empfänger übertragen werden, damit das Retentionsrecht des Frachtführers nicht untergeht. Andererseits hat der Frachtführer kein Interesse daran, das Gut weiterhin bei sich behalten zu müssen. In solchen Fällen kann die Hinterlegung des Gutes auf Begehren einer Partei bei einem Dritten erfolgen. Die Hinterlegung kommt aufgrund eines Hinterlegungsvertrages nach Art. 472 ff. zustande. Der Aufbewahrer **(Sequester)** kann nach Abschluss des entsprechenden Vertrages das Gut nur noch mit Zustimmung aller Beteiligten oder auf Geheiss des Richters herausgeben (Art. 480). Die durch die Hinterlegung entstehenden Kosten sind von der im ordentlichen Verfahren unterliegenden Partei zu bezahlen. 5

Das Verfahren des **Verkaufs** ist bereits in Art. 445 behandelt worden. Es sei an dieser Stelle auf jene Ausführungen verwiesen. Die «Feststellung des Zustandes» nach Art. 453 entspricht der «amtlichen Feststellung des Tatbestandes» nach Art. 445. Die Feststellung des Zustandes hat durch die zuständige Amtsstelle zu erfolgen, der es gestattet sein muss, einen Experten beizuziehen. Die Feststellungen richten sich auf den Zustand des Frachtgutes; nicht zu beurteilen sind in diesem Stadium Einreden und Einwendungen einer Partei gegen ihre eigene Haftbarkeit. Dies ist erst Thema des Hauptprozesses. Im Falle eines Verlustes des Gutes richtet sich die Feststellung auf die Tatsache des Verlustes, nicht auf den Zustand des Gutes. 6

IV. Die Abwendung des Verkaufs

Bis zum erfolgten Verkauf kann der Empfänger (je nach Umständen auch der Absender) den Verkauf dadurch abwenden, dass er den **strittigen Betrag**, allenfalls ergänzt um die bereits 7 entstandenen Hinterlegungskosten, **deponiert**. Damit sind die Ansprüche des Frachtführers anderweitig sichergestellt; er ist nunmehr verpflichtet, das Frachtgut dem Empfänger abzuliefern.

V. Keine abweichende Vereinbarungen

8 Die alternativen Gerichtsstände nach Art. 13 ZPO sind zwingender Natur; **abweichende Vereinbarungen sind deshalb nicht möglich**. Einlassung ist nicht zulässig (vgl. dazu Art. 18 ZPO). Auf dem Wege der Vereinbarung kann der Gerichtsstand für vorsorgliche Massnahmen nur über den Umweg einer Gerichtsstandsvereinbarung für die Hauptsache erreicht werden.

VI. Nationale Spezialgesetze

9 Die Verpflichtung, den Verkauf des Gutes unter **Beizug einer Amtsstelle** durchzuführen, gilt auch für die Eisenbahnen und Schifffahrtsunternehmen (Art. 22 § 5 CIM). Für den Postverkehr gelten die Bestimmungen des Frachtvertragsrechts (Ziff. 5.6 der AGB «Postdienstleistungen» sowohl für Privat- wie auch für Geschäftskunden).

VII. Internationale Vereinbarungen

10 In allen internationalen Vereinbarungen ist vorgesehen, dass für die Durchführung des Verkaufes die gesetzlichen **Bestimmungen am Ort der gelegenen Sache** gelten sollen (Art. 34 CIM; Art. 87 Abs. 1 SSG; Art. 33 MÜ und Art. 28 Warschauer Abkommen; Art. 16 CMR).

Art. 454

7. Verjährung der Ersatzklagen

[1] Die Ersatzklagen gegen Frachtführer verjähren mit Ablauf eines Jahres, und zwar im Falle des Unterganges, des Verlustes oder der Verspätung von dem Tage hinweg, an dem die Ablieferung hätte geschehen sollen, im Falle der Beschädigung von dem Tage an, wo das Gut dem Adressaten übergeben worden ist.

[2] Im Wege der Einrede können der Empfänger oder der Absender ihre Ansprüche immer geltend machen, sofern sie innerhalb Jahresfrist reklamiert haben und der Anspruch nicht infolge Annahme des Gutes verwirkt ist.

[3] Vorbehalten bleiben die Fälle von Arglist und grober Fahrlässigkeit des Frachtführers.

7. Prescription de l'action en dommages-intérêts

[1] Les actions en dommages-intérêts contre le voiturier se prescrivent par une année à compter, en cas de destruction, de perte ou de retard, du jour où la livraison aurait dû avoir lieu, et, en cas d'avarie, du jour où la marchandise a été livrée au destinataire.

[2] Le destinataire et l'expéditeur peuvent toujours faire valoir, par voie d'exception, leurs droits contre le voiturier, pourvu que la réclamation soit formée dans l'année et que l'action ne soit pas éteinte par l'acceptation de la marchandise.

[3] Sont réservés les cas de dol ou de faute grave du voiturier.

7. Prescrizione delle azioni di risarcimento

[1] Le azioni di risarcimento contro il vetturale si prescrivono nel termine d'un anno che nel caso di distruzione, perdita o ritardo, dal giorno in cui la consegna avrebbe dovuto aver luogo, e, nel caso di deperimento, dal giorno in cui la merce fu consegnata al destinatario.

[2] Il destinatario o il mittente possono sempre opporre in via di eccezione i loro *diritti*, qualora abbiano reclamato entro il termine di un anno e i diritti medesimi non siano già estinti in seguito ad accettazione della merce.

[3] Sono eccettuati i casi di dolo e colpa grave del vetturale.

Literatur

Vgl. die Literaturhinweise bei Art. 440.

I. Allgemeines

Das Frachtvertragsrecht enthält in Art. 454 spezielle **Verjährungsvorschriften**, die von den allgemeinen Regeln nach Art. 127 ff. abweichen und diesen vorgehen (vgl. Art. 127). Die im Frachtvertragsrecht statuierten kurzen Verjährungsfristen sind von der Sache her gerechtfertigt. Oft spielt der Zustand des Transportgutes (z.B. verderbliche Ware) eine grosse Rolle. Solche Umstände können sich durch den Zeitablauf rasch verändern, weshalb einerseits eine sofortige Beweisaufnahme, andererseits aber auch eine schnelle Geltendmachung sinnvoll sind. 1

Bei den Fristen gem. Art. 454 handelt es sich um **eigentliche Verjährungsfristen**. Für Stillstand, Unterbrechung etc. gelten die allgemeinen Regeln der Art. 127 ff. Es ist dabei aber nicht zu übersehen, dass eine Unterbrechung bzw. ein Stillstand der Verjährung eine Verlängerung der Verjährungsfrist beinhaltet und damit dem Grundsatz der schnellen Erledigung widerspricht. 2

II. Anwendungsbereich

Die Verjährungsfristen, die in Art. 454 statuiert sind, gelten nur für diejenigen **Klagen, die sich gegen den Frachtführer richten** und vom Ersatzberechtigten angestrengt werden, allerdings unabhängig vom Grund des Ersatzanspruches (z.B. Verlust, Beschädigung [BGer, 2.6.2004, 4C.43/2004], Verzögerung etc.). Nicht betroffen von den kurzen Verjährungsvorschriften dieses Artikels sind die Ansprüche des Frachtführers aus dem Frachtvertrag gegen seinen Auftraggeber. Dafür gelten die üblichen Verjährungsfristen, somit die zehnjährige Verjährungsfrist für Ansprüche des Frachtführers aus dem Frachtvertrag. 3

III. Die Berechnung der Fristen

Eine bestimmte Verjährungsfrist kann **nicht vor** demjenigen Zeitpunkt beginnen, in dem der Empfänger das Transportgut **übernommen** hat bzw. hätte übernehmen können (z.B. im Falle des Untergangs). Unter dem Begriff der «Übergabe» ist nicht lediglich das physische Übergeben zu verstehen, sondern auch das Zur-Verfügung-Stellen, z.B. in einem Lagerhaus; das Frachtgut ist somit auch übergeben, wenn der Empfänger durch Weisung an einen Dritten (z.B. den Lagerhalter) das weitere Schicksal des Gutes bestimmen kann. Im Einzelnen gilt das Folgende: 4

a) Stützt sich die Ersatzklage gegen den Frachtführer auf den **Totalverlust** der Ware, so beginnt die Verjährung an dem Tag, an dem das Transportgut nach der vertraglichen Vereinbarung dem Empfänger hätte **abgeliefert** werden sollen. Lässt sich dieser Tag so nicht bestimmen, so beginnt die Verjährung nach Ablauf einer angemessenen Frist nach Inempfangnahme des Transportgutes durch den Frachtführer zu laufen; eine solche angemessene Frist bestimmt sich nach der Art des Transportgutes, dem Transportweg, der voraussichtlichen Transportdauer gemäss den Instruktionen des Absenders. 5
b) Ergibt sich der Ersatzanspruch gegen den Frachtführer wegen einer eingetretenen **Verspätung**, so gelten für die Berechnung die gleichen Grundsätze wie bei einem Totalverlust (vgl. N 5). 6
c) Ergibt sich der Ersatzanspruch gegen den Frachtführer infolge einer **Beschädigung** des Transportgutes, so ist für den Beginn der Verjährungsfrist die **effektive Übergabe** des Transportgutes an den Empfänger ausschlaggebend. 7
d) Ergibt sich der Ersatzanspruch gegen den Frachtführer infolge eines **beschädigten** Gutes, das **verspätet** abgeliefert worden ist, so wäre die konsequente Lösung eine Teilung des Be- 8

ginns der Verjährungsfrist. Dies wäre aber unbefriedigend und ist nicht praktikabel; ein gemeinsamer Beginn der Verjährungsfristen ist vorzuziehen. Art. 448 behandelt unter dem Gesichtspunkt der Haftung die erwähnten Schadensursachen. Dieser Artikel stellt einerseits Verspätungs- und Beschädigungsschäden gleich und trifft andererseits lediglich im Falle eines Totalverlustes eine andere Regelung. Es kann daraus abgeleitet werden, dass die Verjährung im Falle eines Verspätungs- und Beschädigungsschadens mit der effektiven Ablieferung beginnt, d.h. dass für die Fristbestimmung die generelle Regelung für Beschädigungen den Vorrang hat (BGE 88 II 96).

9 Im Gegensatz zu anderen Bestimmungen im OR spielt die **Kenntnis des Schadens oder des Schädigers** im Frachtvertragsrecht **keine Rolle** (Spiro, Die Begrenzung privater Rechte durch Verjährungs-, Verwirkungs- und Fatalfristen, Bern 1975, 710). Für die Berechnung des Endtermines der Verjährungsfrist gelten die Regeln von Art. 132; ebenso kommen die allgemeinen Bestimmungen zur Anwendung in Fragen der Hemmung, der Unterbrechung und des Stillstandes der Verjährung.

IV. Die einredeweise Geltendmachung

10 Nach den allgemeinen Bestimmungen des OR können Ansprüche einredeweise und verrechnungsweise auch dann noch geltend gemacht werden, wenn die Verjährungsfrist für die klageweise Geltendmachung bereits abgelaufen ist (Art. 120 Abs. 3). Im Falle des Frachtvertragsrechtes ist dies nicht voraussetzungslos möglich; vielmehr muss der Empfänger zwei Voraussetzungen erfüllt haben, um **einredeweise** seine Ansprüche erfolgreich durchsetzen zu können, nämlich:

11 a) Als positive Voraussetzung: der Empfänger muss innerhalb der Verjährungsfrist beim Frachtführer **reklamiert**, nämlich Mängelrüge angebracht haben (und zwar für Untergang, Totalverlust, Teilverlust, Beschädigung etc.).

12 b) Als negative Voraussetzung: der Anspruchsberechtigte darf seine Schadenersatzrechte **nicht durch vorbehaltlose** (ursprüngliche oder nachträgliche) **Annahme verwirkt** haben (vgl. Art. 452). Der Frachtführer muss vielmehr darauf aufmerksam gemacht werden, dass er zur Verantwortung gezogen werde, damit er sich, soweit zutreffend, den Regress sichern kann (BGE 48 II 334).

13 Der Zeitpunkt der Reklamation nach Art. 454 Abs. 2 bestimmt sich nach den Regeln von Art. 452 Abs. 2 und 3: offene Mängel sind **sofort**, verdeckte Mängel **unmittelbar nach Entdeckung** zu rügen, wobei eine zumutbare Prüfung unverzüglich zu erfolgen hat. Die Benachrichtigung muss auf jeden Fall aber spätestens acht Tage nach Ablieferung des Transportgutes erfolgt sein.

V. Ansprüche gegen den Zwischenfrachtführer

14 Für Ansprüche gegen den **Zwischenfrachtführer** gelten die **gleichen Verjährungsfristen** wie für Ersatzklagen gegen den Frachtführer selbst. Will der in Anspruch genommene Frachtführer Regressansprüche gegen den Zwischenfrachtführer geltend machen, so muss er innerhalb des einen Jahres der Verjährungsfrist entweder gegen den Unterfrachtführer bzw. den Zwischenfrachtführer vorgehen, oder aber die Reklamation angebracht haben, sofern eine einredeweise Geltendmachung möglich ist. Es gilt jedoch zu beachten, dass eine **Streitverkündung** an den Zwischenfrachtführer keine verjährungsunterbrechende Wirkung hat (Staehelin E., 127; ZPO Komm-Takei, Art. 80 N 13).

VI. Arglist und grobe Fahrlässigkeit des Frachtführers

15 Die kurzen Verjährungsfristen des Art. 454 kommen dann **nicht zur Anwendung**, wenn der Frachtführer selbst oder ein beigezogener Erfüllungsgehilfe **arglistig oder grobfahrlässig** gehandelt haben. In einem solchen Falle gelten die Verjährungsfristen des allgemeinen Teils des OR, somit die zehnjährige Frist bei vertraglicher Haftung, die relative einjährige Frist für einen Deliktsanspruch (vgl. Art. 60 Abs. 1), allenfalls eine längere Verjährungsfrist, die sich aus dem Strafrecht ableitet (vgl. Art. 60 Abs. 2) (ZR 48/1949, 200 Nr. 116; vgl. dazu auch BJM 2000, 311 ff.). Die versehentliche Nicht-Anbringung einer Transitklausel auf dem Frachtbrief ist mangels besonderer Umstände kein grobes Verschulden (BGE 48 II 335).

VII. Rechtsfolgen

16 Ist die **Verjährungsfrist abgelaufen**, so können die Ansprüche gegen den Frachtführer **klageweise nicht mehr geltend** gemacht werden. Eine **einredeweise Geltendmachung** mit Verrechnung ist nur dann möglich, wenn innerhalb der Verjährungsfrist der Anspruchsberechtigte **reklamiert** hat (vgl. dazu N 11 und 12).

VIII. Beweislast

17 Der Eintritt der Verjährung muss von derjenigen Partei **bewiesen** werden, die die **Einrede erhebt**, um einen bestimmten Anspruch abzuwehren. Im Falle der klageweisen Geltendmachung von Ansprüchen gegen den Frachtführer ist es somit der Frachtführer, der den Verjährungseintritt zu beweisen hat. Klagt hingegen der Frachtführer gegen einen Beteiligten und macht dieser einredeweise Gegenansprüche geltend, so hat die Gegenpartei des Frachtführers zu beweisen, dass sie selbst rechtzeitig eine Reklamation i.S.v. Art. 454 erhoben hat. Die Einrede der Verjährung bzw. der nicht erhobenen Reklamation ist ausdrücklich geltend zu machen, ansonsten der Richter sie nicht berücksichtigen darf (Art. 142).

IX. Nationale Spezialgesetze

18 Im **Eisenbahn- und Schifffahrtsverkehr** beträgt die Verjährungsfrist für irgendwelche Ansprüche aus dem Frachtvertrag ein Jahr (Art. 3 GüTV). Im **Postverkehr** beträgt die Verjährungsfrist ein Jahr und beginnt im Falle des Verlustes oder der Verspätung am Tag, an dem die Zustellung hätte erfolgen sollen, und im Fall der Beschädigung am Tag, an dem die Sendung dem Empfänger übergeben worden ist (Ziff. 3.1.8, resp. 4.4.7 der AGB «Postdienstleistungen» für Privatkunden, und Ziff. 3.1.7, resp. 4.4.8 für Geschäftskunden). Im Falle von Arglist und grober Fahrlässigkeit gelten im Postverkehr die Verjährungsfristen des allgemeinen Teils des OR (vgl. oben N 15). Für den **Luftfrachtführer** gilt Art. 14 LTrV, wobei es sich bei der Frist von zwei Jahren nicht um eine Verjährungs-, sondern um eine Verwirkungsfrist handelt (vgl. dazu KGer GR, 2.7.2009, SB 08 40).

X. Internationale Vereinbarungen

19 Im **Eisenbahnrecht** beträgt die Verjährungsfrist grundsätzlich ein Jahr; für einige aufgezählte Ausnahmefälle dauert sie zwei Jahre. Der Beginn der Verjährung ist je nach Typ des Anspruchs verschieden und im Abkommen detailliert aufgeführt (Art. 48 CIM), vgl. dazu SZZP 2006, 162. Für den **Seefrachtvertrag** gelten die Bestimmungen des OR (Art. 87 Abs. 1 SSG). Im Fall einer Beförderung mit Mitteln der Binnenschifffahrt beträgt die Verjährungsfrist für Ansprüche auch ein Jahr (Art. 24 CMNI). Ansprüche aus einem **Luftfrachtvertrag** verwirken innert zwei Jahren nach Ankunft des Gutes am Bestimmungsort oder nach dem Zeitpunkt, in dem es hätte ankommen sollen oder in dem die Beförderung abgebrochen worden ist (Art. 35 MÜ und Art. 29 Warschauer Abkommen; BGE 108 II 233). Im **Strassengüterverkehr** besteht

eine einjährige Verjährungsfrist mit verschiedenem Fristenbeginn je nach Art des Anspruchs; diese Verjährungsfrist gilt sowohl für den Frachtführer als auch für den Absender (BJM 1985, 255; BGE 111 II 371). Im Falle von Vorsatz oder einem Verschulden, das nach dem Rechte des angerufenen Gerichtes dem Vorsatz gleichsteht, beträgt die Verjährungsfrist drei Jahre; nach schweizerischem Recht ist Grobfahrlässigkeit dem Verschulden gleichgesetzt (Art. 32 CMR; vgl. dazu BJM 2000, 311 ff.; KGer GR, 12.11.2007, ZF 07 63, E. 2.2.c.cc).

Art. 455

C. Staatlich genehmigte und staatliche Transportanstalten

1 Transportanstalten, zu deren Betrieb es einer staatlichen Genehmigung bedarf, sind nicht befugt, die Anwendung der gesetzlichen Bestimmungen über die Verantwortlichkeit des Frachtführers zu ihrem Vorteile durch besondere Übereinkunft oder durch Reglemente im voraus auszuschliessen oder zu beschränken.

2 Jedoch bleiben abweichende Vertragsbestimmungen, die in diesem Titel als zulässig vorgesehen sind, vorbehalten.

3 Die besonderen Vorschriften für die Frachtverträge der Anbieterinnen von Postdiensten, der Eisenbahnen und Dampfschiffe bleiben vorbehalten.

C. Entreprises de transport de l'Etat ou autorisées par lui

1 Les entreprises de transport dont l'exploitation est subordonnée à l'autorisation de l'Etat, ne peuvent, par des règlements ou par des conventions particulières, se soustraire d'avance, en tout ou en partie, à l'application des dispositions légales concernant la responsabilité des voituriers.

2 Toutefois, les parties peuvent convenir de déroger à ces règles dans la mesure permise par le présent titre.

3 Les dispositions spéciales concernant les transports effectués par les prestataires de services postaux, les chemins de fer et les bateaux à vapeur sont réservées.

C. Imprese di trasporto concesse od esercitate dallo Stato

1 Le imprese di trasporto soggette a concessione dello Stato non possono, mediante particolari convenzioni o regolamenti, preventivamente escludere o limitare a loro profitto l'applicazione delle disposizioni di legge sulla responsabilità del vetturale.

2 Sono eccettuate le clausole derogatorie dichiarate ammissibili nel presente titolo.

3 Sono riservate le disposizioni speciali sui contratti di trasporto con i fornitori di servizi postali, con le ferrovie e con i battelli a vapore.

Literatur

Vgl. die Literaturhinweise bei Art. 440.

I. Normzweck

1 Art. 455 regelt zusammen mit Art. 456 zum einen das Verhältnis der allgemeinen Bestimmungen des Frachtvertragsrechtes im OR zu den einzelnen **Spezialgesetzen**, und enthält zum andern **haftungsmässige Sonderbestimmungen** zugunsten einer bestimmten Gruppe von Transportanstalten.

II. Die staatlichen Transportanstalten

2 Unter den Begriff der **«staatlichen Transportanstalten»** sind nicht nur diejenigen zu subsumieren, die von Bund, Kanton oder Gemeinde betrieben werden, sondern alle Transportanstalten, die **aufgrund vom öffentlichen Recht des Bundes, der Kantone und der Gemeinden tätig sind**. Neben den in Art. 455 Abs. 3 genannten Transportträgern der Post, der Eisenbahn und der Dampfschiffe, fällt darunter auch die Luft- und Raumfahrt, die gem.

Art. 87 BV (Art. 37ter aBV) Bundessache ist (vgl. dazu BVK-LENDI, Art. 37ter N 2 m.V. auf Art. 25ter N 8 und Art. 26 N 8; BV-SGK-LENDI/UHLMANN, Art. 87 N 39). Für die Qualifizierung als «staatliche Transportanstalt» spielt es bei diesen Verkehrsträgern keine Rolle, in welcher Rechtsform die Transporte betrieben werden.

Die «staatlichen Transportanstalten» unterstehen für ihr Frachtvertragsrecht **nicht dem OR**, sondern ausschliesslich den Spezialbestimmungen, die für sie aufgestellt worden sind. Diese Spezialgesetze können alle beliebigen Abweichungen von den Regeln des OR enthalten. Gleichzeitig erlaubt diese Unterstellung unter Spezialgesetze den staatlichen Transportanstalten den Anschluss an internationale Vereinbarungen, ohne an Beschränkungen des internen Rechts gebunden zu sein. Die Haftung der Eisenbahn für Mängel einer von ihr zum Schutz des Ladegutes zur Verfügung gestellten Decke untersteht nicht dem Frachtrecht, sondern dem Mietrecht (ZR 1969, 209). 3

III. Die staatlich genehmigten Transportanstalten

Als **«staatlich genehmigte Transportanstalt»** gilt jede Anstalt, die zu ihrem Betrieb **einer staatlichen Konzession bedarf** und nicht unter die Ausnahmebestimmung von Art. 455 Abs. 3 fällt: Strassenbahnen, Luftseilbahnen etc. Der Betrieb als solcher muss eine Polizeibewilligung nötig haben; die Befolgung von polizeilichen Vorschriften beim Einsatz genügt nicht für die Annahme einer staatlich genehmigten Transportanstalt (BGE 94 II 207). 4

Alle diese konzessionierten Transportanstalten unterstehen für ihre Gütertransporte **den Regeln des OR**. Es ist ihnen aber verboten, durch besondere Übereinkunft oder durch Reglementierung im Voraus ihre eigene Verantwortlichkeit als Frachtführer gegenüber den gesetzlichen Bestimmungen auszuschliessen oder zu beschränken (vgl. dazu Art. 100 Abs. 2). Für die Qualifikation als staatlich genehmigte Transportanstalt spielt es keine Rolle, ob die Konzession vom Bund, vom Kanton oder der Gemeinde erteilt worden ist. 5

Keiner staatlichen Konzession bedarf der **Binnenschifffrachtführer** (BGE 94 II 197). Er untersteht deshalb vollumfänglich den Vorschriften des OR, was ihm unter anderem die Freizeichnung gem. Art. 100 und 101 erlaubt. 6

Art. 456

D. Mitwirkung einer öffentlichen Transportanstalt

1 Ein Frachtführer oder Spediteur, der sich zur Ausführung des von ihm übernommenen Transportes einer öffentlichen Transportanstalt bedient oder zur Ausführung des von einer solchen übernommenen Transportes mitwirkt, unterliegt den für diese geltenden besonderen Bestimmungen über den Frachtverkehr.

2 Abweichende Vereinbarungen zwischen dem Frachtführer oder Spediteur und dem Auftraggeber bleiben jedoch vorbehalten.

3 Dieser Artikel findet keine Anwendung auf Camionneure.

D. Emploi d'une entreprise publique de transport

1 Le voiturier ou le commissionaire-expéditeur qui recourt à une entreprise publique pour effectuer le transport dont il s'est chargé, ou qui coopère à l'exécution d'un transport par elle accepté, est soumis aux dispositions spéciales qui régissent cette entreprise.

2 Sont réservées toutes conventions contraires entre le voiturier ou le commissionaire-expéditeur et le commettant.

3 Le présent article n'est pas applicable aux camionneurs.

D. Cooperazione d'una pubblica impresa di trasporto

1 Il vetturale o spedizioniere che si serve di una pubblica impresa per effettuare il trasporto di cui si è incaricato o che coopera all'esecuzione del trasporto di cui si è incaricata l'impresa pubblica, è soggetto alle disposizioni speciali che valgono per la stessa.

[2] Sono riservate le convenzioni in contrario tra il vetturale o spedizioniere ed il committente.

[3] Questo articolo non è applicabile agli impresari dei trasporti a domicilio (camioneurs).

Literatur

Vgl. die Literaturhinweise bei Art. 440.

I. Allgemeines

1 **Öffentliche Transportanstalten** unterstehen nicht den allgemeinen Bestimmungen des Frachtvertragsrechtes im OR, sondern **Spezialgesetzen** (vgl. dazu Post, Eisenbahn und Dampfschiffe gem. Art. 455 Abs. 3). Art. 455 Abs. 2 erlaubt, dass diese Transportanstalten ihre **Haftung einschränken** oder aufheben können, soweit dies im OR ausdrücklich vorgesehen ist. Art. 456 sieht vor, dass ein Frachtführer oder ein Spediteur, der befugtermassen eine öffentliche Transportanstalt für einen Transport beizieht, die gleichen Haftungsbeschränkungen für sich beanspruchen kann, wie sie für die öffentliche Transportanstalt gelten. Es spielt dabei keine Rolle, ob es sich um eine in- oder ausländische öffentliche Transportanstalt handelt (BGE 47 II 204).

II. Anwendungsbereich

2 Der Begriff der öffentlichen Transportanstalt ist weit auszulegen. Es fallen darunter nicht nur staatliche oder staatlich genehmigte Transportanstalten, sondern **alle Transportmittel, die der Öffentlichkeit zur Verfügung** bzw. jedermann zur Benützung offen stehen (BGE 48 II 281). Damit ein Spediteur oder ein Frachtführer in den Bereich der Bestimmung von Art. 456 gelangen kann, muss die beigezogene Transportanstalt zudem Spezialvorschriften bez. der Haftung unterstehen. Trifft dies nicht zu, so gelten die allgemeinen Bestimmungen im OR. Für die Anwendung von Art. 456 besteht dann kein Raum mehr. Ob es sich bei der öffentlichen Transportanstalt um ein Unternehmen mit Sitz in der Schweiz oder im Ausland handelt, ist unerheblich (KUKO OR-Benz, N 2).

3 Die Möglichkeit der Haftungsbeschränkung gemäss den jeweils zur Anwendung kommenden Spezialvorschriften für die öffentlichen Transportanstalten gilt sowohl **für den Frachtführer wie auch für den Spediteur**, im Gegensatz zur Bestimmung von Art. 457, der sich nach dem Gesetzeswortlaut lediglich auf den Spediteur bezieht. Art. 456 und die darin enthaltene Haftungsbeschränkung bei Beizug einer öffentlichen Transportanstalt findet auch **auf gemischte Transporte Anwendung**, wobei für jede Teilstrecke die entsprechenden Beschränkungen gelten. Die Regeln von Art. 456 kommen auch dann zur Anwendung, wenn ein Frachtführer befugtermassen einen Unterfrachtvertrag mit einer öffentlichen Transportanstalt abschliesst und diese öffentliche Transportanstalt einer Haftungsbeschränkung unterliegt: Für diesen Teiltransport untersteht der auftraggebende Frachtführer den haftungsbeschränkenden Spezialgesetzen der öffentlichen Transportanstalt.

III. Voraussetzungen

4 Voraussetzung für die Geltendmachung der Haftungsbeschränkung nach Art. 456 ist, dass die **öffentliche Transportanstalt befugtermassen beigezogen** worden ist; dies kann sich aufgrund einer ausdrücklichen Weisung oder stillschweigend aus den Umständen im Einzelfall ergeben. Erfolgt der Beizug einer öffentlichen Transportanstalt **unbefugtermassen**, so kann die für die Transportanstalt bestehende Haftungsbeschränkung gegenüber dem Auftraggeber nicht geltend gemacht werden. Die Nichtbefolgung der (ausdrücklichen oder stillschweigenden) Weisung stellt eine Vertragsverletzung dar, die als **grobfahrlässig** zu taxieren ist (BGE 107 II 238).

IV. Rechtsfolgen

Hat der Spediteur oder der Frachtführer befugtermassen eine öffentliche Transportanstalt beigezogen, so entspricht seine **Haftung** gegenüber dem Auftraggeber derjenigen, die **gemäss Spezialvorschrift** für die öffentliche Transportanstalt gilt. Die Haftung kann somit gegenüber den allgemeinen Bestimmungen des Frachtvertragsrechtes im OR beschränkt, aber auch erweitert und/oder betraglich limitiert sein. Der Grundgedanke dieser Regelung besteht darin, dass nach auftragsrechtlichen Prinzipien der Beauftragte (d.h. der Spediteur oder der Frachtführer) dasjenige herauszugeben hat, was ihm zugekommen ist: Es soll bei ihm keine Bereicherung, aber auch keine Entreicherung entstehen. 5

Die Haftung gemäss den Spezialgesetzen beschränkt sich jeweils auf diejenige **Teilstrecke**, die von der öffentlichen Transportanstalt bedient worden ist. Für alle anderen Teilstrecken gelten die allgemeinen Haftungsbestimmungen, allenfalls andere, für diese Teilstrecke zur Anwendung kommende Spezialvorschriften. 6

Im Falle des unbefugten Beizuges einer öffentlichen Transportanstalt gelten die Haftungsbestimmungen der Spezialgesetze gegenüber dem Auftraggeber nicht. Hingegen muss sich der Spediteur bzw. der Frachtführer allenfalls bestehende **Haftungsbeschränkungen** von der öffentlichen Transportanstalt **entgegenhalten lassen**. 7

V. Abweichende Vereinbarungen

Nach ausdrücklichem Gesetzeswortlaut sind **abweichende Vereinbarungen** zwischen dem Auftraggeber einerseits und dem Spediteur, bzw. dem Frachtführer andererseits, **vorbehalten**. In diesem Verhältnis können Haftungsvereinbarungen getroffen werden, die die Haftung beschränken oder aber auch erweitern. Damit dürften vom Gesetz abweichende Haftungsbeschränkungen z.B. auch in allgemeinen Bedingungen eines Verbandes (z.B. AB SPEDLOGSWISS) zulässig sein. Das Korrektiv zu einer solchen Haftungsbeschränkung findet sich darin, dass an die Anwendbarkeit solcher allgemeinen Bestimmungen strenge Voraussetzungen angelegt werden. 8

VI. Der Ausschluss der Camionnage

Camionneure i.S.v. Art. 456 Abs. 3 sind private An- und Zulieferer zu den Versand- und Empfangsstationen. Für sie gelten nicht die spezialgesetzlichen Bestimmungen, sondern die allgemeinen Regeln des Frachtvertrages. Eine Ausnahme von dieser allgemeinen Regel bilden diejenigen Camionneure, die den Bahnbetrieben unterstehen; auf sie kommen als Erfüllungsgehilfen der Eisenbahn die spezialgesetzlichen Haftungsbestimmungen der Eisenbahnen zur Anwendung. 9

Art. 457

E. Haftung des Spediteurs	**Der Spediteur, der sich zur Ausführung des Vertrages einer öffentlichen Transportanstalt bedient, kann seine Verantwortlichkeit nicht wegen mangelnden Rückgriffes ablehnen, wenn er selbst den Verlust des Rückgriffes verschuldet hat.**
E. Responsabilité du commissionaire-expéditeur	Le commissionnaire-expéditeur qui utilise une entreprise publique de transport pour exécuter son contrat, ne peut décliner sa responsabilité en alléguant qu'il n'a pas de recours contre l'entreprise, si c'est par sa propre faute que le recours est perdu.
E. Responsabilità dello spedizioniere	Lo spedizioniere, che ricorre ad una pubblica impresa di trasporto per eseguire il contratto, non può sottrarsi alla sua responsabilità allegando il difetto di regresso, se la perdita di tale regresso è imputabile a lui.

Literatur

Vgl. die Literaturhinweise bei Art. 440.

I. Allgemeines

1 Art. 457 regelt eine **Haftungsfrage des Spediteurs** für den Fall, dass dieser Spediteur für einen Transport eine **öffentliche Transportanstalt benützt** hat und dass ein Schaden entstanden ist.

II. Anwendungsbereich

2 Nach dem Gesetzeswortlaut regelt Art. 457 die Haftung des Spediteurs unter der Voraussetzung, dass er eine **öffentliche Transportanstalt** benützt hat. Es spielt dabei keine Rolle, ob diese Transportanstalt eine in- oder ausländische Transportanstalt ist (vgl. Art. 456 N 1).

3 Die Regel von Art. 457 muss aber über den Gesetzeswortlaut hinaus auch dann gelten, wenn der **Spediteur einen privaten Frachtführer beigezogen** hat. Es besteht kein Grund, den Beizug eines privaten Frachtführers privilegiert zu behandeln und den Spediteur von seiner Haftung zu befreien, selbst wenn er aus eigenem Verschulden einen Regress verunmöglicht hat (BK-Gautschi, N 1d).

III. Rechtsfolgen

4 Kann der Spediteur entweder ganz oder teilweise sein **Regressrecht nicht mehr ausüben** und ist dieser Rechtsverlust auf eigenes Verschulden zurückzuführen, so erlaubt ihm dies nicht, im Falle seiner eigenen Beanspruchung als Haftender gegen seinen Auftraggeber einzuwenden, er könne auf den Frachtführer keinen Regress mehr nehmen, und im gleichen Umfang sei seine Haftung gegenüber dem Auftraggeber ebenfalls zu beschränken bzw. aufzuheben. Art. 457 gilt auch, wenn der Verlust des Rückgriffs durch eine Hilfsperson des Spediteurs verschuldet wurde (BGE 48 II 282).

5 Von dieser Konstellation zu unterscheiden ist der Fall, in dem der Spediteur befugterweise einen Frachtführer beigezogen hat, der sich seinerseits aufgrund einer vertraglichen oder gesetzlichen Bestimmung auf eine Haftungsbeschränkung berufen kann. In einem solchen Fall, in dem der **Auftraggeber von der Haftungsbeschränkung weiss** bzw. wissen muss, sollte sich der Spediteur gegenüber dem Auftraggeber auf die **Haftungsbeschränkung berufen** können. Zieht der Spediteur hingegen ohne Zustimmung des Auftraggebers einen Frachtführer bei, dessen Haftbarkeit vertraglich oder gesetzlich beschränkt ist, so ist im Beizug dieses Frachtführers ein Verschulden des Spediteurs zu erblicken; damit kann sich der Spediteur nicht auf die Einrede der beschränkten oder aufgehobenen Regressmöglichkeit berufen (BGE 107 II 238). Der Spediteur haftet in diesem Fall dem Auftraggeber für den ganzen Schaden, soweit er seine Haftbarkeit nicht aus anderen Gründen beschränken kann. Dies muss auch dann gelten, wenn der Auftraggeber zwar einen Frachtführer mit beschränkter Haftbarkeit vorgeschrieben, der Spediteur aber einen anderen Frachtführer beigezogen hat, selbst wenn dieser effektiv beigezogene Frachtführer ebenfalls nur beschränkt haftet. Der Spediteur kann sich nicht auf die beschränkte Haftbarkeit des vorgeschriebenen Frachtführers berufen, da die Kausalkette hier im Normalfall unterbrochen ist. Vorbehalten bleiben müssen in dieser Konstellation Fälle, in denen der Spediteur beweisen kann, dass auch bei Benützung des vorgeschriebenen Frachtführers der gleiche Schaden entstanden wäre.

IV. Beweislast

Erhebt der Spediteur im Schadenersatzverfahren seines Auftraggebers gegen ihn die Einrede, er könne gegen den Frachtführer nicht oder nur teilweise Regress nehmen, so obliegt es ihm zu beweisen, dass er oder seine Hilfsperson den Verlust des Regressrechtes nicht verschuldet hat (**Exkulpationsbeweis** gem. Art. 97). Als Exkulpationsgründe können in Frage kommen allfällige Weisungen des Auftraggebers oder des Empfängers, die vorbehaltlose Annahme durch den Empfänger (allenfalls des Versenders im Falle der Rückfracht) oder die Unterlassung der Erfüllung der Pflichten gem. Art. 452. **6**

Siebzehnter Titel: Die Prokura und andere Handlungsvollmachten

Art. 458

A. Prokura
I. Begriff und Bestellung

[1] Wer von dem Inhaber eines Handels-, Fabrikations- oder eines anderen nach kaufmännischer Art geführten Gewerbes ausdrücklich oder stillschweigend ermächtigt ist, für ihn das Gewerbe zu betreiben und «per procura» die Firma zu zeichnen, ist Prokurist.

[2] Der Geschäftsherr hat die Erteilung der Prokura zur Eintragung in das Handelsregister anzumelden, wird jedoch schon vor der Eintragung durch die Handlungen des Prokuristen verpflichtet.

[3] Zur Betreibung anderer Gewerbe oder Geschäfte kann ein Prokurist nur durch Eintragung in das Handelsregister bestellt werden.

A. Fondé de procuration
I. Définition; constitution des pouvoirs

[1] Le fondé de procuration est la personne qui a reçu du chef d'une maison de commerce, d'une fabrique ou de quelque autre établissement exploité en la forme commerciale, l'autorisation expresse ou tacite de gérer ses affaires et de signer par procuration en se servant de la signature de la maison.

[2] Le chef de la maison doit pourvoir à l'inscription de la procuration au registre du commerce; il est néanmoins lié, dès avant l'inscription, par les actes de son représentant.

[3] Lorsqu'il s'agit d'autres espèces d'établissements ou d'affaires, le fondé de procuration ne peut être constitué que par une inscription au registre du commerce.

A. Procura
I. Definizione e conferimento

[1] Procuratore è colui, che dal proprietario (principale) di un negozio, di una fabbrica, o di altro stabilimento commerciale, viene espressamente o col fatto autorizzato ad esercitare per esso il commercio e a firmare «per procura».

[2] Il principale deve fare inscrivere il conferimento della procura nel registro di commercio; è però responsabile degli atti del procuratore anche prima dell'inscrizione.

[3] Il procuratore non può essere preposto ad altri stabilimenti od affari se non mediante inscrizione nel registro di commercio.

Literatur

BUCHER, Organschaft, Prokura, Stellvertretung, in: Boemle (Hrsg.), FS für W. F. Bürgi, Zürich 1971 (zit. FS Bürgi); CHAPPUIS, Abus du pouvoir de représentation: le fondé de pouvoir devenu organe, AJP 1997, 689 ff. (zit. AJP 1997); MERZ, Vertretungsmacht und ihre Beschränkung im Recht der juristischen Personen, der kaufmännischen und der allgemeinen Stellvertretung, in: Hefermehl et al. (Hrsg.), FS für Harry Westermann, Karlsruhe 1974; MÜLLER, Haftung für Unterschriften im Namen einer Gesellschaft, in: Kunz/Jörg/Arter (Hrsg.), Entwicklungen im Gesellschaftsrecht V, Bern 2010, 175 ff.; WATTER, Die Verpflichtung der AG aus rechtsgeschäftlichem Handeln ihrer Stellvertreter, Prokuristen und Organe, speziell bei sogenanntem «Missbrauch der Vertretungsmacht», Diss. Zürich 1985; ZOBL, Grundbuchrecht, 2. Aufl., Zürich 2004 (zit. Grundbuchrecht); DERS., Probleme der organschaftlichen Vertretungsmacht, ZBJV 1989, 289 ff. (zit. ZBJV 1989); vgl. ferner die Literaturhinweise bei BSK OR II-WATTER, Art. 718 und 718a.

I. Allgemeines zur kaufmännischen Stellvertretung

Das OR regelt im 17. Titel, an einem systematisch nicht unbedingt einleuchtenden Ort (ZK-OSER/SCHÖNENBERGER, Vor Art. 458 OR N 1), die Prokura und andere Handlungsvollmachten bzw. die sog. **kaufmännische Stellvertretung**. Gegenüber der bürgerlichen Stellvertretung (Art. 32–40) verstärkt das Gesetz hier den **Dritt- bzw. Verkehrsschutz**, indem es einer- 1 seits einen gesetzlich typisierten Vollmachtsumfang vorsieht und andererseits an die Kundgabe der Prokura und an den Nachweis des guten Glaubens weniger hohe Anforderungen stellt (BK-Gautschi, Vor Art. 458 OR N 5; Watter, N 65). Entgegen einer im Schrifttum vertretenen Auffassung (vgl. Meier-Hayoz/Forstmoser, § 9 N 7), ist es keineswegs so, dass sich das kaufmännische Stellvertretungsrecht grundlegend von der allgemeinen, bürgerlichen Stellvertretung nach Art. 32 ff. unterscheidet, indem jeweils «nicht der auf Vertretung gerichtete, bevollmächtigte Wille des Geschäftsherrn, sondern allein der von diesem geschaffene Rechtsschein die Vertretungswirkungen auslöst» (Bucher, FS Bürgi, 46). Die Unterschiede zwischen dem kaufmännischen und dem bürgerlichen Stellvertretungsrecht sind bloss *gradueller* Natur (Watter, N 67).

2 Das Gesetz kennt **weitere kaufmännische Vertreter**, deren Rechte allerdings an anderer Stelle geregelt sind, namentlich den *Handelsreisenden* (Art. 348b) und den *Agenten* (Art. 418e).

3 Soweit spezielle Bestimmungen in den Art. 458 ff. fehlen, gilt die Regelung der Art. 32–40 (Art. 40 N 2; Gauch/Schluep/Schmid/Emmenegger, N 1455; ZK-Oser/Schönenberger, Vor Art. 458 OR N 2).

II. Begriff und Stellung des Prokuristen (Abs. 1)

4 Abs. 1 definiert den Prokuristen als **Geschäftsführer**, der für den Prinzipal als «alter ego» das Gewerbe betreibt (etwa den Prinzipal in dessen Abwesenheit vertritt) bzw. in leitender Funktion tätig ist (von Büren, BT, 339). Im *heutigen Wirtschaftsleben* gehört der Prokurist – zumindest in Grossunternehmen – aber eher dem mittleren Kader an, dessen Befugnisse intern recht weitgehend beschränkt sind.

5 Eine **Prokura erteilen** kann nur der *Inhaber eines Handels-, Fabrikations- oder nach kaufmännischer Art geführten Gewerbes* (vgl. Art. 934): Diese Firmen unterliegen auch der Eintragungspflicht in das Handelsregister (vgl. Art. 36 ff. HRegV). Immerhin erlaubt das Gesetz nach Abs. 3 auch eine Prokurabestellung durch kleine Gewerbe und Geschäfte, die zu einem Handelsregistereintrag nicht verpflichtet sind (N 11). Das Gesetz verlangt ferner, dass der Prinzipal eine «Firma» (Art. 944 ff.) führt. Firmen sind juristischen Personen, Kollektiv- und Kommanditgesellschaften (Art. 947) und «alleinigen Inhabern» von Geschäften (Art. 945) vorbehalten. Keine Prokura erteilen kann somit die *einfache Gesellschaft*, z.B. ein Konsortium (BK-Gautschi, N 14a) oder eine natürliche Einzelperson, die kein Handels-, Fabrikations- oder anderes nach kaufmännischer Art geführtes Gewerbe innehat (Art. 36 HRegV; Handkomm-OR-Jermini, N 5). Nicht möglich ist die Erteilung einer Unterprokura oder die Einräumung durch einen rechtsgeschäftlichen Vertreter (vgl. auch KUKO OR-Jung, N 7).

6 Die kaufmännische Prokura **entsteht durch Bevollmächtigung** (Art. 32 N 13, Art. 33 N 4), die nach gesetzlicher Anordnung auch stillschweigend erfolgen kann (BGE 94 II 117). Die Bevollmächtigung muss sich *an den Prokuristen richten*. Erfolgt sie stillschweigend, muss der Prokurist das Verhalten des Prinzipals nach Vertrauensprinzip als Prokuraerteilung deuten dürfen (nach BGE 120 II 205 liegt bei Verwendung von Geschäftspapier und Firmenstempel durch einen mit dem Vertretenen verwandtschaftlich verbundenen Vertreter keine stillschweigende Bevollmächtigung vor, wenn das Rechtsgeschäft klarerweise ausserhalb des üblichen Geschäftsganges liegt; vgl. für eine Aufzählung von Fällen, in denen das Vorliegen einer stillschweigend erteilten Vollmacht verneint worden ist, Handkomm-OR-Jermini, N 6). Analog zur **Duldungsvollmacht** (Art. 33 N 16) kann wissentliches Gewährenlassen einer Prokuraanmassung zu einer Bevollmächtigung führen (vgl. auch BGE 96 II 442). Wo die «Schwelle» zur Prokuraerteilung nicht erreicht wird, wird der «Bevollmächtigte» oft wenigstens von einer Handlungsvollmacht ausgehen dürfen (BK-Gautschi, N 10b).

Analog zur Anscheinsvollmacht existiert auch eine **Anscheinsprokura**, nämlich dann, wenn der Prinzipal die Tätigkeit eines «Prokuristen» nicht unterbindet, weil er um dessen Tätigkeit nicht weiss, wohl aber darum hätte wissen müssen (Art. 33 N 16). Namentlich liegt eine Anscheinsprokura dann vor, wenn es der Geschäftsführer in einer auf Bevollmächtigung deutenden Weise geschehen lässt, dass ein Angestellter Dritten gegenüber als Prokurist auftritt (BGE 76 I 351; 50 II 138; SJ 1985, 598). Da die kaufmännische Stellvertretung auf lange Frist ausgelegt ist, ist für deren allfällige vertrauenstheoretische Begründung jedoch durchwegs ein Verhalten des Scheinbevollmächtigten erforderlich, welches auf *Dauer* und *Kontinuität* ausgerichtet ist (BGE 120 II 204). Nach hier vertretener Ansicht schafft dieses Verhalten aber keine «externe Vollmacht», da sich die Bevollmächtigung eben an den Prokuristen richten muss. Allenfalls darf der Prokurist eine Kundgabe an Dritte i.S. eines «Reflexes» als Bevollmächtigung an ihn deuten (Art. 33 N 9; **a.A.** BGE 96 II 442): Wo der Prokurist die Bevollmächtigung aus einer vom Prinzipal veranlassten Handelsregistereintragung erfährt (weil z.B. das Amt den Prokuristen zur Deponierung der Unterschrift anhält), darf er dies als stillschweigende Bevollmächtigung an ihn werten. Wo Dritte auf eine Bevollmächtigung schliessen dürfen (die tatsächlich nicht erfolgte), ist dieses Verhalten Ansatzpunkt für einen Gutglaubensschutz (BGE 85 II 24; Art. 460 N 15). Die Anscheinsprokura führt also in aller Regel «nur» kraft *Gutglaubensschutzes* zu einer Vertretungswirkung. 7

Als Prokuristen können nur **urteilsfähige** (BK-Bucher, Art. 19 ZGB N 339 ff.; **a.M.** BK-Gautschi, N 16b, der Handlungsfähigkeit verlangt; ebenso Handkomm-OR-Jermini, N 4) **natürliche Personen** bestellt werden. Juristische Personen können nur als bürgerliche Vertreter eingesetzt werden (vgl. Art. 120 HRegV). Zulässig ist es, dass ein kollektivzeichnungsberechtigter Verwaltungsrat Einzelprokura erhält (BGE 86 I 105). 8

III. Die Eintragung der kaufmännischen Prokura in das Handelsregister (Abs. 2)

Falls der Prinzipal ein kaufmännisches Gewerbe betreibt, hat die Eintragung in das Handelsregister nur **deklaratorischen Charakter**; die Eintragung ist blosse *Ordnungsvorschrift* und bewirkt die Kundgabe der Prokuraerteilung an die Allgemeinheit. Ein Interesse an einem Eintrag hat der Prinzipal v.a. dort, wo er eine Filial- oder Kollektivprokura erteilen möchte (Art. 460 N 5, 11). In der Praxis gibt es Fälle stillschweigend (und wohl auch explizit) begründeter Prokuren, die jahrelang bestehen, ohne im Handelsregister ihren Niederschlag zu finden (Meier-Hayoz/Forstmoser, § 9 N 23). 9

Die **Anmeldung** erfolgt bei juristischen Personen durch den Verwaltungsrat (Art. 931a und Art. 17 Abs. 1 lit. c HRegV). Bei Kollektivgesellschaften haben alle Gesellschafter zu unterzeichnen (Art. 556). Beizufügen ist der Anmeldung i.d.R. der Beschluss des bestellenden Organs (bei Aktiengesellschaften i.d.R. des Verwaltungsrates, Art. 716a Abs. 1 Ziff. 4), vgl. auch Art. 23, 43 Abs. 1 lit. e, Art. 66 Abs. 1 lit. c, Art. 71 Abs. 1 lit. f, Art. 84 Abs. 1 lit. e und zum Inhalt des Eintrags Art. 119 HRegV. 10

IV. Die Eintragung der nicht kaufmännischen Prokura

Der Handelsregistereintrag hat eine **konstitutive Wirkung** bei der nicht kaufmännischen Prokura (Abs. 3; Art. 149 HRegV; vgl. auch Art. 553). Diese erlaubt es auch Inhabern kaufmännischer Kleinbetriebe, die nach Art. 934 Abs. 2 *eintragungsfähig*, aber nicht eintragungspflichtig sind, Prokuristen zu bestellen (vgl. jedoch Meier-Hayoz/Forstmoser, § 9 N 30, nach deren Ansicht der Betrieb eines nach kaufmännischer Art geführten Gewerbes keine Voraussetzung für die Erteilung einer nicht kaufmännischen Prokura bildet). Der Wortlaut von Art. 149 HRegV, der an die fehlende Eintragungspflicht anknüpft, ist demnach zu weit gefasst (BK-Gautschi, N 13c; **a.M.** ZK-Oser/Schönenberger, N 8). Explizit ausgeschlossen ist somit die stillschweigende Bevollmächtigung des nicht kaufmännischen Prokuristen. 11

12 Die Bevollmächtigung eines nicht kaufmännischen Prokuristen bewirkt bis zum Handelsregistereintrag im Ergebnis aber oft eine Handlungsvollmacht (BK-GAUTSCHI, N 10b).

V. Wirkung des Auftretens des Prokuristen

13 Abs. 1 bestimmt, dass der Prokurist «per procura» zu zeichnen habe (praktisch oft «pp» oder «ppa»). Art. 26 Abs. 3 aHRegV schrieb vor, dass Prokuristen in der Weise zu zeichnen haben, dass sie der **Firma einen die Prokura andeutenden Zusatz und ihren Namenszug** beifügen. Es handelt sich bei diesen Bestimmungen (auch bei der nicht mehr geltenden) aber nur um Ordnungsvorschriften. Es genügt, dass sich das Handeln in fremdem Namen aus den Umständen ergibt (BK-GAUTSCHI, N 12b; ZK-OSER/SCHÖNENBERGER, N 28 f.). Im Weiteren tritt eine Vertretungswirkung ein, wenn dem Dritten gleichgültig ist, mit wem er kontrahiert (Art. 32 N 20).

14 Handelt der Prokurist innerhalb seiner Vertretungsmacht (dazu Art. 459), so führt sein Handeln zu Rechtswirkungen zwischen dem Prinzipal und dem Dritten (**Vertretungswirkung**). Wie bei der bürgerlichen Stellvertretung muss der Prinzipal sämtliche mit dem Vertragsabschluss zusammenhängende Handlungen des Prokuristen gegen sich gelten lassen (Art. 32 N 23). Ein Willensmangel liegt vor, wenn sich der Prokurist in einem wesentlichen Irrtum befand bzw. bedroht oder getäuscht wurde (Art. 32 N 24). Analog zur bürgerlichen Stellvertretung ist von dieser Regel dann abzuweichen, wenn der Prinzipal den wahren Sachverhalt kannte (Art. 32 N 24). Wissensfragen auf Seiten des Prinzipals entscheiden sich ebenfalls analog zum Stellvertretungsrecht (Art. 32 N 25). Wissen eines Kollektivvertreters genügt, um Bösgläubigkeit herbeizuführen (WATTER, N 266).

VI. Prokura und Grundverhältnis

15 Die Prokura ist wie die Vollmacht des bürgerlichen Vertreters **abstrakt** (Art. 33 N 12), wobei Abstraktheit vorliegend aber – analog zur bürgerlichen Vollmacht – in einem engen Sinn verstanden wird (Art. 33 N 13; Abstraktheit **abl**. BK-GAUTSCHI, Vor Art. 458 OR N 2; Art. 458 OR N 2b, 4b). Dies bedeutet, dass die Gültigkeit der Prokura vom Grundverhältnis unabhängig ist, also auch dann besteht, wenn das Grundgeschäft wegen eines Mangels ungültig ist (Art. 33 N 12) oder dahinfällt. Inhaltlich besteht allerdings zwischen Prokura und Grundgeschäft eine enge Abhängigkeit (Art. 459 N 7 ff.).

16 Das **«Grundgeschäft»** ist im Bereich der Prokura meist ein *Arbeitsvertrag* (Art. 319 ff.), seltener ein *Auftrag* (Art. 394 ff.; so v.a. BK-GAUTSCHI, N 6b). In jedem Fall ist der Prokurist *Hilfsperson* i.S.v. Art. 101 bzw. 55. Je nach seiner Entscheidungskompetenz kann ihm – bei Tätigkeit für eine juristische Person – auch *Organfunktion* zukommen.

VII. Willensmängel in der Prokuraerteilung – falscher Handelsregistereintrag

17 Analog zur Rechtslage beim bürgerlichen Stellvertreter (Art. 33 N 27) kann die Prokuraerteilung bestritten werden, wenn sie auf einem **Willensmangel** beruhte. Die Folge ist, dass die Prokura *ex tunc* dahinfällt (WATTER, N 98). Da die Prokura jederzeit widerrufen werden kann, ist eine Berufung auf Willensmängel aber nur insoweit relevant, als damit auch erfolgte Rechtshandlungen des Prokuristen beseitigt werden können. Da die Prokura aber meist nach aussen **kundgegeben** wurde, fallen schon getätigte Rechtsgeschäfte – guter Glaube des Dritten vorausgesetzt – nicht dahin (WATTER, N 99). Erfolgte die Kundgabe durch Handelsregistereintrag, schadet dem Dritten sogar nur Bösgläubigkeit bzw. positive Kenntnis des Willensmangels (WATTER, N 202).

18 Analoges gilt, wenn der **Eintrag im Handelsregister durch Versehen** des Handelsregisterführers erfolgt ist, dies sogar dann, wenn die Registrierung vom Prinzipal nicht verursacht wurde (WATTER, N 100, 233 f.). Bezüglich der Anforderung an den guten Glauben des Dritten ist zu fordern, dass dort, wo der Prinzipal den Eintrag veranlasst hat, einem Dritten der Fehler nur entgegengehalten werden kann, wenn er diesen kannte (WATTER, N 233). Wo der Prinzipal den Eintrag nicht veranlasste, kommt eine Vertretungswirkung dann zustande, wenn der Dritte gutgläubig i.S.v. Art. 3 ZGB war (WATTER, N 234).

VIII. Beweislast

Die **Beweislastverteilung** beim Auftreten des Prinzipals ist die gleiche *wie beim bürgerlichen Stellvertreter* (Art. 32 N 34 ff.). Immerhin kann je nach den Umständen die Vermutung eher für ein Vertretungsgeschäft als für ein Eigengeschäft sprechen (anders als bei der bürgerlichen Vertretung Art. 32 N 34), namentlich dann, wenn der Prokurist im Geschäftsbereich seines Prinzipals handelt (vgl. auch ZK-OSER/SCHÖNENBERGER, N 27). 19

IX. IPR

Anwendbar ist im **internationalen Verhältnis** Art. 126 IPRG (vgl. Art. 32 N 19), wobei Abs. 3 dieser Bestimmung bei der Prokura besondere Bedeutung zukommt: Danach gilt für arbeitsrechtlich angestellte kaufmännische Vertreter ohne eigene Geschäftsniederlassung, dass sich alle Fragen um die Vertretungswirkung nach dem **Recht des Staats** richten, in dem der **Prinzipal seinen Sitz hat** (Abs. 3 i.V.m. Abs. 2). Damit wird in aller Regel auch ein Gleichlauf zur organschaftlichen Vertretung erzielt (Art. 155 lit. i IPRG). 20

Art. 459

II. Umfang der Vollmacht

[1] Der Prokurist gilt gutgläubigen Dritten gegenüber als ermächtigt, den Geschäftsherrn durch Wechsel-Zeichnungen zu verpflichten und in dessen Namen alle Arten von Rechtshandlungen vorzunehmen, die der Zweck des Gewerbes oder Geschäftes des Geschäftsherrn mit sich bringen kann.

[2] Zur Veräusserung und Belastung von Grundstücken ist der Prokurist nur ermächtigt, wenn ihm diese Befugnis ausdrücklich erteilt worden ist.

II. Etendue de la procuration

[1] Le fondé de procuration est réputé, à l'égard des tiers de bonne foi, avoir la faculté de souscrire des engagements de change pour le chef de la maison et de faire, au nom de celui-ci, tous les actes que comporte le but du commerce ou de l'entreprise.

[2] Le fondé de procuration ne peut aliéner ou grever des immeubles, s'il n'en a reçu le pouvoir exprès.

II. Estensione della procura

[1] Di fronte ai terzi di buona fede il procuratore è a ritenersi autorizzato ad obbligare il principale mediante cambiali e a compiere in suo nome tutti gli atti consentanei allo scopo dello stabilimento o dell'azienda del principale.

[2] Il procuratore non può alienare o vincolare proprietà fondiaria, se non gli sia stata espressamente conferita questa facoltà.

Literatur

Vgl. die Literaturhinweise bei Art. 458.

I. Normzweck

Art. 459 bestimmt gemäss Randtitel den **Umfang der Vollmacht** (bzw. Vertretungsmacht, vgl. zur Terminologie Art. 33 N 4) des Prokuristen. Diese Bestimmung hat *zwei Aspekte*, indem sie einerseits das **Verhältnis Prinzipal-Prokurist** bestimmt (vgl. N 7 ff.), andererseits 1 sich auch **Dritte** im Grundsatz darauf verlassen dürfen, dass ein Prokurist den Prinzipal im Umfang von Art. 459 vertreten kann (N 10 ff.).

II. Der gesetzlich typisierte Umfang der Vollmacht des Prokuristen

2 Vermutungsweise umfasst die Prokura das Recht, für den Prinzipal **alle Arten von Rechtshandlungen** vorzunehmen, die der **Zweck des Unternehmens** mit sich bringen kann. Bei den Personengesellschaften und den juristischen Personen stellt diese Zweckgrenze gleichzeitig die Grenze der Handlungsfähigkeit dar, sind doch auch die Vertretungsorgane für ihr rechtsgeschäftliches Auftreten an den Zweck gebunden (Art. 564 Abs. 1, Art. 603, Art. 718a Abs. 1, Art. 814 Abs. 1, Art. 899 Abs. 1). Festzuhalten ist immerhin, dass die Zweckgrenze im Einzelfall durch Gesellschafterbeschluss aufgehoben werden kann, womit die Rechtsfähigkeit dieser Organisationen ausgedehnt wird (vgl. für die AG ZOBL, ZBJV 1989, 309 ff.; WATTER, N 127).

3 Bei Einzelunternehmen, Kollektiv- und Kommanditgesellschaften und juristischen Personen ist der **Zweck** in das Handelsregister einzutragen (Art. 38 lit. d, Art. 41 Abs. 1 lit. e, Art. 45 Abs. 1 lit. g, Art. 68 Abs. 1 lit. g, Art. 73 Abs. 1 lit. g, Art. 87 Abs. 1 lit. g und insb. auch 118 HRegV). Er umschreibt das, was die Gesellschaft tun und erreichen möchte (WATTER, N 171 m.V.). Praktisch sind die Anforderungen an den Konkretisierungsgrad der Zweckumschreibung allerdings sehr gering (WATTER, N 172); dabei ist zum Schutz des Prokuristen und des Dritten zu beachten, dass der Prinzipal eine zu weite Zweckumschreibung selber zu vertreten hat; denkbar ist es für den Prinzipal, zu seinem Schutz den Zweck negativ zu umschreiben (GWELESSIANI, Praxiskommentar zur Handelsregisterverordnung, Zürich/Basel/Genf 2008, N 415).

4 Nachdem die Zweckgrenze in aller Regel sehr weit gefasst ist, fragt sich praktisch v.a., nach **welchen Kriterien ein Geschäft als zweckfremd** zu beurteilen ist. Nach Schweizer Recht muss gelten (vgl. rechtsvergleichend WATTER, N 173), dass alle Geschäfte zweckkonform sind, die vom Zweck nicht klar ausgeschlossen werden (BUCHER, FS Bürgi, 57; BSK OR II-WATTER, Art. 718a N 2 ff.). Diese Ansicht findet ihre Stütze im Gesetzestext, wonach es genügt, dass der Zweck eine Rechtshandlung mit sich bringen *kann*; auch eine indirekte Förderung des Zweckes genügt somit (BGE 111 II 290). Im Weiteren darf das Geschäft aus Verkehrsschutzgründen nicht konkret betrachtet werden (so aber BGE 95 II 442, aufgegeben mit BGE 111 II 284); zu fragen ist nur, ob die fragliche *Art* des Geschäfts – unabhängig davon, ob aussergewöhnlich oder nicht (BGE 84 II 170; vgl. auch ZK-OSER/SCHÖNENBERGER, N 3) – in objektiver Weise vom Zweck gedeckt ist. Zweckwidrig sind somit letzten Endes nur Rechtsgeschäfte, die – *typisiert* betrachtet – dem Zweck offensichtlich zuwiderlaufen (BGE 111 II 288; ZOBL, ZBJV 1989, 292), was etwa für eine Veräusserung des gesamten Betriebes (vgl. aber BGE 116 II 323 bei Dringlichkeit) oder grössere Schenkungen der Fall ist (ZOBL, ZBJV 1989, 293), ebenso für die Entgegennahme von Schmiergeldzahlungen (LGVE 1983 I 70), nicht jedoch für die Kündigung eines Arbeitsverhältnisses mit einem Vizedirektor (BGE 128 III 134). Fraglich ist, ob die vom BGer vertretene Ansicht, wonach die Beschränkung der Vertretungsmacht der Organe einer Aktiengesellschaft (welche ansonsten ähnlich wie diejenige eines Prokuristen definiert wird) auf Rechtshandlungen, die der Verfolgung des Gesellschaftszweckes dienen können, dann nicht mehr massgebend sein kann, wenn dieser zufolge Konkursreife der Gesellschaft ohnehin nicht mehr zu erreichen ist (BGE 116 II 323), analog auf den Prokuristen Anwendung finden soll. Eine Orientierung der Vertretungsmacht des Prokuristen einer konkursreifen Gesellschaft an Kriterien, wie bspw. an den Interessen der Beschäftigten, derjenigen der übrigen Gläubiger sowie am Allgemeinwohl, dürfte m.E. nur dann zulässig sein, wenn das intern zuständige Organ der Gesellschaft vorgängig eine Neuorientierung des Unternehmens und damit einen neuen Zweck festgelegt hat (Handkomm-OR-JERMINI, N 5).

Explizit erlaubt das Gesetz dem Prokuristen ferner **Wechselzeichnungen**. Diese Spezialerlaubnis hat wenig Bedeutung, da die Ausstellung von Wechseln regelmässig vom Zweck eines Gewerbes gedeckt ist. Fraglich bleibt allenfalls, ob auch Wechselzeichnungen für Geschäfte ausserhalb der Zweckgrenze von der Vollmacht abgedeckt sind. Dies ist bez. des Ersterwerbers zu verneinen, ist doch nicht einsehbar, weshalb der Prokurist die Gesellschaft in Geschäfte verwickeln können sollte, die nicht einmal der Prinzipal eingehen kann (**a.M.** BK-Gautschi, N 2c m.V. auf BGE 33 II 612; wie hier Handkomm-OR-Jermini, N 6). Hingegen gilt für spätere Erwerber des Wechsels dann der Einredeausschluss, hergeleitet allerdings aus dem Wechselrecht (Art. 1007) und nicht aus Art. 459. Die Vertretungsmacht des Prokuristen erstreckt sich selbstverständlich auch auf Checkzeichnungen (BGE 67 III 98). Erlaubt ist dem Prokuristen ferner die **Prozessführung** (JdT 1972 I 190; BGer, 2.2.2004, 4P.184/2003, E. 2.3.2; vgl. hinsichtlich der Legitimation zur Stellung eines Strafantrages ZR 2005, 289 ff.). 5

Beschränkt ist die Vertretungsmacht des Prokuristen gegenüber dem Prinzipal insoweit, als ersterer für die **Veräusserung und die Belastung von Grundstücken** (nicht aber für den Erwerb) einer ausdrücklichen Ermächtigung bedarf (Abs. 2). Dies gilt auch dann, wenn die Verfügungen sich auf Grundstücke beziehen, mit deren Veräusserung oder Belastung ein Dritter den Prinzipal beauftragt hat (ZBGR 1969, 225 ff.). Eine Prokuraerteilung umfasst diese Geschäfte also nicht, ausser der Prinzipal gebe noch eine ausdrückliche (Art. 33 N 15) Vollmacht ab. Denkbar ist allerdings auch ein präzisierender Handelsregistereintrag (BK-Gautschi, N 4a). Von der Beschränkung von Abs. 2 nicht erfasst sind z.B. das Vermieten eines Geschäftsraumes (ZK-Oser/Schönenberger, N 5) oder die Begebung eines schon existierenden Inhaberschuldbriefes als Faustpfand. 6

III. Die Bedeutung von Art. 459 im Verhältnis Prinzipal – Prokurist

Erteilt der Prinzipal einem Angestellten oder Beauftragten eine Prokura, so hat diese vermutungsweise den in **Art. 459 umschriebenen Umfang** (vgl. N 2 ff.). Der Prinzipal kann die Prokura aber **beliebig** (auch stillschweigend) **begrenzen** (BGE 111 V 178), etwa durch Ausschluss bestimmter Rechtshandlungen, durch summenmässige Begrenzungen oder auch durch eine positive Umschreibung der Vollmacht (vgl. Art. 460 Abs. 3; BK-Gautschi, N 7a; Watter, N 73; **a.M.** von Büren, BT, 340 f.). *Die gesetzliche Typisierung gilt also nur insoweit, als dem Prokuristen nach Vertrauensprinzip kein anderer Wille des Prinzipals erkennbar ist.* Somit sind erkennbar **interessenwidrige Geschäfte** im internen Verhältnis von der Vollmacht nicht gedeckt, da der Prokurist in guten Treuen nie annehmen darf, der Prinzipal habe ihn zu einer solchen Handlung bevollmächtigen wollen (Zobl, ZBJV 1989, 295 f.; vgl. auch RJN 1984, 70). Anzufügen ist, dass sich diese Überlegungen auch aus einer intern verstandenen Zweckgrenze herleiten lassen (Watter, N 73, 178c). 7

Bezüglich Spezialfällen wie der **Substitution** (Watter, N 102; zurückhaltend ZK-Oser/Schönenberger, N 9; s.o. Art. 33 N 20), des **Handelns in Doppelstellung** (Watter, N 105; Art. 33 N 19), des **Selbstkontrahierens** (vgl. BSK OR II-Watter/Roth Pellanda, Art. 718b und BSK OR II-Watter, Art. 718a N 12 ff.) und des Eingehens von **Eigengeschäften** (BSK OR II-Watter, Art. 718a N 11; Watter, N 106) ist ebenfalls – analog zum Recht der bürgerlichen Stellvertretung – die Frage zu stellen, ob der Prokurist nach Treu und Glauben annehmen durfte, er sei vom Prinzipal für ein solches Geschäft bevollmächtigt (Art. 33 N 19; ähnlich Zobl, ZBJV 1989, 301 ff.). Eine Lehre vom *Missbrauch der Vertretungsmacht* ist nach dem hier verwendeten Ansatz nicht nötig (Art. 460 N 13 und BSK OR II-Watter, Art. 718a N 4 ff.). M.E. sollte in Analogie zu Art. 718b **Schriftlichkeit** bei selbstkontrahierenden (oder in Doppelstellung handelnden oder Eigengeschäfte eingehenden) Prokuristen verlangt werden (vgl. auch BSK OR II-Watter/Roth Pellanda, Art. 718b N 2). 8

9 **Vollmachtsüberschreitungen** führen *intern* in aller Regel zu einer Schadenersatzpflicht des Prokuristen gegenüber dem Prinzipal aus dem Grundverhältnis, falls jener ein Rechtsgeschäft abgeschlossen hat, das wegen Gutglaubensschutzes zustande gekommen ist. Dem Prokuristen ist zu gestatten, den «überschiessenden» Teil des Geschäfts selber zu übernehmen (BK-Gautschi, Art. 458 OR N 7b, Art. 459 OR N 7d). Aus Art. 158 Ziff. 2 StGB können sich für den Prokuristen auch **strafrechtliche Folgen** ergeben, vgl. dazu Isenring, Die Strafbarkeit des direkten bürgerlichen Stellvertreters nach Art. 158 Ziff. 2 StGB, Diss. Zürich 2007, 161.

IV. Bedeutung von Art. 459 gegenüber Dritten

10 Handelt der Prokurist **im Rahmen seiner Vollmacht**, verpflichtet er den Prinzipal ohne weiteres. **Überschreitet** er jedoch seine (interne) Befugnis, verpflichtet er den Prinzipal nur (aber immerhin) dann, wenn der Dritte **gutgläubig** davon ausgehen konnte, dass *der Prokurist über Vollmacht im gesetzlich typisierten (oder in einem anderen, kundgegebenen) Ausmass verfügte*, Art. 459 Abs. 1 (dazu Art. 460 N 12 ff.). Tritt eine Vertretungswirkung nicht ein, ist die Frage einer Schadenersatzpflicht (auch des Prinzipals) zu prüfen (Art. 460 N 20).

V. Beweis

11 Im **internen Verhältnis** obliegt dem Prinzipal der Beweis dafür, dass er die Vertretungsmacht des Prokuristen begrenzt hat.

12 Im **externen Verhältnis** muss der Prinzipal diesen Beweis ebenfalls antreten (es ist anzunehmen, dass der Dritte dem Prokuristen den Streit verkünden wird, wegen des Anspruchs aus Art. 39). Zusätzlich muss er dem Dritten noch Bösgläubigkeit bzw. mangelnde Sorgfalt nachweisen (Art. 460 N 16).

Art. 460

III. Beschränkbarkeit

[1] Die Prokura kann auf den Geschäftskreis einer Zweigniederlassung beschränkt werden.

[2] Sie kann mehreren Personen zu gemeinsamer Unterschrift erteilt werden (Kollektiv-Prokura), mit der Wirkung, dass die Unterschrift des Einzelnen ohne die vorgeschriebene Mitwirkung der übrigen nicht verbindlich ist.

[3] Andere Beschränkungen der Prokura haben gegenüber gutgläubigen Dritten keine rechtliche Wirkung.

III. Restrictions

[1] La procuration peut être restreinte aux affaires d'une succursale.

[2] Elle peut être donnée à plusieurs personnes à la fois, sous la condition que la signature de l'une d'entre elles n'oblige le mandant que si les autres concourent à l'acte de la manière prescrite (procuration collective).

[3] D'autres restrictions des pouvoirs ne sont pas opposables aux tiers de bonne foi.

III. Limitazione

[1] La procura può essere limitata alla cerchia di affari di una succursale (filiale).

[2] Può essere conferita a più persone che devono firmare insieme (procura collettiva), non valendo la firma di uno senza il concorso degli altri nel modo prescritto.

[3] Ogni altra limitazione della procura non ha effetto giuridico di fronte ai terzi di buona fede.

Literatur

Chappuis, L'abus de pouvoir du fondé de procuration, SZW 1994, 232 ff. (zit. SZW 1994); Emch/Renz/Arpagaus, Das Schweizerische Bankgeschäft, 7. Aufl., Zürich 2011; Gauch, Der Zweigbetrieb im

Schweizerischen Zivilrecht, Habil. Freiburg i.Ue., Zürich 1974 (zit. Zweigbetrieb); GUTZWILLER, Einzelhandlungen des Kollektivvertreters, SAG 1983, 19 ff.; ROTH, Strenges oder billiges Recht: Zum Umfang handelsrechtlicher Vertretungsmacht, ZSR 1985 I 287 ff.; SCHÄRER, Die Vertretung der Aktiengesellschaft durch ihre Organe, Diss. Freiburg i.Ue. 1981; vgl. ferner das Literaturverzeichnis bei Art. 458 und dasjenige bei BSK OR II-WATTER, Art. 718a.

I. Normzweck

Art. 460 bestimmt, welche **Wirkungen** eine im internen Verhältnis beschränkte Prokura **auf Dritte** hat. Das Gesetz unterscheidet dabei zwischen **zwei eintragungsfähigen Beschränkungen** – der *Filial-* (N 2 ff.) und der *Kollektivprokura* (N 7 ff.), Abs. 1 und 2 – und den **nicht eintragbaren Beschränkungen** (N 12 ff.), Abs. 3. 1

II. Die Filialprokura

Der Filialprokurist handelt nicht für die Zweigniederlassung (vgl. zum Begriff der Zweigniederlassung BK-GAUTSCHI, N 4a ff.; BGE 117 II 87) – diese ist rechtsunfähig –, sondern direkt für den Geschäftsinhaber. Seine Vollmacht ist aber auf den «Geschäftskreis einer Zweigniederlassung», allenfalls auch auf den Hauptsitz (GAUCH, Zweigbetrieb, N 954), beschränkt. Die umfangmässige Bedeutung dieser Begrenzung ist umstritten. Nach hier vertretener Auffassung ist auf den erkennbaren **Niederlassungszweck** abzustellen (GAUCH, Zweigbetrieb, N 952; MERZ, FS Westermann, 404 f.; ZK-OSER/SCHÖNENBERGER, N 18; WATTER, N 83). Eine örtliche Betrachtung (so ZK-VON STEIGER, Art. 814 N 10) wird vorliegend abgelehnt. 2

Als **sachlicher Geschäftsbereich einer Filiale** gilt die Gesamtheit der Rechtsgeschäfte, die mit der betr. Niederlassung zusammenhängen *können* (GAUCH, Zweigbetrieb, N 952); dieser umfasst auch die Vertretung in denjenigen Prozessen, die mit der betreffenden Niederlassung zusammenhängen (vgl. BGer, 2.2.2004, 4P.184/2003, E. 2.3.2; Art. 459 N 5). Eine Begrenzung gilt damit nicht etwa im möglichen Kundenbereich, wohl aber etwa betr. Investitionsgüter oder Gewerbeeinrichtungen, die von einer Filiale in Genf nicht für die Filiale Rorschach bestellt werden können (weitere Bsp. bei WATTER, N 83). Interne Organisationsnormen braucht sich der Dritte nicht entgegenhalten zu lassen: Will z.B. eine Bank Rechtsgeschäfte mit Kunden in der Westschweiz ausschliesslich über die Filiale Lausanne, solche in der Deutschschweiz über den Hauptsitz Zürich abwickeln, so darf ein Thurgauer Kunde dennoch einen Vertrag mit dem Filialprokuristen in Lausanne abschliessen, Nichtwissen über die interne Aufteilung vorausgesetzt. 3

Handelt der Filialprokurist ausserhalb des so verstandenen Niederlassungszwecks, ist er Vertreter ohne Vollmacht. Falls die Prokurabeschränkung **im Handelsregister** eingetragen ist, ist ein Gutglaubensschutz Dritter ausgeschlossen. Dies folgt aus der sog. *positiven Publizitätswirkung des Handelsregisters*, Art. 933 Abs. 1. Kenntnis des Handelsregisters ist insoweit eine Obliegenheit (GAUCH, Von der Eintragung im Handelsregister, ihren Wirkungen und der negativen Publizitätswirkung, SAG 1976, 146; WATTER, N 85). In bankenspezifischer Hinsicht wird im Schrifttum auch die (hier aber abgelehnte) Auffassung vertreten, dass – aus Praktikabilitätserwägungen – gegenüber der Bank ausschliesslich die auf dem Unterschriftenverzeichnis bekannt gegebene Regelung und nicht ein möglicherweise anders lautender Handelsregistereintrag massgebend sein soll (ausführlich dazu EMCH/RENZ/ARPAGAUS, N 699 f.). 4

Wird die Filialprokura im Handelsregister nicht eingetragen, sondern **nur intern vereinbart**, kann diese Beschränkung einem Dritten nur dann entgegengehalten werden, wenn er sie kannte, mithin qualifiziert bösgläubig ist (Art. 933 Abs. 2, sog. *negative Publizitätswirkung*). Die Sorgfaltspflicht des Dritten ist hier geringer als bei den anderen Beschränkungen, weil das Gesetz den Schluss, eine nicht eingetragene (aber eintragbare) Beschränkung bestehe nicht, als berechtigt betrachtet. 5

6 Die Filialprokura kann intern weiter beschränkt werden; auch ist eine Kombination mit einer (eingetragenen) Kollektivunterschrift möglich. Ein Gutglaubensschutz i.S.v. Art. 460 Abs. 3 kann auch bei der Filialprokura bestehen, wenn diese intern gegenüber dem Filialzweck noch weiter begrenzt wurde (N 12 ff.).

III. Kollektivprokura

7 Eine regelmässig anzutreffende Beschränkung der Prokura stellt das Erfordernis der **Kollektivunterschrift** dar, wonach die Unterschrift des einzelnen Prokuristen ohne die Mitwirkung weiterer Unterschriftsberechtigter nicht verbindlich ist. Analog zur Rechtslage bei der bürgerlichen Stellvertretung ist ein gleichzeitiges Handeln nicht nötig, die Vertretungswirkung tritt aber erst mit der zweiten (oder weiteren) Unterschrift(en) bzw. Willensäusserung(en) ein (Art. 33 N 24; BGE 58 II 160). Ebenfalls analog zur bürgerlichen Stellvertretung beurteilen sich Fragen der **Passiv**- und **Wissensvertretung** (Art. 33 N 26).

8 Üblicherweise wird **Kollektivunterschrift zu zweien** vorgesehen, womit ein zweiter Bevollmächtigter eine Erklärung abzugeben hat. Denkbar ist auch, dass der Prinzipal vorschreibt, in welchen Kombinationen mehrere Prokuristen zu zweien überhaupt unterzeichnen können (A und C, B und C, aber nicht A und B). Die entsprechenden Anordnungen sind im Handelsregister wieder eintragbar (BGE 121 III 368; vgl. dazu die Entscheidbesprechung von WATTER in AJP 1996, 225 ff.). Denkbar ist auch die Erteilung einer sog. *halbseitigen Prokura*, wonach der Kollektivprokurist der Mitwirkung eines Einzelzeichnungsberechtigten bedarf (ZK-OSER/SCHÖNENBERGER, N 6; BGE 60 I 55 ff., 386 ff.), obwohl eine solche Regelung praktisch meist wenig Sinn macht. Der Eintritt der Vertretungswirkung richtet sich hier nach der Vollmacht des Alleinzeichnungsberechtigten (BK-GAUTSCHI, Art. 458 N 17d), im Bereich der Passiv- und Wissensvertretung kann ein solcher Prokurist aber auch alleine eine Rolle spielen (N 7).

9 Vom Grundsatz, wonach ein Kollektivvertreter mit einer **Einzelhandlung** den Prinzipal nicht verpflichtet, gibt es praktisch gewichtige Ausnahmen: So kann der Prinzipal die Kollektivprokura für einzelne Geschäfte durch eine *bürgerliche Einzelvollmacht* oder eine *Handlungsvollmacht* ersetzen, wobei die Bevollmächtigung auch stillschweigend erfolgen kann (GUTZWILLER, SAG 1983, N 21 ff.; WATTER, N 88), z.B. durch Duldung von Vertragsabschlüssen über das Telefon (Art. 33 N 24). Entsprechend kann auch eine Kollektivprokura stillschweigend in eine Einzelprokura umgewandelt werden (BGE 50 II 138; SJ 1985, 599; BK-GAUTSCHI, Art. 458 OR N 11d). Diese Aussage gilt vorbehaltlos aber nur im Verhältnis Prinzipal-Kollektivprokurist, wo das Vertrauensprinzip massgebend ist. Wollen Dritte mangels einer effektiv gewollten Umwandlung aus dem Verhalten des Prinzipals auf eine solche Erteilung schliessen, ist ein strengerer Massstab anzulegen, da sie sich primär auf das Handelsregister zu stützen haben. Vgl. auch N 20 zur Fälschung der zweiten Unterschrift.

10 Ob eine **Vollmachtserteilung vom ersten an den zweiten Kollektivprokuristen** möglich ist, richtet sich nach dem *mutmasslichen Willen des Prinzipals* (Art. 33 N 24). Bei Dringlichkeit oder bei Geschäften, die in den wesentlichen Zügen schon bekannt sind, dürfen die Kollektivprokuristen einen solchen Willen voraussetzen. Hier ist somit – statt nachträglicher Genehmigung (vgl. dazu Art. 33 N 25) – auch vorgängige Einwilligung möglich (WATTER, N 89; vgl. auch BGer, 2.5.2005, 4C.49/2005, E. 3.2). Es ergibt sich damit eine ähnliche Rechtslage wie beim Selbstkontrahieren (Art. 459 N 8; Art. 33 N 19; GUTZWILLER, SAG 1983, N 23).

11 Wo keiner der vorgenannten Spezialfälle vorliegt, die Kollektivunterschrift aber im Handelsregister eingetragen ist, ist der **Gutglaubensschutz Dritter** bei einer Einzelhandlung analog zur Rechtslage bei der Filialprokura ausgeschlossen (N 5). Ebenfalls analog zur dortigen Lage kann eine *nicht* eingetragene Kollektivprokura nur dem qualifiziert bösgläubigen Dritten entgegengehalten werden, da der Schluss des Dritten, eine nicht eingetragene, aber eintragbare Begrenzung bestehe nicht, geschützt wird. Diese Rechtslage gilt auch dort, wo die Pro-

kura überhaupt nicht eingetragen ist. Das Gesetz erreicht daher indirekt einen Zwang zur Eintragung (Art. 458 N 9).

IV. Die Wirkung anderer Beschränkungen der Prokura gegenüber Dritten

Aus Art. 460 Abs. 3 und Art. 459 Abs. 1 folgt, dass **interne Beschränkungen** (dazu Art. 459 12 N 7) einem gutgläubigen Dritten nicht entgegengehalten werden können. Dies bedeutet, dass der gute Glaube des Dritten – der *grundsätzlich darauf vertrauen darf, dass der Prokurist Vollmacht im Umfang von Art. 459 hat – den Mangel in der Vertretungsmacht des Prokuristen heilt.* Die Rechtslage ist damit ähnlich zu jener in der bürgerlichen Stellvertretung bei einer nach aussen kundgegebenen Vollmacht, mit der Präzisierung, dass im Bereich der Prokura der Dritte von einer gesetzlich typisierten Vertretungsmacht ausgehen darf. Umgekehrt gilt aber auch, dass ein Gutglaubensschutz jenseits der gesetzlich typisierten Vollmacht nicht besteht (Watter, N 216).

Vorliegend wird damit auf die von der h.L. und dem BGer immer wieder gemachte Unter- 13 scheidung zwischen der (intern beschränkbaren) **Vertretungsbefugnis**, dem «Dürfen», und der (unbeschränkbaren äusseren) **Vertretungsmacht**, dem «Können», verzichtet (so aber etwa BGE 95 II 442; Zobl, ZBJV 1989, 294 FN 25; vgl. eine Zusammenstellung der Lehrmeinungen bei Watter, N 12, 74; vgl. ferner Chappuis, AJP 1997, 697 ff. und BSK OR II-Watter, Art. 718a N 8 ff.). Diese Lehre hat nämlich den Nachteil, dass sie nur vermeintlich zu einem erhöhten Verkehrsschutz führt. Auch sie muss dem nicht schutzwürdigen Dritten einen Vertragsanspruch verweigern, dies aber unter Rückgriff auf Konzepte wie den *Rechtsmissbrauch* oder die *Lehre vom Missbrauch der Vertretungsmacht.* Demgegenüber lautet nach dem vorliegenden Ansatz die zentrale Frage, ob ein Dritter aus Verkehrsschutzgründen einen Anspruch gegen den Prinzipal verdient, obwohl dieser das fragliche Geschäft gar nicht wollte (vgl. Watter, N 30; wie hier RJN 1984, 70). Die Frage wird dort bejaht, wo sich der Dritte *gutgläubig* auf den gesetzlich typisierten Vollmachtsumfang verlassen durfte.

Immerhin hat die Verwendung des Begriffes **«Vertretungsmacht»** i.S. einer **externen Ver-** 14 **tretungsmacht auch Vorteile**. Namentlich wird damit *Übereinstimmung mit der internationalen Rechtslage* erzielt (Watter, N 181). Obwohl Art. 459 Abs. 1 die Vollmacht nach klarem Wortlaut vom guten Glauben abhängig macht (entgegen etwa § 50 HGB; vgl. hierzu Roth, ZSR 1985 I, 291 f.), ist somit denkbar, von *Vertretungsmacht i.S. einer Kurzbezeichnung* zu sprechen und damit den gesetzlich typisierten Vollmachtsumfang von Art. 459 zu meinen, wobei *Gutgläubigkeit des Dritten vorausgesetzt wird.* Nimmt man dann aber an, der Prokurist habe Vertretungsmacht (i.S. eines Könnens) in diesem Umfang – womit in Anbetracht der weiten Zweckgrenze praktisch jedes Handeln zu einer Vertretungswirkung führt –, so muss noch eine nachgelagerte *Prüfung* durchgeführt werden, nämlich entweder jene des Rechtsmissbrauchs bzw. der Frage des Missbrauchs der Vertretungsmacht (so BGE 77 II 142; von Tuhr/Peter, 363; ferner ein grosser Teil der deutschen Lehre, vgl. Watter, N 11 f.) oder jene der Gutgläubigkeit des Dritten (so Zobl, ZBJV 1989, 300). Diese Prüfung wird praktisch aber oft vergessen (vgl. hierzu anschaulich BGE 95 II 442; dazu Watter, N 108). Wird diese zweite Ebene mitberücksichtigt, so *führen der hier vertretene Ansatz und jener der h.L. praktisch zu den gleichen Ergebnissen.*

Ansatz für den Gutglaubensschutz ist – wie beim Stellvertreter (Art. 33 N 15 ff.) – die **Kund-** 15 **gabe der Prokura an den Dritten**, ohne dass hier aber ein besonderer Vollmachtsumfang kundgegeben werden muss. Die übliche Kundgebungsart – die Registrierung im Handelsregister – bewirkt, dass der Dritte im Grundsatz darauf vertrauen darf, dass der Prokurist Vollmacht im Umfang von Art. 459 hat. Denkbar ist natürlich auch, dass ein anderer (geringerer) Vollmachtsumfang kundgegeben wurde (ZK-Oser/Schönenberger, Art. 459 OR N 14). Bei der nicht eingetragenen Prokura kann die Kundgabe des Prinzipals auch ohne Willen erfolgen; massgebend ist lediglich, *ob der Dritte nach Treu und Glauben davon ausgehen darf, der Prinzipal habe eine Prokura erteilen wollen* (Art. 458 N 6).

16 Der **gute Glaube des Dritten wird vermutet** (vgl. für Details BGE 119 II 25 und BSK OR II-Watter, Art. 718a N 11). Fraglich bleibt, ob er nur durch *positive Kenntnis* (so Merz, FS Westermann, 407; BK-Gautschi, Art. 459 OR N 8a für die eingetragene Prokura) oder bereits durch *mangelnde Sorgfalt* zerstört wird. Nach vorliegender Ansicht gilt Letzteres (ebenso BGE 77 II 143; 33 II 613; Roth, ZSR 1985 I, 294 f.; Zobl, ZBJV 1989, 298; ZK-Oser/Schönenberger, Art. 459 N 15; offen gelassen von Meier-Hayoz/Forstmoser, § 9 N 24). Das gebotene (objektivierte, vgl. BGE 119 II 27) Mass an Aufmerksamkeit ist allerdings niedrig anzusetzen, so dass dem Dritten im Ergebnis nur *grobfahrlässige Unkenntnis* schadet (Watter, N 78 f.; ähnlich in BGE 119 II 27, wo aber für Fälle des Missbrauchs der Vertretungsmacht als Massstab Art. 3 Abs. 2 ZGB angewandt wird, dem Dritten also schon leichte Fahrlässigkeit schadet; vgl. dazu Chappuis, SZW 1994, 232 ff.). Eine *Erkundigungspflicht* besteht in aller Regel nicht; nur wenn der Dritte Zweifel hat, die sich zu einem an Gewissheit grenzenden Verdacht verdichten (nach BGE 119 II 26 genügen allerdings schon «doutes serieux»), muss er sich beim Prinzipal vergewissern, ob der Prokurist tatsächlich Vollmacht für das in Frage stehende Geschäft hat (Zobl, ZBJV 1989, 299 f., 308; Watter, N 80). So erfordern namentlich besonders günstige wie auch aussergewöhnliche Geschäftsbedingungen erhöhte Vorsicht des Dritten (Handkomm-OR-Jermini, N 14 m.V. auf BGE 119 II 23 und 113 II 397). Die Sorgfaltspflicht beurteilt sich gleich für die eingetragene wie für die nicht eingetragene Prokura (**a.A.** BK-Gautschi, Art. 459 OR N 8b). Zerstört wird der gute Glaube namentlich auf dem Zirkularweg (BGE 50 II 136; Gauch/Schluep/Schmid/Emmenegger, N 1457).

V. Die Haftung des Prinzipals und des Prokuristen bei vollmachtlosem Handeln

17 Führen die Handlungen des Prokuristen zu keiner Vertretungswirkung, weil er vollmachtlos handelte und ein Gutglaubensschutz nicht in Betracht kommt, hat der Prinzipal zunächst die Möglichkeit, das Handeln seines Prokuristen zu **genehmigen** (Art. 38 N 2 ff.).

18 Wo das fragliche Geschäft ausserhalb des typisierten Vollmachtumfanges liegt, mithin vom *Gesellschaftszweck nicht gedeckt* ist, kann möglicherweise auch der Verwaltungsrat das Geschäft nicht genehmigen, sondern nur die *Gesellschafter* (Art. 459 N 2). Andernfalls kann die **Genehmigung von der zur Bevollmächtigung zuständigen Person** oder von Vertretern, die selbst handeln könnten, ausgesprochen werden.

19 Die **Haftung des Prokuristen** selbst ergibt sich aus Art. 39. Für die Einzelheiten kann auf die dortigen Ausführungen verwiesen werden.

20 Wo der Prokurist gegen eine interne Begrenzung verstösst und der **Dritte keinen Vertragsanspruch** erhält, gilt abzuklären, ob dieser *gegen den Prinzipal einen Schadenersatzanspruch* hat, dies gestützt auf eine durch eine Hilfsperson begangene *culpa in contrahendo* (allenfalls auch gestützt auf Art. 722; BGE 121 III 176; vgl. auch BSK OR II-Watter, Art. 718a N 9). Die Hilfspersonenstellung des Prokuristen und der funktionale Zusammenhang zwischen der Stellung und dem vollmachtlosen Handeln liegt meist vor, womit ein Schadenersatzanspruch an sich gegeben ist. Zu beachten ist aber, dass den *Dritten im Allgemeinen ein grosses Selbstverschulden trifft*. Hätte er nämlich die gebotene Sorgfalt beachtet, wäre er in seinem guten Glauben in den Umfang der gesetzlich typisierten Vollmacht geschützt gewesen, hätte also einen Vertragsanspruch erhalten. Mitzuberücksichtigen ist im Einzelfall aber auch als «Gegengewicht» das *Verschulden des Geschäftsherrn* (vgl. Watter, N 95; BGHZ 50, 112; anders nun explizit BGE 121 III 182). Bei Einzelhandlungen des Kollektivprokuristen und einer Überschreitung der Filialprokura ist das Selbstverschulden des Dritten i.A. so gross, dass ein Schadenersatz entfallen muss. Dies gilt aber dann nicht, wenn für den Dritten gar nicht erkennbar ist, dass nur ein kollektivzeichnungsberechtigter Vertreter handelt, weil der Handelnde bspw. die *Unterschrift des zweiten Vertreters fälscht* (vgl. BGE 105 II 289; Watter, N 96; vgl. hierzu auch HGer ZH, 21.2.2014, HG080027 und die hierzu ergangenen Entscheide des BGer, 9.10.2014, 4A_208/2014 bzw. 4A_212/2014, je E. 4.1). Hier haftet der Geschäftsherr im Umfang des negativen Vertragsinteresses.

Ein Schadenersatzanspruch ist schliesslich in aller Regel dort ausgeschlossen, wo der **Prokurist jenseits des Gesellschaftszweckes handelt** oder *Grundstücke veräussert*, ohne über eine besondere Vollmacht zu verfügen: Auch hier ist das Selbstverschulden des Dritten i.d.R. so gross, dass ein Ersatzanspruch ausgeschlossen ist. Wiederum bleibt ein Anspruch dort denkbar, wo ein *Prokurist eine entsprechende Vollmacht vortäuscht* (Watter, N 97). 21

VI. IPR

Bezüglich des Filialprokuristen einer Zweigniederlassung eines ausländischen Unternehmens ist auf Art. 160 Abs. 2 IPRG hinzuweisen. 22

Art. 461

IV. Löschung der Prokura

[1] Das Erlöschen der Prokura ist in das Handelsregister einzutragen, auch wenn bei der Erteilung die Eintragung nicht stattgefunden hat.

[2] Solange die Löschung nicht erfolgt und bekannt gemacht worden ist, bleibt die Prokura gegenüber gutgläubigen Dritten in Kraft.

IV. Retrait

[1] Le retrait de la procuration doit être inscrit au registre du commerce, même s'il n'y a point eu d'inscription quand le fondé de procuration a été constitué.

[2] La procuration subsiste à l'égard des tiers de bonne foi, tant que le retrait n'en a pas été inscrit et publié.

IV. Cancellazione della procura

[1] L'estinzione della procura dev'essere inscritta nel registro di commercio anche nel caso in cui non ne sia stato inscritto il conferimento.

[2] La procura rimane efficace in confronto ai terzi di buona fede, finché la cancellazione non sia eseguita e pubblicata.

Literatur

Vgl. die Literaturhinweise bei Art. 458.

I. Normzweck

Art. 461 regelt die **Handlungspflichten** des Prinzipals bei **Erlöschen der Prokura** (zu den Erlöschungsgründen Art. 465, 35) und die Rechtsfolgen, die sich aus einem Verstoss gegen diese Pflichten – die rechtstechnisch eine Obliegenheit darstellen (N 2) – ergeben. 1

II. Die Pflicht zum Löschen der Prokura

Ist die Prokura intern erloschen, ist der Prinzipal nach Abs. 1 verpflichtet, das **Erlöschen der Prokura im Handelsregister eintragen** (und im SHAB publizieren) zu lassen, dies selbst dann, wenn die Prokura nie registriert worden war. Das Gesetz stipuliert damit eine *Obliegenheit des Prinzipals*, vergleichbar mit der in Art. 36 Abs. 2 festgeschriebenen Pflicht des Vollmachtgebers, die Herausgabe der Vollmachtsurkunde zu verlangen. Für die nicht kaufmännische Prokura ist eine amtliche Löschungsmöglichkeit vorgesehen (Art. 149 Abs. 3 HRegV); für die kaufmännische Prokura folgt diese aus Art. 152 Abs. 1 lit. b HRegV. Denkbar ist m.E. auch, dass der Prokurist selber seine Löschung verlangt, Art. 938b Abs. 3; opportun kann das für ihn dort sein, wo er aufgrund seiner vormaligen Tätigkeit riskiert, als Organ angesehen zu werden. 2

3 Anders als in Art. 36 sieht das Gesetz bei der Prokura vor, dass ein Verstoss gegen diese Obliegenheit nicht nur zu Schadenersatz des Prinzipals führt, sondern dem gutgläubigen **Dritten auch einen Vertragsanspruch** einräumt, bestimmt doch Abs. 2, dass, solange die Löschung im SHAB nicht bekannt gemacht worden ist, die Prokura gegenüber gutgläubigen Dritten in Kraft bleibt. Obwohl also keine Vollmacht mehr besteht – diese richtet sich ja nur nach dem Innenverhältnis –, bildet die eingetragene (oder sonstwie bekannt gegebene) Prokura immer noch Ansatzpunkt für einen Gutglaubensschutz. Der *Dritte darf sogar davon ausgehen, dass die Prokura weiterbesteht, solange sie nicht gelöscht wird*; dies gilt selbst dann, wenn die Prokura ursprünglich nicht eingetragen worden war.

4 Aus Art. 933 Abs. 2 folgt somit, dass dem Dritten bis zur Löschungspublikation nur **positive Kenntnis** des internen Erlöschens schadet. Selbst wenn er also bei Anwendung genügender Sorgfalt hätte erkennen müssen, dass die Prokura nicht mehr besteht, erhält er einen Vertragsanspruch (WATTER, N 111).

5 **Art. 37** hat damit im Bereich der Prokura keine selbständige Bedeutung, da eine Vertretungswirkung nur bei qualifizierter Bösgläubigkeit des Dritten *nicht* eintritt.

III. Rechtslage bei der Anscheinsprokura

6 Hat keine stillschweigende Bevollmächtigung stattgefunden, hat aber der Prinzipal dem Dritten Anlass zur Annahme einer **Anscheinsprokura** gegeben (Art. 458 N 7), empfiehlt sich ebenfalls eine Löschung. In Anwendung von Art. 933 Abs. 1 kann sich der Dritte nach Publikation dieses Eintrages nicht mehr auf eine angebliche Kundgabe einer Prokura berufen. Abzulehnen ist die Ansicht, eine solche Eintragung beseitige auch die Einrede, die Prokura habe gar nie bestanden: Massgebend ist, wie dem Dritten das Verhalten des Prinzipals bei (oder vor) Vertragsabschluss erscheinen musste und durfte. Will der Geschäftsherr nachträglich die Gefahr, missverstanden zu werden, für die Zukunft beseitigen, genehmigt er damit früheres Handeln des scheinbaren Prokuristen nicht (WATTER, N 112; **a.M.** BK-GAUTSCHI, N 3b).

IV. Beweis

7 Der Beweis, dass der Dritte das interne Erlöschen gekannt hat, obliegt dem Prinzipal.

Art. 462

B. Andere Handlungsvollmachten

[1] Wenn der Inhaber eines Handels-, Fabrikations- oder eines andern nach kaufmännischer Art geführten Gewerbes jemanden ohne Erteilung der Prokura, sei es zum Betriebe des ganzen Gewerbes, sei es zu bestimmten Geschäften in seinem Gewerbe als Vertreter bestellt, so erstreckt sich die Vollmacht auf alle Rechtshandlungen, die der Betrieb eines derartigen Gewerbes oder die Ausführung derartiger Geschäfte gewöhnlich mit sich bringt.

[2] Jedoch ist der Handlungsbevollmächtigte zum Eingehen von Wechselverbindlichkeiten, zur Aufnahme von Darlehen und zur Prozessführung nur ermächtigt, wenn ihm eine solche Befugnis ausdrücklich erteilt worden ist.

B. Autres mandataires commerciaux

[1] Le mandataire commercial est la personne qui, sans avoir la qualité de fondé de procuration, est chargée de représenter le chef d'une maison de commerce, d'une fabrique ou de quelque autre établissement exploité en la forme commerciale, soit pour toutes les affaires de l'entreprise, soit pour certaines opérations déterminées; ses pouvoirs s'étendent à tous les actes que comportent habituellement cette entreprise ou ces opérations.

[2] Toutefois le mandataire commercial ne peut souscrire des engagements de change, emprunter ni plaider, si ce n'est en vertu de pouvoirs exprès.

B. Altri mandati commerciali

[1] Se il proprietario di un commercio, di una fabbrica o di un altro stabilimento commerciale ha preposto taluno, senza conferimento di procura, all'esercizio di tutto lo stabilimento, o a quello di speciali affari del medesimo, in qualità di rappresentante, il mandato si estende a tutti gli atti giuridici ordinariamente compresi nell'esercizio di tale stabilimento o nella gestione di tali affari.

[2] L'agente di negozio però non può firmare cambiali, contrarre mutui o stare in giudizio, ove non gli sia stata conferita siffatta speciale facoltà.

Literatur

BODMER/KLEINER/LUTZ, Kommentar zum schweizerischen Bankengesetz, Zürich 2014 (22. Nachlieferung); vgl. ferner die Literaturhinweise bei Art. 458.

I. Normzweck

Art. 462 erlaubt dem Prinzipal (zur «Aktivlegitimation» Art. 458 N 5), neben dem Prokuristen noch eine andere Kategorie von kaufmännischen Stellvertretern einzusetzen, dies entweder für eine bestimmte Sorte von Geschäften (Spezialhandlungsvollmacht) oder für die Geschäfte des Betriebes überhaupt (Generalhandlungsvollmacht). **Spezialhandlungsvollmachten** haben z.B. das Verkaufspersonal im Ladengeschäft oder der Kassier am Bankschalter (VON BÜREN, BT, 342). Mit der **Generalhandlungsvollmacht** wird dagegen eine der Prokura ähnliche Lage geschaffen, wobei gewisse Geschäftstypen aber ausgenommen sind (N 5). 1

II. Die Bevollmächtigung des Handlungsbevollmächtigten

Die Handlungsvollmacht entsteht analog zur Prokura durch **Bevollmächtigung** (Art. 458 N 6) einer natürlichen, urteilsfähigen (**a.M.** BK-GAUTSCHI, N 8; wie hier ZK-OSER/SCHÖNENBERGER, N 6) Person (Art. 458 N 8). Die Möglichkeit der stillschweigenden Bevollmächtigung ist im Gegensatz zur Prokura nicht explizit vorgesehen, ergibt sich aber von selbst (VON BÜREN, BT, 342). In diesem Fall muss der Handlungsbevollmächtigte das Verhalten des Prinzipals nach Vertrauensprinzip als Bevollmächtigung deuten dürfen (so bspw. beim dauernden Gewährenlassen einer Inkassotätigkeit oder beim wiederholten Überlassen von Geschäftsführungskompetenzen, vgl. BGE 31 II 672). Die Entstehung der Handlungsvollmacht durch *konkludentes Verhalten* des Geschäftsherrn kann sogar als Regelfall, die ausdrückliche Erteilung eher als Ausnahme betrachtet werden. Bezüglich Duldungs- und Anscheinsvollmachten gilt das bei der Prokura Gesagte analog (Art. 458 N 6 f.). 2

Die Handlungsvollmacht ist im Handelsregister nicht eintragbar (BGer, 1.5.2013, 4D_2/2013, E. 2.2.1; **anders** das HGer ZH in ZR 1987, 71, gestützt auf Art. 20 Abs. 2 aHRegV). 3

III. Der Umfang der Handlungsvollmacht

Der **Umfang der Handlungsvollmacht** richtet sich (wie alle rechtsgeschäftlich eingeräumten Vertretungsrechte) nach dem **Inhalt der Bevollmächtigung**, also aufgrund des dem Handlungsbevollmächtigten nach Vertrauensprinzip erkennbaren Willens des Geschäftsherrn (Art. 33 N 17). Dabei gilt vermutungsweise der gesetzlich typisierte Umfang als gewollt (ZK-OSER/SCHÖNENBERGER, N 9), so dass sich die Vollmacht auf *«alle Rechtshandlungen, die der Betrieb eines derartigen Gewerbes oder die Ausführung derartiger Geschäfte gewöhnlich mit sich bringt»* erstreckt (vgl. die Kasuistik bei VON BÜREN, BT, 343; MEIER-HAYOZ/FORSTMOSER, § 9 N 51 ff.; Handkomm-OR-JERMINI, N 5; BK-GAUTSCHI, N 8a, 10; ferner BGE 120 II 205 und BGer, 17.1.2007, 4C.348/2006, E. 8.1). Die Handlungsvollmacht bezieht sich nur auf das Übliche (BK-GAUTSCHI, N 8a), Schenkungen bspw. sind ausgeschlossen (vgl. zu weiteren «ungewöhnlichen» bzw. «aussergewöhnlichen» Geschäften MEIER-HAYOZ/FORSTMOSER, § 9 N 47 f.). Sie wird durch die Aufgabe funktional bestimmt und durch die Stellung des 4

Bevollmächtigten individualisiert (VON BÜREN, BT, 342 f.; WATTER, N 116). Der Verkäufer im Warenhaus hat eine andere Vollmacht als der Bankkassier (vgl. dazu ausführlich BK-GAUTSCHI, N 10b, 10h). Der Handlungsbevollmächtigte eines Verkaufladens darf nicht Waren bestellen, die das Sortiment ändern, die gesetzlich typisierte Vollmacht des Prokuristen hingegen deckt eine solche Handlung. Ähnlich verhält sich die Situation bei der Unterzeichnung eines Revisionsberichtes: Ein Bericht über die ordentliche Abschlussrevision darf ohne weiteres von einem **Handlungsbevollmächtigten** einer Revisionsstelle unterzeichnet werden, da solch eine Prüfung zur üblichen Tätigkeit des Revisionsunternehmens gehört, während ein Bericht über eine ausserordentliche Revision wohl nur vom Prokuristen gezeichnet werden darf (so BODMER/KLEINER/LUTZ, Art. 18–22 N 244 für die bankengesetzliche Revision; vgl. auch Art. 728b).

5 Von der Vollmacht ausgenommen sind nach **Abs. 2** das Eingehen von **Wechselverbindlichkeiten** (also nicht die Indossierung eines Wechsels «ohne obligo»), die Aufnahme von **Darlehen** (nicht aber die Benützung einer bestehenden Kreditlimite oder der Verkauf gegen Kredit), ferner die **Veräusserung und Belastung von Grundstücken** (gestützt auf Art. 459 Abs. 2; eine Ausnahme gilt gemäss ZOBL, Grundbuchrecht, N 507 jedoch für Unternehmen, die den Liegenschaftenhandel bezwecken) und die (aktive und passive) **Prozessführung** (nicht jedoch der Abschluss von Schieds- und Gerichtsstandsvereinbarungen, BGE 76 I 353; vgl. zur Prozessführung generell BGer, 1.5.2013, 4D_2/2013, E. 2.2.2; ferner in Bezug auf die Legitimation zur Stellung eines Strafantrages SGGVP 2003, 246 ff.; BGE 99 IV 1 und 73 IV 68). Immerhin kann der Prinzipal hier eine **ausdrückliche** (jedoch nicht notwendigerweise schriftliche) **Ermächtigung** (BGE 99 IV 4) oder eine bürgerliche Vollmacht erteilen. Hat der Prinzipal den Handlungsbevollmächtigten auf diese Art zur *Prozessführung* ermächtigt, so fällt dieser nicht unter das Anwaltsmonopol von Art. 68 Abs. 2 ZPO (BGer, 1.5.2013, 4D_2/2013, E. 2.2.2). Im Weiteren bedarf der Handlungsbevollmächtigte für die Entgegennahme von Betreibungsurkunden einer ausdrücklichen Vollmacht nach Art. 66 Abs. 1 SchKG (BGE 69 III 37). Nicht anwendbar ist für den Handlungsbevollmächtigten Art. 396 Abs. 3 (BGE 76 I 352).

6 Im Weiteren kann der Prinzipal die gesetzlich typisierte Vollmacht **beliebig beschränken**, z.B. also der Verkäuferin den Verkauf von Ware gegen Rechnung (und damit die Kreditierung) nur bis zu einer bestimmten Höchstsumme gestatten. Möglich sind auch Kollektiv- oder Filialklauseln, wobei die fehlende Eintragungsfähigkeit aber bewirkt, dass der Dritte gutgläubig auf eine uneingeschränkte Handlungsvollmacht vertrauen darf. Für Spezialfälle wie Substitution oder Handeln in Doppelstellung gilt das zur Prokura bzw. bürgerlichen Stellvertretung Gesagte analog (Art. 459 N 8, Art. 33 N 19 f.).

IV. Wirkung und Auftreten des Handlungsbevollmächtigten

7 Üblich ist, dass der Handlungsbevollmächtigte «i.V.» unterzeichnet; analog zur Prokura genügt es aber, wenn sich das **Handeln in fremdem Namen** aus den Umständen ergibt (Art. 458 N 13). Handelt der Handlungsbevollmächtigte innerhalb seiner Vertretungsmacht (N 4 ff.), führt sein Handeln zu einer Vertretungswirkung zwischen dem Dritten und dem Prinzipal. Bezüglich Wissens- und Willensmängeln gilt das beim Prokuristen Gesagte analog (Art. 458 N 14).

V. Vollmachtloses Handeln des Handlungsbevollmächtigten

8 Falls **Dritte** auf das Vorliegen einer Handlungsvollmacht schliessen dürfen, was eine zurechenbare Kundgabe durch den Prinzipal voraussetzt, so sind sie *in ihrem guten Glauben in den gesetzlich typisierten Umfang geschützt*. Anders gesagt können interne Weisungen und Begrenzungen dem gutgläubigen Dritten nicht entgegengehalten werden (Art. 460 N 12). Die Kundgabe erfolgt praktisch häufig dadurch, dass dem «Handlungsbevollmächtigten» eine Po-

sition eingeräumt wird, die im Geschäftsleben üblicherweise mit einer Vollmacht verbunden ist (N 2). Der Dritte darf dabei von verkehrsüblichen Verhältnissen ausgehen (BK-GAUTSCHI, N 10i), eine Ermächtigung aber nicht leichthin annehmen (BGE 120 II 204); wichtig ist, dass der Dritte von Verhältnissen ausgeht, die auf Dauer und Kontinuität angelegt sind: Bloss einmaliges Handeln vermag im Regelfall keinen Rechtsschein zu begründen (ebd.; Art. 458 N 7).

Der **gute Glaube des Dritten** wird vermutet; vorausgesetzt ist allerdings, dass dieser das ge- **9**
botene Mass an Aufmerksamkeit beachtet hat. Dieses ist analog zur Prokura (Art. 460 N 16) niedrig anzusetzen: Eine Erkundungspflicht besteht in aller Regel nicht, ausser dann, wenn der Dritte konkreten Verdacht hat oder haben muss, dass eine entsprechende Vollmacht nicht bestehe.

Führen die Handlungen des Handlungsbevollmächtigten zu keiner Vertretungswirkung, ist zu **10**
prüfen, ob der **Prinzipal** nicht aus *culpa in contrahendo* (begangen durch seine Hilfsperson) **haftbar wird** (Art. 460 N 20). Der Prinzipal kann sich dieser Haftung durch Genehmigung entziehen (Art. 460 N 17 f.). Der Handlungsbevollmächtigte selbst haftet bei vollmachtlosem Handeln nach Art. 39.

VI. Beweis, IPR

Das zum Prokuristen bez. Beweisfragen Gesagte gilt analog (Art. 458 N 19; Art. 459 N 11). **11**

Im internationalen Verhältnis gelten ebenfalls die Ausführungen zum Prokuristen (Art. 458 **12**
N 20).

Art. 463

aufgehoben

abrogé

abrogato

Art. 464

D. Konkurrenzverbot

[1] Der Prokurist, sowie der Handlungsbevollmächtigte, der zum Betrieb des ganzen Gewerbes bestellt ist oder in einem Arbeitsverhältnis zum Inhaber des Gewerbes steht, darf ohne Einwilligung des Geschäftsherrn weder für eigene Rechnung noch für Rechnung eines Dritten Geschäfte machen, die zu den Geschäftszweigen des Geschäftsherrn gehören.

[2] Bei Übertretung dieser Vorschrift kann der Geschäftsherr Ersatz des verursachten Schadens fordern und die betreffenden Geschäfte auf eigene Rechnung übernehmen.

D. Prohibition de faire concurrence

[1] Le fondé de procuration et le mandataire commercial qui a la direction de toute l'entreprise ou qui est au service du chef de la maison ne peuvent, sans l'autorisation de celui-ci, faire pour leur compte personnel ni pour le compte d'un tiers des opérations rentrant dans le genre d'affaires de l'établissement.

[2] S'ils contreviennent à cette disposition, le chef de la maison a contre eux une action en dommages-intérêts et il peut prendre à son compte les opérations ainsi faites.

D. Divieto di concorrenza

[1] Tanto il procuratore, quanto l'agente di negozio preposto all'esercizio di tutto lo stabilimento o al servizio del principale, non possono fare operazioni, né per proprio conto, né per conto di un terzo, nella stessa specie di commercio esercitato dal principale, senza l'autorizzazione di questo.

[2] Nel caso di contravvenzione a questa disposizione, il principale può chiedere il risarcimento del danno e ritenere per conto proprio tali operazioni.

Literatur

WATTER/HENRY, Die Übernahme treuwidrig eingegangener Geschäfte nach Art. 464 Abs. 2 OR als allgemeine Regel für die Schadenserledigung?, in: Lorandi/Staehelin (Hrsg.), FS für Ivo Schwander, Zürich/St. Gallen 2011.

I. Normzweck

1 Art. 464 statuiert ein **spezielles Konkurrenzverbot** für den Prokuristen, den Generalhandlungsbevollmächtigten und den spezialhandlungsbevollmächtigten Arbeitnehmer des Geschäftsherrn, da diese in ihrer Funktion i.d.R. umfassenden Einblick in Kundenkreise und Geschäftsgeheimnisse des Geschäftsherrn erhalten. Es geht in seinen Rechtsfolgen über jenes des Arbeitsvertrags- oder Auftragsrechts hinaus, da der Prinzipal neben einem Schadenersatzanspruch die Möglichkeit erhält, die konkurrierenden Geschäfte an sich zu ziehen (vgl. als mögliche Alternativen zu einem Vorgehen nach Art. 464 Abs. 2 auch Art. 321b und 423, wobei die Frage, inwieweit es sich dabei um gangbare Wege handelt in BGE 137 III 607, 609 f., 613 offengelassen wurde).

II. Das Konkurrenzverbot (Abs. 1)

2 Eine **Treuepflicht** des Prokuristen und des Handlungsbevollmächtigten folgt im Allgemeinen bereits *aus dem Grundverhältnis* (vgl. Art. 321a Abs. 3, 398 Abs. 2). Art. 464 dehnt diese Treuepflicht teils aus, teils präzisiert er sie, indem dem Prokuristen und dem angestellten (und/oder für das ganze Gewerbe zuständigen) Handlungsbevollmächtigten eigene Geschäfte und Vertretungshandlungen für Dritte im Geschäftsbereich des Prinzipals untersagt werden (krit. zum Erfordernis des Bestehens eines Konkurrenzverhältnisses für die analoge Anwendung von Art. 464 Abs. 2 als allgemeine Norm der Schadensregulierung WATTER/HENRY, 417 ff.).

3 Auf das Konkurrenzverbot kann der Prinzipal **verzichten**, was auch stillschweigend erfolgen kann (BK-GAUTSCHI, N 1c).

4 Das Konkurrenzverbot gilt auch, wenn die **Vollmacht beschränkt** ist.

5 Das spezielle **Konkurrenzverbot entsteht** mit Einräumung der Vollmacht (ebenso ZK-OSER/SCHÖNENBERGER, N 5; **a.M.** BK-GAUTSCHI, N 4a, b, der auf den Beginn bzw. das Ende des Arbeitsverhältnisses abstellt) und **erlischt** zusammen mit ihr. Soll es über das Ende des Arbeitsverhältnisses hinaus wirken, so findet nach Erlöschen der Vollmacht bis zur Beendigung des Grundverhältnisses Art. 321a Abs. 3 Anwendung, anschliessend allenfalls noch ein vertragliches Konkurrenzverbot nach Art. 340 oder ein gesellschaftsrechtliches Konkurrenzverbot (vgl. hierzu Art. 557 Abs. 2 i.V.m. Art. 536 bzw. Art. 598 Abs. 2 i.V.m. Art. 557 Abs. 2 i.V.m. Art. 536).

6 Vom Konkurrenzverbot **sachlich umfasst** sind Geschäfte, die zum «Geschäftszweck des Geschäftsherrn» gehören, wobei m.E. auf die tatsächlich ausgeübte Tätigkeit abzustellen ist, nicht auf eine ggf. sehr weitgehende Zweckklausel. Der kaufmännische Vertreter darf also *nicht die gleichen Produkte oder Dienstleistungen anbieten wie der Prinzipal*. Verboten sein dürften auch das Anbieten von Substitutionsprodukten bzw. Substitutionsdienstleistungen. Geschäfte mit Lieferanten dürften dann erfasst sein, wenn sie zum Zwecke des (konkurrenzierenden) Weiterverkaufs abgeschlossen werden oder wenn der Kauf infolge Angebotsverknappung eine Erhöhung des Bezugspreises für den Geschäftsherrn zur Folge haben kann. Verwandte Leistungen müssen ebenfalls erfasst sein, wenn sie eine Gewinneinbusse des Geschäftsherrn zur Folge haben können (WATTER/HENRY, 409). In **räumlicher Hinsicht** ist davon auszugehen, dass das Konkurrenzverbot nicht nur im Gebiet, in welchem der Geschäftsherr Geschäftsbeziehungen unterhält, gilt, sondern auch in Märkten, in welche der Ge-

schäftsherr eine Expansion beabsichtigt und diese Absicht klar und für den Prokuristen erkennbar ist (WATTER/HENRY, 409). Im Einzelfall kann die Rechtsprechung zu Art. 340 Abs. 1 herangezogen werden. Ob ein Rechtsgeschäft vom Konkurrenzverbot erfasst wird, beurteilt sich nicht danach, ob der Dritte den Vertrag auch mit dem Prinzipal abgeschlossen hätte (wenn der kaufmännische Vertreter nicht gewesen wäre) oder dieser (wegen seiner Kostenstruktur) einen Gewinn hätte erzielen können – denn dem kaufmännischen Vertreter soll der Anreiz zu konkurrenzierenden Tätigkeiten unabhängig vom Kausalzusammenhang bei einem konkreten Geschäft genommen werden (BGE 137 III 607, 611). Vielmehr ist zu fragen, ob die vom kaufmännischen Vertreter angebotenen Produkte bzw. Dienstleistungen zu den Geschäftszweigen des Prinzipals gehören oder auch für Dritte erbracht werden, welche Wettbewerber sind (vgl. den Sachverhalt in BGE 137 III 607, wo das Gericht davon ausging, dass Leistungen für solche Dritte, aber auch potentielle Kunden, im Auftragsverhältnis erbracht wurden). *Tatsächliche Handlungen* für einen Dritten fallen aber nicht in den Anwendungsbereich von Art. 464: Diese Bestimmung trifft nur *Rechtsgeschäfte*, die der kaufmännische Vertreter statt für den Prinzipal mit sich selber oder für einen Dritten abschliesst (vgl. auch die Hinweise in BGE 137 III 607, 610 und die Ausführungen auf S. 611, wo davon ausgegangen wird, dass die Tätigkeiten für einen Konkurrenten ein Auftrag war).

III. Die Rechtsfolgen der Verletzung des Konkurrenzverbotes

Im Gegensatz zum Schadenersatz bei Verletzung der allgemeinen Treuepflicht gibt Abs. 2 dem Prinzipal einen weitergehenden **Ersatzanspruch** gegen den ungetreuen kaufmännischen Vertreter. Dieser kann entweder im Abschöpfen des vom Vertreter erwirtschafteten Gewinns bestehen (vgl. BGE 137 III 607, 612) – was dann von Interesse ist, wenn der Vertreter eine sehr günstige Kostenstruktur hat – oder in der Geltendmachung des positiven Vertragsinteresses. Dabei kann der Geschäftsherr auch Ersatz des Gewinnes verlangen, der bei korrekter Geschäftsführung erlangbar gewesen wäre, aber vom Geschäftsführer nicht erzielt wurde (BK-GAUTSCHI, N 8b). Der Geschäftsführer erwirbt im Gegenzug einen Anspruch auf Auslagen- und Verwendungsersatz. 7

Im Weiteren kann der Geschäftsherr das **verbotene Geschäft übernehmen** (was aber nicht notwendig ist, es genügt das Verlangen, den erzielten Gewinn herauszugeben, vgl. BGE 137 III 607, 612). Sinnvoll kann diese Geschäftsübernahme bei langfristigen Verträgen, aber auch bei Kundenbeziehungen sein, wenn begründete Aussicht auf Folgegeschäfte besteht; denkbar ist sie auch bei noch nicht erfüllten Verträgen (WATTER/HENRY, 411 f.). Die Geschäftsübernahme durch den Prinzipal hat im Allgemeinen zur Folge, dass sich sein Ersatzanspruch nach N 7 vermindert (ZK-OSER/SCHÖNENBERGER, N 10). Praktisch wird es oft so sein, dass wenn sich der Geschäftsherr für die Übernahme des Geschäfts entscheidet, er noch darzulegen versuchen wird, welchen zusätzlichen, durch die Geschäftsübernahme nicht gedeckten Schaden, er erlitten hat (WATTER/HENRY, 411). Hat der kaufmännische Vertreter das fragliche Geschäft *im eigenen Namen* abgeschlossen, kann der Prinzipal Ablieferung aller daraus tatsächlich erlangten Vermögenswerte verlangen, so namentlich die Abtretung von Forderungen und die Übertragung von dinglichen Rechten. Dieser Übernahmeanspruch ist nichts anderes als die *actio negotiorum directa* des Geschäftsherrn i.S.v. Art. 423 Abs. 1 (BGE 137 III 607 E. 2.2.2; ausführlich dazu BK-GAUTSCHI, N 7b). Soll ein Vertragsverhältnis ganz übernommen werden, ist gem. h.L. die Zustimmung des Dritten nötig (krit. WATTER/HENRY, 414, wonach zumindest in den Fällen, in denen eine Analogie zu Art. 32 Abs. 2 in Frage kommt, ein solches Zustimmungserfordernis im Rahmen einer Schadensregulierung nicht stichhaltig ist). So oder anders verpflichtet Art. 464 Abs. 2 den Prokuristen nicht nur, selber einer solchen Vertragsübertragung zuzustimmen, sondern auch entsprechend auf den Dritten einzuwirken; denkbar ist dabei wohl auch, dass der treulose Prokurist verpflichtet wird, im Aussenverhältnis als eine Art Treuhänder zu walten, wenn das Vertragsverhältnis nicht übertragbar ist (vgl. WATTER/HENRY, 415); er hat dann die aus dem Vertrag entspringenden Vorteile abzuliefern. 8

9 Wo der kaufmännische Vertreter in direkter Stellvertretung **für einen Dritten** gehandelt hat, kann der Prinzipal das fragliche Geschäft in aller Regel nicht an sich ziehen; denkbar ist immerhin, dass der von der Tätigkeit des Vertreters profitierende Dritte sich zum Schutz des auch für ihn arbeitenden Vertreters bereit erklärt, das Geschäft auf den Prinzipal zu übertragen.

10 Schadenersatz und der Anspruch auf Übertragung des Geschäftes können nebeneinander bestehen; eine **Bereicherung des Prinzipals ist aber ausgeschlossen**.

11 Die **Verjährung** für die Ansprüche des Prinzipals beträgt zehn Jahre (BK-GAUTSCHI, N 9a). Wo der kaufmännische Vertreter in einem arbeitsrechtlichen Verhältnis steht, sollte m.E. aber die fünfjährige Verjährungsfrist von Art. 128 anwendbar sein. Ansprüche aus Art. 423 verjähren demgegenüber in einem Jahr (BGE 126 III 382).

IV. Beweis

12 Der Beweis der konkurrenzierenden Tätigkeit und des Schadens obliegt dem Prinzipal; die Frage, ob der Dritte das Geschäft mit dem Prinzipal abgeschlossen hätte, ist heute irrelevant (BGE 137 III 607 E. 2.2.2; **anders** noch SG GVP 1986, 84, wobei dieser Entscheid auch ans BGer. weitergezogen wurde, allerdings damals erfolglos).

Art. 465

E. Erlöschen der Prokura und der andern Handlungsvollmachten

[1] Die Prokura und die Handlungsvollmacht sind jederzeit widerruflich, unbeschadet der Rechte, die sich aus einem unter den Beteiligten bestehenden Einzelarbeitsvertrag, Gesellschaftsvertrag, Auftrag od. dgl. ergeben können.

[2] Der Tod des Geschäftsherrn oder der Eintritt seiner Handlungsunfähigkeit hat das Erlöschen der Prokura oder Handlungsvollmacht nicht zur Folge.

E. Fin de la procuration et des autres mandats commerciaux

[1] La procuration et le mandat commercial sont révocables en tout temps, sans préjudice des droits qui peuvent résulter du contrat individuel de travail, du contrat de société, du mandat ou des autres relations juridiques existant entre parties.

[2] La mort du chef de la maison ou la perte de l'exercice de ses droits civils n'entraîne la fin ni de la procuration, ni du mandat commercial.

E. Fine della procura e degli altri mandati commerciali

[1] La procura e il mandato di rappresentanza possono sempre essere revocati, senza pregiudizio dei diritti derivanti tra le parti da rapporti contrattuali di lavoro, di società, di mandato o simili.

[2] La morte o la perdita della capacità civile del principale non estingue la procura ed il mandato di rappresentanza.

I. Normzweck

1 Art. 465 regelt das **Erlöschen** der Prokura und der Handlungsvollmacht **im internen Verhältnis**. In Abänderung des Art. 35 gilt im Bereich der kaufmännischen Vertretung, dass Tod oder Handlungsunfähigkeit des Prinzipals zu keinem Erlöschen der kaufmännischen Vertretungsmacht führen; im Übrigen ist Art. 35 sinngemäss anwendbar. Im Verhältnis zu Dritten gelten die Art. 37 bzw. 461.

II. Widerruf (Abs. 1)

2 Nach Art. 465 hat der Prinzipal ein **jederzeitiges, unbeschränkbares** (VON TUHR/PETER, 368 FN 75) **Recht** (Art. 34 N 8), die Vollmacht zu widerrufen. Möglich ist natürlich auch die je-

derzeitige Beschränkung der Vollmacht, z.B. die Auferlegung einer Kollektivunterschrift an einen bisherigen Einzelprokuristen.

Wie bei der bürgerlichen Vollmacht sind die Fälle der **Niederlegung** bzw. des **Verzichts** der Vollmacht nicht geregelt (Art. 34 N 2). 3

Der Widerruf ist eine **einseitige, empfangsbedürftige, an den Bevollmächtigten gerichtete Erklärung**; Eingang der Erklärung ist ausreichend, eine Kenntnisnahme nicht nötig (vgl. aber N 8, ferner Art. 34 N 3; **a.M.** BK-GAUTSCHI, N 2b, wo Kenntnis verlangt wird; ebenso Handkomm-OR-JERMINI, N 3). Der Widerruf ist formfrei, er kann auch stillschweigend erfolgen, z.B. durch Löschung der Eintragung im Handelsregister. 4

Der Widerruf hat keinen Einfluss auf das **Grundverhältnis**, was schon aus dem Grundsatz der Abstraktheit der Vollmacht folgt (Art. 34 N 7). Namentlich bleiben die arbeitsrechtlichen Kündigungsfristen gewahrt. Umgekehrt kann der Entzug der Unterschriftsberechtigung, welcher sich nicht durch einen Missbrauch der handelsrechtlichen Vertretungsbefugnisse rechtfertigen lässt, für den Arbeitnehmer einen Grund zur fristlosen Kündigung darstellen (SJZ 1994, 371). 5

III. Andere Erlöschungsgründe (Abs. 2)

Art. 35 erfährt durch Art. 465 Abs. 2 insofern eine Änderung, als Tod und Handlungsunfähigkeit des Prinzipals kein Erlöschen der kaufmännischen Vertretungsmacht bewirken; im Todesfall kann sie aber von jedem Erben allein widerrufen werden (ZR 1998, 58; Art. 35 N 11). Hingegen führen **Konkurs** und **Liquidation** des Prinzipals zum Untergang der Prokura (BK-GAUTSCHI, N 4c). Aus der Natur des Geschäftes kann im Einzelfall aber eine *Weitergeltung* resultieren (Art. 35 N 3). Gleiches gilt für Eintritt eines *Erlöschungsgrundes nach Art. 35 aufseiten des Prokuristen bzw. Handlungsbevollmächtigten.* 6

IV. Wirkung des Erlöschens auf Dritte

Gemäss **Art. 461** verpflichtet der **Prokurist** trotz internem Erlöschen der Vollmacht den Prinzipal weiterhin. Dieser oder sein Rechtsnachfolger sind deshalb gehalten, die Löschung unverzüglich beim Handelsregister anzumelden. Für die nicht kaufmännische Prokura sieht Art. 149 Abs. 3 HRegV eine Löschung von Amtes wegen bei Konkurs und Tod des Vollmachtgebers und beim Tod des Prokuristen vor (vgl. auch Art. 152 Abs. 1 lit. b HRV). 7

Für den **Handlungsbevollmächtigten** gilt dagegen die Regelung von **Art. 37**, wonach eine Vollmacht vom Gesetz fingiert wird, solange er berechtigterweise vom Erlöschen keine Kenntnis erlangt hat. Art. 37 findet auch dort Anwendung, wo der Widerruf der Handlungsvollmacht zwar eingegangen ist, der «Bevollmächtigte» aber davon noch keine Kenntnis genommen hat (Art. 37 N 2). Fraglich ist, ob Dritten nur positive Kenntnis schadet, wie beim Prokuristen (Art. 461 N 4), oder ob schon fahrlässiges Nichtwissen den Eintritt einer Vertretungswirkung verhindert (so die Rechtslage bei Art. 37 N 5; ebenso BK-GAUTSCHI, N 4c). Nach hier vertretener Ansicht gilt Letzteres, wobei der Sorgfaltsmassstab aber niedrig anzusetzen ist. 8

Achtzehnter Titel: Die Anweisung

Vorbemerkungen zu Art. 466–471

Literatur

AFFAKI, Le nouveau droit des crédits documentaires: les règles et usances 600, Banque & Droit No 112, mars-avril 2007, 3 ff.; BAIER, Das elektronische Konnossement unter Bolero, Saarbrücken 2008; BÄR, Die privatrechtliche Rechtsprechung des Bundesgerichts im Jahre 1989 (Besprechung von BGE 115 II 67 ff.), ZBJV 1991, 264 ff.; BERNHARDT, Die Inanspruchnahme des Dokumentenakkreditivs, Diss. Bern 2011; BETTSCHART, Virement en chaîne et assignation bancaire, Droit suisse des obligations et contexte international, Diss. Lausanne 2000; BUCH, UN-Konvention über unabhängige Garantien und Stand-by Letters of Credit, Diss. Heidelberg 2000; BUIS, Die Banküberweisung und der Bereicherungsausgleich bei fehlgeschlagenen Banküberweisungen, Diss. Zürich 2001 (zit. Diss.); DERS., Zahlungsverkehr, Überweisungsauftrag, Qualifikation, anwendbares Recht, Widerruf einer Anweisung (Urteilsbesprechung zu BGE 127 III 553 ff. = Pra 2002, 220 ff.), AJP 2002, 1107 ff. (zit. AJP 2002); BÜHLER, Sicherungsmittel im Zahlungsverkehr: Dokumentenakkreditiv, Bankgarantie, Eigentumsvorbehalt, Zürich 1997; CANARIS, Bankvertragsrecht, 3. Aufl., Berlin 1988; DE GOTTRAU, Le crédit documentaire et la fraude, La fraude du bénéficiaire, ses conséquences et les moyens de protection du donneur d'ordre, Diss. Genève 1999 (zit. Diss.); DERS., Crédit documentaire et garantie bancaire: fraude dans l'accréditif à paiement différé et choix des parties citées dans les mesures provisionnelles, in: Thévenoz/Bovet (Hrsg.), Journée 2001 de droit bancaire et financier, Centre d'études juridiques européennes, Université de Genève, 2002 (zit. Journée 2001); DERS., Les nouvelles Règles et usances uniformes relatives aux crédits documentaires (RUU 600), AJP 2007, 971 ff. (zit. AJP 2007); DE GOTTRAU/IYNEDJIAN, Crédits documentaires et mesures d'embargo, SZW 2008, 476 ff.; DILGER, Die Einschränkung des Grundsatzes der Dokumentenstrenge beim Akkreditiv durch das schweizerische Bundesgericht, RIW 1990, 324 f.; ECKARDT, The Bolero Bill of Lading under German and English Law, Diss. Hannover/Frankfurt a.M. 2004; ESCHMANN, Der einstweilige Rechtsschutz des Akkreditiv-Auftraggebers in Deutschland, England und der Schweiz, Neuwied 1994; FAVRE-BULLE, Les paiements transfrontières dans un espace financier européen, Diss. Genève 1998 (zit. paiements transfrontières); DERS., Le virement transfrontière en droit suisse (avec un aperçu de droit français et belge), in: Blaurock (Hrsg.), Das Recht der grenzüberschreitenden Überweisung, Baden-Baden 2000, 37 ff. (zit. virement transfrontière); FLUME, Der Bereicherungsausgleich in Mehrpersonenverhältnissen, AcP 1999, 1 ff.; FONTANE, Höhere Gewalt im Dokumentenakkreditivgeschäft, Frankfurt a.M. etc. 2001; GRAF, Die Möglichkeiten des Einsatzes (voll- und teil-)elektronischer Transportpapiere am Beispiel von Konnossementen unter besonderer Berücksichtigung des Bolero-Projekts, Diss. Mannheim 2007; GRAF VON BERNSTORFF, Das «reine Konnossement» im Seefrachtverkehr und die Ersatzmöglichkeit durch das elektronische «Bolero – bill of lading», RIW 2001, 504 ff.; GRAFFE/WEICHBRODT/XUEREF, Dokumenten-Akkreditive (ICC-Richtlinien 1993 – Text und Kurzkommentar), Bonn 1993; GUGGENHEIM/GUGGENHEIM, Les contrats de la pratique bancaire suisse, 5. Aufl., Bern 2014; GUTZWILLER, Bemerkungen zum Verhältnis zwischen Akkreditivbank und Korrespondenzbank, SJZ 1984, 157 ff.; HARTMANN, Der Akkreditiv-Eröffnungsauftrag, Diss. Zürich 1974; HEIDBÜCHEL, Das UNCITRAL-Übereinkommen über unabhängige Garantien und Standby Letters of Credit, Diss. Trier 1999, Frankfurt a.M. etc. 1999; HESS, Rechtliche Aspekte der Banküberweisung unter besonderer Berücksichtigung des Interbankzahlungsverkehrssystems Swiss Interbank Clearing (SIC), SZW 1991, 101 ff.; HESS/KEISER, Euro-Zahlungen gemäss SEPA-Rulebooks durch Schweizer Finanzinstitute, SZW 2009, 153 ff.; HOEREN/FLORIAN, Rechtsfragen des internationalen Dokumentenakkreditivs und -inkassos unter besonderer Berücksichtigung der ICC-Richtlinie vom 1.1.1996, Ein Leitfaden für den grenzüberschreitenden Warenverkehr, Berlin 1996; HONSELL, Keine direkte Kondiktion der Bank gegen den gutgläubigen Anweisungsempfänger bei Ausführung der Überweisung trotz Widerrufs des Bankkunden (Urteilsbesprechung zu BGE 121 III 109 ff.), AJP 1995, 1209 ff.; KAYA, Die Grenzen der Einwendungen der Bank gegen den Zahlungsanspruch des Begünstigten aus einem unwiderruflichen Akkreditiv, Eine rechtsvergleichende Darstellung zwischen dem deutschen und dem schweizerisch/türkischen Recht, Frankfurt a.M. 2000; KISSLING, Rückabwicklung im Anweisungs-Dreiecksverhältnis – am Beispiel der Banküberweisung, Jusletter vom 10.6.2002 (‹http://www.weblaw.ch/jusletter/Artikel.jsp?ArticleNr=1702&Language=1›); KOLLER I., Die Dokumentenstrenge im Licht von Treu und Glauben beim Dokumentenakkreditiv, WM 1990, 293 ff.; KOLLER TH., Der Widerruf einer Anweisung und seine Folgen – Bemerkungen zu einem für den Zahlungsverkehr wichtigen Bundesgerichtsurteil (BGE 121 III 109 ff.), ZBJV 1995, 797 ff. (zit. ZBJV 1995); DERS., Zahlungsverpflichtung des Angewiesenen durch konkludente Annahme einer Anweisung (Art. 468 Abs. 1

OR)? (Urteilsbesprechung zu BGE 122 III 237), AJP 1996, 1296 ff. (zit. AJP 1996); DERS., Internationaler Waffenhandel und das schweizerische Anweisungsrecht, Zu den Auswirkungen eines evident sittenwidrigen Valutaverhältnisses auf das Leistungsverhältnis (Urteilsbesprechung zum Urteil des Bundesgerichts, I. Zivilabteilung, vom 28.3.2001, *Beverly Overseas SA c. Privredna Banka Zagreb*, betreffend Arrestprosequierung, Berufung, 4C.172/2000), AJP 2002, 464 ff. (zit. AJP 2002); KOLLER TH./KISSLING, Anweisung und Dokumentenakkreditiv im Zahlungsverkehr, in: Wiegand (Hrsg.), Berner Bankrechtstag 2000 Bd. 7, Rechtliche Probleme des Zahlungsverkehrs, Bern 2000, 23 ff.; KÖNDGEN, Bereicherungsansprüche im bargeldlosen Zahlungsverkehr, Überlegungen zum Entscheid des Bundesgerichts vom 14.3.1995 – BGE 121 III 113 [recte: 109 ff.] = Pra 84/1995 Nr. 274, SZW 1996, 30 ff.; LANGENBUCHER, Die Risikozuordnung im bargeldlosen Zahlungsverkehr, 2001; LANZI/WILLE, Ausnahme vom Grundsatz der Dokumentenstrenge und Abstraktheit der Akkreditivverpflichtung bei rechtsmissbräuchlichem Verhalten der bestätigenden Bank (Urteilsbesprechung zu BGE 115 II 67 ff. und Handelsgerichtsentscheid ZR 1989 Nr. 30), SZW 1990, 56 ff.; LIENESCH, Internationale Bankgarantien und die UN-Konvention über unabhängige Garantien und Stand-by Letters of Credit, Diss. Köln 1998, Berlin etc. 1999; LOMBARDINI, Droit et pratique du crédit documentaire, 2. Aufl., Basel 2000; MAHLER, Rechtsmissbrauch und einstweiliger Rechtsschutz bei Dokumentenakkreditiven und «Akkreditiven auf erstes Anfordern», Eine rechtsvergleichende Untersuchung, Frankfurt a.M. 1986; MARKUS, UNO-Konvention über unabhängige Garantien und stand-by letters of credit, Zürich 1997; MAYEN, Abwicklung des Inlands-Überweisungsverkehrs (§ 48), Rechtsbeziehungen im Inlands-Überweisungsverkehr (§ 49), Bereicherungsausgleich und insolvenzrechtliche Fragen (§ 50), in: Schimansky/Bunte/Lwowski (Hrsg.), Bankrechts-Handbuch, Bd. I, 4. Aufl., München 2011; MEDER, Die bargeldlose Zahlung, Ein rechtshistorischer Beitrag zur dogmatischen Einordnung des Kreditkartenverfahrens, Frankfurt a.M. 1996; DERS., Die Kreditkartenzahlung als Anweisungsgeschäft, Zum Bedeutungswandel rechtsgeschäftlicher Formen unter den Bedingungen eines automatisierten Zahlungsverkehrs, AcP 1998, 72 ff.; MEIER-HAYOZ/VON DER CRONE, Wertpapierrecht, 2. Aufl., Zürich 2000; MORAND, La responsabilité du paiement anticipé dans l'accréditif à paiement différé, SZW 2010, 362 ff.; MÜLBERT, Missbrauch von Bankgarantien und einstweiliger Rechtsschutz, Die dogmatischen Grundlagen der Bankgarantie «auf erstes Anfordern» und ihre Behandlung im Verfahren des einstweiligen Rechtsschutzes, Tübingen 1985; NIELSEN, Internationale Bankgarantie, Akkreditiv und angloamerikanisches Standby nach Inkrafttreten der ISP 98, WM 1999, 2005 ff. (= Teil I) und 2049 ff. (= Teil II) (zit. WM 1999); DERS., Urteilsanmerkungen zu BGH, Urteil vom 16.4.1996 (*Piraterieware*; WM 1996, 995 ff. = NJW 1996, 1812 ff.), WuB IV E. § 365 HGB 1.96; DERS., Richtlinien für Dokumentenakkreditive 3. Aufl. 2008 (zit. Richtlinien); NIELSEN/JÄGER, Grundlagen des Akkreditivgeschäftes (§ 120), in: Schimansky/Bunte/Lwowski (Hrsg.), Bankrechts-Handbuch, Bd. II, 4. Aufl., München 2011; RICHTER, Standby Letter of Credit, Diss. Zürich 1990; SCHÄRRER, Die Rechtsstellung des Begünstigten im Dokumenten-Akkreditiv, Diss. Bern 1980; SCHÖN, Prinzipien des bargeldlosen Zahlungsverkehrs, AcP 1998, 401 ff.; SCHÜTZE, Das Dokumentenakkreditiv im Internationalen Handelsverkehr, 6. Aufl., Frankfurt a.M. 2008; SEILER, Der Bereicherungsausgleich im Überweisungsverkehr, unter Berücksichtigung des Zurückweisungsrechts des Gutschriftempfängers und der Stornierungsbefugnis der Kreditinstitute, Berlin 1998; SLONGO, Die Zahlung unter Vorbehalt im Akkreditiv-Geschäft, nach den Einheitlichen Richtlinien und Gebräuchen für Dokumenten-Akkreditive der Internationalen Handelskammer, Paris (Revision 1974), Diss. Bern 1979; TEVINI DU PASQUIER, Le crédit documentaire en droit suisse, Droits et obligations de la banque mandataire et assignée, Genf 1990 (zugl. Diss. Genève 1988); ULRICH, Rechtsprobleme des Dokumentenakkreditivs, Diss. Zürich 1989; VON WESTPHALEN, AGB-rechtliche Erwägungen zu den neuen Einheitlichen Richtlinien und Gebräuchen für Dokumenten-Akkreditive – Revision 1993, RIW 1994, 453 ff.; VOSER, Bereicherungsansprüche in Dreiecksverhältnissen – erläutert am Beispiel der Anweisung, Basel 2006 (zugl. Habil. Basel 2004); WEBER R.H., Haftung für Schäden bei Ausführung gefälschter Zahlungsaufträge, SJZ 1985, 85 ff. (zit. SJZ 1985); DERS., Verzugszinsen und Währung im Urteil (Urteilsbesprechung zu BGE 125 III 443 ff.), SZW 2000, 101 ff. (zit. SZW 2000); WESSELY, Die Unabhängigkeit der Akkreditivverpflichtung von Deckungsbeziehung und Kaufvertrag, München 1975; WIEGAND, Die privatrechtliche Rechtsprechung des Bundesgerichts im Jahre 1995 (Besprechung von BGE 121 III 109 ff.), ZBJV 1997, 128 ff. (zit. ZBJV 1997); DERS., Die privatrechtliche Rechtsprechung des Bundesgerichts im Jahre 1998 (Besprechung von BGE 124 III 145 ff.), ZBJV 1999, 561 ff. (zit. ZBJV 1999); DERS., Die privatrechtliche Rechtsprechung des Bundesgerichts in den Jahren 2001 und 2002 (Besprechung von BGE 127 III 553 ff.), ZBJV 2003, 856 ff. (zit. ZBJV 2003); ZAHN/EHRLICH/HAAS, Zahlung und Zahlungssicherung im Aussenhandel, 8. Aufl., Berlin 2010.

I. Die Anweisung in der Systematik des Besonderen Teils des OR

1 Systematisch ist die Anweisung im OR im Anschluss an die besonderen Auftragsarten geregelt. Diese Einreihung geht auf das aOR vom 14.6.1881 zurück, welches die Anweisung als **Doppelmandat** verstand (BK-GAUTSCHI, N 2a ff.; ZK-OSER/SCHÖNENBERGER, N 1). In Literatur und französischsprachiger Judikatur wurde z.T. – in Anlehnung an den französischen Text von Art. 466 – die Anweisung als Vertrag aufgefasst (BGE 92 II 335, 339 E. 4 [«contrat civil ordinaire»] = Pra 1967, 252 E. 4; BGE 73 II 43, 47 E. 5 [«contrat d'assignation»] = Pra 1947, 197 E. 5; BK-GAUTSCHI, N 3a ff.; ebenso noch HONSELL, OR BT, in der 5. Aufl., 345). Gemäss deutschem und italienischem Text von Art. 466 stellt die Anweisung nunmehr indessen eine **Doppelermächtigung** dar, die keinen Vertragscharakter hat (BGer, 28.5.2013, 4A_10/2013, E. 3; 28.3.2001, 4C.172/2000, E. 3a; BGE 132 III 609, 617 E. 5.2; 122 III 237, 239 E. 1b; ZK-OSER/SCHÖNENBERGER, N 1 f.; ausführlich Art. 466 N 6 ff.; BUCHER, BT, 267 f.; VON BÜREN, BT, 315 f.; CR CO I-TEVINI, Art. 466 N 1; ENGEL, contrats, 576; GUHL/KOLLER/SCHNYDER/DRUEY, § 54 N 1; KÖNDGEN, SZW 1996, 35; KOLLER TH./KISSLING, 32; HONSELL, OR BT, 387; CHK-BEYELER, Art. 466 OR N 9; BUIS, Diss., 18 f., m.w.Nw.). Mit der Revision des OR von 1911 wurde die Anweisung strukturell aus dem Auftragsrecht herausgelöst, systematisch aber dort belassen und nicht – wie es an sich einleuchtender gewesen wäre – im Allgemeinen Teil des OR platziert (ZK-OSER/SCHÖNENBERGER, N 1; BUCHER, BT, 265; für Einordnung im Allgemeinen Teil des OR auch HONSELL, OR BT, 388 f., und TERCIER/FAVRE, Rz 6166). Zum (praktisch nicht sehr bedeutsamen) Meinungsstreit über die Rechtsnatur der Anweisung vgl. im Übrigen etwa ZK-OSER/SCHÖNENBERGER, Art. 466 OR N 6 ff., sowie BK-GAUTSCHI, N 3a ff.

II. Die praktische Bedeutung des Anweisungsrechts

2 Die praktische Bedeutung der Anweisung ist, wenn auch nicht in ihrer Grundform, so doch in verschiedenen Sonderformen, erheblich (HONSELL, OR BT, 388). Die Anweisung bildet die **Basis** für verschiedene, in der Wirtschaft generell sowie im Bankrecht und im internationalen Warenverkehr im Besonderen wichtige Rechtsinstitute. So liegt dem **bargeldlosen Zahlungsverkehr** mit Hilfe von Banküberweisungen und den **Kreditkartensystemen** die Anweisung zugrunde (HESS, SZW 1991, 102; HUGUENIN, OR AT/BT, Rz 1201; zur bargeldlosen Zahlung: BGE 132 III 609, 616 E. 5.1; 127 III 553, 556 E. 2c = Pra 2002, 222 E. 2c; BGE 126 III 20, 22 E. 3a/aa m.w.Nw.; 121 III 109, 111 E. 2 = Pra 1995, 932 f. E. 2; HONSELL, OR BT, 388, m.w.Nw.; BUIS, Diss., 18 und 113 ff., und DERS., SZW 2002, 120 ff., insb. 124, je m.w.Nw.; KOLLER TH./KISSLING, 31 f., m.Hw. auf die z.T. vertretene abweichende These, der zufolge im praktisch häufigen Fall, in dem bei einer bargeldlosen Zahlung nur die Bank, nicht aber der Zahlungsempfänger von der Anweisung benachrichtigt wird, keine Anweisung vorliege [in diesem Sinne etwa BGE 117 II 404, 407 E. 3a, anders aber – implizite – BGE 124 III 253, 256 E. 3b]; WIEGAND, ZBJV 2003, 856 ff.). **Check** und **gezogener Wechsel** sind in (besonderer) Wertpapierform verurkundete Anweisungen (Art. 991 Ziff. 2; Art. 1100 Ziff. 2; BGE 92 II 335, 339 E. 4 = Pra 1967, 252 E. 4). Und auch das **Dokumentenakkreditiv**, dem im internationalen Warenhandel eine Schlüsselstellung zukommt, beruht auf Anweisungsrecht (BGE 115 II 67, 69 E. 1; 78 II 42, 48 E. 3; MEIER-HAYOZ/VON DER CRONE, 431 Rz 52; BK-GAUTSCHI, N 5d; ZK-OSER/SCHÖNENBERGER, Art. 466 OR N 14; HONSELL, OR BT, 395; VON BÜREN, BT, 322 ff.; TERCIER/FAVRE, Rz 6274; ENGEL, contrats, 578 und 749; GUHL/KOLLER/SCHNYDER/DRUEY, § 54 N 2; KOLLER TH./KISSLING, 31). Offen bleibt dagegen, ob auch der **WIR-Buchungsauftrag** eine Anweisung darstellt (BGE 95 II 176, 182 E. 5).

III. Aufbau der gesetzlichen Regelung

3 Das Gesetz umschreibt zunächst in Art. 466 den Begriff der Anweisung, regelt sodann in den Art. 467–469 verschiedene Wirkungen der Anweisung im Dreiecksverhältnis der Beteiligten sowie in Art. 470 den Widerruf der Anweisung durch den Anweisenden. Den Schluss bildet die – praktisch nicht sehr bedeutsame – Bestimmung von Art. 471 über die Anweisung in Wertpapierform. Die gesetzliche Regelung ist rudimentär, weshalb in der Praxis – insb. beim Dokumentenakkreditiv (vgl. dazu den Anhang zum 18. Titel) – ausführliche **vertragliche Regelungen** der Einzelheiten getroffen werden.

Art. 466

A. Begriff	**Durch die Anweisung wird der Angewiesene ermächtigt, Geld, Wertpapiere oder andere vertretbare Sachen auf Rechnung des Anweisenden an den Anweisungsempfänger zu leisten, und dieser, die Leistung von jenem in eigenem Namen zu erheben.**
A. Définition	L'assignation est un contrat par lequel l'assigné est autorisé à remettre à l'assignataire, pour le compte de l'assignant, une somme d'argent, des papiers-valeurs ou d'autres choses fongibles, que l'assignataire a mandat de percevoir en son propre nom.
A. Definizione	Mediante l'assegno viene autorizzato l'assegnato di rimettere, per conto dell'assegnante, denaro, cartevalori od altre cose fungibili all'assegnatario e questi di ritirare la cosa in proprio nome.

Literatur

Vgl. die Literaturhinweise bei den Vorbem. zu Art. 466–471.

I. Allgemeines

1 Die Anweisung stellt nicht – wie z.B. Kauf oder Miete – einen nach einer charakteristischen Vertragsleistung gekennzeichneten Geschäftstyp, sondern eine bestimmte Art von **Leistungsmodalität im Dreiecksverhältnis** dar (BUCHER, BT, 265; VOSER, 15). Sie ist blosses Mittel, um eine Leistung herbeizuführen; Zweck und Grund dieser Leistung umschliesst sie nicht (BGer, 28.3.2001, 4C.172/2000, E. 3a; BGE 122 III 237, 240 E. 1b; 105 II 104, 106 E. 2; GUHL/KOLLER/SCHNYDER/DRUEY, § 54 N 3). Als **Zahlungsanweisung** dient sie der indirekten Zahlung, als **Kreditanweisung** der Gewährung eines Darlehens vom Anweisenden an den Anweisungsempfänger mit Hilfe des Angewiesenen. Ist der Angewiesene Schuldner des Anweisenden (**Anweisung auf Schuld**; BGE 92 II 335, 339 E. 4 = Pra 1967, 252 E. 4; BGE 43 II 671, 675 E. 2) und dient die Anweisung als Zahlungsmittel zwischen Anweisendem und Anweisungsempfänger, so werden durch die eine Leistung des Angewiesenen an den Anweisungsempfänger zwei Obligationen zum Erlöschen gebracht (BGE 117 II 404, 407 E. 3b; HONSELL, OR BT, 389 f.; VON BÜREN, BT, 310 f.; TERCIER/FAVRE, Rz 6191; ENGEL, contrats, 578; KISSLING, Rz 27, m.Nw.). Lautet die Anweisung – wie dies in der Praxis am häufigsten der Fall ist – auf Geld, so bezweckt sie in jeder Form (bargeldloser Zahlungsverkehr im Bankgeschäft, Check, Dokumentenakkreditiv) eine Erleichterung in der **Abwicklung des Zahlungsverkehrs**, d.h. in der **Erfüllung von Geldschulden** (BK-GAUTSCHI, Vor Art. 466–471 OR N 5a; ZK-OSER/SCHÖNENBERGER, N 2).

2 Am Dreiecksverhältnis der Anweisung sind beteiligt der **Anweisende** (assignant, assegnante, Delegant), der **Angewiesene** (assigné, assegnato, Delegat) und der **Anweisungsempfänger** (assignataire, assegnatario, Delegatar) (vgl. dazu statt aller BGer, 3.5.2013, 4A_588/2012,

E. 2.1; BGE 122 III 237, 240 E. 1b; BUCHER, BT, 266 f.; CR CO I-TEVINI, N 2; HONSELL, OR BT, 390; VON BÜREN, BT, 309; TERCIER/FAVRE, Rz 6170; ENGEL, contrats, 575; KISSLING, Rz 7). Anweisungsrechtlich erteilt der Delegant **zwei Ermächtigungen**: der Delegat wird zur Leistung auf Rechnung des Deleganten an den Delegatar und dieser zur Entgegennahme der Leistung in eigenem Namen ermächtigt. Beiden Ermächtigungen liegen Rechtsverhältnisse zugrunde, die ausserhalb des Anweisungsrechts stehen. Die Beziehung zwischen dem Anweisenden und dem Angewiesenen (z.B. basierend auf Auftrag, Krediteröffnungsvertrag usw.) wird in der anweisungsrechtlichen Terminologie als **Deckungsverhältnis**, diejenige zwischen dem Anweisenden und dem Anweisungsempfänger (z.B. basierend auf einem Kaufvertrag, Auftrag usw.) als **Valutaverhältnis** bezeichnet (s. zu diesen Begriffen z.B. BGE 122 III 237, 239 E. 1b; KOLLER TH./KISSLING, 34, m.w.Nw.; s.a. BETTSCHART, 131 f.). Die Art. 466 ff. enthalten nur wenige Regeln, welche diese beiden Verhältnisse betreffen; die meisten daraus resultierenden Rechtswirkungen beruhen auf den zwischen den Beteiligten bestehenden besonderen Rechtsbeziehungen selbst.

Uneinheitlich ist die Terminologie in Bezug auf das Verhältnis zwischen Angewiesenem und Anweisungsempfänger; soweit dafür überhaupt eine Bezeichnung verwendet wird, ist z.T. vom **Leistungsverhältnis, Einlösungsverhältnis** bzw. **Anweisungsverhältnis** die Rede (BGE 132 III 609, 615 E. 4; 122 III 237, 239 E. 1b; BUCHER, BT, 266 f.; HONSELL, OR BT, 390; krit. BETTSCHART, 132, und VOSER, 280). Dem Leistungsverhältnis liegt i.d.R. keine besondere Rechtsbeziehung zwischen den Beteiligten zugrunde (KOLLER TH./KISSLING, 34; BETTSCHART, 34). Seine Rechtswirkungen sind spezifisch anweisungsrechtlicher Natur; in diesem Bereich erlangt das Anweisungsrecht seine eigentliche Bedeutung (ähnlich TERCIER/FAVRE, Rz 6174). Insbesondere schafft die wirksam erteilte Anweisung für die vom Angewiesenen dem Anweisungsempfänger erbrachte Leistung einen **Rechtsgrund**, der eine Rückforderung nach Bereicherungsrecht ausschliesst (BUCHER, BT, 269; ähnlich VON BÜREN, BT, 309 f.; BETTSCHART, 133 f.; CHK-BEYELER, N 4; zu eng BGE 92 II 335, 640 E. 6 = Pra 1967, 253 E. 6, der den Rechtsgrund für die Leistung in der Annahme der Anweisung durch den Angewiesenen sieht; vgl. zur Rückabwicklung aber auch Art. 467 N 8 ff.). Zur Frage, wann dem Anweisungsempfänger aus dem Leistungsverhältnis eine Forderung erwächst, s. Art. 468 N 3 ff. 3

II. Begründung und Gegenstand der Anweisung

Die gewöhnliche Anweisung kann – anders als die qualifizierten Formen von Wechsel und Check – **formfrei**, also auch mündlich oder gar durch konkludentes Verhalten, begründet werden (BGE 92 II 335, 339 E. 4 = Pra 1967, 252 E. 4; ZK-OSER/SCHÖNENBERGER, N 26; ENGEL, contrats, 576 f.; ähnlich BK-GAUTSCHI, N 2a). Der mit einer Anweisung verbundene Mechanismus muss allerdings vom Anweisenden gewollt sein; ein fehlender Wille kann nicht durch das Gericht substituiert werden (BGer, 22.1.2002, 4C.336/2001, E. 3c; zu den Willensmängeln des Anweisenden einlässlich VOSER, 454 ff.). Die Formfreiheit erlaubt es, formungültige Checks als gewöhnliche Anweisungen, ggf. auch als Inhaber- oder Ordreanweisungen, zu behandeln (BGE 80 II 82, 87 E. 4 = Pra 1954, 125 E. 4; BGE 40 II 405, 408 E. 2 [in Pra 1914, 367 ff. nicht übersetzt]; BGHZ 147, 148, m.Nw.; vgl. auch Art. 471 N 8). Dasselbe gilt beim unvollständigen Wechsel, der grundsätzlich nichtig (Art. 992 Abs. 1), jedoch womöglich in ein anderes Rechtsgeschäft umzudeuten ist (Konversion). Dabei kommen in Frage die gewöhnliche Anweisung (Art. 466 ff.), die wechselähnliche Ordreanweisung (Art. 1147 ff.), das wechselähnliche Zahlungsversprechen (Art. 1151) oder ein anderes indossierbares Papier i.S.v. Art. 1152 (ausführlicher MEIER-HAYOZ/VON DER CRONE, 129 f. Rz 37 ff.; die Frage der Konversion wurde in BGE 128 III 324 – wohl zu Unrecht – nicht beachtet; vgl. zu diesem Urteil auch BERGER, recht 2002, 201 ff., insb. 218). 4

In der Praxis ist allerdings die Schriftform häufig. Die Anweisungsurkunde ist, auch wenn sie dem Anweisungsempfänger zwecks Präsentation gegenüber dem Angewiesenen ausgehän- 5 digt wird, i.d.R. **schlichte Beweisurkunde**, seltener ein **Wertpapier** (BK-GAUTSCHI, N 2a; vgl. zu den Wertpapieren Art. 471).

6 Die Anweisung ist eine **einseitige rechtsgeschäftliche Willenserklärung** und als solche **empfangsbedürftig** (so die h.M.; vgl. etwa ZK-OSER/SCHÖNENBERGER, N 27; BUCHER, BT, 265; zum Streit um die Rechtsnatur der Anweisung s. Vor Art. 466–471 N 1). Adressaten der Willenserklärung sind sowohl der Angewiesene als auch der Anweisungsempfänger. Die Anweisung kann diesen Beteiligten auf verschiedene Arten, nicht nur mittels direkter Benachrichtigung durch den Anweisenden, zur Kenntnis gebracht werden. So kann z.B. bei entsprechender Bevollmächtigung der Anweisungsempfänger als **Stellvertreter** des Anweisenden die Anweisung erteilen (BGE 107 II 465, 474 E. 6b), oder der die Anweisungsurkunde präsentierende Anweisungsempfänger kann als **Bote** des Anweisenden auftreten (BK-GAUTSCHI, N 2c; ZK-OSER/SCHÖNENBERGER, N 27). Im Gegenzug kann auch dem Anweisungsempfänger die Willenserklärung des Anweisenden vom Angewiesenen als Bote oder Stellvertreter zur Kenntnis gebracht werden. Insbesondere ist dies der Fall, wenn der Angewiesene dem über die Anweisung nicht informierten Anweisungsempfänger die Leistung direkt erbringt (differenzierter ZK-OSER/SCHÖNENBERGER, N 28).

7 **Gegenstand** der Anweisung können gem. Art. 466 Geld, Wertpapiere oder andere vertretbare Sachen sein. Diese Umschreibung ist indessen zu eng. Es ist nicht einzusehen, aus welchem Grunde nicht auch Anweisungen über nicht vertretbare Sachen, Dienstleistungen usw. erteilt werden könnten (gl.M. HONSELL, OR BT, 387 [«auch bei unvertretbaren Sachen»], und CHK-BEYELER, N 10; krit. CR CO I-TEVINI, N 6 i.f.; **a.M.** offenbar BK-GAUTSCHI, N 5a; ZK-OSER/SCHÖNENBERGER, N 29). Ob der Anweisungsempfänger gegenüber dem Anweisenden zur Annahme einer solchen Leistung des Angewiesenen verpflichtet ist oder nicht, richtet sich nicht nach Anweisungsrecht, sondern nach Art. 68 (vgl. dazu Art. 467 N 7).

8 Die bundesgerichtliche Rechtsprechung hat den möglichen Gegenstand der Anweisung noch wesentlich weiter ausgedehnt. Das BGer erachtet es als ausreichend, wenn der Gegenstand der Anweisung nach den objektiven, allenfalls auch zukünftigen Umständen **bestimmbar** ist. Dementsprechend hat es in verschiedenen Fällen angenommen, dass sich die Anweisung nicht auf eine abstrakte Geldsumme, sondern auf eine bestimmte Schuld des Angewiesenen gegenüber dem Anweisenden – z.B. auf eine Kaufpreisrate – beziehe (BGE 92 II 335, 338 E. 4 = Pra 1967, 251 f. E. 4; BGE 73 II 43, 47 E. 5 = Pra 1947, 197; BGE 43 II 671, 675 E. 2). Damit machte es die Anweisung aber vom Deckungsverhältnis abhängig (**titulierte Anweisung**; BK-GAUTSCHI, N 7c; ZK-OSER/SCHÖNENBERGER, N 32), was einschneidende Folgen auf die Einredenordnung hatte (vgl. dazu Art. 468 N 7 f.). Zulässig – wenn auch wenig praktisch – wäre es ebenso, die Anweisung von Bestand und Umfang des Valutaverhältnisses abhängen zu lassen (BGE 100 II 153; 49 II 397, 400 E. 2; BK-GAUTSCHI, N 7c). Wird die Leistungspflicht des Angewiesenen derart mit dem Deckungs- oder Valutaverhältnis verknüpft, so ist die Anweisung bedingt.

9 Die Anweisung kann mit beliebigen weiteren **Bedingungen, Befristungen** oder **Auflagen** versehen werden. So ist etwa beim Dokumentenakkreditiv die Leistungspflicht der Akkreditivbank mit der Bedingung verbunden, dass der Begünstigte die im Akkreditiv umschriebenen Dokumente vorlegt (vgl. dazu den Anhang zum 18. Titel N 2, 4 und insb. 17). Und so kann z.B. auch die Anweisung einer bestimmten Geldsumme mit der Auflage versehen sein, dem Anweisungsempfänger Barzahlung zu leisten, was dem Angewiesenen, der die Anweisung mit dieser Auflage angenommen hat, verbietet, gegenüber dem Anweisungsempfänger die Verrechnungseinrede zu erheben (BGE 44 II 187, 193 f. E. 1).

III. Abgrenzungen gegenüber anderen Rechtsinstituten

10 Von der **Inkassovollmacht** unterscheidet sich die Anweisung dadurch, dass der Anweisungsempfänger die Leistung vom Angewiesenen in eigenem Namen, der Inkassobevollmächtigte aber im Namen des Auftraggebers (als dessen Stellvertreter) erhebt; der Bevollmächtigte macht nicht eine eigene, abstrakte (vgl. dazu Art. 468 N 6) Forderung aus dem Leistungsverhältnis, sondern den Anspruch des Vollmachtgebers gegenüber dessen Schuldner geltend (BK-Gautschi, Vor Art. 466–471 OR N 4a; ZK-Oser/Schönenberger, N 17; von Tuhr/Escher, 19 f.; von Büren, BT, 317 f.). Ähnlich verhält es sich mit der **Inkassozession**, bei der zwar der Zessionar in eigenem Namen auftritt, aber auf Rechnung des Zedenten ebenfalls dessen vormalige Forderung einzieht (BK-Gautschi, Vor Art. 466–471 OR N 4b).

11 Die vertraglich bezeichnete **Zahlstelle** hat – anders als der Anweisungsempfänger gegenüber dem Angewiesenen nach der Annahme der Anweisung (vgl. dazu Art. 468 N 3 ff.) – kein Recht, vom Pflichtigen die Leistung zu fordern (BGE 117 II 404, 407 E. 3a; 92 II 335, 337 f. E. 2 = Pra 1967, 250 f. E. 2; BGE 73 II 43, 46 E. 5; BK-Gautschi, N 4e). Dem Schuldner steht aber i.d.R. bei Vereinbarung einer Zahlstelle ebenso wenig wie dem Angewiesenen bei der Anweisung (vgl. dazu Art. 470 N 4) ein unentziehbares Recht zu, sich durch Leistung an den Dritten zu befreien; der Gläubiger kann – abweichende Vereinbarungen vorbehalten – die Bezeichnung der Zahlstelle jederzeit widerrufen (gl.M. Bucher, AT, 481 FN 52; **a.M.** BK-Gautschi, N 4e; ZK-Oser/Schönenberger, N 18; von Tuhr/Escher, 21).

12 Im Gegensatz zur **Besitzesanweisung** (Art. 924 ZGB) verschafft die schuldrechtliche Anweisung für sich dem Empfänger keine besitzesrechtliche Stellung; eine solche erlangt dieser erst, wenn der Angewiesene seine Leistung erbringt (KUKO OR-Lardelli, N 15; CHK-Beyeler, N 21). Aus diesem Grunde kann etwa eine Schenkung von Hand zu Hand vom Schenker wohl durch Besitzesanweisung, nicht aber durch blosse Erteilung einer obligationenrechtlichen Anweisung vollzogen werden (BGE 105 II 104, 107 E. 3a; s. dazu auch Art. 470 N 7).

12a Keine Anweisung i.S.v. Art. 466 ff. ist die **Weisung nach Art. 15 BEG**, obwohl zwischen den beiden Rechtsinstituten gewisse Ähnlichkeiten bestehen. Die Weisung nach Art. 15 BEG richtet sich nur an die Verwahrungsstelle und bildet daher keine Doppelermächtigung (Botschaft zum Bucheffektengesetz sowie zum Haager Wertpapierübereinkommen vom 15.11.2006, BBl 2006, 9315 ff., spez. 9359).

IV. IPR

13 Im internationalen Verhältnis steht es den an einer Anweisung beteiligten Personen frei, ihre Rechtsbeziehung einem **gewählten Recht** zu unterstellen (Art. 116 Abs. 1 IPRG; BGE 87 II 234, 238 E. 1; CR CO I-Tevini, N 22; ZK-Schönenberger/Jäggi, Allgemeine Einleitung N 309; Koller Th./Kissling, 78). Fehlt eine Rechtswahl, so unterliegt das Verhältnis des Angewiesenen zum Anweisenden (Deckungsverhältnis) wie auch zum Anweisungsempfänger (Leistungsverhältnis) dem Recht des Staates, in dem der Angewiesene seinen gewöhnlichen Aufenthalt hat, da die für die Anweisung charakteristische Leistung i.S.v. Art. 117 Abs. 2 IPRG vom Angewiesenen erbracht wird (BGE 135 III 562, 564 E. 3.2 = Pra 2010, 291 E. 3.2; BGE 132 III 609, 614 ff. E. 4; 127 III 553, 556 E. 2d = Pra 2002, 222 f. E. 2d; BGE 122 III 237, 239 E. 1b i.f., m.w.Nw. auf die Lehre; BGE 121 III 109, 111 f. E. 2 = Pra 1995, 932 f. E. 2; BGE 115 II 67, 69 E. 1; 100 II 200, 209 E. 5b; 87 II 234, 237 E. 1; 78 II 42, 47 E. 1c; ZK-Schönenberger/Jäggi, Allgemeine Einleitung N 309; BK-Gautschi, N 7a; Favre-Bulle, virement transfrontière, 67; Koller Th./Kissling, 78 f., m.w.Nw.). Im bargeldlosen Zahlungsverkehr ist allerdings stets auch Art. 120 IPRG zu beachten, wenn im Deckungsverhältnis ein Privatkontovertrag [= Konsumentenvertrag im Sinne dieser Bestimmung] vorliegt und mindestens eine der Voraussetzungen von Abs. 1 lit. a–c erfüllt ist (in

diesem Sinne auch FAVRE-BULLE, paiements transfrontières, N 783; ausführlich zum ganzen internationalprivatrechtlichen Fragenkomplex im Zusammenhang mit grenzüberschreitenden Zahlungen FAVRE-BULLE, paiements transfrontières, N 711 ff.; zu dem auf die Rückabwicklung anwendbaren nationalen Recht – am Beispiel fehlerhafter Banküberweisungen – ausführlich KOLLER TH./KISSLING, 79 f., und KISSLING, vor Rz 26 FN 33, je m.w.Nw.). Im mehrgliedrigen Zahlungsverkehr bestimmt im Verhältnis unter den Banken die Niederlassung der Korrespondenz- bzw. Empfängerbank das kollisionsrechtlich anwendbare Recht (BGer, 28.5.2013, 4A_10/2013, E. 3.4, m.Hw. auf die in BGE 124 III 253 nicht publ. E. 1a). Ob dem Zahlenden beim mehrgliedrigen Zahlungsverkehr ein Direktanspruch gegen die Empfängerbank zusteht, wenn diese die Zahlung nicht korrekt ausführt, beurteilt sich dagegen nicht nach dem Recht der Empfängerbank, sondern nach dem für die Beziehung zwischen dem Zahlenden und der Erstbank massgebenden Recht (BGer, 28.5.2013, 4A_10/2013, E. 4.2). Eigener Anknüpfung unterliegt das Verhältnis zwischen Anweisendem und Anweisungsempfänger (Valutaverhältnis); dieses beurteilt sich unabhängig von der Anweisung nach dem für das Grundgeschäft massgebenden Recht (BGE 100 II 200, 209 E. 5b; 77 II 86, 96 E. 3d; IPRG-Komm-KELLER/KREN KOSTKIEWICZ, Art. 117 N 96; ZK-SCHÖNENBERGER/JÄGGI, Allgemeine Einleitung N 309).

Art. 467

B. Wirkungen
I. Verhältnis des Anweisenden zum Anweisungsempfänger

1 Soll mit der Anweisung eine Schuld des Anweisenden an den Empfänger getilgt werden, so erfolgt die Tilgung erst durch die von dem Angewiesenen geleistete Zahlung.

2 Doch kann der Empfänger, der die Anweisung angenommen hat, seine Forderung gegen den Anweisenden nur dann wieder geltend machen, wenn er die Zahlung vom Angewiesenen gefordert und nach Ablauf der in der Anweisung bestimmten Zeit nicht erhalten hat.

3 Der Gläubiger, der eine von seinem Schuldner ihm erteilte Anweisung nicht annehmen will, hat diesen bei Vermeidung von Schadenersatz ohne Verzug hievon zu benachrichtigen.

B. Effets du contrat
I. Rapports entre l'assignant et l'assignataire

1 Lorsque l'assignation a pour objet d'éteindre une dette contractée par l'assignant envers l'assignataire, cette dette n'est éteinte que par le paiement de l'assigné.

2 Toutefois, le créancier qui a accepté l'assignation ne peut faire valoir de nouveau sa créance contre l'assignant que si, ayant demandé le paiement à l'assigné, il n'a pu l'obtenir à l'expiration du terme fixé dans l'assignation.

3 Le créancier qui reçoit de son débiteur une assignation doit, s'il entend ne pas l'accepter, prévenir le débiteur sans délai, sous peine de dommages-intérêts.

B. Effetti
I. Rapporti fra l'assegnante e l'assegnatario

1 Se l'assegno deve servire ad estinguere un debito dell'assegnante verso l'assegnatario, l'estinzione del medesimo si verifica solo quando il pagamento sia stato effettuato dall'assegnato.

2 L'assegnatario che accettò l'assegno può far valere di nuovo il suo credito in confronto all'assegnante solo quando, dopo aver chiesto il pagamento all'assegnato, sia trascorso il termine fissato nell'assegno senza averlo conseguito.

3 Il creditore, che non vuole accettare un assegno rilasciatogli dal suo debitore, deve avvisarlo senza indugio, sotto pena del risarcimento dei danni.

Literatur

Vgl. die Literaturhinweise bei den Vorbem. zu Art. 466–471.

I. Allgemeines

1 Art. 467 enthält verschiedene anweisungsrechtliche Regelungen, welche das **Valutaverhältnis** betreffen (CR CO I-Tevini, N 1; ZK-Oser/Schönenberger, N 1). Diese Bestimmung normiert indessen nur Teilaspekte; für das Verhältnis zwischen Anweisendem und Anweisungsempfänger ist in erster Linie das zwischen diesen Parteien bestehende Grundgeschäft (Kauf, Schenkung, Auftrag etc.) massgebend. Art. 467 ist zudem **dispositives Recht**; die Parteien können im Grundgeschäft abweichende Vereinbarungen über die Wirkungen der Anweisung treffen (so auch BK-Gautschi, N 4a).

2 Art. 467 bietet keine Grundlage für die durch die Anweisung bewirkte Wertverschiebung zwischen dem Anweisenden und dem Anweisungsempfänger. Ihren **Rechtsgrund** findet die (mittelbare) Leistung des Anweisenden an den Anweisungsempfänger nicht in der Anweisung selbst, sondern ausschliesslich in einem **gültigen Grundgeschäft** (Bucher, BT, 269; BK-Gautschi, N 1; CHK-Beyeler, N 5). Gebricht es daran, so kann der Anweisende die Leistung vom Anweisungsempfänger nach den Regeln der **ungerechtfertigten Bereicherung** zurückfordern (BGE 121 III 109, 113 ff. E. 4a = Pra 1995, 934 E. 4a; BGE 117 II 404, 407 E. 3a; 116 II 689, 691 E. 3b; 105 II 104, 106 E. 2), eine Sachleistung ggf. auch vindizieren (vgl. dazu N 8 ff.).

II. Die Regelung von Art. 467 im Einzelnen

3 Art. 467 Abs. 1 drückt eine Selbstverständlichkeit aus: Bevor der Angewiesene seine Leistung erbringt, ist die Anweisung im Valutaverhältnis ein blosser **Erfüllungsversuch** (BGE 105 II 104, 106 E. 2; 95 II 176, 183 E. 5; CHK-Beyeler, N 4; unpräzis BGE 95 I 253, 256 E. 4, 1. Satz); der Bestand des Grundgeschäftes wird durch die Erteilung der Anweisung nicht berührt (BGE 95 II 176, 183 E. 5). Die Anweisung erfolgt nur **zahlungshalber**, nicht an Zahlungs Statt (ZK-Oser/Schönenberger, N 2; BK-Gautschi, N 3b; Bucher, BT, 269; CR CO I-Tevini, N 2; Guhl/Koller/Schnyder/Druey, § 54 N 6; Tercier/Favre, Rz 6217; Engel, contrats, 579). Eine abweichende Parteivereinbarung wäre aber möglich (BK-Gautschi, N 4a, mit Einschränkungen; **a.M.** offenbar ZK-Oser/Schönenberger, N 2).

4 Die Anweisung schafft keine neue Rechtsbeziehung zwischen dem Anweisenden und dem Anweisungsempfänger. Verweigert der Angewiesene die Leistung, so kann daher der Anweisungsempfänger **nicht** gestützt auf die Anweisung auf den Anweisenden **Rückgriff** nehmen. In diesem Fall bleibt ihm nur die Möglichkeit, seine Ansprüche aus dem Grundverhältnis geltend zu machen (BGE 105 II 104, 106 E. 2; 95 II 176, 182 f. E. 5; 80 II 82, 87 f. E. 4 = Pra 1954, 125 E. 4; BGE 40 II 405, 408 E. 2, in Pra 1914, 367 ff. nicht übersetzt; KUKO OR-Lardelli, N 2). Ein vom Grundgeschäft unabhängiges Rückgriffsrecht auf den Anweisenden hat der Anweisungsempfänger nur, wenn jener durch ein besonderes Garantieversprechen die Haftung dafür übernommen hat, dass der Angewiesene die Leistung erbringen werde (BGE 95 II 176, 183 E. 5). In der Anweisung selbst kann eine solche **Zahlungsgarantie** i.d.R. nicht erblickt werden (BGE 80 II 82, 87 f. E. 4 = Pra 1954, 125 E. 4; BGE 40 II 405, 408 E. 2 [in Pra 1914, 367 ff. nicht übersetzt]; Bucher, BT, 269; von Büren, BT, 313; Guhl/Koller/Schnyder/Druey, § 54 N 6; Tercier/Favre, Rz 6220; Engel, contrats, 580). Gibt der Anweisungsempfänger die Anweisung an einen Dritten weiter, so kann dieser daher gegen den Anweisenden bloss Rückgriff nehmen, wenn ihm der Anweisungsempfänger auch seine Ansprüche aus dem Grundgeschäft abgetreten hat (BGE 95 II 176, 183 E. 5; ähnlich von Büren, BT, 319). Anders verhält es sich dagegen beim Wechsel und beim Check (Art. 999, 1033, 1128; von Büren, BT, 313).

5 Seine Ansprüche aus dem Grundgeschäft kann der Anweisungsempfänger vorerst nicht geltend machen, wenn er die Anweisung angenommen hat (Art. 467 Abs. 2; BGer, 16.5.2003, 5C.16/2003, E. 2.3 und 2.3.3 = Pra 2004, 315 f. und 317 f.). Im Ergebnis bewirkt die An-

nahme der Anweisung durch den Anweisungsempfänger somit eine **Stundung** seiner Forderung aus dem Grundverhältnis (BK-GAUTSCHI, N 5a; GUHL/KOLLER/SCHNYDER/DRUEY, § 54 N 6; TERCIER/FAVRE, Rz 6227; ENGEL, contrats, 579 f.; KUKO OR-LARDELLI, N 4; CHK-BEYELER, N 6). Beendet wird diese Stundung, wenn der Angewiesene der Zahlungsaufforderung des Anweisungsempfängers nicht nachkommt (zum Zeitpunkt des Dahinfallens der Stundung vgl. Art. 469 N 3). Eine Verpflichtung des Anweisungsempfängers, gegen den Angewiesenen einen Prozess zu führen, besteht dabei nicht (ZK-OSER/SCHÖNENBERGER, N 5; BK-GAUTSCHI, N 7c; CHK-BEYELER, N 9).

6 Der Anweisungsempfänger ist – abweichende Abreden im Grundgeschäft vorbehalten – nicht verpflichtet, die Anweisung anzunehmen. Ist er nicht gewillt, den Erfüllungsversuch seines Schuldners zu akzeptieren, so muss er allerdings abweichend vom allgemeinen Grundsatz, wonach abgelehnte Offerten nicht beantwortet werden müssen (ZK-OSER/SCHÖNENBERGER, N 8), gegenüber dem Anweisenden ausdrücklich **remonstrieren** (Art. 467 Abs. 3). Unterlässt der Anweisungsempfänger diese Mitteilung, so wird aber keine Annahme fingiert (ZK-OSER/SCHÖNENBERGER, N 8; BK-GAUTSCHI, N 5c); der Anweisungsempfänger wird dem Anweisenden bloss schadenersatzpflichtig (CHK-BEYELER, N 11; KUKO OR-LARDELLI, N 6).

7 Abweichendes gilt, wenn der Anweisende seine Schuld aus dem Grundverhältnis gegenüber dem Anweisungsempfänger nicht persönlich erfüllen muss (Art. 68) und der Angewiesene seine Leistung gehörig anbietet. Verweigert der Anweisungsempfänger die Annahme einer solchen Leistung, so gerät er gegenüber dem Anweisenden in **Gläubigerverzug** (BK-GAUTSCHI, N 6a; KUKO OR-LARDELLI, N 6; CHK-BEYELER, N 12).

III. Die Rückabwicklung einer erfolgten Leistung bei einem Mangel in der Anweisung selber sowie bei einem Mangel im Deckungs- oder/und Valutaverhältnis (bei gleichzeitig gültiger Anweisung)

8 Im Anweisungsdreieck hängt der Rückabwicklungsweg entscheidend davon ab, ob sich der Mangel auf die Anweisung selber bezieht oder ob (bei gültiger Anweisung) eines oder beide Kausalverhältnisse (Valuta-/Deckungsverhältnis) fehlerhaft sind (dieser Differenzierung Rechnung tragend und ausführlich zur Rückabwicklung im Anweisungsdreieck BGE 121 III 109, 113 ff. E. 4 = Pra 1995, 934 ff. E. 4; LARENZ/CANARIS, II/2, 197 ff.; BUIS, Diss., 161 ff.; KOLLER TH./KISSLING, 36 ff.; KISSLING, Rz 24 ff.; CR CO I-TEVINI, Art. 468 N 16 ff.; s.a. Art. 62 N 30 ff.; KÖNDGEN, SZW 1996, 30 ff.; HONSELL, OR BT, 392 ff.; ganz besonders einlässlich schliesslich VOSER, 285 ff., aufgrund eines differenzierten Leistungsbegriffs).

9 Ist – **bei gültiger Anweisung** – das **Deckungs- oder das Valutaverhältnis fehlerhaft**, so entsteht der Rückforderungsanspruch unter den Personen, zwischen denen die grundlose Zuwendung erfolgt ist. Gleiches gilt bei einem **Doppelmangel**, d.h. wenn sowohl ein Fehler im Deckungs- als auch im Valutaverhältnis vorliegt. In allen drei Fallkonstellationen erfolgt die **Rückabwicklung entlang des einen bzw. der beiden fehlerhaften Kausalverhältnisse**; es besteht kein direkter Bereicherungsanspruch des Angewiesenen gegen den Anweisungsempfänger (BGer, 28.8.2007, 4A.135/2007, E. 3.3; BGE 121 III 109, 113 ff. E. 4a = Pra 1995, 934 f. E. 4a; BGE 117 II 404, 407 E. 3a; 116 II 689, 691 E. 3b/aa; VON TUHR/PETER, 477 f.; KELLER/SCHAUFELBERGER, 35 ff.; VON BÜREN, AT, 307 f.; LARENZ/CANARIS, II/2, 224 f.; von Staudinger-LORENZ, § 812 BGB Rz 49 f.; KOLLER TH./KISSLING, 41 ff.; KISSLING, Rz 27 ff.; VOSER, 301 ff., je mit ausführlicher Begründung; für Deutschland BGHZ 147, 269 ff., m.w.Nw.; offener noch BGE 70 II 117, 122 f. E. 1; für die Durchgriffskondiktion im Falle eines Doppelmangels aber KAUFMANN-BÜTSCHLI, Grundlagenstudien zur ungerechtfertigten Bereicherung in ihrer Ausgestaltung durch das schweizerische Recht, 1983, 265 ff.; bei Doppelmangel die Rückabwicklung entlang der fehlerhaften Kausalverhältnisse als «Kondiktion der Kondiktion» interpretierend HONSELL, OR BT, 392 f.; diese Konstruktion **abl**. VOSER, 332 f.). Leistet z.B. der Angewiesene eine Zahlung an den Anweisungsempfänger, obwohl im

Verhältnis zwischen Anweisendem und Anweisungsempfänger (Valutaverhältnis) kein Rechtsgrund dafür besteht (so die [mögliche] Fallkonstellation in BGE 117 II 404), so hat nur der Anweisende, nicht aber der Angewiesene gegen den Anweisungsempfänger einen Rückforderungsanspruch. Die Rechtsnatur des Rückforderungsanspruchs (Vertrag, ungerechtfertigte Bereicherung) beurteilt sich nach Massgabe der Rechtslage im jeweils fehlerhaften Kausalverhältnis (Ausdifferenzierung bei BUIS, Diss., 173 ff. und 212 ff.; KISSLING, Rz 30 ff.; CHK-BEYELER, Art. 468 N 22). Ein direkter Anspruch des Angewiesenen gegen den Anweisungsempfänger aus ungerechtfertigter Bereicherung **(Direktkondiktion)** besteht bei einem Mangel im Deckungs- oder Valutaverhältnis (bei gültiger Anweisung) nur **ausnahmsweise** im Falle einer kausalen (**titulierten** [dazu Art. 466 N 8 und Art. 468 N 6 ff.]) Anweisung (BGE 121 III 109, 113 ff. E. 4a = Pra 1995, 935 E. 4a; BGE 117 II 404, 408 E. 3a; 92 II 335, 340 f. E. 6; 43 II 671, 676 E. 2; OGer LU, ZBJV 1993, 720; VON TUHR/PETER, 478 FN 27a; KOLLER TH./KISSLING, 41 FN 52; KISSLING, Rz 28; VOSER, 303 ff. und 317 ff.). In der Literatur werden weitere Fälle für eine Direktkondiktion diskutiert (offensichtlicher und schwerer Mangel im Valutaverhältnis; Mangel im Deckungsverhältnis und Vorliegen einer unentgeltlichen Zuwendung im Valutaverhältnis [VOSER, 305 ff. und 323 ff.]).

Ist die **Anweisung selber fehlerhaft** (dieser Fall ist von einem Fehler im Deckungsverhältnis [Kausalverhältnis] streng abzugrenzen; ausführlich zu den verschiedenen Konstellationen fehlerhafter Anweisungen VOSER, 345 ff.), so sind gemäss BGE 121 III 109, 113 f. E. 4 = Pra 1995, 934 ff. E. 4 für die Rückabwicklung zwei Fehlerkonstellationen zu unterscheiden: **10**

- Fälle, in denen für die vom «Angewiesenen» vorgenommene Zahlung von Anfang an keine dem «Anweisenden» zurechenbare Anweisung vorgelegen hat (sog. **Zurechenbarkeitsmängel**; z.B. doppelte Ausführung eines Überweisungsauftrags, Gutschrift zugunsten eines falschen Empfängers, Gutschrift eines zu hohen Betrages, Zahlung aufgrund einer gar nicht existierenden, gefälschten oder verfälschten Anweisung [vgl. als Bsp. dazu BGer, 28. 8. 2007, 4A_135/2007, E. 3.3], Zahlung aufgrund einer durch einen vollmachtlosen Stellvertreter erteilten Anweisung [BGHZ 147, 145 ff.], Zahlung nach Eröffnung des Konkurses über das Vermögen des Anweisenden [vgl. dazu Art. 470 Abs. 3] oder bei Geschäftsunfähigkeit des Anweisenden [BGE 132 III 609; BGE 121 III 109, 113. ff. E. 4a = Pra 1995, 935 E. 4; BGE 117 II 404, 408 E. 3a; VON TUHR/PETER, 478 FN 27a; LARENZ/CANARIS, II/2, 225 f.; STAUDINGER-LORENZ, § 812 BGB Rz 51; für das letztere Bsp. auch BK-GAUTSCHI, Art. 466 OR N 3a]);
- Fälle, in denen für die konkret vorgenommene Leistung zwar ursprünglich einmal eine dem Anweisenden zurechenbare Anweisung bestanden hat, diese Anweisung jedoch später wegen eines auf den Anweisenden zurückgehenden Grundes weggefallen (d.h. ungültig geworden) ist, der ursprünglich Angewiesene dies jedoch übersehen und die Leistung – ohne entsprechende Anweisung – dennoch erbracht hat (sog. **Gültigkeitsmängel**; z.B. Nichtbeachten des rechtzeitigen Widerrufs der Anweisung [BGE 121 III 109, 114 f. E. 4a = Pra 1995, 935 ff. E. 4a]). Weitere Beispiele zu den Zurechenbarkeits- und Gültigkeitsmängeln bei KOLLER TH./KISSLING, 45 f. und 66 f., sowie bei KISSLING, Rz 42 und 49; die Unterscheidung zwischen Zurechenbarkeits- und Gültigkeitsmängeln ablehnend demgegenüber VOSER, 296.

Nicht um eine fehlerhafte Anweisung, sondern um einen Mangel im Deckungsverhältnis handelt es sich, wenn der Anweisende den Angewiesenen über seine (materielle) Berechtigung zum Abruf der Kreditmittel täuscht, indem er vorspiegelt, die vereinbarten Bedingungen über die Auszahlung der Darlehensvaluta seien erfüllt (BGHZ 147, 269 ff.; krit. zu diesem Urteil VOSER, 440 ff.).

Liegt ein **Zurechenbarkeitsmangel** vor, so ist es heute kaum mehr bestritten, dass der Angewiesene beim Empfänger zurückfordern muss (BGE 132 III 609, 619 E. 5.3.5; 121 III 109, 113 E. 4 = Pra 1995, 935 E. 4 und BGE 117 II 404, 408 E. 3b, je obiter; VON TUHR/PETER, 478 FN 27a, m.w.Nw.; KÖNDGEN, SZW 1996, 38; SCHWENZER, Rz 56.23; HONSELL, OR **11**

BT, 393 f.; s.a. Art. 62 N 33; KOLLER TH./KISSLING, 48 ff.; VOSER, 345 ff., mit ausführlicher Darlegung der Sachrichtigkeit und m.w.Nw. zur deutschen Literatur; grundlegend **a.M.** FLUME, passim [skizziert und krit. gewürdigt bei KOLLER TH./KISSLING, 48 f., und bei KISSLING, Rz 74 f.]), und zwar mittels **Direktkondiktion** (BGE 132 III 609, 619 f. E. 5.3.5; 121 III 109, 113 ff. E. 4 = Pra 1995, 935 E. 4a; BGE 117 II 404, 408 E. 3; LARENZ/CANARIS, II/2, 225 ff.; KOLLER TH./KISSLING, 48; KISSLING, Rz 43 und 72; VOSER, 348 ff.; für Deutschland BGHZ 147, 145 ff.; s.a. BGE 131 III 222 = Pra 2005, 822 ff.) bzw. gestützt auf **Vertrag**, falls die zu Unrecht erbrachte Leistung im Rahmen eines (Giro-)Vertrages zwischen dem Angewiesenen und dem Anweisungsempfänger erfolgte (BUIS, AJP 2002, 1109; CHK-BEYELER, Art. 468 N 26; **a.M.** VOSER, 358 ff.). Unterhält der Anweisungsempfänger beim Angewiesenen ein (Bank-)Konto, so darf der Angewiesene den zu Unrecht gutgeschriebenen Betrag direkt zurückbuchen; eine Bereicherungsklage ist diesfalls nicht erforderlich (BGE 132 III 609, 620 E. 5.3.6; differenzierter SCHMID, ZBJV 2010, 554 ff., spez. 628, der unter Verweisung auf BGE 133 III 356 ausführt, nach einer Saldoziehung habe die Korrektur wieder auf dem Weg des Bereicherungsrechts zu erfolgen; einlässlich zur Problematik VOSER, 468 ff.). Der Korrekturanspruch gegenüber dem Empfänger läuft allerdings dann ins Leere, wenn die Ausführung der fehlerhaften Anweisung zur Tilgung einer Forderung des Begünstigten gegenüber einem Dritten geführt hat (BGer, 28.8.2007, 4A_135/2007), was nur möglich ist, wenn der Empfänger die Leistung als Leistung des Dritten entgegennehmen durfte; in der Praxis dürften solche Fälle selten sein.

12 Wesentlich differenzierter gestaltet sich die Rückabwicklung bei **Gültigkeitsmängeln**, wie sie vom BGer in BGE 121 III 109, 114 f. E. 4 = Pra 1995, 935 ff. E. 4a am Beispiel des rechtzeitigen Widerrufs einer Anweisung aufgezeigt wurde. An sich (= **Regel**) kommt es auch hier zur **Direktkondiktion**, da die Leistung wie bei den Zurechenbarkeitsmängeln ohne Anweisung erfolgt ist, was für die Rückabwicklung vorerst einmal eine Gleichbehandlung nahe legt. **Ausnahmsweise** verlangen der Vertrauensschutz des Empfängers und die Rechtsscheinhaftung (so die dogmatische Begründung z.B. von LARENZ/CANARIS, II/2, 230 f.; vgl. hierzu auch VOSER, 390 ff.) jedoch statt einer Direktkondiktion eine **Rückabwicklung entlang der Kausalverhältnisse** (BGE 121 III 109, 114 f. E. 4a i.f. = Pra 1995, 935 ff. E. 4a i.f., unter Bezugnahme auf die konstante Rechtsprechung des deutschen Bundesgerichtshofes und die herrschende deutsche Lehre sowie auf die eigene Rechtsprechung zum Vertrauensschutz, insb. im Bereich des Stellvertretungsrechts). Denn im Unterschied zu den Zurechenbarkeitsmängeln hat der Anweisende bei den Gültigkeitsmängeln zumindest eine ihm zurechenbare Ursache dafür gesetzt, dass der Leistungsvorgang überhaupt in Gang gekommen ist (KOLLER TH./KISSLING, 69; KISSLING, Rz 51; s.a. KÖNDGEN, SZW 1996, 39). Voraussetzungen für eine Rückabwicklung entlang der Kausalverhältnisse (statt Direktkondiktion) sind **kumulativ** der **gute Glaube des Zahlungsempfängers** und das **Vorliegen eines Zurechnungsgrundes zulasten des Anweisenden** (vgl. als Bsp. zu Letzterem den Spezialsachverhalt von BGE 121 III 109 ff. = Pra 1995, 931 ff.; ausführlich zu beiden Voraussetzungen KOLLER TH./KISSLING, 70 ff., insb. 74 f.; KISSLING, Rz 52 ff., insb. 54 ff.; restriktiver VOSER, 406 ff. [bzgl. Widerruf], die eine Direktkondiktion nur ausschliesst, wenn die Voraussetzungen der Rechtsscheinhaftung des vermeintlichen Anweisenden erfüllt sind). Sind die (beiden) Voraussetzungen für eine ausnahmsweise Rückabwicklung entlang der Kausalverhältnisse erfüllt, so hängt der Gegenstand der Rückabwicklung gemäss BGE 121 III 109, 116 E. 4a = Pra 1995, 937 E. 4a davon ab, ob im Valutaverhältnis eine Schuld besteht (dann kann der «Angewiesene» vom «Anweisenden» bei gültigem Deckungsverhältnis Ersatz seiner Auslagen bzw. bei ungültigem Deckungsverhältnis Rückerstattung im Umfang des an den Empfänger Geleisteten verlangen) oder nicht (dann Rückabwicklung mittels sog. Kondiktion der Kondiktion [KUKO OR-LARDELLI, N 10; CHK-BEYELER, Art. 468 N 31; krit. dazu VOSER, 417 i.V.m. 402 ff.]). Die separate Behandlung der Gültigkeitsmängel wird in der Literatur z.T. krit. beurteilt (Meinungsspiegel bei BUIS, Diss., 198 ff., der sich selber krit. äussert [Diss., 202 ff., und DERS., AJP 2002, 1109], sowie bei KOLLER TH./KISSLING, 71 FN 221, und KISSLING, Rz 72 ff., die beide die Differenzierung des BGer zwischen Zurechenbarkeits- und Gültigkeitsmängeln unter restriktiven Voraussetzungen bejahen; die Differenzierung ablehnend dagegen VOSER, 296 f.).

BGE 121 III 109 = Pra 1995, 931 ff. ist von ausserordentlich grosser praktischer Bedeutung, insb. für den Zahlungsverkehr im Bankgeschäft (KÖNDGEN, SZW 1996, 30 ff.; Näheres dazu bei KOLLER TH., ZBJV 1995, 797 ff.; krit. zu diesem Urteil VOSER, 414 ff.). Schwer abschätzen lassen sich die Auswirkungen dieses Urteils auf den Widerruf von Zahlungsaufträgen, die der Anweisende – wie allgemein üblich – dem Anweisungsempfänger nicht mitgeteilt hat. Will sich der Überweisende nicht dem Risiko der mit dieser Rechtsprechung verbundenen Rechtsscheinhaftung aussetzen, so muss er einen Widerruf des Überweisungsauftrags – soweit er gem. Art. 470 Abs. 2bis noch möglich ist – vorsichtshalber stets auch dem (potenziellen) Zahlungsempfänger mitteilen. Denn der gutgläubige Empfänger könnte möglicherweise nicht nur bei einem **Dauerauftrag**, auf dessen Fortführung er vertrauen darf, geschützt werden, sondern auch bei einem **Einzelauftrag**, von dem er erst durch die (irrtümliche) Zahlung der Bank Kenntnis erhält (so jedenfalls LARENZ/CANARIS, II/2, 231; ausführlicher zur Verallgemeinerungsfähigkeit KOLLER TH./KISSLING, 75 ff., und KISSLING, Rz 59 f., beide mit restriktiver Auffassung). Sachgerechter wäre in einer solchen Situation – soweit kein Spezialsachverhalt vorliegt – allerdings eine Direktkondiktion (KOLLER TH./KISSLING, 77; KISSLING, Rz 59; gl.M. HONSELL, OR BT, 394, und VOSER, 398). 13

Art. 468

II. Verpflichtung des Angewiesenen

[1] Der Angewiesene, der dem Anweisungsempfänger die Annahme ohne Vorbehalt erklärt, wird ihm zur Zahlung verpflichtet und kann ihm nur solche Einreden entgegensetzen, die sich aus ihrem persönlichen Verhältnisse oder aus dem Inhalte der Anweisung selbst ergeben, nicht aber solche aus seinem Verhältnisse zum Anweisenden.

[2] Soweit der Angewiesene Schuldner des Anweisenden ist und seine Lage dadurch, dass er an den Anweisungsempfänger Zahlung leisten soll, in keiner Weise verschlimmert wird, ist er zur Zahlung an diesen verpflichtet.

[3] Vor der Zahlung die Annahme zu erklären, ist der Angewiesene selbst in diesem Falle nicht verpflichtet, es sei denn, dass er es mit dem Anweisenden vereinbart hätte.

II. Obligations de l'assigné

[1] L'assigné qui a notifié son acceptation à l'assignataire sans faire de réserves, est tenu de le payer et ne peut lui opposer que les exceptions résultant de leurs rapports personnels ou du contenu de l'assignation, à l'exclusion de celles qui dérivent de ses relations avec l'assignant.

[2] Si l'assigné est débiteur de l'assignant, il est tenu de payer l'assignataire jusqu'à concurrence du montant de sa dette, lorsque ce paiement n'est pas plus onéreux pour lui que celui qu'il ferait à l'assignant.

[3] Même dans ce cas, il n'est pas obligé de déclarer son acceptation antérieurement au paiement, si le contraire n'a pas été convenu entre lui et l'assignant.

II. Obblighi dell'assegnato

[1] L'assegnato, che ha dichiarato senza riserva la sua accettazione all'assegnatario, è obbligato verso quest'ultimo al pagamento e può opporgli soltanto le eccezioni derivanti dai loro rapporti personali o dal contenuto dell'assegno, non quelle fondate sui rapporti suoi coll'assegnante.

[2] Ove l'assegnato sia debitore dell'assegnante, è tenuto a pagare all'assegnatario fino a concorrenza del suo debito, sempreché il pagamento non gli riesca in alcuna guisa più oneroso.

[3] Nemmeno in questo caso l'assegnato è tenuto ad accettare l'assegno prima del pagamento, salvo patto contrario coll'assegnante.

Literatur

Vgl. die Literaturhinweise bei den Vorbem. zu Art. 466–471.

I. Allgemeines

1 Da i.d.R. zwischen dem Angewiesenen und dem Anweisungsempfänger keine spezielle Rechtsbeziehung besteht, beruht das **Leistungsverhältnis** (anders als das Deckungs- und das Valutaverhältnis) ausschliesslich auf Anweisungsrecht (ähnlich ZK-OSER/SCHÖNENBERGER, N 1). Art. 468 Abs. 1, der eine Bestimmung über die Stellung des Angewiesenen im Leistungsverhältnis enthält, hat daher eine zentrale Stellung im Anweisungsrecht.

2 Die Abs. 2 und 3 beschlagen nicht das Leistungsverhältnis, sondern das **Deckungsverhältnis** (vgl. dazu N 9 ff.). Ein systematischer Zusammenhang dieser Bestimmungen mit Abs. 1 besteht nicht.

II. Die Stellung des Angewiesenen im Leistungsverhältnis (Abs. 1)

3 Aus der Anweisung allein entsteht noch **keine Schuldverpflichtung** des Angewiesenen gegenüber dem Anweisungsempfänger; der Angewiesene ist zur Leistung nur ermächtigt, nicht verpflichtet (GUHL/KOLLER/SCHNYDER/DRUEY, § 54 N 7; ENGEL, contrats, 576 und 580; ähnlich VON BÜREN, BT, 313). Eine Pflicht zur Leistung gegenüber dem Anweisungsempfänger entsteht erst, wenn der Angewiesene die Anweisung ohne Vorbehalt angenommen hat (BGer, 28.3.2001, 4C.172/2000, E. 3b; BGE 122 III 233, 240 E. 1c, m.Nw.).

4 Die **Annahme** (das **Akzept**) der Anweisung durch den Angewiesenen ist eine **Willenserklärung**; sie kann **formfrei**, durch ausdrückliche Kundgabe (vgl. als eindrückliches Bsp. dazu BGer, 3.5.2013, 4A_588/2012 [ausdrückliche Annahme einer Anweisung eines Klienten durch einen Anwalt gegenüber einem Dritten]) oder auch bloss durch konkludentes Handeln erfolgen (BGer, 3.5.2013, 4A_588/2012, E. 2.1; BGE 135 III 562, 565 E. 3.4 = Pra 2010, 292 E. 3.4; BGE 127 III 553, 557 E. 2e/bb = Pra 2002, 224 E. 2e/bb; BGE 122 III 241, 242 E. 3b; 121 III 109, 112 E. 3a = Pra 1995, 933 E. 3a; BGE 113 II 522, 253 E. 3 = Pra 1988, 862; BGE 105 II 104, 109 E. 3d; 92 II 339 E. 4 = Pra 1967, 252 E. 4; BGE 73 II 42, 46 [in Pra 1947, 197 ff. nicht wiedergegeben]; BK-GAUTSCHI, N 1b, c; TERCIER/FAVRE, Rz 6237; VOSER, 335 ff.), Letzteres v.a. durch Erbringen der Leistung (BGE 121 III 109, 112 E. 3b = Pra 1995, 934 E. 3b; BGE 105 II 104, 109 E. 3d; BUIS, Diss., 94 ff., und DERS., AJP 2002, 1108, je m.w.Nw.). Damit von einer konkludenten Annahme ausgegangen werden kann, muss der Anweisungsempfänger jedoch aufgrund der Willensäusserung in guten Treuen davon ausgehen dürfen, dass der Angewiesene die Absicht hat, sich ihm gegenüber zu verpflichten (BGer, 3.5.2013, 4A_588/2012, E. 2.1; BGE 135 III 562, 565 E. 3.4 = Pra 2010, 292 E. 3.4; BGE 127 III 553, 557 E. 2e/bb = Pra 2002, 224 E. 2e/bb; BGE 122 III 237, 242 f. E. 3b, m.Nw.; KUKO OR-LARDELLI, N 3; CHK-BEYELER, N 4; krit. auch KÖNDGEN, SZW 1996, 34 f., der eine konkludente Annahme nur nach sorgfältiger Interessenanalyse im Einzelfall bejahen will). Ob dem Angewiesenen, der keine ausdrückliche Willenserklärung abgibt, ein solcher Erklärungswille «normativ zudiktiert» werden kann, muss im Einzelfall unter Würdigung aller Umstände entschieden werden. Von zentraler Bedeutung ist dabei u.a., wie der Anweisungsempfänger aufgrund seines Wissenshorizonts die Beziehung zwischen Anweisendem und Angewiesenem nach Treu und Glauben werten muss und kann. Besondere Zurückhaltung ist z.B. geboten, wenn der Anweisungsempfänger erkennen musste, dass das Rechtsverhältnis zwischen dem Anweisenden und dem Angewiesenen nicht auf die Annahme von Anweisungen ausgerichtet ist, sondern für jedermann erkennbar bloss der Abwicklung des Abrechnungs- bzw. Zahlungsverkehrs dient (so etwa im Verhältnis zwischen einem Notar und einem Klienten [BGE 135 III 562 = Pra 2010, 289 ff.], im Verhältnis zwischen verschiedenen nationalen Postverwaltungen [vgl. BGE 122 III 237] sowie im Übrigen auch zwischen der Post oder den Banken und ihren Kunden im Zahlungsverkehr [vgl. dazu als eindrückliches Bsp. etwa HGer ZH, 29.8.2012, HG100222, E. 4.2]). Aufgrund der mit einem Akzept verbundenen Rechtsfolgen für den Angewiesenen besteht keine Vermutung für eine stillschweigende Annahme (vgl. dazu insgesamt KOLLER TH., AJP 1996, 1297 f., m.V. auf BGE

122 III 237, 245 f. E. 3e). Im bargeldlosen Zahlungsverkehr kann eine konkludente Annahme höchstens für die konkret getätigte Überweisung und nicht automatisch auch für eine darüber hinausgehende Anweisung angenommen werden (in diesem Sinne zu Recht zurückhaltend BGE 122 III 237 E. 3d i.f. S. 245). Im zwei- bzw. mehrgliedrigen Zahlungsverkehr – der zwei bzw. mehr Anweisungen beinhaltet (vgl. BGE 124 III 253, 256 E. 3b; KOLLER TH./KISSLING, 33; KISSLING, Rz 12; **a.M.** [nebst anderen] BUIS, Diss., 113 ff., und VOSER, 299 ff., je m.w.Nw. auf diesbezüglich anders lautende Lehrmeinungen) – erfolgt die Annahme der ersten Anweisung mittels Erteilung einer zweiten Anweisung an die nächstfolgende Bank (BGE 124 III 253, 256 E. 3b). Bei einem Check ist eine Annahme trotz des checkrechtlichen Akzeptverbotes (Art. 1104) ebenfalls möglich, sofern sie ausserhalb der Checkurkunde abgegeben wird (BGE 120 II 128; HGer ZH, SJZ 1975, 96 ff.). Beruht die Annahme auf einem Willensmangel, so kann der Angewiesene nach Art. 23 ff. vorgehen (BGE 120 II 128, 132 E. 3 und 4; CHK-BEYELER, N 3).

Für die vom Angewiesenen an den Anweisungsempfänger zu erbringende Leistung schafft die Annahme einen eigenständigen **Rechtsgrund** (BGE 92 II 335, 340 f. E. 6 = Pra 1967, 253 E. 6; BUCHER, BT, 269; ähnlich VON BÜREN, BT, 314); sie lässt ein neues Schuldverhältnis entstehen (BGE 113 II 522, 525 f. E. 5a = Pra 1988, 864 E. 5a; GUHL/KOLLER/SCHNYDER/DRUEY, § 54 N 8). Das **Forderungsrecht** des Anweisungsempfängers gegen den Angewiesenen tritt zu dessen Anspruch gegen den Anweisenden aus dem Valutaverhältnis hinzu. Die Annahme bewirkt einen – allerdings **nicht akzessorischen** (BGer, 28.3.2001, 4C.172/2000, E. 3b i.f.; vgl. dazu N 6) – **Schuldbeitritt** (**a.M.** CR CO I-TEVINI, Art. 466 N 20); die Gefahr, dass sie zur Umgehung der Vorschriften des Bürgschaftsrechts verwendet wird, ist gross (vgl. dazu BK-GAUTSCHI, N 1d; CHK-BEYELER, N 5). 5

Die Schuld des Angewiesenen ist von der Anweisung und dem ihr zugrunde liegenden Deckungs- und Valutaverhältnis unabhängig; mit der Annahme begründet der Angewiesene eine **«abstrakte» Schuld** (BGer, 3.5.2013, 4A_588/2012, E. 2.1; BGE 135 III 562, 565 E. 3.4 = Pra 2010, 292 E. 3.4; BGE 127 III 553, 557 E. 2e/bb = Pra 2002, 224 E. 2e bb; BGer, 28.3.2001, 4C.172/2000, E. 3b; BGE 124 III 253, 256 E. 3b m.Nw.; 122 III 237, 240 E. 1b; 121 III 109, 112 E. 3a = Pra 1995, 933 f. E. 3a; BGE 117 II 404, 408 E. 3a; 117 III 76, 79 E. 6b = Pra 1993, 867 E. 6b; BGE 92 II 335, 338 E. 3 = Pra 1967, 251 E. 3; BGE 49 II 48, 52 [in Pra 1923, 168 ff. nicht übersetzt]; ZK-OSER/SCHÖNENBERGER, Art. 466 OR N 15; BUCHER, BT, 269; VON BÜREN, BT, 314; TERCIER/FAVRE, Rz 6239; GUHL/KOLLER/SCHNYDER/DRUEY, § 54 N 8; VON DER CRONE, Rechtliche Aspekte der direkten Zahlung mit elektronischer Überweisung [EFTPOS], Diss. Zürich 1988, 49 ff.), die **garantieähnliche** Wirkung hat (KOLLER TH./KISSLING, 32 f.; KOLLER TH., AJP 1996, 1298; DERS., AJP 2002, 468; KÖNDGEN, SZW 1996, 34). Dementsprechend kann der Angewiesene gegenüber dem Anweisungsempfänger die Erfüllung nicht verweigern, indem er sich auf Einwendungen und Mängel aus dem Deckungs- oder Valutaverhältnis beruft (BGE 127 III 553, 557 E. 2e/bb = Pra 2002, 224 E. 2e/bb; BGE 127 III 147, 150 E. 2a [implizite]; 124 III 253, 256 E. 3b; 122 III 237, 240 E. 1b; 121 III 109, 112 E. 3a = Pra 1995, 933 f. E. 3a; BGE 92 II 335, 338 E. 3 = Pra 1967, 251 E. 3; BGE 49 II 48, 53; HONSELL, OR BT, 391; KOLLER TH., AJP 2002, 468). Insbesondere kann er seine Schuld nicht mit einer Forderung gegen den Anweisenden verrechnen (BGE 113 II 522, 526 E. 5a = Pra 1988, 864 E. 5a). Ihm stehen nur solche **Einreden** und **Einwendungen** offen, die sich aus dem persönlichen Verhältnis zum Anweisungsempfänger (Verrechnung [vgl. dazu aber BGE 44 II 187, 193 f. E. 1], Stundungsabrede etc.; vgl. dazu BK-GAUTSCHI, N 6a ff.) oder «aus dem Inhalt der Anweisung» ergeben (BGer, 3.5.2013, 4A_588/2012, E. 2.1; BGer, 28.3.2001, 4C.172/2000, E. 3b; BGE 124 III 253, 256 f. E. 3b m.w.Nw.; ausführlich zur Abstraktheit der Anweisung insgesamt KOLLER TH./KISSLING, 34 ff., m.w.Nw.; KISSLING, Rz 9 f.). 6

Einwendungen aus dem Inhalt der Anweisung sind zunächst solche, die mit der Annahme **ausdrücklich** erklärt werden, wie Vorbehalte, Bedingungen, Befristungen usw. (BK- 7

GAUTSCHI, N 4a; CR CO I-TEVINI, N 15; ZK-OSER/SCHÖNENBERGER, N 4 ff.; GUHL/KOLLER/SCHNYDER/DRUEY, § 54 N 8). Dabei ist es auch möglich, die Leistungspflicht mit dem Deckungs- oder dem Valutaverhältnis **kausal zu verknüpfen**, indem sie ausdrücklich vom Bestand und Umfang der Deckung oder vom Bestehen eines Anspruches des Anweisungsempfängers aus dem Valutaverhältnis abhängig gemacht wird **(titulierte Anweisung)**.

8 Das BGer hat in seiner **früheren** Rechtsprechung verschiedentlich solche kausalen Verknüpfungen auch als **stillschweigend** vereinbart angenommen, so wenn die Anweisung nicht auf eine abstrakte Geldsumme lautete, sondern sich im weitesten Sinne auf eine Schuld des Angewiesenen gegenüber dem Anweisenden (z.B. «die Anzahlung von Fr. 20 000.–»; vgl. BGE 92 II 335, 338 f. E. 4 = Pra 1967, 252 f. E. 4 f.; BGE 43 II 671, 675 E. 2; vgl. Art. 466 N 8) oder auf einen Abrechnungssaldo (BGE 73 II 43 = Pra 1947, 197 ff.) bezog. Die «abstrakte» Natur der Anweisung, die dieses Rechtsinstitut handlich macht (VON BÜREN, BT, 315), drohte mit dieser weitherzigen Interpretation allerdings unterlaufen zu werden (KOLLER TH., AJP 1996, 1299; ähnlich ENGEL, contrats, 580 f.; ebenfalls krit. zu dieser Rechtsprechung CR CO I-TEVINI, N 15, sowie VOSER, 304 f. und 317 ff.). In **jüngeren** Entscheiden hat das BGer die Annahme von Kausalverknüpfungen zu Recht **sehr zurückhaltend** beurteilt (BGE 122 III 237, 244 E. 3c; CHK-BEYELER, N 12). Zur Abhängigkeit der Anweisung vom Valutaverhältnis führte es bspw. aus, diese widerstrebe der Natur der Anweisung als blosses Zahlungsmittel und komme jedenfalls ohne besondere Vereinbarungen über entsprechende Prüfungsverpflichtungen des Angewiesenen nicht in Betracht (BGE 122 III 237, 244 E. 3c; zustimmend KOLLER TH., AJP 1996, 1299). Dementsprechend spielen Kausalverknüpfungen in der Praxis weder im bargeldlosen Zahlungsverkehr noch beim Akkreditiv eine bedeutsame Rolle (vgl. dazu insgesamt KOLLER TH./KISSLING, 35 f.; KISSLING, Rz 10).

8a Unter sehr restriktiven Voraussetzungen und nur im Sinne einer **Ausnahme** kann die Abstraktheit der Anweisung vom Valuta- und Deckungsverhältnis «durchbrochen» werden, wenn die Inanspruchnahme des Rechts aus der Anweisung durch den Anweisungsempfänger **offensichtlich rechtsmissbräuchlich** wäre. Das BGer hat im wegleitenden Urteil vom 28.3.2001, 4C.172/2000, soweit ersichtlich erstmals im Anweisungsrecht die Honorierung einer Forderung aus dem Leistungsverhältnis wegen rechtsmissbräuchlichen Verhaltens des Anweisungsempfängers verweigert (vgl. zu diesem Urteil des BGer sowie zu den sehr restriktiven Anforderungen an die Bejahung eines offensichtlichen Rechtsmissbrauchs KOLLER TH., AJP 2002, 464 ff., m.w.Nw.; VOSER, 305 ff.). Im (ebenfalls wegleitenden) BGE 130 III 462, 469 ff. E. 6 (= Pra 2005, 136 ff.) hat das BGer diese Rechtsprechung im Zusammenhang mit einem Akkreditiv mit aufgeschobener Zahlung (Deferred-Payment-Akkreditiv) bestätigt (s.u. im Anhang zum 18. Titel N 18a; zur Durchbrechung der Abstraktheit infolge Rechtsmissbrauchs bei Akkreditiven ausführlich auch KOLLER TH./KISSLING, 116 ff.; bzgl. Bankgarantie vgl. nun ebenso BGE 131 III 511, 527 E. 4.6). Die Inanspruchnahme des Rechts aus der Anweisung durch den Anweisungsempfänger ist auf jeden Fall rechtsmissbräuchlich, wenn im Valutaverhältnis ein *offenkundig sittenwidriger Vertrag* vorliegt (BGer, 28.3.2001, 4C.172/2000 = AJP 2002, 464) oder wenn sich im Valutaverhältnis der Anweisungsempfänger allein oder gar zusammen mit dem Anweisenden (sic!) *betrügerischer Machenschaften* bediente (BGE 130 III 462 = Pra 2005, 130 ff.; weitere mögliche Missbrauchsfälle bei KOLLER TH./KISSLING, a.a.O.). Umstritten ist, ob es sich auch um einen Missbrauchsfall handelt, wenn der Begünstigte scheinbar akkreditivkonforme Dokumente vorlegt (weshalb die Bank an sich zur Honorierung verpflichtet wäre), die sich bei genauerer Prüfung indessen als Fälschungen erweisen, oder ob diesfalls bereits die Akkreditivbedingungen nicht erfüllt sind (für Letzteres H.P. WALTER, ZBJV 2006, 580 ff.). Diese Streitfrage ist indessen ohne praktischen Wert, da die Bank so oder anders die Zahlung verweigern bzw. eine schon erfolgte Leistung mit der condictio indebiti zurückfordern kann (BGE 131 III 222 = Pra 2005, 822 ff.; CR CO I-TEVINI, Anhang zu Art. 466–471 N 12; dem Urteil im Ergebnis zustimmend, aber krit. zur Begründung VOSER, 442 f.).

Grundsätzlich ist nicht nur das Leistungsverhältnis, sondern auch das Deckungsverhältnis nicht mit dem Valutaverhältnis verknüpft. Führt der Angewiesene die Anweisung nicht korrekt aus, so wird er dadurch dem Anweisenden aus dem Deckungsverhältnis (i.d.R. aus Auftrag) verantwortlich. Dieser Verantwortung kann er sich nicht mit Einwendungen aus dem Valutaverhältnis (z.B. mit dem Einwand, im Valutaverhältnis liege ein sittenwidriger Vertrag vor) entschlagen (BGE 124 III 253; HONSELL, OR BT, 391). Zwar kann der Angewiesene «unter Umständen» die Ausführung der Anweisung unter Verweis auf die Gesetzes- oder Sittenwidrigkeit des Valutaverhältnisses verweigern, ohne schadenersatzpflichtig zu werden; führt er die Anweisung aber aus, so hat dies weisungskonform zu geschehen (BGE 124 III 253, 258 E. 3c; zu Recht noch weitergehend CR CO I-TEVINI, N 12, die dem Angewiesenen stets und nicht bloss «unter Umständen» ein Leistungsverweigerungsrecht und sogar eine Leistungsverweigerungspflicht zugesteht). **8b**

III. Die Stellung des Angewiesenen im Deckungsverhältnis (Abs. 2 und 3)

Von Gesetzes wegen ist der Angewiesene nicht zur Annahme der Anweisung und zur Leistung an den Anweisungsempfänger verpflichtet (gl.M. CR CO I-TEVINI, N 5). Abweichendes kann sich aufgrund vertraglicher Abmachungen zwischen dem Anweisenden und dem Angewiesenen ergeben; diese Selbstverständlichkeit hält Abs. 3 für die Pflicht zur Annahme ausdrücklich fest. **9**

Abs. 2 enthält eine Ausnahme vom erwähnten Grundsatz. Auch ohne vertragliche Vereinbarung mit dem Anweisenden ist der Angewiesene zur Leistung an den Anweisungsempfänger – nicht aber vorgängig zur Annahme der Anweisung (Abs. 3) – verpflichtet, wenn er Schuldner des Anweisenden ist (Anweisung auf Schuld) und sich seine Lage dadurch, dass er an den Anweisungsempfänger leisten soll, in keiner Weise *«verschlimmert»*. Diese Bestimmung deckt sich **wertungsmässig mit dem Zessionsrecht**, wo dem debitor cessus – ohne dass dadurch seine Stellung verschlechtert werden darf (vgl. dazu statt aller etwa BUCHER, AT, 560) – zugemutet wird, seine Schuld nicht gegenüber dem ursprünglichen Gläubiger, sondern gegenüber einem Dritten zu erfüllen. Eine Benachteiligung des Angewiesenen durch die Anweisung wird bei **Geldschulden** i.d.R. kaum je anzunehmen sein (so auch BK-GAUTSCHI, N 12d); bei anderen Schulden ist aufgrund aller Umstände des Einzelfalles zu entscheiden. **10**

Obwohl ihr Wortlaut an sich auf das Gegenteil schliessen liesse, räumen die Abs. 2 und 3 dem Anweisungsempfänger keine Ansprüche ein; **nur der Anweisende** kann aus diesen Bestimmungen Rechte ableiten (gl.M. ENGEL, contrats, 580). Ein Forderungsrecht gegen den Angewiesenen steht daher dem Anweisungsempfänger auch dann nicht zu, wenn die Voraussetzungen von Abs. 2 oder 3 erfüllt sind (ZK-OSER/SCHÖNENBERGER, N 1, 9; BK-GAUTSCHI, N 10a, 13a; GUHL/KOLLER/SCHNYDER/DRUEY, § 54 N 7). Soll der Empfänger in solchen Fällen unabhängig vom Willen des Angewiesenen einen Leistungsanspruch erhalten, so hilft nur die Zession der Forderung aus dem Deckungsverhältnis. **11**

Verstösst der Angewiesene gegen seine Pflicht zur Annahme der Anweisung oder zur Leistung an den Anweisungsempfänger, so wird er dem Anweisenden **schadenersatzpflichtig** (BK-GAUTSCHI, N 13a ff.). **12**

Art. 469

III. Anzeigepflicht bei nicht erfolgter Zahlung	**Verweigert der Angewiesene die vom Anweisungsempfänger geforderte Zahlung oder erklärt er zum voraus, an ihn nicht zahlen zu wollen, so ist dieser bei Vermeidung von Schadenersatz verpflichtet, den Anweisenden sofort zu benachrichtigen.**
III. Avis à défaut de paiement	Si l'assigné refuse le paiement que lui demande l'assignataire ou s'il déclare d'avance qu'il ne paiera pas, celui-ci doit en aviser sans délai l'assignant, sous peine de dommages-intérêts.

III. Avviso del rifiuto del pagamento — Se l'assegnato rifiuta il pagamento richiestogli dall'assegnatario, o gli dichiara preventivamente di non volerlo effettuare, questi deve tosto avvertirne l'assegnante, sotto pena del risarcimento dei danni.

Literatur

Vgl. die Literaturhinweise bei den Vorbem. zu Art. 466–471.

1 Macht der Anweisungsempfänger von der ihm mit der Anweisung erteilten Ermächtigung Gebrauch und verweigert der Angewiesene die geforderte Leistung, so auferlegt ihm Art. 469 die Pflicht, den Anweisenden über die Leistungsverweigerung des Angewiesenen umgehend zu benachrichtigen. Diese Benachrichtigungspflicht des Anweisungsempfängers besteht unabhängig davon, ob der Angewiesene die Anweisung vorgängig angenommen hat oder nicht (BK-Gautschi, N 5a).

2 An der Benachrichtigung kann der Anweisende ein Interesse haben, weil der Angewiesene mit der Leistungsverweigerung allenfalls gegen eine auf Gesetz (Art. 468 Abs. 2) oder Vertrag beruhende Pflicht verstösst, der Anweisung Folge zu leisten. Erwächst dem Anweisenden aus einer derartigen Pflichtverletzung des Angewiesenen ein Schaden, der sich bei rechtzeitiger Benachrichtigung durch den Anweisungsempfänger hätte vermeiden lassen, so hat dieser (neben dem Angewiesenen) dem Anweisenden dafür einzustehen. Relevante Fälle sind allerdings schwer vorstellbar; entsprechend gering ist daher die praktische Bedeutung von Art. 469 (so auch BK-Gautschi, N 5c; CR CO I-Tevini, N 4).

3 Daneben hat jedoch die Benachrichtigung des Anweisenden eine wichtige Funktion, welche Art. 469 nicht erwähnt. Die Leistungsverweigerung des Angewiesenen lässt eine allfällige **Stundung** der Forderung des Anweisungsempfängers gegen den Anweisenden aus dem Grundgeschäft dahinfallen (Art. 467 N 5). Der Anweisende gerät aber mit der Leistungsverweigerung des Angewiesenen **nicht automatisch** in **Schuldnerverzug** (BK-Gautschi, N 3a); erst mit der Mitteilung des Anweisungsempfängers, dass der Angewiesene die geforderte Leistung nicht erbringe, lebt die Leistungspflicht des Anweisenden im Valutaverhältnis wieder auf (BK-Gautschi, N 2b; KUKO OR-Lardelli, N 1; CHK-Beyeler N 3).

Art. 470

C. Widerruf

[1] Der Anweisende kann die Anweisung gegenüber dem Anweisungsempfänger widerrufen, wenn er sie nicht zur Tilgung seiner Schuld oder sonst zum Vorteile des Empfängers erteilt hat.

[2] Gegenüber dem Angewiesenen kann der Anweisende widerrufen, solange jener dem Empfänger seine Annahme nicht erklärt hat.

[2bis] Bestimmen die Regeln eines Zahlungssystems nichts anderes, so ist die Anweisung im bargeldlosen Zahlungsverkehr unwiderruflich, sobald der Überweisungsbetrag dem Konto des Anweisenden belastet worden ist.

[3] Wird über den Anweisenden der Konkurs eröffnet, so gilt die noch nicht angenommene Anweisung als widerrufen.

C. Révocation

[1] L'assignant peut toujours révoquer l'assignation à l'égard de l'assignataire, à moins qu'il ne l'ait délivrée dans l'intérêt de ce dernier et, notamment, pour s'acquitter d'une dette envers lui.

[2] Il peut la révoquer, à l'égard de l'assigné, tant que celui-ci n'a pas notifié son acceptation à l'assignataire.

[2bis] Si les règles d'un système de paiement n'en disposent pas autrement, l'assignation dans le trafic des paiements sans numéraire est irrévocable dès que le *montant du virement* est débité du compte de l'assignant.

[3] La faillite de l'assignant emporte révocation de l'assignation qui n'est pas encore acceptée.

C. Revoca

[1] L'assegnante può revocare l'assegno in confronto dell'assegnatario, a meno che non glielo abbia rilasciato ad estinzione d'un suo debito od altrimenti nell'interesse di esso assegnatario.

[2] In confronto dell'assegnato, l'assegno può essere revocato finché egli non abbia dichiarato all'assegnatario di accettarlo.

[2bis] Se le regole di un sistema di pagamento non dispongono diversamente, l'assegno nel traffico scritturale dei pagamenti è irrevocabile non appena l'importo del trasferimento è stato addebitato sul conto dell'assegnante.

[3] Colla dichiarazione di fallimento dell'assegnante si ritiene revocato l'assegno non ancora accettato.

Literatur

Vgl. die Literaturhinweise bei den Vorbem. zu Art. 466–471.

I. Allgemeines

Art. 470 regelt zwei unterschiedliche **Erlöschensgründe** der Anweisung: den Widerruf der Anweisung durch den Anweisenden und die Konkurseröffnung über den Anweisenden. Dabei ist allerdings Abs. 3 sprachlich missglückt: Der Konkurs des Anweisenden hat keinen «Widerruf» i.S. einer (fingierten) Willenserklärung, sondern schlicht den Wegfall der Anweisung von Gesetzes wegen zur Folge (ZK-OSER/SCHÖNENBERGER, N 12; ähnlich BK-GAUTSCHI, N 1c; CR CO I-TEVINI, N 1). 1

Der Regelungsinhalt von Art. 470 ist unvollständig. Anders als bei der Vollmachterteilung im Stellvertretungsrecht (Art. 35 Abs. 1), die strukturelle Ähnlichkeiten mit der Anweisung besitzt (in diesem Sinne BUCHER, BT, 265), enthält das Gesetz keine Bestimmung über das Schicksal der Anweisung beim Tod des Anweisenden oder bei Verlust seiner «entsprechenden» Handlungsfähigkeit. 2

II. Der Widerruf der Anweisung (Abs. 1 und 2)

Beim **Widerruf** einer Anweisung handelt es sich um eine **einseitige Willenserklärung** des Anweisenden (BK-GAUTSCHI, N 1b); diese ist **empfangsbedürftig** (BK-GAUTSCHI, N 2a; BUCHER, AT, 609, betr. Widerruf bei der Vollmacht). Adressat des Widerrufs kann der Angewiesene (Abs. 2) oder der Anweisungsempfänger (Abs. 1) sein. 3

1. Der Widerruf gegenüber dem Angewiesenen

Die **jederzeitige Widerruflichkeit** der nicht angenommenen Anweisung gegenüber dem Angewiesenen beruht auf dem gleichen Grundgedanken wie die Widerruflichkeit der Vollmacht (Art. 34): Die einseitige Ermächtigung soll den Erklärenden nicht binden, solange der Adressat (Angewiesener, Bevollmächtigter) von ihr keinen Gebrauch gemacht hat. Die Widerruflichkeit der Anweisung ist daher – wie bei der Vollmacht (Art. 34 Abs. 2) – **zwingendes Recht** (BGE 127 III 553, 557 E. 2e/aa = Pra 2002, 223 E. 2e aa, BGE 122 III 237, 244 E. 3c, m.Nw. und dazu WIEGAND, ZBJV 2003, 856 ff.; BK-GAUTSCHI, N 4a; CR CO I-TEVINI, N 5; ZK-OSER/SCHÖNENBERGER, N 10). 4

Gegenüber dem Angewiesenen kann der Anweisende die nicht angenommene Anweisung auch dann widerrufen, wenn ihm gegenüber dem Anweisungsempfänger kein Widerrufsrecht zusteht (BGE 135 III 562, 564 E. 3.3 = Pra 2010, 291 E. 3.3; BGE 121 III 109, 112 E. 3a = Pra 1995, 933 E. 3a; GUHL/KOLLER/SCHNYDER/DRUEY, § 54 N 16). Die Ansprüche, welche der Anweisungsempfänger aus einem solchen Verhalten gegen den Anweisenden ableiten kann, richten sich nach dem Valutaverhältnis (BGE 121 III 109, 112 E. 3a = Pra 1995, 933 E. 3a; ZK-OSER/SCHÖNENBERGER, N 7; BK-GAUTSCHI, N 2c, d, 3d; TERCIER/FAVRE, Rz 6205). Zu 5 den Rechtsfolgen, wenn der Angewiesene trotz gültigen Widerrufs der Anweisung durch den Anweisenden irrtümlich dennoch an den Anweisungsempfänger leistet, s. Art. 467 N 12 f.

6 Ausgeschlossen ist ein Widerruf nicht nur nach der Annahme, sondern erst recht nach erbrachter Leistung (ZK-OSER/SCHÖNENBERGER, N 9; GUHL/KOLLER/SCHNYDER/DRUEY, § 54 N 16; s.a. BGE 121 III 109, 112 E. 3a; 100 II 368, 373 f. E. 5).

6a Im **Bankverkehr** war früher umstritten, bis zu welchem Zeitpunkt eine Zahlungsanweisung widerrufen werden konnte. Nach allgemeiner Lehre und Rechtsprechung war dies *bis zur Gutschrift der Überweisung auf dem Konto des Empfängers* möglich (BGE 100 II 368, 373 E. 5 m.w.Nw.; CR CO I-TEVINI, N 7; HESS, SZW 1991, 111; HONSELL, OR BT, 391 f., je m.w.Nw.; differenzierend BUIS, Diss., 70 f. [für die eingliedrige Banküberweisung] und 123 [für die mehrgliedrige Banküberweisung], der auf die vorbehaltlose Annahme der Anweisung abstellt, die dem Begünstigten einen unbedingten Leistungsanspruch gegen die Bank verschafft und die mit der Gutschriftbuchung zusammenfallen kann, jedoch nicht zwingend zusammenfallen muss; s.a. DERS., AJP 2002, 1108); bei einem Konto pro Diverse (CpD) wurde von einer Widerrufsmöglichkeit bis zur Anzeige der Gutschrift an den Empfänger ausgegangen (BGE 100 II 368, 373 E. 5 m.w.Nw.; HONSELL, OR BT, 391; FAVRE-BULLE, paiements transfrontières, N 602 ff. [ohne Hinweis auf CpD-Konto]; DERS., virement transfrontière, 65 f.). Diese Auffassung war indessen nicht unproblematisch (vgl. dazu einlässlich N 6 der 4. Aufl.). Der späte Zeitpunkt der Unwiderruflichkeit bot vor allem im mehrgliedrigen Zahlungsverkehr Schwierigkeiten und bildete einen *Anachronismus* (Botschaft zum Bucheffektengesetz sowie zum Haager Wertpapierübereinkommen vom 15.11.2006, BBl 2006, 9315 ff., spez. 9389). Mit Einfügung von Art. 470 Abs. 2bis in das OR (i.K. seit 1.10.2009) im Zusammenhang mit dem Bucheffektengesetz (BEG) hat der Gesetzgeber das Problem gelöst: Eine Anweisung im bargeldlosen Zahlungsverkehr wird nunmehr bereits dann unwiderruflich, **wenn der Überweisungsbetrag dem Konto des Anweisenden belastet worden ist**. Als «Belastung» gilt gemäss Botschaft zum BEG «jede Buchung auf der Passivseite des Kontos des Anweisenden, sofern dieser Buchung [...] eine gewisse Endgültigkeit zukommt oder sich in Form einer Willenserklärung der Angewiesenen manifestiert» (Botschaft, a.a.O., 9389). Der Anwendungsbereich von Abs. 2bis ist beschränkt auf den **bargeldlosen Zahlungsverkehr**. Als solcher gilt die Übertragung von Buchgeld durch Belastung und Gutschrift auf Konten (Botschaft, a.a.O., 9389; vgl. dazu auch HESS/KEISER, SZW 2009, 162), und zwar auch dann, wenn am Anfang der Überweisungskette eine Bargeldeinzahlung am Schalter vorliegt (Botschaft, a.a.O, 9389). Die Zahlungsverkehrssysteme können einen früheren oder späteren Zeitpunkt der Unwiderruflichkeit vorsehen; dies ist in der Praxis etwa bei *Lastschriftverfahren* der Fall, die dem Belasteten ein *Widerspruchsrecht* einräumen (Botschaft, a.a.O., 9390). Die neue Regelung ist SEPA-kompatibel (HESS/KEISER, SZW 2009, 162).

2. Der Widerruf gegenüber dem Anweisungsempfänger

7 Bei wörtlicher Anwendung liesse die Wendung *«zum Vorteile des Empfängers»* in Abs. 1 gegenüber dem Anweisungsempfänger einen Widerruf nur zu, wenn die Anweisung ausschliesslich im Interesse des Anweisenden erfolgt (so etwa bei der Inkassoermächtigung auf Rechnung des Anweisenden; ZK-OSER/SCHÖNENBERGER, N 6). Diese Auslegung wäre indessen zu eng. Ein Widerruf ist auch dann zulässig, wenn der Anweisende selbst aus dem Valutaverhältnis gegenüber dem Empfänger zur Leistungsverweigerung berechtigt wäre, so etwa wenn die Voraussetzungen für einen Schenkungswiderruf nach Art. 250 oder für die Verweigerung der Auszahlung eines Darlehens nach Art. 316 erfüllt sind (ZK-OSER/SCHÖNENBERGER, N 5; BK-GAUTSCHI, N 3b). Und eine schenkungshalber erteilte Anweisung, der kein formgültiges Schenkungsversprechen nach Art. 243 Abs. 1 zugrunde liegt, muss jederzeit widerruflich sein, damit die zum Schutze des Schenkers aufgestellten Formvorschriften nicht umgangen werden können (BGE 105 II 104, 109 E. 3d). Ausgeschlossen ist der Widerruf allerdings dann, wenn der Beschenkte die angewiesene Leistung angenommen hat; das Fehlen eines schriftlichen Schenkungsversprechens ist dann bedeutungslos, *weil der vollzogene Werttransfer als Schenkung von Hand zu Hand gilt* (BGE 136 III 142, 146 E. 3.4 = Pra 2010, 694 f., E. 3.4). Möglich ist diesfalls nur noch eine Rückforderung der Schenkung gem. Art. 249. Erfolgt die Annahme der angewiesenen Leistung durch den Anweisungsempfänger indessen erst nach dem Tod des Anweisenden, so können die Erben des Anweisenden die Anweisung widerrufen; denn gemäss bundesgerichtlicher Rechtsprechung ist eine Schenkung von Hand zu Hand nach dem Tod des Schenkers ausgeschlossen (BGE 105 II 104, 108 E. 3c; krit. zu diesem Entscheid unter bereicherungsrechtlichen Gesichtspunkten Bucher, AT, 657 FN 18 und 669 FN 56, sowie ders., ZSR 1983 II 332 ff.).

III. Der Wegfall der Anweisung durch Konkurseröffnung über den Anweisenden (Abs. 3)

Der **Konkurs** des Anweisenden bildet einen **gesetzlichen Erlöschensgrund** für die noch nicht angenommene Anweisung (BGE 88 II 18, 26 E. 6), selbstredend aber nicht für die vom Angewiesenen angenommene Anweisung, die diesen selbstschuldnerisch verpflichtet (BGE 49 II 48, 53, in Pra 1923, 168 ff. nicht übersetzt; BGE 40 III 395, 400 E. 3). Der Konkurs lässt eine nicht angenommene Anweisung auch dann dahinfallen, wenn der Angewiesene als Schuldner des Anweisenden zur Zahlung an den Anweisungsempfänger verpflichtet ist (Art. 468 Abs. 2), da der Angewiesene sonst eine Forderung (aus dem Deckungsverhältnis), welche der Konkursmasse gehört, tilgen würde, ohne dass die Leistung in die Konkursmasse fiele (Art. 205 Abs. 1 SchKG; implizite auch BGE 88 II 18, 26 E. 6; **a.M.** Bucher, BT, 270, der aber Art. 205 SchKG übersieht). **8**

Massgebend ist grundsätzlich der Zeitpunkt der **Konkurseröffnung** (ebenso CR CO I-Tevini, N 11; **a.M.** ZK-Oser/Schönenberger, N 13; Guhl/Koller/Schnyder/Druey, § 54 N 17; beide sprechen sich für den Zeitpunkt aus, in dem der Angewiesene von der Konkurseröffnung Kenntnis erhält). Erfolgen Annahme oder Leistung **vor der öffentlichen Bekanntmachung** des Konkurses, so sind indessen diese Handlungen gültig, wenn dem Angewiesenen die Eröffnung des Konkurses nicht bekannt war (Art. 205 Abs. 2 SchKG; BGE 40 III 395, 400 E. 3; implizite wohl auch BGE 88 II 18). **9**

IV. Das Schicksal der Anweisung beim Tod des Anweisenden und bei Verlust seiner Handlungsfähigkeit

Der **Tod des Anweisenden** lässt die Anweisung nicht dahinfallen (BGE 105 II 104, 108 E. 3c; Guhl/Koller/Schnyder/Druey, § 54 N 17); das Gleiche gilt für den **Verlust der «entsprechenden» Handlungsfähigkeit** (BK-Gautschi, N 6a; ZK-Oser/Schönenberger, N 1; vgl. aber die gegenteilige Regel bei der Vollmacht in Art. 35 Abs. 1). Die Erben des Anweisenden oder bei Verlust der Handlungsfähigkeit dessen Beistand können das Widerrufsrecht nach den allgemeinen Regeln ausüben (BK-Gautschi, N 6a; CR CO I-Tevini, N 12; KUKO OR-Lardelli, N 6; CHK-Beyeler, N 14). **10**

Art. 471

D. Anweisung bei Wertpapieren

[1] Schriftliche Anweisungen zur Zahlung an den jeweiligen Inhaber der Urkunde werden nach den Vorschriften dieses Titels beurteilt, in dem Sinne, dass dem Angewiesenen gegenüber jeder Inhaber als Anweisungsempfänger gilt, die Rechte zwischen dem Anweisenden und dem Empfänger dagegen nur für den jeweiligen Übergeber und Abnehmer begründet werden.

[2] Vorbehalten bleiben die besonderen Bestimmungen über den Check und die wechselähnlichen Anweisungen.

D. Assignation en matière de papiers-valeurs

[1] L'assignation qui a été libellée au porteur est régie par les dispositions du présent titre, tout porteur ayant à l'égard de l'assigné la qualité d'assignataire, et les droits qui naissent entre l'assignant et l'assignataire ne s'établissant qu'entre chaque cédant et son cessionnaire.

[2] Sont réservées les dispositions spéciales concernant le chèque et les assignations analogues aux effets de change.

D. Assegno nelle cartevalori

[1] Gli assegni scritti al portatore sono regolati dalle disposizioni del presente titolo, considerandosi quale assegnatario in confronto dell'assegnato ogni portatore, mentre i diritti fra assegnante e assegnatario nascono soltanto dalle singole cessioni.

[2] Rimangono ferme le disposizioni speciali sugli chèques e sugli assegni affini alle cambiali.

Literatur

Vgl. die Literaturhinweise bei den Vorbem. zu Art. 466–471.

I. Die Inhaberanweisung (Abs. 1)

1 Art. 471 Abs. 1 regelt die – praktisch nicht sehr bedeutsame – **Inhaberanweisung**. Sie stellt ein **Wertpapier** dar, da der Anweisungsempfänger sein Recht ohne die Urkunde nicht geltend machen kann (Art. 965; BK-Gautschi, N 1b, 2a; KUKO OR-Lardelli, N 1; CHK-Beyeler, N 1; implizite auch ZK-Oser/Schönenberger, N 2; **a.M.** CR CO I-Tevini, N 2). Dementsprechend kann sie bei Verlust nach den Regeln für die Inhaberpapiere **kraftlos** erklärt werden (Art. 981 ff.; BK-Gautschi, N 1b; ZK-Oser/Schönenberger, N 5).

2 Die Inhaberanweisung weicht von den gewöhnlichen Inhaberpapieren (Art. 978 ff.) in verschiedener Hinsicht ab. So erwächst dem Inhaber vor der Annahme der Anweisung durch den Angewiesenen kein Forderungsrecht (BK-Gautschi, N 2a; ZK-Oser/Schönenberger, N 3). Die allgemeine wertpapierrechtliche Einredenbeschränkung nach Art. 979 findet auf sie keine Anwendung; der Angewiesene kann gegenüber dem Inhaber der Anweisung dieselben Einwendungen erheben wie bei der gewöhnlichen Anweisung (BK-Gautschi, N 3a ff.; CR CO I-Tevini, N 5; ZK-Oser/Schönenberger, N 4). Er kann wohl auch – abweichend von Art. 979 Abs. 2 – gegenüber dem Inhaber sämtliche Einwendungen geltend machen, die ihm gegenüber allen früheren Inhabern zustanden, da seine defensive Stellung durch die nicht von ihm verursachte Ausstellung einer Inhaberanweisung nicht verschlechtert werden soll (gl.M. BK-Gautschi, N 3b); praktisch dürfte dies allerdings vielfach schwierig sein, da er i.d.R. die Vorgänger des die Anweisung präsentierenden Inhabers nicht kennen wird.

3 Die Regelung über das Valutaverhältnis, welche Art. 471 Abs. 1 enthält, ist im deutschen Gesetzestext verunglückt; der Sinn dieser Bestimmung wird erst durch den französischen und italienischen Text erhellt: Innerhalb einer Kette von Anweisungsinhabern ist jeder Vorgänger gegenüber seinem Nachfolger Anweisender; kein Anweisungsverhältnis besteht dagegen zwischen dem ursprünglichen Anweisenden und späteren Inhabern der Urkunde (gl.M. CR CO I-Tevini, N 1). Die anweisungsrechtlichen Bestimmungen über das Valutaverhältnis (Art. 467) haben daher nur jeweils zwischen den in einer Kette sich unmittelbar folgenden Inhabern Geltung (BK-Gautschi, N 5a).

4 Die Inhaberanweisung beinhaltet – wie die gewöhnliche Anweisung (vgl. Art. 467 N 4) – keine Schuldanerkennung und keine Zahlungsgarantie des Anweisenden. Verweigert der Angewiesene die Leistung, so hat daher der Inhaber **keinen Regress aus dem Papier** auf den Anweisenden (ebenso BK-Gautschi, N 5b; CR CO I-Tevini, N 4 i.f.; ZK-Oser/Schönenberger, N 3; differenziert ZK-Jäggi, Art. 967 OR N 17 i.f.).

II. Die Rektaanweisung

5 Eine Anweisungsurkunde, in welcher der Angewiesene ermächtigt wird, an einen namentlich genannten Empfänger zu leisten, stellt eine **Rektaanweisung (Namenpapier)** dar, sofern sie – was in der Praxis allerdings kaum je vorkommen dürfte – überhaupt als Wertpapier ausgestaltet ist und es sich nicht bloss um eine schlichte Beweisurkunde handelt. Anwendung findet die Einredenordnung des gewöhnlichen Anweisungsrechts (BK-GAUTSCHI, N 8).

III. Die Ordreanweisung (Abs. 2)

6 Enthält die als Wertpapier ausgestaltete Anweisungsurkunde eine Ordreklausel **(Ordreanweisung)**, so sind die Art. 1145 ff. anwendbar; Art. 471 Abs. 2 schliesst hier die Normen des gewöhnlichen Anweisungsrechts aus, soweit jene Bestimmungen Spezialregeln enthalten (BK-GAUTSCHI, N 6a).

7 Der Angewiesene ist bei der Ordreanweisung dem Empfänger gegenüber (ebenfalls) nicht zur Annahme verpflichtet (Art. 1148). Erklärt er aber die Annahme, so ist seine Stellung ungünstiger als bei der Inhaber- oder Rektaanweisung: Es gilt nicht die Einredenordnung von Art. 468 Abs. 1, sondern diejenige von Art. 1146 (BK-GAUTSCHI, N 6c). Ordreanweisungen, welche den Formerfordernissen des gezogenen Wechsels entsprechen, im Text aber nicht als Wechsel bezeichnet sind, werden, von wenigen Ausnahmen abgesehen (Art. 1148 ff.), wie gezogene Wechsel behandelt (Art. 1147; BGE 78 II 157, 158 E. 2a). Diesfalls kann der Empfänger gegen sämtliche Vorgänger und den Anweisenden abweichend von der gewöhnlichen Anweisung **Regress aus dem Papier** nehmen, wenn der Angewiesene die Leistung verweigert (Art. 1033 Abs. 1; OSER/SCHÖNENBERGER, N 8; unpräzis BK-GAUTSCHI, N 6d, der offenbar einen solchen Regress auch bei der nicht wechselähnlichen Ordreanweisung annimmt; die Indossantenhaftung besteht indessen nur bei Wechseln, wechselähnlichen Papieren und Check: Art. 1153 Abs. 3; MEIER-HAYOZ/VON DER CRONE, 60 Rz 218).

IV. Der Vorbehalt des Checkrechts (Abs. 2)

8 Auf Checks sind die Bestimmungen des Anweisungsrechts, insb. über die Einreden und den Regress, nicht anwendbar (BK-GAUTSCHI, N 7; CHK-BEYELER, N 10). Formungültige Checks können aber als gewöhnliche Inhaber- oder Ordreanweisungen behandelt werden (BGE 80 II 82, 87 E. 4 = Pra 1954, 125 E. 4; BGE 40 II 405, 408 E. 2, in Pra 1914, 367 ff. nicht übersetzt; VON BÜREN, BT, 325; vgl. auch Art. 466 N 4).

Anhang zu Art. 466–471: Das Dokumentenakkreditiv

Literatur

Vgl. die Literaturhinweise bei den Vorbem. zu Art. 466–471.

I. Umschreibung und Zweck des Dokumentenakkreditivs

1 Unter einem Dokumentenakkreditiv versteht man eine «[...] Vereinbarung, die [...] eine feststehende Verpflichtung der eröffnenden Bank begründet, eine konforme Dokumentenvorlage zu honorieren» (Art. 2 ERA [dt. Übersetzung zitiert nach NIELSEN, Richtlinien, 11]; vgl. auch BGE 108 Ib 270, 277 E. 4a; französische Definition bei CR CO I-TEVINI, Anhang zu Art. 466–471 N 1). Beim Dokumentenakkreditiv handelt es sich in seiner Grundform um eine Dreiecksbeziehung, die im schweizerischen Recht den Regeln der Anweisung untersteht (BGE 130 III 462, 468 E. 5.1 = Pra 2005, 135 E. 5.1; BGE 117 III 76, 77 E. 6a = Pra 1993, 865; BGE 115 II 67, 69 E. 1; 114 II 45, 48 E. 4a = Pra 1988, 754 E. 4a; BGE 108 Ib 270, 277 E. 4a; 100 II 145, 148 E. 3a; 78 II 42, 48 E. 3; 49 II 195, 199 E. 2; BUCHER, BT, 271; ENGEL,

contrats, 749; TERCIER/FAVRE, Rz 6274; TEVINI DU PASQUIER, 69; DE GOTTRAU, Diss., 12 f., 39 f., m.w.Nw.; HONSELL, OR BT, 395; GUHL/KOLLER/SCHNYDER/DRUEY, § 54 N 2; KOLLER TH./KISSLING, 80, 31; für Deutschland HOEREN/FLORIAN, N 40 [Anweisung im weiteren Sinn], m.Nw.).

2 Das Dokumentenakkreditiv bezweckt, bei einem (meist grenzüberschreitenden) Kaufvertrag zum Schutze beider Vertragsparteien dessen **gegenseitige ordnungsgemässe Vertragserfüllung** zu sichern (**Sicherungsfunktion**; BGE 130 III 462, 468 E. 5.1 = Pra 2005, 135 f. E. 5.1). Der Käufer bzw. die von ihm mit der Akkreditivstellung beauftragte Bank soll den Kaufpreis nur gegen Übergabe von Dokumenten freigeben müssen, die das Vorhandensein sowie – allerdings nur sehr relativiert zu verstehen – die vertragsgemässe Beschaffenheit der Ware belegen und die ihm die Verfügungsgewalt über diese verschaffen (BGE 114 II 45, 48 E. 4b = Pra 1988, 754 E. 4b; BGE 113 III 26, 29 E. 2a; 108 III 94, 101 E. 4; 100 II 145, 150 E. 4a; 93 II 329, 342 E. 7b; 90 II 302, 307 E. 1; KOLLER TH./KISSLING, 81, m.Hw. darauf, dass sich auch mittels eines Dokumentenakkreditivs die beidseitigen Parteiinteressen nicht vollständig gleichwertig schützen lassen). Das Dokumentenakkreditiv tritt an die Stelle der Barzahlung durch den Käufer (**Zahlungsfunktion**; Prinzip der «Zahlung gegen Dokumente» [BGE 111 II 76, 80 E. 3b/cc = Pra 1985, 526 E. 3b/cc; vgl. dazu auch einlässlich BGE 122 III 73]) und ermöglicht so (die Vereinbarung geeigneter Dokumente vorausgesetzt) bei **Distanzkäufen** i.w.S. eine **Zug-um-Zug-Abwicklung** der Geschäfte (HONSELL, OR BT, 395; BUCHER, BT, 271; VON BÜREN, BT, 322 f.; GUHL/KOLLER/SCHNYDER/DRUEY, § 50 N 8; KOLLER TH./KISSLING, 82), die ohne dieses Hilfsmittel technisch kaum zu bewältigen wäre (vgl. dazu auch CANARIS, N 916 ff.).

2a Welche Dokumente der Begünstigte bei der Beanspruchung des Akkreditivs vorzulegen hat, wird in den Akkreditivbedingungen (gestützt auf die von den Parteien des Valutaverhältnisses in der sog. *Akkreditivklausel* getroffene Vereinbarung [vgl. N 4]) festgelegt. Theoretisch kommt jede Art von Dokument in Betracht; in der Praxis üblich sind v.a. Versicherungspolicen, Handelsfakturen, Ursprungszeugnisse etc. Seine beiden wichtigsten Funktionen kann das Akkreditiv optimal allerdings nur erfüllen, wenn die Akkreditivbedingungen ein Dokument verlangen, welches die Ware repräsentiert. Im Idealfall ist dies ein **Warenpapier** (z.B. ein Konnossement; vgl. zum Seekonnossement einlässlich CR CO I-TEVINI, Anhang zu Art. 466–471 N 20–30), das dem Inhaber (oder wenn es an Order gestellt ist: dem Bezeichneten) wertpapierrechtlich Verfügungsmacht über die Ware (d.h. einen Herausgabeanspruch gegenüber dem Aussteller) verschafft und sachenrechtlich Besitz an der Sache verkörpert (Art. 925 ZGB; ausführlich zur Dokumentenauswahl KOLLER TH./KISSLING, 94 ff., m.w.Nw.; einlässlich zum Recht, das ein [See-]Konnossement über die Ware verleiht, BGE 122 III 73, 78 f. E. 6b/aa, nicht in Pra; für das deutsche Recht vgl. etwa GRAF VON BERNSTORFF, RIW 2001, 504 ff.). Zunehmend werden aber auch anstelle von Warenpapieren bloss *wertpapierähnliche Dokumente* (z.B. Luftfrachtbriefe) vereinbart. Zudem haben sich in der Praxis besondere Instrumente herausgebildet, um bei Verzögerungen in der Dokumentenübermittlung dennoch eine rasche Abwicklung von Akkreditiven zu ermöglichen (was v.a. bei verderblicher Ware sowie bei hohen Lagerkosten von Bedeutung ist). So erlaubt die durch eine Bank zu Gunsten des Reeders ausgestellte **Konnossementsgarantie** dem Importeur das Löschen der Ladung zu erwirken, wenn er wegen Verlusts oder Verzögerung in der Postübermittlung nicht in der Lage ist, die gesamte Konnossementsserie vorzuweisen (ausführlich zur Funktion der Konnossementsgarantie BGE 122 III 73, 79 E. 6b/bb, nicht in Pra, sowie ZAHN/EHRLICH/HAAS, Rz 9/59 ff.). Seit einigen Jahren sind zudem Bestrebungen im Gang, **elektronische «Dokumente»** zu schaffen, die funktional an die Stelle von papierbasierten Dokumenten treten, um die Kosten internationaler Zahlungstransaktionen massiv zu senken (vgl. zum Kostenfaktor etwa GRAF VON BERNSTORFF, RIW 2001, 509). So wurde z.B. eine Art «elektronisches Konnossement» – bekannt unter dem Namen **Bolero-bill of lading** (Bolero = Bill of Lading Electronic Registry Organisation) – entwickelt, welches (nunmehr i.V.m. den el.ERA [vgl. dazu N 11a]) u.a. eine vollständige elektronische Abwicklung von Akkreditiven ermöglichen soll (einlässlich Eckardt, 19 ff.). Die dem englischen Recht unterstehende «Bolero-bill of lading» dokumentiert (wie ein Konnossement) den Abschluss des Beförderungsvertrages und ermöglicht es dem Versender, den mittelbaren Besitz an der Ladung auf einen nachfolgenden Rechtsinhaber zu übertragen. Anstelle der Übergabe des Warenpapiers tritt dabei ein Eintrag des Übertragungsvorganges in ein zentral geführtes Titelregister (vgl. dazu die Übersicht bei Graf von Bernstorff, RIW 2001, 508 ff.; Eckardt, 24 ff.; Baier, 44 ff.; Graf, passim; ausführliche Informationen zu Bolero sind zu finden unter ‹http://www.bolero.net›; w.Hw. zu elektronischen Frachtdokumenten generell und zu Bolero im Besondern finden sich z.B. bei Bridge, The International Sale of Goods, 3. Aufl., Oxford 2013, Rz 8.92 ff.; Girvin, Carriage of Goods by Sea, 2. Aufl., Oxford 2011, Rz 13.24 ff., und Todd, Bills of Lading and Bankers Documentary Credits, 4. Aufl., London 2007, Rz 3.67 ff.). Auch andere Anbieter haben Projekte in Angriff genommen, um bills of lading und weitere im Handel wichtige Dokumente in elektronischer Form anzubieten, so z.B. die ESS Electronic Shipping Solutions (‹http://www.essdocs.com›). Durchsetzen konnten sich aber solche elektronischen Dokumente in der Praxis gemäss Auskunft von Schweizer Banken jedenfalls im Zusammenhang mit Akkreditiven bisher offenbar immer noch nicht (Stand: Herbst 2014).

Das Dokumentenakkreditiv wird beinahe ausschliesslich im **internationalen Handelsverkehr** verwendet. Wie aus den bereits erwähnten zwei Akkreditivfunktionen hervorgeht, ist das Akkreditiv bis zu einem gewissen Grad Ausdruck des gegenseitigen Misstrauens zwischen Käufer und Verkäufer und stellt zugleich ein Instrument dar, dieses Misstrauen durch das Vertrauen der Vertragsparteien in die involvierten Banken, insb. in deren Zahlungsfähigkeit und deren korrekte Abwicklung des Akkreditivs, ein Stück weit zu überwinden (vgl. zum Anwendungsbereich Tevini Du Pasquier, 18 ff.; Koller Th./Kissling, 82 f.; s.a. de Gottrau, Diss., 6 f.; zu den mannigfachen Problemen mit Akkreditiven bei internationalen Handelsembargos einlässlich de Gottrau/Iynedjian, SZW 2008, 476 ff.). 2b

Das Akkreditiv hat nebst diesen beiden Funktionen gelegentlich als untypischen Nebenzweck auch **Kreditfunktion**, so beim übertragbaren Akkreditiv oder beim «Back-to-back-Akkreditiv» (ausführlich dazu Ulrich, 169 ff.; Meier-Hayoz/von der Crone, 422 ff.; vgl. auch Bucher, BT, 273 f.; BGE 108 Ib 270; 78 II 42, 55 E. 5) sowie beim Akkreditiv mit aufgeschobener Zahlung (Deferred-Payment-Akkreditiv; vgl. BGE 130 III 462 = Pra 2005, 130 ff.; BGE 122 III 73; 100 II 145; ausführlicher dazu Tevini Du Pasquier, 61 ff.; s.a. Schütze, 57). Zur Kreditfunktion einlässlicher: Schärrer, 25 ff.; Schütze, 45; Canaris, N 918; de Gottrau, Diss., 8 f.; Koller Th./Kissling, 82. 3

II. Terminologie und Erscheinungsformen

Am Akkreditiv in seiner Grundform sind beteiligt der **Akkreditivsteller** (Akkreditiv-Auftraggeber, Anweisender), die **Akkreditivbank** (eröffnende Bank, Angewiesene) und der **Akkreditierte** (Begünstigter, Anweisungsempfänger; vgl. dazu etwa Art. 2 ERA; Bucher, BT, 266, 271; von Büren, BT, 322 f.; Meier-Hayoz/von der Crone, 421 Rz 11; Canaris, N 919; Schütze, 46). Käufer und Verkäufer vereinbaren im Warengeschäft eine **Akkreditivklausel**, mit der sich der Käufer verpflichtet, eine Bank zur Abgabe eines (bedingten) Leistungsversprechens an den Verkäufer zu veranlassen. Anschliessend erteilt der Käufer seiner Bank den entsprechenden **Akkreditiv-Eröffnungsauftrag** (Deckungsverhältnis). Die Bank setzt daraufhin den Verkäufer über die Akkreditiveröffnung in Kenntnis, indem sie sich diesem gegenüber selbständig verpflichtet, bei Erfüllung der im Einzelnen umschriebenen **Akkreditivbedingungen** (Übergabe genau bezeichneter Dokumente, Einhaltung bestimmter Fristen usw.) die **Akkreditivsumme** zu bezahlen (Leistungsverhältnis; vgl. dazu Meier-Hayoz/von der Crone, 420 f. Rz 9 f.; Canaris, N 919; Schütze, 46 ff.; Koller Th./Kissling, 83; ausführlich zum Ablauf bei einem Dokumentenakkreditiv auch de Gottrau, Diss., 13 ff.). 4

5 Das Akkreditiv kann als **widerrufliches** oder **unwiderrufliches** ausgestaltet werden. Ein widerrufliches Akkreditiv kann von der eröffnenden Bank jederzeit und ohne vorherige Nachricht an den Begünstigten geändert oder annulliert werden (BGE 54 II 176, 177; DE GOTTRAU, Diss., 20); ein unwiderrufliches Akkreditiv begründet demgegenüber eine feststehende (aber bedingte) Zahlungspflicht der Akkreditivbank (Art. 2 ERA; BGE 108 Ib 270, 277 E. 4a; ausführlich dazu MEIER-HAYOZ/VON DER CRONE, 426 ff.; SCHÜTZE, 54 ff.; KOLLER TH./KISSLING, 93 f.; DE GOTTRAU, Diss., 19). Unter der Herrschaft der ERA 600 (zu den ERA einlässlich N 11 ff.) gilt ein Akkreditiv automatisch als unwiderruflich (vgl. Art. 2 sowie Art. 3 ERA). Die widerruflichen Akkreditive werden aufgrund ihrer sehr beschränkten praktischen Nutzung in den ERA 600 nicht mehr behandelt (vgl. dazu DE GOTTRAU, AJP 2007, 972; NIELSEN, Richtlinien, 16; SCHÜTZE, 51); die Widerruflichkeit müsste somit individuell vereinbart werden. Erst durch die unwiderrufliche Ausgestaltung wird die primäre Sicherungsfunktion des Akkreditivs adäquat erfüllt (SCHÜTZE, 55; KOLLER TH./KISSLING, 94; ähnlich CHK-BEYELER, Art. 466 N 42).

5a Das Akkreditiv kann bezüglich seiner **Honorierung** grundsätzlich auf viererlei Art ausgestaltet sein (Art. 7 und 8 ERA; einlässlich CR CO I-TEVINI, Anhang zu Art. 466–471 N 8): (1) **auf Sicht**, d.h. die Vergütung erfolgt Zug-um-Zug unmittelbar nach Aushändigung der bezeichneten Dokumente; (2) **mit aufgeschobener Zahlung** *(deferred payment/paiement différé)* zu einem vertraglich bestimmten Zeitpunkt nach Übergabe der bezeichneten Dokumente (s. dazu BGE 130 III 462 = Pra 2005, 130 ff., vgl. dazu N 18a; BGE 122 III 73 sowie 100 II 145); (3) **mit Akzept** eines vom Begünstigten auf die Bank gezogenen Wechsels, zahlbar nach Ablauf der Laufzeit; (4) **mit Negoziierung**, wodurch sich die Bank zur Bezahlung von vom Begünstigten gezogenen Wechseln ohne Rücksicht auf Aussteller und/oder gutgläubige Inhaber verpflichtet (Negoziierungs-Akkreditiv).

6 Anstelle der idealtypischen Form des Dokumentenakkreditivs als Dreiecksverhältnis wird in der Praxis beinahe durchwegs eine andere Ausgestaltung der Rechtsbeziehungen gewählt. Regelmässig wird eine zweite Bank – meist im Land des Begünstigten – eingeschaltet, welche (mindestens) als rein «technische Durchleitstelle» **(Avis-Bank)** dem Begünstigten die Akkreditiveröffnung und allfällige Abänderungsanträge der Akkreditivbank mitteilt (ausführlicher zur Avis-Bank: z.B. SCHÜTZE, 120 ff.; DE GOTTRAU, Diss., 20 f., 59 und 65 f.; KOLLER TH./KISSLING, 84 FN 290, m.w.Nw.; vgl. auch Art. 9c ERA); der Zweitbank kann jedoch auch die Funktion einer **Zahlstelle** zukommen, die von der Akkreditivbank zur Aufnahme und Honorierung der Dokumente auf deren Rechnung ermächtigt ist (LOMBARDINI, N 219; ZAHN/EHRLICH/HAAS, Rz 2/98; DE GOTTRAU, Diss., 21; KOLLER TH./KISSLING, 84), gegenüber dem Begünstigten aber keine eigene Verbindlichkeit eingeht (SCHÄRRER, 115; DE GOTTRAU, Diss., 21, 59 ff. und 66 ff.; CHK-BEYELER, Art. 466 N 40; KOLLER TH./KISSLING, 84; ausführlicher zur Zahlstellenbank: NIELSEN/JÄGER, § 120 Rz 136 ff.; ZAHN/EHRLICH/HAAS, Rz 2/97 ff.; LOMBARDINI, N 219 ff.; SCHÜTZE, 131 ff.). Eröffnet die Erstbank ein unwiderrufliches Akkreditiv, so kann sie die Zweitbank ersuchen, das Akkreditiv gegenüber dem Begünstigten zu bestätigen; mit dem **bestätigten Akkreditiv** geht die Zweitbank zusätzlich zur Verpflichtung der Akkreditivbank eine eigene feste (aber stets bedingte) Zahlungsverpflichtung ein (Art. 8 lit. c ERA; BGE 115 II 67, 70 E. 1, m.w.Nw.; NIELSEN/JÄGER, § 120 Rz 153; DE GOTTRAU, Diss., 21 f.; ausführlich zur Bestätigungsbank: NIELSEN/JÄGER, § 120 Rz 153 ff.; SCHÜTZE, 125 ff.; ZAHN/EHRLICH/HAAS, Rz 2/88 ff.; HOEREN/FLORIAN, N 107 ff.; LOMBARDINI, N 238 ff.; SCHÄRRER, 116 ff.; SLONGO, 23 f.; GUTZWILLER, 157; TEVINI DU PASQUIER, 53 ff.; DE GOTTRAU, Diss., 61 ff. und 77 ff.; MEIER-HAYOZ/VON DER CRONE, 429 Rz 42 ff.; BUCHER, BT, 272; ENGEL, contrats, 755 f.; CANARIS, N 980, 982 ff.). Die volle Höhe der Akkreditivsumme kann der Begünstigte allerdings auch hier nur einmal beanspruchen (KOLLER TH./KISSLING, 84, m.V. auf BGE 78 II 42, 50 E. 3; s.a. LOMBARDINI, N 252; weitere Ausführungen zum Verhältnis Akkreditivbank–Bestätigungsbank bei KOLLER TH./KISSLING, 84 f. FN 294). Das unwiderrufliche und bestätigte Akkreditiv gewährt dem Zahlungsgläubiger eine maximale Sicherheit (DE GOTTRAU, Diss., 22, m.Nw.).

Neben diesen Grundformen des Akkreditivs bestehen in der Praxis zahlreiche Sonderformen, welche verschiedene Funktionen erfüllen (**Commercial Letter of Credit, Standby Letter of Credit, Rembours-Akkreditiv, Back-to-back-Akkreditiv** usw.; vgl. dazu insgesamt etwa Canaris, N 1085 ff.; Schütze, 59 ff.; Hoeren/Florian, N 42 ff.; Meier-Hayoz/von der Crone, 436 ff.; Engel, contrats, 757 f.; Richter, passim; de Gottrau, Diss., 9 ff., 24 f. und 27 ff.; BGE 108 Ib 270; 100 II 145; zum Standby Letter of Credit im Besondern s. N 14c). 7

III. Rechtsgrundlagen des Dokumentenakkreditivs

1. Die vertraglichen Beziehungen zwischen den Beteiligten

Die Rechtsbeziehung zwischen dem Akkreditivsteller und der Akkreditivbank beruht auf dem **Akkreditiv-Eröffnungsauftrag**, d.h. auf **vertraglichem Auftragsrecht** (BGE 130 III 462, 468 E. 5.1 = Pra 2005, 135 E. 5.1; BGE 114 II 45, 48 E. 4a = Pra 1988, 754 E. 4a; BGE 100 II 145, 148 E. 3a; 78 II 42, 50 f. E. 4; Meier-Hayoz/von der Crone, 431 ff. Rz 52 ff.; Hartmann, 17 ff.; Ulrich, 95 ff.). In diesem Auftrag werden die einzelnen Akkreditivbedingungen (Art der Dokumente, Vorlegungsfristen, Zahlungsfristen etc.) festgelegt. 8

Die Rechtsbeziehung zwischen der Akkreditivbank und dem Begünstigten entsteht erst mit der **Akkreditiveröffnungs- bzw. -bestätigungsanzeige**, mit der die Bank ein eigenständiges – widerrufliches oder unwiderrufliches – Leistungsversprechen abgibt (Meier-Hayoz/von der Crone, 433 f. Rz 63 ff.; Schärrer, 79 ff.; Canaris, N 981 ff.; Koller Th./Kissling, 83). Die Eröffnungsanzeige enthält die genauen Bedingungen, unter denen das Akkreditiv benützbar ist (Schärrer, 79). In der Regel stimmen diese mit den im Eröffnungsauftrag umschriebenen Bedingungen überein. Bei Abweichungen ist im Verhältnis zwischen der Bank und dem Begünstigten aber allein die Eröffnungsanzeige massgebend; erwachsen dadurch dem Akkreditivsteller Nachteile, so hat ihm die Bank dafür einzustehen (Hartmann, 93 f.; Schärrer, 79; vgl. auch BGE 93 II 329, 337 E. 4). 9

Im Verhältnis unter mehreren am Akkreditiv beteiligten Banken gilt ebenfalls Auftragsrecht (BGE 130 III 462, 468 E. 5.1 = Pra 2005, 135 f. E. 5.1; BGE 113 III 26, 30 E. 2b; 108 III 94, 96 f. E. 2; 90 II 302, 306 E. 1; 78 II 42, 50 f. E. 4). Beim unbestätigten Akkreditiv wird die Zweitbank bloss mit der Avisierung und Dokumentenaufnahme, beim bestätigten Akkreditiv mit der Eröffnung eines zweiten Akkreditivs gegenüber dem Begünstigten beauftragt (BGE 114 II 45, 49 E. 4b = Pra 1988, 755 E. 4b; BGE 78 II 42, 49 E. 3; Meier-Hayoz/von der Crone, 434 ff. Rz 69 ff.). 10

2. Die «Einheitlichen Richtlinien und Gebräuche für Dokumenten-Akkreditive» der Internationalen Handelskammer (zurzeit ERA 600; englisch: UCP 600) sowie «Anhang zu den ERA 600 für die Vorlage elektronischer Dokumente» (el.ERA, zurzeit Version 1.1; englisch: eUCP)

Zur reibungslosen Abwicklung von Akkreditiven genügt die Regelung der Grundfragen (Akkreditivsumme, Bedingungen usw.) im Eröffnungsauftrag und in der Eröffnungsanzeige nicht. Zusätzlich müssten zahllose weitere technische Details (Fristbestimmungen, Einzelheiten über vorzulegende Dokumente usw.) vereinbart werden. Dies in den einzelnen Verträgen vorzunehmen wäre höchst unpraktisch. Um die Abwicklung von Akkreditiven zu erleichtern, erarbeitete daher die **Internationale Handelskammer** (IHK) schon im Jahre 1933 **«Einheitliche Richtlinien und Gebräuche für Dokumenten-Akkreditive» (ERA)** (englisch: **«Uniform Customs and Practice for Documentary Credits» [UCP]**), welche zahlreiche dieser Fragen detailliert regelten. Diese Richtlinien wurden in der Zwischenzeit mehrfach überarbeitet; gültig ist seit 1.7.2007 die Fassung aus dem Jahre 2006, die 39 Artikel umfasst (ERA 600 bzw. UCP 600; IHK-Publikation Nr. 600 [wiedergegeben etwa bei Schütze, Anhang I]; Nielsen, Richtlinien; vgl. zu den wichtigsten Änderungen der Revision de Gottrau, AJP 11

2007, 972 ff.; AFFAKI, 3 ff.; SCHÜTZE, 32 f.; vgl. auch die früheren UCP 500 wiedergegeben etwa bei GRAFFE/WEICHBRODT/XUEREF und HOEREN/FLORIAN, 69 ff.). Die ERA werden heute weltweit angewandt und haben zu einer eigentlichen **Standardisierung der technischen Einzelheiten** bei der Abwicklung von Akkreditiven geführt (vgl. zur Geschichte und zur Verbreitung der ERA etwa SCHÜTZE, 26 ff.; DE GOTTRAU, Diss., 31 ff.).

11a Seit April 2002 findet zusätzlich ein **«Anhang für die Vorlage elektronischer Dokumente»** (zurzeit **el.ERA**, Version 1.1) Anwendung (englisch: **«Supplement to the Uniform Customs and Practice for Documentary Credits for Electronic Presentation» [eUCP]**) (HOLTIJ, eUCP – Vorlage elektronischer Dokumente unter Dokumentenakkreditiven, 2001). Die el. ERA ergänzen die ERA und bezwecken, die Vorlage elektronischer Dokumente allein oder zusammen mit Papierdokumenten zu ermöglichen (Art. e1 lit. a el.ERA). Sie enthalten nebst Formalien betreffend Format, Echtheit und Vollständigkeit von elektronischen Dokumenten vor allem auch Regeln zur Verteilung der technischen Systemrisiken bei der elektronischen Datenübertragung. Wie die ERA regeln auch die el.ERA die Frage, welche (elektronischen und papierbasierten) Dokumente in einem Akkreditiv vereinbart und anschliessend vorgelegt werden müssen, nicht; die Auswahl geeigneter Dokumente steht weiterhin im Ermessen der Parteien. Eine vollständige elektronische (d.h. papierlose) Abwicklung von Akkreditiven würde in der Praxis den Einsatz von elektronischen «Warenpapieren» voraussetzen. In der Praxis haben sich aber solche elektronischen Papiere und elektronische Akkreditive offenbar bisher nicht durchsetzen können (dazu N 2a). Gemäss Auskunft von Schweizer Banken werden daher die el.ERA zurzeit noch kaum je angewandt (Stand: Herbst 2014).

12 Die ERA bilden mangels Rechtsetzungskompetenz der IHK **nicht objektives Recht** (BGE 93 II 329, 340 E. 5; ULRICH, 37 f.; BÜHLER, 23; ENGEL, contrats, 751; TERCIER/FAVRE, Rz 6275 [e contrario]; SCHÜTZE, 33 f., m.w.Nw.; KOLLER TH./KISSLING, 88). Massgebend sind sie im Einzelfall nur, wenn sie durch einen **ausdrücklichen Hinweis** integral in den Akkreditiv-Eröffnungsauftrag sowie in die Akkreditiv-Eröffnungsanzeige aufgenommen (Art. 1 ERA) und damit – i.d.R. nach **stillschweigender Annahme** durch den Akkreditivsteller und den Begünstigten – **Vertragsbestandteil** werden (BGE 114 II 45, 48 E. 4a = Pra 1988, 754 E. 4a; BGE 111 II 76, 78 f. E. 3a = Pra 1985, 525 E. 3a; BGE 100 II 145, 149 E. 3; 88 II 341, 346 E. 2a; 87 II 234, 237 E. 1; 78 II 42, 47 E. 2; ULRICH, 45 ff.; MEIER-HAYOZ/VON DER CRONE, 430 Rz 47; ENGEL, contrats, 751; CANARIS, N 928 f.; LOMBARDINI, N 110 ff.; TEVINI DU PASQUIER, 43 f.; HOEREN/FLORIAN, N 26; FONTANE, 120 f.; KOLLER TH./KISSLING, 89). Dies geschieht im Bankalltag regelmässig. Die el.ERA gelten ebenfalls nur, wenn das Akkreditiv ausweist, dass es den el.ERA unterliegt (Art. e1 lit. b el.ERA). Bei Akkreditiven, welche die Vorlage elektronischer Dokumente erlauben, ist es somit notwendig, die el.ERA ausdrücklich einzubeziehen, wenn die Parteien diese anzuwenden wünschen. Gemäss Art. e2 lit. a el.ERA unterliegt ein Akkreditiv, das den el.ERA unterworfen ist (el.ERA-Akkreditiv), auch den ERA, und zwar selbst dann, wenn diese nicht zusätzlich auch noch ausdrücklich einbezogen worden sind.

13 Bei dieser Rechtslage sind im Rahmen der richterlichen Rechtsanwendung die ERA an sich – wie das BGer mehrfach festgehalten hat – wie Verträge und nicht wie objektive Rechtsnormen auszulegen (BGE 100 II 145, 149 E. 3; 88 II 341, 345 E. 1; 87 II 234, 237 E. 1). Dabei müsste allen für die **Vertragsauslegung** massgebenden Prinzipien Rechnung getragen werden. Dies wäre indessen problematisch. Als Vertragsbestandteil haben die ERA den Charakter von **Allgemeinen Geschäftsbedingungen** (BGE 121 III 436, 438 E. 4b/bb i.f.; 111 II 76, 78 f. E. 3a = Pra 1985, 525 E. 3a; MEIER-HAYOZ/VON DER CRONE, 430 Rz 47; TERCIER/FAVRE, Rz 6275; CANARIS, N 927; ULRICH, 43 f., je m.w.Nw.; HOEREN/FLORIAN, N 25; **a.M.** SCHÜTZE, 38 f.; FONTANE, 113 ff.; ausführliche Hinweise bei TEVINI DU PASQUIER, 41 ff., die ihrerseits jedoch **a.M.** ist), welche von der sachkundigen Bank den häufig im Akkreditivgeschäft nicht bewanderten Akkreditivstellern und Begünstigten «diktiert» werden. Diese Qualifikation ist von den dogmatischen Kategorien (Gesetz, Gewohnheitsrecht, Usanz, Vertrag) her betrachtet wohl die einzig zutreffende (Koller Th./Kissling, 88 f.; Hoeren/Florian, N 25, m.Nw.; **a.M.** Zahn/Ehrlich/Haas, Rz 1/15 f.). Im Einzelfall müsste dies ggf. jedoch zur Anwendung der für die Auslegung von AGB entwickelten Grundsätze wie der **Unklarheitsregel**, der **Ungewöhnlichkeitsregel** (so für das deutsche Recht Canaris, N 929 ff.), der Massgeblichkeit der im konkreten Fall verwendeten Übersetzung statt der **englischen Originalfassung** (dezidiert für Letzteres Graffe/Weichbrodt/Xueref, 9) usw. führen. Damit würde aber eine einheitliche Anwendung der ERA verunmöglicht (ohnehin krit. dazu allerdings Canaris, N 930; Fontane, 115 f.). Die Standardisierung der technischen Einzelheiten bei der Abwicklung von Akkreditiven, welche durch die ERA weitgehend realisiert wurde, würde dadurch stark beeinträchtigt. Das BGer ist dieser Gefahr bisher nicht erlegen; im Ergebnis hat es die ERA letztlich stets nicht wie Vertragsrecht, sondern wie objektives Recht angewandt (vgl. etwa BGE 100 II 145, 148 f. E. 3c; 90 II 302, 306 f. E. 1; s.a. Meier-Hayoz/von der Crone, 430 Rz 48; ausführlich Ulrich, 55 ff.; Koller Th./Kissling, 89 f., m.w.Nw.). Im Grunde liessen sich daher die ERA durchaus als **Normgefüge eigener Art** betrachten (so Schütze, 39 f.; Fontane, 119 f.; ähnlich Eschmann, 33 ff., und Huguenin, OR AT/BT, Rz 1226; vgl. auch Koller Th./Kissling, 91; **a.M.** Canaris, N 925; Hoeren/Florian, N 22; Zahn/Ehrlich/Haas, Rz 1/14).

Im Verhältnis unter mehreren am Akkreditiv beteiligten Banken finden die ERA gemäss Rechtsprechung auch dann Anwendung, wenn sie nicht ausdrücklich in den Vertrag einbezogen worden sind (BGE 130 III 462, 467 f. E. 4.2, m.w.Hw. = Pra 2005, 135). Insoweit dürfen sie somit wohl als Handelsusanzen gelten (ähnlich CR CO I-Tevini, Anhang zu Art. 466–471 N 4; Huguenin, OR AT/BT, Rz 1226; generell wohl für Handelsbrauch Zahn/Ehrlich/Haas, Rz 1/17 f.). **13a**

Geht im Einzelfall eine standardisierte Auslegung der ERA zulasten eines Akkreditivstellers, so kann ihm dafür ggf. die Akkreditivbank aus schlechter Beratung im Zusammenhang mit der Akkreditiveröffnung verantwortlich werden. Ein solches Beratungsverhältnis, das in der Praxis häufig vorkommt, ist dem Akkreditiv-Eröffnungsauftrag zeitlich vorgeschaltet und von diesem klar zu unterscheiden (vgl. dazu Schütze, 69 f.; Koller Th./Kissling, 90 f.; zur Beratungspflicht der Banken im Zusammenhang mit Akkreditiven im Allgemeinen: Schütze, 69 f.; Lombardini, N 187 ff.). **14**

3. Die Tragweite des nationalen Rechts

Da die ERA viele Fragen offen lassen, verbleibt ein erheblicher Anwendungsbereich für die Regeln des kollisionsrechtlich massgebenden nationalen Rechts (vgl. z.B. Schütze, 236; Fontane, 125 f.; Zahn/Ehrlich/Haas, Rz 1/14; zum IPR s. N 22 ff.). Nach nationalem Recht beurteilen sich bspw. die (allerdings zumeist unproblematische) Entstehung und Auslegung der Vertragsbeziehungen unter den am Akkreditiv beteiligten Parteien, die Folgen der Nicht- oder Schlechterfüllung und des Verzugs (vgl. dazu eindrücklich BGE 125 III 443), die je nach Land unterschiedlich strenge AGB-Kontrolle in Bezug auf die einzelnen ERA-Klauseln (sofern diese als Allgemeine Geschäftsbedingungen qualifiziert werden) sowie die Frage des Rechtsmissbrauchs, die nach von Land zu Land unterschiedlich strengen Kriterien beantwortet wird (vgl. dazu N 18 f.). Die ERA lassen vor allem Fragen offen, die im Rahmen der nationalen Rechtsordnungen in Form allgemeiner Rechtsprinzipien oder – auf das schweizerische Recht bezogen – im Rahmen des allgemeinen Teils des Obligationenrechts geregelt sind (s. dazu z.B. Koller Th./Kissling, 87 f.). **14a**

4. Rules of International Standby Practices (ISP 98) und UNO-Konvention über unabhängige Garantien und Standby Letters of Credit

Für das Dokumentenakkreditiv ist nebst den ERA seit ein paar Jahren ein weiteres internationales Regelwerk von Bedeutung: Per 1. 1. 1999 sind die (stark vom US-amerikanischen Recht **14b** geprägten) **Rules of International Standby Practices (ISP 98**; IHK-Publikation Nr. 590) der IHK in Kraft getreten (dazu einlässlich Zahn/Ehrlich/Haas, Rz 8/11 ff.). Diese Richtlinien sind aufgrund der weiten Definition des Standby als unabhängiges, unwiderrufliches, dokumentäres Zahlungsversprechen (Rule 1.06) sowohl auf Standby Letters of Credit (zum Begriff s. N 14c) als auch auf Dokumentenakkreditive bzw. Garantien europäischen Stils anwendbar und treten in Konkurrenz zu den Richtlinien der IHK zum Dokumentenakkreditiv und zu den Garantien (ausführlich dazu und zum Verhältnis der ISP 98 zu den anderen Richtlinien der IHK Nielsen, WM 1999, 2005 ff. und 2049 ff., insb. 2006 ff.; vgl. auch den Hinweis bei Buch, 14 f.). Ebenso wie die ERA sind die ISP 98 nur massgebend, wenn sie von den Parteien zum Vertragsbestandteil erhoben werden. Einzelne Bestimmungen der ISP 98 könnten dabei allerdings mit zwingenden Normen europäischer Rechtsordnungen in Konflikt geraten (dazu Nielsen, a.a.O.). Weitere Informationen zu den ISP 98 finden sich unter ‹http://www.iccwbo.org› sowie bei Byrne, The official Commentary on the International Standby Practices, 1998.

14c Am 1.1.2000 ist sodann die **UN-Konvention über unabhängige Garantien und Stand-by Letters of Credit** vom 11.12.1995 in Kraft getreten (abrufbar unter ‹http://www.un.org/Depts/german/uebereinkommen/ar50048.pdf›). Die Konvention ist zurzeit (Mai 2015) in acht Staaten gültig und wurde zudem von den USA unterzeichnet. Beim Standby Letter of Credit handelt es sich formal um ein Dokumentenakkreditiv, welches materiell indessen – US-amerikanischer Bankpraxis folgend – nicht Zahlungs-, sondern Sicherungsfunktion hat und mit europäischen Bankgarantien vergleichbar ist (vgl. dazu einlässlich etwa Heidbüchel, 32 ff., und Buch, 21 ff.). Nach verbreiteter Ansicht soll diese Konvention auf Dokumentenakkreditive i.e.S. nicht anwendbar sein (Buch, 297 f.; Lienesch, 56), es sei denn, die Parteien hätten gestützt auf Art. 1 Abs. 2 die Anwendbarkeit der Konvention ausdrücklich vereinbart (opting in). Allerdings besteht in der Praxis keine klare Abgrenzung zwischen Dokumentenakkreditiven und von der Konvention zwingend umfassten Sicherungsinstrumenten (Heidbüchel, 79 f.; ähnlich wohl Markus, 15 f.). Es kann daher nicht ausgeschlossen werden, dass in Zukunft je nach massgebendem Kollisionsrecht (vgl. zum räumlichen Anwendungsbereich der Konvention deren Art. 1 sowie 21 und 22; zum IPR bei Akkreditiven allgemein N 22 ff.) diese UN-Konvention im Einzelfall auf Akkreditive i.e.S. ebenfalls angewandt wird. Praktisch ausserordentlich bedeutsam werden könnte dies, falls die USA die Konvention ratifizieren. In der Spezialliteratur wird allerdings in Frage gestellt, ob die von der UN-Konvention für Bankgarantien bereit gestellten operationellen Lösungen auch auf das Dokumentenakkreditiv passen (Markus, 16). Die Schweiz ist dieser Konvention zurzeit (Mai 2015) nicht beigetreten. Für Einzelheiten vgl. ‹http://www.uncitral.org/uncitral/en/index.html› sowie einlässlich Heidbüchel, Buch, Lienesch; knapper Überblick bei Markus.

IV. Zentrale Aspekte des Akkreditivrechts

15 Das Akkreditiv wird durch zwei Merkmale charakterisiert, die seine praktische Handhabung im internationalen Verkehr überhaupt erst ermöglichen, nämlich durch den – auch bei der gewöhnlichen Anweisung geltenden (vgl. dazu Art. 468 N 6) – Grundsatz der **Abstraktheit** und durch den Grundsatz der **Dokumentenstrenge**. Beeinträchtigt wird diese Praktikabilität u.U. durch **rechtsmissbräuchliches Verhalten** eines Beteiligten sowie durch **Arrestnahme** und **einstweiligen Rechtsschutz** (ausführlich Koller Th./Kissling, 91 ff. [allgemein], 94 ff. [Prinzip der Dokumentenstrenge und seine Grenzen], 114 ff. [Abstraktheitsprinzip und seine Grenzen], je m.w.Nw.).

1. Die Abstraktheit des Akkreditivs

16 Gemäss Art. 4a ERA (und im Übrigen bereits auch gestützt auf Art. 468 Abs. 1 OR) sind Akkreditive ihrer Natur nach sowohl vom Deckungsverhältnis wie auch von den Kauf- oder anderen Verträgen, auf denen sie möglicherweise beruhen (Valutaverhältnis), getrennte Geschäfte. Das Akkreditiv ist somit in Bezug auf die Kausalverhältnisse (Deckungs- und Valutaverhältnis) **abstrakt**; aus der Sicht der Bank haben insb. Dokumenten- und Warengeschäft nichts miteinander zu tun (vgl. zur Abstraktheit BGer, 4A_614/2014, 2.4.2015, E. 5.6.1; BGE 131 III 222, 224 E. 4.1 = Pra 2005, 825; BGE 100 II 145, 150 E. 4a; 113 III 26, 31 E. 2b; 108 III 94, 99 E. 4; MEIER-HAYOZ/VON DER CRONE, 432 Rz 56 f.; ENGEL, contrats, 753 f.; NIELSEN, Richtlinien, 21 f.; SCHÜTZE, 48 ff.; CANARIS, N 1004 f.; WESSELY, N 18 ff.; SCHÄRRER, 27 ff.; HARTMANN, 146 ff.; TEVINI DU PASQUIER, 90 ff.; LOMBARDINI, N 314 ff.; KAYA, 21 ff.; DE GOTTRAU, Diss., 101 ff.; BERNHARDT, 160 ff.; KOLLER TH./KISSLING, 92 f., 114 ff.). Demgemäss hat die Akkreditivbank den Begünstigten bei Vorlage ordnungsgemässer Dokumente grundsätzlich unabhängig davon zu honorieren, ob das Grundgeschäft korrekt abgewickelt wurde (BGer, 16.4.2012, 4A_762/2011, E. 5.1; BGE 115 II 67, 71 E. 2a; 108 III 94, 99 E. 4; 104 II 275, 280 E. 5d; 100 II 145, 150 E. 4a; zur Möglichkeit einer abweichenden Vereinbarung vgl. BGE 100 II 145, 152 f. E. 4c; 49 II 195, 200 E. 2). Als wichtige Folge der Abstraktheit des Akkreditivs gilt (aus Sicht des Akkreditivstellers bzw. Käufers) der Grundsatz «Zuerst bezahlen, dann prozessieren» (vgl. KOLLER TH./KISSLING, 93, 95 f., m.w.Nw.).

2. Die Dokumentenstrenge

Eng zusammen mit dem Prinzip der Abstraktheit des Akkreditivs hängt der Grundsatz der **formalistischen Dokumentenstrenge** (*principe de la rigueur documentaire* [CR CO I-TEVINI, Anhang zu Art. 466–471 N 13; BGer, 4A_614/2014, 2.4.2015, E. 5.6.1; BGer, 3.7.2006, 4C.149/2005 E. 2.2; BGE 131 III 222, 224 E. 4.1 = Pra 2005, 825]). Die Beteiligten befassen sich beim Akkreditivgeschäft ausschliesslich mit Dokumenten, und nicht mit Waren (Art. 5 ERA). Es gilt das Prinzip «Bezahlung gegen Dokumente» (BGE 122 III 73, 77 E. 6a/cc, m.Nw.; s.a. N 2). Die Pflicht der Akkreditivbank besteht einzig darin, die vom Begünstigten eingereichten Dokumente auf **Vollständigkeit, formelle Ordnungsmässigkeit** aufgrund ihrer äusseren Aufmachung und auf **Übereinstimmung** mit den Akkreditivbedingungen zu prüfen (Art. 14 ff. ERA; vgl. dazu ausführlich SCHÜTZE, 154 ff., insb. 157 ff.; CANARIS, N 957 ff.; SCHÄRRER, 89 ff.; DE GOTTRAU, Diss., 87 ff.; BERNHARDT, 113 ff.; KOLLER TH./KISSLING, 91 f. und [ausführlich zum Prüfungsmassstab] 99 ff., m.w.Nw.; HOEREN/FLORIAN, N 122 ff.; als Anwendungsbeispiele s. BGE 122 III 273, 275 f. E. 3a/aa = Pra 1996, 878 ff., insb. 879 f. E. 3a/aa [dokumentarische Bankgarantie, für die das BGer hinsichtlich der Dokumentenstrenge den Querbezug zum Dokumentenakkreditiv herstellt]; BGE 88 II 341; 87 II 234). Dabei hat sie sich, was den Prüfungsmassstab betrifft, nach dem Standard internationaler Bankpraxis, wie er sich in den ERA widerspiegelt, zu richten (vgl. dazu International Standard Banking Practice for the Examination of Documents under UCP 600 [ISBP], ICC-Publication No. 745E, 2013, sowie einlässlich etwa ZAHN/EHRLICH/HAAS, Rz 2/273 ff.), gegebenenfalls auch nach einem individuell vereinbarten höheren Standard (vgl. dazu als illustratives Beispiel BGer, 3.7.2006, 4C.149/2005, E. 2.2 und 2.3; in BGE 132 III 620 nicht publiziert). Um die materielle, inhaltliche Richtigkeit der Dokumente muss und darf sich die Bank nicht kümmern (BGer, 15.1.2009, 4A_288/2008, E. 6.2; 3.7.2006, 4C.149/2005, E. 2.2; BGE 115 II 67, 71 E. 2a; 104 II 275, 277 E. 3; 100 II 145, 150 E. 4a; s.a. KOLLER TH./KISSLING, 100 f., m.w.Nw.; HOEREN/FLORIAN, N 123); dementsprechend darf die Bank nicht eine Prüfung der Dokumente durch eine Prüfung der Ware ersetzen (BGE 104 II 275, 277 E. 3; CANARIS, N 958). Alleinige Entscheidungsgrundlagen bilden die Dokumente; weitere Nachforschungen aufgrund anderer Informationsquellen muss die Bank nicht anstellen. Ist z.B. in einem Dokument eine Firmenbezeichnung bzw. Gesellschaftsform abweichend vom Akkreditiv aufgeführt (etwa «srl» statt «spa»), so ist die Bank nicht gehalten nachzuforschen, ob es sich um dieselbe Gesellschaft handelt; ein solcher Fehler stellt im Übrigen auch nicht einen offensichtlichen und somit unbeachtlichen blossen Schreib- bzw. Flüchtigkeitsfehler dar (BGer, 9.11.2006, 4C.393/2005, spez. E. 3.3 und 3.4). Verweigert die Bank die Aufnahme formell korrekter Dokumente, so wird sie dem Begünstigten ungeachtet allfälliger 17

Mängel des Grundgeschäftes honorierungs- und schadenersatzpflichtig (ausser die scheinbar korrekten Dokumente sind gefälscht [BGE 131 III 222 = Pra 2005, 822 ff.]); honoriert sie formell nicht korrekte Dokumente, so kann sie vom Akkreditivsteller dafür keinen Auslagenersatz verlangen (BGE 114 II 45, 50 f. E. 4d = Pra 1988, 756 E. 4d; CANARIS, N 949; sinngemäss auch HARTMANN, 105 f.; ULRICH, 121; s.a. KOLLER TH./KISSLING, 92, 112 ff.). Erachtet die Bank die eingereichten Dokumente als nicht akkreditivkonform, so hat sie sie dem Begünstigten zurückzugeben (ausführlicher zum Reklamationsverfahren und zu Handlungsalternativen bei mangelhaften Dokumenten HOEREN/FLORIAN, N 131 ff.; DE GOTTRAU, Diss., 96 ff.); hält die Bank einzelne Dokumente zurück oder verfügt sie über die Ware, so ist sie zur Bezahlung der Akkreditivsumme verpflichtet (BGE 132 III 620, 623 f. E. 3.1; 111 II 76, 79 E. 3b/bb = Pra 1985, 526 E. 3b/bb; BGE 104 II 275, 278 E. 5a; 90 II 302, 307 f. E. 1; KUKO OR-LARDELLI, Art. 466 N 9). Gleiches gilt, wenn sich der Akkreditivsteller die Dokumente oder die Ware in unerlaubter Weise verschafft (BGE 111 II 76, 80 E. 3b/cc = Pra 1985, 526 E. 3b cc). Als weitere Beispiele aus der Praxis zur Dokumentenstrenge siehe etwa BGer, 15.1.2009, 4A_488/2008 sowie BVGer B-741/2007 vom 20.12.2007.

3. Das rechtsmissbräuchliche Verhalten eines Beteiligten

18 Die Grundsätze der Abstraktheit und der Dokumentenstrenge erleiden dann eine Ausnahme, wenn sich einer der Beteiligten rechtsmissbräuchlich verhält. Liegt ein **Rechtsmissbrauch** vor, so ist die Akkreditivbank dem Begünstigten gegenüber berechtigt und dem Akkreditivsteller gegenüber verpflichtet, die Zahlung zu verweigern (CR CO I-TEVINI, Anhang zu Art. 466–471 N 14; SCHÜTZE, 182 f.; ähnlich auch ENGEL, contrats, 760 f.; s.a. KOLLER TH./KISSLING, 107 ff., 116 ff.). Wann im Einzelnen ein Rechtsmissbrauch anzunehmen ist, ist umstritten (vgl. dazu ausführlich etwa SCHÜTZE, 182 ff.; ESCHMANN, 96 ff.; CANARIS, N 1015 ff.; ULRICH, 122 ff.; HOEREN/FLORIAN; N 144 ff.; NIELSEN/JÄGER, § 120 N 452 ff.; BERNHARDT, 170 ff.; KOLLER TH./KISSLING, 109 ff. [bez. Dokumentenstrenge], 118 ff. [bez. Abstraktheit], m.w.Nw.; DE GOTTRAU, Diss., 111 ff.; s. zur Durchbrechung des Abstraktheitsprinzips [im Zusammenhang mit einer Anweisung] auch Art. 468 N 8a, m.w.Nw.). Fest steht aber, dass die Frage der rechtsmissbräuchlichen Inanspruchnahme eines Akkreditivs durch den Begünstigten von der Schlecht- oder Nichterfüllung des Vertrages im Valutaverhältnis zu unterscheiden ist (BGer, 16.4.2012, 4A_762/2011, E. 5.3 m.Nw.; weniger eindeutig indessen BERNHARDT, 184 ff., der im Falle von [nicht geringfügigen] Mängeln im Valutaverhältnis bei liquidem Beweis grundsätzlich einen Auszahlungsverhinderungsgrund annimmt). Das BGer hat einen Rechtsmissbrauch etwa bejaht, wenn sich die Akkreditivbank auf das Fehlen eines Dokumentes beruft, von dem sie weiss, dass dessen Zweck (z.B. der Nachweis der Ablieferung der Ware) erfüllt ist (BGE 115 II 67, 70 ff. E. 2), oder wenn der Akkreditivbank bzw. der Bestätigungsbank im Zeitpunkt der Fälligkeit der Akkreditivsumme mit genügender Sicherheit (z.B. aufgrund einer rechtskräftigen einstweiligen Verfügung) bekannt ist, dass sich der Begünstigte betrügerische Machenschaften hat zuschulden kommen lassen (BGE 130 III 462, 469 ff. E. 6 = Pra 2005, 136 ff.; BGE 100 II 145, 151 E. 4b), oder wenn die Akkreditivbank Unvollständigkeit der vom Begünstigten vorgelegten Dokumente behauptet, die fehlenden Stücke aber von Dritten erhalten hat (BGE 78 II 42, 52 f. E. 4). Keinen Rechtsmissbrauch dagegen erblickte es im Verhalten eines Verkäufers, der unmittelbar nach Einreichen der Dokumente bei der Bank und Honorierung seines Anspruches aus dem Akkreditiv die Dokumente verarrestieren liess (BGE 110 III 35; BGer, SJ 1986, 529 ff.; CR CO I-TEVINI, Anhang zu Art. 466–471 N 17). Ob die Einreichung scheinbar korrekter, in Wirklichkeit aber gefälschter Dokumente durch den Begünstigten einen Rechtsmissbrauch darstellt, ist umstritten, kann aber offen bleiben, da die Bank so oder anders zur Zahlungsverweigerung berechtigt ist (BGE 131 III 222 = Pra 2005, 822 ff.; CR CO I-TEVINI, art. 468 N 12; H.P. WALTER, ZBJV 2006, 580 ff.; VOSER, 442 f.; s.a. Art. 468 N 8a). Zur rechtsmissbräuchlichen Beanspruchung der Leistung durch den Anweisungsempfänger im Anweisungsrecht i.A. vgl. BGer, 28.3.2001, 4C.172/2000 und dazu KOLLER TH., AJP 2002, 464 ff. (s. Art. 468 N 8a).

18a Ganz besondere praktische Bedeutung hat die Rechtsmissbrauchsproblematik beim **Akkreditiv mit aufgeschobener Zahlung** (Deferred-Payment-Akkreditiv, s.a. N 5a), weil der Akkreditivsteller (anders als beim gewöhnlichen Akkreditiv) die Dokumente vor dem Zahlungstermin erhält, somit über die Ware verfügen und daher wesentlich leichter rechtzeitig einen allfälligen Betrug im Valutaverhältnis feststellen kann. In der Praxis kommt es allerdings oft vor, dass die bestätigende Bank dem Begünstigten die Akkreditivsumme vorzeitig (diskontiert) auszahlt (*paiement avant échéance* [CR CO I-Tevini, Anhang zu Art. 466–471 N 15]) und so dem Akkreditivsteller bzw. der Akkreditivbank das Erwirken eines Zahlungsverbots mit der Begründung, die Inanspruchnahme des Akkreditivs durch den Begünstigten erfolge rechtsmissbräuchlich, faktisch verunmöglicht (vgl. zur Aktiv- und Passivlegitimation beim Erwirken eines Zahlungsverbot Koller Th./Kissling, 129 ff., m.w.Nw.). In einem wegleitenden Entscheid hat das BGer indessen ausdrücklich festgehalten, *dass die bestätigende Bank eine vorzeitige Auszahlung der Akkreditivsumme auf eigenes Risiko vornimmt und damit dem Akkreditivsteller bzw. der Akkreditivbank den Rechtsmissbrauchseinwand nicht entziehen kann* (BGE 130 III 462 = Pra 2005, 130 ff.; vgl. dazu Lombardini/Ringgenberg, Modification de la jurisprudence du Tribunal Fédéral en matière de crédit documentaire à paiement différé, relevant 2004 Nr. 7–1; Thévenoz/Zobl, Das schweizerische Bankprivatrecht 2004–2005, SZW 2005, 193; von Büren/Walter, Die wirtschaftsrechtliche Rechtsprechung des BGer im Jahr 2004, ZBJV 2005, 750 ff.; Bühler, Ein Kind der Praxis: Das Akkreditiv mit aufgeschobener Zahlung, SZW 2006, 42 ff.; Pfister/von der Crone, Exécution anticipée du crédit documentaire à paiement différé, SZW 2005, 42 ff.; ähnlich CR CO I-Tevini, Anhang zu Art. 466–471 N 15 i.f.; anders noch BGE 100 II 145). Das Urteil erging allerdings noch unter der Herrschaft der ERA 500. *Ob an dieser Rechtsprechung bei Akkreditiven festgehalten werden kann, die den ERA 600 unterstehen, ist umstritten*. Gemäss Art. 12 lit. b ERA 600 ermächtigt die eröffnende Bank die bestätigende Bank, ihre eingegangene Verpflichtung zur hinausgeschobenen Zahlung im Voraus zu zahlen oder anzukaufen. In der Literatur wurde daraus z.T. abgeleitet, die Rechtsprechung, welche der diskontierenden Bank einen Rückgriffsanspruch versage, wenn vor der Fälligkeit (aber nach der Zahlung) ein Rechtsmissbrauch des Begünstigten geltend gemacht werde, sei hinfällig («caduque»; so Affaki, 8 ff. Ziff. 28 ff., spez. 13 Ziff. 54; dies i.E. befürwortend de Gottrau, AJP 2007, 975 ff. [aber mit erheblichen Zweifeln, ob sich das so klar aus den ERA 600 ergebe]; im Ergebnis gleich – wenn auch ohne Bezugnahme auf die Rechtsprechung des schweizerischen BGer – Nielsen/Jäger, § 120 N 175 ff., mit einlässlicher Begründung; dezidiert **a.M.** [d.h. für die Weitergeltung der bisherigen Rechtsprechung] Morand, SZW 2010, 362 ff., und tendenziell ähnlich, aber etwas offener Zahn/Ehrlich/Haas, Rz 2/386 ff., je ebenfalls mit einlässlicher Begründung). M.E. muss sich die bestätigende Bank – wie von Morand und Zahn/Ehrlich/Haas vertreten – auch unter der Herrschaft der ERA 600 einen allfälligen Rechtsmissbrauchseinwand entgegenhalten lassen, wenn sie bei einem Akkreditiv mit aufgeschobener Zahlung die Akkreditivsumme vorzeitig auszahlt.

18b Im Falle einer rechtsmissbräuchlichen Inanspruchnahme des Akkreditivs durch den Begünstigten kann sich gegenüber der Bestätigungsbank nicht nur der Akkreditivsteller – gestützt auf Art. 399 Abs. 3 OR – auf den Rechtsmissbrauch berufen (umstritten; dazu Koller Th./Kissling, 134), sondern auch – und gar in erster Linie – die Akkreditivbank (es sei denn, man folge der neuerdings zu den ERA 600 vertretenen Auffassung [N 18a]). Dieses Recht steht ihr auch dann zu, wenn der Akkreditivsteller im Valutaverhältnis bei betrügerischen Machenschaften mitgewirkt hat (BGE 130 III 462, 471 E. 6.2 = Pra 2005, 138) und daher unter Umständen selbst gar keinen Rechtsmissbrauch geltend macht (vgl. zu dieser Betrugskonstellation auch de Gottrau, Diss., 113 f.).

4. Die Verarrestierung des Honorierungsanspruches und der Akkreditivdokumente sowie der einstweilige Rechtsschutz

19 Der schuldrechtliche Anspruch der (ausländischen) Akkreditivbank gegen die schweizerische **Avis-Bank** oder **Zahlstellenbank** auf Herausgabe der Akkreditivdokumente kann in der Schweiz nicht verarrestiert werden (BGE 108 III 94). Verarrestierbar sind die Dokumente selbst, soweit sie – was z.B. auf Konnossemente, nicht aber auf blosse Begleitpapiere zutrifft – ihrerseits verwertbar sind und im Eigentum des Arrestschuldners stehen (BGE 114 II 45, 48 E. 4a = Pra 1988, 754 E. 4a; BGE 113 III 26; 108 III 94, 99 E. 4); in der Praxis ergeben sich dabei allerdings in Bezug auf die Verwertbarkeit mannigfache (technische) Probleme (vgl. etwa BGE 113 III 26). Ebenfalls verarrestierbar ist schliesslich die Forderung des Begünstigten gegen die (schweizerische) Akkreditivbank auf Bezahlung der Akkreditivsumme (BGE 117 III 76 = Pra 1993, 865 ff.; BK-Gautschi, Art. 407 OR N 20b; CR CO I-Tevini, Anhang zu Art. 466–471 N 17; Hartmann, 122 f.).

20 Wenig problematisch sind diese Grundsätze, wenn ein am Akkreditiv nicht beteiligter Dritter als Arrestgläubiger auftritt (so auch Engel, contrats, 760). Kaum mit den Funktionen des Akkreditivs im internationalen Warenverkehr vereinbar wäre es aber, dem Akkreditivsteller selbst, der Ansprüche aus dem Grundgeschäft (z.B. Sachmängelrechte usw.) geltend macht, die Arrestnahme zu gestatten (BK-Gautschi, Art. 407 OR N 20a; Engel, contrats, 760; Hartmann, 124); denn mit der Zulassung eines solchen faktischen Zahlungsverbotes würde der Grundsatz der Abstraktheit des Akkreditivs unterlaufen. Eine Ausnahme gilt nur bei rechtsmissbräuchlicher Inanspruchnahme des Akkreditivs durch den Begünstigten (Schütze, 224 ff.; Schärrer, 135 ff.). Unbedenklich ist wohl auch die Arrestnahme durch den Akkreditivsteller wegen einer nicht mit dem Valutaverhältnis zusammenhängenden Forderung (Canaris, N 1068; **a.M.** für das unwiderrufliche Akkreditiv noch BGE 110 III 35, 40 E. 3c, allerdings in einem blossen obiter dictum). In einem **grundlegenden Entscheid** hat das BGer indessen dem Akkreditivsteller das Recht zugestanden, den Anspruch des Begünstigten gegen die Akkreditivbank gestützt auf irgendeine Forderung – also auch aus dem Valutaverhältnis (z.B. wegen Schlechterfüllung des Grundgeschäftes) – zu verarrestieren (BGE 117 III 76 = Pra 1993, 865 ff.).

21 Ähnliche Probleme wie bei der Arrestnahme stellen sich bei der Zahlungsverhinderung aufgrund einstweiliger Verfügungen (in der Schweiz mithin aufgrund **vorsorglicher Massnahmen nach Art. 261 ff. ZPO**). Der ganze Fragenkreis von Arrestnahme und einstweiligem Rechtsschutz ist im Übrigen äusserst komplex und wird im Einzelnen kontrovers diskutiert (vgl. dazu ausführlich etwa Bodmer, Die Verarrestierung von Bank-Akkreditiven, Diss. Zürich 1991; Canaris, N 1064 ff.; Schütze, 220 ff.; Eschmann, 189 ff.; Hoeren/Florian, N 148 ff.; de Gottrau, Diss., 315 ff., insb. 329 ff. und 365 ff.; ders., Journée 2001, 90 ff.; Koller Th./Kissling, 126 ff., je m.w.Nw.; zu praktischen betreibungsrechtlichen Problemen s. BGE 113 III 26).

V. IPR

22 Wie bei der gewöhnlichen Anweisung wäre auch bei Akkreditiven eine **Rechtswahl** möglich (BGE 119 II 173, 174 ff. E. 1; 87 II 234, 238 E. 1; CR CO I-Tevini, Anhang zu Art. 466–471 N 19; Richter, 94 f.; Schärrer, 39 f.). Ein entsprechender Verweisungsvertrag kann allerdings nur angenommen werden, wenn eine objektiv hinreichend schlüssige ausdrückliche oder konkludente Willenserklärung beider Parteien vorliegt (BGE 119 II 173, 176 spez. E. 1). In der Praxis kommt eine Rechtswahl – jedenfalls im einzelnen Akkreditiveröffnungsauftrag sowie im Leistungsverhältnis – selten vor (Graffe/Weichbrodt/Xueref, 10). In Anbetracht der wichtigen Fragen, die sich auch bei einem Einbezug der ERA nach dem massgebenden nationalen Recht beurteilen (vgl. N 14a), ist dies im Grunde genommen erstaunlich und kann bisweilen zu bösen Überraschungen führen, so etwa dann, wenn die Zweitbank, an die der

Begünstigte seinen Akkreditivanspruch abgetreten hat, nach über 15 Jahren Verzugsdauer keinen Verzugszins zugesprochen erhält, weil die nationale Rechtsordnung der Erstbank, von welcher sie honoriert werden sollte, keinen Verzugszinsanspruch kennt (vgl. BGE 125 III 443, wo gemäss saudiarabischem Recht kein Verzugszins geschuldet war und das BGer darin keinen Verstoss gegen den schweizerischen ordre public sah; dazu WEBER, SZW 2000, 101 ff.; s.a. KOLLER TH./KISSLING, 87 f.). Die Zukunft wird zudem weisen müssen, ob sich in der Praxis sicherheitshalber auch Rechts(ab)wahlklauseln aufdrängen werden, um die Anwendbarkeit der UN-Konvention über unabhängige Garantien und Standby Letters of Credit auszuschliessen (vgl. dazu N 14c). Dabei müssten allerdings kollisionsrechtliche Besonderheiten beachtet werden (Art. 1 Abs. 3 i.V.m. Art. 21 und 22 der Konvention; vgl. dazu auch BUCH, 490 ff.; LIENESCH, 34 ff.; MARKUS, 17 und 53 ff.).

Das weit gehende Fehlen von Rechtswahlklauseln mag darauf beruhen, dass die Parteien in der Praxis durchwegs die ERA als Vertragsbestandteil erklären und auf deren international einheitliche Anwendung vertrauen (SCHÜTZE, 194 f.; KOLLER TH./KISSLING, 85 f.), obwohl es keinen Grundsatz international einheitlicher Auslegung gibt (CANARIS, N 930) und die ERA daher nach dem zuständigen nationalen Recht beurteilt werden müssen (BGE 121 III 436, 438 E. 4b/bb i.f., nicht in Pra). Die ERA selbst enthalten keine Kollisionsregeln. Ob im Verhältnis zwischen Akkreditivsteller und Akkreditivbank die Rechtswahlklauseln in den (nicht bloss auf Akkreditive bezogenen) **Allgemeinen Geschäftsbedingungen** der Banken im Hinblick auf Art. 116 Abs. 2 IPRG wirksam sind, scheint fraglich (so, jedenfalls implizite, auch BK-GAUTSCHI, Vor Art. 466–471 OR N 7b; anders aber wohl RICHTER, 95; SCHÄRRER, 40; vgl. dazu auch LOMBARDINI, N 527, mit Aufzählung der verschiedenen Beziehungen, in denen Rechtswahlklauseln vereinbart werden können; Kurzhinweis bei TEVINI DU PASQUIER, 127 FN 279, 132 FN 11). Diese Frage ist allerdings praktisch wenig relevant, da Akkreditivsteller und Akkreditivbank regelmässig im selben Land ansässig sind und deren Rechtsbeziehung daher ohnehin ihrem innerstaatlichen Recht untersteht. **22a**

Fehlt eine Rechtswahl, so sind die Kollisionsregeln für die Anweisung anwendbar. Beim **eingliedrigen Akkreditiv** ist somit für das Deckungs- und das Leistungsverhältnis das Recht am Sitz der Akkreditivbank massgebend (BGE 115 II 67, 69 E. 1; 87 II 234, 237 E. 1; IPRG-Kommentar-KELLER/KREN KOSTKIEWICZ, Art. 117 N 98; SCHÜTZE, 196 ff.; HARTMANN, 28; RICHTER, 96; SCHÄRRER, 40; TEVINI DU PASQUIER, 132; KOLLER TH./KISSLING, 86). Beim **zweigliedrigen Akkreditiv** unterliegen der Akkreditiveröffnungsauftrag sowie die Beziehung zwischen dem Begünstigten und der eröffnenden Akkreditivbank ebenfalls dem Recht an deren Sitz (BGE 125 III 443, 446 E. 3a, m.w.Nw., nicht in Pra [betreffend Verhältnis Akkreditivbank–Begünstigter]; BGE 121 III 436, 437 E. 4b/bb, nicht in Pra; BGE 87 II 234, 237 E. 1; SCHÜTZE, 198 ff.; RICHTER, 97), diejenige zwischen der Zweitbank und dem Begünstigten dagegen dem Recht am Sitz der Zweitbank (BGE 115 II 67, 70 E. 1; SCHÜTZE, 201; RICHTER, 97). Ebenso dem Recht am Sitz der Zweitbank (bzw. der entsprechenden Niederlassung) untersteht das Rechtsverhältnis zwischen den beiden beteiligten Banken (BGE 130 III 462, 467 E. 4.1 = Pra 2005, 134 f.; BGE 119 II 176 E. 2; 78 II 42, 47 E. 1; BÄR, ZBJV 1995, 429; SCHÜTZE, 202; RICHTER, 97; SCHÄRRER, 40 f.). Für das anwendbare Recht ist unerheblich, ob die Zweitbank als Avis-Bank, als Zahlstelle oder als Bestätigungsbank auftritt, denn in jedem Fall liegt ein Auftragsverhältnis vor, in welchem die Dienstleistung, d.h. die Leistung des Beauftragten, als die für die objektive Anknüpfung charakteristische Leistung gilt (BGE 119 II 176, 176 E. 2, m.w.Nw.; zustimmend KOLLER TH./KISSLING, 86; ebenfalls ohne diesbezügliche Unterscheidung DE GOTTRAU, Diss., 83 f.; **a.M.**, d.h. nach der Stellung der Zweitbank differenzierend, SCHÄRRER, 40 f.). Abweichendes gilt, soweit die Zweitbank gegenüber der Erstbank einen Anspruch aus dem Akkreditiv geltend macht, den ihr der Begünstigte zediert hat; dieser Anspruch beurteilt sich nach dem zwischen der Erstbank und dem Begünstigten geltenden Recht, beim Fehlen einer Rechtswahl also nach dem Recht am Sitz der Erstbank (BGE 121 III 436, 437 E. 4b/bb, nicht in Pra). **23**

Neunzehnter Titel: Der Hinterlegungsvertrag

Vorbemerkungen zu Art. 472–491

Literatur

BAERLOCHER, Der Hinterlegungsvertrag, in: Schweizerisches Privatrecht (SPR), Bd. VII/1, Obligationenrecht – Besondere Vertragsverhältnisse, Basel 1977, 647 ff.; BÄRTSCHI, Die rechtliche Umsetzung des Bucheffektengesetzes, AJP 2009, 1071 ff.; BAUMGARTNER, Depot- und Compte-joint unter besonderer Berücksichtigung des Innenverhältnisses, Diss. Basel 1977; BOEMLE/GSELL (Hrsg.), Geld-, Bank- und Finanzmarkt-Lexikon der Schweiz, Zürich 2002 (zit. Boemle/Gsell-BEARBEITER); BOHNET/MONTINI (Hrsg.), Commentaire pratique Droit du bail à loyer, Basel 2010 (zit. CPra Bail-BEARBEITER); BRUNNER, Wertrechte – nicht verurkundete Rechte mit gleicher Funktion wie Wertpapiere, Diss. Bern 1996; EIGENBRODT, Der unregelmässige Hinterlegungsvertrag, insbesondere die Rechtsnatur des Sparkassavertrages, Diss. Zürich 1970; FURRER, Stillstehende Ware unter schweizerischem Recht, Rechte und Pflichten aus dem Transport- und Logistikrecht, AJP 2013, 865 ff.; GUGGENHEIM/GUGGEMHEIM, Les contrats de la pratique bancaire suisse, 5. Aufl., Bern 2014; ROESLE, Der Schrankfachvertrag der Banken, Diss. Zürich 1982; SCHLEGEL, Die schweizerische Effekten-Giro AG und ihre Beziehung zum Bankkunden in der Verwahrung von Wertpapieren, Diss. Zürich 1983; SUTTER-SOMM, Eigentum und Besitz, Schweizerisches Privatrecht (SPR), Bd. V/1, 2. Aufl., Basel 2014; ZIMMERMANN, Die Sammelverwahrung von Edelmetallen, Diss. Zürich 1980; ZOBL, Kollisionen zwischen Sachen- und Zwangsvollstreckungsrecht, in: Meier/Siehr (Hrsg.), FS für Anton Heini, Zürich 1995, 543 ff. Weitere Literaturnachweise, insb. zum älteren Schrifttum, finden sich bei BAERLOCHER, 649 ff.

I. Der Hinterlegungsvertrag in der Systematik des Besonderen Teils des OR

Im systematischen Aufbau des Besonderen Teils des OR wird der Hinterlegungsvertrag der Gruppe der **Verwahrungs-** und **Sicherungsverträge** zugeordnet (GUHL/KOLLER/SCHNYDER/DRUEY, § 40 N 30). Diese Zuordnung ist jedoch nicht gefestigt. Gelegentlich wird der Hinterlegungsvertrag auch als «sonstiger Vertrag» (HONSELL, OR BT, 16) oder als Rechtsgeschäft bezeichnet, welches zwischen den Verträgen auf Erfolgsleistung einerseits und auf Arbeitsleistung andererseits steht (BUCHER, BT, 16; ähnlich VON BÜREN, BT, 180 ff.). Von entscheidender Bedeutung ist diese Zuordnung indessen nicht, da der Zusammenfassung verschiedener Vertragstypen zu Vertragsgruppen nach bestimmten Ordnungsprinzipien (vgl. dazu BUCHER, BT, 15 f.; GUHL/KOLLER/SCHNYDER/DRUEY, § 40 N 30; HONSELL, OR BT, 15 f.; VON BÜREN, BT, III ff.) letztlich bloss didaktisch-klassifikatorische Funktion zukommt. 1

Mit den eigentlichen Sicherungsverträgen – Bürgschaft, Garantievertrag, Pfandvertrag etc. – hat der gesetzliche Typus des Hinterlegungsvertrages nichts gemein. Die Hinterlegung ist **für den Aufbewahrer fremdnützig** (HONSELL, OR BT, 396); sie erfolgt – auch wenn der Aufbewahrer entgeltlich tätig wird – typischerweise im Interesse des Hinterlegers (GUHL/KOLLER/SCHNYDER/DRUEY, § 55 N 1; BAERLOCHER, 657, 670), während die Sicherungsverträge dem Interesse des Adressaten einer Sicherheitsleistung oder eines Sicherungsversprechens dienen. Pfandrechtsähnliche Hinterlegungen, Hinterlegungen sicherheitshalber (vgl. dazu ausführlich BGE 102 Ia 229, 235 E. 2e), Kautionen und dgl. mehr folgen daher weitgehend eigenen Regeln, auch wenn den Empfänger des Sicherungsgutes gleich wie beim Hinterlegungsvertrag eine Verwahrungs- und Rückgabepflicht als Nebenpflicht trifft (vgl. dazu ausführlich BAERLOCHER, 659 ff. m.w.Nw.; ZK-OSER/SCHÖNENBERGER, Art. 472 OR N 20). 2

II. Die Bedeutung des Hinterlegungsvertrages in der Praxis

Die praktische Bedeutung des Hinterlegungsvertrages im kommerziellen Bereich ist gross. 3
Von erheblichem wirtschaftlichem Gewicht sind vor allem die **Depotverträge** im Bankge-

schäft (Wertschriftendepots, Edelmetalldepots etc.; vgl. dazu ausführlich GUGGENHEIM/GUGGENHEIM, Rz 522 ff.; Boemle/Gsell-ZOBL, Stichwort «Depotgeschäft», und Boemle/Gsell-AMMANN, Stichwort «SIS SegaIntersettle AG» [heute: SIX SIS AG]; zur Rationalisierung bei der Verwahrung von Effekten BRUNNER, 7 ff., vgl. auch 24 f.), und zwar auch nach Inkrafttreten des *Bucheffektengesetzes* (vgl. dazu Art. 484 N 9 ff.). Daneben kommt auch dem **Lagergeschäft** eine gewichtige Funktion zu. Demgegenüber haben nicht-kommerzielle (unentgeltliche) Hinterlegungsverträge als Gefälligkeitsgeschäfte nur untergeordnete Bedeutung.

4 Im diametralen Gegensatz zur wirtschaftlichen Bedeutung der kommerziellen Hinterlegungsverträge stehen die knappe gesetzliche Regelung in lediglich 20 Artikeln sowie die relativ geringe Anzahl der publizierten Bundesgerichtsurteile zu dieser Vertragsart (so auch TERCIER/FAVRE, Rz 6579; CR CO I-BARBEY, Vor Art. 472–491 N 5). Obwohl im schweizerischen Recht nur wenige allgemeine Rechtsnormen über den Hinterlegungsvertrag bestehen, haben sich die Gerichte offenbar selten mit Streitigkeiten aus diesem Bereich zu befassen. Die existierenden und weit gehend am römischen Recht orientierten (BAERLOCHER, 654; BUCHER, BT, 276; ausführlich dazu auch BK-GAUTSCHI, N 2a ff.) gesetzlichen Bestimmungen scheinen den komplexen Problemen der kommerziellen Depotgeschäfte zu genügen (zweifelnd aber BAERLOCHER, 654).

III. Der Anwendungsbereich der Normen des 19. Titels

5 Die Art. 472 ff. finden Anwendung auf **privatrechtliche Hinterlegungsverträge**. Ein solches Privatrechtsverhältnis besteht auch dann, wenn eine öffentlich-rechtliche Körperschaft im eigenen Namen oder auf den Namen eines Organs Vermögenswerte bei einer Schweizer Bank deponiert (BGE 100 II 200, 210 E. 7). Desgleichen unterliegt die Rechtsbeziehung zwischen den Schweizerischen Bundesbahnen und den Schliessfachbenützern dem Privatrecht (BGE 102 Ib 314), wobei dieser Vertrag allerdings als Mietvertrag qualifiziert wird (BGE 102 Ib 314, 318 E. 3b), während bei der bedienten Handgepäckaufgabe wohl aber ein Hinterlegungsvertrag anzunehmen wäre.

6 Ebenso liegt ein Hinterlegungsvertrag i.S. dieser Bestimmungen vor bei der **Hinterlegung im Gläubigerverzug** (Art. 92 Abs. 1; Art. 444) und **bei Ungewissheit über die Person des Gläubigers** (Art. 96; Art. 168; Art. 444). Die Art. 472 ff. sind daher in solchen Fällen ohne weiteres direkt anwendbar (BGE 72 I 13; BUCHER, AT, 323; VON TUHR/ESCHER, 78; GUHL/KOLLER/SCHNYDER/DRUEY, § 55 N 1; für eine bloss analoge Anwendung BAERLOCHER, 661; zu den verschiedenen Hinterlegungsarten BGE 135 III 31, 34 E. 2.2.2). Immerhin weist die **Hinterlegung als Erfüllungssurrogat** die Besonderheit auf, dass sie als echter Vertrag zugunsten Dritter i.S.v. Art. 112 Abs. 2 auszugestalten ist, wenn sie für den Schuldner befreiende Wirkung haben soll (so klar VON TUHR/ESCHER, 78; GAUCH/SCHLUEP/EMMENEGGER, N 2451; GUHL/KOLLER/SCHNYDER/DRUEY, § 33 N 9 ff.; weniger deutlich BGE 72 I 13, 15 E. 1; VON BÜREN, BT, 184; **a.M.** mit differenzierter Lösung BUCHER, AT, 322). Eine solche freiwillige Hinterlegung unterliegt auch dann dem **Privatrecht**, wenn sie bei einer staatlichen Stelle erfolgt (BGE 72 I 13, 16 E. 1; VON TUHR/ESCHER, 78; GUHL/KOLLER/SCHNYDER/DRUEY, § 55 N 1; ZK-OSER/SCHÖNENBERGER, Art. 472 OR N 25 m.w.Nw.; **a.M.** bez. Hinterlegung bei einer Gerichtskasse BK-GAUTSCHI, N 6d). Umstritten ist, ob dasselbe gilt, wenn ein Mieter zur Sicherung seiner Mängelrechte gegenüber dem Vermieter von seinem Recht auf Hinterlegung des Mietzinses (Art. 259g ff.) Gebrauch macht (für öffentliches Recht mit der Begründung, es handle sich um eine prozessuale Norm, etwa CPra Bail-AUBERT, Art. 259g OR N 50, und ZK-HIGI, Art. 259g OR N 76; für Privatrecht TERCIER/FAVRE, Rz 2173; *offen gelassen bei* ZÜST, Die Mängelrechte des Mieters von Wohn- und Geschäftsräumen, 2. Aufl., Bern 1995, 298 f.). Die Annahme einer öffentlich-rechtlichen Beziehung ist hier wohl naheliegender (**a.M.** noch die 4. Aufl.), und zwar selbst dann, wenn die Kantone

Banken als Hinterlegungsstellen bezeichnen. Kein privatrechtlicher Vertrag liegt vor, wenn ein Beschuldigter in einem Strafverfahren streitige Vermögenswerte freiwillig bei den Strafverfolgungsbehörden deponiert (BGE 86 II 291, 296 f. insb. E. 2). Ebenso ist nicht Privatrecht, sondern öffentliches Recht betroffen, wenn eine Gemeinde im Rahmen einer vollstreckungsrechtlichen Mieterexmission Gegenstände der Mieterin in Verwahrung nimmt (BGer, 2.6.2014, 4A_132/2014, E. 2).

Verwahrungspflichten kommen häufig als **Nebenpflichten** bei anderen Verträgen vor (Tercier/Favre, Rz 6598 ff.). Solche können etwa beim Reparaturvertrag über ein Auto den Garagisten (BGE 113 II 421, 422 E. 2b; vgl. aber ZK-Higi, Vor Art. 253–274 OR N 213 f.), beim Arbeitsvertrag den Arbeitgeber für die Garderobe des Arbeitnehmers (Bucher, BT, 276), beim Kaufvertrag den Verkäufer für die vom Käufer noch nicht mitgenommene Sache (Honsell, OR BT, 397) treffen. Auf solche Nebenpflichten finden die Art. 472 ff. keine Anwendung (BGE 113 II 421, 422 E. 1; 58 II 347, 351 E. 1 = Pra 1932, 443 ff., nicht übersetzt; Baerlocher, 663; ZK-Oser/Schönenberger, Art. 472 OR N 5). Der Sorgfaltsmassstab bei Verletzung einer solchen Verwahrungspflicht unterscheidet sich indessen nicht von demjenigen beim Hinterlegungsvertrag (BGE 113 II 421, 422 E. 2b). 7

Wenig Sinn würde es machen, aus der Sicht des Sachempfängers eigennützige Verwahrungsverträge **(pfandrechtsähnliche Hinterlegungen, Hinterlegungen sicherheitshalber etc.)** den Regeln des Hinterlegungsvertrages zu unterwerfen (vgl. aber BGE 127 III 273, 275 f. E. 3b, wonach die Normen über die Hinterlegung anwendbar sind, wenn der Vermieter eine Mietzinskaution nicht gesetzeskonform auf den Namen des Mieters hinterlegt, sondern in seinem eigenen Vermögen belässt; vgl. auch schon MRA 2001, 9 ff.; mp 1997, 150 f. und ZK-Higi, Art. 257e OR N 25; **a.A.** und somit gl.M. wie hier Futterlieb, MRA 2001, 11 ff. und Pietruszak, AJP 2001, 1228 ff., 1231 f.). Zwar wäre es denkbar, die Art. 472 ff. auf solche Verträge als subsidiäres Recht anzuwenden, soweit keine vertraglichen Verabredungen oder besonderen gesetzlichen Bestimmungen für den zu regelnden Sachverhalt bestehen. Dabei müsste aber stets auf die speziellen Interessen des Empfängers der Sicherungshinterlage Rücksicht genommen werden, was die Anwendung verschiedener Regeln des Hinterlegungsvertragsrechts ausschliesst. So käme es z.B. bei der Hinterlegung sicherungshalber nicht in Frage, dem «Hinterleger» das Recht auf jederzeitige Rückforderung der hinterlegten Sache gem. Art. 475 Abs. 1 gegen den Willen des Gläubigers einzuräumen (BGE 102 Ia 229, 236 E. 2e; Baerlocher, 660). 8

Auf **öffentlich-rechtliche Hinterlegungen** finden die Art. 472 ff. als privatrechtliche Normen keine direkte Anwendung (BGE 55 II 107; BGer, 2.6.2014, 4A_132/2014, E. 2; ZR 1955, 46 ff.). Dem steht allerdings nicht entgegen, diese Bestimmungen, soweit sie sich mit dem öffentlich-rechtlichen Charakter solcher Hinterlegungen vertragen, zur Lückenfüllung beizuziehen und sinngemäss (als öffentlich-rechtliche Normen des massgebenden kantonalen oder eidgenössischen Rechts) anzuwenden (BGE 55 II 107, 115 E. 4; ZR 1955, 46 ff.; ZK-Oser/Schönenberger, Art. 472 OR N 25; Baerlocher, 659; von Büren, BT, 188). Ein solches Vorgehen ist auch deshalb empfehlenswert, weil die Abgrenzung zwischen privatrechtlichen und öffentlich-rechtlichen Verträgen in diesem Bereich oft Schwierigkeiten bereitet (vgl. dazu als illustratives Beispiel die beiden ähnliche Sachverhalte beschlagenden Urteile BGE 55 II 107; [öffentlich-rechtliche Hinterlegung] und BGE 47 II 144; [privatrechtlicher Kuriertransport]; ähnlich von Büren, BT, 188). 9

IV. Der Aufbau der gesetzlichen Regelung

Der 19. Titel enthält zunächst Bestimmungen über die Hinterlegung im Allgemeinen (Art. 472–480), denen sich ein Artikel über die Hinterlegung vertretbarer Sachen (Art. 481; depositum irregulare) und verschiedene, z.T. von den allgemeinen Normen abweichende Re- 10 geln über das Lagergeschäft (Art. 482–486) anschliessen. Als Letztes folgen die Bestimmungen über die Gast- und Stallwirthaftung (Art. 487–491), die allerdings wenig inneren Zusammenhang mit dem Hinterlegungsvertrag aufweisen (BUCHER, BT, 276; CR CO I-BARBEY, Vor Art. 472–491 N 2; ähnlich GUHL/KOLLER/SCHNYDER/DRUEY, § 55 N 23 ff.; VON BÜREN, BT, 189; weniger krit. BAERLOCHER, 717 f.).

11 Die Art. 472–480 beziehen sich als **allgemeine Bestimmungen** über die Hinterlegung auch auf die Sonderformen, soweit sich nicht aus den besonderen gesetzlichen Bestimmungen oder aus der Natur dieser speziellen Hinterlegungsarten etwas anderes ergibt (BUCHER, BT, 275). Gleiches gilt, wenn der Gast mit dem Gastwirt einen eigentlichen Hinterlegungsvertrag abschliesst (vgl. dazu etwa BGE 109 II 234; 108 II 449 = Pra 1983, 144 ff.; BGE 105 II 110 = Pra 1979, 438 ff.), was allerdings in der Praxis – insb. in Bezug auf die Gästegarderobe im Restaurant – nicht die Regel ist (BGE 108 II 449, 453 E. 3 = Pra 1983, 145; vgl. auch BGE 120 II 252 = Pra 1995, 938 ff. bez. auf offenem Hotelparkplatz abgestelltem Auto des Gastes).

Art. 472

A. Hinterlegung im Allgemeinen
I. Begriff

1 Durch den Hinterlegungsvertrag verpflichtet sich der Aufbewahrer dem Hinterleger, eine bewegliche Sache, die dieser ihm anvertraut, zu übernehmen und sie an einem sicheren Orte aufzubewahren.

2 Eine Vergütung kann er nur dann fordern, wenn sie ausdrücklich bedungen worden ist oder nach den Umständen zu erwarten war.

A. Du dépôt en général
I. Définition

1 Le dépôt est un contrat par lequel le dépositaire s'oblige envers le déposant à recevoir une chose mobilière que celui-ci lui confie et à la garder en lieu sûr.

2 Le dépositaire ne peut exiger une rémunération que si elle a été expressément stipulée, ou si, eu égard aux circonstances, il devait s'attendre à être rémunéré.

A. Deposito in genere
I. Definizione

1 Il deposito è un contratto per cui il depositario si obbliga verso il deponente a ricevere una cosa mobile che questi gli affida e a custodirla in luogo sicuro.

2 Il depositario non può pretendere una mercede, tranne l'abbia espressamente pattuita o debba secondo le circostanze ritenersi sottintesa.

Literatur

Vgl. die Literaturhinweise bei den Vorbem. zu Art. 472–491.

I. Allgemeines

1. Die typenbestimmenden Merkmale des Hinterlegungsvertrages

1 Art. 472 umschreibt das Wesen des Hinterlegungsvertrages. Die gesetzlichen Charakteristika des Hinterlegungsvertrages bestehen darin, dass der Hinterleger (Deponent, déposant, deponente) dem Aufbewahrer (Verwahrer, Depositar, dépositaire, depositario) eine bewegliche Sache **anvertraut**, welche dieser an einem sicheren Ort **aufzubewahren** hat. Der Aufbewahrer hat der ihm anvertrauten Sache **Raum und Obhut** zu gewähren (VON BÜREN, BT, 180). Kein wesentliches Merkmal für den Hinterlegungsvertrag ist dagegen die Vergütungspflicht (BGE 98 II 211, 218 E. 7b; ZK-OSER/SCHÖNENBERGER, N 1; TERCIER/FAVRE, Rz 6669; BAERLOCHER, 657); der Gesetzgeber geht von der Vermutung aus, die Hinterlegung sei für den Aufbewahrer ein keinen Gewinn bringendes Gelegenheitsgeschäft (Art. 472 Abs. 2; BUCHER, BT, 276).

2 Die Umschreibung des Hinterlegungsvertrages in Art. 472 ist nicht vollständig. Wesentlicher, ja geradezu charakteristischer Bestandteil eines jeden Hinterlegungsvertrages ist auch das Recht des Hinterlegers, die **Rückgabe der Sache** zu verlangen, und die entsprechende Pflicht des Aufbewahrers zur **Restitution** des anvertrauten Gutes (BGE 139 III 160, 162 E. 2.4 = Pra 2013, 824 E. 2.4; BGE 126 III 193, 196 E. 2c = Pra 2001, 289 E. 2c; BGE 120 II 252, 256 E. 2d = Pra 1995, 941; BGE 97 II 360, 361 f. E. 3 = Pra 1972, 159; BGE 58 II 347, 351 E. 1 = Pra 1932, 445, nicht übersetzt; ZK-OSER/SCHÖNENBERGER, N 7; BK-GAUTSCHI, N 1b; VON BÜREN, BT, 181; TERCIER/FAVRE, Rz 6597; ENGEL, contrats, 599; abschwächend BGE 98 II 211, 217 E. 6 und 218 E. 7a; 91 II 442, 451 E. 5b; **a.M.** BAERLOCHER, 656). Im Einzelnen geregelt ist die Sachrückgabe in den Art. 475–477.

Ein weiteres nicht in Art. 472 aufgeführtes Charakteristikum des Hinterlegungsvertrages besteht darin, dass die Sache dem Aufbewahrer **zum ausschliesslichen oder mindestens hauptsächlichen Zweck der Aufbewahrung** im Interesse des Hinterlegers anvertraut wird (BGE 58 II 347, 351 E. 1 = Pra 1932, 443 ff., nicht übersetzt; GUHL/KOLLER/SCHNYDER/DRUEY, § 55 N 1; ZK-OSER/SCHÖNENBERGER, N 4; BAERLOCHER, 664). Immerhin liegt auch dann eine Hinterlegung vor, wenn der Hinterleger dem Aufbewahrer gestattet, die Sache zu gebrauchen (Art. 474 Abs. 1), sofern sich dieses Gebrauchsrecht dem Vertragszweck der Aufbewahrung unterordnet (BAERLOCHER, 702). Stehen andere Interessen im Vordergrund, so liegt kein (oder jedenfalls kein reiner) Hinterlegungsvertrag vor. 3

Gegenstand des Hinterlegungsvertrages kann nur eine **bewegliche Sache** sein (TERCIER/FAVRE, Rz 6592; ENGEL, contrats, 598 f.). Bedeutungslos ist, ob es sich um eine vertretbare oder nicht vertretbare Sache handelt (BAERLOCHER, 656; ZK-OSER/SCHÖNENBERGER, N 2; CHK-STUPP, N 2); die Hinterlegung von vertretbaren Sachen kann – muss aber nicht – zu einem depositum irregulare (Art. 481) oder zu einem Vermengungsdepot (Art. 484) führen. 4

2. *Die Rechtsnatur des Hinterlegungsvertrages*

Nach h.M. ist die Hinterlegung ein **Konsensualvertrag** (BGE 117 II 404, 406 E. 2; 67 II 88, 97 E. 2b; HONSELL, OR BT, 396; BUCHER, BT, 276; TERCIER/FAVRE, Rz 6635; BAERLOCHER, 656 m.w.Nw.). Diese Auffassung hat den klaren Wortlaut von Art. 472 für sich. Dezidiert **a.M.** ist GAUTSCHI, der den Hinterlegungsvertrag in Anlehnung an das römische Recht als **Realkontrakt** betrachtet und in Art. 472 nicht die Umschreibung des Hinterlegungsvertrages, sondern nur das Versprechen des Aufbewahrers, die Sache zu übernehmen, wenn sie übergeben wird, sieht (BK-GAUTSCHI, Vor Art. 472–491 OR N 2c; Art. 472 N 1a ff.). 5

Unter praktischen Gesichtspunkten ist diese Kontroverse **weitgehend bedeutungslos** (gl.M. CR CO I-BARBEY, N 13). Darüber, dass den Aufbewahrer nur eine Rückgabepflicht hinsichtlich der tatsächlich erhaltenen Sache und nicht hinsichtlich des vertraglich verabredeten Hinterlegungsgegenstandes trifft, besteht Einigkeit (BUCHER, BT, 276; BAERLOCHER, 656 f.; BK-GAUTSCHI, Art. 475 OR N 3; ZK-OSER/SCHÖNENBERGER, Art. 475 OR N 11; ähnlich wohl auch BGE 120 II 252, 257 E. 3 = Pra 1995, 942). Einem klagbaren Anspruch des Aufbewahrers aus Vertragskonsens auf Übergabe der Sache steht das jederzeitige Rückforderungsrecht des Hinterlegers (Art. 475) entgegen (BK-GAUTSCHI, Vor Art. 472–491 OR N 2c; ZK-OSER/SCHÖNENBERGER, N 15, 35); dasselbe gilt bei der entgeltlichen Hinterlegung für den Vergütungsanspruch, soweit er den Aufwand übersteigt, den der Aufbewahrer mit Rücksicht auf die vereinbarte Zeit gemacht hat (vgl. dazu Art. 475 N 21; gl.M. BK-GAUTSCHI, Art. 475 OR N 8c, 10c; **a.M.** ZK-OSER/SCHÖNENBERGER, Art. 472 OR N 15, 35, Art. 475 N 4; BUCHER, BT, 279; GUHL/KOLLER/SCHNYDER/DRUEY, § 55 N 6). Für den Fall, dass der Hinterleger dem Aufbewahrer die Sache nach Vertragsschluss nicht übergibt, verbleibt dem Aufbewahrer somit nur – aber immerhin – ein Anspruch auf Ersatz der Aufwendungen, die er im Vertrauen auf die Hinterlegung gemacht hat (BAERLOCHER, 702; BK-GAUTSCHI, Art. 475 OR N 10c). Mehr bleibt von der **konsensualen Natur** des Hinterlegungsvertrages in praktischer Hinsicht nicht übrig (gl.M. TERCIER/FAVRE, Rz 6636). 6

II. Abgrenzung zu anderen Vertragstypen

1. Abgrenzung gegenüber dem Mietvertrag

7 Die charakteristische Verpflichtung des Vermieters besteht darin, dem Mieter eine **Sache zum Gebrauch zu überlassen** (Art. 253). Eine **Obhuts-** und **Verwahrungspflicht** über vom Mieter in seine Räume eingebrachte Sachen trifft den Vermieter nicht (Pra 1999, 112 ff., 114 [unv. Urteil des BGer, 12.10.1998]; BGE 98 II 211, 217 E. 6; 76 II 154, 156 f. E. 1; ZK-Higi, Art. 256a–256b OR N 14). Ob der Sacheinbringer gegenüber seinem Vertragspartner Anspruch auf blosse (passive) **Raumüberlassung**, wie sie für die Immobiliarmiete typisch ist, oder auf Wahrung einer (aktiven) **Obhut** über die eingebrachte Sache i.S. eines Hinterlegungsvertrages hat, ist eine Frage der vertraglichen Vereinbarung unter den Parteien.

8 Was die Parteien im Einzelfall gewollt haben, ist aufgrund aller Umstände zu entscheiden. Umstände, die für das Vorliegen eines Mietvertrages sprechen, sind etwa die Aufgabe des unmittelbaren Besitzes am Raum, in den die Sache eingebracht wird, oder die Vereinbarung eines Entgeltes für die Vertragsdauer, unabhängig von der Menge der eingebrachten Sachen (BGE 98 II 211, 216 E. 5b). Auf Hinterlegung dagegen ist zu schliessen, wenn der Sachübernehmer der Sache eine besondere Obhut angedeihen lassen muss (BGE 98 II 211, 217 E. 6; 76 II 154, 157 E. 1). Bei der Hinterlegung nimmt der Aufbewahrer die Sache in unmittelbaren Besitz (BGE 108 II 449, 453 E. 3 = Pra 1983, 145; ZK-Oser/Schönenberger, N 16). Keine Hinterlegung, sondern Miete liegt vor, wenn der Sachübernehmer die «deponierten» Gegenstände nicht kennen und daher auch nicht zurückgeben (sondern dem Übergeber bloss die Rücknahme ermöglichen) kann (BGE 108 II 449, 452 E. 3a = Pra 1983, 145; BGE 102 Ib 314, 318 E. 3b; 95 II 541 = Pra 1970, 313 ff.; BK-Gautschi, Vor Art. 472–491 OR N 3c Ziff. 2). Unerheblich für die rechtliche Qualifikation ist die vereinbarte Dauer der Unterbringung (BGE 76 II 154, 156 E. 1).

9 Die Abgrenzungsfrage zwischen Miete und Hinterlegung hat sich insb. beim Schrankfachvertrag im Bankgeschäft gestellt und wurde früher kontrovers diskutiert. Sie kann nunmehr aber als entschieden betrachtet werden. Nach heute h.M. handelt es sich beim **Schrankfachvertrag** um einen **Mietvertrag** (BK-Gautschi, Vor Art. 472–491 OR N 3 Ziff. 2; ZK-Oser/Schönenberger, N 16; ZK-Higi, Vor Art. 253–274 OR N 206; Honsell, OR BT, 396; Tercier/Favre, Rz 6604; Engel, contrats, 601; Guggenheim/Guggenheim, Rz 685 ff.; Roesle, 35 ff.; Baerlocher, 659; BGE 102 Ib 314, 318 E. 3b betr. Schliessfach in einem Bahnhof; BGE 95 II 541 = Pra 1970, 313 ff. betr. Hotelsafe).

10 Hinterlegung hat das BGer demgegenüber angenommen bei der Einlagerung von Brennstoff in einem **Tanklager** (BGE 98 II 211) sowie beim Einstellen eines Motorfahrzeugs in eine **Sammelgarage**, während es das Einstellen in eine abschliessbare Einzelbox als Miete qualifizierte (BGE 76 II 154, 156 f. E. 1, 161 E. 3; ZK-Higi, Vor Art. 253–274 OR N 210, 213). Keine Hinterlegung, sondern blosse Haftung für eingebrachte Sachen nach Art. 487 liegt nach bundesgerichtlicher Rechtsprechung aber vor, wenn ein Gast ein Auto in eine Hotelgarage einstellt (BGE 120 II 252, 255 E. 2c = Pra 1995, 940 f.; BGE 76 II 154, 161 ff. E. 4; krit. dazu BK-Gautschi, Art. 490 OR N 2d; vgl. auch Art. 487 N 9). Auf für jedermann zugängliche, unbewachte **Parkhäuser** wird die Praxis des BGer zur Sammelgarage nicht ausgedehnt werden können; hier liegt eine (kurzfristige) Miete eines gedeckten Parkplatzes vor (gl.M. ZK-Higi, Vor Art. 253–274 OR N 211; Guhl/Koller/Schnyder/Druey, § 55 N 10; für ungedeckte Parkplätze ebenso BGE 120 II 252, 255 E. 2c = Pra 1995, 940 f.). Ein «Pensionsvertrag», bei welchem eine Partei der anderen für deren Pferd eine Innenbox in einem Stall überliess und sich zur tiergerechten Fütterung verpflichtete, wurde als Hinterlegungsvertrag mit auftragsrechtlichem Element und nicht als Mietvertrag qualifiziert (OGer ZH, ZR 1997, 156 ff.; Honsell, OR BT, 396 [«gemischter Vertrag»]; zustimmend KUKO OR-Schott/Maurenbrecher, N 16; vgl. auch N 12).

2. Abgrenzung gegenüber der Gebrauchsleihe

Im Gegensatz zur Miete ist die **Gebrauchsleihe** charakterisiert durch die Verpflichtung des Verleihers, dem Entlehner eine Sache zu **unentgeltlichem Gebrauch** zu überlassen (Art. 305). Eine **Raumleihe** kann daher in Frage kommen, wenn der Sacheinbringer seinem Vertragspartner kein Entgelt schuldet. Die Abgrenzung zwischen Leihe und Hinterlegungsvertrag richtet sich diesfalls nach denselben Kriterien wie bei der Raummiete (vgl. dazu auch BGE 98 II 211, 216 E. 5a; ZK-OSER/SCHÖNENBERGER, N 16). Schuldet der Sacheinbringer kein Entgelt, so kann umgekehrt auch eine **Mobiliarleihe** zugunsten des Sachübernehmers vorliegen. Eine solche Mobiliarleihe unterscheidet sich vom Hinterlegungsvertrag dadurch, dass der Sachübernehmer befugt ist, die Sache zu gebrauchen (ZK-OSER/SCHÖNENBERGER, N 16). Immerhin kann auch beim Hinterlegungsvertrag dem Aufbewahrer ein Benutzungsrecht – etwa als Entgelt für die Verwahrung – eingeräumt werden (Art. 474 Abs. 1), was die Abgrenzung zur Gebrauchsleihe erschwert (TERCIER/FAVRE, Rz 6607; VON BÜREN, BT, 181 FN 239; ähnlich BK-GAUTSCHI, Art. 474 OR N 1c). Massgebend ist diesfalls, ob der Sacheinbringer einen Aufbewahrungsort für seine Sache oder der Sachübernehmer eine Sache zum Gebrauch gesucht hat (SJZ 1945, 27 Nr. 5; CHK-STUPP, N 8). Ob das eine oder andere zutrifft, entscheidet sich nach ausdrücklicher vertraglicher Vereinbarung oder aufgrund aller Umstände des Einzelfalles. 11

3. Abgrenzung gegenüber Werkvertrag, Spedition, Auftrag und ähnlichen Rechtsgeschäften sowie gegenüber dem Kaufvertrag

Ist die Aufbewahrungspflicht nur nebensächlicher Zweck eines Vertrages, dessen hauptsächlicher Inhalt in der Pflicht des Sachübernehmers zu einem bestimmten Tätigwerden besteht, so liegt nicht eine Hinterlegung, sondern ein **Werkvertrag**, ein **Auftrag** oder ein diesen Vertragstypen ähnliches Rechtsgeschäft vor (ZK-OSER/SCHÖNENBERGER, N 4; BAERLOCHER, 663). Auftrag und nicht Hinterlegung ist daher etwa das Pflegen, Füttern und Bewachen von Haustieren während der Ferienabwesenheit des Halters (BK-GAUTSCHI, N 2b; zum **Viehsömmerungsvertrag** s. N 16; **a.A.** OGer ZH, ZR 1997, 156 ff. für einen Pferdepensionsvertrag, bei dem jedoch die Inobhutnahme des Pferdes in der Stallbox gegenüber der Dienstleistungskomponente [Fütterung] vom Umfang her im Vordergrund gestanden haben dürfte; vgl. auch N 10 i.f.) oder die Entgegennahme von Ware durch eine Überwachungsgesellschaft zur Qualitäts- und Quantitätskontrolle sowie zur anschliessenden Überwachung der Einlagerung (BGE 139 III 160, 162 E. 2.5 = Pra 2013, 824 E. 2.5). Übernimmt eine Partei (i.c. ein Spediteur) von der anderen (i.c. Bijoutier) Waren (i.c. sechs Pakete mit Schmuckstücken), um sie im Hinblick auf einen voraussichtlichen zukünftigen Speditionsauftrag in seinem Lager unentgeltlich aufzubewahren, ohne dass bereits ein konkreter Auftrag zur Versendung vereinbart worden ist, so liegt *nicht* ein **Speditionsvertrag** mit der Nebenverpflichtung der vorübergehenden Lagerung, sondern ein Hinterlegungsvertrag i.S.v. Art. 472 Abs. 1 OR vor; infolge Kostenlosigkeit der Aufbewahrung scheidet auch die Qualifikation als **Lagergeschäft** (Art. 482 ff.) aus (BGE 126 III 192, 195 E. 2a = Pra 2001, 285 ff., 288). 12

Keine Hinterlegung, sondern **Kaufvertrag mit Eigentumsvorbehalt** ist anzunehmen, wenn eine Weingrosshandelsfirma einem Händler sukzessive Wein liefert, der binnen 30 Tagen nach dem Weiterverkauf zu bezahlen ist und der nach vertraglicher Vereinbarung bis zur Bezahlung im Eigentum der Grosshandelsfirma bleiben soll (BGE 58 II 347 = Pra 1932, 443 ff., nicht übersetzt). 13

4. Abgrenzung zur Anweisung

Keine fiduziarische Hinterlegung von Schuldbriefen durch den Grundpfandkreditgeber, sondern eine **Anweisung** durch den Liegenschafteneigentümer und Grundpfandschuldner liegt vor, wenn ein Notar beauftragt wird, Stockwerkeinheiten zu verkaufen, den Erlös teilweise 14 an den Grundpfandgläubiger weiterzuleiten und fortlaufend die Schuldbriefsummen entsprechend der Rückzahlung der Darlehen beim Grundbuchamt reduzieren zu lassen (BGE 113 II 522, 526 spez. E. 5b = Pra 1988, 861 ff.).

III. Die Pflicht des Aufbewahrers zur Pflege, Erhaltung und Verwaltung des Hinterlegungsgegenstandes als vertragliche Haupt- oder Nebenpflicht

15 Aufgrund ausdrücklicher Vereinbarung oder aus den Umständen kann sich ergeben, dass der Aufbewahrer die ihm anvertraute Sache nicht bloss zu verwahren, sondern zusätzlich bestimmte Besorgungen zur Pflege, Erhaltung und Verwaltung des Hinterlegungsgegenstandes vorzunehmen hat. Sind diese Aufgaben insgesamt von untergeordneter Bedeutung, so bilden sie blosse **Nebenpflichten** (obligations accessoires) des Hinterlegungsvertrages. Das gilt etwa für die Pflicht des Aufbewahrers, den Bezug von Treibstoff aus einem Tanklager durch die Mitglieder des als Verein konstituierten Hinterlegers zu überwachen (BGE 98 II 211, 218 E. 7a).

16 Ist die Pflicht des Aufbewahrers zum Tätigwerden eine der vertraglichen **Hauptpflichten**, so liegt kein reiner Hinterlegungsvertrag, sondern i.d.R. eine Verbindung von Depot und Auftrag i.S. eines **gemischten Vertrages** vor (ZK-Oser/Schönenberger, N 18; BVGer, 12.5.2010, A-2220/2008 und A-2221/2008, E. 3.2). Als solche gemischten Rechtsgeschäfte werden insb. die in der Praxis wichtigen sog. **«offenen Depotverträge»** qualifiziert, mit denen sich die Banken zur Verwahrung und Verwaltung von Wertpapieren (Einzug von Zinsen und Dividenden, Überwachung von Auslosungen usw.) verpflichten (BGE 102 II 297, 301 E. 2b; 101 II 117, 119 E. 5, 123 E. 1; 96 II 145, 149 E. 2; 94 II 167, 169 E. 2; 63 II 240, 242 E. 1 = Pra 1937, 262 f. [nicht übersetzt]; bestätigt in BGE 133 III 37, 40 E. 3.1 = Pra 2007, 622; BK-Gautschi, Vor 472–491 OR N 4b; Tercier/Favre, Rz 6611; Guggenheim/Guggenheim, Rz 635 ff.; Brunner, 224 f.). Mit Bezug auf die Verwaltung der hinterlegten Wertpapiere sind dabei die Art. 394 ff. (BGE 102 II 297, 301 E. 2b i.f.; 96 II 145, 149 E. 2; sinngemäss wohl auch BGE 101 II 121, 123 E. 1), im Übrigen aber die Art. 472 ff. anwendbar. Auf das ganze Rechtsverhältnis undifferenziert bloss die Vorschriften des Auftragsrechts anzuwenden, rechtfertigt sich dagegen nicht (gl.M. Baerlocher, 666; **a.M.** aber scheinbar BGE 94 II 167, 169 E. 2; 101 II 117, 119 f. E. 5, wo das BGer indessen das Auftragsrecht derart «zurechtbiegt», dass es im Ergebnis dem Hinterlegungsvertragsrecht entspricht; so deutlich in BGE 94 II 167, 171 E. 4a). Auf die Verwaltung von unverbrieften bzw. rein elektronisch verbuchten Werten/Wertrechten ist dagegen nur Auftragsrecht anwendbar, da keine «hinterlegbare Sache» vorliegt (vgl. Bertschinger, Sorgfaltspflicht der Bank bei Anlageberatung und Verwaltungsaufträgen, Diss. St. Gallen, Zürich 1991, 9 f.; Brunner, 224; de Beer, Die Verantwortlichkeit der Bank gegenüber einem Kunden für Handlungen eines von diesem eingesetzten Vermögensverwalters – eine Replik, SZW 1998, 125 ff., 127; Abegglen, Vermögensverwaltung durch die Bank – konfliktträchtige Bereiche und ihre Bewältigung, unter besonderer Berücksichtigung des Kunden-Direktorders, SZW 2001, 179 ff., 181 FN 8). Werden der Bank Vermögensgegenstände in versiegeltem Zustand übergeben **(«verschlossenes Depot»)**, bezieht sich die Pflicht der Bank nur auf die sichere Verwahrung, nicht aber auf Verwaltungs- und Beratungstätigkeiten; diesfalls liegt ein reiner Hinterlegungsvertrag vor (BVGer, 12.5.2010, A-2220/2008 und A. 2221–2008, E. 3.2).

16a Ebenfalls als gemischter Vertrag, der Elemente von Hinterlegung und Auftrag enthält, wird der **Viehsömmerungsvertrag** betrachtet (LGVE 1974 I 222 f.; Lang, Zur Rechtsnatur des Viehsömmerungsvertrages, SJZ 1974, 279 f., je m.Nw.; Tercier/Favre, Rz 6612; zum Pferdepensionsvertrag vgl. N 10 und 12).

IV. Das Entgelt

1. Grundsätzliches

Von Gesetzes wegen gehört der Hinterlegungsvertrag zu den unentgeltlichen Gefälligkeitsgeschäften. Der Aufbewahrer hat indessen einen Anspruch auf ein Entgelt, sofern ein solches **ausdrücklich vereinbart** worden ist oder **nach den Umständen zu erwarten** war. 17

Dass ein Entgeltsanspruch besteht, wenn er ausdrücklich vereinbart wurde, ist eine Selbstverständlichkeit. Die Erwähnung dieses Umstandes in Art. 472 Abs. 2 ist aber insofern von Bedeutung, als damit klargestellt wird, dass sich mit der Vereinbarung eines Vergütungsanspruches – gleich wie beim Auftrag, aber anders als bei der Leihe – der Vertragstyp nicht ändert (ZK-OSER/SCHÖNENBERGER, N 12; ähnlich BGE 98 II 211, 218 E. 7b). 18

Von erheblicher praktischer Bedeutung ist demgegenüber das zweite in Art. 472 Abs. 2 erwähnte Kriterium, da die Parteien häufig keine ausdrücklichen Vereinbarungen über das Entgelt treffen. Auf sich aus den Umständen ergebende Entgeltlichkeit ist namentlich zu schliessen, wenn der Aufbewahrer berufs- oder gewerbsmässig handelt (BGE 98 II 211, 218 E. 7b; BK-GAUTSCHI, N 6c; BUCHER, BT, 276; TERCIER/FAVRE, Rz 6670). 19

Die Formulierung *«nach den Umständen»* stellt klar, dass ein Entgelt auch dann geschuldet ist, wenn die Vertragsparteien dessen Höhe nicht bestimmt haben. Es genügt, wenn sich aus einer ausdrücklichen Vereinbarung oder aus den Umständen ergibt, dass die Parteien an sich ein Entgelt gewollt haben (BK-GAUTSCHI, N 7a ff.). Art. 472 Abs. 2 ist insoweit (wie Art. 374, Art. 394 Abs. 3, Art. 314 Abs. 1, Art. 322 Abs. 1, Art. 414 sowie 418g Abs. 1) Ausdruck einer zunehmend anerkannten **allgemeinen Regel** im Obligationenrecht: Besteht im Einzelfall zwar Einigkeit über das **Prinzip der Entgeltlichkeit** eines Vertrages an sich, haben sich aber die Parteien über die Höhe des Entgeltes nicht verständigt, so steht dem Vertragsgegner, der seine Leistung erbracht hat, grundsätzlich ein Vergütungsanspruch zu; der Vertrag weist diesfalls eine Regelungslücke auf, welche im Streitfalle vom Richter nach Treu und Glauben zu füllen ist (TERCIER/FAVRE, Rz 6671; vgl. dazu grundlegend auch etwa GAUCH, Von den wesentlichen Vertragspunkten, recht 1991, 45 ff.; BUCHER E., Preisvereinbarung als Voraussetzung der Vertragsgültigkeit beim Kauf, FS für Paul Piotet, Bern 1990, 371 ff.; BGE 108 II 112; 100 II 330; anders aber betr. künftigem Gebrauch einer Mietsache BGE 119 II 347 f. E. 5). Anhaltspunkte für die Bestimmung des geschuldeten Entgelts können z.B. in derselben Branche verwendete Tarife bieten (in diesem Sinne BK-GAUTSCHI, N 9a/b). 20

Schuldner des Entgelts (sowie des Auslagenersatzes) ist der Hinterleger. Dies gilt auch dann, wenn die hinterlegte Sache von einem Dritten verarrestiert wird (Art. 271 ff. SchKG) und das Betreibungsamt die Sache beim Aufbewahrer belässt (Art. 98 Abs. 2 SchKG). Der Arrestgläubiger kann erst dann verpflichtet werden, einen Kostenvorschuss gem. Art. 105 SchKG zu leisten, wenn das Betreibungsamt die Verwahrung anordnet (BGE 132 III 487, 488 E. 2 [betr. Einlagerungsvertrag]). 20a

2. Die Retentionsrechte der Parteien im Zusammenhang mit dem Entgelt

Dem Aufbewahrer steht zur Sicherung seines Anspruches auf das Entgelt ein **dingliches Retentionsrecht** an der hinterlegten Sache gestützt auf Art. 895 ZGB zu; Art. 896 Abs. 2 ZGB, der eine Retention ausschliesst, wenn ihr eine vom Gläubiger übernommene Verpflichtung entgegensteht, schliesst ein solches nach h.M. nicht aus (ZK-OFTINGER/BÄR, Art. 896 ZGB N 26 m.Nw.; ZK-OSER/SCHÖNENBERGER, Art. 475 OR N 8; sinngemäss auch BK-GAUTSCHI, N 10a; BAERLOCHER, 716; GUHL/KOLLER/SCHNYDER/DRUEY, § 55 N 7; VON BÜREN, BT, 182; ZR 1952, 333 E. 4). Ob ein Retentionsrecht an **persönlichen Gegenständen** des Hinterlegers und seiner Familie zulässig ist, die nach Art. 92 Ziff. 1 SchKG **unpfändbar** sind, braucht nicht entschieden zu werden, denn durch die Hinterlegung hat der Hinterleger zum 21

Ausdruck gebracht, dass er die Gegenstände zurzeit nicht unabdingbar zum Gebrauch benötigt; eine später beabsichtigte persönliche Verwendung ist unerheblich (BGE 83 III 31).

22 Da der entgeltliche Hinterlegungsvertrag ein vollkommen zweiseitiger Vertrag ist (BK-WEBER, Art. 82 OR N 60; ZK-SCHRANER, Art. 82 N 30), kann der Aufbewahrer zudem zur Sicherung seines Rechts auf Entgelt (sowie auf Auslagen- und Schadenersatz) die Herausgabe der Sache gestützt auf Art. 82 **(Einrede des nicht erfüllten Vertrages)** verweigern (BK-GAUTSCHI, Art. 475 OR N 6a; TERCIER/FAVRE, Rz 6667; **a.M.** ZK-OFTINGER/BÄR, Art. 895 ZGB N 202a; für eine bloss analoge Anwendung von Art. 82 ZK-OSER/SCHÖNENBERGER, Art. 475 OR N 7).

23 Ebenso steht auch dem Hinterleger ein Leistungsverweigerungsrecht nach Art. 82 in dem Sinne zu, dass er das Entgelt (sowie den Auslagen- und Schadenersatz) zurückbehalten darf, solange der Aufbewahrer die Herausgabe der Sache verweigert. Zum «obligatorischen Retentionsrecht» von Aufbewahrer und Hinterleger beim unentgeltlichen Depositum s. Art. 473 N 14 f.

V. IPR

24 Im internationalen Verhältnis (Art. 1 Abs. 1 IPRG) steht es den Parteien frei, den Hinterlegungsvertrag dem von ihnen gewählten Recht zu unterstellen (Art. 116 IPRG; BGE 100 II 200, 209 f. E. 5d; 94 II 167, 169 E. 1; BK-GAUTSCHI, Vor Art. 472–491 OR N 4a; ZK-SCHÖNENBERGER/JÄGGI, Allgemeine Einleitung N 310). Die **Rechtswahl** muss ausdrücklich sein oder sich eindeutig aus dem Vertrag oder aus den Umständen ergeben (Art. 116 Abs. 2 IPRG). Eine Rechtswahlklausel in **Allgemeinen Geschäftsbedingungen** kann aber genügen, sofern diese insgesamt Vertragsbestandteil geworden sind (BGE 100 II 200, 209 f. E. 5d).

25 Da bei der Hinterlegung der Aufbewahrer die charakteristische Leistung erbringt (Art. 117 Abs. 3 lit. d IPRG), unterliegt beim Fehlen einer Rechtswahl dieser Vertrag dem Recht desjenigen Staates, in dem der **Aufbewahrer seinen gewöhnlichen Aufenthalt oder seine** den Vertrag schliessende **Niederlassung** hat (BGE 133 III 37, 39 f. E. 2 = Pra 2007, 621 E. 2; BGE 100 II 200, 208 E. 5a; 90 II 158, 162 E. 4b = Pra 1964, 379; IPRG-Kommentar-KELLER/KREN KOSTKIEWICZ, Art. 117 N 137 f.; BSK IPRG-AMSTUTZ/WANG, Art. 117 N 49; BK-GAUTSCHI, Vor Art. 472–491 OR N 4a; ZK-SCHÖNENBERGER/JÄGGI, Allgemeine Einleitung N 310). Bei einem (regulären oder irregulären) Bankdepot ist somit ohne gegenteilige Abrede das Recht desjenigen Staates massgebend, in dem sich die **Bankniederlassung** befindet, mit der der Kunde den Hinterlegungsvertrag abgeschlossen hat (BGE 133 III 37, 39 f. E. 2 = Pra 2007, 621 E. 2; BGE 100 II 200, 208 E. 5a). Das gilt selbst dann, wenn die Depotbank die vom Kunden hinterlegten Vermögenswerte bei einer ausländischen Korrespondenzbank aufbewahrt (BGE 90 II 158 = Pra 1964, 375 ff.; BSK IPRG-AMSTUTZ/WANG, Art. 117 N 49). Mangels Rechtswahl unterstehen dem Statut des Niederlassungsorts der Bank auch die – in der Praxis häufigen – gemischten Mandats- und Hinterlegungsverträge (BGE 133 III 37, 39 f. E. 2 = Pra 2007, 621 E. 2; BGE 100 II 200, 208 f. E. 5; BK-GAUTSCHI, Vor Art. 472–491 OR N 4b).

Art. 473

II. Pflichten des Hinterlegers

[1] Der Hinterleger haftet dem Aufbewahrer für die mit Erfüllung des Vertrages notwendig verbundenen Auslagen.

[2] Er haftet ihm für den durch die Hinterlegung verursachten Schaden, sofern er nicht beweist, dass der Schaden ohne jedes Verschulden von seiner Seite entstanden sei.

II. Obligations du déposant

[1] Le déposant doit rembourser au dépositaire les dépenses que l'exécution du contrat a rendues nécessaires.

[2] Il est tenu d'indemniser le dépositaire du dommage occasionné par le dépôt, à moins qu'il ne prouve que ce dommage s'est produit sans aucune faute de sa part.

II. Obblighi del deponente

[1] Il deponente è tenuto a rimborsare al depositario le spese necessarie incontrare per l'esecuzione del contratto.

[2] Egli è responsabile verso di lui dei danni derivanti dal deposito, ove non dimostri che questi sono avvenuti senza alcuna colpa da parte sua.

Literatur

Vgl. die Literaturhinweise bei den Vorbem. zu Art. 472–491.

I. Allgemeines

1 Art. 473 ist dem für das Auftragsrecht geltenden Art. 402 nachgebildet (ZK-OSER/SCHÖNENBERGER, N 1; BK-GAUTSCHI, N 2a; VON BÜREN, BT, 182), weshalb für die Einzelheiten weitgehend auf die entsprechende Kommentierung verwiesen werden kann.

2 Art. 473 unterscheidet zwischen **Auslagenersatz** (Abs. 1) einerseits und **Schadenersatz** (Abs. 2) andererseits. Auslagen sind **freiwillige**, Schäden **unfreiwillige Vermögensopfer** des Aufbewahrers (BGE 59 II 245, 253 E. 5; BK-GAUTSCHI, Art. 402 OR N 20a). Die Unterscheidung ist von Bedeutung, weil der Aufbewahrer an sich (zu einer Ausnahme vgl. jedoch N 11) nur bei Verschulden des Hinterlegers Anspruch auf Schadenersatz hat (BGE 59 II 245, 253 f. E. 5).

II. Auslagenersatz

1. Im Allgemeinen

3 Auslagen sind Aufwendungen, die der Aufbewahrer in gehöriger Erfüllung des Vertrages im Interesse des Hinterlegers oder zur Erhaltung der anvertrauten Sache getätigt hat (BAERLOCHER, 709). Welche ersatzfähigen Aufwendungen der Aufbewahrer vorzunehmen hat, muss beim Fehlen ausdrücklicher Abreden im Einzelfall aufgrund der Umstände entschieden werden (BK-GAUTSCHI, N 4c; ZK-OSER/SCHÖNENBERGER, N 1). Zu ersetzen sind nach h.M. nur **notwendige Auslagen**, während der Ersatz **nützlicher** Aufwendungen sich bloss aus Geschäftsführung ohne Auftrag oder aus Bereicherungsrecht ableiten lässt (ZK-OSER/SCHÖNENBERGER, N 2 f.; BUCHER, BT, 277; HONSELL, OR BT, 397; **a.M.** BK-GAUTSCHI, N 4a; ENGEL, contrats, 606 f.; differenzierter TERCIER/FAVRE, Rz 6664 [noch i.S.v. GAUTSCHI dagegen die 1. Aufl., TERCIER, contrats spéciaux, Rz 3568]). Notwendigkeit der Auslagen liegt auch dann vor, wenn ein objektiv erhoffter Erfolg im Nachhinein nicht eintritt, die Massnahmen aber vom Aufbewahrer im Zeitpunkt ihrer Vornahme als erforderlich betrachtet werden durften (BGE 59 II 245, 253 E. 5 betr. Art. 402; BK-GAUTSCHI, N 4c; ZK-OSER/SCHÖNENBERGER, N 1; CHK-STUPP, N 2 f.).

4 Auslagen müssen in direktem Zusammenhang mit der Erfüllung des einzelnen Hinterlegungsvertrags stehen. Nicht ersatzfähig sind die **Generalunkosten** des Aufbewahrers, wie Löhne für das Personal, die Miete für Räumlichkeiten usw. Solche Generalunkosten muss der Aufbewahrer in die Vergütung einkalkulieren (BK-GAUTSCHI, N 4b). Die Abgrenzung kann im Einzelfall heikel sein. So sind etwa Versicherungsprämien ersatzfähige Auslagen, wenn der Aufbewahrer gestützt auf eine vertragliche Vereinbarung eine Versicherung abschliesst. Versichert er dagegen die Sache aus freien Stücken gegen Verlustrisiken, so ist – jedenfalls im kommerziellen Depotgeschäft – anzunehmen, dass er dies im Hinblick auf seine Haftung in

eigenem Interesse tut; die entsprechenden Prämien sind daher Generalunkosten (unklar BK-GAUTSCHI, N 4c).

5 Ohne gegenteilige Abrede wird der Anspruch des Aufbewahrers auf Auslagenersatz sofort fällig (BK-GAUTSCHI, N 5a; BAERLOCHER, 709).

2. Ersatz für Aufwendungen und Verluste einer Bank aufgrund ausländischer Repressionsmassnahmen

6 Als Auslagen i.S.v. Art. 402 Abs. 1 hat das BGer u.a. Rechtsverfolgungskosten und Kursverluste betrachtet, die einer Bank durch Beschlagnahmung von Guthaben im Deutschen Reich erwachsen sind, weil sie sich auf Weisung ihrer Kundin geweigert hatte, bei ihr deponierte Vermögenswerte der deutschen Zwangsverwaltung auszuliefern (BGE 46 II 440 = Pra 1921, 111 ff., nicht übersetzt). Da Art. 473 der Norm von Art. 402 nachgebildet ist, wäre dieses Bundesgerichtsurteil grundsätzlich auch für Hinterlegungsverträge massgebend.

7 Dieser Bundesgerichtsentscheid – dem im Hinblick auf die **internationale Verflechtung der Schweizer Banken** auch heute noch erhebliche Bedeutung zukommt – ist indessen **unhaltbar**. Wenn in einer solchen Situation der Drittansprecher nach dem für das schweizerische Gericht massgebenden Recht nicht legitimiert ist, über die in der Schweiz liegenden Vermögenswerte des Bankkunden zu verfügen (so ausdrücklich BGE 46 II 440, 442), und die Bank vom Kunden auch nicht ermächtigt wird, an den Dritten zu leisten, dann kann die Bank die hinterlegten Werte dem Dritten nicht mit befreiender Wirkung ausliefern. Ist sie als Folge der vertragskonformen Weigerung, die Sache dem Drittansprecher zu übergeben, im Drittstaat **Repressionen** ausgesetzt, so ist das ihr **Geschäftsrisiko**. Die damit verbundenen Kosten sind entweder als unfreiwilliger Vermögensverlust **Schaden** oder **Generalunkosten**, die nicht als Auslagen einem einzelnen Kunden belastet werden können. Auslagenersatz rechtfertigt sich auch deshalb nicht, weil **eigene Vermögensinteressen der Bank** in Frage stehen und diese im Rahmen ihrer (auf Gewinnoptimierung ausgerichteten) **Geschäftspolitik** selbst bestimmt, in welchen Ländern sie Vermögenswerte platziert, womit Repressionsmassnahmen von Drittstaaten erst ermöglicht werden.

8 Unter besonderen Umständen kann einer Bank, die sich ausländischen Repressionsmassnahmen ausgesetzt sieht, dagegen ein **Schadenersatzanspruch** gegen den Kunden zustehen (vgl. dazu N 13).

III. Schadenersatz

1. Im Allgemeinen

9 Die Regelung der Schadenshaftung des Hinterlegers in Art. 473 Abs. 2 folgt dem gewöhnlichen Muster des Vertragsrechts (Verschuldenshaftung mit Exkulpationsmöglichkeit des Schuldners). Sie ist indessen zu undifferenziert; es wäre nicht sachgerecht, die **Risikoverteilung** zwischen Hinterleger und Aufbewahrer beim entgeltlichen und beim unentgeltlichen Hinterlegungsvertrag gleich vorzunehmen.

10 Im **kommerziellen Depotgeschäft** hat der Aufbewahrer die **allgemein bekannten Gefahren** des Hinterlegungsgegenstandes als Geschäftsrisiko zu tragen (so ausdrücklich BGE 48 II 487, 491 f. E. 3 für den entgeltlichen Auftrag; BK-GAUTSCHI, N 7a). Ein Verschulden des Hinterlegers liegt nur vor, wenn er den Aufbewahrer nicht auf **besondere Gefahren** der Sache (besondere Bissigkeit oder ansteckende Krankheit eines Hundes etc.) aufmerksam macht (BK-GAUTSCHI, N 7b; CHK-STUPP, N 9; ähnlich BAERLOCHER, 709; ZK-OSER/SCHÖNENBERGER, N 5). Ebenso kann sich der Hinterleger entlasten, wenn der Aufbewahrer (z.B. aufgrund seiner besonderen Sachkenntnis) die besonderen Gefahren der Sache erkannt hat oder hätte erkennen können (wie etwa der Wirt eines Luxusrestaurants in einem mondänen Kurort, der

bei seiner «gehobenen Kundschaft» damit rechnen muss, dass besonders wertvolle Pelzmäntel an der Garderobe abgegeben werden; BGE 109 II 234, 236 f. E. 2a). Kannte der Hinterleger die besondere Gefahr nicht und hätte er sie auch nicht kennen müssen, so haftet er nicht (gl.M. BK-Gautschi, N 7b); durch **Zufall** entstandenen Schaden hat der Aufbewahrer zu tragen (BGE 59 II 245, 254 E. 5 bez. Auftrag). Beim entgeltlichen Hinterlegungsvertrag besteht kein Grund, an den Entlastungsbeweis des Hinterlegers strenge Anforderungen zu stellen (zu undifferenziert ZK-Oser/Schönenberger, N 4; Baerlocher, 710 FN 14).

Anderes muss beim **unentgeltlichen** Hinterlegungsvertrag gelten. Beim altruistischen Mandat hat der Auftraggeber dem Beauftragten **entgegen dem klaren Wortlaut von Art. 402 Abs. 2** gleich wie der Geschäftsherr dem Geschäftsführer bei der Geschäftsführung ohne Auftrag (Art. 422) aus **Billigkeit** auch für **zufällig entstandenen Schaden** einzustehen (BGE 61 II 95, 97 f. E. 3; 48 II 487, 490 ff. E. 3). Das Mass des zu ersetzenden Schadens hat der Richter dabei nach billigem Ermessen (Art. 4 ZGB) festzusetzen (BGE 61 II 95, 99 E. 4; 48 II 487, 492 f. E. 4). Im Hinblick auf die ähnliche Interessenlage der Beteiligten rechtfertigt es sich, bei der unentgeltlichen Hinterlegung ebenso zu entscheiden (gl.M. BK-Gautschi, N 6b, und CR CO I-Barbey, N 13; CHK-Stupp, N 10; tendenziell ebenso Baerlocher, 710 FN 14). Ein veröffentlichtes Bundesgerichtsurteil zu dieser Frage fehlt bis anhin. 11

Der Anspruch des Aufbewahrers auf Schadenersatz unterliegt den **ordentlichen Verjährungsregeln**, da das Bundeszivilrecht nichts anderes bestimmt (Art. 127 ff.). Ihn als ausservertraglichen Haftpflichtanspruch oder als Anspruch aus culpa in contrahendo zu betrachten und der einjährigen Verjährungsfrist zu unterwerfen, ist nicht sachgerecht (**so aber** BK-Gautschi, Art. 402 OR N 24c, Art. 473 OR N 7d; gleich wie hier Baerlocher, 709 FN 13). Eine **Verwirkungsfrist** für die Geltendmachung von Schadenersatzansprüchen sieht das Gesetz nicht vor; ob bei vorbehaltloser Restitution der Sache eine Vermutung besteht, auf gegenseitige Ersatzansprüche (für erkennbare Schäden) werde verzichtet, ist offen (befürwortend BK-Gautschi, N 7d). 12

2. *Ersatz für Aufwendungen und Verluste einer Bank aufgrund ausländischer Repressionsmassnahmen*

Einer Bank, die sich im Ausland Repressionsmassnahmen an eigenen Vermögenswerten ausgesetzt sieht, weil sie sich nach schweizerischem Recht in vertragskonformer Weise weigert, Depotwerte eines Kunden auszuliefern (s. dazu N 6 ff.), kann ihrem Kunden gegenüber allenfalls ein Schadenersatzanspruch zustehen. Voraussetzung dafür ist, dass der Kunde bei Vertragsschluss weiss oder während der Dauer der Hinterlegung erfährt, dass ein repressionsfähiger Drittansprecher mit grosser Wahrscheinlichkeit die Auslieferung der hinterlegten Werte verlangen wird, und dass der Kunde die Bank über die für sie damit verbundene mögliche Gefährdung nicht orientiert. Den Kunden trifft hier die **gleiche Informationspflicht** wie bei der Hinterlegung **gefährlicher Güter**. Dabei liegt es allerdings in der Natur der Sache, dass an den dem Kunden obliegenden Entlastungsbeweis keine allzu hohen Anforderungen gestellt werden dürfen. Ausserdem wird es sich die Bank als Selbstverschulden anrechnen lassen müssen, wenn sie aufgrund ihrer besonderen Sachkenntnisse die Risiken rechtzeitig hätte erkennen können. 13

IV. Retentionsrecht

Dem Aufbewahrer steht zur Sicherung seiner Ansprüche auf Auslagen- und Schadenersatz ein **dingliches Retentionsrecht** an der hinterlegten Sache gestützt auf Art. 895 ZGB zu; Art. 896 Abs. 2 ZGB steht dem nach h.M. nicht entgegen (ZK-Oftinger/Bär, Art. 896 ZGB N 26 m.Nw.; ZK-Oser/Schönenberger, Art. 475 OR N 8; sinngemäss auch BK-Gautschi, N 5c; Baerlocher, 716; Guhl/Koller/Schnyder/Druey, § 55 N 7; von Büren, BT, 182; Tercier/Favre, Rz 6667). Daneben kann der Aufbewahrer zur Sicherung seiner Rechte aus 14

Art. 473 beim unentgeltlichen Depositum die Rückgabe der Sache auch in analoger Anwendung von Art. 82 (**«obligatorisches Retentionsrecht»**) – dessen Grundgedanke nach h.M. bei unvollkommen zweiseitigen Verträgen aus Billigkeitsgründen ebenfalls gelten muss (BGE 94 II 263, 267 E. 3a; 78 II 376, 378 E. 2; vgl. die Komm. zu Art. 82) – verweigern (ZK-OSER/SCHÖNENBERGER, Art. 473 OR N 6, Art. 475 OR N 7; so wohl auch TERCIER/FAVRE, Rz 6667; **a.M.** ZK-OFTINGER/BÄR, Art. 895 ZGB N 202a). Zum Retentionsrecht beim entgeltlichen Depositum s. Art. 472 N 21 ff.

15 Ebenso steht auch dem Hinterleger ein **«obligatorisches Retentionsrecht»** in dem Sinne zu, dass er Leistungen für Aufwendungs- und Schadenersatz zurückbehalten darf, wenn der Aufbewahrer die Herausgabe der Sache verweigert (ZK-OFTINGER/BÄR, Art. 895 ZGB N 202; CHK-STUPP, N 12; VON TUHR/ESCHER, 68; sinngemäss wohl auch BK-GAUTSCHI, N 5c).

Art. 474

III. Pflichten des Aufbewahrers 1. Verbot des Gebrauchs	[1] **Der Aufbewahrer darf die hinterlegte Sache ohne Einwilligung des Hinterlegers nicht gebrauchen.** [2] **Andernfalls schuldet er dem Hinterleger entsprechende Vergütung und haftet auch für den Zufall, sofern er nicht beweist, dass dieser die Sache auch sonst getroffen hätte.**
III. Obligations du dépositaire 1. Défense de se servir de la chose déposée	[1] Le dépositaire ne peut se servir de la chose sans la permission du déposant. [2] S'il enfreint cette règle, il doit au déposant une juste indemnité, et il répond en outre du cas fortuit, à moins qu'il ne prouve que la chose eût été atteinte également s'il ne s'en était pas servi.
III. Obblighi del depositario 1. Divieto dell'uso della cosa	[1] Il depositario non può senza il consenso del deponente servirsi della cosa depositata. [2] Diversamente deve pagare al deponente un equo compenso, ed è inoltre responsabile del caso fortuito, ove non provi che questo avrebbe egualmente colpito la cosa.

Literatur

Vgl. die Literaturhinweise bei den Vorbem. zu Art. 472–491.

I. Allgemeines

1 Die Hinterlegung erfolgt im Interesse des Hinterlegers, das auf sorgfältige Inobhutnahme der deponierten Sache gerichtet ist. Mit diesem Interesse ist es im Regelfall nicht vereinbar, dass der Aufbewahrer die hinterlegte Sache benützt (BK-GAUTSCHI, N 1a; BAERLOCHER, 702; BUCHER, BT, 279). Das Gesetz hält diese Selbstverständlichkeit in Art. 474 Abs. 1 ausdrücklich fest.

2 Keine Anwendung findet Art. 474 auf das depositum irregulare (ZK-OSER/SCHÖNENBERGER, N 1; BAERLOCHER, 699), welches dadurch gekennzeichnet ist, dass die hinterlegte Sache in das Eigentum des Aufbewahrers übergeht (vgl. Art. 481 N 6). Dass der Aufbewahrer diesfalls zum Gebrauch der hinterlegten Sache befugt ist, versteht sich von selbst.

3 Beim gewöhnlichen Hinterlegungsvertrag kann sich ein **Benutzungsrecht** des Aufbewahrers aus einer ausdrücklichen oder stillschweigenden **vertraglichen Abrede** ergeben. Ein solches kann im Einzelfall als Entgelt für die Aufbewahrung gedacht sein (BAERLOCHER, 702). Der Aufbewahrer darf sich indessen nicht eigenmächtig durch eine Gebrauchsanmassung eine Vergütung verschaffen (BK-GAUTSCHI, N 2b).

Aufgrund ausdrücklicher Verabredung oder aus den Umständen kann den Aufbewahrer ggf. auch eine **Benutzungspflicht** treffen. Letzteres ist insb. dann der Fall, wenn die Benutzung der ordnungsgemässen Verwahrung der Sache dient; so etwa das Bewegen von Pferden, das Melken von Kühen usw. (ZK-OSER/SCHÖNENBERGER, Art. 472 OR N 27, Art. 474 OR N 1; BK-GAUTSCHI, N 1c; BAERLOCHER, 702). 4

Benutzungsrechte und Benutzungspflichten dürfen im Rahmen der gesamten vertraglichen Beziehung nur untergeordnete **Nebenrechte** bzw. **-pflichten** sein (ähnlich BK-GAUTSCHI, N 1c; BAERLOCHER, 702). Gehen sie darüber hinaus, so liegt kein oder jedenfalls kein reiner Hinterlegungsvertrag mehr vor. Diesfalls können schwierige Abgrenzungsprobleme entstehen. Ist ein Benutzungsrecht als Vergütung für die Hinterlegung gedacht, so wird die Abgrenzung zur (unentgeltlichen) Gebrauchsleihe problematisch (VON BÜREN, BT, 181 FN 239; ähnlich BK-GAUTSCHI, N 1c, und TERCIER/FAVRE, Rz 6647), was bei der Frage, wer die Kosten des gewöhnlichen Unterhalts zu tragen hat (Art. 307 Abs. 1), eine wichtige Rolle spielen kann (vgl. dazu etwa SJZ 1945, 27 Nr. 5). Trifft den Sachübernehmer eine nicht bloss untergeordnete Benutzungspflicht, so liegt ein Auftrags-, allenfalls auch ein gemischtes Hinterlegungs-/Auftragsverhältnis vor (vgl. dazu auch Art. 472 N 16). 5

II. Die Rechtsfolgen bei unzulässigem Gebrauch

Benutzt der Aufbewahrer die ihm anvertraute Sache unbefugt, so schuldet er dem Hinterleger eine **Vergütung**. Dieser Anspruch des Hinterlegers beruht auf Gesetz (ähnlich BK-GAUTSCHI, N 3a; GUHL/KOLLER/SCHNYDER/DRUEY, § 55 N 3). Wird dem Sachübernehmer das Recht zum Gebrauch gegen Entgelt vertraglich eingeräumt, so liegt kein Hinterlegungsvertrag, sondern ein Mietvertrag vor. Die Vergütung ist **kein Schadenersatz**; sie ist auch geschuldet, wenn der Hinterleger durch den unbefugten Gebrauch der Sache nicht geschädigt ist (BK-GAUTSCHI, N 3a; ZK-OSER/SCHÖNENBERGER, N 2; TERCIER/FAVRE, Rz 6649). Sie bemisst sich nach dem Gebrauchswert der Sache (BK-GAUTSCHI, N 3a; ZK-OSER/SCHÖNENBERGER, N 2; CHK-STUPP, N 5). 6

Gegebenenfalls schuldet der Aufbewahrer dem Hinterleger aus dem unbefugten Gebrauch der Sache nebst der Vergütung auch **Schadenersatz** aus Vertragsverletzung (Art. 97). Art. 474 Abs. 2 schränkt für diesen Fall die Entlastungsmöglichkeit des Aufbewahrers ein. Ähnlich wie dem Schuldner im Schuldnerverzug (Art. 103) ist dem Aufbewahrer, der die anvertraute Sache unbefugt verwendet, bei Beschädigung oder Untergang der Sache durch Zufall der **Exkulpationsbeweis abgeschnitten**. Er vermag sich bei zufälliger Beschädigung oder Zerstörung einzig durch den Nachweis zu entlasten, dass der Zufall die Sache auch ohne vertragswidrigen Gebrauch getroffen hätte (BK-GAUTSCHI, N 4c). Die **Zufallshaftung** von Art. 474 Abs. 2 trifft den Aufbewahrer auch, wenn eine seiner Hilfspersonen oder sonst eine ihm zurechenbare Person die Sache vertragswidrig gebraucht (BGE 103 II 330, 333 E. 2b = Pra 1978, 202). 7

Zusätzlich zum Schadenersatzanspruch aus Vertragsverletzung stehen dem Hinterleger gegen den Aufbewahrer oder dessen Hilfspersonen ggf. auch **Schadenersatzansprüche aus Delikt** zu (vgl. dazu im Einzelnen BK-GAUTSCHI, N 4b; TERCIER/FAVRE, Rz 6650). 8

Art. 475

2. Rückgabe
a. Recht des Hinterlegers

[1] Der Hinterleger kann die hinterlegte Sache nebst allfälligem Zuwachs jederzeit zurückfordern, selbst wenn für die Aufbewahrung eine bestimmte Dauer vereinbart wurde.

[2] Jedoch hat er dem Aufbewahrer den Aufwand zu ersetzen, den dieser mit Rücksicht auf die vereinbarte Zeit gemacht hat.

2. Restitution
a. Droits du déposant

[1] Le déposant peut réclamer en tout temps la chose déposée, avec ses accroissements, même si un terme a été fixé pour la durée du dépôt.

[2] Il est néanmoins tenu de rembourser au dépositaire les frais faits par lui en considération du terme convenu.

2. Restituzione
a. Diritto del deponente

[1] Il deponente può sempre chiedere la restituzione della cosa depositata cogli eventuali accessori, quand'anche fosse stato un termine pel deposito.

[2] Egli è però tenuto a rifondere al depositario le spese da questo sostenute in considerazione del termine prestabilito.

Literatur

Vgl. die Literaturhinweise bei den Vorbem. zu Art. 472–491.

I. Allgemeines

1 Die **Restitutionspflicht** des Aufbewahrers ist ein Wesensmerkmal des Hinterlegungsvertrages (vgl. Art. 472 N 2). Ihr entspricht der **Restitutionsanspruch** des Hinterlegers. Diesen kann er durch **einseitige Willenserklärung** jederzeit geltend machen, selbst wenn vertraglich eine bestimmte Hinterlegungsdauer vereinbart ist. Diese Bestimmung ist **zwingendes Recht** (OGer ZH, ZR 1997, 156 ff.; Bucher, BT, 279; Honsell, OR BT, 398; BK-Gautschi, N 8c; **a.M.** ZK-Oser/Schönenberger, N 5). Verlangt der Hinterleger die Sache – auch vorzeitig – zurück, so wird der **Vertrag beendet** (BGE 91 II 442, 445 E. 4b; OGer ZH, ZR 1997, 156 ff.; BK-Gautschi, N 8b).

2 Beim regulären Hinterlegungsvertrag ist die Rückgabeschuld eine **Speziesschuld** (ausser bei der Sammelverwahrung und beim Vermengungsdepot; vgl. dazu Art. 484 N 6 und 9); der Aufbewahrer hat diejenige Sache, die ihm vom Hinterleger anvertraut wurde, in dem Zustand zurückzugeben, in welchem sie sich zum Zeitpunkt der Restitution befindet (BK-Gautschi, N 3a ff.). Zur Haftung des Aufbewahrers für den Fall, dass die Sache untergegangen ist oder sich während der Hinterlegung verschlechtert hat, vgl. N 14 ff.

3 Unter *«Zuwachs»* i.S.v. Art. 475 Abs. 1 sind je nach Hinterlegungsgegenstand **natürliche Früchte** oder **Zinsen** zu verstehen (BK-Gautschi, N 4a; Baerlocher, 668; ähnlich ZK-Oser/Schönenberger, N 6). Ebenfalls als zu restituierender Zuwachs gilt die **Wertsteigerung** des Hinterlegungsgegenstandes zwischen dem Zeitpunkt der Fälligkeit des Rückgabeanspruches und dem Datum des letztinstanzlichen kantonalen Urteils, wenn der Aufbewahrer die Sache nicht in natura zurückgeben kann (BGE 109 II 474, 477 E. 3; 97 II 360, 361 f. E. 3 = Pra 1972, 159).

II. Die Rechtsnatur des Rückerstattungsanspruches

1. Der dingliche Rückerstattungsanspruch

4 Ist der Hinterleger Eigentümer der hinterlegten Sache, so geht dieses Eigentum mit der Hinterlegung im Normalfall nicht unter (Bucher, BT, 275; Guhl/Koller/Schnyder/Druey, § 55 N 5; Baerlocher, 658). Dies gilt auch bei der Vermengung vertretbarer Güter im Lagergeschäft (Art. 484), wo lediglich aus Alleineigentum eine spezielle Art Miteigentum wird (vgl. Art. 484 N 7). In diesen Fällen hat der Hinterleger einen **dinglichen Rückerstattungsanspruch** (Vindikation gem. Art. 641 Abs. 2 ZGB; Tercier/Favre, Rz 6651; Engel, contrats, 603; Honsell, OR BT, 398), der allerdings nicht auf dem Hinterlegungsvertrag, sondern auf seinem Eigentumsrecht beruht.

2. Der schuldrechtliche Rückerstattungsanspruch

Neben dem dinglichen steht dem Eigentümer aus dem Hinterlegungsvertrag zusätzlich auch ein **schuldrechtlicher Restitutionsanspruch** zu (TERCIER/FAVRE, Rz 6651; ENGEL, contrats, 603; HONSELL, OR BT, 398). Nur einen obligatorischen Rückerstattungsanspruch hat der Hinterleger gegen den Aufbewahrer, wenn er eine nicht ihm gehörende Sache hinterlegt; einen dinglichen Anspruch hat diesfalls der Dritteigentümer, der nicht Vertragspartner des Aufbewahrers ist. Zur Kollision dieser beiden Ansprüche s. Art. 479. 5

Auch beim depositum irregulare (Art. 481), bei dem der Hinterleger aufgrund vertraglicher Abrede sein dingliches Recht verliert, besitzt der Deponent bloss einen obligatorischen Rückerstattungsanspruch. Ebenfalls keinen dinglichen, sondern bloss einen obligatorischen Rückerstattungsanspruch hat der Hinterleger, wenn der Aufbewahrer die hinterlegte Sache veräussert oder – was in der Bankpraxis besonders wichtig ist – das Inkasso zur Rückzahlung fälliger Wertpapiere vornimmt und den Gegenwert in Geld nicht klar zugunsten des Hinterlegers ausscheidet (BGE 102 II 297, 300 E. 1; 78 II 243, 253 f. E. 5c). Unwesentlich ist, ob der Aufbewahrer befugt war, die Sache zu veräussern und den Gegenwert in Geld nicht auszusondern. War er dazu nicht berechtigt, so begeht er eine Vertragsverletzung, aus der dem Hinterleger kein dinglicher Anspruch auf die Geldsumme, sondern bloss ein **schuldrechtlicher Schadenersatzanspruch** erwächst (BGE 78 II 243, 253 f. E. 5c). 6

3. Der bankenkonkursrechtliche Absonderungsanspruch

Nach Art. 37d (bis 30.6.2004: Art. 37b) i.V.m. Art. 16 Ziff. 1 BankG und Art. 17 f. BEG steht dem Depotkunden im Konkurs der Depotbank ein **Absonderungsrecht** für hinterlegte Depotwerte (bewegliche Sachen und Effekten) zu (dazu und zum Folgenden BRUNNER, 272 ff.; BERTSCHINGER, Zum neuen bankengesetzlichen Aussonderungsrecht [Art. 16 und 37b BankG], AJP 1995, 426 ff.; ZOBL, FS Heini, 543 ff.). Hatte der Deponent bei der Bank *bewegliche Sachen* oder *Wertpapiere* hinterlegt, so erfolgt die konkursrechtliche Aussonderung gestützt auf das Eigentum des Kunden (dinglicher Rückerstattungsanspruch: Art. 641 Abs. 2 ZGB und Art. 197 i.V.m. 242 SchKG; ZOBL, Internationale Übertragung und Verwahrung von Wertpapieren [aus schweizerischer Sicht], SZW 2001, 105 ff., 119; N 4); hatte er hingegen *Wertrechte* auf seinen Namen deponiert (anwendbar ist Auftragsrecht, s. Art. 472 N 16), so findet wohl nicht ein eigentliches Aus-/Absonderungsverfahren statt, sondern es sind die Regeln über den Prätendentenstreit anwendbar (so ZOBL, FS Heini, 549 f. m.Nw.; BRUNNER, 276). Im Wesentlichen hält somit Art. 37d i.V.m. Art. 16 Ziff. 1 BankG den bereits vorher bestehenden Rechtszustand fest (ZOBL, FS Heini, 549; BERTSCHINGER, a.a.O., 428; BRUNNER, 276). Die Spezialregelung im BankG kann hingegen für denjenigen Kunden von Vorteil sein, der Depotwerte hinterlegt, ohne selber Eigentümer zu sein: Diesfalls steht ihm im Konkurs der Bank nicht nur ein obligatorischer Herausgabeanspruch (o. N 5 f.), sondern zusätzlich auch ein privilegierender konkursrechtlicher Absonderungsanspruch zu (vgl. zum Absonderungsverfahren ZOBL, FS Heini, 555 ff.; BERTSCHINGER, a.a.O., 432 ff.; für fiduziarische Depotverhältnisse und für Lieferansprüche für Rechnung von Depotkunden vgl. ZOBL, FS Heini, 551 ff.; BERTSCHINGER, a.a.O., 428 ff.; BRUNNER, 276 ff.). Im Konkurs eines Effektenhändlers gilt dasselbe (Art. 36a BEHG; KUKO OR-SCHOTT/MAURENBRECHER, N 9). 6a

4. Die Pfändbarkeit und Verarrestierbarkeit des Rückerstattungsanspruches

Nach ständiger Rechtsprechung des BGer ist der **Vindikationsanspruch** als solcher **nicht pfänd- und verarrestierbar**; gepfändet und verarrestiert werden kann nur die Sache selbst (BGE 108 III 94, 97 E. 3; 102 III 94, 98 E. 1, m.w.Nw.). Demgegenüber kann gemäss höchstrichterlicher Rechtsprechung der **schuldrechtliche Herausgabeanspruch** des Hinterlegers gegen den Aufbewahrer **gepfändet** oder **verarrestiert** werden, und zwar selbst dann, wenn der Hinterleger gleichzeitig auch einen Vindikationsanspruch hat. Arrest und Pfändung in der 7

Schweiz sind sogar dann zulässig, wenn der Aufbewahrer die Sache in eigenem Namen im Ausland, etwa bei einer **ausländischen Korrespondenzbank**, verwahrt (BGE 102 III 94; befürwortend BAERLOCHER, 695 f.; **a.M.** noch BGE 90 II 158 = Pra 1964, 377 ff.; BGE 60 III 229). Die mit BGE 102 III 94 eingeleitete Praxis ist insb. im Bankgeschäft von erheblicher Bedeutung (vgl. dazu etwa KROLL, Arrest von Wertrechten in Sammelverwahrung, SZW 1994, 244 ff.), gilt aber auch darüber hinaus. Das BGer scheint allerdings seine Rechtsprechung bloss auf die Wertpapierhinterlegung bei Banken beschränken zu wollen (BGE 108 III 94, 98 E. 3).

5. Die Verjährung des Rückerstattungsanspruches

8 Dingliche Rechte verjähren nach schweizerischem Recht nicht (BGE 48 II 38 = Pra 1922, 133 ff., nicht übersetzt; BK-MEIER-HAYOZ, Art. 641 ZGB N 74; BK-GAUTSCHI, N 6e; BUCHER, BT, 278; VON BÜREN, BT, 181 FN 243; BAERLOCHER, 705). **Keiner Verjährung** unterliegt daher ein **dinglicher Rückerstattungsanspruch** (Vindikation) des Hinterlegers, und zwar selbst dann, wenn der konkurrierende schuldrechtliche Rückgabeanspruch aus Hinterlegungsvertrag verjährt ist (BGE 78 II 243, 252 E. 5a; TERCIER/FAVRE, Rz 6656; ENGEL, contrats, 604).

9 Der **obligatorische Rückerstattungsanspruch** des Hinterlegers aus dem Hinterlegungsvertrag unterliegt den Bestimmungen der ordentlichen Verjährung nach Art. 127 ff. Mit Ablauf von zehn Jahren verjährt daher das Recht des Hinterlegers, vom Aufbewahrer die hinterlegte Sache zurückzufordern. Diese Frist kann nach den Regeln von Art. 134 und 135 stillstehen (BGE 90 II 428, 437 ff. E. 7 ff.) oder unterbrochen werden (BGE 91 II 442, 452 E. 5b; 90 II 428, 442 E. 11; 78 II 243, 255, 257 i.f. E. 5d; BK-GAUTSCHI, N 6e). Als **Unterbrechungshandlung** kommt insb. die periodische Rechnungslegung des Aufbewahrers, in der eine Schuldanerkennung i.S.v. Art. 135 Ziff. 1 zu erblicken ist, in Frage (BGE 91 II 442, 452 E. 5b; 78 II 243, 257 i.f. E. 5d; BK-GAUTSCHI, N 6e), darüber hinaus aber auch das Geltendmachen einer Entgeltszahlung, da diese eine Anerkennung der Rückgabeverpflichtung impliziert (A. KOLLER, AJP 2000, 243 ff., spez. 245 Ziff. 3b). **Kein Stillstand** der Verjährungsfrist gem. Art. 134 Abs. 1 Ziff. 6 wird angenommen, wenn der Hinterleger bloss aufgrund subjektiver, in seiner Person liegender Gründe – etwa infolge Auslandsabwesenheit – nicht in der Lage ist, seinen Rückforderungsanspruch geltend zu machen (BGE 90 II 428, 437 ff. E. 7 ff.).

10 Da der Hinterlegungsvertrag zwar jederzeit aufgehoben werden kann, faktisch aber ein Dauerverhältnis darstellt, ist von zentraler Bedeutung, wann der **Fristenlauf** für die Verjährung des Rückerstattungsanspruches beginnt.

11 Die ältere bundesgerichtliche Rechtsprechung hat aus Art. 130 Abs. 2 abgeleitet, die Verjährung des schuldrechtlichen Restitutionsanspruches laufe ab Übergabe der Sache an den Aufbewahrer (BGE 90 II 428, 434 f. E. 4; 78 II 243, 257 E. 5d; BK-GAUTSCHI, N 6e; VON BÜREN, BT, 181 FN 243). Später hat das BGer indessen entschieden, dass der **Fristenlauf** für die Verjährung des Rückgabeanspruches erst **mit der Beendigung des Vertragsverhältnisses** infolge gegenseitiger Übereinkunft, Ablaufs der vereinbarten Dauer, Widerrufs oder Kündigung beginnt (BGE 91 II 442, 449 ff. E. 5; bestätigt in BGE 133 III 37, 41 f. E. 3.2 und 3.3 = Pra 2007, 622 f.; zustimmend zu dieser Praxis BUCHER, AT, 460 FN 75; BAERLOCHER, 704; HONSELL, OR BT, 398; ZK-BERTI, Art. 130 OR N 56; CR CO I-BARBEY, art. 475–476 N 17; TERCIER/FAVRE, Rz 6655 [**a.M.** noch die Voraufl. TERCIER, contrats spéciaux, Rz 5822]; SCHMID, ZBJV 2010, 583 f.; KUKO OR-SCHOTT/MAURENBRECHER, N 7; indifferent VON TUHR/ESCHER, 218 FN 59a, 220 FN 75a; GUGGENHEIM/GUGGENHEIM, Rz 605; CHK-STUPP, N 6; krit. dagegen ausführlich SPIRO, Die Begrenzung privater Rechte durch Verjährungs-, Verwirkungs- und Fatalfristen, Bd. I, 1975, 55 ff. FN 17; GUHL/KOLLER/SCHNYDER/DRUEY, § 39 N 24 [anders noch die Vorauflage, GUHL/MERZ/KOLLER, 296] und KOLLER A., AJP 2000, 243 ff., 245 f., mit Bezugnahme auf BGE 122 III 10, 16 ff. E. 5).

Diese Rechtsprechung ist **unhaltbar**. Sie widerspricht nicht nur dem klaren Wortlaut von Art. 130 Abs. 2, sondern liefe – bei rigoroser Handhabung – auch dem Zweck der Verjährung zuwider, nach einem bestimmten Zeitablauf Rechtssicherheit und Rechtsfrieden zu gewähren (BGE 90 II 428, 437 E. 8; Bucher, AT, 444). Nach langer Zeit passiven Verhaltens beider Parteien kann – speziell wenn der Aufbewahrer verstorben ist – streitig und nicht mehr eruierbar sein, ob der Hinterlegungsvertrag überhaupt noch besteht oder ob die hinterlegte Sache nicht schon längst restituiert wurde (vgl. dazu BGE 90 II 428 betr. die Erben eines Notars). Das BGer sah sich denn auch genötigt, seine neue Rechtsprechung mit einem **Kunstgriff** für den Fall zu relativieren, dass der Aufbewahrer geltend macht, die hinterlegte Sache vor mehr als zehn Jahren zurückgegeben zu haben (BGE 91 II 442, 454 E. 5d; vgl. dazu Art. 476 N 9). 12

Entgegen den Befürchtungen des BGer (BGE 91 II 452) dürften verjährungsunterbrechende Schuldanerkennungen durch periodische Rechnungslegung seitens des Aufbewahrers in der Praxis die Regel sein. Wo dies nicht zutrifft, ist es Sache des Hinterlegers, verjährungsunterbrechende Massnahmen in die Wege zu leiten. Es liegt im Verjährungssystem des OR begründet, dass dem Hinterleger kein Schutz gewährt wird, wenn ihm dies – z.B. weil er in seinem Wohnsitzstaat verfolgt wird und er sein Vermögen in die Schweiz in Sicherheit gebracht hat (so in BGE 91 II 442 und ähnlich in BGE 90 II 428) – während längerer Zeit faktisch nicht möglich ist. Soweit solche Situationen (wie etwa im Falle von Fluchtvermögen) voraussehbar sind, kann dem Hinterleger zugemutet werden, einen vom Aufbewahrer unabhängigen Treuhänder zu bestellen, der stellvertretend für ihn periodische Abrechnungen entgegennimmt oder, wenn solche nicht eingehen, verjährungsunterbrechende Massnahmen in die Wege leitet. In krassen Fällen – so etwa wenn der Rückerstattungsanspruch an sich offenkundig oder unbestritten ist – kann zudem eine Korrektur über das **Rechtsmissbrauchsverbot** (Art. 2 Abs. 2 ZGB) erfolgen. 13

III. Die Haftung des Aufbewahrers bei mangelhafter Erfüllung der Rückgabeobligation

Kann der Aufbewahrer die ihm anvertraute Sache nicht zurückgeben, so finden die Regeln von Art. 97 ff. Anwendung (BGE 126 III 192, 196 f. E. 2c = Pra 2001, 285 ff., 289 f.; Honsell, OR BT, 398; Bucher, BT, 279; Tercier/Favre, Rz 6660; Engel, contrats, 604; von Büren, BT, 181; Baerlocher, 703, 710). Er haftet dem Hinterleger für den daraus entstandenen Schaden, sofern er nicht beweist, dass ihn am Untergang des Hinterlegungsgegenstandes kein Verschulden trifft; die Rückgabepflicht wandelt sich in eine **Schadenersatzpflicht** (BGE 109 II 474, 475 E. 3; 98 II 211, 219 f. E. 9; 97 II 360, 362 E. 3 = Pra 1972, 159; BGE 43 II 639, 646 E. 1). Einzustehen hat der Aufbewahrer auch für das **Verschulden von Organen** (BGE 98 II 211, 220 E. 10) und **Hilfspersonen** (BGE 76 II 154, 161 E. 3). Für Zufall und höhere Gewalt haftet der Aufbewahrer – ausser in besonderen Fällen (Art. 103, 474, 481) – nicht (BK-Gautschi, N 3c; Baerlocher, 703, 710). 14

Gleiches gilt für **Wertverminderungen** der anvertrauten Sache während der Hinterlegungsdauer. Für natürliche Wertverminderungen, denen der Hinterlegungsgegenstand ausgesetzt ist (Kursverfall bei Wertpapieren: BGE 109 II 474, 476 E. 3; Alterungsprozesse bei Waren; Schwund: BGE 43 II 639, 649 f. E. 3a), hat daher der Aufbewahrer nicht einzustehen (BK-Gautschi, N 3c; Baerlocher, 703, 710). 15

Welche **Sorgfalt** der Aufbewahrer bei der Erfüllung seiner Aufbewahrungsobligation zu beachten hat, richtet sich nach den vertraglichen Abreden und nach den Umständen des Einzelfalles. Als solche fallen etwa in Betracht: dem Hinterleger erkennbare Fähigkeit, Bildungsgrad und sonstige Eigenschaften des Aufbewahrers, Art und Schwierigkeit der übernommenen Aufbewahrung, Entgeltlichkeit oder Unentgeltlichkeit der Hinterlegung, Übungen in einer bestimmten Branche usw. (BK-Gautschi, N 1b; Baerlocher, 703; vgl. auch BGE 63 II 240, 242 f. E. 1 = Pra 1937, 362 ff., nicht übersetzt; BGE 33 II 263, 269 16

E. 4). So trifft etwa eine besondere Sorgfaltspflicht, wer als Wirt eines Restaurants mit gehobener Kundschaft am Silvesterabend Pelzmäntel zur Verwahrung übernimmt (BGE 109 II 234). Wer Pelzwaren zur Aufbewahrung entgegennimmt, hat auch ohne ausdrückliche vertragliche Abrede für den Schutz gegen Motten zu sorgen (SJZ 1950, 192 Nr. 70). Ebenso sorgfaltspflichtwidrig handelt der Inhaber einer Sammelgarage, der nachts die Garagentür nicht abschliesst (BGE 76 II 154, 163 E. 5). Wer Schmuckstücke in Obhut nimmt und sie in einem unverschlossenen Schrank in einem Raum aufbewahrt, dessen Schlüssel sich in einem Büro befinden, in dem ein «va-et-vient incroyable» von Angestellten und Kunden herrscht, kann sich im Falle eines Diebstahls wegen fehlender adäquater Sicherheitsmassnahmen nicht exkulpieren (BGE 126 III 192, 196 f. E. 2c = Pra 2001, 285 ff., 289 f.; vgl. auch WIEGAND, ZBJV 2002, 349 f.). Dagegen soll beim offenen Wertschriftendepot keine stillschweigende Verpflichtung der Bank bestehen, von einer ausländischen Regierung kurzfristig verlangte aussergewöhnliche Massnahmen zur Erhaltung von Ansprüchen aus Wertpapieren zu treffen (so jedenfalls tendenziell BGE 63 II 240 = Pra 1937, 262 ff., nicht übersetzt); modernen Gegebenheiten dürfte dies allerdings kaum noch entsprechen.

17 Massgebend für die **Schadensberechnung** ist der Zeitpunkt, in dem die Sache zurückzugeben ist (BGE 109 II 474, 476 f. E. 3). Steigt der Wert des Hinterlegungsgegenstandes in der Zeit zwischen der Fälligkeit des Rückforderungsanspruches und dem letztinstanzlichen kantonalen Urteil, so ist auch dieser Zuwachs in die Schadensberechnung einzubeziehen (BGE 109 II 474, 477 E. 3; 97 II 360, 362 E. 3 = Pra 1972, 159; vgl. N 3). Neben dem Wert der nicht oder nicht gehörig zurückgegebenen Sache hat der Aufbewahrer dem Hinterleger sodann auch einen allfälligen weiteren Schaden zu ersetzen (vgl. BAERLOCHER, 710 «Erfüllungsinteresse»).

18 Das **Mass der Haftung** des Aufbewahrers richtet sich nach Art. 99. Der Aufbewahrer haftet an sich für jedes Verschulden (Art. 99 Abs. 1; BAERLOCHER, 672). Ist die Hinterlegung unentgeltlich, so ist die Haftung des Aufbewahrers indessen milder zu beurteilen (Art. 99 Abs. 2; BGE 63 II 240, 244 E. 2 = Pra 1937, 364, nicht übersetzt; BGE 33 II 263, 269 E. 4; ZK-OSER/SCHÖNENBERGER, Art. 472 OR N 29; HONSELL, OR BT, 398; TERCIER/FAVRE, Rz 6662). Die Haftung des Aufbewahrers ist auch zu reduzieren, wenn auf die Entstehung des Schadens Umstände eingewirkt haben, für die der Hinterleger einzustehen hat (Art. 99 Abs. 3 i.V.m. Art. 44). So hat etwa der Hinterleger einen Teil des Schadens selbst zu tragen, wenn ein und dieselbe natürliche Person sowohl sein Organ als auch Organ des Aufbewahrers war (BGE 98 II 211, 220 E. 10) oder wenn er den Aufbewahrer nicht auf den besonderen Wert des Hinterlegungsgegenstandes aufmerksam machte und dieser den hohen Wert der Sache nicht erkennen konnte (BGE 109 II 234, 236 ff. E. 2).

19 Auch wenn der Hinterleger nicht Eigentümer der Sache ist, stehen nur ihm Schadenersatzansprüche aus Vertragsverletzung gegen den Aufbewahrer zu. Den dem Eigentümer erwachsenen Schaden kann er dabei aber i.S. der sog. **Drittschadensliquidation** gegen den Aufbewahrer geltend machen (BGE 81 II 129, 132 E. 8a; umgekehrt dagegen BGE 46 II 116, 118 E. 1; vgl. dazu ARMBRÜSTER, recht 1993, 87).

IV. Die Ansprüche des Aufbewahrers bei vorzeitiger Auflösung des Hinterlegungsvertrages

20 Verlangt der Hinterleger die Sache vorzeitig zurück, so hat der Aufbewahrer Anspruch auf Ersatz für alle Aufwendungen, die er mit Rücksicht auf die vertraglich vereinbarte Hinterlegungsdauer gemacht hat.

21 Unklar ist, ob der Hinterleger dem Aufbewahrer beim entgeltlichen Hinterlegungsvertrag im Falle der vorzeitigen Kündigung auch das **Erfüllungsinteresse** zu ersetzen hat (bejahend ZK-OSER/SCHÖNENBERGER, Art. 472 OR N 15, 35, Art. 475 OR N 4; GUHL/KOLLER/SCHNYDER/

DRUEY, § 55 N 6; BUCHER, BT, 279; **abl.** BK-GAUTSCHI, N 8c, 10c; differenzierend Handkomm-OR-VON BALLMOOS, N 4; CR CO I-BARBEY, art. 475–476 N 7). Im Hinblick auf die zwingende Natur des jederzeitigen Rückforderungsrechts, die sich wie beim Rücktrittsrecht nach Art. 404 mit dem besonderen Vertrauensverhältnis zwischen den Parteien rechtfertigen lässt, ist dies **abzulehnen** (gl.M. BK-GAUTSCHI, N 8d; KUKO OR-SCHOTT/MAURENBRECHER, N 10). Die gegenteilige Auffassung stellt die Fremdnützigkeit der Hinterlegung in Frage. Dementsprechend kann auch die vorzeitige Kündigung des Hinterlegungsvertrages nicht unter Konventionalstrafe gestellt oder sonst wie erschwert werden (BK-GAUTSCHI, N 8c).

Eine **vertragliche Pauschalierung des** nach Art. 475 Abs. 2 zu ersetzenden **Aufwandes** muss 22 demgegenüber als zulässig erachtet werden, soweit sie sich in bescheidenem Rahmen bewegt und nicht eine versteckte Entschädigung für die durch die vorzeitige Vertragsauflösung entgangene Vergütung enthält (so wohl BK-GAUTSCHI, N 9b bez. Depotgebühren bei Banken).

Art. 476

b. Rechte des Aufbewahrers

[1] Der Aufbewahrer kann die hinterlegte Sache vor Ablauf der bestimmten Zeit nur dann zurückgeben, wenn unvorhergesehene Umstände ihn ausserstand setzen, die Sache länger mit Sicherheit oder ohne eigenen Nachteil aufzubewahren.

[2] Ist keine Zeit für die Aufbewahrung bestimmt, so kann der Aufbewahrer die Sache jederzeit zurückgeben.

b. Droits du dépositaire

[1] Le dépositaire ne peut rendre le dépôt avant le terme fixé, à moins que des circonstances imprévues ne le mettent hors d'état de le garder plus longtemps sans danger pour la chose ou sans préjudice pour lui-même.

[2] A défaut de terme fixé, il peut restituer en tout temps.

b. Diritti del depositario

[1] Il depositario non può restituire la cosa depositata prima della scadenza del termine stabilito, se non quando, per impreviste circostanze, egli non sia più in grado di custodirla ulteriormente con sicurezza o senza pregiudizio.

[2] Quando non sia fissato alcun termine, il depositario può sempre restituire la cosa.

Literatur

Vgl. die Literaturhinweise bei den Vorbem. zu Art. 472–491.

I. Allgemeines

Die Rechte von Hinterleger und Aufbewahrer in Bezug auf die Sachrückgabe sind nicht sym- 1 metrisch ausgestaltet. Ist eine **bestimmte Hinterlegungsdauer** vereinbart, so ist der Aufbewahrer grundsätzlich an diese Vereinbarung gebunden; er ist nicht befugt, den Hinterlegungsvertrag gegen den Willen des Hinterlegers vorzeitig aufzulösen (BAERLOCHER, 702). Die vorzeitige Rückgabe der Sache durch den Aufbewahrer ist eine **Vertragsverletzung** (BK-GAUTSCHI, N 2a). Dieser Grundsatz gilt sowohl für die entgeltliche als auch für die unentgeltliche Hinterlegung (BK-GAUTSCHI, N 1b/c; ähnlich ZK-OSER/SCHÖNENBERGER, N 1). Von diesem **Grundsatz der Gebundenheit des Aufbewahrers** stipuliert Art. 476 Abs. 1 eine Ausnahme.

Ist der Hinterlegungsvertrag **auf unbestimmte Dauer** geschlossen worden, so kann ihn der 2 Aufbewahrer jederzeit durch Rückgabe der Sache beenden (Art. 476 Abs. 2). Eine **Kündigungsfrist** hat er nicht einzuhalten; vertraglich kann eine solche jedoch vereinbart werden.

3 Zur Vertragsbeendigung durch den Aufbewahrer bedarf es, wo die Sache nicht bereits realiter zurückgegeben wird, der entsprechenden **Willenskundgabe** an den Hinterleger (BGE 78 II 243, 256 E. 5d; TERCIER/FAVRE, Rz 6673). Eine solche ist in der blossen Mitteilung, die hinterlegte Sache sei verkauft worden und der Erlös werde mit Gegenansprüchen des Aufbewahrers verrechnet, nicht zu erblicken (BGE 78 II 24, 255 E. 5d).

4 Nimmt der Hinterleger bei rechtmässiger Vertragsauflösung durch den Aufbewahrer die Sache nicht zurück, so gerät er in **Gläubigerverzug** (BK-GAUTSCHI, N 3c; ZK-OSER/SCHÖNENBERGER, N 3; BAERLOCHER, 702).

II. Die Voraussetzungen für eine vorzeitige Rückgabe der Sache bei bestimmter Vertragsdauer

5 Der Aufbewahrer ist zur vorzeitigen **Vertragsbeendigung** und Rückgabe der Sache gegen den Willen des Hinterlegers berechtigt, «wenn unvorhergesehene Umstände ihn ausserstand setzen, die Sache länger mit Sicherheit oder ohne eigenen Nachteil aufzubewahren». Dem Wortlaut von Art. 476 Abs. 1 nach gilt dies unterschiedslos für den entgeltlichen und den unentgeltlichen Hinterlegungsvertrag. Der Interessenlage der Beteiligten wird man indessen nur gerecht, wenn zwischen diesen beiden Geschäftsarten differenziert wird.

6 Beim **entgeltlichen Hinterlegungsvertrag** ist diese Bestimmung, dem Grundgedanken von Art. 486 Abs. 1 folgend, **einschränkend** auszulegen (ZK-OSER/SCHÖNENBERGER, N 1; KUKO OR-SCHOTT/MAURENBRECHER, N 3; CHK-STUPP, N 3). Wer **gewerbsmässig** als Aufbewahrer tätig ist, hat die **allgemeinen Gefahren**, welche mit der Hinterlegung verbunden sind, als **Geschäftsrisiko** zu tragen. Gegebenenfalls hat er Sicherheitsmassnahmen zu treffen oder andere Einlagerungsräumlichkeiten zu besorgen, auch wenn ihm dadurch erhöhte Kosten erwachsen (gl.M. BK-GAUTSCHI, N 2c), allenfalls gar eine anderweitige Verwahrung der Sache zu organisieren (BUCHER, BT, 278). Die erhöhten Kosten hat der Aufbewahrer selbst zu tragen (vgl. dazu auch Art. 473 N 4; **a.M.** BK-GAUTSCHI, N 2d). Zur vorzeitigen Rückgabe ist der entgeltlich tätige Aufbewahrer demgegenüber befugt, wenn der hinterlegten Sache ein **besonderes Gefährdungspotential** eigen ist, von dem er bei Vertragsschluss keine Kenntnis hatte; es kann ihm nicht zugemutet werden, daraus resultierende Schädigungen hinzunehmen und bloss Schadenersatzansprüche nach Art. 473 Abs. 2 geltend zu machen (BK-GAUTSCHI, N 2d).

7 Bei der **altruistischen** Hinterlegung darf der Aufbewahrer nicht über Gebühr in Anspruch genommen werden; bei Vertragsschluss nicht voraussehbare Opfer sind ihm nicht zuzumuten (ZK-OSER/SCHÖNENBERGER, N 1). Daher berechtigen beim Gefälligkeitsgeschäft auch allgemeine übermässige Erschwerungen der Hinterlegung (Kündigung oder Beschädigung der Räumlichkeiten, in denen die Sache aufbewahrt wird etc.) den Aufbewahrer zur sofortigen Vertragsbeendigung (CHK-STUPP, N 5). Immerhin hat der Aufbewahrer dabei die Interessen des (z.B. ortsabwesenden) Hinterlegers nach Treu und Glauben zu wahren; ggf. hat er – auf Kosten des Hinterlegers – für eine anderweitige Verwahrung der Sache zu sorgen (BUCHER, BT, 278; KUKO OR-SCHOTT/MAURENBRECHER, N 4).

III. Die Beweislast für die Vertragsbeendigung

8 Das Recht des Hinterlegers auf Sachrestitution geht mit der Rückgabe der Sache unter. Die Rückübergabe ist somit eine **rechtsvernichtende Tatsache**. Die Beweislast für solche Tatsachen trägt der Schuldner (Art. 8 ZGB; BK-WALTER, Art. 8 ZGB N 279 f.). Grundsätzlich obliegt daher dem Aufbewahrer der Beweis dafür, dass er die hinterlegte Sache dem Deponenten zurückgegeben hat (BGE 90 II 428, 432 E. 2).

Da nach neuerer Rechtsprechung des BGer die Frist für die Verjährung des Rückgabeanspruches des Hinterlegers erst mit Beendigung des Vertragsverhältnisses beginnt (BGE 91 II 442, 449 ff. E. 5; bestätigt in BGE 133 III 37, 41 ff. E. 3.2 und 3.3 = Pra 2007, 622 f.; Art. 475 N 11), wäre diese Beweislastverteilung bei rigoroser Handhabung für den Aufbewahrer unhaltbar. Er müsste sich die Beweismittel für die Auflösung des Hinterlegungsvertrages **auf ewige Zeiten** sichern, da der Hinterleger jederzeit behaupten könnte, erst jetzt den Hinterlegungsvertrag gekündigt und die Sachrestitution verlangt zu haben. Das BGer sah sich daher gezwungen, seine Rechtsprechung zur Verjährung des Rückgabeanspruches des Hinterlegers zu modifizieren: Behauptet der auf Rückerstattung Belangte, er habe die fraglichen Vermögenswerte vor mehr als zehn Jahren zurückgegeben, und kann der Hinterleger das nicht widerlegen, so muss die Verjährungseinrede des Aufbewahrers geschützt werden (BGE 91 II 442, 454 E. 5d). Im Ergebnis bedeutet dies eine **Umkehr der Beweislast**, die den Hinterleger zwingt, sich stets den Beweis dafür zu sichern, dass der Hinterlegungsvertrag in den letzten zehn Jahren noch nicht beendigt worden ist (krit. dazu Baerlocher, 704 FN 3; Spiro, Die Begrenzung privater Rechte durch Verjährungs-, Verwirkungs- und Fatalfristen, Bd. I, 1975, 58). Praktisch wird so die verfehlte Rechtsprechung des BGer zur Verjährung des Rückerstattungsanspruches (vgl. dazu Art. 475 N 12 ff.) aus den Angeln gehoben. 9

Art. 477

c. Ort der Rückgabe	**Die hinterlegte Sache ist auf Kosten und Gefahr des Hinterlegers da zurückzugeben, wo sie aufbewahrt werden sollte.**
c. Lieu de la restitution	La restitution s'opère aux frais et risques du déposant, dans le lieu même où la chose a dû être gardée.
c. Luogo della restituzione	La cosa depositata deve restituirsi, a spese e rischio del deponente, nel luogo in cui doveva essere custodita.

Literatur

Vgl. die Literaturhinweise bei den Vorbem. zu Art. 472–491.

I. Allgemeines

Art. 477 bestimmt, wo mangels anderer Abrede die hinterlegte Sache zurückzugeben ist. Dass das Gesetz diese Frage regelt, ist sinnvoll. Wenig eigenständige Bedeutung hat dagegen die Erwähnung der Kosten- und Gefahrtragung (vgl. dazu N 5 ff.). 1

II. Ort der Rückgabe

Gemäss Art. 477 ist die Rückgabepflicht eine **Holschuld** (BGE 100 II 153, 158 E. b; BK-Gautschi, N 1b; ZK-Oser/Schönenberger, N 1; Baerlocher, 708). Als Spezialregelung geht diese Norm Art. 74 Abs. 2 Ziff. 2 vor (BK-Gautschi, N 1a; ZK-Oser/Schönenberger, N 1). 2

Ohne ausdrückliche oder stillschweigende gegenteilige Abrede ist der **vertragliche Aufbewahrungsort** je nach den Umständen des Falles am **Domizil des Aufbewahrers** (Baerlocher, 708) oder – wohl seltener – am **Übergabeort** (BK-Gautschi, Art. 472 OR N 4c). Bewahrt der Aufbewahrer die Sache an einem andern Ort auf, so hat er sie trotzdem am vertraglich massgebenden Aufbewahrungsort zurückzugeben (Baerlocher, 708). Dies muss auch dann gelten, wenn dem Aufbewahrer im Vertrag ausdrücklich das Recht (aber nicht die Pflicht) eingeräumt wird, die Sache bei einem Dritten seiner Wahl (z.B. bei einer ausländischen Bank) zu verwahren. 3

4 Art. 477 ist **dispositiver Natur**; die Parteien können durch ausdrückliche oder stillschweigende Abrede einen anderen Rückgabeort vereinbaren (Art. 74 Abs. 1; CR CO I-BARBEY, N 4; BAERLOCHER, 708; BK-GAUTSCHI, N 1c). Dies kann auch während der Dauer der Hinterlegung geschehen. Unzutreffend ist es, bei Vereinbarung eines von Art. 477 abweichenden Rückgabeortes einen **Auftrag zur Versendung** der hinterlegten Sache anzunehmen (BAERLOCHER, 708 f.; **a.M.** CR CO I-BARBEY, N 1, sowie möglicherweise BGE 33 II 420, 424 E. 2 i.f.). Auftrag, allenfalls auch Spedition (Art. 439), kann dagegen vorliegen, wenn der Aufbewahrer die Sache nach Beendigung der Hinterlegung vom Rückgabeort an einen anderen Ort versenden soll (ZK-OSER/SCHÖNENBERGER, N 1; so evtl. auch BGE 33 II 420, 424 E. 2 i.f. und insb. 126 III 192). Einfacher ist es indessen, in solchen Fällen die Versendungspflicht des Aufbewahrers als Nebenpflicht aus dem Hinterlegungsvertrag zu betrachten und eine **Schickschuld (Versendungsschuld)** anzunehmen (vgl. dazu allgemein BK-WEBER, Art. 74 OR N 41 ff.; BUCHER, AT, 304 f.).

III. Kosten und Gefahr der Rückgabe

5 Der Aufbewahrer hat für Untergang und Beschädigung der hinterlegten Sache nur einzustehen, wenn er sich nicht exkulpieren kann (Art. 475 N 14 ff.). Es versteht sich daher von selbst, dass der Hinterleger die **Gefahr** zufälligen Untergangs oder zufälliger Verschlechterung der Sache auch bei der Rückgabe zu tragen hat (Handkomm-OR-VON BALLMOOS, N 3; in diesem Sinne wohl auch BK-GAUTSCHI, N 2a). An der Umkehr der Beweislast, wie sie sich aus Art. 97 ergibt, ändert Art. 477 nichts.

6 Unter den **Kosten der Rückgabe** sind Auslagen i.S.v. Art. 473 Abs. 1 zu verstehen, die ohnehin zulasten des Hinterlegers gehen (BK-GAUTSCHI, N 2a). Der Hinterleger hat daher keine mit der Rückgabe verbundenen Aufwendungen zu ersetzen, die Generalunkosten des Aufbewahrers darstellen, wohl aber solche, die mit der Rückgabe der Sache unmittelbar zusammenhängen. In der Praxis ist die vertragliche Pauschalierung der Rückgabekosten häufig (Bsp.: Gebühren für die Auslieferung von Wertpapieren beim offenen Bankdepot).

7 In einer Hinsicht hat Art. 477 gegenüber den allgemeinen Regeln des Hinterlegungsvertragsrechts einen **eigenständigen Sinn**: Aus dieser Bestimmung ergibt sich, dass ohne gegenteilige Abrede der **Aufbewahrer** die hinterlegte Sache **auf eigene Kosten an den Restitutionsort bringen muss**. Hat dagegen der Aufbewahrer die Sache am Rückgabeort zur Versendung aufzugeben (**Versendungsschuld**; evtl. Auftrag, vgl. N 4), so hat ohne andere Vereinbarung der Hinterleger gestützt auf Art. 477 die daraus resultierenden Kosten zu tragen (vgl. ebenso für den Kaufvertrag Art. 189 Abs. 1).

Art. 478

3. Haftung mehrerer Aufbewahrer	**Haben mehrere die Sache gemeinschaftlich zur Aufbewahrung erhalten, so haften sie solidarisch.**
3. Responsabilité en cas de dépôt reçu conjointement	Ceux qui ont reçu conjointement un dépôt en sont solidairement responsables.
3. Responsabilità di più depositari	Se più persone hanno ricevuto insieme la cosa in deposito, ne sono solidalmente responsabili.

Literatur

Vgl. die Literaturhinweise bei den Vorbem. zu Art. 472–491.

Gemäss Art. 143 Abs. 1 entsteht **Solidarität** unter mehreren Schuldnern, wenn sie erklären, dass sie gegenüber dem Gläubiger jeder einzeln für die Erfüllung der ganzen Schuld haften wollen. Ohne solche Willenserklärung entsteht Solidarität nur in den vom Gesetz bestimmten Fällen (Art. 143 Abs. 2). Solidarschuld wird nicht vermutet; im Zweifel wird nach h.M. Teilhaftung angenommen (GUHL/KOLLER/SCHNYDER/DRUEY, § 6 N 7; MERZ, SPR VI/1, 1984, 101; GAUCH/SCHLUEP/EMMENEGGER, N 3703; ähnlich VON TUHR/ESCHER, 300). Immerhin kann sich der Wille zur solidarischen Verpflichtung ohne ausdrückliche Vereinbarung auch aus den Umständen ergeben (BGE 116 II 707, 712 E. 3). Die Regelung von Art. 143 ist zweifelhaft; in der Praxis ist aufgrund der Begleitumstände meist auf Solidarität zu schliessen, wenn sich mehrere gemeinsam in einem Vertragsverhältnis verpflichten (BUCHER, AT, 493; ähnlich VON BÜREN, AT, 92 f.; vgl. auch BGE 116 II 707, 712 E. 3; BGer, 13.5.1996, E. 3 = Pra 1996, 939 ff., 941 f. betr. Konkubinatspaar/Mietvertrag; SJZ 1998, 166 betr. Solidarität von Bewohner und Amtsvormundschaft bei gemeinsam unterzeichnetem Mietvertrag). 1

Art. 478 schafft für die Hinterlegung gleich wie Art. 403 Abs. 2 für den Auftrag Klarheit, indem er die **Solidarhaftung mehrerer Aufbewahrer** gesetzlich stipuliert. Es steht den Parteien allerdings frei, davon abweichend vertraglich blosse Teilhaftung der Aufbewahrer zu vereinbaren (ZK-OSER/SCHÖNENBERGER, N 1, die in Art. 478 eine **Vermutung vertraglich gewollter Solidarität** erblicken). 2

Keine Regelung enthält das Gesetz über die Haftung **mehrerer Hinterleger**. Hier gelten die allgemeinen Regeln. Entgegen der h.M. wird man im Normalfall aus der gemeinsamen Hinterlegung auf stillschweigend vereinbarte Solidarhaftung der Hinterleger für das Entgelt sowie für Auslagen- und Schadenersatz schliessen müssen. 3

Art. 479

4. Eigentumsansprüche Dritter

[1] Wird an der hinterlegten Sache von einem Dritten Eigentum beansprucht, so ist der Aufbewahrer dennoch zur Rückgabe an den Hinterleger verpflichtet, sofern nicht gerichtlich Beschlag auf die Sache gelegt oder die Eigentumsklage gegen ihn anhängig gemacht worden ist.

[2] Von diesen Hindernissen hat er den Hinterleger sofort zu benachrichtigen.

4. Droits de propriété prétendus par des tiers

[1] Si un tiers se prétend propriétaire de la chose déposée, le dépositaire n'en est pas moins tenu de la restituer au déposant, tant qu'elle n'a pas été judiciairement saisie ou que le tiers n'a pas introduit contre lui sa demande en revendication.

[2] En cas de saisie ou de revendication, le dépositaire doit immédiatement avertir le déposant.

4. Pretesa di proprietà da parte di terzi

[1] Ove un terzo pretenda la proprietà della cosa depositata, il depositario dovrà ciò nonostante restituirla al deponente, salvoché non sia stata giudizialmente sequestrata o rivendicata con apposita azione in confronto di lui.

[2] Egli deve tosto avvertire il deponente di siffatti impedimenti.

Literatur

Vgl. die Literaturhinweise bei den Vorbem. zu Art. 472–491.

I. Allgemeines

Ist der Hinterleger nicht Eigentümer der hinterlegten Sache, so kollidiert sein auf dem Hinterlegungsvertrag beruhender **schuldrechtlicher Rückerstattungsanspruch** mit dem **dinglichen Herausgabeanspruch** des Eigentümers nach Art. 641 ZGB. Art. 479 bestimmt, wie 1 sich der Aufbewahrer zu verhalten hat, wenn er sich solchen **konkurrierenden Restitutionsansprüchen** ausgesetzt sieht.

2 Art. 479 Abs. 1 gibt in dieser Konfliktsituation dem obligationenrechtlichen Rückerstattungsanspruch des Hinterlegers grundsätzlich den Vorrang; eine Ausnahme ist nur vorgesehen, wenn der Drittansprecher die Sache gerichtlich mit Beschlag belegen lässt oder gegen den Aufbewahrer bereits die Vindikationsklage anhängig gemacht hat. Der **Vorrang des schuldrechtlichen Rückgabeanspruches** ist für das Funktionieren des Hinterlegungsvertragsrechts unerlässlich: Dürfte der Aufbewahrer die Sache dem Hinterleger nicht mehr zurückgeben, wenn ein Dritter das Eigentum am Hinterlegungsgegenstand geltend macht, so könnte durch das blosse Anmelden von Eigentumsansprüchen *«die essentielle Restitutionspflicht des Aufbewahrers paralysiert»* werden (BK-Gautschi, N 2c; ähnlich Tercier/Favre, Rz 6657 f., sowie CR CO I-Barbey, N 1). Von der Pflicht zur Sachrestitution an den Vertragspartner kann der Aufbewahrer nur entbunden werden, wenn der Drittansprecher seine Rechte in der in Art. 479 Abs. 1 erwähnten Weise **förmlich bei staatlichen Rechtsdurchsetzungsorganen** geltend macht. Unternimmt der Drittansprecher keine solchen Schritte, so ist der Aufbewahrer **berechtigt und verpflichtet**, die Sache dem Hinterleger herauszugeben (ZK-Oser/Schönenberger, N 4).

II. Der Anwendungsbereich von Art. 479

3 Art. 479 findet Anwendung, wenn der obligatorische Rückerstattungsanspruch des Hinterlegers mit dem (behaupteten) dinglichen Recht eines Drittansprechers kollidiert. Dieser Fall kann typischerweise beim **regulären Hinterlegungsvertrag** und bei der **Sammelverwahrung** eintreten.

4 Ebenfalls anwendbar ist Art. 479 aber auch beim **depositum irregulare** (BGE 100 II 200; befürwortend Kummer, Die Rechtsprechung des BGer im Jahre 1974, ZBJV 1976, 148 f.; krit. dagegen Baerlocher, 705 Anm. 4), obwohl dem Drittansprecher hier kein dingliches, sondern wie dem Hinterleger ebenfalls nur ein obligatorisches Rückerstattungsrecht zustehen kann. Damit ist dem Aufbewahrer eine gerichtliche Hinterlegung i.S.v. Art. 96 und 168 Abs. 1 verwehrt, bevor der Drittansprecher die Forderung des Hinterlegers verarrestieren oder strafverfahrensrechtlich blockieren lässt oder gegen den Aufbewahrer die «Eigentumsklage», die hier nur Forderungsklage sein kann, erhebt (Kummer, ZBJV 1976, 149; vgl. Art. 481 N 7).

5 Kein Fall von Art. 479 liegt dagegen vor, wenn der Hinterleger als **Treuhänder** handelt. Der Treugeber kann dem Aufbewahrer gegenüber keine Rechte geltend machen (BGE 96 II 145, 149 E. 1; BK-Gautschi, N 1b; Handkomm-OR-von Ballmoos, N 5; CHK-Stupp, N 7; **abw.** CR CO I-Barbey, N 2).

6 Ebenfalls kein Anwendungsfall von Art. 479 ist gegeben, wenn sich die Erben des Hinterlegers und ein über dessen Tod hinaus (Art. 35 Abs. 1, Art. 405 Abs. 1) Bevollmächtigter vor dem Widerruf der Vollmacht um die Herausgabe der Sache streiten (Baerlocher, 706; vgl. dazu auch BGE 94 II 167, 172 E. 4). Das Gleiche gilt, wenn Ungewissheit darüber besteht, wem von mehreren Personen der Restitutionsanspruch aus dem Hinterlegungsvertrag zusteht. Dem Aufbewahrer steht diesfalls die Möglichkeit offen, die Sache nach Art. 96 und Art. 168 Abs. 1 **gerichtlich zu hinterlegen** (BK-Gautschi, N 1c; Tercier/Favre, Rz 6659; Engel, contrats, 603; Baerlocher, 705 f.; CR CO I-Barbey, N 3).

7 Nicht anwendbar ist Art. 479 sodann, wenn **mehrere Hinterleger** gemeinsam den Hinterlegungsvertrag abgeschlossen haben (Baerlocher, 706 ff.). Wie die mehreren Hinterleger ihre Rechte gegen den Aufbewahrer ausüben können, richtet sich primär nach der Vereinbarung im Hinterlegungsvertrag. In der Bankpraxis von grosser Bedeutung ist das sog. **dépôt-joint** (bzw. **compte-joint, Gemeinschaftsdepot** bzw. **-konto**; vgl. dazu eingehend Baum-

GARTNER, passim; BAERLOCHER, 707 f.), bei dem die Parteien vertraglich bestimmen, dass jeder Hinterleger selbständig und ohne Mitwirkung der andern befugt ist, über den Hinterlegungsgegenstand zu verfügen. Unter den Hinterlegern herrscht diesfalls **Gläubigersolidarität** nach Art. 150 (BGE 112 III 90, 98 E. 5; 110 III 25, 26 E. 3; 94 II 167, 170 E. 3; 94 II 313, 316 f. E. 4). Fehlt eine vertragliche Abrede über die Berechtigung der Hinterleger, so hat der Aufbewahrer bei der regulären Hinterlegung die Sache an alle Hinterleger gemeinsam herauszugeben, da die Restitutionspflicht als Speziesschuld eine unteilbare Leistung ist (Art. 70 Abs. 1). Das Gleiche gilt beim depositum irregulare, wenn die Hinterleger aufgrund ihres Innenverhältnisses **gesamthänderisch berechtigt** sind, während sonst fraglich ist, ob die einzelnen Hinterleger eine **anteilmässige Leistung** verlangen können oder nicht (undifferenziert für gesamthänderische Berechtigung BGE 94 II 167, 170 E. 3; BAERLOCHER, 706; BK-GAUTSCHI, Art. 475 OR N 5c; GUHL/KOLLER/SCHNYDER/DRUEY, § 55 N 8; differenzierter Boemle/Gsell-ZOBL, Stichwort «Depotgeschäft»).

Ebenfalls nicht nach Art. 479 beurteilt sich schliesslich, in welcher Weise der Aufbewahrer die **Identität des Hinterlegers** bei der Sachrestitution zu prüfen hat. Diese Frage richtet sich nach den allgemeinen Regeln des Vertragsrechts (zur Zulässigkeit vertraglicher Haftungsbeschränkungen von Banken s. BGE 112 II 450 = Pra 1987, 505 ff. und BGE 132 III 449 = Pra 2007, 197 ff. betr. Bankkonto; vgl. auch BGE 116 II 459 und 111 II 263 betr. Sparheft bzw. -konto; veraltet BGE 109 II 116; 108 II 314, 315 ff. E. 2 und spez. BGE 64 II 355, 358 E. 3; zur Haftung einer Bank, welche eine ausländische Erbenbescheinigung auf Echtheit und materielle Tragweite zu prüfen hatte, vgl. BGE 95 II 109, 116 ff. E. 5, m.E. zu streng). 8

III. Die Regelung von Art. 479 im Einzelnen

1. Das Verhältnis des Aufbewahrers zur Innenbeziehung zwischen Hinterleger und Eigentümer

Der Vorrang des schuldrechtlichen Rückerstattungsanspruches besteht grundsätzlich auch dann, wenn der Aufbewahrer weiss, dass der Drittansprecher Eigentümer der hinterlegten Sache ist; um das **Innenverhältnis** zwischen dem Hinterleger, mit dem allein er in einer Rechtsbeziehung steht (BGE 100 II 200, 215 E. 9), und dem Eigentümer hat er sich nicht zu kümmern (BGE 100 II 200, 213 E. 8, 221 E. 16; 96 II 145, 152 E. 5; KUMMER, ZBJV 1976, 148). Der Aufbewahrer wird dem Eigentümer auch nicht aus **Delikt** (Art. 41) verantwortlich, und zwar selbst dann nicht, wenn er den Hinterleger über die Drittansprache informiert und es ihm so ermöglicht, die Sache zurückzuziehen, bevor der Eigentümer die nach Art. 479 Abs. 1 erforderlichen gerichtlichen Schritte unternimmt (BGE 100 II 200, 223 E. 17b; 96 II 145, 153 E. 5). 9

Eine **Ausnahme** von diesem Grundsatz gilt m.E., wenn der Aufbewahrer weiss oder annehmen muss, dass die hinterlegte Sache vom Hinterleger durch eine **strafbare Handlung erlangt** wurde. Unerheblich ist, ob der Aufbewahrer mit der Entgegennahme einer derartigen Sache strafbare **Hehlerei** durch «Verheimlichen» (Art. 160 StGB) begeht oder nicht (vgl. dazu statt aller etwa REHBERG/SCHMID, Strafrecht III, Delikte gegen den Einzelnen, 7. Aufl. 1997, 244 ff., spez. 250: «Die Sache wird namentlich dadurch verheimlicht, dass sie jemand bei sich aufbewahrt, irgendwo versteckt oder an einen Ort verbringt, wo sie nicht vermutet wird.»). Die in Art. 66 OR und Art. 936 Abs. 2 ZGB zum Ausdruck gebrachte gesetzgeberische Wertung verbietet es, in einem solchen Falle dem Hinterleger einen Rückerstattungsanspruch gegen den Aufbewahrer einzuräumen. Restituiert der Aufbewahrer dennoch, so wird er dem Eigentümer gestützt auf Art. 940 ZGB schadenersatzpflichtig (gl.M. mit ausführlicher Begründung BK-GAUTSCHI, Art. 472 OR N 13b, Art. 479 OR N 2a ff.; zum Verhältnis zwischen Art. 936 und 940 ZGB vgl. BGE 84 II 253, 260 E. 2; zur Passivlegitimation des unselbständigen Besitzers bei Klagen aus den Art. 938 ff. ZGB s. BK-STARK, Vor Art. 938–940 ZGB N 30). Ebenso ist der Aufbewahrer nicht zur Rückerstattung an den Hinterleger ver- 10 pflichtet, wenn er sich dadurch der Geldwäscherei (Art. 305bis StGB) schuldig machen würde (was z.B. bei der Vereitelung einer strafprozessualen Sperre der Fall sein könnte [vgl. dazu als Bsp. OGer LU, LGVE 2001 I 82 ff.]).

2. Die notwendigen förmlichen Rechtsschritte des Eigentümers

a) Die Eigentumsklage gegen den Aufbewahrer

11 Der Aufbewahrer ist nicht mehr befugt, die Sache dem Hinterleger herauszugeben, nachdem der Drittansprecher gegen ihn die **Eigentumsklage** erhoben hat. Massgebend ist der Zeitpunkt der **Rechtshängigkeit**. Diese bestimmt sich bei internationalen Verhältnissen nach Art. 9 IPRG bzw. gestützt auf Staatsvertragsrecht (z.B. nach Art. 27 ff. LugÜ), bei Binnenverhältnissen nach Art. 62 f. ZPO. Für den Aufbewahrer kann dies bei innerschweizerischen Verhältnissen allerdings mit Unzukömmlichkeiten verbunden sein, wenn der Drittansprecher die Rechtshängigkeit durch Einreichen eines Schlichtungsgesuchs (Art. 202 ZPO) herbeiführt. *Denn die ZPO verknüpft den Eintritt der Rechtshängigkeit nicht mit der Fortführungslast* (BSK ZPO-INFANGER, Art. 62 N 3): Versäumt der Kläger die Prosequierung gem. Art. 209 Abs. 3 ZPO, so fällt zwar die Rechtshängigkeit dahin; sie kann aber jederzeit durch ein erneutes Schlichtungsgesuch wieder begründet werden (BSK ZPO-INFANGER, Art. 209 N 26).

12 Kann der Aufbewahrer die Sache aus irgendeinem Grund (z.B. weil eine bestimmte Hinterlegungsdauer vereinbart wurde oder weil der Hinterleger ortsabwesend ist) nicht sofort dem Hinterleger zurückgeben, nachdem ein Drittansprecher formlos Eigentum am Hinterlegungsgegenstand geltend gemacht hat, so gestattet ihm Art. 479 nicht, die ihm anvertraute Sache in sinngemässer Anwendung von Art. 96 und 168 Abs. 1 gerichtlich zu hinterlegen, um die Gefahr einer gegen ihn gerichteten Eigentumsklage abzuwenden. Sachlich wäre es indessen unhaltbar, den fremdnützigen Aufbewahrer gegen seinen Willen zu zwingen, sich auf die Eigentumsklage des Drittansprechers einzulassen, wenn er den Hinterleger zu nennen bereit ist (im gleichen Sinne ZK-OSER/SCHÖNENBERGER, N 3; BK-GAUTSCHI, N 4b). Nur beschränkte Abhilfe schafft das **Prozessrecht**, indem es dem Aufbewahrer ermöglicht, dem Hinterleger den Streit zu verkünden (Art. 78 ZPO; BK-GAUTSCHI, N 4b; BAERLOCHER, 705). Darüber hinaus muss m.E. aber auch ein **materiellrechtlicher Anspruch** des Aufbewahrers bestehen, die ihm anvertraute Sache unmittelbar **nach Anhebung der Eigentumsklage** durch den Drittansprecher **gerichtlich zu hinterlegen**, um eine Prozessniederlage zu vermeiden (KUKO OR-SCHOTT/MAURENBRECHER, N 4; ähnlich auch BK-GAUTSCHI, N 4b; gl.M. wie hier KUMMER, ZBJV 1976, 149; unklar VON BÜREN, BT, 186).

b) Der gerichtliche Beschlag auf die Sache

13 Als *«gerichtlicher Beschlag auf die Sache»* gilt jede vom Drittansprecher veranlasste behördliche Massnahme, die dem Aufbewahrer die Verfügung über die Sache untersagt. Darunter fallen ein an den Aufbewahrer gerichtetes **Verbot im Rahmen vorsorglicher Massnahmen** (Art. 261 ff. ZPO; spez. Art. 262 lit. a ZPO) im Vindikationsprozess des Drittansprechers gegen den Hinterleger (BK-GAUTSCHI, N 3b), **Arrest** nach Art. 271 ff. SchKG sowie **strafprozessuale** und **behördliche Beschlagnahmungen** (BGE 100 II 200, 219 E. 13; BK-GAUTSCHI, N 3b; ZK-OSER/SCHÖNENBERGER, N 5; KUMMER, ZBJV 1976, 149). Die blosse Klageeinleitung des Drittansprechers gegen den Hinterleger genügt dagegen nicht.

14 Die vom Drittansprecher veranlasste behördliche Massnahme entfaltet für den Aufbewahrer von dem Moment an **zivilrechtliche Sperrwirkung**, wo sie ihm **zur Kenntnis gebracht** («notifié») wird (BGE 100 II 200, 219 E. 12). Die **Beweislast** dafür, dass der Aufbewahrer die Sache nach diesem Zeitpunkt dem Hinterleger ausgehändigt hat und daher dem Eigentümer schadenersatzpflichtig wird, trägt der Drittansprecher (BGE 100 II 200, 219 E. 12).

3. Die Informationspflicht des Aufbewahrers gegenüber dem Hinterleger

Art. 479 Abs. 2 verpflichtet den Aufbewahrer, den Hinterleger über die vom Drittansprecher eingeleiteten behördlichen Schritte **zu orientieren**. Unterlässt er dies, und kann der Hinterleger dadurch seine Rechte nicht rechtzeitig wahren, so wird der Aufbewahrer *schadenersatzpflichtig* (BK-GAUTSCHI, N 4a). **15**

Dagegen verlangt (wie insb. aus dem französischen Wortlaut klar hervorgeht) Art. 479 Abs. 2 vom Aufbewahrer nicht, den Hinterleger vor Anhebung der Eigentumsklage oder gerichtlicher Beschlagnahme der Sache über geltend gemachte Drittansprüche zu benachrichtigen, damit dieser den Hinterlegungsgegenstand «rechtzeitig» dem Zugriff des Dritten entziehen kann. Eine solche Pflicht wird jedoch häufig als Nebenpflicht des Aufbewahrers betrachtet werden können, es sei denn, dieser würde sich durch Benachrichtigung des Hinterlegers (z.B. wegen Gehilfenschaft, Hehlerei, Begünstigung usw.) strafbar machen (vgl. dazu auch N 10) oder sich öffentlich-rechtliche Nachteile (z.B. im Bankenaufsichtsrecht) einhandeln. **16**

Art. 480

IV. Sequester — **Haben mehrere eine Sache, deren Rechtsverhältnisse streitig oder unklar sind, zur Sicherung ihrer Ansprüche bei einem Dritten (dem Sequester) hinterlegt, so darf dieser die Sache nur mit Zustimmung der Beteiligten oder auf Geheiss des Richters herausgeben.**

IV. Séquestre — Lorsque deux ou plusieurs personnes déposent entre les mains d'un tiers, en vue de sauvegarder leurs droits, une chose dont la condition juridique est litigieuse ou incertaine, le dépositaire ou séquestre ne peut la restituer que du consentement de tous les intéressés, ou sur un ordre du juge.

IV. Sequestro — Se più persone, per tutelare i loro diritti, hanno depositato presso un terzo, quale sequestratario, una cosa, su cui siavi contestazione o i cui rapporti giuridici siano incerti, il sequestratario non potrà restituirla se non col consenso degli interessati o dietro ordine del giudice.

Literatur

Vgl. die Literaturhinweise bei den Vorbem. zu Art. 472–491.

Die **Sequestration** ist ein Sonderfall gemeinsamer Hinterlegung. Das Interesse der Hinterleger geht dabei nicht primär – aber immerhin auch – auf Erhaltung der Sache, sondern darauf, sie vor einer **Verfügung durch den Nichtberechtigten** zu schützen (ZK-OSER/SCHÖNENBERGER, N 1; BAERLOCHER, 662). **1**

Im Streit um die Berechtigung an der sequestrierten Sache ist der Sequester **nicht passivlegitimiert**. Der Richter kann aber im Prozess unter den Hinterlegern im Urteil den Sequester anweisen, die Sache der obsiegenden Partei herauszugeben (SJZ 1964, 269 f. Nr. 178; vgl. auch Rep 1997, 226 ff., 227 [KGE TI vom 11.9.1997]). Diese Anweisung stellt allerdings keinen Vollstreckungstitel gegen den Sequester dar. Für einen solchen Vollstreckungstitel ist ein Herausgabeverfahren gegen den Sequester erforderlich; massgebend dafür sind die Regeln des Summarverfahrens (Art. 250 lit. b Ziff. 6 ZPO). **2**

Das Rechtsverhältnis zwischen den Hinterlegern einerseits und dem Sequester andererseits bestimmt sich in erster Linie nach der vertraglichen Vereinbarung (BK-GAUTSCHI, N 2b). Im Übrigen finden auf die Sequestration die allgemeinen Bestimmungen von Art. 472 ff. Anwendung, soweit diese nicht durch den Zweck der Sequestration ausgeschlossen werden. So gilt etwa für die Sequestration das jederzeitige Rückforderungsrecht nach Art. 475 ebenfalls, wo- **3** bei dieses Recht allerdings nur von allen Hinterlegern gemeinsam oder vom richterlich als berechtigt Erklärten allein ausgeübt werden kann (Baerlocher, 662).

4 Heikler ist die Frage, wie **der Sequester die Hinterlegung beenden** kann. An sich muss es ihm offen stehen, bei der Sequestration auf unbestimmte Dauer jederzeit und bei Vereinbarung einer bestimmten Vertragsdauer unter den Voraussetzungen von Art. 476 vorzeitig den Vertrag zu künden und die ihm anvertraute Sache zu restituieren (gl.M. BK-Gautschi, N 3b). Eine Herausgabe an die Hinterleger ist indessen ausgeschlossen, wenn dem nicht alle Deponenten zustimmen. Mit Zustimmung aller Hinterleger kann der Aufbewahrer die Sache auf einen neuen Sequester übertragen. Sind die Deponenten weder mit dem einen noch mit dem andern einverstanden, so geraten sie m.E. in **Gläubigerverzug**, was den Sequester zur gerichtlichen Hinterlegung nach Art. 92 berechtigt (gl.M. BK-Gautschi, N 3c; CR CO I-Barbey, N 11; KUKO OR-Schott/Maurenbrecher, N 3; CHK-Stupp, N 3; nicht klar dagegen Baerlocher, 662).

Art. 481

B. Die Hinterlegung vertretbarer Sachen

[1] Ist Geld mit der ausdrücklichen oder stillschweigenden Vereinbarung hinterlegt worden, dass der Aufbewahrer nicht dieselben Stücke, sondern nur die gleiche Geldsumme zurückzuerstatten habe, so geht Nutzen und Gefahr auf ihn über.

[2] Eine stillschweigende Vereinbarung in diesem Sinne ist zu vermuten, wenn die Geldsumme unversiegelt und unverschlossen übergeben wurde.

[3] Werden andere vertretbare Sachen oder Wertpapiere hinterlegt, so darf der Aufbewahrer über die Gegenstände nur verfügen, wenn ihm diese Befugnis vom Hinterleger ausdrücklich eingeräumt worden ist.

B. Dépôt irrégulier

[1] S'il a été convenu expressément ou tacitement que le dépositaire d'une somme d'argent serait tenu de restituer, non les mêmes espèces, mais seulement la même somme, il en a les profits et les risques.

[2] Une convention tacite se présume, dans le sens indiqué, si la somme a été remise non scellée et non close.

[3] Lorsque le dépôt consiste en d'autres choses fongibles ou en papiers-valeurs, le dépositaire n'a le droit d'en disposer que s'il y a été expressément autorisé par le déposant.

B. Deposito di denaro e di altre cose fungibili

[1] Se fu depositato del denaro col patto espresso o tacito che il depositario non debba restituire le identiche monete, ma soltanto un'egual somma, gli utili e i rischi passano al depositario.

[2] Si presume convenuto tacitamente il patto stesso, qualora la somma di denaro sia stata consegnata senza sigilli e non chiusa.

[3] Se furono depositate altre cose fungibili o cartevalori, il depositario non potrà disporre delle medesime se non quando tale facoltà gli sia stata espressamente accordata dal deponente.

Literatur

Vgl. die Literaturhinweise bei den Vorbem. zu Art. 472–491.

I. Allgemeines

1 Art. 481 betrifft das sog. **depositum irregulare**, welches von der gewöhnlichen Hinterlegung in verschiedener Hinsicht abweicht. Da das irreguläre Depot darlehensähnlichen Charakter hat (ZK-Oser/Schönenberger, N 1), ist seine Abgrenzung zum Darlehensvertrag und ähnlichen Rechtsgeschäften nicht immer leicht. Von gewisser Bedeutung ist diese Abgrenzung

insb. beim **Sparkassengeschäft** der Banken. Deutlich unterscheidet sich dagegen das depositum irregulare vom Vermengungsdepot sowie von der Sammelverwahrung von Wertschriften und Edelmetallen (ZK-OSER/SCHÖNENBERGER, N 23; BAERLOCHER, 696 f.; BUCHER, BT, 280; VON BÜREN, BT, 183 f.; HONSELL, OR BT, 399 f.; GUHL/KOLLER/SCHNYDER/DRUEY, § 55 N 17; BRUNNER, 8 f.; vgl. dazu auch Art. 484 N 2), auch wenn das BGer bei der Abgrenzung bisweilen Schwierigkeiten bekundet (vgl. BGE 98 II 211, 217 spez. E. 6). In der Praxis ist das depositum irregulare etwa von Bedeutung bei der Hinterlegung von Klientengeldern bei Notaren (BGE 118 Ib 312, 314 E. 2c = Pra 1993, 235), bei der Hinterlegung von Geld im Gläubigerverzug oder bei der **Hinterlegung von Mietzinsen** nach Art. 259g ff. (sofern Letzteres dem Privatrecht unterstehen sollte, was allerdings umstritten ist [vgl. dazu Vor Art. 472–491 N 6]; wird die Beziehung zur Mietzinshinterlegungsstelle als öffentlich-rechtlich qualifiziert, so kommen die Regel des depositum irregulare als ergänzendes Recht zur Anwendung, s. AUBERT, in: Bohnet/Montini [Hrsg.], Commentaire pratique Droit du bail à loyer, Basel 2010, Art. 259g OR N 50 f.).

II. Das depositum irregulare im Einzelnen

1. Die Entstehung

Eine irreguläre Hinterlegung ist nur bei **vertretbaren Sachen**, insb. bei Geld und Wertpapieren, möglich (ZK-OSER/SCHÖNENBERGER, N 2; BK-GAUTSCHI, 3a; BUCHER, BT, 280; HONSELL, OR BT, 399). 2

Nicht jede Hinterlegung von vertretbaren Sachen führt indessen zu einem depositum irregulare. Ein solches kann nur gestützt auf eine **ausdrückliche** oder **stillschweigende Vereinbarung** unter den Parteien entstehen; massgebend ist allein der entsprechende Parteiwille (BUCHER, BT, 280; HONSELL, OR BT, 399). Fehlt er, so kommt ein regulärer Hinterlegungsvertrag zustande mit der Folge, dass der Aufbewahrer die ihm anvertraute vertretbare Sache in specie zu restituieren hat (BK-GAUTSCHI, N 3b), weshalb ihm eine Vermengung mit eigenen Sachen gleicher Art nicht gestattet ist. Hat der Hinterleger die empfangene Sache unbefugt mit eigenen Sachen vermengt, so entsteht modifiziertes Miteigentum i.S. eines Vermengungsdepots; zudem wird der Aufbewahrer dem Hinterleger ggf. aus Vertragsverletzung schadenersatzpflichtig (Art. 484 N 12 f.). 3

Abweichendes gilt indessen für **Geld**, das nach **gemeinrechtlichem Grundsatz**, dem die h.M. heute noch folgt, auch bei unbefugter Vermengung grundsätzlich in das Alleineigentum des Empfängers übergeht, wenn die Identität der einzelnen Münzen und Banknoten im Nachhinein nicht mehr festgestellt werden kann (BGE 136 III 247, 252 E. 5; 90 IV 180, 188 E. 6 = Pra 1965, 141; BGE 78 II 243, 254 E. 5c; 47 II 267, 270 f. E. 2 = Pra 1921, 239 f. [nicht übersetzt]; ZK-HAAB/SIMONIUS/SCHERRER/ZOBL, Art. 727 ZGB N 84 ff. m. zahlreichen Nw.; SUTTER-SOMM, SPR V/1, Rz 1106; krit. aber LIVER, SPR V/1, 1. Aufl., Basel und Stuttgart 1977, 384 ff.). Das gilt auch bei der Geldhinterlegung (BAERLOCHER, 698 f.; ähnlich ZK-OSER/SCHÖNENBERGER, N 5; implizite auch BGE 127 III 273, 275 f. E. 3 [Vermieter belässt die Mietzinskaution in seinem Vermögen, anstatt sie ordnungsgemäss auf den Namen des Mieters zu hinterlegen; dazu die Bemerkungen von PIETRUSZAK, AJP 2001, 1228 ff., 1231 f.; vgl. auch mp 1997, 150 f. und MRA 2001, 9 ff. mit Bemerkungen von FUTTERLIEB]). Vermengt daher der Aufbewahrer das ihm anvertraute Geld mit eigenem Geld ohne Zustimmung des Hinterlegers, so steht diesem kein dinglicher Aussonderungsanspruch, sondern nur der schuldrechtliche Rückerstattungsanspruch sowie allenfalls ein **Schadenersatzanspruch** zu (BGE 78 II 243, 253 f. E. 5c; ähnlich auch BGE 102 II 297, 300 E. 1). Das Erfordernis der Zustimmung zur irregulären Hinterlegung hat somit beim Gelddepot eine geringe Bedeutung. 4

Art. 481 Abs. 2 stellt bei der Geldhinterlegung eine **Vermutung** dafür auf, dass die Parteien ein depositum irregulare stillschweigend vereinbart haben, wenn die Geldsumme unversiegelt 5 und unverschlossen übergeben wird (BGE 77 III 60, 64 E. 1; BK-Gautschi, N 3c; ZK-Oser/Schönenberger, N 5; CHK-Stupp, N 3; Bucher, BT, 280; Baerlocher, 697 f.; vgl. auch BGE 117 II 404, 406 E. 2). Die Vermutung bezieht sich nur auf die Folgen des Vertragsschlusses, nicht aber auf den Vertragsschluss als solchen (BGE 117 II 404, 406 E. 2). Bei anderen Sachen und insb. bei Wertpapieren verlangt Art. 481 Abs. 3 demgegenüber eine **ausdrückliche** Zustimmung des Hinterlegers (vgl. auch BGE 90 II 158, 162 E. 4b = Pra 1964, 379; BGE 77 I 34, 39 f. E. 3); es besteht diesfalls eine Vermutung für eine reguläre Hinterlegung (BK-Gautschi, N 3d; Baerlocher, 698; Bucher, BT, 280). Man wird aber auch eine konkludente oder stillschweigende Einwilligung des Hinterlegers genügen lassen können (zurückhaltend ZK-Oser/Schönenberger, N 6; **a.M.** wohl CR CO I-Barbey, N 5), sofern nur eine **zweifelsfreie Willensäusserung** vorliegt (BK-Gautschi, N 3d; problematisch aber BGE 98 II 211, 217 E. 6, wo eine solche Parteimeinung wohl fehlte).

2. Die Rechtsfolgen der Begründung eines depositum irregulare

6 Art. 481 Abs. 1 und Abs. 3 umschreiben die Wirkungen des depositum irregulare mit den Formulierungen «... *so geht Nutzen und Gefahr auf ihn* [d.h. den Aufbewahrer] *über*» bzw. «[...] *so darf der Aufbewahrer über die Gegenstände* [...] *verfügen*» nur lückenhaft. Bei der irregulären Hinterlegung geht der Hinterlegungsgegenstand in das **Alleineigentum des Aufbewahrers** über; der Hinterleger (oder ein allfälliger Dritter) verliert seinen dinglichen Herausgabeanspruch (BGE 102 II 297, 300 E. 1; 77 I 34, 40 E. 3; 77 III 60, 64 E. 1; BK-Gautschi, N 5a; ZK-Oser/Schönenberger, N 8; Bucher, BT, 280; Honsell, OR BT, 399; Tercier/Favre, Rz 6685; Engel, contrats, 613; von Büren, BT, 183; Guhl/Koller/Schnyder/Druey, § 55 N 12). Darin liegt die «Irregularität» gegenüber der gewöhnlichen Hinterlegung (Baerlocher, 697). Der **Übergang von Nutzen und Gefahr** sowie die für das depositum irregulare charakteristische **Verfügungsbefugnis** des Aufbewahrers über den Hinterlegungsgegenstand (BGE 90 II 158, 162 E. 4b = Pra 1964, 379) sind blosse Auswirkungen dieses Eigentumsüberganges (Bucher, BT, 280 f.; Baerlocher, 699; Guhl/Koller/Schnyder/Druey, § 55 N 12 ff.).

6a Ob – wie in der Literatur teilweise geltend gemacht wird – die Bedeutung des Eigentumsverlusts des Depotkunden im Bankgeschäft insoweit relativiert wird, als Art. 37d (bis 30. 6. 2004: Art. 37b) i.V.m. Art. 16 BankG und Art. 17 f. BEG dem Kunden im Konkurs der Depotbank ein **Absonderungsrecht** für Depotwerte zugesteht (so Brunner, 8 f. und 272 f.), erscheint fraglich: Keine Anwendung findet das Absonderungsrecht auf irregulär hinterlegtes *Geld* (Sparkassengeschäft), für welches jedoch die Sonderregeln des BankG über den Einlegerschutz zu beachten sind. Nur wenn der Kunde und die Bank über die Aufbewahrung von *anderen Werten* als Geld ausnahmsweise eine irreguläre Hinterlegung vereinbart haben sollten (in der Praxis gebräuchlicher sind gewöhnliche Hinterlegung, Sammelverwahrung oder Fiduzia/Auftrag; vgl. Art. 475 N 6a m.Nw.) und wenn die Bank die Depotwerte genügend klar individualisiert sowie nicht mit ihrem eigenen Vermögen vermischt hat (vgl. Bertschinger, Zum neuen bankengesetzlichen Aussonderungsrecht [Art. 16 und 37b BankG], AJP 1995, 431 f., m.w.Nw.; für das Auftragsrecht BGE 102 II 103, 110 E. II.4 = Pra 1976, 626, 629 f.; BGE 99 II 393, 398 ff. E. 7 = Pra 1974 362, 365 ff.]), könnte das bankengesetzliche Absonderungsrecht zur Anwendung kommen.

7 In den übrigen Fällen steht dem Hinterleger beim depositum irregulare ausschliesslich ein **schuldrechtlicher Rückgabeanspruch** zu. Die Restitutionsschuld des Aufbewahrers ist eine **Gattungsschuld**; der Aufbewahrer ist nicht zur Rückgabe der identischen Sache, sondern nur derselben Menge gleicher Sachen verpflichtet (BK-Gautschi, N 4a, 5a; Bucher, BT, 281; Tercier/Favre, Rz 6699; CR CO I-Barbey, N 3). Dementsprechend trifft ihn anders als bei der gewöhnlichen Hinterlegung **keine Obhutspflicht** (Bucher, BT, 281; Baerlocher, 699) und **keine Sorgfaltspflicht**. Sein Pflichtenkreis beschränkt sich auf die Restitution, die der Hinterleger – auch bei abweichenden vertraglichen Regelungen – jederzeit verlangen kann

(Art. 475; ZK-Oser/Schönenberger, N 20; Baerlocher, 699; Guhl/Koller/Schnyder/Druey, § 55 N 13).

Der **Übergang der Gefahr** auf den Aufbewahrer bedeutet, dass diesem, wenn er nicht restituieren kann, der Entlastungsbeweis nach Art. 97 abgeschnitten ist (BK-Gautschi, N 4a; unzutreffend BGE 98 II 211, 219 f. E. 9); der Aufbewahrer **haftet** daher beim depositum irregulare auch **für Zufall** (Bucher, BT, 281; Tercier/Favre, Rz 6699; Baerlocher, 698). Von seiner Haftung wird er sich analog zu Art. 103 Abs. 2 und Art. 474 Abs. 2 nur befreien können, wenn er nachweist, dass der Zufall die Sache auch beim Hinterleger getroffen hätte (was in der Praxis allerdings im Hinblick darauf, dass hier die Restitutionsschuld eine Gattungsschuld ist, äusserst selten der Fall sein dürfte). Der Gefahrenübergang bedeutet indessen nicht, dass der Aufbewahrer für eine (von ihm nicht verursachte) **Entwertung** der Gattung (z.B. Inflation, Kurszerfall bei Wertpapieren etc.) einzustehen hätte (BK-Gautschi, N 4a; Baerlocher, 698; CR CO I-Barbey, N 10). 8

Der **Übergang des Nutzens** auf den Aufbewahrer hat zur Folge, dass dieser abweichend von Art. 475 den **Zuwachs** – soweit er nicht in der **Wertsteigerung** der Gattung (z.B. Kursanstieg von Wertpapieren) besteht –, d.h. die natürlichen oder zivilen **Früchte** (Zinsen, Dividenden etc.), dem Hinterleger nicht herauszugeben hat (Tercier/Favre, Rz 6701; **a.M.** aber BK-Gautschi, N 4a; Baerlocher, 699 f.; implizite auch ZK-Oser/Schönenberger, N 11). Die gegenteilige vertragliche Abrede, wie sie in der Praxis häufig vorkommen wird, braucht einem depositum irregulare allerdings nicht im Wege zu stehen. 9

Das **Verrechnungsverbot** von Art. 125 Ziff. 1 gilt auch beim depositum irregulare (BGE 100 II 153, 155 E. a; 45 III 236, 249 E. 3; AppGer BS, 7.7.2009, BE-2008–1022, E. 3.4.5; BK-Gautschi, N 3c, 4d; ZK-Oser/Schönenberger, N 22; Guhl/Koller/Schnyder/Druey, § 55 N 14) und erlangt gerade hier seine wichtigste – wenn auch nicht ausschliessliche – Bedeutung (vgl. dazu auch Art. 484 N 6; unpräzis daher Bucher, AT, 441; von Büren, AT, 488; von Tuhr/Escher, 199). Diese Bestimmung ist indessen **dispositives Recht** (BK-Gautschi, N 4d; Tercier/Favre, Rz 6700; Baerlocher, 700; **a.M.** Engel, contrats, 607); der Hinterleger kann auf das Verrechnungsverbot schon bei Vertragsschluss verzichten (BGer, 14.12.1993, SJ 1994, 600 ff., spez. 603; ZK-Aepli, Art. 125 OR N 22). Ein solcher Verzicht kann allerdings problematisch sein, wenn er in **Allgemeinen Geschäftsbedingungen** enthalten ist; er muss jedenfalls dann als unbeachtlich gelten, wenn der Zweck der Hinterlegung im Einzelfall für die Parteien erkennbar die Verrechnung der Rückerstattungsschuld mit Gegenforderungen des Aufbewahrers ausschliesst (in diesem Sinne wohl BGE 45 III 236, 249 E. 3). 10

III. Die Abgrenzung des depositum irregulare vom Darlehen und von ähnlichen Rechtsgeschäften

Die Abgrenzung des depositum irregulare vom **Darlehen** und von ähnlichen Rechtsgeschäften, insb. vom **Sparkassenvertrag**, ist umstritten (BGE 100 II 153, 155 E. a; ZK-Oser/Schönenberger, N 22; Baerlocher, 700; Honsell, OR BT, 399 f.). Die h.M. nimmt beim Sparkassengeschäft eher irreguläre Hinterlegung an (BGE 100 II 153, 155 ff. E. b, c; RFJ 1994, 340 ff. [KGer FR vom 21.2.1994]; BK-Gautschi, N 6a ff.; ZK-Oser/Schönenberger, N 22; Guhl/Koller/Schnyder/Druey, § 55 N 14; Handkomm-OR-von Ballmoos, N 4; Baerlocher, 700 m.w.Nw.), während sich die bankenrechtliche Literatur eher für ein Darlehen oder ein diesem ähnliches Rechtsgeschäft ausspricht (Baerlocher, 700, m.w.Nw.). Als massgebendes Unterscheidungskriterium werden in erster Linie der vertraglich relevante **Wille der Parteien**, deren **Interessenlage** und der **wirtschaftliche Zweck** des Geschäftes (Verwahrungs- oder Kreditzweck) bezeichnet (BGE 104 Ia 367, 374 E. 4a; 100 II 153, 155 E. b; implizit auch BGE 45 III 236, 249 E. 3; BK-Gautschi, N 6a; ZK-Oser/Schönenberger, N 18, 22; CHK-Stupp, N 9; Baerlocher, 700; Guhl/Koller/Schnyder/Druey, § 55 N 14). Unklare Regelungen in von den Banken formulierten Sparheftreglementen (**AGB**) sind 11 dabei zu Ungunsten der Banken auszulegen, was häufig die Qualifikation der Sparkasseneinlagen als irreguläre Hinterlegung zur Folge hat (so etwa BGE 100 II 153, 156 E. c).

12 Meines Erachtens kann bei der Geldhingabe von einer Hinterlegung keine Rede sein, wenn der Geldgeber vom Nehmer einen Zins erhält, da diesfalls die **Vermögensanlage** und nicht die Verwahrung im Vordergrund steht (gl.M. BUCHER, BT, 199; VON BÜREN, BT, 183 f.; HONSELL, OR BT, 399). Die gegenteilige h.M. beruht auf einem den moderneren Gegebenheiten längst nicht mehr entsprechenden Bild des Kleinsparers (**a.M.** Handkomm-OR-VON BALLMOOS, N 5). Ob in Zeiten der Nullverzinsung oder gar einer allfälligen Negativverzinsung von Sparhuthaben etwas anderes gilt, wird sich weisen müssen.

13 Die **praktische Relevanz** der Kontroverse ist **gering** (TERCIER/FAVRE, Rz 6692 i.f.; **a.M.** offenbar BAERLOCHER, 700). Die Unterschiede betreffend **Erfüllungsort** (Bringschuld beim Darlehen, Holschuld beim depositum irregulare) und **Verrechnungsmöglichkeit** sind wenig bedeutsam, da die entsprechenden Bestimmungen dispositiven Charakter haben und in der Praxis abweichende vertragliche Abreden die Regel sein werden. Ein Unterschied in Bezug auf die **Verjährung** besteht bloss, weil das BGer beim Hinterlegungsvertrag eine sachlich unhaltbare Rechtsprechung begründet hat (vgl. dazu Art. 475 N 11 ff.). Wesentlich ist nur die unterschiedliche **Fälligkeit** der Rückforderung. Der Umstand, dass im Sparkassengeschäft vertragliche Kündigungsbeschränkungen üblich und banktechnisch notwendig sind (was mit der zwingenden Natur von Art. 475 nicht vereinbar ist), spricht gegen eine Qualifikation der Spareinlagen als Hinterlegung (gl.M. HONSELL, OR BT, 399 f.; **a.M.** BK-GAUTSCHI, 8a ff.; ZK-OSER/SCHÖNENBERGER, N 20; BAERLOCHER, 701).

14 In **theoretisch-methodischer Hinsicht** ist die Kontroverse **unbefriedigend**. Zu Recht wirft BUCHER, BT, 199, der h.M. vor, sie sei **begriffsjuristischer Betrachtungsweise** verfangen. Wenn auch das Sparkassengeschäft dem Darlehen näher liegt, so schliesst dies nicht aus, dass die Parteien – ggf. auch stillschweigend (in diesem Sinne BGE 45 III 236, 249 E. 3) – in den Vertrag Elemente der Hinterlegung aufnehmen. Die im schweizerischen Obligationenrecht geltende **Vertragstypenfreiheit** macht es nicht erforderlich, einen solchen Vertrag für die Lösung von einzelnen Streitfragen als Ganzes dem einen oder anderen Vertragstyp zuzuordnen (BUCHER, BT, 199).

Art. 482

C. Lagergeschäft I. Berechtigung zur Ausgabe von Warenpapieren	**1 Ein Lagerhalter, der sich öffentlich zur Aufbewahrung von Waren anerbietet, kann von der zuständigen Behörde die Bewilligung erwirken, für die gelagerten Güter Warenpapiere auszugeben.** **2 Die Warenpapiere sind Wertpapiere und lauten auf die Herausgabe der gelagerten Güter.** **3 Sie können als Namen-, Ordre- oder Inhaberpapiere ausgestellt sein.**
C. Du contrat d'entrepôt I. Droit d'émettre des papiers-valeurs	1 L'entrepositaire qui offre publiquement de recevoir des marchandises en dépôt peut requérir de l'autorité compétente le droit d'émettre des titres représentatifs des marchandises entreposées. 2 Ces titres sont des papiers-valeurs permettant d'exiger la livraison des marchandises entreposées. 3 Ils peuvent être nominatifs, à ordre ou au porteur.
C. Magazzini di deposito I. Diritto ad emettere carte-valori	1 L'assuntore di magazzini generali di deposito, che si offre pubblicamente per la custodia di merci, può ottenere dall'autorità competente l'autorizzazione ad emettere delle fedi di deposito per le merci depositate. 2 Le fedi di deposito sono cartevalori che danno il diritto di ritirare le merci depositate. 3 Esse possono essere nominative, all'ordine od al portatore.

Literatur

Vgl. die Literaturhinweise bei den Vorbem. zu Art. 472–491.

I. Allgemeines

Die Art. 482–486 enthalten Spezialbestimmungen über eine Sonderform des Hinterlegungs- 1 vertrages, das sog. **Lagergeschäft**. Umschrieben wird der **Einlagerungsvertrag** in diesen Regeln indessen nicht (BK-Gautschi, N 5a; **a.M.** offenbar ZK-Oser/Schönenberger, N 1).

Das Lagergeschäft ist in der Schweiz, hauptsächlich im Zusammenhang mit dem Warenim- 2 port, von erheblicher wirtschaftlicher Bedeutung (vgl. dazu ausführlich etwa BK-Gautschi, N 1a ff.), nicht zuletzt auch im Zusammenhang mit der **wirtschaftlichen Landesversorgung** (vgl. dazu BGE 77 I 34 und das BG über die wirtschaftliche Landesversorgung vom 8.10.1982, LVG [SR 531]). Keine nennenswerte Verbreitung hat dagegen offenbar die Ausgabe von **Warenpapieren** gefunden (Bucher, BT, 281; Honsell, OR BT, 401; von Büren, BT, 187; BK-Gautschi, N 10a; Guhl/Koller/Schnyder/Druey, § 55 N 22), auf welche die Regeln von Art. 1153 ff. anwendbar sind.

Kein Lagervertrag i.S. der Art. 482 ff. ist der **Pflichtlagervertrag** zwischen dem Bund und 3 den «Lagerhaltern» nach Art. 6 ff. LVG. Der Pflichtlagerhalter ist Eigentümer der von ihm gekauften, aber vom Bund finanzierten Waren (Art. 6 Abs. 4 LVG), wobei allerdings in der Zwangsvollstreckung gegen den Pflichtlagerhalter dem Bund ein Aussonderungs- bzw. ein Pfandrecht zusteht (Art. 13, 14 LVG). Der Pflichtlagerhalter kann aber, sofern dies im Pflichtlagervertrag geregelt wird (Art. 6 Abs. 2 LVG), die Waren seinerseits bei einem Lagerhalter i.S.v. Art. 482 ff. einlagern (vgl. dazu BGE 77 I 34). Warenpapiere dürfen über Pflichtlager nicht ausgegeben werden (Art. 7 Abs. 2 LVG).

II. Die Typenmerkmale des Einlagerungsvertrages

Der Einlagerungsvertrag ist ein **qualifizierter Hinterlegungsvertrag** (Baerlocher, 712; 4 ähnlich BGE 43 II 639, 645 E. 1; ZR 1952, 333 E. 4). Ein solcher liegt vor, wenn **kumulativ** die folgenden Merkmale erfüllt sind:

Der Aufbewahrer muss sich **öffentlich** zur Aufbewahrung **anbieten** (BGE 139 III 160, 161 5 E. 2.3 = Pra 2013, 823 E. 2.3; ZK-Oser/Schönenberger, N 4; Baerlocher, 712; krit. dazu BK-Gautschi, N 6c). Gegenstand des Lagergeschäftes können nur **Waren** bzw. **Güter**, d.h. handelbare körperliche Sachen, nicht aber Wertpapiere sein (ZK-Oser/Schönenberger, N 2; Baerlocher, 712 f.; CR CO I-Barbey, N 4). Die Verpflichtung des Aufbewahrers muss in der **Lagerung** dieser Waren in besonderen, vom Lagerhalter eigens hierfür betriebenen Gebäuden, Stapeleinrichtungen, Tankanlagen usw. bestehen (BK-Gautschi, N 6f; ZK-Oser/Schönenberger, N 3). Von der gewöhnlichen Aufbewahrung unterscheidet sich die Lagerung dadurch, dass es dem Einlagerer weniger um das Anvertrauen einer Sache an eine bestimmte Person und mehr um das Einbringen von Gütern in besondere, zu deren Einlagerung spezifisch geeignete Einrichtungen geht (BK-Gautschi, N 6c). Das Lagergeschäft setzt schliesslich voraus, dass es vom Lagerhalter **gewerbsmässig** (wenn auch nicht unbedingt gewinnstrebig) betrieben wird und daher notwendig **entgeltlich** ist (Art. 485 Abs. 1; BGE 126 III 192, 195 E. 2a = Pra 2001, 288; ZK-Oser/Schönenberger, N 4 f.; BK-Gautschi, N 6f; CHK-Stupp, N 1; Bucher, BT, 281; Tercier/Favre, Rz 6708 und Rz 6720; Engel, contrats, 618; **a.M.** Baerlocher, 713). In Bezug auf das Entgelt gelten die gleichen Regeln wie beim gewöhnlichen Hinterlegungsvertrag (s. Art. 472 N 17 ff.; vgl. auch BGE 132 III 487 betr. Haftung für das Entgelt im Falle eines Arrestes an der eingelagerten Ware und dazu Art. 472 N 20a).

6 Nicht erforderlich ist die Ausgabe von Warenpapieren. Die in der Praxis ausgegebenen Lagerscheine sind i.d.R. blosse **Beweisurkunden** (vgl. dazu etwa BGE 43 II 639, 645 E. 1). Werden aber Warenpapiere ausgegeben, so liegt auf jeden Fall ein Einlagerungsvertrag vor (BAERLOCHER, 713); der Aufbewahrer kann sich diesfalls den gegenüber der gewöhnlichen Hinterlegung erweiterten Pflichten des Lagerhalters (Art. 485) nicht entziehen.

III. Die Herausgabe von Warenpapieren

1. Die Berechtigung zur Herausgabe von Warenpapieren

7 Zur Herausgabe von Warenpapieren ist an sich nur berechtigt, wer von der zuständigen (kantonalen) Behörde eine entsprechende **Bewilligung** erhalten hat. Art. 482 Abs. 1 beinhaltet allerdings nur eine **Ordnungsvorschrift**. Denn Lagerscheine, die von Lagerhaltern ohne behördliche Bewilligung ausgegeben werden, werden ebenfalls als Warenpapiere anerkannt, wenn sie den gesetzlichen Formvorschriften entsprechen; der unbefugte Aussteller unterliegt bloss einer **Ordnungsbusse** bis zu CHF 1000 (Art. 1155 Abs. 2; ZK-OSER/SCHÖNENBERGER, N 9; BAERLOCHER, 712; BUCHER, BT, 281; TERCIER/FAVRE, Rz 6714; ENGEL, contrats, 616; CR CO I-BARBEY, N 11).

2. Die Rechtsnatur der Warenpapiere

8 Warenpapiere sind **Wertpapiere**, in denen der auf dem Einlagerungsvertrag beruhende schuldrechtliche Herausgabeanspruch des Hinterlegers verurkundet wird. Die wertpapiermässige Wirkung besteht darin, dass diesen Herausgabeanspruch nur geltend machen kann, wer das Warenpapier besitzt (so genügend beim Inhaberpapier) und zusätzlich durch eine lückenlose Indossamentenkette (beim Ordrepapier) oder Zessionskette (beim Namenpapier) legitimiert ist (Art. 486 Abs. 2).

9 Der wirtschaftliche Zweck des Warenpapiers ist es, das Papier anstelle der Ware übertragen zu können (ZK-OSER/SCHÖNENBERGER, N 12). Dementsprechend gilt **besitzrechtlich** die Übertragung einer solchen Urkunde als Übertragung der Ware selbst (Art. 925 Abs. 1 ZGB; vgl. dazu ausführlich BK-STARK, Art. 925 ZGB N 17 ff.). Das Gesetz schränkt allerdings die **Translativwirkung** des Warenpapiers in einem wichtigen Punkt empfindlich ein: Steht dem gutgläubigen Empfänger des Warenpapiers ein gutgläubiger Empfänger der Ware gegenüber, so geht besitzrechtlich der Empfänger der Ware vor (Art. 925 Abs. 2 ZGB; BK-STARK, Art. 925 ZGB N 33 ff.). Dem Erwerber des Warenpapiers steht diesfalls nur ein **Schadenersatzanspruch** gegen den Lagerhalter zu (BK-GAUTSCHI, Art. 486 OR N 4b).

10 Der in seinem Besitz nach Art. 925 Abs. 1 ZGB geschützte Erwerber des Warenpapiers erwirbt nicht zwangsläufig auch **Eigentum** am Lagergut (CR CO I-BARBEY, N 9). Im Warenpapier wird nur der schuldrechtliche Herausgabeanspruch aus dem Einlagerungsvertrag verkörpert. Macht ein Dritter Eigentum am Lagergut geltend, so findet Art. 479 Anwendung.

11 Das Warenpapier kann auch zur **Pfandbestellung** verwendet werden. Durch Verpfändung des Warenpapiers wird direkt ein **Pfandrecht an der Ware** bestellt (Art. 902 Abs. 1 ZGB). Um dem Einlagerer trotz Verpfändung der Ware die Möglichkeit zu verschaffen, diese (pfandbelastet) zu veräussern, kann nebst dem Warenpapier ein **Pfandschein (Warrant)** als Wertpapier ausgestellt werden (Art. 1154 Abs. 1). Zur Pfandbestellung genügt diesfalls die Verpfändung des Warrants, sobald auf dem Warenpapier selbst die Verpfändung mit Forderungsbetrag und Verfalltag eingetragen ist (Art. 902 Abs. 2 ZGB; Art. 1154 Abs. 2 OR).

3. Die Formvorschriften bei Warenpapieren

12 Die **Formvorschriften**, denen Warenpapiere zu genügen haben, sind in Art. 1153 geregelt. Papiere, welche diesen Vorschriften nicht entsprechen, werden nicht als Wertpapiere anerkannt, sondern gelten nur als **Empfangsscheine** oder **andere Beweisurkunden** (Art. 1155 Abs. 1).

Art. 483

II. Aufbewahrungspflicht des Lagerhalters	**[1] Der Lagerhalter ist zur Aufbewahrung der Güter verpflichtet wie ein Kommissionär.** **[2] Er hat dem Einlagerer, soweit tunlich, davon Mitteilung zu machen, wenn Veränderungen an den Waren eintreten, die weitere Massregeln als rätlich erscheinen lassen.** **[3] Er hat ihm die Besichtigung der Güter und Entnahme von Proben während der Geschäftszeit sowie jederzeit die nötigen Erhaltungsmassregeln zu gestatten.**
II. Obligation de garde de l'entrepositaire	[1] L'entrepositaire est tenu d'apporter à la garde des marchandises les mêmes soins qu'un commissionnaire. [2] Il avise, si possible, le déposant lorsque des changements subis par la chose paraissent exiger d'autres mesures. [3] Il doit lui permettre de constater l'état des marchandises, et de procéder à des essais pendant le temps consacré aux affaires, ainsi que de prendre en tout temps les mesures conservatoires nécessaires.
II. Obbligo di custodia del magazziniere	[1] Il magazziniere è tenuto a ricevere e custodire le merci come un commissionario. [2] Egli deve avvertire, appena gli sia possibile, il deponente, se si verificano alterazioni nelle merci, che rendano opportuni dei provvedimenti. [3] Egli deve permettergli di visitare le merci, di farne assaggi durante le ore d'affari ed in ogni tempo di prendere le misure necessarie per la loro conservazione.

Literatur

Vgl. die Literaturhinweise bei den Vorbem. zu Art. 472–491.

I. Allgemeines

Art. 483 regelt seinem Wortlaut nach generell die **Pflichten des Lagerhalters**. Daneben hat diese Bestimmung indessen einen zweiten Problemkomplex zum Gegenstand: Sie betrifft auch die **besondere Beziehung** des Einlagerers zum Lagergut **während der Dauer der Vertrages**. 1

Im Gegensatz zur gewöhnlichen Hinterlegung bilden im Lagergeschäft typischerweise – wenn auch nicht ausschliesslich – Handelswaren den Hinterlegungsgegenstand. Bei solchen Gütern erschöpft sich das Interesse des Einlagerers nicht bloss in der sicheren Aufbewahrung der Sache und in deren Restitution bei Vertragsbeendigung; der Einlagerer bedarf i.d.R. vielmehr auch gewisser Kontroll- und Einwirkungsmöglichkeiten über das Lagergut während der Dauer der Einlagerung. Art. 483 Abs. 2 und 3 tragen dieser besonderen Interessenlage des Einlagerers Rechnung (ähnlich auch BK-Gautschi, N 8a). Der Pflichtenkreis des Lagerhalters geht dementsprechend über denjenigen des Aufbewahrers bei der gewöhnlichen Hinterlegung hinaus (Tercier/Favre, Rz 6717; Engel, contrats, 616 f.). 2

Die Regelung von Art. 483 ist lückenhaft und stellt bloss **dispositives Recht** dar. In der Praxis werden daher über die Haftungsverhältnisse sowie über die Rechte und Pflichten der Parteien häufig detaillierte vertragliche Abreden, meist in vom Lagerhalter verfassten **Formularverträgen**, getroffen (Baerlocher, 715; Nachweise dazu bei Handkomm-OR-von Ballmoos, N 6; einlässlich dazu Furrer, AJP 2013, 869 ff.; für der Praxis wichtige Fomularverträge sind bei Furrer, Erlasssammlung zum Gütertransport- & Logistikrecht, Zürich 2013, 1347 ff., abgedruckt). 3

II. Die Pflichten des Lagerhalters nach Kommissionsvertragsrecht (Abs. 1)

4 Art. 483 Abs. 1 verweist in Bezug auf die Aufbewahrungspflicht des Lagerhalters auf den **Kommissionsvertrag** (Art. 425 ff.). Gesetzestechnisch ist diese Verweisung wenig geglückt, da die Aufbewahrungspflicht des Kommissionärs eine bloss unspezifische Nebenpflicht darstellt (BK-Gautschi, N 1a; Baerlocher, 714; Furrer, AJP 2013, 870), während diejenige des Lagerhalters als typische Hauptpflicht auf dem (besonderen) Hinterlegungsvertrag beruht (BK-Gautschi, N 1a; ZK-Oser/Schönenberger, N 2, 5). Materiell hat die Verweisung indessen einen anderen Sinn: Sie bezweckt eine Umschreibung der **Pflichten**, die dem Lagerhalter hinsichtlich des Lagergutes **zusätzlich zur Aufbewahrungspflicht** obliegen (in diesem Sinne auch Bucher, BT, 281), und bildet daher die grundsätzliche **Haftungsnorm** im Lagergeschäft (BK-Gautschi, N 1b).

5 Das Kommissionsvertragsrecht seinerseits verweist, soweit es nicht eigene Bestimmungen enthält, auf das **allgemeine Auftragsrecht** (Art. 425 Abs. 2). Der Lagerhalter hat somit bei der Erfüllung seiner vertraglichen Pflichten dem **Sorgfaltsmassstab** von Art. 398 zu genügen (BK-Gautschi, N 1b, 2b; Furrer, AJP 2013, 870). Im Übrigen gilt für die Sorgfaltspflicht des Lagerhalters dasselbe wie für diejenige des entgeltlich tätigen Aufbewahrers (vgl. dazu Art. 475 N 14 ff.; CR CO I-Barbey, N 2).

6 Im Einzelnen kann darüber hinaus aus der Verweisung auf das Kommissionsvertragsrecht Folgendes abgeleitet werden: Der Lagerhalter hat die Pflicht zur **Prüfung der Ware** auf erkennbare Mängel bei der Entgegennahme (Furrer, AJP 2013, 871) und zur **Wahrung der Rechte des Einlagerers gegen den Frachtführer** (Art. 427 Abs. 1). Zur **Versicherung des Lagergutes** ist er nur verpflichtet, wenn er vom Einlagerer damit beauftragt wurde (Art. 426 Abs. 2; Tercier/Favre, Rz 6718; Engel, contrats, 617). Eine **Pflicht zum Notverkauf** gem. Art. 427 Abs. 3 kann bestehen, wenn der Lagerhalter den Einlagerer von der drohenden Verderbnis des Lagergutes nicht rechtzeitig benachrichtigen kann (vgl. dazu insgesamt BK-Gautschi, N 2d, 4a ff., 6b; ZK-Oser/Schönenberger, N 3 ff.; Baerlocher, 715). Demgegenüber hat der Lagerhalter ggf. ein **Notverkaufsrecht** zur Sicherung seines Retentionsanspruches (BK-Gautschi, N 6a).

III. Die Informationspflicht des Lagerhalters (Abs. 2)

7 Ist die eingelagerte Ware der **Gefahr der Verschlechterung** ausgesetzt, so hat der Lagerhalter den Einlagerer zu *benachrichtigen*, damit dieser die notwendigen Massnahmen zur Erhaltung des Lagergutes anordnen kann. Daraus kann abgeleitet werden, dass der Lagerhalter selbst – abweichende vertragliche Abreden vorbehalten – keine besonderen, über die gewöhnliche Lagerung hinausgehenden Massnahmen zur Erhaltung der eingelagerten Güter treffen muss (BK-Gautschi, N 7a). Etwas anderes, insb. die Pflicht zum Notverkauf, kann je nach den Umständen gelten, wenn eine Benachrichtigung des Einlagerers aus irgendwelchen Gründen unmöglich ist.

8 Unter *«Veränderungen an den Waren»* sind nur äusserlich wahrnehmbare, physische Veränderungen gemeint. Über Entwertungen infolge von Preis- oder Konjunkturschwankungen etc. braucht der Lagerhalter den Einlagerer nicht zu informieren (ZK-Oser/Schönenberger, N 1).

IV. Das Zutrittsrecht des Einlagerers (Abs. 3)

9 Art. 483 Abs. 3 trägt den spezifischen Gegebenheiten des Lagergeschäfts Rechnung. Der Lagerhalter hat dem Einlagerer **während der Geschäftszeit** den *Zutritt zu den Lagerräumlichkeiten* zu gestatten, damit dieser den Zustand der Waren prüfen und sie allfälligen Kaufinteressenten zeigen kann. Wie der Einlagerer dieses Recht im Einzelnen ausüben darf, richtet

sich nach den vertraglichen Abreden, allfälligen Lagerhausreglementen und allgemeinen Gepflogenheiten (ZK-OSER/SCHÖNENBERGER, N 13). **Jederzeit**, d.h. notfalls auch ausserhalb der Geschäftszeit, steht dem Einlagerer ein Zutrittsrecht zu, um zur Erhaltung des Lagergutes dringend notwendige Erhaltungsmassregeln zu treffen (ZK-OSER/SCHÖNENBERGER, N 12; BAERLOCHER, 715; FURRER, AJP 2013, 873).

Art. 484

III. Vermengung der Güter

1 Eine Vermengung vertretbarer Güter mit andern der gleichen Art und Güte darf der Lagerhalter nur vornehmen, wenn ihm dies ausdrücklich gestattet ist.

2 Aus vermischten Gütern kann jeder Einlagerer eine seinem Beitrag entsprechende Menge herausverlangen.

3 Der Lagerhalter darf die verlangte Ausscheidung ohne Mitwirkung der anderen Einlagerer vornehmen.

III. Mélange de choses entreposées

1 L'entrepositaire ne peut mélanger des choses fongibles avec d'autres de même espèce et qualité que si ce droit lui a été expressément conféré.

2 Tout déposant peut réclamer, sur des choses ainsi mélangées, une part proportionnelle à ses droits.

3 L'entrepositaire peut alors assigner la part de ce déposant sans le concours des autres.

III. Mescolanza di cose fungibili

1 Il magazziniere non può mescolare le cose fungibili della stessa specie e qualità se non quando vi sia espressamente autorizzato.

2 Delle cose mescolate ogni deponente può richiedere che gli sia consegnata una quota corrispondente alla sua parte.

3 Il magazziniere può in tal caso eseguire la richiesta separazione senza il concorso degli altri deponenti.

Literatur

Vgl. die Literaturhinweise bei den Vorbem. zu Art. 472–491.

I. Allgemeines

1 Art. 484 regelt als Sonderfall des Lagergeschäftes das sog. **Vermengungsdepot**. Obwohl diese Bestimmung systematisch beim Lagergeschäft eingeordnet ist, gilt sie auch für die gewöhnliche Hinterlegung (BUCHER, BT, 278; BAERLOCHER, 688; BK-GAUTSCHI, Art. 482 OR N 7c; implizite auch BGE 112 II 406, 414 ff. E. 4). Diese Bestimmung war bis zum Inkrafttreten von Art. 973a–c am 1.1.2010 (in das OR eingefügt durch das Bucheffektengesetz vom 3.10.2008 [BEG]) bei der **Sammelverwahrung von Wertschriften** von grosser praktischer Bedeutung. Die neu in Art. 973a geregelte Sammelverwahrung (vgl. dazu N 9 ff.) wird in Zukunft v.a. (aber nicht nur) bei der Entstehung von Bucheffekten eine wichtige Rolle spielen (Art. 6 Abs. 1 lit. a BEG).

2 Art. 484 findet nur Anwendung bei der Hinterlegung von **vertretbaren Sachen**. Solche Sachen sind häufig Gegenstand eines depositum irregulare. Von diesem unterscheidet sich das Vermengungs- oder Sammeldepot dadurch, dass der Lagerhalter nicht Alleineigentümer des Lagergutes wird (BUCHER, BT, 280). Zwar ist eine irreguläre Hinterlegung im Lagergeschäft nicht ausgeschlossen, setzt aber eine ausdrückliche Zustimmung des Einlagerers voraus (BGE 77 I 34, 40 E. 3; BK-GAUTSCHI, N 4a ff.; ZK-OSER/SCHÖNENBERGER, N 5; BAERLOCHER, 696 f.). Fehlt diese Einwilligung, und vermengt der Lagerhalter vertretbare Sachen des Einlagerers befugt oder unbefugt (zum Letzteren vgl. N 12 f.), so entsteht kein depositum irregu-

lare; der Lagerhalter wird nur Miteigentümer pro parte i.S.v. Art. 484 (BK-GAUTSCHI, N 2b). Das hat das BGer in BGE 98 II 211 (spez. 217 E. 6) übersehen.

3 Art. 484 weist zwar schuldrechtliche Komponenten auf. Trotz seiner Stellung im OR handelt es sich bei dieser Bestimmung aber in erster Linie um eine **sachenrechtliche Norm** (CR CO I-BARBEY, N 2; ähnlich auch BAERLOCHER, 691), die als **lex specialis** den allgemeinen Normen des ZGB über das Miteigentum vorgeht (BGE 112 II 406, 415 f. E. 4b; ZK-HAAB/SIMONIUS/SCHERRER/ZOBL, Art. 727 ZGB N 90; ZK-OSER/SCHÖNENBERGER, N 4; BAERLOCHER, 691).

II. Das Vermengungsdepot beim Lagerhalter

1. Die Voraussetzungen für die Begründung eines Vermengungsdepots

4 Der Lagerhalter darf das ihm anvertraute Lagergut nur mit anderen Sachen vermengen, wenn ihm dies der Einlagerer **ausdrücklich gestattet**. Der Gesetzeswortlaut ist allerdings zu eng. Es wäre nicht einzusehen, weshalb eine Vermengung nicht auch mit **konkludenter** oder **stillschweigender** Zustimmung i.S. der allgemeinen vertragsrechtlichen Regeln zulässig sein sollte (gl.M. BK-GAUTSCHI, N 2b; BRUNNER, 9; **a.M.** BAERLOCHER, 688; CR CO I-BARBEY, N 5; und wohl auch ZK-OSER/SCHÖNENBERGER, Art. 484 OR N 3 i.V.m. Art. 481 OR N 6). Immerhin legt Art. 484 Abs. 1 nahe, mit der Annahme einer konkludenten oder stillschweigenden Einwilligung des Einlagerers im Einzelfall zurückhaltend zu sein.

5 Vermengt werden dürfen nur Sachen **gleicher Art und Güte** (BAERLOCHER, 716), ansonsten nicht ein Vermengungsdepot, sondern eine **neue Sache** i.S.v. Art. 727 ZGB entsteht (ZK-HAAB/SIMONIUS/SCHERRER/ZOBL, Art. 727 ZGB N 48; vgl. dazu auch LIVER, SPR V/1, 1. Aufl., Basel und Stuttgart 1977, 381). Was darunter im Einzelfall zu verstehen ist, richtet sich nach allgemeiner, ggf. auch nach branchenspezifischer **Verkehrsauffassung**. So ergibt z.B. die Vermengung von Schmierölen der Qualitäten «medium» und «heavy» ein nicht handelsübliches und deutlich minderwertiges Gemisch (BGE 115 II 494), welches daher auch sachenrechtlich mit keiner der vormaligen Qualitäten mehr identisch ist und nur noch nach Art. 727 ZGB behandelt werden kann.

2. Die Rechtsfolgen des Vermengungsdepots

6 Schuldrechtlich steht dem Einlagerer beim Vermengungsdepot nicht ein Anspruch auf Restitution der von ihm eingelagerten Sache, sondern nur auf *Herausgabe einer seinem Beitrag entsprechenden Menge* zu (Art. 484 Abs. 2); die Rückerstattungspflicht des Lagerhalters ist hier eine **begrenzte Gattungsschuld** (TERCIER/FAVRE, Rz 6712; Handkomm-OR-VON BALLMOOS, N 3). Der Einlagerer kann die Rückerstattung jederzeit (Art. 475) und unabhängig von den anderen Einlagerern verlangen; der Lagerhalter ist zur dazu notwendigen Ausscheidung nicht nur berechtigt (so der Wortlaut von Art. 484 Abs. 3), sondern auch verpflichtet (ZK-HAAB/SIMONIUS/SCHERRER/ZOBL, Art. 727 ZGB N 94c). Das **Verrechnungsverbot** von Art. 125 Ziff. 1, welches vertraglich abdingbar ist (vgl. Art. 481 N 10), gilt (wie beim depositum irregulare) ebenfalls; es ist hier von praktischer Bedeutung, wenn der Einlagerer keinen dinglichen Restitutionsanspruch hat (was z.B. BUCHER, AT, 441, VON BÜREN, AT, 488 und VON TUHR/ESCHER, 199 übersehen).

7 Sachenrechtlich geht mit der Vermengung das Alleineigentum des Einlagerers (oder ggf. des Dritten) unter (zum Zeitpunkt: gl.M. ZIMMERMANN, 60; **abw.** BK-GAUTSCHI, N 2a; unzutreffend BAERLOCHER, 689). Den vormaligen Alleineigentümern steht am Lagergut das sog. **modifizierte** bzw. **labile Miteigentum** zu (BGE 112 II 406, 414 f. E. 4a; 102 III 94, 101 E. 3; 77 I 34, 40 E. 3; ZK-HAAB/SIMONIUS/SCHERRER/ZOBL, Art. 727 ZGB N 94c; ZK-OSER/SCHÖNENBERGER, N 4 ff.; BAERLOCHER, 690; CR CO I-BARBEY, N 7; SUTTER-SOMM, SPR V/1, Rz 166), welches sich vom gewöhnlichen Miteigentum nach Art. 646 ff. in verschiedenen

Punkten wesentlich unterscheidet: Abweichend von Art. 650 f. ZGB muss der einzelne Miteigentümer seinen Teilungsanspruch nicht gegenüber den (ihm i.d.R. unbekannten) anderen Miteigentümern geltend machen; Art. 484 OR räumt ihm einen Anspruch auf Teilung gegen den Lagerhalter *ohne Mitwirkung der anderen Einlagerer* ein (BGE 112 II 406, 415 E. 4a; BK-GAUTSCHI, N 3b; ZK-OSER/SCHÖNENBERGER, N 5; BAERLOCHER, 692 f.). Und keine Anwendung auf das Vermengungsdepot finden von den Bestimmungen über das gewöhnliche Miteigentum auch die Art. 647 ff. ZGB (inkl. Art. 649a ZGB) über die Nutzung und Verwaltung, Art. 649 ZGB über die Kostentragung und die Art. 649b/c ZGB über den Ausschluss aus der Gemeinschaft (ähnlich ZK-OSER/SCHÖNENBERGER, N 4). Ihren Sinn finden diese Unterschiede darin, dass die verschiedenen Einlagerer anders als gewöhnliche Miteigentümer nur eine **Zufallsgemeinschaft** bilden und die Rechtsbeziehung unter ihnen mehr theoretischer Natur ist (ZK-HAAB/SIMONIUS/SCHERRER/ZOBL, Art. 727 ZGB N 94c; BAERLOCHER, 690 ff.). Im Ergebnis wird daher der Einlagerer soweit möglich wie ein Alleineigentümer behandelt (BAERLOCHER, 692).

Vermengt der Lagerhalter (mit oder ohne Einwilligung der Einlagerer) Waren unterschied- **8**
licher Art und Güte, so entsteht am Gemisch **gewöhnliches Miteigentum** nach den Art. 646 ff. ZGB oder, sofern eine Beimischung nur nebensächlich erscheint, **Alleineigentum** des Einlagerers des Hauptbestandteils (Art. 727 ZGB; vgl. N 5). Hat der Lagerhalter vertragswidrig gehandelt, so schuldet er den benachteiligten Einlagerern Schadenersatz (vgl. dazu auch BGE 115 II 494).

III. Die Sammelverwahrung von Wertpapieren im Bankgeschäft

Bis zum Inkrafttreten des Bucheffektengesetzes am 1.1.2010 fand Art. 484 auch auf die **Sam- 9**
melverwahrung von Wertpapieren im Bankgeschäft Anwendung (vgl. dazu einlässlich N 9 ff. der 4. Aufl.). Nunmehr ist die Sammelverwahrung von Wertpapieren in Art. 973a OR geregelt. Die neue Bestimmung kodifiziert im Wesentlichen, was Lehre und Rechtsprechung früher entwickelt haben (vgl. dazu die Botschaft zum Bucheffektengesetz sowie zum Haager Wertpapierübereinkommen vom 15.11.2006, BBl 2006, 9315 ff., spez. 9391 f.; unklar demgegenüber KUKO OR-SCHOTT/MAURENBRECHER, N 12; einlässlich zur Sammelverwahrung von Wertpapieren GUGGENHEIM/GUGGENHEIM, Rz 717 ff.). Dementsprechend erwirbt der Hinterleger mit der Einlieferung beim Aufbewahrer wie bisher **modifiziertes** bzw. **labiles Miteigentum** an den zum Sammelbestand gehörenden Wertpapieren gleicher Gattung (Art. 973a Abs. 2). Er kann jederzeit unabhängig von der Mitwirkung oder Zustimmung der andern Hinterleger die Herausgabe von Wertpapieren der gleichen Gattung aus dem Sammelbestand im Umfang seines Bruchteils verlangen (Art. 973a Abs. 3). Im Unterschied zu Art. 484 ist bei der Sammelverwahrung von Wertpapieren eine Zustimmung nicht erforderlich; vielmehr muss der Hinterleger ausdrücklich eine gesonderte Verwahrung verlangen, wenn er mit der Sammelverwahrung nicht einverstanden ist (Art. 973a Abs. 1). Von grosser praktischer Bedeutung ist diese Neuerung allerdings nicht, da sich die Banken ohnehin regelmässig in den **Allgemeinen Geschäftsbedingungen** zu den Depotverträgen das Recht zur Sammelverwahrung ausbedingen (Boemle/Gsell-ZOBL, Stichwort «Depotgeschäft»; BAERLOCHER, 686; SCHLEGEL, 23 ff.).

Ähnliche Wirkungen wie bei der Sammelverwahrung von Wertpapieren hat die **Globalur- 10**
kunde. Eine Globalurkunde ist ein Wertpapier gleicher Art wie die durch sie verkörperten Einzelrechte. Sie steht im Miteigentum der daran beteiligten Hinterleger, wobei für die Stellung und die Rechte der Miteigentümer sinngemäss dasselbe gilt wie bei der Sammelverwahrung von Wertpapieren (Art. 973b Abs. 2; KUKO OR-SCHOTT/MAURENBRECHER, N 9).

Die Hinterlegung von Wertpapieren zur Sammelverwahrung und die Hinterlegung von Glo- **11**
balurkunden bei einer **Verwahrungsstelle** nach Art. 4 BEG bilden (zusammen mit deren Gutschrift in einem oder mehreren Effektenkonten) die Basis für die Entstehung von **Bucheffek-**

ten gemäss BEG (Art. 6 BEG; vgl. zum BEG insgesamt etwa BÄRTSCHI, 1071 ff., m.w.Nw.). Mit Hinterlegung bei einer Verwahrungsstelle und Gutschrift in einem Effektenkonto *werden die Rechte der Einlieferer gem. Art. 973a ff. suspendiert* (Botschaft BEG, BBl 2006, 9391). Der Kontoinhaber kann indessen von der Verwahrungsstelle jederzeit (wieder) die Auslieferung von Wertpapieren gleicher Zahl und Gattung verlangen, wenn Wertpapiere hinterlegt worden sind (Art. 8 Abs. 1 lit. a BEG). Der Geltungsbereich der Art. 973a ff. ist allerdings weiter als derjenige des BEG; diese Bestimmungen finden auch Anwendung auf die Hinterlegung von Wertpapieren bei einem Aufbewahrer, der nicht Verwahrungsstelle i.S. des BEG ist (Botschaft BEG, BBl 2006, 9391).

IV. Die Rechtsfolgen bei unbefugter Vermengung durch den Lagerhalter oder Aufbewahrer

1. Sachenrechtliche Folgen

12 Welches die sachenrechtlichen Folgen einer unbefugten Vermengung von Sachen gleicher Art und Güte durch den Aufbewahrer oder Lagerhalter sind, regelt das Gesetz nicht ausdrücklich. Art. 727 ZGB ist nicht direkt anwendbar, da keine neue Sache i.S. dieser Bestimmung entsteht und zudem das Gemisch leicht aufgeteilt werden kann. Sachlich zutreffend ist es, bei der Vermischung oder Vermengung gleicher Sachen ebenfalls **Miteigentum** anzunehmen, und zwar ebenfalls in der **Sonderform** von Art. 484 OR, da diesfalls anders als bei Entstehen einer neuen Sache kein Bedürfnis besteht, die allgemeinen Regeln des Miteigentums (etwa bezüglich Aufhebung) anzuwenden. In Lehre und Rechtsprechung wird diese Auffassung – mit Abweichungen in der Begründung – im Ergebnis einhellig geteilt (ZK-HAAB/SIMONIUS/SCHERRER/ZOBL, Art. 727 ZGB N 90; LIVER, SPR V/1, 1. Aufl., Basel und Stuttgart 1977, 381 ff.; SUTTER-SOMM, SPR V/1, Rz 1107; BAERLOCHER, 688 f.; ZIMMERMANN, 59 f., je m.w.Nw.; SJZ 1969, 176 f.; FURRER, AJP 2013, 874). So hat auch das BGer in Bezug auf ein Aktienpaket entschieden, welches von zwei Personen gemeinsam und ohne Aussonderung der Aktien erworben worden war (BGE 112 II 406, 414 ff. E. 4). Dasselbe muss bei der unbefugten Vermengung im Hinterlegungsvertrag gelten; das Erfordernis der Zustimmung des Einlagerers in Art. 484 Abs. 1 steht dem nicht entgegen. Sachenrechtlich hat somit die fehlende Zustimmung des Einlagerers zur Vermengung keine Auswirkungen.

2. Schuldrechtliche Folgen

13 Art. 484 Abs. 1 hat dagegen schuldrechtliche Bedeutung. Ist der Lagerhalter oder Aufbewahrer zur Vermengung nicht befugt, so begeht er eine **Vertragsverletzung**, die ihn gegenüber dem Einlagerer **schadenersatzpflichtig** werden lässt (BK-GAUTSCHI, N 2c; ZK-OSER/SCHÖNENBERGER, N 7; BAERLOCHER, 688 f.). In analoger Anwendung von Art. 474 Abs. 2 haftet er auch für **Zufall** (ZIMMERMANN, 106), sofern er nicht beweisen kann, dass dieser die Sache auch bei separater Aufbewahrung getroffen hätte (BK-GAUTSCHI, N 2c). In diesem Sinne hat daher der Lagerhalter oder Aufbewahrer anders als bei der befugten Vermengung auch für Verluste am Gemisch (z.B. Schwund) einzustehen, an denen ihn kein Verschulden trifft.

Art. 485

IV. Anspruch des Lagerhalters

[1] Der Lagerhalter hat Anspruch auf das verabredete oder übliche Lagergeld, sowie auf Erstattung der Auslagen, die nicht aus der Aufbewahrung selbst erwachsen sind, wie Frachtlohn, Zoll, Ausbesserung.

[2] Die Auslagen sind sofort zu ersetzen, die Lagergelder je nach Ablauf von drei Monaten seit der Einlagerung und in jedem Fall bei der vollständigen oder teilweisen Zurücknahme des Gutes zu bezahlen.

3 Der Lagerhalter hat für seine Forderungen an dem Gute ein Retentionsrecht, solange er im Besitze des Gutes ist oder mit Warenpapier darüber verfügen kann.

IV. Droits de l'entrepositaire

1 L'entrepositaire a droit à la taxe d'entrepôt convenue ou usuelle, ainsi qu'au remboursement de toutes les dépenses qui n'ont pas été causées par la garde même des marchandises (frais de transport, de douane, d'entretien).

2 Ces dépenses doivent être remboursées sans délai; la taxe d'entrepôt est payable après chaque trimestre et, dans tous les cas, lors de la reprise totale ou partielle des marchandises.

3 Les créances de l'entrepositaire sont garanties par un droit de rétention sur les marchandises, aussi longtemps qu'il est en possession de celles-ci ou qu'il en peut disposer au moyen du titre qui les représente.

IV. Diritti del magazziniere

1 Il magazziniere ha diritto alla mercede convenuta o d'uso ed al rimborso delle spese che non derivano dalla custodia, come quelle di trasporto, di dogana o di miglioria.

2 Le spese devono essere pagate subito, le mercedi del deposito ogni tre mesi ed in tutti i casi all'atto della consegna totale o parziale delle merci.

3 Per i suoi crediti, il magazziniere ha diritto di ritenzione sulla merce finché ne sia in possesso o ne possa disporre mediante fedi di deposito.

Literatur

Vgl. die Literaturhinweise bei den Vorbem. zu Art. 472–491.

Im Gegensatz zum gewöhnlichen Hinterlegungsvertrag ist der Einlagerungsvertrag grundsätzlich entgeltlich (vgl. dazu Art. 482 N 5), was Art. 485 zum Ausdruck bringt. Im Übrigen führt diese Bestimmung in Abs. 1 und 3 bloss Regeln auf, die im Wesentlichen bei der gewöhnlichen Hinterlegung, insb. wenn sie entgeltlich ist, auch ohne besondere Erwähnung im Gesetz gelten. 1

So bringt etwa Art. 485 Abs. 1 – wie schon Art. 472 Abs. 2 – die allgemeine Regel zum Ausdruck, wonach die Höhe des geschuldeten Entgelts bei Vertragsschluss nicht festgelegt werden muss, sofern sich die Parteien nur über den **Grundsatz der Entgeltlichkeit** des Vertrages einig sind (vgl. dazu Art. 472 N 20). Die Formulierung *«[...] Auslagen, die nicht aus der Aufbewahrung selbst erwachsen sind [...]»* stellt sodann klar, dass der Lagerhalter – wie der Aufbewahrer bei der gewöhnlichen (entgeltlichen) Hinterlegung auch (vgl. dazu Art. 473 N 4) – keinen Anspruch auf Ersatz von **Generalunkosten** hat; diese sind mit dem Lagergeld abgedeckt (BK-Gautschi, N 3a; ähnlich auch ZK-Oser/Schönenberger, N 5; Handkomm-OR-von Ballmoos, N 1; CHK-Stupp, N 1). Und Abs. 3 schliesslich statuiert für den Lagerhalter ausdrücklich ein **Retentionsrecht** am Lagergut, wie es auch ohne besondere Erwähnung im Gesetz bei der gewöhnlichen Hinterlegung (vgl. dazu Art. 472 N 21 ff., Art. 473 N 14 f.) besteht. 2

Eigenständig sind nur die Bestimmungen von Abs. 2 über die Fälligkeit des Lagergeldes und des Auslagenersatzes. Diese stellen indessen bloss **dispositives Recht** dar; die Parteien können über die Erstattung von Auslagen, die Fälligkeit des Lagergeldes usw. von Art. 485 Abs. 2 abweichende vertragliche Regelungen treffen (ZK-Oser/Schönenberger, N 6; BK-Gautschi, N 4b). 3

Art. 486

V. Rückgabe der Güter

[1] Der Lagerhalter hat das Gut gleich einem Aufbewahrer zurückzugeben, ist aber an die vertragsmässige Dauer der Aufbewahrung auch dann gebunden, wenn infolge unvorhergesehener Umstände ein gewöhnlicher Aufbewahrer vor Ablauf der bestimmten Zeit zur Rückgabe berechtigt wäre.

[2] Ist ein Warenpapier ausgestellt, so darf und muss er das Gut nur an den aus dem Warenpapier Berechtigten herausgeben.

V. Restitution des marchandises

[1] L'entrepositaire est tenu de restituer les marchandises comme dans le cas d'un dépôt ordinaire; il doit néanmoins les garder jusqu'à l'expiration du temps convenu, même dans les circonstances où un dépositaire serait autorisé à en faire la restitution anticipée par suite d'événements imprévus.

[2] Lorsqu'un titre représentatif des marchandises a été émis, l'entrepositaire ne peut ni ne doit les rendre qu'au créancier légitimé par ce titre.

V. Restituzione delle merci

[1] Il magazziniere deve restituire le merci come un depositario, ma è tenuto a custodirle per tutta la durata del contratto anche quando il depositario sarebbe, per circostanze impreviste, autorizzato alla restituzione prima del tempo stabilito.

[2] Se è stata emessa una fede di deposito, la merce può e deve essere consegnata solo al creditore legittimato secondo il titolo.

Literatur

Vgl. die Literaturhinweise bei den Vorbem. zu Art. 472–491.

I. Die Rückgabepflicht des Lagerhalters im Allgemeinen (Abs. 1)

1 Die **Restitutionspflicht** des Lagerhalters unterscheidet sich nicht von derjenigen des gewöhnlichen Hinterlegers (zu den anderen Pflichten des Lagerhalters vgl. Art. 483 N 4 ff.). Demgegenüber ist das **Restitutionsrecht** des Lagerhalters eingeschränkt: Das Recht zur vorzeitigen Vertragsauflösung nach Art. 476 Abs. 1 bei Vereinbarung einer bestimmten Vertragsdauer steht dem Lagerhalter nicht zu (FURRER, AJP 2013, 875). Zur vorzeitigen Sachrückgabe ist der Lagerhalter daher nur nach den allgemeinen Regeln des Obligationenrechts (**Vertragsauflösung aus wichtigem Grund, clausula rebus sic stantibus, Irrtum** über die besondere Gefährlichkeit der Waren etc.) berechtigt (BK-GAUTSCHI, N 3d; CR CO I-BARBEY, N 2; ZK-OSER/SCHÖNENBERGER, N 2). Im Hinblick auf die vom Gesetzgeber in Art. 486 Abs. 1 sachlich zutreffend zugunsten des Einlagerers vorgenommene Interessenabwägung sind solche Umstände allerdings nicht leichthin anzunehmen.

II. Die Sachrestitution bei der Ausgabe von Warenpapieren (Abs. 2)

2 Hat der Lagerhalter Warenpapiere ausgegeben, so kann er seine Pflicht zur Sachrestitution gültig nur erfüllen, indem er die eingelagerten Güter an den aus dem Warenpapier Berechtigten herausgibt. In dieser Bestimmung manifestiert sich der **Wertpapiercharakter** des Warenpapiers (ZK-OSER/SCHÖNENBERGER, N 3; vgl. dazu auch Art. 482 N 8).

3 Gibt der Lagerhalter die Ware entgegen Art. 486 Abs. 2 einem nicht durch das Warenpapier Legitimierten heraus, so ist der gutgläubige Empfänger gegenüber dem aus dem Warenpapier Berechtigten in seinem Besitze geschützt (Art. 925 Abs. 2 ZGB). Der Lagerhalter haftet diesfalls dem Erwerber des Warenpapiers aus nicht gehöriger Erfüllung der Restitutionsobligation (BK-GAUTSCHI, N 4b; vgl. dazu auch den ähnlich gelagerten Fall in BGE 43 II 639, 647 ff. E. 2 f.).

4 Ist das Warenpapier abhanden gekommen, so kann die Herausgabe der Ware erst nach durchgeführter **Kraftloserklärung** (Art. 971 f.; Art. 977; Art. 981 ff.; Art. 1072 ff. i.V.m. Art. 1152

Abs. 2) verlangt werden (ZK-OSER/SCHÖNENBERGER, N 3; BK-GAUTSCHI, Art. 482 OR N 11f). In der Praxis wird der Lagerhalter allerdings regelmässig die Ware dem angeblich Berechtigten gegen eine Schadloshaltungsgarantie (z.B. durch eine Bank) aushändigen (Handkomm-OR-VON BALLMOOS, N 3).

Art. 487

D. Gast- und Stallwirte
I. Haftung der Gastwirte
1. Voraussetzung und Umfang

[1] Gastwirte, die Fremde zur Beherbergung aufnehmen, haften für jede Beschädigung, Vernichtung oder Entwendung der von ihren Gästen eingebrachten Sachen, sofern sie nicht beweisen, dass der Schaden durch den Gast selbst oder seine Besucher, Begleiter oder Dienstleute oder durch höhere Gewalt oder durch die Beschaffenheit der Sache verursacht worden ist.

[2] Diese Haftung besteht jedoch, wenn dem Gastwirte oder seinen Dienstleuten kein Verschulden zur Last fällt, für die Sachen eines jeden einzelnen Gastes nur bis zum Betrage von 1000 Franken.

D. Dépôt d'hôtellerie
I. Responsabilité des hôteliers
1. Conditions et étendue

[1] Les aubergistes ou hôteliers sont responsables de toute détérioration, destruction ou soustraction des effets apportés par les voyageurs qui logent chez eux, à moins qu'ils ne prouvent que le dommage est imputable au voyageur lui-même, à des personnes qui le visitent, l'accompagnent ou sont à son service, ou qu'il résulte soit d'un événement de force majeure, soit de la nature de la chose déposée.

[2] Toutefois, la responsabilité en raison des effets apportés est restreinte à la somme de 1000 francs pour chaque voyageur, si aucune faute ne peut être imputée à l'hôtelier, ni à son personnel.

D. Albergatori e padroni di stalle
I. Responsabilità degli albergatori
1. Condizioni ed estensione

[1] Gli albergatori, che danno alloggi ai viandanti, sono responsabili d'ogni deterioramento, distruzione o sottrazione delle cose apportate dai loro ospiti, a meno che provino che il danno fu cagionato dall'ospite medesimo o dai suoi visitatori, compagni o domestici o da forza maggiore o dalla qualità stessa della cosa.

[2] Questa responsabilità è limitata ad un massimo di mille franchi per le cose di ciascun ospite, se nessuna colpa incombe all'albergatore od ai suoi dipendenti.

Literatur

BETTOJA, Der Gastaufnahmevertrag, Diss. Zürich 2000; BÜHLMANN, Die Pflicht des Gastwirtes zum Schutz der Sachen des Gastes und die Haftung bei einer Pflichtverletzung, Diss. Zürich 1975; KELLER, Haftpflicht im Privatrecht, Bd. I, 6. Aufl., Bern 2001; KOLLER A., Die Haftung des Gastwirts, recht 2013, 235 ff.; MICHEL, Der Gastaufnahmevertrag nach britischem, deutschem, französischem, italienischem und schweizerischem Recht, Diss. Zürich 1957; SCHLUEP, Innominatverträge, Schweizerisches Privatrecht (SPR), Bd. VII/2, Obligationenrecht – Besondere Vertragsverhältnisse, Basel 1979, 928 ff.

I. Allgemeines

Die Art. 487 ff. enthalten besondere, auf romanistischer Tradition beruhende Haftungsnormen für Gastwirte (vgl. dazu etwa BK-GAUTSCHI, N 1a ff.; ZK-OSER/SCHÖNENBERGER, N 1 f.; HONSELL, OR BT, 401 ff.; zu den Stallwirten s. Art. 490 N 1 ff.). Die gesetzliche Regelung ist allerdings rudimentär; über die Tragweite und Rechtsnatur dieser speziellen **Gastwirthaftung** besteht denn auch in der Literatur keine Klarheit. Gerichtsentscheide zu diesen Bestimmungen sind – anders als solche zur Haftung der Restaurationsbetriebe (vgl. dazu N 6 ff.) – kaum noch ergangen, seit mit der Revision des OR von 1911 die **Kausalhaftung** des Gastwirtes in Art. 487 Abs. 2 auf Fr. 1000.– pro Gast begrenzt wurde (vgl. dazu etwa BK-GAUTSCHI, N 2a ff.; vgl. immerhin BGE 120 II 252 = Pra 1995, 938 ff. und krit. dazu WERRO, AJP 1995, 103 ff.; WIEGAND, ZBJV 1996, 333 f.). Die seitherige Geldentwertung hat zudem diese limitierte Kausalhaftung praktisch wirkungslos werden lassen (BUCHER, BT, 282). 1

2 Die besondere Haftung nach Art. 487 ff. setzt den Abschluss eines **Beherbergungs-** bzw. **Gastaufnahmevertrages** zwischen Gast und Gastwirt voraus (BGE 46 II 116, 118 E. 2; BK-Gautschi, N 2b, 3c; Guhl/Koller/Schnyder/Druey, § 55 N 23 f.; Bucher, BT, 282; Honsell, OR BT, 402; Tercier/Favre, Rz 6732; Engel, contrats, 619 f.; Bühlmann, 44; **a.M.** wohl ZK-Oser/Schönenberger, N 3; zur Terminologie vgl. Schluep, 930; allgemein zum Gastaufnahmevertrag auch oben die Einl. vor Art. 184 ff. N 292 ff. und die dort zitierte Literatur sowie ausführlich Bettoja, passim). Insofern hat diese Haftung **vertraglichen Charakter** (BGE 120 II 252, 258 E. 3b aa = Pra 1995, 943). Die Haftung nach Art. 487 besteht allerdings unabhängig davon, ob sich der Gastwirt vertraglich zum Schutz der eingebrachten Sachen des Gastes verpflichtet hat oder nicht (so auch Guhl/Koller/Schnyder/Druey, § 55 N 23; **a.M.** Bühlmann, 69 f.). Aus eigentlichem Hinterlegungsvertrag lässt sich eine solche vertragliche Pflicht des Gastwirts bei den gewöhnlichen Sachen des Gastes – wie Gepäckstücke, Kleider usw. – typischerweise nicht ableiten, weil der Gast diese Sachen nicht in den Gewahrsam des Wirtes gibt; und eine ausdrückliche Vereinbarung zwischen Gast und Gastwirt über den Schutz der Sachen im Hotelzimmer wird in der Praxis kaum vorkommen. Die Bedeutung der Art. 487 ff. liegt deshalb darin, dass sie die Annahme einer **stillschweigend vereinbarten vertraglichen Schutzpflicht** des Gastwirtes **überflüssig** machen (**a.M.** offenbar Bühlmann, 24 f. und passim, sowie Bettoja, 118 ff., die von einer vertraglichen Schutzpflicht ausgehen). Insoweit hat die spezielle Gastwirthaftung **gesetzlichen Charakter** (gl.M. ZK-Oser/Schönenberger, N 4; Tercier/Favre, Rz 6730). Dementsprechend hat denn auch der Gastwirt keine Möglichkeit, sich von seiner Haftung freizuzeichnen (anders aber die h.M.; vgl. dazu Art. 489 N 5).

II. Der Anwendungsbereich der Art. 487 ff.

3 Der besonderen Haftung nach Art. 487 ff. unterliegen Gastwirte, die Fremde zur **Beherbergung** aufnehmen, d.h. Gästen **Unterkunft** anbieten. Das Anbieten von Verköstigung ist nicht erforderlich. Die Gastaufnahme muss **gewerbsmässig** und damit **entgeltlich** erfolgen (BK-Gautschi, N 3b; ZK-Oser/Schönenberger, N 10; Baerlocher, 720 f.; Keller, 489; Koller A., recht 2013, 236; ähnlich wohl auch Bühlmann, 41 ff.; **anders** noch BGE 33 II 263, 265 E. 3). Das Gewähren von Logis an Fremde muss eine vertragliche Hauptpflicht des Gastgebers sein, was etwa bei Heilanstalten, Schulinstituten usw., die nur geringe Ähnlichkeit mit **Hotelbetrieben** aufweisen, nicht der Fall ist (im Einzelnen strittig; gl.M. Honsell, OR BT, 402; Guhl/Koller/Schnyder/Druey, § 55 N 24; CR CO I-Barbey, N 3; KUKO OR-Schott/Maurenbrecher, N 2; CHK-Stupp, N 1; differenzierter Keller, 489; **a.M.** offenbar BK-Gautschi, N 3b). Der französische Gesetzestext, der von *«Reisenden» (voyageurs)* spricht, drückt diesen Zusammenhang besser aus als der deutsche Wortlaut (krit. zu diesem Argument Handkomm-OR-von Ballmoos, N 2).

4 Nicht den Art. 487 ff. unterliegen blosse **Restaurationsbetriebe** (BGE 109 II 234, 238 E. 2c; BGE 108 II 449, 451 f. E. 2 = Pra 1983, 144 E. 2; ZBJV 1984, 297; SJ 1977, 350 f. E. 1; SJZ 1963, 255 f.; BK-Gautschi, N 3a; ZK-Oser/Schönenberger, N 9; Bucher, BT, 282; von Büren, BT, 189; Honsell, OR BT, 402; Tercier/Favre, Rz 6733; Engel, contrats, 620). Praktisch bedeutsam ist dies vor allem in Bezug auf Kleidungsstücke der Gäste in der Restaurantgarderobe (Jacken, Mäntel etc.). Für solche haftet der Wirt nur, wenn er mit dem Gast einen eigentlichen **Hinterlegungsvertrag** nach Art. 472 ff. abgeschlossen hat.

5 Die Haftung des Restaurateurs für die Garderobe der Gäste gilt in der Praxis als **Ausnahme**; die Rechtsprechung hat es bisher abgelehnt, aus dem Gastaufnahmevertrag eine stillschweigend vereinbarte Nebenpflicht des Restaurateurs zur Inobhutnahme der persönlichen Effekten des Gastes *anzunehmen* (BGE 120 II 252, 256 E. 2d = Pra 1995, 941; BGE 108 II 449, 452 E. 3a = Pra 1983, 144 f.; ZBJV 1984, 294 ff.; ZBJV 1976, 536 ff.; SJ 1977, 351 f. E. 2; SJZ 1963, 256). Eine Pflicht des Restaurateurs zur sicheren Verwahrung von Gästeeffekten

besteht nur, wenn er seinen **Willen**, sich diesbezüglich zu binden, **klar zum Ausdruck gebracht hat**. Darauf kann der Gast nach geltender Rechtsprechung bloss dann schliessen, wenn der Wirt die Sachen in unmittelbaren Besitz nimmt, sie an einem abgesonderten Ort aufbewahrt und dort derart individualisiert, dass sie nur gegen Vorweisung eines Depotscheins zurückerstattet werden (BGE 108 II 449, 452 E. 3a = Pra 1983, 145; ZBJV 1984, 296; vgl. auch BGE 109 II 234).

Diese Rechtsprechung trägt den faktischen Zwängen, denen sich der Kunde in gewissen Kategorien von Restaurants ausgesetzt sieht, nicht angemessen Rechnung. Es ist weltfremd, im Luxusrestaurant dem Gast, dessen besonders kostbarer Mantel von der Wirtin oder vom Kellner entgegengenommen wird, zuzumuten, dass er ausdrücklich die Verwahrung an einem sicheren Ort verlangt (so aber ZBJV 1984, 294 ff.; ZBJV 1976, 536 ff.; implizite auch BGE 108 II 449 = Pra 1983, 144 ff.; SJ 1977, 352 E. 2). Die Aufforderung eines Portiers oder Kellners, Bekleidungsstücke an der Garderobe abzugeben, muss auch dann für die Annahme eines Hinterlegungsvertrages genügen, wenn der Wirt oder sein Personal die Mitnahme von Jacken, Mänteln usw. in die Restauranträume nicht expressis verbis verbietet (**a.M.** SJZ 1963, 256). Wer in einem Restaurant gehobeneren Stils oder in einem Nachtlokal einen Zerberus postiert, der die eintretenden Gäste höflich, aber bestimmt, zur Abgabe der Garderobe auffordert, sollte sich seiner Haftung aus Hinterlegung nicht entschlagen können. 6

Verneint wurde das Vorliegen eines Hinterlegungsvertrages (jedenfalls in Bezug auf das Fahrzeug) vom BGer sodann in einem Fall, in dem der Hotelgast dem Nachtportier die Autoschlüssel mit der Bitte übergeben hatte, den Wagen auf dem Hinterhof des Hotels zu parkieren und die Schlüssel zu verwahren (BGE 120 II 252 = Pra 1995, 938 ff.; krit. dazu WERRO, AJP 1995, 103 ff.; zustimmend WIEGAND, ZBJV 1996, 333 f.; vgl. auch GUHL/KOLLER/SCHNYDER/DRUEY, § 55 N 25). 7

III. Die Haftung nach Art. 487 im Einzelnen

1. Die positiven Haftungsvoraussetzungen

Zusätzlich zum abgeschlossenen **Beherbergungsvertrag** setzt die Haftung des Gastwirtes voraus, dass der Gast Sachen in den Gastbetrieb bzw. sonst wie **in den Herrschaftsbereich des Gastwirts eingebracht** hat (ENGEL, contrats, 621; BÜHLMANN, 62 ff.; BETTOJA, 247 f.). Darunter fällt zum einen das Einstellen in die Räume des Gasthauses, z.B. von Gepäck in die Eingangshalle oder eines Fahrzeugs in die Garage des Hotels (BGE 76 II 154, 161 ff. E. 4; 46 II 116; BK-GAUTSCHI, N 4a; ZK-OSER/SCHÖNENBERGER, N 14; BÜHLMANN, 28; GUHL/KOLLER/SCHNYDER/DRUEY, § 55 N 25), zum andern aber auch schon die blosse Inempfangnahme durch den Gastwirt oder sein Personal, etwa am Bahnhof (BK-GAUTSCHI, N 4b; ZK-OSER/SCHÖNENBERGER, N 13; CR CO I-BARBEY, N 4), nicht aber das Abstellen eines Autos auf einem unbewachten offenen Hinterhof des Hotels (BGE 120 II 252, 255 E. 2c und 258 E. 3b/bb = Pra 1995, 940 f. und 943). Keine Einbringung, sondern Miete liegt vor, wenn der Gast Sachen im Hotel in ein individuelles Schliessfach legt (BGE 95 II 541 = Pra 1970, 313 ff.). 8

Als Sachen i.S.v. Art. 487 kommen – mit Ausnahme von Kostbarkeiten, die der Vorschrift von Art. 488 unterstehen – **alle Dinge** in Betracht, die der Gast mit sich führt (Kleider, Gebrauchsgegenstände wie Fotoapparate usw., Gepäck, Musterkoffer etc.; BGE 46 II 116; BK-GAUTSCHI, N 4a; KELLER, 489 f.; BETTOJA, 248). Dazu gehören nach bundesgerichtlicher Rechtsprechung sogar Motorfahrzeuge, die in der Hotelgarage bzw. auf einem bewachten Parkplatz eingestellt werden (BGE 120 II 252, 255 E. 2c = Pra 1995, 940 f.; BGE 76 II 154, 161 ff. E. 4). Unerheblich ist, ob der Gast **Eigentümer** dieser Sachen ist oder nicht (BK-GAUTSCHI, N 4b; TERCIER/FAVRE, Rz 6747; ENGEL, contrats, 623; BETTOJA, 248; vgl. auch BGE 46 II 116, 118 E. 1). Allerdings dürfte dem Gast, dem eine Sache nur anvertraut war, aus deren Beschädigung i.d.R. kein eigener Schaden erwachsen, weil er sich gegenüber dem 9

Eigentümer, dem er sie an sich unbeschädigt zurückzugeben hat, häufig wird exkulpieren können. Wird ihm dennoch (sachlich richtig) ein Anspruch gegen den Gastwirt eingeräumt, so liegt ein Fall von **Drittschadensliquidation** vor (in diesem Sinne BGE 81 II 129, 132 E. 8a; KOLLER A., recht 2013, 237; vgl. auch ARMBRÜSTER, recht 1993, 87; gerade umgekehrt BGE 46 II 116, 118 E. 1, wo das BGer direkt dem Eigentümer stellvertretend für den Gast einen Anspruch gegen den Wirt einräumte).

2. Die Entlastungsgründe

10 Art. 487 Abs. 1 zählt die verschiedenen **Entlastungsgründe** auf, auf die sich der Wirt berufen kann (Verursachung des Schadens durch den Gast selber, durch Personen, für die er verantwortlich ist, durch die Beschaffenheit der Sache oder durch höhere Gewalt; vgl. BETTOJA, 250, m.Nw., und KOLLER A., recht 2013, 240). Von seiner Haftung vollständig zu befreien vermögen sie ihn indessen nur, wenn ihn *kein Verschulden* trifft (BGE 62 II 151, 154 ff. E. 2; 46 II 116, 120 E. 4; ähnlich auch BGE 95 II 541, 546 E. 4 = Pra 1970, 316). Trifft den Wirt ein *Verschulden*, so führen die Entlastungsgründe nur zur vollständigen Befreiung, wenn sie geradezu **kausalitätsunterbrechend** sind; andernfalls – insb. bei bloss leichtem Selbstverschulden des Gastes – erfolgt bloss eine **Reduktion des Schadenersatzes** (BK-GAUTSCHI, N 9d; ZK-OSER/SCHÖNENBERGER, N 23; TERCIER/FAVRE, Rz 6745; BÜHLMANN, 76; vgl. auch BGE 62 II 151, 154 ff. E. 2). Dies kann z.B. der Fall sein, wenn der Gast den Wirt oder sein Personal auf den besonderen Wert der Sache nicht aufmerksam macht (BGE 46 II 116, 120 ff. E. 5).

3. Die Rechtsfolgen

11 Bis zum **Betrag von Fr. 1000.–** haftet der Gastwirt dem Gast für die Beschädigung, Vernichtung oder Entwendung der eingebrachten Sachen **verschuldens*un*abhängig** (kausal); er kann sich m.a.W. nicht exkulpieren, indem er nachweist, alle für die Verhinderung des Schadens notwendige Sorgfalt aufgewendet zu haben (BK-GAUTSCHI, N 6a; BETTOJA, 250). Im Rahmen dieser besonderen **Kausalhaftung** hat er nach h.M. nur für den **Sachschaden**, nicht aber für weiteren Schaden (insb. Personenschaden) einzustehen (BK-GAUTSCHI, N 5a, c; ZK-OSER/SCHÖNENBERGER, N 32; ENGEL, contrats, 621; BAERLOCHER, 721; BETTOJA, 251). Trifft den Wirt oder sein Personal ein **Verschulden** (Bsp.: Diebstahl von Geld durch den Nachtportier, BGE 105 II 110 = Pra 1979, 438 ff.), so haftet er unbegrenzt und für jeden Schaden.

4. Die Beweislast

12 Die **Beweislast** für das Einbringen der Sache, für den Umstand, dass der Schaden im Gastwirtschaftsbetrieb entstanden ist, sowie für die Schadenshöhe trägt der Gast (BGE 39 II 722, 728 E. 4; BK-GAUTSCHI, N 5c, 10b; ZK-OSER/SCHÖNENBERGER, N 16; CHK-STUPP, N 8), diejenige für das Vorliegen von Entlastungs- oder Reduktionsgründen der Gastwirt (BGE 39 II 722, 274 E. 2; 36 II 55, 59 E. 4; BK-GAUTSCHI, N 6a). Bei der summenmässig unbegrenzten Verschuldenshaftung obliegt es nach bundesgerichtlicher Rechtsprechung dem Gast, das Verschulden des Gastwirtes oder seiner Hilfspersonen zu beweisen (BGE 120 II 252, 253 E. 2a = Pra 1995, 939; BGE 76 II 154, 160 E. 2; KOLLER A., recht 2013, 240). Diese Beweislastverteilung erscheint indessen nicht als sachgerecht; zutreffender wäre es, das Verschulden des Gastwirts zu vermuten und ihm i.S.v. Art. 97 den **Exkulpationsbeweis** zu gewähren (BUCHER, BT, 282; KELLER, I, 491; BK-GAUTSCHI, N 9b; WERRO, AJP 1995, 106; GUHL/KOLLER/SCHNYDER/DRUEY, § 55 N 29; BETTOJA, 251 f.).

Art. 488

2. Haftung für Kostbarkeiten insbesondere

[1] Werden Kostbarkeiten, grössere Geldbeträge oder Wertpapiere dem Gastwirte nicht zur Aufbewahrung übergeben, so ist er für sie nur haftbar, wenn ihm oder seinen Dienstleuten ein Verschulden zur Last fällt.

[2] Hat er die Aufbewahrung übernommen oder lehnt er sie ab, so haftet er für den vollen Wert.

[3] Darf dem Gast die Übergabe solcher Gegenstände nicht zugemutet werden, so haftet der Gastwirt für sie wie für die andern Sachen des Gastes.

2. Objets de prix

[1] Lorsque des objets de prix, des sommes d'argent d'une certaine importance ou des papiers-valeurs n'ont pas été confiés à l'hôtelier, celui-ci en répond seulement en cas de faute commise par lui ou par son personnel.

[2] S'il en a reçu ou refusé le dépôt, il est tenu sans limitation de sa responsabilité.

[3] S'il s'agit d'objets ou de valeurs que le voyageur doit pouvoir conserver pardevers lui, l'hôtelier en répond comme des autres effets du voyageur.

2. Responsabilità per cose preziose in particolare

[1] Quando oggetti preziosi, somme di denaro di certa importanza o cartevalori non furono dati in custodia all'albergatore, questi ne risponde solo quando vi sia colpa da parte sua o dei suoi dipendenti.

[2] È responsabile per l'intero valore se ne abbia accettata o rifiutata la custodia.

[3] Se trattasi di oggetti o di valori di cui non si possa ragionevolmente pretendere dall'ospite la consegna, l'albergatore ne risponde come delle altre cose dell'ospite.

Literatur

Vgl. die Literaturhinweise bei Art. 487.

I. Allgemeines

Art. 488 enthält eine Sonderregelung für **Kostbarkeiten, grössere Geldbeträge** und Wertpapiere, die der Gast mit sich in den Hotelbetrieb nimmt. Als Kostbarkeiten gelten Gegenstände, die im Verhältnis zu ihrer Grösse von hohem Wert sind (BK-Gautschi, N 3c; ZK-Oser/Schönenberger, N 4), wie Schmuckstücke, Kunstgegenstände, Briefmarken mit Sammlerwert etc., nicht aber Motorfahrzeuge (BGE 120 II 252, 255 E. 2b = Pra 1995, 940; zustimmend Wiegand, ZBJV 1996, 333 f., CR CO I-Barbey, N 2, und Bettoja, 253 f. [jedoch differenzierend und insb. mit Vorbehalt für besonders kostbare Fahrzeuge]; krit. Werro, AJP 1995, 103 ff.; **a.M.** als das BGer bereits BK-Gautschi, Art. 490 OR N 2d). Wann ein hoher Wert eines Gegenstandes oder ein *«grösserer»* Geldbetrag anzunehmen ist, hängt von den Umständen des Einzelfalles ab. Massgebend sind der Rang des Gasthofes und die soziale Stellung der Gäste, die regelmässig darin verkehren (BGE 39 II 722, 726 E. 3 ad c; 37 II 192, 194 f. E. 3; BK-Gautschi, N 3a; ZK-Oser/Schönenberger, N 2; Tercier/Favre, Rz 6736; Engel, contrats, 622; Baerlocher, 720; Keller, 491 f.; Koller A., recht 2013, 239). Bei einer Mehrheit von Gegenständen bemisst sich der Begriff der Kostbarkeit nach dem Wert des einzelnen Gegenstandes, und nicht nach der Menge (BGE 46 II 116, 118 f. E. 2; BGE 39 II 722, 726 E. 3ad c; BK-Gautschi, N 3c; ZK-Oser/Schönenberger, N 4; CR CO I-Barbey, N 1). 1

In der Regel kann der Begriff der Kostbarkeit nicht losgelöst von der Frage geklärt werden, ob dem Gast die Übergabe der Sache an den Gastwirt zugemutet werden kann oder nicht. Deutlich wird dies etwa, wenn dem Gast im Hotel gehobeneren Stils zugestanden wird, teureren Schmuck und grössere Geldbeträge griffbereit bei sich zu halten als in einer bescheidenen Herberge (vgl. dazu die Zitate in N 1). 2

II. Die Regelung von Art. 488 im Einzelnen

3 Übergibt der Gast Kostbarkeiten, grössere Geldbeträge oder Wertpapiere dem Gastwirt **nicht zur Aufbewahrung**, so *entfällt dessen Kausalhaftung* nach Art. 487 Abs. 2; es verbleibt die blosse **Verschuldenshaftung** (Art. 488 Abs. 1; BK-Gautschi, N 2a; von Büren, BT, 191). Die **Kausalhaftung** des Gastwirtes nach Art. 487 **findet dagegen Anwendung**, wenn dem Gast die **Übergabe** der Kostbarkeiten usw. **nicht zugemutet** werden kann (Art. 488 Abs. 3; BK-Gautschi, N 2d; von Büren, BT, 191). In beiden Fällen spielt die Frage der Sorgfaltspflicht, die vom Gast bei der eigenen Verwahrung der Wertgegenstände erwartet werden darf und deren Verletzung einen Entlastungs- oder Reduktionsgrund zugunsten des Gastwirtes darstellt, eine erhebliche Rolle (ähnlich Engel, contrats, 622).

4 Übernimmt der Wirt vom Gast die **Aufbewahrung von Kostbarkeiten**, so kommen die **Regeln von Art. 472 ff.** zur Anwendung (BK-Gautschi, N 4a; ZK-Oser/Schönenberger, N 5; Baerlocher, 720; Keller, 492; Bühlmann, 102; Bettoja, 257, 259 f.). Nach h.M. steht dabei dem Gastwirt für den Fall, dass er die hinterlegten Sachen nicht restituieren kann, der Exkulpationsbeweis nach Art. 97 offen (BK-Gautschi, N 2c; Tercier/Favre, Rz 6743; Baerlocher, 720; ähnlich wohl Honsell, OR BT, 402; **a.M.** von Büren, BT, 190, und Koller A., recht 2013, 238, die für eine betragsmässig unbegrenzte Kausalhaftung eintreten), zu dem er allerdings praktisch kaum je in der Lage sein soll (Keller, 492). Warum in diesem Fall anders als dann, wenn die Hinterlegung dem Gast nicht zugemutet werden kann (Art. 488 Abs. 3), nicht die betragsmässig limitierte Kausalhaftung zum Tragen kommen soll, ist allerdings nicht einzusehen (so andeutungsweise wohl auch BK-Gautschi, N 4b).

5 Das in N 4 Gesagte gilt auch dann, wenn der Gast vom Wirt die Verwahrung verlangt, dieser sie aber **ablehnt**. Allerdings wird die Ablehnung den Beweis des Nichtverschuldens wohl von vornherein vereiteln (Keller, 493; gar für volle Kausalhaftung von Büren, BT, 190). Insofern besteht für den Gastwirt ein **indirekter Kontrahierungszwang** (BK-Gautschi, N 2b, 4b; Bühlmann, 66 ff.; Handkomm-OR-von Ballmoos, N 5; CR CO I-Barbey, N 4; KUKO OR-Schott/Maurenbrecher, N 3; CHK-Stupp, N 4). Immerhin ist der Hotelier nicht verpflichtet, rund um die Uhr Wertsachen zur Verwahrung entgegenzunehmen; er kann die Öffnungszeiten des Hoteltresors beschränken, wenn er dies beim Abschluss des Beherbergungsvertrages deutlich erklärt (BGE 105 II 110, 113 f. E. 4 = Pra 1979, 440).

6 Nicht die Regeln des Hinterlegungsvertrages, sondern jene über den **Mietvertrag** gelangen zur Anwendung, wenn der Gastwirt dem Gast ein *individuelles Schliessfach* (im Hotelzimmer oder in einem zentralen Hotelsafe) zur Verfügung stellt (BGE 95 II 541, 543 f. E. 1 f. = Pra 1970, 313 f.; Honsell, OR BT, 396; Bettoja, 255 f.; Koller A., recht 2013, 236). Verlangt aber ein Kunde ausdrücklich eine Hinterlegung, so wird sich der Hotelier der Haftung aus Art. 488 Abs. 2 nicht entschlagen können, wenn er dem Gast bloss eine Tresormiete anbietet (so implizite wohl auch BGE 95 II 541, 545 E. 3a = Pra 1970, 314 f.; KUKO OR-Schott/Maurenbrecher, N 4).

7 Hinterlegt der Gast Kostbarkeiten, so werden diese i.d.R. nicht vom Betriebsinhaber selbst, sondern von **Hilfspersonen** entgegengenommen. Diese vermögen die Haftung des Gastwirtes nach Art. 488 Abs. 2 zu begründen, wenn sie zum Empfang von Wertsachen ausdrücklich ermächtigt sind oder wenn sie der Gast nach Treu und Glauben als dazu bevollmächtigt betrachten darf (BK-Gautschi, N 4c). Als solche gelten etwa die Hotelsekretärin (BGE 33 II 420, 424 E. 3) und Personal mit ähnlicher Funktion (BK-Gautschi, N 4c; ZK-Oser/Schönenberger, N 5) sowie der Nachtportier, der den Gast empfängt und ihm ein Zimmer zuweist (BGE 105 II 110 = Pra 1979, 438 ff.), nicht aber ein gewöhnlicher Portier, wenn noch Verwaltungspersonal anwesend ist (BGE 33 II 420, 424 E. 3; BK-Gautschi, N 4c; ZK-Oser/Schönenberger, N 5). Will der Wirt eine **Anscheinsvollmacht** vermeiden, so hat er durch deutlich sichtbaren Anschlag in der Réception kenntlich zu machen, für wen er eine Haftung bei Entgegennahme von Wertsachen ablehnt (BGE 105 II 110, 113 E. 3b = Pra 1979, 439).

Art. 489

3. Aufhebung der Haftung

[1] Die Ansprüche des Gastes erlöschen, wenn er den Schaden nicht sofort nach dessen Entdeckung dem Gastwirte anzeigt.

[2] Der Wirt kann sich seiner Verantwortlichkeit nicht dadurch entziehen, dass er sie durch Anschlag in den Räumen des Gasthofes ablehnt oder von Bedingungen abhängig macht, die im Gesetze nicht genannt sind.

3. Fin de la responsabilité

[1] Les droits du voyageur s'éteignent, s'il ne signale pas à l'hôtelier le dommage éprouvé aussitôt après l'avoir découvert.

[2] L'hôtelier ne peut s'affranchir de sa responsabilité en déclarant, par des avis affichés dans son établissement, qu'il entend la décliner ou la faire dépendre de conditions non spécifiées par la loi.

3. Estinzione della responsabilità

[1] I diritti dell'ospite si estinguono, se non notifica il danno all'albergatore subito dopo la scoperta.

[2] L'albergatore non può esonerarsi dalla sua responsabilità dichiarando, mediante avvisi nei locali dell'albergo, di non volerla assumere o di farla dipendere da condizioni non menzionate nella legge.

Literatur

Vgl. die Literaturhinweise bei Art. 487.

I. Die Verwirkung der Haftungsansprüche des Gastes (Art. 489 Abs. 1)

1 Art. 489 Abs. 1 enthält eine **Verwirkungsnorm** im Interesse des Gastwirtes (BK-Gautschi, N 1a ff.; ZK-Oser/Schönenberger, N 1; Bühlmann, 82 f.). Was unter *«sofort»* zu verstehen ist, kann nur nach den Umständen des Einzelfalles beurteilt werden (ZK-Oser/Schönenberger, N 1; Bettoja, 249 f.) Eine zeitliche Begrenzung der Anzeige für den Fall, dass ein vorerst verdeckter Schaden später entdeckt wird, ist in Art. 489 Abs. 1 nicht vorgesehen; in solchen Fällen wird indessen dem Gast i.d.R. der Nachweis schwer fallen, dass der Schaden im Gasthaus entstanden ist.

2 Bei rechtzeitig angezeigtem Schaden **verjährt** der Ersatzanspruch des Gastes nach den allgemeinen Verjährungsregeln des Vertragsrechts (Art. 127 ff.) mit Ablauf von zehn Jahren (BK-Gautschi, N 1f; ZK-Oser/Schönenberger, Art. 487 OR N 4).

3 Auf die gewöhnliche Haftung des Gastwirtes aus im Einzelfall mit dem Gast abgeschlossenem Hinterlegungsvertrag ist Art. 489 Abs. 1 nicht anwendbar, da die kurze Verwirkungsfrist ihre Rechtfertigung nur in der Besonderheit der Gastwirthaftung nach Art. 487 f. findet (ähnlich wohl Bühlmann, 83; **a.M.** BK-Gautschi, N 1c, und Koller A., recht 2013, 238).

4 Die **Beweislast** für die Anzeigenerhebung selbst trägt der Gast (in diesem Sinne wohl BK-Gautschi, N 1e), diejenige für die Nichtrechtzeitigkeit der Anzeige der Gastwirt (ZK-Oser/Schönenberger, N 1; **a.M.** CR CO I-Barbey, N 2, der den Gast auch für die Rechtzeitigkeit der Anzeige als beweisbelastet betrachtet).

II. Die Haftungsfreizeichnung durch den Gastwirt (Art. 489 Abs. 2)

5 Nach h.M. kann sich der Wirt im Rahmen der allgemeinen Schranken von Art. 100 und 101 von seiner Haftung durch ausdrückliche vertragliche Vereinbarung mit dem Gast **freizeichnen**; Art. 489 Abs. 2 soll dem nicht entgegenstehen, sondern nur verhindern, dass der Gast seine Ansprüche aufgrund eines von ihm möglicherweise gar nicht wahrgenommenen Anschlages verliert (BK-Gautschi, N 2b; ZK-Oser/Schönenberger, N 2; Guhl/Koller/Schnyder/Druey, § 55 N 26; Engel, contrats, 620; Keller, 493 f.; Bühlmann, 80 ff.; Bettoja, 257; CHK-Stupp, N 3; Koller A., recht 2013, 238). Dieser Auffassung kann in-

dessen nicht beigepflichtet werden. Sie übersieht den teilweise gesetzlichen Charakter der besonderen Gastwirthaftung (vgl. Art. 487 N 2) und verträgt sich nicht mit der weiteren Bestimmung in Art. 489 Abs. 2, wonach der Gastwirt seine Haftung nicht von anderen als den im Gesetz genannten Bedingungen abhängig machen kann (gl.M. TERCIER/FAVRE, Rz 6729; Handkomm-OR-VON BALLMOOS, N 3; KUKO OR-SCHOTT/MAURENBRECHER, N 2; i.E. auch BK-WEBER, Art. 100 OR N 47; BUOL, Beschränkung der Vertragshaftung durch Vereinbarung, Diss. Freiburg, Zürich 1996, N 448; differenzierend CR CO I-BARBEY, N 4). Wer seine Haftung durch zusätzliche Bedingungen nicht einschränken kann, kann sich erst recht nicht vollständig freizeichnen. Sodann würde die h.M. Art. 489 Abs. 2 überflüssig machen, da schon aufgrund der allgemeinen vertragsrechtlichen Regeln ein Haftungsausschluss gültig nur vereinbart ist, wenn er vom Willen beider Vertragsparteien gedeckt ist. Bei Kostbarkeiten, grösseren Geldbeträgen und Wertpapieren verhindert zudem der **indirekte Kontrahierungszwang** gem. Art. 488 Abs. 2 (BK-GAUTSCHI, Art. 488 OR N 2b, 4b; BÜHLMANN, 66 ff.; vgl. dazu auch BGE 105 II 110, 113 f. E. 4 = Pra 1979, 440; BGE 95 II 541, 545 E. 3a = Pra 1970, 314 f.) die Freizeichnung (**a.M.** ZK-OSER/SCHÖNENBERGER, Art. 488 OR N 6); in solchen Fällen kann sich der Gastwirt seiner Haftung nur entschlagen, indem er die Beherbergung ablehnt (in diesem Sinne wohl BK-GAUTSCHI, Art. 488 OR N 2b; **a.A.** BETTOJA, 256 FN 247).

6 Zulässig ist es dagegen, mit gut sichtbarem Anschlag kundzutun, dass nur bestimmte **Hilfspersonen**, nicht aber z.B. der Nachtportier, befugt sind, unter Verantwortlichkeit des Hoteliers Gegenstände von Gästen zur Verwahrung entgegenzunehmen (BGE 105 II 110, 113 E. 3b = Pra 1979, 439).

Art. 490

II. Haftung der Stallwirte

1 Stallwirte haften für die Beschädigung, Vernichtung oder Entwendung der bei ihnen eingestellten oder von ihnen oder ihren Leuten auf andere Weise übernommenen Tiere und Wagen und der dazu gehörigen Sachen, sofern sie nicht beweisen, dass der Schaden durch den Einbringenden selbst oder seine Besucher, Begleiter oder Dienstleute oder durch höhere Gewalt oder durch die Beschaffenheit der Sache verursacht worden ist.

2 Diese Haftung besteht jedoch, wenn dem Stallwirte oder seinen Dienstleuten kein Verschulden zur Last fällt, für die übernommenen Tiere, Wagen und dazu gehörigen Sachen eines jeden Einbringenden nur bis zum Betrage von 1000 Franken.

II. Responsabilité de ceux qui tiennent des écuries publiques

1 Ceux qui tiennent des écuries publiques sont responsables de toute détérioration, destruction ou soustraction des animaux et voitures, ainsi que des harnais et autres accessoires remisés chez eux, ou reçus soit par eux, soit par leur personnel, s'ils ne prouvent que le dommage est imputable au déposant, à des personnes qui le visitent, l'accompagnent ou sont à son service, ou qu'il résulte soit d'un événement de force majeure, soit de la nature de la chose déposée.

2 Toutefois, la responsabilité en raison des animaux et voitures, ainsi que des accessoires reçus, est restreinte à la somme de 1000 francs pour chaque déposant, si aucune faute ne peut être imputée à l'autre partie, ni à son personnel.

II. Responsabilità dei padroni di stalle

1 Chi tiene stalla al servizio del pubblico è responsabile di ogni deterioramento, distruzione o sottrazione degli animali, dei veicoli e dei relativi fornimenti ed altri accessori a lui affidati od in altra guisa ricevuti da lui stesso o dai suoi dipendenti, salvo che provi che il danno fu cagionato dall'avventore stesso o dai suoi visitatori, compagni o domestici o da forza maggiore o dalla qualità stessa della cosa.

2 Questa responsabilità è però limitata ad un massimo di mille franchi per gli animali, veicoli e relativi accessori ricevuti da ciascun deponente, se nessuna colpa incombe al padrone della stalla od ai suoi dipendenti.

Literatur

Vgl. die Literaturhinweise bei Art. 487.

Die Haftung des **Stallwirts** für Schäden an eingestellten Tieren, Wagen und dazugehörigen Sachen ist – mit Ausnahme der Haftung für Kostbarkeiten – der Haftung des Gastwirtes für eingebrachte Sachen nachgebildet (VON BÜREN, BT, 191), weshalb für die Einzelheiten auf die Kommentierung zu Art. 487 verwiesen werden kann. 1

Der besonderen Haftungsvorschrift unterliegt, wer **gewerbsmässig** Tiere und Wagen samt Zugehör des **reisenden Publikums** aufnimmt (ZK-OSER/SCHÖNENBERGER, N 3). Die historische Entwicklung dieser speziellen Haftungsnorm (vgl. dazu etwa BK-GAUTSCHI, N 1a ff.) sowie deren Nähe zur Gastwirthaftung verbieten es, sie ausserhalb des Reiseverkehrs auf das Einstellen von Tieren anzuwenden (**a.M.** offenbar BUCHER, BT, 282 bez. Einstellen von Pferden «in Pension»; vgl. auch das OGer ZH, das einen Pensionsvertrag für ein Pferd allgemein als «Hinterlegungsvertrag» [ggf. gemischt mit einem Auftrag] qualifiziert [ZR 1997, 156 ff.]; s.a. Art. 472 N 10 und 16). 2

Entgegen früherer Auffassung (BGE 62 II 151; 36 II 55, 58 E. 2; ZK-OSER/SCHÖNENBERGER, N 2, 3) ist nach der geltenden bundesgerichtlichen Rechtsprechung das Einstellen eines Autos in eine Sammelgarage oder in eine Hotelgarage nicht nach Art. 490, sondern nach gewöhnlichem Hinterlegungs- bzw. nach Gastwirthaftungsrecht zu beurteilen (BGE 120 II 252 = Pra 1995, 938 ff.; BGE 76 II 154; BK-GAUTSCHI, N 2a ff.; BAERLOCHER, 718 f.; BUCHER, BT, 282; HONSELL, OR BT, 402); als *«Wagen»* i.S.v. Art. 490 gelten nur zu einem Gespann gehörige Gefährte, die als dessen «Nebensache» betrachtet werden können (BGE 76 II 154, 159 E. 2). Diese Rechtsprechung hat Art. 490 weitgehend obsolet werden lassen (BGE 95 II 541, 543 f. E. 1 f. = Pra 1970, 313; BAERLOCHER, 719; WIEGAND, ZBJV 1996, 334; GUHL/KOLLER/SCHNYDER/DRUEY, § 55 N 29; CR CO I-BARBEY, N 1). 3

Art. 491

III. Retentionsrecht

[1] Gastwirte und Stallwirte haben an den eingebrachten Sachen ein Retentionsrecht für die Forderungen, die ihnen aus der Beherbergung und Unterkunft zustehen.

[2] Die Bestimmungen über das Retentionsrecht des Vermieters finden entsprechende Anwendung.

III. Droit de rétention

[1] Les aubergistes, les hôteliers et ceux qui tiennent des écuries publiques ont, sur les choses apportées ou remisées chez eux, un droit de rétention en garantie de leurs créances pour frais d'hôtel et de garde.

[2] Les règles concernant le droit de rétention du bailleur s'appliquent par analogie.

III. Diritto di ritenzione

[1] Gli albergatori e i padroni di stalle hanno un diritto di ritenzione sulle cose apportate per i loro crediti derivanti dall'alloggio o dallo stallatico.

[2] Sono applicabili per analogia le disposizioni circa il diritto di ritenzione del locatore.

Literatur

Vgl. die Literaturhinweise bei Art. 487.

Art. 491 gewährt dem Gastwirt und dem Stallwirt gleich wie dem Vermieter von Geschäftsräumen ein spezielles, auf Einbringung und nicht auf Besitz beruhendes (VON BÜREN, BT, 192; CR CO I-BARBEY, N 1; unklar BK-GAUTSCHI, N 2a, b) **Retentionsrecht** an den eingebrachten Sachen für ihre Forderungen aus Beherbergung und Unterkunft. 1

Die Einzelheiten richten sich nach den Art. 268, 268a und 268b OR (vgl. dazu die entsprechende Komm.) sowie nach den Art. 283 f. SchKG (GUHL/KOLLER/SCHNYDER/DRUEY, § 55 2

N 27). Dem Gast- bzw. Stallwirt steht daher ein Folgerecht zu (Art. 268b; TERCIER/FAVRE, Rz 6749; ENGEL, contrats, 623). An Sachen, die nicht gepfändet werden können, ist das Retentionsrecht ausgeschlossen (Art. 268 Abs. 3; ENGEL, contrats, 623).

3 Retentionsgesichert sind **sämtliche Forderungen aus dem Beherbergungsvertrag**, wie das Entgelt für Unterkunft, Verpflegung, Bedienung, Nebenleistungen usw. (BK-GAUTSCHI, N 4a; ZK-OSER/SCHÖNENBERGER, N 2; vgl. dazu auch die Komm. zum **Gastaufnahmevertrag** [Einl. vor Art. 184 ff. N 292 ff.]). Anders als beim Vermieterretentionsrecht besteht **keine zeitliche Beschränkung** dieser Forderungen (BK-GAUTSCHI, N 4b; ZK-OSER/SCHÖNENBERGER, N 1).

Zwanzigster Titel: Die Bürgschaft

Vorbemerkungen zu Art. 492–512

Literatur

ABEGG/GEISSBÜHLER/HAEFELI/HUGGENBERGER, Schweizerisches Bankenrecht, Handbuch für Finanzfachleute, Zürich 2012; AEBY, Comment naît une loi, Le régime du cautionnement, Discours (par le nouveau recteur), Freiburg 1939; AEPLI, Garantien und Bürgschaften – Das Allgemeine und das Bauspezifische, BRT 2005, 89–113; ALBISETTI/BOEMLE/EHRSAM/GSELL/NYFFELER/RUTSCHI, Handbuch des Geld-, Bank- und Börsenwesens der Schweiz, 4. Aufl., Thun 1987; ALBISETTI/GSELL/NYFFELER, Bankgeschäfte, Leitfäden für das Bankenwesen, Bd. 2, 4. Aufl., Zürich 1990; ALTENBURGER, Die Patronatserklärungen als «unechte» Personalsicherheiten, Zürich 1979; ANDEREGG, Die Formerfordernisse im neuen Bürgschaftsrecht, Bern 1943; BÄR, Zum Rechtsbegriff der Garantie, insbesondere im Bankgeschäft, Diss. Zürich 1963; ARTER/JÖRG, Kreditkartenverträge – unter besonderer Berücksichtigung von Rückbelastungsklauseln, AJP 2004, 425–444; BAUMANN, Die Wechselbürgschaft, Diss. Zürich 1956; BECK, Das neue Bürgschaftsrecht, Kommentar, Zürich 1942; BEGUELIN, Vertrag zu Lasten eines Dritten (Garantievertrag), SJK Nr. 769, 1943; BIASIO, Der Übergang der Gläubigerrechte auf den Bürgen und dessen Regressrechte, Bern 1944; BÖCKLI, Schweizer Aktienrecht, 4. Aufl., Zürich 2009; BORER/HARSCH/REHM/HUGGENBERGER/SPIEGEL, Finanzmarktrecht – Entwicklungen 2012, Bern 2013; BREHM, L'assurance-cautionnement, Winterthur 1960; BÜRGI, Ausbau des gewerblichen Bürgschaftswesens. Eine Alternative zur Innovationsrisikogarantie, NZZ vom 9. 10. 1983, 21; BÜHLER, Sicherungsmittel im Zahlungsverkehr: Dokumentenakkreditiv, Bankgarantie, Eigentumsvorbehalt, Zürich 1997; VON BÜREN, Der Konzern, in: SPR VIII/6, 2. Aufl., Basel 2005; BÜSSER, Einreden und Einwendungen der Bank als Garantin gegenüber dem Zahlungsanspruch des Begünstigten: eine systematische Darstellung unter besonderer Berücksichtigung des Zwecks der Bankgarantie, Freiburg 1997; BYDLINSKI, Die Stellung des Bürgen im Spannungsfeld von Privatautonomie und Sozialschutzgedanken, recht 1994, 249 ff.; VON CAEMMERER, Bankgarantien im Aussenhandel, in: FS für Otto Riese, Karlsruhe 1964, 295 ff.; DERS., in: FS für Ernst von Caemmerer, Gesammelte Schriften, Tübingen 1968, Bd. II, 353 ff.; CAMPOGRANDE, Trattato della fideiussione, Turin 1902; CAVIN, La nature juridique des obligations du créancier dans le nouveau droit du cautionnement, ZSR 1944, 280 ff.; DERS., Le nouveau droit du cautionnement, JdT 1942, 38 ff., 381 f.; DERS., La révision de la législation en matière de cautionnement, JdT 1938 I 289 ff.; COENDET, Insolvenzrisikoverteilung bei der Bankgarantie, SZW 2007, 135 ff.; CUENOD, La résiliation du cautionnement souscrit pour un temps déterminé qui garantit une dette dénonçable, SJZ 1954, 206; DALLÈVES, Poursuite pour dettes et faillite 1996–1999, Schuldbetreibung und Konkurs 1996–1999, SZW 2000, 39 ff.; DESCHENAUX, Le cautionnement, polyc., 2. Aufl. 1972; DEVELIOGLU, Les garanties indépendante examinées à la lumière des règles relatives au cautionnement, Bern 2006; DOHM, Mesures conservatoires dans le cadre des garanties bancaires «à première demande», SAG 1982, 53 ff. (zit. SAG 1982); DERS., Mesures conservatoires pour empêcher l'appel abusif à une garantie bancaire «à première demande» – Analyse de la jurisprudence de la Cour de Justice de Genève, SJ 1985, 417 ff. (zit. SJ 1985); DERS., Bankgarantien im internationalen Handel, Bern 1985 (zit. Bankgarantien); DUBACH, Der Konkursaufschub nach Art. 725a OR, SJZ 1998, 149 ff.; DUFT, Die Zustimmung des Ehegatten als Gültigkeitserfordernis für die Bürgschaft, St. Gallen 1943; DUPERREX, Cautionnement et crédit, SJ 1942, 81 ff.; DERS., Schadlos- oder Ausfallbürgschaft, SJK Genf 1947, Nr. 1005; EBERL, Rechtsfragen der Bankgarantie im internationalen Wirtschaftsverkehr nach deutschem und schweizerischem Recht, Diss. Bonn 1991; EMCH/RENZ/ARPAGAUS (Hrsg.), Das Schweizerische Bankgeschäft, 7. Aufl., Zürich 2011; EMMENEGGER, Geschlechtsspezifische Aspekte des Bürgschaftsvertrags, recht 2001, 91 ff.; DIES., Garantie, Schuldbeitritt und Bürgschaft – vom bundesgerichtlichen Umgang mit gesetzgeberischen Inkohärenzen, ZBJV 2007, 561 ff.; EMMENEGGER/THÉVENOZ, Das schweizerische Bankprivatrecht 2008–2009, SZW 2009, 272; EMMENEGGER/ZBINDEN, Die Inanspruchnahme der Bankgarantie, in: Emmenegger (Hrsg.), Kreditsicherheiten, Basel 2008, 139 ff.; FOUNTOULAKIS, Bürgschaftsrecht – von der Hoffnung des Gesetzgebers und was davon übrig bleibt, AJP 2010, 423 ff.; FÖRSTER, Die Fusion von Bürgschaft und Garantie, Tübingen 2010; FREY, Die Voraussetzungen der Bürgschaft unter dem Gesichtspunkt des Bürgenschutzes, insbesondere im neuen schweizerischen Bürgschaftsrecht, Zürich 1943; FUCHS, Zur Revision des Bürgschaftsrechts, SJZ 1937, 337 ff.; GEIGY-WERTHEMANN, Die rechtliche Bedeutung garantieähnlicher Erklärungen von herrschenden Unternehmen im Konzern, in: FS zum Schweizerischen Juristentag 1973, 21 ff.; GHIRINGHELLI, Fideiussione e contratto di garanzia con particolare riferimento ad impegni bancari, in: Rechtsprobleme der heutigen Wirtschaftsordnung, Schweizerischer Anwaltstag 1989, 97 ff.; GILLIÉRON, Les garanties personnelles en matière bancaire, 2. Aufl., Genf 1969; GIOVANOLI, Ausgewählte Fragen aus der Revision des schweiz. Bürgschaftsrechts, ZSR 1941, 205 ff.; DERS., Das revidierte Bürgschaftsrecht, Sonderband, Bern 1942; GIROUD, Die Konkurseröffnung und ihr Aufschub bei der Aktiengesellschaft, 2. Aufl., Zürich 1986; GOLSER, Die Abgrenzung bürgschaftsähnlicher Versicherungen gegenüber der Bürgschaft, Bern 1956; GOTTRAU, Die Bankgarantie im Schweizerischen Recht, in: Westphalen/Jud (Hrsg.) Die Bankgarantie im internationalen Handelsverkehr, 3. Aufl., Frankfurt a.M. 2005; DERS., La lettre de crédit standby en droit suisse, à la lumière des règles de la CCI et de la CNUDCI, SJ (Partie II: Doctrine) 2005, 1 ff.; DERS., Jurisprudence civile en droit bancaire et financier 2007–2008, jdbf 2008, 181 ff.; GREMPER, in: Geiser/Gremper (Hrsg.), Zürcher Kommentar zum Partnerschaftsgesetz, Zürich 2007; D. GUGGENHEIM, Die Verträge der schweizerischen Bankpraxis, 3. Aufl., Zürich 1986 (zit. Verträge); E. GUGGENHEIM, Der Garantievertrag, Aarau 1917; GUHL, Das neue Bürgschaftsrecht der Schweiz, Zürich 1942; DERS., Vom Bürgen, Rektoratsrede, Bern 1939; GUT, Die Wirkungen der Solidarbürgschaft im Verhältnis des Gläubigers zum Bürgen nach neuem Recht, Bern 1941; P.M. GUTZWILLER, Die Wahlfreiheit zwischen Bürgschaft und Garantie, ZSR 1984 I, 121 ff.; HAASE, Der Schutz des Bürgen vor den Gefahren einer unüberlegten Bürgschaft in rechtspolitischer Hinsicht, Ein Vergleich des deutschen mit dem schweizerischen Recht, Hamburg 1971; HANDSCHIN, Zur Abgrenzung von Garantievertrag und Bürgschaft: Akzessorietät der Verpflichtung als massgebendes Kriterium?, SZW 1994, 226 ff. (zit. SZW 1994); DERS., Der Konzern im geltenden schweizerischen Privatrecht, Zürich 1994 (zit. Konzern); HASENBÖHLER, Mitwirkung beider Ehegatten beim Vertragsschluss, Basel 1982; HASLER, Die Schuldübernahme in der Theorie und im schweizerischen Recht, Zürich 1911; HÄUSLER, Die Haftung des Bürgen für den aus dem Dahinfallen des Vertrages entstehenden Schaden, Basel 1947; HEGG, Die gewerblichen Bürgschaftsgenossenschaften in der Schweiz, Bern 1932; HEILMANN, Der Vertrag zugunsten Dritter als schuldrechtliches Verfügungsgeschäft, SJZ 1971, 169; HEMMLER, Die Gründe für den Untergang der Bürgschaft nach dem Schweizerischen Recht, 1943/54; HOMBERGER, Vom neuen Bürgschaftsrecht: Art. 501 Abs. 2 OR, SJZ 1945, 4 ff.; HORN, Die Bankgarantie im internationalen Umfeld, in: Personalsicherheiten, Berner Bankrechtstage, Bd. 4, Bern 1997, 87 ff.; HUBER, Personalsicherheiten bei der Erteilung von Bankkrediten unter Berücksichtigung der sog. Patronatserklärung, in: P. Forstmoser (Hrsg.), Rechtsprobleme der Bankpraxis, Bern 1976; INTERNATIONAL CHAMBER of COMMERCE, ICC Series on Demand Guarantees: Model Forms for Issuing Demand Guarantees (N 503), Guide to the ICC Uniform Rules for Demand Guarantees (N 510), ICC Uniform Rules for Demand Guarantees (N 458), Paris 1992; KADERLI, Die Sicherung des Bankkredites, 1938; KELLERHALS, Verfahrensrechtliche Aspekte bei der Durchsetzung von Personalsicherheiten, in: Personalsicherheiten, Berner Bankrechtstage, Bd. 4, Bern 1997, 131 ff. (zit. Verfahrensrechtliche Aspekte); DERS., Zur gesetzlichen Höchstdauer von Bürgschaften beim Bankgeschäft, WuR 1957, 237 ff.; KLEINER, Bankgarantie, Die Garantie unter besonderer Berücksichtigung des Bankgarantiegeschäftes, 4. Aufl., Zürich 1990; DERS., Die Zahlungspflicht der Bank bei Garantien und unwiderruflichen Akkreditiven, SJZ 1976, 353 ff.; KOEFERLI, Der Sanierer einer Aktiengesellschaft, Diss. Zürich 1994; KRAMER, BGE, 27.1.1994, Bürgschaft, Bestimmtheitserfordernis, Persönlichkeitsschutz, OR 20, 492, ZGB 27 mit Bemerkungen, AJP 1994, 1042 ff.; KRAMER/NOBEL/WALDBURGER (Hrsg.), FS für Peter Böckli, Zürich 2006; KRAMER/PROBST, Bundesgerichtspraxis zum Allgemeinen Teil des Schweizerischen Obligationenrecht, Zürich 2003; KRONAUER, Problematische Sicherheiten bei Auslandanleihen, Abgrenzungsprobleme zwischen Garantie und Bürgschaft, NZZ vom 19.12.1989, 33 f.; LANZ, Kapitalverlust, Überschuldung und Sanierungsvereinbarung, Zürich 1985; LARDELLI, Beiträge zum Bürgschaftsrecht (Vervielfältigung), 1927; LERCH/TUASON, Die Bürgschaft im schweiz. Recht, Zürich 1936; LOGOZ, La protection de l'exportateur face à l'appel abusif à une garantie bancaire, Diss. Lausanne 1991; LOMBARDINI, Droit bancaire suisse, 2. Aufl., Zürich/Basel/Genf 2008; LOSER, Die Abtretung und Verpfändung von Garantieansprüchen zur Kreditsicherung, SZW 2006, 200 ff.; MAFFLI, La résponsabilité des héritiers pour les cautionnements du défunt en droit suisse, 1944; MARTI, Vertrauensschutz im Familienrecht, FamPra.ch 2010, 497 ff.; D.M. MEYER, Der Regress im Internationalen Privatrecht, Diss. Zürich 1982; J.A. MEYER, Die Dividenden- und Zinsgarantien bei Aktiengesellschaften, Aarau 1915; MEYER-WEGENSTEIN, Die Mitbürgschaft, Zürich 1926; MÜLLER, Die Solidarbürgschaft und die Reform des Bürgschaftsrechts, SJZ 1939/40, 277 ff.; NOBEL, Patronatserklärungen und ähnliche Erscheinungen im nationalen und internationalen Recht, in: Personalsicherheiten, Berner Bankrechtstage Bd. 4, Bern 1997, 55 ff. (zit. Patronatserklärungen); DERS., Praxis zum öffentlichen und privaten Bankenrecht der Schweiz, Bern 1979/Ergänzungsband (Erg.Bd.), Bern 1984 (zit. Bankenrecht); NUSSBAUMER, Subrogation et recours de la caution lors du concours de sûretés personnelles et réelles, Freiburg 1945; ODERMATT, Die Stellung des Bürgen nach dem Bundesgesetz über die Entschuldung landwirtschaftlicher Heimwesen, Bern 1942; OFTINGER, Die Haftung des Bürgen für die gesetzlichen Folgen eines Verschuldens oder Verzuges des Hauptschuldners, in: FS für Fritz Fleiner, Zürich 1937, 175 ff. (zit. FS Fleiner); DERS., Über Bankgarantien, SJZ 1942, 58 ff.; OSSIPOW, Promesse de porte-fort et contrat de garantie, Etude de droit positif et de droit comparé, 1944 (zit. SJZ 1942); *PANCHAUD/CAPREZ*, Die Rechtsöffnung, Zürich 1980; PRIESTER, Der Garantievertrag, Dresden 1935; RAAFLAUB, Die Solidarbürgschaft im Bankverkehr, Bern 1932; REETZ, Substantiierung einer Garantieabrufserklärung?, BR 2012, 78 ff.; REICHEL, Schuldmitübernahme, München 1909; DERS.,

Zum Bürgschaftsrecht, SJZ 1913/14, 47 ff.; 1914/15, 104 f.; 1916/17, 211 f.; 1920/21, 177 ff.; 1921/22, 265 ff.; 1923/24, 173 ff.; 1932/33, 3 ff.; REICHWEIN, Bankgarantie und Bürgschaft, SJZ 1956, 374 ff.; REIN, Die Voraussetzungen der Bürgschaft im schweizerischen Recht, Würzburg 1937; REUSSER, Der Garantievertrag und sein Verhältnis zur Bürgschaft und anderen Sicherungsverträgen nach schweizerischem Recht, Bern 1938; ROESLE, Die internationale Vereinheitlichung des Rechts der Bankgarantien, Diss. Bern 1937; ROSSEL, Le porte-fort en droit fédéral (art. 127 CO), JdT 1893, 465 ff.; ROSSI, La garantie bancaire à première demande, Diss. Bern 1990 (zit. La garantie bancaire); DERS., Garantie ou cautionnement?, SJ 1986, 405 ff. (zit. SJ 1986); RUSCH, Interzession im Interesse des Aktionärs, Diss. Zürich 2004; RUTZ, Die Dividendengarantie, Chur 1928; VON SALIS, Die Stellung des Amtsbürgen im Bürgschaftsrecht, ZBl 1950, 267; SCHALLER, Einwendungen und Einreden im schweizerischen Schuldrecht, Zürich/St. Gallen 2010; SCHMID, Überschuldung und Sanierung, Freiburg 1984; SCHMID/RÜEGG, Die privatrechtliche Rechtsprechung des Bundesgerichts, ZBJV 150/2014, 93 ff.; A.K. SCHNYDER, Patronatserklärungen – Haftungsgrundlage für Konzernobergesellschaften, SJZ 1990, 57 ff. (zit. SJZ 1990); DERS., Rechtsprechung zum internationalen Privat- und Wirtschaftsrecht 1991/92, SZW 1993, 192 (zit. SZW 1993); DERS., Das neue IPR-Gesetz, 2. Aufl., Zürich 1990 (zit. IPR-Gesetz); M. SCHNYDER, Aktuelles zur Baugarantieversicherung, insbesondere Substantiierung einer Garantieverpflichtung und Rechtsnatur der vertraglichen Beziehungen, HAVE 2012, 415 ff.; SCHÖNLE, Missbrauch von Akkreditiven und Bankgarantien, SJZ 1983, 53 ff., 73 ff.; SCHULTHESS, Die Verpflichtung des Bürgen nach schweizerischem Recht, ZSR 1925, 63 ff.; SCYBOZ, Garantievertrag und Bürgschaft, in: SPR VII/2, Obligationenrecht – Besondere Vertragsverhältnisse, Basel 1979, 315 ff.; SCHUMACHER, Das Bauhandwerkerpfandrecht, 3. Aufl., Zürich 2008; SOMMER, Vertragsbeitritt oder unabhängiges Sicherungsgeschäft = Adhésion au contrat ou contrat de garantie autonome, Urteil des Bundesgerichts 4A_41/2009 vom 1.4.2009, MRA 2010, 37–45; SPAINI, Die Bankgarantie und ihre Erscheinungsformen bei Bauarbeiten, 2000; STAEHELIN, Bundesgericht, 1. Zivilabteilung, 23.12.1998, S. c. banque X., Berufung, BGE 125 III 131, AJP 1999, 1165 ff.; STAUFFER, Die Revision des Bürgschaftsrechts, ZSR 1935, 1a ff.; STEINER, Die Bürgschaften der mit der Geschäftsleitung einer AG betrauten Personen, SAG 1944/45, 12; STOLL, Sicherheitsleistungen der Mieterschaft vor dem Hintergrund kantonalrechtlicher Bestimmungen – eine Übersicht zu Art. 257e Abs. 4 OR, mp 2007, 65 ff.; STOOSS, Der Anspruch des Bürgen auf Diligenz des Gläubigers nach schweizerischem OR, insbesondere nach Art. 508 (neu Art. 509), ZBJV 1911, 473, 529; STREIFF/PELLEGRINI/VON KAENEL, Vertragsvorlagen, Eine Sammlung kommentierter Vertragsmuster für die Praxis, 4. Aufl., Zürich 2008; STREULE, Bankgarantie und Bankbürgschaft, Diss. Zürich 1987; TERCIER, Le point sur la partie spéciale du droit des obligations/Entwicklungen im Obligationenrecht, Besonderer Teil (à l'excusion des de bail et de travail/ohne Miet- und Arbeitsrecht), SJZ 1995, 171 ff.; THALMANN, Das Wesen der Bürgschaft des schweizerischen Obligationenrechtes, Bern 1920; THÉVENOZ, Les garanties indépendantes devant les tribunaux suisses, in: Thévenoz (Hrsg.), Journée 1994 de droit bancaire et financier, Bern 1994, 167–197; TOBLER, Der Schutz des Bürgen gegenüber dem Gläubiger nach schweiz. Recht, 1936; VON TUHR, Zum Regress des Bürgen, ZSR 1923, 101 ff.; DERS., Bemerkungen zum Bürgschaftsrecht, SJZ 1922/23, 225 ff., 245 ff.; UMAR, Une «Exception de la discussion» n'existe pas en droit Turco-Suisse, SJZ 1974, 81 ff.; VENTURI-ZEN-RUFFINEN, La résiliation pour justes motifs des contrats de durée, Diss. Freiburg 2007; VIRCHAUX, Les coopérations de cautionnement en Suisse, Zürich 1984; F. VISCHER, Der Rückgriff des Bürgen nach Titel 20 Abschnitt IV des schweiz. OR, ZSR NF 7, 1888, 1 ff.; M. VISCHER, Garantien und verwandte Versprechen wie Gewährleistungen, indemnities und covenants in Unternehmenskaufverträgen, SJZ 109/2013, 325 ff.; WACKE, Zwei Probleme aus Formmängeln schweizerischer Bürgschaftserklärungen, SJZ 1978, 17 ff.; WALLISER, Das Bürgschaftsrecht in historischer Sicht usw., Basel 1974; WAVRE, Le Porte-Fort en Droit Fédéral, 1898; WEGELIN, Der Schutz des Bürgen gegen Betreibung durch Leistung von Realsicherheit, Bern 1943; WEY, Das obligatorische Retentionsrecht, Diss. Zürich 2007; WIEGAND, Die Bürgschaft im Bankgeschäft, in: Personalsicherheiten, Berner Bankrechtstage Bd. 4, Bern 1997, 175 ff. (zit. Bürgschaft); DERS., Akzessorietät und Spezialität, Zum Verhältnis zwischen Forderung und Sicherungsgegenstand, in: Probleme der Kreditsicherung, Berner Tage für die juristische Praxis 1981, Bern 1982, 35 ff. (zit. Akzessorietät und Spezialität); WOLF/SETZ, Die vollstreckbare öffentliche Urkunde, insbesondere aus der Sicht des Notars, in: Wolf (Hrsg.), Schweizerische Zivilprozessordnung und Notariat: Weiterbildungstagung des Verbands bernischer Notare und des Instituts für Notariatsrecht und Notarielle Praxis an der Universität Bern vom 25./26.8.2010, Bern 2010, 55 ff.; ZIMMERMANN, Bemerkungen über das Erfordernis der Zustimmung des Ehegatten zur Bürgschaftseingehung gemäss OR Art. 494 Abs. 1 und 2, SJZ 1942/43, 121 (zit. SJZ 1942/43); DERS., Avalrechtsfragen, SJZ 1945, 245 ff. (zit. SJZ 1945); DERS., Internationale Emissionsprospekte in der Schweiz, Rechts-, Gerichtsstands- und Bürgschafts-Klauseln, SJZ 1972, 1 ff., 40 f., 74 f.; SJZ 1978, 171 f. (zit. SJZ 1972/SJZ 1978); ZOBL, Die Bankgarantie im schweizerischen Recht, in: Personalsicherheiten, Berner Bankrechtstage, Bd. 4, Bern 1997, 23 ff.

I. Die Revision von 1941

1 Das heute gültige Bürgschaftsrecht ist am 1.7.1942 in Kraft getreten (BG vom 10.12.1941 über die Revision des zwanzigsten Titels des Obligationenrechts, AS 1942, 279, 290, 644). Ziel der **Revision** von 1941 war es, unbedachte Vertragsschlüsse zu verhindern und die Stellung des Bürgen zu verbessern (SCYBOZ, SPR VII/2, 351; BGE 81 II 64). Das Produkt der Bemühungen des Gesetzgebers ist ein schwerfälliger und komplizierter Gesetzestext, der den widersprechenden Interessen Rechnung zu tragen sucht. Die Novellierung hat das Schutzanliegen übertrieben (z.B. Art. 504; vgl. FOUNTOULAKIS, AJP 2010, 423, 428 f.). Das Hauptziel hat sie jedoch erreicht: unüberlegte Gefälligkeitsbürgschaften aus persönlichen Motiven zu erschweren. Die Revision hat dementsprechend eine Verlagerung der privaten Bürgschaft auf Bürgschaftsgenossenschaften bewirkt. Das revidierte Bürgschaftsrecht:
- beschränkt die Bürgschaftsfähigkeit;
- erhöht die **Formerfordernisse** (was – wohl im Widerspruch zu den Vorstellungen des Gesetzgebers – bewirkt hat, dass die Praxis den Begriff der Bürgschaft eingeengt und v.a. den Typus der bürgschaftsähnlichen Garantie mit der gleichen Funktion entwickelt hat, BGE 101 II 323; vgl. dazu Art. 111 N 21 ff.);
- verbessert die **Stellung des Bürgen** (v.a. des Solidarbürgen) hinsichtlich der *Belangbarkeitsvoraussetzungen* und des *Ausmasses* seiner Verpflichtung und befreit ihn in diversen Fällen völlig;
- verstärkt die **Pflichten des Gläubigers** und das **Rückgriffsrecht** des Bürgen gegen den Hauptschuldner;
- regelt das **Erlöschen der Bürgschaft** im bestmöglichen Interesse des Bürgen.

Die Wirksamkeit des revidierten Bürgschaftsrechts liegt aber v.a. in **Art. 492 Abs. 4**: Der Bürge kann – soweit sich aus dem Gesetz nicht etwas anderes ergibt – auf die ihm im Zwanzigsten Titel eingeräumten Rechte nicht zum Voraus verzichten (generelle Unabdingbarkeit). Zur geschichtlichen Entwicklung des Bürgschaftsrechts: BECK, Einl. N 1–6; SCYBOZ, SPR VII/2, 349 ff.; ZK-OSER/SCHÖNENBERGER, N 1 ff.; Materialien und rechtsvergleichende Hinweise bei BK-GIOVANOLI und ZK-OSER/SCHÖNENBERGER.

II. Übergangsrecht

2 Das spezielle Übergangsrecht von 1941, Übergangsbestimmungen zum XX. Titel, eingefügt durch Ziff. II des BG vom 10.12.1941 (Die Bürgschaft, AS 1942, 279), ist heute ohne praktische Relevanz (vgl. dazu die Kommentierungen BK-GIOVANOLI, ÜBest zu Art. 492–512; BECK, ÜBest; ZK-OSER/SCHÖNENBERGER, ÜBest; ZR 1946, 329 ff.).

III. Weitere Rechtsquellen zum Bürgschaftsrecht

3 Neben Art. 492–512 sind v.a. im ZGB, OR und SchKG noch weitere Normen zu beachten:
- **OR**: Art. 114, 116, 117, 121, 135, 136, 141, 178, 568, 1020–1022, 1066, 1067, 1098, 1114, 1143.
- **ZGB**: Art. 395, 408, 582, 591, 637.
- **SchKG**: Art. 129, 143, 215–217, 232, 259, 298, 303.
- **Weitere Quellen** des Bürgschaftsrechts sind jeweils in der neuesten Textausgabe OR von SCHÖNENBERGER/GAUCH zu finden: **Zollgesetz** (Zollbürgschaft; SR 631.0); **BG über das bäuerliche Bodenrecht** (SR 211.412.11); **BG über den Konsumkredit** (SR 221.214.1).

IV. Anwendungsbereich des Zwanzigsten Titels

Der Zwanzigste Titel des OR ist mangels Vorbehalt auch auf Bürgschaften des **privaten und öffentlichen kantonalen Rechts** anwendbar. Das kantonale Recht regelt hingegen die Pflicht zur Sicherheitsleistung (SCYBOZ, SPR VII/2, 352 f.). 4

Für **Wechsel- und Checkbürgschaft (Aval)** – Sicherung einer Wechselschuld durch Wechselbürgschaft – gelten besondere Vorschriften (BGE 38 II 131; 43 I 64; 44 II 145). Anwendung finden nicht Art. 492 ff., sondern *ausschliesslich* Art. 1020 ff. (BGE 79 II 80 E. 1; 96 III 39 E. 1).

V. Wirtschaftliche Bedeutung. Erscheinungsformen

Wichtigste und häufigste Erscheinungsform ist die Bürgschaft im **Rechtsverkehr mit Banken** (Bürgschafts- oder Kautionskredit) (ALBISETTI/GESELL/NYFFELER, 101 ff.; EMCH/RENZ/ARPAGAUS, N 1399). 5

Die institutionelle Bürgschaft zur Sicherung beruflicher/gewerblicher Kredite wird als wichtige und typisch schweizerische Erscheinung der Finanzwirtschaft von **Bürgschaftsgenossenschaften** betrieben, die ihren Ursprung in den Amtsbürgschafts-Genossenschaften haben (Kautionspflicht von Beamten zur Abdeckung von Ansprüchen aus Amtspflichtverletzungen, Art. 503 Abs. 2, Art. 512; BK-GIOVANOLI, N 17 ff.; EMCH/RENZ/ARPAGAUS, N 1395 ff.). Zu bauspezifischen Fragen rund um das Bürgschaftsrecht und Garantievertragsrecht, vgl. 89–113.

Im Aussenhandel findet sich die Bürgschaft für **Exportkredite**. Bürge ist der Staat oder eine Aussenhandelsbank.

Die **Gefälligkeitsbürgschaft** aus persönlichen Motiven ist seit der Revision von 1941 selten geworden.

Generell ist festzustellen, dass die Praxis tendenziell – wegen der grösseren Sicherheit – einen **Realkredit** dem Personalkredit vorzieht, d.h. Pfand oder Sicherungsübereignung, anstatt eines zusätzlichen schuldrechtlichen Anspruchs gegen einen Dritten aus Bürgschaft oder Garantie. Trotzdem ist die Bürgschaft in der Schweiz (im Gegensatz zum europäischen Umfeld) nach wie vor ein **überaus wichtiges Rechtsinstitut**. Die Notariate des Kantons Zürich haben im Jahre 1990 1730 (Vorjahr 1744) Bürgschaften öffentlich beurkundet (160. Rechenschaftsbericht des OGer und des KassGer ZH über das Jahr 1990, 97). Seit 1991 werden Bürgschaftsbeurkundungen nicht mehr separat ausgewiesen. 6

VI. Abgrenzung zu verwandten Sicherungsgeschäften

Vgl. Art. 111 N 21 ff. Über die Abgrenzung zur **bürgschaftsähnlichen Garantie** s. BGE 113 II 434; weitere wichtige Entscheide: BGE 125 III 305; 111 II 276; 101 II 323, wobei der letzte Entscheid teilweise überholt ist; BGE 75 II 52; 72 II 24; 46 II 160; BK-GIOVANOLI, Art. 492 N 13 ff. Zur Abgrenzung von der **kumulativen Schuldübernahme** als gleichzeitig begründete Solidarschuld oder später erfolgter Schuldbeitritt s. BGE 81 II 527; 113 II 435; 129 III 702; BGer, SJ 2000, 305 ff.; AGVE 1992, 70 ff.; BK-GIOVANOLI, Art. 492 N 17; Art. 111 N 32 ff. Zum **Kreditauftrag**, Art. 408 ff., s. Art. 111 N 32 ff. Zur **Patronatserklärung** s. Art. 111 N 35 (A.K. SCHNYDER, SJZ 1990, 57 ff.). Zur **Wechselbürgschaft**, Art. 1020 ff., s. Art. 111 N 34; BK-GIOVANOLI, Art. 492 N 16. Abgrenzung zur **Solidarbürgschaft gem. Art. 277 SchKG**: Sie ist ein *Rechtsgeschäft sui generis*, die dem Garantievertrag und nicht der Bürgschaft nahesteht, weil der Solidarbürge gem. Art. 277 SchKG nicht für die Erfüllung der Verpflichtung des Schuldners Sicherheit leistet, sondern für das Vorhandensein der Arrestgegenstände (BGE 106 III 134 E. 2). 7

VII. IPR

8 Es kann auf die zu Art. 111 N 20 erörterten Grundsätze verwiesen werden, die analog gelten (vgl. auch BK-GIOVANOLI, N 1 ff. zu Lehre und Rechtsprechung vor Inkrafttreten des IPRG, ebenso ZK-OSER/SCHÖNENBERGER, N 31 ff.).

Fehlt eine Rechtswahl, knüpft Art. 117 IPRG an die charakteristische Leistung des Vertrages an, also an die **Leistung des Bürgen** (objektive Anknüpfung; BGE 128 III 295 = Pra 92 (2003) Nr. 13; BGE 111 II 278 E. 1c; ZR 1974, 245 ff.). Hinsichtlich der Form ist ausserdem Art. 124 IPRG zu beachten. Zur Erleichterung des Abschlusses eines gültigen Rechtsgeschäfts wird den Parteien i.S. eines favor negotii für die Form neben dem Vertragsstatut (lex causae) das **Recht des Abschlussortes** zugesprochen (Art. 124 Abs. 1 IPRG; lex loci actus). Dabei ist zu beachten, dass die Angabe des *Höchstbetrages* nach schweizerischem Recht nicht nur eine Formvorschrift, sondern auch eine *materielle Voraussetzung* der *Gültigkeit* einer Bürgschaft darstellt. Dies hat zur Folge, dass die Bürgschaft bei fehlender Angabe des Höchstbetrages nach schweizerischem Recht *ungültig* ist, selbst wenn die am Abschlussort geltenden Formvorschriften eingehalten wurden (BGE 117 II 493; A.K. SCHNYDER, SZW 1993, 192). Bei Vertragsschluss unter Abwesenden genügt es, dass der (Bürgschafts-)Vertrag nach dem Recht eines der Staaten gültig zustande gekommen ist (Art. 124 Abs. 2 IPRG). In Art. 124 Abs. 3 IPRG macht das Gesetz eine Ausnahme von der Alternativanknüpfung für Fälle, in denen das Vertragsstatut zum Schutz einer Partei eine Abweichung von seinen Formvorschriften nicht zulässt (BSK IPRG-KNELLER, Art. 124 N 18 ff.; A.K. SCHNYDER, IPR-Gesetz, 113 f.). Schon vor dem Inkrafttreten des IPRG genügte im Bürgschaftsrecht nach Lehre und Rechtsprechung die Wahrung der **Formvorschriften des Abschlussortes** unbekümmert darum, ob materiell ein objektiv ermitteltes oder ein von den Parteien vereinbartes Vertragsstatut galt, sofern nicht zwingende Gründe der öffentlichen Ordnung die ausschliessliche Anknüpfung an das Vertragsstatut verlangten (BGE 110 II 484; 111 II 278 E. 1c; BK-GIOVANOLI, N 8). Zu diesem Problemkreis auch ZR 1981, 9 ff. – **Zustimmungserfordernis des Ehegatten bei Bürgschaften verheirateter Personen** (Art. 494 Abs. 1): Seit Inkrafttreten des IPRG gilt Art. 35 IPRG, also das **Recht des Wohnsitzes**. Nach altem IPR hätte nach allgemeiner Regel *Heimatrecht* angewendet werden müssen (BGE 110 II 484, 486 E. 2a; BJM 1985, 309 ff.).

Art. 492

A. Voraussetzungen
I. Begriff

[1] Durch den Bürgschaftsvertrag verpflichtet sich der Bürge gegenüber dem Gläubiger des Hauptschuldners, für die Erfüllung der Schuld einzustehen.

[2] Jede Bürgschaft setzt eine zu Recht bestehende Hauptschuld voraus. Für den Fall, dass die Hauptschuld wirksam werde, kann die Bürgschaft auch für eine künftige oder bedingte Schuld eingegangen werden.

[3] Wer für die Schuld aus einem wegen Irrtums oder Vertragsunfähigkeit für den Hauptschuldner unverbindlichen Vertrag einzustehen erklärt, haftet unter den Voraussetzungen und nach den Grundsätzen des Bürgschaftsrechts, wenn er bei der Eingehung seiner Verpflichtung den Mangel gekannt hat. Dies gilt in gleicher Weise, wenn jemand sich verpflichtet, für die Erfüllung einer für den Hauptschuldner verjährten Schuld einzustehen.

[4] Soweit sich aus dem Gesetz nicht etwas anderes ergibt, kann der Bürge auf die ihm in diesem Titel eingeräumten Rechte nicht zum voraus verzichten.

A. Conditions
I. Définition

[1] Le cautionnement est un contrat par lequel une personne s'engage envers le créancier à garantir le paiement de la dette contractée par le débiteur.

[2] Le cautionnement ne peut exister que sur une obligation valable. Une obligation future ou conditionnelle peut être garantie pour l'éventualité où elle sortirait effet.

3 Quiconque déclare garantir la dette résultant d'un contrat qui, par suite d'erreur ou d'incapacité, n'oblige pas le débiteur, en répond aux conditions et d'après les principes applicables en matière de cautionnement s'il connaissait, au moment où il s'est engagé, le vice dont le contrat était entaché. La même règle s'applique à celui qui s'engage à garantir l'exécution d'une dette prescrite pour le débiteur.

4 A moins que le contraire ne ressorte de la loi, la caution ne peut pas renoncer d'avance aux droits qui lui sont conférés dans le présent titre.

A. Requisiti
I. Definizione

1 Mediante la fideiussione il fideiussore si fa garante verso il creditore del debitore principale per il soddisfacimento del debito.

2 La fideiussione non può sussistere che per un'obbligazione principale valida. La fideiussione può essere prestata anche per un debito futuro o condizionale, per il caso che questo diventi efficace.

3 Chi si fa garante per il debito derivante da un contratto non obbligatorio per il debitore principale a cagione di errore o di incapacità a contrattare risponde alle condizioni e secondo le norme in materia di fideiussione se, al momento della stipulazione, conosceva il vizio del contratto. La stessa regola si applica a chi si fa garante per il soddisfacimento d'un debito prescritto riguardo al debitore principale.

4 A meno che il contrario possa dedursi dalla legge, il fideiussore non può rinunciare anticipatamente ai diritti che gli sono conferiti nel presente titolo.

Literatur

Vgl. die Literaturhinweise bei den Vorbem. zu Art. 492–512.

I. Begriff. Vertragsschluss (Abs. 1)

Im **Bürgschaftsvertrag** verpflichtet sich der Bürge gegenüber dem Gläubiger des Hauptschuldners, für dessen Schuld (Hauptschuld, Fremdschuld) einzustehen (ZK-OSER/SCHÖNENBERGER, N 6 ff.). Ausser im speziellen Fall der Beerbung des Hauptschuldners durch den Bürgen – und umgekehrt – kann niemand für eine eigene Schuld Bürge sein (Art. 509 Abs. 2). Zweck der Bürgschaft ist die Sicherung einer Forderung, meist zur Beschaffung von Kredit (BECK, N 5). 1

Die Bürgschaft ist ein (meist einseitig verpflichtender) Vertrag und kommt durch **übereinstimmende gegenseitige Willensäusserung der Vertragsparteien Bürge – Gläubiger** zustande (BGE 70 II 273; BK-GIOVANOLI, N 50, 52; BECK, N 46 ff., 70 ff.; ZK-OSER/SCHÖNENBERGER, N 4). Zur Terminologie von Art. 492: BGE 111 II 280 E. 2c.

In der Regel geht im Bürgschaftsvertrag nur der Bürge Verbindlichkeiten ein, der Gläubiger hat im Gegensatz dazu nur Rechte. Es gehört aber nicht zum **Wesen des Bürgschaftsvertrages**, dass keine Verpflichtungen des Gläubigers vereinbart werden können. Solche sind möglich, beispielsweise das Versprechen des Gläubigers, die Hauptforderung gegen Leistung der Bürgschaft zu stunden, bestellte Pfänder oder einen anderen Bürgen freizugeben etc. Kommt der Gläubiger seinen Vertragspflichten nicht nach, so stehen dem Bürgen die Rechte von Art. 107 ff. zu (BK-GIOVANOLI, N 29; BECK, N 99 ff.).

Wegen ihres meist «einseitig onerosen Charakters» sind Bürgschaften **einschränkend auszulegen** (BGE 64 II 291 E. 3; zur Auslegung der Bürgschaftserklärung BECK, N 47 ff.; ZK-OSER/SCHÖNENBERGER, N 83 ff.).

Die **Mitwirkung des Hauptschuldners** (Dritter) fällt für den Abschluss des Bürgschaftsvertrages ausser Betracht (zur Rechtsstellung des Hauptschuldners s. BECK, N 42 ff.). Durch den Abschluss des Bürgschaftsvertrages wird *kein Vertragsverhältnis Bürge – Hauptschuldner* geschaffen. Der in Anspruch genommene Bürge erfüllt nicht die Schuld des Hauptschuldners 2 oder dessen Vertragspflicht aus dem Grundverhältnis, sondern seine *eigene Schuld* gegenüber dem Gläubiger (BGE 70 II 273). Der Hauptschuldner kann höchstens als Bote oder Stellvertreter des Bürgen oder Gläubigers handeln. Dritte, auch der Hauptschuldner (oder dessen Vertreter), können den Bürgen gültig vertreten (BGE 45 II 172; 33 II 402; 56 II 101 f., 105 f.; 65 II 236 f. E. 1; ZK-OSER/SCHÖNENBERGER, N 81 f.). Der Gläubiger kann seinen Vertreter *formlos*, also auch mündlich ermächtigen. Der Vertreter des Bürgen kann *nur unter Einhaltung besonderer Formvorschriften* zum Abschluss des Bürgschaftsvertrages ermächtigt werden (Art. 493 Abs. 6). Der Bürge muss sich die Kenntnis des wahren Sachverhaltes durch seinen Stellvertreter anrechnen lassen (dessen Anwalt, vgl. BGE 56 II 105 E. 4).

3 Die **Bürgschaftserklärung** des Bürgen muss dem Gläubiger zugehen und von diesem angenommen werden (BGE 56 II 101), entweder ausdrücklich oder stillschweigend (Art. 6; BGE 15 I 364; 45 II 172; 56 II 101 E. 2). Der Wille, als Bürge einzustehen, muss in der Bürgschaftserklärung erkennbar sein. Für die Abgabe einer Bürgschaftserklärung ist nicht erforderlich, dass Ausdrücke wie «Bürge» oder «bürgen» gebraucht werden (BGE 66 II 27). Rechtlich relevant ist, was die Parteien (Bürge, Gläubiger) *wirklich wollten* (Art. 18 Abs. 1). Die Bürgschaft untersteht in erhöhtem Masse dem Schutz von **Treu und Glauben** im Rechtsverkehr. Der Gläubiger darf daher die Rechte aus der Bürgschaft nur für eine Hauptschuld geltend machen, für die der Bürge erkennbar die Bürgschaft eingegangen ist, auch wenn dies in der Bürgschaftserklärung selbst nicht zum Ausdruck gekommen ist. In BGE 64 II 212 war es für den Gläubiger erkennbar, dass der Bürge einen Baukredit und keinen Kontokorrentkredit verbürgen wollte. Die Bürgschaft entfiel damit.

II. Bürgschaftsfähigkeit (Abs. 1)

4 Bürge können natürliche und juristische Personen, aber auch Kollektiv- und Kommanditgesellschaften sein, da sie rechts- und parteifähig sind (BECK, N 11).

Zur Eingehung eines rechtsgültigen Bürgschaftsvertrages bedarf es der **Handlungsfähigkeit** (Art. 12 ZGB). Die spezielle **Geschäftsfähigkeit** zur Eingehung einer Bürgschaftsverpflichtung ist jedoch vom Gesetzgeber mannigfaltig *eingeschränkt* oder sogar *aufgehoben* worden (zur Terminologie und zur Rechtsstellung des Bürgen als Vertragspartei, BECK, N 10 ff.; ZK-OSER/SCHÖNENBERGER, N 79 f.):

5
1. Zum Erfordernis der **Zustimmung des Ehegatten** bei Bürgschaften Verheirateter s. Komm. zu Art. 494.
2. Das Erfordernis der **Zustimmung der Vormundschaftsbehörde** für Bürgschaften, die die Ehefrau Dritten gegenüber zugunsten ihres Ehemannes eingegangen ist (Art. 177 Abs. 3 aZGB), ist mit dem BG vom 5.10.1984 über die Änderung des ZGB, in Kraft seit 1.1.1988, *weggefallen* (AS 1986 I 122). Ausser Kraft ist demgemäss auch Art. 494 Abs. 4. Zur Kommentierung des alten Rechts: BK-GIOVANOLI, N 32–34b m.Hw. auf die Judikatur und BECK, N 19.
3. Zu Lasten von **Bevormundeten** dürfen keine Bürgschaften eingegangen werden (Art. 408 ZGB), dies gilt für alle Arten von Bürgschaften. Ausgeschlossen sind auch *Umgehungsgeschäfte* (vgl. BECK, N 13 f.). Zulässig ist jedoch die *Erneuerung* einer schon vor der Bevormundung des Mündels bestandenen Bürgschaft, die keine neue Belastung des Mündelvermögens darstellt. Ein Mündel kann auch als Erbe in eine Bürgschaft des Erblassers eintreten (ausführlicher BK-GIOVANOLI, N 35). Das Eingehen unsinnig vieler Bürgschaften ohne zwingenden Grund kann ein Bevormundungsgrund sein (BGE 40 II 97).
4. Auch zu Lasten von **Minderjährigen** unter elterlicher Gewalt dürfen keine Bürgschaften eingegangen werden (Art. 305 Abs. 1 ZGB; BGE 63 II 130; BECK, N 17). Hingegen darf ein Kind unter elterlicher Gewalt bzw. ein Bevormundeter, dem der **selbständige Betrieb eines Berufes oder Gewerbes** gestattet ist, auch gültig Bürgschaften eingehen (Art. 305 ZGB i.V.m. Art. 412 ZGB; BGE 94 III 18; 85 III 163; 67 II 83; BECK, N 14).

Bürgschaften, die dem Verbot in Art. 408 ZGB zuwiderlaufen, sind ungültig, wobei die Lehre teilweise **einseitige Unverbindlichkeit/Anfechtbarkeit** annimmt, teilweise **Nichtigkeit** (BK-Giovanoli, N 38 ff.). Nichtigkeit entspricht m.E. dem Schutzgedanken besser. 6

5. Verbeiratete bedürfen zur Eingehung einer Bürgschaft der Mitwirkung des Beirats (Art. 395 Abs. 1 Ziff. 9 ZGB; Beck, N 16; BGE 54 II 80). 7
6. Vom Zeitpunkt der öffentlichen Bekanntmachung der **Stundung im Nachlassvertragsrecht** an kann der Schuldner u.a. keine Bürgschaften mehr eingehen (Art. 298 Abs. 2 SchKG [Art. 298 Abs. 1 aSchKG]). Trotzdem abgeschlossene Bürgschaften sind *nichtig* (BGE 26 I 251), auch wenn der Sachwalter oder der Gläubiger zugestimmt haben (BGE 51 III 76; 48 III 233; ZBJV 1905, 25). Zur ratio legis von Art. 298 Abs. 2 SchKG (Art. 298 Abs. 1 aSchKG): BGE 77 III 46 E. 2.
7. Vorgesehen ist die Einschränkung der Bürgschaftsfähigkeit in der **Notstundung** gem. Art. 337–350 SchKG (Art. 317a–n aSchKG). Vgl. insb. Art. 339 Abs. 2 und 345 Abs. 1 SchKG (Art. 317i Abs. 1 aSchKG) (dazu ausführlich BK-Giovanoli, N 44 ff.).
8. Das Stundungsgericht kann gemäss **BG über die Banken und Sparkassen** vom 8.11.1934 (SR 952.0) während der Dauer der Stundung i.S.v. Art. 29 f. BankG u.a. jederzeit anordnen, dass Bürgschaften zu ihrer Gültigkeit der *Zustimmung des Kommissärs* bedürfen (Art. 32 Abs. 3 BankG). Verbotswidrige Bürgschaften sind ungültig (BK-Giovanoli, N 47).

Als Gegenkontrahent des Bürgen, also als Gläubiger, kommt jeder **Rechtsfähige** in Frage (ausführlich Beck, N 34 ff.). 8

III. Mängel beim Abschluss und Nichtigkeit des Bürgschaftsvertrages (Abs. 1)

1. Willensmängel – Kasuistik

Die Bürgschaft unterliegt – wie alle anderen Verträge – der Anfechtung wegen **Irrtums, Täuschung** und **Furchterregung** (Art. 23 ff.), wobei die Besonderheiten des Bürgschaftsrechts zu beachten sind (dazu eingehend BK-Giovanoli, N 57 ff.; Beck, N 55 ff.; ZK-Oser/Schönenberger, N 87 ff.). 9

Die Anfechtung der Bürgschaft wegen **unrichtiger Vorstellung des Bürgen über die Solvenz** des Hauptschuldners fällt i.d.R. von vornherein ausser Betracht, da die Bürgschaft den Gläubiger ja genau vor der Zahlungsunfähigkeit des Hauptschuldners schützen soll (SJZ 1971, 222 f.).

Der **Irrtum** über die **Person** des Hauptschuldners (Verwechslung) und der jener über die **Hauptschuld** sind i.d.R. *wesentlich* (Bauschuld statt Kontokorrentkredit, BGE 64 II 212).

Unwesentlich ist der Irrtum (Art. 24 Abs. 1 Ziff. 4) des Bürgen über die **Retentionsrechte Dritter** an den für die Hauptschuld verpfändeten Waren, wenn dieser Sachverhalt – aus Indizien zu schliessen – für den Bürgen unwesentlich war und er damit zu rechnen hatte, dass noch Retentionsrechte entstehen könnten (BGE 56 II 96, 102 E. 3). Im Allgemeinen kann bei der Bürgschaft weder die Leistung von **Pfändern** für die verbürgte Forderung noch die Freiheit solcher Pfänder von vorgehenden Pfand- und Retentionsrechten als notwendige Vertragsgrundlage angesehen werden. Vielmehr kommt es auf den einzelnen Fall an (BGE 56 II 102). 10

Keine objektiv notwendige Grundlage des Bürgschaftsvertrages war in BGE 53 II 35, 40 E. 2c die Zusicherung des Hauptschuldners, mit dem zu verbürgenden **Darlehen** würden allen Gläubigern – und v.a. dem Bürgen – 30% ihrer Forderung ungekürzt ausbezahlt (Art. 24 Abs. 1 Ziff. 4).

Ein **Rechtsirrtum** (über eine rechtsgültige Pfandbestellung), der lediglich die wirtschaftliche Tragweite der Bürgschaftsübernahme betrifft, ist ein **unwesentlicher Motivirrtum** und vermag den Bürgschaftsvertrag *nicht* zu beeinträchtigen, ausser wenn er durch betrügerische, vom Gläubiger zu vertretende Handlungen herbeigeführt wird (BGE 48 II 375, 380 f.). Hingegen haftet ein Gläubiger dem Bürgen für die (stillschweigende) Zusicherung, für die vom Hauptschuldner versprochene – und dann nicht erfolgte – Bestellung eines **Pfandrechtes** zu sorgen (BGE 48 II 381 E. 2).

Die unrichtige Vorstellung des Bürgen über die **finanzielle Lage des Hauptschuldners** und die falsche Vorstellung über das **Risiko einer Bürgschaft** sind *keine* wesentlichen Irrtümer und ziehen deshalb nicht die Rechtsfolge der Unverbindlichkeit des Bürgschaftsvertrages nach sich (BGE 45 II 43, 47).

11 Lässt sich der Bürge vom Hauptschuldner (der nicht Vertragspartei des Bürgschaftsvertrages ist) oder von einem Dritten – also nicht vom Gläubiger – täuschen, ist der Bürgschaftsvertrag für den Bürgen nur dann unverbindlich, wenn der Gläubiger zzt. des Vertragsschlusses die **Täuschung** gekannt hat oder hätte kennen müssen (Art. 28 Abs. 2; ZR 1935, 378 ff.; SJZ 1971, 223 f.; BGE 41 II 54 E. 3).

Eine **Aufklärungspflicht** – und damit Täuschung bei absichtlichem Verschweigen – trifft den Gläubiger nur dann, wenn er weiss, dass der Bürge den Bürgschaftsvertrag bei Kenntnis des wahren Sachverhaltes nicht eingehen würde (BGE 59 II 236, 242 E. 4; ZR 1936, 78 ff.).

2. Nichtigkeit – Kasuistik

12 *Nichtig* ist die Verbürgung einer **Busse** (BGE 86 II 75). In BGE 95 II 55 wurde erfolglos aufgrund von Art. 20 versucht, eine Bürgschaft für nichtig erklären zu lassen, weil sie die **finanzielle Leistungsfähigkeit des Bürgen** überstiegen hätte.

IV. Akzessorietät der Bürgschaft (Abs. 1 und 2)

13 *Ohne Hauptschuld gibt es keine Bürgschaftsschuld* (Art. 492 Abs. 2 Satz 1). Die Bürgschaft ist **akzessorisch** (BK-Giovanoli, N 2; Kleiner, N 5.07, FN 8 m.Nw.; BGE 138 III 453, E. 2.2.1; 125 III 308; 113 II 436; 117 III 78 = Pra 1993, 866; BGE 111 II 279; 75 II 50; 72 II 23; 66 II 29; 65 II 33; 64 II 350; 56 II 381; ZR 1992/93, 145; Beck, N 88 ff.; ZK-Oser/Schönenberger, N 18–22 ff.).

Die Bürgschaftsschuld ist abhängig vom **Entstehen**, vom **Bestand** (Art. 492 Abs. 2 Satz 1) und von der **Erzwingbarkeit** der Hauptschuld. Die Bürgschaft teilt das Schicksal der Hauptschuld und folgt ihr als **Nebenrecht** (BGE 113 II 437).

Die Abhängigkeit des Bürgschaftsverhältnisses geht insb. aus dem Recht des Bürgen hervor, **Einwendungen und Einreden aus dem Hauptschuldverhältnis** erheben zu können. Art. 502 Abs. 1 erwähnt zwar nur Einreden, doch nach h.L. können auch Einwendungen vorgebracht werden (Kleiner, N 5.09). Ausgeschlossen sind natürlich jene, die die Zahlungsfähigkeit des Hauptschuldners betreffen. Mit der Bürgschaft wird die Zahlungsfähigkeit des Schuldners oder die Erfüllung eines Vertrages gesichert (BGE 138 III 453 2.2.1; 125 III 305 E. 2b; 113 II 434 E. 2a; 111 II 276 E. 2b).

14 Fehlt die Akzessorietät, liegt eine **selbständige Garantie** vor, die – falls sie auf ein anderes Schuldverhältnis Bezug nimmt – *von diesem nicht abhängig* ist. Die Garantie sichert die Leistung als solche, gleichgültig, ob die Hauptschuld je entstanden ist, wegfällt oder nicht erzwingbar ist (BGE 111 II 280; 113 II 436; 125 III 308; SJ 1988, 550 ff.; ZR 1992/93, 145; 1974, 245 ff., 252). Sie sichert im Gegensatz zur Bürgschaft nicht nur die Zahlungsfähigkeit des Hauptschuldners, sondern auch den Bestand und die Erzwingbarkeit der Schuld (BK-Giovanoli, N 13; BGE 75 II 51; 64 II 350). Der Garant kann **keine Einreden und Einwendungen** aus dem Grund- oder Hauptschuldverhältnis erheben (Kleiner, N 5.12; RFJ 1993, 296 ff.). Zur Abgrenzung Bürgschaft/Garantievertrag vgl. Art. 111 N 21 ff. Das Versprechen des Abtretenden, für die Zahlungsfähigkeit des Schuldners einzustehen, begründet eine selbständige Garantie und keine Bürgschaft (Art. 171 Abs. 2; BGE 68 II 180 f.).

Nicht akzessorisch, sondern selbständig ist der **Erfüllungsort** der Bürgschaft, d.h. i.d.R. der Wohnsitz des Gläubigers (Art. 74 Abs. 2 Ziff. 1), es sei denn, die Vertragsparteien hätten sich anderweitig geeinigt (BGE 50 III 171; BK-Giovanoli, N 21a). 15

Die **Akzessorietät als wesentlichstes Merkmal der Bürgschaft** ergibt sich insb. aus folgenden Regelungen des Gesetzgebers: 16

- Ohne **Hauptschuld** kann eine Bürgschaft nicht rechtsgültig entstehen (Art. 492 Abs. 1: «*... für die Erfüllung der Schuld ... des Hauptschuldners ...*»; Art. 492 Abs. 2 Satz 1).
- Umfang und Inhalt der Bürgschaft hängen von der Hauptschuld ab (N 19); z.B. wirkt eine Verfallsklausel, die die vertragliche Festsetzung der Verzugsfolgen der Hauptschuld regelt, auch für die Bürgschaftsverpflichtung (ZR 1941, 49 ff.).
- Die Abhängigkeit der Bürgschaft von der Hauptschuld drückt sich in der **Ausübung der Rechte des Gläubigers** aus: Er muss die Kündigung der verbürgten Schuld gegenüber dem Hauptschuldner *und* dem Bürgen aussprechen. Will der Gläubiger die Bürgschaft geltend machen, hat er nicht nur die Bürgschaftsforderung, sondern auch die Hauptschuld als Voraussetzung der Bürgschaft nachzuweisen (BGE 23 I 361). Widerspricht die Geltendmachung der Hauptschuld Treu und Glauben (Art. 2 Abs. 1 ZGB), so ist dies auch für die Bürgschaft beachtlich (BGE 81 II 455).
- Gemäss Art. 509 Abs. 1 wird der Bürge durch **Erlöschen der Hauptschuld** befreit. Dies ergibt sich auch aus Begriff und Umschreibung der Bürgschaft in Art. 492 Abs. 1 und 2.
- **Gläubigerwechsel**: Die Bürgschaft als **Nebenrecht** kann nicht ohne die Hauptforderung, d.h. nicht selbständig, abgetreten werden. Gemäss Art. 170 Abs. 1 geht die Bürgschaft bei Abtretung der Hauptforderung von Gesetzes wegen auf den neuen Gläubiger (Zessionar) über. Wird – in Abweichung vom Gesetz – vereinbart, dass die Bürgschaft nicht auf den Erwerber der abgetretenen Forderung übergehen soll, geht die Bürgschaft mit der Zession unter, da sie als Nebenrecht keinen eigenen Bestand haben kann (BGE 78 II 57 = Pra 1952, 178 f.; vgl. Venturi-Zen-Ruffinen, 54 f.).
- **(Haupt-)Schuldnerwechsel**: Im Gegensatz zur Regelung in Art. 178 Abs. 1, demgemäss die Nebenrechte bei Schuldnerwechsel bestehen bleiben, soweit sie mit der Person des bisherigen Schuldners nicht untrennbar verknüpft sind, haftet der Bürge dem Gläubiger nur dann weiter, wenn er der Schuldübernahme zugestimmt hat (Art. 178 Abs. 2; 493 Abs. 5). Die Person des Hauptschuldners, seine Zahlungsfähigkeit und -willigkeit spielen für den Bürgen eine entscheidende Rolle. Die Bürgschaft wird *wie ein von der Person des Schuldners untrennbares Nebenrecht* behandelt (BGE 67 II 130; 60 II 333 f.). Art. 493 Abs. 5 Satz 2 verlangt schriftliche Zustimmung des Bürgen bei Schuldnerwechsel mit befreiender Wirkung für den alten Schuldner. Eine *zum Voraus* erteilte Zustimmung des Bürgen zu jedem beliebigen Schuldnerwechsel ist unzulässig (BGE 67 II 130 E. 3; ZR 1945, 68 ff.).
- **Pflichten des Gläubigers gegenüber dem Bürgen**: Die Akzessorietät, d.h. die enge Verbundenheit der Bürgschaft mit der Hauptschuld, geht sodann insb. aus Art. 505 Abs. 1 und 2, Art. 503, Art. 501 Abs. 2, Art. 496 Abs. 1 und 2, Art. 497 Abs. 2 hervor (vgl. die dortigen Kommentierungen).

V. Die Hauptschuld (Abs. 2)

1. Die Hauptschuld als Geldschuld – Kasuistik

Die Hauptschuld (Fremdschuld) muss eine **Geldschuld** sein oder sich in eine solche umwandeln lassen (BK-Giovanoli, N 10). Sie kann auch eine künftige oder bedingte sein (zur bedingten Bürgschaftserklärung Beck, N 51 ff.). 17

18 Alle **(geldwerten) Verpflichtungen** können verbürgt werden, auch solche aus dem eidgenössischen oder kantonalen öffentlichen Recht (BGE 46 II 95; Art. 493 Abs. 3, Art. 500 Abs. 2, 509 Abs. 3). Verbürgbar sind auch **höchstpersönliche Leistungen des Hauptschuldners**, da der Bürge nicht den gleichen Schuldgegenstand zu leisten hat wie der Hauptschuldner. Der Bürge ist Sicherer für schuldnerische Erfüllung, hat Schadenersatz zu leisten usw. (BK-GIOVANOLI, N 10). Nicht gültig verbürgbar sind hingegen Bussen als Hauptschuld (BGE 86 II 71 ff.); sie sind Strafen. Bürgschaften für Bussen sind nichtig. Hingegen ist gem. Art. 54 BStP Sicherheitsleistung durch Bürgschaft im **Ermittlungsverfahren des Bundesstrafprozesses** zulässig (BGE 96 IV 86; vgl. auch Art. 69 Abs. 2 Zollgesetz). Als Fremdschuld gilt seit der Revision von 1941 auch die **Schuld der Kollektivgesellschaft** (Art. 568 Abs. 3). Der Kollektivgesellschafter kann gültig eine Solidarbürgschaft für eine Verpflichtung seiner Gesellschaft eingehen (BECK, N 85). Zulässig ist die Bürgschaft des Kommanditärs für die **Kommanditgesellschaft** über den Kommanditbetrag hinaus (BGE 57 II 362; BECK, N 86). Offengelassen wurde, ob auch eine Bürgschaft der Kommanditäre bis zur Kommanditsumme und eine solche des Komplementärs zulässig ist (BGE 57 II 358 E. 1). Die Kollektiv- und die Kommanditgesellschaft können sich für die Schuld ihrer Gesellschafter verbürgen (BGE 60 II 332). Die Bürgschaft des einzigen Aktionärs für die Einmann-AG ist wegen der wirtschaftlichen Identität des Bürgen mit der Hauptschuldnerin als eine im eigenen Interesse erfolgte Verpflichtung zu betrachten und schafft keinen Rückgriff gegen einen Mitbürgen (BGE 81 II 461 E. 2c). Die formalrechtliche Selbständigkeit der Einmanngesellschaft muss in deren Beziehungen zu Dritten unbeachtlich bleiben, wo Treu und Glaube im Geschäftsverkehr dies erfordern. So z.B., wenn bei gemeinsamer Bürgschaft des Alleinaktionärs und eines Dritten für Schulden der Einmann-AG eine vom gleichen Aktionär beherrschte andere Gesellschaft die verbürgte Forderung übernimmt und dann gegen den Mitbürgen (Dritten) geltend macht (BGE 81 II 455, 460). Zur Frage, ob die verbürgte Schuld untergegangen ist, nachdem der Hauptschuldner einen Eigenwechsel ausgestellt hat, vgl. BGE 127 III 559, wo das BGer festhält, dass die verbürgte Schuld durch die Ausstellung eines Eigenwechsels durch den Hauptschuldner in ihrem Bestand unberührt bleibt.

2. Die Hauptschuld als bestimmte Schuld – Kasuistik

19 Die **Hauptschuld** muss sodann **bestimmt** oder **bestimmbar** sein (BECK, N 107). Zur hinreichenden Individualisierung der verbürgten Hauptschuld gehört auch die Nennung des Gläubigers oder dessen Bezeichnung in einer Weise, dass er bestimmt werden kann (BGE 46 II 97). Ausnahme bei Bürgschaften zugunsten eines noch zu suchenden Darlehensgebers (vgl. auch BGE 45 II 172). Ist die Hauptschuld nicht bestimmbar und kann nicht festgestellt werden, welche Verpflichtung des Hauptschuldners verbürgt werden sollte, liegt keine gültige Bürgschaft vor. Art und Umfang der Bürgenhaftung werden demgemäss grundlegend durch die gültige Hauptschuld als Voraussetzung der Bürgschaft bestimmt: Der Bürge einer Amtsbürgschaft für eine genau bestimmte Periode kann nicht für einen Schaden aus einem anderen Zeitraum beansprucht werden (BGE 23, 361 E. 2). Der Bürge eines Kassiers kann vom Gläubiger nicht aus einer anderen, kassierfremden Tätigkeit zur Verantwortung gezogen werden (BGE 54 II 391 E. 3), der Bürge für Baukosten kann ebensowenig für Kontokorrentschulden des Hauptschuldners in Anspruch genommen werden (BGE 64 II 208 ff.; SJZ 1971, 222–224). Zur **Beweislast**: ZBJV 1968, 355 f. Für die Verbürgung einer Schuld aus einem Kontokorrentkreditvertrag ist der Saldo bei Abschluss der Rechnung und Aufhebung des Kontokorrentverhältnisses massgebend (BGE 120 II 42; 44 II 261 E. 2). Die Klausel, wonach der Bürge für alle bestehenden und zukünftigen Forderungen des Hauptschuldners gegenüber der Gläubigerbank einstehe, ist BGE 128 III 434 zufolge bezüglich zukünftiger noch unbestimmter Forderungen der Bank nicht mehr zwingend unwirksam: Das BGer nimmt mit diesem Entscheid die in der Lehre geäusserte Kritik an der früheren Praxis auf (BGE 120 II 37; krit. zu diesem Entscheid WIEGAND, Bürgschaft, 199 ff. m.w.Nw.) und präzisiert, dass wenn ein eindeutig identifizierbares Rechtsverhältnis zwischen Gläubiger und Hauptschuldner ge-

nannt wird, eine beliebige Zahl künftiger Forderungen innerhalb dieses Rechtsverhältnisses gesichert werden könne. Das BGer hält an seiner langjährigen Praxis fest, wonach sich der Rechtsgrund der Hauptschuld und die Identität des Gläubigers nicht aus der Bürgschaftserklärung selbst ergeben müssen. Im Hinblick auf Art. 27 ZGB und Art. 20 OR weiterhin unzulässig ist wohl eine Bürgschaft, in der «alle Forderungen, auf welchem rechtlichen Grund oder geschäftlichen Verkehr sie beruhen mögen» (BGE 120 II 35) gesichert werden sollen. Auch bei einschränkender Auslegung der Bürgschaftsverpflichtung erstreckte sich in BGE 50 II 518, 522 die Bürgschaft für die Kaufsumme in einem Liegenschaftskauf auch auf die Pfandforderungen (Subventionsdarlehen).

VI. Die «zu Recht bestehende» Hauptschuld (Abs. 2)

Es gibt **keine** Bürgschaften für eine **nichtige Hauptschuld** (z.B. aus Formmangel, fehlendem Konsens, Art. 1 ff.; Widerrechtlichkeit/Unsittlichkeit, Art. 20). 20

Aus Art. 27 Abs. 2 ZGB kann nicht die **Nichtigkeit** einer Bürgschaft abgeleitet werden, die zur finanziellen Leistungsfähigkeit des Bürgen in einem Missverhältnis steht (auch wenn das Grundverhältnis gültig ist). Der *Persönlichkeitsschutz* verbietet niemandem, sich über seine finanziellen Kräfte hinaus zu verpflichten. Nicht Art. 27 ZGB, sondern das SchKG schützt den Schuldner und sichert ihm die unumgänglichen Geldmittel für den Lebensunterhalt. Ob ein (Bürgschafts-)Vertrag den guten Sitten widerspricht (Art. 20), beurteilt sich nach seinem *Inhalt, nicht nach den Mitteln*, die dem Bürgen für die Erfüllung zur Verfügung stehen. Eine Solidarbürgschaft über CHF 84 000 zur Sicherung einer Kreditschuld von CHF 70 000 ist nach ihrem Inhalt nicht unsittlich (BGE 95 II 55). 21

Ein Verstoss gegen Art. 27 Abs. 2 ZGB liegt hingegen vor, wenn der Bürge sich verpflichtet, für *jede zukünftige Schuld* des Hauptschuldners gegenüber dem Gläubiger, *ungeachtet ihres Rechtsgrundes*, einzustehen (BGE 120 II 37; Tercier, SJZ 1995, 175; Kramer, AJP 1994, 1045 f., der zusätzlich auf die Unklarheitenregel [interpretatio contra proferentem] hinweist).

Ist die **Hauptschuld anfechtbar** (z.B. wegen Irrtums), so hängt das Schicksal der Bürgschaft davon ab, ob der Hauptschuldner anficht. Unterlässt er dies, bleibt die Bürgschaft bestehen. *Nur der Hauptschuldner hat die Anfechtungsbefugnis*. Das Anfechtungsrecht des Hauptschuldners gewährt dem Bürgen keine selbständige Einrede, aber Art. 502 Abs. 1 gibt dem Bürgen immerhin das Recht – verpflichtet ihn sogar – die Zahlung so lange zu verweigern, als die Anfechtung der Hauptschuld durch den Schuldner ungewiss ist. Zahlt der Bürge trotzdem, so verliert er ggf. den Regress gegen den Hauptschuldner. Setzt der Hauptschuldner die Anfechtung durch, ist auch der Bürge befreit. 22

VII. Bürgschaften für eine künftige oder bedingte Hauptschuld (Abs. 2)

Die Wirksamkeit einer Bürgschaft für eine **künftige oder bedingte Schuld** hängt davon ab, ob die verbürgte Schuld entsteht (Beck, N 115 ff.). Der Bürge ist aber vom Abschluss des Bürgschaftsvertrages an gültig verpflichtet, auch wenn z.B. die Bedingung noch nicht eingetreten ist (ZR 1934, 203–207). Es müssen auch bei Bürgschaften für künftige/bedingte Schulden die **Formvorschriften** eingehalten werden, wie z.B. die Angabe des Höchstbetrages der Bürgenhaftung, die beim Einstehen für künftige Schulden besonders wichtig ist. 23

Für eine künftige Schuld kann die Bürgschaft nur unter den Voraussetzungen von Art. 510 Abs. 1 und nur so lange, als die Forderung des Gläubigers aus dem Grundverhältnis *noch nicht entstanden* ist, **widerrufen** werden.

Besonderes: Bürgschaft für künftige Mieterträge beim Abschluss eines Mietvertrages (BGE 65 II 30; vgl. BGer, 1.4.2009, 4A_41/2009 kommentiert von Sommer, MRA 2010, 44; 24

STOLL, mp 2007, 66); Amts- und Dienstbürgschaft (Art. 503 Abs. 2, Art. 512); Bürgschaft für künftige Schulden aus einem Kontokorrentverhältnis.

Bürgschaften für künftige und bedingte Schulden **erlöschen** – gleich wie andere Bürgschaften – nach Art. 510 Abs. 3, wenn auf *bestimmte* Zeit eingegangen, und nach Art. 511, wenn auf *unbestimmte* Zeit eingegangen (Kündigung); in beiden Fällen erlöschen sie auch, wenn die Hauptschuld noch nicht entstanden ist.

VIII. Ausnahmen vom Grundsatz der Akzessorietät (Abs. 3)

25 Die in Art. 492 Abs. 3 aufgezählten Fälle sind keine Bürgschaften i.S.v. Art. 492 Abs. 2 Satz 1: *«Jede Bürgschaft setzt eine zu Recht bestehende Hauptschuld voraus»*, sondern sie sind **selbständige Garantien** (BECK, N 120 ff.). Das Grundverhältnis Gläubiger – Hauptschuldner existiert wegen **Irrtum** (Art. 23 ff.), **Vertragsunfähigkeit** (Art. 17 ff. ZGB: OGer ZH, SJZ 1990, 305 f.; ZR 1989, 169 ff.) oder **Verjährung** (Art. 127 ff.) rechtlich nicht, wobei dies der «Bürge» bei Eingehung der Bürgschaft gewusst hat. Der Bürge wird in diesen Fällen zum **Garanten**. Die Haftung des «Bürgen» ist nach dem übereinstimmenden Parteiwillen selbständig und nicht bloss akzessorisch zum sonst unabdingbaren Grundverhältnis. Um den Garanten vor unüberlegten Verpflichtungen zu schützen, unterstellt ihn Art. 492 Abs. 3 trotzdem dem Bürgschaftsrecht, insb. den strengen Formvorschriften. Nach Art. 493 Abs. 3 haftet der Garant *wie* ein Bürge und nicht *als* Bürge. Diese Regelung beinhaltet eine **Fiktion**: Bestimmten Garantieversprechen werden ausnahmsweise von Gesetzes wegen die Bedeutung und damit auch die Wirkungen einer Bürgschaft verliehen (BGE 56 II 381 E. 2; vgl. auch 113 II 437 E. b; ZK-OSER/SCHÖNENBERGER, N 35 f.).

26 Der Garantieempfänger (Gläubiger) hat zu beweisen, dass der Garant/«Bürge» den Mangel (Irrtum, Vertragsunfähigkeit, Verjährung) im Grundverhältnis bei Abschluss des Bürgschaftsvertrages gekannt hat (BGE 81 II 9, 16 = Pra 1955, 373 f.; BK-GIOVANOLI, N 80, 83).

In der Bestellung einer Bürgschaft durch den Hauptschuldner liegt eine **Anerkennungshandlung** und damit eine *Unterbrechung* der laufenden Verjährung (Art. 135 Ziff. 1). Durch die Bestellung einer Bürgschaft für eine bereits verjährte Schuld verzichtet der Hauptschuldner i.d.R. auf die Einrede der Verjährung (BK-GIOVANOLI, N 81).

Dem «Bürgen» gem. Art. 492 Abs. 3 steht gegen den Hauptschuldner – anders als in den Fällen echter Bürgschaft – grundsätzlich **kein Rückgriffsrecht** zu (Art. 507 Abs. 6). Hat der «Bürge» die Bürgschaft für eine verjährte Hauptschuld im Auftrag des Hauptschuldners übernommen, so haftet ihm der Hauptschuldner hingegen aus Auftragsrecht (Art. 507 Abs. 6 Satz 2; Art. 402).

IX. Generelle Unabdingbarkeit des Bürgschaftsrechts (Abs. 4)

27 Soweit sich aus dem Gesetz nicht etwas anderes ergibt, kann ein Bürge auf die ihm im Zwanzigsten Titel des OR eingeräumten Rechte nicht zum Voraus verzichten **(generelle Unabdingbarkeit)**. Art. 492 Abs. 4 ist damit *lex specialis* zum allgemeinen Grundsatz der Vertragsfreiheit (Art. 19; BK-GIOVANOLI, N 85; BECK, N 134 ff.; ZK-OSER/SCHÖNENBERGER, N 94 ff.). Zweck dieser Bestimmung ist der Schutz des Bürgen. Eine Verbesserung seiner Stellung ist zulässig (vgl. auch BGer, 15.10.2003, 4C.114/2003, E. 2.2). Nur der **zum Voraus erklärte Verzicht** des Bürgen auf die ihm gesetzlich eingeräumten Rechte ist ungültig. Ein **nachträglicher Verzicht** ist hingegen möglich, nachdem sich der entsprechende Tatbestand verwirklicht hat. Diese Befugnis des Bürgen, nicht im Voraus auf das ihm im Verhältnis zum Gläubiger sowie zum Hautschuldner zustehende Recht im Voraus verzichten zu können, ergibt sich bereits aus der Akzessorietät der Bürgschaft: dieser widerspräche die Eingehung einer strengeren Verpflichtung des Bürgen im Vergleich zu jener des Hauptschuldners (BGE

138 III 453 E. 2.3.2; 129 III 702 E. 2.1). Zweck dieser Bestimmung, welche auf die Revision des Bürgschaftsrechts im Jahre 1941 zurückgeht, war es zu verhindern, dass Bürgen durch Unterzeichnung von vorgedruckten Formularen auf ihre gesetzlichen Rechte verzichten und hernach von dessen Tragweite überrascht werden (Botschaft zur Revision des Bürgschaftsrechts, BBl 1939 II, 873 f.).

In folgenden Fällen lässt das Gesetz explizit eine **Verschlechterung der Rechtsposition des Bürgen durch vertragliche Übereinkunft** zu: Art. 495 Abs. 4, Art. 496 Abs. 2, Art. 497 Abs. 2 Satz 4 und Abs. 4, Art. 499 Abs. 2 und 3, Art. 500 Abs. 1, Art. 501 Abs. 4, Art. 507 Abs. 2 und 4, Art. 512 Abs. 4 (Beck, N 139). Auch jene Bestimmungen sind abdingbar, aus deren Wortlaut sich dies nur mittelbar ergibt (Beck, N 139). Im Zweifel muss nach dem Zweck der Bestimmung für die Unabdingbarkeit entschieden werden (ZK-Oser/Schönenberger, N 98).

X. Prozessuales. Zwangsvollstreckung

Gerichtsstand und **Betreibungsverfahren** gehören nicht zum Bestand und Inhalt der verbürgten Hauptschuld, sondern bestehen für die Bürgschaft selbständig (keine Akzessorietät; ZK-Oser/Schönenberger, N 46). Spezialabreden über den Gerichtsstand für die Bürgschaft finden sich häufig in Bürgschaftsformularen der Banken. Solche Abreden können sich auch auf den ebenfalls selbständigen Betreibungsort der Bürgschaft beziehen (BGE 50 III 168). Die Akzessorietät erstreckt sich auch nicht auf den Erfüllungsort (ZK-Oser/Schönenberger, N 47). **28**

Die Abhängigkeit der Bürgschaft von der Hauptschuld ist hingegen in der **Rechtsöffnung** in Bezug auf die Geltendmachung der Rechte des Gläubigers wesentlich (BK-Giovanoli, N 22; Panchaud/Caprez, §§ 80–82). Zur Frage, unter welchen Voraussetzungen der Saldo aus einem Kontokorrentverhältnis als provisorischer Rechtsöffnungstitel gegenüber dem Solidarbürgen gilt: BGE 122 III 125 (krit. dazu Dallèves, SZW 2000, 41 f.; Kellerhals, Verfahrensrechtliche Aspekte, 137 ff.); LGVE 1982 I 75 ff.; ZBJV 1968, 355 f. **29**

Eine Solidarbürgschaft stellt *keine* hinreichende Hinterlegung i.S.v. Art. 182 Ziff. 4 SchKG dar (BGE 119 III 75 = Pra 1994, 837 ff.).

Zur Stellung des Bürgen im **Konkurs des Hauptschuldners**: BGE 47 III 143 = Pra 1921, 442 ff.; BK-Giovanoli, N 26.

Art. 493

II. Form

[1] Die Bürgschaft bedarf zu ihrer Gültigkeit der schriftlichen Erklärung des Bürgen und der Angabe des zahlenmässig bestimmten Höchstbetrages seiner Haftung in der Bürgschaftsurkunde selbst.

[2] Die Bürgschaftserklärung natürlicher Personen bedarf ausserdem der öffentlichen Beurkundung, die den am Ort ihrer Vornahme geltenden Vorschriften entspricht. Wenn aber der Haftungsbetrag die Summe von 2000 Franken nicht übersteigt, so genügt die eigenschriftliche Angabe des zahlenmässig bestimmten Haftungsbetrages und gegebenenfalls der solidarischen Haftung in der Bürgschaftsurkunde selbst.

[3] Bürgschaften, die gegenüber der Eidgenossenschaft oder ihren öffentlichrechtlichen Anstalten oder gegenüber einem Kanton für öffentlich-rechtliche Verpflichtungen, wie Zölle, Steuern u. dgl. oder für Frachten eingegangen werden, bedürfen in allen Fällen lediglich der schriftlichen Erklärung des Bürgen und der Angabe des zahlenmässig bestimmten Höchstbetrages seiner Haftung in der Bürgschaftsurkunde selbst.

[4] Ist der Haftungsbetrag zur Umgehung der Form der öffentlichen Beurkundung in kleinere Beträge aufgeteilt worden, so ist für die Verbürgung der Teilbeträge die für den Gesamtbetrag vorgeschriebene Form notwendig.

5 Für nachträgliche Abänderungen der Bürgschaft, ausgenommen die Erhöhung des Haftungsbetrages und die Umwandlung einer einfachen Bürgschaft in eine solidarische, genügt die Schriftform. Wird die Hauptschuld von einem Dritten mit befreiender Wirkung für den Schuldner übernommen, so geht die Bürgschaft unter, wenn der Bürge dieser Schuldübernahme nicht schriftlich zugestimmt hat.

6 Der gleichen Form wie die Bürgschaft bedürfen auch die Erteilung einer besonderen Vollmacht zur Eingehung einer Bürgschaft und das Versprechen, dem Vertragsgegner oder einem Dritten Bürgschaft zu leisten. Durch schriftliche Abrede kann die Haftung auf denjenigen Teil der Hauptschuld beschränkt werden, der zuerst abgetragen wird.

7 Der Bundesrat kann die Höhe der Gebühren für die öffentliche Beurkundung beschränken.

II. Forme

1 La validité du cautionnement est subordonnée à la déclaration écrite de la caution et à l'indication numérique, dans l'acte même, du montant total à concurrence duquel la caution est tenue.

2 Lorsque la caution est une personne physique, la déclaration de cautionnement doit en outre revêtir la forme authentique conformément aux règles en vigueur au lieu où l'acte est dressé. Si le cautionnement ne dépasse pas la somme de 2000 francs, il suffit que la caution écrive de sa main, dans l'acte même, le montant à concurrence duquel elle est tenue et, le cas échéant, qu'elle s'engage en qualité de caution solidaire.

3 Pour les cautionnements de dettes de droit public envers la Confédération ou ses établissements de droit public ou envers un canton, comme les droits de douane, les impôts et autres droits semblables, et pour les cautionnements de transport, il suffit dans tous les cas de la déclaration écrite de la caution et de l'indication numérique, dans l'acte même, du montant total à concurrence duquel elle est tenue.

4 Si la somme garantie est fractionnée en vue d'éluder la forme authentique, la forme prescrite pour le montant total doit être observée.

5 Pour les modifications subséquentes du cautionnement, sauf l'augmentation du montant et la transformation d'un cautionnement simple en un cautionnement solidaire, la forme écrite suffit. Lorsque la dette est reprise par un tiers et que le débiteur est libéré de ce fait, le cautionnement s'éteint à moins que la caution n'ait consenti par écrit à cette reprise.

6 Sont soumis aux mêmes conditions de forme que le cautionnement le pouvoir spécial de cautionner et la promesse de cautionner l'autre partie ou un tiers. Les parties peuvent convenir, en observant la forme écrite, de limiter la responsabilité de la caution à la portion de la dette qui sera amortie la première.

7 Le Conseil fédéral peut limiter le montant des émoluments dus pour l'acte authentique.

II. Forma

1 La fideiussione richiede per la sua validità la dichiarazione scritta del fideiussore e l'indicazione numerica, nell'atto stesso, dell'importo massimo della somma garantita.

2 Quando il fideiussore è una persona fisica, la dichiarazione di fideiussione richiede inoltre l'atto pubblico secondo le norme stabilite nel luogo dove essa è fatta. Se tuttavia la somma garantita non supera i duemila franchi, basta che l'indicazione numerica dell'importo della fideiussione e, se è il caso, quella del suo carattere solidale siano, nell'atto stesso, scritte di propria mano del fideiussore.

3 Per la fideiussione, verso la Confederazione o i suoi istituti di diritto pubblico o verso un Cantone, di obbligazioni di diritto pubblico, come dazi, imposte e altre tasse, o di prezzi di trasporto, bastano in ogni caso la dichiarazione scritta del fideiussore e l'indicazione numerica, nell'atto stesso, dell'importo massimo della somma garantita.

4 Se, nell'intenzione di eludere l'atto pubblico, la somma garantita è divisa in importi più piccoli, per la fideiussione di questi è richiesta la forma prescritta per il totale.

5 Per le modificazioni successive della fideiussione, che non consistono nell'aumento della somma o nella trasformazione di una fideiussione semplice in una

solidale, basta la forma scritta. Se il debito è assunto da un terzo in modo che il debitore ne sia liberato, la fideiussione si estingue qualora il fideiussore non consenta per iscritto all'assunzione del debito.

[6] La procura speciale per prestare fideiussione e la promessa di prestarla, fatta all'altro contraente o ad un terzo, richiedono pure la forma prescritta per la fideiussione. Mediante stipulazione scritta la responsabilità del fideiussore può essere limitata alla parte del debito principale che sarà estinta per la prima.

[7] Il Consiglio federale è autorizzato a limitare l'importo delle sportule dovute per l'atto pubblico.

Literatur

Vgl. die Literaturhinweise bei den Vorbem. zu Art. 492–512.

I. Normzweck. Anwendungsbereich

Die **ratio legis** der **zwingenden Formvorschriften** in Art. 493 ist es, dem Bürgen die *Tragweite seiner Verpflichtungen* vor Augen zu führen und ihn von *übereilten Bürgschaftsversprechen* abzuhalten (BGE 129 III 702 E. 2.2). Damit soll gleichzeitig der sozialpolitische **Zweck** erreicht werden, die Familie des Bürgen vor finanzieller Not zu bewahren (BGE 93 II 383 E. 4b; 84 I 124; 44 II 64; vgl. FOUNTOULAKIS, AJP 2010, 425 f.). 1

Die zwingenden Formvorschriften des Art. 493 sind jedoch nicht um der **öffentlichen Ordnung** Willen aufgestellt worden. Denn eine Bestimmung, die so viele Ausnahmen vom Grundsatz der öffentlichen Beurkundung zulässt, ist *keine* grundlegende Vorschrift der Schweizerischen Rechtsordnung, ihre Missachtung würde das eigene Rechtsempfinden nicht in unerträglicher Weise verletzen (Ordre public; BGE 111 II 178 E. 3a; 93 II 383 E. 4b; ZR 1968, 41 ff.). Das Fehlen der öffentlichen Beurkundung ist damit gemäss BGE 111 II 175 kein Hindernis für die Durchsetzung einer Bürgschaftsforderung gegen einen Bürgen in der Schweiz aufgrund eines in Deutschland abgeschlossenen Bürgschaftsvertrages (vgl. auch BGE 84 I 119 betr. Vollstreckbarkeit). Die Ausnahmevorschrift des Vorbehalts der öffentlichen Ordnung wird vom BGer auch bezüglich der Bürgschaftsform mit grosser Zurückhaltung angewendet (BGE 93 II 379, vgl. aber den Ordre-Public-Vorbehalt, wenn jeder Anhaltspunkt fehlt, der es dem Bürgen ermöglichen würde, sich über die Tragweite der finanziellen Verpflichtungen einer vom ausländischen Recht beherrschten Bürgschaft einigermassen Rechenschaft zu geben; BGE 110 II 485).

Die vom Gesetzgeber geforderte **Form ist einseitig**, sie wird nur vom Bürgen verlangt (Art. 493 Abs. 1: «... *Erklärung des Bürgen* ...»; Art. 493 Abs. 2: «... *Bürgschaftserklärung* ...»). Die Annahme der Bürgschaftserklärung durch den Gläubiger ist *formfrei* (mündliche, schriftliche, stillschweigende Annahme, keine Unterzeichnung der Bürgschaftsurkunde etc.) möglich. Die Annahme seitens des Gläubigers erfolgt in der Praxis häufig lediglich durch Zustellung des Bürgschaftsformulars. 2

Art. 493 kennt drei verschiedene Formen der Eingehung einer Bürgschaft:
- blosse qualifizierte Schriftlichkeit (Abs. 1);
- qualifizierte Schriftlichkeit, verbunden mit teilweiser Eigenschriftlichkeit (Abs. 2 Satz 2);
- öffentliche Beurkundung (Abs. 2 Satz 1).

Schuldmitübernahme und **Garantievertrag** – letzterer mit den in Art. 492 Abs. 3 aufgezählten Ausnahmen – unterstehen den Formvorschriften von Art. 493 *nicht* (BK-GIOVANOLI, N 2).

II. Rechtsfolgen der Nichtbeachtung der Formvorschriften

3 Die Beachtung der Formvorschriften ist **Gültigkeitserfordernis**. Fehlt eines der Formerfordernisse, ist die Bürgschaft nicht gültig zustande gekommen (vgl. BGE 123 III 24: Aus einem für eine zukünftige Gesellschaft abgeschlossenen Bürgschaftsvertrag haften die für sie Handelnden nur, wenn die für sie persönlich vorgeschriebenen Formvorschriften erfüllt sind.). Ist das Formerfordernis nur *mangelhaft* erfüllt worden, so ist entscheidend, ob der Mangel *wesentlich* ist oder nicht (BGer, 17.1.2006, 4C.314/2005, E. 2.2 f.). Fehlt z.B. die eigenschriftliche Angabe der Eigenschaft als Solidarbürge bei Bürgschaften natürlicher Personen bis CHF 2000, bezieht sich nach h.L. die Ungültigkeit nur auf die solidarische Haftung (BK-Giovanoli, N 11 m.Nw.). Vgl. im Übrigen die Grundsätze der Teilnichtigkeit gem. Art. 20 Abs. 2. Die Formvorschriften des Bürgschaftsrechts können nicht auf völlig anders geartete Rechtsgeschäfte übertragen werden (i.c. auf ein Kaufrecht mit «Bürgschaftscharakter»: SJZ 1983, 214 f.).

Nichtbeachtung der Formvorschriften hat **Nichtigkeit** zur Folge (Art. 11 Abs. 2; Wacke, SJZ 1978, 17 ff., der wegen fehlender öffentlicher Beurkundung ungültige Bürgschaften wenigstens im reduzierten Umfang von CHF 2000 aufrecht erhalten will; vgl. BGer, 11.6.2008, 5A_271/2008, E. 3).

In der **Berufung auf einen Formmangel** erblickt das BGer *keinen Rechtsmissbrauch*, sofern die betreffende Partei den Mangel nicht absichtlich herbeigeführt hat, um ihn dann nachträglich geltend zu machen (BGE 65 II 236 E. 2, die Bürgschaftserklärung wurde von der Ehefrau des effektiven Bürgen unterzeichnet; ZBJV 1957, 278, 280; ZK-Oser/Schönenberger, N 49; BK-Giovanoli, N 12).

4 Die **Bezahlung einer formnichtigen Bürgschaft** in Unkenntnis des Formmangels gibt dem Bürgen gegenüber dem Gläubiger einen *Rückforderungsanspruch aus ungerechtfertigter Bereicherung* (Art. 63; BGE 70 II 271 E. 4; BK-Giovanoli, N 12, 39). Zum Problem der Heilung formnichtiger Bürgschaften durch Erfüllung vgl. Wacke, SJZ 1978, 20 f. Der dem vermeintlichen Bürgen gegen den Gläubiger primär zustehende Bereicherungsanspruch kann z.B. infolge Verjährung oder Verzichts auf Rückforderung dahinfallen und der Gelderwerb des Gläubigers unanfechtbar/definitiv werden. Der Bürge hat hier die Möglichkeit, infolge der sekundär beim Hauptschuldner eingetretenen Bereicherung gegen diesen vorzugehen. Die rechtliche Situation des Hauptschuldners wird dadurch nicht verschlechtert. Nunmehr greift statt des Gläubigers der vermeintliche Bürge auf ihn (BGE 70 II 274 E. 5).

Der **physische Verlust** des formgültigen Bürgschaftsvertrages/-scheines macht die Bürgschaft nicht ungültig. Wer sich auf die Bürgschaft beruft, hat jedoch das Vorhandensein der formrichtigen Bürgschaftsurkunde und deren Inhalt zu beweisen (Art. 8 ZGB; BK-Giovanoli, N 13).

5 Bei Geschäften, für deren Gültigkeit das Gesetz zum Schutz der Vertragsschliessenden eine Form vorschreibt, *genügt* eine bloss **formlose nachträgliche Genehmigung** durch den unterdessen (voll) handlungsfähig gewordenen Kontrahenten, wenn dieser bei Vertragsabschluss *urteilsfähig* war (BGE 75 II 340, Änderung der Rechtsprechung, im zitierten Entscheid wird BGE 54 II 83 besprochen, in dem es sich um eine von einem Verbeirateten ohne Mitwirkung des Beirates eingegangene Bürgschaft handelte).

Nicht den Formvorschriften des Bürgschaftsrechts untersteht die **interne Übernahme einer Zahlungspflicht** aus einer (Wechsel-)Bürgschaft (Art. 175 Abs. 1). Der Übernehmer sieht sich – anders als der erste Schuldner – einer schon bestehenden Verpflichtung gegenüber. Erklärt der Übernehmer, dafür wie der erste Schuldner einstehen zu wollen, so verspricht er nicht, selbst zu bürgen, auch wenn der Erstschuldner Bürge gewesen ist (Art. 493 Abs. 6 e contrario; *BGE 110* II 341 E. 1b = Pra 1985, 222).

III. Qualifizierte Schriftlichkeit und Höchstbetrag (Abs. 1)

1. Qualifizierte Schriftlichkeit

Die Bürgschaft muss **schriftlich** sein (Art. 13–15), und die Bürgschaftsurkunde hat den zahlenmässig bestimmten **Höchstbetrag** der Haftung des Bürgen zu enthalten. Zu internationalen Sachverhalten s. Vor Art. 492–512 N 8. 6

Die schriftliche Bürgschaftsurkunde muss folgende wesentliche Elemente enthalten:

Objektiv wesentlich sind: 7

1. **Unterschrift** des Bürgen (oder seines formgültig bestellten Stellvertreters). Gemäss Art. 14 Abs. 2bis OR ist die elektronische Signatur der eigenhändigen Unterschrift gleichgestellt, wenn die elektronische Signatur auf dem Zertifikat eines anerkannten Zertifizierungsanbieters beruht. Eine elektronische Signatur kann die eigenhändige Unterschrift aber nur dort ersetzen, wo das Gesetz die einfache Schriftlichkeit verlangt. Sie kommt somit nicht in Frage, wo das Gesetz eigenschriftliche Angaben (z.B. Art. 493 Abs. 2) verlangt (Botschaft zum Bundesgesetz über Zertifizierungsdienste im Bereich der elektronischen Signatur [ZertES], BBl 2001, 5707). Unberührt bleiben auch die Formvorschriften der öffentlichen Beurkundung.
2. **Bezeichnung des Gläubigers**, der bestimmt oder bestimmbar sein muss. Vgl. aber auch BGE 38 II 132; 46 II 97; 33 II 400; dazu detailliert BK-Giovanoli, N 15.
3. **Angabe der verbürgten Schuld**, die nicht ziffernmässig zu erfolgen braucht. Wesentlich zur Individualisierung der verbürgten Schuld ist die Bezeichnung oder mindestens die Bestimmbarkeit des Hauptschuldners, der für die Willensbildung des Bürgen ausschlaggebend ist. Eine Bürgschaft für den «jeweiligen» Schuldner eines grundpfändlich gesicherten Darlehens wäre ungültig (Art. 493 Abs. 5 Satz 2; BGE 67 II 129; BK-Giovanoli, N 15). Die (explizite) Benennung des Hauptschuldners in der Bürgschaftsverpflichtung ist nicht Gültigkeitserfordernis; es genügt, wenn der Bürgschaftsurkunde die Haftung des Bürgen für die Schuld eines bestimmten, aber nicht ausdrücklich bezeichneten Dritten in einem genau bezifferbaren Betrag entnommen werden kann (ZR 1945, 68 ff.; RFJ 1993, 66).
4. Die **Bürgschaftserklärung**, d.h. der geäusserte Wille, als Bürge haften zu wollen (Akzessorietät der Haftung).
5. Die Angabe des zahlenmässig bestimmten **Höchstbetrages** der Bürgenhaftung (BGE 117 II 493). Bestimmbarkeit des Höchstbetrages genügt nicht (N 10). Deshalb wird von **qualifizierter Schriftlichkeit** gesprochen.

Subjektiv wesentlich sind: 8

6. Alle vom Gesetz gem. Art. 492 Abs. 4 zugelassenen **Schlechterstellungen der gesetzlichen Bürgenstellung** (z.B. Art. 496 Abs. 2, Art. 500 Abs. 1) müssen zu ihrer Gültigkeit schriftlich vereinbart werden. Allgemein gelten Modalitäten der Bürgschaftsverpflichtung als nicht vereinbart, wenn sie nicht in der gesetzlich vorgeschriebenen Form vereinbart sind (ZK-Oser/Schönenberger, N 27; BK-Giovanoli, N 17; BGer, JdT 1993 III 37 ff.; Tercier, SJZ 1995, 175).
   Dies gilt nicht für lediglich ergänzende, nicht mit dem Bürgschein im Widerspruch stehende Nebenabreden; desgleichen für solche, die eine Erleichterung/Minderung der Bürgenverpflichtung vorsehen, weil die Formvorschriften nur zum Schutz des Bürgen aufgestellt wurden (BGE 44 II 62; 119 Ia 442; krit. dazu Wiegand, Bürgschaft, 192 ff.). Dementsprechend kann die Bürgschaft formlos zeitlich beschränkt werden (BGE 50 II 248 ff.; JdT 1924 I 504). Ebenso kann sie formlos von einer Bedingung abhängig gemacht werden (z.B. Leistung einer Rückbürgschaft durch einen Dritten, BGE 44 II 64 f.).
7. Ein subjektiv wesentlicher, aber *nicht* der Schriftform unterstellter Punkt gilt als nicht vereinbart, so dass in diesem Fall nur die Anfechtung des Bürgschaftsvertrages wegen **Willensmängeln** übrig bleibt, wenn die entsprechenden Voraussetzungen gegeben sind (Art. 23 ff.).

9 **Anwendungsbereich von Art. 493 Abs. 1**: Qualifizierte Schriftlichkeit gem. Art. 493 Abs. 1 genügt für juristische Personen und Gesellschaften ohne Rechtspersönlichkeit, sowie für natürliche Personen in den Ausnahmefällen von Art. 493 Abs. 3.

2. Zahlenmässig bestimmter Höchstbetrag

10 Über den in der Bürgschaftsurkunde anzugebenden zahlenmässig bestimmten **Höchstbetrag** kann der Bürge auf keinen Fall in Anspruch genommen werden, alle Nebenforderungen wie z.B. Zinsen, Kosten etc. eingeschlossen **(absolute und zwingende Maximalgrenze, Maximalbürgschaft)**. In der Praxis empfiehlt sich für den Gläubiger demzufolge ein entsprechender Zuschlag (Art. 499).

Eine **Verweisung** für die Maximalhaftung des Bürgen auf einen Schuldschein genügt nicht (BK-Giovanoli, N 21). Blosse Bestimmbarkeit der Haftungssumme genügt ebenfalls nicht (dazu differenziert BK-Giovanoli, N 23 f.; LGVE 2009, 33 E. 9.2).

IV. Qualifizierte Schriftlichkeit verbunden mit teilweiser Eigenschriftlichkeit (Abs. 2 Satz 2)

11 Für Bürgschaften natürlicher Personen bis zu einem zahlenmässig bestimmten Höchstbetrag von CHF 2000 genügt die Schriftform, kombiniert mit der **eigenhändigen Angabe des Höchstbetrages** der Haftung in der Bürgschaftsurkunde (Bsp.: «Gut als Bürge für Fr. 1500.–, in Worten: eintausendfünfhundert Schweizerfranken»).

Willigt der Bürge ausserdem ein, **solidarisch** (mit dem Hauptschuldner oder bloss mit den Mitbürgen untereinander, Art. 496 f.) zu haften, so ist dies ebenfalls eigenhändig durch den Bürgen auf der Urkunde einzutragen. Er braucht nicht zwingend das Wort «solidarisch» zu benutzen, gleichbedeutende Ausdrücke genügen ebenfalls (Art. 496 Abs. 1; Bsp.: «Gut als Solidarbürge mit dem Hauptschuldner für Fr. 1500.–» oder «Gut als Solidarbürge mit dem Hauptschuldner und den Mitbürgen für Fr. 1500.–»).

Die **Ratio dieser Vorschrift** ist es, den Bürgen kleiner Bürgschaften durch den eigenschriftlichen Vermerk des Betrages und der Solidarität in der Bürgschaftsurkunde auf die Bedeutung seiner Verpflichtung aufmerksam zu machen.

12 *Fehlt* die **eigenschriftliche Angabe der Solidarbürgschaft**, haftet der Bürge nur als einfacher Bürge (vgl. Streiff/Pellegrini/von Kaenel, 237).

Zur **Verhinderung von Beweisschwierigkeiten** lassen sich Gläubiger in der Praxis (besonders die Banken) den eigenschriftlichen Eintrag des Höchstbetrages – empfehlenswert in Zahl und Wort – und der Solidarität oft notariell bestätigen.

Zulässig ist es, die qualifizierte Schriftform verbunden mit Eigenschriftlichkeit durch **öffentliche Beurkundung** als strengere Form zu ersetzen (BK-Giovanoli, N 29, 42 m.Hw. auf andere Meinungen; vgl. dazu ZK-Schönenberger/Jäggi, Art. 11 N 21 f., 64 ff.; BGE 57 II 148; 81 II 505 E. 2). Art. 493 Abs. 2: *«Wenn aber der Haftungsbetrag … nicht übersteigt, so genügt …»*. Hauptsächlich Gründe der Kostenersparnis führten zum Verzicht auf öffentliche Beurkundung bei kleinen Bürgschaften.

Bei mehreren **Mitbürgen** hat jeder einzelne das Erfordernis der teilweisen Eigenschriftlichkeit zu erfüllen. Jeder Mitbürge haftet nur für den von ihm eigenhändig vermerkten Betrag. Dementsprechend ist auch der Rückgriff abzuwickeln (Art. 497 Abs. 2; ausführlich BK-Giovanoli, N 31).

V. Öffentliche Beurkundung (Abs. 2 Satz 1 und Abs. 3)

13 Bürgschaften natürlicher Personen für einen CHF 2000 übersteigenden Höchstbetrag bedürfen **öffentlicher Beurkundung als strengste Formvorschrift**. Zweck ist die Förderung der Überlegung und der Aufklärung des Bürgen und somit sein Schutz vor unbedachten Bürgschaften. Mit Einführung des Instituts der vollstreckbaren öffentliche Urkunde gem. Art. 347 ff. ZPO wird die Bürgschaftsurkunde, sofern sie eine Unterwerfungserklärung des Schuldners beinhaltet, zum definitiven Rechtsöffnungstitel nach Art. 80 f. SchKG (Fountoulakis, AJP 2010, 427 f.; Wolf/Setz, 55 ff.).

Zuständig für die öffentliche Beurkundung sind die von den Kantonen bestimmten Organe. Die Beurkundung muss den am **Ort ihrer Vornahme** geltenden Vorschriften entsprechen (JdT 1993 III 35 ff.). Der Wohnsitz der Vertragspartner ist nicht relevant, weshalb die Beurkundung auch in einem anderen Kanton als dem Wohnsitzkanton des Bürgen oder Gläubigers gültig erfolgen kann, wenn sie den dortigen Vorschriften entspricht.

Die **Modalitäten der öffentlichen Beurkundung** (Hergang, Verfahren, äussere Form der Urkunde, Mitwirkung von Urkunds- oder Unterschriftszeugen) bestimmt das kantonale Recht (Art. 55 SchlT ZGB; RVJ 1984, 112 ff.; zum Umfang des Formzwangs und den bundesrechtlichen Minimalanforderungen an die öffentliche Beurkundung, vgl. BGE 125 III 131, dazu ausführlich Staehelin, AJP 1999, 1165 ff.; zur Frage, ob und in welchem Umfang eine Bezugnahme auf Allgemeine Geschäftsbedingungen in der Bürgschaftsurkunde die Formerfordernisse erfüllt, vgl. Wiegand, Bürgschaft, 197 ff.). Die öffentliche Urkunde muss auch vom Bürgen unterzeichnet werden (ZK-Oser/Schönenberger, N 32, 44, 68; Beck, N 36). Nicht mitzuwirken hat der Gläubiger, da nur die Erklärung des Bürgen formpflichtig ist.

14 Öffentliche Beurkundung ist die gesteigerte Form der Schriftlichkeit und heisst **authentische Feststellung des Parteiwillens**, also Feststellung des Willens, als Bürge haften zu wollen. Sie erfolgt durch ein kantonales Organ, das zur öffentlichen Beurkundung befugt ist (innerhalb seiner Zuständigkeit und in den vorgeschriebenen Formen). Blosse Beglaubigung der Unterschrift des Bürgen genügt nicht (BK-Giovanoli, N 36). Die öffentliche Beurkundung muss die objektiv und subjektiv wesentlichen Elemente der Bürgschaft – wie bei der qualifizierten Schriftlichkeit – umfassen (N 6 ff.).

Zuständigkeits- und Verfahrensmängel in der öffentlichen Beurkundung sind nach kantonalem Recht zu beurteilen, wobei sich die Frage stellt, ob lediglich Ordnungs- oder Gültigkeitserfordernisse verletzt worden sind (Bsp. Beurkundung durch falsches Organ, fehlender Notariatsstempel auf einer Seite der Urkunde, Urkunde nicht vorgelesen oder nicht selbst gelesen etc.: BGer, JdT 1993 III 35 ff.; Tragweite/Grenzen der Aufklärungspflicht des Notars: RVJ 1984, 112 ff.; zu den bundesrechtlichen Minimalanforderungen an die öffentliche Beurkundung, vgl. BGE 125 III 131). Fehlt ein vom OR gefordertes *wesentliches* Erfordernis, ist die Bürgschaft nicht gültig (Bsp.: Fehlen des zahlenmässigen Höchstbetrages).

15 Vom Erfordernis der öffentlichen Beurkundung ausgenommen sind die sog. **Kautionsbürgschaften** natürlicher Personen. Diese Bürgschaften können *«in allen Fällen»*, also ohne Rücksicht auf die Höhe des Haftungsbetrages, durch blosse schriftliche Erklärung gem. Art. 493 Abs. 1 gültig eingegangen werden. Es liegt die gesetzgeberische Überlegung zugrunde, dass in diesen Fällen keine Gefahr unüberlegter Bürgschaft besteht (vgl. auch Art. 509 Abs. 3).

Kautionsbürgschaften sind nur Bürgschaften gegenüber der Schweizerischen Eidgenossenschaft, öffentlich-rechtlichen Anstalten der Schweizerischen Eidgenossenschaft sowie den Kantonen als Gläubigern zur **Sicherung öffentlich-rechtlicher Verpflichtungen** (Zölle, Abgaben, Steuern und dgl. gegenüber Bund und Kantonen, Porti gegenüber der Post oder für Frachten gegenüber der SBB). Ausser für Frachten handelt es sich also nicht um die Verbürgung privatrechtlicher Forderungen gegenüber den obgenannten Gläubigern.

Nicht unter Abs. 3 fallen die öffentlich-rechtlichen Anstalten der Kantone (z.B. Kantonalbank, kantonale Versicherungsanstalt oder einem Kanton gehörende Bahn) und die Gemeinden. Solche Bürgschaften unterstehen den ordentlichen Formvorschriften (BECK, N 41 ff.).

VI. Umgehungsgeschäfte (Abs. 4)

16 Gefordert ist **Umgehungsabsicht**, also die Absicht, sich bewusst der Form der öffentlichen Beurkundung entziehen zu wollen. Wer die Ungültigkeit geltend macht, muss die Umgehungsabsicht nachweisen. Bis zur Erbringung dieses Beweises bleiben die «Teilgeschäfte» gültig.

Sachliche Gründe können den **Abschluss mehrerer Bürgschaften** rechtfertigen, so z.B. wiederholte Aufnahme von zusätzlichen Krediten, die dann je separat mit Bürgschaften abgesichert werden (dazu ausführlicher BK-GIOVANOLI, N 43).

VII. Nachträgliche Abänderungen der Bürgschaft (Abs. 5 Satz 1)

17 Für **nachträgliche Abänderungen der Bürgschaft** – zu unterscheiden von Nebenabreden (N 8) – genügt grundsätzlich Schriftform. Ausgenommen sind die Erhöhung des Haftungsbetrages, Art. 493 Abs. 1, und die Umwandlung der einfachen in eine Solidarbürgschaft, Art. 495/496. In diesen beiden Fällen muss jene Form eingehalten werden, die die so abgeänderte Bürgschaft verlangt. Die Aufzählung der Ausnahmen ist m.E. abschliessend (ZK-OSER/SCHÖNENBERGER, N 83; **a.M.** BK-GIOVANOLI, N 44). Bei beiden Ausnahmen ist im Falle eines verheirateten Bürgen zusätzlich noch die Zustimmung des Ehegatten erforderlich (Art. 494 Abs. 3).

VIII. Hauptschuldnerwechsel (Abs. 5 Satz 2)

18 Wechsel des Hauptschuldners im Grundverhältnis Gläubiger-Hauptschuldner führt gem. Art. 178 Abs. 2 zur **Befreiung des Bürgen**. Die Zustimmung zum Schuldnerwechsel muss durch den Bürgen – zu dessen Schutz – *zwingend schriftlich* erfolgen und ist – im Gegensatz zum alten Bürgschaftsrecht von 1911 (BGE 67 II 130) – nicht mehr formlos gültig (BECK, N 74 ff.). Ausserdem muss bei Bürgschaften verheirateter Personen auch der Ehegatte dem Schuldnerwechsel zustimmen, da die Bürgschaft ein von der Person des Schuldners untrennbares Nebenrecht ist (BK-GIOVANOLI, N 45).

Die *zum Voraus erteilte* Zustimmung des Bürgen zu jedem beliebigen Schuldnerwechsel ist ungültig (BGE 67 II 130).

Eine *nach* Befreiung des alten Schuldners erteilte Zustimmung des Bürgen ist unwirksam, da die Bürgschaft untergegangen ist. Es muss eine neue Bürgschaftserklärung abgegeben werden (BGE 60 II 333; 67 II 130; ZR 1945, 68 ff.).

19 *Keine* privative Schuldübernahme liegt bei **Schuldbeitritt** vor (kumulative Schuldübernahme). In diesem Fall ist die Zustimmung des Bürgen obsolet. Bei der Übernahme eines Geschäfts mit Aktiven und Passiven, Art. 181, ist die Schuldübernahme während zwei Jahren kumulativ, nachher privativ (BGE 63 II 15). Ein zustimmungsbedürftiger Schuldnerwechsel liegt auch vor, wenn von zwei (auch Solidar-)Schuldnern der eine entlassen wird und der andere die Schuld alleine übernimmt (BGE 60 II 333 = Pra 1934, 387; BGE 106 II 164 E. 2c = Pra 1981, 10). Gleiches trifft zu, wenn eine Firma ihre Rechtsform ändert (BGE 36 II 519).

Voraussetzung für die Zustimmung des Bürgen zum Schuldnerwechsel ist ein **Vertrag zwischen Gläubiger und Schuldübernehmer**, z.B. Schuldübernahme gem. Art. 832 ZGB beim Verkauf einer Liegenschaft oder Übernahme eines verbürgten Mietvertrages durch einen anderen Mieter. Art. 493 Abs. 5 Satz 2 ist daher nicht anwendbar, wenn im Konkursverfahren dem Erwerber der Liegenschaft gem. Art. 135 SchKG die nicht fälligen grundpfändlich gedeckten Forderungen überbunden werden (BGE 47 III 146 E. 2; BECK, N 77).

IX. Besondere Vollmachten und Bürgschaftsversprechen (Abs. 6 Satz 1)

1. Besondere Vollmachten

Vollmachten des Bürgen an einen **Stellvertreter** zum Abschluss einer Bürgschaft bedürfen genau der gleichen Form, die für die abzuschliessende Bürgschaft gesetzlich gefordert ist. Es soll damit die Umgehung der Form der Bürgschaft durch Vollmachterteilung verhindert werden. 20

Aus der *«besonderen»* Vollmacht als spezieller Bevollmächtigung zum Abschluss einer Bürgschaft muss hervorgehen, was für eine Bürgschaft abgeschlossen werden soll **(genügende Individualisierung, Bürgschaftswille)**. Für die Gültigkeit der Vollmacht müssen nicht schon alle inhaltlich wesentlichen Detailpunkte der Bürgschaft in die Vollmacht aufgenommen werden (BK-GIOVANOLI, N 47a).

Die **generellen Vollmachten mit gesetzlich umschriebenem Inhalt** fallen nicht unter die Form von Art. 493 Abs. 6 (BGE 81 II 60, 62 ff.; Prokura Art. 458 ff.; Handlungsvollmacht Art. 462). Generelle Vollmachten mit gesetzlich festgelegtem Inhalt sind dem Formzwang nicht unterworfen (Nichtanwendbarkeit von Art. 493 Abs. 6). Ein Kollektivgesellschafter, der aufgrund des Gesellschaftsvertrages die Befugnis zur Eingehung einer Bürgschaft hat, kann diese gültig abschliessen, ohne dass Art. 493 Abs. 6 zu beachten ist. Das gleiche gilt für die Fälle gesetzlicher Vertretung (Organe juristischer Personen, Vertreter des Bevormundeten, Mündels etc.). Die für eine zu gründende Gesellschaft handelnden Personen benötigen zwar zur Eingehung einer Bürgschaft für die zukünftige Gesellschaft keine formgebundene Vollmacht; sie haften aber aus einem solchen Bürgschaftsvertrag nur, wenn die für sie persönlich vorgeschriebenen Formvorschriften eingehalten wurden (BGE 123 III 24).

2. Bürgschaftsversprechen

Das **Bürgschaftsversprechen**, das Versprechen also, dem Vertragsgegner (Vorvertrag, Art. 22 Abs. 2) oder einem Dritten Bürgschaft zu leisten, bedarf naturgemäss ebenfalls genau der gleichen Form, die für die abzugebende Bürgschaftserklärung vom Gesetz gefordert ist. Sinngemäss gilt dies auch für die Vollmacht zum Bürgschaftsversprechen (ausführlich BECK, N 69). 21

Die Erteilung der Vollmacht in der vorgeschriebenen Form entbindet den Bevollmächtigten nicht davon, auch die **Bürgschaftserklärung selbst** in der entsprechenden Form abzuschliessen (BECK, N 68).

X. Bürgschaft für den zuerst abgetragenen Teil der Hauptschuld (Abs. 6 Satz 2)

Für die **Teilbürgschaft** genügt schriftliche Abrede. Bei der Teilbürgschaft haftet der Bürge nur bis zur Tilgung der verbürgten Quote. Der Teilbürge wird also vor der vollständigen Abtragung der Hauptschuld frei, dies im Gegensatz zur sog. **Limitbürgschaft**, bei der der Bürge mit der limitierten Summe haftet, bis der Gläubiger gänzlich befriedigt ist. In der Praxis ist Limitbürgschaft üblicher, Teilbürgschaft Ausnahme, weshalb jene zu vermuten ist (ZK-OSER/SCHÖNENBERGER, Art. 492 N 73, Art. 493 N 81; STREIFF/PELLEGRINI/VON KAENEL, 238). 22

Art. 494

III. Zustimmung des Ehegatten

[1] Die Bürgschaft einer verheirateten Person bedarf zu ihrer Gültigkeit der im einzelnen Fall vorgängig oder spätestens gleichzeitig abgegebenen schriftlichen Zustimmung des Ehegatten, wenn die Ehe nicht durch richterliches Urteil getrennt ist.

[2] …

[3] Für nachträgliche Abänderungen einer Bürgschaft ist die Zustimmung des andern Ehegatten nur erforderlich, wenn der Haftungsbetrag erhöht oder eine einfache Bürgschaft in eine Solidarbürgschaft umgewandelt werden soll, oder wenn die Änderung eine erhebliche Verminderung der Sicherheiten bedeutet.

[4] Die gleiche Regelung gilt bei eingetragenen Partnerschaften sinngemäss.

III. Consentement du conjoint

[1] Une personne mariée ne peut cautionner valablement qu'avec le consentement écrit de son conjoint donné préalablement ou au plus tard simultanément dans l'espèce, à moins que les époux ne soient séparés de corps par jugement.

[2] …

[3] Pour les modifications subséquentes d'un cautionnement, le consentement du conjoint n'est nécessaire que si le montant total doit être augmenté ou un cautionnement simple transformé en un cautionnement solidaire ou si la modification a pour effet de diminuer notablement les sûretés.

[4] Le présent article s'applique par analogie aux partenaires enregistrés.

III. Consenso del coniuge

[1] Per la validità della fideiussione di una persona coniugata si richiede il consenso scritto del coniuge, dato nel singolo caso, anticipatamente o al più tardi simultaneamente, a meno che i coniugi siano separati da sentenza giudiziale.

[2] …

[3] Per le modificazioni successive di una fideiussione, il consenso del coniuge è richiesto soltanto se la somma garantita deve essere aumentata o una fideiussione semplice trasformata in solidale o se la modificazione ha per effetto di diminuire notevolmente le garanzie.

[4] Il presente articolo si applica per analogia ai partner registrati.

Literatur

Vgl. die Literaturhinweise bei den Vorbem. zu Art. 492–512.

I. Normzweck. Allgemeines (Abs. 1)

1 Sozialpolitischer Zweck dieser Vorschrift ist der **Schutz der Familie vor finanzieller Not** durch unüberlegte Bürgschaften (Beck, N 1; BK-Giovanoli, N 1; Marti, FamPra.ch 2010, 500).

Die Zustimmung des Ehegatten ist materielles **Gültigkeitserfordernis** und stellt eine Beschränkung der Handlungsfähigkeit Verheirateter dar (BGE 40 II 320). Auf das Zustimmungserfordernis kann weder vom Bürgen noch vom Ehegatten zum Voraus verzichtet werden (Beck, N 4). Eine generelle Erteilung der Zustimmung für alle künftigen Bürgschaften ist unbeachtlich. Die Zustimmung muss für jede einzelne Bürgschaft erteilt werden (vgl. Lombardini, 930).

Art. 494 ist zwingender Natur, gehört jedoch nicht dem schweizerischen Ordre Public an (BK-Giovanoli, N 3a; RJN 07 I 6 ff.; zum Zustimmungserfordernis im internationalen Verhältnis: BGE 110 II 484, 486 E. 2; BJM 1985, 309 ff.; vgl. Vor Art. 492–512 N 8). Die Tatsache der Zustimmung muss von Amtes wegen geprüft werden (RBAR 1980, 31).

2 Art. 494 darf *weder ausdehnend noch analog*, etwa auf die Wechselbürgschaft, Art. 1020 ff., angewendet werden (BGE 79 II 79, 83 ff.; ZR 1953, 359 ff.). Weil Art. 494 nur ein sog. Weg-

verbot darstellt, ist die Wahl eines anderen Weges zur Erreichung des an sich nicht verbotenen Sicherungszweckes keine unzulässige Gesetzesumgehung. Deshalb ist die Eingehung einer Wechselbürgschaft statt einer gewöhnlichen Bürgschaft durch einen Verheirateten keine Umgehung von Art. 494 (BGE 79 II 80; 83 II 213).

Die Zustimmung des Ehegatten ist für Bürgschaften sowohl unter wie auch über CHF 2000 notwendig. Es genügt **einfache Schriftlichkeit** i.S.v. Art. 13–15, also die Unterschrift des Zustimmenden, die nicht in die Bürgschaftsurkunde selbst aufgenommen sein muss, was aus Beweisgründen jedoch empfehlenswert ist (BK-GIOVANOLI, N 4). Die Zustimmung muss *«vorgängig oder spätestens gleichzeitig»* mit der Abgabe der Bürgschaftserklärung, also mit der Unterzeichnung des Bürgscheines vorliegen (das Gesetz spricht ungenau von «Bürgschaft»). Rechtlich nicht relevant ist demnach der Zeitpunkt, in dem der Bürgschaftsvertrag zustandekommt, d.h. die Annahme durch den Gläubiger (BK-GIOVANOLI, N 8). Die einseitig abgegebene Willenserklärung des Bürgen ist m.a.W. zustimmungsbedürftig. «Gleichzeitigkeit» ist noch gegeben, wenn die Zustimmung *unmittelbar nach* Abgabe der Bürgschaftserklärung erfolgt (detailliert BK-GIOVANOLI, N 8 ff.).

Die **Verweigerung der Zustimmung** ist absolut. Jeder Ehegatte entscheidet selbständig. 3
Rechtsmittel/Zwangsmassnahmen können nicht ergriffen werden. Mängel der Zustimmung unterliegen den Voraussetzungen von Art. 23 ff. Stellvertretung des zustimmenden Ehegatten ist zulässig, da sich auch der bürgende Ehegatte gültig vertreten lassen kann, und die Zustimmung kein höchstpersönliches Recht ist (Zustimmung durch gesetzlichen Vertreter, Vormund etc.; ZK-OSER/SCHÖNENBERGER, N 32; BK-GIOVANOLI, N 14; offen gelassen bei BECK, N 8). Die Zustimmung muss in Analogie zu Art. 493 Abs. 6 auch schon für die Erteilung einer besonderen Vollmacht oder bei Abgabe eines Bürgschaftsversprechens oder bei Abschluss eines Vorvertrages eingeholt werden. Die erteilte Zustimmung dürfte in diesen Fällen aber auch für den Abschluss der Bürgschaft selbst genügen (BECK, N 14).

Die Zustimmung des Ehegatten muss auch für **Kautionsbürgschaften** eingeholt werden (Art. 493 Abs. 3; BECK, N 22).

II. Ausnahmen vom Erfordernis der Zustimmung des Ehegatten (Abs. 1)

Die Zustimmung des Ehepartners ist für den verheirateten Bürgen *nicht* erforderlich, wenn die 4
Ehe durch richterliches Urteil getrennt ist. Die Zustimmung muss hingegen bei faktischer Trennung oder bei Trennung durch Verfügung des Eheschutzrichters eingeholt werden (Art. 171 ff., 175/176 ZGB; BECK, N 9; ZK-OSER/SCHÖNENBERGER, N 8). Die Aufzählung in Art. 494 Abs. 1 ist abschliessend (BK-GIOVANOLI, N 17; TERCIER/FAVRE, N 6850):

Der Abs. 2, wonach die Zustimmung des Ehegatten auch dann nicht erforderlich war, wenn der **bürgende Ehegatte im Handelsregister** als Inhaber einer Einzelfirma, Mitglied einer Kollektivgesellschaft, Komplementär, Verwaltungsratsmitglied oder Geschäftsführer einer AG, Kommandit-AG oder geschäftsführendes Mitglied einer GmbH eingetragen war, wurde durch durch Ziff. I des BG vom 17.6.2005 mit Wirkung per 1.12.2005 (AS 2005 5097, 5098; BBl 2004 4955, 4965) aufgehoben. Somit wurde der Schutz der natürlichen Personen ausgedehnt.

III. Nachträgliche Abänderung der Bürgschaft (Abs. 3)

Die Zustimmung des Ehegatten für nachträgliche Abänderungen der Bürgschaft ist nur not- 5
wendig bei **Erhöhung des Haftungsbetrages**, Art. 493 Abs. 1; bei **Umwandlung** einer einfachen Bürgschaft, Art. 495, in eine Solidarbürgschaft, Art. 496 und bei erheblicher **Verminderung der Sicherheiten**, Art. 503 Abs. 1. Eine **Verminderung der Sicherheiten** liegt z.B. in der Entlassung eines Mitbürgen, in der gänzlichen oder teilweisen Freigabe von Pfändern,

nicht jedoch in objektiven Tatsachen wie Kursrückgang verpfändeter Wertpapiere, Zahlungsunfähigkeit eines Mitbürgen etc. (BECK, N 18 f.). Was i.S. des Gesetzes «erheblich» ist, ist *Ermessensfrage* und muss im Einzelfall unter Berücksichtigung der Umstände geklärt werden. Der Begriff der «Sicherheiten» ist weit auszulegen. Die Zustimmung des Ehegatten ist für jede rechtliche Veränderung verlangt, die die Lage des Bürgen erschwert und einen Umstand betrifft, dessen Fehlen bzw. Vorhandensein den Ehegatten hätte veranlassen können, bei der Eingehung der Bürgschaft seine Zustimmung zu verweigern. Gemäss BGE 106 II 162 (= Pra 1981, 10 ff.) liegt eine erhebliche Verminderung der Sicherheiten bei Befreiung eines von zwei Solidarschuldnern, ggf. schon bei einem blossen Schuldnerwechsel, vor. Die Bürgschaft erlischt, wenn die Zustimmung des Ehegatten als Gültigkeitsvoraussetzung der Willenserklärung des Bürgen zur Änderung der Lage nicht vorliegt (BGE 106 II 165 E. 2e = Pra 1981, 12).

IV. Gleichstellung der eingetragenen Partnerschaft (Abs. 4 neu ab 1.1.2007)

6 Zusammen mit dem Bundesgesetz vom 18.6.2004 über die eingetragene Partnerschaft gleichgeschlechtlicher Paare (Partnerschaftsgesetz), welches gemäss Beschluss des Bundesrates vom 9.12.2005 (AS 2005 5696) am 1.1.2007 in Kraft getreten ist, wurde Art. 494 OR um einen neuen Absatz wie folgt ergänzt: «Die gleiche Regelung gilt bei eingetragenen Partnerschaften sinngemäss». Das Zustimmungserfordernis gilt während der gesamten Dauer der eingetragenen Partnerschaft, da das Partnerschaftsgesetz kein gerichtlich bewilligtes Getrenntleben kennt (GREMPER, Art. 18 N 13).

Art. 495

B. Inhalt
I. Besonderheiten der einzelnen Bürgschaftsarten
1. Einfache Bürgschaft

[1] Der Gläubiger kann den einfachen Bürgen erst dann zur Zahlung anhalten, wenn nach Eingehung der Bürgschaft der Hauptschuldner in Konkurs geraten ist oder Nachlassstundung erhalten hat oder vom Gläubiger unter Anwendung der erforderlichen Sorgfalt bis zur Ausstellung eines definitiven Verlustscheines betrieben worden ist oder den Wohnsitz ins Ausland verlegt hat und in der Schweiz nicht mehr belangt werden kann, oder wenn infolge Verlegung seines Wohnsitzes im Ausland eine erhebliche Erschwerung der Rechtsverfolgung eingetreten ist.

[2] Bestehen für die verbürgte Forderung Pfandrechte, so kann der einfache Bürge, solange der Hauptschuldner nicht in Konkurs geraten ist oder Nachlassstundung erhalten hat, verlangen, dass der Gläubiger sich vorerst an diese halte.

[3] Hat sich der Bürge nur zur Deckung des Ausfalls verpflichtet (Schadlosbürgschaft), so kann er erst belangt werden, wenn gegen den Hauptschuldner ein definitiver Verlustschein vorliegt, oder wenn der Hauptschuldner den Wohnsitz ins Ausland verlegt hat und in der Schweiz nicht mehr belangt werden kann, oder wenn infolge Verlegung des Wohnsitzes im Ausland eine erhebliche Erschwerung der Rechtsverfolgung eingetreten ist. Ist ein Nachlassvertrag abgeschlossen worden, so kann der Bürge für den nachgelassenen Teil der Hauptschuld sofort nach Inkrafttreten des Nachlassvertrages belangt werden.

[4] Gegenteilige Vereinbarungen bleiben vorbehalten.

B. Objet
I. Particularités des diverses espèces de cautionnement
1. Cautionnement simple

[1] Le créancier ne peut exiger le paiement de la caution simple que si, après qu'elle s'est engagée, le débiteur a été déclaré en faillite ou a obtenu un sursis concordataire ou a été, de la part du créancier, qui a observé la diligence nécessaire, l'objet de poursuites ayant abouti à la délivrance d'un acte de défaut de biens définitif ou a transféré son domicile à l'étranger et ne peut plus être recherché en Suisse ou encore qu'en raison du transfert de son domicile d'un Etat étranger dans un autre l'exercice du droit du créancier est sensiblement entravé.

[2] Lorsque la créance est garantie par des gages, la caution simple peut exiger que le créancier se paie d'abord sur eux, à moins que le débiteur ne soit en faillite ou n'ait obtenu un sursis concordataire.

[3] Lorsque la caution s'est engagée seulement à rembourser au créancier le montant de sa perte, elle ne peut être recherchée que si un acte de défaut de biens définitif a été délivré contre le débiteur ou si celui-ci a transféré son domicile à l'étranger ou si en raison du transfert de son domicile d'un Etat étranger dans un autre l'exercice du droit du créancier est sensiblement entravé. Lorsqu'un concordat a été conclu, la caution peut être recherchée immédiatement après son entrée en vigueur pour la partie remise de la dette.

[4] Sont réservées les conventions contraires.

B. Oggetto
I. Caratteristiche delle singole specie di fideiussione
1. Fideiussione semplice

[1] Il creditore non può richiedere il pagamento al fideiussore semplice se non quando, dopo la prestazione della fideiussione, il debitore principale sia caduto in fallimento o abbia ottenuto la moratoria, o sia stato escusso dal creditore, con la necessaria diligenza, fino al rilascio di un attestato definitivo di carenza di beni, o abbia trasferito il domicilio all'estero e non possa più essere perseguito nella Svizzera, o, a cagione del trasferimento del suo domicilio da uno Stato estero in un altro, l'esercizio del diritto del creditore sia reso notevolmente più difficile.

[2] Se il credito è garantito con pegni, il fideiussore semplice può pretendere che il creditore proceda anzitutto su di essi, a meno che il debitore principale sia già fallito o abbia ottenuto una moratoria.

[3] Il fideiussore che si è obbligato unicamente a rifare il creditore della perdita (garanzia di risarcimento) può essere perseguito solo quando esista un attestato definitivo di carenza di beni contro il debitore principale o questi abbia trasferito il suo domicilio all'estero e non possa più essere perseguito nella Svizzera, o, a cagione del trasferimento del suo domicilio da uno Stato estero in un altro, l'esercizio del diritto del creditore sia reso notevolmente più difficile. Se fu conchiuso un concordato, il fideiussore può, immediatamente dopo l'attuazione dello stesso, essere perseguito per la parte del debito principale rimasta scoperta.

[4] Sono riservate le convenzioni contrarie.

Literatur

Vgl. die Literaturhinweise bei den Vorbem. zu Art. 492–512.

I. Allgemeines. Begriff

1 Die einfache Bürgschaft steht im Gegensatz zur Solidarbürgschaft (Art. 496). Jede Bürgschaft, die nicht Solidarbürgschaft ist, ist eine einfache (Negativumschreibung). Bei ihr kann sich der Gläubiger erst dann an den Bürgen halten, wenn er vorher den Hauptschuldner belangt hat (Einrede der Vorausklage, N 2 ff.; BK-Giovanoli, N 1; Abegg/Geissbühler/Haefeli/Huggenberger, 269; RVJ 1983, 279; BVGer, 25.3.2010, B-2808/2009, E. 7.7.2). Sofern die Forderung des Gläubigers aus dem Grundverhältnis *pfandrechtlich* gesichert ist, bedarf es zweier Voraussetzungen: Der Gläubiger muss kumulativ den Hauptschuldner belangt *und* die Pfänder verwertet haben (Art. 495 Abs. 2). Der Bürge hat in diesem Fall die Einrede der Vorausklage und die Einrede der vorausgehenden Verwertung der Pfänder. Bei der einfachen Mitbürgschaft hat der Mitbürge ausserdem die Einrede der Teilung (Art. 497 Abs. 2). Wird der Bürge betrieben, nachdem alle Voraussetzungen erfüllt wurden, kann er gegen **Leistung von Realsicherheit** eine richterliche Einstellung der Betreibung verlangen (Art. 501 Abs. 2). Die einfache Bürgschaft ist somit durch **vollkommene Subsidiarität der Verpflichtung des Bürgen** gekennzeichnet (OGer LU, ZBJV 2010, 791 f. = LGVE 2009 I Nr. 12, 32). Der einfache Bürge haftet hinter dem Hauptschuldner, der Solidarbürge neben ihm (Beck, N 9).

2 Der Gläubiger trägt die **Beweislast** für die Voraussetzungen der Inanspruchnahme des einfachen Bürgen, die zu seinem Klagefundament gehören (Art. 8 ZGB; BK-Giovanoli, N 9; vgl. mit anderer Begründung Schaller, Rz 418). Die **Vorausklage** des Gläubigers ist in folgenden Fällen gegeben:

1. Konkurs des Hauptschuldners (Art. 159/270 SchKG);
2. Gewährung der Nachlassstundung an den Hauptschuldner (Art. 295 SchKG);
3. Betreibung des Hauptschuldners bis zur Ausstellung eines definitiven Verlustscheines (Art. 149, 115, 265 SchKG);
4. Verlegung des Wohnsitzes des Hauptschuldners von der Schweiz ins Ausland oder von einem ausländischen Staat in einen anderen.

1. Konkurs des Hauptschuldners

3 Der **Konkurs über den Hauptschuldner** muss lediglich *eröffnet* sein. Nicht notwendig ist die Durchführung oder die Ausstellung eines Verlustscheines (Art. 265 SchKG; BGE 94 III 1, 3 E. 3). Der Gläubiger hat zwar die ihm aus Art. 505 Abs. 2 obliegenden Pflichten zu erfüllen, was aber nichts daran ändert, dass er nach der Konkurseröffnung gegen den Bürgen vorgehen kann (BK-Giovanoli, N 11). Der *Widerruf des Konkurses* (Art. 195 SchKG) ändert nichts am Recht des Gläubigers, gegen den einfachen Bürgen vorgehen zu können. Wird der Gläubiger nach dem Widerruf befriedigt oder stimmt er dem Widerruf ohne Einverständnis des Bürgen zu, kann dieser vom Gläubiger selbstredend nicht belangt werden. Stimmt der Gläubiger dem Widerruf mit Einverständnis des Bürgen zu, ist im Einzelfall zu entscheiden, ob die Bürgschaft nun in der bisherigen Form weiterbesteht – also erneute Einrede der Vorausklage – oder ob auf die Einrede der Vorausklage nachträglich verzichtet wurde (Abs. 4; BK-Giovanoli, N 12).

4 Fällt der **einfache Bürge in Konkurs**, kann der Gläubiger gem. Art. 210 Abs. 1 und Art. 264 Abs. 3 SchKG die Auszahlung der Konkursdividende erst verlangen, wenn die Voraussetzungen gem. Art. 495 erfüllt sind (Einrede der Vorausklage, vorgängige Pfandverwertung; BGE 42 III 479 E. 3 f. = JdT 1917 II 59 ff. E. 3, 4 = Pra 1917, 51).

4a Nach der zutreffenden Ansicht von Giroud, 145, kann der Gläubiger zudem auch im Falle eines **Konkursaufschubs** (Art. 725a) auf den einfachen Bürgen greifen (ebenso Dubach, SJZ 1998, 185; Koeferli, 176 f.; Lanz, 160 ff.; **a.M.** Schmid, 63). Anders liegt die Situation dagegen beim Solidarbürgen, vgl. dazu Art. 496 N 8a und 14.

2. Nachlassstundung des Hauptschuldners

5 Die **Erteilung der Stundungsbewilligung** nach Eingehung der Bürgschaft genügt zur Inanspruchnahme des einfachen Bürgen. Die Pflichten des Gläubigers gem. Art. 505 Abs. 2 ändern daran nichts. Der Abschluss eines Nachlassvertrages ist nicht notwendig. Das gleiche gilt analog beim Nachlassvertrag mit Vermögensabtretung (Art. 317–331 SchKG [Art. 316a–t aSchKG]). Die Stundungsbewilligung kann auch aufgrund eines besonderen Nachlassverfahrens erteilt worden sein (z.B. Art. 25 ff., 29 ff. BankG; SR 952.0). Bei den zeitlich befristeten Notstundungen, Art. 337–350 SchKG (Art. 317a–o aSchKG), kann der einfache Bürge erst belangt werden, wenn die Fortsetzung der Betreibung gegen den Hauptschuldner nicht mehr möglich ist.

3. Vorliegen eines definitiven Verlustscheines

6 Der Gläubiger muss den Hauptschuldner «unter Anwendung der erforderlichen Sorgfalt» bis zur Ausstellung eines **definitiven Verlustscheines** betrieben haben (Art. 149 SchKG). Ein provisorischer Verlustschein genügt *nicht*. Zur Sorgfalt des Gläubigers gehört z.B. die Beseitigung eines vom Hauptschuldner erhobenen Rechtsvorschlages. Die vom Gesetz geforderte Sorgfaltspflicht umfasst auch die **beförderliche Durchführung des Zwangsvollstreckungs*verfahrens*** *gegen den Hauptschuldner*. Der Gläubiger darf die Geltendmachung von Rechten nicht schuldhaft versäumen und keine Sicherheiten und Vorzugsrechte vermindern. Er wird sonst gem. Art. 503 verantwortlich. Welche Sorgfalt erforderlich ist, muss an den Umständen

des Einzelfalles gemessen werden. Ein Verlustschein darf nur nach vollständiger Durchführung des Pfändungs- und Verwertungsverfahrens ausgestellt werden. Dieser Grundsatz dient nicht nur dem Interesse der am Verfahren Beteiligten, sondern er wurde auch im öffentlichen Interesse aufgestellt und bezweckt den Schutz der Interessen Dritter, zu denen auch der Bürge gehört. Dieser kann aufgrund eines Verlustscheines haftbar gemacht werden. Er ist damit zur Anfechtung eines unzulässig ausgestellten Verlustscheines legitimiert (ZR 1941, 23 f.).

Der Gläubiger hat die fruchtlose Betreibung zu *beweisen*. Umgekehrt ist seine mangelnde Sorgfalt bei der Betreibung des Hauptschuldners bzw. das bestehende Pfandrecht Beweisthema des Bürgen (BGE 47 II 352).

4. Wohnsitzverlegung des Hauptschuldners

Verlegt der Hauptschuldner seinen Wohnsitz nach Eingehung der Bürgschaft ins Ausland und kann ihn der Gläubiger nicht mehr in der Schweiz belangen, ist dieser berechtigt, sich an den einfachen Bürgen zu halten. Solange aber irgendein Gerichtsstand des Hauptschuldners in der Schweiz gegeben ist, muss er den Hauptschuldner in Anspruch nehmen. Denkbar ist in der Praxis der **Arrestgerichtsstand** (Art. 279 SchKG [Art. 278 ff. aSchKG], insb. der Ausländerarrest, vgl. aber Art. 4 IPRG und Art. 3 LugÜ). Für den Gläubiger *entfällt* die Notwendigkeit der Vorausklage ebenso, wenn der Hauptschuldner nach Eingehung der Bürgschaft seinen alten **Wohnsitz im Ausland** aufgibt und in einen anderen ausländischen Staat umzieht und dadurch seine Verfolgung für den Gläubiger unzumutbar schwer würde. Zu denken ist an die Verlegung des Wohnsitzes in einen anderen Staat mit einem Rechtssystem, das mit jenem am alten Wohnsitz im Ausland nicht vergleichbar ist und in dem die Durchsetzung von Forderungen auch faktisch nahezu unmöglich ist. 7

II. Einrede der vorausgehenden Verwertung bestehender Pfandrechte (Abs. 2)

Dem Bürgen steht die **Einrede der vorgängigen Verwertungspflicht** nur zu, solange über den Hauptschuldner nicht der Konkurs eröffnet oder ihm Nachlassstundung gewährt wurde. Ebenso entfällt die Einrede, wenn die Verwertung der Pfandrechte unmöglich war (Art. 127 SchKG). 8

«Pfandrechte» umfassen jegliche Art von Realsicherheiten: Grundpfand-, Faustpfandrechte, Pfandrechte an Forderungen und anderen Rechten, Retentionsrechte und Pfändungspfandrechte, soweit letztere nicht im Konkurs gem. Art. 199 SchKG untergehen (Art. 793, 884 ff., 895, 899 ff. ZGB, Art. 89 ff. SchKG [Art. 88 ff. aSchKG]; BK-Giovanoli, N 22; Beck, N 38). Vor der Inanspruchnahme des einfachen Bürgen müssen vom Gläubiger nach h.L. *alle* bestehenden Pfandrechte, auch von Dritten nach Eingehung der Bürgschaft bestellte, verwertet werden (BK-Giovanoli, N 23). Die **vorgängige Pfandverwertung** ist mit Eröffnung des Konkurses über den Hauptschuldner nicht mehr zulässig; der Bürge wird dadurch belangbar (BGE 94 III 3 E. 3). Die Betreibung auf Pfandverwertung muss bis zur Ausstellung eines **Pfandausfallscheines** durchgeführt werden, bevor der einfache Bürge belangt werden kann (Art. 158 SchKG; Beck, N 40). Kumulativ muss der Hauptschuldner bis zum definitiven Verlustschein betrieben worden sein. Bei **Untergang des Pfandes** ist dem Bürgen die Einrede der vorausgehenden Pfandverwertung abgeschnitten. Er kann aber die befreiende – materiellrechtliche – Einrede erheben, der Gläubiger habe den Untergang des Pfandes selber verschuldet (BGE 47 II 352 = Pra 1921, 186).

III. Schadlosbürgschaft (Abs. 3)

Die **Schadlos- oder Ausfallbürgschaft** ist eine Unterart der einfachen Bürgschaft, untersteht also den gleichen Rechtsregeln, allerdings mit den in Art. 495 Abs. 3 festgelegten Besonderheiten. Mit Eingehung einer solchen übernimmt der Bürge zum vornherein nur die Haftung für den dem Gläubiger entstehenden (definitiven) **Ausfall**. Fällt der Hauptschuldner in Kon- 9 kurs, so hat der Gläubiger in der Schadlosbürgschaft – anders als bei der einfachen Bürgschaft gem. Art. 495 Abs. 1 – zuerst einen **definitiven Verlustschein** in Händen zu halten, bevor er den Ausfallbürgen belangen kann. Der Ausfall steht nämlich erst mit dem Verlustschein definitiv fest (Art. 265 SchKG). Im Falle des Abschlusses eines **Nachlassvertrages** kann sinngemäss der Gläubiger den Schadlosbürgen sofort nach Inkrafttreten des Nachlassvertrages nur für den nachgelassenen Teil der Schuld zur Zahlung anhalten (Art. 303 SchKG; Art. 495 Abs. 3 Satz 2 OR). Der Gläubiger, dem infolge der Nachlassdividende später ein definitiver Ausfall entsteht, kann auch noch für den ausgefallenen Rest an den Schadlosbürgen gelangen.

Bei Wohnsitzverlegung ins Ausland oder bei Verlegung des Wohnsitzes im Ausland in einen anderen ausländischen Staat geht das Gesetz davon aus, dass der Gläubiger den Ausfall schon erlitten hat (was formell nicht feststeht). Es wird auf die entsprechenden Ausführungen zur einfachen Bürgschaft verwiesen, die für die Schadlosbürgschaft ebenso gelten.

IV. Abweichende («gegenteilige») Vereinbarungen (Abs. 4)

10 Art. 495 ist dispositiver Natur. Der Bürge kann also auf die ihm in Art. 495 eingeräumten Rechte zum Voraus verzichten. Gemäss Art. 495 Abs. 4 können der einfache, aber auch der Schadlosbürge und der Gläubiger im Bürgschaftsvertrag die gesetzlichen Voraussetzungen der Vorausklage oder der vorgängigen Verwertung der Pfandrechte *frei abändern* (Art. 492 Abs. 4). Verzichten die Parteien – auch konkludent – z.B. vollständig auf die Einrede der Vorausklage, liegt *Solidarbürgschaft* vor, wenn die entsprechenden besonderen Formvorschriften eingehalten sind (Art. 496; BGE 47 II 349 E. 2). Der Bürge kann z.B. auf die vorherige Inanspruchnahme der Pfänder sowie auf die vorgängige Belangung von Mitbürgen zum Voraus oder nachträglich verzichten (Beck, N 11).

V. Prozessuales

11 Die **Einreden** des einfachen Bürgen sind Einreden im technischen Sinne. Dies bewirkt, dass sie nicht von Amtes wegen berücksichtigt werden (vgl. Schaller, Rz 413). Bringt der einfache Bürge – obwohl er darauf im Bürgschaftsvertrag nicht verzichtet hat – die Einrede nicht vor, kann er wie ein Solidarbürge belangt werden (Beck, N 14 f.).

Art. 496

2. Solidarbürgschaft

[1] Wer sich als Bürge unter Beifügung des Wortes «solidarisch» oder mit andern gleichbedeutenden Ausdrücken verpflichtet, kann vor dem Hauptschuldner und vor der Verwertung der Grundpfänder belangt werden, sofern der Hauptschuldner mit seiner Leistung im Rückstand und erfolglos gemahnt worden oder seine Zahlungsunfähigkeit offenkundig ist.

[2] Vor der Verwertung der Faustpfand- und Forderungspfandrechte kann er nur belangt werden, soweit diese nach dem Ermessen des Richters voraussichtlich keine Deckung bieten, oder wenn dies so vereinbart worden oder der Hauptschuldner in Konkurs geraten ist oder Nachlassstundung erhalten hat.

2. Cautionnement solidaire

[1] Si la caution s'oblige avec le débiteur en prenant la qualification de caution solidaire ou toute autre équivalente, le créancier peut la poursuivre avant de rechercher le débiteur et de réaliser ses gages immobiliers, à condition que le débiteur soit en retard dans le paiement de sa dette et qu'il ait été sommé en vain de s'acquitter ou que son insolvabilité soit notoire.

[2] Le créancier ne peut poursuivre la caution avant d'avoir réalisé ses gages sur les meubles et créances que dans la mesure où, suivant l'appréciation du juge, ces gages ne couvrent probablement plus la dette, ou s'il en a été ainsi convenu ou encore si le débiteur est en faillite ou a obtenu un sursis concordataire.

2. Fideiussione solidale [1] Chi si obbliga nella qualità di fideiussore, ma con l'aggiunta delle parole «in solido» o di altre espressioni equivalenti, può essere perseguito prima del debitore principale e prima della realizzazione dei pegni immobiliari, purché il debitore principale sia in ritardo nella prestazione e sia stato invano diffidato o la sua insolvenza sia notoria.

[2] Egli non può essere perseguito prima che siano stati realizzati i pegni su mobili e su crediti, se non nella misura in cui questi pegni secondo l'apprezzamento del giudice non garantiscano presumibilmente più il debito, o ciò sia stato stipulato, oppure il debitore sia caduto in fallimento o abbia ottenuto la moratoria.

Literatur

Vgl. die Literaturhinweise bei den Vorbem. zu Art. 492–512.

I. Allgemeines. Begriff

1 Es ist für die Solidarbürgschaft entscheidend, dass der Bürge *vor* dem Hauptschuldner belangt werden kann. Auch sie ist von Bestand und Inhalt der Hauptschuld abhängig, verliert aber zumindest teilweise die **Subsidiarität**, weil dem Solidarbürgen im Gegensatz zum einfachen Bürgen die Einrede der Vorausklage nicht zusteht (vgl. BGer, 15.10.2003, 4C.114/2003). Voraussetzungen der Inanspruchnahme des Solidarbürgen sind nur **Leistungsrückstand** und **erfolglose Mahnung** des Hauptschuldners oder seine **offenkundige Zahlungsunfähigkeit** (BGE 81 II 65; BGer, 14.7.2009, 4A_223/2009, E. 3.1; RJV 2010 304; BVGer, 25.3.2010, B-2808/2009, E. 7.7.2; Huguenin, AT/BT, N 3561; Abegg/Geissbühler/Haefeli/Huggenberger, 270).

2 Die Solidarbürgschaft ist teilweise subsidiär, weil dem Solidarbürgen unter bestimmten Voraussetzungen gem. Art. 496 Abs. 2 die **Einrede der vorausgehenden Verwertung der Faustpfand- und Forderungspfandrechte** zusteht (Art. 884 ff., 899 ff. ZGB). Ausserdem kann der Solidarbürge bei solidarer Mitbürgschaft (Vorhandensein mehrerer solidarer Mitbürgen) unter den Voraussetzungen des Art. 497 Abs. 2 grundsätzlich die **Einrede der Teilung** erheben. Gleich wie der einfache Bürge kann er ausserdem gegen Leistung von **Realsicherheit** die Einstellung der Betreibung verlangen, bis alle Pfänder, auch die Grundpfänder, verwertet sind und gegen den Hauptschuldner ein definitiver Verlustschein vorliegt oder ein Nachlassvertrag abgeschlossen worden ist (Art. 501 Abs. 2). Die einfache Bürgschaft ist *vollkommen subsidiär*, die Solidarbürgschaft im Gegensatz dazu aus den geschilderten Gründen *unvollkommen subsidiär* (BK-Giovanoli, N 6).

II. Solidarität

3 Hauptschuldner und Solidarbürge haften dem Gläubiger nur *ähnlich* wie Solidarschuldner (Art. 143 ff.). Der Gläubiger kann nach seiner Wahl den einen oder anderen für den ganzen Betrag belangen. Solidarschuldner gem. Art. 143 ff. haften selbständig, der Solidarbürge aber nur und immer akzessorisch. Weil er – im Gegensatz zum Solidarschuldner – eine materiell fremde Schuld bezahlt, steht ihm das **Rückgriffsrecht** auf den Hauptschuldner zu. Damit sind die Verpflichtungen zwischen Hauptschuldner und Solidarbürge nur *konkurrierend* und nicht solidarisch i.S.v. Art. 143 ff. Die Bestimmungen über die Solidarität im OR dürfen deshalb für das Bürgschaftsrecht *nur analog angewendet* werden. Insoweit das Bürgschaftsrecht besondere Vorschriften kennt, ist die Anwendbarkeit von Art. 143 ff. a priori ausgeschlossen: Es gehört zum Wesen der Solidarität, dass der Gläubiger wahlweise von allen Solidarschuldnern je nur einen Teil oder das Ganze fordern kann (Art. 144). Dies gilt mit den vom Bürgschaftsrecht geforderten Einschränkungen auch für die Solidarbürgschaft (Art. 496, 497 Abs. 2, Art. 501 Abs. 2; BGE 81 II 65). **Echte Solidarität** besteht hingegen bei der Wechselbürgschaft (Beck, N 7).

4 Klar unterschieden werden muss zwischen: 1. der solidaren Mitschuldnerschaft gem. Art. 143 ff., 2. der nach Bürgschaftsrecht solidaren Haftung des Hauptschuldners mit dem Solidarbürgen und 3. lediglich der Solidarität des Bürgen mit dem/den Mitbürgen. Im letzten Fall soll der Bürge bloss zusammen mit den Mitbürgen solidarisch haften, womit die **Einrede der Teilung** ausgeschlossen ist (Art. 497 Abs. 2), nicht aber die **Einrede der Vorausklage und der vorgängigen Pfandverwertung**. Banken kombinieren in der Praxis üblicherweise die Solidaritäten gemäss Fall 2 und 3, z.B. «als Bürge solidarisch mit dem Hauptschuldner und den Mitbürgen» (BK-Giovanoli, N 13).

Ist aufgrund der Bürgschaftserklärung nicht zu eruieren, welche Art von Solidarität gemeint war, so ist nach h.L. **im Zweifel Solidarität i.S.v. Art. 496** anzunehmen (BK-Giovanoli, N 14; BGE 33 II 406 E. 5; 32 II 383 E. 4).

Ein Solidarbürge, der als Sicherheit für die Hauptschuld auch noch ein **Pfand** (i.c. Grundpfand) bestellt, sichert neben der Hauptschuld auch noch seine Bürgschaftsschuld. Er ist gleichzeitig Pfandschuldner (Anwendbarkeit von Art. 41 SchKG; BGE 50 III 86).

III. Form und Ausdrucksweise der Solidarbürgschaft (Abs. 1)

1. Form

5 Die Solidarbürgschaft ist nur dann gültig vereinbart, wenn die **Voraussetzungen von Art. 493** erfüllt sind. Fehlt etwa die eigenhändige Angabe der Solidarhaft bei Bürgschaften natürlicher Personen bis CHF 2000, haftet der Bürge nur als *einfacher* Bürge (Art. 493 Abs. 2).

2. Ausdrucksweise. Auslegungsproblematik

6 Statt des Wortes **«solidarisch»** können andere gleichbedeutende Ausdrücke verwendet werden, wobei der wirkliche Wille der Parteien und nicht die allfällig unrichtige Bezeichnung oder Ausdrucksweise zählt (Art. 18 Abs. 1). Nicht einmal eine ausdrückliche Erklärung in diesem Sinne ist erforderlich. Entscheidend für die Auslegung sind die konkreten Umstände, der Zweck des Sicherungsgeschäfts, die finanziellen Interessen etc. (ZR 1962, 130). In BGE 64 II 346, 350 E. 2 wurde durch den Zusatz «bon pour garantie solidaire» die Solidarbürgschaft «pour caution solidaire» nicht zugunsten eines Garantieversprechens, Art. 111, hinfällig. Die Haftungsklausel «als Bürge und Selbstzahler … für den Fall, dass X (der Schuldner) die Rückzahlung nicht vornehmen könnte und der gepfändete Gewinnanteil nicht für die Deckung der Forderung genügen würde», wurde nur als einfache Bürgschaft beurteilt (ZR 1913, 34 f.). Der – auch stillschweigend mögliche – Verzicht auf die Einrede der Vorausklage macht aus der einfachen Bürgschaft eine solidarische (BGE 47 II 349). Eine einfache Bürgschaft muss dann angenommen werden, wenn die Auslegung ergibt, dass der Bürge nur subsidiär haften will (BGE 39 II 772). In der Praxis kommen – obwohl sehr unpräzis – auch Ausdrücke wie «Zahler», «Selbstzahler» oder «Selbstschuldner» vor und werden zur Kennzeichnung von Solidarbürgen verwendet (BK-Giovanoli, N 9 f.; weitere Kasuistik bei Beck, N 9 ff.; ZR 1952, 136 ff.: Der Ausdruck «Bürge und Selbstzahler» ist im Zweifel als Solidarbürgschaft auszulegen).

IV. Die Voraussetzungen der Belangbarkeit des Solidarbürgen (Abs. 1)

1. Leistungsrückstand des Hauptschuldners und erfolglose Mahnung

7 *Die Regelung des Bürgschaftsrechts* ist mit dem **technischen Schuldnerverzug gem. Art. 102 ff.** nicht ganz identisch: – Der Hauptschuldner muss, analog zum Verzug, mit seiner Leistung aus dem Grundverhältnis im **Rückstand** sein. Die verbürgte Forderung muss **fällig**

sein. Ist für die Fälligkeit der Hauptschuld eine Kündigung erforderlich, so ist diese auch an den Bürgen zu richten (Art. 501). – Die **Mahnung** nach Art. 496 Abs. 1 muss nach Eintritt der Fälligkeit erfolgen. Soweit besteht Analogie zum Verzug nach Art. 102. Die **erfolglose Mahnung des Hauptschuldners** nach Art. 496 Abs. 1 ist aber zur Inanspruchnahme des Solidarbürgen absolut immer erforderlich, sie muss – anders als bei Art. 102 f. – immer zwingend ausgesprochen werden (Art. 492 Abs. 4; ZBJV 1948, 509–511). Die Kündigung der Forderung des Gläubigers beim Hauptschuldner ersetzt die Mahnung nach Art. 496 Abs. 1 auch dann nicht, wenn sich aus ihr ein bestimmter Verfalltag ergibt und nach allgemeinem Schuldnerverzug, Art. 102 Abs. 2, keine Mahnung mehr notwendig wäre. Die Mahnung des Hauptschuldners ist auch erforderlich, wenn für die Erfüllung der Leistung des Hauptschuldners ein bestimmter Verfalltag vereinbart wurde. Ein beim Hauptschuldner auf sechs Wochen ordnungsgemäss gekündigtes Darlehen, das von einem Solidarbürgen gesichert wird, muss bei Ablauf der Kündigungsfrist beim Hauptschuldner nach Art. 496 Abs. 1 noch einmal speziell abgemahnt werden, bevor der Solidarbürge belangt werden kann. **Zweck dieser Vorschrift** ist es zu vermeiden, dass der Gläubiger den Bürgen plötzlich beanspruchen kann (BK-GIOVANOLI, N 18). Die *substantiierte*, aus Beweisgründen vorzugsweise *schriftliche* Mahnung ist eine empfangsbedürftige Willenserklärung des Gläubigers an den Schuldner, deren Unterlassung folgenreich sein kann. Sie muss **erfolglos** gewesen sein. Dies ist auch der Fall bei nicht gehöriger oder nur teilweiser Erfüllung durch den Hauptschuldner (BK-GIOVANOLI, N 21 f.).

2. *Offenkundige Zahlungsunfähigkeit des Hauptschuldners*

Offenkundig ist die Zahlungsunfähigkeit des Hauptschuldners nicht nur, wenn über ihn der **8** **Konkurs** eröffnet oder **Nachlassstundung** gewährt wurde, sondern auch, wenn er um Nachlassstundung nachsucht oder wenn Verlustscheine – auch für andere Forderungen – gegen ihn ausgestellt wurden. Die Mahnung gem. Art. 496 Abs. 1 ist dann keine Belangbarkeitsvoraussetzung (BK-GIOVANOLI, N 22).

Keinen Fall der offenkundigen Zahlungsunfähigkeit stellt dagegen die Gewährung eines Kon- **8a** kursaufschubs (Art. 725a) dar (GIROUD, 146; KOEFERLI, 176 f.; LANZ, 160 ff.; **a.M.** DUBACH, SJZ 1998, 185 FN 118). Zu den Auswirkungen des Konkursaufschubs bei der einfachen Bürgschaft, vgl. Art. 495 N 4a.

3. *Wohnsitzverlegung des Hauptschuldners*

Obwohl im Gesetz nicht explizit erwähnt, muss der Hauptschuldner nach h.L. auch dann *nicht* **9** gemahnt werden, wenn seine Verfolgung durch **Wohnsitzverlegung** ins Ausland oder im Ausland erheblich erschwert oder vereitelt wird. Dies genügt gem. Art. 495 Abs. 1 sogar zur Belangbarkeit des einfachen Bürgen (BK-GIOVANOLI, N 22a; BECK, N 22).

V. Verwertung von Grundpfändern (Abs. 1)

Analog zu den unter IV. erörterten Grundsätzen kann sich der Gläubiger *vor* Verwertung all- **10** fällig vorhandener **grundpfändlicher Sicherheiten** (Art. 824 ff., 842 ff., 875 ff. ZGB) direkt an den Solidarbürgen halten, wenn der Hauptschuldner mit seiner Leistung im Rückstand ist und erfolglos gemahnt wurde oder wenn seine Zahlungsunfähigkeit offensichtlich ist. Die gesetzliche Regelung verwehrt dem Solidarbürgen in diesem Fall die Einrede der vorausgehenden Verwertung bestehender Grundpfandrechte. Die Vereinbarung zwischen Gläubiger und Solidarbürge, dergemäss Grundpfänder vor der Belangung des Solidarbürgen verwertet werden sollen, ist als **Nebenabrede**, die die Stellung des Bürgen erleichtert, formlos gültig (BECK, N 23).

VI. Verwertung von Faust- und Forderungspfandrechten (Abs. 2)

11 Sind neben der Solidarbürgschaft zur Sicherung zusätzlich **Faustpfand- und Forderungspfandrechte** bestellt (Art. 884 ff., 899 ff. ZGB), so kann sich der Gläubiger nur unter den nachfolgend erörterten Voraussetzungen direkt und *vor* deren Verwertung an den Solidarbürgen halten. Dieser hat die **Einrede der vorausgehenden Verwertung der Faustpfand- und Forderungspfandrechte**. Die Ratio dieser Regelung ist darin zu suchen, dass für diese Art Pfandrechte mit Rücksicht auf ihre *rasche Verwertbarkeit* dem Gläubiger zuzumuten ist, sich zuerst aus diesen Sicherheiten zu befriedigen (Beck, N 27). Faustpfandrechte können z.B. an Wertpapieren, anderen beweglichen Sachen (Schmuck, Autos), aber auch an Grundpfandtiteln (Schuldbriefe, Gülten) begründet werden. Ein Forderungspfandrecht liegt vor, wenn eine Forderung zugunsten der Hauptschuld verpfändet wurde. **Retentionsrechte** sind m.E. gleich zu behandeln wie Faustpfänder (BK-Giovanoli, N 24 a.E.; differenziert Beck, N 27). Art. 496 Abs. 2 umfasst alle Faust- und Forderungspfandrechte, die im Zeitpunkt der Geltendmachung der Solidarbürgschaft bestehen (Beck, N 28). Der Gläubiger muss nach der in Art. 496 Abs. 2 getroffenen gesetzlichen Regelung Faust- und Forderungspfandrechte *nicht* vorgängig verwerten, sondern kann wie in Abs. 1 direkt gegen den Solidarbürgen vorgehen, wenn: 1. die Faust- und Forderungspfandrechte nach richterlichem Ermessen voraussichtlich **keine Deckung** bieten (N 12); 2. Gläubiger und Solidarbürge den entsprechenden **Einredeverzicht** vereinbart haben (N 13); 3. Der Hauptschuldner in **Konkurs** geraten ist oder **Nachlassstundung** erhalten hat (N 14).

1. Voraussichtlich keine Deckung

12 Der Richter hat die Schätzung nach seinem Ermessen in objektiver Weise vorzunehmen. Der erzielte Ertrag dürfte bei Zwangsverwertung aller Wahrscheinlichkeit nach nicht zur Deckung ausreichen (Beck, N 30). Zuständig im Kanton Zürich ist das Einzelgericht im summarischen Verfahren (Art. 250 lit. b Ziff. 7 ZPO i.V.m. § 24 lit. b GOG ZH).

2. Abweichende Parteivereinbarung Gläubiger – Solidarbürge

13 Die Regelung in Art. 496 Abs. 2 ist dispositiver Natur (Art. 492 Abs. 4). Der Solidarbürge kann, sofern dies vertraglich vereinbart ist, schon *vor* der Verwertung der Faust- und Forderungspfandrechte belangt werden. Er muss sich nichtsdestotrotz auch bei abweichender Vereinbarung *zwingend* im Leistungsrückstand befinden und erfolglos gemahnt worden sein. Weil der Solidarbürge auf eine Einrede verzichtet und damit seine Rechtsstellung verschlechtert – ein subjektiv wesentlicher Punkt des Bürgschaftsvertrages –, muss die für die entsprechende Bürgschaft geforderte *Form* eingehalten sein (BK-Giovanoli, N 25; Beck, N 35).

3. Konkurs, Nachlassstundung des Hauptschuldners

14 Weil selbst der einfache Bürge beim **Konkurs des Hauptschuldners** ohne vorherige Verwertung der Pfänder direkt belangt werden kann, Art. 495 Abs. 2, gilt die nämliche Regelung umso mehr für den Solidarbürgen. Vorausgesetzt wird gem. Art. 501 Abs. 1 allerdings, dass der Zahlungszeitpunkt für die Hauptschuld effektiv eingetreten ist (Beck, N 32). Die gleiche Regelung gilt für den Fall, dass dem Hauptschuldner **Nachlassstundung** gewährt wurde. Die Vereinbarung, die Solidarbürgen seien erst nach der Verwertung der Pfänder zu belangen, bestätigt im Zweifel nur die gesetzliche Regelung im Bürgschaftsrecht und soll nicht die Vorausverwertung der Pfänder auch für den Fall des Konkurses des Hauptschuldners anordnen (ZR *1948, 137 ff.)*. Art. 496 Abs. 2 gilt auch im Falle eines Konkursaufschubs nach Art. 725a (Giroud, 146; Koeferli, 176 f.; Lanz, 160 ff.; Dubach, SJZ 1998, 185; vgl. zu den Wirkungen des Konkursaufschubs auch Art. 495 N 4a und Art. 496 N 8a).

VII. Prozessuales

15 Soweit auch dem Solidarbürgen **Einreden** zustehen (N 2), müssen sie vom Solidarbürgen vorgebracht werden (Beck, N 15). In der Einrede der mangelnden Vorausklage gilt die Berufung auf die Einwendungen von Art. 496 als mitenthalten (BGE 70 II 278). Rechtsöffnung und Solidarbürgschaft: BGE 122 III 125; JdT 1979 II 159.

Art. 497

3. Mitbürgschaft

1 Mehrere Bürgen, die gemeinsam die nämliche teilbare Hauptschuld verbürgt haben, haften für ihre Anteile als einfache Bürgen und für die Anteile der übrigen als Nachbürgen.

2 Haben sie mit dem Hauptschuldner oder unter sich Solidarhaft übernommen, so haftet jeder für die ganze Schuld. Der Bürge kann jedoch die Leistung des über seinen Kopfanteil hinausgehenden Betrages verweigern, solange nicht gegen alle solidarisch neben ihm haftenden Mitbürgen, welche die Bürgschaft vor oder mit ihm eingegangen haben und für diese Schuld in der Schweiz belangt werden können, Betreibung eingeleitet worden ist. Das gleiche Recht steht ihm zu, soweit seine Mitbürgen für den auf sie entfallenden Teil Zahlung geleistet oder Realsicherheit gestellt haben. Für die geleisteten Zahlungen hat der Bürge, wenn nicht etwas anderes vereinbart worden ist, Rückgriff auf die solidarisch neben ihm haftenden Mitbürgen, soweit nicht jeder von ihnen den auf ihn entfallenden Teil bereits geleistet hat. Dieser kann dem Rückgriff auf den Hauptschuldner vorausgehen.

3 Hat ein Bürge in der dem Gläubiger erkennbaren Voraussetzung, dass neben ihm für die gleiche Hauptschuld noch andere Bürgen sich verpflichten werden, die Bürgschaft eingegangen, so wird er befreit, wenn diese Voraussetzung nicht eintritt oder nachträglich ein solcher Mitbürge vom Gläubiger aus der Haftung entlassen oder seine Bürgschaft ungültig erklärt wird. In letzterem Falle kann der Richter, wenn es die Billigkeit verlangt, auch bloss auf angemessene Herabsetzung der Haftung erkennen.

4 Haben mehrere Bürgen sich unabhängig voneinander für die gleiche Hauptschuld verbürgt, so haftet jeder für den ganzen von ihm verbürgten Betrag. Der Zahlende hat jedoch, soweit nicht etwas anderes vereinbart ist, anteilmässigen Rückgriff auf die andern.

3. Cautionnement conjoint

1 Lorsque plusieurs personnes ont garanti conjointement une même dette divisible, chacune d'elles est obligée comme caution simple pour sa part et comme certificateur de caution pour la part des autres.

2 Si les cautions se sont obligées comme cautions solidaires, soit avec le débiteur, soit entre elles, chacune d'elles répond de la dette entière. Une caution peut cependant refuser de payer au-delà de sa part, tant que la poursuite n'a pas été introduite contre toutes les cautions qui se sont engagées solidairement avec elle, avant ou en même temps, et qui peuvent être recherchées en Suisse pour cette dette. Elle peut exercer le même droit tant que les autres cautions ont payé leur part ou fourni des sûretés d'ordre réel. Sauf convention contraire, la caution qui a payé a un droit de recours contre les autres dans la mesure où chacune d'elles n'a pas déjà payé sa part. Ce droit peut être exercé avant le recours contre le débiteur.

3 Si le créancier savait ou pouvait savoir que la caution s'est engagée en supposant que la même créance serait garantie par d'autres cautions, la caution est libérée si cette supposition ne se vérifie pas ou si, dans la suite, l'une des cautions est déliée par le créancier ou si son engagement est déclaré nul. Dans ce dernier cas, le juge peut se borner, si l'équité l'exige, à atténuer convenablement la responsabilité de la caution.

4 Lorsque plusieurs personnes ont, indépendamment les unes des autres, garanti la même dette, chacune d'elles répond de la somme entière. Celle qui paie a cependant, sauf convention contraire, un droit de recours contre les autres pour leurs parts et portions.

3. Confideiussione

[1] Più fideiussori che abbiano garantito insieme lo stesso debito principale divisibile, sono responsabili come fideiussori semplici per le loro quote e ciascuno di loro come fideiussore dei fideiussori per le quote degli altri.

[2] Se i fideiussori si sono obbligati in solido col debitore principale o tra loro, ognuno è responsabile dell'intero debito. Un fideiussore può peraltro ricusare di pagare oltre la sua quota, fintanto che non sia stata promossa l'esecuzione contro tutti i confideiussori che rispondono solidalmente in forza d'una fideiussione prestata anteriormente alla sua o in pari tempo, e che per questo debito possono essere perseguiti nella Svizzera. Lo stesso diritto gli spetta qualora i suoi confideiussori abbiano pagato la loro quota o fornito per questa garanzie reali. Salvo convenzione contraria, il fideiussore che ha pagato ha contro i confideiussori che rispondono in solido con lui un diritto di regresso nella misura in cui ognuno di essi non abbia già pagato la sua quota. Questo diritto può essere esercitato prima del regresso contro il debitore principale.

[3] Il fideiussore che si sia obbligato soltanto nell'opinione, riconoscibile dal creditore, che altri fideiussori si sarebbero obbligati per lo stesso debito insieme con lui, rimane liberato se questa condizione non si verifichi ovvero se, in seguito, l'uno di quei confideiussori sia dal creditore liberato dalla sua responsabilità o il suo obbligo sia dichiarato nullo. In questo ultimo caso, il giudice può limitarsi, se l'equità lo esige, ad attenuare in modo adeguato la responsabilità del fideiussore.

[4] Quando più persone abbiano, indipendentemente le une dalle altre, prestato fideiussione per lo stesso debito principale, ognuna risponde della intera somma da essa garantita. Il fideiussore che paga ha peraltro, salvo stipulazione contraria, un diritto di regresso verso gli altri in proporzione delle loro quote.

Literatur

Vgl. die Literaturhinweise bei den Vorbem. zu Art. 492–512.

I. Allgemeines. Begriff

1 Mitbürgschaft liegt vor, wenn sich zwei oder mehrere Personen gegenüber dem Gläubiger für die **gleiche teilbare Hauptschuld** eines Dritten gemeinsam verbürgen.

Erforderlich ist **Identität des Hauptschuldners und der Hauptschuld**. Bürgen, die unterschiedliche Grundverhältnisse, d.h. verschiedene Verpflichtungen des gleichen Hauptschuldners, verbürgen, sind *keine* Mitbürgen (Beck, N 7; BK-Giovanoli, N 2). Mitbürgschaft liegt auch nicht vor, wenn verschiedene Hauptschuldner für ihre eigene Schuld dem gleichen Gläubiger je einen Bürgen stellen (ausführlicher Beck, N 7 f.). Erforderlich ist weiter die **gemeinsame Verbürgung**: Zwei oder mehrere Mitbürgen müssen die gleiche Hauptschuld in gegenseitiger Rücksichtnahme aufeinander verbürgen (Beck, N 9). Der Mitbürge muss also wissen, dass neben ihm ein anderer Mitbürge/andere Mitbürgen für die identische Hauptschuld einstehen. Die gemeinsame Verpflichtung kann sich auch konkludent aus den Umständen ergeben. Sie kann als einfache Mitbürgschaft oder als solidarische Mitbürgschaft ausgestaltet werden.

Die Hauptschuld des Dritten muss **teilbar** sein (Art. 70; BK-Giovanoli, N 2). Ist sie ausnahmsweise unteilbar, kann nur *solidarische* Mitbürgschaft vorliegen (Art. 70 Abs. 2; Beck, N 6, 14; ZK-Oser/Schönenberger, N 16).

II. Einfache Mitbürgschaft (Abs. 1)

2 Jeder von mehreren Mitbürgen haftet dem Gläubiger als einfacher Bürge gem. Art. 495 **für seinen Anteil und subsidiär als Nachbürge**, Art. 498 Abs. 1, für die Anteile der übrigen Mitbürgen. Dem einfachen Mitbürgen steht die **Einrede der Teilung** zu. Der Gläubiger hat sich zuerst für die über den kopfmässigen Anteil hinausgehende Verpflichtung an die anderen Mitbürgen zu wenden. Erleidet er jedoch bei der Einforderung von Anteilen weiterer Mitbürgen

Verluste, so kann er sich an die übrigen als Nachbürgen halten. Leistungsfähige Mitbürgen können aber für den Anteil des nicht Leistungsfähigen erst nach Vorliegen der Voraussetzungen von Art. 495 Abs. 1 belangt werden. Die Haftung des Mitbürgen kann durch Parteivereinbarung erleichtert werden, z.B. durch Ausschluss der Haftung als Nachbürge. Dabei muss die Form der Bürgschaft nicht eingehalten werden. Erschwerungen (in Richtung solidarische Bürgschaft) können nur unter Beobachtung der in Art. 493 geforderten Form vereinbart werden (BECK, N 19). Die einfache Mitbürgschaft wird – wie die einfache Bürgschaft – *vermutet* (BECK, N 13).

III. Solidarmitbürgschaft (Abs. 2)

1. Allgemeines

3 Solidarmitbürgschaft liegt vor, wenn die Mitbürgen dem Gläubiger (nach Belangung des Hauptschuldners und nach vorausgehender Pfandrechtsverwertung) für die **ganze Schuld** haften. Die Eingehung der Solidarmitbürgschaft bedarf, da die Rechtsstellung des Bürgen erschwert wird, der **Vereinbarung in Bürgschaftsform** (Art. 493). Der rechtserhebliche Wille zur solidarischen Mitbürgschaft kann sich auch aus den Umständen ergeben und braucht nicht explizit im Text der Bürgschaftserklärung enthalten zu sein. In Art. 497 Abs. 2 Satz 1 wird zwischen **Solidarität der Mitbürgen mit dem Hauptschuldner** und **Solidarität der Mitbürgen unter sich** unterschieden (N 4 ff.).

2. Volle Solidarität zwischen Hauptschuldner und Mitbürgen

4 Volle Solidarität der Mitbürgen mit dem Hauptschuldner bewirkt den **Verzicht auf die Einrede der Vorausklage** und der vorherigen Inanspruchnahme der Pfandrechte (wenn kein Vorbehalt gemacht wurde). Die **Einrede der Teilung** ist in beschränktem Umfang zugelassen (Art. 497 Abs. 2 Satz 2 und 3): Der solidarische Mitbürge kann «die Leistung des über seinen Kopfanteil hinausgehenden Betrages verweigern, solange nicht gegen alle solidarisch neben ihm haftenden Mitbürgen, die die Bürgschaft vor oder mit ihm eingegangen sind und für diese Schuld in der Schweiz belangt werden können, Betreibung eingeleitet wurde. Das gleiche Recht steht ihm zu, soweit seine Mitbürgen für den auf sie entfallenden Teil Zahlung geleistet oder Realsicherheit gestellt haben» (Art. 497 Abs. 2 Satz 2 und 3; Grundsatz der gleichzeitigen Belangung aller Mitbürgen). Für die anderen Mitbürgen muss in der Schweiz ein Betreibungsort vorhanden sein (Art. 46 SchKG Wohnsitz; Art. 279 SchKG [Art. 278 aSchKG] Arrestgerichtsstand, vgl. aber Art. 4 IPRG und Art. 3 LugÜ). «Belangen» i.S. des Gesetzes heisst betreiben oder klagen. Weder ein gemeinsamer Gerichtsstand noch Betreibungsort der solidarischen Mitbürgen ist vorausgesetzt (BECK, N 28 f.).

5 Belangbarkeitsvoraussetzung: Auch in der Solidarmitbürgschaft muss der Hauptschuldner – vor Belangung der Mitbürgen – mit seiner **Leistung im Rückstand** und **erfolglos gemahnt** worden sein oder seine Zahlungsunfähigkeit muss sich als offenkundig erweisen, bevor der Bürge belangt werden kann (Art. 496 Abs. 1 inkl. Wohnsitzverlegung gem. Art. 495 Abs. 1; BGE 81 II 65).

Die **Zustellung von Zahlungsbefehlen** gegen die in der Schweiz belangbaren solidaren Mitbürgen genügt als Voraussetzung, um den Mitbürgen die Einrede der Teilung abzuschneiden. Die Einreichung des Betreibungsbegehrens allein ist nicht ausreichend. Unzutreffend ist, weil mit dem Gesetzeswortlaut «... *Betreibung eingeleitet* ...» nicht übereinstimmend, dass die Betreibung erfolglos sein muss. Die Zahlungsfrist von 20 Tagen gem. Art. 69 SchKG muss *nicht* abgewartet werden; **a.M.** BECK, N 33; ZK-OSER/SCHÖNENBERGER, N 41; gl.M. BK-GIOVANOLI, N 18a.

6 Der belangte Solidarmitbürge kann dem Gläubiger die Teilungseinrede auch entgegenhalten, wenn die solidaren Mitbürgen ihre **Kopfanteile** bezahlt (Art. 504) oder **Realsicherheit** geleis-

tet haben (Art. 501 Abs. 2; Art. 793 ff., 884 ff. ZGB; Art. 41 SchKG; BGE 50 III 85). Eine Belangung der Mitbürgen für den ganzen Betrag ist also nur dann möglich, wenn der Gläubiger allen in der Schweiz belangbaren Mitbürgen einen Zahlungsbefehl zugestellt hat oder diese ihren Kopfanteil nicht bezahlt oder keine Realsicherheit geleistet haben (BECK, N 34). Als genügend ist nur eine Realsicherheit i.S.v. Art. 501 Abs. 2 zu betrachten.

In der Solidarität mit dem Hauptschuldner ist jene der Mitbürgen unter sich eingeschlossen. Die **volle Solidarität**, also jene des Hauptschuldners mit den Mitbürgen und der Mitbürgen unter sich, wird *vermutet* (BECK, N 22 f.; BGE 122 III 126). Sie ist in der Praxis der wichtigste und häufigste Fall solidarischer Mitbürgschaft.

Das Recht des solidarischen Mitbürgen, die Leistung des über seinen Kopfanteil hinausgehenden Betrages unter den in Art. 497 Abs. 2 genannten Voraussetzungen zu verweigern, ist zwingend. Es kann darauf *nicht zum Voraus* verzichtet werden (Art. 492 Abs. 4).

3. Solidarität nur unter den Mitbürgen

7 Ist lediglich Solidarität **der Mitbürgen untereinander** und nicht mit dem Hauptschuldner vereinbart, so verzichten die Mitbürgen nur auf die **Einrede der Teilung**, nicht aber auf die **Einrede der Vorausklage** und der **Verweisung auf die Pfänder** gem. Art. 496 Abs. 2. Der Verzicht auf die Einrede, dass zuerst die anderen Mitbürgen für ihren Anteil belangt werden müssen, gilt nur mit den in Art. 497 Abs. 2 vorgesehenen – zwingenden – Einschränkungen (Zahlungsbefehl an die in der Schweiz belangbaren Mitbürgen, Bezahlung ihres Kopfanteiles oder Leistung von Realsicherheit). Erleidet der Gläubiger einen Ausfall, haften die Solidarmitbürgen – wie die einfachen Mitbürgen – als Nachbürgen (BECK, N 38 f.; BK-GIOVANOLI, N 7).

IV. Regress des Mitbürgen (Abs. 2 Satz 4 und 5)

1. Regress in der einfachen Mitbürgschaft? (Abs. 1)

8 Art. 507 räumt dem zahlenden Bürgen das Rückgriffsrecht auf den Hauptschuldner ein. Das Gesetz erwähnt hingegen den Rückgriff in der einfachen Mitbürgschaft nicht. Der einfache Mitbürge kann aber freiwillig oder wegen Nichterhebung der Teilungseinrede mehr als seinen Kopfanteil bezahlt haben. Auch kann er als Nachbürge zur Deckung eines Ausfalles des Gläubigers bei einem anderen Mitbürgen belangt worden sein. Für diese Fälle steht ihm nach h.L. und Praxis ein **Rückgriffsrecht** zu, das aus Auftrag, Geschäftsführung ohne Auftrag oder Art. 507 herzuleiten ist, wobei im letzteren Fall auf den zahlenden Bürgen nicht nur die Rechte gegen den Hauptschuldner, sondern *auch jene gegenüber den Mitbürgen* übergehen (Art. 497 Abs. 1 i.V.m. Art. 498 Abs. 1; BGE 56 II 139; 66 II 127; 54 III 301; ausführlich ZK-OSER/SCHÖNENBERGER, N 50; BECK, N 20).

2. Regress in der Solidarmitbürgschaft (Abs. 2 Satz 4 und 5)

9 Neben der besonderen Vorschrift in Art. 497 Abs. 2 Satz 4 und 5 geht das **Rückgriffsrecht** des zahlenden solidarischen Mitbürgen auch als Grundsatz aus Art. 507 Abs. 1 hervor (BGE 54 III 301; 53 II 29 E. 1). Zur Regressschuld des Mitbürgen in dessen Konkurs oder Nachlassvertrag: ZR 1942, 59 ff.

Mit der besonderen Rückgriffsregelung in Art. 497 Abs. 2 Satz 4, soll der **Grundsatz der gleichmässigen Verteilung der Last auf alle Mitbürgen** verwirklicht werden. Auch dem *solidarisch haftenden Mitbürgen* steht die **Einrede der Teilung** zu, wenn mehr von ihm verlangt wird. Schon nach Teilleistungen kann der Rückgriff geltend gemacht werden, d.h. auch für Teilleistungen, die nicht grösser als der Kopfanteil sind (BECK, N 42; SJ 1988, 161 ff.).

Der solidarische Mitbürge hat den **Nachweis** seiner Bezahlung als **Voraussetzung für den Rückgriff** zu erbringen. Nicht relevant ist, ob die Zahlung aus seinem eigenen Vermögen oder dem eines Dritten stammt, sofern die bezahlte Summe nicht gerade aus dem Vermögen des Mitbürgen stammt, auf den regrediert wird (BGE 56 II 139 E. 2, 3). Zum Regressrecht mehrerer Kollektivgesellschafter, die die Schuld einer Kollektivgesellschaft verbürgt haben, s. BGE 40 II 367. Der leistende Mitbürge hat die Wahl, ob er zunächst auf den Hauptschuldner Rückgriff nehmen soll (Art. 507) oder gem. Art. 497 Abs. 2 Satz 5 die Mitbürgen belangen will. Zur Verjährung der Rückgriffsforderung vgl. Art. 507 Abs. 5. Die Rückgriffsforderung ist vom Zeitpunkt der Mahnung an zu verzinsen (BGE 57 II 327 E. 4).

Auf den zahlenden Mitbürgen gehen die dem Gläubiger für die verbürgte Schuld zustehenden **Sicherheiten**, z.B. Pfandrechte, über (Art. 507 Abs. 2; ZK-Oser/Schönenberger, N 55). Die Zahlung eines Solidarmitbürgen wirkt sich auf die anderen Mitbürgen aus, auch bezüglich Pfandrechten. Demgemäss obliegt dem zahlenden Solidarmitbürgen eine **Sorgfaltspflicht zur Erhaltung der Pfänder** (BGE 94 III 1–3 E. 1 = Pra 1968, 327; BGE 66 II 123, wonach der regressberechtigte Mitbürge, der in schuldhafter Weise Sicherheiten aufgibt, als Geschäftsführer ohne Auftrag aus Art. 420 haftbar wird). Das BGer hat in BGE 94 III 3 E. 2 = Pra 1968, 327 E. 2 offen gelassen, ob eine Bestimmung des Bürgschaftsvertrages, wonach die Bürgen *vor* Verwertung der Pfänder belangt werden können, auch im Verhältnis zwischen dem zahlenden Bürgen und den anderen Solidarbürgen gilt, gegen die der Zahlende kraft Subrogation sein Rückgriffsrecht ausübt. Jedenfalls kann der zahlende Solidarbürge *vor* Verwertung der Pfänder auf die anderen Solidarbürgen zurückgreifen, wenn der Hauptschuldner in Konkurs geraten ist (BGE 94 III 3 E. 3 = Pra 1968, 327 f. E. 3). 10

Zession der verbürgten Hauptschuld hat auf das Rückgriffsverhältnis unter einer Mehrzahl von Solidarmitbürgen keine Wirkung (BGE 95 II 249 E. 2), ebenso wenn sich der Gläubiger zunächst aus einem von einem Mitbürgen gestellten Pfand befriedigt (BGE 53 II 30). 11

Ausgeschlossen ist der Rückgriff, wenn der zahlende Mitbürge Allein- oder Hauptaktionär der Gesellschaft ist, deren Schuld verbürgt wurde (BGE 81 II 459; 53 II 31).

Der Mitbürgenrückgriff ist dispositiver Natur (Art. 497 Abs. 2 Satz 4: *«…, wenn nicht etwas anderes vereinbart worden ist,…»*), wobei *vermutungsweise* jeder Mitbürge einen gleichen Anteil zu tragen hat. Den Beweis des Gegenteils trägt der Mitbürge, der behauptet, intern weniger tragen zu müssen (BGE 53 II 31).

Prozessuales: Das Regressrecht besteht unabhängig von einer allfälligen **Streitverkündung** im vorgängigen Prozess (BGE 57 II 527). Zur Erhebung von Einreden des im Regressprozess belangten Solidarbürgen: Er kann alle Einreden erheben, die der zahlende Solidarmitbürge bereits im vorausgegangenen Prozess mit dem Gläubiger (erfolglos) erhoben hat (BGE 57 II 521 E. 1).

V. Nachträgliche Befreiung des Bürgen (Abs. 3)

1. Voraussetzungen

Häufig verbürgt sich jemand unter der **Voraussetzung der Mitbürgschaft anderer**. Dies muss für den Gläubiger *erkennbar* gewesen sein; tritt diese Voraussetzung nicht ein, so wird der Bürge frei (BGE 63 II 168; 60 II 232; 59 II 31). Die **Beweislast** für die Erkennbarkeit trägt, wer sich darauf beruft (Beck, N 52, 56). Ob die Voraussetzung der Mitbürgschaft vorliegt, ist eine Tatfrage, die vom BGer nicht überprüft werden kann (BGE 63 II 168). Stillschweigende Voraussetzung ist möglich; ausdrückliche Erklärung ist also nicht notwendig, erst recht nicht Bedingung nach Art. 151 ff. (ZK-Oser/Schönenberger, N 61; BGE 63 II 169 E. 1, wonach der Begriff «Voraussetzung» nicht identisch ist mit «Bedingung»). Auch müssen die Voraussetzungen von Art. 24 Abs. 1 Ziff. 4 nicht erfüllt sein (BGE 59 II 36 E. 7). 12

Zur **Befreiung aus der Bürgenhaft** genügt es, wenn die Mithaftung einer einzigen Person *irrtümlich* angenommen wurde (z.B. nur drei statt vier Mitbürgen; es wird dann *jeder* frei, der die Mitbürgeneigenschaft von vier Personen vorausgesetzt hat; BGE 63 II 168). Daran ändert sich auch nichts, wenn für einen weggefallenen Mitbürgen ein *anderer* eingetreten ist (BGE 63 II 168). Vereitelung der Voraussetzung ist ebenfalls gegeben, wenn sich zwar wohl die Zahl, *aber nicht die vorausgesetzten Personen* verbürgt haben (BGE 63 II 168). Irrelevant ist, aus welchen Gründen die Verpflichtung eines Mitbürgen nachträglich für ungültig erklärt wurde (z.B. Handlungsunfähigkeit, Form- oder Willensmängel, absichtliche Täuschung, fehlende Zustimmung des Ehegatten; BGE 60 II 232). Hat der Befreiung suchende Mitbürge die Ungültigkeit der Verpflichtung des Mitbürgen aber verschuldet, kann er sich nicht auf sie berufen (BECK, N 60). Bei Zustimmung der übrigen Mitbürgen zur **Entlassung eines Bürgen** aus der Mitbürgschaft ist Art. 497 Abs. 3 nicht anwendbar. Für die Entlassung ist jedoch die *Schriftform* zu wahren (Art. 493 Abs. 5). Nach Fälligkeit der Bürgschaftsforderung tritt durch eine vergleichsweise Regelung der Haftung (auch Entlassung) mit einem Mitbürgen keine Verschlechterung der Haftung der übrigen Mitbürgen ein (ZK-OSER/SCHÖNENBERGER, N 70 Abs. 2). Es gibt keine Erhöhung des Kopfanteils infolge Nachbürgenhaftung, da eine solche für den vergleichsweise erlassenen Teil entfällt. Damit bleibt die Ratio von Art. 497 Abs. 3 gewahrt.

Unter den Voraussetzungen von Art. 497 Abs. 3 ist der im Aberkennungsprozess des Mitbürgen ergehende Entscheid über die Gültigkeit der Bürgschaft von präjudizieller Bedeutung für die Forderungsklage des Gläubigers gegen einen anderen Solidarbürgen (SJZ 1976, 379 f. = ZR 1976, 237 ff.). Der Mitbürge ist legitimiert, sich auf **Ungültigkeit der Mitbürgschaft** zu berufen, auch wenn der Gläubiger in der Betreibung gegen den Mitbürgen teilweise befriedigt wurde (BGE 59 II 32).

Art. 497 Abs. 3 findet keine Anwendung, wenn einer der Mitbürgen die Hauptschuld nachträglich erwirbt. Die Haftung der übrigen reduziert sich um den **Kopfanteil** des neuen Gläubigers. Dies gilt auch, wenn dieser seine eigene Schuld zusammen mit den anderen Mitbürgen verbürgt hat (ZBJV 1917, 134).

2. Wirkungen

13 Erweist sich die Voraussetzung des Vorhandenseins von Mitbürgen als unrichtig, so ist der **Mitbürge gänzlich befreit** (vgl. N 12). Lediglich für den Fall der nachträglichen Ungültigerklärung kann der Richter statt auf Befreiung auf **Reduktion der Haftung** erkennen. Der Zeitpunkt der Befreiung tritt mit der Nichterfüllung der Erwartung ein, spätestens mit Fälligkeit der Bürgschaftsverpflichtung (ZK-OSER/SCHÖNENBERGER, N 70). Die Rechtsfolgen der Befreiung können nicht beseitigt werden durch nachträgliche formlose Anerkennung oder durch den Umstand, dass ein Mitbürge bereits geleistet hat oder eine von Gesetzes wegen bestehende Ungültigkeit seiner Bürgschaft nicht geltend macht (BGE 59 II 32, 35 f.). Die **Rückforderung von Leistungen** eines Bürgen, der nach Art. 493 Abs. 3 befreit wird, ist unter den Voraussetzungen von Art. 62 f. und 86 SchKG möglich (BGE 63 II 169). Kann sich der Befreiung suchende Mitbürge auf Art. 497 Abs. 3 berufen, kommt Art. 25 Abs. 2 nicht zur Anwendung (BGE 59 II 36 E. 7).

3. Abweichende Vereinbarungen

14 **Bei Eingehung der Bürgschaft** kann der Mitbürge wohl formlos seine einfache oder solidare Mitbürgschaft als *nicht* Abs. 3 unterstehend erklären. **Nach Eingehung der Bürgschaft** ohne diese Wegbedingung greift Art. 492 Abs. 4 (ZK-OSER/SCHÖNENBERGER, N 73; teilweise unentschieden BECK, N 48).

VI. Nebenbürgschaft (Abs. 4)

Nebenbürgschaft, auch **uneigentliche Mitbürgschaft** genannt, liegt vor, wenn sich zwei oder mehrere Bürgen *unabhängig voneinander für die gleiche Hauptschuld* verpflichten. Die Gemeinsamkeit der Bürgschaft gem. Art. 497 Abs. 1–3 fehlt. Abs. 1–3 von Art. 497 sind demgemäss auf die Nebenbürgschaft nicht anwendbar (BGE 49 III 210). Jeder Bürge haftet unabhängig für die *ganze* Schuld, weshalb die anderen Nebenbürgen auch nicht in der Bürgschaftsurkunde genannt werden müssen (BGE 119 Ia 443). Jede der voneinander unabhängigen Bürgschaften kann eine einfache oder solidarische sein. Nebenbürgschaft kann dadurch entstehen, dass zwei Bürgen der gleichen Hauptschuld überhaupt keine Kenntnis voneinander haben. Infolge des Nebeneinanders der Bürgschaften steht weder dem *einfachen* Bürgen die *Einrede der Teilung* zu, noch dem *Solidarbürgen* die *beschränkte Einrede der Teilung*. Dies ist ein Vorteil für den Gläubiger (ZK-OSER/SCHÖNENBERGER, N 75). 15

Der **Mitbürgenrückgriff** gem. Art. 497 Abs. 2, Satz 4 und 5 kommt nicht zur Anwendung. Aus Billigkeitsgründen wird jedoch dem Zahlenden «anteilsmässiger Rückgriff» auf die (früheren und späteren) Nebenbürgen gewährt (Art. 497 Abs. 4 Satz 2). Eine abweichende Abrede unter diesen ist gemäss Gesetzeswortlaut möglich (ZK-OSER/SCHÖNENBERGER, N 76).

Art. 498

4. Nachbürgschaft und Rückbürgschaft

[1] Der Nachbürge, der sich dem Gläubiger für die Erfüllung der von den Vorbürgen übernommenen Verbindlichkeit verpflichtet hat, haftet neben diesem in gleicher Weise wie der einfache Bürge neben dem Hauptschuldner.

[2] Der Rückbürge ist verpflichtet, dem zahlenden Bürgen für den Rückgriff einzustehen, der diesem gegen den Hauptschuldner zusteht.

4. Certificateur de caution et arrière-caution

[1] Le certificateur de caution, qui garantit à l'égard du créancier l'engagement de la caution, est tenu, avec celle-ci, de la même manière qu'une caution simple avec le débiteur.

[2] L'arrière-caution est garante envers la caution qui a payé du recours appartenant à celle-ci contre le débiteur.

4. Fideiussore del fideiussore e fideiussore al regresso

[1] Il fideiussore del fideiussore, che si è obbligato verso il creditore per l'adempimento degli obblighi assunti dal primo fideiussore, è responsabile per quest'ultimo come il fideiussore semplice per il debitore principale.

[2] Il fideiussore al regresso è garante verso il fideiussore, che ha pagato, per il regresso spettante al medesimo verso il debitore principale.

Literatur

Vgl. die Literaturhinweise bei den Vorbem. zu Art. 492–512.

I. Nachbürgschaft (Abs. 1)

Der Nachbürge steht gegenüber dem Gläubiger einer anderen Bürgschaft – der Vorbürgschaft – für die Erfüllung der vom Vorbürgen übernommenen Verbindlichkeit ein (vgl. STREIFF/PELLEGRINI/VON KAENEL, 238). Er sichert also den Gläubiger gegen die Zahlungsunfähigkeit des Vorbürgen (auch Hauptbürge genannt). Nachbürgschaft ist die **Verbürgung einer Bürgschaftsverpflichtung**. Die Hauptschuld ist auch eine Bürgenverpflichtung, nämlich jene des Vorbürgen gegenüber dem Gläubiger (ZK-OSER/SCHÖNENBERGER, N 2; BECK, N 2). Vertragsparteien sind der Gläubiger, der mit dem Gläubiger der Vorbürgschaft identisch ist, und der Nachbürge. Hauptschuldner ist der Vorbürge. Die Nachbürgschaft bedarf besonderer Abmachung, sonst gilt sie als einfache Bürgschaft. Es besteht **keine Vermutung zu-** 1

gunsten von Nachbürgschaft (BECK, N 4). Da die Nachbürgschaft die normale Bürgenstellung erleichtert, bedarf die Nachbürgschaftsklausel nicht der Bürgschaftsform (anders, wenn eine solidarische Nachbürgschaft gewollt ist; vgl. aber zu allfälligen Formmängeln der Nachbürgschaft BGer, 11.6.2008, 5A_307/2008, E. 5). Bei Begründung einer einfachen Mitbürgschaft entsteht die Nachbürgenverpflichtung von Gesetzes wegen (Art. 497 Abs. 1).

2 Der Nachbürge haftet neben (besser hinter) dem Vorbürgen wie ein einfacher Bürge neben dem Hauptschuldner (Art. 495). Da Art. 498 Abs. 1 nicht zwingend ist, kann sich der Nachbürge auch solidarisch mit dem Vorbürgen verpflichten, ohne die Nachbürgeneigenschaft aufzugeben (BGE 29 II 151). Ist die Nachbürgschaft eine Solidarbürgschaft, kann der Gläubiger den Nachbürgen schon vor dem Vorbürgen belangen (ausführlicher BECK, N 8).

3 Die Verpflichtung des Nachbürgen ist **akzessorisch**. Die Nachbürgschaft ist von der Vorbürgschaft abhängig wie die gewöhnliche Bürgschaft von der Gültigkeit der Hauptschuld. Der Nachbürge haftet nur, wenn und soweit eine gültige Verpflichtung des Vorbürgen besteht (BGE 57 II 362). Soweit die Vorbürgen nur als Gesellschafter haften (Komplementär und Kommanditär einer Kommanditgesellschaft), liegt keine Nachbürgschaft, sondern einfache Bürgschaft vor (BGE 57 II 358 E. 1). Die Nachbürgschaft *endigt* wegen ihrer Akzessorietät nicht nur, wenn die Vorbürgschaft der ihr zugrunde liegenden Hauptschuld zufolge dahinfällt, sondern auch, wenn diese selbst aus einem rein bürgschaftsrechtlichen Grund, z.B. Art. 510/511, untergeht (ZK-OSER/SCHÖNENBERGER, N 3; BGE 64 II 192).

4 Ist die Vorbürgschaft eine einfache Bürgschaft, besteht **doppelte Subsidiarität**: Der Nachbürge kann einredeweise geltend machen, dass sich der Gläubiger im Rahmen der Vorbürgschaft zunächst nach Art. 495 durch Belangung des *ersten Hauptschuldners* und Pfandverwertung befriedige und ausserdem, dass er den *Vorbürgen* gem. Art. 495 belange. Ist die Vorbürgschaft solidarisch, bestimmt sich die Belangbarkeit des ersten Hauptschuldners gem. Art. 496, jene des Nachbürgen nach Art. 495 Abs. 1 und 2. Dem Nachbürgen stehen unmittelbar alle **Einreden des Vorbürgen** gem. Art. 502, mittelbar auch jene aus der ursprünglichen Hauptschuld zu (ZK-OSER/SCHÖNENBERGER, N 5; BECK, N 6; BGE 29 II 151).

5 Der **Rückgriff** des zahlenden Nachbürgen kann sich gegen den Vorbürgen als Hauptschuldner der Nachbürgschaft richten, aber wohl *auch direkt* gegen den ursprünglichen Hauptschuldner, dessen Verpflichtung der Nachbürge durch seine Leistung mittelbar getilgt hat (ZK-OSER/SCHÖNENBERGER, N 6).

II. Rückbürgschaft (Abs. 2)

6 In der Rückbürgschaft steht der Rückbürge einem ursprünglichen Bürgen dafür ein, dass letzterer – wenn er dem Gläubiger bezahlen muss – das Geleistete vom Hauptschuldner zurückerhält (BK-GIOVANOLI, N 6). Es geht also um die **Verbürgung der Regressforderung**, die ein anderer Bürge gegen seinen Hauptschuldner hat (BGE 54 III 302). Die Rückbürgschaft ist eine *gewöhnliche Bürgschaft*, auf die die entsprechenden Bürgschaftsvorschriften anwendbar sind (BGE 61 II 100). Der Hauptschuldner bleibt der gleiche wie in der primären Bürgschaft. Der primäre Gläubiger steht zum Rückbürgen in keinem Vertragsverhältnis.

Die Rückbürgschaft kann – wie die primäre Bürgschaft – eine einfache oder solidarische sein (BECK, Art. 497 N 10 ff.; ZK-OSER/SCHÖNENBERGER, N 10). Zu ihrer **Entstehung** bedarf sie besonderer Abmachung, andernfalls wird einfache Bürgschaft für die ursprüngliche Hauptschuld *vermutet*. Rückbürgschaft kann sich aus dem Vertrag oder den Umständen ergeben (BGE 31 II 90). Zur **Form**: BGE 61 II 100 (Angabe des maximalen Haftungsbetrages).

Weil die Rückbürgschaft die Regressforderung einer anderen Bürgschaft absichert, ist sie von der Gültigkeit derselben abhängig. Der Rückbürge haftet nur, wenn und soweit dem primären Bürgen ein **Rückgriffsrecht** gegen den Hauptschuldner zusteht (BGE 54 III 302; 30 II 90).

Bei einfacher Rückbürgschaft ist zuerst die **Regressforderung** gegen den Hauptschuldner geltend zu machen oder es muss sonst eine in Art. 495 genannte Voraussetzung erfüllt sein. Bei solidarischer Rückbürgschaft kann der primäre Bürge vor dem Hauptschuldner belangt werden (BECK, N 14).

Der Rückbürge hat gegenüber dem primären Bürgen die gleichen **Einreden** wie der Hauptschuldner. Hat der primäre Bürge eine Einrede, mit der er sich hätte befreien können, gegenüber dem Gläubiger nicht geltend gemacht, hat er den Rückgriff gegen den Hauptschuldner verloren, wenn er nicht nachweisen kann, dass er die Einrede ohne sein Verschulden nicht gekannt hatte (Art. 502 Abs. 3). Durch den **Wegfall der Regressforderung** ist auch der Rückbürge befreit (BECK, N 15; ZK-OSER/SCHÖNENBERGER, N 12). 7

Der primäre Bürge, der selber noch nicht bezahlt hat, kann seine (aufschiebend bedingte) Forderung im **Konkurs des Rückbürgen** anmelden (Art. 210, 215 SchKG; BGE 54 III 302).

Der zahlende Rückbürge erlangt gem. Art. 507 durch **Subrogation** die Rechte des primären Bürgen gegen den Hauptschuldner und gegen allfällige Mitbürgen des primären Bürgen (ZK-OSER/SCHÖNENBERGER, N 13).

Art. 499

II. Gemeinsamer Inhalt
1. Verhältnis des Bürgen zum Gläubiger
a. Umfang der Haftung

[1] Der Bürge haftet in allen Fällen nur bis zu dem in der Bürgschaftsurkunde angegebenen Höchstbetrag.

[2] Bis zu diesem Höchstbetrage haftet der Bürge, mangels anderer Abrede, für:

1. **den jeweiligen Betrag der Hauptschuld, inbegriffen die gesetzlichen Folgen eines Verschuldens oder Verzuges des Hauptschuldners, jedoch für den aus dem Dahinfallen des Vertrages entstehenden Schaden und für eine Konventionalstrafe nur dann, wenn dies ausdrücklich vereinbart worden ist;**
2. **die Kosten der Betreibung und Ausklagung des Hauptschuldners, soweit dem Bürgen rechtzeitig Gelegenheit gegeben war, sie durch Befriedigung des Gläubigers zu vermeiden, sowie gegebenenfalls die Kosten für die Herausgabe von Pfändern und die Übertragung von Pfandrechten;**
3. **vertragsmässige Zinse bis zum Betrage des laufenden und eines verfallenen Jahreszinses, oder gegebenenfalls für eine laufende und eine verfallene Annuität.**

[3] Wenn sich nicht etwas anderes aus dem Bürgschaftsvertrag oder aus den Umständen ergibt, haftet der Bürge nur für die nach der Unterzeichnung der Bürgschaft eingegangenen Verpflichtungen des Hauptschuldners.

II. Dispositions communes
1. Rapports entre la caution et le créancier
a. Etendue de la responsabilité

[1] La caution n'est, dans tous les cas, tenue qu'à concurrence du montant total indiqué dans l'acte de cautionnement.

[2] Dans cette limite, elle est tenue, sauf convention contraire:

1. du montant de la dette, ainsi que des suites légales de la faute ou de la demeure du débiteur. Elle ne répond toutefois du dommage résultant de la caducité du contrat et n'encourt une peine conventionnelle que s'il en a expressément été convenu;
2. des frais des poursuites et des actions intentées contre le débiteur, pourvu qu'elle ait été mise, en temps utile, à même de les prévenir en désintéressant le créancier, ainsi que, le cas échéant, des frais occasionnés par la remise de gages et le transfert de droits de gage;
3. des intérêts conventionnels à concurrence des intérêts courants pour l'année et des intérêts échus d'une année; le cas échéant, de l'annuité courante et d'une annuité échue.

[3] A moins que le contraire ne résulte du contrat ou des circonstances, la caution ne répond que des engagements du débiteur qui sont postérieurs à la souscription du cautionnement.

II. Disposizioni comuni
1. Rapporti tra il fideiussore e il creditore
a. Estensione della responsabilità

[1] In tutti i casi, il fideiussore risponde solo fino a concorrenza dell'importo massimo indicato nell'atto di fideiussione.

[2] Entro questo limite il fideiussore è responsabile, salvo convenzione contraria:
1. per l'ammontare del debito principale come pure per le conseguenze legali della colpa o della mora del debitore principale ma non per il danno derivante dal mancato contratto né per una pena convenzionale, a meno che ciò sia stato esplicitamente stipulato;
2. per le spese degli atti d'esecuzione e di procedura in confronto del debitore principale, in quanto il fideiussore sia stato in tempo debito posto in grado di evitarle mediante soddisfacimento del creditore, come pure, se è il caso, per le spese cagionate dalla consegna di pegni e dal trasferimento di diritti di pegno;
3. per gli interessi convenzionali fino a concorrenza degli interessi annuali in corso e di quelli scaduti d'un anno o, se è il caso, per l'annualità in corso e per quella precedente.

[3] A meno che risulti il contrario dal contratto o dalle circostanze, il fideiussore non è responsabile che per gli obblighi del debitore principale sorti posteriormente alla sottoscrizione della fideiussione.

Literatur

Vgl. die Literaturhinweise bei den Vorbem. zu Art. 492–512.

I. Maximalhaftungssumme des Bürgen (Abs. 1)

1 Der nach Art. 499 Abs. 1 in der Bürgschaftsurkunde angegebene Höchstbetrag (Art. 493 Abs. 1) hat die **Bedeutung einer Beschränkung der Bürgenhaftung nach oben**. Der Bürge soll von Anfang an Klarheit darüber haben, bis zu welchem Betrag er schlimmstenfalls für eine fremde Schuld einstehen muss. Die Tatsache, dass der Betrag der verbürgten Schuld höher sein kann, allenfalls bedingt durch Schadenersatz, Konventionalstrafen, Verzugszinsen, Kosten der Betreibung und Ausklagung des Hauptschuldners (sog. Nebenfolgen), ändert nichts am Höchstbetrag. Die Nebenforderungen werden *eingerechnet* (Art. 499 Abs. 2).

Der Bürgschaftsbetrag kann durchaus höher sein als der Forderungsbetrag im Hauptschuldverhältnis (BGer, 29. 1. 2009, 4A.530/2008, E. 5.2.5). Zur finanziellen Abdeckung der Nebenfolgen wird in der Praxis auf die Hauptschuld ein **Zuschlag** – i.d.R. 20% – gemacht (ZK-Oser/Schönenberger, N 7; BK-Giovanoli, N 5; SJZ 1971, 222–224).

Nicht unter den Maximalhaftungsbetrag fallen die Kosten der Betreibung und Ausklagung des Bürgen selber (Beck, N 7).

2 Art. 499 Abs. 1 ist zwingendes Recht, im Gegensatz zu den Absätzen 2 und 3. Er ergänzt damit Art. 493 Abs. 1, wonach die Bürgschaft nur dann formgültig ist, wenn in der schriftlichen Bürgenerklärung auch der zahlenmässig bestimmte Höchstbetrag der Haftung angegeben ist (BGE 117 II 493). Dispositiver Natur ist die in Art. 500 geregelte jährliche Verminderung des maximalen Haftungsbetrages (Art. 500 Abs. 1 Satz 1; BK-Giovanoli, N 7).

II. Die von der Maximalhaftungssumme gedeckten Forderungen (Abs. 2)

1. Allgemeines

3 Zu unterscheiden ist zwischen der in der Bürgschaftsurkunde festgelegten **maximalen Bürgschaftssumme** einerseits und der **Hauptschuld und ihren Nebenforderungen** andererseits. Ist die Summe von Hauptschuld und Nebenfolgen kleiner als die maximale Bürgschaftssumme, so umschreibt letztere den Umfang der tatsächlichen Bürgenhaftung, andernfalls die maximale Bürgschaftssumme (ZK-Oser/Schönenberger, N 6; Beck, N 10).

Aus der akzessorischen Natur der Bürgschaft folgt sodann, dass **nachträgliche Änderungen** in der Hauptschuld, durch die die Haftung des Hauptschuldners *erleichtert* wird, dem Bürgen ohne weiteres zugute kommen. Gegenteilige Vereinbarungen sind nicht gültig (BECK, N 11). Für eine **nachträgliche Erschwerung der Bürgenhaftung** hat der Bürge nur einzustehen, wenn er ihr in der Bürgschaftserklärung entsprechend zugestimmt hat. Unter der Voraussetzung, dass der Bürge die Tragweite einer solchen Klausel zu überblicken vermag und keine zwingenden Vorschriften verletzt werden, ist dies zulässig (BGE 63 II 409; BECK, N 11).

Der Bürge hat, wenn die Parteien nicht etwas anderes vereinbart haben, bis zur Höhe der Maximalhaftungssumme für die in Abs. 2 umschriebenen Forderungen zu haften (N 5 vgl. TERCIER/FAVRE, N 6953 f.). 4

Die **Einschränkung der gesetzlichen Haftung** gem. Art. 499 Abs. 2 kann formlos, die **Ausdehnung** dagegen muss ausdrücklich und in der Form der betreffenden Bürgschaft erfolgen (BECK, N 35). Nachträgliche Vereinbarungen können in Schriftform erfolgen, da nur die Verpflichtungen innerhalb der Maximalhaftungssumme ändern (Art. 493).

2. Haftung für die Hauptschuld etc. (Abs. 2 Ziff. 1)

a) Hauptschuld

Die **Hauptschuld** ist massgebend für die Verpflichtung, die auch der Bürge – bis zur Maximalhaftungssumme – zu erfüllen hat. Er kann nicht für etwas anderes als die Hauptschuld belangt werden. Er haftet für *Erhöhungen* der Hauptschuld nur, sofern dies gesetzlich oder vertraglich vorgesehen ist oder in der Natur der Sache liegt, z.B. im Kontokorrentverhältnis (BK-GIOVANOLI, N 10; dazu ausführlich BECK, N 13 ff.; ZK-OSER/SCHÖNENBERGER, N 13 ff.). 5

b) Folgen des Verschuldens des Hauptschuldners und des Verzuges

Gemeint sind die **typischen Erhöhungen der Hauptschuld** infolge Nichterfüllung, nicht gehöriger Erfüllung oder Verzug (Art. 97 ff., 102 ff.). 6

Bei den Folgen des Verschuldens hat der Bürge nur für das **positive oder Erfüllungsinteresse** einzustehen (ausführlich ZK-OSER/SCHÖNENBERGER, N 22 ff.; BECK, N 17 ff.). Der Bürge haftet mangels anderer Vereinbarung nicht für den aus dem Dahinfallen des Vertrages entstehenden Schaden (negatives Vertragsinteresse, Art. 109), weil sich dieses nicht auf der Basis des Einstehens für die Hauptschuld ergibt. Eine Haftung für Konventionalstrafen entfällt ebenso, ausser sie sei vereinbart worden. Darin liegt eine rechtsgeschäftliche Erweiterung der Hauptschuld (BK-GIOVANOLI, N 12; ausführlich BECK, N 20 ff.).

Wenn der Satz des **Verzugszinses** vertraglich vereinbart wurde, rechtfertigt es sich, den Zinsanspruch unter die Verzugsfolgen gem. Art. 499 Abs. 2 Ziff. 1 zu subsumieren und nicht unter die Vertragszinsen gem. Ziff. 3 von Abs. 2. Dies rechtfertigt sich besonders wegen der zeitlichen Befristung in Ziff. 3 (BGE 105 II 233 E. 4b).

3. Haftung für Kosten der Betreibung und Ausklagung des Hauptschuldners (Abs. 2 Ziff. 2)

Andere Vereinbarungen vorbehalten, hat der Bürge auch für diese Kosten in beschränktem Umfang einzustehen. 7

a) Kosten der Rechtsverfolgung

Gemeint sind **Kosten für gerichtliche Klage und Betreibung des Hauptschuldners**, soweit sie der Gläubiger in guten Treuen aufwenden durfte. Eingeschlossen sind z.B. Kosten für Zahlungsbefehl, Rechtsöffnung, Aberkennungsklage, Konkurs, Arrest, Gerichts- und An- 8 waltskosten, Kosten der Realisierung von Pfändern, die der Hauptschuldner gestellt hat (ZK-OSER/SCHÖNENBERGER, N 31).

Voraussetzung einer Haftung des Bürgen für die Rechtsverfolgungskosten ist jedoch, dass ihm der Gläubiger billigerweise *rechtzeitig* Gelegenheit gegeben hat, sie durch seine **Befriedigung** zu vermeiden. Der Gläubiger tut deshalb gut daran, den Bürgen über beabsichtigte Massnahmen zu orientieren und ihm eine angemessene **Frist** für dessen Entscheid anzusetzen, selber zu bezahlen oder nicht; sonst berappt er diese Kosten selber (ZK-OSER/SCHÖNENBERGER, N 32; BECK, N 32).

Für Kosten des Gläubigers aus der **Belangung des Bürgen** haftet dieser ohnehin und ausserhalb der Maximalhaftungssumme.

Der Bürge hat **Kosten für die Betreibung und Ausklagung von Mitbürgen** nach h.L. nicht zu ersetzen (BK-GIOVANOLI, N 13; ZK-OSER/SCHÖNENBERGER, N 33).

b) Kosten für die Herausgabe von Pfändern und die Übertragung von Pfandrechten

9 Der Bürge haftet für die Kosten, die dem Gläubiger aus der ihm gem. Art. 503 Abs. 3 und Art. 507 obliegenden Pflicht zur **Herausgabe von Pfändern** und **Übertragung von Pfandrechten** an den zahlenden Bürgen erwachsen (BECK, N 33).

4. Haftung für Zinsen (Abs. 2 Ziff. 3)

10 Ziff. 3 bezieht sich nur auf **Vertragszinsen**, nicht auf Verzugszinsen, für die Ziff. 1 von Abs. 2 massgebend ist und für die die Beschränkung auf den laufenden und einen verfallenen Jahreszins nicht gilt (BECK, N 26; ZK-OSER/SCHÖNENBERGER, N 36 ff.; BK-GIOVANOLI, N 14 ff.; BGE 105 II 233 E. 4b).

Für **Annuitäten** gilt das Gleiche wie für die Jahreszinsen. Üblich sind Annuitäten bei *Hypothekarforderungen*, die (als Pauschale) meist aus Zins- und Kapitalamortisation bestehen (BECK, N 28; ZK-OSER/SCHÖNENBERGER, N 39).

III. Verbürgung bereits bestehender Verpflichtungen des Hauptschuldners (Abs. 3)

11 Nach Abs. 3 haftet der Bürge mangels abweichender Vereinbarung nur für die *nach* der Unterzeichnung der Bürgschaft eingegangenen Verpflichtungen des Hauptschuldners (vgl. LOMBARDINI, 916). Abs. 3 stellt eine **widerlegbare Vermutung**, eine **Auslegungsregel** auf (BK-GIOVANOLI, N 22). Der Gläubiger, der die Bürgschaft also für eine Forderung in Anspruch nehmen will, die bei Unterzeichnung der Bürgschaft schon bestand, hat den Beweis zu erbringen, dass sich der Bürge für die **vorbestandene** Forderung verpflichten wollte. Notwendig sein dürfte mindestens der Nachweis, dass der Bürge in jenem Zeitpunkt vom Bestehen einer solchen Forderung Kenntnis hatte (BECK, N 37). Empfehlenswert für den Gläubiger ist daher die konkrete Bezugnahme auf die bestehende Forderung in der Bürgschaftsurkunde, was aber *nicht* Gültigkeitserfordernis ist (BGE 61 II 129). Dies kann sich auch aus den Umständen ergeben (z.B. Korrespondenz, Zeugen). Der Zweck der Vorschrift geht dahin, dass die Bürgschaft im Zweifel nicht dazu dienen soll, ein bereits bestehendes Guthaben des Gläubigers abzusichern (BECK, N 39). Normalerweise bürgt man, um dem Hauptschuldner damit neuen Kredit zu verschaffen und nicht um alte Schulden sicherzustellen (ZK-OSER/SCHÖNENBERGER, N 41). In einem neueren Entscheid ist das BGer indes weitergegangen (BGer, JdT 1993 III 37 ff.; TERCIER, SJZ 1995, 175). Es hat festgehalten, dass eine von Art. 499 Abs. 3 abweichende Vereinbarung eine Erschwerung der Bürgenstellung bedeute und somit einen subjektiv wesentlichen Punkt beinhalte, weshalb die Formvorschriften von Art. 493 einzuhalten sind (vgl. auch ZK-OSER/SCHÖNENBERGER, Art. 493

N 27; **a.M.** offenbar DIES., Art. 499 N 43, wo festgehalten wird, dass für die Vereinbarung auf Verbürgung bereits bestehender Schulden eine ausdrückliche Erklärung oder besondere Form zwar zweckmässig, aber *nicht* nötig sei).

GIOVANOLI (BK, N 23) will unter Hinweis auf BGE 64 II 208 die gesetzliche Präsumption, wonach die Verbürgung schon bestehender Verpflichtungen nicht zu vermuten ist, dahingehend einschränken, dass es sich nur um die Verpflichtungen des Hauptschuldners beim (gleichen) Bürgschaftsgläubiger handelt. Nach dem **Zweck der Vorschrift** komme es mehr auf die *wirtschaftliche* als auf die *rechtliche Betrachtungsweise* an: Abs. 3 soll auch dort Anwendung finden, wo rein rechtlich eine neue, materiell aber eine alte Schuld vorliegt (z.B. Novation der einzelnen Posten durch einverständliche Saldierung im Kontokorrentverhältnis; Gewährung eines neuen Darlehens, das aber nur zur Begleichung der alten Schuld beim gleichen Gläubiger bestimmt ist; ZK-OSER/SCHÖNENBERGER, N 42). 12

IV. Exkurs: Verbürgung von Kontokorrentkrediten

Bürgschaften für einzelne Posten gehen trotz Neuerung – Ziehung/Anerkennung des Saldos – nicht unter: Art. 117 Abs. 3 (BECK, N 40). 13

Kontokorrentbürgschaft (Saldobürgschaft) ist im Gegensatz dazu die Verbürgung des jeweiligen Saldos einer hinreichend individualisierten, laufenden Rechnung (Forderungskomplex). Der Bürge haftet – im Rahmen der Maximalhaftungssumme – in vollem Umfang (BGE 120 II 42). Die Vermutung von Art. 499 Abs. 3 gilt auch für die Kontokorrentbürgschaft. Sie ist sogar ein *Hauptanwendungsfall* (ZK-OSER/SCHÖNENBERGER, N 44 f.; BGE 40 II 252). Es ist ein Vorbehalt i.S.v. Abs. 3 zu machen, wenn auch für Schuldposten gehaftet werden soll, die älter als die Bürgschaft sind (BECK, N 42).

Art. 500

b. Gesetzliche Verringerung des Haftungsbetrages

[1] Bei Bürgschaften natürlicher Personen verringert sich der Haftungsbetrag, soweit nicht von vorneherein oder nachträglich etwas anderes vereinbart wird, jedes Jahr um drei Hundertstel, wenn aber diese Forderungen durch Grundpfand gesichert sind, um einen Hundertstel des ursprünglichen Haftungsbetrages. In jedem Falle verringert er sich bei Bürgschaften natürlicher Personen mindestens im gleichen Verhältnis wie die Hauptschuld.

[2] Ausgenommen sind die gegenüber der Eidgenossenschaft oder ihren öffentlich-rechtlichen Anstalten oder gegenüber einem Kanton eingegangenen Bürgschaften für öffentlich-rechtliche Verpflichtungen, wie Zölle, Steuern u. dgl. und für Frachten, sowie die Amts- und Dienstbürgschaften und die Bürgschaften für Verpflichtungen mit wechselndem Betrag, wie Kontokorrent, Sukzessivlieferungsvertrag, und für periodisch wiederkehrende Leistungen.

b. Réduction légale de la garantie

[1] Lorsque la caution est une personne physique, le montant total dont elle est tenue diminue chaque année, sauf dérogation convenue d'emblée ou subséquemment, de 3 %, et, si la créance est garantie par un gage immobilier, de 1 %. Dans tous les cas, le montant dont est tenue la personne physique diminue au moins dans la même proportion que la dette.

[2] Font exception les cautionnements de dettes de droit public envers la Confédération ou ses établissements de droit public ou envers un canton, comme les droits de douane, les impôts et autres droits semblables, et les cautionnements de transport, ainsi que les cautionnements d'officiers publics et d'employés et les cautionnements de dettes à montant variable, comme les comptes courants et les contrats de vente par livraisons successives, et de prestations périodiques.

b. Riduzione legale della garanzia

[1] Quando il fideiussore è una persona fisica, la somma garantita diminuisce ogni anno, salvo deroga stipulata fin dal principio o successivamente, del tre per cento e, se il credito è garantito da pegno immobiliare, dell'uno per cento. In ogni caso, l'importo per il quale è tenuta la persona fisica diminuisce almeno nella stessa proporzione del debito.

[2] Sono eccettuate le fideiussioni, verso la Confederazione o i suoi istituti di diritto pubblico o verso un Cantone, di obbligazioni di diritto pubblico, come dazi, imposte e altre tasse, o di prezzi di trasporto, come pure le fideiussioni per pubblico ufficio o per contratto di lavoro e quelle di debiti d'importo variabile, come contocorrenti, contratti di vendita con consegne successive, o di prestazioni ricorrenti periodicamente.

Literatur

Vgl. die Literaturhinweise bei den Vorbem. zu Art. 492–512.

I. Zweck und Geltungsbereich

1 In Art. 500 wird der **Grundsatz der Verminderung der Haftung des Bürgen** geregelt. Damit soll ein Zwang auch zur regelmässigen Abtragung der Schuld im Grundverhältnis geschaffen werden. Durch die in Abs. 1 Satz 1 vorgesehene gesetzliche Amortisation soll sich die Bürgenhaftung von Jahr zu Jahr verringern, so dass sie nach Ablauf der maximalen Frist ohne Gefahr dahinfallen kann (BECK, N 3). Art. 500 ist in direktem Zusammenhang mit Art. 509 Abs. 3 zu sehen, wonach die betreffenden Bürgschaften von Gesetzes wegen nach 20 Jahren dahinfallen. Beide Vorschriften machen das Bestreben des Gesetzgebers klar, der allzu langen Belastung natürlicher Personen aus derselben («gefährlichen») Bürgschaft vorzubeugen (ZK-OSER/SCHÖNENBERGER, N 1). Zu den Motiven des Gesetzgebers insb. GIOVANOLI, ZSR 1941, 255 ff.

2 Die Verminderung der Bürgenhaftung gilt nur für **Bürgschaften natürlicher Personen**. Ausgeschlossen sind juristische Personen sowie Kollektiv- und Kommanditgesellschaften. Der Gesetzgeber stellte sich wohl auf den Standpunkt, dass juristische Personen kein so weitgehendes Schutzbedürfnis hätten. Ebenso gilt der Grundsatz der jährlichen automatischen Verminderung des Haftungsbetrages *nicht* für natürliche Personen in den in Abs. 2 umrissenen Tatbeständen.

Praktische Beispiele bei BECK, N 20 ff.

Art. 500 Abs. 1 sieht das sukzessive Erlöschen der Bürgenhaftung auf zwei Arten vor:
- periodische Reduktion des Haftungsbetrages, Abs. 1 Satz 1 (N 3);
- Reduktion des Haftungsbetrages infolge Verringerung der Hauptschuld, Abs. 1 Satz 2 (N 4 ff.).

II. Jährliche Verringerung des Haftungsbetrages (Abs. 1 Satz 1)

3 Die maximale Haftungssumme (Art. 493 Abs. 1, Art. 499 Abs. 1) reduziert sich jährlich regelmässig um **3 %**, dies ohne Rücksicht auf allfällige Rückzahlungen der Hauptschuld. Bestehen noch Grundpfandsicherheiten, so beträgt die jährliche Amortisationsquote **1 %**. Nicht zu den Grundpfändern gehören Faustpfandrechte an Grundpfandtiteln (ZK-OSER/SCHÖNENBERGER, N 7; BECK, N 15). Hypothekarbürgschaften reduzieren sich damit in 20 Jahren um 20 %, alle übrigen Bürgschaften im gleichen Zeitraum um 60 %.

III. Reduktion des Haftungsbetrages infolge Verringerung der Hauptschuld (Abs. 1 Satz 2)

Zusätzlich zur automatischen jährlichen Amortisation reduziert jede Verringerung der Hauptschuld (Abzahlung, Teilerlass etc.) den Haftungsbetrag von Bürgschaften natürlicher Personen im **gleichen Verhältnis wie die Hauptschuld** (Beispiel: Hauptschuld CHF 60 000, maximale Haftungssumme CHF 80 000, Rückzahlung durch Hauptschuldner CHF 15 000 = 25 %, neue maximale Haftungssumme des Bürgen CHF 60 000 = Reduktion ebenfalls um 25 %). 4

Für eine **spätere Erhöhung** der reduzierten Hauptschuld haftet der Bürge infolge der Akzessorietät nicht mehr. Eine nachträgliche Wiedererhöhung der Hauptschuld würde eine neue Bürgschaft bedingen (ZK-OSER/SCHÖNENBERGER, N 14).

IV. Ausnahmen von der jährlichen Verringerung des Haftungsbetrages (Abs. 2)

Von der jährlichen Reduktion des maximalen Haftungsbetrages sind folgende Bürgschaften natürlicher Personen ausgenommen: 5

1. **Kautionsbürgschaften**: Vgl. dazu Art. 493 Abs. 3 und die dortige Kommentierung.
2. **Amts- und Dienstbürgschaften**: Es handelt sich um zukünftige Hauptschulden, deren Höhe erst unmittelbar vor ihrer Geltendmachung bekannt wird (Art. 512; BECK, N 7). Hingegen findet Art. 500 auf alle anderen künftigen Schulden Anwendung (ZK-OSER/SCHÖNENBERGER, N 10).
3. **Verpflichtungen mit wechselndem Betrag**: Nicht abschliessende Beispiele sind Kontokorrentverhältnisse, Sukzessivlieferungsverträge.
4. **Periodisch wiederkehrende Leistungen**: Verbürgung von Zinsen, Kapitalzinsen, Miet- und Pachtzinsen, Renten, Raten im Abzahlungsgeschäft. Es handelt sich um Dauerverpflichtungen, die für Amortisationen nicht geeignet sind (BECK, N 9).

V. Abweichende Vereinbarungen

Art. 500 Abs. 1 Satz 1 i.V.m. Abs. 2 ist nach klarem Wortlaut des Gesetzes dispositiver Natur (RJN 70 I 6/16; TERCIER/FAVRE, N 6941). Der Ausschluss der jährlichen Verringerung des Haftungsbetrages muss nicht von Anfang an und generell vereinbart werden. Auch die nachträgliche Vereinbarung, selbst für den Einzelfall, ist zulässig. Für die nachträgliche Abrede des Ausschlusses ist *Schriftform* nötig (Art. 493 Abs. 5, da Erschwerung der Rechtsstellung des Bürgen; ZK-OSER/SCHÖNENBERGER, N 13; BECK, N 18). 6

Art. 500 Abs. 1 Satz 2 ist zwingenden Rechts. Die maximale Haftungssumme, für die der Bürge einzustehen hat, verringert sich bei Abzahlung der Hauptschuld trotz allfälliger gegenteiliger Vereinbarung (ZK-OSER/SCHÖNENBERGER, N 17; BECK, N 19; STREIFF/PELLEGRINI/VON KAENEL, 241).

Art. 501

c. Belangbarkeit des Bürgen

[1] Der Bürge kann wegen der Hauptschuld vor dem für ihre Bezahlung festgesetzten Zeitpunkt selbst dann nicht belangt werden, wenn die Fälligkeit durch den Konkurs des Hauptschuldners vorgerückt wird.

[2] Gegen Leistung von Realsicherheit kann der Bürge bei jeder Bürgschaftsart verlangen, dass der Richter die Betreibung gegen ihn einstellt, bis alle Pfänder verwertet sind und gegen den Hauptschuldner ein definitiver Verlustschein vorliegt oder ein Nachlassvertrag abgeschlossen worden ist.

[3] Bedarf die Hauptschuld zu ihrer Fälligkeit der Kündigung durch den Gläubiger oder den Hauptschuldner, so beginnt die Frist für den Bürgen erst mit dem Tage zu laufen, an dem ihm diese Kündigung mitgeteilt wird.

4 Wird die Leistungspflicht eines im Ausland wohnhaften Hauptschuldners durch die ausländische Gesetzgebung aufgehoben oder eingeschränkt, wie beispielsweise durch Vorschriften über Verrechnungsverkehr oder durch Überweisungsverbote, so kann der in der Schweiz wohnhafte Bürge sich ebenfalls darauf berufen, soweit er auf diese Einrede nicht verzichtet hat.

c. Poursuite de la caution

1 La caution ne peut être contrainte de payer avant le terme fixé pour le paiement de la dette, même si l'exigibilité en est avancée par suite de la faillite du débiteur.

2 Quelle que soit la nature du cautionnement, la caution peut, en fournissant des sûretés d'ordre réel, demander au juge de suspendre la poursuite dirigée contre elle jusqu'à ce que tous les gages aient été réalisés et qu'un acte de défaut de biens définitif ait été délivré contre le débiteur, ou qu'un concordat ait été conclu.

3 Si l'exigibilité de la dette est subordonnée à un avertissement préalable de la part du créancier ou du débiteur, le délai ne court, pour la caution, qu'à partir du jour où l'avertissement lui est signifié.

4 Si le débiteur est domicilié à l'étranger et se trouve dans l'impossibilité de s'acquitter ou ne peut s'exécuter que partiellement en raison de prescriptions de la loi étrangère, par exemple en matière de trafic de compensation ou d'interdiction de transférer des devises, la caution domiciliée en Suisse peut également invoquer cette loi, à moins qu'elle n'y ait renoncé.

c. Condizioni del perseguimento del fideiussore

1 Non si può procedere contro il fideiussore prima della scadenza del debito principale, neppure quando questa sia anticipata per il fallimento del debitore.

2 Qualunque sia la specie della fideiussione, il fideiussore può, fornendo garanzie reali, chiedere al giudice di sospendere gli atti esecutivi contro di lui fino a che tutti i pegni siano stati realizzati e un attestato definitivo di carenza di beni sia stato rilasciato contro il debitore principale, o questi abbia conchiuso un concordato.

3 Se per l'esigibilità del debito principale è richiesto un preavviso da parte del creditore o del debitore principale, il termine non decorre, in confronto del fideiussore, che dal giorno in cui il preavviso gli è comunicato.

4 Quando la legislazione straniera, per esempio in materia di traffico di compensazione o di divieto di trasferimento delle divise, sopprime o limita l'obbligo del debitore principale domiciliato all'estero d'eseguire la prestazione, il fideiussore domiciliato nella Svizzera può parimenti prevalersene, a meno che vi abbia rinunziato.

Literatur

Vgl. die Literaturhinweise bei den Vorbem. zu Art. 492–512.

I. Allgemeines. Übersicht

1 Die **Fälligkeit der Hauptschuld** ist Voraussetzung der Belangung des Bürgen. Dies ist Folge der **Akzessorietät** der Bürgschaft. Zusätzlich ergibt sich aus den allgemeinen Bestimmungen zum Vertragsrecht (Art. 75 ff.), dass der Bürge erst bei **Fälligkeit der Bürgschaftsschuld** beansprucht werden darf, d.h. nach Eintritt des Zeitpunktes, bis zu dem seine Inanspruchnahme durch Vertrag oder Gesetz ausgeschlossen ist (Beck, N 3 f.). Damit ist die Belangbarkeit des Bürgen in zeitlicher Hinsicht doppelt bedingt.

Die mangelnde Fälligkeit ist vom Bürgen **einredeweise** geltend zu machen. Zur zeitlich vorübergehenden oder dauernden Verhinderung seiner Belangung stehen ihm überdies die *Einreden aus dem Hauptschuldverhältnis* gem. Art. 502 sowie jene aus dem Bürgschaftsrecht und dem konkreten Bürgschaftsvertrag zu (Art. 495, 496, 497; ZK-Oser/Schönenberger, N 3).

2 Abs. 2 gibt dem Bürgen zusätzlich ein weiteres Mittel in die Hand, seine Belangung durch den Gläubiger hinauszuschieben, obwohl Fälligkeit der Hauptschuld und der Bürgenver-

pflichtung eingetreten ist: **Einstellung der Betreibung gegen Leistung von Realsicherheit** (Art. 85 SchKG; Art. 793 ff., 884 ff. ZGB).

Abs. 4 verschafft dem Bürgen – mangels anderer Absprache – eine weitere Einrede, die sich aus der **ausländischen Gesetzgebung** ergibt, wenn die Leistungspflicht des im Ausland wohnenden Hauptschuldners dadurch aufgehoben oder eingeschränkt ist.

Abgesehen von Abs. 4, sind Abs. 1–3 zwingend i.S.v. Art. 492 Abs. 4 (BK-Giovanoli, N 5a; ZK-Oser/Schönenberger, N 1; Beck, N 18, 31).

II. Vorgerückte Fälligkeit der Hauptschuld infolge Konkurses des Hauptschuldners (Abs. 1)

Mangels anderer Abrede wird die Bürgschaftsverpflichtung ihrem Sicherungszweck entsprechend **gleichzeitig mit der Hauptschuld fällig**, und der Bürge kann im Allgemeinen sofort belangt werden (Art. 75; ZK-Oser/Schönenberger, N 7; Beck, N 5). 3

Art. 501 Abs. 1 stipuliert eine **Ausnahme** von diesem Grundsatz: Trotz der durch Art. 208 SchKG bewirkten Fälligkeit der Hauptschuld infolge Konkurses des Hauptschuldners bleibt für den Bürgen der für die Erfüllung der Hauptschuld *ursprünglich festgelegte Zeitpunkt massgeblich*. Der Bürge soll sich darauf verlassen können, dass er nicht früher belangt werden kann, als er dies in Aussicht genommen hat (Beck, N 11; Extraits 1976, 45 f.).

So betrifft den Bürgen auch die zwischen Hauptschuldner und Gläubiger vereinbarte Vorverschiebung der Fälligkeit oder Verkürzung der Kündigungsfrist nicht, wenn seine formgemässe Zustimmung nicht vorliegt. Sofern aber für die Hauptschuld **kein bestimmter Fälligkeitstermin** vereinbart wurde, bewirkt der Konkurs des Hauptschuldners auch Fälligkeit gegenüber dem Bürgen (ZK-Oser/Schönenberger, N 8). Durch den Konkurs des Hauptschuldners verliert der Bürge allerdings die Einrede der Vorausklage und der vorgängigen Verwertung der Pfänder (Beck, N 11).

Die **Arrestlegung** auf Vermögen des Hauptschuldners bewirkt gem. Art. 271 Abs. 2 SchKG in bestimmten Fällen Fälligkeit der Forderung gegenüber dem Arrestschuldner. Auch die so bewirkte Fälligkeit betrifft den Bürgen in analoger Anwendung zu Art. 501 Abs. 1 *nicht* (BK-Giovanoli, N 6; Beck, N 13). 4

Dem Bürgen gegenüber bleibt die verbürgte Forderung auch nach Eröffnung des Konkurses über den Hauptschuldner *verzinslich* (im Gegensatz zum Hauptschuldner, vgl. Art. 209 SchKG). Zweck der Bürgschaft ist es gerade, den Gläubiger vor der Zahlungsunfähigkeit des Hauptschuldners zu sichern (BK-Giovanoli, N 7).

III. Fälligkeit der Bürgschaft

Abgesehen vom Grundsatz der gleichzeitigen Fälligkeit der Bürgschaft mit der Hauptschuld (N 3), kann für die Bürgschaft auch eine spätere – jedoch nicht eine frühere – Fälligkeit vereinbart werden (Beck, N 5; ZK-Oser/Schönenberger, N 10). Die nachträgliche Verlängerung ist formlos gültig, da sie die Stellung des Bürgen erleichtert. 5

Dem Bürgen – und dem Gläubiger – kann (ausnahmsweise) im Vertrag das Recht vorbehalten sein, die **Bürgschaft zu kündigen**, was ihre Fälligkeit bewirkt, nicht aber die der Hauptschuld. Der Bürge kann aber erst belangt werden, wenn auch die Hauptschuld fällig ist. Bei Kündigung der Bürgschaft ist Art. 510 Abs. 3–5 über die **Bürgschaft auf Zeit** anwendbar (Beck, N 6; ZK-Oser/Schönenberger, N 10).

Beim **Konkurs des Bürgen** findet Art. 215 SchKG Anwendung. Die Bürgschaft wird *fällig* (Art. 208 SchKG). Sie kann im Konkurs des Bürgen nicht nur geltend gemacht werden, 6 wenn ihr festgesetzter Termin noch nicht eingetreten ist, sondern auch wenn die Hauptschuld noch nicht fällig ist. Voraussetzung ist nur, dass die verbürgte Schuld bereits existiert. Dies gilt sowohl für die einfache wie auch für die solidarische Bürgschaft (BECK, N 7 f.). Die Konkursmasse kann bei einfachen Bürgschaften die Auszahlung der Dividende von der vorausgehenden Realisierung allfällig bestehender Pfandrechte oder der Ausklagung des Hauptschuldners abhängig machen (BGE 42 III 477).

Gesetzlich ist die **vorzeitige Fälligkeit der Bürgschaft** bei ihrem *Dahinfallen von Gesetzes wegen* vorgesehen: Art. 509 Abs. 4 und 6.

Sofern die Bürgschaft für eine Hauptschuld unter **Verfallsklausel** geleistet wurde, hat der Bürge die durch die Verfallsklausel bewirkte Verschiebung der Fälligkeit auch gegen sich gelten zu lassen (ZR 1941, 49 ff., 54).

IV. Einstellung der Betreibung gegen Leistung von Realsicherheit (Abs. 2)

7 Der in Abs. 2 geregelte **Vollstreckungsaufschub**, der die **Subsidiarität der Bürgenverpflichtung** weiter steigert, war eine der wesentlichsten Neuerungen im Bürgschaftsrecht von 1941. Der Aufschub schränkt die Liquidität der Forderung ein, ein Nachteil, der wohl durch erhöhte Sicherheit kompensiert wird (BECK, N 19; ZK-OSER/SCHÖNENBERGER, N 11).

Die Bestimmung ist praktisch sehr bedeutsam und betrifft jede Bürgschaftsart, v.a. aber die Solidarbürgschaft (BK-GIOVANOLI, N 9). Die Einstellung der Betreibung kann in jeder Bürgschaftsart und in jedem Stadium der Betreibung verlangt werden (BECK, N 20).

1. Voraussetzungen der Einstellung der Betreibung

8 Zuständig für das entsprechende Begehren ist der **Richter**, in Zürich das Einzelgericht im summarischen Verfahren (Art. 250 lit. b Ziff. 7 ZPO i.V.m. § 24 lit. b GOG ZH). Das Begehren des Bürgen auf Einstellung der Betreibung kann erst *nach Einleitung der Betreibung*, also nach Zustellung des Zahlungsbefehls, gestellt werden.

Der Bürge hat **Realsicherheit** zu leisten, etwa durch Bestellung von Pfandrechten an Grundstücken oder beweglichen Gegenständen (Art. 884 ff. ZGB), durch Sicherungsübereignung (Pfandrecht an Forderungen und anderen Rechten, Art. 899 ff. ZGB), Hinterlegung von Geld oder Wertpapieren (BK-GIOVANOLI, N 13 f.). Personalsicherheiten sind *ausgeschlossen*.

9 Realsicherheit muss grundsätzlich **bis zur Höhe der Bürgschaftssumme** geleistet werden (BK-GIOVANOLI, N 13 f.; differenziert BECK, N 22 f., im Zusammenhang mit einfacher und solidarischer Mitbürgschaft; ZK-OSER/SCHÖNENBERGER, N 15). Weder die Solvenz des Bürgen noch die des Hauptschuldners dürfen beim richterlichen Entscheid über den Umfang der Sicherheitsleistung berücksichtigt werden, da Realsicherheit geleistet werden muss (BK-GIOVANOLI, N 12; **a.M.** BECK, N 23; wohl auch ZK-OSER/SCHÖNENBERGER, N 15).

Erweist sich die geleistete Realsicherheit nachträglich als ungenügend (z.B. Entwertung), kann **Nachdeckung** verlangt werden (BECK, N 25; BK-GIOVANOLI, N 15; ZK-OSER/SCHÖNENBERGER, N 16).

2. Wirkungen der Einstellung der Betreibung

10 Durch die richterliche Einstellung der Betreibung bis alle Pfänder verwertet sind und bis gegen den Hauptschuldner ein definitiver Verlustschein (Art. 149 SchKG) vorliegt oder ein Nachlassvertrag abgeschlossen worden ist, erhält der Bürge – auch der Solidarbürge – die Rechtsstellung eines **Ausfallbürgen**. Es müssen alsdann auch die Voraussetzungen der Belangung des Ausfallbürgen infolge Wohnsitzverlegung gegeben sein (Art. 495 Abs. 3; BECK, N 27; ZK-OSER/SCHÖNENBERGER, N 17).

Die Einstellung der Betreibung hat die Wirkung einer **betreibungsrechtlichen Stundung** (Art. 85, 297 SchKG; ZK-Oser/Schönenberger, N 17; Beck, N 28).

Nach **Dahinfallen der Einstellung** der Betreibung hat der Gläubiger die Wahl, die bisherige Betreibung fortzusetzen oder für die Versilberung der Realsicherheit eine neue Betreibung auf Pfandverwertung einzuleiten (Beck, N 30; BK-Giovanoli, N 18).

Nicht nur die Pfänder müssen vor Inanspruchnahme des Bürgen verwertet sein, sondern *kumulativ* muss auch noch ein **definitiver Verlustschein** gegen den Hauptschuldner vorliegen (Art. 149, 115, 265 SchKG; Streiff/Pellegrini/von Kaenel, 240). Alternativ kann die Betreibung auch eingestellt werden, bis ein **Nachlassvertrag** abgeschlossen ist. Der Abschluss liegt nach rechtskräftiger Bestätigung durch die Nachlassbehörde vor (Art. 293 ff., 306 SchKG). 11

V. Fälligkeit der Hauptschuld durch Kündigung (Abs. 3)

Der Bürge ist interessiert, dass ihm der Gläubiger (oder der Hauptschuldner) die **Kündigung der Hauptschuld** mitteilt, weil davon i.d.R. seine *eigene Belangbarkeit* abhängt und er andererseits dadurch die Möglichkeit hat, selber zu bezahlen und unnötige Kosten zu vermeiden (Art. 499 Ziff. 2; vgl. Tercier/Favre, N 6972). Die Kündigungsfrist beginnt erst mit ihrem *Empfang durch den Bürgen* zu laufen, er kann erst nach ihrem Ablauf belangt werden (Fristberechnung nach Art. 76 f.; Beck, N 15). Bei mehreren Bürgen muss die Mitteilung an *alle* Mit- und Nachbürgen erfolgen, nicht aber an einen allfälligen Rückbürgen, zu dem der Gläubiger in keinem Vertragsverhältnis steht (Beck, N 15). 12

Unterlässt der Kündigende die Mitteilung, so hat der Bürge die **Einrede der mangelnden Fälligkeit** (ZK-Oser/Schönenberger, N 9). Er kann gestützt auf Art. 499 Ziff. 2 auch die Haftung für Betreibungs- und Ausklagungskosten verweigern.

VI. Hauptschuldner wohnhaft im Ausland (Abs. 4)

Abs. 4 stellt speziell für Fälle der Devisengesetzgebung und zwischenstaatlicher Verrechnungsabkommen die gesetzliche Vermutung auf, dass der Bürge nur für die **Zahlungsunfähigkeit des Hauptschuldners mangels genügenden Vermögens** haftet, nicht aber für Umstände, die von der Vermögenslage des Hauptschuldners unabhängig sind (Clearingvorschriften, devisenrechtliche Zahlungsverbote, Goldklauselverbote, Moratorien; BK-Giovanoli, N 8; ZK-Oser/Schönenberger, N 23; ZR 1938, 130 ff. zum aOR). Abs. 4 bewirkt **Beweislastumkehr**. Der Bürge soll für diese Gefahr nur einstehen, wenn er dies bewusst gewollt hat (Beck, N 33). Die Vermutung von Abs. 4 besteht nur zugunsten des in der Schweiz wohnenden Bürgen (ZK-Oser/Schönenberger, N 23; Beck, N 36). Abs. 4 fasst nicht auch jene Fälle ins Visier, in denen der schweizerische **Ordre Public** durch die ausländische Gesetzgebung verletzt würde. Der Ordre Public bleibt vorbehalten (BGE 63 II 313; weitere Kasuistik dazu bei Beck, N 35). 13

Art. 502

d. Einreden

[1] Der Bürge ist berechtigt und verpflichtet, dem Gläubiger die Einreden entgegenzusetzen, die dem Hauptschuldner oder seinen Erben zustehen und sich nicht auf die Zahlungsunfähigkeit des Hauptschuldners stützen. Vorbehalten bleibt die Verbürgung einer für den Hauptschuldner wegen Irrtums oder Vertragsunfähigkeit unverbindlichen oder einer verjährten Schuld.

[2] Verzichtet der Hauptschuldner auf eine ihm zustehende Einrede, so kann der Bürge sie trotzdem geltend machen.

[3] Unterlässt es der Bürge, Einreden des Hauptschuldners geltend zu machen, so verliert er seinen Rückgriff insoweit, als er sich durch diese Einreden hätte befreien können, wenn er nicht darzutun vermag, dass er sie ohne sein Verschulden nicht gekannt hat.

[4] Dem Bürgen, der eine wegen Spiel und Wette unklagbare Schuld verbürgt hat, stehen, auch wenn er diesen Mangel kannte, die gleichen Einreden zu wie dem Hauptschuldner.

d. Exceptions

[1] La caution a le droit et l'obligation d'opposer au créancier toutes les exceptions qui appartiennent au débiteur ou à ses héritiers et qui ne résultent pas de l'insolvabilité du débiteur. Est réservé le cas d'une dette qui n'oblige pas le débiteur par suite d'erreur ou d'incapacité de contracter, ou d'une dette prescrite.

[2] Si le débiteur renonce à une exception qui lui appartient, la caution peut néanmoins l'opposer au créancier.

[3] La caution qui néglige d'opposer des exceptions appartenant au débiteur est déchue de son droit de recours en tant qu'elles l'auraient dispensée de payer, si elle ne prouve qu'elle les ignorait sans qu'il y eût faute de sa part.

[4] La caution qui s'est engagée à garantir une dette résultant d'un jeu ou d'un pari peut opposer les mêmes exceptions que le débiteur, même si elle connaissait la nature de la dette.

d. Eccezioni

[1] Il fideiussore ha il diritto e l'obbligo di opporre al creditore le eccezioni spettanti al debitore principale o ai suoi eredi che non derivano dall'insolvenza del debitore. Sono riservate la fideiussione d'un debito derivante da un contratto non obbligatorio per il debitore principale a cagione di errore o di incapacità a contrattare, e quella d'un debito prescritto.

[2] Se il debitore principale rinuncia ad un'eccezione che gli spetta, il fideiussore può nondimeno farla valere.

[3] Il fideiussore che tralascia di far valere eccezioni del debitore principale perde il suo diritto di regresso fino a concorrenza dell'importo, per il quale avrebbe potuto liberarsi mediante tali eccezioni, a meno che provi di averle ignorate senza sua colpa.

[4] Al fideiussore di un debito sprovvisto d'azione perché derivante da giuoco o da scommessa spettano, anche se conosceva il vizio, le stesse eccezioni come al debitore principale.

Literatur

Vgl. die Literaturhinweise bei den Vorbem. zu Art. 492–512.

I. Allgemeines. Anwendungsbereich

1 Art. 502 befasst sich mit der Frage, inwieweit die dem **Hauptschuldner** gegen den Gläubiger zustehenden Einreden auch vom Bürgen geltend gemacht werden können und müssen. In dieser Vorschrift nicht geregelt sind hingegen die Einreden und Einwendungen, die der Bürge **aus dem Bürgschaftsvertrag** mit dem Gläubiger oder aus dem Gesetz, Art. 492 ff. und OR allgemein, hat (Beck, N 5).

2 Eigene, selbständige, d.h. dem Hauptschuldner nicht zustehende **Einwendungen/Einreden des Bürgen** aus Bürgschaftsvertrag oder Gesetz sind z.B.:

- **Entstehung** des Bürgschaftsvertrages: mangelnde Handlungsfähigkeit, ungenügende Form, fehlende Zustimmung des Ehegatten, fehlender Konsens, Willensmängel etc.;
- **vertragliche oder gesetzliche Untergangsgründe**: Art. 509 ff.; Erlass nur dem Bürgen, nicht dem Hauptschuldner gegenüber; Verrechnung mit einer Forderung des Bürgen (Art. 121);
- nachträgliche gänzliche oder teilweise **Befreiung** oder **Schadenersatz**: Art. 497 Abs. 3 und 4, Art. 503, 504 Abs. 2;

- **Inhalt** und **Wirkung** der Bürgschaftsverpflichtung: Einrede der Vorausklage (Art. 495 Abs. 1), der vorausgehenden Pfandverwertung (Art. 495 Abs. 2, Art. 496 Abs. 2), der fehlenden Mahnung des Hauptschuldners (Art. 496 Abs. 1), der vorherigen Belangung des Mitbürgen (Art. 497 Abs. 1, 2), des Umfangs der Haftung (Art. 499), der mangelnden Fälligkeit/Stundung der Bürgschaftsverpflichtung (Art. 506 Abs. 1);
- **Einrede des mangelnden neuen Vermögens**, wenn gegen den Bürgen Verlustscheine bestehen: Art. 265 SchKG, Nachlassstundung, Nachlassvertrag.

Zu den eigenen Einwendungen/Einreden des Bürgen: BK-GIOVANOLI, N 2 ff.; ZK-OSER/SCHÖNENBERGER, N 5 ff.; BECK, N 6 f. 3

Im Gegensatz zu den Einreden aus der Person des Hauptschuldners ist der Bürge *nicht* verpflichtet, seine **eigenen/selbständigen Einreden** zu erheben (ZK-OSER/SCHÖNENBERGER, N 4; BGE 40 III 55; 57 II 522 E. 1; BECK, N 8). In BGE 102 Ia 377 E. 4b hat das BGer offengelassen, ob die «Verpflichtung» des Bürgen, dem Gläubiger die Einreden des Hauptschuldners entgegenzusetzen, zwingend ist.

Nur **gegenüber dem Hauptschuldner bestehende Einreden** kann der Bürge nicht gegenüber dem Gläubiger geltend machen (z.B. eine verrechenbare Forderung gegen den Hauptschuldner: BECK, N 7; ZK-OSER/SCHÖNENBERGER, N 7). Sie liegen ausserhalb des Bürgschaftsvertrages.

Die **Erben** haben kraft Universalsukzession (Art. 560 Abs. 2 ZGB) die gleichen Einreden wie der Bürge, dazu kommen noch ihre *persönlichen*, z.B. aus Art. 590 Abs. 1 ZGB (BK-GIOVANOLI, N 12; BECK, N 10 f.).

II. Dem Bürgen zustehende Einreden des Hauptschuldners (Abs. 1)

1. Vorbemerkungen

Aus der Akzessorietät der Bürgschaft ergibt sich, dass der Bürge dem Gläubiger die dem Hauptschuldner aus dem Hauptschuldverhältnis zustehenden Einreden entgegenhalten kann (BGE 60 II 304). Diese Einreden stehen dem Bürgen *aus eigenem Recht* zu. Damit berührt ein Verzicht des Hauptschuldners auf eine Einrede den Bürgen nicht (Art. 502 Abs. 2; BGE 138 III 453 E. 2.2.1; ZK-OSER/SCHÖNENBERGER, N 8). Das Recht des Bürgen, die Einreden und Einwendungen des Hauptschuldners zu erheben, gehört zu den **unabdingbaren Schutzrechten des Bürgen** (Art. 492 Abs. 4; SJ 1980, 572 ff. m.Nw.). Der Bürge ist verpflichtet, die Einreden des Hauptschuldners aus dem Grundverhältnis geltend zu machen, will er im Regress keinen – definitiven oder teilweisen – Rechtsverlust erleiden. 4

Zu den **Einreden im weitesten Sinn** gehören nicht nur die *Einreden im technischen Sinn* (dauerndes oder zeitlich begrenztes Recht auf Verweigerung einer geschuldeten Leistung), sondern – Ausnahmen vorbehalten – *alle Einreden und Einwendungen mit rechtshindernder oder rechtsvernichtender Wirkung*, die sich aus dem Grundverhältnis oder aus dem Gesetz ergeben (BECK, N 9).

Nicht zu den Einreden gem. Art. 502 Abs. 1 gehören die **Gestaltungsrechte des Hauptschuldners** (Rücktrittsrecht, Widerrufsrecht, Anfechtungsrecht wegen Willensmängeln, Art. 31). Solange dem Hauptschuldner das Anfechtungsrecht wegen Willensmängeln möglich ist, ist der Bürge berechtigt und verpflichtet, die Leistung zu verweigern. Dieses Recht verliert er aber, wenn der Hauptschuldner die Anfechtung innert Frist unterlässt oder den Vertrag genehmigt (ZK-OSER/SCHÖNENBERGER, N 10; BECK, N 14 m.Nw.; BGE 45 II 571, hier Einrede des nichterfüllten Vertrages; BK-GIOVANOLI, N 11). 5

2. Dem Bürgen zustehende Einreden des Hauptschuldners im Einzelnen

6 Dem Bürgen stehen jene Einreden/Einwendungen zu, die sich auf

1. die **Entstehung der Hauptschuld** (z.B. fehlende Handlungsfähigkeit, Art. 17 ff. ZGB, Nichteinhaltung der Form, Art. 11 Abs. 2),
2. die **Wirkung und den Inhalt der Hauptschuld** (z.B. Fälligkeit, Umfang der Schuldverpflichtung, Einrede aus Art. 82) und
3. die **Beendigung der Hauptschuld** (Art. 114 Abs. 1; z.B. Erlass, Art. 115; Vereinigung, Art. 118 Abs. 1) beziehen.

7 **Einrede der Verrechnung**: Sie ist – im Gegensatz zu den in N 2 ff. diskutierten Einreden – vom Hauptschuldverhältnis unabhängig: Art. 121 berechtigt den Bürgen aus Billigkeitsgründen explizit, die Befriedigung des Gläubigers zu verweigern, wenn dem Hauptschuldner das Verrechnungsrecht zusteht, da der Bürge die Verrechnung selber nicht vornehmen kann. Es fehlt in diesen Fällen an der Gestaltungserklärung des Hauptschuldners für die Tilgung der Hauptschuld durch Verrechnung, weshalb der Bürge nach dem Akzessorietätsprinzip weiterhaften müsste. Hier greift Art. 121 mit der Gewährung einer aufschiebenden Einrede gegen die Durchsetzung der Bürgschaftsschuld. Die auf Art. 121 gestützte Einrede des Bürgen lässt indes im Gegensatz zur Verrechnungserklärung des Hauptschuldners den Bestand von Haupt- und Bürgschaftsforderung unberührt (BK-Giovanoli, N 5, 5a; ausführlich Beck, N 19 ff.; ZK-Aeppli, Art. 121 N 45; ZK-Oser/Schönenberger, N 11; Borer/Harsch/Rehm/Huggenberger/Spiegel, 100; BGE 138 III 453 E. 2.2.1; 126 III 25 E. 3b). Diese Einrede verbleibt dem Bürgen in analoger Anwendung von Art. 502 auch im Falle eines Verzichts des Hauptschuldners auf die Geltendmachung des ihm zustehenden Verrechnungsrechts (BGE 138 III 453 E. 2.2.2).

Zur **Novation** sind zu beachten: Art. 116 Abs. 2, Art. 117 Abs. 2 (BK-Giovanoli, N 6).

Nachträgliche Unmöglichkeit der Erfüllung der Hauptschuld gem. Art. 119 bewirkt den Untergang der Bürgschaft (Art. 114 Abs. 1).

Verjährung (Art. 127 ff.): Die Einrede der Verjährung hat der Bürge – unter dem Vorbehalt von Art. 492 Abs. 3 – zu erheben. Dieses Recht hat er gemäss expliziter Vorschrift in Art. 141 Abs. 3, die an sich durch Art. 502 Abs. 2 obsolet geworden ist (eingehend Beck, N 15 f.).

8 Der Bürge kann die Leistung bei Nichterfüllung des Hauptvertrages *durch den Gläubiger* ebenfalls verweigern (Beck, N 18). Zur Einrede des Bürgen, dergemäss das Haupt- und Grundschuldverhältnis, ein Warengeschäft, fingiert war und überhaupt nie abgewickelt wurde: ZR 1974, 245 ff. (Wechseleinlösungszusage).

Unter Art. 502 fällt auch die **Einrede der mangelnden Fälligkeit** (Art. 501 und dortige Komm.; ausführlich Beck, N 17).

Einreden des Hauptschuldners, die sich auf die **prozessuale Geltendmachung der verbürgten Schuld** beziehen, z.B. die Einrede der res iudicata, hat auch der Bürge (BK-Giovanoli, N 9; ZK-Oser/Schönenberger, N 17; Beck, N 22).

III. Dem Bürgen nicht zustehende Einreden des Hauptschuldners (Abs. 1)

9 Aus dem Zweck der Bürgschaft ergibt sich, dass dem Bürgen alle Einreden in bezug auf die **Zahlungsunfähigkeit des Schuldners** abgeschnitten sind (SJ 1982, 232 ff.). Zur Frage der Zahlungsunfähigkeit: BGE 60 II 305.

In Übereinstimmung mit Art. 114 Abs. 3 besagt Art. 502 Abs. 1, dass der Bürge weiterhaftet, obwohl der Hauptschuldner durch einen **gerichtlichen Nachlassvertrag** von einem Teil seiner Haftung ohne Bezahlung befreit ist (Art. 293 ff. SchKG). Vorausgesetzt für die Weiterhaftung des Bürgen ist allerdings, dass der wichtige Art. 303 SchKG beachtet wurde (dazu ausführlich Beck, N 27 ff.; BGE 121 III 191; 60 II 304; 59 III 145; ZK-Oser/Schönenberger, N 20).

Der **aussergerichtliche Nachlassvertrag** ist ein freiwilliger rechtsgeschäftlicher Nachlass, der dem Bürgen ohne weiteres zugute kommt. Das gleiche gilt sinngemäss für die vom Gläubiger dem Hauptschuldner **aussergerichtlich gewährte Stundung**.

Auf die **gerichtliche Nachlassstundung** (Art. 295 SchKG) kann sich der Bürge nicht berufen (ZK-Oser/Schönenberger, N 22). 10

Zu **Notstundungen**: ZK-Oser/Schönenberger, N 23; Beck, N 35 ff.

Im Weiteren kann sich der Bürge u.a. auf folgende Einreden des Hauptschuldners und diesem zugute kommende Einschränkungen seiner Belangbarkeit *nicht* berufen: Art. 586 Abs. 1, Art. 592, 593 Abs. 3 ZGB, Art. 149, 265 Abs. 2, Art. 209 SchKG.

Selbstverständlich kann sich der «Bürge», besser Garant, der sich wissentlich für eine aus **Irrtum** oder **Vertragsunfähigkeit** unverbindliche oder für eine verjährte Schuld verbürgt hat, nicht auf die entsprechenden Einreden berufen. Die Erhebung dieser Einreden würde auch dem Wesen des selbständigen, nicht akzessorischen Garantievertrages widersprechen.

IV. Einredenverzicht des Hauptschuldners (Abs. 2)

Der Hauptschuldner kann generell zum Voraus oder im Einzelfall gegenüber dem Gläubiger auf Einreden verzichten. Durch den **rechtsgeschäftlichen Einredenverzicht** kann er jedoch die Lage des Bürgen nicht nachträglich einseitig verschlechtern, indem er den Umfang der Hauptschuld erweitert oder deren Inhalt erschwert. Einreden, auf die der Hauptschuldner verzichtet hat, kann der Bürge trotzdem geltend machen (BGE 138 III 453 E. 2.2.; in Art. 502 Abs. 2 wird verallgemeinert, was für die Verjährung in Art. 141 Abs. 3 speziell geregelt ist; ZR 1939, 8 f. zu Art. 506 aOR). 11

Die in Art. 502 Abs. 2 stipulierte Regel gilt nur für den rechtsgeschäftlichen Verzicht des Hauptschuldners auf Einreden (positive Verzichtshandlung). Einreden, die durch blosse Nichtgeltendmachung innert der gesetzlichen Frist, durch Verwirkung also, untergehen, können nach h.L. nachher auch vom Bürgen nicht vorgebracht werden (ZK-Oser/Schönenberger, N 27; Beck, N 45; BGE 45 II 571). So kann der Bürge z.B. die Einrede des Irrtums, der Täuschung oder der Mängelrüge nicht mehr erheben, sobald der Hauptschuldner dazu ebenfalls nicht mehr berechtigt ist (BGE 45 II 571).

Der Bürge selber kann infolge der Akzessorietät der Bürgschaft *nicht zum Voraus* auf die Einreden verzichten, die dem Hauptschuldner aus dem Grundverhältnis zustehen. Auf **eigene Einreden** kann er nur im Rahmen von Art. 492 Abs. 4 gültig verzichten (ZK-Oser/Schönenberger, N 33; Beck, N 47; vgl. BGer, 29.1.2009, 4A_530/2008, E. 5.1.1). 12

Beim Vorausverzicht auf Einreden in einem Sicherungsvertrag kann man sich allenfalls fragen, ob Garantievertrag oder Schuldübernahme vorliegt (Beck, N 47; ZK-Oser/Schönenberger, N 33; BGE 113 II 440). Wurde die Bürgschaft allerdings im Wissen ob des Verzichts des Hauptschuldners auf die Verrechnung eingegangen, kann sich der Bürge nicht auf Art. 502 Abs. 2 berufen (BGE 138 III 453 E. 2.2; Borer/Harsch/Rehm/Huggenberger/Spiegel, 100 f.).

V. Rechtsfolgen der Nichterhebung von Einreden des Hauptschuldners durch den Bürgen (Abs. 3)

Abs. 3 legt als Grundsatz fest, dass es dem Bürgen verwehrt ist, den Hauptschuldner für etwas zu belangen, das er durch die Erhebung von Einreden des Hauptschuldners gegenüber dem 13

Gläubiger hätte verweigern können: Der Bürge beschränkt/verliert sein **Rückgriffsrecht** auf den Hauptschuldner (vgl. dazu SJ 1980, 572 ff.). Der Verlust des Rückgriffsrechts tritt aber nur «insoweit» ein, als sich der Hauptschuldner durch die Einrede hätte befreien können (TERCIER/FAVRE, N 7068 f.; LOMBARDINI, 924 f.; STREIFF/PELLEGRINI/VON KAENEL, 240; WEY, 95 f.). Der Rückgriff wird dem Bürgen sodann aus Billigkeitsgründen gewährt, wenn er die Einrede ohne sein Verschulden nicht gekannt hat (dazu BECK, N 50 ff., v.a. zur Beweislastverteilung).

14 Aus Abs. 3 ergibt sich die **Aufklärungspflicht des Hauptschuldners**, den Bürgen über bestehende Einreden zu informieren, aber auch eine spiegelbildliche Obliegenheit des Bürgen, sich vor Bezahlung beim Hauptschuldner über Einreden zu erkundigen (BK-GIOVANOLI, N 19).

Abs. 3 ist nicht anwendbar auf eigene Einreden, die der Bürge unterlässt, rechtzeitig geltend zu machen (BGE 57 II 522; BECK, N 49).

Bezahlt der Bürge durch die Unterlassung einer Einrede des Hauptschuldners eine Nichtschuld, kann er die **Rückforderung** vom Gläubiger unter den Voraussetzungen des Art. 62 ff. oder Art. 86 SchKG anstrengen (ZK-OSER/SCHÖNENBERGER, N 31).

VI. Einreden des Bürgen aus verbürgten Spiel- und Wettschulden (Abs. 4)

15 Die Einwendung der Unklagbarkeit der Hauptschuld wegen Spiel und Wette (unvollkommene Obligation) ist dem Bürgen in Art. 502 Abs. 4 explizit gegeben. Er hat sie auch, wenn er den Mangel zum Zeitpunkt der Eingehung der Bürgschaft kannte (BK-GIOVANOLI, N 8; ZK-OSER/SCHÖNENBERGER, N 16).

Art. 503

e. Sorgfalts- und Herausgabepflicht des Gläubigers

[1] Vermindert der Gläubiger zum Nachteil des Bürgen bei der Eingehung der Bürgschaft vorhandene oder vom Hauptschuldner nachträglich erlangte und eigens für die verbürgte Forderung bestimmte Pfandrechte oder anderweitige Sicherheiten und Vorzugsrechte, so verringert sich die Haftung des Bürgen um einen dieser Verminderung entsprechenden Betrag, soweit nicht nachgewiesen wird, dass der Schaden weniger hoch ist. Die Rückforderung des zuviel bezahlten Betrages bleibt vorbehalten.

[2] Bei der Amts- und Dienstbürgschaft ist der Gläubiger dem Bürgen überdies verantwortlich, wenn infolge Unterlassung der Aufsicht über den Arbeitnehmer, zu der er verpflichtet ist, oder der ihm sonst zumutbaren Sorgfalt die Schuld entstanden ist oder einen Umfang angenommen hat, den sie andernfalls nicht angenommen hätte.

[3] Der Gläubiger hat dem Bürgen, der ihn befriedigt, die zur Geltendmachung seiner Rechte dienlichen Urkunden herauszugeben und die nötigen Aufschlüsse zu erteilen. Ebenso hat er ihm die bei der Eingehung der Bürgschaft vorhandenen oder vom Hauptschuldner nachträglich eigens für diese Forderung bestellten Pfänder und anderweitigen Sicherheiten herauszugeben oder die für ihre Übertragung erforderlichen Handlungen vorzunehmen. Die dem Gläubiger für andere Forderungen zustehenden Pfand- und Retentionsrechte bleiben vorbehalten, soweit sie denjenigen des Bürgen im Rang vorgehen.

[4] Weigert sich der Gläubiger ungerechtfertigterweise, diese Handlungen vorzunehmen, oder hat er sich der vorhandenen Beweismittel oder der Pfänder und sonstigen Sicherheiten, für die er verantwortlich ist, böswillig oder grobfahrlässig entäussert, so wird der Bürge frei. Er kann das Geleistete zurückfordern und für den ihm darüber hinaus erwachsenen Schaden Ersatz verlangen.

e. Devoir de diligence du créancier; remise des gages et des titres

[1] Lorsque le créancier diminue au préjudice de la caution des droits de gage, sûretés et droits de préférence existant lors du cautionnement ou obtenus plus tard du débiteur pour la garantie spéciale de la créance, la responsabilité de la caution se réduit d'une somme correspondante, à moins qu'il ne soit prouvé que le dommage est moins élevé. Est réservée l'action en répétition du trop-perçu.

[2] Le créancier est en outre responsable envers la caution d'officiers publics et de fonctionnaires, lorsqu'il a négligé d'exercer sur le travailleur la surveillance à laquelle il était tenu ou la diligence qu'on pouvait attendre de lui, et que la dette est née de ce chef ou a augmenté dans des proportions qu'elle n'eût pas atteintes.

[3] Le créancier est tenu de remettre à la caution qui le paie les titres pouvant l'aider à exercer ses droits et de lui donner les renseignements nécessaires. Il doit aussi lui remettre les gages et autres sûretés existant au moment du cautionnement ou constitués dans la suite par le débiteur spécialement pour la créance ou remplir les formalités prescrites pour leur transfert. Les droits de gage et de rétention qui appartiennent au créancier pour d'autres créances sont réservés, en tant qu'ils sont de rang préférable à ceux de la caution.

[4] Si le créancier refuse indûment de s'exécuter ou s'il s'est dessaisi de mauvaise foi ou par négligence grave des preuves existantes ou des gages et autres sûretés dont il est responsable, la caution est libérée. Elle peut exiger la restitution de ce qu'elle a payé et la réparation du dommage supplémentaire.

e. Dovere di diligenza del creditore; suo obbligo di consegnare i pegni e i titoli

[1] Qualora il creditore diminuisca in pregiudizio del fideiussore diritti di pegno, altre garanzie o privilegi che esistevano allorché fu prestata la fideiussione o che egli ha ottenuto in seguito dal debitore principale specialmente per il credito assicurato, la responsabilità del fideiussore è ridotta d'una somma corrispondente, salvo che sia provato che il danno è meno elevato. È riservata l'azione di ripetizione per il di più pagato.

[2] Trattandosi di fideiussione prestata per pubblico ufficio o per contratto individuale di lavoro, il creditore è inoltre responsabile se per aver omessa la sorveglianza sul lavoratore alla quale era tenuto o la diligenza che si poteva pretendere da lui, il debito sia nato o abbia raggiunto una cifra che altrimenti non si sarebbe verificata.

[3] Il creditore deve consegnare al fideiussore, che lo paga, i documenti atti all'esercizio dei suoi diritti e dargli le informazioni occorrenti. Egli deve altresì consegnare i pegni e le altre garanzie che esistevano allorché fu prestata la fideiussione o che il debitore principale ha costituito in seguito specialmente per il credito assicurato, oppure fare quanto occorre per il loro trasferimento. Sono riservati i diritti di pegno e di ritenzione poziori a quelli del fideiussore, che spettano al creditore per altri crediti.

[4] Qualora il creditore ricusi indebitamente di compiere questi atti o si sia spogliato in mala fede o per negligenza grave dei mezzi di prova esistenti o dei pegni e altre garanzie di cui è responsabile, il fideiussore è liberato. Egli può ripetere quanto ha pagato ed esigere il risarcimento del maggior danno.

Literatur

Vgl. die Literaturhinweise bei den Vorbem. zu Art. 492–512.

I. Übersicht

Art. 503 stipuliert nach h.L. und bundesgerichtlicher Praxis **keine** allgemeine und umfassende **Sorgfaltspflicht des Gläubigers** im Verhältnis zum Bürgen (ZK-OSER/SCHÖNENBERGER, N 3; BK-GIOVANOLI, N 2). Vielmehr werden dem Gläubiger eine Reihe besonderer gesetzlicher Obliegenheiten (Sorgfaltspflichten) überbunden, deren Gehalt und Tragweite im Einzelfall unter Berücksichtigung der konkreten Umstände festgelegt werden müssen (BGE 78 II 260 E. 5; RJN 70 I 57 ff.; SJZ 1971, 222 ff.). 1

Das Gesetz überbindet dem Gläubiger im Einzelnen folgende **spezielle Sorgfaltspflichten** (ZK-OSER/SCHÖNENBERGER, N 6): 2

- zur *Erhaltung* der Sicherheiten nach Massgabe von Art. 503 Abs. 1;
- zur *Herausgabe* dieser Sicherheiten und zur Vornahme der für ihre *Übertragung* nötigen Handlungen, zur Übergabe der *Beweismittel* und Erteilung von *Aufschluss* an den zahlenden Bürgen gem. Art. 503 Abs. 3 und 4;
- zur *Aufsicht* über den Hauptschuldner bei Amts- und Dienstbürgschaften gem. Art. 503 Abs. 2;
- zur Entgegennahme von *Zahlungen* des Bürgen gem. Art. 504;
- zur Orientierung des Bürgen über den *Rückstand des Hauptschuldners* und zur Auskunft über den *Stand der Hauptschuld* gem. Art. 505 Abs. 1;
- zur *Anmeldung* und *Weiterverfolgung* der Forderung bei Konkurs- und Nachlassverfahren des Hauptschuldners und zur *Mitteilung* von Konkurs- und Nachlassverfahren an den Bürgen gem. Art. 505 Abs. 2;
- bei einer nur für *bestimmte* Zeit eingegangenen Bürgschaft zur Geltendmachung der Forderung binnen vier Wochen nach Ablauf der Frist und zur Weiterverfolgung des Rechtsweges ohne erhebliche Unterbrechung gem. Art. 510 Abs. 3; bei der Bürgschaft auf *unbestimmte* Zeit nach Massgabe von Art. 511 zur Eintreibung der Schuld auf Begehren des Bürgen;
- bei der einfachen Bürgschaft die angehobene *Betreibung* unter Anwendung der erforderlichen Sorgfalt durchzuführen bis zur Ausstellung eines definitiven Verlustscheines gem. Art. 495, für die Solidarbürgschaft gem. Art. 496.

3 Eine Pflicht des Gläubigers zur **allgemeinen Überwachung der Vermögenslage des Hauptschuldners** besteht nicht, es sei denn, sie sei vertraglich übernommen worden (Abs. 2 von Art. 503 vorbehalten). Jedoch sind besondere Sorgfaltspflichten, z.B. die Geltendmachung von Retentionsrechten im Konkurs des Hauptschuldners, zu beachten (BGE 64 III 156 E. 5). Der Gläubiger haftet ausserhalb des von Art. 510, 511 und 505 Abs. 2 vorgegebenen Rahmens nicht für die pünktliche Geltendmachung der Forderung (BGE 66 II 128). Er haftet auch nicht, wenn er die Schuld aus dem Grundverhältnis zu einem Zeitpunkt zur Entstehung bringt, da der Hauptschuldner nicht mehr zahlungsfähig ist (BGE 39 II 294). Ebenso ist er nicht verpflichtet, den Bürgen über die Verschlechterung der Vermögenslage des Hauptschuldners zu informieren (ZK-Oser/Schönenberger, N 8).

II. Verminderung von Pfandrechten, anderen Sicherheiten und Vorzugsrechten durch den Gläubiger (Abs. 1)

1. Allgemeines

4 Der Bürge hat Anspruch darauf, dass der Gläubiger die neben der Bürgschaft bestehenden **Sicherheiten** nicht verringert, weil sie gem. Art. 507 Abs. 2 auf ihn übergehen, wenn er bezahlt (Art. 503 Abs. 3). Es ist der **Zweck** der Verantwortlichkeit des Gläubigers, dass dieser seine mit Bezug auf die verbürgte Forderung erlangte Rechtsstellung nicht zum Nachteil des Bürgen verschlechtern soll (BK-Giovanoli, N 12; Anwendungsfall in SJZ 1971, 222 f., 224 E. 10, i.c. keine Verringerung; Lombardini, 929).

Sicherheiten sind namentlich die verschiedenen Arten von Pfandrechten (vertragliche und gesetzliche Faustpfand-, Forderungspfand-, Grundpfandrechte), aber auch das **Retentionsrecht** (zum Retentionsrecht des Vermieters und Verpächters, BGE 61 II 264), **Pfändungspfandrechte** und der **Eigentumsvorbehalt** (Beck, N 17).

5 Ebenfalls möglich sind weitere **Personalsicherheiten** wie zusätzliche Bürgschaften und Solidarverpflichtungen oder Wechsel (Beck, N 18) und Beschlagsrechte, z.B. aus Arrest (BK-Giovanoli, N 10).

Vorzugsrechte sind jene Rechte, die der verbürgten Forderung in Betreibung oder Konkurs einen bevorzugten Rang einräumen (Art. 146, 219 SchKG, Konkursprivilegien).

Die Umschreibung der Sicherheiten in Abs. 1 ist nicht erschöpfend (BGE 64 II 208; 64 II 25; 48 II 208 E. 10–12).

2. Sicherheiten, die vom Gläubiger nicht vermindert werden dürfen

Die Verantwortlichkeit des Gläubigers für die Beibehaltung der Sicherheiten erstreckt sich auf zwei Kategorien: **6**
- auf die bei der Eingehung der Bürgschaft *vorhandenen* Sicherheiten, nachstehend N 7;
- auf die *nachträglich* erlangten Sicherheiten, sofern sie vom Hauptschuldner gestellt und *speziell («eigens»)* für die verbürgte Forderung bestimmt sind, nachstehend N 8.

a) Bei Eingehung der Bürgschaft vorhandene Sicherheiten

Die Sicherheiten der ersten Kategorie müssen **schon vorbestanden** haben oder **gleichzeitig** mit der Bürgschaftsübernahme bestellt werden. Unerheblich ist, von wem die Sicherheiten gestellt werden, vom Hauptschuldner, vom Bürgen selber, von einem Mitbürgen oder von einem Dritten. Die Bürgschaft muss *speziell unter Bezugnahme auf diese anderweitigen Sicherheiten* eingegangen worden sein (BK-Giovanoli, N 6; ZK-Oser/Schönenberger, N 13 f.). **7**

b) Nachträglich erlangte Sicherheiten des Hauptschuldners

Der Gläubiger haftet dem Bürgen auch für die Beibehaltung der Sicherheiten der zweiten Kategorie, die **nach** Eingehung des Bürgschaftsvertrages vom **Hauptschuldner** (nur von ihm!) und speziell für die verbürgte Forderung gestellt wurden. «Speziell» heisst nicht ausschliesslich für die verbürgte Forderung. Haftet eine solche vom Hauptschuldner nachträglich gestellte Sicherheit auch noch für andere Verpflichtungen des Hauptschuldners, so wird dadurch die Verantwortlichkeit des Gläubigers hinsichtlich der Bürgschaft nicht aufgehoben (BK-Giovanoli, N 7; BGE 48 II 196). **8**

c) Generalpfandklausel

Streitig ist in der Lehre, ob die Verantwortlichkeit des Gläubigers auf Beibehaltung der Sicherheiten gem. Art. 503 Abs. 1 auch besteht, wenn diese nicht speziell in Bezug auf die verbürgte Forderung erlangt wurden, sondern nur aufgrund einer **Generalpfandklausel**, die besagt, dass die Sicherheiten für alle Forderungen gegen den Hauptschuldner beansprucht werden können. **9**

Nach BK-Giovanoli, N 9 entfällt, m.E. zu Recht, «die Verantwortlichkeit des Gläubigers für nicht ‹eigens› mit Bezug auf die verbürgte Forderung erlangte Sicherheiten nicht nur, wenn diese vom Hauptschuldner nachträglich erlangt sind, sondern auch, wenn Pfandrechte oder anderweitige Sicherheiten und Vorzugsrechte in Frage stehen, welche bloss aufgrund einer sog. Generalklausel, d.h. ohne spezielle Bezugnahme auf die verbürgte Forderung, schon *bei* Eingehung der Bürgschaft oder *gleichzeitig* mit der Bürgschaftsübernahme für die verbürgte Forderung haften». Anderer Ansicht ist die h.M., die den Gläubiger unterschiedslos für alle bei Eingehung der Bürgschaft vorhandenen Pfänder haften lassen will (Hinweise bei BK-Giovanoli, N 9; Beck, N 20; ZK-Oser/Schönenberger, N 14; vgl. dazu BGE 48 II 212 E. 11, der nach Auffassung von Giovanoli nicht die h.L. stützt, sondern eine flexible Meinung vertritt).

d) Nachträglich erlangte Sicherheiten von Dritten

Art. 503 Abs. 1 findet *keine* Anwendung auf Sicherheiten, die ein **Dritter** *nachträglich* für die verbürgte Forderung bestellt. Dritter ist auch ein Mitbürge (BK-Giovanoli, N 16; vgl. in diesem Zusammenhang auch BGE 50 III 84). **10**

3. Rechtsfolgen der Verminderung der Sicherheiten durch den Gläubiger

11 Die Verantwortlichkeit des Gläubigers für die Verminderung der Sicherheiten beurteilt sich nach den allgemeinen Grundsätzen von Art. 97 ff. (Verschuldenshaftung, BK-GIOVANOLI, N 13; ZK-OSER/SCHÖNENBERGER, N 21). Damit der Gläubiger haftbar wird, muss eine Verminderung der Sicherheiten «zum Nachteil des Bürgen» erfolgt sein, es muss ein **Schaden** entstanden sein. Der Bürge hat zu beweisen, dass vom Gläubiger eine für ihn (den Bürgen) nachteilige Verminderung der Sicherheiten bewirkt wurde, womit sich die Bürgenhaftung «um einen dieser Verminderung entsprechenden Betrag» verringert (BGE 66 II 130). Dem Gläubiger steht der Nachweis offen, dass der Schaden «weniger hoch» ist (BGE 64 II 29) oder gar kein Schaden eingetreten ist (SJZ 1971, 224 E. 10; BGE 56 II 96, Wertminderung verpfändeter Waren, weil daran nachträglich Retentionsrechte entstanden).

12 Bezahlt der Bürge in Unkenntnis seiner Einrede zuviel an den Gläubiger, so steht ihm gem. Art. 503 Abs. 1 Satz 2 ein Rückforderungsanspruch aus **ungerechtfertigter Bereicherung** zu (Art. 62 ff.).

Der zahlende **Solidarbürge** haftet gegenüber den regresspflichtigen Mitbürgen (intern) gleich wie der Gläubiger für Sicherheiten und Beweismittel, die auf ihn übergegangen sind (Art. 507 Abs. 1; BGE 66 II 126 E. 1; ZK-OSER/SCHÖNENBERGER, N 26).

4. Kasuistik zur Verminderung von Sicherheiten

13 Verminderung von Sicherheiten i.S.v. Art. 503 Abs. 1 ist nicht nur bei deren *Preisgabe* oder *Vernachlässigung* gegeben, sondern auch, wenn der Gläubiger sie eigenmächtig und zu Unrecht anderweitig verwendet, z.B. zur **Deckung anderer Forderungen**, die ihm gegen den Hauptschuldner zustehen (BGE 48 II 196, 210 E. 10c, i.c. zur Vermehrung des Kredits).

Eine Minderung zum Nachteil des Bürgen ist anzunehmen, wenn sich die Sicherheiten während der Zeit ihrer Verwahrung beim Gläubiger **verändert** haben und nunmehr dem Bürgen nicht mehr die gleichen Möglichkeiten bieten, sich aus ihnen für die vom Gläubiger verlangte Zahlung schadlos halten zu können (BGE 64 II 28 E. 3).

14 Nur eine **Verminderung von Vorzugsrechten** liegt vor, wenn durch die verspätete Herausgabe des Pfandausfallscheines nach der Grundpfandverwertung die Fortführung der Betreibung ohne neuen Zahlungsbefehl verunmöglicht ist (Art. 158 SchKG; BGE 78 II 265, demgemäss kein Schaden entstanden ist).

Unterlassung des Gläubigers, ein **Retentionsrecht** geltend zu machen: BGE 64 III 156 E. 5. Verzicht auf Pfändungsrechte: BGE 66 II 129.

III. Aufsichtspflicht des Gläubigers bei Amts- und Dienstbürgschaft (Abs. 2)

15 Die Sorgfaltspflicht für Sicherheiten gem. Art. 503 Abs. 1 gilt auch für die **Amts- und Dienstbürgschaft**. Bei diesen gehen die Pflichten des Gläubigers aber noch weiter *(«… dem Bürgen überdies verantwortlich, …»)*.

Dienstbürgschaften betreffen **private Arbeitsverhältnisse**, Amtsbürgschaften bedingen eine **Amtstätigkeit** (BK-GIOVANOLI, N 18). Es handelt sich um Bürgschaften für eine bloss mögliche, zukünftige Schuld des Arbeitnehmers bzw. Beamten.

BK-GIOVANOLI, N 18, nimmt als Regel an, dass der Bürge nur für den Schaden einzustehen hat, der vom Arbeitnehmer oder Beamten nicht selber ersetzt wird, da Gläubiger und Bürge üblicherweise davon ausgehen, es werde kein finanzieller Schaden entstehen. Es liege deshalb **Ausfall- oder Schadlosbürgschaft** vor. Es kann aber auch Solidarhaftung des Bürgen neben dem Arbeitnehmer/Beamten vereinbart werden (BGE 54 II 389).

Ausgehend vom Zweck der Schadlosbürgschaft soll der Bürge nur dann befreit oder seine Haftung reduziert werden, wenn der Schaden vom Gläubiger durch **eigenes grobes Verschulden** oder **Arglist** herbeigeführt wurde (BK-GIOVANOLI, N 20; dazu BGE 48 II 95 E. 1; 54 II 391).

Die Verantwortlichkeit des Gläubigers ergibt sich aus der Unterlassung der Aufsicht – das Mass ergibt sich aus dem Anstellungsverhältnis – oder infolge Ausserachtlassung der dem Gläubiger sonst zuzumutenden Sorgfalt (mangelnde Geschäftsorganisation, Sorgfalt im Geschäftsgebaren). In allen Fällen muss davon ausgegangen werden, dass Gläubiger und Bürge zu einem gegenseitig *Treu und Glauben entsprechenden Verhalten* verpflichtet sind (BGE 48 II 96; ZR 1954, 24 ff.: Mängel einer Buchführung, die die aufsichtspflichtigen Behörden zu erhöhter Wachsamkeit gegenüber dem buchführenden Beamten verpflichten). 16

Kompetenzüberschreitung des Arbeitnehmers befreit den Gläubiger nicht von seiner Verantwortung (BGE 54 II 391 E. 3). Der Bürge haftet nicht für den Schaden aus einer anderen **Amts-/Dienstperiode**, sondern nur für jenen aus der vereinbarten Periode (BGE 23, 361 E. 2). Aufsicht über den **Kassaverkehr**: BGE 41 II 67; 34 II 548. 17

Weitere Kasuistik bei ZK-OSER/SCHÖNENBERGER, N 41; BECK N 35 ff.

Die Amts- und Dienstbürgschaft hat heute an praktischer Bedeutung verloren.

IV. Informations- und Herausgabepflichten des befriedigten Gläubigers (Abs. 3)

Auf den Bürgen gehen in dem Masse die Rechte des Gläubigers gegen den Hauptschuldner über, in dem er den Gläubiger befriedigt (Art. 507 Abs. 1). Die **gesetzliche Subrogation** verlangt damit, dass der Bürge die auf ihn übergegangenen Regressrechte tatsächlich geltend machen kann. Seine Vorgehensweise: 18

- Übergabe der Beweismittel;
- Information;
- Herausgabe der Pfänder, anderweitiger Sicherheiten oder Vornahme der für ihre Übertragung erforderlichen Handlungen.

1. Übergabe der Beweismittel

Dazu gehören v.a. der Bürgschein, Pfandurkunden, Betreibungsurkunden, Gerichtsurteile, Korrespondenz, soweit sie rechtlich relevant ist, Richtigbefundsanzeigen bei Bankkrediten, jede Schuldanerkennung des Hauptschuldners, der Vertrag des Grundverhältnisses und generell alle Urkunden, aus denen das Bestehen der Hauptschuld und der Nebenrechte, insb. der Sicherheiten, hervorgehen (BK-GIOVANOLI, N 26; BECK, N 50 ff.). 19

Sind nur **Teilzahlungen** geleistet oder nimmt die betreffende Urkunde noch auf andere Rechte Bezug, kann der Bürge nur eine beglaubigte Kopie verlangen (BECK, N 53).

2. Informationen

Meist bedarf es zur Ergänzung der Beweismittel der «nötigen» mündlichen Aufschlüsse tatsächlicher (nicht rechtlicher) Natur zur allfälligen Bildung des **Klagefundaments**. Der Informationsanspruch ergibt sich sinngemäss auch aus Art. 170 Abs. 2 (BK-GIOVANOLI, N 27). 20

3. Herausgabe der Pfänder und anderweitiger Sicherheiten

Gegenstand der Herausgabe sind die in Art. 503 Abs. 1 umschriebenen Sicherheiten, die der Gläubiger nicht zu Lasten des Bürgen verringern darf. Dies entspricht auch dem Umfang der Subrogation des Bürgen in die Rechtsstellung des Gläubigers in Bezug auf Pfandrechte und 21 andere Sicherheiten in Art. 507 Abs. 2, Art. 503 Abs. 1, 3 und Art. 507 Abs. 2 hängen somit zusammen.

Infolge **Subrogation** gehen Pfandrechte und andere Deckungen *von Gesetzes wegen* auf den zahlenden Bürgen über. Die Herausgabe der Pfänder und die Vornahme der für ihre Übertragung erforderlichen Handlungen hat somit keine konstitutive Bedeutung, es geht nur noch um die Verschaffung des Besitzes, besonders des Pfandbesitzes. Faustpfänder müssen übergeben werden, verpfändete Forderungen sind zu zedieren, und Schuldscheine müssen übergeben werden (Art. 884 ff., 900 ZGB). Alle Handlungen sind zur Abtretung von Forderungen aus Ordre- und Recta-Papieren (Art. 967 ZGB) etc. vorzunehmen. Auch für Grundpfänder müssen die nötigen Rechtshandlungen erfolgen (Art. 835, 869, 963 ZGB; vgl. dazu BGE 45 II 669; BK-GIOVANOLI, N 30; ZK-OSER/SCHÖNENBERGER, N 32). Für das Problem der **teilweisen Befriedigung** des Gläubigers (Art. 69) durch den Bürgen vgl. Art. 504 Abs. 1, Art. 507 Abs. 2; BK-GIOVANOLI, N 31; ZBGR 1939, 200 f.; BGE 78 II 261 E. 6.

22 Die Herausgabe der Sicherheiten hat – andere Abreden vorbehalten – Zug um Zug gegen Bezahlung durch den Bürgen zu erfolgen (ZK-OSER/SCHÖNENBERGER, N 35; BK-GIOVANOLI, N 34; BGE 78 II 262 E. 7). Der Bürge kann die Herausgabe der Sicherheiten auch klageweise durchsetzen.

Keine Herausgabepflicht trifft den Gläubiger selbstredend gem. Art. 503 Abs. 3 Satz 3, wenn ihm Pfand- und Retentionsrechte in einem **vorgehenden Rang** für andere Forderungen als Sicherheit dienen. Von diesem Vorbehalt sind nur die in Art. 503 Abs. 1 und 3 (und Art. 507 Abs. 2) umschriebenen Sicherheiten betroffen, für deren Verminderung der Gläubiger haften würde (ZK-OSER/SCHÖNENBERGER, N 33).

V. Rechtsfolgen bei Verletzung der Informations- und Herausgabepflichten (Abs. 4)

23 Der Bürge wird frei, wenn der Gläubiger *«ungerechtfertigterweise»* nicht die in Art. 503 Abs. 3 erforderlichen Handlungen vornimmt (die zu Art. 491 und 504 Abs. 2 entwickelten Grundsätze finden analog Anwendung: BGE 78 II 258, 262 f. E. 7; BK-GIOVANOLI, N 35). Der Nachweis eines Verschuldens des Gläubigers ist *nicht* erforderlich (BGE 64 II 28; BECK, N 57; BK-GIOVANOLI, N 35).

Ausserdem ist der Bürge befreit, wenn der Gläubiger die Sicherheiten und Beweismittel **böswillig** oder **grobfahrlässig** veräussert (ZK-OSER/SCHÖNENBERGER, N 38; BK-GIOVANOLI, N 35).

Weil der Bürge befreit ist, kann er Geleistetes zurückfordern (Art. 62 ff.) und ausserdem *Ersatz* des ihm darüber hinaus entstandenen Schadens verlangen, soweit den Gläubiger ein Verschulden trifft (BK-GIOVANOLI, N 36; BECK, N 63; zur Rückforderung vgl. analog BGE 70 II 271).

Art. 504

f. Anspruch auf Zahlungsannahme

[1] Ist die Hauptschuld fällig, sei es auch infolge Konkurses des Hauptschuldners, so kann der Bürge jederzeit verlangen, dass der Gläubiger von ihm Befriedigung annehme. Haften für eine Forderung mehrere Bürgen, so ist der Gläubiger auch zur Annahme einer blossen Teilzahlung verpflichtet, wenn sie mindestens so gross ist wie der Kopfanteil des zahlenden Bürgen.

[2] Der Bürge wird frei, wenn der Gläubiger die Annahme der Zahlung ungerechtfertigterweise verweigert. In diesem Falle vermindert sich die Haftung allfälliger solidarischer Mitbürgen um den Betrag seines Kopfanteils.

[3] Der Bürge kann den Gläubiger auch vor der Fälligkeit der Hauptschuld *befriedigen*, wenn dieser zur Annahme bereit ist. Der Rückgriff auf den Hauptschuldner kann aber erst nach Eintritt der Fälligkeit geltend gemacht werden.

f. Droit d'imposer le paiement

[1] Dès que la dette est exigible, même par suite de la faillite du débiteur, la caution peut demander en tout temps au créancier d'en accepter le paiement. Si la dette est garantie par plusieurs personnes, le créancier est tenu d'accepter même un paiement partiel, pourvu que celui-ci représente au moins la part afférente à la caution qui l'offre.

[2] Si le créancier refuse indûment d'accepter le paiement, la caution est liberée. La responsabilité des cautions solidaires se réduit alors du montant de sa part.

[3] Si le créancier y consent, la caution peut le désintéresser même avant l'exigibilité de la dette. Elle ne peut cependant exercer son droit de recours contre le débiteur avant que la dette ne soit exigible.

f. Obbligo del creditore di ricevere il pagamento

[1] Scaduto il debito principale, anche per effetto del fallimento del debitore principale, il fideiussore può esigere in ogni tempo dal creditore che accetti da lui il pagamento. Qualora lo stesso debito sia garantito da più fideiussori, il creditore è obbligato a ricevere anche un pagamento parziale, purché questo rappresenti almeno la quota che spetta al fideiussore offerente.

[2] Il fideiussore è liberato qualora il creditore ricusi indebitamente il pagamento. In questo caso, la responsabilità dei confideiussori solidali resta diminuita dell'importo della sua quota.

[3] Il fideiussore può, anche prima della scadenza del debito principale, soddisfare il creditore, se questi è disposto ad accettare. Egli non può peraltro esercitare il suo diritto di regresso verso il debitore principale prima che il debito sia scaduto.

Literatur

Vgl. die Literaturhinweise bei den Vorbem. zu Art. 492–512.

I. Allgemeines. Zweck

1 Der Bürge, der für eine fremde Schuld einsteht, erhält – über die allgemeine Vorschrift von Art. 81 hinausgehend – mit Art. 504 **erweiterte Möglichkeiten, sich durch Zahlung zu befreien** (BK-Giovanoli, N 2). Er kann ein Interesse daran haben, dass seine Zahlung vom Gläubiger angenommen wird, um sofort sein Regressrecht geltend machen zu können. Anwendungsfälle sind die *Verschlechterung der Solvenz* des Hauptschuldners und *Vermeidung von Kosten* (Art. 499 Abs. 2).

Art. 504 regelt den Anspruch des Bürgen auf Zahlungsannahme und die Rechtsfolgen der Verweigerung. Die allgemeinen Vorschriften von Art. 91 ff. über den **Annahmeverzug** gelten nur, sofern Art. 504 als Spezialvorschrift nicht eine besondere Rechtsregel aufstellt (Beck, N 4).

II. Pflicht des Gläubigers zur Zahlungsannahme vom Bürgen (Abs. 1)

2 Voraussetzung der Zahlungsannahmepflicht des Gläubigers ist die **Fälligkeit der Hauptschuld**, egal aus welchem Grund deren Fälligkeit eingetreten ist, also auch, wenn die Hauptschuld infolge Konkurses des Hauptschuldners von Gesetzes wegen vorzeitig fällig wird (Art. 208 Abs. 1, Art. 271 Abs. 2 SchKG). Im Konkursfall ist das Recht des Bürgen auf vorzeitige Zahlung besonders gerechtfertigt, da der Zinsenlauf für alle Forderungen (ausser pfandgesicherten) nur gegenüber dem konkursiten Hauptschuldner aufhört (Art. 209 SchKG; BK-Giovanoli, N 2). Das Gleiche gilt bei vorzeitiger Fälligkeit der Hauptschuld z.B. durch Arrest gem. Art. 271 Abs. 2 SchKG (Beck, N 5).

Während der Bürge gem. Art. 501 Abs. 1 vom Gläubiger erst zum festgesetzten Zeitpunkt belangt werden kann, muss der Gläubiger umgekehrt die vorzeitige freiwillige Zahlung des Bürgen annehmen, will er nicht in **Annahmeverzug** geraten. Der Gläubiger *muss* annehmen, der Bürge *kann* bezahlen.

3 Gemäss Art. 81 kann der Hauptschuldner schon **vor dem Verfalltag** erfüllen, und der Gläubiger muss die Zahlung annehmen, wenn sich dies aus der Natur des Vertrages oder den konkreten Umständen als Parteiwille ergibt. Dieses Recht hat nach h.L. *auch der Bürge* (BECK, N 7; ZK-OSER/SCHÖNENBERGER, N 3). Wegen der im Interesse des Gläubigers liegenden Verzinslichkeit dürfte beim verzinslichen Darlehen eine solche von Art. 81 abweichende Willensmeinung jedoch meist anzunehmen sein. In diesem Fall ist auch die Befreiung des Bürgen vor Fälligkeit der Hauptschuld nicht möglich. Das verzinste Darlehen ist der Hauptanwendungsfall verbürgter Verpflichtungen (BECK, N 7; BK-GIOVANOLI, N 1).

Nach dem allgemeinen Grundsatz in Art. 69 Abs. 1 allein müsste der Gläubiger eine **Teilzahlung des Bürgen** nicht annehmen, wenn der gesamte Betrag feststeht und fällig ist. Art. 504 Abs. 1 Satz 2 macht bei Haftung mehrerer Bürgen für die gleiche Hauptschuld eine *wesentliche Ausnahme*: der Mitbürge hat Anspruch auf Annahme der Teilzahlung, wenn sie mindestens so gross ist wie sein Kopfanteil. Damit ist Art. 497 Abs. 2 Satz 3 konsequent ergänzt.

Teilzahlung des Bürgen ist ausserdem zulässig, wenn auch der Hauptschuldner solche zu leisten berechtigt ist oder wenn der Bürge für einen Teil der Schuld haftet (BECK, N 8).

III. Folgen der ungerechtfertigten Verweigerung der Zahlungsannahme durch den Gläubiger (Abs. 2)

4 **«Ungerechtfertigte» Weigerung** des Gläubigers, die Zahlung anzunehmen, befreit den Bürgen. Es dürfen also keine vom Recht anerkannten objektiven Gründe für die Annahmeverweigerung vorliegen (analoge Regelung in Art. 91). Die Tatsache der Nichtannahme trotz Annahmepflicht genügt. Der *Verschuldensnachweis entfällt* somit (Bsp. bei BK-GIOVANOLI, N 5; BECK, N 10; FOUNTOULAKIS, AJP 2010, 428).

Die **Rechtslage der solidarischen Mitbürgen** soll durch das Ausscheiden des befreiten Mitbürgen nicht verschlechtert werden. Dementsprechend reduziert sich deren Haftung um den Kopfanteil des Ausgeschiedenen (Art. 504 Abs. 2 Satz 2; BGE 133 III 603 E. 4.1.2).

IV. Befriedigung des Gläubigers vor Fälligkeit der Hauptschuld (Abs. 3)

5 Trotz Abhängigkeit der Bürgschaft von der Hauptschuld kann der Bürge den Gläubiger schon **vor der Fälligkeit der Hauptschuld** befriedigen, sofern dieser bereit ist, die Bürgenleistung anzunehmen (JdT 1982 II 146 ff.). Im Falle der Annahme kann er aber erst dann **Regress** auf den Hauptschuldner nehmen, wenn die Fälligkeit der Hauptschuld effektiv eingetreten ist. Der Hauptschuldner kann durch eine vorzeitige Zahlung des Bürgen nicht gezwungen werden, seine Schuld vor der Fälligkeit zu begleichen (BECK, N 6; BK-GIOVANOLI, N 7).

Der Umstand, dass sich ein Bürge seiner Zahlungspflicht gegenüber dem Gläubiger vorzeitig entledigt, weil er vom drohenden Konkurs des Hauptschuldners Kenntnis hat, und deshalb der Konkursmasse die Forderung **verrechnungsweise** entgegenhalten will, rechtfertigt für sich allein die Anwendung von Art. 214 SchKG *nicht*. Der Bürge übt lediglich eine Befugnis aufgrund eines vorbestehenden Rechtsverhältnisses und aufgrund von Art. 504 Abs. 3 aus (BGE 106 III 116 E. 4 = Pra 1981, 300 f.).

V. Zwingendes Recht

6 Gemäss Art. 492 Abs. 4 ist ein zum Voraus erklärter Verzicht des Bürgen auf die ihm in Art. 504 eingeräumten Rechte ungültig (BK-GIOVANOLI, N 4; BECK, N 14).

Art. 505

g. Mitteilungspflicht des Gläubigers und Anmeldung im Konkurs und Nachlassverfahren des Schuldners

1 Ist der Hauptschuldner mit der Bezahlung von Kapital, von Zinsen für ein halbes Jahr oder einer Jahresamortisation sechs Monate im Rückstand, so hat der Gläubiger dem Bürgen Mitteilung zu machen. Auf Verlangen hat er ihm jederzeit über den Stand der Hauptschuld Auskunft zu geben.

2 Im Konkurs und beim Nachlassverfahren des Hauptschuldners hat der Gläubiger seine Forderung anzumelden und alles Weitere vorzukehren, was ihm zur Wahrung der Rechte zugemutet werden kann. Den Bürgen hat er vom Konkurs und von der Nachlassstundung zu benachrichtigen, sobald er von ihnen Kenntnis erhält.

3 Unterlässt der Gläubiger eine dieser Handlungen, so verliert er seine Ansprüche gegen den Bürgen insoweit, als diesem aus der Unterlassung ein Schaden entstanden ist.

g. Avis du créancier et intervention dans la faillite et le concordat du débiteur

1 Lorsque le débiteur est en retard de six mois pour un paiement de capital ou pour l'intérêt d'un semestre ou pour un amortissement annuel, le créancier doit aviser la caution. Sur demande, il doit en tout temps la renseigner sur l'état de la dette.

2 Si le débiteur est déclaré en faillite ou demande un concordat, le créancier est tenu de produire sa créance et de faire tout ce qui peut être exigé de lui pour sauvegarder les droits. Il doit porter la faillite et le sursis concordataire à la connaissance de la caution dès qu'il en est lui-même informé.

3 Si le créancier omet l'une de ces formalités, il perd ses droits contre la caution à concurrence du préjudice résultant pour elle de cette omission.

g. Obbligo di ragguagliare il fideiussore e di notificare il credito nel fallimento e nel concordato del debitore

1 Quando il debitore principale è in ritardo di sei mesi nel pagamento di capitale, dell'interesse per un semestre o di un ammortamento annuo, il creditore deve avvertirne il fideiussore. A richiesta, egli deve in ogni tempo informarlo dello stato del debito principale.

2 Se il debitore principale è dichiarato in fallimento o domanda un concordato, il creditore deve notificare il suo credito e fare tutto ciò che si può ragionevolmente esigere da lui per la tutela dei suoi diritti. Egli deve avvertire il fideiussore del fallimento e della moratoria, non appena ne abbia notizia.

3 Il creditore che ometta di compiere uno di questi atti perde le sue azioni contro il fideiussore fino a concorrenza del danno che al fideiussore fosse derivato da tale omissione.

Literatur

Vgl. die Literaturhinweise bei den Vorbem. zu Art. 492–512.

I. Allgemeines. Anwendungsbereich

Art. 505 befasst sich mit **weiteren speziellen Sorgfaltspflichten** des Gläubigers im Verhältnis zum Bürgen: 1

- Mitteilung an den Bürgen über bestimmte Zahlungsrückstände des Hauptschuldners (Abs. 1 Satz 1);
- Auskunftspflicht gegenüber dem Bürgen über den Stand der Hauptschuld (Abs. 1 Satz 2);
- Forderungsanmeldung im Konkurs und beim Nachlassverfahren des Hauptschuldners mit anschliessenden weiteren Vorkehrungen (Abs. 2 Satz 1);
- Benachrichtigung des Bürgen bei Konkurs oder Nachlassstundung über den Hauptschuldner (Abs. 2 Satz 2).

Abs. 3 regelt die Rechtsfolgen der Unterlassung obiger Sorgfaltspflichten. 2

Die Pflichten des Gläubigers gegenüber dem Bürgen aus Art. 505 sind nicht auf Konkurs und Nachlassverfahren von Mitbürgen anwendbar, ebenso wenig auf den Rückbürgen (BK-Gɪo-

VANOLI, N 20; weitere Besonderheiten bei Nach- und Rückbürgschaft im Zusammenhang mit Art. 505: BECK, N 6, 16; ZK-OSER/SCHÖNENBERGER, N 15 ff.).

Art. 505 gehört zum unabdingbaren Recht i.S.v. Art. 492 Abs. 4: der Bürge kann auf die ihm in dieser Vorschrift zugestandenen Rechte nicht gültig zum Voraus verzichten (ZK-OSER/SCHÖNENBERGER, N 3; BECK, N 5).

II. Mitteilungspflicht des Gläubigers über bestimmte Zahlungsrückstände (Abs. 1 Satz 1)

3 **Es ist der Zweck der Vorschrift**, den Bürgen vor Überraschungen zu schützen und ihm die Möglichkeit zu geben, rechtzeitig Vorkehrungen zu treffen (Art. 504, 506, 511). Der **Umfang der Mitteilungspflicht** ist im Interesse des Gläubigers sachlich und zeitlich eingeschränkt, um den konkreten Umständen Rechnung zu tragen. Eine allgemeine Pflicht, den Bürgen über eine Verschlechterung der Vermögenslage des Hauptschuldners zu informieren, hat der Gläubiger nicht (ZK-OSER/SCHÖNENBERGER, N 5; BECK, N 7; ZR 1937, 365 ff. zu Art. 511 aOR).

Die Mitteilungspflicht des Gläubigers entsteht, wenn der Hauptschuldner ein halbes Jahr im Rückstand ist mit 1. Kapitalzahlungen, 2. Zinsen für sechs Monate oder 3. einer Jahresamortisation (= jährliche reine Kapitalzahlungen ohne Annuitäten, weil letztere begrifflich Zinsen mitenthalten; dazu BECK, N 9; ZK-OSER/SCHÖNENBERGER, N 7; LOMBARDINI, 928; STREIFF/PELLEGRINI/VON KAENEL, 240).

4 **Voraussetzung der Mitteilungspflicht** ist ein sechsmonatiger Rückstand mit der Leistung, die eine gewisse Bedeutung (N 3) hat. Die sechsmonatige Frist beginnt mit der *Fälligkeit* der betreffenden Leistung des Hauptschuldners zu laufen. Dieser muss weder nach Art. 102 in Verzug gesetzt noch nach Art. 496 Abs. 1 gemahnt worden sein. Die objektive Tatsache des sechsmonatigen Rückstandes allein genügt (BECK, N 8; BK-GIOVANOLI, N 3).

Die Mitteilung des Gläubigers an den Bürgen kann schon *vor* Ablauf der Sechsmonatsfrist erfolgen, wobei aber eine **Wiederholung der Mitteilung** nach sechs Monaten zwingend ist, wenn seit der ersten Mitteilung Monate vergangen sind und sich unterdessen die Vermögenslage des Hauptschuldners verschlechtert hat (BK-GIOVANOLI, N 3a; **a.M.** BECK, N 10; ZK-OSER/SCHÖNENBERGER, N 9).

Die Mitteilung ist an keine besondere Form gebunden, aber aus Beweisgründen ist Schriftform empfehlenswert (zum Inhalt der Mitteilung: BECK, N 11).

III. Auskunftspflicht über den Stand der Hauptschuld (Abs. 1 Satz 2)

5 Das Recht des Bürgen auf *jederzeitige* Auskunft über den «Stand der Hauptschuld» gem. Abs. 2 Satz 2 ist Gegenstück zur Mitteilungspflicht des Gläubigers. Der Bürge soll sich über den Umfang seiner tatsächlichen Haftung jederzeit ein Bild machen können. Das Auskunftsrecht kann auch ohne die in Abs. 1 Satz 1 umschriebenen Rückstände ausgeübt werden. Es geht dem Bankgeheimnis vor (BECK, N 13; BK-GIOVANOLI, N 5). Über den Stand anderer, ihn interessierender Verpflichtungen des Hauptschuldners kann der Bürge keine Auskunft beanspruchen (BK-GIOVANOLI, N 5).

IV. Forderungsanmeldung im Konkurs und beim Nachlassverfahren und weitere Vorkehrungen des Gläubigers (Abs. 2 Satz 1)

1. Anmeldung im Konkurs und beim Nachlassverfahren

6 Der Gläubiger hat die verbürgte Hauptschuld innert Monatsfrist seit Bekanntgabe des Konkurses über den Hauptschuldner **beim Konkursamt anzumelden** (Art. 232 Abs. 2 Ziff. 2,

Art. 251 SchKG, vgl. Art. 246 SchKG für grundpfändlich gesicherte Forderungen). Zur Anmeldung berechtigt sind m.E. der Gläubiger *und* der Bürge (Art. 217 Abs. 2 SchKG), eine Verpflichtung hat aber nur der Gläubiger gem. Art. 505 Abs. 2 (BECK, N 20; **a.M.** wohl ZK-OSER/SCHÖNENBERGER, N 20 m.w.Nw.).

Gemäss Art. 217 Abs. 1 SchKG kann der Gläubiger (muss aber nicht) seine *ganze* Forderung im ursprünglichen Betrag im Konkurs des Hauptschuldners anmelden, ohne Rücksicht darauf, ob der Bürge bereits Zahlungen geleistet hat oder nicht (BGE 42 II 142). Der **volle ursprüngliche Betrag** kann nur dann nicht berücksichtigt werden, wenn der Hauptschuldner selber die Forderung zum Teil oder ganz bezahlt hat. Die Hauptschuld wird umfangmässig so berücksichtigt, wie sie zur Zeit der Konkurseröffnung mit Zinsen besteht, sei es gegenüber dem Gläubiger oder gegenüber dem Bürgen, der an den Gläubiger gezahlt hat und infolge gesetzlicher Subrogation an dessen Stelle getreten ist (BECK, N 21 f.; ZK-OSER/SCHÖNENBERGER, N 21).

Mit der zeitgerechten und formrichtigen Forderungsanmeldung hat der Gläubiger auch die für die verbürgte Hauptschuld bestehenden **Pfand- und Retentionsrechte** anzugeben und die vom Hauptschuldner gegebenen **Pfänder** zur Verfügung zu stellen, will er dem Bürgen nicht verantwortlich werden (BGE 64 III 156; Art. 232 Abs. 2 Ziff. 4 SchKG). 7

Leistet der Bürge *während* des Konkursverfahrens über den Hauptschuldner Zahlungen an den Gläubiger, dessen Forderung zugelassen wurde, gehen die Ansprüche des Gläubigers auf den Bürgen über. Die **Regressforderung des Bürgen** gegen den konkursiten Hauptschuldner muss *nicht mehr neu* angemeldet werden (BGE 58 III 126; ZK-OSER/SCHÖNENBERGER, N 21).

Im **Nachlassverfahren** muss der Gläubiger seine Forderung gegen den Hauptschuldner innert 20 Tagen nach öffentlicher Bekanntmachung durch den Sachwalter eingeben (Art. 300 SchKG). Gemeint sind nicht nur das Nachlassverfahren nach SchKG, sondern auch die besonderen Regelungen der Bankengesetzgebung, des Notrechts etc. (BK-GIOVANOLI, N 7).

2. *Weitere Vorkehrungen des Gläubigers*

a) Allgemeine Grundsätze

Die Anmeldung der Forderung im Konkurs/Nachlassverfahren durch den Gläubiger genügt nicht. Er hat als Konsequenz der ihm auferlegten **erweiterten Treue- und Sorgfaltspflicht** *«alles Weitere»* zur Wahrung der Rechte vorzukehren, was ihm zugemutet werden kann. Über den Umfang der Zumutbarkeit entscheiden die Umstände des Einzelfalles. Der Richter hat darüber unter Berücksichtigung von Treu und Glauben im Rechtsverkehr einen *Ermessensentscheid* zu fällen (BECK, N 26; BK-GIOVANOLI, N 9). Zumutbar dürfte sein, was ein sorgfältiger, aber nicht überängstlicher Gläubiger vorkehren würde, der für den Ausfall im Konkurs/Nachlassverfahren des Hauptschuldners nicht auf einen Dritten Regress nehmen kann. Ausserordentliche Vorkehrungen, die im normalen Geschäftsverkehr nicht üblich sind, sind i.d.R. nicht zumutbar (BK-GIOVANOLI, N 11). Eine klare Regel kann nicht aufgestellt werden. 8

b) Weitere Vorkehrungen des Gläubigers bei Konkurs des Hauptschuldners

Immer unter Berücksichtigung des Einzelfalles – bei Vorhandensein bedeutender Interessen und fallbezogen – könnten als **weitere Vorkehrungen des Gläubigers im Konkurs** des Hauptschuldners in Frage kommen (eher zurückhaltend BK-GIOVANOLI, N 12; ebenso BECK, N 27 f.): 9

- Teilnahme an Gläubigerversammlungen;
- Überwachung und Weiterleitung von Verfügungen der Konkursverwaltung und Beschwerde dagegen (BJM 1999, 43 ff.: Nichtweiterleitung eines Zirkulars, mit dem Frist angesetzt wurde, um gem. Art. 260 SchKG die Abtretung eines Anspruchs zu verlangen);

– Einsichtnahme in Kollokationsplan und Lastenverzeichnis (befürwortend Beck, N 27; BK-Giovanoli, N 13; zu beachten ist Art. 503);
– Kollokationsklage bei Abweisung der Forderung des Gläubigers oder Nichtzulassung an privilegierter Stelle (Art. 249 Abs. 3 SchKG; Beck, N 27): Zumutbar für den Gläubiger dürfte zumindest die *Mitteilung an den Bürgen* sein, dass die Konkursverwaltung die Forderung ganz oder teilweise abgewiesen hat oder dass sie nicht im beantragten Rang kolloziert wurde. Er kann dem Bürgen offerieren, an seiner Stelle den Kollokationsprozess gegen Vorschiessung der Kosten zu führen etc. Es kann dem Gläubiger hingegen nicht zugemutet werden, den Kollokationsprozess auf eigene Kosten zu führen (weitere Bsp. bei Beck, N 27; detailliert auch BK-Giovanoli, N 12).

c) Weitere Vorkehrungen des Gläubigers beim Nachlassverfahren des Hauptschuldners

10 Für die **weiteren zumutbaren Vorkehrungen des Gläubigers im Nachlassverfahren** gemäss SchKG ist vorerst Art. 303 SchKG zu beachten. Der Gläubiger, der dem Nachlassvertrag nicht zustimmt, verliert seine Rechte gegen den Bürgen nicht. Stimmt er dem Nachlassvertrag hingegen zu, verliert er seine Rechte gegen den Bürgen dann nicht, wenn er diesem mindestens zehn Tage vor der Gläubigerversammlung deren Ort und Zeit mitteilt und ihm die Abtretung der Forderung gegen Zahlung anbietet. Macht der Bürge vom Angebot der Abtretung gegen Zahlung Gebrauch, gehen die Rechte des Gläubigers auf ihn über und dieser scheidet aus (Art. 507 Abs. 1). Anstelle dieser beiden Möglichkeiten kann der Gläubiger dem Bürgen die Entscheidung über den Beitritt zum Nachlassvertrag überlassen (BK-Giovanoli, N 14).

Art. 303 SchKG wird durch Art. 505 Abs. 2 ergänzt. Auch im Nachlassverfahren muss der Gläubiger *selber* alle ihm zumutbaren Vorkehrungen treffen oder dem Bürgen Gelegenheit geben, an seiner Stelle zu handeln (bedeutsam kann im Nachlassverfahren z.B. die Schätzung von Pfändern sein, Art. 305 Abs. 2 SchKG, Anfechtung zu hoher Schätzungen; weitere Bsp. bei BK-Giovanoli, N 15 f.; Beck, N 29 ff.).

V. Benachrichtigung des Bürgen über Konkurs oder Nachlassstundung des Hauptschuldners (Abs. 2 Satz 2)

11 Der Gläubiger hat den Bürgen, will er seiner Rückgriffsrechte im schlimmsten Fall nicht verlustig gehen (Art. 505 Abs. 3), über den Konkurs oder die Nachlassstundung des Hauptschuldners zu **benachrichtigen**, sobald er davon Kenntnis erhält.

Im Falle des Nachlassvertrages löst erst die Kenntnis der bereits erteilten **Bewilligung der Stundung** die Mitteilungspflicht aus, die Einreichung des Gesuchs um Nachlassstundung genügt nicht (Beck, N 17).

12 Die Benachrichtigung – **formlos gültig**, aus Beweisgründen jedoch am besten schriftlich – soll dem Bürgen die Möglichkeit geben, die Forderungsanmeldung im Konkurs oder Nachlassverfahren nötigenfalls *selber* vorzunehmen. Die **Mitteilung des Gläubigers** muss dartun, wohin sich der Bürge zu wenden hat, und sie hat zeitlich so frühzeitig zu erfolgen, dass dem Bürgen für die Anmeldung genügend Zeit bleibt (Beck, N 18; BK-Giovanoli, N 18). Die Mitteilungspflicht des Gläubigers entfällt, wenn der Bürge anderweitig Kenntnis von Konkurs oder Nachlassstundung erhalten hat (BGE 59 III 147; RVJ 2000, 283).

Die Mitteilungspflicht gem. Abs. 2 Satz 2 enthebt den Gläubiger nicht von der Pflicht, die Forderung anzumelden und weitere Vorkehrungen gem. Art. 505 zu treffen.

VI. Rechtsfolgen der Verletzung der Gläubigerpflichten (Abs. 3)

Der Gläubiger verliert seine **Regressrechte** gegen den Bürgen *«insoweit als diesem aus der Unterlassung ein Schaden entstanden ist»* (BK-GIOVANOLI, N 19; BGE 64 III 156 E. 5; 26 II 292). Anwendbar ist die **Verschuldenshaftung** gem. Art. 97 ff. Der Bürge hat demgemäss die Verletzung der Gläubigerpflicht, seinen Schaden und den Kausalzusammenhang zu beweisen (BJM 1999, 47). Der Gläubiger hingegen hat sein mangelndes Verschulden nachzuweisen oder Herabsetzungsgründe nach Art. 44 darzutun (ZK-OSER/SCHÖNENBERGER, N 30; BECK, N 32 ff.). 13

Rechtsfolge ist damit nicht die gänzliche Befreiung des Bürgen, wie sie in Art. 503 Abs. 4, Art. 510 Abs. 3 und Art. 511 Abs. 3 vorgesehen ist, sondern lediglich Schadenersatz (BECK, N 32).

Art. 506

2. Verhältnis des Bürgen zum Hauptschuldner **a. Recht auf Sicherstellung und Befreiung**	**Der Bürge kann vom Hauptschuldner Sicherstellung und, wenn die Hauptschuld fällig ist, Befreiung von der Bürgschaft verlangen:** **1. wenn der Hauptschuldner den mit dem Bürgen getroffenen Abreden zuwiderhandelt, namentlich die auf einen bestimmten Zeitpunkt versprochene Entlastung des Bürgen nicht bewirkt;** **2. wenn der Hauptschuldner in Verzug kommt oder durch Verlegung seines Wohnsitzes in einen andern Staat seine rechtliche Verfolgung erheblich erschwert;** **3. wenn durch Verschlimmerung der Vermögensverhältnisse des Hauptschuldners, durch Entwertung von Sicherheiten oder durch Verschulden des Hauptschuldners die Gefahr für den Bürgen erheblich grösser geworden ist, als sie bei der Eingehung der Bürgschaft war.**
2. Rapports entre la caution et le débiteur a. Droit à des sûretés et à la libération	La caution peut requérir des sûretés du débiteur et, si la dette est exigible, réclamer sa libération: 1. lorsque le débiteur contrevient aux engagements qu'il a pris envers elle, notamment à sa promesse de la faire libérer dans un délai donné; 2. lorsqu'il est en demeure ou ne peut être recherché que dans des conditions sensiblement plus difficiles parce qu'il a transféré son domicile dans un autre Etat; 3. lorsque, en raison des pertes qu'il a subies, ou de la diminution de la valeur de sûretés, ou encore d'une faute par lui commise, la caution court des risques sensiblement plus grands qu'au moment où elle s'est engagée.
2. Rapporti tra il fideiussore e il debitore principale a. Diritto a garanzie e alla liberazione	Il fideiussore può esigere garanzie dal debitore principale e, se il debito è scaduto, esigere la liberazione: 1. se il debitore principale viola le stipulazioni con esso conchiuse e specialmente se non mantiene la promessa di liberarlo entro un certo termine; 2. se il debitore principale cade in mora o, trasferendo il suo domicilio in un altro Stato, rende notevolmente più difficile di procedere giuridicamente contro di lui; 3. se per il peggioramento delle condizioni economiche del debitore principale, o per la svalutazione di garanzie, ovvero per colpa del debitore principale, il rischio del fideiussore è diventato notevolmente maggiore di quando fu prestata la fideiussione.

Literatur

Vgl. die Literaturhinweise bei den Vorbem. zu Art. 492–512.

I. Allgemeines

1 Art. 506 verschafft dem Bürgen **vor** seiner Zahlung an den Gläubiger dem Hauptschuldner gegenüber gewisse Rechte, obwohl dieser nicht Vertragspartei im Bürgschaftsvertrag ist. Weil der Bürge aber für den Hauptschuldner einsteht, ergibt sich der Regress von Gesetzes wegen (Art. 507). Ob die Bürgschaft vom Bürgen im Auftrag des Hauptschuldners eingegangen wurde oder aufgrund von Geschäftsführung ohne Auftrag, ist nicht relevant. In engem Zusammenhang damit steht die Einräumung des **Anspruches auf Sicherstellung bzw. Befreiung** in Art. 506 (BECK, N 3): Dieser Artikel regelt die Sicherstellung des Regressanspruches oder die Befreiung von der Bürgschaft, also gemäss GIOVANOLI «die **Vorwirkungen des Regressrechtes des Bürgen** vor Zahlung» (BK-GIOVANOLI, N 1; ZK-OSER/SCHÖNENBERGER, N 4).

2 Art. 506 ist praktisch wenig wirksam, und es ergibt sich oft die Schwierigkeit, dass der Hauptschuldner gar nicht in der Lage ist, dem Begehren des Bürgen zu entsprechen (BECK, N 3; ZK-OSER/SCHÖNENBERGER, N 6, wo auch richtig angeführt wird, dass gleichzeitig mit dem Anspruch des Bürgen auf Sicherstellung auch die Voraussetzungen für deren spätere Anfechtung oder Befreiung gem. Art. 285 ff. SchKG gegeben sein können; ZR 1935, 259; vgl. LOMBARDINI, 925 f.).

Art. 506 ist zwingend i.S.v. Art. 492 Abs. 4 (BECK, N 4; BK-GIOVANOLI, N 3; zweifelnd ZK-OSER/SCHÖNENBERGER, N 3).

II. Voraussetzungen der Sicherstellung und Befreiung

3 Der Bürge kann **Sicherstellung** und – bei Fälligkeit der Hauptschuld – **Befreiung** von der Bürgschaft verlangen, wenn eine der Voraussetzungen in Ziff. 1–3 erfüllt ist. Dabei handelt es sich meist um Fälle, in denen der Hauptschuldner durch sein Verhalten die Stellung des Bürgen verschlechtert. Die Beweislast für das Vorliegen des Grundes trägt der Bürge (BECK, N 6).

Der Bürgenanspruch geht auf Sicherstellung des **gesamten Regressrechtes** und nicht nur auf jenes für drohenden Schaden. Bei Fälligkeit der Hauptschuld geht er auf Befreiung (BK-GIOVANOLI, N 4; BECK, N 17). Der Anspruch auf Sicherstellung kann auf dem Weg der Zwangsvollstreckung erzwungen werden (Art. 38 SchKG; u.U. Berechtigung auf Arrestnahme, BECK, N 19).

Sicherheiten können vom Hauptschuldner in Form von Real- oder Personalsicherheiten, insb. Rückbürgschaften, geleistet werden. Befreiung des Bürgen erfolgt z.B. durch Bezahlung an den Gläubiger, Verrechnung, Entlassung des Bürgen durch den Gläubiger mit/ohne Stellung eines Ersatzbürgen (BK-GIOVANOLI, N 4; BECK, N 16).

4 Ziffer 1: **Verstoss gegen eine rechtsverbindlich getroffene Abrede** zwischen Bürge und Hauptschuldner. Hauptanwendungsfall ist das Versprechen des Hauptschuldners, die verbürgte Schuld abzubezahlen. Weitere Bsp. bei BK-GIOVANOLI, N 7; BECK, N 8.

Ziffer 2: Es werden zwei Fälle geregelt: 1. **Verzug des Hauptschuldners** gem. Art. 102 gegenüber dem Gläubiger, 2. **Wohnsitzverlegung des Hauptschuldners** in einen anderen Staat, sofern dadurch die Rechtsverfolgung des Hauptschuldners erheblich erschwert wird (Art. 495 Abs. 1, 3).

Ziffer 3: In drei Fällen wird Anspruch auf Sicherstellung/Befreiung gewährt, wenn das **Risiko der Inanspruchnahme** für den Bürgen seit Eingehung der Bürgschaft *erheblich* gestiegen ist:

a) Verschuldete oder unverschuldete, objektive Verschlimmerung der Vermögensverhältnisse des Hauptschuldners (BECK, N 12);

b) Entwertung von Sicherheiten, z.B. durch Vernachlässigung der Pfänder, Entwertung von Wertpapieren. Auch in diesen Fällen ist *kein Verschulden* des Hauptschuldners erforderlich. Die objektive Tatsache genügt (BK-GIOVANOLI, N 9);

c) Schuldhaftes Verhalten des Hauptschuldners als selbständiger Grund (Absicht oder Fahrlässigkeit, z.B. Pflichtverletzung in Amts- und Dienstbürgschaft, ZK-OSER/SCHÖNENBERGER, N 15).

Art. 507

b. Das Rückgriffsrecht des Bürgen
aa. Im Allgemeinen

¹ Auf den Bürgen gehen in demselben Masse, als er den Gläubiger befriedigt hat, dessen Rechte über. Er kann sie sofort nach Eintritt der Fälligkeit geltend machen.

² Von den für die verbürgte Forderung haftenden Pfandrechten und andern Sicherheiten gehen aber, soweit nichts anderes vereinbart worden ist, nur diejenigen auf ihn über, die bei Eingehung der Bürgschaft vorhanden waren oder die vom Hauptschuldner nachträglich eigens für diese Forderung bestellt worden sind. Geht infolge bloss teilweiser Bezahlung der Schuld nur ein Teil eines Pfandrechtes auf den Bürgen über, so hat der dem Gläubiger verbleibende Teil vor demjenigen des Bürgen den Vorrang.

³ Vorbehalten bleiben die besonderen Ansprüche und Einreden aus dem zwischen Bürgen und Hauptschuldner bestehenden Rechtsverhältnis.

⁴ Wird ein für eine verbürgte Forderung bestelltes Pfand in Anspruch genommen, oder bezahlt der Pfandeigentümer freiwillig, so kann der Pfandeigentümer auf den Bürgen hiefür nur Rückgriff nehmen, wenn dies zwischen dem Pfandbesteller und dem Bürgen so vereinbart oder das Pfand von einem Dritten nachträglich bestellt worden ist.

⁵ Die Verjährung der Rückgriffsforderung beginnt mit dem Zeitpunkt der Befriedigung des Gläubigers durch den Bürgen zu laufen.

⁶ Für die Bezahlung einer unklagbaren Forderung oder einer für den Hauptschuldner wegen Irrtums oder Vertragsunfähigkeit unverbindlichen Schuld steht dem Bürgen kein Rückgriffsrecht auf den Hauptschuldner zu. Hat er jedoch die Haftung für eine verjährte Schuld im Auftrag des Hauptschuldners übernommen, so haftet ihm dieser nach den Grundsätzen über den Auftrag.

b. Droit de recours de la caution
aa. En général

¹ La caution est subrogée aux droits du créancier à concurrence de ce qu'elle lui a payé. Elle peut les exercer dès l'exigibilité de la dette.

² Sauf convention contraire, elle n'acquiert cependant les droits de gage et autres sûretés garantissant la créance que s'ils existaient au moment du cautionnement ou ont été constitués dans la suite par le débiteur spécialement pour cette créance. Si la caution, s'étant acquittée partiellement, n'est subrogée qu'à une partie d'un droit de gage, la partie restant au créancier est de rang préférable à celle de la caution.

³ Sont toutefois réservées les actions et exceptions qui dérivent des rapports juridiques entre la caution et le débiteur.

⁴ Lorsqu'un gage garantissant une créance est réalisé ou que le propriétaire effectue volontairement le paiement, celui-ci ne peut exercer de recours contre la caution que s'il en a été ainsi convenu entre elle et lui ou si le gage a été constitué subséquemment par un tiers.

⁵ La prescription du droit de recours de la caution court dès que celle-ci a désintéressé le créancier.

⁶ La caution n'a aucun droit de recours contre le débiteur lorsqu'elle a payé une dette ne donnant lieu à aucune action en justice ou ne liant pas le débiteur par suite d'erreur ou d'incapacité de contracter. Toutefois, si elle a garanti une dette prescrite par mandat du débiteur, celui-ci répond envers elle selon les règles du mandat.

b. Diritto di regresso del fideiussore
aa. In generale

[1] Il fideiussore è surrogato nei diritti del creditore fino a concorrenza della somma che gli ha pagato. Egli può esercitarli non appena il debito sia scaduto.

[2] Nei diritti di pegno e nelle altre garanzie del credito assicurato tuttavia, egli è surrogato solo, salvo convenzione contraria, se esistevano allorché fu prestata la fideiussione o se sono state costituite in seguito dal debitore principale specialmente per il detto credito. Se il fideiussore, avendo pagato solo parzialmente, non è surrogato che in una parte d'un diritto di pegno, la porzione che rimane al creditore prevale a quella del fideiussore.

[3] Sono riservate le speciali azioni ed eccezioni che derivano dal rapporto giuridico esistente fra fideiussore e debitore principale.

[4] Quando un pegno costituito per il credito assicurato è realizzato o quando il proprietario del pegno paga spontaneamente, questi non può esercitare il regresso contro il fideiussore che se così è stato convenuto tra chi costituì il pegno e il fideiussore o se il pegno è stato costituito successivamente da un terzo.

[5] La prescrizione del diritto di regresso del fideiussore decorre dal momento in cui questi ha soddisfatto il creditore.

[6] Il fideiussore non ha alcun diritto di regresso contro il debitore principale quando ha pagato un debito sprovvisto di azione o non obbligatorio per il debitore principale a cagione di errore o di incapacità a contrattare. Se però egli ha garantito un debito prescritto per mandato del debitore principale, questi è responsabile verso il fideiussore secondo le regole del mandato.

Literatur

Vgl. die Literaturhinweise bei den Vorbem. zu Art. 492–512.

I. Grundlagen. Anwendungsbereich

1 Der Bürge stellt die Forderung des Gläubigers gegen den Hauptschuldner lediglich sicher, ohne sie i.d.R. – im Gegensatz zur Schuldübernahme – endgültig auf sich nehmen zu wollen. Er will nach Bezahlung an den Gläubiger vom Hauptschuldner schadlos gehalten werden. Das geltende Recht stellt ihm dafür zwei Wege zur Verfügung, zwischen denen **Anspruchskonkurrenz** besteht (ZK-OSER/SCHÖNENBERGER, N 20 f.):

2 – Der Bürge hat aus seinem internen Verhältnis mit dem Hauptschuldner einen **selbständigen (besonderen) Rückgriffsanspruch** (ZK-OSER/SCHÖNENBERGER, N 2). Das besondere Rechtsverhältnis bildet die *Veranlassung* zur Eingehung der Bürgschaft. Es kann auf **entgeltlichem Auftrag** (Art. 402, z.B. im kaufmännischen Verkehr, Bürgschaft einer Bank), meist **unentgeltlichem Auftrag**, gelegentlich **Geschäftsführung ohne Auftrag** (Art. 422) beruhen. Möglich ist auch **ungerechtfertigte Bereicherung** (Art. 62), indem für den Hauptschuldner eine Verpflichtung entfällt, welche aus dem Vermögen des Bürgen erfüllt wird (BK-GIOVANOLI, N 1). Die Bürgschaft kann im Weiteren auf der Ausführung einer Verpflichtung aus einem **zweiseitig verpflichtenden Vertrag** fussen, als Erfüllung einer **gesellschaftsrechtlichen Verpflichtung**, als **Schenkung** des Bürgen an den Hauptschuldner (ZK-OSER/SCHÖNENBERGER, N 2). Dieses interne Rechtsverhältnis Hauptschuldner – Bürge bestimmt, ob und in welchem Umfang sich der Bürge nach seiner Leistung an den Hauptschuldner wenden kann. Auf dieses selbständige Regressverhältnis nimmt denn auch Art. 507 Abs. 3 ausdrücklich Bezug (N 8 f.).

– Neben den Rückgriffsrechten, die auf dem individuellen Rechtsverhältnis zwischen Hauptschuldner und Bürge basieren, räumt das Bürgschaftsrecht dem zahlenden Bürgen einen **abgeleiteten (allgemeinen) Rückgriffsanspruch** ein, indem die Deckungsbefugnis des Bürgen dadurch verwirklicht wird, dass auf ihn die Gläubigerrechte von Gesetzes wegen in demselben Masse übergehen, als er den Gläubiger befriedigt hat (ZK-OSER/SCHÖNENBERGER, N 3). Es erfolgt die **gesetzliche Subrogation**, deren Zweck es ist, dem Bürgen die dem Gläubiger zur Absicherung seines Rückgriffs zustehenden *Nebenrechte* zu verschaffen (Pfand- und Retentionsrechte, Eigentumsvorbehalte, Betreibungsrechte, Rechte gegen Mitbürgen). Der Rechtsübergang von Gesetzes wegen erfolgt kraft Erfüllung der Bürgschaft (insb. durch Zahlung; BK-GIOVANOLI, N 2 f.). Die Subrogation tritt durch Erfüllung des Bürgen *ipso iure* ein und beruht nicht auf einer vertraglichen Übereinkunft zwischen Bürge und Gläubiger. Diesen Rückgriffsanspruch bürgschaftsrechtlicher Art regelt Art. 507.

Art. 507 ist auf **alle Arten von Bürgschaften** anwendbar (für die Anwendung auf die Nach- und Rückbürgschaft im Besonderen: BECK, N 12; ZK-OSER/SCHÖNENBERGER, N 8). **3**

Jeder bezahlende **Mitbürge** kann sowohl auf den Hauptschuldner nach Art. 507 Rückgriff nehmen wie auch auf seine Mitbürgen, dann aber nach Art. 497 Abs. 2 (BGE 66 II 126; 45 III 110; ZR 1940, 1 ff.).

Für das **Rückgriffsrecht des Wechselbürgen** gilt nur die Sondervorschrift von Art. 1022 Abs. 3 und nicht Art. 507 (BECK, N 12; ZK-OSER/SCHÖNENBERGER, N 10; OGer LU, SJZ 1983, 129 = LGVE 1980 I 621 f.). Auf den selbständigen Garantievertrag findet Art. 507 keine Anwendung. Auf den Kreditauftrag sind gem. Art. 411 die Art. 507/508 anwendbar.

Der Bürge kann zum Voraus weder auf den Übergang der Rechte verzichten noch darauf, diese Rechte sofort nach Eintritt der Fälligkeit geltend zu machen. Dies gilt auch für blosse **Teilzahlungen**. Die Vertragsklausel, wonach der Bürge auf seinen Rückgriff verzichtet, solange der Gläubiger (oft eine Bank) nicht für alle seine Forderungen befriedigt sei, ist damit nicht zulässig (BECK, N 13, als Vertreter der h.L.; **a.M.** BK-GIOVANOLI, N 8). Vom zwingenden Recht ausgenommen ist Art. 507 Abs. 2 Satz 1 (Übergang von Pfandrechten und anderen Sicherheiten) und Art. 507 Abs. 4 (Rückgriffsrecht auf den Pfandbesteller) (BECK, N 13; ZK-OSER/SCHÖNENBERGER, N 7). **4**

II. Voraussetzungen des Rückgriffsrechts des Bürgen (Abs. 1)

Damit der Bürge sein Regressrecht gegen den Hauptschuldner ausüben kann, müssen **drei Voraussetzungen** erfüllt sein: **5**

1. Es müssen eine **gültige Bürgschaft** und ebenso eine **gültige Hauptschuld** vorhanden sein (vgl. aber Art. 492 Abs. 3 i.V.m. Art. 507 Abs. 6). Die nachträglich festgestellte Ungültigkeit einer Bürgschaft schliesst die Anwendung von Art. 507 aus. Der Bürge, der trotzdem bezahlt hat, hat allenfalls die Möglichkeit, gegen den Hauptschuldner aus Auftrag oder Geschäftsführung ohne Auftrag vorzugehen oder gegen den Gläubiger aus ungerechtfertigter Bereicherung (BECK, N 16).
2. Der Bürge muss den **Gläubiger befriedigt** haben, also durch Zahlung oder ihr gleichgestellte Untergangsgründe (z.B. Hingabe an Zahlungsstatt; Verrechnung mit einer Gegenforderung des Bürgen, nicht aber mit einer solchen des Hauptschuldners; Erlass mit Schenkungsabsicht des Gläubigers gegenüber dem Bürgen; ZK-OSER/SCHÖNENBERGER, N 23; BECK, N 20; BK-GIOVANOLI, N 4, der dem Bürgen m.E. zu Recht bei unentgeltlichem, schenkungsweisem Erlass der Forderung gegenüber dem Bürgen keinen Regress zubilligt; BGer, 1.9.2006, 4C.221/2006, E. 1.4).
   Der Rückgriff ist schon nach **teilweiser Befriedigung** möglich *(«… in demselben Masse, als er den Gläubiger befriedigt …»)*. Er ist im Zusammenhang mit der freiwilligen Annahme bzw. der Verpflichtung zur Annahme von Teilzahlungen gem. Art. 504 zu sehen. Das Regressrecht kann jedoch erst nach Eintritt der Fälligkeit der Hauptschuld geltend gemacht werden (Art. 504 Abs. 3 Satz 2, Art. 507 Abs. 1 Satz 2; BECK, N 21; ZK-OSER/SCHÖNENBERGER, N 24).
3. Die **Hauptschuld** muss **fällig** sein, da sonst der Hauptschuldner auf dem Umweg über den Bürgen vor der Fälligkeit beansprucht werden könnte (vgl. dazu Art. 504 Abs. 3 Satz 2, Art. 507 Abs. 1 Satz 2). Zugelassen ist der Rückgriff auf den Hauptschuldner vor der Fälligkeit der Hauptschuld in dem in Art. 509 Abs. 6 Satz 2 geregelten Fall.

Kein Regressrecht steht dem Bürgen in den Fällen zu, die in Art. 507 Abs. 6 geregelt sind (N 13).

III. Wirkungen der Subrogation (Abs. 1 und 2)

1. Allgemeines

6 Die Rechte des Gläubigers gehen **von Gesetzes wegen** – ohne seinen Willen – in dem Mass auf den Bürgen über, als dieser den Gläubiger befriedigt. Der Übergang erfolgt inklusive Nebenforderungen, soweit der Bürge für solche gem. Art. 499 haftet und dafür Zahlung leistet (BGE 45 III 110). Einer Mitteilung i.S.v. Art. 110 bedarf es nicht. Der Bürge hat lediglich zu beweisen, dass er den Gläubiger befriedigt hat (BGE 53 II 29).

Gemäss Art. 169 kann der Hauptschuldner auch dem subrogierten Bürgen alle **Einreden aus dem Grundverhältnis Gläubiger – Hauptschuldner** entgegenhalten (ZK-OSER/SCHÖNENBERGER, N 30). Zu den Einreden aus dem Rechtsverhältnis Bürge – Hauptschuldner, vgl. N 8 f.

Der Bürge erlangt mit der Forderung auch die ihr anhaftenden **Vorzugsrechte** (Art. 170, z.B. Exekutionsrechte, Konkursprivilegien, Befugnis, eine begonnene Betreibung fortzusetzen, dazu BGE 45 III 18) und die **Nebenrechte** (z.B. Zinsen, Konventionalstrafen, Pfandrechte und andere Sicherheiten; zur letzten Kategorie vgl. Art. 507 Abs. 2). Es gehen die Vorzugs- und Nebenrechte über, die nicht untrennbar mit der Person des Hauptschuldners verknüpft sind, soweit sich aus dem Bürgschaftsrecht – insb. aus Art. 507 Abs. 2 – keine Einschränkungen ergeben (BECK, N 35; BGE 94 III 3 E. 1 = Pra 1968, 327 E. 1).

Befriedigt der Bürge den Gläubiger nur **teilweise**, erfolgt auch die Subrogation, und damit verbunden der Rückgriff, nur in entsprechendem Umfang.

Die gesetzliche Subrogation zahlender Mitbürgen tritt auch ein, wenn sich der Gläubiger über die Person des in seine Rechte Subrogierten **geirrt** hat; es tritt keine Befreiung von der Bürgschaftsverpflichtung ein (BGE 95 II 242, 247 ff.).

2. Übergang der Pfandrechte und der anderen Sicherheiten (Abs. 2)

7 Angesprochen sind **Grund-, Faust-, Forderungspfandrechte, Retentionsrechte** (BGE 64 III 156; 56 II 106) und **Pfändungspfandrechte**. Es gehen auch die Rechte des Gläubigers gegen die Mitbürgen über (BECK, N 36 f.; BK-GIOVANOLI, N 5 f.). Inhaltlich und umfangmässig gehen genau die Sicherheiten über, die in Art. 503 Abs. 1 umschrieben sind, für deren Verminderung der Gläubiger also haftet. Vgl. dazu die Komm. zu Art. 503 Abs. 1.

Die Regelung in Art. 507 Abs. 2 gilt, *«soweit nichts anderes vereinbart worden ist»*. Die h.L. steht m.E. zu Recht auf dem Standpunkt, dass der Umfang der auf den Bürgen übergehenden Rechte durch Parteiabrede **nur erweitert** werden kann, so auch auf die von Dritten nachträglich bestellten Pfandrechte, also für Realsicherheiten, für deren Erhaltung der Gläubiger nach Art. 503 Abs. 1 nicht verantwortlich ist (BECK, N 13, 18; eingehend ZK-OSER/SCHÖNENBERGER, N 39; **a.M.** BK-GIOVANOLI, N 8).

Die **Pfandrechte** gehen mit Bezahlung durch den Bürgen ipso iure über, auch mit Wirkung gegenüber Dritten. Zu den Herausgabe- und Übertragungspflichten des Gläubigers, s. Art. 503 Abs. 3 und dortige Komm.

Bei **Teilzahlung** durch den Bürgen ergibt sich bei den Pfandrechten ebenso eine Teilung, jedoch stehen sie nicht im gleichen Rang. Der beim Gläubiger verbleibende Teil geht vor (Art. 507 Abs. 2 Satz 2; BGE 60 II 183; 64 III 48).

IV. Vorbehalt von Ansprüchen und Einreden aus dem internen Rechtsverhältnis Bürge – Hauptschuldner (Abs. 3)

Der Rückgriff des Bürgen ist begrenzt auf den Umfang der vom Gläubiger an ihn übergehenden Forderung mit Nebenrechten und die ihr entgegenstehenden Einreden (TERCIER/FAVRE, N 7060 f.). Die **Regressansprüche aus Subrogation** müssen dabei nicht deckungsgleich sein mit jenen, die sich aus dem internen Rechtsverhältnis Bürge – Hauptschuldner ergeben (N 2 f.). Der Zweck der Subrogation besteht nicht darin, das interne Verhältnis zwischen Bürge und Hauptschuldner zu verändern (BK-GIOVANOLI, N 9). Damit hat der Hauptschuldner gegen den subrogierten Bürgen nicht nur die Einreden aus dem Grundverhältnis Gläubiger – Hauptschuldner, sondern auch jene, die auf dem **individuellen materiellen Rechtsverhältnis** fussen, das zwischen ihm und dem Bürgen besteht, z.B. aus Auftrag, Geschäftsführung ohne Auftrag (BGE 60 II 109, i.c. rechtsmissbräuchliche Berufung auf Subrogation; BGE 53 II 30; 56 II 159; 66 II 127). Es ist durch Art. 507 nicht ausgeschlossen, dass der Bürge gegen den Hauptschuldner aus dem spezifischen «Innenverhältnis» weitergehende Ansprüche geltend machen kann als aus Subrogation (BECK, N 31). 8

Der Hauptschuldner kann dem Bürgen auch Einreden entgegenhalten, die sich aus dem **grundlegenden Rechtsverhältnis** zwischen ihnen ergeben (Bsp. bei BECK, N 32; BGE 53 II 31; 60 II 109). So kann der Hauptschuldner z.B. die Einrede der Verjährung der Rückgriffsforderung erheben oder geltend machen, dass diese aus einem anderen Grund untergegangen ist (z.B. aus Art. 502 Abs. 3, Art. 508 Abs. 2). Weiter: Einrede der Erben des Hauptschuldners aus Art. 591 ZGB; Einreden aus Zahlungsunfähigkeit (Gewährung der Nachlassstundung, Abschluss Nachlassvertrag, Konkurs, mangelndes Vermögen). Zum Ganzen auch ZK-OSER/SCHÖNENBERGER, N 42 ff. 9

V. Verhältnis zwischen Pfandeigentümer und Bürge (Abs. 4)

Die Forderung des Gläubigers gegen den Hauptschuldner kann durch Pfandrechte **und** Bürgschaft gesichert sein, so dass sich die Frage stellt, wer letztlich bei Zahlungsunfähigkeit des Hauptschuldners den Schaden auf sich zu nehmen hat. Ohne die in Art. 507 Abs. 4 getroffene Regelung käme es darauf an, ob der Bürge oder der Pfandeigentümer den Gläubiger zuerst befriedigt. Der Schnellere hätte den Rückgriff gegen den Langsameren (der Bürge aus Art. 507 Abs. 1 OR, der Pfandeigentümer aus Art. 827 Abs. 2 ZGB/Art. 110 Ziff. 1 i.V.m. Art. 170 OR; vgl. zu diesem Problemkreis ZR 1940, 1 ff.). 10

Die in Abs. 4 getroffene – dispositive – Regel besagt, dass dem Pfandeigentümer der Regress auf den Bürgen verwehrt ist, wenn das Pfand zuerst in Anspruch genommen wird oder der Pfandeigentümer freiwillig bezahlt. Der **Bürge** ist damit **bevorzugt** und kann regredieren. Bürge und Pfandbesteller können miteinander eine andere Regelung treffen. Sodann kann ein Dritter, dessen Pfandrecht nachträglich bestellt wurde, auf den Bürgen Regress nehmen. Diese Lösung entspricht der in Art. 503 Abs. 1 getroffenen Regelung (detailliert BECK, N 45 ff.; ZK-OSER/SCHÖNENBERGER, N 55 ff.; BK-GIOVANOLI, N 13). 11

VI. Verjährung der Rückgriffsforderung des zahlenden Bürgen (Abs. 5)

Die **Verjährung** der Rückgriffsforderung des Bürgen beginnt im Zeitpunkt der Befriedigung des Gläubigers durch den Bürgen zu laufen. Befriedigt der Bürge den Gläubiger nur *teilweise*, so läuft die Verjährung für den noch offenen Teil der Forderung weiter. Die Einrede der Verjährung kann dann vom Bürgen (wie vom Hauptschuldner) bei deren Eintritt einredeweise gegen den Gläubiger geltend gemacht werden (Art. 502; BECK, N 44; BK-GIOVANOLI, N 16 f.). 12

VII. Ausschluss des Rückgriffsrechts des Bürgen auf den Hauptschuldner (Abs. 6)

13 Ausgeschlossen ist der Rückgriff des Bürgen:

1. Wenn er eine **Naturalobligation** bezahlt (zahlbare, aber nicht klagbare Forderung). In Betracht kommen unklagbare Schulden aus Spiel-, Wett- und Differenzgeschäften, die verbürgbar sind. Der Bürge kann sich aber auch dann auf Unklagbarkeit berufen, wenn er diesen Mangel gekannt hat (Art. 502 Abs. 4). Bezahlt er trotzdem, ist ihm der Rückgriff verwehrt.
2. Wenn die Hauptschuld wegen **Irrtums** oder **Vertragsunfähigkeit** des Hauptschuldners unverbindlich ist und der Bürge den Mangel im Grundverhältnis bei Eingehung seiner Bürgenverpflichtung kannte. Art. 507 Abs. 6 bezieht sich auf die in Art. 492 Abs. 3 geregelten selbständigen **Garantieverträge**. Der Hauptschuldner soll nicht auf dem Umweg über den Bürgen belangbar werden (Beck, N 24).
3. Wenn er eine **verjährte Schuld** verbürgt und an den Gläubiger bezahlt. Ist der Bürge die Verpflichtung im Auftrag des Hauptschuldners eingegangen, kann er Ersatz nach Art. 402 verlangen (dazu detaillierter Beck, N 26).

Art. 508

bb. Anzeigepflicht des Bürgen

[1] Bezahlt der Bürge die Hauptschuld ganz oder teilweise, so hat er dem Hauptschuldner Mitteilung zu machen.

[2] Unterlässt er diese Mitteilung und bezahlt der Hauptschuldner, der die Tilgung nicht kannte und auch nicht kennen musste, die Schuld gleichfalls, so verliert der Bürge seinen Rückgriff auf ihn.

[3] Die Forderung gegen den Gläubiger aus ungerechtfertigter Bereicherung bleibt vorbehalten.

bb. Avis du paiement opéré par la caution

[1] La caution qui paie la dette en tout ou en partie doit en informer le débiteur.

[2] Elle perd son droit de recours si elle omet de faire cette communication et que le débiteur ait payé une seconde fois parce qu'il ignorait et pouvait ignorer le paiement.

[3] Est réservée l'action résultant de l'enrichissement illégitime du créancier.

bb. Obbligo di notifica del fideiussore

[1] Il fideiussore che paga il debito principale o una parte di esso deve informarne il debitore.

[2] Il fideiussore perde il suo diritto di regresso qualora ometta di fare questa notifica e il debitore principale paghi una seconda volta ignorando e potendo ignorare il pagamento già eseguito.

[3] È riservata l'azione per indebito arricchimento contro il creditore.

Literatur

Vgl. die Literaturhinweise bei den Vorbem. zu Art. 492–512.

I. Mitteilungspflicht des Bürgen (Abs. 1)

1 Zur Vermeidung der Doppelzahlung hat der Bürge, der die Hauptschuld ganz oder teilweise an den Gläubiger bezahlt, dem Hauptschuldner von der erfolgten Zahlung Mitteilung zu machen. Die **Mitteilungspflicht** des Bürgen besteht in allen Fällen, in denen ihre Unterlassung zu einer Doppelzahlung führen könnte (Tercier/Favre, N 7070; Lombardini, 931). Die Mitteilungspflicht ist nur dort vorgeschrieben, wo überhaupt ein Rückgriff gegeben ist (Beck, N 7). Sie besteht auch, wenn der Bürge etwa durch Betreibung zur Zahlung gezwungen wurde (ZK-Oser/Schönenberger, N 3). Die Regelung gilt nicht nur für die Tilgung von Kapital, sondern auch von Zinsen etc. (Beck, N 2).

Die Mitteilung ist an keine besondere **Form** gebunden und soll so bald nach der Zahlung gemacht werden, als dem Bürgen dies nach Treu und Glauben im Geschäftsverkehr zuzumuten ist. Sie geschieht aber vorteilhaft und aus Beweisgründen mit eingeschriebenem Brief. Die Beweislast für die erfolgte Mitteilung trägt der Bürge. 2

II. Rechtsfolgen bei Verletzung der Mitteilungspflicht (Abs. 2)

Der Bürge verliert sein Regressrecht gegen den Hauptschuldner, wenn die **Mitteilung** unterblieben ist und ihm dafür ein **Verschulden** zur Last zu legen ist (Extraits 1976, 45 ff.). Kein Verschulden trifft ihn etwa bei verspäteter Zustellung infolge eines Fehlers der Post, unbekannter Adresse des Hauptschuldners etc. Keine Mitteilungspflicht trifft den zahlenden Bürgen, wenn der Hauptschuldner von der Zahlung des Bürgen Kenntnis hatte oder sie bei der ihm zuzumutenden Aufmerksamkeit hätte kennen müssen (ZK-OSER/SCHÖNENBERGER, N 3; BECK, N 2, 5). Weitere Voraussetzung für den Verlust des Regressrechtes ist, dass der Hauptschuldner bezahlt hat und zwischen der **Zahlung** und der **Unterlassung** der Mitteilung ein adäquater **Kausalzusammenhang** besteht. Dafür trägt der Hauptschuldner die Beweislast (BECK, N 6). Der Nachweis der Doppelzahlung allein genügt nicht (BK-GIOVANOLI, N 3 m.w.Nw.; BECK, N 6). 3

III. Forderung aus ungerechtfertigter Bereicherung gegen den Gläubiger (Abs. 3)

Hat der Bürge sein Regressrecht verloren, bleibt ihm ein **Rückforderungsanspruch** aus Art. 62 ff., insb. Art. 63, gegen den doppelt befriedigten Gläubiger, sofern die gesetzlichen Voraussetzungen erfüllt sind. Bei Zahlung durch den Bürgen nach Betreibung durch den Gläubiger kann er die Leistung unter den Voraussetzungen von Art. 86 SchKG zurückfordern (ZK-OSER/SCHÖNENBERGER, N 6; BECK, N 7). 4

Art. 509

C. Beendigung der Bürgschaft
I. Dahinfallen von Gesetzes wegen

1 Durch jedes Erlöschen der Hauptschuld wird der Bürge befreit.

2 Vereinigen sich aber die Haftung als Hauptschuldner und diejenige aus der Bürgschaft in einer und derselben Person, so bleiben dem Gläubiger die ihm aus der Bürgschaft zustehenden besondern Vorteile gewahrt.

3 Jede Bürgschaft natürlicher Personen fällt nach Ablauf von 20 Jahren nach ihrer Eingehung dahin. Ausgenommen sind die gegenüber der Eidgenossenschaft oder ihren öffentlich-rechtlichen Anstalten oder gegenüber einem Kanton für öffentlich-rechtliche Verpflichtungen, wie Zölle, Steuern u. dgl., und für Frachten eingegangenen Bürgschaften sowie die Amts- und Dienstbürgschaften und die Bürgschaften für periodisch wiederkehrende Leistungen.

4 Während des letzten Jahres dieser Frist kann die Bürgschaft, selbst wenn sie für eine längere Frist eingegangen worden ist, geltend gemacht werden, sofern der Bürge sie nicht vorher verlängert oder durch eine neue Bürgschaft ersetzt hat.

5 Eine Verlängerung kann durch schriftliche Erklärung des Bürgen für höchstens weitere zehn Jahre vorgenommen werden. Diese ist aber nur gültig, wenn sie nicht früher als ein Jahr vor dem Dahinfallen der Bürgschaft abgegeben wird.

6 Wird die Hauptschuld weniger als zwei Jahre vor dem Dahinfallen der Bürgschaft fällig, und konnte der Gläubiger nicht auf einen frühern Zeitpunkt kündigen, so kann der Bürge bei jeder Bürgschaftsart ohne vorherige Inanspruchnahme des Hauptschuldners oder der Pfänder belangt werden. Dem Bürgen steht aber das Rückgriffsrecht auf den Hauptschuldner schon vor der Fälligkeit der Hauptschuld zu.

C. Fin du cautionnement
I. En vertu de la loi

[1] La caution est libérée dès que la dette principale est éteinte pour quelque cause que ce soit.

[2] Si la qualité de débiteur et celle de caution se trouvent réunies dans la même personne, le créancier conserve les avantages particuliers qui résultent pour lui du cautionnement.

[3] Tout cautionnement donné par une personne physique s'éteint à l'expiration du délai de vingt ans dès sa conclusion. Font exception les cautionnements de dettes de droit public envers la Confédération ou ses établissements de droit public ou envers un canton, comme les droits de douane, les impôts et autres droits semblables, et les cautionnements de transport, ainsi que les cautionnements d'officiers publics et d'employés et les cautionnements de prestations périodiques.

[4] Pendant la dernière année de ce délai, la caution peut être recherchée même si elle s'est engagée pour un délai plus long, à moins qu'elle n'ait précédemment prolongé le cautionnement ou ne l'ait remplacé par un nouveau.

[5] La prolongation peut se faire par déclaration écrite de la caution pour une nouvelle période de dix ans au maximum. Mais cette déclaration doit être donnée une année au plus tôt avant la fin du cautionnement.

[6] Si la dette est exigible moins de deux ans avant la fin du cautionnement et que le créancier n'ait pas pu la dénoncer avant ce terme, la caution peut, quelle que soit la nature du cautionnement, être recherchée sans que le débiteur ou les gages soient préalablement mis à contribution. En revanche, la caution peut exercer son droit de recours contre le débiteur avant l'exigibilité de la dette.

C. Fine della fideiussione
I. Per effetto della legge

[1] Con l'estinzione del debito principale per qualsiasi causa, il fideiussore è liberato.

[2] Se però la qualità di debitore principale e quella di fideiussore si trovano riunite nella medesima persona, il creditore conserva i vantaggi particolari che gli conferisce la fideiussione.

[3] Ogni fideiussione prestata da una persona fisica si estingue allo spirare del termine di 20 anni dalla sua costituzione. Sono eccettuate le fideiussioni, verso la Confederazione o i suoi istituti di diritto pubblico o verso un Cantone, di obbligazioni di diritto pubblico, come dazi, imposte e altre tasse, o di prezzi di trasporto, come pure le fideiussioni per pubblico ufficio o per contratto di lavoro e quelle di prestazioni ricorrenti periodicamente.

[4] Durante l'ultimo anno di questo termine, la fideiussione può essere fatta valere anche se essa fu prestata per un termine più lungo, a meno che il fideiussore l'abbia precedentemente prorogata o l'abbia sostituita con una nuova fideiussione.

[5] La proroga può essere concessa mediante una dichiarazione scritta del fideiussore per un nuovo periodo di dieci anni al massimo. Per essere valida, questa dichiarazione deve però essere fatta al più presto un anno prima dello spirare della fideiussione.

[6] Qualora il debito sia scaduto meno di due anni avanti l'estinzione della fideiussione e il creditore non abbia potuto disdirlo per una data anteriore, il fideiussore può qualunque sia la specie della fideiussione, essere perseguito senza che si sia proceduto in precedenza contro il debitore principale o sui pegni. Il fideiussore può, dal canto suo, esercitare il suo diritto di regresso verso il debitore principale già prima della scadenza del debito principale.

Literatur

Vgl. die Literaturhinweise bei den Vorbem. zu Art. 492–512.

I. Vorbemerkungen

1 In Art. 509–512 ist die **Beendigung der Bürgschaft** geregelt. Die Gründe ihrer Beendigung lassen sich *in zwei Gruppen* unterteilen:

1. **Unselbständige Untergangsgründe**: Zu dieser Gruppe gehören die Beendigungsgründe infolge des Erlöschens der Hauptschuld, sie sind also auf die Tatsache zurückzuführen,

dass die akzessorische Bürgschaft die Hauptschuld nicht überdauern kann. Die unselbständigen Untergangsgründe – in der Lehre auch indirekte, mittelbare Untergangsgründe genannt – sind in Art. 509 Abs. 1 geregelt (ZK-OSER/SCHÖNENBERGER, N 1).

2. **Selbständige Untergangsgründe**: Die vielen direkten, unmittelbaren oder selbständigen Untergangsgründe bewirken das Ende der Bürgschaft allein, unabhängig von der Hauptschuld. Sie sind in Art. 509 Abs. 2–6 und Art. 510 ff. geregelt (BECK, N 1).

II. Befreiung des Bürgen durch Erlöschen der Hauptschuld: Unselbständige Untergangsgründe (Abs. 1)

1. Allgemeines

2 Da die akzessorische Bürgschaft ein Nebenrecht ist, hat im Prinzip **jedes Erlöschen der Hauptschuld** auch die **Befreiung des Bürgen** zur Folge. Art. 509 Abs. 1 bestätigt damit für alle Bürgschaftsarten den bereits in Art. 114 Abs. 1 ausgesprochenen Grundsatz. Die Regel von Art. 509 Abs. 1 gilt auch für die dem Bürgschaftsrecht in Art. 492 Abs. 3 unterstellten Garantieverträge (BECK, N 6).

Die Befreiung erfolgt **von Gesetzes wegen**, auch wenn der Bürge darauf zum Voraus «verzichtet» haben sollte, was ungültig wäre (Art. 492 Abs. 4). Der Bürge wird befreit, ob die Hauptschuld *mit oder ohne Befriedigung des Gläubigers* untergegangen ist. Art. 147 Abs. 2 ist nicht anwendbar (BECK, N 13; ZK-OSER/SCHÖNENBERGER, N 3). Die Berufung auf einen solchen unselbständigen Untergangsgrund stellt damit auch keinen Rechtsmissbrauch dar (BGE 64 II 289 E. 3). Abgesehen von einigen Ausnahmen (N 3 ff.) bewirkt die objektive Tatsache des Untergangs der Hauptschuld auch den Untergang der Bürgschaft.

3 **Ausnahmen** vom Prinzip des Untergangs der Bürgschaft beim Erlöschen der Hauptschuld sind (BGE 60 II 304):

a) **Gerichtlicher Nachlassvertrag** (gemäss Vorbehalt in Art. 114 Abs. 3): Der Bürge haftet unter den Voraussetzungen von Art. 303 SchKG für den dem Hauptschuldner nachgelassenen Teil weiter, weil die Bürgschaft gegen die Zahlungsunfähigkeit des Hauptschuldners absichern soll (BECK, N 14; ZK-OSER/SCHÖNENBERGER, N 4, 7).

b) **Konkurs des Hauptschuldners** (BGE 32 II 538): Aus den gleichen Gründen – Sicherung von Zahlungsunfähigkeit – haftet der Bürge weiter im Konkurs des Hauptschuldners und bei Ausstellung eines Verlustscheines gegen diesen für während des Konkurses fällig werdende Zinsen und für solche, die auf einer in einem Verlustschein verurkundeten Forderung beruhen (obwohl der konkursite Hauptschuldner keine Zinsen mehr schuldet; Art. 209, 265 Abs. 2, Art. 149 Abs. 4 SchKG). Für sie kann der Bürge auch kein Rückgriffsrecht geltend machen (ZK-OSER/SCHÖNENBERGER, N 4). Wird im Konkursverfahren die Schuld aus Grundpfandverschreibung oder Schuldbrief dem Erwerber des Grundstückes überbunden, so erlischt die Hauptschuld und demzufolge auch die Bürgschaft nicht, und es erfolgt demnach keine Befreiung des Bürgen. In diesem Fall ist auch Art. 178 Abs. 2 nicht anwendbar (BGE 47 III 146 E. 2).

c) Gemäss Art. 117 Abs. 3 bleiben **im Kontokorrentverhältnis** – vorbehältlich anderer Vereinbarung – trotz Untergang der Einzelforderung durch Saldoziehung (Novation) für einzelne Posten existierende Bürgschaften bestehen (BECK, N 26).

d) Die Bürgschaft bleibt bestehen, obwohl die Haftung der Erben des Hauptschuldners infolge **amtlicher Liquidation der Erbschaft** dahingefallen ist (ZK-OSER/SCHÖNENBERGER, N 4).

Erlischt die Hauptschuld nur **teilweise**, z.B. durch Teilzahlung, Teilerlass, ist der Bürge ebenfalls nur teilweise befreit (BGE 60 II 304; BECK, N 9).

4 In folgenden Fällen lebt die akzessorische Bürgschaft nach Gesetz und Rechtsprechung mit dem **Wiederaufleben der Hauptschuld** ebenfalls wieder auf:

a) Wenn der Hauptschuldner, der sich im **Gläubigerverzug** durch **Hinterlegung** von seiner Verpflichtung befreit hat, die hinterlegte Sache wieder zurücknimmt (Art. 94 Abs. 3).
b) Wenn ein **Schuldübernahmevertrag** als unwirksam dahinfällt (Art. 180 Abs. 1).
c) Wenn gem. Art. 118 Abs. 2 eine **Konfusion** infolge Hinfälligkeit des zugrunde liegenden Rechtsgeschäfts rückgängig gemacht wird (unter dem Vorbehalt des Eintritts einer Resolutivbedingung, die nicht zurückwirkt und die Bürgschaft definitiv erlöschen liesse; ZK-OSER/SCHÖNENBERGER, N 20; BECK, N 11 f., 32).
d) Wenn bei erfolgreicher **paulianischer Anfechtung der Tilgung einer Forderung im Konkurs** nach Art. 291 Abs. 2 SchKG diese wieder entsteht. Es treten dann Nebenrechte, v.a. Bürgschaften wieder in Kraft, und zwar sowohl bei Gut- wie auch bei Bösgläubigkeit des Bürgen (BGE 64 III 147; 61 III 49; 89 III 22 E. 5b). Allgemein anfechtbare Leistungen des Hauptschuldners können den Bürgen nur dann entlasten, wenn der Gläubiger in deren Genuss bleibt (BGE 64 III 155; ZR 1939, 215 ff.).
e) **Schulderlass** (Art. 115): Wird der Schulderlass als abstraktes Rechtsgeschäft betrachtet – was strittig ist (vgl. GAUCH/SCHLUEP/SCHMID/EMMENEGGER, N 3113) –, kann nach OSER/SCHÖNENBERGER die Unverbindlichkeit nicht geltend gemacht werden, und ein Wiederaufleben der erlassenen Hauptschuld und ihrer Bürgschaft kommt nicht in Frage (N 21). Ist der Erlassvertrag ein kausales Geschäft, entsteht mit der Hauptforderung auch die Bürgschaft als Nebenrecht erneut (BECK, N 12).

2. Die Untergangsgründe der Hauptschuld im Einzelnen

5 a) **Erfüllung** durch Bezahlung oder Verrechnung des Hauptschuldners oder Hingabe an Zahlungsstatt, Löschung eines verbürgten Schuldbriefes im Grundbuch (BGE 64 II 286; 66 II 156 E. 2, in der die Bürgschaft auch dann als erloschen erklärt wurde, wenn ein Ersatzschuldbrief ausgestellt und irrtümlich angenommen wurde, die Bürgschaft bleibe von den im Grundbuch vorgenommenen Änderungen unberührt; BK-GIOVANOLI, N 5). Zu den Verhältnissen in der Einmann-AG: BGE 81 II 455, 461; 53 II 25 E. 2.
b) **Schulderlassvertrag** (Art. 115): Die Hauptschuld geht unter, wenn der Gläubiger den Hauptschuldner aus der Schuld entlässt (z.B. schenkungsweise, gegen eine andere Leistung). Damit fällt auch die Bürgschaft dahin. Ein Anwendungsfall ist der freiwillige, *aussergerichtliche Nachlassvertrag* bezüglich der nachgelassenen Quote, in deren Umfang auch der Bürge frei wird (ZK-OSER/SCHÖNENBERGER, N 7; BECK, N 22).
c) Die nach Vertragsabschluss eintretende **objektive Unmöglichkeit der Erfüllung** der Hauptschuld bewirkt deren Untergang, soweit sie nicht auf Umstände zurückzuführen ist, die der Hauptschuldner zu vertreten hat (Art. 119 Abs. 2). Damit geht auch die Bürgschaft unter. Bei ursprünglicher Unmöglichkeit ist die Bürgschaft nie entstanden (Art. 20). Nicht frei wird der Bürge nach h.L., wenn *er* die Unmöglichkeit der Leistung verschuldet hat (BK-GIOVANOLI, N 7; ZK-OSER/SCHÖNENBERGER, N 12; **a.M.** offenbar BECK, N 19). *Vom Hauptschuldner zu verantwortende Unmöglichkeit* belässt die Hauptschuld und damit auch die Bürgschaft. Die Aufhebung/Einschränkung der Leistungsfähigkeit des im Ausland wohnhaften Hauptschuldners, bedingt durch die ausländische Gesetzgebung, bewirkt Unmöglichkeit für den Hauptschuldner und wirkt – mangels gegenteiliger Abrede – auch für den Bürgen (Art. 501 Abs. 4; BK-GIOVANOLI, N 7).

6 d) Der Bürge wird bei **Schuldnerwechsel** (privative Schuldübernahme) frei, wenn er dem Wechsel nicht schriftlich zugestimmt hat (Art. 493 Abs. 5, Art. 178 Abs. 2). Ausnahme zum Erfordernis der Bürgenzustimmung: Art. 135 Abs. 1 Satz 2 SchKG, Art. 130 Abs. 4 VZG; BGE 47 III 143.
e) Die Haftung der Erben des Hauptschuldners erlischt bei Annahme der **Erbschaft unter öffentlichem Inventar**, wenn der Gläubiger die Anmeldung der Hauptschuld schuldhaft unterlassen hat (Art. 590 ZGB). Der Bürge wird insoweit befreit, als bei Anmeldung der Hauptschuld Deckung vorhanden gewesen wäre, für den Rest hat er wie bei anderer Zah-

lungsunfähigkeit einzustehen (BECK, N 23; detailliert ZK-OSER/SCHÖNENBERGER, N 16; BGE 39 II 295, mit anderer Begründung).

f) **Besondere gesetzliche Endigungsgründe** der Hauptschuld (z.B. Ausfall aufschiebender Bedingung/Eintritt auflösender Bedingung, Kündigung, Widerruf, Rücktritt) bringen auch die Bürgschaft zum Erlöschen (BECK, N 21; ZK-OSER/SCHÖNENBERGER, N 15).

g) Nach h.L. und Rechtsprechung fällt mit dem Untergang der bisherigen Hauptforderung, wenn diese durch Begründung einer neuen getilgt wird, die Bürgschaft dahin (Art. 116, Novation; BGE 64 II 287; 60 II 332; krit. BECK, N 25 ff.). Novation wird nicht vermutet (Art. 116 Abs. 1; detaillierter ZK-OSER/SCHÖNENBERGER, N 8). Zum Kontokorrentverhältnis: N 3; BECK, N 26. Zur Neuerung bei Errichtung von Schuldbrief oder Gült im Zusammenhang mit dem Untergang von Bürgschaften: BGE 64 II 286; 66 II 154. Keine Neuerung und deshalb keine Bürgenbefreiung ist anzunehmen, wenn die *Erbmasse des Hauptschuldners aus der Haftung entlassen* wird und ein bisheriger Mitschuldner die alleinige Schuldpflicht gegenüber dem Gläubiger übernimmt (BGE 60 II 332; evtl. Befreiung des Bürgen infolge Fehlens seiner Zustimmung in der erforderlichen Form). Keine Neuerung der Hauptschuld wird durch die *Ausstellung eines neuen Bürgscheines* bewirkt, andere Vereinbarungen vorbehalten (Art. 116 Abs. 2; BGE 31 II 94; BK-GIOVANOLI, N 12). 7

h) **Konfusion**: Die Bürgschaft geht unter, wenn Gläubiger und Hauptschuldner in der gleichen Person zusammentreffen, indem z.B. der Hauptschuldner die Forderung erwirbt (Beerbung des Gläubigers) oder indem sie vom Gläubiger übernommen wird (etwa durch Schuldübernahme, Beerbung des Hauptschuldners). **Ausnahme**: *Verkörperung der verbürgten Hauptschuld in einem Wertpapier*, insb. in *Schuldbrief oder Gült* (Art. 118 Abs. 3 OR i.V.m. Art. 114 Abs. 1, 3 und Art. 863 ZGB). Die Hauptschuld geht in diesem Fall nicht unter, sondern besteht formal weiter, auch wenn der Pfandschuldner den Pfandtitel selber erwirbt. Dies gilt auch für eine bestehende Bürgschaft (BECK, N 33).

i) **Verjährung der Hauptschuld** bewirkt nicht ihren Untergang, sie ist jedoch nicht mehr klagbar. Ausser im Fall von Art. 492 Abs. 3 hat der Bürge dem Gläubiger gem. Art. 502 Abs. 1 die Einrede der Verjährung entgegenzuhalten, will er seine Rückgriffsrechte nicht verlieren (Art. 502 Abs. 3). Durch Bestellung einer Bürgschaft wird die Verjährung der Hauptschuld unterbrochen (Art. 135 Ziff. 1). Die Unterbrechung der Verjährung gegen den Hauptschuldner wirkt auch gegenüber dem Bürgen, jedoch nicht umgekehrt (Art. 136 Abs. 2, 3). Vgl. in diesem Zusammenhang auch Art. 502 Abs. 2 (ZK-OSER/SCHÖNENBERGER, N 14; BECK, N 31).

III. Befreiung des Bürgen trotz Weiterbestehens der Hauptschuld: Selbständige Untergangsgründe

1. Allgemeines

Die Bürgschaft kann trotz Weiterexistenz der Hauptschuld erlöschen. Aus der Akzessorietät der Bürgschaft ergibt sich nur, dass die Bürgschaft von der gültigen Hauptschuld abhängig ist, nicht aber umgekehrt (BGE 63 II 308). Bürgschaften können zunächst nach den für alle Schuldverhältnisse geltenden allgemeinen Bestimmungen erlöschen (Art. 114 ff.). Einzelne Untergangsgründe sind sodann im Gesetz speziell geregelt (Art. 497 Abs. 3, Art. 503 Abs. 4, Art. 504 Abs. 2, Art. 509 Abs. 3–6, Art. 510, 511, 512; vgl. auch Art. 506, der nur einen Anspruch auf Befreiung gibt). Bürgschaften erlöschen infolge **Erfüllung** durch den Bürgen (Bezahlung, BGE 70 II 271, 273), durch **Verrechnung** (Art. 121), durch **Entlassung** (die keiner besonderen Form bedarf, BGE 25 II 33; Art. 115), durch **Novation** (Art. 116, unter Beachtung der Voraussetzungen in Art. 492–494; BECK, N 43; BGE 126 III 375) oder durch **Nachlassvertrag** (BECK, N 45). 8

Die Bürgschaftsverpflichtung unterliegt ihrer eigenen zehnjährigen **Verjährung** (Art. 127). Die *Bürgschaft verjährt, auch wenn die Hauptschuld unverjährbar* ist bzw. geworden ist

(Art. 807 ZGB, Art. 149 Abs. 5 aSchKG, Art. 265 Abs. 2 SchKG, vgl. aber die neue 20jährige Verjährung in Art. 149a Abs. 1 SchKG; BGE 50 II 402; 29 II 258). Die gegen den Hauptschuldner bewirkte Unterbrechung der Verjährung wirkt von Gesetzes wegen auch gegen den Bürgen (Art. 136 Abs. 2; BECK, N 39 ff.).

9 Die Erben haften **beim Tod des Bürgen** infolge Universalsukzession bei vorbehaltlosem Antritt der Erbschaft weiter für die Bürgschaftsverpflichtung (Art. 560 Abs. 2 ZGB; BGE 88 II 309 E. 5). Bei *Annahme der Erbschaft unter öffentlichem Inventar* ist Art. 591 ZGB anwendbar: Bürgschaftsverpflichtungen können dann gegen die Erben nur bis zu jener Summe geltend gemacht werden, die bei konkursmässiger Tilgung aller Schulden aus der Erbschaft auf die Bürgschaftsschulden entfallen wäre (ZK-OSER/SCHÖNENBERGER, N 27). Art. 591 ZGB ist nicht ausdehnend auszulegen und gilt nur bei öffentlichem Inventar (BGE 65 III 61). Wird die Erbschaft ausgeschlagen und amtlich liquidiert, haftet der Nachlass für die Bürgschaftsverpflichtungen (Art. 596 f. ZGB; BECK, N 47).

Mangels besonderer Absprache ist die **Kündigung der Bürgschaft** nicht möglich (ZK-OSER/SCHÖNENBERGER, N 28; BGE 39 II 362). Ausnahme bei Amts- und Dienstbürgschaften (Art. 512).

2. Vereinigung des Hauptschuldners mit dem Bürgen (Abs. 2)

10 Fallen Bürge und Hauptschuldner in einer Person zusammen (z.B. durch Beerbung), liegt nicht der Sachverhalt von Art. 118 Abs. 1 vor, sondern es «vereinigen» sich zwei Pflichten mit dem gleichen Inhalt (Pflichtenkonkurrenz, unechte Konfusion). Soweit sich die Pflichten decken, gehen sie ineinander auf. In diesem Fall bleiben dem Gläubiger die ihm aus der Bürgschaft zustehenden Vorteile gewahrt. Er kann die für die Bürgschaft allfällig bestehenden Pfandrechte oder eine Nachbürgschaft trotz unechter Konfusion geltend machen (BECK, N 49; BK-GIOVANOLI, N 12; ZK-OSER/SCHÖNENBERGER, N 25).

3. Die gesetzliche, maximale Befristung der Bürgschaft (Abs. 3–6)

a) Zweck

11 **Zweck** der maximalen Befristung der Bürgschaft ist der **bessere Schutz des Bürgen**, ähnlich wie bei der gesetzlichen Amortisation (Art. 500). Anders aber als bei dieser kann sich der natürliche Bürge zwingend nicht für mehr als 20 Jahre verpflichten (Art. 492 Abs. 4; zu den gesetzgeberischen Motiven BK-GIOVANOLI, N 22; BECK, N 50 ff.).

b) Dahinfallen der Bürgschaft nach 20 Jahren (Abs. 3)

12 Die 20jährige Maximaldauer für Bürgschaftsverpflichtungen gilt *nur für natürliche Personen*, nicht aber für *juristische Personen* und *Kollektiv- und Kommanditgesellschaften*. Jede Bürgschaftsart natürlicher Personen fällt damit durch blossen Zeitablauf dahin, mit Ausnahme der in Abs. 3 Satz 2 aufgeführten Bürgschaften (RVJ 2010, 305 f.). Dies ist von Amtes wegen zu beachten (BK-GIOVANOLI, N 23). Die Frist beginnt mit der Annahme der Bürgschaftserklärung durch den Gläubiger (ZK-OSER/SCHÖNENBERGER, N 34; BECK, N 57). Länger als auf 20 Jahre eingegangene Bürgschaften trifft nicht die Rechtsfolge der Nichtigkeit, sondern sie gelten nur als auf 20 Jahre abgeschlossen (BK-GIOVANOLI, N 24). Nach Zeitablauf ist auch keine Naturalobligation mehr vorhanden (BECK, N 59).

Die in Abs. 3 Satz 2 vorgesehene Aufzählung der **Ausnahmen von der maximalen Befristung** *stimmt* wörtlich mit Art. 500 Abs. 2 überein, wo zusätzlich noch *«Verpflichtungen mit wechselndem Betrag, wie Kontokorrent, Sukzessivlieferungsvertrag»* genannt sind (vgl. auch die Formulierung in Art. 493 Abs. 3 und die dortige Kommentierung). Damit fallen auch

Bürgschaften natürlicher Personen für Kontokorrentverpflichtungen und für Sukzessivlieferungsverträge nach 20 Jahren dahin (BECK, N 55).

Zur **Wirkung des Zeitablaufs** der Bürgschaft bei einfacher Mitbürgschaft und Solidarmitbürgschaft: ZK-OSER/SCHÖNENBERGER, N 35; BECK, N 60.

c) Geltendmachung der Bürgschaft vor Ende der gesetzlichen Befristung (Abs. 4 und 6)

Bei Vorliegen der entsprechenden allgemeinen Voraussetzungen kann der Gläubiger seine 13
Rechte aus der Bürgschaft so lange geltend machen, als die Bürgschaft nicht dahingefallen ist. Es kann infolge der 20jährigen Befristung der Bürgschaft aber der Fall eintreten, dass im Zeitpunkt des Dahinfallens der Bürgschaft die Voraussetzungen der Geltendmachung der Hauptschuld noch nicht gegeben sind, z.B. die Gläubigerforderung noch nicht fällig ist. Abs. 4 und 6 räumen dem Gläubiger für diese Fälle die Möglichkeit der **vorzeitigen Geltendmachung der Bürgschaft** ein.

Bürgschaften, die für eine kürzere Dauer als 20 Jahre eingegangen sind, sind **Bürgschaften auf Zeit**, die erlöschen, sofern der Gläubiger nicht nach Art. 510 Abs. 3 vorgeht (BK-GIOVANOLI, N 32). Art. 509 Abs. 4 ist auf alle auf **unbestimmte Zeit** eingegangenen Bürgschaften oder auf solche, die für eine *längere als die gesetzlich vorgeschriebene Frist von 20 Jahren eingegangen* wurden, anwendbar, soweit nicht die Spezialfälle von Abs. 6 vorliegen. Solche Bürgschaften können während des 20. Jahres beansprucht werden, sofern vor der Geltendmachung keine – ebenso erst im letzten Jahr der 20-Jahresfrist zulässige – Verlängerung nach Art. 509 Abs. 5 stattgefunden hat oder sofern auch keine – jederzeit zulässige – Ersetzung durch eine neue Bürgschaft vorgenommen wurde (BK-GIOVANOLI, N 32). Der Gläubiger hat rechtliche Massnahmen i.S.v. Art. 510 vor Ende des 20. Jahres zu ergreifen und diese ohne Unterbrechung zu verfolgen (ZK-OSER/SCHÖNENBERGER, N 42; eingehend BK-GIOVANOLI, N 33).

Gemäss Art. 509 Abs. 6 kann der Gläubiger den Bürgen *«bei jeder Bürgschaftsart»* ohne 14
Rücksicht auf die Fälligkeit der Bürgschaft und der Hauptschuld beanspruchen, wenn die Hauptschuld weniger als zwei Jahre vor dem Dahinfallen der Bürgschaft fällig wird, also frühestens nach 18jähriger Dauer seit Abschluss des Bürgschaftsvertrages, und wenn der Gläubiger nicht auf einen früheren Zeitpunkt kündigen konnte.

In diesen Fällen ist dem Bürgen die **Einrede der Vorausklage** und der **vorausgehenden Pfandverwertung** verwehrt. Auch im Falle von Abs. 6 dürfte der Bürge vom Gläubiger wohl gleich wie in Abs. 3 erst im 20. Jahr beansprucht werden (BK-GIOVANOLI, N 36; zum Ganzen auch BECK, N 61 ff.; ZK-OSER/SCHÖNENBERGER, N 38 ff.).

Art. 509 Abs. 6 Satz 2 gewährt dem Bürgen für die im ersten Satz geregelten Spezialfälle das **Rückgriffsrecht** auf den Hauptschuldner **vor der Fälligkeit der Hauptschuld**. Wenn der Gläubiger nach Abs. 6 berechtigt ist, den Bürgen vor Fälligkeit der Hauptschuld zu belangen, so ist der Bürge auch zum vorzeitigen Regress berechtigt, wenn er ohne Belangung «freiwillig» bezahlt (BECK, N 66; BK-GIOVANOLI, N 38). Kein vorzeitiges Rückgriffsrecht hat er in den Fällen von Art. 504 Abs. 3 und Art. 502 Abs. 3.

d) Verlängerung der Bürgschaft (Abs. 5)

Durch schriftliche Erklärung kann der Bürge seine Verpflichtung um **maximal zehn Jahre** 15
verlängern. Eine weitere Verlängerung ist nicht möglich, so dass die Bürgschaft einer natürlichen Person höchstens 30 Jahre dauern kann. *Schriftlichkeit genügt*, auch wenn für die rechtsgültige Begründung der Bürgschaft öffentliche Beurkundung notwendig war.

Die Verlängerung der Bürgschaft kann nur während des 20. Jahres gültig abgegeben werden, 16
womit verhindert werden soll, dass von Anfang an eine Zustimmung für 30 Jahre gegeben werden kann (BECK, N 68; BK-GIOVANOLI, N 25). Die *Zustimmung des Ehegatten* für die

Verlängerung ist *nicht erforderlich* (e contrario aus Art. 494 Abs. 3, ausser wenn bei Verlängerung Abänderungen der Bürgschaftsverpflichtung neu vereinbart werden, Art. 494 Abs. 3).

Von der Verlängerung einer bestehenden Bürgschaft zu unterscheiden ist die **Erneuerung**, also Ersetzung der alten durch eine neue **(Novation)**. Dies ist gem. Art. 509 Abs. 4 jederzeit möglich, wobei alle formellen und materiellen Voraussetzungen für die Begründung der neuen Bürgschaft erfüllt werden müssen (Art. 492 ff.).

Art. 510

II. Bürgschaft auf Zeit; Rücktritt

[1] Ist eine zukünftige Forderung verbürgt, so kann der Bürge die Bürgschaft, solange die Forderung nicht entstanden ist, jederzeit durch eine schriftliche Erklärung an den Gläubiger widerrufen, sofern die Vermögensverhältnisse des Hauptschuldners sich seit der Unterzeichnung der Bürgschaft wesentlich verschlechtert haben oder wenn sich erst nachträglich herausstellt, dass seine Vermögenslage wesentlich schlechter ist, als der Bürge in guten Treuen angenommen hatte. Bei einer Amts- oder Dienstbürgschaft ist der Rücktritt nicht mehr möglich, wenn das Amts- oder Dienstverhältnis zustande gekommen ist.

[2] Der Bürge hat dem Gläubiger Ersatz zu leisten für den Schaden, der ihm daraus erwächst, dass er sich in guten Treuen auf die Bürgschaft verlassen hat.

[3] Ist die Bürgschaft nur für eine bestimmte Zeit eingegangen, so erlischt die Verpflichtung des Bürgen, wenn der Gläubiger nicht binnen vier Wochen nach Ablauf der Frist seine Forderung rechtlich geltend macht und den Rechtsweg ohne erhebliche Unterbrechung verfolgt.

[4] Ist in diesem Zeitpunkt die Forderung nicht fällig, so kann sich der Bürge nur durch Leistung von Realsicherheit von der Bürgschaft befreien.

[5] Unterlässt er dies, so gilt die Bürgschaft unter Vorbehalt der Bestimmung über die Höchstdauer weiter, wie wenn sie bis zur Fälligkeit der Hauptschuld vereinbart worden wäre.

II. Cautionnement pour un temps déterminé; résiliation

[1] La caution qui a garanti une dette future peut, tant que la dette n'a pas pris naissance, révoquer en tout temps son cautionnement par une déclaration écrite au créancier, lorsque la situation financière du débiteur s'est sensiblement aggravée depuis le jour où elle s'est engagée ou lorsqu'il s'avère subséquemment que cette situation est notablement plus mauvaise qu'elle l'avait admis de bonne foi. Le cautionnement d'officiers publics ou d'employés ne peut plus être révoqué lorsque la nomination ou l'engagement a eu lieu.

[2] La caution est tenue de réparer le dommage résultant pour le créancier du fait qu'il s'est fié au cautionnement.

[3] La caution qui ne s'est engagée que pour un temps déterminé est libérée, si le créancier ne poursuit pas juridiquement l'exécution de ses droits dans les quatre semaines qui suivent l'expiration de ce temps et s'il ne continue ses poursuites sans interruption notable.

[4] Si la dette n'est pas exigible à ce moment, la caution ne peut se libérer qu'en fournissant des sûretés d'ordre réel.

[5] Au cas où elle ne le fait pas, elle demeure liée, sous réserve des dispositions sur la durée maximum du cautionnement, comme si cet engagement avait été convenu jusqu'à l'exigibilité de la dette.

II. Fideiussione a termine; recesso

[1] Il fideiussore che ha garantito un debito futuro può, fintanto che il debito non sia ancora nato, revocare in ogni tempo la sua fideiussione mediante una dichiarazione scritta al creditore, qualora le condizioni finanziarie del debitore principale siano notevolmente peggiorate dal giorno in cui egli ha sottoscritta la fideiussione ovvero siano risultate in seguito peggiori di quanto il fideiussore avesse in buona fede ammesso. La fideiussione per pubblico ufficio o per contratto di lavoro non può più essere revocata dopo avvenuta la nomina o l'assunzione.

[2] Il fideiussore deve risarcire il danno che il creditore ha sofferto per aver prestato fede alla fideiussione.

[3] Se la fideiussione fu stipulata soltanto per un determinato tempo, cessa l'obbligo del fideiussore, qualora, entro quattro settimane dallo spirare del termine, il creditore non faccia valere in via giuridica il suo credito e non prosegua gli atti senza rilevante interruzione.

[4] Qualora a questo momento il debito non sia scaduto, il fideiussore può liberarsi solo fornendo garanzie reali.

[5] Non facendolo egli, la fideiussione sussiste come se fosse stata stipulata fino alla scadenza del debito principale; è riservata tuttavia la disposizione sulla durata massima della fideiussione.

Literatur

Vgl. die Literaturhinweise bei den Vorbem. zu Art. 492–512.

I. Vorbemerkung

Art. 510 behandelt zwei voneinander unabhängige Gegenstände: Abs. 1 und 2 regeln den Rücktritt von einer Bürgschaft für eine **künftige Forderung** (N 2 ff.); Abs. 3–5 behandeln die **Beendigung der zeitlich befristeten Bürgschaft** (N 8 ff.). 1

II. Rücktritt von einer Bürgschaft für eine künftige Forderung (Abs. 1 und 2)

1. Allgemeines

Auch der Bürge kann – sofern ihm der Gläubiger eine Gegenleistung versprochen hat und wenn der Gläubiger mit seiner Leistung in Verzug ist – nach Art. 107 ff. vorgehen, also u.a. vom Bürgschaftsvertrag zurücktreten (Beck, N 3). 2

Ebenso kann er bei Zahlungsunfähigkeit des Gläubigers von ihm nach Art. 83 Sicherheit verlangen und vom Vertrag zurücktreten, sofern der Gläubiger diese innert Frist nicht leistet (vgl. auch Art. 316 für das Darlehen; BK-Giovanoli, N 1, 9a).

Diese auch dem Bürgen zustehenden Rechte aus dem allgemeinen Teil des OR sind allerdings für ihn von praktisch geringer Bedeutung, da er sich meist ohne finanzielle Gegenleistung des Gläubigers – oft eine Bank – verpflichtet, so dass die Zahlungsunfähigkeit keine Gefahr ist. Den Bürgen trifft weit eher die **Zahlungsunfähigkeit des Hauptschuldners**, wogegen sich der Gläubiger durch Abschluss des Bürgschaftsvertrages gerade abzusichern sucht. Diese Absicherung ist aber Kern der Bürgschaftsverpflichtung, weshalb dem Bürgen bei Zahlungsunfähigkeit des Hauptschuldners *grundsätzlich keine Rücktrittsrechte* zugebilligt werden können. Das Gesetz hat davon aus Billigkeitserwägungen bei der Verbürgung einer *künftigen* Forderung unter bestimmten Voraussetzungen eine Ausnahme gemacht und dem Gläubiger Verzicht auf die Sicherheit zugemutet (Beck, N 4; ZK-Oser/Schönenberger, N 3). 3

Abs. 1 und 2 beziehen sich auf **alle Bürgschaften** für eine zukünftige Forderung und *nicht* nur auf Bürgschaften auf Zeit (BK-Giovanoli, N 9).

2. Voraussetzungen des Rücktritts (Abs. 1)

Die **Rücktrittserklärung** an den Gläubiger kann – sofern die nachstehenden Voraussetzungen erfüllt sind – jederzeit in schriftlicher Form abgegeben werden. Sie ist empfangsbedürftig und ein aufhebendes Gestaltungsrecht (ZK-Oser/Schönenberger, N 8; Beck, N 19; BK-Giovanoli, N 7). 4

a) Die zukünftige Forderung darf noch nicht entstanden sein: sie darf im Moment der Geltendmachung des Rücktritts durch den Bürgen noch nicht zu Recht bestehen. Der Gläubiger soll nicht aus Leistungen zu Verlust kommen, die er schon erbracht hat oder zu denen er vom Schuldner aufgrund eines gültigen Grundverhältnisses gezwungen werden kann (z.B. ist das verbürgte Darlehen bereits ausbezahlt, BGE 49 II 181; die Ware ist übergeben, die Miete fällig, der Kreditvertrag unterzeichnet). Als entstanden gilt mit anderen Worten die Hauptschuld, wenn das ihr zugrunde liegende Rechtsgeschäft *in einer für den Gläubiger unwiderruflichen Weise zustande gekommen ist* (BECK, N 7; BK-GIOVANOLI, N 2, 5). Art. 510 Abs. 1 Satz 2 ist lediglich als Hervorhebung des Grundsatzes des gültig zustande gekommenen Grundvertrages zu verstehen. Das Amts- oder Arbeitsverhältnis zwischen Gläubiger/Arbeitgeber ist mit dem Hauptschuldner/Arbeitnehmer abgeschlossen.

Die h.L. lässt den Rücktritt des Bürgen nach Art. 510 Abs. 1 auch noch zu, wenn der Gläubiger Art. 83 oder Art. 316 anzuwenden berechtigt ist, hingegen soll der Rücktritt des Bürgen – m.E. zu Recht – *ausgeschlossen* sein, wenn der Gläubiger wegen *Nichterfüllung* nach Art. 107 vorgeht (ZK-OSER/SCHÖNENBERGER, N 4; BECK, N 10).

5 Der Rücktritt des Bürgen ist nur gültig, wenn der Gläubiger die Erklärung *vor* dem Eintritt der Rechtsgültigkeit der Forderung aus dem Grundverhältnis empfangen hat. Der Zeitpunkt der Abgabe der Rücktrittserklärung ist irrelevant (BECK, N 13).

b) Die Vermögensverhältnisse des Hauptschuldners müssen sich entweder seit Unterzeichnung der Bürgschaft wesentlich verschlechtert haben oder sie sind – wie sich nachträglich herausstellt – wesentlich schlechter, als der Bürge in guten Treuen angenommen hatte (vgl. FOUNTOULAKIS, AJP 2010, 428):

6 Zur Feststellung der wesentlichen Verschlechterung seit Unterzeichnung der Bürgschaft sind die Vermögensverhältnisse des Hauptschuldners zur Zeit des Rücktrittes mit jenen bei Unterzeichnung der Bürgschaftserklärung, die i.d.R. Offerte des Bürgschaftsvertrages bildet, zu vergleichen (BK-GIOVANOLI, N 3). Die Erheblichkeit der Verschlechterung ist letztlich Ermessenssache des Richters. Die Gründe der finanziellen Verschlechterung beim Hauptschuldner sind nicht relevant. Ein **Verschulden** ist nicht notwendig. Die Voraussetzung ist erfüllt bei **Zahlungsunfähigkeit des Hauptschuldners** (Konkurs, fruchtlose Pfändung, Nachlassstundung beantragt), aber auch wenn anzunehmen ist, dass der Bürge die Verpflichtung nicht eingegangen wäre, hätte er gewusst, dass sich die finanzielle Situation des Hauptschuldners derart verschlechtern würde (ZK-OSER/SCHÖNENBERGER, N 6; BECK, N 15 f.). Es handelt sich um einen Anwendungsfall der **clausula rebus sic stantibus** (BK-GIOVANOLI, N 3). Die Beweislast liegt beim zurücktretenden Bürgen.

Zur Feststellung einer wesentlichen Verschlechterung sind die jetzigen *tatsächlichen Vermögensverhältnisse* des Hauptschuldners mit jenen zu vergleichen, die der Bürge in guten Treuen, also entschuldbar und gutgläubig angenommen hatte (ähnlich wie in Art. 316 Abs. 2). In diesem Fall bestand die ungünstige Vermögenslage des Hauptschuldners schon bei Unterzeichnung der Bürgschaft (BK-GIOVANOLI, N 4). Der Bürge hat die Beweislast. Es liegt nach GIOVANOLI ein spezieller Fall von Grundlagenirrtum vor (Art. 24 Ziff. 4, jedoch mit verschiedenen Rechtsfolgen, hier Rücktrittsrecht, dort Unverbindlichkeit des Vertrages).

3. Wirkung des Rücktritts (Abs. 2)

7 Die Rücktrittserklärung hebt die Bürgschaftsverpflichtung **rückwirkend** auf (BECK, N 20; ZK-OSER/SCHÖNENBERGER, N 9). Mitbürgen werden frei, sofern die Voraussetzungen von Art. 497 Abs. 3 erfüllt sind.

Der zurücktretende Bürge hat dem Gläubiger nach h.L. den **Vertrauensschaden**, das **negative Vertragsinteresse**, zu ersetzen. Er hat den Gläubiger finanziell in den Zustand zu versetzen, in dem sich dieser befände, wenn er sich nicht auf die Bürgschaft verlassen hätte (ZK-Oser/Schönenberger, N 10; Beck, N 22 f.; BK-Giovanoli, N 8).

III. Beendigung der befristeten Bürgschaft (Abs. 3 bis 5)

1. Allgemeines. Zweck

Der Bürge hat frühestens dann zu leisten, wenn sich der Hauptschuldner mit seiner Verpflichtung im **Rückstand** befindet. Belangt werden kann der Bürge also erst nach Fälligkeit der Hauptschuld, im Falle der einfachen Bürgschaft sogar erst nach Belangung des Hauptschuldners und nach Verwertung der Pfänder. Dem Gläubiger soll daher – selbst wenn die Parteien die Dauer der Bürgschaftsverpflichtung (wie oftmals bei Laien) nur bis zur Fälligkeit der Hauptschuld vereinbart haben, was zur Folge hätte, dass die Bürgschaft dann vom Gläubiger nicht mehr geltend gemacht werden könnte und somit ihren Zweck verlöre – **nach** Eintritt der Fälligkeit der Hauptschuld eine angemessene **Nachfrist** für die Belangung des Bürgen gegeben werden. Art. 510 Abs. 3 räumt dem Gläubiger für Bürgschaften mit befristeter Dauer eine Nachfrist von vier Wochen für die Geltendmachung seiner Forderung inkl. Nebenrechte ein (Art. 114, 170, 503 Abs. 1, Art. 507 Abs. 1 und 2; vgl. auch BGE 127 III 559; RVJ 2010, 305 f.). Art. 510 Abs. 3 ist damit eine Ausnahme von der sonst üblichen Regel, dass befristete Rechte mit ihrem Ablauf dahinfallen (Beck, N 24; BK-Giovanoli, N 10). Fristgerechtes Vorgehen bewirkt Weiterdauer der Bürgschaft. **8**

Art. 510 Abs. 3–5 gilt für **alle Arten von Bürgschaften**, auch für die Solidarbürgschaft (BGE 54 II 292; BGer, 15.10.2003, 4C.114/2003, E. 2.2; ZK-Oser/Schönenberger, N 14). Die Absätze 3–5 finden jedoch keine Anwendung auf das Regressverhältnis unter den Bürgen (BGE 66 II 126; 45 III 110). Art. 510 Abs. 3–5 ist zwingend i.S.v. Art. 492 Abs. 4, womit vertragliche Regelungen, die eine Verbesserung der Rechtstellung des Bürgen bewirken, zulässig sind. Zulässig ist z.B. der Ausschluss der Nachfrist, so dass die Bürgschaft mit Zeitablauf sofort endigt, wenn sie noch nicht geltend gemacht wurde. Nicht zulässig wäre eine zum Voraus gewährte Verlängerung der Nachfrist zugunsten des Gläubigers (ZK-Oser/Schönenberger, N 13; Beck, N 26). Zur ratio legis von Art. 510 Abs. 3, vgl. BGE 127 III 559 E. 5. **9**

2. Wann ist Bürgschaft «für eine bestimmte Zeit» anzunehmen?

Eine **befristete Bürgschaft** – laut Marginale «Bürgschaft auf Zeit» – liegt dann vor, wenn der Bürge eine Haftung nur für eine bestimmte Zeitperiode übernimmt, seine Verpflichtung also nach Ablauf dieser Zeitperiode und der entsprechenden Nachfrist dahinfällt, sollte sie nicht vorher geltend gemacht worden sein. **10**

Belangt der Gläubiger den Bürgen nicht innert Frist, **verwirkt** er seine Rechte (BGE 127 III 559; 61 II 154; Art. 134 ff. sind nicht anwendbar, hingegen Art. 207, 297 SchKG; ZK-Oser/Schönenberger, N 26).

Die Bürgschaft muss befristet sein, die **Hauptschuld** hingegen muss weder befristet noch fällig sein. Dies ist begrifflich nicht notwendig und reicht auch nicht aus (BGE 54 II 293; Beck, N 29 m. zahlreichen Nw.; BK-Giovanoli, N 10).

Ob eine befristete Bürgschaft eingegangen wurde, ist im Zweifel **Auslegungsfrage**, wobei die Bürgschaftsurkunde und die konkreten Umstände eine entscheidende Rolle spielen (BGE 125 III 435 = Pra 2000, 705 ff.; BGE 50 II 245; JdT 1924 I 503 ff. E. b). Die Zeitperiode kann im Rahmen von Art. 509 Abs. 3 von den Parteien beliebig festgelegt werden. Der Zeitpunkt des Erlöschens der Bürgschaft auf Zeit muss objektiv und eindeutig bestimmbar sein, und er muss sich auf die Bürgschaft selber beziehen (ZK-Oser/Schönenberger, N 17; Beck, N 31). Aus der verbürgten Hauptschuld mit Verfalltag kann nicht ohne weiteres auf eine befristete Bürgschaft geschlossen werden (BGE 50 II 247; eingehend Beck, N 31 ff. mit zahlreicher älterer **11**

Kasuistik; BK-GIOVANOLI, N 10). Abzahlungsklauseln in der Bürgschaftsurkunde sprechen für eine Befristung der Bürgschaft (BK-GIOVANOLI, N 10). **Im Zweifel ist unbefristete Bürgschaft zu vermuten**, was ihrem Sicherungszweck entspricht (BECK, N 35; ZK-OSER/SCHÖNENBERGER, N 17; BGE 125 III 438). Das Gegenteil ist vom Bürgen aufgrund besonderer Umstände zu beweisen (ZBJV 1938, 525). Weil die Befristung für den Bürgen eine Erleichterung darstellt, kann sie *formlos* vereinbart werden (für den Fall der nachträglichen Verlängerung der Befristung vgl. Art. 493 Abs. 5; BECK, N 37; ZK-OSER/SCHÖNENBERGER, N 13; BK-GIOVANOLI, N 10a). Eine zeitlich befristete Bürgschaft ist keine hinreichende Sicherheit i.S.v. Art. 839 Abs. 3 ZGB (ZR 1983, 21; GVP 1974, 43).

3. Rechtliche Geltendmachung der Forderung und Verfolgung des Rechtsweges ohne erhebliche Unterbrechung

12 Der Gläubiger muss seine Forderung innert vier Wochen seit Ablauf der Bürgschaft **rechtlich** geltend machen und – kumulativ – den Rechtsweg anschliessend **ohne erhebliche Unterbrechung** weiterverfolgen, sonst erlischt die Verpflichtung des Bürgen. Dieser ist ohne weiteres von Gesetzes wegen und automatisch befreit, ohne Rücksicht darauf, ob der Gläubiger trotz rechtzeitigen Vorgehens keine Befriedigung erlangt hätte oder ob durch die Verzögerung beim Bürgen ein Schaden eingetreten ist (BGE 64 II 197; BECK, N 49). Es tritt die strenge Rechtsfolge der **Verwirkung** ein (BK-GIOVANOLI, N 15; ZK-OSER/SCHÖNENBERGER, N 24; BGE 61 II 154 E. 5c).

a) Rechtliche Geltendmachung

13 Vorzugehen hat der Gläubiger bei der einfachen Bürgschaft *gegen den Hauptschuldner*, solange die Voraussetzungen für die Belangung des Bürgen nicht gegeben sind. Im Übrigen kann er gegen den Hauptschuldner oder den Bürgen oder gegen beide zusammen vorgehen. Bei **Solidarbürgschaft** kann er die Forderung gegen den einen oder den andern oder gegen beide zusammen geltend machen. Für die Solidarbürgschaft gilt sodann der Vorbehalt, wonach zuerst die Faust- und Forderungspfandrechte gem. Art. 496 Abs. 2 geltend gemacht werden müssen (BGE 56 III 157; 54 II 292; BECK, N 40; ZK-OSER/SCHÖNENBERGER, N 23; eingehend BK-GIOVANOLI, N 14). Bei Leistung von Realsicherheit gem. Art. 501 Abs. 2 muss der Gläubiger gegen den Hauptschuldner vorgehen.

In Betracht kommen **Betreibung** oder **Klage**. Das Betreibungsbegehren muss auch während der Betreibungsferien oder dem Rechtsstillstand gestellt werden (BK-GIOVANOLI, N 11). Laut BECK genügen auch die Erhebung einer entsprechenden Einrede vor Gericht oder Schiedsrichter, die Ladung zum Sühneversuch, die Eingabe im Konkurs (Art. 232 SchKG; BGE 56 III 157), im Nachlassverfahren (Art. 300 SchKG) oder im Schuldenruf des Erbrechts (BECK, N 42; BK-GIOVANOLI, N 11). Ungenügend sind blosse **Mahnung** des Bürgen oder des Hauptschuldners oder **Kündigung** der Hauptschuld (ZK-OSER/SCHÖNENBERGER, N 20; BK-GIOVANOLI, N 11; BGer, 15.10.2003, 4C.114/2003, E. 2.3; zur Geltendmachung einer verbürgten Forderung, für die ein Eigenwechel ausgestellt wurde, vgl. BGE 127 III 559).

b) Verfolgung des Rechtweges ohne erhebliche Unterbrechung

14 Die **rechtliche Geltendmachung** seiner Forderung nützt dem Gläubiger nur momentan, er muss weitermachen. Er hat all jene weiteren Massnahmen vorzukehren, die ein vernünftiger Gläubiger auch ohne Sicherheit ergreifen würde. Er hat mit Rücksicht auf den Bürgen seine Rechte gegen den Hauptschuldner in den gegebenen konkreten Verhältnissen nach Treu und Glauben wahrzunehmen (BK-GIOVANOLI, N 12). Zum Schutz des Bürgen trifft ihn sogar eine **erhöhte Sorgfaltspflicht** (BGE 64 II 191).

Der Gläubiger darf insb. **keine gesetzlichen Fristen verstreichen** oder **(Betreibungs-) Rechte verjähren** lassen (BK-GIOVANOLI, N 13). Je nach Umständen ist Fortsetzung der Betreibung zu verlangen, die Rechtsöffnung durchzuführen, Pfändung und Pfandverwertung zu verlangen, das Konkursbegehren zu stellen, oder die Rechte sind im Konkurs und Nachlassvertrag weiter zu wahren.

Was als «erhebliche» Unterbrechung zu beurteilen ist, liegt letztlich im Ermessen des zuständigen Richters. Erheblich ist nach Auffassung des BGer eine Unterbrechung, wenn erst sechs Monate nach Abschluss des Nachlassvertrages das Begehren auf Grundpfandverwertung erneuert wird (BGE 64 II 192; Beck, N 47; ZK-Oser/Schönenberger, N 21). Der Gläubiger darf der Passivität einer Amtsstelle nicht untätig zusehen (BGE 64 II 194). Eine schematische Regel, wann eine Unterbrechung der Rechtsverfolgung erheblich ist, besteht nicht. Der Bürge selber kann einer Verlängerung des Verfahrens zustimmen (BGE 108 II 201 E. 3; grundlegend zur erheblichen Unterbrechung ist BGE 64 II 193 E. 3, 4). 15

Sofern sich der Gläubiger zunächst an den Hauptschuldner gehalten hat, muss er sich nach Abschluss jenes Verfahrens **ebenfalls ohne erhebliche Unterbrechung** an den Bürgen halten (ZK-Oser/Schönenberger, N 22; Beck, N 45). Nach der neueren, präzisierenden bundesgerichtlichen Rechtsprechung (BGE 125 III 322) besteht dieses Beschleunigungsgebot aufgrund teleologischer Auslegung nur in Bezug auf die verbürgte Hauptschuld; die subsidiäre Bürgschaftsforderung hingegen wird vom Beschleunigungsgebot nicht erfasst. Nach Sinn und Zweck der Bestimmung beschränkt sich das Interesse des **einfachen Bürgen** auf die rasche Kenntnisgabe seiner Inanspruchnahme, nicht aber auf eine beschleunigte Rechtsverfolgung durch den Bürgschaftsgläubiger. Um die Ungewissheit des einfachen Bürgen, allenfalls in Anspruch genommen zu werden, aus dem Weg zu räumen, genügt nach bundesgerichtlicher Rechtsprechung die Anzeige der Inanspruchnahme an den Bürgen. Eine Pflicht zu fristgebundener Klageanhebung besteht nicht. Wann der Gläubiger dem einfachen Bürgen die Inanspruchnahme anzuzeigen hat, ist gesetzlich nicht geregelt und ist primär der von den Parteien getroffenen Vereinbarung zu entnehmen. Fehlt eine solche, so verlangt der Gesetzeszweck, dass der Gläubiger nach beendetem Vorgehen gegen den Hauptschuldner dem Bürgen innert nützlicher Frist anzeigt, dass er die Bürgschaft in Anspruch nehme. Die vierwöchige Frist von Art. 510 Abs. 3 kann dabei analog herangezogen werden. Selbst eine Anzeige der Inanspruchnahme vor beendetem Vorgehen gegen den Hauptschuldner genügt, sofern sie bestimmt erfolgt und jede Unsicherheit des Bürgen über seine Rechtstellung beseitigt (vgl. auch RVJ 2000, 280 ff.). Im Gegensatz zur einfachen Bürgschaft ist die Solidarbürgschaft nur teilweise subsidiär, weshalb es einer Bereinigung der Hauptforderung nur dann bedarf, wenn die in Art. 496 Abs. 1 an die Beanspruchung des Solidarbürgen gesetzten Voraussetzungen zu klären sind. Deshalb muss die Bürgschaftsforderung gegen einen **Solidarbürgen** innert der Frist von Art. 510 Abs. 3 rechtlich geltend gemacht werden. Die blosse Anzeige an den Solidarbürgen genügt i.d.R. nicht (BGer, 15.10.2003, 4C.114/2003, E. 3). 15a

IV. Fehlende Fälligkeit der Hauptschuld bei Ablauf der Bürgschaft auf Zeit (Abs. 4 und 5)

Üblicherweise dauert die zeitlich befristete Bürgschaft über den Zeitpunkt der Fälligkeit der Hauptschuld hinaus. Denkbar ist allerdings auch eine spätere Fälligkeit der Hauptschuld. Dann besteht die Bürgschaft bis zur Fälligkeit der Hauptschuld weiter (Art. 510 Abs. 5). Der Bürge kann sich in diesem Fall gem. Art. 510 Abs. 4 nur durch Leistung von **Realsicherheit** an den Gläubiger befreien (im Gegensatz dazu bleibt im Falle von Art. 501 Abs. 2 die Haftung des Bürgen bestehen; BK-Giovanoli, N 16a; Beck, N 50). Nimmt der Gläubiger die Sicherheit in Anspruch, gelten Art. 507, 110. Die gestellte Realsicherheit muss den Gläubiger *aller Wahrscheinlichkeit nach* vor Schaden bewahren, wobei der Richter im Streitfall zu entscheiden hat. Eine Verpflichtung des Bürgen zur Nachdeckung besteht nicht (Beck, N 51; ZK-Oser/Schönenberger, N 27; BK-Giovanoli, N 16a). Leistet der Bürge die Realsicherheit nicht, haftet er – unter dem Vorbehalt von Art. 509 Abs. 3 – weiter, wie wenn die Bürgschaft 16 bis zur Fälligkeit der Hauptschuld vereinbart worden wäre. Es kommt demgemäss Art. 510 Abs. 3 zur Anwendung.

Zulässig ist eine Vertragsbestimmung, wonach die Bürgschaft für Forderungen, die bei Ablauf der Vertragsdauer nicht fällig sind, nur dann weitergelten soll, wenn der Gläubiger dies dem Bürgen innert bestimmter Frist mitteilt (BGE 108 II 203 E. 4a). Art. 510 Abs. 4, 5 und Übergangsrecht: ZR 1946, 329 ff.

Art. 511

III. Unbefristete Bürgschaft

[1] Ist die Bürgschaft auf unbestimmte Zeit eingegangen, so kann der Bürge nach Eintritt der Fälligkeit der Hauptschuld vom Gläubiger verlangen, dass er, soweit es für seine Belangbarkeit Voraussetzung ist, binnen vier Wochen die Forderung gegenüber dem Hauptschuldner rechtlich geltend macht, die Verwertung allfälliger Pfänder einleitet und den Rechtsweg ohne erhebliche Unterbrechung verfolgt.

[2] Handelt es sich um eine Forderung, deren Fälligkeit durch Kündigung des Gläubigers herbeigeführt werden kann, so ist der Bürge nach Ablauf eines Jahres seit Eingehung der Bürgschaft zu dem Verlangen berechtigt, dass der Gläubiger die Kündigung vornehme und nach Eintritt der Fälligkeit seine Rechte im Sinne der vorstehenden Bestimmung geltend mache.

[3] Kommt der Gläubiger diesem Verlangen nicht nach, so wird der Bürge frei.

III. Cautionnement pour un temps indéterminé

[1] Si le cautionnement a été donné pour un temps indéterminé, la caution peut, en tant qu'elle n'est recherchable qu'à ces conditions, demander à l'échéance de la dette que, dans le délai de quatre semaines, le créancier poursuive juridiquement l'exécution de ses droits, introduise la poursuite en réalisation des gages qui pourraient exister et continue les poursuites sans interruption notable.

[2] S'il s'agit d'une dette dont l'exigibilité peut être déterminée par un avertissement du créancier, la caution a le droit, un an après qu'elle s'est engagée envers le créancier, de réclamer de lui qu'il donne cet avertissement et que, la dette étant devenue exigible, il poursuive juridiquement l'exécution de ses droits comme il est dit ci-dessus.

[3] La caution est libérée si le créancier ne satisfait pas à cette sommation.

III. Fideiussione senza termine

[1] Se la fideiussione fu stipulata a tempo indeterminato e il debito principale è scaduto, il fideiussore può pretendere che il creditore, entro il termine di quattro settimane, faccia valere in via giuridica il suo credito contro il debitore principale, inizi la realizzazione dei pegni ancora esistenti e prosegua gli atti senza rilevante interruzione, sempreché il perseguimento del fideiussore sia subordinato a tali condizioni.

[2] Quando si tratti di un debito, la cui scadenza possa essere determinata dalla disdetta del creditore, il fideiussore, un anno dopo prestata la fideiussione, può pretendere che il creditore dia la disdetta e, giunta la scadenza, proceda come nel capoverso precedente.

[3] Se il creditore non acconsente a tale richiesta, il fideiussore rimane liberato.

Literatur

Vgl. die Literaturhinweise bei den Vorbem. zu Art. 492–512.

I. Allgemeines. Anwendungsbereich

1 Der Bürge soll auch bei **unbefristeten Bürgschaften** die Beendigung seiner Verpflichtung bewirken können, um nicht ungehörig lange gebunden zu bleiben. Vorausgesetzt ist allerdings die *Fälligkeit* der Hauptschuld. Soweit diese durch *Kündigung* der Hauptschuld herbeigeführt

werden kann, gibt Art. 511 Abs. 2 dem Bürgen das Recht, vom Gläubiger diese Kündigung zu verlangen. Der Gläubiger ist jedoch auch nach Eintritt der Fälligkeit der Forderung im Allgemeinen nicht verpflichtet, den Hauptschuldner zu belangen und seine Forderung einzutreiben. Art. 511 gibt dem Bürgen die nötige Handhabe – soweit es für seine eigene Belangbarkeit Voraussetzung ist (Art. 495 Abs. 2, 496) –, den Gläubiger zu zwingen, gegen den Hauptschuldner nach Fälligkeit oder Kündigung der Hauptschuld beförderlich vorzugehen. Verfolgt der Gläubiger seine Rechte nicht (Belangung des Hauptschuldners im Rahmen einer einfachen Bürgschaft, Verwertung allfälliger Pfandrechte oder Versilberung der Faust- und Forderungspfandrechte bei Solidarbürgschaft), wird der Bürge frei (Art. 511 Abs. 3; BECK, N 5; LOMBARDINI, 935).

Art. 511 gilt nur für unbefristete Bürgschaften. Für befristete Bürgschaften vgl. Art. 510 N 10 ff. zur Frage, wann eine befristete oder unbefristete Bürgschaft anzunehmen ist. Art. 511 ist auf Garantien, Art. 111, nicht per analogiam anwendbar (SJZ 1976, 360). 2

Art. 511 ist auf Solidarbürgschaften in dem Sinne anwendbar, dass der Rechtsweg vom Gläubiger gleichzeitig gegen den Hauptschuldner und Bürgen beschritten werden kann oder auch nur gegen den Bürgen allein (BGE 54 II 292 E. 4; 54 III 157). Die Rechte aus Art. 511 stehen auch dem Solidarbürgen zu (BK-GIOVANOLI, N 8; BGE 56 II 157). Auch er kann vom Gläubiger die rechtliche Geltendmachung der verbürgten Forderung gem. Art. 511 verlangen. Der Gläubiger kann jedoch statt des Hauptschuldners den Solidarbürgen beanspruchen, jedoch nur nach Massgabe des Gesetzes (z.B. muss der Hauptschuldner mit seiner Leistung im Rückstand und erfolglos gemahnt worden sein (Art. 496 Abs. 1; ZBJV 1948, 509 ff.); weitere Aspekte erläutern ZK-OSER/SCHÖNENBERGER, N 7; BECK, N 8, 27).

Auf das **Regressverhältnis der Bürgen untereinander** ist Art. 511 nicht anwendbar (BGE 66 II 126).

Für **Amts- und Dienstbürgschaften** gilt die Sonderregelung in Art. 512, nicht Art. 511 (ZK-OSER/SCHÖNENBERGER, N 11; BECK, N 13).

Im **Konkurs des Bürgen** gelangt Art. 511 nicht mehr zur Anwendung, weder bei der einfachen noch bei der Solidarbürgschaft (BGE 56 III 154; BECK, N 9). Die Bürgschaftsverpflichtung kann gem. Art. 215 SchKG geltend gemacht werden, auch wenn sie noch nicht fällig ist. 3

Zur Anwendbarkeit von Art. 511 auf eine **Mehrheit von sukzessiv entstehenden, verbürgten Forderungen**, die sich aus einem dauernden Rechtsverhältnis ergeben, z.B. Bürgschaft für Mietzinsen, Pachtzinsen, Darlehenszinsen, Löhne, Renten, Verpflichtungen aus Kontokorrentvertrag (periodisch wiederkehrende Leistungen): Es gelten hinsichtlich der einzelnen fällig gewordenen Leistung Art. 511 Abs. 1 und 3 (ZK-OSER/SCHÖNENBERGER, N 8; BECK, N 11). Unter der Voraussetzung, dass das **ganze Verhältnis** gekündigt werden kann, z.B. der Mietvertrag, das Kreditverhältnis, ist nach einem Teil der Lehre Art. 511 Abs. 2 (analog) anwendbar (BECK, N 11; ZK-OSER/SCHÖNENBERGER, N 8 m.w.Nw.). Nach GIOVANOLI hat im Einzelfall eine Abwägung der gegenseitigen Interessen unter Rücksichtnahme auf das verbürgte Rechtsverhältnis stattzufinden (BK-GIOVANOLI, N 2; BGE 36 II 533).

Art. 511 ist zwingend i.S.v. Art. 492 Abs. 4. Der Bürge kann auf die ihm in Art. 511 eingeräumten Rechte zum Voraus nicht gültig verzichten. Die Erstreckung von Zahlungsfristen des Gläubigers an den Hauptschuldner (Aufschub der Fälligkeit) bedürfte der Zustimmung des Bürgen (Art. 493, nachträgliche Abänderung der Bürgschaft/Schriftform, vgl. Art. 146, 410; ZK-OSER/SCHÖNENBERGER, N 4).

II. Vorgehen des Bürgen nach Eintritt der Fälligkeit der Hauptschuld (Abs. 1)

1. Aufforderung des Bürgen an den Gläubiger, seine Rechte geltend zu machen

4 Der Bürge hat dem Gläubiger nach Eintritt der Fälligkeit der Hauptschuld eine **empfangsbedürftige Willenserklärung** zukommen zu lassen, die besagt, dass der Gläubiger seine Rechte gem. Art. 511 Abs. 1 gegenüber dem Hauptschuldner geltend machen solle. Widrigenfalls wird der Bürge frei. Die Willenserklärung ist an keine Form gebunden, ist aber inhaltlich so zu fassen, dass daraus der Wille des Bürgen, vom Gläubiger ein Vorgehen nach Art. 511 zu verlangen, mit genügender Bestimmbarkeit hervorgeht (BECK, N 23; ZK-OSER/SCHÖNENBERGER, N 15). Das BGer hat zum Schutz des Bürgen keinen strengen Massstab an die Bestimmbarkeit dieser Aufforderung gelegt (BGE 54 II 293). Der Bürge kann also nicht Entlassung aus der Bürgschaft, sondern lediglich Liquidation der Hauptschuld verlangen, woraus sich dann je nachdem seine Zahlungspflicht oder seine Befreiung ergibt (BGE 64 II 192 E. 1).

5 Als **genügend** wurden in der Praxis folgende Aufforderungen des Bürgen betrachtet: Gebrauch des Gesetzeswortlautes, «Vorgehen i.S.v. Art. 511», «Massnahmen nach Art. 511», «Entlassungsgesuch gem. Art. 511» (BGE 64 II 192; 54 II 293). Die Ansetzung der Frist von vier Wochen ist nicht notwendig (ZK-OSER/SCHÖNENBERGER, N 15; BECK, N 21).

Ungenügend sind Aufforderungen, die als blosses Entlassungsgesuch oder als «Kündigung» der Bürgschaft betitelt werden (BGE 64 II 192 E. 1; BECK, N 22 m. zahlreichen Nw. auf die ältere Gerichtspraxis; ZK-OSER/SCHÖNENBERGER, N 15; ZBGR 1941, 227; BK-GIOVANOLI, N 4 m. zahlreichen w.Nw. auf die Gerichtspraxis; ZBJV 1963, 486 f.).

Die Aufforderung an den Gläubiger kann nach h.L. zeitlich auch schon **vor Fälligkeit der Hauptschuld** gültig mitgeteilt werden. Möglich ist die Aufnahme der Bestimmung in die Bürgschaftsverpflichtung, wonach die Wirkungen von Art. 511 automatisch eintreten, falls der Gläubiger die nötigen Schritte nicht innert vier Wochen nach Fälligkeit der Hauptschuld einleitet (BECK, N 19; ZK-OSER/SCHÖNENBERGER, N 14).

2. Rechtliche Geltendmachung und Verfolgung des Rechtsweges ohne erhebliche Unterbrechung

6 Nach Eingang der Aufforderung des Bürgen muss der Gläubiger – soweit es Voraussetzung für die Belangbarkeit des Bürgen ist – 1. die Forderung innert vier Wochen gegen den Hauptschuldner geltend machen, 2. innert der gleichen Frist die Pfandverwertung einleiten, wenn Pfänder vorhanden sind und 3. den Rechtsweg nach Empfang der Aufforderung ohne erhebliche Unterbrechung verfolgen.

a) Rechtliche Geltendmachung der Forderung innert vier Wochen gegenüber dem Hauptschuldner

7 Die **Frist** von vier Wochen beginnt mit dem Empfang der Aufforderung durch den Gläubiger, frühestens aber mit Eintritt der Fälligkeit der Hauptschuld. Stimmt der Bürge nachträglich einem Fälligkeitsaufschub zu, läuft die vierwöchige Frist erst vom Ablauf der Stundung an, desgleichen, wenn der Hauptschuldner Nachlassstundung hat (BGE 64 II 193). Zur Frage, welche rechtlichen Massnahmen vom Gläubiger einzuleiten sind, vgl. Art. 510 N 21 ff.

Der Gläubiger muss seine Forderung *«gegenüber dem Hauptschuldner»* geltend machen. Eine Belangung des Bürgen selber ist in keinem Fall notwendig (ZK-OSER/SCHÖNENBERGER, N 17), auch nicht nach abgeschlossenem Verfahren gegen den Hauptschuldner. Dies gilt für die einfache wie für die Solidarbürgschaft (im Gegensatz zu Art. 510 Abs. 3; BECK, N 27). Bei Solidarbürgschaft kann der Gläubiger jedoch *vor* Belangung des Hauptschuldners an den Solidarbürgen gelangen, wenn dieser nicht Einwendungen z.B. aus Art. 496 Abs. 1, 2, Art. 497 Abs. 2, Art. 501 Abs. 2 oder Art. 502 Abs. 2 zu erheben befugt ist (BECK, N 27). Ein

Vorgehen gegen seine Mitbürgen kann der Bürge vom Gläubiger nur unter den Voraussetzungen von Art. 497 Abs. 2 verlangen.

b) Einleitung der Pfandverwertung innert vier Wochen

Soweit die Verwertung von Pfändern Belangbarkeitsvoraussetzung für den Bürgen ist und solche Pfänder vorhanden sind, muss sie vom Gläubiger ebenfalls innert vier Wochen seit Eingang der Aufforderung des Bürgen eingeleitet werden. 8

Im Fall der **einfachen Bürgschaft** muss der Gläubiger damit sowohl die Belangung des Hauptschuldners persönlich wie auch die Pfandverwertung – Grundpfänder eingeschlossen – eingeleitet haben. Bei **Solidarbürgschaften** ist nur die Einleitung der Verwertung allfälliger Faust- und Forderungspfandrechte notwendig, sofern nicht auf deren vorgängige Verwertung verzichtet wurde (Art. 496 Abs. 2; BECK, N 29).

c) Weiterverfolgung des Rechtsweges «ohne erhebliche Unterbrechung»

Rechtliche Geltendmachung innert Frist genügt nicht. Der Gläubiger muss – analog zu Art. 510 Abs. 3 – zum Schutze der Rechte des Bürgen den Rechtsweg weiterverfolgen, *allerdings nur gegen den Hauptschuldner*, nicht mehr gegen den Bürgen selber (im Gegensatz zur Regelung in Art. 510 bei Bürgschaft auf Zeit; ZK-OSER/SCHÖNENBEGER, N 18; BECK, N 30 f.; vgl. dazu Art. 510 N 15a). Im Gegensatz zu Art. 510 hat dies nur zu geschehen, soweit es für die Belangbarkeit des Bürgen Voraussetzung ist (BECK, N 31). 9

III. Vorgehen des Bürgen bei kündbaren, nichtfälligen Forderungen (Abs. 2)

Durch Unterlassung der **Kündigung** könnte der Gläubiger die Haftung des Bürgen bei Forderungen, deren Fälligkeit durch Kündigung herbeigeführt werden muss, auf ungewisse Zeit verlängern, selbst wenn sich die Vermögenslage des Hauptschuldners unterdessen verschlechtert und damit das Risiko des Bürgen steigt. Dem tritt Art. 511 Abs. 2 entgegen, indem der Bürge nach einer *Frist von einem Jahr seit Eingehung der Bürgschaft* das Recht hat, vom Gläubiger die Kündigung der Forderung beim Hauptschuldner zu verlangen und seine Rechte nach Fälligkeitseintritt i.S.v. Abs. 1 geltend zu machen. Der Bürge kann die Kündigung nicht selber vornehmen (BECK, N 33). 10

Der Bürge kann vom Gläubiger nur eine Kündigung verlangen, die diesem nach Gesetz oder Vertrag zusteht. Die gesetzliche Einjahresfrist ist in diesem Sinne relativiert. Ist die Kündigung des Gläubigers erst in einem *späteren* Zeitpunkt zulässig, kann der Bürge frühestens dann von seinem Recht nach Art. 511 Abs. 2 Gebrauch machen (BGE 54 II 292 E. 5; BECK, N 34 f.; ZK-OSER/SCHÖNENBERGER, N 21).

Nach Eingang der Aufforderung des Bürgen muss der Gläubiger **sofort** handeln und auf den nächstmöglichen Termin beim Hauptschuldner (und beim Bürgen!) kündigen (Art. 75 per analogiam; die Frist von vier Wochen von Abs. 1 wurde für Abs. 2 nicht übernommen). Für die Mitteilung der Kündigung an den Bürgen vgl. Art. 501 Abs. 3. Die Unterlassung der Mitteilung der Kündigung der Hauptforderung *an den Bürgen* schiebt nach h.L. nur die Möglichkeit seiner Inanspruchnahme hinaus, befreit ihn aber nicht (BECK, N 36; ZK-OSER/SCHÖNENBERGER, N 25). 11

Nach Eintritt der Fälligkeit der Hauptforderung infolge Kündigung hat der Gläubiger ohne weiteres nach Art. 511 Abs. 1 vorzugehen (N 4 ff.), jedoch mit der Einschränkung, «soweit es für die Belangbarkeit des Bürgen Voraussetzung ist» (BECK, N 37).

IV. Rechtsfolgen der Unterlassung (Abs. 3)

12 Unterlässt der Gläubiger trotz Aufforderung die rechtzeitige Kündigung der Hauptschuld (Abs. 2) oder die Einleitung der nötigen Schritte innert vier Wochen, oder unterbricht er die Rechtsverfolgung in erheblicher Weise, wird der Bürge ohne weiteres frei (vgl. BGer, 26.4.2007, 4C.55/2007, E. 7.2). Ein Schadensnachweis ist nicht erforderlich (BGE 64 II 197; vgl. auch 108 II 201 ff. E. 3; BK-Giovanoli, N 7).

Art. 512

IV. Amts- und Dienstbürgschaft

[1] Eine auf unbestimmte Zeit eingegangene Amtsbürgschaft kann unter Wahrung einer Kündigungsfrist von einem Jahr auf das Ende einer Amtsdauer gekündigt werden.

[2] Besteht keine bestimmte Amtsdauer, so kann der Amtsbürge die Bürgschaft je auf das Ende des vierten Jahres nach dem Amtsantritt unter Wahrung einer Kündigungsfrist von einem Jahr kündigen.

[3] Bei einer auf unbestimmte Zeit eingegangenen Dienstbürgschaft steht dem Bürgen das gleiche Kündigungsrecht zu wie dem Amtsbürgen bei unbestimmter Amtsdauer.

[4] Gegenteilige Vereinbarungen bleiben vorbehalten.

IV. Cautionnement d'officiers publics et d'employés

[1] Le cautionnement d'un officier public peut, s'il est de durée indéterminée, être dénoncé pour la fin de chaque période de nomination par avertissement donné une année à l'avance.

[2] S'il s'agit d'un office public qui n'est pas conféré pour une période fixe, le cautionnement peut, par avertissement donné une année à l'avance, être dénoncé pour la fin de chaque période de quatre ans comptée à partir de l'entrée en fonctions.

[3] Dans le cautionnement d'employés donné pour une durée indéterminée, la caution a le même droit de dénonciation que s'il s'agissait d'officiers publics.

[4] Sont reservées les conventions contraires.

IV. Fideiussione per pubblico ufficio e per contratto di lavoro

[1] La fideiussione prestata a tempo indeterminato per un pubblico ufficio può essere disdetta per la fine di ogni periodo di nomina mediante preavviso di un anno.

[2] Se il periodo di nomina non è determinato, il fideiussore può, mediante preavviso di un anno, dare la disdetta per la fine di ogni quadriennio, incominciando dal giorno dell'entrata in funzione.

[3] Nelle fideiussioni senza termine per contratti di lavoro, il fideiussore ha lo stesso diritto di disdetta come in materia di fideiussioni senza termine per pubblici uffici.

[4] Sono riservate le convenzioni contrarie.

Literatur

Vgl. die Literaturhinweise bei den Vorbem. zu Art. 492–512.

I. Allgemeines

1 **Motiv des Bürgen** einer Amts- und Dienstbürgschaft ist in erster Linie das Einstehen für die Ehrlichkeit des Beamten oder Arbeitnehmers. Der Bürge sichert *Schadenersatzansprüche, die aus pflichtwidrigem Verhalten* während eines Amts- oder Arbeitsverhältnisses entstehen könnten.

Die Eigenart der Amts- und Dienstbürgschaft besteht darin, dass sie für eine mögliche **künftige Schuld** eingegangen wird, von der alle Beteiligten wünschen, dass sie nie entstehe

(Beck, N 7; ZK-Oser/Schönenberger, N 2). Nicht ausgeschlossen ist allerdings auch die Haftungsübernahme für Pflichtverletzungen aus der Vergangenheit, was jedoch nicht vermutet wird (Art. 499 Abs. 3; Beck, N 7).

Voraussetzung für eine Amts- oder Dienstbürgschaft ist ein **gültiges Beamten- oder Arbeitsverhältnis** im massgebenden Zeitpunkt mit dem Bund, den Kantonen, den Gemeinden, öffentlich-rechtlichen Anstalten, privaten Arbeitgebern etc. Die Amtsbürgschaft sichert *privatrechtlich* Forderungen ab, die dem *öffentlichen* Recht entstammen (ZK-Oser/Schönenberger, N 4; BGE 34 II 547). Wofür der Amts- oder Dienstbürge schadenersatzpflichtig ist, für welches Verschulden und in welchem Umfang, bestimmt im Beamtenverhältnis das *öffentliche* Recht des Bundes bzw. der Kantone, abgesehen von Art. 61. Im *Arbeitsvertragsrecht* gelangen die Bestimmungen des OR bzw. der individuelle Vertragsinhalt zur Anwendung (eingehend Beck, N 6, 11 f.).

Die Amts- und Dienstbürgschaft untersteht ausschliesslich dem **Bundesrecht**, Art. 492 ff., Art. 5 ZGB. Das öffentliche Recht des Bundes oder der Kantone bestimmt hingegen, wann und evtl. in welchem Umfang die Bürgschaft beizubringen ist. 2

Amts- und Dienstbürgschaften sind als **einfache Bürgschaften** und als **Solidarbürgschaften** möglich, wobei die Solidarbürgschaft die übliche Form ist. Die Amts- und Dienstbürgschaft ist damit nicht notwendigerweise Schadlosbürgschaft. Auch Nach- und Rückbürgschaft sind möglich (Beck, N 10; ZK-Oser/Schönenberger, N 2).

Zur Frage, ob sich auch der **geschädigte Dritte** auf eine Amts- oder Dienstbürgschaft berufen kann, Beck, N 9. Sofern nichts anderes vereinbart wurde, ist der Bürge nur dem Gläubiger verpflichtet und auch nur, wenn der Gläubiger selber eine Schadenersatzforderung geltend machen kann. Wenn auch ein Dritter den Bürgen belangen kann, liegt ein *Vertrag zugunsten Dritter* vor (Art. 112; BK-Giovanoli, N 8). Zur analogen Anwendung der Bestimmungen über die Amtsbürgschaft auf **Kautionsbürgschaften**: Beck, N 8.

II. Beendigung der befristeten Amtsbürgschaft

Das geltende Recht kennt diesbezüglich keine besondere Vorschrift. Massgebend ist Art. 510 Abs. 3, allerdings mit der Besonderheit, dass die Forderung des Gläubigers oft erst *nach* Ablauf der befristeten Amtsbürgschaft bekannt wird. In diesem Fall billigt die h.L. dem Gläubiger zu, sein Recht *innert vier Wochen seit Bekanntwerden des Schadens* geltend zu machen. Sodann ist der Rechtsweg ohne erhebliche Unterbrechung zu verfolgen (detailliert Beck, N 13; ZK-Oser/Schönenberger, N 6; BK-Giovanoli, N 2). Zum Vorgehen bei Bekanntwerden des Schadens schon **vor** Ablauf der Bürgschaft: **anders** Beck, N 4; ZK-Oser/Schönenberger, N 6 i.f.; differenziert BK-Giovanoli, N 2. 3

Die **Befristung der Bürgschaft** kann den Sinn haben, dass der Bürge nur für den Schaden haften soll, der spätestens bis zum Ablauf der Frist entdeckt wird (ZBJV 1927, 58 ff. E. 2). Im Zweifel ist anzunehmen, dass sich die Bürgschaft, wenn der Beamte für eine Amtsdauer gewählt ist, nur auf diese Zeit bezieht (BGE 16 I 432).

III. Beendigung der unbefristeten Amtsbürgschaft (Abs. 1 und 2)

1. Allgemeines

Art. 511 ist auf unbefristete Amtsbürgschaften nicht anwendbar. In diesem Artikel sind verbürgte Hauptschulden vorausgesetzt, die befristet (Fälligkeitstermin) oder wenigstens durch den Gläubiger kündbar sind. Bei Amts- und Dienstbürgschaften ist eine Forderung im Gegensatz dazu nicht nur nicht fällig, sondern sie ist überhaupt nicht vorhanden und auch das Anstellungsverhältnis, aus dem Ersatzansprüche abgeleitet werden, braucht weder zeitlich limi- 4 tiert noch seitens des Gemeinwesens kündbar zu sein (ZK-OSER/SCHÖNENBERGER, N 7). Es werden in der Amts- und Dienstbürgschaft **künftige Forderungen** verbürgt, deren Fälligkeit nicht zum Voraus bestimmt werden kann, so dass der Bürge auf unbestimmte Zeit weiterhaften müsste, was ihm nicht zuzumuten ist (BECK, N 15). Deshalb wurde in Art. 512 diese besondere Regelung getroffen.

5 Der Amts- oder Dienstbürge haftet nur für Schäden aus pflichtwidrigem Verhalten des Beamten/Arbeitnehmers/Hauptschuldners *vor* Ablauf der Bürgschaft. Für diese Pflichtwidrigkeiten bleibt die Haftung des Bürgen auch *nach* Ablauf der Amtsdauer bestehen (BECK, N 17).

Für die gegen den Beamten oder Arbeitnehmer **vor** der Kündigung der Bürgschaft bereits zur Entstehung gekommenen Schadenersatzansprüche haftet der Bürge aber gem. Art. 511 Abs. 1 (detailliert ZK-OSER/SCHÖNENBERGER, N 9).

2. Bestimmte Amtsdauer (Abs. 1)

6 Ist der Beamte auf eine bestimmte Amtsdauer gewählt, kann die auf unbestimmte Zeit eingegangene Amtsbürgschaft *«unter Wahrung einer Kündigungsfrist von einem Jahr auf das Ende einer Amtsdauer gekündigt werden»*. Die Kündigung bedarf keiner besonderen Form, auch nicht der einfachen Schriftlichkeit.

Eine Amtsdauer liegt vor, wenn das Beamtenverhältnis nach Ablauf einer Amtsperiode (i.d.R. zwei bis sechs Jahre) zu erneuern ist.

Ratio der Kündigungsfrist von einem Jahr auf das Ende einer Amtsperiode ist es, dem Gläubiger die Möglichkeit zu geben, die Wiederwahl des Beamten zu verhindern, falls keine andere ausreichende Sicherheit gestellt wird. Die Kündigung der Amtsbürgschaft kann selbstredend schon *vor* der Jahresfrist erfolgen (BECK, N 21).

3. Keine bestimmte Amtsdauer (Abs. 2)

7 Besteht keine bestimmte, also eine **unbefristete** Amtsdauer, kann der Amtsbürge «die Bürgschaft je auf das Ende des vierten Jahres nach dem Amtsantritt unter Wahrung einer Kündigungsfrist von einem Jahr kündigen».

Art. 512 Abs. 2 stellt die **Fiktion** von Vierjahres-Amtsperioden auf (BECK, N 22).

IV. Beendigung der unbefristeten Dienstbürgschaft (Abs. 3)

8 Für die *befristete* Dienstbürgschaft gelten die zur Amtsbürgschaft dargelegten Grundsätze (N 3) analog. Bei der *unbefristeten* Dienstbürgschaft hat der Bürge das gleiche Kündigungsrecht wie der Amtsbürge bei unbestimmter Amtsdauer (Abs. 3).

V. Dispositives Recht (Abs. 4)

9 Art. 512 ist nicht zwingend. Die Parteien können kürzere oder längere Kündigungsfristen vorsehen, auch unter Bezugnahme auf kantonale Gesetze und Verordnungen (BECK, N 18; ZK-OSER/SCHÖNENBERGER, N 5). Auch der Umfang der Haftung des Amts- und Dienstbürgen kann durch Parteivereinbarung bestimmt werden (BK-GIOVANOLI, N 8).

Einundzwanzigster Titel: Spiel und Wette

Vorbemerkungen zu Art. 513–515a

Literatur

AMONN, Spiel und spielartige Verträge, in: Schweizerisches Privatrecht (SPR), Bd. VII/2, Obligationenrecht – Besondere Vertragsverhältnisse, Basel 1979, 459 ff.; ARPAGAUS/EMCH/RENZ, Das schweizerische Bankgeschäft, 6. Aufl., Zürich 2004; BAUER, Börsenmässige Termingeschäfte und Differenzeinwand im schweizerischen und deutschen IPR, Basel 1988; BOPP, Börsentermingeschäfte, AJP 1996, 668 ff.; FORSTMOSER/PULVER, Der Optionshandel in der Schweiz, WM 1988, Sonderbeilage Nr. 6; GIOVANOLI, Rechtsprobleme von Repurchase Agreements (Repos), Zürich 2003; GUGGENHEIM, Die Verträge der schweizerischen Bankpraxis, 3. Aufl., Zürich 1986; HAUSER, Spekulative Warentermingeschäfte, Zürich 1987; HOPT, Rechtsprobleme der Anlageberatung und der Vermögensverwaltung der Schweizer Banken, in: von Graffenried (Hrsg.), Beiträge zum schweizerischen Bankenrecht, Bern 1987, 135 ff.; HORN, Börsentermingeschäfte nach neuem Recht, ZIP 1990, 2 ff.; KUMMER, Spielregel und Rechtsregel, Bern 1973; MATTI, Spiel und Wette, SJK OR XXI, Nr. 630, 631, 631a; MOSKRIC, Der Lombardkredit, Zürich 2003; NOBEL, Praxis zum öffentlichen und privaten Bankenrecht der Schweiz, Bern 1979; POPP, Börsentermingeschäfte – Betrachtungen zu Spekulationen, AJP 1996, 668 ff.; PULVER, Börsenmässige Optionsgeschäfte, Auftrag und Abwicklung, Zürich 1987, unveränderter Nachdruck 1988 (zit. Börsentermingeschäfte); DERS., Derivatgeschäfte als Rechtsgeschäfte, in: Nobel (Hrsg.), Aktuelle Rechtsprobleme des Finanz-und Börsenplatzes Schweiz, Zürich 1995, 63 ff. (zit. Derivatgeschäfte); STAUBER, Der Spieleinwand («Differenzeinwand») insbesondere bei Traded Options, Financial Futures und Devisenterminkontrakten, Basel 1988; SUTTER, Rechtsfragen des organisierten Sports, Basel 1984; THALER, Haftung zwischen Wettkampfsportlern, Zürich 2002; VISCHER, Geld- und Währungsrecht, Basel 2009; ZOBL/KRAMER, Schweizerisches Kapitalmarktrecht, Zürich 2004.

I. Allgemeines. Normzweck

1 Der gewagte, **aleatorische** Charakter von Spiel und Wette ist auch bei anderen Verträgen anzutreffen, etwa bei der Bürgschaft, dem Garantie-, dem Versicherungsvertrag, bei der Leibrente und der Verpfründung. Dies ist der Grund für die gesetzessystematische Einordnung von Spiel und Wette zwischen der Bürgschaft und dem Leibrentenvertrag. Im Gegensatz zu den anderen Verträgen mit aleatorischem Charakter, die den Schutz vor bestehenden wirtschaftlichen Risiken bezwecken, werden solche Risiken durch die Spielverträge künstlich erst geschaffen, weshalb ihnen jede objektive wirtschaftliche Berechtigung abgeht. Auch die Risikostruktur ist unterschiedlich. Während bei jenen anderen Verträgen von Anfang an bekannt ist, *wer* die Leistung zu erbringen hat, sich die Ungewissheit immerhin darauf bezieht, *ob* überhaupt bzw. wieviel oder wie lange zu leisten sein wird, steht bei Spiel und Wette i.e.S. die Person des Leistungspflichtigen zum Zeitpunkt des Vertragsabschlusses regelmässig noch nicht fest. Hierin unterscheiden sich Spiel und Wette i.e.S. auch vom Lotterie- und Ausspielvertrag, mit dem sie die Rechtsfolge, die Unklagbarkeit der Forderung, teilen. Spiel, Wette, Differenzgeschäft, Lotterie- und Ausspielgeschäft werden als «Spielverträge i.w.S.» bezeichnet.

2 Dem **Spiel** als solchem steht das Recht indifferent gegenüber. Das Spiel selbst kann nicht Gegenstand einer privatrechtlichen Rechtsbeziehung werden. Daran vermögen weder der Ernst, mit dem es betrieben werden kann, noch der Bindungswille, mit dem sich die Teilnehmer den Spielregeln unterwerfen, etwas zu ändern. Über die Anwendung der Spielregel hat denn auch *grundsätzlich* der Schiedsrichter, das Verbandsschiedsgericht, nicht aber der staatliche Richter zu entscheiden (BGE 108 II 20; SJZ 1957, 153; KUMMER, 35 ff.; z.T. **a.M.** JOLIDON, Ordre sportif et ordre juridique, ZBJV 1991, 224 ff. und MICHEL, SJZ 1994, 261 ff.). Immerhin betrachtet das BGer gewisse Spielregeln als justiziabel, wobei es entweder auf den Gegenstand der Regel (Zulassungsbestimmungen: BGE 118 II 16 = Pra 1993, 847) oder auf die Wirkung

der Regelanwendung abstellt (weitreichende Sanktion: BGE 120 II 370; 119 II 281). Erst wenn das Spiel nicht mehr allein der Unterhaltung, der Zerstreuung oder dem spielerischen Messen von Fähigkeiten dient, sondern wenn darüber hinaus vom Spielausgang eine *Vermögensverschiebung* abhängen soll, wird das Spiel zum **Rechtsgeschäft**. Die im 21. Titel des Gesetzes enthaltene Ordnung legt dem Grundsatze nach weder die Nichtigkeit von Spielverträgen fest, noch verleiht sie den Spielenden durchsetzbare Ansprüche auf den Gewinn, sondern sie überträgt die dem Spiel als solchem gegenüber bestehende **Gleichgültigkeit** auf die Forderung, die aus ihm entsteht, indem sie diese Forderung zwar als bestehend und als erfüllbar behandelt, ihr aber die Durchsetzbarkeit gegen den Willen des Schuldners versagt.

3 Diese Grundhaltung des Gesetzes wird auf zwei **Motive** zurückgeführt. Zum einen drückt sie *Missbilligung* aus vor solchen Rechtsgeschäften, denen ein wirtschaftlicher oder ernsthafter sittlicher Zweck abgeht, und die zu ökonomisch unsinnigen und nutzlosen Vermögensverschiebungen führen. Das Recht ist zu würdig und zu erhaben, um die Forderung des Gewinners aus Spielgeschäften mit den Mitteln des Zwangs durchzusetzen. In zweiter Linie soll wohl auch der Verlierer vor den verhängnisvollen Folgen seines wirtschaftlich sinnlosen Tuns *geschützt* werden (Matti, SJK Nr. 630, 2; Amonn, SPR VII/2, 460). Voll zum Tragen kommt das Schutzmotiv allerdings erst in den Verboten, mit denen die *unternehmerische* Ausbeutung des menschlichen Spieltriebs belegt wird (Art. 515 N 3, 5). Inkonsequent ist der Gesetzgeber insofern, als kraft behördlicher Bewilligung einer Lotterie klagbare Forderungen entstehen sollen (Art. 515 N 1), während für Börsentermingeschäfte trotz staatlicher Regelung und Überwachung der Börsen eine analoge Regelung nicht getroffen wird.

4 Die Entscheidung des Gesetzgebers, Börsentermingeschäfte unter bestimmten Voraussetzungen als **Differenzgeschäfte** wie Spiel und Wette zu behandeln, unterliegt seit jeher der *Kritik*. Zwar legt die Gerichtspraxis den Begriff *«Differenzgeschäft»* eng aus; dies darf jedoch nicht darüber hinwegtäuschen, dass Art. 513 für den Finanzplatz Schweiz einen rechtlichen Unsicherheitsfaktor von nicht unerheblicher Tragweite darstellt, dessen Berechtigung unter dem Gesichtspunkt des Normzwecks aus heutiger Sicht mehr denn je anzuzweifeln ist. Der spekulative Anleger ist durch die seiner Bank bzw. seinem Broker zuzuordnende Risikoaufklärungspflicht ausreichend geschützt (Art. 513 N 12). Der Anleger, der sich in Kenntnis des Risikos für dessen Übernahme entscheidet, bedarf keines zusätzlichen Schutzes durch den Differenzeinwand, wenn die Spekulation fehlschlägt, während er im Erfolgsfall die Gewinne einstreicht. Die Erhebung des Differenzeinwands verträgt sich schlecht mit Treu und Glauben (vgl. BGE 61 II 120; Guhl, ZBJV 1936, 616). Ferner konnte die immer wieder behauptete schädliche Auswirkung der Terminspekulation auf die Kursentwicklung der Basiswerte bis heute nicht nachgewiesen werden. Im Gegenteil: Der Spekulant übernimmt im Markt vorgegebene Risiken in der Hoffnung, daraus einen Gewinn zu erzielen. Für die Börsen, insb. für die Terminmärkte, ist diese Tätigkeit unentbehrlich. Darüber hinaus sprechen weitere Gründe für eine *restriktive* Auslegung des Gesetzes: Die von tagespolitischen Zufälligkeiten geprägte Entstehung der Bestimmung (Bauer, 176 ff.), das Fehlen tauglicher Kriterien zur Abgrenzung von «spielartiger» und «ernsthafter» Spekulation im Zusammenhang mit Börsengeschäften, mithin Gründe der Rechtssicherheit, jedoch auch grundsätzliche Einwände gegen die Annahme, wirtschaftsbezogene Umsatzgeschäfte seien je dem Spiel gleichzusetzen (Amonn, SPR VII/2, 470; von Büren, BT, 228 ff.; Hauser, 124 ff., 130 ff.). Wirklich berechtigt ist der Differenzeinwand als Unterfall des Spiel- und Wetteinwands nur bei Kursspielen und -wetten, denen eine Verbindung mit dem Wirtschaftskreislauf abgeht. Aus diesen Gründen ist *de lege ferenda* eine Streichung des zweiten Teils von Art. 513 Abs. 2 anzustreben (ebenso CR CO I-Jeandin/Tedjani, N 4; CHK-Hochstrasser, N 13; Tercier/Pichonnaz, N 5376; Honsell, OR BT, 279; **a.M.** Popp, AJP 1996, 676). Verschiedene ausländische Rechtsordnungen haben diesen Schritt bereits vollzogen (nachfolgend N 6).

II. Ausländisches Recht

Die Regelung des BGB betr. **Spiel und Wette** entspricht jener des OR (§§ 762 f. BGB). Das ABGB ordnet Spiel und Wette zusammen mit anderen aleatorischen Verträgen in das Kapitel über die *«Glücksverträge»* ein (§§ 1267 ff.). Dem römischen Recht folgend, lassen mehrere Rechtsordnungen aus tugendhaften, der körperlichen Ertüchtigung bzw. der Kampfkraft dienenden Spielen klagbare Forderungen entstehen, geben dem Richter indessen auch in diesen Fällen die Möglichkeit, eine übersetzte Spielforderung zu reduzieren oder ganz abzuweisen (Art. 1965 ff. CC fr., hierzu OGer ZH, ZR 1996, 273; Art. 1933 ff. CC it.; Art. 1798 ff. CC español). 5

Das deutsche Recht war in der Vergangenheit gekennzeichnet vom Nebeneinander des **Differenzeinwands** (§ 764 BGB) gegen Forderungen aus Börsentermingeschäften und den Regelungen des Börsengesetzes (§§ 53, 58). Danach galten als sog. *termingeschäftsfähige* Personen, die sich nicht auf den Differenzeinwand berufen konnten, einerseits Kaufleute i.S. des Börsengesetzes, andrerseits andere Personen, sofern sie anhand einer Unterrichtungsschrift ausreichend über Funktionsweise und Risiken des Termingeschäfts aufgeklärt wurden (Einzelheiten bei HORN, ZIP 1990, 6 ff.). Im Jahre 2001 wurde der **§ 764 BGB gestrichen**. Der Schutz des Anlegers gegenüber den Finanzintermediären wird seither durch Aufklärungspflichten und korrespondierende Schadenersatzpflichten gemäss den §§ 37b ff. des Wertpapierhandelsgesetzes sichergestellt (Erläuterungen s. Deutscher Bundestag, Drucksache 14/8017) sichergestellt. 6

III. IPR

Ohne Rechtswahl untersteht der Spielvertrag dem Recht des Ortes, mit dem er den engsten Zusammenhang aufweist (Art. 117 IPRG). Als massgebend wird hier der Ort der Durchführung angesehen, d.h. jener Ort, an dem das Spiel stattfindet (BGE 126 III 538, Spielbank in England; OGer ZH, ZR 1996, 273, Casino in Frankreich); BSK IPRG-AMSTUTZ/WANG, Art. 117 N 72; IPRG-Kommentar, KELLER/KREN-KOSTZKIEWICZ, Art. 117 N 127, BK-GIOVANOLI, N 3). Bei örtlich verzweigten Spielen, etwa am Telefon oder im Internet, ist der Ort der Durchführung dort zu erblicken, wo über den *Spielausgang* entschieden wird. 7

Die Unklagbarkeit von *Spiel und Wette* wird in Literatur und Praxis als unverzichtbarer Bestandteil der schweizerischen Rechtsordnung bezeichnet und dem **Ordre public** zugerechnet (Art. 17 IPRG; BGE 78 II 61; 58 II 252; BK-GIOVANOLI, N 3 f.). Dies führt dazu, dass die Durchsetzung einer Spielforderung durch Klage oder Vollstreckung in der Schweiz auch dann ausgeschlossen ist, wenn nach dem an sich anwendbaren ausländischen Recht eine verbindliche Verpflichtung gegeben ist. Dabei ist immerhin die Binnenbeziehung des Einzelfalls vorauszusetzen (ZK-SCHÖNENBERGER/JÄGGI, Allgemeine Einleitung N 120; OGer ZH, ZR 1996, 272; **a.A.** SJ 1980, 173). Ist für das Glücksspiel im Ausland eine *Bewilligung* durch die zuständige ausländische Behörde erteilt worden, und entstehen nach dem anwendbaren ausländischen Recht aus dem Spielvertrag klagbare Forderungen, bleibt nach der Einfügung des Art. 515a für die Anwendung der Vorbehaltsklausel kein Raum mehr. Einem ausländischen Urteil zur Bezahlung einer solchen Spielschuld kann daher die Vollstreckung nicht mehr unter Berufung auf den ordre public versagt werden (BGE 126 III 539 = Pra 2001, 720, *Praxisänderung*), ebenso wenig die Anwendung ausländischen Rechts durch den Schweizer Richter. Es besteht indessen kein Anlass, bei anderen Spielschulden, welche aus nicht behördlich genehmigten (bzw. aus nicht genehmigungspflichtigen) Spiel- und Wettveranstaltungen stammen, von der bisherigen Rechtsprechung abzuweichen. Für Lotterien und Ausspielgeschäfte s. Art. 515 N 4, für Glücksspiele Art. 515a N 4. 8

9 Gemäss älteren Entscheidungen des BGer war auch der *Differenzeinwand* über die Vorbehaltsklausel durchgesetzt worden (BGE 61 I 276; 61 II 117). Die Richtigkeit dieser Praxis wurde in Frage gestellt (BAUER, 339 ff.). Auch die deutschen Gerichte griffen immer zurückhaltender auf die Vorbehaltsklausel zurück (BGH ZIP 1991, 717 sowie ZIP 1998, 626; ferner OLG Frankfurt RIW 1997, 600). Im Hinblick auf die Streichung des Differenzeinwandes (§ 764 BGB, s. N 6) wurde dessen Ordre public-Charakter schliesslich verneint (BGH, 25.1.2005; XI ZR 78/04). Richtigerweise sollte auch bei uns das nach den Art. 116 f. IPRG auf den Vertrag anwendbare Recht über die Frage der Spielartigkeit eines *Börsengeschäfts* entscheiden, soweit nicht sogar ein Recht am Ort der Börse ermittelt werden kann, welches in dieser Frage durch Sonderanknüpfung vorrangige Beachtung verdient (BSK IPRG-AMSTUTZ/WANG, Art. 117 N 73; BAUER, 299 ff., 391). Sogar aus Glücksspielen entstehen gem. Art. 515a klagbare Forderungen, wenn sie in einer zugelassenen Spielbank abgeschlossen wurden. Es wäre nicht verständlich, Differenzgeschäften (s. Art. 513 N 8) an ausländischen, unter öffentlicher Aufsicht stehenden Börsen die Anerkennung in der Schweiz zu versagen und sie so gegenüber den ausländischen, behördlich bewilligten Glücksspielen (BGE 126 III 539; s. N 8) zu diskriminieren.

Art. 513

A. Unklagbarkeit der Forderung

1 Aus Spiel und Wette entsteht keine Forderung.

2 Dasselbe gilt von Darlehen und Vorschüssen, die wissentlich zum Behufe des Spieles oder der Wette gemacht werden, sowie von Differenzgeschäften und solchen Lieferungsgeschäften über Waren oder Börsenpapiere, die den Charakter eines Spieles oder einer Wette haben.

A. Inadmissibilité d'une action en justice

1 Le jeu et le pari ne donnent aucun droit de créance.

2 Il en est de même des avances ou prêts faits sciemment en vue d'un jeu ou d'un pari, ainsi que des marchés différentiels et autres marchés à terme sur des marchandises ou valeurs de bourse quand ils offrent les caractères du jeu ou du pari.

A. Credito senza azione

1 Pel pagamento di un debito di giuoco o di scommessa non si accorda azione veruna.

2 Lo stesso vale anche per i mutui e le anticipazioni fatte scientemente a scopo di giuoco o di scommessa, come pure per contratti differenziali e per quei contratti a termine sopra merci o valori di borsa, che abbiano i caratteri di un giuoco o di una scommessa.

Literatur

Vgl. die Literaturhinweise bei den Vorbem. zu Art. 513–515a.

I. Anwendungsbereich

1. Spiel und Wette

1 Mit dem **Spielvertrag** versprechen sich die Parteien eine Vermögensleistung unter entgegengesetzten Bedingungen, deren Eintritt durch Zufall, Betätigung körperlicher oder geistiger Fähigkeiten der Spieler selbst oder Dritter herbeigeführt werden kann (vgl. BGE 77 II 47 = Pra 1951, 197). Demnach ist ein Fernsehquiz als Spiel anzusehen (offen gelassen in BGE 126 IV 165). Ein *Glücksspiel* liegt vor, wenn es der Zufall ist, der über den Spielausgang entscheidet (vgl. Art. 3 Abs. 1 des BG über Glücksspiele und Spielbanken und Art. 515a N 1 ff.). Auch die **Wette** wird häufig als Unterfall des Spiels angesehen (AMONN, SPR VII/2, 463). Ihre Besonderheit liegt darin, dass die Gewinnentscheidung durch die Bewahrheitung entgegengesetzter, in einem Meinungsstreit aufgestellter Behauptungen gefällt wird. Anders als noch im gemei-

nen Recht, sind die Rechtsfolgen, die das Gesetz an Spiel und Wette knüpft, dieselben, so dass die Abgrenzung zwischen beiden Verträgen ohne praktische Bedeutung ist. Zur *Lotterie* s. Art. 515 N 2. Zu den in Abs. 2 aufgeführten *Darlehen* und *Vorschüssen* s. N 14.

Abgrenzung: Auf die Verpflichtung des Sportveranstalters, der dem Gewinner eine Leistung verspricht, ist Art. 8 und nicht Art. 513 anwendbar (ZBJV 1964, 551; THALER, 19 f.). Preisausschreiben und Auslobung sind schon wegen der Einseitigkeit des Versprechens nicht als Spiel*vertrag* zu qualifizieren (BK-KRAMER, Art. 8 OR N 12). Das Wesensmerkmal der Spielverträge – Abwesenheit eines objektiven wirtschaftlichen Zweckes – bildet den Grund für die gesetzliche Regelung und dient der Abgrenzung im Einzelfall. So kann von einem Überwiegen des aleatorischen Charakters, vom Wagnis als Selbstzweck, dort nicht mehr die Rede sein, wo die Tätigkeit auf die Erzeugung eines Wertes oder auf Erbringung einer Leistung gerichtet ist. Artisten und Sportler, deren Tätigkeit einen Unterhaltungswert darstellt, haben Anspruch auf die vereinbarte arbeitsvertragliche Vergütung. Dies gilt auch dann, wenn i.S. eines zusätzlichen Anreizes Prämien und Preise vom Erfolg, von der Erzielung bestimmter Resultate oder von der Zahl der Zuschauer abhängig gemacht werden (SUTTER, 214 ff.). Kein Spiel ist der spekulativ motivierte Kauf eines Luxusfahrzeuges (OGer ZH, ZR 1994, 63). Weder Spiel, noch Auslobung, noch Lotterie bildet die Mitteilung, einen Preis gewonnen zu haben. Darin ist ein Schenkungsversprechen zu erblicken (BezGer Unterrheintal, SJZ 2004, 292). Zur Abgrenzung der Wette gegenüber der Konventionalstrafe und dem bedingten Schadenersatzversprechen vgl. ZR 1952, 334. Für Finanzprodukte, welche einen Gewinn aufgrund von Sportergebnissen in Aussicht stellen s. BGE 133 III 68. 2

2. Differenzgeschäfte

Zwischen *«Differenzgeschäften»* und «solchen Lieferungsgeschäften, die ...» wird heute kein Unterschied mehr gemacht. Auch sollte für die Zukunft – etwa im Hinblick auf die Indexgeschäfte – auf eine Unterscheidung verzichtet werden. Gemeint sind hier wie dort die Börsentermingeschäfte, welche unter bestimmten Voraussetzungen (N 7 ff.) als «spielartig» qualifiziert werden. **Börsentermingeschäfte** sind Kaufverträge über Massengüter (Wertpapiere, vertretbare Waren und Devisen) zu gleichartigen Bedingungen und mit beidseitig hinausgeschobenem Erfüllungszeitpunkt, die in Verbindung zu einem Terminmarkt stehen, in dem jederzeit ein weiteres (Gegen-)Geschäft getätigt werden kann (BGHZ 92, 320). Wer z.B. steigende Kurse erwartet, kauft ein Aktienpaket auf Termin (Eröffnungsgeschäft), um es vor diesem Termin wieder mit Gewinn zu veräussern (Gegengeschäft). Mit dem zweiten Geschäft werden die Verpflichtungen aus dem ersten Geschäft kompensiert, bevor die Titel wirklich bezogen und bezahlt werden müssen. Gewinn (oder Verlust) ergeben sich – unter Berücksichtigung der Transaktionskosten – aus der *Differenz* der beiden Kurse. Der Anleger erzielt somit aus den Kursschwankungen der Titel Gewinn (oder erleidet einen Verlust), ohne die Titel selbst je erworben oder geliefert zu haben. **Terminkontrakte** (futures) in Waren (commodity futures, HAUSER, 1 ff.) und in Finanzwerten (financial futures) sind Börsentermingeschäfte, die sich bez. Verfalltermin und Kontraktgrösse durch einen höheren Grad an Standardisierung auszeichnen. Als Vertragspartei sowohl des Käufers wie auch des Verkäufers tritt gleichzeitig mit oder unmittelbar nach Vertragsschluss eine Clearingorganisation in die Rechte und Pflichten der ursprünglichen Gegenpartei ein. Gegenstand von Finanzterminkontrakten bilden Indizes (STAUBER, 44 ff.) und Zinsinstrumente, ferner Devisen und Edelmetalle. Als Börsentermingeschäfte sind auch die börsengehandelten **Optionen** (traded options) zu qualifizieren (PULVER, Börsentermingeschäfte, 302; BAUER, 206; BGHZ 92 (1985), 322; **a.M.** STAUBER, 74). Der Käufer einer Option erwirbt gegen Entrichtung einer Prämie das Recht, während einer festgelegten Frist (Laufzeit) zu einem im voraus fixierten Preis (Ausübungspreis) einen Basiswert zu erwerben (call) oder zu veräussern (put), während der Optionsverkäufer (Stillhalter) gegen Erhalt der Prämie verpflichtet wird, im Falle der Ausübung der Option durch den Käufer das Basisgut zum vorbestimmten Preis (Ausübungspreis) zu liefern (call) oder ab- 3 zunehmen (put). Basiswerte bilden z.B. Aktien, (Aktien-)Indizes oder Terminkontrakte (options on futures). Ist eine physische Lieferung nicht möglich (z.B. bei indexbezogenen Termingeschäften), erfolgt stets ein Barausgleich.

4 Typisches Merkmal der Börsentermingeschäfte ist die Hebelwirkung (leverage effect). Ihr liegt der Umstand zugrunde, dass der für ein Engagement erforderliche Kapitaleinsatz (Prämien beim Optionskauf, Ein- und Nachschüsse bei Terminkontrakten) erheblich tiefer ist als der Wert des mit dem Termingeschäft «bewegten» Volumens. Kursveränderungen der Basiswerte schlagen sich somit prozentual um ein Mehrfaches auf den Kapitaleinsatz nieder. **Risiko** und Gewinnchancen richten sich im Übrigen nach der Art des Börsentermingeschäfts. Unbegrenzt ist das Risiko z.B. beim «ungedeckten» *Verkauf auf Termin*, denn was geliefert werden muss, kann sich wider Erwarten verteuern. Sofern sich der Verkäufer des Basisgutes im Hinblick auf seine Lieferverpflichtung nicht bereits kostengünstig «eingedeckt» hat und dies nun nachholen muss, kann ihn anlässlich des Gegengeschäftes (Kauf auf Termin) ein erheblicher, nach oben unbegrenzter Verlust treffen. Demgegenüber ist das Risiko des *Optionskäufers* auf den Betrag der bezahlten Prämie beschränkt. Durch Kombinationen mit anderen Termingeschäften können die Risiken gesteuert bzw. verringert werden. Der Käufer eines *«long straddle»* erwirbt einen *call* und einen *put* in der Erwartung starker Kursveränderungen der Option nach oben *oder* nach unten. Beim *spread* werden Optionen mit unterschiedlichen Ausübungspreisen und/oder Laufzeiten miteinander kombiniert. Mit *«cap»*, *«floor»* und *«collar»* werden standardisierte Kombinationen im Bereiche der Zinsoptionen bezeichnet (im Einzelnen ARPAGAUS/EMCH/RENZ, 661 ff.).

5 Durch die Beschränkung auf Termingeschäfte entfällt von vornherein die Anwendbarkeit von Art. 513 Abs. 2 auf **Kassageschäfte** (im Wertpapierhandel auch Komptantgeschäft, im Warenhandel Lokogeschäft genannt), welche sofort, d.h. innerhalb weniger Tage nach Abschluss zu erfüllen sind (AMONN, SPR VII/2, 467; ZK-OSER/SCHÖNENBERGER, N 16; BGH, NJW 1988, 1592). Auch Kassageschäfte können spekulativen Charakter aufweisen, etwa im Falle des Wiederverkaufs der Titel am Tage des Kaufs, oder besonders riskant sein, so der kreditfinanzierte Kauf von Titeln und Gütern mit starken Kursschwankungen. Für die Abgrenzung von Kassa- und Termingeschäft kann deshalb das Risikokriterium, insb. auch das Vorliegen und der Grad der Hebelwirkung, nicht entscheidend sein (wohl aber für die Frage der «Spielartigkeit», N 10). Abzustellen ist letztlich auf die Anschauung des *Verkehrs*. So können etwa Devisenkassageschäfte, deren tatsächliche Erfüllung stets durch Gegengeschäfte vor dem Erfüllungszeitpunkt aufgehoben wird (sog. Day-Trading), als verdeckte Differenzgeschäfte angesehen werden (BGH, 18.12.2005, XI ZR 363/00). Demgegenüber ordnet etwa der Geschäftsverkehr den (Kassa-)Handel mit **Optionsscheinen** nicht den Börsentermingeschäften zu, obwohl bei wirtschaftlicher Betrachtungsweise, insb. unter dem Gesichtspunkt des Risikos, ein termingeschäftsähnlicher Charakter bejaht werden kann. Dies gilt zunächst für jene Optionsscheine, die im Zusammenhang mit der *Kapitalbeschaffung* durch Unternehmen den Anleihensobligationen beigegeben sind und zum Bezug von Beteiligungspapieren berechtigen (BGH, ZIP 1991, 714), ferner für solche Optionsscheine, in denen statt eines Aktienbezuges die Barauszahlung nach Massgabe eines zukünftigen Indexstandes versprochen wird. Ebenso ist zu entscheiden für die sog. *naked warrants*, die nicht im Zusammenhang mit einer Anleihe, sondern verselbständigt begeben werden (anders BGH, ZIP 1994, 1925 f.). Zu denken ist dabei insb. an die von den Banken begebenen Optionsscheine auf Zinsen, Devisen und Indizes sowie auf bereits emittierte, durch Stillhalter hinterlegte Aktien dritter Gesellschaften *(covered warrants)*. Da der Optionsscheinhandel den Kassageschäften zuzuordnen ist, entfällt der Differenzeinwand (vgl. SCHWARK, WM 1988, 921 ff.). Nicht zu den Börsentermingeschäften gehören ferner die Geschäfte im Zusammenhang mit **Neuemissionen** (Primärmarktgeschäfte mit Aktien und Anleihen), während umgekehrt die sog. **Swap**-Geschäfte in Devisen bzw. Währungen und Zinsen vom Charakter der in ihnen eingeschlossenen Termingeschäfte geprägt sind (FUELBIER, Zivilrechtliche Einordnung von Zins- und Währungsswaps, ZIP 1990, 544 ff., 546, verneint dies zu Unrecht für Zinsswaps; grundlegend zum Swap-Geschäft

WEBER, Swap-Geschäfte, in: FS für Walter R. Schluep, Zürich 1988, 301 ff.; PULVER, Derivatgeschäfte, 70 ff.). Beim **Repurchase**-Geschäft (Repos) wird zweimal Geld gegen Effekten ausgetauscht, wobei ein Kassageschäft mit einem Termingeschäft verbunden wird. Die damit verbundenen Lieferverpflichtungen werden effektiv erfüllt, was den Spielcharakter ausschliesst (GIOVANOLI, 305).

Das Gesetz erwähnt lediglich Geschäfte in **Waren oder** Börsen**papieren**. Diese Beschränkung auf die zur Zeit der Gesetzgebung bekannten Objekte des Terminhandels bedeutet nun aber nicht, dass der Differenzeinwand auf Termingeschäfte in anderen Werten auszuschliessen ist. Für eine am Wortlaut orientierte Ungleichbehandlung von herkömmlichen Waren- oder Effektentermingeschäften etwa gegenüber Indextermingeschäften gibt es keine sachliche Begründung. Daher sind auch Termingeschäfte in Devisen, Indizes, Zinsraten oder Rechten dem Differenzeinwand nicht von vornherein entzogen (PULVER, Börsentermingeschäfte, 302, 306; STAUBER, 40; BAUER, 203 ff.). Auch darf aus dem Begriff «**Börsen**papiere» nicht geschlossen werden, das Gesetz wolle nur jenen Teil der Termingeschäfte treffen, der an der traditionellen Börse abgewickelt wird. Da Terminmärkte als institutionalisierte Sekundärmärkte nicht an eigentliche Börsenlokalitäten (Ringhandel bzw. Standort der Computerbörse) gebunden sind, sind auch **ausserbörsliche** Termingeschäfte, etwa in Devisen, dem Differenzeinwand ausgesetzt. Dasselbe gilt – sofern ein Terminmarkt besteht – für die Geschäfte mit nicht kotierten, ausschliesslich ausserbörslich *(over-the-counter)* gehandelten Wertpapieren (BK-GIOVANOLI, N 33; ZK-OSER/SCHÖNENBERGER, N 19; **a.M.** AMONN, SPR VII/2, 468), ferner für Geschäfte an den **Vor-** und **Nebenbörsen** und schliesslich für solche Transaktionen, die an **ausländischen** Börsen auszuführen sind (zur Sonderanknüpfung Vor Art. 513–515a N 9). **Synthetische Produkte**, bei denen sich die Vertragsparteien einzig die Zahlung von Kursdifferenzen eines Basiswertes versprechen, sind unabhängig von einer allfälligen papiermässigen Einkleidung als Differenzgeschäft anzusehen (vgl. BGer, 11.3.2009, 2C_77/2009, E. 5.4). 6

II. Voraussetzungen («Spielartigkeit» von Börsentermingeschäften)

Bei **Spiel und Wette** gelangt Art. 513 voraussetzungslos zur Anwendung, sobald die begriffliche Qualifikation gegeben ist und nicht die Ausnahmebestimmungen der Art. 515 und 515a die Klagbarkeit der Forderung begründen. Demgegenüber müssen bei **Börsentermingeschäften** (N 3) weitere Umstände hinzutreten, welche den Schluss auf die «Spielartigkeit» und damit auf das Vorliegen eines Differenzgeschäfts i.S.v. Abs. 2 zulassen. Hierbei ergibt sich der Differenzcharakter regelmässig aus der Verbindung von *zwei* Börsentermingeschäften, nämlich eines Eröffnungs- und eines Gegengeschäfts, mit dem der Gewinn (oder Verlust) realisiert wird. Ausnahmsweise entfällt die zweite Transaktion, etwa dann, wenn ein Indexgeschäft während der Laufzeit nicht durch ein Gegengeschäft glattgestellt wurde, sondern am Ende der Laufzeit aufgrund des letzten massgebenden Indexes ein Barauszahlungsbetrag errechnet wird (N 3). 7

Aber auch an das Vorliegen von Börsentermingeschäften mit Differenzausgleich allein knüpft das Gesetz noch nicht die Unklagbarkeit der Forderung. Vielmehr muss, dies ergibt sich aus dem Sinn des Gesetzes, ein **spekulatives** Engagement vorliegen. Nur solche Geschäfte können die kritische Grenze zur Spielartigkeit überschreiten. Dies bedeutet zum einen, dass der Differenzeinwand bei anderen Geschäftsmotiven als der blossen Ausnutzung intertemporaler Kursdifferenzen ausscheidet, insb. bei Absicherungsgeschäften (Hedging) oder Arbitragegeschäften (Ausnutzung örtlicher Kursdifferenzen). Zum anderen muss der spekulative Charakter des Geschäftes **klar überwiegen**. Jede Art von Risikobegrenzung spricht gegen die Spielartigkeit (N 4; für das Optionsgeschäft SJZ 1981, 151). Spielartigkeit ist geradezu auszuschliessen, wenn das spekulative Element nur den untergeordneten Teil eines zusammengesetzten Anlagegeschäfts darstellt. Letzteres trifft etwa zu auf die von den Effektenhänd- 8 lern offerierten, standardisierten Kombinationen von Festgeld- und Termingeschäften, bei denen lediglich der Ertrag Gegenstand der Spekulation ist, während das eingesetzte Kapital nicht (oder nur zu einem geringen Teil) «aufs Spiel gesetzt» wird (zum Ganzen vgl. CHK-Hochstrasser, N 7 ff.; CR CO I-Jeandin/Tedjani, N 8 ff.).

9 Obwohl der vertragliche Ausschluss der **Effektivlieferung** eines Basisgutes nicht mehr – wie in der früheren bundesgerichtlichen Praxis (BGE 120 II 44; 62 II 114) – als Wesensmerkmal des Differenzgeschäfts angesehen wird, so ist doch umgekehrt die physische Lieferung eines Basisgutes als klares Indiz gegen die Spielartigkeit zu werten (BGE 65 II 29). Dieses liegt etwa dann vor, wenn bei Ausübung einer gewinnbringenden Aktienoption der Terminmarkt verlassen und ein Kassageschäft abgewickelt wird (vgl. zum früheren § 57 dt. Börsengesetz; BGH, ZIP 1990, 84). Wenn Effektivlieferung wegen der Natur der Anlageform nicht möglich ist, bildet dies nicht notwendigerweise ein Spielindiz. Nicht termingebundene Investitionen in Waren- oder Aktienkörbe führen definitionsgemäss nicht zur Lieferung eines Basisgutes. Gleichwohl dienen solche **indexbezogenen Anlagen** der Risikostreuung und -begrenzung sowie zur Vermeidung administrativer Umtriebe, so dass hier kein gedanklicher Ansatz für die Gleichsetzung solcher Geschäfte mit dem Spiel gegeben ist.

10 Auch spekulativ motivierte, auf die Erzielung blosser Kursdifferenzen ausgerichtete Termingeschäfte sind noch nicht ohne weiteres als «spielartig» anzusehen. Die Behandlung als Spiel rechtfertigt sich erst mit dem völligen Überwiegen aleatorischer Elemente, welche einen ernsten Geschäftswillen gänzlich in den Hintergrund treten lassen. Der spielende Spekulant stellt die Entscheidung über sein Engagement dem Zufall anheim (Amonn, SPR VII/2, 466). Ob aber der Spekulant in blosser **Spielabsicht** handelt, ist dem Termingeschäft selbst weder seiner äusseren Form noch seiner Durchführung nach anzusehen. Daher muss die Spielabsicht nach aussen irgendwie in Erscheinung treten, müssen **Begleitumstände** erkennbar sein, welche den Schluss auf das Vorliegen einer subjektiven Spielhaltung erlauben. Massgebend sind hierbei gemäss bundesgerichtlicher Praxis seit 1939 die gesamten Umstände des **Einzelfalls** (BGE 65 II 21, 29; 78 II 65; SJ 1981, 526 f.). Es gilt die **Vermutung**, ein Termingeschäft sei nicht in Spielabsicht geschlossen worden (Zobl/Kramer, 206). Im Interesse der Verkehrssicherheit wird der Differenzeinwand nur unter besonders strengen Voraussetzungen zugelassen (BGE 120 II 44). Als Indizien *für* die Spielabsicht wertete das BGer bis anhin das Fehlen jeden Zusammenhangs zwischen der Spekulation und dem Beruf oder Geschäft des Spekulanten; das Fehlen von Kenntnissen im Börsenwesen; die Wahl- und Planlosigkeit im Abschluss der Geschäfte, etwa die gleichzeitige Spekulation à la hausse und à la baisse; der Abschluss von Geschäften über Warenmengen, die auf dem Markt überhaupt nicht erhältlich sind; das Missverhältnis zwischen den Mitteln des Spekulanten und dem normalerweise zu überblickenden Verlustrisiko (hierzu Hauser, 134 ff.; zum Ganzen Stauber, 25 ff.; Bauer, 186 ff.). Einzelne dieser Spielindizien werden in jüngeren Entscheiden nicht mehr als wesentlich erachtet, so etwa das Fehlen eines Zusammenhangs zwischen dem Handelsobjekt und dem Beruf des Anlegers (BGE 120 II 46; OGer ZH, unv. Urteil vom 27.5.1987, II. ZK. Nr. 222 Z/83, 6; unv. BGE, 5.11.1980, C 263/80/mg, 5, sowie der Entscheid der Vorinstanz in SJZ 1981, 151). Auch kann das Fehlen von besonderen Kenntnissen über das Börsenwesen durch die Fachkenntnis der Vertragspartei des Anlegers aufgewogen werden (BGE, a.a.O.). Der Umstand aber, dass der Anleger Mechanik und Risiken des Termingeschäfts kennt, bildet ein gewichtiges Indiz *gegen* die Spielartigkeit des Geschäfts, ebenso die Bonität des Anlegers, wenn diese unter Einhaltung banküblicher Kriterien geprüft wurde (BGE 120 II 45).

11 Gelangt ein Gericht trotz zurückhaltender Würdigung der gesamten Umstände im Einzelfall zur Überzeugung, der Spielcharakter des Engagements sei an sich zu bejahen, so hat es ferner zu prüfen, ob diese Umstände **offensichtlich**, d.h. der Gegenpartei des Spekulanten **leicht erkennbar** waren. Nur bei grobfahrlässiger Unkenntnis nämlich rechtfertigt es sich, der Gegenpartei die Folgen der Unklagbarkeit aufzuerlegen. In der älteren Praxis scheiterte der Differenzeinwand häufig an diesem Erfordernis, zumal es den Banken nicht zugemutet wird, nach dem Vorliegen von Differenzumständen zu forschen. Der Bank obliegt weder die Abklärung der Vermögensverhältnisse des Kunden noch seiner Kenntnisse im Börsenwesen, wenn dieser klare Aufträge erteilt oder vorgibt, über Erfahrungen zu verfügen (BGE 78 II 66; SJ 1982, 173; OGer ZH, unv. Urteil vom 27.5.1987, II. ZK. Nr. 222 Z/83, 5; unv. BGE vom 6.6.1984, C 170/84, 7 und vom 26.5.1987, C 337/1986, 10; STAUBER, 33, 70).

Die oben (N 8–11) geschilderte Rechtsprechung richtete sich im Grunde nicht gegen ein bestimmt geartetes («spielartiges») Geschäft («Differenzgeschäft»), sondern suchte den angemessenen **Schutz des Anlegers** vor den unbedachten Folgen der eigenen Unwissenheit bzw. Unerfahrenheit. Diesem Schutzgedanken wird neuerdings richtigerweise durch Aufklärung und Information Rechnung getragen, wie dies etwa im deutschen Börsengesetz (N 6) oder in der Schweiz für Spielbanken vorgeschrieben ist (Art. 54 Spielbankenverordnung, VSBG, SR 935.521; s. Art. 515 OR). Das Schweizerische Börsenrecht trägt diesem Anliegen bereits Rechnung. Gemäss Art. 11 BEHG (Börsengesetz, SR 954.1) ist der Effektenhändler seinem Kunden gegenüber zur Information über die Risiken verpflichtet, welche mit bestimmten Geschäftsarten verbunden sind (BGer, 4.1.2007, 4C.270/2006). Dies gilt auch für die Börsentermingeschäfte. Die Information hat unaufgefordert und vor Abschluss des Geschäfts zu erfolgen. Die gesetzliche Bestimmung wird konkretisiert in den «Verhaltensregeln für Effektenhändler bei der Durchführung des Effektenhandelsgeschäfts», welche die Schweizerische Bankiervereinigung am 22.1.1997 in Form von Richtlinien festgelegt hat (aktuelle Fassung 2008). Ferner gelten im Anwendungsbereich des KAG die «Richtlinien über die Information der Anlegerinnen und Anleger zu strukturierten Produkten» der schweizerischen Bankiervereinigung vom August 2007. Für Personen, die nicht als Effektenhändler dem Börsengesetz oder dem Kapitalanlagegesetz unterstellt sind, ergibt sich die **Aufklärungspflicht** aus dem Auftragsrecht (Art. 397 f.; BGE 124 III 155; 119 II 333; WIEGAND, ZBJV 1995, 367 ff.; WATTER, AJP 1993, 1518). Bei Erfüllung der Aufklärungspflicht kann sich der Kunde nicht mit dem Hinweis auf seine Unkenntnis über die Risiken des Termingeschäfts auf den Differenzeinwand berufen, um sich der Verantwortung für die von ihm getroffene Anlageentscheidung zu entziehen. Andererseits ist der Kunde bei Missachtung dieser Pflicht besser gestellt als durch die Berufung auf den fragwürdigen Differenzeinwand, da ihm klagbare Ansprüche zustehen und er nicht nur die Begleichung von Verlusten verweigern, sondern darüber hinaus bereits erbrachte Leistungen zurückfordern bzw. Schadenersatz geltend machen kann (so die Rechtsentwicklung in Deutschland, s. N 6). In die gleiche Richtung zielt der Vorentwurf für ein Finanzdienstleistungsgesetz vom 25.6.2014, VE Art. 7 i.V.m. Art. 69; ebenso VISCHER, Ziff. 497; s.a. Vor Art. 513–515a N 4). 12

III. Rechtsfolgen

Spielschulden sind Ehrenschulden, Schulden also, die weder durch Klage, noch durch Vollstreckung, noch durch Verrechnung gegen den Willen des Schuldners durchgesetzt werden können. Für die Spielforderung ist weder die Rechtsöffnung zu bewilligen (OGer UR, RBUR 2000, 32) noch ein Arrest zu bewilligen (OGer ZH, ZR 1996, 272). Im Gegensatz zum deutschen Wortlaut von Abs. 1, wonach aus Spiel und Wette *keine Forderung entsteht*, in Übereinstimmung aber mit der Marginalie und dem italienischen Text, ist vom *Bestand* einer Forderung auszugehen («unvollkommene» Obligation; VON TUHR/PETER, 33). Dies kommt auch im neuen Art. 515a zum Ausdruck, der von «*klagbaren* Forderungen» spricht. **«Unklagbarkeit»** bedeutet, dass die Klage vom Richter abgewiesen werden muss. Er hat dies bei Kenntnis der entsprechenden Tatsachen von Amtes wegen zu tun, auch ohne entsprechende Einwendung (Spiel-/Differenzeinwand) seitens des Schuldners. Eine eigentliche Nachforschungspflicht des Richters nach dem Vorliegen eines Spielvertrages besteht indessen nicht, insb. nicht bei Termingeschäften. Hier spricht die **Vermutung** für die Verbindlichkeit der Forderung (SJZ 1981, 150), und zwar unabhängig vom Markt, über den das Termingeschäft abgewickelt wurde (**a.M.** BK-GIOVANOLI, N 32). Wer sich auf den Differenzeinwand 13 beruft, hat die Vermutung zu widerlegen. Der Gegenbeweis ist nicht nur für das Vorliegen der Spielindizien, sondern auch für deren Offensichtlichkeit bzw. die Kenntnis seitens der Gegenpartei zu führen (BGE 120 II 45; ZK-OSER/SCHÖNENBERGER, N 35). Der Spielvertrag stellt im Übrigen einen gültigen Rechtsgrund für die freiwillig geleistete Erfüllung dar (Art. 514). Die Unklagbarkeit der Forderung schliesst die Bestrafung eines Spielers wegen Betrugs nicht aus (BGE 93 IV 15).

14 Abs. 2 schliesst in diese Rechtsfolge auch solche **Darlehen und Vorschüsse** ein, *«die wissentlich zum Behufe des Spieles oder der Wette gemacht werden»*. Bestimmte Hilfsgeschäfte, die der Förderung des Spielgeschäfts dienen, sollen dessen Schicksal teilen. Das Nebeneinander der Begriffe *Darlehen* und *Vorschüsse* wird unterschiedlich interpretiert. Nach AMONN (SPR VII/2, 471) sind damit sowohl die Hingabe eines Darlehensbetrages wie auch die Einräumung eines Kontokorrentkredits erfasst, gleichgültig, ob das Darlehen bzw. der Vorschuss von einem Mitspieler oder einem Dritten gewährt wird (**a.M.** ZK-OSER/SCHÖNENBERGER, N 37; MATTI, SJK Nr. 630, 5). Bei Differenzgeschäften sind Zahlungen, die der Spekulant im Zusammenhang mit dem Eröffnungsgeschäft leistet, als Vorschüsse gem. Abs. 2 (und nicht als Sicherheiten gem. Art. 514 N 4) zu qualifizieren. Insbesondere Prämien (beim Optionsgeschäft) sowie Ein- und Nachschüsse können, soweit sie nicht kreditiert, sondern im Hinblick auf einen allfälligen Totalverlust aus dem Vermögen des Spekulanten ausgeschieden wurden, nach einem Fehlschlagen der «spielartigen» Spekulation nicht zurückgefordert werden (CHK-HOCHSTRASSER, N 8; ZK-OSER/SCHÖNENBERGER, Art. 514 N 10; Urteil des BezGer ZH, wiedergegeben bei NOBEL, 419 ff., 422; im Ergebnis ebenso, jedoch mit anderer Begründung OGer ZG, ZGGVP 1981/82, 95 ff.). Solange das Spiel *nicht stattgefunden* hat, ist die Forderung des Spielers gegenüber dem Darlehensgeber auf Auszahlung des Betrages nicht klagbar. Die bereits ausbezahlte Summe muss indessen, da die Förderung des Spiels rückgängig gemacht werden soll, klageweise rückforderbar sein. *Nach* der Durchführung des Spiels ist die Forderung des vor dem Spiel zugesagten Darlehensbetrages zur Tilgung der Spielschuld ebenso unklagbar wie die Spielschuld selbst. Auch ist, *unabhängig* vom Spielausgang, die Rückzahlungsforderung des Darlehensgebers unklagbar. Voraussetzung ist jedoch, dass der Geld- bzw. Kreditgeber Kenntnis über den Verwendungszweck des Darlehens bzw. Vorschusses hatte, fahrlässiges Nichtwissen genügt nicht. Ferner muss das Darlehen tatsächlich für das Spiel verwendet worden sein, was vom Darlehensnehmer zu beweisen ist (OGer LU, SJZ 1963, 344). Wird das Darlehen erst *nach* der Durchführung des Spiels zwecks Tilgung der Spielschuld *zugesagt*, so sind sowohl die Auszahlungsforderung des Darlehensnehmers, wie die Rückzahlungsforderung klagbar, da eine Spieltätigkeit nicht mehr gefördert wird. Wird ein Darlehen *nicht*, wie vereinbart, *zu Spielzwecken eingesetzt*, sondern vom Darlehensnehmer in zweckwidriger Weise verwendet, so ist das Darlehen rückforderbar (ZK-OSER/SCHÖNENBERGER, N 38 f.; AMONN, SPR VII/2, 477 N 9; **a.M.** BK-GIOVANOLI, N 11; BK-BECKER, N 7). Der Tatbestand der Veruntreuung ist in diesem Falle nicht gegeben (BGE 129 IV 257 = Pra 2004, 67).

15 Das Gesetz erwähnt *nur* Darlehen und Vorschüsse. Der Ausnahmecharakter dieser Bestimmung auferlegt besondere Zurückhaltung bei der Einbeziehung weiterer Hilfsgeschäfte. Deshalb ist zwar ein Ausführungsanspruch des **Auftrag**gebers, ein Spielgeschäft abzuschliessen, nicht gegeben, doch sind die *nach* Abschluss des Spiels bestehenden Ansprüche, jener des Auftraggebers auf Herausgabe des Gewinns, jene des Beauftragten auf Provision und Verwendungsersatz, als klagbar anzusehen (ZK-OSER/SCHÖNENBERGER, N 43; **a.M.** BK-GIOVANOLI, N 16 f.). Nach Abschluss des Spieles steht auch beim **Gesellschaftsvertrag** der Klage auf Beteiligung an Gewinn und Verlust nichts entgegen. Dasselbe wie für den Auftrag gilt *grundsätzlich* für den **Kommissionsvertrag**, Art. 425. Ihm untersteht regelmässig das Verhältnis zwischen Bank/Broker einerseits und dem Kunden andererseits (Börsenaussengeschäft). Unbestritten ist dies für die herkömmlichen Termingeschäfte in Effekten, Waren und Devisen. Hinsichtlich neuartiger Termingeschäfte wird jedoch die Auffassung vertreten, das Börsenaussengeschäft unterstehe nicht dem Kommissions-, sondern dem Auftragsrecht, sei es, weil das Ausführungsgeschäft nicht als Kauf, sondern als Innominatkontrakt qualifiziert wird (so STAUBER, 45, 50 für die Indexterminkontrakte), sei es, weil Rechte (statt bewegliche Sachen oder Wertpapiere) Gegenstand des Ausführungsgeschäfts bilden (so PULVER, Börsentermingeschäfte, 51 und FORSTMOSER/PULVER, WM 1988, 9 für die Optionsgeschäfte; **a.M.** HAUSER, 12 f., der für die analoge Anwendung des Kommissionsrechts eintritt). Als Folge der Zuordnung zum Auftragsrecht entfällt der Differenzeinwand hinsichtlich Provision und Verwendungsersatz (STAUBER, 66). Soweit nun aber Kommissionsrecht anwendbar ist, wird, anders als beim Auftrag, die Zulässigkeit des Differenzeinwands angenommen und dies mit dem *Selbsteintrittsrecht* begründet (Art. 436). Wegen des Selbsteintrittsrechts des Kommissionärs sei dieser als Mitspieler des Kommittenten anzusehen, weshalb der Spiel- und Differenzeinwand gegenüber dem Kommittenten Bestand habe, wie wenn ein Kommissionsverhältnis nicht vorläge und der Spielvertrag direkt mit dem Kommissionär abgeschlossen wäre (ZK-OSER/SCHÖNENBERGER, N 44; AMONN, SPR VII/2, 472; STAUBER 39; MATTI, SJK Nr. 630, 8, Nr. 631, 3; **a.M.** BAUER, 234). Sollte diese Auffassung zutreffend sein, müsste – e contrario – der Differenzeinwand immer dann entfallen, wenn der Selbsteintritt ausgeschlossen ist, weil die Börsenregeln den Börsenzwang statuieren (FORSTMOSER/PULVER, WM 1988, 6, 9). Da Börsenregeln kraft ausdrücklicher oder stillschweigender Verweisung zwischen Börsenmitglied und Kunde (Börsenaussengeschäft) zum Vertragsinhalt erhoben werden, bedeutet dies die Aufhebung des Selbsteintrittsrechts und gleichzeitig den Ausschluss des Differenzeinwands. Analog ist für Kommissionsgeschäfte zu entscheiden, die an ausländischen Börsen mit Börsenzwang auszuführen sind.

Art. 514

B. Schuldverschreibungen und freiwillige Zahlung

[1] Eine Schuldverschreibung oder Wechselverpflichtung, die der Spielende oder Wettende zur Deckung der Spiel- oder Wettsumme gezeichnet hat, kann trotz erfolgter Aushändigung, unter Vorbehalt der Rechte gutgläubiger Dritter aus Wertpapieren, nicht geltend gemacht werden.

[2] Eine freiwillig geleistete Zahlung kann nur zurückgefordert werden, wenn die planmässige Ausführung des Spieles oder der Wette durch Zufall oder durch den Empfänger vereitelt worden ist, oder wenn dieser sich einer Unredlichkeit schuldig gemacht hat.

B. Reconnaissance de dette et paiement volontaire

[1] Nul ne peut faire valoir une reconnaissance de dette ou un effet de change souscrits par l'auteur du jeu ou du pari, même s'il avait transféré à un tiers le titre qui constate son obligation; demeurent réservés les droits que les papiers-valeurs confèrent aux tiers de bonne foi.

[2] Il n'y a lieu à répétition de paiements volontaires que si l'exécution régulière du jeu ou du pari a été empêchée par un cas fortuit, par le fait de l'autre partie, ou si cette dernière s'est rendue coupable de manœuvres déloyales.

B. Ricognizione di debito e pagamento volontario

[1] Se chi giuoca o scommette, per coprire l'ammontare del giuoco o della scommessa, firmi una ricognizione di debito od una obbligazione cambiaria, queste non avranno valore nonostante ne sia avvenuta la consegna, riservati i diritti di terzi di buona fede relativamente alle cartevalori.

[2] Non può ripetersi quanto è stato pagato volontariamente a meno che la regolare esecuzione del giuoco o della scommessa non sia venuta a mancare per caso fortuito o pel fatto del ricevente o siavi stata frode da parte del medesimo.

Literatur

Vgl. die Literaturhinweise bei den Vorbem. zu Art. 513–515a.

1 Die Unklagbarkeit der Spielforderung ist zwingender Natur und kann deshalb nicht durch Vorkehrungen der Parteien aufgehoben werden. Folgerichtig dehnt das Gesetz die Unklagbarkeit aus auf **Schuldverschreibungen** und **Wechselverpflichtungen**, die zur Deckung der (bereits entstandenen oder künftigen) Spiel- oder Wettsumme gezeichnet werden. Gegenüber Schuldschein und Wechsel bleibt der Spieleinwand erhalten. Der Aussteller kann die Verpflichtungsurkunde schon vor der Einlösung zurückverlangen. Gegenüber dem gutgläubigen Dritterwerber eines Wechsels dringt die Spieleinrede allerdings nicht mehr durch (Art. 1007). Ausnahmsweise kann sich der Spielgläubiger dem Spielschuldner gegenüber schadenersatzpflichtig machen, wenn dieser den Wechsel zufolge Weitergabe an den Dritten zu honorieren hatte (AMONN, SPR VII/2, 473 f.).

2 **Zahlung** (Abs. 2) bedeutet jede Leistung, durch welche die bereits entstandene Spielschuld getilgt wird. Zahlung vor Ausgang des Spiels gilt als Vorschuss gem. Art. 513 Abs. 2 (ZK-OSER/SCHÖNENBERGER, N 10). Keine Handlung, durch welche die Spielschuld in anderer Form weiterbesteht (Schuldanerkennung), vermag der Unklagbarkeit ein Ende zu setzen. Die neue Schuld teilt vielmehr das Schicksal der ursprünglichen Spielschuld. Dies gilt auch, soweit ein anerkannter Kontokorrentsaldo Spielschulden enthält. Die Spielgewinne beider Seiten sind aus der Kontokorrentrechnung zu entfernen und können gesondert miteinander verrechnet werden. Auf diese Weise bleibt dem Schuldner des Saldos der Spieleinwand erhalten (AMONN, SPR VII/2, 475 f.; **a.M.** ZK-OSER/SCHÖNENBERGER, Art. 513 N 57). Der Spielverlierer kann im Übrigen mit eigenen, klagbaren Forderungen verrechnen.

3 Das Gesetz setzt ferner die **Freiwilligkeit** der Erfüllungsleistung voraus. Jede Form von Zwang bewirkt die Rückforderbarkeit der Leistung. Dies gilt nicht nur für die Zahlung unter dem Eindruck einer in Aussicht gestellten oder laufenden Betreibung, sondern für alle Formen privater Druckausübung. Freiwilligkeit kann aber nicht nur dann angenommen werden, wenn im Bewusstsein der Unklagbarkeit geleistet wird, das Bewusstsein des *Leistungsgrundes* (Spielschuld) muss genügen (nicht einmal dies ist erforderlich nach VON TUHR/PETER, 482 FN 62; vgl. TERCIER, N 5396; CHK-HOCHSTRASSER, N 19; CR CO I-JEANDIN/TEDJANI, N 5; BK-GIOVANOLI, N 6; ZK-OSER/SCHÖNENBERGER, N 12 m.w.Nw.; grundsätzlich **a.M.** AMONN, SPR VII/2, 475). Einer bevorstehenden freihändigen Pfandverwertung durch den Gläubiger oder einer Verrechnungserklärung kann der Spielschuldner im Übrigen auch stillschweigend zustimmen. Im **Konkurs** ist das Eintrittsrecht des Konkursverwalters in laufende Termingeschäfte ausgeschlossen, die Verträge werden vielmehr von Gesetzes wegen aufgehoben und sind abzurechnen (Art. 211 Abs. 2bis SchKG; N 2).

4 Die Verpflichtung aus **Sicherungsgeschäften** teilt zufolge ihrer Akzessorietät zur Hauptschuld deren Unerzwingbarkeit. Dies gilt ohne weiteres für die Konventionalstrafe und das Retentionsrecht. Hat der Spielschuldner ein *Pfandrecht* eingeräumt, so hat er vor der Pfandverwertung einen Anspruch auf Rückübertragung, danach einen Anspruch auf Wiederbeschaffung oder Schadenersatz, es sei denn, er habe der Pfandverwertung zugestimmt (BGE 39 II 529; SJ 1982, 169; **a.M.** HONSELL, OR BT, 277, der bereits die Einräumung des Pfandrechts einer freiwilligen Tilgung gleichstellt; vgl. ferner MOSKRIC, 136). Für den Bürgen behält das Gesetz den Spieleinwand ausdrücklich vor (Art. 502 Abs. 4), ebenso für den Hauptschuldner gegenüber dem Bürgen (Art. 507 Abs. 6). Eine **Schiedsklausel** im Spielvertrag ist unverbindlich. Wirksam ist jedoch eine selbständige Schiedsklausel, ebenso ein **Vergleich**, wenn durch das Schiedsgericht bzw. den Vergleich die Frage der Spielartigkeit des Vertrages geregelt werden soll.

5 Selbst freiwillig Geleistetes kann ausnahmsweise wieder zurückgefordert werden (Abs. 2). Ein solches **Rückforderungsrecht** besteht dann, wenn die planmässige Ausführung des Spieles oder der Wette durch Zufall oder durch den Empfänger vereitelt worden ist, oder wenn sich der Empfänger der Leistung einer Unredlichkeit schuldig gemacht hat (vgl. BGE 126 IV 165, Betrug beim Fernsehquiz). Das BGer anerkennt ein Rückforderungsrecht auch dann, wenn das Spiel überhaupt nicht stattgefunden hat (BGE 77 II 48 = Pra 1951, 197).

Art. 515

C. Lotterie- und Ausspielgeschäfte

[1] Aus Lotterie- oder Ausspielgeschäften entsteht nur dann eine Forderung, wenn die Unternehmung von der zuständigen Behörde bewilligt worden ist.

[2] Fehlt diese Bewilligung, so wird eine solche Forderung wie eine Spielforderung behandelt.

[3] Für auswärts gestattete Lotterien oder Ausspielverträge wird in der Schweiz ein Rechtsschutz nur gewährt, wenn die zuständige schweizerische Behörde den Vertrieb der Lose bewilligt hat.

C. Loteries et tirages au sort

[1] Les loteries et tirages au sort ne donnent un droit de créance qu'à la condition d'avoir été permis par l'autorité compétente.

[2] A défaut d'autorisation, les règles concernant les dettes de jeu sont applicables.

[3] Les loteries ou tirages au sort autorisés à l'étranger ne jouissent pas, en Suisse, de la protection de la loi, à moins que l'autorité compétente n'ait permis la vente des billets.

C. Lotterie ed estrazioni a sorte

[1] Dalle lotterie od estrazioni a sorte non nasce azione veruna se non quando siano state autorizzate dall'autorità competente.

[2] In difetto di tale autorizzazione, si applicano per analogia le disposizioni sui debiti di giuoco.

[3] Alle lotterie od estrazioni a sorte autorizzate all'estero è accordata nella Svizzera protezione, solo quando la competente autorità svizzera abbia permesso la vendita dei biglietti.

Literatur

Vgl. die Literaturhinweise bei den Vorbem. zu Art. 513–515a.

1 **Allgemeines**: Jenen Spielgeschäften, für die eine behördliche Bewilligung vorliegt, kann der Rechtsschutz schwerlich entzogen werden. Aus diesem Grunde sieht das Gesetz ausdrücklich Klagbarkeit vor. Der Gewinner soll seinen Anspruch rechtlich geltend machen können (von Büren, BT, 232). Immerhin ist anzunehmen, dass die volle Verbindlichkeit solcher Geschäfte an das Zustandekommen des eigentlichen Spielvertrages knüpft, wozu regelmässig die Hingabe des Einsatzes seitens des Spielers an den Spielunternehmer erforderlich ist. Deshalb ist in diesen Fällen trotz der Bewilligung das blosse Versprechen, einen Einsatz in bestimmter Höhe zu leisten, unverbindlich. Weit auszulegen ist Art. 515 indessen insoweit, als nicht nur die ausdrücklich erwähnten Lotterie- und Ausspielgeschäfte (N 2) darunter fallen, sondern auch Glücksspiele und gewerbsmässige Wetten, sofern eine behördliche Bewilligung vorliegt (u. N 5). Alle diese Geschäfte unterscheiden sich gegenüber Spiel und Wette i.e.S. dadurch, dass das aleatorische Element auf Seiten des Unternehmers insofern in den Hintergrund tritt, als bei der Festlegung des Ausspielplans sein Gewinn exakt festgelegt werden kann (vgl. ZK-Oser/Schönenberger, N 6).

2 Als **Lotterie** definiert das Lotteriegesetz jede Veranstaltung, bei der gegen Leistung eines Einsatzes oder bei Abschluss eines Rechtsgeschäftes ein vermögensrechtlicher Vorteil als Gewinn in Aussicht gestellt wird, über dessen Erwerbung, Grösse oder Beschaffenheit planmässig durch Ziehung von Losen oder Nummern oder durch ein ähnliches auf Zufall gestelltes Mittel entschieden wird (Art. 1 Abs. 2 Lotteriegesetz, LG, SR 935.51; BGE 137 II 164; 133 II 68 E. 7; 123 IV 178). Keine Lotterie liegt vor, wenn der Gewinn nicht oder nicht entscheidend vom Zufall, sondern von der Geschicklichkeit abhängt (BGE 55 I 64). Entfällt das aleatorische Moment für den Erwerber des Loses, weil ihm mitgeteilt wird, er habe im Rahmen einer Vorabverlosung bereits gewonnen, so entsteht nach der Meinung des BGer eine klagbare Forderung (krit. Rüetschi, Erfüllungsanspruch aus versprochenem Hauptgewinn über

CHF 50 000, AJP 2002, 847 ff., 849). Den Lotterien gleichgestellt sind **lotterieähnliche Unternehmungen** gem. Art. 43 der Vollziehungsverordnung zum Lotteriegesetz (SR 935.511; BGE 132 II 240 E. 3.1; 123 IV 178, 99 IV 25; SJZ 1988, 179; 1985, 44). Das **Ausspielgeschäft** ist eine Unterart des Lotteriegeschäfts, bei dem der Gewinn nicht in Geld, sondern in Sachen besteht («Warenlotterie»: ZK-Oser/Schönenberger, N 5; BGE 85 I 168). Ausspielgeschäfte, die in unmittelbarem Zusammenhang mit einem Unterhaltungsanlass stehen, werden als «Tombola» bezeichnet (Art. 2 Abs. 1 LG; BGE 106 IV 150; 103 Ia 364). Als eine besondere Art der Lotterie behandelt das Gesetz die sog. **Prämienanleihen**. Dabei handelt es sich um Anleihen, bei denen der Ertrag ganz oder teilweise nach der Art der Lotterie ermittelt wird, während der Kapitalbetrag in jedem Falle zurückzubezahlen ist (ZK-Oser/Schönenberger, N 11; Art. 17 ff. LG). Grundsätzlich verboten sind die **gewerbsmässigen Wetten**, doch können die Kantone Bewilligungen erteilen (z.B. für das Fussball-Toto; Art. 33 f. LG; BGE 107 Ib 392; für Finanzprodukte, welche einen Gewinn aufgrund von Sportergebnissen in Aussicht stellen s. BGE 133 III 68).

3 Die zivilrechtliche Behandlung von Lotterie- und Ausspielgeschäften richtet sich nach deren verwaltungsrechtlicher Qualifikation durch das Lotteriegesetz, welches Lotterien dem Grundsatze nach **verbietet** (Art. 1 Abs. 1; BGE 124 IV 177). Ist eine Lotterie verboten, so ist der Lotterievertrag gem. Art. 20 nichtig. Einsatz und Gewinn können zurückgefordert werden, Art. 66 ist insb. auf den Einsatz nicht anwendbar, da dieser nicht geleistet wurde, um die verbotene Lotterie durchzuführen (BK-Giovanoli, N 10). Wurde für die Lotterie von der zuständigen Behörde die Bewilligung eingeholt, so entstehen klagbare Forderungen (Abs. 1). Ist eine Lotterie gemäss Lotteriegesetz zwar statthaft, jedoch nicht bewilligt, so wird sie wie Spiel und Wette behandelt (Abs. 2; ZK-Oser/Schönenberger, N 14; **a.M.** Matti, SJK Nr. 631a, 7 f.).

4 Lotterie- und Ausspielverträge, die im **Ausland** gestattet sind, werden in der Schweiz gem. Abs. 3 nur dann als verbindlich angesehen, wenn der Vertrieb der Lose durch die zuständige schweizerische Behörde bewilligt worden ist. Da im Lotteriegesetz für den *Vertrieb* ausländischer Lose eine Bewilligung gar nicht vorgesehen ist (vgl. Art. 6 LG), hat dieser schlechthin als verboten zu gelten mit der Folge, dass Verträge im Zusammenhang mit dem Vertrieb hierzulande als nichtig anzusehen sind (Art. 20; vgl. BGE 102 IV 131 und 129 IV 107). Nach geltendem Recht kann immerhin der Vertrieb ausländischer Prämienanleihen bewilligt werden (Art. 24 LG). Eine solche Bewilligung hätte die Klagbarkeit der Forderung zur Folge. Umgekehrt sind Forderungen, die *nicht aus dem Vertrieb* ausländischer Lose in der Schweiz herrühren, von den hiesigen Gerichten ohne Rücksicht auf das anwendbare Recht selbst dann als unklagbar zu behandeln, wenn die Lotterie auswärts gestattet ist. Dies ergibt sich aus dem engen Wortlaut von Abs. 3, der einer Ausweitung der neueren Rechtsprechung zum Glücksspiel an ausländischen Spielbanken entgegensteht (BGE 126 III 534 = Pra 2001, 715; CHK-Hochstrasser, N 6).

Art. 515a

D. Spiel in Spielbanken, Darlehen von Spielbanken	**Aus Glücksspielen in Spielbanken entstehen klagbare Forderungen, sofern die Spielbank von der zuständigen Behörde genehmigt wurde.**
D. Jeu dans les maisons de jeu, prêts des maisons de jeu	Les jeux de hasard dans les maisons de jeu donnent un droit de créance dans la mesure où ils se sont déroulés dans une maison de jeu autorisée par l'autorité compétente.
D. Gioco nelle case da gioco, prestiti delle case da gioco	I giochi d'azzardo nelle case da gioco danno luogo a pretese deducibili in giudizio per quanto la casa da gioco sia stata approvata dall'autorità competente.

Literatur

Vgl. die Literaturhinweise bei den Vorbem. zu Art. 513–515a.

Art. 515a legt fest, dass aus Glücksspielen in konzessionierten **Spielbanken** klagbare Forderungen entstehen. Die Bestimmung begründet damit – neben Art. 515 für bewilligte Lotterie- und Ausspielgeschäfte – eine weitere **Ausnahme vom Grundsatz der Unklagbarkeit** von Spielforderung. 1

Art. 515a wurde in das OR durch Ziff. 5 des Anhangs zum **Spielbankengesetz** (SBG, SR 935.52) eingeführt und steht seit dem 1.4.2000 in Kraft. Zuvor war durch Änderung der Bundesverfassung das seit dem Jahre 1929 geltende Spielbankenverbot aufgehoben worden (Art. 36 aBV, Art. 106 BV; Botschaft BBl 1992 III 379 und 1992 VI 98). 2

Das SBG **bezweckt** u.a., den sozialschädlichen Auswirkungen des Spielbetriebes vorzubeugen (Art. 2 Abs. 1 lit. c). Hierfür ist ein Sozialkonzept vorgesehen, durch welches exzessive Spieler frühzeitig erkannt und vom Spielbetrieb ferngehalten werden sollen, das aber auch weitere vorbeugende Massnahmen vorsieht (Art. 14 SBG, Spielsperre gem. Art. 22 SBG, Art. 35–38 der Verordnung zum SBG [SR 935.521]). Vorgeschrieben ist insb. eine leicht verständliche Information über die Spielregeln (Art. 54 VSBG). 3

Art. 515a ist anwendbar auf Glücksspiele in **Spielbanken**, nicht auf Glücksspiele im Freundeskreis (BGE 136 II 291 E. 4 und 5.3.4; CHK-HOCHSTRASSER, N 5). Die Spielbank ist eine Unternehmung, die gewerbsmässig Gelegenheit zum Glücksspiel anbietet (Art. 7 SBG). Ferner setzt die Bestimmung voraus, dass die Spielbank von der zuständigen Behörde **genehmigt** wurde. Damit sind zunächst Spielbanken in der Schweiz gemeint, d.h. Spielbanken, die von der zuständigen **Schweizer Behörde** genehmigt wurden. Glücksspiele in **ausländischen** Spielbanken fallen nicht darunter, doch wird, falls die Spielbank im Ausland genehmigt wurde, ausländisches Recht auf die Spielforderungen anwendbar ist und die Klagbarkeit der Forderung vorsieht, die Spielforderung auch von den Schweizer Gerichten geschützt (BGE 126 III 282. = Pra 2001, 159 ff.; Vor Art. 513–515a N 8). **Glücksspiele** sind Spiele, bei denen gegen Leistung eines Einsatzes ein Geldgewinn oder ein anderer geldwerter Vorteil in Aussicht steht, der ganz oder überwiegend vom *Zufall* abhängt (Art. 3 Abs. 1 SBG). Das Glücksspiel muss sodann *in* einer genehmigten Spielbank stattgefunden haben. Dies wird im Randtitel zu Art. 515a bekräftigt. Der Spieler muss m.a.W. am Ort des Glücksspiels **persönlich anwesend** sein, für Glücksspiele ausserhalb von Spielbanken ist eine Genehmigung gemäss SBG gar nicht vorgesehen. Solche Glücksspiele sind *verboten* und können keine Forderungen entstehen lassen, auch keine unklagbaren (Art. 20). Dies gilt insb. für illegale Spielbanken, aber auch für Glücksspiele im Internet, Videotext oder Teletext (Art. 5 SBG, Botschaft BBl 1997 III 145, 170; zu den Bestrebungen, das Verbot von Glücksspielen im Internet zu lockern, s. CHK-HOCHSTRASSER, N 5). 4

Bei Vorliegen der vorgenannten Voraussetzungen entstehen aus dem Glücksspiel **klagbare Forderungen**. Diese Rechtsfolge ist beschränkt auf die Forderung aus dem Glücksspiel selbst. Zwar erwähnt der Randtitel von Art. 515a auch **Darlehen** von Spielbanken, doch ist diese Erwähnung bedeutungslos, darf die Spielbank doch weder Darlehen noch Vorschüsse gewähren (Art. 27 SBG). Die Erwähnung der Darlehen im Randtitel von Art. 515a dürfte ein redaktionelles Versehen bilden, zurückzuführen auf den bundesrätlichen Entwurf zu Art. 27 SBG, der gewisse Darlehen der Spielbank an die Spieler gestattete (Botschaft BBl 1997 III, 201). Es stellt sich die Frage, ob Darlehen, welche von dritter Seite dem Spieler *wissentlich* zum Zwecke des Spiels gewährt werden, klagbare Forderungen begründen. Für die Klagbarkeit spricht, dass das Darlehen selbst nicht anders behandelt werden sollte wie das Hauptgeschäft, das es finanzieren soll. Indessen kann von solchen Darlehen gerade jene wirtschaftliche Gefährdung des Spielers ausgehen, die das gesetzlich vorgeschriebene Sozialkonzept 5 vermeiden will. Kreditfinanzierte Spielschulden sollen verhindert werden (Art. 27 SBG), was gegen die Klagbarkeit der Darlehensforderungen von Drittgläubigern spricht. Im Übrigen ist zu bedenken, dass selbst bei Glücksspielen in Spielbanken alle allfälligen, vorangehenden «Hilfsgeschäfte» im unregulierten und damit im unüberwachten Bereich stattfinden, welcher nach der Ansicht des Gesetzgebers die Klagbarkeit der Glücksspielforderung erst legitimiert. Aus Gründen der Prävention und der Rechtssicherheit sollten deshalb Hilfsgeschäfte jedweder Art weiterhin nach Art. 513 beurteilt werden (CHK-Hochstrasser, N 4; **a.M.** CR CO I-Jeandin/Tedjani, N 5). Dies gilt etwa für die Rückerstattung von Darlehen nach gewonnenem Spiel, für den Anspruch des Auftraggebers auf Gewinnherausgabe und für die Forderung des Mitspielers auf Gewinnteilung (s. Art. 513 N 14 f.).

Zweiundzwanzigster Titel: Der Leibrentenvertrag und die Verpfründung

Vorbemerkungen zu Art. 516–520

Literatur

HOMBERGER, Die Verpfründungsverträge im schweizerischen Recht, Diss. Bern 1918; METZGER-WÜEST, Zur Form des Liegenschaftsabtretungs- und Verpfründungsvertrages, Diss. Bern 1971; SCHAETZLE/WEBER, Kapitalisieren, Handbuch zur Anwendung der Barwerttafeln, 5. Aufl., Zürich 2001; STAUFFER/SCHAETZLE, Barwerttafeln, 6. Aufl., Zürich 2010; STOFER, Leibrentenversprechen und Verpfründungsvertrag, in: Schweizerisches Privatrecht (SPR), Bd. VII/2, Obligationenrecht – Besondere Vertragsverhältnisse, Basel 1979, 733 ff.; WEGMANN, Der Leibrentenvertrag im Schweizerischen Obligationenrecht, Diss. Zürich 1937.

I. Allgemeines

Leibrentenvertrag (Art. 516–520) und Verpfründungsvertrag (Art. 521–529) sind Unterhaltsverträge, deren Dauer durch die Lebenszeit des Berechtigten begrenzt ist. Das **aleatorische** Element, welches in der Unbestimmtheit der Vertragsdauer liegt, bildet den Grund für die Einordnung dieser Verträge im Anschluss an Spiel und Wette. Beide Verträge bezwecken die Daseinsvorsorge. Bei der Leibrente besteht die Leistung des Pflichtigen regelmässig in einer Geldrente, bei der Verpfründung unmittelbar in Unterhalt und Pflege (VON BÜREN, BT, 233 f.). Im Gegensatz zur Verpfründung kann die Leibrente auch völlig unentgeltlich bestellt werden. 1

Mit der Entwicklung der staatlichen Sozialversicherung, der beruflichen Vorsorge und dem privaten Versicherungswesen hat die **Bedeutung** des Leibrentenvertrages unter Privatpersonen abgenommen. In der Gerichtspraxis werden v.a. die steuerrechtlichen Wirkungen des Leibrentenvertrages behandelt (BGE 135 II 183; 135 III 195; 131 I 409; 110 Ib 234; BGer, 2.9.2005, 2A.73/2004; LOCHER, Besteuerung von Renten und rentenähnlichen Rechtsverhältnissen in der Schweiz, SJZ 1991, 181 ff., 208 ff.). 2

II. Anwendungsbereich

Das BGer verlangt, dass das Leibrentenversprechen unabhängig und losgelöst von anderen Beziehungen und Verhältnissen der Parteien abgegeben wird (BGE 70 III 68). Eine solche **Selbständigkeit** ist dann gegeben, wenn die Leibrente schenkungsweise vereinbart wird oder wenn der Rentengläubiger eine Gegenleistung *ausschliesslich* für den Erwerb der Rente erbringt (STOFER, SPR VII/2, 739; **a.M.** BK-SCHAETZLE, Art. 516 N 30). Der selbständige Charakter des Leibrentenversprechens fehlt, wenn die Rente als Folge einer Scheidung geschuldet ist (Art. 125 f. ZGB), der Entschädigung eines Unfallopfers dient (Art. 43 Abs. 2), ferner, wenn sie sich aus einem Arbeitsvertrag (BGE 73 II 226 f.) oder unmittelbar aus dem Gesetz ergibt (Art. 328 ZGB, Unterstützungspflicht des Blutsverwandten). Auf solche unselbständige Rentenverpflichtungen können die Art. 516 und 518 f. nur dann analog angewendet werden, wenn das Kausalverhältnis dem nicht entgegensteht (STOFER, SPR VII/2, 739 ff.; BK-SCHAETZLE, N 20). *Nicht* analog anwendbar ist etwa die Vermutung der passiven Vererblichkeit auf Scheidungsrenten (vgl. Art. 516 Abs. 2; BGE 100 II 3). Auch kann das Fondsreglement einer Personalfürsorgestiftung nicht bestimmen, dass die Ansprüche gegen sie den Gläubigern entzogen seien (vgl. Art. 519 Abs. 2 in der alten Fassung; BGE 99 III 56). 3

III. Stammrecht und Einzelforderung

4 Zu unterscheiden sind das Stammrecht und die Einzelforderungen, die in regelmässigen Zeitabständen aus dem Stammrecht fliessen (BGE 61 III 195). Die Unterscheidung ist im Hinblick auf die Abtretbarkeit und Pfändbarkeit der Einzelforderungen von Bedeutung (vgl. Art. 519 Abs. 1). Das Stammrecht selbst ist unübertragbar, unpfändbar und fällt auch nicht in die Konkursmasse des Rentengläubigers (BGE 64 III 180).

5 Der Unterscheidung zwischen Stammrecht und Einzelforderung folgen auch die Bestimmungen über die **Verjährung**, die für das Stammrecht *(«das Forderungsrecht im ganzen»)* zehn Jahre beträgt, wobei die Frist mit der Fälligkeit der ersten rückständigen Leistung zu laufen beginnt (Art. 127, 131 Abs. 1), während die Einzelforderung nach fünf Jahren verjährt (Art. 128 Ziff. 1). Ist das Stammrecht verjährt, so sind dies auch die Einzelforderungen (Art. 131 Abs. 2; VON TUHR/ESCHER, 234 f.).

IV. IPR. Ausländisches Recht

6 Haben die Parteien eines Leibrentenvertrages keine Rechtswahl getroffen, ist grundsätzlich am Recht des gewöhnlichen Aufenthalts bzw. der Niederlassung des Leibrentenschuldners anzuknüpfen (Art. 116 f. IPRG). Hinsichtlich der Form genügt es nach dem Grundsatz des «favor negotii», dass alternativ entweder die Form des materiell anwendbaren Rechts (lex causae) oder jene des Ortes, an dem der Leibrentenvertrag abgeschlossen wurde (lex loci actus), eingehalten wird (Art. 124 Abs. 1 IPRG; BGE 110 II 159 = Pra 1984, 663). Wird jedoch dem Schuldner der Leibrente als Gegenleistung ein Grundstück übertragen, so ist im Rahmen der objektiven Anknüpfung die lex rei sitae massgebend, die auch hinsichtlich der Form einzuhalten ist (Art. 119 IPRG; BK-SCHAETZLE, N 22 ff.).

7 Die Gesetze unserer Nachbarländer haben den Leibrentenvertrag ebenfalls im Umfeld mit anderen aleatorischen Verträgen geregelt, wobei erhebliche Unterschiede in Inhalt und Regelungsdichte bestehen (Deutschland: §§ 759–761 BGB; Österreich: §§ 1284–1286 ABGB; Frankreich: Art. 1968–1983 CC fr.; Italien: Art. 1872–1881 CC it.).

Art. 516

A. Leibrentenvertrag
I. Inhalt

[1] Die Leibrente kann auf die Lebenszeit des Rentengläubigers, des Rentenschuldners oder eines Dritten gestellt werden.

[2] In Ermangelung einer bestimmten Verabredung wird angenommen, sie sei auf die Lebenszeit des Rentengläubigers versprochen.

[3] Eine auf die Lebenszeit des Rentenschuldners oder eines Dritten gestellte Leibrente geht, sofern nicht etwas anderes verabredet ist, auf die Erben des Rentengläubigers über.

A. Rente viagère
I. Son objet

[1] La rente viagère peut être constituée sur la tête du créancier, du débiteur ou d'un tiers.

[2] A défaut de stipulation précise, elle est présumée constituée sur la tête du créancier.

[3] La rente constituée sur la tête du débiteur ou sur celle d'un tiers passe, sauf convention contraire, aux héritiers du créancier.

A. Contratto di rendita vitalizia
I. Oggetto

[1] La rendita vitalizia può essere costituita sulla vita del creditore, del debitore o di un terzo.

[2] In difetto di una precisa stipulazione, essa si ritiene costituita sulla vita del creditore.

[3] Se fu costituita sulla vita del debitore o di un terzo, passa agli eredi del creditore, salvo stipulazione in contrario.

Literatur

Vgl. die Literaturhinweise bei den Vorbem. zu Art. 516–520.

I. Begriff

1 Art. 516 äussert sich – entgegen der Marginalie – nicht zum Vertragsinhalt, sondern zur Vertrags*dauer*, die immerhin ein typisches Merkmal des Vertrages darstellt (u. N 4). Inhaltlich räumt das Gesetz dem Willen der Parteien den Vorrang ein und begnügt sich mit dem Aufstellen von Regeln für den Fall, dass eine Vereinbarung nicht getroffen wurde. Eine **Definition** der Leibrente enthält das Gesetz nicht. Begrifflich versteht man darunter die vom Leben einer Person abhängige Verpflichtung des Rentenschuldners, dem Rentengläubiger zeitlich wiederkehrende Leistungen in Gestalt von Geld oder ausnahmsweise in Gestalt von anderen vertretbaren Sachen (z.B. Lebensmittel) zu erbringen (GUHL/KOLLER/SCHNYDER/DRUEY, 644; TERCIER/PICHONNAZ, N 5406). Wird bei der Festlegung der Rentendauer nicht auf das Leben einer Person abgestellt, sondern auf den Zeitablauf, so liegt keine Leibrente vor («Zeitrente», BGE, STE 2002, B 26–12).

II. Parteien

2 Hinsichtlich der beteiligten **Parteien** ist zu unterscheiden zwischen den Vertragsparteien einerseits und andererseits jener Person, auf deren Lebenszeit die Rente *gestellt* ist oder – wie das ABGB sagt – auf deren *Kopf* sie beruht (§ 1285; ebenso der französische Text). Üblicherweise wird die Rente auf die Lebenszeit des Rentengläubigers gestellt, Abs. 2 enthält in diesem Sinne eine Vermutung. Bei unentgeltlich bestellten Rentenverpflichtungen gilt indessen die Vermutung, die Rente sei auf die Lebenszeit des Rentenschuldners gestellt (Art. 252). Auch die Lebenszeit eines Dritten kann für massgeblich erklärt werden. Soll die Leistung des Rentenschuldners *an* einen Dritten erfolgen, so liegt ein (echter oder unechter) Vertrag zugunsten dieses Dritten vor (Art. 112). Auch sind Fälle denkbar, in denen eine juristische Person Rentengläubigerin ist, sofern die Rente im Übrigen auf das Leben einer **natürlichen** Person gestellt ist (**a.M.** STOFER, SPR VII/2, 745). Wird die Vereinbarung für eine verbeiständete Person abgeschlossen, so ist die Zustimmung der Erwachsenenschutzbehörde einzuholen (Art. 416 Ziff. 4 ZGB; KUKO OR-HERZOG, Art. 517 N 2).

III. Leistung

3 Die **Renten**leistung hat periodisch in mehr oder weniger gleichmässigen Abständen zu erfolgen. Sie besteht regelmässig in Geld, ausnahmsweise in Naturalien (**a.M.** WEGMANN, 41), im Gegensatz zur Verpfründung jedoch nicht in Handlungen oder Duldungen. Die Leibrente kann – wiederum im Gegensatz zur Verpfründung – völlig unentgeltlich sein (**a.M.** WEGMANN, 37).

4 Die **Leib**rente (lip, lif = Leben) ist notwendigerweise auf die **Lebenszeit** einer natürlichen Person gestellt. Dies ist zunächst für die **Dauer** der Verpflichtung von Bedeutung. Eine Befristung der Rente ist mit dem aleatorischen Charakter des Leibrentenvertrages nicht vereinbar. Keine Leibrente begründet deshalb das Versprechen, *bis* zum Erreichen eines bestimmten Alters eine Rente zu bezahlen (STOFER, SPR VII/2, 744; **a.M.** ZK-OSER/SCHÖNENBERGER, N 2). Ein solches Versprechen untersteht insb. nicht der Formvorschrift des Art. 517, sondern allenfalls jener des Art. 243. Andererseits ist es nicht ausgeschlossen, dass die Dauer der Leibrente neben der Lebenszeit eine zweite Begrenzung in Form einer aufschiebenden Bedingung erfährt, etwa dem Erreichen des Rentenalters. Kein Leibrentenvertrag liegt vor, wenn der Leistungsanspruch von der **Bedürftigkeit** des Leibrentengläubigers abhängig gemacht wird (BGer, 21.12.2007, 5A_492/2007, E. 7.2) oder von der Nichteinreichung einer Scheidungs-

klage durch den Verpflichteten (BGer, 24.8.2009, 4A_287/2009, E. 2.4). Ferner liegt keine Leibrente, sondern ein Versicherungsvertrag (u.U. auch eine Schenkung) vor, wenn die Leistungspflicht mit dem *Tod* einer Person nicht **enden**, sondern durch den Tod erst ausgelöst werden soll (von Büren, BT, 235 f.). Für den Fall der Tötung und des Selbstmordes s. BK-Schaetzle, N 107 und ZK-Oser/Schönenberger, N 6.

5 Obwohl die Leibrente unentgeltlich bestellt werden kann, ist häufig die Abklärung erforderlich, ob und inwieweit der Leibrentenvertrag eine Schenkung darstellt oder auf einer Gegenleistung beruht. Dabei lässt sich die **Äquivalenz** von Leistung und Gegenleistung anhand der Barwerttafeln ermitteln (Schaetzle/Weber, N 2.784). Die Äquivalenz ist zu bejahen, wenn der Barwert der Leibrente *ungefähr* der Gegenleistung des Rentengläubigers entspricht (BK-Schaetzle, N 63).

IV. Vererblichkeit

6 Die Rentenverpflichtung ist, auch wenn dies im Gesetz nicht ausdrücklich erwähnt wird, beim Tode des Rentenschuldners **passiv** vererblich, wenn die Rente auf die Lebenszeit des **Rentengläubigers** oder eines **Dritten** gestellt ist und die Leibrentenbestellung *entgeltlich* war (Art. 560 ZGB; ZK-Oser/Schönenberger, N 4). Demgegenüber wird bei *schenkungsweise* bestellten Leibrenten passive Vererblichkeit nicht vermutet (Art. 252).

7 Abs. 3 stellt eine Vermutung hinsichtlich der **aktiven** Vererblichkeit auf. Ist die Leibrente auf die Lebenszeit des **Rentenschuldners** oder eines **Dritten** gestellt, so gehen die Rechte mit dem Tod des Rentengläubigers im Zweifel auf dessen Erben über (vgl. BGer, 13.3.2002, 5P.74/2002).

Art. 517

II. Form der Entstehung	**Der Leibrentenvertrag bedarf zu seiner Gültigkeit der schriftlichen Form.**
II. Forme écrite	Le contrat de rente viagère n'est valable que s'il a été fait en la forme écrite.
II. Forma	Per la validità del contratto di rendita vitalizia si richiede l'atto scritto.

Literatur

Vgl. die Literaturhinweise bei den Vorbem. zu Art. 516–520.

I. Zweck. Anwendungsbereich

1 Das Formerfordernis besteht zum **Schutze** der Vertragsparteien, insb. des Leibrentenschuldners, der sich langfristig bindet. Schutz vor Übereilung gewährt das Gesetz aber auch dem Leibrentengläubiger, der eine Gegenleistung erbringt. Das BGer hat die Einhaltung der Schriftform verneint im Falle der testamentarischen Zuweisung des Nachlasses an einen Erben mit der Verpflichtung, eine Leibrente zu erwerben (BGE 120 III 122).

2 Das Schrifterfordernis gilt auch für den **Vorvertrag** (Art. 22). Nicht anwendbar ist die Formvorschrift jedoch auf **unselbständige** Leibrentenversprechen, die ihre Grundlage in einer anderen Rechtsbeziehung zwischen den Parteien finden (s. Vor Art. 516–520 N 3; BGE 73 II 227). Eine formlose Übereinkunft genügt ferner für die **Aufhebung** des Leibrentenvertrages (Art. 115).

3 **Qualifizierte Formen** bleiben vorbehalten. Besteht die Gegenleistung des Rentengläubigers in der Übertragung von Grundeigentum an den Rentenschuldner, bedarf auch das Leibrenten-

versprechen der öffentlichen Beurkundung (Art. 657 ZGB). Wird der Rentenschuldner als Gegenleistung des Rentengläubigers zu dessen Erben oder Legatar eingesetzt, so sind die Verfügungsformen des Erbrechts einzuhalten (Art. 498 ff., 512 ZGB; ZK-ESCHER, Art. 484 ZGB N 15).

II. Umfang

Der Leibrentenvertrag hat **Art und Höhe** der Rente sowie die Zeitperiode, für welche sie geschuldet ist, aufzuführen, ferner eine allfällige Indexklausel. Ebenfalls schriftlich festzuhalten sind die Abweichungen vom dispositiven Gesetzesrecht, etwa hinsichtlich der Fälligkeit, der Person, auf deren Lebenszeit die Rente gestellt ist, oder der Vererblichkeit (ZK-OSER/SCHÖNENBERGER, N 3; teilweise **a.M.** BK-SCHAETZLE, N 5, Art. 518 N 9). **4**

Auch das allfällige Versprechen einer **Gegenleistung** bedarf der Schriftform. Ob diese, wie die h.L. annimmt, nicht erforderlich ist, wenn die Gegenleistung bereits erbracht wurde, ist angesichts des Schutzes, den das Gesetz *auch* dem Leibrentengläubiger gewährt, in Frage zu stellen (**a.M.** KUKO OR-HERZOG, N 2; CR CO I-JACCARD/BARUH, N 2; BK-SCHAETZLE, N 8; ZK-OSER/SCHÖNENBERGER, N 4; VON TUHR/PETER, 238). **5**

Der Vertrag bedarf der **Unterschrift** durch alle Personen, die durch ihn verpflichtet werden sollen. **6**

Wird die Leibrente geschenkt (s. Art. 239 N 24), genügt die Unterschrift des Schenkers (Art. 243, 517 i.V.m. Art. 13 Abs. 1), während die Annahme der Schenkung zu vermuten ist (Art. 6; BGE 110 II 161 = Pra 1984, 664).

III. Formmangel

Nicht jeder Formmangel führt zur Ungültigkeit des Vertrags (Art. 11 Abs. 2). Die Wirkung des Formmangels wird der Richter im Einzelfall und unter dem Gesichtspunkt des Schutzzwecks ermitteln müssen. Wenn Verpflichtungswille sowie Art und Höhe der Rente nicht aus dem Schriftstück hervorgehen, ist Nichtigkeit des ganzen Vertrages anzunehmen. Wurde neben dem formgültigen Vertrag mündlich eine Zusatzleistung versprochen (z.B. Indexierung), beschränkt sich die Ungültigkeit hierauf. Andere, bloss als Modalitäten der Verpflichtung zu wertende Zusagen (z.B. monatliche Fälligkeit) können auch formfrei erfolgen. **7**

Bei Ungültigkeit des Vertrages sind die bereits erbrachten Sachleistungen, soweit sie noch vorhanden sind, in natura, andernfalls ebenso wie die bereits bezahlten Renten nach den Regeln über die ungerechtfertigte Bereicherung zurückzuerstatten (Art. 62 ff.). Bei geschenkten Leibrenten geht indessen Art. 243 Abs. 3 vor (BK-SCHAETZLE, N 26). **8**

Art. 518

III. Rechte des Gläubigers
1. Geltendmachung des Anspruchs

[1] Die Leibrente ist halbjährlich und zum voraus zu leisten, wenn nicht etwas anderes vereinbart ist.

[2] Stirbt die Person, auf deren Lebenszeit die Leibrente gestellt ist, vor dem Ablaufe der Periode, für die zum voraus die Rente zu entrichten ist, so wird der volle Betrag geschuldet.

[3] Fällt der Leibrentenschuldner in Konkurs, so ist der Leibrentengläubiger berechtigt, seine Ansprüche in Form einer Kapitalforderung geltend zu machen, deren Wert durch das Kapital bestimmt wird, womit die nämliche Leibrente zur Zeit der Konkurseröffnung bei einer soliden Rentenanstalt bestellt werden könnte.

III. Droits de créancier
1. Exercice du droit

[1] La rente viagère est, sauf convention contraire, payable par semestre et d'avance.

[2] Si la personne sur la tête de qui elle est constituée décède avant la fin de la période pour laquelle la rente est payable d'avance, le débiteur doit le terme tout entier.

[3] Si le débiteur tombe en faillite, le créancier peut faire valoir ses droits en réclamant un capital équivalent à celui qu'exigerait, au moment de l'ouverture de la faillite, la constitution d'une rente égale auprès d'une caisse de rentes sérieuse.

III. Diritti del creditore
1. Esercizio del diritto

[1] Salvo patto in contrario, la rendita vitalizia deve essere pagata per semestri e anticipatamente.

[2] Se la persona, sulla cui vita il vitalizio è costituito, muore prima che scada il periodo pel quale la rendita dev'essere anticipatamente pagata, è dovuto tutto l'importo.

[3] Se il debitore della rendita cade in fallimento, il creditore potrà pretendere un capitale eguale a quello, che si richiederebbe al momento della dichiarazione di fallimento per la costituzione di un'eguale rendita vitalizia presso un accreditato istituto di assicurazioni.

Literatur

Vgl. die Literaturhinweise bei den Vorbem. zu Art. 516–520.

I. Fälligkeit

1 Abs. 1 stellt zwei Vermutungen auf: Die Rente ist *zum Voraus* zu leisten und sie ist *halbjährlich* zu leisten. Die Vorauszahlungspflicht ergibt sich aus der Annahme, dass die Rente dem Lebensunterhalt des Gläubigers dient. Aus der Sicht des Rentengläubigers dürfte es vorteilhafter sein, eine monatliche Rentenzahlung zu vereinbaren (STOFER, SPR VII/2, 745).

II. Die letzte Rentenleistung

2 Abs. 2 regelt die Frage, ob die bereits geleistete Einzelrente zu korrigieren ist, wenn die Person, auf deren Lebenszeit die Rente gestellt ist, verstirbt. Eine nachträgliche, verhältnismässige Reduktion der zum *Voraus* bereits erfüllten Rentenverpflichtung würde auf eine Rückforderung gegenüber dem Rentengläubiger resp. dessen Erben hinauslaufen. Dies soll nach dem Wortlaut des Gesetzes nicht vermutet werden, ist doch die Rentenleistung nicht selten bereits zu einem Teil aufgezehrt für Auslagen, die auch für die Zeit nach dem Tod des Rentengläubigers noch geschuldet werden (Mietzinsen, Versicherungen usw.; STOFER, SPR VII/2, 745).

3 Aus dem Wortlaut von Abs. 2 *(«zum voraus»)* wird e contrario geschlossen, die *nachträglich* zu leistende Einzelrente sei nur für die Zeit bis zum Tode dessen geschuldet, auf den die Rente gestellt ist, und demzufolge entsprechend zu kürzen (STOFER, SPR VII/2, 746; ZK-OSER/SCHÖNENBERGER, N 4). Dieser Schluss ist zulässig, regelt Abs. 2 doch den letztmalig *geschuldeten Betrag*, setzt indessen voraus, dass die nachträglich zu leistende Rente als täglich anwachsende Schuld angesehen wird (vgl. VON TUHR/ESCHER, 45 FN 5).

III. Konkurs des Rentenschuldners. Verzug

4 Von den Leistungsstörungen aufseiten des Schuldners regelt das Gesetz nur den **Konkurs**. Dieser bewirkt die Auflösung des Leibrentenvertrags (VON TUHR/ESCHER, 173; **a.M.** ZK-OSER/SCHÖNENBERGER, N 5). Abs. 3 räumt dem Rentengläubiger einen Anspruch auf das *Erfüllungsinteresse* ein, nämlich das Recht, den kapitalisierten Wert seiner künftigen Rentenansprüche geltend zu machen, wobei die Versicherungstarife und nicht die Barwerttafeln anwendbar sind (KUKO OR-HERZOG, N 3; BK-SCHAETZLE, N 26). Bei geschenkten Leibrenten

werden jedoch mit der Konkurseröffnung die zukünftigen Rentenverpflichtungen ersatzlos aufgehoben (Art. 250 Abs. 2; ZR 1916, 293). Anders als dem Pfründer (Art. 529) steht dem Leibrentengläubiger **kein Anschlussprivileg** (Art. 111 SchKG) in der gegen den Schuldner gerichteten Betreibung auf Pfändung zu.

Bei **Verzug** mit den Rentenzahlungen hat der Schuldner gem. Art. 105 erst vom Tage der Betreibung oder der gerichtlichen Klage an Verzugszinsen zu bezahlen. Bei fortgesetzter Vernachlässigung der Zahlungspflichten hat der Gläubiger die Möglichkeit, in analoger Anwendung von Art. 107 ff. vom Vertrage zurückzutreten (BGE 82 II 442 = Pra 1956, 593; VON BÜREN, BT, 235; **a.M.** ZK-OSER/SCHÖNENBERGER, N 2). 5

Art. 519

2. Übertragbarkeit

[1] **Der Leibrentengläubiger kann, sofern nicht etwas anderes vereinbart ist, die Ausübung seiner Rechte abtreten.**

[2] ...

2. Cessibilité

[1] Le créancier peut céder ses droits, sauf convention contraire.

[2] ...

2. Cedibilità

[1] Il creditore della rendita vitalizia può ceder l'esercizio dei suoi diritti salvo patto in contrario.

[2] ...

Literatur

Vgl. die Literaturhinweise bei den Vorbem. zu Art. 516–520.

I. Übertragbarkeit

Das **Stammrecht** selbst «ist von der Person des Rentengläubigers unablösbar» und kann deshalb von ihm nicht abgetreten werden (BGE 61 III 195; BK-SCHAETZLE, N 2). Dies ergibt sich aus dem Gesetz, das ihm lediglich gestattet, die *Ausübung* seiner Rechte abzutreten (VON TUHR/ESCHER, 342 FN 2). 1

Mit der *Ausübung* der Rechte sind die **Einzelforderungen** gemeint. Die Abtretbarkeit besteht zunächst für die bereits fällige Einzelforderung. Aber auch *künftige* Einzelforderungen können innert den Schranken von Art. 27 Abs. 2 ZGB übertragen werden (KUKO OR-HERZOG, N 4; BK-SCHAETZLE, N 9; ZK-OSER/SCHÖNENBERGER, N 2; BUCHER, BT, 316; **a.M.** BK-BECKER, N 1; WEGMANN, 79). Dies bedeutet i.d.R., dass die Abtretung im Rahmen der Pfändbarkeit zulässig ist (N 5; STOFER, SPR VII/2, 747). 2

Das Recht zur Abtretung der Einzelforderungen kann im Übrigen durch Rechtsgeschäft ausgeschlossen werden (Abs. 1 i.V.m. Art. 164; zur Wirkung vgl. ZR 1957, 254). Ein solches **Abtretungsverbot** muss auch *nach* der eigentlichen Leibrentenbestellung noch vereinbart werden können (Art. 12). Die Pfändbarkeit der Rentenforderung oder ihre Einbeziehung in die Konkursmasse wird durch ein Abtretungsverbot nicht beschränkt. 3

II. Pfändbarkeit der Leibrente

Der bisherige Abs. 2 wurde mit der Revision des SchKG mit Wirkung ab 1.1.1997 aufgehoben und der Randtitel wurde abgeändert (Ziff. 6 SchlT SchKG, AS 1995, 1307, 1310). Der gestrichene Abs. 2 lautete: *Wer einem Dritten unentgeltlich eine Leibrente bestellt, kann zugleich bestimmen, dass sie ihm durch dessen Gläubiger auf dem Wege der Betreibung oder* 4 *des Konkurses nicht entzogen werden darf* (vgl. AB SchKG BS, BJM 1998, 36 ff.). Der Gesetzgeber störte sich daran, dass die Rentenbezüger dank einer von dritter Seite als unentziehbar bestellten Rente einen aufwendigen Lebensstil pflegen könnten, während ihre Gläubiger leer ausgingen (Botschaft, Sonderdruck, 78). Gleichzeitig wurde Art. 93 Ziff. 7 SchKG neu formuliert und die Unpfändbarkeit ausdrücklich auf das *Stammrecht* eingeschränkt. Übergangsrechtlich werden Leibrenten auch künftig der Zwangsvollstreckung entzogen bleiben, wenn sowohl die Bestellung (der Leibrente) wie auch die Bestimmung (der Unentziehbarkeit) noch vor Ende 1996 erfolgten.

5 Das **Stammrecht** selbst kann nach geltendem Recht weder gepfändet werden, noch fällt es in die Konkursmasse (Art. 92 Abs. 1 Ziff. 7 SchKG, vgl. BGE 64 III 180). Dies gilt seit der Revision des SchKG (s. N 4) zwar unabhängig davon, ob die Leibrente von einem Dritten dem Schuldner unentgeltlich bestellt worden war oder ob der Schuldner diese selbst finanziert hat. Diese Schlechterstellung des Gläubigers beruht auf einem Versehen des Gesetzgebers (BSK SchKG I-von der Mühll, Art. 92 N 29). Die dem Stammrecht entfliessenden **Einzelforderungen** bilden beschränkt pfändbares Einkommen des Rentenempfängers (Art. 93 SchKG).

Art. 520

IV. Leibrenten nach dem Gesetz über den Versicherungsvertrag

Die Bestimmungen dieses Gesetzes über den Leibrentenvertrag finden keine Anwendung auf Leibrentenverträge, die unter dem Bundesgesetz vom 2. April 1908 über den Versicherungsvertrag stehen, vorbehältlich der Vorschrift betreffend die Entziehbarkeit des Rentenanspruchs.

IV. Rentes viagères soumises à la loi sur le contrat d'assurance

Les dispositions ci-dessus ne s'appliquent pas aux contrats de rente viagère soumis à la loi fédérale du 2 avril 1908 sur le contrat d'assurance; sous réserve toutefois de ce qui est prescrit pour l'insaisissabilité de la rente.

IV. Rendite vitalizie secondo la legge sul contratto di assicurazione

Le disposizioni di questa legge sul contratto di rendita vitalizia non si applicano ai contratti di rendita vitalizia regolati dalla legge federale del 2 aprile 1908 sul contratto di assicurazione, salvo quanto è prescritto circa la pignorabilità della rendita.

1 Für die (massenweise begründeten) Leibrentenverträge durch Versicherungsgesellschaften wird auf die Bestimmungen des VVG verwiesen. Dieses Gesetz enthält jedoch keine spezielle Regelung der Leibrente, wohl aber eine Rückverweisung auf das OR (Art. 100 VVG). Deshalb gelangen die Art. 516 ff. auch auf die Leibrentenversicherungsverträge zur Anwendung, soweit nicht die allgemeinen Bestimmungen des VVG vorgehen (so für den Vertragsabschluss Art. 1 ff., für den Konkurs des Versicherers Art. 37 und für die Abtretung Art. 73 VVG).

2 Das Gesetz behält die Anwendbarkeit von Art. 519 Abs. 2 auf Leibrentenversicherungsverträge ausdrücklich vor. Dieser Vorbehalt wurde durch die Aufhebung von Art. 519 Abs. 2 allerdings obsolet (Art. 519 N 4). Entgegen dem Wortlaut des aufgehobenen Abs. 2 und aufgrund der Materialien nimmt das BGer an, der Vorbehalt erstrecke sich auch auf Art. 519 Abs. 1 (BGE 61 III 193 ff.; Guhl, ZBJV 1936, 616).

Vorbemerkungen zu Art. 521–529

Literatur

Vgl. die Literaturhinweise bei den Vorbem. zu Art. 516–520.

I. Allgemeines

1 Der Verpfründungsvertrag, auch *«Leibgeding»*, *«Altenteilsvertrag»* oder *«Schleissrecht»* genannt, gehört ebenfalls zu den **aleatorischen** Rechtsgeschäften. Während die Leistung des Pfründers von Anfang an bestimmt ist, richtet sich die Dauer der zu erbringenden Gegenleistung nach der Lebenszeit des Pfründers. Darüber hinaus hängt jedoch auch das *Mass* dieser Leistung von ungewissen Umständen ab, insb. von der Gesundheit und vom künftigen Wohlbefinden des Gläubigers. Der Pfrundgeber weiss im Zeitpunkt des Vertragsschlusses regelmässig nicht, ob für Arzt, Pflege und Krankenhaus Aufwand und Kosten entstehen werden. Die wirtschaftliche Äquivalenz von Leistung und Gegenleistung kann jedenfalls erst beim Tode des Pfründers beurteilt werden.

2 Wegen der engen Beziehung zwischen den Vertragsparteien, wegen der bleibenden Abhängigkeit, in die sich der Pfründer begibt, ist dieser Vertrag der Gefahr des Missbrauchs besonders ausgesetzt. Dies prägt auch den **Charakter des Gesetzes**. Die Regelungsdichte ist höher als beim Leibrentenvertrag, die Form ist strenger und auch inhaltlich soll den Sicherheitsinteressen der Beteiligten Rechnung getragen werden. In ihrer **Bedeutung** ist die Verpfründung mit dem Ausbau der Sozialversicherung stark zurückgegangen, kommt aber in landwirtschaftlichen Gegenden noch vor. Die Altersheime werden heute regelmässig durch periodische Zahlungen entgolten, und ihre Bewohner brauchen sich ihres Vermögens nicht mehr zu entäussern, wie dies im Falle der Pfrundanstalten noch vorgesehen ist.

II. Anwendungsbereich

3 Art. 521 Abs. 1 spricht zunächst von einem **Vertrag**. Damit entfällt die Anwendung von Art. 521 ff. auf die sich *direkt* aus dem Gesetz (insb. dem Ehe- und Verwandtschaftsrecht) ergebenden Pflichten zur Sorge, Pflege, Beistand und Unterhalt (ZK-OSER/SCHÖNENBERGER, Vor Art. 184–551 OR N 2). Ferner kann sich – wie bei der Leibrente auch – eine unselbständige Verpfründungsverpflichtung aus einer anderen Rechtsbeziehung ergeben (Vor Art. 516–520 N 3). Die Art. 521 ff. sind auf den **selbständigen** Verpfründungsvertrag zugeschnitten, können aber vom Richter im Einzelfall bei der Ergänzung lückenhafter Verträge analog angewendet werden, z.B. bei der Zusprechung einer kapitalisierten Leibrente als Ersatz für eine arbeitsvertragliche Verpfründungsverpflichtung (Art. 527 Abs. 3; BGE 111 II 260).

4 Art. 521 Abs. 1 charakterisiert den Verpfründungsvertrag durch eine Gegenüberstellung von Leistung *und* Gegenleistung als einen **zweiseitigen** Vertrag (VON TUHR/PETER, 149). Die für den Vertrag charakteristische **Pfrund** (Unterhalt und Pflege auf Lebenszeit) kann durch Vereinbarung nach Inhalt und Umfang zwar reduziert, nicht jedoch ausgeschlossen werden. Andernfalls liegt eine (u.U. dissimulierte) *Schenkung* des «Pfründers» und kein Verpfründungsvertrag vor (vgl. RVJ 1969, 338). Häufig entspricht es dem übereinstimmenden Willen der Parteien, dass der Wert des übertragenen Vermögens grösser sein soll als der Wert der Unterhaltsleistung. In diesem Falle liegt ein zwischen Schenkung und Verpfründung *gemischtes* Vertragsverhältnis vor, auf welches die Art. 521 ff. anwendbar bleiben (METZGER-WÜEST, 54 ff.). Für die Abgrenzung ist letztlich entscheidend, ob der Pfrundgeber das Versorgungsrisiko trägt und es im Zeitpunkt des Vertragsabschlusses nicht geradezu unwahrscheinlich ist, dass mit den Jahren durch Alter und Krankheit des Pfründers intensive Betreuung, teure und

langdauernde Behandlung oder Spitalpflege erforderlich sein wird (vgl. ZGGVP 1979/80, 149). Steht umgekehrt der Verpflichtung des Pfrundgebers keine Gegenleistung des Pfründers gegenüber, so liegt ebenfalls keine Verpfründung, sondern eine Schenkung vor, die lediglich der Schriftform bedarf (ZK-OSER/SCHÖNENBERGER, Art. 521 N 7). Bilden «Unterhalt und Pflege» nicht Gegenstand des Leistungsversprechens, so liegt keine Verpfründung vor (vgl. BGE 130 III 235: Begründung eines lebenslänglichen Wohnrechts zugunsten des Veräusserers einer Liegenschaft).

III. Stammrecht und Einzelforderung

5 Die Unterscheidung im Hinblick auf die Abtretbarkeit und Pfändbarkeit ist aufgrund von Art. 529 Abs. 1 weniger bedeutsam als beim Leibrentenvertrag, wohl aber hinsichtlich der Verjährung (hierzu s. Vor Art. 516–520 N 5; Art. 521 N 4).

IV. IPR. Ausländisches Recht

6 Beim Verpfründungsvertrag wird die charakteristische Leistung durch den Pfrundgeber erbracht, der sich zur Gewährung von Unterhalt und Pflege des Pfründers verpflichtet. Nach h.L. ist bei Fehlen einer Rechtswahl deshalb an das Recht am Wohnsitz des Pfrundgebers anzuknüpfen (ZK-SCHÖNENBERGER/JÄGGI, Allgemeine Einleitung N 321). Vereinzelt wird auch die Auffassung vertreten, der Schwerpunkt der Vertragsbeziehung (Art. 117 Abs. 1 IPRG) sei am Pfrundort, dem Ort der häuslichen Gemeinschaft zu erblicken (BK-SCHAETZLE, N 22 f.).

7 Die detaillierte Regelung des Verpfründungsvertrags im OR stellt eine Besonderheit dar. Im Ausland wurde auf eine spezielle Regelung dieses Vertragstypus weitgehend verzichtet (BK-SCHAETZLE, N 28 ff.).

Art. 521

B. Verpfründung
I. Begriff

[1] Durch den Verpfründungsvertrag verpflichtet sich der Pfründer, dem Pfrundgeber ein Vermögen oder einzelne Vermögenswerte zu übertragen, und dieser, dem Pfründer Unterhalt und Pflege auf Lebenszeit zu gewähren.

[2] Ist der Pfrundgeber als Erbe des Pfründers eingesetzt, so steht das ganze Verhältnis unter den Bestimmungen über den Erbvertrag.

B. Contrat d'entretien viager
I. Définition

[1] Le contrat d'entretien viager est celui par lequel l'une des parties s'oblige envers l'autre à lui transférer un patrimoine ou certains biens, contre l'engagement de l'entretenir et de la soigner sa vie durant.

[2] Si le débiteur est institué héritier du créancier, le contrat est régi par les dispositions relatives au pacte successoral.

B. Vitalizio
I. Definizione

[1] Il contratto di vitalizio è quello con cui una parte si obbliga a trasferire all'altra una sostanza o determinati beni e questa a procacciarle il mantenimento e l'assistenza vita sua durante.

[2] Se il debitore del vitalizio è istituito erede dal costituente, l'atto è regolato dalle disposizioni sul contratto successorio.

Literatur

Vgl. die Literaturhinweise bei den Vorbem. zu Art. 516–520.

I. Der schuldrechtliche Verpfründungsvertrag (Abs. 1)

1. Begriff

1 Nach der Legaldefinition in Abs. 1 steht der Vermögensübertragung seitens des Pfründers die Pflicht des Pfrundgebers gegenüber, dem Pfründer Unterhalt und Pflege auf Lebenszeit zu gewähren.

2. Parteien

2 Aus dem Inhalt seines Anspruchs (u. N 5), wie auch aus dessen zeitlicher Begrenzung (u. N 6) folgt, dass der Pfründer notwendigerweise eine **natürliche Person** ist, während der Pfrundgeber auch eine juristische Person sein kann (Art. 522 Abs. 2, Art. 524 Abs. 3). Ist eine Vertragspartei bevormundet, so hat die vormundschaftliche Aufsichtsbehörde dem Vertrag zuzustimmen (Art. 422 Ziff. 4 ZGB). Der Verpfründungsvertrag kann auch zugunsten eines *Dritten* abgeschlossen werden (Art. 112; KGer VS, RVJ 1991, 388). Ferner kann der Unterhalt und die Pflege *mehrerer* Personen vereinbart werden (Tercier/Pichonnaz, N 5463 und 5466). Überträgt der Pfründer sein *landwirtschaftliches Gewerbe* zu Lebzeiten auf einen zukünftigen Erben als Pfrundgeber, so finden die Bestimmungen über das bäuerliche Erbrecht keine Anwendung. Deshalb muss der Pfrundgeber nicht notwendigerweise zur Selbstbewirtschaftung willens und geeignet sein (vgl. Art. 11 Abs. 1 BGBB; BGE 117 II 530 ff. zu Art. 620 aZGB).

3. Die Pflichten des Pfründers

3 Die Verpflichtung des Pfründers (auch Pfrundnehmer genannt) besteht in der Übertragung eines **Vermögens oder einzelner Vermögenswerte**. Häufig bildet ein landwirtschaftliches Heimwesen «samt lebendem und totem Inventar» Gegenstand der Leistung. Auch das *ganze* Vermögen des Pfründers kann Gegenstand des Verpfründungsvertrages bilden, ohne dass dem sittliche Bedenken entgegenstünden. Da die Leistung des Pfründers nicht von seiner Lebensdauer abhängen darf, liegt kein Verpfründungsvertrag vor, wenn für Unterhalt und Pflege ein monatliches Versorgungsgeld bezahlt wird (Homberger, 29). Die **Übertragung** besteht nicht notwendigerweise in der Verschaffung des Eigentums, die Bestellung einer blossen Nutzniessung genügt (BGE 44 II 345). Die Übertragung ist für jedes Vermögensobjekt nach den entsprechenden sachenrechtlichen Regeln zu vollziehen, für die Abtretung von Forderungen gilt Art. 164 ff. Bei der Übertragung eines Vermögens oder eines Geschäfts mit Aktiven und Passiven findet ferner Art. 181 Anwendung. Die Veräusserung eines Grundstücks im Zusammenhang mit einem Verpfründungsvertrag stellt jedenfalls dann *keinen Vorkaufsfall* dar, wenn das Grundstück der Pfrundgewährung dienen soll (BGE 118 II 402).

4 Die Pflicht zur Verschaffung der Vermögenswerte ist ohne anderweitige Verabredung mit dem Vertragsschluss **fällig** (Art. 75). Mit der Fälligkeit beginnt die Verjährungsfrist (Art. 130 Abs. 1), die gem. Art. 127 nach zehn Jahren abläuft. Wird die Verjährung durch Anerkennungshandlungen des Schuldners unterbrochen (Art. 135 Ziff. 1), so beginnt die Verjährungsfrist von neuem (Art. 137; KGer VS, RVJ 1991, 390). Die Erhebung der Verjährungseinrede durch den Pfründer kann rechtsmissbräuchlich sein (BGE 89 II 262).

4. Die Pflichten des Pfrundgebers

5 Die Verpflichtung des Pfrundgebers besteht in **Unterhalt und Pflege** des Pfründers. Ihre genaue Umschreibung muss den Parteien überlassen bleiben, doch bleibt die Pflicht des Pfrundgebers in jedem Fall konfliktanfällig. Sachliche und persönliche Leistungen sind miteinander kombiniert, sie bestehen in Handlungen, Duldungen und Unterlassungen und sind jeden Tag neu zu erfüllen (Art. 524; von Tuhr/Peter, 45 ff.). Schwierigkeiten wirft auch ihre *Bewertung* auf, die sich nicht immer vermeiden lässt (vgl. etwa Art. 524 Abs. 1; Art. 525 Abs. 3;

Art. 526 Abs. 1). An der Qualifikation als Verpfründungsvertrag ändert sich nichts, wenn *neben* dem Unterhalt und der Pflege noch weitere Leistungen geschuldet sind, etwa ein Kaufpreis als Ausgleichszahlung des Pfrundgebers bei der Übertragung einer Liegenschaft (BGE 79 II 173 f.). Dasselbe gilt, wenn eine Hypothek übernommen wird oder wenn der Pfründer anstelle von Unterhalt und Pflege eine Rente verlangen kann (BGE 105 II 45; 67 II 156).

6 Die **Dauer** der Verpflichtung bemisst sich notwendigerweise nach der **Lebenszeit** des Pfründers. Befristungen oder etwa die Vereinbarung eines Kündigungsrechts sind mit dem aleatorischen Charakter der Verpfründung nicht vereinbar (ZK-OSER/SCHÖNENBERGER, N 5; vgl. ferner BK-SCHAETZLE, N 13). Der Tod des Pfründers ist der *ordentliche* Beendigungsgrund des Vertragsverhältnisses. Die Pflichten des Pfrundgebers sind denn auch passiv vererblich. *Ausserordentliche* Beendigungsgründe bilden die Kündigung wegen Ungleichgewichts der Leistungen (Art. 526), die Aufhebung wegen Vertragsverletzung oder aus anderen wichtigen Gründen (Art. 527), die Auflösung durch den Pfründer beim Tod des Pfrundgebers (Art. 528) und der Konkurs des Pfrundgebers (Art. 529).

II. Die Erbverpfründung (Abs. 2)

7 Die schuldrechtliche Verpfründung (Abs. 1) ist von der Erbverpfründung (Abs. 2) zu unterscheiden (BGE 45 II 375; RVJ 1969, 331 ff.). Die schuldrechtliche Verpfründung ist ein Rechtsgeschäft unter Lebenden, das seine Wirkungen zu Lebzeiten beider Parteien entfaltet. Daran ändert der Umstand nichts, dass der Vollzug des Vertrages *bis* zum Tode des Pfründers zu erfolgen hat. Besteht jedoch die Gegenleistung des Pfründers an den Pfrundgeber in einer Verfügung auf den Todesfall, indem der Pfrundgeber (oder ein Dritter) als Erbe oder als Vermächtnisnehmer des Pfründers eingesetzt wird, so liegt eine Erbverpfründung vor und das **ganze** Verhältnis untersteht den Regeln des Erbrechts.

8 Die Verweisung in Abs. 2 bedeutet insb., dass hinsichtlich der Vertragsfähigkeit des Pfründers Art. 468 ZGB zu beachten, die Vertretung durch einen Vormund also ausgeschlossen ist (GUHL/KOLLER/SCHNYDER/DRUEY, 647 f.), und dass die Aufhebung der Erbverpfründung nicht durch formlose Willensübereinkunft, sondern nur in Schriftform erfolgen kann (Art. 513 ZGB). Die Bestimmungen des OR gelten für die Erbverpfründung grundsätzlich nicht (insb. Art. 522 Abs. 2; Art. 525 Abs. 2, 3). Einzelne Regeln des OR können allerdings – soweit dadurch kein Widerspruch zum Erbrecht entsteht – auch bei der Erbverpfründung zur Anwendung gelangen (z.B. Art. 524 und 528, dieser allerdings nur bei lebzeitiger Ausrichtung gem. Art. 534 ZGB). Art. 527 gilt teils kraft Rückverweisung durch Art. 514 ZGB, teils in Analogie auch für die Erbverpfründung (ZK-OSER/SCHÖNENBERGER, N 10, Art. 528 N 3; HOMBERGER, 193).

Art. 522

II. Entstehung
1. Form

[1] Der Verpfründungsvertrag bedarf zu seiner Gültigkeit, auch wenn keine Erbeinsetzung damit verbunden ist, derselben Form wie der Erbvertrag.

[2] Wird der Vertrag mit einer staatlich anerkannten Pfrundanstalt zu den von der zuständigen Behörde genehmigten Bedingungen abgeschlossen, so genügt die schriftliche Vereinbarung.

II. Conditions
1. Forme

[1] Le contrat d'entretien viager doit être reçu dans la forme des pactes successoraux, même s'il n'implique pas une institution d'héritier.

[2] La forme sous seing privé suffit néanmoins, lorsque le contrat est conclu avec un asile reconnu par l'Etat et aux conditions fixées par l'autorité compétente.

II. Costituzione
1. Forma

[1] Il contratto di vitalizio richiede per la sua validità la forma prescritta pel contratto successorio, ancorché non sia collegato con una istituzione di erede.

[2] Ove il contratto sia conchiuso con un istituto riconosciuto dallo Stato alle condizioni approvate dall'autorità competente, basta ch'esso sia convenuto in forma scritta.

Literatur

Vgl. die Literaturhinweise bei den Vorbem. zu Art. 516–520.

I. Normweck. Anwendungsbereich

1 Das Gesetz verlangt die Form des Erbvertrages, obwohl mit dem schuldrechtlichen Verpfründungsvertrag eine Erbeinsetzung gerade nicht verbunden ist und die beiderseitigen Leistungen bereits zu Lebzeiten zu erbringen sind. Immerhin findet auch in diesen Fällen nicht selten der Übergang eines ganzen Vermögens statt, der wirtschaftlich auf die Vorwegnahme des Erbgangs hinausläuft. Deshalb soll verhindert werden, dass erbrechtliche Formvorschriften durch den Verpfründungsvertrag umgangen werden. Im Vordergrund steht der Schutz der Parteien vor Übereilung.

2 Art. 522 kommt nicht zur Anwendung bei **unselbständigen** Verpfründungsversprechen, die sich aus einer anderen vertraglichen Beziehung ergeben (vgl. BGE 111 II 260).

II. Abschlussform

3 Abs. 1 verweist für die Entstehung des Verpfründungsvertrages auf jene Form, die für den **Erbvertrag** einzuhalten ist (Art. 512 ZGB). Diese Form ist auch dann einzuhalten, wenn im Rahmen der Verpfründung ein Grundstück abgetreten wird (BGE 105 II 43; METZGER-WÜEST, 104 f.). Massgebend sind somit die Bestimmungen über die öffentliche letztwillige Verfügung (Art. 499 ff. ZGB). Die Praxis achtet streng auf deren Einhaltung. Ungültig ist der Verpfründungsvertrag etwa dann, wenn sich die in Art. 512 Abs. 2 ZGB i.V.m. Art. 501 ZGB vorgeschriebene Zeugenbestätigung nicht auch auf den Pfrundgeber bezieht (BGE 105 II 47; 48 II 63).

4 **Einfache Schriftlichkeit** genügt bei Verträgen mit staatlich anerkannten Pfrundanstalten, sofern die Bedingungen der von der zuständigen Behörde genehmigten Fassung entsprechen (Abs. 2).

5 Ein **Formmangel** bewirkt die Nichtigkeit des Verpfründungsvertrags. Dies gilt insb., wenn im Verpfründungsvertrag der Preis für die vom Pfründer an den Pfrundgeber übertragene Liegenschaft zu tief angegeben wird. Bei Formnichtigkeit entfällt die Grundlage für die Eigentumsübertragung an einem Grundstück (und des Zugehörs), so dass das Grundbuch zu berichtigen ist (Art. 975 ZGB). Auch die Fahrhabe ist mangels gültigem Grundgeschäft zurückzuerstatten, soweit nicht inzwischen das Eigentum des Pfrundgebers durch gutgläubige Ersitzung begründet worden ist (Art. 728 ZGB; BGE 67 II 161). Die Berufung auf die Formnichtigkeit ist indessen unbeachtlich, wenn sie gegen Treu und Glauben verstösst. Dies ist insb. dann der Fall, wenn beide Parteien ihre Leistungen bereits erbracht haben (BGE 98 II 316; 67 II 159; BUCHER E., ZBGR 1975, 65 ff., 74 f.; vgl. ferner BGE 99 II 55). Rechtsmissbräuchlich kann die Berufung auf die Formnichtigkeit auch dann sein, wenn der Vertrag noch nicht vollständig, aber doch annähernd oder zur Hauptsache erfüllt ist (RVJ 1991, 389).

III. Aufhebungsvertrag

6 Anders als Art. 521 Abs. 2 für die Erbverpfründung, verweist Abs. 1 für die schuldrechtliche Verpfründung *nur* hinsichtlich der Entstehungsform auf das Erbrecht. Dies ergibt sich aus dem Randtitel. Deshalb ist für die vertragliche **Aufhebung** der schuldrechtlichen Verpfrün-

dung anders als bei der Erbverpfründung (Art. 513 ZGB) ein schriftlicher Vertrag nicht erforderlich, eine mündliche Übereinkunft ist ausreichend (Art. 115; BGE 99 II 55; STOFER, SPR VII/2, 752; KUKO OR-HERZOG, N 1; CHK-BALMELLI, N 7; **a.M.** ZK-OSER/SCHÖNENBERGER, Art. 526 N 3; HOMBERGER, 167; BK-SCHAETZLE, N 20). Die gegenteilige Meinung wird vor allem mit dem Schutzbedürfnis der Vertragsparteien begründet. Dieses besteht jedoch beim Eingehen einer lebenslänglichen Bindung in viel höherem Masse als bei deren Auflösung, die letztlich in die Wiederherstellung des früheren Zustands mündet.

Art. 523

2. Sicherstellung **Hat der Pfründer dem Pfrundgeber ein Grundstück übertragen, so steht ihm für seine Ansprüche das Recht auf ein gesetzliches Pfandrecht an diesem Grundstück gleich einem Verkäufer zu.**

2. Sûretés Le créancier qui remet à l'autre partie un immeuble y conserve, pour la garantie de ses droits, une hypothèque légale au même titre qu'un vendeur.

2. Garanzia Il costituente che trasferì al debitore un fondo ha sul medesimo l'ipoteca legale del venditore a garanzia delle sue pretese.

1 Da der Pfründer üblicherweise vorleistungspflichtig ist, während die Leistungen des Pfrundgebers sukzessive bis zum Tode des Pfründers zu erbringen sind, bestehen für den Pfründer erhebliche Risiken. Den Parteien steht es frei, diese durch Bestellung von Sicherheiten herabzusetzen. Eine Sicherheit ohne Parteivereinbarung räumt das Gesetz immerhin jenem Pfründer ein, der ein Grundstück überträgt. Ihm steht ein gesetzliches Pfandrecht zu wie dem Verkäufer (Art. 837 f. ZGB; CHK-BALMELLI, N 1; vgl. VON TUHR/PETER, 139 FN 1a).

2 Die Pfandsumme ist wie nach Art. 529 Abs. 2 zu berechnen. Wird durch das Pfandrecht die Belastungsgrenze für landwirtschaftliche Heimwesen überschritten, so ist eine behördliche Bewilligung einzuholen (Art. 86 des BG über die Entschuldung landwirtschaftlicher Heimwesen vom 12.12.1940, SR 211.412.12).

Art. 524

III. Inhalt **[1] Der Pfründer tritt in häusliche Gemeinschaft mit dem Pfrundgeber, und dieser ist verpflichtet, ihm zu leisten, was der Pfründer nach dem Wert des Geleisteten und nach den Verhältnissen, in denen er bishin gestanden hat, billigerweise erwarten darf.**

[2] Er hat ihm Wohnung und Unterhalt in angemessener Weise zu leisten und schuldet ihm in Krankheitsfällen die nötige Pflege und ärztliche Behandlung.

[3] Pfrundanstalten können diese Leistungen in ihren Hausordnungen unter Genehmigung durch die zuständige Behörde als Vertragsinhalt allgemein verbindlich festsetzen.

III. Objet du contrat [1] Le créancier vit dans le ménage du débiteur; celui-ci lui doit les prestations que la valeur des biens reçus et la condition sociale antérieure du créancier permettent équitablement d'exiger.

[2] Le débiteur est, en particulier, tenu de fournir au créancier une nourriture et un logement convenables; en cas de maladie, il lui doit les soins nécessaires et l'assistance du médecin.

[3] Les asiles fondés en vue de pourvoir à l'entretien viager de leurs pensionnaires peuvent déterminer ces prestations d'une manière obligatoire pour tous, dans des règlements approuvés par l'autorité compétente.

III. Oggetto

[1] Chi ha costituito il vitalizio entra a far parte della comunione domestica del debitore, il quale è tenuto alle prestazioni che quegli può equamente attendersi secondo il valore di quanto egli ha dato e le condizioni nelle quali ha sino allora vissuto.

[2] Il debitore è tenuto a fornirgli vitto e alloggio in modo conveniente ed in caso di malattia gli deve la necessaria assistenza e cura medica.

[3] Gli istituti di vitalizio possono coll'approvazione dell'autorità competente determinare tali prestazioni nel loro regolamento interno come norma contrattuale obbligatoria per tutti.

I. Normzweck und -inhalt

Die in Art. 521 Abs. 1 begrifflich umschriebene Leistungspflicht des Pfrundgebers (Unterhalt und Pflege auf Lebenszeit) wird in Art. 524 nach Inhalt und Umfang **konkretisiert**. 1

Inhaltlich wird vermutet, dass der Pfründer in die *häusliche Gemeinschaft* mit dem Pfrundgeber eintritt (Art. 331 ff. ZGB). Dies bildet zwar den Regelfall, ist jedoch für das Vorliegen des Verpfründungsvertrags nicht begriffsnotwendig (ZGGVP 1979/80, 148). Ferner hat der Verpfründer für *Wohnung* und *Unterhalt*, in Krankheitsfällen zudem für die nötige *Pflege* und *ärztliche Behandlung* aufzukommen. Die Pflicht zum Unterhalt umfasst neben Nahrung und Kleidung ein angemessenes Taschengeld, jene zur Pflege die Bezahlung der Bestattungs- und Grabkosten (ZK-OSER/SCHÖNENBERGER, N 3, 6; ZBJV 1941, 240). 2

Inhalt und **Umfang** der geschuldeten Leistung richten sich zunächst nach dem Vertrag, wobei die Parteiautonomie durch die gute Sitte und das Persönlichkeitsrecht des Pfründers begrenzt ist. Bei Pfrundanstalten ist die behördlich genehmigte Hausordnung massgebend (Abs. 3). Weitere Anhaltspunkte bilden der Wert des vom Pfründer übertragenen Vermögens sowie die bisherigen Verhältnisse, in denen der Pfründer gestanden hat. Da auch dies keine festen Grössen sind, und sich die Bedürfnisse des Pfründers verändern, ist letztlich unter den Gesichtspunkten der Billigkeit (Abs. 1) und der Angemessenheit (Abs. 2) zu entscheiden, wobei neben den Bedürfnissen des Pfründers auch die Möglichkeiten des Pfrundgebers zu berücksichtigen sind (TERCIER/PICHONNAZ, N 5462). 3

II. Abweichende Vereinbarungen

Den Parteien steht es frei, im eigentlichen **Vertrag** selbst oder (formfrei) in ergänzenden Nebenbestimmungen weitere Einzelheiten zu regeln (Besorgung der Wäsche, Anzahl der Mahlzeiten, Lieferung von Lebensmitteln und Brennholz usw.; VON TUHR/PETER, 242). Hierbei ist an sich auch eine Herabsetzung der Leistungspflicht gegenüber dem vom Gesetz beschriebenen Standard zulässig, ohne dass die Qualifikation als Verpfründungsvertrag in Frage steht. Dies trifft z.B. zu auf eine Vereinbarung, wonach die Leistungspflicht des Pfrundgebers erst dann einsetzen soll, wenn die AHV-Renten des Pfründers und die Krankenkassenleistungen sowie die übrigen Sozialleistungen nicht mehr ausreichen (ZGGVP 1979/80, 149). Zu beachten bleibt jedoch, dass der Verpfründungsvertrag die Gewährung eines sorgenfreien und menschenwürdigen Daseins und die Übernahme der damit verbundenen Risiken durch den Pfrundgeber beinhaltet. Eine Aushöhlung, eine wesentliche Unterschreitung des in Art. 524 umschriebenen Standards macht den Vertrag deshalb zwar nicht ungültig, schliesst jedoch die Qualifikation als Verpfründung aus (Vor Art. 521–529 N 4). Eine solche Aushöhlung ist etwa dann gegeben, wenn der Pfrundgeber lediglich Wohnraum zur Verfügung stellt oder die Pflege bei leichten Krankheiten verspricht (vgl. ZK-OSER/SCHÖNENBERGER, Art. 521 N 4; **a.M.** BK-SCHAETZLE, N 3) oder wenn sich die Versorgung auf die Bestellung des Haushalts beschränkt (RVJ 1969, 338). 4

Art. 525

IV. Anfechtung und Herabsetzung

[1] Ein Verpfründungsvertrag kann von denjenigen Personen angefochten werden, denen ein gesetzlicher Unterstützungsanspruch gegen den Pfründer zusteht, wenn der Pfründer durch die Verpfründung sich der Möglichkeit beraubt, seiner Unterstützungspflicht nachzukommen.

[2] Anstatt den Vertrag aufzuheben, kann der Richter den Pfrundgeber zu der Unterstützung der Unterstützungsberechtigten verpflichten unter Anrechnung dieser Leistungen auf das, was der Pfrundgeber vertragsgemäss dem Pfründer zu entrichten hat.

[3] Vorbehalten bleiben ferner die Klage der Erben auf Herabsetzung und die Anfechtung durch die Gläubiger.

IV. Nullité et réduction

[1] Un contrat d'entretien viager peut être attaqué par les personnes envers lesquelles le créancier est légalement tenu à des aliments, lorsque ce contrat l'a dépouillé des moyens d'accomplir son devoir d'assistance envers elles.

[2] Le juge peut, au lieu d'annuler le contrat, obliger le débiteur à fournir des aliments aux ayants droit, sauf à imputer ces prestations sur celles dues au créancier.

[3] Sont en outre réservées l'action en réduction des héritiers et l'action révocatoire des créanciers.

IV. Contestazione e riduzione

[1] Il contratto di vitalizio può essere impugnato da quelle persone che hanno un diritto legale agli alimenti verso il costituente, qualora questi col contratto stesso si sottragga alla possibilità di adempiere il suo obbligo.

[2] Invece di sciogliere il contratto, il giudice può obbligare il debitore del vitalizio a prestare gli alimenti agli aventi diritto, compensando questa prestazione con ciò che egli deve per contratto al costituente.

[3] Sono riservate l'azione di riduzione spettante agli eredi e la azione revocatoria dei creditori.

Literatur

Vgl. die Literaturhinweise bei den Vorbem. zu Art. 516–520.

I. Anwendungsbereich

1 Anfechtungsgrund ist nicht ein Mangel im Rechtsgeschäft, durch welches die Verpfründung begründet wird, sondern die wirtschaftliche Folge, die das Rechtsgeschäft für Dritte haben kann. Der Pfründer entäussert sich seines Vermögens. Dies kann den berechtigten Interessen Dritter zuwiderlaufen. Das Gesetz räumt deshalb **Drittpersonen** entweder ein besonderes Anfechtungsrecht ein (so den Unterstützungsberechtigten, Abs. 1) oder es verweist sie auf andernorts geregelte Rechtsbehelfe (so die Erben und die Gläubiger, Abs. 3).

II. Anfechtung durch unterstützungsberechtigte Personen (Abs. 1 und 2)

2 Für die *Anfechtung* nach Abs. 1 wird vorausgesetzt, dass sich der Pfründer durch die Verpfründung der Möglichkeit beraubt, seiner **Unterstützungspflicht** nachzukommen. Eine Benachteiligungsabsicht seitens des Pfründers ist nicht vorausgesetzt (KUKO OR-Herzog, N 1; **a.M.** Stofer, SPR VII/2, 758). Aus dem Wortlaut des Gesetzes ist zunächst zu schliessen, dass die Unterstützungsberechtigten sich erst *nach* dem *Vertrag*sabschluss zur Wehr setzen können. Eine Mitwirkung beim Vertragsschluss, insb. ein Einspracherecht, steht ihnen nach dem OR nicht zu. Dies schliesst die Annahme eines dem Anfechtungsrecht zugrunde liegenden *Unterlassungsanspruchs* gegenüber dem Pfründer nicht aus, den sie bei Kenntnis der geplanten Verpfründung durch die Ergreifung zivilprozessualer Schritte nach kantonalem Recht vorsorglich wahren können. Auch *nach* Vertragsabschluss brauchen sie nicht zu warten, bis

die Übertragung des Vermögens auf den Pfrundgeber vollzogen oder der Pfründer seiner Unterstützungspflicht tatsächlich nicht nachgekommen ist. *Aktivlegitimiert* zur Anfechtung des Verpfründungsvertrages sind Personen, die gegenüber dem Pfründer unterstützungsberechtigt sind, insb. der Ehegatte (Art. 163 ZGB) und die Kinder (Art. 276 ZGB), die unterstützungsberechtigten Verwandten (Art. 328 ZGB) und der geschiedene Ehegatte, dem eine Unterhaltsrente gem. Art. 125 ZGB zusteht (**a.M.** HOMBERGER, 137). *Passivlegitimiert* sind der Pfrundgeber, seine Erben oder bösgläubige Dritte, denen der Pfrundgeber Objekte aus dem Pfrundvermögen weiterübertragen hat (ZK-OSER/SCHÖNENBERGER, N 5). Der Richter kann den Verpfründungsvertrag aufheben oder die Leistung des Pfrundgebers an den Pfründer herabsetzen und den Pfrundgeber statt dessen verpflichten, direkt für die Unterstützung der Kläger zu sorgen (Abs. 2).

III. Anfechtung durch Pflichtteilserben und Gläubiger des Pfrundgebers (Abs. 3)

Anders als nach den früheren kantonalen Gesetzen (Privatrechtliches Gesetzbuch von Zürich § 481) sind auch die **Pflichtteilserben** nicht berechtigt, ihre Interessen am künftigen Nachlass des Pfründers zu wahren und beim Abschluss des Verpfründungsvertrages mitzuwirken. Ferner bildet der Tod des Pfründers kurz nach Vertragsschluss oder Vermögensübertragung keinen Grund für die Aufhebung oder Rückabwicklung des Vertrags (vgl. die 20-tägige Frist in Art. 1975 CC fr. für die Leibrente). Die Pflichtteilserben des Pfründers, aber auch dessen Gläubiger, können dadurch hart getroffen werden. Das Gesetz nimmt dies in Kauf, indem es den Pflichtteilserben ein besonderes Anfechtungsrecht zu Lebzeiten des Pfründers verweigert und sie auf die Herabsetzungsklage (Art. 527 Ziff. 3, 4 ZGB) verweist. In ähnlicher Lage befinden sich die **Gläubiger** des Pfründers, welche auf die Anfechtungsklage verwiesen werden (Art. 285 ff. SchKG; BGE 64 III 187). Beide Klagen haben nur Erfolg, wenn eine Liberalität des Pfründers an den Pfrundgeber nachgewiesen werden kann. 3

Ob und in welcher Höhe bei Vertragsschluss eine Schenkung vereinbart wurde, geht aus der Vereinbarung selbst häufig nicht umittelbar hervor. Bei der Frage nach der Äquivalenz von Leistung und Gegenleistung sind diese deshalb zu bewerten. Dabei sind für den Unterhalt und die Pflege auf Lebenszeit *nicht* die vom Pfrundgeber an den Pfründer während dessen Lebenszeit (vor der Zwangsvollstreckung) effektiv erbrachten Leistungen in Anschlag zu bringen. Massgebend ist vielmehr die zum **Zeitpunkt des Vertragsabschlusses** wahrscheinliche (statistische) Lebenserwartung des Pfründers. An ihr ist die voraussichtlich seitens des Pfrundgebers zu bewirkende Leistung zu bemessen, wobei Unterhalt und Pflege in einen geldwerten Betrag umzuwandeln und dieser um die weiteren, zu schätzenden Aufwendungen zu erhöhen ist (Arzt- und Spitalkosten). Soweit die aufgrund der Barwerttafeln kapitalisierte Verpflichtung des Pfrundgebers zusammen mit seinen effektiven übrigen Leistungen (Kaufpreis, Bestattungskosten) *erheblich* geringer ist als die Leistung des Pfründers, liegt eine herabsetzbare Verfügung vor (BGE 45 II 379; PKG 1965, 20; HOMBERGER, 150 ff.; BK-SCHAETZLE, N 12 f., Art. 521 N 45 ff.; s. ferner Art. 526 N 2). 4

Art. 526

V. Aufhebung
1. Kündigung

1 Der Verpfründungsvertrag kann sowohl von dem Pfründer als dem Pfrundgeber jederzeit auf ein halbes Jahr gekündigt werden, wenn nach dem Vertrag die Leistung des einen dem Werte nach erheblich grösser ist, als die des andern, und der Empfänger der Mehrleistung nicht die Schenkungsabsicht des andern nachweisen kann.

2 Massgebend ist hiefür das Verhältnis von Kapital und Leibrente nach den Grundsätzen einer soliden Rentenanstalt.

3 Was im Zeitpunkt der Aufhebung bereits geleistet ist, wird unter gegenseitiger Verrechnung von Kapitalwert und Zins zurückerstattet.

V. Extinction
1. Dénonciation

[1] Le contrat d'entretien viager peut être dénoncé en tout temps six mois à l'avance par l'une ou l'autre des parties, lorsque leurs prestations conventionnelles sont de valeur sensiblement inégale, et que celle des parties qui reçoit le plus ne peut prouver que l'autre a eu l'intention de faire une libéralité.

[2] Il y a lieu de tenir compte, à cet égard, de la proportion admise entre le capital et la rente viagère par une caisse de rentes sérieuse.

[3] Les prestations faites au moment de la résiliation sont restituées, sauf compensation entre elles pour leur valeur en capital et intérêts.

V. Scioglimento
1. Disdetta

[1] Il contratto di vitalizio può in ogni tempo esser disdetto dall'uno o dall'altro contraente, col preavviso di sei mesi, quando le loro prestazioni convenzionali avessero un valore notevolmente ineguale, e colui che riceve la maggiore prestazione non possa dimostrare la intenzione dell'altro di fare una donazione.

[2] Il rapporto tra il capitale e la rendita vitalizia sarà in questo caso calcolato secondo le norme di un accreditato istituto di assicurazioni.

[3] Le prestazioni fatte sino al momento della risoluzione del contratto sono restituite, salvo compensazione del loro valore in capitale ed interessi.

Literatur

Vgl. die Literaturhinweise bei den Vorbem. zu Art. 516–520.

I. Normzweck

1 Abs. 1 geht von einer bisher vertragskonformen Erfüllung der Vereinbarung aus, denn anders als in Art. 527 wird eine Leistungsstörung für das Kündigungsrecht nicht vorausgesetzt. Der Mangel liegt vielmehr in der Festlegung von Leistung und Gegenleistung anlässlich des Vertragsschlusses. Das Gesetz trägt hier dem Umstand Rechnung, dass die Anfechtung einer in den Formen des Erbvertrages geschlossenen Vereinbarung wegen Willensmangels (Art. 23 ff.; vgl. RVJ 1982, 212) oder wegen Übervorteilung (Art. 21; RVJ 1969, 334) mit erheblichen praktischen, insb. prozessualen Schwierigkeiten verbunden ist. Ohne dass den Parteien diese Rechtsbehelfe entzogen werden, wird ihnen durch die Gewährung eines Kündigungsrechts die **vereinfachte Auflösung** des Vertrages ermöglicht.

II. Voraussetzungen

2 Die kündigende Vertragspartei hat dabei nur, aber immerhin, ein **Missverhältnis** zwischen Leistung und Gegenleistung nachzuweisen. Bei der *Bewertung* ist für die Leistung des Pfrundgebers wiederum nicht massgebend, was im Zeitpunkt der Kündigung oder bis zu diesem Zeitpunkt effektiv geleistet wurde, auch wenn diese Optik als *Anlass* zur Aufhebung und für die Rückabwicklung (Abs. 3) bedeutsam ist. Vielmehr ist auch hier abzustellen auf die mit dem Vertrag eingegangene und vom Zeitpunkt des Abschlusses aus zu kapitalisierende Verpflichtung (Homberger, 185; ZBJV 1944, 143). Dass dabei die Grundsätze einer soliden Rentenanstalt zu beachten sind (Abs. 2), schliesst nicht aus, dass statt der Versicherungstarife die Barwerttafeln verwendet werden, die keinen Unkostenfaktor enthalten (Schaetzle/Weber, N 2.790). Der so gewonnene Betrag ist der Nettoleistung des Pfründers gegenüberzustellen. Das Fehlen einer Äquivalenz beider Leistungen allein reicht jedoch noch nicht aus. Die Kündigung ist vielmehr nur dann zulässig, wenn die sich ergebende Differenz *erheblich* ist, also ein krasses Missverhältnis vorliegt. Selbst dann bleibt die Kündigung ausgeschlossen, wenn der Empfänger der Mehrleistung nachweist, dass dem Missverhältnis eine Schenkung seitens des Kündigenden zugrunde liegt.

3 Die Kündigung kann jederzeit unter Einhaltung einer **Frist** von sechs Monaten erfolgen.

III. Rechtsfolgen

Gesetz und Randtitel sprechen zwar von «Kündigung», doch liegt wie bei Art. 527 ein **Rücktritt**, d.h. eine **ex tunc** wirkende Aufhebung des Vertrages, vor (VON TUHR/ESCHER, 168 FN 54). Die tatsächlich bereits erbrachten Leistungen sind zurückzuerstatten. Wo dies nicht in natura möglich ist, sind diese zu schätzen (ZK-OSER/SCHÖNENBERGER, N 10; BK-SCHAETZLE, N 13 ff.), zu verzinsen und gegeneinander aufzurechnen. Der Saldo ist auszugleichen (Abs. 3). Ausgeschlossen ist es, die Verpfründung in Analogie zu Art. 527 Abs. 3 in eine Leibrente umzuwandeln (BGE 70 II 54 = Pra 1944, 136). 4

Art. 527

2. Einseitige Aufhebung

[1] **Sowohl der Pfründer als der Pfrundgeber kann die Verpfründung einseitig aufheben, wenn infolge von Verletzung der vertraglichen Pflichten das Verhältnis unerträglich geworden ist oder wenn andere wichtige Gründe dessen Fortsetzung übermässig erschweren oder unmöglich machen.**

[2] **Wird die Verpfründung aus einem solchen Grunde aufgehoben, so hat neben der Rückgabe des Geleisteten der schuldige Teil dem schuldlosen eine angemessene Entschädigung zu entrichten.**

[3] **Anstatt den Vertrag vollständig aufzuheben, kann der Richter auf Begehren einer Partei oder von Amtes wegen die häusliche Gemeinschaft aufheben und dem Pfründer zum Ersatz dafür eine Leibrente zusprechen.**

2. Résiliation unilatérale

[1] Chacune des parties est autorisée à résilier unilatéralement le contrat, lorsque la continuation en est devenue intolérable en raison d'une violation des charges imposées, ou lorsque d'autres justes motifs rendent cette continuation impossible ou onéreuse à l'excès.

[2] Si le contrat est annulé pour l'une de ces causes, la partie qui est en faute doit, outre la restitution de ce qu'elle a reçu, une indemnité équitable à celle qui n'a commis aucune faute.

[3] Au lieu d'annuler le contrat, le juge peut, à la demande de l'une des parties ou d'office, prononcer la cessation de la vie en commun et allouer au créancier une rente viagère à titre de compensation.

2. Recesso unilaterale

[1] Così il costituente come il debitore del vitalizio possono unilateralmente recedere dal contratto, quando a seguito della violazione degli obblighi contrattuali lo stesso sia diventato incomportabile, o quando per altri motivi gravi la sua continuazione sia diventata impossibile od eccessivamente onerosa.

[2] Essendo sciolto il contratto per una di tali cause, la parte in colpa, oltre alla restituzione delle prestazioni ricevute, deve pagare alla parte senza colpa una congrua indennità.

[3] Il giudice, invece di sciogliere completamente il contratto, può limitarsi ad istanza di una parte o d'ufficio a far cessare la comunione domestica ed attribuire invece al costituente una rendita vitalizia.

I. Voraussetzungen

Das Gesetz spricht nicht von «Kündigung» wie in Art. 526, sondern von «einseitiger Aufhebung». Wie dort verleiht es hier ein **Rücktrittsrecht**. Vorausgesetzt wird die **Unzumutbarkeit**, das Vertragsverhältnis fortzusetzen. Diese kann sich in einer schweren oder einer Vielzahl weniger bedeutender *Vertragsverletzungen* ergeben, welche die Fortsetzung der Verpfründung unerträglich machen (z.B. ungenügende Nahrung, Bedrohung oder Misshandlung; BGE 54 II 384; 79 II 170). In Frage kommen neben eigentlichen Vertragsverletzungen aber auch *andere wichtige Gründe* (Art. 4 ZGB), welche die Fortsetzung des Verhältnisses übermässig erschweren oder verunmöglichen, etwa die völlige Unverträglichkeit der Charak- 1 tere des Pfründers und eines Hausgenossen des Pfrundgebers. *Verschulden* ist nicht vorausgesetzt, begründet jedoch gem. Abs. 2 einen Schadenersatzanspruch des schuldlosen Teils.

2 Das **Rücktrittsrecht** steht ausschliesslich den Vertragsparteien zu, nicht einem Dritten, der nach dem Vertrag keine Leistung zu erbringen hatte. Dies gilt auch, wenn die Vertragsparteien Rechte zugunsten dieses Dritten vereinbart haben, welche dieser selbständig einfordern könnte (SJZ 1963, 344). Eine *Frist* braucht nicht gewahrt zu werden. Im Übrigen schliesst Abs. 3 das Recht zur Fristansetzung und zum Rücktritt vom Vertrag nach Art. 107 ff. jedenfalls dort nicht aus, wo die Fortsetzung einer vertraglichen Beziehung nicht zugemutet werden kann (BGE 79 II 171).

II. Rechtsfolgen

3 Die Aufhebung **bewirkt** die Auflösung des Vertrages **ex tunc** (Abs. 2; hierzu Art. 526 N 4), was sachlich an sich nicht begründet ist (Bucher, BT, 318). Da sich die Rückabwicklung des unter Umständen bereits während vieler Jahre vollzogenen Vertrages als unverhältnismässig erweisen kann, räumt das Gesetz dem Richter die Möglichkeit ein, lediglich die häusliche Gemeinschaft aufzuheben und dem Pfründer als Ersatz eine **Leibrente** zuzusprechen. Hierbei handelt es sich dann um eine *ex nunc* wirkende Vertragsauflösung (ZK-Oser/Schönenberger, Art. 526 N 1). *Gegen* den Willen des Pfründers kann dies jedoch nur geschehen, wenn ihm die Einbindung in einen anderen Vertrag mit dem Pfrundgeber zugemutet werden kann. Dies ist nicht der Fall, wenn der Pfrundgeber in grob schuldhafter Weise seinen Verpflichtungen nicht nachkam, oder wenn keine Gewissheit besteht, dass der Pfründer die Rentenzahlungen tatsächlich und rechtzeitig erhalten wird (BGE 79 II 171). Abs. 3 kann auch auf unselbständige Verpfründungen Anwendung finden. So ist z.B. eine kapitalisierte Leibrente auch dem Arbeitnehmer bei vorzeitiger Beendigung eines Arbeitsvertrages zugesprochen worden, in dem sich der Arbeitgeber zu Unterhalt und Pflege des Arbeitnehmers auf Lebenszeit verpflichtet hatte (BGE 111 II 260).

4 Ein allfälliger **Schadenersatzanspruch** gem. Abs. 2 ist nicht notwendigerweise auf das negative Interesse beschränkt (BK-Schaetzle, N 4; ZK-Oser/Schönenberger, N 4; Homberger, 177; **a.M.** Guhl/Koller/Schnyder/Druey, § 58 N 17 sowie KUKO OR-Herzog, N 2).

Art. 528

3. Aufhebung beim Tod des Pfrundgebers

[1] Beim Tode des Pfrundgebers kann der Pfründer innerhalb Jahresfrist die Aufhebung des Pfrundverhältnisses verlangen.

[2] In diesem Falle kann er gegen die Erben eine Forderung geltend machen, wie sie im Konkurse des Pfrundgebers ihm zustände.

3. Résiliation en cas de mort du débiteur

[1] Au décès du débiteur, le créancier peut demander la résiliation du contrat dans le délai d'un an.

[2] Dans ce cas, il a le droit de faire valoir contre les héritiers une créance égale à celle qu'il serait autorisé à produire dans la faillite du débiteur.

3. Morte del debitore

[1] Alla morte del debitore, il costituente può pretendere entro il termine di un anno lo scioglimento del contratto.

[2] In questo caso egli può far valere contro gli eredi un credito eguale a quello che gli competerebbe nel fallimento del debitore.

1 Bei der **schuldrechtlichen** Verpfründung bildet der **Tod des Pfrundgebers** keinen Auflösungsgrund, die Erben des Pfrundgebers treten in seine Rechte und Pflichten ein (Art. 521

N 6). Sie können deshalb nur unter den Voraussetzungen des Art. 527 die Aufhebung des Vertrages verlangen. Wegen der engen persönlichen Beziehung zwischen den Vertragsparteien räumt das Gesetz jedoch dem Pfründer das Recht ein, innert Jahresfrist seit dem Tod des Pfrundgebers die Beendigung des Vertrages *ex nunc* zu verlangen und eine Forderung gegen die Erben des Pfrundgebers geltend zu machen, die sich nach denselben Grundsätzen bemisst wie im Konkurs des Pfrundgebers (Abs. 2 i.V.m. Art. 529 Abs. 2). Einer besonderen Begründung bedarf die Kündigung nicht.

Bei der **Erbverpfründung** geht Art. 515 ZGB vor. Demnach fällt der Erbvertrag bei Vorversterben des Pfrundgebers dahin. Wurde ihm allerdings bereits Vermögen übertragen (Art. 534 ZGB), gilt Art. 528 analog (s. Art. 521 N 8). 2

Art. 529

VI. Unübertragbarkeit, Geltendmachung bei Konkurs und Pfändung

1 Der Anspruch des Pfründers ist nicht übertragbar.

2 Im Konkurse des Pfrundgebers besteht die Forderung des Pfründers in dem Betrage, womit die Leistung des Pfrundgebers dem Werte nach bei einer soliden Rentenanstalt in Gestalt einer Leibrente erworben werden könnte.

3 Bei der Betreibung auf Pfändung kann der Pfründer für diese Forderung ohne vorgängige Betreibung an der Pfändung teilnehmen.

VI. Incessibilité et réalisation en cas de faillite ou de saisie

1 Les droits du créancier sont incessibles.

2 Il peut, en cas de faillite du débiteur, intervenir pour une créance égale au capital qui serait nécessaire à la constitution, auprès d'une caisse de rentes sérieuse, d'une rente viagère représentant la valeur des prestations qui lui sont dues.

3 Le créancier peut, pour la sauvegarde de cette créance, participer, sans poursuite préalable, à une saisie faite contre son débiteur.

VI. Incedibilità e realizzazione in caso di esecuzione

1 Il credito del costituente non è trasferibile.

2 Nel fallimento del debitore il credito del costituente è ammesso per l'importo, col quale potrebbesi acquistare presso un accreditato istituto di assicurazioni una rendita vitalizia corrispondente al valore della prestazione.

3 In caso di esecuzione contro il debitore il costituente può partecipare al pignoramento per il suo credito senza preventiva esecuzione.

Literatur

Vgl. die Literaturhinweise bei den Vorbem. zu Art. 516–520.

I. Abtretung durch und Betreibung gegen den Pfründer

Die Leistungen des Pfrundgebers sind regelmässig Naturalleistungen, deren Inhalt und Umfang sich überwiegend aus den persönlichen Bedürfnissen des Pfründers ergeben. Die höchstpersönliche Natur des Rechtsverhältnisses verbietet nicht nur die **Abtretung** des Stammrechts, sondern – im Gegensatz zum Leibrentenvertrag – auch die der Einzelleistungen (Abs. 1; Art. 164). Sind dem Pfründer separate Wohnräume zugewiesen worden, so darf er diese nicht an Dritte vermieten (RVJ 1982, 211). Dementsprechend können die Ansprüche des Pfründers auch von dessen Gläubigern nicht gepfändet werden. Ist der höchstpersönliche Charakter der dem Pfründer zustehenden oder bereits erbrachten Einzelleistungen ausnahmsweise zu verneinen, sollte die Abtretbarkeit bzw. Pfändbarkeit bejaht werden (STOFER, SPR VII/2, 761; **a.M.** BK-SCHAETZLE, N 15). Dasselbe gilt, wenn die Verpfründung durch eine Kapitalforderung ersetzt worden ist (KUKO OR-HERZOG, N 3; BK-SCHAETZLE, N 4; s. N 2). 1

II. Zwangsvollstreckung gegen den Pfrundgeber

2 Mit **Konkurseröffnung** über den Pfrundgeber wird das Pfrundverhältnis beendet (VON TUHR/ESCHER, 173). Dies gilt auch dann, wenn ein Grundpfand gem. Art. 523 bestellt wurde (vgl. Art. 208 SchKG; ZK-OSER/SCHÖNENBERGER, N 3; **a.M.** HOMBERGER, 194 f.). Im Konkurs des Pfrundgebers sind dessen künftige Naturalleistungspflichten zu schätzen, in Geld umzurechnen und nach den entsprechenden Versicherungstafeln zu kapitalisieren (ZK-OSER/SCHÖNENBERGER, N 4; SCHAETZLE/WEBER, N 2790). Dabei ist auf den Wert der Leistungen im Zeitpunkt des Konkurses abzustellen (BGE 98 II 317).

3 Unterliegt der Pfrundgeber der **Betreibung** auf Pfändung, so steht dem Pfründer das Recht auf privilegierte Anschlusspfändung zu. Er kann somit ohne vorgängige Betreibung an der Pfändung teilnehmen, wobei die geltend zu machende Forderung wie im Konkurs zu berechnen ist (Abs. 3; Art. 111 Abs. 1 Ziff. 4 SchKG). Mit der Anschlusspfändung erlischt das Verpfründungsverhältnis (ZK-OSER/SCHÖNENBERGER, N 3; BK-SCHAETZLE, N 11).

Bundesgesetz über die Produktehaftpflicht (Produktehaftpflichtgesetz, PrHG)

Vorbemerkungen zum PrHG

Literatur

BODEWIG, Der Rückruf fehlerhafter Produkte, Eine Untersuchung der Rückrufpflichten und Rückrufansprüche nach dem Recht Deutschlands, der Europäischen Union und der USA, Tübingen 1999; BOLLIGER, Die Haftung des Importeurs für fehlerhafte Produkte in rechtsvergleichender Sicht, Zürich 1995; BORER, Produktehaftung: Der Fehlerbegriff nach deutschem, amerikanischem und europäischem Recht, Bern/Stuttgart 1986; BORSARI, Schadensabwälzung nach dem schweizerischen Produktehaftpflichtgesetz (PrHG), Zürich 1998; BÜHLER R., Definition des Produktfehlers im Produktehaftpflichtgesetz (PrHG), AJP 1993, 1425 ff.; BÜHLER TH., Sonderfragen der Produktehaftpflicht, in: Weber/Thürer/Zäch (Hrsg.), Sonderfragen der Produktehaftpflicht, Produktehaftpflicht im europäischen Umfeld, Zürich 1994, 175 ff.; VON BÜREN-VON MOOS, Normen und Vorschriften über Produktesicherung, AJP 1994, 1376 ff.;; CHRISTEN, Produkthaftung nach der EG-Produkthaftungsrichtlinie im Vergleich zur Produkthaftung nach schweizerischem Recht, Bern 1992; DEMONT, Vorsorgliche Beweisführung im Produktehaftpflichtprozess: Ermöglichung einer unerwünschten Präjudizwirkung für das Hauptverfahren?, HAVE 2014, 308 ff.; FELLMANN, Der Produkte- und Fehlerbegriff, in: Weber/Thürer/Zäch (Hrsg.), Produktehaftpflicht im europäischen Umfeld, Zürich 1994, 31 ff. (zit. Fehlerbegriff); DERS., Gutachten zur Haftung bei Transplantationen vom 30.11.2000, ‹http://www.bag.admin.ch/transplantation/00694/01739/index.html?lang=de&› (9.2.15) (zit. Gutachten); DERS., Ausschluss von Schadenersatz für Schäden am fehlerhaften Produkt, AJP 1994, 1466 ff. (zit. AJP 1994); DERS., Das neue Produktehaftpflichtgesetz: Ein erster Kommentar – namentlich für die Baubranche, BR 1994, 28 ff. (zit. BR 1994); DERS., Produktesicherheit und Qualitätsmanagementsysteme, in: Brunner/Rehbinder/Stauder (Hrsg.), Jahrbuch des Schweizerischen Konsumentenrechts (JKR), Bern 2000, 31 ff. (zit. JKR); DERS., Bauernprivilegien im Haftpflichtrecht – ein Anschlag auf die Schadensprävention!, in: Schmid/Seiler (Hrsg.), Recht des ländlichen Raums, FS für Paul Richli, Zürich 2006, 129 ff. (zit. Bauernprivilegien); DERS., Der Produktfehler und sein Nachweis, BGE 133 III 81 ff., recht 2007, 158 ff. (zit. recht 2007); DERS., Haftpflichtrecht – Wichtige Urteile, Strassenverkehrsrechts-Tagung 2008, Bern 2008, 212 ff. (zit. Wichtige Urteile); DERS., Inhalt und Tragweite des Produktesicherheitsgesetzes (PrSG) vom 12.6.2009, HAVE 2010, 3 ff. (zit. HAVE 2010); DERS., Produktbeobachtungs- und Rückrufpflicht nach dem Produktesicherheitsgesetz vom 12.6.2009, in: Fuhrer (Hrsg.), FS Schweizerische Gesellschaft für Haftpflicht- und Versicherungsrecht, Zürich 2010, 117 ff. (zit. Produktbeobachtungs- und Rückrufpflicht); DERS., Nachmarktpflichten des Herstellers und des Importeurs nach dem PrSG, Ein Schulsack voll Hausaufgaben für Hersteller und Importeure, Jusletter vom 25.10.2010 (zit. Jusletter 2010); DERS., Entwicklungen – Neues aus dem Haftpflichtrecht, in: Fellmann/Weber (Hrsg.), Personen-Schaden-Forum 2011, Zürich 2011, 227 ff. (zit. Entwicklungen); DERS., Nachmarktpflichten des Herstellers und des Importeurs nach dem PrSG, in: Fellmann/Furrer (Hrsg)., Produktsicherheit und Produkthaftung – Neue Herausforderungen für schweizerische Unternehmen, Bern 2011, 71 ff. (zit. Nachmarktpflichten PrSG); FELLMANN/VON BÜREN-VON MOOS, Grundriss der Produktehaftpflicht, Bern 1993; DIES., Das neue Bundesgesetz über die Produktehaftpflicht in der Schweiz (PrHG), PHI 1993, 184 ff. (zit. PHI 1993); FITZ/GRAU/REINDL, Produktehaftung, 2. Aufl., Wien 2004; FREIBURGHAUS, Die Produktehaftung des Warenimporteurs nach deutschem und schweizerischem Recht, Bern 1994; FURRER, Produktsicherheit, Produkthaftung und technische Normierung in der Schweiz, in: Fellmann/Furrer (Hrsg.), Produktsicherheit und Produkthaftung – Neue Herausforderungen für schweizerische Unternehmen, Bern 2011, 1 ff.; GAUCH, Die Produkthaftungsrichtlinie der EG, Ein Überblick, Beiträge zum europäischen Recht, in: FS Juristenverein, Freiburg 1993, 163 ff. (zit. Produkthaftungsrichtlinie); GNOS, Anspruchskonkurrenz im schweizerischen Produktehaftpflichtrecht, Schwanden 1997; GRAF VON WESTPHALEN (Hrsg.), Produkthaftungshandbuch, 2 Bde, 2. Aufl., München 1997/1999; GRAU, Produktfehler, Wien/Graz 2002; HERGER, Produktsicherheit und Produkthaftung in der Praxis der Aufzugsindustrie, in: Fellmann/Furrer (Hrsg.), Produktsicherheit und Produkthaftung – Neue Herausforderungen für schweizerische Unternehmen, Bern 2011, 121 ff.; HESS, Kommentar zum Produktehaftpflichtgesetz (PrHG), 2. Aufl., Bern/Stuttgart/Wien 1996 (zit. PrHG); DERS, Produktesicherheitsgesetz (PrSG), Bern 2010 (zit. PrSG); DERS., Sicherheit beim Inverkehrbringen nach Art. 3 ff. PrSG: Pflichten des Herstellers, in: Fellmann/Furrer (Hrsg)., Produktsicherheit und Produkthaftung – Neue Herausforderungen für schweizerische Unternehmen, Bern 2011, 33 ff. (zit. Sicherheit); HILTY, Produktehaftpflicht und Lizenzverträge, in: Brunner/Rehbinder/Stauder (Hrsg.), Jahrbuch des Schweizerischen Konsumentenrechts (JKR), Bern 2000, 73 ff.; HÖCKELMANN, Die Produkthaftung für Verlagserzeugnisse, München

1994; HOLLIGER-HAGMANN; Produktesicherheitsgesetz PrSG, Produktrisiken im Griff – rechtliche Fallstricke vermeiden, Zürich/Basel/Genf 2010; HÖLZLWIMMER, Produkthaftungsrechtliche Risiken des Technologietransfers durch Lizenzverträge, München 1995; HONSELL, Standardsoftware und Sachmängelhaftung, in: Brem (Hrsg.) FS für Mario M. Pedrazzini, Bern 1990, 313 ff. (zit. Standardsoftware); JÄGGI, Das Bundesgesetz über die Produktehaftpflicht, AJP 1993, 1419 ff.; KLETT/BIELMANN, Produktesicherheit und Warenverkehr – Aktuelle Entwicklungen, S&R 2014, 79 ff.; LUTZ, Haftung für Gebrauchsanleitungen – ein Sonderfall der Produktehaftung, SJZ 1993, 1 ff.; MÜLLER, La responsabilité civile extracontractuelle, Basel 2013; NATER, Haftpflichtige Personen (einschliesslich Regressfragen) und ersatzfähiger Schaden, in: Weber/Thührer/Zäch (Hrsg.), Produktehaftpflicht im europäischen Umfeld, Zürich 1994, 89 ff.; PFENNINGER/SCHILD, Anwendungsbereich des Bundesgesetzes für die Produktesicherheit (PrSG). Das Verhältnis des PrSG zu den Sektorerlassen nach Art. 1 Abs. 3 PrSG, in: Fellmann/Furrer (Hrsg.), Produktsicherheit und Produkthaftung – Neue Herausforderungen für schweizerische Unternehmen, Bern 2011, 23 ff.; PLUTSCHOW-WILLI, Präsentation des Produktes, Haftung des Herstellers für die fehlerhafte Präsentation seiner Produkte nach dem schweizerischen Produktehaftpflichtgesetz (PrHG), Zürich 1999; POSCH, Die Umsetzung der EG-Richtlinie «Produkthaftpflicht» in den Mitgliedstaaten und die beim «autonomen Nachvollzug» durch Drittstaaten auftretenden Probleme, in: Honsell/Rey (Hrsg.), Symposium Stark: Neuere Entwicklungen im Haftpflichtrecht, Zürich 1991, 85 ff. (zit. Produkthaftpflicht); DERS., Produktehaftung, Eine erste Analyse der Probleme, RdW 1988, 65 ff. (zit. RdW 1988); POTT/FRIELING, Gesetz über die Haftung für fehlerhafte Produkte, Kommentar, Essen 1992; RETTENBECK, Die Rückrufpflicht in der Produktehaftung, Baden-Baden 1994; ROBERTO, Haftpflichtrecht, Bern 2013 (zit. Haftpflichtrecht); DERS., Produktehaftpflicht und Software, in: Brunner/Rehbinder/Stauder (Hrsg.), Jahrbuch des Schweizerischen Konsumentenrechts (JKR), Bern 2000, 55 ff. (zit. JKR); ROMERIO, Toxische Kausalität, Basel 1996; RÖTHLISBERGER, Zivilrechtliche Produktbeobachungs-, Warn- und Rückrufpflichten der Hersteller, Unter Berücksichtigung wettbewerbs- und versicherungsrechtlicher Aspekte, Zürich 2003; ROLLAND, Produkthaftungsrecht, Kommentar, München 1990; SCHELLER, in: Kretschmer et al. (Hrsg.), Produkthaftung in der Unternehmenspraxis, Stuttgart/Berlin/Köln 1992, Kap. II.3., II.4. und II.6.; SCHRUPKOWSKI, Die Haftung für Entwicklungsrisiken in Wissenschaft und Technik, Eine Analyse der Haftungsordnungen der Schweiz, Deutschlands, Frankreichs und der USA, Basel/Frankfurt a.M. 1995; SCHWEIGHAUSER, Hersteller, Mehrzahl von Ersatzpflichtigen und Regress im Produkthaftungsrecht, St. Gallen 1993; STRAUB, Produktehaftung für Informationstechnologiefehler, Zürich 2002; STAUDER, Schweizerische Produktehaftung im europäischen Umfeld, ZSR 1990 I, 363 ff.; TASCHNER/FRIETSCH, Produkthaftungsgesetz und EG-Produkthaftungsrichtlinie, 2. Aufl., München 1990; WELSER/RABL, Produkthaftungsgesetz, Kurzkommentar, 2. Aufl., Wien 2004; WERRO, La responsabilité civile, 2. Aufl., Bern 2011; WERRO/HURNI, Les prothèses à risques, L'état des connaissances scientifiques et la libération du producteur selon la LRFP, HAVE 2012, 161 ff.; WIDMER, Grundlagen und Entwicklungen der schweizerischen Produktehaftung, ZSR 1995 I, 23 ff. (zit. ZSR 1995); DERS., Produkthaftung – Konzept und Umsetzung, in: Fellmann/Furrer (Hrsg.), Produktsicherheit und Produkthaftung – Neue Herausforderungen für schweizerische Unternehmen, Bern 2011, 101 ff. (zit. Konzept); WIDMER LÜCHINGER, Die Haftung für fehlerhafte Medizinprodukte, in: Rütsche (Hrsg.), Medizinprodukte: Regulierung und Haftung, Bern 2013, 209 ff. (zit. Haftung); DIES., Von Silikon bis Kobalt: Aktuelle Fragen der Medizinproduktehaftpflicht, BJM 2014, 302 ff. (zit. BJM 2014); WILDHABER, Produkthaftung im Gentechnikrecht, Zürich 2000; WYSS, Der Fehlerbegriff im schweizerischen Produktehaftpflichtgesetz, recht 1996, 108 ff. (zit. recht 1996); DERS., Technische Normen und Vorschriften im Spannungsfeld zwischen Haftpflicht- und Produktesicherheitsrecht, AJP 2006, 53 ff. (zit. AJP 2006).

Materialien

Bundesamt für Justiz (Hrsg.), Bericht der Studienkommission für die Gesamtrevision des Haftpflichtrechts, Bern 1991 (zit. Bericht Studienkommission); Botschaft zum Bundesgesetz über die Transplantation von Organen, Geweben und Zellen (Transplantationsgesetz) vom 12.9.2001, BBl 2002, 29 (zit. Botschaft Transplantationsgesetz); Botschaft zum Produktesicherheitsgesetz vom 25.6.2008, BBl 2008, 7408 (zit. Botschaft Produktesicherheitsgesetz).

I. Allgemeines

1 *Das heutige PrHG* geht auf den Entwurf des Bundesrates zu einem Bundesbeschluss über die Produktehaftpflicht vom 27.5.1992 zurück (zur Entstehungsgeschichte der Produkthaftung in der Schweiz vgl. WIDMER, Konzept, 101 ff.). Mit diesem Beschluss sollte im Rahmen des freien Warenverkehrs (vgl. BBl 1992 V 419 ff.) die **Richtlinie Nr. 85/374/EWG des Rates vom 25.7.1985 zur Angleichung der Rechts- und Verwaltungsvorschriften der Mitgliedstaaten über die Haftung für fehlerhafte Produkte** (ABl. EWG Nr. L 210 vom 7.8.1985, 29 ff.) in das schweizerische Recht umgesetzt werden. Nachdem Volk und Stände das EWR-Abkommen abgelehnt hatten, unterbreitete der Bundesrat den Räten die Vorlage – mit den erforderlichen Anpassungen und unter Berücksichtigung der vom Parlament bereits vorgenommenen Änderungen – schon am 24.2.1993 als Gesetzesentwurf (BBl 1993 I 884 ff.). Er folgte damit dem Ratschlag der Studienkommission für die Gesamtrevision des Haftpflichtrechts. Die Kommission war nämlich zum Schluss gekommen, die Schweiz solle die Produktehaftpflicht auch bei einer Ablehnung des EWR-Vertrages nach den Vorgaben der EG-Richtlinie ausgestalten; sie müsse auf diesem Gebiet den **europäischen Integrationsprozess** mitvollziehen (Bericht Studienkommission, 160). Die Vorlage wurde vom Parlament am 18.6.1993 angenommen; das PrHG trat alsdann auf den 1.1.1994 in Kraft (zur Entstehungsgeschichte vgl. Borsari, 3 ff.; Fellmann/von Büren-von Moos, N 10 ff.; Rey, N 1168 f.; Widmer, Konzept, 105 f.).

Das PrHG lehnt sich bewusst an den **Text der EG-Richtlinie** an (vgl. Borsari, 3 ff.; Keller, I, 361 ff.; Rey, N 1169). Die Systematik weicht allerdings vom EU-Recht ab. Der Gesetzgeber nahm auch einige kleinere redaktionelle Änderungen vor, um eine Übereinstimmung mit der Sprache der schweizerischen Gesetzgebung, namentlich derjenigen des OR herbeizuführen (vgl. BBl 1992 V 421; Fellmann/von Büren-von Moos, N 13; vgl. auch Borsari, 6 ff.). Inzwischen hat der schweizerische Gesetzgeber auch die Änderungen der europäischen Produkthaftungsrichtlinie umgesetzt und die Ausnahmeregelung für landwirtschaftliche Bodenerzeugnisse sowie Tierzucht-, Fischerei- und Jagderzeugnisse in Art. 3 Abs. 2 aPrHG aufgehoben (vgl. dazu Art. 3 N 13 f.). Die EU hatte diese Ausnahmeregelung in der ursprünglichen Richtlinie unter dem Eindruck der BSE-Krise mit der Änderungs-Richtlinie 99/34/EG (ABl. EG Nr. L 141 vom 4.6.1999, 20 f.) gestrichen (vgl. dazu etwa MK-Wagner, Einl. ProdHaftG N 5). 2

Die weitgehend wörtliche Übernahme der Bestimmungen der EG-Richtlinie schafft zahlreiche Schwierigkeiten. Die Richtlinie enthält nämlich viele **eigenständige Begriffe**, für die im schweizerischen Recht ein Pendant fehlt. Diese «Fremdkörper» (Posch, Produkthaftpflicht, 89) sind v.a. deshalb problematisch, weil die Richtlinie diese für die Haftung zentralen Begriffe nicht definiert (vgl. MK-Wagner, Einl. ProdHaftG N 9 ff.; vgl. auch Fellmann/von Büren-von Moos, PHI 1993, 189 f.). 3

Mit der Beschränkung auf die weitgehend wörtliche Übernahme der EG-Richtlinie **fehlt** im schweizerischen Recht weiterhin **eine umfassende verschuldensunabhängige Haftung** des Herstellers. In Übereinstimmung mit der Richtlinie hat nämlich auch der schweizerische Gesetzgeber Schäden an gewerblich genutzten Sachen (vgl. Art. 1 Abs. 1 lit. b) und am fehlerhaften Produkt (vgl. Art. 1 Abs. 2) von der Kausalhaftung des Produzenten ausgenommen. Für reine Vermögensschäden sieht das PrHG ebenfalls keine Regelung vor (vgl. Fellmann/von Büren-von Moos, N 20; Roberto, Haftpflichtrecht, N 359 ff.). Die **Stärkung der Verbraucherposition** durch das neue Gesetz beschränkt sich daher im Wesentlichen auf die Erweiterung des Kreises der Haftpflichtigen (Importeur und Lieferant) und auf den Ausschluss jeglicher Freizeichnungsmöglichkeiten (vgl. Fellmann/von Büren-von Moos, N 16 ff.). 4

Am 12.6.2009 hat die Bundesversammlung der Schweizerischen Eidgenossenschaft das **Bundesgesetz über die Produktesicherheit** (PrSG) beschlossen. Am 1.10.2009 ist die Referendumsfrist unbenutzt abgelaufen. Das PrSG ist auf den 1.7.2010 in Kraft getreten. Es ersetzt das Gesetz über die Sicherheit von technischen Einrichtungen und Geräten (STEG) vom 19.3.1976 (Art. 20 Abs. 1 PrSG) und passt die Rechtslage in der Schweiz den neuen internationalen Gegebenheiten an (Botschaft Produktesicherheitsgesetz, 7408; zu den Rechtsquellen der technischen Normierung in der Schweiz vgl. Furrer, 5 ff.). Das Produktesicherheitsgesetz soll die **Sicherheit von Produkten** gewährleisten und den grenzüberschreitenden 4a

freien Warenverkehr erleichtern (Art. 1 Abs. 1 PrSG). Es bringt eine Angleichung an die Richtlinie 2001/95/EG der Europäischen Gemeinschaft über die allgemeine Produktsicherheit (Richtlinie 2001/95/EG des Europäischen Parlaments und des Rates vom 3.12.2001 über die allgemeine Produktsicherheit, ABl. Nr. L 11 vom 15.1.2002, 4 ff.). Das Gesetz will sicherstellen, dass die Anforderungen, welche die Behörden in der Schweiz an die Sicherheit von Produkten stellen, mit den Anforderungen übereinstimmen, die in der Europäischen Union gelten. Die Hersteller von Produkten können sich daher in Zukunft nach den gleichen Sicherheitsstandards richten, unabhängig davon, ob sie für den Schweizer Markt oder den europäischen Binnenmarkt produzieren (Botschaft Produktesicherheitsgesetz, 7408).

4b Nach der Richtlinie 2001/95/EG dürfen Produkte, welche für die Konsumentinnen und Konsumenten bestimmt sind, in der Europäischen Union nur auf den Markt gebracht werden, wenn Hersteller oder Importeure sicherstellen, dass die **Sicherheit ihrer Produkte** auch nach dem Inverkehrbringen laufend **beobachtet** wird. Die Hersteller oder Importeure sind zudem verpflichtet, Produktgefahren, die ihnen bekannt werden, den zuständigen Vollzugsbehörden zu melden und Angaben über die Rückverfolgbarkeit der Produkte zu liefern (Art. 5 Richtlinie 2001/95/EG, vgl. dazu Botschaft Produktesicherheitsgesetz, 7428). Eine solche Regelung sah weder das STEG noch das PrHG vor. Das PrSG schliesst diese Lücke und trägt damit dazu bei, «dass bei einer Gefahr rasch die wirksamen Massnahmen zur Eindämmung der Risiken ergriffen werden können» (Botschaft Produktesicherheitsgesetz, 7428). Gleichzeitig erhalten die Vollzugsorgane die Kompetenz, bei Gefahr geeignete **Massnahmen** zu ergreifen. Sie können bspw. das weitere Inverkehrbringen verbieten, gefährliche Produkte einziehen, einen Produktrückruf verfügen und die Öffentlichkeit vor gefährlichen Produkten warnen (Botschaft Produktesicherheitsgesetz, 7428; vgl. auch FELLMANN, HAVE 2010, 3 f.; FURRER, 2 ff.; zum Anwendungsbereich des PrSG vgl. PFENNINGER/SCHILD, 23 ff.).

4c Das PrSG passt das Schutzniveau für Produkte dem Schutzniveau des Produktehaftpflichtgesetzes (PrHG) vom 18.6.1993 an, das seinerseits mit jenem der Richtlinie 2001/95/EG über die allgemeine Produktsicherheit kongruent ist. So verlangt es unter anderem, dass «ein Produkt nicht nur bei bestimmungsgemässer, sondern bei jeder normalen und vernünftigerweise vorhersehbaren Verwendung – die auch einen Fehlgebrauch umfassen kann – sicher sein muss» (Botschaft Produktesicherheitsgesetz, 7428; vgl. auch HESS, PrSG, N 106; DERS., Sicherheit, 33 ff.). Das PrSG bildet daher zusammen mit dem Produktehaftpflichtgesetz (PrHG) eine Einheit, welche als «Gesamtpaket» das **Schutzniveau in der Schweiz verstärkt** (vgl. FELLMANN, HAVE 2010, 3; DERS., Jusletter 2010, 2; vgl. auch KLETT/BIELMANN, S&R 2014, 79 ff.; zum PrSG als Schutznorm und Haftungsgrundlage s. Art. 11 N 4b).

4d Zu beachten ist, dass das PrSG nach Art. 1 Abs. 3 nur anwendbar ist, soweit nicht andere bundesrechtliche Bestimmungen bestehen, die dasselbe Ziel verfolgen. Der **Anwendungsbereich des PrSG** wird daher vorab durch andere Produktsicherheitserlasse des sog. **Sektorrechts** (z.B. für Medizinprodukte, Lebensmittel etc.) erheblich eingeschränkt (PFENNINGER/SCHILD, 28.) Die Sicherheitsanforderungen des Art. 3 PrSG finden danach auf die Risiken oder Risikokategorien von Produkten keine Anwendung, bei denen die Sicherheitsanforderungen hinsichtlich dieser Risiken durch andere bundesrechtliche Bestimmungen definiert sind. Daran ändert sich nichts, wenn das Sektorrecht für diese Produkte ein tieferes Sicherheitsniveau vorsieht (PFENNINGER/SCHILD, 29 f.) Dies gilt auch für die Nachmarktpflichten des Herstellers oder des Importeurs. Enthält das einschlägige Sektorrecht für die Zeit nach dem Inverkehrbringen weitergehende oder weniger weitgehende Vorschriften, gehen diese Art. 8 PrSG vor, es sei denn, sie zielten nicht explizit auf den Schutz des Konsumenten (PFENNINGER/SCHILD, 30 f.).

II. Rechtsnatur

Obwohl sich die einzelnen Bestimmungen des PrHG weitgehend mit dem Inhalt der EG-Richtlinie decken, handelt es sich bei diesem Gesetz um eine **nationale Haftungsnorm**. Es liegt weder Staatsvertragsrecht noch europäisches Einheitsrecht vor. Das Gesetz stellt vielmehr eine parallel zu den Regelungen in den EU-Ländern erfolgte **binnenrechtliche Transformation der EG-Richtlinie** dar (vgl. FELLMANN/VON BÜREN-VON MOOS, N 22; vgl. auch BORSARI, 12; HONSELL/ISENRING/KESSLER, § 21 N 24; 133; Schwimann-POSCH, Einl. PHG N 1; REY, N 1169). 5

In Anlehnung an die EG-Richtlinie begründet das PrHG eine ausservertragliche, verschuldensunabhängige Haftung des Herstellers für Schäden, die durch Fehler eines Produktes verursacht worden sind (BBl 1992 V 419). Diese Haftung kann der Kategorie der **gewöhnlichen Kausalhaftungen** zugeordnet werden (vgl. BORSARI, 12 ff.; FELLMANN/VON BÜREN-VON MOOS, N 23; MÜLLER, N 425; REY, N 1170; KELLER, I, 362). Das rechtspolitische und dogmatische Konzept dieser spezialgesetzlichen Deliktshaftung ist jedoch nicht restlos klar (FELLMANN/VON BÜREN-VON MOOS, N 23 m.w.Nw.; vgl. auch BORSARI, 12 ff.; HONSELL/ISENRING/KESSLER, § 21 N 4; ROBERTO, Haftpflichtrecht, N 356; DERS., Skript, N 09.04). 6

III. Auslegung

Mit der bewussten Umsetzung der EG-Richtlinie (vgl. BBl 1993 I 884) hat der Gesetzgeber das übergeordnete Ziel einer europäischen Rechtsvereinheitlichung anerkannt. Die herkömmlichen Auslegungsgrundsätze und die überkommene Dogmatik der Produktehaftung» dürfen daher «nicht unbesehen auf die neue Regelung übertragen werden (MK-WAGNER, Einl. N 8). Das PrHG ist vielmehr **europarechtskonform auszulegen** (vgl. BORSARI, 15 f.; BÜHLER R., AJP 1993, 1426; BÜHLER TH., 180 ff.; FELLMANN/VON BÜREN-VON MOOS, N 27 ff.; WERRO, N 536). Das gilt v.a. dort, wo die EG-Richtlinie neue Begriffe schafft (z.B. Hersteller, Produkt, Fehler). Auch bei Rückverweisungen auf die nationalen Rechtsordnungen wird man aber künftig prüfen müssen, ob die hergebrachten haftpflichtrechtlichen Begriffsinhalte der Zielsetzung der Richtlinie entsprechen. Zu berücksichtigen sind dabei insb. die Erwägungsgründe der Richtlinie. Der Richter hat aber auch die Rechtsentwicklung in der EU im Auge zu behalten. Findet er dort eine gefestigte «europäische Meinung» vor, darf er sich davon nicht ohne Not absetzen (FELLMANN/VON BÜREN-VON MOOS, N 28 ff.; vgl. auch POSCH, RdW 1988, 70). Das BGer hat sich dieser Auffassung in BGE 133 III 81, 83 ff. angeschlossen. Es stellte sich auf den Standpunkt, die Erwägungsgründe der Richtlinie 85/374/EWG vom 25.7.1985 seien auch zur Auslegung des PrHG heranzuziehen (vgl. FELLMANN, recht 2007, 160 f.; vgl. auch BGer, 5.1.2015, 4A_365/2014/4A_371/2014, E. 7). In einem Urteil vom 18.3.2011 hielt es ferner fest, zwar seien die Gerichte in der Schweiz nicht verpflichtet, bei der Auslegung des PrHG die europäische Rechtsprechung. zu berücksichtigen. Sie müssten aber dem Umstand Rechnung tragen, dass der Gesetzgeber mit dem autonomen Nachvollzug von europäischen Recht eine Rechtsvereinheitlichung angestrebt habe, die sie bei der Anwendung des PrHG nicht durchkreuzen dürften, wenn dafür keine speziellen Gründe vorlägen (BGE 137 III 226, 229). 7

Art. 1 PrHG

Grundsatz

[1] Die herstellende Person (Herstellerin) haftet für den Schaden, wenn ein fehlerhaftes Produkt dazu führt, dass:
a. eine Person getötet oder verletzt wird;
b. eine Sache beschädigt oder zerstört wird, die nach ihrer Art gewöhnlich zum privaten Gebrauch oder Verbrauch bestimmt und vom Geschädigten hauptsächlich privat verwendet worden ist.

[2] Die Herstellerin haftet nicht für den Schaden am fehlerhaften Produkt.

Principe

[1] Le producteur répond du dommage lorsqu'un produit défectueux cause:
a. la mort d'une personne ou provoque chez elle des lésions corporelles;
b. un dommage à une chose ou la destruction d'une chose d'un type qui la destine habituellement à l'usage ou à la consommation privés et qui a été principalement utilisée à des fins privées par la victime.

[2] Il ne répond pas du dommage causé au produit défectueux.

Principio

[1] Il produttore è responsabile del danno quando un prodotto difettoso cagiona:
a. la morte o lesioni corporali a una persona;
b. un danno o la distruzione di una cosa che, per sua natura, sia normalmente destinata all'uso o consumo privato e che sia stata utilizzata dal danneggiato principalmente per fini privati.

[2] Egli non è responsabile per il danno cagionato al prodotto difettoso.

Literatur

Vgl. die Literaturhinweise bei den Vorbe. zum PrHG.

I. Allgemeines

1 Im Schadensfall muss der Geschädigte als **haftungsbegründende Voraussetzungen** seines Anspruchs einen **Schaden**, das Vorliegen eines **fehlerhaften Produktes**, den **Kausalzusammenhang** zwischen dem Fehler des Produktes und dem Schaden sowie die **Hersteller-Eigenschaft** des Beklagten **beweisen**. Er trägt dafür die Beweislast (vgl. FELLMANN/VON BÜREN-VON MOOS, N 102; ROBERTO, Haftpflichtrecht, N 359; vgl. auch BORSARI, 93 und 163 ff., der zusätzlich den Nachweis der Widerrechtlichkeit für erforderlich hält).

1a Bei der **Kommentierung von Art. 1 PrHG** als Haftungsvoraussetzung zu besprechen sind im Folgenden der **Schaden** sowie der **adäquate Kausalzusammenhang** zwischen dem Fehler des Produkts und dem Schaden. Wer Hersteller ist, wird bei der Komm. von Art. 3 PrHG dargelegt, wann ein fehlerhaftes Produkt vorliegt bei der Komm. von Art. 3 PrHG (Produkt) und Art. 4 PrHG (Fehler).

2 In Anlehnung an Art. 9 der EG-Richtlinie (vgl. dazu CHRISTEN, 50 ff.) schränkt Art. 1 den Schutzbereich des Gesetzes dadurch ein, dass der Hersteller zwar für alle Personenschäden, die durch den Fehler eines Produktes entstanden sind, haftet; für Sachschäden hat er demgegenüber nur einzustehen, wenn die beschädigte Sache für den privaten Gebrauch bestimmt und vom Geschädigten zu diesem Zweck verwendet worden ist. Der Geschädigte muss überdies einen Selbstbehalt von CHF 900 (vgl. Art. 6 Abs. 1) tragen. Eine Haftung für Schäden am fehlerhaften Produkt selbst wird gänzlich ausgeschlossen. Für reine Vermögensschäden sieht Art. 1 ebenfalls keine Haftungsgrundlage vor (vgl. HUGUENIN, N 2103; MÜLLER, N 435). In allen von diesen Ausschlüssen erfassten Bereichen bleibt der Geschädigte daher auf die herkömmlichen Regeln des Schadenersatzrechtes (Deliktsrecht oder vertragliche Haftung) angewiesen (vgl. Art. 11; zum Ganzen vgl. ROBERTO, Haftpflichtrecht, N 359 ff.).

II. Anwendungsbereich

Das PrHG hat vorab den **Schutz des Konsumenten** im Auge. Bei der Verletzung eines geschützten Rechtsgutes kommt es für die Haftung des Herstellers somit nicht darauf an, ob zwischen dem Geschädigten und dem Hersteller vor Eintritt des Schadens ein Rechtsverhältnis bestand. Neben dem Benutzer oder Verbraucher eines Produktes als direkter oder indirekter Vertragspartner des Herstellers ist daher auch der **unbeteiligte Dritte**, der sog. «bystander», geschützt, «der mit dem Produkt in sonstiger Weise in Berührung gerät und dadurch einen Schaden [...] erleidet» (CHRISTEN, 36; vgl. auch HESS, N 30; WERRO, N 549). 3

III. Voraussetzungen

1. Schaden

a) Personenschaden

Nach Art. 1 Abs. 1 lit. a haftet der Hersteller, wenn ein fehlerhaftes Produkt dazu führt, dass ein Mensch getötet oder verletzt wird. Da das PrHG keine eigenständige Begriffsbestimmung enthält, ist auf die Begriffe im Recht der unerlaubten Handlungen abzustellen. Art. 1 Abs. 1 lit. a lässt sich hier der **Kategorie des Personenschadens** zuordnen. Massgebend sind damit insb. die Schadenersatznormen der **Art. 45 und 46 OR** (vgl. BORSARI, 93 ff.; FELLMANN/VON BÜREN-VON MOOS, N 107 f.; HESS, N 32 ff.; HUGUENIN, N 2104; MÜLLER, N 436; REY, N 1179; WERRO, N 548). Für Einzelheiten wird auf die Kommentierung dieser Bestimmungen verwiesen (vgl. Art. 41 OR N 10 ff.). 4

Bei **Medizinprodukten** stellt sich in der Praxis immer wieder die Frage, ob der Hersteller für den **Ersatz vorsorglicher Aufwendungen** aufkommen muss. Während nämlich klar ist, dass der Hersteller für die Kosten der Entfernung eines fehlerhaften Medizinprodukts einzustehen hat, etwa für die Kosten der Explantation eines gebrochenen künstlichen Hüftschafts, ist umstritten, ob ein Patient für die vorsorgliche **Entfernung eines bloss potentiell gefährlichen Implantats** Schadenersatz verlangen kann. Vor diesem Problem standen bspw. Frauen, die sich Brustimplantate der Firma Poly Implants Prothèses (PIP) hatten einsetzen lassen, nachdem sich im Jahr 2012 zeigte, dass diese Implantate infolge Verwendung minderwertigen Silikons frühzeitig reissen können und überdies der Verdacht aufkam, sie würden Krebs auslösen (vgl. dazu WIDMER LÜCHINGER, Haftung, 220 f. m.w.H.; DIES., BJM 2014, 303 ff.). In solchen Fällen könnte der Hersteller einwenden, die Kosten, die der Patientin entstehen, seien nicht Folge einer Körperverletzung. Sie seien allein darauf zurückzuführen, dass sie im Voraus Massnahmen treffe, um eine drohende Körperverletzung zu verhindern. Ähnliche Fragen stellen sich bei **Vorsorgeuntersuchungen** im Hinblick auf Risiken, die mit einem Implantat verbunden sind (WIDMER LÜCHINGER, Haftung, 220 f.). 4a

Im **Deliktsrecht** ist die Frage der **Haftung für die Kosten präventiver Massnahmen umstritten**. OFTINGER/STARK führen dazu im Zusammenhang mit Art. 2 Abs. 1 lit. c KHG aus, abgesehen von behördlichen Anordnungen und Empfehlungen sei eine Gefährdung als solche nach den herkömmlichen Grundsätzen des Haftpflichtrechts vorerst irrelevant, weil sie noch nicht zu einem Schaden geführt habe. Wenn der Gefährdete Massnahmen zu seinem eigenen Schutz, d.h. zur Abwehr der Gefährdung, ergreife, aber trotzdem widerrechtlich geschädigt werde, könne er die Kosten dieser Massnahmen in seine Schadensberechnung aufnehmen, soweit sie wirklich geboten gewesen seien. Wenn dem Gefährdeten aber – dank seiner Schutzmassnahmen oder aus anderen Gründen – kein Schaden erwachse, liege keine Rechtsgutverletzung, sondern nur eine Rechtsgefährdung vor. Diese müsse aber auch als widerrechtlich betrachtet werden, obschon die Kosten der Schutzmassnahmen sog. weiteren Schaden – ohne Rechtsgutverletzung – darstellten und u.U. keine Verhaltensnorm verletzt sei. Es komme darauf an, ob die Schutzmassnahmen objektiv geboten gewesen seien. Treffe dies zu, sei die Ersatzpflicht zu bejahen. Dies gelte auch, wenn ohne die Schutzmassnahmen – auf Grund ir- 4b gendwelcher, dem Gefährdeten nicht bekannten Umständen – kein Schaden eingetreten wäre oder wenn die gebotenen Massnahmen erfolglos geblieben wären. Die Begründung dieser Auffassung ergebe sich aus dem Umstand, dass die Unterlassung gebotener Schutzmassnahmen dem Geschädigten als Selbstverschulden angerechnet werde; ein solches könne auch vor Eintritt des Schadens liegen. Dies führe dazu, dass die Kosten geeigneter Schutzmassnahmen dem potentiellen Schädiger, der einen Haftungsgrund zu vertreten habe, auch dann aufgebürdet würden, wenn kein Schaden eintrete (OFTINGER/STARK, II/3, § 29 N 269 ff.; vgl. auch DIES., II/1, § 16 N 45 in Bezug auf die Berechtigung zur Notwehr). Eine andere Auffassung vertritt BREHM (unter Verweis auf BGE 117 II 259, 269 f. und ZWR 2004, 156, 161 im Zusammenhang mit Art. 41 OR): Nach seiner Meinung bildet Art. 41 OR keine genügende Grundlage, um die Kosten von Aufwendungen auf einen Dritten abwälzen zu können, wenn der durch die Handlung dieses Dritten Bedrohte Kosten zur Beseitigung der Gefahr aufwende. Der Anspruch müsse sich in einem solchen Fall entweder auf eine besondere Gesetzesbestimmung stützen oder es müsse nachgewiesen werden, dass die Bedrohung selbst bereits als schädliche widerrechtliche Handlung zu qualifizieren sei (BK-BREHM, Art. 41 OR N 94a).

4c Wie WIDMER LÜCHINGER zeigt, fokussiert sich die Diskussion, die in der **deutschen Rsp.** im Zusammenhang mit potentiell fehlerhaften Medizinprodukten geführt wird, auf die Frage, ob sich bereits das **Risiko, dass das Produkt einer bestimmten Serie fehlerhaft** sei, als **Produktefehler** qualifiziere, unabhängig davon, ob das konkrete Erzeugnis diesen Fehler tatsächlich aufweise. Aus der Fehlerhaftigkeit des Produkts werde dann zugleich auf die Ersatzpflicht des Herstellers für die Kosten des operativen Austausches geschlossen. Da sich der Patient zum Zweck der vorzeitigen Entfernung des fehlerhaften Medizinprodukts habe operieren lassen, sei der Produktefehler adäquat kausal für die durch den Eingriff verursachte Körperverletzung und die daraus entstehenden Kosten. Ob allein schon der Umstand, dass ein Produkt einer bestimmten Serie fehlerhaft sein könne, einen Produktefehler darstelle, werde freilich unterschiedlich beurteilt (WIDMER LÜCHINGER, Haftung, 224 f. m.Hw. auf Urteile des OLG Hamm und des OLG München).

4d Nach der hier vertretenen Auffassung ist bei der Beurteilung der Ersatzpflicht des Herstellers für die Kosten präventiver Massnahmen mit OFTINGER/STARK generell darauf abzustellen, ob die **präventiven Massnahmen objektiv geboten** waren. Ist dies der Fall, hat der Hersteller, der das fragliche Risiko zu vertreten hat, für die Kosten geeigneter Schutzmassnahmen aufzukommen, auch wenn noch keine konkrete Körperschädigung eingetreten ist (OFTINGER/STARK, II/3, § 29 N 269 ff.). Diese Voraussetzung dürfte regelmässig erfüllt sein, wenn der Ausfall oder ein Mangel eines potentiell fehlerhaften Produkts zu einer ernsten **Gefahr für Leib und Leben** von Konsumenten führen würde. Zu vertreten hat der Hersteller das Risiko, wenn er eine Produktserie in Verkehr bringt, bei der einzelne Erzeugnisse infolge eines Konstruktions-, Fabrikations- oder Instruktionsfehlers ein **überdurchschnittliches Fehlerrisiko** aufweisen (so für Medizinprodukte wohl auch WIDMER LÜCHINGER, Haftung, 224).

4e Bei **Medizinprodukten** kann in diesem Zusammenhang darauf abgestellt werden, ob das **Risiko eines schwerwiegenden Vorkommnisses** besteht. Als solches wird nach Art. 3 Abs. 1 lit. d MepV (Medizinprodukteverordnung, SR 812.213) ein «Ereignis im Zusammenhang mit einem Medizinprodukt» definiert, «das auf eine Funktionsstörung, Änderung wesentlicher Merkmale, unsachgemässe Kennzeichnung oder Gebrauchsanweisung des Produktes zurückzuführen ist und das zum **Tod** oder zu einer **schwerwiegenden Beeinträchtigung des Gesundheitszustandes** von Patientinnen oder Patienten, von Anwenderinnen oder Anwendern oder von Dritten geführt hat oder hätte führen können». In einem solchen Fall ist die Person, die das Produkt erstmals in Verkehr gebracht hat und Kenntnis vom fraglichen Vorkommnissen erhält, nach Art. 15c Abs. 1 MepV verpflichtet, «die notwendigen internen Massnahmen *sowie Sicherheits*massnahmen an sich im Verkehr befindlichen Produkten zur Verminderung des Risikos» zu treffen «wie Rückruf, Austausch, Abänderung, Vernichtung des Produkts oder Versenden eines Sicherheitshinweises für dessen Gebrauch». Es versteht sich von selbst, dass der Hersteller, der das Produkt in Verkehr gebracht hat, für die mit diesen Massnahmen verbundenen Kosten aufkommen muss. Dazu zählen zweifellos auch die Kosten für eine objektiv gebotene präventive Explantation eines solchen Erzeugnisses.

b) Genugtuung

Nach Art. 9 Abs. 2 der EG-Richtlinie werden die Rechtsvorschriften der Mitgliedstaaten betreffend immaterielle Schäden durch den Schadensbegriff der Richtlinie nicht berührt. Der Hersteller schuldet somit Genugtuung, wenn das massgebende nationale Produktehaftpflichtgesetz eine **spezielle Anspruchsnorm** vorsieht oder das übrige geltende Recht die Zusprechung von Schmerzensgeld ermöglicht (vgl. CHRISTEN, 65 ff.). 5

Da das PrHG keinen ausdrücklichen Anspruch auf Genugtuung vorsieht, fragt es sich, ob schon dann Genugtuung zugesprochen werden kann, wenn die übrigen Anspruchsvoraussetzungen des Gesetzes (vgl. N 1) erfüllt sind (so BORSARI, 211 f.; HESS, N 57 ff.; HUGUENIN, N 2104; MÜLLER, N 438; REY, N 1180), oder ob zusätzlich die Tatbestandsvoraussetzungen der Art. 47 oder 49 OR oder einer anderen eine Genugtuung statuierenden Haftungsnorm des Deliktsrechts erfüllt sein müssen (so FELLMANN/VON BÜREN-VON MOOS, N 108, 137; HONSELL/ISENRING/KESSLER, § 21 N 51; KELLER, I, 362; NATER, 111; WERRO, N 551). Nach der hier (**a.M.** noch FELLMANN/VON BÜREN-VON MOOS, N 108, 137) vertretenen Auffassung können im Bereich des PrHG Genugtuungsansprüche zuerkannt werden, ohne dass zusätzlich ein Verschulden als Haftungsvoraussetzung oder der Tatbestand einer anderen Kausalhaftung vorliegen muss. Dies war auch die Auffassung des Gesetzgebers (BBl 1992 V 429). REY (N 1180) macht in diesem Zusammenhang zu Recht geltend, es sei, weil ein triftiger Ausschlussgrund fehle, im spezialgesetzlichen Verweis des Art. 11 Abs. 1 PrHG auf das Schadenersatzrecht des OR nach herrschender schweizerischer Lehre der Verweis auf die Bestimmungen über die Genugtuung mitenthalten (vgl. dazu OFTINGER/STARK, I, § 8 N 4; BK-BREHM, Art. 47 OR N 15, 20). Sind die **übrigen Haftungsvoraussetzungen des PrHG erfüllt**, kann der Richter daher **gestützt auf Art. 11 Abs. 1 PrHG i.V.m. Art. 47 OR Genugtuung** zusprechen (vgl. BORSARI, 212; HESS, N 57 ff.; HUGUENIN, N 2104; MÜLLER, N 438; REY, N 1180; ROBERTO, Haftpflichtrecht, N 386; SCHWENZER, N 53.40). 6

c) Sachschaden

Nach Art. 1 Abs. 1 lit. b haftet der Hersteller auch für Sachschäden. Was als Sachschaden zu gelten hat, sagt das Gesetz jedoch nicht. Massgebend ist daher die **Begriffsbestimmung des Haftpflichtrechts** (vgl. BORSARI, 96 ff.; FELLMANN/VON BÜREN-VON MOOS, N 116 f.; HESS, N 66 ff.; REY, N 1177 ff.). Es kann dazu auf die Kommentierung des Art. 41 OR verwiesen werden (vgl. Art. 41 OR N 10 ff.). 7

Der Hersteller haftet jedoch **nicht für jeden Sachschaden**. Er hat vielmehr nur dann für den Schaden einzustehen, wenn die beschädigte oder zerstörte Sache nach *«ihrer Art gewöhnlich zum privaten Gebrauch oder Verbrauch bestimmt und vom Geschädigten hauptsächlich privat verwendet worden ist»* (Art. 1 Abs. 1 lit. b). Mit dieser Einschränkung folgte der schweizerische Gesetzgeber der Vorgabe in Art. 9 Abs. 1 lit. b der EG-Richtlinie. Diese Regelung beruht auf der Überlegung, besonderen Schutz benötige nur der private Verbraucher; die gewerblichen oder beruflichen Produktebenutzer seien demgegenüber in der Lage, sich anderweitig, insb. durch spezielle Ausgestaltung ihrer Verträge, abzusichern (vgl. krit. MK-WAGNER, § 1 N 14). Die Einschränkung der Haftung auf Schäden an Gegenständen des privaten Gebrauchs in dieser Bestimmung durchkreuzt das Ziel einer europäischen Rechtsvereinheitlichung, weil damit ein wichtiger Bereich des Produktehaftpflichtrechts ausschliesslich dem Regime des nationalen Rechts überlassen bleibt. Diese Einschränkung ist zudem willkürlich, da sie Unterscheidungen trifft, die sich nicht auf ernsthafte sachliche Gründe stützen lassen und für die ein vernünftiger Grund nicht ersichtlich ist (FELLMANN/VON BÜREN-VON MOOS, N 120 ff.; vgl. auch BORSARI, 97 ff.; CHRISTEN, 56 ff.; HESS, N 73 ff.; REY, N 1181; ROBERTO, 8

Haftpflichtrecht, N 360; WERRO, 543). Wird durch einen Produktefehler eine Sache beschädigt, die gewerblich genutzt wird, kann sich der Geschädigte allerdings auf die Grundsätze berufen, die das BGer unter dem Blickwinkel der Produktehaftung aus Art. 55 OR (vgl. dazu den «Schachrahmen-Fall» in BGE 110 II 456 und den «Klappstuhl-Fall» in JdT 1986 I, 571 ff.) abgeleitet hat (vgl. BGer, 25. 1. 2006, 4C.307/2005, E. 2, wo das Gericht freilich offen lässt, ob die Einführung des PrHG eine Anpassung der Rsp. zu Art. 55 OR notwendig mache).

8a So hat das BGer in einem Urteil vom 26. 1. 2006 (4C.307/2005), dem der Fall eines Stutenfohlens zugrunde lag, das sich beim Fressen an einer «Rundballenraufe Typ Pendelgitter» das Genick brach, festgestellt, das Produktehaftpflichtgesetz finde keine Anwendung, da kein Personenschaden vorliege und das Fohlen nicht für private Zwecke verwendet worden sei (Art. 1 Abs. 1 PrHG). Da Art. 11 PrHG zwischen Schadenersatzansprüchen aus Obligationenrecht und solchen nach dem PrHG **Anspruchskonkurrenz** vorsehe, stehe das PrHG einer **Anwendung von Art. 55 OR** nicht entgegen. Es verneinte aber eine Haftung des Herstellers u.a. mit der Begründung, aus der nach dem Schadenseintritt gewonnenen Erfahrung, wie der Vorfall hätte vermieden werden können, dürfe nicht auf eine Verletzung der Sorgfaltspflicht geschlossen werden. Auch im Anwendungsbereich des Art. 55 OR gelte der in Art. 4 Abs. 2 PrHG kodifizierte Grundsatz, dass ein Produkt nicht allein deshalb mangelhaft sei, weil später ein verbessertes Produkt in Verkehr gesetzt worden sei. Ferner hielt das BGer den **Entlastungsbeweis** für erbracht. Der Hersteller habe die Eignung der Futterraufe für Pferde durch Pferdebesitzer beurteilen lassen und das Produkt während mehr als fünf Jahren vertrieben. Die Rundballenraufe sei somit schon über eine längere Zeit bei einer Vielzahl von Pferden im Einsatz gewesen, ohne dass sich Probleme ergeben hätten. Der Beklagte habe nicht mit einer Gefährdung der Pferde rechnen müssen und sei daher auch nicht gehalten gewesen, zur Beurteilung der Eignung der Raufe Spezialisten beizuziehen (vgl. auch FELLMANN, Wichtige Urteile, 226 ff.).

9 Art. 1 Abs. 1 lit. b schafft **zwei Abgrenzungskriterien**: Ein objektives (Nutzungsbestimmung des Produktes) und ein subjektives (tatsächliche Verwendung im Einzelfall). Nach dem **objektiven Kriterium der Nutzungsbestimmung** ist entscheidend, für welchen Gebrauch ein Produkt bestimmt ist. Ob eine Sache gewöhnlich für den privaten Gebrauch oder Verbrauch bestimmt ist, richtet sich daher nach der generellen Zweckbestimmung von Gegenständen dieser Art (FELLMANN/VON BÜREN-VON MOOS, N 123; vgl. auch BORSARI, 99 ff.; CHRISTEN, 57 f.; HESS, N 74; HUGUENIN, N 2105; REY, N 1182; HONSELL/ISENRING/KESSLER, § 21 N 50; ROBERTO, Haftpflichtrecht, N 360; SCHWENZER, N 53.40). Es genügt allerdings, wenn das betroffene Erzeugnis überwiegend dem privaten Gebrauch dient. Eine vereinzelte gewerbliche oder berufliche Nutzung durch bestimmte Verbraucher schadet daher nicht (vgl. BORSARI, 99 ff.; CHRISTEN, 58; FELLMANN/VON BÜREN-VON MOOS, N 123; HESS, N 76; REY, N 1182). Ausgeschlossen ist die Haftung nur für Gegenstände, die allein für professionelle Verwendungszwecke bestimmt sind und für Private auf dem Markt in dieser Form auch nicht ohne weiteres erhältlich sind (vgl. CHRISTEN, 58).

10 Da zahlreiche Dinge privat und gewerblich bzw. beruflich genutzt werden können, setzt Art. 1 Abs. 1 lit. b mit einem **subjektiven Abgrenzungskriterium** zusätzlich voraus, dass der Geschädigte den betroffenen Gegenstand im Einzelfall auch hauptsächlich privat verwendet hat (vgl. BORSARI, 102 f.; CHRISTEN, 58 f.; FELLMANN/VON BÜREN-VON MOOS, N 124; HESS, N 79 f.; HUGUENIN, N 2105; REY, N 1182). Indem das Gesetz auf den hauptsächlichen Gebrauch oder Verbrauch abstellt, wird bei einer vereinzelten gewerblichen oder beruflichen Nutzung die Haftung des Herstellers nicht ausgeschlossen. Auf die Art des Gebrauchs zur Zeit der Schädigung kommt es nicht an (vgl. FELLMANN/VON BÜREN-VON MOOS, N 125 f.; HESS, N 80; REY, N 1182). **Beweispflichtig** für den hauptsächlich privaten Gebrauch oder Verbrauch ist der Geschädigte (CHRISTEN, 60).

2. Kausalzusammenhang

Wie einleitend ausgeführt wurde, muss der Geschädigte nach Art. 1 Abs. 1 PrHG als Voraussetzung der Haftung neben den bei der Kommentierung der betreffenden Normen speziell zu besprechenden Haftungsvoraussetzungen der Hersteller-Eigenschaft des potentiell Haftpflichtigen (siehe Art. 2 PrHG) und dem Vorliegen eines fehlerhaften Produkts (siehe Art. 3 und 4 PrHG) noch den **(adäquaten) Kausalzusammenhang** zwischen dem Fehler des Produkts und seinem Schaden beweisen. **10a**

Da das PrHG **keine eigenständige Begriffsbestimmung** enthält, ist auf die Begriffe im Recht der unerlaubten Handlungen abzustellen. Massgebend ist daher der Begriff des Kausalzusammenhangs, wie er im ausservertraglichen Schadenersatzrecht des OR verwendet wird. Zwischen dem Vorliegen eines fehlerhaften Produkts und dem Schaden muss daher ein **natürlicher Kausalzusammenhang** bestehen. Dieser Kausalzusammenhang muss ferner **adäquat** sein. Für Einzelheiten wird auf die Erläuterung dieser Begriffe bei der Komm. von Art. 41 OR verwiesen (vgl. Art. 41 OR N 14 ff.). **10b**

Für den Nachweis des natürlichen bzw. hypothetischen Kausalzusammenhangs genügt nach der Rsp. des BGer das **Beweismass der überwiegenden Wahrscheinlichkeit**. Danach «gilt ein Beweis als erbracht, wenn für die Richtigkeit der Sachbehauptung nach objektiven Gesichtspunkten derart gewichtige Gründe sprechen, dass andere denkbare Möglichkeiten vernünftigerweise nicht massgeblich in Betracht fallen» (Pra 2005, 830 [nur teilweise publ. in BGE 131 III 12]; vgl. auch BGE 130 III 321, 325). **10c**

Dem Geschädigten können sich namentlich beim Nachweis des Kausalzusammenhangs zwischen **fehlerhaften Heilmitteln** (Arzneimittel und Medizinprodukte) **erhebliche Beweisschwierigkeiten** stellen. So befürchteten bspw. Frauen, die sich Brustimplantate der Firma Poly Implants Prothèses (PIP) hatten einsetzen lassen, eine erhöhte Krebsgefahr, ebenso Patienten, denen eine Hüftgelenksprothese der US-Firma DePuy implantiert worden war, bei denen sowohl der Kopf als auch die Pfanne des Gelenks aus einer Chrom-Kobalt-Legierung bestanden (vgl. dazu Widmer Lüchinger, BJM 2014, 305 ff.). Sollte ein Betroffener wirklich an Krebs erkranken, wäre der Beweis des Kausalzusammenhangs zwischen dieser Erkrankung und dem Fehler des fraglichen Medizinprodukts jedoch ausserordentlich schwierig und zwar selbst wenn sich die kanzerogene Wirkung des Erzeugnisses beweisen liesse (vgl. Widmer Lüchinger, Haftung, 225 f.). Gleiches gilt für schädliche Arzneimittel, namentlich toxische Substanzen. **10d**

Schäden durch **Vergiftung mit toxischen Substanzen** entstehen nämlich meistens nicht durch eine «plötzliche, nicht beabsichtigte schädigende Einwirkung eines ungewöhnlichen äusseren Faktors» (so die Definition des Unfalls in Art. 4 ATSG) wie Unfallschäden, sondern **über einen längeren Zeitraum hinweg**, im Verlauf eines langen und oft schwer nachvollziehbaren Prozesses. Zwischen Ursache und Schaden können in solchen Fällen Monate, Jahre, ja Jahrzehnte liegen – man denke nur an Schäden, die durch Contergan, Dioxin oder Asbest entstanden sind und immer noch entstehen, denen Mensch und Umwelt über lange Zeiträume ausgesetzt waren, bis deren Schädlichkeit erkannt wurde (Romerio, 1 und 10). Entsprechend schwierig gestaltet sich der Beweis des Kausalzusammenhangs zwischen der Toxizität einer Substanz und dem Schaden. **10e**

Romerio hat auf der Basis einer rechtsvergleichenden und interdisziplinären Studie gezeigt, wie der Geschädigte vorgehen muss, wenn er bei einer Vergiftung mit toxischen Substanzen den Beweis des Kausalzusammenhangs zu erbringen hat. Nach seiner Meinung muss er den **Beweis in zwei Teile** zerlegen, «in den Beweis der **generellen** und der **individuellen Kausalität**» (Romerio, 13, H.v.Verf.). Diese Überlegungen sind auch im Recht der Produkthaftung anwendbar. **10f**

Bei der **generellen Kausalität** geht es um die Eignung eines bestimmten Stoffes, bei einer bestimmten Dosis Schäden zu verursachen. Zur Diskussion steht bspw. die Frage, ob Thalido- **10g** mid bei Embryonen überhaupt Fehlbildungen verursachen kann. Der Beweis der generellen Kausalität, der schädigenden Wirkung einer giftigen Substanz an sich, kann i.d.R. nur durch statistische Erhebung, namentlich epidemiologische Studien erbracht werden (ROMERIO, 58 ff.).

Dieser Beweis bildet aber erst den **Ausgangspunkt des Beweises des Kausalzusammenhangs**. Steht nämlich fest, dass eine bestimmte Substanz Mensch und Umwelt auf eine bestimmte Art schädigen kann, ist noch nicht bewiesen, dass der konkrete Schaden tatsächlich durch die fragliche Substanz verursacht wurde (ROMERIO, 14).

10h Der Geschädigte muss daher in einem zweiten Schritt auch noch die **individuelle Kausalität** beweisen, dass nämlich sein Schaden tatsächlich durch die toxische Substanz verursacht wurde, deren generell schädigende Wirkung durch den Beweis der generellen Kausalität erwiesen ist (ROMERIO, 14).

10i Wie ROMERIO zutreffend ausführt, sind die **Beweise** der generellen und der individuellen Kausalität **miteinander verknüpft**. Der Geschädigte kann sich nur dann auf die generelle Kausalität, also den Beweis der schädigenden Wirkung einer bestimmten Substanz an sich, berufen, wenn diese in allgemeiner Weise etwas über die Exposition aussagt, welcher er konkret ausgesetzt war. So nützt dem Geschädigten, der an einer Asbestose erkrankt ist, der Nachweis nichts, dass Asbestfasern schädlich sind, wenn sie eingeatmet werden, falls er die Fasern nicht eingeatmet, sondern verschluckt hat (ROMERIO, 14).

IV. Ausschluss von Schäden am fehlerhaften Produkt

11 Nach Art. 1 Abs. 2 haftet der Hersteller für Schäden am fehlerhaften Produkt nicht. Mit dieser Einschränkung soll die Unterscheidung zwischen den vertraglichen Gewährleistungsansprüchen des Konsumenten und den Schadenersatzansprüchen nach den Bestimmungen des PrHG aufrecht erhalten werden (vgl. BORSARI, 103 f.; FELLMANN/VON BÜREN-VON MOOS, N 130; HESS, N 68 ff.; HONSELL/ISENRING/KESSLER, § 21 N 50; HUGUENIN, N 2107; MÜLLER, N 437; REY, N 1185; SCHWENZER, N 53.40; WERRO, N 546). Sie führt allerdings zu **schwierigen Abgrenzungsfragen (a.M.** HESS, N 71), weil Art. 3 andererseits bestimmt, Produkt im Sinn des Gesetzes sei eine bewegliche Sache auch dann, wenn sie Teil einer anderen beweglichen Sache oder einer unbeweglichen Sache bilde (vgl. dazu FELLMANN, BR 1994, 28). Wenn bspw. fehlerhafte Bremsen eines Autos zu einem Totalschaden führen, stellt sich die Frage, ob der Geschädigte seine Schadenersatzansprüche nach PrHG auch gegen den Hersteller der Bremsen richten kann. Werden die Bremsen bloss als Bestandteil des fehlerhaften Fahrzeugs qualifiziert, ist eine Haftung ausgeschlossen. Werden sie demgegenüber i.S.v. Art. 3 Abs. 1 lit. a als – jedenfalls ursprünglich – selbständiger Teil einer anderen beweglichen Sache (des Fahrzeugs) betrachtet, haftet der Hersteller der Bremsen für den Schaden (so i.E. BGH NJW 1978, 2241 und 1983, 810).

12 Der Hersteller eines Teilproduktes (vgl. Art. 2 Abs. 1 lit. a) haftet, wenn das Endprodukt infolge des fehlerhaften Teilprodukts insgesamt fehlerhaft ist und deshalb Schäden an anderen Gütern verursacht. Für Schäden, die am Endprodukt selbst auftreten, hat er nicht aufzukommen. Andererseits kann sich der Hersteller des Endproduktes nicht von der Haftung entlasten, indem er nachweist, der Schaden sei durch den Fehler eines Teilproduktes entstanden. Es war vielmehr gerade eines der Hauptanliegen des Produktehaftpflichtrechts, dem Endhersteller den Einwand abzuschneiden, beim Teilprodukt handle es sich um eine vom Endprodukt verschiedene Sache, für deren Fehler er nicht einzustehen habe. Wer deshalb beim Sonderfall der Zerstörung eines zusammengesetzten Produkts das Gesamterzeugnis wieder in einzelne Produkte zerstückeln will, stellt dieses Ziel in Frage (vgl. FELLMANN, AJP 1994, 1466 ff.). So hat es denn auch der österreichische oberste Gerichtshof in einem Urteil vom 3.2.1994 (PHI 1994, 150 ff.) abgelehnt, den Wasserschlauch eines Fahrzeuges als eigenständiges Produkt zu qualifizieren. Nach seiner Auffassung erwirbt vielmehr der Käufer eines Automobils ein Produkt und nicht eine Summe von Produkten (Schrauben, Räder, Schläuche usw.). Eine andere Auslegung würde zu einer offensichtlich nicht beabsichtigten Erweiterung der Haftung des Teilherstellers führen (FELLMANN, AJP 1994, 1466 ff.; vgl. auch MK-WAGNER, § 1 N 7 ff.; TASCHNER/FRIETSCH, § 1 N 39 f.; **a.M.** BORSARI, 104 f.).

Art. 2 PrHG

Herstellerin

[1] Als Herstellerin im Sinne dieses Gesetzes gilt:

a. die Person, die das Endprodukt, einen Grundstoff oder ein Teilprodukt hergestellt hat;

b. jede Person, die sich als Herstellerin ausgibt, indem sie ihren Namen, ihr Warenzeichen oder ein anderes Erkennungszeichen auf dem Produkt anbringt;

c. jede Person, die ein Produkt zum Zweck des Verkaufs, der Vermietung, des Mietkaufs oder einer andern Form des Vertriebs im Rahmen ihrer geschäftlichen Tätigkeit einführt; dabei bleiben abweichende Bestimmungen in völkerrechtlichen Verträgen vorbehalten.

[2] Kann die Herstellerin des Produkts nicht festgestellt werden, so gilt jede Person als Herstellerin, welche das Produkt geliefert hat, sofern sie dem Geschädigten nach einer entsprechenden Aufforderung nicht innerhalb einer angemessenen Frist die Herstellerin oder die Person nennt, die ihr das Produkt geliefert hat.

[3] Absatz 2 gilt auch für Produkte, bei denen nicht festgestellt werden kann, wer sie eingeführt hat, selbst wenn der Name der Herstellerin angegeben ist.

Producteur

[1] Par producteur, au sens de la présente loi, on entend:

a. le fabricant d'un produit fini, le producteur d'une matière première ou le fabricant d'une partie composante;

b. toute personne qui se présente comme producteur en apposant sur le produit son nom, sa marque ou un autre signe distinctif;

c. toute personne qui importe un produit en vue de la vente, de la location, du crédit-bail ou de toute autre forme de distribution dans le cadre de son activité commerciale; les dispositions contraires prévues dans les traités internationaux sont réservées.

[2] Si le producteur ne peut pas être identifié, chaque fournisseur d'un produit en sera considéré comme le producteur, à moins qu'il n'indique à la victime, dans un délai raisonnable à partir du jour où il en a été invité, l'identité du producteur ou de la personne qui lui a fourni le produit.

[3] L'al. 2 s'applique également au cas d'un produit importé, si ce dernier n'indique pas l'identité de l'importateur au sens de la présente loi, même si le nom du producteur est indiqué.

Produttore

[1] È considerato produttore ai sensi della presente legge:

a. la persona che produce il prodotto finito, una materia prima o una parte componente;

b. chiunque si presenta come produttore apponendo il proprio nome, marchio o altro segno distintivo sul prodotto;

c. chiunque importa un prodotto ai fini della vendita, della locazione, del leasing o di qualsiasi altra forma di distribuzione nell'ambito della sua attività commerciale; al riguardo sono salve le disposizioni contrarie previste nei trattati internazionali.

[2] Quando non può essere individuato il produttore, si considera tale ogni persona che ha fornito il prodotto, a meno che quest'ultima comunichi al danneggiato, entro un termine ragionevole a contare dal momento della richiesta, l'identità del produttore o della persona che gli ha fornito il prodotto.

[3] Il capoverso 2 vale anche per prodotti importati, qualora non si possa stabilire chi sia l'importatore, anche se è indicato il nome del produttore.

Literatur

Vgl. die Literaturhinweise bei den Vorbe. zum PrHG.

I. Allgemeines

1 Art. 2 deckt sich inhaltlich mit Art. 3 der EG-Richtlinie. Diese Bestimmung bezweckt einen möglichst **wirksamen Schutz des Verbrauchers**. Neben dem Hersteller des Endproduktes haftet auch der Produzent eines Teilproduktes oder eines Grundstoffes. Ausserdem haftet jede Person, die sich als Hersteller ausgibt. Dem Hersteller gleichgesetzt wird der Importeur, und – subsidiär – kann schliesslich noch der Lieferant belangt werden. Mit dieser Regelung sollte eine möglichst **lückenlose Haftungskette** geschaffen werden (vgl. BORSARI, 49 ff.; FELLMANN/VON BÜREN-VON MOOS, N 34; HESS, N 4 ff.; REY, N 1203 ff.; SCHWEIGHAUSER, 4 ff.; WERRO, N 554 f.).

2 Wie Art. 3 der EG-Richtlinie **definiert** Art. 2 PrHG den **Begriff des Herstellers nicht direkt**. Er umschreibt lediglich, wer haftungsrechtlich dem Herstellerkreis zuzurechnen ist (vgl. BORSARI, 49; FELLMANN/VON BÜREN-VON MOOS, N 41; HESS, N 1). Die Aufzählung möglicher Herstellergruppen im Gesetz ist jedoch abschliessend (vgl. BORSARI, 49; FELLMANN/VON BÜREN-VON MOOS, N 43; HESS, N 11).

3 Hersteller können **natürliche und juristische Personen** sein. Auch öffentlich-rechtliche Körperschaften und Anstalten fallen als Haftungssubjekte in Betracht. Die blosse Mitarbeit beim Herstellungsprozess in abhängiger Stellung (z.B. als Arbeitnehmer) begründet demgegenüber keine Hersteller-Position (vgl. BORSARI, 50; CHRISTEN, 21 f.). Hersteller ist nur, wer die Organisationsgewalt über den Herstellungsprozess hat (ROLLAND, § 4 N 5). Die Produktehaftpflicht ist somit als **Unternehmensträgerhaftung** ausgestaltet (HESS, N 12 ff.; vgl. auch BORSARI, 50; CHRISTEN, 21 f.). Vorbehalten bleibt allerdings die Haftung weiterer Personen nach Deliktsrecht (vgl. Art. 11 Abs. 2).

II. Hersteller

1. Tatsächlicher Hersteller

a) Hersteller des Endproduktes

4 **Hersteller des Endproduktes** ist, wer das Produkt, so wie es an den Verbraucher gelangt, fertigt (FELLMANN/VON BÜREN-VON MOOS, N 45; vgl. auch BORSARI, 52 f.; HUGUENIN, N 2099; MÜLLER, N 429; WERRO, N 556 f.). Unerheblich ist, ob er neben selbständig angefertigten Teilen auch von Zulieferern konstruierte und hergestellte Teilprodukte verwendet. Als Hersteller des Endproduktes gilt sogar der blosse **Assembler**, der am eigentlichen Produktionsprozess nicht beteiligt ist, sondern lediglich von Dritten vorgefertigte Teile zu einer Sache zusammenfügt (vgl. BORSARI, 53; FELLMANN/VON BÜREN-VON MOOS, N 44 f.; HESS, N 27). Erforderlich ist jedoch, dass am Produkt ein Eingriff vorgenommen wird, der die Produktegestaltung oder eine wesentliche Eigenschaft des Erzeugnisses bestimmt. Die Fertigungsfunktion muss im Vordergrund stehen. Der Händler, der bloss die **Endmontage** eines in Einzelteilen versandten Produktes vornimmt, ist daher nicht Hersteller. Hier überwiegt die Vertriebsfunktion; es liegt eine im Vergleich mit dem Herstellungsprozess unerhebliche Manipulation am Produkt vor (vgl. BORSARI, 57 f.; FELLMANN/VON BÜREN-VON MOOS, N 45 ff.; HESS, N 26 ff.). Kein Hersteller ist, wer von Dritten gelieferte fertige Produkte lediglich in kleinere Einheiten **verpackt oder abfüllt**. Ändert er demgegenüber durch Zugabe weiterer *Stoffe die Zusammensetzung* der Grundsubstanzen, oder mischt er die ihm gelieferten Grundsubstanzen (Extrakte oder Konzentrate) unter Zugabe von Flüssigkeit oder Kohlensäure zu einem Endprodukt, liegt ein Herstellungsprozess vor. Wer deshalb etwa Coca-Cola-Extrakte

zum Endprodukt mischt, ist nicht Händler, sondern Hersteller (FELLMANN/VON BÜREN-VON MOOS, N 49; vgl. auch BORSARI, 57 f.).

Den **Hersteller des Endproduktes** trifft die **weitestgehende Verantwortlichkeit**. Er haftet nicht nur für eigene Fehler; er hat vielmehr auch für die Mängel von zugelieferten Grundstoffen oder Teilprodukten einzustehen (FELLMANN/VON BÜREN-VON MOOS, N 50; vgl. auch BORSARI, 53 f.). 5

b) Hersteller eines Teilproduktes

Hersteller eines Teilproduktes ist, wer ein Erzeugnis fertigt, das als **Teil eines anderen Produktes** Verwendung findet und nicht zur direkten Nutzung durch den (privaten) Endabnehmer bestimmt ist (FELLMANN/VON BÜREN-VON MOOS, N 51; vgl. auch BORSARI, 60 f.; HESS, N 63 ff.; HUGUENIN, N 2099). Der Begriff wird weit ausgelegt. Er umfasst daher «alle in den Herstellungsprozess eingeschalteten Unternehmungen, mithin auch Betriebe, die in Folge horizontaler Arbeitsteilung Produktionsfunktionen übernehmen» (NATER, 98). 6

Die **Haftung des Herstellers eines Teilproduktes** beschränkt sich auf die Verantwortung für dieses Erzeugnis, einschliesslich der darin allenfalls verarbeiteten weiteren (Teil-)Produkte von Herstellern vorgelagerter Produktionsstufen. Für **Fehler**, die auf den **nachgelagerten Herstellungsstufen** verursacht werden, ist er **nicht verantwortlich** (vgl. BORSARI, 61; FELLMANN/VON BÜREN-VON MOOS, N 54); vorbehalten bleibt die Verletzung von Abmahnungspflichten (vgl. Art. 5 PrHG N 22). Dass sein Erzeugnis fehlerfrei war, hat der **Teilhersteller** allerdings **zu beweisen** (Art. 5 Abs. 2). 7

c) Hersteller eines Grundstoffes

Hersteller eines Grundstoffes ist, wer **Materialien oder Rohstoffe** erzeugt, die anschliessend **zu Teil- oder Endprodukten verarbeitet** werden. Der Begriff ist weit zu fassen. Er erstreckt sich nicht nur auf eigentliche Produkte, sondern erfasst auch **aus der Natur gewonnene Grundstoffe** wie Mineralien, Sand, Kies, Holz usw., die nicht hergestellt, sondern ausgebeutet werden (FELLMANN/VON BÜREN-VON MOOS, N 56; vgl. auch BORSARI, 62 f.; HESS, N 61 f.; HUGUENIN, N 2099). 8

Wie der Hersteller eines Teilproduktes (vgl. N 4) **haftet** auch der **Erzeuger eines Grundstoffes** grundsätzlich nur für Schäden, die durch einen Fehler des Grundstoffes verursacht wurden. Für **Mängel im späteren Verarbeitungsprozess** hat er **nicht** einzustehen (vgl. BORSARI, 63; FELLMANN/VON BÜREN-VON MOOS, N 59). Vorbehalten bleibt die Verletzung von Abmahnungspflichten (vgl. Art. 5 PrHG N 22). 9

d) Spezialfragen

Weitgehend ungeklärt ist die Frage, wie es sich mit Personen verhält, die zwar **keine gegenständlichen Teilprodukte** herstellen, jedoch auf andere Art in den Produktionsprozess einbezogen sind. Sie fallen dann als (Teil-)Hersteller in Betracht, wenn sich ihr Beitrag «unmittelbar oder mittelbar auf die Eigenschaften oder Merkmale des Produktes auswirkt» (CHRISTEN, 23). Ausgehend vom Ziel der EG-Richtlinie, alle Personen in den Herstellerkreis miteinzubeziehen, «die in eigener Verantwortung an dem Prozess der Herstellung der Sache beteiligt waren» (vgl. die Erläuterungen der Kommission zit. bei CHRISTEN, 24 und FN 31), wird der Herstellerbegriff von der h.L. weit ausgelegt. Als Teilprodukt gilt danach jedes Zwischenprodukt, und als Teilprodukt-Hersteller kommen daher auch der **Konstrukteur oder Planer** in Betracht (FELLMANN/VON BÜREN-VON MOOS, N 53 m.w.Nw.; vgl. auch CHRISTEN, 23 f.; HILTY, 85 f.; NATER, 97). Voraussetzung ist aber, dass die von ihnen erbrachten (geistigen) Leistungen ihre «gegenständliche Verkörperung in einer beweglichen Sache als deren Träger gefunden» haben (POTT/FRIELING, § 4 N 28). Keine Herstellereigenschaft kommt demgegenüber Personen zu, die nur Aufgaben mit unterstützender Funktion ausführen, wie Qualitäts- 10 kontrollen oder Tests (vgl. MK-Wagner, § 4 N 10). In aller Regel wird auch eine Haftung des Lizenzgebers als Hersteller für Fehler des Lizenzgegenstandes verneint werden müssen, solange er im Hinblick auf die Konstruktion, Fabrikation und Instruktion nur immaterielle Leistungen (Know-how) erbringt (vgl. Borsari, 52; Hess, N 55 ff.; Hölzlwimmer, 108 ff.; **a.M.** Graf von Westphalen, § 75 N 7 ff.; Hilty, 86).

2. Quasi-Hersteller

11 Nach Art. 2 Abs. 1 lit. b haftet nicht nur der eigentliche Hersteller, sondern auch jede **Person, die sich als Hersteller ausgibt**, indem sie ihren Namen, ihr Warenzeichen oder ein anderes Erkennungszeichen auf dem Produkt anbringt. Wer Leistungen eines anderen als eigene ausgibt, muss sich beim Anschein, den er damit bei Dritten erweckt, behaften lassen. Massgebend ist daher der **objektive Schein**. Ob der Konsument wusste, dass das Produkt in Tat und Wahrheit von einem Dritten hergestellt wurde, ist ohne Bedeutung. Unerheblich ist im Weiteren, ob der Betroffene den Willen hatte, sich als Hersteller auszugeben, ja sogar ausdrücklich Täuschungsabsichten hegte (Fellmann/von Büren-von Moos, N 60 ff.; vgl. auch Borsari, 63 ff.; Christen, 28 ff.; Hess, N 67 ff.; Huguenin, N 2100; Müller, N 430; Werro, N 558). Das Erkennungszeichen muss jedoch den Anschein eigener Produktion erwecken. Das Anbringen eines Hinweises auf seine Firma im Heck des neuen Autos macht den Garagier daher nicht zum Quasi-Hersteller. Ein solches Erkennungszeichen qualifiziert sich vielmehr offensichtlich als Händler- und nicht als Herstellerbezeichnung (Fellmann/von Büren-von Moos, N 63, 68; vgl. auch Borsari, 65 f.).

12 Voraussetzung für eine Haftung als Quasi-Hersteller ist das Anbringen eines Namens, eines Warenzeichens oder eines anderen Erkennungszeichens auf dem Produkt. Der **Oberbegriff ist das Erkennungszeichen**. Die Aufzählung im Gesetz ist daher nicht abschliessend. Der Schutzzweck der Bestimmung rechtfertigt eine **weite Auslegung** (Fellmann/von Büren-von Moos, N 64; vgl. auch Borsari, 66). Auch der Begriff des Anbringens muss ausgedehnt ausgelegt werden. Er erfasst nicht nur den eigentlichen Aufdruck oder eine Einprägung auf dem Erzeugnis. Es genügt vielmehr, wenn das Erkennungszeichen auf der Verpackung oder bspw. auf einem Beipackzettel angebracht ist (Fellmann/von Büren-von Moos, N 67; vgl. auch Borsari, 67 f.).

3. Importeur

13 Nach Art. 2 Abs. 1 lit. c haftet auch der **Importeur als Hersteller**. Dabei ist jede Person Importeur, die ein Produkt zum Zweck des Verkaufs, der Vermietung, des Mietkaufs oder einer anderen Form des Vertriebs im Rahmen ihrer geschäftlichen Tätigkeit in die Schweiz einführt. Als Produkt gilt dabei nicht nur das Endprodukt; als Hersteller haftet vielmehr auch der **Importeur von Teilprodukten und Grundstoffen** (Fellmann/von Büren-von Moos, N 70; vgl. auch Bolliger, 61 ff.; Borsari, 70 ff.; Christen, 31 f.; Freiburghaus, 58 ff.; Hess, N 83 ff.; Huguenin, N 2101; Müller, N 431; Werro, 560). Als Import gilt auch der **Reimport**. Reimport liegt vor, wenn ein Erzeugnis in der Schweiz hergestellt, anschliessend ins Ausland exportiert und dann wieder in die Schweiz eingeführt wird (Fellmann/von Büren-von Moos, N 73; vgl. auch Bolliger, 63; Borsari, 70 f.; Freiburghaus, 61 f.).

14 Der Import muss **im Rahmen der geschäftlichen Tätigkeit** des Importeurs liegen. Einfuhren für den Eigengebrauch, sei dieser nun privater oder gewerbsmässiger Natur, scheiden damit aus. Massgebender Zeitpunkt für die Zweckbestimmung ist die Einfuhr. Importiert deshalb jemand ein Produkt zum privaten Gebrauch, entschliesst sich aber später, dieses Erzeugnis doch noch zu veräussern, ist die Einfuhr nicht im Rahmen der geschäftlichen Tätigkeit erfolgt (Hess, N 96 m.w.Nw.; vgl. auch Borsari, 71 f.).

15 Der Import muss **zum Zweck des Vertriebs** erfolgen. Als Vertrieb gilt «jeder Absatz von Produkten im Rahmen längerfristig geplanter kommerzieller Tätigkeit» (Pott/Frieling, § 4

N 56). Als Beispiel für einen möglichen Vertrieb nennt das Gesetz den Verkauf, die Vermietung und den Mietkauf. Diese Aufzählung ist jedoch nicht abschliessend. Vielmehr begründet **jede Art des Vertriebs mit wirtschaftlichem Zweck** die Haftung des Importeurs (vgl. BOLLIGER, 63; BORSARI, 72 ff.; FELLMANN/VON BÜREN-VON MOOS, N 75; FREIBURGHAUS, 60 f.; HESS, N 97 ff.).

4. Lieferant

Nach Art. 2 Abs. 2 haftet auch der Lieferant als Hersteller. Als Lieferant gilt dabei **jede Person, die ein Erzeugnis vertreibt**, ohne selbst Hersteller zu sein (MK-WAGNER, § 4 N 34; vgl. auch BOLLIGER, 63 f.; BORSARI, 76 ff.; FELLMANN/VON BÜREN-VON MOOS, N 81; HESS, N 102 ff.; HUGUENIN, N 2102; MÜLLER, N 431; WERRO, N 560). Der Begriff ist weit auszulegen. Er erfasst alle denkbaren Formen des kommerziellen Absatzes von Produkten (POTT/FRIELING, § 4 N 65; vgl. auch BORSARI, 77). Die Haftung nach Art. 2 Abs. 2 kann daher auch den Handwerker treffen, der bei einer Reparatur **Ersatzteile einbaut** (FELLMANN/VON BÜREN-VON MOOS, N 81; vgl. auch BORSARI, 77). Lieferant ist aber nicht nur, wer das Produkt im Detailhandel verkauft, sondern jede am Absatz beteiligte Person: «Jeder Händler kommt als Vorlieferant seines Abnehmers in Betracht» (POTT/FRIELING, § 4 N 66; vgl. auch BORSARI, 77 f.). Art. 2 Abs. 2 stellt daher ein **Druckmittel** dar, das dem Geschädigten die Möglichkeit verschaffen soll, «sich über die Kette der (grundsätzlich nicht haftenden) Lieferanten bis zu dem Hersteller bzw. dem Importeur durchzufragen» (ROLLAND, § 4 N 89; vgl. auch BORSARI, 77). 16

Die Haftung des Lieferanten setzt voraus, dass der Konsument den **Hersteller des Produktes nicht feststellen kann** und ihm der Lieferant den Namen nicht nennt. Der Hersteller des Produktes kann nicht festgestellt werden, wenn das betroffene Erzeugnis anonym in Verkehr gebracht wird: Weder das Produkt selbst noch die Verpackung oder die Begleitpapiere enthalten Hinweise auf den Hersteller (HESS, N 109; vgl. auch BORSARI, 79 ff.). Art. 2 Abs. 2 schützt den Verbraucher daher «vor einer Aushöhlung der Haftung durch anonyme (‹no-name›-)Produkte» (POTT/FRIELING, § 4 N 64; vgl. auch BORSARI, 76). 17

Es stellt sich daher die Frage, ob der Lieferant auch haftet, wenn das Produkt im Zeitpunkt der Auslieferung Hinweise auf den Hersteller enthielt, diese Hinweise aber infolge des schädigenden Ereignisses selbst oder während des Gebrauchs verloren gingen. Diese Frage ist in der Doktrin heftig umstritten. Nach der hier vertretenen Auffassung ist das **Risiko der nachträglichen Anonymisierung des Produktes dem Lieferanten** zuzurechnen (teilweise **a.M.** BORSARI, 81). Vom Konsumenten darf man nicht erwarten, dass er vor dem Gebrauch eines Produktes stets sicherstellt, bei einem Unfall auf den Hersteller greifen zu können. Demgegenüber hat der Lieferant «als Sachkundiger zu bedenken, dass es eine Vielzahl von Gründen für eine nachträgliche ‹Anonymisierung› gibt, die bei der vorgegebenen objektiven Risikozuweisung nicht ohne weiteres dem Geschädigten zugerechnet werden können» (POTT/FRIELING, § 4 N 73). Von ihm wird man daher «zumindest bei Abgabe von besonders gefahrgeneigten Produkten» verlangen dürfen, «generell die für eine spätere Freistellung von der Haftung benötigten Tatsachen (Typenbezeichnung, Fabrik-Nr., Lieferant, Name des Kunden, Zeitpunkt von Lieferung und Abgabe nebst den darüber vorhandenen Belegen) beweiskräftig festzuhalten und sorgfältig geordnet und damit jederzeit verfügbar zu verwahren» (POTT/FRIELING, § 4 N 73; vgl. auch FELLMANN/VON BÜREN-VON MOOS, N 98; HESS, N 111 ff.; teilweise **a.M.** BORSARI, 81 f.). Der wohl überwiegende Teil der deutschen und österreichischen Lehre nimmt allerdings den **gegenteiligen Standpunkt** ein und vertritt die Meinung, das Risiko einer nachträglichen Anonymisierung des Produktes habe der Lieferant nicht zu vertreten (vgl. etwa MK-WAGNER, § 4 N 37; CHRISTEN, 33; TASCHNER/FRIETSCH, § 4 N 69). 18

Die **Aufforderung an den Lieferanten**, den Hersteller oder die Person, die das Produkt geliefert hat, bekannt zu geben, erfordert eine genaue Bezeichnung des Produktes und **mög-** 19

lichst präzise Hinweise auf den Zeitraum der Lieferung. Der Lieferant muss in der Lage sein, die Frage anhand seiner Lagerhaltung, Buchhaltung oder anderer Unterlagen zu beantworten (HESS, N 120; vgl. auch BORSARI, 83). Die Aufforderung bedarf allerdings keiner besonderen Form. Aus Beweisgründen ist indessen die **Schriftform zu empfehlen** (FELLMANN/VON BÜREN-VON MOOS, N 89; vgl. auch BORSARI, 83).

20 Der Lieferant muss **innert angemessener Frist** antworten. Die Frist muss ausreichend lang sein, damit er die erforderlichen Abklärungen treffen kann. Erachtet der Lieferant die gesetzte Frist als zu kurz bemessen, hat er sich dagegen zu verwahren (vgl. BORSARI, 87 f.; FELLMANN/VON BÜREN-VON MOOS, N 90; HESS, N 128 ff.). Antwortet der Lieferant nicht innert angemessener Frist, wird er so behandelt, als hätte er das Produkt selbst hergestellt (vgl. BORSARI, 89 f.). Seine Haftung entfällt auch dann nicht mehr, wenn dem Konsumenten der tatsächliche Hersteller oder Lieferant **nachträglich bekannt** wird, sei es, dass er diese Kenntnis von Dritten erhält, sei es, dass sie ihm der Lieferant selbst nach Ablauf der Frist verschafft (FELLMANN/VON BÜREN-VON MOOS, N 87; vgl. auch BORSARI, 88).

21 Die (subsidiäre) Haftung des Lieferanten soll dem Geschädigten «den Weg zu einem Haftenden weisen, der einer vollen Herstellerhaftung unterliegt» (TASCHNER/FRIETSCH, § 4 N 70). Der Lieferant muss dem Geschädigten deshalb seinen Vorlieferanten oder einen **der vollen Herstellerhaftung unterliegenden Haftpflichtigen** nennen: Den Endhersteller, einen Quasi-Hersteller oder den Importeur. Die **Nennung des Herstellers eines Teilproduktes** genügt nur, wenn zum vornherein klar ist, dass der Schaden durch den Fehler eines Teilproduktes entstanden ist und eine Entlastung nach Art. 5 Abs. 2 nicht möglich ist (FELLMANN/VON BÜREN-VON MOOS, N 94 ff. m.w.Nw.; vgl. auch BORSARI, 85 f.). Daneben darf der Geschädigte wohl auch die **Auslieferung von Beweismitteln** fordern, wenn diese für den Lieferanten sofort greifbar sind (FELLMANN/VON BÜREN-VON MOOS, N 92; POTT/FRIELING, § 4 N 87; vgl. auch BORSARI, 85; **a.M.** HESS, N 124).

III. Beweislast

22 Für die Tatsache, dass jemand Hersteller (Hersteller des Endproduktes, eines Grundstoffes oder eines Teilproduktes), Quasi-Hersteller, Importeur oder Lieferant ist, trägt **der Geschädigte die Beweislast** (FELLMANN/VON BÜREN-VON MOOS, N 100; vgl. auch BORSARI, 90 f.; MÜLLER, N 433).

23 Will der Geschädigte **den Lieferanten belangen**, hat er **zusätzlich nachzuweisen**, dass der Hersteller nicht festgestellt werden kann. Dabei ist zu beachten, dass ein solcher Beweis als Nachweis eines Negativums nicht leicht zu erbringen ist. Darauf ist Rücksicht zu nehmen. Im Einzelfall wird es deshalb genügen, wenn der Geschädigte glaubhaft macht, dass weder das Produkt selbst noch sonstige Anhaltspunkte eine Identifizierung des tatsächlichen Herstellers ermöglichten (FELLMANN/VON BÜREN-VON MOOS, N 101 m.w.Nw.).

24 Der **Lieferant befreit sich von der Haftung**, wenn er nachweist, dass er dem Geschädigten den Hersteller oder seinen Lieferanten rechtzeitig bekanntgegeben hat. Er kann auch den Gegenbeweis antreten, der Geschädigte hätte die erforderlichen Angaben mit zumutbaren Anstrengungen selbst in Erfahrung bringen können bzw. das Erzeugnis selbst habe genügend Hinweise auf den Hersteller enthalten (FELLMANN/VON BÜREN-VON MOOS, N 97; zu den übrigen Entlastungsbeweisen vgl. Art. 5).

Art. 3 PrHG

Produkt

[1] **Als Produkte im Sinne dieses Gesetzes gelten:**
a. jede bewegliche Sache, auch wenn sie einen Teil einer anderen beweglichen Sache oder einer unbeweglichen Sache bildet, und
b. Elektrizität.
[2] …

Produit

[1] Par produits, on entend:
a. toute chose mobilière, même si elle est incorporée dans une autre chose mobilière ou immobilière ainsi que
b l'électricité.
[2] …

Prodotto

[1] Sono considerati prodotti ai fini della presente legge:
a. ogni bene mobile, anche se incorporato in un altro bene mobile o immobile, e
b. l'elettricità.
[2] …

Literatur

Vgl. die Literaturhinweise bei den Vorbe. zum PrHG.

I. Allgemeines

1 Art. 3 definiert den Produktebegriff. Diese Begriffsbestimmung deckt sich mit der Regelung in Art. 2 der EG-Richtlinie. Zwar stand bei der Schaffung der Richtlinie die Haftung des Herstellers für bewegliche Sachen, die industriell hergestellt werden, im Vordergrund. Trotzdem ist die Begriffsbestimmung weit gezogen: **Produkt** ist **jede bewegliche Sache**. Voraussetzung ist nur, dass diese «das **Ergebnis menschlicher Tätigkeit**, entweder der Herstellung oder der Gewinnung (Erzeugung) bereits vorhandener Naturprodukte» ist (TASCHNER/FRIETSCH, Art. 2 N 1). Diese Auslegung gilt auch für das schweizerische Recht (vgl. BORSARI, 105 ff.; FELLMANN/VON BÜREN-VON MOOS, N 138 ff.; HESS, N 2 ff.; HUGUENIN, N 2109 und 2111; MÜLLER, N 439 f.; REY, N 1186 ff.; ROBERTO, Haftpflichtrecht, N 362 ff.; SCHWENZER, N 53.35; WERRO, N 566 ff.).

II. Produkt

1. Bewegliche Sachen

a) Allgemeines

2 Was als bewegliche Sache zu gelten hat, sagen weder Art. 3 noch die EG-Richtlinie. Mangels einer gemeinschaftsrechtlichen Vorgabe ist deshalb bei der Abgrenzung zwischen *«beweglichen Sachen»* und *«unbeweglichen Sachen»* von der Regelung in Art. 655 und 713 ZGB auszugehen. Danach kommen als *«bewegliche Sachen»* i.S.v. Art. 3 PrHG vorab **bewegliche körperliche Sachen** sowie **Naturkräfte**, die der rechtlichen Herrschaft unterworfen werden können und nicht zu den Grundstücken gehören (Art. 713 ZGB), in Betracht (vgl. BORSARI, 17 ff.; FELLMANN/VON BÜREN-VON MOOS, N 140; HESS, N 2 ff.; HONSELL/ISENRING/KESSLER, § 21 N 26 ff.; HUGUENIN, N 2109; MÜLLER, N 440; SCHWENZER, N 53.35; WERRO, N 566 f.). Ihnen gegenüber stehen als *«unbewegliche Sachen»* vor allem die Grundstücke (Art. 655 ZGB; vgl. BORSARI, 21 ff.; FELLMANN/VON BÜREN-VON MOOS, N 140; FELLMANN, Fehlerbegriff, 32 f.; HESS, N 5; HONSELL/ISENRING/KESSLER, § 21 N 26; REY, N 1186; WERRO, N 567). Im Einzelfall ist die Abgrenzung jedoch nach haftpflichtrechtlichen und nicht nach sachenrechtlichen Grundsätzen vorzunehmen (vgl. REY, N 1186). Dies zeigt Art. 3 Abs. 1 lit. a: Danach bleibt die Produkteeigenschaft einer Sache erhalten, auch wenn sie Teil

einer anderen beweglichen oder unbeweglichen Sache bildet (FELLMANN/VON BÜREN-VON MOOS, N 141; vgl. auch BORSARI, 22; REY, N 1186; ROBERTO, Haftpflichtrecht, N 362).

3 Bewegliche Sachen i.S.v. Art. 3 Abs. 1 lit. a sind vorab alle Gegenstände, die **von Menschen hergestellt** und als Produkte **in Verkehr gebracht** werden. Zu denken ist an Konsumgüter aller Art, aber auch an technische Anlagen, Maschinen, Geräte und Fahrzeuge. Ob die Sache **neu oder bereits gebraucht (Occasionen)** ist, spielt keine Rolle (vgl. BORSARI, 17 f.; FELLMANN/VON BÜREN-VON MOOS, N 146; FELLMANN, Fehlerbegriff, 38; MÜLLER, N 440). Auch Gas, Wasser und sogar Fernwärme kommen in Betracht, wenn sie in Behältnissen oder Leitungen geliefert werden. Auf den **Aggregatzustand** der Sache kommt es nicht an; das Produkt muss allerdings abgrenzbar und damit (technisch) beherrschbar sein (FELLMANN/VON BÜREN-VON MOOS, N 142 m.w.Nw.; vgl. auch BORSARI, 19; HONSELL/ISENRING/KESSLER, § 21 N 28a; ROBERTO, Haftpflichtrecht, N 362). Unerheblich ist, ob die bewegliche Sache **industriell in grösserer Zahl** oder individuell als **Einzelstück** angefertigt wird. **Kunstgewerbliche Erzeugnisse** sind ebenfalls Produkte (FELLMANN/VON BÜREN-VON MOOS, N 143). Daneben erfasst der Produktebegriff des PrHG aber auch **aus der Natur gewonnene Grundstoffe** wie Mineralien, Sand, Kies etc., die nicht hergestellt, sondern bloss ausgebeutet werden (FELLMANN, Fehlerbegriff, 35; vgl. auch BORSARI, 22). Nachdem die Ausnahmeregelung in Art. 3 Abs. 2 aPrHG aufgehoben wurde (vgl. dazu N 13 f.), gelten auch **landwirtschaftliche Bodenerzeugnisse** sowie die **Tierzucht-, Fischerei- und Jagderzeugnisse** als Produkte.

4 Der **Begriff** der beweglichen Sache ist **ausserordentlich weit**. Als Produkte gelten daher auch **künstliche Körperteile** wie Hüftgelenke (BGE 137 III 226, 229 ff.), Prothesen, Herzschrittmacher etc. Menschliche **Organe und Blut** sind ebenfalls Produkte, sobald sie vom Körper getrennt sind, kommerziell aufbereitet und vertrieben werden (vgl. WERRO, N 568. Eine Haftung des Spenders fällt allerdings ausser Betracht. Er hat das gespendete Organ oder das Blut nicht im Sinn des Gesetzes hergestellt; zudem fehlt es an der kommerziellen Absicht (FELLMANN, Fehlerbegriff, 40; vgl. auch BORSARI, 30 ff.; HONSELL/ISENRING/KESSLER, § 21 N 29; WERRO, N 568). Auch «gentechnisch hergestellte oder manipulierte Erzeugnisse» können Produkte sein (TASCHNER/FRIETSCH, § 2 N 16).

5 Sogar **Abfall** kann als Produkt in Betracht kommen. Voraussetzung für die Ersatzpflicht ist aber, dass der Schaden auf einen Fehler zurückgeht, den das betroffene Erzeugnis bereits zur Zeit der Inverkehrsetzung aufwies. Die Unbrauchbarkeit des Abfalles wird vielfach dafür sprechen, dass die Schadenursache auf Verschleiss oder Fehlgebrauch zurückzuführen ist (FELLMANN, Fehlerbegriff, 36 f. m.w.Nw.; vgl. auch BORSARI, 29 f.). Abfallstoffe haben Produkteeigenschaft, wenn sie weiterverwertet werden. Sie kommen dann als Grundstoffe oder Teilprodukte in Betracht. Auf Nebenprodukte des Fabrikationsprozesses, die nicht weiterverwertet, sondern entsorgt werden, ist das Produktehaftpflichtgesetz demgegenüber nicht anwendbar. Solche «Erzeugnisse» sind nicht zum Gebrauch oder Verbrauch bestimmt (FELLMANN, Fehlerbegriff, 37 m.w.Nw.; vgl. auch BORSARI, 30).

6 **Keine Produkte** sind **unbewegliche Sachen**. Im Vordergrund stehen Grundstücke. Aus sachenrechtlichen Gründen zählen dazu aber auch mit dem Boden fest verbundene Bauwerke wie Gebäude, Strassen, Brücken etc. (vgl. BORSARI, 21 f.; FELLMANN, BR 1994, 28; DERS., Fehlerbegriff, 33; HESS, N 5; MÜLLER, N 440; WERRO, N 567). Diese Einschränkung wird durch Art. 3 Abs. 1 lit. a jedoch insofern entschärft, als eine bewegliche Sache ihre Eigenschaft als Produkt nicht verliert, wenn sie in einem Gebäude eingebaut und damit Teil einer unbeweglichen Sache wird (vgl. BORSARI, 22; FELLMANN, BR 1994, 28; HONSELL/ISENRING/KESSLER, § 21 N 26; REY, N 1186; SCHWENZER, N 53.35; vgl. eingehend N 11 und Art. 1 PrHG N 11 f.).

b) Reparatur und Wartung

Die **Reparatur und Wartung** einer Sache qualifiziert sich grundsätzlich bloss als Dienst- oder Werkleistung und **nicht als Herstellung** eines Produktes. Gibt der Konsument deshalb ein gebrauchtes Erzeugnis nach seiner Inverkehrbringung in Reparatur, wird es nach der Wiederherstellung nicht zum eigenständigen neuen Produkt. Führt die Wartung aber zu einem Resultat, das letztlich **mehr als blosse Reparatur** ist, weil ein erneuertes oder gar ein neues Erzeugnis vorliegt, qualifiziert sich dieser Vorgang produktehaftpflichtrechtlich als **Herstellung** eines Produktes. Zu denken ist an die Generalüberholung oder Modernisierung bestimmter Erzeugnisse, etwa an aufgummierte Reifen (FELLMANN, Fehlerbegriff, 39 m.w.Nw.; vgl. auch BORSARI, 28 f.). 7

c) Dienstleistungen, intellektuelle Leistungen und Software

Dienstleistungen stellen keine beweglichen Sachen i.S.v. Art. 3 Abs. 1 lit. a und damit **keine Produkte** dar. Das Produktehaftpflichtgesetz kann jedoch dann Bedeutung erlangen, wenn bei der Erbringung einer Dienstleistung auch Produkte eingesetzt werden: Der Wirt bereitet seinem Gast Speisen zu. Fehlt es in solchen Fällen an einer eigenen Produktion, und fällt deshalb eine Herstellerhaftung nicht in Betracht, ist immer noch eine subsidiäre Haftung als Lieferant denkbar (FELLMANN, Fehlerbegriff, 41 m.w.Nw.; vgl. auch BORSARI, 19 f.; MÜLLER, N 441; WERRO, N 573). 8

Unkörperliche Arbeitserfolge stellen keine beweglichen Sachen i.S.v. Art. 3 Abs. 1 lit. a und damit keine Produkte dar. Erlangen aber **geistige Leistungen**, bspw. in einem Buch und damit in einer beweglichen Sache, **eine gewisse Körperlichkeit**, müssen sie nach Art. 3 Abs. 1 lit. a **als Produkte gelten**. Zu denken ist an **Bücher** (vgl. eingehend HÖCKELMANN, 118 ff.), **Tonbänder, Schallplatten, Pläne und Zeichnungen** (FELLMANN/VON BÜREN-VON MOOS, N 150 m.w.Nw.). Einzelheiten sind allerdings stark umstritten (vgl. BORSARI, 24 f.; FELLMANN/VON BÜREN-VON MOOS, N 151; FELLMANN, 42; HONSELL/ISENRING/KESSLER, § 21 N 31; HUGUENIN, N 2110; MÜLLER, N 442; WERRO, N 577). So wird von einem Teil der Lehre die Produkteeigenschaft von **Druckwerken** als Ergebnis einer geistigen Leistung generell in Abrede gestellt. Bei einem Buch wird die Haftung des Produzenten nur anerkannt, wenn der Schaden aus der Körperlichkeit des Buches (z.B. gesundheitsschädigender Einband) entstanden ist. Für eine bloss falsche Information wird eine spezifische Produktehaftung demgegenüber abgelehnt (vgl. etwa BORSARI, 24 f.; HONSELL/ISENRING/KESSLER, § 21 N 31). Für den anderen Teil der Lehre lässt sich das Druckerzeugnis und sein (geistiger) Inhalt nicht trennen. Nach dieser Auffassung erstreckt sich die Produkteeigenschaft auch auf den Inhalt (vgl. etwa HÖCKELMANN, 37). Nach der hier vertretenen Auffassung ist nach der Art des Fehlers zu differenzieren: Verbreitet der Autor mit seinem Buch falsche Informationen – welcher Art auch immer –, realisiert sich kein mit moderner technischer Produktion spezifisch verbundenes Risiko. Für eine unzutreffende Meinung ist eine Produktehaftung des Autors daher abzulehnen. Stehen demgegenüber Druckfehler, Auslassungen im Text, Verwechslung oder Entstellung von Texten und dgl. (vgl. etwa BGH JZ 1971, 63) zur Diskussion, haben wir ein typisches Risiko der Massenproduktion vor uns. Es liegt also ein Produktefehler vor, für den der Hersteller des Druckwerkes, nicht aber der Autor, einzustehen hat (vgl. ROLLAND, § 2 N 20). 9

Offene Fragen bestehen auch bei **Software**: Weist integrierte Software Mängel auf, führt der Programmfehler zu einer Fehlfunktion des Gerätes. Da das Gerät selbst ein Produkt darstellt, ergeben sich hier keine besonderen Probleme (vgl. FELLMANN, Fehlerbegriff, 44; vgl. auch STRAUB, N 16). Weist demgegenüber isolierte Software, die auf einer Diskette erworben wird, Fehler auf, fragt sich, ob dieser Träger und die darin verkörperte intellektuelle Leistung als Produkte i.S.v. Art. 3 Abs. 1 lit. a zu qualifizieren sind. Während einige Autoren Computerprogramme als immaterielles Wirtschaftsgut betrachten (vgl. etwa HESS, N 48; HONSELL, Standardsoftware, 315; HONSELL/ISENRING/KESSLER, § 21 N 31; HUGUENIN, N 2110), qualifizieren andere zumindest Standard-Software als Produkt (vgl. etwa MK-WAGNER, § 2 N 15; 10

MÜLLER, N 443; weitergehender WERRO, N 578). Nach der hier vertretenen Auffassung ist der Kauf von Standard-Software auf einer Diskette als Erwerb eines Produktes i.S.v. Art. 3 Abs. 1 lit. a zu qualifizieren (ebenso BORSARI, 27; vgl. auch HUGUENIN, N 2110; MÜLLER, N 443; Schwimann-POSCH, § 4 PHG N 10). Bei Individualsoftware dürfte demgegenüber der Dienstleistungscharakter überwiegen. Neuere Lehrmeinungen qualifizieren allerdings Individualsoftware und Standardsoftware in jeder Form und unabhängig von der Art der Überlassung als Produkte (vgl. ROBERTO, Haftpflichtrecht, N 364; DERS., JKR, 58 ff.; STRAUB, N 15 ff.; WERRO, N 578).

2. Produkt als Teil einer anderen beweglichen oder unbeweglichen Sache

11 Nach Art. 3 Abs. 1 lit. a verliert eine bewegliche Sache ihre Eigenschaft als Produkt nicht, wenn sie in eine andere bewegliche oder in eine unbewegliche Sache eingebaut wird. Voraussetzung ist nur, dass das betroffene **Erzeugnis vor dem Einbau eine bewegliche Sache** war (vgl. FELLMANN, BR 1994, 28). Dies gilt bspw. für Baustoffe und Bauteile wie Beton, Mörtel oder Fertigteile (Fenster, Türen etc.), die in einem Gebäude eingebaut werden (vgl. BORSARI, 22 f.; HONSELL/ISENRING/KESSLER, § 21 N 26; HUGUENIN, N 2109; ROBERTO, Haftpflichtrecht, N 362; SCHWENZER, N 53.35). **Schwierigkeiten** können sich im Zusammenhang mit Art. 1 Abs. 2 ergeben. Danach haftet der Hersteller für Schäden am fehlerhaften Produkt nicht. Hier stellen sich vor allem bei den sog. **«weiterfressenden Mängeln»** heikle Abgrenzungsfragen (vgl. Art. 1 PrHG N 11 f.).

3. Elektrizität

12 Elektrizität gilt nur kraft der ausdrücklichen Regelung in Art. 3 Abs. 1 lit. b als Produkt im Sinn des Produktehaftpflichtgesetzes (vgl. FELLMANN/VON BÜREN-VON MOOS, N 152; HESS, N 7). Als **Ausnahmeregelung** ist diese Bestimmung **restriktiv** auszulegen. Andere Energiearten wie etwa Wärme oder Licht können deshalb nicht als Produkte qualifiziert werden. Anders ist nur zu entscheiden, wenn solche Energien räumlich abgrenzbar und damit technisch beherrschbar sind, wie dies etwa bei der Lieferung von Gas in entsprechenden Behältern der Fall ist (FELLMANN, Fehlerbegriff, 36).

III. Landwirtschaftliche Bodenerzeugnisse sowie Tierzucht-, Fischerei- und Jagderzeugnisse

13 Bis zum 1.7.2010 galten nach Art. 3 Abs. 2 aPrHG **landwirtschaftliche Bodenerzeugnisse** sowie **Tierzucht-, Fischerei- und Jagderzeugnisse**, solange sie nicht einer ersten Verarbeitung unterzogen wurden, nicht als Produkte. Diese Regelung wurde durch Art. 20 Abs. 1 Ziff. 1 des Bundesgesetzes über die Produktesicherheit (PrSG) vom 12.6.2009 (SR 930.11) aufgehoben, welches gemäss BRB vom 19.5.2010 auf den Juli 2010 in Kraft trat. Mit dieser Änderung schloss sich der Gesetzgeber in der Schweiz wiederum den **Vorgaben der EU** an, welche die Richtlinie 85/374/EWG des Rates vom 25.7.1985 zur Angleichung der Rechts- und Verwaltungsvorschriften der Mitgliedstaaten über die Haftung für fehlerhafte Produkte (ABl. Nr. L 210/29 vom 7.8.1985) durch die Richtlinie Nr. 1999/34 vom 10.5.1999, ABl. Nr. L 141/20 vom 4.6.1999 geändert hatte.

14 Die EU-Richtlinie vom 25.7.1985 begründete diese Ausnahme damit, die Produkthaftung dürfe nur industriell hergestellte Produkte erfassen. Unter dem Eindruck der BSE-Krise änderten das Europäische Parlament und der Rat der Europäischen Union am 10.5.1999 die Produkthaftungsrichtlinie aus dem Jahre 1985: Die Ausnahmeregelung für landwirtschaftliche Naturprodukte und Jagderzeugnisse wurde ersatzlos gestrichen. Die Änderung wurde damit begründet, die **Ausdehnung der Produkthaftungsrichtlinie** auf landwirtschaftliche Erzeugnisse erfülle die Anforderungen, die an ein **hohes Niveau des Verbraucherschutzes**

gestellt würden. Ferner diene sie der Wiederherstellung des Vertrauens des Verbrauchers in die Sicherheit landwirtschaftlicher Produkte. Die Richtlinie aus dem Jahre 1985 müsse geändert werden, um dem Verbraucher die Durchsetzung von Schadenersatzansprüchen zu erleichtern, wenn er infolge fehlerhafter landwirtschaftlicher Erzeugnisse einen Gesundheitsschaden erlitten habe. Die in der Produkthaftungsrichtlinie 85/274/EWG verankerte, vom Verschulden unabhängige Haftung müsse für alle Arten von Produkten gelten, also auch für landwirtschaftliche Erzeugnisse (vgl. Erwägungen 4, 5, 6 und 8 der Richtlinie 1999/34/EG des Europäischen Parlaments und des Rates zur Angleichung der Rechts- und Verwaltungsvorschriften der Mitgliedstaaten über die Haftung für fehlerhafte Produkte, ABl. EG Nr. L 141 vom 4.6.1999, 20 f.; zur Kritik an der bisherigen Regelung vgl. auch FELLMANN, Bauernprivilegien, 130 f., 134 f. und 142 ff.).

Art. 4 PrHG

Fehler

[1] Ein Produkt ist fehlerhaft, wenn es nicht die Sicherheit bietet, die man unter Berücksichtigung aller Umstände zu erwarten berechtigt ist; insbesondere sind zu berücksichtigen:
a. die Art und Weise, in der es dem Publikum präsentiert wird;
b. der Gebrauch, mit dem vernünftigerweise gerechnet werden kann;
c. der Zeitpunkt, in dem es in Verkehr gebracht wurde.

[2] Ein Produkt ist nicht allein deshalb fehlerhaft, weil später ein verbessertes Produkt in Verkehr gebracht wurde.

Défaut

[1] Un produit est défectueux lorsqu'il n'offre pas la sécurité à laquelle on peut légitimement s'attendre compte tenu de toutes les circonstances, et notamment:
a. de sa présentation;
b. de l'usage qui peut en être raisonnablement attendu;
c. du moment de sa mise en circulation.

[2] Un produit ne peut être considéré comme défectueux par le seul fait qu'un produit plus perfectionné a été mis ultérieurement en circulation.

Difetto

[1] Un prodotto è difettoso quando non offre la sicurezza che ci si può legittimamente attendere tenuto conto di tutte le circostanze, tra cui:
a. la sua presentazione;
b. l'uso al quale esso può essere ragionevolmente destinato;
c. il momento della sua messa in circolazione.

[2] Un prodotto non può essere considerato difettoso per il solo fatto che un prodotto più perfezionato sia stato messo in circolazione successivamente ad esso.

Literatur

Vgl. die Literaturhinweise bei den Vorbe. zum PrHG.

I. Allgemeines

Der Begriff des Produktefehlers ist der **zentrale Ansatzpunkt für die Kausalhaftung** des Herstellers. Dabei wird nicht auf die mangelnde Gebrauchsfähigkeit der Sache abgestellt. Da die Produktehaftpflicht nicht nur den Erwerber, sondern auch unbeteiligte Drittpersonen schützen will, ist vielmehr die **Sicherheit des Produktes richtungsweisend** (FELLMANN, Fehlerbegriff, 50; vgl. auch BORSARI, 109 f.; FELLMANN/VON BÜREN-VON MOOS, N 172 ff.; HESS, N 3 ff.; HUGUENIN, N 2112; MÜLLER, N 447; REY, N 1190; WYSS, recht 1996, 111; BGE 133 III 81, 83 ff.; 137 III 226, 232; BGer, 18.3.2011, 4A_16/2011, E. 3.2). 1

Wann ein Produkt als fehlerhaft zu gelten hat, lässt sich der gesetzlichen Umschreibung nicht direkt entnehmen. Die Frage, welche Sicherheit man unter Berücksichtigung aller Umstände zu erwarten berechtigt ist, erfordert vielmehr eine Wertung. Der **Fehlerbegriff** in Art. 4 stellt 2 daher einen **unbestimmten Rechtsbegriff** dar (FELLMANN, Fehlerbegriff, 51; vgl. auch BORSARI, 112; REY, N 1190; WERRO, N 582; BGE 133 III 81, 83 f.). Welches Mass an Sicherheit eine Sache bieten muss, ist in jedem einzelnen Fall den Umständen gemäss nach objektiven Kriterien zu entscheiden (TASCHNER/FRIETSCH, § 3 N 7). Dabei hat der Richter seine **Entscheidung nach Recht und Billigkeit** zu treffen (Art. 4 ZGB; vgl. FELLMANN, Fehlerbegriff, 51 f.). Das Gesetz kommt ihm insofern entgegen, als es selbst verschiedene Umstände nennt, die bei der Feststellung eines Produktefehlers rechtlich erheblich sein können (vgl. auch BGE 133 III 81, 83 ff.; BGer, 29.6.2010, 4A_255/2010).

3 Bei der Frage, ob ein Produkt fehlerhaft ist, sind nicht die Sicherheitserwartungen des Geschädigten massgebend. Abzustellen ist vielmehr auf die **Vorstellungen der Allgemeinheit**. Das Gesetz geht dabei nicht von den tatsächlichen, sondern von den berechtigten Sicherheitserwartungen aus. Zur Anwendung gelangt damit ein **normativer Massstab** (FELLMANN, Fehlerbegriff, 57; vgl. auch BORSARI, 110 ff.; R. BÜHLER, AJP 1993, 1433 ff.; FELLMANN/VON BÜREN-VON MOOS, N 182; GRAU, 117 ff.; HESS, N 7 ff.; HUGUENIN, N 2112; MÜLLER, N 445; WERRO, N 582; BGE 133 III 81, 83 ff.; BGer, 29.6.2010, 4A_255/2010; krit. WYSS, AJP 2006, 111 ff.). Entscheidend ist, welches Mass an Sicherheit eine verständige Person in Kenntnis und bei Abwägung aller relevanten Umstände für erforderlich hält (MK-WAGNER, § 3 N 6 ff.; vgl. auch FELLMANN, Fehlerbegriff, 57 m.w.Nw.).

3a Die Auffassung, es komme auf die Sicherheitsbedürfnisse der Allgemeinheit an (vgl. dazu eingehend FELLMANN/VON BÜREN-VON MOOS, N 182 ff. m.w.H.) bedarf der Präzisierung, wenn es um **Spezialprodukte** geht, bei denen die Allgemeinheit mangels Fachwissen keine berechtigten Erwartungen hat. So ist anerkannt, dass der Hersteller bei Produkten, die nur für Fachleute bestimmt sind, auf die Verkehrsauffassung dieses begrenzten Benutzerkreises abstellen und darauf zählen darf, dass die Benutzer die mit dem Produkt typischerweise verbundenen Gefahren kennen (FELLMANN/VON BÜREN-VON MOOS, N 190 m.w.H.).

3b Ähnliche Überlegungen müssen bei **Medizinalprodukten** angestellt werden, etwa bei Implantaten. Das Problem liegt hier darin, dass der Patient über die Chancen und Risiken solcher Hightech-Produkte keine klaren Vorstellungen hat (und ihm solche auch kaum zu vermitteln sind), sondern einfach darauf hofft, sie würden seine Gesundheit wiederherstellen oder mindestens verbessern. Ein Versagen des Produkts wird seine Erwartungen daher immer enttäuschen. Darauf kann es aber nicht ankommen. Es ist vielmehr davon auszugehen, dass sich die Berechtigung der Erwartungen des Patienten in solchen Fällen nach dem Wissen des Fachmanns richtet, der das Medizinalprodukt einsetzt (zustimmend WIDMER LÜCHINGER, Haftung, 214 f.). So hat das AmtsGer Luzern-Stadt (heute BezGer LU) in einem Urteil vom 12.4.2010 (11 05 59) bei der Beurteilung des Bruchs zweier Schrauben eines Systems zur Immobilisierung von Wirbeln festgestellt (E. 4.5), die Vorstellungen des Patienten spielten für die Frage der berechtigten Sicherheitserwartungen nach Art. 4 PrHG keine Rolle. Entscheidend seien **Sicht und Kenntnis des Chirurgen**, welcher das Material als Fachperson allein mit seinem Wissen und in alleiniger Verantwortung verwendet habe. Das Obergericht des Kantons Luzern, welches das Urteil des AmtsGer im Appellationsverfahren bestätigte, liess in seinem Urteil vom 29.12.2010 (11 10 88) offen (E. 3.1), ob es tatsächlich allein auf die Sicht des Chirurgen ankomme. In jedem Fall komme es nicht auf die subjektiven Erwartungen des Geschädigten an. Bestenfalls gehe es um die berechtigten Sicherheitserwartungen der Allgemeinheit und dazu habe der Kläger nichts vorgetragen (zur Behauptungs- und Beweislast s. N 31a und 31b).

3c Dass es auf die Sicht des Fachmanns ankommen kann, zeigt nun aber das Urteil des BGer, 5.1.2015 (4A_365/2014/4A_371/2014). In diesem Entscheid kam das Gericht zum Schluss, **bei rezeptpflichtigen Medikamenten** könne es nicht allein auf die individuellen Sicherheitserwartungen des Patienten ankommen, da diesem i.d.R. das nötige Fachwissen fehle, um die mit rezeptpflichtigen Medikamenten verbundenen Gefahren richtig einzuschätzen. Für die Beurteilung, ob die Sicherheitserwartungen des Patienten in Bezug auf rezeptpflichtige Medikamente berechtigt seien, sei daher auch das **Wissen des Arztes einzubeziehen**, der dem Patienten das Medikament verschreibe. Bei rezeptpflichtigen Medikamenten habe der Arzt die Chancen und Risiken der verschiedenen auf dem Markt erhältlichen Produkte im Hinblick auf die konkrete Anwendung abzuwägen und diese **mit seinem Patienten zu diskutieren**. Im zu beurteilenden Fall sah die Fachinformation (bei den Arzneimittel unterscheidet die Heilmittelgesetzgebung zwischen Fachinformationen und Patienteninformationen, vgl. BGer, 5.1.2015, 4A_365/2014/4A_371/2014, E. 4) für Personen, welche berechtigt waren, das fragliche Medikament (ein Verhütungsmittel) abzugeben unter dem Titel «Warnhinweise und Sicherheitsmassnahmen» vor, dass der verschreibende Arzt den Nutzen einer Anwendung gegen die Risiken abzuwägen habe und mit jeder Patientin besprechen solle. Den Einwand der Geschädigten, dass die Rezeptpflicht gerade für Verhütungsmittel nicht ernst genommen werde, verwarf das BGer mit dem Argument, wenn dies zuträfe, wäre die Rezeptpflicht sinn- und zwecklos (BGer, 5.1.2015, 4A_365/2014/4A_371/2014, E. 9.2).

Der Fehlerbegriff des PrHG unterscheidet nicht zwischen den verschiedenen möglichen Ursachen eines Fehlers. Die einzelnen **Fehlerkategorien**, die die traditionelle Lehre zur Produktehaftung herausgearbeitet hat, haben daher im Geltungsbereich des neuen Gesetzes **keine konstitutive Bedeutung mehr** (vgl. FELLMANN/VON BÜREN-VON MOOS, N 202; FELLMANN, Fehlerbegriff, 57; GAUCH, Produkthaftungsrichtlinie, 170; MÜLLER, N 446; ROBERTO, Haftpflichtrecht, N 366; SCHWENZER, N 53.37; WERRO, N 590f; **a.M.** BÜHLER R., AJP 1993, 1428 f. und HESS, N 21 ff.). Die Fehlerhaftigkeit eines Produktes setzt auch keine Sorgfaltspflichtverletzung des Herstellers voraus (vgl. BORSARI, 107; FELLMANN, Fehlerbegriff, 57; GAUCH, Produkthaftungsrichtlinie, 169). Das BGer hat sich in BGE 133 III 81, 85 f. dieser Meinung angeschlossen. Nach seiner Auffassung macht das PrHG keine Unterscheidung zwischen den verschiedenen Ursachen eines Fehlers. Die einzelnen Fehlerkategorien hätten daher im Anwendungsbereich des PrHG keine normative Bedeutung. Sie seien allerdings auch weiterhin insofern nützlich, als sie dem Richter ermöglichten, die Ursache des Fehlers besser zu verstehen (vgl. auch BGer, 18.3.2011, 4A_16/2011, E. 3.2; 5.1.2015, 4A_365/2014/4A_371/2014, E. 7). 4

II. Der massgebende Zeitpunkt

Auf welchen Zeitpunkt hin die Beurteilung vorzunehmen ist, ob ein Produkt die berechtigten Sicherheitserwartungen erfüllt, lässt sich dem Gesetz nicht direkt entnehmen. Aus Art. 4 Abs. 1 lit. c und Abs. 2 sowie aus Art. 5 Abs. 1 lit. b ergibt sich jedoch, dass der **Zeitpunkt der Inverkehrbringung** massgebend ist (FELLMANN, Fehlerbegriff, 54; vgl. auch BORSARI, 143 ff.; ROBERTO, Haftpflichtrecht, N 375; krit. BÜHLER R., AJP 1993, 1436). 5

Die **Inverkehrbringung** (vgl. auch Art. 5 PrHG N 2 ff.) ist die Übergabe des Produktes in die Verfügungsmacht oder zum Gebrauch eines anderen (FELLMANN, Fehlerbegriff, 55; vgl. auch BORSARI, 168 ff.). Die Lehre spricht in diesem Zusammenhang vom «Werktorprinzip». Danach gilt ein Produkt dann als in den Verkehr gebracht, wenn es «mit Wissen und Wollen des jeweiligen ‹Herstellers› dessen Herrschafts- und Organisationssphäre verlassen» hat (GRAF VON WESTPHALEN, § 60 N 34; vgl. auch BORSARI, 169 ff.; FELLMANN, Fehlerbegriff, 56; HESS, Art. 5 N 3). Die Produktehaftung erfasst damit auch Schadenereignisse innerhalb der Herstellerkette (FELLMANN, Fehlerbegriff, 56; vgl. auch BORSARI, 171; FELLMANN/VON BÜREN-VON MOOS, N 313; HESS, Art. 5 N 3). 6

Der Endhersteller, der Quasi-Hersteller und der Lieferant geben das Produkt in Verkehr, indem sie es in den Vertrieb oder in die Verteilkette ausliefern (FELLMANN, Fehlerbegriff, 56; vgl. auch BORSARI, 169 ff.; HESS, Art. 5 N 4 f., 12 f. und 16 f.). Der Hersteller eines Grundstoffes oder eines Teilproduktes bringt sein Erzeugnis dadurch in Verkehr, dass er es dem Endhersteller oder einem weiteren Teilhersteller ausliefert (FELLMANN, Fehlerbegriff, 56; vgl. auch BORSARI, 172; HESS, Art. 5 N 9 und 11). Das importierte Erzeugnis gelangt in den Verkehr, 7 wenn es den Organisationsbereich des Importeurs mit seinem Wissen und Willen verlässt (vgl. Borsari, 173 f.; Fellmann, Fehlerbegriff, 56; Hess, Art. 5 N 15; **a.M.** Jäggi, AJP 1993, 1422 und BBl 1993 I 885).

III. Die rechtlich erheblichen Umstände

1. Überblick

8 Als **rechtlich erhebliche Umstände** nennt das Gesetz die Art und Weise, wie das Produkt dem Publikum präsentiert wird, den Gebrauch, mit dem vernünftigerweise gerechnet werden kann, und den Zeitpunkt, in dem das Produkt in Verkehr gesetzt wurde. Diese **Aufzählung** ist **nicht abschliessend**. Im Einzelfall können vielmehr zusätzliche Kriterien in Betracht kommen (vgl. Borsari, 118 ff.; Bühler R., AJP 1993, 1438; Fellmann/von Büren-von Moos, N 275 f.; Fellmann, Fehlerbegriff, 53; Grau, 159 f.; Hess, N 104; Wyss, recht 1996, 110).

9 **Was besagen** nun die **Umstände**, die der Richter bei der Beurteilung der Fehlerhaftigkeit eines Produktes zu berücksichtigen hat? Sie können vorab einen bestimmten Sicherheitsstandard als selbstverständlich erscheinen lassen. Daneben kann aber auch die Präsentation eines Produktes beim Publikum bestimmte Sicherheitserwartungen erst wecken. Andere Umstände (z.B. Qualitätssiegel oder Gütezeichen) weisen auf einen besonders hohen Sicherheitsstandard hin. In bestimmten Situationen vermögen Hinweise des Herstellers aber auch (vorbestehende) überrissene Sicherheitserwartungen zu dämpfen bzw. den Konsumenten zu besonderer Vorsicht anzuhalten (Fellmann, Fehlerbegriff, 53).

2. Die Art und Weise der Präsentation

10 Unter der **Präsentation des Produktes** ist die Art und Weise zu verstehen, wie der Hersteller ein **Erzeugnis seinen (potentiellen) Kunden vorstellt** (Scheller, N 231; vgl. auch Plutschow-Willi, 52 f.; Roberto, Haftpflichtrecht, N 371). Dabei ist grundsätzlich gleichgültig, ob er sich an einzelne Personen, einen beschränkten Kreis von Konsumenten oder an die Allgemeinheit wendet (vgl. Fellmann/von Büren-von Moos, N 212; Hess, N 63 f.).

11 Der **Begriff** der Präsentation ist **weit auszulegen** (vgl. Borsari, 120 ff.; R. Bühler, AJP 1993, 1433 ff.; Fellmann/von Büren-von Moos, N 211 ff.; Fellmann, Fehlerbegriff, 59; Müller; N 448; Hess, N 62 ff.; Plutschow-Willi, 52 f.; Roberto, Haftpflichtrecht, N 371 ff.). Er umfasst vorab die Produktegestaltung und die Produktebeschreibung. Als Präsentation gelten aber auch Anweisungen für den Gebrauch (vgl. Lutz, SJZ 1993, 5 ff.) oder die Montage, die Verpackung und Ausstattung sowie Güte- oder andere Qualitätszeichen. Hinweise auf Risiken oder Gefahren können ebenfalls Bestandteil der Präsentation sein. Zur Präsentation eines Produktes zählt schliesslich auch die Werbung. Sie weckt allerdings nur berechtigte Sicherheitserwartungen, wenn einigermassen konkrete Aussagen vorliegen, und das Publikum allfällige Übertreibungen nicht erkennen konnte (Fellmann, Fehlerbegriff, 59; vgl. auch Borsari, 124 ff.; Fellmann/von Büren-von Moos, N 234 ff.; Hess, N 73 ff.; Plutschow-Willi, 107 ff.; Roberto, Haftpflichtrecht, N 372).

12 **Welche Sicherheitserwartungen** aus der Präsentation abgeleitet werden dürfen, lässt sich nicht generell sagen. Das gleiche gilt für die **Auswahl der massgebenden Elemente**. Auch sie hängt von den Umständen des Einzelfalles ab (vgl. Fellmann/von Büren-von Moos, N 219 ff. m.w.Nw.). Relevant sind in jedem Fall **nur solche Aussagen**, die beim massgebenden Personenkreis **tatsächlich berechtigte Sicherheitserwartungen wecken** (vgl. Borsari, 121 f.; Fellmann/von Büren-von Moos, N 181 und 235; Hess, N 63; Plutschow-Willi, 58). Sie müssen überdies dem Hersteller und/oder einer ihm gleichgestellten Person zugerechnet werden können (vgl. Fellmann/von Büren-von Moos, N 222 ff.; vgl. auch Borsari, 133 ff.; Plutschow-Willi, 122 f.). Bedeutungsvoll ist dies vor allem dann, wenn das Pro-

dukt dem Endverbraucher nicht vom Hersteller selbst, sondern von Händlern oder anderen Dritten vorgestellt wird. In diesem Fall haftet der Hersteller nur, wenn er die entsprechende Darbietung kannte oder hätte kennen müssen oder wenn er die Präsentation dem Händler zur selbständigen Ausgestaltung überliess (FELLMANN, Fehlerbegriff, 60 m.w.Nw.; vgl. auch BORSARI, 134; PLUTSCHOW-WILLI, 122). Er haftet nicht mehr für Beratungen, die dem Konsumenten nach dem Kauf angeboten werden, und für Instruktionen, die dem Käufer anlässlich einer Reparatur erteilt werden (FELLMANN/VON BÜREN-VON MOOS, N 228).

In bestimmten Situationen können auch **fehlende Instruktionen** Sicherheitserwartungen wecken. Birgt ein an sich funktionstüchtiges Produkt Gefahren, mit denen der Konsument nicht bereits nach der Natur des Erzeugnisses oder seinem Erscheinungsbild rechnen muss, ist der Hersteller nämlich gehalten, den Benutzer über diese Eigenschaften zu orientieren. Er muss dem Verbraucher Instruktionen über die richtige Verwendung des Erzeugnisses erteilen. Dieser soll wissen, welche Gefahren beim bestimmungsgemässen und bei einem vorhersehbaren bestimmungswidrigen Gebrauch auftreten. Fehlt deshalb bei einem Produkt die **Gebrauchsanweisung** oder eine sonstige Anleitung und führt die fehlende Instruktion zu einem gefährlichen Einsatz, ist das Produkt fehlerhaft; es bietet alsdann nicht die Sicherheit, die man unter Berücksichtigung aller Umstände zu erwarten berechtigt ist (FELLMANN, Fehlerbegriff, 63; vgl. auch BORSARI, 127 ff.; FELLMANN/VON BÜREN-VON MOOS, N 240 ff.; HESS, N 41 und 65 ff.; PLUTSCHOW-WILLI, 67 ff.; ROBERTO, Haftpflichtrecht, N 373; WYSS, recht 1996, 114 f.; WERRO, N 597 f.). 13

Nach Auffassung des BGer müssen die **Gebrauchsanweisungen** der Hersteller den Konsumenten klar auf voraussehbare Gefahren hinweisen und zeigen, wie Risiken vermieden würden (BGE 133 III 81, 84). In einem Urteil vom 4. 10. 2010 (4A_319/2010) hat das BGer diese Anforderungen allerdings erheblich relativiert. Es kam darin zum Schluss, das Ausschalten eines elektrischen Geräts bei dessen Nichtgebrauch gehöre zu den klassischen Vorsichtsmassnahmen, um Risiken wie Brände etc. zu verhindern. Daran ändere nichts, dass die entsprechende Empfehlung erst auf Seite 47 der Gebrauchsanweisung stehe. Ein solches Dokument werde vor dem ersten Gebrauch des Apparates im Detail studiert; es sei nicht nötig, so banale Empfehlungen hervorzuheben. Nach der hier vertretenen Auffassung ist höchst zweifelhaft, ob sich diese Auffassung mit Art. 3 Abs. 4 lit. d PrSG (vgl. dazu sogleich N 14) vereinbaren lässt (vgl. dazu auch FELLMANN, Entwicklungen, 234 ff.). 13a

Sind **Instruktionen** erforderlich, müssen sie dem Konsumenten **wirksam zur Kenntnis gebracht** werden. Unauffällige Hinweise auf mögliche Gefahren genügen nicht. Die Warnung muss «umso deutlicher sein, je höher die Schäden sein können und je versteckter die Gefährlichkeit ist» (WELSER/RABL, § 5 N 37; vgl. auch BORSARI, 128 f.; PLUTSCHOW-WILLI, 83 ff.). Birgt der Gebrauch eines bestimmten Erzeugnisses besondere Gefahren, muss sogar das Produkt selbst mit einer Warnung versehen werden (FELLMANN, Fehlerbegriff, 64; vgl. auch BORSARI, 129; PLUTSCHOW-WILLI, 100 f.). Dies gilt v.a. dann, wenn der Hersteller damit rechnen muss, dass sein Produkt nicht nur durch den Erwerber, sondern auch durch Dritte genutzt wird, die von den beim Kauf abgegebenen Instruktionen keine Kenntnis erhalten (FELLMANN, Fehlerbegriff, 64). Nach Art. 3 Abs. 4 lit. d PrSG müssen die **Gebrauchs- und Bedienungsanleitungen** dem spezifischen **Gefährdungspotenzial des Produkts entsprechen**, damit dieses bei normaler oder vernünftigerweise vorhersehbarer Verwendung die Sicherheit und die Gesundheit der Verwender nicht oder nur geringfügig gefährdet (Art. 3 Abs. 1 PrSG; zu den Anforderungen, die danach an Gebrauchs- und Bedienungsanleitungen zu stellen sind vgl. HESS, PrSG, Art. 3 N 58 ff.). 14

Der Hersteller kann sich allerdings **nicht durch blosse Gefahrenhinweise von der Haftung befreien**. Weist ein bestimmtes Erzeugnis allgemeine Sicherheitsrisiken auf, kann keine Form der Darbietung diesen Fehler beseitigen. Die Instruktions- und Aufklärungspflichten des Herstellers stellen daher keine Alternative zu seiner Pflicht dar, durch sorgfältige Konstruktion und Fabrikation die Sicherheit des Publikums soweit als möglich zu gewährleisten. Darf das 15

Publikum eine bestimmte Basissicherheit erwarten, vermögen Warnhinweise die Schadenersatzpflicht des Herstellers nicht abzuwenden (FELLMANN/VON BÜREN-VON MOOS, N 240 ff. m.w.Nw.; vgl. auch BORSARI, 132 f.; BGE 133 III 81, 84).

3. Der vernünftigerweise zu erwartende Gebrauch

16 Da sich die Erwartungen des Konsumenten und die Einschätzung des Herstellers nicht immer decken, stellt das Gesetz nicht auf den bestimmungsgemässen Gebrauch eines Erzeugnisses ab. Es legt vielmehr einen **objektiven Beurteilungsmassstab** an: Massgebend für die Beurteilung der berechtigten Sicherheitserwartungen ist der **Gebrauch, mit dem vernünftigerweise gerechnet werden kann**. Der Hersteller muss sein Produkt daher so gestalten, dass es auch den Konsumenten nicht gefährdet, der es zwar aus der Sicht des Herstellers nicht bestimmungsgemäss verwendet, jedoch im Rahmen eines Gebrauches einsetzt, mit dem der Produzent «vernünftigerweise» rechnen musste (vgl. BORSARI, 136 ff.; FELLMANN/VON BÜREN-VON MOOS, N 251 ff.; FELLMANN, Fehlerbegriff, 67 f.; HESS, N 95 ff.; HUGUENIN, N 2114; MÜLLER, N 449; PLUTSCHOW-WILLI, 102 ff.; ROBERTO, Haftpflichtrecht, N 368; WYSS, recht 1996, 115 ff.).

17 Zum vernünftigerweise zu erwartenden Gebrauch gehört vorab die Nutzung, die sich aus der **objektiven Funktionsbestimmung** eines Produktes ergibt, also der bestimmungsgemässe Gebrauch. Zu berücksichtigen ist aber auch eine **vorhersehbare subjektive Zweckbestimmung** des Erzeugnisses durch den Verbraucher (SCHELLER, N 240). Schliesslich muss der Hersteller auch einen vorhersehbaren und üblichen, jedenfalls **nicht ganz fernliegenden Fehlgebrauch** in seine Risikoeinschätzungen miteinbeziehen (TASCHNER/FRIETSCH, § 3 N 44). So sind bspw. Bleistifte zwar grundsätzlich dafür bestimmt, handschriftliche Angaben, Zeichen oder Zeichnungen zu Papier zu bringen. Trotzdem muss der Hersteller damit rechnen, dass der Konsument sie in den Mund nimmt, ja sogar daran kaut. Er hat deshalb alle Massnahmen zu ergreifen, damit sein Produkt auch in solchen Situationen die nötige Sicherheit bietet (vgl. BORSARI, 139 ff.; FELLMANN/VON BÜREN-VON MOOS, N 258; FELLMANN, Fehlerbegriff, 67 ff.; HESS, N 97 ff.; PLUTSCHOW-WILLI, 102 ff.).

17a Nach Meinung des BGer stellt der Gebrauch, mit dem vernünftigerweise gerechnet werden kann, einen **unbestimmten Rechtsbegriff** dar, der im Einzelfall konkretisiert werden müsse. Er umfasse nicht nur den bestimmungsgemässen Gebrauch des Produkts. Der Hersteller habe auch einen vorhersehbaren und üblichen **Fehlgebrauch**, mit dem er vernünftigerweise rechnen müsse, in seine Risikoeinschätzungen einzubeziehen. Ob die Sicherheitserwartungen des Konsumenten berechtigt seien, beurteile sich nach den Massstäben, die im Zeitpunkt herrschten, in dem das Produkt in Verkehr gebracht worden sei. Deshalb sei auch der Zeitpunkt der Inverkehrbringung zu berücksichtigen. Weitere, im Gesetz nicht explizit genannte Umstände, welche die Sicherheitserwartungen beeinflussen könnten, seien etwa technische Vorschriften und Normen, indem der Konsument annehmen dürfe, das Produkt entspreche den darin aufgestellten Sicherheitsanforderungen (BGer, 29.6.2010, 4A_255/2010, E. 3). Im Zusammenhang mit der Beurteilung eines Unfalls, der darauf zurückzuführen war, dass die Oblichtschere eines Oblichts nach der Reinigung nicht mehr eingehängt worden war, kam das BGer zum Schluss, das Resultat einer solchen Nachlässigkeit müsse als nachträgliche Manipulation am Produkt beschrieben werden, mit welcher der Hersteller nicht zu rechnen brauche. Die **Nachlässigkeit des Reinigungspersonals** falle daher nicht in den Verantwortungsbereich des Herstellers. Ähnlich wie der Hersteller für die Folgen einer mangelhaften Wartung oder einer unsachgemässen Behandlung des Produkts nicht hafte, müsse er nicht dafür einstehen, wenn das Reinigungspersonal das Fenster in einem manipulierten Zustand zurücklasse. Auch wenn eine solche menschliche Fehlleistung möglicherweise nicht von vornherein auszuschliessen sei, könne im Rahmen der Produkthaftpflicht nicht erwartet werden, dass der Hersteller auch dafür Sicherheitsmassnahmen einbaue, zumal es sich dabei nicht um eine bekannte, häufig vorkommende und typische Fehlmanipulation handle (BGer, 29.6.2010, 4A_255/2010, E. 4.5; krit. FELLMANN, Entwicklungen, 229 ff. insb. 232 ff.).

18 Im Zusammenhang mit dem bestimmungsgemässen Gebrauch kommt auch der **Produktbeobachtung** Bedeutung zu. Bringt der Hersteller nämlich ein neues Produkt auf den Markt, und stellt er nach einer gewissen Zeit fest, dass es nicht nur gemäss der ursprünglich vorgesehenen Bestimmung Verwendung findet, muss er u.U. zusätzlich Vorkehrungen treffen, damit die neu in Verkehr gebrachten Produkte auch für diesen Gebrauch die erforderliche Sicherheit bieten (vgl. BORSARI, 142 f.; CHRISTEN, 88; FELLMANN/VON BÜREN-VON MOOS, N 260). Das PrHG enthält im Übrigen keine ausdrückliche Pflicht zur Produktbeobachtung (vgl. RÖTHLISBERGER, 80). Das BGer geht aber davon aus, den Produzenten könne eine Produktbeobachtungspflicht treffen, so dass nach erstmaligem Auftreten von Problemen allenfalls Abänderungen am Produkt notwendig würden (BGer, 25.1.2006, 4C.307/2005, E. 3). Auch in der Lehre wird die Meinung vertreten, die Verantwortung des Herstellers für sein Produkt ende nicht mit seiner Freigabe. Er sei vielmehr auch nach diesem Zeitpunkt verpflichtet, seine Ware auf dem Markt zu beobachten und im Notfall Massnahmen zur Abwendung von Gefahren zu ergreifen. (vgl. BODEWIG, 163 ff.; HESS, Art. 4 N 44; REY, N 957c; RETTENBECK, 33 f.; RÖTHLISBERGER, 23 ff. und 98 ff.). Diese Pflicht wird u.a. aus dem Gefahrensatz abgeleitet (RÖTHLISBERGER, 98 ff.). Gesetzlich vorgeschrieben ist die Produktbeobachtungspflicht und die Pflicht, bei schwerwiegenden Vorkommnissen Massnahmen zum Schutz des Konsumenten (z.B. Rückruf) zu ergreifen in der Schweiz für Medizinalprodukte (Art. 14 und 15c MepV) sowie für Lebensmittel und Gebrauchsgegenstände (Art. 54 LGV). Für andere Produkte ergibt sich die Produktbeobachtungspflicht neuerdings (implizit) aus Art. 8 PrSG (s. dazu auch Art. 11 PrHG N 4a ff.).

19 Ausgeschlossen ist eine Haftung des Herstellers bei einem **missbräuchlichen Einsatz** seines Produktes (vgl. BORSARI, 141 f.; FELLMANN/VON BÜREN-VON MOOS, N 262 ff.; HESS, N 99; PLUTSCHOW-WILLI, 103 f.; REY, N 1195). Missbrauch liegt vor, wenn die Nutzung «so weit vom Funktionsbereich des konkreten Produkts entfernt ist, dass sie weder aus der Sicht des objektiven Benutzers noch aus derjenigen eines vergleichbaren Produzenten vorstellbar ist» (TASCHNER/FRIETSCH, § 3 N 45). Die Abgrenzung zwischen einem Fehlgebrauch, der vernünftigerweise vorauszusehen ist, und einem nicht mehr voraussehbaren Fehlgebrauch oder einer missbräuchlichen Nutzung des Produktes ist oft fliessend. Der Richter muss sie im Einzelfall durch ein **wertendes Urteil** bestimmen (GRAF VON WESTPHALEN, § 74 N 53).

4. Der Zeitpunkt des Inverkehrbringens

20 Ob die Sicherheitserwartungen des Konsumenten berechtigt sind, beurteilt sich nach den Massstäben, die in dem Zeitpunkt herrschen, in dem das Produkt in Verkehr gebracht wurde (zum Begriff vgl. N 5 ff.). Der **Zeitpunkt der Inverkehrbringung** ist deshalb nach Art. 4 Abs. 1 lit. c PrHG als **besonderer Umstand** zu berücksichtigen (vgl. BORSARI, 142; R. BÜHLER, AJP 1993, 1436; FELLMANN, Fehlerbegriff, 53 ff.; HUGUENIN, N 2115; ROBERTO, Haftpflichtrecht, N 375).

21 Die Sicherheitserwartungen unterliegen einem **zeitlichen Wandel**. Der Hersteller kann darauf in aller Regel keinen Einfluss nehmen. **Gestiegene Sicherheitserwartungen** werden deshalb bei der Beurteilung eines Produktes, das bereits in Verkehr gebracht wurde, grundsätzlich nicht berücksichtigt. Sie machen es nicht rückwirkend fehlerhaft (FELLMANN, Fehlerbegriff, 71; vgl. auch BORSARI, 144; FELLMANN/VON BÜREN-VON MOOS, N 266; HESS, N 100; ROBERTO, Haftpflichtrecht, N 375).

22 Da für die Beurteilung der Sicherheitserwartungen der Zeitpunkt der Inverkehrbringung massgebend ist, heisst dies andererseits, dass bei **Serienprodukten**, die über einen längeren Zeitraum unverändert produziert werden, Änderungen der berechtigten Sicherheitserwartungen aufgrund technischer oder wissenschaftlicher Erkenntnisse berücksichtigt werden müssen. Der Hersteller hat deshalb die neu in Verkehr gebrachten Produkte allenfalls den **neuen Anforderungen anzupassen**. Dass er dies ohne Nachteil tun darf, verdeutlicht Art. 4 Abs. 2

(vgl. dazu N 30). Bringt er die alten Produkte weiterhin unverändert in Verkehr, obwohl sich die berechtigten Sicherheitserwartungen erhöht haben, sind seine Erzeugnisse fehlerhaft (FELLMANN, Fehlerbegriff, 71; vgl. auch BORSARI, 145 ff.; FELLMANN/VON BÜREN-VON MOOS, N 269; HESS, N 101).

5. Andere Umstände

23 Nach Art. 4 Abs. 1 hat der Richter bei der Beurteilung der berechtigten Sicherheitserwartungen alle Umstände zu berücksichtigen (vgl. R. BÜHLER, AJP 1993, 1436 ff.). Die im Gesetz ausdrücklich angeführten Kriterien sind deshalb im Einzelfall durch weitere Aspekte zu ergänzen. Dabei kommen **alle Umstände** in Betracht, die in irgendeiner Weise **die Sicherheitserwartungen beeinflussen können** (FELLMANN, Fehlerbegriff, 71; vgl. auch BORSARI, 148 f.; FELLMANN/VON BÜREN-VON MOOS, N 275; HESS, N 62; REY, N 1199).

24 Bedeutungsvoll kann die **Natur eines Produktes** sein. So ist bspw. offensichtlich, dass man sich bei der Benutzung eines Messers verletzen kann. Der Verwendungszweck eines solchen Gegenstandes verlangt eine Konstruktion, die bei Unachtsamkeit Gefahren birgt. Sind diese Risiken allgemein bekannt, muss der Hersteller nicht speziell darauf hinweisen (FELLMANN/VON BÜREN-VON MOOS, N 277; vgl. auch BORSARI, 149 f.; R. BÜHLER, AJP 1993, 1438; HESS, N 105; REY, N 1199).

25 Auch das **Langzeitverhalten** eines Produktes ist ein Umstand, der bei der Beurteilung der berechtigten Sicherheitserwartungen Bedeutung erlangen kann. Muss nämlich bei einem Erzeugnis mit einer gewissen Abnutzung gerechnet werden, vermag dieser übliche Verschleiss für sich allein keinen Produktefehler zu begründen. Ist die beschränkte Lebensdauer eines Produktes dem Publikum allerdings nicht bekannt, muss der Hersteller den Konsumenten entsprechend (z.B. Migros-Data) informieren (FELLMANN/VON BÜREN-VON MOOS, N 279 f.; vgl. auch R. BÜHLER, AJP 1993, 1438; HESS, N 109).

26 Der **Preis eines Produktes** muss ebenfalls berücksichtigt werden. Wer nämlich unter mehreren Produkten mit dem gleichen Verbrauchszweck das Billigste auswählt, darf keine Sicherheit erwarten, wie sie nur mittels teuren Vorkehren erreicht werden kann. Erwirbt der Konsument einen preiswerten Kleinwagen, darf er daher keine besonderen technischen Schikanen erwarten. Über eine gewisse Basissicherheit müssen allerdings auch preiswerte Erzeugnisse verfügen (vgl. BORSARI, 151 f.; FELLMANN/VON BÜREN-VON MOOS, N 286 ff.; GRAU, 239 ff.; HESS, N 106 ff.; Schwimann-POSCH, § 5 PHG N 9; REY, N 1199).

27 **Technische Vorschriften und Normen** (vgl. dazu FELLMANN, JKR, 33 ff.) können ebenfalls Bedeutung erlangen. Sprechen sie sich über Sicherheitsanforderungen aus, beeinflussen sie die Sicherheitserwartungen des Konsumenten insofern, als dieser darauf vertrauen darf, dass der Hersteller diese Vorschriften einhält und damit ein **Mindeststandard** bzw. eine Basissicherheit gewährleistet ist. (vgl. BORSARI, 153 f.; VON BÜREN-VON MOOS, AJP 1994, 1377; R. BÜHLER, AJP 1993, 1438; FELLMANN/VON BÜREN-VON MOOS, N 291 ff.; HESS, N 110 ff.; REY, N 1199). Missachtet der Hersteller solche Vorschriften, spricht die Vermutung dafür, dass auch ein Verstoss gegen die Sicherheitsanforderungen des Art. 4 PrHG vorliegt (FELLMANN/VON BÜREN-VON MOOS, N 293; vgl. auch BGer, 5.1.2015, 4A_365/2014/4A_371/2014, E. 9, wonach die Einhaltung behördlicher Vorschriften ein Indiz dafür sei, dass das Produkt die Sicherheit biete, welche die Allgemeinheit erwarten dürfe). Auf der andern Seite **schliesst** die **Einhaltung der einschlägigen Normen** und Vorschriften einen **Fehler nicht von vornherein aus**. Sie genügt daher als Nachweis für die Fehlerfreiheit eines Produkts nicht (FELLMANN/VON BÜREN-VON MOOS, N 294; ebenso generell für die Tragweite des Konformitätsbewertungsverfahrens WIDMER LÜCHINGER, Haftung, 215). In einem Urteil vom 2.3.2005 (4C.386/2004, E. 2.3) hat das BGer in Bezug auf einen Lift festgestellt, der Umstand, dass dieser im Zeitpunkt des Ereignisses den gültigen Normen entsprochen habe und im Rahmen eines Vollunterhaltsvertrages angemessen gewartet worden sei, vermöge eine

Haftung des Werkeigentümers nach Art. 58 OR nicht auszuschliessen. Die Werkeigentümerhaftung als strengste Kausalhaftung sehe keine Möglichkeit des Haftpflichtigen vor, sich durch Erbringung eines Sorgfaltsbeweises zu entlasten (BGer, 2.3.2005, 4C.386/2004, E. 2.3; vgl. auch WYSS, AJP 2006, 53 ff.; BGer, 5.1.2015, 4A_365/2014/4A_371/2014, E. 8). Diese Überlegung gilt auch für die Haftung des Herstellers nach dem PrHG.

IV. Spezialfragen

1. Wirkungslosigkeit eines Produktes

Umstritten ist, ob die Wirkungslosigkeit eines Produktes die berechtigten Sicherheitserwartungen des Konsumenten verletzt und das betroffene Erzeugnis damit fehlerhaft ist. Nach der Konzeption der EG-Richtlinie ist die Funktionsfähigkeit bzw. die Gebrauchstauglichkeit eines Produktes ein Element des kaufrechtlichen Gewährleistungsrechtes und kein Kriterium des Fehlerbegriffes. Der deutsche Bundesgerichtshof gelangte jedoch bereits in seinem «Apfelschorf-Urteil» (BGH NJW 1981, 1603) zur Auffassung, bei bestimmten Produkten sei auch die **Gebrauchserwartung des Konsumenten schutzwürdig**. Das gelte v.a. für Produkte, deren Verwendungszweck ausschliesslich darin bestehe, das Eigentum oder das Leben bzw. die Gesundheit des Verbrauchers oder Benutzers zu schützen. Der überwiegende Teil der Lehre ist deshalb heute zu Recht der Auffassung, auch die **Wirkungslosigkeit** eines bestimmten Erzeugnisses stelle einen **Produktefehler** dar. Voraussetzung ist allerdings, dass der Konsument das Produkt im Vertrauen auf seine Wirksamkeit eingesetzt und deshalb andere schadenverhütende Massnahmen unterlassen hat. Der Zweck des betroffenen Erzeugnisses muss überdies darin liegen, das Integritätsinteresse des Konsumenten zu schützen und einen Schadensfall, wie er eingetreten ist, zu vermeiden. Schliesslich müssten andere schadenverhütende Massnahmen möglich gewesen sein (vgl. BORSARI, 155 ff.; CHRISTEN, 86 ff.; FELLMANN/VON BÜREN-VON MOOS, 281 ff.; FELLMANN, Fehlerbegriff, 77 f.; HESS, N 91 ff.; HONSELL/ISENRING/KESSLER, § 21 N 38; MÜLLER, N 451). In BGE 139 II 534, 539 f. kam auch das BGer zum Schluss, bei Produkten, die zur Abwehr externer Gefahren bestimmt seien (im zu beurteilenden Fall ging des um einen Feuerlöscher), qualifiziere sich die fehlende Funktionstauglichkeit des Geräts als Produktefehler i.S.v. Art. 4 PrHG. 28

2. Fehlerhafte Elektrizität

Umstritten ist, wann Elektrizität fehlerhaft ist. Weitgehend einig ist man sich darin, dass **Frequenz- und Spannungsschwankungen**, die der Konsument berechtigterweise nicht zu erwarten brauchte, als Produktefehler zu qualifizieren sind (vgl. BORSARI, 34; FELLMANN/VON BÜREN-VON MOOS, N 153; FELLMANN, Fehlerbegriff, 78 f.; GAUCH, Produkthaftungsrichtlinie, 172; HESS, 118; SCHWENZER, N 53.35; krit. HONSELL/ISENRING/KESSLER, § 21 N 27 f.; ROBERTO, Haftpflichtrecht, N 363). Ungeklärt ist demgegenüber, was zu geschehen hat, wenn bei **Stromausfall** überhaupt keine Energie geliefert wird, obwohl sie kraft der getroffenen Absprache geliefert werden müsste. Der überwiegende Teil der ausländischen Lehre vertritt die Auffassung, das Produktehaftpflichtgesetz finde – gerade mangels Lieferung eines Produktes – keine Anwendung (vgl. CHRISTEN, 41 m.w.Nw.). Nach anderer Meinung stellt auch der Stromausfall einen Produktefehler dar. Danach sei nämlich nicht einzusehen, warum der Hersteller eines wirkungslosen Arzneimittels nach Produktehaftpflichtrecht belangt werden könne (vgl. N 28), während sich das Elektrizitätswerk bei Stromunterbruch mit dem Hinweis solle entlasten können, es habe gar nichts geliefert (FELLMANN, Fehlerbegriff, 79; vgl. auch BORSARI, 34 f.; FELLMANN/VON BÜREN-VON MOOS, N 154; HESS, N 119; HUGUENIN, N 2116; MÜLLER, N 452; WERRO, N 575). 29

3. Risiko eines Fehlers als Produktefehler

29a Im Zusammenhang mit der Ersatzpflicht des Herstellers für die Kosten präventiver Massnahmen (s. dazu Art. 1 PrHG N 4a ff.) wird bei potentiell fehlerhaften Medizinprodukten die Frage diskutiert (und unterschiedlich beurteilt), ob sich schon das **Risiko**, dass das **Produkt einer bestimmten Serie fehlerhaft** sei, als **Produktefehler** qualifiziere, unabhängig davon, ob das konkrete Erzeugnis diesen Fehler tatsächlich aufweise (vgl. dazu WIDMER LÜCHINGER, Haftung, 224 f.). So hatte bspw. das OLG Frankfurt a.M. die Frage zu beurteilen, ob bei einem Herzschrittmacher bereits das Risiko einer Funktionsstörung einen Produktefehler darstelle. Es bejahte dies für den Fall, dass das Risiko gegenüber dem bei einer solchen Implantation zu erwartenden Standard «nennenswert erhöht» sei (Urteil v. 20.5.2010, Az. 1 U 99/09, abrufbar unter ‹http://openjur.de/u/305715.html› [16.2.2015]). Das OLG München kam bei einem implantierbaren Cardioverter Defibrillator (ICD) zu einem andern Schluss. Nach seiner Meinung könne der reine Verdacht, keinen Produktefehler begründen, solange nicht alle Produkte einer Serie mit einem Mangel behaftet seien, wie dies bei einem Konstruktionsfehler der Fall sein könne (Urteil v. 21.7.2009, Az. 18 U 1549/09, BeckRS 2010, 18785; zum Ganzen WIDMER LÜCHINGER, Haftung, 224 f.).

29b Nach der hier vertretenen Auffassung ist davon auszugehen, dass ein **potentiell fehlerhaftes Produkt** i.S.v. Art. 4 Abs. 1 PrHG nicht die Sicherheit bietet, die man unter Berücksichtigung aller Umstände zu erwarten berechtigt ist und damit einen Fehler aufweist, wenn sein Ausfall oder ein Fehler zu einer ernsten **Gefahr für Leib und Leben** von Konsumenten führen würde und dieses **Risiko** bei einer bestimmten Produkteserie infolge eines Konstruktionsfehlers, eines sich auf die ganze Serie auswirkenden Fabrikations- oder Instruktionsfehlers **überdurchschnittliches hoch** ist (vgl. für Medizinprodukte auch WIDMER LÜCHINGER, Haftung, 224). Voraussetzung ist ferner, dass das Produkt, wie etwa ein Herzschrittmacher, gerade zur Vermeidung einer Gefahr für Leib und Leben eingesetzt wurde und andere, zuverlässigere Produkte zum gleichen Zweck zur Verfügung gestanden wären.

V. Produkteverbesserung

30 Nach Art. 4 Abs. 2 ist ein Produkt nicht allein deshalb fehlerhaft, weil später ein verbessertes Produkt in Verkehr gebracht wurde. Mit dieser **zeitlichen Beschränkung des Fehlerbegriffes** soll die **Innovationsbereitschaft des Herstellers** erhalten bleiben (vgl. BORSARI, 146 f.; FELLMANN, Fehlerbegriff, 71; FITZ/GRAU/REINDL, § 5 N 91). Da für die Beurteilung der Sicherheitserwartungen der Zeitpunkt der Inverkehrbringung massgebend ist (vgl. N 5 ff.), ist diese Regelung allerdings selbstverständlich. Immerhin verdeutlicht sie, «dass grundsätzlich keine Verpflichtung des Herstellers besteht, nach Entwicklung eines vergleichbaren, verbesserten Produkts (mit meist grösserer Sicherheit) seine alten Produkte vom Markt zu ziehen» (HESS, N 109). Im Weiteren wird klargestellt, dass «ein Produkt nicht allein aufgrund eines Vergleichs mit einem später in Verkehr gebrachten, aufgrund neuer Erkenntnisse sicherheitstechnisch verbesserten Erzeugnis als fehlerhaft qualifiziert werden» kann (REY, N 1200; vgl. auch BORSARI, 147). Insofern kommt Art. 4 Abs. 2 die Funktion einer Beweiswürdigungsvorschrift zu (BORSARI, 147 f.; vgl. auch R. BÜHLER, AJP 1993, 1436; CHRISTEN, 82).

VI. Beweislast

31 Der **Geschädigte** hat den **Beweis** zu erbringen, dass das Produkt fehlerhaft ist (zur vorsorglichen Beweisführung nach Art. 158 ZPO vgl. DEMONT, HAVE 2014, 308 ff.). Zum Beweis gehört der Nachweis, das Produkt habe den Sicherheitserwartungen, die im Zeitpunkt des Inverkehrbringens berechtigt waren, nicht genügt (vgl. BORSARI, 157; FELLMANN/VON BÜREN-VON MOOS, N 301; HESS, Art. 1 N 101; HUGUENIN, N 2112; MÜLLER, N 453; WERRO, N 600). Zwar enthält das PrHG in Abweichung zu Art. 4 der Produktehaftungsrichtlinie keine spe-

zielle Vorschrift, welche die Beweislast für den Produktefehler ausdrücklich dem Geschädigten zuweist. Nach Auffassung des BGer ergibt sich diese Beweislastverteilung jedoch aus der allgemeinen Bestimmung des Art. 8 ZGB (BGE 133 III 81, 86 f.; vgl. auch 137 III 226, 232) Dabei wird aber **vermutet**, dass der (nachgewiesene) Sicherheitsmangel bei der Inverkehrbringung bereits vorhanden war. Will der **Hersteller** der Haftung entgehen, hat er diese (tatsächliche) Vermutung durch den **Gegenbeweis** des Art. 5 Abs. 1 lit. b zu entkräften. Er muss nachweisen, dass der Fehler, der den Schaden verursacht hat, noch nicht vorlag, als er das Produkt in Verkehr brachte (vgl. Borsari, 157; Fellmann, Fehlerbegriff, 55; Fellmann/von Büren-von Moos, N 301 f.; Hess, Art. 5 N 18 ff.).

In BGE 133 III 81, 87, in dem das BGer einen Unfall mit einer Kaffeemaschine zu beurteilen hatte, stellte es sich auf den Standpunkt, die Klägerin müsse nicht durch ein Gutachten den Beweis erbringen, dass das Glas des Kaffeekrugs einen Fabrikations- oder einen Konstruktionsfehler aufgewiesen habe. Zwar hätte eine Untersuchung der Scherben vielleicht eine Mikro-Fissur zutage gefördert, die ihrerseits Rückschlüsse auf einen Fabrikationsfehler erlaubt hätte. Allenfalls hätte die Begutachtung eines noch funktionierenden Kaffeekrugs des gleichen Modells das Vorliegen eines Konstruktionsfehlers belegt. Der Nachweis eines Fabrikationsfehlers oder eines Konstruktionsfehlers hätte dann den sicheren Schluss auf das Vorliegen eines Fehlers i.S.v. Art. 4 PrHG erlaubt. Das heisse aber nicht, dass der Beweis nur auf diese Weise geführt werden könne. Die Begriffe des Fabrikationsfehlers und des Konstruktionsfehlers hätten nämlich im Zusammenhang mit dem Begriff des Produktefehlers nach Art. 4 PrHG keine normative Tragweite. Der Geschädigte müsse daher **nicht die Ursache des Fehlers beweisen**; er habe lediglich nachzuweisen, dass das Produkt nicht die Sicherheit aufgewiesen habe, die der Konsument unter Berücksichtigung aller Umstände habe erwarten dürfen (vgl. dazu auch Demont, HAVE 2014, 309 f.; Widmer Lüchinger, Haftung, 214, die einwendet, den Beweis, dass ein Produkt den berechtigten Sicherheitserwartungen nicht entsprochen habe, werde der Geschädigte in vielen Fällen nur erbringen können, wenn er beweise, dass die ganze Produkteserie mangelhaft gewesen sei, oder dass ein Fabrikationsfehler vorgelegen habe). **31a**

Als Rechtsbegriff können die **berechtigten Sicherheitserwartungen** selbst **nicht Beweisgegenstand** sein. Der Geschädigte hat vielmehr die Tatsachen zu behaupten und zu beweisen, aus denen das Gericht den Schluss auf das Bestehen bestimmter Sicherheitserwartungen ziehen kann (so auch BGer, 10.4.2008, 4A_22/2008, E. 3 für den Begriff des Verschuldens). **31b**

Nach Meinung des BGer erfordert der Nachweis eines Produktefehlers nähere Ausführungen zu den konkreten Umständen des Unfalls (BGE 133 III 81, 88 f.; vgl. auch 137 III 226, 232). Grundsätzlich habe dabei eine Tatsache als nachgewiesen zu gelten, wenn sich der Richter von ihrem Vorhandensein überzeugt habe. Das Gesetz sowie Lehre und Rsp. liessen jedoch Ausnahmen zu. Eine **Herabsetzung des Beweismasses** erscheine v.a. im Falle einer Beweisnot gerechtfertigt. Eine solche könne vorliegen, wenn ein strikter Beweis nach der Natur der Sache nicht erbracht oder vernünftigerweise nicht gefordert werden könne. Diese Voraussetzung sei erfüllt, wenn die Partei, welche die Beweislast treffe, den Beweis nur indirekt, durch Indizien führen könne. In diesem Fall genüge die überwiegende Wahrscheinlichkeit. Gerade bei einem Unfall im Zusammenhang mit dem Gebrauch eines fehlerhaften Produkts könne sich der Geschädigte oft nur auf seine eigene Darstellung berufen. In solchen Fällen dürfe von ihm kein strikter Nachweis der Umstände gefordert werden, die zum Schaden geführt hätten. Der Richter habe die vom Geschädigten behaupteten Tatsachen vielmehr nach dem **Beweismass der überwiegenden Wahrscheinlichkeit** zu beurteilen (BGE 133 III 81, 89; zur Tragweite dieses Entscheids vgl. Fellmann, recht 2007, 162 ff.; vgl. auch Demont, HAVE 2014, 309 f.). **31c**

In BGE 137 III 226, 232, dem neusten Urteil zu dieser Frage, macht das BGer indessen klar, dass sein Entgegenkommen auch im Recht der Produkthaftung Grenzen hat. Es betont ausdrücklich, den Fehler habe der Geschädigte zu beweisen. Auch wenn mitunter kein strikter **31d**

Beweis verlangt werden könne, komme es **nicht zu einer Umkehr der Beweislast**. Der Geschädigte könne dem Hersteller daher nicht vorwerfen, sein Produktionsverfahren nicht aufgezeigt zu haben, nachdem ihm der Beweis eines Produktionsfehlers misslungen sei, weil er die strittige Prothese nicht habe vorweisen können (vgl. zu diesem Urteil auch DEMONT, HAVE 2014, 309 ff.).

31e WIDMER LÜCHINGER weist daher zu Recht darauf hin, im Produkthaftungsprozess sehe sich der Geschädigte oft mit **besonderen Beweisschwierigkeiten** konfrontiert. Er habe nicht nur zu beweisen, dass das **Produkt tatsächlich fehlerhaft** gewesen sei, sondern auch, dass der **Produktefehler für seinen Schaden ursächlich** gewesen sei. Bei Medizinprodukten könnten daraus Schwierigkeiten entstehen, weil der Schaden des Patienten auf verschiedene Ursachen zurückgeführt werden könne. Die Tatsache, dass z.B. ein Silikonimplantat gerissen sei, sei für sich allein noch kein Beweis für die Fehlerhaftigkeit des Produkts, weil die Risse auch durch Fehlmanipulationen bei der Vorbereitung oder beim Einsetzen des Implantats verursacht werden könnten (WIDMER LÜCHINGER, Haftung, 217 f.).

Art. 5 PrHG

Ausnahmen von der Haftung

[1] Die Herstellerin haftet nicht, wenn sie beweist, dass:
a. sie das Produkt nicht in Verkehr gebracht hat;
b. nach den Umständen davon auszugehen ist, dass der Fehler, der den Schaden verursacht hat, noch nicht vorlag, als sie das Produkt in Verkehr brachte;
c. sie das Produkt weder für den Verkauf oder eine andere Form des Vertriebs mit wirtschaftlichem Zweck hergestellt noch im Rahmen ihrer beruflichen Tätigkeit hergestellt oder vertrieben hat;
d. der Fehler darauf zurückzuführen ist, dass das Produkt verbindlichen, hoheitlich erlassenen Vorschriften entspricht;
e. der Fehler nach dem Stand der Wissenschaft und Technik im Zeitpunkt, in dem das Produkt in Verkehr gebracht wurde, nicht erkannt werden konnte.

[1bis] Die Ausnahme von der Haftung nach Absatz 1 Buchstabe e gilt nicht für tierische Organe, Gewebe oder Zellen oder daraus hergestellte Transplantatprodukte, die zur Transplantation auf den Menschen bestimmt sind.

[2] Die Herstellerin eines Grundstoffs oder eines Teilprodukts haftet ferner nicht, wenn sie beweist, dass der Fehler durch die Konstruktion des Produkts, in das der Grundstoff oder das Teilprodukt eingearbeitet wurde, oder durch die Anleitungen der Herstellerin dieses Produkts verursacht worden ist.

Exceptions à la responsabilité

[1] Le producteur n'est pas responsable s'il prouve:
a. qu'il n'a pas mis le produit en circulation;
b. que, compte tenu des circonstances, il y a lieu d'estimer que le défaut ayant causé le dommage n'existait pas au moment où il a mis le produit en circulation;
c. que le produit n'a été ni fabriqué pour la vente ou pour toute autre forme de distribution dans un but économique, ni fabriqué ou distribué dans le cadre de son activité professionnelle;
d. que le défaut est dû à la conformité du produit avec des règles impératives émanant des pouvoirs publics;
e. que l'état des connaissances scientifiques et techniques, lors de la mise en circulation du produit, ne permettait pas de déceler l'existence du défaut.

[1bis] L'exception à la responsabilité au sens de l'al. 1, let. e, ne s'applique pas aux organes, tissus ou cellules d'origine animale ainsi qu'aux transplants standardisés issus de ceux-ci destinés à être transplantés sur l'être humain.

[2] En outre, le producteur d'une matière première et le fabricant d'une partie composante ne sont pas responsables s'ils prouvent que le défaut est imputable à la conception du produit dans lequel la matière première ou la partie composante est incorporée, ou aux instructions données par le fabricant du produit.

Eccezioni alla responsabilità

[1] Il produttore non è responsabile se prova che:

a. non ha messo in circolazione il prodotto;
b. è lecito ritenere, tenuto conto delle circostanze, che il difetto che ha causato il danno non esistesse quando l'aveva messo in circolazione;
c. non ha fabbricato il prodotto per la vendita o per qualsiasi altra forma di distribuzione a scopo economico, né l'ha fabbricato o distribuito nel quadro della sua attività professionale;
d. il difetto è dovuto alla conformità del prodotto a prescrizioni imperative emanate dai poteri pubblici;
e. lo stato delle conoscenze scientifiche e tecniche al momento in cui fu messo in circolazione il prodotto non permetteva di scoprire l'esistenza del difetto.

[1bis] L'eccezione alla responsabilità di cui al capoverso 1 lettera e non è applicabile agli organi, tessuti o cellule di origine animale e ai prodotti da essi derivati destinati al trapianto sugli esseri umani.

[2] Inoltre, il produttore di una materia prima o di una parte componente non è responsabile se prova che il difetto è dovuto alla concezione del prodotto in cui è stata incorporata la materia prima o la parte, oppure alle istruzioni date dal fabbricante del prodotto.

Literatur

Vgl. die Literaturhinweise bei den Vorbe. zum PrHG.

I. Allgemeines

1 Art. 5 sieht sechs Entlastungsgründe vor, bei deren Vorliegen der Hersteller nicht haftet, obwohl das Produkt i.S.v. Art. 4 fehlerhaft ist. Da es sich bei der Produktehaftpflicht um eine Kausalhaftung (vgl. Vorbem. zum PrHG N 6) handelt, knüpfen die Entlastungsgründe nicht an fehlendes Verschulden an. Sie setzen vielmehr das **Fehlen** bestimmter, für die Haftung des Produzenten massgebender **objektiver Zurechnungsgründe** voraus (FELLMANN/VON BÜREN-VON MOOS, N 310; vgl. auch BORSARI, 167; CHRISTEN, 91 f.; HESS, N 1). Die **Beweislast** für das Vorliegen einer dieser *«Ausnahmen von der Haftung»* trifft den Hersteller (vgl. BORSARI, 167; CHRISTEN, 91; FELLMANN/VON BÜREN-VON MOOS, N 311; HESS, N 93 ff.; REY, N 1206).

II. Entlastungsgründe

1. Fehlendes Inverkehrbringen (Abs. 1 lit. a)

2 Das Gesetz umschreibt den Begriff des Inverkehrbringens nicht (vgl. FELLMANN/VON BÜREN-VON MOOS, N 319; REY, N 1208). Die Lehre ist sich jedoch über die Bedeutung der getroffenen Regelung weitgehend einig. Danach gilt ein Produkt nur dann als **in Verkehr gebracht**, wenn es der Hersteller **willentlich aus seinem Herrschaftsbereich entlassen** hat. Gefordert wird ein willentlicher Akt, eine Willensbetätigung, die den Vorgang bspw. von Diebstahl oder einer Unterschlagung abgrenzt (FELLMANN/VON BÜREN-VON MOOS, N 316; vgl. auch BORSARI, 168 ff.; CHRISTEN, 92 f.; HESS, N 4; HUGUENIN, N 2118; MÜLLER, N 457; REY, N 1208; WERRO, N 633 ff.). Diese willentliche Entäusserung muss jedoch keine rechtsgeschäftliche Willensbetätigung und kein Rechtsgeschäft sein; es genügt ein **tatsächliches Handeln** (FELLMANN/VON BÜREN-VON MOOS, N 316; vgl. auch HESS, N 5). Aus diesem Grund kann auch der handlungsunfähige Unmündige ein Produkt in Verkehr bringen. Das gleiche gilt für den Urteilsunfähigen, solange ihm die tatsächliche Handlung wenigstens zugerechnet werden kann bzw. der Vorgang nicht rein zufällig ist. Ohne Bedeutung ist im Weiteren, ob der Hersteller das Produkt aufgrund eines Irrtums oder einer arglistigen Täuschung in Verkehr gebracht hat. Auch in diesen Fällen liegt der Entäusserung immer noch eine tatsächliche Handlung zugrunde, die sich dem Hersteller zurechnen lässt (FELLMANN/VON BÜREN-VON MOOS, N 317; vgl. auch BORSARI, 169; HESS, N 5).

3 Art. 5 Abs. 1 lit. a schützt den Hersteller vor den **Risiken unfreiwilligen Besitzverlustes** (MK-Wagner, § 1 N 27). Der Hersteller kann sich daher entlasten, wenn der Wechsel des Produktes aus seiner Sphäre in den Publikumsverkehr ohne sein Zutun erfolgt ist. Diese Voraussetzung ist etwa dann erfüllt, wenn ihm das Produkt abhanden kommt, sei es, dass er es verliert, sei es, dass es ihm gestohlen wird (vgl. Borsari, 169; Christen, 93; Fellmann/von Büren-von Moos, N 316; Müller, N 456). Zu denken ist in diesem Zusammenhang etwa an Fälle von Produktpiraterie (Hess, N 4).

4 Da das PrHG auch **Schadenereignisse innerhalb der Herstellerkette** umfasst, gilt ein Grundstoff oder ein Teilprodukt schon dann als in Verkehr gebracht, wenn es an einen weiteren Teilhersteller oder an den Endhersteller ausgeliefert wird (vgl. Borsari, 172; Christen, 93; Fellmann/von Büren-von Moos, N 314 f.; Hess, N 9; zum Begriff des Inverkehrbringens bei den verschiedenen Herstellern vgl. Art. 4 PrHG N 7). Werden deshalb bspw. Arbeiter eines Teilherstellers oder des Endherstellers durch Fehler eines Grundstoffes oder eines Teilproduktes verletzt, haftet der Hersteller des Grundstoffes oder des Teilerzeugnisses für den entstandenen Schaden nach den Bestimmungen des PrHG (vgl. Borsari, 172; Hess, N 9).

5 Im Zusammenhang mit dem **Begriff des Inverkehrbringens** bestehen **zahlreiche Zweifelsfälle**. So ist bspw. streitig, ob eine Inverkehrbringung vorliegt, wenn der Hersteller sein Produkt der Aussenwelt zugänglich macht, ohne die tatsächliche Gewalt endgültig aufzugeben. Nach der Zielrichtung des Produktehaftpflichtgesetzes wird in solchen Fällen darauf abzustellen sein, «ob das Gefahrenpotential des unsicheren Produkts sich nicht mehr auf innerbetriebliche Vorgänge beschränkt und ob die schutzwürdigen Interessen Dritter berührt werden» (Pott/Frieling, § 1 N 77; vgl. auch Borsari, 169 ff.). Somit gelten bspw. das **Ausstellen** eines Erzeugnisses auf Messen oder der Einsatz eines Produktes bei **Testfahrten** auf öffentlichen Strassen als Inverkehrbringung des Produktes (vgl. Borsari, 170 f.; Fellmann/von Büren-von Moos, N 319; zurückhaltender Christen, 93 und Hess, N 6). Keine Inverkehrbringung ist demgegenüber die im Rahmen des Herstellungsprozesses bloss vorübergehende Überlassung des Produktes an Dritte, bspw. zur **Materialprüfung, Qualitätskontrolle** oder **Reparatur** (Fellmann/von Büren-von Moos, N 320; vgl. auch Borsari, 171; Christen, 93; teilweise restriktiver Hess, N 7 f.).

2. Nach dem Inverkehrbringen entstandener Fehler (Abs. 1 lit. b)

6 Nach Art. 4 hängt die Haftung des Produzenten davon ab, ob sein Produkt im Zeitpunkt, in dem er es in Verkehr brachte (vgl. Art. 4 PrHG N 5 ff.), die Sicherheit bot, die man unter Berücksichtigung aller Umstände zu erwarten berechtigt war. Der Hersteller haftet daher nicht für Sicherheitsmängel, die sich später, bspw. infolge **unsachgemässer oder zweckwidriger Verwendung**, einstellen (vgl. Borsari, 176 ff.; Fellmann/von Büren-von Moos, N 323; Christen, 96 f.; Hess, 18 ff.; Huguenin, N 2119; Müller, N 459; Rey, N 1210). Steht ein Produktefehler aber fest, wird vermutet, dass er bereits bei der Inverkehrbringung bestand. Der Nachweis, dass dies nicht der Fall ist, obliegt nach Art. 5 Abs. 1 lit. b dem Hersteller (vgl. Borsari, 178 ff.; Christen, 97 f.; Fellmann, Fehlerbegriff, 55; Müller, N 460; Rey, N 1211).

7 Nach dem Wortlaut des Art. 5 Abs. 1 lit. b («nach den Umständen davon auszugehen ist») muss der Hersteller allerdings nicht mit wissenschaftlicher Exaktheit den vollen Beweis (an Sicherheit grenzende Wahrscheinlichkeit) erbringen. Es genügt, wenn er Umstände nachweist, die mit **hoher Wahrscheinlichkeit** dafür sprechen, dass der Produktefehler erst nach dem Zeitpunkt der Inverkehrbringung entstanden ist (Fellmann/von Büren-von Moos, N 324; vgl. auch BBl 1992 V 426; Borsari, 179 f.; Christen, 97 f.; Hess, N 22 ff.; Müller, N 460).

8 Eine Entlastung des Herstellers kommt im Ergebnis nur bei Mängeln in Betracht, die gleich liegen wie **Fabrikationsfehler**. Bei Konstruktionsfehlern ist eine Entlastung nicht möglich,

da sie die Gebrauchstauglichkeit des Produktes von der Fertigung an auf Dauer beeinträchtigen. Das gleiche gilt für Instruktionsfehler (Palandt-SPRAU, § 1 N 17; vgl. auch BORSARI, 177; FELLMANN/VON BÜREN-VON MOOS, N 325 f.).

3. Private Herstellung ohne Gewinnabsicht (Abs. 1 lit. c)

Der Entlastungsgrund der privaten Herstellung ohne Gewinnabsicht weist **zwei Tatbestandselemente** auf: Das erste Element, **keine Produktion für den Verkauf** oder eine andere Form des Vertriebs, stellt auf die der Herstellung zugrunde liegende Motivation ab. Das zweite Tatbestandselement, **keine Herstellung und kein Vertrieb im Rahmen der beruflichen Tätigkeit** des Herstellers, stellt den – objektiven – Zusammenhang zwischen dem Vertrieb und der beruflichen Tätigkeit des Produzenten her (FELLMANN/VON BÜREN-VON MOOS, N 328; vgl. auch BORSARI, 181 ff.). Beide Voraussetzungen müssen **kumulativ** erfüllt sein. Der Hersteller befreit sich von seiner Haftung deshalb nur dann, wenn beide Tatbestandselemente erfüllt sind. Er muss also nachweisen, dass er das Produkt zum einen weder für den Verkauf oder eine andere Form des Vertriebs mit wirtschaftlichem Zweck hergestellt hat und zum andern die Herstellung oder der Vertrieb nicht im Rahmen seiner beruflichen Tätigkeit erfolgte (vgl. BORSARI, 182 ff.; CHRISTEN, 99 ff.; FELLMANN/VON BÜREN-VON MOOS, N 328; HESS, N 32 f.; HUGUENIN, N 2120; MÜLLER, N 461; REY, N 1213; WERRO, N 645 ff.). 9

Eine **Herstellung für den Vertrieb mit wirtschaftlichem Zweck** liegt vor, wenn der Hersteller mit der Produktion unmittelbar oder mittelbar einen Gewinn erzielen will. In Betracht kommen etwa Verkauf, Vermietung, Mietkauf oder Leasing. Da die Absicht **mittelbarer Gewinnerzielung** ebenfalls erfasst wird, stellt aber auch die Herstellung von Werbegeschenken oder die Produktion eines Erzeugnisses zu Ausstellungszwecken eine kommerzielle Vertriebsform dar. Der wirtschaftliche Zweck fehlt demgegenüber, wenn weder unmittelbar noch mittelbar Gewinn beabsichtigt wird. Zu denken ist an den Vertrieb eines Produktes (z.B. Verkauf von Anstecknadeln) für karitative Zwecke (FELLMANN/VON BÜREN-VON MOOS, N 329; vgl. auch BORSARI, 182 ff.; CHRISTEN, 99 f.; HESS, N 34 ff.). 10

Als **berufliche Tätigkeit** ist «jede auf Dauer angelegte, Erwerbszwecken dienende Tätigkeit zu verstehen, ohne Rücksicht auf deren haupt- oder nebenberuflichen Charakter» (MK-WAGNER, § 1 N 39). Ohne Bedeutung ist, ob die Tätigkeit haupt- oder nebenberuflich erfolgt. Keine Rolle spielt auch, ob das Produkt im konkreten Fall unmittelbar zur Erzielung von Einkünften hergestellt wurde. Eine Entlastung ist daher nicht möglich, wenn ein Produkt zwar ursprünglich vom betroffenen Berufsmann zu Hause und für den privaten Gebrauch hergestellt wurde, alsdann aber zur Gewinnerzielung an Dritte veräussert wird (FELLMANN/VON BÜREN-VON MOOS, N 330; vgl. auch BORSARI, 185 f.; CHRISTEN, 100 f.; HESS, N 39 ff.). 11

4. Herstellung nach zwingenden Rechtsvorschriften (Abs. 1 lit. d)

Art. 5 Abs. 1 lit. d beruht auf der Überlegung, der Hersteller dürfe nicht zur Verantwortung gezogen werden, wenn ihm der Staat gebiete, dem Produkt eine bestimmte Beschaffenheit zu geben, diese aber den berechtigten Sicherheitserwartungen nicht entspreche. Es sei unzumutbar, dem Hersteller **nur die Wahl zwischen Ungehorsam und Haftung** zu geben (TASCHNER/FRIETSCH, Art. 7 N 26; vgl. auch BORSARI, 187). 12

Um der Haftung zu entgehen, muss der **Hersteller beweisen**, dass der Fehler darauf zurückzuführen ist, dass das Produkt im Zeitpunkt der Inverkehrbringung einer in einem Gesetz oder einer Verordnung **zwingend vorgeschriebenen Produktebeschaffenheit** oder einer technischen Norm entsprach, die anzuwenden er nach Gesetz oder Verordnung verpflichtet war (FELLMANN/VON BÜREN-VON MOOS, N 331; vgl. auch BORSARI, 188 ff.; CHRISTEN, 102 ff.; HESS, N 42 ff.; HUGUENIN, N 2121; MÜLLER, N 463; WERRO, N 651 f.). Normen, die an die Produktesicherheit lediglich **Mindestanforderungen** stellen, es dem Produzenten aber offen 13 lassen, darüber hinauszugehen, fallen demgegenüber **ausser Betracht** (vgl. BORSARI, 190; CHRISTEN, 102; FELLMANN/VON BÜREN-VON MOOS, N 334; HESS, N 49; REY, N 1215; SCHWENZER, N 53.39).

14 Der **gesetzliche Zwang** setzt eine **verbindliche, hoheitlich erlassene Vorschrift** voraus. Die Ausnahmeregelung in Art. 5 Abs. 1 lit. d ist eng auszulegen. In Betracht kommen deshalb nur Gesetzesbestimmungen, also durch staatlichen Hoheitsakt erlassene generell-abstrakte Normen. Unerheblich ist dabei, ob es sich um ein Gesetz im formellen Sinn handelt oder ob bloss eine dem Gesetz untergeordnete Verordnung in Frage steht (FELLMANN/VON BÜREN-VON MOOS, N 332; vgl. auch BORSARI, 190; CHRISTEN, 103 f.). Keine hoheitlich erlassenen Vorschriften sind öffentlich-rechtliche Erlaubnisse oder Genehmigungen und private (z.B. DIN- oder SIA-)Normen und Regelwerke (FELLMANN/VON BÜREN-VON MOOS, N 333; vgl. auch BORSARI, 188 ff.; CHRISTEN, 102 f.; HESS, N 46; REY, N 1215).

5. Ausschluss von Entwicklungsrisiken (Abs. 1 lit. e)

a) Allgemeines

15 Art. 5. Abs. 1 lit. e schliesst die Haftung des Herstellers für sog. **«Entwicklungsrisiken»** aus (vgl. CHRISTEN, 104 ff.). Es handelt sich dabei um einen Sonderfall des Konstruktionsfehlers (vgl. BORSARI, 193 f.; FELLMANN/VON BÜREN-VON MOOS, N 336; REY, N 1216; SCHRUPKOWSKI, 4 ff.). Danach haftet der Hersteller für **schädliche Eigenschaften** eines Produktes nicht, die zwar im Zeitpunkt des Inverkehrbringens seines Erzeugnisses **objektiv vorhanden**, nach dem damaligen Erkenntnisstand von Wissenschaft und Technik **aber nicht erkennbar** waren (FELLMANN/VON BÜREN-VON MOOS, N 335; vgl. auch BORSARI, 193 f.; HESS, N 55 ff.; HUGUENIN, N 2122; MÜLLER, N 465; REY, N 1216; WERRO, N 653 ff.). Ein Entwicklungsrisiko liegt demnach vor, wenn das «Schadenspotential einer Sache oder einer Handlung nach dem jeweiligen Stand von Wissenschaft und Technik zum haftungsrelevanten Zeitpunkt nicht erkannt werden konnte» (SCHRUPKOWSKI, 20; vgl. auch BGE 137 III 226, 233 ff.). Mit dieser Entlastungsmöglichkeit sollte den Befürchtungen der Industrie begegnet werden, eine Haftung für Entwicklungsrisiken berge die Gefahr horrender Versicherungssummen und werde die Innovation hemmen (CHRISTEN, 104).

16 Der **Stand der Wissenschaft** meint die Erkenntnismöglichkeiten der theoretischen Wissenschaft. Beim **Stand der Technik** werden die Erfahrungswerte der Praxis als Beurteilungsmassstab herangezogen (vgl. MK-WAGNER, § 1 N 53 ff.; vgl. auch BORSARI, 194 ff.; SCHRUPKOWSKI, 14 ff.). Es geht damit um die «Sachkunde, die im wissenschaftlichen und technischen Bereich vorhanden ist» (SCHELLER, N 312; vgl. auch BGer, 18.3.2011, 4A_16/2011, E. 4.1, wonach: «L'état des connaissances scientifiques et techniques doit être établi selon un standard objectif, et non selon le savoir d'un producteur particulier»). Ihr muss allerdings ein **«Mindestmass an Publizität»** zukommen (MK-WAGNER, § 1 N 54; vgl. auch BGer, 18.3.2011, 4A_16/2011, E. 4.1). Geheim gehaltenes Wissen fällt damit ausser Betracht (vgl. BORSARI, 196; FELLMANN/VON BÜREN-VON MOOS, N 341; HESS, N 62; REY, N 1217).

17 Zu beachten ist nicht nur die herrschende Meinung; der Hersteller muss vielmehr auch fundierte **Aussenseiter- und Minderheitsmeinungen** in seine Abklärungen miteinbeziehen (FELLMANN/VON BÜREN-VON MOOS, N 342). Entscheidend ist dabei, ob die betreffende wissenschaftliche Meinung zur Zeit des Inverkehrbringens mit plausiblen Argumenten und in nachvollziehbarer Weise öffentlich vertreten wurde (MK-WAGNER, § 1 N 54; vgl. BORSARI, 197;). Die Minderheitsmeinung muss mithin den «Mindestanforderungen wissenschaftlichen Arbeitens» genügen, «also theoretisch plausibel und wissenschaftlich nachvollziehbar» sowie «durch praktische Erfahrung, insb. durch Experimente oder Versuche belegt» sein (MK-WAGNER, § 1 N 55) War dies der Fall, handelt es sich beim fraglichen Fehler nicht mehr um die Realisierung eines Entwicklungsrisikos; der Fehler war vielmehr erkennbar – wenn auch nur für wenige (vgl. BORSARI, 197; CHRISTEN, 108; FELLMANN/VON BÜREN-VON MOOS, N 342;

Hess, N 60). Das BGer hat die Bedeutung von Aussenseitermeinungen in BGE 137 III 226 allerdings erheblich relativiert. Es stellte sich auf den Standpunkt, massgebend seien nur Erkenntnisse, die von den betroffenen wissenschaftlichen Kreisen als massgebend anerkannt worden seien. Aussenseitermeinungen seien solange unbeachtlich, als es nicht um Produkte gehe, die für Mensch und Umwelt eine spezifisch erhöhte Gefahr darstellten (BGE 137 III 226, 233; vgl. dazu auch Widmer Lüchinger, Haftung, 226 f. und sehr eingehend und krit. Werro/Hurni, 161 ff.).

Beim Stand der Wissenschaft und Technik handelt es sich um eine **internationale Grösse**. **18** Unterschiedliche nationale Standards von Wissenschaft und Technik werden nicht berücksichtigt. Massgebend ist die «Sachkunde der auf höchster Ebene anerkannten Fachleute» (Pott/Frieling, § 1 N 105; vgl. auch Borsari, 196; Christen, 109; Fellmann/von Büren-von Moos, N 341, 343; Hess, N 61 ff.; Rey, N 1217; vgl. auch BGer, 18.3.2011, 4A_16/2011, E. 4.1, wonach die fraglichen Erkenntnisse «doivent être accessibles à ce moment-là et être reconnues comme sérieuses par la communauté scientifique concernée»). Will der Hersteller der Haftung entgehen, muss er deshalb nachweisen, dass der Fehler nach dem Stand der Wissenschaft und Technik im Zeitpunkt der Inverkehrbringung «von niemandem erkannt werden konnte, weil diese Erkenntnismöglichkeit noch nicht vorhanden war» (Palandt-Sprau § 1 N 21; vgl. auch Borsari, 199; Fellmann/von Büren-von Moos, N 344; vgl. allerdings BGer, 18.3.2011, 4A_16/2011, E. 4.1 und die Hinweis dazu in N 17).

Nach Auffassung des BGer handelt es sich bei den **Feststellungen der Vorinstanz** zur Frage, **18a** ob das Schadenspotential eines Produkts nach dem jeweiligen Stand von Wissenschaft und Technik zum haftungsrelevanten Zeitpunkt erkannt werden konnte oder nicht, um eine **Feststellung zum Sachverhalt**, an die es gebunden sei (BGE 137 III 226, 234). Nach seiner Meinung war die Annahme, welche die Vorinstanz in diesem Zusammenhang traf, nicht zu beanstanden. Diese hatte sich auf den Standpunkt gestellt, im Zeitpunkt der Implantation des künstlichen Hüftgelenks, das mit einer mit Polyethylen ausgekleideten Pfanne versehen war, habe das Problem, dass Polyethylen Abrieb verursache, ein **Entwicklungsrisiko** dargestellt. Erst langjährige Erfahrungen hätten gezeigt, dass die anfänglich in das Langzeitverhalten von Polyethylen gesetzten Erwartungen unberechtigt gewesen seien. Die fragliche Prothese sei 1996 in Amerika, Europa und in der Schweiz in Verkehr gebracht worden. Im gleichen Jahr sei sie bei der Klägerin implantiert worden. In diesem Zeitpunkt sei das Risiko vorzeitiger Abnutzung noch nicht Gegenstand wissenschaftlicher Publikationen gewesen. Um festzustellen, dass das Langzeitverhalten der Prothese **in vivo** nicht halte, was man sich **in vitro** versprochen habe, seien mehrere Jahre praktische Erfahrung erforderlich gewesen. Im Zeitpunkt der Implantation habe der Hersteller daher nach dem Stand von Wissenschaft und Technik davon ausgehen dürfen, die gewählte Konstruktion stelle für die betroffenen Patienten einen Fortschritt dar (BGE 137 III 226, 233).

Das Urteil hinterlässt insofern einen **zwiespältigen Eindruck**, als sich weder die Vorinstanz **18b** noch das BGer mit dem **Erfordernis der klinischen Prüfung** von Medizinprodukten auseinandersetzten, wie sie im Zeitpunkt des Inverkehrbringens der im Prozess zur Diskussion stehenden Prothese die Richtlinie 93/42/EWG des Rates vom 14.6.1993 über Medizinprodukte (ABl. L 169 vom 12.7.1993, 1) verlangte. Warum im Fall der Klägerin eine Prüfung der Prothese in vitro genügt haben und eine Prüfung in vivo nicht erforderlich gewesen sein soll, lässt sich dem Entscheid des BGer daher nicht entnehmen, ebenso wenig warum die Parteien diese Frage nicht zum Prozessthema machten.

Eine Entlastung ist nicht möglich, wenn der Produktefehler nicht wegen fehlender wissen- **19** schaftlicher oder technischer Möglichkeiten, sondern nur deshalb unentdeckt blieb, weil für den Hersteller die **Ausnützung** sämtlicher **vorhandener Prüf- und Kontrollmöglichkeiten nicht tragbar** war. Bei einer blossen Sorgfaltshaftung wäre hier eine Entlastung denkbar (vgl. Borer, 74 ff., insb. 80 f.). Unter dem Regime einer Kausalhaftung kann es demgegenüber keine Rolle spielen, ob dem Hersteller längere und umfangreichere als die tatsächlich durchgeführten Versuche und Tests zumutbar gewesen wären. Allein massgebend unter dem Blickwinkel des Entwicklungsrisikos ist daher die Frage, ob der Fehler bei Fortsetzung der Abklärungen hätte entdeckt werden können. Auch wenn solche Forschertätigkeiten für den einzelnen Hersteller die Grenze des Tragbaren überschreiten sollten, kann er dies im Schadensfall nicht zu seiner Entlastung vorbringen (FELLMANN/VON BÜREN-VON MOOS, N 343; **a.M.** HESS, N 61). Es kommt deshalb auch nicht darauf an, ob es sich beim Hersteller um ein grosses oder um ein kleines Unternehmen handelt; **jeder Hersteller hat das Gefahrenpotential zu beherrschen** (HESS, N 62; vgl. auch CHRISTEN, 107 ff.; FELLMANN/VON BÜREN-VON MOOS, N 343; vgl. auch BGer, 18.3.2011, 4A_16/2011, E. 4.1).

20 **Massgebender Zeitpunkt** ist der Tag der Inverkehrbringung desjenigen Produktes, das den Schaden verursacht hat (FELLMANN/VON BÜREN-VON MOOS, N 344; vgl. auch BORSARI, 193; BGer, 18.3.2011, 4A_16/2011, E. 4.1). Der Stand der Wissenschaft und Technik im Zeitpunkt des Schadenseintrittes hat deshalb grundsätzlich keine Bedeutung (HESS, N 63).

b) Ausschluss des Entlastungsgrunds des Entwicklungsrisikos in der Transplantationsmedizin

20a Nach Art. 5 Abs. 1bis PrHG gilt die Ausnahme von der Haftung nach Abs. 1 lit. e PrHG nicht für tierische Organe, Gewebe oder Zellen oder daraus hergestellte Transplantatprodukte (sog. Xenotransplantate), die zur Transplantation auf den Menschen bestimmt sind. Diese Regelung entspricht Art. 73 des Transplantationsgesetzes vom 8.10.2004 (SR 810.21, AS 2007 1935). Ausgangspunkt für diese Bestimmung bildete die Erkenntnis des Gesetzgebers, **gentechnisch veränderte Xenotransplantate** qualifizierten sich als **Produkte** i.S.v. Art. 3 PrHG. Berge ein solches Transplantat **Krankheitserreger**, bietet es nicht die Sicherheit, die man unter Berücksichtigung aller Umstände zu erwarten berechtigt sei. Es sei deshalb fehlerhaft i.S.v. Art. 4 PrHG (Botschaft Transplantationsgesetz, 128 f.).

20b Nach Auffassung des Bundesrats war die Gefahr, dass im Rahmen einer Xenotransplantation tierische **Krankheitserreger** auf den Menschen übertragen werden könnten, im Zeitpunkt des Erlasses des Transplantationsgesetzes bekannt. Unbekannt seien lediglich die Massnahmen, mit denen diese Gefahr beherrschbar werde. Das Infektionsrisiko stelle daher kein Entwicklungsrisiko, sondern eine blosse **Entwicklungslücke** dar. Der Hersteller könne sich daher nicht mit dem Nachweis entlasten, der Fehler des Transplantates habe nach dem Stand der Wissenschaft und Technik im Zeitpunkt, in dem das Produkt in Verkehr gebracht wurde, nicht erkannt werden können (Art. 5 Abs. 1 lit. e PrHG). Es sei jedoch nicht ausgeschlossen, dass die Xenotransplantation neben der Gefahr, tierische Krankheiten auf den Menschen zu übertragen, weitere, heute **nicht erkennbare Risiken** berge. Aus diesem Grund müsse der Gesetzgeber im Zusammenhang mit der Anwendung des PrHG auf Xenotransplantate den **Entlastungsbeweis des Entwicklungsrisikos ausschliessen** (Botschaft Transplantationsgesetz, 129 und 184).

20c Mit dem Ausschluss des Entlastungsbeweises des Entwicklungsrisikos in Art. 5 Abs. 1bis PrHG setzte sich der Gesetzgeber auf den Standpunkt, im Bereich der Xenotransplantation rechtfertige sich die **Schaffung einer Gefährdungshaftung**. Das wirtschaftliche Risiko der mit nicht beherrschbaren Gefahren verbundenen Aktivitäten solle nicht der Geschädigte tragen. Dieses Risiko solle vielmehr demjenigen zugewiesen werden, der daraus den wirtschaftlichen Nutzen ziehe. Gerade in jüngerer Zeit hätten die Erfahrungen in verschiedenen Rechtsbereichen, etwa im Arzneimittelsektor (Contergan), gezeigt, dass es in bestimmten Gebieten, die in besonderer Weise vom wissenschaftlichen und technischen Fortschritt geprägt seien, neben der Optimierung der präventiven Sicherheitsvorschriften notwendig sei, einen ausreichenden Haftungsschutz vorzusehen, wenn es bei der Einhaltung aller Sicherheitsmassnahmen und Beachtung der gebotenen Sorgfalt zum Eintritt eines Schadens komme. Die dogmatische Begründung für die Schaffung solcher Gefährdungshaftungen bestehe im Schutz des Publikums vor den Gefahren der modernen Technik. Danach sei es demjenigen, der Vorgänge in Gang setze, deren Gefahren sich trotz aller technischer Fortschritte und grösster Vorsicht einer vollkommenen Beherrschbarkeit entzögen und denen Aussenstehende deshalb nicht entgehen könnten, zumutbar, dass er die Folgen dieser Gefahren trage (Botschaft Transplantationsgesetz, 130 m.V. auf FELLMANN, Gutachten, 32 ff.).

6. Entlastungsbeweis des Teil- und Grundstoffherstellers (Abs. 2)

Die erste **Befreiungsmöglichkeit** bezieht sich auf die Fälle, in denen der Teil- oder Grundstoffhersteller ein an sich **fehlerfreies Teilerzeugnis** produziert. Die zweite Befreiungsmöglichkeit erfasst **Konstruktionsfehler des Teilprodukts** oder des Grundstoffes, die jedoch nicht vom Teil- oder Grundstoffhersteller zu verantworten sind, weil er sie nach den Weisungen des (End-)Herstellers produziert hat. Für eine Befreiung genügt einer von beiden Befreiungsgründen (vgl. BORSARI, 199 ff.; CHRISTEN, 111; FELLMANN/VON BÜREN-VON MOOS, N 349; HUGUENIN, N 2123; MÜLLER, N 468 f.; WERRO, N 665 ff.). Der Entlastungsbeweis, der Mangel liege in der Konstruktion des Erzeugnisses, in das der Grundstoff oder das Teilprodukt eingearbeitet wurde, hat allerdings bloss klarstellende Bedeutung. Diese Entlastungsmöglichkeit ergibt sich nämlich bereits aus Art. 5 Abs. 1 lit. a (vgl. BORSARI, 200; CHRISTEN, 111; FELLMANN/VON BÜREN-VON MOOS, N 350; HESS, N 77). 21

Die Entlastung wegen **fehlerhafter Konstruktion des Folge- oder Endproduktes** setzt voraus, dass der Mangel ausschliesslich auf der fehlerhaften Konstruktion oder der Fertigung des Endproduktes beruht (vgl. BORSARI, 201 ff.; FELLMANN/VON BÜREN-VON MOOS, N 351; REY, N 1220). Der Fehler liegt «nicht im zugelieferten Produkt, sondern in der Art und Weise der Verwendung des zugelieferten Produktes im Folgeprodukt» (CHRISTEN, 112). Da Grundstoffe oder Teilprodukte für den Einbau in ein anderes Erzeugnis bestimmt sind, lässt sich die Fehlerfreiheit des Grundstoffes oder des Teilproduktes jedoch nur im Hinblick auf die Verwendung feststellen, für die sie vorgesehen sind. Der Hersteller eines Grundstoffes oder eines Teilproduktes kann sich deshalb nicht entlasten, wenn sein Erzeugnis zwar an sich fehlerfrei ist, jedoch für eine von ihm im Rahmen verschiedener Verwendungsmöglichkeiten selbst als zulässig bezeichnete **Verwendungsvariante nicht geeignet** ist. Für einen solchen Fehler hat er einzustehen (FELLMANN/VON BÜREN-VON MOOS, N 351; vgl. auch HESS, N 78). Das gleiche gilt, wenn er die geplante Verwendung seines Produktes kennt und weiss bzw. wissen müsste, dass es für den ihm zugedachten Zweck ungeeignet ist. In diesem Fall trifft ihn die **Pflicht zur Abmahnung** (vgl. FELLMANN/VON BÜREN-VON MOOS, N 352 f.; HESS, N 79; ROLLAND, § 1 N 152 ff.; MK-WAGNER, § 1 N 68; zurückhaltender TASCHNER/FRIETSCH, § 1 N 123). 22

Als **Anleitung** i.S.v. Art. 5 Abs. 2 2. Satzteil gilt eine «konstruktive oder herstellungsbezogene Weisung» des Fabrikanten des Folgeproduktes, die für den Hersteller des Grundstoffes oder eines Teilproduktes aufgrund des die Arbeitsteilung regelnden Vertrages verbindlich ist (POTT/FRIELING, § 1 N 136; vgl. auch BORSARI, 204; FELLMANN/VON BÜREN-VON MOOS, N 355; HESS, N 81; REY, N 1222). Im Vordergrund steht damit die Anfertigung eines bestimmten Einzelteils durch einen Zulieferer nach detaillierten Konstruktions- oder Herstellungsplänen (vgl. BORSARI, 204 f.; CHRISTEN, 113). 23

Die Entlastung nach Art. 5 Abs. 2 setzt aber voraus, dass der Hersteller des Grundstoffes oder des Teilproduktes die **Fehlerhaftigkeit der Anleitung weder erkannt hat noch hätte erkennen müssen**. War er (vertraglich) verpflichtet, die **Weisungen** seines Auftraggebers **auf Fehlerfreiheit hin zu prüfen** und hat er dies unterlassen, muss er für die Folgen einstehen (FELLMANN/VON BÜREN-VON MOOS, N 356 f.; vgl. auch BORSARI, 205; CHRISTEN, 113; REY, N 1223; **a.M.** HESS, N 83). 24

III. Anwendungsbereich

25 Die Entlastungsgründe des Art. 5 Abs. 1 lit. a–e gelten **grundsätzlich für jede Person**, die als Hersteller i.S.v. Art. 2 Abs. 1 in Betracht kommt. Auf den Quasi-Hersteller und den Lieferanten passen die Entlastungsgründe allerdings nicht ohne weiteres. Das heisst aber nicht, dass ihre Anwendbarkeit diesbezüglich generell auszuschliessen wäre. Es ist vielmehr **in jedem Einzelfall zu prüfen**, ob und ggf. mit welchen Modifikationen ein Entlastungsgrund auf welchen Herstellertyp angewendet werden kann (ROLLAND, § 1 N 87; vgl. auch BORSARI, 207; CHRISTEN, 91; HESS, N 1; REY, N 1206).

Art. 6 PrHG

Selbstbehalt bei Sachschäden	[1] **Der Geschädigte muss Sachschäden bis zur Höhe von 900 Franken selber tragen.** [2] **Der Bundesrat kann den Betrag gemäss Absatz 1 den veränderten Verhältnissen anpassen.**
Franchise en cas de dommage matériel	[1] Le dommage causé à une ou à plusieurs choses doit être supporté par la victime jusqu'à concurrence de 900 francs. [2] Le Conseil fédéral peut adapter aux circonstances nouvelles le montant prévu à l'al. 1.
Franchigia in caso di danno materiale	[1] Il danno causato a uno o più beni fino a 900 franchi è a carico del danneggiato. [2] Il Consiglio federale può adeguare alle nuove circostanze l'importo di cui al capoverso 1.

Literatur

Vgl. die Literaturhinweise bei den Vorbe. zum PrHG.

I. Allgemeines

1 Art. 6 lehnt sich an Art. 9 Abs. 1 lit. b der EG-Richtlinie an. Mit dieser Regelung sollen **Bagatellschäden** von der Haftung **ausgeschlossen** und damit eine allzu grosse Zahl von Streitfällen vermieden werden (so die Erwägungsgründe der EG-Richtlinie; vgl. BORSARI, 210 f.). Dieses **Ziel** dürfte freilich so **nicht zu erreichen** sein. Nach Art. 11 kann der Geschädigte nämlich versuchen, seinen Schaden nach den Regeln des OR oder anderer Gesetze auf den Haftpflichtigen abzuwälzen. Er trägt den Selbstbehalt daher nur dann endgültig, wenn ihm weder das Delikts- noch das Vertragsrecht des OR oder Bestimmungen des eidgenössischen oder kantonalen öffentlichen Rechts eine Abwälzung des Schadens gestatten (vgl. BORSARI, 210; FELLMANN/VON BÜREN-VON MOOS, N 128; REY, N 1183, 1241).

II. Selbstbehalt bei Sachschäden

2 Nach Art. 6 Abs. 1 muss der Geschädigte Sachschäden bis zur Höhe von CHF 900 selber tragen. Dieser **Selbstbehalt** gelangt **pro Schadenereignis und Geschädigten** nur **einmal** zur Anwendung. Werden deshalb im Schadensfall mehrere Gegenstände beschädigt, kommt vom Gesamtschaden ein Betrag von CHF 900 in Abzug. Erleiden durch ein schädigendes Ereignis mehrere Personen Sachschaden, hat jede von ihnen einen Selbstbehalt von CHF 900 zu tragen (vgl. BORSARI, 210 f.; FELLMANN/VON BÜREN-VON MOOS, N 127; HESS, N 3; REY, N 1184; BBl 1992 V 427).

3 Was **Sachschaden** ist, bestimmt sich nach Art. 1 Abs. 1 lit. b, der allerdings über Art. 11 Abs. 1 auf die Bestimmungen des OR verweist. Massgebend ist damit der Begriff des Sachschadens, wie er von Lehre und Rsp. im Haftpflichtrecht erarbeitet wurde (vgl. Art. 1 PrHG N 7).

III. Anpassung des Selbstbehalts

Art. 6 Abs. 2 räumt dem Bundesrat die Kompetenz ein, den Selbstbehalt **veränderten Verhältnissen** anzupassen. Gemeint sind damit die **wirtschaftlichen und monetären Rahmenbedingungen** (HESS, N 5). Im Vordergrund dürfte die Geldentwertung durch Inflation stehen (vgl. BORSARI, 211; FELLMANN/VON BÜREN-VON MOOS, N 129; REY, N 1183). 4

Art. 7 PrHG

Solidarhaftung	**Sind für den Schaden, der durch ein fehlerhaftes Produkt verursacht worden ist, mehrere Personen ersatzpflichtig, so haften sie solidarisch.**
Responsabilité solidaire	Lorsque plusieurs personnes répondent d'un dommage causé par un produit défectueux, ces personnes sont solidairement responsables.
Responsabilità solidale	Se più persone rispondono per un danno causato da un prodotto difettoso, sono responsabili solidalmente.

Literatur

Vgl. die Literaturhinweise bei den Vorbe. zum PrHG.

I. Allgemeines

Haften mehrere Personen für ein und denselben Schaden, sind nach dem OR zwei Fälle auseinanderzuhalten: Die Haftung mehrerer Personen aus unerlaubter Handlung **bei gemeinsamem Verschulden** nach Art. 50 Abs. 1 OR und die Haftung mehrerer Personen aus **verschiedenen Rechtsgründen** nach Art. 51 Abs. 1 OR. Gestützt darauf unterscheidet das BGer zwischen echter und unechter Solidarität. **Echte Solidarität** liegt nach seiner Auffassung nur bei gemeinsamem Verschulden aus unerlaubter Handlung i.S.v. Art. 50 OR vor. Bei den Fällen blosser Anspruchskonkurrenz nach Art. 51 OR ist demgegenüber **unechte Solidarität** gegeben (vgl. etwa BGE 115 II 45; 104 II 229 ff.). Die vom BGer getroffene Unterscheidung hat zwar nur im Zusammenhang mit der Unterbrechung der Verjährung Bedeutung (vgl. Art. 50 OR N 3). Trotzdem vertrat der Ständerat im Gesetzgebungsverfahren die Auffassung, die Unklarheiten im Zusammenhang mit der Unterscheidung zwischen echter und unechter Solidarität seien mit dem Ziel des PrHG, einen möglichst **umfassenden Schutz des Konsumenten** zu verwirklichen, nicht zu vereinbaren. Er ergänzte die Vorlage deshalb durch den heutigen Art. 7. Danach haften mehrere Schädiger für den Schaden, der durch ein fehlerhaftes Produkt verursacht worden ist, **solidarisch, unabhängig davon, ob sie ihn gemeinsam verschuldet oder ob sie aus verschiedenen Rechtsgründen dafür einzustehen** haben (vgl. BORSARI, 212 ff.; FELLMANN/VON BÜREN-VON MOOS, N 364 ff.; HESS, N 9; JÄGGI, AJP 1993, 1422; MÜLLER, N 471; NATER, 99; ROBERTO, Haftpflichtrecht, N 379; AB SR 1993, 247). 1

II. Anwendungsbereich

Art. 7 liegt die gleiche Überlegung zugrunde wie Art. 60 SVG. Um die überholte Zweiteilung der Solidarität in echte und unechte zu überwinden, erfasst diese Bestimmung deshalb nicht nur die Haftung mehrerer Hersteller bzw. der ihnen gleichgestellten Personen (Importeur und Lieferant). Art. 7 **regelt vielmehr auch die Rechtslage von Personen, deren Haftpflicht sich auf andere Gesetze stützt**. Sie alle haften deshalb dem Geschädigten im Aussenverhältnis unabhängig davon solidarisch, ob sie den Schaden gemeinsam verursacht haben oder nicht. Erforderlich ist nur, dass der Schaden durch ein fehlerhaftes Produkt entstanden ist. Das Vorgehen des Geschädigten gegen einen von ihnen unterbricht damit in jedem Fall auch 2 die Verjährung gegenüber den Mitschuldnern (vgl. BORSARI, 215; FELLMANN/VON BÜREN-VON MOOS, N 371; HESS, N 9 ff.; JÄGGI, AJP 1993, 1422; NATER, 99 f.; AB SR 1993, 247).

III. Regress

3 Die Solidarität mehrerer Haftpflichtiger nach Art. 7 sagt nichts darüber aus, wer den Schaden **im Innenverhältnis** endgültig trägt. Das PrHG sieht für diesen Regress **keine eigene Regelung** vor. Ob und in welchem Umfang mehrere Haftpflichtige im Innenverhältnis gegeneinander Rückgriff nehmen können, bestimmt sich deshalb nach **Art. 50 Abs. 2 und Art. 51 OR** (vgl. BORSARI, 216; FELLMANN/VON BÜREN-VON MOOS, 372; HESS, N 19; MÜLLER, N 472; NATER, 103 ff.; REY, 1227; ROBERTO, Haftpflichtrecht, N 379).

4 Haben mehrere den **Schaden gemeinsam verschuldet**, wird die Schadenverteilung unter ihnen durch richterliches Ermessen bestimmt (Art. 50 Abs. 2 OR; vgl. BORSARI, 216; FELLMANN/VON BÜREN-VON MOOS, N 373; NATER, 103; HESS, N 20 f.). Für die Regelung des Rückgriffs ist dabei in erster Linie das Verschulden massgebend (BGE 71 II 112 = Pra 1945, 311 ff.; BGE 104 II 188 = Pra 1978, 612 f.).

5 Haften mehrere **aus verschiedenen Rechtsgründen** bzw. **unabhängig voneinander aus dem gleichen Rechtsgrund**, bestimmt sich die gegenseitige Beteiligung ebenfalls nach richterlichem Ermessen (Art. 51 Abs. 1 i.V.m. Art. 50 Abs. 2 OR). Bei mehreren Rechtsgründen trägt dabei in aller Regel derjenige in erster Linie den Schaden, der ihn durch unerlaubte Handlung verschuldet hat, und in letzter Linie derjenige, der ohne eigene Schuld und ohne vertragliche Verpflichtung nach Gesetzesvorschrift haftbar ist (Art. 51 Abs. 2 OR; vgl. BORSARI, 216; FELLMANN/VON BÜREN-VON MOOS, N 374; HESS, N 22 f.; NATER, 103). Die in Art. 51 Abs. 2 OR vorgesehene Reihenfolge der Haftung gilt allerdings nicht absolut (FELLMANN/VON BÜREN-VON MOOS, N 375; vgl. auch BORSARI, 216). Der Richter kann davon abweichen, wenn es die Umstände rechtfertigen (vgl. BGE 50 II 188; 76 II 392).

Art. 8 PrHG

Wegbedingung der Haftung	**Vereinbarungen, welche die Haftpflicht nach diesem Gesetz gegenüber dem Geschädigten beschränken oder wegbedingen, sind nichtig.**
Exclusion de la responsabilité	Sont nulles les conventions qui limitent ou excluent au détriment de la victime la responsabilité civile résultant de la présente loi.
Esclusione della responsabilità	Sono nulle le convenzioni che limitano o sopprimono a svantaggio del danneggiato la responsabilità civile derivante dalla presente legge.

Literatur

Vgl. die Literaturhinweise bei den Vorbe. zum PrHG.

I. Allgemeines

1 Art. 8 **verbietet eine Wegbedingung der Haftung** nach PrHG. Die gesetzlich umschriebene Haftung des Herstellers soll nicht im Voraus ausgeschlossen oder beschränkt werden. Diese Bestimmung beruht auf der Vorgabe der EG-Richtlinie (Art. 12). Danach soll der Ausschluss von Freizeichnungsmöglichkeiten einen **wirksamen Verbraucherschutz** gewährleisten (so die Erwägungsgründe zur EG-Richtlinie; vgl. auch BORSARI, 217 ff.; TH. BÜHLER, 204 ff.; CHRISTEN, 133 f.; FELLMANN/VON BÜREN-VON MOOS, N 359; HONSELL/ISENRING/KESSLER, § 21 N 52a; HUGUENIN, N 2124; MÜLLER, N 473; REY, N 1228; ROBERTO, Haftpflichtrecht, N 380).

II. Anwendungsbereich

2 Vereinbarungen, welche die Haftpflicht nach PrHG gegenüber dem Geschädigten beschränken oder wegbedingen, sind nichtig. Die Haftung nach PrHG darf daher weder vollständig aufgehoben noch auf bestimmte Maximalbeträge beschränkt werden (vgl. BORSARI, 217 ff.; TH. BÜHLER, 204; CHRISTEN, 133; FELLMANN/VON BÜREN-VON MOOS, N 358 ff.; HESS, N 7; HONSELL/ISENRING/KESSLER, § 21 N 52a; ROBERTO, Haftpflichtrecht, N 380). Art. 8 erfasst «**alle Mechanismen, die eine Beschränkung oder Elimination der Haftung** [...] **zur Folge haben könnten**» (CHRISTEN, 133). Das Verbot einer Wegbedingung der Haftung gilt daher nicht nur für die eigentlichen Freizeichnungsklauseln, also ausdrückliche vertragliche Vereinbarungen über einen Haftungsausschluss oder eine Haftungsbeschränkung. Es bezieht sich auch auf Hinweise des Herstellers, die konkludent zum Vertragsinhalt erhoben werden. Nichtig sind im Weiteren auch Vereinbarungen, die die Haftung des Herstellers bloss mindern (vgl. BORSARI, 217 und 220 ff.; TH. BÜHLER, 204; CHRISTEN, 133; FELLMANN/VON BÜREN-VON MOOS, N 360). Das Gesetz verbietet auch alle Umgehungsversuche, die seinen Schutzzweck gefährden könnten. Eine solche Umgehung liegt bspw. vor, wenn zwar die Haftung des Herstellers nicht wegbedungen wird, im Vertrag jedoch bezüglich der zu erwartenden Produktesicherheit Regelungen getroffen werden, die von Art. 4 abweichen (vgl. BORSARI, 220 ff.; FELLMANN/VON BÜREN-VON MOOS, N 362).

3 Art. 8 verbietet **nur eine Wegbedingung der Haftung nach dem PrHG**. Die Parteien können deshalb (innert der gesetzlichen Schranken) weiterhin die **vertragliche oder ausservertragliche Haftung nach OR wegbedingen** (FELLMANN/VON BÜREN-VON MOOS, N 363; vgl. auch BORSARI, 218; TH. BÜHLER, 205; CHRISTEN, 133; MÜLLER, N 474; REY, N 1229). Haftungsbeschränkungen sind auch in Bereichen möglich, die vom Gesetz nicht erfasst werden; man denke an die Herstellung von Produkten ausserhalb einer geschäftlichen Tätigkeit oder an die Haftung des Herstellers für Schäden an gewerblich genutzten Sachen (vgl. HESS, N 3).

4 Zulässig sind Vereinbarungen über die Ausgestaltung des Regresses zwischen verschiedenen Herstellern, insb. Teil- und Endhersteller, sowie zwischen Hersteller und Importeur (vgl. BORSARI, 219 f.; TH. BÜHLER, 205; CHRISTEN, 134; HESS, N 6; JÄGGI, AJP 1993, 1422; REY, N 1229).

5 Ist der Schaden einmal eingetreten, sind Vereinbarungen über seine Tilgung unbeschränkt zulässig. Art. 8 verbietet nur im Voraus getroffene Absprachen über einen Haftungsausschluss oder eine Haftungsbeschränkung. Vergleiche über **Art und Umfang des Ersatzes nach Schadeneintritt** werden nicht erfasst (vgl. BORSARI, 218; TH. BÜHLER, 205; CHRISTEN, 134; FELLMANN/VON BÜREN-VON MOOS, N 361; HESS, N 21; HONSELL/ISENRING/KESSLER, § 21 N 52a; REY, N 1229).

III. Rechtsfolgen

6 Vereinbarungen, die die Haftung nach PrHG gegenüber dem Geschädigten beschränken oder wegbedingen, sind **nichtig**. Der Richter hat das Verbot daher **von Amtes wegen** zu beachten (vgl. BORSARI, 222; FELLMANN/VON BÜREN-VON MOOS, N 358; HESS, N 3; HONSELL/ISENRING/KESSLER, § 21 N 52a; REY, N 1228).

Art. 9 PrHG

Verjährung	**Ansprüche nach diesem Gesetz verjähren drei Jahre nach dem Tag, an dem der Geschädigte Kenntnis vom Schaden, dem Fehler und von der Person der Herstellerin erlangt hat oder hätte erlangen müssen.**
Prescription	Les prétentions en dommages-intérêts prévues par la présente loi se prescrivent par trois ans à compter de la date à laquelle la victime a eu ou aurait dû avoir connaissance du dommage, du défaut et de l'identité du producteur.

Prescrizione

Le pretese di risarcimento derivanti dalla presente legge si prescrivono in tre anni a decorrere dal giorno in cui il danneggiato ha avuto o avrebbe dovuto avere conoscenza del danno, del difetto e dell'identità del produttore.

Literatur

Vgl. die Literaturhinweise bei den Vorbe. zum PrHG.

I. Allgemeines

1 Art. 9 PrHG stützt sich auf Art. 10 der EG-Richtlinie. Die **einheitlich bemessenen Verjährungsfristen** für Schadenersatzansprüche aus Produktehaftpflicht liegen nach Auffassung des Rates der Europäischen Gemeinschaft sowohl im Interesse des Geschädigten als auch des Herstellers (so die Erwägungsgründe zur EG-Richtlinie; vgl. FELLMANN/VON BÜREN-VON MOOS, N 379).

2 Art. 9 verbessert die Stellung des Geschädigten. Die einjährige Verjährungsfrist für Schadenersatzansprüche nach Art. 60 Abs. 1 OR wird für Produkteschäden **auf drei Jahre verlängert** (vgl. BORSARI, 223; FELLMANN/VON BÜREN-VON MOOS, N 379; HESS, N 1; REY, N 1230; ROBERTO, Haftpflichtrecht, N 382).

II. Beginn der Verjährung

3 Die Ansprüche des Geschädigten nach dem PrHG verjähren **drei Jahre nach** dem Tag, an dem der Geschädigte **Kenntnis** vom Schaden, von dem Fehler und von der Person des Herstellers erlangt hat oder hätte erlangen müssen (vgl. BORSARI, 224 ff.; FELLMANN/VON BÜREN-VON MOOS, N 378 ff.; HESS, N 1 f.; REY, N 1230 f.). Massgebend ist die **Kenntnis der tatsächlichen Verhältnisse**, nicht diejenige ihrer rechtlichen Qualifikation (BGE 92 II 3 = Pra 1966, 465).

4 **Kenntnis vom Schaden** hat der Geschädigte, wenn er dessen Existenz, die Beschaffenheit oder die wesentlichen Merkmale und damit alle tatsächlichen Umstände kennt, die es ihm ermöglichen, eine Klage zu veranlassen und zu begründen (vgl. BGE 112 II 123; 111 II 57 = Pra 1985, 375; vgl. auch Art. 60 OR N 7; BORSARI, 225 f.). **Kenntnis von der Person des Herstellers** hat der Geschädigte, wenn er die Tatsachen kennt, die dessen Ersatzpflicht begründen (vgl. BGE 82 II 44; Art. 60 OR N 8; BORSARI, 227 f.). Der Geschädigte muss den Namen und die Anschrift des ersatzpflichtigen Herstellers erfahren haben (FELLMANN/VON BÜREN-VON MOOS, N 382; vgl. auch BORSARI, 227; HESS, N 1, 8). Kommen mehrere Ersatzpflichtige in Betracht, so hat der Geschädigte erst dann sichere Kenntnis vom Hersteller, wenn er weiss, welcher der potentiell Haftpflichtigen der richtige Schuldner ist (FELLMANN/VON BÜREN-VON MOOS, N 382; vgl. auch BORSARI, 227). **Kenntnis vom Fehler** hat der Geschädigte, wenn er weiss, dass ein bestimmter Mangel Ursache eines Schadens war. Gemeint ist damit im Ergebnis Kenntnis der «Summe der haftungsbegründenden Umstände» (ROLLAND, § 12 N 11; vgl. auch BORSARI, 228; FELLMANN/VON BÜREN-VON MOOS, N 383; HESS, N 1 und 7).

5 **Probleme** schafft die **Voraussetzung des «Kennen-Müssens»**. Nach der Rsp. des BGer zu Art. 60 OR beginnt nämlich die deliktsrechtliche Verjährungsfrist erst in dem Zeitpunkt, in dem der Geschädigte vom Schaden tatsächlich Kenntnis hatte und nicht schon im Zeitpunkt, in dem er bei Anwendung der nach den Umständen gebotenen Aufmerksamkeit die Höhe seiner Forderung hätte kennen können (BGE 111 II 57 = Pra 1985, 375; BGE 109 II 434 = Pra 1984, 194 f.). Da das Erfordernis des «Kennen-Müssens» **dem schweizerischen Recht** im Bereich des Haftpflichtrechts **bis anhin nicht bekannt** war, wird die Rsp. den Begriff klären und konkretisieren müssen (FELLMANN/VON BÜREN-VON MOOS, N 386; vgl. auch BORSARI,

225). Im Ergebnis wird dieses zusätzliche Erfordernis dazu führen, dass eine **fahrlässig verschuldete Unkenntnis** zu Lasten des Geschädigten geht (TASCHNER/FRIETSCH, § 12 N 7; vgl. auch BORSARI, 225; FELLMANN/VON BÜREN-VON MOOS, N 386 f.; HESS, N 2). Eine solche Unkenntnis wird etwa dann vorliegen, wenn sich der Geschädigte «mit Vermutungen über die Schadensursache begnügt, obwohl es ihm zumutbar war, diese Unkenntnis auszuräumen» (GRAF VON WESTPHALEN, § 79 N 4).

III. Stillstand und Unterbrechung der Verjährung

Für den Stillstand und die Unterbrechung der Verjährung gelten Art. 134 und 135 OR (Art. 11 Abs. 1 PrHG; vgl. BORSARI, 228 f.; FELLMANN/VON BÜREN-VON MOOS, N 387; HESS, N 10 ff.; REY, N 1231). Mit der **Unterbrechung** der Verjährung beginnt eine **neue dreijährige Frist** (vgl. BORSARI, 229; FELLMANN/VON BÜREN-VON MOOS, N 388; HESS, N 20); vorbehalten bleibt Art. 10 PrHG. 6

Art. 10 PrHG

Verwirkung

1 Ansprüche nach diesem Gesetz verwirken zehn Jahre nach dem Tag, an dem die Herstellerin das Produkt, das den Schaden verursacht hat, in Verkehr gebracht hat.

2 Die Verwirkungsfrist gilt als gewahrt, wenn gegen die Herstellerin binnen zehn Jahren geklagt wird.

Péremption

1 Les prétentions en dommages-intérêts prévues par la présente loi s'éteignent à l'expiration d'un délai de dix ans à compter de la date à laquelle le producteur a mis en circulation le produit qui a causé le dommage.

2 Le délai de péremption est respecté si une procédure judiciaire a été engagée contre le producteur avant l'expiration de ces dix ans.

Perenzione

1 Le pretese di risarcimento derivanti dalla presente legge si estinguono alla scadenza di dieci anni dal giorno in cui il produttore ha messo in circolazione il prodotto che ha provocato il danno.

2 Il termine di perenzione è rispettato se contro il produttore è avviato un procedimento giudiziario entro dieci anni.

Literatur

Vgl. die Literaturhinweise bei den Vorbe. zum PrHG.

I. Allgemeines

Art. 10 PrHG deckt sich mit Art. 11 der EG-Richtlinie. Danach sollen die Ansprüche des Geschädigten nach Ablauf einer **Frist von 10 Jahren** ab dem Zeitpunkt **erlöschen**, in dem der Hersteller das Produkt in Verkehr gebracht hat. Diese Bestimmung beruht auf der Überlegung, dass sich einerseits Produkte im Laufe der Zeit abnutzen, andererseits aber auch strengere Sicherheitsnormen entwickelt werden und die Erkenntnisse von Wissenschaft und Technik fortschreiten. Es wäre daher **unbillig**, den **Hersteller zeitlich unbegrenzt für Mängel** seiner Produkte **haftbar zu machen** (FELLMANN/VON BÜREN-VON MOOS, N 377; vgl. auch BORSARI, 231 ff.; HONSELL/ISENRING/KESSLER, § 21 N 53). 1

II. Verwirkung

Die Frist des Art. 10 stellt keine Verjährungsfrist, sondern eine Verwirkungsfrist dar. Sie führt zum **Untergang des Schadenersatzanspruches**. Im Gegensatz zur Verjährungsfrist hat sie 2 der Richter daher **von Amtes wegen** zu beachten (vgl. Borsari, 231 ff.; Fellmann/von Büren-von Moos, N 389; Hess, N 1; Honsell/Isenring/Kessler, § 21 N 53; Rey, N 1233).

3 Die Verwirkungsfrist des Art. 10 kann weder gehemmt noch unterbrochen werden (vgl. Borsari, 234 f.; Fellmann/von Büren-von Moos, N 390; Hess, N 3 ff.; Rey, N 1233). Die Verwirkung tritt jedoch dann nicht ein, wenn der Konsument seine Schadenersatzansprüche gegen den Hersteller innerhalb der zehnjährigen Frist eingeklagt hat und somit ein gerichtliches Verfahren hängig ist (Fellmann/von Büren-von Moos, N 390; vgl. auch Borsari, 234 f.). Umstritten ist, ob eine Betreibung genügt (so Hess, N 4).

Art. 11 PrHG

Verhältnis zu anderen Bestimmungen des eidgenössischen oder kantonalen Rechts

[1] Soweit dieses Gesetz nichts anderes vorsieht, gelten die Bestimmungen des Obligationenrechts.

[2] Schadenersatzansprüche aufgrund des Obligationenrechts oder anderer Bestimmungen des eidgenössischen oder des kantonalen öffentlichen Rechts bleiben dem Geschädigten gewahrt.

[3] Dieses Gesetz ist nicht anwendbar auf Schäden infolge eines nuklearen Zwischenfalls. Abweichende Bestimmungen in völkerrechtlichen Verträgen sind vorbehalten.

Rapport avec d'autres dispositions du droit fédéral ou cantonal

[1] Sous réserve des dispositions contraires de la présente loi, les dispositions du code des obligations sont applicables.

[2] Les prétentions en dommages-intérêts conférées à la victime par le code des obligations ou par d'autres lois fédérales ou de droit public cantonales sont réservées.

[3] La présente loi ne s'applique pas aux dommages résultant d'accidents nucléaires. Les dispositions contraires prévues dans des traités internationaux sont réservées.

Rapporto con altre disposizioni del diritto federale o cantonale

[1] Impregiudicate le disposizioni contrarie della presente legge sono applicabili le disposizioni del Codice delle obbligazioni.

[2] Sono fatte salve le pretese di risarcimento conferite al danneggiato in applicazione del Codice delle obbligazioni o di altre leggi federali o di diritto pubblico cantonali.

[3] La presente legge non si applica ai danni risultanti da incidenti nucleari. Sono salve le disposizioni contrarie previste da trattati internazionali.

Literatur

Vgl. die Literaturhinweise bei den Vorbe. zum PrHG.

I. Allgemeines

1 Die EG-Richtlinie erhebt **keinen Anspruch auf ausschliessliche Geltung**. Nach Art. 13 werden vielmehr parallele Ansprüche des nationalen Rechts, insb. Ansprüche aufgrund der Vorschriften über die vertragliche und ausservertragliche Haftung, ausdrücklich zugelassen (vgl. Christen, 14; Gnos, 36 ff.). Der schweizerische Gesetzgeber hat diese Lösung in Art. 11 Abs. 2 übernommen. Gleichzeitig wurden das Verhältnis der spezialgesetzlichen Produktehaftpflicht zu den Bestimmungen des OR und die Abgrenzung zum Kernenergiehaftpflichtgesetz geregelt.

II. Subsidiäre Geltung des Obligationenrechts

Art. 11 Abs. 1 macht das PrHG gegenüber dem OR zur **lex specialis**. Danach gelten die Bestimmungen des OR, soweit das PrHG nichts anderes vorsieht (vgl. Borsari, 46; Fellmann/von Büren-von Moos, N 25 ff.; Hess, N 1; Rey, N 1235). Diese Regelung ist v.a. dort von Bedeutung, wo die EG-Richtlinie und mit ihr das PrHG keine eigenen Definitionen vorsieht, sondern auf die nationalen Rechtsordnungen zurückverweist. Im Vordergrund stehen die Begriffe des Schadens, der Kausalität und der Solidarität (vgl. Borsari, 46; Fellmann/von Büren-von Moos, N 27). Auch andere Lücken werden nach Art. 11 Abs. 1 durch die Bestimmungen des OR gefüllt (vgl. Hess, N 1 f.; Rey, N 1235). 2

Gestützt auf Art. 11 Abs. 1 gelten bei Anwendung des PrHG insb. die Bestimmungen des Deliktsrechts über die **Festsetzung des Schadens** (Art. 42 OR), die **Bestimmung des Ersatzes** (Art. 43 OR) und die **Herabsetzungsgründe** (Art. 44 OR; vgl. Hess, N 2). Nach der Ablehnung des EWR-Vertrages wurde auch der ursprünglich vorgesehene Ausschluss von Art. 44 Abs. 2 OR gestrichen. Im Gegensatz zur EG-Richtlinie kann in der Schweiz daher die Schadenersatzpflicht des Herstellers auch aus sozialen Erwägungen (z.B. Notlage des Haftpflichtigen) beschränkt werden (vgl. Fellmann/von Büren-von Moos, N 26). 3

III. Anspruchskonkurrenz zu Schadenersatzansprüchen aus anderen Bestimmungen

Nach Art. 11 Abs. 2 bleiben dem Geschädigten Schadenersatzansprüche aufgrund des OR oder anderer Bestimmungen des eidgenössischen oder des kantonalen öffentlichen Rechts gewahrt. Es liegt **Anspruchskonkurrenz** vor (vgl. Borsari, 47 f.; Fellmann/von Büren-von Moos, N 31, 396; Hess, N 5 ff.; Jäggi, AJP 1993, 1423; Honsell/Isenring/Kessler, § 21 N 54 ff.; Rey, N 1236; Roberto, Haftpflichtrecht, N 384 ff.). Der Geschädigte kann daher insb. wahlweise nach den Regeln des PrHG gegen den Hersteller vorgehen oder den Verantwortlichen gestützt auf die Bestimmungen des Vertrags- oder Deliktsrechts des OR belangen (vgl. Fellmann/von Büren-von Moos, N 396 ff.; Hess, N 6 ff.; Honsell/Isenring/Kessler, § 21 N 54 ff.; Rey, N 961). Dies ist v.a. dort bedeutsam, wo das PrHG Schutzlücken offen lässt. Dies gilt v.a. bei Schäden an gewerblich genutzten Sachen (vgl. Art. 1 PrHG N 8). In solchen Fällen kann sich der Geschädigte gestützt auf Art. 11 PrHG auf die Grundsätze berufen, die das BGer unter dem Blickwinkel der Produktehaftung aus Art. 55 OR (vgl. dazu den «Schachrahmen-Fall» in BGE 110 II 456 und den «Klappstuhl-Fall» in JdT 1986 I, 571 ff.) abgleitet hat (vgl. BGer, 25.1.2006, 4C.307/2005, E. 2, wo das Gericht freilich offen lässt, ob die Einführung des PrHG eine Anpassung der Rsp. zu Art. 55 OR notwendig mache). In einem Urteil vom 25.1.2006 (4C.307/2005) hat das BGer nun ausdrücklich festgehalten (s. dazu auch Art. 1 PrHG N 8a), da Art. 11 PrHG zwischen Schadenersatzansprüchen aus Obligationenrecht und solchen nach dem PrHG **Anspruchskonkurrenz** vorsehe, stehe das PrHG einer **Anwendung von Art. 55 OR** nicht entgegen (vgl. Fellmann, Wichtige Urteile, 226 ff.). 4

Wie eingangs bereits erwähnt, entspricht Art. 11 Abs. 2 PrHG Art. 13 der Richtlinie 85/374/EWG. Die **Rsp. des EuGH** zu dieser Regelung **schränkt** die Anwendung des nationalen Rechts indessen wesentlich **stärker ein** als die Rsp. des BGer die Anwendung anderer Bestimmungen des schweizerischen Rechts. Nach der Rsp. des EuGH kann Art. 13 der Richtlinie nämlich nicht dahingehend ausgelegt werden, dass er den Mitgliedstaaten die Möglichkeit lasse, eine allgemeine Regelung der Haftung für fehlerhafte Produkte beizubehalten, die von der Regelung abweiche, welche die Richtlinie vorsehe. Nicht ausgeschlossen sei die **Anwendung anderer Bestimmungen der vertraglichen oder ausservertraglichen Haftung**, die – wie die Haftung für verdeckte Mängel oder für Verschulden – auf einer anderen Grundlagen beruhten (Urteil EuGH, 25.4.2002, C-52/00, Ziff. 21 und 22). Nach dieser Auffassung können nationale Regelungen, die auf derselben Grundlage beruhen wie die Lö- 4a sung, die durch die Richtlinie eingeführt wurde, selbst dann nicht beibehalten werden, wenn sie ein höheres Schutzniveau gewährleisten als die Richtlinie (vgl. auch Urteil EuGH, 25.4.2002, C-183/00, Ziff. 33 und 34; 10.1.2006, C-402/03, Ziff. 22 f. und 39; 4.6.2009, C-285/08, Ziff. 20 ff.).

4b Nach Art. 1 Abs. 1 soll das PrSG die Sicherheit von Produkten gewährleisten. Die Pflichten, welche Personen erfüllen müssen, die ein Produkt in Verkehr bringen, sollen gewährleisten, dass nur Produkte in Verkehr gebracht werden, die bei normaler oder bei vernünftigerweise vorhersehbarer Verwendung die Sicherheit und die Gesundheit der Verwender nicht oder nur geringfügig gefährden (Art. 3 Abs. 1 PrSG). Es kann daher keinem Zweifel unterliegen, dass sich die **Vorschriften des PrSG** im Zusammenhang mit dem Inverkehrbringen von Produkten als **Schutznormen** qualifizieren, deren Verletzung neben den strafrechtlichen Folgen der Art. 16 und 17 auch zivilrechtliche Konsequenzen hat. Nach der hier vertretenen Auffassung tritt daher mit dem Inkrafttreten des PrSG neben die Kausalhaftung des PrHG eine **weitere mögliche Anspruchsgrundlage**: Der Inverkehrbringer macht sich nach **Art. 41 oder 55 OR** haftbar, wenn er es unterlässt, zu prüfen, ob das Produkt, das er in Verkehr zu bringen gedenkt, die grundlegenden Sicherheits- und Gesundheitsanforderungen erfüllt, und zwischen dieser Unterlassung und dem Schaden insofern ein (hypothetischer) Kausalzusammenhang besteht, als pflichtgemässes Verhalten den Eintritt des Schadens verhindert hätte. Es genügt, dass der Geschädigte nachweist, dass «nach der Erfahrung des Lebens und dem gewöhnlichen Lauf der Dinge eine überwiegende Wahrscheinlichkeit für diesen hypothetischen Kausalverlauf spricht» (vgl. etwa Rey, N 594a; vgl. auch BGE 121 III 358, 363). Angesichts der Tatsache, dass das PrSG den Kreis der Inverkehrbringer weit zieht, ist dieser im Ergebnis neue Haftungstatbestand im Zusammenhang mit dem Inverkehrbringen von Produkten von grosser praktischer Bedeutung (Fellmann, HAVE 2010, 7).

4c Nach der hier vertretenen Auffassung macht sich der Inverkehrbringer nach Art. 41 oder 55 OR auch **haftbar**, wenn er die **Produktbeobachtungspflicht** (s. dazu auch Art. 4 N 18) oder die Pflicht verletzt, bei Gefahr die **erforderlichen Massnahmen** zu treffen, und zwischen dieser Unterlassung und dem Schaden insofern ein (hypothetischer) Kausalzusammenhang besteht, als pflichtgemässes Verhalten den Eintritt des Schadens verhindert hätte. Der Geschädigte hat daher wiederum bloss nachzuweisen, dass «nach der Erfahrung des Lebens und dem gewöhnlichen Lauf der Dinge eine überwiegende Wahrscheinlichkeit für diesen hypothetischen Kausalverlauf spricht» (Rey, N 594a). Von erheblicher Tragweite ist auch im Zusammenhang mit diesen Nachmarktpflichten, dass sich diese Haftung nicht auf den Hersteller i.S.v. Art. 2 PrHG beschränkt, sondern sich auch der Händler haftbar machen kann, wenn er die Pflichten nach Art. 8 Abs. 4 und 5 PrSG verletzt, und zwar nicht nur gegenüber seinem direkten Abnehmer (aus Vertrag), sondern auch gegenüber Dritten (Fellmann, HAVE 2010, 12).

4d Anders als Art. 54 Abs. 1 lit. c LGV, der die verantwortliche Person verpflichtet, Produkte, welche die Gesundheit gefährden oder gefährden können, zurückzurufen, wenn sie die Konsumenten schon erreicht haben, und diese genau über den Grund des Rückrufs zu informieren, schreibt das PrSG keine konkreten Massnahmen vor. In der Botschaft wird vielmehr die Auffassung vertreten, die Vorkehren nach Art. 8 Abs. 2 PrSG erlaubten dem Hersteller und dem Importeur, zu erkennen, ob sie auch aus dem Zivilrecht ableitbare Warn-, Rücknahme- oder Rückrufpflichten wahrnehmen müssten und wie rasch diese Massnahmen zu erfolgen hätten (Botschaft Produktesicherheitsgesetz, 7443). Nach der Meinung des Gesetzgebers begründet also (nur) das Zivilrecht und nicht das PrSG entsprechende Pflichten. Nach der hier vertretenen Auffassung kann indessen keinem Zweifel unterliegen, dass das **PrSG selbst Hersteller und Importeur verpflichtet**, die **geeigneten Massnahmen zu ergreifen**. Anders ist jedenfalls nicht zu erklären, warum die zuständige Behörde nach Art. 10 Abs. 3 lit. b PrSG befugt sein soll, die Warnung vor den Gefahren eines Produkts, seine Rücknahme oder seinen Rückruf anzuordnen und solche Anordnungen sogar mit einer Strafdrohung (Art. 17 Abs. 1 lit. c PrSG) zu versehen. Es wäre jedenfalls neu, dass eine Behörde die Erfüllung einer bloss nach Zivilrecht bestehenden Pflicht anordnen, also mittels Verfügung (Botschaft Produktesicherheitsgesetz, 7444) und sogar mit Strafdrohung veranlassen kann, ohne dass (auch) öffentlich-rechtlich eine solche Pflicht besteht. Es ist daher davon auszugehen, dass das PrSG den Hersteller und die anderen Inverkehrbringer kraft öffentlichen Rechts verpflichtet, Massnahmen zur Abwendung der Gefahr zu treffen (FELLMANN, Jusletter 2010, N 56 ff.).

Umstritten ist, ob Anspruchskonkurrenz auch bezüglich der in **Spezialgesetzen geregelten Gefährdungshaftungstatbestände** besteht, die im Verhältnis zum OR als ausschliesslich anwendbar erachtet werden (vgl. etwa OFTINGER/STARK, II/2, § 25 N 78). Der Bundesrat (vgl. BBl 1993 I 886) und ein Teil der Lehre (BORSARI, 47 f.; HESS, N 9; JÄGGI, AJP 1993, 1423; so auch noch FELLMANN/VON BÜREN-VON MOOS, N 32) schliessen dies aus. REY (N 1236) leitet demgegenüber aus dem Umstand, dass der Gesetzgeber nur hinsichtlich der Haftung für nukleare Zwischenfälle einen Vorbehalt angebracht hat, wohl zu Recht ab, auch die spezialgesetzlich geregelten Gefährdungshaftungstatbestände seien alternativ anwendbar (so auch noch HESS, N 7 in der 1. Aufl.). 5

IV. Vorrang des Kernenergiehaftpflichtgesetzes

Art. 11 Abs. 3 schliesst die Anwendung des PrHG auf Schäden infolge eines nuklearen Zwischenfalles aus. Für solche Schäden bleiben das **Kernenergiehaftpflichtgesetz** oder von der Schweiz ratifizierte völkerrechtliche Verträge **allein massgebend** (vgl. BORSARI, 48; FELLMANN/VON BÜREN-VON MOOS, N 33; HESS, N 12; REY, N 1237). Grund für diese Regelung war ursprünglich die Vereinbarung in Anhang III des EWR-Vertrages, wonach nicht nur internationale Übereinkommen i.S.v. Art. 14 der Richtlinie, sondern auch nationale Gesetze, die dem Geschädigten mindestens denselben Schutz gewähren wie diese Übereinkommen, die Anwendung der Richtlinie ausschliessen sollten (vgl. BBl 1992 V 430; FELLMANN/VON BÜREN-VON MOOS, N 33). 6

Art. 12 PrHG

Änderung bisherigen Rechts ...

Modification du droit en vigueur ...

Modificazione del diritto vigente ...

Art. 12 PrHG passt das Kernenergiehaftpflichtgesetz vom 18.3.1983 an das Pariser-Übereinkommen über die Haftung gegenüber Dritten auf dem Gebiet der Kernenergie an. Das Gesetz erfasst nun auch «Schäden, die innerhalb einer Kernanlage durch andere Strahlenquellen als die Kernmaterialien verursacht werden» (HESS, N 1). In Bezug auf den Gesetzestext vgl. SR 732.44 (Kernenergiehaftpflichtgesetz). 1

Art. 13 PrHG

Übergangsbestimmung	**Dieses Gesetz gilt nur für Produkte, die nach seinem Inkrafttreten in Verkehr gebracht wurden.**
Disposition transitoire	La présente loi ne s'applique qu'aux produits mis en circulation après son entrée en vigueur.
Disposizione transitoria	La presente legge si applica soltanto ai prodotti messi in circolazione dopo la sua entrata in vigore.

Literatur

Vgl. die Literaturhinweise bei den Vorbe. zum PrHG.

I. Allgemeines

1 Nach Art. 13 gilt das Gesetz nur für Produkte, die nach seinem Inkrafttreten, also nach dem **1.1.1994** in Verkehr gebracht wurden. Diese Bestimmung entspricht dem in Art. 1 SchlT ZGB kodifizierten Grundsatz, wonach die rechtlichen Wirkungen von Tatsachen, die vor dem Inkrafttreten eines Gesetzes eingetreten sind, auch nachher nach den Bestimmungen beurteilt werden, die zur Zeit des Eintritts dieser Tatsachen gegolten haben (vgl. BORSARI, 235 f.; FELLMANN/VON BÜREN-VON MOOS, N 391 f.; REY, N 1238).

II. Rechtsfolgen

2 Nach Art. 13 bestimmt sich die Anwendbarkeit des PrHG nach dem Zeitpunkt des Inverkehrbringens des fehlerhaften Produkts. Dieser Zeitpunkt ist **für jeden der möglichen Haftpflichtigen** (Hersteller, Quasi-Hersteller, Importeur oder Lieferant) nach den für ihn massgebenden Regeln **individuell zu bestimmen**. Der Quasi-Hersteller und der Importeur haften deshalb für die von ihnen nach Inkrafttreten des Gesetzes vertriebenen Erzeugnisse nach den Bestimmungen des PrHG, auch wenn der Hersteller das betroffene Produkt noch vor dem Inkrafttreten des Gesetzes in Verkehr gebracht hat und deshalb einer Haftung entgeht (vgl. BBl 1992 V 431; BORSARI, 236; FELLMANN/VON BÜREN-VON MOOS, N 393; HESS, N 4; REY, N 1239).

III. Beweislast

3 Ist streitig, ob das schadenstiftende Erzeugnis vor oder nach dem Inkrafttreten des PrHG in Verkehr gebracht wurde, trifft die **Beweislast den Hersteller** (bzw. die ihm gleich gestellten Personen). Diese Beweislastverteilung entspricht dem Schutzzweck des Gesetzes und deckt sich mit der Regelung in Art. 8 ZGB (vgl. BORSARI, 236; FELLMANN/VON BÜREN-VON MOOS, N 395; HESS, N 6; REY, N 1240).

Art. 14 PrHG

Referendum und Inkrafttreten	**1 Dieses Gesetz untersteht dem fakultativen Referendum.** **2 Der Bundesrat bestimmt das Inkrafttreten.**
Référendum et entrée en vigueur	1 La présente loi est sujette au référendum facultatif. 2 Le Conseil fédéral fixe la date de l'entrée en vigueur.
Referendum ed entrata in vigore	1 La presente legge sottostà al referendum facoltativo. 2 Il Consiglio federale ne determina l'entrata in vigore.

Bundesgesetz über Pauschalreisen (PRG)

Vorbemerkungen zum PRG

Literatur

Schweiz: a) zur früheren Rechtslage: BLUMER-NEMITZ, Die Rechtsstellung des Reisebüros bei Flugreisen, Diss. Basel 1989; DALLÈVES, Le contrat de voyage, XIVe Journée juridique, Genf 1975, 1 ff.; DESSEMONTET, Les contrats de service, ZSR 1987 II, 93 ff.; FRANK, Grundfragen des Reiseveranstaltungsvertrages, SJZ 1981, 141 ff., 157 ff.; GAUCH, «Entgangener Feriengenuss» – Gedanken zu einer «Mitteilung», SJZ 1983, 276 ff.; GIRSBERGER, Der Reisevertrag, ZSR 1986 II, 1 ff. (zit. ZSR 1986 II); METZ, Rechtshandbuch für Reiseveranstalter, Reisevermittler, Reisebüros, Bern 1983; ROBERTO, Die Haftung des Reiseveranstalters, Diss. Zürich 1990 (zit. Haftung); DERS., Verdorbene Ferien als Schaden, recht 1990, 79 ff. (zit. recht 1990); DERS., Schadenersatz wegen verdorbener Ferien, SJZ 1990, 91 f. (zit. SJZ 1990); DERS., Ausgefallene Flüge bei Pauschalreisen, NZZ vom 18.10.2001, 16 (zit. NZZ 18.10.2001); SCHLUEP/BAUDENBACHER, Der Reiseveranstaltungsvertrag, in: Schweizerisches Privatrecht (SPR), Bd. VII/2, Basel 1979, 919 ff.; SCHMUCKI, Die zivilrechtlichen Verhältnisse beim Betrieb eines Reisebüros, Diss. Freiburg 1974; SCHUPPISSER, Zur Haftung des Flugreiseveranstalters, SJZ 1988, 205 ff.; STAUDER, Le contrat de voyage, ZSR 1986 II, 385 ff. (zit. ZSR 1986 II); DERS., Die AGB der Reiseveranstalter, in: AGB – eine Zwischenbilanz, WIV-Stichworte zum Privatrecht 2, St. Gallen/Berlin 1991 (zit. AGB); DERS., Kommentierung PRG, in: Thévenoz/Werro (Hrsg.), Commentaire Romand, Code des obligations I (Art. 1–529), 1. Aufl., Basel 2003 (zit. CR CO I); TERCIER, Avis de Droit sur l'opportunité d'une réforme du droit des agences et des contrats de voyages, Bern 1984; WEISS, Der Pauschalreisevertrag nach schweizerischem und österreichischem Recht, ÖJZ 1987, 738 ff.; WISWALD, Les agences de voyage, Diss. Lausanne 1964.

b) zum PRG: BETTOJA, Der Gastaufnahmevertrag, Eine systematische Darstellung, Diss. Zürich 1999; CHAIX, La responsabilité de l'organisateur de voyages à la lumière de la jurisprudence genevoise relative aux art. 13 et 14 LVF, SJZ 2005, 416 ff.; FRANK, Bundesgesetz über Pauschalreisen – Kurzkommentar, Zürich 1994 (zit. Kurzkommentar); GIRSBERGER, Die Haftung des Veranstalters, SJZ 1996, 201 (zit. SJZ 1996); DERS., Pauschalreisen, in: Weber et al. (Hrsg.), Aktuelle Probleme des EG-Rechts nach dem EWR-Nein, Zürich 1993, 131 ff. (zit. Pauschalreisen); HANGARTNER, Das neue Bundesgesetz über Pauschalreisen, Diss. Zürich 1997; KLETT, Der Einfluss europäischen Rechts auf die schweizerische Rechtsprechung im Vertragsrecht, recht 2008, 227 ff.; MARCHAND, De l'helvetico-compatibilité de la loi fédérale du 18.6.1993 sur les voyages à forfait, AJP 1994, 721 ff. (zit. AJP 1994); DERS., Le tryptique de la protection du passager aérien en droit suisse et européen, in: Baddeley (Hrsg.), La protection de la personne par le droit. Journée de droit civil 2006 en l'honneur du Professeur Martin Stettler, Zürich 2007, 167 ff. (zit. FS Stettler); MARTINELLI, Die Haftung bei Pauschalreisen im schweizerischen, französischen und deutschen Recht, Diss. Basel 1997; NOTARSTEFANO, Importanza e portata innovativa della «Loi Fédérale sur les voyages à forfait» del 18 giugno 1993 nell'ambito dell'esperienza giuridica elvetica, ZSR 1995, 437 ff.; PAETZOLD, Pauschalreisen und Recht in Deutschland und in der Schweiz, Zürich 1996; ROBERTO, Das neue Pauschalreisegesetz, recht 1994, 6 ff. (zit. recht 1994); DERS., Zur Ersatzfähigkeit verdorbener Ferien, recht 1997, 108 ff. (zit. recht 1997); SCHAFFELHUBER, Insolvenzschutz im Pauschalreiserecht nach Art. 18 PRG, JKR 2000, 158 ff.; STAUDER, L'insolvabilité de l'organisateur de voyages et la protection du consommateur, in: Foëx/Thévenoz (Hrsg.), Insolvence, désendettement et redressement. Etudes réunies en l'honneur de Louis Dallèves, Genf 2000, 293 ff. (zit. FS Dallèves); DERS., Pauschalreiserecht in der Schweiz, DGfR Jahrbuch 1998, 21 ff. (zit. DGfR); DERS., Der Schutz des Konsumenten im E-Commerce, in: Trüeb (Hrsg.), Aktuelle Rechtsfragen des E-Commerce, Zürich 2001 139 ff. (zit. E-Commerce); DERS., Reiserecht, in: Kramer (Hrsg.), Konsumentenschutz im Privatrecht, in: Schweizerisches Privatrecht (SPR), Bd. X, Basel 2008, 291 ff. (zit. SPR X); STAUDER/LANGER/SCHAFFELHUBER, Die Entwicklung des europäischen Konsumentenrechts 1995–2001, JKR 2001, 216, 252 ff.; WERRO, Contrat de voyage à forfait et ... vacances gâchées! Y a-t-il un lien entre l'indemnité due et le contrat?, in: Tercier et al. (Hrsg.), FS für Peter Gauch, Zürich 2004, 695 ff.; WIEDE, Reiserecht, Zürich 2014; WIEGAND, Zwei Urteile des EuGH zu Pauschalreisen und ihre Bedeutung für die Schweiz, Jusletter vom 17.6.2002.

Ausland: BECHHOFER, Reisevertragsrecht, München 1995; FÜHRICH, Reiserecht, 6. Aufl., München 2010; GRAZIANI-WEISS, Reiserecht in Österreich, Wien 1995; NIEHUUS, Der Reisevertrag, in: Dauner-Lieb et al. (Hrsg.), Das Neue Schuldrecht, Ein Lehrbuch, Heidelberg 2002, § 11; PELLET, Die reisevertragliche Gewährleistung in Deutschland, England und Frankreich und die Auswirkungen der EG-Pauschalreiserichtlinie, Frankfurt a.M. 1993; TONNER, Der Reisevertrag, Kommentar zu den §§ 651a–651m BGB, 5. Aufl., Neuwied 2007 (zit. Kommentar); DERS., Reiserecht in Europa, Neuwied usw. 1992 (zit. Reiserecht).

I. Umsetzung der EU-Richtlinie

1 Das Pauschalreisegesetz wurde im Rahmen des **Swisslex**-Programmes erlassen und auf den 1.7.1994 in Kraft gesetzt. Das Gesetz entspricht weitgehend dem Eurolex-Entwurf über die Pauschalreisen (BBl 1992 V 775 ff.), welcher seinerseits die europäische Richtlinie Nr. 90/314 (ABlEG Nr. L158 vom 23.6.1990, 59 ff.) in das schweizerische Recht umsetzen sollte. Die massgebenden Bestimmungen decken sich daher teilweise wörtlich mit der EU-Richtlinie. Dies ist insofern problematisch, als einzelne Bestimmungen der Richtlinie offensichtlich als Gesetzgebungsaufträge zu verstehen sind, die eine wörtliche Übernahme sinnvollerweise nicht zulassen. Deshalb kann «der eigentliche Sinn der PRG-Bestimmungen oftmals nur aus dem Vergleich mit denjenigen europäischen Rechtsnormen, welche ihrerseits der EG-Richtlinie den Stempel aufgedrückt haben, ermittelt werden» (MARTINELLI, 3 f.). In gesetzestechnischer Hinsicht vermag das PRG jedenfalls nicht zu überzeugen (vgl. MARTINELLI, 15 ff.; s.a. FRANK, Vor Art. 1 PRG N 19). Die EU-Kommission strebt zurzeit eine Anpassung der Richtlinie an und hat aus diesem Grund einen neuen Richtlinienentwurf erarbeitet und in die Vernehmlassung gegeben.

1a Gemäss der bundesgerichtlichen Rsp. hat der Nachvollzug von europäischem Recht zur Folge, dass das PRG «in Zweifelsfällen» europarechtskonform auszulegen ist (BGE 130 III 190 m.Nw.; 139 III 220; vgl. auch CHK-ZEITER/SCHLUMPF, N 2; i.E. auch TERCIER/FAVRE, N 6560). Liegt nach den anerkannten Auslegungsmethoden kein Zweifelsfall vor, besteht für die Berücksichtigung europäischen Rechts kein Raum (s. BGE 129 III 350; KLETT, recht 2008, 234 f. und 236). Insbesondere ist eine europakonforme Auslegung auf Kosten der Kohärenz der schweizerischen Rechtsordnung abzulehnen (vgl. auch KLETT, recht 2008, 234 f., 236; CHK-ZEITER/SCHLUMPF, Art. 14 PRG N 2).

II. Frühere Rechtslage

2 Vor Erlass des Gesetzes wurde der Pauschalreisevertrag als **Innominatkontrakt** qualifiziert (BGE 111 II 273; 115 II 477; CJ GE, SJ 1982, 577; OGer ZH, ZR 1984, 33; 1987, 131 = SJZ 1987, 135), wobei die Leistungspflichten nach der h.L. funktional dem Auftrag, dem Werkvertrag, der Miete und dem Kauf zuzuordnen sind (vgl. MARTINELLI, 28 f.; abw. ROBERTO, Haftung, 21 ff.).

3 Obwohl die Normen zum Pauschalreisevertrag nun in einem Sondergesetz niedergelegt sind, bilden sie doch Teil des allgemeinen Vertragsrechts und werden durch diese Vorschriften ergänzt (FRANK, Vor Art. 1 PRG N 20). Bei der **Auslegung** des PRG sind daher die früher in Lehre und Rsp. erarbeiteten Regeln zum Pauschalreisevertrag zu berücksichtigen.

Erster Abschnitt: Begriffe

Art. 1 PRG

Pauschalreise

1 Als Pauschalreise gilt die im Voraus festgelegte Verbindung von mindestens zwei der folgenden Dienstleistungen, wenn diese Verbindung zu einem Gesamtpreis angeboten wird und länger als 24 Stunden dauert oder eine Übernachtung einschliesst:
a. Beförderung;
b. Unterbringung;
c. andere touristische Dienstleistungen, die nicht Nebenleistungen von Beförderung oder Unterbringung sind und einen beträchtlichen Teil der Gesamtleistung ausmachen.

2 Dieses Gesetz ist auch anwendbar, wenn im Rahmen derselben Pauschalreise einzelne Leistungen getrennt berechnet werden.

Voyage à forfait

1 Par voyage à forfait, on entend la combinaison fixée préalablement d'au moins deux des prestations suivantes, lorsqu'elle est offerte à un prix global et qu'elle dépasse vingt-quatre heures ou inclut une nuitée:
a. le transport;
b. l'hébergement;
c. les autres services touristiques non accessoires au transport ou à l'hébergement représentant une part importante dans le forfait.

2 La présente loi s'applique également lorsque les diverses prestations d'un même voyage à forfait sont facturées séparément.

Viaggio «tutto compreso»

1 Si intende per viaggio «tutto compreso» la combinazione prefissata di almeno due delle prestazioni seguenti, se è offerta a un prezzo forfettario e dura più di 24 ore o include un pernottamento:
a. trasporto;
b. alloggio;
c. altre prestazioni turistiche non accessorie del trasporto o dell'alloggio e costituenti una parte significativa della prestazione globale.

2 La presente legge si applica pure se singole prestazioni di uno stesso viaggio «tutto compreso» sono fatturate separatamente.

I. Allgemeines

1 Die Bestimmungen des Gesetzes sind zwingender Natur. Aus diesem Grunde ist der **Anwendungsbereich** genau abzugrenzen (ausführlich dazu MARTINELLI, 31 ff.). Das Gesetz definiert die Pauschalreise als im Voraus festgelegte Verbindung von mindestens zwei Reiseleistungen, wenn die Verbindung zu einem Gesamtpreis angeboten wird. Wie die Formulierung in lit. c deutlich macht, fallen nur **touristische Reiseleistungen** in den Anwendungsbereich des Gesetzes, nicht dagegen Geschäftsreisen, Kongresse, Seminare oder Betriebsausflüge (ebenso für das deutsche Recht FÜHRICH, N 86 m.Nw. und N 88 f.).

2 Vom **Pauschalreisevertrag (Reiseveranstaltungsvertrag)** ist der Reisevermittlungsvertrag zu unterscheiden (dazu Art. 2 PRG N 8). Das Gesetz regelt bloss den Pauschalreisevertrag, spricht aber teilweise auch von Pflichten des Reisevermittlers (vgl. die Kritik bei Art. 2 PRG N 1 ff.).

II. Verbindung von zwei Leistungen

3 Nach der Gesetzesdefinition ist die Verbindung zweier Reiseleistungen erforderlich, die je einen erheblichen Teil der Gesamtleistung ausmachen. Die **Erheblichkeit** bestimmt sich nach der Verkehrsanschauung. Der klassische, unproblematische Fall einer Pauschalreise umfasst sowohl die Beförderung als auch die Unterbringung. Die Beförderung darf in diesem

Fall aber nicht bloss aus einem Transfer vom Flughafen zur Unterkunft bestehen, sondern muss einen bedeutenden Teil der Hinreise umfassen.

4 Fraglich ist hingegen die Beurteilung der Fälle, in denen die Beförderung die Unterkunft einschliesst. Richtigerweise ist zu differenzieren: Eisenbahnfahrten im Schlafwagen oder der Transport auf einer Fähre mit Unterkunft fallen nicht unter das Gesetz (BGE 139 III 219; so auch die Rechtslage in Frankreich und Deutschland, MARTINELLI, 34 f.). Als Pauschalreisen gelten hingegen **Kreuzfahrten**, da diese neben der Verpflegung normalerweise ein Veranstaltungsprogramm umfassen und überdies wegen des Erholungszwecks den klassischen Pauschalreisen nahestehen (BGE 139 III 220; so auch die deutsche Lehre, vgl. z.B. TONNER, Kommentar, § 651a N 10). Hingegen ist die Bereitstellung der Besatzung einer gemieteten Segelyacht nur eine sachdienliche Nebenleistung (BGE 139 III 219).

5 Schwierige Abgrenzungsfragen stellen sich sodann in jenen Fällen, in denen entweder die Beförderung oder die Unterkunft mit einer **anderen touristischen Dienstleistung** verbunden wird. Das Gesetz konkretisiert die touristische Dienstleistung dahingehend, als sie nicht bloss Nebenleistung von Beförderung oder Unterbringung sein darf. Zu denken ist etwa an die Beförderung zum Zielort i.V.m. der Bereitstellung eines Mietwagens (z.B. die sog. *«fly and drive»-Angebote*; BGE 139 III 219). Nur als Nebenleistung ist hingegen die Verpflegung bei einer mit Voll- oder Halbpension verbundenen Unterkunftsleistung zu betrachten (vgl. HANGARTNER, 15 f.; MARTINELLI, 35; **a.M.** FRANK, N 25 sowie die ältere deutsche Rsp.; so wie hier TONNER, Kommentar, § 651a N 10); wohl auch die verschiedenen Angebote bei sog. «all inclusive-Reisen». Teilweise wird auch die Unterkunft mit Verschaffung von Stadtrundfahrten, Museums- oder Theaterkarten als Pauschalreise bezeichnet (so FRANK, N 25; STAUDER, SPR X, 309). Richtigerweise handelt es sich aber bei solchen zusätzlichen Leistungen oder Ausflügen um Nebenleistungen (s.a. HANGARTNER, 15 f.).

6 Eine Einzelleistung fällt nicht unter das Gesetz; es ist aber jeweils zu prüfen, ob die Bestimmungen (ausgenommen Art. 18) analog anwendbar sind (vgl. HANGARTNER, 23 f.). Dies gilt namentlich für die **Zurverfügungstellung einer Ferienwohnung** (vgl. zur früheren Rechtslage BGE 115 II 474; OGer ZH, ZR 1984, 33; vgl. auch CR CO I-STAUDER, N 13; MARTINELLI, 57 f.; HANGARTNER, 17; ausführlich WIEDE, N 599 ff.) oder Unterbringung in einem Hotel (dazu ausführlich BETTOJA).

III. Im Voraus erfolgte Verbindung

7 Als weitere Voraussetzung erwähnt das Gesetz die Verbindung im Voraus. Die vorgängige Bündelung entspricht der klassischen Pauschalreise. Als Pauschalreisen gelten auch die sog. Baukastenreisen. Die Konsumenten können dabei aus einer Vielzahl in einem Katalog aufgeführten Reiseleistungen die gewünschte Kombination auf eigenen Wunsch zusammenstellen. Der Veranstalter hat jedoch vorgängig eine Auswahl touristischer Angebote getroffen und darin liegt seine Organisationsleistung. Eine noch weitergehende Auswahlfreiheit eröffnen heute die Buchungsmöglichkeiten über das Internet (vgl. dazu die Abgrenzungsschwierigkeiten gegenüber einer Individualreise: ROBERTO, NZZ vom 18.10.2001, 16). Der Pauschalreisende unterscheidet sich diesfalls kaum noch vom Individualreisenden, der die Dienste eines Reisebüros in Anspruch nimmt, um für ihn eine Unterkunft zu buchen und zugleich die Fahr- oder Flugscheine zu besorgen (vgl. CR CO I-STAUDER, N 9; HANGARTNER, 17 f.; MARTINELLI, 36).

8 Abzustellen ist daher nicht auf die Verbindung im Voraus, sondern auf die Unterscheidungskriterien Veranstalter/Vermittler (s. Art. 2 PRG N 9 f.). Damit bestehen auch keine Zweifel, dass sog. **«Incentive-Reisen»**, die auf Wunsch der jeweiligen Interessenten für eine bestimmte Personengruppe zusammengestellt werden, ebenfalls unter das Pauschalreisegesetz fallen (vgl. CR CO I-STAUDER, N 9; DERS., DGfR, 22). Die Verbindung im Voraus ist daher nicht notwendige Voraussetzung, sondern lediglich *Indiz* für das Vorliegen einer Pauschalreise (s.a. MARCHAND, AJP 1994, 722; **a.M.** HANGARTNER, 18; wohl auch MARTINELLI, 36 f.); die Bündelung muss jedoch spätestens bei Vertragsschluss vorliegen (STAUDER, SPR X, 311; CHK-ZEITER/SCHLUMPF, N 10).

IV. Der Gesamtpreis

9 Nach dem Wortlaut des Gesetzes müssen die Reiseleistungen zu einem Gesamtpreis angeboten werden. Darauf deutet auch die Verwendung des Begriffes *«Pauschalreise»* (viaggio *«tutto compreso»*) hin. Nach dem zweiten Absatz findet das Gesetz auch auf **getrennt berechnete Leistungen** im Rahmen derselben Pauschalreise Anwendung (vgl. auch CR CO I-STAUDER, N 10). Dem Wortsinne nach ist dies dahingehend zu verstehen, dass zumindest zwei (Haupt-)Leistungen zu einem einheitlichen Preis angeboten sein müssen. Zusätzliche Leistungen (namentlich Halb- oder Vollpension sowie Ausflüge oder Aufführungen am Urlaubsort), die getrennt berechnet werden, unterstehen dann ebenfalls dem Gesetz (vgl. HANGARTNER, 18 ff.; MARTINELLI, 36 f.).

10 In der Literatur wird demgegenüber vertreten, dass aufgrund des Vorbehaltes in Abs. 2 sowie der Gefahr der Gesetzesumgehung das Gesetz auch dann Anwendung findet, wenn **sämtliche Leistungen getrennt berechnet** werden (vgl. CR CO I-STAUDER, N 10; HANGARTNER, 19; MARCHAND, AJP 1994, 722; TERCIER/FAVRE, N 6484; TONNER, Reiserecht, 251, unklar MARTINELLI, 37). Dieser Auffassung ist zuzustimmen (**a.M.** noch ROBERTO, recht 1994, 8). Gerade bei den Baukastenreisen (N 7) liegt kein Gesamtpreis vor; dieser lässt sich erst errechnen, wenn der Konsument die Reise aus der angebotenen Leistungspalette nach seinen Wünschen zusammengestellt hat. Der Gesamtpreis ist somit ebenfalls nicht als Voraussetzung, sondern als *Indiz* für eine Pauschalreise zu betrachten (so auch BGer, 29.6.2004, 4C.125/2004, E. 2.3; ebenso CR CO I-STAUDER, N 9; HANGARTNER, 19; STAUDER/LANGER/SCHAFFELHUBER, JKR 2001, 253, welche überdies auf den EuGH v. 15.6.1999, Rs. C-140/97, Walter Rechberger u.a./Republik Österreich, Slg. 1999 I-3499 verweisen, wonach sogar eine für den Klienten kostenlose Reise eine «Pauschalreise» sein kann, wenn der Reiseveranstalter mit der Reise wirtschaftliche Zwecke, z.B. eine Werbeaktion, verfolgt).

V. Einschränkungen

11 Das Gesetz findet nur auf Reisen Anwendung, die länger als **24 Stunden** dauern oder eine **Übernachtung einschliessen**. Ausgenommen sind also Ausflüge, bei denen die Ab- und Rückreise an demselben Tag erfolgen, so z.B. die Werbefahrten. Ebenso kann eine nachträgliche Verlängerung der Reise nicht zur Anwendbarkeit des PRG führen (HANGARTNER, 21; STAUDER, SPR X, 314; CHK-ZEITER/SCHLUMPF, N 2). Ferner fallen auch Reisen, die von **Gelegenheitsveranstaltern** (dazu Art. 2 PRG N 6) durchgeführt werden, nicht unter das Gesetz. Zu prüfen ist jeweilen, inwiefern die Haftungs- und Abtretungsbestimmungen, sowie teilweise auch die Informationspflichten auf Reisen, die nicht unter das PRG fallen, Anwendung finden (vgl. hierzu CR CO I-STAUDER, N 12; MARCHAND, AJP 1994, 722; MARTINELLI, 47).

Art. 2 PRG

Veranstalter, Vermittler und Konsument

1 Als Veranstalter oder Veranstalterin (Veranstalter) gilt jede Person, die Pauschalreisen nicht nur gelegentlich organisiert und diese direkt oder über einen Vermittler anbietet.

2 Als Vermittler oder Vermittlerin (Vermittler) gilt die Person, welche die vom Veranstalter zusammengestellte Pauschalreise anbietet.

3 Als Konsument oder Konsumentin (Konsument) gilt jede Person:
a. welche eine Pauschalreise bucht oder zu buchen sich verpflichtet;

b. in deren Namen oder zu deren Gunsten eine Pauschalreise gebucht oder eine Buchungsverpflichtung eingegangen wird;
c. welcher die Pauschalreise nach Artikel 17 abgetreten wird.

Organisateur, détaillant et consommateur

[1] Par organisateur, on entend toute personne qui, de façon non occasionnelle, organise des voyages à forfait et les offre directement ou par l'intermédiaire d'un détaillant.

[2] Par détaillant, on entend la personne qui offre le voyage à forfait mis sur pied par l'organisateur.

[3] Par consommateur, on entend:
a. toute personne qui conclut ou s'engage à conclure le forfait;
b. toute personne au nom ou en faveur de laquelle le forfait est conclu ou l'engagement de le conclure est pris;
c. toute personne à laquelle le forfait est cédé conformément à l'article 17.

Organizzatore, venditore e consumatore

[1] Si intende per organizzatore qualsiasi persona che organizza i viaggi «tutto compreso» non solo occasionalmente e li offre direttamente o tramite un venditore.

[2] Si intende per venditore la persona che offre i viaggi «tutto compreso» proposti dall'organizzatore.

[3] Si intende per consumatore:
a. qualsiasi persona che prenota o si impegna a prenotare il viaggio «tutto compreso»;
b. qualsiasi persona a nome o a favore della quale un viaggio «tutto compreso» è prenotato o un impegno di prenotazione è assunto;
c. qualsiasi persona alla quale il viaggio «tutto compreso» è ceduto giusta l'articolo 17.

I. Begriffliches

1 Diese Bestimmung definiert die an den Reiseverträgen beteiligten Personen. **Parteien des Pauschalreisevertrages** sind der *Veranstalter* und der *Konsument*. Der Vermittler ist nicht Vertragspartei des Pauschalreisevertrages; vielmehr bietet er die vom Veranstalter organisierte Reise in fremdem Namen (als *Stellvertreter*) dem Konsumenten an. In Widerspruch zu dieser klaren Definition schaffen die nachfolgenden Bestimmungen erhebliche Verwirrung, indem sie den Vermittler oftmals dem Veranstalter gleichsetzen. So ist in willkürlicher Art teilweise vom «Veranstalter», teilweise vom «Veranstalter oder Vermittler» und in einigen Fällen gar von dem «Vermittler, der Vertragspartei ist», die Rede.

2 Besonders unglücklich ist die von der Richtlinie übernommene Formulierung des **«Vermittlers, der Vertragspartei ist»**. Diese Wendung sollte wohl mehr Klarheit schaffen, bewirkt aber gerade das Gegenteil. Vertragspartei des Pauschalreisevertrages ist der Veranstalter; der Vermittler kann definitionsgemäss diesen Vertrag nur vermitteln. Sobald sich ein Reisebüro nicht mehr damit begnügt, die Reise eines anderen zu vermitteln, sondern als Vertragspartei auftritt, gilt es eben als Veranstalter und nicht mehr als Vermittler. Eine Person kann also in Bezug auf einen bestimmten Vertrag entweder Veranstalter oder Vermittler, aber nicht beides zugleich sein (gl.M. Hangartner, 27 f.; **a.M.** Frank, N 18 ff.; unklar Martinelli, 71 ff.).

3 Es würde zu unsinnigen Ergebnissen führen, wenn man von dieser **gesetzgeberischen Fehlleistung** materiellrechtliche Folgen ableiten wollte (so aber Frank, N 14 ff.). Es kann z.B. nicht der *Veranstalter* für Ersatzmassnahmen verantwortlich sein und für daraus entstehende Schäden haften (Art. 13), andererseits *«der Veranstalter oder der Vermittler, der Vertragspartei ist»*, für gehörige Vertragserfüllung haften (Art. 14 Abs. 1) und schliesslich *«der Veranstalter oder der Vermittler»* ein Rückgriffsrecht gegen die Leistungsträger haben (Art. 14 Abs. 2).

4 Zweckmässigerweise sind die Bestimmungen, in denen neben dem Veranstalter auch der Vermittler (bzw. der Vermittler, der Vertragspartei ist) genannt wird, nach Massgabe der Defini-

tion in Art. 2 **korrigierend auszulegen**. Wenn gewisse Pflichten dem Veranstalter oder dem Vermittler auferlegt werden, ist dies dahingehend zu verstehen, dass der Veranstalter diese durch den Vermittler – als sein *Stellvertreter* – ausführen lassen kann; für die Einhaltung ist aber im Rahmen des Pauschalreisevertrages der Veranstalter allein verantwortlich (MARCHAND, AJP 1994, 723; HANGARTNER, 26). Der Vermittler kann indes ggf. aus dem Reisevermittlungsvertrag mit dem Konsumenten haftbar werden (s. N 8).

II. Die Vertragsparteien

1. Der Veranstalter

Der Veranstalter ist derjenige, der als Vertragspartei des Konsumenten die Pauschalreise (meist durch Beizug von Leistungsträgern) *in eigener Verantwortung* zu erbringen verspricht. Ob er sich selbst als Veranstalter bezeichnet, ist unerheblich. Entscheidend ist, wie er aus der **Sicht des Konsumenten** auftritt (BGE 115 II 477; BGer, 29.6.2004, 4C.125/2004, E. 2.1; s. N 9). Dies ist namentlich auch bei *lokalen Ausflügen*, die erst am Urlaubsort bei Vertretern des Veranstalters gebucht werden, zu beachten (vgl. BGE 111 II 273: Buchung einer Flugsafari während des Aufenthaltes in Kenia; HANGARTNER, 19 f.). 5

Nach dem Gesetz gelten **Gelegenheitsveranstalter** nicht als Veranstalter; gemeint ist damit, dass die von Gelegenheitsveranstaltern organisierten Reisen nicht unter das PRG fallen. Als Gelegenheitsveranstalter gelten etwa Reisen, die von den Reisenden selbst durchgeführt werden oder die vom Verantwortlichen eines Sport-, Kegel- oder Jugendvereins organisiert werden. Im deutschen Recht versteht man unter *«gelegentlich»* ein bis zwei Reisen pro Jahr. Ein Sportverein, der mit seinen Mannschaften verschiedene Trainingslager durchführt, würde folglich unter das PRG fallen und müsste für eine Insolvenzabsicherung sorgen. Richtigerweise sollte aber nicht bloss auf die Anzahl der Reisen, sondern v.a. auch darauf abgestellt werden, ob die Reisen im Rahmen der gewerblichen Tätigkeiten veranstaltet werden (vgl. HANGARTNER, 21 f.; s.a. TERCIER/FAVRE, N 6488 mit 6486). Organisiert also ein als Reisevermittler tätiges Reisebüro gelegentlich auch Reisen, so fällt es bereits bei ein bis zwei Reisen unter das Gesetz, während Betriebsausflüge und Sportlager auch dann von der Regelung im PRG ausgenommen sind, wenn die entsprechenden Organisatoren mehrere Reisen jährlich durchführen (vgl. HANGARTNER, 22). 6

2. Der Konsument

Das Gesetz bezeichnet den **Reisenden** konsequent als Konsumenten. In der deutschsprachigen, nicht aber in der französischen und italienischen Fassung wird die Paarform *«Konsument oder Konsumentin»* verwendet; aufgrund der erschwerten Lesbarkeit wird aber in den nachfolgenden Gesetzesbestimmungen auf die Paarform verzichtet. Als Konsument gilt nicht nur der Vertragspartner des Veranstalters, sondern auch ein **Dritter**, zu dessen Gunsten die Reise gebucht oder dem die Reise gem. Art. 17 abgetreten wird. Diese Personen können daher ebenfalls die im Gesetz vorgesehenen Rechte geltend machen. Darüber hinaus kommen neben natürlichen auch juristische Personen als Reisende in Betracht (etwa bei «Incentive-Reisen», s. Art. 1 PRG N 8; vgl. auch CR CO I-STAUDER, N 9; FRANK, N 41; MARCHAND, AJP 1994, 723; **a.M.** CHK-ZEITER/SCHLUMPF, N 5). Das PRG regelt – wie die Begriffsbestimmung in Art. 1 deutlich macht – touristische Dienstleistungen, weshalb Geschäftsreisen nicht in den Anwendungsbereich dieses Gesetzes fallen (gl.M. CHK-ZEITER/SCHLUMPF, N 5; ebenso die deutsche Rechtspraxis, s. FÜHRICH, N 86; **a.M.** CR CO I-STAUDER, N 9; ferner MARCHAND, FS Stettler, 169 sowie 177 und 178). 7

III. Der Vermittler

8 Der Vermittler ist nicht Vertragspartei des Pauschalreisevertrages (unsinnig daher die Formulierungen in Art. 14 Abs. 1, Art. 15 Abs. 2, Art. 17 Abs. 2 und Art. 18 Abs. 1), sondern bietet die vom Veranstalter zusammengestellte Pauschalreise in fremdem Namen als direkter Stellvertreter (Art. 32 OR) an. Der Vermittler erbringt somit keine eigenen Reiseleistungen. Mit dem Konsumenten verbindet ihn ein **Reisevermittlungsvertrag**, der als Auftrag (BGE 115 II 477) oder – wenn ohne Beratung bloss die Buchung vorgenommen wurde – als Mäklervertrag (vgl. BGE 139 III 223) zu qualifizieren ist. Der Vermittler ist verpflichtet, den Konsumenten gewissenhaft zu beraten und die einzelnen Leistungen bzw. den Pauschalreisevertrag auftragsgemäss zu buchen. Die Beziehung des selbständigen, die Pauschalreise vermittelnden Reisebüros mit dem Veranstalter ist als Mäkler- (Art. 412 ff. OR) bzw. Agenturvertrag (Art. 418a ff. OR) zu qualifizieren (vgl. CR CO I-Stauder, N 5; Hangartner, 26; Girsberger, ZSR 1986 II, 91; Frank, N 17; **a.M.** Martinelli, 72 ff., der zwischen dem «einfachen Vermittler» fremder Leistungen und dem «Vermittler, der Vertragspartei ist», unterscheidet).

9 Die **Abgrenzung** des Vermittlers einer Pauschalreise vom Veranstalter hat nach vertrauenstheoretischen Gesichtspunkten zu erfolgen. Es kommt somit darauf an, wen der Konsument nach *«den gesamten Umständen als seinen Vertragspartner ansehen durfte und musste, d.h. wie er in guten Treuen und unter Beachtung der Umstände das Auftreten (des Reisebüros) interpretieren musste»* (OGer ZH, SJZ 1986, 231; vgl. auch Martinelli, 73). Zu würdigen sind namentlich die Ausgestaltung des Katalogs und sonstiger Werbemittel (BGE 111 II 273; 115 II 477; BGer, 29.6.2004, 4C.125/2004, E. 2.1). Das Reisebüro, das über seine Vermittlertätigkeit keine Zweifel aufkommen lassen möchte, hat infolgedessen anlässlich des Vertragsabschlusses dafür Sorge zu tragen, dass es durch sein Verhalten keine Umstände setzt, die auf das Gegenteil hindeuten (vgl. auch Hangartner, 32; Führich, N 106). Bei den sog. Leserreisen, die den organisierenden Veranstalter meist nur nebenbei erwähnen, gilt, sofern sie wiederholt durchgeführt werden, der Zeitungsverlag als Veranstalter der Reise.

10 Schwieriger zu beantworten ist die Frage, ob bei Buchung von **zwei touristischen Reiseleistungen** ein Pauschalreisevertrag oder eine Individualreise vorliegt. Die Bündelung im Voraus kommt als Abgrenzungskriterium wegen der Baukasten- und Incentivereisen (s. Art. 1 PRG N 7 f.) ebensowenig in Frage wie der Gesamtpreis (s. Art. 1 PRG N 9 f.) oder das Anbieten in einem Katalog. Andererseits wird das Reisebüro, wenn es lediglich Fahr-, Schiffs- oder Flugkarten verkauft und eine Unterkunft reserviert, noch nicht zum Reiseveranstalter. Entscheidend ist, ob ein Reisebüro bloss den Wünschen des Konsumenten entsprechende Reiseleistungen bucht, **der Konsument** faktisch seine Reise **selbst organisiert**; diesfalls handelt es sich um eine Reisevermittlung. Bietet das Reisebüro die zusammengestellten Reiseleistungen dagegen **als eigene** an oder ist die Vermittlungsstellung für den Konsumenten aufgrund der Bündelung der Reiseleistungen, des Auftretens des Reisebüros, der fehlenden Nennung der vermittelten Dienstleistungserbringer, der Rechnungsstellung oder anderer Umstände **nicht klar erkennbar**, dann liegt eine Pauschalreise vor. Besondere Abgrenzungsprobleme stellen sich, wenn dem Konsumenten Zugriff zu **Reservationssystemen** eröffnet wird und er mit Hilfe dieser Systeme – ähnlich wie bei Baukastenreisen aus dem Katalog – die Reise zu aktuellen Tagespreisen zusammenstellen kann. In der deutschen Lehre wird die Auffassung vertreten, dass der Betreiber des Reiseportals als Reiseveranstalter gilt (Führich, N 88c m.Nw.).

Vorbemerkungen zu Art. 3–6 PRG

1 Das PRG äussert sich nicht zu Abschluss des Vertrages, weshalb Art. 1 ff. OR anwendbar ist (BGer, 12.3.2015, 4A_555/2014, E. 3; CR CO I-Stauder, Vor Art. 3–6 PRG N 4). Art. 3–6 wollen eine bessere **Information der Konsumenten** sicherstellen (vgl. auch CR CO I-Stauder, Vor Art. 3–6 PRG N 2). Dabei werden verschiedene Stadien der Unterrichtung unter-

schieden: Prospektgestaltung, vorvertragliche Unterrichtungspflichten und Mitteilungspflichten vor Beginn der Reise. Überdies werden die einzelnen Angaben aufgeführt, die zwingend zum Vertragsinhalt gehören. Die Auflistung der Mitteilungspflichten ist nicht abschliessend (MARCHAND, AJP 1994, 726), da die umfassende Information des Konsumenten zu den *Hauptpflichten des Veranstalters* gehört.

Die Regelung der Informationspflichten des Veranstalters ist – entsprechend der Vorgabe in der EU-Richtlinie – **ausserordentlich detailliert** ausgefallen. Dieser Umstand ist nur im Zusammenhang mit der Haftungsregelung verständlich. Die Richtlinie ist geprägt von dem Haftungsansatz derjenigen Länder, die keine Gewährleistung kennen und dies durch eine erhebliche Vermehrung von Informationspflichten kompensieren (ausführlich dazu TONNER, Reiserecht, 101 ff.). 2

Zweiter Abschnitt: Prospekte

Art. 3 PRG

Veröffentlicht ein Veranstalter oder ein Vermittler einen Prospekt, so sind die darin enthaltenen Angaben für ihn verbindlich; sie können nur geändert werden:
a. durch spätere Parteivereinbarung;
b. wenn der Prospekt ausdrücklich auf die Änderungsmöglichkeit hinweist und die Änderung dem Konsumenten vor Vertragsschluss klar mitgeteilt wird.

L'organisateur ou le détaillant qui publie un prospectus est lié par les informations qu'il contient; celles-ci ne peuvent être modifiées que:
a. par un accord ultérieur entre les parties au contrat;
b. si le prospectus fait expressément état de cette possibilité et que les changements ont été clairement communiqués au consommateur avant la conclusion du contrat.

Le indicazioni contenute nei prospetti sono vincolanti per l'organizzatore o il venditore che li pubblica; possono essere modificate unicamente:
a. da un ulteriore accordo tra i contraenti;
b. se il prospetto richiama espressamente l'attenzione su questa possibilità e la modificazione è comunicata chiaramente al consumatore prima della conclusione del contratto.

I. Rechtsnatur des Prospektes

Ein Prospekt ist eine schriftliche Mitteilung in jeglicher Form, unabhängig von ihrer Beschaffenheit (Inserat, Katalog, E-Mail, Website usw.), die sich an einen unbestimmten Adressatenkreis oder an ausgewählte Personen (z.B. durch personalisierte E-Mails) richtet (FRANK, N 11; HANGARTNER, 38; STAUDER, SPR X, 319; WIEDE, N 796). Die **Prospektangaben** sind für den Veranstalter **verbindlich**. Fraglich ist, welche Bedeutung dieser Bestimmung zukommt. In der Literatur wird die Auffassung vertreten, dass es sich um eine Ausnahme von der Regel in Art. 7 Abs. 2 OR handelt, wonach Prospekte keine bindenden Anträge darstellen (FRANK, N 21; **a.M.** HANGARTNER, 38). Gemäss Art. 3 mache der Konsument die Anregung zu einer Offertstellung, der Prospekt sei die Offerte und die Buchung durch den Konsumenten die Annahme (s. FRANK, N 24 f.). 1

Diese Auffassung ist abzulehnen. Die *Unbestimmtheit des Adressatenkreises* macht es unmöglich, den Prospekt als Offerte im Rechtssinne zu qualifizieren. Richtiger Ansicht nach sind die klaren, konkreten Angaben im Prospekt, sofern ein Vertrag zustande kommt, als **Zusicherung** zu verstehen (so auch CR CO I-STAUDER, N 6; MARCHAND, AJP 1994, 724; HONSELL, OR BT, 463; s.a. Art. 12 PRG N 4); für Abweichungen hat der Veranstalter im Rahmen seiner Gewährleistungspflicht (Art. 13 ff.) einzustehen (vgl. HANGARTNER, 39). 2

II. Änderung der Prospektangaben

3 Die Prospektangaben können nur in zwei Fällen geändert werden: Eine Änderung ist zum einen durch **spätere Parteivereinbarung** möglich (lit. a). Dieser Vorbehalt ist überflüssig, da eine Novation bereits nach allgemeinem Vertragsrecht zulässig ist (gl.M. HANGARTNER, 40). Zum anderen ist eine Änderung durch klare *Mitteilung vor Vertragsschluss* möglich, sofern der Prospekt einen **Änderungsvorbehalt** enthält, was in der Praxis regelmässig der Fall ist.

III. Mindestinhalt und Sanktionen

4 Die Vorschrift in Art. 3 enthält nur den zweiten Teil des Art. 3 Abs. 2 der Richtlinie; der erste Teil mit den einzelnen Katalogangabepflichten wurde nicht übernommen. Entgegen den Vorgaben in der Richtlinie enthält das PRG auch **keine Strafbestimmungen**.

5 Die Pflicht, bestimmte Reiseangaben in den Werbemitteln aufzuführen, folgt indes aus Art. 13 und 14 der **Preisbekanntgabeverordnung**. Nach BGE 113 IV 40 müssen daher sowohl Kataloge als auch Zeitungsinserate *«zumindest Angaben enthalten über das Reiseziel, das wichtigste Transportmittel, die Art der Unterkunft (Mittelklasshotel; Doppelzimmer etc.), den Umfang der im angegebenen Preis inbegriffenen Verpflegung (Frühstück, Halbpension etc.) sowie die Dauer des Arrangements. Wo der Preis nur unter bestimmten Voraussetzungen, etwa betr. die Reisedaten (Vorsaison, Hin- und/oder Rückreise in der Wochenmitte), gilt, muss auch dies aus dem Inserat hervorgehen»* (vgl. auch STAATSSEKRETARIAT FÜR WIRTSCHAFT, Preisbekanntgabe und Werbung für Reiseangebote, Informationsblatt vom 1.6.2006); die Anforderungen decken sich weitgehend mit den Vorgaben der EU-Richtlinie. Die Nichtbeachtung dieser Angabepflichten hat *strafrechtliche Sanktionen* gem. Art. 21 Preisbekanntgabeverordnung i.V.m. Art. 24 UWG zur Folge (vgl. auch CR CO I-STAUDER, N 9).

Dritter Abschnitt: Information des Konsumenten

Art. 4 PRG

Vor Vertragsschluss

[1] Der Veranstalter oder der Vermittler muss dem Konsumenten vor Vertragsschluss alle Vertragsbedingungen schriftlich mitteilen.

[2] Die Vertragsbedingungen können dem Konsumenten auch in einer anderen geeigneten Form vermittelt werden, vorausgesetzt, dass sie ihm vor Vertragsschluss schriftlich bestätigt werden. Die Pflicht zur schriftlichen Bestätigung fällt dahin, wenn ihre Erfüllung eine Buchung oder einen Vertragsschluss verunmöglichen würde.

[3] Soweit dies für die Pauschalreise von Bedeutung ist, muss der Veranstalter oder der Vermittler den Konsumenten vor Vertragsschluss schriftlich oder in einer anderen geeigneten Form allgemein informieren:
a. über die für Staatsangehörige der Staaten der EG und der EFTA geltenden Pass- und Visumserfordernisse, insbesondere über die Fristen für die Erlangung dieser Dokumente;
b. über gesundheitspolizeiliche Formalitäten, die für die Reise und den Aufenthalt erforderlich sind.

[4] Staatsangehörige anderer Staaten haben Anspruch auf die Informationen nach Absatz 3 Buchstabe a, wenn sie diese unverzüglich verlangen.

Avant la conclusion du contrat

[1] L'organisateur ou le détaillant doit communiquer par écrit au consommateur toutes les clauses du contrat avant sa conclusion.

[2] Les clauses du contrat peuvent être transmises au consommateur sous une autre forme appropriée; dans ce cas, elles doivent lui être confirmées, avant la conclusion du contrat, par une copie écrite. La confirmation écrite n'est pas exigée lorsqu'elle empêcherait la conclusion d'une réservation ou d'un contrat.

[3] Pour autant que cela soit important pour le voyage à forfait, l'organisateur ou le détaillant doit fournir au consommateur, par écrit ou sous toute autre forme appropriée, avant la conclusion du contrat, des informations d'ordre général concernant:

a. les conditions applicables aux ressortissants des Etats de la CE et de l'AELE en matière de passeports et de visas, notamment quant aux délais pour leur obtention;
b. les informations relatives aux formalités sanitaires requises pour le voyage et le séjour.

[4] Les ressortissants d'autres Etats ont droit aux informations prévues au 3e alinéa, lettre a, s'ils les exigent sans retard.

Prima della conclusione del contratto

[1] L'organizzatore o il venditore devono comunicare per scritto al consumatore tutte le condizioni contrattuali prima della conclusione del contratto.

[2] Le condizioni contrattuali possono essere trasmesse al consumatore anche in un'altra forma appropriata; in questo caso, prima della stipulazione, gli deve essere confermata per scritto. L'obbligo di conferma viene meno, qualora il suo adempimento impedisca una prenotazione o la conclusione del contratto.

[3] Nella misura in cui sia importante per il viaggio «tutto compreso», l'organizzatore o il venditore devono informare in generale il consumatore per scritto o in un altra forma appropriata prima della conclusione del contratto:

a. sulle esigenze applicabili ai cittadini della CE e dell'AELS in materia di passaporti e visti, segnatamente sui termini per ottenere questi documenti;
b. sulle formalità della polizia sanitaria, necessarie per il viaggio e il soggiorno.

[4] I cittadini di altri Stati hanno diritto alle informazioni di cui al capoverso 3 lettera a, se le esigono senza indugio.

I. Allgemeines

Art. 4 umschreibt **vorvertragliche Informationspflichten** des Veranstalters oder (als Stellvertreter, vgl. Art. 2 PRG N 4) des Vermittlers, wobei sich zwei Regelungsbereiche unterscheiden lassen. Abs. 1 und 2 befassen sich mit der Einbeziehung von Allgemeinen Geschäftsbedingungen (gl.M. HANGARTNER, 43; **a.M.** CR CO I-STAUDER, N 2; MARCHAND, AJP 1994, 725; FRANK, N 1: Sowohl AGB als auch Angaben gem. Art. 6; wohl auch PAETZOLD, 16), während Abs. 3 und 4 Informationspflichten über Einreisevorschriften für das Urlaubsland regeln. 1

II. Einbeziehung der Allgemeinen Geschäftsbedingungen

AGB werden nur dann Bestandteil des Pauschalreisevertrages, wenn sie **vor Vertragsschluss schriftlich** mitgeteilt werden. Im Regelfall erfolgt dies durch vollständigen Abdruck im Prospekt. Bucht der Konsument *anhand des Katalogs* entweder in Person im Reisebüro oder telefonisch und wird er dabei deutlich auf die AGB hingewiesen, so sind die Einbeziehungsvoraussetzungen erfüllt. Erfolgt die Buchung hingegen telefonisch *aufgrund eines Inserates*, so liegen dem Konsumenten die AGB vor Vertragsschluss nicht vor und die AGB werden nicht Vertragsbestandteil. Ein blosser Verweis auf die AGB genügt nicht. Der Abdruck der AGB in der *nachfolgenden Reisebestätigung* ist unbeachtlich (vgl. CR CO I-STAUDER, N 4, 9; HANGARTNER, 44 f.). Bei der Online Reservation einer Reise genügt es, wenn der Konsument die AGB auf dem Bildschirm einsehen und abspeichern kann. 2

Nach Abs. 2 können die AGB den Reisenden auch in einer **anderen geeigneten Form** vermittelt werden; sie sind aber in jedem Fall vor Vertragsschluss schriftlich zu bestätigen. Da die AGB ohnehin vor Vertragsschluss schriftlich auszuhändigen sind, ist eine frühere Vermittlung in einer anderen Form offenbar unerheblich. Die Bestimmung macht nur Sinn, wenn die AGB nicht vor, sondern *nach Vertragsschluss* schriftlich bestätigt werden können (**a.M.** HANGARTNER, 45 f., wonach der Bestimmung keine Bedeutung zukomme). Gemäss Abs. 2 Satz 2 fällt 3 die Pflicht zur schriftlichen Bestätigung der AGB überdies dahin, wenn dies eine Buchung verunmöglichen würde. Bei den sog. **«Last-Minute-Reisen»** müssen somit die in *«einer anderen Form»* vermittelten AGB nicht schriftlich bestätigt werden.

4 Die Regelung in Art. 4 ist nicht mehr zeitgemäss. In der Mehrheit der Fälle werden die AGB als elektronische Daten zugesandt, oder sie lassen sich im Internet herunterladen. Dies sollte nach zeitgemässer Anschauung das Erfordernis der rechtswirksamen Mitteilung und Zurverfügungstellung der AGB erfüllen.

III. Informationspflichten über Einreisevorschriften

5 Der Veranstalter ist verpflichtet, den Konsumenten bereits vor der Buchung über **Pass- und Visumserfordernisse** sowie über **gesundheitspolizeiliche** Formalitäten zu informieren. Die Informationspflicht umfasst unter anderem die Fragen, ob für die Einreise im betreffenden Urlaubsland ein Pass erforderlich ist, wie lange dieser ggf. noch gültig sein muss, welche Frist für die Erlangung des Visums erforderlich ist usw. Die gesundheitspolizeilichen Informationen betreffen v.a. vorgeschriebene Schutzimpfungen (vgl. STAUDER, SPR X, 321).

6 Im Gegensatz zu den gesundheitspolizeilichen Formalitäten, brauchen die Informationen über Pass- und Visumserfordernisse nur **Staatsangehörigen** der **EU- und EFTA**-Mitgliedstaaten erteilt zu werden. Zweckmässigerweise geschieht dies im Katalog (**weitergehend** HANGARTNER, 49, wonach der Abdruck im Katalog nicht genüge, der Veranstalter vielmehr auf die Informationen hinweisen muss).

7 **Verletzt** der Veranstalter seine Informationspflichten, kann der Konsument den Vertrag auflösen, ohne dem Veranstalter gegenüber schadenersatzpflichtig zu werden (CR CO I-STAUDER, Art. 5 PRG N 15, TERCIER/FAVRE, N 6519). Überdies hat er für den daraus entstehenden Schaden nach Art. 14 und 15 einzustehen (vgl. HANGARTNER, 50; MARCHAND, AJP 1994, 726; s.a. TERCIER/FAVRE, N 6519; ausführlich MARTELLI, 80 ff.; PAETZOLD, 16; **a.M.** FRANK, N 32, wonach Art. 97 ff. OR anwendbar sind).

Art. 5 PRG

Vor Reisebeginn

Der Veranstalter oder der Vermittler muss dem Konsumenten rechtzeitig vor dem Abreisetermin schriftlich oder in einer anderen geeigneten Form mitteilen:

a. Uhrzeiten und Orte von Zwischenstationen und Anschlussverbindungen;
b. den vom Reisenden einzunehmenden Platz;
c. Name, Adresse und Telefonnummer der örtlichen Vertretung des Veranstalters oder des Vermittlers oder, wenn eine solche Vertretung fehlt, der örtlichen Stellen, welche dem Konsumenten bei Schwierigkeiten Hilfe leisten können; fehlen auch solche Stellen, so sind dem Konsumenten auf jeden Fall eine Notrufnummer oder sonstige Angaben mitzuteilen, mit deren Hilfe er mit dem Veranstalter oder Vermittler Verbindung aufnehmen kann;
d. bei Auslandreisen und -aufenthalten einer minderjährigen Person Angaben darüber, wie eine unmittelbare Verbindung zu dieser Person oder den an ihrem Aufenthaltsort Verantwortlichen hergestellt werden kann;
e. Angaben über den möglichen Abschluss einer Reiserücktrittsversicherung oder einer Versicherung zur Deckung der Rückführungskosten bei Unfall oder Krankheit.

Avant le début du voyage

L'organisateur ou le détaillant doit fournir au consommateur, par écrit ou sous toute autre forme appropriée, en temps opportun avant la date du départ, les informations suivantes:

a. les horaires et les lieux des escales et correspondances;
b. l'indication de la place à occuper par le voyageur;

c. le nom, l'adresse et le numéro de téléphone de la représentation locale de l'organisateur ou du détaillant ou, à défaut, ceux des organismes locaux susceptibles d'aider le consommateur en cas de difficultés; lorsque de tels organismes n'existent pas, le consommateur doit disposer en tout cas d'un numéro d'appel d'urgence ou de toute autre information lui permettant d'établir le contact avec l'organisateur ou le détaillant;
d. pour les voyages et séjours de mineurs à l'étranger, les renseignements permettant d'établir un contact direct avec le mineur ou le responsable local de son séjour;
e. la possibilité de souscrire un contrat d'assurance couvrant les frais d'annulation par le consommateur ou les frais de rapatriement en cas d'accident ou de maladie.

Prima dell'inizio del viaggio

L'organizzatore o il venditore devono comunicare tempestivamente al consumatore, prima della data della partenza, per scritto o in qualsiasi altra forma appropriata:
a. gli orari e i luoghi delle soste intermedie e delle coincidenze;
b. il posto che il viaggiatore deve occupare;
c. il nome, l'indirizzo e il numero di telefono della rappresentanza locale dell'organizzatore o del venditore o, se detta rappresentanza non esiste, gli uffici locali che possono prestare aiuto al consumatore in caso di difficoltà; se detti uffici non esistono, occorre in ogni caso comunicare al consumatore un numero telefonico d'emergenza o qualsiasi altra informazione che gli consenta di entrare in contatto con l'organizzatore o il venditore;
d. nel caso di viaggi e di soggiorni all'estero di minorenni, le informazioni che consentano di stabilire un contatto diretto con il minorenne o con il responsabile locale del suo soggiorno;
e. informazioni sulla possibilità di stipulare un'assicurazione che copra le spese di annullamento del viaggio o un'assicurazione che copra le spese di rimpatrio in caso di incidenti o malattie.

Gemäss Art. 5 treffen den Veranstalter weitere **Informationspflichten**, die rechtzeitig **vor Beginn** der Reise mitzuteilen sind. Dieser Pflicht wird in der Praxis regelmässig in der schriftlichen Reisebestätigung nachgekommen, wobei auch eine Bestätigung per E-Mail ausreichend ist. Eine mündliche Information genügt nicht (CR CO I-Stauder, N 3). 1

Zu den einzelnen Informationen ist zu bemerken, dass die Angabe des **Sitzplatzes** sinnvollerweise nur zu erfolgen hat, wenn dies zum Zeitpunkt der Übersendung der Reiseunterlagen schon möglich ist (vgl. auch Hangartner, 64), was entgegen **lit. b** normalerweise nicht der Fall sein dürfte. Die Informationspflichten gem. **lit. c** können für kleinere Veranstalter, die keine örtliche Vertretung haben, problematisch sein. Sofern nicht örtliche Fremdenverkehrsbüros oder ähnliche Stellen angegeben werden können, zu deren Aufgaben die Hilfeleistung an Touristen gehört, ist eine **Notrufnummer** anzugeben, die auch an Festtagen besetzt ist. Die Vorschrift in **lit. d** bezieht sich der Sache nach nur auf den ohne erwachsene Begleitperson reisenden Minderjährigen (zutreffend Frank, N 3; Hangartner, 65). Die vertraglichen Informationspflichten sind nicht abschliessend in Art. 5 geregelt. Fraglich ist, inwiefern im Rahmen der allgemeinen vertraglichen Nebenpflichten der Veranstalter über Umstände zu informieren hat, die das Gelingen der Reise verunmöglichen oder die Gesundheit der Reisenden gefährden können, wie bspw. Informationen über Naturkatastrophen, terroristische Aktivitäten, politische Unruhen, Krankheiten (AIDS, Vogelgrippe usw.) und dergleichen mehr (vgl. CR CO I-Stauder, N 5). Keine Informationspflicht besteht hinsichtlich allgemein bekannter Gefahren. Informiert werden muss dagegen über konkrete, die allgemeine Erwartung überschreitende Gefahren am Ferienort. Heikel sind insb. die Aufklärungspflichten bezüglich terroristischer Aktivitäten. Da infolge des weltweiten Terrorismus Anschläge jederzeit und überall möglich sind, ist bloss bei einer sich verdichtenden Gefährdungslage zu informieren bzw. auf die im Internet publizierten und fortwährend aktualisierten Reisehinweise des EDA hinzuweisen. 2

Vierter Abschnitt: Inhalt des Vertrages

Art. 6 PRG

[1] Unabhängig von der Art der vereinbarten Leistungen muss der Vertrag angeben:

a. den Namen und die Adresse des Veranstalters und des allfälligen Vermittlers;
b. das Datum, die Uhrzeit und den Ort von Beginn und Ende der Reise;
c. die Sonderwünsche des Konsumenten, die vom Veranstalter oder vom Vermittler akzeptiert wurden;
d. ob für das Zustandekommen der Pauschalreise eine Mindestteilnehmerzahl erforderlich ist, und, gegebenenfalls, wann spätestens dem Konsumenten eine Annullierung der Reise mitgeteilt wird;
e. den Preis der Pauschalreise sowie den Zeitplan und die Modalitäten für dessen Zahlung;
f. die Frist, innert welcher der Konsument allfällige Beanstandungen wegen Nichterfüllung oder nicht gehöriger Erfüllung des Vertrags erheben muss;
g. den Namen und die Adresse des allfälligen Versicherers.

[2] Je nach Art der vereinbarten Leistungen muss der Vertrag auch angeben:

a. den Bestimmungsort und, wenn mehrere Aufenthalte vorgesehen sind, deren Dauer und Termine;
b. die Reiseroute;
c. die Transportmittel, ihre Merkmale und Klasse;
d. die Anzahl der Mahlzeiten, die im Preis der Pauschalreise inbegriffen sind;
e. die Lage, die Kategorie oder den Komfort und die Hauptmerkmale der Unterbringung sowie deren Zulassung und touristische Einstufung gemäss den Vorschriften des Gaststaates;
f. die Besuche, die Ausflüge und die sonstigen Leistungen, die im Preis der Pauschalreise inbegriffen sind;
g. die Voraussetzungen einer allfälligen Preiserhöhung nach Artikel 7;
h. allfällige Abgaben für bestimmte Leistungen, wie Landegebühren, Ein- oder Ausschiffungsgebühren in Häfen und entsprechende Gebühren auf Flughäfen und Aufenthaltsgebühren, die nicht im Preis der Pauschalreise inbegriffen sind.

[1] Indépendamment de la nature des prestations convenues, le contrat doit indiquer:

a. le nom et l'adresse de l'organisateur et, le cas échéant, du détaillant;
b. la date, l'heure et le lieu du commencement et de la fin du voyage;
c. les souhaits particuliers du consommateur agréés par l'organisateur ou le détaillant;
d. si la réalisation du voyage à forfait exige un nombre minimum de personnes, et, si tel est le cas, la mention de la date limite d'information du consommateur en cas d'annulation;
e. le prix du voyage à forfait ainsi que le calendrier et les modalités de paiement;
f. le délai dans lequel le consommateur doit formuler une réclamation pour inexécution ou exécution imparfaite du contrat;
g. le cas échéant, le nom et l'adresse de l'assureur.

[2] Suivant la nature des prestations contenues, le contrat doit également indiquer:

a. la destination du voyage et, en cas de séjour fractionné, les différentes durées et leurs dates;
b. l'itinéraire;
c. les moyens de transports, leurs caractéristiques et la classe;
d. le nombre de repas compris dans le prix du voyage à forfait;
e. la situation, la catégorie ou le niveau de confort et les principales caractéristiques de l'hébergement ainsi que son homologation et son classement touristique en vertu de la réglementation de l'Etat d'accueil;
f. les visites, excursions et autres prestations incluses dans le prix du voyage à forfait;
g. les conditions d'une éventuelle augmentation du prix en vertu de l'article 7;
h. le cas échéant, les redevances et taxes afférentes à certaines prestations, telles que taxes d'atterrissage, de débarquement ou d'embarquement dans les ports et les aéroports ainsi que taxes de séjour, qui ne sont pas incluses dans le prix du voyage à forfait.

[1] Indipendentemente dalla natura delle prestazioni convenute, il contratto deve indicare:

a. il nome e l'indirizzo dell'organizzatore e dell'eventuale venditore;
b. la data, l'ora e il luogo dell'inizio e della fine del viaggio;
c. i desideri particolari del consumatore, accettati dall'organizzatore o dal venditore;
d. *se la realizzazione del viaggio «tutto compreso»* esige un numero minimo di partecipanti e, se questo è il caso, quando, al più tardi, deve essere comunicato al consumatore l'eventuale annullamento del viaggio;

e. il prezzo del viaggio «tutto compreso», nonché le scadenze e le modalità di pagamento;
f. il termine entro cui il consumatore deve presentare reclamo per inadempimento o cattiva esecuzione del contratto;
g. il nome e l'indirizzo dell'eventuale assicuratore.

[2] A seconda della natura delle prestazioni convenute, il contratto deve anche indicare:
a. la destinazione del viaggio e, qualora sia previsto un soggiorno frazionato, la durata e le date relative;
b. l'itinerario;
c. i mezzi, le caratteristiche e le categorie di trasporto utilizzati;
d. il numero dei pasti compresi nel prezzo del viaggio «tutto compreso»;
e. l'ubicazione, la categoria o il livello di comfort e le caratteristiche principali dell'alloggio, nonché la sua approvazione e classificazione turistica ai sensi della regolamentazione dello Stato di destinazione;
f. le visite, escursioni e altre prestazioni incluse nel prezzo del viaggio «tutto compreso»;
g. le condizioni di un eventuale aumento di prezzo giusta l'articolo 7;
h. eventuali tasse per determinate prestazioni, come tasse d'atterraggio, di sbarco o d'imbarco nei porti e negli aeroporti, nonché tasse di soggiorno non incluse nel prezzo.

Art. 6 verpflichtet den Veranstalter, detaillierte **Angaben zu den Reisemodalitäten** zu machen. Zweckmässigerweise erfolgt dies in der *Reisebestätigung* (vgl. HANGARTNER, 52 ff.). Da das Gesetz sich nicht zur Form äussert, ist eine schriftliche bzw. E-Mail Bestätigung zu empfehlen. Einige der genannten Angaben müssen aufgrund der Preisbekanntgabeverordnung bereits im Prospekt enthalten sein (s. Art. 3 PRG N 5). Soweit die erforderlichen Angaben in klarer, deutlicher Form in den Werbemitteln enthalten sind, brauchen sie in der Reisebestätigung nicht wiederholt zu werden; statt dessen genügt ein ausdrücklicher, präziser Verweis (vgl. HANGARTNER, 54; s.a. MARCHAND, AJP 1994, 725 FN 39; **a.M.** CR CO I-STAUDER, N 6; DERS., SPR X, 327; TONNER, Reiserecht, 262; CHK-ZEITER/SCHLUMPF, N 2). Diese Angaben in der Reisebestätigung sind rein deklaratorischer Natur (vgl. STAUDER, SPR X, 327; CHK-ZEITER/SCHLUMPF, N 4). 1

Kommt der Veranstalter seinen Angabepflichten nicht nach, so sieht das PRG **keine** unmittelbaren **Durchsetzungsmittel** vor; dies ist auch nicht notwendig (MARCHAND, AJP 1994, 727). Die Durchsetzung derjenigen Angaben, die nach der Preisbekanntgabeverordnung bereits in den Werbemitteln enthalten sein müssen, sind aufgrund der dortigen *Strafbestimmung* gewährleistet (s. Art. 3 PRG N 5). Die anderen Angaben liegen im *eigenen Interesse des Veranstalters*. So kann er sich auf die Mindestteilnehmerzahl (Abs. 1 lit. d) oder das Preiserhöhungsrecht (Abs. 2 lit. g) nur berufen und zusätzliche Abgaben (z.B. Lande- oder Aufenthaltsgebühren, Abs. 2 lit. h) nur verlangen, wenn der Vertrag die entsprechenden Angaben enthält. Die Frist für die Anspruchsanmeldung (Abs. 1 lit. f.) ist ebenfalls bloss beachtlich, wenn sie in den Vertragsunterlagen erwähnt oder zumindest ausdrücklich auf eine entsprechende Bestimmung in den AGB verwiesen ist (HANGARTNER, 62 f.; MARCHAND, AJP 1994, 725). Schliesslich können fehlende oder unrichtige Angaben zu einer *Preisminderung* wegen Mangelhaftigkeit der Reise führen. 2

Fünfter Abschnitt: Preiserhöhungen

Art. 7 PRG

Eine Erhöhung des vertraglich festgelegten Preises ist nur zulässig, wenn:
a. der Vertrag diese Möglichkeit ausdrücklich vorsieht und genaue Angaben zur Berechnung des neuen Preises enthält;
b. sie mindestens drei Wochen vor dem Abreisetermin erfolgt; und
c. sie mit einem Anstieg der Beförderungskosten, einschliesslich der Treibstoffkosten, einer Zunahme der Abgaben für bestimmte Leistungen, wie Landegebühren, Ein- oder Ausschiffungsgebühren in Häfen und entsprechende Gebühren auf Flughäfen, oder mit einer Änderung der für die Pauschalreise geltenden Wechselkurse begründet ist.

Une hausse du prix établi par le contrat n'est autorisée qu'aux conditions suivantes:
a. le contrat prévoit expressément cette possibilité et détermine les modalités précises de calcul du nouveau prix;
b. la hausse intervient au moins trois semaines avant la date du départ;
c. cette hausse résulte d'une augmentation du coût des transports, y compris le prix du carburant, d'une augmentation des redevances et taxes afférentes à certaines prestations, telles que les taxes d'atterrissage, de débarquement ou d'embarquement dans les ports et les aéroports, ou d'une modification des taux de change qui s'appliquent au voyage à forfait.

Un aumento del prezzo convenuto contrattualmente è ammissibile soltanto se:
a. il contratto prevede espressamente questa possibilità e determina le modalità precise di calcolo del nuovo prezzo;
b. si produce almeno tre settimane prima della data della partenza; e
c. è motivato con l'aumento dei costi di trasporto, compresi quelli dei carburanti, delle tasse per determinate prestazioni, come tasse d'atterraggio, di sbarco e d'imbarco in porti e aeroporti o con una modificazione dei tassi di cambio applicati.

I. Normzweck

1 Die Planung und Kalkulation von Pauschalreisen erfolgt i.d.R. einige Monate vor Reiseantritt. Die Kalkulationsgrundlagen können aus verschiedenen Gründen (z.B. Preissteigerungen, Kursschwankungen) hinfällig werden. Das **Risiko** solcher **Änderungen** soll nicht allein dem Veranstalter aufgebürdet werden; andererseits soll der Konsument nach Vertragsschluss nicht erhebliche Nachforderungen in Kauf nehmen müssen.

II. Formelle Voraussetzungen

2 Eine Preiserhöhung ist nur zulässig, wenn der Vertrag einen entsprechenden Vorbehalt enthält und auch die Berechnungsgrundlagen angegeben werden. Aus Praktikabilitätsgründen muss es aber genügen, wenn allgemein deutlich wird, dass Kostensteigerungen in entsprechendem Verhältnis auf den Reisepreis geschlagen werden, in anderen Worten: Gerade die erhöhte Kostenbelastung ursächlich für den verlangten Mehrbetrag ist (vgl. CR CO I-STAUDER, N 4; HANGARTNER, 76; s.a. die rechtstatsächliche Analyse bei STAUDER, DGfR, 25).

3 Preiserhöhungen sind **unverzüglich** nach Eintreten des Änderungsgrundes **mitzuteilen** (Art. 9 i.V.m. Art. 8 Abs. 2) und bis spätestens **drei Wochen** vor Reisebeginn zulässig. Eine solche *«Schonfrist»* ist notwendig, damit der Konsument ggf. seine Rechte gem. Art. 10 wahrnehmen kann (vgl. HANGARTNER, 77). Denn der Konsument muss Preiserhöhungen, die gem. Art. 7 zulässig sind, im Umfang von maximal 10% akzeptieren. Liegt die Preiserhöhung darüber, stellt dies eine wesentliche Vertragsänderung (Art. 8 Abs. 2) dar und der Konsument kann vom Vertrag zurücktreten (Art. 10 Abs. 1; vgl. CR CO I-STAUDER, N 9 ff.).

III. Preiserhöhungsgründe

4 Preiserhöhungen sind nur unter bestimmten, engen Voraussetzungen zulässig. Zunächst ist die Erhöhung der Beförderungskosten, insb. der Treibstoffpreise, zu erwähnen. Sodann können Erhöhungen von Gebühren für bestimmte Leistungen (nicht aber Mehrwertsteuererhöhungen im Urlaubsland, vgl. CR CO I-STAUDER, N 6) weitergegeben werden. Diese Gebühren müssen in der Preiserhöhungsklausel nicht einzeln aufgeführt werden (**a.M.** TONNER, Kommentar, § 651a N 73; HANGARTNER, 76).

5 Schliesslich lässt das Gesetz eine Preiserhöhung auch bei einer Änderung der für die Reise geltenden **Wechselkurse** zu. Der Veranstalter kommt folglich nicht umhin offenzulegen, welche Währung und welchen Kurs er für die einzelnen Reiseleistungen ursprünglich zugrunde gelegt hat (TONNER, Kommentar, § 651a N 74). Überdies pflegen umsichtige Veranstalter das Wechselkursrisiko auf den Finanzmärkten abzusichern. Richtiger Ansicht nach sollten des-

halb Kursänderungen *nicht zu Preiserhöhungen berechtigen* (ebenso HANGARTNER, 77; **a.M.** CR CO I-STAUDER, N 6). Andere, in lit. c nicht erwähnte Gründe berechtigen nicht zu Preiserhöhungen; entsprechende Vorbehalte in den AGB sind ungültig (CO CR I-STAUDER, N 2).

IV. Preissenkung

Im **Gegensatz zur EU-Richtlinie** sieht das PRG nicht vor, dass der Veranstalter, falls er eine Preiserhöhungsklausel verwendet, auch eine Preissenkung weitergeben muss. Es erscheint freilich unbillig, wenn der Veranstalter eine Kostenerhöhung weitergeben darf, Kostenersparnisse hingegen nur ihm zugute kommen (s.a. HANGARTNER, 78). Heute dürfte eine solche einseitige Klausel gegen Art. 8 UWG verstossen. 6

Sechster Abschnitt: Wesentliche Vertragsänderungen

Vorbemerkungen zu Art. 8–10 PRG

Nach den allgemeinen Grundsätzen des Vertragsrechts ist der Veranstalter an den bestätigten Vertragsinhalt gebunden. Die Veranstalter sehen jedoch regelmässig in ihren AGB **Leistungsänderungsvorbehalte** vor. Bei Reisen, die teilweise erhebliche Zeit vor der Durchführung geplant und zusammengestellt werden, lassen sich Änderungen, die auf unvorhergesehene Umstände zurückzuführen sind, in der Tat nicht ausschliessen. Diesem Aspekt wollen (neben Art. 7) die Art. 8–10 Rechnung tragen. 1

Art. 8 PRG

Begriff	**1 Als wesentliche Vertragsänderung gilt jede erhebliche Änderung eines wesentlichen Vertragspunktes, welche der Veranstalter vor dem Abreisetermin vornimmt.** **2 Eine Preiserhöhung von mehr als zehn Prozent gilt als wesentliche Vertragsänderung.**
Définition	1 Par modification essentielle du contrat, on entend toute modification importante d'un élément essentiel du contrat apportée par l'organisateur avant la date du départ. 2 Une hausse du prix de plus de 10 pour cent est considérée comme une modification essentielle du contrat.
Definizione	1 Si intende per modificazione sostanziale del contratto ogni significativa modificazione di un elemento essenziale a cui l'organizzatore del viaggio proceda prima della data della partenza. 2 Un aumento di prezzo di più del 10 per cento è considerato modificazione sostanziale.

I. Die wesentliche Änderung

Die *wesentliche Vertragsänderung* wird im Gesetz als erhebliche Änderung eines wesentlichen Vertragspunktes definiert. Diese Umschreibung ist wenig aussagekräftig. In welchen Fällen eine Änderung erheblich ist, kann nur **nach den Umständen des Einzelfalles** bestimmt werden (vgl. MARTINELLI, 133, 136 ff.). Auch eine Kumulation von mehreren weniger wichtigen Änderungen kann eine wesentliche Änderung darstellen (MARTINELLI, 138). Auf jeden Fall darf der *Gesamtzuschnitt der Reise*, d.h. der Reisezweck und Reisecharakter, nicht verändert werden (z.B. anderes gleichwertiges Hotel, das aber entgegen dem ursprüng- 1 lich gebuchten nicht in Strandnähe gelegen ist oder nicht über Freizeiteinrichtungen verfügt; s.a. HANGARTNER, 80 f.; CR CO I-STAUDER, N 11). Zu begrüssen ist die Konkretisierung in Art. 8 Abs. 2, wonach Preiserhöhungen von mehr als 10% als wesentliche Änderungen gelten. Ausgehend davon und in Anbetracht dessen, dass eine Änderung der Leistungen i.d.R. auch einen Reisemangel darstellt, sind Leistungsänderungen, die den *Wert der Reise um mehr als 10% herabsetzen*, als wesentliche i.S. des Gesetzes zu qualifizieren (vgl. HANGARTNER, 82 f.; zu geringfügigen Änderungen s. Art. 10 PRG N 1).

II. Voraussetzungen der Änderung

2 Im Gesetz nicht geregelt sind die Voraussetzungen einer Leistungsänderung. Betrifft die Änderung den *Reisepreis*, so ist sie nur unter den Voraussetzungen in Art. 7 möglich. Änderungen von Reiseleistungen sind richtiger Ansicht nach nur zulässig, wenn «**unvorhersehbare** *oder* **nicht abwendbare** *Umstände es erfordern*» (vgl. HANGARTNER, 83; s.a. CR CO I-STAUDER, Art. 9 PRG N 6; FRANK, Art. 8–10 N 16 f.). War die Änderung für den Veranstalter bzw. für seine Hilfspersonen (inkl. der Leistungsträger) bei Vertragsschluss vorhersehbar oder hätte die Änderung vermieden werden können, kann sich der Veranstalter somit nicht auf das Änderungsrecht berufen (vgl. HANGARTNER, 83). Tritt der Konsument daraufhin zurück und bucht er eine entsprechende Ersatzreise, muss ihm der Veranstalter die Mehrkosten ersetzen (Art. 10 Abs. 4).

3 Ein **Vorbehalt im Vertrag** ist (anders als bei der Preiserhöhung nach Art. 7) nicht notwendig. Sieht der Vertrag einen entsprechenden Vorbehalt vor, darf dieser nicht gegen die Regelung in den Art. 8–10 verstossen (Art. 19; vgl. HANGARTNER, 80, 83 f.; so auch CR CO I-STAUDER, N 4; MARTINELLI, 142; **a.M.** FRANK, Art. 8–10 N 22 f., der die zwingende Natur des Pauschalreisegesetzes übersieht).

Art. 9 PRG

Mitteilungspflicht	**Der Veranstalter teilt dem Konsumenten so bald wie möglich jede wesentliche Vertragsänderung mit und gibt deren Auswirkung auf den Preis an.**
Devoir d'information	L'organisateur notifie au consommateur toute modification essentielle du contrat et lui en indique l'incidence sur le prix dans les plus brefs délais.
Obbligo d'informare	L'organizzatore comunica al consumatore, il più presto possibile, qualsiasi modificazione sostanziale del contratto e la relativa incidenza sul prezzo.

1 Der Veranstalter muss dem Konsumenten die Änderung *so bald wie möglich*, d.h. **unverzüglich** nach Eintreten des Änderungsgrundes, **mitteilen** (vgl. MARTINELLI, 145). Die Mitteilung muss schriftlich oder per E-Mail erfolgen (WIEDE, N 857; nach CHK-ZEITER/SCHLUMPF, N 2 genügt auch eine mündliche Mitteilung). Anders als bei der Preiserhöhung nach Art. 7 darf die Änderung bis Reiseantritt erfolgen (vgl. CR CO I-STAUDER, N 2; HANGARTNER, 84; MARTINELLI, 144 ff.).

2 Der Veranstalter hat sodann die **Auswirkungen** der Änderung **auf den Preis** anzugeben. Diese Bestimmung kann nur dahingehend verstanden werden, dass der Veranstalter aus der Änderung folgende *Preissenkungen* mitzuteilen hat, da Preiserhöhungen nicht bei jeder Änderung, sondern nur nach Massgabe von Art. 7 zulässig sind (s.a. CR CO I-STAUDER, N 3; HANGARTNER, 84 f.).

Art. 10 PRG

Konsumentenrechte

1 Der Konsument kann eine wesentliche Vertragsänderung annehmen oder ohne Entschädigung vom Vertrag zurücktreten.

2 Er teilt den Rücktritt vom Vertrag dem Veranstalter oder dem Vermittler so bald wie möglich mit.

3 Tritt der Konsument vom Vertrag zurück, so hat er Anspruch:
a. auf Teilnahme an einer anderen gleichwertigen oder höherwertigen Pauschalreise, wenn der Veranstalter oder der Vermittler ihm eine solche anbieten kann;
b. auf Teilnahme an einer anderen minderwertigen Pauschalreise sowie auf Rückerstattung des Preisunterschieds; oder
c. auf schnellstmögliche Rückerstattung aller von ihm bezahlten Beträge.

4 Vorbehalten bleibt der Anspruch auf Schadenersatz wegen Nichterfüllung des Vertrages.

Droits du consommateur

1 Le consommateur peut accepter une modification essentielle du contrat ou résilier le contrat sans indemnité.

2 Il informe l'organisateur ou le détaillant de la résiliation du contrat dans les plus brefs délais.

3 Lorsque le consommateur résilie le contrat, il a droit:
a. à un autre voyage à forfait de qualité équivalente ou supérieure si l'organisateur ou le détaillant peut lui en proposer un;
b. à un autre voyage à forfait de qualité inférieure ainsi qu'au remboursement de la différence de prix ou
c. au remboursement dans les plus brefs délais de toutes les sommes qu'il a versées.

4 La prétention en dommages-intérêts pour inexécution du contrat est réservée.

Diritti del consumatore

1 Il consumatore può accettare una modificazione sostanziale del contratto oppure recedere senza dovere indennizzo.

2 Se recede dal contratto, ne informa il più presto possibile l'organizzatore o il venditore.

3 Se recede dal contratto, il consumatore ha diritto:
a. a un altro viaggio «tutto compreso» di qualità equivalente o superiore se l'organizzatore o il venditore glielo può proporre;
b. a un altro viaggio «tutto compreso» di qualità inferiore, nonché al rimborso della differenza; o
c. al rimborso più rapido possibile di tutte le somme versate.

4 È salva la pretesa al risarcimento dei danni per inadempimento del contratto.

I. Annahme der Änderung und Rücktrittsrecht

Kleinere Vertragsänderungen, die nicht wesentlich sind (z.B. geringfügige Verschiebung der Abreisezeit), muss der Konsument hinnehmen. Handelt es sich um eine wesentliche Änderung, so steht ihm – nach der Gesetzessystematik – ein doppeltes Wahlrecht zu. Entweder **nimmt** der Konsument die **Vertragsänderung** an (Novation), wobei die Zustimmung auch stillschweigend erfolgen kann (vgl. HANGARTNER, 85; **a.M.** CR CO I-STAUDER, N 2); eine Preiserhöhung ist jedoch wegen Art. 7 unzulässig (anders noch ROBERTO, recht 1994, 15). Oder er **tritt** ohne Entschädigung (d.h. ohne Annullationsentschädigung) **vom Vertrag zurück** (s.a. Art. 18 Abs. 2). Die Rücktrittserklärung muss innert angemessener Frist erfolgen (Art. 10 Abs. 2; ausführlich HANGARTNER, 86 f.; s.a. PAETZOLD, 30; **a.M.** FRANK, Art. 8–10 N 32; s.a. MARTINELLI, 146 ff.). Tritt der Konsument zurück (oder annulliert der Veranstalter die Reise, s. Art. 11 PRG Abs. 1), so kann er wiederum zwischen einer Ersatzreise und einer *«schnellstmöglichen»* Rückerstattung aller bereits geleisteten Zahlungen wählen (vgl. HANGARTNER, 90). Wird der Vertrag aufgelöst, hat der Organisator keinen Anspruch auf Schaden- 1 ersatz. Auch sind AGB-Klauseln, welche die Wahlmöglichkeit des Konsumenten beschränken, nichtig (CR CO I-STAUDER, N 5).

II. Ersatzreise

2 Tritt der Konsument vom Vertrag zurück, hat er Anspruch auf eine gleich- oder höherwertige **Ersatzreise**, wobei der *Zuschnitt der Reise* in etwa der ursprünglich gebuchten entsprechen muss (HANGARTNER, 88 f.; TONNER, Reiserecht, 267), oder auf eine minderwertige Ersatzreise sowie Rückerstattung des Preisunterschieds (ausführlich HANGARTNER, 89 f.). Der Anspruch besteht indes nur, wenn ihm der Veranstalter (nicht der Vermittler, s. Art. 2 PRG N 1 ff.) eine Ersatzreise anbieten kann. Ob bei einer solchen Relativierung noch von einem *durchsetzbaren Rechtsanspruch* gesprochen werden kann, ist fraglich (vgl. HANGARTNER, 88; MARTINELLI, 151 f.). Im Übrigen ist die Durchsetzung aufgrund einer vorsorglichen Massnahme reine Theorie (MARCHAND, AJP 1994, 728).

III. Verhältnis Reiseänderung/Ersatzreise

3 Zwischen der **Vertragsänderung** nach Art. 10 Abs. 1 und der **Ersatzreise** nach Art. 10 Abs. 2 lit. a und b besteht *kein Unterschied*: Jede Ersatzreise stellt eine geänderte ursprüngliche Reise dar, und jede Reiseänderung kann umgekehrt als Ersatzreise betrachtet werden (gl.M. MARTINELLI, 152). In beiden Fällen ist eine Preiserhöhung unzulässig (anders noch ROBERTO, recht 1994, 15). Art. 10 sieht somit bloss ein einfaches Wahlrecht vor: *Reiseänderung oder Rückerstattung*.

IV. Schadenersatz

4 Nach Art. 10 Abs. 4 hat der Konsument überdies Anspruch auf Schadenersatz (Art. 14 und 15). Der **Anspruch** besteht sowohl bei Vereinbarung einer *Reiseänderung* als auch im Falle eines *Rücktritts* mit Rückerstattung (gl.M. CR CO I-STAUDER, N 11; HANGARTNER, 91; **a.M.** FRANK, Art. 8–10 N 36; MARTINELLI, 153).

Siebenter Abschnitt: Annullierung der Pauschalreise

Art. 11 PRG

1 Annulliert der Veranstalter die Reise vor dem Abreisetermin aus einem nicht vom Konsumenten zu vertretenden Umstand, so stehen diesem die Ansprüche nach Artikel 10 zu.

2 Der Konsument hat jedoch keinen Anspruch auf Schadenersatz wegen Nichterfüllung des Vertrages:

a. wenn die Annullierung erfolgt, weil die Anzahl der Personen, welche die Pauschalreise gebucht haben, nicht die geforderte Mindestteilnehmerzahl erreicht und die Annullierung dem Konsumenten innert der im Vertrag angegebenen Frist schriftlich mitgeteilt wurde, oder

b. wenn die Annullierung auf höhere Gewalt zurückzuführen ist. Überbuchung gilt nicht als höhere Gewalt.

1 Lorsque l'organisateur annule le voyage à forfait avant la date du départ pour un motif non imputable au consommateur, celui-ci peut faire valoir les droits prévus à l'article 10.

2 Le consommateur ne peut toutefois faire valoir aucune prétention en dommages-intérêts pour inexécution du contrat:

a. lorsque l'annulation résulte du fait que le nombre de personnes inscrites pour le voyage à forfait est inférieur au nombre minimum requis et que le consommateur est informé de l'annulation, par écrit, dans les délais indiqués dans le contrat ou

b. lorsque l'annulation est imputable à un cas de force majeure. La surréservation n'est pas un cas de force majeure.

[1] Se l'organizzatore annulla il viaggio prima della data della partenza per una circostanza non imputabile al consumatore, quest'ultimo può far valere le pretese di cui nell'articolo 10.

[2] Il consumatore tuttavia non ha diritto al risarcimento dei danni per inadempienza:

a. se l'annullamento è dovuto a un numero di prenotazioni inferiore al minimo richiesto e il consumatore ne è informato per scritto entro il termine indicato nel contratto; o
b. se l'annullamento è dovuto a forza maggiore. L'eccesso di prenotazioni non è considerato forza maggiore.

I. Im Allgemeinen

1 Art. 11 regelt die **Annullierung** der Reise **durch den Veranstalter** vor der Abreise aus einem nicht vom Konsumenten zu vertretenden Umstand (s. zu diesen Umständen HANGARTNER, 92). Dem Konsumenten stehen grundsätzlich die Ansprüche gem. Art. 10 zu (hinzu kommen allenfalls Ansprüche gemäss der Fluggastverordnung (s. Art. 14/15 PRG N 13). Zum *«Anspruch»* des Konsumenten auf eine Ersatzreise s. Art. 10 PRG N 2. Verzichtet der Konsument auf eine Ersatzreise, kann er neben der Rückerstattung der bezahlten Beträge Schadenersatz (s. Art. 14 und 15) fordern. Die Schadenersatzpflicht entfällt nur in den nachfolgend erwähnten Fällen (N 3 und 4).

2 Nicht geregelt ist die **Annullierung** der Reise **durch den Konsumenten** (s. dazu BGer, 12.3.2015, 4A_555/2014, E. 4). Die AGB der Veranstalter sehen jeweils pauschalierte Stornogebühren vor, die nach der Zeitdauer zwischen Rücktrittserklärung und Reisebeginn gestaffelt sind (zwischen 20 und 80%). Oftmals besteht eine Versicherungsdeckung für diese Gebühren (vgl. im Übrigen GIRSBERGER, ZSR 1986 II, 79 ff.; MARCHAND, AJP 1994, 730 f.; HANGARTNER, 97 f.).

II. Mindestteilnehmerzahl

3 Keinen Schadenersatz schuldet der Veranstalter, wenn er die Reise wegen Nichterreichens einer Mindestteilnehmerzahl absagt, wobei die **massgebende Zahl im Vertrag erwähnt** sein muss (s. Art. 6 Abs. 1 lit. d). Die Annullierung muss sodann innert der im Vertrag angegebenen Frist erfolgen.

III. Höhere Gewalt

4 Der **Vorbehalt**, dass bei Reiseabsage wegen höherer Gewalt kein Schadenersatz geschuldet ist, ist **überflüssig**, da dies bereits aus Art. 15 Abs. 1 lit. c hervorgeht. Unnötig ist auch die Präzisierung, dass eine **Überbuchung** nicht als höhere Gewalt gilt. Eine Überbuchung ist immer Folge eines Fehlers auf Seiten des Veranstalters selbst oder der Leistungsträger, für die er nach Art. 14 Abs. 1 ohnehin einzustehen hat (ebenso HANGARTNER, 95 ff.). Fälle höherer Gewalt können Erdbeben, Wirbelstürme, Überschwemmungen oder Ausweitungen von Epidemien sein (vgl. dazu CR CO I-STAUDER, N 4).

Achter Abschnitt: Nichterfüllung und nicht gehörige Erfüllung des Vertrages

Art. 12 PRG

Beanstandung

[1] Der Konsument muss jeden Mangel bei der Erfüllung des Vertrages, den er an Ort und Stelle feststellt, so bald wie möglich schriftlich oder in einer anderen geeigneten Form gegenüber dem betreffenden Dienstleistungsträger sowie gegenüber dem Veranstalter oder dem Vermittler beanstanden.

[2] Im Fall einer Beanstandung bemüht sich der Veranstalter, der Vermittler oder seine örtliche Vertretung nach Kräften um geeignete Lösungen.

Réclamation

[1] Toute défaillance dans l'exécution du contrat constatée sur place par le consommateur doit être signalée dans les plus brefs délais, par écrit ou sous toute autre forme appropriée, au prestataire concerné ainsi qu'à l'organisateur ou au détaillant.

[2] En cas de réclamation, l'organisateur, le détaillant ou son représentant local doivent faire preuve de diligence pour trouver des solutions appropriées.

Reclamo

[1] Il consumatore deve segnalare al più presto al prestatore dei servizi o all'organizzatore o venditore, per scritto o in qualsiasi altra forma appropriata, qualsiasi mancanza nell'esecuzione del contratto rilevata in loco.

[2] In caso di reclamo, l'organizzatore o il venditore o il suo rappresentante locale devono adoperarsi sollecitamente per trovare una soluzione appropriata.

I. Normzweck

1 Die Reiseleistungen werden ausserhalb des Sitzes des Veranstalters, meist im Ausland erbracht. Der Veranstalter ist infolgedessen in besonderem Masse darauf angewiesen, alsbald **Kenntnis** von nicht ordnungsgemäss erbrachten Leistungen zu **erhalten**, um *ggf. Abhilfe schaffen* zu können. Der Konsument muss deshalb jeden Mangel bereits am Urlaubsort beanstanden.

2 Die Bestimmung in **Abs. 2**, wonach sich der Veranstalter *«nach Kräften»* um Abhilfe *«bemühen»* muss, ist nichtssagend und *ohne rechtlich verbindlichen Inhalt* (**a.M.** Frank, N 38 ff.; Hangartner, 124 f.; s.a. Martinelli, 205).

II. Mangelbegriff

3 Ein Mangel der Pauschalreise liegt vor, wenn die **Ist- von der Sollbeschaffenheit** abweicht. Anknüpfungspunkt ist das *Gesamtleistungsbündel* und nicht lediglich die einzelne Reiseleistung. Geschuldet sind eben nicht isolierte Teilleistungen, sondern auch und gerade die Bündelung zu einem Gesamtarrangement (CR CO I-Stauder, N 3; Hangartner, 102 f.; s.a. Martinelli, 179 ff., mit Bsp.). Bei der Bestimmung der Mangelhaftigkeit ist (entsprechend dem kauf-, miet- und werkvertraglichen Gewährleistungsrecht) zu unterscheiden zwischen zugesicherten und vorausgesetzten Eigenschaften (dazu ausführlich Roberto, Haftung, 34 ff.).

4 Eine nicht eingehaltene **Zusicherung** stellt immer einen Mangel dar (Hangartner, 103 ff.). Von der Zusicherung sind **allgemeine Anpreisungen** *(«Traumstrand»)* zu unterscheiden. Dafür hat der Veranstalter nur dann einzustehen, wenn sie in krassem Widerspruch zur Realität stehen (vgl. Hangartner, 104 f.; Roberto, Haftung, 35); Entsprechendes gilt auch bei realitätsfremden Fotos. Die im Prospekt klar und unmissverständlich beschriebenen Reiseleistungen (Hotelkategorie, Strandentfernung usw.) sind verbindlich (s. Art. 3). Ob abstrakte Bezeichnungen *(«schöne Lage», «gute Verkehrsverbindungen», «familienfreundlich»)* Anpreisungen oder Zusicherungen darstellen, ist nach den Grundsätzen des Vertrauensprinzips zu entscheiden (vgl. auch Hangarnter, 104).

5 Die **vorausgesetzten Eigenschaften** sind nach dem Vertragsinhalt zu konkretisieren, wobei im Reiserecht v.a. auch auf den zum Vertragsinhalt gewordenen Zweck und Nutzen der Reise abzustellen ist. Massgeblich sind somit nicht nur *Prospektbeschreibung, Reisebestätigung* und *mündliche Nebenabreden*, sondern auch der *Reisecharakter* und der *Reisezweck*. So werden z.B. Mängel der Unterkunft bei einer Abenteuerreise weniger ins Gewicht fallen als bei einem Urlaub in einer Ferienwohnung. Ein allgemeiner Hinweis auf mögliche ortsbedingte Abweichungen (**«Ortsüblichkeitsklausel»**) bleibt unbeachtlich; Selbstverständlichkeiten wie anderes Essen und andere Lebensweise muss der Konsument ohnehin hinnehmen, während weitergehende Besonderheiten des Urlaubsortes, sofern sie die Reiseleistungen beeinflussen, möglichst konkret zu schildern sind (s.a. Hangartner, 105 ff.).

Keine Gewährleistung lösen **unerhebliche Änderungen** (z.B. geringe Verzögerungen im Reiseablauf) oder **Unannehmlichkeiten** (z.B. kurzfristige Benutzungsbeschränkungen von Nebeneinrichtungen) aus (vgl. CR CO I-Stauder, N 10; Hangartner, 106 f.). Bei der Beurteilung, ob der Mangel den Nutzen, den der Konsument von der Reise erwartet, erheblich beeinträchtigt, ist (sofern keine konkrete Vereinbarung getroffen wurde) auf die Erwartung eines *Durchschnittsreisenden* und nicht auf die besondere Empfindlichkeit des Konsumenten abzustellen (s.a. CR CO I-Stauder, N 4 f.; Hangartner, 107). 6

III. Anzeigeobliegenheit

1. Allgemeines

Der Konsument hat jeden Mangel so bald wie möglich zu beanstanden. In der Literatur wird diese Bestimmung teilweise als **Mängelrügepflicht** entsprechend der kauf- und werksvertragsrechtlichen Gewährleistungsregelung verstanden (so Frank, N 6 ff.). Im Gegensatz zu Art. 201 Abs. 2 und Art. 370 Abs. 2 OR enthält aber Art. 12 PRG keine Genehmigungsfiktion. Eine unterlassene Mängelanzeige hat folglich keine Verwirkung der Ansprüche zur Folge; vielmehr ist darin ggf. ein Verstoss gegen die **Schadensminderungspflicht** zu sehen (vgl. Hangartner, 116; Martinelli, 197 ff.; s.a. Tercier/Favre, N 6550). 7

Die Anzeige eines Mangels durch den Konsumenten hat den Zweck, den Veranstalter über ihm nicht bekannte Mängel zu informieren und ihm dadurch die Behebung des Mangels oder Ersatzmassnahmen zu ermöglichen. Die Mängelanzeige ist daher im Zusammenhang mit der Abhilfe zu sehen. Demzufolge ist die **Anzeige nicht erforderlich**, wenn eine *Abhilfe objektiv unmöglich* ist oder wenn der *Mangel* dem Veranstalter *bekannt* ist oder bekannt sein sollte (vgl. Hangartner, 117; s. ausführlich Roberto, Haftung, 83 f.; vgl. auch BGE 115 II 479). 8

2. Adressat

Die Beanstandung hat laut Gesetzesvorschrift sowohl gegenüber dem **Leistungsträger** als auch gegenüber dem **Veranstalter** oder dem **Vermittler** zu erfolgen. Aufgrund des Zwecks der Anzeige genügt es freilich, wenn der Veranstalter Kenntnis des Mangels erhält, gleichviel ob unmittelbar durch den Konsumenten oder mittelbar durch den Leistungsträger oder Vermittler. Die Beanstandung hat daher gegenüber dem Leistungsträger **oder** (statt *«sowie»*) dem Veranstalter oder dem Vermittler zu erfolgen (vgl. CR CO I-Stauder, N 13; Hangartner, 120 f.; Tercier/Favre, N 6551; i.E. gleich Frank, N 31 ff.; wohl auch Martinelli, 190 ff.; **a.M.** Paetzold, 39). 9

M.E. ist die **Anzeige** grundsätzlich **an den Vertragspartner**, d.h. an den Veranstalter bzw. seinen örtlichen Bevollmächtigten zu richten. An die Leistungsträger sollte sich der Konsument nur wenden dürfen, wenn diese in den AGB des Veranstalters als Empfangspersonen bezeichnet sind oder aus den Umständen auf eine Ermächtigung zur Entgegennahme von Erklärungen zu schliessen ist (Roberto, Haftung, 63; s.a. CR CO I-Stauder, N 13; Martinelli, 192 ff.; **a.M.** Hangartner, 121; Paetzold, 39 f.). 10

Ist eine für die Anzeige zuständige **Empfangsperson** am Urlaubsort nicht anwesend oder nicht erreichbar, kann dem Konsumenten aus dem Unterbleiben der Erklärung kein Nachteil erwachsen (ausführlich Roberto, Haftung, 63 f.; vgl. auch BGE 115 II 479). 11

3. Form. Mängelprotokolle

Die Mängelanzeige hat in **Schriftform** oder in einer **anderen geeigneten Form** zu erfolgen. Aufgrund dieser Formulierung ist fraglich, ob eine mündliche Erklärung ausreicht; die Frage wird in der Literatur mit Recht bejaht (Frank, N 17; Marchand, AJP 1994, 737; Hangart- 12

NER, 119; MARTINELLI, 195 ff.; zweifelnd noch ROBERTO, recht 1994, 11). Aus Beweisgründen ist freilich eine schriftliche Fixierung ratsam.

13 In der Praxis wird die Anzeige bisweilen durch **Mängelprotokolle** erleichtert. Entgegen der in Deutschland teilweise vertretenen Ansicht ist in der Entgegennahme der Mängelliste und Bestätigung der Kenntnisnahme durch den Reiseleiter *nicht eine Anerkenntnis der Mängel* zu sehen (vgl. HANGARTNER, 120; s. zum deutschen Recht FÜHRICH, N 294). Immerhin spricht eine tatsächliche (natürliche) Vermutung dafür, dass die protokollierten Mängel vorgelegen haben (ebenso HANGARTNER, 120; s.a. bezüglich Regierapporte im Bauwesen GAUCH, N 1020 ff.).

IV. Mängelrüge. Verjährung

14 Das Gesetz sieht **keine Frist** für die **Mängelrüge nach Reiseende** vor. Nach den AGB müssen die Konsumenten ihre Beanstandungen i.d.R. innerhalb von dreissig Tagen nach Reiseende gegenüber dem Veranstalter schriftlich geltend machen. Diese Frist (die auch im deutschen Reisevertragsgesetz vorgesehen ist, § 651g BGB) erscheint angemessen (vgl. auch MARTINELLI, 204; **a.M.** CR CO I-STAUDER, N 18; PAETZOLD, 48 f.). Sie erlaubt dem Veranstalter, die behaupteten Mängel am Urlaubsort zu überprüfen, Rückgriffsansprüche gegenüber den Leistungsträgern geltend zu machen und etwaige Versicherungen zu benachrichtigen (s.a. HANGARTNER, 118 f.). Die fristgerechte Mängelrüge kann auch gegenüber dem vermittelnden Reisebüro erfolgen (ROBERTO, Haftung, 120). Wurde der Mangel bereits während der Reise in rechtsgenügender Form (dazu ROBERTO, Haftung, 117 ff.) angezeigt, braucht dies nach Reiseende nicht wiederholt zu werden.

15 Die **Verjährung** ist im Gesetz ebenfalls **nicht geregelt**. Aufgrund der nahen Verwandtschaft mit dem Werkvertragsrecht, namentlich in Bezug auf die verschuldensunabhängigen Gewährleistungsrechte, und im Hinblick auf den Vertragsgegenstand der mangelhaften Reise, der durch den Zeitfaktor bestimmt ist, weshalb sich der Sachverhalt im Verlaufe der Zeit kaum mehr aufklären lässt, erscheint die *analoge Anwendung der zweijährigen Verjährungsfrist* in Art. 371 Abs. 1 OR sachgerecht (ebenso GIRSBERGER, ZSR 1986 II, 86; STAUDER, 442; für eine kurze Verjährungsfrist im deutschen Recht auch FÜHRICH, N 23; **a.M.** MARCHAND, AJP 1994, 737; HANGARTNER, 185; PAETZOLD, 49; CR CO I-STAUDER, Vor Art. 14–16 PRG N 5; DERS., SPR X, 369; WIEDE, N 1152; CHK-ZEITER/SCHLUMPF, N 9: zehnjährige Frist gem. Art. 127 OR).

Art. 13 PRG

Ersatzmassnahmen

1 Wird nach der Abreise ein erheblicher Teil der vereinbarten Leistungen nicht erbracht oder stellt der Veranstalter fest, dass er einen erheblichen Teil der vorgesehenen Leistungen nicht erbringen kann, so hat er:

a. angemessene Vorkehrungen zu treffen, damit die Pauschalreise weiter durchgeführt werden kann;

b. den dem Konsumenten daraus entstandenen Schaden zu ersetzen; die Höhe des Schadenersatzes entspricht dem Unterschied zwischen dem Preis der vorgesehenen und jenem der erbrachten Dienstleistungen.

2 Können diese Vorkehrungen nicht getroffen werden oder lehnt sie der Konsument aus wichtigen Gründen ab, so hat der Veranstalter für eine gleichwertige Beförderungsmöglichkeit zu sorgen, mit welcher der Konsument zum Ort der Abreise zurückkehren oder an einen anderen mit ihm vereinbarten Ort reisen kann. Ausserdem hat er den dem Konsumenten daraus entstandenen Schaden zu ersetzen.

3 Die Massnahmen dieses Artikels begründen keinen Preisaufschlag.

Mesures de remplacement

[1] Lorsque, après le départ du consommateur, une part importante des prestations convenues n'est pas fournie ou que l'organisateur constate qu'il ne pourra en assurer une telle part, il doit:

a. prendre d'autres dispositions appropriées pour la continuation du voyage à forfait et
b. réparer le dommage subi par le consommateur à concurrence de la différence entre le prix des prestations prévues et celles effectivement fournies.

[2] Lorsqu'il n'est pas possible de prendre les arrangements prévus au 1er alinéa ou que le consommateur les refuse pour de justes motifs, l'organisateur doit, le cas échéant, s'efforcer de fournir au consommateur un moyen de transport équivalent qui ramènera celui-ci au lieu de départ ou à un autre lieu de retour convenu, et réparer le dommage qu'il a subi.

[3] Les mesures prévues au 1er et 2e alinéas ne donnent lieu à aucun supplément de prix.

Provvedimenti alternativi

[1] Se, dopo la partenza, non è fornita una parte essenziale delle prestazioni convenute o l'organizzatore si rende conto che non la può fornire, egli è tenuto a:

a. predisporre soluzioni alternative affinché il viaggio «tutto compreso» possa essere continuato;
b. risarcire al consumatore eventuali danni; l'importo risarcito è la differenza tra il prezzo delle prestazioni previste e quello delle prestazioni fornite.

[2] Se sono possibili alternative o se il consumatore non le accetta per validi motivi, l'organizzatore deve adoperarsi per fornirgli un mezzo di trasporto equivalente per il ritorno al luogo di partenza o ad altro luogo convenuto. Inoltre l'organizzatore è tenuto a risarcirgli il danno.

[3] I provvedimenti di cui nel presente articolo non danno diritto ad alcun supplemento di prezzo.

I. Allgemeines

Im Gegensatz zu Art. 12 ist in Art. 13 nicht von einem Mangel die Rede, sondern von der Nichterbringung eines erheblichen Teils der vereinbarten Leistungen. Zwischen **Teilnichterfüllung** und **Schlechterfüllung** kann jedoch im Rahmen des Reiserechts nicht unterschieden werden (s. ROBERTO, Haftung, 30; HANGARTNER, 101). Die Vorschrift bezieht sich daher richtiger Ansicht nach *auf alle mangelhaft erfüllten Pauschalreiseverträge* (vgl. auch HANGARTNER, 101 f.; MARTINELLI, 210 ff.; i.E. auch FRANK, N 2 ff.). 1

Unter der Überschrift *«Ersatzmassnahmen»* räumt diese Vorschrift dem Konsumenten verschiedene Rechte ein, die kein Verschulden seitens des Veranstalters voraussetzen und nach der Terminologie des schweizerischen Vertragsrechts als **Gewährleistungsansprüche** zu bezeichnen sind (vgl. HANGARTNER, 122 f.). Nach Abs. 1 lit. a hat der Veranstalter bei Reisemängeln *Abhilfe* zu schaffen. Abs. 1 lit. b spricht zwar vom Schadenersatzanspruch; die Definition des Anspruches als Unterschied zwischen dem Preis der vorgesehenen und jenem der erbrachten Dienstleistungen zeigt indes, dass tatsächlich ein *Minderungsanspruch* gemeint ist. Abs. 2 umschreibt das *Kündigungsrecht* des Konsumenten, wobei den Veranstalter die Pflicht zur Rückschaffung trifft. Abs. 3 hält die Selbstverständlichkeit fest, dass die Abhilfemassnahmen oder der Rücktransport im Falle der Kündigung *keinen Preisaufschlag* begründen. 2

Die Regelungen in dieser Vorschrift machen deutlich, dass der Veranstalter den **Erfolg der Reise** gewährleisten muss und grundsätzlich die Gefahr des Nichtgelingens trägt. Der Veranstalter steht somit nicht nur für mangelhafte Reiseleistungen ein, die auf seinem Fehlverhalten oder demjenigen seiner Mitarbeiter und Leistungsträger beruhen, sondern auch für Beeinträchtigungen der Reise von aussen. Denn Gewährleistung bedeutet Risikoübernahme auch für Umstände, die keine der Vertragsparteien zu beherrschen vermag (vgl. TONNER, Kommentar, § 651c N 9). Vorbehalten bleiben Fälle der **höheren Gewalt** (z.B. Krieg, terroristische Aktionen, Naturkatastrophen, Generalstreik; ausführlich ROBERTO, Haftung, 109 ff.) und Störun- 3 gen, die der **Sphäre des Konsumenten** zuzurechnen sind (sog. allgemeines Lebensrisiko: z.B. Unfall, Krankheit, Raubüberfall, sexuelle Belästigung, Wetterlage; s.a. HANGARTNER, 107 f.; **a.M.** CR CO I-STAUDER, N 4).

II. Abhilfe

4 Die Mängelanzeige enthält (zumindest implizit) auch ein Abhilfebegehren (s. Art. 12 PRG N 8). Nach Abs. 1 lit. a hat der Veranstalter angemessene Vorkehrungen für die weitere Durchführung – gemeint ist die Behebung der Mangelhaftigkeit – zu treffen. Abhilfe bedeutet Herbeiführung des vertragsmässigen Zustandes; das Recht auf Abhilfe ist somit ein **modifizierter Erfüllungsanspruch** des Reisenden (vgl. auch ROBERTO, NZZ vom 18.10.2001, 16 bez. Ausfall der Swissair-Flüge aufgrund des Groundings). Ab dem Zeitpunkt der ordnungsgemässen Abhilfe kann der Konsument keine Gewährleistungsrechte geltend machen. Ob eine ordnungsgemässe Abhilfe vorliegt, lässt sich nur nach dem Inhalt des Reisevertrages entscheiden. Dem Veranstalter ist bei der Gestaltung der Abhilfe ein *gewisser Spielraum* einzuräumen, da Ersatzleistungen regelmässig nicht absolut, sondern nur mehr oder weniger gleichwertig sind. Abhilfe als Erfüllung erfasst daher alle nach Massgabe des Vertragsinhalts gleich- oder höherwertigen Ersatzleistungen. Weist die Ersatzleistung eine tiefere Qualität auf oder führt sie zu einer Änderung des Reisecharakters, kann der Konsument die Abhilfe ablehnen (vgl. HANGARTNER, 123 ff.; MARTINELLI, 216 ff.).

5 Schafft der Veranstalter innerhalb einer vom Konsumenten bestimmten angemessenen Frist keine (ordnungsgemässe) Abhilfe, steht dem Konsumenten ein **Selbstabhilferecht** (Art. 98 Abs. 1 OR) zu, wobei in Analogie zu Art. 366 Abs. 2 OR von einer richterlichen Bewilligung abzusehen ist (selbst nach Reiseantritt i.S. der Praxis von BGE 107 II 55; vgl. CR CO I-STAUDER, N 9; HANGARTNER, 127 f.; MARTINELLI, 222 f.). Der Reisende hat diesfalls Anspruch auf Ersatz der erforderlichen Aufwendungen (vgl. HANGARTNER, 129 f.; ROBERTO, Haftung, 70 ff.). Der Anspruch fällt freilich unter Art. 14 und 15, da die Rsp. den Aufwendungsersatz als Schadenersatzanspruch auffasst (BGE 116 II 314; 107 II 55; **a.M.** CR CO I-STAUDER, N 11).

III. Minderung

6 Gemäss Abs. 1 lit. b kann der Konsument im Falle eines Reisemangels den Unterschied zwischen dem Preis der vorgesehenen und jenem der erbrachten Dienstleistungen verlangen, d.h. den Reisepreis mindern. Bei der Berechnung der Minderung ist nicht der Preis des betroffenen Leistungsteiles, sondern der **Gesamtpreis zugrunde zu legen**. Verkürzt sich z.B. die Reisedauer infolge einer erheblichen Verspätung der Abreise um einen Tag, so mindert sich der Reisepreis nicht bloss um die ausgefallenen Unterkunfts- und Verpflegungsleistungen, sondern entsprechend der Verkürzung der Reisedauer. Erhält der Konsument am Ferienort überhaupt keine Leistungen, weil die Reise unmittelbar nach der Ankunft abgebrochen wird, dann hat die An- und Rückreise für ihn keinen Wert, und die Minderung beträgt 100% (vgl. HANGARTNER, 130; ausführlich ROBERTO, Haftung, 79 ff., 85 ff.).

7 Die Höhe des Minderungsbetrages ist nach der **relativen Methode** zu bestimmen, d.h., der Reisepreis ist in dem Verhältnis herabzusetzen, in welchem der Wert der mangelhaften Reise zu dem Wert der Gesamtreise bei mangelfreier Erbringung steht (vgl. MARTINELLI, 232 ff.). In der Praxis läuft die Minderung immer auf einen vagen geschätzten prozentualen Abschlag vom Reisepreis hinaus. Dabei ist im Gegensatz zum Kauf- und Werkvertragsrecht (s. GAUCH, N 1628 ff., 1652) nicht der objektive (Vermögens-)Wert der Reise massgebend; die Minderung hat sich vielmehr daran zu orientieren, wieweit der mit der Reise **erkennbar verfolgte Zweck** (z.B. Erholung, Erlebnis, Information) beeinträchtigt worden ist (vgl. HANGARTNER, 131 f.; ausführlich ROBERTO, Haftung, 157 ff., 165).

Zu warnen ist vor einem schematischen Abstellen auf Tabellen (insb. auf die vom LG Frankfurt veröffentlichte sog. **«Frankfurter Tabelle»**). Diese dürfen nicht als *«Richtlinien»* normativen Charakter erlangen und an die Stelle einer einzelfallbezogenen Argumentation treten. Nach überwiegender Auffassung können Tabellen bei der typischen Erholungsreise als Orientierungshilfe dienen (CR CO I-STAUDER, N 15; HANGARTNER, 134; FÜHRICH, N 308 f. m.Nw.). 8

IV. Kündigung

Lässt sich der Reisemangel nicht beheben, so hat der Konsument nach Abs. 2 **Anspruch auf Rückbeförderung**. Implizite beinhaltet dieser Anspruch auch ein Kündigungsrecht des Konsumenten (vgl. HANGARTNER, 134; ROBERTO, NZZ vom 18.10.2001, 16 bez. Ausfall der Swissair-Flüge aufgrund des Groundings; **a.M.** MARTINELLI, 240 f.). 9

Die Kündigung kann erst erfolgen, wenn der Veranstalter den Mangel nicht beheben kann oder der Konsument die Abhilfe aus wichtigen Gründen ablehnt. Der Konsument darf das Kündigungsrecht somit erst dann ausüben, wenn er dem Veranstalter eine **angemessene Frist zur Abhilfe** gesetzt hat und diese ergebnislos verstrichen ist (vgl. HANGARTNER, 138). Die Fristsetzung kann (entsprechend Art. 108 OR) *entfallen*, wenn die Abhilfe objektiv unmöglich ist, der Veranstalter ernsthaft und unmissverständlich die Abhilfe verweigert oder ein besonderes Interesse des Konsumenten die Fristsetzung entbehrlich macht (s.a. § 651e Abs. 2 BGB). 10

Das Gesetz unterscheidet bezüglich der **Erheblichkeit des Reisemangels** nicht zwischen Ersatzmassnahmen einerseits und Kündigung mit Rückbeförderungsanspruch andererseits. Nun treffen aber das Kündigungs- und Rückbeförderungsrecht den Veranstalter ungleich schwerer als Ersatzmassnahmen am Urlaubsort, da er die i.d.R. wertvollste Leistung, insb. bei Flugreisen, bereits erbracht hat. Entsprechend der werkvertraglichen Regelung sollte daher nur ein qualifizierter Reisemangel, der die weitere Teilnahme für den Konsumenten unzumutbar macht, zur Kündigung berechtigen (ebenso CR CO I-STAUDER, N 3; HANGARTNER, 135 ff.; MARTINELLI, 214 ff.; STAUDER, ZSR 1986, 439). Die **Unzumutbarkeit** bestimmt sich nach Massgabe von Dauer und Intensität des Mangels sowie des Reisezwecks und des Reisecharakters (dazu ROBERTO, Haftung, 74 f.; s.a. HANGARTNER, 137). 11

Durch die Ausübung der Kündigung **verliert** der Veranstalter für die noch nicht erbrachten Leistungen **seinen Entschädigungsanspruch**; in Bezug auf die bereits erbrachten Leistungen steht dem Konsumenten ein Minderungsrecht zu (s. N 6 ff.; **ähnlich** HANGARTNER, 142, der aber den Gesamtpreis als massgebliche Bezugsgrösse betrachtet; **a.M.** MARTINELLI, 239 ff., wonach der Vertrag aufzuheben und der Nutzen zu entschädigen ist). Ist die Rückbeförderung Vertragsbestandteil, so hat der Veranstalter den Konsumenten an den Ort der Abreise zurückzubefördern. Die Mehrkosten für die vorzeitige Rückbeförderung (z.B. Linien-, statt Charterflug) fallen dem Veranstalter zur Last. Im Regelfall ist dem Reisenden freilich zuzumuten, ein bis zwei Tage zuzuwarten, bis ein Charterflug zur Verfügung steht. 12

In **Abs. 2** ist überdies vorgesehen, dass der Konsument statt an den Abreise- auch an einen *anderen, mit dem Veranstalter vereinbarten Ort* befördert werden kann. Dabei handelt es sich aber um eine zwischen den Parteien vereinbarte Vertragsänderung, die vom Rückbeförderungsanspruch unterschieden werden muss (ebenso HANGARTNER, 140). 13

Art. 14 PRG

Haftung; Grundsatz

¹ Der Veranstalter oder der Vermittler, der Vertragspartei ist, haftet dem Konsumenten für die gehörige Vertragserfüllung unabhängig davon, ob er selbst oder andere Dienstleistungsträger die vertraglichen Leistungen zu erbringen haben.

[2] Der Veranstalter und der Vermittler können gegen andere Dienstleistungsträger Rückgriff nehmen.

[3] Vorbehalten bleiben die in internationalen Übereinkommen vorgesehenen Beschränkungen der Entschädigung bei Schäden aus Nichterfüllung oder nicht gehöriger Erfüllung des Vertrages.

Responsabilité; principe

[1] L'organisateur ou le détaillant partie au contrat est responsable envers le consommateur de la bonne exécution du contrat, indépendamment du fait que les prestations dues soient à fournir par lui-même ou par d'autres prestataires de services.

[2] L'organisateur et le détaillant peuvent recourir contre les autres prestataires de services.

[3] Sont réservées les limitations à la réparation des dommages résultant de l'inexécution ou de l'exécution imparfaite du contrat prévues dans des conventions internationales.

Responsabilità; principio

[1] L'organizzatore o il venditore contraente è responsabile nei confronti del consumatore della buona esecuzione del contratto, indipendentemente dal fatto che egli stesso o altri prestatori debbano fornire i servizi.

[2] L'organizzatore e il venditore possono rivalersi presso gli altri prestatori di servizi.

[3] Sono salvi i limiti del risarcimento dei danni in caso di inadempimento o di cattiva esecuzione del contratto, previsti nelle convenzioni internazionali.

Art. 15 PRG

Ausnahmen

[1] Der Veranstalter oder der Vermittler haftet dem Konsumenten nicht, wenn die Nichterfüllung oder die nicht gehörige Erfüllung des Vertrages zurückzuführen ist:
a. auf Versäumnisse des Konsumenten;
b. auf unvorhersehbare oder nicht abwendbare Versäumnisse Dritter, die an der Erbringung der vertraglich vereinbarten Leistungen nicht beteiligt sind;
c. auf höhere Gewalt oder auf ein Ereignis, welches der Veranstalter, der Vermittler oder der Dienstleistungsträger trotz aller gebotenen Sorgfalt nicht vorhersehen oder abwenden konnte.

[2] In den Fällen nach Absatz 1 Buchstaben b und c muss sich der Veranstalter oder der Vermittler, der Vertragspartei ist, darum bemühen, dem Konsumenten bei Schwierigkeiten Hilfe zu leisten.

Exceptions

[1] L'organisateur et le détaillant ne sont pas responsables envers le consommateur lorsque l'inexécution ou l'exécution imparfaite du contrat est imputable:
a. à des manquements du consommateur;
b. à des manquements imprévisibles ou insurmontables imputables à un tiers étranger à la fourniture des prestations prévues dans le contrat;
c. à un cas de force majeure ou à un événement que l'organisateur, le détaillant ou le prestataire, malgré toute la diligence requise, ne pouvaient pas prévoir ou contre lesquels ils ne pouvaient rien.

[2] Dans les cas indiqués au 1er alinéa, lettres b et c, l'organisateur ou le détaillant partie au contrat sont tenus de faire diligence pour venir en aide au consommateur en difficulté.

Eccezioni

[1] L'organizzatore e il venditore non sono responsabili verso il consumatore, se l'inadempimento o la cattiva esecuzione del contratto è imputabile a:
a. mancanze del consumatore;
b. mancanze imprevedibili o insormontabili di un terzo estraneo alla fornitura delle prestazioni previste nel contratto;
c. forza maggiore o avvenimento che l'organizzatore o il venditore o il prestatore di servizi, malgrado tutta la necessaria diligenza, non potevano prevedere o risolvere.

[2] Nei casi indicati nel capoverso 1 lettere b e c, l'organizzatore o il venditore contraente devono agire con la massima sollecitudine per venire in aiuto al consumatore in difficoltà.

I. Allgemeines

Art. 14 Abs. 1 legt die Einstandspflicht des Veranstalters für Vertragsverletzungen fest. Die Ausnahmen der Haftung sind in Art. 15 Abs. 1 geregelt. Die **beiden Bestimmungen** müssen daher **zusammen betrachtet** werden (vgl. MARTINELLI, 100). Zu begrüssen ist, dass das Gesetz den Schadenersatzanspruch aus nicht gehöriger Erfüllung und aus Nichterfüllung einheitlich regelt. 1

Art. 14 Abs. 2 sieht ein **Rückgriffsrecht des Veranstalters** gegen Leistungsträger vor, das sich im Einzelnen nach dem Innenverhältnis zwischen dem Veranstalter und dem jeweiligen Leistungsträger richtet (FRANK, Art. 14 N 59). Der Vorbehalt eines Rückgriffs des Vermittlers beruht auf einem Irrtum, da der Vermittler für das Verhalten der Leistungsträger nicht einzustehen hat (ebenso HANGARTNER, 169 f.). 2

Keine eigenständige Bedeutung kommt der Bestimmung in **Art. 15 Abs. 2** zu, wonach sich der Veranstalter *«darum bemühen»* muss, *«dem Konsumenten bei Schwierigkeiten Hilfe zu leisten»* (TONNER, Reiserecht, 273; **a.M.** FRANK, Art. 15 N 11 ff.; HANGARTNER, 157 f.; CR CO I-STAUDER, Art. 15 PRG N 7; MARCHAND, AJP 1994, 736). 3

II. Verschuldenshaftung

Das Gesetz spricht – im Gegensatz zur Europäischen Richtlinie – nirgends von einem Verschulden. In Art. 15 Abs. 1 werden lediglich drei Gründe umschrieben, in denen die Haftung entfällt. Es ist daher unklar, ob das Haftungssystem als **Verschuldenshaftung** oder als **Kausalhaftung** (so CR CO I-STAUDER, Art. 14 PRG N 5; FRANK, Art. 14 N 23; HANGARTNER, 146 ff.; MARTINELLI, 100 ff.; STAUDER, DGfR, 24) zu verstehen ist. Der Unterschied ist freilich gering, da Art. 15 verschiedene, teils grosszügige Entlastungsmöglichkeiten vorsieht. 4

Ob sich die Haftungsregelung in Art. 14 Abs. 1 und Art. 15 Abs. 1 überhaupt von der allgemeinen vertraglichen Verschuldenshaftung nach Art. 97 OR unterscheidet, hängt von der Auslegung des Begriffes **Ereignis** in Art. 15 Abs. 1 lit. c ab. Obwohl dieser Begriff zusammen mit der höheren Gewalt erwähnt wird, muss es sich nicht um ein aussergewöhnliches Ereignis handeln (MARCHAND, AJP 1994, 736; anders noch ROBERTO, recht 1994, 13). Vielmehr entfällt die Haftung bei sämtlichen Ereignissen, die unvorhersehbar oder nicht abwendbar sind. Damit läuft die Haftungsregelung des PRG auf eine **Verschuldenshaftung** mit *Beweislastumkehr beim Verschuldensnachweis* hinaus. Denn Verschulden bedeutet Erkennbarkeit und Vermeidbarkeit (ebenso HANGARTNER, 156; WERRO, 708; SCHWENZER, N 22.38; s.a. STAUDER, DGfR, 25 f.; **a.M.** CR CO I-STAUDER, Art. 14 PRG N 5; MARTINELLI, 102). Nach Auffassung des BGer kann die Haftung des Veranstalters dagegen als «einfache Kausalhaftung bezeichnet werden, welche die Verletzung einer Sorgfaltspflicht präsumiert» (BGE 130 III 185). In der Sache besteht freilich kein Unterschied, ob man die Haftungsregelung im PRG als einfache Kausalhaftung charakterisiert, die dem Veranstalter den Sorgfaltsbeweis offenlässt oder als vertragliche Verschuldenshaftung mit Beweislastumkehr hinsichtlich des Verschuldens. Terminologisch ist es hingegen fragwürdig, den im ausservertraglichen Haftpflichtrecht gebräuchlichen Begriff einfache Kausalhaftung für die vertragliche Haftung mit Beweislastumkehr beim Verschulden zu verwenden, da man in diesem Fall auch die allgemeine Vertragshaftung in Art. 97 Abs. 1 OR als einfache Kausalhaftung bezeichnen müsste. 5

Kein Verschulden und gleichzeitig auch eine Haftungsbefreiung nach Art. 15 Abs. 1 liegt somit in jenen Fällen vor, in denen die Nichterfüllung oder die nicht gehörige Erfüllung des Reisevertrages auf einen Umstand zurückzuführen ist, welcher durch den Veranstalter vor Reise- 6 beginn **nicht vorherzusehen** oder während der Reise **nicht abzuwenden** war. Den weiteren in Art. 15 Abs. 1 erwähnten Entlastungsmöglichkeiten (Versäumnisse des Konsumenten bzw. Dritter sowie höhere Gewalt) kommt keine eigenständige Bedeutung zu; diese sind vielmehr als Unterfälle der unvorhersehbaren oder nicht abwendbaren Ereignisse zu betrachten (ausführlich HANGARTNER, 153 ff.; s.a. ROBERTO, NZZ vom 18.10.2001, 16).

III. Haftung für Hilfspersonen

7 Der Veranstalter haftet für die gehörige Vertragserfüllung unabhängig davon, ob er selbst oder Leistungsträger die vertraglichen Leistungen zu erbringen haben. **Leistungsträger gelten** somit **als Hilfspersonen** i.S.v. Art. 101 OR (vgl. HANGARTNER, 149 f.; GIRSBERGER, SJZ 1996, 201). Die in der früheren Literatur gelegentlich geäusserten Zweifel (s. GIRSBERGER, ZSR 1986 II, 70 ff. und 99), ob es gerechtfertigt sei, den Veranstalter auch für Handlungen ausländischer Leistungsträger oder von Beförderungsunternehmen (Bahn, Post, Fluggesellschaften) wie für eigene einstehen zu lassen, werden dadurch ausgeräumt. Der Veranstalter haftet für alle Leistungsträger.

8 Der Schaden, den die Hilfsperson dem Konsumenten zufügt, muss in Ausübung der ihr übertragenen Aufgabe verursacht worden sein **(funktioneller Zusammenhang)**. Für die deliktische Handlung einer Hilfsperson, die nicht zugleich eine Vertragsverletzung darstellt, haftet der Veranstalter ggf. aus Art. 55 OR.

IV. Umfang des Schadens

9 Die Schadenersatzpflicht des Veranstalters umfasst alle **Nichterfüllungs- und Mangelfolgeschäden**. Davon zu unterscheiden sind Minderungsansprüche, welche kein Verschulden bzw. Sorgfaltspflichtverletzungen seitens des Veranstalters voraussetzen (vgl. CR CO I-STAUDER, Art. 14 PRG N 6; HANGARTNER, 150).

10 Die schwerwiegendsten finanziellen Konsequenzen für den Veranstalter ergeben sich aus Vertragsverletzungen, die zu **Unfällen** mit Körperverletzungen oder Todesfolgen bei Reisenden führen. Der Veranstalter hat grundsätzlich für sämtliche Unfallfolgen (z.B. wegen defekter Hoteleinrichtung) und Erkrankungen (z.B. infolge verdorbener Speisen) einzustehen, die *aufgrund mangelhafter Reiseleistungen entstanden* sind; das *gewöhnliche Unfallrisiko* (z.B. Skiunfall; Sturz vom Kamel, unv. Urteil des Gerichts des Seebezirks [FR] vom 6.8.2004) hat der Konsument indessen selbst zu tragen. Zur Informationspflicht über Gefahren am Urlaubsort vgl. ROBERTO, Haftung, 95 f. Sodann sind auch **Sachschäden** zu ersetzen, z.B. bei Beschädigung oder Verlust des Reisegepäcks. Geschieht dies anlässlich eines Flug- oder Bahntransports, so sind die Vorschriften der Spezialgesetze zu beachten. Zu den erstattungsfähigen Vermögensschäden gehören alle infolge mangelhafter Reiseleistungen entstandenen Mehraufwendungen (z.B. vergebliche Anreisekosten bei Absage der Reise, Telefonkosten, Taxispesen, Aufwendungsersatz bei Selbstabhilfe; s.a. CR CO I-STAUDER, Art. 14 PRG N 7; HANGARTNER, 150 ff.). Bei der Schadenersatzbemessung sind die allgemeinen Regeln in Art. 43 und 44 OR, insb. das Mitverschulden des Konsumenten, zu berücksichtigen (vgl. BGE 130 III 189, wonach bei Verlust eines Koffers nicht der ganze Schaden zu ersetzen ist, wenn der Konsument den Veranstalter nicht über den hohen Wert des Kofferinhalts informiert hat; das BGer bestätigte daher die Zusprechung des üblichen Werts eines Koffers für die konkrete Reise durch die Vorinstanz).

11 Die umstrittenste Frage betrifft die Entschädigung für **verdorbenen Feriengenuss** oder **verdorbene Ferienzeit**. Während ein Teil der Lehre einen sog. **Frustrationsschaden** anerkennt (CR CO I-STAUDER, Art. 14 PRG N 8; WERRO, 707; WIEGAND, Jusletter 2002, N 9; ebenso *MARTINELLI*, 251 f.; nur für den Bereich des PRG auch BK-BREHM Art. 41 OR N 84d), wird sie von der überwiegenden Lehre und bundesgerichtlichen Rsp. (BGE 115 II 481) zu Recht abgelehnt (ROBERTO, recht 1997, 111 m.Nw.; DERS. ausführlich, recht 1990, 79 ff.; HANGART-

NER, 159; CHK-ZEITER/SCHLUMPF, Art. 14 PRG N 2). Das zürcherische Kassationsgericht hat dagegen einem Ferienreisenden im Jahre 1995 Schadenersatz für eine verdorbene Ferienreise zugesprochen (ZR 96 Nr. 16; s. dazu ROBERTO, recht 1997, 108 ff.), ebenso der Genfer Cour de Justice betreffend eine Unterkunft, deren Zustand geradezu als gesundheitsgefährdend eingestuft wurde, wobei sowohl auf BGE 115 II 474 als auch auf einen EuGH-Entscheid vom 12.3.2002, Rs. C-168/00, Simone Leitner/TUI Deutschland GmbH & Co. KG, Slg. 2002 I-2631, Bezug genommen wird (s. dazu CHAIX, SJZ 2005, 416 ff. inkl. Zitat in FN 6; s.a. MARCHAND, FS Stettler, 176). Auf den genannten EuGH-Entscheid verweist meist auch die Lehre, um einen Ersatz für einen immateriellen Schaden infolge einer verdorbenen Ferienreise zu begründen (s. etwa CR CO I-STAUDER, Art. 14 PRG N 8; WERRO, 700 ff.; WIEGAND, Jusletter 2002, N 3 ff.). Dabei wird übersehen, dass die Anerkennung solcher Schadenspositionen in Widerspruch zur konstanten schweizerischen Praxis zum Begriff des Schadens steht, weshalb kein «Zweifelsfall» vorliegt, welcher eine europakonforme Auslegung erlauben würde (vgl. hierzu KLETT, recht 2008, 235; so wohl auch CHK-ZEITER/SCHLUMPF, Art. 14 PRG N 2; zur europakonformen Auslegung im Allgemeinen Vor PRG N 1a). Nach einem Teil der Lehre soll der Konsument bei verdorbenem Feriengenuss, wenn die Schwere der Verletzung es rechtfertigt, **Genugtuung** fordern können (FRANK, Art. 4 N 24 ff.; GAUCH, SJZ 1983, 276; TERCIER, 174; CHK-ZEITER/SCHLUMPF, Art. 14 PRG N 6 m.V. auf BGE 126 III 394, welcher freilich auf die hohen Anforderungen für einen solchen Anspruch bei vertragswidrigen Leistungserbringungen verweist; s.a. TERCIER/FAVRE, N 6559 f.; **a.M.** ROBERTO, Haftung, 150 ff.; BK-BREHM, Art. 49 OR N 29 m.w.Nw.; HANGARTNER, 161; MARTINELLI, 252 f.).

V. Vorbehalt internationaler Übereinkommen

12 Art. 14 Abs. 3 sieht einen Vorbehalt bezüglich Haftungsbeschränkungen in internationalen Übereinkommen vor. Der Vorbehalt bezieht sich auf **Schadenersatzansprüche**, nicht aber auf die verschuldensunabhängigen Gewährleistungsansprüche nach Art. 13 (vgl. CR CO I-STAUDER, Art. 15 PRG N 10; HANGARTNER, 165). Er erfasst ausschliesslich allfällige Haftungsbeschränkungen und nicht etwa Vorschriften, die im Vergleich zum PRG eine Haftungsverschärfung bedeuten oder andere Anspruchsmodalitäten regeln (vgl. MARCHAND, FS Stettler, 176). Zu beachten ist, dass diese Übereinkommen das Pauschalreiserecht nicht verdrängen; vielmehr bleiben die Ansprüche dem Grunde nach reisevertragliche und werden lediglich der Höhe nach beschränkt (**a.M.** TONNER, Kommentar, § 651h N 16 betr. die Schadenersatzansprüche gemäss Montrealer Übereinkommen, die jene gemäss BGB verdrängen sollen).

13 Bedeutsam sind v.a. die Übereinkommen im Beförderungsbereich: Für den internationalen Luftverkehr das **Montrealer Übereinkommen** (SR 0.748.411), das im Jahre 2005 in Kraft getreten ist und in seinem Anwendungsbereich das früher geltende Warschauer Abkommen von 1929 (SR 0.748.410) ersetzt, sowie die **Verordnung (EG) Nr 261/2004** vom 11.2.2004 über eine gemeinsame Regelung für Ausgleichs- und Unterstützungsleistungen für Fluggäste im Fall der Nichtbeförderung und bei Annulierung oder grosser Verspätung von Flügen, die von der Schweiz mit Wirkung auf den 1.12.2006 übernommen wurde (vgl. zu diesen beiden Übereinkommen MARCHAND, FS Stettler, 167 ff.), für den internationalen Bahnverkehr das **Berner Übereinkommen** von 1980 (SR 0.742.403.1) und für Schiffsreisen das **Athener Übereinkommen** von 1974 (SR 0.747.356.1). Die darin enthaltenen Haftungsbeschränkungen gelten kraft Gesetzes und bedürfen keiner ausdrücklichen Vereinbarung. Anderes gilt für **IATA-Bedingungen**, die keine Gesetzeskraft, sondern lediglich AGB-Charakter haben.

VI. Verjährung

14 Ansprüche des Konsumenten verjähren nach der hier vertretenen Ansicht mit **Ablauf von zwei Jahren** nach Reiseende (s. dazu Art. 12 PRG N 15).

Art. 16 PRG

Beschränkung und Wegbedingung der Haftung

[1] Die Haftung für Personenschäden, die aus der Nichterfüllung oder der nicht gehörigen Erfüllung des Vertrages entstehen, kann vertraglich nicht beschränkt werden.

[2] Für andere Schäden kann die Haftung vertraglich auf das Zweifache des Preises der Pauschalreise beschränkt werden, ausser bei absichtlich oder grobfahrlässig zugefügten Schäden.

Limitation et exclusion de la responsabilité

[1] La responsabilité pour les dommages corporels résultant de l'inexécution ou de l'exécution imparfaite du contrat ne peut pas être limitée par convention.

[2] S'agissant d'autres dommages, la responsabilité peut être limitée par convention au double du prix du voyage à forfait, sauf en cas de faute intentionnelle ou de négligence ou d'imprudence graves.

Limitazione ed esclusione della responsabilità

[1] La responsabilità per i danni corporali derivanti dall'inadempimento o dalla cattiva esecuzione del contratto non può essere limitata mediante il medesimo.

[2] Per altri danni, eccettuati quelli intenzionali o dovuti a colpa grave, il risarcimento pùo essere limitato contrattualmente al doppio del prezzo del viaggio «tutto compreso».

1 Eine vertragliche Haftungsbeschränkung für **Personenschäden** ist nicht zulässig. Der Veranstalter haftet somit für sämtliche aus mangelhaften Reiseleistungen folgenden Gesundheitsschäden, auch wenn sie durch einen Leistungsträger verursacht wurden (s. aber den Vorbehalt in Art. 14 Abs. 3), was namentlich für kleinere Veranstalter ein erhebliches und kaum abzusicherndes finanzielles Risiko darstellt. Der oftmals bei lokalen Ausflügen gemachte Vorbehalt, die Teilnahme erfolge auf eigene Gefahr, ist unbeachtlich (so auch CR CO I-Stauder, N 2). Zur Frage, ob solche Ausflüge unter das PRG fallen, s. Art. 2 PRG N 5.

2 Eine grundlegende Neuerung enthält Abs. 2. Danach kann die Haftung für **Schäden, die nicht Personenschäden sind**, nur für leichtes Verschulden und zudem höchstens auf das Zweifache des Reisepreises beschränkt werden. Diese Vorschrift ist insofern einmalig, als das schweizerische Vertragsrecht grundsätzlich keine Haftungsbeschränkungen auf einen Höchstbetrag kennt. Der Zweck der Vorschrift ist weniger in der Begrenzung der finanziellen Belastung des Veranstalters auf ein zumutbares Mass zu sehen; dies wäre nur durch eine Haftungsbeschränkung für Personenschäden zu erreichen. Vielmehr kommt die Vorschrift dem Interesse des Konsumenten entgegen, den in den AGB der Veranstalter regelmässig niedergelegten Haftungsausschluss nur noch beschränkt zuzulassen (s.a. Hangartner, 162 ff.).

3 Art. 16 bezieht sich auf Schäden, die aus Vertragsverletzungen entstehen. Aus diesem Grunde ist die Haftungsbegrenzung in Abs. 2 nicht auf **deliktische** Schadenersatzansprüche anzuwenden (CR CO I-Stauder, N 5; wohl auch CHK-Zeiter/Schlumpf, N 3; **a.M.** Frank, N 7 f.).

Neunter Abschnitt: Abtretung der Buchung der Pauschalreise

Art. 17 PRG

[1] Ist der Konsument daran gehindert, die Pauschalreise anzutreten, so kann er die Buchung an eine Person abtreten, die alle an die Teilnahme geknüpften Bedingungen erfüllt, wenn er zuvor den Veranstalter oder den Vermittler innert angemessener Frist vor dem Abreisetermin darüber informiert.

[2] Diese Person und der Konsument haften dem Veranstalter oder dem Vermittler, der Vertragspartei ist, *solidarisch für* die Zahlung des Preises sowie für die gegebenenfalls durch diese Abtretung entstehenden Mehrkosten.

[1] Si le consommateur est empêché d'entreprendre le voyage à forfait, il peut céder sa réservation, après en avoir informé l'organisateur ou le détaillant dans un délai raisonnable avant la date du départ, à une personne qui remplit toutes les conditions requises pour le voyage à forfait.

[2] Cette personne et le consommateur répondent solidairement envers l'organisateur ou le détaillant partie au contrat du paiement du prix ainsi que des frais supplémentaires éventuels occasionnés par la cession.

[1] Il consumatore che sia impedito di intraprendere il viaggio «tutto compreso» può cedere la prenotazione a una persona che soddisfi tutte le condizioni richieste, se ne informa precedentemente l'organizzatore o il venditore entro un termine ragionevole prima della data della partenza.

[2] Il cessionario e il consumatore sono solidalmente responsabili nei confronti dell'organizzatore o del venditore contraente per il pagamento del prezzo e delle eventuali spese supplementari risultanti dalla cessione.

I. Normzweck

Der Konsument soll die Möglichkeit haben, die erworbene vertragliche Leistung anderweitig zu verwerten, wenn er sie selbst nicht nutzen kann. Er hat schon mit Blick auf die häufig langfristige Buchung ein berechtigtes Interesse, bei Verhinderung an der Teilnahme einen Ersatzteilnehmer zu stellen und so den **kostspieligen Rücktritt** zu *vermeiden*. 1

II. Juristische Konstruktion

Das Gesetz spricht von einer **Abtretung**. Dies ist insofern ungenau, als der Dritte Vertragspartner des Veranstalters wird, folglich nicht nur Rechte, sondern auch Pflichten auf ihn übergehen (s.a. HANGARTNER, 67 f.: Qualifikation als Vertragsübernahme; ebenso CR CO I-STAUDER, N 2; SCHWENZER, N 92.04 f.). Um die finanziellen Interessen des Veranstalters im Falle eines ihm aufgezwungenen Wechsels der Vertragspartei zu wahren, sieht Abs. 2 der Vorschrift eine **solidarische Haftung** des ursprünglichen Konsumenten für die Zahlung des Preises und der Mehrkosten vor. Insofern handelt es sich ohnehin nicht um eine befreiende Abtretung bzw. Vertragsübernahme (s. WIEDE, N 1237). 2

III. Voraussetzungen der Ersetzungsbefugnis

1. Erfüllung der Teilnahmevoraussetzungen

Der Veranstalter braucht sich nicht jeden Dritten als Ersatzvertragspartner aufdrängen zu lassen; die Ersatzperson muss vielmehr *«alle an die Teilnahme geknüpften Bedingungen»* erfüllen. **Hinderungsgründe** können zum einen **persönlicher Natur** sein, z.B. die körperliche Konstitution bei Abenteuerreisen, das Alter bei Jugendreisen bzw. bei Seniorenreisen, das Geschlecht bei Frauenreisen bzw. bei Unterbringung in Mehrbettzimmern usw. Zum anderen können einem Teilnehmerwechsel **gesetzliche Vorschriften** oder behördliche Anordnungen entgegenstehen, z.B. Einreisebeschränkungen bei fehlender Impfung. Es muss sich jedenfalls um Umstände handeln, die eine Teilnahme des Ersatzreisenden nicht zulassen. Ist der Teilnehmerwechsel bloss mit zusätzlichen Leistungen und Kosten verbunden (Sonderkost oder ein zusätzliches Kinderbett), so hat der Veranstalter *Anspruch auf die Mehrkosten* (ausführlich HANGARTNER, 73 f.; ebenso CR CO I-STAUDER, N 5; **a.M.** FRANK, N 7 f., wonach solche Fälle als Rücktritt und Neubuchung anzusehen sind). 3

2. Fristgerechte Information

Damit der Veranstalter neue Reisepapiere ausstellen und Leistungsträger verständigen kann, muss ihm der Teilnehmerwechsel innert **angemessener Frist vor dem Abreisedatum** mitgeteilt werden. Was als *«angemessene Frist»* gilt, lässt sich nicht einheitlich festlegen. Im Hinblick auf die heutigen Übermittlungsmöglichkeiten, die auch bei Fernreisen eine Umbuchung i.d.R. innerhalb weniger Stunden ermöglichen, ist die Ansetzung einer Frist von mehreren Tagen in den 4

AGB bedenklich, da dies das Austauschrecht des Konsumenten unzulässig (Art. 19) einengt (gl. M. HANGARTNER, 71 f.: Für die Umbuchung sollen keine längeren Fristen als für die Buchung selbst gefordert werden; ebenso CR CO I-STAUDER, N 8). Die Mitteilung des Konsumenten ist an keine Form gebunden; sie kann auch mündlich erfolgen (vgl. WIEDE, N 1236).

3. Verhinderung des Konsumenten

5 Das Gesetz setzt überdies voraus, dass der Konsument daran gehindert ist, die Reise anzutreten. Diese **Einschränkung** ist **weder zweckmässig noch sachgerecht**. Für den Veranstalter ist es regelmässig unerheblich, wer an der Reise teilnimmt, sofern einem Teilnehmerwechsel nicht persönliche oder rechtliche Hindernisse entgegenstehen (STAUDER, ZSR 1986 II, 429). Aus diesem Grunde würde der Veranstalter, der eine Umbuchung nur wegen fehlender Teilnahmeverhinderung verweigert (und in der Folge die u.U. erheblichen Annullationsgebühren fordert), rechtsmissbräuchlich handeln (vgl. auch die Stellungnahmen des Bundesrates und in den parlamentarischen Beratungen: BBl 1992 V 772; AB NR 1992, 1691; AB SR 1992, 652). Dies gilt umso mehr, als der ursprüngliche Konsument für die ausstehenden Zahlungen solidarisch haftet, die berechtigten Interessen des Veranstalters somit nicht bloss gewahrt, sondern gar besser befriedigt werden (ebenso CR CO I-STAUDER, N 6; HANGARTNER, 70).

IV. Mehrkosten

6 Der Veranstalter hat Anspruch auf die durch den Teilnehmerwechsel entstehenden Kosten. Hinsichtlich der bei jeder Umbuchung anfallenden **Bearbeitungskosten** ist eine *Pauschalierung aus Praktikabilitätsgründen zuzulassen* (so auch FÜHRICH, N 195 m.Nw.; **a.M.** CR CO I-STAUDER, N 10; DERS., SPR X, 332; TONNER, Kommentar, § 651b N 10; HANGARTNER, 74). Die Gebühr sollte indessen niedrig angesetzt sein, damit im Hinblick auf Art. 19 keine Bedenken aufkommen.

Zehnter Abschnitt: Sicherstellung

Art. 18 PRG

1 Der Veranstalter oder der Vermittler, der Vertragspartei ist, muss für den Fall der Zahlungsunfähigkeit oder des Konkurses die Erstattung bezahlter Beträge und die Rückreise des Konsumenten sicherstellen.

2 Auf Verlangen des Konsumenten muss der die Sicherstellung nachweisen. Erbringt er diesen Nachweis nicht, so kann der Konsument vom Vertrag zurücktreten.

3 Der Rücktritt muss dem Veranstalter oder dem Vermittler vor dem Abreisetermin schriftlich mitgeteilt werden.

1 L'organisateur ou le détaillant partie au contrat doit garantir le remboursement des montants payés et le rapatriement du consommateur en cas d'insolvabilité ou de faillite.

2 Il doit apporter la preuve de cette garantie à la demande du consommateur. A défaut, le consommateur peut résilier le contrat.

3 Le consommateur doit communiquer par écrit la résiliation à l'organisateur ou au détaillant avant la date du départ.

1 L'organizzatore o il venditore contraente devono garantire il rimborso degli ammontari pagati e il viaggio di ritorno del consumatore in caso d'insolvenza o di fallimento.

2 Su domanda del consumatore, devono provare di disporre di garanzie. Se non ne viene fornita la prova, il consumatore può recedere dal contratto.

3 Il recesso deve essere comunicato per scritto all'organizzatore o al venditore, prima della data della partenza.

I. Normzweck

1 In den letzten Jahren häuften sich die Fälle, in denen ein Reiseveranstalter den Konkurs anmelden musste. Da der Konsument den **Preis** regelmässig **im Voraus entrichten** muss, besteht ein besonderes Bedürfnis, diesen gegen eine Zahlungsunfähigkeit des Veranstalters zu schützen (vgl. HANGARTNER, 170). Dies gilt namentlich dann, wenn sich der Konsument bereits am Urlaubsort befindet und die Leistungsträger die Flugscheine für den Rücktransport nicht mehr akzeptieren. Aus diesem Grunde hat der Veranstalter neben den bezahlten Beträgen auch die Rückreise vom weitesten Punkt des Reiseprogrammes sicherzustellen (FRANK, N 4; vgl. zum Ganzen SCHAFFELHUBER, JKR 2000, 159 ff.).

II. Umfang und Nachweis der Sicherstellung

2 Der Veranstalter (nicht aber der Vermittler, vgl. dazu Art. 2 PRG N 1 ff. [s.a. SCHAFFELHUBER, JKR 2000, 167]) ist verpflichtet, im Falle der Zahlungsunfähigkeit oder Konkurses die Erstattung **bezahlter Beträge** und der **Rückreisekosten** sicherzustellen. Die Durchsetzung etwaiger Schadenersatzansprüche muss hingegen nicht sichergestellt werden (FRANK, N 7; HANGARTNER, 176; ausführlicher SCHAFFELHUBER, JKR 2000, 170 ff.; s.a. STAUDER, FS Dallèves, 302 ff.).

3 Das Gesetz legt nicht fest, mit welchen Mitteln die Sicherstellung erfolgen muss. In Frage kommen v.a. eine **Versicherung** oder die Mitgliedschaft in einem **Garantiefonds**. In der Praxis sind die meisten Veranstalter dem im Jahre 1994 gegründeten Garantiefonds beigetreten (vgl. STAUDER, DGfR, 26 f.; SCHAFFELHUBER, JKR 2000, 179 ff.); nur wenige Veranstalter wählten die Versicherungslösung (HANGARTNER, 173 f.; vgl. zum Ganzen auch SCHAFFELHUBER, JKR 2000, 168 f.; STAUDER, FS Dallèves, 306 ff.).

III. Folgen fehlender Insolvenzsicherung

4 Der Veranstalter muss dem Konsumenten auf Verlangen die Sicherstellung nachweisen (vgl. HANGARTNER, 175); kann er dies nicht, darf der Konsument **vom Vertrag zurücktreten** (ausführlich SCHAFFELHUBER, JKR 2000, 166 ff.; HANGARTNER, 178) und Rückerstattung aller von ihm bezahlten Beträge verlangen. Der Rücktritt ist nur vor der Abreise zulässig und muss dem Veranstalter oder dem Vermittler in schriftlicher Form mitgeteilt werden. Entgegen der ursprünglichen Fassung im Eurolex-Entwurf muss der Konsument im Vertrag nicht auf das Rücktrittsrecht hingewiesen werden, so dass er im Regelfall über sein Recht nicht informiert sein dürfte (vgl. HANGARTNER, 179; SCHAFFELHUBER, JKR 2000, 183; vgl. auch die Kritik bei STAUDER, FS Dallèves, 305 f.).

5 Das Parlament hat die im bundesrätlichen Entwurf vorgesehenen *Strafbestimmungen* (Haft oder Busse bis CHF 20 000) bei fehlender Insolvenzsicherung gestrichen. Es widerspreche schweizerischer Rechtstradition, wenn in Zivilrechtserlasse Strafbestimmungen aufgenommen würden, sofern die zivilrechtlichen Sanktionen für Vertragsverletzungen genügen (AB SR 1992, 652 f.; AB NR 1992, 1691 ff.). Nun lässt sich aber der Vollzug der Sicherungspflicht nicht mit dem Rücktrittsrecht als **zivilrechtliche Sanktion** gewährleisten (s.a. HANGARTNER, 172; STAUDER, DGfR, 24; STAUDER/LANGER/SCHAFFELHUBER, JKR 2001, 216).

6 Der Sache nach sind heute zwei Wege denkbar, um die Insolvenzsicherung zu gewährleisten. Entweder muss der Sicherungsnachweis gegenüber einer staatlichen Stelle erbracht werden, was zwangsläufig mit einer **Lizenzierung** der Veranstaltertätigkeit verbunden wäre. Oder man führt eine **Strafbestimmung** ein, die das Anbieten von Pauschalreisen ohne hinreichende Insolvenzsicherung sanktioniert (vgl. HANGARTNER, 181 f.).

Elfter Abschnitt: Zwingendes Recht

Art. 19 PRG

Von den Bestimmungen dieses Gesetzes kann zuungunsten des Konsumenten nur dort abgewichen werden, wo dies ausdrücklich vorgesehen ist.

Il ne peut être dérogé aux dispositions de la présente loi au détriment du consommateur que dans les cas expressément prévus.

Non si può derogare alle disposizioni della presente legge a detrimento del consumatore, salvo nei casi espressamente previsti.

1 Von den Bestimmungen des Pauschalreisegesetzes darf weder durch AGB noch durch Individualvereinbarung zum Nachteil des Konsumenten abgewichen werden; sie haben also **halbzwingenden Charakter**. Die Vorschrift enthält auch ein **Umgehungsverbot**; Klauseln in AGB oder eine Vertragsgestaltung, welche einen nach dem PRG unzulässigen Vertragsinhalt auf anderen Wegen zu erreichen versuchen, sind unwirksam. Nicht in Betracht kommt auch eine Kompensation nachteiliger mit günstigen AGB-Klauseln; vielmehr muss jede Bestimmung für sich dem Gesetz entsprechen (vgl. CR CO I-STAUDER, N 2 ff.; HANGARTNER, 183). Die Nichtigkeit einer dem Konsumenten nachteiligen Klausel berührt die Geltung des Vertrages nicht. An die Stelle der unwirksamen Bestimmung tritt die gesetzliche Regelung.

2 Zweifelhaft ist, ob die am Urlaubsort getroffene **Verzichtserklärung** gültig ist. In der Praxis wird dem Konsumenten oftmals während der Reise angeboten, gegen eine Entschädigung oder Zurverfügungstellung einer Gratisleistung, z.B. Mietwagen, Exkursionen usw., auf die ihm zustehenden Ansprüche zu verzichten. Namentlich m.Hw. auf die «Ausnahmesituation», in der sich der Konsument während des Urlaubs befinde, erachtet ein Teil der deutschen Lehre und Praxis derartige Vereinbarungen als nichtig (vgl. FÜHRICH, N 621 m.Nw.). Meines Erachtens ist der Konsument auch in den Ferien durchaus in der Lage, die Angemessenheit einer Abfindung in der Verzichtserklärung zu beurteilen. Infolgedessen sind Verzichtserklärungen **wirksam**, sofern der Konsument nicht unter Druck gesetzt wird (z.B. Rückzahlung der Mietkaution für eine Ferienwohnung gegen Verzichtserklärung, vgl. LG Frankfurt NJW 1983, 233; gl.M. HANGARTNER, 183 f.; **a.M.** CR CO I-STAUDER, N 5).

Zwölfter Abschnitt: Referendum und Inkrafttreten

Art. 20 PRG

1 Dieses Gesetz untersteht dem fakultativen Referendum.
2 Der Bundesrat bestimmt das Inkrafttreten.

1 La présente loi est sujette au référendum facultatif.
2 Le Conseil fédéral fixe la date de l'entrée en vigueur.

1 La presente legge sottostà al referendum facoltativo.
2 Il Consiglio federale ne determina l'entrata in vigore.

1 Das Referendum wurde nicht ergriffen. Das Gesetz trat auf den 1.7.1994 in Kraft.

Sachregister

B

D

E

F

H

I

J

K

O

P

S

U

W

Z